bourgmestre [buʀgmɛstʀ] M *en Belgique, Hollande, Allemagne, Suisse* Bürgermeister *m*

magasiner [magazine] V/I *au Canada* einkaufen gehen

Länderspezifische Verwendung

disque [disk] M 1 Schallplatte *f* … 2 TECH Scheibe *f*; AUTO **~ d'embrayage** Kupplungsscheibe *f* … 3 SPORTS Diskus *m*; Wurfscheibe *f* … 6 INFORM Platte *f*; **~ dur** Festplatte *f*

Sachgebiete in Großbuchstaben

électronique [elɛktʀɔnik] A ADJ elektronisch; Elektronen…; **adresse** *f* **~** E-Mail-Adresse *f* … B F Elektronik *f*

Buchstaben zur Unterscheidung von Wortarten

recherche [ʀ(ə)ʃɛʀʃ] F 1 Suche *f* (**de** nach) (*a.* INFORM) … 2 *scientifique* Forschung *f* … 3 *de la perfection, des plaisirs etc* Streben *n* (**de** nach) … 4 (*raffinement*) feiner Geschmack

Arabische Ziffern zur Bedeutungsdifferenzierung

rendre [ʀɑ̃dʀ]
⟨je rends, il rend, nous rendons; je rendais; je rendis; je rendrai; que je rende; rendant; rendu⟩

A verbe transitif **B** verbe intransitif
C verbe pronominal

— **A** verbe transitif —
1 (*restituer*) (wieder) zurückgeben; (*redonner*) wiedergeben; *monnaie* herausgeben; *élève: copie* abgeben; **~ un article défectueux** e-e schadhafte Ware zurückgeben …

Gliederungsübersicht am Kopf langer Einträge

nanoparticule F Nanopartikel *n ou f*; Nanoteilchen *n*

Bedeutungsgleiche Übersetzungen durch Strichpunkt getrennt

réseautage [ʀezotaʒ] M Networking *n*; Aufbau *m*, Ausbau *m*, Pflege *f* von Netzwerken

Übersetzungsvarianten durch Komma zusammengefasst

ordi [ɔʀdi] M ABR *fam* → ordinateur

Verweis auf ein anderes Stichwort

Langenscheidt
Handwörterbuch Französisch

Langenscheidt
Handwörterbuch

Französisch

Français – Allemand
Allemand – Français

Sous la direction du
comité de rédaction de Langenscheidt

Langenscheidt

Munich · Vienne

Langenscheidt Handwörterbuch

Französisch

Französisch – Deutsch
Deutsch – Französisch

Herausgegeben von der
Langenscheidt-Redaktion

Langenscheidt

München · Wien

Neubearbeitung / Nouvelle édition 2010
Aktualisierung / Mise à jour : Dr. Valérie Kervio-Berthou, Bernadette Martial, Herbert Horn
Projektleitung / Responsable de projet : Herbert Horn

Zugrunde liegende Fassung / Édition précédente
Französisch – Deutsch / Français – Allemand
Dr. Birgit Klausmann, Emmanuelle Coste, Dr. Valérie Kervio-Berthou, Karin Löscher

Deutsch – Französisch / Allemand – Français
Dr. Birgit Klausmann, Geneviève Lohr, Herbert Horn

Neue deutsche Rechtschreibung nach den gültigen amtlichen Regeln und DUDEN-Empfehlungen /
Nouvelle orthographe allemande conforme aux règles officielles et aux recommandations du DUDEN

Ergänzende Hinweise, für die wir jederzeit dankbar sind, bitten wir zu richten an:
Langenscheidt Verlag, Neumarkter Straße 61, 81673 München
redaktion.wb@langenscheidt.de

Typografisches Konzept nach: KOCHAN & PARTNER GmbH, München
Satz: Hagedorn medien[design], Stuttgart
Druck und Bindung: CPI Print GmbH, Leck
Printed in Germany
ISBN 978-3-468-05161-6

18040

Inhalt | Table des matières

Vorwort

Neubearbeitung
Der Langenscheidt Verlag präsentiert mit dem neuen **Handwörterbuch Französisch** eine Neubearbeitung seines Standardwerks, die der jüngsten Sprachentwicklung und den aktuellen Bedürfnissen seiner Benutzer Rechnung trägt. Hier ihre wichtigsten Merkmale:

Neue Wörterbuchgestaltung
Diese Ausgabe des **Handwörterbuchs Französisch** unterscheidet sich typografisch vollkommen von ihrer Vorgängerversion. Die Inhalte erscheinen in der für Langenscheidt neu entwickelten Wörterbuchgestaltung, die für optimale Lesbarkeit sorgt und ein besonders schnelles Nachschlagen in zweisprachigen Wörterbüchern ermöglicht.

Aktualität und Breite des Wortschatzes
Neben dem allgemeinsprachlichen Wortschatz, der die moderne französische und deutsche Sprache in ihrer ganzen semantischen, regionalen und stilistischen Vielfalt widerspiegelt, enthält das **Handwörterbuch Französisch** Tausende Begriffe aus allen wesentlichen Fachgebieten. Insgesamt bietet es die beträchtliche Menge von über 255.000 Stichwörtern und Wendungen mit über 500.000 Übersetzungen.

Aktiv anwendbar in beiden Sprachen
Das **Langenscheidt Handwörterbuch Französisch** ist bidirektional angelegt: Es wird den Bedürfnissen sowohl von deutsch- als auch von französischsprachigen Benutzern gerecht, indem Kontexte und erklärende Zusätze zu Stichwörtern, Wendungen und Übersetzungen in der jeweiligen Ausgangssprache angegeben sind. Dies zeigt die Stichwörter in ihren typischen sprachlichen Zusammenhängen und hilft, Fehler bei der Sprachproduktion zu vermeiden.

Professioneller Einsatz
Mit seinem aktuellen Inhalt, dem völlig neuen Erscheinungsbild und der besonders übersichtlichen Struktur bietet das neu bearbeitete **Handwörterbuch Französisch** echte Langenscheidt-Qualität für alle Übersetzungen, sei es im Studium oder im Beruf.

LANGENSCHEIDT VERLAG

Préface

Nouvelle édition entièrement remaniée et augmentée

Les éditeurs Langenscheidt présentent avec le nouveau **Handwörterbuch Französisch** une nouvelle édition de leur ouvrage de référence, qui reflète les dernières évolutions de la langue et répond aux nouvelles exigences de ses utilisateurs. Voici ses principales caractéristiques :

Nouvelle présentation du dictionnaire

Cette édition du **Handwörterbuch Französisch** est typographiquement très différente de la version précédente. On a adopté une nouvelle présentation des contenus, conçue pour Langenscheidt, de manière à assurer une lisibilité optimale, ainsi qu'une recherche particulièrement rapide dans les dictionnaires bilingues.

Actualité et diversité du vocabulaire

Outre le vocabulaire général, qui reflète le français et l'allemand modernes dans toute leur diversité sémantique, régionale et stylistique, le **Handwörterbuch Französisch** comporte des milliers de notions issues des domaines spécialisés les plus significatifs. Particulièrement riche, il compte en tout plus de 255 000 entrées et expressions avec plus de 500 000 traductions.

Utilisation active dans les deux langues

Le **Langenscheidt Handwörterbuch Französisch** est conçu de manière bidirectionnelle : il répond aux besoins des utilisateurs allemands et français dans la mesure où les contextes d'emploi et les informations supplémentaires pour les entrées, les expressions et les traductions sont indiqués dans la langue d'origine respective. Ceci renseigne sur les contextes linguistiques typiques des entrées et permet d'éviter des erreurs dans la production linguistique.

Usage professionnel

Avec son contenu actualisé, sa toute nouvelle présentation et sa structure très claire, la nouvelle édition du **Handwörterbuch Französisch** offre pour toutes les traductions le label de qualité Langenscheidt, que ce soit pour les études ou la vie professionnelle.

Les éditeurs
LANGENSCHEIDT VERLAG

Hinweise für die Benutzer

1 Alphabetische Reihenfolge

Die Stichwörter sind streng alphabetisch geordnet – mit einer Ausnahme: Männliche und weibliche Formen eines Stichworts werden meist in einem Eintrag dargestellt. So steht z. B. **éditeur, éditrice** vor **édition** und **Demokrat(in)** vor **Demokratie**. Die deutschen Umlaute *ä*, *ö* und *ü* sind den Buchstaben *a*, *o* und *u* gleichgestellt, das deutsche *ß* entsprechend dem *ss*. Zahlen werden nach ihrer Buchstabenfolge eingeordnet, das heißt, **G20** vor **gym** und **CO_2-neutral** vor **ČR.**

An alphabetischer Stelle stehen auch orthografische Varianten, Länder und Eigennamen, Abkürzungen, Wortbildungselemente, mit Bindestrich geschriebene Zusammensetzungen sowie die wichtigsten unregelmäßigen Verbformen.

2 Wendungen

Wendungen sind in der Regel unter ihrem ersten Sinn tragenden Wort aufgenommen. So findet man beispielsweise **éclater de rire** unter **éclater** und **Hand und Fuß haben** unter **Hand**. Eine Ausnahme bilden im französisch-deutschen Teil die Verbindungen Substantiv + Adjektiv, die häufig unter dem Adjektiv stehen, wie es in den einschlägigen einsprachigen französischen Wörterbüchern üblich ist: **changement climatique** unter **climatique**, **marche nordique** unter **nordique**.

In langen Stichworteinträgen sind Wendungen in Wortgruppen mit ähnlicher Struktur eingeteilt und folgendermaßen angeordnet:

Stichwort + Adjektiv: **les temps modernes**

Stichwort + Substantiv: **temps de réflexion**

Substantiv + Stichwort: **un bout de temps**

Präposition + Stichwort: **à temps**

Verb + Stichwort: **se donner du bon temps**

Innerhalb dieser Wortgruppen sind die Adjektive, Substantive, Präpositionen und Verben nach dem Alphabet sortiert.

3 Rechtschreibung

Die Schreibung der deutschen Wörter richtet sich nach den gültigen amtlichen Regeln und DUDEN-Empfehlungen der neuen deutschen Rechtschreibung, gültig seit dem 1. 8. 2006. Bei Wörtern in alter Schreibweise erfolgt ein Verweis auf das Stichwort in neuer Schreibweise, z. B. **As** → **Ass, radfahren** → **Rad, schwermachen** → **schwer**. Bei Schreibvarianten wird in der Regel von der Nebenvariante auf die von DUDEN empfohlene Hauptvariante verwiesen: **Phantasie** → **Fantasie**.

Die Schreibung der französischen Wörter orientiert sich an den einschlägigen einsprachigen französischen Wörterbüchern. Hinweise zur amtlich empfohlenen, aber wenig beachteten französischen Rechtschreibreform finden sich im Anhang auf Seite 1498.

Werden mit Bindestrich geschriebene Wörter getrennt, dann wird der Bindestrich am Zeilenanfang wiederholt:

... **belle-**
-famille F ... angeheiratete Familie

4 Grammatische Hinweise

Nach Stichwörtern ist in der Regel deren **Wortart** (z. B. ADJ, ADV, PRON) bzw. **Genus** (F, M, N) angegeben. Genusangaben der Substantive stehen auch nach den Übersetzungen (*m*, *f*, *n*), es sei denn, das Genus geht aus dem Kontext hervor:

cordial ADJ … herzlich
groupe M … Gruppe *f*
Buch N … livre *m*
Einkaufsmeile F grande rue commerçante

Bei **Verben** bedeutet:

V/T transitiver Gebrauch (mit direktem Objekt)
aider V/T **~ qn** j-m helfen

V/I intransitiver Gebrauch (ohne direktes Objekt)
antworten V/I répondre

V/PR reflexiver Gebrauch des französischen Verbs
évanouir V/PR **s'~** ohnmächtig werden

V/R reflexiver Gebrauch des deutschen Verbs
beeilen V/R **sich ~** se dépêcher

V/IMP unpersönlicher Gebrauch des französischen Verbs
bruiner V/IMP nieseln; **il bruine** es nieselt

V/UNPERS unpersönlicher Gebrauch des deutschen Verbs
regnen V/UNPERS pleuvoir; **es regnet** il pleut

V/AUX Hilfsverb
müssen V/AUX *Person* devoir

V/T INDIR Verb mit Präpositionalobjekt
appartenir V/T INDIR **~ à qn** j-m gehören

abs absoluter Gebrauch (ohne Objekt)
accepter … *abs* **j'accepte** ich nehme an

Hinweise zur **Formenbildung** stehen in spitzen Klammern ⟨ ⟩. Hier sind vor allem unregelmäßige Formen aufgeführt.

Bei **französischen Substantiven** ist der Plural angegeben, wenn er nicht durch Anhängen von **s** an die Singularform gebildet wird oder formgleich mit dem Singular ist (wie bei den auf **s**, **x** und **z** endenden Substantiven). Die Pluralform steht auch bei Zusammensetzungen mit Bindestrich:

bijou M ⟨*pl* ~x⟩ Schmuckstück *n* …
cristal M ⟨*pl* -aux⟩ Kristall(glas) *n* …
porte-fenêtre M ⟨*pl* portes-fenêtres⟩ Fenstertür *f* …

Bei **deutschen Substantiven** werden Genitiv Singular und – wo gebräuchlich – Nominativ Plural angegeben. Zusammengesetzte Substantive ohne grammatische Angaben werden wie das einfache Substantiv dekliniert:

Fach N ⟨~(e)s; ⸚er⟩ … (*Studienfach*) matière *f*
Genitiv Singular: des Fachs *oder* des Faches
Nominativ Plural: die Fächer

Studienfach N matière *f*
Genitiv Singular: des Studienfachs *oder* des Studienfaches
Nominativ Plural: die Studienfächer

Der Hinweis ⟨→ A⟩ zeigt an, dass das Substantiv wie ein Adjektiv dekliniert wird:

Arbeitssuchende(r) M/F(M) ⟨→ A⟩ demandeur, -euse *m,f* d'emploi

Die Angabe ⟨→ *n/pr*⟩ weist darauf hin, dass das Substantiv wie ein Eigenname dekliniert wird:

Montenegro N ⟨→ *n/pr*⟩ le Monténégro

Bei **französischen Adjektiven** ist die weibliche Form angegeben, wenn sie nicht durch Anhängen von **e** an die männliche Form gebildet wird (ausgenommen Adjektive, die schon auf **e** enden wie *difficile*, *efficace*, *simple*, *utile*):

actuel ADJ ⟨~le⟩ gegenwärtig …
weibliche Form: **actuelle**

effectif ADJ ⟨-ive⟩ wirklich …
weibliche Form: **effective**

Die männliche Pluralform steht bei jedem auf **al** endenden Adjektiv:

final ADJ ⟨-als⟩ End...
männliche Pluralform: **finals**

convivial ADJ ⟨-aux⟩ gastlich ...
männliche Pluralform: **conviviaux**

Die männliche Pluralform ist außerdem angegeben, wenn sie nicht durch Anhängen von **s** an die Singularform gebildet wird:

marron ADJ ⟨*inv*⟩ braun ...
männliche Pluralform: **marron**

Endet ein Adjektiv auf **s** oder **x**, steht keine Angabe zum männlichen Plural – er hat die gleiche Form wie der Singular:

bourgeois ADJ bürgerlich ...
männliche Pluralform: **bourgeois**

fameux ADJ ... berühmt ...
männliche Pluralform: **fameux**

Bei **deutschen Adjektiven** sind folgende unregelmäßige Formen angegeben:

Wegfall von **e** in attributiver Stellung vor Substantiv:
dunkel ADJ ⟨-kl-⟩ sombre ...
z. B. **ein dunkles Zimmer**

Unregelmäßige Steigerung:
warm ADJ ⟨~̈er, ~̈ste⟩ chaud ...
steht für: **wärmer, wärmste**

Unveränderlichkeit:
Wiener ADJ ⟨*inv*⟩ de Vienne ...
z. B. **die Wiener Hotels**

Bei den **unregelmäßigen französischen Verben** stehen die Grundformen, aus denen sich alle weiteren Formen (siehe auch die Übersicht auf Seite 1490 und die Konjugationsmuster im Anhang) ergeben:

croire ⟨je crois, il croit, nous croyons; je croyais; je crus; je croirai; que je croie; croyant; cru⟩ ... glauben

Außerdem wird auf die Besonderheiten der Verben auf **-er** hingewiesen:

lever ⟨-è-⟩
nous levons, *aber* je **lève**

jeter ⟨-tt–⟩
nous jetons, *aber* je **jette**

appeler ⟨-ll-⟩
nous appelons, *aber* **j'appelle**

avancer ⟨-ç-⟩
j'avance, *aber* nous **avançons**

manger ⟨-geons⟩
je mange, *aber* nous **mangeons**

employer ⟨-oi-⟩
nous employons, *aber* **j'emploie**

appuyer ⟨-ui-⟩
nous appuyons, *aber* **j'appuie**

essayer ⟨-ai- *od* -ay-⟩
j'essaie *oder* **j'essaye**

Bilden intransitive Verben ihre zusammengesetzten Zeitformen nicht mit **avoir**, sondern mit **être**, so steht dies im Eintrag:

venir ⟨... être venu⟩ *z. B.* Elle **est venue**.

Bei jedem **deutschen Verb** steht der Hinweis, ob seine zusammengesetzten Formen mit **haben** (abgekürzt h.) oder **sein** (abgekürzt s.) zu bilden sind:

prüfen V/T ⟨h.⟩ ... examiner
klettern V/I ⟨-(e)re, s.⟩ ... grimper

Folgende Abweichungen von der regelmäßigen Konjugation sind in den Stichworteinträgen angegeben:

e-Tilgung möglich:
pinseln VT ‹-(e)le, h.› peindre …
z. B. ich **pinsle**
ändern ‹-(e)re, h.› A VT changer …
z. B. ich **ändre**

es-Tilgung im Indikativ gebräuchlich:
speisen ‹-(es)t, h.› A VT manger …
z. B. du **speist**
e-Erweiterung:
regnen V/IMP ‹-ete, h.› pleuvoir …
z. B. es **regnet**
Bildung des Partizips Perfekt ohne **ge**:
studieren VT ‹*pas de ge-*, h.› étudier …
z. B. sie **hat studiert**

Bei den **unregelmäßigen deutschen Verben** stehen die jeweiligen Stammformen:

tragen ‹trägt, trug, getragen, h.› porter

Der Hinweis ‹*irr*› bedeutet, dass es sich um ein zusammengesetztes Verb handelt, das unregelmäßig konjugiert wird und seine Stammformen vom Grundverb ableitet:

ertragen ‹*irr*, *pas de ge-*, h.› supporter
(= er/sie/es **erträgt, ertrug, hat ertragen**)

Bei Verben mit trennbaren Präfixen steht der Hinweis ‹*sép*›, wenn das Präfix bei der Konjugation vom Grundverb getrennt wird, andernfalls ist ‹*insép*› angegeben:

übersetzen[1] ‹-(es)t, *sép*, -ge-› (*hinüberfahren*) A VT ‹h.› faire passer sur l'autre rive …
(= er/sie/es **setzt über**)

übersetzen[2] VT ‹-(es)t, *insép*, *pas de ge-*, h.› *Text* traduire
(= er/sie/es **übersetzt**)

Besonderheiten der grammatischen **Konstruktion** – vor allem in der Verwendung des **Kasus** und der **Präpositionen** – werden durch Zusätze nach den Übersetzungen oder durch Anwendungsbeispiele verdeutlicht:

jouer A 1 VT spielen; *somme* setzen (**sur** auf *+acc*) … B VI *et* VT INDIR 1 spielen; *avec prép* **~ au football, tennis** *etc* Fußball, Tennis *etc* spielen; **~ de la flûte, du piano, du violon** *etc* Flöte, Klavier, Violine *etc* spielen …

demander A VT 1 (*solliciter*) bitten (**qc à qn** j-n um etw); **~ à qn de faire qc** j-n (darum) bitten, etw zu tun; **~ que …** (*+subj*) darum bitten, dass …; **j'ai demandé qu'il vienne** ich habe darum gebeten, dass er kommt …

reden A VT *u.* VI (*sprechen*) parler (**über** *+akk*, **von** de; **mit** à, avec); **über Politik** (*akk*) **~** parler de politique; *umg* parler politique; **Gutes, Schlechtes über j-n ~** dire du bien, du mal de qn …

5 Erläuternde Hinweise und Sachgebiete

Erläuternde Hinweise und Sachgebiete erleichtern die Wahl der richtigen Übersetzung. Hierzu dienen zum Beispiel **Synonyme**, **Oberbegriffe**, **Kollokatoren**, also Wörter, die üblicherweise mit dem Stichwort kombiniert werden, oder sonstige nützliche Hinweise (in kursiver Schrift):

téléconférence […] F (*audioconférence*) Telefonkonferenz *f*; (*vidéoconférence*) Videokonferenz *f*

fest A ADJ 1 (*nicht weich*) ferme (*a. Boden, Frucht, Fleisch*); *Masse* compact 2 *Aggregatzustand* solide; **~er Körper** corps *m* solide … 6 (*konstant*) fixe; permanent; **~es Einkommen** revenu régulier …

Sachgebiete werden meist abgekürzt in verkleinerten Großbuchstaben angegeben:

Programm N ⟨~s; ~e⟩ programme *m* (*a.* IT, POL); TV, RADIO (*Sender*) chaîne *f*; COMM (*Sortiment*) gamme *f* …

Weicht ein Ausdruck von der Standardsprache ab, so steht ein Hinweis auf die jeweilige Sprach- oder **Stilebene**: *geh* bzw. *st/s* für gehobenen Sprachgebrauch, *fam* bzw. *umg* für Umgangssprache, *pop* bzw. *sl* für saloppe und derbe Ausdrucksweise, *vulg* für vulgär usw. Die Übersetzungen sind stilistisch so weit wie möglich auf den deutschen bzw. französischen Ausdruck abgestimmt.

6 Lexikografische Zeichen

~ Die **Tilde** ~ (das Wiederholungszeichen) steht für das Stichwort innerhalb des Wörterbucheintrags:

profession […] **~s libérales** (= professions libérales)

recht […] **~ behalten** (= recht behalten)

~̈ Die **zwei Punkte über der Tilde** zeigen den Umlaut an:

Klingelton M ⟨~(e)s; ~̈e⟩ (= des Klingelton(e)s; die Klingeltöne)

° Zeichen für **h aspiré**:

°Haut-Rhin […] **le** ~ *frz Department* das Oberelsass

Vorspeise […] °hors-d'œuvre *m*

– Der **Bindestrich** ersetzt Teile von deutschen und französischen Wörtern und Ausspracheangaben:

dévalorisation […] Wertverlust *m*, -minderung *f* (= Wertminderung)

créateur […] ⟨-trice⟩ (= **créatrice**) ADJ schöpferisch

consensus [kõsɛ̃sys, -sɑ̃-] (= [kõsɑ̃sys]) M Konsens(us) *m*

1, 2 **Hochzahlen** unterscheiden Wörter gleicher Schreibung, aber ganz unterschiedlicher Bedeutung:

Hochzeit[1] F *Feier* mariage *m*

Hochzeit[2] F (*Blütezeit*) apogée *m*

A B C **Großbuchstaben** in dunkelgrauen Kästchen unterteilen verschiedene Wortarten (z. B. Substantiv, Adjektiv, Adverb).

1 2 3 **Arabische Zahlen** in hellgrauen Kästchen gliedern Übersetzungen mit stark unterschiedlicher Bedeutung.

a b c **Kleinbuchstaben** in hellgrauen Kästchen dienen der weiteren Unterteilung der Stichworteinträge.

♦ Die schwarze **Raute** steht vor Wortgruppen mit ähnlicher Struktur zur Gliederung längerer Einträge.

; Der **Strichpunkt** zeigt das Ende einer Übersetzungsvariante an:

francophone ADJ Französisch sprechend; französischsprachig; frankofon

genverändert ADJT génétiquement modifié; transgénique

, Das **Komma** bedeutet, dass die Übersetzung mit anderen Übersetzungsvarianten zusammengefasst ist:

désaltérer […] V/I den Durst stillen, löschen …

Bioladen *umg* M magasin *m* de produits naturels, biologiques

: Der **Doppelpunkt** steht zur Verdeutlichung der Beziehungen zwischen erklärenden Zusätzen:

faucher V/T … *voiture: piéton* umfahren

heranziehen V/T *zu sich: Gegenstand* rapprocher …

Außerdem zeigt der Doppelpunkt an, dass eine Angabe für mehrere nachfolgende Wendungen bzw. Übersetzungen gilt:

plaisir … *loc adv*: **à ~** grundlos; ohne Grund; aus purem Vergnügen; **au ~ (de vous revoir)!** auf baldiges Wiedersehen!; kommen Sie bald wieder!; **avec ~** mit Vergnügen; gern …

Kette F … *Schmuck: aus Metall* chaîne *f*; *aus Perlen, Edelsteinen etc* collier *m*

→ Der **Pfeil** bedeutet *siehe* und verweist auf einen anderen Stichworteintrag:

dû […] P/P → **devoir**[1] …

Renseignements pour le lecteur

1 Ordre alphabétique

Les entrées suivent rigoureusement l'ordre alphabétique, à une exception près: les formes au masculin et au féminin d'un même substantif sont généralement regroupées sous une seule entrée. On trouvera par exemple **éditeur**, **éditrice** avant **édition** et **Demokrat(in)** avant **Demokratie**. Les voyelles infléchies de l'allemand *ä*, *ö* et *ü* sont traitées comme les voyelles *a*, *o* et *u*, le *ß* allemand correspondant à *ss*. Les nombres sont classés suivant l'ordre de leurs lettres, c'est-à-dire **G20** est placé avant **gym** et **CO_2-neutral** avant **ČR**.

On trouvera également dans l'ordre alphabétique les variantes orthographiques, les pays et les noms propres, les abréviations, les préfixes, les mots composés avec trait d'union et les formes verbales irrégulières les plus importantes.

2 Locutions

Les locutions sont généralement classées sous le premier mot qui les compose. On trouvera par exemple **éclater de rire** sous **éclater** et **Hand und Fuß haben** sous **Hand**. Dans la partie français-allemand, on trouvera exceptionnellement les locutions substantif + adjectif souvent sous l'adjectif, comme cela est le cas dans les dictionnaires français unilingues: **changement climatique** sous **climatique**, **marche nordique** sous **nordique**.

Dans les longs articles, les locutions sont classées en groupes de même structure et présentées comme suit:

entrée + adjectif : **les temps modernes**

entrée + substantif : **temps de réflexion**

substantif + entrée : **un bout de temps**

préposition + entrée : **à temps**

verbe + entrée : **se donner du bon temps**

À l'intérieur de ces groupes, les adjectifs, substantifs, prépositions et verbes sont rangés par ordre alphabétique.

3 Orthographe

L'orthographe des mots allemands suit les règles officielles en vigueur et les recommandations du DUDEN concernant la nouvelle orthographe allemande en application depuis le 1er août 2006. Pour les mots avec l'ancienne orthographe, on indique l'entrée avec la nouvelle orthographe, par exemple **As** → **Ass**, **radfahren** → **Rad**, **schwermachen** → **schwer**. S'il y a des variantes orthographiques, on renvoie généralement à la variante recommandée par le DUDEN: **Phantasie** → **Fantasie**.

L'orthographe des mots français s'appuie sur celle figurant dans les dictionnaires français unilingues. Dans l'appendice, vous trouverez des renseignements sur la réforme française de l'orthographe officielle, mais peu appliquée (page 1498).

Si les mots avec trait d'union sont coupés, le trait d'union est remis au début de la ligne suivante:

... belle-
-famille F ... angeheiratete Familie

4 Grammaire

Chaque entrée est suivie généralement de la **catégorie grammaticale** (par exemple ADJ, ADV, PRON) et, s'il s'agit de substantifs, du **genre** (F, M, N). Les indications concernant le genre des substantifs figurent également après les traductions (*m*, *f*, *n*), à moins que le genre ne se déduise du contexte:

cordial ADJ ... herzlich
groupe M ... Gruppe *f*
Buch N ... livre *m*
Einkaufsmeile F grande rue commerçante

Voici les indications pour les **verbes**:

V/T emploi transitif (avec objet direct)
aider V/T **~ qn** j-m helfen

V/I emploi intransitif (sans objet direct)
antworten V/I répondre

V/PR emploi pronominal du verbe français
évanouir V/PR **s'~** ohnmächtig werden

V/R emploi pronominal du verbe allemand
beeilen V/R **sich ~** se dépêcher

V/IMP emploi impersonnel du verbe français
bruiner V/IMP nieseln; **il bruine** es nieselt

V/UNPERS emploi impersonnel du verbe allemand
regnen V/ UNPERS pleuvoir; **es regnet** il pleut

V/AUX verbe auxiliaire
müssen V/AUX *Person* devoir

V/T INDIR verbe transitif indirect
appartenir V/T INDIR **~ à qn** j-m gehören

abs emploi intransitif (sans objet)
accepter ... *abs* **j'accepte** ich nehme an

Les **renseignements morphologiques** figurent entre parenthèses angulaires ⟨ ⟩. Ce sont surtout les formes irrégulières qui sont mentionnées.

Pour les **substantifs français**, on indique le pluriel seulement s'il ne s'obtient pas en ajoutant un **s** au singulier ou bien s'il est identique à la forme au singulier (comme pour les substantifs finissant par **s**, **x** et **z**). Vous trouverez également la forme du pluriel pour les mots composés avec trait d'union:

bijou M ⟨*pl* ~x⟩ Schmuckstück *n* ...
cristal M ⟨*pl* -aux⟩ Kristall(glas) *n* ...
porte-fenêtre M ⟨*pl* portes-fenêtres⟩ Fenstertür *f* ...

Pour les **substantifs allemands**, on indique le génitif singulier, et s'il est usité, le nominatif pluriel. Les substantifs composés sans indication grammaticale se déclinent comme le substantif simple:

Fach N ⟨~(e)s; ¨er⟩ (*Studienfach*) matière *f*
génitif singulier: des Fachs *ou* des Faches, nominatif pluriel: die Fächer

Studienfach N matière *f*
génitif singulier: des Studienfachs *ou* des Studienfaches
nominatif pluriel: die Studienfächer

L'indication ⟨→ A⟩ signifie que le substantif se décline comme un adjectif:

Arbeitssuchende(r) M/F(M) ⟨→ A⟩ demandeur, -euse *m,f* d'emploi

L'indication ⟨→ *n/pr*⟩ signifie que le substantif se décline comme un nom propre:

Montenegro N ⟨→ *n/pr*⟩ le Monténégro

Pour les **adjectifs français**, on indique la forme au féminin si elle ne s'obtient pas en ajoutant un **e** à la forme au masculin (à l'exception des adjectifs qui se terminent déjà par **e** comme *difficile*, *efficace*, *simple*, *utile*):

actuel ADJ ⟨~le⟩ gegenwärtig ...
forme au féminin: **actuelle**

effectif ADJ ⟨-ive⟩ wirklich ...
forme au féminin: **effective**

La forme du masculin pluriel est mentionnée pour chaque adjectif se terminant par **al**:

final ADJ ⟨-als⟩ End...
masculin pluriel: **finals**

convivial ADJ ⟨-aux⟩ gastlich ...
masculin pluriel: **conviviaux**

La forme du masculin pluriel est aussi mentionnée lorsqu'elle ne s'obtient pas en ajoutant un **s** à la forme du singulier:

marron ADJ ⟨*inv*⟩ braun ...
masculin pluriel: **marron**

Si un adjectif se termine par **s** ou **x**, on ne trouvera pas d'indication pour le masculin pluriel, car il a la même forme que le singulier:

bourgeois ADJ bürgerlich ...
masculin pluriel: **bourgeois**

fameux ADJ ... berühmt ...
masculin pluriel: **fameux**

Pour les **adjectifs allemands**, on indique les formes irrégulières suivantes:

suppression du **e** si l'adjectif est en fonction épithète :
dunkel ADJ ⟨-kl-⟩ sombre ...
par exemple **ein dunkles Zimmer**

formes du comparatif et superlatif irrégulières :
warm ADJ ⟨¨er, ¨ste⟩ chaud ...
signifie **wärmer, wärmste**

invariabilité :
Wiener ADJ ⟨*inv*⟩ de Vienne ...
par exemple **die Wiener Hotels**

Pour les **verbes français irréguliers**, on indique les formes de base à partir desquelles on forme toutes les autres formes (se reporter à la page 1490 et aux tableaux de conjugaison dans l'appendice):

croire ⟨je crois, il croit, nous croyons; je croyais; je crus; je croirai; que je croie; croyant; cru⟩ ... glauben

En outre, on mentionne les particularités des verbes en **-er**:

lever ⟨-è-⟩
nous levons, *mais* je **lève**

jeter ⟨-tt-⟩
nous jetons, *mais* je **jette**

appeler ⟨-ll-⟩
nous appelons, *mais* **j'appelle**

avancer ⟨-ç-⟩
j'avance, *mais* nous **avançons**

manger ⟨-geons⟩
je mange, *mais* nous **mangeons**

employer ⟨-oi-⟩
nous employons, *mais* **j'emploie**

appuyer ⟨-ui-⟩
nous appuyons, *mais* **j'appuie**

essayer ⟨-ai- *od* -ay-⟩
j'essaie *ou* **j'essaye**

Si les verbes intransitifs ne forment pas leurs formes composées avec **avoir**, mais avec **être**, cela est mentionné dans l'entrée:

venir ⟨... être venu⟩ *par exemple* Elle **est venue**.

Pour chaque **verbe allemand**, on indique si ses formes composées se construisent avec **haben** (noté h.) ou avec **sein** (noté s.):

prüfen V/T ⟨h.⟩ ... examiner
klettern V/I ⟨-(e)re, s.⟩ ... grimper

Les irrégularités suivantes sont mentionnées:

suppression possible du **e** :
pinseln V/T ⟨-(e)le, h.⟩ peindre ...
par exemple **ich pinsle**

ändern ⟨-(e)re, h.⟩ **A** VT changer ...
par exemple **ich ändre**

suppression courante à l'indicatif du **es** :
speisen ⟨-(es)t, h.⟩ **A** VT manger ...
par exemple **du speist**

ajout d'un **e** :
regnen V/IMP ⟨-ete, h.⟩ pleuvoir ...
par exemple **es regnet**

formation du participe passé sans **ge** :
studieren VT ⟨*pas de ge-*, h.⟩ étudier ...
par exemple **sie hat studiert**

Pour les **verbes allemands irréguliers**, on indique les formes premières respectives:

tragen ⟨trägt, trug, getragen, h.⟩ porter

L'indication ⟨*irr*⟩ signifie qu'il s'agit d'un verbe composé qui a une conjugaison irrégulière et dont les formes premières sont obtenues à partir de la forme de base:

ertragen ⟨*irr*, *pas de ge-*, h.⟩ supporter
(= **er/sie/es erträgt, ertrug, hat ertragen**)

Pour les verbes avec des préfixes séparables, on indique ⟨*sép*⟩ lorque le préfixe est détaché de la forme de base quand on le conjugue, sinon on indique ⟨*insép*⟩:

übersetzen[1] ⟨-(es)t, *sép*, -ge-⟩ (*hinüberfahren*) VT ⟨h.⟩ faire passer sur l'autre rive ...
(= **er/sie/es setzt über**)
übersetzen[2] VT ⟨-(es)t, *insép*, *pas de ge-*, h.⟩ *Text* traduire
(= **er/sie/es übersetzt**)

Les particularités de **construction** grammaticale, surtout dans l'utilisation du **cas** et des **prépositions**, sont mentionnées à l'aide d'informations supplémentaires après les traductions ou bien à l'aide d'exemples d'utilisation:

jouer **A** **1** VT spielen; *somme* setzen (**sur** auf *+acc*) ... **B** VI *et* VT INDIR **1** spielen; *avec prép* **~ au football, tennis** *etc* Fußball, Tennis *etc* spielen; **~ de la flûte, du piano, du violon** *etc* Flöte, Klavier, Violine *etc* spielen ...

demander **A** VT **1** (*solliciter*) bitten (**qc à qn** j-n um etw); **~ à qn de faire qc** j-n (darum) bitten, etw zu tun; **~ que ...** (*+subj*) darum bitten, dass ...; **j'ai demandé qu'il vienne** ich habe darum gebeten, dass er kommt ...

reden **A** VT *u.* VI (*sprechen*) parler (**über** *+akk*, **von** de; **mit** à, avec); **über Politik** (*akk*) **~** parler de politique; *umg* parler politique; **Gutes, Schlechtes über j-n ~** dire du bien, du mal de qn ...

5 Renseignements supplémentaires et domaines

Les renseignements supplémentaires et les domaines aident à choisir la bonne traduction.
Pour cela, sont utiles les **synonymes**, les **termes génériques**, les **collocateurs**, les mots qui sont habituellement combinés avec l'entrée ou bien d'autres renseignements utiles (en italique):

téléconférence [...] F (*audioconférence*) Telefonkonferenz *f*; (*vidéoconférence*) Videokonferenz *f*

fest **A** ADJ **1** (*nicht weich*) ferme (*a. Boden, Frucht, Fleisch*); *Masse* compact **2** *Aggregatzustand* solide; **~er Körper** corps *m* solide ... **6** (*konstant*) fixe; permanent; **~es Einkommen** revenu régulier ...

Les **domaines** sont généralement indiqués à l'aide d'abréviations en lettres capitales plus petites:

Programm N ⟨~s; ~e⟩ programme *m* (*a.* IT, POL); TV, RADIO (*Sender*) chaîne *f*; COMM (*Sortiment*) gamme *f* ...

Si une expression n'appartient pas à la langue standard, on indique alors le niveau de langue ou le **niveau de style**: *geh* ou *st/s* pour le niveau élevé, *fam* ou *umg* pour la langue familière, *pop* ou *sl* pour la langue populaire et grossière, *vulg* pour la langue vulgaire etc. Les traductions proposées correspondent le mieux possible d'un point de vue stylistique à l'expression allemande ou française.

6 Signes lexicographiques

~ Le **tilde** ~ (symbole de répétition) remplace l'entrée dans le corps de l'article:

profession [...] **~s libérales** (= professions libérales)

recht [...] **~ behalten** (= recht behalten)

⍨ Les **deux points au-dessus du tilde** indiquent la voyelle infléchie:

Klingelton M ⟨~(e)s; ⍨e⟩ (= des Klingelton(e)s; die Klingeltöne)

° Symbole pour le **h aspiré**:

°Haut-Rhin [...] **le ~** *frz Department* das Oberelsass

Vorspeise [...] °hors-d'œuvre *m*

– Le **trait d'union** remplace des parties de mots allemands et français et des renseignements sur la prononciation:

dévalorisation [...] Wertverlust *m*, -minderung *f* (= Wertminderung)

créateur [...] ⟨-trice⟩ (= **créatrice**) ADJ schöpferisch

consensus [kõsẽsys, -sã-] (= [kõsãsys]) M Konsens(us) *m*

1, 2 Les **chiffres en exposant** permettent de distinguer des mots ayant une orthographe identique, mais une signification différente:

Hochzeit[1] F *Feier* mariage *m*

Hochzeit[2] F (*Blütezeit*) apogée *m*

A B C Les **lettres capitales** figurant dans un cadre gris foncé permettent la subdivision des différentes catégories grammaticales (par exemple substantif, adjectif, adverbe).

1 2 3 Les **chiffres arabes** figurant dans un cadre gris clair permettent la subdivision des traductions avec des significations très différentes.

a b c Les **lettres minuscules** figurant dans un cadre gris clair permettent la subdivision des entrées.

♦ Le **losange** noir se trouve devant des groupes de mots ayant une structure identique pour délimiter les entrées plus longues.

; Le **point-virgule** marque la fin d'une variante de traduction:

francophone ADJ Französisch sprechend; französischsprachig; frankofon

genverändert ADJT génétiquement modifié; transgénique

, La **virgule** signifie que la traduction est résumée avec d'autres variantes de traduction:

désaltérer [...] V/I den Durst stillen, löschen ...

Bioladen *umg* M magasin *m* de produits naturels, biologiques

: Les **deux points** servent à préciser le rapport entre deux indications explicatives:

faucher V/T … *voiture: piéton* umfahren

heranziehen V/T *zu sich: Gegenstand* rapprocher …

De plus, les deux points signifient qu'une seule indication vaut pour plusieurs locutions ou traductions successives:

plaisir … *loc adv*: **à ~** grundlos; ohne Grund; aus purem Vergnügen; **au ~ (de vous revoir)**! auf baldiges Wiedersehen!; kommen Sie bald wieder!; **avec ~** mit Vergnügen; gern …

Kette F … *Schmuck: aus Metall* chaîne *f*; *aus Perlen, Edelsteinen etc* collier *m*

→ La **flèche** signifie *cf.* et renvoie à une autre entrée:

dû […] P/P → devoir[1] …

Die Aussprache des Französischen

Die Aussprache steht in eckigen Klammern [...] direkt nach dem französischen Stichwort. Sie wird mit den Zeichen der Association phonétique internationale (siehe unten) wiedergegeben:

fils [fis] M Sohn *m*
inventeur [ɛ̃vɑ̃tœʀ] M, **inventrice** F Erfinder(in) *m(f)*

Zusammengesetzte und abgeleitete Wörter haben keine Lautschrift, wenn sich ihre Aussprache leicht aus ihren Wortelementen herleiten lässt (siehe unten zur Aussprache häufiger Endungen): **petit-fils**, **inventrice**

Gibt es bei Wendungen Besonderheiten in der Aussprache, so sind diese angegeben:
mot [mo] M Wort *n*; **~ à ~** [motamo] wörtlich; wortwörtlich ...

Wenn ein französisches Wort mit h aspiré beginnt (also in der Aussprache die Bindung mit dem vorhergehenden Konsonanten unterbleibt und der bestimmte Artikel nicht zu l' verkürzt wird), steht als Hinweis das Zeichen °:

°Haute-Corse [otkɔʀs] **la ~** *frz Departement auf Korsika*
Anstieg M ... *der Temperatur* °hausse *f*

Ist das h aspiré an der Form des vorhergehenden Wortes erkennbar, steht das Zeichen ° nicht:

Geratewohl N **aufs ~** au hasard ...

1 Vokale

[i]	geschlossenes i	ici
[e]	geschlossenes e	léger
[ɛ]	offenes e	sec, père, tête, lait, neige
[a]	helles a	patte, noix
[ɑ]	dunkles a	âme, phrase
[o]	geschlossenes o	pot, dôme, taupe, beau
[ɔ]	offenes o	poche, Laure
[ø]	geschlossenes ö	peu, nœud
[œ]	offenes ö	seul, cœur
[ə]	kurzes dumpfes ö (e caduc, e instable, e muet)	que, dehors, petit, chemin
[u]	geschlossenes u	souci
[y]	geschlossenes ü	usure, sûr
[ɛ̃]	nasales ɛ	vin, impair, plainte, faim, rein, bien
[ɑ̃]	nasales a	dans, lampe, entrer, embêter
[ɔ̃]	nasales o	ton, pompe
[œ̃]	nasales œ	lundi, parfum

2 Konsonanten

[p]	stimmloser p-Laut, ohne Behauchung	pont, apporter
[t]	stimmloser t-Laut, ohne Behauchung	ton, thé, patte
[k]	stimmloser k-Laut, ohne Behauchung	cou, qui, chaos, képi
[b]	(„weicher") b-Laut	robe, abbé
[d]	(„weicher") d-Laut	dans
[g]	(„weicher") g-Laut	gant, gueule
[f]	f-Laut	neuf, photo
[s]	stimmloser s-Laut	son, tasse, ces, ça, section
[ʃ]	(stimmloser) sch-Laut	chou, tache
[v]	w-Laut	vent, rive
[z]	stimmhafter s-Laut	rose, zéro
[ʒ]	stimmhafter sch-Laut	jour, cage, gilet
[l]	l-Laut	long, aller
[ʀ]	stark geriebenes[1] Zäpfchen-R	rue, barre, verve
[m]	m-Laut	mes, femme
[n]	n-Laut	nom, année
[ɲ]	nj-Laut	gagner, vigne
[ŋ][2]	ng-Laut	camping

1) Im Gegensatz zum deutschen [r], das am Wortende und vor Konsonant häufig vokalisch gesprochen wird.
2) In Fremdwörtern aus dem Englischen.

3 Halbvokale (Halbkonsonanten)

[j]	j-Laut	bien, abeille
[w]	gleitendes u	Louis, trois
[ɥ]	gleitendes ü	lui, nuage

4 Betonung

Bei französischen Wörtern wird kein Betonungsakzent gesetzt, da sich ein solcher im Gegensatz zum Deutschen nicht objektiv auf eine bestimmte Silbe festlegen lässt. Zwar liegt beim isoliert gesprochenen französischen Einzelwort ein etwas stärkerer Ton auf der letzten Silbe (accent d'intensité). Dieser schwindet jedoch im Satzzusammenhang und rückt auf die letzte Silbe des Sprechtaktes, der „groupe rythmique":

la maison [lame'zõ]
la maison neuve [lamezõ'nœv]

Andererseits wird in affektiven Zusammenhängen häufig die erste, bei mit Vokal beginnenden Wörtern die zweite Silbe eines Wortes stärker betont (accent d'insistance):

c'est formidable [sɛ'fɔʀmidabl]
c'est épouvantable [sɛte'puvɑ̃tabl]

5 Bindung

Unter Bindung versteht man im Französischen die Aussprache eines gewöhnlich stummen Endkonsonanten eines Wortes, wenn das folgende Wort mit Vokal oder stummem h beginnt. Die gebundenen Wörter müssen dem Sinn nach zusammengehören und innerhalb einer „groupe rythmique" vorkommen.

Unerlässliche Bindungen:
Artikel + Substantiv: *les amis* [lezami], *un imbécile* [ɛ̃nɛ̃besil]
Pronomen + Substantiv: *ces arbres* [sezaʀbʀ], *son habit* [sõnabi]
Zahlwort + Substantiv: *deux élèves* [døzelɛv], *trois images* [tʀwazimaʒ]
Adjektiv + Substantiv: *un petit homme* [ɛ̃ptitɔm], *les grands enfants* [legʀãzãfã]
Pronomen + Verb: *nous allons* [nuzalõ], *il les a vus* [illezavy], *j'en ai* [ʒãne], *on y va* [õniva]
nach **c'est**: *c'est incroyable* [sɛtɛ̃kʀwajabl]
nach den Präpositionen **chez, dans, en, sans, sous**: *chez eux* [ʃezø], *en hiver* [ãnivɛʀ]
nach den Adverbien **très, tout, plus, moins**: *très utile* [tʀɛzytil], *moins habile* [mwɛ̃zabil]

Unmöglich ist die Bindung nach **et** und vor **h aspiré** (im Wörterbuch mit °**h** bezeichnet).

6 Aussprache häufiger Endungen

~able [-abl]
~age [-aʒ]
~ain [-ɛ̃]
~aine [-ɛn]
~aire [-ɛʀ]
~ais [-ɛ]
~aise [-ɛz]
~aison [-ɛzõ]
~al [-al]
~ale [-al]
~ance [-ãs]
~and [-ã]
~ande [-ãd]
~ane [-an]
~ant [-ã]
~ante [-ãt]
~ard [-aʀ]
~arde [-aʀd]
~ase [-ɑz]
~at [-a]
~ate [-at]
~ateur [-atœʀ]
~ation [-asjõ]
~aud [-o]
~aude [-od]
~aux [-o]
~é [-e]
~eau [-o]
~ée [-e]
~éen [-eɛ̃]
~éenne [-eɛn]
~el [-ɛl]
~elle [-ɛl]
~ement [-mã]
~ence [-ãs]
~ent [-ã]
~ente [-ãt]
~er [-e]
~ère [-ɛʀ]
~erie [-ʀi]
~esque [-ɛsk]
~esse [-ɛs]
~et [-ɛ]
~ette [-ɛt]
~eur [-œʀ]
~euse [-øz]
~eux [-ø]
~fication [-fikasjõ]
~fier [-fje]
~graphe [-gʀaf]
~graphie [-gʀafi]
~graphique [-gʀafik]
~ible [-ibl]
~ide [-id]
~ie [-i]
~ien [-jɛ̃]
~ienne [-jɛn]
~ier [-je]
~ière [-jɛʀ]
~if [-if]
~ifère [-ifɛʀ]
~in [-ɛ̃]
~ine [-in]
~ion [-jõ]
~ique [-ik]
~ir [-iʀ]
~isation [-izasjõ]
~ise [-iz]
~iser [-ize]
~isme [-ism]
~issage [-isaʒ]
~issant [-isã]
~issement [-ismã]
~isseur [-isœʀ]
~iste [-ist]
~ite [-it]
~ité [-ite]
~ition [-isjõ]
~ive [-iv]
~logie [-lɔʒi]
~logique [-lɔʒik]
~logiste [-lɔʒist]
~logue [-lɔg]
~ment [-mã]
~mètre [-mɛtʀ]
~métrie [-metʀi]
~métrique [-metʀik]
~oïde [-ɔid]
~oir [-waʀ]
~oire [-waʀ]
~ois [-wa]
~oise [-waz]
~on [-õ]
~onne [-ɔn]
~ose [-oz]
~ote [-ɔt]

~otte [-ɔt]
~scope [-skɔp]
~scopie [-skɔpi]
~scopique [-skɔpik]
~té [-te]
~teur [-tœʀ]
~tion [-sjõ]
~tique [-tik]
~toire [-twaʀ]
~trice [-tʀis]
~ule [-yl]
~ure [-yʀ]

Französisch – Deutsch

A

A[1], a[1] [a, a] M ‹inv› A, a n; **la bombe A** die A-Bombe; die Atombombe; fig **depuis A jusqu'à Z** ou **de A à Z** von A bis Z; vom Anfang bis zum Ende; **prouver qc par a + b** [-aplysbe] etw (fam klipp und) klar beweisen
A[2] ABR **1** (ampère[s]) A (Ampere) **2** (autoroute) A (Autobahn)
a[2] [a] → avoir[1]
a[3] ABR (are[s]) a (Ar)
à [a] PRÉP ‹„à le" wird zu **au**, „à les" zu **aux** zusammengezogen› **1** lieu: **a** question « wo? »: in, auf, an, zu (+dat); ♦ être, rester, arriver ~ **Paris** in Paris; **au Havre** in Le Havre; **au Portugal** in Portugal; **aux États-Unis** in den Vereinigten Staaten; ~ **Madagascar** auf Madagaskar; ♦ ~ **la campagne** auf dem Land; ~ **l'étranger** im Ausland; ~ **la fenêtre** am Fenster; ~ **la frontière** an der Grenze; ~ **la gare** am, auf dem Bahnhof; ~ **l'hôtel** im Hotel; **tenir un journal ~ la main** e-e Zeitung in der Hand halten; ~ **la maison** zu Hause; ~ **la mer** am Meer; an der See; **boire ~ une source** aus e-r Quelle trinken **b** question « wohin? »: nach (+dat); in, an, auf (+acc); zu (+dat); aller, envoyer ~ **Paris, au Canada, ~ Chypre** nach Paris, nach Kanada, nach Zypern; **un voyage ~ Paris** e-e Reise nach Paris; **du nord au sud** von Nord(en) nach Süd(en); **aller ~ la campagne, ~ l'étranger** aufs Land, ins Ausland gehen, fahren; fam **aller au coiffeur, au boulanger** etc zum Friseur, zum Bäcker etc gehen; **courir ~ la gare** zum Bahnhof rennen; **écrire ~ la maison** nach Hause schreiben; **jeter ~ la poubelle** in den Mülleimer werfen; → a. subst et verbes correspondants **2** temps: ~ **vingt ans** mit zwanzig (Jahren); ~ **son arrivée** bei s-r Ankunft; ~ **l'époque de Louis XIV** zur Zeit Ludwigs XIV.; ~ **six heures** um sechs (Uhr); ~ **toute heure** zu jeder Tageszeit; ouvert ganztägig; **au mois de janvier** im (Monat) Januar; ~ **sa mort** bei s-m Tode; ~ **Noël, ~ Pâques, ~ la Pentecôte** (zu, an) Weihnachten, Ostern, Pfingsten; **au printemps** im Frühling; **au premier signe** beim ersten Wink; ♦ ~ **bientôt!, ~ demain!, ~ lundi!** etc bis, auf bald!, bis, auf morgen!, bis, auf Montag! etc; ~ **ce jour** bis zum heutigen Tag **3** destination, but: **a** **marché** m **aux poissons** Fischmarkt m; **patin** m ~ **glace** Schlittschuh m; **tasse** f ~ **café** Kaffeetasse f **b** introduisant un complément d'obj indir: souvent traduit par un datif; **arracher aux flammes** den Flammen entreißen; **donner qc ~ qn** j-m etw geben; **se heurter ~ des difficultés** auf Schwierigkeiten stoßen; **penser ~ qn** an j-n denken; ♦ **fidèle ~ qn, ~ qc** j-m, e-r Sache treu; **bon ~ rien** zu nichts nütze; **c'est très aimable ~ vous** das ist sehr nett von Ihnen; ♦ elliptiquement: **au feu!** Feuer!; es brennt!; **au secours!** Hilfe!; ~ **votre santé!** auf Ihr Wohl!; prost!; ~ **toi!** du bist an der Reihe!; du bist dran!; RAD ~ **vous Paris!** Paris bitte melden!; ich rufe ou wir rufen Paris; ~ **lui de se décider** es ist an ihm, sich zu entscheiden; e r muss sich entscheiden; dédicace ~ **ma femme bien aimée** meiner lieben Frau **c** introduisant un inf: zu; **avoir beaucoup ~ faire** viel zu tun haben; **donner ~ manger, ~ boire** zu essen, zu trinken geben; ♦ **film** m ~ **voir** sehenswerter Film; **machine** f ~ **écrire** Schreibmaschine f; **problème** m ~ **résoudre** Problem, das zu lösen ist, das gelöst werden muss; **ce n'est pas un livre ~ lire avant de s'endormir** dieses Buch sollte man nicht vor dem Einschlafen lesen; **le premier ~ faire qc** der Erste, der etw tut **4** appartenance: **ce livre est ~ moi** dieses Buch gehört mir; **c'est mon livre ~ moi** das ist m e i n Buch; **il a un style ~ lui** er hat e-n eigenen Stil; **un ami ~ moi** ein Freund von mir; fam **la fille ~ ma tante** die Tochter meiner Tante; fam meiner Tante ihre Tochter; ~ **nous la liberté!** endlich sind wir frei!; fam ~ **nous les gâteaux!** her mit dem Kuchen! **5** manière: **a** moyen: ~ **bicyclette** mit dem (Fahr)-Rad; ~ **cheval** zu Pferd; ~ **crédit** auf Kredit; ~ **mes frais** auf meine Kosten; ~ **pied** zu Fuß; **se chauffer au mazout** mit Öl heizen; **écrire ~ la main, ~ la machine** mit der Hand, auf ou mit der Maschine schreiben; **instrument** m ~ **cordes** Saiteninstrument n **b** descriptif: **aux yeux bleus** mit blauen Augen; blauäugig; **film** m ~ **succès** Erfolgsfilm m; **l'homme aux lunettes noires** der Mann mit der dunklen Brille; **joli, mignon ~ croquer** zum Anbeißen (hübsch); **laid ~ faire peur** abstoßend hässlich; ♦ ~ **la française, ~ l'italienne** etc auf französische, italienische etc Art; fam ~ **la Picasso** nach Picassos Art; im Stil Picassos; fam à la Picasso; → a. aveuglette, merveille etc **c** expressions hypothétiques: ~ **ce qu'on m'a dit** soviel ich gehört habe; ~ **l'entendre on dirait qu'il …** wenn man ihn hört, könnte man meinen, (dass) er …; ~ **ce que je vois** soviel, soweit, wie ich sehe; ~ **vouloir trop faire** wenn man zu viel tun will **6** mesures et nombres: ~ **la douzaine** dutzendweise; **au kilo** vendre kiloweise; prix pro Kilo; **au poids** nach Gewicht; ~ **2 euros (la) pièce** das Stück zu 2 Euro; ~ **ce prix** für diesen Preis; zu diesem Preis; ♦ ~ **cinq** zu fünft; zu fünfen; ~ **plusieurs** zu mehreren; ~ **dix contre un** zehn gegen einen; ♦ **un ~ un** einer nach dem ander(e)n; einzeln; **goutte ~ goutte** tropfenweise; **pas ~ pas** [pɑzapɑ] Schritt für Schritt; schrittweise; ♦ ~ **10 km de la ville** 10 km von der Stadt (entfernt); ~ **100 m d'ici** 100 m von hier; **on voit ~ 50 m** man sieht 50 m weit; ♦ ~ **100 degrés** bei 100 Grad; **rouler ~ 100 ~ l'heure** mit 100 Stundenkilometern fahren; ♦ **quarante ~ cinquante mille habitants** vierzig- bis fünfzigtausend Einwohner; **4 ~ 5 heures** 4 bis 5 Stunden; **de 4 ~ 6 heures** von 4 bis 6 Uhr; **vents faibles ~ modérés** schwache bis mäßige Winde; ♦ **x est ~ a ce que b est ~ c** x verhält sich zu a wie b zu c; **gagner par trois ~ un (3-1)** (mit) drei zu eins (3:1) gewinnen
Aa [aa] l'~ m Fluss in Nordfrankreich
Abadan [abadan] GÉOG Abadan n
abaissant [abɛsɑ̃] ADJ erniedrigend; entwürdigend
abaisse [abɛs] F CUIS (ausgerollter) Teig; (Kuchen)Boden m; **abaisse-langue** M ‹inv› MÉD Zungenspatel m ou f
abaissement [abɛsmɑ̃] M **1** des prix, du niveau Senkung f; Herabsetzung f; de la température (Ab)Sinken n; artificiellement Erniedrigung f; (Ab)Senken n **2** fig et litt Erniedrigung f (a. état)
abaisser [abese] **A** V/T **1** levier herunterdrücken; nach unten stellen; ~ **la pâte** den Teig (dünner) ausrollen **2** prix, niveau senken; herabsetzen; TECH température erniedrigen; (ab)senken; MATH: perpendiculaire fällen; chiffre herunterziehen, -holen **3** fig (humilier) erniedrigen; demütigen; mérites de qn schmälern **B** V/PR **s'~** **1** terrain sich senken; abfallen **2** fig sich erniedrigen; sich demütigen; **s'~ (jusqu') à faire qc** sich herabwürdigen, etw zu tun
abandon [abɑ̃dõ] M **1** (action de quitter) Verlassen n; JUR: ~ **du domicile conjugal** böswilliges Verlassen; ~ **d'enfant** Kindesaussetzung f; ~ **de famille** Verletzung f der Unterhaltspflicht; MIL ~ **de poste** Verlassen des Postens **2** (cessation) Aufgabe f (a. SPORTS); Verzicht m (**de** auf +acc); Preisgabe f; **politique** f **d'~** Verzichtpolitik f; SPORTS **vainqueur** m **par ~** Sieger m durch Aufgabe **3** (délaissement) Verwahrlosung f; Verlassenheit f; jardin etc **être à l'~** verwahrlost sein; **laisser à l'~** maison, jardin, enfants verwahrlosen lassen; ses affaires vernachlässigen **4** (nonchalance) Ungezwungenheit f; Gelöstheit f; lässige Anmut; **avec ~** ungezwungen; gelöst **5** ~ **de soi-même** Selbstverleugnung f
abandonné [abɑ̃dɔne] ADJ **1** personne, maison etc verlassen; (négligé) verwahrlost; animal, voiture etc herrenlos; lieu, région verlassen; verödet; **terres ~es** Ödland n **2** attitude gelöst; ungezwungen
abandonner [abɑ̃dɔne] **A** V/T **1** personne verlassen; im Stich lassen; ~ **un bébé, un animal** ein Baby, ein Tier aussetzen; **ses forces l'abandonnèrent** s-e Kräfte verließen ihn **2** lieu, région (für immer) verlassen **3** métier, études, projet, combat, SPORTS etc aufgeben; biens aufgeben; verzichten auf (+acc); abs **j'abandonne!** ich gebe auf!; ~ **l'espoir** die Hoffnung aufgeben; ~ **la partie** (den Kampf) aufgeben; **faire ~ un projet à qn** j-n von e-m Vorhaben abbringen **4** ~ **qc à qn** j-m etw überlassen, preisgeben; ville etc ~ **au pillage** der Plünderung preisgeben; ~ **qn à son triste sort** j-n s-m Schicksal überlassen, preisgeben; ~ **à qn le soin de faire qc** es j-m überlassen, etw zu tun; j-m die Sorge für etw überlassen **5** ~ **les rênes** die Zügel loslassen **B** V/PR **s'~** **1** sich hingeben, sich überlassen (**à un sentiment** e-m Gefühl); **s'~ à une pensée, à la rêverie** a. e-m Gedanken, Träumereien nachhängen **2** (se détendre) ungezwungen, gelöst hinsinken; **s'~ dans un fauteuil** (mit lässiger Anmut) in e-n Sessel sinken **3** (s'épancher) sich aussprechen; sein Herz ausschütten
abasourdi [abazuʀdi] ADJ **1** par le bruit benommen; betäubt **2** (étonné) verblüfft; verdutzt; fam verdattert
abasourdir [abazuʀdiʀ] V/T **1** bruit ~ **qn** j-n (ganz) benommen machen, betäuben **2** (étonner) verblüffen; verdutzen
abâtardir [abataʀdiʀ] **A** V/T bastardieren; verderben **B** V/PR **s'~** entarten; degenerieren
abat-jour [abaʒuʀ] M ‹inv› Lampenschirm m
abats [aba] MPL Innereien pl, Kopf m und Füße mpl; Schlachtabfälle mpl
abattage [abataʒ] M **1** d'un arbre Fällen n; abs Holzfällen n, -hauen n **2** BOUCHERIE Schlach-

ten *n* 3 *fig* **avoir de l'~** Schwung haben; alle mitreißen

abattant [abatɑ̃] M (Klapp)Deckel *m*; *sur un meuble* herunterklappbare (Schreib)Platte; **~ de W.-C.** Klosettdeckel *m*, -brille *f*

abattement [abatmɑ̃] M 1 FIN Abschlag *m*; Nachlass *m*; Ermäßigung *f*; *impôt sur le revenu* **~ à la base** (Steuer)Freibetrag *m* 2 *d'une personne* a *physique* Mattigkeit *f*; Kraftlosigkeit *f*; Schwäche *f* b *moral* Niedergeschlagenheit *f*; **tirer qn de son ~** j-n aufrichten

abattis [abati] MPL 1 *de volaille* (Hühner-, Gänse)Klein *n* 2 *fam fig* Gliedmaßen *fpl*; Extremitäten *fpl*; *fam* Knochen *mpl*; *menace* **tu peux numéroter tes ~!** *fam* lass deine Knochen nummerieren!

abattoir [abatwaʀ] M *souvent* PL **~s** Schlachthaus *n*, -hof *m*; *fig* **envoyer les soldats à l'~** die Soldaten in ein Blutbad schicken, *fam* verheizen

abattre [abatʀ] ⟨→ battre⟩ A V/T 1 *arbre* fällen; SPORTS **~ son adversaire** s-n Gegner zu Boden werfen; **~ un avion** ein Flugzeug abschießen; **~ un mur, une maison** eine Mauer, ein Haus niederreißen 2 *animal de boucherie* schlachten; CH erlegen; schießen; zur Strecke bringen; **~ un animal blessé** ein verletztes Tier töten 3 **~ qn (à coups de revolver** *etc*) j-n niederschießen, erschießen, *péj* abknallen; **~ qn à coups de matraque** j-n zu Tode knüppeln; *fig* **l'homme** *m* **à ~** der Mann, der erledigt, *fam* abgeschossen werden muss; *par ext* **~ une puissance ennemie** e-e feindliche Macht niederwerfen 4 **~ de la besogne, du travail** flink, tüchtig arbeiten; *fam* viel, e-e Menge wegarbeiten 5 **~ son jeu, ses cartes** s-e Karten aufdecken, (offen) auf den Tisch legen (*a. fig*) 6 *fièvre, maladie* **~ qn** j-n schwächen, entkräften; **le moindre effort l'abat** die kleinste Anstrengung nimmt ihm jegliche Kraft, verbraucht s-e Kräfte 7 *malheur, échec* **~ qn** j-n niedergeschlagen machen, niederdrücken; **il ne faut pas se laisser ~** man darf sich nicht unterkriegen lassen B V/PR 1 **s'~** *arbre, mât* umstürzen; *cheval* stürzen; *personne* zusammensacken; *avion* abstürzen; **l'avion s'est abattu sur une maison** das Flugzeug ist auf ein Haus gestürzt 2 **s'~ sur** *pluie* niedergehen, -prasseln auf (+*acc*); *orage* niedergehen auf (+*acc*); *rapace* herabschießen auf (+*acc*); *nuée d'oiseaux* sich niederlassen auf (+*dat*); *sauterelles* herfallen über (+*acc*); *fig malheur* kommen über (+*acc*); **les coups s'abattaient sur lui** die Schläge prasselten, hagelten auf ihn nieder

abattu [abaty] ADJ 1 (*affaibli*) geschwächt; matt; kraftlos 2 (*déprimé*) niedergeschlagen, -gedrückt

abbatial [abasjal] ADJ ⟨-aux⟩ Abtei...; Abts...; **église ~e** *ou subst* **~e** *f* Abteikirche *f*

abbaye [abei] F Abtei *f*; **~ bénédictine** Benediktinerabtei *f*

abbé [abe] M ÉGL 1 *en France* Geistliche(r) *m*, Pfarrer *m* (*der nicht „curé" ist*); *suivi du nom* Abbé *m*; *appellatif* **Monsieur l'~** Herr Pfarrer 2 *d'un monastère* Abt *m*

abbesse [abɛs] F ÉGL Äbtissin *f*

Abbeville [abvil] *Stadt im Dep. Somme*

abc [abese] M ⟨inv⟩ 1 (*abécédaire*) Abc-Buch *n*; Fibel *f* 2 *fig d'un métier etc* Abc *n*; Einmaleins *n*; Anfangsgründe *mpl*; **l'~ du bricolage** das Bastel-Abc; **n'en être qu'à l'~ de qc** erst die Anfangsgründe von etw kennen

abcès [apsɛ] M MÉD Abszess *m*; *fig* **crever l'~** das Übel an der Wurzel packen

abdication [abdikasjõ] F 1 *d'un souverain* Abdankung *f* 2 *fig* Verzicht *m* (**de** auf +*acc*); Aufgabe *f*; Kapitulation *f* (**devant** vor +*dat*)

abdiquer [abdike] A V/T *litt* 1 **~ la couronne** dem Thron entsagen 2 *fig* verzichten auf (+*acc*); aufgeben B V/I 1 *souverain* abdanken (**en faveur de** zugunsten +*gén*) 2 *fig* aufgeben; verzichten; kapitulieren (**devant** vor +*dat*); **j'abdique** ich gebe auf

abdomen [abdɔmɛn] M ANAT Bauch *m*; Unterleib *m*; *t/t* Abdomen *n*

abdominal [abdɔminal] ⟨*mpl* -aux⟩ A ADJ ANAT Bauch...; Unterleibs...; *t/t* abdominal; **muscles abdominaux** Bauchmuskeln *mpl* B SUBST **abdominaux** *mpl* Bauchmuskeln *mpl*; *par ext* SPORTS **faire des abdominaux** Übungen *fpl* zur Kräftigung der Bauchmuskeln machen

abducteur [abdyktœʀ] ADJ ⟨*nur m*⟩ ANAT **muscle ~** *ou subst* **~** *m* Abduktor *m*; Streckmuskel *m*; Strecker *m*

abduction [abdyksjõ] F PHYSIOL Abduktion *f*; Wegbewegung *f* von der Körperachse; Abspreizen *n* (*der Finger und Zehen*)

abécédaire [abesedɛʀ] M Abc-Buch *n*; Fibel *f*

abeille [abɛj] F ZOOL Biene *f*; *poét* Imme *f*; **~ ouvrière** Arbeiterin *f*; **venin** *m* **d'~** Bienengift *n*; **se faire piquer par une ~** von e-r Biene gestochen werden

Abel [abɛl] M *Vorname*

Abélard [abelaʀ] M PHIL Abälard *m*

aber [abɛʀ] M *en Bretagne* kleiner Fjord

aberrant [abɛʀɑ̃] ADJ abwegig; irrig; *plus fort* irrsinnig; aberwitzig; absurd

aberration [abɛʀasjõ] F 1 Verirrung *f*; Geistesverwirrung *f*; *par ext* Absurdität *f*; **dans un moment d'~** in e-m Augenblick geistiger Umnachtung; **quelle ~!** was für e-e Verirrung! 2 ASTRON, OPT Aberration *f*; BIOL **~ chromosomique** Chromosomenaberration *f*

abêtir [abetiʀ] A V/T verdummen; abstumpfen B V/PR **s'~** verdummen; verblöden; **abêtissant** ADJ stumpfsinnig; geisttötend; **abêtissement** M Verdummung *f*; Verblödung *f*; *état a.* Stumpfsinn *m*

abhorrer [abɔʀe] *litt* V/T verabscheuen

Abidjan [abidʒɑ̃] GÉOG Abidjan *n*

abîme [abim] M 1 Abgrund *m*; (grundlose) Tiefe; *litt* Schlund *m*; REL **les ~s de l'enfer** der Höllenschlund 2 *fig* Abgrund *m*; **un ~ de désespoir** *etc* abgrundtiefe Verzweiflung *etc*; *st/s* ein Abgrund von Verzweiflung *etc*; *souvent iron* **un ~ de science** e-e Leuchte der Wissenschaft; *fam* ein gelehrtes Haus; **il y a un ~ entre nous** zwischen uns liegt ein Abgrund, e-e unüberbrückbare Kluft; uns trennen Welten; **être au bord de l'~** am Rande des Abgrunds stehen; **être au fond de l'~** auf dem Tiefpunkt angelangt sein

abîmer [abime] A V/T 1 *objet* beschädigen; *fam* ramponieren; kaputt machen; *aliments* verderben; *physique* verunstalten; *cheveux* strapazieren; *santé* angreifen; *plus fort* ruinieren; **~ son pantalon neuf** s-e neue Hose beschmutzen *ou* zerreißen; *fam* s-e neue Hose ramponieren; *adjt* **abîmé** beschädigt; schadhaft; *fam* ramponiert; kaputt; *denrées* verdorben; *cheveux* strapaziert 2 *fam* **~ qn** j-n übel zurichten; **il a été drôlement abîmé** er ist übel zugerichtet worden B V/PR 1 **s'~** *objets* beschädigt, *fam* ramponiert werden; schadhaft werden; *denrées* verderben; schlecht werden; *objets, denrées fam* kaputtgehen; *tissu* **s'~ facilement** *a.* sehr empfindlich sein 2 **s'~ les yeux, la vue** sich (*dat*) die Augen verderben 3 *litt* **s'~ dans** versinken in (+*dat*); *dans ses pensées* sich versenken in (+*acc*)

abject [abʒɛkt] ADJ niederträchtig; gemein; schändlich

abjection [abʒɛksjõ] F Verworfenheit *f*; tiefste Erniedrigung

abjuration [abʒyʀasjõ] F Abschwörung *f*; HIST **l'~ d'Henri IV** der Übertritt Heinrichs IV. zum Katholizismus; **faire ~ de qc** e-r Sache (*dat*) abschwören

abjurer [abʒyʀe] V/T abschwören (+*dat*)

ablatif [ablatif] M GRAM Ablativ *m*

ablation [ablasjõ] F 1 MÉD operative Entfernung; *t/t* Ablation *f* 2 GÉOL Abtragung *f*; *t/t* Ablation *f*

ablette [ablɛt] F ZOOL Weißfisch *m*

ablution [ablysjõ] F 1 REL (rituelle) Waschung 2 *fam plais* **faire ses ~s** sich waschen

abnégation [abnegasjõ] F Selbstverleugnung *f*; Selbstlosigkeit *f*; Opferbereitschaft *f*, -geist *m*; **plein d'~** opferbereit, -willig; **faire acte d'~** sich aufopfern (*a. plais*)

aboiements [abwamɑ̃] MPL 1 Gebell *n*; Bellen *n* 2 *fig et péj* Belfern *n*; Gezeter *n*; Geschrei *n*; **les ~ de la critique** das Gezeter der Kritik

abois LOC ADJ **aux ~** [ozabwa] a CH *cerf* von der Meute gestellt b *fig personne* in äußerster Bedrängnis; in e-r verzweifelten, ausweglosen Lage; **mettre qn aux ~** j-n in äußerste Bedrängnis bringen

abolir [abɔliʀ] V/T 1 abschaffen; aufheben; **~ une loi, la peine de mort** ein Gesetz, die Todesstrafe abschaffen *ou* aufheben 2 *fig* **l'avion a aboli les distances** das Flugzeug hat die Entfernungen schrumpfen lassen

abolition [abɔlisjõ] F Abschaffung *f*; Aufhebung *f*; **~ de l'esclavage, de la peine de mort** Abschaffung *f* der Sklaverei, der Todesstrafe; HIST **l'~ des privilèges** die Abschaffung der Adelsprivilegien

abolitionnisme [abɔlisjɔnism] M HIST *aux U.S.A.* Abolitionismus *m*; **abolitionniste** A ADJ abolitionistisch B M/F Abolitionist(in) *m(f)*

abominable [abɔminabl] ADJ *crime, par ext temps etc* abscheulich; scheußlich; gräulich; **odeur** *f* **~** scheußlicher Geruch

abomination [abɔminasjõ] F Abscheulichkeit *f*; Scheußlichkeit *f*; Schändlichkeit *f*; *action a.* Gräuel *m*; BIBL **l'~ de la désolation** der Gräuel der Verwüstung; **avoir qc, qn en ~** etw, j-n verabscheuen; **dire des ~s** abscheuliche Dinge sagen; **c'est une ~!** das ist ja abscheulich!

abominer [abɔmine] *litt* V/T verabscheuen; Abscheu empfinden vor (+*dat*)

abondamment [abõdamɑ̃] ADV reichlich; ausgiebig; **~ illustré** reich illustriert; **boire et manger ~** reichlich, ausgiebig essen und trinken; **se servir ~** kräftig zulangen; **suer ~** stark schwitzen

abondance [abõdɑ̃s] F Fülle *f*; Überfluss *m*; **~ de blé** Überfluss an Weizen; **l'~ de la documentation** die Fülle der Dokumente; **une ~ de marchandises** e-e Fülle von Waren; e-e Warenfülle; **l'~ des récoltes** die reichen Ernteerträge *mpl*; MYTH **corne** *f* **d'~** Füllhorn *n*; BIBL **les sept années d'~ et les sept années de famine** die sieben fetten und die sieben mageren Jahre; *loc adv* **en ~** reichlich; *plus fort* im Überfluss; in Hülle und Fülle; **il y a ~ de beurre** Butter ist im Überfluss vorhanden; **parler avec ~** ausführlich sprechen (**de** über + *acc*); *abs* wortreiche Reden führen; redselig sein; *st/s* **parler d'~** aus dem Stegreif reden; **vivre dans l'~** im Überfluss leben; *prov* **~ de biens ne nuit pas** besser zu viel als zu wenig; je mehr, desto besser

abondant [abõdɑ̃] ADJ reichlich; ausgiebig; üppig; **peu ~** wenig ergiebig; spärlich; dürftig; **~e chevelure** Haarfülle *f*, -pracht *f*; **nourriture ~e** reichliche, üppige Nahrung; **pluies ~es** ausgiebige Regenfälle *mpl*; **récolte ~e** reiche Ernte; **style ~** Reichtum *m* der Ausdrucksmittel; reiche Sprache

abonder [abõde] A VT INDIR **~ en qc** an etw (*dat*) Überfluss haben; etw im Überfluss besitzen; **cette région abonde en fruits** dies ist eine reiche Obstgegend B VI 1 reichlich, im Überfluss vorhanden sein; **les fautes abondent dans ce texte** dieser Text strotzt *ou* wimmelt von Fehlern; es wimmelt von Fehlern in diesem Text; **le gibier abonde cet automne** diesen Herbst gibt es reichlich Wild 2 **~ dans le sens de qn** j-m voll und ganz beipflichten

abonné(e) [abɔne] M(F) *à un journal* Bezieher(in) *m(f)*; Abonnent(in) *m(f)* (*a.* THÉ); *au gaz, à l'électricité* Kunde *m*, Kundin *f*; CH DE FER Zeitkarteninhaber(in) *m(f)*; **~s au** *ou* **du gaz** Gaskunden *mpl*; **~s du** *ou* **au téléphone** Fernsprechteilnehmer *mpl*; TÉL **il n'y a pas d'~ au numéro que vous avez demandé** kein Anschluss unter dieser Nummer

abonnement [abɔnmɑ̃] M *à un journal*, THÉ Abonnement *n*; *à un journal a.* (laufender, fester) Bezug; THÉ *a.* Miete *f*; **~ annuel** Jahresabonnement *n*; **~ à un journal** Zeitungsabonnement *n*; **~ de théâtre** Theaterabonnement *n*; **carte** *f* **d'~** *pour transports en commun* Zeitkarte *f*; *pour musées, piscine* Dauerkarte *f*; **conditions** *fpl* **d'~** Bezugs-, Abonnementsbedingungen *fpl*; **période** *f* **d'~** Bezugszeit *f*; Abonnementsdauer *f*; **prendre, souscrire un ~ à un journal** e-e Zeitung abonnieren; **prendre un ~** ein (Theater-, Konzert)Abonnement *ou* e-e Dauerkarte nehmen

abonner [abɔne] A VT 1 **~ qn à un journal** für j-n e-e Zeitung abonnieren; **être abonné à un périodique** auf e-e Zeitschrift abonniert sein; e-e Zeitschrift beziehen, halten 2 *fam encore un accident*, **tu y es abonné!** *fam* du bist wohl drauf abonniert! B V/PR **s'~ à une revue** e-e Zeitschrift abonnieren; **s'~ à un théâtre** ein Abonnement für ein Theater nehmen

abord [abɔʀ] M 1 **~s** *pl* (unmittelbare, nächste) Umgebung; **aux ~s de Berlin** in der unmittelbaren Umgebung, am Stadtrand von Berlin 2 (*accès*) *lieu, fig œuvre, auteur* **d'un ~ facile, difficile** leicht, schwer zugänglich; *personne* **être d'un ~ facile** umgänglich sein; **il est d'un ~ difficile** mit ihm ist schwer Kontakt zu bekommen; **il est d'un ~ aimable** er hat ein freundliches Wesen 3 LOC ADV **d'~** zuerst; zunächst; als Erstes; **le travail d'~** (zu)erst die Arbeit; die Arbeit geht vor; **tout d'~** zu(aller)erst; **dès l'~** von Anfang an; gleich zu Anfang; **au premier ~, de prime ~** auf den ersten Blick; zunächst

abordable [abɔʀdabl] ADJ 1 *personne, lieu* zugänglich; **un homme peu ~** ein nicht sehr zugänglicher Mensch 2 *prix* erschwinglich; **d'un prix ~** (im Preis) erschwinglich

abordage [abɔʀdaʒ] M MAR 1 *assaut* Entern *n*, -ung *f*; **monter à l'~** am Schiff hochklettern, um es zu entern; **prendre un navire à l'~** ein Schiff entern; **à l'~!** entert das Schiff!; *fig* ran an den Feind! 2 *accident* Kollision *f*; (Schiffs)Zusammenstoß *m*

aborder [abɔʀde] A VT 1 MAR *navire ennemi* entern 2 MAR (*heurter*) kollidieren, zusammenstoßen mit; rammen 3 **~ qn** j-n ansprechen, anreden; **être abordé par qn** von j-m angesprochen werden; **se faire ~** angesprochen werden 4 (*arriver à*) herangehen, -kommen an (*+acc*); *véhicule* heranfahren an (*+acc*); *avion: piste* anfliegen; *cavalier: obstacle* angehen; **~ un carrefour avec prudence** vorsichtig an e-e Kreuzung heranfahren; **~ le virage à grande vitesse** mit hoher Geschwindigkeit in die Kurve fahren; **après le théâtre, il a abordé le cinéma** nach dem Theater hat er sich dem Film zugewandt 5 *sujet, question* anschneiden; zur Sprache bringen; aufgreifen; ansprechen; zu sprechen kommen auf (*+acc*) B VI MAR anlegen; landen; **~ dans une île** auf e-r Insel landen C V/PR **s'~** sich einander nähern; **s'~ amicalement** in freundschaftlichen Kontakt miteinander treten

aborigène [abɔʀiʒɛn] A ADJ *faune, végétation* einheimisch; **population** *f* **~** Urbevölkerung *f* B MPL **~s** Urbewohner *mpl*; Ureinwohner *mpl*; Eingeborene(n) *pl*

abortif [abɔʀtif] MÉD, PHARM A ADJ ⟨-ive⟩ abtreibend; Abtreibungs…; **pilule abortive** Abtreibungspille *f* B M Abtreibungsmittel *n*

aboucher [abuʃe] A VT (an den Enden) verbinden B V/PR **s'~ avec qn** sich mit j-m in Verbindung setzen; mit j-m Kontakt aufnehmen

Aboukir [abukiʀ] GÉOG Abukir *n*

abouler [abule] A VT *arg* (*donner*) *fam* rausrücken; **aboule le fric!** *fam* rück den Zaster raus!; *abs* **aboule!** her damit! B VI (*et* V/PR) **(s')~** *arg* (*arriver*) *fam* antanzen

aboulie [abuli] F MÉD (krankhafte) Willenlosigkeit; *t/t* Abulie *f*; **aboulique** ADJ (krankhaft) willenlos, entschlusslos

abouter [abute] VT (mit den Enden) aneinanderfügen, zusammenfügen; verbinden

aboutir [abutiʀ] A VT INDIR **~ à** 1 *fleuve, rue etc* münden in (*+acc*); *rue a.* enden in (*+dat*); **cette rue aboutit à la place Vendôme** diese Straße mündet in die Place Vendôme, endet auf der Place Vendôme 2 *personne* kommen, gelangen zu; **~ à, dans un village** zu e-m Dorf kommen 3 *fig mesures, négociations etc* führen zu; **n'~ à rien** zu nichts führen B VI 1 *négociations, recherches etc* zu etwas führen; zu e-m Ergebnis führen; **ne pas ~** *a.* ergebnislos bleiben, verlaufen; **faire ~ qc** etw zu e-m guten Ende führen; etw zum Abschluss bringen 2 *personne* zu e-m Ergebnis gelangen, kommen

aboutissants [abutisɑ̃] MPL → tenant B 2;

aboutissement M Ergebnis *n*; Erfolg *m*

aboyer [abwaje] ⟨-oi-⟩ A VT **~ des ordres** *fam* Befehle schnauzen, belfern B VI 1 *chien* bellen; *pour avertir* anschlagen; **~ après les passants** die Passanten anbellen 2 *fig personne* belfern; zetern; schreien; **~ après qn** j-n anbrüllen, anschreien

aboyeur [abwajœʀ] A ADJ ⟨-euse⟩ **chien ~** Hund, der viel bellt B M 1 CH Hetzhund *m* 2 *fig d'une personne* Ausrufer *m*; *péj* Schreier *m* 3 ZOOL Grünschenkel *m*

abracadabra [abʀakadabʀa] M Abrakadabra *n*

abracadabrant [abʀakadabʀɑ̃] ADJ wunderlich; unwahrscheinlich; grotesk; **histoire ~e** unwahrscheinliche, *fam* tolle Geschichte

Abraham [abʀaam] M BIBL Abraham *m*

abraser [abʀaze] VT 1 abschleifen; abreiben; abscheuern 2 MÉD ab-, ausschaben

abrasif [abʀazif] A ADJ ⟨-ive⟩ abschleifend; scheuernd; Schleif… B M Scheuermittel *n*; TECH Schleifmittel *n*

abrasion [abʀazjõ] F 1 TECH Abschleifen *n*; Abrieb *m* 2 GÉOL Abrasion *f* 3 MÉD Ab-, Ausschabung *f*

abrégé [abʀeʒe] M 1 *d'un livre etc* Kurzfassung *f* 2 *d'une science* (kurzer) Abriss 3 LOC ADV **en ~** in Kurzfassung; (ab)gekürzt; kurz gesagt; **mot** *m* **en ~** abgekürzt geschriebenes Wort; Kurzwort *n*; **écrire en ~** abgekürzt schreiben; **voilà, en ~, mon impression** das ist, kurz gesagt, mein Eindruck

abrègement *ou* **abrégement** [abʀɛʒmɑ̃] M *d'un texte, d'un mot* Kürzung *f*; *de la vie, d'un délai* Verkürzung *f*

abréger [abʀeʒe] VT ⟨-è-; -geons⟩ *livre, discours, texte* kürzen; *mot, itinéraire, voyage, souffrances* ab-, verkürzen; *abs*: **pour ~** um mich kurzzufassen; **abrégeons!** machen wir's kurz!; *fam* **abrège!** mach's kurz!; zur Sache!; *adjt* **mot abrégé** Kurzwort *n*; **sous une forme abrégée** in gekürzter Form

abreuvement [abʀœvmɑ̃] M *d'animaux* Tränken *n*

abreuver [abʀœve] A VT 1 *animaux* tränken 2 (*imbiber*) (durch)tränken (*a.* TECH); **sol abreuvé d'eau** völlig durchnässter, durchtränkter Boden 3 *fig* **~ qn de compliments, d'injures** j-n mit Komplimenten, Beleidigungen überschütten, -häufen B V/PR **s'~** *animal* trinken; *fam personne* ausgiebig trinken, s-n Durst löschen

abreuvoir [abʀœvwaʀ] M Tränke *f*

abréviatif [abʀevjatif] ADJ ⟨-ive⟩ Abkürzungs…; **signe ~** Abkürzungszeichen *n*

abréviation [abʀevjasjõ] F Abkürzung *f*; **liste** *f* **des ~s** Abkürzungsverzeichnis *n*

abri [abʀi] M 1 Schutzdach *n*; (*cabane*) Schutzhütte *f*; *à l'arrêt d'un bus* Wartehäuschen *n*; *fig* (*protection*) Schutz *m*; *par ext* (*habitation*) Obdach *n*; Unterkunft *f*; Unterschlupf *m*; **~ contre la pluie** Schutz gegen Regen; *loc prép* **à l'~ de** sicher vor (*+dat*); geschützt gegen; *st/s* gefeit gegen; **à l'~ du vent** windgeschützt; im Windschatten; **être à l'~** in Sicherheit, sicher sein; **être à l'~ du besoin** keine Not leiden; **être à l'~ de pareilles erreurs** gegen solche Fehler gefeit sein; **mettre à l'~** unterstellen; in Sicherheit bringen; **se mettre à l'~** sich unterstellen; Schutz suchen; unterschlüpfen; MIL in Deckung gehen; **être sans ~** obdachlos sein 2 MIL Unterstand *m*; *pour les civils* Schutzraum *m*; **~ antiaérien** Luftschutzraum *m*, -keller *m*, -bunker *m*

abribus [abʀibys] M Wartehäuschen *n*

abricot [abʀiko] M 1 Aprikose *f*; *autrich* Marille *f* 2 ADJT ⟨*inv*⟩ aprikosenfarbig; **pêche** *f* **~** gelber Pfirsich

abricotier [abʀikɔtje] M BOT Aprikosenbaum *m*; Aprikose *f*

abriter [abʀite] A VT 1 (*protéger*) Schutz bieten (**qn** j-m), schützen (**de** gegen; vor *+dat*); *adjt* **abrité** (wind-, wetter)geschützt 2 *maison: personnes* aufnehmen; *musée: œuvre etc* bergen; beherbergen; **cette maison abrite six familles** in diesem Haus wohnen sechs Familien B V/PR **s'~** 1 sich schützen (**du soleil** vor der Sonne, gegen die Sonne); Schutz suchen (**derrière un arbre** hinter e-m Baum); sich unterstellen; MIL in Deckung gehen 2 *fig* **s'~ derrière qn, derrière la loi** sich hinter j-m, hinter dem Gesetz verschanzen

abrivent [abʀivɑ̃] M AGR, JARD Windschutz *m*

abrogatif [abʀɔgatif] ADJ ⟨-ive⟩ aufhebend;

abrogation F JUR Aufhebung *f*; Außerkraftsetzung *f*

abroger [abʀɔʒe] VT ⟨-geons⟩ *loi* aufheben; außer Kraft setzen

abrupt [abʀypt] ADJ 1 *pente etc* steil; abschüssig; schroff; jäh abfallend 2 *attitude, réponse* schroff; **question ~e** unvermittelte, direkte Frage

abruptement [abʀyptəmɑ̃] ADV unvermittelt; plötzlich; abrupt

abruti [abʀyti] A ADJ 1 *par un travail, par le bruit etc* stumpfsinnig (geworden), abgestumpft, verblödet, benommen (**de, par** durch) 2 *fam* (*idiot*) blöd; doof B SUBST **~(e)** *m(f)* *injure* blöder Kerl; Blödmann *m*; blöde Ziege, Kuh; *all Sud a.* Depp *m*; **espèce d'~!** du Idiot!

abrutir [abʀytiʀ] A VT stumpfsinnig, benommen machen; abstumpfen; verdummen B V/PR **s'~** stumpfsinnig werden; abstumpfen;

verblöden; verdummen; **s'~ de travail** *fam* sich kaputtarbeiten
abrutissant [abʀytisɑ̃] ADJ stumpfsinnig; geisttötend; **travail ~** stumpfsinnige, geisttötende Arbeit; **vacarme ~** ohrenbetäubender Lärm
abrutissement [abʀytismɑ̃] M Verdummung *f*; Verblödung *f*; *état a.* Stumpfsinn *m*
Abruzzes [abʀyz] **les ~** *fpl* die Abruzzen *pl*
ABS [abeɛs] M ABR (Anti-lock Braking System) ABS *n* (Antiblockiersystem)
abscisse [apsis] F MATH Abszisse *f*
abscons [apskõ] ADJ ⟨-onse [-õs]⟩ schwer verständlich; dunkel
absence [apsɑ̃s] F **1** Abwesenheit *f*; Fehlen *n*; Ausbleiben *n*; *d'une personne a.* Nichterscheinen *n*; Fernbleiben *n*; **~ de bruit, d'enfants, de ressources** Geräusch-, Kinder-, Mittellosigkeit *f*; **l'~ de père** das Fehlen e-s Vaters; **les ~s d'un élève** das wiederholte Fehlen e-s Schülers; **~ pour cause de maladie** Abwesenheit *etc* wegen Krankheit; *loc prép* **en l'~ du ministre** *etc* in Abwesenheit des Ministers *etc*; **en l'~ de preuves** mangels Beweisen; **pendant son ~** während s-r Abwesenheit; **regretter, remarquer l'~ de qn** j-n vermissen **2** **avoir des ~s (de mémoire)** an Gedächtnisschwäche, -schwund, -ausfall leiden; Gedächtnislücken haben; **avoir des ~s** *(être distrait)* zeitweilig geistesabwesend sein, *fam* abschalten, nicht da sein
absent [apsɑ̃] **A** ADJ **1** abwesend; **être ~** *personne* abwesend sein; nicht da sein; fehlen; *qualité, sentiment etc* fehlen; **être ~ au** *ou* **du débat** bei der Debatte fehlen, abwesend sein; **être ~ de son bureau** nicht in s-m Büro sein; **être porté ~** als fehlend, abwesend geführt werden **2** *(distrait)* geistesabwesend; zerstreut; unaufmerksam **B** SUBST **~(e)** *m(f)* Abwesende(r) *m/f(m)*; *prov* **les ~s ont toujours tort** die Abwesenden haben immer Unrecht
absentéisme [apsɑ̃teism] M (häufiges) Fernbleiben von der Arbeit; ADMIN Fehlzeiten *fpl*; *fam* Krankfeiern *n*; **~ scolaire** (häufiges) unentschuldigtes Fernbleiben vom Unterricht; *fam* Schulschwänzen *n*
absentéiste [apsɑ̃teist] M/F j-d, der (häufig) der Arbeit fernbleibt
absenter [apsɑ̃te] V/PR **s'~** weggehen, sich (kurz) entfernen (**de** von); **s'~ de son poste** s-n Arbeitsplatz verlassen
abside [apsid] F ARCH Apsis *f*
absinthe [apsɛ̃t] F **1** BOT Wermut *m* **2** *liqueur* Absinth *m*
absolu [apsɔly] **A** ADJ **1** absolut; unbedingt; völlig; POL *a.* unumschränkt; **confiance ~e** unbedingtes Vertrauen; **impossibilité ~e** völlige Unmöglichkeit; **majorité ~e** absolute Mehrheit; **monarchie ~e** absolute Monarchie; **nécessité ~e** zwingende Notwendigkeit; **pouvoir ~** unumschränkte Gewalt; PHYS **zéro ~** absoluter Nullpunkt; **être trop ~ dans ses jugements** zu ausschließlich, kompromisslos urteilen **2** GRAM absolut; *verbe transitif* **pris dans un sens ~** absolut, ohne Objekt gebraucht **B** M **1** PHIL **l'~** das Absolute, Unbedingte **2** LOC ADV **dans l'~** losgelöst von der Wirklichkeit; rein theoretisch
absolument [apsɔlymɑ̃] ADV **1** unbedingt; absolut; *avec adj a.* völlig; ganz und gar; schlechterdings; *en réponse* **~!** unbedingt!; durchaus!; aber sicher!; **~ pas!** keinesfalls!; durchaus nicht!; *fam* in keinster Weise!; **~ faux** völlig falsch; **~ nécessaire** unbedingt nötig; **c'est ~ défendu** das ist streng verboten **2** GRAM **employé ~** absolut gebraucht
absolution [apsɔlysjõ] F REL CATH Absolution *f*; Lossprechung *f*; **donner l'~ à qn** j-m die Absolution erteilen
absolutisme [apsɔlytism] M POL Absolutismus *m*; **absolutiste** ADJ absolutistisch
absorbant [apsɔʀbɑ̃] ADJ **1** absorbierend; aufsaugend; *pour le bruit* schallschluckend; **pouvoir ~** Absorptionsvermögen *n* **2** *fig* in Anspruch nehmend; **lecture ~e** Lektüre, die einen stark beschäftigt; **travail ~** Arbeit, die einen stark in Anspruch nimmt
absorber [apsɔʀbe] **A** V/T **1** *(résorber)* (in sich) aufnehmen; *liquide a.* aufsaugen; *t/t* absorbieren; *par ext marché* **~ un produit** ein Produkt aufnehmen **2** *(avaler) aliment* zu sich nehmen; **~ un médicament** ein Medikament einnehmen **3** *fig capitaux etc* aufzehren; (ver)schlucken; verschlingen; **~ une entreprise** ein Unternehmen schlucken **4** *travail etc* **~ qn** j-n (stark, ganz) in Anspruch nehmen; **~ l'attention de qn** j-s Aufmerksamkeit fesseln; *adjt* **absorbé (dans ses pensées)** in Gedanken versunken, vertieft; ganz in Gedanken; geistesabwesend; **avoir l'air absorbé** gedankenverloren dreinschauen; **être absorbé dans sa lecture, son travail** in s-e Lektüre, Arbeit vertieft sein **B** V/PR **s'~ dans qc** sich in etw *(acc)* vertiefen, versenken; in etw *(dat)* aufgehen
absorbeur [apsɔʀbœʀ] M TECHNIQUE DE RÉFRIGÉRATION Absorber *m*
absorption [apsɔʀpsjõ] F **1** Aufnahme *f*; *de liquides a.* Aufsaugung *f*; *t/t* Absorption *f* **2** *de médicaments* Einnahme *f* **3** *fig* Aufgehen *n* (**de l'individu par, dans le groupe** des Individuums in der Gruppe)
absoudre [apsudʀ] V/T ⟨j'absous, il absout, nous absolvons; j'absolvais; j'absoudrai; que j'absolve; absolvant; absous, absoute⟩ **1** REL CATH lossprechen; absolvieren **2** *st/s* **~ qn** j-m vergeben, verzeihen
absoute [apsut] F ÉGL CATH Tumbagebete *npl*
abstenir [apstəniʀ] V/PR ⟨→ venir⟩ **1** **s'~ de qc** sich e-r Sache *(gén)* enthalten; etw unterlassen; auf etw *(acc)* verzichten; **s'~ d'alcool, de café** Alkohol, Kaffee meiden; keinen Alkohol, Kaffee trinken; *abs* **s'~** nichts sagen *ou* unternehmen; die Finger davonlassen; **s'~ de tout commentaire** sich jeglichen Kommentars enthalten; **s'~ de critiquer qn** es unterlassen, j-n zu kritisieren; j-n (bewusst) nicht kritisieren **2** *scrutin abs* **s'~** sich der Stimme enthalten
abstention [apstɑ̃sjõ] F **1** Enthaltung *f*; ADMIN *a.* Untätigkeit *f* **2** *aux élections* Stimmenthaltung *f*; **forte ~** hohe Zahl von Stimmenthaltungen; *la motion a. été adoptée* **par vingt voix et deux ~s** mit zwanzig Stimmen bei zwei Enthaltungen
abstentionnisme [apstɑ̃sjɔnism] M Stimmenthaltung *f*; Wahlmüdigkeit *f*; **abstentionniste** M/F Nichtwähler(in) *m(f)*
abstinence [apstinɑ̃s] F REL Abstinenz *f*; Enthaltsamkeit *f*; CATH **jour** *m* **d'~** Abstinenztag *m*; **faire ~** Enthaltsamkeit üben *(a. fig)*
abstinent [apstinɑ̃] ADJ REL *et fig* abstinent; enthaltsam
abstraction [apstʀaksjõ] F **1** Abstraktion *f* *(action et résultat)*; abstrakter Begriff; *péj* leere Abstraktion; wirklichkeitsfremde Vorstellung; **être une ~ pour qn** für j-n Theorie sein **2** **faire ~ de** absehen von; unberücksichtigt lassen; beiseitelassen; **~ faite de** abgesehen von; wenn man von … absieht
abstraire [apstʀɛʀ] ⟨→ traire⟩ **A** V/T abstrahieren **B** V/PR **s'~** s-e Umwelt vergessen; **s'~ de qc** sich (geistig, innerlich) von etw lösen
abstrait [apstʀɛ] **A** ADJ ⟨-aite [-ɛt]⟩ abstrakt, unanschaulich *(a. péj)*; (rein) begrifflich; **art ~** abstrakte Kunst; **idée ~e** abstrakter Begriff; GRAM **nom ~** Abstraktum *n*; abstraktes Substantiv; **peintre ~** abstrakter Maler **B** M **1** **l'~** das Abstrakte; *loc adv* **dans l'~** abstrakt; in abstracto **2** PEINT abstrakter Maler; Abstrakte(r) *m*
absurde [apsyʀd] **A** ADJ absurd; unsinnig; sinnwidrig, -los; widersinnig; *propos a.* ungereimt; **idée** *f* **~** absurde Idee; **raisonnement** *m* **~** unsinnige, widersinnige Argumentation; **il est ~ de** *(+inf)* es ist absurd *etc* zu *(+inf)*; *à qn* **ne sois pas ~!** sei nicht unvernünftig!; red keinen Unsinn! **B** M **l'~** das Absurde; **démonstration** *f* **par l'~** Aufzeigen *n* der Widersinnigkeit des Gegenteils; *t/t* apagogischer Beweis
absurdité [apsyʀdite] F **1** *de qc* Unsinnigkeit *f*; Absurdität *f*; Sinnwidrigkeit *f*, -losigkeit *f*; Widersinn(igkeit) *m(f)*; Ungereimtheit *f*; *de qn* Unvernunft *f* **2** *parole, acte* Unsinn *m*; Absurdität *f*; **dire des ~s** Unsinn, ungereimtes Zeug reden; **c'est une ~ que de** *(+inf)* es ist (ein) Unsinn zu *(+inf)*
abus [aby] M **1** *(excès)* Missbrauch *m*; *de pouvoir a.* Überschreitung *f*; **~ d'alcool** übermäßiger Alkoholgenuss; Alkoholmissbrauch *m*; JUR **~ de confiance** Untreue *f*; Veruntreuung *f*; **~ de pouvoir** Machtmissbrauch *m*; *fam* **il y a de l'~** das geht zu weit; das ist zu viel, übertrieben; **faire ~ de qc** Missbrauch mit etw treiben **2** *(injustice)* Missstand *m*; Übelstand *m*; **lutter contre les ~** die Missstände bekämpfen
abuser [abyze] **A** V/T *st/s (tromper)* täuschen; hintergehen **B** V/T INDIR **1** **a** **~ de** *son pouvoir, de sa force, de médicaments etc* missbrauchen; *de son pouvoir a.* überschreiten; **~ de la situation, de la gentillesse de qn** die Situation, j-s Freundlichkeit ausnützen **b** *abs (exagérer)* zu weit gehen; übertreiben; **je crains d'~** ich möchte nicht unhöflich sein **2** **~ d'une femme, d'un enfant** e-e Frau, ein Kind missbrauchen **C** V/PR **s'~** sich täuschen; (sich) irren; **si je ne m'abuse** wenn ich (mich) nicht irre
abusif [abyzif] ADJ ⟨-ive⟩ **1** *pouvoir, pratique* missbräuchlich; *emploi d'un mot* fälschlich; **interprétation abusive** Fehlinterpretation *f*; **prix ~** Wucherpreis *m*; *d'un médicament* **usage ~** übermäßiger Gebrauch; Missbrauch *m* **2** *mère, père* Besitz ergreifend
abyssal [abisal] ADJ ⟨-aux⟩ GÉOG Tiefsee…
abysse [abis] M **1** GÉOG Tiefseegraben *m* **2** *fig* Abgrund *m*
Abyssinie [abisini] **l'~** *f* HIST Abessinien *n*
acabit [akabi] LOC *péj* **de cet ~** dieses Schlages; von der Art, Sorte; **du même ~** desselben Schlag(e)s; von derselben Art, Sorte
acacia [akasja] M BOT Akazie *f*
académicien [akademisjɛ̃] M, **académicienne** F Akademiemitglied *n*; *en particulier* Mitglied *n* der Académie française
académie [akademi] F **1** *société* Akademie *f*; gelehrte Gesellschaft; **l'Académie (française)** die Académie française; **Académie des sciences** Akademie der Wissenschaften **2** *école* Akademie *f*; (Hoch)Schule *f* **3** *circonscription* Schulaufsichts-, Unterrichtsbezirk *m* **4** PEINT Aktskizze *f*, -studie *f*
académique [akademik] ADJ **1** Akademie… **2** *fig style etc* akademisch; überlieferungstreu; schulmäßig; erstarrt; unoriginell **3** *en France* **inspection** *f* **~** Schulaufsichtsbehörde *f*; *correspond à* Oberschulamt *n*; → *a.* palme 3
académisme [akademism] M ART Akademismus *m*; Erstarrung *f* in Regeln
Acadie [akadi] **l'~** *f* HIST *au Canada* Akadien *n* *(aujourd'hui: le Nouveau-Brunswick et la Nouvelle-Écosse)*

Acadiens [akadjɛ̃] MPL Bewohner *mpl* von Akadien

acajou [akaʒu] M **1** Mahagoni *n* **2** ADJT ⟨inv⟩ mahagonibraun; rotbraun

acanthe [akɑ̃t] F **1** BOT Akanthus *m*; Bärenklau *f ou m* **2** ARCH **feuille** *f* **d'~** Akanthusblatt *n*

a cappella [akapɛ(l)la] LOC MUS a cappella; ohne Instrumentalbegleitung

acariâtre [akaʀjɑtʀ] ADJ mürrisch; griesgrämig; *(querelleur)* zänkisch

acariens [akaʀjɛ̃] MPL ZOOL Milben *fpl*

accablant [akablɑ̃] ADJ *chaleur* drückend; *responsabilité* schwer (auf j-m lastend); **douleur ~e** quälender Schmerz; **nouvelle ~e** niederdrückende Nachricht; **preuves ~es** erdrückende Beweise *mpl*

accablement [akabləmɑ̃] M Bedrückung *f*; Niedergeschlagenheit *f*

accabler [akable] V/T **1** **~ qn** *chaleur etc* j-m lästig, beschwerlich werden; *soucis etc* j-n (be)drücken, niederdrücken; **~ un accusé** e-n Angeklagten schwer belasten; *adjt*: **accablé de fatigue** todmüde; **accablé de travail** (mit Arbeit) überlastet **2** **~ qn de qc** j-n mit etw überhäufen, -schütten; **~ qn d'impôts** j-n mit vielen Steuern belasten; j-m viele Steuern aufbürden; **~ qn de questions** j-n mit Fragen überschütten, bestürmen, bedrängen

accalmie [akalmi] F **1** *de la pluie, de la tempête* vorübergehendes Nachlassen; kurze Beruhigung; **attendons l'~ (de la pluie)** warten wir, bis der Regen nachlässt **2** *fig dans un combat, une crise etc* momentane Beruhigung; Pause *f*; **moment** *m* **d'~** Augenblick *m* der Ruhe

accaparement [akapaʀmɑ̃] M **1** *de marchandises* Aufkauf(en) *m(n)*; Hamstern *n* **2** *par ext* Mit-Beschlag-Belegen *n* (*a. d'une personne*)

accaparer [akapaʀe] V/T **a** *place etc* in Beschlag nehmen; mit Beschlag belegen; beanspruchen; *conversation* an sich *(acc)* ziehen; *marchandises* aufkaufen; hamstern; **~ l'attention** die Aufmerksamkeit auf sich *(acc)* ziehen, lenken; **~ le pouvoir** die Macht an sich *(acc)* reißen **b** **~ qn** j-n mit Beschlag belegen **c** *travail etc* **~ qn** j-n (völlig) in Anspruch nehmen; j-n (stark) beanspruchen

accapareur [akapaʀœʀ] M *fam* Hamsterer *m*

accéder [aksede] V/T INDIR ⟨-è-⟩ **~ à** **1** *route etc* führen zu **2** *personne* gelangen zu; gelangen in *(+acc)*; erreichen **3** *fig* **~ à qc** zu etw gelangen; etw erlangen; **~ à de hautes fonctions** zu e-m hohen Amt gelangen; **~ à l'indépendance** die Unabhängigkeit erlangen; **~ à la propriété** *a.* Eigentum bilden; **~ au trône** den Thron besteigen **4** *(céder)* **~ à une demande** e-m Antrag stattgeben; **~ aux désirs de qn** j-s Wünschen nachkommen; **~ à une prière** e-r Bitte *(dat)* stattgeben, willfahren; e-e Bitte gewähren

accélérateur [akseleʀatœʀ] M **1** AUTO Gashebel *m*, -pedal *n*; *fam* Gas *n*; **coup** *m* **d'~** Gasgeben *n* *(a. fig)*; **donner un coup d'~** aufs Gas treten, Gas geben *(a. fig)*; **appuyer sur l'~** aufs Gas(pedal) treten; **appuyer à fond sur l'~** das Gaspedal ganz durchtreten; **lâcher l'~** das Gas wegnehmen; vom Gas gehen **2** PHYS NUCL **~ de particules** Teilchenbeschleuniger *m*

accélération [akseleʀasjõ] F Beschleunigung *f (a. PHYS)*; **l'~ de l'histoire** der immer schneller werdende Ablauf der geschichtlichen Ereignisse

accéléré [akseleʀe] M CINÉMA Zeitraffer *m*; **en ~** im Zeitraffer

accélérer [akseleʀe] ⟨-è-⟩ **A** V/T beschleunigen; *adjt*: **formation accélérée** Kurzausbildung *f*; **à un rythme accéléré** mit größerem, höherem Tempo **B** V/I AUTO Gas geben; **accélère!** gib Gas! **C** V/PR **s'~** schneller werden; *pouls* schneller schlagen; *vitesse* größer werden

accent [aksɑ̃] M **1** **a** PHON Ton *m*; Betonung *f*; Akzent *m*; **~ tonique, d'intensité** dynamischer Akzent; Tonstärke *f*; **~ de phrase** Satzakzent *m*; **l'~ porte sur la première syllabe** der Ton liegt auf der ersten Silbe **b** *signe graphique* Akzent *m*; **~ aigu** [-tegy], **circonflexe, grave** *en français* Accent aigu, circonflexe, grave; LING Akut *m*, Zirkumflex *m*, Gravis *m* **2** *d'une langue, d'une région, d'un milieu* Akzent *m*; Tonfall *m*; (Art *f* der) Aussprache *f*; **~ du Midi** südfranzösischer Akzent; südfranzösische Aussprache; **avoir un ~** mit (e-m) Akzent sprechen; **avoir l'~ anglais** mit englischem Akzent sprechen; **avoir un bon ~ (en allemand)** e-e gute (deutsche) Aussprache haben; **parler sans ~** akzentfrei sprechen **3** *fig dans la voix de qn* Beiklang *m*; Unterton *m*; *mélodie* **aux ~s tristes** in der Traurigkeit durchklingt, mitschwingt **4** *fig* **mettre l'~, faire porter l'~ sur** *(souligner)* den Nachdruck, Ton legen auf *(+acc)*; betonen; hervorheben; *(augmenter)* verstärken; vergrößern

accentuation [aksɑ̃tɥasjõ] F **1** Betonung *f*; Akzentuierung *f* **2** *fig* Verstärkung *f*; Verschärfung *f*

accentuer [aksɑ̃tɥe] **A** V/T **1** **a** betonen; akzentuieren; *adjt* **syllabe accentuée** betonte Silbe **b** e-n Akzent setzen (**une lettre** auf e-n Buchstaben) **2** *fig* **a** *(souligner)* betonen; unterstreichen; hervorheben **b** *efforts, action* verstärken; *avance* vergrößern **B** V/PR **s'~** *rides, défauts* stärker hervortreten; *impression, tendance* sich verstärken; *froid* sich verschärfen

acceptable [akseptabl] ADJ annehmbar; akzeptabel; *travail etc a.* zumutbar

acceptation [aksɛptasjõ] F Annahme *f*; Akzeptierung *f*; *d'un risque* Auf-Sich-Nehmen *n*

accepter [aksɛpte] **A** V/T **1** *cadeau, invitation etc* annehmen; akzeptieren; *proposition a.* eingehen auf *(+acc)*; *thèse, critique* gelten lassen; anerkennen; akzeptieren; **~ un échec, la mort** eine Niederlage, den Tod hinnehmen, akzeptieren; **~ un risque** ein Risiko auf sich *(acc)* nehmen, eingehen; **~ qn** j-n akzeptieren, annehmen, anerkennen; **~ de** *(+inf)* zusagen, s-e Zusage geben zu *(+inf)*; **~ que ...** *(+subj)* gelten lassen, anerkennen, dass ...; *abs* **j'accepte** ich nehme an **2** COMM *traite* akzeptieren **B** V/PR **s'~** sich so nehmen, wie man ist

acception [aksɛpsjõ] F **1** Bedeutung *f*; Sinn *m*; **dans toute l'~ du mot** im wahrsten Sinn(e) des Wortes; in des Wortes wahrster Bedeutung; **dans la plus large ~ du mot** im weitesten Sinn(e) des Wortes **2** *litt* **sans ~ de personne** ohne Ansehen der Person

accès [aksɛ] M **1** Zugang *m (a. fig)*; *pour véhicules* Zufahrt *f*; *pour personnes a.* Zutritt *m*; **~ interdit** Zutritt verboten (à für); **avoir ~** Zugang haben (à zu); **avoir ~ auprès de qn** bei j-m Zutritt haben; **donner ~ à** *porte, chemin* führen zu; *diplôme: à un métier* den Zugang eröffnen zu; *lieu, fig auteur, texte* **être d'~** *ou* **d'un ~ facile** leicht zugänglich sein **2** *(crise)* Anfall *m*; *d'émotion a.* Anwandlung *f*; **~ de colère** Wutanfall *m*; Zornes-, Wutausbruch *m*; **~ de fièvre** MÉD Fieberanfall *m*; *fig* Krise *f*; Unruhe *f*; **~ de tristesse** Anwandlung von Traurigkeit; **par ~** anfallweise; *par ext* zeitweise **3** INFORM Zugriff *m*; **~ à Internet** Internetzugang *m*

accessibilité [aksesibilite] F Zugänglichkeit *f*

accessible [aksesibl] ADJ **1** *lieu* zugänglich (à für); erreichbar; **~ aux handicapés** barrierefrei; behindertengerecht **2** *œuvre etc* zugänglich, verständlich (à **qn** j-m) **3** *personne* empfänglich (à **la compassion** für Mitleid)

accession [aksesjõ] F Erlangung *f* (à von); **~ à l'indépendance** Erlangung der Unabhängigkeit; **~ au trône** Thronbesteigung *f*

accessit [aksesit] M ÉCOLE ehrenvolle Erwähnung; Belobigung *f*

accessoire [akseswaʀ] **A** ADJ nebensächlich; unwesentlich; untergeordnet; Neben...; zusätzlich; **avantage** *m* **~** zusätzlicher Vorteil; **frais** *mpl* **~s** Nebenkosten *pl*; **d'un intérêt ~** von untergeordnetem Interesse; **c'est tout à fait ~** das ist ganz unwesentlich; das ist völlig Nebensache **B** M **1** Nebensächliche(s) *n*; Unwesentliche(s) *n* **2** TECH Zubehörteil *n*; **~s** *pl* Zubehör *n*; **~s d'automobile** Kraftfahrzeug-, Autozubehör *n* **3** **~s** *pl* **(de mode)** Accessoires *npl*; modisches Beiwerk, Zubehör **4** THÉ, CINÉMA, TV Requisit *n*; **~s de théâtre** Theaterrequisiten *npl*

accessoirement [akseswaʀmɑ̃] ADV in zweiter Linie; *(en plus)* zusätzlich; **accessoiriser** V/T COUT mit Accessoires schmücken, versehen; **accessoiriste** M/F THÉ *etc* Requisiteur(in) *m(f)*

accident [aksidɑ̃] M **1** Unfall *m*; Unglück *n*; NUCL **~ majeur** GAU *m* (*abr*: *größter anzunehmender Unfall*); **~ mortel** tödlicher Unfall; **~ d'avion, de train** Flugzeug-, Zugunglück *n*; **~ de (la) circulation, de la route** Verkehrsunfall *m*; **~ du travail** Arbeitsunfall *m*; **~ de voiture** Autounfall *m*; **dans un ~** bei e-m Unfall; **avoir un ~** e-n Unfall haben; verunglücken **2** **~ (de parcours)** Zwischenfall *m*; Panne *f*; **par ~** durch Zufall; zufällig **3** *fam (grossesse involontaire) fam* Betriebsunfall *m* **4** **~ de terrain** Unebenheit *f* (des Geländes)

accidenté [aksidɑ̃te] **A** ADJ **1** *terrain* hügelig; wellig; uneben **2** *personne, véhicule* verunglückt; **voiture ~e** *a.* Unfallwagen *m* **B** SUBST **~(e)** *m(f)* Verunglückte(r) *m/f(m)*; Unfallverletzte(r) *m/f(m)*, -opfer *n*

accidentel [aksidɑ̃tɛl] ADJ ⟨~le⟩ **1** *(fortuit)* zufällig; **rencontre ~le** zufällige Begegnung **2** *(par accident)* **mort ~le** Tod *m* infolge e-s Unfalls; Unfalltod *m*

accidenter [aksidɑ̃te] *fam* V/T *personne* bei e-m Unfall verletzen; *objet* bei einem Unfall beschädigen

acclamation [aklamasjõ] F **1** **~s** *pl* begeisterte Zurufe *mpl*; lebhafter, lauter Beifall, Applaus; Jubel *m* **2** LOC ADV *vote* **par ~** durch Zuruf, Akklamation

acclamer [aklame] V/T **~ qn** j-m zujubeln, lebhaft applaudieren

acclimatation [aklimatasjõ] F Akklimatisierung *f*; Akklimatisation *f*; Eingewöhnung *f*; Heimischwerden *n*; *de qn a.* Einleben *n*; **Jardin** *m* **d'~** *zoologischer Garten in Paris*

acclimatement [aklimatmɑ̃] M Akklimatisation *f*

acclimater [aklimate] **A** V/T **1** *plantes, animaux* akklimatisieren; heimisch machen; *animaux a.* eingewöhnen **2** *fig idée, coutume* einbürgern, -führen; heimisch machen **B** V/PR **s'~** **1** sich akklimatisieren; sich eingewöhnen; heimisch werden; *personne a.* sich einleben **2** *fig idée, usage* sich einbürgern; heimisch werden

accointances [akwɛ̃tɑ̃s] FPL *a. péj* **avoir des ~** (nützliche) Verbindungen, Beziehungen haben (**avec qn** zu j-m)

accointer [akwɛ̃te] V/PR *fam a. péj* **s'~ avec qn** mit j-m Verbindung, Kontakt aufnehmen; sich mit j-m einlassen

accolade [akɔlad] F **1** (zeremonielle) Umarmung; Akkolade *f* **2** TYPO (geschweifte) Klammer

accoler [akɔle] V/T **1** nebeneinanderstellen,

-setzen; zusammenstellen, -setzen; **~ qc à qc** etw neben, an etw *(acc)* setzen, stellen; etw an etw *(acc)* anhängen, anfügen 2 TYPO durch e-e (geschweifte) Klammer verbinden; klammern

accommodant [akɔmɔdɑ̃] ADJ *(facile)* umgänglich; verträglich; *(arrangeant)* entgegenkommend; gefällig

accommodation [akɔmɔdasjõ] F 1 *de l'œil* Akkommodation *f* 2 BIOL, PSYCH Anpassung *f*

accommodement [akɔmɔdmɑ̃] M Ausgleich *m*; Arrangement *n*

accommoder [akɔmɔde] A V/T 1 CUIS zubereiten; **~ les restes** die Reste *(zu e-m neuen Gericht)* verwerten, verwenden 2 *(adapter)* anpassen (**aux circonstances** den Umständen) B V/PR 1 **s'~ à** sich anpassen *(+dat)*; sich richten nach 2 **s'~ de** sich abfinden mit; sich schicken in *(+acc)*; vorliebnehmen mit

accompagnateur [akõpaɲatœʀ] M, **accompagnatrice** F 1 MUS Begleiter(in) *m(f)* 2 Begleitperson *f*; Begleiter(in) *m(f)*; *d'un voyage organisé* Reiseleiter(in) *m(f)*

accompagnement [akõpaɲəmɑ̃] M 1 MUS Begleitung *f* 2 CUIS Beilage *f* 3 *(escorte)* Begleitung *f*

accompagner [akõpaɲe] A V/T 1 begleiten; mitgehen mit; *st/s* geleiten; **~ qn au cinéma** j-n ins Kino begleiten; mit j-m ins Kino gehen; *st/s* **~ qn à sa dernière demeure** j-n zu s-r letzten Ruhestatt *ou* -stätte geleiten; *fig* **tous nos vœux l'accompagnent** alle unsere guten Wünsche begleiten ihn; **se faire ~ de qn** j-n mitbringen, mitnehmen; *pp* **accompagné par** *ou* **de sa femme** in Begleitung s-r Frau; *adjt* **bagages accompagnés** Reisegepäck *n* 2 MUS begleiten *(a. abs;* **au piano** auf dem Klavier) 3 *(joindre)* folgen lassen, hinzufügen (**ses paroles d'un sourire** s-n Worten ein Lächeln) 4 CUIS *légumes, vin* **~ un mets** zu e-m Gericht serviert *ou* gegessen *ou* getrunken werden B V/PR 1 MUS **s'~ à la guitare** sich (selbst) auf der Gitarre begleiten 2 *chose* **s'~ de qc** von etw begleitet sein; etw im Gefolge haben

accompli [akõpli] ADJ 1 vollendet; **fait ~** vollendete Tatsache; Fait accompli *n*; **mettre qn devant le fait ~** j-n vor vollendete Tatsachen stellen 2 *maîtresse de maison etc* perfekt; vollkommen *ou* vollkommen; vollendet

accomplir [akõpliʀ] A V/T *mission, devoir* erfüllen; *action, exploit* ausführen; begehen; *formalités* erledigen; erfüllen; *temps de service* ableisten; **~ un ordre** einen Befehl ausführen B V/PR **s'~** *rêve, vœu* sich erfüllen; in Erfüllung gehen

accomplissement [akõplismɑ̃] M *d'un vœu etc* Erfüllung *f*; *d'un exploit etc* Aus-, Durchführung *f*; Begehung *f*; *d'années de service* Ableistung *f*

accord [akɔʀ] M 1 *(entente)* Übereinstimmung *f (a. entre des choses)*; Einvernehmen *n*; Einigkeit *f*; Eintracht *f*; **d'un commun ~** in gegenseitigem Einvernehmen; einvernehmlich; **en ~ avec** in Übereinstimmung, im Einverständnis mit; **être d'~** (sich) einig sein, einer *ou* gleicher Meinung sein, (darin) übereinstimmen, einig gehen (**avec qn** mit j-m); → *a. 2;* **mettre d'~** einigen; **se mettre d'~, tomber d'~** sich einig werden, sich einigen, Übereinstimmung erzielen, sich verständigen (**sur** über *+acc*); **nous sommes tombés d'~ pour** *(+inf) a.* wir sind (miteinander) übereingekommen zu *(+inf)*; wir haben uns (dahingehend) geeinigt, dass ...; **vivre en parfait ~** in völliger Eintracht leben; einträchtig zusammenleben 2 *(approbation)* Zustimmung *f*; Einverständnis *n*; **d'~!**, *fam* **d'acc!** einverstanden!; abgemacht!; (also) gut!; wird gemacht!; ja!; zugegeben!; *fam* **pas d'~!** nein!; geht nicht!; nichts zu machen!; **donner son ~** s-e Zustimmung geben; zustimmen; **être d'~** (damit) einverstanden sein 3 *(convention)* Vereinbarung *f*; Übereinkunft *f*; Absprache *f*; Einigung *f*; Abkommen *n*; **~ commercial, salarial** Handels-, Lohnabkommen *n*, -vereinbarung *f*; **~ de principe** grundsätzliche, prinzipielle Einigung; **~ de Schengen** Schengener Abkommen *n*; **arriver à un ~** zu e-r Einigung, Vereinbarung *etc* kommen, gelangen; **conclure, passer un ~** e-e Vereinbarung treffen; ein Abkommen schließen 4 MUS Akkord *m*; Zusammenklang *m* 5 GRAM Kongruenz *f*; Übereinstimmung *f* (**en genre et en nombre** in Geschlecht und Zahl); **l'~ du participe** die Veränderlichkeit des Partizips 6 RAD Abstimmung *f*

accordéon [akɔʀdeõ] M 1 MUS Akkordeon *n*; Ziehharmonika *f*; Schifferklavier *n* 2 *fig* **en ~** *chaussettes etc* mit zahlreichen Falten; zerknittert; **circulation** *f* **en ~** Stop-and-go-Verkehr *m*

accordéoniste [akɔʀdeɔnist] M/F Akkordeon-, Ziehharmonikaspieler(in) *m(f)*; Akkordeonist(in) *m(f)*

accorder [akɔʀde] A V/T 1 a *demande, congé etc* gewähren; bewilligen; *crédit, délai a.* einräumen; *confiance* schenken; **~ la grâce à qn** j-n begnadigen; **~ la parole à qn** j-m das Wort erteilen b **~ de l'importance, de la valeur à qc** e-r Sache *(dat)* Bedeutung, Gewicht beimessen, -legen; Gewicht auf etw *(acc)* legen c **~ à qn que ...** j-m zugestehen, dass ... 2 *(mettre en accord)* a in Übereinstimmung, in Einklang bringen (**avec** mit); vereinigen (mit); abstimmen (auf *+acc*) b *instrument de musique* stimmen; *fig* **accordez vos violons!** werdet euch (bitte) einig!; *adjt instrument* **mal accordé** schlecht gestimmt c GRAM in Übereinstimmung bringen (**avec** mit) d RAD abstimmen (**sur** auf *+acc*) B V/PR 1 a *personnes, caractères* **s'~** harmonieren, zusammenpassen, sich vertragen (**bien, mal** gut, schlecht) b **s'~ à dire que ...** sich einig sein, dass ...; **s'~ pour faire qc** übereinkommen, sich (darauf) einigen, vereinbaren, etw zu tun 2 GRAM **s'~ avec** sich richten nach; kongruieren mit; **l'adjectif s'accorde avec le nom** das Adjektiv richtet sich nach dem Substantiv; **s'~ en genre et en nombre** in Geschlecht und Zahl übereinstimmen 3 **s'~ qc** *(s'offrir qc)* sich *(dat)* etw gönnen; **ne pas s'~ de répit** sich *(dat)* keine Ruhe gönnen

accordeur [akɔʀdœʀ] M MUS Stimmer *m*;

accordoir M *pour piano* Stimmschlüssel *m*, -hammer *m*; *pour orgue* Stimmhorn *n*

accorte [akɔʀt] *st/s* ADJ F liebenswürdig

accostage [akɔstaʒ] M MAR Anlegen *n*

accoster [akɔste] V/T 1 **~ qn** j-n ansprechen, anreden, *fam péj* anquatschen, anhauen 2 MAR anlegen (*abs ou* **le quai** am Kai); landen; *autre bateau a.* längsseits kommen *(abs)*

accotement [akɔtmɑ̃] M Bankett(e) *n(f)*; Rand-, Seitenstreifen *m*; **stationner sur l'~** auf dem Randstreifen parken

accouchée [akuʃe] F Wöchnerin *f*

accouchement [akuʃmɑ̃] M Entbindung *f*; Geburt *f*; *st/s* Niederkunft *f*; **~ sans douleur** schmerzlose Geburt; *médecin etc* **faire un ~** e-e Entbindung durchführen

accoucher [akuʃe] A V/T **~ une femme** bei e-r Frau Geburtshilfe leisten; e-e Frau entbinden; **la sage-femme qui l'a accouchée** die Hebamme, die bei der Entbindung dabei war B V/T INDIR 1 **~ de** entbunden werden von; *st/s* niederkommen mit; **~ d'une fille** von e-m Mädchen entbunden werden 2 *abs* entbinden; **~ dans une clinique** in e-r Klinik entbinden 3 *fig et plais* **~ d'un roman** *etc* e-n Roman *etc* hervorbringen, zustande bringen, zuwege bringen; *fam* **accouche!** *fam* raus mit der Sprache!

accoucheur [akuʃœʀ] M *ou* ADJT **médecin** *m* **~** (Arzt und) Geburtshelfer *m*

accouder [akude] V/PR **s'~** sich mit dem Ellbogen, mit den Ellbogen aufstützen (**à, sur** auf *+acc*); *pp* **accoudé à la fenêtre** mit auf dem Fensterbrett aufgestützten Armen

accoudoir [akudwaʀ] M Armlehne *f*, -stütze *f*

accouplement [akupləmɑ̃] M 1 ZOOL Paarung *f*; Begattung *f* 2 TECH Kopp(e)lung *f*; *dispositif* Kupplung *f* 3 *fig* Verbindung *f*

accoupler [akuple] A V/T 1 ÉLEVAGE paaren (**et, à** mit) 2 TECH koppeln; kuppeln 3 *fig mots, idées etc* (miteinander) verbinden; zusammenbringen B V/PR **s'~** *animaux* sich paaren; sich begatten

accourir [akuʀiʀ] V/I ⟨→ courir; *meist* être⟩ herbeieilen; *foule a.* zusammenströmen; **~ à l'aide (de qn)** (j-m) zu Hilfe eilen; **~ pour faire qc** herbeieilen, um etw zu tun; **~ vers qn** auf j-n zueilen

accoutrement [akutʀəmɑ̃] M *péj* Aufzug *m*; Aufmachung *f*; Ausstaffierung *f*; Aufputz *m*

accoutrer [akutʀe] V/T (*et* V/PR) **(s')~** *péj* (sich) ausstaffieren, aufputzen; *adjt* **bizarrement accoutré** komisch aufgemacht, ausstaffiert

accoutumance [akutymɑ̃s] F *a.* PHYSIOL Gewöhnung *f* (**à** an *+acc*)

accoutumé [akutyme] ADJ 1 *(habituel)* gewohnt; *loc adv* **comme à l'~e** wie gewöhnlich 2 **être ~ à qc** an etw *(acc)* gewöhnt sein; etw gewohnt sein; **être ~ à faire qc** (daran) gewöhnt sein *ou* (es) gewohnt sein, etw zu tun; etw zu tun pflegen

accoutumer [akutyme] A V/T **~ qn à qc** j-n an etw *(acc)* gewöhnen B V/PR **s'~ à qc** sich an etw *(acc)* gewöhnen

accréditer [akʀedite] V/T 1 DIPL akkreditieren; beglaubigen; *pp* **accrédité auprès de ...** akkreditiert bei ... 2 *nouvelle, rumeur* glaubwürdig erscheinen lassen

accréditeur [akʀeditœʀ] M COMM Bürge *m*;

accréditif M COMM Akkreditiv *n*; Kreditbrief *m*; *par ext* Kredit *m*

accro [akʀo] ADJ *fam* **être (complètement) ~** süchtig sein

accroc [akʀo] M 1 *(déchirure)* Riss *m*; *fam* Dreiangel *m*; **faire un ~ à son pantalon** sich *(dat)* die Hose zerreißen 2 *fig* **~ à sa réputation** Makel *m*, Schatten *m* auf s-m guten Ruf 3 *fig (difficulté)* Schwierigkeit *f*; Hindernis *n*; **se dérouler sans ~** reibungslos, glatt verlaufen

accrochage [akʀɔʃaʒ] M 1 *(collision)* (leichter) Zusammenstoß 2 MIL Zusammenstoß *m*; Gefechtsberührung *f* 3 *fam (dispute)* Zusammenstoß *m*; Auseinandersetzung *f*; Wortwechsel *m* 4 *de tableaux etc* Aufhängen *n*; *de wagons* Anhängen *n*; Ankoppeln *n*

accroche [akʀɔʃ] F PUBLICITÉ Blickfang *m*; *dessin* werbewirksame Zeichnung; *slogan* zugkräftiger Spruch

accroche-cœur [akʀɔʃkœʀ] M ⟨*pl* accroche-cœurs⟩ Schmachtlocke *f*

accrocher [akʀɔʃe] A V/T 1 *tableau, manteau etc* aufhängen; an e-n Haken hängen; *remorque etc* anhängen; TECH ankoppeln; *(attacher)* befestigen, festmachen (**à** an *+dat*); einhängen; **~ ses vêtements au portemanteau** s-e Kleider an die Garderobe hängen 2 **~ son bas** *etc* mit dem Strumpf *etc* hängen bleiben; den Strumpf *etc* zerreißen; **rester accroché à qc** an etw *(dat)* hängen bleiben 3 *piéton, autre véhicule* anfahren; streifen; (leicht) zusammenstoßen mit; **~ l'aile de sa voiture au** *ou* **con-**

tre le mur du garage mit dem Kotflügel gegen die Garagenwand fahren *ou* die Garagenwand streifen 4 a *fam* **~ qn** j-n aufhalten b **~ qn** j-s Aufmerksamkeit fesseln, auf sich *(acc)* ziehen; *abs* zugkräftig sein; ziehen 5 *fam fig (comprendre) l'informatique etc* **j'accroche pas** das liegt mir nicht; damit kann ich nichts anfangen B VI 1 *publicité, film* die Aufmerksamkeit fesseln, auf sich *(acc)* ziehen; zugkräftig sein; ziehen 2 *fam* **ça accroche (bien) avec lui** mit ihm versteht man sich auf Anhieb C VPR 1 **s'~** *(rester accroché)* hängen bleiben 2 **s'~** *(se cramponner)* sich an-, festklammern, sich festhalten (**à** an *+dat*) 3 *fig* **s'~ à un espoir** sich an e-e Hoffnung klammern; **s'~ à qn** sich an j-n hängen, klammern; *fam* **tu peux te l'~** *fam* das kannst du in den Schornstein, Kamin schreiben 4 **s'~** *(s'efforcer)* sich anstrengen; sich ranhalten 5 *fig* **s'~ avec qn** mit j-m zusammenstoßen, in Streit geraten; sich mit j-m anlegen

accrocheur [akʀɔʃœʀ] ADJ ⟨-euse⟩ 1 *concurrent, vendeur etc* zäh; ausdauernd; rührig 2 *publicité etc* zugkräftig; *péj* aufdringlich

accroire [akʀwaʀ] VT ⟨*nur inf*⟩ **il veut m'en faire ~** er will mir etwas weismachen; **faire ~ à qn que …** j-m weismachen, dass …

accroissement [akʀwasmɑ̃] M Zunahme *f*; Anwachsen *n*; Vermehrung *f*; Vergrößerung *f*; Steigerung *f*; Zuwachs *m*; **~ démographique, de la population** Bevölkerungszunahme *f*; **taux** *m* **d'~** Zuwachs-, Wachstumsrate *f*, -ziffer *f*

accroître [akʀwatʀ] ⟨j'accrois, il accroît, nous accroissons; j'accroissais; j'accrus; j'accroîtrai; que j'accroisse; accroissant; *Vorgang* avoir, *Zustand* être accru⟩ A VT vermehren; vergrößern; steigern; *fortune a.* mehren B VPR **s'~** zunehmen; wachsen; größer werden

accroupi [akʀupi] ADJ kauernd; hockend; **position ~e** kauernde Stellung; Hocke *f* (*a.* SPORTS); **être, se tenir ~** kauern; hocken

accroupir [akʀupiʀ] VPR **s'~** sich nieder-, zusammenkauern; in die Hocke gehen

accru [akʀy] PP → accroître *et* ADJ vermehrt; vergrößert; gesteigert; größer

accu [aky] M *fam* ABR (accumulateur) *souvent* PL **~s** AUTO Batterie *f*; *fig* **recharger ses ~s** neue Kräfte sammeln

accueil [akœj] M Aufnahme *f*, Empfang *m* (*a. endroit*); *de réfugiés etc a.* Betreuung *f*; **~ chaleureux** herzlicher, warmer Empfang; **~ réservé** zurückhaltende Aufnahme; **comité** *m* **d'~** Empfangskomitee *n*; **famille** *f* **d'~** *pour élève* Gastfamilie *f*; *pour enfant assisté* Pflegeeltern *pl*; **pays** *m* **d'~** Aufnahme-, Gast-, Einwanderungsland *n*; **faire bon ~ à qn** j-n gut aufnehmen; **faire un ~ enthousiaste à un film** e-n Film begeistert aufnehmen; **réserver un ~ glacial à qn** j-m e-n kühlen, frostigen Empfang bereiten

accueillant [akœjɑ̃] ADJ *hôte* liebenswürdig; freundlich; *maison, hôtel etc* gastlich; gemütlich

accueillir [akœjiʀ] VT ⟨→ cueillir⟩ *personne, film, nouvelle etc* aufnehmen; *personne avec cérémonie* empfangen; **~ un chef d'État** ein Staatsoberhaupt empfangen; **~ une demande avec un sourire** e-e Bitte mit e-m Lächeln aufnehmen; **il nous a accueillis chez lui** er hat uns bei sich zu Hause aufgenommen; **~ qn chaleureusement** j-n herzlich empfangen; *projet etc* **être bien accueilli** Anklang finden

acculer [akyle] VT 1 in die Enge treiben; keinen Ausweg, keine Fluchtmöglichkeit lassen (*+dat*) 2 *fig* **~ qn à qc** j-n in etw *(acc)* treiben, zu etw zwingen; **~ qn à la faillite** *a.* j-m keinen anderen Ausweg als den Bankrott lassen

acculturation [akyltyʀasjõ] F kultureller Anpassungsprozess; Akkulturation *f*

accumulateur [akymylatœʀ] M ÉLEC Akkumulator *m*; *fam* Akku *m*; **~s** *pl souvent* (Auto)Batterie *f*

accumulation [akymylasjõ] F 1 An-, Aufhäufung *f*; Ansammlung *f* 2 TECH Speicherung *f*; **chauffe-eau** *m* **à ~** Warm-, Heißwasserspeicher *m*; **radiateur** *m* **à ~** (Nacht)Speicherofen *m*

accumuler [akymyle] A VT 1 an-, aufhäufen; ansammeln; *documentation etc* zusammentragen; *capital* ansparen 2 TECH *énergie* speichern B VPR **s'~** *capital, livres etc* sich ansammeln; *sommes d'argent a.* auflaufen; *signes, erreurs* sich häufen; *nuages* sich türmen

accusateur [akyzatœʀ], **accusatrice** A M,F Ankläger(in) *m(f)* B ADJ anklagend

accusatif [akyzatif] M GRAM Akkusativ *m*; Wenfall *m*; vierter Fall

accusation [akyzasjõ] F 1 JUR Anklage *f* (*a. instance*); Anklageerhebung *f*; **acte** *m* **d'~** Anklageschrift *f*; **mise** *f* **en ~** Eröffnung *f* des Hauptverfahrens 2 Beschuldigung *f*; Bezichtigung *f*; Anschuldigung *f*; **porter, lancer des ~s contre qn** Beschuldigungen gegen j-n erheben, vorbringen

accusé [akyze] A SUBST 1 JUR **~(e)** *m(f)* Angeklagte(r) *m/f(m)*; **banc** *m* **des ~s** Anklagebank *f* 2 COMM **~** *m* **de réception** Empfangsbestätigung *f*, -bescheinigung *f* B ADJ ausgeprägt; stark hervortretend; **traits ~s** ausgeprägte, scharfe Gesichtszüge *mpl*

accuser [akyze] A VT 1 anklagen; **~ qn de qc** j-n e-r Sache *(gén)* beschuldigen, bezichtigen, anschuldigen, *st/s* zeihen; JUR j-n wegen e-r Sache *(gén)* anklagen; gegen j-n wegen e-r Sache *(gén)* Anklage erheben; **~ qn du vol d'une voiture** j-n des Autodiebstahls beschuldigen; **~ qn de négliger ses études** j-n beschuldigen, sein Studium zu vernachlässigen; **être accusé d'avoir fait qc** beschuldigt werden, JUR angeklagt werden, unter der Anklage stehen, etw getan zu haben; **je ne voudrais ~ personne, mais …** ich möchte niemand verdächtigen, aber …; **tout l'accuse** alles spricht gegen ihn 2 *par ext sort, mauvais temps etc* verantwortlich machen (**de** für); *sort a.* anklagen 3 *contours, différences etc* hervorheben; hervortreten lassen; betonen; unterstreichen; deutlich machen; *hausse etc* aufweisen 4 COMM **~ réception** den Empfang bestätigen (**de** von *ou +gén*) B VPR **s'~** 1 a *réfléchi* **s'~ de qc** sich e-r Sache *(gén)* bezichtigen; **s'~ d'avoir fait qc** sich bezichtigen, etw getan zu haben b *réciproque* sich, einander beschuldigen, bezichtigen 2 *caractère, tendance etc* hervortreten; deutlich werden

acerbe [asɛʀb] ADJ *paroles, critiques* hart; scharf; verletzend

acéré [aseʀe] ADJ 1 scharf; **lame ~e** scharfe Klinge 2 *fig critique, raillerie* schneidend; scharf; **écrire d'une plume ~e** e-e spitze Feder führen

acétate [asetat] M CHIM Azetat *n*; *t/t* Acetat *n*

acétique [asetik] ADJ CHIM Essig…; **acide** *m* **~** Essigsäure *f*

acétone [asetɔn] F CHIM Azeton *n*; *t/t* Aceton *n*

acétylène [asetilɛn] M CHIM Azetylen *n*; *t/t* Acetylen *n*; **lampe** *f* **à ~** Karbidlampe *f*

Achaïe [akai] HIST **l'~** *f* Achaia *n*

achalandage [aʃalɑ̃daʒ] M JUR, COMM Kundenstamm *m*; fester Kundenkreis; feste Kundschaft

achalandé [aʃalɑ̃de] ADJ *magasin* **bien ~** mit reicher, reichhaltiger, großer Auswahl; mit breit gefächertem, reichhaltigem Warenangebot; gut sortiert

Achard [aʃaʀ] **Marcel** ~ *frz Dramatiker*

acharné [aʃaʀne] ADJ *joueur* hartnäckig; *combat, résistance* erbittert; hartnäckig; verbissen; **adversaire ~** erbitterter Gegner; **être un travailleur ~** ein Arbeitstier sein; **par un travail ~** in zäher, verbissener Arbeit; **être ~ à (faire) qc** auf etw *(acc)* versessen sein; darauf versessen sein, etw zu tun

acharnement [aʃaʀnəmɑ̃] M Verbissenheit *f*; Hartnäckigkeit *f*; Versessenheit *f*; **~ thérapeutique** Lebensverlängerung *f* um jeden Preis; **~ au travail** Verbissenheit bei der Arbeit; **avec ~** verbissen; hartnäckig; **combattre avec ~** erbittert, hartnäckig kämpfen

acharner [aʃaʀne] VPR 1 **s'~ contre, sur** nicht ablassen von; (weiterhin) verbissen, hartnäckig, brutal losgehen auf (*+acc*); erst recht herfallen über (*+acc*) 2 **s'~ à (faire) qc** sich in etw *(acc)* verbeißen; verbissen, hartnäckig an etw *(dat)* festhalten; auf etw *(acc)* versessen sein; **s'~ à un jeu** verbissen, hartnäckig weiterspielen; **s'~ à un travail** sich in e-e Arbeit verbeißen; *abs* **il s'acharne** *a.* er lässt nicht locker

achat [aʃa] M Kauf *m*, Einkauf *m* (*a. chose achetée*); Ankauf *m*; *de marchandises a.* Abnahme *f*; Bezug *m*; **l'~ d'une voiture** der Kauf, die Anschaffung e-s Autos; **~ (au) comptant** Barkauf *m*; **~ à crédit** Kreditkauf *m*; **~ en gros** Großeinkauf *m*; ÉCON **pouvoir** *m* **d'~** Kaufkraft *f*; COMM **faire l'~ de qc** etw kaufen, käuflich erwerben, anschaffen; **faire des ~s** Einkäufe machen, tätigen; einkaufen

acheminement [aʃminmɑ̃] M Beförderung *f*; Weiterleitung *f*

acheminer [aʃmine] A VT *courrier* befördern, weiterleiten (**vers** nach); *par ext convoi etc* **~ vers** leiten, dirigieren nach B VPR **s'~ vers** *personne* s-e Schritte lenken, sich begeben nach; *une solution etc* sich auf dem Wege zu … befinden; entgegengehen (*+dat*)

achetable [aʃtabl] ADJ käuflich

acheter [aʃte] ⟨-è-⟩ A VT 1 kaufen; käuflich erwerben; *(faire les courses)* einkaufen; *meuble, voiture etc a.* (sich [*dat*]) anschaffen; *terrain, actions, œuvres d'art etc a.* ankaufen; *marchandises a.* abnehmen; beziehen; *fam* erstehen; **~ qc à qn** *pour qn* j-m etw kaufen; etw für j-n kaufen; *de qn* j-m etw abkaufen; etw von j-m kaufen; **~ qc (pour) dix euros** etw für zehn Euro kaufen; **~ cher, bon marché** teuer, billig kaufen; *abs* **~ chez qn** bei j-m kaufen 2 *témoin, fonctionnaire etc* bestechen; kaufen (*a. suffrages*); *complicité* erkaufen; **se laisser ~** sich bestechen, kaufen lassen 3 *fig bonheur, tranquillité etc* erkaufen B VPR 1 *réfléchi* **s'~ qc** sich *(dat)* etw kaufen, anschaffen 2 *sens passif* **s'~** gekauft werden (können); erhältlich, zu beziehen sein; für Geld zu haben sein; **l'amitié ne s'achète pas** Freundschaft kann man nicht kaufen

acheteur [aʃtœʀ] M, **acheteuse** F 1 Käufer(in) *m(f)*; *de marchandises a.* Abnehmer(in) *m(f)*; Bezieher(in) *m(f)*; *article* **trouver acheteur** e-n Abnehmer, Käufer finden; *adjt* **pays acheteur** Käuferstaat *m*, -land *n* 2 *d'un grand magasin etc* Einkäufer(in) *m(f)*

achevé [aʃve] ADJ vollendet; **d'un ridicule ~** geradezu lächerlich

achèvement [aʃɛvmɑ̃] M 1 *d'une œuvre* Vollendung *f*; Fertigstellung *f*; *de travaux* Abschluss *m*; Beendigung *f* 2 *(perfection)* Vollendung *f*

achever [aʃve] ⟨-è-⟩ A VT 1 *œuvre* vollenden; fertigstellen; beenden; abschließen; **~ son discours** s-e Rede beenden, (be)schließen;

~ **un livre** ein Buch auslesen; ~ **son repas** zu Ende essen; **en achevant ces mots, il ...** er schloss mit diesen Worten und ...; ~ **de faire qc** vollends etw tun; **les travaux ne seront pas achevés avant mai** die Arbeiten sind nicht vor Mai beendet, abgeschlossen, fertig; **ma critique acheva de l'indisposer** meine Kritik machte ihn vollends ungehalten **2** **a** *(tuer)* den Gnadenstoß geben (**qn** j-m; *a. animal*); vollends töten **b** *fig* ~ **qn** j-m den Rest geben; j-n vollends zugrunde richten; j-n erledigen **B** V/I ausreden; zu Ende sprechen **C** V/PR **s'~** zu Ende gehen; schließen; enden; *œuvre* zum Abschluss gelangen; **ainsi s'achève notre émission** damit ist die Sendung beendet

Achille [aʃil] M **1** *Vorname* **2** MYTH Achill(es) *m*

achoppement [aʃɔpmɑ̃] M **pierre** *f* **d'~** Stolperstein *m*; Hindernis *n*; Klippe *f*

achopper [aʃɔpe] V/I *st/s* ~ **sur qc** über etw *(acc)* straucheln

achromatique [akʀɔmatik] ADJ OPT achromatisch

aciculaire [asikylɛʀ] ADJ BOT, MINÉR nadelförmig

acide [asid] **A** ADJ **1** *fruit, goût*, CHIM, GÉOL sauer **2** *fig paroles etc* scharf; bissig **B** M **1** CHIM Säure *f* **2** *fam (LSD)* Acid *n*

acidité [asidite] F **1** *d'un fruit etc* saurer Geschmack; Säure *f* **2** *fig* Schärfe *f* **3** CHIM Säuregrad *m*, -gehalt *m*; *t/t* Acidität *f*; PHYSIOL ~ **gastrique** Magensäure *f*

acidulé [asidyle] ADJ **1** säuerlich; **bonbons ~s** saure (Frucht)Bonbons *mpl ou npl*; saure Drops *mpl ou npl* **2** *fig charme* herb; *humour* gallig

acier [asje] M **1** Stahl *m*; ~ **inoxydable** rostfreier, nicht rostender Stahl; *loc adj*: **en ~, d'~** aus Stahl; stählern; Stahl...; *fig* **d'~** stählern; stahlhart; **muscles** *mpl*, **nerfs** *mpl* **d'~** stählerne Muskeln *mpl*, Nerven *mpl* **2** ADJT **bleu, gris ~** ⟨inv⟩ stahlblau, -grau

aciérie [asjeʀi] F Stahlwerk *n*, -hütte *f*

acné [akne] F MÉD Akne *f*; **acnéique** ADJ Akne...; *personne* an Akne leidend

acolyte [akɔlit] M *péj* Komplize *m*; Helfershelfer *m*

acompte [akõt] M **1** Anzahlung *f*; Abschlags-, Akontozahlung *f*; **verser un ~** e-e Anzahlung leisten; anzahlen (**de qc** etw) **2** *fig* Vorgeschmack *m* (**sur** auf *+acc*)

aconit [akɔnit] M BOT Eisenhut *m*; Sturmhut *m*

acoquiner [akɔkine] V/PR **s'~ avec qn** sich mit j-m einlassen

Açores [asɔʀ] **les ~** *fpl* die Azoren *pl*

à-côté [akote] M ⟨*pl* à-côtés⟩ **1** *(détail)* nebensächlicher Punkt; nebensächliche Frage **2** PL **~s** *(gain d'appoint)* Nebeneinkünfte *pl*; **se faire des ~s** sich *(dat)* e-n Nebenverdienst schaffen; etwas dazuverdienen

à-coup [aku] M ⟨*pl* à-coups⟩ *d'un moteur etc* Ruck *m*; Stoß *m*; *loc adv*: **par ~s** ruck-, stoßweise; ungleichmäßig *(a. par ext)*; **travailler par ~s** ungleichmäßig arbeiten; **sans ~s** gleichmäßig; stetig; reibungslos; *moteur* **avoir des ~s** *fam* stottern

acouphène [akufɛn] M MÉD Tinnitus *m*

acousticien [akustisjɛ̃] M, **acousticienne** F (Raum)Akustiker(in) *m(f)*

acoustique [akustik] **A** ADJ **1** PHYSIOL (Ge)Hör...; **nerf** *m* ~ (Ge)Hörnerv *m* **2** PHYS akustisch; Schall... **B** F **1** *d'une salle etc* Akustik *f*; **bonne, mauvaise ~** gute, schlechte Akustik **2** *science* Akustik *f*; Lehre *f* vom Schall; ~ **architecturale** Raum- und Bauakustik *f*

acquéreur [akeʀœʀ] M Erwerber *m*; Käufer *m*; **se porter ~** als Käufer auftreten

acquérir [akeʀiʀ] ⟨j'acquiers, il acquiert, nous acquérons, ils acquièrent; j'acquérais; j'acquis; j'acquerrai; que j'acquière, que nous acquérions; acquérant; acquis⟩ **A** V/T **1** *maison, voiture, fortune etc* erwerben; *livres, meubles etc a.* (sich [*dat*]) anschaffen **2** *connaissances, savoir-faire* (sich [*dat*]) erwerben; sich *(dat)* aneignen; *gloire, certitude, valeur etc* erlangen; ~ **de l'expérience** Erfahrungen sammeln **B** V/PR **s'~ l'estime de qn** sich *(dat)* j-s Wertschätzung erwerben

acquêt [akɛ] M JUR **communauté réduite aux ~s** Errungenschafts-, Zugewinngemeinschaft *f*

acquiers, acquiert [akjɛʀ] → acquérir

acquiescement [akjɛsmɑ̃] M Zustimmung *f* (**à** zu); Einwilligung *f* (in *+acc*); Einverständnis *n*

acquiescer [akjese] V/T INDIR zustimmen (**à** *dat*); einwilligen (in *+acc*); *abs a.* sein Einverständnis erklären

acquis [aki] **A** PP → acquérir *et* ADJ **1** erworben; BIOL **caractères ~** erworbene Eigenschaften *fpl*, Merkmale *npl*; **les notions ~es** das Gelernte; **les résultats ~** die erzielten Ergebnisse *npl* **2** *(sûr)* gesichert; feststehend; *(incontesté)* unbestritten; *droit, soutien de qn etc* **être ~ à qn** j-m sicher sein; **c'est un point ~, une chose ~e** das steht fest; **il est ~ que ...** es steht fest, dass ... **3** *personne* **être ~ à qn, à une cause** j-m, e-r Sache ganz ergeben sein; ganz zu j-m, zu e-r Sache stehen; **il est maintenant ~ à notre projet** er ist jetzt ganz für unser Vorhaben gewonnen; er steht jetzt ganz zu unserem Vorhaben; *st/s* **je vous suis tout ~** ich bin ganz der Ihre **B** M Erfahrung (-sschatz) *f(m)*; **les ~** *a.* das Erreichte; *(connaissances acquises)* das Gelernte; *par ext* **~ sociaux** soziale Errungenschaften *fpl*; sozialer Besitzstand; **avoir un ~, de l'~** ein umfangreiches Wissen, e-n reichen Erfahrungsschatz haben

acquisition [akizisjõ] F **1** *action* Erwerb *m*; Anschaffung *f*; *par ext de connaissances* Erlangung *f*; Aneignung *f*; *d'expérience* Sammeln *n*; *d'un rang, d'une position* Erlangung *f*; **faire l'~ de** *terrain, tableau etc* erwerben; *meubles, livres etc* (sich [*dat*]) anschaffen **2** *(bien acquis)* Anschaffung *f*; Erwerbung *f*; *fam* Errungenschaft *f*; **ma dernière ~** meine neueste Anschaffung, Errungenschaft

acquit [aki] M **1** COMM **pour ~** Betrag (dankend) erhalten **2** *fig* **par ~ de conscience** um sein Gewissen zu beruhigen; um sich *(dat)* nachher keine Vorwürfe machen zu müssen

acquittement [akitmɑ̃] M **1** JUR Freispruch *m* **2** *d'une obligation* Erfüllung *f*

acquitter [akite] **A** V/T **1** JUR freisprechen **2** *(payer) dette* begleichen; abgelten; *taxe, impôt* entrichten **3** COMM *facture* quittieren **B** V/PR **s'~ d'une dette** sich e-r Schuld *(gén)* entledigen; **s'~ de ses engagements** s-n Verpflichtungen nachkommen; s-e Verpflichtungen erfüllen; **s'~ d'une mission** sich e-s Auftrages entledigen; e-n Auftrag ausführen; **s'~ de sa promesse** sein Versprechen einlösen, erfüllen

acre [akʀ] F AGR *autrefois* Morgen *m*

âcre [ɑkʀ] ADJ **1** *goût, odeur* herb; scharf; **fumée** *f* ~ beißender Rauch **2** *st/s et fig* scharf; verletzend

âcreté [ɑkʀəte] F Schärfe *f*; Herbheit *f (a. fig)*

acrimonie [akʀimɔni] F Schärfe *f*; Bitterkeit *f*; **sans ~** ohne Bitterkeit

acrobate [akʀɔbat] M/F Akrobat(in) *m(f)*; Artist(in) *m(f)*

acrobatie [akʀɔbasi] F **1** *art* Akrobatik *f*; AVIAT ~ **aérienne** Kunstflug *m* **2** *tour* Akrobatenstück *n (a. fig)* **3** *fig* Artistik *f*; Virtuosentum *n*

acrobatique [akʀɔbatik] ADJ akrobatisch; artistisch

Acropole [akʀɔpɔl] **l'~** *f* die Akropolis

acrostiche [akʀɔstiʃ] M *poème* Akrostichon *n*

acrylique [akʀilik] ADJ CHIM Acryl...; TEXT **fibre** *f* ~ *ou subst* ~ *m* Acrylfaser *f*

acte [akt] M **1** Handlung *f*; Akt *m (a.* PHIL, REL); Tat *f*; ~ **(in)volontaire** (un)bewusste Handlung; PSYCH ~ **manqué** Fehlleistung *f*; ~ **médical** ärztliche Leistung; ~ **terroriste, de terrorisme** Terrorakt *m*; ~ **d'agression** Aggressionshandlung *f*; aggressiver Akt; ~ **de bravoure** mutige Tat; ~ **de charité** Akt der Nächstenliebe; ~ **de courage** mutige Tat; ~ **de folie** Wahnsinnshandlung *f*, -tat *f*; ~ **de sabotage** Sabotageakt *m*; **faire ~ d'autorité** ein Machtwort sprechen; durchgreifen; **faire ~ de candidature** kandidieren; **faire ~ de présence** *brève apparition* sich kurz sehen, blicken lassen; *attitude passive* sich nicht aktiv beteiligen; passiv dasitzen; **faire ~ de bonne volonté** guten Willen zeigen; **juger qn sur ses ~s** j-n nach s-n Taten beurteilen; **passer aux ~s** handeln; zur Tat schreiten; **traduire en ~** in die Tat umsetzen; zur Tat werden lassen **2** JUR ~ **(juridique)** Rechtsgeschäft *n*, -handlung *f*; ~ **administratif** Verwaltungsakt *m* **3** JUR *(document)* Urkunde *f*; ~ **d'accusation** Anklageschrift *f*; ~ **de décès** Sterbeurkunde *f*; **~s de l'état civil** standesamtliche Urkunden; Personenstandsurkunden *fpl*; ~ **de mariage** Heiratsurkunde *f*; Trauschein *m*; ~ **de naissance** Geburtsurkunde *f*; **donner ~** bestätigen (**de qc** etw); **dont ~** hierüber Urkunde; *fig* **prendre ~ de qc** sich *(dat)* etw (für später) merken; etw zur Kenntnis nehmen **4** **~s** *pl d'un colloque, congrès etc* Abhandlungen *fpl*; Protokolle *npl*; BIBL **Actes des apôtres** Apostelgeschichte *f* **5** THÉ Akt *m*; Aufzug *m*; **dernier ~** letzter Akt, Schlussakt *m (a. fig)*; **pièce** *f* **en trois ~s** Stück *n* in drei Akten; Dreiakter *m*; **pièce** *f* **en un ~** Einakter *m*; **au troisième ~** im dritten Akt

acteur [aktœʀ] M, **actrice** F **1** Schauspieler(in) *m(f)*; **acteur, actrice de cinéma** Filmschauspieler(in) *m(f)* **2** *fig* Akteur *m*; Beteiligte(r) *m/f(m)*; **le principal acteur** der Hauptakteur

actif [aktif] **A** ADJ ⟨-ive⟩ **1** *personne* aktiv; betriebsam; rege; rührig; eifrig; tatkräftig; tüchtig; **collaboration active** aktive, tatkräftige Mitarbeit; **mener une vie active** ein aktives Leben führen; aktiv sein; **prendre une part active à qc** an etw *(dat)* aktiv teilnehmen, tätigen Anteil haben **2** MIL, CHIM *etc* aktiv; *médicament a.* wirksam; **armée active** aktive Truppe; CHIM **charbon ~** Aktivkohle *f*; **la population active** die erwerbstätige, berufstätige, arbeitende Bevölkerung; die Erwerbs-, Berufstätigen *pl*; **vie active** Erwerbsleben *n*; GRAM **voix active** Aktiv *n*; Tätigkeitsform *f*; *conférence etc* **entrer dans une phase active** zum eigentlichen Thema, zu den Kernfragen kommen **B** SUBST **1** M COMM Aktiva *pl*; Vermögenswerte *mpl*; *d'un bilan* Aktivseite *f*; FIN ~ **immobilisé** Anlagevermögen *n*; ~ **social** Gesellschaftsvermögen *n*; JUR: ~ **de la faillite** Konkursmasse *f*; ~ **d'une succession** Nachlassvermögen *n*; *fig* **avoir, compter à son ~** *succès etc* für sich verbuchen können; *iron délits etc* auf dem Kerbholz haben **2** M GRAM Aktiv *n*; Tätigkeitsform *f* **3** MIL **active** *f* aktive Truppe; **officier** *m* **d'active** aktiver Offizier

action [aksjõ] F **1** *de personnes* Handlung *f*; Tat *f*; Handeln *n*; Tun *n*; Vorgehen *n*; Wirken *n*; *(intervention)* Eingreifen *n*; *d'un groupe*, POL Aktion *f*; MIL Gefecht *n*; **bonne ~** gute Tat; ~ **concer-**

tée Zusammenwirken *n*; konzertierte Aktion; **Action directe** *linksextreme Untergrundorganisation*; **Action française** *nationalistisch-royalistische Bewegung während der 3. Republik*; *définition* **~ de transporter** *etc* Vorgang *m* des Transportierens *etc*; **~ d'éclat** Glanzleistung *f*, -stück *n*; **~ d'ensemble** gemeinsame Aktion; gemeinsames Vorgehen; **l'~ du gouvernement** das Vorgehen, die Maßnahmen, das Eingreifen der Regierung; REL **~ de grâce(s)** Danksagung *f*; *d'un syndicat* **journée** *f* **d'~** Tag *m* der Kampfmaßnahmen; **programme** *m* **d'~** Aktionsprogramm *n*; GRAM **verbe** *m* **d'~** Vorgangsverb *n*; MIL **engager l'~** das Gefecht eröffnen; **entreprendre une ~** e-e Aktion durchführen, *fam* starten; **entrer en ~** in Aktion, Tätigkeit treten; tätig werden; eingreifen; **être en ~** in Aktion, tätig, im Einsatz sein; **passer à l'~** zur Tat schreiten; handeln; aktiv werden; etwas unternehmen **2** *(effet produit)* (Ein)Wirkung *f*; *loc prép* **sous l'~ de** unter der Einwirkung von *(ou +gén)*; infolge *(+gén)*; durch *(+acc)*; **exercer une ~** e-e Wirkung ausüben (**sur** auf *+acc*); **mettre en ~** in Gang setzen, bringen; zur Wirkung bringen; einsetzen **3** THÉ, CINÉMA *etc* Handlung *f*; **film** *m* **d'~** Actionfilm *m* **4** COMM Aktie *f*; Anteilschein *m*; **~ au porteur** Inhaberaktie *f*; auf den Inhaber lautende Aktie; **créer, émettre des ~s** Aktien ausgeben; *fig* **ses ~s montent, baissent** s-e Aktien steigen, fallen **5** JUR **~ (en justice)** Klage *f*; **~ civile** Privat-, Nebenklage *f*; **~ en diffamation** Beleidigungsklage *f*; **~ en dommages-intérêts** Schaden(s)ersatzklage *f*; Klage auf Schaden(s)ersatz; **~ en recherche de paternité** Vaterschafts(feststellungs)klage *f*; **intenter une ~ (en justice)** e-e Klage einreichen, anhängig machen; Klage erheben; klagen; den Rechtsweg beschreiten

actionnaire [aksjɔnɛʀ] M/F Aktionär(in) *m(f)*; Aktienbesitzer(in) *m(f)*

actionnariat [aksjɔnaʀja] M Aktienbesitz *m*; **~ ouvrier** Arbeitermitbesitz *m* in Form von Belegschaftsaktien

actionnement [aksjɔnmɑ̃] M TECH Betätigung *f*; Ingangsetzung *f*

actionner [aksjɔne] V/T betätigen; **~ un levier, un mécanisme** einen Hebel, einen Mechanismus betätigen; **~ une machine** eine Maschine in Gang setzen, antreiben

activation [aktivasjõ] F CHIM, PHYS Aktivierung *f*

activement [aktivmɑ̃] ADV aktiv; eifrig; tatkräftig; **collaborer ~ à qc** an etw *(dat)* aktiv *etc* mitarbeiten

activer [aktive] **A** V/T aktivieren *(a.* CHIM*)*; *travaux a.* vorantreiben; beschleunigen; in Schwung bringen; *vent: feu* anfachen; *abs fam* **allons, activez un peu!** los, macht ein bisschen voran, schneller! **B** V/PR **s'~** sich (eifrig) zu schaffen machen; sich eifrig betätigen

activisme [aktivism] M POL (gewalttätiger) Aktivismus; **activiste** M POL (gewalttätiger) Aktivist; (Rechts)Extremist *m*

activité [aktivite] F **1** Tätigkeit *f (a. d'un organe, volcan etc)*; Aktivität *f*; **~s** *pl a.* Treiben *n*; Betrieb *m*; *d'une personne a.* Betätigung *f*; **~ aérienne** Flugbetrieb *m*; **~ boursière** Börsentätigkeit *f*; **intense ~ diplomatique** rege diplomatische Tätigkeit, Aktivität; **~s économiques** *a.* Wirtschaftsleben *n*; **~ (professionnelle)** Berufs-, Erwerbstätigkeit *f*; **~ de plein air** Betätigung im Freien; *volcan* **en ~** tätig; in Tätigkeit; *affaires, industrie* **en pleine ~** auf vollen Touren laufend; **j'ignore tout de ses ~s** ich weiß überhaupt nicht, was er treibt **2** *d'une personne* Aktivität *f*; Betriebsamkeit *f*; Rührigkeit *f*; Geschäftigkeit *f*; Regsamkeit *f*; Tüchtigkeit *f*; **déployer une grande ~** e-e rege Tätigkeit, e-e große Aktivität *ou* Betriebsamkeit entfalten **3** *de fonctionnaires, officiers* aktiver Dienst; **en ~** im aktiven Dienst

actuaire [aktɥɛʀ] M Versicherungs(und Wirtschafts)mathematiker *m*; Aktuar *m*

actualisation [aktɥalizasjõ] F Aktualisierung *f*; **actualiser** V/T aktualisieren

actualité [aktɥalite] F **1** *d'une question etc* Aktualität *f*; Zeit-, Gegenwartsnähe *f*; Zeitgemäßheit *f*; **sujet** *m* **d'~** aktuelles Thema; **être d'~** aktuell sein **2** *(événements actuels)* Zeitgeschehen *n*; **l'~ politique** das politische Zeitgeschehen; **l'~ quotidienne** das Tagesgeschehen; die Tagesereignisse *npl*; **l'~ sportive** die sportlichen Tagesereignisse *npl* **3** **~s** *pl* TV (Fernseh)Nachrichten *fpl*; Tagesschau *f*; CINÉMA Wochenschau *f*

actuariel [aktɥaʀjɛl] ADJ ⟨~le⟩ versicherungs(- und wirtschafts)mathematisch

actuel [aktɥɛl] ADJ ⟨~le⟩ **1** gegenwärtig; derzeitig; augenblicklich; jetzig; heutig; *mode etc a.* herrschend; **à l'époque ~le, à l'heure ~le** zurzeit; gegenwärtig; im Moment **2** *sujet, film etc* aktuell; zeit-, gegenwartsnah; zeitgemäß; **problème ~** *a.* Gegenwartsproblem *n* **3** PHIL aktual

actuellement [aktɥɛlmɑ̃] ADV gegenwärtig; zurzeit; im Moment

acuité [akɥite] F **1** *des sens* Schärfe *f*; **~ visuelle** Sehschärfe *f* **2** *d'une douleur etc* Heftigkeit *f*; *d'une crise a.* Zuspitzung *f*

acuponcteur *ou* **acupuncteur** [akypõktœʀ] M Akupunkteur *m*

acuponcture *ou* **acupuncture** [akypõktyʀ] F MÉD Akupunktur *f*

acupression [akypʀesjõ] F MÉD Akupunktmassage *f*

acyclique [asiklik] ADJ azyklisch

ADAC [adak] M ABR (avion à décollage et atterrissage courts) Kurzstartflugzeug *n*; STOL-Flugzeug *n*

adage [adaʒ] M Sinnspruch *m*; Lebensweisheit *f*

adagio [adadʒjo] MUS **A** ADV adagio **B** M Adagio *n*

Adam [adɑ̃] M *Vorname*; → *a.* Ève

adaptabilité [adaptabilite] F Anpassungsfähigkeit *f*, -vermögen *n*; **adaptable** ADJ anpassungsfähig; TECH passend (**à** für)

adaptateur [adaptatœʀ] M, **adaptatrice** F **1** THÉ, CINÉMA Bearbeiter(in) *m(f)* **2** M TECH Adapter *m*; ÉLEC *au secteur* Netzgerät *n*; *fiche* Zwischenstecker *m*

adaptation [adaptasjõ] F **1** Anpassung *f* (**à** an *+acc*); Ausrichtung *f* (nach); Ein- *ou* Umstellung *f* (auf *+acc*); Zuschnitt *m* (auf *+acc*); *t/t* Adap(ta)tion *f*; **~ aux nécessités économiques** Anpassung an die wirtschaftlichen Erfordernisse; **difficultés** *fpl* **d'~** Anpassungsschwierigkeiten *fpl* **2** *d'un poème* Nachdichtung *f*; *d'un roman etc* Bearbeitung *f*; THÉ, CINÉMA, TV *a.* Adap(ta)tion *f*; **~ radiophonique** Funkbearbeitung *f*; **~ cinématographique** *a.* Verfilmung *f*; **~ pour la scène** Bühnenbearbeitung *f*

adapter [adapte] **A** V/T **1** TECH anpassen (**à** an *+acc*); einpassen (in *+acc*); passend machen (für); *(appliquer)* anbringen (an *+dat*) **2** *programme, production etc* anpassen (**à** *dat*); (aus-, ein)richten (nach); angleichen *(+dat)*; ein-, umstellen (auf *+acc*); zuschneiden (auf *+acc*) **3** *poésie* nachdichten; *œuvre littéraire* bearbeiten, THÉ, CINÉMA, TV *a.* adaptieren (**à** *ou* **pour la scène** für die Bühne); **~ au** *ou* **pour le cinéma** *a.* verfilmen **B** V/PR **s'~** **1** sich anpassen (**à** *dat*); sich ein-, umstellen (auf *+acc*); **savoir s'~** anpassungsfähig, flexibel sein; sich anpassen, umstellen können **2** TECH passen (**à** zu); passend sein (für)

ADAV [adav] M ABR (avion à décollage et atterrissage verticaux) Senkrechtstarter *m*; VTOL-Flugzeug *n*

addenda [adɛ̃da] M ⟨inv⟩ Nachträge *mpl*; Zusätze *mpl*; Addenda *npl*

additif [aditif] **A** ADJ ⟨-ive⟩ additiv *(a.* PHOT*)* **B** M **1** *au budget* Nachtrag *m*; *à un écrit* Zusatz *m* **2** CHIM Additiv *n*; Zusatz(mittel *n*, -stoff *m*) *m*; *dans les aliments* **~s** *pl* Zusätze *mpl*

addition [adisjõ] F **1** MATH Addition (-saufgabe) *f*; Addieren *n*; Zusammenzählen *n*; **faire une ~** addieren; zusammenzählen **2** *au restaurant, au café* Rechnung *f*; **payer, régler l'~** die Rechnung bezahlen, begleichen; (be)zahlen; **l'~, s'il vous plaît!** zahlen, bitte!; ich möchte zahlen!; die Rechnung, bitte! **3** An-, Hinzufügung *f*; *à un écrit* Zusatz *m*; Ergänzung *f* **4** CHIM Zusetzen *n*; Zusatz *m*; Beimischung *f*

additionnel [adisjɔnɛl] ADJ ⟨~le⟩ zusätzlich; nachträglich; Zusatz...; Nachtrags...

additionner [adisjɔne] **A** V/T **1** MATH addieren; zusammenzählen **2** *surtout* CHIM **~ qc de qc** e-r Sache *(dat)* etw zusetzen, bei-, hinzufügen, beimengen; etw mit etw versetzen; **additionné de sucre** mit Zuckerzusatz **B** V/PR *erreurs etc* **s'~** sich summieren; **(venir) s'~ à qc** zu etw hinzukommen

adducteur [adyktœʀ] ADJ ⟨nur m⟩ **1** ANAT **muscle ~** *ou subst* **~** *m* Adduktor *m* **2** *pour l'eau* **canal ~** Zuleitung *f*

adduction [adyksjõ] F **1** PHYSIOL Adduktion *f* **2** *d'eau, de gaz, de pétrole* Zuleitung *f*; Zuführung *f*; Zufuhr *f*; **~ d'eau** Wasserzuleitung *f*, -versorgung *f*

Adélaïde [adelaid] F *Vorname*

Adèle [adɛl] F *Vorname*

Adeline [adlin] F *Vorname*

Aden [adɛn] GÉOG Aden *n*

Adenauer [adɛnɔɛʀ, -nawœʀ] **Konrad ~** Konrad Adenauer

adepte [adɛpt] M/F Anhänger(in) *m(f)*; **faire des ~s** Anhänger gewinnen

adéquat [adekwa(t)] ADJ adäquat; angemessen; passend; entsprechend

adhérence [adeʀɑ̃s] F **1** PHYS, TECH Haften *n*, -ung *f* (**à** an *ou* auf *+dat*); *des pneus* **~ au sol** Bodenhaftung *f*; **coefficient** *m* **d'~** Reibungskoeffizient *m*; Reibungszahl *f*; Adhäsionswert *m* **2** MÉD, BOT Verwachsung *f*

adhérent [adeʀɑ̃] **A** ADJ **1** PHYS, TECH haftend (**à** an *ou* auf *+dat*) **2** BOT verwachsen (**à** mit) **B** SUBST **~(e)** *m(f) d'un parti etc* Mitglied *n*; **carte** *f* **d'~** Mitgliedskarte *f*

adhérer [adeʀe] V/T INDIR ⟨-è-⟩ **1** **~ à qc** an *ou* auf etw *(dat)* haften, *(coller)* kleben; *pneus* **~ à la route, au sol** *a.* griffig sein **2** **~ à un parti** *etc* in e-e Partei *etc* eintreten; e-r Partei *etc (dat)* beitreten; Mitglied e-r Partei *etc (gén)* werden; sich e-r Partei *etc (dat)* anschließen; *État* **~ à un pacte, à une convention** e-m Pakt, Abkommen beitreten **3** *st/s* **~ à** *une opinion* beipflichten, zu-, beistimmen *(+dat)*; **~ à un idéal** einem Ideal anhängen

adhésif [adezif] **A** ADJ ⟨-ive⟩ klebend; Kleb(e)...; **pansement ~** (Heft)Pflaster *n*; **papier ~** Klebefolie *f* **B** M Klebstoff *m*; Kleber *m*; Klebemittel *n*

adhésion [adezjõ] F **1** *à un parti etc* Beitritt (-serklärung) *m(f)* (**à** zu); (Neu)Eintritt *m* (**à** in *+acc*) **2** *à une opinion* Zustimmung *f* (**à** zu); **donner son ~** s-e Zustimmung geben **3** PHYS Adhäsion *f*

ad hoc [adɔk] LOC ADJ (eigens) zu diesem Zweck; (hierfür) passend; ad hoc; **commission**

f ~ Ad-hoc-Ausschuss *m*
adieu [adjø] A INT leb(e) wohl!; leben Sie wohl!; *st/s* Gott befohlen!; *litt* ade!; *par ext* **~, nos beaux projets!** jetzt ist es aus, vorbei mit unseren schönen Plänen; **dire ~ à qn** j-m Lebewohl sagen; *si tu acceptes cet emploi,* **tu peux dire ~ à ta tranquillité** ... dann ist deine Ruhe dahin; ... dann ist es aus, vorbei mit deiner Ruhe B M *souvent* PL **~x** Abschied *m*; Lebewohl *n*; **lettre** *f* **d'~(x)** Abschiedsbrief *m*; **repas** *m* **d'~x** Abschiedsessen *n*, *st/s* -mahl *n*; **faire ses ~x à qn** von j-m Abschied nehmen; j-m Lebewohl sagen
à-Dieu-va(t) [adjøva(t)] INT komme, was wolle; ganz gleich, was geschieht
Adige [adiʒ] **l'~** *m* die Etsch
adipeux [adipø] ADJ ⟨-euse⟩ 1 ANAT fettreich; Fett...; **tissu ~** Fettgewebe *n* 2 *par ext visage etc* feist; verfettet
adiposité [adipozite] F (lokaler) Fettansatz; Fettpolster *npl*
adjacent [adʒasɑ̃] ADJ angrenzend; benachbart; *pl a.* nebeneinanderliegend; aneinandergrenzend, -stoßend; MATH **angles ~s** Nebenwinkel *mpl*
adjectif [adʒɛktif] GRAM A M **~ (qualificatif)** Adjektiv *n*; Eigenschaftswort *n*; **~ démonstratif** attributives Demonstrativpronomen; **~ numéral** Zahlwort *n* B ADJ ⟨-ive⟩ adjektivisch; **locution adjective** als Adjektiv gebrauchte Wendung
adjectival [adʒɛktival] ADJ ⟨-aux⟩ adjektivisch
adjectivement [adʒɛktivmɑ̃] ADV GRAM **employer ~** adjektivisch, als Adjektiv gebrauchen
adjectiver [adʒɛktive] V/T *seulement* PP GRAM **(être) adjectivé** adjektivisch, als Adjektiv gebraucht (werden)
adjoindre [adʒwɛ̃dʀ] ⟨→ joindre⟩ A V/T 1 **~ qc à qc** e-r Sache *(dat)* etw beifügen; zu e-r Sache etw hinzufügen, -tun 2 **~ qn à qn** j-m j-n (zur Hilfe) beigeben, beiordnen, zur Seite geben *ou* stellen B V/PR **s'~ un collaborateur** sich *(dat)* e-n Mitarbeiter (zur Hilfe) nehmen
adjoint [adʒwɛ̃] A M Stellvertreter *m*; Beigeordnete(r) *m*; MIL **~ administratif** *correspond à* Verwaltungsoffizier *m*; MIL **~ technique** technischer Offizier; *dans l'enseignement secondaire* **~(e)** *m(f)* **d'enseignement** Lehrer(in), der (die) ein Aufsichts- und Lehramt hat; **~ (au maire)** stellvertretender, zweiter Bürgermeister B ADJ ⟨adjointe [adʒwɛ̃t]⟩ stellvertretend; beigeordnet; **directeur ~** stellvertretender, zweiter Direktor
adjonction [adʒɔ̃ksjɔ̃] F 1 *d'une chose* Beifügung *f*, Hinzufügung *f* **(à** zu) 2 *de collaborateurs etc* Beigabe *f*; Beiordnung *f*
adjudant [adʒydɑ̃] M 1 MIL Stabsfeldwebel *m* 2 *péj* Feldwebel *m*; **adjudant-chef** M ⟨*pl* adjudants-chefs⟩ MIL Oberstabsfeldwebel *m*; **adjudant-major** M ⟨*pl* adjudants-majors⟩ MIL *correspond à* stellvertretender Bataillonskommandeur (im Hauptmannsrang)
adjudicataire [adʒydikatɛʀ] M/F *dans une adjudication* Submittent, (An)Bieter, der den Zuschlag erhält; *aux enchères* Ersteigerer *m*; **adjudicateur** M, **adjudicatrice** F ADMIN Ausschreibende(r) *m/f(m)*; Auftraggeber(in) *m(f)*
adjudication [adʒydikasjɔ̃] F 1 **~ (administrative)** öffentliche Ausschreibung, Vergabe; Submission *f*; Verdingung *f*; **~ forcée, judiciaire** Zwangsversteigerung *f*; **~ de fournitures, de travaux publics** Vergabe *f* von Lieferungs-, Arbeitsaufträgen; **par ~** a auf dem Versteigerungsweg; durch Versteigerung b auf dem Submissionsweg; durch öffentliche Ausschreibung; **mettre en ~** öffentlich ausschreiben 2 JUR, ADMIN *(attribution)* Zuschlag (-erteilung) *m(f)* **(à** an *+acc*)
adjuger [adʒyʒe] ⟨-geons⟩ A V/T 1 *dans une vente aux enchères, une adjudication* zuschlagen; den Zuschlag erteilen **(qc** für etw); *une fois, deux fois, trois fois,* **adjugé! (vendu!)** zugeschlagen! (verkauft!) *(en Allemagne le plus souvent un seul coup de marteau)* 2 *prix, récompense etc* zuerkennen B V/PR *fig* **s'~ qc** sich *(dat)* etw nehmen, aneignen
adjuration [adʒyʀasjɔ̃] F inständige(s) Bitte(n); **~s** *pl a.* Beschwörungen *fpl*
adjurer [adʒyʀe] V/T **~ qn de (ne pas) faire qc** j-n inständig bitten, j-n beschwören, etw (nicht) zu tun
adjuvant [adʒyvɑ̃] M 1 MÉD unterstützendes Mittel; unterstützende Therapie; *t/t* Adjuvans *n* 2 TECH Zuschlag(stoff) *m*; Zusatz *m*
ad libitum [adlibitɔm] LOC ADV nach Belieben; ad libitum
admettre [admɛtʀ] V/T ⟨→ mettre⟩ 1 *(laisser entrer)* hereinlassen, (hin)einlassen **(à, dans** in *+acc*); *vapeur, gaz* einlassen; eintreten, einströmen lassen; **ne pas être admis** keinen Zutritt haben **(à, dans** zu) 2 *dans une école, organisation etc* aufnehmen **(à, dans** in *+acc*); zulassen (zu); **~ qn dans un parti** j-n in e-e Partei aufnehmen; **~ qn parmi ses intimes** j-n in s-n engsten Freundeskreis aufnehmen 3 *excuses, raisons etc* gelten lassen; anerkennen; **~ que ...** *(+subj ou ind) a.* zugeben, zugestehen, einräumen, dass ...; **c'est une chose communément admise** das ist e-e allgemein anerkannte Tatsache; **j'admets avoir été trop sévère** ich gebe zu, dass ich zu streng gewesen bin; zugegeben, ich bin zu streng gewesen 4 *comme hypothèse* annehmen; **admettons que vous ayez raison** nehmen wir (einmal) an *ou* angenommen, Sie hätten Recht 5 *(tolérer)* **ne pas ~ qc** etw nicht dulden, zulassen, gestatten; *règle* **n'~ aucune exception** keine Ausnahme zulassen, gestatten; *texte* **~ plusieurs interprétations** mehrere Interpretationen zulassen; **n'~ aucun retard** keinen Aufschub dulden; **il n'admet pas la contradiction** *ou* **qu'on le contredise** er duldet keinen Widerspruch
administrateur [administʀatœʀ] M, **administratrice** F Verwalter(in) *m(f)*; Administrator *m*; **administrateur civil** *correspond à* Ministerialrat *m*; *de la Comédie-Française* **administrateur général** Intendant *m*; INFORM **administrateur système** Systemadministrator *m*; **administrateur de biens** Vermögensverwalter *m*; *d'une S.A.* **administrateur de société** Vorstandsmitglied *n*
administratif [administʀatif] ADJ ⟨-ive⟩ Verwaltungs...; administrativ; verwaltungsmäßig, -technisch; **acte ~** Verwaltungsakt *m*; **capitale administrative** Sitz *m* der Behörden; **directeur ~** Verwaltungsdirektor *m*; *d'un pays* **division administrative** verwaltungsmäßige Gliederung, Einteilung; **droit ~** Verwaltungsrecht *n*; **service ~** Verwaltungsdienst *m*; *d'une entreprise* Verwaltung *f*; **style ~** Behörden-, Kanzleistil *m*
administration [administʀasjɔ̃] F 1 *(gestion)* Verwaltung *f*; *d'une entreprise* Führung *f*; Leitung *f*; *d'une S.A.* Geschäftsführung *f*; **~ de biens** Vermögensverwaltung *f* 2 *service* Verwaltung(sbehörde) *f*; Administration *f*; Behörde *f*; *coll* **Administration** Verwaltung (-sdienst) *f(m)*; **~ des Postes** Postbehörde *f*, -verwaltung *f*; **entrer dans l'Administration** in den Verwaltungsdienst gehen 3 *d'un médicament* Verabreichung *f*; *d'un sacrement* Spendung *f*; Austeilung *f*
administrativement [administʀativmɑ̃] ADV verwaltungsmäßig; auf dem Verwaltungsweg
administré(e) [administʀe] M(F) Bürger(in) *m(f)*; *dans un discours* **chers administrés!** liebe Mitbürger!
administrer [administʀe] V/T 1 *(gérer)* verwalten; **~ une entreprise** ein Unternehmen leiten, führen 2 *médicament* verabreichen; verabfolgen; *sacrement* spenden; austeilen; *coup* verabreichen; versetzen; **~ les derniers sacrements à qn** *a.* j-n versehen 3 JUR *preuves* erbringen; liefern
admirable [admiʀabl] ADJ bewundernswert, -würdig; bewunderungswürdig; wunderbar; *a. iron* herrlich; prächtig
admirateur [admiʀatœʀ] M, **admiratrice** F Bewunderer *m*, Bewund(r)erin *f*; Verehrer(in) *m(f)*
admiratif [admiʀatif] ADJ ⟨-ive⟩ *personne* voll Bewunderung; **exclamation admirative** Ausruf der Bewunderung; **regard ~** bewundernder Blick
admiration [admiʀasjɔ̃] F Bewunderung *f*; **avec ~** mit, voll Bewunderung; bewundernd; *cri, sifflement* **d'~** der Bewunderung; **être en ~ devant qn** von Bewunderung für j-n erfüllt sein; **être en ~ devant qc** etw andächtig bewundern; etw voll Bewunderung betrachten; **faire l'~ de tous** allgemein Bewunderung erregen; alle mit Bewunderung erfüllen
admirer [admiʀe] V/T bewundern; **~ qn pour son courage** j-n wegen s-s Mutes bewundern; *iron* **j'admire votre confiance** ich bewundere Ihre Vertrauensseligkeit
admis [admi] PP → admettre
admissibilité [admisibilite] F Anspruch *m* auf Zulassung zur mündlichen Prüfung; **liste** *f* **d'~** Liste *f* der Kandidaten, die *(die schriftliche Prüfung bestanden haben und)* zur mündlichen Prüfung zugelassen sind
admissible [admisibl] ADJ 1 **candidat déclaré ~** *ou subst* **~** *m* Kandidat, der (die schriftliche Prüfung bestanden hat und) zur mündlichen Prüfung zugelassen ist; **être ~ à l'école normale** zur mündlichen Aufnahmeprüfung für die Pädagogische Hochschule zugelassen sein 2 **être ~ à une fonction publique** das Recht haben, ein öffentliches Amt zu bekleiden 3 *(tolérable)* **ne pas être ~** inakzeptabel, unannehmbar, nicht hinnehmbar, indiskutabel sein
admission [admisjɔ̃] F 1 *dans une organisation, école* Aufnahme *f* **(à** in *+acc*); Zulassung *f* **(à** zu); **~ aux Nations Unies** Aufnahme *f* in die Vereinten Nationen; **conditions** *fpl* **d'~** Aufnahme-, Zulassungsbedingungen *fpl*; **demande** *f* **d'~** Aufnahme-, Zulassungsgesuch *n*; EXAMEN **liste** *f* **d'~** Liste *f* der Kandidaten, die die Prüfung bestanden haben 2 TECH *de vapeur, gaz* Einlass *m*; Eintritt *m*; Einströmen *n*
admonestation [admɔnɛstasjɔ̃] *st/s* F (scharfe) Zurechtweisung; Maßregelung *f*; (strenger) Verweis; **admonester** *st/s* V/T (scharf) zurechtweisen; maßregeln
ADN [adeɛn] M ABR (acide désoxyribonucléique) DNA *f*; DNS *f*; *adjt* **test** *m* **~** DNA-Test *m*
ado [ado] M/F ABR → adolescent
adolescence [adɔlesɑ̃s] F Jugendalter *n*; *t/t* Adoleszenz *f*
adolescent [adɔlesɑ̃] M, **adolescente** F Jugendliche(r) *m/f(m)*; Halbwüchsige(r) *m/f(m)*; Teenager *m*; *iron* Jüngling *m*
Adolphe [adɔlf] M *Vorname*
adonis [adɔnis] M *iron* Adonis *m*
adonner [adɔne] V/PR **s'~ à qc** sich e-r Sache *(dat)* (ganz) hingeben, widmen; *st/s* e-r Sache

(dat) frönen; **s'~ à la boisson** sich dem Trunk ergeben

adoptant [adɔptɑ̃] M, **adoptante** F JUR Adoptierende(r) *m/f(m)*; **adopté(e)** M(F) JUR Adoptierte(r) *m/f(m)*

adopter [adɔpte] VT **1** *enfant* adoptieren; an Kindes statt annehmen; *fam* annehmen **2** *attitude* einnehmen; *méthode, point de vue, mœurs, expression* übernehmen; sich *(dat)* zu eigen machen; *mode* mitmachen; *ton* anschlagen; **~ un nouveau programme** sich für ein neues Programm entscheiden; ein neues Programm einführen; **~ une religion** eine Religion annehmen; **~ une solution de rechange** e-e Ersatzlösung wählen; sich für e-e Ersatzlösung entscheiden **3** *projet de loi, ordre du jour etc* annehmen; *loi a.* verabschieden; **faire ~** durchbringen

adoptif [adɔptif] ADJ ‹-ive› **1** Adoptiv…; **enfant ~** Adoptivkind *n*; angenommenes Kind; **parents ~s** Adoptiveltern *pl*; **père ~** Adoptivvater *m* **2** *par ext* **trouver une famille adoptive** bei e-r Familie ein zweites Zuhause finden

adoption [adɔpsjõ] F **1** JUR Adoption *f*; Annahme *f* an Kindes statt, als Kind **2** LOC ADJ **d'~** Wahl…; **Parisien** *m*, **patrie** *f* **d'~** Wahlpariser *m*, -heimat *f* **3** *d'une attitude* Einnehmen *n*; *d'une religion* Annahme *f*; *d'une méthode, coutume etc* Übernahme *f* **4** *d'un projet de loi etc* Annahme *f*; *d'une loi a.* Verabschiedung *f*

adorable [adɔʀabl] ADJ entzückend; reizend; *fam* goldig; süß

adorateur [adɔʀatœʀ] M, **adoratrice** F REL *et fig* Anbeter(in) *m(f)*; *fig a.* glühender Verehrer, glühende Verehrerin

adoration [adɔʀasjõ] F **1** REL Anbetung *f* **2** *d'une personne* Vergötterung *f*; Anbetung *f*; abgöttische Liebe; glühende Verehrung; **être en ~ devant qn** → adorer 2

adoré(e) [adɔʀe] M(F) Angebetete(r) *m/f(m)*

adorer [adɔʀe] VT **1** REL anbeten **2** *fig* **a** *personne* anbeten; vergöttern; abgöttisch lieben; glühend verehren **b** *fam chose fam* furchtbar, schrecklich gern mögen, *aliment a.* essen; **~ faire qc** etw für sein Leben gern tun

adossé [adose] ADJ **1** → adosser **2** HÉRALDIQUE Rücken an Rücken

adosser [adose] **A** VT *meuble* **~ à** *ou* **contre qc** (mit der Rückwand *ou* Rückenlehne) an etw *(acc)* stellen; *surtout pp: personne* **être adossé à** *ou* **contre la porte** mit dem Rücken an der Tür lehnen; *maison* **être adossé à la colline** an den Hügel angeschmiegt sein; CONSTR **être adossé à** angebaut sein an *(+acc)* **B** V/PR *personne* **s'~ au** *ou* **contre le mur** sich mit dem Rücken an die *ou* gegen die Wand lehnen, an die Wand anlehnen

adoubement [adubmɑ̃] M HIST Ritterschlag *m*; Schwertleite *f*; **adouber** VT HIST zum Ritter schlagen

adoucir [adusiʀ] **A** VT **1** *(atténuer)* mildern; *colère a.* dämpfen; besänftigen; **~ la douleur** den Schmerz lindern; **~ le goût de la sauce** der Soße e-n milderen Geschmack verleihen; der Soße etwas von ihrer Schärfe nehmen; **~ son regard** milder, sanfter (drein)blicken; *coiffure* **~ les traits** das Gesicht weicher machen **2** *crème: peau* weich, geschmeidig machen **3** *l'eau* enthärten; weich machen **B** V/PR **s'~ 1** *temps* milder werden **2** *pente* flacher werden; sich abflachen **3** *personne* sich beruhigen; **son caractère s'est adouci** er ist umgänglicher, zugänglicher geworden

adoucissant [adusisɑ̃] **A** ADJ PHARM reizlindernd; **crème ~e** hautfreundliche, milde Creme **B** M *pour le linge* Weichspüler *m*

adoucissement [adusismɑ̃] M **1** Milderung *f*; *de la colère a.* Dämpfung *f*; Besänftigung *f*; *de la douleur a.* Linderung *f*; **apporter quelques ~s à ses reproches** sich in s-n Vorwürfen etwas mäßigen **2** **~ de la température** Milderung *f*; Nachlassen *n* der Kälte **3** *de l'eau* Enthärtung *f*; Weichmachen *n*

adoucisseur [adusisœʀ] M *pour l'eau* (Wasser)Enthärter *m*; *pour le linge* Weichspüler *m*

Adour [aduʀ] **l'~** *m* *Fluss in Südwestfrankreich*

ad patres [adpatʀes] LOC ADV *fam* **envoyer qn ~** *fam* j-n ins Jenseits befördern

adrénaline [adʀenalin] F Adrenalin *n*; **décharge** *f* **d'adrénaline** Adrenalinstoß *m*; **taux** *m* **d'adrénaline** Adrenalinspiegel *m*

adressage [adʀesaʒ] M INFORM Adressierung *f*

adresse[1] [adʀɛs] F **1** Anschrift *f*; Adresse *f*; *par ext* **une bonne ~** die Adresse e-s guten Restaurants, Geschäfts *etc*; e-e gute Adresse; **mettre l'~ sur l'enveloppe** den Brief adressieren; die Adresse auf den (Brief)Umschlag schreiben; **partir sans laisser d'~** abreisen, ausziehen, ohne e-e Adresse zu hinterlassen; *(disparaître)* spurlos verschwinden; **se tromper d'~** sich in der Adresse irren; *fig* an die falsche Adresse geraten **2** LOC PRÉP **à l'~ de qn** für j-n (bestimmt); an die Adresse *(+gén)*; *allusion etc* auf j-n gemünzt; **j'en ai autant à votre ~** das Gleiche gilt für Sie **3** INFORM Adresse *f*

adresse[2] [adʀɛs] F *(habileté)* Geschick(lichkeit) *n(f)*; Gewandtheit *f*; (Finger-, Kunst)Fertigkeit *f*; *dans des négociations etc* Geschick *n*; *loc adv* **avec ~** geschickt; gewandt; **avoir l'~ de ne froisser personne** das Geschick besitzen, niemanden zu verletzen

adresser [adʀese] **A** VT **~ à** *lettre, message* schicken, senden, richten an *(+acc)*; *lettre a.* adressieren an *(+acc)*; *personne* schicken zu; verweisen an *(+acc)*; *prière, question, reproche etc* richten an *(+acc)*; *coup etc* **être adressé à qn** j-m gelten; für j-n bestimmt sein; **~ un compliment à qn** j-m ein Kompliment machen; **~ une critique à qn** Kritik an j-m üben; **~ un malade à un spécialiste** einen Kranken zu einem Facharzt überweisen; **~ la parole à qn** das Wort an j-n richten; j-n ansprechen; **~ un regard à qn** j-n anblicken; den Blick auf j-n richten; **~ ses remerciements à qn** j-m s-n Dank aussprechen **B** V/PR **s'~ à** *personne* sich wenden an *(+acc)*; *livre, film etc* sich wenden, richten an *(+acc)*; **pour plus amples renseignements s'~ à …** nähere Auskünfte bei …; **ces mots ne s'adressent pas à vous** diese Worte gelten nicht Ihnen

adret [adʀɛ] M GÉOG Süd-, Sonnenhang *m*, -seite *f*

Adriatique [adʀijatik] **l'~** *f ou* **la mer ~** die Adria *ou* das Adriatische Meer

Adrien [adʀijɛ̃] M **1** *Vorname* **2** *nom de pape, empereur romain* Hadrian *m*

Adrienne [adʀijɛn] F *Vorname*

adroit [adʀwa] ADJ ‹adroite [adʀwat]› *personne* geschickt, gewandt (à in *+dat*; bei); *politique etc* geschickt; *ruse a.* raffiniert; **être ~ de ses mains** mit den Händen geschickt sein; fingerfertig sein

adsorption [adsɔʀpsjõ] F PHYS Adsorption *f*

adulateur [adylatœʀ] M, **adulatrice** F Lobhudler(in) *m(f)*; *litt* Liebediener *m*; **adulation** *st/s* F Lobhudelei *f*; Liebedienerei *f*

aduler [adyle] VT **1** *surtout* PP: *artiste etc* **être adulé** vergöttert, glühend verehrt werden **2** *st/s* **~ qn** vor *ou* bei j-m liebedienern; j-m lobhudeln

adulte [adylt] **A** ADJ **1** *personne* erwachsen; *plante, animal* ausgewachsen; **âge** *m* **~** Erwachsenenalter *n*; *pour un homme a.* Mannesalter *n*; **être arrivé à l'âge ~** ins Erwachsenenalter gekommen sein; *fig art, technique* den Kinderschuhen entwachsen sein; **tu ne seras donc jamais ~?** wirst du denn nie erwachsen werden! **2** *fig sentiment, comportement* reif **B** M/F Erwachsene(r) *m/f(m)*; **cours** *m* **pour** *ou* **d'~s** Erwachsenenlehrgang *m*; Lehrgang *m* für Erwachsene

adultère [adyltɛʀ] **A** ADJ ehebrecherisch; **femme** *f*, **homme** *m* **~** Ehebrecher(in) *m(f)* **B** M Ehebruch *m*

adultérin [adylteʀɛ̃] ADJ JUR *enfant* außerehelich

advenir [advəniʀ] V/IMP ‹→ venir; être› geschehen; sich ereignen; **quoi qu'il advienne** was auch immer geschehen, kommen mag; **advienne que pourra** komme, was (da) wolle; *on a. vu* **ce qu'il est advenu de ses projets** was aus s-n Plänen geworden ist

adventice [advɑ̃tis] *litt* ADJ (zufällig) hinzutretend

adventiste [advɑ̃tist] M/F REL Adventist(in) *m(f)*

adverbe [advɛʀb] M GRAM Adverb *n*; Umstandswort *n*; **~ de lieu, de temps** Orts-, Zeitadverb *n*; **~ de manière** Adverb der Art und Weise; modales Adverb; **~ de quantité** Mengenadverb *n*

adverbial [advɛʀbjal] ADJ ‹-aux› GRAM adverbial; **locution ~e** als Adverb gebrauchte Wendung

adverbialement [advɛʀbjalmɑ̃] ADV GRAM **employer ~** adverbial, als Adverb gebrauchen

adversaire [advɛʀsɛʀ] M/F Gegner(in) *m(f)*; *dans un conflit a.* Kontrahent(in) *m(f)*; Widersacher(in) *m(f)*; Gegenspieler(in) *m(f)*; SPORTS *a.* Konkurrent(in) *m(f)*; Rivale *m*, Rivalin *f*; **~ du régime** Regimegegner(in) *m(f)*

adverse [advɛʀs] ADJ gegnerisch; feindlich; **partie** *f* **~** Gegenpartei *f*; JUR *a.* Prozessgegner *m*

adversité [advɛʀsite] F Unglück *n*; widriges Geschick

ad vitam aeternam [advitameteʀnam] LOC ADV *fam* ewig; für die Ewigkeit

AELE F ABR (Association européenne de libre-échange) EFTA *f*

aérateur [aeʀatœʀ] M (Be)Lüfter *m*; Lüftung(-sanlage) *f*; **aération** F (Be)Lüftung *f*; Lufterneuerung *f*

aéré [aeʀe] ADJ **1** *pièce* luftig; **centre ~** Freiluftzentrum *n* **2** *tissu* locker; luftig; *fig texte* aufgelockert

aérer [aeʀe] ‹-è-› **A** VT **1** *pièce* lüften; durchlüften; TECH belüften; *lits, vêtements* auslüften **2** *sol, fig texte* auflockern **B** V/PR *personne* **s'~** an die frische Luft gehen; *fam* frische Luft schnappen, tanken; sich auslüften; *par ext fam* e-n Tapetenwechsel vornehmen

aérien [aeʀjɛ̃] ADJ ‹~ne› **1** Luft…; **attaque ~ne** Luft-, Fliegerangriff *m*; **câble ~** Luftkabel *n*; Freileitung *f*; **défense ~ne du territoire** Luftverteidigung *f*; **droit ~** Luftrecht *n*; **espace ~** Luftraum *m*; **forces ~nes** Luftstreitkräfte *fpl*; Luftwaffe *f*; **ligne ~ne** AVIAT Luftverkehrs-, Fluglinie *f*; ÉLEC Freileitung *f*; **métro ~** Hochbahn *f*; **photographie ~ne** Luftbildfotografie *f*; **pont ~** Luftbrücke *f*; BOT **racine ~ne** Luftwurzel *f*; **tourisme ~** Flugtouristik *f*; **trafic ~** Luft-, Flugverkehr *m*; ANAT **voies ~nes, conduits ~s** Luftwege *mpl* **2** *fig* ätherisch; anmutig; *démarche* leichtfüßig

aérium [aeʀjɔm] M Kindererholungsheim *n*, -sanatorium *n*

aérobic [aeʀɔbik] F Aerobic *n*

aérobie [aeʀɔbi] **A** ADJ BIOL aerob; TECH luftatmend **B** M BIOL Aerobier *m*

aéro-club [aeʀoklœb] M ⟨pl aéro-clubs⟩ Aeroklub *m*; Luft-, Flugsportverein *m*
aérodrome [aeʀɔdʀom] M Flugplatz *m*
aérodynamique [aeʀɔdinamik] A ADJ PHYS aerodynamisch; TECH stromlinienförmig; Stromlinien...; windschlüpfig; windschnittig B F PHYS Aerodynamik *f*
aérofrein [aeʀɔfʀɛ̃] M AVIAT Bremsklappen *fpl*
aérogare [aeʀɔgaʀ] F 1 *à l'aéroport* Abfertigungsgebäude *n(pl)*; Terminal *m ou n* 2 *en ville* Abfahrts- *ou* Ankunftsstelle *f* der Zubringerlinie(n) zum Flughafen
aéroglisseur [aeʀɔglisœʀ] M Luftkissenfahrzeug *n*
aérogramme [aeʀɔgʀam] M Luftpostleichtbrief *m*; Aerogramm *n*
aérolithe [aeʀɔlit] M Meteorstein *m*
aéromodélisme [aeʀɔmɔdelism] M Flug(zeug)modellbau *m*
aéronaute [aeʀɔnot] M Luftschiffer *m*; Ballonfahrer *m*; *autrefois* Aeronaut *m*
aéronautique [aeʀɔnotik] A ADJ Luftfahrt...; **construction** *f* **~** Flugzeugbau *m*; **industrie** *f* **~** Luftfahrt-, Flugzeugindustrie *f* B F Luftfahrt *f*
aéronaval [aeʀɔnaval] MAR MIL A ADJ **forces ~es** Marineluftstreitkräfte *fpl* B F **Aéronavale** Marineflieger(truppe) *mpl(f)*
aéronef [aeʀɔnɛf] M Luftfahrzeug *n*
aérophagie [aeʀɔfaʒi] F MÉD Luftschlucken *n*; *t/t* Aerophagie *f*
aéroplane [aeʀɔplan] M AVIAT *autrefois* Aeroplan *m*
aéroport [aeʀɔpɔʀ] M Flughafen *m*
aéroporté [aeʀɔpɔʀte] ADJ MIL Luftlande...; **troupes ~es** Luftlandetruppen *fpl*
aéroportuaire [aeʀɔpɔʀtɥɛʀ] ADJ Flughafen...
aéropostal [aeʀɔpɔstal] ADJ ⟨-aux⟩ Luftpost...
aérosol [aeʀɔsɔl] M Aerosol *n*; **bombe** *f* **(à) ~** Spray-, Sprühdose *f*
aérospatial [aeʀɔspasjal] ADJ ⟨-aux⟩ (Luft- und) Raumfahrt...; **industrie ~e** Luft- und Raumfahrtindustrie *f*
aérostat [aeʀɔsta] M AVIAT Luftfahrzeug *n* leichter als Luft
aérotrain [aeʀɔtʀɛ̃] M Luftkissenzug *m*
AFAT [afat] F ABR (auxiliaire féminine de l'armée de terre) *weibliche Hilfskraft des Heeres*
affabilité [afabilite] F Freundlichkeit *f*; Liebenswürdigkeit *f*; Leutseligkeit *f*
affable [afabl] ADJ freundlich; liebenswürdig; leutselig
affabulation [afabylasjõ] F 1 *(mensonge)* unwahre, erdichtete Geschichte; Fabel *f* 2 *d'un roman etc* Fabel *f*
affadir [afadiʀ] A V/T langweilig, fade machen; *surtout adjt* **affadi** *couleur* fade; matt; *récit* fade; langweilig; schal; **style affadi** farbloser, blasser Stil B V/PR **s'~** fade, langweilig, schal werden; **affadissement** M Fade-, Langweilig-, Farbloswerden *n*
affaiblir [afebliʀ] A V/T 1 *maladie* **~ qn** j-n schwächen, entkräften 2 *adversaire* schwächen; *autorité* schwächen; schmälern; *sens d'un mot* abschwächen; *volonté, courage, énergie* erlahmen, erschlaffen lassen; *adjt* **affaibli** *son, couleur* gedämpft; *sens d'un mot* verblasst B V/PR **s'~** *personne* schwächer werden; *vue, ouïe* nachlassen; abnehmen; schwinden; *son* abklingen; *a. bruit* gedämpft, schwächer werden; *sens d'un mot, souvenir* verblassen
affaiblissement [afɛblismɑ̃] M 1 *d'un adversaire* Schwächung *f* 2 *des forces etc* Nachlassen *n*; Abnehmen *n*; Schwinden *n*; *du sens d'un mot, d'un souvenir* Verblassen *n*; **~ de l'autorité** Autoritätsschwund *m*
affaire [afɛʀ] F 1 Angelegenheit *f*; Sache *f*; ♦ **les ~s courantes** die laufenden Geschäfte *npl*; POL **~s étrangères** auswärtige Angelegenheiten; **les Affaires étrangères** das Auswärtige Amt; das Außenministerium; **~s publiques, ~s de l'État** Staatsgeschäfte *npl*; **~ d'État** wichtige Staatsangelegenheit; *fig* Staatsaffäre *f*, -aktion *f*; ♦ **(une) ~ de ...** ...sache *f*; **c'est (une) ~ de confiance, de goût** das ist Vertrauens-, Geschmack(s)sache *f*; **c'est une ~ de temps** das ist e-e Frage der Zeit; **c'est l'~ des hommes politiques** das ist Sache, Aufgabe der Politiker; **c'est l'~ d'une seconde** das ist Sache e-s Augenblicks; das ist im Nu getan; ♦ **j'ai là votre ~** ich habe, was Sie suchen *ou* brauchen; ich hätte das Richtige für Sie; **avoir ~ à qn** mit j-m zu tun haben; **je ne veux pas avoir ~ à elle** *a.* ich will mit ihr nichts zu schaffen haben; *menace* **il aura ~ à moi!** er bekommt, *fam* kriegt es mit mir zu tun!; **il connaît son ~** er versteht s-e Sache; **c'est une autre ~** das ist etwas ganz anderes; **c'est mon ~, ce sont mes ~s** das ist meine Sache, Angelegenheit; das lass *ou* lassen Sie meine Sorge sein; **ce n'est pas une petite ~** das ist keine Kleinigkeit, keine einfache Sache; **c'est toute une ~** das ist so e-e Sache; das ist e-e schwierige, umständliche Angelegenheit; **être à son ~** mit Feuereifer dabei sein; in s-m Element sein; **ce morceau de ficelle fera l'~** das Stück Schnur tut es auch; mit diesem Stück Schnur ist mir auch schon gedient; *fam* **faire son ~ à qn** *fam* mit j-m abrechnen; **j'en fais mon ~** ich werde mich der Sache annehmen; das werde ich erledigen; **le temps ne fait rien à l'~** die Zeit tut nichts zur Sache, spielt keine Rolle; **mettre de l'ordre dans ses ~s** s-e Angelegenheiten ordnen; **occupe-toi de tes ~s!** kümmere dich um deine eigenen Angelegenheiten! 2 *(~ désagréable, scandaleuse)* Affäre *f*; *fam* Geschichte *f*; **la belle ~!** was ist da schon dabei!; was hat das schon zu sagen, zu bedeuten!; HIST **l'~ Dreyfus** die Dreyfusaffäre; **quelle ~!** das ist vielleicht e-e schöne Geschichte!; *fam* das sind Sachen!; **~ de mœurs** Sitten-, Sexskandal *m*; **être °hors d'~** außer Gefahr sein; **être sorti d'~** *fam* aus dem Schneider sein; **se tirer d'~** sich aus der Affäre ziehen 3 JUR Fall *m*; Sache *f*; **~ civile, pénale** Zivil-, Strafsache *f*; **~ criminelle** Kriminalfall *m*; Strafsache *f*; **~ de vol** Fall von Diebstahl; **juger une ~** in e-r Sache entscheiden; **dans l'~ X contre Y** in Sachen X gegen Y 4 *(marché)* Geschäft *n*; *fam* **une ~** ein günstiges, vorteilhaftes Geschäft; **faire ~ avec qn** mit j-m abschließen, handelseinig werden; **faire une bonne ~** ein gutes Geschäft machen 5 *(entreprise)* Geschäft *n*; Betrieb *m*; Unternehmen *n* 6 COMM **~s** *pl* Geschäft(e) *n(pl)*; *loc adj* **d'~s** Geschäfts...; **homme(s)** *m(pl)* **d'~s** Geschäftsmann *m* *(pl* -leute); **lettre** *f*, **voyage** *m* **d'~s** Geschäftsbrief *m*, -reise *f*; *loc adv* **pour ~s** geschäftlich; **comment vont les ~s?** wie geht das Geschäft?; wie gehen die Geschäfte?; **ses ~s vont mal** *a.* es steht schlecht um ihn; **être dans les ~s** Geschäftsmann sein; im Geschäftsleben tätig sein; **être dur en ~s** ein kalter Geschäftsmann sein; **il est à Paris pour ~s** er ist geschäftlich in Paris; *loc* **les ~s sont les ~s** Geschäft ist Geschäft 7 **~s** *pl (objets personnels)* Sachen *fpl*; *fam* Zeug *n* 8 **~ de cœur** Liebschaft *f*
affairé [afeʀe] ADJ viel, stark beschäftigt; geschäftig; emsig; **avoir l'air ~** e-n viel beschäftigten Eindruck machen
affairement [afɛʀmɑ̃] M Geschäftigkeit *f*; Emsigkeit *f*; geschäftiges Treiben
affairer [afeʀe] V/PR **s'~** sich zu schaffen machen (**dans la cuisine** in der Küche); **s'~ autour, auprès de qn** sich eifrig um j-n bemühen; **s'~ à faire qc** mit etw (eifrig) beschäftigt sein
affairisme [afeʀism] M üble Geschäftemacherei; **affairiste** M/F übler Geschäftemacher, üble Geschäftemacherin
affaissement [afɛsmɑ̃] M 1 *du sol* Senkung *f*; Einsinken *n*; *des joues* Einfallen *n*; *des muscles* Erschlaffung *f*; **~ de terrain** Bodensenkung *f* 2 *st/s des forces* Verfall *m*; Erlahmen *n*
affaisser [afese] V/PR **s'~** 1 *sol* sich senken; einsinken; *poutre* durchhängen; *sol* **être affaissé** ein-, abgesunken sein 2 *personne* zusammenbrechen (*a. fig*), -sacken, -sinken
affaler [afale] V/PR **s'~ dans un fauteuil** in e-n Sessel sinken; sich in e-n Sessel fallen lassen; **être affalé dans un fauteuil** zusammengesunken in e-m Sessel sitzen
affamé [afame] ADJ 1 hungrig; ausgehungert; hungernd 2 *fig* **~ de gloire** ruhmsüchtig
affamer [afame] V/T MIL aushungern
affect [afɛkt] M PSYCH Affekt *m*
affectation[1] [afɛktasjõ] F 1 *d'une somme, d'un édifice etc* Verwendung *f*, (Zweck)Bestimmung *f*, Zweckbindung *f*, Bereitstellung *f* (**à** für) 2 ADMIN, MIL *d'une personne* dienstliche Verwendung; Versetzung *f*, MIL Abkommandierung *f* (**à un autre poste** auf e-n anderen Posten; **à Paris** nach Paris; **à une école** an e-e Schule) 3 *poste* (Dienst)Posten *m*
affectation[2] [afɛktasjõ] F 1 *(manque de naturel)* Geziertheit *f*; Affektiertheit *f*; Gesuchtheit *f*; Gespreiztheit *f*; Manieriertheit *f*; Unnatürlichkeit *f*; *d'un style a.* Geschraubtheit *f*; **il parle avec ~** er redet (so) geziert, affektiert *etc*; **se conduire sans ~** ganz natürlich sein 2 **une ~ de modestie** *etc* (e-e) geheuchelte, vorgetäuschte Bescheidenheit *etc*
affecté [afɛkte] ADJ *personnes, manières* geziert; affektiert; gekünstelt; gesucht; gespreizt; gestelzt; manieriert; unnatürlich; *style a.* geschraubt
affecter[1] [afɛkte] V/T 1 *somme, édifice etc* verwenden, bestimmen, vorsehen, bereitstellen (**à** für) 2 ADMIN, MIL *personne* **~ à un poste** auf e-n Posten (ver)setzen, beordern; auf e-m Posten einsetzen; MIL **~ dans l'aviation** der Luftwaffe *(dat)* zuteilen, zuweisen; zur Luftwaffe abkommandieren
affecter[2] [afɛkte] V/T 1 *(feindre)* vortäuschen; heucheln; mimen; **il affecta d'être ému** er tat, als ob er gerührt wäre *ou* als wäre er gerührt 2 *chose* **~ une forme** e-e Form aufweisen
affecter[3] [afɛkte] V/T 1 *(émouvoir)* **~ qn** j-n betrüben, bewegen, schmerzlich berühren; j-m nahegehen, zu Herzen gehen 2 *(agir sur)* berühren; einwirken auf *(+acc)*; *médicament* **~ le cœur** das Herz angreifen, in Mitleidenschaft ziehen; *paralysie* **~ le côté gauche** die linke Seite befallen; *personne* **être affecté d'une infirmité** ein Gebrechen haben; an e-m Gebrechen leiden 3 MATH **~ du signe moins** *etc* mit e-m Minuszeichen *etc* versehen
affectif [afɛktif] ADJ ⟨-ive⟩ affektiv; gefühlsbetont; **vie affective** Gefühlsleben *n*
affection[1] [afɛksjõ] F Zuneigung *f*; Zuwendung *f*; Liebe *f*; **terme** *m* **d'~** Kosewort *n*; **avoir de l'~ pour qn** j-m zugetan sein; für j-n Zuneigung empfinden; **avoir une ~ sincère pour qn** j-m aufrichtig zugetan sein; j-n aufrichtig lieben; aufrichtige Zuneigung für j-n empfinden; **prendre qn en ~** j-n lieb gewinnen; Zuneigung zu j-m fassen
affection[2] [afɛksjõ] F MÉD Erkrankung *f*; Leiden *n*; *t/t* Affektion *f*

affectionné [afɛksjɔne] ADJ *st/s fin de lettre* **votre ~ X** Ihr ergebener X; **ton neveu ~** Dein Dich liebender Neffe
affectionner [afɛksjɔne] V/T **~ qc** e-e Vorliebe für etw haben; etw bevorzugen
affectivité [afɛktivite] F PSYCH Affektivität *f*; Emotionalität *f*
affectueusement [afɛktɥøzmɑ̃] ADV → affectueux; *à la fin d'une lettre* **(bien) ~** herzliche Grüße; herzlichst
affectueux [afɛktɥø] ADJ ⟨-euse⟩ liebevoll; zärtlich; *animal* anhänglich; *à la fin d'une lettre* **je vous adresse mon souvenir ~** viele herzliche Grüße sendet Ihnen Ihr(e), sendet Euch Euer *ou* Eure
afférent¹ [aferɑ̃] ADJ ADMIN, JUR *somme, part d'héritage* **~ à qn** j-m zukommend, zustehend; auf j-n entfallend; **les devoirs ~s à sa charge** die mit s-m Amt verbundenen, verknüpften Pflichten *fpl*
afférent² [aferɑ̃] ADJ PHYSIOL afferent
affermir [afɛʀmiʀ] **A** V/T festigen; stärken; *muscles a.* kräftigen; *ces événements* **l'ont affermi dans sa résolution** haben ihn in s-m Entschluss bestärkt; **~ sa voix** s-r Stimme Festigkeit, e-n festen, energischen Klang geben **B** V/PR **s'~** *autorité, position* sich festigen; stärker werden; *régime* erstarken
affermissement [afɛʀmismɑ̃] M Festigung *f*; Stärkung *f*; *d'un régime* Erstarken *n*
afféterie [afetʀi] *litt* F Manieriertheit *f*; Affektiertheit *f*; Künstelei *f*
affichage [afiʃaʒ] M **1** Bekanntgabe *f* durch Plakat, Anschlag; *abs* Anschlagen *n* von Plakaten; Ankleben *n*, Anbringen *n* von Plakaten, Anschlägen; **panneau** *m* **d'~** *(hölzerne)* Plakat-, Reklamefläche; **tableau** *m* **d'~** Anschlagtafel *f*; Schwarzes Brett; *dans un stade etc* Anzeigetafel *f*; **double ~ des prix** doppelte Preisauszeichnung, Preisangabe **2** INFORM Anzeige *f*; Display *n*; *appareil* **à ~ digital, numérique** mit Digitalanzeige
affiche [afiʃ] F **1** Plakat *n*; Anschlag *m*; Aushang *m*; **~ électorale, publicitaire** Wahl-, Werbeplakat *n*; **~ de théâtre** Theaterplakat *n*, -aushang *m*; **art** *m* **de l'~** Plakatkunst *f* **2** *fig*: **tête** *f* **d'~** THÉ Hauptdarsteller(in) *m(f)*; CIRQUE Hauptattraktion *f (Person)*; **mettre une pièce à l'~** die Aufführung e-s Stückes ankündigen; ein Stück auf den Spielplan setzen; *pièce* **quitter l'~** nicht mehr aufgeführt, gespielt werden; (vom Spielplan) abgesetzt werden; *pièce* **rester à l'~, tenir l'~** sich lange halten; lange gespielt werden; lange auf dem Spielplan bleiben
afficher [afiʃe] **A** V/T **1** anschlagen; durch Plakat, Anschlag, Aushang bekannt machen; plakatieren; *abs* Plakate, Anschläge ankleben, anbringen; **défense d'~!** Plakatankleben verboten!; **le théâtre affiche complet** das Theater, die Vorstellung ist ausverkauft **2** *cinéma: film* zeigen; *théâtre: pièce* aufführen; geben; spielen; **ce soir, l'Olympia affiche X au programme** heute Abend tritt im Olympia X auf **3** *mépris, air satisfait etc* zur Schau tragen; *opinions* ausposaunen; *son savoir* prahlen, angeben **(qc** mit etw**)** **4** INFORM anzeigen **B** V/PR **s'~ avec qn** sich (ostentativ) mit j-m öffentlich sehen lassen
affichette [afiʃɛt] F klein(formatig)es Plakat; **afficheur** M Plakatkleber *m*; **affichiste** M/F Werbegrafiker(in) *m(f)*; Plakatmaler(in) *m(f)*
affilée [afile] LOC ADV **d'~** hintereinander; ununterbrochen; ohne Pause
affiler [afile] V/T *couteau, outil* schärfen; wetzen; schleifen; abziehen
affiliation [afiljasjõ] F **a** *action* Beitritt *m* (à zu); Anschluss *m* (an *+acc*); Angliederung *f* (an *+acc*); Affiliation *f* **b** *état* Zugehörigkeit *f* (à zu); Mitgliedschaft *f* (bei *ou* in *+dat*)
affilié(e) [afilje] M(F) Mitglied *n*
affilier [afilje] **A** V/T anschließen (à *dat*); angliedern *(+dat)*; *adjt* **être affilié à un parti** *etc* e-r Partei *(dat) etc* angehören; Mitglied e-r Partei *(gén) etc* sein; **être affilié à la Sécurité sociale** sozialversichert sein **B** V/PR **s'~ à une association** *etc* e-m Verein *etc* beitreten; sich e-m Verein *etc* anschließen; Mitglied e-s Vereins *etc* werden
affinage [afinaʒ] M **1** MÉTALL Raffination *f*; Reinigung *f*; Läuterung *f (a. du verre)*; ACIÉRIE Frischen *n* **2** *du fromage* Reifung(sprozess) *f(m)*
affinement [afinmɑ̃] M *du goût etc* Verfeinerung *f*; Kultivierung *f*
affiner [afine] **A** V/T **1** MÉTALL raffinieren; reinigen; läutern *(a. verre)*; *fer* frischen **2** *fromage* reifen (lassen) **3** *fig goût etc* verfeinern; kultivieren **B** V/PR **s'~** *personne* kultivierter werden; *goût* sich verfeinern; *(traits du) visage* edler, feiner werden
affinité [afinite] F **1** (Wesens)Verwandtschaft *f*; Ähnlichkeit *f*; Affinität *f*; **~ intellectuelle** Geistesverwandtschaft *f* **2** CHIM, MATH Affinität *f*
affirmatif [afiʀmatif] ADJ ⟨-ive⟩ **1** *ton, personne* entschieden; bestimmt; **il a été très ~**, *elle ne partira pas* er versicherte, bekräftigte immer wieder, dass … **2** *réponse etc*, GRAM bejahend; GRAM *a.* positiv; affirmativ; **geste ~** zustimmende Geste; **réponse affirmative** *a.* positive, zustimmende Antwort
affirmation [afiʀmasjõ] F **1** *(assertion)* Behauptung *f*; Versicherung *f*; Beteuerung *f* **2** *(manifestation)* Sichtbarwerden *n*; Bestätigung *f*; Bekräftigung *f* **3** GRAM **a** Bejahung *f* **b** *proposition* bejahender Satz
affirmative [afiʀmativ] F LOC ADV **dans l'~** im Fall(e) e-r positiven Antwort, e-r Zusage; ADMIN bejahendenfalls; zutreffendenfalls; **répondre par l'~** (die Frage) bejahen; mit Ja antworten
affirmativement [afiʀmativmɑ̃] ADV **répondre ~** bejahen; mit Ja antworten; positiv antworten
affirmer [afiʀme] **A** V/T **1** *(soutenir)* behaupten; versichern; beteuern; **il affirme qu'il n'a rien entendu** er behauptet *etc*, nichts gehört zu haben; **je n'affirme rien, mais …** ich will ja nichts behaupten, aber … **2** *sa détermination etc* bekräftigen; **~ son indépendance** seine Unabhängigkeit beweisen, unter Beweis stellen **B** V/PR **s'~** **1** *autorité, caractère, talent* sich (klar) zeigen; (deutlich) sichtbar, erkennbar werden; *majorité* sich klar abzeichnen **2** *personne* sich selbst bestätigen
affixe [afiks] M LING Affix *n*
affleurement [aflœʀmɑ̃] M GÉOL Ausstrich *m*; Ausbiss *m*; Ausgehende(s) *n*
affleurer [aflœʀe] V/I **1** *roche* **~ (à la surface du sol)** zutage liegen, treten; **~ à la surface de l'eau** an der Wasseroberfläche auftauchen, erscheinen **2** *fig sentiments, instincts* zutage treten; zum Vorschein kommen
affliction [afliksjõ] F *st/s* Betrübnis *f*; Bekümmernis *f*; Gram *m*
affligé [afliʒe] **A** ADJ betrübt; bekümmert **B** MPL BIBL **les ~s** die da Leid tragen
affligeant [afliʒɑ̃] ADJ **a** *situation, pensées, nouvelle* betrüblich; schmerzlich; traurig **b** *spectacle, sottise etc* bedauerlich; beklagenswert; *spectacle a.* kläglich; traurig
affliger [afliʒe] ⟨-geons⟩ **A** V/T **1** *malheur, maladie st/s* **~ qn** j-n heimsuchen; *surtout pp* **être affligé de qc** mit etw geschlagen sein **2** *événement, nouvelle* **~ qn** j-n betrüben, bekümmern, traurig machen *ou* stimmen; j-m das Herz schwer machen **B** V/PR **s'~** betrübt, bekümmert, traurig sein, sich grämen **(de** über *+acc*)
affluence [aflyɑ̃s] F (Menschen)Andrang *m*; **l'~ des clients** der Andrang, Ansturm der Kunden; **heures** *fpl* **d'~** Stoßzeiten *fpl*; CIRCULATION *a.* Hauptverkehrszeit(en) *f(pl)*; Berufsverkehr *m*; MAGASINS *a.* Hauptgeschäftsstunden *fpl*, -zeit(en) *f(pl)*; *exposition* **attirer une grande ~** e-e große Besuchermenge, -zahl, e-n großen Besucherstrom anziehen; großen Zulauf haben; **il y a ~** es herrscht großer Andrang
affluent [aflyɑ̃] M Nebenfluss *m*; Zufluss *m*
affluer [aflye] V/I **1** *sang* **~ au visage** ins Gesicht steigen, schießen; **faire ~ le sang au visage** das Blut ins Gesicht treiben **2** *personnes* herbei-, zusammenströmen; **~ dans le métro** zur *ou* in die U-Bahn strömen; *capitaux* **~ dans un pays** in ein Land (hinein)strömen; *dons* **~ de toutes parts** von überall her eingehen
afflux [afly] M **1** **~ du sang** (plötzlicher) Blutandrang **2** *fig*: **~ de visiteurs** Besucherandrang *m*, -ansturm *m*; **~ de capitaux** Kapitalzustrom *m*, -zufluss *m*
affolant [afɔlɑ̃] ADJ beunruhigend; beängstigend; erschreckend
affolé [afɔle] ADJ **1** *personne* kopflos; aufgeregt; erschreckt **2** *aiguille de boussole* wild hin und her schlagend
affolement [afɔlmɑ̃] M Kopflosigkeit *f*; Aufregung *f*; panische Angst; **pas d'~!** keine Aufregung!; (nur) ruhig Blut!
affoler [afɔle] **A** V/T kopflos machen; in Aufregung, Angst, Schrecken versetzen; (furchtbar) aufregen; *fam* verrückt, wahnsinnig machen **B** V/PR **s'~** **1** *personne* kopflos werden; den Kopf verlieren; sich (wahnsinnig) aufregen; **ne pas s'~** *a.* ruhig Blut, e-n kühlen *ou* klaren Kopf bewahren; **ne t'affole pas!** reg dich doch nicht so auf! **2** *aiguille d'une boussole* wild hin und her schlagen
affranchi(e) [afʀɑ̃ʃi] M(F) **1** HIST Freigelassene(r) *m/f(m)* **2** *(émancipé[e])* j-d, der sich von der herrschenden Moral, von gesellschaftlichen Zwängen befreit hat
affranchir [afʀɑ̃ʃiʀ] **A** V/T **1** *lettre, colis* frankieren; freimachen **2** *esclave* freilassen; *peuple colonisé* befreien **3** *fam (mettre au courant)* aufklären; ins Bild setzen **4** *arg personne* in das Ganovenhandwerk einführen **B** V/PR **s'~** sich frei machen **(de** von**)**; sich befreien (von)
affranchissement [afʀɑ̃ʃismɑ̃] M **1** *postal* Frankierung *f*; Freimachung *f* **2** *d'un esclave* Freilassung *f*; *d'un peuple* Befreiung *f*
affres [afʀ] FPL *st/s* **les ~ du doute** die Qualen *fpl* des Zweifels; **les ~ de la mort** das Grauen, die Schrecken *mpl* des Todes
affrètement [afʀɛtmɑ̃] M Chartern *n*; Charter *m*
affréter [afʀete] V/T ⟨-è-⟩ chartern; **affréteur** M Charterer *m*
affreusement [afʀøzmɑ̃] ADV *fam* furchtbar; schrecklich; entsetzlich
affreux [afʀø] **A** ADJ ⟨-euse⟩ abscheulich; grauenhaft, -voll; entsetzlich; furchtbar; fürchterlich; schrecklich; scheußlich; **temps ~** scheußliches, abscheuliches Wetter **B** M **1** *fam* unsympathischer, scheußlicher, schrecklicher Kerl **2** *arg militaire* **les ~** *pl* die weißen Söldner *mpl (in Afrika)*
affriolant [afʀijɔlɑ̃] ADJ *femme, tenue* verführerisch; *programme etc* **n'avoir rien d'~** nicht sehr verlockend sein
affrioler [afʀijɔle] V/T anlocken; erregen; verführen
affriquée [afʀike] ADJ *et* SUBST F PHON **(con-**

sonne *f*) ~ Affrikata *ou* Affrikate *f*
affront [afʀõ] M Kränkung *f*; Beleidigung *f*; Affront *m*; Brüskierung *f*; **faire un ~ à qn** j-m e-e Beleidigung, Kränkung zufügen; j-m e-n Affront antun; **il a subi l'~ de se voir interdire l'entrée** er erlebte die Schmach, dass man ihn nicht einließ
affrontement [afʀõtmɑ̃] M Sichgegenüberstehen *n*; POL Konfrontation *f*
affronter [afʀõte] **A** VT *adversaire, danger etc* trotzen (*+dat*); Trotz bieten (*+dat*); die Stirn bieten (*+dat*) **B** V/PR **s'~** *points de vue, théories* sich gegenüberstehen; miteinander rivalisieren; POL *a.* miteinander konfrontiert sein
affubler [afyble] VT (*et* V/PR **s'**)~ (sich) ausstaffieren, aufputzen (**de** mit)
affût [afy] M **1** CH Anstand *m*; Ansitz *m*; Hochstand *m*, -sitz *m*; Kanzel *f*; **à l'~** *chasseur* auf dem Anstand; *animal, fig personne* auf der Lauer; lauernd; **être à l'~** *chasseur* ansitzen; *animal, fig personne* auf der Lauer liegen; *fig* **être à l'~ de qc** nach etw Ausschau halten; auf etw (*acc*) aus sein, erpicht sein; *fig* **se mettre à l'~** sich auf die Lauer legen **2** MIL Lafette *f*
affûtage [afytaʒ] M Schärfen *n*; Schleifen *n*;
affûter VT *couteau etc* schärfen; schleifen;
affûteur M Schärfer *m*; Scharfschleifer *m*;
affûteuse F Schleifmaschine *f*
affûtiaux [afytjo] MPL *fam* Firlefanz *m*; Flitterkram *m*
afghan [afgɑ̃] **A** ADJ afghanisch; ZOOL **lévrier ~** Afghane *m* **B** SUBST **1** **Afghan(e)** *m(f)* Afghane *m*, Afghanin *f* **2** LING **l'~** *m* das Afghanische; Afghanisch *n*
Afghanistan [afganistɑ̃] **l'~** *m* Afghanistan *n*
aficionado [afisjɔnado] M Fan *m*
afin [afɛ̃] **a** LOC PRÉP **~ de** (*+inf*) um zu (*+inf*) **b** *loc conj* **~ que** (*+subj*) damit
AFNOR *ou* **Afnor** [afnɔʀ] F ABR (Association française de normalisation) *Französischer Normenverband*; *correspond à* DIN *n* (Deutsches Institut für Normung)
a fortiori [afɔʀsjɔʀi] LOC ADV umso mehr *ou* eher; erst recht
AFP [aɛfpe] F ABR (Agence France-Presse) *frz Nachrichtenagentur*
africain [afʀikɛ̃] **A** ADJ afrikanisch **B** SUBST **Africain(e)** *m(f)* Afrikaner(in) *m(f)*
africanisation [afʀikanizasjõ] F Afrikanisierung *f*; **africaniser** VT afrikanisieren; **africanisme** M Afrikanistik *f*; **africaniste** M/F Afrikanist(in) *m(f)*
afrikaans [afʀikɑ̃s] M LING **l'~** das Afrikaans; Afrikaans *n*
afrikander [afʀikɑ̃dɛʀ] *ou* **afrikaner** [afʀikanɛʀ] M Afrik(a)ander *m*
Afrique [afʀik] **l'~** *f* Afrika *n*; **l'~ du Nord, du Sud** Nord-, Südafrika *n*
Afrique-Équatoriale française [afʀikekwatɔʀjalfʀɑ̃sɛz] HIST **l'~** *f* Französisch-Äquatorialafrika *n*
Afrique-Occidentale française [afʀikɔksidɑ̃talfʀɑ̃sɛz] HIST **l'~** *f* Französisch-Westafrika *n*
afro [afʀo] ADJ ⟨*inv*⟩ **coiffure** *f* ~ Afrolook *m*
afro-américain [afʀoameʀikɛ̃] ADJ afroamerikanisch; **afro-asiatique** ADJ afro-asiatisch; **afro-cubain** ADJ afrokubanisch
after-shave [aftœʀʃɛv] M ⟨*inv*⟩ Aftershave-Lotion *f*; Rasierwasser *n*
agaçant [agasɑ̃] ADJ enervierend; *fam* auf die Nerven gehend; **c'est ~** das macht einen nervös; das geht einem auf die Nerven; das ist ärgerlich
agacement [agasmɑ̃] M Gereiztheit *f*; (gereizte) Nervosität, Ungeduld; Ärger *m*; Verärgerung *f*
agacer [agase] ⟨-ç-⟩ **A** VT **1** **~ qn** (*énerver*) j-n nervös, *fam* verrückt, wahnsinnig machen; *fam* j-n nerven; j-m auf die Nerven gehen; j-m den Nerv töten; (*embêter*) j-n reizen, ärgern; (*taquiner*) j-n necken, durch kleine Späße (auf)reizen **2** *acidité* **~ les dents** ein unangenehmes Gefühl an den Zähnen hervorrufen **B** V/PR **s'~** gereizt, nervös werden
agaceries [agasʀi] FPL Neckerei *f*; neckische Späße *mpl*; Schäkerei *f*
agapes [agap] *plais* FPL Festessen *n*; Schlemmermahl *n*
agate [agat] F **1** MINÉR Achat *m* **2** *bille* bunte Glasmurmel
agave [agav] M BOT Agave *f*
Agde [agd] *Stadt im Dep. Hérault*
âge [ɑʒ] M **1** Alter *n*; *d'une personne a.* Lebensalter *n*; **l'~ critique** das kritische Alter; die kritischen Jahre *npl*; *d'une femme a.* die Wechseljahre *npl*; **le premier ~** das Säuglingsalter; **le quatrième ~** das hohe Alter; das Greisenalter; **~ tendre** Kindheit *f* (und frühe Jugend); **le troisième ~** das Alter (*a. coll*); der Lebensabend; der Ruhestand; *coll a.* die Senioren *mpl*; **~ de raison** Alter, in dem das Kind schon vernünftig wird; PHYSIOL **retour** *m* **d'~** Wechseljahre *npl*; ♦ *loc adj et loc adv*: **à l'~ de trente ans** im Alter von dreißig Jahren; mit dreißig Jahren; mit dreißig; **à votre ~** in Ihrem Alter; *vieilli, vieux* **avant l'~** schon früh; vor-, frühzeitig; **dans son jeune ~** in jungen Jahren; in s-r Jugend; **d'un certain ~** nicht mehr ganz jung; schon etwas älter; mittleren Alters; **de tout ~** jeden Alters; aller Altersstufen; **enfant** *m* **en bas ~** Kleinkind *n*; kleines Kind; **en raison de son grand ~** aufgrund s-s hohen Alters; **entre deux ~s** mittleren Alters; **sans ~** altersslos; ♦ **quel ~ a-t-il, quel est son ~?** wie alt ist er?; **avoir le même ~** gleichalt(e)rig, gleich alt sein; **c'est une femme qui n'a pas d'~** diese Frau wirkt alterslos; das Alter dieser Frau ist schwer zu bestimmen; **on ne lui donne pas son ~, il ne paraît pas son ~** man sieht ihm sein Alter nicht an; **quel ~ lui donnez-vous?** für wie alt halten Sie ihn?; **il est de mon ~** er ist in meinem Alter; **être en ~ de, être d'~ à** (*+inf*) alt genug sein, um zu (*+inf*); *enfant* **être avancé, grand** *etc* **pour son ~** weit, groß *etc* sein für sein Alter; **c'est le bel ~!** da sind Sie *ou* bist du ja noch jung!; **faire son ~** so alt aussehen, wie man ist; **il ne fait pas son ~, il fait plus jeune que son ~** er sieht jünger aus *ou* er wirkt jünger, als er ist; **avoir passé l'~ de** (*+inf*) zu alt sein, um zu (*+inf*); aus dem Alter heraus sein, wo man …; **il porte bien son ~** man sieht ihm sein Alter nicht an; er ist trotz s-s Alters noch frisch und rüstig **2** **l'~** (*la vieillesse*) das Alter; **courbé par l'~** altersgebeugt; vom Alter gebeugt **3** (*ère*) Zeit(alter) *f(n)*; **le Moyen Âge** das Mittelalter; **les premiers ~s de l'humanité** die Anfänge *mpl* der Menschheit; HIST **~ du bronze, du fer, de (la) pierre** Bronze-, Eisen-, Steinzeit *f*; MYTH, *fig* **l'~ d'or** das Goldene Zeitalter
âgé [ɑʒe] ADJ **1** (*vieux*) alt; betagt; bejahrt; **les personnes ~es** die älteren, alten Menschen *mpl*; die alten Leute *pl*; die Senioren *mpl*; **très ~** sehr alt; hochbetagt **2** **être ~ de trente ans** dreißig (Jahre alt) sein; **il est moins ~, plus ~ que moi** er ist jünger, älter als ich; **le moins ~, le plus ~ des enfants** das jüngste, älteste der Kinder
Agen [aʒɛ̃] *Stadt im Dep. Lot-et-Garonne*
agence [aʒɑ̃s] F **1** Agentur *f*; Büro *n*; Geschäftsstelle *f*; **l'Agence France-Presse** die (französische Nachrichtenagentur) Agence France-Presse; **~ immobilière** Maklerbüro *n*; Immobiliengeschäft *n*, -büro *n*; **~ maritime** Schiffsagentur *f*; **~ matrimoniale** Eheanbahnungsinstitut *n*; Heiratsinstitut *n*; Heiratsvermittlung *f*; **Agence nationale pour l'emploi** Arbeitsamt *n*; *correspond à* Bundesanstalt *f* für Arbeit; **~ publicitaire, de publicité** Werbeagentur *f*; PR-Agentur *f*; **~ de presse** Nachrichten-, Presseagentur *f*; **~ de renseignements** Auskunftsbüro *n*; Auskunftei *f*; **~ de voyages** Reisebüro *n* **2** *d'une banque* Zweigstelle *f*, -niederlassung *f*; Filiale *f*
agencement [aʒɑ̃smɑ̃] M **1** (*disposition*) Anordnung *f*; Verteilung *f*; **~ des couleurs** Farbenzusammenstellung *f*; Farbkomposition *f*, -gestaltung *f*; **~ (des pièces) d'un appartement** Raumaufteilung *f* e-r Wohnung **2** *d'une pièce, d'un musée etc* Gestaltung *f*; Einrichtung *f*; *d'un roman etc, d'un tableau* Aufbau *m*; Gestaltung *f*; Komposition *f*; *d'un raisonnement* Gliederung *f*; *d'une phrase* (Auf)Bau *m*
agencer [aʒɑ̃se] VT ⟨-ç-⟩ **1** *mots dans une phrase, éléments sur un tableau etc* anordnen; *adjt appartement* **être bien agencé** gut geschnitten sein; räumlich gut aufgeteilt, angelegt sein **2** *pièce, musée etc* gestalten; einrichten; *roman etc, tableau* gestalten; komponieren; *idée* gliedern; **~ une phrase** einen Satz bauen
agenda [aʒɛ̃da] M **1** Taschenkalender *m*; **~ de bureau** Termin-, Vormerkkalender *m* **2** POL **~ 2000** Agenda *f* 2000
agenouillement [aʒnujmɑ̃] *st/s* M Nieder-, Hinknien *n*
agenouiller [aʒnuje] V/PR **s'~** **1** niederknien; sich hinknien; *adjt* **agenouillé** kniend; **être agenouillé** knien; auf den Knien liegen **2** *fig et st/s* in die Knie gehen (**devant** vor *+dat*)
agent¹ [aʒɑ̃] M **1** *t/t* Agens *n*; (wirkende) Kraft; (*substance*) (Wirk)Stoff *m*; Substanz *f*; (*produit*) Mittel *n*; MÉD **~ pathogène** Krankheitserreger *m* **2** ÉCON **~ économique** Wirtschaftssubjekt *n* **3** GRAM **complément** *m* **d'~** Agens *n*; Urheber *m*
agent² [aʒɑ̃] M **1** ADMIN Bedienstete(r) *m/f(m)*; (mittlere[r]) Beamte(r), (mittlere) Beamtin; Angestellte(r) *m/f(m)*; **~ administratif** Verwaltungsbeamte(r) *m*, -beamtin *f*; Behördenangestellte(r) *m/f(m)*; CH DE FER **~s de conduite** Lokomotiv- und Triebfahrzeugführer *mpl*; **~ du fisc** Finanzbeamte(r) *m*, -beamtin *f*; MIL **~ de liaison** Verbindungsoffizier *m* **2** **~ (de police)** Polizeibeamte(r) *m*; (Verkehrs)-Polizist *m*; Schutzmann *m*; *fam* Schupo *m*; *appellatif* **Monsieur l'~** Herr Wachtmeister **3** ÉCON Agent *m*; (*représentant*) Vertreter *m*; **~ commercial** Handelsvertreter *m*; **~ comptable** Buchhalter *m*; Rechnungsführer *m*; **~ général** General-, Alleinvertreter *m*; **~ immobilier** Immobilienhändler *m*; Häuser-, Grundstücks-, Wohnungsmakler *m*; **~ technique de bureau** Bürofachkraft *f*; **~ d'assurances** Versicherungsagent *m*, -vertreter *m*; **~ de change** Börsenmakler *m*; **~ de maîtrise** Werk-, Industriemeister *m*; Vorarbeiter *m*; technische(r) Angestellte(r) *m*; **~ de publicité** Werbeagent *m*; (Inhaber *m* e-r) Werbeagentur *f*; **~ de voyage** Reiseveranstalter *m* **4** POL Agent(in) *m(f)*; **~ double** Doppelagent(in) *m(f)*; **~ provocateur** Agent provocateur *m*; Lockspitzel *m*; **~ secret** Geheimagent(in) *m(f)*
agglomérat [aglɔmeʀa] M MINÉR Agglomerat *n*
agglomération [aglɔmeʀasjõ] F **1** **a** (*ensemble d'habitations*) geschlossene Ortschaft; (An)Siedlung *f* **b** (*ensemble urbain*) Ballungsraum *m*, -gebiet *n*; **l'~ parisienne** der Großraum Paris; Groß-Paris *n* **2** *action et résultat* Zusammenballung *f*; TECH Agglomeration *f*; MÉTALL Sinterung *f*
aggloméré [aglɔmeʀe] M TECH **a** *bois* **(pan-**

neau *m* **d')~** Spanplatte *f*; Holz-, Hartfaserplatte *f*; *loc adj* **en ~** Spanplatten... **5** *charbon* Brikett *n*; Pressling *m* **6** CONSTR Mauerstein *m*; künstlicher Baustein
agglomérer [aglɔmeʀe] ⟨-è-⟩ **A** VT zusammenballen; TECH agglomerieren; MÉTALL sintern **B** VPR **s'~** sich (zusammen)ballen
agglutinant [aglytinɑ̃] ADJ **1** MÉD agglutinierend; verklebend; verklumpend **2** LING **langues ~es** agglutinierende Sprachen *fpl*
agglutination [aglytinasjõ] F **1** MÉD Agglutination *f*; Verkleben *n*; Verklumpen *n* **2** LING Agglutination *f*
agglutiner [aglytine] **A** VT zusammen-, verkleben; MÉD agglutinieren **B** VPR **s'~** *personnes* sich zusammendrängen; sich (zusammen)ballen
aggravant [agʀavɑ̃] ADJ JUR **circonstances ~es** erschwerende Umstände *mpl*
aggravation [agʀavasjõ] F Verschlimmerung *f*; Verschlechterung *f*; *d'un conflit, a. de la situation* Zuspitzung *f*; *du chômage* Zunahme *f*
aggraver [agʀave] **A** VT *affaire, cas, mal* verschlimmern; (nur) noch schlimmer machen; *sort de qn* erschweren; noch schwerer machen; *difficultés, mécontentement etc* erhöhen; vergrößern; steigern; JUR **~ une peine** eine Strafe verschärfen **B** VPR **s'~** sich verschlimmern; sich verschlechtern; *situation a.* ernster werden; sich verschärfen; sich zuspitzen; *mécontentement etc* zunehmen; größer werden; sich steigern
agile [aʒil] ADJ *personne* flink; behände; gewandt; agil; **doigts** *mpl* **~s** gelenkige, geschmeidige Finger; *fig* **un esprit ~** ein wendiger, beweglicher, reger, regsamer Geist
agilité [aʒilite] F Flinkheit *f*; Behändigkeit *f*; Gewandtheit *f*; Agilität *f*; *d'un acrobate* Gelenkigkeit *f*; Geschmeidigkeit *f*; *fig de l'esprit* Wendigkeit *f*; Beweglichkeit *f*; Regsamkeit *f*
agio [aʒjo] M FIN (Kredit)Kosten *pl*
agir [aʒiʀ] **A** VI **1** handeln; **manière** *f* **d'~** Handlungsweise *f*; Verhalten *n*; **bien, mal ~ envers qn** anständig, schlecht *ou* gemein an j-m handeln; **le moment est venu d'~** der Augenblick zu handeln, des Handelns ist gekommen; **faire ~ qn** j-n zum Handeln veranlassen, bewegen, bringen **2** **~ auprès de qn** bei j-m intervenieren; bei j-m vorstellig werden **3** *médicament, poison* wirken (**sur qn** bei j-m); *personne, chose* **~ sur qn, qc** auf j-n, etw einwirken; j-n, etw beeinflussen **B** VPR *et* V/IMP: **il s'agit de qn, qc** es handelt sich, dreht sich um j-n, etw; es geht um j-n, etw; **il ne s'agit pas de ça!** darum geht es (ja gar) nicht!; **de quoi s'agit-il?** worum handelt es sich?; worum geht es?; ♦ **il s'agit de** (+*inf*) es heißt *ou* man muss (+*inf*); **il s'agit pour moi, lui** *etc* **de** (+*inf*) mir, ihm *etc* geht es darum zu (+*inf*); mir, ihm *etc* ist es darum zu tun zu (+*inf*); **quand il s'agit de payer ...** wenn es ans Zahlen geht ...; **il s'agit de savoir si ...** es ist die Frage, ob ...; **il ne s'agit plus de tergiverser!** jetzt gibt es keine Ausflüchte mehr!; *fam* **il s'agit qu'il le fasse** er muss es tun
âgisme [aʒism] M Altersdiskriminierung *f*
agissant [aʒisɑ̃] ADJ aktiv; wirksam
agissements [aʒismɑ̃] MPL *péj* Machenschaften *fpl*; Umtriebe *mpl*; gefährliches Treiben
agitateur [aʒitatœʀ] M, **agitatrice** F **1** POL Aufwiegler(in) *m(f)*; Agitator *m*, Agitatorin *f*; Wühler(in) *m(f)* **2** M CHIM (gläserner) Rührstab
agitation [aʒitasjõ] F **1** *(activité intense)* heftige Bewegung; *de la mer a.* Wogen *n*; *des feuilles mortes* Umherwirbeln *n*; *des gens* geschäftiges, emsiges Treiben; Geschäftigkeit *f*; Unruhe *f*; Hin und Her *n*; Wirbel *m* **2** *(nervosité)* Unruhe *f* (*a. d'un malade*); Erregung *f*; Aufregung *f*; Erregtheit *f* **3** POL Unruhe *f*; Aufruhrstimmung *f*; Gärung *f*; **l'~ ouvrière** die Unruhe unter den Arbeitern
agité [aʒite] **A** ADJ **1** *mer* bewegt; unruhig; stürmisch; **enfant ~** unruhiges Kind; **sommeil ~** unruhiger Schlaf; **vie ~e** unruhiges, bewegtes, turbulentes Leben **2** *(nerveux)* erregt; aufgeregt; unruhig **B** SUBST **~(e)** *m(f)* MÉD unruhige(r) Geisteskranke(r) *m/f(m)*
agiter [aʒite] **A** VT **1** *mouchoir, drapeau, bras* schwenken; *vent: feuilles* bewegen; *sur un flacon* **~ avant usage** vor Gebrauch schütteln; **~ son mouchoir** *a.* mit dem Taschentuch winken **2** *question, problème* besprechen; erörtern; diskutieren **3** *fig* **~ la menace de sa démission** (ständig) mit s-m Rücktritt drohen **4** **~ qn** j-n unruhig machen, erregen, aufregen; j-n in Unruhe, Erregung, Aufregung versetzen; j-n in Wallung bringen; **être agité par une violente colère** außer sich sein vor Zorn **5** POL aufhetzen; aufwiegeln; in Aufruhr versetzen **B** VPR **s'~** **1** *feuilles, branches* sich bewegen; *branches, arbres a.* schwanken; *mer, flots* wogen **2** *(se démener)* hin und her laufen, rennen; *enfant* **s'~ sur sa chaise** auf s-m Stuhl herumrutschen, hin und her rutschen **3** *(être nerveux)* unruhig sein (*a.* POL, *malade*); erregt, aufgeregt sein
a-gla-gla [aglagla] INT *quand il fait froid* brr!
agneau [aɲo] M ⟨*pl* ~x⟩ **1** ZOOL Lamm *n*; *des Juifs* **~ pascal** Oster-, Passahlamm *n*; *fam fig* **mes ~x!** *fam* ihr lieben Leute!; REL **l'Agneau (de Dieu)** das Lamm (Gottes); das Gotteslamm; *personne* **c'est un ~, il est doux comme un ~** er ist sanft wie ein Lamm; er ist lammfromm **2** CUIS Lamm(fleisch) *n*; **côtelette** *f* **d'~** Lammkotelett *n* **3** *fourrure* Lammfell *n*
agnelet [aɲəlɛ] M Lämmchen *n*
Agnès [aɲɛs] F *Vorname*
agnosticisme [agnɔstisism] M PHIL Agnostizismus *m*
agnostique [agnɔstik] **A** ADJ agnostizistisch **B** M/F Agnostiker(in) *m(f)*
agnus Dei [agnysdei, aɲys-] M ⟨*inv*⟩ REL Agnus Dei *n*
agonie [agɔni] F Agonie *f* (*a. fig*); Todeskampf *m*; **être à l'~** im Sterben liegen; mit dem Tod ringen
agonir [agɔniʀ] VT ⟨*meist nur inf u. pp*⟩ **~ qn d'injures** j-n mit Beschimpfungen überschütten; *en public* j-n anpöbeln
agonisant [agɔnizɑ̃] **A** ADJ im Sterben liegend **B** SUBST **~(e)** *m(f)* Sterbende(r) *m/f(m)*
agoniser [agɔnize] VI **1** *personne* im Sterben liegen **2** *fig* in den letzten Zügen liegen
agora [agɔʀa] F *dans la Grèce antique* Agora *f*
agoraphobie [agɔʀafɔbi] F MÉD Platzangst *f*; *t/t* Agoraphobie *f*
Agout [agu] **l'~** *m Fluss in Südwestfrankreich*
agrafage [agʀafaʒ] M **1** MÉD Klammern *n* **2** *de papiers etc* Heften *n*
agrafe [agʀaf] F **1** COUT Haken *m*; *bijou* Agraffe *f* **2** *de papiers etc* Drahtklammer *f*; **~ (de bureau)** Heftklammer *f* **3** MÉD (Wund)Klammer *f*
agrafer [agʀafe] VT **1** *vêtement* zuhaken **2** *papiers etc* (zusammen)heften; *une feuille à une autre* anheften (**à** an +*acc*) **3** *fam* **se faire ~ par les flics** *fam* von der Polizei geschnappt werden
agrafeuse [agʀaføz] F Heftapparat *m*
agraire [agʀɛʀ] ADJ **réforme** *f* **~** Bodenreform *f*
agrandir [agʀɑ̃diʀ] **A** VT **1** vergrößern; erweitern; *entreprise, réseau routier etc a.* (weiter) ausbauen; *domaine d'activité a.* (weiter) ausdehnen; **des yeux agrandis par la terreur** vor Entsetzen geweitete Augen **2** *pièce par des glaces etc* größer erscheinen lassen; größer machen **3** PHOT vergrößern; **faire ~** vergrößern lassen **B** VPR **s'~** **1** *ville etc* sich vergrößern; größer werden; wachsen; sich ausdehnen **2** *entrepreneur, propriétaire* sein Geschäft, s-n Besitz vergrößern, erweitern; *fam* sich vergrößern
agrandissement [agʀɑ̃dismɑ̃] M **1** *d'un édifice, d'une entreprise etc* Vergrößerung *f*; Erweiterung *f* **2** *d'une ville etc* (An)Wachsen *n*; Sichausdehnen *n* **3** PHOT Vergrößerung *f* (*a. la photo*);
agrandisseur M PHOT Vergrößerungsapparat *m*; Vergrößerer *m*
agréable [agʀeabl] **A** ADJ angenehm; *fraîcheur a., boisson* wohltuend; *changement, visite, nouvelle a.* willkommen; *visage, physique a.* ansprechend; einnehmend; gewinnend; gefällig; **région** *f* **~** nette, hübsche Gegend; **il a une conversation très ~** er plaudert sehr nett, anregend; **ce sont des gens ~s** das sind nette, angenehme Menschen; **mener une vie ~** ein angenehmes Leben führen; **c'est ~ à regarder** das ist hübsch, nett anzusehen; das sieht hübsch, nett, ansprechend aus; **pour lui être ~** um ihm e-n Gefallen zu tun; **si cela peut vous être ~** wenn es Ihnen angenehm ist, recht ist, beliebt **B** M **joindre l'utile à l'~** das Angenehme mit dem Nützlichen verbinden
agréablement [agʀeabləmɑ̃] ADV **~ surpris** angenehm überrascht
agréer [agʀee] **A** VT **1** *demande, requête* stattgeben, entsprechen (+*dat*); *cadeau, excuse, remerciements* günstig aufnehmen; *à la fin d'une lettre non traduit:* **veuillez ~, Monsieur** *etc*, **(l'assurance de) ma considération distinguée, l'expression de mes sentiments respectueux** *etc* mit vorzüglicher Hochachtung; hochachtungsvoll **2** *(admettre)* zulassen; **se faire ~ dans, par un milieu** zu e-m Gesellschaftskreis Zugang bekommen; in e-n Gesellschaftskreis aufgenommen werden; *adjt* **fournisseur agréé** (fester, ständiger) Lieferant; **agréé par la Sécurité sociale** von der Sozialversicherung zugelassen **B** VT INDIR *litt* **si cela vous agrée** wenn es Ihnen beliebt
agrég [agʀɛg] F *fam* ABR → agrégation
agrégat [agʀega] M **1** MINÉR Aggregat *n* **2** ÉCON Globalgröße *f* **3** *fig et st/s* Konglomerat *n*
agrégatif [agʀegatif] M, **agrégative** F Student(in), der (die) sich auf die „Agrégation" vorbereitet
agrégation [agʀegasjõ] F *Prüfung im Auswahlverfahren für das Lehramt an Gymnasien u. Universitäten*; **~ d'histoire** Agrégation *f* für (das Fach) Geschichte; **avoir réussi à l'~** die Agrégation erlangt haben
agrégé(e) [agʀeʒe] M(F) *ou* ADJT **professeur agrégé** Agrégé *m*; Gymnasiallehrer(in) *ou* Dozent(in), der (die) die „Agrégation" besitzt
agréger [agʀeʒe] VT ⟨-è-⟩ **1** *cristaux etc* verfestigen; zusammenbacken (**en** zu) **2** *fig* **~ qn à un groupe** j-n in e-e Gruppe aufnehmen
agrément[1] [agʀemɑ̃] M *surtout* PL **les ~s** das Ansprechende, Anziehende, Gefällige; der Reiz; *d'une personne a.* der Liebreiz; die Anmut; **les ~s de la vie** die Annehmlichkeiten *fpl* des Lebens; **arts** *mpl* **d'~** Künste *fpl* zum angenehmen Zeitvertreib (*Malen, Musizieren etc*); **jardin** *m* **d'~** Ziergarten *m*; **voyage** *m* **d'~** Vergnügungsreise *f*; **trouver de l'~ dans un séjour à la mer** Vergnügen, Gefallen finden an e-m Aufenthalt an der See
agrément[2] [agʀemɑ̃] M *(consentement)* Zustimmung *f*; Genehmigung *f*; DIPL Agrément *n*; DIPL **demande** *f* **d'~** Nachsuchen *n*, Bitte *f* um Erteilung des Agréments
agrémenter [agʀemɑ̃te] VT *vêtement, pièce*

verzieren (**de** mit); *pièce a., récit* ausschmücken (mit); *récit a.* würzen (mit)
agrès [agʀɛ] MPL **1** SPORTS Turngeräte *npl*; **exercices** *mpl* **aux ~** Geräteübungen *fpl*, -turnen *n* **2** MAR → **gréement**
agressé [agʀese] M **1** MIL Angegriffene(r) *m*; angegriffenes Land **2** *dans la rue etc* Überfallene(r) *m*; Angefallene(r) *m* **3** e-r körperlichen *ou* seelischen Belastung, dem Stress Ausgesetzte(r) *m*
agresser [agʀese] V/T **1** *personne dans la rue etc* überfallen; anfallen **2** *nuisance: personne, entourage* belästigen; e-e Belästigung sein für; MÉD belasten; e-e Belastung sein für; *personne* **être agressé** Umweltbelastungen, dem Stress ausgesetzt sein **3** *verbalement* **~ qn** j-n angreifen; **se sentir agressé** sich angegriffen fühlen
agresseur [agʀesœʀ] M **1** MIL Angreifer *m*; Aggressor *m* **2** j-d, der j-n überfällt; Angreifer *m*; Täter *m*
agressif [agʀesif] ADJ ⟨-ive⟩ aggressiv (*a.* PSYCH, MIL, *publicité*); angriffslustig; *comportement* aufreizend; herausfordernd; *personne a.* streitsüchtig
agression [agʀesjõ] F **1** MIL Angriff *m*; Aggression *f*; Überfall *m* **2** *contre une personne* Überfall *m* **3** *par des nuisances* Belästigung *f*; MÉD (körperliche, seelische) Belastung; **~ sonore** Lärmbelästigung *f* **4** PSYCH Aggression *f*
agressivité [agʀesivite] F Aggressivität *f* (*a.* PSYCH); Angriffslust *f*; Streitlust *f*
agreste [agʀɛst] *litt* ADJ ländlich
agricole [agʀikɔl] ADJ landwirtschaftlich; Land(wirtschafts)...; Agrar...; **coopérative** *f* **~** landwirtschaftliche Genossenschaft; **industries** *fpl* **~s et alimentaires** Nahrungs- und Genussmittelindustrie *f*; **machine** *f* **~** Landmaschine *f*; landwirtschaftliche Maschine; **ouvrier** *m* **~** Landarbeiter *m*; **pays** *m*, **population** *f* **~** Agrarland *n*, -bevölkerung *f*
agriculteur [agʀikyltœʀ] M, **agricultrice** F Landwirt(in) *m(f)*
agriculture [agʀikyltyʀ] F Landwirtschaft *f*; Ackerbau *m*; Agrikultur *f*; **ministère** *m* **de l'Agriculture** Landwirtschaftsministerium *n*
Agrigente [agʀiʒɑ̃t] GÉOG Agrigent *n*
agripper [agʀipe] **A** V/T packen; ergreifen **B** V/PR **s'~** sich festhalten, sich festklammern (**à** an *+dat*); sich klammern (an *+acc*)
agroalimentaire [agʀoalimɑ̃tɛʀ] **A** ADJ **industries** *fpl* **~s** Nahrungsmittelindustrie *f* **B** M Nahrungsmittelsektor *m*
agronome [agʀɔnɔm] M/F Agronom(in) *m(f)*; Agrarwissenschaftler(in) *m(f)*; *adjt* **ingénieur** *m* **~** Diplomlandwirt *m*
agronomie [agʀɔnɔmi] F Landwirtschafts-, Agrarwissenschaften *fpl*; Agronomie *f*; **agronomique** ADJ agronomisch; agrarwissenschaftlich
agrumes [agʀym] MPL Zitrusfrüchte *fpl*
aguerrir [ageʀiʀ] **A** V/T abhärten; stählen; *adjt* **troupes aguerries** kampferprobte Truppen *fpl* **B** V/PR **s'~** sich abhärten (**à** gegen)
aguets [agɛ] LOC ADV **être aux ~** auf der Lauer sein, liegen; (*sur ses gardes*) auf der Hut sein
aguichant [agiʃɑ̃] ADJ aufreizend; **décolleté** **~** aufreizendes Dekolletee; **sourire ~** aufreizendes, kokettes, *fam* kesses Lächeln
aguicher [agiʃe] V/T aufreizen; umgarnen; *fam* bezirzen
aguicheuse [agiʃøz] **une petite ~** ein aufreizendes, kokettes, *fam* kesses Ding, Mädchen
ah [ɑ] INT *étonné, admiratif* ah!; oh!; *étonné, déçu* ach!; *effrayé* o weh!; ach je!; oje(mine)!; *iron ou étonné* **~ ~!** aha!; **~! ne croyez pas cela!** oh, glauben Sie das ja nicht, bloß nicht!; **~ bon!** ach so!; **~ ça alors!** das ist doch die Höhe!; **~ là là!** oje *ou* ach je!; **~ mais bien sûr!** aber gewiss doch!; *fam* na klar!; **~ oui!** *pour confirmer* freilich!; natürlich!; *incrédule* ach ja?; ach was?
Ah ABR (ampère-heure[s]) Ah (Amperestunde[n])
ahuri [ayʀi] **A** ADJ (völlig) verblüfft, verdutzt; bass erstaunt; perplex; **être ~** *fam a.* baff, platt sein **B** M *injure* (**espèce d'**)**~** Rindvieh *n*; Hornochse *m*
ahurir [ayʀiʀ] V/T (völlig) verblüffen, verdutzen; **ahurissant** ADJ verblüffend; *nouvelle, insolence* unglaublich; **ahurissement** M Verblüffung *f*; Verblüfftheit *f*; Verdutztheit *f*; Sprachlosigkeit *f*
ai [e] → avoir[1]
aï [ai] M ZOOL Ai *n*; Dreifingerfaultier *n*
aide[1] [ɛd] F **1** *action* Hilfe *f*; Beistand *m*; Unterstützung *f*; *loc prép*: **à l'~ de** (*qc*) mithilfe (*+gén*); mittels (*+gén*); **avec l'~ de qn** mit j-s Hilfe, Unterstützung; **avec l'~ de son frère** mit (der) Hilfe, Unterstützung s-s Bruders; mit s-s Bruders Hilfe; *loc adv* **sans aucune ~** ohne fremde Hilfe; *int* **à l'~!** (zu) Hilfe!; **appeler à l'~** um Hilfe rufen; **appeler qn à son ~** j-n zu Hilfe rufen; **apporter son ~ à qn** j-m Hilfe bringen; j-m Hilfe, Beistand leisten; **demander de l'~** um Hilfe bitten, ersuchen; **venir en ~ à qn** *ou* **à l'~ de qn** **a** j-m zu Hilfe kommen **b** j-m (finanziell) helfen; j-n (finanziell) unterstützen **2** (finanzielle, materielle) (Bei)Hilfe; *pour un pays* **~ économique** Wirtschaftshilfe *f*; **~ immédiate** Soforthilfe *f*; JUR **~ judiciaire** Prozesskostenhilfe *f*; **~ sociale** Sozialhilfe *f*; **bureau** *m* **d'~ sociale** Sozialamt *n*; **~ sociale à l'enfance** Jugendfürsorge *f*; **~ aux pays en voie de développement** Entwicklungshilfe *f* **3** AUTO **~ (électronique) au stationnement** (elektronische) Einparkhilfe; MAR, AVIAT **~ à la navigation** Navigationshilfe *f*
aide[2] [ɛd] **1** M/F *personne* Hilfe *f*; Hilfskraft *f*; Gehilfe *m*, Gehilfin *f*; Helfer(in) *m(f)*; **~ familiale** Familienhelferin *f*, -pflegerin *f*; **~ de laboratoire** Laborgehilfe, -gehilfin *m,f* **2** M MIL **~ de camp** Adjutant *m*; **aide-comptable** M/F ⟨*pl* aides-comptables⟩ Buchhaltungsgehilfe, -gehilfin *m,f*; Hilfsbuchhalter(in) *m(f)*; **aide-cuisinier** M ⟨*pl* aides-cuisiniers⟩ Beikoch *m*; **aide-maçon** M ⟨*pl* aides-maçons⟩ Maurergehilfe *m*; Handlanger *m*
aide-mémoire [ɛdmemwaʀ] M ⟨*inv*⟩ kurzer Abriss; kurze Zusammenfassung (in Stichwörtern); *pour les élèves* Repetitorium *n*; DIPL Aide-mémoire *n*
aider [ede] **A** V/T **~ qn** j-m helfen, j-m beistehen, j-m behilflich sein, j-n unterstützen (**à faire qc** etw zu tun *ou* bei etw; **dans qc** bei *ou* in etw [*dat*]); **~ qn à obtenir qc** j-m zu etw verhelfen; **~ qn à se relever** j-m beim Aufstehen helfen, behilflich sein; **~ qn de ses conseils** j-m mit s-m Rat beistehen, mit Rat zur Seite stehen; **la fatigue aidant, je ne pus dormir** die Ermüdung trug dazu bei *ou* tat ein Übriges, dass ich nicht schlafen konnte **B** V/T INDIR **~ à qc** zu etw beitragen; e-r Sache (*dat*) dienlich, förderlich sein **C** V/PR **a** **s'~ de qc** etw zu Hilfe nehmen; sich e-r Sache (*gén*) bedienen; etw benützen **b** *prov* **aide-toi, le Ciel t'aidera** hilf dir selbst, so hilft dir Gott (*prov*) **c** *réciproque* **s'~** einander *ou* sich gegenseitig helfen, beistehen, unterstützen
aide-soignante [ɛdswaɲɑ̃t] F ⟨*pl* aides-soignantes⟩ Schwesternhelferin *f*
aïe [aj] INT **a** *douleur* au!; aua!; autsch!; *fig* **~! ~!** (**~!**) auweh! **b** *colère* ach je!; oje!
aïeul(e) [ajœl] *st/s* M(F) Großvater, -mutter *m,f*; *all Sud* Ahn *m*; Ahne *m/f*; **aïeuls** *mpl* Großeltern *pl*
aïeux [ajø] MPL *st/s* Ahnen *mpl*; Voreltern *pl*; (Vor)Väter *mpl*; *fam* **mes ~!** mein Gott!; *fam* Kinder, Kinder!
aigle [ɛgl] **1** M ZOOL Adler *m*; *poét* Aar *m*; **~ royal** Steinadler *m*; *fig* **regard** *m* **d'~** Adlerblick *m*; *fig* **yeux** *mpl* **d'~** Adler-, Falkenaugen *npl*; *fam fig de qn* **ce n'est pas un ~** er *ou* sie ist kein großes (Kirchen)Licht **2** F ZOOL Adlerweibchen *n* **3** F HIST **l'~ impériale** der napoleonische Adler
aiglefin [ɛgləfɛ̃] M ZOOL Schellfisch *m*
aiglette [ɛglɛt] F HÉRALDIQUE kleiner Adler
aiglon [ɛglõ] M **1** ZOOL junger Adler **2** **l'Aiglon** *Name für Napoleon II.*
aigre [ɛgʀ] **A** ADJ **1** *saveur, odeur* sauer; **vin** *m* **~** saurer, säuerlicher Wein **2** *fig vent* scharf; *son, voix* grell; schrill; kreischend; **remarque** *f* **~** bissige, giftige Bemerkung; **critique** *f* **~** scharfe, herbe Kritik **B** M **1** *lait, vin* **sentir l'~** sauer riechen **2** *fig* **la discussion tourna à l'~** der Ton der Unterhaltung wurde gereizter, schärfer, bissiger, giftiger
aigre-doux [ɛgʀədu] ADJ ⟨aigre-douce⟩ **1** *saveur* süßsauer **2** *fig propos* herb; bittersüß
aigrefin [ɛgʀəfɛ̃] M **1** (*escroc*) Hochstapler *m*; Schwindler *m* **2** → aiglefin
aigrelet [ɛgʀəlɛ] ADJ ⟨~te⟩ **1** *saveur* leicht säuerlich **2** *fig voix* piepsig
aigrette [ɛgʀɛt] F **1** ZOOL Silberreiher *m* **2** *de certains oiseaux* Federbusch *m*; *ornement de chapeau* Federbusch *m*, -schmuck *m*; Aigrette *f*
aigreur [ɛgʀœʀ] F **1** *saveur* saurer Geschmack; Säure *f* **2** *fig d'une remarque* Schärfe *f*; Bissigkeit *f*; *d'une personne* Groll *m*; Bitterkeit *f*; *répondre* **avec ~** scharf; bissig **3** **~s (d'estomac)** saures Aufstoßen; **j'ai des ~s** es stößt mir sauer auf
aigri [egʀi] **A** ADJ verbittert **B** SUBST **~(e)** *m(f)* verbitterter Mensch
aigrir [egʀiʀ] **A** V/T **1** *vin etc* sauer werden lassen; *surtout pp* **être aigri** sauer geworden sein **2** *fig vie, déceptions* **~ qn, le caractère de qn** j-n verbittern **B** V/I (*et* V/PR) **1** *lait, vin* (**s'**)**~** sauer werden; säuern **2** *fig* **il, son caractère s'est aigri** er ist verbittert, bitter geworden
aigu [egy] **A** ADJ ⟨aiguë [egy]⟩ **1** *objet* spitz(ig); *pointe* scharf; fein; MATH **angle ~** spitzer Winkel **2** *voix, son* schrill; grell; hoch; **cri ~** schriller, greller, durchdringender Schrei; MUS **note ~ë** hoher Ton **3** GRAM **accent ~** [-tegy] *en français* Accent aigu *m*; LING Akut *m* **4** *douleur* heftig; stark; stechend; *maladie* akut; POL *crise* zugespitzt; **conflit ~** zugespitzter, heftiger Konflikt; **tension ~ë** starke Spannung **5** *intelligence* scharf; durchdringend; **un sens ~ des responsabilités** ein starkes, ausgeprägtes Verantwortungsgefühl **B** MPL MUS **les ~s** die hohen Töne *mpl*
aigue-marine [ɛgmaʀin] F ⟨*pl* aigues-marines⟩ MINÉR Aquamarin *m*
Aigues-Mortes [ɛgmɔʀt] *Stadt im Dep. Gard*
aiguière [ɛgjɛʀ] F Wasserkanne *f*
aiguillage [egɥijaʒ] M CH DE FER **1** *appareil* Weiche *f* **2** *manœuvre* Weichenstellung *f* (*a. fig*); **cabine** *f*, **poste** *m* **d'~** Stellwerk *n*; **erreur** *f* **d'~** falsche Weichenstellung (*a. fig*); *fig a.* Fehlleitung *f*
aiguille [egɥij] F **1** COUT (Näh)Nadel *f*; MÉD Nadel *f*; MÉD **~ creuse** Hohlnadel *f*; Kanüle *f*; **~ à tricoter** Stricknadel *f*; *fig* **autant chercher une ~ dans une botte de foin** ebenso gut könnte man e-e Stecknadel in e-m Heuhaufen suchen; *fig* **on le ferait passer par le trou d'une ~** er ist ein Hasenfuß **2** *d'une montre, d'un instrument de mesure* Zeiger *m*; *du compteur de vitesse* Nadel *f*; **~ aimantée** Magnet-, Kompassnadel *f*; **grande ~** großer Zeiger; Minutenzei-

ger *m*; **petite ~** kleiner Zeiger; Stundenzeiger *m* 3 BOT Nadel *f*; **~ de pin, de sapin** Kiefern-, Tannennadel *f* 4 CH DE FER Weiche *f* 5 GÉOL (Fels)Nadel *f* 6 ARCH (Turm)Spitze *f* 7 ADJT **talons** *mpl* **~s** Pfennigabsätze *mpl*

aiguillée [egɥije] F Nähfaden *m*; *fam* **c'est une ~ de paresseuse** lange Fädchen, faule Mädchen

aiguiller [egɥije] VT 1 CH DE FER die Fahrstraße legen (**un train** für e-n Zug); umsetzen (**sur une voie de garage** auf ein Abstellgleis) 2 *fig personne* lenken; führen; leiten; **~ sur une fausse piste** auf e-e falsche Spur führen; *conversation* **~ sur un autre sujet** auf ein anderes Thema lenken

aiguillette [egɥijɛt] F 1 MIL Achsel-, Fangschnur *f* 2 CUIS durchwachsenes Filet

aiguilleur [egɥijœʀ] M 1 CH DE FER Weichensteller *m*, -wärter *m* 2 AVIAT *fam* **~ du ciel** Fluglotse *m*

aiguillon [egɥijõ] M 1 *pour piquer les bœufs* Stachel(stock) *m* 2 *des guêpes, abeilles* Stachel *m* 3 BOT Stachel *m*; Dorn *m* 4 *fig* Antrieb *m*; Ansporn *m*; Stachel *m*; Anreiz *m*

aiguillonner [egɥijɔne] VT 1 *bœufs* mit dem Stachel antreiben 2 *fig personne* antreiben; anspornen; anstacheln

aiguisage [eg(ɥ)izaʒ] M *d'un outil tranchant* Schärfen *n*; Wetzen *n*; Schleifen *n*; Abziehen *n*

aiguiser [egize] VT 1 *couteau etc* schärfen; wetzen; schleifen; abziehen; *oiseau: bec, chat: griffes* wetzen 2 *fig jugement* schärfen; *curiosité, inquiétude* steigern; **~ l'appétit** den Appetit anregen

aiguiseur [egizœʀ] M Schleifer *m*; **aiguisoir** M Schleifwerkzeug *n*

aïkido [aikido] M SPORTS Aikido *n*

ail [aj] M BOT, CUIS Knoblauch *m*; **gousse** *f*, **tête** *f* **d'~** Knoblauchzehe *f*, -zwiebel *f*

aile [ɛl] F 1 ZOOL Flügel *m* (*a.* CUIS); *des oiseaux a.* Schwinge *f*; *pl* **~s** *poét* Fittiche *mpl*; **~s de papillon** Schmetterlingsflügel *mpl*; **coup** *m* **d'~** Flügelschlag *m*; **avoir du plomb dans l'~**, **battre de l'~** *oiseau blessé* flügellahm sein; *fig* angeschlagen sein; *fam* wack(e)lig stehen; *fig* **donner des ~s à qn** *peur* j-s Schritte beflügeln; *fam* j-m Beine machen; *amour, joie* j-n beflügeln; j-m Flügel verleihen; *fig* **prendre qn sous son ~** j-n unter s-e Fittiche nehmen; *fig* **voler de ses propres ~s** auf eigenen Füßen stehen; selbstständig sein 2 AVIAT (Trag)Flügel *m* 3 AUTO Kotflügel *m* 4 *d'un moulin à vent* Flügel *m* 5 ARCH (Seiten)Flügel *m*; Seitentrakt *m* 6 MIL, SPORTS Flügel *m*; RUGBY adjt **trois-quarts** *m* **~** Eck-, Außendreiviertelspieler *m* 7 ANAT **~ du nez** Nasenflügel *m*

ailé [ele] ADJ ZOOL geflügelt

aileron [ɛlʀõ] M 1 *d'une aile d'oiseau* Flügelspitze *f* 2 CUIS **~s** *pl* Flügelstücke *npl* 3 *de certains poissons* Flosse *f*; **~ de requin** Haifischflosse *f* 4 AVIAT Querruder *n*

ailette [ɛlɛt] F 1 *de projectile* Stabilisierungsfläche *f*, -flosse *f* 2 *de radiateur* Rippe *f* 3 **écrou** *m* **à ~s** Flügelmutter *f* 4 *de turbine* Schaufel *f*

ailier [elje] M SPORTS Außen-, Flügelstürmer *m*; **~ droit, gauche** Rechts-, Linksaußen *m*

aille [aj] → aller[1]

ailler [aje] VT CUIS mit Knoblauch spicken, einreiben

ailleurs [ajœʀ] ADV woanders; anderswo; anderweitig; *fam* sonstwo; *st/s* anderwärts; *avec un verbe de mouvement* woandershin; anderswohin; *fam* sonst wohin; **venir d'~** anderswoher, von woandersher kommen; *loc adv*: **d'~** übrigens; im Übrigen; **par ~** andererseits; (*d'~*) im Übrigen; (*autrement*) sonst; **nulle part ~** nirgendwo sonst; sonst nirgends; **partout ~** sonst überall; *fig* **il est ~** er ist mit s-n Gedanken (ganz) woanders; er ist geistesabwesend

ailloli [ajɔli] M CUIS Knoblauchmayonnaise *f*

aimable [ɛmabl] ADJ 1 liebenswürdig; freundlich; **être ~ avec qn** zu j-m freundlich, liebenswürdig sein; **c'est bien ~ à vous** das ist sehr freundlich, liebenswürdig von Ihnen; **serais-tu assez ~ pour me passer le sel?** bist du so nett, freundlich, gut und gibst mir mal das Salz?; *fam* **être ~ comme une porte de prison** sehr unfreundlich, brummig, mürrisch, griesgrämig sein 2 *st/s région* freundlich; nett

aimablement [ɛmabləmɑ̃] ADV *recevoir qn etc* freundlich; liebenswürdig; **informer qn ~** j-n freundlicherweise, liebenswürdigerweise informieren

aimant[1] [ɛmɑ̃] M Magnet *m* (*a. fig*); **attiré comme par un ~** wie von e-m Magneten angezogen

aimant[2] [ɛmɑ̃] ADJ zärtlich; liebevoll; *st/s* liebreich

aimantation [ɛmɑ̃tasjõ] F PHYS Magnetisierung *f*

aimanter [ɛmɑ̃te] VT magnetisch machen; magnetisieren; *adjt* **aiguille aimantée** Magnet-, Kompassnadel *f*

aimé [eme] ADJ *personne* geliebt (**de, par** von); *acteur etc* beliebt (**du public** beim Publikum)

Aimé [eme] M *Vorname*

Aimée [eme] F *Vorname*

aimer [eme] A VT lieben; mögen; gernhaben; *personne, animal a.* lieb haben; *mets a.* gern essen; *boisson a.* gern trinken; **~ qn** (*être amoureux*) j-n lieben; **~ bien qn, qc** j-n, etw ganz, recht gernhaben, gern mögen; **~ la bière** gern Bier trinken; **aimeriez-vous une tasse de café?** möchten *ou* hätten Sie gern e-e Tasse Kaffee?; **je n'aime pas les chiens** ich mag keine Hunde; *plante* **~ l'ombre** den Schatten lieben; **faire ~ qc à qn** die Liebe zu etw, die Freude an etw (*dat*) in j-m wecken; **se faire ~ de qn** j-s Liebe, Zuneigung gewinnen; sich bei j-m beliebt machen; *fam* **moi j'aime assez** das gefällt mir ganz gut; das finde ich gar nicht schlecht; *prov* **qui aime bien, châtie bien** wer sein Kind lieb hat, züchtigt es (*prov*); ♦ **~ faire qc** *ou st/s* **~ à faire qc** gern etw tun; **~ aller au cinéma** gern ins Kino gehen; **j'aimerais faire un voyage** ich möchte gern, würde gern verreisen; **j'aime à croire que ...** ich will hoffen, möchte gern annehmen, dass ...; **~ que ...** (+*subj*) es gern sehen, haben, dass ...; ♦ **j'aime autant ça** das ist mir lieber; **j'aime autant m'en aller** ich gehe lieber weg; **j'aime autant qu'il le fasse lui-même** mir ist es lieber, wenn er es selber macht; **~ mieux qc** etw lieber mögen, haben; etw vorziehen; **~ mieux faire qc** etw lieber tun, wollen; **j'aime mieux son premier roman** sein erster Roman gefällt mir besser, ist mir lieber; **j'aime mieux ne pas y penser** lieber denke ich nicht daran; **j'aime mieux qu'il s'en aille** er soll lieber gehen B VPR **s'~** 1 *réfléchi* sich selbst lieben; **je ne m'aime pas dans cette robe** in diesem Kleid gefalle ich mir gar nicht 2 *réciproque* sich, einander lieben 3 (*faire l'amour*) sich lieben

Ain [ɛ̃] **l'~** *m Fluss u. Departement in Frankreich*

aine [ɛn] F ANAT Leiste *f*; **pli** *m* **de l'~** Leistenbeuge *f*

aîné [ene] A ADJ (*le plus âgé*) älteste(r, -s); (*plus âgé*) ältere(r, -s); **branche ~e des Bourbons** ältere Linie der Bourbonen; **son fils ~** sein ältester Sohn B SUBST **~(e)** *m(f)* Älteste(r) *m/f(m)*; ältester Sohn; älteste Tochter; **il est mon ~ (de deux ans)** er ist (zwei Jahre) älter als ich

aînesse [ɛnɛs] F HIST **droit** *m* **d'~** Erstgeburtsrecht *n*

ainsi [ɛ̃si] ADV 1 *manière* so; **~ et pas autrement** so und nicht anders; **et ~ de suite** und so weiter (*abr* usw.); und so fort; und dergleichen mehr; **~ dit, ~ fait** (wie) gesagt, (so) getan; **c'est ~ que ... so ...**; **il est ~** er ist nun (ein)mal so; REL **~ soit-il!** amen!; **puisqu'il, s'il en est ~** da, wenn dem so ist; *loc adv* **pour ~ dire** sozusagen; gewissermaßen; *loc conj* **~ que** *comparaison* (so) wie; gleichwie; *énumération* sowie; wie auch 2 *conclusion* **~ (donc)** (so) also; folglich; **~ donc vous refusez?** so lehnen Sie also ab?

aïoli [ajɔli] M → ailloli

air[1] [ɛʀ] M 1 Luft *f*; **~ chaud, froid** Heiß- *ou* Warm-, Kaltluft *f*; **le grand ~** [-t-] die frische Luft; **au grand ~** an *ou* in der frischen Luft; im Freien; **l'~ pur de la campagne** die reine Landluft; **~ de la mer** Meeres-, Seeluft *f*; MIL **École** *f* **de l'Air** Luftwaffenakademie *f*; ♦ *loc adv et loc adj*: **à l'~** an der (frischen) *ou* an die (frische) Luft; **mettre à l'~** (aus)lüften; an die frische Luft stellen, legen, hängen; **dans l'~** in der *ou* in die Luft; *fig* **il y a quelque chose dans l'~** es liegt etwas in der Luft; **s'élever dans l'~** *ou* **dans les ~s** *oiseau, avion* sich in die Luft, in die Lüfte erheben, *oiseau a.* schwingen; **être dans l'~** *maladie* umgehen; grassieren; *tendance, idée nouvelle* in der Luft liegen; **c'est dans l'~ du temps** das liegt (ganz) im Trend; **en l'~** in die Luft; *fig menaces, promesses* leer; **paroles** *fpl* **en l'~** leere Worte *npl*; leeres Gerede; **projets** *mpl* **en l'~** unrealistische Pläne *mpl*; **(être) tête** *f* **en l'~** gedankenlos, vergesslich, zerstreut, leichtsinnig (sein); *pop* **s'envoyer en l'~** *pop* bumsen; *fig pièce, papiers* **être en l'~** in Unordnung sein; *fam fig* **ficher, flanquer, foutre en l'~** (*jeter*) weg- *ou* fortwerfen, *fam* -schmeißen; **il a envie de tout fiche(r) en l'~** am liebsten würde er alles, den ganzen Kram hinschmeißen; *événement* **ça m'a flanqué tout en l'~** *fam* das hat alle meine Pläne über den Haufen geworfen; *pop* **se foutre en l'~** *fam* sich ins Jenseits befördern; *fig* **mettre en l'~** in Unordnung bringen; durcheinanderbringen, werfen; *fig* **parler en l'~** ins Blaue hinein reden; **regarder en l'~** nach oben, in die Luft sehen, *fam* gucken; in die Höhe blicken; **tirer en l'~** in die Luft schießen; **par ~** Luft...; auf dem Luftwege; COMM *a.* per Luftfracht; *pièce* **sans ~** schlecht durchlüftet; ♦ *fam péj* **déplacer beaucoup d'~** sich wichtigtun; *fam* viel Wind machen; sich aufblasen; **donner de l'~ dans la pièce** frische Luft ins Zimmer hereinlassen; das Zimmer lüften; *fig dans son travail* **se donner de l'~** sich (*dat*) ein bisschen Luft schaffen; **on manque d'~ ici** hier kriegt man keine Luft; *fam* **il ne manque pas d'~, celui-là** *fam* der ist frech wie Oskar, wie Rotz; **(aller) prendre l'~** (frische) Luft schöpfen, *fam* schnappen; an die (frische) Luft gehen; *fig* **prendre l'~ du bureau** mal kurz im Büro vorbeischauen; *fig* **aller respirer l'~ du pays** heimatliche Luft *ou* Heimatluft atmen (wollen); **on ne vit pas de l'~ du temps** von der Luft allein kann man nicht leben 2 **(le) plein ~** [plɛnɛʀ] das Freie; ÉCOLE Sport *m* auf dem Sportplatz; *loc adv* **en plein ~** im Freien; unter freiem Himmel; AGR, JARD im Freiland; **jeux** *mpl* **de plein ~** Freiluftspiele *npl*; Spiele *npl* im Freien; **théâtre** *m* **en plein ~** Freilichtbühne *f*, -theater *n* 3 (*vent*) Lüftchen *n*; Luftzug *m*, -hauch *m*; **il y a un peu d'~** es geht ein leichter Wind, ein Lüftchen; **il n'y a pas d'~** es regt sich, weht, geht kein Lüftchen

air[2] [ɛʀ] M (*apparence*) Aussehen *n*; (*mine*) Miene *f*; Gesicht *n*; **un faux ~ de qn** e-e gewisse Ähnlichkeit mit j-m; **~ de famille** Familienähnlichkeit *f*; **un petit ~ de mélancolie** ein leichter Zug, Ausdruck von Schwermut; *loc adv*: **à en juger par son ~** nach s-r Miene, s-m Gesichtsausdruck zu urteilen; **d'un ~ décidé** entschieden; mit Entschiedenheit; **d'un ~ embarrassé** mit verlegener Miene; mit verlegenem Gesicht; **sous son ~ timide** hinter s-m schüchternen Wesen, Benehmen; **avoir grand ~** [-t-] sehr vornehm aussehen, wirken; *fam* **il vous a un ~** *ou* **des ~s de deux ~s** bei ihm weiß man nie so recht, woran man ist; **avoir un drôle d'~** komisch aussehen; **se donner un ~ important** sich aufspielen; sich wichtigmachen; **prendre un ~ triste** e-e traurige Miene aufsetzen; ein trauriges Gesicht machen; **prendre de grands ~s, se donner des ~s** vornehm tun; großtun; angeben; ♦ **avoir l'~** (*+adj*) aussehen; wirken; *personne a.* dreinblicken, -schauen; **les poires ont l'~ bonnes** die Birnen sehen gut aus; *personne fam* **avoir l'~ comme il faut** anständig aussehen; **avoir l'~ fatigué, malade** müde, krank aussehen, wirken; **avoir l'~ mauvais** verärgert, böse aussehen; sauer dreinblicken; ♦ **avoir l'~ de** (*+inf*) scheinen zu (*+inf*); so aussehen, als ob ...; **il n'a pas l'~ de s'en apercevoir** er scheint es nicht zu bemerken; es sieht so aus, als ob er es nicht bemerkt; **ça n'a pas l'~ d'aller?** es geht wohl nicht gut?; **il a l'~ de vouloir pleuvoir** es sieht nach Regen aus; **ça en a tout l'~** das sieht ganz danach aus; **sans en avoir l'~**, *il travaille beaucoup* obwohl es gar nicht so den Anschein hat, ...; ♦ **avoir l'~ de** (*+subst*) aussehen wie; **avoir l'~ d'un enfant** wie ein Kind aussehen; **ça m'a tout l'~ d'une plaisanterie** das sieht mir ganz nach e-m Scherz aus; *fam* **j'aurai l'~ de quoi!** wie stehe ich dann da!; **n'avoir l'~ de rien** nach nichts aussehen; *performance* so *ou* ganz leicht aussehen

air[3] [ɛʀ] M 1 Melodie *f*; *fig* **il en a l'~ et la chanson** er sieht nicht nur so aus, er ist wirklich einer (*Künstler etc*); *prov* **c'est l'~ qui fait la chanson** der Ton macht die Musik (*prov*) 2 (*chanson*) Weise *f*; Lied *n*; **~ populaire** Volksweise *f*; **~ à la mode** beliebte Weise; Schlager *m*; **~s d'autrefois** alte Weisen; **un ~ d'accordéon** e-e Weise für Akkordeon 3 OPÉRA Arie *f*; **~ d'opéra** Opernarie *f*

airain [ɛʀɛ̃] M *litt* Erz *n*; *loc adj* **d'~** ehern; *fig* **cœur** *m* **d'~** Herz von Stein

air-air [ɛʀɛʀ] ADJ MIL **missile** *m* **~** Luft-Luft-Rakete *f*

airbag [ɛʀbag] M AUTO Airbag *m*

airbus [ɛʀbys] M AVIAT Airbus *m*

aire [ɛʀ] F 1 AGR Tenne *f*; Dreschboden *m* 2 *des rapaces* Horst *m* 3 (*surface*) (Boden)Fläche *f*; AVIAT **~ d'atterrissage** Start- und Landefläche *f*; ESPACE **~ de lancement** Startplattform *f*; AUTOROUTE: **~ (de repos)** Rastplatz *m*; **~ de service** Raststätte *f*, -anlage *f* mit Tankstelle 4 MATH Flächeninhalt *m* 5 *fig* Bereich *m*; Gebiet *n*; **~ d'influence** Einflussbereich *m* 6 BIOL **~ (de répartition)** Verbreitungsgebiet *n*; Areal *n*

airelle [ɛʀɛl] F BOT 1 **~ (rouge)** Preiselbeere *f* 2 (*myrtille*) Heidel-, Blaubeere *f*

air-sol [ɛʀsɔl] ADJ MIL **missile** *m* **~** Luft-Boden-Rakete *f*

aisance [ɛzɑ̃s] F 1 (*facilité*) Gewandtheit *f*; Leichtigkeit *f*; Ungezwungenheit *f*; **avec ~** gewandt; ungezwungen 2 (*richesse*) Wohlstand *m*; Wohlhabenheit *f*; **vivre dans l'~** wohlhabend, gut situiert sein; im Wohlstand, in guten Verhältnissen leben 3 *autrefois* **cabinet(s)** *m(pl)*, **lieux** *mpl* **d'~s** Abort *m*; Abtritt *m*

aise[1] [ɛz] F 1 LOC ADV: **à votre ~!** wie Sie wollen!; wie es (Ihnen) beliebt!; ganz nach (Ihrem) Belieben!; *en maugréant* na, bitte schön!; *dans un milieu, un vêtement* **être à l'~, à son ~** sich wohlfühlen; → *a.* 3; **êtes-vous à l'~ dans ce fauteuil?** sitzen Sie bequem in dem Sessel?; **être mal à l'~, à son ~** sich nicht wohlfühlen; sich unbehaglich, befangen, fehl am Platz fühlen; **je suis mal à l'~ avec lui** ich fühle mich in s-r Gegenwart nicht wohl; **mettez-vous à l'~** legen Sie doch ab!; wollen Sie nicht ablegen?; **mettre qn à l'~, à son ~** j-m die Befangenheit nehmen; j-m über s-e Befangenheit, Verlegenheit hinweghelfen; **vous en parlez à votre ~** Sie haben gut reden!; **en prendre à son ~ avec qc** es mit etw nicht so genau nehmen; es sich (*dat*) mit etw leicht machen 2 **~s** *pl* Bequemlichkeit *f*; **aimer ses ~s** s-e Bequemlichkeit lieben; **prendre ses ~s** es sich (*dat*) (ganz ungeniert) bequem machen; sich breitmachen 3 (*richesse*) Wohlstand *m*; *loc adj* **à l'~** wohlhabend; gut situiert; **être à son ~** wohlhabend, gut situiert sein; im Wohlstand, in guten Verhältnissen leben 4 LOC ADV *fam* **à l'~** (*facilement*) leicht; mit Leichtigkeit 5 *st/s* **combler d'~** mit Freude erfüllen

aise[2] [ɛz] ADJ *st/s* **être bien ~ de** (*+inf*) *ou* **que** ... (*+subj*) sich freuen, erfreut sein zu (*+inf*) *ou*, dass ...

aisé [eze] ADJ 1 *ton* ungezwungen; unbefangen; leicht; **style ~** flüssiger Stil 2 (*riche*) wohlhabend; gut situiert; vermögend 3 *st/s* (*facile*) einfach; leicht; **aisément** ADV leicht; mühelos

Aisne [ɛn] **l'~** *f Fluss u. Departement in Frankreich*

aisselle [ɛsɛl] F ANAT Achsel(höhle) *f*

Aix [ɛ] **l'île d'~** *Insel an der frz Atlantikküste*

Aix-en-Provence [ɛksɑ̃pʀɔvɑ̃s] *Stadt im Dep. Bouches-du-Rhône*

Aix-la-Chapelle [ɛkslaʃapɛl] Aachen *n*

Aix-les-Bains [ɛkslebɛ̃] *Stadt im Dep. Savoie*

A.J. [aʒi] F ABR (auberge de [la] jeunesse) Jugendherberge *f*

Ajaccio [aʒaksjo] *Stadt auf Korsika*

Ajoie [aʒwa] GÉOG **l'~** *f* der Elsgau

ajonc [aʒõ] M BOT Stechginster *m*

ajouré [aʒuʀe] ADJ durchbrochen; *linge a.* mit Durchbrucharbeit verziert

ajournement [aʒuʀnəmɑ̃] M 1 *d'un projet etc* Verschiebung *f*; Vertagung *f* 2 *d'un candidat* Zurückstellung *f*

ajourner [aʒuʀne] V/T 1 *projet* verschieben (à auf *+acc*; **d'une semaine** um e-e Woche); auf-, hinausschieben; **~ une séance, un procès** eine Sitzung, einen Prozess vertagen 2 *candidat* zurückstellen (à bis)

ajout [aʒu] M *à un texte* Zusatz *m*; Hinzufügung *f*

ajouter [aʒute] A V/T hinzufügen (à zu); *en parlant a.* hinzusetzen; beifügen; *en écrivant a.* hinzu- *ou* dazuschreiben; *à la fin* anhängen, anfügen (à an *+acc*); *à une somme* hinzu- *ou* dazuschlagen, -rechnen, -legen (zu); *à un nombre* hinzu- *ou* dazuzählen, -rechnen (zu); CUIS *a.* (noch) hinzu- *ou* dazugeben, -tun (zu); *à un édifice* anbauen (an *+acc*); **ajoutons, ajoutez que** ... hinzu, dazu kommt noch, dass ...; **j'ajoute que** ... ich möchte noch erwähnen, hinzufügen, betonen, dass ...; **~ foi à qc** e-r Sache (*dat*) Glauben schenken; **permettez-moi d'~ un mot** darf ich dazu noch etwas sagen?; **~ la prétention à la bêtise** dumm und noch dazu eingebildet sein B V/T INDIR **~ à qc** etw noch vergrößern, vermehren, (*aggraver*) verschlimmern C V/PR (**venir**) **s'~** à noch hinzu-, dazukommen zu

ajustage [aʒystaʒ] M TECH An-, Einpassen *n*

ajustement [aʒystəmɑ̃] M 1 TECH a → ajustage b (*degré de serrage*) Passung *f*; Sitz *m* 2 *fig* Anpassung *f* (à an *+acc*); Angleichung *f* (an *+acc*); Abstimmung *f* (mit)

ajuster [aʒyste] A V/T 1 passend machen (à für); TECH anpassen (*+dat*); einpassen (in *+acc*); **~ les rênes, l'étrier** die Zügel, den Steigbügel auf die richtige Länge einstellen; *adjt* **ajusté** *vêtement* eng anliegend; auf Taille gearbeitet; tailliert; **être mal ajusté** schlecht, nicht richtig passen, sitzen 2 *coiffure, vêtements* richten; in Ordnung bringen; ordnen 3 *fig* (*mettre en accord*) anpassen, angleichen (à *dat*); abstimmen (mit); *projets, idées* miteinander in Einklang bringen 4 (*viser*) anvisieren; zielen auf (*+acc*) B V/PR **s'~** aufeinander-, ineinanderpassen; zusammenpassen

ajusteur [aʒystœʀ] M Schlosser *m*; **~ outilleur** Werkzeugmacher *m*

Akh(e)naton [ak(e)natõ] M HIST Echnaton *m*

akkadien [akadjɛ̃] HIST A ADJ ⟨~ne⟩ akkadisch B SUBST 1 **Akkadiens** *mpl* Akkader *mpl* 2 M LING **l'~** das Akkadische; Akkadisch *n*

Aladin [aladɛ̃] M MYTH, HIST Aladin *m*

Alain [alɛ̃] M *Vorname*

alaise [alɛz] F (Gummi)Unterlage *f*

Alamans [alamɑ̃] MPL HIST Alemannen *mpl*

alambic [alɑ̃bik] M CHIM Destillierapparat *m*, -kolben *m*; Retorte *f*

alambiqué [alɑ̃bike] ADJ geschraubt; gewunden; gekünstelt; ausgeklügelt

alanguir [alɑ̃giʀ] A V/T träge, matt machen; *adjt* **alangui** müde; matt; träge B V/PR **s'~** träge, matt, schlaff, schlapp werden; erschlaffen

alarmant [alaʀmɑ̃] ADJ alarmierend; beunruhigend; besorgniserregend

alarme [alaʀm] F 1 Alarm *m*; *fig* **fausse ~** falscher, blinder Alarm; CH DE FER **signal** *m* **d'~** Notbremse *f*; **donner l'~** Alarm schlagen (*a. fig*); *fig a.* Lärm schlagen 2 *dispositif* Alarmanlage *f* 3 *fig* (*inquiétude*) Unruhe *f*; Aufregung *f*; Angst *f*; Schrecken *m*

alarmer [alaʀme] A V/T beunruhigen; alarmieren; ängstigen; in Unruhe, Angst versetzen B V/PR **s'~** sich beunruhigen, ängstigen (de wegen); in Unruhe geraten (über *+acc*)

alarmiste [alaʀmist] A ADJ Unruhe stiftend; Angst, Schrecken verbreitend B M/F Unruhestifter(in) *m(f)*

Alaska [alaska] **l'~** *m* Alaska *n*

Albains [albɛ̃] **les monts** *mpl* **~** die Albaner Berge *mpl*; das Albaner Gebirge

albanais [albanɛ] A ADJ albanisch B SUBST 1 **Albanais(e)** *m(f)* Albaner(in) *m(f)* 2 LING **l'~** *m* das Albanische; Albanisch *n*

Albanie [albani] **l'~** *f* Albanien *n*

Albano [albano] **le lac d'~** der Albaner See

albâtre [albɑtʀ] M MINÉR Alabaster *m*; *loc adj* **d'~** Alabaster...; aus Alabaster; alabastern (*a. fig et poét*)

albatros [albatʀos] M ZOOL Albatros *m*

Albe [alb] HIST **le duc d'~** (der) Herzog (von) Alba

Albères [albɛʀ] **monts** *mpl* **~** *Teil der Pyrenäen*

Albert [albɛʀ] M *Vorname*

albigeois [albiʒwa] MPL HIST REL Albigenser *mpl*

albinisme [albinism] M BIOL Albinismus *m*

albinos [albinos] M/F BIOL Albino *m*

Albion [albjõ] **l'~** *f poét* Albion *n*; **la perfide ~** das perfide Albion

album [albɔm] M 1 Album *n*; **~ de photos, de timbres** Foto-, Briefmarkenalbum *n* 2 (*livre illustré*) Buch *n*; Band *m*; *pour enfants* Bilderbuch *n*; **~ à colorier** Malbuch *n*; **~ de BD** Comicband *m* 3 *de disques* Album *n*

albumine [albymin] F BIOL Eiweißkörper *m*; Albumin *n*; *fam* **avoir, faire de l'~** Eiweiß im Harn haben

alcali [alkali] M 1 CHIM Alkali *n* 2 COMM Salmiakgeist *m*

alcalin [alkalɛ̃] ADJ CHIM alkalisch; **métaux ~s** Alkalimetalle *npl*

alcaloïde [alkalɔid] M CHIM Alkaloid *n*

alchimie [alʃimi] F Alchimie *f*; **alchimique** ADJ alchimistisch; **alchimiste** M Alchimist *m*

alcool [alkɔl] M 1 *boisson*, CHIM Alkohol *m*; TECH Spiritus *m*; **~ à brûler** Brennspiritus *m*; **~ à 90° (quatre-vingt-dix degrés)** 90-prozentiger Alkohol; **sentir l'~** nach Alkohol riechen; *fam* e-e Fahne haben 2 *par ext (eau-de-vie)* Schnaps *m*; **prendre un petit ~** ein Schnäpschen trinken

alcoolémie [alkɔlemi] F Blutalkohol(gehalt, -spiegel) *m*; *fam* Alkoholpegel *m*; **taux légal d'~** Promillegrenze *f*

alcoolique [alkɔlik] A ADJ 1 alkoholisch; **boissons** *fpl* **~s** alkoholische Getränke *npl*; Alkoholika *pl*; **intoxication** *f* **~** Alkoholvergiftung *f* 2 *personne* trunksüchtig; alkoholkrank B M/F Alkoholiker(in) *m(f)*; Trinker(in) *m(f)*; Alkoholkranke(r) *m/f(m)*

alcoolisation [alkɔlizasjõ] F 1 Alkoholisieren *n*, -ung *f*; Zusetzen *n* von Alkohol; *de vin a.* Vinieren *n*; Aufspriten *n* 2 MÉD *de l'organisme* Anreicherung *f* mit Alkohol 3 Umwandlung *f* in Alkohol

alcooliser [alkɔlize] A V/T alkoholisieren; mit Alkohol versetzen; Alkohol zusetzen (*+dat*); *adjt*: **alcoolisé** mit Alkoholzusatz; alkoholisch; **fortement alcoolisé** alkoholreich; mit hohem Alkoholgehalt; **boisson alcoolisée, non alcoolisée** alkoholisches, alkoholfreies Getränk B V/PR *fam personne* **s'~** sich betrinken; *fam* sich unter Alkohol setzen

alcoolisme [alkɔlism] M Alkoholismus *m*; Trunksucht *f*; **~ chronique** Alkoholkrankheit *f*; Trunksucht *f*

alcoolo [alkɔlo] ADJ *et* M/F *fam* ABR → alcoolique A 2, B

alcootest *ou* **alcotest** [alkɔtɛst] M 1 *test* Alkoholtest *m* 2 *appareil* Alkoholtestgerät *n*; (Alkoholtest)Röhrchen *n*

alcôve [alkov] F Alkoven *m*; Bettnische *f*; **secrets** *mpl* **d'~** Bettgeheimnisse *npl*

aldéhyde [aldeid] M CHIM Aldehyd *m*

al dente [aldɛnte] ADJ ‹inv› *et* ADV CUIS al dente

aléa [alea] M *surtout* PL **~s** (unliebsame) Zufälligkeiten *fpl*; (unangenehme) Überraschungen *fpl*; Risiken *npl*

aléatoire [aleatwaʀ] ADJ zufallsbedingt; vom Zufall abhängig; auf Zufall beruhend; rein zufällig; Zufalls...; aleatorisch

alémanique [alemanik] A ADJ alemannisch B M LING **l'~** das Alemannische; Alemannisch *n*

Alembert [alɑ̃bɛʀ] **d'~** *frz Philosoph*

Alençon [alɑ̃sõ] *Stadt im Dep. Orne*

alêne [alɛn] F Ahle *f*; Pfriem *m*

alentour [alɑ̃tuʀ] A ADV **tout ~** ringsum; ringsumher B MPL **~s** 1 *d'un lieu* Umgebung *f*; Umgegend *f* 2 LOC PRÉP **aux ~s de** *local* in der Nähe, Gegend von; *temporel, fig* (so) gegen; (so) um ... herum; *loc adv* **aux ~s** in der Nähe, *fam* Gegend

Aléoutiennes [aleusjɛn] **les îles** *fpl* **~** die Aleuten *pl*

Alep [alɛp] Aleppo *n*

alerte¹ [alɛʀt] ADJ *mouvements* flink; rasch; *personne* munter; frisch; mobil; alert; *esprit* rege; aufgeweckt; **style** *m* **~** lebendiger, flotter Stil

alerte² [alɛʀt] F 1 Alarm *m* (*a.* MIL); **~ aérienne** Flieger-, Luftalarm *m*; *fig* **fausse ~** falscher, blinder Alarm; **alerte orange, rouge** Alarmstufe *f* Gelb, Rot; **~ à la bombe, au feu, à l'ozone** Bomben-, Feuer-, Ozonalarm *m*; **en état d'~** in Alarmbereitschaft; alarmbereit; **donner l'~** Alarm geben; alarmieren (**à qn** j-n) (*a. fig*) 2 *fig* (drohende) Gefahr; Alarmsignal *n*; **~!** Achtung!; aufgepasst!; **à la moindre ~** beim geringsten Anzeichen e-r Gefahr; **l'~ a été chaude, vive** das ist noch einmal gnädig abgegangen; **ce n'était qu'une ~** das war nur ein Schreckschuss

alerter [alɛʀte] V/T 1 alarmieren (*a. fig*) 2 (*prévenir*) e-n Wink geben (**qn** j-m)

Alès [alɛs] *Stadt im Dep. Gard*

alésage [alezaʒ] M 1 TECH Auf-, Ausbohren *n* 2 AUTO Zylinderbohrung *f*, -durchmesser *m*

alèse [alɛz] F → alaise

aléser [aleze] V/T ‹-è-› TECH auf-, ausbohren

alevin [alvɛ̃] M PISCICULTURE Setzling *m*; Satzfisch *m*

Alexandra [alɛksɑ̃dʀa] F *Vorname*

Alexandre [alɛksɑ̃dʀ] M *Vorname*

Alexandrie [alɛksɑ̃dʀi] F 1 *en Égypte* Alexandria *n ou* Alexandrien *n* 2 *en Italie* Alessandria *n*

alexandrin [alɛksɑ̃dʀɛ̃] M *vers* Alexandriner *m*; Zwölfsilb(l)er *m*

Alexandrine [alɛksɑ̃dʀin] F *Vorname*

Alexis [alɛksis] M 1 *Vorname* 2 *saint* Alexius *m*

alezan [alzɑ̃] A ADJ *cheval* rotbraun; fuchsrot B M *cheval, mulet* Fuchs *m*

alfa [alfa] M 1 BOT Alfa-, Halfagras *n*; Espartogras *n* 2 Alfapapier *n*

Alfred [alfʀɛd] M *Vorname*

algarade [algaʀad] F Auseinandersetzung *f*; Meinungsverschiedenheit *f*; Wortwechsel *m*; Disput *m*

algèbre [alʒɛbʀ] F MATH Algebra *f*

algébrique [alʒebʀik] ADJ algebraisch

Alger [alʒe] Algier *n*

Algérie [alʒeʀi] **l'~** *f* Algerien *n*

algérien [alʒeʀjɛ̃] A ADJ ‹~ne› algerisch B SUBST 1 **Algérien(ne)** *m(f)* Algerier(in) *m(f)* 2 LING **l'~** *m* der in Algerien gesprochene arabische Dialekt

algérois [alʒeʀwa] ADJ (*et* SUBST **Algérois** Einwohner) von Algier

Algésiras [alʒeziʀas] GÉOG Algeciras *n*

algol [algɔl] M INFORM ALGOL *n*

algorithme [algɔʀitm] M MATH, INFORM Algorithmus *m*; **algorithmique** ADJ algorithmisch

algue [alg] F BOT Alge *f*

alias [aljɑs] ADV alias; auch ... genannt

alibi [alibi] M JUR, *fig* Alibi *n*; **avoir, fournir un ~** ein Alibi haben, beibringen

alicament [alikamɑ̃] M Functional Food *n*; *non modifié a.* gesundes Lebensmittel; *enrichi en certains éléments a.* Lebensmittel *n* mit gesundheitsfördernden Zusatzstoffen

Alice [alis] F *Vorname*

aliénable [aljenabl] ADJ JUR veräußerlich; übertragbar

aliénant [aljenɑ̃] ADJ *travail, situation* (den Menschen s-m Wesen) entfremdend

aliénation [aljenasjõ] F 1 JUR (Eigentums)-Übertragung *f*; Veräußerung *f* 2 MÉD **~ (mentale)** Geistesgestörtheit *f*; geistige Umnachtung 3 *de sa liberté etc* Aufgabe *f*; Verzicht *m* (**de** auf *+acc*); *st/s* Entäußerung *f* 4 PHIL Entfremdung *f*

aliéné(e) [aljene] M(F) MÉD Geistesgestörte(r) *m/f(m)*, -kranke(r) *m/f(m)*

aliéner [aljene] ‹-è-› A V/T 1 JUR *propriété* veräußern; übertragen (*a. droit*) 2 *sa liberté* *etc* aufgeben; verzichten auf (*+acc*); *st/s* sich entäußern (*+gén*) 3 (*éloigner*) entfremden (**à** *dat*); **cela lui aliéna toutes les sympathies** das kostete ihn, das verscherzte ihm alle Sympathien B V/PR **s'~ qn** sich j-m entfremden; **s'~ les sympathies** sich (*dat*) die Sympathien verscherzen; die Sympathien verlieren, verspielen

alignement [aliɲmɑ̃] M 1 (schnurgerade) Ausrichtung, Reihe, Linie, *d'arbres a.* Zeile; **se mettre dans l'~** *plusieurs personnes* in Linie, in e-r Reihe antreten; *une seule personne* in die Reihe treten; sich in die Reihe stellen; **sortir de l'~** aus der Reihe treten 2 CONSTR (Bau)Flucht *f*; (Bau)Fluchtlinie *f*; Baugrenze *f*, -linie *f* 3 *fig* Ausrichtung *f* (**sur** nach); Angleichung *f*, Anpassung *f* (an *+acc*); Abstimmung *f* (mit); **~ monétaire** Währungsangleichung *f*

aligner [aliɲe] A V/T 1 in e-e (gerade) Linie, Reihe bringen, stellen, legen; in gerader Linie aufstellen; *objets, soldats* ausrichten; **~ des mots, des chiffres** Wörter, Ziffern in e-e *ou* e-r Reihe schreiben; **~ des plantes** Pflanzen in einer Zeile pflanzen; *pp* **être aligné** in e-r Reihe, Linie, Zeile stehen 2 *par ext phrases, chiffres* aneinanderreihen; der Reihe nach hinschreiben; **~ des arguments, des noms** Argumente, Namen (der Reihe nach) aufzählen, anführen; *fam* **les ~** e-e Menge Geld hinblättern; *fam* tüchtig blechen 3 *fig* **~ qc sur qc** etw nach etw ausrichten; etw e-r Sache (*dat*) angleichen, anpassen; HIST **les pays non alignés** die blockfreien Länder *npl* B V/PR **s'~** 1 *personnes* sich in e-r Reihe aufstellen; in Linie antreten 2 *objets* in e-r Reihe stehen; aufgereiht sein, stehen 3 *fig* **s'~ sur qc** sich e-r Sache (*dat*) anpassen, anschließen; **s'~ sur la position officielle** auf die offizielle Linie einschwenken 4 *fam fig* **il peut toujours s'~** dem ist er ja doch nicht gewachsen; *fam* das ist e-e Nummer zu groß für ihn

aligot [aligo] M CUIS Spezialität aus der Auvergne (*aus Kartoffelpüree und Hartkäse*)

aliment [alimɑ̃] M 1 Nahrungsmittel *n*; Nahrungs-, Nährstoff *m*; **~s** *pl a.* Nahrung *f*; Lebensmittel *npl*; *pour animaux* Futter *n*; **~s d'origine animale, végétale** tierische, pflanzliche Nahrungsmittel *npl* 2 *fig pour le feu, l'esprit* Nahrung *f*; **fournir un ~ à** *la curiosité etc* neue Nahrung geben (*+dat*)

alimentaire [alimɑ̃tɛʀ] ADJ 1 Nahrungs...; Ernährungs...; **denrées** *fpl*, **produits** *mpl* **~s** Nahrungs-, Lebens-, *pour animaux* Futtermittel *npl*; **industries** *fpl* **~s** Nahrungs-, Lebensmittelindustrie *f*; **pâtes** *fpl* **~s** Teigwaren *fpl* 2 JUR **pension** *f* **~** Unterhaltsrente *f*; *pour enfant naturel* Alimente *pl* 3 *péj travail* (lediglich) dem Broterwerb dienend

alimentation [alimɑ̃tasjõ] F 1 a *action* Ernährung *f*; Beköstigung *f*; Verpflegung *f* b (*nourriture*) Nahrung *f*; Kost *f* 2 *commerce* Lebensmittelhandel *m*; **magasin** *m* **d'~** Lebensmittelgeschäft *n* 3 TECH Versorgung *f* (**en** mit); Zuführung *f*; Zufuhr *f*; Speisung *f* (mit); **~ papier** Papierzufuhr *f*; **~ en courant (électrique)** Stromversorgung *f*; **~ en eau** Wasserversorgung *f*

alimenter [alimɑ̃te] A V/T 1 *malade etc* ernähren; **~ légèrement** leichte Kost verabreichen (**qn** j-m) 2 (*approvisionner*) versorgen (**en** mit); *marché a.* beschicken (mit); TECH, ÉLEC *a.* speisen (mit); *feu* unterhalten; *incendie* immer neue Nahrung geben (*+dat*); *fonds, caisse* speisen 3 *fig soupçon, doute etc* neue Nahrung geben (*+dat*); *événement* **~ la conversation** der Unterhaltung Stoff liefern B V/PR **s'~** sich ernähren (**de fruits** von Obst); *malade* Nahrung zu sich nehmen

Aline [alin] F *Vorname*

alinéa [alinea] M TYPO Absatz *m*

aliter [alite] **A** V/T *surtout* ADJT **être, rester alité** bettlägerig sein; das Bett hüten müssen **B** V/PR **s'~** sich (ins Bett) legen

alizé [alize] ADJ *et* SUBST M **(vent) ~** Passat(wind) *m*

Allah [ala] M REL Allah *m*

allaitement [alɛtmɑ̃] M Stillen *n*; ZOOL Säugen *n*; **~ artificiel** artfremde Ernährung; ZOOL mutterlose Aufzucht; Aufzucht *f* mit der Flasche; **~ maternel, au sein** Stillen durch die Mutter; Ernährung *f* mit Muttermilch; **~ mixte** Zwiemilchernährung *f*; **~ au biberon** Ernährung *f* mit der Flasche

allaiter [alete] V/T stillen; ZOOL säugen

allant [alɑ̃] M Schwung *m*; Tatkraft *f*; Unternehmungsgeist *m*, -lust *f*; **avoir de l'~** Schwung *etc* besitzen

Allauch [alo] *Stadt im Dep. Bouches-du-Rhône*

alléchant [aleʃɑ̃] ADJ verlockend; **allécher** V/T ⟨-è-⟩ (an)locken; *en faisant miroiter qc* ködern

allée [ale] F **1** *bordée de verdure* Allee *f*; **~ cavalière** Reitweg *m* **2** *cinéma, train etc* Gang *m*; **~ centrale, latérale** Mittel-, Seitengang *m* **3** **~s et venues** Hinundherlaufen *n*; *pour se procurer qc* Laufereien *fpl*

allégation [alegasjõ] F Behauptung *f*

allégé [aleʒe] ADJ *denrée* light; leicht

allégeance [aleʒɑ̃s] F HIST Treuepflicht *f*; **serment** *m* **d'~** Treueid *m*; *fig* **faire ~ à qn** j-m s-e Ergebenheit zeigen

allégement *ou* **allègement** [alɛʒmɑ̃] M **1** *d'un fardeau* Gewichtsverringerung *f* **2** *de charges financières* Verminderung *f*; Verringerung *f*; *des programmes scolaires* stoffliche Entlastung; **allégement** *ou* **allègement fiscal** Steuererleichterung *f*, -senkung *f*

alléger [aleʒe] V/T ⟨-è-⟩ **1** *fardeau* leichter machen; gewichtsmäßig verringern **2** *charge financière* vermindern; verringern; *taxes* senken; *programmes scolaires* stofflich entlasten; **~ la douleur** den Schmerz lindern

Alleghanys [alegani] **les ~** *mpl* das Alleghenygebirge; die Alleghenies *pl*

allégorie [alegɔʀi] F Allegorie *f*; Sinnbild *n*; **allégorique** ADJ allegorisch; sinnbildlich

allègre [alɛgʀ] ADJ fröhlich; vergnügt; munter; **marcher d'un pas ~** munter, flott ausschreiten

allégrement [alɛgʀəmɑ̃] ADV munter; frisch-fröhlich (*a. iron*)

allégresse [alegʀɛs] F laute, ausgelassene Freude; Jubel *m*; **cris** *mpl* **d'~** Freudengeschrei *n*; Jubelrufe *mpl*

allegretto *ou* **allégretto** [alegʀe(t)to] MUS **A** ADV allegretto; mäßig schnell, lebhaft **B** M Allegretto *n*

allegro *ou* **allégro** [alegʀo] MUS **A** ADV allegro **B** M Allegro *n*

alléguer [alege] V/T ⟨-è-⟩ **1** *autorité* sich berufen auf (*+acc*) **2** *excuse, raison* angeben; anführen; vorbringen; ins Feld führen; **~ un prétexte** einen Vorwand bringen

alléluia [aleluja] **A** INT halleluja *ou* alleluja **B** M Halleluja *ou* Alleluja *n*

Allemagne [almaɲ] **l'~** *f* Deutschland *n*

allemand [almɑ̃] **A** ADJ deutsch **B** SUBST **1** **Allemand(e)** *m(f)* Deutsche(r) *m/f(m)* **2** LING **l'~** *m* das Deutsche; Deutsch *n*; **le haut ~** das Ober- und Mitteldeutsche; Ober- und Mitteldeutsch *n* **3** **~e** *f* MUS Allemande *f*

aller[1] [ale]

⟨je vais, tu vas, il va, nous allons, ils vont; j'allais; j'allai; j'irai; que j'aille, que nous allions; va!, *aber*: vas-y! [vazi], va y travailler!, *fam* vas-y voir!; allant; être allé⟩

A verbe intransitif **B** verbe auxiliaire
C verbe impersonnel **D** verbe pronominal

— **A** verbe intransitif —

1 gehen; (*dans un*) *véhicule* fahren; *expressions* **a** *int*: **va donc, eh crâneuse!** *fam* so e-e Angeberin!; du Angeberin, du!; **allons! du calme!** nur ruhig Blut!; immer Ruhe bewahren!; **allons** *ou* **allez, tête de mule**, *je ne t'en veux pas* (es ist ja) schon gut *ou* na, lass gut sein, du Dickschädel, ...; **allons** *ou* **allez! cesse de t'agiter!** jetzt sitz endlich mal still!; **allons (donc)** *ou* **allez (donc)! ce n'est pas vrai!** ach, geh(en Sie), aber geh(en Sie), das ist doch nicht wahr!; **allons** *ou* **allez!** *voilà que ça recommence! fam* zum Kuckuck noch mal, ...!; **allons (donc)** *ou* **allez (donc)! vous vous rétablirez!** Kopf hoch, Sie werden schon wieder gesund werden!; **et allez donc!** *encore un accident* mein Gott!, das ist ja furchtbar!, ...; *vous gênez pas! iron* (machen Sie) nur weiter so! ...; *j'avais mon couteau à la main*, **et allez donc!** ... und ehe ich mich's versah, *fam* und zack, ...; SPORTS **allez, ...!** *Anfeuerungsruf*; **allez, allez! au lit!** los, los *ou* marsch ins Bett!; **nous ne serons pas les derniers, allez,** ... wir sind bestimmt, sicher, garantiert nicht die Letzten ...; **nous nous retrouverons, allez!** na warte, wir sprechen uns noch! **b** *avec adv*: **~ dehors** hinausgehen; nach draußen gehen; *fam* rausgehen; **~ devant** voraus-, vorangehen, -laufen, -fahren; **ça va tout seul** das geht (ganz) von selbst, von allein(e); **~ vite** schnell gehen, laufen, fahren; *travail* schnell, rasch vorangehen; **y ~** da- *ou* dorthin gehen, laufen, fahren, reisen; **vas-y!, allez-y!** nur zu!; los!; vorwärts!; tu das!; tun Sie das!; *pour parler fam* schieß mal, schießen Sie mal los!; *dans une rixe* **vas-y!** gibs ihm!; *lors d'une fête* **ça y allait!** da ging es hoch her!; **allons-y!** *ou* **on y va!** auf gehts!; auf!; vorwärts!; **comme vous y allez!** *fam* na, Sie sind (vielleicht) gut!; **avec lui allez-y doucement!** gehen Sie rücksichtsvoll, schonend mit ihm um!; **allez-y avec prudence!** aber seien Sie vorsichtig (dabei)!; → *a.* **loin** 1 **c** *avec prép*: **~ à** *ou* **en bicyclette, vélo** mit dem (Fahr)Rad fahren; **comment ira-t-il au bureau?** wie wird er ins Büro kommen?; *fam* **~ au coiffeur** *etc* zum Friseur *etc* gehen; **~ à l'école** in die *ou* zur Schule gehen; **~ à l'étranger, à Paris** ins Ausland, nach Paris gehen, fahren, reisen; *vaisselle* **~ au feu** feuerfest sein; **~ à la guerre** in den Krieg ziehen; *couleur etc* **~ à la lessive** waschecht sein; **~ à la mer, à la** *ou* **en montagne** an die See, in die Berge fahren; **~ à pied** zu Fuß gehen; laufen; **~ aux provisions** Besorgungen, Einkäufe machen; einkaufen gehen; **~ chez qn** zu j-m gehen; **~ chez le coiffeur, le dentiste** *etc* zum Friseur, Zahnarzt *etc* gehen; **~ contre les idées reçues** gegen die überkommenen Vorstellungen angehen, ankämpfen; **cela va contre ses opinions** das geht gegen s-e Überzeugung; **il faut deux heures pour ~ de Paris à X** von Paris bis X braucht man zwei Stunden; **ça va de soi, sans dire** das ist (doch) selbstverständlich; das versteht sich von selbst; **~ de ville en ville** von Stadt zu Stadt ziehen; **~ en** *ou* **par avion** (mit dem Flugzeug) fliegen; **~ en bas** hinuntergehen; nach unten gehen; *fam* runtergehen; **~ en bateau** mit dem Schiff fahren; **~ en France** nach Frankreich gehen, fahren, reisen; **~ en justice** vor Gericht gehen, ziehen; **~ en train** *ou* **par le train** mit dem Zug, mit der Bahn fahren; **~ en voiture** mit dem Auto, Wagen fahren; **il alla jusqu'à lui dire ...** er ging so weit, ihm zu sagen ...; *fig* **~ jusqu'au ministre** bis zum Minister gehen; *jardin* **~ jusqu'à la rivière** bis zum Fluss gehen; *route* **~ jusqu'à Tours** bis nach Tours führen, gehen; **va pour un enfant, mais toi! non!** (es mag noch angehen,) wenn das ein Kind tut, aber doch nicht du!; → *a.* va; **ne pas ~ sans qc** nicht ohne etw (ab)gehen; **la vie ne va pas sans sacrifices** es geht im Leben nicht ohne Opfer (ab); **~ sur ses quarante ans** auf die vierzig zugehen; sich den Vierzigern nähern **d** *avec des verbes*: **~ et venir** hin und her gehen *ou* laufen *ou* fahren; auf und ab gehen; kommen und gehen; *fam* **je ne fais qu'~ et venir** ich bin gleich wieder da, zurück; → *a.* **laisser** B et C

2 *personne physiquement, commerce etc* gehen; **comment vont les affaires?** was macht das Geschäft?; wie gehen die Geschäfte?; **comment vont vos maux de tête?** was machen Ihre Kopfschmerzen?; **comment allez-vous?** wie geht es Ihnen?; *fam* **(comment) ça va?** wie gehts?; wie geht es denn?; *fam* wie gehts, wie stehts?; **ça va** es geht (mir, uns) ganz gut; *choses* das geht; das ist nicht schlecht; *avec humeur fam* **ça va (comme ça)!** *ou* **ça va bien comme ça!** jetzt langts, reichts mir aber!; jetzt ist's aber genug!; **je vais bien, ça va bien** es geht mir gut; *fam* **tu vas pas bien, non!** *ou* **ça va pas, la tête!** *fam* du bist wohl nicht recht bei Trost!; du hast sie wohl nicht mehr alle beieinander!; *et votre cœur? — fam* **ça va pas fort** das will nicht (mehr) so recht (mitmachen); **on fait ~!** es muss gehen!; → *a.* **mal**[1] A 1, **mieux** A 1 **3** (*être seyant*) *couleur, coiffure etc* **~ à qn** j-m stehen; j-n kleiden; **~ bien à qn** j-m gut stehen; j-n (gut) kleiden **4** (*convenir*) *objet, couleur* **~ à** *ou* **avec qc** zu etw passen; *vêtement* **~ à qn** j-m (in der Größe) passen; **ça va (comme ça)? - ça me va** passt Ihnen das? - das passt mir (*a. quant à l'heure*); (*en êtes-vous content?*) ist es Ihnen so recht? - ja, ja, das ist gut so **5** *au jeu* **y ~ de cinq euros** fünf Euro setzen; *fam fig* **chacun y est allé de sa chanson** jeder hat sein Lied beigesteuert, zum Besten gegeben **6** *sentiment st/s* **~ à qn** j-m gehören; *haine etc* sich gegen j-n richten; **sa sympathie va aux vaincus** s-e Sympathie gehört den Besiegten

— **B** verbe auxiliaire —

a *avec inf*: **~ se baigner** baden gehen; **~ se coucher** ins *ou* zu Bett gehen; schlafen gehen; **~ déjeuner, dîner** essen gehen; **~ habiter en province** in die Provinz ziehen; **~ trouver qn** j-n auf-, besuchen; zu j-m gehen; → *a.* **chercher** A 2, **voir** A 3 **b** *avec ppr*: *st/s* **~ croissant** *bruit* anschwellen; stärker werden; *fatigue* zunehmen; größer werden; *tension, intérêt, nombre* ständig wachsen **c** *avec un gérondif*: **~ en s'améliorant, en empirant** sich allmählich *ou* weiter *ou* laufend bessern, verschlechtern **d** *futur proche*: **~ faire qc** gleich, bald, sofort etw tun; **il va arriver d'un moment à l'autre** er muss jeden Augenblick (an)kommen; **vous allez comprendre** Sie werden gleich verstehen; *j'eus l'impression* **que cette conversation allait durer longtemps** dass sich diese Unterhaltung noch lange hinziehen würde; **vas-tu me fermer cette porte!** wirst du wohl gleich die Tür schließen!; **et maintenant nous allons lire le texte!** und jetzt wollen wir den Text lesen!; **je vais prendre le train ce soir** ich fahre heute Abend mit dem Zug **e** *à l'imparfait*: **nous allions commencer sans toi** wir wollten gerade ohne dich anfangen; **c'est ce que**

j'allais dire das wollte ich gerade, eben sagen 8 *pour renforcer*: **n'allez pas croire cela!** glauben Sie das ja nicht!; Sie werden doch das nicht glauben!

— C verbe impersonnel —

1 **il y va de …** es geht um …; … steht auf dem Spiel; **il y va de votre honneur** es geht um Ihre Ehre; Ihre Ehre steht auf dem Spiel 2 *comparaison*: **il en ira de cette affaire comme de l'autre** es wird mit dieser Sache (genau)so gehen wie mit der anderen; **il n'en va pas de même pour cette autre affaire** mit der anderen Sache sieht es ganz anders aus, steht es ganz anders

— D verbe pronominal —

s'en ~ 1 weg-, fortgehen *ou* -fahren; **va-t'en!** *fam* hau ab!; scher dich weg!; **le malade s'en va doucement** mit dem Kranken geht es langsam zu Ende; **il s'en alla furieux** *a.* er ging wütend davon; **s'en ~ déjeuner, dîner** zum Essen weggehen; essen gehen 2 *futur proche à la 1re personne sg*: **je m'en vais vous le démontrer** das werde, will ich Ihnen gleich beweisen 3 *années etc* vergehen; dahingehen; verrinnen 4 *fam tache* weg-, herausgehen; *fam* rausgehen; *bouton* lose sein

aller² [ale] M 1 Hinweg *m*, -fahrt *f*, -reise *f*, AVIAT -flug *m*; **j'ai fait l'~ à pied** hin bin ich gelaufen; **je ne fais qu'un ~ et retour chez le boulanger** ich gehe nur mal schnell zum Bäcker 2 CH DE FER (Fahrkarte *f* für die) Hinfahrt; einfache Fahrt, Fahrkarte; AVIAT (Flugschein *m* für den) Hinflug; **~ et retour** Rückfahrkarte *f*; AVIAT Hin- und Rückflug *m*; *au guichet*: **un ~ (simple) pour Dijon** einmal Dijon einfach; **deux ~s et retours pour Lyon** zweimal Lyon hin und zurück; **à l'~** auf der Hinfahrt *etc* 3 *fam fig* **il lui a flanqué un de ces ~s et retours** *fam* er hat ihm rechts und links eine runtergehauen 4 ADJT SPORTS **match** *m* **~** Hinspiel *n* 5 LOC ADV **au pis ~** schlimmstenfalls; im ungünstigsten Fall

allergène [alɛʀʒɛn] M MÉD Allergen *n*; **allergénique** ADJ MÉD eine Allergie hervorrufend

allergie [alɛʀʒi] F MÉD Allergie *f* (*a. fig*; **à** gegen); Überempfindlichkeit *f*; **~ à certains médicaments** Arzneimittelallergie *f*; **~ aux pollens** Pollenallergie *f*

allergique [alɛʀʒik] A ADJ allergisch; **être ~ à qc** gegen etw allergisch sein (*a. fig*) B M/F Allergiker(in) *m(f)*

allergologie [alɛʀgɔlɔʒi] F Allergologie *f*; **allergologue** M/F Allergologe *m*, -login *f*

alliage [aljaʒ] M 1 MÉTALL Legierung *f* 2 *fig* Mischung *f*; Amalgam *n* (**de** aus)

alliance [aljɑ̃s] F 1 POL *et par ext* Bündnis *n*; Allianz *f*; **~ de partis** Partei(en)bündnis *n* 2 **Alliance française** *Einrichtung zur Verbreitung der frz Sprache u. Kultur* 3 *fig* (*combinaison*) Verbindung *f*; Vereinigung *f* 4 JUR Verschwägerung *f*; (*fam* Schwipp)Schwägerschaft *f*; *parent* **par ~** angeheiratet; **être parents par ~** verschwägert sein 5 *bague* Trau-, Ehering *m*

allié [alje] A ADJ POL verbündet, alliiert (**à** mit); **puissances ~es** alliierte, verbündete Mächte *fpl* B M 1 POL Verbündete(r) *m*; Alliierte(r) *m*; HIST **les Alliés** die Alliierten 2 *fig* Verbündete(r) *m*; Bundesgenosse *m*; **se faire l'~ de qn** j-s Verbündeter, Bundesgenosse werden; sich mit j-m verbünden; **trouver en qn un ~** in j-m e-n Bundesgenossen finden

allier [alje] A V/T 1 POL in e-m Bündnis zusammenschließen 2 *fig* **~ qc à** *ou* **avec qc** etw mit etw verbinden, verein(ig)en 3 MÉTALL legieren (**à** *ou* **avec** mit) B V/PR **s'~** 1 POL sich verbünden, sich alliieren (**à** mit); ein Bündnis, e-e Allianz schließen (mit) 2 *fig choses* sich verbinden, verknüpfen, miteinander verein(ig)en (lassen)

Allier [alje] l'~ *m Fluss u. Departement in Frankreich*

alligator [aligatɔʀ] M ZOOL Alligator *m*

allitération [aliteʀasjõ] F Stabreim *m*; Alliteration *f*

allo *ou* **allô** [alo] INT TÉL hallo!; *le correspondant a.* ja, bitte?; *en Allemagne on précise généralement son nom*

allocataire [alɔkatɛʀ] M/F Beihilfe-, Unterstützungsempfänger(in) *m(f)*, *a.* -berechtigte(r) *m|f(m)*

allocation [alɔkasjõ] F 1 Beihilfe *f*; Unterstützung *f*; Zuschuss *m*; Zulage *f*; **~s familiales** Kindergeld *n*; **~ (de) chômage** Arbeitslosengeld *n*, -unterstützung *f*; **~ (de) logement** Wohngeld *n*; Mietzuschuss *m* 2 ÉCON Zuweisung *f*; Zuteilung *f*; **~ de devises** Devisenzuteilung *f*

allocution [alɔkysjõ] F (kurze) Ansprache; **faire, prononcer une ~** e-e Ansprache halten

allogène [alɔʒɛn] ADJ *population* zugewandert; *t/t* allochthon

allonge [alõʒ] F 1 BOUCHERIE Fleischerhaken *m* 2 BOXE Reichweite *f*; **avoir une bonne ~, de l'~** e-e große Reichweite haben

allongé [alõʒe] ADJ 1 länglich; **forme ~e** längliche Form; **visage ~** längliches Gesicht 2 (*couché*) liegend; aus-, hingestreckt; **être ~** (da)liegen; **rester ~** liegen bleiben

allongement [alõʒmɑ̃] M 1 *dans l'espace, dans le temps* Verlängerung *f*; **l'~ des jours est déjà très sensible** die Tage werden schon merklich länger 2 PHON, TECH Dehnung *f*; Längung *f*

allonger [alõʒe] ‹-geons› A V/T 1 länger machen; verlängern; *fig* **~ la mine, le nez, le visage** ein langes Gesicht machen, ziehen; **~ le pas** größere, längere Schritte machen; schneller gehen; *coiffure* **~ le visage** das Gesicht länger machen, erscheinen lassen 2 *dans le temps* ausdehnen; in die Länge ziehen 3 CUIS *sauce* verlängern; strecken; verdünnen; → *a.* sauce 1 4 *bras, jambe* (aus)strecken; **~ le cou** den Hals recken; **~ la main vers qc** die Hand nach etw ausstrecken; nach etw langen 5 *fam coup* (*de pied*) geben; versetzen; verpassen; *fam* **~ une gifle à qn** *fam* j-m eine langen 6 *fam somme d'argent* zahlen; *fam* blechen; ausspucken; **~ un pourboire** ein Trinkgeld geben B V/I *jours, nuits* länger werden C V/PR **s'~** 1 länger werden (*a. ombres*); *visage etc* länger wirken; *fig visage, mine* immer länger werden; *route etc* **s'~ devant qn** sich vor j-m ausdehnen, (weithin) erstrecken 2 *jours, nuits* länger werden 3 (*se coucher*) sich (hin)legen (**sur le lit** auf das Bett); sich aus-, hinstrecken (auf dem Bett); **je vais m'~ un peu** ich lege mich ein bisschen hin

allopathie [alɔpati] F MÉD Allopathie *f*

allouer [alwe] V/T *crédit, somme* bewilligen; gewähren; bereitstellen; *crédit a.* einräumen

allumage [alymaʒ] M 1 Anzünden *n*; *d'un feu a.* Entzünden *n*; Entfachen *n*; *d'une pipe, cigarette a.* Anstecken *n*; *d'une lampe, de la radio, de la télé* Einschalten *n*; *fam* Anmachen *n*; *d'explosifs, d'une fusée* Zünden *n*, -ung *f* 2 AUTO Zündung *f*; **bougie** *f* **d'~** Zündkerze *f*

allumé [alyme] ADJ 1 *lampe, bougie* brennend; **être ~** brennen (*a. lumière*); *fam* an sein (*a. radio, télé, chauffage*); **son bureau est ~** in s-m Büro brennt, ist Licht; **laisse la lumière ~e!** lass das Licht brennen, *fam* an! 2 *fam personne* geil; *fam* scharf; wild

allume-cigare(s) [alymsigaʀ] M ‹inv› AUTO Zigarettenanzünder *m*; **allume-gaz** M ‹*inv*› Gasanzünder *m*

allumer [alyme] A V/T 1 anzünden; *feu a.* entzünden; entfachen; *feu, poêle a. fam* anmachen; **~ une bougie** eine Kerze anzünden, anbrennen; **~ une cigarette, une pipe** sich (*dat*) eine Zigarette, eine Pfeife anzünden, anstecken; **~ un incendie** e-n Brand entfachen 2 *lumière, radio, télé, phares, chauffage* einschalten; anschalten; *fam* anmachen; *lumière, lampe a. fam* anknipsen; **~ (l'électricité, la lumière)** Licht machen; *fam* das Licht anmachen 3 *pièce* erleuchten; Licht machen, *fam* das Licht anmachen, anknipsen (**l'escalier** im Treppenhaus) 4 *fig désir* (er)wecken; erregen; entzünden; *fam* **~ qn** j-n aufreizen, *fam* scharfmachen, anmachen B V/PR **s'~** 1 *bois, papier* anbrennen; sich entzünden 2 *lampe, lumière* angehen; aufleuchten; **les fenêtres s'allumèrent** die Fenster wurden hell; hinter den Fenstern ging das Licht an 3 *fig amour etc* aufflammen; auflodern; **son regard s'alluma (de convoitise)** s-e Augen leuchteten (begehrlich) auf

allumette [alymɛt] F 1 Zünd-, Streichholz *n*; **~s de sûreté**, *autrefois* **suédoises** Sicherheitszündhölzer *npl*; *fam* **avoir des jambes comme des ~s** *fam* Storchbeine haben; **craquer, frotter une ~** ein Streichholz an-, entzünden 2 CUIS Blätterteigschnitte *f* 3 ADJT CUIS **pommes** *fpl* **~s** feine, dünne Pommes frites *pl*

allumeur [alymœʀ] M 1 AUTO (Zünd)Verteiler *m* 2 TECH Zündvorrichtung *f* 3 *autrefois* **~ de réverbères** Laternenanzünder *m*

allumeuse [alymøz] F *fam* Frau, die die Männer scharfmacht, wild macht

allure [alyʀ] F 1 (*démarche*) Gang *m*; *d'animaux a.* Gangart *f* 2 (*vitesse*) Tempo *n*; Geschwindigkeit *f*; **à cette ~-là**, *vous n'aurez jamais fini* bei dem Tempo …; **à toute, vive ~** *rouler etc* mit vollem, hohem Tempo; mit voller, hoher, großer Geschwindigkeit; in voller Fahrt; *faire qc* (sehr) schnell, rasch; *fam* im Eiltempo; **rouler à trop grande ~** mit überhöhter Geschwindigkeit fahren; *fam* zu viel Tempo, Fahrt draufhaben 3 a (*comportement*) *souvent pl* **~s** Benehmen *n*; Gebaren *n*; Allüren *fpl* b (*aspect*) Aussehen *n*; **avoir une drôle d'~** *personne* ein komisches, seltsames Benehmen, Gebaren haben; *a. chose* komisch, seltsam aussehen, wirken; **avoir de l'~** vornehm wirken, aussehen; ein vornehmes Benehmen haben; *attitude* Stil haben; *fam* viel hermachen; **avoir, prendre des ~s de** *play-boy etc* die Allüren e-s … haben, annehmen; sich benehmen, gebärden, geben wie ein …

allusif [alyzif] ADJ ‹-ive› e-e Anspielung enthaltend; vielsagend

allusion [alyzjõ] F Anspielung *f* (**à** auf *+acc*); Andeutung *f*; **faire ~ à** anspielen auf (*+acc*); e-e Anspielung machen auf (*+acc*)

alluvial [alyvjal] ADJ ‹-aux› GÉOL alluvial; Alluvial…; angeschwemmt; **plaine ~e** Aufschüttungsebene *f*

alluvions [alyvjõ] FPL GÉOL Anschwemmungen *fpl*; angeschwemmtes Land

almanach [almana] M Almanach *m*

aloès [alɔɛs] M BOT, PHARM Aloe *f*

aloi [alwa] LOC ADJ: **de bon ~** *succès* verdient; Achtung gebietend; *gaîté* echt; **de mauvais ~** *gaîté* falsch; unecht

alors [alɔʀ] A ADV 1 *moment dans le passé* damals; *loc adj* **d'~** von damals; damalige(r, -s); **le ministre d'~** der damalige Minister; **jusqu'~** bis dahin; bisher; bislang; bis jetzt; **il avait ~ vingt ans** er war damals zwanzig Jahre alt 2 *consécutif* da; dann; **et ~** und dann; **ou ~** es sei denn; **~ seulement** dann erst; *il restait indécis*, **~ j'avançai d'autres arguments** da führte ich andere Argumente an; **oh! ~ je**

ne dis plus rien ja dann sage ich nichts mehr **3** *fam dans des expressions:* **~?** was nun?; **~, ça va?** *fam* na, wie gehts?; **~, ça vient?** na, wird's bald?; **ça ~,** *il est encore absent!* na so was! …; **~, là! qu'est-ce que j'ai pris!** na *ou* also, da hab ich vielleicht was zu hören gekriegt!; **non mais ~!** *à qui croyez-vous parler?* na *ou* also, hören Sie mal! …; **et (puis) ~?** na und?; **~ quoi! cela ne vous intéresse pas?** na *ou* ja, interessiert Sie das denn gar nicht? **B** LOC CONJ **~ que** **a** während (dagegen); wo(hin)gegen; wo doch **b** *litt* als; wenn

Alost [alɔst] GÉOG Aalst *n*

alouette [alwɛt] F ZOOL Lerche *f*; *fig* **il attend que les ~s lui tombent toutes rôties dans le bec** *fam* die gebratenen Tauben fliegen einem nicht ins Maul

alourdir [aluʀdiʀ] **A** V/T **1** schwer(er) machen; *fig* schwerfällig machen (*a. style*); *vêtement* **alourdi par la pluie** schwer vom Regen **2** *charges fiscales etc* vergrößern; erhöhen; noch drückender machen **B** V/PR **s'~** schwer(er), *fig* schwerfällig werden; **sa taille s'est alourdie** sie ist rundlicher, fülliger geworden

alourdissement [aluʀdismɑ̃] M Schwererwerden *n*

aloyau [alwajo] M BOUCHERIE Lendengegend *f*; **un morceau dans l'~** ein Stück *n* aus der Lendengegend

alpaga [alpaga] M **1** ZOOL Alpaka *n*; **laine** *f* **d'~** Alpakawolle *f* **2** TEXT Alpaka *m*

alpage [alpaʒ] M **1** *pâturage* Alm *f* **2** *époque* Alm(weide)zeit *f*

alpaguer [alpage] V/T *arg policier* **~ qn** *fam* j-n schnappen; **se faire ~** geschnappt werden

alpe [alp] F Alm *f*

Alpe d'Huez (L') [lalpədɥɛz] *frz Wintersportort*

Alpes [alp] **les ~** *fpl* die Alpen *pl*

Alpes-de-Haute-Provence [alp(ə)dəotpʀɔvɑ̃s] **les ~** *fpl frz Departement*

Alpes-Maritimes [alp(ə)maʀitim] **les ~** *fpl frz Departement*

alpestre [alpɛstʀ] ADJ Alpen…; **plantes** *fpl* **~s** Alpenpflanzen *fpl*

alpha [alfa] M **1** *lettre grecque* Alpha *n*; *fig* **l'~ et l'oméga** das Alpha und das Omega; das A und (das) O **2** PHYS NUCL **particule** *f* **~** Alphateilchen *n*; **rayons** *mpl* **~** Alphastrahlen *mpl*

alphabet [alfabɛ] M **1** Alphabet *n*; Abc *n*; **~ phonétique international** Internationale Lautschrift; **réciter l'~** das Alphabet auf-, hersagen **2** ÉCOLE Abc-Buch *n*; Fibel *f*

alphabétique [alfabetik] ADJ alphabetisch; **écriture** *f* **~** Buchstabenschrift *f*; **ordre** *m* **~** alphabetische Reihenfolge, Ordnung

alphabétisation [alfabetizasjõ] F Alphabetisierung *f*; Beseitigung *f* des Analphabetentums; **alphabétiser** V/T alphabetisieren; (das) Lesen und Schreiben beibringen (**qn** j-m); **alphabétisme** M Buchstabenschrift *f*

alphanumérique [alfanymeʀik] ADJ INFORM alpha(nu)merisch

Alphée [alfe] GÉOG **l'~** *m* der Alpheus *ou* Alphios

Alphonse [alfõs] M *Vorname*

Alpilles [alpij] **les ~** *fpl kleines Gebirge in der Provence*

alpin [alpɛ̃] ADJ **1** Alpen…; alpin; **club ~** Alpenverein *m*; **route ~e** Alpenstraße *f*; SPORTS **ski ~** alpiner Skilauf **2** MIL **chasseurs ~s** Gebirgsjäger *mpl*

alpinisme [alpinism] M Bergsteigen *n*; Bergsport *m*; Alpinistik *f*; Alpinismus *m*; **alpiniste** M/F Bergsteiger(in) *m(f)*

Alsace [alzas] **1** **l'~** *f* das Elsass **2** **alsace** *m* Elsässer Weißwein *m*

Alsace-Lorraine [alzaslɔʀɛn] HIST **l'~** *f* Elsass-Lothringen *n*

alsacien [alzasjɛ̃] **A** ADJ ‹~ne› elsässisch; Elsässer **B** SUBST **1** **Alsacien(ne)** *m(f)* Elsässer(in) *m(f)* **2** LING **l'~** *m* das Elsässische; Elsässisch *n*

Altaï [altai] GÉOG **l'~** *m* der Altai

altérant [alteʀɑ̃] ADJ durstig machend

altération [alteʀasjõ] F **1** *d'un texte* Entstellung *f*; Verstümmelung *f*; *des traits du visage, de la voix, des couleurs* Veränderung *f*; *de la santé* Verschlechterung *f*; *des sentiments, des relations* Beeinträchtigung *f* **2** JUR *du vin etc* Verfälschung *f*; *de la vérité* Entstellung *f*; Verdrehung *f* **3** MUS Versetzungszeichen *n* **4** GÉOL Verwitterung *f*

altercation [altɛʀkasjõ] F (kurze, heftige) Auseinandersetzung; Streit *m*; **avoir une ~ avec qn** e-e Auseinandersetzung mit j-m haben

alter ego [altɛʀego] M Alter Ego *n*; zweites, anderes Ich

altérer [alteʀe] ‹-è-› **A** V/T **1** *texte* entstellen; verstümmeln; *haine etc: visage* entstellen; *lumière: couleur* verändern; *santé* verderben; verschlechtern; untergraben; *sentiments, relations* beeinträchtigen; Abbruch tun (+*dat*); *chaleur etc: aliments* verderben; **~ les traits du visage, la voix** die Gesichtszüge, die Stimme verändern; *adjt:* **visage altéré par l'angoisse** angstverzerrtes Gesicht; **d'une voix altérée** mit veränderter, *par l'émotion* bewegter, versagender Stimme **2** (*falsifier*) *texte, denrée etc* verfälschen; *vérité a.* entstellen; verdrehen **3** *chaleur etc* **~ qn** j-n durstig machen; j-m Durst machen; *adjt:* **altéré** durstig; *fig* **altéré de sang** blutrünstig, -dürstig **4** MUS alterieren **B** V/PR **s'~** *santé, style* schlechter werden; sich verschlechtern; *visage, couleurs* sich verändern

altérité [alteʀite] F PHIL Andersheit *f*

altermondialisation [altɛʀmõdjalizasjõ] F globalisierungskritische Bewegung; Bewegung *f* für e-e andere Globalisierung; **altermondialisme** M Globalisierungskritik *f*; Modell *n* für e-e andere Globalisierung; **altermondialiste** **A** ADJ *mouvement* globalisierungskritisch; für e-e andere Globalisierung **B** M/F Globalisierungskritiker(in) *m(f)*; Befürworter(in) *m(f)* e-r anderen Globalisierung

alternance [altɛʀnɑ̃s] F (regelmäßiger) Wechsel; regelmäßige Aufeinanderfolge; POL (demokratischer) Machtwechsel; LING **~ vocalique** Ablaut *m*; Vokalwechsel *m*; AGR **~ des cultures** Fruchtfolge *f*, -wechsel *m*; *loc adv* **en ~** abwechselnd, im Wechsel (**avec** mit)

alternant [altɛʀnɑ̃] ADJ (ab)wechselnd; alternierend; **alternateur** M ÉLEC Wechselstromgenerator *m*

alternatif [altɛʀnatif] ADJ ‹-ive› **1** regelmäßig wechselnd; alternierend; ÉLEC **courant ~** Wechselstrom *m*; AGR **culture alternative** Fruchtwechselwirtschaft *f*; TECH **mouvement ~** hin- und hergehende Bewegung **2** *solution, médecine etc* alternativ

alternative [altɛʀnativ] F **1** **~s** *pl* regelmäßiger Wechsel; regelmäßige Aufeinanderfolge; **passer par des ~s d'euphorie et d'abattement** abwechselnd Euphorie und Niedergeschlagenheit durchmachen **2** Alternative *f* (**à** zu); **être placé devant une ~** vor e-r Alternative stehen; **il n'y a pas d'~** es gibt keine Alternative

alternativement [altɛʀnativmɑ̃] ADV abwechselnd; wechselweise; umschichtig

alterné [altɛʀne] ADJ abwechselnd; Wechsel…; alternierend (*a.* MATH); **rimes ~es** Wechselreim *m*

alterner [altɛʀne] V/I (ab)wechseln (**avec** mit); in stetem Wechsel aufeinanderfolgen; alternieren; **faire ~** abwechselnd aufeinanderfolgen lassen

altesse [altɛs] F Hoheit *f*; **Son Altesse impériale, royale** S-e *ou* Ihre Kaiserliche, Königliche Hoheit; **Votre Altesse** (Eure) Hoheit

altier [altje] ADJ ‹-ière› stolz; *péj* hochmütig

altimètre [altimɛtʀ] M Höhenmesser *m*; **altimétrie** F Höhenmessung *f*; **altiport** M AVIAT Landeplatz *m* (im Hochgebirge)

altiste [altist] M/F MUS Bratschist(in) *m(f)*

altitude [altityd] F Höhe *f* (über dem Meeresspiegel); *loc adv: voler* **à faible, °haute ~** in geringer, großer Höhe; **en ~** in großer Höhe; **être à 300 m d'~** *mont* 300 m hoch sein, *lieu* liegen, *avion* fliegen; *avion* **perdre, prendre de l'~** an Höhe verlieren, gewinnen

alto [alto] M MUS **1** Bratsche *f* **2** ADJT **saxophone** *m* **~** Altsaxofon *n*

altruisme [altʀɥism] M Altruismus *m*; Selbstlosigkeit *f*; Uneigennützigkeit *f*; **altruiste** **A** ADJ altruistisch; selbstlos; uneigennützig **B** M/F Altruist(in) *m(f)*

alu [aly] M ABR (aluminium) Alu *n*; *adjt* **papier** *m* **~** Alufolie *f*

alumine [alymin] F CHIM Tonerde *f*

aluminium [alyminjɔm] M Aluminium *n*

alun [alɛ̃, alœ̃] M CHIM Alaun *m*

alunir [alyniʀ] V/I auf dem Mond landen; **alunissage** M Mondlandung *f*

alvéolaire [alveɔlɛʀ] ADJ ANAT, PHON alveolar; Alveolar…

alvéole [alveɔl] F **1** *d'abeille* Zelle *f* **2** ANAT *t/t* Alveole *f*; **~ dentaire** Zahnfach *n*; **~ pulmonaire** Lungenbläschen *n* **3** *par ext* Wabe *f*; Zelle *f*

alvéolé [alveɔle] ADJ zellen-, wabenartig

alzheimer [alzajmɛʀ] M MÉD, *a.* **maladie** *f* **d'Alzheimer** Alzheimerkrankheit *f*

amabilité [amabilite] F Liebenswürdigkeit *f*; Freundlichkeit *f*; Zuvorkommenheit *f*; *loc adv* **avec ~** liebenswürdig; freundlich; **veuillez avoir l'~ de le prévenir** seien Sie doch bitte so liebenswürdig, freundlich, und benachrichtigen Sie ihn; würden Sie wohl die Liebenswürdigkeit, Freundlichkeit besitzen, ihn zu benachrichtigen; **faire des ~s à qn** j-n mit (großer) Zuvorkommenheit behandeln

amadou [amadu] M Zunder *m*

amadouer [amadwe] V/T **~ qn** (*apaiser*) j-n besänftigen; (*enjôler*) j-n für sich gewinnen, für sich einnehmen

amadouvier [amaduvje] M BOT Feuer-, Zunderschwamm *m*

amaigrir [amegʀiʀ] V/T *privations etc* **~ qn** an j-m zehren; *surtout adjt* **amaigri** abgemagert; abgezehrt; mager, dünn geworden

amaigrissant [amegʀisɑ̃] ADJ **produit ~** Schlankheitsmittel *n*; **régime ~** Abmagerungs-, Entfettungsdiät *f*; **faire, suivre un régime ~** e-e Abmagerungskur machen

amaigrissement [amegʀismɑ̃] M Abmagerung *f*; Gewichtsverlust *m*; **cure** *f* **d'~** Abmagerungs-, Entfettungskur *f*

amalgame [amalgam] M **1** TECH, MÉD Amalgam *n* **2** *fig* Amalgam *n*; Verquickung *f*; Mischung *f*; Gemisch *n*

amalgamer [amalgame] V/T **1** TECH amalgamieren **2** *fig* miteinander verquicken, verbinden; amalgamieren

amande [amɑ̃d] F **1** Mandel *f*; **~ amère, douce** Bitter-, Süßmandel *f*; **~ salée** Salzmandel *f*; **huile** *f* **d'~s douces** Mandelöl *n*; **pâte** *f* **d'~s** Marzipan *n*; *fig* **yeux (fendus) en ~** mandelförmige Augen *npl*; Mandelaugen *npl* **2** *dans un noyau* Samen(kern) *m* **3** ADJT **vert ~** ‹*inv*› lind-, zartgrün

amandier [amɑ̃dje] M BOT Mandelbaum *m*;

amandine F *pâtisserie* Mandelteilchen *n*,

-schnitte *f*
amanite [amanit] F BOT Knollenblätterpilz *m*; Wulstling *m*; ~ **phalloïde** Grüner Knollenblätterpilz; ~ **tue-mouches** Fliegenpilz *m*
amant [amɑ̃] M Geliebte(r) *m*; Liebhaber *m*; **les ~s** die Liebenden *pl*; **prendre un ~** *fam* sich *(dat)* e-n Liebhaber zulegen
amante [amɑ̃t] *litt* F Geliebte *f*
amarante [amaʀɑ̃t] F **1** BOT Amarant *m*; Fuchsschwanz *m* **2** ADJT ‹inv› *litt* amarantrot; amaranten
amarrage [amaʀaʒ] M **1** *d'un bateau* Festmachen *n*; Vertäuen *n* **2** *d'un engin spatial* Andocken *n*; Ankoppeln *n*
amarre [amaʀ] F MAR Haltetau *n*; Leine *f*
amarrer [amaʀe] **A** V/T *bateau, par ext colis etc* festmachen; vertäuen **B** V/PR *bateau* **s'~** festmachen
amaryllis [amaʀilis] F BOT Amaryllis *f*
amas [ama] M **1** Haufen *m*; *sa voiture n'était plus qu'***un ~ de ferraille** ein Blechhaufen **2** *fig* Anhäufung *f*, Ansammlung *f* (**de** von) **3** ASTRON ~ **(stellaire)** Sternhaufen *m*
amasser [amase] **A** V/T *objets* an-, aufhäufen; ansammeln; zusammentragen; *fortune a.* zusammenbringen, -sparen, -raffen; *provisions a.* horten; ~ **des documents, des preuves** Dokumente, Beweise sammeln **B** V/PR **s'~** *foule* zusammenlaufen, -strömen; sich ansammeln; sich versammeln, sich scharen (**autour de qn** um j-n); *objets* sich an-, aufhäufen; sich ansammeln
amateur [amatœʀ] M **1** Liebhaber(in) *m(f)*; Freund(in) *m(f)*; ~ **d'art, de musique** Kunst-, Musikliebhaber(in) *m(f)*, -freund(in) *m(f)*; *adjt* **elle n'est pas ~ de café** sie ist kein Freund von Kaffee **2** COMM Abnehmer(in) *m(f)*; Interessent(in) *m(f)*; *fig* **avis aux ~s!** aufgepasst, wen's angeht!; *adjt* **je ne suis pas ~** ich bin kein(e) Abnehmer(in) dafür; ich bin nicht daran interessiert; **ne pas trouver d'~** keinen Abnehmer, Interessenten finden **3** SPORTS, ART, TECH Amateur(in) *m(f)*; THÉ Laienschauspieler(in) *m(f)*; **équipe** *f* **d'~s**, *adjt* ~ Amateurmannschaft *f*; **photographe** *m* ~ Amateurfotograf *m*; Fotoamateur *m*; **la pièce a été jouée par une troupe d'~s** das Stück wurde von e-r Laienspielgruppe, von Laienschauspielern aufgeführt **4** *péj* Amateur(in) *m(f)*; Dilettant(in) *m(f)*; *loc adv* **en ~** amateur-, dilettantenhaft; dilettantisch; **c'est du travail d'~** das ist die Arbeit e-s Amateurs, Anfängers
amateurisme [amatœʀism] M **1** SPORTS Amateureigenschaft *f*, -status *m* **2** *péj* Dilettantismus *m*
amazone [amazon] F **1** *(cavalière)* Reiterin *f*; Amazone *f*; *monter* **en ~** im Damensitz **2** MYTH **Amazone** Amazone *f* **3** *fam prostituée* Prostituierte, die mit dem Auto Kunden sucht
Amazone [amazon] **l'~** *f* GÉOG der Amazonas
Amazonie [amazɔni] **l'~** *f* Amazonien *n*
amazonien [amazɔnjɛ̃] ADJ ‹~ne› GÉOG Amazonas…
ambages [ɑ̃baʒ] LOC ADV **sans ~** ohne Umschweife; frei-, geradeheraus; *parler a.* frei von der Leber weg
ambassade [ɑ̃basad] F **1** DIPL Botschaft *f*; **l'~ de France** die französische Botschaft; **quartier** *m* **des ~s** Botschaftsviertel *n* **2** *fig* **venir en ~ chez qn** als Abgesandte(r) zu j-m kommen
ambassadeur [ɑ̃basadœʀ] M **1** DIPL Botschafter *m*; **l'~ de France** der französische Botschafter; der Botschafter Frankreichs **2** *fig* Repräsentant *m*; Botschafter *m*
ambassadrice [ɑ̃basadʀis] F **1** DIPL **a** Botschafterin *f* **b** *épouse* Frau *f* des Botschafters **2** *fig* Repräsentantin *f*; Botschafterin *f*
ambiance [ɑ̃bjɑ̃s] F **1** Atmosphäre *f*; Klima *n*; Stimmung *f*; Ambiente *n*; *dans une entreprise* Betriebsklima *n*; **musique** *f* **d'~** stimmungsvolle Musik **2** *à une fête* (ausgelassene, fröhliche) Stimmung; **il y a de l'~ ici** hier herrscht Stimmung; **cette fête manquait d'~** bei diesem Fest kam keine Stimmung auf; **mettre de l'~** für Stimmung sorgen **3** *(environnement)* Milieu *n*; Umgebung *f*
ambiant [ɑ̃bjɑ̃] ADJ **1** PHYS umgebend; *d'une salle* **température ~e** Raumtemperatur *f* **2** *fig* der, s-r Umgebung, Umwelt; **influence ~e** Umwelteinfluss *m*
ambidextre [ɑ̃bidɛkstʀ] **A** ADJ beidhändig **B** M/F Beidhänder(in) *m(f)*
ambigu [ɑ̃bigy] ADJ ‹ambiguë [ɑ̃bigy]› **1** *réponse, terme* zwei-, mehr-, vieldeutig; doppeldeutig, -sinnig **2** *péj comportement, rôle* zweideutig; zwielichtig; zweifelhaft; undurchsichtig
ambiguïté [ɑ̃bigɥite] F Zwei-, Doppel-, Mehr-, Vieldeutigkeit *f*; Doppelsinn *m*; *t/t* Ambiguität *f*; **sans ~** unzweideutig; unmissverständlich
ambitieux [ɑ̃bisjø] **A** ADJ ‹-euse› ehrgeizig; *péj* ambitiös; *projet a.* hochfliegend; *personne a.* ambitioniert; strebsam **B** SUBST **~, ambitieuse** *m,f* ehrgeiziger Mensch; *péj* Ehrgeizling *m*
ambition [ɑ̃bisjõ] F **1** Ehrgeiz *m*; **~s** *pl* Ambitionen *fpl*; **~s artistiques** künstlerische Ambitionen; **avoir de l'~, manquer d'~** Ehrgeiz, keinen Ehrgeiz haben, besitzen; **avoir des ~s élevées pour qn** ehrgeizige, hochfliegende Pläne für j-n haben, hegen **2** *(aspiration)* (Be)Streben *n*; **sa seule ~ est de** *(+inf)* es ist sein einziges Bestreben zu *(+inf)*; **mettre (toute) son ~ à** *(+inf)* (ganz) bestrebt sein zu *(+inf)*
ambitionner [ɑ̃bisjɔne] V/T erstreben; **~ de** *(+inf)* (ehrgeizig) danach streben zu *(+inf)*
ambivalence [ɑ̃bivalɑ̃s] F Ambivalenz *f*; Doppelcharakter *m*, -wertigkeit *f*; *des sentiments* Zwiespältigkeit *f*; **ambivalent** ADJ ambivalent; doppelwertig; zwiespältig
amble [ɑ̃bl] M *du cheval etc* Pass(gang) *m*; **aller l'~** im Pass(gang) gehen
ambre [ɑ̃bʀ] M **1** ~ **(gris)** *substance et parfum* Amber *m*; Ambra *f* **2** ~ **(jaune)** Bernstein *m*; **d'~** Bernstein…; aus Bernstein; *adjt* **couleur d'~** bernsteinfarben
ambré [ɑ̃bʀe] ADJ **1** *parfum* nach Ambra duftend **2** *couleur* bernsteinfarben
Ambroise [ɑ̃bʀwaz] M *Vorname*
ambroisie [ɑ̃bʀwazi] F **1** MYTH Ambrosia *f*; Götterspeise *f* **2** BOT Ambrosie *f*
ambulance [ɑ̃bylɑ̃s] F Krankenwagen *m*; Ambulanz *f*; **ambulancier** M, **ambulancière** F Fahrer(in) *m(f)* e-s Krankenwagens
ambulant [ɑ̃bylɑ̃] ADJ umherziehend; ambulant; Wander…; *fig* **un cadavre ~** ein wandelnder, lebender Leichnam; **comédiens ~s** Wanderbühne *f*; *fig* **un dictionnaire ~** ein wandelndes Lexikon; **marchand ~** ambulanter, fliegender Händler; CH DE FER **vente ~e** Verkauf *m* von Speisen und Getränken in Zügen
ambulatoire [ɑ̃bylatwaʀ] ADJ MÉD *soins, traitement* ambulant
âme [ɑm] F **1** Seele *f* (*a.* REL, *fig personne*); Gemüt *n*; PSYCH Psyche *f*; **une bonne ~** e-e mitleidige, mitfühlende Seele; *iron* **les bonnes ~s** die guten, braven Leute, Leutchen; **une grande ~, une ~ noble** e-e große *ou* hochherzige, edle Seele; **l'~ slave** die slawische Seele; **état** *m* **d'~** Gemütsverfassung *f*; seelische Verfassung; Befindlichkeit *f*; Stimmung *f*; *par ext* **états** *mpl* **d'~** *(incertitude)* Bedenken *npl*; Besorgnisse *fpl*; Unsicherheit *f*; *(souffrance)* Wehleidigkeit *f*; Selbstmitleid *n*; **paix** *f* **de l'~** Seelenfrieden *m*; ♦ *loc adj et loc adv*: *chanter etc* **avec ~** gefühl-, seelen-, ausdrucksvoll; mit Gefühl, Ausdruck; *être artiste etc* **dans l'~** mit Leib und Seele, durch und durch, ein leidenschaftlicher …; **de toute son ~** *aimer* von ganzer Seele; von ganzem Herzen; innig; *haïr* aus tiefster Seele; **en mon, ton** *etc* **~ et conscience** nach bestem Wissen und Gewissen; *être ému* **jusqu'au fond de l'~** zutiefst; **sans ~** seelenlos; **sur mon ~** bei meiner Seele; bei meinem Seelenheil; ♦ **avoir une ~ d'artiste** e-e Künstlerseele haben; **avoir une ~ de pionnier** Pioniergeist besitzen; **Dieu ait son ~!** Gott hab ihn *ou* sie selig!; *village* **compter trois cents ~s** dreihundert Seelen zählen; *artiste* **donner une ~ à une œuvre d'art** e-m Kunstwerk Leben einhauchen; **errer comme une ~ en peine** ruhelos, ziellos umherirren; **être comme une ~ en peine** todtraurig, tief betrübt sein; **être l'~ du complot** die Seele, die treibende Kraft des Komplotts sein; **prier pour l'~ de qn** für j-s Seelenheil beten; **ne pas rencontrer ~ qui vive** keiner Menschenseele begegnen; **rendre l'~** s-n Geist aufgeben (*a. fig*); die Seele aushauchen; *prov* **une ~ saine dans un corps sain** mens sana in corpore sano *(prov)*; ein gesunder Geist in e-m gesunden Körper *(prov)* **2** *d'un violon* Seele *f*; Stimmstock *m* **3** *d'un canon* Seele *f* **4** ÉLEC (Kabel)Seele *f*; Ader *f*
Amédée [amede] M *Vorname*
Amélie [ameli] F *Vorname*
améliorant [ameljɔʀɑ̃] ADJ AGR *plantes* den Boden verbessernd; die Bodenfruchtbarkeit steigernd
amélioration [ameljɔʀasjõ] F **1** Verbesserung *f*; *de l'état de santé* Besserung *f*; **~ (du temps)** Wetterbesserung *f* **2** CONSTR **~s** *pl* Schönheitsreparaturen *fpl*; Verbesserung(smaßnahm)en *fpl*
améliorer [ameljɔʀe] **A** V/T verbessern; *rendement a.* steigern; AGR *sol a.* (a)meliorieren; *races, cultures a.* veredeln; **~ le niveau de vie** den Lebensstandard verbessern, heben; **~ une traduction, un texte** eine Übersetzung, einen Text ausfeilen, noch einmal überarbeiten **B** V/PR **s'~** sich bessern; besser werden
amen [amɛn] ADV REL amen; *fig* **dire ~ à tout (ce que dit, fait qn)** zu allem(, was j-d sagt, tut,) Ja und Amen sagen
aménagement [amenaʒmɑ̃] M **1** *d'une pièce, d'un édifice etc* Einrichtung *f* (**en** als); Ausstattung *f*; *a. d'un quartier, d'un lieu de travail etc* Gestaltung *f*; *de jardins, parcs* Anlage *f*; *pour une autre utilisation* Umgestaltung *f*; Umbau *m*, Ausbau *m* (**en bureau** als Büro); *des horaires, des programmes etc* Umstellung *f*; Anpassung *f*; **~s fiscaux** Umverteilung *f* der Steuern; Steuererleichterungen *fpl*; **les nouveaux ~s du musée** die Neu-, Umgestaltung des Museums; **travaux** *mpl* **d'~** Umbau(-), Ausbau(arbeiten) *m(fpl)* **2** **~ du territoire** Raumordnung *f*; Regionalplanung *f*; Strukturverbesserung *f*
aménager [amenaʒe] V/T ‹-geons› *pièce, logement etc* einrichten; ausstatten; *a. quartier, lieu de travail etc* gestalten; *espace pour le tourisme etc* erschließen; *estrade etc* anbringen; *stand* aufstellen; errichten; herrichten; *pour une autre utilisation* umgestalten; um-, ausbauen; *horaires, programmes etc* umstellen; (den jeweiligen Bedürfnissen) anpassen; **~ un jardin, un parc** einen Garten, einen Park anlegen; **~ en bureau** als Büro einrichten, umgestalten, um-, ausbauen; *adjt* **horaires aménagés** TRAVAIL (den jeweiligen Bedürfnissen) entsprechende Arbeitszeiten *fpl*; ÉCOLE entsprechend gestaltete Stundenpläne *mpl*
amende [amɑ̃d] F **1** JUR Geldstrafe *f*; *pour*

contravention Geldbuße *f*; Bußgeld *n*; Ordnungsstrafe *f*; *loc adv* **sous peine d'~** bei (Geld)Strafe; **condamner à mille euros d'~** zu tausend Euro Geldstrafe, zu e-r Geldstrafe von tausend Euro verurteilen; *par ext* **être (mis) à l'~** bestraft werden **2** **faire ~ honorable** um Verzeihung bitten; Abbitte leisten

amendement [amɑ̃dmɑ̃] M **1** POL Änderungsantrag *m*; Amendement *n*; *après adoption* (Ab)Änderung *f*; **droit** *m* **d'~** Recht *n* zur Stellung e-s Änderungsantrags; Abänderungsrecht *n* **2** AGR Verbesserung *f* (der Bodenstruktur); Melioration *f*; Amelioration *f*

amender [amɑ̃de] **A** VT **1** POL *projet de loi* (ab)ändern **2** *personne* bessern; besser machen **3** AGR *sol* verbessern; (a)meliorieren **B** V/PR *personne* **s'~** sich bessern

amène [amɛn] *st/s ou iron* ADJ liebenswürdig; freundlich; *iron* **échanger des propos ~s** einander Grobheiten, Beleidigungen an den Kopf werfen

amenée [amne] F **canal** *m* **d'~** Zuleitung(-), Zuführung(skanal) *f(m)*

amener [amne] ⟨-è-⟩ **A** VT **1** *personne, animal, chose* (mit-, her)bringen; mitnehmen (**chez ses amis** zu s-n Freunden; **au théâtre** ins Theater); *personne, animal a.* her-, herbei-, vorführen; JUR **mandat** *m* **d'~** Vorführungsbefehl *m*; **qu'est-ce qui vous amène?** was führt Sie her?; **faire ~ qn devant soi** sich (*dat*) j-n bringen, vorführen lassen **2** *à un certain point* bringen; befördern; *liquide a.* leiten; *taxi* **~ qn à la gare** j-n zum Bahnhof bringen, fahren **3** (*entraîner*) (mit sich) bringen; zur Folge haben; nach sich ziehen; führen zu; *volontairement* herbeiführen; *vitesse etc* **~ de nombreux accidents** zu zahlreichen Unfällen führen; zahlreiche Unfälle zur Folge haben; **~ un dénouement** e-e Lösung herbeiführen; *médicament* **~ un soulagement rapide** schnell(e) Linderung bringen **4** **~ qn, qc à qc** j-n, etw zu etw bringen; **de l'eau amenée à ébullition** zum Kochen gebrachtes Wasser; **~ la conversation sur un sujet** das Gespräch auf ein Thema lenken; **~ qn à faire qc** j-n dazu bringen, führen, bewegen, j-n veranlassen, etw zu tun; j-n so weit, dahin bringen, dass er etw tut; **être amené à faire qc** etw tun müssen; **je suis amené à croire que …** ich muss wohl annehmen, dass … **5** *citation, exemple* bringen; **~ une comparaison** einen Vergleich bringen, ziehen; **cette comparaison a été bien amenée** dieser Vergleich war gut **6** *carte à jouer* spielen **7** PÊCHE **~ le filet** das Netz einholen; PÊCHE À LA LIGNE **~ le poisson** den Fisch zu sich heranziehen **8** MAR **~ les voiles** die Segel streichen, einholen; *en temps de guerre* **~ les couleurs, son pavillon** die Flagge streichen **B** V/PR *fam personne* **s'~** *fam* aufkreuzen; angetanzt kommen; **amène-toi ici!** komm (hier)her!

aménité [amenite] *st/s ou iron* F Liebenswürdigkeit *f*; Freundlichkeit *f*

aménorrhée [amenɔʀe] F MÉD Ausbleiben *n* der Menstruation; *t/t* Amenorrhö(e) *f*

amenuisement [amənɥizmɑ̃] M Verminderung *f*; Verringerung *f*; Schwinden *n*

amenuiser [amənɥize] **A** VT *chances, pouvoir d'achat etc* vermindern; verringern **B** V/PR **s'~** *valeur, revenus etc* kleiner, geringer werden; sich verringern; sich vermindern; schwinden; schrumpfen; *espoir* (dahin)schwinden

amer [amɛʀ] **A** ADJ ⟨-ère⟩ **1** *goût, fruit etc* bitter; **avoir la bouche amère** e-n bitteren Geschmack im Mund haben **2** *parfum* herb **3** *fig déception, paroles, sourire* bitter; herb; *regrets, souvenirs* schmerzlich; *personne* verbittert; **reproches ~s** bittere Vorwürfe *mpl* **B** M herber, bitterlich schmeckender Aperitif

amèrement [amɛʀmɑ̃] ADV *se plaindre, regretter* bitter; **pleurer ~** bitterlich weinen

américain [ameʀikɛ̃] **A** ADJ amerikanisch; **le continent ~** der amerikanische Kontinent; **voiture ~e** *ou subst* **~e** *f* (großer) amerikanischer Wagen; *fam* Straßenkreuzer *m*; CUIS **°homard** *m* **à l'~e** in Weißwein mit Tomaten und Kräutern zubereiteter Hummer; **vol** *m* **à l'~e** Betrug *m*, bei dem der Getäuschte e-n Gegenstand s-s Besitzes gegen e-n wertlosen eintauscht; *fig* **il a le coup d'œil ~** ihm entgeht nichts; er hat Augen wie ein Luchs **B** SUBST **1** **Américain(e)** *m(f)* Amerikaner(in) *m(f)*; **Américain(e)** *m(f)* **du Nord, du Sud** Nord-, Südamerikaner(in) *m(f)* **2** LING **l'~** *m* das Amerikanische; das amerikanische Englisch; Amerikanisch *n*; amerikanisches Englisch

américanisation [ameʀikanizasjõ] F Amerikanisierung *f*; **américaniser** **A** VT amerikanisieren **B** V/PR **s'~** amerikanisch werden; amerikanische Sitten, Formen annehmen; **américanisme** M LING Amerikanismus *m*; **américaniste** M/F Amerikanist(in) *m(f)*

amérindien [ameʀɛ̃djɛ̃] *t/t* ADJ ⟨~ne⟩ Indianer…; der Indianer; **langues ~nes** Indianersprachen *fpl*

Amérique [ameʀik] **l'~** *f* Amerika *n*; **l'~ centrale** Mittelamerika *n*; **l'~ du Nord, du Sud** Nord-, Südamerika *n*; **les ~s** Nord- und Südamerika

Amerloque [amɛʀlɔk] M *fam* (*Américain*) *fam* Ami *m*; Yankee *m*

amerrir [ameʀiʀ] VI AVIAT wassern; **amerrissage** M Wassern *n*, -ung *f*

amertume [amɛʀtym] F **1** bitterer Geschmack; Bitterkeit *f* **2** *fig* Bitterkeit *f*; *de la vie* Bitternis *f*; *d'une personne* Verbitterung *f*

améthyste [ametist] F MINÉR Amethyst *m*

ameublement [amœbləmɑ̃] M (Zimmer-, Wohnungs)Einrichtung *f*; Mobiliar *n*; **magasin** *m* **d'~** Möbelgeschäft *n*; Einrichtungshaus *n*; **tissus** *mpl* **d'~** Deko(rations)stoffe *mpl*

ameublir [amœbliʀ] VT *terre* (auf)lockern; **ameublissement** M **1** *de la terre* (Auf)Lockern *n*, -ung *f* **2** JUR *de la fortune immobilière d'un époux* Einbringung *f* in das Gesamtgut

ameuter [amøte] **A** VT **1** **~ les gens** e-n Menschenauflauf hervorrufen; **les cris de la victime ameutèrent les passants** durch die Schreie des Opfers aufmerksam geworden, liefen die Passanten zusammen; *ne criez pas ainsi*, **vous allez ~ tout le quartier** das ganze Viertel wird gleich zusammenlaufen **2** (*soulever*) aufbringen (**contre** gegen); *foule a.* aufwiegeln; aufhetzen **3** CH *chiens* sammeln **B** V/PR *foule* **s'~** sich zusammenrotten

ami [ami] **A** SUBST **1** **~(e)** *m(f)* Freund(in) *m(f)*; *appellatif* **mon ~** mein Lieber, Bester; *condescendant* guter Mann; mein *ou* guter Freund; *exclamation* **mes ~s!** Kinder, Kinder!; **un de mes (bons, vieux) ~s** ein (guter, alter) Freund von mir; *dans une lettre* **(mon) cher ~** lieber, bester Freund; **mon jeune ~!** junger Mann, Freund!; **mon meilleur ~** mein bester Freund; **~ de collège, de lycée** Schulfreund *m*, -kamerad *m*; **~(e) d'enfance** Jugendfreund(in) *m(f)*; **~ de la famille, de la maison** Hausfreund *m*; Freund des Hauses; *fig* **~ de la justice, de la vérité** Freund der Gerechtigkeit, der Wahrheit; **~s de la musique, de la nature** Musik-, Naturfreunde *mpl*; **chambre** *f* **d'~(s)** Gast-, Gästezimmer *n*; *loc adv* **en ~** als Freund; **je vous parle en ~** ich spreche als Freund zu Ihnen; **ce sont de grands ~s** sie sind eng miteinander befreundet, *fam* dicke Freunde; **nous étions entre ~s** wir waren unter Freunden; **se faire des ~s** Freunde gewinnen; *fam enfants* **faire ~-~** ⟨*inv*⟩ sich wieder vertragen; *fam* wieder gut sein **2** (*amant, maîtresse*) **~(e)** *m(f)*, **petit(e) ~(e)**, *litt ou plais* **bon(ne) ~(e)** Freund(in) *m(f)*; **il a une petite ~e** er hat e-e Freundin **B** ADJ **1** befreundet; **peuples ~s** befreundete Völker *npl*; **être (très) ~ avec qn** mit j-m (eng) befreundet sein; *fig* **être ~ de qc** etw lieben, schätzen; **il est ~ de la ponctualité** er liebt, schätzt die Pünktlichkeit **2** (*amical*) freundlich; **visages ~s** freundliche Gesichter *npl*; **il a été aidé par une main ~e** e-e freundliche Hand, ein freundlicher Mensch hat ihm geholfen

amiable [amjabl] ADJ **1** JUR einvernehmlich; gütlich; POL **médiateur** *m* **~** ehrlicher Makler; JUR **partage** *m* **~** gütliche Teilung; *loc adv* **à l'~** gütlich; auf gütlichem Wege; **arrangement** *m* **à l'~** gütliche Regelung; **s'arranger à l'~** sich gütlich, auf gütlichem Wege einigen **2** MATH **nombres** *mpl* **~s** befreundete, verwandte Zahlen *fpl*

amiante [amjɑ̃t] M MINÉR Asbest *m*

amibe [amib] F ZOOL Amöbe *f*; Wechseltierchen *n*

amibiase [amibjɑz] F MÉD Amöbenruhr *f*

amibien [amibjɛ̃] **A** ADJ ⟨~ne⟩ MÉD Amöben… **B** MPL **~s** ZOOL Amöben *fpl*; Wechseltierchen *npl*

amical [amikal] ADJ ⟨-aux⟩ *ton, relations etc* freundschaftlich; *air, ton a.* freundlich; **match ~** Freundschaftsspiel *n*; **reproches amicaux** gut gemeinte, freundschaftliche Vorwürfe *mpl*; *à la fin d'une lettre* **(je vous adresse mon) ~ souvenir** mit herzlichem Gruß

amicale [amikal] F Verein *m*; Vereinigung *f*; **amicalement** ADV freund(schaft)lich; *à la fin d'une lettre* mit herzlichem Gruß

amidon [amidõ] M CHIM Stärke *f*; **~ de blé, de maïs** Weizen-, Maisstärke *f*

amidonnage [amidɔnaʒ] M *du linge* Stärken *n*; **amidonner** VT *linge* stärken; **amidonnerie** F Stärkefabrik *f*; **amidonnier** M **1** Stärkehersteller *m*, -fabrikant *m* **2** Arbeiter *m* in e-r Stärkefabrik

Amiens [amjɛ̃] *Stadt im Dep. Somme*

amincir [amɛ̃siʀ] **A** VT **1** *planche etc* dünner machen **2** *vêtement* **~ qn** j-n schlank machen, schlanker erscheinen lassen; **pour ~ la taille** um e-e schlanke(re) Taille zu bekommen; *visage* **aminci par la maladie** durch die Krankheit schmal geworden **B** V/PR **s'~** dünner werden

amincissement [amɛ̃sismɑ̃] M Dünnerwerden *n*; *de la taille etc* Schlankerwerden *n*

aminé [amine] ADJ CHIM **acide ~** Aminosäure *f*

amiral [amiʀal] M ⟨*pl* -aux⟩ MAR Admiral *m*; *adjt* **vaisseau** *m* **~** Flaggschiff *n*

amirauté [amiʀote] F MAR Admiralität *f*

Amirauté [amiʀote] **les îles** *fpl* **de l'~** die Admiralitätsinseln *fpl*

Amis [ami] **les îles** *fpl* **des ~** die Freundschafts-, Tongainseln *fpl*

amitié [amitje] F **1** Freundschaft *f*; **par ~** aus Freundschaft; **avoir de l'~ pour qn** freundschaftliche Gefühle, Zuneigung für j-n empfinden; j-m zugetan sein; **fais-nous l'~ de venir déjeuner** mach uns die Freude und komm zum Essen zu uns; **prendre qn en ~** j-n lieb gewinnen, ins Herz schließen; → *a.* **lier** A 4, B 2 **2** **~s** *pl* Grüße *mpl*; *sur une carte postale* **~s!** freundliche, herzliche Grüße!; **faites-lui toutes mes ~s** richten Sie ihm meine herzlichsten Grüße aus; **présentez, transmettez mes ~s à madame (votre épouse)** empfehlen Sie mich Ihrer Gattin; grüßen Sie Ihre Gattin von mir **3** **~ particulière** gleichgeschlechtliche Beziehung, Liebe

Amman [ammɑ̃] Amman *n*

ammoniac [amɔnjak] ADJ ‹-aque› CHIM **gaz ~** *ou subst* **~** *m* Ammoniak *n*
ammoniacal [amɔnjakal] ADJ ‹-aux› CHIM Ammoniak...
ammoniaque [amɔnjak] F CHIM Salmiakgeist *m*
ammonium [amɔnjɔm] M CHIM Ammonium *n*
amnésie [amnezi] F MÉD Gedächtnisschwund *m*; *t/t* Amnesie *f*; **amnésique** ADJ *et* SUBST M/F MÉD an Gedächtnisschwund leidend, Leidende(r) *m/f(m)*
amniocentèse [amnjosɛ̃tɛz] F Fruchtwasseruntersuchung *f*; *t/t* Amniozentese *f*
amniotique [amnjɔtik] ADJ PHYSIOL **liquide** *m* **~** Fruchtwasser *n*
amnistie [amnisti] F Amnestie *f*; **loi** *f* **d'~** Amnestiegesetz *n*
amnistié(e) [amnistje] M(F) Amnestierte(r) *m/f(m)*
amnistier [amnistje] VT *personne* amnestieren; *délit* e-e Amnestie gewähren (**qc** für etw); **être amnistié** *a.* unter die Amnestie fallen
amocher [amɔʃe] VT *fam objet* demolieren; *fam* ramponieren; kaputt machen; *personne* **se faire ~** übel, bös zugerichtet werden; *objet* **être amoché** *a.* mitgenommen sein, aussehen
amoindrir [amwɛ̃dʀiʀ] **A** VT verringern; (ver)mindern; *réputation a.* schmälern; beeinträchtigen; *forces, résistance a.* schwächen **B** V/PR **s'~** geringer werden; sich verringern; sich vermindern; *capital a.* schrumpfen; *réputation, forces* abnehmen; schwinden
amoindrissement [amwɛ̃dʀismɑ̃] M Verringerung *f*; (Ver)Minderung *f*; Abnehmen *n*; Abnahme *f*; Schwinden *n*; Schrumpfen *n*
amok [amɔk] M *chez les Malais* **a** Amok(laufen) *m(n)* **b** Amokläufer *m*
amollir [amɔliʀ] **A** VT **1** *asphalte etc* aufweichen; weich machen **2** *fig énergie, volonté* erschlaffen, erlahmen lassen; schwächen **B** V/PR **s'~** **1** *substance* aufweichen; weich werden **2** *énergie, volonté* erschlaffen; erlahmen; *énergie a.* nachlassen
amollissant [amɔlisɑ̃] ADJ *climat etc* schlapp, träge machend; **amollissement** M Erschlaffung *f*; Erlahmung *f*; Nachlassen *n*
amonceler [amõsle] ‹-ll-› **A** VT aufhäufen, -schichten, (-)stapeln, -türmen; **~ des preuves, des documents** Beweise, Dokumente anhäufen, zusammentragen **B** V/PR **s'~** sich aufhäufen; sich stapeln; sich (auf)türmen; *preuves, documents* sich häufen; sich ansammeln; *nuages* **s'~ dans le ciel** sich am Himmel auftürmen, zusammenballen
amoncellement [amõsɛlmɑ̃] M Haufen *m*, Berg *m*, *(pile)* Stapel *m* (**de lettres** von Briefen)
amont [amõ] M **1** LOC ADV **en ~** strom-, flussaufwärts; stromauf, -an; **aller en ~** *ou* **vers l'~** stromaufwärts fahren; *loc prép* **en ~ de** oberhalb von *(ou +gén; a. par ext)* **2** *sur la côte* **vent** *m* **d'~** Landwind *m*; ablandiger Wind **3** ADJT **ski** *m* **~** Bergski *m*; **skieur** *m* **~** von oben kommender Skifahrer **4** ÉCON **en ~** erzeugernäher (**de** als)
amoral [amɔʀal] ADJ ‹-aux› amoralisch; **amoralisme** M Amoralismus *m*; **amoraliste** **A** ADJ amoralistisch **B** M/F Amoralist *m*; amoralischer Mensch; **amoralité** F Amoralität *f*
amorçage [amɔʀsaʒ] M **1** TECH *et fig* Ingangsetzung *f* **2** *de munitions* Scharfmachen *n* **3** ÉLEC Erregung *f*
amorce [amɔʀs] F **1** PÊCHE Köder *m* **2** *d'une charge explosive* Zündhütchen *n*; Sprengkapsel *f*; *pour pistolet d'enfant* Zündblättchen *n*; **pistolet** *m* **à ~s** Knallpistole *f* **3** *(début)* Auftakt *m* (**de** zu); Beginn *m* **4** *d'une nouvelle route etc* erstes Teilstück
amorcer [amɔʀse] ‹-ç-› **A** VT **1** PÊCHE **a** *hameçon* mit e-m Köder versehen **b** *poissons* ködern **2** *négociations etc* in Gang, in Fluss bringen; in die Wege leiten; einleiten; anbahnen; *par ext (commencer)* beginnen; anfangen; **~ un geste** eine Geste andeuten; **~ le virage** zur Kurve ansetzen; in die Kurve gehen **3** *ouverture* durchzubrechen beginnen; **~ une route, un tunnel** das erste Teilstück einer Straße, eines Tunnels bauen; **~ un trou** ein Loch vorbohren **4** TECH *pompe* zum Ansaugen bringen **5** *charge explosive* scharf machen; *adjt* **amorcé** scharf **B** V/PR **s'~** *négociations, conversation etc* in Gang, in Fluss kommen; sich anbahnen; *par ext (commencer)* beginnen
amorphe [amɔʀf] ADJ **1** MINÉR amorph **2** *fig personne* energie-, willenlos; schlaff; *fam* schlapp; lahm
amorti [amɔʀti] M **1** FOOTBALL Stoppen *n* (des Balls) **2** TENNIS **a** Kurzschlagen *n* **b** Stoppschlag *m*
amortir [amɔʀtiʀ] **A** VT **1** *choc, bruit etc* dämpfen (*a.* PHYS *vibration*); *son a.* dämmen **2** *ballon de foot* stoppen; *balle de tennis* kurzschlagen **3** MAR die Fahrt drosseln, verlangsamen; *bateau* **être amorti** festliegen **4** *dette, emprunt* tilgen; amortisieren; ab(be)zahlen; abtragen **5** *machines, matériel* abschreiben; amortisieren **B** V/PR *bruit* **s'~** gedämpft, schwächer werden
amortissement [amɔʀtismɑ̃] M **1** *d'une dette* **~ (financier)** Tilgung *f*; Amortisation *f*; Ab(be)zahlung *f*; Abtragung *f* **2** *gestion* **~ (industriel)** Abschreibung *f*; Amortisation *f* **3** *d'un choc, d'un bruit etc* Dämpfung *f*
amortisseur [amɔʀtisœʀ] M AUTO Stoßdämpfer *m*
amour [amuʀ] M **1** Liebe *f*; **~ libre** freie Liebe; **~ des bêtes** Tierliebe *f*; **~ de Dieu** **a** Liebe zu Gott **b** Liebe Gottes; göttliche Liebe; **laisse-moi seul, pour l'~ de Dieu!** lass mich um (des) Himmels willen allein!; **~ de la gloire** Ruhmsucht *f*; **~ de la liberté** Freiheitsliebe *f*; **~ de son métier** Liebe zu s-m Beruf; **~ de la musique** Musikliebe *f*; **~ de la nature, de la patrie** Natur-, Vaterlandsliebe *f*; **~ du prochain** Nächstenliebe *f*; **~ de soi** Selbst-, Eigenliebe *f*; **~ de la vérité** Wahrheitsliebe *f*; *quand qn éternue* **à tes, vos ~s!** Gesundheit!; *loc adv* **avec ~** liebevoll; mit (viel) Liebe; **éprouver de l'~ pour qn** Liebe für j-n empfinden, fühlen; *fam iron* **c'est plus de l'~, c'est de la rage** das ist nicht mehr Liebe, das ist schon Raserei; **faire l'~** sich *(sexuell)* lieben; **faire l'~ avec qn** j-n *(sexuell)* lieben; **filer le parfait ~** im siebenten Himmel sein; *fig* **vivre d'~ et d'eau fraîche** von Luft und Liebe leben **2** *(personne aimée)* Liebe *f*; **~ de jeunesse** Jugendliebe *f*; **c'est son grand ~** sie ist s-e *ou* er ist ihre große Liebe; *mot tendre* **mon ~** (mein) Liebling, Schatz, Herzchen; **peux-tu régler cela pour moi? tu seras un ~** sei ein Schatz und erledige das bitte für mich! **3** *litt* **~s** *fpl* Liebschaften *fpl*; Amouren *pl*; *fig* **revenir, retourner à ses premières ~s** zu s-r ersten Liebe zurückkehren; s-r alten Leidenschaft *(dat)* wieder frönen **4** *fam fig* **un ~ de ...** e-e (ein) reizende(r, -s), allerliebste(r, -s), herzige(r, -s), *fam* goldige(r, -s), süße(r, -s) ... **5** MYTH, ART **l'Amour** Amor *m*; **petit ~** Amorette *f*; Putto *m ou* Putte *f*
Amour [amuʀ] GÉOG **l'~** *m* der Amur
amouracher [amuʀaʃe] V/PR **s'~ de qn** *péj* sich in j-n vernarren, *fam* verknallen, vergaffen
amourette [amuʀɛt] F **1** Liebelei *f*; **~s** *pl a.* Amouren *pl* **2** BOT **a** Maiglöckchen *n* **b** Zittergras *n* **c** Lettern-, Schlangenholz *n* **3** CUIS *en accompagnement* **~s** *pl* Markstückchen *npl*
amoureux [amuʀø] **A** ADJ ‹-euse› *personne, regard* verliebt; **vie amoureuse** Liebesleben *n*; **~ de la gloire** ruhmsüchtig; **~ de la nature** naturliebend; **être ~ de qn** in j-n verliebt sein; **être ~ de qc** etw lieben; **tomber ~ de qn** sich in j-n verlieben **B** SUBST **~, amoureuse** *m,f* Liebende(r) *m/f(m)*; Verliebte(r) *m/f(m)*; *d'une femme* Verehrer *m*; Liebhaber *m*; **~** *mpl* Liebespaar *n*, -pärchen *n*
amour-propre [amuʀpʀɔpʀ] M ‹*pl* amours-propres› Selbstachtung *f*, -(wert)gefühl *n*, -bewusstsein *n*
amovibilité [amɔvibilite] F ADMIN *d'un fonctionnaire* Ab-, Versetzbarkeit *f*; **amovible** ADJ **1** *fonctionnaire* versetzbar; *(révocable)* absetzbar **2** *doublure* herausnehmbar; ausknöpfbar; *housse etc* abnehmbar
ampélographie [ɑ̃pelɔgʀafi] F Rebsortenkunde *f*; *t/t* Ampelografie *f*
ampérage [ɑ̃peʀaʒ] M ÉLEC Stromstärke *f*
ampère [ɑ̃pɛʀ] M ÉLEC Ampere *n*; **ampère-heure** M ‹*pl* ampères-heures› ÉLEC Amperestunde *f*; **ampèremètre** M ÉLEC Amperemeter *n*; Strommesser *m*
amphétamine [ɑ̃fetamin] F PHARM Amphetamin *n*; Weckamin *n*
amphi [ɑ̃fi] M *fam* ABR → amphithéâtre 1
amphibie [ɑ̃fibi] ADJ **1** ZOOL, BOT amphibisch **2** MIL **char** *m* **~** Schwimmpanzer *m*; **véhicule** *m* **~** Amphibienfahrzeug *n*
amphibiens [ɑ̃fibjɛ̃] MPL ZOOL Amphibien *fpl*; Lurche *mpl*
amphigourique [ɑ̃figuʀik] *litt* ADJ verworren; unverständlich
amphithéâtre [ɑ̃fiteɑtʀ] M **1** Hörsaal *m*; Auditorium *n*; **grand ~** Auditorium maximum *n*; *fam* Audimax *n* **2** *antique* Amphitheater *n*; **en ~** amphitheatralisch; wie ein Amphitheater
Amphitryon [ɑ̃fitʀijõ] M MYTH Amphitryon *m*
amphore [ɑ̃fɔʀ] F Amphore *f*
ample [ɑ̃pl] ADJ **1** *vêtement* weit; **mouvement** *m* **~** weit ausholende Bewegung **2** *traité, essai* ausführlich; umfassend; weitläufig; *sujet, documentation* umfangreich; reich(haltig); **de plus ~s renseignements** nähere Auskünfte *fpl*; **faire plus ~ connaissance avec qn** j-n näher, eingehender, gründlicher kennenlernen
amplement [ɑ̃pləmɑ̃] ADV → ample; **je vous écrirai plus ~ la semaine prochaine** ich schreibe Ihnen nächste Woche ausführlicher; **gagner ~ sa vie** sein reichliches Auskommen haben; **c'est ~ suffisant** das ist völlig ausreichend; das reicht vollauf
ampleur [ɑ̃plœʀ] F **1** *d'un vêtement* Weite *f*; **manquer d'~ aux épaules** in den Schultern nicht weit genug sein **2** COUT Stoffzugabe *f*; **réserver de l'~** genügend Stoff zugeben **3** *d'un dommage, d'une crise, d'une grève etc* Ausmaß *n*; Umfang *m*; Größe *f*; *d'un son* Fülle *f*; *crise etc* **prendre de l'~** sich ausweiten **4** **l'~ des mouvements** die weit ausholenden, ausgreifenden Bewegungen *fpl*
ampli [ɑ̃pli] M *fam* ABR → amplificateur
amplificateur [ɑ̃plifikatœʀ] M ÉLEC Verstärker *m*
amplification [ɑ̃plifikasjõ] F **1** ÉLEC Verstärkung *f* **2** *d'une crise, de relations commerciales etc* Ausweitung *f*; Erweiterung *f*; *d'un mouvement de grève a.* Ausbreitung *f*; Anschwellen *n*
amplifier [ɑ̃plifje] **A** VT **1** ÉLEC verstärken **2** *relations commerciales etc* ausweiten; erweitern; weiter ausbauen; verstärken **B** V/PR **s'~** *crise, grève, scandale etc* sich ausweiten; *mou-*

vement de grève a. sich ausbreiten; anschwellen; *scandale a.* immer größere Kreise ziehen
amplitude [ɑ̃plityd] F 1 PHYS, MÉTÉO Amplitude *f* 2 MATH **~ d'un arc** Bogenweite *f* 3 MAR **~ des marées** Tidenhub *m*
ampoule [ɑ̃pul] F 1 PHARM Ampulle *f* 2 ÉLEC Glühlampe *f*; (Glüh)Birne *f*; **changer une ~** e-e Birne auswechseln 3 *sous la peau* Blase *f*; **se faire des ~s aux pieds** sich *(dat)* Blasen laufen
ampoulé [ɑ̃pule] ADJ *style* schwülstig; hochtrabend; bombastisch
amputation [ɑ̃pytasjõ] F 1 MÉD Amputation *f*; **subir l'~ d'un bras** e-n Arm abgenommen bekommen 2 *fig d'un texte, d'un budget* Kürzung *f*; Beschneidung *f*
amputé(e) [ɑ̃pyte] M(F) Amputierte(r) *m/f(m)*; **~(e) d'un bras** Armamputierte(r) *m/f(m)*; Einarmige(r) *m/f(m)*
amputer [ɑ̃pyte] V/T 1 *personne, membre* amputieren; *membre a.* abnehmen; **~ qn d'une jambe** j-m ein Bein amputieren, abnehmen 2 *fig texte, budget* kürzen (**de** um); zusammenstreichen; *budget a.* beschneiden; **~ un pays d'une province** e-e Provinz von e-m Land abtrennen
Amsterdam [amstɛʀdam] Amsterdam *n*
amuïr [amɥiʀ] V/PR PHON **s'~** verstummen; **amuïssement** M PHON Verstummen *n*
amulette [amylɛt] F Amulett *n*
amusant [amyzɑ̃] ADJ unterhaltsam; amüsant; lustig; vergnüglich; **ce qu'il y a d'~ dans cette histoire**, *c'est que* ... das Amüsante, Erheiternde, Komische bei der Sache ist ...
amuse-bouche [amyzbuʃ] M ⟨*pl* amuse-bouche(s)⟩ *euphémisme* Appetithäppchen *n*; **amuse-gueule** M ⟨*pl* amuse-gueule(s)⟩ Appetithäppchen *n*
amusement [amyzmɑ̃] M Vergnügen *n*; Belustigung *f*; Erheiterung *f*; *(passe-temps)* unterhaltsamer Zeitvertreib; **avec ~** mit Vergnügen, Belustigung; amüsiert
amuser [amyze] A V/T 1 belustigen; erheitern; amüsieren; unterhalten; *abs* **il amuse par sa naïveté** er wirkt drollig, spaßig in s-r Naivität; **cette visite ne m'amuse pas** dieser Besuch macht mir keinen Spaß; *adjt* **regarder qn d'un air amusé** j-n amüsiert, belustigt ansehen 2 *(détourner l'attention)* **~ qn** j-n ablenken, hinhalten B V/PR **s'~** 1 sich vergnügen, sich belustigen, sich amüsieren, sich unterhalten, sich *(dat)* die Zeit vertreiben, s-n Spaß haben (**avec** mit); **s'~ beaucoup à qc** sich köstlich bei etw amüsieren; **s'~ à faire qc** sich damit vergnügen *etc*, etw zu tun; s-n Spaß daran haben, etw zu tun; **ne t'amuse pas à toucher à cela!** spiel nicht damit herum!; **s'~ de qn, qc** sich über j-n, etw amüsieren, lustig machen; **pour s'~** (einfach) zum Spaß 2 *(perdre son temps)* (herum)trödeln; die Zeit vertun, vertrödeln
amusette [amyzɛt] F (kleiner, harmloser) Zeitvertreib; **amuseur** M Spaßmacher *m*; Komiker *m*
amygdale [ami(g)dal] F ANAT Mandel *f*; **se faire enlever les** *ou* **opérer des ~s** sich *(dat)* die Mandeln herausnehmen lassen
amylacé [amilase] ADJ CHIM stärkeartig, -haltig; **amylase** F BIOCHIMIE Amylase *f*
an [ɑ̃] M Jahr *n*; *poét* **les ~s** *pl* die (Lebens)Jahre *npl*; **l'~ dernier, passé, prochain** → dernier *etc*; **nouvel ~, jour** *m* **de l'An, premier** *m* **de l'~** Neujahr(stag) *n(m)*; **au nouvel ~, le jour de l'An, le** *ou* **au premier de l'~** zu, an Neujahr; am Neujahrstag; *loc adj* **un enfant de neuf ~s** ein neunjähriges Kind; ein Kind von neun Jahren; *loc adv*: **bon ~, mal ~** im Durchschnitt; durchschnittlich; **à vingt ~s** mit zwanzig (Jahren); **deux ~s après** zwei Jahre später, danach; **il y a un ~** *(von jetzt ab)* in vor Jahresfrist; **dans un ~** vor e-m Jahr; **depuis trois ~s** seit drei Jahren; **en deux ~s** in zwei Jahren; **en l'~ mille avant Jésus-Christ** im Jahr tausend vor Christus, vor Christi Geburt; **par ~** jährlich; im, pro Jahr; **tous les ~s** alljährlich; jedes Jahr; alle Jahre; **aller sur ses cinquante ~s** auf die fünfzig zugehen; sich den Fünfzigern nähern; **avoir vingt ~s, être âgé de vingt ~s** zwanzig (Jahre alt) sein; **avoir dans les soixante ~s** um die sechzig sein; etwa sechzig (Jahre alt) sein; **avoir dix ~s de maison** seit zehn Jahren in der Firma (tätig) sein; e-e Betriebszugehörigkeit von zehn Jahren haben; *firme* **fêter ses dix ~s** das zehnjährige Jubiläum feiern; *personne* **fêter ses dix ~s de service** sein zehnjähriges Dienstjubiläum feiern
anabaptiste [anabatist] M REL Wiedertäufer *m*
anabolisant [anabɔlizɑ̃] M MÉD, SPORTS Anabolikum *n*
anachorète [anakɔʀɛt] M REL Anachoret *m*; Einsiedler *m*; Klausner *m*
anachronique [anakʀɔnik] ADJ anachronistisch; *par ext a.* unzeitgemäß; **anachronisme** M Anachronismus *m*
anacoluthe [anakɔlyt] F STYLISTIQUE Anakoluth *n ou m*; Satzbruch *m*
anaconda [anakõda] M ZOOL Anakonda *f*
anaérobie [anaeʀɔbi] ADJ 1 BIOL anaerob; ohne Sauerstoff lebend; **micro-organismes** *mpl* **~s** *ou subst* **~s** *mpl* Anaerobier *mpl ou* Anaerobionten *mpl* 2 TECH *propulseur* nicht an die Lufthülle gebunden; autogen
anagramme [anagʀam] F Anagramm *n*
anal [anal] ADJ ⟨-aux⟩ 1 ANAT anal; After... 2 PSYCH **stade ~** anale Phase
analeptique [analɛptik] M PHARM Anregungsmittel *n*; *t/t* Analeptikum *n*
analgésique [analʒezik] PHARM A ADJ schmerzstillend B M schmerzstillendes Mittel; *t/t* Analgetikum *n*
anallergique [analɛʀʒik] ADJ MÉD keine Allergie hervorrufend
analogie [analɔʒi] F Analogie *f* (*a.* LING, MATH, BIOL), Ähnlichkeit *f*, Übereinstimmung *f*, Entsprechung *f* (**entre** zwischen *+dat*); *loc adv*: **par ~** sinngemäß; entsprechend; analog; **en raisonnant par ~** durch Analogieschluss; **par ~ avec** in Analogie zu
analogique [analɔʒik] ADJ 1 analog (*a.* INFORM); Analog...; Analogie... 2 LING **dictionnaire** *m* **~** Wörterbuch *n* der formal und begrifflich zusammengehörigen Wörter
analogue [analɔg] A ADJ analog; ähnlich (**à** wie); entsprechend *(+dat)*; *mot* **de sens ~** sinnverwandt; **être ~ à qc** *a.* e-r Sache *(dat)* entsprechen, ähneln B M Entsprechung *f*
analphabète [analfabɛt] A ADJ analphabetisch B M/F Analphabet(in) *m(f)*
analphabétisme [analfabetism] M Analphabetentum *n*; Analphabetismus *m*
analyse [analiz] F 1 Analyse *f* (*a.* CHIM, PHIL, ÉCON etc); MATH Analysis *f*; PSYCH *a.* Psychoanalyse *f*; GRAM *a.* Zerlegung *f*; Zergliederung *f*; *d'une œuvre littéraire a.* Werkanalyse *f*; **~ grammaticale** grammati(kali)sche Zergliederung; **~ coûts-avantages** Kosten-Nutzen-Analyse *f*; **~ d'un texte** Textanalyse *f*; *loc adv* **en dernière ~** letztlich; letzten Endes; schließlich; PSYCH *personne* **être en cours d'~** in psychoanalytischer, -therapeutischer Behandlung sein; **faire l'~** *ou* **une ~ de qc** etw analysieren 2 *de l'eau, de l'air*, MÉD Untersuchung *f*; **~ de sang** Blutuntersuchung *f*; **faire une ~ de sang** das Blut untersuchen 3 TV Bildzerlegung *f*, (-)Abtastung *f*
analyser [analize] A V/T 1 analysieren (*a.* PSYCH); GRAM *phrase a.* zergliedern (*a. sentiments*); zerlegen; PSYCH **se faire ~** sich psychoanalytisch, -therapeutisch behandeln lassen 2 *eau, sang, urines etc* untersuchen 3 TV *image* zerlegen; abtasten B V/PR **s'~** sich (selbst) analysieren
analyseur [analizœʀ] M 1 PHYS, OPT Analysator *m* 2 PSYCH *d'un organe* Analysator *m*
analyste [analist] M/F Analytiker(in) *m(f)*; PSYCH (Psycho)Analytiker(in) *m(f)*; FIN Analyst(in) *m(f)*; **analyste-programmeur** M ⟨*pl* analystes-programmeurs⟩ Systemanalytiker *m*
analytique [analitik] ADJ analytisch; **esprit** *m* **~** Analytiker(in) *m(f)*; **géométrie** *f* **~** analytische Geometrie; LING **langues** *fpl* **~s** analytische Sprachen *fpl*
ananas [anana(s)] M Ananas *f*; **jus** *m* **d'~** Ananassaft *m*
anaphore [anafɔʀ] F RHÉT Anapher *f*
anar [anaʀ] M/F *fam* ABR → anarchiste
anarchie [anaʀʃi] F POL Anarchie *f*; *fig a.* anarchischer Zustand; Unordnung *f*; **anarchique** ADJ anarchisch
anarchisant [anaʀʃizɑ̃] ADJ POL zum Anarchismus tendierend; **anarchisme** M POL Anarchismus *m*; **anarchiste** POL A ADJ anarchistisch B M/F Anarchist(in) *m(f)*
anastomose [anastɔmoz] F ANAT, *MÉD* Anastomose *f*; **anastomoser** V/T MÉD anastomosieren
anathème [anatɛm] M ÉGL CATH (Kirchen-)Bann *m*; Bannfluch *m*; **frapper qn d'~** j-n mit dem (Kirchen)Bann belegen; den Bannfluch gegen j-n schleudern; *fig* **jeter l'~ sur qn, qc** j-n, etw in Grund und Boden verdammen
Anatole [anatɔl] M *Vorname*
Anatolie [anatɔli] **l'~** *f* Anatolien *n*
anatomie [anatɔmi] F Anatomie *f*; **pièce** *f* **d'~** anatomisches Präparat; anatomische Nachbildung; *par ext personne* **avoir une belle ~** e-n schönen Körperbau haben; gut gebaut sein
anatomique [anatɔmik] ADJ anatomisch
ancestral [ɑ̃sɛstʀal] ADJ ⟨-aux⟩ alt (-überliefert); **coutume ~e** alt(überliefert)er Brauch
ancêtre [ɑ̃sɛtʀ] M, *rarement* F 1 Vorfahr(in) *m(f)*; **nos ~s** *mpl* unsere Vorfahren, *st/s* Ahnen *mpl*, (Vor)Väter *mpl*, Voreltern *pl*; **galerie** *f* **des ~s** Ahnengalerie *f* 2 *fig personne, objet* Vorläufer *m* 3 *(vieillard)* Greis(in) *m(f)*
anche [ɑ̃ʃ] F MUS Rohrblatt *n*; Zunge *f*; **instrument** *m* **à ~** Rohrblattinstrument *n*
anchois [ɑ̃ʃwa] M ZOOL An(s)chovis *f*; Sardelle *f*; CUIS **beurre** *m*, **filet** *m* **d'~** Sardellenbutter *f*, -filet *n*
ancien [ɑ̃sjɛ̃] A ADJ ⟨~ne⟩ 1 *(vieux)* alt; **librairie ~ne** bibliophiles Antiquariat; **logement ~** Altbauwohnung *f*; **l'Ancien Monde** die Alte Welt; **l'Ancien Testament** das Alte Testament; *loc adv* **à l'~ne** nach *ou* in alter Art; wie in alter Zeit; CUIS *a.* nach altem Rezept; **il est plus ~ que vous dans ce métier** er steht (schon) länger als Sie in diesem Beruf; er ist (schon) länger als Sie in diesem Beruf tätig 2 *(précédent)* ehemalig; frühere(r, -s); einstig; vormalig; gewesene(r, -s); **un ~ ami** ein ehemaliger, früherer, einstiger Freund; **l'~ propriétaire** der frühere, vormalige Besitzer 3 *(opposé à moderne)* alt; LING **le grec ~** das Altgriechische; Altgriechisch *n*; **l'~ne Grèce** das alte Griechenland; **histoire ~ne** Alte Geschichte; Geschichte des Altertums; *fam fig* **c'est de l'histoire ~ne** *fam* das war einmal;

das ist Schnee von gestern; **langues ~nes** alte Sprachen *fpl*; **les temps ~s** die alten Zeiten; die alte Zeit; **dans l'~ temps** in alter Zeit; → *a.* **régime**[1] 1 **B** M 1 **les ~s** *pl d'un village, d'une tribu* die Ältesten *mpl*; die Alten *mpl* 2 **les ~s** *pl d'une grande école* die Ehemaligen *mpl*; die ehemaligen Schüler *mpl*; MIL *d'un régiment etc* die ehemaligen Angehörigen *mpl* 3 **les Anciens** *pl peuples* die Völker *npl* der Antike; *auteurs* die antiken Schriftsteller *mpl* 4 **l'~** das Antike, Alte

anciennement [ɑ̃sjɛnmɑ̃] ADV früher; einst; ehemals; vormals; *maison Durand,* ~ *(abr* **ancienn.***)* **Dupont** vormals *(abr* vorm.*)* Dupont

ancienneté [ɑ̃sjɛnte] F 1 *d'un monument etc* (hohes) Alter 2 *d'un fonctionnaire* Dienstalter *n*; *d'un employé* Dauer *f* der Betriebszugehörigkeit; *dans un métier* Anzahl *f* der Berufsjahre; *avancement* **à l'~** nach dem Dienstalter, Anciennitätsprinzip; **avoir vingt ans d'~** ein Dienstalter, e-e Betriebszugehörigkeit von zwanzig Jahren haben

ancillaire [ɑ̃silɛʀ] ADJ *st/s* **amours** *fpl* **~s** Liebschaften *fpl* mit Mägden, Dienerinnen

ancolie [ɑ̃kɔli] F BOT Akelei *f*

Ancône [ɑ̃kon] Ancona *n*

ancrage [ɑ̃kʀaʒ] M TECH Verankerung *f (a. fig)*

ancre [ɑ̃kʀ] F 1 MAR Anker *m*; **jeter, mouiller l'~** den Anker auswerfen; Anker werfen; vor Anker gehen; ankern; **lever l'~** a den Anker lichten b *fam (partir)* *fam* sich verziehen; *bateau* **être à l'~** vor Anker liegen; ankern 2 CONSTR, *d'une horloge* Anker *m*

ancrer [ɑ̃kʀe] A V/T 1 *bateau* **être ancré** vor Anker liegen; ankern 2 TECH verankern 3 *fig idée, sentiment* **être ancré dans le cœur, dans l'esprit de qn** tief in j-m verankert, eingewurzelt sein; sich in j-m festgesetzt, eingenistet haben B V/PR *idée etc* **s'~** sich festsetzen, einnisten

andalou [ɑ̃dalu] A ADJ ⟨-ouse [-uz]⟩ andalusisch B SUBST **Andalou(se)** *m(f)* Andalusier(in) *m(f)*

Andalousie [ɑ̃daluzi] **l'~** *f* Andalusien *n*

Andaman [ɑ̃damɑ̃] **les îles** *fpl* ~ die Andamanen *pl*

andante [ɑ̃dɑ̃t] MUS A ADV andante B M Andante *n*

Andelys (Les) [lezɑ̃d(ə)li] *Stadt im Dep. Eure*

Anderlecht [ɑ̃dɛʀlɛk(t)] GÉOG Anderlecht *n*

Andes [ɑ̃d] **les ~** *fpl* die Anden *pl*

andin [ɑ̃dɛ̃] ADJ der Anden; Anden...

andorran [ɑ̃dɔʀɑ̃] A ADJ andorranisch B SUBST **Andorran(e)** *m(f)* Andorraner(in) *m(f)*

Andorre [ɑ̃dɔʀ] **l'~** *f* Andorra *n*

andouille [ɑ̃duj] F 1 CUIS Kaldaunen-, Kuttelwurst *f* 2 *fam fig* **(espèce d')~** Dummkopf *m*; *fam* Blödmann *m*; Blödian *m*; Hornochs(e) *m*

andouiller [ɑ̃duje] M *des bois de cerf* Ende *n*; Sprosse *f*

andouillette [ɑ̃dujɛt] F CUIS Kaldaunen-, Kuttelbratwurst *f*

André [ɑ̃dʀe] M *Vorname*

Andrée [ɑ̃dʀe] F *Vorname*

androgène [ɑ̃dʀɔʒɛn] ADJ BIOL **hormone** *f* ~ *ou subst* ~ *m* Androgen *n*

androgyne [ɑ̃dʀɔʒin] BIOL A ADJ *t/t* androgyn B M Zwitter *m*

Andromaque [ɑ̃dʀɔmak] F MYTH Andromache *f*

Andromède [ɑ̃dʀɔmɛd] F MYTH Andromeda *f*

âne [ɑn] M 1 ZOOL Esel *m*; *panneau routier* **dos** *m* **d'~** Bodenwelle *f*; Querrinne *f*; *transporter qc* **à dos d'~** auf Eseln; *loc adj* **en dos d'~** stark gewölbt; mit hoher Wölbung; **têtu comme un ~** störrisch wie ein Esel; *fam fig* **il y a plus d'un ~ à la foire qui s'appelle Martin** es gibt viele Leute, die Meier *ou* Schulze *etc* heißen; *personne* **être comme l'~ de Buridan** sich zu keinem Entschluss durchringen können 2 *fig* Esel *m*; Dummkopf *m*; *fam* Rindvieh *n*; **~ bâté** *fam* Quadratesel *m*; Riesenkamel *n*; Vollidiot *m*; **bonnet** *m* **d'~** Eselskappe *f* (, die schlechte Schüler zur Strafe tragen mussten); **faire l'~ pour avoir du son** sich dumm stellen, um etwas zu erfahren

anéantir [aneɑ̃tiʀ] A V/T 1 *(détruire)* vernichten; **~ une armée** eine Armee vernichten, völlig aufreiben; **~ des espoirs** Hoffnungen zerstören, zunichtemachen 2 *nouvelle, catastrophe* **~ qn** j-n niederschmettern, tief bestürzen, erschüttern, *fam* völlig am Boden zerstören *(a. gros effort)*; **je suis anéanti** *a.* ich bin wie vor den Kopf geschlagen B V/PR **s'~** *espoirs* zunichtewerden; zuschanden werden; sich zerschlagen

anéantissement [aneɑ̃tismɑ̃] M 1 Vernichtung *f*; *d'espoirs a.* Zerstörung *f*; Zunichtewerden *n* 2 *(abattement)* Niedergeschlagenheit *f*

anecdote [anɛgdɔt] F 1 Anekdote *f* 2 *par ext* **l'~** die Nebensächlichkeiten *fpl*; das Unwesentliche; **anecdotique** ADJ anekdotisch; anekdotenhaft

anémie [anemi] F MÉD Blutarmut *f*; *t/t* Anämie *f*

anémier [anemje] V/T **~ qn** bei j-m zu Blutarmut führen

anémique [anemik] ADJ 1 MÉD blutarm; anämisch 2 *plante* kümmerlich; *fam* mick(e)rig; *fig* **style** *m* ~ blasser, kraftloser Stil

anémomètre [anemɔmɛtʀ] M Anemometer *n*; Windmesser *m*

anémone [anemɔn] F 1 BOT Anemone *f*; **~ des bois** Buschwindröschen *n* 2 ZOOL **~ de mer** Seeanemone *f*; Aktinie *f*

ânerie [ɑnʀi] F Dummheit *f*; Torheit *f*; *fam* Eselei *f*; **dire des ~s** dummes Zeug, *fam* Quatsch reden; **faire une ~** e-e Dummheit, Eselei begehen, machen

ânesse [ɑnɛs] F ZOOL Eselin *f*; Eselstute *f*; **lait** *m* **d'~** Eselsmilch *f*

anesthésie [anɛstezi] F 1 MÉD Anästhesie *f*; **~ générale** (Voll)Narkose *f*; **~ locale** örtliche Betäubung; Lokalanästhesie *f*; **sous ~** in Narkose 2 *fig d'émotions* Betäubung *f*; Ausschaltung *f*

anesthésier [anɛstezje] V/T 1 MÉD betäuben, anästhesieren **(à** mit**)** 2 *fig* einschläfern; betäuben; ausschalten

anesthésique [anɛstezik] MÉD A ADJ den Schmerz ausschaltend; anästhetisch B M Anästhetikum *n*; **anesthésiste** M/F Narkosearzt, -ärztin *m,f*; Anästhesist(in) *m(f)*

aneth [anɛt] M BOT Dill *m*

anévrisme [anevʀism] M MÉD Erweiterung *f* e-r Arterie; *t/t* Aneurysma *n*

anfractuosité [ɑ̃fʀaktɥozite] F Spalte *f*; Riss *m*; Vertiefung *f*; Kluft *f*

ange [ɑ̃ʒ] M Engel *m (a. fig)*; **~ gardien** Schutzengel *m (a. fig)*; *terme affectueux* **mon ~** mein Engel(chen); *fig* **patience** *f* **d'~** Engelsgeduld *f*; himmlische Geduld; *fam* Lammsgeduld *f*; *enfant* **beau comme un ~** schön wie ein Engel; *st/s* engelschön; *loc adv* **comme un ~** wunderbar; herrlich; himmlisch; *st/s* engelgleich; *fig*: **vous seriez un ~ si ...** es wäre sehr lieb von Ihnen, wenn ...; **c'est un ~ de bonté** er *ou* sie besitzt e-e engelhafte Güte; **être le bon, mauvais ~ de qn** j-s guter Engel, guter, böser Geist sein; **être aux ~s** im siebenten Himmel sein; *silence soudain* **un ~ passe** ein Engel geht durchs Zimmer; Schweigen im Walde; *bébé* **rire aux ~s** vor sich *(acc)* hin lachen, strahlen

Ange [ɑ̃ʒ] M *Vorname*

Angèle [ɑ̃ʒɛl] F *Vorname*

angélique [ɑ̃ʒelik] A ADJ 1 REL der Engel; Engel... 2 *fig bonté etc* engelhaft; *voix* engelgleich; **sourire** *m* ~ engelhaftes, himmlisches Lächeln B F 1 BOT Engelwurz *f*; Angelika *f* 2 *confiserie* kandierter Engelwurzstängel

Angélique [ɑ̃ʒelik] F *Vorname*

angelot [ɑ̃ʒlo] M Engelchen *n*

angélus [ɑ̃ʒelys] M a *prière* Angelus *m* b *son de cloche* Angelus(läuten) *m(n)*

Angers [ɑ̃ʒe] *Stadt im Dep. Maine-et-Loire*

angevin [ɑ̃ʒvɛ̃] ADJ *(et* SUBST **Angevin** Bewohner) von Angers *ou* von Anjou

angine [ɑ̃ʒin] F MÉD a Angina *f*; Hals-, Rachen-, Mandelentzündung *f* b **~ de poitrine** Angina pectoris *f*

angiome [ɑ̃ʒjɔm] M MÉD Blutschwamm *m*; *t/t* Angiom *n*

angiospermes [ɑ̃ʒjɔspɛʀm] FPL BOT Bedecktsamer *mpl*; *t/t* Angiospermen *pl*

Angkor [aŋkɔʀ], [ɑ̃kɔʀ] GÉOG Angkor *n*

anglais [ɑ̃glɛ] A ADJ 1 englisch 2 CUIS **à l'~e** (in [Salz]Wasser) gekocht; **pommes** *fpl* **(de terre) à l'~e** Salzkartoffeln *fpl* 3 *fig* **filer à l'~e** *fam* sich auf Französisch empfehlen; französisch Abschied nehmen B SUBST 1 **Anglais(e)** *m(f)* Engländer(in) *m(f)* 2 LING **l'~** *m* das Englische; Englisch *n* 3 *boucles* **~es** *fpl fam* Korkenzieher-, Ringellocken *fpl* 4 *écriture* **~e** *f* kursive Schreibschrift

angle [ɑ̃gl] M 1 *(coin)* Ecke *f*; *d'une pièce a.* Winkel *m*; **~ de la maison, de la rue** Haus-, Straßenecke *f*; *fig personne* **arrondir les ~s** die Gegensätze ausgleichen; ausgleichend wirken; *rue* **faire, former un ~** e-n rechten Winkel bilden; **la maison qui fait l'~** das Eckhaus; *jardin* **faire (l')~ avec la rue** an der Straßenecke liegen 2 GÉOMÉTRIE Winkel *m*; **~ aigu, droit** spitzer, rechter Winkel; OPT **objectif** *m* **grand ~** Weitwinkelobjektiv *n*; OPT **~ de réflexion, de réfraction** Reflexions-, Brechungswinkel *m*; **~ de tir** Schusswinkel *m* 3 LOC ADV **(vu) sous cet ~** unter diesem Gesichts- *ou* Blickwinkel, -punkt, Aspekt (gesehen); so gesehen; **vu sous un certain ~** aus e-m bestimmten Blickwinkel betrachtet; in gewisser Hinsicht

Angleterre [ɑ̃glətɛʀ] **l'~** *f* England *n*

anglican [ɑ̃glikɑ̃] REL A ADJ anglikanisch; **l'Église ~e** die anglikanische Kirche B SUBST **~(e)** *m(f)* Anglikaner(in) *m(f)*

anglicanisme [ɑ̃glikanism] M REL Anglikanismus *m*

Angliche [ɑ̃gliʃ] *fam* M/F Engländer(in) *m(f)*

angliciser [ɑ̃glisize] V/T *nom etc* anglisieren; *mode de vie etc* e-n englischen Anstrich geben *(+dat)*; **anglicisme** M LING Anglizismus *m*; englische Spracheigentümlichkeit; **angliciste** M/F Anglist(in) *m(f)*

anglo... [ɑ̃glo] ADJ englisch-...; anglo...; *exemples*: **anglo-américain** angloamerikanisch; **anglo-russe** englisch-russisch

anglomanie [ɑ̃glɔmani] F Anglomanie *f*

anglo-normand [ɑ̃glonɔʀmɑ̃] A ADJ HIST anglonormannisch; GÉOG **îles Anglo-Normandes** Kanalinseln *fpl*; Normannische Inseln *fpl* B M LING **l'~** das Anglonormannische; Anglonormannisch *n*

anglophile [ɑ̃glɔfil] A ADJ englandfreundlich; anglophil B M/F Freund(in) *m(f)* der Engländer, alles Englischen; **anglophilie** F Englandfreundlichkeit *f*; Anglophilie *f*

anglophobe [ɑ̃glɔfɔb] A ADJ allem Englischen abgeneigt; anglophob B M/F Feind(in) *m(f)* der Engländer, alles Englischen; **anglophobie** F Abneigung *f* gegen die Engländer, gegen alles Englische; Anglophobie *f*

anglophone [ɑ̃glɔfɔn] ADJ Englisch sprechend; englischsprachig; anglophon

anglo-saxon [ɑ̃glosaksõ] A ADJ ⟨~ne⟩ angelsächsisch B SUBST **Anglo-Saxons** *mpl* Angelsachsen *mpl*

angoissant [ɑ̃gwasɑ̃] ADJ beängstigend; äußerst beunruhigend; beklemmend

angoisse [ɑ̃gwas] F Angst(gefühl) *f(n)*; Bangigkeit *f*; Beklemmung *f*; PHIL (Lebens-, Welt-)Angst *f*; **~ de la mort, devant la mort** Todesangst *f*; **cri** *m* **d'~** Angstschrei *m*; **une nuit d'~** e-e bange Nacht

angoissé [ɑ̃gwase] ADJ *regard, cri* ängstlich; angstvoll; angsterfüllt; **attente ~e** banges, beklemmendes Warten; *personne* **être ~** Angst haben; von Angst erfüllt sein; sich ängstigen; verängstigt sein

angoisser [ɑ̃gwase] A V/T **~ qn** j-n ängstigen; j-n in Angst versetzen; j-m Angst einjagen, einflößen; j-m Angst (und Bange) machen B V/PR **s'~** sich ängstigen

Angola [ɑ̃gɔla] **l'~** *m* Angola *n*

angolais [ɑ̃gɔlɛ] A ADJ angolanisch B SUBST **Angolais(e)** *m(f)* Angolaner(in) *m(f)*

angora [ɑ̃gɔʀa] ADJ ⟨*f inv*⟩ Angora...; **chat** *m*, **lapin** *m* **~** Angorakatze *f*, -kaninchen *n*; **laine** *f* **~** *ou subst* **~** *m* Angorawolle *f*; **en ~** aus Angorawolle

angström [ɑ̃gstʀøm] M PHYS Ångström (-einheit) *n(f)*

anguille [ɑ̃gij] F ZOOL Aal *m*; **~ électrique** Zitteraal *m*; CUIS **~ fumée** Räucher-, Spickaal *m*; *fig* **il y a ~ sous roche** da steckt (doch) etwas dahinter; *personne* **glisser, filer entre les doigts comme une ~** entschlüpfen wie ein Aal

angulaire [ɑ̃gylɛʀ] ADJ 1 Eck...; CONSTR *et fig* **pierre** *f* **~** Eckstein *m* 2 PHYS Winkel...

anguleux [ɑ̃gylø] ADJ ⟨-euse⟩ *visage, traits* eckig; kantig; **écriture anguleuse** eckige Schrift

anhydride [anidʀid] M CHIM Anhydrid *n*

anicroche [anikʀɔʃ] F (kleine) Schwierigkeit; (kleine) Unannehmlichkeit; *se dérouler etc* **sans ~** reibungslos; ganz glatt; ohne Zwischenfälle

aniline [anilin] F CHIM Anilin *n*; **bleu** *m* **d'~** Anilinblau *n*

animal [animal] ⟨*mpl* -aux⟩ A M 1 Tier *n*; **~ domestique** Haustier *n*; **animaux de boucherie** Schlachtvieh *n*; **animaux de laboratoire** Versuchstiere *npl* 2 *fig et péj* **cet ~-là** *fam* dieser blöde Kerl; diese blöde Person B ADJ 1 tierisch; animalisch (*a. pulsions, instincts humains*); Tier...; der Tiere; **chaleur ~e** tierische, animalische Wärme; **farines ~es** Tiermehl *n*; **règne ~** Tierreich *n* 2 *confiance etc* instinktiv

animalerie [animalʀi] F Tier-, Zoohandlung *f*

animalier [animalje] M **~** *ou adjt* **peintre** *m* **~** Tiermaler *m*

animalité [animalite] F tierisches Wesen; Animalität *f*

animateur [animatœʀ] M, **animatrice** F 1 *en société* Stimmungsmacher(in) *m(f)*; *fam* Stimmungskanone *f*; Betriebsnudel *f*; *d'un projet* Triebfeder *f*, -kraft *f*; Motor *m* 2 (*~ de métier*) *d'un spectacle* Conférencier *m*; Unterhalter(in) *m(f)*; RAD, TV Quizmaster *m*; Showmaster *m*; Spielleiter(in) *m(f)*; *d'une émission* Moderator, Moderatorin *m,f*; *d'un débat* Diskussions-, Gesprächsleiter(in) *m(f)*; *de groupes de vacanciers* Animateur(in) *m(f)*; *d'une maison de jeunes etc* Freizeitpädagoge, -pädagogin *m,f*; COMM **animateur de produits** Produktmanager *m*; **animateur** *m* **des ventes** Vertriebsleiter *m* 3 M CINÉMA Filmtechniker, der Animationsfilme realisiert

animation [animasjõ] F 1 *dans la rue, en ville etc* reges Leben und Treiben; reger Betrieb; Belebtheit *f*; *de la discussion, du visage* Lebhaftigkeit *f*; Lebendigkeit *f*; *discuter* **avec ~** lebhaft; COMM *marché* **manquer d'~** lustlos sein; *personne* **mettre de l'~ dans la réunion** Leben in die Versammlung bringen 2 *socioculturelle* Freizeitgestaltung *f*; Animation *f* 3 CINÉMA Animation *f*; Puppen- und Zeichentrickfilmtechnik *f*; **cinéma** *m*, **film** *m* **d'~** Animationsfilm *m*; Puppenfilm *m*; Zeichentrickfilm *m*

animé [anime] ADJ 1 *rue, ville, quartier* belebt; betriebsam; **combat ~** heftiger Kampf; **discussion ~e** lebhafte, rege Diskussion; **visage ~** lebhaftes, lebendiges Gesicht 2 **dessin(s) ~(s)** Zeichentrickfilm *m* 3 (*vivant*) lebend; belebt; **être** *m* **~** Lebewesen *n*

animer [anime] A V/T 1 *conversation, récit, entreprise* beleben (*a. visage*); Leben bringen in (*+acc*); lebendig gestalten 2 *sentiment* **~ qn** j-n beseelen, erfüllen; *pp* **être animé du désir de** (*+inf*) von dem Wunsch beseelt, erfüllt sein zu (*+inf*) 3 *nature* beleben; beseelen; *artiste: œuvre* Leben einhauchen, verleihen (*+dat*); mit Leben erfüllen; zum Leben erwecken 4 *jeu télévisé, débat* leiten; **~ une émission** eine Sendung moderieren; *présentateur* **~ le spectacle** durch die Veranstaltung führen; die Conférence haben, machen B V/PR **s'~** 1 *rue, regard, visage* sich beleben; *conversation* lebhaft, lebendig, rege, angeregt werden 2 (*se mettre à vivre*) sich beleben; lebendig werden

animisme [animism] M REL Animismus *m*;

animiste A ADJ animistisch B M/F Animist(in) *m(f)*

animosité [animozite] F Animosität *f*, Feindseligkeit *f* (**envers qn** gegenüber j-m)

anion [anjõ] M PHYS Anion *n*

anis [ani(s)] M BOT Anis *ou* Anis *m*; **~ étoilé** Sternanis *m*

aniser [anize] V/T mit Anis würzen; **anisette** F Anislikör *m*; Anisette *m*

Anjou [ɑ̃ʒu] **l'~** *m* Anjou *n*

ankylose [ɑ̃kiloz] F MÉD Gelenkversteifung *f*; *t/t* Ankylose *f*

ankyloser [ɑ̃kiloze] A V/T *membre, articulation* steif werden lassen; *adjt* **ankylosé** steif; MÉD versteift; **je suis tout ankylosé** ich bin ganz steif (geworden) B V/PR **s'~** steif werden

annales [anal] FPL Annalen *pl*; *par ext* **dans les ~ du crime** in den Annalen des Verbrechens

Annam [anam] GÉOG **l'~** *m* Annam *n*

Anne [an] F *Vorname*

anneau [ano] M ⟨*pl* **~x**⟩ 1 Ring *m*; *de clé a.* Schlüsselring *m*; *d'une chaîne a.* (Ketten)Glied *n*; Kettenring *m*; *des vers, mille-pattes etc* ringförmiges Segment; (Körper)Glied *n*; *d'un arbre* Jahresring *m*; *des champignons* Ringkragen *m*; MATH Ring *m*; *des ciseaux* **~x** *pl* Griffe *mpl*; **~ nasal** Nasenring *m*; **~ de rideau** Gardinenring *m*; ASTRON **~ de Saturne** Saturnring *m*; SPORTS **~ de vitesse** Eisschnelllaufbahn *f* 2 *au doigt* (Finger)Ring *m*; *poét* Reif *m*; **~ épiscopal, pastoral** Bischofsring *m*; *st/s* **~ nuptial** Ehe-, Traurring *m* 3 SPORTS **~x** *pl* Ringe *mpl*

Annecy [ansi] *Stadt im Dep. Haute-Savoie*

année [ane] F Jahr *n*; *d'une personne a.* Lebensjahr *n*; *du vin* Jahrgang *m*; **~s actives, d'activité** Berufs-, Dienst-, Tätigkeitsjahre *npl*; **bonne ~!** ein gutes neues Jahr!; viel Glück zum neuen Jahr!; prosit Neujahr!; *avant la fin de l'année a. fam* guten Rutsch (ins neue Jahr)!; **l'~ dernière, passée, précédente, prochaine** → dernier *etc*; **~ financière** Finanzjahr *n*; **les ~s folles** die Goldenen Zwanzigerjahre; die Roaring Twenties *pl*; **~ scolaire** Schuljahr *n*; **~ universitaire** Studienjahr *n*; akademisches Jahr; **les ~s vingt, trente** *etc* die Zwanziger-, Dreißigerjahre *etc*; **~s d'école** Schulzeit *f*; **~s de service** Dienstjahre *npl*; *loc adj* **étudiant** *m* **de première ~** Student *m* im ersten und zweiten Semester; *loc adv*: **cette ~** dieses Jahr; in diesem Jahr; **chaque ~** jedes Jahr; Jahr für Jahr; jahraus, jahrein; **dans les ~s à venir** in den kommenden Jahren; **d'~ en ~** von Jahr zu Jahr; **d'une ~ à l'autre** von e-m Jahr zum ander(e)n; **depuis des ~s** seit Jahren; jahrelang; **il y a bien des ~s que ...** es ist schon viele Jahre her, dass ...; **devoir deux ~s de loyer** die Miete von zwei Jahren schulden; **entrer dans sa soixantième ~** ins sechzigste Lebensjahr kommen; in sein sechzigstes Lebensjahr treten; **être dans sa vingtième ~** im zwanzigsten Lebensjahr stehen; **cela fait des ~s que je ne l'ai pas vu** ich habe ihn seit Jahren nicht mehr gesehen

année-lumière [anelymjɛʀ] F ⟨*pl* années-lumière⟩ ASTRON Lichtjahr *n*

annelé [anle] ADJ Ring...

annélides [anelid] MPL ZOOL Ringelwürmer *mpl*

annexe [anɛks] F 1 *bâtiment* Nebengebäude *n*; *d'un hôtel* Dependance *f* 2 *d'un dossier etc* **~s** *pl ou adjt* **pièces** *fpl* **~s** Anlagen *fpl*; *d'un essai* Anhang *m*; Exkurs *m*

annexer [anɛkse] V/T 1 POL *territoire* annektieren; sich (*dat*) einverleiben 2 *document, attestation etc* beifügen, beilegen (**à** *dat*)

annexion [anɛksjõ] F POL Annexion *f*; Annektierung *f*; Einverleibung *f*; Angliederung *f*, Anschluss *m* (**à la France** an Frankreich)

annexionnisme [anɛksjɔnism] M POL Annexionismus *m*

Annick [anik] F *Vorname*

Annie [ani] F *Vorname*

annihilation [aniilasjõ] F 1 *des efforts etc* Zunichtemachung *f* 2 PHYS NUCL Annihilation *f*

annihiler [aniile] V/T *espoir, succès, efforts* zunichtemachen; *espoir a.* zerstören; *résistance* brechen

anniversaire [anivɛʀsɛʀ] A M 1 Geburtstag *m*; **bon ~!** ich gratuliere dir *ou* Ihnen (herzlich) zum Geburtstag!; herzlichen Glückwunsch, alles Gute zum Geburtstag!; **aujourd'hui, c'est son ~** er hat heute Geburtstag; heute ist sein Geburtstag 2 **~** *ou adjt* **jour** *m* **~** Jahres-, Gedenktag *m*; **~ de l'armistice** Waffenstillstandstag *m*; **l'~ de leur mariage** ihr Hochzeitstag *m*; **célébrer le vingtième ~ de la mort de ...** die zwanzigste Wiederkehr des Todestages von ... feierlich begehen B ADJ Gedenk...; **cérémonie** *f* **~** Gedenkfeier *f*

annonce [anõs] F 1 Ankündigung *f*; Mitteilung *f*; RAD, TV, PRESSE Meldung *f*; Bekanntgabe *f*, -machung *f*; RAD *a.* Ansage *f*; *Claudel* **L'Annonce faite à Marie** Mariä Verkündigung; CH DE FER **~ de train** Zugmeldung *f*; Vormeldung *f* der Züge; **faire une ~** (dem Publikum) e-e Mitteilung machen, etwas bekannt geben 2 *dans un journal* (Zeitungs)Annonce *f*; Anzeige *f*; Inserat *n*; **petite ~** Kleinanzeige *f*; *rubrique* **petites ~s** Anzeigenteil *m*; **~ publicitaire** Werbe-, Geschäftsanzeige *f*; **(faire) insérer, mettre, faire passer une ~ dans un journal** e-e Annonce, e-e Anzeige, ein Inserat aufgeben, in e-e Zeitung setzen; in e-r Zeitung inserieren; annoncieren 3 (*indice*) An-, Vorzeichen *n* (**de qc** für etw *ou* e-r Sache [*gén*]) 4 BRIDGE Bieten *n*

annoncer [anõse] ⟨-ç-⟩ A V/T 1 ankünd(ig)en; mitteilen; RAD, TV, PRESSE melden; bekannt geben, machen; RAD *a.* ansagen; *nouvelle* verkünden; *prophète* **~ qc** etw verkündigen, vorher-, voraussagen; **~ l'arrivée du train** die Ankunft des Zuges melden, bekannt geben, ankündigen; *la radio* **a annoncé de la pluie pour demain** hat für morgen Regen angesagt; *cette fleur* **annonce le printemps** ist ein

Vorbote des Frühlings; **~ sa visite pour vendredi** s-n Besuch für Freitag ankündigen; sich für Freitag ansagen **2** *un visiteur* melden; **se faire ~** sich melden lassen **3** *symptôme, gêne etc* **~ qc** ein (An)Zeichen für etw sein; auf etw *(acc)* hindeuten, schließen lassen; *ces nuages noirs* **annoncent la pluie** deuten auf Regen hin **4** BRIDGE bieten **B** V/PR **1** *voyage, saison etc* **s'~ bien, mal** gut, schlecht anfangen, beginnen; sich gut, schlecht anlassen; **ça s'annonce plutôt mal** *iron* das fängt ja gut an **2** *crise etc* **s'~ de toutes parts** sich überall abzeichnen, ankünd(ig)en

annonceur [anõsœʀ] M **a** PRESSE Inserent *m* **b** RAD, TV Auftraggeber *m* e-r Werbesendung

annonciateur [anõsjatœʀ] ADJ ⟨-trice⟩ *st/s* ankündigend (**de qc** etw); **signes ~s de la tempête** Vorzeichen *npl*, Vorboten *mpl* des Sturmes

Annonciation [anõsjasjõ] F **l'~ a** REL Mariä Verkündigung *f* **b** PEINT die Verkündigung Mariä

annoncier [anõsje] M **a** *dans un journal* Anzeigenleiter *m* **b** TYPO Anzeigensetzer *m*

annotation [anɔtasjõ] F *d'un texte* (kritische) Anmerkung; **~ (portée) en marge** Randbemerkung *f*

annoter [anɔte] V/T *texte* mit (kritischen) Anmerkungen versehen

annuaire [anɥɛʀ] M **1** Jahrbuch *n* **2 ~ du téléphone** Telefonbuch *n*; Fernsprechbuch *n* **3 ~ des marées** Tidenkalender *m*; Gezeitentafel *f*

annualité [anɥalite] F Jährlichkeit *f*; Geltungsdauer *f* für ein Jahr

annuel [anɥɛl] ADJ ⟨~le⟩ **1** (all)jährlich; jährlich wiederkehrend; Jahres…; **revenu ~** jährliches Einkommen; Jahreseinkommen *n* **2** *plante* einjährig

annuellement [anɥɛlmɑ̃] ADV (all)jährlich

annuité [anɥite] F **1** *pour une dette* Jahreszahlung *f*, -rate *f*; Annuität *f* **2** *(année de service)* ruhegehaltfähiges Dienstjahr

annulaire [anylɛʀ] **A** ADJ ringförmig; Ring… **B** M Ringfinger *m*

annulation [anylasjõ] F JUR Annullierung *f*; Nichtigkeits-, Ungültigkeitserklärung *f*; *d'un jugement, mariage a.* Aufhebung *f*; *d'une loi a.* Kraftloserklärung *f*; *d'un ordre* Zurücknahme *f*; Widerruf *m*; *d'une commande, réservation* Annullierung *f*; Rückgängigmachung *f*; (Zu)Rücknahme *f*; COMM Stornierung *f*; Storno *m ou n*; *d'un rendez-vous* Absage *f*; **~ d'une commande** *a.* Abbestellung *f*

annuler [anyle] **A** V/T JUR annullieren; für nichtig, für ungültig erklären; *jugement, mariage a.* aufheben; *commande* annullieren; rückgängig machen; zurücknehmen, -ziehen; COMM stornieren; **~ un ordre** einen Befehl widerrufen; **~ un rendez-vous** eine Verabredung absagen; **~ une réservation** eine Reservierung annullieren, rückgängig machen **B** V/PR *forces etc* **s'~** sich (gegenseitig) aufheben

anoblir [anɔbliʀ] V/T adeln; in den Adelsstand erheben

anoblissement [anɔblismɑ̃] M Adelung *f*; Erhebung *f* in den Adelsstand; HIST **lettres** *fpl* **d'~** Adelsbrief *m*, -diplom *n*

anode [anɔd] F PHYS Anode *f*

anodin [anɔdɛ̃] ADJ harmlos; ungefährlich; *remède a.* unschädlich; *propos, personnage a.* nichtssagend; unbedeutend

anomalie [anɔmali] F **1** *(bizarrerie)* Abnormität *f*; Anomalie *f*; Ungewöhnlichkeit *f*; Anormale(s) *n*; Unnormale(s) *n* **2** BIOL, LING *etc* Anomalie *f*; Regelwidrigkeit *f*

ânon [ɑnõ] M kleiner, junger Esel; Eselsfüllen *n*

ânonnement [ɑnɔnmɑ̃] M stockendes, stotterndes Her-, Aufsagen *ou* Lesen; *péj* Gestotter *n*; Gestammel *n*; **ânonner** V/T *et* V/I stockend, stotternd her-, aufsagen *ou* lesen; stockend sprechen

anonymat [anɔnima] M Anonymität *f*; **conserver, garder l'~** die Anonymität wahren; anonym, ungenannt bleiben

anonyme [anɔnim] ADJ **1** *lettre, don, auteur* anonym; *auteur, peintre a.* unbekannt; **auteur** *m*, **donateur** *m etc* **~** *a.* Anonymus *m*; **CV** *m* **~** anonymer Lebenslauf; **la foule ~** die anonyme, namenlose Menge; **société** *f* **~** Aktiengesellschaft *f*; **victimes** *fpl* **~s** namenlose, ungenannte Opfer **2** *(impersonnel) meubles etc* unpersönlich; neutral; konventionell

anophèle [anɔfɛl] M Malariamücke *f*; *t/t* Anopheles *f*

anorak [anɔʀak] M Anorak *m*

anorexie [anɔʀɛksi] F MÉD Magersucht *f*; *t/t* Anorexie *f*

anorexigène [anɔʀɛksiʒɛn] **A** ADJ appetithemmend; **avoir un effet, être ~** appetithemmend wirken **B** M Appetithemmer *m*, -zügler *m*

anorexique [anɔʀɛksik] **A** ADJ *troubles* durch (die) Magersucht verursacht, bedingt; *personne* magersüchtig **B** M/F Magersüchtige(r) *m/f(m)*

anormal [anɔʀmal] ⟨*mpl* -aux⟩ **A** ADJ **1** anormal; anomal; abnorm; unnormal; nicht normal; ungewöhnlich; **il est ~ que …** *(+subj)* es ist doch unnormal, dass … **2** *mentalement* (geistig) anomal; geistesgestört **B** SUBST **~(e)** *m(f)* Geistesgestörte(r) *m/f(m)*

anormalement [anɔʀmalmɑ̃] ADV *température* **~ bas** abnorm niedrig; **~ constitué** von ano(r)maler Konstitution; **~ gai** ungewöhnlich fröhlich

Anouilh [anuj] *frz Dramatiker*

ANPE [aɛnpeə] F ABR (Agence nationale pour l'emploi) Arbeitsamt *n*; *correspond à* Bundesanstalt *f* für Arbeit

Ans [ɑ̃s] *Stadt in Belgien*

anse [ɑ̃s] F **1** *d'une tasse etc* Henkel *m*; *fig* **faire danser l'~ du panier** zu viel (Geld) ausgeben **2** *(petite baie)* kleine seichte Bucht **3** ANAT Schlinge *f*; *t/t* Ansa *f*

antagonique [ɑ̃tagɔnik] ADJ → antagoniste A

antagonisme [ɑ̃tagɔnism] M Antagonismus *m (a.* BIOL); Gegensatz *m*; Gegnerschaft *f*; Widerstreit *m*; **~ de classe** Klassenantagonismus *m*

antagoniste [ɑ̃tagɔnist] **A** ADJ antagonistisch; gegensätzlich; widerstreitend **B** M/F Antagonist(in) *m(f)*; Gegner(in) *m(f)*; Widersacher(in) *m(f)*

antalgique [ɑ̃talʒik] ADJ PHARM schmerzlindernd, -stillend; **médicament** *m* **~** schmerzlinderndes, -stillendes Mittel; Antalgikum *n*

antan [ɑ̃tɑ̃] LOC ADJ *litt* **d'~** einstige(r, -s); aus vergangener Zeit

Antarctide [ɑ̃taʀktid] **l'~** *f* die Antarktis

antarctique [ɑ̃taʀktik] **A** ADJ antarktisch; der Antarktis; des Südpolargebietes; **cercle** *m* **polaire ~** südlicher Polarkreis; **continent** *m* **~** antarktischer Kontinent; **océan (Glacial) Antarctique** Südpolarmeer *n*; Südliches Eismeer **B** SUBST **l'Antarctique** *m* die Antarktis

antécédence [ɑ̃tesedɑ̃s] F GÉOL Antezedenz *f*

antécédent [ɑ̃tesedɑ̃] **A** M **1 ~s** *pl d'une personne* Vorleben *n*; Vergangenheit *f*; *d'un événement* Vorgeschichte *f* **2** GRAM *du relatif* Bezugswort *n* **3** LOGIQUE Antezedens *n*; Vordersatz *m* **4** MÉD **~s** *pl* Vorgeschichte *f*; Anamnese *f* **B** ADJ GÉOL **vallée ~e** antezedentes Tal

Antéchrist [ɑ̃tekʀist] M REL Antichrist *m*

antédiluvien [ɑ̃tedilyvjɛ̃] ADJ ⟨~ne⟩ *fam fig* vorsintflutlich

antenne [ɑ̃tɛn] F **1** RAD, TV, TÉLÉCOMMUNICATIONS Antenne *f*; **~ collective** Gemeinschaftsantenne *f*; **~ extérieure, intérieure** Außen- *ou* Hoch-, Innen- *ou* Zimmerantenne *f*; **~ de télévision** Fernsehantenne *f* **2** RAD, TV *(émission)* Senden *n*, -ung *f*; Sendezeit *f*; *de candidats aux élections* **droit** *m* **d'~** Recht *n*, Anspruch *m* auf (e-e bestimmte) Sendezeit; **heures** *fpl* **d'~** Sendezeit *f*; *déclarer* **°hors ~** außerhalb der Sendung; *journaliste* **interdit d'~** mit Sendeverbot; **je donne, passe l'~ à notre reporter à X** ich übergebe an unseren Reporter in X; **l'~ est à vous** Sie haben das Wort; *personne* **être à** *ou* **sur l'~, passer à l'~** auf Sendung sein; **rendre l'~ à Paris, au studio** nach Paris, zum Funkhaus zurückgeben **3** *jusqu'en 1992* **Antenne 2** Zweites Programm (des französischen Fernsehens) **4** ZOOL Fühler *m*; Antenne *f*; *fig personne* **avoir des ~s** den sechsten Sinn haben; e-e gute Spürnase haben; *fam* e-e Antenne dafür haben; **avoir des ~s dans un ministère** *etc* über gute Nachrichtenquellen in e-m Ministerium *etc* verfügen **5** *d'une institution* Außenstelle *f* **6** *de la Croix-Rouge etc* Rettungsstation *f*

antépénultième [ɑ̃tepenyltjɛm] F LING Antepänultima *f*; drittletzte Silbe

antéposer [ɑ̃tepoze] V/T GRAM voranstellen; **adjectif antéposé** vorangestelltes, vor dem Substantiv stehendes Adjektiv

antéposition [ɑ̃tepozisjõ] F GRAM Voranstellen *n*, -stehen *n*

antérieur [ɑ̃teʀjœʀ] ADJ **1** *(de devant)* vordere(r, -s); Vorder…; **membres ~s** Vorderbeine *npl*; **pattes ~es** Vorderpfoten *fpl* **2** *dans le temps* frühere(r, -s); **vie ~e** früheres, voriges Leben; **être ~ à qc** *événement* (zeitlich) vor etw *(dat)* liegen; sich vor etw *(dat)* ereignet haben; e-r Sache *(dat)* vorhergehen; *édifice, style* älter sein als etw **3** GRAM **futur ~** zweites Futur; Futurum exaktum *n*; vollendete Zukunft; **passé ~** zweites Plusquamperfekt **4** PHON **voyelle ~e** Vorderzungenvokal *m*; palataler, heller Vokal

antérieurement [ɑ̃teʀjœʀmɑ̃] ADV vorher; früher; **~ à** früher als; vor *(+dat)*

antériorité [ɑ̃teʀjɔʀite] F zeitliches Vorangehen

anthère [ɑ̃tɛʀ] F BOT Staubbeutel *m*

anthologie [ɑ̃tɔlɔʒi] F Anthologie *f*; Blütenlese *f*

anthracite [ɑ̃tʀasit] M **1** *charbon* Anthrazit *m* **2** ADJT **(gris) ~** ⟨*inv*⟩ anthrazit(farben, -farbig, -grau)

anthrax [ɑ̃tʀaks] M MÉD Karbunkel *m*; *abus* Milzbrand *m*; *t/t* Anthrax *m*

anthropocentrique [ɑ̃tʀɔpɔsɑ̃tʀik] ADJ PHIL anthropozentrisch; **anthropocentrisme** M PHIL anthropozentrische Betrachtungsweise

anthropoïde [ɑ̃tʀɔpɔid] ADJ ZOOL menschenähnlich; *t/t* anthropoid; **singe** *m* **~** *ou subst* **~** *m* Menschenaffe *m*; *t/t* Anthropoid(e) *m*

anthropologie [ɑ̃tʀɔpɔlɔʒi] F Anthropologie *f*; **anthropologique** ADJ anthropologisch; **anthropologiste** M/F *ou* **anthropologue** M/F Anthropologe, -login *m,f*

anthropométrie [ɑ̃tʀɔpɔmetʀi] F **1** *science* Anthropometrie *f* **2 ~ (judiciaire)** Erkennungsdienst *m*

anthropométrique [ɑ̃tʀɔpɔmetʀik] ADJ JUR erkennungsdienstlich; anthropometrisch

anthropomorphe [ɑ̃tʀɔpɔmɔʀf] ADJ menschlich gestaltet; anthropomorph; *dans de vieux manuscrits* **lettre** *f* **~** Initiale, die sich aus der Gestalt e-s Menschen formt

anthropomorphiser [ɑ̃tʀɔpɔmɔʀfize] V/T vermenschlichen; **anthropomorphisme** M Anthropomorphismus *m;* Vermenschlichung *f*

anthroponymie [ɑ̃tʀɔpɔnimi] F LING Personennamenkunde *f*, -forschung *f*

anthropophage [ɑ̃tʀɔpɔfaʒ] **A** ADJ menschenfressend **B** M Menschenfresser *m;* Kannibale *m; t/t* Anthropophage *m;* **anthropophagie** F Menschenfresserei *f;* Kannibalismus *m; t/t* Anthropophagie *f*

anti... [ɑ̃ti] *préfixe* anti...; Anti...; gegen...; Gegen...; un...; ...gegner *m;* ...feindlich; TECH, MÉD ...dämpfend; ...hemmend; ...schutz *m;* → *les articles suivants*

antiacarien [ɑ̃tiakaʀjɛ̃] **A** ADJ ⟨~ne⟩ zur Milbenbekämpfung; Milben... **B** M Mittel *n* zur Milbenbekämpfung; Milbenmittel *n*

antiaérien [ɑ̃tiaeʀjɛ̃] ADJ ⟨~ne⟩ MIL Flugabwehr...; *abr* Flak...; **abri ~** Luftschutzraum *m*, -keller *m*, -bunker *m;* **défense ~ne** Luft-, Flug-, Fliegerabwehr *f;* Flak *f*

antialcoolique [ɑ̃tialkɔlik] ADJ **ligue** *f* **~** Liga *f* zur Bekämpfung des Alkoholismus

antialcoolisme [ɑ̃tialkɔlism] M Antialkoholismus *m;* Kampf *m* gegen den Alkoholismus

antiaméricain [ɑ̃tiameʀikɛ̃] ADJ antiamerikanisch; amerikafeindlich

antiaméricanisme [ɑ̃tiameʀikanism] M Antiamerikanismus *m;* Amerikafeindlichkeit *f*

antianémique [ɑ̃tianemik] ADJ MÉD **facteur** *m* **~** antianämischer Faktor

antiatomique [ɑ̃tiatɔmik] ADJ Strahlenschutz...; **abri** *m* **~** Atombunker *m;* **protection** *f* **~** Schutz *m* gegen radioaktive Strahlung

Antibes [ɑ̃tib] *Stadt im Dep. Alpes-Maritimes*

antibiotique [ɑ̃tibjɔtik] MÉD **A** ADJ antibiotisch **B** M Antibiotikum *n;* **être sous ~s** mit Antibiotika behandelt werden

antiblocage [ɑ̃tiblɔkaʒ] ADJ AUTO **système** *m* **~** Antiblockiersystem *n* (*abr* ABS)

antibrouillard [ɑ̃tibʀujaʀ] ADJ ⟨*f inv*⟩ AUTO **phare** *m* **~** *ou subst* **~** *m* Nebelscheinwerfer *m*

antibruit [ɑ̃tibʀɥi] ADJ ⟨*f inv*⟩ Lärmschutz...; Lärmbekämpfungs...; **mur** *m* **~** Lärmschutzwall *m*

antibuée [ɑ̃tibɥe] ADJ Antibeschlag...; **anticalcaire** ADJ Entkalkungs...; zur Entkalkung; **anticancéreux** ADJ ⟨-euse⟩ MÉD Krebsbekämpfungs...; zur Krebsbekämpfung; **anticapitaliste** ADJ antikapitalistisch

anticasseurs [ɑ̃tikasœʀ] ADJ **loi** *f* **~** Gesetz *n* gegen Chaoten, Randalierer

antichambre [ɑ̃tiʃɑ̃bʀ] F Vorzimmer *n;* **faire ~** im Vorzimmer warten; antichambrieren

antichar [ɑ̃tiʃaʀ] ADJ ⟨*f inv*⟩ *canon, fusée* Panzerabwehr...; *munitions* panzerbrechend; **grenade** *f*, **mine** *f* **~** Panzergranate *f*, -mine *f*

antichoc [ɑ̃tiʃɔk] ADJ ⟨*f inv*⟩ *montre* stoßfest, -sicher; AVIAT **casque** *m* **~** Schutz-, Sturzhelm *m*

antichrétien [ɑ̃tikʀetjɛ̃] **A** ADJ ⟨~ne⟩ antichristlich; christenfeindlich; gegen das Christentum (eingestellt) **B** SUBST **~(ne)** *m(f)* Gegner(in) *m(f)* des Christentums

anticipation [ɑ̃tisipasjɔ̃] F **1** *par la pensée* (gedankliche) Vorwegnahme, Vorausnahme; Vorgriff *m* (**de** auf *+acc*); Antizipation *f;* **littérature** *f* **d'~** Science-Fiction *f;* **film** *m* **d'~** Science-Fiction-Film *m;* **roman** *m* **d'~** utopischer Roman; Zukunftsroman *m* **2** COMM vorzeitige Regelung, Erledigung; **~ de paiement** antizipierte Zahlung; Leistung *f* e-r Zahlung vor Fälligkeit; Vorauszahlung *f; loc adv* **par ~** vorzeitig; im Voraus

anticipé [ɑ̃tisipe] ADJ vorzeitig; vorfristig; vorgezogen; **élections ~es** vorgezogene Wahlen *fpl;* **joie ~e** Vorfreude *f;* **retraite ~e** Vorruhestand *m;* **avec mes remerciements ~s** mit (bestem) Dank im Voraus

anticiper [ɑ̃tisipe] **A** V/T *paiement* vorzeitig, vorfristig, vor Fälligkeit leisten; **~ le paiement de huit jours** die Zahlung acht Tage eher leisten, um acht Tage vorziehen **B** V/T INDIR **~ sur qc** etw vorwegnehmen, vorausnehmen, antizipieren; e-r Sache (*dat*) vorgreifen; (*prévoir*) etw voraussehen; *abs* **mais n'anticipons pas** aber wir wollen nicht vorgreifen

anticlérical [ɑ̃tikleʀikal] ⟨*mpl* -aux⟩ **A** ADJ antiklerikal; kirchenfeindlich **B** **~(e)** *m(f)* Antiklerikale(r) *m/f(m);* Kirchengegner(in) *m(f);* **anticléricalisme** M Antiklerikalismus *m;* kirchenfeindliche Einstellung

anticlinal [ɑ̃tiklinal] M ⟨*pl* -aux⟩ GÉOL Antiklinale *f;* Antikline *f;* Sattel *m;* **anticoagulant** MÉD **A** ADJ blutgerinnungshemmend **B** M Antikoagulans *n;* blutgerinnungshemmendes Mittel; **anticolonialisme** M Antikolonialismus *m*

anticommunisme [ɑ̃tikɔmynism] M Antikommunismus *m*

anticommuniste [ɑ̃tikɔmynist] **A** ADJ antikommunistisch; kommunistenfeindlich; *advt* **voter ~** gegen die Kommunisten stimmen **B** M/F Antikommunist(in) *m(f)* **C** M/F Antikommunist(in) *m(f)*

anticonceptionnel [ɑ̃tikɔ̃sɛpsjɔnɛl] ADJ ⟨~le⟩ empfängnisverhütend; *t/t* antikonzeptionell; **pillule ~le** Antibabypille *f*

anticonformisme [ɑ̃tikɔ̃fɔʀmism] M Nonkonformismus *m;* **anticonformiste** **A** ADJ nonkonformistisch **B** M/F Nonkonformist(in) *m(f)*

anticonjoncturel [ɑ̃tikɔ̃ʒɔ̃ktyʀɛl] ADJ ⟨~le⟩ konjunkturdämpfend; antizyklisch; **anticonstitutionnel** ADJ ⟨~le⟩ verfassungswidrig; **anticonvulsif** ADJ ⟨-ive⟩ MÉD krampflösend, -lindernd; **anticorps** M BIOL Anti-, Immunkörper *m*

anticorrosion [ɑ̃tikɔʀɔsjɔ̃] ADJ ⟨*inv*⟩ gegen Korrosion; **protection** *f* **~** Korrosionsschutz *m*

anticyclone [ɑ̃tisiklon] M MÉTÉO Hoch(-druckgebiet) *n;* Antizyklone *f;* **antidate** F ADMIN früheres, älteres Datum; **antidater** V/T (zu)rückdatieren; **antidémocratique** ADJ un-, antidemokratisch; **antidépresseur** M PHARM Antidepressivum *n;* **antidérapant** ADJ *pneu etc* rutschfest; gleitsicher; **antidétonant** M AUTO Antiklopfmittel *n*

antidiphtérique [ɑ̃tidifteʀik] ADJ MÉD gegen Diphtherie; **sérum** *m* **~** Diphtherieheilserum *n*

antidopage [ɑ̃tidɔpaʒ] *ou* **antidoping** ADJ ⟨*f inv*⟩ SPORTS **contrôle** *m* **antidopage** *ou* **antidoping** Dopingkontrolle *f*

antidote [ɑ̃tidɔt] M **1** MÉD Gegenmittel *n*, -gift *n* **2** *fig* (Gegen)Mittel *n* (**contre** gegen);

antidotisme M MÉD Vermögen *n*, die Wirkung e-r giftigen Substanz aufzuheben oder zu mildern

antidouleur [ɑ̃tidulœʀ] **A** ADJ ⟨*inv*⟩ *médicament* schmerzstillend; Schmerz... **B** M Schmerzmittel *n;* **antidreyfusard** M HIST Dreyfus-Gegner *m*

antidumping [ɑ̃tidœmpiŋ] ADJ ⟨*inv*⟩ **loi** *f*, **taxe** *f* **~** Antidumpinggesetz *n*, -zoll *m* [-'dam-]

antienne [ɑ̃tjɛn] F **1** ÉGL Antifon *f* **2** *fig* **répéter la même ~** die alte Leier wiederholen; das alte Lied anstimmen

antiesclavagiste [ɑ̃tiɛsklavaʒist] **A** ADJ gegen die Sklaverei **B** M/F Gegner(in) *m(f)* der Sklaverei; **antifascisme** M Antifaschismus *m;* **antifasciste** **A** ADJ antifaschistisch **B** M/F Antifaschist(in) *m(f)*

antigang [ɑ̃tigɑ̃g] ADJ ⟨*f inv*⟩ POLICE **brigade** *f* **~** Abteilung *f* zur Bekämpfung von Bandenkriminalität

antigel [ɑ̃tiʒɛl] M Frostschutzmittel *n;* **antigène** M BIOL Antigen *n;* **antigivrage** M AVIAT Enteisung *f;* Schutz *m* vor Vereisung; **antigivrant** **A** ADJ eisbildungshemmend; Enteisungs...; Entfroster...; Defroster... **B** M (*liquide ~*) Enteisungsflüssigkeit *f;* Enteiser *m;* Defroster *m*

Antigone [ɑ̃tigɔn] F MYTH Antigone *f*

antigouvernemental [ɑ̃tiguvɛʀnəmɑ̃tal] ADJ ⟨-aux⟩ regierungsfeindlich; **antigrève** ADJ Antistreik...; **antigrippal** ADJ ⟨-aux⟩ *ou* **antigrippe** ADJ ⟨*f inv*⟩ gegen Grippe; **antihéros** M Antiheld *m;* **antihygiénique** ADJ unhygienisch

anti-inflammatoire [ɑ̃tiɛ̃flamatwaʀ] ADJ MÉD entzündungshemmend; **anti-inflationniste** ADJ zur Inflationsbekämpfung; antiinflationistisch

antijeu [ɑ̃tiʒø] M SPORTS unsportliches Verhalten; Unsportlichkeit *f*

antillais [ɑ̃tijɛ] ADJ (*et* SUBST **Antillais** Bewohner) der (Kleinen) Antillen

Antilles [ɑ̃tij] **les ~** *fpl* die Antillen *pl;* **la mer des ~** die Karibik; das Karibische Meer

antilope [ɑ̃tilɔp] F ZOOL Antilope *f*

antimatière [ɑ̃timatjɛʀ] F PHYS Antimaterie *f;* **antimicrobien** ADJ ⟨~ne⟩ antibakteriell

antimilitarisme [ɑ̃timilitaʀism] M Antimilitarismus *m;* **antimilitariste** **A** ADJ antimilitaristisch **B** M/F Antimilitarist(in) *m(f)*

antimissile [ɑ̃timisil] ADJ MIL Raketenabwehr...; **système** *m* **~** Raketenabwehrsystem *n*

antimite(s) [ɑ̃timit] ADJ **produit** *m* **~(s)** *ou subst* **~** *m* Mottenschutzmittel *n*

antimoine [ɑ̃timwan] M CHIM Antimon *n*

antimonarchique [ɑ̃timɔnaʀʃik] ADJ antimonarchisch; monarchiefeindlich; **antimonarchiste** M/F Antimonarchist(in) *m(f);* Gegner(in) *m(f)* der Monarchie

antimondialisation [ɑ̃timɔ̃djalizasjɔ̃] F Antiglobalisierungsbewegung *f;* **antimondialiste** **A** ADJ globalisierungskritisch; Antiglobalisierungs... **B** M/F Globalisierungsgegner(in) *m(f);* Globalisierungskritiker(in) *m(f)*

antinataliste [ɑ̃tinatalist] ADJ auf Geburtenbeschränkung abzielend; **antinational** ADJ ⟨-aux⟩ antinational; **antinazi** **A** ADJ antinazistisch **B** M/F Nazigegner(in) *m(f)*

antinévralgique [ɑ̃tinevʀalʒik] ADJ MÉD **médicament** *m* **~** *ou subst* **~** *m* Antineuralgikum *n;* schmerzstillendes Mittel

antinomie [ɑ̃tinɔmi] F JUR, PHIL Antinomie *f;* **antinomique** ADJ antinomisch

antinucléaire [ɑ̃tinykleɛʀ] M/F Kernkraftgegner(in) *m(f)*

antipaludéen [ɑ̃tipalydeɛ̃] **A** ADJ ⟨~ne⟩ Malaria... **B** M Medikament *n*, Mittel *n* gegen Malaria; Malariamittel *n*

antipape [ɑ̃tipap] M HIST Gegenpapst *m*

antiparasite [ɑ̃tipaʀazit] ADJ ÉLEC **dispositif** *m* **~** *ou subst* **~** *m* Störschutz *m;* **antiparasiter** V/T ÉLEC (funk)entstören

antiparlementarisme [ɑ̃tipaʀləmɑ̃taʀism] M Antiparlamentarismus *m;* ablehnende, feindliche Einstellung gegenüber dem Parlamentarismus

antipathie [ɑ̃tipati] F Antipathie *f*, Abneigung *f*, Widerwille(n) *m* (**à l'égard de, pour** gegen)

antipathique [ɑ̃tipatik] ADJ unsympathisch; unangenehm; zuwider; widerwärtig; antipathisch; **être ~ à qn** j-m unsympathisch *etc* sein

antipatriotique [ɑ̃tipatʀijɔtik] ADJ unpatriotisch; **antipatriotisme** M unpatriotische Haltung, Einstellung; **antipelliculaire**

ADJ zur Schuppenbekämpfung; gegen Kopfschuppen

antipersonnel [ɑ̃tipɛʀsɔnɛl] ADJ ⟨inv⟩ MIL **mine** f ~ Tretmine f

antiphrase [ɑ̃tifʀɑz] F STYLISTIQUE Antiphrase f; *loc adv* **par ~** in ironischer Verkehrung

antipodal [ɑ̃tipɔdal] ADJ ⟨-aux⟩ antipodisch; **points antipodaux** diametrale, entgegengesetzte Punkte *mpl*

antipode [ɑ̃tipɔd] M 1 GÉOG **la Nouvelle-Calédonie est l'~, aux ~s de la France** Neukaledonien liegt Frankreich auf der Erdkugel diametral gegenüber; *par ext* **aux ~s** weit weg; *fam* am anderen *ou* ans andere Ende der Welt 2 *fig* Gegenteil *n*; **être à l'~, aux ~s de qc** genau das Gegenteil von etw sein; *conceptions* in diametralem Gegensatz zu etw stehen; *personnes, partis* **être aux ~s l'un de l'autre** Antipoden sein

antipolio [ɑ̃tipɔljo] ADJ ⟨f inv⟩ MÉD gegen Polio, spinale Kinderlähmung; **antipollution** ADJ ⟨f inv⟩ umweltfreundlich; gegen Umweltverschmutzung; **antiprotectionniste** ADJ ÉCON antiprotektionistisch; **antipublicitaire** ADJ werbungsfeindlich

antiquaille [ɑ̃tikaj] F *péj souvent* PL **~s** alter Kram; (alter) Plunder; altes Gerümpel

antiquaire [ɑ̃tikɛʀ] M/F Antiquitätenhändler(in) *m(f)*

antique [ɑ̃tik] A ADJ 1 *œuvre d'art, civilisation* antik; **la Grèce ~** das antike, alte Griechenland 2 *coutume* (ur)alt 3 *iron* antiquiert; altmodisch; altertümlich; *loc adj* **à l'~** wie in alter Zeit; altertümlich; altfränkisch B M **l'~** das Antike

antiquité [ɑ̃tikite] F 1 **l'Antiquité** die Antike; *par ext* das Altertum; **l'Antiquité classique** das klassische Altertum; **dans l'Antiquité** in der Antike; im Altertum 2 **la plus °haute ~** uralte Zeiten *fpl*; die graue Vorzeit; das graue Altertum; **de toute ~** von alters her; seit alters; seit je(her); von jeher 3 PL **~s** (*objets d'art anciens*) Antiquitäten *fpl*; **magasin** *m*, **marchand** *m* **d'~s** Antiquitätengeschäft *n*, -händler *m* 4 PL **~s** (*monuments de l'Antiquité*) Antiken *fpl*; Altertümer *npl*; **collection** *f* **d'~s** Antikensammlung *f*

antirabique [ɑ̃tiʀabik] ADJ MÉD gegen Tollwut

antirachitique [ɑ̃tiʀaʃitik] ADJ antirachitisch; **remède** *m* ~ Antirachitikum *n*; Mittel *n* gegen Rachitis

antiraciste [ɑ̃tiʀasist] ADJ gegen den Rassismus; antirassistisch; **antiradar** ADJ ⟨f inv⟩ MIL Antiradar...; zum Schutz gegen Radarerfassung; **antireflet** ADJ ⟨f inv⟩ OPT *verre* entspiegelt; **antireligieux** ADJ ⟨-euse⟩ antireligiös; religionsfeindlich; **antirides** ADJ ⟨inv⟩ *cosmétique* gegen Falten(bildung); **antiroman** M LITTÉRATURE Antiroman *m*

antirouille [ɑ̃tiʀuj] ADJ ⟨inv⟩ Rostschutz...; **peinture** *f* ~ Rostschutzfarbe *f*; **protection** *f* ~ Rostschutz *m*

antiscientifique [ɑ̃tisjɑ̃tifik] ADJ wissenschaftsfeindlich; **antisèche** F *arg scolaire* Spickzettel *m*; **antiségrégationniste** A ADJ gegen die Rassentrennung (gerichtet) B M/F Gegner(in) *m(f)* der Rassentrennung

antisémite [ɑ̃tisemit] A ADJ antisemitisch; judenfeindlich B M/F Antisemit(in) *m(f)*; Judengegner(in) *m(f)*; **antisémitisme** M Antisemitismus *m*

antisepsie [ɑ̃tisɛpsi] F MÉD Antisepsis *f*; **antiseptique** A ADJ MÉD antiseptisch; keimtötend B M Antiseptikum *n*; keimtötendes Mittel

antisionisme [ɑ̃tisjɔnism] M Ablehnung *f* des Zionismus; **antisioniste** A ADJ zionistenfeindlich; gegen den Zionismus (gerichtet) B M/F Gegner(in) *m(f)* des Zionismus

antisocial [ɑ̃tisɔsjal] ADJ ⟨-aux⟩ unsozial; **mesures ~es** unsoziale Maßnahmen *fpl*

antisolaire [ɑ̃tisɔlɛʀ] ADJ **crème** *f* ~ Sonnenschutzcreme *f*

anti-sous-marin [ɑ̃tisumaʀɛ̃] ADJ MIL zur U-Boot-Bekämpfung, U-Boot-Abwehr; **grenade ~e** Wasserbombe *f*

antispasmodique [ɑ̃tispasmɔdik] MÉD A ADJ krampflösend B M Spasmolytikum *n*; Antispastikum *n*; Antispasmodikum *n*

antisportif [ɑ̃tispɔʀtif] ADJ ⟨-ive⟩ unsportlich; **antitabac** ADJ ⟨inv⟩ gegen das Rauchen

antiterroriste [ɑ̃titeʀɔʀist] ADJ zur Terrorismusbekämpfung; **commando** *m* ~ Antiterroreinheit *f*; **lutte** *f* ~ Terrorismusbekämpfung *f*

antitétanique [ɑ̃titetanik] ADJ MÉD gegen Wundstarrkrampf, Tetanus; **vaccination** *f* ~ Tetanusschutzimpfung *f*

antithéâtre [ɑ̃titeatʀ] M LITTÉRATURE Antitheater *n*

antithèse [ɑ̃titɛz] F 1 PHIL, RHÉT Antithese *f* 2 *fig et st/s* Gegenteil *n*; Gegensatz *m*; **il est l'~ de son frère** er ist das ganze Gegenteil von s-m Bruder

antithétique [ɑ̃titetik] ADJ antithetisch; gegensätzlich; **antitoxine** F MÉD Antitoxin *n*; Gegengift *n*

antitrust [ɑ̃titʀœst] ADJ Antitrust...; **loi** *f* ~ Antitrustgesetz *n*

antituberculeux [ɑ̃titybɛʀkylø] ADJ ⟨-euse⟩ MÉD gegen Tuberkulose; zur Tuberkulosebekämpfung; **vaccination antituberculeuse** Tuberkuloseschutzimpfung *f*

antityphoïdique [ɑ̃titifɔidik] ADJ MÉD gegen Typhus; **vaccin** *m* ~ Typhusimpfstoff *m*; **vaccination** *f* ~ Typhusschutzimpfung *f*

antivariolique [ɑ̃tivaʀjɔlik] ADJ MÉD **vaccination** *f* ~ Pocken(schutz)impfung *f*

antivénérien [ɑ̃tiveneʀjɛ̃] ADJ ⟨~ne⟩ MÉD zur Bekämpfung von Geschlechtskrankheiten; gegen Geschlechtskrankheiten; **antiviral** ADJ ⟨-aux⟩ MÉD gegen Viren, Viruserkrankungen

antivirus [ɑ̃tiviʀys] M *et* ADJ INFORM (**programme** *m*) ~ Antiviren-, Antivirusprogramm *n*; Virensuchprogramm *n*

antivitamine [ɑ̃tivitamin] F BIOL Antivitamin *n*; **antivol** M Diebstahlsicherung *f*; AUTO Lenkradschloss *n*; VÉLO Fahrradschloss *n*

Antoine [ɑ̃twan] M 1 *Vorname* 2 *saint* Antonius *m*

Antonin [ɑ̃tɔnɛ̃] M *Vorname*

antonyme [ɑ̃tɔnim] M LING Antonym *n*; **antonymie** F Antonymie *f*

antre [ɑ̃tʀ] M 1 *st/s des fauves* Höhle *f* 2 *fig d'une personne* Refugium *n*; Schlupfwinkel *m* 3 ANAT (Körper)Höhle *f*

anus [anys] M ANAT After *m*; *t/t* Anus *m*; **~ artificiel** künstlich angelegter Darmausgang; *t/t* Anus praeter

Anvers [ɑ̃vɛʀ] Antwerpen *n*

anxiété [ɑ̃ksjete] F Angst *f*; Beklommenheit *f*; innere Unruhe; Beunruhigung *f*

anxieux [ɑ̃ksjø] A ADJ ⟨-euse⟩ 1 *personne, regard etc* angstvoll; angsterfüllt; ängstlich; bang(e); beklommen; **attente anxieuse** banges Warten 2 **être ~ de** (*+inf*) begierig sein, ungeduldig darauf warten, sich danach sehnen zu (*+inf*) B SUBST **~, anxieuse** *m,f* ängstlicher Mensch

anxiolytique [ɑ̃ksjɔlitik] MÉD A ADJ angstlösend; *t/t* anxiolytisch B M Angstlöser *m*; *t/t* Anxiolytikum *n*

AOC ABR (appellation d'origine contrôlée) *höchste Qualitätsklasse bei Weinen*; *correspond à* Prädikatswein *m*

aorte [aɔʀt] F ANAT Aorta *f*; Hauptschlagader *f*

Aoste [aɔst] Aosta *n*; **le val d'~** das Aostatal

août [u(t)] M August *m*; REL **le 15 Août** Mariä Himmelfahrt

aoûtat [auta] M ZOOL Larve *f* der Erntemilbe

aoûtien [ausjɛ̃] M, **aoûtienne** F Augusturlauber(in) *m(f)*

apache [apaʃ] M 1 *malfaiteur* (Großstadt)Ganove *m* 2 **Apaches** *pl Indiens* Apachen *mpl*

apaisant [apɛzɑ̃] ADJ *paroles* beruhigend; beschwichtigend; begütigend; besänftigend

apaisement [apɛzmɑ̃] M Beruhigung *f*; Beschwichtigung *f*; Besänftigung *f*; *des souffrances* Linderung *f*; **donner des ~s** beruhigende Zusicherungen geben

apaiser [apeze] A V/T *personne* beruhigen; besänftigen; beschwichtigen; begütigen; *colère* besänftigen; mildern; *souffrance* lindern; erleichtern; *soif, faim, désir, douleur* stillen; **~ la conscience** das Gewissen beruhigen, beschwichtigen; *poét* **~ la mer, la tempête** das Meer, den Sturm besänftigen B V/PR **s'~** *personne* sich beruhigen; zur Ruhe kommen; *colère, tempête* nachlassen; sich legen

apanage [apanaʒ] M **avoir l'~ de qc** etw im Alleinbesitz haben; etw für sich gepachtet haben; **être l'~ de qn** j-m vorbehalten sein; *qualité* j-m eigen sein; j-s Erbteil sein

aparté [apaʀte] M 1 THÉ beiseite Gesprochene(s) *n* 2 *entretien* vertrauliches, abseits von den anderen geführtes Gespräch; **en ~** vertraulich; *remarque a.* nicht für andere Ohren bestimmt

apartheid [apaʀtɛd] M Apartheid *f*

apathie [apati] F Apathie *f*; Teilnahmslosigkeit *f*; **apathique** A ADJ apathisch; teilnahmslos; gleichgültig B M/F apathischer, energieloser Mensch

apatride [apatʀid] A ADJ staatenlos B M/F Staatenlose(r) *m/f(m)*; **apatridie** F Staatenlosigkeit *f*

APEC [apɛk] F ABR (Association pour l'emploi des cadres[, ingénieurs et techniciens]) *Vereinigung zur Stellenvermittlung für (leitende) Angestellte(, Ingenieure und Techniker)*

Apennin [apɛnɛ̃] *ou* **Apennins** [apɛnɛ̃] **l'~** *m ou* **les ~s** *mpl* der Apennin *ou* die Apenninen *pl*

aperception [apɛʀsɛpsjɔ̃] F PHIL Apperzeption *f*

apercevoir [apɛʀsəvwaʀ] ⟨→ recevoir⟩ A V/T erblicken; erkennen; gewahren; wahrnehmen; sichten (*a.* MAR); bemerken; innewerden (*+gén*); **laisser, faire ~ qc** (sich [*dat*]) etw (an)merken lassen; etw zu erkennen geben B V/PR **s'~ de qc** etw (be)merken; *st/s* etw *ou* e-r Sache (*gén*) gewahr werden; e-r Sache (*gén*) innewerden

aperçu [apɛʀsy] M kurzer Überblick (**de** *ou* **sur** über *+acc*); (kleiner) Einblick (in *+acc*); kurze Darstellung; *ce résumé* **vous donnera un ~ du livre** gibt, vermittelt Ihnen e-e Vorstellung von dem Buch; **donner un ~ de la situation** *a.* e-n kurzen Lagebericht geben

apériodique [apeʀjɔdik] ADJ PHYS aperiodisch

apéritif [apeʀitif] A M Aperitif *m*; **prendre l'~** e-n Aperitif nehmen, trinken B ADJ ⟨-ive⟩ appetitanregend

apéro [apeʀo] M *fam* ABR → apéritif

aperture [apɛʀtyʀ] F PHON Öffnung *f*; **degré** *m* **d'~** Öffnungsgrad *m* (des Mundes)

apesanteur [apəzɑ̃tœʀ] F Schwerelosigkeit

f; **en état d'~** im Zustand der Schwerelosigkeit

apétale [apetal] BOT **A** ADJ apetal; blumenblattlos; ohne Blumenkrone **B** FPL **~s** Apetalen *pl*; Blütenpflanzen *fpl* ohne Blumenkrone

à-peu-près [apøpʀɛ] M ⟨inv⟩ Halbheit *f*; Unvollkommene(s) *n*; Unzulängliche(s) *n*; **se contenter d'~** sich mit Halbheiten zufriedengeben; **répondre par des ~** ungenau, vage, oberflächlich antworten

apeuré [apœʀe] ADJ verängstigt; eingeschüchtert; erschrocken

apex [apɛks] M **1** ASTRON Apex *m* (der Sonnenbewegung) **2** *d'un organe* Spitze *f*; Apex *m*

aphasie [afazi] F Aphasie *f*; Störungen *fpl* des Sprachvermögens und des Sprachverständnisses; **aphasique** ADJ an Aphasie leidend

aphone [afɔn] ADJ ohne Stimme; stimmlos; mit Flüsterstimme; völlig heiser; **aphonie** F MÉD Fehlen *n* des Stimmklangs; Stimmlosigkeit *f*; Flüsterstimme *f*; *t/t* Aphonie *f*

aphorisme [afɔʀism] M Aphorismus *m*; Sinnspruch *m*

aphrodisiaque [afʀɔdizjak] **A** ADJ aphrodisisch; den Geschlechtstrieb steigernd; **substance** *f* **~** Aphrodisiakum *n* **B** M Aphrodisiakum *n*

aphte [aft] M MÉD *souvent* PL **~s** Bläschen *npl* im Mund; *t/t* Aphthen *fpl*

aphteux [aftø] ADJ ⟨-euse⟩ VÉT **fièvre aphteuse** Maul- und Klauenseuche *f*

api [api] **pomme** *f* **d'~** kleiner rotbäckiger Apfel

à-pic [apik] M ⟨inv⟩ Steilabfall *m*, -wand *f*, -hang *m*

apical [apikal] ADJ ⟨-aux⟩ PHON apikal; Zungenspitzen…

apicole [apikɔl] ADJ Imker…

apiculteur [apikyltœʀ] M Bienenzüchter *m*; Imker *m*; **apiculture** F Bienenzucht *f*; Imkerei *f*

apitoiement [apitwamɑ̃] M Mitleid *n*; Mitgefühl *n*; Erbarmen *n*

apitoyer [apitwaje] ⟨-oi-⟩ **A** V/T **~ qn (sur qn, qc)** j-s Mitleid (mit j-m, etw) erregen, erwecken; j-n mit Mitleid erfüllen; j-n erbarmen **B** V/PR **s'~ sur qn, qc** Mitleid, Erbarmen mit j-m, etw fühlen, empfinden, haben; von Mitleid mit j-m, etw erfüllt, ergriffen, erfasst werden; j-n, etw bemitleiden

A.P.L. [apeɛl] F ABR (aide personnalisée au logement) Wohngeld *n*

aplanir [aplaniʀ] **A** V/T **1** *terrain* planieren; (ein)ebnen **2** *fig difficultés, obstacles* aus dem Weg räumen; beseitigen; beheben; ausräumen; **~ un conflit** einen Konflikt beilegen, schlichten **B** V/PR **s'~** *difficultés* beseitigt, behoben werden

aplanissement [aplanismɑ̃] M **1** Planierung *f*; (Ein)Ebnung *f* **2** *fig* Beseitigung *f*; Behebung *f*

aplati [aplati] ADJ platt; platt, breit gedrückt

aplatir [aplatiʀ] **A** V/T **1** abflachen; abplatten; platt drücken; *à coups de marteau* flach, platt schlagen **2** *couture, pli* ausstreichen; **~ au fer** ausbügeln **3** *cheveux* glatt streichen; andrücken; *fam* anklatschen **B** V/PR **s'~ 1** *personne* **a** *(s'étendre)* sich flach, platt auf den Boden, auf den Bauch legen **b** *fam (tomber)* der Länge nach hinfallen **2** *voiture etc* **venir s'~ contre un mur** gegen e-e Mauer prallen **3** *fig et péj* **s'~ (devant qn)** (vor j-m) kriechen, katzbuckeln

aplatissage [aplatisaʒ] M **1** *d'un métal* Walzen *n* **2** AGR *de graines* Quetschen *n*; **aplatissement** M **1** Abflachen *n*; Plattdrücken *n* **2** *de la Terre* Abplattung *f*; **aplatisseur** M AGR Futterquetsche *f*; **aplatissoir** M *ou* **aplatissoire** F Schmiedehammer *m* zum Flachschlagen

aplomb [aplõ] M **1** Lot-, Senkrechte *f*; Lot *n*; ♦ *loc adv* **d'~** lot-, senkrecht; *mur etc* **ne pas être d'~** nicht lot-, senkrecht, nicht im Lot sein, stehen; *fig personne* **ne pas être, ne pas se sentir d'~** *physiquement* nicht auf der Höhe sein; sich nicht wohlfühlen; nicht im Lot sein; *moralement* das seelische Gleichgewicht verloren haben; in schlechter seelischer Verfassung sein; **être bien d'~ sur ses jambes** fest auf den Beinen stehen; *repos, vacances* **remettre qn d'~** j-n wieder auf die Beine bringen; j-m das seelische Gleichgewicht wiedergeben; *fig* **remettre qc d'~** e-e Sache wieder ins Lot, in Ordnung bringen **2** *d'une personne (confiance en soi)* selbstsicheres Auftreten; Selbstsicherheit *f*; *péj* Kühnheit *f*; Dreistigkeit *f*; Unverschämtheit *f*; Frechheit *f*; **avec ~ a** selbstsicher **b** *péj* dreist; unverschämt; frech; **avoir l'~ de** (+*inf*) die Kühnheit *etc* besitzen zu (+*inf*); **tu en as de l'~!** du bist reichlich kühn, dreist, unverschämt!

APN [apeɛn] M ⟨inv⟩ ABR (appareil photo numérique) Digitalkamera *f*; Digicam *f*

apnée [apne] F MÉD Atemstillstand *m*; **plongée** *f* **en ~** Tauchen *n* ohne Atmungsgerät

apocalypse [apɔkalips] F **1** REL Apokalypse *f*; BIBL **l'Apocalypse** die Offenbarung des Johannes; die Apokalypse **2** *fig* **une nuit, une vision d'~** e-e Nacht, ein Bild des Grauens

apocalyptique [apɔkaliptik] ADJ **1** REL apokalyptisch **2** *fig* grauenvoll; schrecklich; entsetzlich

apocope [apɔkɔp] F LING Apokope *f*

apocryphe [apɔkʀif] ADJ **1** BIBL apokryph; **écrits** *mpl* **~s** *ou subst* **~s** *mpl* Apokryphen *npl* **2** *texte* nicht authentisch; nicht echt

apogée [apɔʒe] M **1** ASTRON Apogäum *n*; Erdferne *f* **2** *fig* Höhepunkt *m*; Gipfel *m*; Zenit *m*; **il est à l'~ de sa carrière** er steht auf dem Gipfel s-r Karriere

apolitique [apɔlitik] ADJ apolitisch; unpolitisch; **apolitisme** M un-, apolitische Haltung; politisches Desinteresse

Apollon [apɔlõ] M **1** MYTH Apollo *m*; *poét a.* Apoll *m* **2** *iron* Apoll(o) *m*; schöner Mann, Jüngling

apologétique [apɔlɔʒetik] F REL Apologetik *f*

apologie [apɔlɔʒi] F **1** Apologie *f*; Verteidigung(sschrift) *f*; Rechtfertigung (-sschrift) *f* **2** *(éloge)* Verherrlichung *f*; **faire l'~ de qn, de qc** j-n, etw verherrlichen

apologiste [apɔlɔʒist] *st/s* M/F Apologet(in) *m(f)* (*a.* REL); Verteidiger(in) *m(f)*; Verfechter(in) *m(f)*; **se faire l'~ de qc** sich zum Verfechter, Verteidiger, *a.* Anwalt e-r Sache (*gén*) machen

apologue [apɔlɔg] M Lehrfabel *f*; Apolog *m*

apophyse [apɔfiz] F ANAT Apophyse *f*; Knochenfortsatz *m*

apoplectique [apɔplɛktik] MÉD **A** ADJ apoplektisch; *personne a.* zu Schlaganfällen neigend **B** M/F Apoplektiker(in) *m(f)*

apoplexie [apɔplɛksi] F MÉD Schlaganfall *m*; Gehirnschlag *m*; *t/t* Apoplexie *f*; **avoir une attaque d'~** e-n Schlaganfall bekommen, erleiden

apostasie [apɔstazi] F **1** REL Apostasie *f*; Abfall *m* vom Glauben **2** *fig et litt d'un parti, d'une doctrine* Sichlossagen *n*; Lossagung *f*; Abtrünnigwerden *n*; Abtrünnigkeit *f*

apostat [apɔsta] M REL Apostat *m*; Abtrünnige(r) *m* (*a. fig*)

a posteriori [apɔsteʀjɔʀi] LOC ADV nachträglich; im Nachhinein; PHIL a posteriori; aus Erfahrung

apostille [apɔstij] F ADMIN Randbemerkung *f*; Zusatz *m* (auf dem Rand)

apostolat [apɔstɔla] M **1** REL Apostolat *n*; Apostelamt *n* **2** *fig* Sendung *f*; Berufung *f*; missionarischer Auftrag; **goût** *m* **de l'~** missionarischer Eifer

apostolique [apɔstɔlik] ADJ **1** apostolisch; der Apostel; **l'Église catholique, ~ et romaine** die römisch-katholische Kirche; **siècle** *m*, **temps** *m* **~** apostolisches Zeitalter **2** *(du Saint-Siège)* apostolisch; päpstlich; **bénédiction** *f* **~** apostolischer, päpstlicher Segen; **siège** *m* **~** Apostolischer, Päpstlicher Stuhl

apostrophe [apɔstʀɔf] F **1** *(interpellation)* barsche Anrede; barscher Zuruf **2** RHÉT Apostrophe *f*; GRAM **mot mis en ~** als Anrede gebrauchtes Wort **3** *signe* Apostroph *m*; Auslassungszeichen *n*

apostropher [apɔstʀɔfe] V/T **~ qn** j-n anfahren, anherrschen, anschreien

apothéose [apɔteoz] F **1** *d'un personnage* außerordentliche Ehrung, Huldigung **2** *d'une fête, d'un spectacle* Höhepunkt *m*; Krönung *f*; (Schluss)Apotheose *f* (*a.* THÉ) **3** ANTIQUITÉ Apotheose *f*; Vergöttlichung *f*

apothicaire [apɔtikɛʀ] M *autrefois* Apotheker *m*; *fig* **compte** *m* **d'~** komplizierte (und schwer nachprüfbare) Rechnung

apôtre [apotʀ] M **1** REL Apostel *m* **2** *fig d'une cause, doctrine* Verfechter *m*; Anwalt *m*; Sachwalter *m*; **se faire l'~ de la paix** sich zum Verfechter des Friedens machen **3** *fig* **faire le bon ~** scheinheilig tun; sich verstellen

app [ap] M *fam* ABR (appétit) **bon ~!** guten Appetit!

apparaître [apaʀɛtʀ] ⟨→ connaître; être⟩ **A** V/I **1** erscheinen; auftauchen; zum Vorschein kommen; in Erscheinung treten; MAR in Sicht kommen; *problèmes, conséquences* auftreten; sich zeigen; zutage treten; sichtbar werden; *coutume* aufkommen; *vérité* zutage treten; ans Licht kommen; *fantôme* **~ à qn** j-m erscheinen; **faire ~** ans Licht, zutage bringen; erkennen lassen; *les conséquences de sa décision* **lui apparurent brusquement** wurden ihm plötzlich bewusst **2** *(sembler)* **~ à qn** j-m vorkommen, erscheinen (**comme** wie); **ce mot m'apparaît démodé** dieses Wort kommt mir veraltet vor, erscheint mir veraltet, scheint mir veraltet zu sein **B** V/IMP **il apparaît que …** es ist *ou* wird offensichtlich, klar ersichtlich, es zeigt sich, dass …

apparat [apaʀa] M **1** Prunk *m*; Pracht *f*; Pomp *m*; *loc adj* **d'~** Prunk…; Pracht…; Gala…; **discours** *m* **d'~** feierliche Rede; Festrede *f*; **festin** *m* **d'~** Galadiner *n*; **tenue** *f* **d'~** Prunkgewand *n*; *loc adv* **avec ~, en grand ~** mit großem Gepränge, Pomp, Prunk, Aufwand **2** *d'un texte* **~ critique** kritischer Apparat

appareil [apaʀɛj] M **1** Gerät *n*; Apparat *m*; **~ électrique** Elektrogerät *n*; **~s ménagers** Haus- und Küchengeräte *npl*; MÉD **~ prothétique** Prothese *f*; **~ à sous** Spielautomat *m*; **~ de contrôle** Kontroll-, Überwachungsgerät *n* **2** ANAT Organe *npl*; Apparat *m*; System *n*; **~ digestif** Verdauungsapparat *m*; **~ respiratoire** Atmungsorgane *npl* **3** **~ (téléphonique)** (Telefon)Apparat *m*; **qui est à l'~?** wer ist am Apparat?; wer ist dort?; mit wem spreche ich? **4** *(avion)* Maschine *f*; **~ de transport** Frachtmaschine *f*; **l'~ a décollé** die Maschine ist gestartet **5** **~ (photographique, [de] photo)** (Foto)Apparat *m*; Kamera *f*; *fam* Foto *m* **6** ORTHODONTIE (Zahn)Spange *f*; *(dentier)* Prothese *f*; Gebiss *n*; MÉD: *pour des fractures* Verband *m*; **~ orthopédique** orthopädisches Hilfsmittel **7** *fig* Apparat *m*; **~ administratif, policier** Verwaltungs- *ou* Behörden-, Polizeiapparat *m*; **~ du parti** Parteiapparat *m* **8** *d'un texte* **~ criti-**

que kritischer Apparat **9** CONSTR (Mauer)-Verband *m;* Mauerwerk *n* **10** *personne* **dans le plus simple ~** nackt; hüllenlos

appareillage [apaʀɛjaʒ] M **1** *d'un bateau* Auslaufen *n;* (**manœuvres** *fpl* **d'**)**~** Ablegemanöver *npl;* Ablegen *n* **2** TECH Apparatur *f* **3** MÉD Prothese *f*

appareiller¹ [apaʀeje] V/I *bateau* ablegen; auslaufen (**pour** nach); in See stechen

appareiller² [apaʀeje] **A** V/T **1** *(assortir)* passend zusammenstellen, kombinieren; *adjt* **être bien, mal appareillés** gut, schlecht zusammenpassen **2** *animaux de trait* zusammenspannen **3** ÉLEVAGE paaren **B** V/PR *animaux* **s'~** sich paaren

apparemment [apaʀamɑ̃] ADV **1** *(selon toute apparence)* anscheinend; allem Anschein nach; wie es scheint; offenbar; *fam* scheinbar **2** *(en apparence seulement)* scheinbar; nach außen hin

apparence [apaʀɑ̃s] F **1** *(aspect)* Aussehen *n;* **avoir belle ~** hübsch, gut aussehen **2** *(façade) souvent pl* **~s** Anschein *m;* (äußerer) Schein; äußerer Eindruck; **un projet d'~ banale** ein scheinbar alltägliches Vorhaben; *loc adv:* **en ~** scheinbar; **malgré les ~s** obwohl es nicht (so) den Anschein hat; **selon toute ~, selon les ~s** allem Anschein nach; anscheinend; **sous une ~ de douceur** unter scheinbarer, unter zur Schau getragener Milde; **les ~s sont contre lui** der (An)Schein spricht gegen ihn; **les ~s sont trompeuses, il ne faut pas se fier aux ~s** der Schein trügt; **juger sur les ~s** nach dem Aussehen, äußeren Schein, äußeren Eindruck (be)urteilen; **sauver les ~s** den Schein wahren

apparent [apaʀɑ̃] ADJ **1** *(visible)* sichtbar; COUT **piqûre ~e** Ziernaht *f;* **plafond** *m* **aux poutres ~es** Balkendecke *f;* **sans raison ~e** ohne ersichtlichen Grund; **porter ses décorations de manière ~e** s-e Auszeichnungen allen sichtbar tragen **2** *(en apparence seulement)* scheinbar; Schein...; **contradictions ~es** scheinbare Widersprüche *mpl;* **mort ~e** Scheintod *m;* **mouvement ~** *du Soleil autour de la Terre* scheinbare Bewegung

apparenté [apaʀɑ̃te] ADJ **1** *personne* **être ~ à qn** mit j-m verwandt, verschwägert sein **2** *fig* **être ~ à qc** e-r Sache *(dat)* verwandt, ähnlich sein **3** *aux élections* **listes ~es** verbundene Listen *fpl; candidat* **~ au parti socialiste** mit der Liste der sozialistischen Partei verbunden

apparentement [apaʀɑ̃tmɑ̃] M POL Listenverbindung *f*

apparenter [apaʀɑ̃te] V/PR **1** *personne* **s'~ à une famille** in e-e Familie einheiraten **2** *fig* **s'~ à qc** e-r Sache *(dat)* ähneln, verwandt sein; Ähnlichkeit, Verwandtschaft mit etw zeigen **3** POL **s'~** e-e Listenverbindung eingehen (**à** mit)

apparier [apaʀje] **A** V/T **1** *oiseaux* paaren **2** *objets* paarweise zusammenstellen **B** V/PR *oiseaux* **s'~** sich paaren

appariteur [apaʀitœʀ] M UNIVERSITÉ Hausmeister *m;* Pedell *m*

apparition [apaʀisjõ] F **1** Erscheinen *n;* Auftauchen *n; d'une maladie, de problèmes* Auftreten *n; de nouvelles idées, tendances* Aufkommen *n; personne* **faire son ~** erscheinen; in Erscheinung treten; auftauchen; **ne faire qu'une brève, courte ~** sich nur kurz sehen, blicken lassen; nur kurz erscheinen; *fam* e-e Stippvisite machen **2** *(vision)* Erscheinung *f;* **croire aux ~s** an Erscheinungen glauben

apparoir [apaʀwaʀ] V/I ⟨*nur inf u.* **il appert** [apɛʀ]⟩ JUR **il appert de cet acte ...** aus dieser Urkunde geht (klar) hervor, ist (klar) ersichtlich ...

appart [apaʀt] M *fam* ABR → appartement

appartement [apaʀtəmɑ̃] M Wohnung *f; d'un prince* **~s** *pl* Gemächer *npl;* **~ de quatre pièces** Vierzimmerwohnung *f;* **plante** *f* **d'~** Zimmerpflanze *f*

appartenance [apaʀtənɑ̃s] F **1** *à un milieu* Zugehörigkeit *f* (**à** zu); *à une organisation* Mitgliedschaft *f* (in *+dat*); **sans ~ politique** parteilos **2** *théorie des ensembles* Enthaltensein *n* (**à** in *+dat*)

appartenir [apaʀtəniʀ] ⟨→ venir⟩ **A** V/T INDIR **1** *(être la propriété)* **~ à qn** j-m gehören; *par ext: femme* **~ à un homme** e-m Mann gehören **2** *à un milieu, une époque etc* **~ à** angehören *(+dat)* **3** *décision, droit etc* **~ à qn** j-m vorbehalten sein; j-m zustehen; **pour des raisons qui m'appartiennent** aus persönlichen Gründen; aus Gründen, die allein mich betreffen; ♦ *impersonnel:* **il appartient à qn de** *(+inf)* es steht j-m zu *ou* es kommt j-m zu, zu *(+inf);* es gebührt j-m zu *(+inf);* es ist j-s Sache, Aufgabe zu *(+inf);* **il ne m'appartient pas d'en décider** es steht, kommt mir nicht zu, darüber zu entscheiden; e-e Entscheidung darüber steht mir nicht zu **B** V/PR **ne plus s'~** keine Zeit mehr für sich selbst haben; sich *(dat)* nicht mehr selbst gehören; nicht mehr sein eigener Herr sein

apparu [apaʀy] → apparaître

appas [apɑ] *litt* MPL (weibliche) Reize *mpl*

appât [apɑ] M **1** PÊCHE, CH Köder *m; st/s* Lockspeise *f;* **mordre à l'~** *poisson* anbeißen; *fig* sich ködern lassen; *fam* anbeißen **2** *fig* Verlockung *f;* **l'~ du gain** die Verlockung des Geldes

appâter [apɑte] V/T **1** *poissons, gibier* ködern; anlocken **2** *fig* ködern (**avec de l'argent** mit Geld; **par de belles promesses** durch schöne Versprechungen); (ver)locken

appauvrir [apovʀiʀ] **A** V/T *pays, personne* arm machen; verarmen lassen; *facultés* verkümmern lassen; **~ le sang** die Zahl der roten Blutkörperchen vermindern; **~ le sol** den Boden auslaugen; *adjt* **appauvri** *pays* verarmt **B** V/PR **s'~** *pays, langue* verarmen; *facultés* verkümmern; *imagination* versiegen; *sol* unfruchtbar werden

appauvrissement [apovʀismɑ̃] M Verarmung *f; du sol* Auslaugung *f*

appel [apɛl] M **1** *(cri)* Ruf(en) *m(n);* Zuruf *m;* Anruf(en) *m(n);* **~ au secours** Hilferuf *m;* **~ aux armes** Ruf zu den Waffen; ♦ **faire ~ à qn, qc** an j-n, etw appellieren; **faire ~ à l'aide de qn** j-n um Hilfe anrufen; **faire ~ à la générosité de qn** an j-s Großmut appellieren; **faire ~ à tous les moyens** alle Mittel einsetzen, in Anspruch nehmen; **faire ~ à ses souvenirs** sich besinnen; *activité* **faire ~ à certaines compétences** gewisse Fachkenntnisse erfordern **2** *avec un instrument* Zeichen *n;* Signal *n;* AUTO **~ de phares** (Zeichen *n* mit der) Lichthupe *f;* **faire un ~, des ~s de phare** die Lichthupe betätigen; *fig* **~ du pied** Wink *m* mit dem Zaunpfahl **3** **~ (téléphonique)** (Telefon)Anruf *m;* **~ radio** Funkruf *m* **4** *nominal* (namentlicher) Aufruf; Namensaufruf *m,* -verlesung *f;* Aufrufen *n;* Appell *m* (*a.* MIL); JUR **~ des témoins** Zeugenaufruf *m;* **faire l'~ (des élèves)** die Namen (der Schüler) aufrufen, verlesen **5** *au public* Aufruf *m;* Appell *m;* Aufforderung *f;* **~ au peuple, à la population** Aufruf an das Volk, an die Bevölkerung; *fig et plais* **c'est un ~ au peuple** das ist ein Appell an unseren Geldbeutel; *du muezzin* **~ à la prière** Aufforderung zum Gebet; **~ à la révolte** Aufruf, Aufforderung zur Revolte; FIN **~ de fonds** Aufforderung zu weiteren Einzahlungen, zu Nachschüssen; ADMIN **~ d'offres** Ausschreibung *f;* **faire, publier un ~ d'offres pour qc** etw ausschreiben **6** MIL Einberufung *f;* **ordre** *m* **d'~ sous les drapeaux** Einberufungs-, Stellungsbefehl *m* **7** JUR Berufung *f;* **cour** *f* **d'~** Berufungsgericht *n;* **sans ~** in letzter Instanz; *fig* unwiderruflich; endgültig; **juger sans ~** in letzter Instanz entscheiden; *fig* **condamner qc sans ~** etw in Grund und Boden verdammen; **faire ~ (d'un jugement)** (gegen ein Urteil) Berufung einlegen; **se pourvoir en ~** Berufung einlegen **8** *fig (attrait)* (Ver)Lockung *f;* **l'~ du large** der Ruf der See **9** SPORTS Absprung *m;* **pied** *m* **d'~** Sprungbein *n* **10** CARTES **faire un ~ à cœur** den Partner auffordern, Herz auszuspielen **11** **~ d'air** Luftzug *m,* -zufuhr *f;* Sog *m*

appelé [aple] M **1** Berufene(r) *m;* BIBL *et fig* **il y a beaucoup d'~s et peu d'élus** viele sind berufen, aber wenige sind auserwählt **2** MIL Einberufene(r) *m*

appeler [aple] ⟨-ll-⟩ **A** V/T **1** *(faire venir)* (herbei)rufen; *animal: ses petits a.* locken; **~ qn** *a.* nach j-m rufen; **~ l'ascenseur** den Aufzug holen; **les affaires m'appellent** die Geschäfte rufen mich; **le devoir nous appelle** die Pflicht ruft; **~ l'attention de qn sur qc** j-n auf etw *(acc)* aufmerksam machen; j-s Aufmerksamkeit auf etw *(acc)* lenken; **~ le médecin, la police** den Arzt, die Polizei (herbei)rufen; **la violence appelle la violence** Gewalt führt wiederum zu Gewalt, zieht Gewalt nach sich, fordert Gewalt heraus; **~ au secours** um Hilfe rufen; **~ qn à son aide** j-n zu Hilfe rufen; **~ le peuple aux armes** das Volk zu den Waffen rufen **2** *(désigner)* berufen; **~ qn à une fonction, à un poste** j-n in ein Amt, auf e-n Posten berufen; **ses qualités l'appellent à ce poste** s-e Fähigkeiten machen ihn für diesen Posten geeignet; **être appelé à** *(+inf)* (dazu) berufen, bestimmt sein zu *(+inf);* **cette coutume est appelée à disparaître** dieser Brauch ist zum Untergang bestimmt, wird untergehen **3** *(nommer)* nennen; *enfant a.* den Namen ... geben (**qn** j-m); **~ qn par son prénom** j-n bei s-m Vornamen nennen, rufen; j-n beim *ou* mit dem Vornamen anreden; **j'appelle cela une grosse bêtise** das nenne ich e-e große Dummheit **4** *personnes nommément* (namentlich) aufrufen; JUR **~ les témoins** die Zeugen aufrufen **5** MIL **~ (sous les drapeaux)** einberufen **6** TÉL **~ qn** j-n anrufen **7** JUR laden; **~ qn en justice** j-n vor Gericht laden; **il est appelé à témoigner au procès** er ist zu dem Prozess als Zeuge geladen **8** *(exiger) chose* **~ qc** etw erfordern, erheischen; etw nötig, notwendig, erforderlich machen; *situation* **~ une solution urgente** e-e rasche Lösung erfordern *etc* **9** **~ qc sur qn** etw auf j-n herabrufen; **~ sur qn les bénédictions du Ciel** die Segnungen des Himmels auf j-n herabrufen **10** *INFORM* aufrufen **B** V/T INDIR **1** **en ~ à qc** an etw *(acc)* appellieren; **j'en appelle à votre raison** ich appelliere an Ihre Vernunft **2** JUR **~ d'un jugement** gegen ein Urteil Berufung einlegen **C** V/PR **s'~** heißen; *personne a.* sich nennen; **comment vous appelez-vous?** wie heißen Sie?; wie ist Ihr Name?; **voilà qui s'appelle parler** das lässt sich hören

appellatif [apɛ(l)latif] ADJ ⟨-ive⟩ GRAM **nom ~** *ou subst* **~** *m* Gattungsname *m,* -be zeichnung *f;* Appellativ(um) *n*

appellation [apɛ(l)lasjõ] F Bezeichnung *f;* Benennung *f;* COMM **~ d'origine** Herkunfts-, Ursprungsbezeichnung *f; vin, fromage* **~ (d'origine) contrôlée** geprüfte Herkunftsbezeichnung; → *a.* AOC

appendice [apɛ̃dis] M **1** ANAT **a** *au sens strict* Wurmfortsatz *m* (des Blinddarms); *fam* Blinddarm *m;* **on lui a enlevé l'~** man hat ihm den Blinddarm rausgenommen **b** *(prolonge-*

ment) Anhang(sgebilde) *m(n)*; *t/t* Appendix *f*; ZOOL **~ caudal** Schwanz *m* 2 *dans un livre* Anhang *m* 3 *fig* Anhängsel *n*

appendicite [apɛ̃disit] F MÉD Blinddarmentzündung *f*; *t/t* Appendizitis *f*; **crise** *f* **d'~** akute Blinddarmentzündung; **être opéré de l'~** am Blinddarm operiert werden

appentis [apɑ̃ti] M 1 *bâtiment* angebauter Schuppen 2 *toit* Pultdach *n*

appert [apɛʀ] → apparoir

appesantir [apəzɑ̃tiʀ] V/PR 1 *personne* **s'~** schwerfällig, unbeweglich werden 2 **s'~ sur un sujet** sich über ein Thema verbreiten, (lang und breit) auslassen; ein Thema breittreten, -walzen

appesantissement [apəzɑ̃tismɑ̃] M Schwerfälligkeit *f*; Unbeweglichkeit *f*

appétence [apetɑ̃s] *litt* F Verlangen *n*, Begier(de) *f* (**de** nach)

appétissant [apetisɑ̃] ADJ 1 *mets* appetitlich; lecker; einladend 2 *personne, lieu* appetitlich; proper; sauber; **femme ~e** adrette Frau

appétit [apeti] M 1 Appetit *m*; Esslust *f*; **un bon, gros, solide ~** ein gesunder, starker, kräftiger Appetit; **bon ~!** guten Appetit!; *plais* wünsche, wohl zu speisen!; **manger de bon ~** mit gutem Appetit essen; tüchtig zulangen; *fam* e-n guten Appetit entwickeln; spachteln; **avoir de l'~** Appetit haben; **avoir beaucoup d'~** großen Appetit haben; **avoir un ~ d'oiseau** essen wie ein Spatz; **cela m'a coupé l'~** das hat mir den Appetit verschlagen, verdorben; jetzt ist mir der Appetit vergangen; **donner de l'~ à qn, mettre qn en ~** j-m Appetit machen, geben; *fig* **cela m'a mis en ~** das hat mich auf den Geschmack gebracht; **manger avec, sans ~** mit, ohne Appetit essen; *malade* **perdre l'~** den Appetit verlieren; *prov* **l'~ vient en mangeant** der Appetit kommt beim Essen (*prov*) 2 *fig* (heftiges) Verlangen, Hunger *m*, *péj* Gier *f* (**de qc** nach etw); **~ du pouvoir** Machtgier *f*; **~ de tendresse** Verlangen, Hunger nach Zärtlichkeit 3 **~s (sexuels)** Begehrlichkeit *f*; Sinnenlust *f*; fleischliche Begierde

Appienne [apjɛn] ADJ ⟨f⟩ *à Rome* **la voie ~** die Via Appia

applaudimètre [aplodimɛtʀ] M *plais* Applausmesser *m*

applaudir [aplodiʀ] A V/T *et* V/I **~ (qn, qc)** (j-m, e-r Sache) Beifall klatschen, spenden; (j-m, e-r Sache) applaudieren; j-n, etw beklatschen; klatschen; **être applaudi** Beifall bekommen, ernten; beklatscht werden B V/T INDIR *st/s* **~ à qc** etw begrüßen, mit Beifall, beifällig aufnehmen

applaudissement [aplodismɑ̃] M *souvent* PL **~s** Beifall(klatschen) *m(n)*; Applaus *m*; Beifallsäußerungen *fpl*; **soulever des ~s** Beifall auslösen

applicabilité [aplikabilite] F Anwendbarkeit *f* (**à** auf + *acc*); Verwendbarkeit *f* (für); Brauchbarkeit *f*

applicable [aplikabl] ADJ 1 *loi, règle, méthode* anwendbar (**à** auf +*acc*); **être ~** *a.* gelten (**à** für) 2 *peinture, couche* auftragbar, applizierbar (**sur** auf + *acc*)

applicateur [aplikatœʀ] A ADJ ⟨m⟩ zum Auftragen; Auftrag…; **pinceau ~** Auftragpinsel *m* B M Applikator *m* (*a.* MÉD)

application [aplikasjõ] F 1 *d'un produit, d'une couche etc* Auftragen *n*, -bringen *n*, -streichen *n*; *d'un sceau* Aufdrücken *n*; *d'une compresse* Auflegen *n* (**sur** auf +*acc*); *d'un pansement* Anlegen *n* 2 COUT Applikation(sarbeit) *f*; Aufnäharbeit *f* 3 *d'une loi, d'une méthode etc* Anwendung *f* (**à** auf +*acc*); *de décrets a.* Durchführung *f*; *de médicaments, de soins a.* Verabreichung *f*; Verabfolgung *f*; Applikation *f*; **les ~s** *d'un procédé etc* die Anwendungsmöglichkeiten *fpl*; *idée, théorie* **mettre en ~** praktisch anwenden; in die Praxis umsetzen 4 INFORM Anwendung *f*; Anwenderprogramm *n* 5 PHYS **point** *m* **d'~** Angriffspunkt *m* 6 (*zèle*) Fleiß *m*; Eifer *m*; **~ à l'étude, au travail** Lern-, Arbeitseifer *m*; **travailler avec ~** fleißig, eifrig, mit großem Fleiß, Eifer arbeiten

applique [aplik] F 1 *lampe* Wandleuchte *f* 2 (*ornement*) Verzierung *f*; Zierstück *n*; COUT Applikation *f*

appliqué [aplike] ADJ 1 COUT *poche* aufgesetzt; **dentelle ~e** applizierte, aufgenähte Spitze 2 *sciences* angewandt 3 *personne* fleißig; eifrig 4 *écriture* sorgfältig

appliquer [aplike] A V/T 1 *produit, peinture, couche etc* auftragen, -bringen, -streichen, applizieren, *sceau* aufdrücken, *compresse* auflegen (**sur** auf +*acc*); **~ un pansement** einen Verband anlegen; *fig* **il lui appliqua un baiser sur la joue** er gab, versetzte ihr e-n herzhaften Kuss auf die Wange 2 COUT applizieren; aufnähen 3 *loi, règlement, méthode, punition etc* anwenden (**à** auf +*acc*); *décret a.* durchführen; *médicament, thérapie* anwenden (**à un malade, à une maladie** bei e-m Kranken, bei e-r Krankheit); verabreichen, verabfolgen, applizieren (e-m Kranken, bei e-r Krankheit); *terme* **~ à qc** auf etw (*acc*) anwenden; für etw verwenden; (*sur*)*nom* **~ à qn** j-m geben, beilegen; **~ une théorie, une maxime** eine Theorie, eine Maxime anwenden, in die Praxis umsetzen; **~ tous ses soins à** (+*inf*) s-e ganze Sorgfalt aufbieten, aufwenden, darauf verwenden, daransetzen zu (+*inf*); *loi* **être appliqué** *a.* Anwendung finden B V/PR 1 *personne* **s'~** fleißig, eifrig sein; **s'~ à qc** sich mit Fleiß, Eifer e-r Sache (*dat*) hingeben, widmen; **s'~ à** (+*inf*) sich bemühen, bestrebt sein, bemüht sein zu (+*inf*) 2 *loi, règlement* **s'~** Anwendung finden; gelten; **s'~ à qn, qc** *remarque* für j-n, etw gelten; auf j-n, etw zutreffen; *nom, titre, devise* zu j-m, etw passen; *médicament, thérapie* bei j-m zur Anwendung kommen 3 *surface* **s'~ sur une autre** auf e-e andere passen

appoint [apwɛ̃] M 1 **faire l'~** a mit abgezähltem Geld bezahlen; *fam* es passend haben b den Rest in Kleingeld, *fam* klein geben 2 LOC ADJ **d'~** zusätzlich; Zusatz…; Neben…; **chauffage** *m* **d'~** Zusatzheizung *f*; **lit** *m* **d'~** Gästebett *n*; **salaire** *m* **d'~** Nebenverdienst *m* 3 *fig* (*appui*) Hilfe *f*; Unterstützung *f*

appointements [apwɛ̃tmɑ̃] MPL *d'un employé* Gehalt *n*; *d'un fonctionnaire* (Dienst)Bezüge *mpl*; Besoldung *f*

appointer [apwɛ̃te] V/T Gehalt zahlen (**qn** j-m); entlohnen; **~ un fonctionnaire** einen Beamten besolden

appontage [apõtaʒ] M AVIAT Landung *f*, Aufsetzen *n* auf dem Flugdeck (*e-s Flugzeugträgers*)

appontement [apõtmɑ̃] M MAR Pier *m ou f*; Landungs-, Anlegebrücke *f*

apponter [apõte] V/I AVIAT auf dem Flugdeck (*e-s Flugzeugträgers*) landen, aufsetzen

apport [apɔʀ] M 1 (*action d'apporter*) Herbeibringen *n*; Heranführen *n* 2 FIN a *de capitaux* Einbringung *f* (**dans une entreprise** in ein Unternehmen) b (*capitaux apportés*) Einlage *f* 3 *fig* (*contribution*) Beitrag *m* (**à** zu)

apporter [apɔʀte] V/T *objet* (her-, herbei-, hin)bringen; *à un endroit* mitbringen; *nouvelle* (über)bringen; *capitaux* einbringen (**dans** in +*acc*); *modifications, rectificatifs* anbringen; vornehmen; *énergie, soin* aufbringen; aufwenden; **~ son concours à qc** s-n Beitrag zu etw leisten; sein(en) Teil zu etw beitragen; bei etw mitwirken; **~ un concours financier** finanzielle Hilfe gewähren; **~ des difficultés, des changements** Schwierigkeiten, Veränderungen mit sich bringen; **~ une preuve** einen Beweis (er)bringen, liefern; **~ beaucoup de satisfaction à qn** j-m viel Befriedigung verschaffen, geben; *traitement, médicament* **~ un soulagement à qn** j-m Erleichterung, Linderung bringen, verschaffen; *stage etc* **ça m'a beaucoup apporté** das hat mir viel gebracht

apposer [apoze] V/T *panneau* anbringen (**sur un mur** an e-r Mauer); *sceau* aufdrücken; *clause* anbringen (**à un acte** in e-r Urkunde); einfügen (in +*acc*); **~ une affiche** ein Plakat anschlagen; JUR **~ les scellés** die Siegel anbringen; gerichtlich, amtlich versiegeln

apposition [apozisjõ] F 1 GRAM Apposition *f*; **en ~** als Apposition verwendet; appositionell 2 (*action d'apposer*) Anbringung *f*; JUR **~ des scellés** Anbringung *f* der Siegel; gerichtliche, amtliche Versiegelung

appréciable [apʀesjabl] ADJ 1 (*considérable*) beträchtlich; erheblich; beachtlich; relevant; *pertes a.* empfindlich 2 (*précieux*) schätzenswert

appréciation [apʀesjasjõ] F 1 *de la valeur, distance etc* (Ab)Schätzen *n*, -ung *f* 2 *de la situation, d'une personne etc* Einschätzung *f*; (*jugement*) Beurteilung *f*; Urteil *n* (**de** über +*acc*); *positive* Würdigung *f*; **laisser qc à l'~ de qn** etw j-s Ermessen (+*dat*) überlassen; **soumettre qc à l'~ de qn** j-m etw zur Beurteilung vorlegen; j-s Urteil über etw einholen

apprécier [apʀesje] V/T 1 (*évaluer*) *valeur* schätzen; **~ la vitesse** die Geschwindigkeit (ab)schätzen 2 (*juger*) *personne, travail etc* einschätzen; beurteilen; *importance, valeur a.* ermessen 3 (*goûter*) *personne, bon vin etc* schätzen (**pour** wegen); (zu) würdigen (wissen); **ne pas ~ ce genre de plaisanterie** solche Scherze nicht lieben, schätzen

appréhender [apʀeɑ̃de] V/T 1 (*craindre*) **~ qc** etw fürchten; **~ de faire qc** sich davor fürchten, etw zu tun 2 (*arrêter*) **~ qn** j-n festnehmen, fassen, ergreifen, dingfest machen 3 *st/s* (*concevoir*) er-, auffassen

appréhension [apʀeɑ̃sjõ] F Befürchtung *f*; Furcht *f* (**de qc** vor etw [*dat*]); *souvent pl* **~s** Befürchtungen *fpl*; Sorge *f*; Besorgnis *f*; **avec ~** mit Sorge, Besorgnis

apprenant [apʀənɑ̃] M Lerner *m*; Lernende(r) *m*

apprendre [apʀɑ̃dʀ] ⟨→ prendre⟩ A V/T 1 *a. abs* lernen; **il apprend bien** er lernt leicht, begreift schnell; **~ l'allemand** Deutsch lernen; **~ un métier, une langue** einen Beruf, eine Sprache (er)lernen; **~ à conduire, à lire** Autofahren, lesen lernen 2 (*enseigner*) **~ qc à qn** j-n etw lehren; j-m etw beibringen; **l'histoire nous apprend que …** die Geschichte lehrt uns, dass …; **~ à lire à qn** j-n lesen lehren; j-m das Lesen beibringen; *fig menace*: **je lui apprendrai!** den werd ich's lehren!; das werde ich ihm austreiben!; **cela lui apprendra (à vivre)!** das wird *ou* soll ihm e-e Lehre sein!; **je vais lui ~ à vivre!** dem werde ich Manieren, *fam* die Flötentöne beibringen!; *fam* den werd ich Mores lehren! 3 *nouvelle* erfahren, hören (**par qn** durch j-n, von j-m); **j'ai appris que …** ich habe erfahren, gehört, dass …; **on apprend de Paris …** aus Paris wird gemeldet …; **apprenez que …** nehmen Sie zur Kenntnis, dass … 4 (*faire savoir*) **~ qc à qn** j-m etw mitteilen, melden, berichten; **vous ne m'apprenez rien** Sie sagen mir nichts Neues B V/PR *art, langue etc* **s'~ facilement** leicht, mühelos zu (er)lernen sein; sich leicht, mühelos (er)lernen lassen

apprenti(e) [apʀɑ̃ti] M(F) 1 Lehrling *m* (*a. fille*);

Lehrjunge *m*, -mädchen *n*; Auszubildende(r) *m/f(m)* (*abr* Azubi *m/f*); ~ **boulanger** Bäckerlehrling *m*; ~**e couturière** Schneiderlehrling *m*, -lehrmädchen *n*; **former un(e) ~(e)** e-n Lehrling ausbilden 2 *fig* Lehrling *m*; Anfänger(in) *m(f)*; ~ **sorcier** Zauberlehrling *m*

apprentissage [apʀɑ̃tisaʒ] M 1 Lehre *f*; **centre** *m* **d'~** Lehrlingsausbildungsstätte *f*; **contrat** *m* **d'~** Lehrvertrag *m*; **être en ~ chez qn** bei j-m in der Lehre sein, stehen; **faire son ~** s-e Lehre (durch)machen; **mettre qn en ~** j-n in die Lehre geben, schicken (**chez qn** zu j-m) 2 *d'une langue etc* Erlernung *f*; Lernen *n*; PSYCH Lernprozess *m*; **faire l'~ de qc** etw (er)lernen; *fig a.* die ersten Erfahrungen mit etw machen; lernen, mit etw umzugehen

apprêt [apʀɛ] M 1 TECH Appretur *f* (*action et substance*); Zurichtung *f*; TEXT *a.* Ausrüstung *f* 2 PEINT Grundierung *f* 3 *fig* **sans ~** ungekünstelt; natürlich

apprêté [apʀete] ADJ *style etc* gekünstelt; geziert; affektiert; gesucht

apprêter [apʀete] A VT 1 TECH *étoffe, cuir* appretieren; zurichten; TEXT *a.* ausrüsten 2 *st/s personne* zurechtmachen; ~ **la mariée** die Braut schmücken B VPR 1 **s'~ à faire qc** sich anschicken, etw zu tun; sich zu etw fertig machen, rüsten; für, zu etw Vorbereitungen, Anstalten treffen; **je m'apprêtais à partir** ich wollte gerade aufbrechen; ich war gerade im Begriff wegzugehen 2 (*se parer*) **s'~** sich zurechtmachen, sich festlich kleiden, *fam* sich schön machen (**pour qc** für etw)

appris [apʀi] → apprendre

apprivoisable [apʀivwazabl] ADJ zähmbar; **apprivoisement** M Zähmung *f*

apprivoiser [apʀivwaze] A VT 1 *animal* zähmen; *adjt* **apprivoisé** gezähmt; zahm 2 *fig personne* umgänglich(er) machen; *enfant* zutraulich machen B VPR **s'~** 1 *animal* zahm werden 2 *personne* umgänglich(er), zugänglich(er), gesellig(er) werden; *enfant* zutraulich werden; Zutrauen gewinnen

approbateur [apʀɔbatœʀ] ADJ ⟨-trice⟩ *ou* **approbatif** ADJ ⟨-ive⟩ beifällig; zu-, beistimmend; billigend; **silence approbateur** *ou* **approbatif** Schweigen *n* des Einverständnisses

approbation [apʀɔbasjõ] F 1 (*accord*) Billigung *f*; Zustimmung *f*; Einverständnis *n*; Einwilligung *f*; Plazet *n*; ADMIN Genehmigung *f*; **avoir l'~ de qn** j-s Zustimmung, Einverständnis, Einwilligung haben; **donner son ~ à qc** e-r Sache (*dat*) s-e Zustimmung, Einwilligung geben; etw billigen 2 (*jugement favorable*) Beifall *m*; Anerkennung *f*; *action* **mériter l'~** Beifall verdienen; **obtenir l'~ générale** allgemein Anerkennung finden

approchant [apʀɔʃɑ̃] ADJ 1 **qc d'~** etwas Ähnliches; etwas, was dem nahekommt *ou* annähernd so ist; **rien d'~** nichts Derartiges; nichts, was dem nahekommt 2 *résultat, valeur* annähernd (genau)

approche [apʀɔʃ] F 1 (*action d'approcher*) (Heran)Nahen *n*; Herankommen *n*, -rücken *n*; Näherkommen *n*, -rücken *n*; Annäherung *f*; MIL *a.* Anrücken *n*; Anmarsch *m*; AVIAT (Lande)Anflug *m*; **l'~ de l'hiver** das (Heran)Nahen des Winters; *fig* **travaux** *mpl* **d'~** Annäherungsversuche *mpl*; *loc prép* **à l'~ de** beim (Heran)Nahen *etc* (+*gén*); *il s'enfuit* **à mon ~** als ich näher kam; als ich mich näherte; **à l'~ d'un danger** beim Herannahen e-r Gefahr; wenn Gefahr im Anzug *ou* Verzug ist; **à l'~** *ou* **aux ~s de la nuit** bei Einbruch der Nacht; **à l'~** *ou* **aux ~s de la trentaine** wenn man auf die dreißig zugeht; wenn man sich den Dreißig(ern) nähert 2 (*façon d'aborder*) Sehweise *f*; Sicht *f*; Betrachtung(sweise) *f*; Ansatz *m*; *d'un problème a.* Approach *m*; Zugang *m* (**de** zu); **une œuvre d'~ difficile** ein Werk, zu dem man schwer Zugang findet 3 OPT **lunette** *f* **d'~** Fernrohr *n*; Teleskop *n* 4 Nähe *f*; **aux ~s de la mer** in der Nähe des Meeres

approché [apʀɔʃe] ADJ *résultat* annähernd genau; **valeur ~e** Näherungswert *m*

approcher [apʀɔʃe] A VT 1 *objet* näher rücken, stellen, schieben; heranrücken, -schieben, -ziehen, -bringen (**de** an +*acc*); **approche ta chaise!** rück deinen Stuhl näher (heran)!; **il m'approcha une chaise** er schob mir e-n Stuhl hin; ~ **la tasse de ses lèvres** die Tasse zum Mund führen 2 *personne* ~ **qn** sich j-m nähern; an j-n herankommen; *dans son métier, sa vie* mit j-m in Berührung kommen; mit j-m Kontakt haben; *il est contagieux*, **ne l'approche pas!** komm ihm nicht (zu) nahe!; geh nicht in s-e Nähe! B VT INDIR ~ **de qc** 1 sich e-r Sache (*dat*) (an)nähern; e-r Sache (*dat*) näher kommen; ~ **du but** sich dem Ziel nähern; ~ **de la trentaine** auf die dreißig zugehen; sich den Dreißig(ern) nähern 2 *fig* e-r Sache (*dat*) ähneln, nahekommen, vergleichbar sein C VI (*et* VPR) 1 (**s'**)~ nahen; sich nähern; *personne a.* näher kommen, treten; *date, événement a.* näher rücken, kommen; heranrücken, -kommen; **approche(-toi)!** komm, tritt näher!; **l'hiver approche** der Winter naht; es geht auf den Winter zu 2 **s'~ de qn, de qc** sich j-m, e-r Sache nähern

approfondi [apʀɔfõdi] ADJ *examen, études etc* gründlich; eingehend; **connaissances ~es** profunde, fundierte Kenntnisse *fpl*

approfondir [apʀɔfõdiʀ] A VT 1 *trou, puits etc* vertiefen; tiefer machen, graben, bohren 2 *fig savoir, problème, pensée* vertiefen; *science, domaine* tiefer eindringen in (+*acc*); *loc adv* **sans ~** ohne genauer nachzuforschen; ohne gründliche Prüfung; *regarder, saisir* nur oberflächlich B VPR *fossé etc* **s'~** tiefer werden

approfondissement [apʀɔfõdismɑ̃] M Vertiefung *f* (*a. fig*)

appropriation [apʀɔpʀijasjõ] F JUR Aneignung *f*; Besitzergreifung *f*

approprié [apʀɔpʀije] ADJ angemessen; passend; geeignet; entsprechend; **être ~ aux circonstances** den Umständen angemessen sein, entsprechen

approprier [apʀɔpʀije] A VT ~ **qc à qc** etw e-r Sache (*dat*) anpassen; etw auf etw (*acc*) zuschneiden B VPR **s'~ qc** sich (*dat*) etw (unrechtmäßig) aneignen; sich e-r Sache (*gén*) bemächtigen

approuver [apʀuve] VT 1 (*juger louable*) ~ **qc** etw gutheißen, billigen, begrüßen, für gut befinden, gut *ou* richtig finden; ~ **qn** j-s Verhalten gutheißen *etc*; (*se déclarer de son opinion*) j-m beipflichten, bei-, zustimmen; ~ **qn de faire qc** es gut, richtig finden, dass j-d etw tut; **je n'approuve pas que** (+*subj*) ich finde es nicht gut *ou* richtig, dass ... 2 ADMIN, JUR genehmigen; *au Parlement* zustimmen (+*dat*); billigen; JUR **lu et approuvé** (vor)gelesen und genehmigt

approvisionnement [apʀɔvizjɔnmɑ̃] M 1 *de la population, d'une ville etc* Versorgung *f* (**en** mit); *d'un marché a.* Beschickung *f*, Belieferung *f* (mit); *en marchandises a.* Zufuhr *f*; ~ **en eau, en énergie** Wasser-, Energieversorgung *f*; ~ **en matières premières** Rohstoffversorgung *f*, -zufuhr *f*; **source** *f* **d'~** Bezugs-, Versorgungsquelle *f* 2 (*provisions*) Vorrat *m*; Bestand *m* 3 *dans une entreprise industrielle* **service** *m* **d'~** Beschaffungsabteilung *f*, -stelle *f*

approvisionner [apʀɔvizjɔne] A VT 1 *population, ville etc* versorgen, eindecken, *marché a.* beliefern, beschicken (**en, de** mit); ~ **un pays en cuivre** ein Land mit Kupfer beliefern; *adjt magasin* **être bien approvisionné** gut bevorratet sein; ein gutes Angebot haben 2 *compte en banque* auffüllen B VPR **s'~ en qc** sich mit etw versorgen, eindecken, versehen; *abs* (**venir**) **s'~ au marché** auf dem Markt einkaufen

approximatif [apʀɔksimatif] ADJ ⟨-ive⟩ ungefähr; annähernd; approximativ; *estimation, calcul a.* grob; **calcul ~** *a.* Überschlagsberechnung *f*; **faire un calcul ~ des dépenses** die Ausgaben überschlagen

approximation [apʀɔksimasjõ] F 1 (ungefähre, grobe) Schätzung; **par ~** schätzungsweise; ungefähr 2 MATH Annäherung *f*; Approximation *f*

approximativement [apʀɔksimativmɑ̃] ADV schätzungsweise; ungefähr; annähernd; **évaluer ~** grob schätzen

appui [apɥi] M 1 Stütze *f*; Halt *m*; CONSTR *a.* Lagerung *f*; SPORTS ~ **tendu** Handstand *m*; **mur** *m* **d'~** Stützmauer *f*; **point** *m* **d'~** PHYS Ansatz-, Auflage-, Stützpunkt *m*; CONSTR Auflager *n*; **prendre ~ sur qc** sich auf etw (*acc*) stützen 2 *d'une fenêtre, d'un balcon* Brüstung *f*; *d'une fenêtre a.* Fensterbank *f*; Sohlbank *f* 3 *fig* (*soutien*) Unterstützung *f*; *loc adv* **à l'~** zum Beweis; **avec preuves à l'~** durch Beweise gestützt; *loc prép* **à l'~ de sa thèse** um s-e These zu stützen; zur Unterstützung s-r These; **demander l'~ de qn** j-n um s-e Unterstützung bitten; **fournir des ~s solides à qn** j-n tatkräftig, wirksam unterstützen 4 ~ **de la voix sur un mot** starke Betonung, Akzentuierung *f* e-s Wortes

appui-main [apɥimɛ̃] M ⟨*pl* appuis-main⟩ *ou* **appuie-main** M ⟨*inv*⟩ PEINT Malstock *m*

appui-tête [apɥitɛt] M ⟨*pl* appuis-tête⟩ *ou* **appuie-tête** M ⟨*inv*⟩ Kopfstütze *f*

appuyé [apɥije] ADJ *regard* eindringlich; forschend; **compliment ~** plumpes, *fam* dick aufgetragenes Kompliment

appuyer [apɥije] ⟨-ui-⟩ A VT 1 (ab)stützen; ~ **qc contre qc** etw gegen etw lehnen; etw an etw (*acc*) (an)lehnen; ~ **l'échelle contre le mur** die Leiter gegen, an die Wand lehnen; ~ **qc sur qc** etw auf etw (*acc*) (auf)stützen, drücken; *fig déclaration, affirmation* auf etw (*acc*) stützen; ~ **les coudes sur la table** die Ell(en)bogen aufstützen, aufstemmen, auf den Tisch stützen; ~ **le revolver sur la tempe de qn** j-m den Revolver an die Schläfe drücken, setzen 2 *fig* (*soutenir*) *candidature, projet etc* unterstützen (*a. qn*); befürworten B VI 1 *en écrivant* aufdrücken; ~ **sur qc** auf etw (*acc*) drücken; *touche, levier a.* niederdrücken; *voûte, poutre* auf etw (*dat*) ruhen, lagern; AUTO ~ **sur l'accélérateur** aufs Gaspedal treten; Gas geben; ~ **sur un bouton** auf e-n Knopf drücken; *médecin pendant l'examen* ~ **sur l'estomac** auf den Magen drücken; ~ **sur le frein** auf die Bremse treten; ~ **sur la gâchette** abdrücken 2 *fig* ~ **sur** *mot, syllabe* stark betonen; mit besonderem Nachdruck sprechen; den Ton legen auf (+*acc*); *aspect, idée etc* nachdrücklich betonen; besonders hervorheben; besonderen Nachdruck, den Akzent legen auf (+*acc*) 3 *en conduisant* ~ **à droite, sur la droite** sich (nach) rechts halten C VPR 1 **s'~ contre qn, qc** sich gegen j-n, etw lehnen; sich an j-n, etw anlehnen; **s'~ sur qn, qc** sich auf j-n, etw stützen; *fig sur des faits, des documents etc* sich auf etw (*acc*) stützen 2 *fig* **s'~ sur qn, sur l'amitié de qn** sich auf j-n, auf j-s Freundschaft verlassen; auf j-n, auf j-s Freundschaft zählen 3 *fam* **s'~** *une boisson fam* runterkippen; *un mets, repas fam* verputzen; in sich (*acc*) reinstopfen 4 *fam* **s'~** *une corvée* auf sich *(acc)* nehmen müssen; *fam* am *ou* auf dem Hals haben *(a. une personne)*

âpre [ɑpʀ] ADJ **1** *goût, fruit, vin* (unangenehm) herb; *goût a.* streng; scharf; **froid** *m* ~ beißende, schneidende Kälte; **reproches** *mpl* **~s** heftige, bittere Vorwürfe *mpl*; **voix** *f* ~ raue Stimme **2** *lutte, discussion* heftig; erbittert; heiß; hitzig; *discussion a.* scharf **3** *personne* **~ au gain** gewinnsüchtig; geldgierig; *fam* scharf aufs Geld

aprèm(e) [apʀɛm] *fam* M *ou* F Nachmittag *m*; **c't'aprèm(e)** heute Nachmittag

âprement [ɑpʀəmɑ̃] ADV *discuter, se défendre etc* heftig; erbittert; verbissen; hartnäckig

après [apʀɛ] **A** PRÉP **1** *dans le temps, dans l'ordre* nach *(+dat)*; **~ bien des difficultés** nach vielen Schwierigkeiten; **~ Jésus-Christ** *(abr* **apr. J.-C.**) nach Christus *(abr* n. Chr.*)*; nach Christi Geburt; **un an ~ sa mort** ein Jahr nach s-m Tod; **~ vous, je vous prie!** bitte, nach Ihnen!; **il est arrivé ~ moi** er ist nach mir (an)gekommen; **~ ce que j'ai fait pour lui** nach dem, was ich für ihn getan habe; **le capitaine vient ~ le lieutenant** der Hauptmann kommt nach dem Oberleutnant; *avec inf*: **~ avoir lu le journal, il …** nachdem er die Zeitung gelesen hatte, …; **~ manger** nach dem Essen; ♦ *loc adv*: **~ cela, ~ quoi** danach; dann; hinterher; **… ~ quoi tout le monde partit …** worauf (-hin) alle weggingen; **~ coup** hinterher; nachträglich; im Nachhinein; **~ tout** alles in allem; im Grunde (genommen); übrigens; schließlich **2** *dans l'espace* **a** *(derrière)* nach *(+dat)*; hinter *(+dat ou acc)*; **~ le pont** nach, hinter der Brücke; **courir ~ qn, qc** hinter j-m, etw herlaufen; j-m, etw nachlaufen; → *a.* courir B 1; **traîner ~ soi qn, qc** j-n, etw hinter sich *(dat)* herziehen, -schleppen **b** *fam (à, sur)* an *(+dat ou acc)*; *accrocher qc* **~ le porte-manteau** an den Kleiderständer **c** *par ext: chien* **aboyer ~ qn** j-n anbellen; *fam* **attendre ~ qn, qc** auf j-n, etw warten; **crier ~ qn** mit j-m (herum)-schimpfen; j-n anschreien; *fam* **demander ~ qn** nach j-m fragen; **être ~ qn** hinter j-m her sein; j-m (scharf) auf die Finger sehen; *fam* **être furieux ~ qn** auf j-n wütend sein **3** LOC PRÉP **d'~** nach *(+dat)*; gemäß *(+dat)*; zufolge, entsprechend *(précédé d'un dat)*; *peindre* **d'~ nature** nach der Natur; **d'~ ce que disent les journaux** den Zeitungen zufolge; *agir* **d'~ les ordres reçus** befehls-, weisungsgemäß; den Weisungen entsprechend, gemäß; **d'~ vous, qui est le coupable?** wer ist Ihrer Meinung nach der Schuldige? **B** ADV **1** *temporel* danach; darauf; später; hinterher; nachher; **vingt ans ~** zwanzig Jahre danach, später; **aussitôt, immédiatement ~** gleich, unmittelbar danach, darauf; **peu ~** bald darauf; kurz danach; **et que ferez-vous ~?** und was macht ihr danach, hinterher, nachher?; **sa famille passe ~** s-e Familie kommt erst danach; **venez me voir ~** kommen Sie nachher zu mir; **(et) ~?** *que vous a-t-il dit?* und (dann)? …; *défi* **et (puis) ~!** na und?; was ist da schon dabei?; *loc adj* **le jour d'~** **a** der Tag danach, darauf **b** am Tag danach, darauf; tags darauf; ander(e)ntags **2** *local* **a** *(derrière)* danach; dahinter; *voici l'église,* **la pharmacie est juste ~** die Apotheke kommt gleich danach, dahinter, **b** *fam (dessus)* daran; dran; **il y a une tache ~** es ist ein Fleck dran **C** LOC CONJ **~ que** *(+ind, abus +subj)* nachdem

après-demain [apʀɛdmɛ̃] ADV übermorgen;

après-gaullisme M POL **l'~** die Zeit nach de Gaulle; die nachgaullistische Zeit; **après-guerre** M *ou* F *(pl après-guerres)* Nachkriegszeit *f*; *loc adj* **d'~** Nachkriegs…

après-midi [apʀɛmidi] M *ou* F *(inv)* Nachmittag *m*; *loc adv*: **cet ~** heute Nachmittag; **l'~** am Nachmittag; nachmittags; **dans l'~** im Laufe des Nachmittags; **en fin d'~** am Spätnachmittag

après-rasage [apʀɛʀazaʒ] M *(pl après-rasages)* ~ *ou adjt (inv)* **lotion** *f* **~** Rasierwasser *n*; Aftershave-Lotion *f*

après-ski [apʀɛski] M *(pl* après-ski(s)*)* Schneestiefel *m*

après-soleil [apʀɛsɔlɛj] *(inv)* **A** M After-Sun-Produkt *n* **B** ADJ After-Sun-…; **lait** *m* **~** After-Sun-Milch *f*

après-vente [apʀɛvɑ̃t] ADJ *(inv)* **service** *m* **~** Kundendienst *m*

âpreté [ɑpʀəte] F **1** *d'un vin, fruit* Herbe *f*; *d'une voix* Rauheit *f*; *du froid, de l'hiver* Strenge *f*; **l'~ au goût** der herbe, scharfe, strenge Geschmack **2** *d'une lutte, discussion* Heftigkeit *f*; Härte *f*; Verbissenheit *f*; *d'une critique* Schärfe *f*; **~ (au gain)** Gewinnsucht *f*; Geldgier *f*

a priori [apʀijɔʀi] **A** LOC ADV von vornherein; auf den ersten Blick; grundsätzlich; PHIL a priori **B** M *(inv)* **1** PHIL Apriori *n* **2** *par ext* unbewiesene Annahme; Hypothese *f*; *(préjugé)* Vorurteil *n*

apriorisme [apʀijɔʀism] M PHIL Apriorismus *m*; **aprioriste** ADJ PHIL aprioristisch

apr. J.-C. ABR (après Jésus-Christ) n. Chr. (nach Christus)

à-propos [apʀɔpo] M **(esprit** *m* **d')~** Schlagfertigkeit *f*; **faire preuve d'~** sich als schlagfertig erweisen; **avec ~** schlagfertig

apte [apt] ADJ *personne* **~ à** geeignet für; fähig zu *(a.* JUR*)*; tauglich zu; **être ~ à (faire) qc** *a.* sich für etw eignen; für *ou* zu etw taugen; sich dafür eignen *ou* dazu taugen, etw zu tun; **~ au service militaire** wehrdiensttauglich

aptitude [aptityd] F Eignung *f* **(à, pour** für); Fähigkeit *f* (zu) *(a.* JUR*)*; Tauglichkeit *f* (zu); **~s** *pl a.* Begabung *f*; **~ à s'adapter** Anpassungsfähigkeit *f*; **~ au service militaire** Wehrdiensttauglichkeit *f*; **test** *m* **d'~** Eignungstest *m*; **avoir de grandes ~s** große Fähigkeiten, e-e große Begabung besitzen; **avoir des ~s pour la musique** (e-e) musikalische Begabung besitzen; musikalisch begabt sein

apurement [apyʀmɑ̃] M FIN Rechnungsprüfung *f*, -abschluss *m*; **apurer** V/T *compte* prüfen

aquaculture [akwakyltyʀ] F Aquakultur *f*

aquagym [akwaʒim] F Wassergymnastik *f*

aquanaute [akwanot] M Aquanaut *m*

aquaplanage [akwaplanaʒ] M *ou* **aquaplaning** [-planiŋ] M AUTO Aquaplaning *n*

aquarelle [akwaʀɛl] F PEINT **a** *tableau* Aquarell *n* **b** *technique* Aquarellmalerei *f*; **peindre à l'~** aquarellieren

aquarelliste [akwaʀelist] M/F Aquarellmaler(in) *m(f)*

aquarium [akwaʀjɔm] M Aquarium *n*; **~ d'eau de mer** Seewasser-, Meeresaquarium *n*

aquatique [akwatik] ADJ Wasser…; **animaux** *mpl* **~s** Wassertiere *npl*; **centre** *m*, **parc** *m* **~** Erlebnisbad *n*; **oiseaux** *mpl* **~s** Wasservögel *mpl*; **plantes** *fpl* **~s** Wasserpflanzen *fpl*; **en milieu ~** im Wasser

aqueduc [akdyk] M Aquädukt *m*

aqueux [akø] ADJ (-euse) **1** ANAT **humeur aqueuse** (Augen)Kammerwasser *n* **2** CHIM **solution aqueuse** wäss(e)rige Lösung

aquiculture [akɥikyltyʀ] F **1** *d'animaux* Aquakultur *f* **2** *de plantes* Wasser-, Hydrokultur *f*; Hydroponik *f*

Aquilée [akile] GÉOG Aquileja *n*

aquilin [akilɛ̃] ADJ *(m)* **nez ~** leicht gebogene, schmale Adlernase

aquilon [akilɔ̃] M *poét* (kalter) Nord

aquitain [akitɛ̃] **A** ADJ aquitanisch **B** SUBST **Aquitain(e)** *m(f)* Aquitanier(in) *m(f)*

Aquitaine [akitɛn] **l'~** *f* **1** HIST Aquitanien *n* **2** *frz Region*

ara [aʀa] M ZOOL Ara *m*

arabe [aʀab] **A** ADJ arabisch; **cheval** *m* **~** Araber *m*; **chiffre** *m* **~** arabische Ziffer, Zahl **B** SUBST **1** **Arabe** *m/f* Araber(in) *m(f)* **2** LING **l'~** *m* das Arabische; Arabisch *n*

arabesque [aʀabɛsk] F **1** *ornement, fig* Arabeske *f* **2** BALLET Arabesque *f*

Arabie [aʀabi] **l'~** *f* Arabien *n*

arabique [aʀabik] ADJ **gomme** *f* **~** Gummiarabikum *n*; **la péninsule ~** die Arabische Halbinsel

arabisant [aʀabizɑ̃] M, **arabisante** F Arabist(in) *m(f)*; **arabisation** F Arabisierung *f*; **arabiser** V/T arabisieren

arabisme [aʀabism] M LING arabische Spracheigentümlichkeit; Arabismus *m*

arable [aʀabl] ADJ **terre(s)** *f(pl)* **~(s)** Ackerboden *m*, -land *n*

arabophone [aʀabɔfɔn] ADJ Arabisch sprechend; arabischsprachig

arac → arak

arachide [aʀaʃid] F BOT Erdnuss *f (plante et fruit)*; **huile** *f* **d'~** Erdnussöl *n*

arachnéen [aʀakneɛ̃] *litt* ADJ (~ne) hauchzart

Aragon [aʀagɔ̃] **l'~** *m* Aragonien *n*

araignée [aʀeɲe] F **1** ZOOL Spinne *f*; *fam fig* **avoir une ~ dans le** *ou* **au plafond** *fam* im Oberstübchen nicht ganz richtig sein; → *a.* cinglé; *prov* **~ du matin, chagrin, ~ du soir, espoir** Spinne am Morgen bringt Kummer und Sorgen, Spinne am Abend erquickend und labend *(prov)* **2** ZOOL **~ de mer** Meeresspinne *f*

arak [aʀak] M Arrak *m*

Aral [aʀal] **la mer d'~** der Aralsee

araméen [aʀameɛ̃] HIST **A** ADJ (~ne) aramäisch **B** SUBST **1** **Araméens** *mpl* Aramäer *mpl* **2** LING **l'~** *m* das Aramäische; Aramäisch *n*

Aramis [aʀamis] M *Romanheld*

Ararat [aʀaʀa] **le mont ~** der (Berg) Ararat

araser [aʀɑze] V/T **1** CONSTR abgleichen **2** GÉOL abschleifen

aratoire [aʀatwaʀ] ADJ **instrument** *m* **~** Ackergerät *n*

araucaria [aʀokaʀja] M BOT Araukarie *f*

Aravis [aʀavis] **le col des ~** *Alpenpass in Savoyen*

arbalète [aʀbalɛt] F Armbrust *f*; **tirer à l'~** mit der Armbrust schießen

arbalétrier [aʀbaletʀije] M HIST Armbrustschütze *m*

arbitrage [aʀbitʀaʒ] M **1** **a** COMM, POL Schiedsgerichtsbarkeit *f*; DROIT DU TRAVAIL Schlichtung *f*; *procédure* schiedsrichterliches Verfahren; Schiedsverfahren *n* **b** *(sentence)* Schiedsspruch *m* **2** SPORTS Schiedsrichteramt *n*; *fam* Schiedsrichtern *n*; **erreur** *f* **d'~** Fehlentscheidung *f* des Schiedsrichters **3** BOURSE Arbitrage *f*

arbitraire [aʀbitʀɛʀ] **A** ADJ *mesure, décision etc* willkürlich; arbiträr; *interprétation a.* eigenwillig; MATH beliebig (angenommen) **B** M Willkür *f*; **règne** *m* **de l'~** Willkürherrschaft *f*

arbitrairement [aʀbitʀɛʀmɑ̃] ADV willkürlich

arbitral [aʀbitʀal] ADJ (-aux) JUR Schieds…; schiedsrichterlich; **jugement ~, sentence ~e** Schiedsspruch *m*

arbitre[1] [aʀbitʀ] M Schiedsrichter *m*; SPORTS *a. fam* Schiri *m*; JUR *a.* Schiedsmann *m*; *dans un conflit tarifaire* Schlichter *m*; BOXE Ringrichter *m*; **prendre qn pour ~** j-n als Schiedsrichter anrufen

arbitre[2] [aʀbitʀ] M PHIL **libre ~** freier Wille; Willensfreiheit *f*

arbitrer [aʀbitʀe] VT **1** *litige* durch Schiedsspruch beilegen, entscheiden; **~ un conflit tarifaire** einen Tarifkonflikt schlichten **2** SPORTS Schiedsrichter, BOXE Ringrichter sein (**un match** bei e-m Spiel, Boxkampf); *abs fam* schiedsrichtern
arboré [aʀbɔʀe] ADJ von *ou* mit einzelnen Bäumen oder Gehölzen bestanden
arborer [aʀbɔʀe] VT **1** *drapeau* aufpflanzen; hissen; MAR **~ les couleurs françaises** die französische Flagge hissen **2** *fig décoration, médaille* zur Schau tragen; (stolz, allen sichtbar) tragen; *sourire, air* aufsetzen; **~ une fleur à la boutonnière** e-e Blume im Knopfloch tragen; *journal* **~ un gros titre** e-e Schlagzeile tragen, bringen
arborescence [aʀbɔʀesɑ̃s] F BOT baumartiges Wachstum; baumartige Form
arborescent [aʀbɔʀesɑ̃] ADJ BOT baumartig, -förmig; **fougère ~e** Baumfarn *m*
arboricole [aʀbɔʀikɔl] ADJ ZOOL auf Bäumen lebend
arboriculteur [aʀbɔʀikyltœʀ] M Baumzüchter *m*; *au sens strict* Obstgärtner *m*; **arboriculture** F Baumzucht *f*; *fruitière* Obstbau *m*
arborisation [aʀbɔʀizasjõ] F *sur des roches* baumartige Zeichnung; **~s du givre** Eisblumen *fpl*
arbouse [aʀbuz] F BOT Frucht *f* des Erdbeerbaums; **arbousier** M BOT Erdbeerbaum *m*
arbre [aʀbʀ] M **1** BOT Baum *m*; **~ fruitier** Obstbaum *m*; *fig* **~ généalogique** Stammbaum *m*; Ahnentafel *f*; **~ à feuilles caduques** sommergrüner Laubbaum; **~ à feuillage persistant** immergrüner Baum; HIST **~ de la liberté** Freiheitsbaum *m*; **~ de Noël** Weihnachts-, Christbaum *m*; *prov*: **c'est l'~ qui cache la forêt** das verstellt den Blick fürs Ganze; das ist nur die Spitze des Eisbergs; **les ~s cachent la forêt** man *ou* er *etc* sieht den Wald vor lauter Bäumen nicht **2** TECH Welle *f*; **~ moteur** Antriebswelle *f*; **~ de transmission** Transmissionswelle *f*
Arbresle (L') [laʀbʀɛl] *Stadt im Dep. Rhône*
arbrisseau [aʀbʀiso] M ‹*pl* ~x› BOT (Groß)-Strauch *m*
arbuste [aʀbyst] M BOT (Klein)Strauch *m*; Busch *m*
arc [aʀk] M **1** *arme*, SPORTS Bogen *m*; **tir** *m*, **tireur** *m* **à l'~** Bogenschießen *n*, -schütze *m*; **tirer à l'~** mit Pfeil und Bogen schießen **2** ARCH Bogen *m*; **~ en ogive, gothique** Spitzbogen *m*; gotischer Bogen; **~ en plein cintre, roman** Rundbogen *m*; romanischer Bogen; **~ de triomphe** Triumphbogen *m* **3** MATH Bogen *m*; **~ de cercle** Kreisbogen *m*; **(disposé) en ~ de cercle** bogen-, halbkreisförmig (angeordnet) **4** ÉLEC **~ électrique** Lichtbogen *m*; **lampe** *f* **à ~** Bogenlampe *f* **5** ANAT Bogen *m*; **~ des sourcils** Augenbrauenbogen *m*
arcade [aʀkad] F **1** ARCH Arkade *f*; **~s** *pl a.* Bogengang *m* **2** ANAT Bogen *m*; **~ sourcilière** Augenbrauenbogen *m*; *en boxant* **ouvrir l'~ sourcilière** die Augenbraue aufschlagen **3** *sur monture de lunettes* Steg *m*
arcane [aʀkan] M **1** ALCHIMIE Geheimmittel *n*; Arkanum *n* **2** *litt d'une science etc* **~s** *pl* Geheimnisse *npl*
arc-boutant [aʀkbutɑ̃] M ‹*pl* arcs-boutants› ARCH Strebebogen *m*
arc-bouter [aʀkbute] **A** VT **1** ARCH (durch Strebebögen) absteifen **2** PP *mains, pieds* **arc--bouté contre un mur** gegen e-e Mauer gestemmt **B** V/PR **s'~** die Beine fest gegen den Boden stemmen; **s'~ contre qc** sich gegen etw stemmen
arceau [aʀso] M ‹*pl* ~x› **1** ARCH kleiner Bogen **2** CROQUET Tor *n* **3** *d'une tonnelle* Bogen *m* **4** AUTO **~ de sécurité** Überrollbügel *m*
arc-en-ciel [aʀkɑ̃sjɛl] M ‹*pl* arcs-en-ciel [aʀkɑ̃sjɛl]› Regenbogen *m*
archaïque [aʀkaik] ADJ archaisch (*a.* ART); altertümlich
archaïsant [aʀkaizɑ̃] ADJ archaisierend; altertümelnd
archaïsme [aʀkaism] M **1** LING Archaismus *m* **2** (*caractère archaïque*) archaischer, altertümlicher Charakter
archange [aʀkɑ̃ʒ] M REL Erzengel *m*
arche¹ [aʀʃ] F ARCH (Brücken)Bogen *m*
arche² [aʀʃ] F **1** BIBL **l'~ de Noé** die Arche Noah **2** JUDAÏSME **l'~ d'alliance, l'~ sainte** die Bundeslade
archéologie [aʀkeɔlɔʒi] F Archäologie *f*; Altertumskunde *f*, -wissenschaft *f*; **archéologique** ADJ archäologisch; **archéologue** M/F Archäologe, -login *m,f*; Altertumsforscher(in) *m(f)*
archéoptéryx [aʀkeɔpteʀiks] M Archäopteryx *m*
archer [aʀʃe] M HIST, SPORTS Bogenschütze *m*
archet [aʀʃɛ] M *pour instrument à cordes* Bogen *m*
archétype [aʀketip] M PHIL, PSYCH *etc* Archetyp(us) *m*; Urform *f*; Urbild *n*
archevêché [aʀʃəveʃe] M ÉGL CATH **a** *territoire* Erzbistum *n* **b** *siège* Sitz *m* des Erzbischofs **c** erzbischöfliches Palais
archevêque [aʀʃəvɛk] M Erzbischof *m*
archi... [aʀʃi] *fam préfixe* ganz; völlig; total; → *a. les articles suivants*
archicomble [aʀʃikõbl] ADJ *fam* → archiplein; **archiconnu** *fam* ADJ sattsam bekannt
archidiacre [aʀʃidjakʀ] M ÉGL Archidiakon *m*; **archidiocésain** ADJ ÉGL CATH der Erzdiözese; Erzdiözesan...; **archidiocèse** M ÉGL CATH Erzdiözese *f*; **archiduc** M HIST Erzherzog *m*; **archiducal** ADJ ‹-aux› HIST erzherzoglich; **archiduchesse** F HIST Erzherzogin *f*
archiépiscopal [aʀʃiepiskɔpal] ADJ ‹-aux› ÉGL CATH erzbischöflich; des Erzbischofs; **dignité ~e** erzbischöfliche Würde
archiépiscopat [aʀʃiepiskɔpa] M erzbischöfliche Würde; Amt *n* des Erzbischofs
archifaux [aʀʃifo] *fam* ADJ ‹-fausse› ganz, völlig, total falsch; **archifou** *fam* ADJ ‹-folle› total verrückt; *fam* völlig meschugge
archimandrite [aʀʃimɑ̃dʀit] M ÉGL Archimandrit *m*
Archimède [aʀʃimɛd] M HIST Archimedes *m*
archinul [aʀʃinyl] ADJ ‹~le› *fam* grottenschlecht
archipel [aʀʃipɛl] M Archipel *m*; Inselgruppe *f*
archiplein [aʀʃiplɛ̃] *fam* ADJ brechend, gestopft, *fam* gerammelt voll; *fam* proppenvoll
archiprêtre [aʀʃipʀɛtʀ] M ÉGL CATH Erzpriester *m*; Archipresbyter *m*
architecte [aʀʃitɛkt] M/F Architekt(in) *m(f)*; *autrefois a.* Baumeister *m*; **~ paysagiste** Garten-, Landschaftsarchitekt(in) *m(f)*; **~ d'intérieur** Innenarchitekt(in) *m(f)*
architectonique [aʀʃitɛktɔnik] **A** ADJ architektonisch **B** F Architektonik *f*
architectural [aʀʃitɛktyʀal] ADJ ‹-aux› architektonisch; baulich; Architektur...; Bau...
architecture [aʀʃitɛktyʀ] F **1** Architektur *f*; Baukunst *f*; **~ religieuse** Sakralarchitektur *f*, -bau *m*; Kultbau *m*; **~ urbaine** Städtebau *m*; **style** *m* **d'~** Baustil *m* **2** *d'un édifice* Architektur *f*; Baustil *m*, -art *f* **3** *fig* (*structure*) (Archi)Tektonik *f*; Aufbau *m*
architrave [aʀʃitʀav] F ARCH Architrav *m*
archivage [aʀʃivaʒ] M Archivierung *f*; **archiver** VT archivieren
archives [aʀʃiv] FPL **a** *collection* Archiv *n*; *à Paris* **Archives nationales** Nationalarchiv *n* **b** *lieu* Archiv(gebäude *n*, -saal *m*, -raum *m*) *n*; *d'une administration, entreprise* (**service** *m* **des**) **~** Registratur *f*
archiviste [aʀʃivist] M/F Archivar(in) *m(f)*
archivistique [aʀʃivistik] F Archivkunde *f*
arçon [aʀsõ] M **1** *de la selle* Sattelbogen *m* **2** SPORTS **cheval** *m* **d'~s** (Seit)Pferd *n*
arctique [aʀktik] **A** ADJ arktisch; der Arktis; des Nordpolargebietes; nördlich; **cercle** *m* **polaire ~** nördlicher Polarkreis; **hémisphère** *m* **~** nördliche Hemisphäre, Halbkugel; Nordhalbkugel *f*; **océan (Glacial) Arctique** Nordpolarmeer *n*; Nördliches Eismeer; **régions** *fpl* **~s** Nordpolargebiet *n* **B** SUBST **l'Arctique** die Arktis
Arcueil [aʀkœj] *Stadt im Dep. Val-de-Marne*
Ardèche [aʀdɛʃ] **l'~** *f Fluss u. Departement in Frankreich*
ardemment [aʀdamɑ̃] ADV *souhaiter* sehnlichst; brennend; *aimer* heiß; glühend
Ardennes [aʀdɛn] **les ~** *fpl* **1** (*a.* **l'Ardenne** *f*) die Ardennen *pl* **2** *frz Departement*
ardent [aʀdɑ̃] ADJ **1** *litt feu, tison* brennend; lodernd; **chapelle ~e** Raum *m*, in dem ein Toter, von brennenden Kerzen umgeben, aufgebahrt wird **2** *fig amour* glühend; heiß; *patriotisme, désir, enthousiasme* glühend; *désir a.* sehnlich(st); brennend; *soif, curiosité* brennend; *soleil* glühend (heiß); *prière, foi* inbrünstig; *tempérament, personne* feurig; heißblütig; leidenschaftlich; **~ défenseur de qc** glühender, leidenschaftlicher Verfechter e-r Sache (*gén*); **imagination ~e** lebhafte, *fam* blühende Fantasie; **lutte ~e** heißer Kampf; **rouge, roux ~** flammendes, feuriges, brennendes Rot; **zèle ~** *a.* Feuereifer *m*; **~ au combat** kampfesfreudig, -lustig
ardeur [aʀdœʀ] F **1** Glut *f*; glühende Hitze; **~ du soleil** Sonnenglut *f* **2** *fig d'une passion* Glut *f*; *du combat* Hitze *f*; *d'une prière, de la foi* Inbrunst *f*; *d'une personne* Feuer *n*; (mitreißender) Schwung; Begeisterung *f*; Ungestüm *n*; *au travail* Feuereifer *m*; **~ juvénile** jugendliches Feuer, Ungestüm; **~ au travail** (großer) Arbeitseifer; *fam* **modérez vos ~s!** *fam* nicht so hitzig!
ardillon [aʀdijõ] M (Schnallen)Dorn *m*
ardoise [aʀdwaz] F **1** MINÉR Schiefer *m*; **(plaque** *f* **d')~** Schieferplatte *f*; **toit** *m* **d'~s, en ~** Schieferdach *n* **2** ÉCOLE Schiefertafel *f*; COMM Schwarze (Preis)Tafel; *fig* **avoir une ~ chez qn** bei j-m in der Kreide stehen, Schulden haben **3** ADJT ‹*inv*› schieferfarben; **bleu, gris ~** ‹*inv*› schieferblau, -grau
ardoisier [aʀdwazje] **A** ADJ ‹-ière› schieferartig, -haltig; Schiefer...; **industrie ardoisière** Schieferindustrie *f*; **sol, terrain ~** Schieferboden *m* **B** M **a** Schieferbruchbesitzer *m* **b** Arbeiter *m* im Schieferbruch **c** Schieferdecker *m*
ardoisière [aʀdwazjɛʀ] F Schieferbruch *m*
ardu [aʀdy] ADJ *entreprise, tâche etc* schwierig; *fam* kniff(e)lig; verzwickt
are [aʀ] M (ABR a) Ar *n ou m* (*abr* a)
arène [aʀɛn] F **1** Arena *f*; Kampfbahn *f*; *fig* **l'~ politique** die politische Arena; *fig* **descendre dans l'~** den (politischen) Kampf aufnehmen; die (politische) Herausforderung annehmen **2** **~s** *pl* (*amphithéâtre*) Stierkampfarena *f*; *des Romains* Arena *f*
aréole [aʀeɔl] F **1** ANAT Warzenhof *m* **2** MÉD roter Hof, Kreis
aréopage [aʀeɔpaʒ] *litt* M ehrwürdige Versammlung; fachkundiges Gremium
arête [aʀɛt] F **1** *de poisson* Gräte *f*; **sans ~s** ohne Gräten; grätenlos **2** ANAT **~ du nez** Na-

senrücken *m* 3 *d'une pierre, poutre etc* Kante *f* (*a.* MATH); *loc adj* **à ~ vive** scharfkantig 4 ARCH Grat *m* 5 *en montagne* Grat *m*; Kamm *m*
a-reu a-reu [aʀøaʀø] INT *premiers gazouillis du bébé* raah, raah!
Argens [aʀʒɛ̃s] **l'~** *m Fluss in der Provence*
argent [aʀʒɑ̃] M 1 *métal* Silber *n*; **vieil ~** Altsilber *n*; *loc adj* **d'~, en ~** silbern; Silber…; *couleur a.* silb(e)rig; **bijoux** *mpl* **en ~** Silberschmuck *m*; **couvert** *m* **d'~** Silberbesteck *n*; *poét: dans les cheveux* **fil** *m* **d'~** Silberfaden *m*; silberner Faden; *de la mer* **reflets** *mpl* **d'~** Silberglanz *m*; silb(e)riger, silberner Glanz 2 (*monnaie*) Geld *n*; **~ comptant** bares Geld; Bargeld *n*; *fig* **prendre qc pour ~ comptant** etw für bare Münze nehmen; *fig* **~ sale** Schwarzgeld *n*; **avoir de l'~** (viel) Geld haben; reich sein; **en avoir pour son ~** (wirklich) etwas für sein Geld haben; **en être pour son ~** sein Geld umsonst ausgegeben haben; sein Geld los sein; **être sans ~** kein Geld haben; mittellos sein; *fam* **faire de l'~** *fam* Geld machen; **jeter l'~ par les fenêtres** das Geld zum Fenster hinauswerfen, *fam* -schmeißen; **en vouloir pour son ~** für sein Geld etwas haben wollen; *prov*: **l'~ n'a pas d'odeur** Geld stinkt nicht (*prov*); **l'~ est le nerf de la guerre** wer Krieg führen will, braucht Geld; **l'~ ne fait pas le bonheur** (*plais* **mais il y contribue**) Geld macht nicht glücklich (*plais* aber es beruhigt) (*prov*); **le temps c'est de l'~** Zeit ist Geld (*prov*); → *a.* courir B 1
argentan [aʀʒɑ̃tɑ̃] M Neusilber *n*; Alpaka *n*
Argentan [aʀʒɑ̃tɑ̃] *Stadt im Dep. Orne*
argenté [aʀʒɑ̃te] ADJ 1 *métal* versilbert 2 *couleur, éclat* silb(e)rig; silbern; silberglänzend; **cheveux ~s** silberweißes, silbernes Haar; **gris ~** silbergrau; **papier ~** Silberpapier *n* 3 *fam personne* **n'être pas très ~** nicht viel Geld haben; *passagèrement fam* ziemlich abgebrannt sein
argenter [aʀʒɑ̃te] V/T 1 *métal* versilbern 2 *fig et poét* e-n Silberglanz verleihen (*+dat*)
argenterie [aʀʒɑ̃tʀi] F (Tafel)Silber *n*; *couverts* Silberbestecke *npl*; *vaisselle* Silbergeschirr *n*; *fam* Silberzeug *n*
Argenteuil [aʀʒɑ̃tœj] *Stadt im Dep. Val-d'Oise*
argenteur [aʀʒɑ̃tœʀ] M Versilberer *m*
argentier [aʀʒɑ̃tje] M *plais* **grand ~** Finanzminister *m* (*a.* HIST)
argentifère [aʀʒɑ̃tifɛʀ] ADJ silberhaltig
argentin[1] [aʀʒɑ̃tɛ̃] ADJ *voix, rire* silberhell; silbern
argentin[2] [aʀʒɑ̃tɛ̃] A ADJ argentinisch B SUBST **Argentin(e)** *m(f)* Argentinier(in) *m(f)*
Argentine [aʀʒɑ̃tin] **l'~** *f* Argentinien *n*
argile [aʀʒil] F MINÉR Ton *m*; Lehm *m*; Letten *m*; **~ réfractaire** feuerfester Ton; Schamotte *f*; *loc adj* **d'~** tönern; Ton…
argileux [aʀʒilø] ADJ ⟨-euse⟩ tonig; tonhaltig; Ton…; lehmig; **sol ~** Lehmboden *m*
Argolide [aʀgɔlid] GÉOG **l'~** *f* die Argolis
argon [aʀgõ] M CHIM Argon *n*
argonaute [aʀgɔnot] M 1 MYTH **Argonautes** *pl* Argonauten *mpl* 2 ZOOL Papierboot *n*, -nautilus *m*
Argonne [aʀgɔn] **l'~** *f* die Argonnen *pl*; der Argonner Wald
argot [aʀgo] M 1 *du milieu* Argot *n ou m*; Gaunersprache *f*; Rotwelsch *n*; **mot** *m* **d'~** Argotwort *n*, -ausdruck *m* 2 *socioprofessionnel* (Sonder)Sprache *f*; Jargon *m*; **~ militaire** Soldatensprache *f*, -jargon *m*; **~ scolaire** Schüler-, Pennälersprache *f*, -jargon *m*
argotique [aʀgɔtik] ADJ Argot…; **terme** *m* **~** Argotausdruck *m*
argousier [aʀguzje] M BOT Sanddorn *m*
Argovie [aʀgɔvi] **le canton d'~** der (Kanton) Aargau
arguer [aʀgɥe], *abus* [aʀge] ⟨j'arguë *od* j'argue *etc*⟩ V/T INDIR *st/s* **~ de qc** (*alléguer*) etw geltend machen, ins Feld führen, als Argument anführen; (*prétexter*) etw vorschieben
argument [aʀgymɑ̃] M 1 Argument *n*; Beweisgrund *m*; *publicité* **~ de vente** Verkaufsargument *n*; *st/s* **tirer ~ de qc** etw als Argument, Vorwand benützen; sich auf etw (*acc*) berufen 2 LITTÉRATURE kurze Inhaltsangabe, -übersicht; Resümee *n*
argumentaire [aʀgymɑ̃tɛʀ] M PUBLICITÉ Sales-Folder *m*
argumentation [aʀgymɑ̃tasjõ] F Argumentation *f*; Beweisführung *f*; **argumenter** V/I argumentieren
argus [aʀgys] M Informationsblatt *n*, -dienst *m*; **l'Argus (de l'automobile)** die Preisliste für Gebrauchtwagen
argutie [aʀgysi] F *litt souvent* PL **~s** Spitzfindigkeiten *fpl*
aria [aʀja] F MUS Arie *f*
Ariane [aʀjan] F 1 MYTH Ariadne *f* 2 *fusée* Ariane *f*
aride [aʀid] ADJ 1 *sol* trocken; dürr; ausgedörrt; *t/t* arid; **climat** *m* **~** trockenes Klima 2 *fig sujet, lecture etc* trocken; nüchtern; ledern
aridité [aʀidite] F 1 *du sol* Trockenheit *f* (*a. du climat*); Dürre *f*; Ausgedörrtheit *f*; *t/t* Aridität *f* 2 *fig d'un sujet etc* Trockenheit *f*; Nüchternheit *f*
Ariège [aʀjɛʒ] **l'~** *f Fluss u. Departement in Frankreich*
ariette [aʀjɛt] F MUS Ariette *f*
Aristide [aʀistid] M *Vorname*
aristo [aʀisto] M/F *fam* ABR → aristocrate
aristocrate [aʀistɔkʀat] M/F Aristokrat(in) *m(f)*
aristocratie [aʀistɔkʀasi] F Aristokratie *f* (*a. fig*); *fig* **~ de l'argent** Geldaristokratie *f*
aristocratique [aʀistɔkʀatik] ADJ aristokratisch
Aristote [aʀistɔt] M PHIL Aristoteles *m*
aristotélicien [aʀistɔtelisjɛ̃] PHIL A ADJ ⟨~ne⟩ aristotelisch B M Aristoteliker *m*;
aristotélisme M PHIL Aristotelismus *m*
arithmétique [aʀitmetik] A ADJ arithmetisch; **opération** *f* **~** Rechenoperation *f*; **rapport** *m* **~** Zahlenverhältnis *n* B F Arithmetik *f*; Zahlenrechnung *f*
Arkansas [aʀkɑ̃sas] **l'~** *m* Arkansas *n*
Arkhangelsk [aʀkɑ̃ʒɛlsk] GÉOG Archangelsk *n*
arlequin [aʀləkɛ̃] M THÉ Harlekin *m*; Hanswurst *m*; Pickelhering *m*; **habit** *m* **d'~** Harlekinsgewand *n*, -kleid *n*
arlequinade [aʀləkinad] F THÉ Harlekinade *f*; Hanswurstiade *f*
Arles [aʀl] *Stadt im Dep. Bouches-du-Rhône*
arlésien [aʀlezjɛ̃] ADJ ⟨~ne⟩ (*et* SUBST **Arlésien** Einwohner) von Arles
Arlette [aʀlɛt] F *Vorname*
armada [aʀmada] F 1 HIST Armada *f* 2 *fam fig* Heer *n*; Pulk *m*
armagnac [aʀmaɲak] M *Weinbrand aus der Gegend von Bordeaux*
Armand [aʀmɑ̃] M *Vorname*
armateur [aʀmatœʀ] M MAR Reeder *m*; Ausrüster *m*; *navigation fluviale* Schiffseigner *m*
armature [aʀmatyʀ] F 1 TECH Gestell *n*; Gerüst *n*; Gerippe *n*; Skelett *n*; Stütz-, Tragwerk *n*; *d'une sculpture* Gerüst *n*; *d'un vitrail* Bleinetz *n*; *de soutien-gorge* Rundbügel *m*; *du béton* Armierung *f*; Bewehrung *f* 2 *fig* Grundlage *f*; Stütze *f*; Gerüst *n*; Halt *m* 3 MUS Vorzeichnung *f*
arme [aʀm] F 1 Waffe *f* (*a. fig*); MIL *a.* (*fusil*) Gewehr *n*; **~ absolue** Wunderwaffe *f* (*a. fig*); **~s atomiques, nucléaires** Atom-, Kernwaffen *fpl*; **~ automatique** automatische Waffe; Maschinenwaffe *f*; **~s bactériologiques, biologiques, chimiques** bakteriologische, biologische, chemische Waffen; **~ psychologique** psychologische Waffe; **~ à feu** Feuer-, Schusswaffe *f*; **~s de destruction massive** Massenvernichtungswaffen *fpl*; Massenvernichtungsmittel *npl*; **fait** *m* **d'~** (kriegerische) Heldentat; **place** *f* **d'~s** Exerzier-, Paradeplatz *m*; *loc adv*: **aux ~s!** zu den Waffen!; **à ~s égales** mit gleichen Waffen (*a. fig*); **avec ~s et bagages** mit Sack und Pack; **par les ~s** durch *ou* mit Waffengewalt; **passer qn par les ~s** j-n erschießen; **régler un différend par les ~s** e-n Streit mit der Waffe, mit Waffen austragen; **sans ~s** unbewaffnet; waffenlos; **déposer, rendre les ~s** die Waffen strecken (*a. fig*), niederlegen; *fig* **c'est une ~ à double tranchant** das ist ein zweischneidiges Schwert; *fig* **faire ses premières ~s** s-e Laufbahn beginnen; sich (*dat*) s-e ersten Sporen verdienen; *fam fig* **passer l'~ à gauche** *fam* ins Gras beißen; *pop* abkratzen; **porter les ~s contre son propre pays** gegen sein eigenes Land kämpfen; **prendre les ~s** zu den Waffen greifen 2 MIL (*division de l'armée*) Waffen-, Truppengattung *f*; Waffe *f*; Truppe *f*; **~ blindée** Panzerwaffe *f*, -truppe *f* 3 **~s** *pl* (*armoiries*) Wappen *n*; **~s d'une ville** Stadtwappen *n* 4 ESCRIME **maître** *m* **d'~s** Fechtmeister *m*; **salle** *f* **d'~s** Fechtsaal *m*, -boden *m*
armé [aʀme] ADJ 1 bewaffnet; **conflit ~** bewaffneter Konflikt; **forces ~es** Streitkräfte *fpl*; Streitmacht *f*; *attaque* **à main ~e** bewaffnet; **paix ~e** bewaffneter Frieden 2 *fig personne* gewappnet (**contre** gegen); **~ de** *chose, personne* versehen, ausgestattet, ausgerüstet, *personne a.* gewappnet mit; *iron* **~ d'un parapluie** mit e-m Regenschirm bewaffnet 3 CONSTR **béton ~** Stahl-, Eisenbeton *m* 4 *arme à feu* durchgeladen; gespannt (*a. appareil photo*)
armée [aʀme] F 1 MIL Armee *f*; Heer *n*; Truppe *f*; Militär *n*; Streitkräfte *fpl*; **~s alliées** alliierte Truppen; HIST **la Grande Armée** die Große Armee (Napoleons I.); **~ régulière** reguläre Truppe(n); **~ de l'air** Luftstreitkräfte *fpl*; Luftwaffe *f*; **~ d'invasion** Invasionsarmee *f*, -heer *n*; **~ de libération** Befreiungsarmee *f*, -heer *n*; **~ de mercenaires** Söldnerheer *n*; **~ de métier** Berufsheer *n*, -armee *f*; **~ d'occupation** Besatzungsarmee *f*; **~ de réserve** Reserve *f*; **~ de terre** Landstreitkräfte *fpl*; Heer *n*; **~ de volontaires** Freiwilligenheer *n*; *loc adv* **à, dans l'~** bei, in der Armee; beim Militär; **être dans l'~** Berufssoldat sein 2 MIL (*grande unité*) Armee *f*; **la sixième ~** die sechste Armee; **corps** *m* **d'~** Armeekorps *n* 3 REL **Armée du Salut** Heilsarmee *f* 4 *fig* **une ~ de …** (Heer)Scharen *fpl*, ein Heer *n*, e-e Armee von …
armement [aʀməmɑ̃] M 1 *d'un pays* **~s** *pl* (Auf)Rüstung *f*; **course** *f* **aux ~s** Wettrüsten *n*; Rüstungswettlauf *m*; **limitation** *f*, **réduction** *f* **des ~s** Rüstungsbegrenzung *f*, -beschränkung *f*; **usine** *f* **d'~** Rüstungsbetrieb *m* 2 *des troupes, d'un avion etc* Bewaffnung *f*; Waffenausrüstung *f*; *d'un navire de guerre* Bestückung *f* 3 *d'une arme à feu* Durchladen *n*; Spannen *n* (*a.* PHOT) 4 MAR a *d'un bateau* Ausrüstung *f* b (*profession d'armateur*) Reederei *f* 5 CONSTR Schieferverkleidung *f*
Arménie [aʀmeni] **l'~** *f* Armenien *n*; **papier** *m* **d'~** Räucherpapier *n*
arménien [aʀmenjɛ̃] A ADJ ⟨~ne⟩ armenisch B SUBST 1 **Arménien(ne)** *m(f)* Armenier(in) *m(f)* 2 LING **l'~** *m* das Armenische; Armenisch *n*
armer [aʀme] A V/T 1 *personnes, troupes, avion etc* bewaffnen; **~ un navire de guerre** ein

Kriegsschiff bestücken; ~ **un pays** ein Land aufrüsten; HIST ~ **qn chevalier** j-n zum Ritter schlagen **2** *arme à feu* durchladen; spannen (*a. appareil photo*) **3** *bateau* ausrüsten **4** *béton, câble* bewehren; armieren **B** V/PR *personne* **s'~** **1** sich bewaffnen (**de** mit) **2** *fig* sich wappnen (**contre** gegen; **de** mit); *souvent iron* sich bewaffnen (**de** mit); **s'~ contre un danger** sich gegen e-e Gefahr absichern, schützen; **s'~ de courage** s-n Mut zusammennehmen; **s'~ de patience** sich mit Geduld wappnen

armistice [armistis] M Waffenstillstand *m*

armoire [armwar] F Schrank *m*; *au sens restreint* Kleiderschrank *m*; **~ à chaussures, à linge** Schuh-, Wäscheschrank *m*; **~ à glace** Spiegelschrank *m*; *fam fig* **c'est une ~ à glace** *fam* er ist ein richtiger (Kleider)Schrank; **~ à pharmacie** Arznei(mittel)schrank *m*, -schränkchen *n*

armoire-penderie [armwarpɑ̃dri] F ‹*pl* armoires-penderies› kombinierter Kleider-Wäsche-Schrank

armoiries [armwari] FPL Wappen *n*

armorial [armɔrjal] ADJ ‹-aux› Wappen…

armoricain [armɔrikɛ̃] ADJ armorikanisch (*bretonisch*)

armorier [armɔrje] V/T mit Wappen verzieren

Armorique [armɔrik] **l'~** *f* HIST Armorika *n* (*Bretagne*)

armure [armyr] F **1** HIST Rüstung *f*; Harnisch *m*; Panzer *m* **2** TEXT Bindung *f* **3** *d'un câble* Bewehrung *f* **4** *fig* Schutz *m*

armurerie [armyrri] F **a** *fabrication* Waffenfabrikation *f*, -herstellung *f* **b** *commerce* Waffenhandel *m*; **armurier** M Waffenfabrikant *m*, -hersteller *m ou* -händler *m*

ARN [aɛrɛn] M ABR (acide ribonucléique) BIOCHIMIE RNS *f* (Ribonukleinsäure)

arnaque [arnak] *fam* F Betrug *m*; Schwindel *m*; **arnaquer** V/T *fam* übers Ohr hauen; *pop* bescheißen; **arnaqueur** *fam* M Betrüger *m*; Schwindler *m*

Arnaud [arno] M *Vorname*

Arnhem [arnɛm] Arnheim *n*

arnica [arnika] F BOT Arnika *f*; PHARM **teinture** *f* **d'~** Arnikatinktur *f*

arobas [arɔbas] M *ou* **arobase** [arɔbaz] F INFORM @ *n*; Klammeraffe *m*

aromate [arɔmat] M Gewürz *n*; aromatische pflanzliche Substanz

aromathérapie [arɔmaterapi] F Aromatherapie *f*

aromatique [arɔmatik] ADJ aromatisch (*a.* CHIM); wohlriechend, -schmeckend; **goût** *m* **~** würziger Geschmack; **herbe** *f*, **plante** *f* **~** Gewürzkraut *n*, -pflanze *f*

aromatisant [arɔmatizɑ̃] M Aroma *n*

aromatiser [arɔmatize] V/T aromatisieren; würzen; **aromatisé au, de chocolat** mit Schokoladengeschmack

arome *ou* **arôme** [arom] M **1** Aroma *n*; Duft *m*; Wohlgeruch *m*; **arome** *ou* **arôme (de) café** Kaffeeduft *m*, -aroma *n* **2** CHIM Aroma *n*; (synthetischer) Geschmacksstoff

arpège [arpɛʒ] M MUS Arpeggio *n*

arpent [arpɑ̃] M *ancienne mesure* Morgen *m*; Joch *n*; Tag(e)werk *n*; *fig* **quelques ~s de terre** ein paar Morgen, ein Stück *n* Land

arpentage [arpɑ̃taʒ] M **a** *d'un terrain* Vermessung *f* **b** *science* Vermessungskunde *f*, -technik *f*, -wesen *n*

arpenter [arpɑ̃te] V/T **1** *terrain* vermessen **2** *fig* **~ une pièce** e-n Raum mit großen Schritten durchmessen; mit großen Schritten in e-m Raum auf und ab gehen

arpenteur [arpɑ̃tœr] M Vermessungsingenieur *m*; Geometer *m*

arpète [arpɛt] *fam* **1** M/F (*apprenti[e]*) Lehrling *m*; *fam* Stift *m* **2** F COUT Nähmädchen *n*

arpion [arpjõ] M *fam* (*pied*) *fam* Flosse *f*; **~s** *pl fam a.* Quanten *pl*; Mauken *fpl*

arqué [arke] ADJ gebogen; **jambes ~es** O-Beine *npl*; **sourcils ~s** geschwungene Augenbrauen *fpl*

arquebuse [arkəbyz] F HIST Arkebuse *f*; Hakenbüchse *f*; **arquebusier** M HIST Arkebusier *m*

arquer [arke] **A** V/T TECH biegen; krümmen **B** V/I *fam fig* **ne plus pouvoir ~** nicht mehr gehen, laufen, *fam* kriechen können

arr. ABR (arrondissement) Stadtbezirk *m*

arrachage [araʃaʒ] M (Her)Ausreißen *n*; Herausziehen *n*; Ausrupfen *n*; *de pommes de terre* Ernten *n*; Roden *n*; Ausmachen *n*; *fam* **~ d'une dent** Zahnziehen *n*

arraché [araʃe] M **1** HALTÉROPHILIE Reißen *n* **2** LOC ADV **à l'~** *obtenir qc* mit großer Anstrengung; unter Aufbietung aller Kräfte; unter großen Schwierigkeiten; **remporter la victoire à l'~** den Sieg schwer erringen

arrache-clou [araʃklu] M ‹*pl* arrache-clous› Geißfuß *m*; Nagelheber *m*

arrachement [araʃmɑ̃] M **1** (*séparation*) Trennung *f*, Abschied *m* (**de** von) **2** (*affliction*) Trennungsschmerz *m*

arrache-pied [araʃpje] LOC ADV **d'~** unermüdlich; unablässig; unverdrossen; rastlos; **travailler d'~** unermüdlich, schwer, *fam* wie verrückt arbeiten

arracher [araʃe] **A** V/T **1** *plantes* aus-, heraus-, *fam* rausreißen; heraus-, *fam* rausziehen; auszupfen, -rupfen (*a. plume*); *pommes de terre, betteraves* ernten; roden; aus-, *fam* rausmachen; *clou* heraus-, *fam* rausziehen, -reißen; *cheveu* ausreißen; *page de livre* heraus-, *fam* rausreißen; losreißen; **~ une affiche** ein Plakat ab-, losreißen; **~ une dent** einen Zahn ziehen; **~ qc à qn, ~ qc des mains à qn** j-m etw entreißen, wegreißen, aus den Händen reißen; **un obus lui a arraché le bras** e-e Granate hat ihm den Arm ab-, weggerissen; *fig* **~ les yeux à qn** j-m die Augen auskratzen **2** *fig* **~ à qn** *sourire, cri, aveu, secret* j-m entlocken; *promesse, décision, victoire* j-m abringen, abtrotzen; *promesse a.* j-m abnehmen; *aveu, secret a.* j-m entreißen; *aveu, accord a.* von j-m erzwingen, erpressen; *sans obj indir: augmentation de salaire etc* erzwingen; ertrotzen; **~ des larmes à qn** j-n zu Tränen rühren **3** **~ qn à sa famille** j-n aus s-r Familie herausreißen; **~ qn à la misère** j-n dem Elend entreißen; **~ qn au sommeil** j-n aus dem Schlaf reißen; **~ qn à son travail** j-n aus s-r Arbeit (heraus)reißen; *la sonnerie du réveil* **l'arracha du lit** riss ihn aus dem Bett **B** V/PR **1** **s'~ à** *ou* **de qc** sich von etw losreißen; sich e-r Sache (*dat*) entziehen; **s'~ des bras de qn** sich j-s Armen entwinden, entreißen; sich von j-m losreißen; **s'~ au charme de qc** sich dem Zauber, Reiz e-r Sache (*gén*) entziehen; **s'~ de son fauteuil** sich mühsam, ungern vom Sessel erheben; **s'~ au sommeil** mühsam den Schlaf abschütteln; nur schwer wach werden **2** *fig* **s'~ les cheveux** sich (*dat*) die Haare raufen; *fam* **il y a de quoi s'~ les cheveux** *fam* das ist ja haarsträubend!; es ist zum Auswachsen! **3** **s'~ qn, qc** sich um j-n, etw reißen **4** *fam* (*faire un gros effort*) **s'~** *fam* sich mächtig ins Zeug legen; sich am Riemen reißen

arracheur [araʃœr] M **mentir comme un ~ de dents** lügen, dass sich die Balken biegen; das Blaue vom Himmel herunterlügen; lügen wie gedruckt

arracheuse [araʃøz] F AGR Kartoffel-, Rübenernter *m*

arraisonnement [arɛzɔnmɑ̃] M *d'un bateau, avion* Durchsuchung *f*; **arraisonner** V/T *bateau* (anhalten und) durchsuchen; *avion* (zur Landung zwingen und) durchsuchen

arrangeant [arɑ̃ʒɑ̃] ADJ *personne* entgegenkommend; konziliant; gefällig; *commerçant* kulant

arrangement [arɑ̃ʒmɑ̃] M **1** *d'une pièce etc* Einrichtung *f*; Anordnung *f*; Arrangement *n* der Möbel; *des mots dans la phrase* Anordnung *f*; *de la coiffure, des vêtements* (Her)Richten *n*; Ordnen *n* **2** MUS Arrangement *n*, Einrichtung *f*, Bearbeitung *f* (**pour orchestre** für Orchester); *jazz* Arrangement *n* **3** (*accord*) Vereinbarung *f*; Abmachung *f*; Übereinkunft *f*; Übereinkommen *n*; Einigung *f*; Regelung *f*; Abkommen *n*; Arrangement *n*; **faire un ~, prendre des ~s avec qn** e-e Vereinbarung *etc*, Vereinbarungen *etc* mit j-m treffen

arranger [arɑ̃ʒe] ‹-geons› **A** V/T **1** (*disposer*) *meubles, fleurs etc* (hübsch, geschmackvoll) anordnen, arrangieren, zusammenstellen; *coiffure, vêtements* ordnen; in Ordnung bringen; richten; *pièce, appartement* einrichten (**en** als); *fig* **~ les choses à sa façon** die Dinge auf s-e Weise darstellen; sich (*dat*) die Dinge auf s-e Weise zurechtlegen; *adjt personne* **mal arrangé** unvorteilhaft gekleidet, zurechtgemacht **2** (*organiser*) *voyage, fête etc* arrangieren; organisieren; **~ une rencontre** ein Treffen arrangieren, in die Wege leiten **3** (*régler*) *conflit* beilegen; *affaire* regeln; in Ordnung bringen; einrenken **4** (*réparer*) reparieren; wieder in Ordnung bringen, instand setzen **5** (*contenter*) **cela m'arrange bien** das passt mir gut; das kommt mir sehr gelegen, gerade recht, *st/s* gut zupass; **il est difficile d'~ tout le monde** es ist schwer, es allen recht zu machen; *commerçant* **~ ses clients** s-n Kunden entgegenkommen **6** *fam* (*malmener*) **~ qn** j-n übel, *iron* schön zurichten; **te voilà bien arrangé!** wie siehst du denn aus!; **tu t'es fait drôlement arranger!** dich haben sie ja schön zugerichtet! **7** MUS arrangieren, bearbeiten, einrichten (**pour orchestre** für Orchester); **~ une pièce de théâtre, un texte** ein Theatertück, einen Text überarbeiten *ou* bearbeiten **B** V/PR **s'~** **1** *affaire* sich regeln; wieder in Ordnung kommen; sich einrenken; *situation, temps, état, maux* sich bessern; (wieder) besser werden; **cela s'arrangera!** das wird schon wieder werden! **2** *personne* (*ajuster sa toilette*) sich herrichten, zurechtmachen **3** *fam personne* (*embellir*) sich heraus-, *fam* rausmachen; **elle s'est bien arrangée** sie hat sich gut herausgemacht **4** (*se mettre d'accord*) **s'~ (avec qn)** sich (mit j-m) einigen, arrangieren, verständigen; (mit j-m) einig werden, zu e-r Übereinkunft kommen, gelangen **5** (*faire en sorte de*) **s'~ pour** (*+inf*) es *ou* sich so einrichten, dass …; zusehen, dass …; **je ne sais pas comment tu t'arranges**, *mais* … ich weiß nicht, wie du es anstellst, …; *abs* **arrangez-vous!** seht zu, wie ihr das macht, wie ihr zurechtkommt, wie ihr damit fertig werdet! **6** (*prendre son parti*) **s'~ de qc** sich mit etw abfinden; etw in Kauf nehmen; mit etw fertig werden

arrangeur [arɑ̃ʒœr] M MUS Arrangeur *m*

Arras [aras] *Stadt im Dep. Pas-de-Calais*

arrérages [arеraʒ] MPL (Renten)Rückstände *mpl*

arrestation [arɛstasjõ] F Verhaftung *f*; Festnahme *f*; Inhaftierung *f*; **mettre en état d'~** inhaftieren; in Haft nehmen

arrêt [arɛ] M **1** *d'un véhicule* **a** (An)Halten *n*; Stoppen *n*; Halt *m*; *loc adj* **à l'~** haltend; stehend; *ne pas ouvrir* **avant l'~ du train** bevor der Zug hält; **faire un ~** halten; Halt machen b CH DE FER Aufenthalt *m*; **cinq minutes d'~** fünf Minuten Aufenthalt 2 *de bus, de tramway* Haltestelle *f*; **~ d'autobus** (Auto)Bushaltestelle *f* 3 *d'une machine* a *(fait de s'arrêter)* Stehenbleiben *n*; Aussetzen *n*; Stillstehen *n*, -stand *m* b *(action d'arrêter)* Abstellen *n*; Ab-, Ausschalten *n*; Anhalten *n*; Stoppen *n*; *de la respiration, du cœur* Aussetzen *n*; Stocken *n*; Stillstand *m*; *des hostilités* Einstellung *f*; Beendigung *f*; *d'une séance, d'un jeu, de discussions* Abbruch *m*; Unterbrechung *f*; **~ des importations** Einfuhrstopp *m*; **~ de travail** Arbeitsunterbrechung *f*, -ausfall *m*, -einstellung *f*; *dans une grève* Arbeitsniederlegung *f*; *salarié pour cause de maladie* **avoir un ~ (de travail) de huit jours** für acht Tage krankgeschrieben sein; *magnétoscope* **~ sur image** Standbild *n*; **temps** *m* **d'~** *en travaillant, marchant etc* (kurze) Pause, Unterbrechung; *fig d'un processus* Stocken *n*, -ung *f*; Stillstand *m*; **marquer un temps d'~** e-e kurze Pause einlegen, machen; kurz innehalten; *fig* **connaître, subir un temps d'~** ins Stocken geraten; (vorübergehend) zum Stillstand kommen; *loc adv* **sans ~** ununterbrochen; ständig; immerzu; SPORTS **jouer les ~s de jeu** nachspielen 4 JUR **maison** *f* **d'~** Haftanstalt *f*; **mandat** *m* **d'~** Haftbefehl *m* 5 TECH Arretierung *f*; Feststeller *m*; Sperre *f*; **cran** *m* **d'~** Sperrklinke *f* 6 JUR *(décision)* Urteil(sspruch) *n(m)*; Entscheidung *f*; *fig* **~ de mort** Todesurteil *n* 7 COUT **faire un point d'~** den Faden verstechen, vernähen 8 CH **chien** *m* **d'~** Vorsteh-, Hühnerhund *m*; **être à l'~, tomber en ~** vorstehen; *fig* **tomber, rester en ~ devant qc** (staunend, bewundernd) vor etw *(dat)* stehen bleiben, innehalten 9 ESCRIME **coup** *m* **d'~** Aufhaltstoß *m* 10 *au vélo de course* **~ du pied** Pedalhaken *m*

arrêté[1] [aʀete] M 1 ADMIN Erlass *m*; Verfügung *f*; Anordnung *f*; Verordnung *f*; **~ ministériel** Ministerialerlass *m*; **~ municipal** Verfügung, Anordnung der Gemeinde-, Stadtverwaltung 2 FIN **~ de compte** Kontoabschluss *m*

arrêté[2] [aʀete] ADJ 1 *véhicule* haltend; stehend; **être ~** *véhicule* halten; stehen; *machine, moteur, montre* stehen; *production, circulation* ruhen *(a. travail)*; stillstehen 2 *(ferme)* fest; **avec l'idée bien ~e de** *(+inf)* mit der festen Absicht zu *(+inf)*; **avoir des idées bien ~es sur qc** e-e feste Meinung über etw *(acc)* haben

arrêter [aʀete] A V/T 1 *passants* anhalten; *machine, moteur* abstellen; ab-, ausschalten; zum Stillstand bringen; außer Betrieb setzen; *pendule* anhalten; *production, importation, construction* stoppen; einstellen; *production a.* stilllegen; *évolution, processus, progrès* aufhalten; hemmen; *hostilités* einstellen; beenden; *négociations, séance, jeu, épreuve* abbrechen; unterbrechen; **arrêtez-le!** haltet ihn!; **~ le feu** dem Feuer Einhalt gebieten; **~ une hémorragie** eine Blutung stillen, zum Stillstand bringen; **~ le temps** die Zeit anhalten; **~ le travail** die Arbeit unterbrechen, einstellen, *grévistes* niederlegen; mit der Arbeit aussetzen; **~ un véhicule** ein Fahrzeug anhalten, stoppen; **~ sa voiture dans la rue voisine** (mit dem Wagen) in der Nebenstraße halten 2 *circonstance, difficulté* **~ qn** j-n auf-, ab-, zurückhalten; **rien ne l'arrête** nichts kann ihn auf-, ab-, zurückhalten 3 *(fixer) rendez-vous, date* festlegen, -setzen, -machen; vereinbaren; ausmachen; *projet, ordre du jour* festlegen; **~ les grandes lignes** die großen Linien festlegen; **ils arrêtèrent que ...** *a.* sie beschlossen, dass ... 4 *fig* **~ son choix sur qn, qc** j-n, etw aussuchen, (aus)wählen; sich für j-n, etw entscheiden; **~ son regard sur qn, qc** s-n Blick auf j-m, etw ruhen lassen; den Blick auf j-n, etw heften 5 TECH arretieren; feststellen; hemmen; sperren; **~ la couture** e-e Naht, den Faden verstechen, vernähen 6 *(appréhender)* **~ qn** j-n verhaften, festnehmen, inhaftieren, in Haft nehmen 7 *fam médecin* **~ qn** j-n krankschreiben 8 *compte, bilan* abschließen 9 ADMIN **~ que ...** verfügen, anordnen, dass ... B V/I 1 *automobiliste* (an)halten; *piétons* stehen bleiben; stillstehen 2 *de faire qc* aufhören (**de** *+inf* zu *+inf*); innehalten; einhalten; **ne pas ~ de faire qc** unaufhörlich, ständig, in einem fort etw tun; **arrête!** hör auf!; halt! C V/PR **s'~** 1 *piétons* stehen bleiben; stillstehen; *auto(mobiliste)* (an)halten; stoppen; stehen bleiben; *machine, moteur* stehen bleiben; aussetzen; zum Stillstand kommen; *moteur a.* ausfallen; *montre* stehen bleiben; *hémorragie* aufhören; zum Stillstand, Stehen kommen; *bruit* aufhören; verstummen; *temps* stillstehen; *travail* ruhen; stillstehen; *cœur, respiration* aussetzen; stocken; stillstehen; *personne dans son activité* innehalten; **le récit s'arrête ici** hier bricht, reißt der Bericht ab 2 *personne en chemin* haltmachen; Rast, Station machen; rasten; sich aufhalten; *st/s* verweilen; *train* halten (à in); **s'~ dans un restaurant pour déjeuner** in ein Restaurant zum Mittagessen einkehren; *regard* **s'~ sur qn, qc** sich auf j-n, etw heften; bei *ou* an j-m, etw hängen bleiben; auf j-m, etw ruhen 3 *de faire qc* aufhören (**de** *+inf* zu *+inf*); innehalten; einhalten; **sans s'~** ununterbrochen; ständig; immerzu 4 *(porter son attention sur)* **s'~ à qc** sich mit *ou* bei etw aufhalten; sich mit etw abgeben, beschäftigen; sich um etw kümmern; **ne pas s'~ à des détails** sich nicht mit Einzelheiten aufhalten *etc* 5 *tapis, meuble etc* **s'~ au mur** bis an die Wand reichen; an der Wand aufhören, enden

arrêt-pipi [aʀɛpipi] M *fam* Pinkelpause *f*

arrhes [aʀ] FPL COMM Anzahlung *f*; **donner, verser des ~** e-e Anzahlung machen, leisten

arriération [aʀjeʀasjõ] F 1 **~ (mentale)** (geistiges) Zurückgebliebensein 2 *d'un pays etc* Rückständigkeit *f*

arrière [aʀjɛʀ] A LOC ADV **en ~** rückwärts; zurück; nach hinten; **mouvement** *m* **en ~** Rückwärtsbewegung *f*; **faire un pas en ~** e-n Schritt zurücktreten; **pencher, renverser la tête en ~** den Kopf nach hinten beugen, werfen; den Kopf zurückbeugen, -legen, -werfen; **rester en ~** zurückbleiben; ♦ *elliptiquement: litt* **~!** zurück!; weg da!; AUTO **marche** *f* **~** Rückwärtsgang *m*; → *a.* marche[2] 4, machine 2 B LOC PRÉP **en ~ de** hinter *(+dat ou +acc)*; **rester en ~ des autres** hinter den anderen bleiben C ADJ ⟨inv⟩ Rück...; Hinter...; MAR Achter...; AUTO **banquette** *f*, **siège** *m* **~** Rücksitz *m*; **feu(x)** *m(pl)* **~** Rück-, Schlusslicht(er) *n(pl)*, -leuchte(n) *f(pl)*; **roue** *f* **~** Hinterrad *n*; MAR **vent** *m* **~** achterlicher Wind; **avoir vent ~** vor dem Wind laufen D M 1 *d'une voiture, d'un avion, bateau* Heck *n*; *loc adv* **à l'~** hinten; *dans une voiture a.* im Fond; MAR achteraus; achtern; **moteur** *m* **à l'~** Heckmotor *m*; **à l'~ du car** hinten im Bus; **asseyez-vous à l'~** setzen Sie sich nach hinten, hinten hin 2 MIL Hinterland *n*; **~s** *pl* Etappe(ngebiet) *f(n)*; Nachschubgebiet *n*; *fig* **assurer ses ~s** sich absichern; sich *(dat)* e-e Hintertür offenhalten 3 SPORTS Abwehrspieler *m*; Verteidiger *m*; VOLLEYBALL Grundspieler *m*; RUGBY Schlussspieler *m*, -mann *m*

arrière-... [aʀjɛʀ] *préfixe* ⟨im pl inv, z. B. arrière-boutiques⟩ Hinter...; Nach...; → *les articles correspondants*

arriéré [aʀjeʀe] A ADJ 1 *pays, personne etc* rückständig; **idées ~es** überholte, altmodische Vorstellungen *fpl* 2 *enfant* (geistig) zurückgeblieben; geistig behindert B SUBST 1 *personne* **~(e)** *m(f)* geistig Behinderte(r) *m/f(m)*, Zurückgebliebene(r) *m/f(m)* 2 M *somme* Rückstand *m*; ausstehende Zahlung; **~ de loyer** Mietrückstand *m*

arrière-ban [aʀjɛʀbɑ̃] M → ban 2; **arrière-boutique** F Hinter-, Nebenraum *m (e-s Ladens)*; **arrière-cour** F Hinterhof *m*; **arrière-cuisine** F (Abstell-, Wirtschafts)Raum *m* hinter, neben der Küche

arrière-garde [aʀjɛʀgaʀd] F MIL Nachhut *f*; **combat** *m* **d'~** Nachhutgefecht *n*; *fig* **mener un combat d'~** auf verlorenem Posten kämpfen

arrière-gorge [aʀjɛʀgɔʀʒ] F ANAT Rachen *m*

arrière-goût [aʀjɛʀgu] M Nachgeschmack *m (a. fig)*; *fig* **laisser un ~ d'amertume** e-n bitteren Nachgeschmack hinterlassen

arrière-grand-mère [aʀjɛʀgʀɑ̃mɛʀ] F ⟨pl arrière-grands-mères⟩ Urgroßmutter *f*; **arrière-grand-père** M ⟨pl arrière-grands-pères⟩ Urgroßvater *m*; **arrière-grands-parents** MPL Urgroßeltern *pl*; **arrière-neveu** M ⟨pl arrière-neveux⟩ Großneffe *m*; **arrière-nièce** F ⟨pl arrière-nièces⟩ Großnichte *f*

arrière-pays [aʀjɛʀpei] M Hinterland *n*; **arrière-pensée** F Hintergedanke *m*

arrière-petite-fille [aʀjɛʀpətitfij] F ⟨pl arrière-petites-filles⟩ Urenkelin *f*; **arrière-petit-fils** M ⟨pl arrière-petits-fils⟩ Urenkel *m*; **arrière-petits-enfants** MPL Urenkel *mpl*

arrière-plan [aʀjɛʀplɑ̃] M Hintergrund *m (a. fig)*; *fig* **passer, reléguer à l'~** in den Hintergrund treten, drängen

arrière-port [aʀjɛʀpɔʀ] M Innenhafen *m*, -becken *n*; **arrière-saison** F Spätherbst *m*; **arrière-salle** F *d'un restaurant* Neben-, Hinterraum *m*; **arrière-train** M 1 *de quadrupèdes* Hinterteil *n*, -leib *m*; *de grands animaux a.* Hinterhand *f* 2 *fam (fesses) fam* Hintergestell *n*; Hintern *m*

arrimage [aʀimaʒ] M 1 *du chargement* a MAR Stauen *n*; Trimmen *n* b *par ext* Festmachen *n*, -binden *n*, -zurren *n* 2 *d'un vaisseau spatial* Ankoppeln *n*; Andocken *n*; Kopp(e)lung *f* (**avec** mit)

arrimer [aʀime] V/T 1 *chargement* a MAR stauen; trimmen b *avec des chaînes, cordes* festmachen, -binden, -schnüren, -zurren 2 *vaisseau spatial* ankoppeln (**avec** an *+acc*)

arrivage [aʀivaʒ] M 1 *de marchandises* Anlieferung *f*; Eintreffen *n*; Eingang *m*; *de poissons* Anlandung *f* 2 *marchandises* angelieferte, eingetroffene, eingegangene Ware; *pl* **~s** *a.* Eingänge *mpl*; Zugänge *mpl* 3 *plais* **un ~ de touristes** e-e Ladung (von) Touristen

arrivant [aʀivɑ̃] M, **arrivante** F Ankommende(r) *m/f(m)*; Eintreffende(r) *m/f(m)*; Ankömmling *m*; **les nouveaux arrivants** die Neuankömmlinge *mpl*

arrivé [aʀive] A ADJ *personne* arriviert; (beruflich, gesellschaftlich) erfolgreich; **un homme ~** *a.* ein gemachter Mann; **il est ~** er ist arriviert; er hat es geschafft B SUBST **les premiers, derniers ~s** die Zuerst-, Zuletztgekommenen

arrivée [aʀive] F 1 Ankunft *f*; Eintreffen *n*; *d'une personne a.* Kommen *n*; *de voitures a.* An-, Auffahrt *f*; *d'un bateau a.* Einlaufen *n* (**au port** in den Hafen); *du courrier* Eingang *m*; *fig du printemps* Ankunft *f*; Kommen *n*; CH DE FER: *sur l'horaire* **~ ...** an ...; *tableau d'affichage* **~s** Ankunft (der Züge); **heure** *f* **d'~** Ankunftszeit *f*; **à l'~** bei der Ankunft; *fig* am Ende; schließlich; letzten Endes 2 SPORTS Ziel *n*; **ligne** *f* **d'~** Ziellinie *f*; **l'~ fut très disputée** die letzten Meter vor dem Ziel waren heiß umkämpft 3 TECH Zufuhr *f*; Zuführung *f*; Zuleitung *f*; Eintritt *m*; *d'un liquide a.* Zufluss *m*; Zulauf *m*; **~ d'air** Luftzufuhr *f etc*

arriver [aʀive] ⟨être⟩ VI 1 ankommen, eintreffen, *personne a.* anlangen, *autrich* einlangen (**à Paris** in Paris; **chez soi** zu Hause; **en France** in Frankreich); *personne a.* kommen; *bateau a.* einlaufen (**au port** in den Hafen); *courrier* eingehen; *informations* einlaufen; *bateau* **~ à quai** am Kai anlegen; **~ de Londres** aus London (an)kommen; **~ en voiture, par le train** mit dem Auto, mit dem Zug (an)kommen; *marchandises* **~ par mer** auf dem Seeweg kommen; **nous voilà enfin arrivés!** jetzt sind wir endlich da, angelangt!; ♦ *impersonnel*: **il est arrivé une lettre pour vous** es ist ein Brief für Sie angekommen, eingetroffen, eingegangen 2 *(approcher) personne* (daher)kommen; *saison, jour, heure* kommen; nahen; *matin, nuit a.* anbrechen; **j'arrive!** ich komme schon!; **le voici qui arrive!** da kommt er ja!; **la voiture arriva droit sur nous** das Auto fuhr direkt auf uns zu; **~ en courant** angelaufen, herbeigelaufen kommen; **~ en masse** herbeiströmen; **il n'arrive pas vite!** wo bleibt er nur so lange!; **un jour arrivera où …** der Tag wird kommen, an dem … 3 *(atteindre)* **~ à** *(+subst)* a *à un endroit, fig* gelangen, kommen zu *ou* an *(+acc) ou* nach; *à un âge, stade, point, but* erreichen *(+acc)*; anlangen an *(+dat) ou* bei; *à un âge, stade a.* kommen in *(+acc)*; **être arrivé au bout, au terme, à la fin de son existence** am Ende s-s Lebens angelangt sein; **arrivé à cinquante ans** mit Erreichung des fünfzigsten Lebensjahres; mit fünfzig (Jahren); **~ à la conclusion de son exposé** zum Schluss s-r Ausführungen kommen; **~ au pouvoir** an die Macht kommen; zur Herrschaft gelangen; **n'~ à rien** es zu nichts bringen; im Leben nichts erreichen, zu nichts kommen; *en parlant* **j'y arrive** ich komme gleich darauf zu sprechen; darauf komme ich gleich noch b *(niveau d')eau, personne par sa taille* reichen bis zu; gehen bis an *(+acc)*; **il m'arrive déjà à l'épaule** er reicht mir schon bis zur Schulter; er geht mir schon bis an die Schulter 4 *(réussir)* **~ à** *(+inf)* es schaffen, fertigbekommen, fertigbringen, *fam* fertigkriegen zu *(+inf)*; **je suis arrivé à le convaincre** es ist mir gelungen, ich habe es geschafft, ihn zu überzeugen; ich konnte ihn überzeugen; **~ à ouvrir qc** etw aufbekommen, -bringen, *fam* -kriegen; **j'y arrive** jetzt gelingt es mir; *fam* jetzt kriege ich es auf, zu, hin *etc*; jetzt geht es; *pécuniairement fam* ich komme gerade so hin; *fam* **y ~ péniblement** *fam* mit dem Geld schlecht rumkommen 5 **en ~ à faire qc** so weit *ou* dahin kommen, dass man etw tut *ou* etw zu tun; allmählich, schließlich etw tun; **j'en arrive à me demander s'il a vraiment raison** ich frage mich allmählich, ob er wirklich recht hat; **il faudra bien en ~ là!** so weit, dahin wird es noch kommen müssen!; **comment peut-on en ~ là!** wie kann man es nur so weit, dahin kommen lassen! 6 **~ jusqu'à qn** *personne* bis zu j-m vordringen, gelangen, *fam* vorstoßen; *bruit, cris* bis zu j-m dringen; j-n erreichen 7 *abs: personne dans la société* es (beruflich, gesellschaftlich) zu etwas bringen; sich hoch-, emporarbeiten; erfolgreich sein; arrivieren 8 *chose désagréable, malheur* geschehen; passieren; vorfallen; vorkommen; sich ereignen; sich zutragen; sich begeben; **~ à qn** j-m passieren, zustoßen, geschehen; **ce sont des choses qui arrivent** solche Dinge kommen eben vor, passieren eben; **qu'est-ce qui t'arrive?** was ist denn mit dir los?; **cela peut ~ à tout le monde** das kann jedem passieren; das kommt in den besten Familien vor; *fam* **ça n'arrive qu'à lui** *fam* so was kann nur ihm passieren; **que cela ne t'arrive plus!** mach das nicht noch einmal!; dass mir das nicht wieder vorkommt!; *fam* **croire que c'est arrivé** *(fälschlich)* glauben, dass man es geschafft hat; ♦ *impersonnel*: **comme il arrive souvent aux gens qui …** wie es eben häufig Leuten geht, passiert, die …; **quoi qu'il arrive** was auch (immer) geschehen, kommen mag; **s'il n'arrive rien d'ici là** wenn nichts dazwischenkommt; **il arrive que …** *(+subj)* es kommt vor, es passiert (schon einmal), dass …; **il lui arrive de se tromper** es kommt vor, es passiert ihm schon einmal, dass er sich irrt 9 TECH *fluide* einströmen; eintreten; zufließen; zugeleitet, zugeführt werden

arrivisme [aʀivism] M Strebertum *n*; **arriviste** M/F Streber(in) *m(f)*; Erfolgsritter *m*; Arrivist(in) *m(f)*

arrogance [aʀɔgɑ̃s] F Arroganz *f*; Dünkel (-haftigkeit) *m(f)*; Überheblichkeit *f*; Anmaßung *f*; Hochnäsigkeit *f*; **arrogant** ADJ arrogant; dünkelhaft; überheblich; anmaßend; hochnäsig

arroger [aʀɔʒe] V/PR ⟨-geons⟩ **s'~** *titre, droit* sich *(dat)* anmaßen; *droit a.* sich *(dat)* herausnehmen

arrondi [aʀõdi] A ADJ 1 *forme* rundlich; (ab)gerundet; **écriture ~e** runde Schrift; **sommet ~** (Berg)Kuppe *f*; **visage ~** rundliches Gesicht 2 PHON *voyelle* gerundet B M Rundung *f*; abgerundete, runde Form

arrondir [aʀõdiʀ] A V/T 1 (ab)runden; *angles* abrunden; arrondieren; **~ les lèvres** die Lippen runden; *coiffure* **~ le visage** das Gesicht runder, voller, rundlicher machen, erscheinen lassen 2 *somme, fortune* abrunden; **~ à l'euro supérieur** (auf den vollen Euro) aufrunden, nach oben abrunden; **~ ses fins de mois** etwas dazuverdienen B V/PR **s'~** rund werden; sich runden; **sa taille s'est arrondie** sie ist rundlicher geworden

arrondissement [aʀõdismɑ̃] M ADMIN *en France* a Arrondissement *n*; Unterbezirk *m* e-s Departements; *correspond à* Kreis *m* b *d'une grande ville* (Stadt)Bezirk *m*

arrosage [aʀozaʒ] M (Be)Sprengen *n*; Spritzen *n*; AGR, JARD Beregnung *f*; Berieselung *f*; *à l'arrosoir* (Be)Gießen *n*; **tuyau** *m* **d'~** Gartenschlauch *m*

arroser [aʀoze] V/T 1 *gazon, jardin, rues* (be)sprengen; spritzen; AGR, JARD beregnen; berieseln; *à l'arrosoir* (be)gießen; *personne* nass spritzen; bespritzen; *rôti* begießen; beschöpfen; **~ d'essence** mit Benzin übergießen; *litt* **~ de larmes** mit Tränen benetzen; *fam par une averse* **se faire ~** *fam* e-e tüchtige Dusche abkriegen 2 *fam fig* a *événement fam* begießen; **ça s'arrose!, il faut ~ ça!** das muss begossen werden! b **~ le repas d'un bon vin** zur Mahlzeit e-n guten Wein trinken; *adjt* **café arrosé** Kaffee mit Schnaps 3 *fleuve: contrée* bewässern; bespülen; *ville* durchfließen 4 *fam (corrompre)* **~ qn** j-n bestechen, *fam* schmieren 5 MIL mit Bomben, Granaten belegen; *fam* beharken 6 *émetteur: région* versorgen; zu empfangen sein in *(+dat)*

arroseur [aʀozœʀ] M *appareil* (Rasen)Sprenger *m*; Regner *m*; Sprinkler *m*; **arroseuse** F *nettoyage des rues* Sprengwagen *m*; **arroseuse-balayeuse** F ⟨*pl* arroseuses-balayeuses⟩ *nettoyage des rues* Spreng- und Kehrmaschine *f*; **arrosoir** M Gießkanne *f*

Ars [aʀs] *frz Ortsname*

arsenal [aʀsənal] M ⟨*pl* -aux⟩ 1 *pour bateaux de guerre* (Marine)Werft *f* 2 *(dépôt d'armes)* Waffenarsenal *n*, -lager *n* 3 *fig* Arsenal *n*; Sammlung *f*; Ausrüstung *f*; **un ~ de ruses** ein Arsenal von, e-e Menge Tricks

Arsène [aʀsɛn] M *Vorname*

arsenic [aʀsənik] M CHIM Arsen *n*; **empoisonner qn à l'~** j-n mit Arsen vergiften

arsouille [aʀsuj] A ADJ Ganoven… B M Ganove *m*

art [aʀ] M 1 *(die)* Kunst; **les ~s** die bildenden Künste *(au sens large)*; **~ déco** Art deco *f ou m*; **~ égyptien** ägyptische Kunst; **~ moderne** moderne Kunst; **~ nouveau** Jugendstil *m*; **~s plastiques** bildende Kunst *(au sens strict)*; **~ populaire** Volkskunst *f*; **le septième ~** die Filmkunst; **les amateurs** *mpl* **du septième ~** die Kinoliebhaber *mpl*; **le huitième ~** das Fernsehen; **le neuvième ~** der Comic; **l'~ pour l'~** L'art pour l'art *n*; die Kunst um der Kunst willen; **film** *m* **d'~** künstlerisch anspruchsvoller, wertvoller Film; **histoire** *f* **de l'~** Kunstgeschichte *f*; **œuvre** *f* **d'~** Kunstwerk *n*; **ville** *f* **d'~** Kunststadt *f*; Stadt *f* der Künste 2 *(e-e)* Kunst; **~s appliqués, décoratifs, industriels** Kunstgewerbe *n*; **~ culinaire** Kochkunst *f*; **l'~ d'aimer** die Kunst zu lieben; die Liebeskunst; **l'~ d'écrire** die Schreibkunst; **l'~ de vivre** die Kunst zu leben; **~ de la table** Tischkultur *f*; **(École** *f* **des) Arts et Métiers** *renommierte Ingenieurschule*; **faire qc dans** *ou* **selon toutes les règles de l'~** etw kunstgerecht, nach allen Regeln der Kunst machen 3 *fig* **avoir l'~ de** *(+inf)* das Talent, die Gabe haben *ou* besitzen, es meisterlich verstehen zu *(+inf)*; **il y a l'~ et la manière de faire des reproches** *etc* man kann Vorwürfe *etc* auch in anderer Art und Weise vorbringen

artefact [aʀtefakt] M Artefakt *n (a.* MÉD)

Artémis [aʀtemis] F MYTH Artemis *f*

artère [aʀtɛʀ] F 1 ANAT Arterie *f*; Schlagader *f*; **on a l'âge de ses ~s** man kann sein Alter nicht verleugnen 2 *d'une ville, d'un pays* **(grande) ~** Verkehrsader *f*; Hauptverkehrsstraße *f*, -weg *m*

artériel [aʀteʀjɛl] ADJ ⟨~le⟩ ANAT arteriell; **tension ~le** Blutdruck *m*

artériosclérose [aʀteʀjɔskleʀoz] F MÉD Arterienverkalkung *f*; Arteriosklerose *f*

artérite [aʀteʀit] F MÉD Arterienentzündung *f*; *t/t* Arteriitis *f*

artésien [aʀtezjɛ̃] ADJ ⟨~ne⟩ 1 **puits ~** artesischer Brunnen 2 *(et subst* **Artésien** Bewohner) des Artois

arthrite [aʀtʀit] F MÉD Gelenkentzündung *f*; *t/t* Arthritis *f*; **arthritique** MÉD A ADJ arthritisch; *personne* an Arthritis leidend B M/F an Arthritis Leidende(r) *m/f(m)*; Arthritiker(in) *m(f)*

arthropodes [aʀtʀɔpɔd] MPL ZOOL Gliederfüßer *mpl*; *t/t* Arthropoden *pl*

arthrose [aʀtʀoz] F MÉD Arthrose *f*

Arthur [aʀtyʀ] M 1 *Vorname* 2 MYTH **le roi ~** König Artus *m*

artichaut [aʀtiʃo] M BOT, CUIS Artischocke *f*; **cœur** *m* **d'~** Artischockenherz *n*; *fam fig* **avoir un cœur d'~** sein Herz leicht verschenken; ein Herz für viele, ein weites Herz haben; **fond** *m* **d'~** Artischockenboden *m*

article [aʀtikl] M 1 *de presse* Artikel *m*; Beitrag *m*; Aufsatz *m*; **~ de fond** Leitartikel *m*; **~ de journal, de presse** Zeitungs-, Presseartikel *m*; **série** *f* **d'~s** Artikelserie *f* 2 *dans une encyclopédie etc* Artikel *m*; Stichwort *n* 3 *de loi* Paragraf *m*; *d'un contrat a.* Artikel *m (a. d'une constitution)*; Abschnitt *m*; Absatz *m*; Punkt *m* 4 COMM (Handels)Artikel *m*; Ware *f*; **~s de bureau** Bürobedarf(sartikel) *m(mpl)*; **~ de consommation courante** Artikel des täglichen Bedarfs;

~ de luxe, de marque Luxus-, Markenartikel *m*; **~s de Paris** Galanteriewaren *fpl*; Accessoires *pl*; **~s de sport, de voyage** Sport-, Reiseartikel *mpl*; **faire l'~** s-e Ware anpreisen, loben; Reklame machen (*a. fig*); **nous ne faisons pas cet ~** wir führen diesen Artikel nicht 5 GRAM Artikel *m*; Geschlechtswort *n* 6 REL **~ de foi** Glaubensartikel *m*; *fig* **être à l'~ de la mort** im Sterben liegen

articulaire [aʀtikylɛʀ] ADJ ANAT Gelenk...; *t/t* artikular; **douleur** *f* **~** Gelenkschmerz *m*

articulation [aʀtikylasjõ] F 1 ANAT Gelenk *n*; **~ du genou** Kniegelenk *n* 2 PHON Artikulation *f*; Lautbildung *f*; (deutliche) Aussprache; **point** *m* **d'~** Artikulationsstelle *f* 3 *fig d'un discours etc* Gliederung *f*; *des parties d'un discours etc* Verknüpfung *f*; Zusammenhang *m* 4 TECH Gelenk(verbindung) *n(f)* 5 JUR **~ des faits** Vortrag *m* der Tatsachen

articulatoire [aʀtikylatwaʀ] ADJ PHON Artikulations...; Lautbildungs...

articulé [aʀtikyle] ADJ 1 *langage* artikuliert; **bien ~** wohlartikuliert 2 ANAT durch Gelenk(e) verbunden; **poupée ~e** Gliederpuppe *f* 3 TECH beweglich (verbunden); Gelenk... 4 *fig discours, exposé* gegliedert

articuler [aʀtikyle] A V/T 1 PHON artikulieren; (deutlich) aussprechen; *par ext mot* hervorbringen; **articulez!** sprechen Sie klar und deutlich! 2 TECH beweglich verbinden B V/PR **s'~** 1 ANAT durch Gelenk(e) verbunden sein (**avec, sur** mit) 2 TECH beweglich verbunden sein (**avec, sur** mit) 3 *fig idées, discours, chapitres* **s'~ bien** gut gegliedert sein; sich gut ineinanderfügen; *roman, débat, projet* **s'~ autour de qc** auf etw (*dat*) aufbauen; von etw ausgehen

artifice [aʀtifis] M 1 Kunstgriff *m*; Trick *m*; Kniff *m*; **~s** *pl a.* Raffinessen *fpl* 2 (**pièce** *f* **d'**)**~** Feuerwerkskörper *m*; **feu** *m* **d'~** Feuerwerk *n* (*a. fig*)

artificiel [aʀtifisjɛl] ADJ ⟨~le⟩ 1 künstlich; Kunst...; *besoins* künstlich erzeugt; **jambe ~le** (Bein)Prothese *f*; **lumière ~le** künstliches Licht; Kunstlicht *n*; **respiration ~le** künstliche (Be)Atmung; **soie ~le** Kunst-, Chemieseide *f* 2 *fig engouement etc* ge-, erkünstelt; künstlich; unnatürlich; gewollt; gezwungen

artificier [aʀtifisje] M Feuerwerker *m*; Pyrotechniker *m*

artificieux [aʀtifisjø] *litt* ADJ ⟨-euse⟩ *personne* verschlagen; *a. paroles, attitude* hinterhältig, -listig

artillerie [aʀtijʀi] F MIL Artillerie *f*; **~ antiaérienne, de l'air** Flak(artillerie) *f*; Flugabwehrartillerie *f*; **~ légère, lourde** leichte, schwere Artillerie; **bataillon** *m* **d'~** Artilleriebataillon *n*; **pièce** *f* **d'~** Geschütz *n*

artilleur [aʀtijœʀ] M MIL Artillerist *m*

artimon [aʀtimõ] M MAR (**mât** *m* **d'**)**~** Besanmast *m*; **voile** *f* **d'~** Besan(segel) *m(n)*

artisan [aʀtizɑ̃] M 1 Handwerker *m*; **~ d'art** Kunsthandwerker(in) *m(f)*; **maître** *m* **~** Handwerksmeister *m* 2 *fig* Urheber(in) *m(f)*; **être l'~ de sa fortune** s-s Glückes Schmied sein

artisanal [aʀtizanal] ADJ ⟨-aux⟩ handwerklich; Handwerks...; **métier ~** Handwerk *n*; **de fabrication ~e** handwerklich gefertigt

artisanat [aʀtizana] M Handwerk *n*; Handwerkerstand *m*; **~ d'art** Kunsthandwerk *n*

artiste [aʀtist] A M/F 1 Künstler(in) *m(f)*; *plais* **~ capillaire, culinaire** Haar-, Kochkünstler(in) *m(f)*; **~ peintre** Kunstmaler(in) *m(f)*; **vie** *f* **d'~** a Künstlerleben *n*, -dasein *n* b Bohemeleben *n* 2 THÉ **~ (dramatique)** darstellender Künstler, darstellende Künstlerin; Bühnenkünstler(in) *m(f)*; **entrée** *f* **des ~s** Bühneneingang *m* B ADJ *personne* künstlerisch veranlagt; mit Kunstverstand begabt

artistement [aʀtistəmɑ̃] ADV kunstvoll

artistique [aʀtistik] ADJ 1 (*relatif aux arts*) Kunst...; *dans une ville* **activité** *f* **~** Aktivität *f* auf dem Gebiet der Kunst; **enseignement** *m* **~** musischer Unterricht; **richesses** *fpl* **~s** Kunstschätze *mpl* 2 (*relatif à l'artiste*) künstlerisch; Kunst...; **création** *f* **~** künstlerisches Schaffen; Kunstschaffen *n*; **artistiquement** ADV künstlerisch

Artois [aʀtwa] **l'~** *m historische Provinz in Nordfrankreich*

arum [aʀɔm] M BOT Aronstab *m*

aryen [aʀjɛ̃] A ADJ ⟨~ne⟩ arisch B MPL **Aryens** Arier *mpl*

arythmie [aʀitmi] F MÉD **~ (cardiaque)** unregelmäßige Herztätigkeit; *t/t* Arrhythmie *f*

arythmique [aʀitmik] ADJ 1 MÉD unregelmäßig 2 nicht rhythmisch; unrhythmisch

as¹ [as, ɑs] M 1 *carte à jouer* Ass *n*; **~ de pique** Pikass *n*; *fam fig* **être ficelé, fagoté comme l'~ de pique** komisch, unmöglich angezogen sein, daherkommen; *fam fig* **être plein aux ~** *fam* stein-, stinkreich sein; nach Geld stinken; *fam fig* **passer à l'~** *lors d'un partage* leer ausgehen; *fam* nichts abkriegen; *projet* ins Wasser fallen 2 *sur un dé, un domino* Eins *f* 3 *fam fig (champion) fam* Ass *n*; SPORTS *a.* Kanone *f*; **~ de l'aviation** Fliegerass *n*; **~ du volant** Spitzenfahrer *m*

as² [a] → avoir¹

asbeste [asbɛst] M MINÉR Asbest *m*

ascaride [askaʀid] M *ou* **ascaris** [askaʀis] M ZOOL Spulwurm *m*

ascendance [asɑ̃dɑ̃s] F 1 GÉNÉALOGIE a aufsteigende Linie; Aszendenz *f* b *coll* Vorfahren *mpl*, -eltern *pl*; **~ maternelle** mütterliche Linie; **être d'~ corse** korsische Vorfahren haben 2 MÉTÉO Aufwind *m* 3 ASTRON Aufgang *m*; *t/t* Aszendenz *f*

ascendant [asɑ̃dɑ̃] A ADJ aufsteigend (*a.* ANAT); MUS *intervalle* steigend; *gamme* aufwärtsgehend; **astre ~** aufgehendes Gestirn; Aszendent *m*; GÉNÉALOGIE **ligne ~e** aufsteigende Linie; **mouvement ~** *d'un ballon* (Auf-)Steigen *n*; *d'un astre* Aufgehen *n*, -gang *m* B M 1 (*influence*) (starker, mächtiger) Einfluss (**sur qn** auf j-n); **prendre de l'~ sur qn** Einfluss auf j-n, Macht über j-n gewinnen 2 ASTROL Aszendent *m* 3 GÉNÉALOGIE **~s** *pl* (Bluts)Verwandte *mpl* in aufsteigender Linie; Vorfahren *mpl*; *t/t* Aszendenten *mpl*

ascenseur [asɑ̃sœʀ] M Aufzug *m*; Fahrstuhl *m*; Lift *m*; **appeler l'~** den Aufzug holen; **prendre l'~** mit dem Aufzug fahren; *fig* **renvoyer l'~** e-n Gegendienst erweisen; *fam* sich revanchieren

ascension [asɑ̃sjõ] F 1 *d'un sommet* Besteigung *f*; **première ~** Erstbesteigung *f*; **faire l'~ du Cervin** das Matterhorn besteigen 2 *d'un ballon, d'une fusée* Aufsteigen *n* 3 *fig d'une personne, dynastie* Aufstieg *m* 4 REL (**fête** *f* **de**) **l'Ascension** Christi Himmelfahrt *f*; *loc adv* **à l'Ascension** *ou* **le jour de l'Ascension** am Himmelfahrtstag; (an) Himmelfahrt

ascensionnel [asɑ̃sjɔnɛl] ADJ ⟨~le⟩ aufsteigend; Steig...; AVIAT **force ~le** Auftrieb *m*; *de l'air chaud etc* **mouvement ~** Aufsteigen *n*; **vitesse ~le** Steiggeschwindigkeit *f*

ascèse [asɛz] F REL Askese *f*; *a.* Aszese *f*

ascète [asɛt] M REL *et par ext* Asket *m*; **mener une vie d'~** ein asketisches, enthaltsames Leben, das Leben e-s Asketen führen

ascétique [asetik] ADJ asketisch; *a.* streng; enthaltsam; **ascétisme** M REL Askese *f*; *par ext* asketische Lebensweise

ASCII [aski] M ABR (American Standard Code for Information Interchange) INFORM **code** *m* **~** ASCII-Code *m*

ascorbique [askɔʀbik] ADJ CHIM **acide** *m* **~** Askorbinsäure *f*

asepsie [asɛpsi] F MÉD Asepsis *f*; Keimfreiheit *f*

aseptique [asɛptik] ADJ MÉD aseptisch; keimfrei; **aseptisation** F MÉD Keimfreimachung *f*

aseptisé [asɛptize] ADJ 1 MÉD keimfrei 2 *fig atmosphère, confort* steril; kalt; nüchtern; **aseptiser** V/T MÉD keimfrei machen

asexué [asɛksɥe] ADJ BIOL geschlechtslos; **reproduction ~e** ungeschlechtliche Fortpflanzung

asiatique [azjatik] A ADJ asiatisch; MÉD **grippe** *f* **~** asiatische Grippe B SUBST **Asiatique** *m/f* Asiat *m*, Asiatin *f*

Asie [azi] **l'~** *f* Asien *n*; **l'~ antérieure** Vorderasien *n*; **l'~ centrale** Zentralasien *n*; **l'~ Mineure** Kleinasien *n*

asile [azil] M 1 Asyl *n*; HIST *a.* Freistätte *f*; Freistatt *f*; *par ext* Zuflucht(sort *m*, -sstätte *f*) *f*; **~ diplomatique, politique** diplomatisches, politisches Asyl; **droit** *m* **d'~** Asylrecht *n*; *par ext* **chercher, trouver ~ chez qn, auprès de qn** bei j-m Zuflucht suchen, finden; **demander ~** um Asyl bitten, nachsuchen; **donner, offrir ~ à qn** j-m Asyl gewähren; *par ext* j-m Zuflucht bieten 2 **~ (d'aliénés)** Irrenanstalt *f*; *fam* **être bon pour l'~** *fam* reif fürs Irrenhaus sein

Asnières [anjɛʀ] *Stadt im Dep. Hauts-de-Seine*

asocial [asɔsjal] ⟨*mpl* -aux⟩ A ADJ asozial B SUBST **~(e)** *m(f)* Asoziale(r) *m/f(m)*

asparagus [aspaʀagys] M BOT Asparagus *ou* Asparagus *m*; *chez le fleuriste* Schnittgrün *n*

aspartam(e)® [aspaʀtam] M PHARM Aspartam® *n*

aspect [aspɛ] M 1 Aussehen *n*; Anblick *m*; **à l'~ de** (*à la vue de*) beim Anblick von (*ou +gén*); *loc adj* **d'~ imposant** von imposantem Aussehen; imposant aussehend, wirkend; **présenter un ~ pittoresque** *etc* malerisch *etc* aussehen, wirken; e-n malerischen *etc* Anblick bieten; **avoir, offrir, présenter l'~ de** (*+subst*) (so) aussehen, wirken wie (*+subst*) 2 (*point de vue*) Aspekt *m*; Blick-, Gesichtspunkt *m*; **sous cet ~** unter diesem Aspekt *etc*; **sous un ~ nouveau** unter e-m neuen Aspekt; **envisager qc sous tous ses ~s** etw unter allen Aspekten, Gesichtspunkten betrachten; *situation* **se présenter sous un ~ plus favorable** sich in günstigerem Licht darstellen 3 GRAM Aspekt *m*; Aktionsart *f* 4 ASTROL Aspekt *m*; Konstellation *f*

asperge [aspɛʀʒ] F 1 BOT, CUIS Spargel *m*; **pointe** *f* **d'~** Spargelspitze *f*; **potage** *m* **aux pointes d'~s** Spargelsuppe *f* 2 *fam fig d'une personne fam* Bohnen-, Hopfenstange *f*; lange Latte

asperger [aspɛʀʒe] V/T *et* V/PR ⟨-geons⟩ (**s'**)**~** (**d'eau**) (sich) (mit Wasser) besprengen, besprühen, bespritzen; **s'~ de parfum** sich mit Parfüm besprühen

aspérité [aspeʀite] F Unebenheit *f*

aspersion [aspɛʀsjõ] F 1 Besprengen *n*; Besprühen *n*; Bespritzen *n* 2 ÉGL CATH Besprengung *f* mit Weihwasser; Aspersion *f*

asphaltage [asfaltaʒ] M 1 *action* Asphaltieren *n*; Asphaltierung *f* 2 *revêtement* Asphalt(-decke) *m(f)*

asphalte [asfalt] M 1 MINÉR, TECH Asphalt *m* 2 *chaussée* Asphaltstraße *f*

asphalter [asfalte] V/T asphaltieren; **rue asphaltée** Asphaltstraße *f*

asphyxiant [asfiksjɑ̃] ADJ erstickend (*a. fig*); MIL **gaz ~s** Giftgas(e) *n(pl)*

asphyxie [asfiksi] F 1 MÉD Ersticken *n*, -ung *f*; **~ par noyade** äußere Erstickung durch Ertrinken; **mort** *f* **par ~** Erstickungstod *m*; **mourir d'~, succomber à l'~** ersticken; den Erstickungstod sterben 2 *fig d'une industrie etc* Dahinsiechen *n*; Absterben *n*; Zugrundegehen *n*

asphyxier [asfiksje] A V/T 1 ersticken; *gaz toxique* **~ qn** bei j-m zum Erstickungstod führen; **être asphyxié par le gaz carbonique** an Kohlendioxid erstickt sein; **mourir asphyxié** ersticken; den Erstickungstod sterben 2 *fig industrie, économie* **être asphyxié** abgewürgt werden B V/PR 1 *personne* **s'~** ersticken; **s'~ avec le** *ou* **au gaz** sich mit Gas umbringen, das Leben nehmen 2 *fig pays, économie* **s'~ lentement** langsam dahinsiechen, zugrunde gehen

aspic [aspik] M 1 ZOOL Aspisviper *f* 2 CUIS Aspik *m*; Sülze *f*; **~ de volaille** Geflügel *n* in Aspik; Geflügelsülze *f* 3 BOT Großer Speik

aspirant¹ [aspiʀɑ̃] ADJ (an)saugend; Saug...; **pompe ~e** Saugpumpe *f*

aspirant² [aspiʀɑ̃] 1 M MIL Offiziersanwärter *m*; Fahnenjunker *m*; Fähnrich *m*; MAR Seekadett *m*; Fähnrich *m* zur See 2 **~(e)** *m(f) à un poste* Anwärter(in) *m(f)*

aspirateur [aspiʀatœʀ] M 1 Staubsauger *m*; **passer l'~** staubsaugen *ou* Staub saugen (**dans une pièce** in e-m Raum); (ab)saugen (**sur qc** etw) 2 TECH An-, Absaugvorrichtung *f*; **aspirateur-balai** M ⟨*pl* aspirateurs-balais⟩ Handstaubsauger *m*; **aspirateur-traîneau** M ⟨*pl* aspirateurs-traîneaux⟩ Bodenstaubsauger *m*

aspiration¹ [aspiʀasjõ] F 1 PHYSIOL Einatmung *f*; Luft-, Atemholen *n* 2 TECH An-, Ab-, Aufsaugen *n*; Saugen *n* 3 MÉD Absaugung *f* 4 PHON Behauchung *f*; Aspiration *f*

aspiration² [aspiʀasjõ] F Streben *n*, Trachten *n*, Verlangen *n*, Drang *m*, Sehnen *n*, Sehnsucht *f* (**à** *ou* **vers la liberté** nach Freiheit); Bestrebung *f*; **avoir de nobles ~s** nach edlen Zielen streben

aspiré [aspiʀe] PHON A ADJ behaucht; aspiriert; **h ~** aspiriertes H B F **~e** Hauchlaut *m*; Aspirata *f*

aspirer¹ [aspiʀe] V/T 1 *air, parfum* einatmen, -saugen, -ziehen; *abs* einatmen; Luft, Atem holen 2 TECH *gaz, liquide, poussière* an-, ab-, aufsaugen; *abs* saugen 3 PHON behauchen; aspirieren

aspirer² [aspiʀe] V/T INDIR **~ à** streben, trachten, verlangen, sich sehnen nach; **~ à la gloire** nach Ruhm streben, trachten; **je n'aspire plus qu'au repos** ich wünsche nichts sehnlicher als Ruhe

aspirine® [aspiʀin] F Aspirin® *n*; *fam* **blanc comme un cachet d'~** käseweiß; *fam* **prendre deux ~s** zwei Aspirin (ein)nehmen

assagir [asaʒiʀ] A V/T 1 *revers, expérience* **~ qn** j-n klug, klüger, weise(r) machen, werden lassen 2 *événement, âge* **~ qn** j-n ruhiger, gesetzter, ausgeglichener machen, werden lassen; **~ les passions** die Leidenschaften abkühlen, dämpfen B V/PR **s'~** 1 (*devenir sage*) klüger, weiser, abgeklärter, *enfant* vernünftiger werden 2 (*se calmer*) ruhiger, gesetzter, ausgeglichener werden

assagissement [asaʒismɑ̃] M 1 Klüger-, Vernünftigerwerden *n* 2 Ruhigerwerden *n*; Ausgeglichenheit *f*; Gesetztheit *f*; *des passions* Abkühlung *f*

assaillant [asajɑ̃] A ADJ MIL angreifend; (an)stürmend B SUBST **~(e)** *m(f)* Angreifer(in) *m(f)*; MIL *coll* **l'~** der *ou pl* die Angreifer

assaillir [asajiʀ] V/T ⟨j'assaille, nous assaillons; j'assaillais; j'assaillis; j'assaillirai, *a.* j'assaillerai; que j'assaille; assaillant; assailli⟩ 1 *personne* angreifen; *dans la rue* überfallen; anfallen; herfallen (**qn** über j-n); MIL angreifen; berennen; anrennen, anstürmen (**qc** gegen etw); *vent, mer* **~ qc** gegen etw tosen 2 *fig* a **~ qn de questions** j-n mit Fragen bestürmen, bedrängen b *doute, tourment* **~ qn** j-n heimsuchen, befallen; *problèmes* über j-n hereinbrechen

assainir [aseniʀ] V/T 1 *vieux quartier etc* sanieren; **~ l'air** die Luft reinigen 2 *fig monnaie, économie, entreprise* sanieren; gesunden lassen; *climat social, politique* verbessern

assainissement [asenismɑ̃] M 1 *urbanisme* Sanierung *f*; *de l'air* Reinigung *f*; AGR Entwässerung *f* 2 *fig*, ÉCON Sanierung *f*; Gesundung *f*; Erholung *f*

assainisseur [asenisœʀ] M **~ (d'air)** Luftreiniger *m*

assaisonnement [asɛzɔnmɑ̃] M CUIS a Würzen *n*; Abschmecken *n* (mit Gewürzen); *de la salade* Anmachen *n* b *coll* Gewürze *npl*; Würze *f*; Dressing *n*

assaisonner [asɛzɔne] V/T 1 CUIS a würzen; (mit Gewürzen) abschmecken; **~ une salade** einen Salat anmachen; *adjt* **trop assaisonné** zu stark gewürzt b *épice: mets* schmackhaft machen 2 *fig discours etc* würzen (**de** mit); *adjt fam* **une note assaisonnée** *fam* e-e gesalzene, gepfefferte Rechnung 3 *fam fig* (*réprimander*) *fam* zusammenstauchen; runterputzen

Assam [asam] GÉOG **l'~** *m* Assam *n*

assassin [asasɛ̃] A M Mörder(in) *m(f)* (*a. fig*); **à l'~!** Hilfe!; Mörder! B ADJ *plais* **œillade ~e** unwiderstehlicher Blick

assassinat [asasina] M 1 Mord *m* (**de qn** an j-m) (*a.* JUR); Ermordung *f*; Mordtat *f*, -anschlag *m*; Meuchelmord *m* 2 *fig* Auslöschung *f*; Liquidierung *f*

assassiner [asasine] V/T 1 ermorden; umbringen; **il est mort assassiné** er wurde ermordet 2 *fig pays, liberté* auslöschen; *poét* morden

assaut [aso] M 1 MIL Sturm(angriff) *m*; Angriff *m* (**de** auf +*acc*); Stürmen *n*; **avion** *m* **d'~** Schlacht-, Erdkampfflugzeug *n*; **char** *m* **d'~** Sturmpanzer *m*; **troupes** *fpl* **d'~** Sturmtruppen *fpl*; **vague** *f* **d'~** Angriffswelle *f*; **céder sous les ~s de l'ennemi** vor dem anstürmenden Feind zurückweichen; **donner l'~ aux** *ou* **monter à l'~ des positions ennemies** gegen die feindlichen Stellungen anrennen; **s'élancer, partir à l'~** zum Sturm ansetzen (**de** auf +*acc*); *fig* **faire ~ de qc** sich (gegenseitig) in etw (*dat*) zu überbieten suchen; in etw (*dat*) wetteifern; **prendre d'~** im Sturm nehmen; (er)stürmen; *fig guichets etc* stürmen 2 *fig du vent, de la mer* Wüten *n*; Tosen *n*

assèchement [asɛʃmɑ̃] M Trockenlegung *f*; Austrocknung *f*

assécher [aseʃe] ⟨-è-⟩ A V/T *marais* trockenlegen; austrocknen; *sol humide* entwässern; **~ un étang** einen Teich ablassen, trockenlegen B V/PR **s'~** austrocknen

ASSEDIC *ou* **Assedic** [asedik] FPL ABR (associations pour l'emploi dans l'industrie et le commerce) *correspond à* Arbeitslosenversicherung *f*; *fam* **toucher les Assedic** *fam* Arbeitslosengeld kriegen

assemblage [asɑ̃blaʒ] M 1 Zusammenfügen *n*, -setzen *n*, -ung *f*; Zusammenbau *m*; *de documents* Zusammentragen *n*; Zusammenstellung *f*; COUT Zusammenstecken *n*, -heften *n* 2 TECH Verbindung *f*; **~ à tenon et mortaise** Zapfenverbindung *f*; Verzapfung *f* 3 *fig* Amalgam *n*; Gemisch *n*; Konglomerat *n*

assemblée [asɑ̃ble] F 1 Versammlung *f*; (*corps*) *a.* Gremium *n*; **~ annuelle** Jahresversammlung *f*; **~ consultative** beratende Versammlung; **~ générale** General-, *d'une S.A.* Haupt-, *de l'ONU* Vollversammlung *f*; **~ générale annuelle** Jahreshauptversammlung *f*; *en France* **l'Assemblée nationale** die Nationalversammlung (*fam a. l'édifice*); **~ plénière** Voll-, Plenarversammlung *f*; Plenum *n*; **~ des actionnaires** Aktionärsversammlung *f*; ÉGL **~ des fidèles** Gemeinde *f*; **convoquer, tenir une ~** e-e Versammlung einberufen, abhalten; **être réunis en ~** versammelt sein; tagen 2 *coll* **l'~** die Versammelten *mpl*; das Publikum; **parler en présence d'une nombreuse ~** vor e-m großen Publikum sprechen

assembler [asɑ̃ble] A V/T *éléments séparés, a.* TECH zusammenfügen, -setzen, -bauen; aneinanderfügen, -setzen; montieren; verbinden; COUT zusammenstecken, -heften; *fig idées* verknüpfen; verbinden; verquicken; **~ des documents** Dokumente zusammenstellen, -tragen B V/PR **s'~** *personnes* sich versammeln; zusammenkommen; sich treffen; POL, ADMIN zusammentreten

assembleur [asɑ̃blœʀ] M INFORM Assembler *m*

assener *ou* **asséner** [asene] V/T ⟨-è-⟩ 1 **assener** *ou* **asséner un coup à qn** j-m e-n kräftigen Schlag versetzen 2 *fig argument, une vérité etc* **assener** *ou* **asséner à qn** j-m an den Kopf werfen

assentiment [asɑ̃timɑ̃] M Zustimmung *f*; Einwilligung *f*; Billigung *f*; **donner son ~ à qc** s-e Zustimmung, Einwilligung zu etw geben; e-r Sache (*dat*) zustimmen; in etw (*acc*) einwilligen

asseoir [aswaʀ] ⟨j'assieds *ou* j'assois, *a.* j'asseois, il assied *ou* assoit, *a.* asseoit, nous asseyons *ou* assoyons, ils asseyent *ou* assoient, *a.* asseoient; j'asseyais *ou* j'assoyais; j'assis; j'assiérai *ou* j'assoirai, *a.* j'asseoirai; que j'asseye *ou* que j'assoie; asseyant *ou* assoyant; assis⟩ A V/T 1 *enfant, malade* setzen (**sur une chaise** auf e-n Stuhl; **dans un fauteuil** in e-n Sessel) 2 *fig théorie, jugement* **~ sur qc** auf etw (*acc*) gründen, stützen B V/PR **s'~** sich setzen (**sur une chaise** auf e-n Stuhl); sich niedersetzen, -lassen (auf e-n *ou* auf e-m Stuhl); Platz nehmen (auf e-m Stuhl); sich hinsetzen; *all Sud* hinsitzen; **asseyez-vous!** setzen Sie sich!; **s'~ à (la) table** sich an den Tisch setzen; **faire ~ qn** j-n Platz nehmen lassen, zum Sitzen auffordern; **on le fit ~** *a.* man gab ihm e-n Stuhl; → *a.* assis

assermenté [asɛʀmɑ̃te] ADJ JUR vereidigt; beeidigt

assertion [asɛʀsjõ] F Behauptung *f*

asservir [asɛʀviʀ] V/T ⟨→ servir⟩ *peuple, pays* unterwerfen, -jochen; knechten; *plus fort* versklaven; *forces de la nature* sich (*dat*) untertan, dienstbar machen; *st/s passions* bezwingen; Herr werden (+*gén*)

asservissement [asɛʀvismɑ̃] M Unterwerfung *f*, -jochung *f*; Knechtung *f*; *plus fort* Versklavung *f*; *état* Knechtschaft *f*; völlige, sklavische Abhängigkeit (**à qc** von etw)

assesseur [asesœʀ] M JUR Beisitzer *m*; *adjt* **juge** *m* **~** Beisitzer *m*

asseyons [asɛjõ], **asseyez** [aseje] → asseoir

assez [ase] ADV 1 (*suffisamment*) genug; genügend; zur Genüge; hinlänglich; aus-, hinreichend; **~!, en voilà ~!, c'est ~!**, *st/s* **c'en est ~!** jetzt ist's aber genug!; jetzt reichts, langts aber!; Schluss jetzt!; Schluss damit!; **c'est juste ~** das ist gerade genug; das langt, reicht gerade; **c'est plus qu'~** das ist mehr als genug; **il est ~ grand pour aller tout seul à l'école** er ist groß genug, um allein zur Schule zu gehen; **manger ~** genug, genügend, ausreichend essen; **je l'ai ~ vu** ich habe ihn zur Genüge gesehen; *fam* er soll verschwinden; ♦ ~ **de** *(+subst)* genug, genügend *(+subst)*; ~ **d'argent** genug, genügend Geld; Geld genug, zur Genüge; ~ **de paroles!** genug der Worte!; *fam* **en avoir** ~ **de qn, qc** j-n, etw satthaben; genug von j-m, etw haben; **j'en ai** ~**!** jetzt habe ich es satt!; jetzt langts, reichts mir aber!; jetzt habe ich aber genug davon!; **j'aurai** ~ **de deux couvertures** zwei Decken langen, reichen mir; mit zwei Decken habe ich genug, komme ich aus; **ils sont** ~ **de deux pour faire ce travail** zwei reichen für diese Arbeit 2 *restrictif* ziemlich; recht; ganz; **il est** ~ **avancé pour son âge** er ist ziemlich weit für sein Alter; **un** ~ **bon exemple** ein recht, ganz gutes Beispiel; ~ **joli** ziemlich, recht, ganz hübsch

assidu [asidy] ADJ 1 *personne (ponctuel)* pünktlich, genau, gewissenhaft (**à son travail** in s-r Arbeit); *(appliqué)* fleißig; eifrig; emsig 2 *travail etc* ausdauernd; unermüdlich; beharrlich; stetig; **fournir un travail** ~ ausdauernd, beharrlich, unermüdlich, stetig in der Arbeit sein, arbeiten 3 *(empressé)* **être** ~ **auprès de qn** sich ständig, unablässig, unermüdlich um j-n bemühen

assiduité [asidɥite] F 1 *(ponctualité)* Pünktlichkeit *f*, Gewissenhaftigkeit *f* (**au travail** in der Arbeit); *(application)* beharrlicher Fleiß, Eifer; Emsigkeit *f*; *(présence continuelle)* regelmäßige, ständige Anwesenheit (**aux cours** bei den Kursen); **travailler avec** ~ fleißig, ausdauernd, gewissenhaft arbeiten 2 PL ~**s** *auprès d'une femme* Zu-, Aufdringlichkeit *f*; **poursuivre qn de ses** ~**s** j-m gegenüber immer auf-, zudringlicher werden

assidûment [asidymɑ̃] ADV → assidu

assied(s) [asje] → asseoir

assiégé [asjeʒe] A ADJ *ville, citadelle* belagert B M Belagerte(r) *m*

assiégeant [asjeʒɑ̃] M Belagerer *m*

assiéger [asjeʒe] V/T ‹-è-; -geons› 1 belagern; ~ **une ville, une citadelle** eine Stadt, eine Zitadelle belagern 2 *guichet etc* umlagern; belagern; sich drängen um; umdrängen 3 *flammes* ~ **qn** j-n einschließen 4 *fig* ~ **qn** *créanciers* j-n bedrängen, belästigen; j-m das Haus einlaufen; *pensées* j-n bedrängen, heimsuchen, quälen

assiette [asjɛt] F 1 Teller *m*; ~ **creuse** tiefer Teller; Suppenteller *m*; ~ **plate** flacher Teller; *fig* ~ **au beurre** Futterkrippe *f*; ~ **à dessert** Kuchen-, Frühstücks-, Dessertteller *m*; ~ **à soupe** Suppenteller *m*; *à table* **changer d'**~**(s)** die Teller wechseln 2 CUIS ~ **anglaise** kalte (Fleisch)Platte; Platte *f* mit kaltem Braten 3 *fig personne* **ne pas être dans son** ~ sich nicht recht wohlfühlen; nicht recht auf der Höhe, auf dem Posten, *fam* auf dem Damm sein 4 *pour la retraite, des cotisations* Bemessungs-, Berechnungsgrundlage *f*; ~ **de l'impôt** Steuerbemessungsgrundlage *f* 5 *d'un cavalier* Sitz *m*; **avoir une bonne** ~ gut im Sattel, zu Pferd sitzen

assiettée [asjete] F Teller *m* voll; **une** ~ **de soupe** ein Teller Suppe

assignat [asiɲa] M HIST Assignate *f*

assignation [asiɲasjõ] F JUR 1 *comme témoin* (Vor)Ladung *f* 2 *(attribution)* Zuweisung *f*; Zuteilung *f*; ~ **à résidence** Zuweisung des Aufenthaltsortes

assigner [asiɲe] V/T 1 *tâche, emploi etc* ~ **à qn** j-m zuweisen, zuteilen; *tâche a.* j-m anweisen; *part d'héritage a.* j-m zusprechen 2 *but* setzen; festsetzen, -legen; stecken; ~ **des limites à qc** e-r Sache *(dat)* Grenzen setzen 3 JUR a ~ **qn (en justice)** j-n vor Gericht laden; j-n vorladen b ~ **qn à résidence** j-m e-n Aufenthaltsort zuweisen

assimilable [asimilabl] ADJ 1 ~ **à qn, à qc** j-m, e-r Sache vergleichbar, gleichzustellen(d) 2 BIOL *aliment* assimilierbar; *fig connaissances* erfassbar 3 *personnes* anpassungsfähig

assimilateur [asimilatœʀ] ADJ ‹-trice› 1 BIOL assimilatorisch 2 *fig esprit, intelligence* rasch erfassend, begreifend, aufnehmend

assimilation [asimilasjõ] F 1 Gleichsetzung *f*, Vergleich *m*, ADMIN Gleichstellung *f* (**à** mit); ~ **des ouvriers aux employés** Gleichstellung der Arbeiter mit den Angestellten 2 SOCIOLOGIE Assimilation *f*; Assimilierung *f*; Angleichung *f*; Verschmelzung *f*; **politique** *f* **d'**~ Integrationspolitik *f*; **pouvoir** *m* **d'**~ Assimilations-, Integrationsvermögen *n* 3 BIOL Assimilation *f*; Assimilierung *f* 4 *fig de connaissances* Aufnahme *f*; geistige Erfassung, Verarbeitung; **pouvoir** *m* **d'**~ Aufnahmevermögen *n* 5 LING Assimilation *f*; Lautangleichung *f*

assimilé [asimile] A ADJ 1 *(catégorie de) personnes* assimiliert; angepasst 2 ADMIN gleichgestellt; *les peintures* **et les produits** ~**s** und die ihnen gleichgestellten Produkte *npl* B M ADMIN, MIL Gleichgestellte(r) *m*; **militaires et** ~**s civils** Militärpersonen und gleichgestellte Zivilisten

assimiler [asimile] A V/T 1 vergleichen (**à** mit); gleichsetzen, ADMIN gleichstellen (**à** *dat*) 2 *étrangers, immigrants* assimilieren; verschmelzen (**à** mit) 3 BIOL assimilieren 4 *fig connaissances* aufnehmen; geistig erfassen, verarbeiten B V/PR **s'**~ 1 *(catégorie de) personnes* sich anpassen, sich angleichen (**à** an *+acc*); aufgehen (in *+dat*); sich assimilieren 2 BIOL *aliment* assimiliert werden

assis [asi] PP → asseoir *et* ADJ 1 sitzend; *à un chien* ~**!** Platz!; **place** ~**e** Sitzplatz *m*; **position** ~**e** sitzende Stellung; Sitzen *n*; **être** ~ sitzen; **rester** ~ sitzen bleiben; **travailler** ~ im Sitzen, sitzend arbeiten 2 *fig* **bien** ~ *réputation* fest begründet; *jugement* wohlbegründet; *autorité* fest verankert; stabil; *politique* solid(e) 3 *fam fig* **j'en suis** ~ *fam* da bin ich platt; mich hauts vom Stuhl; mir bleibt die Spucke weg

assise [asiz] F 1 CONSTR (Stein)Schicht *f* 2 *fig* Grundlage *f*; Fundament *n*; Basis *f*

Assise [asiz] Assisi *n*

assises [asiz] FPL 1 JUR **(cour** *f* **d')**~ Schwurgericht *n*; **être envoyé aux** ~ vor das Schwurgericht kommen 2 *(réunion)* Tagung *f*; Kongress *m*; *d'un parti a.* Parteitag *m*; **tenir ses** ~ tagen; s-e Tagung, s-n Parteitag abhalten

assistanat [asistana] M Amt *n* des Hochschulassistenten

assistance [asistɑ̃s] F 1 *(les assistants)* Anwesende(n) *mpl*; Publikum *n*; Zuhörer(schaft) *mpl(f)* 2 *(présence)* Anwesenheit *f* (**à** bei); Zugegensein *n* (bei) 3 *(secours)* Beistand *m*; Hilfe (-leistung) *f*; Unterstützung *f*; *de l'État* Fürsorge *f*; JUR ~ **judiciaire** Armenrecht *n*; ~ **médicale** medizinische Versorgung; ärztliche Betreuung; *autrefois* **Assistance publique** öffentliche Fürsorge; staatliche Wohlfahrtspflege; *au sens strict* Jugendfürsorge *f*; **enfant** *m* **de l'Assistance** Fürsorgekind *n*; *de l'ONU etc* ~ **technique** technische Hilfe; **demander** ~ **à qn, auprès de qn** j-n um Beistand, Unterstützung bitten 4 *(participation)* Mithilfe *f*, -wirkung *f*; MÉD Assistenz *f*

assistant [asistɑ̃] A ADJ assistierend; **arbitre** ~ Schiedsrichterassistent *m*; **médecin** ~ assistierender Arzt B SUBST ~**(e)** *m(f)* 1 Assistent(in) *m(f)* (*a.* UNIVERSITÉ); ~**e dentaire** Zahnarzthelferin *f*; ~**e maternelle** Kinderpflegerin *f*; ~**e sociale** (Sozial)Fürsorgerin *f*; Sozialarbeiterin *f*; ~**(e) de laboratoire** Laborant(in) *m(f)*; RAD, TV ~**(e) du metteur en scène, de production** Regie-, Produktionsassistent(in) *m(f)*; ~**(e) de publicité** Werbeassistent(in) *m(f)*; CINÉMA ~**(e) de réalisation** Regieassistent(in) *m(f)* 2 *dans une assemblée* **les** ~**s** *mpl* die Anwesenden *mpl*

assisté [asiste] A ADJ 1 TECH **direction** ~**e** Lenkhilfe *f*; Servolenkung *f*; **freins** ~**s** Bremskraftverstärker *m*; ~ **par ordinateur** computergestützt, -unterstützt 2 **personne** ~**e** Sozialhilfeempfänger(in) *m(f)* B SUBST ~**(e)** *m(f)* Sozialhilfeempfänger(in) *m(f)*; *par ext*: **mentalité** *f* **d'**~ Versorgungsdenken *n*; **faire de qn un** ~ j-n dazu bringen, dass er alles vom Staat erwartet; j-n unselbstständig machen

assister [asiste] A V/T ~ **qn** j-m beistehen, Beistand leisten, helfen, hilfreich zur Seite stehen; JUR j-m Rechtsbeistand leisten; ~ **un médecin** e-m Arzt assistieren; ~ **qn dans son travail** j-m bei s-r Arbeit helfen, behilflich sein; j-n in s-r Arbeit unterstützen; ~ **un mourant** e-m Sterbenden beistehen; **se faire** ~ **par qn** sich *(dat)* von j-m helfen lassen B V/I ~ **à qc** bei etw zugegen sein, anwesend sein, dabei sein; etw miterleben; *st/s* e-r Sache *(dat)* beiwohnen

associatif [asɔsjatif] ADJ ‹-ive› 1 PSYCH, MATH assoziativ; MATH **loi associative** Assoziativgesetz *n* 2 **vie associative** Vereinsleben *n*

association [asɔsjasjõ] F 1 Verein(igung) *m(f)*; Verband *m*; Bund *m*; Assoziation *f*; Gesellschaft *f*; ~ **commerciale, économique** Handels-, Wirtschaftsverband *m*; wirtschaftlicher Verein; ~ **reconnue d'utilité publique** gemeinnütziger Verein; ~ **sportive** Sportverein *m*; ~ **de bienfaisance** Wohltätigkeitsverein *m*; ~ **de consommateurs** Verbraucherverband *m*, -genossenschaft *f*; ~ **d'anciens élèves** *du lycée X* Verein ehemaliger Schüler ...; JUR ~ **de malfaiteurs** kriminelle Vereinigung 2 *action* a *(réunion)* Zusammenschluss *m*, Vereinigung *f*, Verbindung *f*, Assoziierung *f* (**à** mit) b *(participation)* Einbeziehung *f* (**à** in *+acc*); Beteiligung *f* (an *+dat*); Assoziierung *f* 3 *de couleurs, de mots, d'images etc* Verbindung *f*; Verknüpfung *f*; Assoziation *f*; ~ **d'idées** Ideenverbindung *f*, (-)Assoziation *f*

associé [asɔsje] A ADJ *membre* assoziiert B SUBST ~**(e)** *m(f)* COMM Teilhaber(in) *m(f)*; Mitinhaber(in) *m(f)*; Geschäftspartner(in) *m(f)*; Kompagnon *m*; Sozius *m*; Gesellschafter(in) *m(f)*

associer [asɔsje] A V/T 1 COMM ~ **qn à son affaire** *ou v/pr* **s'**~ **qn** j-n als Teilhaber, Mitinhaber, Partner, Kompagnon, Sozius in sein Geschäft aufnehmen; j-n an s-m Geschäft beteiligen 2 ~ **qn à** *au bénéfice* j-n beteiligen, teilhaben lassen an *(+dat)*; *à son bonheur etc* j-n teilhaben, -nehmen lassen an *(+dat)*; *à son travail* j-n teilnehmen lassen, beteiligen an *(+dat)*; j-n mitarbeiten lassen bei 3 *personnes, qualités* verein(ig)en, verbinden, *mots, idées* verbinden, verknüpfen, assoziieren, in Verbindung bringen (**à** mit) B V/PR 1 *personne(s)* **s'**~ sich zusammentun, -schließen, *État(s)* sich zusammenschließen, sich assoziieren (**à** *ou* **avec** mit) 2 **s'**~ **à** *la douleur, à la joie de qn* teilen (*a. au point de vue*) *(+acc)*; teilnehmen, Anteil nehmen an *(+dat)*; *au point de vue de qn a.* sich anschließen *(+dat)*; **s'**~ **aux travaux** sich an den Arbeiten beteiligen 3 *chose, qualité à une autre* **s'**~ **à** gepaart, vereint sein mit

assoiffé [aswafe] ADJ 1 sehr durstig; halb verdurstet 2 *fig* **être** ~ **de qc** nach etw dürsten, *st/s* lechzen; ~ **de pouvoir** machthungrig; ~ **de sang** blutdurstig, -rünstig; ~ **de vengeance** rachedurstig

assolement [asɔlmɑ̃] M AGR Fruchtwechsel *m*, -folge *f*

assombrir [asõbʀiʀ] A VT 1 *nuages: ciel* verdunkeln; verfinstern; verdüstern; *tapisserie etc: pièce* dunkel, finster, düster machen 2 *fig soucis, accident* **~ qn** j-n finster, düster machen B VPR **s'~** 1 *ciel* sich verdunkeln, verfinstern, verdüstern 2 *fig visage, horizon politique* sich verfinstern, verdüstern, verdunkeln; *front* sich umwölken; *personne* finster, düster werden
assombrissement [asõbʀismɑ̃] M Verfinsterung *f*; Verdüsterung *f* (*a. fig*); *état* Düsterkeit *f*
assommant [asɔmɑ̃] ADJ (tödlich) langweilig; ermüdend; **livre ~** langweiliges, langatmiges Buch; **travail ~** langweilige, geisttötende Arbeit; **il est ~ avec ses questions** er geht einem auf die Nerven mit s-n Fragen
assommer [asɔme] VT 1 *animal* erschlagen; totschlagen; *personne* niederschlagen; niederstrecken; *fig* **être assommé par la chaleur** von der Hitze benommen, wie betäubt sein 2 *fig* (*ennuyer*) zu Tode, tödlich langweilen; ermüden; auf die Nerven gehen (**qn** j-m)
assommoir [asɔmwaʀ] M *Zola* **L'Assommoir** Der Totschläger
Assomption [asõpsjõ] F ÉGL CATH, PEINT **l'~** die Himmelfahrt Mariä; *fête* Mariä Himmelfahrt
assonance [asɔnɑ̃s] F VERSIFICATION Assonanz *f*; unvollständiger Reim
assorti [asɔʀti] ADJ 1 passend (**à** zu); abgestimmt (auf *+acc*); *conjoints* **bien ~s** gut zueinanderpassend; **être ~ à** passen zu (*a. personne*) 2 CUIS *pl* **~s** verschiedene; diverse 3 COMM *magasin* **être bien ~** ein breit gefächertes, reichhaltiges Warenangebot, ein gut sortiertes Lager haben 4 **~ de** (*accompagné de*) (versehen) mit
assortiment [asɔʀtimɑ̃] M 1 **~ de couleurs** Farbenzusammenstellung *f*, -kombination *f* 2 *d'objets semblables* Sortiment *n* (*a.* COMM), reiche Auswahl (**de** an *+dat*); Sammlung *f*; Kollektion *f*; **~ de marchandises** Warensortiment *n*, -angebot *n*; **j'ai tout un ~ de pinceaux** ich habe ein ganzes Sortiment Pinsel, an Pinseln 3 CUIS **~ de charcuterie, de fromages** Wurst-, Käseplatte *f*
assortir [asɔʀtiʀ] A VT abstimmen (**à** auf *+acc*); anpassen (an *+acc*); *plusieurs objets, couleurs* aufeinander abstimmen; (passend) zusammenstellen B VPR 1 (*s'harmoniser*) **s'~ à** passen zu; **s'~ bien** gut zueinanderpassen; gut aufeinander abgestimmt sein 2 (*s'accompagner de*) **s'~ de qc** mit etw versehen sein; von etw begleitet sein; etw enthalten
Assouan [aswɑ̃] GÉOG Assuan *n*
assoupir [asupiʀ] A VT 1 *chaleur etc* **~ qn** j-n dösig machen, einschläfern; *adjt* **assoupi** eingedöst; eingenickt; eingeschlummert 2 *fig et st/s douleur* lindern; *remords* betäuben; einschläfern B VPR **s'~** 1 *personne* eindösen, -nicken, -schlummern 2 *fig et st/s douleur, passions* sich legen; abklingen
assoupissement [asupismɑ̃] M a *action* Eindösen *n*, -nicken *n*, -schlummern *n* b (*sommeil*) Dösen *n*; Schläfrigkeit *f*
assouplir [asupliʀ] A VT 1 *corps, membres* gelenkig, *a. muscles, articulations* geschmeidig machen; lockern; *cuir, étoffe* weich, geschmeidig machen 2 *fig caractère* nachgiebig(er), gefügig(er) machen 3 *règlement* lockern; (ab)mildern B VPR **s'~** 1 *corps, membres etc* gelenkig, geschmeidig werden; *muscles a.* sich lockern; *cuir, tissu* weich, geschmeidig werden 2 *fig individu, caractère* nachgiebig(er), gefügig(er) werden
assouplissant [asuplisɑ̃] M CHIM Weichspüler *m*; **assouplissement** M 1 *du corps etc* Lockerung *f*; Geschmeidig-, Gelenkigmachen *n ou* -werden *n*; *du cuir etc* Weich-, Geschmeidigmachen *n ou* -werden *n* 2 *d'un règlement* Lockerung *f*; (Ab)Milderung *f*; **assouplisseur** M → assouplissant
assourdir [asuʀdiʀ] A VT 1 **~ qn** j-n ganz benommen, halb taub machen; j-n betäuben 2 *bruit, pas* dämpfen B VPR **s'~** 1 *bruit* (immer) gedämpfter, schwächer werden 2 PHON stimmlos werden; **assourdissant** ADJ *bruit* (ohren)betäubend; **assourdissement** M 1 *d'une personne* Benommensein *n*; Betäubung *f* 2 *des bruits, des pas* Dämpfung *f*; Gedämpftheit *f* 3 PHON Stimmloswerden *n*
assouvir [asuviʀ] A VT 1 *faim, soif, appétit* stillen 2 *fig curiosité, désir, ambition etc* stillen; befriedigen; *st/s* sättigen B VPR **s'~** 1 *faim, soif, appétit* gestillt werden 2 *fig curiosité, désir, ambition etc* gestillt, befriedigt werden; *st/s* gesättigt werden; **assouvissement** M *fig* Stillung *f*; Befriedigung *f*
assujetti [asyʒeti] ADJ **être ~ à qc** e-r Sache (*dat*) unterworfen sein, unterliegen; …pflichtig sein; **~ à l'impôt (sur le revenu)** (einkommen[s])steuerpflichtig; **être ~ à certaines règles** bestimmten Regeln unterliegen, unterworfen sein
assujettir [asyʒetiʀ] A VT 1 **~ qn, qc à qc** j-n, etw e-r Sache (*dat*) unterwerfen 2 *litt peuple* unterwerfen, -jochen; unter s-e Botmäßigkeit bringen 3 *litt* (*contraindre*) **~ à qc** zu etw zwingen, nötigen 4 (*fixer*) festmachen; befestigen B VPR **s'~ à qc** sich e-r Sache (*dat*) unterwerfen, fügen, beugen, *à une mission, obligation* unterziehen
assujettissant [asyʒetisɑ̃] ADJ *métier, travail* der *ou* die einen sehr bindet, einem wenig persönliche Freiheit lässt, völlige Hingabe erfordert
assujettissement [asyʒetismɑ̃] M 1 **~ à l'impôt (sur le revenu)** (Einkommen[s])Steuerpflicht *f* 2 *fig et st/s* Unterwerfung *f* (**à** unter *+acc*); Gebundensein *n* (**à un horaire** an e-n Zeitplan); Abhängigkeit *f* (von) 3 *fig et st/s* (*contrainte*) (lästiger) Zwang
assumer [asyme] A VT 1 *fonction, tâche, obligations etc* übernehmen; *responsabilité a.* auf sich (*acc*) nehmen; *frais a.* tragen; bestreiten; aufkommen für; **~ un risque** ein Risiko auf sich (*acc*) nehmen, eingehen 2 *sa condition* auf sich (*acc*) nehmen; (innerlich) annehmen, akzeptieren; *abs* sich der Herausforderung stellen; mit s-r Lage fertig werden; zurechtkommen; **~ son passé** seine Vergangenheit bewältigen B VPR **s'~** sich (so wie man ist) akzeptieren, annehmen
assurable [asyʀabl] ADJ versicherbar; versicherungsfähig
assurance [asyʀɑ̃s] F 1 (*confiance en soi*) (Selbst)Sicherheit *f*; **avoir, montrer de l'~** (selbst)sicher, selbstbewusst auftreten; ein sicheres Auftreten haben; **parler avec ~** selbstsicher sprechen; **perdre son ~** s-e Selbstsicherheit verlieren; unsicher werden; **prendre de l'~** in s-m Auftreten sicherer werden 2 (*garantie*) Versicherung *f*; Zusicherung *f*; **recevoir de qn la ferme ~ que …** von j-m die feste Zusicherung erhalten, dass …; *à la fin d'une lettre* **veuillez agréer l'~ de ma considération distinguée** mit vorzüglicher Hochachtung 3 (*certitude*) Gewissheit *f*; **j'ai l'~ de son accord** ich bin gewiss, sicher, fest überzeugt, dass er einverstanden ist 4 *contrat* Versicherung *f*; **~s** *pl* Versicherung(sgesellschaft) *f*; *t/t* Assekuranz *f*; **~ accidents, contre les accidents** Unfallversicherung *f*; **~ auto(mobile)** Kraftfahrzeugversicherung *f*; **~ bagages** (Reise)Gepäckversicherung *f*; **~ complémentaire** Zusatzversicherung *f*; **~ contre les bris de glaces** Glas (bruch)versicherung *f*; **~ dégâts des eaux** Leitungswasserschadenversicherung *f*; **~ incendie, contre l'incendie** Brand-, Feuerversicherung *f*; **~ individuelle** Individualversicherung *f*; **~ invalidité** Invalidenversicherung *f*; **~ maladie (privée)** (private) Krankenversicherung; **~ obligatoire** Pflichtversicherung *f*; AUTO **~ personnes transportées** Insassen(unfall)versicherung *f*; AUTO **~ tous risques** Vollkaskoversicherung *f*; **~s sociales** Sozialversicherung *f*; **~ vie, sur la vie** Lebensversicherung *f*; **~ vieillesse** Altersversicherung *f*; **~ vol, contre le vol** Diebstahlversicherung *f*; **~ voyage** Reiseversicherung *f*; AUTO **~ au tiers** (Kraftfahrzeug)Haftpflichtversicherung *f*; **~ de responsabilité (civile)** Haftpflichtversicherung *f*; **~ (en cas de) décès** Todesfallversicherung *f*; **contracter, prendre une ~** e-e Versicherung abschließen 5 ALPINISME Sichern *n*, -ung *f*
assurance-maladie [asyʀɑ̃smaladi] F ⟨*pl* assurances-maladie⟩, **assurance-vie** F ⟨*pl* assurances-vie⟩ → assurance 4
assuré [asyʀe] A ADJ 1 *succès, revenu* sicher; *succès a.* gewiss; feststehend; *vieillesse, retraite* gesichert; **voix ~e** feste Stimme; *voix, démarche* **mal ~** unsicher 2 *personne, objet* (**être**) **~** versichert (sein) (**contre** gegen); AUTO **~ tous risques** vollkaskoversichert; **capital ~** Versicherungssumme *f* B SUBST **~(e)** *m(f)* Versicherte(r) *m/f(m)*; Versicherungsnehmer *m*; **~(e) social(e)** Sozialversicherte(r) *m/f(m)*
assurément [asyʀemɑ̃] ADV sicher(lich); gewiss; bestimmt
assurer [asyʀe] A VT 1 **~ (à qn** *ou* **qn) que …** (j-m) versichern, beteuern, dass …; **il a assuré qu'il n'en savait rien** er versicherte, beteuerte, nichts davon zu wissen; **je vous assure!** das garantiere ich Ihnen!; das kann ich Ihnen sagen! 2 **~ qn de qc** *personne st/s* j-n e-r Sache (*gén*) versichern; *comportement, qualité* j-m die Gewissheit geben, dass …; j-n von etw überzeugen; **je vous assure de mon amitié** Sie können meiner Freundschaft (*gén*) gewiss, sicher sein; **ce geste nous assure de sa bonne volonté** diese Geste gibt uns die Gewissheit, dass er guten Willen hat 3 (*garantir*) **~ qc** etw sichern, garantieren, gewährleisten; *ravitaillement a.* sicherstellen; *le remplacement de qn* sicherstellen; wahrnehmen; MIL **~ ses arrières** s-e Nachschubgebiete schützen, sichern; **~ l'avenir de ses enfants** *a.* für die Zukunft s-r Kinder sorgen; *durant une grève etc* **~ la distribution du courrier** die Postverteilung gewährleisten, aufrechterhalten; **son travail lui assure une certaine indépendance** s-e Arbeit sichert, garantiert ihm e-e gewisse Unabhängigkeit; **~ une permanence** e-n Bereitschaftsdienst unterhalten; **~ la présidence de la séance** bei der Sitzung den Vorsitz führen; **~ son service** s-n Dienst versehen 4 *par contrat* **~ qn, qc** j-n, etw versichern (**contre** gegen) 5 *alpiniste* (durch ein Seil) sichern B VI (*s'y connaître*) sich auskennen; etwas können; *fam* etwas draufhaben C VPR 1 (*vérifier*) **s'~** sich vergewissern (**de qc** e-r Sache [*gén*]; **que** dass; **si** ob); sich (*dat*) Gewissheit verschaffen (dass, ob); sich davon überzeugen (dass, ob) 2 (*se pourvoir de*) **s'~ qc** sich (*dat*) etw sichern; sich e-r Sache (*gén*) versichern; **s'~ la collaboration de qn** sich (*dat*) j-s Mitarbeit sichern; **s'~ une place** sich (*dat*) e-n Platz sichern; e-n Platz belegen 3 **s'~ contre qc** sich gegen etw versichern; **s'~ sur la vie** e-e Lebensversicherung abschließen
assureur [asyʀœʀ] M Versicherer *m*; Versicherungsträger *m*
Assyrie [asiʀi] **l'~** *f* HIST Assyrien *n*
assyrien [asiʀjɛ̃] HIST A ADJ ⟨~ne⟩ assyrisch

B MPL **Assyriens** Assyrer *mpl*
aster [astɛʀ] M BOT Aster *f*
astérisque [asteʀisk] M TYPO Sternchen *n*; *t/t* Asteriskus *m*
astéroïde [asteʀɔid] M ASTRON Asteroid *m*; Planetoid *m*; kleiner Planet
asthénie [asteni] F MÉD Kraftlosigkeit *f*; *t/t* Asthenie *f*; **asthénique** **A** ADJ asthenisch **B** M/F Astheniker(in) *m(f)*
asthmatique [asmatik] **A** ADJ asthmatisch; kurzatmig **B** M/F Asthmatiker(in) *m(f)*
asthme [asm] M Asthma *n*; **crise** *f* **d'~** Asthmaanfall *m*; **faire de l'~** Asthma haben
asticot [astiko] M **1** ZOOL (Käse-, Fleisch)Made *f* **2** *fam fig* **un drôle d'~** ein komischer Kerl, Kauz
asticoter [astikɔte] *fam* V/T (*et* V/PR **s'**)~ (sich gegenseitig) ärgern, *plus fort* schikanieren
astigmate [astigmat] ADJ MÉD astigmatisch; **astigmatisme** M MÉD Astigmatismus *m*
astiquage [astikaʒ] M Blankreiben *n*, -putzen *n*; Polieren *n*; *fam* Wienern *n*
astiquer [astike] V/T *parquet, métal, chaussures* blank reiben; blank putzen; polieren; *fam* wienern; *argent a.* putzen
astragale [astʀagal] M **1** ANAT Sprungbein *n*; *t/t* Talus *m* **2** ARCH Rundprofil *n*; Astragal *m*
astrakan [astʀakɑ̃] M Persianer *m*; **manteau** *m* **d'~** Persianermantel *m*; *fam* Persianer *m*
Astrak(h)an [astʀakɑ̃] GÉOG Astrachan *n*
astral [astʀal] ADJ ⟨-aux⟩ astral; der Sterne
astre [astʀ] M Gestirn *n*; *poét* **l'~ du jour** das Tagesgestirn; **beau comme un ~** schön wie ein Gott, *enfant a.* wie ein Engel; **consulter les ~s** die Sterne befragen
astreignant [astʀɛɲɑ̃] ADJ *métier, tâche, travail* der *ou* die einen voll und ganz in Anspruch nimmt
astreindre [astʀɛ̃dʀ] ⟨→ peindre⟩ **A** V/T zwingen, nötigen (**à qc, à faire qc** zu etw, etw zu tun); *pp* **être astreint à faire qc** genötigt, gezwungen sein, etw zu tun **B** V/PR **s'~** sich zwingen (**à qc, à faire qc** zu etw, etw zu tun)
astreinte [astʀɛ̃t] F **1** Zwang *m* **2** JUR *correspond à* Beuge-, Erzwingungsstrafe *f*, Verurteilung *f* zu Zwangsgeld (*gegen e-n zahlungsunwilligen Schuldner*)
astringent [astʀɛ̃ʒɑ̃] MÉD **A** ADJ zusammenziehend; adstringierend **B** M adstringierendes Mittel; Adstringens *n*
astrologie [astʀɔlɔʒi] F Astrologie *f*; Sterndeutung *f*; **astrologique** ADJ astrologisch; **astrologue** M/F Astrologe, -login *m,f*; Sterndeuter(in) *m(f)*
astronaute [astʀonot] M/F Astronaut(in) *m(f)*; (Welt)Raumfahrer(in) *m(f)*; **astronautique** F Astronautik *f*; Raumfahrt(wissenschaft) *f*
astronef [astʀɔnɛf] M (Welt)Raumschiff *n*
astronome [astʀɔnɔm] M/F Astronom(in) *m(f)*; **astronomie** F Astronomie *f*; Stern-, Himmelskunde *f*
astronomique [astʀɔnɔmik] ADJ astronomisch (*a. fig prix, chiffres*); **horloge** *f* **~** astronomische Uhr
astrophysicien [astʀɔfizisjɛ̃] M Astrophysiker *m*; **astrophysique** F Astrophysik *f*
astuce [astys] F **1** **a** *d'une personne* Schlauheit *f*; Raffiniertheit *f*; Raffinesse *f*; Findigkeit *f* **b** *d'un métier* Schlich *m*; Trick *m*; Kniff *m*; Finesse *f* **2** (*plaisanterie*) Witz *m*; **lancer une ~** e-n Witz machen
astucieux [astysjø] ADJ ⟨-euse⟩ raffiniert; geschickt; *personne a.* findig; schlau; einfallsreich
Asturies [astyʀi] **les ~** *fpl* Asturien *n*
asymétrie [asimetʀi] F Asymmetrie *f*; Ungleichmäßigkeit *f*; **asymétrique** ADJ asymmetrisch; unsymmetrisch; ungleichmäßig; *visage a.* unregelmäßig
asynchrone [asɛ̃kʀon] ADJ asynchron
atavique [atavik] ADJ BIOL atavistisch; **atavisme** M BIOL Atavismus *m* (*a. fig*); *fig a.* Erbe *n*
atchoum [atʃum] INT hatschi!; hatzi!
atelier [atəlje] M **1** *d'un artisan, d'une usine* Werkstatt *f* (*coll a. les ouvriers*); Werkstätte *f*; *par ext* **~s** *pl* Fabrik *f*; Werk *n*; TYPO **~ de composition** Setzerei *f*; **les ~s de construction mécanique X** die Maschinenfabrik X; **~ de couture** Schneiderwerkstatt *f*, -atelier *n*; **~ de fabrication** Produktionsstätte *f*; **~ de réparations** Reparaturwerkstatt *f* **2** *d'artiste, de photographe* Atelier *n* **3** (*groupe de travail*) ÉCOLE Arbeitsgruppe *f*; (*colloque*) Workshop *m*
atemporel [atɑ̃pɔʀɛl] ADJ ⟨~le⟩ LING kein Zeitverhältnis ausdrückend
atermoyer [atɛʀmwaje] V/I ⟨-oi-⟩ die Dinge hinausziehen, -zögern, aufschieben
athée [ate] **A** ADJ atheistisch **B** M/F Atheist(in) *m(f)*; Gottlose(r) *m/f(m)*; Gottesleugner *m*; **athéisme** M Atheismus *m*
athénée [atene] M *en Belgique* Gymnasium *n*
Athènes [atɛn] Athen *n*
athénien [atenjɛ̃] **A** ADJ ⟨~ne⟩ athenisch **B** SUBST **Athénien(ne)** *m(f)* Athener(in) *m(f)*; *fam fig* **c'est là que les Athéniens s'atteignirent** jetzt wird es, die Sache schwierig, kompliziert, *fam* spannend
athermique [atɛʀmik] ADJ PHYS adiabatisch
Athis-Mons [atismɔ̃s] *Stadt im Dep. Essonne*
athlète [atlɛt] **1** M/F SPORTS Leichtathlet(in) *m(f)*; Wettkämpfer(in) *m(f)* **2** M ANTIQUITÉ Athlet *m*; Wettkämpfer *m* **3** M *fig* Athlet *m*; Kraftmensch *m*; **un corps d'~** ein athletischer Körperbau
athlétique [atletik] ADJ athletisch; **athlétisme** M SPORTS Leichtathletik *f*
Athos [atos], [atɔs] **(le mont) ~** der (Berg) Athos
atlante [atlɑ̃t] M ARCH Atlant *m*; Telamon *m* *ou n*
Atlantide [atlɑ̃tid] **l'~** *f* MYTH Atlantis *n*
atlantique [atlɑ̃tik] ADJ atlantisch; Atlantik...; **côte** *f* **~** Atlantikküste *f*; **l'océan** *m* **Atlantique** *ou subst* **l'Atlantique** *m* der Atlantische Ozean; der Atlantik; POL **Pacte** *m* **~** Nordatlantikpakt *m*
atlas [atlas] M Atlas *m*; **~ historique, linguistique** Geschichts-, Sprachatlas *m*
Atlas [atlas] **l'~** *m* GÉOG der Atlas
atmosphère [atmɔsfɛʀ] F **1** Atmosphäre *f*; Lufthülle *f*; ASTRON *a.* Gashülle *f*; **~ terrestre** Erdatmosphäre *f* **2** *fig* Atmosphäre *f*; Klima *n*; **~ hostile, d'hostilité** feindselige Atmosphäre; **~ de travail** Arbeitsatmosphäre *f*, -klima *n*; **~ de vacances** Ferienstimmung *f*; *fam* **changer d'~** e-n Orts-, *fam* Tapetenwechsel vornehmen **3** *unité de mesure* Atmosphäre *f* (*abr* at[m])
atmosphérique [atmɔsfeʀik] ADJ atmosphärisch; Luft...; (*météorologique*) Wetter...; **conditions** *fpl* **~s** Wetterlage *f*; Witterungsverhältnisse *npl*; **perturbations** *fpl* **~s** atmosphärische Störungen *fpl*; **pression** *f* **~** Luftdruck *m*
atoll [atɔl] M Atoll *n*
atome [atom] M **1** PHYS, CHIM Atom *n*; **~ d'hydrogène** Wasserstoffatom *n* **2** *fig*: **avoir des ~s crochus avec qn** sich gut mit j-m verstehen; j-m innerlich verwandt sein; **ils n'ont pas d'~s crochus** zwischen ihnen stimmt die Chemie nicht; sie haben nicht die gleiche Wellenlänge; **il n'a pas un ~ de bon sens** er hat nicht e-n Funken gesunden Menschenverstand
atomique [atɔmik] ADJ atomar; Atom...; **armes** *fpl* **~s** Atomwaffen *fpl*; atomare Waffen *fpl*; **bombe** *f* **~** Atombombe *f*; **énergie** *f* **~** Atom-, Kernenergie *f*, -kraft *f*; **ère** *f* **~** Atomzeitalter *n*; **guerre** *f* **~** Atomkrieg *m*; **numéro** *m* **~** Atomnummer *f*; Ordnungszahl *f*; **physique** *f* **~** Atomphysik *f*; **puissance** *f* **~** Atommacht *f*
atomisation [atɔmizasjɔ̃] F **1** *d'un liquide* Zerstäubung *f*; Versprühung *f* **2** *fig* Auf-, Zersplitterung *f*; Atomisierung *f*
atomisé(e) [atɔmize] M(F) durch e-n Atombombenangriff Strahlengeschädigte(r) *m/f(m)*
atomiser [atɔmize] V/T **1** *liquide* zerstäuben; versprühen **2** *fig* (*morceler*) auf-, zersplittern; atomisieren **3** (*détruire*) (durch Atombomben, -waffen) vernichten, auslöschen; *subst* **les atomisés d'Hiroshima** die Strahlengeschädigten *mpl* von Hiroshima
atomiseur [atɔmizœʀ] M Zerstäuber *m*; **~ à parfum** Parfümzerstäuber *m*
atomiste [atɔmist] M/F Atom-, Kernphysiker(in) *m(f)*; Atomforscher(in) *m(f)*, -wissenschaftler(in) *m(f)*; **atomistique** F Atomwissenschaft *f*
atonal [atɔnal] ADJ ⟨-als⟩ MUS atonal; **atonalité** F MUS Atonalität *f*
atone [atɔn, aton] ADJ **1** MÉD *muscles* schlaff; spannungslos; *t/t* ohne Tonus; atonisch **2** *regard, voix* ausdruckslos **3** PHON unbetont
atonie [atɔni] F **1** MÉD Schlaffheit *f*; Erschlaffung *f*; *t/t* Atonie *f* **2** *fig* Lust-, Teilnahmslosigkeit *f*
atours [atuʀ] MPL *plais d'une femme* Putz *m*; Staat *m*; **se parer de ses plus beaux ~** sich herausputzen; in vollem Staat erscheinen
atout [atu] M **1** Trumpf(farbe *f*, -karte *f*) *m*; **as** *m* **d'~** Trumpfass *n*; **~ cœur, l'~ est à cœur** Herz ist Trumpf; **jouer ~** Trumpf (aus)spielen **2** *fig* Trumpf *m*; (*avantage*) Vorteil *m*; **avoir tous les ~s en main, dans son jeu** alle Trümpfe in der Hand haben; **c'est un ~** das ist ein Vorteil
atoxique [atɔksik] ADJ ungiftig; atoxisch
âtre [ɑtʀ] M *d'une cheminée* Feuerstelle *f*; *par ext st/s* Kamin *m*
atrium [atʀijɔm] M ARCH Atrium *n*
atroce [atʀɔs] ADJ entsetzlich; furchtbar; fürchterlich; schrecklich; abscheulich; grauenhaft, -voll; scheußlich; grässlich; *fam* schauderhaft
atrocement [atʀɔsmɑ̃] *adv* → atroce; **~ mutilé** entsetzlich, furchtbar verstümmelt
atrocité [atʀɔsite] F **1** *caractère* Entsetzlichkeit *f*; Furchtbarkeit *f*; Schrecklichkeit *f*; Abscheulichkeit *f*; Scheußlichkeit *f*; Grässlichkeit *f* **2** *acte, souvent pl* **~s** Gräuel(taten) *mpl(fpl)*; **les ~s de la guerre** die Gräuel des Krieges **3** *propos* **~s** *pl* Gräuelmärchen *npl*; Abscheulichkeiten *fpl*; **répandre des ~s sur qn** Gräuelmärchen über j-n verbreiten **4** (*chose laide*) **c'est une (véritable) ~** das ist ja scheußlich, grässlich, abscheulich
atrophie [atʀɔfi] F **1** MÉD Schwund *m*; Verkümmerung *f*; *t/t* Atrophie *f*; **~ musculaire** Muskelschwund *m*, -atrophie *f* **2** *fig* Verkümmerung *f*
atrophier [atʀɔfje] **A** V/T verkümmern lassen (*a. fig*); *adjt* **atrophié** verkümmert **B** V/PR **s'~** verkümmern (*a. fig*); MÉD *a.* schrumpfen; *t/t* atrophieren
attabler [atable] V/PR **s'~** sich an den Tisch setzen; *adjt* **être attablé** am Tisch sitzen; **ils étaient attablés autour d'une bouteille de vin** sie saßen bei e-r Flasche Wein zusammen
attachant [ataʃɑ̃] ADJ *personne* fesselnd; anziehend; **roman, film ~** fesselnder, spannender Roman, Film
attache [ataʃ] F **1** **a** (*objet pour attacher*) Befestigung *f*; Halter(ung) *m(f)*; *de torchon, vêtement, tableau* Aufhänger *m* **b** *pour fermer un vêtement*

Band *n*; Bändchen *n* c *d'un voyageur* **point** *m* **d'~** Standort *m*, -quartier *n*; MAR **port** *m* **d'~** Heimathafen *m*; *animal* **être à l'~** an-, festgebunden sein; an der Kette liegen 2 ANAT a **~s** *pl* Hand- und Fußgelenke *npl*; **avoir des ~s fines** schmale Hand- und Fußgelenke haben b *d'un muscle, tendon* Ansatz(punkt *m*, -stelle *f*) *m*; **~ du cou** Halsansatz *m* 3 *fig* **~s** *pl affectives* (innere) Bindung(en) *f(pl)*; *(relations)* Verbindungen *fpl*; Beziehungen *fpl*

attaché[1] [ataʃe] ADJ 1 *prisonnier* gefesselt (**à** an *+acc*) 2 **être ~ à** *privilège, nom etc* verbunden, verknüpft sein mit; *chance a.* abhängig sein von; gebunden sein an *(+acc)* 3 *personne* **être ~ à qn, qc** an j-m, etw hängen; → *a.* attacher 4 INFORM **fichier ~** Attachment *n*

attaché[2] [ataʃe] M 1 DIPL Attaché *m*; **~ commercial, culturel, militaire** Handels-, Kultur-, Militärattaché *m*; **~ d'ambassade** (Botschafts-, Gesandtschafts)Attaché *m*; **~ de presse** Presseattaché *m*; *d'une entreprise etc* Pressereferent *m*, -sprecher *m* 2 **~ d'administration** *correspond à* (Ober)Regierungsrat *m* 3 **~e** *f* **de direction** Chef-, Direktionssekretärin *f*

attaché-case [ataʃekɛz] M ‹*pl* attaché-cases› Akten-, Diplomatenkoffer *m*

attachement [ataʃmɑ̃] M Anhänglichkeit *f* (**à** *ou* **pour qn, qc** an j-n, etw); (Zu)Neigung *f* (zu j-m); *à la tradition a.* Festhalten *n* (an *+dat*); **montrer un profond ~ pour qn** e-e tiefe (Zu)Neigung zu j-m zeigen

attacher [ataʃe] A V/T 1 a fest- *ou* anbinden, festmachen, befestigen (**à** an *+dat*); binden (an *+acc*); *ficelle* anknüpfen (an *+acc*); **~ qn sur une chaise** j-n auf e-m Stuhl festbinden; *fig* **~ son regard sur qn, qc** s-n Blick auf j-n, etw heften b *plusieurs objets ensemble* zusammenbinden, -schnüren; aneinanderbinden; *lacets, ficelles* miteinander verknüpfen; aneinanderknüpfen; **~ les mains à qn** j-m die Hände fesseln c *tablier* zubinden; **~ ses lacets de chaussures**, *fam* **~ ses chaussures** die Schnürsenkel zubinden, zuschnüren; s-e Schuhe, sich *(dat)* die Schuhe zuschnüren d *chaîne: bateau etc* festhalten; *ficelle: paquet* zuhalten 2 *fig* **~ qn à qn, qc** j-n (innerlich) mit j-m, etw verbinden; j-n an j-n, etw binden, fesseln; *ministre* **~ qn à son cabinet** j-n in s-n Stab aufnehmen; *employé* **~ à son service** in s-e Dienste nehmen; **être attaché au service de qn** in j-s Dienst *(dat)* stehen; *elle a. tout fait* **pour l'~ à elle** um ihn an sich zu binden, fesseln; *de nombreux souvenirs* **m'attachent à cette ville** verbinden mich mit dieser Stadt 3 **~ une idée à qc** e-e Vorstellung mit etw verbinden, verknüpfen; **~ de l'importance, du prix, de la valeur à qc** e-r Sache *(dat)* Bedeutung, Wert beimessen, beilegen; Gewicht, Wert auf etw *(acc)* legen; **~ de l'intérêt à qc** e-r Sache *(dat)* Interesse entgegenbringen; *à des paroles, gestes* **~ un sens, une signification** e-e Bedeutung beimessen, zuschreiben B V/I CUIS anbacken, anhängen (**à** an *+dat*); **le gâteau a attaché (au moule)** der Kuchen ist (an der Form) angebacken, angehangen C V/PR 1 *personne en voiture, avion* **s'~** sich an-, festschnallen 2 *objet* **s'~ à qc** an etw *(dat)* befestigt, fest- *ou* angebunden, festgemacht werden *ou* sein; *fig regard* **s'~ sur qn, qc** sich auf j-n, etw heften 3 *fig personne* **s'~ à qn, à qc** an j-m, an etw hängen, *à de vieilles coutumes a.* festhalten; j-n, etw lieb gewinnen; Zuneigung zu j-m fassen 4 **s'~ qn** j-s Zuneigung gewinnen; j-n für sich gewinnen, einnehmen 5 *souvenirs, avantages* **s'~ à qc** mit etw verbunden, verknüpft sein 6 *personne (s'appliquer)* **s'~ à qc** sich mit etw befassen, beschäftigen, abgeben; *plus fort* sich e-r Sache *(dat)* ganz hingeben, widmen; **s'~ à** *(+inf)* es sich *(dat)* zur Aufgabe machen, sich bemühen, bestrebt sein zu *(+inf)*

attaquable [atakabl] ADJ 1 angreifbar 2 *contrat, testament* anfechtbar

attaquant [atakɑ̃] M, **attaquante** F 1 MIL Angreifer *m*; *fig a.* Angreiferin *f* 2 SPORTS Angriffsspieler(in) *m(f)*; Stürmer *m*

attaque [atak] F 1 MIL, *fig* Angriff *m* (**contre** gegen, auf *+acc*); *fig a.* Attacke *f*; **~ imprévue, par surprise** Überraschungsangriff *m*; Überrumpelung *f*; Überfall *m*; **les ~s de l'opposition contre le gouvernement** die Angriffe der Opposition gegen *ou* auf die Regierung; **passer à l'~** zum Angriff übergehen *(a. fig)* 2 *dans une banque etc* **~ à main armée** bewaffneter Überfall 3 SPORTS Angriff *m*; **(ligne** *f* **d')~** Angriff(sspieler) *m(mpl)*; Sturm *m* 4 MÉD Anfall *m*; Attacke *f*; **~ cérébrale** Gehirnschlag *m*; **~ d'apoplexie** Schlaganfall *m* 5 *fam fig* **être d'~** fit, in Form sein 6 MUS Einsetzen *n*; Einsatz *m*

attaquer [atake] A V/T 1 MIL, SPORTS, *fig* angreifen; *fig a.* attackieren; *dans la rue* überfallen; anfallen; *fig personne, politique a.* anfeinden; *réputation* antasten; **~ des difficultés** Schwierigkeiten angehen, anpacken; JUR **~ un testament** ein Testament anfechten; **~ qn en justice** j-n gerichtlich belangen; j-n verklagen; **~ par surprise** überraschend angreifen; überrumpeln; überfallen; **se faire ~** überfallen werden; *par ext* **~ qn sur un sujet** von j-m Auskunft über ein Thema verlangen; j-n über ein Thema ausfragen 2 *rouille, acide* **~ qc** etw angreifen, anfressen, *acide a.* ätzen; *parasites* **~ qc** etw befallen, heimsuchen; MÉD **le poumon est attaqué** die Lunge ist angegriffen 3 *tâche* in Angriff nehmen; anpacken; angehen; beginnen; sich *(fam* heran*)*machen an *(+acc)*; MUS anstimmen; *fam plat* herfallen, *fam* sich hermachen über *(+acc)*; **~ un discours** eine Rede beginnen; **~ un sujet** ein Thema anschneiden B V/PR 1 *personne* **s'~ à qn, à qc** j-n, etw angreifen, bekämpfen; gegen etw angehen, ankämpfen 2 *rouille etc* **s'~ à** → A 2 3 *personne* **s'~** *à un problème, à une tâche* anpacken, angehen *(+acc)*; sich *(fam* heran*)*machen an *(+acc)*; *fam à un plat* herfallen, sich hermachen über *(+acc)*

attardé [ataʀde] ADJ 1 *passant etc* verspätet 2 *fig (arriéré)* rückständig; altmodisch; *conception, idée a.* überholt; vorgestrig; antiquiert 3 *enfant* zurückgeblieben; *subst* **~(e)** *m(f)* zurückgebliebenes Kind

attarder [ataʀde] A V/T **~ qn** j-n aufhalten B V/PR **s'~** 1 sich verspäten; *quelque part, chez qn, en route* sich zu lange aufhalten; **s'~ à faire qc** sich bei *ou* mit etw zu lange aufhalten 2 **s'~ à** *ou* **sur un sujet** bei e-m Thema verweilen; sich bei *ou* mit e-m Thema aufhalten

atteindre [atɛ̃dʀ] ‹→ peindre› A V/T 1 *lieu, personne, objet, but, niveau* erreichen; *valeur* erlangen; **~ qn par téléphone** j-n telefonisch erreichen; **~ soixante ans** sechzig Jahre alt werden; die sechzig erreichen; *arbre* **~ une °hauteur de cinq mètres** *a.* fünf Meter hoch werden; *objet aux enchères* **~ un prix de ...** e-n Preis von ... erzielen; **avoir atteint la** *ou* **être atteint par la limite d'âge** die Altersgrenze erreicht haben 2 *avec un projectile* treffen; **la balle l'atteignit en plein cœur, à la tête** die Kugel traf ihn mitten ins Herz, am Kopf; **atteint mortellement** tödlich getroffen 3 *fig critique* **~ qn** j-n treffen, verletzen; **~ qn dans ses convictions** j-n in s-n Überzeugungen kränken, erschüttern; *autorité, réputation* **être atteint** erschüttert, angeschlagen sein; gelitten, Schaden genommen haben 4 *maladie* **~ qn** j-n befallen, heimsuchen; *malheur, peine* j-n treffen, heimsuchen; *adjt:* **atteint de folie** dem Wahnsinn verfallen; **atteint d'un mal incurable** unheilbar krank; **être atteint de la typhoïde** an Typhus erkrankt sein; *fam fig* **il est bien atteint** → cinglé B V/T INDIR *litt* **~ à qc** etw erreichen, erlangen; zu etw gelangen

atteinte [atɛ̃t] F 1 **°hors d'~** außer Reichweite; unerreichbar; *réputation* unantastbar; **°hors de l'~ des balles** außer Schussweite 2 *(préjudice)* Beeinträchtigung *f*, Gefährdung *f*, Schädigung *f*, *à l'honneur* Verletzung *f* (**à** *gén*); *à la vie privée, à la propriété* Eingriff *m* (**à** in *+acc*); JUR **~ à la sûreté extérieure de l'État** Landesverrat *m*; **porter ~ à qc** e-r Sache *(dat)* schaden, Schaden zufügen, Abbruch tun, abträglich sein; etw beeinträchtigen, gefährden, schädigen, verletzen, antasten; **cet article ne portera pas ~ à ...** dieser Artikel lässt ... unberührt 3 *d'un mal* **premières ~s** erste Anzeichen *npl*

attelage [atlaʒ] M 1 *action* An-, Einspannen *n* 2 *(bêtes attelées)* Gespann *n*; Bespannung *f*

atteler [atle] ‹-ll-› A V/T 1 *animal* anspannen, anschirren (**à** an *+acc*); einspannen; **~ une charrette** einen Karren an-, einspannen; **~ les bœufs à la charrue** die Ochsen vor den Pflug spannen 2 *fig* **~ qn à un travail** j-n für e-e Arbeit einspannen B V/PR **s'~ à un travail** sich gründlich mit e-r Arbeit befassen; sich in e-e Arbeit hineinknien

attelle [atɛl] F 1 *du cheval* Kum(me)tbügel *m* 2 MÉD Schiene *f*

attenant [at(ə)nɑ̃] ADJ *pièce, terrain* angrenzend, anstoßend (**à** an *+acc*); **être ~ à** angrenzen, anstoßen an *(+acc)*

attendant [atɑ̃dɑ̃] LOC ADV **en ~** *(pendant ce temps)* unterdessen; inzwischen; einstweilen; währenddessen; indessen; *(quoi qu'il en soit)* wie dem auch sei; jedenfalls; *loc conj* **en ~ de** *(+inf)*, **en ~ que ...** *(+subj)* (so lange) bis; **en ~ de partir** bis zur Abfahrt; **j'ai lu en ~ qu'il arrive** ich habe (so lange) gelesen, bis er kam

attendre [atɑ̃dʀ] ‹→ rendre› A V/T erwarten; warten auf *(+acc)*; rechnen mit; *occasion, beau temps* abwarten (**pour** *+inf* um zu *+inf*); *taxi, surprise, manger etc* **~ qn** j-n erwarten; auf j-n warten; **~ le bus** auf den Bus warten; **on ne vous attendait plus** wir haben nicht mehr mit Ihnen gerechnet; **il n'attend que ça** darauf wartet er ja nur; *femme* **~ un enfant** ein Kind erwarten; **~ qc de qn** etw von j-m erwarten; **~ de la reconnaissance de qn** Dankbarkeit von j-m erwarten; ♦ **~ de** *(+inf)* (ab)warten bis; **attends d'être informé** *avant de ...* warte (ab), bis du unterrichtet wirst ...; **~ que ...** *(+subj)* warten, bis ...; **pour manger, j'attends qu'il vienne** ich warte mit dem Essen, bis er kommt B V/T INDIR *fam* **~ après qn, qc** j-n, etw erwarten; auf j-n, etw warten; **je n'attends pas après votre aide** ich brauche Ihre Hilfe nicht C V/I 1 (ab)warten; **attends!, attendez!** e-n Augenblick noch!; **attends, je vais t'expliquer!** Moment *ou* warte mal *ou* halt, das werde ich dir gleich erklären!; *menace* **attends un peu!** na, warte!; **perdre son temps à ~** s-e Zeit mit Warten verlieren; **je suis resté deux heures à ~, j'ai attendu (pendant) deux heures** ich habe zwei Stunden lang gewartet; **en attendant mieux** in Erwartung e-s Besser(e)n; bis sich etwas Besseres findet; **~ jusqu'à son arrivée** bis zu s-r Ankunft warten; **~ jusqu'à ce qu'il revienne** warten, bis er zurückkommt; **cette réponse peut ~** die Antwort kann (noch) warten; **faire ~ qn** j-n warten lassen; *personne, récompense* **se faire ~** auf sich *(acc)* warten lassen; **le résultat**

ne se fit pas ~ *a.* die Folgen blieben nicht aus 2 *mets* **ne pas** ~ sich nicht halten; *soufflé* langes Stehen nicht vertragen D VPR **s'~ à qc** auf etw *(acc)* gefasst sein; etw erwarten; mit etw rechnen; **je ne m'y attendais pas** darauf war ich nicht gefasst; damit hatte ich nicht gerechnet; **il fallait s'y** ~ damit musste man rechnen; *au moment* **où il s'y attend le moins** *a.* wo er es am wenigsten vermutet; **on pouvait s'~ à pire** *a.* es hätte schlimmer kommen können; **avec lui, il faut s'~ à tout** bei ihm muss man auf alles gefasst sein, muss man sich auf alles gefasst machen; ♦ **s'~ à** *(+inf)* erwarten, damit rechnen, darauf gefasst sein zu *(+inf)*; **s'~ à ce que …** *(+subj)* erwarten, damit rechnen, darauf gefasst sein, dass …

attendrir [atɑ̃dʀiʀ] A VT 1 *personne* rühren; weich stimmen; Rührung, Mitleid erwecken, hervorrufen (**qn** bei j-m); **d'un air attendri** gerührt 2 *viande* weich, mürbe klopfen, machen B VPR **s'~** gerührt, weich, weich gestimmt werden; **s'~ sur qn, sur le sort de qn** von j-s Geschick gerührt werden; mit j-m Mitleid empfinden

attendrissant [atɑ̃dʀisɑ̃] ADJ rührend

attendrissement [atɑ̃dʀismɑ̃] M Rührung *f* (**devant** angesichts *+gén*); **larmes** *fpl* **d'~** Tränen *fpl* der Rührung

attendrisseur [atɑ̃dʀisœʀ] M BOUCHERIE Fleischklopfer *m*; Steaker *m*

attendu [atɑ̃dy] A ADJ erwartet B PRÉP ADMIN angesichts, in Anbetracht *(+gén)*; *loc conj* ~ **que** in Anbetracht dessen, dass C MPL **~s** JUR Entscheidungsgründe *mpl*

attentat [atɑ̃ta] M 1 POL Attentat *n*, Anschlag *m* (**contre qn, qc** auf *ou* gegen j-n, etw); ~ **suicide** Selbstmordattentat *n*, -anschlag *m*; ~ **au plastic** Sprengstoffattentat *n*, -anschlag *m* 2 JUR ~ **à la liberté** Freiheitsberaubung *f*; ~ **aux mœurs** Sittlichkeitsvergehen *n*, -delikt *n*; ~ **à la pudeur** unzüchtige Handlung; Unzucht *f*

attentatoire [atɑ̃tatwaʀ] ADJ ADMIN *mesure, action* ~ **à qc** etw beeinträchtigend, verletzend, antastend; in etw *(acc)* eingreifend

attente [atɑ̃t] F 1 Warten *n* (**de qn, qc** auf j-n, etw); *durée* Wartezeit *f*; **salle** *f* **d'~** *chez le médecin* Wartezimmer *n*; CH DE FER Wartesaal *m*; **dans l'~ de qc** in Erwartung e-r Sache *(gén)*; COMM **dans l'~ de votre réponse** *a.* Ihrer Antwort entgegensehend; **l'~ n'a pas été longue** die Wartezeit war nicht lang; ich habe *ou* wir haben *etc* nicht lange gewartet, warten müssen 2 *(prévision)* Erwartung *f*; **contre toute ~** wider alles Erwarten; entgegen allen Erwartungen

attenter [atɑ̃te] VT INDIR ~ **à qc** etw zu beeinträchtigen, anzutasten versuchen; ~ **à ses jours** e-n Selbstmordversuch unternehmen; ~ **à la vie de qn** j-m nach dem Leben trachten; POL *a.* e-n Anschlag auf *ou* gegen j-n verüben

attentif [atɑ̃tif] ADJ ‹-ive› 1 *personne, regard* aufmerksam; *st/s* achtsam; **être ~ à qc** (sorgfältig) auf etw *(acc)* achten; **être ~ à** *(+inf)* darauf achten, darauf bedacht sein zu *(+inf)*; **observer d'un œil ~ qc** etw aufmerksam beobachten, verfolgen; **prêter une oreille attentive à** ein aufmerksames Ohr haben für 2 *fig soins* aufmerksam; sorgfältig

attention [atɑ̃sjõ] F 1 Aufmerksamkeit *f*; *st/s* Achtsamkeit *f*; *a.* Beachtung *f*; **~!** Achtung!; Vorsicht!; aufgepasst!; *all Sud a.* Obacht!; **maintenant, ~!** jetzt heißt es aufpassen!; ~ **à la marche!** Vorsicht, Stufe!; ~ **à la voiture!** Vorsicht *ou* pass auf *ou* passen Sie auf, (da ist, steht, kommt) ein Auto!; *sur une lettre* **à l'~ de …** zu Händen von … *(abr* z. H. [v.]); **avec ~** aufmerksam; **faire ~ à qc** auf etw *(acc)* achten, achtgeben, aufpassen; etw beachten; **fais ~!** pass auf!; gib acht!; sieh dich vor!; nimm dich in Acht!; *avec impatience* pass doch auf!; **faire ~ à qn** j-n beachten; auf j-n aufpassen; *all Sud* auf j-n Obacht geben; **faire ~ à** *ou* **de** *(+inf)*, **faire ~ (à ce) que …** *(+subj)* aufpassen, achtgeben, darauf achten, zusehen, dass …; **prêter ~ à qn, à qc** j-m, e-r Sache Aufmerksamkeit, Beachtung schenken; j-n, etw beachten; → *a.* retenir A 1 2 *fig souvent pl* **~s** Aufmerksamkeiten *fpl*; **être plein d'~ pour qn** rührend bemüht, besorgt um j-n sein

attentionné [atɑ̃sjɔne] ADJ (sehr) aufmerksam, zuvorkommend (**pour qn** gegenüber j-m)

attentisme [atɑ̃tism] M POL abwartende Haltung; Attentismus *m*; **attentiste** ADJ POL sich abwartend verhaltend; e-e abwartende Haltung einnehmend

attentivement [atɑ̃tivmɑ̃] ADV aufmerksam

atténuant [atenɥɑ̃] ADJ JUR **circonstances ~es** mildernde Umstände *mpl*

atténuateur [atenɥatœʀ] M TÉLÉCOMMUNICATIONS Dämpfungsglied *n*

atténuation [atenɥasjõ] F Milderung *f*; *de la douleur a.* Linderung *f*

atténué [atenɥe] ADJ *lumière* gedämpft; mild; *sens d'un mot* abgeschwächt; verblasst; **symptôme ~** abgeschwächtes Symptom

atténuer [atenɥe] A VT *douleur* lindern; mildern; *force d'une expression* mildern; abschwächen; ~ **la lumière** das Licht dämpfen; ~ **une punition** eine Strafe mildern B VPR *douleur, tempête* **s'~** nachlassen

atterrant [ateʀɑ̃] ADJ niederschmetternd; bestürzend

atterrer [ateʀe] VT bestürzen; *souvent adjt* **être atterré** ganz betroffen, aufs Höchste *ou* höchste bestürzt, niedergeschmettert sein

atterrir [ateʀiʀ] VT 1 *avion* landen; *fusée* niedergehen; ~ **sur une planète** auf e-m Planeten landen 2 *fam fig personne, objet fam* landen

atterrissage [ateʀisaʒ] M 1 AVIAT Landung *f*; *d'une fusée* Niedergehen *n*; ~ **sans visibilité** Blindlandung *f*; **train** *m* **d'~** Fahrwerk *n*, -gestell *n* 2 MAR Landen *n*; Anlegen *n*; **manœuvres** *fpl* **d'~** Anlegemanöver *npl*

attestation [atɛstasjõ] F 1 *(certificat)* Bescheinigung *f*; Zeugnis *n*; ~ **médicale** ärztliches Attest 2 *(témoignage)* Bezeugung *f*; *st/s (preuve)* Beweis *m* (**de** für)

attesté [atɛste] ADJ *fait* bewiesen; bezeugt; LING *forme, terme* belegt; **attester** VT 1 *oralement* bezeugen; bestätigen; *par écrit* bescheinigen 2 *(prouver)* beweisen; ein Beweis sein für

attiédir [atjediʀ] VPR *st/s* **s'~** 1 lauwarm werden 2 *fig sentiment* erkalten; sich abkühlen; **attiédissement** M *st/s de sentiments* Erkalten *n*; Abkühlung *f*

attifer [atife] VT *(et* VPR **s')~** *péj* (sich) auf-, herausputzen, *fam* (sich) ausstaffieren (**de** mit)

attiger [atiʒe] *fam* VI ‹-geons› übertreiben; *fam* dick auftragen

Attila [atila] M HIST Attila *m*; Etzel *m*

attique [atik] A ADJ attisch B SUBST 1 GÉOG **l'Attique** *f* Attika *n* 2 M ARCH Attika *f*

attirail [atiʀaj] M *fam* Kram *m*; Plunder *m*; **tout un ~ de cambrioleur** ein ganzes Sortiment von Einbrecherwerkzeugen; ~ **de photographe** Fotoausrüstung *f* (*fam* mit allem Drum und Dran)

attirance [atiʀɑ̃s] F Anziehungskraft *f*; Verlockung *f*; Reiz *m*; **éprouver une certaine ~ envers, pour qc, qn** sich zu etw, j-m hingezogen fühlen; sich von etw, j-m angezogen fühlen

attirant [atiʀɑ̃] ADJ *personne* anziehend

attirer [atiʀe] A VT 1 PHYS anziehen; *fig* anziehen; an-, herbeilocken; ~ **qn dans un coin** j-n in e-e Ecke ziehen; ~ **qn dans un piège** j-n in e-e Falle locken; ~ **qn par des promesses** j-n mit Versprechungen ködern; **ce spectacle attire un grand public** *a.* dieses Schauspiel ist sehr zugkräftig 2 ~ **qc à** *ou* **sur qn** j-m etw verschaffen, (ein)bringen; *sa réussite* **lui attira beaucoup d'amis** machte, gewann, verschaffte ihm viele Freunde; ~ **sur soi la colère de qn** sich *(dat)* j-s Zorn zuziehen 3 ~ **l'attention, les regards de qn** j-s Aufmerksamkeit, Blicke auf sich *(acc)* ziehen, lenken; ~ **l'attention de qn sur qc** j-s Aufmerksamkeit auf etw *(acc)* lenken B VPR **s'~ qc** sich *(dat)* etw zuziehen; etw gewinnen; *compliments* ernten; einstecken; **s'~ des ennuis** sich *(dat)* Unannehmlichkeiten zuziehen, einhandeln; Ärger bekommen, *fam* kriegen; **s'~ l'estime de qn** j-s Achtung gewinnen

attiser [atize] VT *feu, fig passion, discorde* schüren; anfachen; anheizen

attitré [atitʀe] ADJ *marchand etc* fest; ständig; **fournisseur ~ de la Cour** Hoflieferant *m*

attitude [atityd] F 1 *du corps* (Körper)Haltung *f* 2 *(disposition)* (innere) Haltung; Einstellung *f*; *(comportement)* Verhalten *n*; *péj* Attitüde *f*; **adopter, prendre une ~ ferme dans une affaire** in e-r Angelegenheit e-e feste Haltung einnehmen; **garder une ~ réservée** sich reserviert verhalten; sich zurückhalten; **quelle est son ~ à l'égard de ce problème?** wie steht er zu diesem Problem?

attouchements [atuʃmɑ̃] MPL Berührungen *fpl*; Streicheln *n*

attractif [atʀaktif] ADJ ‹-ive› 1 PHYS **force attractive** Anziehungskraft *f* (*a. fig*) 2 *fig et st/s* attraktiv; verlockend

attraction [atʀaksjõ] F 1 PHYS Anziehung (-skraft) *f*; ~ **terrestre** Erdanziehung *f*; **loi** *f* **de l'~ universelle** newtonsches Gravitationsgesetz 2 *fig* Anziehungskraft *f*; Attraktion *f*; **exercer une grande ~ sur qn** e-e große Anziehungskraft auf j-n ausüben 3 *pour le public* Attraktion *f*; (**centre** *m* **d'**)~ (Haupt)Anziehungspunkt *m*; Magnet *m*; *fam personne* **être la grosse ~** die große Attraktion sein 4 PL **~s** *au cirque* Attraktionen *fpl*; *d'une boîte de nuit* Varieteedarbietungen *fpl*; Einlagen *fpl* 5 LING Attraktion *f*

attrait [atʀɛ] M 1 *d'une chose* Reiz *m*; (Ver)Lockung *f*; Zauber *m*; Faszination *f* 2 **éprouver de l'~ pour qn, qc** sich von j-m, etw angezogen fühlen; sich zu j-m, etw hingezogen fühlen 3 *st/s d'une femme* **~s** *pl* Reize *mpl*

attrape [atʀap] F (**farces** *fpl* **et**) **~s** Scherzartikel *mpl*

attrape-nigaud [atʀapnigo] M ‹*pl* attrape-nigauds› Bauernfängerei *f*; plumper Trick

attraper [atʀape] A VT 1 *personne, animal* fangen; erhaschen; *fam* erwischen; ~ **une balle** einen Ball (auf)fangen; *chien* ~ **qc** etw schnappen; **attrape!** fang auf!; ~ **qn par le bras** j-n am Arm packen; **se faire ~ par la police** *fam* von der Polizei geschnappt werden 2 *train, bus* erreichen; *fam* erwischen; kriegen 3 *fam maladie, coup de soleil* bekommen; sich *(dat)* holen; sich *(dat)* zuziehen; *fam* kriegen; auflesen; *punition* bekommen; *fam* (verpasst) kriegen; *style de qn fam* raus-, hinkriegen; ~ **un accent** einen Akzent annehmen; ~ **froid** sich erkälten; *fam* sich verkühlen 4 *(tromper)* ~ **qn** j-n anführen, (he)reinlegen, zum Narren halten; **me voilà bien attrapé** da bin ich ja schön reingefallen 5 *fam (réprimander)* ~ **qn** *fam* j-n abkanzeln, anranzen; j-m den Kopf waschen; **se fai-**

re ~ abgekanzelt werden; e-e Abreibung kriegen **B** V/PR **s'~** **1** *fam maladie* ansteckend sein; sich übertragen; *avec ce temps-là* **un rhume s'attrape facilement** holt man sich leicht e-n Schnupfen **2** *fam (se disputer) fam* sich in die Haare kriegen

attrayant [atʀɛjɑ̃] ADJ *chose* verlockend; reizvoll; attraktiv; *personne* anziehend; attraktiv

attribuable [atʀibɥabl] ADJ **être ~ à qc** e-r Sache *(dat)* zuzuschreiben sein

attribuer [atʀibɥe] **A** V/T **1** *dans une répartition* zuteilen; zuweisen; vergeben; *par testament a.* zusprechen; *rôle a.* übertragen **2** *crédit* gewähren; *prix* zuerkennen; verleihen; *avantages, privilèges* gewähren; verleihen; zugestehen; zubilligen; **~ peu d'importance à qc** e-r Sache *(dat)* wenig Bedeutung beimessen, zuschreiben **3** *qualités, défauts* **~ à qn** j-m unterstellen *(a. idées)*, unterschieben; in j-n hineinlegen; j-m verleihen; *qualités a.* j-n ausstatten (**qc** mit etw) **4** *(imputer)* **~ qc à qn, à qc** j-m, e-r Sache etw zuschreiben; etw auf etw *(acc)* zurückführen; **à quoi attribuez-vous cet insuccès?** worauf führen Sie diesen Misserfolg zurück?; **~ une invention, un tableau à qn** j-m e-e Erfindung, ein Gemälde zuschreiben; **~ la responsabilité de qc à qn** j-n für etw verantwortlich machen **B** V/PR **s'~** *mérite, succès etc* sich *(dat)* zuschreiben; für sich in Anspruch nehmen; *titre* sich *(dat)* aneignen

attribut [atʀiby] M **1** *(caractéristique)* Attribut *n*; wesentliches, charakteristisches Merkmal **2** *(emblème)* Attribut *n*; Symbol *n*; Kennzeichen *n* **3** GRAM Prädikativ(um) *n*; Prädikatsnomen *n*; prädikative Ergänzung; **~ de l'objet, du sujet** prädikative Ergänzung zum direkten Objekt, zum Subjekt; *adjt* **adjectif** *m* **~** prädikatives Adjektiv

attributaire [atʀibytɛʀ] M/F JUR *dans un héritage, une répartition* Empfänger(in) *m(f)*; ASSURANCE SOCIALE Leistungsempfänger(in) *m(f)*

attributif [atʀibytif] ADJ ⟨-ive⟩ **1** JUR (ein Recht) zuerkennend, übertragend **2** GRAM **verbe ~** Gleichsetzungsverb *n*; Verb, das ein Prädikatsnomen erfordert **3** LOGIQUE prädikativ

attribution [atʀibysjɔ̃] F **1** Zuteilung *f*; Zuweisung *f*; Vergabe *f*; *d'un rôle a.* Übertragung *f*; *de crédits* Gewährung *f*; *d'un prix* Zuerkennung *f*; Verleihung *f* **2** **~s** *pl* Aufgabenbereich *m*, -kreis *m*; Zuständigkeit(sbereich) *f(m)*; Kompetenz-, Amts-, Dienst-, Geschäftsbereich *m*; Amtsbefugnisse *fpl*; Kompetenzen *fpl*; **cela n'entre, ne rentre pas dans mes ~s** das fällt nicht in meine Zuständigkeit; dafür bin ich nicht zuständig; das gehört nicht zu meinem Aufgabenbereich *etc, a.* zu meinen Obliegenheiten **3** GRAM **complément** *m* **d'~** neben dem direkten Objekt stehendes präpositionales Objekt

attristant [atʀistɑ̃] ADJ betrüblich; traurig; bedauerlich

attrister [atʀiste] **A** V/T traurig machen, stimmen; betrüben; bekümmern **B** V/PR **s'~** traurig, betrübt, bekümmert werden

attroupement [atʀupmɑ̃] M Menschenauflauf *m*, -ansammlung *f*

attrouper [atʀupe] V/PR **s'~** herbei-, zusammenströmen; sich an-, versammeln; *rebelles* sich zusammenrotten

atypique [atipik] ADJ atypisch; untypisch; MÉD **pneumonie** *f* **~** SARS *n*

au [o] → à

aubade [obad] F Morgenständchen *n*; **donner une ~ à qn** j-m ein (Morgen)Ständchen bringen

aubaine [obɛn] F **(bonne) ~** Glücksfall *m*; unverhofftes Glück

aube [ob] F **1** Morgengrauen *n*, -dämmerung *f*; **à l'~** im Morgengrauen; in der Morgendämmerung; bei Tagesanbruch **2** *fig et st/s* (An)Beginn *m*; Anfang *m*; **n'être qu'à l'~ de qc** erst am Beginn, Anfang von etw stehen **3** ÉGL CATH Albe *f*; *de communiants* langes weißes Gewand **4** *d'une turbine, roue hydraulique* Schaufel *f*; **bateau** *m* **à ~s** Raddampfer *m*; **roue** *f* **à ~s** Schaufelrad *n*

Aube [ob] **l'~** *f Fluss u. Departement in Frankreich*

Aubenas [obnɑ] *Stadt im Dep. Ardèche*

aubépine [obepin] F BOT Weiß-, Hagedorn *m*

auberge [obɛʀʒ] F **1** (Land)Gasthof *m*; Landgasthaus *n*; *autrefois* Herberge *f*; *fig* **~ espagnole** primitive Unterkunft, wo man alles selber mitbringen muss; *fam fig* **on n'est pas sorti de l'~** *fam* wir sind noch nicht über den Berg; wir sind noch nicht aus dem Schneider **2** *restaurant moderne* elegantes Restaurant im Rustikalstil **3** **~ de (la) jeunesse** Jugendherberge *f*

aubergine [obɛʀʒin] F **1** BOT Aubergine *f*; Eierfrucht *f* **2** ADJ ⟨inv⟩ aubergine(farben)

aubergiste [obɛʀʒist] M/F **1** (Gast)Wirt(in) *m(f)* **2** ADJT *d'une A.J.* **père** *m*, **mère** *f* **~** Herbergsvater *m*, -mutter *f*

Aubervilliers [obɛʀvilje] *Stadt im Dep. Seine-Saint-Denis*

aubette [obɛt] F *en Belgique* **1** *(abribus)* Wartehäuschen *n* **2** *(kiosque)* Zeitungskiosk *m*

aubier [obje] M Splint(holz) *m(n)*

auburn [obœʀn] ADJ ⟨inv⟩ *cheveux* kastanienbraun

Auch [oʃ] *Stadt im Dep. Gers*

aucun [okɛ̃, okœ̃] M, **aucune** [okyn] F **A** ADJ INDÉF **1** ⟨*mit* **ne** *beim Verb, ohne* **ne** *fam*⟩ (gar, überhaupt) kein(e); *employé seul* keiner, keine, kein(e)s; kein einziger, -s, keine einzige; keinerlei *(inv)*; **aucun élève n'***a. réussi à cet examen* kein (einziger) Schüler …; **il n'a fait aucun progrès** er hat keinerlei, gar keinen Fortschritt gemacht; **n'avoir aucun talent** gar kein, überhaupt kein Talent besitzen; *elliptiquement: y avait-il des enfants avec eux?* - **aucun** keine *ou* gar keins *ou* kein einziges; ♦ *loc adv:* **en aucun cas** auf keinen Fall; keinesfalls; **en aucune façon, manière** keineswegs; in keiner Weise; (ganz und) gar nicht; **sans aucun effort** ohne jede, jegliche Anstrengung; **sans aucun frais** völlig kostenlos; *st/s* **sans difficulté aucune** ohne jede Schwierigkeit **2** *litt sens positif* irgendein(e) **B** PR INDÉF **1** ⟨*mit* **ne** *beim Verb*⟩ M keiner, *f* keine, *n* kein(e)s; **je ne connais aucun des deux** ich kenne keinen von beiden; *lequel préférez-vous?* - **aucun** keinen **2** *litt sens positif* irgendeine(r, -s); **d'aucuns** einige; etliche

aucunement [okynmɑ̃] ADV ⟨*mit* **ne** *beim Verb*⟩ keineswegs; durchaus nicht; in keiner Weise; (ganz und) gar nicht; mitnichten

audace [odas] F **1** Kühnheit *f*; Wagemut *m*; **folle ~** Tollkühnheit *f*; Verwegenheit *f*; **avec ~** kühn; wagemutig **2** **~s** *pl de la mode etc* Gewagtheiten *fpl*; *d'un artiste a.* Kühnheiten *fpl* **3** *péj* Keckheit *f*; Kühnheit *f*; *plus fort* Dreistigkeit *f*; Unverschämtheit *f*; **avoir l'~ de** *(+inf)* die Dreistigkeit besitzen zu *(+inf)*

audacieux [odasjø] ADJ ⟨-euse⟩ **1** kühn; *personne a.* wagemutig; *entreprise a.* gewagt **2** *péj* keck; kühn; *plus fort* dreist; unverschämt

Aude [od] **l'~** *m Fluss u. Departement in Frankreich*

au-dedans [od(ə)dɑ̃] *litt* LOC ADV innen; drinnen; im Inner(e)n *(a. fig)*; *loc prép* **~ de** innerhalb, im Inner(e)n *(+gén)*

au-dehors [odəɔʀ] *litt* LOC ADV außen; draußen; *loc prép* **~ de** außerhalb *(+gén)*

au-delà [od(ə)la] **A** LOC ADV darüber hinaus *(dans l'espace et fig)*; *fig a.* mehr (als das); **sa compétence s'étend ~** sein Fachwissen erstreckt sich darüber hinaus **B** LOC PRÉP **~ de** *dans l'espace* jenseits *(+gén)*; *fig* über *(+acc)* hinaus; **c'est ~ de ce que vous pouvez imaginer** das übersteigt Ihr Vorstellungsvermögen **C** M REL Jenseits *n*

au-dessous [od(ə)su] **A** LOC ADV darunter *(a. dans une hiérarchie)*; unterhalb **B** LOC PRÉP **~ de** unterhalb *(+gén)*; unter *(+dat ou acc)*; **les enfants ~ de dix ans** Kinder unter zehn Jahren; **Valence est ~ de Lyon** Valence liegt unterhalb von Lyon; **c'est ~ de moi** das ist unter meiner Würde; *fam fig* **être ~ de tout** gar nichts taugen; *personne a.* ein völliger Versager sein; *par son comportement fam* ein ganz mieser Typ sein; *travail a.* unter aller Kritik, *fam* Kanone sein; **c'est ~ de tout!** *a. fam* das ist ja das Letzte!; *vendre* **~ de sa valeur** unter s-m Wert; *température* **~ de zéro** unter null

au-dessus [od(ə)sy] **A** LOC ADV darüber *(a. dans une hiérarchie)*; oberhalb; weiter oben **B** LOC PRÉP **~ de** oberhalb *(+gén)*; über *(+dat ou acc)*; *fig* **il est ~ de toute critique** er ist über jede Kritik erhaben; *température* **~ de trente degrés** über dreißig Grad

au-devant [od(ə)vɑ̃] LOC PRÉP **aller ~ de qn** j-m entgegengehen; **aller ~ des désirs de qn** j-s Wünschen zuvorkommen; **aller ~ des difficultés** keine Schwierigkeiten scheuen

audibilité [odibilite] F Hörbarkeit *f*; Vernehmbarkeit *f*; **audible** ADJ hörbar; vernehmbar

audience [odjɑ̃s] F **1** Audienz *f*; **~ particulière, privée** Privataudienz *f*; **accorder une ~ à qn** j-m e-e Audienz gewähren; **donner ~ à qn** j-n empfangen **2** *(intérêt)* Anklang *m*; Aufmerksamkeit *f*; Beachtung *f*; **trouver l'~ de qn** Anklang bei j-m finden; bei j-m auf Interesse stoßen **3** JUR (Gerichts)Verhandlung *f*; Termin *m*; **~ civile** Verhandlung in Zivilsachen; **~ publique** öffentliche Verhandlung; *tribunal* **tenir ~** tagen; verhandeln **4** RAD, TV (Rundfunk)Hörer *mpl*; (Fernseh)Zuschauer *mpl*; *(taux d'écoute)* Einschaltquote *f*

audimat [odimat] M RAD, TV (System *n* zur Ermittlung der) Einschaltquote *f*

audio [odjo] ADJ ⟨inv⟩ Audio…; **cassette** *f* **~** Audio-, Hörkassette *f*

audiogramme [odjɔgʀam] M MÉD Audiogramm *n*; **audioguide** M *au musée, etc* Audioguide *m*; **audiomètre** M MÉD Audiometer *n*; **audiométrie** F MÉD Audiometrie *f*; Messen *n* des Hörvermögens; **audiophone** M MÉD Audiophon *n*; **audioprothésiste** M/F Hörgeräteakustiker(in) *m(f)*

audiovisuel [odjovizɥɛl] **A** ADJ ⟨audiovisuelle⟩ audiovisuell **B** M **a** *domaine* audiovisueller Bereich; Audiovision *f* **b** *médias* audiovisuelle Medien *npl*; Hörfunk *m* und Fernsehen *n* **c** PÉDAGOGIE audiovisuelle Arbeitsmittel *npl*

audit [odit] M ÉCON **1** *fonction* Wirtschaftsprüfung *f* **2** *personne* Wirtschaftsprüfer *m*

auditeur [oditœʀ], **auditrice** **1** M/F Zuhörer(in) *m(f)*; RAD, LING Hörer(in) *m(f)*; TV Zuschauer(in) *m(f)*; UNIVERSITÉ **auditeur libre** Gasthörer *m* **2** M ÉCON Wirtschaftsprüfer *m*

auditif [oditif] **A** ADJ ⟨-ive⟩ Hör…; Gehör…; *t/t* auditiv; **acuité auditive** Hörschärfe *f*; **appareil ~** Hörgerät *n*, -apparat *m*, -hilfe *f*; ANAT **conduit ~** Gehörgang *m*; **mémoire auditive** Gedächtnis *n* für akustische Eindrücke; **sensation auditive** Gehörsempfindung *f* **B** SUBST **~, auditive** *m,f* auditiver, akustischer Typ; Akustiker(in) *m(f)*

audition [odisjõ] F 1 PHYSIOL Hören *n*; **troubles** *mpl* **de l'~** Hörstörungen *fpl* 2 JUR **~ des témoins** Anhörung *f* der Zeugen; Zeugenvernehmung *f* 3 *de cassettes etc* Ab-, Anhören *n* 4 THÉ *d'un acteur* Vorsprechen *n*; *d'un chanteur* Vorsingen *n*; *d'un musicien* Vorspielen *n*; (*récital*) Konzert *n*; **passer une ~** → auditionner B

auditionner [odisjɔne] A VT *acteur etc, par ext disque etc* anhören B VI *acteur* vorsprechen; *chanteur* vorsingen; *musicien* vorspielen

auditoire [oditwaʀ] M Zuhörer(schaft) *mpl(f)*; Auditorium *n*; Publikum *n*

auditorium [oditɔʀjɔm] M RAD, TV Sendesaal *m*; Tonaufnahmestudio *n*

auge [oʒ] F Trog *m*; Kübel *m*; Mulde *f*; AGR Futter-, Schweinetrog *m*; GÉOL Trogtal *n*

augmentation [ɔgmɑ̃tasjõ, og-] F 1 Vermehrung *f*; Vergrößerung *f*; Steigerung *f*; Zunahme *f*; Anwachsen *n*; *des prix* (An)Steigen *n*; Anziehen *n*; Anstieg *m*; Erhöhung *f*; Heraufsetzung *f*; *des marchandises* Aufschlagen *n*; Teurerwerden *n*; Verteuerung *f*; *de la vitesse* Erhöhung *f*; Steigerung *f*; **~ de la circulation, du trafic** Verkehrszunahme *f*; **~ des impôts** Steuererhöhung *f*; **~ de la population** Bevölkerungszunahme *f*; **~ des prix** Preiserhöhung *f*, -anstieg *m*, -auftrieb *m*, -steigerung *f*; **~ de la production** Produktionssteigerung *f*; **~ de salaire** Lohn-, Gehaltserhöhung *f*, -aufbesserung *f*; **~ des salaires** Lohnanstieg *m*; **~ de la température** Anstieg, *artificielle* Erhöhung der Temperatur; **~ des ventes** Absatzsteigerung *f* 2 *abs* Lohn-, Gehaltserhöhung *f*, -aufbesserung *f* 3 TRICOT Zunehmen *n* 4 MUS Augmentation *f*

augmenter [ɔgmɑ̃te, og-] A VT 1 *fortune, dettes etc* vermehren; vergrößern; *fortune a. st/s* mehren; *capital a.* aufstocken; *salaire* erhöhen; aufbessern; *vente, rendement* steigern; *valeur, vitesse* erhöhen; steigern; *fig silence* vergrößern; erhöhen; *inquiétude, angoisse* steigern; **~ les impôts, le loyer** die Steuern, die Miete erhöhen; **~ le pain** den Brotpreis erhöhen, heraufsetzen, das Brot teurer machen, verteuern (**de** um); **~ les prix** *a.* mit den Preisen heraufgehen; *adjt* **édition revue et augmentée** durchgesehene und erweiterte, ergänzte Auflage 2 **~ qn** j-s Lohn, Gehalt erhöhen, aufbessern; *fam* j-n aufbessern; **il a été augmenté** er hat e-e Lohn-, Gehaltserhöhung bekommen (**de 100 euros** von 100 Euro) B VI 1 *fortune, population etc* zunehmen; wachsen; größer werden; sich vergrößern; sich vermehren; *nombre des malades etc a.* steigen; sich erhöhen; *prix* steigen, anziehen, heraufgehen (**de** um); *marchandise* (im Preis) steigen; aufschlagen; teurer werden; sich verteuern; *jours* länger werden; zunehmen; *fig angoisse* steigen; sich steigern; wachsen; *maux de tête etc* zunehmen; **~ de valeur** im Wert steigen; e-n Wertzuwachs erfahren; **la vie augmente** das Leben wird teurer 2 TRICOT *etc* zunehmen 3 ADJT MUS *intervalle* **augmenté** übermäßig

augural [ogyʀal] ADJ ⟨-aux⟩ Auguren…

augure [ogyʀ] M 1 (*présage*) Vorzeichen *n*; Vorbedeutung *f*; Omen *n*; **être de bon, de mauvais ~** ein gutes, böses Vorzeichen, Omen sein; Glück, Unglück bedeuten; **ne pas être de bon ~** *a.* nichts Gutes verheißen; auf nichts Gutes hindeuten; *fig d'une personne* **oiseau** *m* **de mauvais ~** Unglücksprophet *m*; *st/s* **j'en accepte l'~** ich will hoffen, dass es so kommt 2 *personne* a ANTIQUITÉ Augur *m* b *fig et iron* sogenannter Prophet

augurer [ogyʀe] VT *et* VI *personne* **~ de qc que …** etw dahin deuten, dass …; aus etw schließen, dass …; *événement, comportement* **~ bien, mal de qc** als gutes, schlimmes (Vor)Zeichen für etw gelten; *litt* **laisser ~ le pire** das Schlimmste ahnen lassen; **ça n'augure rien de bon** das verheißt nichts Gutes

Auguste [ogyst] M 1 *prénom* August *m* 2 *empereur romain* Augustus *m* 3 **auguste** CIRQUE dummer August

auguste [ogyst] *st/s* ADJ erhaben; majestätisch; hehr; *assemblée* erlaucht

Augustin [ogystɛ̃] M *saint* Augustinus *m*

aujourd'hui [oʒuʀdɥi] ADV 1 heute; am heutigen Tag; *loc adj* **d'~** heutig; von heute; **le journal d'~** die heutige Zeitung; die Zeitung von heute; → *a.* 2; **ce n'est pas d'~ que je le connais** ich kenne ihn nicht erst seit heute; *loc adv*: **~ en °huit** heute in acht Tagen; **jusqu'à ~** bis heute; bis zum heutigen Tag; *avec impatience* **c'est pour ~ ou pour demain?** dauert das noch lange?; wird's bald? 2 (*à notre époque*) **~**, *fam* **au jour d'~** heute; heutzutage; *loc adj* **d'~** heutig; von heute

Aulnay [o(l)nɛ] *frz Ortsname*

aulne [on] M BOT Erle *f*; *Goethe* **Le roi des ~s** Der Erlkönig

Aulne [on] **l'~** *Fluss in der Bretagne*

Aulnoye-Aymeries [onwaɛmʀi] *Stadt im Dep. Nord*

Ault [olt] *Ort im Dep. Somme*

aumône [omon] F Almosen *n*; milde Gabe; *fig* **accorder l'~ d'un regard à qn** j-m gütigst e-n Blick schenken; **demander l'~** um (ein) Almosen, um e-e milde Gabe bitten; **donner, faire l'~ à qn** j-m ein Almosen geben; **vivre d'~** von Almosen leben

aumônerie [omonʀi] F ÉGL Militär-, Anstalts-, Gefängnis-, Krankenseelsorge *f*

aumônier [omonje] M 1 Anstaltsgeistliche(r) *m*; **~ militaire** Militärgeistliche(r) *m*, -pfarrer *m*; **~ d'un collège, d'un lycée** den Religionsunterricht erteilender Geistlicher; **~ d'une prison** Gefängnisgeistliche(r) *m*, -pfarrer *m* 2 HIST Almosenier *m*

aumônière [omonjɛʀ] F *autrefois* (*petite bourse*) Gürteltasche *f*; Pompadour *m*

aune[1] [on] M → aulne

aune[2] [on] F *ancienne mesure* Elle *f*

Aunis [onis] **l'~** *m Gegend in Westfrankreich*

auparavant [opaʀavɑ̃] ADV vorher; zuvor; **une semaine ~** e-e Woche vorher, zuvor

auprès [opʀɛ] LOC PRÉP **~ de** 1 bei (*+dat*); neben (*+acc ou dat*); **s'asseoir ~ de qn** sich neben j-n, sich zu j-m setzen; **vivre ~ de qn** bei j-m, in j-s Nähe, Umgebung (*dat*) leben 2 *par ext* bei (*+dat*); *faire des démarches* **~ des autorités** bei den Behörden; *ambassadeur* **~ de la République française** bei der französischen Regierung 3 (*en comparaison de*) im Vergleich zu (*+dat*)

Aups [ops] *Ort im Dep. Var*

auquel [okɛl] → lequel

aura [ɔʀa] *st/s* F Aura *f*

aurai [ɔʀɛ], **auras** [ɔʀa] *etc* → avoir[1]

Auray [ɔʀɛ] *Stadt im Dep. Morbihan*

Aurélie [ɔʀeli] F *Vorname*

Aurélien [ɔʀeljɛ̃] M *Vorname*

auréole [ɔʀeɔl] F 1 Heiligenschein *m*, Nimbus *m* (*a. fig*); Glorie(nschein) *f(m)*; Gloriole *f*; *fig* **~ du martyre** Märtyrerkrone *f*; *fig* **entourer, parer qn d'une ~** j-n mit e-m Nimbus umgeben 2 *autour d'une tache* Rand *m* 3 *du soleil, de la lune* Hof *m*; Aureole *f*; *poét* **~ de lumière** Strahlenkranz *m*

auréoler [ɔʀeɔle] VT *fig* mit e-m Nimbus umgeben; *surtout pp* **auréolé de gloire** vom strahlenden Glanz des Ruhms umgeben

auriculaire [ɔʀikylɛʀ] A ADJ ANAT Ohr…; *t/t* aurikular B M kleiner Finger

aurifère [ɔʀifɛʀ] ADJ goldhaltig

Aurillac [ɔʀijak] *Stadt im Dep. Cantal*

aurochs [ɔʀɔk] M ZOOL Auerochse *m*; Ur *m*

aurore [ɔʀɔʀ] F 1 Morgenröte *f*; Morgenrot *n*; *par ext* (*lever du jour*) Tagesanbruch *m* 2 **~ boréale, polaire** Nord-, Polarlicht *n*

auscultation [oskyltasjõ, ɔs-] F MÉD Abhorchen *n*; Abhören *n*; *t/t* Auskultation *f*; **ausculter** VT MÉD abhorchen; abhören; *t/t* auskultieren

auspices [ospis] MPL Auspizien *npl*; **sous de meilleurs ~** unter besseren Auspizien, Umständen; *st/s* **sous les ~ de** unter den Auspizien von (*ou +gén*)

aussi [osi] A ADV 1 *comparaison*: **~** (*+adj ou adv*) **que** ebenso, genauso … wie; so … wie; **~ grand que toi** ebenso, genauso groß wie du; so groß wie du; **il parle l'allemand ~ bien que le français** er spricht ebenso, genauso gut Deutsch wie Französisch; *il me salua* **d'~ loin qu'il me vit** sobald er mich in der Ferne sah; **~ vite que possible** so schnell wie *ou* als möglich; **~ vite que vous le pourrez** so schnell Sie irgend können; *elliptiquement* **je n'ai jamais rien vu d'~ joli** ich habe niemals etwas so Hübsches gesehen; ♦ *sens restrictif* **~** (*+adj*) **que** (*+subj*) so *ou* wie … auch (immer); **~ invraisemblable que cela paraisse** so unwahrscheinlich das auch erscheinen mag; **~ riche soit-il** so reich er auch sein mag; ♦ *loc adv*: **(tout) ~ bien** ebenso gut; genauso gut; **tout ~ souvent** ebenso oft; ♦ *loc conj* **~ bien que** wie auch; als auch; sowie; und auch; ebenso wie; sowohl … als auch 2 (*également*) auch; ebenfalls; **moi ~** ich auch, ebenfalls; *dormez bien!* - **vous ~!** danke, gleichfalls *ou* Sie auch!; **c'est ~ mon avis** das ist auch meine Meinung 3 (*en plus*) auch noch; außerdem (noch); überdies; obendrein; **non seulement … mais ~** nicht nur … sondern auch (noch); **mais ~, pourquoi a-t-il refusé?** warum hat er aber auch abgelehnt? 4 *st/s* (*somme toute*) **~** (**bien**) eigentlich; im Grunde genommen; *je me suis trompé de date,* **~ c'est ma faute** das ist eigentlich meine Schuld B CONJ daher, deswegen, deshalb, darum auch; aus diesem Grunde (auch); *certains poissons se font rares,* **~ coûtent-ils cher** darum sind sie auch teuer

aussitôt [osito] A ADV sofort; (so)gleich; alsbald; **il arriva ~** er kam sofort; **~ après le départ du train** gleich nach der Abfahrt des Zuges; **~ arrivé,** *il alla se coucher* gleich nachdem er angekommen war, gleich nach s-r Ankunft …; *loc* **~ dit, ~ fait** gesagt, getan B LOC CONJ **~ que** sobald; sowie; **~ qu'il apprit la nouvelle** sowie er die Neuigkeit erfuhr

austère [ostɛʀ, ɔs-] ADJ 1 *personne* (sitten)streng; *vie* streng und einfach; karg; **discipline** *f* **~** strenge Disziplin; **mœurs** *fpl* **~s** strenge Sitten *fpl* 2 *style, façade etc* nüchtern; schmucklos; streng

austérité [osteʀite, ɔs-] F 1 *d'une personne* (Sitten)Strenge *f*; *d'une discipline, morale* Strenge *f*; *de la vie* strenge Einfachheit; **~ des mœurs** Sittenstrenge *f* 2 *d'un style, édifice etc* Nüchternheit *f*; Schmucklosigkeit *f*; Strenge *f* 3 ÉCON (**politique** *f* **d'**)**~** Sparpolitik *f*

Austerlitz [ostɛʀlits, ɔs-] HIST Austerlitz *n*

austral [ostʀal] ADJ ⟨-als⟩ GÉOG südlich; Süd…; der südlichen Hemisphäre; **océan Austral** Südpolarmeer *n*; **les pays** *mpl* **de l'Afrique ~e** die afrikanischen Länder *npl* der südlichen Hemisphäre *ou* südlich des Äquators; **terres ~es** Südpolargebiet *n*

Australie [ostʀali] **l'~** *f* Australien *n*

australien [ostʀaljɛ̃] A ADJ ⟨~ne⟩ australisch B SUBST **Australien(ne)** *m(f)* Australier(in) *m(f)*

australopithèque [ostʀalɔpitɛk] M PALÉONTOLOGIE Australopithekus *m*

austro-… [ostʀo] ADJ österreichisch-…; *exem-*

ple: **austro-hongrois** österreichisch-ungarisch

autant [otɑ̃] **A** ADV **1** *comparaison* **a** **~ de** *(+subst)* **que** ebenso viel, genauso viel … wie; ebenso, genauso viele … wie; so viel … wie; so viele … wie; **~ de fois qu'il sera nécessaire** so oft (, wie) es nötig ist; **~ de garçons que de filles** ebenso, genauso viele Jungen wie Mädchen; *je ne pensais pas* **qu'il aurait ~ de patience** dass er so viel Geduld aufbringen würde; *les livres de sa bibliothèque* **sont ~ d'éditions originales** sind ausnahmslos, alle, lauter Originalausgaben; ♦ *sans complément*: **trois fois ~** dreimal so viel **b** *avec verbe* **~ que** so, ebenso, genauso viel, (eben)so sehr wie; **rien ne plaît ~ que la nouveauté** nichts gefällt so sehr wie das Neue; **il travaille ~ qu'il peut** er arbeitet, so viel er kann; ♦ *sans complément*: **il travaille toujours ~** er arbeitet immer noch so viel; ♦ *avec inf*: **~ dire qu'il est perdu** er ist sozusagen, gewissermaßen verloren; das heißt, bedeutet so viel wie: er ist verloren; **~ parler à un sourd** ebenso gut könnte man zu e-m Tauben sprechen; ♦ **en faire ~** dasselbe tun; es ebenso, genauso machen; **faites-en ~!** *a.* machen Sie es mir *ou* ihm *etc* nach!; tun Sie es mir *ou* ihm *etc* gleich!; **en faire ~ à qn** j-n genauso behandeln; j-m mit gleicher Münze heimzahlen; **je ne peux en dire ~** das(selbe) kann ich von mir nicht sagen; ♦ **~ vaut** *(+inf)* es ist ebenso gut zu *(+inf)*; man könnte ebenso gut *(+inf)*; *a.* lieber *(+inf)*; es ist besser zu *(+inf)*; *elliptiquement*: **~ partir tout de suite** lieber sofort abreisen; **~ que vous sachiez la vérité** es ist besser, Sie kennen die Wahrheit; → *a.* **aimer** A; ♦ **c'est (toujours) ~ de** *(+pp)* das ist immerhin, wenigstens *(+pp)*; **c'est (toujours) ~ de sauvé de la destruction** das ist wenigstens, immerhin vor der Zerstörung gerettet **c** *avec adj* **intelligent, il l'est ~ que toi** er ist ebenso, genauso intelligent wie du **d** **~ … ~** *avec subst* so viele … so viele; *avec adj* so … so; *avec verbe* so sehr … so sehr; **~ de personnes, ~ d'avis différents** so viele Personen, so viele verschiedene Meinungen; **~ il est aimable avec elle, ~ il est désagréable avec nous** so freundlich er zu ihr ist, so unfreundlich ist er zu uns; **~ il l'adore, ~ elle le déteste** so sehr er sie anbetet, so sehr verabscheut sie ihn **e** *loc adv* **d'~** ebenso (sehr); in gleichem Maße; gleichermaßen; genauso **2** *sens causal* **pour ~** deswegen; *il a fait un effort,* **mais il n'en est pas moins paresseux pour ~** aber deswegen ist er nicht weniger faul **B** LOC CONJ **(pour) ~ que** *(+ind ou +subj)* soweit; soviel; (in)sofern; insoweit, als; **(pour) ~ que je sache** soviel ich weiß; meines Wissens; **(pour) ~ que je m'en souvienne** soweit ich mich erinnere; ♦ **d'~ que** zumal; besonders weil; vor allem da, weil; umso mehr als; ♦ **d'~ mieux (que)** umso besser (als); **d'~ moins (que)** umso weniger (als); **d'~ plus (que)** umso mehr (als); umso *(+comp)* (als); **je lui en suis d'~ plus reconnaissant** ich bin ihm umso dankbarer dafür

autarcie [otaʀsi] F ÉCON Autarkie *f*; **vivre en ~** in wirtschaftlicher Autarkie leben

autarcique [otaʀsik] ADJ autark(isch)

autel [otɛl] M Altar *m (a. fig)*

auteur [otœʀ] M **1** Urheber(in) *m(f)* (*a.* JUR); *d'une œuvre d'art* Schöpfer(in) *m(f)*; Autor *m*; *d'une théorie* Schöpfer(in) *m(f)*; Vater *m*; *d'un accident* Urheber(in) *m(f)*; Verursacher(in) *m(f)*; **~ d'un attentat** Attentäter(in) *m(f)*; **~ (du crime)** Täter(in) *m(f)*; **~ de l'enlèvement** Entführer(in) *m(f)*; *plais* **les ~s de mes jours** *plais* meine Erzeuger *mpl*; **droit** *m* **d'~** Urheberrecht *n*; **droits** *mpl* **d'~** Vergütung *f* aus dem Urheberrecht; Tantiemen *fpl*; **il est l'~ de la plaisanterie** er hat den Scherz ausgeheckt **2** *abs (écrivain)* **~, (femme** *f***) ~** Autor *m*, Autorin *f*; Verfasser(in) *m(f)*; **~ de comédies** Komödiendichter(in) *m(f)*, -schreiber(in) *m(f)*; **~ de théâtre** Theaterdichter(in) *m(f)*; Bühnenschriftsteller(in) *m(f)*; Stückeschreiber(in) *m(f)*

authenticité [otɑ̃tisite] F **1** *d'un document etc* Echtheit *f*; *d'une information* Verbürgtheit *f*; Zuverlässigkeit *f*; Authentizität *f* **2** *fig d'une personne, d'un discours etc* Aufrichtigkeit *f*; *de sentiments a.* Echtheit *f*

authentification [otɑ̃tifikasjõ] F JUR (öffentliche) Beglaubigung; (gerichtliche, notarielle) Beurkundung; **authentifier** V/T JUR (öffentlich) beglaubigen; (gerichtlich, notariell) beurkunden

authentique [otɑ̃tik] ADJ **1** *document, signature, tableau etc* echt; *récit* zuverlässig; verbürgt (*a. fait*); authentisch; **information** *f* **~** zuverlässige Information **2** *par ext sentiments etc* aufrichtig; echt **3** JUR **acte** *m* **~** öffentliche Urkunde; **testament** *m* **~** öffentliches Testament

autisme [otism] M PSYCH Autismus *m*; **autiste** **A** ADJ autistisch **B** M/F Autist(in) *m(f)*

auto [oto] F ABR (automobile) Auto *n*; **~ tamponneuse** Autoscooter *m*; *adjt* **assurance** *f* **~** Kfz-Versicherung *f*

auto… [oto] *préfixe* **1** *(soi-même)* auto…; Auto…; selbst…; Selbst…; eigen…; Eigen… ‹*im pl inv, z. B.* auto-accusations› **2** *(voiture)* Auto…; Wagen…; Kfz-…; → *a. les articles suivants*

auto-accusation [otoakyzasjõ] F Selbstanklage *f*; **auto-allumage** M AUTO Selbst(ent)zündung *f*; **auto-anticorps** M MÉD Autoantikörper *m*

autobiographie [otobjɔgʀafi] F Autobiografie *f*; Selbstbiografie *f*; **autobiographique** ADJ autobiografisch

autobloquant [otɔblɔkɑ̃] ADJ AUTO **différentiel ~** selbstsperrendes Differenzial

autobronzant [otobʀõzɑ̃] **A** ADJ Selbstbräunungs… **B** M Selbstbräuner *m*

autobus [otobys] M Autobus *m*; Omnibus *m*; **~ à étage, à impériale** Doppelstockomnibus *m*; *fam* Doppeldecker *m*

autocar [otokaʀ] M Reise-, Überland(auto)bus *m*; **~ d'excursion** Ausflugsbus *m*

autocensure [otosɑ̃syʀ] F PRESSE, CINÉMA Selbstkontrolle *f*; **autochenille** F Gleisketten-, Raupenfahrzeug *n*

autochtone [ɔtɔktɔn] **A** ADJ einheimisch; bodenständig; alteingesessen; autochthon **B** M/F Einheimische(r) *m/f(m)*; Alteingesessene(r) *m/f(m)*; Autochthone *m/f*

autoclave [otoklav] ADJ *et* SUBST M **(appareil** *m***) ~** Autoklav *m*

autocollant [otokɔlɑ̃] **A** ADJ selbstklebend **B** M Aufkleber *m*; **autoconsommation** F ÉCON Selbst-, Eigenverbrauch *m*; **autocontrôle** M Selbstkontrolle *f*; TECH automatische Kontrolle; **autocopiant** ADJ *papier* selbstdurchschreibend; Durchschreibe…

autocouchettes [otokuʃɛt] ADJ ‹*inv*› CH DE FER **train** *m* **~** Autoreisezug *m*

autocrate [otokʀat] M Autokrat *m*; **autocratie** [-si] F POL Autokratie *f*; **autocratique** ADJ autokratisch

autocritique [otokʀitik] F Selbstkritik *f* (*a.* POL); **faire son ~** Selbstkritik üben

autocuiseur [otokɥizœʀ] M CUIS Schnellkochtopf *m*

autodafé [otodafe] M HIST *et fig* Autodafé *n*; *fig a.* öffentliche Verbrennung

autodéfense [otodefɑ̃s] F Selbstverteidigung *f*, -schutz *m*; **autodérision** F Selbstironie *f*; **autodestructeur** ADJ ‹-trice› selbstzerstörerisch; **autodestruction** F Selbstzerstörung *f*

autodétermination [otodetɛʀminasjõ] F POL Selbstbestimmung *f*; **droit** *m* **à l'~** Recht *n* auf Selbstbestimmung; Selbstbestimmungsrecht *n*

autodidacte [otodidakt] **A** ADJ autodidaktisch **B** M/F Autodidakt(in) *m(f)*

autodiscipline [otodisiplin] F Selbstdisziplin *f*

autodrome [otodʀom] M Auto-, Motodrom *n*; Rennstrecke *f*; Rundkurs *m*

auto-école [otoekɔl] F ‹*pl* auto-écoles› Fahrschule *f*

auto-épuration [otoepyʀasjõ] F Selbstreinigung *f*; **auto-érotisme** M PSYCH Autoerotik *f*, -erotismus *m*

autofécondation [otofekõdasjõ] F BIOL Selbstbefruchtung *f*

autofinancement [otofinɑ̃smɑ̃] M Eigen-, Selbstfinanzierung *f*; **autofinancer** V/PR ‹-ç-› **s'~** sich selbst finanzieren

autofocus [otofɔkys] M PHOT Autofokus *m*

autogène [otoʒɛn] ADJ **1** TECH **soudure** *f* **~** autogenes Schweißen; Autogenschweißung *f* **2** MÉD **training** *m* **~** autogenes Training

autogérer [otoʒeʀe] V/T (*et* V/PR) ‹-è-› **(s')~** (sich) selbst verwalten; **autogestion** F Arbeiterselbstverwaltung *f*; **autogestionnaire** ADJ Arbeiterselbstverwaltungs…

autographe [otogʀaf] **A** ADJ eigenhändig geschrieben; handgeschrieben; handschriftlich; **lettre** *f* **~** *a.* Handschreiben *n* **B** M **1** *signature* Autogramm *n*; eigenhändige Unterschrift **2** *texte* Autograf *n*

autogreffe [otɔgʀɛf] F MÉD Autoplastik *f*, -transplantation *f*; **autoguidage** M AVIAT, MIL Selbstlenkung *f*, -steuerung *f*

autoguidé [otogide] ADJ **engin ~** selbstgelenkter, -gesteuerter Flugkörper

auto-immun [otoi(m)mœ̃] ADJ **maladie ~e** Autoimmunkrankheit *f*; Autoaggressionskrankheit *f*

auto-immunité [otoimynite] F MÉD natürliche, angeborene, physiologische Immunität; **auto-infection** F MÉD Selbstansteckung *f*; Autoinfektion *f*; **auto-intoxication** F MÉD Selbstvergiftung *f*; *t/t* Autointoxikation *f*

autojustification [otɔʒystifikasjõ] F Selbstrechtfertigung *f*; eigene Rechtfertigung; **autolubrifiant** ADJ TECH selbstschmierend

automate [ɔtɔmat] M Automat *m* (*a.* HIST, *fig*); selbstbeweglicher, -tätiger Mechanismus; *fig*: **avec des gestes d'~** mit mechanischen, automatischen Bewegungen; **comme un ~** wie ein Automat

automaticité [ɔtɔmatisite] F automatisches, selbsttätiges Arbeiten, Funktionieren; automatischer Ablauf

automation [ɔtɔmasjõ] F TECH Automation *f*

automatique [ɔtɔmatik] ADJ **1** TECH automatisch; selbsttätig; **entièrement ~** vollautomatisch; **distributeur** *m* **~** (Münz-, Waren)Automat *m*; AVIAT **pilotage** *m* **~** automatische Flugsteuerung; Selbststeuerung *f*, -lenkung *f*; AVIAT **pilote** *m* **~** Flugregler *m*; Autopilot *m*; **pistolet** *m* **~** *ou subst* **~** *m* Selbstladepistole *f*; **téléphone** *m* **~** *ou subst* **~** *m* Selbstwählverkehr *m*; **traduction** *f* **~** maschinelle (Sprach)Übersetzung **2** *fig geste, réaction etc* automatisch; unwillkürlich; mechanisch; instinktiv; **augmentation** *f* **~** automatische Erhöhung

automatiquement [ɔtɔmatikmɑ̃] ADV **1** TECH automatisch; selbsttätig **2** *fig (forcément)* automatisch; unweigerlich; zwangsläufig

automatisation [ɔtɔmatizasjõ] F TECH Automatisierung *f*; Automatisation *f*

automatiser [ɔtɔmatize] V/T TECH automatisieren; auf automatischen Betrieb umstellen

automatisme [ɔtɔmatism] M 1 PHYSIOL, PSYCH Automatismus *m* 2 TECH Automatik *f*; Automatismus *m*

automédication [otomedikasjõ] F MÉD Selbstmedikation *f*

automitrailleuse [otomitʀajøz] F MIL (Rad)Panzer(fahrzeug) *m(n)*

automnal [otɔnal] ADJ ‹-aux› herbstlich; Herbst…

automne [otɔn] M Herbst *m* (*a. fig*); **en ~, à l'~** im Herbst

automobile [otomɔbil] A ADJ 1 (*relatif aux automobiles*) Auto(mobil)…; Kraftfahrzeug…; Kfz-…; **accessoires** *mpl* **~s** Autozubehör *n*; **construction** *f* **~** Kraftfahrzeugbau *m*; **industrie** *f* **~** Auto(mobil)-, Kraftfahrzeugindustrie *f*; **sport** *m* **~** Automobilsport *m* 2 (*automoteur*) mit Motorantrieb; Motor…; **véhicule** *m*, **voiture** *f* **~** Kraftfahrzeug *n*; Kraftwagen *m* B F 1 (*voiture*) Automobil *n*; ADMIN Kraftfahrzeug *n*; Kraftwagen *m* 2 ÉCON Auto(mobil)industrie *f*, -branche *f* 3 *sport* Automobilsport *m*

Automobile-Club [otomɔbilklœb] M **~ de France** Automobilclub *m* von Frankreich

automobilisme [otomɔbilism] M 1 *domaine* Kraftfahr(zeug)wesen *n* 2 *sport* Automobilsport *m*; **automobiliste** M/F Autofahrer(in) *m(f)*; ADMIN Kraftfahrer *m*; *suisse* Automobilist(in) *m(f)*

automoteur [otomɔtœʀ] ADJ ‹-trice› mit Motorantrieb; motorgetrieben; **automotrice** F CH DE FER Triebwagen *m*

automutilation [otomytilasjõ] F Selbstverstümmelung *f*

autonettoyant [otonɛtwajɑ̃] ADJ CUIS **four ~** Backofen *m* mit vollautomatischer Selbstreinigung

autonome [otonom, ɔtɔnɔm] ADJ 1 ADMIN, POL autonom; unabhängig; selbstständig; eigenständig; sich selbst verwaltend; **port** *m* **~** Hafen *m* mit Selbstverwaltung; **syndicat** *m* **~** autonome, keinem Zentralverband angehörende Gewerkschaft; **territoire** *m* **~** autonomes Gebiet 2 *personne, existence* selbstständig 3 INFORM offline; Offline…

autonomie [otonɔmi] F 1 POL, ADMIN Autonomie *f*; Unabhängigkeit *f*; Selbstständigkeit *f*; Eigenständigkeit *f*; **~ (administrative)** Selbstverwaltung *f*; **~ financière** Finanzhoheit *f*; *d'une entreprise publique* finanzielle Selbstständigkeit 2 *d'un véhicule, avion* Reichweite *f*; Aktionsradius *m*; Fahr- *ou* Flugbereich *m* 3 *d'une personne* Selbstständigkeit *f*

autonomisme [otonɔmism] M POL Autonomiebestrebungen *fpl*; **autonomiste** M/F POL Autonomist(in) *m(f)*

autopalpation [otopalpasjõ] F MÉD Selbstabtastung *f*; **autopartage** M Carsharing *n*

autoplastie [otoplasti] F MÉD Autoplastik *f*, -transplantation *f*; **autopompe** F a *des pompiers* Löschfahrzeug *n* b *de la police* Wasserwerfer *m*; **autoportrait** M Selbstporträt *n*, -bildnis *n*

autopropulsé [otopʀɔpylse] ADJ *engin* mit eigenem Antrieb; mit Eigenantrieb; **autopropulsion** F TECH Eigenantrieb *m*

autopsie [otɔpsi] F MÉD Leichenöffnung *f*; Autopsie *f*; Sektion *f*; JUR Obduktion *f*; **faire l'~ d'un cadavre, pratiquer une ~** e-e Autopsie, Obduktion, Sektion vornehmen

autopsier [otɔpsje] V/T **~ un cadavre** eine Leiche sezieren, öffnen, JUR obduzieren

autopunition [otopynisjõ] F PSYCH Selbstbestrafung *f*; **autoradio** M Autoradio *n*; **autorail** M CH DE FER (Diesel)Triebwagen *m*; Schienen(omni)bus *m*; **autorégulation** F TECH, PHYSIOL Autoregulierung *f*; Selbstregulation *f*; selbsttätige, automatische Regelung

autorisation [ɔtɔʀizasjõ] F 1 (*permission*) Erlaubnis *f*; Genehmigung *f* (*a. d'une autorité*); Befugnis *f*; *a.* JUR Ermächtigung *f*; **avoir l'~ de** (*+inf*) die Erlaubnis, Genehmigung haben zu (*+inf*); ermächtigt sein zu (*+inf*); **donner à qn l'~ de** (*+inf*) j-m die Erlaubnis, Genehmigung erteilen zu (*+inf*); j-n ermächtigen zu (*+inf*) 2 *écrite* (schriftliche) Genehmigung; Erlaubnisschein *m*; **~ de sortie du territoire** Ausreisegenehmigung *f* (für Minderjährige)

autorisé [ɔtɔʀize] ADJ 1 (*qui fait autorité*) maßgebend; maßgeblich; **milieux ~s** maßgebende Kreise *mpl*; **de source ~e** aus maßgeblicher Quelle 2 (*permis*) *stationnement etc* erlaubt; genehmigt; zugelassen; *personne* befugt; berechtigt; ermächtigt; autorisiert; **je me crois ~ à dire que …** ich glaube sagen zu dürfen, dass …

autoriser [ɔtɔʀize] A V/T a *personne* **~ qc** etw erlauben, gestatten, genehmigen, zulassen; **~ qn à faire qc** j-m erlauben, gestatten, etw zu tun; j-n ermächtigen, autorisieren, etw zu tun; **il n'est pas autorisé à** (*+inf*) es ist ihm nicht erlaubt, gestattet zu (*+inf*); er darf nicht (*+inf*) b *situation etc* **~ qc** zu etw berechtigen; berechtigten Anlass zu etw geben; **rien ne m'autorise à croire que …** nichts berechtigt mich zu der Annahme, dass … B V/PR **s'~ de qc** sich auf etw (*acc*) berufen (**pour** *+inf* um zu *+inf*)

autoritaire [ɔtɔʀitɛʀ] ADJ *régime, éducation, personne* autoritär; *personne a.* herrisch; herrschsüchtig; diktatorisch; *voix, ton* herrisch; befehlshaberisch; gebieterisch; **ton** *m* **~** *a.* Befehlston *m*

autoritarisme [ɔtɔʀitaʀism] M POL *d'un régime* absoluter Autoritätsanspruch; Autoritarismus *m*; *d'une personne* autoritäres, herrisches, herrschsüchtiges Wesen

autorité [ɔtɔʀite] F 1 (*pouvoir*) (Befehls-, Amts)Gewalt *f*; Macht(befugnis) *f*; **~ parentale, paternelle** elterliche, väterliche Gewalt; **~ suprême** oberste Gewalt; **(faire) acte** *m* **d'~** (ein) Machtwort *n* (sprechen); *loc adv*: **d'~** (*sans consulter personne*) ungefragt; einfach von sich aus; (*sans réflexion*) einfach so; ohne weiteres; mir nichts, dir nichts; **de sa propre ~** eigenmächtig; aus eigener Machtvollkommenheit; **avoir de l'~ sur qn** über j-n Gewalt, Macht haben; **être sous l'~ de qn** j-m unterstehen; **placer sous l'~ de qn** j-m unterstellen 2 JUR **~ de la chose jugée** Rechtskraft *f* 3 (*prestige, influence*) Autorität *f*; Ansehen *n*; *prof etc* **n'avoir aucune ~** keine Autorität besitzen, haben; **faire ~** *personne* maßgebend sein; als Autorität gelten; *ouvrage etc* maßgebend sein; als Standardwerk gelten; **perdre de son ~** an Ansehen, Autorität einbüßen 4 (*expert*) Autorität *f*; Kapazität *f*; **c'est une ~ en la matière** er ist e-e Autorität, Kapazität auf dem Gebiet 5 (*administration*) Behörde *f*; **~s** *pl* a Behörden *fpl* b HIST Obrigkeit *f*; **~ administrative, judiciaire** Verwaltungs-, Justizbehörde *f*; **~s civiles, militaires** Zivil-, Militärbehörden *fpl*; HIST **les représentants de l'~** die Vertreter der Obrigkeit

autoroute [otoʀut] F 1 Autobahn *f* 2 INFORM **~ de l'information** Datenautobahn *f*

autoroutier [otoʀutje] ADJ ‹-ière› Autobahn…; **réseau ~** Autobahnnetz *n*

autosatisfaction [otosatisfaksjõ] F Selbstzufriedenheit *f*

autos-couchettes [otokuʃɛt] ADJ ‹*inv*› → autocouchettes

auto-stop [otostɔp] M Autostopp *m*; Per-Anhalter-Fahren *n*; Trampen *n*; **faire de l'~** per Anhalter fahren, reisen; trampen; **prendre qn en ~** j-n (als Anhalter) mitnehmen

auto-stoppeur [otostɔpœʀ] M ‹*pl* auto-stoppeurs›, **auto-stoppeuse** F Anhalter(in) *m(f)*; Tramper(in) *m(f)*

autosuggestion [otosygʒɛstjõ] F Autosuggestion *f*

autour[1] [otuʀ] A ADV darum herum; *fam* drum herum; **tout ~** ringsum, -herum, -umher; rundherum B LOC PRÉP **~ de** 1 um (… herum); *par ext* in der Nähe, Umgebung von (*ou +gén*); **tout ~ de** rings um … herum; **se disposer ~ de qn** sich um j-n aufstellen; **regarder ~ de soi** um sich blicken; → *a.* tourner B 2, 3 2 *fam approximation* um … herum; ungefähr; etwa; **~ de mille euros** um die tausend Euro (herum); etwa, ungefähr tausend Euro

autour[2] [otuʀ] M ZOOL (Hühner)Habicht *m*

autovaccin [otovaksɛ̃] M MÉD Eigenimpfstoff *m*; *t/t* Autovakzin(e) *n(f)*

autre [otʀ] A ADJ INDÉF 1 andere(r, -s); sonstige(r, -s); weitere(r, -s); **un ~ essai** ein neuer, erneuter, weiterer Versuch; **sans ~s explications** ohne weitere Erklärungen; **l'~ monde** das Jenseits; **tous les ~s passagers** alle ander(e)n, übrigen Passagiere; **dans l'~ vie** im anderen Leben; ♦ **l'un et l'~ projet** beide Pläne; **l'une ou l'~ hypothèse** e-e von beiden Hypothesen; ♦ *non traduit*: **nous ~s, vous ~s** wir, ihr; **nous ~s Français** wir Franzosen; **venez donc avec moi, vous ~s!** kommt i h r doch mit mir!; ♦ *attribut*: **tout ~** ganz anders (**que** als); **elle est tout ~** sie ist ganz anders; **mon opinion est tout ~** meine Meinung ist e-e ganz and(e)re; ♦ **~ chose** etwas and(e)res; **c'est (tout) ~ chose** das ist etwas (ganz) and(e)res; ♦ *loc adv*: **une ~ année** in e-m and(e)ren Jahr; **l'~ année** letztes, voriges Jahr; **d'une ~ façon** auf andere Weise; anders; **d'une façon ou d'une ~** auf die e-e oder and(e)re Weise; **l'~ jour** neulich; kürzlich; vor Kurzem; unlängst; letzthin; → *a.* jour 1, part 4 2 zweite(r, -s); **c'est un ~ Versailles** das ist ein zweites Versailles B PR INDÉF **un(e) ~** *m* ein and(e)rer, *f* e-e and(e)re, *n* ein and(e)res; **d'~s** and(e)re; *fam* **à d'~s!** das kannst du *ou* können Sie ander(e)n weismachen!; ♦ **l'~** der, die, das and(e)re; **les ~s** die andern, and(e)ren; → *a.* un c; *fam* **l'~** der da *ou* die da; *fam* **comme dit l'~** wie man (so schön) sagt; wie es heißt; ♦ *énumération*: **et ~s** und andere (*abr* u. a.); **entre ~s** unter and(e)rem, anderm (*abr* u. a.); ♦ **aucun ~, nul ~, personne d'~** *ne* … kein and(e)rer …; sonst niemand; **aucun ~, nul ~, personne d'~ que lui** *ne* … kein and(e)rer als er, keiner außer ihm, nur er …; **quelque chose d'~** etwas and(e)res; **quelqu'un d'~** jemand ander(e)s; *all Sud a.* jemand anderer; sonst jemand; **qui d'~ (que lui)** wer sonst (als er) *ou* wen sonst (als ihn); **rien d'~** nichts and(e)res; sonst nichts; **ce n'est rien d'~ qu'un escroc** er ist ein Betrüger und weiter nichts, und nichts anderes; **tout ~ que lui** jeder andere (als er); jeder außer ihm; ♦ **il n'en fait jamais d'~s** so macht er es immer; **il en sait bien d'~s** er weiß noch ganz andere Dinge (zu erzählen); *fam* er hat noch ganz andere Dinge auf Lager; **j'en ai vu bien d'~s** ich habe Schlimmeres erlebt, gesehen

autrefois [otʀəfwa] ADV früher; einst(mals); ehemals; *st/s* ehedem; **d'~** von früher, einst, ehedem

autrement [otʀəmɑ̃] ADV 1 (*différemment*) **(tout) ~** (ganz) anders (**que** als); **~ dit** anders ausgedrückt; mit anderen Worten 2 (*sinon*) sonst; andernfalls; wenn nicht; *obéis*, **~ tu seras puni** sonst wirst du bestraft 3 **~** (*+adj*) viel (*+comp*); **bien, tout ~** (*+adj*) sehr viel, weit

(+*comp*); **pas ~** nicht sonderlich, besonders, allzu (sehr), so sehr; **~ dangereux** viel gefährlicher; **bien, tout ~ surpris que lui** weit mehr überrascht als er; **sans paraître ~ surpris** ohne sonderlich überrascht zu scheinen

Autriche [otʀiʃ] **l'~** *f* Österreich *n*

autrichien [otʀiʃjɛ̃] A ADJ ⟨~ne⟩ österreichisch B SUBST **Autrichien(ne)** *m(f)* Österreicher(in) *m(f)*

autruche [otʀyʃ] F ZOOL Strauß *m*; *fig* **avoir un estomac d'~** alles vertragen können; *pop* e-n Saumagen haben; **pratiquer la politique de l'~** Vogel-Strauß-Politik betreiben; den Kopf in den Sand stecken

autrui [otʀɥi] PR INDÉF die anderen; **d'~** der anderen; **à ~** den anderen; **le bien d'~** fremdes Gut; **l'opinion d'~** die Meinung der anderen (Leute); *prov* **ne fais pas à ~ ce que tu ne voudrais pas qu'on te fît** *ou* **fasse** was du nicht willst, dass man dir tu, das füg auch keinem andern zu (*prov*)

auvent [ovɑ̃] M Vordach *n*; Schutz-, Wetterdach *n*; *d'une tente* Vorzelt *n*

auvergnat [ovɛʀɲa] A ADJ der Auvergne; auvergnatisch B SUBST **Auvergnat(e)** *m(f)* Bewohner(in) *m(f)* der Auvergne

Auvergne [ovɛʀɲ] **l'~** *f* die Auvergne

aux [o] → à

Auxerre [oseʀ] *Stadt im Dep. Yonne*

auxiliaire [oksiljɛʀ] A ADJ Hilfs...; **maître** *m*, **maîtresse** *f* ~ Hilfslehrer(in) *m(f)*; **moteur** *m* ~ Hilfsmotor *m*; **personnel** *m* ~ Aushilfspersonal *n*, -kräfte *fpl*; GRAM **verbe** *m* ~ *ou subst* ~ *m* Hilfszeitwort *n*, -verb *n* B M/F Hilfskraft *f*; Hilfe *f*; Gehilfe *m*; Gehilfin *f*; *à titre provisoire* Aushilfskraft *f*; **~ de la justice** Organ *n* der Rechtspflege; an der Rechtspflege beteiligte Person

Auxonne [osɔn] *Stadt im Dep. Côte-d'Or*

auxquel(le)s [okɛl] → lequel

av. ABR (avenue) Straße; Allee

avachi [avaʃi] ADJ 1 *chaussures* ausgetreten; **chapeau ~** verbeulter Hut; **vêtement ~** ausgebeultes, formloses Kleidungsstück 2 *personne* energie-, willenlos; *fam* schlapp; lahm

avachir [avaʃiʀ] V/PR **s'~** 1 *chaussures* weich und weit werden; *a. vêtement* die Form, Fasson verlieren 2 *fam personne physiquement* unförmig werden; *fam* auseinandergehen; in die Breite gehen 3 *personne psychiquement* energie-, willenlos werden; sich gehen lassen; **avachissement** M Energie-, Willenlosigkeit *f*; *fam* Schlappheit *f*

aval¹ [aval] M 1 LOC ADV **en ~, vers l'~** strom-, flussabwärts; stromab; *loc prép* **en ~ de** unterhalb von (*ou +gén*; *a. par ext*) 2 ADJT **ski** *m* **~** Talski *m* 3 ÉCON **en ~** verbrauchernäher (**de** als)

aval² [aval] M ⟨*pl* avals⟩ 1 FIN Aval *m ou n*; Wechselbürgschaft *f* 2 *fig* (*soutien*) Unterstützung *f*; **donner son ~ à** unterstützen

avalanche [avalɑ̃ʃ] F 1 Lawine *f*; **être emporté dans, être pris par une ~** von e-r Lawine mitgerissen, erfasst werden 2 *fig* **une ~ de** e-e Lawine, e-e Flut von; *de paroles* ein Schwall *m* von

avaler [avale] V/T 1 (hinunter)schlucken; verschlucken; *fam le manger* hinunterschlingen; verschlingen; **~ d'un trait** *verre* in einem Zug leeren, austrinken; *boisson* hinuntergießen, -stürzen; **~ de travers** sich verschlucken; **j'ai avalé de travers** *a.* mir ist etwas in die falsche Kehle gekommen; **avoir du mal à ~, ~ avec peine** Schluck-, Schlingbeschwerden haben; *fig:* **~ sa salive** unterdrücken, was man sagen wollte; *fam* **j'ai cru qu'il allait m'~ (tout cru)** *fam* ich dachte, er würde mich fressen; *pop* **~ son extrait, acte de naissance** *pop* ins Gras beißen; abschrammen; **il a l'air d'avoir avalé son parapluie** *fam* er geht, als wenn er e-n Stock verschluckt hätte 2 *fig roman etc* verschlingen; **~ des mots, des syllabes** Wörter, Silben verschlucken 3 *fig* a (*supporter*) hinnehmen; einstecken; *fam* schlucken; → *a.* couleuvre b (*croire*) *fam* abnehmen; abkaufen; **difficile à ~** kaum zu glauben; unglaubwürdig; **faire ~ qc à qn** j-m etw weismachen

avaleur [avalœʀ] M **~ de sabres** Schwertschlucker *m*

avaliser [avalize] V/T 1 FIN avalieren 2 *fig* unterstützen

avance [avɑ̃s] F 1 MIL Vormarsch *m*; Vorrücken *n*; Vordringen *n* 2 (*espace parcouru avant qn*) Vorsprung *m* (**sur qn** vor j-m) (*a. fig*); **~ technologique** technologischer Vorsprung; *fig et iron* **la belle ~!** was hat das genützt!; das hat dich *ou* Sie keinen Schritt weitergebracht!; **avoir de l'~ dans son travail** in s-r Arbeit e-n Vorsprung haben; **prendre de l'~** e-n Vorsprung gewinnen (**sur** vor *+dat*); **prendre deux mètres d'~** zwei Meter Vorsprung gewinnen 3 (*temps gagné sur qn*) zeitlicher Vorsprung; **arriver avec une heure d'~, avoir une heure d'~** eine Stunde früher, eher, zu früh ankommen, da sein; *loc adv* **en ~** zu früh (**d'une heure** um eine Stunde); **arriver en ~** *a.* sich verfrühen; **être en ~** *fam* zu früh dran sein; *fig:* **être en ~ sur son temps** s-r Zeit voraus sein; *enfant* **être très en ~ pour son âge** sehr weit für sein Alter sein 4 LOC ADV **à l'~, d'~,** *st/s* **par ~** vorher; im Voraus; *autrich* im Vorhinein; **payer à l'~, d'~** im Voraus (be)zahlen; voraus(be)zahlen 5 *somme d'argent* Vorschuss *m*; Vorauszahlung *f*; **faire une ~ à qn** j-m e-n Vorschuss geben 6 **~s** *pl* Avancen *fpl*; Annäherungsversuche *mpl*; **faire des ~s à qn** j-m Avancen machen

avancé [avɑ̃se] ADJ 1 *saison, journée* vorgeschritten; *travail, maladie* fortgeschritten; *enfant* **~ pour son âge** weit für sein Alter; *végétation, floraison* **bien ~ pour la saison** sehr weit (fortgeschritten) für die Jahreszeit; **à une heure ~e (de la nuit)** zu vorgerückter Stunde; zu nachtschlafender Zeit; **d'un âge ~** in vorgerücktem, vor-, fortgeschrittenem Alter; *iron* **vous voilà bien ~!** jetzt sind Sie genauso weit wie vorher, keinen Schritt weitergekommen! 2 *idées* fortschrittlich; **civilisation, technique ~e** hoch entwickelte Zivilisation, Technik 3 MIL **poste ~** vorgeschobener Posten 4 *viande, poisson* angegangen; leicht verdorben; *légumes a.* nicht mehr frisch; **fruits ~s** überreifes Obst

avancée [avɑ̃se] F Vorsprung *m*; vorspringender Teil (**sur** über *+acc*)

avancement [avɑ̃smɑ̃] M 1 *dans une carrière* Aufstieg *m*; Aufrücken *n*; **~ (de grade)** Beförderung *f*; **~ à l'ancienneté** Beförderung nach dem Dienstalter; **~ d'échelon** Aufsteigen *n* in den Dienstaltersstufen (*in Frankreich aufgrund von Dienstalter u. Beurteilung*); **chances** *fpl* **d'~** Aufstiegschancen *fpl*, -möglichkeiten *fpl*; **avoir, obtenir de l'~** aufrücken; aufsteigen; befördert werden; avancieren 2 *de travaux etc* Fortgang *m*, -schreiten *n*, -schritt *m*; Vorangehen *n*, -kommen *n*

avancer [avɑ̃se] ⟨-ç-⟩ A V/T 1 *chaise, table etc* vorrücken, -schieben; *pion* vorrücken, -setzen, -schieben; *main* ausstrecken (**vers** nach); *pied* vorsetzen; *voiture* vorfahren; **~ le cou, la main** den Hals, die Hand vorstrecken; **~ une chaise à qn** j-m e-n Stuhl hinschieben 2 *travail* vorantreiben; *personne dans son travail etc* voran-, weiterbringen; vorwärtsbringen; **cela ne t'avance à rien!** das bringt dir nichts ein!; **faire ~ le travail** die Arbeit voranbringen, -treiben, fördern 3 *argent* vorstrecken; vorschießen; auslegen; verauslagen; **~ cent euros à qn sur son salaire** j-m hundert Euro Vorschuss vom Lohn geben 4 *montre* vorstellen; **~ un rendez-vous** eine Verabredung vorverlegen 5 *fait* behaupten; **~ une proposition, une thèse** einen Vorschlag, eine These vorbringen B V/I 1 *personne, véhicule* vorankommen; vorwärtskommen; von der Stelle, vom Fleck kommen; MIL vorrücken (*a. ombre*), -dringen, -stoßen; *personne a.* vorwärtsgehen, *véhicule* fahren; **on n'avance plus** *a.* es geht nicht mehr voran, weiter; **~ d'un pas** e-n Schritt vortreten 2 *côte, balcon, toit etc* vorspringen; *toit a.* überragen, -stehen; *dents* vorstehen 3 *personne dans son travail* voran-, weiterkommen; vorwärtskommen; *travail, enquête* vorankommen, -gehen; fortschreiten; Fortschritte machen 4 *personne* **~ (en grade)** aufsteigen, -rücken; avancieren 5 *nuit, saison* vorrücken 6 *pendule, montre* vorgehen C V/PR **s'~** 1 **s'~ vers qn, qc** auf j-n, etw zugehen, zuschreiten 2 *fig personne* **s'~ trop** sich zu weit vorwagen; zu weit vorpreschen 3 *nuit, saison* → B 5; *toit, côte etc* → B 2

avanie [avani] F Schimpf *m*; Kränkung *f*; Beleidigung *f*; Affront *m*

avant [avɑ̃] A PRÉP 1 *temporel, dans l'ordre* vor (*+dat ou acc*); **~ déjeuner** vor dem Mittagessen; **~ la fin de l'année** vor Jahresende; **~ Jésus-Christ** vor Christus; vor Christi Geburt; *la dernière rencontre* **~ plusieurs mois** für mehrere Monate; *achever le travail* **~ lundi** bis Montag; **il est arrivé ~ moi** er ist vor mir, früher als ich (an)gekommen; **il fait passer la famille ~ le travail** ihm geht die Familie der Arbeit vor; er gibt der Familie den Vorrang vor der Arbeit; ♦ *loc adv:* **~ cela** davor; vorher; **~ demain** vor morgen; **~ peu** in Kürze, Bälde; bald; binnen Kurzem; **~ tout, ~ toute chose** vor allem; vor allen Dingen; in erster Linie; primär; ♦ *loc conj* **~ de,** *litt* **~ que de** (*+inf*) ehe; bevor; *a.* bis; *consultez-moi* **~ de vous décider** ehe, bevor Sie sich entscheiden; **~ que ... (ne)** (*+subj*) ehe; bevor; *a.* bis; **rentre ~ qu'il (ne) pleuve** komm nach Hause, bevor *ou* ehe es regnet; *ne bougez pas* **~ qu'il (n')ait fini** bis er fertig ist 2 *local* vor (*+dat ou acc*); *c'est la maison* **juste ~ le bois** direkt vor dem Wald B ADV 1 *temporel* vorher; zuvor; davor; *dans l'ordre* davor; zuerst; **quelques jours ~** einige Tage vorher, zuvor, davor; *ne l'attendez pas,* **partez ~!** gehen Sie vorher (weg)!; **il est arrivé bien ~** er ist viel früher, lange vorher angekommen; *se prolonger* **bien, très ~ dans la nuit** bis spät, tief in die Nacht hinein; **juste ~** gerade, direkt vorher; *loc adj* **le jour d'~** a der Tag vorher, zuvor, davor; der Vortag b am Tag vorher, zuvor, davor; tags zuvor; am Vortag 2 *local* davor; *vous voyez les arbres,* **ma maison est juste ~** mein Haus steht genau davor; *st/s* **creuser plus ~** tiefer graben; ♦ *loc adv* **en ~** *question « wo? »* vorn; *question « wohin? »* nach vorn; vorwärts; voran; **en ~!** vorwärts!; MIL **en ~, marche!** im Gleichschritt - marsch!; *fig* **fuite** *f* **en ~** Flucht *f* nach vorn; **faire un pas en ~** e-n Schritt vortreten; *fig:* **mettre qc en ~** etw vorbringen, -schieben, anführen; **mettre qn en ~** j-n vorschieben; **se mettre en ~** sich in den Vordergrund drängen, schieben; sich herausstreichen, -stellen; **regarder en ~** vorwärtsblicken; in die Zukunft blicken; *elliptiquement* AUTO **marche** *f* **~** Vorwärtsgang *m*; *loc prép* **en ~ de** vor (*+dat ou acc*) C ADJ ⟨*inv*⟩ Vorder...; **phare** *m* **~** *d'un vélo* Vorderlicht *n*; AUTO: **roue** *f*, **siège** *m* **~** Vorderrad *n*, -sitz *m*; **traction** *f* **~** Vorderrad-, Frontantrieb *m* D M 1 *d'une voiture* Vorderteil *n ou m*; *fam* Kühler *m*; *d'un bateau* Vorschiff *n*; (*proue*) Bug *m*; *loc* *adv* **à l'~** *dans une voiture, un avion* vorn; MAR (*a.* **sur l'~**) vorn; im, auf dem Vorschiff; **asseyez-vous à l'~** setzen Sie sich nach vorn, vorn hin; *fig* **aller de l'~** kühn, entschlossen handeln, drauflosgehen **2** SPORTS Stürmer *m*; VOLLEY-BALL Netzspieler *m*

avant-... [avɑ̃] *préfixe* ⟨*im pl inv, z. B.* **avant-gardes**⟩ Vor...; vor...; → *les articles correspondants*

avantage [avɑ̃taʒ] M **1** (*bénéfice*) Vorteil *m*; Vorzug *m*; Nutzen *m*; Plus(punkt) *n(m)*; Vergünstigung *f*; **~s fiscaux** Steuervorteile *mpl*, -vergünstigungen *fpl*; *d'une entreprise* **~s sociaux** Sozialleistungen *fpl*; **~s en nature** Sachleistungen *fpl*; Naturalbezüge *mpl*; *loc prép* **à l'~ de qn** zum Vorteil, zugunsten j-s; vorteilhaft für j-n; **aujourd'hui, elle est à son ~** heute sieht sie vorteilhaft aus; *ce qu'on raconte de lui* **n'est pas à son ~** ist nicht gerade schmeichelhaft für ihn, gereicht ihm nicht zum Vorteil; **faire valoir ses ~s** s-e Vorzüge zur Geltung bringen; **se montrer à son ~** sich von s-r besten Seite zeigen; **offrir, présenter de grands ~s** große Vorteile, Vorzüge bieten; **j'ai ~ à** (*+inf*) es ist von Vorteil, es empfiehlt sich, es ist besser für mich zu (*+inf*); *formule de politesse* **je n'ai pas l'~ de le connaître** ich habe nicht den Vorzug, das Vergnügen, ihn zu kennen; **tirer ~ de qc** Vorteil, Nutzen aus etw ziehen **2** (*supériorité*) Überlegenheit *f* (*a.* MIL); **vous avez sur lui cet ~** das haben Sie ihm voraus; Sie sind ihm gegenüber im Vorteil; **avoir pour soi l'~ de l'expérience** an Erfahrung überlegen sein; (j-m) die Erfahrung voraushaben; **avoir l'~ du nombre** zahlenmäßig im Vorteil sein; **obtenir, prendre l'~ sur qn** die Oberhand über j-n gewinnen; **perdre l'~** den Vorsprung verlieren, einbüßen **3** SPORTS Vorteil *m*

avantager [avɑ̃taʒe] V/T ⟨-geons⟩ **1** bevorzugen; begünstigen; *adjt* **être avantagé par rapport à qn** j-m gegenüber im Vorteil sein; *fig* **il n'est pas avantagé (par la nature)** die Natur hat ihn stiefmütterlich behandelt **2** *vêtement, coiffure* **~ qn** vorteilhaft, günstig für j-n sein; j-m gut stehen

avantageusement [avɑ̃taʒøzmɑ̃] ADV vorteilhaft; günstig

avantageux [avɑ̃taʒø] ADJ ⟨-euse⟩ **1** vorteilhaft; günstig; *affaire a.* lohnend; einbringlich; **marchandise avantageuse** preisgünstige Ware; **à un prix ~** preisgünstig, -wert **2** (*flatteur*) *portrait etc* schmeichelhaft **3** (*prétentieux*) *air, personne* eitel; eingebildet; dünkelhaft; selbstgefällig

avant-bras [avɑ̃bʀa] M ANAT Unterarm *m*; **avant-centre** M ⟨*pl* avants-centres⟩ FOOTBALL Mittelstürmer *m*

avant-coureur [avɑ̃kuʀœʀ] ADJ ⟨*nur m*⟩ **signe ~** An-, Vorzeichen *n*; Vorbote *m*

avant-dernier [avɑ̃dɛʀnje] ADJ ⟨-ière⟩ vorletzte(r, -s); *subst* **être l'~, l'avant-dernière** der, die Vorletzte sein

avant-garde [avɑ̃gaʀd] F **1** MIL Vorhut *f* **2** *fig* Avantgarde *f*; Vorkämpfer *mpl*; *loc adj* **d'~** avantgardistisch; **être à l'~ du progrès** an der Spitze des Fortschritts stehen

avant-gardisme [avɑ̃gaʀdism] M Avantgardismus *m*; **avant-gardiste** **A** ADJ avantgardistisch **B** M/F Avantgardist(in) *m(f)*

avant-goût [avɑ̃gu] M *fig* Vorgeschmack *m* (**de** *gén ou* auf *+acc*)

avant-guerre [avɑ̃gɛʀ] M *ou* F Vorkriegszeit *f*; *loc adj* **d'~** Vorkriegs...

avant-hier [avɑ̃tjɛʀ] ADV vorgestern; *loc adj* **d'~** vorgestrige(r, -s); **avant-midi** M ⟨*inv*⟩ *en Belgique et au Canada* Vormittag *m*; Morgen *m*; **avant-port** M Vor-, Außenhafen *m*; **avant-poste** M MIL Vorposten *m*

avant-première [avɑ̃pʀəmjɛʀ] F THÉ, CINÉMA Vorpremiere *f*, -aufführung *f*; *d'un tableau etc* Vorführung *f* vor Ausstellungsbeginn; *par ext nouveau modèle* **présenter en ~** in e-r Vorpremiere vorstellen

avant-projet [avɑ̃pʀɔʒɛ] M Vorentwurf *m*; SCULP *a.* Grob-, Rohentwurf *m*; ARCH *a.* Vorprojekt *n*; **avant-propos** M *d'un livre* Vorwort *n*; **avant-scène** F THÉ **a** Proszenium *n* **b** *loge* Proszeniumsloge *f*; **avant-toit** M CONSTR Dachvorsprung *m*; vorstehender, überragender Dachteil; **avant-train** M **1** *d'une voiture à cheval* vorderes Fahrgestell **2** *de quadrupèdes* Vorderteil *n*; *de grands animaux a.* Vorhand *f*

avant-veille [avɑ̃vɛj] F zweiter Tag zuvor; **l'~** zwei Tage zuvor; **l'~ de** zwei Tage vor (*+dat*)

avare [avaʀ] **A** ADJ geizig; *fam* knaus(e)rig; *fig* **être ~ de qc** mit etw geizen **B** M/F Geizhals *m*; *fam* Geizkragen *m*; *Molière* **L'Avare** Der Geizige

avarice [avaʀis] F Geiz *m*; *fam* Knauserei *f*; Knaus(e)rigkeit *f*

avarie [avaʀi] F MAR, AVIAT Havarie *f*; *par ext* (Transport)Schaden *m*; Beschädigung *f* (der Ladung); **subir une ~** Havarie erleiden, haben

avarié [avaʀje] ADJ **1** MAR, AVIAT havariert; beschädigt **2** *aliment* verdorben; **marchandise ~e** defekte Ware

avarier [avaʀje] V/PR **s'~** *aliment* verderben

avatar [avataʀ] M **1** (*mésaventure*) Unglück *n*; Missgeschick *n*; Widerwärtigkeit *f* **2** (*transformation*) Wandlung *f*; Veränderung *f*; **être passé par bien des ~s** viele Wandlungen durchgemacht haben; *plan* oft geändert worden sein **3** INFORM Avatar *m*

Ave [ave] M ⟨*inv*⟩ ÉGL CATH **~ (Maria)** Ave (-Maria) *n*

avec [avɛk] **A** PRÉP **1** *accompagnement* mit (*+dat*); (mit)samt, nebst (*+dat*); **l'appareil ~ ses accessoires** das Gerät samt, nebst Zubehör; **aller ~ qn** mit j-m (mit)gehen; **avoir qn ~ soi** j-n bei sich haben; **habiter, vivre ~ qn** mit j-m zusammenwohnen, -leben; **rire, souffrir ~ qn** mit j-m lachen, leiden; (mit j-m) mitlachen, mitleiden; **vous venez ~ nous?** kommen Sie (mit uns) mit? **2** *par ext* mit, bei, zu (*+dat*); **~ lui, on ne sait jamais où l'on en est** bei ihm weiß man nie, woran man ist; **~ son orgueil** bei s-m Stolz; **~ le temps qu'il fait** bei dem Wetter; **être gentil ~ qn** nett zu j-m sein; **manger des légumes ~ la viande** Gemüse zum Fleisch essen; **je pense ~ lui que ...** ich denke wie er, dass ...; **prendre des leçons ~ qn** bei j-m Stunden nehmen **3** (*garni de*) mit (*+dat*); **une maison ~ (un) balcon** ein Haus mit (e-m) Balkon **4** *manière* mit (*+dat*); **~ un °haussement d'épaules** mit e-m Achselzucken; **~ joie, plaisir** mit Freuden, Vergnügen; **~ prudence** mit Vorsicht; vorsichtig **5** *cause* durch (*+acc*); infolge (*+gén*); **~ tous ces touristes**, *la ville est bien agitée* durch all die Touristen ... **6** *moyen* mit (*+dat*); mit Hilfe, mittels (*+gén*); durch (*+acc*); **marcher ~ des béquilles** an Krücken gehen; **~ un couteau** mit e-m Messer; mit Hilfe e-s Messers **7** *simultanéité* mit, bei (*+dat*); **se lever ~ le jour** mit Tagesanbruch aufstehen **8** *opposition* **a** mit (*+dat*); gegen (*+acc*); **la guerre ~ la Turquie** der Krieg mit der, gegen die Türkei **b** (*malgré*) trotz, ungeachtet (*+gén*); **~ tout cela**, *je ne suis pas rassuré* trotz alledem ... **9** LOC PRÉP **d'~** von (*+dat*); **divorcer d'~ qn** sich von j-m scheiden lassen **10** LOC ADV *fam* **et ~ cela** *ou* **ça** und noch dazu; und außerdem, obendrein, überdies noch; und zu alledem noch; *dans un magasin* **et ~ cela** *ou* **ça?** (bekommen Sie) sonst noch etwas?; darf es außerdem, sonst noch etwas sein?; was darf's sonst noch sein?; *loc conj fam* **~ cela** *ou* **ça que** umso mehr als; hinzu kommt noch, dass; **~ ça qu'il ne s'est jamais trompé!** als ob er sich noch nie getäuscht hätte! **B** ADV damit; *il a pris sa serviette* **et il est parti ~** und ist damit weggegangen; *manger du pain*, **et du fromage ~** und Käse dazu; *fam* **faire ~** sich damit abfinden; das Beste daraus machen; *fam* **vous venez ~?** kommt ihr mit?

aven [avɛn] M GÉOL Karsthöhle *f*

avenant [avnɑ̃] **A** ADJ *personne, manières* liebenswürdig; freundlich; zuvorkommend; *visage, a. manières* ansprechend; einnehmend **B** LOC ADV **à l'~** (*en accord*) (dem)entsprechend; (*comme cela se présente*) so wie es gerade kommt

avènement [avɛnmɑ̃] M **1** *d'un souverain* Thronbesteigung *f*; Regierungsantritt *m*; *d'un régime* Beginn *m* **2** REL *du Messie* Ankunft *f*; Kommen *n* **3** *fig de la télévision etc* Aufkommen *n*; Ausbreitung *f*

avenir [avniʀ] M **1** Zukunft *f*; *loc adj* **d'~** Zukunfts...; *par ext personne* vielversprechend; *métier* aussichtsreich; *loc adv*: **à l'~** in Zukunft; künftig(hin); **dans un proche ~, dans un ~ prochain** in naher Zukunft; in absehbarer Zeit; *projet etc* **avoir de l'~** Zukunft haben; **être promis à un brillant ~** e-e glänzende Zukunft vor sich (*dat*) haben; glänzende Zukunftsaussichten haben **2** (*postérité*) Nachwelt *f*; kommende Generationen *fpl*

avent [avɑ̃] M REL Advent(szeit) *m(f)*; **dimanche** *m* **de l'~** Adventssonntag *m*

Aventin [avɑ̃tɛ̃] **l'~** *m ou* **le mont ~** der Aventin; der Aventinische Hügel

aventure [avɑ̃tyʀ] F **1** Abenteuer *n*; (unerwartetes, außergewöhnliches) Erlebnis; **film** *m*, **roman** *m* **d'~s** Abenteuerfilm *m*, -roman *m*; **avoir l'esprit d'~** abenteuerlustig sein; **chercher, courir l'~** auf Abenteuer ausgehen, -ziehen; **se lancer dans une ~** sich in ein Abenteuer stürzen; **tenter l'~** es wagen; sein Glück versuchen **2** *en amour* (Liebes)Affäre *f*; (Liebes)Abenteuer *n*; **avoir une ~ avec qn** mit j-m e-e Affäre haben **3** LOC ADV: **à l'~** aufs Geratewohl; auf gut Glück; **partir à l'~** *a.* ins Blaue (hinein) fahren; *st/s* **d'~, par ~** zufällig; von ungefähr **4** **diseuse** *f* **de bonne ~** Wahrsagerin *f*; **dire la bonne ~ à qn** j-m wahrsagen, die Zukunft voraussagen

aventurer [avɑ̃tyʀe] V/PR **s'~** sich wagen (**dans la forêt** *etc* in den Wald *etc*); **s'~ trop loin** sich zu weit vorwagen; **s'~ dans une affaire dangereuse** sich auf *ou* in e-e gefährliche Sache einlassen; *fig* **s'~ sur un terrain glissant** sich auf dünnes Eis, auf schwankenden Boden begeben; **s'~ à faire qc** es wagen, etw zu tun

aventureux [avɑ̃tyʀø] ADJ ⟨-euse⟩ **1** *personne* abenteuerlustig **2** *vie* abenteuerlich; abenteuerreich **3** *projet* gewagt; riskant; abenteuerlich

aventurier [avɑ̃tyʀje] M, **aventurière** F Abenteurer *m*, Abenteu(r)erin *f*; Glücksritter *m*; *adjt* **esprit ~** Abenteu(r)ergeist *m*

aventurisme [avɑ̃tyʀism] M politisches Abenteurertum; Abenteu(r)erpolitik *f*; **aventuriste** ADJ POL abenteuerlich

avenu [avny] ADJ LOC **nul et non ~** ⟨nulle et non ~e⟩ null und nichtig

avenue [avny] F Avenue *f*; Prachtstraße *f*; breite (Auffahrts-, Zufahrts)Allee

avéré [aveʀe] ADJ erwiesen; **il est ~ que ...** es ist erwiesen, dass ...

avérer [aveʀe] V/PR ⟨-è-⟩ **s'~ faux, juste, utile** *etc* sich als falsch, richtig, nützlich *etc* erweisen, herausstellen; *impersonnel* **il s'est avéré**

que … es hat sich erwiesen, herausgestellt, dass …
Averne [avɛʀn] **le lac d'~** der Averner See
avers [avɛʀ] M *d'une pièce, médaille* Avers *m*; Vorderseite *f*
averse [avɛʀs] F (Regen)Schauer *m*, (-)Guss *m*; Platzregen *m*; **recevoir une ~** in e-n Regenguss kommen; *fam* e-n Guss abkriegen
aversion [avɛʀsjõ] F Abneigung *f*; Widerwille *m*; Aversion *f*; **avoir de l'~ pour qn, qc** e-e Abneigung *etc* gegen j-n, etw haben; j-n, etw nicht leiden können; **prendre qn, qc en ~** e-e Abneigung *etc* gegen j-n, etw fassen, bekommen
averti [avɛʀti] ADJ 1 *(expérimenté)* erfahren, bewandert, versiert (**de** in *+dat*); *(compétent)* sachkundig, -verständig 2 *(sur ses gardes)* gewarnt; *(informé)* auf dem Laufenden (**de** mit); *prov* **un homme ~ en vaut deux** wer gewarnt ist, ist doppelt vorsichtig
avertir [avɛʀtiʀ] VT 1 *(informer)* **~ qn de qc** j-n von etw verständigen, unterrichten, benachrichtigen, in Kenntnis setzen; j-m etw mitteilen, ankündigen, melden; **~ qn que …** j-n davon verständigen *etc*, j-m mitteilen *etc*, dass … 2 *(mettre en garde)* warnen (**de** vor *+dat*); **~ qn de** *(+inf)* j-m (an)raten, j-n mahnen zu *(+inf)*; j-m e-n Wink, Hinweis geben, dass …; **je t'avertis!** ich warne dich!; lass dir das *ou* lass es dir gesagt sein!
avertissement [avɛʀtismã] M 1 *(mise en garde)* Warnung *f*; *(avis)* Fingerzeig *m*; Wink *m*; Hinweis *m*; *(alerte)* (Alarm)Signal *n*; **grève** *f* **d'~** Warnstreik *m* 2 *mesure disciplinaire* Verwarnung *f*; Verweis *m*; **donner un ~ à qn** j-n verwarnen; j-m e-e Verwarnung, e-n Verweis erteilen 3 *dans un livre* (kurzes) Vorwort; (kurze) Vorrede; **~ au lecteur** Hinweis *m* für den Leser 4 IMPÔTS Zahlungsaufforderung *f*
avertisseur [avɛʀtisœʀ] M 1 Warnanlage *f*; Meldevorrichtung *f*; **~ d'incendie** Feuermelder *m* 2 AUTO Hupe *f*; Horn *n*
Avesnes [avɛn] *frz Ortsname*
aveu [avø] M ⟨*pl* ~x⟩ 1 (Ein)Geständnis *n*; *de sa faute* Schuldbekenntnis *n*; JUR **~x** *pl* Geständnis *n*; **~ d'impuissance** Eingeständnis der Ohnmacht; **faire des ~x complets** ein volles, umfassendes Geständnis ablegen; **faire l'~ de qc** etw (ein)gestehen, zugeben, *de sa faute a.* bekennen; **il faut que je vous fasse un ~** ich muss Ihnen etwas gestehen, bekennen; *accusé* **passer aux ~x** ein Geständnis ablegen; geständig werden; gestehen 2 LOC PRÉP **de l'~ de** nach dem Zeugnis, Urteil *(+gén)*; nach Aussagen, Meinung *(+gén)* 3 *st/s homme* **sans ~** skrupellos; zu allem fähig
aveuglant [avøglã] ADJ *lumière, soleil* blendend; grell; *fig vérité* in die Augen springend
aveugle [avœgl] A ADJ 1 blind; **devenir ~** erblinden; blind werden 2 *fig colère, haine, foi, obéissance* blind; **avoir une confiance ~ en qn** blindes Vertrauen zu j-m haben; j-m blind(lings) vertrauen; **être l'~ instrument du destin** das blinde Werkzeug des Schicksals sein; **être ~ (à l'égard de qn)** blind sein (j-m gegenüber); verblendet sein; **rendre qn ~** j-n blind machen 3 ARCH **fenêtre** *f* **~** Blind-, Blendfenster *n* B M/F 1 Blinde(r) *m/f(m)*; **parler de qc comme un ~ des couleurs** von etw reden wie der Blinde von der Farbe 2 *fig loc adv* **en ~** *juger* unüberlegt; ohne Überlegung; *se précipiter dans qc* blindlings 3 MÉD **essai** *m* **en ~** Blindversuch *m*
aveuglement [avœgləmã] M *fig* Verblendung *f*; Blindheit *f*; Wahn *m*; **dans l'~ de la colère** in blinder Wut
aveuglément [avœglemã] ADV blind(lings); unüberlegt; **obéir ~** blind(lings) gehorchen
aveugler [avœgle] A VT 1 *(rendre aveugle)* des Augenlichts berauben; HIST *peine* blenden 2 *lumière* **~ qn** j-n blenden 3 *fig haine, colère, amour* **~ qn** j-n blind machen, mit Blindheit schlagen, verblenden B VPR **s'~ sur qc** für etw blind sein; sich über etw *(acc)* (hinweg)täuschen
aveuglette [avœglɛt] LOC ADV **à l'~** *dans l'obscurité* (wie ein Blinder) tastend; *fig* blind(lings); aufs Geratewohl; planlos
Aveyron [avɛʀõ] **l'~** *m Fluss u. Departement in Frankreich*
aviaire [avjɛʀ] ADJ Vogel…; der Vögel; **grippe** *f* **~** Vogelgrippe *f*
aviateur [avjatœʀ] M, **aviatrice** F Flieger(in) *m(f)*
aviation [avjasjõ] F 1 Luftfahrt *f*; Fliegerei *f*; Flugwesen *n*; **~ civile** Zivilluftfahrt *f*; zivile Luftfahrt; **~ commerciale** Verkehrsluftfahrt *f*, -flugwesen *n*; **~ militaire** Militärluftfahrt *f*; **~ de tourisme** privates Reiseflugwesen; **terrain** *m* **d'~** Flugplatz *m* 2 MIL Luftwaffe *f*; **~ navale** Marinefliegerei *f*, -flieger *mpl*; **~ de chasse** Jagdfliegerei *f*, -waffe *f*; **~ de transport** Lufttransporteinheiten *fpl*; Transportflieger *mpl*
avicole [avikɔl] ADJ Geflügelzucht…; Vogelzucht…; **ferme** *f* **~** Geflügelfarm *f*
aviculteur [avikyltœʀ] M, **avicultrice** F Geflügel-, Vogelzüchter(in) *m(f)*
aviculture [avikyltyʀ] F *de volailles* Geflügelzucht *f*; *d'oiseaux* Vogelzucht *f*
avide [avid] ADJ 1 *regard* gierig; *personne* **~ de** gierig nach *(+dat)*, auf *(+acc)*; begierig auf *(+acc)*; **~ d'argent** geldgierig; **~ d'honneurs** ehrbegierig; **être ~ de qc** nach etw gieren; auf etw begierig, versessen sein; **être ~ de** *(+inf)* begierig sein zu *(+inf)*; **être ~ d'apprendre** lernbegierig sein 2 *(gourmand)* essgierig; *péj* gefräßig 3 *(cupide)* hab-, geld-, raffgierig
avidement [avidmã] ADV begierig; voll Begier; **manger ~** gierig essen
avidité [avidite] F Gier *f*; Begierde *f*; **avec ~** → avidement
Avignon [aviɲõ] *Stadt im Dep. Vaucluse*
avilir [aviliʀ] A VT erniedrigen; entwürdigen; degradieren B VPR **s'~** sich erniedrigen, entwürdigen; **avilissant** ADJ erniedrigend; entwürdigend; **avilissement** M Erniedrigung *f*; Entwürdigung *f*
aviné [avine] ADJ *personne* betrunken; *haleine* nach Wein riechend; **voix ~e** Säuferstimme *f*
aviner [avine] VT *fût* mit Wein anfeuchten, tränken
avion [avjõ] M 1 Flugzeug *n*; Maschine *f*; *fam* Flieger *m*; **~ civil** Zivilflugzeug *n*; **~ commercial** Verkehrsflugzeug *n*, -maschine *f*; **~ militaire** Militärflugzeug *n*, -maschine *f*; **~ à hélice, à réaction** Propeller-, Düsenflugzeug *n*, -maschine *f*; **~ de ligne** Linienflugzeug *n*, -maschine *f*; **~ de tourisme** Privatflugzeug *n*, -maschine *f*; **~ de transport** Transportflugzeug *n*, -maschine *f*; Transporter *m*; *loc adv*: **en ~** im Flugzeug; beim Fliegen; **par ~** a mit dem, per Flugzeug b mit, per, durch Luftpost; *sur les lettres, colis* mit Luftpost; **lettre** *f* **par ~** Luftpostbrief *m*; **aller en ~** *ou* **par ~, prendre l'~** (mit dem Flugzeug) fliegen; **il n'est jamais monté dans un ~** er ist nie geflogen; er hat nie ein Flugzeug bestiegen 2 **l'~** das Fliegen; **aimer l'~** gern fliegen
avion-espion [avjõɛspjõ] M ⟨*pl* avions-espions⟩ Spionageflugzeug *n*
avionique [avjɔnik] F TECH Bordelektronik *f*; *t/t* Avionik *f*
avionneur [avjɔnœʀ] M Flugzeugproduzent *m*, -bauer *m*
aviron [aviʀõ] M 1 *(rame)* Ruder *n*; MAR Riemen *m* 2 *sport* Rudern *n*; Rudersport *m*; **faire de l'~** den Rudersport betreiben; rudern
avis [avi] M 1 *(opinion)* Ansicht *f*; Meinung *f*; Auffassung *f*; *d'expert, d'une commission* Urteil *n*; Stellungnahme *f*; **~ favorable, négatif** positive, negative Stellungnahme; **à mon ~** meiner Meinung, Ansicht nach; meines Erachtens (*abr* m. E.); nach meinem Dafürhalten; **de l'~ de** nach Ansicht, Meinung, Auffassung, nach dem Urteil *(+gén)*; **sur l'~ de qn** auf j-s Empfehlung *(acc)* hin; **changer d'~** s-e Ansicht, Meinung ändern; **dire, donner, émettre, exprimer son ~** s-e Ansicht, Meinung äußern, s-e Meinung sagen, sein Urteil abgeben (**sur** über *+acc*); **quel est votre ~ sur …?** wie denken Sie über *(+acc)*?; **je suis de votre ~** ich bin Ihrer Meinung, Ansicht, Auffassung; **être du même ~ que qn** gleicher Meinung, Ansicht, Auffassung sein wie j-d; mit j-m einer Meinung sein; **être d'~ de** *(+inf)* *ou* **que …** *(+subj)* der Meinung, der Ansicht, dafür sein, dass …; *plais* **m'est ~ que …** mir scheint, mich dünkt, (dass) …; **prendre l'~ de qn** j-s Meinung, Rat, Urteil einholen; j-n zu Rate ziehen; **si tu veux mon ~ …** wenn du mich fragst, wenn du meine Meinung wissen willst, so … 2 *(information)* Mitteilung *f*; Benachrichtigung *f*; Bescheid *m*; Bekanntmachung *f*; Hinweis *m*; COMM Avis *m ou n*; **~ au lecteur** Hinweis für den Leser; (kurzes) Vorwort; (kurze) Vorrede; **~ au public** öffentliche Bekanntmachung; **~ de décès** Todesanzeige *f*; **~ d'imposition** Steuerbescheid *m*; **~ de recherche** Suchanzeige *f*, RAD, TV -meldung *f*; MAR **~ de tempête** Sturmwarnung *f*, -signal *n*; **sauf ~ contraire** sofern keine gegenteilige Mitteilung, kein gegenteiliger Bescheid ergeht; bis auf Widerruf
avisé [avize] ADJ klug; vorsichtig; besonnen; **il était bien ~ de** *(+inf)* er war gut beraten, es war klug von ihm zu *(+inf)*
aviser [avize] A VT *(informer)* **~ qn de qc** j-n von etw benachrichtigen; j-m etw mitteilen, bekannt geben, melden, COMM avisieren B VT INDIR *(songer à)* **~ à qc** auf etw *(acc)* bedacht sein; an etw *(acc)* denken; *abs* Rat schaffen; e-e Entscheidung treffen; sich *(dat)* etwas einfallen lassen C VPR 1 *(remarquer)* **s'~** bemerken, feststellen (**de qc** etw; **que** dass); gewahr werden *(+acc ou gén)* 2 *(avoir l'audace de)* **s'~ de** *(+inf)* sich *(dat)* einfallen lassen, auf den Gedanken kommen, darauf verfallen zu *(+inf)*
aviso [avizo] M MAR MIL Aviso *m*
avitailler [avitaje] VT *bateau* (mit Lebensmitteln, Wasser, Brennstoff, Material) versorgen; **avitailleur** M Versorgungsschiff *n*
avitaminose [avitaminoz] F MÉD Vitaminmangelkrankheit *f*; Avitaminose *f*
aviver [avive] VT 1 *couleurs* auffrischen 2 *bords d'une plaie* anfrischen 3 *fig* → **raviver** A 2
av. J.-C. ABR (avant Jésus-Christ) v. Chr. (vor Christus)
avocat[1] [avɔka] M, **avocate** F 1 JUR (Rechts)Anwalt *m*, (Rechts)Anwältin *f*; *suisse, autrich* Advokat(in) *m(f)*; **~ général** Vertreter *m* des Generalstaatsanwalts; **~ d'office** DROIT PÉNAL Offizial-, Pflichtverteidiger *m*; DROIT CIVIL Armenanwalt *m* 2 *fig d'une cause* Anwalt *m*; Verfechter(in) *m(f)*; Sachwalter(in) *m(f)*; *d'une personne* Anwalt *m*; Fürsprecher(in) *m(f)*; **se faire l'~ d'une bonne cause** sich zum Anwalt e-r guten, gerechten Sache machen; **se faire l'~ du diable** sich zum Anwalt e-r schlechten Sache, zum Advocatus Diaboli machen
avocat[2] [avɔka] M BOT Avocado *ou* Avocato *f*
avocatier [avɔkatje] M BOT Avocadobaum *m*
avoine [avwan] F BOT Hafer *m*; **folle ~** Flug-, Windhafer *m*

avoir[1] [avwaʀ]
⟨j'ai, tu as, il a, nous avons, vous avez, ils ont; j'avais; j'eus; j'aurai; que j'aie, qu'il ait, que nous ayons; aie!, ayons!, ayez!; ayant; avoir eu⟩

A verbe auxiliaire B verbe transitif C verbe impersonnel

— **A** verbe auxiliaire —

a *de tous les v/t* haben; **j'ai acheté un disque** ich habe e-e Schallplatte gekauft b *de la plupart des v/i* haben; *pour les verbes de mouvement et changement d'état* sein; **j'ai dormi** ich habe geschlafen; **j'ai couru, fui** ich bin gerannt, geflohen; **il a grandi, vieilli** er ist gewachsen, gealtert; er ist groß, alt geworden c *de tous les v/imp* haben; **il a neigé, plu** es hat geschneit, geregnet d *de avoir et être*: **j'ai eu** ich habe gehabt; **j'ai été** ich bin gewesen

— **B** verbe transitif —

1 a *(posséder)* haben; besitzen; ~ **de la fortune** Vermögen haben, besitzen; **qu'est-ce que vous avez comme voiture?** *a.* was für e-n Wagen fahren Sie? b *qn comme invité* (da) haben; ~ **qn à déjeuner** j-n als Gast zum Mittagessen haben; **j'ai mon amie ce soir** ich habe heute Abend meine Freundin da, (bei mir) zu Gast c *(disposer de)* haben; **auriez-vous une cigarette?** hätten Sie e-e Zigarette für mich?; **vous avez une semaine pour** *(+inf)* Sie haben e-e Woche Zeit (um) zu *(+inf)* d COMM *article, marque* haben; führen e *sens affaibli*: **j'ai chaud** mir ist warm; ~ **les cheveux blancs** weißes Haar haben; weißhaarig sein; ~ **du courage** Mut haben, besitzen; mutig sein; ~ **des enfants, un métier** Kinder, e-n Beruf haben; ~ **faim** Hunger haben; hungrig sein; *plante* ~ **des fleurs** Blüten haben, tragen; blühen; ~ **un geste de dépit** e-e unwillige Gebärde machen; **j'ai les mains qui tremblent** mir zittern die Hände; ÉCOLE ~ **maths, anglais** Mathe, Englisch haben; **il a encore son père** er hat noch s-n Vater; sein Vater lebt noch; *appartement* ~ **cinq pièces** fünf Zimmer haben; ~ **du beau temps** schönes Wetter haben f *avec prép*: ~ **pour ami, pour élève** zum Freund, als Schüler haben; ~ **qc sur soi** etw bei sich haben, tragen, führen; ♦ *fam* **en ~ à, après, contre qn** etwas gegen j-n haben; auf j-n böse sein; **en ~ pour** *somme* ausgeben; *temps* brauchen; **j'en ai eu pour cent euros** ich habe hundert Euro (dafür) bezahlt, ausgegeben; **nous en avons pour deux heures** wir brauchen zwei Stunden dafür; das wird zwei Stunden dauern 2 *(obtenir)* bekommen; *fam* kriegen; **il a eu son bac** er hat das Abitur bestanden; **nous aurons de l'orage** wir bekommen ein Gewitter; TÉL **vous avez Paris** Sie sind mit Paris verbunden; ~ **le premier prix** den ersten Preis bekommen, erhalten; **j'ai eu mon train de justesse** ich habe meinen Zug gerade noch bekommen, gekriegt, erwischt; **faire ~ qc à qn** j-m etw besorgen, verschaffen; j-m zu etw verhelfen 3 ~ **qn** a *fam (tromper qn) fam* j-n reinlegen; **se faire, se laisser ~** *fam* reinfallen (**par qn** auf j-n); sich reinlegen lassen (von j-m); j-m aufsitzen b *fam* **on les aura!** *fam* die werden wir in die Tasche stecken!; denen werden wirs aber zeigen! c *fam* ~ **qn à la pitié** *fam* j-n durch Mitleid rumkriegen d *avec un projectile* **je l'ai eu** ich habe ihn getroffen, *fam* erwischt e *par euphémisme* **il a eu beaucoup de femmes** er hat viele Frauen gehabt 4 *(porter) vêtement* anhaben; *chapeau* aufhaben 5 *âge, mesure* sein; **quel âge avez-vous?** wie alt sind Sie?; ~ **vingt ans** zwanzig Jahre alt sein; ~ **cinq mètres de haut, de long** fünf Meter hoch, lang sein 6 *personne, appareil défectueux etc* ~ **qc** etwas haben; **qu'est-ce qu'il a?** was hat er?; was ist mit ihm los?; *fam* **il a qu'il est furieux** er ist wütend; **qu'est-ce qu'elle a à pleurer ainsi?** warum weint sie denn so?; **qu'est-ce qu'elle a, cette télé?** was ist denn mit dem Fernseher los? 7 *(ressembler)* ~ **de qn** j-m ähneln; **il avait à la fois du professeur et du curé** er hatte sowohl etwas von e-m Lehrer als auch etwas von e-m Pfarrer an sich; **avoir tout d'un gangster** ganz wie ein Gangster wirken, aussehen 8 ~ **à faire qc** etw zu tun haben; etw tun müssen; *abs* **j'ai à faire** ich habe zu tun; **c'est tout ce que j'ai à vous dire** das ist alles, was ich Ihnen zu sagen habe; ~ **des lettres à écrire** Briefe schreiben müssen; **j'ai à te parler** ich muss mit dir reden; **il n'a pas à se plaindre** er kann sich nicht beklagen; **tu n'auras pas à le regretter** du sollst es nicht bereuen; ♦ **n'~ qu'à faire qc** nur etw zu tun brauchen; **vous n'avez qu'à tourner le bouton** Sie brauchen nur den Knopf zu drehen; *avec humeur fam* **t'as qu'à t'en aller** *si ça te plaît pas* du kannst ja gehen ...; *fam* **vous n'aviez qu'à faire attention!** Sie hätten eben aufpassen müssen!

— **C** verbe impersonnel —

il y a [ilja], *fam* [ja] a es gibt; (es) ist *ou* sind; *all Sud a.* es hat; **il y avait du brouillard** es war nebelig; es herrschte Nebel; *notre seul espoir*, **si espoir il y a** wenn von Hoffnung überhaupt die Rede sein kann; **il y a des gens qui ..., il y en a qui ...** es gibt Leute, es gibt welche, die ...; *fam* **il y en a, je vous jure!** *fam* Leute gibt's!; **il y a eu de graves accidents** es kam zu schweren Unfällen; es passierten schwere Unfälle; **combien de personnes y aura-t-il?** wie viele Personen werden kommen, da sein?; **combien y a-t-il d'ici à Paris?** wie weit ist es von hier nach Paris?; **il y a cent kilomètres d'ici à Paris** von hier bis nach Paris sind es hundert Kilometer; *y a-t-il des pommes?* - **il y en a encore**, *fam* **y en a encore** es gibt noch welche; es sind noch welche da; **il n'y en a plus** es gibt nichts, keine mehr; es ist nichts, es sind keine mehr da; *fam* **quand il n'y en a plus, (il) y en a encore** *mets, provisions* es ist immer noch etwas da; *difficultés, erreurs* es tauchen immer wieder neue auf; *en mangeant* **quand il y en a pour trois, il y en a pour quatre** wenn es für drei reicht, reicht es auch für vier; ♦ *tournures*: **il y a champagne et champagne** Champagner und Champagner ist zweierlei; **qu'est-ce qu'il y a?** was ist los?; was gibt es? (*fam* was gibt's?); was geht hier vor?; **il y a que tout le monde proteste** hier protestieren alle; *réponse à un remerciement* **il n'y a pas de quoi** nichts zu danken; (bitte,) gern geschehen; (bitte,) keine Ursache; **il n'y a pas de mais, de monsieur le directeur** *etc* das „aber", den „Herr Direktor" *etc* können Sie sich sparen, schenken; **il n'y a que lui pour** *(+inf)* nur er kann *(+inf)*; **il n'y a pas que lui** er ist nicht der Einzige; er steht nicht allein da; **il n'y a qu'à** *(+inf)* man braucht nur zu *(+inf)*; *si le meuble vous gêne*, **il n'y a qu'à le déplacer ...** brauchen Sie, wir es nur wegzuschieben; **il n'y en a que pour lui** nur er will im Mittelpunkt stehen; ♦ *plais imitation de charabia*: **y a bon!** das sein gut!; **moi y en a vouloir gagner des sous** ich wollen Geld verdienen b *temporel*: vor; *il est parti* **il y a deux ans** vor zwei Jahren ...; **il y a deux ans que ...** es ist zwei Jahre her, dass ...; seit zwei Jahren ...; **il y a quelques années encore** bis vor wenigen Jahren noch; **il y a aujourd'hui °huit jours qu'il est mort** heute vor acht Tagen ist er gestorben; **il y aura deux mois demain** morgen werden es zwei Monate; **il y a combien de temps qu'il est à Paris?** wie lange ist er schon in Paris?

avoir[2] [avwaʀ] M 1 COMM, FIN Guthaben *n*; *(crédit)* Haben(seite) *n(f)*; ~ **fiscal** Steuergutschrift *f*; **se faire faire un ~** sich *(dat)* e-n Gutschein ausstellen, e-e Gutschrift geben lassen; **portez cette somme à mon ~** schreiben Sie mir diese Summe gut 2 *st/s (biens)* Hab und Gut *n*; Besitz *m*; Vermögen *n*

avoirdupoids [avwaʀdypwa] M *système de mesure de masse des pays anglo-saxons* Avoirdupois *n*

avoisinant [avwazinɑ̃] ADJ benachbart; angrenzend; **rue ~e** Nachbarstraße *f*

avoisiner [avwazine] V/T 1 benachbart sein *(+dat)*; angrenzen an *(+acc)* 2 *fig* grenzen an *(+acc)*; nahekommen *(+dat)*; sich nähern *(+dat)*

avortement [avɔʀtəmɑ̃] M 1 Abtreibung *f*; **pratiquer un ~** e-e Abtreibung vornehmen; abtreiben 2 *fig d'un projet etc* Scheitern *n*; Fehlschlagen *n*; Misslingen *n*; Missglücken *n*

avorter [avɔʀte] V/I 1 MÉD abortieren; **se faire ~** abtreiben (lassen) 2 *fig projet etc* scheitern; fehlschlagen; misslingen; missglücken; *fam* platzen; **faire ~** vereiteln; zum Scheitern bringen; scheitern *etc* lassen

avorteur [avɔʀtœʀ] M, **avorteuse** F *péj* Engelmacher(in) *m(f)*

avorton [avɔʀtõ] M *péj* Kümmerling *m*; *personne a.* Wicht *m*; *animal, plante a.* Kümmerer *m*

avouable [avwabl] ADJ dessen *ou* deren man sich nicht zu schämen braucht

avoué [avwe] M JUR (Rechts)Anwalt *m*

avouer [avwe] A V/T 1 JUR gestehen; *abs a.* geständig sein 2 *erreur etc* (ein)gestehen; zugeben; bekennen; beichten; ~ **son amour à qn** j-m seine Liebe gestehen; **il faut ~ que ...** man muss zugeben, einräumen, anerkennen, dass ...; *adjt* **ennemi avoué** erklärter Feind B V/PR 1 **s'~ coupable** sich schuldig bekennen; **s'~ vaincu** sich geschlagen geben 2 **s'~ qc** sich *(dat)* etw eingestehen

avril [avʀil] M April *m*; *prov* **en ~, ne te découvre pas d'un fil; en mai, fais ce qu'il te plaît** man ziehe sich noch nicht zu leicht an im April, im Mai kann man machen, was man will

axe [aks] M 1 PHYS, MATH, BOT, OPT Achse *f*; Mittellinie *f*; **~s de coordonnées** Achsenkreuz *n*; Koordinatensystem *n*; ~ **de symétrie** Symmetrieachse *f*; ~ **de la Terre** Erdachse *f*; ~ **des x** x-Achse *f* 2 TECH Achse *f* 3 *(auto-)route* **(grand) ~** Hauptverkehrsweg *m*; Achse *f*; ~ **nord-sud** Nord-Süd-Achse *f* 4 POL Achse *f*; HIST **l'Axe Rome-Berlin** die Achse Berlin-Rom 5 *fig d'une politique etc* Generallinie *f*; Zielrichtung *f*; Ausrichtung *f*; **être dans l'~ du parti** auf der Parteilinie liegen

axer [akse] V/T *construction, programme, vie* ~ **sur** ausrichten auf *(+acc)*

axial [aksjal] ADJ ⟨-aux⟩ axial; Axial...; Achsen...; in der Achsenrichtung; *d'une rue* **éclairage ~** Mitteloberlicht *n*

axiome [aksjom] M 1 *t/t* Axiom *n* 2 *par ext* Grundsatz *m*

axiomètre [aksjɔmɛtʀ] M MAR Axiometer *n*

Ay *ou* **Aÿ** [ai] *Ort im Dep. Marne*

ayant [ɛjɑ̃] A PPR → avoir[1] B M JUR ~ **cause** ⟨*pl* ayants cause⟩ Rechtsnachfolger *m*; ~ **droit** ⟨*pl* ayants droit⟩ Anspruchs-, Bezugs-, Empfangsberechtigte(r) *m*

Aydat [ɛda] **le lac d'~** *See in der Auvergne*

Aymé [eme, ɛme] **Marcel ~** *frz Schriftsteller*

azalée [azale] F BOT Azalee *f*; Azalie *f*

Azerbaïdjan [azɛʀbaidʒɑ̃] **l'~** *m* Aserbaid-

schan *n*
azimut [azimyt] M **1** ASTRON Azimut *n ou m* **2** LOC ADJ **tous ~s** nach allen Seiten; allseitig; rundum; *progrès* auf allen Gebieten; *stratégie, action* umfassend; global; MIL **défense** *f* **tous ~s** Rundumverteidigung *f*
azote [azɔt] M CHIM Stickstoff *m*; **oxyde** *m* **d'~** Stickoxid *n*
azoté [azɔte] ADJ CHIM stickstoffhaltig; Stickstoff...
azoter [azɔte] V/T CHIM azotieren; Stickstoff einführen in *(+acc)*
Azov [azɔf] **la mer d'~** das Asowsche Meer
AZT® [azɛdte] M ABR (azidothymidine) MÉD AZT® *n* (Azidothymidin)
aztèque [astɛk] **A** ADJ aztekisch **B** MPL **Aztèques** Azteken *mpl*
azur [azyʀ] M *st/s* **1** *couleur* Himmelsblau *n*; *poét* Azur *m*; **ciel** *m* **d'~** azurblauer, tiefblauer Himmel; **Côte** *f* **d'Azur** Côte d'Azur *f*; französische Riviera; *adjt* **bleu ~** *‹inv›* azurblau **2** *ciel* tiefblauer Himmel; *poét* Azur *m*
azuré [azyʀe] ADJ *st/s* azurn; azurblau; tiefblau;
azuréen ADJ *‹~ne›* der Côte d'Azur; der Riviera
azyme [azim] ADJ **pain** *m* **~** ungesäuertes Brot; *des juifs* Matze(n) *m*

B

B, b [be] M *‹inv›* B, b *n*
B.A. [bea] F ABR (bonne action) gute Tat; **faire une, sa ~** eine, seine gute Tat tun *ou* vollbringen
baba¹ [baba] ADJ *‹inv› fam* **en être, en rester ~** verblüfft, verdutzt, sprachlos, bass erstaunt, *fam* baff, platt sein; **il en est resté ~** *fam a.* da blieb ihm die Spucke weg
baba² [baba] M **1** CUIS **~ au rhum** Hefenapfkuchen, der mit Sirup und Rum übergossen wird **2** *fam* **l'avoir dans le ~** *fam* reinfallen
baba³ [baba] M/F *ou* **baba cool** [babakul] M/F *‹pl* babas cool› Angehörige(r) *m/f(m)* der Alternativszene; Alternativler(in) *m(f)*
b.a.-ba [beaba] M Anfangsgründe *mpl*; Abc *n*; **enseigner à qn le ~ (de qc)** j-m die Anfangsgründe, das Abc *(+gén)* beibringen
Babel [babɛl] BIBL Babel *n*
babeurre [babœʀ] M Buttermilch *f*
babil [babil] M → babillage
babillage [babijaʒ] M **1** *de bébés* Plappern *n*; Geplapper *n*; PSYCH Lallen *n*; Lallstadium *n* **2** *par ext (bavardage)* (fröhliches) Geplauder, *fam* Geplapper, Geschnatter; **babiller** V/I **1** *bébé* plappern **2** *par ext* (fröhlich) plaudern, *fam* plappern, schnattern
babine [babin] F **1** ZOOL Lefze *f* **2** *fam fig personne*: **s'essuyer, se lécher les ~s** sich *(dat)* (genüsslich) die Lippen, den Mund abwischen, (ab)lecken; **s'en lécher les ~s** *en mangeant* mit Genuss essen; *à l'avance* sich *(dat)* die Lippen lecken; **il s'en est léché les ~s** *a.* da lief ihm das Wasser im Munde zusammen
babiole [babjɔl] F **1** *objet* Kleinigkeit *f*; kleine Nettigkeit **2** *fig* Kleinigkeit *f*; Lappalie *f*; Bagatelle *f*
babiroussa [babiʀusa] M ZOOL Babirussa *m*; Hirscheber *m*
bâbord [babɔʀ] M MAR Backbord *n*; **à ~** backbord(s)
babouche [babuʃ] F Babusche *f*; *fam a.* Schlappen *m*
babouin [babwɛ̃] M ZOOL Pavian *m*
baby-boom [babibum, be-] M *‹pl* baby-booms› Baby-Boom *m*
baby doll [babidɔl, be-] M *‹inv›* Babydoll *n*
baby-foot [babifut] M *‹inv›* (Tisch)Fußballspiel *n*; *fam* Kicker *m*; **jouer au ~, faire une partie de ~** Kicker spielen; kicken
Babylone [babilɔn] HIST Babylon *n*
babylonien [babilɔnjɛ̃] **A** ADJ *‹~ne›* babylonisch **B** SUBST LING **le ~** das Babylonische; Babylonisch *n*
baby-sitter [babisitœʀ, be-] M/F *‹pl* baby-sitters› Babysitter *m*; **baby-sitting** [-sitiŋ] M Babysitten *n*, -sitting *n*
bac¹ [bak] M **1** *bateau* Fähre *f* **2** *récipient* Schale *f*; Kasten *m*; Wanne *f*; Bottich *m*; Kübel *m* (*a. pour plantes*); Trog *m*; *d'une douche* Duschwanne *f*, -becken *n*; *d'un réfrigérateur*: **~ à glace, à glaçons** Eisschale *f*; Eiswürfelbereiter *m*; **~ à légumes** Gemüseschale *f*, -korb *m*; **~ à sable** Sandkasten *m*
bac² [bak] M ABR *fam* (baccalauréat) *fam* Abi *n*; **~ + 2** [bakplysdø] Abitur *n* und zweijähriges Studium; **passer le ~** das Abi machen
bacantes [bakɑ̃t] *fam* FPL Schnurrbart *m*
baccalauréat [bakalɔʀea] M **1** *au lycée* Abitur *n*; Reifeprüfung *f*; *autrich* Matura *f*; *suisse* Maturitätsprüfung *f* **2** *autrefois: à l'université* **~ en droit** *correspond à* zweite (Zwischen)Prüfung nach zweijährigem Jurastudium
baccara [bakaʀa] M *jeu* Bakkarat *n*
baccarat [bakaʀa] M Kristallglas *n* aus Baccarat
bacchanale [bakanal] F **1** **~s** *pl* ANTIQUITÉ Bacchanalien *npl* **2** *fig et litt* Bacchanal *n*
bacchante [bakɑ̃t] F *dans la Rome antique* Bacchantin *f*
bacchantes [bakɑ̃t] → bacantes
Bacchus [bakys] M MYTH Bacchus *m*
baccifère [baksifɛʀ] ADJ BOT Beeren tragend;
bacciforme ADJ BOT beerenförmig, -ähnlich, -artig
Bach [bak] **Jean-Sébastien ~** Johann Sebastian Bach
bâchage [bɑʃaʒ] M Ab-, Zu-, Überdecken *n* mit e-r Plane
bâche [bɑʃ] F (Wagen)Plane *f*
bachelier [baʃəlje] M, **bachelière** F **1** Abiturient(in) *m(f)* **2** *autrefois* **~ en droit** Jurastudent, der die zweite (Zwischen)Prüfung nach zweijährigem Studium bestanden hat
bâcher [bɑʃe] V/T mit e-r Plane ab-, zudecken, überdecken
bachique [baʃik] ADJ Bacchus...; bacchantisch; **chanson** *f* **~** Trinklied *n*
Bachkirie [baʃkiʀi] **la ~** Baschkirien *n*
bachot [baʃo] M *fam* Abi *n*; *péj* **boîte** *f* **à ~** *fam* Presse *f*
bachotage [baʃɔtaʒ] M *fam* (stures) Büffeln, Pauken, Ochsen; Büffelei *f*; Paukerei *f*; Ochserei *f*; **bachoter** V/I *fam* büffeln; pauken; ochsen; **bachoteur** M, **bachoteuse** F *fam* Schüler(in), Student(in), der (die) büffelt, paukt, ochst
bacillaire [basilɛʀ] ADJ bazillär; Bazillen...
bacille [basil] M BIOL, MÉD Bazillus *m*; *fam* Bazille *f*; **~ de Koch** [-kɔk] Tuberkelbakterie *f*, -bazillus *m*
background [bakgʀaund] M Hintergrund *m*; Background *m*
backslash [bakslaʃ] M TYPO Backslash *m*
bâclage [bɑklaʒ] M *fam* (Hin-, Zusammen)Pfuschen *n*; (Hin)Schludern *n*
bâcler [bɑkle] V/T *travail fam* hin-, zusammenpfuschen; hinschludern, -schlampen; *abs* pfuschen; schludern; schlampen; **~ un article de journal** *fam* einen Zeitungsartikel zusammenhauen, -schreiben, -schustern, hinhauen; **~ une cérémonie** eine Zeremonie kurz und lieblos abmachen; *adjt*: **travail bâclé** Pfusch-, Schluderarbeit *f*; schlampige Arbeit; Pfuscherei *f*; Schluderei *f*; **c'est bâclé** das ist gepfuscht, geschludert; das ist schlud(e)rig, schlampig gemacht
bacon [bekɔn] M magerer, leicht geräucherter Speck; Frühstücksspeck *m*; Bacon *m*; **œufs** *mpl* **au ~** Spiegeleier *npl* mit Speck
bactéricide [bakteʀisid] ADJ MÉD bakterizid; keimtötend
bactérie [bakteʀi] F BIOL, MÉD Bakterie *f*
bactérien [bakteʀjɛ̃] ADJ *‹~ne›* bakteriell; Bakterien...
bactériologie [bakteʀjɔlɔʒi] F Bakteriologie *f*; **bactériologique** ADJ bakteriologisch; **bactériologiste** M/F Bakteriologe, -login *m,f*
bactériostatique [bakteʀjostatik] ADJ MÉD bakteriostatisch; die Vermehrung von Bakterien hemmend
badaboum [badabum] INT *fam* bums!
badaud [bado] M Schaulustige(r) *m*; *péj* Gaffer *m*; *adjt* **être ~** gern Maulaffen feilhalten
Bade [bad] **le (pays de) ~** Baden *n*
baderne [badɛʀn] F *péj* **vieille ~** verknöcherter Greis; *fam* alter Knacker
Bade-Wurtemberg [badvyʀtɛ̃bɛʀ] **le ~** Baden-Württemberg *n*
badge [badʒ] M Plakette *f*; Abzeichen *n*
badiane [badjan] F BOT Sternanis *m*
badigeon [badiʒõ] M **1** Tünche *f*; **donner un coup de ~ sur qc** etw übertünchen **2** PHARM Tinktur *f* (zum Pinseln)
badigeonnage [badiʒɔnaʒ] M **1** (Über)Tünchen *n*; Weiße(l)n *n* **2** MÉD (Be)Pinseln *n*
badigeonner [badiʒɔne] V/T **1** *mur etc* (über)tünchen; weißen; *all Sud* weißeln **2** MÉD (be)pinseln **3** *iron (barbouiller)* (*a. v/pr* **se**) **~** (sich) anmalen, vollschmieren (**de** mit)
badin [badɛ̃] ADJ scherzhaft; launig; humorig; **être d'humeur ~e** zum Scherzen aufgelegt sein
badinage [badinaʒ] M Scherzen *n*; Spaßen *n*; **sur le ton du ~** in scherzhaftem Ton
badine [badin] F **1** Gerte *f*; Stöckchen *n* **2** **~s** *pl* kleine (Schmiede)Zange
badiner [badine] V/I scherzen; spaßen; **ne pas ~** nicht mit sich spaßen lassen, keinen Spaß verstehen (**avec, sur la discipline** in puncto Disziplin); **il ne faut pas ~ avec cela** damit ist nicht zu spaßen; *Musset* **On ne badine pas avec l'amour** Spiel nicht mit der Liebe
badinerie [badinʀi] F *st/s* → badinage
badminton [badmintɔn] M Federball(spiel) *m(n)*; Badminton *n*
badois [badwa] **A** ADJ badisch **B** SUBST **Badois(e)** *m(f)* Badener(in) *m(f)*
Badonviller [badõvile] *Ort im Dep. Meurthe-et-Moselle*
baffe [baf] *fam* F Ohrfeige *f*; Backpfeife *f*; → *a.* gifle
baffle [bafl] M *écran* Schallwand *f*; *boîte* Lautsprecherbox *f*
bafouer [bafwe] V/T verspotten; verhöhnen; lächerlich, zum Gespött machen; **mari bafoué** betrogener Ehemann
bafouillage [bafujaʒ] *fam* M *action* Stammeln *n*; Stottern *n*; *propos* Gestammel *n*; Gestotter *n*
bafouille [bafuj] F *fam* Schrieb *m*; Wisch *m*
bafouiller [bafuje] *fam* V/T *et* V/I stammeln; stottern (*a. fig moteur*); **~ quelques excuses** ein paar Entschuldigungen stammeln
bafouilleur [bafujœʀ] M, **bafouilleuse** F *fam* Faselhans *m*, -liese *f*
bâfrer [bɑfʀe] V/I *fam* fressen; sich vollfressen, vollstopfen; **bâfreur** M *fam* Fressack *m*; Vielfraß *m*
bagad [bagad] M *‹pl* bagadou [bagadu]› *Mu-*

B

sikgruppe mit traditionellen bretonischen Instrumenten

bagage [bagaʒ] M 1 Gepäckstück *n; surtout pl* **~s** Gepäck *n;* **~s accompagnés** Reisegepäck *n;* **~s à main** Handgepäck *n;* **mettre ses ~s aux ~s accompagnés, faire enregistrer ses ~s** sein Gepäck aufgeben; *loc adv* **avec armes et ~s** mit Sack und Pack; **elle avait pour tout ~ un sac** sie hatte als einziges Gepäckstück e-e Tasche; ihr ganzes Gepäck bestand aus e-r Tasche; **plier ~** s-e Sachen, s-e Koffer packen; *fam* sein Bündel schnüren 2 *fig* Rüstzeug *n;* **~ intellectuel, scientifique** geistiges, wissenschaftliches Rüstzeug

bagagiste [bagaʒist] M *gare, aéroport* Kofferträger *m; hôtel* Hotel-, Hausdiener *m*

bagarre [bagaʀ] F 1 *(rixe)* Schlägerei *f;* Prügelei *f;* Rauferei *f;* Balgerei *f; fam* Keilerei *f* 2 *fam fig (lutte)* harter Kampf; *fam* Gerangel *n;* **il va y avoir de la ~** es wird e-n harten Kampf, ein ziemliches Gerangel geben; es wird heiß hergehen

bagarrer [bagaʀe] A VI *fam (lutter)* kämpfen; streiten; sich heftig einsetzen B VPR **se ~** (sich) raufen, sich prügeln, *fam* sich keilen (**avec qn** mit j-m); *gamins* sich balgen; *fam* (miteinander) rangeln

bagarreur [bagaʀœʀ] *fam* M 1 *concret* Raufbold *m;* Kampfhahn *m* 2 *battant* Kämpfer *m; fam* Draufgänger *m;* **avoir un tempérament de ~** e-e Kämpfernatur sein; *adjt* **être ~** kämpferisch, draufgängerisch sein

bagatelle [bagatɛl] F 1 *(objet sans valeur)* Kleinigkeit *f;* kleine Nettigkeit; **~s** *pl a. fam* Krimskrams *m* 2 *iron* **la ~ de cent euros** die Kleinigkeit von hundert Euro 3 *(futilité)* Lappalie *f;* Bagatelle *f;* Kleinigkeit *f;* **perdre son temps à des ~s** s-e Zeit mit nebensächlichen, belanglosen, unwichtigen Dingen vertun 4 *fam* **être porté sur la ~** → chose 5

Bagdad [bagdad] Bagdad *n*

bagel [bagɛl] M CUIS Bagel *m*

bagnard [baɲaʀ] M (Bagno)Sträfling *m*

bagne [baɲ] M HIST Bagno *n; fig* **c'est le ~** das ist die Hölle

bagnole [baɲɔl] *fam* F Auto *n; fam* Karre *f;* Schlitten *m; plais* fahrbarer Untersatz; **une belle ~** *fam* ein toller Schlitten; **une grosse ~** *fam* ein Straßenkreuzer *m*

bagou(t) [bagu] *fam* M Redetalent *n; fam* Mundwerk *n;* **avoir du bagou(t)** ein tüchtiges Mundwerk, e-n großen Redefluss haben; zungenfertig sein

baguage [bagaʒ] M 1 *des oiseaux* Beringen *n,* -ung *f* 2 ARBORICULTURE Ringeln *n,* -ung *f*

bague [bag] F 1 (Finger)Ring *m;* **~ de fiançailles** Verlobungsring *m;* **porter une ~ (au doigt)** e-n Ring (am Finger) tragen; **il lui a passé la ~ au doigt** er hat sie geheiratet, zum Traualtar geführt 2 TECH Ring *m*

baguenaude [bagnod] F 1 BOT Frucht *f* des Blasenstrauchs 2 *fam* Bummel *m;* **baguenauder** *fam* VI *(et* VPR **se) ~** umherschlendern; *fam* bummeln; e-n Bummel machen; **baguenaudier** M BOT Blasenstrauch *m*

baguer [bage] VT *oiseaux* beringen; *adjt* **doigts bagués** beringte Finger *mpl*

baguette [bagɛt] F 1 Stab *m;* Stock *m;* Gerte *f;* Rute *f; pour montrer* Zeigestock *m; pour manger* (Ess)Stäbchen *n;* **~ divinatoire, de sourcier** Wünschelrute *f;* **~ magique** Zauberstab *m;* **comme d'un coup de ~ (magique)** wie mit e-m Zauberschlag; **~ (de chef d'orchestre)** Taktstock *m;* **~s de tambour** (Trommel)Schlägel *mpl; fam* **cheveux** *mpl* **(raides) comme des ~s de tambour** ganz glattes (und schwer zu frisierendes) Haar; *fig:* **tout marche à la ~** *fam* alle spuren; keiner tanzt aus der Reihe; **mener qn à la ~** j-n herumkommandieren, gängeln, an der Kandare haben, unter der Fuchtel haben, nach s-r Pfeife tanzen lassen 2 *pain* (französisches) Stangenweißbrot; Baguette *f ou n* 3 *(moulure)* (Profil-, Zier)Leiste *f;* ARCH Rundstab *m* 4 *sur des collants, chaussettes* (seitliche) Ziernaht

baguier [bagje] M 1 Schmuckkästchen *n* 2 *du joaillier* Ringmaß *n*

baguouse *ou* **baguouze** [baguz] *arg* F (Finger)Ring *m*

bah [ba] INT pah!; ach was!; **~! ce n'est pas vrai!** Unsinn!; das ist nicht wahr!

Bahamas [baamas] **les (îles) ~** *fpl* die Bahamas *pl;* die Bahamainseln *fpl*

Bahia [baja] GÉOG Bahia *n*

Bahreïn [baʀɛjn] **le ~** Bahrain *n*

bahut [bay] M 1 *meuble* (rustikales) Büfett; *(coffre)* Truhe *f* 2 *fam (lycée) fam* Penne *f* 3 *fam (gros camion) fam* schwerer, dicker Brummer

bai [bɛ] A ADJ *cheval* (rot)braun B M Braune(r) *m*

baie [bɛ] F 1 GÉOG (Meeres)Bucht *f;* Bai *f;* **~ d'Hudson** [-dytsɔn] Hudsonbai *f* 2 CONSTR (Mauer-, Wand)Öffnung *f;* **~ vitrée** großes (Glas)Fenster; **~ de fenêtre, de porte** Fenster-, Türöffnung *f* 3 BOT Beere *f*

baignade [bɛɲad] F 1 Baden *n;* **~ interdite** Baden verboten; **à l'heure de la ~** zur Badezeit 2 *endroit* Badestelle *f,* -platz *m*

baigner [beɲe] A VT 1 baden; **~ un enfant, un chien** ein Kind, einen Hund baden 2 *fleuve: paysage etc* fließen durch; durchfließen; *mer: île* umspülen; **~ la côte** die Küste bespülen 3 *poét lumière* **~ qc** etw überstrahlen, -fluten; *pp* **baigné de soleil** sonnenüberflutet, -durchflutet 4 *fig* (be)netzen (**de** mit); *surtout pp:* **baigné de larmes** tränenüberströmt; in Tränen gebadet; **baigné de sueur** schweißtriefend, -gebadet; in Schweiß gebadet B VI 1 CUIS **~ dans qc** in etw *(dat)* schwimmen; *viande* **baignant dans son jus** im eigenen Saft schwimmend; *fam fig* **ça baigne (dans l'huile)** → huile 3; *blessé* **~ dans son sang** in s-m Blut schwimmen 2 *fig paysage* **~ dans la brume** in Nebel gehüllt, getaucht sein C VPR **se ~** (sich) baden; **se ~ dans la mer** im Meer baden

baigneur [bɛɲœʀ], **baigneuse** 1 M/F Badende(r) *m/f(m)* 2 M *poupée* (Zelluloid)Babypuppe *f*

baignoire [bɛɲwaʀ] F 1 (Bade)Wanne *f* 2 THÉ Parterreloge *f*

Baïkal [baikal] **le lac ~** der Baikalsee

Baïkonour [baikɔnuʀ] GÉOG Baikonur *n*

bail [baj] M ⟨*pl* baux [bo]⟩ 1 JUR Pacht(-vertrag) *f(m);* Miete *f;* Mietvertrag *m;* **~ commercial** Mietvertrag über gewerbliche Räume; **~ à loyer** Mietvertrag *m;* **céder, donner à ~** verpachten; in Pacht geben; vermieten; **céder son ~ à qn** an j-n unterverpachten; **prendre à ~** pachten; in Pacht nehmen; mieten 2 *fam fig* **ça fait un ~ que je ne l'ai plus vu** es ist e-e Ewigkeit her, dass ich ihn (nicht mehr) gesehen habe; ich habe ihn schon ewig nicht mehr gesehen

baille [baj] F MAR Balge *f;* Balje *f*

bâillement [bajmɑ̃] M Gähnen *n*

bâiller [baje] VI 1 gähnen (**d'ennui, de sommeil** vor Langeweile, vor Müdigkeit); *fam* **~ à se décrocher la mâchoire** (so richtig) herzhaft gähnen 2 *porte* nicht fest schließen, geschlossen sein; *col etc* nicht richtig anliegen; abstehen; *fente* klaffen

bailleur [bajœʀ] M, **bailleresse** [bajʀɛs] F 1 JUR Verpächter(in) *m(f);* Vermieter(in) *m(f)* 2 FIN **bailleur de fonds** Geld-, Kapital-, Kreditgeber *m*

bailli [baji] M HIST Bailli *m;* Vogt *m*

bâillon [bajõ] M Knebel *m;* **mettre un ~ à qn** → bâillonner

bâillonnement [bajɔnmɑ̃] M Knebelung *f; fig a.* Mundtotmachen *n;* **bâillonner** VT 1 knebeln 2 *fig* knebeln; mundtot machen; *fam* das Maul stopfen *(+dat)*

bain [bɛ̃] M 1 Bad *n (a.* CHIM, TECH*);* Baden *n;* **~ de bouche** Mundspülung *f;* **~ de boue(s)** Moor-, Schlammbad *n;* PHOT **~ de développement, de fixage** Entwickler-, Fixierbad *n;* **~ de mer, de mousse, de pieds, de siège, de vapeur** Meer-, Schaum-, Fuß-, Sitz-, Dampfbad *n;* **salle** *f* **de ~s** Bad(ezimmer) *n;* **faire couler un ~** ein Bad einlassen; **le ~ est trop chaud** das Badewasser ist zu heiß; *fig* **être dans le ~** *(être au courant)* Bescheid wissen; im Bilde sein; eingeweiht, eingearbeitet sein; *(être compromis)* in die Sache verwickelt, mit hineingezogen sein; *fam* in der Patsche, Tinte sitzen; *fig* **mettre qn dans le ~** *(mettre au courant)* j-n ins Bild setzen, einweihen, einarbeiten, einweisen; *(compromettre)* j-n in die Sache mit hineinziehen, verwickeln; **préférer le ~ à la douche** lieber baden als duschen; **prendre un ~** ein Bad nehmen; (sich) baden; **prendre un ~ chaud** *a.* (sich) heiß baden; *fam fig* **se remettre dans le ~** sich wieder einarbeiten, aufs Laufende bringen; **sortir du ~** aus der Wanne, aus dem Bad steigen 2 **~s** *pl* Bad(eanstalt) *n(f);* **~s municipaux, publics** städtisches, öffentliches Bad; **aller aux ~s de mer** in ein Seebad reisen 3 *piscine* **grand ~** Becken(teil) *n* für Schwimmer; **petit ~** Nichtschwimmerbecken *n;* **~ à remous** Whirlpool *m* 4 *par ext* a **~ de soleil** Sonnenbad *n;* **prendre un ~ de soleil** ein Sonnenbad nehmen; sonnenbaden b *(robe f)* **~ de soleil** Strandkleid *n* 5 POL **~ de foule** Bad *n* in der Menge; **prendre un ~ de foule** ein Bad in der Menge nehmen; den direkten Kontakt mit der Menschenmenge suchen 6 TEXT **~ (colorant)** Farb-, Färbeflotte *f*

bain-marie [bɛ̃maʀi] M ⟨*pl* bains-marie⟩ CUIS Wasserbad *n*

baïonnette [bajɔnɛt] F 1 MIL Bajonett *n;* Seitengewehr *n; loc adv* **~ au canon** mit aufgepflanztem Bajonett 2 ADJT TECH Bajonett…; **douille** *f* **(à) ~** Bajonettfassung *f*

baise [bɛz] *pop* F *pop* Bumsen *n; obscène* Ficken *n;* Vögeln *n*

baisemain [bɛzmɛ̃] M Handkuss *m;* **faire le ~ à qn** j-m die Hand küssen

baisement [bɛzmɑ̃] M REL Küssen *n*

baiser[1] [beze] VT 1 *(embrasser)* küssen; **~ la main de qn** j-m die Hand küssen 2 *fam (tromper)* **se faire ~** *fam* j-m auf den Leim gehen; sich reinlegen lassen; *pop* beschissen werden 3 *pop (coucher avec) pop* bumsen, *vulg* vögeln (**qn** mit j-m); *vulg* ficken

baiser[2] [beze] M Kuss *m* (**sur le front** *etc* auf die Stirn *etc*); *formule épistolaire* **bons ~s** es grüßt und küsst Dich Dein(e); **bons ~s de Paris** liebe, herzliche Grüße aus Paris; **mille ~s** tausend Grüße *ou* Küsse, Dein(e); **petit ~** Küsschen *n;* flüchtiger, rascher Kuss; **gros ~** herzhafter, kräftiger, schallender Kuss; **~ d'adieu** Abschiedskuss *m;* **~ de Judas** Judaskuss *m;* **~ de paix** Friedenskuss *m;* **dévorer de ~s** wild küssen; **donner un ~ à qn** j-m e-n Kuss geben

baiseur [bɛzœʀ] M, **baiseuse** F *vulg* Ficker(in) *m(f);* **être bon baiseur, bonne baiseuse** *fam* gut im Bett sein

baisodrome [bɛzɔdʀɔm] M *pop* Bude *f,* Absteige *f* zum Bumsen

baisse [bɛs] F *des eaux, de la température* (Ab)Sinken *n (a. fig de niveau);* Fallen *n; des eaux a.* Zurückgehen *n; de la température a.* Rückgang *m;*

des cours, des prix Fallen *n*; Nachgeben *n*; BOURSE Baisse *f*; *d'une marchandise* Preisrückgang *m* (**du blé** bei Getreide); *des prix a.* Sinken *n*; Heruntergehen *n*; Herabsetzung *f*; *d'influence* Schwinden *n*; **~ d'autorité** Autoritätsschwund *m*, -verlust *m*; TECH **~ de pression**, ÉLEC **de tension** Druck-, Spannungsabfall *m*; **~ des prix** *a.* Preisrückgang *m*, -abbau *m*, -senkung *f*; **~ de la production** Produktionsrückgang *m*, -senkung *f*; **~ de la qualité** Qualitätsschwund *m*, -minderung *f*, -verschlechterung *f*, -verlust *m*; **être en ~** *actions, cours* fallen; *marchandise* im Preis sinken, zurückgehen; billiger werden; *fig* **ses actions sont en ~** s-e Aktien fallen; **mes fonds sont en ~** *fam* ich bin knapp, nicht gut bei Kasse; BOURSE **jouer à la ~** auf Baisse spekulieren

baisser [bese] **A** VT **1** *vitre, store* herunter-, *fam* runterlassen, -kurbeln; **~ le front** die Stirn senken; **~ une lampe** eine Lampe herunter-, *fam* runterziehen; **~ la tête** den Kopf senken, neigen; **~ le voile** den Schleier vor das Gesicht ziehen; **~ les yeux** die Augen niederschlagen; *pop fig* **~ la culotte, le pantalon** klein beigeben; *fam* den Schwanz einziehen; **les yeux baissés** mit niedergeschlagenen, gesenkten Augen; **faire ~ les yeux à qn** j-n dazu bringen, die Augen niederzuschlagen; → *a.* tête 1 **2** *prix* senken; herab-, heruntersetzen; **~ (le prix de) la viande** den Fleischpreis senken **3** *voix* senken; dämpfen; *gaz, lumière* kleiner stellen; **~ le chauffage** die Heizung drosseln, niedriger stellen; AUTO **~ les phares** abblenden; **~ la radio, la télé** das Radio, den Fernseher leiser stellen **4** *barrière, mur etc* niedriger machen **5** MUS *instrument* tiefer stimmen **B** VI *température, eaux* (ab)sinken; fallen; zurückgehen; *thermomètre, baromètre* fallen; *soleil* sinken; *vent* abflauen; nachlassen; schwächer werden; *influence, autorité* schwinden; TECH *pression*, ÉLEC *tension* abfallen; *forces, vue* nachlassen; abnehmen; *personne âgée* abbauen; körperlich und geistig abnehmen; hinfällig werden; *malade* schwächer werden; *artiste, écrivain* (in s-n Leistungen) nachlassen; *actions, cours* fallen; nachgeben; *prix* sinken; fallen; heruntergehen; **il baisse** *personne âgée a.* s-e Kräfte lassen nach; *malade a.* es geht mit ihm bergab; **~ dans l'estime de qn** in j-s Achtung (*dat*) sinken; **les jours baissent** die Tage werden kürzer, nehmen ab; **(le prix de) la viande baisse** der Fleischpreis sinkt, fällt; das Fleisch wird billiger, sinkt im Preis, geht im Preis herunter; **faire ~ les prix** die Preise drücken; **le ton de la conversation baisse** die Unterhaltung wird leiser, gedämpfter; **sa vue baisse** s-e Augen werden schlechter **C** VPR **se ~** sich bücken, niederbeugen; *fig* **il n'y a qu'à se ~ pour les** *ou* **en ramasser** man braucht nur zuzugreifen; man findet sie *ou* es haufenweise, in rauen Mengen

baissier [besje] M BOURSE Baissier *m*; Baissespekulant *m*; Fixer *m*

bajoue [baʒu] F **1** *chez l'homme* **~s** *pl* Hängebacken *fpl* **2** *d'un animal* Backe *f*

bakchich [bakʃiʃ] M Bakschisch *n*

Bakou [baku] GÉOG Baku *n*

bal [bal] M Ball *m*; Tanzvergnügen *n*, -fest *n*, -abend *m*; **~ populaire** billiges, öffentliches Tanzvergnügen; **~ public** öffentliche Tanzveranstaltung; **~ de bienfaisance** Wohltätigkeitsball *m*; **salle** *f* **de ~** Ball-, Tanzsaal *m*; **aller au ~** tanzen gehen; **donner un ~** e-n Ball geben; **ouvrir le ~** den Ball eröffnen

balade [balad] *fam* F *à pied* Spaziergang *m*; *fam* Bummel *m*; *en voiture* Spazierfahrt *f*; (*excursion*) Ausflug *m*; **~ en vélo** (kleine) Radtour; **aller en ~, faire une ~** e-n Spaziergang, e-e Spazierfahrt, *fam* e-n Bummel machen; → *a.* balader B

balader [balade] *fam* **A** VT spazieren führen; *fig* **envoyer ~** → **promener** A 3 **B** VPR **se ~** *à pied* spazieren gehen; (*flâner*) *fam* (herum)bummeln; *en voiture* spazieren fahren; *fam* ein bisschen rausfahren, in der Gegend rumfahren; **se ~ à bicyclette** e-e (kleine) Radtour machen; mit dem Rad spazieren fahren

baladeur [baladœʀ] **A** ADJ ⟨-euse⟩ **avoir l'humeur baladeuse** *fam* gern (herum)bummeln, e-n Bummel machen; *par ext fam* **avoir les mains baladeuses** *fam* gern fummeln, grapschen **B** SUBST **1** M Walkman® *m* **2** F **baladeuse** ÉLEC Ableucht-, Handlampe *f*

baladin [baladɛ̃] M *autrefois* Gaukler *m*

balafon [balafõ] M MUS Marimba *f*

balafre [balafʀ] F (tiefe, lange) Hiebwunde; Schmarre *f*; Schmiss *m*

balafrer [balafʀe] VT e-e Hiebwunde, Schmarre beibringen (**qn** j-m); *surtout pp* **au visage balafré** mit e-r Schmarre, mit e-m Schmiss, mit Schmarren, Schmissen im Gesicht

balai [balɛ] M **1** (Kehr)Besen *m*; **~ mécanique** Teppichkehrmaschine *f*, -kehrer *m*; **~ O'Cédar, ~ à franges** Mop *m*; *fig* **coup** *m* **de ~** (brutale) Entlassungen *fpl*; *fam* Rausschmiss *m*; **donner un coup de ~** flüchtig auskehren (**à** *ou* **dans une pièce** e-n Raum); mal schnell (zusammen)kehren; *fig* (unliebsame) Leute entlassen, *fam* raussetzen, feuern; mit eisernem Besen kehren; *pop* **être con comme un ~** *pop* saublöd, -doof sein; **passer le ~ sous les meubles** mit dem Besen unter die Möbel gehen **2** AUTO **~ d'essuie-glace** (Scheiben-)Wischerblatt *n* **3** ÉLEC Bürste *f* **4** *fam* (*dernier train, bus*) letzter Zug *ou* Bus; *fam* Lumpensammler *m*; *adjt* **voiture** *f* **~** *du Tour de France etc* Schlussfahrzeug *n* **5** *fam* (*année d'âge*) Jahr *n*; **avoir trente ~s** dreißig sein; **balai-brosse** M ⟨*pl* balais-brosses⟩ Scheuerbürste *f*; Schrubber *m*

balais [balɛ] ADJ ⟨*nur m*⟩ **rubis ~** Balasrubin *m*

balaise [balɛz] → balèze

balalaïka [balalaika] F MUS Balalaika *f*

balance [balɑ̃s] F **1** Waage *f*; **~ automatique** Schnellwaage *f*; **~ romaine** Laufgewichtswaage *f*; **~ à bascule** Brückenwaage *f*; **~ à fléau** Balkenwaage; **~ de précision** Präzisionswaage *f*; TURF **salle** *f* **des ~s** Wiegeplatz *m*; *fig*: **jeter, mettre dans la ~** in die Waagschale werfen; **mettre en ~** abwägen; vergleichen; **faire pencher la ~** den Ausschlag geben; das Zünglein an der Waage sein; **faire pencher la ~ du côté** *ou* **en faveur de qn, qc** *a.* für j-n, etw entscheiden; **ne pas peser lourd dans la ~** kaum ins Gewicht fallen **2** *fig* (*équilibre*) Gleichgewicht *n*; **la ~ des forces** das Gleichgewicht der Kräfte **3** COMM **~ (des comptes)** Bilanz *f*; **~ commerciale, du commerce** Handelsbilanz *f*; **~ du commerce extérieur** Außenhandelsbilanz *f*; **~ des paiements** Zahlungsbilanz *f* **4** ASTRON, ASTROL **la Balance** die Waage **5** PÊCHE Krebskorb *m*

balancé [balɑ̃se] ADJ *fam personne* **bien ~** *fam* gut gebaut

balancelle [balɑ̃sɛl] F Hollywoodschaukel *f*

balancement [balɑ̃smɑ̃] M (Hin- und Her-)Schwingen *n*; Schaukeln *n*; Pendeln *n*; Schwanken *n*; *des hanches* Wiegen *n*; *des bras* Schlenkern *n*

balancer [balɑ̃se] ⟨-ç-⟩ **A** VT **1** *objet* (hin- und her)schwingen; schaukeln; wiegen; **~ les bras** *en marchant* mit den Armen schlenkern, rudern; SPORTS die Arme schwingen; **~ les °hanches** sich in den Hüften wiegen; *assis* **~ ses jambes** mit den Beinen baumeln; die Beine baumeln lassen **2** *fam* **a** (*lancer*) *objet* werfen; schleudern; *fam* schmeißen; feuern; *coup de pied* versetzen; *gifle* verabreichen; **~ par la fenêtre** zum Fenster hinauswerfen, *fam* rausschmeißen **b** (*se débarrasser de*) fort-, wegwerfen, *fam* -schmeißen; **~ une vieille voiture** ein altes Auto abstoßen **3** *fam* **~ qn** (*renvoyer*) *fam* j-n rausschmeißen, rauswerfen, feuern, schassen, abservieren, vor die Tür setzen; j-m e-n Tritt, den Laufpass geben; *arg* (*dénoncer*) *fam* j-n verpfeifen; **il s'est fait ~ de l'école** *fam* er ist von der Schule geflogen **4** COMM *compte* ausgleichen; saldieren **5** *phrases etc* harmonisch gestalten; Ausgewogenheit verleihen (+*dat*) **B** VI *litt personne* schwanken (**entre** zwischen +*dat*); *loc* **entre les deux mon cœur balance** ich kann mich zwischen den beiden nicht entscheiden **C** VPR **se ~** **1** *objet* (hin- und her)schwingen; pendeln; baumeln; *branches, bateau* schwanken; schaukeln; sich wiegen; *personne: sur une balançoire* (sich) schaukeln; *sur une bascule* wippen; **se ~ sur sa chaise** mit dem Stuhl schaukeln, wackeln; *fam* kippeln; **se ~ sur ses jambes, sur ses pieds** mit wiegender, wippender Bewegung von e-m Bein auf das andere, von e-m Fuß auf den andern treten **2** *fam* **je m'en balance** *fam* das ist mir wurscht, schnuppe, piepe, schnurz, piep-, schnurz-, *pop* scheißegal

balancier [balɑ̃sje] M **1** *d'une horloge* Schwinger *m*; Schwingsystem *n*; *d'une pendule* Pendel *n*; Perpendikel *m ou n* **2** *d'un funambule* Balancierstange *f* **3** *d'une pirogue* Ausleger *m*

balançoire [balɑ̃swaʀ] F **1** (*escarpolette*) Schaukel *f* **2** (*bascule*) Wippe *f*

balane [balan] F ZOOL Meereichel *f*; Seepocke *f*

Balaton [balatõ] **le lac ~** der Plattensee

balayage [balɛjaʒ] M **1** (Aus-, Ab)Kehren *n*, (-)Fegen *n* **2** ÉLEC Abtastung *f* **3** COIFFURE Strähnchen *npl*

balayer [baleje] VT ⟨-ay- *od* -ai-⟩ **1** *abs, rue, cour* kehren; fegen; *feuilles mortes, saletés* weg-, zusammenkehren, -fegen; **~ une pièce** ein Zimmer auskehren, ausfegen **2** (*chasser*) *vent: feuilles* vor sich (*dat*) hertreiben, -jagen; *vent: nuages a.* verjagen; vertreiben; *résistance, préjugés, obstacle* hinwegfegen; **~ des objections** Einwände vom Tisch fegen; **~ des soucis** Sorgen vertreiben, verjagen **3** (*passer sur*) *projecteur: ciel* absuchen; streichen über (+*acc*); *artillerie: terrain* bestreichen; *vagues: digue, pont* überfluten, -spülen; *vent* **~ la plaine** über die Ebene fegen; *manteau* **~ le sol** auf dem, über den, am Boden schleifen **4** ÉLEC abtasten

balayette [balɛjɛt] F **1** Handfeger *m* **2** *pour W.-C.* Klo(sett)bürste *f*; **balayeur** M Straßenkehrer *m*, -feger *m*; **balayeuse** F Kehrmaschine *f*; **balayures** FPL Kehricht *m*

balbutiement [balbysimɑ̃] M **1** *d'une personne* Stammeln *n*; Stottern *n*; *d'un bébé fam* Brabbeln *n*; **~s** *pl* Gestammel *n*; Gestotter *n*; *fam* Gebrabbel *n* **2** *fig* **~s** *pl* allererste, schüchterne Anfänge *mpl*, Versuche *mpl*; *nouvelle technique* **en être à ses premiers ~s** noch in den Kinderschuhen stecken

balbutier [balbysje] VT *et* VI stammeln; stottern; *bébé fam* brabbeln; **~ des excuses** Entschuldigungen stammeln; *enfant* **~ déjà quelques mots** schon ein paar Wörter sprechen, brabbeln

balbuzard [balbyzaʀ] M ZOOL Fischadler *m*

balcon [balkõ] M **1** CONSTR **a** Balkon *m*; *fam fig* **il y a du monde au ~** *fam* sie hat e-n tollen Balkon, Vorbau **b** (*balustrade*) Balkonbrüstung *f*, -gitter *n* **2** THÉ Balkon *m*; Rang *m*

balconnet [balkɔnɛ] M Balconnet-BH *m*

baldaquin [baldakɛ̃] M Baldachin *m* (*a.* ARCH); *d'un lit a.* (Bett)Himmel *m*; **lit** *m* **à ~** Himmelbett *n*
Bâle [bɑl] Basel *n*
Baléares [baleaʀ] **les ~** *fpl* die Balearen *pl*
baleine [balɛn] F 1 ZOOL Wal *m*; *fam* Walfisch *m*; **pêche** *f* **à la ~** Walfang *m*; *fam* **rire comme une ~** sich schief-, kranklachen 2 *lame* Fischbein(stäbchen) *n*; *de corset* Korsettstange *f*; *de soutien-gorge* Stäbchen *n*; *de col* Kragenstäbchen *n*; **~ de parapluie** Schirmstrebe *f*
baleiné [balene] ADJ *corset* mit Fischbein (-stäbchen), Stahlfedern verstärkt; *soutien-gorge* mit Armatur; **baleineau** M ⟨*pl* ~x⟩ ZOOL junger Wal; **baleinier** A ADJ ⟨-ière⟩ Walfang... B M MAR Walfangschiff *n*; **baleinière** F MAR Walfangboot *n*
balèze [balɛz] *fam* A ADJ stämmig; vierschrötig B M stämmiger, vierschrötiger Kerl; **un gros ~** *fam* ein Bär *m*, Bulle *m* (von e-m Kerl)
balisage [balizaʒ] M MAR, AVIAT Bebakung *f*; *avec signaux lumineux, radioélectriques* Befeuerung *f*; Leucht- *ou* Funkfeuer *npl*; *de sentiers de randonnée* Markierung *f*; *d'une route* (Abgrenzung *f* durch) Leitpfosten *mpl*; Leiteinrichtung *f*
balise [baliz] F 1 MAR, AVIAT Bake *f*; MAR *a.* Seezeichen *n*; *lumineuse* Leuchtfeuer *n*; *radioélectrique* Funkfeuer *n*, -bake *f* 2 *d'une route* Leitpfosten *m*; *d'un sentier de randonnée* Markierung *f*; Wegzeichen *n* 3 INFORM Tag *n*
baliser [balize] A V/T 1 MAR, AVIAT bebaken; befeuern; MAR *a.* austonnen 2 *route* durch Leitpfosten abgrenzen; **~ un sentier de randonnée** einen Wanderweg markieren 3 INFORM taggen B *fam* V/I ängstlich, unruhig werden; *fam* es mit der Angst kriegen
baliseur [balizœʀ] M MAR Tonnenleger *m*
baliste[1] [balist] M ZOOL Drückerfisch *m*
baliste[2] [balist] F *dans l'Antiquité* Wurfmaschine *f*, -geschütz *n*; Balliste *f*
balistique [balistik] A ADJ ballistisch B F Ballistik *f*
balivernes [balivɛʀn] FPL leeres Geschwätz; Albernheiten *fpl*; **dire, raconter des ~** ungereimtes Zeug von sich geben, erzählen; albern daherreden
balkanique [balkanik] ADJ Balkan...; balkanisch; **pays** *mpl* **~s** Balkanländer *npl*; **péninsule** *f* **~** Balkanhalbinsel *f*
balkanisation [balkanizasjõ] F POL Balkanisierung *f*; **balkaniser** V/T POL balkanisieren
Balkans [balkɑ̃] **les ~** *mpl* der Balkan
Balkhach [balkaʃ] **le lac ~** der Balchaschsee
ballade [balad] F POÉSIE, MUS Ballade *f*
ballant [balɑ̃] A ADJ *jambes* baumelnd; *bras* schlenkernd; herabhängend; **marcher les bras ~s** im Gehen mit den Armen schlenkern B M 1 *mouvement* Schwanken *n*; Schaukeln *n*; **avoir du ~** schwanken; schaukeln 2 MAR *d'un cordage* Lose *f*; **donner du ~** lose, locker hängen lassen (**à qc** etw)
ballast [balast] M 1 CH DE FER Schotter *m*; Bettung *f* 2 MAR Ballasttank *m*; *d'un sous-marin* Tauchtank *m*; **ballastage** M 1 CH DE FER Be-, Einschotterung *f* 2 MAR Auffüllen *n ou* Entleeren *n* der Ballasttanks; **ballaster** V/T 1 CH DE FER be-, einschottern 2 MAR die Ballasttanks auffüllen *ou* entleeren; **ballastière** F Sandgrube *f*
balle [bal] F 1 Ball *m*; *jeux* **~ au chasseur, au prisonnier** Jäger-, Völkerball *m*; **~ de golf** Golfball *m*; TENNIS **~ de jeu, de match, de set** Spiel-, Match-, Satzball *m*; **~ de ping-pong** Tischtennis-, Pingpongball *m*; **~ de tennis** Tennisball *m*; *fig* **enfant** *m* **de la ~** Artistenkind *n*; **jeu** *m* **de ~** Ballspiel *n*; **à vous la ~!** Sie werfen, spielen als Erste(r)!; **avoir la ~** als Erste(r) den Ball werfen; TENNIS **faire des, quelques ~s** ein paar Bälle wechseln; **jouer à la ~** Ball spielen; *fig* **renvoyer la ~ à qn** j-m die Antwort nicht schuldig bleiben; j-m schlagfertig antworten; *fig* **se renvoyer la ~** *dans une discussion* sich die Bälle zuwerfen; (*rejeter toute responsabilité*) sich gegenseitig die Verantwortung zuschieben; *fig* **saisir la ~ au bond** die Gelegenheit beim Schopf fassen, ergreifen 2 *d'une arme à feu* Kugel *f*; Geschoss *ou autrich* Geschoß *n*; **~ dans la nuque, dans la tête, dans le ventre** Genick-, Kopf-, Bauchschuss *m*; **~ de fusil, de revolver** Gewehr-, Revolverkugel *f*; *fam* **recevoir douze ~s dans la peau** standrechtlich erschossen werden; **tirer à ~s** scharf schießen 3 COMM Ballen *m*; **~ de coton** Baumwollballen *m* 4 *fam fig* (*figure*) Gesicht *n*; **avoir une bonne ~** sympathisch, nett aussehen 5 *fam fig* **mille ~s** tausend Franc 6 *de céréales* Spelze *f*; *coll* Spreu *f*
ballerine [balʀin] F 1 Balletttänzerin *f*; Balletteuse *f*; Ballerina *f* 2 *chaussure de femme* Ballerinenschuh *m*
ballet [balɛ] M *danse, troupe, mus* Ballett *n*; **~ aquatique** Wasserballett *n*; Reigenschwimmen *n*; **corps** *m* **de ~** Ballettkorps *n*; Corps de ballet *n*
balletomane [balетɔman] A ADJ ballettbegeistert B M/F Ballettfan *m*
ballon [balõ] M 1 (großer) Ball (*a.* SPORTS); FOOTBALL *a. fam* Leder *n*; **~ de football** Fußball *m*; *jeu* **~ prisonnier** Völkerball *m* 2 *jouet* Luftballon *m* 3 AVIAT Ballon *m*; **~ d'essai** Versuchsballon *m* (*a. fig*); *fig* **lancer un ~ d'essai** e-n Versuchsballon steigen lassen; **monter en ~** mit e-m Ballon aufsteigen 4 ADJT: **manche** *f* **~** Puffärmel *m*; **pneu** *m* **~** Ballonreifen *m*; **verre** *m* **~** Kognakschwenker *m*; bauchiges Rotweinglas 5 *pop péj femme* **attraper le ~** *fam* e-n dicken Bauch kriegen (*schwanger werden*) 6 CHIM Ballon *m*; Kolben *m* 7 *alcootest fam* Tüte *f*; **souffler dans le ~** in die Tüte, ins Röhrchen blasen 8 MÉD **~ d'oxygène** Atembeutel *m* 9 *quantité* **un ~** ein Glas *n* Wein (*1/8 l*)
Ballon [balõ] M *dans les Vosges* Belchen *m*
ballonné [balɔne] ADJ *ventre* aufgebläht; aufgetrieben; **avoir le ventre ~, être ~** *a.* Blähungen haben
ballonnement [balɔnmɑ̃] M *du ventre* Aufblähung *f*; Aufgetriebensein *n*; (*flatulence*) Blähung *f*; **ballonner** V/T *aliments* Blähungen hervorrufen, zu Blähungen führen (**qn** bei j-m); *abs* blähen
ballonnet [balɔnɛ] M kleiner (Luft)Ballon
ballon-sonde [balõsõd] M ⟨*pl* ballons-sondes⟩ MÉTÉO Registrierballon *m*
ballot [balo] M 1 (*paquet*) Packen *m*; Bündel *n* 2 *fam* (*imbécile*) Dummkopf *m*; *fam* Esel *m*; Trottel *m*; *all Sud* Depp *m*
ballottage [balɔtaʒ] M (**scrutin** *m* **de**) **~** Stichwahl *f*; *candidat* **être en ~** nicht die erforderliche Stimmenmehrheit erreicht haben
ballottement [balɔtmɑ̃] M *d'un véhicule* Rütteln *n*; Gerüttel *n*; Hin-und-her-Schütteln *n*; *d'un objet* Hin-und-her-Rutschen *n*, -Rollen *n*
ballotter [balɔte] A V/T *surtout* PP **être ballotté** *dans un véhicule* hin und her geworfen, durchgeschüttelt, durchgerüttelt werden; *fig* hin und her gerissen werden (**entre des sentiments contraires** zwischen widerstreitenden Gefühlen) B V/I *objet* hin und her rutschen; *bouteille* hin und her rollen; *poitrine* wippen; hüpfen; *fam* schwabbeln
ballottine [balɔtin] F CUIS kleine Galantine
ball-trap [baltʀap] M ⟨*pl* ball-traps⟩ 1 Wurfmaschine *f* für Tontauben 2 *sport* Trapschießen *n*
balluchon [balyʃõ] *fam* M (Kleider)Bündel *n*; *fig* **faire son ~** sein Bündel schnüren; *fam* s-e Siebensachen packen
balnéaire [balneɛʀ] ADJ **station** *f* **~** Seebad *n*
balnéothérapie [balneoteʀapi] F MÉD Heilbehandlung *f* durch Bäder; *t/t* Balneotherapie *f*
bâlois [bɑlwa] A ADJ Bas(e)ler B SUBST **Bâlois(e)** *m(f)* Bas(e)ler(in) *m(f)*
balourd [baluʀ] A ADJ plump; unbeholfen; tölpelhaft B M 1 Tölpel *m*; plumper, unbeholfener Kerl 2 TECH Unwucht *f*
balourder [baluʀde] V/T TECH 1 die Unwucht messen (+*gén*) 2 auswuchten
balourdise [baluʀdiz] F Plumpheit *f*; Tölpelhaftigkeit *f*; Unbeholfenheit *f*
balsa [balza] M Balsa(holz) *n*
balsamier [balzamje] M BOT Balsambaum *m*; **balsamique** ADJ balsamisch; PHARM *a.* Balsam enthaltend; **vinaigre** *m* **balsamique** Balsamico *m*; Balsamessig *m*
balte [balt] A ADJ baltisch; **États** *mpl* **~s** Baltische Staaten *mpl*; **les pays** *mpl* **~s** das Baltikum B **Balte** M/F Balte *m*, Baltin *f*
Balthazar [baltazaʀ] M 1 *Vorname* 2 BIBL Belsazar *m* (*babylonischer Herrscher*)
baltique [baltik] ADJ baltisch; **la mer Baltique** die Ostsee
Baluchistan [baluʃistɑ̃] **le ~** GÉOG Belutschistan *n*
balustrade [balystʀad] F ARCH Balustrade *f*; (*parapet*) Brüstung *f*; (*garde-fou*) Geländer *n*
balustre [balystʀ] M ARCH Baluster *m*; Docke *f*; Geländerpfosten *m*
Balzac [balzak] *frz Dichter*
balzacien [balzasjɛ̃] ADJ ⟨~ne⟩ in der Art Balzacs; Balzac...
bambin [bɑ̃bɛ̃] M kleiner Junge; *all Sud* Bübchen *n*; *fam* Steppke *m*
bambochade [bɑ̃bɔʃad] F PEINT genrehafte, derbkomische Darstellung aus dem Volksleben; Bambocciade *f*; **bambochard** *fam* M → bambocheur
bamboche [bɑ̃bɔʃ] *fam* F → bamboula
bambocher [bɑ̃bɔʃe] V/I ein ausschweifendes Leben führen; prassen; **bambocheur** M Lebemann *m*; Prasser *m*
bambou [bɑ̃bu] M 1 BOT Bambus *m*; (**canne** *f* **de**) **~** Bambusstock *m* 2 *fam fig personne* **avoir le coup de ~** nicht mehr ganz zurechnungsfähig sein; *fam* e-n Sonnenstich haben; *fam fig* **c'est le coup de ~** *fam* das ist der reinste Nepp
bamboula [bɑ̃bula] F **faire la ~** e-n Zechbummel machen
ban [bɑ̃] M 1 **~s** *pl* (**du mariage**) Aufgebot *n*; **afficher les ~s (de mariage)** das Aufgebot aushängen; **faire, publier les ~s (du mariage)** das Aufgebot bestellen 2 HIST Heerbann *m* der Vasallen; *fig* **convoquer le ~ et l'arrière-ban de ses amis, de ses parents** alle verfügbaren Freunde, s-e gesamte Sippschaft zusammentrommeln 3 HIST (*bannissement*) Acht *f*; *fig*: **mettre qn au ~ de la société** j-n aus der Gesellschaft ausstoßen, gesellschaftlich unmöglich machen; j-n ächten, in Acht und Bann tun; **être en rupture de ~** mit allen Konventionen gebrochen, sich von allen Bindungen befreit haben; **être en rupture de ~ avec sa famille, avec la société** mit s-r Familie gebrochen haben; sich in Gegensatz zur Gesellschaft gestellt haben 4 1 MIL (*roulement de tambour*) Trommelwirbel *m* 2 *fig* rhythmischer Applaus, Beifall; **un triple ~ pour l'orateur** *correspond à* ein dreifaches Hoch dem Redner
banal [banal] ADJ ⟨-als⟩ banal; alltäglich; gewöhnlich; *idée a.* abgedroschen; platt; trivial; *discours, propos a.* geistlos; fad(e); flach; seicht
banalisation [banalizasjõ] F Banalisierung *f*;

Alltäglichwerden *n*

banaliser [banalize] A VT 1 *violence, racisme etc* banalisieren; banal, alltäglich machen 2 ADJT **voiture (de police) banalisée** neutrales, als Privatwagen getarntes Polizeiauto B VPR **se ~** banal, alltäglich werden; *expression* zu e-m Gemeinplatz werden

banalité [banalite] F 1 *caractère* Banalität *f*; Alltäglichkeit *f*; Gewöhnlichkeit *f*; *d'une idée a.* Abgedroschenheit *f*; *d'une discussion etc a.* Seichtheit *f*; Geistlosigkeit *f* 2 *propos* Banalität *f*; **débiter des ~s** *a.* abgedroschene Phrasen, Gemeinplätze von sich geben

banana split [bananasplit] M ⟨*inv*⟩ CUIS Bananensplit *n*

banane [banan] F 1 *fruit* Banane *f* 2 AUTO Stoßstangenhorn *n* 3 ÉLEC *adjt* **fiche** *f* **~** Bananenstecker *m* 4 *fam coiffure* Einschlagfrisur *f* 5 **~** *ou adjt* **sac** *m*, **ceinture** *f* **~** Gürteltasche *f*

bananeraie [bananʀɛ] F Bananenplantage *f*

bananier [bananje] A M 1 BOT Banane (-nstaude) *f* 2 MAR Bananenfrachter *m*, -dampfer *m* B ADJ ⟨-ière⟩ **république bananière** Bananenrepublik *f*

banc [bɑ̃] M 1 *siège* (Sitz)Bank *f*; **~ des accusés** Anklagebank *f*; **~ de bois, de pierre** Holz-, Steinbank *f*; **~ d'école, d'église, de jardin** Schul-, Kirchen-, Gartenbank *f*; **~ des ministres** Ministerbank *f*; MAR **~ de nage** Ruderbank *f*; (Ruder)Ducht *f* 2 GÉOL Bank *f*; Schicht *f*; *par ext* **~ de brume** Nebelbank *f*; **~ de sable, de vase** Sand-, Schlickbank *f*; **~s de Terre-Neuve** Neufundlandbänke *fpl* 3 *de poissons* Schwarm *m*; *de moules etc* Bank *f*; **~ de harengs** Heringsschwarm *m*; **~ d'huîtres** Austernbank *f* 4 TECH Bank *f*; *d'une machine-outil* Bett *n*; **~ d'essai** Prüfstand *m* (*a. fig*); *fig* **être au ~ d'essai** auf dem Prüfstand sein, stehen

bancable [bɑ̃kabl] ADJ *effet de commerce* bank-, rediskontfähig

bancaire [bɑ̃kɛʀ] ADJ Bank…; **chèque** *m* **~** Bankscheck *m*; **compte** *m* **~** Bankkonto *n*; **opération** *f* **~** Bankgeschäft *n*; **prêt** *m* **~** Bankkredit *m*; **réseau** *m* **~** Bankennetz *n*; **secret** *m* **~** Bankgeheimnis *n*

bancal [bɑ̃kal] ADJ ⟨-als⟩ 1 *personne* humpelnd; hinkend 2 *meuble* wack(e)lig 3 *fig raisonnement etc* schief; unlogisch; anfechtbar; **être ~** *a.* hinken

banco [bɑ̃ko] M BACCARA **faire ~** die Bank halten

bandage [bɑ̃daʒ] M 1 MÉD a *(pansement)* Verband *m*; **faire, défaire un ~** e-n Verband anlegen, abnehmen b *pour maintenir* Bandage *f*; **~ herniaire** Bruchband *n* 2 TECH a *(bande de métal)* Bandage *f*; Radkranz *m* b *d'un pneu* Decke *f*

bandagiste [bɑ̃daʒist] M/F Bandagist(in) *m(f)*

bande [bɑ̃d] F 1 *(groupe) d'animaux* Schar *f*; *de loups etc* Rudel *n*; *d'oiseaux, de poissons* Schwarm *m*; *de personnes* Schar *f*; Trupp *m*; Schwarm *m*; Gruppe *f*; *péj* Rotte *f*; *d'enfants a.* Rudel *n*; Horde *f*; *fam* Bande *f*; *de malfaiteurs, de voyous* Bande *f*; **~ de brigands, de voleurs** Räuber-, Diebesbande *f*; **~ d'écoliers, d'enfants** Schüler-, Kinderschar *f*; Schar, Schwarm, Rudel Schüler, Kinder; **~ d'idiots!** Idiotenbande!; **~ d'imbéciles!** Dummköpfe!; **~ de lâches!** feige Bande!; POL **~ des quatre** Viererbande *f* (*a. fig*); *loups* **aller en ~** in Rudeln leben; sich zu Rudeln zusammenschließen; **aller en ~ au cinéma** geschlossen ins Kino gehen; **faire ~ à part** sich absondern; eigene Wege gehen 2 *(ruban)* Streifen *m*; Band *n*; CINÉMA Filmstreifen *m*; **~ magnétique** Magnetband *n*; *a.* Tonband *n*; AUTOROUTE **~ médiane** Mittelstreifen *m*; CINÉMA **~ sonore** Tonstreifen *m*; AUTOROUTE **~ d'arrêt d'urgence** Standspur *f*; **~ d'étoffe, de métal, de papier** Stoff-, Metall-, Papierstreifen *m*; RAD **~ de fréquences** (Frequenz)Band *n*; POL **la ~ de Gaza** der Gazastreifen; RAD **la ~ de 41 mètres** das 41-m--Band; **~ de terre** Landstreifen *m*; Streifen Land; *loc adj*: *tissu etc* **à ~s bleues** blau gestreift; **journal** *m* **sous ~** Streifbandzeitung *f*; *adv* **sur ~** auf Band (gespeichert); **enregistrer sur ~** auf Band aufnehmen 3 **~ dessinée** Comic *m*; Comic-Strip *m*; Cartoon *m ou n* 4 MÉD Binde *f*; **~ élastique, Velpeau** elastische Binde 5 MIL *de mitrailleuse* Ladestreifen *m*; Patronengurt *m* 6 BILLARD Bande *f*; *loc adv fig* **par la ~** indirekt; auf Umwegen; **jouer par la ~** den Ball an die Bande spielen 7 *bateau* **donner de la ~** Schlagseite haben; krängen *ou* krengen; überliegen

bandé [bɑ̃de] ADJ *yeux, bras etc* verbunden; *yeux a.* zugebunden

bande-annonce [bɑ̃danɔ̃s] F ⟨*pl* bandes--annonces⟩ CINÉMA Trailer *m*; (Werbe)Vorspann *m*

bandeau [bɑ̃do] M ⟨*pl* ~x⟩ 1 *(serre-tête)* Stirn-, Haarband *n*; *pour les yeux* Augenbinde *f*; *pour un œil* Augenklappe *f*; *fig et st/s* **avoir un ~ sur les yeux** mit Blindheit geschlagen sein 2 *coiffure* glattes, gescheiteltes, eng am Kopf anliegendes Haar

bandelette [bɑ̃dlɛt] F kleiner, schmaler (Stoff)Streifen; *d'une momie* Binde *f*

bander [bɑ̃de] A VT 1 *plaie* verbinden; **~ un bras** einen Arm verbinden, bandagieren; **~ les yeux** die Augen zu-, verbinden 2 *arc* spannen B VI *pop homme pop* e-n Steifen, Ständer haben, kriegen

banderille [bɑ̃dʀij] F CORRIDA Banderilla *f*

banderillero [bɑ̃deʀijeʀo] M CORRIDA Banderillero *m*

banderole [bɑ̃dʀɔl] F 1 *avec une inscription* Spruchband *n*; Transparent *n* 2 *(petit étendard)* Wimpel *m*; Fähnchen *n*

bandit [bɑ̃di] M Gangster *m*; Räuber *m*; Bandit *m*; *fig* Halsabschneider *m*; Verbrecher *m*; *enfant* **petit ~** *fam* kleiner Racker, Schlingel; **~ de grand chemin** Straßenräuber *m*; Wegelagerer *m*

banditisme [bɑ̃ditism] M Gangstertum *n*; Banditenunwesen *n*

bandonéon [bɑ̃dɔneɔ̃] M MUS Bandoneon *ou* Bandonion *n*

bandoulière [bɑ̃duljɛʀ] F Schulter-, Umhängeriemen *m*; **sac** *m* **en ~** Umhängetasche *f*; **le fusil en ~** mit umgehängtem Gewehr; **porter qc en ~** etw umgehängt, über die Schulter gehängt tragen

bang [bɑ̃g] A M AVIAT (Überschall)Knall *m* B INT peng!

Bangkok [bɑ̃kɔk], [baŋkɔk] Bangkok *n*

Bangladesh [bɑ̃gladɛʃ] **le ~** Banglades(c)h *n*

banjo [bɑ̃dʒo] M MUS Banjo *n*

banjoïste [bɑ̃dʒɔist] M/F MUS Banjospieler(in) *m(f)*

banlieue [bɑ̃ljø] F Vororte *mpl*; Vorortzone *f*, -gürtel *m*; Stadtrandgebiet *n*; **grande ~** Einzugsgebiet *n*; Umland *n*; **proche ~** Nahbereich *m*; **train** *m* **de ~** Nahverkehrs-, Vorortzug *m*; **ville** *f* **de ~** Stadt *f* im Nahbereich, Einzugsgebiet e-r Großstadt; **habiter en ~** in e-m Vorort wohnen

banlieusard [bɑ̃ljøzaʀ] M, **banlieusarde** F Vorortbewohner(in) *m(f)*

banni [bani] A ADJ verbannt; des Landes verwiesen B SUBST **~(e)** *m(f)* Verbannte(r) *m/f(m)*; des Landes Verwiesene(r) *m/f(m)*

bannière [banjɛʀ] F 1 *drapeau* Banner *n*; ÉGL Kirchenfahne *f*; *fig* **se ranger sous la ~ de qn** sich j-m, j-s Partei anschließen; es mit j-m halten; unter j-s Banner (*dat*) kämpfen 2 *fam et plais* **en ~** (nur) im Hemd

bannir [baniʀ] VT 1 *citoyen* verbannen; des Landes verweisen 2 *pensée* verbannen (**de son cœur** aus s-m Herzen); *mot* verbannen, streichen, tilgen (**de son vocabulaire** aus s-m Wortschatz); *thème* ausschließen, -scheiden

bannissement [banismɑ̃] M Verbannung *f*; Landesverweisung *f*

banquable → bancable

banque [bɑ̃k] F 1 Bank *f*; Geld-, Kreditinstitut *n*; Bankhaus *n*; *secteur* **~s** *pl* Banken *fpl*; Bankwesen *n*; **Banque centrale européenne** Europäische Zentralbank; **~ directe** Direktbank *f*; **Banque européenne d'investissement** Europäische Investitionsbank *f*; **Banque mondiale** Weltbank *f*; **~ populaire, privée** Volks-, Privatbank *f*; **~ à domicile** Homebanking *n*; **~ d'affaires** Geschäftsbank *f*; **~ de dépôt** Depositenbank *f*; **~ d'émission** Notenbank *f*; **Banque de France** Bank von Frankreich; *correspond à* Bundesbank *f* 2 JEUX Bank *f*; **tenir, faire sauter la ~** die Bank halten, sprengen 3 *par ext* Bank *f*; INFORM **~ de données** Datenbank *f*; MÉD **~ d'organes, du sang, du sperme** Organ-, Blut-, Samenbank *f*

banquer [bɑ̃ke] VI *fam* blechen; berappen

banqueroute [bɑ̃kʀut] F Bankrott *m*; **~ d'État** Staatsbankrott *m*; **faire ~** Bankrott machen

banqueroutier [bɑ̃kʀutje] M Bankrotteur *m*

banquet [bɑ̃kɛ] M *officiel* Bankett *n*; *(repas plantureux)* Festessen *n*, -mahl *n*; **donner un ~ en l'honneur de X** zu Ehren von X ein Bankett, Essen geben

banqueter [bɑ̃kte] VI ⟨-tt-⟩ tafeln; schlemmen; schmausen

banquette [bɑ̃kɛt] F 1 *banc* (Sitz)Bank *f*; CH DE FER, AUTO Bank *f*; ARCH Fensterbank *f* 2 *d'un talus* Berme *f*; Absatz *m*; CH DE FER, *le long d'une route* Bankett(e) *n(f)*

banquier [bɑ̃kje] M 1 Bankier *m*; *fam* Banker *m*; *fig* **être le ~ de qn** j-s Bankier sein 2 JEUX Bankhalter *m*

banquise [bɑ̃kiz] F Packeis *n*

bantou [bɑ̃tu] A ADJ Bantu…; der Bantu(s) B MPL **Bantous** Bantu(s) *mpl*

banyuls [banjyls] M *Aperitifwein aus dem Roussillon*

Banyuls [banjyls] *Ort im Dep. Pyrénées--Orientales*

baobab [baɔbab] M BOT Affenbrotbaum *m*; *t/t* Baobab *m*

baptême [batɛm] M REL Taufe *f* (*a. par ext d'une cloche, d'un navire*); *fig*: **~ de l'air** Lufttaufe *f*; erster Flug; **~ du feu** Feuertaufe *f*; **~ de la ligne** Linien-, Äquatortaufe *f*; **recevoir le ~** die Taufe empfangen

baptiser [batize] VT 1 REL taufen; **~ un enfant** ein Kind taufen; **~ Joseph** (auf den Namen) Joseph taufen; *par ext* **~ un navire** ein Schiff taufen 2 *fig personne, objet* taufen; den (Spitz-, Spott)Namen … geben (**qn, qc** j-m, etw); nennen; *rue, place* **~ du nom de X** nach X benennen 3 *fam fig vin, lait* mit Wasser verdünnen; *fam* taufen

baptismal [batismal] ADJ ⟨-aux⟩ ÉGL Tauf…; → *a.* fonts

baptisme [batism] M REL Baptismus *m*

baptistaire [batistɛʀ] ADJ ÉGL Tauf…

baptiste [batist] REL A ADJ baptistisch B M/F Baptist(in) *m(f)*

baptistère [batistɛʀ] M ÉGL Taufkapelle *f*; Baptisterium *n*

baquet [bakɛ] M 1 (Holz)Kübel *m*, (-)Bottich *m*, (-)Zuber *m* 2 AUTO Schalensitz *m*

bar [baʀ] M 1 a *(débit de boissons)* Stehkneipe

f; dans un hôtel etc Bar *f* **b** *(comptoir)* Bar *f*; Theke *f*; Schanktisch *m*; **au ~** an der Bar, Theke **c** *meuble* Hausbar *f* **2** *poisson* See-, Wolfsbarsch *m* **3** MÉTÉO Bar *n*

baragouin [baʀagwɛ̃] *fam* M Kauderwelsch *n*

baragouinage [baʀagwinaʒ] *fam* M Kauderwelschen *n*; Radebrechen *n*; **baragouiner** *fam* **A** V/T *langue (étrangère)* radebrechen **B** V/I kauderwelschen; Kauderwelsch reden; radebrechen

baraka [baʀaka] F *fam* **avoir la ~** Glück, *fam* Schwein, Dusel haben

baraque [baʀak] F **1** (Holz)Baracke *f*; *(cabane)* Bude *f*; **~ foraine, de forains** Jahrmarktsbude *f*, -stand *m*; Schaubude *f*; **~ de chantier** Baubaracke *f*; **~ en tôle ondulée** Wellblechbaracke *f* **2** *fam péj* (Bruch)Bude *f*; *fam fig* **il m'a cassé la ~** *fam* er hat mir alles über den Haufen geworfen

baraqué [baʀake] ADJ *fam homme* **bien ~** groß und kräftig, stark; athletisch

baraquement [baʀakmɑ̃] M Barackenlager *n*; Baracken *fpl*

baratin [baʀatɛ̃] *fam* M schöne Worte *npl*; *fam* Schmus *m*; **c'est du ~** das ist doch alles Humbug, *fam* fauler Zauber; *a.* das sind faule Ausreden; **faire du ~ à qn** j-n beschwatzen, *fam* einseifen, einwickeln; *fam* j-m Schmus vormachen

baratiner [baʀatine] *fam* **A** V/T **~ qn** j-n beschwatzen, *fam* einseifen **B** V/I schöne Worte, *fam* (viel) Schmus machen

baratineur *fam* M, **baratineuse** *fam* F Schwätzer(in) *m(f)*; *fam* Schmusmacher(in) *m(f)*; *adjt* **être ~** schöne Worte, *fam* (viel) Schmus machen

barattage [baʀataʒ] M Buttern *n*; *dans la fabrication de margarine* Kirnen *n*

baratte [baʀat] F *autrefois* Butterfass *n*; *électrique* Butterfertiger *m*; **baratter** V/T *crème* verbuttern; *abs* buttern

barbacane [baʀbakan] F **1** FORTIFICATIONS Barbakane *f* **2** CONSTR Entwässerungsschlitz *m*

Barbade [baʀbad] **la ~** Barbados *n*

barbadien [baʀbadjɛ̃] **A** ADJ ⟨~ne⟩ barbadisch **B** SUBST **Barbadien(ne)** *m(f)* Barbadier(in) *m(f)*

barbant [baʀbɑ̃] *fam* ADJ geisttötend; *fam* zum Sterben langweilig; stinklangweilig; **ce qu'il est ~!** *a. fam* er geht einem auf die Nerven, auf den Geist!

barbaque [baʀbak] *fam* F Fleisch *n*

barbare [baʀbaʀ] **A** ADJ **1** *(cruel)* barbarisch; grausam; roh; unmenschlich **2** *(pas civilisé)* barbarisch; unfein; unkultiviert; banausisch **3** HIST barbarisch; der Barbaren **B** SUBST **1** M/F Barbar(in) *m(f)*; Rohling *m*; Unmensch *m* **2** M/F (Kultur)Barbar(in) *m(f)*, (-)Banause *m*; unkultivierter Mensch **3** HIST **~s** *mpl* Barbaren *mpl*

barbaresque [baʀbaʀɛsk] ADJ HIST der Berberei; des Maghreb

barbarie [baʀbaʀi] F **1** *(cruauté)* Barbarei *f*; Grausamkeit *f*; Rohheit *f*; Unmenschlichkeit *f*; **acte** *m* **de ~** Akt *m* der Barbarei; barbarische, grausame, unmenschliche Tat **2** *(manque de civilisation)* Barbarei *f*; Kulturlosigkeit *f*; Unzivilisiertheit *f*; Banausentum *n*

Barbarie [baʀbaʀi] **la ~** HIST die Berberei *(Nordafrika)*

barbarisme [baʀbaʀism] M GRAM Barbarismus *m*

barbe [baʀb] F **1** Bart *m*; Barthaar *n*, -tracht *f*; *fig* **une vieille ~** ein rückständiger, antiquierter alter Mann, *fam* Knacker; **~ de trois jours** drei Tage alter Bart; Dreitagebart *m*; **~ en pointe** Spitzbart *m*; **femme** *f* **à ~** Frau *f* mit Bart; bärtige Frau; *loc prép* **à la ~ de qn** *(devant qn)* vor j-s Augen, *fam* Nase; *(malgré qn)* j-m zum Trotz; **avoir une ~** e-n Bart haben, tragen; **avoir la ~ dure** hartes Barthaar haben; **se faire faire la ~** sich rasieren lassen; sich *(dat)* den Bart scheren lassen; **se laisser pousser la ~** sich *(dat)* e-n Bart wachsen lassen; *fig* **rire dans sa ~** heimlich, versteckt lachen; sich *(dat)* ins Fäustchen lachen **2** *fam* **la ~!** jetzt langt's, reicht's mir aber!; *fam* **quelle ~!** ist das ärgerlich, lästig!; *fam* so was Blödes! **3** **~ à papa** Zuckerwatte *f* **4** ZOOL Bart *m*; **~ de chèvre** Ziegenbart *m* **5** *d'une plume* **~s** *pl* Fahne *f* **6** BOT *d'un épi* Granne *f*

Barbe [baʀb] F **sainte ~** die heilige Barbara

barbeau [baʀbo] M ⟨*pl* ~x⟩ ZOOL Barbe *f*

Barbe-Bleue [baʀbəblø] M Blaubart *m*

barbecue [baʀbəkju, -ky] M **1** *appareil* Holzkohlengrill *m*; Grillrost *m*; Barbecue *n* **2** *repas* Grillparty *f*

barbe-de-capucin [baʀbdəkapysɛ̃] F ⟨pl barbes-de-capucin⟩ BOT Wegwarte *f*

barbelé [baʀbəle] ADJ **fil** *m* **de fer ~** *ou subst* **~** *m* Stacheldraht *m*; MIL **(réseau** *m* **de) ~s** *mpl* Stacheldrahtverhau *m*

barber [baʀbe] *fam* **A** V/T ermüden; langweilen; *fam* anöden; **il me barbe avec ses questions** *a. fam* er geht mir auf die Nerven, auf den Geist, er fällt mir auf den Wecker mit s-n Fragen **B** V/PR **se ~** sich *(plus fort* zu Tode) langweilen; *fam* sich mopsen

Barberousse [baʀbəʀus] M HIST Barbarossa *m*

Barbès [baʀbɛs] *frz Revolutionär*

barbet [baʀbɛ] M ZOOL Griffon *m*

Barbey d'Aurevilly [baʀbɛdɔʀviji] *frz Schriftsteller*

barbiche [baʀbiʃ] F kurzer, spitzer Kinnbart; **barbichette** *fam* F spitzes Kinnbärtchen

barbier [baʀbje] M **1** *autrefois* Barbier *m*; Bader *m*; *Beaumarchais, Rossini* **Le Barbier de Séville** Der Barbier von Sevilla **2** *au Canada* (Herren)Friseur *ou* Frisör *m*

barbillon [baʀbijɔ̃] M *chez certains poissons* Bartfaden *m*; **~s** *pl a.* Barteln *fpl*

barbiturique [baʀbityʀik] **A** ADJ CHIM **acide** *m* **~** Barbitursäure *f* **B** M PHARM Barbiturat *n*

barbon [baʀbɔ̃] M *plais* **un (vieux) ~** *fam* ein alter Knabe, *péj* Knacker

barbotage [baʀbɔtaʒ] M **1** *dans l'eau* Plan(t)schen *n* **2** CHIM *d'un gaz* Hindurchströmen *n* (durch e-e Flüssigkeit)

barboter [baʀbɔte] **A** V/T *fam (voler) fam* klauen; stibitzen; mausen **B** V/I **1** *dans l'eau* plan(t)schen; plätschern; *dans la boue* waten **2** CHIM *gaz* **~ dans un liquide** durch e-e Flüssigkeit hindurchströmen

barboteur [baʀbɔtœʀ] M CHIM *pour l'épuration de gaz* Wäscher *m*; *dans un laboratoire a.* Waschflasche *f*; *pour le gaz de ville* Turmwäscher *m*

barboteuse [baʀbɔtøz] F Spielhöschen *n*, -anzug *m*

barbouillage [baʀbujaʒ] M (grobes) Anpinseln, Anmalen, Anstreichen; *péj* Geschmiere *n*; Kleckserei *f (a. résultat)*

barbouiller [baʀbuje] **A** V/T **1** *(salir)* beschmieren; vollschmieren **(de** mit) **2** *(peindre grossièrement)* anpinseln; anmalen; anstreichen; *péj toile* vollklecksen, -schmieren **3** *cahier, papier* bekritzeln; vollkritzeln, -schmieren; *slogan* (hin)kritzeln **4** *fam fig plat* **~ l'estomac** Übelkeit hervorrufen; **avoir l'estomac barbouillé** e-n Magen verdorben, *fam* verkorksten Magen haben **B** V/PR *temps* **se ~** sich eintrüben

barbouilleur [baʀbujœʀ] M *péj* Kleckser *m*

barbouze [baʀbuz] F **1** *fam (barbe)* Bart *m* **2** ⟨*a. m*⟩ *fam (agent secret)* Geheimagent *m*, -polizist *m*; *fam (garde du corps) fam* Gorilla *m*

barbu [baʀby] **A** ADJ bärtig **B** M bärtiger Mann; Bartträger *m*

barbue [baʀby] F ZOOL Glattbutt *m*

barcarolle [baʀkaʀɔl] F MUS Barkarole *f*

barcasse [baʀkas] F MAR Barkasse *f*

Barcelone [baʀsəlɔn] Barcelona *n*

barda [baʀda] M *fam* Kram *m*; Krempel *m*

bardane [baʀdan] F BOT Klette *f*

barde¹ [baʀd] M *(poète celte)* Barde *m*

barde² [baʀd] F CUIS **~ (de lard)** Speckscheibe *f*

bardeau [baʀdo] M ⟨*pl* ~x⟩ CONSTR Schindel *f*

barder [baʀde] **A** V/T **1** *autrefois* panzern; *pp* **bardé (de fer)** (eisen)gepanzert; geharnischt **2** *porte, coffre* **bardé de ferrures** mit Eisenbändern beschlagen; *fig* **bardé de décorations** mit Orden behangen **3** CUIS mit Speck(-scheiben) umwickeln **B** V/IMP *fam* **ça va ~** dann wird es was geben, absetzen; *fam* dann kracht es, knallt es; *a.* es ist dicke Luft

bardot [baʀdo] M ZOOL Maulesel *m*

barème [baʀɛm] M Tabelle *f*; ÉCOLE **~ (de correction)** Benotungsschema *n*; **~ de l'impôt** Steuertabelle *f*; **~ des salaires** Lohntabelle *f*, -skala *f*, -staffel *f*, -sätze *mpl*

Barents [baʀɛnts] **la mer de ~** die Barentssee

barge¹ [baʀʒ] F MAR Schute *f*; Prahm *m*; plattbodiges Flussboot

barge² [baʀʒ] ADJ *fam* → cinglé

barigoule [baʀigul] F CUIS **artichauts** *mpl* **à la ~** farcierte und in Weißwein gedünstete Artischocken *fpl*

baril [baʀil] M **1** Fass *n*; Fässchen *n*; **~ de lessive** Waschmitteltonne *f*; **~ de vin** Weinfass *n* **2** *pétrole* Barrel *n*

barillet [baʀijɛ, -ʀilɛ] M **1** *(petit baril)* Fässchen *n* **2** *d'un revolver* Trommel *f* **3** *d'une serrure* Schließzylinder *m*

bariolage [baʀjɔlaʒ] M buntes Farbengemisch; Buntheit *f*; Buntscheckigkeit *f*

bariolé [baʀjɔle] ADJ bunt(scheckig); *foule a.* farbenprächtig; **tissu ~** bunter Stoff

barioler [baʀjɔle] V/T bunt bemalen

barjo [baʀʒo] ADJ *fam* → cinglé

barmaid [baʀmɛd] F Bardame *f*, -frau *f*

barman [baʀman] M ⟨*pl* ~s *od* -men [-mɛn]⟩ Barkeeper [-kiː-] *m*, -mann *m*, -mixer *m*

barn [baʀn] M NUCL Barn *n*

Barnabé [baʀnabe] M BIBL Barnabas *m*

barnache [baʀnaʃ] F → bernache

barographe [baʀɔgʀaf] M MÉTÉO Barograf *m*

baromètre [baʀɔmɛtʀ] M Barometer *n (a. fig)*; *fig a.* Gradmesser *m*; **~ à mercure** Quecksilberbarometer *n*; **le ~ est au beau (fixe), à la pluie, au variable** das Barometer steht auf „schön" *(a. fig)*, auf „Regen", auf „veränderlich"

barométrique [baʀɔmetʀik] ADJ Barometer…; Luftdruck…; barometrisch; °**hauteur** *f* **~** Barometerstand *m*

baron¹ [baʀɔ̃] M Baron *m (a. fig)*; Freiherr *m*; *fig* **les ~s de l'industrie** *etc* die Industriebarone *etc*

baron² [baʀɔ̃] M CUIS **~ d'agneau** Lammrücken *m* mit beiden Keulen

baronne [baʀɔn] F Baronin *f*; Freifrau *f*

baroque [baʀɔk] **A** ADJ **1** *(excentrique)* barock; wunderlich; verschroben; verstiegen **2** BEAUX-ARTS Barock…; barock; **art** *m*, **église** *f*, **littérature** *f*, **style** *m* **~** Barockkunst *f*, -kirche *f*, -literatur *f*, -stil *m* **B** M Barock *n ou m*; Barockstil *m*

baroquisme [baʀɔkism] M Barockale(s) *n*

baroud [baʀud] M *arg militaire* Kampf *m*; Gefecht *n*; *fig* **~ d'honneur** Scheingefecht *n*; symbolischer Kampf; aussichtsloser Kampf zur Ehrenrettung

baroudeur [barudœr] M *fam* **un (vieux) ~** *fam* ein (alter) Haudegen

barouf [baruf] M *fam* Krach *m*; Radau *m*; Spektakel *m*; Krawall *m*

barque [bark] F Boot *n*; Kahn *m*; Barke *f*; *poét* Nachen *m*; **~ de pêcheur** Fischerboot *n*, -kahn *m*; *fig*: **mener la ~** das Heft in der Hand haben; **bien mener sa ~** s-e Sache mit Erfolg betreiben

barquette [barkɛt] F 1 *(tartelette)* Obsttörtchen *n*; **~ aux fraises** Erdbeertörtchen *n* (in Schiffchenform) 2 *emballage* Schale *f*; Körbchen *n*

barracuda [barakyda] M ZOOL Barrakuda *m*; Pfeilhecht *m*

barrage [baraʒ] M 1 *d'une route etc: action* Sperrung *f*; *(barrière)* Sperre *f*; MIL **~ de mines** Minensperre *f*; **~ de police** Polizeisperre *f*; SPORTS **match** *m* **de ~** Aufstiegsspiel *n*; MIL **tir** *m* **de ~** Sperrfeuer *n*; **établir un ~** e-e Sperre errichten; *fig* **faire ~ à qc** e-r Sache *(dat)* e-n Riegel vorschieben; etw verhindern, unterbinden 2 TECH Staudamm *m*, -mauer *f*; **(grand) ~** Talsperre *f*; **~ de retenue, de régulation** (Stau)Wehr *n* 3 PSYCH Sperrung *f*; (innerer) Widerstand

Barrault [baro] **Jean-Louis ~** *frz Schauspieler u. Regisseur*

barre [bar] F 1 *en bois, métal* Stange *f*; Stab *m*; *de ~s parallèles* Holm *m*; *pour exercices de danse* Stange *f*; *pour saut en hauteur, au football* Latte *f*; SPORTS: **~ fixe** Reck *n*; **~s parallèles** Barren *m*; *haltère* **~ à disques** Scheibenhantel *f*; AUTO **~ d'accouplement** Spurstange *f*; **~ d'appui** Handlauf *m*; Geländerholm *m*; **~ de chocolat** Riegel *m* Schokolade; Schokoladenriegel *m*; NUCL **~ de commande, de contrôle** Regelstab *m*; **~ de fer** Eisenstange *f*, -stab *m*; *fam fig*: **avoir un coup de ~** *fam* total fertig sein; **c'est le coup de ~** *fam* da wird man ganz schön ausgenommen, gerupft; → *a.* 4; *fig*: **baisser la ~** das Niveau, die Grenze herabsetzen; **franchir la ~ des 10%** die 10-%-Grenze, 10-%-Hürde überschreiten 2 *(lingot) loc adj* **en ~** Barren...; **argent** *m*, **or** *m* **en ~** Barrensilber *n*, -gold *n*; → *a.* or¹ 1 3 *(trait)* Strich *m*; **~ oblique** Schrägstrich *m*; **~ oblique inverse** Backslash *m*; **~ de fraction** Bruchstrich *m*; MUS **~ de mesure** Taktstrich *m* 4 MAR **~ (du gouvernail)** Ruderpinne *f*; *fig*, POL **coup** *m* **de ~** Richtungsänderung *f*; POL **coup de ~ à gauche** Linksschwenkung *f*; *fig* **donner un coup de ~** das Ruder herumwerfen; **avoir ~ sur qn** ein Druckmittel gegen j-n haben; j-n in der Hand haben; **être à la ~, tenir la ~** am Ruder sein; das Ruder führen; **prendre la ~** MAR das Ruder übernehmen; *fig* ans Ruder kommen 5 *du tribunal* Gerichtsschranke *f*; **~ des témoins** Zeugenstand *m*; **(com) paraître à la ~** vor Gericht erscheinen 6 GÉOG *(banc de sable)* Barre *f*; *(déferlement)* Brandung(szone) *f*; *(crête de montagne)* (Gebirgs)Kamm *m* 7 MÉD **avoir une ~ à l'estomac** Magendrücken, e-n Druck auf dem Magen haben 8 ARCH lang gestrecktes Hochhaus; *fam* langer Kasten 9 INFORM **~ d'outils** Symbolleiste *f*; **~ des tâches** Startleiste *f* 10 *(touche)* **~ d'espacement** Leertaste *f*

barré [bare] ADJ 1 *route* gesperrt 2 **chèque ~** Verrechnungsscheck *m*; gekreuzter Scheck *(in Frankreich üblich)*

barreau [baro] M ⟨*pl* ~x⟩ 1 *d'une grille, cage* (Gitter)Stab *m*; *d'une chaise, échelle* Sprosse *f*; **~x de fenêtre** Fenstergitter *n* 2 JUR *profession* Anwaltsstand *m*, -beruf *m*; *corps* (Rechts)Anwälte *mpl*; Anwaltschaft *f*; *ordre* (Rechts)Anwaltskammer *f*; **être inscrit au ~** in die Anwaltskammer aufgenommen werden *ou* sein

barrement [barmɑ̃] M *d'un chèque* Kreuzen *n*

barrer [bare] A V/T 1 *passage, route etc* (ver)sperren; **~ le passage, la route à qn** j-m den Weg versperren, verstellen, verlegen; *fig* j-s Absichten, Pläne durchkreuzen; j-m Steine in den Weg legen 2 *mot, phrase* (aus)streichen; *chèque* kreuzen; *fig décorations* **~ la poitrine de qn** quer über j-s Brust *(acc)* laufen 3 MAR *bateau* steuern B V/PR *fam fig personne* **se ~** *fam* abhauen; verduften; sich verziehen; sich verdrücken

Barrès [barɛs] **Maurice ~** *frz Schriftsteller u. Politiker*

barrette¹ [barɛt] F 1 *pour cheveux* Haarspange *f* 2 *broche* Anstecknadel *f*; **~ de diamants** Diamantnadel *f* 3 *de la Légion d'honneur etc* Ordensspange *f*

barrette² [barɛt] F ÉGL CATH (Kardinals)Birett *n*

barreur [barœr] M Steuermann *m*

barricade [barikad] F Barrikade *f*; Straßensperre *f*; **dresser, élever des ~s** Barrikaden errichten; *fig* **être de l'autre côté de la ~** auf der anderen Seite, im gegnerischen Lager stehen

barricader [barikade] A V/T *porte, fenêtre* verbarrikadieren; verrammeln; *fig* **~ sa porte** für niemanden zu sprechen sein; **~ une route** eine Straße verbarrikadieren, durch Barrikaden versperren B V/PR **se ~** sich verbarrikadieren; *fig* **se ~ chez soi** sich zu Hause einschließen

barrière [barjɛr] F Barriere *f*; Absperrung *f*; Sperre *f*; Schranke *f*; *de passage à niveau* (Bahn)Schranke *f*; *d'une clôture* Gatter *n*; *à la frontière* Schlagbaum *m*; *fig* Barriere *f*; Schranke *f*; *fig* **~s douanières** Zollschranken *fpl*; **~ linguistique, de la langue** Sprachbarriere *f*; *d'une montagne etc* **~ naturelle** natürliches Hindernis; natürlicher Schutzwall; **~ de dégel** Straßensperrung *f* *(für schwere Fahrzeuge)* während der Auftauzeit; **~ de péage** Mautstelle *f*; *fig* **être de l'autre côté de la ~** auf der anderen Seite, im gegnerischen Lager stehen

barrique [barik] F Fass *n* *(200-250 l)*; **~ de vin** Fass Wein; Weinfass *n*; *fam fig* **être rond comme une ~** *fam* sternhagelvoll sein; voll sein wie e-e Strandhaubitze

barrir [barir] V/I *éléphant* trompeten; **barrissement** M *d'un éléphant* Trompeten *n*

Bart [bar] **Jean ~** *frz Seeheld*

Bartas [bartas] **du ~** *frz Dichter*

Barthélemy [bartelemi, -tɛlmi] M *Vorname*

Baruch [baryk] M BIBL Baruch *m*

barycentre [barisɑ̃tr] M MATH Schwerpunkt *m*; *t/t* Baryzentrum *n*

barye [bari] F *unité de pression* Mikrobar *n*

barymétrie [barimetri] F AGR Barymetrik *f*;

barysphère F GÉOL Erdkern *m*; Barysphäre *f*

baryton [baritõ] M MUS a *(voix f de)* ~ Bariton(stimme) *m(f)* b *chanteur* Bariton *m* c *adjt* **saxophone** *m* **~** Baritonsaxofon *n*

baryum [barjɔm] M CHIM Barium *n*

barzoï [barzɔj] M ZOOL Barsoi *m*

bas¹ [ba] A ADJ ⟨basse [bas]⟩ 1 *dans l'espace* niedrig; untere(r, -s) *(épithète)*; Unter...; Tief...; *nuages* tief hängend; *soleil* tief stehend; *ciel* verhangen; **plus ~** niedriger; ◆ *d'une table* **le ~ bout** das untere Ende; **les branches ~ses** die unteren, tief hängenden Zweige *mpl*; **côte ~se** flache Küste; BOXE, *fig* **coup ~** Tiefschlag *m*; *fig a.* Schlag *m* unter die Gürtellinie; **~ses eaux** Niedrigwasser *n*; niedriger Wasserstand; **front ~** niedrige, flache Stirn; **~ quartier** Viertel *n* der Unterstadt; ANAT **~ ventre** Unterleib *m*; **ville ~se** Unterstadt *f*; ◆ *loc adj*: *pièce* **~ de plafond** niedrig; mit niedriger Decke; **~ sur pattes** kurzbeinig; mit kurzen Beinen; *loc adv* **la tête ~se** → tête 1; ◆ **avoir la vue ~se** kurzsichtig sein; **être ~** *soleil* tief stehen; *nuages* tief hängen; *fleuve* e-n niedrigen Wasserstand haben; wenig Wasser führen 2 *dans une échelle de valeurs, une hiérarchie* niedrig; niedere(r, -s) *(épithète)*; *fonction a.* untergeordnet; *fig sentiments* niedrig; gemein; niederträchtig; *vengeance* gemein; *jalousie* erbärmlich; schnöde; **le ~ peuple** das niedere, gemeine, einfache Volk; **il faut avoir une âme bien ~se pour** *(+inf)* man muss sehr gemein, niederträchtig sein, um zu *(+inf)*; **se charger des ~ses besognes** die niedrigen, unbeliebten Arbeiten, *fig* die schmutzigen Geschäfte übernehmen 3 *température, salaire, nombre etc* niedrig; TECH Nieder...; Tief...; ÉLEC **~se fréquence** Niederfrequenz *f*; **~se pression** TECH Niederdruck *m*; MÉTÉO Tiefdruck *m*; ÉLEC **~se tension** Niederspannung *f*; **à ~ prix** → prix 1 4 *dans le temps* späte(r, -s); Spät...; **~se époque** Spätzeit *f*; **~ latin** Spät-, Mittellatein *n* 5 GÉOG Nieder...; Unter...; **~ses Alpes** Voralpen *pl*; **la ~se Bretagne** der westliche Teil der Bretagne; **la ~se Seine** die untere Seine; der Unterlauf der Seine 6 LING **le ~ allemand** das Nieder-, Plattdeutsche; Nieder-, Plattdeutsch *n* 7 *voix, chant* leise; MUS tief; **note ~se** tiefer Ton; **à voix ~se** leise; mit leiser Stimme; → *a.* messe 1 B ADV 1 *dans l'espace et fig* tief; niedrig; **plus ~** tiefer; niedriger; weiter unten *(a. dans un texte)*; **chapeau ~!** Hut ab!; alle Achtung!; **~ les mains**, *fam* **les pattes!** Finger, Hände weg!; *malade* **il est bien ~** es steht schlecht mit ihm; *animal* **mettre ~** (Junge) werfen; **mettre ~ les armes** die Waffen strecken *(a. fig)*, niederlegen; **être tombé très ~** *thermomètre*, BOURSE *cours* stark gefallen sein; *fig* **il est tombé bien ~** es ist weit mit ihm gekommen; er ist tief gesunken; **voler ~** tief fliegen; *fig plaisanteries* sich auf niederem Niveau bewegen 2 *parler, chanter* leise; MUS tief; *instrument* **accorder plus ~** tiefer stimmen; **se dire tout ~ que ...** sich *(dat)* im Stillen, im Innern sagen, dass ...; **parler plus ~** leiser sprechen 3 LOC ADV: **à ~ ...!** nieder mit ...!; **de ~ en °haut** von unten nach, bis oben; **en ~** unten; *avec mouvement* nach unten; abwärts; hinunter; hinab; **être en ~** unten sein; *chemin* **mener en ~** nach unten führen; abwärtsführen; hinab-, hinunterführen; **regarder en ~** hinab-, hinuntersehen; nach unten sehen; **d'en ~** von unten (her, herauf); *passer* **par en ~** unten entlang; untenherum; *fam* unten lang; untenrum; ◆ *loc prép* **en ~ de** unten an *(+dat ou acc)*; am Fuß von *(ou +gén)*; **en ~ de la page 5** auf Seite 5 unten; **il m'attendait en ~ de l'escalier** er erwartete mich unten an der Treppe, am Fuß der Treppe; **jeter qn en ~ de l'escalier** j-n die Treppe hinab-, hinunterwerfen C M 1 *(partie inférieure)* unterer Teil; *d'une page, d'un escalier* Fuß *m*; *inscription sur une caisse* **~** unten; **le ~ du pantalon est déchiré** die Hose ist unten zerrissen; **le ~ du visage** die untere Gesichtshälfte; **le tiroir du ~** die unterste Schublade; ◆ *loc prép* **au ~ de** unten an *(+dat ou acc)*; *d'un escalier a.* am Fuß von *(ou +gén)*; **au ~ de la page 5** auf Seite 5 unten; *mettre une note* **au ~ de la page** unten auf die Seite; *loc adv* **par le ~** von unten (her, herauf) 2 *fig* **les °hauts et les ~** → haut C 3

bas² [ba] M (Damen)Strumpf *m*; **~ de laine** Wollstrumpf *m*; *fig* Sparstrumpf *m*; *par ext* Ersparnisse *fpl*; **~ sans couture** nahtloser Strumpf; **mettre des ~** Strümpfe anziehen

basal [bazal] ADJ ⟨-aux⟩ basal; PHYSIOL **méta-**

B

bolisme ~ Grundumsatz *m*

basalte [bazalt] M MINÉR Basalt *m*

basaltique [bazaltik] ADJ MINÉR Basalt…; **roches** *fpl* **~s** Basaltgestein *n*

basane [bazan] F Basane *f*; braunes Schafleder

basané [bazane] ADJ 1 *teint, peau, visage* sonn(en)verbrannt 2 *par ext péj* **(au teint) ~** dunkelhäutig

bas-bleu [bablø] M ‹*pl* bas-bleus› *péj* Blaustrumpf *m*

bas-côté [bakote] M ‹*pl* bas-côtés› 1 *d'une route* Seiten-, Randstreifen *m*; Straßenrand *m* 2 ARCH Seitenschiff *n*

basculant [baskylɑ̃] ADJ kipp-, klappbar; Kipp…; Klapp…

bascule [baskyl] F 1 **(balance** *f* **à) ~** Brückenwaage *f* 2 *(balançoire)* Wippe *f* 3 LOC ADJ **à ~** Schaukel…; Klapp…; Kipp…; **cheval** *m*, **fauteuil** *m* **à ~** Schaukelpferd *n*, -stuhl *m*; **pont** *m* **à ~** Klappbrücke *f* 4 ÉLEC Kippschaltung *f*

basculement [baskylmɑ̃] M (Ab-, Um-, Über-, Aus)Kippen *n*; Umstürzen *n*, -legen *n*

basculer [baskyle] A VT (ab-, um)kippen; *contenu d'une benne etc* auskippen B VI 1 (ab-, um-, über)kippen; *personne* das Übergewicht bekommen und fallen; **faire ~** (um)kippen 2 *fig*, POL umschwenken; *parti* **~ dans l'opposition** zur Opposition übergehen; auf die Opposition einschwenken; **~ du côté de** sich auf die Seite *(+gén)* schlagen; **faire ~ du côté de** auf die Seite *(+gén)* bringen

basculeur [baskylœʀ] M 1 TECH Kipper *m*; Kippvorrichtung *f* 2 ÉLEC Kipp-, Flipflopschaltung *f*

base [bɑz] F 1 Basis *f*; *d'une colonne, d'une statue a.* Sockel *m*; *d'un édifice a.* Fundament *n*; *d'une montagne a.* Fuß *m*; GÉOMÉTRIE: *d'un solide a.* Grundfläche *f*; *d'un triangle etc a.* Grundlinie *f*; MATH *a.* Grundzahl *f*; ANAT, MARXISME, *par ext d'un parti, d'un syndicat* Basis *f*; ANAT **~ du cou** Halsansatz *m*; INFORM: **~ de données** Datenbase *f*; Datenbasis *f*; **~ de données relationnelle** relationale Datenbank; POL **militant** *m* **de ~** aktives einfaches Mitglied; *loc adv* **à la ~** an der Basis; *d'une montagne* am Fuß 2 MIL (Militär)Basis *f*; Stützpunkt *m*; **~ aérienne** Luftwaffenbasis *f*; Fliegerhorst *m*; **~ navale** Flottenbasis *f*; Flotten-, Marinestützpunkt *m*; *d'engins spatiaux* **~ de lancement** Abschussbasis *f*; **~ d'opérations** Operationsbasis *f* 3 *fig* Basis *f*; Grundlage *f*; Fundament *n*; Ausgangsbasis *f*, -punkt *m*; **~ des calculs** Berechnungsgrundlage *f*; Kalkulationsbasis *f*; **~ de discussion** Diskussions-, Gesprächsgrundlage *f*; **~ des négociations** Verhandlungsbasis *f*; ♦ *loc adj* **de ~** Grund…; grundlegend; fundamental; **le français de ~** der französische Grundwortschatz; **industrie** *f* **de ~** Grund(stoff)industrie *f*; **ouvrage** *m* **de ~** grundlegendes Werk; Standardwerk *n*; **produit** *m* **de ~** Ausgangsprodukt *n*; **salaire** *m* **de ~** Grundlohn *m*, -gehalt *n*; PHYS **unité** *f* **de ~** Grundeinheit *f*; *loc prép: médicament, produit* **à ~ de** … auf …basis; **à ~ de lanoline** auf Lanolinbasis; **sur la ~ de** auf der Basis, Grundlage von *(ou +gén)*; ♦ **avoir des ~s solides en informatique** *etc* ein solides Grundwissen in Informatik *etc* haben; **établir, poser, jeter les ~s de qc** die Basis, die Grundlagen für etw schaffen; den Grund, das Fundament zu etw legen; **être à la ~ de qc** e-r Sache *(dat)* zugrunde liegen; den Ausgangspunkt, die Ausgangsbasis für etw bilden; *personne* der Urheber e-r Sache *(gén)* sein; **il est à la ~ de ce projet** *a.* dieser Plan geht von ihm aus; **être fondé sur des ~s solides** auf solider Grundlage ruhen; auf e-m soliden Fundament stehen; *raisonnement* **pécher par la ~** von e-m falschen Ansatzpunkt ausgehen; auf falschen Voraussetzungen beruhen; **prendre qc pour ~** etw zugrunde legen, als Ausgangspunkt, -basis nehmen; **servir de ~ à qc** als Basis, Grundlage für etw dienen 4 CHIM Base *f*; Lauge *f*

base-ball [bezbol] M Baseball *m*

Bas-Empire [bazɑ̃piʀ] M HIST **le ~** das spätrömische Reich; das Römische Reich der Spätantike

baser [baze] A VT 1 *raisonnement etc* **~ sur** gründen, stützen *(+acc)*; aufbauen auf *(+dat)*; **être basé sur** basieren, fußen, (be)ruhen auf *(+dat)*; *affirmation* **n'être basé sur rien** jeder Grundlage entbehren 2 MIL **être basé** stationiert sein (à in *+dat*) B V/PR *personne* **se ~ sur qc** sich auf etw *(acc)* stützen

bas-fond [bafõ] M ‹*pl* bas-fonds› 1 *de la mer, d'un fleuve* Untiefe *f*; seichte Stelle 2 *fig* **bas-fonds** *pl d'une ville* Elends-, Armen-, Verbrecherviertel *npl*; üble Viertel *npl*; *de la société* Abschaum *m*

basic [bazik] M INFORM BASIC *n*

basicité [bazisite] F CHIM Basizität *f*

Basile [bazil] M *Vorname*

basilic [bazilik] M 1 BOT Basilikum *n*; Basilienkraut *n* 2 ZOOL, MYTH Basilisk *m*

basilical [bazilikal] ADJ ‹-aux› ARCH basilikal

basilique [bazilik] F ARCH Basilika *f*

basique [bazik] ADJ CHIM basisch; alkalisch

basket [baskɛt] 1 M ABR → basket-ball 2 MPL *ou* FPL **~s** Turn-, Sportschuhe *mpl*; Freizeitstiefel *mpl*; *fam fig* **lâche-moi les ~s!** lass mich in Ruhe!

basket-ball [baskɛtbol] M Basketball *m*; Korbball *m*

basketteur [baskɛtœʀ] M, **basketteuse** F Basketball-, Korbballspieler(in) *m(f)*

basoche [bazɔʃ] F HIST Juristen *mpl*

basquaise [baskɛz] A ADJ F CUIS **(à la) ~** mit rohem Schinken, Paprika und Tomaten B F **Basquaise** Baskin *f*

basque[1] [bask] A ADJ baskisch; Basken…; **béret** *m* **~** Baskenmütze *f*; **le Pays ~** das Baskenland; **pelote** *f* **~** Pelota *f* B SUBST 1 **Basque** *m/f* Baske *m*, Baskin *f* 2 LING **le ~** das Baskische; Baskisch *n* 3 MUS **tambour** *m* **de ~** Tamburin *n*

basque[2] [bask] F *d'un habit* (Rock)Schoß *m*; *d'une veste, d'une robe* Schößchen *n*; *fig* **être toujours pendu aux ~s de qn** dauernd an j-s Rockschößen *(dat)* hängen; *fam* j-m nicht von der Pelle gehen

Basra [basʀa] GÉOG Basra(h) *n*

bas-relief [baʀəljɛf] M ‹*pl* bas-reliefs› SCULP Flach-, Basrelief *n*

Bas-Rhin [baʀɛ̃] **le ~** *frz Departement* das Unterelsass

basse [bɑs] F MUS 1 a **(voix** *f* **de) ~** Bass(-stimme) *m(f)* b *chanteur* Bassist *m*; Bass *m* c *partie* Bass(stimme *f*, -partie *f*) *m* 2 → contrebasse

Basse-Autriche [basotʀiʃ] **la ~** Niederösterreich *n*

basse-cour [baskuʀ] F ‹*pl* basses-cours› *cour* Hühner-, Geflügelhof *m*; *animaux* Geflügel *n ou* Federvieh *n* und Kaninchen *npl*

bassement [basmɑ̃] ADV gemein; niederträchtig; auf gemeine Weise

Basse-Normandie [basnɔʀmɑ̃di] **la ~** *frz Region*

Bassens [basɛ̃s] *Stadt im Dep. Gironde*

Basse-Saxe [bassaks] **la ~** Niedersachsen *n*

bassesse [basɛs] F niedrige Gesinnung; Gemeinheit *f (a. action)*; Niederträchtigkeit *(a. action)*; Erbärmlichkeit *f*; **commettre une ~** e-e Niederträchtigkeit, Gemeinheit begehen

basset[1] [basɛ] M ZOOL Dackel *m*; Dachshund *m*; *t/t* Teckel *m*; Basset *m*

basset[2] [basɛ] M MUS **cor** *m* **de ~** Bassetthorn *n*

basse-taille [bastaj] F ‹*pl* basses-tailles› MUS hoher Bass

Basse-Terre [bastɛʀ] *Stadt auf Guadeloupe*

bassin [basɛ̃] M 1 *récipient* Becken *n*; Schüssel *f*; *(cuvette)* Waschschüssel *f* 2 **~ (hygiénique)** Bettschüssel *f*, -pfanne *f*; Schieber *m* 3 *(pièce d'eau)* (Wasser)Becken *n*, (-)Bassin *n*; *d'une fontaine* Brunnenbecken *n*; *d'une piscine* **grand, petit ~** Schwimmer-, Nichtschwimmerbecken *n* 4 MAR Hafenbecken *n*; *(dock)* Dock *n* 5 *d'un fleuve* **~ (versant)** Einzugsgebiet *n* 6 GÉOL Becken *n*; **~ houiller** Steinkohlenbecken *n*, -revier *n*; **~ méditerranéen** Mittelmeerraum *m*; **~ minier** Bergbaugebiet *n*, -revier *n*; **Bassin parisien** Pariser Becken; **~ de l'Amazone** Amazonasbecken *n* 7 ANAT Becken; **fracture** *f* **du ~** Beckenbruch *m*

bassinant [basinɑ̃] ADJ *fam* → barbant

bassine [basin] F Wanne *f*; große Schüssel; TECH *a.* Pfanne *f*; Kessel *m*; **~ à confiture** großer Henkeltopf zum Marmeladekochen; **~ à vaisselle** Abwasch-, Geschirrspülschüssel *f*; **une ~ d'eau chaude** e-e Wanne (voll) heißes Wasser

bassiner [basine] VT 1 *(humecter)* benetzen; an-, befeuchten 2 *fam (ennuyer)* **~ qn** *fam* j-m auf die Nerven, auf den Geist gehen, auf den Wecker fallen 3 *lit* (mit dem Bettwärmer) an-, vorwärmen

bassinoire [basinwaʀ] F Bettwärmer *m*

bassiste [basist] M MUS (Kontra)Bassist *m*

basson [basõ] M MUS a *instrument* Fagott *n* b *musicien* Fagottist *m*

bassoniste [basɔnist] M/F Fagottist(in) *m(f)*

Bassora [basɔʀa] → Basra

baste [bast] *litt* INT pah!; was soll's!

Bastia [bastja] *Stadt auf Korsika*

bastide [bastid] F *en Provence* Land-, Bauernhaus *n*

Bastien [bastjɛ̃] M *Vorname*

Bastille [bastij] F HIST *à Paris* Bastille *f*

bastingage [bastɛ̃gaʒ] M MAR Reling *f*

bastion [bastjõ] M FORTIFICATIONS, *fig* Bastion *f*; Bollwerk *n*; FORTIFICATIONS *a.* Bastei *f*; *fig* **un ~ du catholicisme** *etc* ein Bollwerk, e-e Bastion des Katholizismus *etc*

bastonnade [bastɔnad] F Stockschläge *mpl*

bastringue [bastʀɛ̃g] M *fam* 1 → bataclan 1 2 *(bal de guinguette)* Tanzdiele *f*; Tingeltangel *m ou n*

bas-ventre [bavɑ̃tʀ] M ‹*pl* bas-ventres› ANAT Unterleib *m*

bât [bɑ] M Packsattel *m*; *fig* **c'est là que le ~ (le) blesse** da drückt (ihn) der Schuh; das ist ein wunder Punkt (bei ihm)

bataclan [bataklɑ̃] *fam* M 1 (Sieben)Sachen *fpl*; Zeug *n*; *fam* Kram *m*; Krempel *m*; Trödel *m*; Plunder *m* 2 LOC **et tout le ~** und was sonst noch so dazugehört; und so weiter, und so fort

bataille [bataj] F 1 MIL Schlacht *f (a. fig)*; *fig (discussion acharnée)* Wortgefecht *n*; *fig* **~ électorale** Wahlschlacht *f*; **~ navale** Seeschlacht *f*; *jeu* Schiffchen versenken; **~ rangée** MIL offene Feldschlacht; *fig* Handgemenge *n*; Schlägerei *f*; regelrechte (Straßen)Schlacht; *fig* **~ de boules de neige, de confettis** Schneeball-, Konfettischlacht *f*; *à Nice* **~ de fleurs** Blumenkorso *m*; HIST **~ de la Marne** Marneschlacht *f*; *fig* **arriver après la ~** (an)kommen, wenn alles getan, fertig ist; zu spät kommen; **livrer ~** e-e Schlacht liefern (**à qn** j-m); e-e Schlacht schlagen; *fig* **ils se livrèrent une véritable ~** sie lieferten sich e-e regelrechte Schlacht 2 PEINT Schlachtgemälde *n*; **peintre** *m* **de ~s** Schlachtenmaler *m* 3 *fig* **avoir la barbe, les cheveux en ~** e-n zerzausten Bart, zerzaustes Haar haben 4 JEUX *einfaches Kartenspiel, bei dem die jeweils höhere Karte sticht*

batailler [bataje] *V/I* 1 *(s'évertuer)* kämpfen; sich einsetzen; sich abmühen 2 *(discuter âprement)* (heftig, lange) streiten

batailleur [batajœʀ] A *ADJ* ⟨-euse⟩ 1 *(querelleur)* streitbar, -lustig, -süchtig; **humeur batailleuse** Streitlust *f*, -sucht *f* 2 **avoir un tempérament ~** kämpferisch veranlagt sein; e-e Kämpfernatur sein B *M* Kämpfer(natur) *m(f)*

bataillon [batajõ] *M* 1 MIL Bataillon *n*; **~ d'infanterie** Infanteriebataillon *n*; HIST **~ d'Afrique** Strafbataillon *n*; *fam fig personne* **inconnu au ~** völlig unbekannt 2 *fig* **un ~, des ~s de spectateurs** *etc* ein Heer *n*, Scharen *fpl* von Zuschauern *etc*

bâtard [bɑtaʀ] A *ADJ* Misch...; **chien ~** *ou subst* **~** *m* nicht reinrassiger Hund; *fam* Promenadenmischung *f*; **pain ~** Stangenbrot *n* von einem Pfund; **race ~e** Mischrasse *f*; *fig*: **solution ~e** keine echte Lösung; Kompromisslösung *f*; **style ~** Mischstil *m*; **c'est une œuvre ~e** *qui tient du roman et de l'essai* dieses Werk ist ein Zwischen-, Mittelding *zwischen (+dat)* B *M* 1 *péj (enfant naturel)* Bastard *m (a.* HIST *d'un prince)* 2 *pain* Stangenbrot *n* von einem Pfund

batave [batav] *ADJ* HIST **République ~** Batavische Republik

batavia [batavja] *F* BOT Batavia(salat) *m*

bat' d'Af' [batdaf] *M ABR* (bataillon d'Afrique) *arg* HIST Strafbataillon *n*

bateau [bato] *M* ⟨*pl* ~x⟩ 1 Schiff *n*; *non ponté* Boot *n*; **~ à moteur** Motorschiff *n*, -boot *n*; **~ à vapeur** Dampfschiff *n*; Dampfer *m*; **~ à voiles** Segelschiff *n*, -boot *n*; Segler *m*; **~ de course** Rennboot *n*; **~ de pêche** Fischereifahrzeug *n*; Fischdampfer *m*; Fischerboot *n*; **~ de plaisance** (Segel-, Motor)Jacht *f*; ADMIN Wassersportfahrzeug *n*; *fig* **monter un ~ à qn, mener qn en ~** j-m e-n Bären aufbinden; j-n auf den Arm nehmen; j-m blauen Dunst vormachen 2 *fam fig* **~x** *pl (chaussures trop larges) fam* Quadratlatschen *mpl*; (Elb)Kähne *mpl* 3 (abgesenkte Grundstücks)Ein-, Ausfahrt 4 *ADJT* a **encolure** *f* **~** U-Boot-Ausschnitt *m*; **lit** *m* **~** Bett *n* mit ausgeschweiften Seiten *(in der Art e-s Empirebetts)* b *fam fig idées, thème* abgedroschen; alltäglich; **bateau-citerne** *M* ⟨*pl* bateaux-citernes⟩ Tanker *m*; Tankschiff *n*; **bateau-mouche** *M* ⟨*pl* bateaux-mouches⟩ Vergnügungsdampfer *m* (für Rundfahrten auf der Seine); **bateau-pilote** *M* ⟨*pl* bateaux-pilotes⟩ Lotsenboot *n*; **bateau-pompe** *M* ⟨*pl* bateaux-pompes⟩ Feuerlöschboot *n*

batelage [batlaʒ] *M* MAR 1 Fährgeld *n*, -lohn *m* 2 Hafendienst *m* durch Hafenschiffe

bateleur [batlœʀ] *M autrefois* Gaukler *m*

batelier [batəlje] *M* MAR (Binnen-, Fluss)-Schiffer *m*; *(passeur)* Fährmann *m*

batellerie [batɛlʀi] *F* MAR Binnen-, Flussschifffahrt *f*

bâter [bɑte] *V/T* e-n Packsattel auflegen *(+dat)*; → *a.* âne 2

bath [bat] *ADJ* ⟨*inv*⟩ *fam* dufte; famos; toll

bathyscaphe [batiskaf] *M* Bathyskaph *m*; Tiefseetauchgerät *n*

bâti [bɑti] A *ADJ* 1 *terrain* bebaut; **non ~** unbebaut 2 **bien ~** *personne, phrase* gut gebaut; *personne a.* gut gewachsen B *M* 1 TECH *(châssis)* Gestell *n*; Rahmen *m*; Ständer *m*; Untersatz *m* 2 COUT Heftstiche *mpl*, -faden *m*, -fäden *mpl* 3 *d'une porte, d'une croisée* Zarge *f*; Blendrahmen *m*

batifolage [batifɔlaʒ] *M* 1 Herumtollen *n*, -toben *n* 2 Kinderei *f*; Albernheit *f*; **batifoler** *V/I plais* 1 *(folâtrer)* herumtollen; sich tummeln 2 *(flirter)* schäkern; tändeln

batik [batik] *M* Batik *m ou f (procédé et tissu)*

bâtiment [bɑtimɑ̃] *M* 1 *(édifice)* Gebäude *n*; Bau(werk) *m(n)*; **~s publics** öffentliche Gebäude, Bauten; **~s de l'école, de la ferme** Schul-, Gutsgebäude *npl* 2 *secteur* Bau(fach *n*, -branche *f*, -wesen *n*) *m*; Hochbau *m*; **~ et travaux publics** Hoch- und Tiefbau *m*; **(industrie** *f* **du) ~** Bauindustrie *f*, -wirtschaft *f*, -gewerbe *n*, -handwerk *n*; **entreprise** *f* **de ~** Bauunternehmen *n*, -firma *f*; **peintre** *m* **en ~** Anstreicher *m*; Maler *m*; *prov* **quand le ~ va, tout va** wenn es der Bauwirtschaft gut geht, geht es allen gut 3 MAR (großes) Schiff; **~ de guerre** Kriegsschiff *n*

bâtir [bɑtiʀ] A *V/T* 1 *immeuble, pont etc* bauen; erbauen; errichten; *oiseau* **~ son nid** sein Nest bauen; **~ un terrain** ein Gelände bebauen; **faire ~** bauen (lassen); **se faire ~ une maison** sich *(dat)* ein Haus bauen (lassen) 2 *fig phrase* bauen; konstruieren; *fortune, bonheur, réputation* (be)gründen (**sur** auf *+acc*); **~ une théorie** eine Theorie aufstellen 3 COUT (zusammen)heften B *V/PR* 1 *réfléchi*: **se ~ une maison** *etc* sich *(dat)* ein Haus *etc* bauen 2 *sens passif*: **il s'est bâti beaucoup d'immeubles neufs** es sind viele neue Häuser gebaut worden, entstanden

bâtissable [bɑtisabl] *ADJ* **terrain** *m* **~** Bauland *n*, -grund *m*

bâtisse [bɑtis] *F souvent péj* Bau(werk) *m(n)*; Gebäude *n*; *fam* Kasten *m*

bâtisseur [bɑtisœʀ] *M* 1 Erbauer *m* 2 *fig d'un empire etc* (Be)Gründer *m*

batiste [batist] *F* TEXT Batist *m*

bâton [bɑtõ] *M* 1 Stock *m*; Stab *m*; Stecken *m*; Knüppel *m*; Prügel *m*; *d'un agent de police* **~ blanc** weißer Stab; **~ de chaise** (Stuhl)Sprosse *f*; *fig* **mener une vie de ~ de chaise** ein ungeregeltes, ausschweifendes Leben, ein Lotterleben führen; **mériter le ~** Prügel verdienen; **~ de maréchal** Marschallstab *m*; *fig* Krönung *f* der Karriere; **~ de pèlerin** Pilgerstab *m*; **~ de ski** Skistock *m*; ♦ *fig*: **~ de vieillesse** Stütze *f* des Alters; **le ~ et la carotte** Zuckerbrot *n* und Peitsche *f*; **conversation** *f* **à ~s rompus** ungezwungene Unterhaltung über dieses und jenes; **parler à ~s rompus** von diesem und jenem reden; vom Hundertsten ins Tausendste kommen; **mettre à qn des ~s dans les roues** j-m Knüppel zwischen die Beine werfen; j-m Steine in den Weg legen 2 *par ext*: **~ de craie** Stück *n* Kreide; **~ de réglisse** *racine* Süßholzwurzel *f*; *pâte* Lakritz(en)stange *f*; **~ de rouge à lèvres** Lippenstift *m* 3 *(trait vertical)* senkrechter Strich

bâtonnat [bɑtɔna] *M* JUR Präsidentenamt *n*, Präsidentschaft *f* (in der Anwaltskammer)

bâtonner [bɑtɔne] *V/T* mit dem Stock (ver-, durch)prügeln, schlagen

bâtonnet [bɑtɔnɛ] *M* 1 kleiner Stock, Stab, Stecken; Stöckchen *n*; Stäbchen *n* 2 ANAT **~ de la rétine** (Seh)Stäbchen *n* 3 CUIS **~ de poisson** Fischstäbchen *n*

bâtonnier [bɑtɔnje] *M* JUR Präsident *m* (der Anwaltskammer)

batraciens [batʀasjɛ̃] *MPL* ZOOL Amphibien *fpl*; Lurche *mpl*

battage [bataʒ] *M* 1 *du blé* Dreschen *n*; Drusch *m* 2 **~ de l'or** Ausschlagen *n* des Goldes (zu Blattgold) 3 *fam fig* **faire du ~ autour de qn, qc** tüchtig die Reklametrommel für j-n, etw rühren; um j-n, etw viel Aufhebens, *fam* Geschrei, Rummel machen

battant [batɑ̃] A *ADJ* schlagend; klopfend; **pluie ~e** prasselnder, *all Nord* pladdernder Regen; **porte ~e** Pendel-, Schwingtür *f*; Windfangtür *f*; *loc adv* **le cœur ~** mit klopfendem, pochendem Herzen; mit Herzklopfen B *SUBST* 1 *M d'une cloche* (Glocken)Klöppel *m*, (-)Schwengel *m* 2 *M d'une porte, fenêtre* (Tür- ou Fenster)Flügel *m* 3 *personne* **~(e)** *m(f)* Kämpfer(in) *m(f)*; Kämpfernatur *f*; Draufgänger(in) *m(f)*

batte [bat] *F* SPORTS Schlagholz *n*, -keule *f*; Baseballschläger *m*; **~ (à beurre)** (Butter)Stößer *m*

battement [batmɑ̃] *M* 1 *mouvement, choc, bruit* Schlag *m*; *d'une porte, fenêtre* Schlagen *n*; *de la pluie contre les vitres* Klatschen *n*; Prasseln *n*; Trommeln *n*; *all Nord* Pladdern *n*; *du cœur* Schlagen *n*; Klopfen *n*; Pochen *n*; *du sang dans les veines* Pochen *n*; Pulsieren *n*; *d'une horloge* Ticken *n*; **~ d'ailes** Flügelschlag(en) *m(n)*; **~ des cils, des paupières** Lidschlag *m*; (Augen)Zwinkern *n*; Blinzeln *n*; *fam* Klimpern *n* mit den Wimpern; **~ du cœur** Herzschlag *m*; **avoir des ~s de cœur** Herzklopfen haben; CRAWL **~ de jambes** Beinschlag *m*; **~ de mains** (Hände)Klatschen *n*; **~ du pouls, des rames, du tambour** Puls-, Ruder-, Trommelschlag *m* 2 *(intervalle de temps)* (verfügbare Zwischen)Zeit; *(pause)* Pause *f*; **dix minutes de ~ pour changer de train** zehn Minuten Zeit zum Umsteigen 3 RAD Schwebung *f*

batterie [batʀi] *F* 1 ÉLEC, AUTO Batterie *f*; **~ d'accumulateurs** Akkumulatorenbatterie *f*; *fig* **recharger ses ~s** neue Kraft schöpfen; (wieder) neue Kräfte sammeln 2 MIL Batterie *f*; **~ côtière** Küstenbatterie *f*; **mettre en ~** *canons* in Stellung bringen; *lances à incendie* auffahren; *fig* **changer, démasquer** *ou* **dévoiler ses ~s** s-e Pläne *ou* s-e Taktik ändern, erkennen lassen *ou* zu erkennen geben 3 MUS Schlagzeug *n*; Batterie *f* 4 *(ensemble)* Batterie *f*; **~ de cuisine** Batterie von Töpfen und Pfannen (einschließlich Kelle und Schaumlöffel); AGR **~ d'élevage** Legebatterie *f*; **~ de projecteurs** Scheinwerferbatterie *f*; *fig* **~ de tests** Testreihe *f*

batteur [batœʀ] *M* 1 CUIS Handmixer *m*, -rührgerät *n* 2 MUS Schlagzeuger *m*; **batteuse** *F* AGR Dreschmaschine *f*

battle-dress [batœldʀɛs] *M* ⟨*inv*⟩ MIL Kampfanzug *m*

battoir [batwaʀ] *M* 1 *autrefois* (Wäsche)Bleuel *m* 2 *fam* **~s** *pl (mains larges) fam* Pranken *fpl*; Tatzen *fpl*

battre [batʀ] ⟨je bats, il bat, nous battons; je battais; je battis; je battrai; que je batte; battant; battu⟩ A *V/T* 1 *personne, animal* schlagen; (ver)prügeln; **~ à coups de poing** mit Fäusten schlagen, bearbeiten 2 *adversaire* schlagen; besiegen; **~ un record** einen Rekord brechen; **se faire ~** geschlagen, besiegt werden 3 *tapis* klopfen; *vêtement* ausklopfen; CUIS *œufs, mayonnaise, crème* schlagen; *œufs à la fourchette a.* rühren; verquirlen; *métaux* schlagen; zu Folien ausschlagen; *fer* schmieden; **~ le beurre** buttern; **~ le blé** das Getreide dreschen; *chasseurs* **~ les buissons** das Dickicht abklopfen, durchstöbern; **~ les cartes** die Karten mischen; *mer* **~ la falaise** gegen die Felsklippe schlagen, branden; *fig* **~ froid à qn** j-m die kalte Schulter zeigen; j-n links liegen lassen; **~ la mesure** den Takt schlagen; **~ monnaie** Münzen schlagen, prägen; MAR **~ pavillon français** unter französischer Flagge fahren; *fig* **~ son plein** in vollem Gange sein; *pluie* **~ les vitres** an *ou* gegen die Scheiben schlagen, klatschen, prasseln, trommeln, *all Nord* pladdern; → *a.* brèche 1, rappel 1 4 *région* kreuz und quer durchstreifen; *fam* abgrasen B *V/I* 1 *fenêtre, porte, voile, cœur, pouls* schlagen; *cœur a.* pochen; klopfen; *sang dans les veines* pochen; pulsieren; *pluie* **~ contre les vitres** → A 3; **~ des cils, des paupières** zwinkern; blinzeln;

fam mit den Wimpern klimpern; **cheval qui bat des flancs** Pferd, dessen Flanken zittern, fliegen; **~ des jambes** CRAWL mit den Beinen schlagen; DANSE die Beine in der Luft zusammenschlagen; **~ des mains** (in die Hände) klatschen; *fig* **son cœur bat pour cette jeune fille** sein Herz schlägt für dieses Mädchen; → *a.* aile 1, retraite 1 **C** V/PR **se ~** **1** MIL, *fig* kämpfen (**contre, pour qn, qc** gegen, für j-n, etw); sich schlagen **2** *(se bagarrer)* sich schlagen, sich balgen, sich prügeln, (sich) raufen (**avec qn** mit j-m); *fig* **se ~ avec qc** sich mit etw herumschlagen, abmühen **3** *cheval etc* **se ~ les flancs** unruhig mit dem Schwanz gegen die Flanken schlagen; *fam fig* **je m'en bats l'œil** *fam* das kümmert mich e-n Dreck; **se ~ la poitrine** sich *(dat)* an die Brust schlagen

battu [baty] PP → battre *et* ADJ **1** *personne, animal* ge-, verprügelt; **avoir l'air d'un chien ~** wie ein geprügelter Hund aussehen **2** MIL, SPORTS, JEUX geschlagen; besiegt; **ne pas se tenir pour ~** sich nicht geschlagen geben; s-e Sache nicht verloren geben **3** **avoir les yeux ~s** (dunkle) Ringe um die Augen haben; (tiefe) Schatten unter den Augen haben **4** **œufs ~s en neige** Eischnee *m*; Eierschaum *m*; **or ~** Blattgold *n*; **terre ~e** gestampfter (Lehm)Boden; TENNIS Hartplatz *m*; *fig* **suivre, ne pas sortir des sentiers, chemins ~s** ausgetretene Wege gehen

battue [baty] F CH Treibjagd *f*

Batz [ba] **l'île** *f* **de ~** *bretonische Insel*

baud [bo] M TÉLÉCOMMUNICATIONS *unité de mesure* Baud *n*

baudelairien [bodlɛʀjɛ̃] ADJ ⟨~ne⟩ von Baudelaire; (in der Art) Baudelaires

baudet [bodɛ] M *fam (âne)* Esel *m*; *(âne étalon)* Zuchtesel *m*; *fig* **être chargé comme un ~** wie ein Packesel beladen sein

Baudouin [bodwɛ̃] M *Vorname*

baudrier [bodʀije] M Wehrgehänge *n*

baudroie [bodʀwa] F ZOOL Seeteufel *m*; Anglerfisch *m*

baudruche [bodʀyʃ] F **1** Dickdarmhaut *f* (des Rindes, Schafs); **ballon** *m* **de ~** Luftballon *m* (aus Dickdarmhaut) **2** *fig d'un homme* Hohlkopf *m*; aufgeblasener Dummkopf

bauge [boʒ] F **1** *du sanglier* Suhle *f* **2** *fig (habitation sale) fam* dreckiges Loch

baume [bom] M BOT, PHARM Balsam *m*; *fig* **mettre du ~ au** *ou* **dans le cœur de qn** Balsam auf j-s Wunde *(acc)* träufeln

Baux (Les) [lebo] *Ort in der Provence*

bauxite [boksit] F MINÉR Bauxit *m*

bavard [bavaʀ] **A** ADJ **1** *(loquace)* gesprächig; redselig; geschwätzig **2** *(indiscret)* schwatzhaft; geschwätzig; **être ~** *a. fam* nicht dichthalten **B** SUBST **~(e)** *m(f)* Schwätzer(in) *m(f)*; *fam* Schwatzliese *f*; Klatschbase *f*; *all Sud a.* Ratsche *f*

bavardage [bavaʀdaʒ] M **1** *action* Schwatzen *n*, *all Sud* Schwätzen *n* *(a. en classe)* **2** *(propos vains)* Geschwätz *n*; Schwätzerei *f*; *fam* Geschwatze *n*; *fam péj* Gewäsch *n*; **pas de ~**, *passons au fait!* keine unnötigen, langen Reden ... **3** *(propos médisants, indiscrets)* Klatsch *m*; Gerede *n*

bavarder [bavaʀde] V/I **1** *(causer)* schwatzen, *all Sud* schwätzen; plaudern; *fam* plauschen **2** *(parler avec excès)* schwatzen, *all Sud* schwätzen *(a. en classe)*; *fam* klatschen; *all Sud* ratschen **3** *(être indiscret)* schwatzen; (aus der Schule) plaudern; *fam* nicht dichthalten

bavarois [bavaʀwa] **A** ADJ bay(e)risch **B** SUBST **1** **Bavarois(e)** *m(f)* Bayer *m*, Bay(e)rin *f* **2** LING **le ~** das Bairische; Bairisch *n* **3** CUIS **~e** *f ou adjt* **crème ~e** *e-e Cremespeise*

bave [bav] F **1** *d'une personne* Speichel *m*; *fam* Sabber *m*; *d'animaux, d'épileptiques* Geifer *m*; Schaum *m* **2** *de la limace etc* Schleim *m*

baver [bave] V/I **1** *personne* speicheln; Speichel auslaufen lassen; *bébé, vieillard fam* sabbern; sabbeln; *animal, épileptique* geifern; *escargot, limace* Schleim absondern; schleimen **2** *par ext (manger salement) fam* sabbern; sich bekleckern **3** *encre, peinture* verlaufen; breit laufen **4** *fam fig* **~ d'admiration** vor Bewunderung vergehen **5** *fam fig* **en ~** es schwer haben; viel durchmachen (müssen); **en faire ~ à qn** j-m das Leben schwer machen, sauer machen; *fam* j-n zwiebeln, striegeln **6** *fig* **~ sur qn** j-n mit Schmutz bewerfen, in den Schmutz ziehen

bavette [bavɛt] F **1** *pour bébé* (Sabber)Lätzchen *n* **2** *d'un tablier, d'une salopette* Latz *m* **3** *fam* **tailler une ~** *fam* ein Schwätzchen, e-n kleinen Schwatz, Plausch halten **4** BOUCHERIE (Bauch)Lappen *m*

baveux [bavø] ADJ ⟨-euse⟩ **1** voll Speichel; *fam* sabbernd **2** CUIS **omelette baveuse** leicht durchgebackenes Omelett

Bavière [bavjɛʀ] **la ~** Bayern *n*

bavoir [bavwaʀ] M (Sabber)Lätzchen *n*

bavure [bavyʀ] F **1** **2** TYPO unsaubere, verkleckste Stelle; (Schmutz)Fleck *m* **3** MÉTALL Gussnaht *f*; Grat *m*; *fig travail* **sans ~(s)** makellos; tadellos; einwandfrei **2** *fig (abus)* (bedauerlicher) Irrtum; Missgriff *m*; Panne *f*; *de la police* Übergriff *m*

Bayard [bajaʀ] *frz Ritter*

bayer [baje] V/I ⟨-ay- *od* -ai-⟩ **~ aux corneilles** Maulaffen feilhalten

Bayeux [bajø] *Stadt im Dep. Calvados*

Bayle [bɛl] **Pierre ~** *frz Philosoph*

Bayonne [bajɔn] *Stadt im Dep. Pyrénées-Atlantiques*

bazar [bazaʀ] M **1** *magasin* Kramladen *m*; Gemischtwarenladen *m*; *articles fam* **de ~** billig **2** *en Orient* Basar *m* **3** *fam* → bataclan 1, fouillis

bazardage [bazaʀdaʒ] *fam* M Verramschen *n*; *fam* Verscheuern *n*; **bazarder** *fam* V/T **1** verramschen; *fam* verscheuern **2** fort-, wegschmeißen

bazooka [bazuka] M MIL Bazooka *f*

BCBG [besebeʒe] ADJT ABR (bon chic bon genre) schick; elegant; smart; *fam* piekfein; schnieke

BCE [besea] F ABR (Banque centrale européenne) EZB *f* (Europäische Zentralbank)

BCG [beseʒe] M ABR (bacille Calmette-Guérin) MÉD BCG-Schutzimpfung *f (gegen Tuberkulose)*

bd ABR → boulevard

BD [bede] F *fam* ABR (bande dessinée) Comic(s) *m(pl)*

bê [bɛ] INT *mouton* mäh!; bäh!

beach-volley [bitʃvɔlɛ] M Beachvolleyball *m*

béant [beɑ̃] ADJ *plaie* klaffend; *bouche* weit aufgerissen; **gouffre ~** gähnender, jäher Abgrund

Béarn [beaʀn] **le ~** *historische Provinz in Südwestfrankreich*

béarnais [beaʀnɛ] ADJ *(et* SUBST **Béarnais** Bewohner) des Béarn; CUIS **sauce ~e** Béarner Soße *f*; Sauce béarnaise *f*

béat [bea] ADJ *iron sourire, visage* einfältig, dümmlich (und glücklich); selig; **optimisme ~** einfältiger, kindlicher Optimismus

béatification [beatifikasjõ] F ÉGL CATH Seligsprechung *f*; **béatifier** V/T seligsprechen; **béatifique** ADJ selig machend

béatitude [beatityd] F **1** REL Seligkeit *f* **2** *st/s* Glückseligkeit *f* **3** BIBL Seligpreisung *f*

beatnik [bitnik] M Gammler *m*

Béatrice [beatʀis] F *Vorname*

beau [bo] **A** ADJ ⟨*m vor Vokal u. stummem h* **bel** [bɛl]; *f* **belle** [bɛl]; *mpl* **~x**⟩ **1** *(esthétique)* schön; **~ comme le jour** bildschön; **(mettre) ses plus ~x habits** s-e schönsten, besten Kleider *npl* (anziehen); *plais* **le ~ sexe** das schöne Geschlecht; **se faire ~** sich herausputzen; *fam* sich fein, schön machen **2** *(bon, généreux) âme, geste, sentiment* schön; edel; **une belle action** e-e edle Tat **3** *(distingué)* fein; vornehm; **un ~ monsieur** ein feiner, vornehmer Herr; **les ~x quartiers** die vornehmen (Wohn)Viertel *npl*; *fam* **ce n'est pas ~ de** *(+inf)* es gehört, schickt sich nicht, es ist nicht fein zu *(+inf)* **4** *(agréable) voyage, vie, rêve, soirée, succès etc* schön; *résultat, match, poste a.* gut; *occasion* schön; gut; günstig; **~ joueur** guter Verlierer *(a. fig)*; *loc adv* **un ~ jour, matin** e-s schönen Tages, Morgens; **une belle mort** ein schöner, sanfter, leichter Tod; **mourir de sa belle mort** e-s natürlichen Todes sterben; **de belles promesses** schöne, leere Versprechungen *fpl*; **un ~ soleil** (e-e) strahlende Sonne; **(avoir) ~ temps** schönes, gutes Wetter (haben); **la mer est belle** das Meer, die See ist ruhig; **c'est trop ~ pour être vrai** das ist zu schön, um wahr zu sein; **c'est très ~ sur le papier**, *mais* ... das hört sich ganz schön an ... **5** *iron* schön; heiter; reizend; nett; **c'est un ~ gâchis** *fam* das ist ja ein schöner Schlamassel; → *a.* drap 2; ♦ *elliptiquement*: **j'en apprends de belles sur vous** ich höre ja schöne, reizende Dinge, Geschichten über Sie; **en dire de belles** dummes, unglaubliches Zeug, *fam* Blödsinn reden; **en faire de belles** schöne Geschichten machen **6** *(considérable) somme, fortune, héritage* beträchtlich; ziemlich groß; *fam* schön; hübsch; *morceau, tranche* groß; *fam* ordentlich; *iron: gifle, rhume fam* gehörig; tüchtig; ordentlich; **un bel âge** ein schönes, hohes Alter; **un bel appétit** ein guter, gesunder, *fam* tüchtiger Appetit; **un bel égoïste** ein ganz schöner Egoist; **un ~ mariage** e-e gute Partie; **une belle peur** *fam* e-e Heiden-, Mordsangst; *pop* **un ~ salaud** *pop* ein ganz großer Scheißkerl; **un ~ tapage** *fam* ein Heidenlärm *m*; ein Mordskrach *m*; **au ~ milieu de** mitten in, auf *(+dat)*; **il y a ~ temps que** ... es ist schon lange her, dass ...; seit Langem ... **B** ADV **avoir ~ faire qc** etw noch so sehr tun können, mögen; **j'ai ~ crier**, *il ne m'entend pas* ich kann schreien, so viel ich will ...; ich kann noch so sehr schreien ...; **vous avez ~ dire**, *ce n'est pas si mal que cela* Sie können *ou* mögen sagen, was Sie wollen ...; **il a ~ être tard** mag es noch so spät sein; **il a ~ faire**, *il ne réussira pas* er kann machen, was er will ...; er kann sich noch so sehr anstrengen ...; **il fait ~** es ist schön(es Wetter); *menace* **il ferait ~ voir qu'ils n'obéissent pas à mes ordres** es würde ihnen schlecht bekommen *ou* das wäre ja noch schöner, wenn sie meinen Befehlen nicht gehorchen würden; *litt personne âgée* **porter ~** noch e-e gute Erscheinung sein; ♦ **l'échapper belle** → échapper A; ♦ *loc adv*: **bel et bien** tatsächlich; wirklich; in der Tat; **de plus belle** noch mehr, heftiger, stärker, schlimmer, ärger; **crier de plus belle** noch mehr, heftiger schreien; **la pluie recommence de plus belle** jetzt fängt es erst richtig an zu regnen **C** SUBST **1** *abstrait* **le ~** das Schöne; **le culte du ~** der Kult des Schönen **2** **un vieux ~** ein alter Beau, Schönling; HIST **Philippe le Bel** Philipp (IV.) der Schöne *(von Frankreich)*; *chien* **faire le ~** Männchen machen; *fam* schönmachen **3** M *coll choses* gute Qualität; **n'acheter que du ~** nur gute Qualität, Qualitätsware kaufen **4** M LOC: **ce qu'il y a de ~ dans** ... das Schöne an *(+dat)*; *iron* **le plus ~ de l'histoire, c'est que** ... das (Aller)Schönste an der Geschichte ist, dass ...; *iron*

c'est du ~! das ist ja heiter, reizend!; **le temps est, se met au ~** das Wetter *ou* es ist, wird schön; **être au ~ fixe** *baromètre* auf Schön stehen; *temps* beständig sein; *fig relations* bestens, ungetrübt sein **5** **une belle** e-e Schöne; e-e schöne Frau; ein schönes Mädchen; *Perrault* **La Belle au bois dormant** Dornröschen *n* **6** *plais* **sa belle** s-e Liebste; *terme d'affection* **ma belle!** meine Liebe, Beste, Gute!; *fam* schöne Frau! **7** **belle** *f* JEU entscheidende Partie; SPORTS Entscheidungsspiel *n* **8** *arg* **(se) faire la belle** *(s'évader)* ausbrechen; *fam* ausrücken; ausbüxen **9** **belles** *fpl iron (histoires)* → A 5

Beauce [bos] **la ~** *Landschaft im Südwesten von Paris*

beauceron [bosʀõ] ADJ ⟨~ne⟩ *(et* SUBST **Beauceron** Bewohner) der Beauce

beaucoup [boku] ADV viel **a** *avec verbe: quantitatif* viel; *qualitatif* sehr; **lire, manger, travailler ~** viel lesen, essen, arbeiten; **il a ~ changé** er hat sich sehr verändert; **il m'a ~ déçu** er hat mich sehr enttäuscht; **estimer ~** *a.* hoch schätzen; **s'intéresser ~ à qc** *a.* sich lebhaft für etw interessieren; **c'est ~ dire** das ist, wäre zu viel gesagt, übertrieben; **on l'a ~ vu sur la plage** er ist sehr oft am Strand gesehen worden **b** *avec comp* viel; **~ plus rapide** viel schneller **c** *avec adv* viel; weit; **~ mieux** viel, weit besser; **~ plus** viel, weit mehr; **~ trop** viel zu viel; **~ trop vite** viel zu schnell **d** *loc adv* **de ~** bei Weitem; weit(aus); viel; mit Abstand; *ce vin est* **de ~ meilleur** viel, weit (-aus), um vieles besser; **de ~ le meilleur** *ou* **le meilleur de ~** bei Weitem, mit Abstand der Beste; **dépasser de ~** bei Weitem übertreffen **e** **~ de** *(+subst)* viel(e); **~ d'accidents** viele Unfälle; **~ de chance** viel Glück; **~ de gens, de monde** viele Leute; **avoir ~ de choses à dire, à faire** viel zu sagen, zu tun haben **f** *employé seul* viel; **avoir ~ à apprendre** viel zu lernen haben; **c'est ~ pour son âge** das ist viel für sein Alter; **c'est déjà ~** das ist schon viel; **c'est déjà ~ de** *(+inf) ou* **que ...** *ou* **si ...** es ist schon viel, wenn ...; **il y est pour ~** er ist daran maßgeblich beteiligt; er ist weitgehend schuld daran; ♦ *(de nombreuses personnes)* viele; **~ sont de notre avis** viele sind unserer Meinung; **il y en a ~ qui ...** es gibt viele, die ...; **ils étaient ~** sie, es waren viele; *litt* es waren ihrer viele

beauf [bof] M *fam* ABR **1** → beau-frère **2** *péj* Spießer *m*; Spießbürger *m*

beau-fils [bofis] M ⟨*pl* beaux-fils⟩ **1** *(fils du conjoint)* Stiefsohn *m* **2** *(gendre)* Schwiegersohn *m*; **beau-frère** M ⟨*pl* beaux-frères⟩ Schwager *m*

Beaugency [boʒɑ̃si] *Stadt im Dep. Loiret*

Beauharnais [boaʀnɛ] *frz Adelsgeschlecht*

Beaujolais [boʒɔlɛ] **1** **le ~** *Weingegend nördlich von Lyon* **2** **beaujolais** *m vin* Beaujolais *m*

Beaune [bon] *Stadt im Dep. Côte-d'Or*

beau-papa [bopapa] M ⟨*pl* beaux-papas⟩ *appellatif* Schwiegerpapa *m*; **beau-père** M ⟨*pl* beaux-pères⟩ **1** *(père du conjoint)* Schwiegervater *m* **2** *(nouvel époux de la mère)* Stiefvater *m*

beaupré [bopʀe] M MAR Bugspriet *n ou m*

beauté [bote] F **1** Schönheit *f*; **la ~ du diable** die vergängliche Schönheit der Jugend; **produits** *mpl* **de ~** Kosmetika *npl*; Schönheitsmittel *npl*; **soins** *mpl* **de ~** Schönheitspflege *f*; Kosmetik *f*; *loc adj*: **d'une grande ~** von großer Schönheit; **de toute ~** ungewöhnlich, einmalig schön; bild-, wunderschön; *loc adv* **en ~** mit Glanz; glänzend; **finir en ~** *sportif, acteur* sich *(dat)* e-n glänzenden Abgang verschaffen; *fête* e-n schönen, gelungenen Abschluss finden; **mourir en ~** würdig, e-s würdigen Todes sterben; *personne* **être en ~** schöner als sonst, besonders schön aussehen; *fam* **se refaire une ~** das Make-up erneuern; sich noch ein bisschen herrichten, schön machen, zurechtmachen **2** *(belle femme)* **une ~** e-e Schönheit; **ce n'est pas une ~** sie ist keine Schönheit **3** *d'un paysage etc* **les ~s** *pl* die Schönheiten *fpl*

beaux-arts [bozaʀ] MPL **les ~** die schönen Künste *fpl*; *au sens strict* die bildende Kunst; **l'École** *f* **des ~** *ou* **les Beaux-Arts** die Hochschule für Bildende Kunst; die Kunsthochschule, -akademie

beaux-parents [bopaʀɑ̃] MPL Schwiegereltern *pl*

bébé [bebe] M Baby *n*; Säugling *m*; **attendre un ~** ein Baby erwarten; **être un vrai ~**, *adjt* **être (resté) ~** noch ein richtiges Baby sein; **faire le ~** sich kindisch, wie ein Baby benehmen; *fig* **jeter le ~ avec l'eau du bain** das Kind mit dem Bad ausschütten; **bébé-chat** M ⟨*pl* bébés-chats⟩ Katzenbaby *n*; **bébé-éprouvette** M ⟨*pl* bébés-éprouvette⟩ Retortenbaby *n*

bébête [bebɛt] *fam* **A** ADJ naiv; kindisch; dumm; einfältig **B** SUBST **1** F *enf* Tierchen *n*; Tierlein *n* **2** M *petit mot affectueux* **gros ~** *fam* Dummerchen *n*

be-bop [bibɔp] M MUS Bebop *m*

bec [bɛk] M **1** *des oiseaux* Schnabel *m*; **coup** *m* **de ~** Schnabelhieb *m*; *fig* Seitenhieb *m*; **donner un coup de ~ à qn** j-m e-n Seitenhieb versetzen; **à ~ rouge** rot geschnäbelt; rotschnäb(e)lig; *fig personne* **rester le ~ dans l'eau** im Ungewissen schweben; gar nicht wissen, woran man ist **2** *fam fig (bouche) fam* Schnabel *m*; **un ~ fin** ein Feinschmecker *m*; **prise** *f* **de ~** (heftiger) Wortwechsel; (heftige) Auseinandersetzung; **avoir une prise de ~ avec qn** *a.* mit j-m (heftig) aneinandergeraten; *fam* sich mit j-m in die Haare kriegen, in der Wolle haben; **claquer du ~** *fam* Kohldampf schieben; **clouer, clore le ~ à qn** *fam* j-m den Mund stopfen; **ouvrir le ~** *fam* den Schnabel auftun, -machen **3** ZOOL *des tortues etc* Maul *n* **4** *d'une flûte, clarinette* Schnabel *m*; *d'un hautbois* Mundstück *n* **5** *d'une casserole, cafetière etc* Schnabel *m*; Ausguss *m*; *fam* Schnauze *f*; *d'une cafetière a.* Tülle *f* **6** *d'une plume* Spitze *f* **7** *appareil* Brenner *m*; CHIM **~ Bunsen** [bɛ̃zɛn, bœ̃-] Bunsenbrenner *m*; *autrefois* **~ de gaz** Gaslaterne *f*; *fam fig* **tomber sur un ~** auf unerwartete Hindernisse, Schwierigkeiten stoßen; e-e harte Nuss zu knacken haben

bécane [bekan] *fam* F **1** *(bicyclette)* (Fahr)Rad *n*; *fam* Stahlross *n*; Drahtesel *m* **2** *(moto) fam* Maschine *f* **3** *(machine) fam* Apparat *m*; Kasten *m*

bécarre [bekaʀ] M MUS Auflösungszeichen *n*; *adjt* **un do ~** ein mit e-m Auflösungszeichen versehenes c

bécasse [bekas] F **1** ZOOL (Wald)Schnepfe *f* **2** *fam fig (femme sotte) fam* dumme Gans, Pute;

bécasseau M ⟨*pl* ~x⟩ ZOOL Strandläufer *m*;

bécassine F **1** ZOOL Bekassine *f*; Sumpfschnepfe *f* **2** *fam fig (jeune fille niaise) fam* Gänschen *n*

bec-de-cane [bɛkdəkan] M ⟨*pl* becs-de-cane⟩ **a** *serrure* schlüsselloses Fallenschloss **b** *poignée* Türklinke *f*; Drehknauf *m*, -knopf *m*

bec-de-lièvre [bɛkdəljɛvʀ] M ⟨*pl* becs-de-lièvre⟩ MÉD Hasenscharte *f*

bêchage [bɛʃaʒ] M JARD Umgraben *n*

béchamel [beʃamɛl] F CUIS **~** *ou adjt* **sauce** *f* **~** Béchamelsoße *f*

bêche [bɛʃ] F JARD Spaten *m*

bêcher [beʃe] **A** VT JARD umgraben; *abs a.* graben **B** VI *fam personne* eingebildet, hochnäsig sein

bêcheur [bɛʃœʀ] M *fam* eingebildeter, hochnäsiger Schnösel; **bêcheuse** F *fam* eingebildete, hochnäsige Pute

bécot [beko] M Küsschen *n*; **gros ~** herzhafter, schmatzender Kuss; *fam* Schmatz *m*

bécoter [bekɔte] *fam* VT *(et* V/PR **se) ~** (sich) abküssen, *fam* abknutschen

becquée [beke] F **donner la ~** *oiseaux* füttern, *t/t* atzen (**à** *acc*); *par ext plais* füttern (**à qn** j-n)

becquerel [bɛkʀɛl] M PHYS Becquerel *n*

bec(que)tance [bɛktɑ̃s] *fam* F Essen *n*; *fam* Futter *n*; *pop* Fressen *n*

becqueter [bɛkte] VT ⟨-tt-⟩ **1** *oiseaux* (auf-, an)picken **2** *fam fig personne* essen; *fam* futtern; *pop* fressen

becter [bɛkte] *fam* VT essen; *fam* futtern; *pop* fressen

bedaine [bədɛn] F *fam* **(grosse) ~** *fam* (Fett-)Wanst *m*; Wampe *f*

bedeau [bədo] M ⟨*pl* ~x⟩ ÉGL CATH Küster *m*; Mes(s)ner *m*; Kirchendiener *m*

bedon [bədõ] M *fam* → bedaine

bedonnant [bədɔnɑ̃] *fam* ADJ dickbäuchig;

bedonner VI *fam* e-n Schmerbauch haben, kriegen; sich *(dat)* e-n Schmerbauch anessen

bédouin [bedwɛ̃], **bédouine** **A** M,F Beduine *m*, Beduinenfrau *f* **B** ADJ Beduinen...

bée [be] ADJ F LOC ADV **bouche ~** mit offenem Mund; **être, rester bouche ~** mit offenem Mund dastehen; *fam* Mund und Nase *ou* Augen aufreißen, -sperren; **être bouche ~ devant qn** j-n anstaunen

beefsteak [biftɛk] M → bifteck

béer [bee] VI *litt* **~ d'admiration** vor Bewunderung den Mund weit aufreißen

Beethoven [betɔvɛn] M MUS Beethoven *m*

beffroi [befʀwa] M Uhr-, Rathausturm *m*

bégaiement [begɛmɑ̃] M Stottern *n*

bégayer [begeje] ⟨-ay- *od* -ai-⟩ **A** VT *excuses etc* stottern; stammeln **B** VI stottern

Beg-Meil [bɛgmɛj] *Badeort im Dep. Finistère*

bégonia [begɔnja] M BOT Begonie *f*

bègue [bɛg] **A** ADJ stotternd; **être ~** stottern **B** M/F Stotterer *m*, Stotterin *f*

bégueule [begœl] **A** F *(fam* schrecklich) prüde, zimperliche Frau **B** ADJ *(fam* schrecklich) prüde, zimperlich

béguin [begɛ̃] M *fam* **a** **avoir le ~ pour qn** für j-n schwärmen; in j-n vernarrt, *fam* verknallt, verschossen sein **b** *personne* Angebetete(r) *m/f(m)*; *fam* Schwarm *m*; *femme a. fam* Flamme *f*

béguinage [beginaʒ] M REL Beginenhof *m*, -gemeinschaft *f*

béguine [begin] F REL Begine *f*

bégum [begɔm] F *titre* Begum *f*

béhaviorisme [beavjɔʀism] M PSYCH Behaviorismus *m*; **béhavioriste** PSYCH **A** ADJ behavioristisch **B** M/F Behaviorist(in) *m(f)*

beige [bɛʒ] **A** ADJ beige; sandfarben **B** M Beige *n*

beigne [bɛɲ] *fam* F Backpfeife *f*; Ohrfeige *f*; → *a.* gifle

beignet [bɛɲɛ] M CUIS Beignet *m*; Krapfen *m*; Berliner (Pfannkuchen) *m*; **~ aux pommes** Apfel-Beignet *m*; *all Sud* Apfelküchel *n*; **~ d'aubergine(s)** Auberginen *fpl* in Bierteig

béké [beke] M/F *auf den frz Antillen geborene(r) Weiße(r)*

bel [bɛl] → beau

bêlant [belɑ̃] ADJ **1** *mouton* blökend; *chèvre* meckernd **2** *fam fig et péj orateur fam* blökend; *chanteur fam* jaulend

bel canto [bɛlkɑ̃to] M MUS Belcanto *ou* Belkanto *m*

bêlement [bɛlmɑ̃] M *des moutons* Blöken *n*; *des*

chèvres Meckern *n*

bêler [bele] VI 1 *mouton* blöken; *fam* mähen; *chèvre* meckern 2 *fam péj chanteur fam* jaulen; heulen

belette [bəlɛt] F ZOOL Wiesel *n*

Belfort [bɛlfɔʀ], [befɔʀ] *Hauptstadt des Dep. Territoire de Belfort*

belge [bɛlʒ] A ADJ belgisch B SUBST **Belge** *m/f* Belgier(in) *m(f)*

belgicisme [bɛlʒisism] M LING belgische Spracheigentümlichkeit; Belgizismus *m*

Belgique [bɛlʒik] **la ~** Belgien *n*

Belgrade [bɛlgʀad] Belgrad *n*

bélier [belje] M 1 ZOOL Widder *m*; Schafbock *m* 2 ASTRON, ASTROL **Bélier** Widder *m* 3 MIL HIST Mauerbrecher *m*; Sturmbock *m* 4 TECH **~ hydraulique** hydraulischer Widder; **coup** *m* **de ~** Druckschwankung *f*, -stoß *m*

Bélisaire [belizɛʀ] M HIST Belisar *m*

Belize [beliz] **le ~** Belize *n*

belladone [bɛladɔn] F BOT Tollkirsche *f*; Belladonna *f*

bellâtre [bɛlɑtʀ] M Geck *m*; Beau *m*; Schönling *m*

Bellay [bɛlɛ] **du ~** *frz Adelsgeschlecht*

belle [bɛl] → beau

belle-de-jour [bɛldəʒuʀ] F ‹*pl* belles-de--jour› BOT Winde *f*; **belle-de-nuit** F ‹*pl* belles-de-nuit› BOT Wunderblume *f*

belle-doche [bɛldɔʃ] *péj* F ‹*pl* belles-doches› Schwiegermutter *f*; **belle-famille** F ‹*pl* belles-familles› Familie *f* des Ehepartners; angeheiratete Familie; **belle-fille** F ‹*pl* belles-filles› 1 (*bru*) Schwiegertochter *f* 2 (*fille du conjoint*) Stieftochter *f*; **belle-maman** F ‹*pl* belles-mamans› *appellatif* Schwiegermama *f*; **belle-mère** F ‹*pl* belles-mères› 1 (*mère du conjoint*) Schwiegermutter *f* 2 (*nouvelle épouse du père*) Stiefmutter *f*

belles-lettres [bɛllɛtʀ] FPL *autrefois* schöne Literatur; Belletristik *f*

belle-sœur [bɛlsœʀ] F ‹*pl* belles-sœurs› Schwägerin *f*

bellicisme [bɛlisism] M kriegerische Gesinnung; Kriegstreiberei *f*, -hetze *f*; **belliciste** A ADJ den Krieg befürwortend; kriegstreiberisch, -hetzerisch B M/F Befürworter(in) *m(f)* des Krieges; Kriegstreiber(in) *m(f)*, -hetzer(in) *m(f)*

belligérance [bɛliʒeʀɑ̃s] F Status *m* e-r Krieg führenden Macht

belligérant [bɛliʒeʀɑ̃] A ADJ Krieg führend; **puissances ~es** Krieg führende Mächte *fpl* B MPL **~s** *puissances* Krieg Führende(n) *mpl*; Krieg führende Staaten *mpl*; (*combattants*) Angehörige(n) *mpl* von Streitkräften e-s Krieg führenden Staates

belliqueux [belikø] ADJ ‹-euse› 1 (*guerrier*) kriegerisch 2 (*agressif*) streitbar; streit-, kampflustig

belon [bəlõ] F *flache, runde Austernart*

belote [bəlɔt] F *frz Kartenspiel*

Béloutchistan [belutʃistɑ̃] GÉOG **le ~** Belutschistan *n*

belvédère [bɛlvedɛʀ] M Aussichtspunkt *m*, -terrasse *f*, -turm *m*, -pavillon *m*

Belzébuth [bɛlzeby(t)] M BIBL Beelzebub *m*

bémol [bemɔl] M MUS B *n*; Erniedrigungszeichen *n*; *adjt* **do ~** ces(*-Moll*) *ou* Ces(*-Dur*); *fig* **mettre un ~** à e-n Dämpfer aufsetzen (+ *dat*)

bémoliser [bemɔlize] VT MUS *note* durch ein B erniedrigen

ben [bɛ̃] ADV *et* INT *fam* **(eh) ~** → bien[1] A 7

Bénarès [benaʀɛs] GÉOG Benares *n*

bénédicité [benedisite] M Tischgebet *n*

bénédictin [benediktɛ̃] A ADJ ÉGL CATH Benediktiner… B SUBST 1 ÉGL CATH **~(e)** *m(f)* Benediktiner(in) *m(f)*; *fig* **travail** *m* **de ~** sorgfältige, geduldige Kleinarbeit 2 **Bénédictine** *f liqueur* Benediktiner *m*

bénédiction [benediksjõ] F REL Segen *m*; *action* Segnung *f*; (*consécration*) Weihe *f*; **~s** *pl* Segenswünsche *mpl*; **~ nuptiale** kirchliche Trauung (ohne Brautmesse); **~ du ciel** Segen des Himmels; **donner la ~ à qn** j-m den Segen erteilen, spenden; den Segen über j-n sprechen; *fam iron* **donner à qn sa ~** *fam* j-m s-n Segen (zu etw) geben; **je te donne ma ~** *a. fam* meinen Segen hast du; *fig* **c'est une ~!** das ist ein wahrer Segen, e-e wahre Freude!

bénef [benɛf] M *fam* ABR → bénéfice; ADJT **c'est tout ~** das bringt Vorteile

bénéfice [benefis] M 1 COMM Gewinn *m*; Ertrag *m*; Profit *m*; Plus *n*; **~s commerciaux** Handelsgewinne *mpl*; **~ net** Netto-, Reingewinn *m*, -ertrag *m*; **marge** *f* **de ~** Gewinn-, Verdienstspanne *f*; **c'est tout ~** das ist ein reines Profitgeschäft; **faire, réaliser un ~** e-n Gewinn, Profit erzielen; ein Plus machen; mit Gewinn arbeiten 2 (*avantage*) Vorteil *m*; Nutzen *m*; **~ de l'âge** Begünstigung *f* aufgrund des höheren Lebensalters (*bei Stimmengleichheit für zwei Kandidaten*); *loc prép* **au ~ de** zugunsten (+*gén*); **laisser à qn le ~ du doute** im Zweifelsfall zu j-s Gunsten entscheiden; **tirer ~ de qc** von etw profitieren; Nutzen, Vorteil aus etw ziehen 3 JUR Rechtswohltat *f*, -vorteil *m*; **sous ~ d'inventaire** unter Vorbehalt (der Inventarerrichtung) 4 HIST **~ ecclésiastique** kirchliches Benefizium; Pfründe *f*

bénéficiaire [benefisjɛʀ] A ADJ gewinnbringend; Gewinn…; **marge** *f* **~** Gewinn-, Verdienstspanne *f*; *entreprise* **être ~** mit Gewinn arbeiten; Gewinne erwirtschaften B M/F 1 Begünstigte(r) *m/f(m)*; *d'une prestation* Empfangs-, Bezugsberechtigte(r) *m/f(m)*; Empfänger(in) *m(f)*; Bezieher(in) *m(f)*; *d'un chèque* Zahlungsempfänger(in) *m(f)*; **j'en suis le ~** ich profitiere davon; ich bin der Nutznießer davon; das kommt mir zugute 2 JUR **~** *ou adjt* **héritier** *m* **~** Erbe, der die Erbschaft unter Vorbehalt der Inventarerrichtung annimmt

bénéficier [benefisje] VT INDIR **~ de qc** (*jouir de*) in den Genuss e-r Sache (*gén*) kommen; etw genießen; (*profiter de*) von etw profitieren; Vorteil, Nutzen aus etw ziehen; *d'une prestation* etw beziehen; **~ de circonstances atténuantes** mildernde Umstände zugebilligt bekommen; **il en a bénéficié** *a.* das ist ihm zugutegekommen; **faire ~ qn de qc** j-m etw zugutekommen lassen

bénéfique [benefik] ADJ wohltuend; *effet* günstig; *ce séjour* **lui a été ~** hat ihm gut getan

Bénélux *ou* **Benelux** [benelyks] **le Bénélux** *ou* **le Benelux** die Beneluxstaaten *mpl*

benêt [bənɛ] M **(grand) ~** Tölpel *m*; **son grand ~ de fils** sein Sohn, dieser Tölpel; sein Tölpel von Sohn; *adjt* **un peu ~** dümmlich; ein bisschen dumm, tölpelhaft

Bénévent [benevɑ̃] GÉOG Benevent *n*

bénévolat [benevɔla] M Freiwilligendienst *m*

bénévole [benevɔl] ADJ freiwillig; ehrenamtlich; unbezahlt; *activité a.* unentgeltlich; **aide** *m/f* **~** *ou subst* **~** *m/f* ehrenamtlicher, freiwilliger Helfer; ehrenamtliche, freiwillige Helferin

bengalais [bɛ̃galɛ] ADJ *et* SUBST → bengali

Bengale [bɛ̃gal] **le ~** Bengalen *n*

bengali [bɛ̃gali] A ADJ bengalisch B SUBST 1 **Bengali(e)** *m(f)* Bengale *m*, Bengalin *f* 2 LING **le ~** das Bengali; Bengali *n* 3 M ZOOL Prachtfink *m*

Beng(h)azi [bɛ̃gazi] GÉOG Bengasi *n*

bénigne → bénin

Bénigne [beniɲ] M *Vorname*

bénignité [beniɲite] F *d'une maladie* Gutartigkeit *f*; Harmlosigkeit *f*

bénin [benɛ̃] ADJ ‹bénigne [beniɲ]› 1 *tumeur* gutartig; **accident ~** harmloser Unfall; **maladie ~e** gutartige, harmlose Krankheit 2 *critique* mild

Bénin [benɛ̃] **le ~** Benin *n*

béninois [beninwa] A ADJ beninisch B SUBST **Béninois(e)** *m(f)* Beniner(in) *m(f)*

béni-oui-oui [beniwiwi] MPL *fam* Jasager *mpl*

bénir [beniʀ] VT 1 REL segnen; **~ un mariage** j-n, ein Brautpaar trauen; **Dieu vous bénisse!** Gott segne Sie!; *Ave* **vous êtes bénie entre toutes les femmes** du bist gebenedeit unter den Frauen 2 (*remercier*) dankbar sein (**qn** j-m); (*se féliciter*) glücklich sein (**qc** über etw [*acc*]); **il bénit notre arrivée** er war glücklich, heilfroh über unser Kommen; **béni soit le ciel!** dem Himmel sei Dank!; **je bénis le médecin qui m'a sauvé** ich bin dem Arzt, der mich gerettet hat, ewig dankbar

bénit [beni] ADJ REL geweiht; **eau ~e** Weihwasser *n*; **pain ~** geweihtes Brot

bénitier [benitje] M ÉGL CATH Weihwasserbecken *n*, -kessel *m*; *fam fig* **grenouille** *f* **de ~** *fam* Betschwester *f*

benjamin [bɛ̃ʒamɛ̃] M, **benjamine** F Jüngste(r) *m/f(m)*; Benjamin *m*; *d'une famille a.* Nesthäkchen *n*

Benjamin [bɛ̃ʒamɛ̃] M *Vorname*

benjoin [bɛ̃ʒwɛ̃] M Benzoeharz *n*

benne [bɛn] F TECH Kübel *m*; Mulde *f*; Fördergefäß *n*; *d'un camion* (Wagen)Kasten *m*; **~ basculante** Kippmulde *f*; **~ preneuse** Greifer *m*; *par ext* **~ à ordures** Müllauto *n*

Benoît [bənwa] M *Vorname*

benoît [bənwa] *st/s* ADJ scheinheilig; süßlich

benoîte [bənwat] F BOT Echte Nelkenwurz; Benediktenkraut *n*

benzène [bɛ̃zɛn] M CHIM Benzol *n*

benzine [bɛ̃zin] F CHIM (rektifiziertes) Benzol; COMM Waschbenzin *n*

benzol [bɛ̃zɔl] M CHIM Benzol *n*

Béotie [beɔsi] GÉOG **la ~** Böotien *n*

béotien [beɔsjɛ̃] *st/s* A ADJ ‹~ne› amusisch; ohne Kunstverstand; banausisch B SUBST **~(ne)** *m(f)* Banause *m*

BEP [beəpe, bɛp] M ABR (brevet d'études professionnelles) Berufsschulabschluss *m*

BEPC [beəpese] M ABR (brevet d'études du premier cycle) *correspond à* mittlere Reife

béquille [bekij] F 1 *pour marcher* Krücke *f*; **marcher avec des ~s** an Krücken gehen 2 *d'une moto etc* Ständer *m*; Stütze *f* 3 *de serrure* (Tür)Klinke *f*

béquiller [bekije] VT MAR *navire* (mit e-m Keil *etc*) abstützen

Bérangère [beʀɑ̃ʒɛʀ] F *Vorname*

berbère [bɛʀbɛʀ] A ADJ Berber… B SUBST 1 **Berbère** *m/f* Berber(in) *m(f)* 2 LING **le ~** die Berbersprache

bercail [bɛʀkaj] M ‹*ohne pl*› 1 *plais* Schoß *m* der Familie; **rentrer au ~** in den Schoß der Familie, an den häuslichen Herd zurückkehren 2 REL Schoß *m* der Kirche; **ramener au ~ une brebis égarée** ein verlorenes Schaf in den Schoß der Kirche zurückführen

berce [bɛʀs] F BOT Bärenklau *m*

berceau [bɛʀso] M ‹*pl* ~x› 1 Wiege *f* (*a. fig*); *fig a.* Geburtsstätte *f*; *fig*: **dès le ~** von der Wiege an; von klein auf; *la Corse*, **le ~ de Bonaparte …**, wo die Wiege Napoleons stand; *Lyon a. été en France* **le ~ de l'imprimerie** die Wiege, Geburtsstätte der Buchdruckerkunst; *il aime les femmes très jeunes*, **il les prend au ~** sie können ihm nicht jung genug sein 2 ARCH Tonne *f*; **voûte** *f* **en ~** Tonnengewölbe *n* 3 JARD (grüner) Laubengang 4 TECH **~ (de) moteur** Motoruntergestell *n*, -träger *m*

bercelonnette [bɛʀsəlɔnɛt] F Ständerwiege

f (mit Himmel)

bercement [bɛʀsəmɑ̃] M Wiegen *n*; Schaukeln *n*

bercer [bɛʀse] ‹-ç-› A VT 1 *bébé* wiegen; schaukeln; **~ dans ses bras** in *ou* auf den Armen wiegen; **~ un enfant pour l'endormir** ein Kind in den Schlaf wiegen, einwiegen; *bateau* **être bercé par les vagues** von den Wellen gewiegt, geschaukelt werden 2 *fig*: **son enfance a été bercée de** *ou* **par ces contes** s-e Kindheit war erfüllt von diesen Märchen; **être bercé par une musique douce** von leiser Musik eingelullt werden; **~ qn de vaines promesses** j-n mit leeren Versprechungen hinhalten B V/PR *fig* **se ~ de qc** sich in etw (*dat*) wiegen; sich e-r Sache (*dat*) hingeben; **se ~ d'illusions** *a.* sich (*dat*) etwas vorgaukeln

berceur [bɛʀsœʀ] ADJ ‹-euse› *rythme* wiegend; *bruit monotone* einlullend; **berceuse** F Wiegenlied *n*; MUS Berceuse *f*

Berck [bɛʀk] *Stadt im Dep. Pas-de-Calais*

Bérénice [beʀenis] F HIST Berenike *f*; Berenice *f*

béret [beʀɛ] M Tellermütze *f*; **~ basque** Baskenmütze *f*; **~ de marin** Matrosenmütze *f*

Berezina *ou* **Bérézina** [beʀezina] GÉOG **la ~** die Beresina

Bergame [bɛʀgam] Bergamo *n*

bergamote [bɛʀgamɔt] F a *agrume* Bergamotte *f*; **essence** *f* **de ~** Bergamottöl *n* b *poire* Bergamotte *f*

berge¹ [bɛʀʒ] F *d'un cours d'eau* (steiles) Ufer; (Ufer)Böschung *f*; *par ext chemin* Uferweg *m*

berge² [bɛʀʒ] *arg* F (Lebens)Jahr *n*; **avoir trente ~s** dreißig Jahre alt sein

Bergen [bɛʀgɛn] GÉOG Bergen *n*

berger [bɛʀʒe] M 1 Schäfer *m*; (Schaf)Hirt(e) *m*; BIBL **le bon ~** der Gute Hirte; **l'étoile** *f* **du ~** die Venus; der Morgen- *ou* Abendstern; *fig*: **heure** *f* **du ~** Schäferstündchen *n*; **la réponse du ~ à la bergère** e-e schlagfertige Schlussbemerkung 2 ZOOL **(chien** *m* **de) ~** Schäferhund *m*; **~ allemand, écossais** Deutscher, Schottischer Schäferhund

Bergerac [bɛʀʒəʀak] *Stadt im Dep. Dordogne*

bergère [bɛʀʒɛʀ] F 1 *personne* Schäferin *f*; (Schaf)Hirtin *f* 2 *fauteuil* (bequemer, gepolsterter) Lehnsessel

bergerie [bɛʀʒəʀi] F 1 *bâtiment* Schafstall *m*; Schäferei *f* 2 *poème* Schäfergedicht *n*

bergeronnette [bɛʀʒəʀɔnɛt] F ZOOL Bachstelze *f*

Bergson [bɛʀksɔn] **Henri ~** *frz Philosoph*

béribéri [beʀibeʀi] M MÉD Beriberi *f*

Béring [beʀiŋ] **le détroit de ~** die Beringstraße; **la mer de ~** das Beringmeer

berk [bɛʀk] INT *fam* igitt(igitt)!; pfui!

Berlin [bɛʀlɛ̃] Berlin *n*

berline [bɛʀlin] F 1 AUTO (viertürige) Limousine 2 MINES Förder-, Grubenwagen *m*; Hund *m*

Berlin-Est [bɛʀlɛ̃ɛst] HIST Ost-Berlin *n*

berlingot [bɛʀlɛ̃go] M 1 *bonbon* (tetraedrischer) Frucht-, Pfefferminzbonbon 2 *emballage* (Milch-, Saft)Tüte *f*

berlinois [bɛʀlinwa] A ADJ Berliner; berlinerisch (*a.* LING) B SUBST **Berlinois(e)** *m(f)* Berliner(in) *m(f)*

Berlin-Ouest [bɛʀlɛ̃wɛst] HIST West-Berlin *n*

Berlioz [bɛʀljoz] *frz Komponist*

berlue [bɛʀly] F **avoir la ~** blind sein (*fig*); sich täuschen, irren; **tu as la ~**, *ce n'est pas lui* du siehst wohl nicht gut ...; **si je n'ai pas la ~**, *c'est bien lui* wenn mich nicht alles täuscht ...

berme [bɛʀm] F Berme *f*; Bankett *n*; Böschungsabsatz *m*

bermuda(s) [bɛʀmyda] M(PL) Bermudashorts *pl*; Bermudas *pl*

Bermudes [bɛʀmyd] **les ~** *fpl* die Bermudas *pl*; die Bermudainseln *fpl*

bernache [bɛʀnaʃ] F 1 *oiseau* Wildgans *f* 2 *crustacé* Entenmuschel *f*

bernacle [bɛʀnakl] F → bernache

Bernadette [bɛʀnadɛt] F *Vorname*

Bernanos [bɛʀnanos] *frz Dichter*

Bernard [bɛʀnaʀ] M *Vorname*

bernard-l'(h)ermite [bɛʀnaʀlɛʀmit] M ‹inv› ZOOL Einsiedlerkrebs *m*

berne [bɛʀn] F *drapeau, pavillon* **en ~** auf halbmast; **mettre en ~** auf halbmast setzen; **mettre les drapeaux en ~** *a.* halbmast flaggen

Berne [bɛʀn] Bern *n*

berner [bɛʀne] VT **~ qn** j-n zum Narren, zum Besten haben, halten; j-n an der Nase herumführen

bernicle [bɛʀnikl] F ZOOL Napfschnecke *f*

Bernin [bɛʀnɛ̃] **le ~** ARCH, SCULP Bernini *m*

bernique¹ [bɛʀnik] F ZOOL Napfschnecke *f*

bernique² [bɛʀnik] *fam* INT nichts da!; weit gefehlt!; *fam* ja Pustekuchen!; ja denkste!

berrichon [bɛʀiʃɔ̃] ADJ ‹~ne› (*et* SUBST **Berrichon** Bewohner) des Berry

Berry [bɛʀi] **le ~** *Landschaft in Mittelfrankreich*

Berthe [bɛʀt] F *Vorname*

Bertrand [bɛʀtʀɑ̃] M *Vorname*

béryl [beʀil] M MINÉR Beryll *m*

béryllium [beʀiljɔm] M CHIM Beryllium *n*

berzingue [bɛʀzɛ̃g] LOC ADV **à tout ~** schleunigst; *fam* wie ein geölter Blitz

besace [bəzas] F Quersack *m*

Besançon [bəzɑ̃sɔ̃] *Stadt im Dep. Doubs*

Bescherelle [bɛʃʀɛl] *frz Grammatiker*

bésef [bezɛf] → bézef

bésicles [bezikl] *plais* FPL Brille *f*

Beskides *ou* **Beskydes** [bɛskid] GÉOG **les ~** *fpl* die Beskiden *pl*

besogne [b(ə)zɔɲ] F Arbeit *f*; *fig* **aller vite en ~** nicht lange fackeln; gleich aufs Ganze gehen; *fig* **vous êtes bien rapide en ~** Sie gehen zu schnell zu Werke; **avoir fait de la belle, bonne ~** gute, saubere Arbeit geleistet haben; → *a.* abattre A 4

besogner [b(ə)zɔɲe] VI schwer, hart arbeiten; *fam* schuften; **besogneux** ADJ ‹-euse› *personne* fleißig arbeitend

besoin [b(ə)zwɛ̃] M 1 Bedürfnis *n*, Verlangen *n*, Drang *m* (**de** nach); Erfordernis *n*; **~ d'activité** Tätigkeitsdrang *m*; **~ d'argent** *a.* Geldmangel *m*; **~ de bonheur** Glücksverlangen *n*; Verlangen nach Glück; **~ de dormir, de repos** Schlaf-, Ruhebedürfnis *n*; *loc adv*: **au ~**, *st/s* **si ~ est, s'il en est ~** notfalls; nötigenfalls; im Notfall; falls erforderlich; bei Bedarf; im Bedarfsfall; wenn (es) nötig (ist); **pour le(s) ~(s) de la cause** extra hierfür; *mentir* notgedrungen; ♦ **avoir ~ de qn, qc** j-n, etw brauchen, benötigen, nötig haben; *st/s* j-s, e-r Sache bedürfen; **avoir grand ~ de** dringend brauchen *etc*; *ce travail* **a ~ de beaucoup d'attention** erfordert, verlangt viel Aufmerksamkeit; *ce pantalon* **a ~ d'un coup de fer** muss ein bisschen (aus)gebügelt, überbügelt werden; **j'ai** *ou* **j'aurais bien ~ d'un manteau** ich könnte e-n Mantel gebrauchen; **avoir ~ de faire qc** etw zu tun brauchen; etw tun müssen; **je n'ai pas ~ d'ajouter que ...** ich brauche nicht hinzuzufügen, dass ...; *iron* **vous aviez bien ~ de le lui dire** das hätten Sie ihm nicht zu sagen brauchen; *appareil etc* **avoir ~ d'être réparé** reparaturbedürftig sein; **il a ~ de se reposer** er ist ruhebedürftig; er braucht Ruhe; er muss sich ausruhen; **avoir ~ que ...** (+*subj*) etw brauchen, benötigen; **j'ai ~ que vous m'aidiez** ich brauche, benötige Ihre Hilfe; *st/s* ich bedarf Ihrer Hilfe; *impersonnel* **il n'est pas ~ de dire**, *litt* **point n'est ~ de dire que ...** es ist nicht nötig, es ist unnötig, es erübrigt sich, zu sagen, dass ...; ♦ **devenir un ~ pour qn** j-m ein *ou* zum Bedürfnis werden; **éprouver, (res) sentir le ~ de** (+*inf*) das Bedürfnis, das Verlangen, den Drang verspüren, fühlen zu (+*inf*); **subvenir aux ~s de ses parents** für den Unterhalt s-r Eltern sorgen, aufkommen 2 ÉCON **~s** *pl* Bedarf *m* (en an +*dat*); **~s en capitaux, en matières premières** Kapital-, Rohstoffbedarf *m* 3 *fam* **~(s) naturel(s)** Notdurft *f*; *fam* Geschäft *n*; **faire ses ~s** s-e Notdurft, *fam* sein Geschäft verrichten; **faire ses petits ~s** *fam* ein kleines Geschäft machen, verrichten; **satisfaire un ~ pressant** *fam* ein dringendes Geschäft erledigen, verrichten 4 (*dénuement*) Not *f*; Armut *f*; Bedürftigkeit *f*; **être dans le ~** in Not sein; Not, Mangel leiden; in Armut leben; arm, Not leidend, bedürftig sein

Bessarabie [besaʀabi] **la ~** Bessarabien *n*

bestiaire [bɛstjɛʀ] M 1 *recueil* Tierbuch *n*; Bestiarium *n* 2 *gladiateur* Tierkämpfer *m*

bestial [bɛstjal] ADJ ‹-aux› tierisch; viehisch; bestialisch; roh; **bestialité** F tierisches Wesen; Bestialität *f*; Rohheit *f*

bestiaux [bɛstjo] MPL AGR Vieh *n*; **être parqués comme des ~** wie Vieh zusammengepfercht sein

bestiole [bɛstjɔl] F Tierchen *n*; kleines (harmloses) Tier; (*insecte*) Insekt *n*

best-seller [bɛstsɛlœʀ, -lɛʀ] M ‹*pl* best-sellers› Bestseller *m*

bêta¹ [bɛta] M 1 *lettre grecque* Beta *n* 2 PHYS NUCL **rayons** *mpl* **~** Betastrahlen *mpl*

bêta² [bɛta] *fam* A ADJ ‹bêtasse [bɛtas]› dumm; *fam* doof; **un peu ~** ein bisschen dumm; dümmlich B M *affectueusement* **gros ~** *fam* Dummerchen *n*; *all Sud* Dummerle *n*

bêtabloquant [bɛtablɔkɑ̃] M MÉD Betablocker *m*

bétail [betaj] M AGR Vieh *n*; **gros, petit ~** Groß-, Kleinvieh *n*; *fig* **~ humain** wie Vieh behandelte Menschen *mpl*; **dix têtes de ~** zehn Stück Vieh

bétaillère [betajɛʀ] F Viehtransporter *m*

bête¹ [bɛt] F 1 (*animal*) Tier *n*; **~s** *pl a.* a CH Wild *n* b AGR Vieh *n* c (*insectes*) Ungeziefer *n*; **~s et gens** Mensch und Tier; **~s à cornes** Horntiere *npl*; AGR Hornvieh *n*; **~ à bon Dieu** Marienkäfer *m*; CH **~ de compagnie** Überläufer *m*; **~ de somme, de trait** Last-, Zugtier *n*; **peaux** *fpl* **de ~s** Tierfelle *npl*, -häute *fpl*; *fig* **chercher la petite ~** an allem, immer etwas auszusetzen haben; alles bekritteln; immer ein Haar in der Suppe finden; *fam* an allem herummeckern, -mäkeln; HIST **être livré aux ~s** den wilden Tieren vorgeworfen werden; **regarder qn comme une ~ curieuse** j-n anstarren, *fam* anglotzen; *prov* **morte la ~, mort le venin** ein toter Hund beißt nicht mehr (*prov*) 2 *fig d'une personne*: *fam* **une bonne, brave ~** *fam* ein gutes Tier; ein gutmütiger Dummkopf; *terme d'affection* **grosse, grande ~!** *fam* (du) Dummerchen *ou all Sud* Dummerle!; *péj* **sale ~** gemeiner Kerl; *plus fort* Miststück *n*; *fam* **une ~ à concours** ein (sturer) Examenstyp *m*; **c'est sa ~ noire** er kann ihn *ou* sie *ou* das auf den Tod nicht ausstehen; er *ou* sie *ou* das ist ihm ein Gräuel; **faire la ~** sich dumm, unwissend stellen

bête² [bɛt] A ADJ (*stupide*) dumm; albern; einfältig; *fam* blöd(e); doof; dämlich; *par ext* **un accident ~** ein ganz dummer, blöder Unfall; **pas si ~!** ich lass mich *ou* er lässt sich *etc* nicht für dumm verkaufen!; ich bin *ou* er ist *etc* doch nicht so blöd!; *fam* **~ à manger du foin, comme ses pieds** *fam* dumm wie Bohnenstroh;

strohdumm; *fam* **c'est ~ comme chou** das ist kinderleicht, ein Kinderspiel; **il n'est pas ~** er ist nicht dumm; **j'ai été ~ de** *(+inf)* es war dumm von mir zu *(+inf)*; **suis-je ~ de l'avoir oublié!** wie konnte ich nur so blöd sein und das vergessen!; **c'est ~**, *je ne m'en souviens pas* das ist aber dumm, ärgerlich ... **B** M *d'un film, d'une histoire etc fam* **c'était d'un ~ (à faire pleurer)** der *ou* die war so dumm, dümmer gehts nicht mehr

bétel [betɛl] M **1** BOT Betelpfeffer *m* **2** *stimulant* Betel *m*

bêtement [bɛtmɑ̃] ADV **1** dumm; *fam* blöd(e); **il s'est tué ~** er ist auf ganz dumme, blöde Weise ums Leben gekommen **2** *(simplement)* **tout ~** ganz einfach, schlicht, simpel

Bethléem [bɛtleɛm] Bethlehem *n*

Bethsabée [bɛtsabe] F BIBL Bathseba *f*; Bethsabee *f*

bêtifiant [betifjɑ̃] ADJ *film, journal etc* **a** zur Verdummung der Leute beitragend **b** dumm; albern; *fam* dämlich; **bêtifier** V/I dumm daherreden; kindisch plappern

bêtise [betiz] F **1** *(stupidité)* Dummheit *f*; Torheit *f*; **~s** *pl* **a** *paroles* dummes, albernes Zeug; Unsinn *m*; *fam* Quatsch *m* **b** *actions* Dummheiten *fpl*; dumme Streiche *mpl*; **par ~** aus Dummheit; **il a eu la ~ de le lui dire** er war so dumm, er hat die Dummheit begangen, es ihm zu sagen; **dire des ~s** dummes Zeug, Unsinn, *fam* Quatsch reden; **faire des ~s** Dummheiten machen; **il a fait une grosse ~** er hat e-e große Dummheit gemacht **2** *(motif futile)* Kleinigkeit *f*; Lappalie *f* **3** **~ de Cambrai** (tetraedrischer) Pfefferminzbonbon (aus Cambrai)

bêtisier [betizje] M Stilblütensammlung *f*

béton [betõ] M **1** CONSTR Beton *m*; **~ armé** Stahl-, Eisenbeton *m*; *loc adj* **de** *ou* **en ~** Beton...; *fig argument, alibi* **(en) ~** hieb- und stichfest **2** FOOTBALL **aire, jouer le ~** mauern

bétonnage [betɔnaʒ] M **1** CONSTR Betonieren *n*, -ung *f* **2** *par ext d'une côte etc* Zubetonieren *n*

bétonner [betɔne] **A** V/T **1** CONSTR betonieren **2** *par ext* **~ une côte, une région** eine Küste, eine Region zubetonieren **B** V/I FOOTBALL mauern

bétonneuse [betɔnøz] F *ou* **bétonnière** F CONSTR Betonmischmaschine *f*, -mischer *m*

bette [bɛt] F BOT Mangold *m*

betterave [bɛtʀav] F Rübe *f*; **~ rouge** Rote Rübe, Bete; **~ sucrière** Zuckerrübe *f*

betteravier [bɛtʀavje] **A** ADJ ‹-ière› (Zucker)Rüben... **B** M (Zucker)Rübenanbauer *m*

beuglante [bøglɑ̃t] *fam* F laut gesungenes Lied; **pousser une ~** *péj* ein Lied grölen

beuglement [bøgləmɑ̃] M **1** *des bovins* Muhen *n*; Brüllen *n*; Gebrüll *n* **2** *fam péj* Johlen *n ou fam* Gejohle *n*; Brüllen *n*; Gebrüll *n*; *fam* Grölen *n*; Gegröle *n*; Plärren *n*; Geplärr(e) *n*

beugler [bøgle] **A** V/T *chanson fam* grölen **B** V/I **1** *bovins* muhen; brüllen **2** *fam péj personne* johlen; brüllen; *fam* grölen *(a. chanteur)*; plärren *(a. radio, télé)*; *musique a.* dröhnen

beur [bœʀ] *fam* M/F (in Frankreich geborene[r]) Nordafrikaner(in) *m(f)*

beurette [bœʀɛt] F *fam* → beur

beurk [bœʀk] INT *fam* igitt(igitt)!; pfui!

beurre [bœʀ] M **1** Butter *f*; CUIS **~ maître d'hôtel** Kräuterbutter *f*; **~ d'anchois** Sardellenbutter *f*; *loc adj* CUIS **au ~ noir** in stark gebräunter Butter; *fam fig* **œil** *m* **au ~ noir** blaues Auge; *loc adv fam fig* **au prix où est le ~** wo jetzt alles so teuer ist; bei den heutigen Preisen; *fam fig*: **compter pour du ~** überhaupt nicht zählen; **ça entre comme dans du ~** das ist butterweich; **c'est du ~** das ist ein Kinderspiel; das schaffe ich, schafft er *etc* spielend; nichts leichter als das; **faire son ~** sein Schäfchen ins Trockene bringen; *fam* sich gesundstoßen; **mettre du ~ dans les épinards** etwas dazuverdienen; s-e Finanzen aufbessern **2** **petit ~** Butterkeks *m* **3** *par ext* **~ de cacahouète** Erdnussbutter *f*; **~ de cacao** Kakaobutter *f*

beurré [bœʀe] M BOT Butterbirne *f*

beurrer [bœʀe] V/T **1** *tartine* mit Butter (be)streichen; **~ un moule** eine Kuchenform mit Butter einfetten; *adjt* **tartine beurrée** Butterbrot *n*, -schnitte *f* **2** ADJT *personne fam* **être beurré** *fam* besoffen, blau sein

beurrier [bœʀje] M Butterdose *f*

beuverie [bœvʀi] F Trink-, Zech-, *fam* Saufgelage *n*; *fam* Sauferei *f*

bévue [bevy] F (grober, dummer, peinlicher) Fehler, *fam* Schnitzer; *dans un texte a.* Flüchtigkeitsfehler *m*; **commettre une ~** e-n Fehler machen, begehen; *fam* e-n Bock schießen

Bex-les-Bains [bɛlebɛ̃] *Stadt in der Schweiz*

bey [bɛ] M HIST *titre* Bei *ou* Bey *m*

Beyrouth [bɛʀut] Beirut *n*

bézef [bezɛf] *fam* ADV viel; **c'est pas ~** das ist nicht gerade viel; das ist herzlich wenig

Béziers [bezje] *Stadt im Dep. Hérault*

BFCE [beɛfseə] F ABR (Banque française du commerce extérieur) *frz Außenhandelsbank*

Bhoutan [butɑ̃] **le ~** Bhutan *n*

bhoutanais [butanɛ] **A** ADJ bhutanisch **B** SUBST **Bhoutanais(e)** *m(f)* Bhutaner(in) *m(f)*

B.H.V. [beaʃve] M ABR (Bazar de l'Hôtel de ville) *Name e-r Kaufhausgruppe*

biais [bjɛ] M **1** COUT **a** *sens* **c'est du ~** das ist schräg geschnitten, genommen; **couper dans le ~** im schrägen Fadenlauf schneiden **b** *bande* Schrägstreifen *m* **2** LOC ADV **de** *ou* **en ~** schräg; **regarder qn de** *ou* **en ~** j-n (schräg) von der Seite anblicken **3** *fig (moyen détourné)* Umweg *m*; (Aus)Weg *m*; *péj* Winkelzug *m*; **trouver un ~** *pour refuser poliment une invitation* e-n (Aus)Weg, ein Mittel finden ...; *loc adv* **de ~** auf Umwegen; indirekt; *loc prép* **par le ~ de** auf dem Umweg über *(+acc)*

biaiser [bjeze] V/I ausweichen; sich winden; wie die Katze um den heißen Brei herumgehen; Winkelzüge machen

Biarritz [bjaʀits] *Stadt im Dep. Pyrénées-Atlantiques*

biathlon [biatlõ] M SPORTS Biathlon *n*

bibelot [biblo] M Nippfigur *f*, -sache *f*; **~s** *pl* Nippsachen *fpl*; Nippes *pl*

Bibendum [bibɛ̃dɔm] M das Michelin-Reifenmännchen

biberon [bibʀõ] M (Saug)Flasche *f*, (-)Fläschchen *n*; **élever au ~** mit der Flasche groß-, aufziehen *(a. animal)*; *fig* **être encore au ~** noch ein richtiges Baby sein

biberonner [bibʀɔne] V/I *fam* gern einen über den Durst trinken

bibi[1] [bibi] *fam* M (Damen)Hütchen *n*

bibi[2] [bibi] PR PERS *fam (moi)* ich; *fam* unsereiner; meine Wenigkeit; **c'est à ~** das gehört mir

bibiche [bibiʃ] F *fam* (mein) Herzchen *n*, Schatz *m*

bibine [bibin] F *fam* Gesöff *n*

bible [bibl] F **1** *ouvrage, fig* Bibel *f*; REL **la Bible** die Bibel; **~ illustrée** Bilderbibel *f*; **la Sainte Bible** die Heilige Schrift; **passage** *m* **de la Bible** Bibelstelle *f*; *fig Le Capital de Marx,* **c'est sa ~** ... ist s-e Bibel, ist für ihn die Bibel **2** ADJT **papier** *m* **~** Dünndruckpapier *n*; **édition** *f* **sur papier ~** Dünndruckausgabe *f*

bibliobus [biblijɔbys] M fahrbare (Leih)Bücherei; Fahrbücherei *f*

bibliographe [biblijɔgʀaf] M/F Bibliograf(in) *m(f)*; **bibliographie** F Bibliografie *f*; *liste a.* Literatur-, Bücherverzeichnis *n*; **bibliographique** ADJ bibliografisch

bibliophile [biblijɔfil] M/F Bibliophile(r) *m/f(m)*; Bücherliebhaber(in) *m(f)*; **bibliophilie** F Bibliophilie *f*

bibliothécaire [biblijɔtekɛʀ] M/F Bibliothekar(in) *m(f)*

bibliothèque [biblijɔtɛk] F **1** *(collection de livres)* Bibliothek *f*; *publique a.* Bücherei *f*; *édifice, salle* Bibliothek(sgebäude *n*, -ssaal *m*, -szimmer *n*) *f*; **~ municipale** Stadtbücherei *f*, -bibliothek *f*; *à Paris* **Bibliothèque nationale** Nationalbibliothek *f*; **~ universitaire** *(abr* B.U.) Universitätsbibliothek *f (abr* UB); **~ de prêt** Leihbücherei *f*, -bibliothek *f*; **une ~ de dix mille volumes** e-e zehntausend Bände umfassende Bibliothek; *fig* **rat** *m* **de ~** Bücherwurm *m* **2** *meuble* Bücherschrank *m*, -wand *f*, -regal *n* **3** *édition* Buchreihe *f*; **Bibliothèque rose** *Sammlung von Jugendbüchern*

biblique [biblik] ADJ Bibel...; biblisch

bic® [bik] M Kugelschreiber *m*; *fam* Kuli *m*

bicamér(al)isme [bikameʀ(al)ism] M POL Zweikammersystem *n*

bicarbonate [bikaʀbɔnat] M CHIM Bikarbonat *ou t/t* -carbonat *n*; → *a.* soude

bicause [bikoz] *fam* CONJ weil

bicentenaire [bisɑ̃tnɛʀ] M zweihundertster Jahrestag; zweihundertjähriges Jubiläum; Zweihundertjahrfeier *f*; **le ~ de sa mort** sein zweihundertster Todestag

bicéphale [bisefal] ADJ zwei-, doppelköpfig; *emblème* **aigle** *f* **~** Doppeladler *m*

biceps [bisɛps] M ANAT Bizeps *m*; *fam* **avoir des ~** starke Muskeln haben; Muskelkraft besitzen; *fam* Muskelpakete haben

biche [biʃ] F **1** ZOOL Hirschkuh *f*; *poét* Hindin *f*; *fig*: **regard** *m* **de ~** sanfter Blick; **yeux** *mpl* **de ~** Rehaugen *npl* **2** *terme d'affection* **ma ~** mein Herzblatt *n*, Liebling *m*

bicher [biʃe] V/I *fam* **1** *(être content)* zufrieden sein; *fam* strahlen **2** *(aller bien)* **ça biche?** geht's gut?; alles in Ordnung?; *fam* alles o. k.?

bichette [biʃɛt] F *fam* **ma ~** → biche 2

bichon [biʃõ] M **1** *chien* Malteser *m* **2** *fam terme d'affection* **mon ~** *fam* mein Herzchen *n*, Mäuschen *n*

bichonner [biʃɔne] **A** V/T **1** *(pomponner)* herausputzen **2** *(soigner) qn, animal* (ver)hätscheln; **~ sa voiture** sein Auto hegen und pflegen **B** V/PR **se ~** sich herausputzen; sich schön machen; *fam* sich in Schale werfen

bicolore [bikɔlɔʀ] ADJ zweifarbig; **biconcave** ADJ OPT bikonkav; **biconvexe** ADJ OPT bikonvex

bicoque [bikɔk] F *fam péj* Bruchbude *f*; **une vieille ~** *fam* ein alter Kasten

bicorne [bikɔʀn] M *chapeau* Zweispitz *m*

bicot [biko] M *injure* **(sale) ~** (dreckiger) Araber, Nordafrikaner

bicross [bikʀɔs] M **1** *vélo* BMX-Rad *n* **2** *sport* Geländefahren *n*

biculturalisme [bikyltyʀalism] M Nebeneinander *n* zweier Kulturen

bicycle [bisikl] M *autrefois* Hochrad *n*

bicyclette [bisiklɛt] F (Fahr)Rad *n*; **~ de dame, d'homme** Damen-, Herren(fahr)rad *n*; **aller à**, *fam* **en ~** (mit dem) Rad fahren; *fam* radeln

bidasse [bidas] M *fam (recrue)* Rekrut *m*; junger Soldat

Bidault [bido] **Georges ~** *frz Politiker*

bide [bid] *fam* M **1** *(ventre)* (dicker) Bauch; *fam* Wampe *f*; Wanst *m*; **gros ~** *fam* dicke Wampe; **avoir du ~** e-n (dicken) Bauch haben **2** THÉ **faire un ~** ein (totaler) Misserfolg, *fam* ein Flop *m*, ein Reinfall *m* sein; e-n Durchfall erleben; durchfallen **3** → bidon 3

bidet [bidɛ] M 1 *pour toilette intime* Bidet *n* 2 *plais (cheval)* Pferd(chen) *n*; kleines (Reit-, Zug-)Pferd

bidoche [bidɔʃ] F *fam (viande)* Fleisch *n*

bidon [bidõ] M 1 *récipient* Kanister *m*; **~ à, de lait** Milchkanne *f*; **~ d'essence, d'huile** Benzin-, Ölkanister *m*; *contenu* Kanister Benzin, Öl 2 *fam fig* → **bide** 1 3 *fam (bluff)* Bluff *m*; Schwindel *m*; Betrug *m*; *fam* Beschiss *m*; **c'est pas du ~** *a.* das ist nicht gelogen; das ist die reinste Wahrheit; ♦ *adjt ⟨inv⟩ attentat, déclaration etc* vorgetäuscht; Schein...; Pseudo...; **offre** *f* **~** Scheinangebot *n*

bidonnant [bidɔnɑ̃] *fam* ADJ spaßig; drollig; lustig; ulkig; **bidonner** V/PR *fam* **se ~** sich köstlich amüsieren; *fam* sich tot-, schieflachen

bidonville [bidõvil] M Wellblechhütten (-siedlung) *fpl(f)*; Elendsviertel *n*; Slum *m*

bidouillage [bidujaʒ] *fam* M Bastelei *f*; *fam* Tüftelei *f*; *action a. fam* Herumbasteln *n*, -tüfteln *n*; **bidouiller** V/T *fam* herumbasteln, -tüfteln an (+ *dat*)

bidule [bidyl] M *fam* Dings(da, -bums) *n*

bief [bjɛf] M *d'un cours d'eau* Abschnitt *m*; Strecke *f*; *d'un canal* (Kanal)Haltung *f*; Staustrecke *f*; *d'un moulin* Gerinne *n*; Mühlbach *m*

bielle [bjɛl] F TECH Pleuel(stange) *m(f)*; AUTO **j'ai coulé une ~** ein Pleuellager ist ausgelaufen; *fam* ich habe e-n Kolbenfresser

biélorusse [bjelɔʀys] A ADJ weißrussisch B M/F **Biélorusse** Weißrusse, -russin *m,f*

Biélorussie [bjelɔʀysi] **la ~** Weißrussland *n*

bien¹ [bjɛ̃] A ADV 1 gut (*a. comme note*); *st/s* wohl; **assez ~** ziemlich gut; *comme note* befriedigend; **très ~** sehr gut (*a. comme note*); **~ écrit** gut geschrieben; **~ élevé** *a.* wohlerzogen; **~ portant** gesund; wohlauf; *loc adv* **ni ~ ni mal** weder gut noch schlecht; leidlich; mittelmäßig; **tant ~ que mal** recht und schlecht; so gut es (eben) geht; so einigermaßen; **manger ~** gut essen; → *a.* **aller¹** A 2, 3, **faire** A 1 c) 2 *(juste)* gut; richtig; recht; **~ conseiller qn** j-n gut, richtig beraten; **ai-je ~ entendu?** habe ich recht, richtig gehört, verstanden? 3 *degré, intensité* sehr; viel; ganz; recht; reichlich; *avec adj et adv*: **il y en a ~ assez** es ist reichlich davon da; **~ chaud** sehr, ganz heiß; **je suis ~ content** ich bin recht, *plus fort* sehr zufrieden; **il est ~ jeune** *pour cette mission* er ist reichlich, noch recht jung ...; **~ meilleur, mieux** viel, weit besser; **~ souvent** sehr oft; *avec un verbe*: **ça m'a ~ plu** das hat mir sehr, gut gefallen; **il a ~ souffert** er hat sehr, viel gelitten; ♦ *avec subst* **~ des** *ou* **du** *ou* **de la** (sehr) viele *ou* viel; **depuis ~ des années** seit vielen Jahren; **~ des fois** (sehr) oft; viele Male; *fam* x-mal; **~ du monde** viele Leute; **avec ~ du mal** mit (sehr) viel, großer Mühe; **avoir ~ de la chance** sehr viel Glück haben 4 *quantité* gut; reichlich; mindestens; **j'ai ~ téléphoné vingt fois** ich habe mindestens zwanzigmal telefoniert 5 *emphatique* wohl; doch; schon; wirklich; tatsächlich; allerdings; freilich; *restrictif* zwar; *marquant la résignation* halt; *formule épistolaire* **~ à vous** mit herzlichen Grüßen Ihr(e) ...; *loc adv* **mais ~** sondern vielmehr *ou* viel eher *ou* im Gegenteil; *avec adj, adv et pr*: **il part ~ demain?** er fährt doch morgen?; **c'est ~ français** das ist typisch französisch; *pas de doute*, **c'est ~ lui** das ist er wirklich, tatsächlich; **c'est ~ de lui** das ist typisch für ihn; das sieht ihm ähnlich; so ist er; *en incise* **~ plus** mehr noch; ja, noch mehr; **c'est ~ vrai, mais ...** das ist zwar *ou* schon wahr, aber ...; *avec un verbe*: **je crois, pense ~** ich glaube, denke schon, wohl; **dites-lui ~ que ...** sagen Sie ihm doch (bitte), dass ...; **il le fait ~, pourquoi pas moi?** er tut es doch auch, warum dann ich nicht?; **il faut ~ le supporter** man muss es *ou* ihn halt ertragen; **cela finira ~ un jour** eines Tages wird es wohl, schon aufhören; **cette fois, c'est ~ fini** diesmal ist es wirklich aus; **je sais ~** ich weiß schon; **je le sais ~** das weiß ich (sehr) wohl; **il sait ~ que ...** er weiß genau, ganz gut, dass ...; **j'ai ~ téléphoné, mais** *vous n'étiez pas là* ich habe zwar, schon, wohl angerufen, aber ...; **je le vois ~** das sehe ich (sehr) wohl, freilich, allerdings 6 *(volontiers)* gern(e); **j'irais ~ avec vous!** ich würde (ja) gern mit Ihnen gehen!; **j'écrirais ~, mais** *je n'ai pas son adresse* ich würde ja gern schreiben, aber ... 7 INT **eh ~, eh ben** nun!; na!; **eh ~! qui l'aurait dit!** na *ou* ach, wer hätte das gedacht!; **eh ~! qu'en dites-vous?** na *ou* nun, was sagen Sie dazu?; **eh ~! c'est d'accord** (na) gut, einverstanden!; **eh ~, s'il le faut** na gut, wenn es sein muss; **eh ~! soit!** na denn!; also gut!; *qu'est-ce que vous voulez?* - **(eh) ben, du papier!** na, Papier natürlich!; **eh ~ mon vieux!** *admiratif* (das ist ja) toll!; alle Achtung!; *compatissant* o je!; au Backe!; au!; *étonné* sieh mal (einer) an!; (na) so was!; das ist ja (wirklich) allerhand!; **eh ~, oui, je l'avoue** na ja *ou* na gut, ich geb's zu; **eh ~, voilà comment c'était** also, das war so; *tu y es allé?* **eh ~?** und?; und, wie wars?; **eh ~** *ou* **eh ben quoi?** also, was ist (jetzt los)? B ADJ ⟨inv⟩ 1 gut; *(en bonne santé)* wohl; **~!** gut!; *iron* **nous voilà ~!** da sitzen wir schön in der Tinte, im Schlamassel!; **c'est (très** *ou* **fort) ~** *(parfait)* das ist (sehr) gut; *mécontentement* schon gut; **être, se sentir, se trouver ~** sich wohlfühlen; **être ~ avec qn** gut mit j-m stehen; **vous êtes ~ dans ces chaussures?** gehen Sie gut in diesen Schuhen?; **vous êtes ~ dans ce fauteuil?** sitzen Sie gut, bequem in diesem Sessel?; *acteur* **il est ~ dans ce rôle** er ist gut in dieser Rolle; *prov* **tout est ~ qui finit ~** Ende gut, alles gut *(prov)* 2 *(juste, moral)* richtig; recht; **ce n'est pas ~** *d'agir ainsi* es ist nicht nett, richtig ...; **je ne trouve pas ça ~** das finde ich nicht recht, richtig 3 *(beau) personne* **être ~** gut aussehen (*a. chose*); e-e gute Erscheinung sein; e-e gute Figur haben; **l'hôtel a l'air ~** das Hotel sieht gut, vertrauenerweckend aus; **je la trouve encore ~** ich finde, sie sieht noch gut aus 4 *fam (distingué)* fein; vornehm; bessere(r, -s); *(comme il faut)* ordentlich; anständig; nett; fein; *fam* prima; **des gens ~** a) feine, bessere Leute *pl* b) ordentliche, achtbare, anständige Leute *pl*; **un type ~** *fam* ein feiner, prima Kerl; **il est ~** *fam* der ist prima, in Ordnung C LOC CONJ **~ que** (+*subj*) obwohl; obgleich; wenn auch; *st/s* obschon; **si ~ que** sodass; → *a.* **tant** B 2

bien² [bjɛ̃] M 1 Wohl *n*; Beste(s) *n*; Gute(s) *n*; **~ public, général, commun** öffentliches, allgemeines Wohl; (All)Gemeinwohl *n*; **changer en ~** sich zu s-m Vorteil verändern; **dire du ~, parler en ~ de qn, qc** Gutes über j-n, etw sagen; j-m, etw Gutes nachsagen; **c'est pour son ~** das geschieht zu s-m Besten, Wohl, in s-m Interesse; **ce n'était que pour son ~** *a.* ich habe *ou* wir haben *etc* es doch nur gut mit ihm gemeint; *il a changé d'attitude*, **c'est un ~** das ist gut, ein Glück; **faire du ~ à qn** *médicament, repos etc* j-m gut-, wohltun; *personne* j-m Gutes tun, erweisen; *politique, mesure* **faire du ~ au commerce** den Handel fördern; *iron* **grand ~ lui** *ou* **vous** *etc* **fasse!** wohl bekomm's!; na, dann viel Vergnügen!; **cela lui a fait plus de mal que de ~** das hat ihm mehr geschadet als genützt; *projet, négociations* **mener à ~** erfolgreich durchführen; zum Erfolg führen; **je ne veux que ton ~** ich will nur dein Bestes; **vouloir du ~ à qn** j-m wohlgesinnt sein; j-m wohlwollen; *lettre anonyme* **un ami qui vous veut du ~** ein wohlmeinender Freund 2 *valeur morale* **le ~** das Gute; **le ~ et le mal** das Gute und das Böse; Gut und Böse; *loc adv* **en tout ~ (et) tout honneur** in allen Ehren; **faire le ~** das Gute tun; *(être charitable)* Gutes tun 3 *matériel* Gut *n* (*a.* ÉCON, JUR); Hab und Gut *n*; Habe *f*; *(propriété)* Besitz *m*; Eigentum *n*; JUR **~s** *pl a.* Vermögenswerte *mpl*; Sachen *fpl*; **~s de consommation** Konsum-, *au sens strict* Verbrauchsgüter *npl*; **~s d'investissement, de production** Investitions-, Produktionsgüter *npl*; **avoir du ~** vermögend sein; **avoir du ~ au soleil** Grundbesitz haben; **la santé est le plus précieux des ~s** die Gesundheit ist das kostbarste Gut; *prov* **~ mal acquis ne profite jamais** unrecht Gut gedeiht nicht *(prov)* 4 *note* **un ~** ein Gut *n*; **un assez ~** ein Befriedigend *n*; **un très ~** ein Sehrgut *n*

bien-aimé [bjɛ̃neme] A ADJ innig geliebt B SUBST **~(e)** *m(f)* Geliebte(r) *m|f(m)*

bien-aller [bjɛ̃nale] M ⟨inv⟩ CH *Hornsignal, das angibt, dass die Hunde die Fährte gefunden haben*

bien-être [bjɛ̃nɛtʀ] M 1 *du corps, de l'esprit* Wohlbehagen *n*, -befinden *n*; wohliges Gefühl; Wohlgefühl *n*; *a* TOURISME Wellness *f*; **centre** *m* **de bien-être** Wellnesscenter *n*; **espace** *m* **bien-être** Wellnessbereich *m*; **week-end** *m* **bien-être** Wellnesswochenende *n* 2 *(aisance matérielle)* Wohlstand *m*

bienfaisance [bjɛ̃fəzɑ̃s] F Wohltätigkeit *f*; **œuvre** *f* **de ~** Wohlfahrts-, Wohltätigkeitseinrichtung *f*

bienfaisant [bjɛ̃fəzɑ̃] ADJ wohltuend; erquickend; **être ~** *a.* guttun

bienfait [bjɛ̃fɛ] M 1 Wohltat *f*; *fig de la civilisation, de la science* **~s** *pl* Segnungen *fpl*; *prov* **un ~ n'est jamais perdu** Wohltun bringt Zinsen 2 *d'un traitement, d'un médicament* wohltuende Wirkung

bienfaiteur [bjɛ̃fɛtœʀ] M, **bienfaitrice** F 1 Wohltäter(in) *m(f)* (*a. fig de l'humanité*) 2 *(donateur)* Spender(in) *m(f)*; Stifter(in) *m(f)*

bien-fondé [bjɛ̃fõde] M *d'une réclamation etc* Rechtmäßigkeit *f*; Berechtigung *f*; *d'une décision, d'une opinion* Richtigkeit *f*; *d'un argument* Stichhaltigkeit *f*

bien-fonds [bjɛ̃fõ] M ⟨*pl* biens-fonds⟩ JUR Grundbesitz *m*, -eigentum *n*; *pl a.* Immobilien *fpl*; Liegenschaften *fpl*

bienheureux [bjɛ̃nøʀø] A ADJ ⟨-euse⟩ 1 *st/s idée, vie* glücklich; **~ qui ...** glücklich, wer ... 2 BIBL, ÉGL CATH selig; **la bienheureuse Vierge Marie** die allerseligste Jungfrau Maria; BIBL **~ les pauvres en esprit** selig sind, die da geistlich arm sind; CATH selig sind die Armen im Geiste B SUBST ÉGL CATH **~, bienheureuse** *m,f* Selige(r) *m|f(m)*; *fam fig* **dormir comme un ~** den Schlaf des Gerechten schlafen

bien-jugé [bjɛ̃ʒyʒe] M JUR *d'un verdict* Gesetzmäßigkeit *f*

biennal [bjenal] A ADJ ⟨-aux⟩ a) *(pour deux ans)* zweijährig b) *(tous les deux ans)* zweijährlich; alle zwei Jahre stattfindend B F **~e** Biennale *f*

Bienne [bjɛn] Biel *n*; **le lac de ~** der Bieler See

bien-pensant [bjɛ̃pɑ̃sɑ̃] *péj* A ADJ konformistisch B SUBST **~(e)** *m(f)* Konformist(in) *m(f)*

bienséance [bjɛ̃seɑ̃s] F Anstand *m*; Schicklichkeit *f*; Wohlanständigkeit *f*; **~s** *pl* gute Sitten *fpl*; **règles** *fpl* **de la ~** Anstandsregeln *fpl*

bienséant [bjɛ̃seɑ̃] ADJ schicklich; wohlanständig

bientôt [bjɛ̃to] ADV bald; demnächst; *fam* **très ~** sehr bald; in Kürze; **à** *(fam* **très) ~!** bis bald!; **c'est pour ~?** ist es bald so weit?

bienveillance [bjɛ̃vɛjɑ̃s] F Wohlwollen *n*; **avec ~** mit Wohlwollen; wohlwollend
bienveillant [bjɛ̃vɛjɑ̃] ADJ wohlwollend; **se montrer ~ envers qn** j-m wohlwollend begegnen
bienvenu [bjɛ̃vny] A ADJ willkommen B SUBST **être le ~, la ~e** willkommen sein; **soyez le ~!** seien Sie (mir *ou* uns herzlich) willkommen!; **ton offre est la ~e** dein Angebot ist mir (sehr) willkommen
bienvenue [bjɛ̃vny] F Willkommen *n*; **~ à nos hôtes!** unseren Gästen ein herzliches Willkommen!; **comme cadeau de ~** als Begrüßungsgeschenk, Willkommensgruß; **discours** *m* **de ~** Begrüßungsansprache *f*; Grußwort *n*; Willkommensgruß *m*; **souhaiter la ~ à qn** j-n willkommen heißen; **pour (célébrer) sa ~** zu s-m *ou* ihrem Empfang
bière¹ [bjɛʀ] F Bier *n*; **~ blonde, brune** helles, dunkles Bier; **~ (à la) pression** Bier vom Fass; Fassbier *n*; *fam fig* **ce n'est pas de la petite ~** das ist keine Kleinigkeit, kein Kinderspiel, *fam* kein Zuckerlecken
bière² [bjɛʀ] F *(cercueil)* Sarg *m*; **mettre en ~** einsargen; **mise** *f* **en ~** Einsargung *f*
biffage [bifaʒ] M (Aus-, Durch)Streichen *n*, -ung *f*; **biffer** V/T (aus-, durch)streichen
bifocal [bifɔkal] ADJ ⟨-aux⟩ OPT bifokal; **verre ~** Bifokal-, Zweistärkenglas *n*
biforme [bifɔʀm] ADJ MINÉR doppelgestaltig; biform
bifteck [biftɛk] M 1 CUIS (Beef)Steak *n*; **~ haché** Hacksteak *n*; **~ de cheval** Pferdesteak *n* 2 *fam fig* **défendre son ~** s-e (eigenen) Interessen verteidigen; **gagner son ~** *fam* s-e Brötchen verdienen
bifurcation [bifyʀkasjõ] F 1 *d'une route etc* Gabelung *f*; Abzweigung *f* 2 *dans des études* Wahlmöglichkeit *f*
bifurquer [bifyʀke] V/I 1 *route, voie ferrée* sich gabeln, teilen, verzweigen 2 *voiture, train* abbiegen (**vers, sur** nach); *train a.* hinüberwechseln (**sur une autre voie** auf ein anderes Gleis) 3 *dans des études, une carrière* überwechseln (**vers** zu); *fam* umsatteln, -steigen (auf *+acc*)
bigame [bigam] A ADJ bigamistisch; in Bigamie lebend B M/F Bigamist(in) *m(f)*; **bigamie** F Bigamie *f*; Doppelehe *f*
bigarade [bigaʀad] F BOT Pomeranze *f*
bigarré [bigaʀe] ADJ 1 *tissu* bunt (gemustert) 2 *fig foule* buntscheckig; **société ~e** gemischte, heterogene Gesellschaft
bigarreau [bigaʀo] M ⟨*pl* ~x⟩ *frz Kirschsorte*
bigarrure [bigaʀyʀ] F 1 *(couleurs)* Buntheit *f* 2 *fig* Buntscheckigkeit *f*
big bang [bigbɑ̃g] M ASTRON Urknall *m*
bigler [bigle] A V/T *fam (regarder) fam* angucken B V/I *fam (loucher)* schielen
bigleux [biglø] ADJ ⟨-euse⟩ *fam* **être ~** *(voir mal)* schlecht sehen; kurzsichtig sein; *(loucher)* schielen
bigophone [bigɔfɔn] *fam* M Telefon *n*; *fam* Quasselstrippe *f*; **donner un coup de ~** *fam* sich an die Strippe hängen
bigorne [bigɔʀn] F *pour le travail du métal* Sperrhorn *n*; (zweihörniger) Spitzamboss; *du cordonnier* Nagelständer *m*
bigorneau [bigɔʀno] M ⟨*pl* ~x⟩ ZOOL Strandschnecke *f*
Bigorre [bigɔʀ] **la ~** *Landschaft in Südwestfrankreich (Hautes-Pyrénées)*
bigot [bigo] A ADJ bigott; frömmelnd B SUBST **~(e)** *m(f)* Frömmler(in) *m(f)*; Betbruder *m*, -schwester *f*
bigoterie [bigɔtʀi] F Bigotterie *f*; Frömmelei *f*
bigoudi [bigudi] M Lockenwickler *m*; **(se) mettre des ~s** (sich [*dat*]) das Haar einlegen, aufwickeln
bigre [bigʀ] INT *fam* Donnerwetter!
bigrement [bigʀəmɑ̃] ADV *fam* verdammt; verflixt; verteufelt
bihebdomadaire [biɛbdɔmadɛʀ] ADJ *revue* zweimal wöchentlich erscheinend
bijectif [biʒɛktif] ADJ ⟨-ive⟩ MATH bijektiv; eineindeutig; **bijection** F MATH Bijektion *f*
bijou [biʒu] M ⟨*pl* ~x⟩ 1 Schmuckstück *n*; Juwel *n*, Kleinod *n* (*a. fig*); *pl* **~x** *a.* Schmuck(-sachen) *m(fpl)*; *fig* **un ~ de l'architecture romane** ein Juwel, Kleinod der romanischen Baukunst; **~x de famille, de fantaisie** Familien-, Modeschmuck *m*; **~x en argent, en or** Silber-, Goldschmuck *m*; **couvert de ~x** mit Schmuck, Juwelen behängt 2 *fam fig* **mon ~** mein Schatz *m*; *fam* mein Goldstück *n*
bijouterie [biʒutʀi] F 1 a *magasin* Schmuck(waren)-, Juweliergeschäft *n* b *industrie* Schmuck(waren)industrie *f* c *commerce* Schmuckwarenhandel *m* 2 *articles* Schmuck(-waren *fpl*, -gegenstände *mpl*) *m*; **~ d'argent, d'or, de fantaisie** Silber-, Gold-, Modeschmuck *m*
bijoutier [biʒutje] M a *commerçant* Juwelier *m* b *fabricant* Schmuck(waren)hersteller *m*
bikini [bikini] M Bikini *m*
bilabial [bilabjal] ADJ PHON bilabial
bilame [bilam] F TECH Bimetallstreifen *m*
bilan [bilɑ̃] M 1 COMM Bilanz *f*; Abschluss *m*; Schlussabrechnung *f*; *fig* Bilanz *f*; (End)Ergebnis *n*; Fazit *n*; *fig* **le triste ~ de deux guerres** die traurige Bilanz von zwei Kriegen; **établir un ~** e-e Bilanz aufstellen; *fig* **faire le ~ de qc** (die) Bilanz, das Fazit aus etw ziehen; **faire le ~ de la situation** e-e Zwischenbilanz ziehen; e-e Bestandsaufnahme machen 2 JUR **dépôt** *m* **de ~** Konkursanmeldung *f*, -antrag *m*; **déposer son ~** Konkurs anmelden 3 MÉD **~ de santé** Check-up *m ou n*; Generaluntersuchung *f*
bilatéral [bilateʀal] ADJ ⟨-aux⟩ zweiseitig; bilateral; JUR **contrat ~** zweiseitiger, bilateraler Vertrag; MÉD **paralysie ~e** doppelseitige Lähmung; **stationnement ~** beidseitiges Parken
bilboquet [bilbɔkɛ] M *Geschicklichkeitsspiel, bei dem e-e durchbohrte Kugel mit e-m spitzen Stock aufgefangen werden muss*
bile [bil] F 1 PHYSIOL Galle(nflüssigkeit) *f* 2 *fig*: **décharger sa ~ sur qn** s-e schlechte Laune, s-n Ärger an j-m auslassen; **se faire de la ~** sich (*dat*) Sorgen machen; sich ängstigen, aufregen; → *a.* **échauffer** A 2
biler [bile] V/PR *fam* **ne pas se ~** unbesorgt, unbekümmert sein; sich (*dat*) keine Sorgen machen; sich nicht aufregen
bileux [bilø] ADJ ⟨-euse⟩ *fam* **ne pas être ~** → biler
bilharziose [bilaʀzjoz] F MÉD Bilharziose *f*
biliaire [biljɛʀ] ADJ ANAT Gallen…; **calculs** *mpl* **~s** Gallensteine *mpl*; **vésicule** *f* **~** Gallenblase *f*
bilieux [biljø] ADJ ⟨-euse⟩ 1 MÉD gallig; gallehaltig; **teint ~** gelbe, gelbliche Gesichtsfarbe 2 *st/s personne, tempérament* gallig
bilingue [bilɛ̃g] ADJ zweisprachig; **secrétaire** *f* **~** zwei Sprachen beherrschende Sekretärin; *personne* **être ~** zweisprachig (aufgewachsen) sein
bilinguisme [bilɛ̃gɥism] M Zweisprachigkeit *f*
billard [bijaʀ] M a Billard(spiel) *n*; *au sens strict* **~ américain** Loch-, Poolbillard *n*; **~ électrique** Flipper *m*; **boule** *f* **de ~** Billardkugel *f*; *fam fig* **c'est du ~** das ist kinderleicht, ein Kinderspiel; das geht ganz einfach b **(table** *f* **de) ~** Billard(tisch) *n(m)*; *fam* **cette route est un vrai ~** diese Straße ist wunderbar eben und gerade; *fam fig* **monter, passer sur le ~** *fam* unter das Messer kommen c **(partie** *f* **de) ~** Partie *f* Billard; **faire un** (*fam* **petit**) **~, une partie de ~** e-e Partie Billard spielen
bille¹ [bij] F 1 *(boule)* Kugel *f* (*a. au billard*); *jeu d'enfants* Murmel *f*; Klicker *m*; TECH **roulement** *m* **à ~s** Kugellager *n*; **stylo** *m* **(à) ~** Kugelschreiber *m*; **jouer aux ~s** mit Murmeln spielen; *fig* **reprendre ses ~s** nicht mehr mitmachen; abspringen; *fam* aussteigen 2 *fam fig (figure)* Gesicht *n*; **avoir une bonne ~** sympathisch aussehen; **avoir une ~ de clown** drollig, lustig aussehen
bille² [bij] F *(pièce de bois)* (Holz)Klotz *m*, (-)Block *m*; **~ de chêne** Eichenklotz *m*, -block *m*
billet [bijɛ] M 1 *pour entrer quelque part* Eintrittskarte *f*; *pour voyager* Fahrkarte *f*, -schein *m*; **~ aller-retour** Rückfahrkarte *f*; **~ ouvert** Open Ticket *n*; offener Flugschein; **~ d'aller** Fahrkarte für die einfache Fahrt, Hinfahrt; **~ d'avion** Flugticket *n*, -schein *m*; **~ de bateau** Schiffskarte *f*; **~ de chemin de fer** Eisenbahnfahrkarte *f*; **~ de cinéma, de concert** Kino-, Konzertkarte *f*; **~ de théâtre** Theaterkarte *f* 2 **~ (de banque)** (Geld)Schein *m*; Banknote *f*; *pl* **~s** *a.* Papiergeld *n*; **faux ~** falsche Banknote; *fam* Blüte *f*; **~ de cent euros** Hundert-Euro--Schein *m*; **en ~s** in Scheinen; *fam fig* **je t'en donne, t'en fiche mon ~** da mache ich jede Wette; *fam* das kann ich dir schriftlich geben 3 COMM Wechsel *m*; **~ à ordre** Eigen-, Solawechsel *m*; **~ au porteur** an den Inhaber zahlbarer Wechsel 4 *st/s (courte lettre)* Briefchen *n*; kurze Mitteilung; **~ doux** Liebesbriefchen *n*; *plais* Billetdoux *n* 5 *de loterie* Los *n*; **~ gagnant** Gewinnlos *n*; Treffer *m*; **~ de loterie, de tombola** (Lotterie-, Tombola)Los *n* 6 *fam (1000 anciens francs)* tausend (alte) Franc
billetterie [bijɛtʀi] F Geldautomat *m*
billevesées [bilvəze] *litt* FPL ungereimtes Zeug; leeres, hohles Geschwätz
billion [biljõ] M Billion *f*
Billom [bijõ] *Stadt im Dep. Puy-de-Dôme*
billot [bijo] M *(bloc de bois)* Hack-, Hauklotz *m*; *pour décapitation* Richtblock *m*; TECH Holzklotz *m*, -block *m*; Metallblock *m*
bimbeloterie [bɛ̃blɔtʀi] F Herstellung *f* von, Handel *m* mit Nippsachen
bimensuel [bimɑ̃sɥɛl] ADJ ⟨~le⟩ monatlich zweimal stattfindend, *revue* erscheinend
bimestriel [bimɛstʀijɛl] ADJ ⟨~le⟩ alle zwei Monate, zweimonatlich stattfindend, *revue* erscheinend
bimétallisme [bimetalism] M FIN Doppelwährung *f*; Bimetallismus *m*
bimillénaire [bimi(l)lenɛʀ] A ADJ zweitausendjährig B M Zweitausendjahrfeier *f*
bimoteur [bimɔtœʀ] AVIAT A ADJ zweimotorig B M zweimotorige Maschine
binage [binaʒ] M JARD Hacken *n*
binaire [binɛʀ] ADJ binär; MATH **numération** *f* **~** binäres System; Dualsystem *n*
biner [bine] V/T JARD hacken
binette [binɛt] F 1 JARD Hacke *f* 2 *fam (visage)* Gesicht *n*; *péj* Visage *f*; **tu en fais une (drôle de) ~!** was machst du für ein komisches Gesicht!
bineuse [binøz] F AGR Hackmaschine *f*
bing [biŋ] INT peng!
biniou [binju] M (bretonischer) Dudelsack
binoclard [binɔklaʀ] *fam* A ADJ brilletragend B SUBST **~(e)** *m(f)* *fam* Brillenschlange *f*
binocle [binɔkl] M 1 *(pince-nez)* Kneifer *m*; Zwicker *m* 2 PL **~s** *plais (lunettes)* Brille *f*
binoculaire [binɔkylɛʀ] ADJ OPT beidäugig; binokular (*a. instrument*)
binôme [binom] M MATH Binom *n*
bio [bjo] ADJ ⟨*inv*⟩ *fam* ABR (**biologique**) Bio…;

produits *mpl* ~ Bioerzeugnisse *npl*; *advt* **manger** ~ Biokost essen
biocapteur [bjokaptœʀ] M Biosensor *m*;
biocarburant M Biosprit, -kraftstoff *m*
biochimie [bjoʃimi] F Biochemie *f*; **biochimique** ADJ biochemisch; **biochimiste** M/F Biochemiker(in) *m(f)*
biodégradable [bjodegʀadabl] ADJ biologisch abbaubar; *par ext* umweltfreundlich;
biodiesel M Biodiesel *m*; **biodiversité** F Artenvielfalt *f*, -reichtum *m*; **bioéthanol** M Bioethanol *n*; **bioéthique** F Bioethik *f*
biographe [bjɔgʀaf] M/F Biograf(in) *m(f)*; **biographie** F Biografie *f*; Lebensbeschreibung *f*, -geschichte *f*; **biographique** ADJ biografisch
bio-industrie [bjoɛ̃dystʀi] F Biotechnologiebranche *f*; Biotech-Industrie *f*; Bioindustrie *f*
biologie [bjɔlɔʒi] F Biologie *f*; **biologique** ADJ biologisch; **biologiste** M/F Biologe, -login *m,f*
biomasse [bjomas] F Biomasse *f*; **biomédical** M ⟨-aux⟩ biomedizinisch
biométrie [bjɔmetʀi] F Biometrie *f*; Biometrik *f*; **biométrique** ADJ biometrisch
bionique [bjɔnik] A ADJ bionisch B F Bionik *f*
biophysique [bjofizik] F Biophysik *f*
biopic [bjɔpik] M Filmbiografie *f*
biopsie [bjɔpsi] F MÉD Biopsie *f*
biorythme [bjoʀitm] M Biorhythmus *m*;
bioscience(s) F(PL) Biowissenschaft(en) *f(pl)*; **biosphère** F Biosphäre *f*; **biotechnologie** F Biotechnologie *f*; Biotechnik *f*
biotope [bjɔtɔp] M Biotop *m ou n*
bioxyde [biɔksid] M CHIM Dioxid *n*
bipartisme [bipaʀtism] M POL Zweiparteiensystem *n*
bipartite [bipaʀtit] ADJ POL Zweier…; Zweimächte…; Zweiparteien…; **accord** *m*, **conférence** *f* ~ Zweier- *ou* Zweimächteabkommen *n*, -konferenz *f*; **gouvernement** *m* ~ Zweiparteienregierung *f*
bip-bip [bipbip] M ⟨inv⟩ a *signal* Piepton *m*; Piepen *n* b *appareil fam* Piepser *m*
bipède [bipɛd] ZOOL A ADJ zweifüßig, -beinig B M Zweifüßer *m*
biplace [biplas] ADJ zweisitzig; **avion** *m* ~ *ou subst* ~ *m* zweisitziges Flugzeug; Zweisitzer *m*; **voiture** *f* ~ *ou subst* ~ *f* zweisitziger Wagen; Zweisitzer *m*
biplan [biplɑ̃] ADJ **avion** *m* ~ *ou subst* ~ *m* Doppeldecker *m*
bipolaire [bipɔlɛʀ] ADJ PHYS, MATH zweipolig; *t/t* bipolar; **bipolarisation** F POL Polarisierung *f*; **bipolarité** F PHYS Zweipoligkeit *f*; *t/t* Bipolarität *f*
bique [bik] *fam* F 1 ZOOL Ziege *f*; Geiß *f* 2 *fig et péj* **grande** ~ *fam* Hopfenstange *f*; **vieille** ~ alte Ziege, *fam* Zicke, Schachtel
biquet [bikɛ] *fam* M, **biquette** *fam* F 1 ZOOL Zicklein *n*; Zickel *n* 2 *terme d'affection* **mon biquet, ma biquette** *fam* mein Häschen *n*, Mäuschen *n*
biquotidien [bikɔtidjɛ̃] ADJ ⟨~ne⟩ zweimal täglich stattfindend
birbe [biʀb] M *fam péj* **un vieux** ~ *fam* ein alter Knacker
biréacteur [biʀeaktœʀ] AVIAT A ADJ zweistrahlig B M zweistrahlige Maschine
biréfringence [biʀefʀɛ̃ʒɑ̃s] F PHYS Doppelbrechung *f*; **biréfringent** ADJ PHYS doppelbrechend
Bir Hakeim [biʀakɛm] *Ort in Libyen*
birman [biʀmɑ̃] A ADJ birmanisch B SUBST 1 **Birman(e)** *m(f)* Birmane *m*, Birmanin *f* 2 LING **le** ~ das Birmanische; Birmanisch *n*
Birmanie [biʀmani] **la** ~ Birma *n*

bis[1] [bi] ADJ ⟨bise [biz]⟩ graubraun; **pain** ~ Grau-, Mischbrot *n*
bis[2] [bis] A ADV 1 *accolé à un numéro* a; **habiter au 12** ~ Nummer 12 a wohnen 2 MUS wiederholen; noch einmal; bis; *int* ~! da capo! B M *demande du public* Wiederholung *f*; MUS *a.* Dakapo *n*; **jouer en** *ou* **un** ~ das Stück, e-n Satz *etc* noch einmal spielen
bisaïeul(e) [bizajœl] *st/s* M(F) Urgroßvater *m*, -mutter *f*; **bisaïeuls** *mpl* Urgroßeltern *pl*
bisannuel [bizanɥɛl] ADJ ⟨~le⟩ 1 zweijährlich, alle zwei Jahre stattfindend 2 *plante* zweijährig
bisbille [bizbij] *fam* F kleiner Streit; Verstimmung *f*; **être en** ~ **avec qn** mit j-m schmollen, im Streit liegen
Biscaye [biskaj] **la** ~ die *(spanische)* Provinz Vizcaya
biscornu [biskɔʀny] ADJ *forme* bizarr; *idée a.* wunderlich; verschroben; *personne* **avoir l'esprit** ~ wunderlich, verschroben sein
biscoteau [biskɔto] *fam* M ⟨pl ~x⟩ *ou* **biscoto** *fam* M → biceps
biscotte [biskɔt] F CUIS Zwieback *m*
biscuit [biskɥi] M 1 CUIS a *(gâteau sec)* Keks *m*; ~ **de chien** Hundekuchen *m* b ~ **de Savoie** Biskuit *n ou m*; ~ **à la cuiller** Löffelbiskuit *n ou m* c ~ **de marin** Schiffszwieback *m* 2 a *porcelaine* Biskuit(porzellan) *n* b *figurine* Figur *f* aus Biskuit(porzellan)
biscuiterie [biskɥitʀi] F a *fabrication* Keksherstellung *f* b *usine* Keksfabrik *f*
bise[1] [biz] F *vent* kalter Nord(ost)wind
bise[2] [biz] *fam* F Kuss *m*, Küsschen *n* (auf die Wange); *all Sud a.* Busserl *n*; **grosse** ~ herzhafter, kräftiger, schallender Kuss; *fam* Schmatz *m*; *formule épistolaire* **grosses** ~**s** tausend Küsse; **donner, faire une** ~ **à qn** j-m e-n Kuss *etc* geben; **faire la** ~ sich (auf die Wange) küssen
biseau [bizo] M ⟨pl ~x⟩ 1 *d'une vitre, d'une glace* abgeschrägte Kante; Fase *f*; **en** ~ mit abgeschrägter Kante; **tailler en** ~ → biseauter 2 *outil* Meißel *m* mit schräger Schnittfläche
biseautage [bizotaʒ] M TECH Abschrägen *n*, -ung *f*; Abkanten *n*, -ung *f*; Abfasen *n*, -ung *f*; Schrägschliff *m*; Facettieren *n*, -ung *f*; **biseauter** V/T 1 TECH abschrägen; abkanten; abfasen; schräg schleifen; facettieren 2 *cartes à jouer* zinken
biser [bize] A V/T 1 *fam (embrasser)* küssen; e-n Kuss, *fam* Schmatz geben *(+dat)* 2 TEXT ein zweites Mal, noch einmal färben B V/I *grains de céréales* schwarz werden
bisexualité [bisɛksɥalite] F 1 BIOL Doppel-, Zweigeschlechtigkeit *f* 2 PSYCH Bisexualität *f*
bisexué [bisɛksɥe] ADJ BIOL doppel-, zweigeschlechtig; **bisexuel** ADJ ⟨~le⟩ PSYCH bisexuell
bismuth [bismyt] M 1 CHIM Wismut *n* 2 PHARM Wismutsalz *n*, -präparat *n*
bison [bizõ] M 1 ZOOL ~ **(d'Amérique)** Bison *m*; ~ **d'Europe** Wisent *m* 2 **Bison futé** *Name e-s Verkehrsleitservice*
bisou [bizu] M *fam* → bise[2]
bisque [bisk] F CUIS ~ **d'écrevisses, de homard** Krebs-, Hummersuppe *f*
bisquer [biske] *fam* V/I sich ärgern; *fam* wild, fuchsig werden; hochgehen; **faire** ~ **qn** j-n ärgern, *fam* auf die Palme bringen
bissecteur [bisɛktœʀ] ADJ ⟨-trice⟩ MATH halbierend; **bissection** F MATH Halbierung *f*;
bissectrice F MATH Winkelhalbierende *f*
bisser [bise] V/T a *public: artiste* (durch anhaltenden Beifall und Dakaporufe) zu e-r Wiederholung, zu e-m Dakapo bewegen; ~ **une chanson** durch anhaltenden Beifall die Wiederholung e-s Liedes erzwingen, verlangen b *artiste: chanson etc* wiederholen; noch einmal singen *etc*

bissextile [bisɛkstil] ADJ **année** ~ Schaltjahr *n*
bistouri [bistuʀi] M MÉD Skalpell *n*
bistre [bistʀ] M 1 (Dunkel)Braun *n* 2 ADJ ⟨inv⟩ *teint* (dunkel)braun
bistré [bistʀe] ADJ → bistre 2
bistro(t) [bistʀo] M *fam* Kneipe *f*
bistrotier [bistʀɔtje] *fam* M Kneipenwirt *m*; *fam* Kneipier *m*
bit [bit] M INFORM Bit *n*
bite [bit] M → bitte 2
bitte [bit] F 1 MAR Poller *m* 2 *pop (pénis) pop* Pimmel *m*; Schwanz *m*
bitter [bitɛʀ] M *liqueur* Bittere(r) *m*
bitture [bityʀ] F *fam* **prendre une** ~ → bitturer
bitturer [bityʀe] V/PR *fam* **se** ~ *fam* sich besaufen; sich volllaufen lassen
bitumage [bitymaʒ] M Bituminieren *n*, -ung *f*; *d'une route* Asphaltieren *n*, -ung *f*
bitume [bitym] M 1 MINÉR, CHIM Bitumen *n* 2 *d'une route* Asphalt *m*; **bitumer** V/T bituminieren; **bitumeux** ADJ ⟨-euse⟩ bituminös;
bitumier M MAR Asphalttanker *m*
bituminer [bitymine] V/T bituminieren
bitumineux [bityminø] ADJ ⟨-euse⟩ bituminös; **schiste** ~ Ölschiefer *m*
biture [bityʀ] F → bitture
bivalent [bivalɑ̃] ADJ 1 CHIM zweiwertig 2 *professeur* mit zwei Fächern
bivouac [bivwak] M Biwak *n*; **établir, installer un** ~ ein Biwak aufschlagen, errichten
bivouaquer [bivwake] V/I biwakieren
bizarre [bizaʀ] ADJ seltsam; sonderbar; merkwürdig; eigenartig; absonderlich; wunderlich; *fam* komisch; **forme** *f* ~ seltsame, sonderbare, bizarre Form
bizarrerie [bizaʀʀi] F Seltsamkeit *f*; Merkwürdigkeit *f*; Absonderlichkeit *f*; Wunderlichkeit *f*; Bizarrerie *f*
bizarroïde [bizaʀɔid] ADJ *fam* → bizarre
Bizerte [bizɛʀt] GÉOG Biserta *n*
bizness [biznɛs] M → business
bizut(h) [bizy] M *fam dans certaines grandes écoles etc* Student *m* im ersten Studienjahr
bizutage [bizytaʒ] M *fam Brauch an e-r Grande École etc, die Neulinge Mutproben zu unterziehen*; **bizuter** V/T *élève de première année dans une grande école etc* e-r Mutprobe *(dat)* unterziehen
blabla(bla) [blabla(bla)] M *fam* Blabla *n*; leeres, dummes Gerede, Gequatsche; **c'est du blabla(bla)** *a. fam* das ist doch alles Käse
black [blak] *fam* A M/F Schwarze(r) *m/f(m)* B ADJ 1 schwarz; ~ **blanc beur** ⟨inv⟩ multikulturell; *fam* multikulti; Multikulti… 2 LOC ADV **travailler au** ~ schwarzarbeiten
blackbouler [blakbule] V/T *fam* **se faire** ~, **être blackboulé** e-e Niederlage erleiden; *à un examen* durchfallen, *fam* -rasseln, -segeln
black-out [blakawt] M 1 MIL Verdunk(e)lung *f* 2 *fig* **faire le** ~ **sur qc** etw totschweigen, verschweigen
blafard [blafaʀ] ADJ *teint, lumière* fahl; bleich
blague[1] [blag] *fam* F 1 *(histoire, plaisanterie)* Scherz *m*; Spaß *m*; Ulk *m*; Witz *m*; ~ **à part!** Scherz, Spaß beiseite!; **sans** ~! im Ernst?; tatsächlich?; **dire, raconter des** ~**s** scherzen; spaßen; Scherze, Späße machen; Witze erzählen; **ne raconte pas de** ~**s!** mach keine Witze!; **c'est de la** ~**!** das ist wohl ein Witz!; **prendre tout à la** ~ nichts ernst nehmen 2 *(farce)* Streich *m*; Possen *m*; **sale** ~ übler Streich, Scherz; **faire une** ~ **à qn** j-m e-n Streich, Possen spielen 3 *(erreur)* Dummheit *f*; *fam* Schnitzer *m*; **pas de** ~**s!** mach *ou* machen Sie keine Dummheiten!; **faire des** ~**s** Dummheiten machen

B

blague² [blag] F ~ **(à tabac)** Tabaksbeutel *m*
blaguer [blage] *fam* A VT ~ **qn** j-n hänseln, *fam* aufziehen (**sur qc** mit etw) B VI scherzen; spaßen; Spaß, Witze machen
blagueur [blagœʀ], **blagueuse** A M,F Spaßmacher(in) *m(f)*, -vogel *m*; Witzbold *m* B ADJ spöttisch
blair [blɛʀ] M *fam (nez) fam* Zinken *m*; Riecher *m*
blaireau [blɛʀo] M ⟨*pl* ~**x**⟩ 1 ZOOL Dachs *m* 2 *pour la barbe* Rasierpinsel *m*
blairer [bleʀe] VT *fam* **ne pas pouvoir** ~ **qn** *fam* j-n nicht riechen können
Blaise [blɛz] M *Vorname*
blâmable [blɑmabl] ADJ tadelnswert
blâme [blɑm] M 1 *(réprobation)* Tadel *m*; Rüge *f*; Missbilligung *f*; Verweis *m*; Zurechtweisung *f*; **s'attirer, encourir le** ~ **de qn** sich *(dat)* j-s Tadel, Missbilligung zuziehen 2 *sanction disciplinaire* Verweis *m*; Verwarnung *f*; **infliger un** ~ **à qn** j-m e-n Verweis, e-e Verwarnung erteilen
blâmer [blɑme] VT 1 tadeln; rügen; ~ **la conduite de qn** j-s Verhalten tadeln, missbilligen; ~ **qn de** *ou* **pour qc** j-n wegen etw tadeln, rügen, zurechtweisen 2 *fonctionnaire, élève* e-n Verweis erteilen (**qn** j-m); verwarnen
blanc [blɑ̃] A ADJ ⟨**blanche** [blɑ̃ʃ]⟩ 1 *couleur* weiß; *peau a.* hell; *raisin a.* hell; grün; **armes blanches** blanke Waffen *fpl*; **cheval** ~ Schimmel *m*; **cheveux** ~**s** weiße Haare *npl*; weißes Haar; **aux cheveux** ~**s** weißhaarig; mit weißem Haar; **drapeau** ~ weiße Fahne; **fromage** ~ Quark *m*; *autrich* Topfen *m*; POL **Livre** ~ Weißbuch *n*; **la Maison Blanche** das Weiße Haus; **Russe** ~ Weißrusse *m*; CUIS **sauce blanche** helle Soße; **sucre** ~ weißer Zucker; Weißzucker *m*; **verre** ~ Weißglas *n*; **vin** ~ Weißwein *m*; **être** ~ *allusion aux cheveux* weiß(haarig) sein; *(pâle)* weiß, blass, *fam* käsig, käseweiß aussehen 2 *fig* **examen** ~ unter Examensbedingungen zur Probe abgehaltene Prüfung; **jeu** ~ Spiel *n* ohne Bilder, Figurenkarten; **mariage** ~ *(non consommé)* nicht vollzogene Ehe; *(factice)* Scheinehe *f*; **nuit blanche** schlaflose Nacht; **voix blanche** tonlose Stimme 3 *page, feuille* unbeschrieben; unbedruckt; leer; frei; *à une épreuve écrite* **remettre une copie blanche** ein leeres Blatt abgeben; **bulletin** ~ leerer Stimmzettel; → *a.* carte 5 4 *(propre)* sauber; rein; *fig a.* unbefleckt; *(innocent)* unschuldig B SUBST 1 M Weiß *n*; **d'un** ~ **éclatant** blendend, strahlend weiß; **le** ~ **de l'œil** das Weiße im Auge; **regarder qn dans le** ~ **des yeux** j-m gerade, fest, tief in die Augen blicken; ♦ *loc adv*: **noir sur** ~ schwarz auf weiß; **dire tantôt** ~**, tantôt noir** mal so, mal so sagen; **aujourd'hui il dit** ~**, demain il dira noir** heute sagt er so, morgen so; *métal* **chauffer à** ~ bis zur Weißglut erhitzen; **il a gelé (à)** ~ es hat gereift; es ist Reif gefallen; MIL **tirer à** ~ mit Übungsmunition, Platzpatronen schießen; **être habillé de** *ou* **en** ~**, être vêtu de** ~ weiß gekleidet sein; **en** ~ in Weiß; weiß; → *a.* B 6; *iron* **les hommes** *mpl* **en** ~ *iron* die Weißkittel *mpl*; die Halbgötter *mpl* in Weiß *(Ärzte)*; **être en** ~ in Weiß sein, gehen; **se marier en** ~ in Weiß, in e-m weißen Brautkleid heiraten; **peindre en** ~ weiß (an)streichen; **porter du** ~ Weiß tragen 2 *groupe ethnique* **Blanc, Blanche** *m,f* Weiße(r) *m|f(m)*; **traite** *f* **des Blanches** Mädchenhandel *m* 3 M CUIS a ~ **(d'œuf)** Eiweiß *n*; **battre des** ~**s en neige** Eiweiß zu Schnee, Schaum schlagen b *de volaille* Brust *f*; weißes Fleisch; ~ **de poulet** Hähnchenbrust *f* 4 M *linge* Weißwaren *fpl*; Weißzeug *n*; *au lavage* Kochwäsche *f*; **magasin** *m* **de** ~ Weißwarengeschäft *n*; **la quinzaine de** ~ die Weiße Woche 5 M *vin* Weißwein *m*; *fam a.* Weiße(r) *m*; *par ext* **un petit** ~ ein Gläschen Weißwein; ~ **de** ~**(s)** Weiß-, Schaumwein *m* aus weißen Trauben 6 M *dans un texte* unbeschriebene, unbedruckte, freie, leere, weiße Stelle; *loc adj* **en** ~ Blanko...; unbeschrieben; unbedruckt; frei; *dans un formulaire* unausgefüllt; **chèque** *m*, **procuration** *f* **en** ~ Blankoscheck *m*, -vollmacht *f*; **laisser le nom en** ~ den Namen frei, offen, unausgefüllt lassen; **laisser une page en** ~ e-e Seite frei, unbeschrieben lassen; **laisser un** ~ (e-n) Platz, ein Stück frei lassen; **signer qc en** ~ etw blanko unterzeichnen 7 M INFORM *(espace entre deux caractères)* Blank *m ou n* 8 M *matière colorante* weiße Farbe; weißer Farbstoff; ~ **d'Espagne** Schlämmkreide *f*; ~ **de zinc** Zinkweiß *n* 9 M CHIM ~ **de baleine** Walrat *m ou n* 10 MUS **blanche** *f* halbe Note 11 BILLARD **blanche** *f* weißer Ball; weiße Kugel 12 M DOMINOS Null *f* 13 M *maladie des plantes* Mehltau *m*
Blanc [blɑ̃] **le mont** ~ der Montblanc
blanc-bec [blɑ̃bɛk] M ⟨*pl* blancs-becs⟩ *fam* Grünschnabel *m*; grüner Junge
blanchâtre [blɑ̃ʃɑtʀ] ADJ weißlich
blanche [blɑ̃ʃ] ADJ *et* SUBST F → blanc
Blanche¹ [blɑ̃ʃ] F *Vorname*
Blanche² [blɑ̃ʃ] **la mer** ~ das Weiße Meer
Blanche-Neige [blɑ̃ʃnɛʒ] F ~ **et les sept nains** Schneewittchen *n* und die sieben Zwerge
blancheur [blɑ̃ʃœʀ] F Weiße *f*; Weiß *n*; weißer Glanz, Schimmer
blanchi [blɑ̃ʃi] M *pour marquer un arbre* (flache) Kerbe
blanchiment [blɑ̃ʃimɑ̃] M 1 *d'un mur etc* Weißen *n*; *all Sud* Weißeln *n* 2 CUIS Abbrühen *n*; Blanchieren *n* 3 TECH, TEXT Bleiche(n) *f(n)* 4 *fig* ~ **(de l'argent)** Geldwäsche *f*
blanchir [blɑ̃ʃiʀ] A VT 1 *mur, plafond* weißen; weiß tünchen; *all Sud* weißeln; ~ **à la chaux** kalken 2 CUIS abbrühen; blanchieren 3 TECH *papier, laine* bleichen 4 *(rendre blanc)* ein weißes Aussehen verleihen *(+dat)*; weiß machen 5 *fig (disculper)* ~ **qn** j-n reinwaschen 6 *par ext: argent de la drogue* waschen 7 PP **être logé, nourri et blanchi** Unterkunft, Verpflegung und Wäsche frei haben 8 ADJT **riz blanchi** geschliffener Reis B VI *cheveux, personne* weiß werden C V/PR 1 **se** ~ **la manche** *en se frottant au mur* sich *(dat)* den Ärmel weiß machen 2 *fig* **se** ~ *(se disculper)* sich reinwaschen
blanchissage [blɑ̃ʃisaʒ] M *du linge* Waschen *n* (in der Wäscherei); **note** *f* **de** ~ Wäscherechnung *f*
blanchissant [blɑ̃ʃisɑ̃] ADJ **produit** ~ Bleichmittel *n*
blanchissement [blɑ̃ʃismɑ̃] M *des cheveux* Weißwerden *n*
blanchisserie [blɑ̃ʃisʀi] F Wäscherei *f*; Waschanstalt *f*; **blanchisseur** M, **blanchisseuse** F Wäscher(in) *m(f)*; Wäschereibesitzer(in) *m(f)*
blanc-manger [blɑ̃mɑ̃ʒe] M ⟨*pl* blancs-mangers⟩ CUIS Mandelpudding *m*
Blanc-Mesnil [blɑ̃menil] *Stadt im Dep. Seine-Saint-Denis*
blanc-seing [blɑ̃sɛ̃] M ⟨*pl* blancs-seings⟩ Blankounterschrift *f*; Blankovollmacht *f*; JUR Blankett *n*
Blandine [blɑ̃din] F *Vorname*
blanquette [blɑ̃kɛt] F 1 CUIS ~ **de veau** *Kalbfleisch in weißer Soße* 2 ~ **de Limoux** *Schaumwein aus dem Languedoc*
blasé [blaze] A ADJ blasiert B SUBST ~**(e)** *m(f)* blasierter Mensch
blaser [blaze] V/PR **se** ~ blasiert werden; abstumpfen (**de qc** gegen etw)
blason [blazõ] M Wappen *n*; ~ **de famille** Familienwappen *n*; *fig* **redorer son** ~ e-e reiche Heirat machen; reich einheiraten
blasphémateur [blasfematœʀ] M, **blasphématrice** F Gotteslästerer, -lästerin *m, f*; **blasphématoire** ADJ gotteslästerlich; blasphemisch
blasphème [blasfɛm] M Gotteslästerung *f*; Blasphemie *f*
blasphémer [blasfeme] VI ⟨-è-⟩ gotteslästerliche Reden führen
blatérer [blateʀe] VI ⟨-è-⟩ *bélier* blöken; *chameau* brüllen
blatte [blat] F ZOOL (Küchen)Schabe *f*
Blaye [blaj] *Stadt im Dep. Gironde*
blazer [blezœʀ, bla-] M Blazer *m*
blé [ble] M 1 AGR Weizen *m*; *(céréales)* Getreide *n*; Korn *n*; ~ **dur** Hartweizen *m*; ~ **d'hiver, de printemps** Winter-, Sommerweizen *m*; ~ **en herbe, vert** junge, grüne Saat; *fig* **manger son** ~ **en herbe** sein Geld, s-e Einkünfte im Voraus ausgeben 2 *fam (argent)* → fric 3 BOT ~ **noir** Buchweizen *m*
bled [blɛd] M 1 *fam péj* Kaff *n*; Nest *n*; Kuhdorf *n* 2 *en Afrique* Landesinnere(s) *n*; (Hinter)Land *n*
blême [blɛm] ADJ *personne, visage* bleich; (leichen-, toten)blass; fahl *(a. lueur, matin)*
blêmir [blemiʀ] VI (leichen-, toten)blass, bleich, fahl werden; erbleichen; erblassen; *poét* **le matin blêmit** der Morgen graut
blende [blɛ̃d] F MINÉR Zinkblende *f*
blennorragie [blenɔʀaʒi] F MÉD Tripper *m*; Gonorrhö(e) *f*
blessant [blɛsɑ̃] ADJ *paroles, allusions etc* verletzend; kränkend; beleidigend; *personne* **être** ~ verletzend *etc* sein
blessé [blese] A ADJ 1 verletzt; **soldat** ~ verwundeter Soldat; ~ **au bras** am Arm verletzt, verwundet 2 *fig* verletzt, gekränkt, beleidigt, verwundet (**dans son orgueil** in s-m Stolz) B SUBST ~**(e)** *m(f)* Verletzte(r) *m|f(m)*; *soldat* Verwundete(r) *m*; **grand** ~**,** ~ **grave** Schwerverletzte(r) *m*, -verwundete(r) *m*; ~ **léger** Leichtverletzte(r) *m*, -verwundete(r) *m*
blesser [blese] A VT 1 verletzen (**d'un coup de couteau, de pistolet** durch e-n Messerstich, Pistolenschuss; **au genou** am Knie; **dans un accident de voiture** bei e-m Autounfall); *à la guerre* verwunden 2 *chaussures: qn, partie du corps* (wund) reiben; (wund, auf)scheuern 3 *son strident, couleur etc* ~ **l'oreille, les yeux** den Ohren, Augen wehtun; das Ohr, das Auge beleidigen 4 *paroles, remarques etc* ~ **qn** j-n verletzen, kränken, beleidigen, verwunden; j-m wehtun; j-n unangenehm berühren; **j'ai été blessé au vif par ses reproches** s-e Vorwürfe haben mich zutiefst verletzt *etc* B V/PR **se** ~ sich verletzen; sich *(dat)* e-e Verletzung zuziehen
blessure [blesyʀ] F 1 Verletzung *f*; *à la guerre* Verwundung *f*; *(plaie)* Wunde *f*; JUR **coups** *mpl* **et** ~**s** Körperverletzung *f*; **recevoir une** ~ verletzt, verwundet werden; e-e Verletzung davontragen; *fig* **rouvrir une** ~ e-e alte Wunde wieder aufreißen 2 *fig (offense)* Kränkung *f*; Beleidigung *f*
blet [blɛ] ADJ ⟨**blette** [blɛt]⟩ *poire* teigig; überreif
blette [blɛt] F → bette
bleu [blø] A ADJ 1 blau; ~ **ardoise, canard** ⟨*inv*⟩ schiefer-, grünblau; ~ **clair, foncé** ⟨*inv*⟩ hell-, dunkel- *ou* tiefblau; ~ **pâle** ⟨*inv*⟩ blassblau; bleu; ~ **vert** ⟨*inv*⟩ blaugrün; ~ **et blanc** ⟨*a. inv*⟩ blauweiß; BANQUE **carte** ~**e** Scheck-, Kreditkarte *f*; **ciel** ~ blauer Himmel; ZOOL **renard** ~ Blaufuchs *m*; *fig* **sang** ~ blaues Blut; **yeux** ~**s** blaue Augen *npl*; **aux yeux** ~**s** blauäugig; **zone** ~**e** Kurzparkzone *f*; ~ **de colère**

blaurot, dunkelrot vor Zorn; ~ **de froid** blau vor Kälte **2** *fig* **colère ~e** helle Wut; **peur ~e** schreckliche, *fam* höllische Angst; *fam* Heidenangst *f*; **en être, rester ~** bass erstaunt, *fam* baff sein **3** CUIS *bifteck* englisch **B** M **1** *couleur* Blau *n*; ~ **acier, ciel, marine** Stahl-, Himmel-, Marineblau *n*; **être en ~** in Blau sein, gehen; **peindre, teindre en ~** blau (an)streichen, färben; **porter du ~** Blau tragen; *fig* **n'y voir que du ~** überhaupt *ou* gar nichts (be)merken **2** *matière colorante* ~ **de cobalt** Kobaltblau *n*; ~ **d'outremer** Ultramarin-, Azur-, Lasurblau *n*; ~ **de Prusse** Preußischblau *n* **3** ~ **(de lessive)** Waschblau *n*; **passer le linge au ~** die Wäsche bläuen **4** *sur la peau* blauer Fleck **5** ~ **(de travail)** blauer Arbeitsanzug, Overall; *fam* blauer Anton; ~ **de chauffe** blaue Heizermontur; ~ **de mécanicien** blauer Monteuranzug **6** CUIS **carpe** *f*, **truite** *f* **au ~** Karpfen *m*, Forelle *f* blau **7** *fam fig (débutant)* Neuling *m*; Anfänger *m*; MIL Rekrut *m* **8** *fromages* ~ **d'Auvergne, de Bresse** *Blauschimmelkäse* **9** **gros ~** schlechter Rotwein **10** FOOTBALL **les Bleus** die französische Nationalmannschaft

Bleu [blø] **le fleuve ~** der Jangtse(kiang)

bleuâtre [bløɑtʀ] ADJ bläulich

Bleue [blø] **la Grande ~** das Mittelmeer

bleuet [bløɛ] M BOT Kornblume *f*

bleuir [bløiʀ] **A** VT *froid: visage* blau anlaufen lassen; **avoir les lèvres bleuies par le froid** von der Kälte blaue Lippen haben **B** VI *visage* blau werden, anlaufen; sich blau färben; *poét paysage etc* blauen; bläulich erscheinen

bleuissement [bløismɑ̃] M **1** Blauwerden *n*, -färbung *f* **2** *du bois* Blaufärbung *f*; Bläue *f*

bleuté [bløte] ADJ bläulich

blindage [blɛ̃daʒ] M **1** *d'un navire, véhicule* Panzerung *f* **2** ÉLEC, NUCL Abschirmung *f* **3** *d'un tunnel etc* Verschalung *f*; Aussteifung *f*

blindé [blɛ̃de] **A** ADJ **1** gepanzert; Panzer...; MIL **brigade ~e, corps ~** Panzerbrigade *f*, -korps *n*; **engin, véhicule ~** Panzerfahrzeug *n*, -wagen *m*; **porte ~e** Panzertür *f* **2** *fam fig* **être ~ contre qc** gegen etw gefeit, immun sein **B** M MIL Panzer *m*

blinder [blɛ̃de] VT **1** *véhicule, navire, porte* panzern **2** *fam fig* ~ **qn contre qc** j-n gegen etw immun machen **3** ÉLEC abschirmen **4** *tunnel etc* verschalen; aussteifen

bling-bling [bliŋbliŋ] *fam* **A** ADJ ⟨inv⟩ protzig **B** M ⟨inv⟩ Protz *m*; Angeber *m*

blini [blini] M CUIS kleiner Buchweizenpfannkuchen

blister [blistɛʀ] M Blister(verpackung) *m(f)*; durchsichtige Kunststoffverpackung

blizzard [blizaʀ] M Blizzard *m*

bloc [blɔk] M **1** *de pierre, de bois etc* Block *m*; ~ **de béton, de bois** Beton-, Holzblock *m*, -klotz *m*; ~ **de marbre, de pierre, de roche** Marmor-, Stein-, Felsblock *m*; **taillé dans un seul ~** aus einem Block gehauen **2** *de papier* Block *m*; ~ **de bureau** Notiz-, Schreibblock *m*; ~ **de papier à lettres** Briefblock *m* **3** *fam fig (prison) fam* Knast *m*; MIL *fam* Bau *m*; Bunker *m*; **fourrer au ~** *fam* einlochen **4** POL Block *m*; ~ **des gauches** Block der Linken; **faire ~** e-n Block bilden, sich zu e-m Block zusammenschließen, e-e geschlossene Front bilden (**contre** gegen) **5** FIN ~ **monétaire** Währungsblock *m* **6** *fig* (geschlossene[s]) Ganze(s); (feste) Einheit; Block *m* (*a.* TECH); AUTO ~ **moteur** Motorblock *m*; HÔPITAL ~ **opératoire** Operationstrakt *m*; ~ **sanitaire** sanitärtechnischer Block; ~ **d'immeubles** Gebäudeblock *m*; *loc adv* **en ~** en bloc; in Bausch und Bogen; im Ganzen; als Ganzes; pauschal; **former un ~** ein geschlossenes Ganzes, e-e feste Einheit, e-n Block bilden **7** LOC ADV *fermer, serrer, visser* **à ~** fest; ganz; → *a.* gonfler A 1

blocage [blɔkaʒ] M **1** *d'une route, d'un mécanisme* Blockieren *n*, -ung *f*; TECH Sperren *n*; Sperre *f*; Feststellen *n*; **vis** *f* **de ~** Feststellschraube *f* **2** *d'un compte, d'un crédit* Sperrung *f*; Sperre *f*; *de négociations, d'un projet* Blockierung *f*; ~ **des prix, des salaires** Preis-, Lohnstopp *m* **3** FOOTBALL *du ballon* (Ab)Stoppen *n*; (Ab)Blocken *n* **4** PSYCH innerer Widerstand; Sperrung *f*

bloc-cuisine [blɔkkɥizin] M ⟨*pl* blocs-cuisines⟩ Küchenblock *m*

bloc-cylindres [blɔksilɛ̃dʀ] M ⟨*pl* blocs-cylindres⟩ AUTO Zylinderblock *m*

Bloch [blɔk] **Ernst ~** PHIL Ernst Bloch

blockhaus [blɔkos] M MIL Bunker *m*

bloc-moteur [blɔkmɔtœʀ] M ⟨*pl* blocs-moteurs⟩ AUTO Motorblock *m*

bloc-notes [blɔknɔt] M ⟨*pl* blocs-notes⟩ Notiz-, Schreibblock *m*

blocus [blɔkys] M Blockade *f*; HIST ~ **continental** Kontinentalsperre *f*; ~ **économique** Wirtschaftsblockade *f*; **forcer, lever le ~** die Blockade brechen, aufheben

blog [blɔg] M ABR (weblog) INFORM Blog *n ou m*; Weblog *n ou m*

blogosphère [blɔgɔsfɛʀ] F INFORM Blogosphäre *f*

bloguer [blɔge] VI INFORM bloggen

blogueur [blɔgœʀ] M, **blogueuse** F INFORM Blogger(in) *m(f)*

blond [blõ] **A** ADJ ⟨blonde [blõd]⟩ **1** *cheveux, personne* blond; ~ **comme les blés** stroh-, weizenblond; ~ **blanc** ⟨inv⟩ weiß-, flachs-, semmelblond; ~ **cendré** ⟨inv⟩ aschblond; ~ **platiné** platinblond; **cheveux ~s** blondes Haar; Blondhaar *n*; **aux cheveux ~s** blond(haarig) **2** *bière, tabac* hell; **cigarette ~e** Zigarette *f* aus hellem Tabak; **épis ~s** goldgelbe Ähren *fpl*; CUIS **roux ~** helle Mehlschwitze; **sable ~** hellgelber Sand **B** SUBST **1** ~**(e)** *m(f)* Blonde(r) *m/f(m)*; Blondine *f*; **une fausse ~e** *fam* e-e Wasserstoffblondine; ein blondes Gift **2** M *couleur de cheveux* Blond *n* **3** ~**e** *f bière* Helle(s) *n* **4** ~**e** *f cigarette* Zigarette *f* aus hellem Tabak

blondasse [blõdas] ADJ *péj* matt-, strohblond; von stumpfem Blond; **blondeur** F *d'une personne* Blondheit *f*; *des blés* Goldgelb *n*

blondin [blõdɛ̃] M, **blondine** F blonder junger Mann, blondes junges Mädchen; *d'un jeune enfant* Blondkopf *m*; Blondschopf *m*

blondinet [blõdinɛ] M, **blondinette** F Blondkopf *m*; Blondschopf *m*

blondir [blõdiʀ] VI **1** *cheveux* heller werden; **elle a blondi** ihr Haar ist heller, blond geworden; *plais* sie ist erblondet **2** CUIS **faire ~** leicht bräunen; anbräunen

bloquer [blɔke] **A** VT **1** *route, mécanisme, roues* blockieren; *route a.* versperren; TECH sperren; feststellen; verriegeln; ~ **les freins** scharf bremsen; AUTO *a.* die Bremse durchtreten; ~ **une vis, le frein à main** eine Schraube, die Handbremse fest anziehen; **être bloqué par la glace** *port* durch das Eis blockiert sein; *navire* im Eis festliegen; *par ext personne* **rester bloqué** stecken bleiben; festsitzen **2** *projet, négociations* blockieren; ~ **un compte bancaire, un crédit** ein Bankkonto, einen Kredit sperren; ~ **les prix, les salaires** die Preise, die Gehälter einfrieren; **compte bloqué** Sperrkonto *n*; **prix bloqué** *a.* Stopppreis *m* **3** FOOTBALL *ballon* (ab)stoppen; (ab)blocken **4** *(grouper) jours de congé, cours etc* zusammenlegen **5** PSYCH **il est bloqué** bei ihm ist ein innerer Widerstand, e-e Sperrung da **B** V/PR **se ~** *mécanisme* blockieren (*a. freins*); klemmen

blottir [blɔtiʀ] V/PR **se ~** sich (zusammen)kauern; sich ducken; **se ~ contre qn** sich an j-n kuscheln, schmiegen; **se ~ sous la couverture** sich in die Decke kuscheln; *maison* **être blotti au creux d'un vallon** sich in e-e Talmulde schmiegen

blousant [bluzɑ̃] ADJ COUT blusig

blouse [bluz] F **1** (Arbeits)Kittel *m*; Kittelschürze *f*; *fig* **les ~s blanches** die Weißkittel *mpl (Ärzte etc)*; ~ **d'écolier, d'infirmière** Schul-, Schwesternkittel *m* **2** *(corsage)* (Damen)Bluse *f*

blouser [bluze] **A** VT *fam (tromper) fam* reinlegen **B** VI COUT blusig sein, fallen; blusen

blouson [bluzõ] M **1** COUT Blouson *n ou m*; ~ **de cuir** (kurze) Lederjacke **2** *fig* ~ **noir** Halbstarke(r) *m*

blue-jean [bludʒin] M ⟨*pl* blue-jeans⟩ Bluejeans *pl*

blues [bluz] M **1** *jazz* Blues *m* **2** *fam* **avoir le ~** deprimiert, *fam* down sein

bluet [blyɛ] M → bleuet

Bluetooth® [blutus] M Bluetooth® *m ou n*; **technologie** *f* **Bluetooth** Bluetoothtechnologie® *f*

bluff [blœf] M Bluff *m*; Täuschung(smanöver) *f(n)*; Irreführung *f*; **bluffer** *fam* VT *et* VI bluffen; täuschen; *v/t a.* irreführen

bluffeur [blœfœʀ] M, **bluffeuse** F Bluffer(in) *m(f)*; *adjt* **il est un peu ~** er blufft ein bisschen

Blum [blum] **Léon ~** *frz Politiker*

Blu-ray® [bluʀɛ] M **disque** *m* **Blu-ray** Blu-ray-Disc® *f*

bluter [blyte] VT *farine* sieben

BNP Paribas [beɛnpepaʀiba] F ABR (Banque nationale de Paris Paribas) *frz Großbank*

boa [bɔa] M **1** ZOOL ~ **(constricteur)** Boa (constrictor) *f* **2** *tour de cou* (Feder)Boa *f*

bob [bɔb] M ABR → bobsleigh

bobard [bɔbaʀ] *fam* M (Lügen)Märchen *n*; ~ **de la presse** Zeitungsente *f*; **raconter des ~s** (Lügen)Märchen erzählen, *fam* auftischen

bobeur [bɔbœʀ] M SPORTS Bobfahrer *m*

bobinage [bɔbinaʒ] M **1** TEXT Auf-, Umspulen *n* **2** ÉLEC Wicklung *f*

bobine [bɔbin] F **1** *de fil, de ruban etc* Rolle *f*; TEXT, CINÉMA, PHOT Spule *f*; *de câble* Trommel *f*; ~ **de fil** Garnrolle *f*; *quantité* Rolle Garn; ~ **de film** Filmspule *f* **2** ÉLEC Spule *f*; AUTO ~ **d'allumage** Zündspule *f* **3** *fam (figure)* Gesicht *n*; *péj* Visage *f*; **tu en fais une ~ aujourd'hui!** du machst heute vielleicht ein Gesicht!

bobiner [bɔbine] VT *fil, pellicule* (auf-, um)spulen

bobinette [bɔbinɛt] F *autrefois sur une porte* Holzpflock *m*

bobo¹ [bobo] M **1** *enf* Wehweh *n*; **avoir ~** ein Wehweh haben; **se faire ~** sich (*dat*) wehtun **2** *fam iron* Wehwehchen *n*; *fam* **(il n'y a) pas (eu) de ~!** (es ist) nichts passiert!

bobo² [bobo] M/F ABR (bourgeois bohème) Bürgerliche(r) *m/f(m)* mit unkonventionellen Einstellungen

bobonne [bɔbɔn] *fam* F **a** *appellatif* meine Gute, Liebe **b** *péj (épouse)* **avec (sa) ~** *fam* mit s-m Ehegespons; mit s-r Alten, Ollen

bobsleigh [bɔbslɛg] M **a** *traîneau* Bob *m*; Bobsleigh *m*; ~ **à deux, à quatre** Zweier-, Viererbob *m* **b** *sport* Bobsport *m*, -fahren *n*

bocage [bɔkaʒ] M Bocage *m (Heckenlandschaft im Nordwesten Frankreichs)*

bocal [bɔkal] M ⟨*pl* -aux⟩ Glas(behälter) *n(m)*; *à conserves* Einmach-, Weckglas *n*; ~ **à poissons rouges** Goldfischglas *n*; ~ **d'olives** Glas Oliven (*a. contenu*)

Boccace [bɔkas] M Boccaccio *m*

Boche [bɔʃ] *fam péj* **A** M/F Deutsche(r) *m/f(m)*; *injure* Scheißdeutsche(r) *m/f(m)* **B** ADJ **boche** deutsch

bock [bɔk] M Glas *n* Bier (1/8 l); **un ~** ein kleines Bier; *fam* ein Kleines

body [bɔdi] M COUT Body *m*; Bodysuit *m*; **~ de dentelle** Spitzenbody *m*

bodybuilding [bɔdibildiŋ] M Bodybuilding *n*

Boèce [bɔɛs] M HIST, PHIL Boethius *m*

Boers [buʀ] MPL Buren *mpl*

bœuf [bœf] M ‹*pl* ~s [bø]› 1 ZOOL, AGR Rind *n*; (*taureau castré*) Ochse *m*; **~ de boucherie** Mast-, Schlachtochse *m*; **~ de labour** Zugochse *m*; **fort comme un ~** stark wie ein Bulle; bullen-, bärenstark; **saigner comme un ~** bluten wie ein Schwein; **souffler comme un ~** schnaufen wie e-e Lokomotive; **travailler comme un ~** arbeiten wie ein Pferd; **une gifle à tuer un ~** e-e gewaltige Ohrfeige 2 *viande* Rind-, Ochsenfleisch *n*; **~ bouilli, (à la) ficelle, gros sel** gekochtes Rindfleisch; **~ (à la) mode** mit Karotten geschmortes Rindfleisch; **rôti** *m* **de ~** Rinder-, *autrich* Rindsbraten *m* 3 *fam* JAZZ Jam Session *f* 4 *fam adjt* ‹*inv*› *fam* Bomben…; gewaltig; **effet** *m* **~** Bombeneffekt *m*; gewaltiger Eindruck; **succès** *m* **~** Bombenerfolg *m*

bof [bɔf] INT pah!; bah!; ach was!; was soll's!; (alles) egal!; *langage des jeunes* null Bock!; **bof--génération** F *fam* Null-Bock-Generation *f*

bog(g)ie [bɔʒi] M CH DE FER Drehgestell *n*

bogue[1] [bɔg] F *d'une châtaigne* (stachelige) Fruchtschale

bogue[2] [bɔg] M INFORM Bug *m*; (Programmier)Fehler *m*

bohème [bɔɛm] 1 M/F Bohemien *m*; **vivre en ~** ein Bohemeleben führen; *adjt* **être ~** ein Bohemien sein; ein Bohemeleben führen 2 F *coll, milieu* Boheme *f*

Bohême [bɔɛm] **la ~** Böhmen *n*; **la forêt de ~** der Böhmerwald

bohémien [bɔemjɛ̃] A ADJ ‹~ne› (*de Bohême*) böhmisch B SUBST 1 (*gitan*) **~(ne)** *m(f)* Zigeuner(in) *m(f)* 2 *de Bohême* **Bohémien(ne)** *m(f)* Böhme *m*, Böhmin *f*

Boieldieu [bɔjɛldjø] *frz Komponist*

boire [bwaʀ] ‹je bois, il boit, nous buvons, ils boivent; je buvais; je bus; je boirai; que je boive, que nous buvions; buvant; bu› A V/T 1 *personne, animal* trinken; *gros animal a.* saufen; **à ~!** ich will (et)was zu trinken haben!; *fam* **~ un coup** *fam* einen trinken, heben; *fig* **~ les paroles de qn** wie gebannt an j-s Mund, Lippen (*dat*) hängen; **~ à (même) la bouteille** (direkt) aus der Flasche trinken; **~ à la santé, au succès de qn** auf j-s Gesundheit *ou* Wohl, auf j-s Erfolg (*acc*) trinken; **~ dans une tasse, dans un verre** aus e-r Tasse, einem Glas trinken; *fam fig* **il y a à ~ et à manger** *deux aspects* die Sache hat ihre zwei Seiten; *vrai et faux* hier sind Wahrheit und Lüge eng miteinander verquickt; **donner à ~** à zu trinken geben (+*dat*); *au bétail* tränken (+*acc*); **faire ~** *enfant, malade* zu trinken geben (**qn** j-m); *bétail* tränken 2 *abs avec excès* trinken; *fam* saufen; *prov* **qui a bu boira** wer einmal stiehlt, betrügt, lügt *etc*, tut es immer wieder; *a.* die Katze lässt das Mausen nicht (*prov*) 3 *papier buvard, sol: liquide* aufsaugen B V/PR *sens passif* **se ~** getrunken werden; **ce vin se boit au dessert** *a.* diesen Wein trinkt man zum Dessert C M Trinken *n*; **le ~ et le manger** Essen *n* und Trinken; **en perdre le ~ et le manger** darüber Essen und Trinken vergessen

bois [bwa] M 1 *matériau* Holz *n*; **~ tropicaux** Tropenhölzer *npl*; **~ vert** grünes Holz; *fig* **volée** *f* **de ~ vert** tüchtige, gehörige Tracht Prügel; **~ de charpente, de chauffage** Zimmer-, Brennholz *n*; **~ d'ébénisterie** (Edel)Holz für die Kunst-, Möbeltischlerei; *loc adj* **de** *ou* **en ~** hölzern; Holz…; aus Holz; *fam fig* **chèque** *m* **en ~** ungedeckter Scheck; **croix** *m*, **feu** *m*, **jambe** *f* **de ~** Holzkreuz *n*, -feuer *n*, -bein *n*; **pont** *m* **de** *ou* **en ~** Holzbrücke *f*; *menace* **je vais lui faire voir de quel ~ je me chauffe!** *fam* der soll mich (noch) kennenlernen!; *fig* **je ne suis pas de ~** ich bin doch nicht aus Holz; **toucher du ~** auf Holz klopfen; **je touche** *ou* **touchons du ~!** *a.* (unberufen) toi, toi, toi! 2 (*forêt*) Wald *m*; *à Paris* **le Bois (de Boulogne)** der Bois de Boulogne; **~ de châtaigniers** Kastanienwald *m*; *fig* **homme** *m* **des ~** grober, ungehobelter, ungeschliffener Kerl, Klotz; *loc adv* **à travers ~** quer durch den Wald; **se promener dans les ~** im Wald spazieren gehen 3 *d'un siège* (Holz)Gestell *n*; *d'une raquette de tennis* (Holz)Rahmen *m*; **~ de lit** hölzerne Bettstelle; TENNIS **faire un ~** den Ball mit dem Rahmen schlagen 4 *d'un cerf* **~** *pl* Geweih *n* 5 MUS **~** *pl* Holz(blasinstrumente) *n(pl)* (*einschließlich Saxofon*) 6 *gravure* Holzschnitt *m*

boisé [bwaze] ADJ bewaldet; **région ~e** Waldgebiet *n*

boisement [bwazmɑ̃] M Aufforstung *f*; Bewaldung *f*; **boiser** V/T 1 aufforsten; bewalden 2 MINES ausbauen; verzimmern

boiseries [bwazʀi] FPL (Holz)Täfelung *f*; Getäfel *n*; hölzerne Wand-, Deckenverkleidung

boisseau [bwaso] M ‹*pl* ~x› *ancienne mesure* Scheffel *m*; **un ~ de blé** ein Scheffel Korn; *fig* **mettre la lumière sous le ~** die Wahrheit verbergen, geheim halten

boisson [bwasõ] F Getränk *n*; **débit** *m* **de ~s** (Getränke)Ausschank *m*; Schankwirtschaft *f*; **s'adonner à la ~** sich dem Trunk ergeben

boîte [bwat] F 1 Schachtel *f* (*surtout en carton*); *en carton a.* Karton *m*; *en matière plus rigide* Kasten *m*; **~ postale** Postfach *n*; **~ à fiches** Karteikasten *m*; AUTO **~ à gants** Handschuhfach *n*; *dans une entreprise etc* **~ à idées** Kasten zum Einwerfen von Verbesserungsvorschlägen; **~ aux lettres** Briefkasten *m* → *a.* 5; *fig* **il me sert de ~ aux lettres à Paris** ich lasse meine Post zu ihm nach Paris gehen; **~ à outils, à ouvrage** Werkzeug-, Nähkasten *m*; **~ à sel** Salzfass *n*; **~ d'allumettes** Schachtel Zünd-, Streichhölzer; Streichholz-, Zündholzschachtel *f*; **~ de chocolats** Schachtel Konfekt, Pralinen; Konfekt-, Pralinenschachtel *f*; **~ de cigares** Kiste *f* Zigarren; Zigarrenkiste *f*; **~ de couleurs** Tusch-, Malkasten *m*; **~ de secours** Verband(s)kasten *m*; **~ en carton** Pappschachtel *f*, -karton *m*; *fam fig* **mettre qn en ~** *fam* j-n aufziehen, auf den Arm, auf die Schippe nehmen; *fam fig* **c'était de la mise en ~** *fam* ich wollte *ou* wir wollten *etc* dich, ihn *etc* nur ein bisschen aufziehen, auf den Arm, auf die Schippe nehmen 2 *en métal, plastique et ronde* Dose *f*; Büchse *f*; **~ à épices** Gewürzdose *f*, -büchse *f*; **~ à musique** Spieldose *f*, -uhr *f*; **~ à ordures** Müll-, Abfalleimer *m*; **~ de conserve** Konservenbüchse *f*, -dose *f*; MYTH **la ~ de Pandore** die Büchse der Pandora; **~ de sardines** Büchse, Dose Sardinen; Sardinenbüchse *f*, -dose *f*; **~ de savon** Seifendose *f*; *légumes, thon etc* **en ~** in *ou* aus der Büchse, Dose; Büchsen…; Dosen… 3 AVIAT **~ noire** Black Box *f* 4 ÉLEC **~ de dérivation, de jonction** Abzweig-, Anschlussdose *f*, -kasten *m* 5 INFORM **~ aux lettres (électronique)** Mailbox *f*; **~ à outils** Toolbox *f*; **~ de dialogue** Dialogfeld *n* 6 AUTO **~ de vitesses** (Wechsel)Getriebe *n*; **~ automatique** Automatikgetriebe *n* 7 *fam* (*discothèque*) *fam* Disko *f*; **~ (de nuit)** Nachtlokal *n*; Bar *f*; **aller en ~** in die Disko gehen 8 ANAT **~ crânienne** Gehirnschädel *m*; Hirnschale *f* 9 *fam péj* (*lieu de travail*) *fam* Laden *m*; (*école*) *fam* Penne *f*; **quelle sale ~!** *fam* so ein Saftladen!

boitement [bwatmɑ̃] M Hinken *n*; Humpeln *n*

boiter [bwate] V/I 1 hinken; humpeln; lahmen (*a. cheval*); **~ du pied droit** auf *ou* mit dem rechten Fuß hinken; den rechten Fuß nachziehen 2 *fig comparaison* hinken; *a. raisonnement* schief, nicht ganz richtig sein 3 *meuble* wackeln; **qui boite** wackelnd; wack(e)lig

boiteux [bwatø] A ADJ ‹-euse› 1 *personne* hinkend; humpelnd; lahmend 2 *table etc* wack(e)lig 3 *fig comparaison* hinkend; *a. raisonnement* schief; nicht ganz richtig; *phrase, vers* holp(e)rig; **compromis ~** unsicherer, *fam* fauler Kompromiss; **paix boiteuse** unsicherer, *fam* wack(e)liger Frieden B SUBST **~, boiteuse** *m,f* Hinkende(r) *m/f(m)*

boîtier [bwatje] M TECH Gehäuse *n*; **~ de montre** Uhrgehäuse *n*

boitillant [bwatijɑ̃] ADJ leicht hinkend; **boitiller** V/I leicht hinken

boit-sans-soif [bwasɑ̃swaf] M/F ‹*inv*› → soûlard, soûlarde

bol [bɔl] M 1 (Trink)Schale *f*; **boire un ~ de lait** e-e Schale Milch trinken; *fig* **prendre un ~ d'air** *fam* frische Luft tanken; sich auslüften 2 *fam fig* **avoir du ~** Glück, *fam* Schwein haben; **ne te casse pas le ~!** mach dir keine Sorgen!; reg dich nicht auf!; → *a.* ras2 3 PHYSIOL **~ alimentaire** zerkleinerter und eingespeichelter Bissen; Speisebrei *m*

bolchevik [bɔlʃevik, bɔlʃə-] M/F → bolcheviste B; **bolchevisme** M POL Bolschewismus *m*; **bolcheviste** POL A ADJ bolschewistisch B M/F Bolschewik(in) *m(f)*; Bolschewist(in) *m(f)*

bolée [bɔle] F **une ~ de cidre, de lait** e-e Schale (voll) Apfelwein, Milch

boléro [bɔleʀo] M 1 *danse, air* Bolero *m* 2 COUT Bolero(jäckchen) *m(n)*

bolet [bɔlɛ] M BOT Röhrenpilz *m*; Röhrling *m*; **~ Satan** Satanspilz *m*

bolide [bɔlid] M AUTO Rennwagen *m*; **arriver comme un, en ~** *fam* angesaust, angeflitzt kommen; **passer comme un ~, en ~** *fam* vorbeirasen, -sausen

bolivar [bɔlivaʀ] M *monnaie* Bolivar *m*

Bolivie [bɔlivi] **la ~** Bolivien *n*

bolivien [bɔlivjɛ̃] A ADJ ‹~ne› bolivianisch; bolivisch B SUBST **Bolivien(ne)** *m(f)* Bolivianer(in) *m(f)*; Bolivier(in) *m(f)*

Bologne [bɔlɔɲ] Bologna *n*

Bolzano [bɔlzano] Bozen *n*

bombance [bõbɑ̃s] F LOC **faire ~** schlemmen

bombarde [bõbaʀd] F 1 MUS Bomhart *m*; Pommer *m*; Bombarde *f* 2 HIST MIL Bombarde *f*

bombardement [bõbaʀdəmɑ̃] M 1 MIL Bombardement *n*; Bombardierung *f* (*a. fig* **de** mit); AVIAT *a.* Bombenangriff *m*; **~ d'artillerie** Artilleriebeschuss *m*; *fig* **~ de boulettes de papier** Bombardierung mit Papierkügelchen 2 PHYS NUCL Beschuss *m* (mit Elementarteilchen)

bombarder [bõbaʀde] V/T 1 MIL bombardieren; AVIAT *a.* mit Bomben belegen; *artillerie a.* beschießen; *adjt* **ville bombardée** *a.* zerbombte Stadt 2 *par ext de tomates, fig de lettres* bombardieren, *de fleurs, de confettis, de tomates* bewerfen (**de** mit); **~ qn de questions** j-n mit Fragen bombardieren 3 PHYS NUCL beschießen 4 *fam fig* **~ qn ambassadeur** j-n unerwartet, plötzlich zum Botschafter ernennen; **~ qn à un poste** *fam* j-n in e-e Stellung katapultieren

bombardier [bõbaʀdje] M AVIAT Bomber *m*; Bombenflugzeug *n*

Bombay [bõbɛ] Bombay *n*

bombe [bõb] F 1 MIL Bombe *f*; **~ atomique** Atombombe *f*; **~ explosive, incendiaire** Spreng-, Brandbombe *f*; **~ à neutrons** Neutronenbombe *f*, -waffe *f*; **~ au plastic** Plastikbombe *f*; **attentat** *m* **à la ~** Bombenanschlag *m*, -attentat *n*; *nouvelle* **éclater comme une ~, faire l'effet d'une ~** wie e-e Bombe einschlagen; **lancer une ~** e-e Bombe werfen, *avion* abwerfen; *fig* e-e Bombe zum Platzen bringen **2** MÉD **~ au cobalt** Kobaltkanone *f* **3** CUIS **~ glacée** Eisbombe *f* **4** *(atomiseur)* Spray(dose) *m ou n(f)*; **~ insecticide** Insektenspray *n ou m* **5** *fam* **faire la ~** tüchtig, ordentlich, *fam* feste feiern **6** *d'un cavalier* Reitkappe *f*

bombé [bõbe] ADJ *front, poitrine, route* gewölbt; **verre ~** bauchiges Glas

bombement [bõbmɑ̃] M *d'une route* Wölbung *f*

bomber [bõbe] **A** V/T **1** wölben; **~ la poitrine, le torse** (stolz) die Brust wölben, herausstrecken **2** TECH *tôle etc* biegen; *t/t* bombieren **3** *fam slogan etc* **~ sur un mur** auf e-e Wand sprühen, sprayen **B** V/I **1** *route etc* sich wölben **2** *fam (rouler vite) fam* sausen; rasen

bombonne [bõbɔn] F → bonbonne

bombyx [bõbiks] M ZOOL Seidenspinner *m*

bon[1] [bõ], ADJ *vor Vokal u. stummem h* [bɔn] **A** ADJ ⟨bonne [bɔn]⟩ **1** *qualité* gut; **~ danseur, élève, Français** guter Tänzer, Schüler, Franzose; **~ne leçon** gute, heilsame Lehre; *loc adj* **~ marché** → marché 4; **~ mariage** gute, glückliche Ehe; **~ médecin** guter, tüchtiger Arzt; **~ sens** gesunder Menschenverstand; **avoir de ~s yeux** gute Augen haben; *d'un plat etc* **c'est ~** das ist, schmeckt gut; **il est ~ de** *(+inf) ou* **que …** *(+subj)* es ist gut, ratsam, empfehlenswert, zu empfehlen zu *(+inf)*; es ist gut, wenn *ou* dass …; **croire, juger, trouver ~ de** *(+inf) ou* **que …** *(+subj)* es für gut, richtig halten, erachten zu *(+inf) ou* dass *ou* wenn …; ♦ *avec prép*: **~ à** gut, geeignet zu; **il n'est pas ~ à grand-chose** mit ihm ist nicht viel anzufangen; **à quoi ~?** wozu?; was nützt das (schon)?; **à quoi ~ continuer?** wozu noch weitermachen?; **il n'est ~ à rien** er taugt zu nichts, ist zu nichts zu gebrauchen, ist zu nichts nütze; **du bois juste ~ à faire du feu** nur als Brennholz geeignetes, verwendbares Holz; **ce livre est ~ à jeter** das Buch kann ich, kannst du *etc* wegwerfen; **c'est ~ à savoir** das ist gut zu wissen; gut, dass ich es weiß; *médicament* **~ contre la grippe, la toux** *etc* gut gegen Grippe, Husten *etc*; *élève* **~ en mathématiques** [bõã] gut in Mathematik; **~ pour** gut für; *fam si tu te gares ici*, **tu es ~ pour la contravention** *fam* dann kriegst du garantiert einen Strafzettel; *abs: si jamais il y a des représailles*, **on est ~** *fam* dann sind wir dran; dann geht es uns schlecht, an den Kragen; *il a besoin d'un coup de main*, **on est ~!** *fam* jetzt müssen wir ran!; **c'est une faute ~ne pour un débutant** ein Anfänger kann sich diesen Fehler noch leisten; **~ pour la ferraille** schrottreif; *fam* **c'est ~ pour lui de rester toujours chez lui!** *fam* wenn er immer zu Hause sitzen will, bitte! (ich nicht!); **~ pour les rhumatismes** gut bei, für Rheuma (-tismus); **(pas) ~ pour la santé** (un)gesund; (nicht) gut für die Gesundheit; der Gesundheit (abträglich, nicht) zuträglich; *conscrit* **~ pour le service** wehrdiensttauglich **2** **a** *moralement* gut; *(qui montre de la bonté)* gut(mütig, -herzig); gütig; lieb; liebevoll; **~ne action** gute Tat; **~ne conduite** gute Führung; gutes Betragen (a. ÉCOLE); **le ~ Dieu** der liebe Gott; → a. Dieu 1; *loc adj* **~ enfant** → enfant c 1; **~ époux, fils** guter, liebevoller Ehemann, Sohn; *fam* **ma ~ne vieille voiture** mein gutes *ou* liebes, altes Auto; *fam* **avoir qn à la ~ne** j-n gernhaben, mögen; j-n gut leiden können; **avoir ~ cœur** ein gutes Herz haben; gutherzig sein; **avoir ~ne conscience** ein gutes, reines Gewissen haben; **être ~** gut(herzig), ein guter Mensch sein; **être ~ pour qn** gut zu j-m sein; **vous êtes bien, trop ~** Sie sind sehr, zu gütig, freundlich, liebenswürdig **b** *péj ou iron personne* (zu) gut(mütig); naiv; **~ne femme** → femme 1; **tu es bien ~** *de te laisser faire* du bist schön dumm …; *fam iron* **vous êtes ~,** *ce n'est pas si simple!* Sie sind (vielleicht) gut, naiv …! **3** *quantité* gut; reichlich; **une ~ne cuillerée de sucre** ein gehäufter Löffel Zucker; **à une ~ne distance de** in ziemlicher, beträchtlicher Entfernung von; **une ~ne heure** e-e gute, reichliche Stunde; gut (und gern) e-e Stunde; → a. heure 3; **trois ~s kilomètres** gut(e) drei Kilometer; gut (und gern) drei Kilometer; **un ~ moment** e-e ganze, geraume Weile; → a. 5 et 6; **(un) ~ nombre de** ein großer Teil *(+gén)*; nicht wenige; viele; **une ~ne partie** ein gut(er) Teil; **un ~ verre** ein reichliches Glas; *fam* gut und gern ein Glas; SPORTS **arriver ~ dernier, premier** weit hinter, vor den anderen durch das Ziel gehen; **faire ~ poids** gut, reichlich wiegen **4** *intensité* kräftig; *fam* tüchtig; ordentlich; gehörig; anständig; **une ~ne gifle** e-e kräftige, *fam* anständige Ohrfeige; *fam* e-e Ohrfeige, die sich gewaschen hat; **un ~ rhume** ein tüchtiger, anständiger Schnupfen **5** *(correct) adresse, méthode, réponse, route etc* richtig; recht; **la ~ne clé** der richtige Schlüssel; *d'un tissu* **le ~ côté** die rechte Seite; **~ moment** richtiger, passender, geeigneter, günstiger Moment, Zeitpunkt; **tout lui est ~, tous les moyens lui sont ~s pour** *(+inf)* jedes Mittel ist ihm recht, um zu *(+inf)*; **ranger qc à la ~ne place** etw an den richtigen Platz stellen **6** *(agréable)* gut; angenehm; schön; *affaire, occasion, signe, vent* gut; günstig; **~ne chance!** viel Glück!; **~ne nuit!** gute Nacht!; **~nes vacances!** schöne Ferien!; schönen Urlaub!; **c'est la ~ne vie!** das ist ein schönes, angenehmes Leben!; so lässt sich's leben!; **passer de ~s moments avec qn** schöne, nette Stunden, Zeiten mit j-m verbringen, verleben **7** **une ~ne histoire** e-e lustige, amüsante, drollige Geschichte; ♦ *fam elliptiquement*: **en voilà une (bien) ~ne!** das ist ja e-e komische, drollige, tolle Geschichte!; *renoncer à mon voyage?* **tu en as de ~nes!** das ist doch wohl nicht dein Ernst!; *fam* du bist vielleicht gut, drollig!; du hast Einfälle!; **elle est bien ~ne!** das ist wirklich gut!; *fam* das ist ja köstlich, gelungen!; **en raconter de (bien) ~nes** lustige, komische, drollige Geschichten erzählen **8** INT **(c'est) ~!** **a** *accord, satisfaction* (es ist) gut! **b** *conclusion, déduction* (na, also) gut!; na schön! **c** *mécontentement, refus* a. **~, ~!** schon gut!; lassen wir's gut sein!; *compréhension* **ah ~!** ach so!; *surprise* **ah ~?** ach was?; ach ja?; *surprise désagréable, colère* **(allons) ~!** *fam* verflixt noch mal!; da haben wir die Bescherung! **B** ADV **il fait ~** es ist mildes, angenehmes Wetter; es ist mild; **il fait ~ ici** hier ist es angenehm, gemütlich, mollig warm; *avec cette chaleur* **il fait ~ dans la forêt** ist es angenehm (kühl) im Wald; **il fait ~ vivre ici** hier lässt sich's gut leben; **sentir ~** gut riechen; → a. tenir c 2; ♦ *loc adv* **pour de ~,** *litt* **tout de ~** ernstlich; wirklich; **c'est pour de ~!** jetzt wird es ernst! **C** SUBST **1** *abstrait* **le ~** das Gute; **rien de ~** nichts Gutes; **avoir du ~** sein Gutes haben; *on aura une augmentation* - **il y a du ~,** *fam* **y a (du) ~!** das ist ja herrlich, wunderbar, *fam* prima!; **il y a en lui du ~ et du mauvais** er hat gute und schlechte Seiten **2** *personne* **~(ne)** *m(f)* Gute(r) *m/f(m)*; *dans un film etc* **les ~s** die Guten; *plais* **mon ~, ma ~ne** mein Lieber, Guter; meine Liebe, Gute **3** **~ne** *f (bonne histoire)* → A 7 **4** **~** *m* **à rien** Taugenichts *m*; Nichtsnutz *m* **5** TYPO **~** *m* **à tirer** Imprimatur *n*; Druckerlaubnis *f*; **~s** *pl* **à tirer** druckreife Korrekturbogen *mpl*

bon[2] [bõ] M *document* Gutschein *m*; *pour consommations* Bon *m*; FIN **~ de caisse** Kassenschein *m*, -anweisung *f*; COMM **~ de commande** Bestellschein *m*; **~ d'essence** Benzingutschein *m*; FIN **~ du Trésor** Schatzanweisung *f*

Bonaparte [bɔnapaʀt] HIST Bonaparte

bonapartisme [bɔnapaʀtism] M POL Bonapartismus *m*; **bonapartiste** **A** ADJ bonapartistisch **B** M/F Bonapartist(in) *m(f)*

bonasse [bɔnas] ADJ (zu) gutmütig; **il est ~** a. *fam* er ist ein gutmütiges Schaf

bonbon [bõbõ] M Bonbon *m ou n*; **~ au miel** Honigbonbon *m ou n*

bonbonne [bõbɔn] F (große) Korbflasche; Glasballon *m*

bonbonnière [bõbɔnjɛʀ] F **1** Bonbon-, Konfektdose *f*; Bonbonniere *f* **2** *fig d'un appartement* Schmuckkästchen *n*

bond [bõ] M **1** *(saut)* Sprung *m* (a. *fig*); Satz *m*; *fig* **~ en avant** Sprung nach vorn; *loc adv*: **d'un ~** mit e-m Satz, Sprung; **se lever d'un ~** aufspringen; **en trois ~s** *il le rejoignit* mit drei Sprüngen, Sätzen …; **par ~s** sprungweise; in Sprüngen; **faire un ~** e-n Sprung, Satz machen, tun; *fig prix, production etc* sprunghaft ansteigen, in die Höhe gehen; in die Höhe schnellen; **ne faire qu'un ~** herbeieilen, -stürzen; *fig* **faire faux ~ à qn** j-n versetzen, im Stich lassen **2** *d'une balle* Abprallen *n*; Hochspringen *n*; **faire plusieurs ~s** mehrmals hochspringen; *fig* **saisir la balle au ~** die Gelegenheit beim Schopf fassen, ergreifen

bonde [bõd] F **1** *(ouverture) d'une baignoire etc* Abfluss(loch *n*, -öffnung *f*) *m*; Spundloch *n* **2** *(bouchon)* Stöpsel *m*; Zapfen *m*; *d'un tonneau* Spund *m*

bondé [bõde] ADJ *salle, train etc* überfüllt; gepfropft, *fam* gesteckt, gerammelt voll; *fam* knall-, proppenvoll

bondieuserie [bõdjøzʀi] F *péj* **1** *objets* **~s** *pl* Devotionalien *pl*; *péj* religiöser Kitsch **2** *litt* Bigotterie *f*

bondir [bõdiʀ] V/I *personne, animal* springen; hüpfen; *balle* abprallen; hochspringen; *fig* **~ de colère** *fam* in die Luft, an die Decke gehen; **~ de joie** Freudensprünge machen; *fig* vor Freude bis an die Decke springen; **son cœur a bondi de joie** das Herz hüpfte ihm vor Freude; *animal* **~ sur sa proie** sich auf s-e Beute stürzen; *fig* **cela me fait ~** das empört mich; das macht mich wütend, rasend

bondissant [bõdisɑ̃] ADJ springend; **bondissement** M Springen *n*

bonheur [bɔnœʀ] M Glück *n*; REL **le ~ éternel** die ewige Seligkeit; **quel ~ de** *(+inf)!* welch ein Glück, welche e-e Freude, wie schön zu *(+inf)*!; **le ~ d'aimer** das Glück zu lieben; *loc adv*: **au petit ~ (la chance)** auf gut Glück; aufs Geratewohl; **par ~** zum Glück; glücklicherweise; *formule de politesse* **depuis que j'ai eu le ~ de vous rencontrer** seit ich das Glück hatte, Ihnen zu begegnen; **il ne connaît pas son ~** er weiß nicht, was für ein Glück er hat *ou* wie gut er es hat; **faire le ~ de qn** j-n glücklich machen; *fam* **si cela peut faire votre ~** wenn Sie das gebrauchen können; **porter ~ (à qn)** (j-m) Glück bringen

bonheur-du-jour [bɔnœʀdyʒuʀ] M ⟨*pl* bonheurs-du-jour⟩ zierlicher Damenschreibtisch mit rückwärtigem Aufsatz

bonhomie [bɔnɔmi] F Gutmütigkeit *f*; Biederkeit *f*

bonhomme [bɔnɔm] M ⟨*pl* bonshommes

[bõzɔm]⟩ 1 *fam (homme)* **un ~** ein Mann *m*; *péj* **les bonshommes** die Männer *mpl*; *fam* die Mannsbilder *npl*; *péj* **ce (sale) ~** *fam* dieser (eklige) Kerl; **mon ~** *fam* der gute Mann; **le pauvre ~** der arme Mann, *fam* Kerl; **petit ~** kleiner Junge; *fam* kleiner Mann; *terme d'affection* **mon petit ~** *fam* kleiner Mann; *juron* **nom d'un petit ~!** zum Donnerwetter!; *fig* **aller, poursuivre son petit ~ de chemin** ruhig, unbeirrt s-n Weg gehen, sein Ziel verfolgen; **un vieux ~** ein alter Mann 2 *dessiné ou façonné* Männchen *n*; **~ de neige** Schneemann *m*; **~ de, en pain d'épice** Pfefferkuchen-, Honigkuchenmann *m* 3 ADJT ⟨*pl* ~s⟩ *air* gutmütig; bieder

boni [bɔni] M COMM Überschuss *m*; Mehrbetrag *m*, -einnahme *f*; Plus *n*

boniche [bɔniʃ] F → bonniche

Boniface [bɔnifas] M *Vorname*

bonification [bɔnifikasjõ] F 1 *(amélioration)* Verbesserung *f*; *d'une terre a.* Amelioration *f*; Melioration *f* 2 a COMM Bonifikation *f*; Rabatt *m*; *d'intérêts* Zinsverbilligung *f*; *assurances* Schadensfreiheitsrabatt *m*; Bonus *m* b SPORTS Bonus *m*; Punktvorteil *m*; CYCLISME Zeitgutschrift *f*

bonifier [bɔnifje] A V/T 1 *terre, vin* verbessern; *terre a.* (a)meliorieren 2 COMM bonifizieren; *adjt* **prêt bonifié** zinsverbilligtes Darlehen B V/PR **se ~** *vin* besser werden; *fig caractère* sich bessern

boniment [bɔnimã] M 1 *fam (propos mensongers)* *fam* Märchen *n*; **pas de ~s!** erzähl (mir, uns doch) keine Märchen!; **c'est du ~!** das sind doch Märchen!; das kannst du, können Sie andern weismachen!; **raconter des ~s** Märchen erzählen, auftischen 2 *d'un camelot etc* marktschreierische Reklame; **faire du ~** s-e Ware wortreich, *fam* mit viel Tamtam anpreisen

bonimenteur [bɔnimãtœʀ] M 1 *(baratineur)* Marktschreier *m* 2 *(menteur)* j-d, der Märchen auftischt

bonjour [bõʒuʀ] M **~!** guten Tag!; *le matin a.* guten Morgen!; *all Sud* grüß Gott!; *iron* **~ les ...!** *fam* na dann prost Mahlzeit!; **dire ~ à qn** j-m guten Tag sagen; *fam* **donner le ~ à qn (de la part de qn)** j-m e-n Gruß, Grüße (von j-m) ausrichten, bestellen; j-n (von j-m) grüßen lassen; *elliptiquement* **le ~ à votre femme (de ma part)!** e-n Gruß, Grüße (von mir) an Ihre Frau!; grüßen Sie Ihre Frau (von mir)!; *fig* **c'est facile, simple comme ~** das ist ganz, höchst einfach; das ist kinderleicht; das ist die einfachste Sache (von) der Welt

bonne [bɔn] F 1 Hausgehilfin *f*; Hausmädchen *n*; Dienstmädchen *n*; **~ à tout faire** Mädchen für alles; Alleinmädchen *n*; **~ d'enfants** Kindermädchen *n* 2 → bon¹ c 2, 3

Bonne-Espérance [bɔnɛspeʀãs] **le cap de ~** das Kap der Guten Hoffnung

bonne-maman [bɔnmamã] F ⟨*pl* bonnes-mamans⟩ *enf* Oma *f*; Großmama *f*

bonnement [bɔnmã] ADV **tout ~** ganz einfach

bonnet [bɔnɛ] M 1 Mütze *f*; Kappe *f*; *costume folklorique féminin* Haube *f*; *fam fig* **gros ~** *fam* hohes Tier; Bonze *m*; *all Sud a.* Großkopfete(r) *m*; MIL **~ à poil** Bärenfellmütze *f*; **~ d'âne** Eselskappe *f* (, die schlechte Schüler zur Strafe tragen mussten); **~ de bain** Badekappe *f*, -mütze *f*; **~ de fourrure** Pelzmütze *f*, -kappe *f*; **~ de laine** Wollmütze *f*; **~ de marin** Matrosenmütze *f*; **~ de nuit** Schlaf-, Nachtmütze; *fig d'une personne* Griesgram *m*; *fam* Sauertopf *m*; *fig*: **avoir la tête près du ~** ein Hitzkopf, hitzköpfig sein; rasch aufbrausen, *fam* hochgehen; **c'est ~ blanc et blanc ~** *fam* das ist Jacke wie Hose, gehupft wie gesprungen; *femme* **jeter son ~ par-dessus les moulins** sich über die Moral, guten Sitten hinwegsetzen; **prendre qc sous son ~** etw auf s-e Kappe nehmen; → *a.* âne 2, opiner 2 *d'un soutien-gorge* Körbchen *n*; Schale *f*; Cup *m* 3 *des ruminants* Netzmagen *m*

bonneterie [bɔnɛtʀi] F TEXT a Wirk- und Strickwarenindustrie *f*, *commerce* -handel *m* b **(articles** *mpl* **de) ~** Wirk- und Strickwaren *fpl*; Trikotagen *fpl*; Maschenware *f*; Gewirk(e) *n*

bonnetier [bɔntje] M, **bonnetière** F Wirk- und Strickwarenhersteller(in) *m(f)*, -fabrikant(in) *m(f)*, *commerçant(e)* -händler(in) *m(f)*

bonniche [bɔniʃ] *péj* F Dienstmädchen *n*; *fam* Minna *f*; *péj* Dienstbolzen *m*

bon-papa [bõpapa] M ⟨*pl* bons-papas⟩ *enf* Opa *m*; Großpapa *m*

bonsaï [bõ(d)zaj] M Bonsai *m*

bonsoir [bõswaʀ] M **~!** guten Abend!; **dire ~ à qn** j-m guten Abend sagen; *fam fig: qu'il accepte,* **ou alors, ~!** oder es ist aus!

bonté [bõte] F 1 Güte *f*; **~ de cœur** Herzensgüte *f*; *int* **~ divine!** du liebe Güte!; du meine Güte!; *iron* **par pure ~ d'âme** aus purer, reiner Menschenfreundlichkeit; **avoir la ~ de** *(+inf)* die Güte besitzen, so gütig sein zu *(+inf)*; **être d'une grande ~** sehr gütig sein 2 *actes* **~s** *pl* erwiesene Freundlichkeit(en) *f(pl)*

bonus [bɔnys] M 1 ASSURANCES Bonus *m*; Schadenfreiheitsrabatt *m* 2 *(gratification)* Bonus *m*

bonze [bõz] M 1 REL buddhistischer Mönch; Bonze *m* 2 *fam fig* Bonze *m*; **~s d'un parti** Parteibonzen *mpl*

boogie-woogie [bugiwugi] M MUS, *danse* Boogie-Woogie *m*

bookmaker [bukmɛkœʀ] M TURF Buchmacher *m*

boom [bum] M BOURSE, ÉCON Boom *m*; **~ touristique** Touristen-, Reiseboom *m*; **~ du bâtiment, de la construction** Bauboom *m*; **~ des exportations** Exportboom *m*

boomerang [bumʀãg] M Bumerang *m* (*a. fig*); *fig*: **faire ~** sich als Bumerang erweisen; zum Bumerang werden; **revenir comme un ~** wie ein Bumerang wirken, zurückschlagen; *adjt* **effet** *m* **~** Bumerangwirkung *f*

booster [buste] *fam* V/T ankurbeln; in Schwung bringen

borax [bɔʀaks] M CHIM Borax *m*

borborygmes [bɔʀbɔʀigm] MPL (Bauch-, Magen)Knurren *n*; Bauchkullern *n*

bord [bɔʀ] M 1 Rand *m*; *d'un chapeau* Krempe *f*; *(arête)* Kante *f*; *d'un lac, fleuve* Ufer *n*; Ufersaum *m*; **~ de l'assiette** Tellerrand *m*; **~ du chemin** Wegrand *m*; **~(s) de (la) mer** Meer(esstrand) *n(m)* *(im Gegensatz zum Inland)*; *passer ses vacances* **au ~ de la mer** am Meer; an der See; **rentrer par le ~ de mer** am Meer, an der Küste entlang nach Hause fahren; **~ de la rivière** Flussufer *n*; **~ de la route** Straßenrand *m*; **~ de la table** Tischkante *f*; **~ du trottoir** Bordsteinkante *f*; ♦ *loc adj: chapeau* **à large ~** breitkrempig; *récipient* **plein jusqu'au ~, à ras ~** randvoll; bis an den Rand gefüllt; *loc adv* **~ à ~** Rand an Rand; Kante an Kante; *loc prép* **au ~ de** am Rand(e) *(+gén)* (*a. fig*); **être au ~ de l'aveu** nahe daran sein, ein Geständnis abzulegen; **être au ~ d'une catastrophe, de la ruine** sich am Rande e-r Katastrophe, des Ruins befinden; **être au ~ de la faillite** kurz vor dem Konkurs, am Rande des Bankrotts stehen; **être au ~ des larmes** den Tränen nahe sein; **sur les ~s de la Loire** an den Ufern der Loire; *fam fig* **être un peu** *(+adj)* **sur les ~s** (so) ein bisschen, leicht *(+adj)* sein; **être un peu communiste sur les ~s** *fam* kommunistisch angehaucht sein; **être un peu filou sur les ~s** ein kleiner Gauner, Betrüger sein; **être un peu menteur sur les ~s** e-n leichten Hang zum Lügen haben 2 MAR, AVIAT Bord *m*; **journal** *m*, **livre** *m* **de ~** Schiffstagebuch *n*; Logbuch *n*; Journal *n*; AUTO, AVIAT **tableau** *m* **de ~** Armaturen-, Instrumentenbrett *n*; ♦ *loc adv et loc prép*: **à ~ (de)** an Bord *(+gén)*; **à ~ d'un Boeing** an Bord e-r Boeing; **à ~ d'une Fiat verte** mit, in e-m grünen Fiat; **monter, prendre à ~** an Bord gehen, nehmen; *fig personnes* **être du même ~** die gleichen Anschauungen vertreten; Gesinnungsgenossen, -freunde sein; POL *a.* im gleichen Lager stehen; **virer de ~** MAR wenden; *fig et* POL umschwenken; **jeter, passer par-dessus ~** über Bord werfen, gehen

bordages [bɔʀdaʒ] MPL MAR *planches* Planken *fpl*; Beplankung *f*; *tôles* Platten *fpl*; Beplattung *f*

bordé [bɔʀde] M MAR Außenhaut *f*

Bordeaux [bɔʀdo] *Stadt im Dep. Gironde*

bordeaux [bɔʀdo] M 1 *vin* Bordeaux(wein) *m*; **verre** *m* **à ~** Bordeauxglas *n* 2 *couleur* Bordeaux-, Weinrot *n*; *adjt* ⟨*inv*⟩ bordeaux-, weinrot

bordée [bɔʀde] F 1 MAR MIL Breitseite *f*; *fig* **une ~ d'injures** e-e Schimpfkanonade; ein Hagel *m*, e-e Flut von Schimpfwörtern; **lâcher une ~** e-e Breitseite abfeuern 2 MAR *(équipage de service)* Wache *f* 3 MAR *parcours* Schlag *m*; **courir, tirer des ~s** kreuzen; *fam fig* **tirer une ~** *fam* e-e Sauftour machen

bordel [bɔʀdɛl] M 1 *pop (maison de prostitution)* Bordell *n*; *pop* Puff *m ou n* 2 *fam fig (désordre)* heilloses Durcheinander; Chaos *n*; *pop* Saustall *m*; **quel ~ ici!** ist das hier ein Saustall! 3 INT *pop* **~!** *fam* verdammter Mist!; *pop* Scheiße!

bordelais [bɔʀdəlɛ] A ADJ von Bordeaux B SUBST **Bordelais(e)** *m(f)* Einwohner(in) *m(f)* von Bordeaux

bordelaise [bɔʀdəlɛz] F COMM a Bordeaux(wein)fass *n* *(etwa 225 l)* b Bordeauxflasche *f*

bordélique [bɔʀdelik] *fam* ADJ unordentlich; *fam* schlampig

border [bɔʀde] V/T 1 *arbres, maisons: route* (ein)säumen; *chemin, massif* einfassen (**de buis** mit Buchsbaum); COUT *vêtement* einfassen, am Rand besetzen, *de fourrure a.* verbrämen (**de** mit); **un sentier borde la rivière** ein Pfad läuft, führt, zieht sich am Fluss entlang; *pp*: **bordé d'arbres** von *ou* mit Bäumen gesäumt; **bordé de dentelles** mit Spitzen umsäumt, gesäumt, eingefasst 2 **~ un lit** das Überschlaglaken und die Decke unter die Matratze schlagen, rundherum fest einstopfen; **~ qn (dans son lit)** j-n zudecken 3 MAR a *voile* beiholen b *navire* beplanken; beplatten

bordereau [bɔʀdəʀo] M ⟨*pl* ~x⟩ COMM Aufstellung *f*; Verzeichnis *n*; Liste *f*; *terme bancaire a.* Bordereau *ou* Bordero *m ou n*; **~ d'expédition** Begleitschein *m*, -papier *n*

bordure [bɔʀdyʀ] F 1 Einfassung *f*; Umrandung *f*; Rand *m*; Kante *f*; JARD *de plantes a.* Rabatte *f*; COUT Einfassung *f*; *en fourrure* Verbrämung *f*; **~ du trottoir** Bordstein(kante) *m(f)*; *loc adj* **à ~ bleue** mit blauem Rand; blau gerändert; *loc prép* **en ~ de** am Rand *(+gén)*; **en ~ de la route** am Straßenrand; entlang der Straße 2 *de rideaux etc* Bordüre *f*; Borte *f*; Zierleiste *f* 3 MAR *d'une voile* Unterkante *f*

bore [bɔʀ] M CHIM Bor *n*

boréal [bɔʀeal] ADJ ⟨-aux⟩ GÉOG nördlich; Nord...; *t/t* boreal; **aurore ~e** Nordlicht *n*

Borée [bɔʀe] M MYTH Boreas *m*

Borgia [bɔʀʒja] HIST Borgia

borgne [bɔʀɲ] A ADJ 1 einäugig 2 *fig* **hôtel** *m* **~** verrufenes, anrüchiges Hotel B M/F Einäugige(r) *m/f(m)*

borique [bɔʀik] ADJ CHIM Bor…; **acide** *m* ~ Borsäure *f*

bornage [bɔʀnaʒ] M *de deux propriétés* Abmarkung *f*; Grenzscheidung *f*

borne [bɔʀn] F 1 *pierre* Grenzstein *m*; *marque* Grenzzeichen *n*; *par ext* Markierungsstein *m*; Steinpfosten *m*; ~ **kilométrique** Kilometerstein *m* 2 *par ext*: ~ **d'appel** Notrufsäule *f*; ~ **d'incendie** Überflurhydrant *m* 3 *fig* ~**s** *pl* Grenzen *fpl*; *joie, ambition etc* **sans ~s** grenzenlos; *patience* **avoir des ~s** Grenzen haben; **ne plus connaître de ~s** keine Grenzen, Schranken mehr kennen; **son avarice ne connaît pas de ~s** *a.* er ist maßlos geizig; **dépasser les ~s** zu weit gehen; *son ignorance* **dépasse les ~s** übersteigt alle Grenzen, ist grenzenlos; **cela dépasse toutes les ~s** das geht zu weit; *fam* das geht mir *ou* ihm *etc* über die Hutschnur 4 *fam* (*kilomètre*) Kilometer *m* 5 ÉLEC (Anschluss)Klemme *f*

borné [bɔʀne] ADJ engstirnig; (geistig) beschränkt; borniert; *fam* kleinkariert; **c'est un esprit ~** er ist engstirnig *etc*, ein kleiner Geist; er hat e-n begrenzten Horizont

Bornéo [bɔʀneo] Borneo *n*

borner [bɔʀne] A VT 1 *terrain* durch Grenzsteine, -zeichen markieren 2 *vue, horizon, fig ambitions etc* begrenzen B VPR **se ~ à qc** sich auf etw (*acc*) beschränken; **se ~ à faire qc** sich darauf beschränken, etw zu tun

bortsch [bɔʀtʃ] M CUIS Borschtsch *m*

bosniaque [bɔsnjak] A ADJ bosnisch B M/F **Bosniaque** Bosnier(in) *m(f)*

Bosnie(-Herzégovine) [bɔsni(ɛʀzegɔvin)] **la Bosnie(-Herzégovine)** Bosnien(-Herzegowina) *n*

Bosphore [bɔsfɔʀ] **le ~** der Bosporus

bosquet [bɔskɛ] M Wäldchen *n*; Baum-, Gehölzgruppe *f*

boss [bɔs] M *fam* Boss *m*

bossage [bɔsaʒ] M ARCH Bosse *f*

bossa-nova [bɔsanɔva] F *danse* Bossa Nova *m*

bosse [bɔs] F 1 *difformité* Buckel *m*; *fam* Höcker *m*; Ast *m*; *fam fig* **rouler sa ~** weit herumkommen 2 *due à un choc* Beule *f*; **se faire une ~ au front** sich (*dat*) an der Stirn e-e Beule holen 3 *d'un chameau* Höcker *m* 4 *sur une surface plane* Buckel *m*; ~ **du terrain** Geländebuckel *m* 5 ANAT Höcker *m*; *fam fig* **avoir la ~ de qc** (besonders, ausgesprochen) begabt für etw sein; e-e (besondere, ausgesprochene) Begabung, Gabe für etw haben; **avoir la ~ du dessin, des mathématiques** *a.* zeichnerisch, mathematisch begabt sein; **avoir la ~ du commerce** der geborene *ou* ein geborener Geschäftsmann sein

bosselage [bɔslaʒ] M ORFÈVRERIE getriebene Arbeit; Treibarbeit *f*; **bosseler** VT ⟨-ll-⟩ *pièces d'orfèvrerie* treiben

bosser [bɔse] *fam* A VT *matière fam* büffeln; durchackern; ~ **un examen** *fam* für eine Prüfung büffeln B VI (*travailler*) *fam* werke(l)n; *all Sud* schaffen; *plus fort fam* schuften; malochen

bosseur [bɔsœʀ] M, **bosseuse** F *fam* Arbeitstier *n*

bossu [bɔsy] A ADJ 1 *difforme* buck(e)lig; verwachsen 2 *par ext* krumm; **être ~** krumm sitzen, dastehen; e-n krummen Rücken machen B SUBST ~**(e)** *m(f)* Bucklige(r) *m/f(m)*; *fam* **rire comme un ~** *fam* sich schieflachen; sich (*dat*) e-n Ast lachen

Bossuet [bɔsɥɛ] *frz Kanzelredner*

bot [bo] ADJ ⟨bote [bɔt]⟩ **pied ~** Klumpfuß *m*

botanique [bɔtanik] A ADJ botanisch; pflanzenkundlich; Pflanzen… B F Botanik *f*; Pflanzenkunde *f*; **botaniste** M/F Botaniker(in) *m(f)*

Botnie [bɔtni] **le golfe de ~** der Bottnische Meerbusen

Botswana [bɔtswana] **le ~** Botsuana *n*; *suisse* Botswana *n*

botswanais [bɔtswanɛ] A ADJ botsuanisch; *suisse* botswanisch B SUBST **Botswanais(e)** *m(f)* Botsuaner(in) *m(f)*; *suisse* Botswaner(in) *m(f)*

botte [bɔt] F 1 *de végétaux* Bund *n*; Bündel *n*; ~ **d'asperges, de radis** Bund Spargel, Radieschen; ~ **de foin, de paille** Bund, Bündel Heu, Stroh; Heu-, Strohbund *n*, -bündel *n*; ~ **d'œillets** großer Strauß Nelken; **lier, mettre en ~s** bündeln 2 *chaussure* Stiefel *m*; ~**s de cavalier, d'équitation** Reitstiefel *mpl*; ~**s d'égoutier** feste, weite Gummistiefel *mpl* (mit Profilsohle); *fig* **la ~ de l'Italie** der italienische Stiefel; ~**s en caoutchouc** Gummistiefel *mpl*; *fig* **sous la ~ de** unter der Gewaltherrschaft (+*gén*); *fam fig* **en avoir plein les ~s** vom vielen Gehen müde sein; (*en avoir assez*) *fam* die Nase voll haben; **mettre des ~s** Stiefel anziehen 3 ESCRIME Stoß *m*; *fig* ~ **secrète** Geheimwaffe *f* 4 *fam à Polytechnique* **sortir dans la ~** unter den Besten abschneiden

botter [bɔte] VT 1 ADJT *Perrault* **Le Chat botté** Der Gestiefelte Kater 2 *fam* ~ **le derrière, les fesses,** *pop* **le cul à qn** *fam* j-m e-n Tritt in den Hintern, *pop* Arsch geben; j-n in den Hintern, *pop* Arsch treten 3 *fam* **ça me botte** (*ça me convient*) das passt mir (gut); (*ça me plaît*) das sagt mir zu, gefällt mir 4 FOOTBALL, RUGBY: *ballon* treten; *abs* schießen

Botticelli [bɔtiseli] M PEINT Botticelli *m*

bottier [bɔtje] M 1 Schuhmacher (der Schuhe nach Maß anfertigt) 2 ADJT **talon** *m* ~ Blockabsatz *m*

bottillon [bɔtijõ] M Halbstiefel *m*; Stiefelette *f*

bottin [bɔtɛ̃] M Telefonbuch *n*

bottine [bɔtin] F Damenhalbstiefel *m*; Stiefelette *f*

boubou [bubu] M Tunika *f* (*der Schwarzafrikaner*)

bouc [buk] M 1 ZOOL Ziegenbock *m*; REL *et fig* ~ **émissaire** Sündenbock *m* 2 *barbe* Spitzbart *m*

boucan [bukɑ̃] *fam* M Krach *m*; Lärm *m*; *fam* Radau *m*; Spektakel *m*; ~ **de tous les diables** *fam* Höllen-, Heidenlärm *m*, -spektakel *m*; Mordskrach *m*, -radau *m*, -spektakel *m*; **faire du ~** Krach, Radau machen; *fig fam* Krach schlagen

boucaner [bukane] VT 1 *viande, poisson* räuchern 2 *fig teint* **boucané** wettergebräunt

boucanier [bukanje] M HIST Bukanier *m*

bouchage [buʃaʒ] M *d'un trou* Zumachen *n*; Zu-, Verstopfen *n*; *dans le sol* Zuschütten *n*; *d'une fente* Abdichten *n*; *d'un récipient* (Ver)Schließen *n*; *d'une bouteille* Zu-, Verkorken *n*

bouche [buʃ] F 1 ANAT Mund *m*; *fig* **fine ~** Feinschmecker *m*; *fam* Leckermaul *n*; **elle fait la fine ~** sie ist sehr wählerisch; sie rümpft die Nase; ihr ist er, es *etc* nicht gut genug; *fig* ~ **inutile** unnützer Esser; ♦ *loc adv*: **la ~ en cœur** scheinheilig; unschuldsvoll; mit unschuldsvoller Miene; **la ~ en cul de poule** mit verächtlich verkniffenem Mund; *de tels jurons* **dans la ~ d'une jeune fille!** … aus dem Mund e-s jungen Mädchens!; **(être) dans toutes les ~s** in aller Munde (sein); **de ~ à oreille** von Mund zu Mund; *subst* **le ~ à oreille** die Mundpropaganda; *nouvelle* **(circuler) de ~ à oreille** von Mund zu Mund (gehen); **(parler) par la ~ de qn** durch j-n (sprechen); **la vérité parle par sa ~** aus ihm spricht die Wahrheit; ♦ **avoir cinq ~s à nourrir** fünf hungrige Mäuler zu stopfen haben; **avoir la ~ pleine** e-n vollen Mund haben; *fig* **en avoir plein la ~** immer wieder darauf zu sprechen kommen, damit *ou* davon anfangen; **avoir la ~ sèche** e-n trockenen Mund haben; **avoir toujours qc à la ~** ständig von etw reden, sprechen; *un mot* ständig im Mund führen; *quand on lui parle de X*, **il a l'injure à la ~** kommt ihm ein Schimpfwort über die Lippen; fängt er gleich zu schimpfen an; **s'embrasser à pleine ~, à ~ que veux-tu** sich abküssen, *fam* abknutschen; **ne pas ouvrir la ~** den Mund nicht aufmachen; kein Wort reden; **ne parle pas la ~ pleine!** sprich nicht mit vollem Mund! 2 *organe du goût* **avoir la ~ mauvaise** e-n schlechten Geschmack im Mund haben; **garder qc pour la bonne ~** etw (*das Beste*) bis zuletzt, für den Schluss aufheben, -sparen; *boisson etc* **laisser la ~ amère** e-n bitteren Geschmack hinterlassen; **rester sur la bonne ~** aufhören, wenn es am besten schmeckt 3 *de certains animaux* Maul *n* 4 (*ouverture*) Öffnung *f*; *d'un canon* Mündung *f*; *d'un volcan* Schlund *m*; MIL ~ **à feu** Geschütz *n*; Kanone *f*; ~ **d'air, de chaleur** (Warm)Luftschacht *m*; ~ **d'eau, d'incendie** (Unterflur)Hydrant *m*; ~ **d'égout** Gully *m ou n*; ~ **du four** Ofenloch *n*; ~ **de métro** U-Bahn-Eingang *m* 5 *d'un fleuve* ~**s** *pl* Mündung *f*; ~**s du Nil** Nilmündung *f*

bouché [buʃe] ADJ 1 *bouteille* verkorkt; zugekorkt; **cidre ~** stark moussierender, auf Flaschen gezogener Cidre; **vin ~** Flaschenwein *m* 2 *route, tuyau etc* verstopft; **avoir le nez ~** e-e verstopfte Nase haben; *fig* **être ~** *métier* keine Aussicht auf e-e Anstellung bieten; *carrière a.* keine Berufsmöglichkeiten eröffnen 3 *temps* trüb(e); *ciel* grau; bedeckt; verhangen; **le temps est ~** es ist bedeckt, trüb(e) 4 *fam fig* (*bête*) **être ~** dumm, beschränkt, *fam* vernagelt sein

bouche-à-bouche [buʃabuʃ] M ⟨*inv*⟩ Mund-zu-Mund-Beatmung *f*; Atemspende *f*

bouchée [buʃe] F 1 Bissen *m*; **une ~ de pain** ein Bissen Brot; *fig* **pour une ~ de pain** *fam* für ein Butterbrot; für e-n Apfel und ein Ei; *en mangeant* **ne faire qu'une ~ de qc** etw hastig, gierig, auf einmal hinunterschlingen, -schlucken; **il ne fit qu'une ~ de son dessert** *a.* er war mit s-m Nachtisch im Nu, Handumdrehen fertig; *fig* **ne faire qu'une ~ de qn** leicht, schnell mit j-m fertig werden; mit j-m kurzen Prozess machen; *fig* **mettre les ~s doubles** sich beeilen; doppelt so schnell arbeiten 2 CUIS ~ **à la reine** Königinpastete *f* 3 (*chocolat*) Praline *f*

boucher¹ [buʃe] A VT 1 *trou, ouverture* zumachen; zu-, verstopfen; *dans le sol* zuschütten; *fente* ver-, zuschmieren; abdichten; ~ **une bouteille** eine Flasche zukorken, verkorken, zupfropfen, zustöpseln; ~ **un récipient** einen Behälter verschließen; ~ **un tonneau** ein Fass verspunden, verspünden; *fig* ~ **un trou** ein Loch stopfen 2 *passage, route etc* versperren; blockieren; *fig futur* verbauen; ~ **la vue à qn** j-m die (Aus)Sicht, den Blick versperren, nehmen B VPR 1 **se ~ le nez** sich (*dat*) die Nase zuhalten; **se ~ les oreilles** sich (*dat*) die Ohren zuhalten, zustopfen; *fig* nicht(s) hören wollen; *fig* **se ~ les yeux** nicht(s) sehen wollen; die Augen verschließen (**devant** vor +*dat*) 2 *lavabo etc* **se ~** verstopfen

boucher² [buʃe] M 1 Fleischer *m*; *all Nord* Schlachter *m*; *all Sud* Metzger *m*; *autrich* Fleischhauer *m* 2 *fig* (*homme sanguinaire*) Bluthund *m*; (*chirurgien maladroit*) Metzger *m*; **bouchère** F 1 Fleischerin *f*; *all Nord* Schlachterin *f*; *all Sud* Metzgerin *f*; *autrich* Fleischhauerin *f* 2 (*femme du boucher*) Fleischers-, Schlachter-, Metzgersfrau *f*

boucherie [buʃʀi] F 1 *magasin* Fleischerei *f*; *all Nord* Schlachterei *f*; *all Sud* Metzgerei *f*; Fleischer-, Schlachter-, Metzgerladen *m*; **animaux** *mpl*, **viande** *f* **de ~** Schlachtvieh *n*, -fleisch *n* 2 *métier* Fleischer-, Schlachter-, Metzgerhandwerk *n* 3 *fig (massacre)* Gemetzel *n*; Metzelei *f*; Schlächterei *f*; Blutbad *n*; **boucherie-charcuterie** F ‹*pl* boucheries-charcuteries› Fleisch- und Wurstwarengeschäft *n*

Bouches-du-Rhône [buʃdyʀon] *frz Departement*

bouche-trou [buʃtʀu] M ‹*pl* bouche-trous› *personne* Lückenbüßer *m*; *chose* Füller *m*; **servir de ~** als Lückenbüßer dienen

bouchon [buʃõ] M 1 *pour fermer qc* Verschluss(-kappe) *m(f)*; *d'une bouteille, d'un flacon* Korken *m (en liège ou plastique)*; Pfropfen *m*; Stopfen *m*; Stöpsel *m*; *du réservoir d'essence* (Tank)Deckel *m*; *d'un tube* Schraubkappe *f*; **~ de caoutchouc** Gummistopfen *m*, -stöpsel *m*, -pfropfen *m*; **~ de carafe** a Karaffenstöpsel *m* b *fam fig* großer, protziger Diamant; **~ de champagne** Sektkorken *m*; AUTO **~ de radiateur** Kühlerverschluss *m*; **~ de verre** Glasstöpsel *m*; *vin* **avoir un goût de ~, sentir le ~** nach (dem) Korken schmecken; *fam fig* **c'est plus fort que de jouer au ~!** das ist doch nicht zu fassen!; das ist doch unglaublich, *fam* ein starkes Stück!; *fig* **pousser le ~ un peu loin** etwas zu weit gehen 2 *par ext obturant qc* Pfropf *m*; **~ de cérumen** Ohr(enschmalz)pfropf *m* 3 *de circulation* (Verkehrs)Stau *m*; **risque** *m* **de ~** Staugefahr *f*; **un ~ de trois kilomètres** ein Stau von drei Kilometern; **un ~ de cinq kilomètres s'est formé** *sur la Nationale 10* … hat sich ein Stau von fünf Kilometern gebildet 4 PÊCHE Schwimmer *m*; Floß *n* 5 **~ de paille** Strohwisch *m*

bouchonné [buʃɔne] ADJ *vin* korkig

bouchonner [buʃɔne] A VT *cheval* (mit e-m Strohwisch) abreiben B VI **ça bouchonne sur l'autoroute** es bilden sich Staus, der Verkehr staut sich auf der Autobahn

bouchot [buʃo] M Muschelzaun *m*; **moules** *fpl* **de ~** Zuchtmiesmuscheln *fpl*

bouclage [buklaʒ] M 1 MIL, POLICE Abriegelung *f*; Umstellung *f* 2 PRESSE Redaktionsschluss *m*

boucle [bukl] F 1 *sur une courroie* Schnalle *f*; *sur une ceinture, des chaussures a.* Schließe *f*; **~ de ceinture** Gürtelschnalle *f* 2 **~ d'oreille** Ohrring *m* 3 **~ (de cheveux)** (Haar)Locke *f*; Ringellocke *f* 4 *d'un lacet etc* Schleife *f*; Schlinge *f*; *d'un fleuve* Windung *f*; Schleife *f*; *en écriture* Schleife *f*; TEXT **velours** *m* **à ~s** Kräusel-, Frisésamt *m*; **faire une ~** e-e Schleife binden, machen; e-e Schlinge machen 5 SPORTS a *(circuit automobile)* Rundstrecke *f*, -kurs *m*; → *a.* boucler A 5 b **la grande ~** *Bezeichnung für die Tour de France* c AVIAT Looping *m* 6 INFORM Schleife *f*; **~ de programme** Programmschleife *f*

bouclé [bukle] ADJ *cheveux* lockig; gelockt; **cheveux ~s** *a.* Lockenhaar *n*; **enfant ~, tête ~e** Lockenkopf *m*; **être ~** gelocktes, lockiges Haar haben; ein Lockenkopf sein

boucler [bukle] A VT 1 *ceinture etc* zuschnallen; **~ sa (ses) valise(s), sa (ses) malle(s)** s-e, die Koffer packen; sich reisefertig machen 2 *fam magasin, porte* zumachen; schließen; **~ sa porte** s-e Tür zumachen, verschlossen halten; niemanden sehen wollen; *fam fig* **boucle-la!** halt den Mund, *fam* die Klappe! 3 *fam personne* einsperren; einschließen; *en prison fam* einlochen 4 *cheveux* locken; zu (Ringel)Locken drehen 5 *circuit* (durch)laufen, (-)fahren; **~ la boucle** *randonnée etc* in e-m Bogen zum Ausgangspunkt zurückkehren; *fig* die Sache abschließen, zu Ende führen; den Kreis schließen; *fig* **~ son budget, son mois** mit s-n verfügbaren Mitteln, mit s-m Monatsgehalt auskommen, *fam* über die Runden kommen, herumkommen; JOURNALISME **~ un numéro** e-e Ausgabe redaktionell abschließen 6 *police etc: quartier* abriegeln; umzingeln; umstellen B VI *cheveux* sich locken; sich ringeln C VPR *personne fam* **se ~ dans sa chambre** sich in sein *ou* in s-m Zimmer einschließen

bouclette [buklɛt] F 1 *de cheveux* (Ringel)Löckchen *n* 2 TEXT Bouclé *n*; *adjt* **laine** *f* **~** Bouclewolle *f*

bouclier [buklije] M 1 HIST Schild *m*; *fig* **levée** *f* **de ~s** starke Opposition; starker, heftiger Widerstand; *fig* **faire un ~ de son corps à qn** j-n mit s-m Körper decken, schützen 2 *fig (rempart)* Schutz(wall *m*, -wehr *f*) *m* 3 TECH Schild *m (a. pour tunnels)*; *d'un engin spatial* **~ thermique** Hitzeschild *m* 4 GÉOL **~ canadien** Kanadischer Schild

Bouddha [buda] M REL Buddha *m*

bouddhique [budik] ADJ REL buddhistisch; **bouddhisme** M REL Buddhismus *m*; **bouddhiste** REL A ADJ buddhistisch B M/F Buddhist(in) *m(f)*

bouder [bude] A VT **~ qn** mit j-m schmollen; j-m die kalte Schulter zeigen; **~ qc** etw meiden; e-r Sache *(dat)* fernbleiben, aus dem Weg gehen B VI schmollen

bouderie [budʀi] F Schmollen *n*

boudeur [budœʀ] A ADJ ‹-euse› *air, personne* schmollend B SUBST **~, boudeuse** *m,f* j-d, der (oft) schmollt; **oh, la boudeuse!** ach, sie schmollt mal wieder!

boudin [budɛ̃] M 1 Blutwurst *f*; **~ blanc** Weißwurst *f*; *fam fig* **s'en aller, tourner en eau de ~** kläglich scheitern; ausgehen wie das Hornberger Schießen; *fam* in die Binsen gehen 2 *fam fig (bourrelet)* Wulst *m*; Rolle *f* 3 *fam fig* **~s** *pl (gros doigts) fam* Wurstfinger *mpl* 4 *fam péj d'une fille fam* Pummel *m* 5 TECH **ressort** *m* **à ~** Schraubenfeder *f* 6 *partic enfants fam* **faire du ~** schmollen; *fam* im Schmollwinkel sitzen; e-n Schmollmund machen

boudiné [budine] ADJ 1 *personne* **être ~ dans un vêtement** in ein Kleidungsstück eingezwängt sein 2 **doigts ~s** *fam* Wurstfinger *mpl*

boudiner [budine] VT *vêtement trop serré* **ça (me) boudine** das zwängt mich so ein, dass sich richtige Wülste bilden

boudoir [budwaʀ] M 1 *petit salon* Boudoir *n* 2 *biscuit* Löffelbiskuit *n ou m*

boue [bu] F 1 Schlamm *m*; Schmutz *m*; Morast *m*; *fam* Dreck *m*; **tache** *f* **de ~** Schmutzfleck *m*; *fig*: **couvrir qn de ~** j-n mit Dreck bewerfen; **traîner qn, qc dans la ~** j-n, etw in den Schmutz, Dreck ziehen 2 GÉOL, TECH Schlamm *m*; **bain** *m* **de ~(s)** Schlamm-, Moorbad *n*

bouée [bwe] F 1 MAR Boje *f*; Tonne *f*; **~ lumineuse** Leuchtboje *f* 2 *(anneau gonflable)* Schwimmreifen *m*, -ring *m*; **~ de sauvetage** Rettungsboje *f*, -ring *m*; *fig* (letzte) Rettung

boueux [buø, bwø] A ADJ ‹-euse› 1 schmutzig; schlammig; morastig; *fam* dreckig 2 TYPO verwischt; unsauber B M *fam* Müllmann *m*

bouffant [bufɑ̃] ADJ bauschig; **cheveux ~s** fülliges Haar; **manche ~e** *a.* Puffärmel *m*; **pantalon ~** Pluderhose *f*

bouffarde [bufaʀd] *fam* F (Tabaks)Pfeife *f*

bouffe[1] [buf] *fam* F Essen *n*; *péj pop* Fressen *n*; **se faire une (petite) ~** zu e-m zwanglosen kleinen Essen zusammenkommen; **ne penser qu'à la ~** immer nur ans Essen denken; **à la ~!** auf geht's zum Essen!

bouffe[2] [buf] ADJ MUS **opéra** *m* **~** Opera buffa *f*; komische Oper

bouffée [bufe] F 1 *en inspirant, en fumant* Zug *m*; **avaler de grandes ~s d'air** die Luft in tiefen Zügen einatmen; **tirer une longue ~ de sa pipe** e-n langen Zug aus s-r Pfeife tun 2 *en expirant* Hauch *m*; **~s de fumée** Rauchwolken *fpl*; Qualm *m*; *à chaque fois qu'il ouvrait la bouche*, **il me parvenait des ~s d'ail, de vin** stieg mir nach Knoblauch, Wein riechender Atem in die Nase 3 *d'air* Lufthauch *m*, -strom *m*, -zug *m*; Schwall *m*; *d'odeurs* Dunstwolke *f*; Schwaden *m*; **~ d'air frais** Schwall frischer Luft; frischer Lufthauch, -zug; **~ de froid** Schwall Kälte; kalter Lufthauch, -zug; **~ de parfum** Duftwolke *f*; **~ de vent** Windstoß *m*; *loc adv* **par ~s** stoßweise; in Schwaden, Wellen; **il lui arrivait par ~s des odeurs de cuisine** die Küchengerüche schlugen ihm in Schwaden entgegen 4 MÉD **~ de chaleur** Hitzewallung *f*; fliegende Hitze 5 *fig* **une ~ d'orgueil** *etc* e-e Anwandlung von Stolz *etc*; **… fit monter une ~ de rage à son visage** … verlieh s-m Gesicht e-n wütenden Ausdruck

bouffer[1] [bufe] VI *manche, jupe etc* sich bauschen; *cheveux* bauschig, füllig (ab)stehen; **faire ~ ses cheveux** s-m Haar Fülle geben

bouffer[2] [bufe] *fam* A VT 1 essen *(a. abs)*; *péj pop* fressen; **~ à la cantine** in der Kantine essen; **n'avoir rien à ~** nichts zu essen, *fam* beißen haben; *fig*: **j'ai envie de le ~, je le boufferais** *fam* ich könnte ihn erwürgen, umbringen; **~ du curé** *fam* die Pfaffen gefressen haben 2 *fig voiture* **~ trop d'essence** *fam* zu viel Benzin fressen; *conducteur* **~ du (des) kilomètre(s)** *fam* Kilometer *(pl)* fressen B VPR **se ~ le nez** *fam* sich in die Haare geraten; sich in die Wolle kriegen; sich in den Haaren liegen; sich in der Wolle haben

bouffetance [buftɑ̃s] F *fam* → bouffe[1]

bouffi [bufi] ADJ *visage* (auf)gedunsen; aufgeschwemmt; **avoir les yeux ~s** geschwollene, verschwollene, verquollene Augen haben; *personne* **~ de graisse** fettleibig; *fam* ein Fettkloß *m*; *fig personne* **~ d'orgueil** aufgeblasen; hochmütig; *yeux, visage* **~ de sommeil** vom Schlafen verquollen

bouffir [bufiʀ] A VT *visage* aufgedunsen machen; aufschwemmen B VI *visage* aufgedunsen, aufgeschwemmt werden

bouffon [bufõ] A ADJ ‹~ne› derb-komisch; spaßig; possenhaft B M Possenreißer *m*; Spaßmacher *m*; *fam* Clown *m*; HIST **~ (du roi)** Hofnarr *m*

bouffonnerie [bufɔnʀi] F 1 *d'une scène, d'une histoire* derbe Komik; Spaßigkeit *f*; Possenhaftigkeit *f* 2 *action, paroles* **~s** *pl* derbe Späße *mpl*; Possen *mpl*; Clownerie *f*

bougainvillée [bugɛ̃vile] F BOT Bougainvillea *f*

bouge [buʒ] M *café, bar* Spelunke *f*; *hôtel* Absteige *f*

bougeoir [buʒwaʀ] M (Kerzen)Leuchter *m* mit Griff

bougeotte [buʒɔt] F *fam* **avoir la ~** *(ne pas tenir en place) fam* kein Sitzfleisch haben; *enfant a.* ein Zappelphilipp sein; *(voyager beaucoup)* sehr reiselustig sein; *fam* ein Reiseonkel, e-e Reisetante sein

bouger [buʒe] ‹-geons› A VT *membre* bewegen; rühren; regen; *objet* (ver)rücken; umstellen; *adjt photo* **bougé** verwackelt B VI 1 *personne, feuilles* sich bewegen, rühren, regen; *dent, manche* wackeln; **sans ~ de sa chaise** ohne sich vom Stuhl zu erheben; *fam* **je ne bouge pas de chez moi aujourd'hui** ich rühre mich heute nicht von zu Hause fort, weg; *par ext* **avoir besoin de ~** Bewegung und Abwechslung brauchen 2 *fam* **ne pas ~** *personne* nichts unternehmen; *fam* sich nicht rühren, regen; *prix* gleich, fest, stabil bleiben; *tissu, vê-*

tement **ne pas ~ au lavage** sich beim Waschen nicht verändern **3** *groupe (s'agiter)* in Bewegung geraten; aktiv werden; **ça bouge** es gärt **C** VPR *personne fam* **se ~** sich bewegen, rühren, regen; *fig* sich rühren, regen; etwas unternehmen, tun

bougie [buʒi] F **1** Kerze *f*; **à la lumière d'une ~**, **de ~s** bei Kerzenlicht, -schein **2** AUTO **~ (d'allumage)** Zündkerze *f*

bougna(t) [buɲa] *fam* M (aus der Auvergne stammender) Kohlenhändler und Kneipenbesitzer

bougnoul(e) [buɲul] M *fam péj* → bicot

bougon [bugõ] **A** ADJ ⟨~ne⟩ mürrisch; bärbeißig; *fam* brummig; sauertöpfisch **B** M Griesgram *m*; *fam* Brummbär *m*, -bart *m*; Miesepeter *m*; **un vieux ~** *a. fam* ein alter Knurrhahn

bougonner [bugɔne] VI murren; brummen; brummeln; knurren

bougre [bugʀ] *fam* M **1** *fam* Kerl *m*; **un bon ~** ein netter, guter, anständiger Kerl; **il n'est pas mauvais ~** er ist kein schlechter Kerl; **un pauvre ~** ein armer Kerl, Teufel **2** *péj* **~ d'idiot, d'imbécile** *etc* du Idiot, Dummkopf *etc* **3** INT **~!** Donnerwetter!

bougrement [bugʀəmɑ̃] ADV *fam* verdammt; verflixt; verteufelt; **c'est ~ bon** das ist verdammt, verteufelt gut

bougresse [bugʀɛs] F *fam péj* Weib(sbild) *n*

boui-boui [bwibwi] M ⟨*pl* bouis-bouis⟩ *fam* mieses Lokal; miese Kneipe

bouillabaisse [bujabɛs] F Bouillabaisse *f* *(provenzalisches Fischgericht)*

bouillant [bujɑ̃] ADJ **1** *(qui bout)* kochend; siedend **2** *(très chaud)* kochend, siedend heiß; brühheiß **3** *fig et st/s personne, tempérament* ungestüm; hitzig

bouillasse [bujas] F *fam* Dreck *m*; Pampe *f*

bouille [buj] *fam* F Gesicht *n*; **avoir une bonne ~** sympathisch, nett aussehen

bouilleur [bujœʀ] M (Branntwein)Brenner *m*; **~ de cru** privater Eigenbrenner

bouilli [buji] CUIS **A** ADJ gekocht; **lait ~** (ab)gekochte Milch **B** M gekochtes (Rind)Fleisch

bouillie [buji] F CUIS Brei *m*; **~ d'avoine** Haferbrei *m*; **en ~** **a** zu Brei, Mus zerkocht, geworden **b** *fam fig* zu Brei, *fam* Mus zerquetscht; *fam fig* **mettre en ~** *fam* zu Brei schlagen

bouillir [bujiʀ] ⟨je bous, il bout, nous bouillons; je bouillais; je bouillis; je bouillirai; que je bouille; bouillant; bouilli⟩ **A** VT *fam linge* kochen; **~ le lait, l'eau** die Milch, das Wasser (ab)kochen **B** VI *liquide, viande, légumes, linge* kochen *(a. fig)*; *liquide a.* sieden; **du linge qui bout** kochfeste Wäsche; *fig*: **mon sang bout quand …** *fam* ich koche, in mir kocht es, wenn …; **~ de colère** vor Zorn kochen; **~ d'impatience** vor Ungeduld vergehen, brennen; ♦ **faire ~** kochen; *eau, lait a.* abkochen; *tétine, seringue etc* auskochen; *fig* **faire ~ qn** *fam* j-n rasend, wahnsinnig machen; j-n auf die Palme bringen

bouilloire [bujwaʀ] F Wasser-, Teekessel *m*

bouillon [bujõ] M **1** CUIS Brühe *f*; **~ gras** Fleischbrühe *f*; Bouillon *f*; **~ maigre** magere Brühe; **~ de légumes** Gemüsebrühe *f*; *fam iron* **~ de** *ou* **d'onze heures** Gifttrank *m*; *fam fig* **boire un ~** *en nageant* Wasser schlucken; *(perdre de l'argent)* viel Geld verlieren, einbüßen; *fam fig* **jeter qn au ~** j-n ins Wasser werfen, *fam* schmeißen **2** **~ de culture** BIOL Nährbrühe *f*, -lösung *f*; Bouillon *f*; *fig* Nährboden *m* **3** **~s** *pl (bulles)* (Luft-, Dampf)Blasen *fpl*; *loc adv* **à gros ~s** sprudelnd; brodelnd; **bouillir à gros ~s** sprudeln; brodeln; (auf)wallen; *sang* **couler à gros ~s** nur so strömen, sprudeln, herausquellen **4** **~s** *pl (exemplaires invendus)* Remittenden *fpl* **5** COUT sich bauschende (Kräusel)Falte

bouillonnant [bujɔnɑ̃] ADJ *eau* sprudelnd; brodelnd; **bouillonnement** M **1** *d'un liquide* Sprudeln *n*; Brodeln *n*; (Auf)Wallen *n*; *d'une source* Sprudeln *n* **2** *fig d'idées* ungestümes Aufbrechen; Brodeln *n*

bouillonner [bujɔne] VI **1** *liquide qui bout* sprudeln; brodeln; (auf)wallen; *source* sprudeln **2** *fig idées* gären; brodeln; *mille pensées* **bouillonnaient dans son esprit …** brodelten in ihm **3** *t/t journal etc* auf e-m Teil der Auflage sitzen bleiben

bouillotte [bujɔt] F Wärm-, Bettflasche *f*

Boukhara [bukaʀa] GÉOG Buchara *n*

boulange [bulɑ̃ʒ] *fam* F Bäckerhandwerk *n*; Backgewerbe *n*

boulanger[1] [bulɑ̃ʒe] M Bäcker *m*

boulanger[2] [bulɑ̃ʒe] VI ⟨-geons⟩ Brot backen

boulangère [bulɑ̃ʒɛʀ] F **1** Bäckerin *f* **2** *(femme du boulanger)* Bäckersfrau *f*

boulangerie [bulɑ̃ʒʀi] F **1** *boutique* Bäckerei *f*; Bäckerladen *m* **2** *métier* Bäckerhandwerk *n*; Backgewerbe *n*; **~ industrielle** Brotfabrik *f*;

boulangerie-pâtisserie F ⟨*pl* boulangeries-pâtisseries⟩ Bäckerei *f* und Konditorei *f*; Brot- und Feinbäckerei *f*

boule [bul] F **1** Kugel *f*; **~ puante** Stinkbombe *f*; **~s Quies®** [bulkjɛs] Ohropax® *n*; CUIS **~ à thé** Tee-Ei *n*; **~ de bois, d'ivoire** Holz-, Elfenbeinkugel *f*; **~ de gomme** *bonbon* Fruchtgummi *n*; PHARM Hustenpastille *f*; **~ de loto** Lottokugel *f*; *fam fig* **avoir les yeux en ~s de loto** *fam* Kulleraugen haben; **~ de neige** Schneeball *m*; COMM **vente *f* à la ~ de neige** Schneeballsystem *n*; *fig* **faire ~ de neige** *dettes* lawinenartig anwachsen; *nouvelle* sich wie ein Lauffeuer aus-, verbreiten; *idée* sich ausbreiten; um sich greifen; **~ de pain** Laib *m* Brot; *loc adj* **en ~** kugelförmig; wie e-e Kugel; *arbre* **taillé en ~** kugelförmig geschnitten; kugelig zugestutzt; **se mettre en ~** **a** *animal* sich zu e-r Kugel zusammenrollen **b** *fam fig* in Harnisch geraten; *fam* in die Luft gehen; *fam fig* **mettre qn en ~** j-n in Harnisch, *fam* auf die Palme bringen; *fig* **avoir une ~ dans la gorge** e-n Kloß im Hals haben **2** **jeu** *m* **de ~s** Boule (-spiel) *n ou f(n)*; **jouer aux ~s** Boule, *a.* Boccia spielen **3** *fam fig (tête)* Kopf *m*; **perdre la ~** *fam* durchdrehen; spinnen; **tondre la ~ à zéro** den Kopf kahl scheren; *fam fig* **avoir les ~s** *(être énervé) fam* genervt sein; ausrasten; *(être anxieux) fam* Bammel, *pop* Schiss haben; **ça me fout les ~s** *fam* das nervt mich; das bringt mich auf die Palme

bouleau [bulo] M ⟨*pl* ~x⟩ BOT Birke *f*

boule-de-neige [buldənɛʒ] F ⟨*pl* boules-de-neige⟩ BOT Schneeball *m*

bouledogue [buldɔg] M ZOOL Bulldogge *f*; *iron* **être aimable comme un ~** *fam* ein Bullenbeißer sein

bouler [bule] VI *fam* **envoyer ~** → promener A 3

boulet [bulɛ] M **1** HIST **~ (de canon)** Kanonenkugel *f*; **arriver comme un ~ de canon** angestürmt kommen; *fam fig* **pas pour un ~ de canon** um keinen Preis; um nichts in der Welt; *fig* **tirer sur qn à ~s rouges** j-n heftig, schonungslos angreifen; j-n heftig aufs Korn nehmen **2** HIST *des bagnards* Eisenkugel *f*; *fig*: **quel ~!** das ist ein ganz schöner Klotz am Bein!; **traîner un ~** e-n Klotz am Bein haben **3** *charbon* **~s** *pl* Eierbriketts *npl*, -kohle(n) *f(pl)*

boulette [bulɛt] F **1** Kügelchen *n*; **~ de pain, de papier** Brot-, Papierkügelchen *n* **2** CUIS **~ (de viande)** Fleischklößchen *n*; Frikadelle *f* **3** *fam fig* **faire une ~** e-n Fehler, e-e Dummheit, *fam* e-n Schnitzer machen; *fam* e-n Bock schießen

boulevard [bulvaʀ] M **1** breite (Ring)Straße; Boulevard *m*; *à Paris* **les Grands Boulevards** die großen Boulevards *(zwischen Place de la Madeleine u. Place de la République)* **2** **pièce *f*, théâtre *m* de ~** Boulevardstück *n*, -theater *n*

bouleversant [bulvɛʀsɑ̃] ADJ erschütternd

bouleversement [bulvɛʀsəmɑ̃] M **1** *(changement brutal)* Umwälzung *f*; grundlegende, tief greifende (Ver)Änderung *f* **2** *(perturbation)* Durcheinanderbringen *n* **3** *d'une personne* Erschütterung *f*; *d'un visage* Verstörtheit *f*

bouleverser [bulvɛʀse] VT **1** *(perturber)* in Unordnung bringen; völlig durcheinanderbringen; **~ les habitudes de qn** j-n völlig aus der gewohnten Ordnung bringen **2** *(changer complètement)* grundlegend, tief greifend, völlig verändern **3** *événement, nouvelle* **~ qn** j-n erschüttern, bis ins Innerste aufwühlen; *adjt*: **être bouleversé** *personne* erschüttert sein (**par** über *+acc*); *visage* Erschütterung ausdrücken; verstört sein; **d'une voix bouleversée** mit tief bewegter Stimme

Boulez [bulɛz] *frz Komponist*

boulier [bulje] M Rechenbrett *n*

boulimie [bulimi] F MÉD Bulimie *f*; *fig* Heißhunger *m* (**de** auf *+acc*); **boulimique** **A** ADJ an Bulimie erkrankt **B** M/F Bulimiker(in) *m(f)*; Bulimiekranke(r) *m/f(m)*

boulisme [bulism] M Boulespielen *n*, -sport *m*

bouliste [bulist] M/F Boulespieler(in) *m(f)*; *adjt* **club *m* ~** Bouleklub *m*

boulodrome [bulɔdʀom] M Bouleplatz *m*

Boulogne-Billancourt [bulɔɲbijɑ̃kuʀ] *Stadt im Dep. Hauts-de-Seine*

boulon [bulõ] M TECH Schraube(nbolzen) *f(m)* (mit Mutter)

boulonnage [bulɔnaʒ] M TECH Verschraubung *f*

boulonner [bulɔne] **A** VT TECH ver-, zusammenschrauben; festschrauben (**à** an *+dat*) **B** VI *fam (travailler)* arbeiten; *all Sud* schaffen; *plus fort fam* schuften; malochen

boulot[1] [bulo] **A** ADJ ⟨~te⟩ klein und rund, drall, *fam* pummelig **B** F **une petite ~te** e-e kleine, runde *etc* Frau; *fam* ein Pummel *m*

boulot[2] [bulo] M *fam* **1** *(travail)* Arbeit *f*; *(place) fam* Job *m*; **petit ~** Gelegenheits-, Dienstleistungsjob *m*; **vivre de petits ~s** *fam* herumjobben; **au ~!** an die Arbeit!; **aller au ~** zur Arbeit gehen; **avoir un bon ~** e-n guten Job haben; **chercher du ~** Arbeit, *fam* e-n Job suchen; **c'est du bon ~** das ist gute Arbeit **2** ADJT ⟨*inv*⟩ *personne* **être ~ ~** nichts als die Arbeit kennen; nur an die Arbeit denken

boulotter [bulɔte] *fam* VT essen; *fam* futtern

boum [bum] **A** INT bum!; peng!; *bruit de chute a.* bums!; plumps!; **faire ~** **a** *fam* bumsen **b** *enf* bauz, plumps machen; **ça a fait ~** *fam* es hat gebumst **B** SUBST **1** M *bruit* Bums *m*; Plumps *m* **2** *fam personne* **être en plein ~** alle Hände voll zu tun haben **3** F *fam (surboum)* Party *f*; *fam* Fete *f*

boumer [bume] VI *fam* **ça boume?** läuft alles gut?; alles in Ordnung?; *fam* alles o.k.?

bounioul [buɲul] M *fam péj* → bicot

bouquet [bukɛ] M **1** **~ (de fleurs)** (Blumen)-Strauß *m*; *st/s* Bukett *n*; **~ de la mariée, de roses** Braut-, Rosenstrauß *m*; **faire un ~** e-n Strauß binden, machen **2** CUIS **~ garni** Petersilie, Thymian und Lorbeerblätter *(zusammengebunden als Beigabe zum Kochen)*; **~ de persil** Strauß *m*, Sträußchen *n*, Bund *n* Petersilie **3** **~ d'arbres, de châtaigniers** Baum-, Kastaniengruppe *f* 4 *d'un vin* Bukett *n*; Blume *f* 5 *d'un feu d'artifice* Bukett *n*; *fam iron* **c'est le ~!** *fam* das ist doch der Gipfel, die Höhe! 6 *crevette* rosa Garnele *f*

bouquetin [buktɛ̃] M ZOOL Steinbock *m*

bouquin [bukɛ̃] M *fam (livre)* Buch *n*; *fam* Schmöker *m*; **gros ~** *a. fam* Schinken *m*; *fig* **il n'est jamais sorti de ses ~s** er hat immer nur über den Büchern gehockt

bouquiner [bukine] V/I *fam* schmökern; **bouquiniste** M/F Bouquinist(in) *m(f)* *(Straßenbuchhändler am Seineufer in Paris)*

bourbe [buʀb] F Morast *m*; Schlamm *m*

bourbeux [buʀbø] ADJ ⟨-euse⟩ morastig; schlammig

bourbier [buʀbje] M 1 Morast-, Schlammloch *n*; Morast *m* 2 *fig* schwierige, unangenehme, üble Lage; *fam* Klemme *f*; **se tirer du ~** sich aus e-r schwierigen *etc* Lage befreien; *fam* sich aus der Klemme ziehen

bourbon [buʀbõ] M Bourbon(whisky) *m*

bourbonien [buʀbɔnjɛ̃] ADJ ⟨~ne⟩ 1 HIST bourbonisch 2 **nez ~** höckerige Nase

Bourbons [buʀbõ] MPL HIST Bourbonen *mpl*

bourdaine [buʀdɛn] F BOT Faulbaum *m*; **tisane** *f* **de ~** Tee *m* aus Faulbaumrinde

bourde [buʀd] F (grober) Fehler, *fam* Schnitzer; (große) Dummheit; **grosse ~** grober, *fam* dicker Fehler; *fam* dicker Hund; **commettre, faire une ~** e-n Fehler, e-e Dummheit machen, begehen; *fam* e-n Schnitzer machen; e-n Bock schießen; **lâcher une ~** etwas Dummes sagen, *fam* von sich geben

bourdon [buʀdõ] M 1 ZOOL Hummel *f*; **faux ~** Drohne *f* 2 *fam* **avoir le ~** deprimiert, niedergeschlagen, *fam* down sein 3 *cloche* große Glocke 4 MUS *d'orgue* Bordun *m*; Bourdon *m* 5 BRODERIE **point** *m* **de ~** Plattstich *m*

bourdonnant [buʀdɔnɑ̃] ADJ *insecte* summend; *partic libellule, moustique a.* schwirrend; **avoir les oreilles ~es** Ohrensausen, ein Rauschen in den Ohren haben

bourdonnement [buʀdɔnmɑ̃] M 1 *d'insectes* Summen *n*; Gesumm *n*; *de moustiques a.* Schwirren *n*; **~ d'abeilles** Bienengesumm *n* 2 *d'un moteur, d'un avion* Brummen *n*; Gebrumm *n* 3 *de voix* (dumpfes, gedämpftes) Stimmengewirr; Gemurmel *n* 4 **~ d'oreilles** Ohrensausen *n*; Rauschen *n* in den Ohren

bourdonner [buʀdɔne] V/I 1 *insectes* summen, *moustiques a.* schwirren (**autour de** um) 2 *moteur, avion* brummen; *musique au loin* dumpf tönen, dröhnen 3 **avoir les oreilles qui bourdonnent** Ohrensausen, ein Rauschen in den Ohren haben

bourg [buʀ] M Marktflecken *m*

bourgade [buʀgad] F kleiner Marktflecken

bourge [buʀʒ] M/F *fam* ABR (bourgeois) *péj* Besitzbürger(in) *m(f)*

Bourg-en-Bresse [buʀkɑ̃bʀɛs] *Stadt im Dep. Ain*

bourgeois [buʀʒwa] A ADJ 1 *(de la classe moyenne)* bürgerlich; **classe ~e** Bürgertum *n*, -schicht *f*; **cuisine ~e** gutbürgerliche Küche; THÉ **drame ~** bürgerliches Drama, Trauerspiel; **milieux** *mpl* **~** bürgerliche Kreise *mpl*; **quartier ~** gutbürgerliches (Stadt)Viertel 2 *dans une optique marxiste* bürgerlich; bourgeois 3 *péj* (spieß-, klein)bürgerlich; spießig; spießerhaft; **morale ~e** (spieß-, klein)bürgerliche Moral B SUBST 1 **~(e)** *m(f)* Bürger(in) *m(f)* (*a.* HIST); **grands ~** Groß-, Besitzbürger *mpl*; **petits ~** Kleinbürger *mpl*; Mittelständler *mpl* 2 M *péj* Spieß-, Kleinbürger *m*; Spießer *m*; Bourgeois *m*; **épater le ~** den Spießer vor den Kopf stoßen 3 *fam* **~e** *f* (Ehe)Frau *f*; *fam* Ehegespons *n*

bourgeoisement [buʀʒwazmɑ̃] ADV (gut)-bürgerlich

bourgeoisie [buʀʒwazi] F Bürgertum *n*; HIST *a.* Bürgerstand *m*; *dans une optique marxiste* Bourgeoisie *f*; **grande, °haute ~** Groß-, Besitzbürgertum *n*; Groß-, Industriebourgeoisie *f*; **moyenne ~** gehobener Mittelstand; Bildungsbürgertum *n*; **petite ~** Kleinbürgertum *n*; Mittelstand *m*

bourgeon [buʀʒõ] M BOT Knospe *f*; Auge *n*

bourgeonnement [buʀʒɔnmɑ̃] M BOT Knospentreiben *n*; Knospung *f*; Ausschlagen *n*; **bourgeonner** V/I 1 *arbres* Knospen treiben; knospen; ausschlagen 2 *visage, nez* Pickel bekommen; **son visage bourgeonnait** *a.* er *ou* sie bekam im Gesicht lauter Pickel

Bourges [buʀʒ] *Stadt im Dep. Cher*

bourgmestre [buʀgmɛstʀ] M *en Belgique, Hollande, Allemagne, Suisse* Bürgermeister *m*

Bourgogne [buʀgɔɲ] 1 **la ~** Burgund *n* 2 **bourgogne** *m* Burgunder(wein) *m*

Bourguiba [buʀgiba] M POL Burgiba *m*

bourguignon [buʀgiɲõ] A ADJ ⟨~ne⟩ burgundisch; CUIS **bœuf ~** in Rotwein geschmortes Rindsgulasch; **fondue ~ne** Fleischfondue *n ou f* B SUBST **Bourguignon(ne)** *m(f)* Burgunder(in) *m(f)*

bourlinguer [buʀlɛ̃ge] V/I 1 ein unstetes, abenteuerliches Leben führen 2 *navire* gegen Wind und Wellen ankämpfen

bourlingueur [buʀlɛ̃gœʀ] M Abenteurernatur *f*; **il avait été dans sa jeunesse grand ~** er hatte in s-r Jugend ein unstetes, abenteuerliches Leben geführt

bourrache [buʀaʃ] F BOT Borretsch *m*

bourrade [buʀad] F *amicale* Klaps *m* (**dans le dos** auf den Rücken); *avec le poing, coude* (leichter) Puff; Rippenstoß *m*

bourrage [buʀaʒ] M 1 *d'un coussin etc* Füllen *n*; Füllung *f (a. matériaux)* 2 *fig* **~ de crâne** POL propagandistische, ideologische Bearbeitung; üble politische Indoktrinierung; *scolaire* Vollstopfen *n*, -pfropfen *n*, Überfütterung *f* mit reinem Faktenwissen 3 TECH *sur imprimante etc* Papierstau *m*

bourrasque [buʀask] F jäher, heftiger Windstoß; (Wind)Bö(e) *f*; **~ de neige, de pluie** Schnee-, Regenbö(e) *f*

bourratif [buʀatif] ADJ ⟨-ive⟩ *aliment* sehr sättigend; **être ~** *a.* stopfen

bourre[1] [buʀ] F 1 TEXT Faserabfälle *mpl*; **~ de laine** Wollabgänge *mpl*; **~ de soie** Flockseide *f* 2 *d'un coussin etc* Füllung *f*; Füllstoff *m* 3 LOC *fam* **être à la ~** spät dran sein; sich verspäten

bourre[2] [buʀ] M *fam* → flic

bourré [buʀe] ADJ 1 *salle, train, valise* gestopft voll; *fam* proppenvoll; *salle, train a.* gesteckt, *fam* gerammelt voll; **~ de** vollgestopft, vollgepfropft, gespickt mit; *portefeuille* **~ de billets** mit Banknoten vollgestopft, gespickt; *texte* **~ de fautes** mit Fehlern gespickt; *personne fam* **~ de fric** stein-, *fam* stinkreich; *personne* **être ~ de complexes** voller Komplexe sein, stecken 2 *fam (ivre) fam* voll; blau

bourreau [buʀo] M ⟨*pl* ~x⟩ 1 Henker *m*; Scharfrichter *m* 2 *fig* Peiniger *m*; *plais* **~ des cœurs** Herzensbrecher *m*; **~ d'enfants** j-d, der Kinder misshandelt, quält; *sexuellement* Kinderschänder(in) *m(f)*; *mère, père a.* Rabenmutter *f*, -vater *m*; **~ de travail** Arbeitstier *n*; Workaholic *m*

bourrée [buʀe] F MUS Bourrée *f (Volkstanz aus der Auvergne)*

bourrelé [buʀle] ADJ **~ de remords** von Gewissensbissen geplagt, gepeinigt

bourrelet [buʀlɛ] M 1 Wulst *m ou f*; **~ (de graisse)** Fettpolster *n*, -wulst *m*; Speckfalte *f* 2 *pour arrêter l'air* Dichtungsband *n*, -streifen *m*

bourrelier [buʀəlje] M Sattler *m*; Geschirrmacher *m*

bourrer [buʀe] A V/T 1 *sac, placard etc* vollstopfen; vollpfropfen; *fig* **~ qn de coups** j-n tüchtig verprügeln, *fam* verdreschen; **~ qn de gâteaux** *etc* j-n mit Kuchen *etc* vollstopfen, überfüttern 2 *pipe* stopfen; *coussin etc* füllen; *fig* **~ le crâne de qn** POL j-n propagandistisch, ideologisch bearbeiten; j-n indoktrinieren; *dans un système scolaire* j-n mit reinem Faktenwissen vollstopfen, vollpfropfen, überfüttern B V/I *aliment* sehr sättigend sein; stopfen C V/PR **se ~ de gâteaux** *etc* sich mit Kuchen *etc* vollstopfen

bourrette [buʀɛt] F TEXT Bourrette *f*; Flockseide *f*

bourriche [buʀiʃ] F (länglicher) Korb (ohne Henkel); **une ~ d'huîtres** ein Korb Austern

bourrichon [buʀiʃõ] M *fam* **monter le ~ à qn** j-n aufhetzen; *fam* **se monter le ~** sich *(dat)* Illusionen machen; sich *(dat)* etwas vormachen

bourricot [buʀiko] M (kleiner) Esel; Eselchen *n*; *fig* **chargé comme un ~** beladen wie ein Packesel

bourrin [buʀɛ̃] M *fam* Gaul *m*

bourrique [buʀik] F 1 *(âne)* Esel *m*; *(ânesse)* Eselin *f*; *personne* **têtu comme une ~** störrisch wie ein Esel; *fam* **rond, plein comme une ~** *fam* sternhagelvoll; voll wie e-e Strandhaubitze 2 *fam fig (imbécile) fam* Esel *m*; **faire tourner qn en ~** *fam* j-n wahnsinnig, verrückt machen

bourriquet [buʀikɛ] M TECH Winde *f*; MINES Förderhaspel *f*

bourru [buʀy] ADJ 1 *personne* bärbeißig; unwirsch; *fam* raubeinig; **mine ~e** grimmiges Gesicht; **sous des dehors ~s** unter e-r rauen Schale 2 **lait ~** frisch gemolkene, kuhwarme Milch 3 **vin ~** Federweiße(r) *m*

bourse [buʀs] F 1 Geldbeutel *m*; (Geld)Börse *f*; **la ~ ou la vie!** Geld (her) oder (es kostet das) Leben!; *loc adv* **sans ~ délier** ohne e-n Pfennig auszugeben; ohne etwas zu bezahlen; **il a la ~ bien garnie (dégarnie)** er hat e-n vollen, dicken (schmalen) Geldbeutel; er ist gut (knapp, schlecht) bei Kasse; **avoir recours à la ~ de qn** sich von j-m finanziell unterstützen lassen; **faire ~ commune, à part** gemeinsame, getrennte Kasse führen, *fam* machen 2 **~ (d'études)** Stipendium *n*; **~ de recherches, de voyage** Forschungs-, Reisestipendium *n* 3 ANAT 4 **~ séreuse, synoviale** Schleimbeutel *m* 5 **~s** *pl (scrotum)* Hodensack *m*

Bourse [buʀs] F 1 Börse *f*; **~ immobilière** Grundstücksbörse *f*; **~ aux timbres** Briefmarkenbörse *f*; **~ de commerce** Waren-, Produktenbörse *f*; **~ de(s) valeurs** Wertpapier-, Effektenbörse *f*; **jouer à la ~** (an der Börse) spekulieren 2 *(cours de la ~)* (Börsen)Kurse *mpl*; **la ~ a baissé, monté** die (Börsen)Kurse sind gefallen, gestiegen 3 **~ du travail** Gewerkschaftshaus *n*

bourse-à-pasteur [buʀsapastœʀ] F ⟨*pl* bourses-à-pasteur⟩ BOT Hirtentäschel (-kraut) *n*

boursicotage [buʀsikɔtaʒ] M kleine Börsengeschäfte *npl*; **boursicoter** V/I kleine Börsengeschäfte machen; ein bisschen an der Börse spekulieren; **boursicoteur** M, **boursicoteuse** *f ou* **boursicotier** *m*, **boursicotière** F kleiner Börsenspekulant, kleine Börsenspekulantin; kleiner Jobber, kleine Jobberin

boursier [buʀsje] A ADJ ⟨-ière⟩ Börsen…; **opération, transaction boursière** Börsengeschäft *n* B SUBST 1 **~, boursière** *m,f élève, étudiant(e)* Stipendiat(in) *m(f)* 2 M *de la Bourse* Börsenmakler *m*; *fam* Börsianer *m*

boursouflé [buʀsufle] ADJ 1 *visage* (an-, auf)geschwollen 2 *fig style, discours* schwülstig; bombastisch; geschwollen; hochtrabend;
boursoufler V/T *visage, peau* anschwellen lassen
boursouflure [buʀsuflyʀ] F 1 *des chairs* Schwellung *f*; geschwollene Stelle 2 *de la peinture (cloque)* Blase *f* 3 *fig du style* Schwulst *m*; Schwülstigkeit *f*; Bombast *m*; Geschwollenheit *f*
bousculade [buskylad] F 1 *(cohue)* Gedränge *n*; *fam* Drängelei *f*; Gestoße *n*; Geschubse *n* 2 *(agitation)* Durcheinander *n*; Eile *f*; Hast *f*; **dans la ~ du départ** in dem Durcheinander, in der Eile, Hast des Aufbruchs
bousculer [buskyle] A V/T 1 *personne (pousser)* (an)stoßen; *fam* schubsen; *plus fort* um-, wegstoßen; beiseitestoßen; zur Seite stoßen; *objet (accrocher)* anstoßen (**qc** an etw *[acc]*); *(renverser)* umstoßen, -werfen 2 *personne (presser)* hetzen; drängen; antreiben; **être très bousculé** viel um die Ohren haben; viel zu tun haben; sehr beschäftigt sein 3 *fig idées reçues, traditions* ins Wanken bringen; erschüttern; **~ des règles grammaticales** sich über Grammatikregeln hinwegsetzen; Grammatikregeln missachten; **~ les habitudes de qn** j-n aus der gewohnten Ordnung bringen B V/PR **se ~** 1 *personnes* sich drängen, stoßen, *fam* schubsen, drängeln 2 *fig idées* **se ~ dans la tête de qn** j-m im Kopf herumschwirren
bouse [buz] F **~ (de vache)** Kuhfladen *m*;
bouseux M *fam péj* Kuh-, Mistbauer *m*;
bousier M ZOOL Mistkäfer *m*
bousillage [buzijaʒ] *fam* M 1 *(action de casser) fam* Kaputtmachen *n* 2 *(travail mal fait)* stümperhafte, *fam* schludrige, schlampige Arbeit; Stümperei *f*; *fam* Schluder-, Pfuscharbeit *f*; Pfusch *m*; Murks *m*
bousiller [buzije] *fam* V/T 1 *travail* stümperhaft, *fam* schludrig, schlampig machen; hinschludern, -pfuschen, -schlampen; *fig carrière fam* verpfuschen, -sauen, -hunzen; **travail bousillé** → bousillage 2 2 *mécanisme fam* kaputt machen 3 *(tuer) fam* kaltmachen; abmurksen; **se faire ~** *fam* draufgehen
bousilleur [buzijœʀ] *fam* M, **bousilleuse** *fam* F Stümper(in) *m(f)*; *fam* Pfuscher(in) *m(f)*
boussole [busɔl] F (Magnet)Kompass *m*; *t/t* Bussole *f*; *fam fig* **perdre la ~** den Kopf verlieren
boustifaille [bustifaj] *fam* F Essen *n*; *fam* Futter *n*; Fressalien *pl*; *péj pop* Fressen *n*
bout[1] [bu] M 1 *(extrémité)* Ende *n*; Spitze *f*; *d'une cigarette* Mundstück *n*; ♦ **le bon ~** das richtige Ende; *fig*: **prendre une question par le bon ~** ein Problem richtig anpacken; **tenir le bon ~** es bald, fast geschafft haben; ♦ **~ du doigt** Fingerspitze *f*; **du ~ des doigts** mit den Fingerspitzen; **prendre qc du ~ des doigts** etw mit spitzen Fingern anfassen; *fig*: **avoir de l'esprit jusqu'au ~ des doigts, des ongles** höchst, äußerst geistreich, -voll sein; vor Geist sprühen; **être artiste** *etc* **jusqu'au ~ des doigts, des ongles** durch und durch Künstler *etc* sein; ein Künstler *etc* vom Scheitel bis zur Sohle sein; **connaître qc sur le ~ des doigts** *fam* etw in- und auswendig kennen; **savoir qc sur le ~ des doigts** *fam* etw im Schlaf, aus dem Effeff können, beherrschen; **~ de la langue** Zungenspitze *f*; **avoir un mot sur le ~ de la langue** ein Wort auf der Zunge haben; **j'ai le mot sur le ~ de la langue** *a.* das Wort liegt mir auf der Zunge; *fig*: **le ~ du monde** *fam* das Ende der Welt; *si elle a vingt ans*, **c'est (tout) le ~ du monde** so ist das schon hoch gerechnet, viel; **ce n'est pas le ~ du monde** *(pas difficile) fam* das ist doch nicht die Welt; *(pas cher) fam* das kostet nicht die Welt; **habiter au ~ du monde** *fam* am Ende der Welt wohnen; **~ du nez** Nasenspitze *f*; **se laver seulement le ~ du nez** Katzenwäsche machen; *fig* **mener qn par le ~ du nez** j-n herumkommandieren, gängeln, nach s-r Pfeife tanzen lassen; **montrer le ~ de son nez** den Kopf zur Tür hereinstecken; *fig* **ne pas voir plus loin que le ~ de son nez** *fam* nicht weiter sehen als s-e Nase (reicht); nicht über die eigene Nase hinaussehen; **~ de l'oreille** Ohrläppchen *n*; *fig* **montrer le ~ de l'oreille** s-e wahren Absichten verraten; die Katze aus dem Sack lassen; **~ du pied** Fußspitze *f*; **~ du sein** Brustwarze *f*; **~ de la table** Tischende *n*; ♦ *loc adj ciseaux* **à ~s ronds** vorn stumpf; mit abgerundeten Spitzen; *loc adv*: **~ à ~** [butabu] (mit den Enden) aneinander; **joindre ~ à ~** aneinanderfügen, zusammenfügen; **mettre ~ à ~** aneinanderlegen, -fügen, -reihen; *fig heures, kilomètres* zusammenrechnen, -zählen; *tenir, soulever* **à ~ de bras** mit ausgestreckten Armen; **à tout ~ de champ** alle Augenblicke; *fam* alle nase(n)lang; *loc prép* **au ~ de** am Ende *(+gén)*; → *a.* 2; **au ~ de son canon, de son fusil** in der Schusslinie; im Visier; **de ~ en ~, d'un ~ à l'autre** von Anfang bis Ende; von A bis Z; **lire un livre d'un ~ à l'autre** *a.* ein Buch ganz durchlesen; **d'un ~ à l'autre du voyage** während der ganzen Reise; die ganze Reise über; ♦ *fig* **aller jusqu'au ~** nicht aufgeben; nicht auf halbem Wege stehen bleiben; **aller jusqu'au ~ de qc** etw konsequent durchführen, -setzen; **commencer par un ~** erst einmal irgendwo anfangen; **être à ~** *(fatigué)* am Ende (s-r Kräfte), erschöpft, *fam* vollkommen fertig, fix und fertig sein; *(exaspéré)* wütend, erbost sein; **être à ~ de qc** mit etw am Ende sein; **être à ~ d'arguments** keine Argumente mehr haben; sein Pulver verschossen haben; → *a.* patience 1, souffle 2; **joindre les deux ~s** (mit s-m Geld) gerade so aus-, durch-, hinkommen, *fam* über die Runden kommen; **pousser qn à ~** *(exaspérer)* j-n auf-, hochbringen, *fam* auf die Palme bringen; *à l'extrême* j-n zum Äußersten treiben; *fig*: **ne pas savoir par quel ~ prendre qn** nicht (so recht) wissen, wie man j-n behandeln, anfassen, wie man mit j-m umgehen soll; **ne pas savoir par quel ~ prendre qc** nicht wissen, wie man etw anpacken, anfassen, angehen soll; **venir à ~ de qn, qc** mit j-m, etw fertig werden; mit j-m, etw zurande kommen; etw fertigbringen; etw zuwege, zustande bringen; etw schaffen; *difficultés* meistern; Herr werden *(+gén)*; *projet* verwirklichen; in die Tat umsetzen; *travail difficile* **ne pas en voir le ~** kein Ende (ab)sehen; nicht damit zu Ende kommen, fertig werden 2 *(terme)* Ende *n*; ÉGL CATH **(messe *f*, service *m* du) ~ de l'an** Jahrtagsmesse *f*; *loc prép* **au ~ de** nach *(+dat)*; nach Ablauf von *(ou +gén)*; **au ~ de trois jours** nach (Ablauf von) drei Tagen 3 *(morceau)* Stück (-chen) *n*; *fam* Ende *n*; **un ~ de bois, de pain** ein Stück Holz, Brot; **un ~ de chemin** ein Stück(chen) (Weges); **il y a un bon ~ (de chemin) d'ici là** es ist ein ganz schönes Stück, *fam* ein ganzes Ende bis dorthin; **faire un ~ de chemin ensemble** ein Stück(chen) (Weges) zusammen gehen; *fam fig* **un (petit) ~ de chou** ein (kleines) Bübchen *ou* Mädelchen; *petit garçon a.* ein Dreikäsehoch *m*; CINÉMA **~ d'essai** Probeaufnahme *f*; **un petit ~ de femme** ein kleines Persönchen *(a. petite fille)*; **un ~ de ficelle** ein Stück, *fam* Ende Schnur; **un petit ~ d'homme** ein (kleines) Männchen; ein kleiner Mann *(a. fam petit garçon)*; CINÉMA, THÉ **~ de rôle** kleine Rolle; Nebenrolle *f*; **depuis un bon ~ de temps** seit geraumer Zeit; seit e-r ganzen Weile; *fam* **en connaître un ~** etwas davon verstehen; sich darin gut auskennen; *fam* **faire un ~ de conduite à qn** j-n ein Stück(chen) (Weges) begleiten; *fam* **manger un ~** e-e Kleinigkeit, *fam* e-n Happen essen, zu sich nehmen; *fam fig* **mettre les ~s** *fam* abhauen; türmen; verduften
bout[2] [bu] → bouillir
boutade [butad] F (geistvoller) Scherz; Scherzwort *n*; scherzhafte Bemerkung
boute-en-train [butɑ̃tʀɛ̃] M ⟨*inv*⟩ *fam* Stimmungskanone *f*; Betriebsnudel *f*
bouteille [butɛj] F Flasche *f*; *fam* Buddel *f*; *vin* **une bonne ~** ein guter, edler Tropfen; **~ à la mer** Flaschenpost *f*; **~ de bière, de vin** Bier-, Weinflasche *f*; Flasche Bier, Wein; **~ de butane, d'oxygène** Butangas-, Sauerstoffflasche *f*; **~ de rouge** Flasche Rotwein; **vin** *m* **en ~** Flaschenwein *m*; *adjt* **vert ~** ⟨*inv*⟩ flaschengrün; *fam* **aimer la ~** *fam* gern einen trinken, heben; **avoir de la ~** a *vin* alt sein; gut abgelagert sein b *fam fig personne* alt, gereift sein; **avoir dix ans de ~** a *vin* zehn Jahre alt sein b *fam fig amitié* seit zehn Jahren bestehen; *fig* **c'est la ~ à l'encre** das ist e-e undurchsichtige, dunkle Geschichte; **mettre en ~s** in Flaschen (ab)füllen; auf Flaschen ziehen; abziehen; *fam fig personne* **prendre de la ~** älter werden; altern
bouter [bute] V/T *Jeanne d'Arc* **ils** *(les Anglais)* **seront boutés °hors de France** sie werden aus Frankreich vertrieben, hinausgeworfen werden
bouteur [butœʀ] M → bulldozer
boutique [butik] F 1 a *magasin* (kleiner) Laden; **~ de mode** Boutique *f*; **elle aurait voulu emporter toute la ~** sie hätte am liebsten den ganzen Laden leer gekauft; **fermer ~** s-n Laden schließen, *fam* dichtmachen; sein Geschäft aufgeben; **tenir ~** e-n Laden haben, besitzen, führen b *d'un grand couturier* (eleganter) Laden; (elegantes) Geschäft; **~ Cardin** Laden, Geschäft von Cardin; *adjt* **robe** *f* **~** Kleid *n* von *Cardin etc* 2 *fam péj (lieu de travail) péj* (Saft)Laden *m*
boutiquier [butikje] *péj* M, **boutiquière** *péj* F kleiner Ladeninhaber, kleine Ladeninhaberin; *péj* Krämer *m*
boutoir [butwaʀ] M *du sanglier* Rüssel *m*; Schnauze *f*; *t/t* Gebrech *n*; *fig* **coup** *m* **de ~** grober Ausfall; verletzende, beleidigende Äußerung
bouton [butõ] M 1 BOT Knospe *f*; *d'une fleur* Blütenknospe *f*; **~ de rose** Rosenknospe *f*; *loc adj* **en ~** in der Knospe 2 *sur la peau* Pickel *m*; Bläschen *n*; **~ d'acné** Aknepickel *m*; **~ de fièvre** Fieberbläschen *n*; **avoir des ~s (sur le visage)** Pickel (im Gesicht) haben 3 COUT Knopf *m*; **~ de chemise, de culotte, de manchette** Hemden-, Hosen-, Manschettenknopf *m* 4 *d'un meuble* Knopf *m*; *d'un appareil* (Bedienungs-, Einstell)Knopf *m*; **~ d'alarme, de sonnette** Alarm-, Klingelknopf *m*; **~ de porte** Türknauf *m*, -knopf *m*; *fam* **tourner le ~** (das Licht, das Radio *etc*) *allumer* anmachen, *fermer* ausmachen 5 INFORM **~ de souris** Maustaste *f*; **~ gauche, droit de la souris** linke, rechte Maustaste
bouton-d'or [butõdɔʀ] M ⟨*pl* boutons-d'or⟩ BOT Butterblume *f*; Hahnenfuß *m*
boutonnage [butɔnaʒ] M Knöpfen *n* (**de droite à gauche** von rechts nach links); Zuknöpfen *n*; *vêtement* **sans ~ de devant** vorn ohne Knöpfe, Knopfverschluss, -leiste
boutonner [butɔne] A V/T *vêtement* zuknöpfen; **~ qn dans le dos** j-m auf dem Rücken, hinten die Knöpfe zumachen B V/PR **se ~** 1

B

personne s-e Jacke, s-n Mantel *etc* zuknöpfen **2** *vêtement* (zu)geknöpft werden, zu knöpfen sein (**dans le dos** auf dem Rücken, hinten)

boutonneux [butɔnø] ADJ ‹-euse› *visage, personne* pick(e)lig

boutonnière [butɔnjɛʀ] F Knopfloch *n*; **avoir, porter une fleur à la ~** e-e Blume im Knopfloch tragen

bouton-poussoir [butõpuswaʀ] M ‹*pl* boutons-poussoirs› ÉLEC Druckknopf *m*, -taste *f*;

bouton-pression M ‹*pl* boutons-pression› COUT Druckknopf *m*

bouturage [butyʀaʒ] M BOT Vermehrung *f* durch Stecklinge, Steckreiser

bouture [butyʀ] F BOT Steckling *m*; Steckreis *n*; **faire une ~** e-n Steckling, ein Steckreis abnehmen

bouturer [butyʀe] BOT **A** V/T durch Stecklinge, Steckreiser vermehren **B** V/I *plante* Wurzelschösslinge treiben

bouvet [buvɛ] M TECH Falzhobel *m*

bouvier [buvje] M **1** *personne* Rinderhirt *m* **2** ZOOL **~ des Flandres** Riesenschnauzer *m*

bouvreuil [buvʀœj] M ZOOL Dompfaff *m*; Gimpel *m*

bovidés [bɔvide] MPL ZOOL Horntiere *npl*

bovin [bɔvɛ̃] **A** ADJ **1** ZOOL Rinder...; **races ~es** Rinderrassen *fpl* **2** *fam fig regard* stumpf; ausdruckslos **B** MPL **~s** Rinder *npl*

bowling [boliŋ, bu-] M **a** *jeu* Bowling *n* **b** *lieu* Bowling(bahn) *n(f)*

box [bɔks] M ‹*pl* ~es [bɔks]› **1** *d'écurie, d'un garage* Box *f*; *d'un garage a.* Abstellplatz *m* **2** *d'un dortoir, d'une salle* (durch [halbhohe] Trennwände) abgeteilter Raum; **~ vitré** Glaskasten *m*; durch Glaswände abgeteilter Raum **3** *au tribunal* **~ des accusés** Anklagebank *f* **4** *cuir* Boxcalf *n*

boxe [bɔks] F SPORTS Boxen *n*; Boxsport *m*; **~ française** Boxen, bei dem Fußtritte zulässig sind; **combat** *m*, **match** *m* **de ~** Boxkampf *m*; **faire de la ~** den Boxsport betreiben; boxen

boxer[1] [bɔkse] **A** V/T *fam* **~ qn** j-n boxen, mit Fäusten schlagen **B** V/I SPORTS boxen

boxer[2] [bɔksɛʀ] M *chien* Boxer *m*

boxer[3] [bɔksœʀ] M COUT Boxershorts *pl*

boxer-short [bɔksœʀʃɔʀt] M ‹*pl* boxer-shorts› Boxershorts *pl*

boxeur [bɔksœʀ] M SPORTS Boxer *m*; **~ amateur, professionnel** Amateur-, Berufsboxer *m*

box-office [bɔksɔfis] M ‹*pl* box-offices› Hitliste *f*, -parade *f*

boxon [bɔksõ] M *pop* Puff *m ou n*

boy [bɔj] M (farbiger) Diener; Boy *m*

boyau [bwajo] M ‹*pl* ~x› **1** *d'un animal* Darm *m*; *fam de l'homme* **~x** *pl* Gedärme *npl* **2** *d'une raquette, d'un instrument de musique* (**corde** *f* **de**) **~** Darmsaite *f* **3** MIL, FORTIFICATIONS (im Zickzack verlaufender) Verbindungsgraben **4** (*passage long et étroit*) *fam* Schlauch *m* **5** *pour vélo de course* Schlauchreifen *m*

boycott [bɔjkɔt] M *ou* **boycottage** M Boykott *m*; Boykottierung *f*; **boycotter** V/T boykottieren; **boycotteur** M, **boycotteuse** F Boykotteur(in) *m(f)*

boy-scout [bɔjskut] M ‹*pl* boy-scouts› *iron* naiver Idealist

BP ABR (boîte postale) Postfach

B.P.F. ABR (bon pour francs) HIST *sur un chèque etc* in französischer Währung

Bq ABR (becquerel[s]) PHYS NUCL Bq (Becquerel)

brabançon [bʀabãsõ] **A** ADJ ‹~ne› brabantisch; Brabanter **B** SUBST **1** **Brabançon(ne)** *m(f)* Brabanter(in) *m(f)* **2** **la Brabançonne** die Brabançonne (*belgische Nationalhymne*)

Brabant [bʀabã] **le ~** Brabant *n*

bracelet [bʀaslɛ] M **1** *bijou* Armband *n*, -reif *m*, -spange *f*; **~ (de montre)** Uhrarmband *n* **2** **~ (de force)** Gelenkstütze *f*, -schutz *m*; **bracelet-montre** M ‹*pl* bracelets-montres› Armbanduhr *f*

brachycéphale [bʀakisefal] ADJ ANTHROPOLOGIE kurzköpfig; rundschädelig; *t/t* brachyzephal

braconnage [bʀakɔnaʒ] M **a** CH Wilddieberei *f*; Wilderei *f*; Wildern *n* **b** PÊCHE Fischwilderei *f*

braconner [bʀakɔne] V/I **a** *chasser* wildern **b** *pêcher* Fischwilderei begehen

braconnier [bʀakɔnje] M **a** CH Wilddieb *m*; Wilderer *m* **b** PÊCHE j-d, der Fischwilderei begeht

bractée [bʀakte] F BOT Deck-, Hochblatt *n*

brader [bʀade] V/T **1** COMM zu Schleuderpreisen verkaufen; verschleudern; *fam* verramschen; *fam particulier* **~ qc** *fam* etw verscherbeln, verscheuern **2** *fam fig territoire, entreprise* (einfach so) verschenken

braderie [bʀadʀi] F Straßensonderverkauf *m* zu Schleuderpreisen

braguette [bʀagɛt] F Hosenschlitz *m*

brahmane [bʀaman] M REL Brahmane *m*; **brahmanique** ADJ REL brahmanisch; **brahmanisme** M REL Brahmanismus *m*

Brahmapoutre [bʀamaputʀ] GÉOG **le ~** der Brahmaputra

Brahms [bʀams] M MUS Brahms *m*

braies [bʀɛ] FPL *des Gaulois* Hose *f*

braillard [bʀajaʀ] *fam* **A** ADJ schreiend; brüllend; *fam* plärrend **B** SUBST **~(e)** *m(f)* Schreier(in) *m(f)*; *fam* Schreihals *m* (*a. enfant*)

braille [bʀaj] M **~** *ou adjt* **alphabet** *m*, **écriture** *f* **~** Blinden-, Brailleschrift *f*

braillement [bʀajmã] *fam* M Schreien *n*; Geschrei *n*; *plus fort* Brüllen *n*; Gebrüll *n*; *d'un enfant a. fam* Plärren *n*; Geplärr(e) *n*; *d'un ivrogne fam* Grölen *n*; Gegröle *n*; **~s de joie** Freudengeschrei *n*, -gebrüll *n*

brailler [bʀaje] *fam* **A** V/T *chanson fam* grölen; plärren **B** V/I **1** (*crier*) schreien; *plus fort* brüllen; *enfant a. fam* plärren; *ivrogne fam* grölen **2** (*chanter*) *fam* grölen

braiment [bʀɛmã] M *de l'âne* Iahen *n*; Schreien *n*

brainstorming [bʀɛnstɔʀmiŋ] M Brainstorming *n*

brain-trust [bʀɛntʀœst] M ‹*pl* brain-trusts› Brain-Trust *m*

braire [bʀɛʀ] V/I ‹il brait, ils braient; il brayait; il braira; brayant; brait› **1** *âne* iahen; schreien **2** *fam fig* → brailler B

braise [bʀɛz] F (Holz-, Kohlen)Glut *f*; *fig* **yeux** *mpl* **de ~** glühende, feurige Augen *npl*

braiser [bʀeze] V/T CUIS schmoren; **bœuf braisé** Rinderschmorbraten *m*

brame [bʀɑm] M *ou* **bramement** M *du cerf* Röhren *n*

bramer [bʀɑme] V/I **1** *cerf* röhren **2** *fam fig* (*brailler*) schreien; brüllen

brancard [bʀãkaʀ] M **1** (*civière*) (Kranken)Trage *f*; Tragbahre *f* **2** (*bras d'une civière*) Holm *m* **3** *d'une charrette* Deichselstange *f*; *fig* **ruer dans les ~s** sich sträuben; sich widersetzen

brancardier [bʀãkaʀdje] M Krankenträger *m*

branchage [bʀãʃaʒ] M **a** *coll* Astwerk *n*; Äste *mpl*; Geäst *n*; Zweige *mpl* **b** *surtout pl* **~s** abgehauene Äste *mpl*, Zweige *mpl*

branche [bʀãʃ] F **1** *d'un arbre* Ast *m*; *plus mince* Zweig *m*; **~ de pommier en fleurs** blühender Apfelzweig; **sauter de ~ en ~** von Ast zu Ast springen; *fig* **scier la ~ sur laquelle on est assis** den Ast absägen, auf dem man sitzt **2** CUIS **céleri** *m* **en ~** Stangen-, Stauden-, Bleichsellerie *m ou f*; **épinards** *mpl* **en ~s** Blattspinat *m* **3** ANAT *d'une artère, d'un nerf*, MATH *d'une courbe* Ast *m* **4** (*secteur*) Zweig *m*; ÉCON, COMM *a.* Branche *f*; (*discipline*) Sparte *f*; **~ économique, de l'industrie** Wirtschafts-, Industriezweig *m*; **dans sa ~** in s-r Branche; in s-m Fach **5** *d'un compas* Schenkel *m*; *de lunettes* Bügel *m*; *d'une étoile* Strahl *m*; *d'un chandelier* Arm *m*; *de bois de cerf* Stange *f*; **chandelier** *m* **à sept ~s** siebenarmiger Leuchter **6** *d'un arbre généalogique* Ast *m*; Zweig *m*; Linie *f*; *fig personne* **avoir de la ~** e-e vornehme Erscheinung sein; vornehm aussehen, wirken **7** *fam* **(ma) vieille ~** *à un homme fam* alter Freund, Junge; altes Haus; *à une femme fam* altes Mädchen

branché [bʀãʃe] ADJ *fam* **être ~** *café, boîte etc fam* in sein; *personne* (*dans le vent*) *fam* in sein; (*bien informé*) Bescheid wissen; *fam* auf Draht sein

branchement [bʀãʃmã] M **1** TECH **a** *action* Anschluss *m* (**sur** an *+acc*) **b** *canalisation* Anschlussleitung *f* **2** INFORM Verzweigung *f*

brancher [bʀãʃe] **A** V/T **1** TECH, ÉLEC anschließen (**sur** an *+acc*); *par ext* (*allumer*) **~ un appareil** ein Gerät anschalten, anstellen; ÉLEC **~ la prise** den Stecker hineinstecken; **~ le téléphone à qn** j-m Telefon legen **2** *fam fig* (*orienter*) **~ qn sur qn** j-n mit j-m in Verbindung bringen, zusammenbringen; **~ qn sur un sujet** j-n auf ein Thema lenken; *journal, média* **être branché sur** in direkter Verbindung stehen mit; *abs personne* **être branché** *fam* etw kapiert haben; mitgekommen sein **3** *fam film, musique etc, a. personne* **~ qn** j-n ansprechen, *fam* antörnen; **être branché sur qn** *fam* auf j-n abfahren, stehen **B** V/I (*et* V/PR) **(se) ~** *gibier à plumes* aufbaumen

branchies [bʀãʃi] FPL Kiemen *fpl*

brandade [bʀãdad] F CUIS **~ (de morue)** *Stockfischmus mit Knoblauch, Öl u. Sahne*

Brandebourg [bʀãdbuʀ] **1** **le ~** Brandenburg *n* **2** M **brandebourg** *passementerie* Schnurbesatz *m*

brandebourgeois [bʀãdbuʀʒwa] **A** ADJ brandenburgisch **B** SUBST **Brandebourgeois(e)** *m(f)* Brandenburger(in) *m(f)*

brandir [bʀãdiʀ] V/T **1** *arme, hache etc* schwingen; *pancarte etc* schwenken; **~ un drapeau** eine Fahne schwenken, schwingen **2** *fig* **~ qc** mit etw drohen; etw androhen

brandon [bʀãdõ] M **~s** *pl* brennende Trümmer *pl*, Teile *npl*; *fig* **être un ~ de discorde** ein Anlass zu Streit, Zwietracht sein

brandy [bʀãdi] M Brandy *m*

branlant [bʀãlã] ADJ **1** *chaise, table, dent* wack(e)lig; wackelnd; *d'un jeune enfant* **château ~!** er *ou* sie ist, steht noch ganz wacklig, unsicher auf den Beinen **2** *fig régime* wankend; **être ~** *fam* wack(e)lig stehen; wackeln

branle [bʀɑ̃l] M **1** **donner le ~ à qc** den Anstoß zu etw geben; **(se) mettre en ~** (sich) in Bewegung setzen **2** *d'une cloche* Schwingen *n*; **mettre en ~** in Schwingung versetzen

branle-bas [bʀãlbɑ] M ‹*inv*› **1** MAR MIL **~ de combat** Klarmachen *n* zum Gefecht **2** *fig* **dans le ~ de** (*+subst*) im Durcheinander, in der Aufregung, Unordnung (*+gén*); **dans le ~ du départ** im Durcheinander des Aufbruchs; **dans le ~ des élections** in der Aufregung, *fam* in dem Rummel um die, vor den Wahlen

branlement [bʀãlmã] M **~ de tête** Kopfwackeln *n*; Wackeln *n* mit dem Kopf

branler [bʀãle] **A** V/T **1** **~ la tête** mit dem Kopf wackeln **2** *fam* (*faire*) *fam* treiben; **qu'est-ce qu'il branle?** was treibt er denn? **B** V/I **1** *chaise, dent* wackeln; **~ dans le manche** *outil* lose, nicht fest im Griff, Stiel sitzen; *fig régime etc* auf schwachen, tönernen Füßen stehen; *fam* wackeln; wack(e)lig stehen **2** *pop* (*a.*

v/pr **se)** ~ *(se masturber) pop* wichsen; sich *(dat)* einen runterholen

braquage [bʀakaʒ] M 1 AUTO Einschlagen *n*; **angle** *m* **de** ~ Einschlagwinkel *m*; **rayon** *m* **de** ~ Wendekreis *m* 2 *fam (attaque à main armée)* (bewaffneter) Raubüberfall; *a.* Banküberfall *m*

braque[1] [bʀak] M ZOOL, CH Bracke *m ou f*

braque[2] [bʀak] ADJ *fam personne* komisch; verschroben; *fam* spinnig; (ein bisschen) verdreht; **être** ~ *a. fam* spinnen

braquer [bʀake] A V/T 1 *arme, instrument d'optique* ~ **sur qn, qc** auf j-n, etw richten; ~ **son regard sur qn** s-n Blick auf j-n richten, heften 2 AUTO *roues* einschlagen; *abs* ~ **à droite, vers la droite** nach rechts einschlagen 3 *fam (attaquer à main armée)* überfallen; ausrauben 4 *fig* ~ **qn (contre qn, qc)** j-n (gegen j-n, etw) aufbringen; **il est braqué contre toi** er ist gegen dich aufgebracht, eingenommen, eingestellt B V/I AUTO ~ **bien, mal** e-n kleinen, zu großen Wendekreis haben C V/PR **se** ~ **contre qc** sich e-r Sache *(dat)* widersetzen; sich gegen etw sträuben

braquet [bʀakɛ] M *d'une bicyclette* Übersetzung (-sverhältnis) *f(n)*; Gang *m*

braqueur [bʀakœʀ] *fam* M (Bank)Räuber *m*

bras [bʀa, bʀɑ] M 1 Arm *m*; ANAT Oberarm *m*; ~ **droit** rechter Arm; *fig* **être le** ~ **droit de qn** j-s rechte Hand sein; *fam fig* **gros** ~ *fam* Kraftprotz *m*, -meier *m*; **jouer les gros** ~ s-e Muskeln spielen lassen; *fig* **le** ~ **séculier** die weltliche Macht; *fig* ~ **de fer** Kraftprobe *f*; zähes Ringen; *geste injurieux* ~ **d'honneur** *obszöne Geste der Verachtung (erhobener Unterarm) correspond à fam* Stinkefinger *m*; **faire un** ~ **d'honneur à qn** *correspond à fam* j-m den Stinkefinger zeigen; **charrette** *f*, **voiture** *f* **à** ~ Handkarren *m*, -wagen *m*; **presse** *f* **à** ~ Handpresse *f*; ♦ *loc adv*: *fig* **rester les** ~ **croisés** die Hände in den Schoß legen; untätig herumsitzen, -stehen; ~ **dessus,** ~ **dessous** [bʀadsybʀadsu] Arm in Arm; ein-, untergehakt; untergefasst; *accueillir, recevoir qn* **à** ~ **ouverts** mit offenen Armen; sehr herzlich; **au** ~ **de son mari** am Arm ihres Mannes; **à la force des** ~ durch Menschen-, Muskelkraft; **à tour de** ~ *frapper qn* mit aller Kraft; *travailler* mit ganzer Kraft; *fig*: *dépenser de l'argent* mit vollen Händen; **dans mes** ~**!** komm in meine Arme!; **en** ~ **de chemise** in Hemdsärmeln; **se mettre en** ~ **de chemise** (sich *[dat]*) die Jacke ausziehen; ♦ *fig* **avoir le** ~ **long** e-n langen Arm haben; *fig* **avoir qn, qc sur les** ~ *fam* j-n, etw auf dem Hals, etw am Hals haben; *fig* **baisser les** ~ sich (von vornherein) geschlagen geben; *fig* **couper** ~ **et jambes à qn** *effort physique* j-n völlig erschöpfen, *fam* fertigmachen; *mauvaise nouvelle etc* j-n völlig lähmen; *plais* **être dans les** ~ **de Morphée** in Morpheus Armen ruhen; **se jeter dans les** ~ **de qn** sich in j-s Arme stürzen; sich j-m in die Arme werfen; *par ext (chercher refuge)* sich in j-s Arme flüchten; *fig* **lever les** ~ **au ciel** die Hände über dem Kopf zusammenschlagen; *fig* **se mettre qn, qc sur les** ~ *fam* sich *(dat)* j-n, etw auf den Hals laden; sich *(dat)* etw aufhalsen; **prendre le** ~ **de qn** j-s Arm nehmen; j-n unterhaken, -fassen; sich bei j-m einhaken, einhängen; **prendre, serrer qn dans ses** ~ j-n in die Arme nehmen, schließen; j-n umarmen; **tendre, ouvrir les** ~ die Arme ausbreiten (**à qn** um j-n zu umarmen, aufzufangen); *fig* **tendre, ouvrir les** ~ **à qn** *pour se réconcilier* j-m die Hand zur Versöhnung reichen; *pour aider* j-m unter die Arme greifen; **tendre les** ~ **vers qn** die Hände nach j-m ausstrecken; **tomber dans les** ~ **de qn** j-m in die Arme fallen, sinken; *fig* **elle lui est tombée dans les** ~ sie hat es ihm leicht gemacht; *fig* **les** ~ **m'en tombent** ich kann es kaum fassen; da bin ich sprachlos, perplex, *fam* baff, platt 2 *fig* Arbeitskraft *f*; **l'agriculture manque de** ~ der Landwirtschaft mangelt es an Arbeitskräften 3 *d'un fleuve* Arm *m*; ~ **mort** toter Arm; ~ **de mer** Meeresarm *m* 4 *d'un fauteuil* Armlehne *f*; *d'une pompe* Schwengel *m*; *d'une ancre* Arm *m*; *d'une platine* ~ **de lecture** Tonarm *m*; PHYS ~ **de levier** Hebelarm *m* 5 *d'une pieuvre etc* (Fang)Arm *m*

brasage [bʀazaʒ] M TECH Hartlöten *n*; **braser** V/T TECH hartlöten

brasero [bʀazeʀo] M Kohlenbecken *n*

brasier [bʀazje] M 1 Feuersglut *f*; Feuer-, Flammenmeer *n*; *st/s* Lohe *f* 2 *fig* Inferno *n*

bras-le-corps [bʀalkɔʀ] LOC ADV **prendre, saisir qn à** ~ j-n fest um den Leib fassen

brassage [bʀasaʒ] M 1 *de la bière* (Bier)Brauen *n*; *au sens strict* Maischen *n* 2 *dans un moteur à explosion* Gemischbildung *f* 3 *fig (mélange)* (Ver)Mischung *f*; Verschmelzung *f*; ~ **des races** Rassenmischung *f*

brassard [bʀasaʀ] M Armbinde *f*; ~ **de deuil** Trauerflor *m (um den Arm)*; ~ **de premier communiant** weiße Armschleife

brasse [bʀas] F 1 NATATION a *nage* Bruststschwimmen *n* b *distance parcourue* (Schwimm)Zug *m* 2 MAR *mesure* Faden *m*

brassée [bʀase] F **une** ~ **de fleurs, de bois** ein Armvoll Blumen, Holz

Brassens [bʀasɛ̃s] *frz Liedermacher*

brasser [bʀase] V/T 1 *bière* brauen; *au sens strict* maischen 2 *(mélanger)* (um-, durch)rühren; ~ **l'air** die Luft umwälzen 3 *fig* ~ **des affaires** viele Geschäfte gleichzeitig betreiben; ~ **de l'argent** mit riesigen Summen umgehen; ~ **des millions** mit Millionen umgehen

brasserie [bʀasʀi] F 1 a *fabrique* (Bier)Brauerei *f* b *industrie* Braugewerbe *n* 2 *grand café-restaurant* Bräu *n*; Bierhalle *f*; Großgaststätte *f*

brasseur[1] [bʀasœʀ] M 1 (Bier)Brauer *m*; Brauereibesitzer *m* 2 *fig* ~ **d'affaires** Geschäftemacher *m*

brasseur[2] [bʀasœʀ] M, **brasseuse** F NATATION Brustschwimmer(in) *m(f)*

brassière [bʀasjɛʀ] F 1 (Baby)Jäckchen *n* 2 ADJT **maillot** *m* ~ zweiteiliger Badeanzug

Bratislava [bʀatislava] Pressburg *n*

bravache [bʀavaʃ] M Maulheld *m*; Großmaul *n*; *adjt* **air** *m* ~ großsprecherisches, großmäuliges Auftreten

bravade [bʀavad] F 1 *(fanfaronnade)* Prahlerei *f*; *fam* Angeberei *f* 2 *(défi)* Herausforderung *f*; Trotz(handlung) *m(f)*; **par** ~ aus Trotz

brave [bʀav] A ADJ 1 ⟨*nach dem subst*⟩ *(courageux)* tapfer; mutig; beherzt; wacker; mannhaft 2 *(honnête et bon)* brav; rechtschaffen; anständig; ordentlich; solid(e); ehrenwert; bieder; (einfach, aber) nett; ~ **fille** braves, nettes Mädchen; *fam* lieber Kerl; ~ **homme** braver Mann, *fam* Kerl; Biedermann *m*; *fam* ehrliche Haut; *appellation condescendante* **mon** ~ **homme** *ou subst* **mon** ~ guter, lieber Mann; *iron* **le** ~ **mari** *ne se doutait de rien* der gute Ehemann …; *fam* **un** ~ **type** *fam* ein netter Kerl; **notre** ~ **vieille voiture** unser gutes altes Auto; **il est bien** ~, *mais il ne faut pas lui en demander trop fam* er ist ja ein ganz guter, netter Kerl … B SUBST **un** ~ ein tapferer, mutiger Mann, *soldat* Krieger; **faire le** ~ den Mutigen spielen, *fam* markieren

bravement [bʀavmɑ̃] ADV tapfer; mutig; wacker

braver [bʀave] V/T ~ **qn, qc** j-m, e-r Sache trotzen, Trotz bieten; j-m die Stirn bieten; sich über etw *(acc)* hinwegsetzen; ~ **les convenances** sich über die Konventionen hinwegsetzen; ~ **le danger, le froid, la mort** der Gefahr, der Kälte, dem Tod trotzen

bravissimo [bʀavisimo] INT bravissimo!

bravo [bʀavo] A INT bravo! B M Bravo(ruf) *n(m)*; Beifall(sruf) *m*

bravoure [bʀavuʀ] F 1 *(courage)* Mut *m*; Tapferkeit *f*; Kühnheit *f*; *fam* Schneid *m* 2 **morceau** *m* **de** ~ Bravour-, Glanzstück *n*

break [bʀɛk] M 1 AUTO Kombi(wagen) *m* 2 BOXE ~! break!

brebis [bʀəbi] F 1 ZOOL (weibliches) Schaf; Mutterschaf *n* 2 *fig*, BIBL Schaf *n*; ~ **galeuse** räudiges Schaf; *fig* schwarzes Schaf (**de la famille** der Familie)

brèche [bʀɛʃ] F 1 MIL Bresche *f*; Frontlücke *f*; **battre en** ~ e-e Bresche zu schießen, zu schlagen versuchen; *fig* **battre qn, qc en** ~ j-n, etw heftig angreifen, attackieren; **ouvrir une** ~ e-e Bresche schlagen, schießen (**dans** in *+acc*); *fig* **être toujours sur la** ~ immer im Einsatz, eingespannt sein 2 *à un mur, à une clôture* Loch *n*; Lücke *f*; Öffnung *f* 3 *à une lame, assiette etc* Scharte *f*; *fig*: **faire une** ~ **à** *ou* **dans sa fortune** in sein Vermögen ein großes Loch reißen; **faire une** ~ **dans la réputation de qn** j-s guten Ruf beeinträchtigen, erschüttern 4 GÉOL Breccie *f ou* Brekzie *f*

bréchet [bʀeʃɛ] M *des oiseaux* Brustbeinkamm *m*

brechtien [bʀɛʃtjɛ̃] ADJ ⟨~ne⟩ *littérature* brechtsche(r, -s); von Brecht

bredouillant [bʀədujɑ̃] ADJ stammelnd; *fam* nuschelnd; brabbelnd

bredouille [bʀəduj] ADJ LOC **rentrer, revenir** ~ *chasseur* ohne Jagdbeute zurückkehren; nichts geschossen haben; *pêcheur* nichts gefangen haben; *fig* unverrichteter Dinge, mit leeren Händen zurückkehren; nichts erreicht haben

bredouillement [bʀədujmɑ̃] M hastiges, undeutliches Sprechen; Gestammel *n*; *fam* Genuschel *n*; Gebrabbel *n*; **bredouiller** V/T *et* V/I hastig und undeutlich sprechen; *fam* nuscheln; brabbeln; *excuses, quelques mots* stammeln

bref [bʀɛf] A ADJ ⟨brève [bʀɛv]⟩ 1 *délai, rencontre, entretien, lettre, syllabe, voyelle* kurz; ~ **commentaire** kurzer Kommentar; *loc adv st/s* **en** ~ in *ou* mit kurzen, knappen Worten; **soyez** ~**!** fassen Sie sich kurz!; machen Sie es kurz!; **pour être** ~ um es kurz zu machen; um mich kurzzufassen 2 **répondre d'un ton** ~ kurz angebunden sein; in e-m barschen, schroffen Ton antworten 3 HIST **Pépin le Bref** Pippin der Kleine *ou* der Kurze B ADV **(enfin,)** ~ kurz (und gut); kurzum; mit e-m Wort

Brejnev [bʀeʒnɛf] M *homme politique soviétique* Breschnew *m*

brelan [bʀəlɑ̃] M JEUX Dreier(pasch) *m*

breloque [bʀəlɔk] F 1 Armbandanhänger *m* 2 *fig cœur* **battre la** ~ unregelmäßig schlagen; *fam* verrücktspielen

brème [bʀɛm] F 1 ZOOL Brachse(n) *f(m)*; Brasse(n) *f(m)*; Blei *m* 2 *arg (carte à jouer)* (Spiel)Karte *f*

Brême [bʀɛm] Bremen *n*

Brésil [bʀezil] 1 **le** ~ Brasilien *n* 2 **brésil** *m bois* Brasil(ien)holz *n*; Pernambukholz *n* 3 **brésil** *m cigare* Brasil(zigarre) *f*

brésilien [bʀeziljɛ̃] A ADJ ⟨~ne⟩ brasilianisch B SUBST 1 **Brésilien(ne)** *m(f)* Brasilianer(in) *m(f)* 2 LING **le** ~ das brasilianische Portugiesisch; das Brasilianische; Brasilianisch *n*

Bresle [bʀɛl] **la** ~ *Fluss in Nordfrankreich*

Bresse [bʀɛs] **la** ~ *Landschaft in Ostfrankreich*

Brest [bʀɛst] *Stadt im Dep. Finistère*

Bretagne [bʀətaɲ] **la ~** die Bretagne

bretelle [bʀətɛl] F 1 *de lingerie féminine* Träger *m*; *de pantalon* **~s** *pl* Hosenträger *m(pl)*; *fam fig*: **remonter les ~s à qn** *fam* j-m eins auf den Deckel geben; j-n zusammenstauchen; **se faire remonter les ~s** *fam* eins auf den Deckel bekommen, kriegen; zusammengestaucht werden 2 *(sangle)* Trag(e)- *ou* Schultergurt *m*; *d'un sac* Tragriemen *m*; *d'un fusil* Gewehrriemen *m*; **porter l'arme à la ~** die Waffe umgehängt haben, tragen 3 AUTOROUTE **~ (de raccordement)** Verbindungsstraße *f*, -ast *m*; Spange *f*; **~ (d'accès)** Zubringer(straße) *m(f)* 4 CH DE FER Weichenverbindung *f*

breton [bʀətõ] A ADJ ⟨~ne⟩ bretonisch B SUBST 1 **Breton(ne)** *m(f)* Bretone *m*, Bretonin *f* 2 LING **le ~** das Bretonische; Bretonisch *n*

bretonnant [bʀətɔnɑ̃] ADJ **les Bretons ~s** die Bretonen, die die bretonische Sprache und die alten Traditionen pflegen und bewahren

bretzel [bʀɛdzɛl] M (Salz)Brezel *f*

breuvage [bʀœvaʒ] M Trank *m*; Getränk *n*; Gebräu *n*

brève [bʀɛv] → bref

brevet [bʀəvɛ] M 1 Abschluss(zeugnis) *m(n)*; Diplom *n*; Befähigungsnachweis *m*; **~ (des collèges)**, *autrefois* **~ d'études du premier cycle** *(abr* **BEPC**) *correspond à* mittlere Reife; **~ de parachutisme** Fallschirmspringerschein *m*; **~ de pilote** Piloten-, Flugschein *m*; **~ de technicien supérieur** → BTS 2 **~ (d'invention)** Patent *n*; **Office européen des ~s** Europäisches Patentamt; **déposer un ~** ein Patent anmelden 3 *fig et st/s* Garantie *f*; untrüglicher Beweis; **délivrer à qn un ~ d'honnêteté** j-m Anständigkeit bescheinigen

brevetable [bʀəvtabl] ADJ *invention, procédé* patentfähig; patentierbar

breveté [bʀəvte] ADJ 1 *invention, procédé* patentiert 2 *(diplômé)* staatlich geprüft; diplomiert; **officier ~** Offizier, der e-e Führungsakademie besucht hat; **timonier ~** Steuermann *m* mit Steuermannspatent

breveter [bʀəvte] V/T ⟨-tt-⟩ **(faire) ~** patentieren (lassen)

bréviaire [bʀevjɛʀ] M 1 ÉGL CATH Brevier *n* 2 *fig* Leitfaden *m*; Lehrbuch *n*

brévité [bʀevite] F PHON Kürze *f*

Briand [bʀijɑ̃] **Aristide ~** *frz Politiker*

briard [bʀijaʀ] ADJ 1 *(et* SUBST) **Briard** Bewohner) der *frz Landschaft* Brie 2 ZOOL **chien ~** *ou subst* **~** *m* Briard *m (ein Hirtenhund)*

bribes [bʀib] FPL *d'une conversation* Brocken *mpl (a. d'une langue)*; Bruchstücke *npl*; Fetzen *mpl*; *d'une fortune* kümmerlicher Rest; **~ de conversation, de phrases** Gesprächs-, Satzbrocken *mpl*, -fetzen *mpl*; **quelques ~ de français** ein paar Brocken Französisch, französische Brocken

bric-à-brac [bʀikabʀak] M ⟨*inv*⟩ Trödel(kram) *m*; alter Kram; *péj* (altes) Gerümpel, *fam* Gelump(e)

bric et de broc [bʀikedbʀɔk] LOC ADV **de ~** von überall her, von da und dort (zusammengetragen); *chambre* **meublé de ~** mit von überall her zusammengetragenen Möbeln eingerichtet

brick [bʀik] M MAR Brigg *f*

bricolage [bʀikɔlaʒ] M 1 Basteln *n*; Bastelei *f*; Bastelarbeit *f* 2 *péj* Stümperei *f*; Flick-, *fam* Pfuscharbeit *f*

bricole [bʀikɔl] F 1 *(petite chose)* Kleinigkeit *f* 2 *(occupation futile)* Kleinigkeit *f*; Nichtigkeit *f*; Nebensächlichkeit *f*; *d'une réparation* **pour moi c'est une ~** das ist doch e-e Kleinigkeit für mich; **s'occuper de ~s** sich mit Kleinigkeiten, Nebensächlichkeiten abgeben 3 *de porteur* Tragriemen *m*, -gurt *m* 4 *d'un harnais* Zugblatt *n*; Siele *f* 5 CH **~s** *pl* Hirschgarn *n*

bricoler [bʀikɔle] A V/T *(fabriquer)* zusammenbasteln; *(réparer)* (wieder) zurechtbasteln, *fam* -fummeln; **~ qc** *a. fam* an etw *(dat)* herumbasteln, *fam* -fummeln B V/I 1 *par passe-temps* basteln; (herum)werkeln 2 *pour gagner sa vie* mal dies, mal das machen; kleine (Gelegenheits)-Arbeiten machen, verrichten

bricoleur [bʀikɔlœʀ] M, **bricoleuse** F Bastler(in) *m(f)*; Heimwerker(in) *m(f)*; *adjt* **il est bricoleur** *a.* er bastelt gern; er kann gut basteln

bride [bʀid] F 1 *de cheval* Zaum(zeug) *m(n)*; *par ext (rênes)* Zügel *mpl*; *loc adv fig* **à ~ abattue, à toute ~** in größter Eile; **lâcher la ~** die Zügel schießen lassen *(a. à son imagination etc)*, lockern *(à dat)*; **laisser la ~ sur le cou** die Zügel locker lassen *(à dat) (a. fig)*; **passer la ~ à un cheval** e-m Pferd das Zaumzeug anlegen; ein Pferd (auf)zäumen; **tenir en ~** *cheval* (fest) am Zügel halten, haben; *fig passions* im Zaum halten; zügeln; Zügel anlegen *(+dat)*; **tenir la ~ courte, °haute à un cheval** e-m Pferd die Zügel anziehen; *fig* **tenir la ~ °haute à qn** bei j-m die Zügel kurz halten; *fig* **tourner ~** umkehren 2 *d'un bonnet* (Binde)Band *n*; *d'un bouton* Schlinge *f*; *d'une ceinture* Schlaufe *f*; *d'une dentelle* Speiche *f*; Steg *m* 3 TECH *d'un tuyau* Flansch *m* 4 MÉD Verwachsung *f*

bridé [bʀide] ADJ **yeux ~s** Schlitzaugen *npl*

brider [bʀide] V/T 1 *cheval* (auf)zäumen 2 *fig instincts, désirs* zügeln; Zügel anlegen *(+dat)*; im Zaum halten; *personne* **être bridé dans son enthousiasme** in s-r Begeisterung gebremst werden (**par qn** von j-m) 3 *vêtement* **~ qn** j-n einengen, -zwängen, -schnüren 4 CUIS *volaille* mit e-m Faden umwickeln 5 TECH **~ le moteur** den Motor drosseln

bridge [bʀidʒ] M 1 *jeu de cartes* Bridge *n*; **jouer au ~** Bridge spielen 2 *prothèse dentaire* Brücke *f*

bridger [bʀidʒe] V/I ⟨-geons⟩ Bridge spielen; **bridgeur** M, **bridgeuse** F Bridgespieler(in) *m(f)*

Brie [bʀi] 1 **la ~** *Landschaft im Südosten von Paris* 2 **brie** *m* Brie(käse) *m*

briefing [bʀifiŋ] M 1 AVIAT MIL Einsatzbesprechung *f*; Briefing *n* 2 *par ext* Informations-, Lagebesprechung *f*

brièvement [bʀijɛvmɑ̃] ADV kurz; in *ou* mit kurzen, knappen Worten

brièveté [bʀijɛvte] *st/s* F Kürze *f*

brigade [bʀigad] F 1 MIL Brigade *f*; **~ de chars** Panzerbrigade *f* 2 POLICE Abteilung *f*; **~ de gendarmerie** (Sicherheits)Polizeibrigade *f (kleinste Einheit)*; **~ des mœurs** Abteilung der Sittenpolizei 3 *d'ouvriers* Gruppe *f*; Trupp *m*; Kolonne *f*; **~ de balayeurs** Kehrkolonne *f*, -trupp *m*

brigadier [bʀigadje] M 1 MIL a *grade* Gefreite(r) *m* b *fam* **~ général** Brigadegeneral *m* 2 **~ de gendarmerie** Gendarmeriebrigadier *m*; Führer *m* e-r Gendarmeriebrigade

brigadier-chef [bʀigadjeʃɛf] M ⟨*pl* brigadiers-chefs⟩ MIL Hauptgefreite(r) *m*

brigand [bʀigɑ̃] M 1 *(bandit)* (Straßen)Räuber *m*; *fig* **histoire** *f* **de ~s** Räuberpistole *f*, -geschichte *f* 2 *fig (homme malhonnête)* Halsabschneider *m*; Schurke *m*; Spitzbube *m*; *plais* Schlingel *m*; **petit ~!** du kleiner Schlingel!; **mon ~ de fils …** mein Sohn, dieser Schlingel …

brigandage [bʀigɑ̃daʒ] M JUR Bandenraub *m*; schwerer Raub; **acte** *m* **de ~** Raubüberfall *m*

Brigitte [bʀiʒit] F *Vorname*

briguer [bʀige] V/T *st/s honneur, faveur* an-, erstreben; streben, trachten nach; *poste* sich bewerben, bemühen um

brillamment [bʀijamɑ̃] ADV *fig* glänzend; brillant; glanzvoll; mit Glanz, Brillanz

brillance [bʀijɑ̃s] F PHYS Leuchtdichte *f*

brillant [bʀijɑ̃] A ADJ 1 *métal, bijou etc* glänzend; schimmernd; *st/s* gleißend; *yeux* glänzend; leuchtend; strahlend *(a. soleil)* 2 *fig carrière, résultat etc* glänzend; *exposé, orateur, style a.* brillant; *cérémonie, spectacle a.* glanzvoll; **~e performance** *a.* Glanzleistung *f*; **ne pas être ~** *résultat* nicht (gerade) glänzend sein, *affaires* gehen; *santé* **ça n'est pas ~** es geht nicht gerade glänzend B M 1 *(éclat)* Glanz *m*; Schimmer *m* 2 *fig du style etc* Brillanz *f* 3 *diamant* Brillant *m*; **tailler en ~** mit Brillantschliff versehen

brillantine [bʀijɑ̃tin] F Brillantine *f*

briller [bʀije] V/I 1 *métal, bijou, eau* glänzen; schimmern; *st/s* gleißen; *soleil* scheinen; *lumière* leuchten; *cheveux, chaussures* glänzen; *yeux* glänzen, strahlen, leuchten (**de joie** vor Freude); **~ de tout son éclat** in s-m ganzen Glanz erstrahlen; **la joie brille dans ses yeux, sur son visage** Freude strahlt, leuchtet aus s-n Augen, auf s-m Gesicht; *meubles, parquet, chaussures* **faire ~** (auf Hochglanz) polieren; *fam* wienern; *prov* **tout ce qui brille n'est pas (d')or** es ist nicht alles Gold, was glänzt *(prov)* 2 *fig personne* glänzen, brillieren (**dans la conversation** in der Unterhaltung; **par qc** mit *ou* durch etw); **~ à l'examen** im Examen glänzen; *iron* **ne pas ~ par qc** sich nicht gerade durch etw auszeichnen, hervortun; *iron* **~ par son absence** durch Abwesenheit glänzen

brimade [bʀimad] F Schikane *f*; **subir des ~s** Schikanen erdulden

brimbaler [bʀɛ̃bale] → bringuebaler

brimer [bʀime] V/T schikanieren; drangsalieren; kujonieren; *fam* striegeln; striezen

brin [bʀɛ̃] M 1 *d'un végétal* Halm *m*; Stängel *m*; *fig* **un beau ~ de fille** ein hochgewachsenes, hübsches Mädchen; **~ d'herbe, de paille** Gras-, Strohhalm *m*; **un ~ de muguet** ein Maiglöckchen(stängel) *n(m)*; **quelques ~s de persil** ein paar Stängel Petersilie 2 *(filament)* Fädchen *n*; **~ de fil** (Garn)Fädchen *n*; **~ de laine** Wollfädchen *n* 3 *fig* **un ~ de** *(+subst)* ein bisschen, ein (klein) wenig *(+subst)*; *loc adv patienter, se réchauffer etc* **un ~** ein bisschen; ein (klein) wenig; **faire un ~ de cour à une jeune fille** e-m jungen Mädchen ein bisschen den Hof machen; **faire un ~ de toilette** sich schnell (noch) ein bisschen frisch machen; **il n'y a pas un ~ de vent** es regt sich, es geht kein Lüftchen 4 TECH *d'un cordage* (Litzen)Faden *m*; MAR Kabelgarn *n*; *d'un câble* (Litzen)-Draht *m*

brindezingue [bʀɛ̃dzɛ̃g] ADJ *fam* → cinglé

brindille [bʀɛ̃dij] F Zweiglein *n*; *st/s* Reis *n*; **~s** *pl a.* Reisig *n*

bringue [bʀɛ̃g] F *fam* 1 *d'une femme* **une grande ~** *fam* e-e Hopfenstange, lange Latte 2 **faire la ~** tüchtig feiern; *fam* einen draufmachen; **faire une ~ à tout casser** *fam* ordentlich einen draufmachen; feiern, dass die Wände wackeln

bringuebaler [bʀɛ̃gbale] *ou* **brinquebaler** [bʀɛ̃kbale] A V/T (hin und her) rütteln, schütteln B V/I (hin und her) gerüttelt, geschüttelt werden

brio [bʀijo] M Brillanz *f*; **avec ~** mit Brillanz, Bravour; brillant; glänzend

brioche [bʀijɔʃ] F 1 CUIS *ein Hefekuchen* 2 *fam fig* **avoir, prendre de la ~** ein Bäuchlein haben, ansetzen *ou fam* kriegen

brioché [bʀijɔʃe] ADJ **pain ~** leicht gesüßtes Hefebrot in Kastenform

brique [bʀik] F 1 CONSTR Ziegel(stein) *m*;

Backstein *m;* ~ **réfractaire** Schamotteziegel *m*, -stein *m;* **maison** *f* **de** *ou* **en** ~**(s)** Backstein-, Ziegelhaus *n; adjt* **(couleur [de])** ~ *⟨inv⟩* ziegelrot; *fam fig* **bouffer des ~s** *fam* Kohldampf schieben **2** *emballage* Milchtüte *f;* Tetrapak® *m ou n* **3** *fam fig* e-e Million alte Franc

briquer [bʀike] V/T **1** *(astiquer)* (auf Hochglanz) polieren; blank reiben, putzen; *fam* wienern **2** MAR ~ **le pont** das Deck schrubben

briquet [bʀikɛ] M Feuerzeug *n;* ~ **à essence, à gaz** Benzin-, Gasfeuerzeug *n;* **pierre** *f* **à** ~ Feuerstein *m*

briqueterie [bʀikɛtʀi] F Ziegelei *f;* Ziegelbrennerei *f*

briquette [bʀikɛt] F *de charbon* Brikett *n*

bris [bʀi] M Bruch *m;* JUR ~ **de clôture** mutwillige Beschädigung, Zerstörung e-r Einfriedung; ~ **de glace** Glasbruch *m*, -schaden *m;* **assurance** *f* **(contre les)** ~ **de glace** Glasversicherung *f;* JUR ~ **de scellés** Siegelbruch *m*

brisant [bʀizɑ̃] **A** ADJ *explosif* brisant **B** M *(écueil)* Klippe *f;* (Felsen)Riff *n*

brise [bʀiz] F Brise *f (a.* MAR); leichter, sanfter Wind; MAR: **bonne, jolie, légère, petite** ~ frische, mäßige, leichte, schwache Brise; ~ **du large, de mer** Seewind *m;* ~ **de terre** Landwind *m*

brisé [bʀize] ADJ **1** gebrochen; ARCH **arc** ~ Giebelbogen *m; fig* **cœur** ~ gebrochenes Herz; GÉOMÉTRIE **ligne ~e** gebrochene Linie; CUIS **pâte ~e** Knet-, Mürbeteig *m* ohne Eier; *fig* **vie ~e** verdorbenes, ruiniertes, *fam* verpfuschtes Leben; **d'une voix ~e par l'émotion** mit gebrochener, versagender Stimme **2** *fig* **être** ~ **de fatigue** wie zerschlagen, wie gerädert sein

brise-cœurs [bʀizkœʀ] M *⟨inv⟩ plais* Herzensbrecher *m*

brisées [bʀize] FPL **1** CH geknickte Zweige *mpl*, Bruch *m (zur Markierung der Fährte des Wildes)* **2** *fig et st/s:* **aller, marcher sur les** ~ **de qn** j-m ins Gehege kommen; **suivre les** ~ **de qn** in j-s Fußstapfen *(acc)* treten; j-m nacheifern

brise-fer [bʀizfɛʀ] *fam* M *⟨inv⟩* → **brise-tout;** **brise-glace(s)** M *⟨inv⟩ navire, d'un pont* Eisbrecher *m;* **brise-jet** M *⟨inv⟩* Wasserstrahlregler *m;* **brise-lames** M *⟨inv⟩* Wellenbrecher *m*

brisement [bʀizmɑ̃] M *litt* ~ **de cœur** (großes) Herzeleid

briser [bʀize] **A** V/T **1** *st/s verre* zerbrechen; entzweibrechen; *fig liens, chaînes* sprengen; *navire* ~ **la glace** das Eis aufbrechen; ~ **un sceau** ein Siegel erbrechen **2** *fig résistance, grève* brechen; *carrière* verderben; ruinieren; *st/s joug* abschütteln; abwerfen; *épreuves, personne* ~ **qn** j-m das Rückgrat brechen; j-s Kraft brechen; *dispute* ~ **une amitié** e-e Freundschaft zerbrechen, *fam* kaputt machen; ~ **son avenir** *a.* sich *(dat)* die Zukunft völlig verbauen; *chagrin etc* ~ **le cœur de qn** j-m das Herz brechen **B** V/I *personne* ~ **avec qc** mit etw brechen; ~ **avec ses habitudes** mit Gewohnheiten brechen **C** V/PR **se** ~ **1** *verre* (zer)brechen; zerspringen; in die Brüche gehen; *chaîne* zerreißen **2** *mer* branden; *vagues* sich brechen **(contre, sur** an *+dat)* **3** *fig assaut* zusammenbrechen **(sur les lignes ennemies** an den feindlichen Linien); *espoirs* zuschanden werden; zunichtewerden; *efforts* scheitern **(contre, sur** an *+dat)*

brise-tout [bʀiztu] M *⟨inv⟩ fam* j-d, der alles kaputt macht, was er in die Hände bekommt; *a.* Tollpatsch *m; adjt* **elle est** ~ sie macht, kriegt alles kaputt

briseur [bʀizœʀ] M ~ **de grève** Streikbrecher *m*

briseuse [bʀizøz] F TEXT Vorreißer *m*

brise-vent [bʀizvɑ̃] M *⟨inv⟩* Windschutz *m*

Brisgau [bʀizgo] **le** ~ der Breisgau

bristol [bʀistɔl] M **1** *papier* Bristolkarton *m* **2** *(carte de visite)* Visitenkarte *f*

brisure [bʀizyʀ] F **1** *litt (cassure)* Bruch *m* **2** HÉRALDIQUE Beizeichen *n*

britannique [bʀitanik] **A** ADJ britisch; **les îles** *fpl* **Britanniques** die Britischen Inseln *fpl* **B** SUBST **Britannique** *m/f* Brite *m*, Britin *f*

Brno [bʀno] GÉOG Brünn *n*

broc [bʀo] M (Wasser)Kanne *f*, (-)Krug *m; mesure* **deux ~s d'eau** zwei Kannen, Krüge Wasser

brocante [bʀɔkɑ̃t] F (Handel *m* mit) Trödelwaren *fpl;* **brocanter** V/I mit Trödel(waren) handeln; **brocanteur** M Trödler *m;* Altwarenhändler *m*

brocart [bʀɔkaʀ] M TEXT Brokat *m*

brochage [bʀɔʃaʒ] M **1** *d'un livre* Broschieren *n;* Broschur *f* **2** TEXT Broschieren *n*

broche [bʀɔʃ] F **1** *bijou* Brosche *f;* Anstecknadel *f* **2** CUIS Bratspieß *m; loc adj* **à la** ~ am Spieß (gebraten); **poulet** *m* **à la** ~ *a.* Hähnchen *n* vom Grill; **mettre à la** ~ auf den Spieß schieben; *par ext* am Spieß braten **3** TEXT Spindel *f* **4** TECH Dorn *m;* Stift *m (a.* ÉLEC); *d'une machine-outil* Arbeits-, Werkzeugspindel *f; d'une perceuse* Bohrspindel *f* **5** MÉD *pour fractures* Draht *m*

broché [bʀɔʃe] **A** ADJ broschiert; **livre, volume** ~ *a.* Broschur *f* **B** M TEXT Broché *m*

brocher [bʀɔʃe] V/T **1** *livre* broschieren **2** TEXT broschieren

brochet [bʀɔʃɛ] M ZOOL Hecht *m*

brochette [bʀɔʃɛt] F **1** CUIS kleiner Bratspieß; *plat* Schaschlik *n ou m;* ~ **de rognons, de foie** Nierchen *npl*, Leber *f* am Spieß **2** *plais* **une** ~ **de jeunes filles** *etc* e-e (wie aufgereiht nebeneinandersitzende) Gruppe junger Mädchen *etc* **3** *pour décorations* Ordensschnalle *f*, -spange *f*

brochure [bʀɔʃyʀ] F **1** Broschüre *f;* Heft(-chen) *n;* ~ **publicitaire** Werbebroschüre *f* **2** TEXT eingewebtes Muster

brocoli [bʀɔkɔli] M BOT Brokkoli *pl ou m;* Spargelkohl *m*

brodequin [bʀɔdkɛ̃] M Schnürstiefel *m*

broder [bʀɔde] **A** V/T sticken *(a. abs);* ~ **un napperon** ein Deckchen sticken; ~ **un tissu** einen Stoff besticken; ~ **ses initiales sur qc** sein Monogramm in etw *(acc)* sticken **B** V/I *fig* einiges, etliches hinzu-, dazudichten; fabulieren

broderie [bʀɔdʀi] F *art, ouvrage* Stickerei *f;* ~ **anglaise** Lochstickerei *f*

brodeur [bʀɔdœʀ] M, **brodeuse** F **1** *personne* Sticker(in) *m(f)* **2** F *machine* Stickmaschine *f* **3** ADJT **fil brodeur** Stickfaden *m (für Stickmaschinen)*

Broglie [bʀœj] **de** ~ *frz Adelsfamilie*

brome [bʀom] M CHIM Brom *n*

bromure [bʀɔmyʀ] M CHIM Bromid *n;* PHOT ~ **d'argent** Silberbromid *n;* Bromsilber *n;* PHARM ~ **de potassium** Kaliumbromid *n;* Bromkali(um) *n*

bronche [bʀɔ̃ʃ] F ANAT Bronchie *f;* Luftröhrenast *m; surtout pl* ~**s** Bronchien *fpl*

broncher [bʀɔ̃ʃe] V/I **1** *cheval* straucheln **2** *fig* **sans** ~ ohne zu murren; ohne Widerrede; ohne mit der Wimper zu zucken; **personne n'ose** ~ keiner wagt, e-n Laut von sich zu geben, sich zu rühren, *fam* (sich) zu mucksen

bronchiole [bʀɔ̃ʃjɔl] F ANAT Bronchiole *f*

bronchite [bʀɔ̃ʃit] F MÉD Bronchitis *f;* Bronchialkatarr(h) *m;* **bronchitique** ADJ Bronchitis…; *personne* an Bronchitis erkrankt, leidend

broncho-pneumonie [bʀɔ̃kopnømɔni] F MÉD *t/t* Bronchopneumonie *f*

bronzage [bʀɔ̃zaʒ] M **1** *de la peau* **a** *action* Bräunen *n;* Braunwerden *n* **b** *résultat* Bräune *f* **2** TECH Bronzieren *n*

bronze [bʀɔ̃z] M **1** *alliage* Bronze *f;* ~ **d'aluminium** Aluminiumbronze *f; loc adj* **de** *ou* **en** ~ bronzen; Bronze…; **âge** *m*, **art** *m* **du** ~ Bronzezeit *f*, -kunst *f* **2** *objet d'art* Bronze *f;* Kunstgegenstand *m* aus Bronze

bronzé [bʀɔ̃ze] ADJ *personne, peau* braun (gebrannt); (sonnen)gebräunt

bronzer [bʀɔ̃ze] **A** V/T **1** *peau* bräunen; **crème** *f* **à** ~ Sonnenschutzcreme *f;* **lampe** *f* **à** ~ Höhensonne *f* **2** TECH bronzieren **B** V/I *(et* V/PR **se)** ~ braun werden; bräunen; **se faire** ~ sich braun brennen lassen; sich bräunen

bronzeur [bʀɔ̃zœʀ] M TECH Bronzierer *m;* **bronzier** M Bronzegießer *m*, -plastiker *m*

brossage [bʀɔsaʒ] M (Ab-, Aus)Bürsten *n*

brosse [bʀɔs] F **1** *de nettoyage* Bürste *f; d'un aspirateur a.* Bürstendüse *f;* ~ **métallique** Draht-, Stahlbürste *f;* ~ **à chaussures, à cheveux, à dents, à habits, à ongles** Schuh-, Haar-, Zahn-, Kleider-, Nagelbürste *f;* ~ **à reluire** Glanzbürste *f; fam fig* **manier, passer la** ~ **à reluire** auf plumpe Weise schmeicheln; Speichelleckerei betreiben; **donner un coup de** ~ **à qc** etw (ab-, aus)bürsten **2** *de peintre* Pinsel *m; gros pinceau a.* Quast *m* **3** *coiffure* **(cheveux** *mpl* **en)** ~ Bürsten(haar)schnitt *m;* Bürstenfrisur *f* **4** ZOOL Bürste *f*

brosser [bʀɔse] **A** V/T **1** *vêtement, chaussures* (ab)bürsten; *vêtement a.* ausbürsten; *cheveux* bürsten; ~ **qn** j-n abbürsten **2** PEINT mit groben Pinselstrichen malen, hinwerfen; *fig* ~ **un tableau de la situation** e-n knappen Überblick über die Lage geben **3** SPORTS *ballon* Effet, Spin geben *(+dat)* **B** V/PR **se** ~ sich abbürsten; **se** ~ **les dents** sich *(dat)* die Zähne putzen; *fam fig* **tu peux te** ~**!** da kannst du lange warten!

brosserie [bʀɔsʀi] F Bürsten-, Besen- und Pinselherstellung *f*

brou [bʀu] M *des noix, des amandes* grüne Außenschale; *teinture* ~ **de noix** dunkelbraune Beize (aus grünen Walnussschalen)

brouet [bʀuɛ] M *péj* undefinierbare, unappetitliche aussehende Suppe; *fam* abscheuliche Brühe

brouette [bʀuɛt] F Schubkarre(n) *f(m)*

brouettée [bʀuete] F **une** ~ **de sable** e-e (Schub)Karre (voll) Sand

brouetter [bʀuete] V/T *sable etc* karren

brouhaha [bʀuaa] M *dans une foule* wirrer Lärm; Getöse *n;* ~ **de voix, des conversations** (lautes) Stimmengewirr

brouillage [bʀujaʒ] M RAD Stören *n*, -ung *f*

brouillard [bʀujaʀ] M Nebel *m;* **épais** ~ **sur les routes** dichter Nebel auf den Straßen; **par temps de** ~ bei Nebel(wetter); **il y a, il fait du** ~ es ist nebelig, neblig; es herrscht Nebel; wir haben Nebel; *fig:* **avoir un** ~ **devant les yeux** e-n Schleier vor den Augen haben; **être dans le** ~ nicht klarsehen; **foncer dans le** ~ sich kopfüber in ein Unternehmen stürzen

brouille [bʀuj] F Streit *m;* Zwist *m;* Zerwürfnis *n; fam* Krach *m*

brouillé [bʀuje] ADJ **1** CUIS **œufs ~s** Rührei(er) *n(pl)* **2** *ciel* verhangen; bedeckt; grau **3** *teint* unrein; **avoir le teint** ~ *a.* grau im Gesicht sein **4** → **brouiller** A 1, 2

brouiller [bʀuje] **A** V/T **1** *papiers* durcheinanderbringen, -werfen; in Unordnung bringen; ~ **les idées de qn** j-n verwirren, durcheinanderbringen, in Verwirrung bringen, konfus machen; **avoir les idées brouillées** krause, verworrene, konfuse Gedanken haben; ~ **les pistes** die Spuren verwischen; *regard, yeux* **brouillé par les larmes** tränenverschleiert **2** *personnes* entzweien; auseinanderbringen;

B

être brouillé (avec qn mit j-m) entzweit, zerstritten, verfeindet, *fam* verkracht sein, Krach haben; *fam* **être brouillé avec qc** *fam* mit etw auf Kriegsfuß stehen 3 *émission de radio* stören; **~ l'image télévisée** e-e Bildstörung verursachen 4 *nourriture* **~ le teint** dem Teint schaden; e-n unreinen Teint verursachen B V/PR 1 **ma vue se brouille** mir schwimmt es vor den Augen; ich sehe alles nur noch ganz verschwommen, wie durch e-n Schleier 2 **se ~** *temps* sich eintrüben; trüb(e) werden; **le ciel s'est brouillé** der Himmel hat sich bezogen 3 *idées, souvenirs* **se ~** sich verwirren; durcheinandergeraten; **tout se brouille dans ma tête** mir ist ganz wirr im Kopf; mir schwirrt der Kopf 4 *personnes* **se ~** sich entzweien, überwerfen, verfeinden, *fam* verkrachen (**avec qn** mit j-m); *fam* Krach kriegen (mit j-m)

brouilleur [bʀujœʀ] M RAD Störsender *m*

brouillon[1] [bʀujõ] ADJ ⟨~ne⟩ unordentlich; chaotisch; *personne* **être (de caractère, un esprit) ~** ein Wirrkopf sein; wirre, konfuse Ideen haben

brouillon[2] [bʀujõ] M Konzept *n*; erste Niederschrift; (erster) Entwurf; Rohfassung *f*; **cahier** *m* **de ~** Schmier-, Konzeptheft *n*; Kladde *f*; **papier** *m* **(de) ~** Konzeptpapier *n*; **faire le ~ d'un discours** das Konzept e-r Rede verfassen, ausarbeiten; e-e Rede im Konzept aufsetzen

broum [bʀum] INT *bruit de moteur* brumm, brumm!

broussaille [bʀusaj] F 1 **~s** *pl* Gestrüpp *n*; Dickicht *n*; Gesträuch *n*; Buschwerk *n* 2 LOC ADJ *fig* **en ~** *cheveux, barbe* buschig; struppig; *sourcils* buschig

broussailleux [bʀusajø] ADJ ⟨-euse⟩ 1 mit Gestrüpp, Gesträuch, Buschwerk bedeckt; voller Gestrüpp 2 → broussaille 2

brousse [bʀus] F 1 GÉOG Busch *m* 2 *fam fig* **en pleine ~** auf dem Land; weitab von jeglicher Zivilisation

brouter [bʀute] A V/T *vaches etc: l'herbe* abweiden; abgrasen; (ab)fressen; *abs* weiden; grasen B V/I TECH rattern; unregelmäßig funktionieren

broutilles [bʀutij] FPL Belanglosigkeiten *fpl*; Lappalien *fpl*; Kleinigkeiten *fpl*

browning [bʀɔniŋ] M Browning *m*

broyage [bʀwajaʒ] M Zerkleinern *n*; Zerstoßen *n*; Zermahlen *n*; Zermalmen *n*; *du chanvre* Brechen *n*; *de couleurs* Anreiben *n*; *de substances molles* Zerdrücken *n*; Zerquetschen *n*

broyer [bʀwaje] V/T ⟨-oi-⟩ 1 zerkleinern; *dans un mortier* (zer)stoßen; zermahlen; (zer)schroten; zermalmen; *chanvre* brechen; *substances molles* zerdrücken; zerquetschen; *lors d'un accident: doigt etc* zerquetschen; **~ des couleurs** Farben anreiben; *plais* **vous me broyez la main!** Sie zerquetschen mir ja die Hand! 2 *fig* **~ du noir** trüben, schwarzen Gedanken nachhängen; *fam* Trübsal blasen; *litt* Grillen fangen

broyeur [bʀwajœʀ] M TECH Brecher *m*; Mühle *f*; **~ d'ordures** Zerkleinerer *m*, Zerhacker *m* von Küchenabfällen

brrr [bʀʀ] INT a *froid* brr!; hu! b *peur* hu(ch)!

bru [bʀy] F Schwiegertochter *f*

bruant [bʀyɑ̃] M ZOOL Ammer *f*

Bruay [bʀyɛ] *frz Ortsname*

bruccio [bʀyksjo] M *korsischer Schaf-, Ziegenkäse*

brucellose [bʀyseloz] F MÉD, VÉT Brucellose *f*

Bruegel [bʀœgɛl, bʀø-] M PEINT Breughel *m*

Bruges [bʀyʒ] Brügge *n*

brugnon [bʀyɲõ] M BOT Nektarine *f*

bruine [bʀɥin] F Niesel-, Sprühregen *m*

bruiner [bʀɥine] V/IMP nieseln; **il bruine** es nieselt

bruineux [bʀɥinø] ADJ ⟨-euse⟩ **temps ~** Nieselwetter *n*

bruire [bʀɥiʀ] V/I ⟨*défect*: il bruit, ils bruissent; il bruissait, ils bruissaient; bruissant⟩ *st/s feuilles, vent* sanft, leise rauschen; säuseln; **l'eau bruit** das Wasser rauscht leise; **le papier, la soie bruit** das Papier, die Seide raschelt

bruissement [bʀɥismɑ̃] M *st/s des feuilles, du vent* sanftes, leises Rauschen (*a. de l'eau*); Säuseln *n*; *du papier, de la soie* Rascheln *n*

bruit [bʀɥi] M 1 Geräusch *n*; *plus fort* Lärm *m*; PHYSIOL **~s cardiaques, du cœur** Herztöne *mpl*; **~ infernal, d'enfer** ohrenbetäubender Lärm; *fam* Höllen-, Heidenlärm *m*; RAD **~s parasites** Stör-, Nebengeräusch(e) *n(pl)*; Störungen *fpl*; *d'un sifflet etc* **~ strident** schriller Ton; Schrillen *n*; **~ de chaînes** Kettengeklirr *n*, -gerassel *n*; **~ de fond** Geräusch, Lärm im Hintergrund; **~s de la rue** Straßengeräusche *npl*, -lärm *m*; **~ des vagues** Rauschen *n* der Wellen; **~ des voitures** Autolärm *m*; **~ de voix** Stimmengeräusch *n*; **lutte** *f* **contre le ~** Lärmbekämpfung *f*; *loc adv*: **à grand ~** geräuschvoll; lärmend; laut; **sans ~** geräusch-, lautlos; leise; ruhig; *fig* sang- und klanglos; still und leise; ohne viel Aufhebens zu machen; ohne großes Aufsehen zu erregen; **faire du ~** ein Geräusch, Lärm, *fam* Krach machen; *fig: scandale, livre etc* **faire du ~, grand ~** (großes) Aufsehen erregen; (viel) Staub aufwirbeln; (viel) von sich reden machen; *personne* **faire grand ~ de qc** viel Aufhebens, *fam* Wesens von *ou* um etw machen; *fam* viel Geschrei um etw machen; **(faire) beaucoup de ~ pour rien** viel Lärm um nichts (machen) 2 (*rumeur*) Gerücht *n*; **faux ~** Falschmeldung *f*; **~s de guerre** Kriegsgerüchte *npl*; **faire circuler des ~s** Gerüchte in Umlauf setzen, bringen; Gerüchte verbreiten; → *a.* **courir** B 2 3 TÉLÉCOMMUNICATIONS Rauschen *n*

bruitage [bʀɥitaʒ] M THÉ, CINÉMA, RAD Geräuschkulisse *f*; Geräuscheffekte *mpl*; **bruiteur** M THÉ, CINÉMA, RAD Geräuschtechniker *m*

brûlage [bʀylaʒ] M *des herbes sèches* Ab-, Verbrennen *n*; *des cheveux* Absengen *n*

brûlant [bʀylɑ̃] ADJ 1 (*très chaud*) glühend heiß; *liquide* kochend heiß; *soleil a.* sengend; **cendre ~e** glühende, heiße Asche; **avoir le front ~** eine heiße Stirn haben 2 *fig* **question ~e, sujet ~, terrain ~** heißes Eisen; heikle Frage; heikles Thema; *loc adj* **d'une actualité ~e** von brennender Aktualität; **s'engager sur un terrain ~** ein heißes Eisen anpacken; in ein Wespennest stechen 3 (*passionné*) leidenschaftlich; *désir* glühend; heiß; brennend; **regard ~** glühender, feuriger, flammender Blick

brûlé [bʀyle] A ADJ 1 verbrannt; *maison, forêt* ab-, niedergebrannt; **~ par le soleil** von der Sonne verbrannt, *plus fort* ausgeglüht, *plantes, région a.* versengt, ausgedörrt 2 CUIS angebrannt; *au repassage: linge* angesengt; versengt 3 *fig* **tête ~e** Hitz-, Feuerkopf *m* 4 *fig* (*démasqué*) *agent secret* entlarvt; *fam* aufgeflogen; *homme politique* diskreditiert; gebrandmarkt B M 1 **(grand) ~** Verletzte(r) mit (schweren, lebensgefährlichen) Verbrennungen 2 **le ~** das Verbrannte, Angebrannte; **odeur** *f* **de ~** Brandgeruch *m*; *plat* **avoir un goût de ~** angebrannt schmecken; **sentir le ~** a brenzlig, *plat* angebrannt riechen b *fam fig affaire fam* brenzlig, mulmig werden

brûle-gueule [bʀylgœl] M ⟨*inv*⟩ Stummelpfeife *f*; **brûle-parfum** M ⟨*inv*⟩ Räuchergefäß *n*, -pfanne *f*

brûle-pourpoint [bʀylpuʀpwɛ̃] LOC ADV: *dire, demander* **à ~** geradeheraus; ins Gesicht hinein; ohne Umschweife

brûler [bʀyle] A V/T 1 *lettres, mauvaises herbes, encens etc* verbrennen; **~ une forêt** einen Wald ab-, niederbrennen 2 *charbon, bois* (ver)brennen; verheizen; verfeuern; *électricité* verbrauchen; **~ un cierge à un saint** e-m Heiligen e-e Kerze stiften 3 *plat* anbrennen lassen; *en fumant, en repassant* an-, versengen; CUIS **~ complètement** verbrennen lassen; **le fer à repasser lui a brûlé les doigts** er hat sich (*dat*) am Bügeleisen die Finger verbrannt 4 *soleil: plantes, terres* verbrennen; versengen; *terres a.* ausdörren; *acide* **~ la peau** die Haut angreifen, ätzen, zerfressen; *gel* **~ les bourgeons** die Knospen verbrennen 5 *plaie* **~ qn** brennen (*abs*); **la fumée me brûle les yeux** der Rauch brennt, beißt mir in den Augen, beißt mich in die Augen 6 *véhicule, conducteur* durchfahren (**l'arrêt** an *ou* bei der Haltestelle; **le feu rouge** bei Rot); *fig* **~ les étapes** einige Stufen, Etappen überspringen; *fam a.* gleich aufs Ganze gehen B V/I 1 *charbon, bois* (ver)brennen; *feu, bougie, maison, forêt etc, fam a. lumière* brennen; *feu a.* lodern; *maison, forêt a.* ab-, niederbrennen; *fam* **laisser ~ la lumière, l'électricité** das Licht brennen lassen, anlassen 2 *plat* anbrennen; **laisser ~** anbrennen lassen 3 *soleil* brennen; *en mangeant, en buvant qc* **ça brûle** das brennt richtig; **la gorge me brûle** mir brennt die Kehle; *front, personne* **~ de fièvre** vor Fieber glühen 4 *fig personne* **~ d'amour** vor Liebe glühen; **~ du désir, d'impatience** vor Verlangen, Ungeduld brennen; **~ d'enthousiasme** vor Begeisterung glühen; **~ de faire qc** darauf brennen, etw zu tun; *litt* **~ pour qn** *st/s* in Liebe zu j-m entbrannt sein 5 *à certains jeux* **tu brûles!** du verbrennst dich gleich!; (ganz) heiß! C V/PR *personne* **se ~** sich verbrennen; (*s'ébouillanter*) sich verbrühen; *fig* **se ~ la cervelle** sich (*dat*) e-e Kugel durch den Kopf schießen, jagen; **se ~ le doigt** sich (*dat*) den Finger verbrennen

brûleur [bʀylœʀ] M TECH Brenner *m*; **~ à gaz, à mazout** Gas-, Ölbrenner *m*

brûlis [bʀyli] M AGR abgesengtes Feld

brûlot [bʀylo] M MAR HIST Brandschiff *n*; Brander *m*

brûlure [bʀylyʀ] F 1 MÉD Verbrennung *f*; Brandwunde *f*; *due à un liquide bouillant* Verbrühung *f* 2 *douleur* Brennen *n*; **~s d'estomac** Sodbrennen *n* 3 *dans un tissu etc* Brandfleck *m*; versengte Stelle; hineingebranntes Loch

brumaire [bʀymɛʀ] M HIST Brumaire *m* (*2. Monat des frz Revolutionskalenders*); **le 18 Brumaire** der 18. Brumaire (*Staatsstreich Napoleons vom 9.11.1799*)

brume [bʀym] F Dunst *m*; MAR Nebel *m*

brumeux [bʀymø] ADJ ⟨-euse⟩ 1 dunstig; diesig; **le temps est ~** es ist dunstig, diesig 2 *fig* (*obscur*) unklar; verschwommen; vage; nebulös

brumisateur® [bʀymizatœʀ] M Zerstäuber *m*

brun [bʀɛ̃, bʀœ̃] A ADJ ⟨brune [bʀyn]⟩ *cheveux* braun; *personne* braun-, dunkelhaarig; *femme a.* brünett; **bière ~e** dunkles Bier; **tabac ~** dunkler Tabak; **avoir le teint ~** e-e bräunliche Haut haben B SUBST 1 *personne* **~(e)** *m(f)* Dunkel-, Braunhaarige(r) *m/f(m)*; Brünette *f* 2 M *couleur* Braun *n*; PEINT **~s** *pl* Brauntöne *mpl*; **~ clair, foncé, roux** Hell-, Dunkel-, Rotbraun *n* 3 **~e** *f bière* Dunkle(s) *n* 4 **~e** *f cigarette* Zigarette *f* aus dunklem Tabak

brunâtre [bʀynatʀ] ADJ bräunlich

brunch [bʀœnʃ] M ⟨*pl* brunches⟩ Brunch *m*

brunette [bʀynɛt] F Brünette *f*
bruni [bʀyni] A ADJ 1 *peau* (sonnen)gebräunt, (-)braun; braun gebrannt 2 *métal* glänzend; poliert B M *d'un métal poli* Glanz *m*; Politur *f*
brunir [bʀyniʀ] A V/T 1 braun färben; *soleil* **~ la peau** die Haut bräunen 2 TECH *métal* polieren B V/I 1 *cheveux* nachdunkeln; dunkler werden 2 *(bronzer)* (*a.* v/pr **se ~**) braun werden; bräunen
brunissage [bʀynisaʒ] M TECH *d'un métal* Polieren *n*
Bruno [bʀyno] M *Vorname*
Brunswick [bʀɛ̃swik, bʀœ̃-] Braunschweig *n*
brushing [bʀœʃiŋ] M Föhnfrisur *f*; **se faire faire un ~** sich *(dat)* die Haare waschen und föhnen lassen
brusque [bʀysk] ADJ 1 *personne, ton* barsch; schroff; unwirsch; grob; *ton a.* rau; brüsk; *geste* brüsk; heftig; **manières** *fpl* **~s** ungehobelte, grobe Manieren; **refus** *m* **~** schroffe Ablehnung 2 *départ, changement* plötzlich; jäh; unvermittelt; abrupt
brusquement [bʀyskəmɑ̃] ADV plötzlich; unvermittelt
brusquer [bʀyske] V/T 1 *personne* (barsch, heftig, grob) anfahren; anherrschen 2 *affaire, décision etc* beschleunigen; überstürzen; übereilen; übers Knie brechen; **ne rien ~** nichts überstürzen, -eilen, übers Knie brechen 3 ADJT **attaque brusquée** plötzlicher, überraschender Angriff
brusquerie [bʀyskəʀi] F *de qn* Barschheit *f*; Schroffheit *f*; Grobheit *f*; **avec ~** barsch; schroff; grob
brut [bʀyt] ADJ 1 *pierre, minerai* roh; unbearbeitet; *pierre a.* unbehauen; **diamant ~** Rohdiamant *m*; ungeschliffener Diamant; **pétrole ~** *ou subst* **~** *m* Rohöl *n*; **sucre ~** Rohzucker *m*; *fig: idées, projet* **à l'état ~** in e-r ersten, groben Form; **c'est un fait ~** das ist e-e reine, nackte Tatsache 2 *champagne* **~** *ou subst* **~** *m* sehr trockener, herber Champagner 3 COMM Brutto…; Roh…; *advt* brutto; **bénéfice ~** Brutto, Rohgewinn *m*; **poids ~** Brutto-, Rohgewicht *n*; **salaire ~** Bruttogehalt *n*, -lohn *m*; *advt* **peser ~ dix kilos** brutto zehn Kilo wiegen
brutal [bʀytal] ADJ ⟨-aux⟩ 1 *personne* brutal; roh; grob; rücksichtslos; *physiquement a.* gewalttätig; *franchise, réalisme* brutal; schonungslos; **choc ~** heftiger Schock; **déception ~e** schwere, harte, herbe Enttäuschung; **force ~e** rohe, brutale Gewalt; **être ~ avec qn** j-n grob, roh, brutal, rücksichtslos behandeln 2 *(soudain)* plötzlich; unerwartet; **la mort ~e de son ami** der plötzliche Tod s-s Freundes
brutalement [bʀytalmɑ̃] *adv* → brutal 1, 2
brutaliser [bʀytalize] V/T grob, roh, brutal behandeln; *(maltraiter)* misshandeln
brutalité [bʀytalite] F 1 *de qn* Brutalität *f*; Rohheit *f*; Grobheit *f*; Rücksichtslosigkeit *f*; Gewalttätigkeit *f*; *d'une déception* Härte *f*; *d'un choc* Heftigkeit *f* 2 *actes* **~s** *pl* brutales, hartes, rücksichtsloses Vorgehen; Brutalitäten *fpl*; *(violences)* Gewalttätigkeiten *fpl*; *(sévices)* Misshandlungen *fpl*
brute [bʀyt] F 1 *(homme brutal)* brutaler, roher, gewalttätiger Mensch; Rohling *m*; *plus fort* Bestie *f*; **comme une ~** wie e-e Bestie 2 **~ épaisse** beschränkter, bornierter Geist; Hohl-, Dummkopf *m* 3 *litt (animal)* Tier *n*
Brutus [bʀytys] M HIST Brutus *m*
Bruxelles [bʀy(k)sɛl] Brüssel *n*
bruxellois [bʀy(k)sɛlwa] A ADJ von, aus Brüssel; Brüsseler B SUBST **Bruxellois(e)** *m(f)* Brüsseler(in) *m(f)*
bruyamment [bʀɥijamɑ̃, bʀyjamɑ̃] ADV → bruyant
bruyant [bʀɥijɑ̃, bʀyjɑ̃] ADJ laut; geräuschvoll; *enfants, réunion* lärmend; *joie* laut; stürmisch; *rire* laut; schallend
bruyère [bʀɥijɛʀ, bʀyjɛʀ] F 1 *plante* Heidekraut *n*; Heide *f*; Erika *f*; **pipe** *f* **de ~** Bruyèrepfeife *f*; JARD **terre** *f* **de ~** Heideerde *f* 2 *lieu* Heide *f*
BTS [beteɛs] M ABR (brevet de technicien supérieur) *correspond à* Fachhochschulabschluss *m*
bu [by] PP → boire
buanderie [bɥɑ̃dʀi] F Waschküche *f*, -haus *n*
bubon [bybɔ̃] M MÉD Anschwellung *f* der Lymphknoten; *de la peste* Pestbeule *f*; *t/t* Bubo *m*
Bucarest [bykaʀɛst] Bukarest *n*
buccal [bykal] ADJ ⟨-aux⟩ ANAT Mund…; **cavité ~e** Mundhöhle *f*; MÉD **par voie ~e** oral
buccin [byksɛ̃] M ZOOL Wellhornschnecke *f*
Bucéphale [bysefal] M HIST Bukephalos *m*
bûche [byʃ] F 1 *de bois* (Holz)Scheit *n* 2 *fam (chute)* Sturz *m*; **prendre, ramasser une ~** hinfallen, *fam* -fliegen, -knallen 3 CUIS **~ de Noël** Weihnachtskuchen *m* *(Buttercremetorte in Form e-s Holzscheits)*
bûcher[1] [byʃe] M 1 Scheiterhaufen *m*; Holzstoß *m*; HIST **condamner au ~** zum Scheiterhaufen verurteilen 2 *local* Holzschuppen *m*
bûcher[2] [byʃe] V/T *fam* pauken, büffeln, ochsen (*a. abs*)
bûcheron [byʃʀɔ̃] M, **bûcheronne** F Holzfäller(in) *m(f)*
bûchette [byʃɛt] F kleines Holzscheit; **~s** *pl a.* Klein-, Anbrennholz *n*
bûcheur [byʃœʀ] M, **bûcheuse** F *fam* Büffler(in) *m(f)*
bucolique [bykɔlik] A ADJ bukolisch; **poésie** *f* **~** bukolische Poesie; Bukolik *f* B F Hirten-, Schäfergedicht *n*, -idylle *f*; *Vergil* **Bucoliques** Bucolica *npl (Hirtengedichte)*
Budapest [bydapɛst] Budapest *n*
budget [bydʒɛ] M 1 POL, ADMIN Haushalt (-[s]plan) *m*; Budget *n*; Etat *m*; **~ (extra) ordinaire** (außer)ordentlicher Haushalt(splan); **~ de la commune** Gemeindehaushalt *m*; **~ de dépenses** Ausgabe(n)etat *m*; **~ de l'État** Staatshaushalt *m*; (Staats)Budget *n*; **discussion** *f* **du ~** Haushalt(s)debatte *f*; Etatberatung *f* 2 *d'une entreprise* Budget *n*; Finanz-, Wirtschaftsplan *m*; Etat *m*; *d'un particulier* finanzielle Mittel *npl*; *plais* Budget *n*; *fam* Etat *m*; **~ familial** Familienbudget *n*; **~ publicitaire** Werbeetat *m*; **~ vacances** Urlaubsbudget *n*, *fam* -etat *m*; **cela dépasse mon ~** *fam* das übersteigt meinen Etat; **se fixer un ~ pour l'habillement** e-n (bestimmten) Etat für Kleidung festlegen
budgétaire [bydʒetɛʀ] ADJ Haushalt(s)…; Budget…; Etat…; **année** *f* **~** Haushalt(s)jahr *n*; **loi** *f* **~** Haushalt(s)gesetz *n*; **politique** *f* **~** Haushalt(s)politik *f*
budgétisation [bydʒetizasjɔ̃] F Aufnahme *f*, Einsetzung *f* in den Haushalt(s)plan; Veranschlagung *f* im Etat; **budgétiser** V/T in den Haushalt(s)plan aufnehmen, einsetzen; im Etat veranschlagen
buée [bɥe] F feuchter Beschlag; Schwitzwasser *n*; **vitre couverte de ~** beschlagenes, angelaufenes Fenster; **essuyer la ~ de ses lunettes** s-e angelaufenen, beschlagenen Brillengläser putzen; *vitre, lunettes etc* **se couvrir de ~** (sich) beschlagen; anlaufen
Buenos Aires [bwenozɛʀ] Buenos Aires *n*
buffet [byfɛ] M 1 *meuble* Büfett *n*; Anrichte *f*; Geschirrschrank *m*; **~ de cuisine** Küchenbüfett *n*; *fig* **danser devant le ~** nichts zu essen haben; *fam* Kohldampf schieben 2 *dans une réception etc* kaltes Büfett 3 **~ (de gare)** Bahnhofsgaststätte *f*, -restaurant *n*, -wirtschaft *f* 4 MUS **~ d'orgue** Orgelgehäuse *n* 5 *fam (ventre)* Bauch *m*
buffle [byfl] M ZOOL Büffel *m*; *loc adj* **en (peau de) ~** aus Büffelleder
bug [bœg] M → bogue[2]
bugle [bygl] M MUS Flügelhorn *n*
building [bildiŋ] M Hochhaus *n*
buis [bɥi] M 1 BOT Buchs(baum) *m*; REL **~ bénit** geweihter Buchsbaumzweig 2 *bois* Buchsbaumholz *n*
buisson [bɥisɔ̃] M 1 Busch *m*; Busch-, Strauchwerk *n*; Gebüsch *n*; BIBL **~ ardent** brennender Dornbusch; **~ de roses** Rosenbusch *m* 2 CUIS **~ d'écrevisses** pyramidenförmig aufgeschichtete Krebse *mpl*; **buisson-ardent** M ⟨*pl* buissons-ardents⟩ BOT Feuerdorn *m*
buissonneux [bɥisɔnø] ADJ ⟨-euse⟩ 1 *terrain* mit Gebüsch, Buschwerk bewachsen 2 *arbre* buschartig
buissonnière [bɥisɔnjɛʀ] ADJ LOC **faire l'école ~** a *élève* die Schule schwänzen b *plais: employé fam* blaumachen
bulbe [bylb] M 1 BOT (Blumen)Zwiebel *f*; **~ de tulipe** Tulpenzwiebel *f* 2 ANAT **~ pileux** Haarzwiebel *f*; **~ rachidien** verlängertes (Rücken)Mark 3 ARCH Zwiebel(dach) *f(n)*
bulbeux [bylbø] ADJ ⟨-euse⟩ BOT Zwiebel…; **plantes bulbeuses** Zwiebelgewächse *npl*
bulgare [bylgaʀ] A ADJ bulgarisch B SUBST 1 **Bulgare** *m/f* Bulgare *m*, Bulgarin *f* 2 LING **le ~** das Bulgarische; Bulgarisch *n*
Bulgarie [bylgaʀi] **la ~** Bulgarien *n*
bulldozer [byldɔzɛʀ, -zœʀ] M Planierraupe *f*; Bulldozer *m*; *fig de qn* **c'est un vrai ~** er walzt alles nieder; nichts kann ihn aufhalten
bulle[1] [byl] F 1 *(globule gazeux)* Blase *f*; **~ d'air, de gaz, de savon** Luft-, Gas-, Seifenblase *f*; *fam fig* **coincer la ~** *(faire une sieste) fam* ein Nickerchen machen; *(ne rien faire) fam* auf der faulen Haut liegen 2 *de bande dessinée* Sprechblase *f* 3 *du pape* Bulle *f*; **~ d'excommunication** Bannbulle *f*
bulle[2] [byl] M **~** *ou adjt* **papier** *m* **~** Saugpost *f*
bulletin [byltɛ̃] M 1 *(communiqué)* Bulletin *n*; (offizieller) Bericht; **~ météorologique** Wetterbericht *m*; **Bulletin officiel** Amtsblatt *n*; *correspond à* Bundesanzeiger *m*; **~ d'enneigement** Schneebericht *m*; **~ d'état civil** nicht beweiskräftiger Auszug aus e-m Personenstandsbuch; *pour les statistiques: correspond à* Zählkarte *f*, -blatt *n* aufgrund der Eintragungen in den Personenstandsbüchern; **~ de santé** ärztliches Bulletin 2 ÉCOLE Zeugnis *n* 3 *(reçu)* Schein *m*; **~ de bagages** Gepäckschein *m*; **~ de consigne** Gepäckaufbewahrungsschein *m*; *à la poste* **~ d'expédition** Paketkarte *f*; **~ de paie** Lohnstreifen *m*, -zettel *m*; **~ de participation** Teilnahmeschein *m*; **~ de salaire** Gehaltsabrechnung *f* 4 **~ (de vote)** Stimmzettel *m*; **~ nul** ungültiger Stimmzettel; ungültige Stimme; **dépouiller les ~s** die Stimmen auszählen 5 *dans un journal* Bericht *m*; **~ de l'étranger** Auslandsbericht *m*; **bulletin-réponse** M ⟨*pl* bulletins-réponses⟩ COMM Kupon *m*, Gutschein *m* (zum Einsenden); *pour un concours* Teilnahmeabschnitt *m*
bull-terrier [bultɛʀje, byl-] M ⟨*pl* bull-terriers⟩ ZOOL Bullterrier *m*
bungalow [bɛ̃galo, bœ̃-] M Bungalow *m*
Bunsen [bɛ̃zɛn, bœ̃-] M PHYS, CHIM Bunsen *m*
buraliste [byʀalist] M/F 1 *d'un bureau de tabac* Inhaber(in) *m(f)* e-s Tabakwarengeschäfts; *autrich* (Tabak)Trafikant(in) *m(f)*; → *a.* recette 2 2 *à la poste* Schalterbeamte(r) *m*, -beamtin *f*
bure [byʀ] F TEXT grober brauner Wollstoff *(für Mönchskutten)*
bureau [byʀo] M ⟨*pl* ~x⟩ 1 *meuble* Schreib-

tisch *m*; **fauteuil** *m* **de ~** Schreibtischsessel *m*; **déposer un projet sur le ~ d'un ministre** e-n Entwurf bei e-m Minister einreichen **2** *pièce, lieu de travail* Büro(raum) *n(m)*; ADMIN Amts-, Dienst-, Geschäftszimmer *n*; *d'une personne a.* Arbeitszimmer *n*; **~ d'un avocat** Anwaltsbüro *n*, -kanzlei *f*; **employés** *mpl* **de ~** Büroangestellte *mpl*, -kräfte *fpl*; **heures** *fpl* **de ~** Bürostunden *fpl ou* -zeit *f*; **aller au ~** ins Büro gehen **3** *(service ouvert au public)* Dienst-, Geschäftsstelle *f*; Büro *n*; *(administration)* Amt *n*; **~x** *pl abs a.* Verwaltung *f*; **Bureau international du travail** *(abr* **BIT***)* Internationales Arbeitsamt *(abr* IAA*)*; **~ de change** Wechselstube *f*; **~ de douane** (Grenz)Zollamt *n*; THÉ **~ de location** Theaterkasse *f*; Vorverkaufsstelle *f*; **~ de poste** Post® *f*; Postamt *n*; **~ du service national** *correspond à* Kreiswehrersatzamt *n*; **~ de tabac** Tabakladen *m*, -warengeschäft *n*; *autrich* (Tabak)Trafik *f*; **Bureau de vérification de la publicité** → BVP; **~ de vote** Wahllokal *n*; → *a.* 5; **la lenteur des ~x** die Schwerfälligkeit der Verwaltung, Ämter; THÉ **représentation** *f* **à ~x fermés** schon wochenlang vorher ausverkaufte Vorstellung; **on joue la pièce à ~x fermés** die Vorstellungen sind seit Wochen ausverkauft **4** *(division) d'une entreprise* Abteilung *f*; Büro *n*; *d'un ministère, d'une mairie* Referat *n*; MIL **Deuxième Bureau** militärischer Geheimdienst; **~ d'études** Entwicklungsabteilung *f*, -büro *n*; *comme entreprise* Ingenieur-, Konstruktionsbüro *n*; **~ de vente** Verkaufsabteilung *f*, -büro *n* **5** *(comité directeur) d'un parti, d'un syndicat* Vorstand *m*; *de l'Assemblée nationale* Präsidium *n*; **~ électoral, de vote** Wahlausschuss *m*, -vorstand *m*; **~ politique** Politbüro *n*; **réunion** *f* **du ~** Vorstandssitzung *f*; **faire partie du ~** zum Vorstand gehören; Vorstandsmitglied sein

bureaucrate [byʀokʀat] M/F *péj* Bürokrat(in) *m(f)*

bureaucratie [byʀokʀasi] F Bürokratie *f* *(a. péj)*

bureaucratique [byʀokʀatik] ADJ bürokratisch *(a. péj)*; **bureaucratisation** F *péj* (Ver)Bürokratisierung *f*; **bureaucratiser** V/T *péj* (ver)bürokratisieren; **bureaucratisme** M *péj* Bürokratismus *m*; *fam* Amtsschimmel *m*

bureautique [byʀotik] F INFORM Bürokommunikation *f*; EDV *f* im Büro

burette [byʀɛt] F **1** Kännchen *n*; ÉGL CATH Messkännchen *n*; *de mécaniciens* Ölkanne *f*, -kännchen *n*; *pour la table* **~ à huile, à vinaigre** Öl-, Essigkännchen *n*, -fläschchen *n* **2** CHIM Bürette *f*

burgrave [byʀgʀav] M HIST Burggraf *m*

burin [byʀɛ̃] M **1** *pour gravure* (Grab)Stichel *m*; Graviernadel *f*; **gravé au ~** gestochen **2** TECH Meißel *m*

buriné [byʀine] ADJ *visage* von tiefen Falten durchzogen; zerfurcht; **buriner** V/T **1** *gravure* mit dem (Grab)Stichel bearbeiten, ritzen, stechen **2** TECH meißeln

burka [buʀka] F *voile* Burka *f*

Burkina Faso [byʀkinafazo] **le ~** Burkina Faso *n*

burlesque [byʀlɛsk] **A** ADJ burlesk; *accoutrement* grotesk; **genre** *m* **~** *ou subst* **~** *m* burleske Dichtung **B** SUBST **le ~** das Burleske

burlingue [byʀlɛ̃g] *fam* M Büro *n*

burnous [byʀnu(s)] M **1** Burnus *m*; *fam fig* **faire suer le ~** die (nordafrikanischen) Gastarbeiter ausbeuten, -saugen **2** *de bébé* Umhang *m*, Cape *n* mit Kapuze

burn-out [bœʀnawt] M ⟨inv⟩ MÉD **syndrome** *m* **du burn-out** Burn-out-Syndrom *n*

burqa [buʀka] F *voile* Burka *f*

burundais [buʀundɛ] **A** ADJ burundisch **B** SUBST **Burundais(e)** *m(f)* Burundier(in) *m(f)*

Burundi [buʀundi] **le ~** Burundi *n*

bus¹ [bys] M **1** *véhicule* Bus *m*; **prendre le ~** den Bus nehmen; mit dem Bus fahren **2** INFORM Bus *m*

bus² [by] → boire

busard [byzaʀ] M ZOOL Weihe *f*

buse¹ [byz] F **1** ZOOL Bussard *m* **2** *fig fam* dumme Gans, Ziege

buse² [byz] F **1** TECH Düse *f*; *de carburateur* Lufttrichter *m*; **~ d'injection** Einspritzdüse *f* **2** MINES **~ d'aérage** (Wetter)Lutte *f*

business [biznɛs] M **1** Business *n*; Geschäft *n*; **parler ~** von Geschäften reden **2** *fam fig* komplizierte, verworrene Angelegenheit, Geschichte

businessman [biznɛsman] M ⟨*pl* ~s *ou* -men [-mɛn]⟩ Geschäftsmann *m*

busqué [byske] ADJ **nez ~** Haken-, Habichtsnase *f*

buste [byst] M **1** *(torse)* Oberkörper *m*; **redresser le ~** den Oberkörper straffen **2** *d'une femme* Büste *f* **3** **a** SCULP Büste *f* **b** PEINT Brustbild *n*; **se faire peindre en ~** ein Brustbild von sich malen lassen

bustier [bystje] M Bustier *n*; trägerloser langer Büstenhalter

but¹ [by(t)] M **1** *(objectif)* Ziel *n*; *(fin)* Zweck *m*; *(dessein)* Absicht *f*; *d'un voyage* (Reise)Ziel *n*; *loc adv*: **dans un ~ scientifique** *etc* für e-n, zu e-m wissenschaftlichen *etc* Zweck; **dans le ~ de** *(+inf)* in der Absicht, mit dem Ziel zu *(+inf)*; **sans ~** ziellos; **aller au-delà du ~, (dé)passer le ~** übers Ziel (hinaus)schießen; **aller droit au ~** geradewegs aufs Ziel losgehen, -steuern; direkt zur Sache kommen; *chose* **avoir pour ~ de** *(+inf)* zum Ziel, Zweck haben zu *(+inf)*; etw bezwecken; **se donner pour ~ de** *(+inf)* sich *(dat)* zum Ziel setzen zu *(+inf)*; **son ~ était seulement ...** er bezweckte damit nur, s-e Absicht war nur ...; **se fixer un ~** sich *(dat)* ein Ziel setzen; **poursuivre un ~** ein Ziel, e-e Absicht verfolgen **2** LOC ADV **de ~ en blanc** [d(ə)bytɑ̃blɑ̃] geradeheraus; ins Gesicht (hinein); ohne Umschweife; mir nichts, dir nichts; plötzlich; **il lui a demandé de ~ en blanc si ...** *a.* er überfiel ihn mit der Frage, ob ... **3** FOOTBALL *etc* Tor *n*; RUGBY Mal *n*; *(~ marqué) a.* Treffer *m*; BOULES Ziel(kugel) *n(f)*; **~!** Tor!; **~ en or** Golden Goal *n*; **gagner par trois ~s à deux** (mit) drei zu zwei (Toren) siegen, gewinnen; RUGBY **transformer un essai en ~** e-n Versuch in e-n Treffer verwandeln **4** TIR Ziel(punkt) *n(m)* **5** GRAM **de ~** final; des Zwecks; **complément** *m* **de ~** nähere Bestimmung des Zwecks; **conjonction** *f* **de ~** finale Konjunktion

but² [by] → boire

butane [bytan] M CHIM Butan(gas) *n*; *adjt* **gaz** *m* **~** Butangas *n*

buté [byte] ADJ bockig; dickköpfig; halsstarrig; eigensinnig; verstockt

butée [byte] F **1** ARCH Widerlager *n* **2** TECH Anschlag *m*; AUTO **~ d'embrayage** Schaltmuffe *f*

buter [byte] **A** V/T **1** **~ qn** j-n bockig, bockbeinig, halsstarrig machen **2** CONSTR (ab)stützen **3** → butter 2 **B** V/I **1** **~ contre qc** an etw *(acc)* (an)stoßen; gegen etw stoßen; über etw *(acc)* stolpern; *abs* **~** stolpern; straucheln **2** *fig* **~ sur une difficulté, un problème** auf e-e Schwierigkeit, ein Problem stoßen; durch e-e Schwierigkeit, ein Problem aufgehalten werden; *en parlant* **~ sur un mot** über ein Wort stolpern **3** FOOTBALL ein Tor, Tore schießen **4** CONSTR **~ contre qc** sich gegen etw stützen; sich an etw *(acc)* anlehnen **C** V/PR **1** **se ~** *(s'entêter)* bockig, bockbeinig, dickköpfig, halsstarrig, eigensinnig werden **2** **se ~ à qc** gegen etw stoßen

buteur [bytœʀ] M FOOTBALL Torjäger *m*

butin [bytɛ̃] M **1** *pris à l'ennemi* Beute *f*; *d'un vol* Diebesbeute *f*, -gut *n*; CH Jagdbeute *f*; PÊCHE Fang *m*; **~ de guerre** Kriegsbeute *f* **2** *d'une recherche* Ausbeute *f* **3** *de l'abeille* Tracht *f*

butiner [bytine] V/T **1** *abeilles*: *abs* Honig sammeln, eintragen; **~ les fleurs** Nektar von den Blüten sammeln, eintragen; **~ le pollen** Blütenstaub sammeln, eintragen **2** *fig* **~ des renseignements** Informationen sammeln

butineur [bytinœʀ] ADJ ⟨-euse⟩ *insecte* (Nahrung) sammelnd; **abeille butineuse** *ou subst* **butineuse** *f* Flugbiene, die Nektar und Blütenstaub sammelt, einträgt

butoir [bytwaʀ] M **1** *d'une porte* Türpuffer *m* **2** CH DE FER Prellbock *m* **3** TECH Anschlag *m* **4** ADJT **date** *f* **~** (End)Termin *m*

butor [bytɔʀ] M **1** ZOOL Rohrdommel *f* **2** *fig* Flegel *m*; Rüpel *m*; ungehobelter Kerl, Klotz

buttage [bytaʒ] M JARD, AGR Häufeln *n*

butte [byt] F (Erd)Hügel *m*; Anhöhe *f*; *à Paris* **la Butte** *ou* **la ~ Montmartre** der Montmartre; GÉOL **~ témoin** Zeugenberg *m*; **~ de tir** (Sand)Hügel mit den Zielscheiben; *fig* **être en ~ à qc** e-r Sache *(dat)* ausgesetzt sein; die Zielscheibe *(+gén)* sein; **être en ~ à la calomnie** *a.* verleumdet werden

butter [byte] V/T **1** AGR, JARD (an)häufeln **2** *arg (tuer) fam* abmurksen; kaltmachen

butyrique [bytiʀik] ADJ CHIM **acide** *m* **~** Buttersäure *f*

buvable [byvabl] ADJ **1** trinkbar; PHARM **ampoule** *f* **~** Trinkampulle *f* **2** *fam fig film, livre* **n'être pas ~** *fam* ungenießbar, unmöglich sein

buvais, buvai(en)t [byvɛ] → boire

buvard [byvaʀ] M **a** **~** *ou adjt* **papier** *m* **~** Lösch-, Fließpapier *n* **b** *feuille* Löschblatt *n*

buvette [byvɛt] F **1** Ausschank *m*; Erfrischungsstand *m*, -raum *m* **2** *d'une station thermale* Trinkhalle *f*

buveur [byvœʀ] M, **buveuse** F **1** **buveur, buveuse de bière** Biertrinker(in) *m(f)*; **buveur, buveuse d'eau** Wassertrinker(in) *m(f)*; **buveur, buveuse de vin** Weintrinker(in) *m(f)* **2** *(alcoolique)* Trinker(in) *m(f)*

buvez [byve], **buvons** [byvõ] → boire

BVP [bevepe] M ABR (Bureau de vérification de la publicité) *freiwillige Selbstkontrollstelle der Werbewirtschaft*

bye bye [bajbaj] INT *fam* bye-bye!

by-pass [bajpas] M ⟨inv⟩ TECH, MÉD Bypass *m*

Byzance [bizɑ̃s] HIST Byzanz *n*

byzantin [bizɑ̃tɛ̃] **A** ADJ **1** byzantinisch; **Empire ~** Byzantinisches, Oströmisches Reich **2** *fig et st/s* **discussions, querelles ~es** ermüdende, haarspalterische, unangebrachte Auseinandersetzungen *fpl*; Streit *m* um des Kaisers Bart **B** MPL **Byzantins** Byzantiner *mpl*

byzantinisme [bizɑ̃tinism] *st/s* M Neigung *f* zu nutzlosen Auseinandersetzungen, zu Haarspaltereien; **byzantiniste** M/F Byzantinist(in) *m(f)*

C

C, c [se] M ‹inv› C, c *n*
c ABR (**centime[s]**) HIST ct(s) (Centime[s])
°C ABR (*degré[s]* Celsius) °C (Grad Celsius)
c' [s] → ce B
ça [sa] *fam* PR DÉM 1 das (da); dies(es); ♦ *avec prép*: **à part ~** davon abgesehen; sonst; **après ~** *temporel* danach; nachher; *fig* nach dem(, was geschehen ist); **et avec ~** → avec A 10; **pour ~** deshalb; dafür; **pour ~ il faudrait ...** dafür müsste man ... (haben); **c'est pour ~ que ...** deshalb ...; **je ne suis pas plus avancé pour ~** darum, deshalb bin ich doch nicht klüger; trotzdem bin ich nicht klüger; *pour insister* **ah, pour ~ oui** ja und noch mal ja; **sans ~** sonst; ander(e)nfalls; ♦ *avec adv*: **~ alors(, par exemple)!** na so was!; nanu!; **ah, ~ non!** ganz bestimmt nicht!; **pas de ~!** kommt nicht in Frage!; nichts da!; **(je ne veux) pas de ~!** ich will das nicht (haben)!; ich will davon nichts wissen!; ♦ *avec conj*: **comme ~** a so b *après subst* so ein(e); *par ext fam* toll; klasse; eins a (Ia) c *dans des questions* denn; also d *(sans y penser)* nur so (zum Spaß); **ne me regarde pas comme ~!** sieh mich nicht so an!; **ce n'est pas comme ~** das macht man nicht so; so ist das nicht; **c'est comme ~** das ist nun mal so *ou* nicht anders; *avec ordre ou interdiction* das ist so; es bleibt dabei; **comme ci, comme ~** *fam* so lala; soso; *je voudrais* **une veste comme ~** so e-e Jacke; **une voiture comme ~!** ein toller, ein Ia Wagen!; ein Klassewagen!; **où allez-vous comme ~?** wohin gehen Sie denn?; **alors comme ~ vous partez?** Sie reisen also ab?; ♦ *avec pr*: **rien que ~!** und was sonst noch alles!; *iron* weiter, sonst nichts!; ♦ *avec des verbes*: **(comment) ~ va?** wie geht's?; → *a.* aller[1] A 2; **je ne vous dis que ~** mehr sage ich nicht; mehr brauche ich wohl nicht zu sagen; **~ y est!** es ist so weit!; jetzt haben wir's!; so, das wäre geschafft!; **~ y est?** bist du so weit?; wird's bald?; **cette fois ~ y est** diesmal hat es geklappt, geht es; **c'est ~!** (ja,) so ist's!; (das ist) richtig!; ja!; das stimmt!; das ist gut so!; *a. iron* so ist's richtig!; **c'est bien ~** ja, genauso ist's; da sieht man's mal wieder; **ce n'est pas ~!** nein!; so ist es nicht!; das ist falsch!; das geht nicht!; **ce n'est pas encore ~** das ist noch nicht ganz das Richtige *ou* das, was ich haben wollte; **ce n'était que ~?** war das alles?; **il n'est pas si grand que ~** so groß ist er (nun) doch nicht; **me faire ~ à moi!** mir das anzutun!; **il ne manquait plus que ~!** das fehlte gerade noch!; auch das noch! 2 *pour renforcer une interrogation* denn; **comment, où, pourquoi, quand ~?** wie, wo, weshalb, wann denn?; **qui ~?** wer denn? 3 *désignant une personne* der *ou* die *(f et pl)*; *péj* so was
çà [sa] ADV 1 **~ et là** hier und dort *ou* da; da und dort; bald hierhin, bald dorthin 2 *litt indignation ou menace* **ah ~! ... also! ...**
cabale [kabal] F 1 a Intrige *f*; Ränke *mpl*; *litt* Kabale *f*; **monter une ~ contre qn, qc** gegen j-n, etw e-e Intrige spinnen, ein Komplott schmieden b *coll* an e-m Komplott, e-r Intrige Beteiligte(n) *mpl* 2 REL Kabbala *f* 3 *science occulte* Kabbalistik *f*
cabalistique [kabalistik] ADJ 1 *signes* unverständlich; geheimnisvoll 2 REL kabbalistisch 3 *par ext* magisch; okkult
caban [kabɑ̃] M Cabanjacke *f*
cabane [kaban] F 1 Hütte *f*; Schuppen *m*; **~ à outils** Werkzeugschuppen *m*; **~ de berger** Schäferhütte *f* 2 **~ à lapins** a Kaninchenstall *m* b *fam péj d'une maison fam* Hütte *f*; Schuppen *m* 3 *fam (prison) fam* Kittchen *n*; Knast *m*; **mettre qn en ~** *fam* j-n einbuchten, -lochen
cabanon [kabanõ] M 1 *autrefois pour les fous* Gummizelle *f*; *fam* **il est bon pour le ~** *fam* der gehört in die Klapsmühle 2 *(petite cabane)* kleine Hütte; Hüttchen *n* 3 *en Provence* kleines Landhaus
cabaret [kabaʀɛ] M 1 *(boîte)* Nachtlokal *n*; Bar *f* 2 *autrefois* Kneipe *f*; Schänke *f*; Wirtshaus *n*
cabaretier [kabaʀtje] M *autrefois* Gast-, Schankwirt *m*
cabas [kaba] M Strohtasche *f*; Einkaufstasche *f*
cabernet [kabɛʀnɛ] M *Rebsorte, die roten Bordeauxwein liefert*
cabestan [kabɛstɑ̃] M Winde *f*; MAR *a.* Spill *n*
cabillaud [kabijo] M ZOOL a Schellfisch *m* b *(morue fraîche)* Kabeljau *m*
cabine [kabin] F Kabine *f* (*a.* AVIAT); MAR *a.* Kajüte *f*; *d'un camion* Fahrerkabine *f*; Führerhaus *n*; *d'une grue* Führerkabine *f*, -haus *n*; *de téléphérique a.* Gondel *f*; **~ spatiale** Raumkabine *f*, -kapsel *f*; **~ téléphonique** Telefon-, Fernsprechzelle *f*; CH DE FER **~ d'aiguillage** Stellwerk *n*; **~ d'ascenseur** Fahrstuhl *m*, -korb *m*; Kabine *f*; **~ de bain** Bade-, Umkleidekabine *f*; **~ d'essayage** Anprobe-, Umkleidekabine *f*; AVIAT **~ de pilotage** Cockpit *n*; Pilotenkanzel *f*; CINÉMA **~ de projection** Vorführkabine *f*
cabinet [kabinɛ] M 1 Kammer *f*; kleines Nebenzimmer; Kabinett *n*; **~ noir** fensterlose Kammer; **~ de toilette** (kleiner) Waschraum 2 **~s** *pl* Toilette *f*; WC *n*; *fam* Klo *n* 3 **~ du directeur, d'étude, de travail** Direktions-, Studier-, Arbeitszimmer *n* 4 *dans un musée* (Kunst)Kabinett *n*; *par ext* Sammlung *f* 5 *de médecins, d'avocats* a **~ (de consultation)** Sprechzimmer *n* b *par ext* Praxis(räume) *f(mpl)*; **~ dentaire** Zahnarztpraxis *f* c *(clientèle)* Praxis *f* 6 *(gouvernement)* Kabinett *n*; **conseil** *m* **de ~** Kabinettssitzung *f* 7 *d'un ministre, préfet etc* Stab *m*; **chef** *m* **de ~** persönlicher Referent; **cabinet de crise** Krisenstab *m*
câblage [kablaʒ] M 1 TECH Verseilung *f*; Kabelherstellung *f* 2 ÉLEC Verkabelung *f*; Verdrahtung *f*; Kabelverbindung(en) *f(pl)* 3 TÉLÉCOMMUNICATIONS Kabeln *n*; Drahten *n* 4 TV Verkabelung *f*
câble [kabl] M 1 Seil *n*; Kabel *n*; MAR *a.* Tau *n*; Trosse *f*; **~ métallique, d'acier** Drahtseil *n*; AUTO **~ de frein** Bremsseil *n* 2 ÉLEC, TÉLÉCOMMUNICATIONS Kabel *n*; Leitung *f*; **~ aérien** Freileitung *f*; **~ électrique** elektrisches Kabel; **~ optique** Glasfaserkabel *n*; **~ téléphonique** Fernsprechkabel *n*, -leitung *f*; **~ à °haute tension** Hochspannungskabel *n* 3 *(télégramme)* Kabel *n*; Telegramm *n*
câblé [kable] ADJ 1 *fil* gezwirnt 2 TV *quartier etc* verkabelt 3 *fam fig personne* **être ~** *fam* in sein
câbler [kable] V/T 1 TECH verseilen; ÉLEC verkabeln; verdrahten 2 *dépêche* kabeln; drahten 3 TV *un quartier etc* verkabeln
câblerie [kabləʀi] F a Kabelherstellung *f* b Kabelwerk *n*
câblier [kablije] M *navire* Kabelleger *m*
cabochard [kabɔʃaʀ] *fam* A ADJ quer-, starr-, dickköpfig; *fam* dickschäd(e)lig B SUBST **~(e)** *m(f)* Dick-, Querkopf *m*; *fam* Dickschädel *m*
caboche [kabɔʃ] F *fam (tête)* Kopf *m*; *fam* Birne *f*; Schädel *m*; Dez *m*; *fig* **il a une sacrée ~** *fam* er ist ein verflixter, hat e-n verflixten Dickschädel
cabochon [kabɔʃõ] M 1 *pierre précieuse* mugeliger (Halb)Edelstein; Cabochon *m* 2 *bouchon* Glasstöpsel *m* mit verziertem Oberteil
cabosse [kabɔs] F BOT Kakaofrucht *f*
cabosser [kabɔse] V/T *voiture, valise, chapeau* verbeulen; *fam* ramponieren; *adjt* **cabossé** verbeult; AUTO **aile cabossée** verbeulter, eingebeulter Kotflügel
cabot [kabo] M 1 *fam péj (chien) péj* Köter *m*; *all Nord* Töle *f* 2 MIL *fam (caporal)* Gefreite(r) *m*; *fam* Schnäpser *m* 3 → cabotin
cabotage [kabɔtaʒ] M MAR Küstenschifffahrt *f*; **caboter** V/I MAR Küstenschifffahrt betreiben; die Küste entlangfahren; **caboteur** M MAR Küstenschiff *n*, -fahrzeug *n*
cabotin [kabɔtɛ̃] M, **cabotine** F 1 *péj* zweitrangiger *ou* übertrieben spielender Schauspieler, zweitrangige *ou* übertrieben spielende Schauspielerin 2 *fig* Schauspieler(in) *m(f)*; Komödiant(in) *m(f)*; *adjt* **il est un peu cabotin** er schauspielert etwas; er setzt sich ein wenig in Szene
cabotinage [kabɔtinaʒ] M Schauspielerei *f*; Komödiantentum *n*
caboulot [kabulo] *litt* M *péj* Kaschemme *f*
cabré [kabʀe] ADJ *cheval* sich bäumend
cabrer [kabʀe] A V/T 1 *cheval* **(faire) ~** steigen, sich bäumen lassen 2 *personne* zum Widerstand reizen 3 *avion* hochziehen B V/PR **se ~** 1 *cheval* sich (auf)bäumen; steigen 2 *personne* sich sträuben; sich aufbäumen; sich empören
cabri [kabʀi] M ZOOL Zicklein *n*; Zickel *n*; Ziegenlamm *n*; **sauter comme un ~** Bock-, Luftsprünge machen
cabriole [kabʀijɔl] F Kapriole *f* (*a.* ÉQUITATION); Luft-, Bocksprung *m*; **faire, exécuter des ~s** Kapriolen, Luftsprünge machen
cabrioler [kabʀijɔle] V/I Luftsprünge, *a. cheval* Kapriolen machen
cabriolet [kabʀijɔlɛ] M *auto et voiture à cheval* Kabriolett *n*
CAC [kak] ABR (cotation assistée en continu) fortlaufende Computernotierung; **indice** *m* **~ 40** *correspond à* DAX® *m* (Deutscher Aktienindex)
caca [kaka] M 1 *enf* a *(excrément) enf* Bä(bä) *n*; Aa *n*; **faire ~** Aa, Bäbä machen **(dans sa culotte** in die Hose); **avoir envie de faire ~** Aa, Bäbä machen müssen b *à un enfant: ne touche pas,* **c'est ~** das ist bäbä, baba 2 *fig péj travail etc* **c'est du ~** *fam* das ist Mist, Dreck, Kacke 3 **~ d'oie** a *adjt ‹inv›* (unangenehm, hässlich) gelbgrün b *subst m* (hässliches) Gelbgrün *n*
cacaber [kakabe] V/I *perdrix, caille, poule* rufen; *coq* locken
cacahouète [kakawɛt] *ou* **cacahuète** [-ɥɛt] F Erdnuss *f*
cacao [kakao] M 1 *poudre, boisson* Kakao *m* 2 **(fève** *f* **de) ~** Kakao(bohne) *m(f)*
cacaoté [kakaɔte] ADJ Kakao enthaltend
cacaotier [kakaɔtje] M *ou* **cacaoyer** [kakaɔje] M BOT Kakaobaum *m*
cacaotier [kakaɔtje] M BOT Kakaobaum *m*; **cacaotière** F Kakaopflanzung *f*
cacaoyer [kakaɔje] M BOT → cacaotier; **cacaoyère** F → cacaotière
cacarder [kakaʀde] V/I *oie* schnattern
cacatoès [kakatɔɛs] M ZOOL Kakadu *m*
cacatois [kakatwa] M MAR Royalsegel *n*
cachalot [kaʃalo] M ZOOL Pottwal *m*
cache[1] [kaʃ] M PHOT Maske *f*
cache[2] [kaʃ] F *(cachette)* Versteck *n*
caché [kaʃe] ADJ *objet* versteckt; verborgen; *sentiment* geheim; heimlich; **sens ~** verborgener Sinn
cache-cache [kaʃkaʃ] M ‹inv› Verstecken *n*; Versteckspiel *n*; **jouer à ~** (*a. fig*), **faire une partie de ~** Verstecken spielen

C

cache-cœur [kaʃkœʀ] M ‹inv› Wickelbluse *f*; **cache-col** M ‹inv› Schal *m*

Cachemire [kaʃmiʀ] 1 **le ~** Kaschmir *n* 2 **cachemire** *m* TEXT Kaschmir *m*; **châle** *m* **de ~** Kaschmirschal *m* 3 **cachemire** *adjt motif* persisch-indisch

cache-misère [kaʃmizɛʀ] M ‹inv› Mantel *m ou* Umhang *m*, der zum Verdecken schlechter Kleidung getragen wird; **cache-nez** M ‹inv› (Woll)Schal *m*; **cache-pot** M ‹inv› Übertopf *m*

cacher [kaʃe] A V/T 1 *objet* verstecken; verbergen; *fugitif etc* verstecken 2 *par ext vue* versperren; verdecken; **~ le soleil** *nuage* die Sonne verdecken, bedecken, verhüllen; *arbre* die Sonne verdecken; **tu me caches le jour** du stehst mir im Licht; *fam* du nimmst mir das Licht weg; *visage* **~ sous un voile** mit e-m Schleier verhüllen, bedecken 3 *fig sentiments* verbergen; *a. vérité, information* verschweigen; verheimlichen; geheim halten; verhehlen; **~ qc à qn** j-m etw verheimlichen, verschweigen; etw vor j-m verbergen, geheim halten; **cela cache qc** da steckt etw dahinter; **~ son jeu** mit verdeckten Karten spielen; sich (*dat*) nicht in die Karten gucken lassen; **je ne vous cache pas que …** ich verhehle Ihnen nicht, dass …; **pour ne rien vous ~** um ganz offen zu sein; **on ne peut rien vous ~** Sie merken aber auch alles (*a. iron*) B V/PR **se ~** 1 sich verstecken, sich verbergen (**derrière, sous** hinter, unter *+dat*); *plais* sich verkriechen; **le soleil s'est caché** die Sonne hat sich (hinter den Wolken) versteckt; *à un enfant* **va te ~** *ou* **cache-toi** schäm dich 2 *fig* **se ~ de qn** sein Tun vor j-m verbergen; **se ~ de qn pour faire qc** etw hinter j-s Rücken (*dat*), heimlich tun; **il ne s'en cache pas** er macht kein(en) Hehl daraus

cache-radiateur [kaʃʀadjatœʀ] M ‹inv› Heizkörperverkleidung *f*

cachère [kaʃɛʀ] ADJ REL koscher

cache-sexe [kaʃsɛks] M ‹inv› Minislip *m*

cachet [kaʃɛ] M 1 (*sceau*) Siegel *n*; Petschaft *n*; **mettre son ~ sur qc** sein Siegel auf etw (*acc*) (auf)drücken 2 (*tampon*) Stempel *m*; **~ de la poste** Poststempel *m*; *par ext* Datum *n* des Poststempels 3 HIST **lettre** *f* **de ~** königlicher Geheimbefehl (*der Verhaftung od Verbannung anordnete*) 4 *d'acteurs* Gage *f*; *de musiciens, conférenciers* Honorar *n*; **courir le ~** sich ständig um Engagements bemühen 5 *fig* Gepräge *n*; Eigenart *f*; Charakter *m*; Stempel *m*; **avoir du ~** ein besonderes Gepräge haben 6 PHARM a Oblate (-nkapsel) *f* b (*comprimé*) Tablette *f*

cachetage [kaʃtaʒ] M (Ver)Siegeln *n*; *d'une enveloppe* Zukleben *n*

cache-tampon [kaʃtɑ̃põ] M *jeu* Verstecken und Suchen *n* (*e-s Gegenstandes*)

cacheter [kaʃte] V/T ‹-tt-› *paquet* versiegeln; **~ une lettre** einen Brief (ver)siegeln; **~ une enveloppe** einen Brief zukleben, verschließen; **cire** *f* **à ~** Siegellack *m*, -wachs *n*

cachette [kaʃɛt] F Versteck *n*; Schlupfwinkel *m*; *loc adv* **en ~** heimlich; insgeheim; *loc prép* **en ~ de qn** hinter j-s Rücken (*dat*); ohne j-s Wissen

cachexie [kaʃɛksi] F MÉD, VÉT Kachexie *f*

cachot [kaʃo] M 1 dunkle Zelle; *autrefois* Kerker *m*; Verlies *n*; **mettre qn au ~** j-n in Dunkelhaft setzen 2 *en prison* (strenger) Arrest; Einzelhaft *f*

cachotterie [kaʃɔtʀi] F Geheimniskrämerei *f*; Heimlichtuerei *f*; geheimnisvolles Gehabe, Getue; **faire des ~s** heimlichtun; geheimnisvoll tun

cachottier [kaʃɔtje] M, **cachottière** F Heimlichtuer(in) *m(f)*; Geheimniskrämer(in) *m(f)*; *adjt* **être cachottier** ein Heimlichtuer, Geheimniskrämer sein

cachou [kaʃu] M 1 PHARM Katechu *n* 2 *bonbon* Hustenpastille *f* (mit Katechugeschmack)

cacique [kasik] M 1 (*chef indien*) Kazike *m* 2 *fam fig* Primus *m*, Beste(r) *m* bei der Aufnahmeprüfung in die „École normale supérieure" 3 *fam fig d'un parti etc fam* Bonze *m*

cacochyme [kakɔʃim] ADJ *plais vieillard fam* klapp(e)rig; tatt(e)rig

cacophonie [kakɔfɔni] F MUS, LING Kakofonie *f*; **cacophonique** ADJ kakofonisch

cact(ac)ées [kakt(as)e] FPL BOT Kakteen *fpl*; Kaktusgewächse *npl*

cactus [kaktys] M 1 BOT Kaktus *m*; Opuntie *f* 2 *fam* (*difficulté*) *fam* Haken *m*

c.-à-d. ABR (c'est-à-dire) d. h. (das heißt)

cadastrage [kadastʀaʒ] M Katasteraufnahme *f*

cadastral [kadastʀal] ADJ ‹-aux› Kataster…; Flur…

cadastre [kadastʀ] M 1 *registre* Kataster *m ou n*; Flurbuch *n* 2 *service* Katasteramt *n*; **cadastrer** V/T katastrieren; in den Kataster aufnehmen

cadavéreux [kadaveʀø] ADJ ‹-euse› leichenhaft, blass; Leichen…

cadavérique [kadaveʀik] ADJ Leichen…; Kadaver…; **pâleur** *f*, **rigidité** *f* **~** Leichenblässe *f*, -starre *f*

cadavre [kadavʀ] M 1 *humain* Leiche *f*; Leichnam *m*; *d'un animal* Kadaver *m*; *fig* **un ~ ambulant** ein wandelnder, lebender Leichnam 2 *fam* (*bouteille vidée*) (völlig) geleerte Flasche

caddie[1] [kadi] M GOLF Caddie *m*

caddie®[2] [kadi] M AVIAT, CH DE FER Kofferkuli *m*; *dans des magasins* Einkaufswagen *m*

cadeau [kado] M ‹*pl* ~x› Geschenk *n*; Gabe *f*; *fig* **~ empoisonné** Danaergeschenk *n*; *d'un voyage* **petit ~** *a.* Mitbringsel *n*; **~ publicitaire** Werbegeschenk *n*; **~ d'anniversaire, de mariage, de Noël** Geburtstags-, Hochzeits-, Weihnachtsgeschenk *n*; **faire un ~ à qn** j-m ein Geschenk machen; j-m etwas schenken; j-n beschenken; **faire ~ de qc à qn** j-m etw zum Geschenk machen; j-m etw schenken; *fig* **ne pas faire de ~ à qn** j-m nichts schenken, ersparen; **recevoir qc en ~** etw als Geschenk erhalten; etw geschenkt bekommen; *prov* **les petits ~x entretiennent l'amitié** kleine Geschenke erhalten die Freundschaft (*prov*); ♦ *adjt* COMM Geschenk…; **emballage** *m*, **paquet** *m* **~** Geschenkpackung *f*

cadenas [kadna] M Vorhängeschloss *n*; **fermer au ~** → cadenasser

cadenasser [kadnase] V/T mit e-m Vorhängeschloss (ver)schließen, sichern; *vélo a.* anschließen

cadence [kadɑ̃s] F 1 *en poésie, musique etc* Rhythmus *m*; Takt *m*; *loc adv* **en ~** im Takt; rhythmisch; **marquer la ~** den Takt angeben, schlagen; **perdre la ~** aus dem Takt, *en marchant* aus dem Tritt, Schritt kommen; **suivre la ~** sich dem Takt, Rhythmus anpassen; dem Rhythmus folgen 2 *par ext* (*vitesse*) Tempo *n*; Geschwindigkeit *f*; MIL **~ de marche** Marschtempo *n*; MIL **~ de tir** Schussfolge *f*; Feuergeschwindigkeit *f*; *loc adv* **à une ~ accélérée** schneller; häufiger; in schnellerer Reihenfolge; **à la ~ de** *trois pages par heure etc* im Rhythmus von … 3 *travail à la chaîne* (Arbeits)Takt *m*; **~s infernales** höllisches Arbeitstempo; **augmenter, forcer la ~** den Arbeitstakt beschleunigen 4 MUS Kadenz *f*

cadencé [kadɑ̃se] ADJ rhythmisch; taktmäßig; **pas ~** Gleichschritt *m*; **pas ~ - en avant - marche!** im Gleichschritt, marsch!; **marcher au pas ~** im Gleichschritt, im gleichen (Schritt und) Tritt marschieren

cadencer [kadɑ̃se] V/T ‹-ç-› 1 *ses phrases etc* rhythmisch gliedern, gestalten 2 **~ son pas** Schritt, Tritt halten

cadet [kadɛ] M 1 **~(te)** *m(f) d'une famille* jüngerer *ou* jüngster Sohn; jüngere *ou* jüngste Tochter; Jüngste(r) *m/f(m)*; *adjt*: **branche ~te** jüngere Linie; **frère ~** jüngerer *ou* jüngster Bruder; **sœur ~te** jüngere *ou* jüngste Schwester; **c'est mon ~** *frère* er, das ist mein jüngerer *ou* jüngster Bruder; *fils* er, das ist mein jüngerer *ou* jüngster Sohn 2 *d'un groupe etc* **les ~s** die Jüngsten *mpl*; **il est mon ~ de trois ans** er ist drei Jahre jünger als ich; *fig* **c'est le ~ de mes soucis** das ist meine geringste Sorge 3 HIST MIL Kadett *m* 4 **~(te)** *m(f)* SPORTS Jugendspieler(in) *m(f)*

Cadix [kadiks] GÉOG Cádiz *n*

cadmium [kadmjɔm] M CHIM Kadmium *n*; *t/t* Cadmium *n*

cadogan [kadɔgɑ̃] M → catogan

cadrage [kadʀaʒ] M PHOT, CINÉMA, TV Bildeinstellung *f*

cadran [kadʀɑ̃] M 1 *d'une horloge, d'une boussole etc* Zifferblatt *n*; *d'un instrument de mesure*, RAD Skala *f*; TÉL Nummern-, Wählscheibe *f*; **~ lumineux** Leuchtzifferblatt *n*; beleuchtete Skala; *fig* **faire le tour du ~** zwölf Stunden hintereinander schlafen, durchschlafen 2 **~ solaire** Sonnenuhr *f*

cadre [kadʀ, kɑ-] M 1 *d'un tableau, miroir* Rahmen *m*; **mettre une photo dans un ~** e-e Fotografie (ein)rahmen 2 *d'une porte, fenêtre* Rahmen *m* (*a. d'un vélo*); (Ein)Fassung *f*; RAD Rahmenantenne *f*; *sur formulaire* Feld *n* 3 *fig* Rahmen *m*; Umgebung *f*; Kreis *m*; Bereich *m*; *d'un roman etc* Anlage *f*; Gerüst *n*; **~ de vie** Umgebung (, in der j-d lebt); Ambiente *n*; Lebensbedingungen *fpl*; **dans un ~ de verdure** ganz im Grünen; *loc prép* **dans le ~ de** im Rahmen (*+gén*); innerhalb (*+gén*); **entrer dans le ~ de ses fonctions** zu s-r Tätigkeit gehören; in den Rahmen s-r Tätigkeit fallen; **rester dans le ~ de la légalité** innerhalb, im Rahmen der Legalität bleiben; **sortir du ~ de son exposé** über den Rahmen s-s Exposés hinausgehen; **cela sortirait du ~ de mon exposé** das würde den Rahmen meines Exposés sprengen; ♦ *adjt* Rahmen…; **accord-~** *m* Rahmenabkommen *n*; **programme-~** *m* Rahmenprogramm *n* 4 MIL Kader *m*; Stammpersonal *n*; **~ noir** Kader der Kavallerie, der Reitunterricht gibt (*à Saumur*) 5 *dans une entreprise* Angestellte(r) *m* (mit Weisungsbefugnis); **jeunes ~s** Führungsnachwuchs *m*; **~ moyen** mittlere Führungskraft; **~ supérieur** leitender Angestellter; Führungskraft *f* 6 ADMIN **~s** *pl* Stellenplan *m*; **être rayé des ~s** entlassen werden; MIL aus der Armee ausgeschlossen werden 7 **~ de déménagement** Möbelkiste *f*

cadrer [kadʀe] A V/T PHOT, CINÉMA *image* einstellen; *adjt* **mal cadré** schlecht eingestellt B V/I **~ avec** übereinstimmen mit; passen zu; entsprechen (*+dat*); **~ mal avec** schlecht passen zu; **faire ~** in Übereinstimmung bringen

cadreur [kadʀœʀ] M CINÉMA, TV Kameramann, -frau *m,f*

caduc [kadyk] ADJ ‹caduque [kadyk]› 1 (*périmé*) veraltet; überholt 2 JUR unwirksam 3 BOT **arbre** *m* **à feuilles caduques** sommergrüner Laubbaum 4 PHON **e ~** stummes e, E

caducée [kadyse] M MÉD Äskulapstab *m*

caducité [kadysite] F Veraltet-, Überholtsein *n*

Cadum® [kadɔm] ADJT **bébé** *m* **~** wohlgenährtes Kind mit rosigem Teint; *fam plais* Wonneproppen *m*

cæcum [sekɔm] M ANAT Blinddarm *m; t/t* Caecum *n*
Caen [kɑ̃] *Stadt im Dep. Calvados*
cafard [kafaʀ] M 1 ÉCOLE *fam (rapporteur) péj* Petzer *m;* Petze *f* 2 *fam* **avoir le ~** deprimiert, trübsinnig, *fam* down sein; **avoir un coup de ~** in Trübsinn, in Depressionen verfallen; **donner le ~** trübsinnig machen, stimmen (**à qn** j-n) 3 *(hypocrite)* Mucker *m;* Heuchler *m* 4 ZOOL (Küchen)Schabe *f*
cafardage [kafaʀdaʒ] M *fam péj* Petzen *n*
cafarder [kafaʀde] *fam* A V/T *écolier* **~ qn** j-n verpetzen, angeben B V/I 1 *écoliers* petzen 2 *(avoir le cafard)* deprimiert, trübsinnig, *fam* down sein
cafardeur [kafaʀdœʀ] M, **cafardeuse** F *fam péj* Petzer(in) *m(f);* Petze *f*
cafardeux [kafaʀdø] *fam* ADJ ⟨-euse⟩ *personne* trübsinnig; trübselig; melancholisch; **paysage ~** trübselige Landschaft; **temps ~** trübseliges Wetter
caf'conc' [kafkõs] M → café-concert
café [kafe] M 1 Kaffee *m;* **~ soluble** löslicher Kaffee; **~ en grains** ungemahlener Kaffee; **~ en poudre** Pulverkaffee *m;* **crème** *f* **au ~** Kaffee-, Mokkacreme *f;* **glace** *f* **au ~** Mokkaeis *n;* **moulin** *m* **à ~** Kaffeemühle *f* 2 *boisson* Kaffee *m;* **~ crème, au lait** Milchkaffee *m;* → *a.* 4; **~ frappé, glacé** eisgekühlter Kaffee; **~ noir** schwarzer Kaffee; **arriver au ~** nach dem Mittagessen kommen; *fam fig* **c'est un peu fort de ~** das ist doch unerhört, die Höhe, *fam* allerhand, ein starkes Stück; **faire du, le ~** Kaffee machen, kochen, aufbrühen; **prendre du, le ~** Kaffee trinken; **inviter qn à prendre le ~** j-n zum Kaffee einladen 3 *lieu public* Lokal *n;* (Schank)Wirtschaft *f;* Bar *f;* Kneipe *f; plus élégant* Café *n; autrich* Kaffeehaus *n;* **~ littéraire, artistique** Künstlercafé *n;* **~ avec terrasse** Straßencafé *n* 4 ADJT ⟨inv⟩ *couleur* kaffeebraun; **~ au lait** hellbraun
café-bar [kafebaʀ] M ⟨*pl* cafés-bars⟩ kleines Lokal, Café; kleine Bar; **café-concert** M ⟨*pl* **cafés-concerts**⟩ *autrefois* Café *n* mit Varieteedarbietungen; *fam* Tingeltangel *n*
caféier [kafeje] M BOT Kaffeestrauch *m;* **caféière** F Kaffeepflanzung *f,* -plantage *f;* **caféine** F Koffein *n*
caféiné [kafeine] ADJ koffeinhaltig
caféisme [kafeism] M MÉD Koffeinvergiftung *f*
café-restaurant [kafeʀɛstɔʀɑ̃] M ⟨*pl* cafés--restaurants⟩ Gaststätte *f;* Restaurant *n*
cafèt [kafɛt] F *fam* ABR → cafétéria
café-tabac [kafetaba] M ⟨*pl* cafés-tabacs⟩ Lokal *n* mit Tabakladen
cafetan [kaftɑ̃] M Kaftan *m*
cafeter [kafte] V/T *et* V/I *arg d'écolier* → cafarder
cafétéria [kafeteʀja] F Cafeteria *f*
café-théâtre [kafeteɑtʀ] M ⟨*pl* cafés-théâtres⟩ Kleinkunstbühne *f*
cafetier [kaftje] M (Schank)Wirt *m*
cafetière [kaftjɛʀ] F 1 Kaffeekanne *f;* **~ électrique** Kaffeemaschine *f* 2 *fam (tête) fam* Schädel *m;* Birne *f;* Dez *m*
cafouillage [kafujaʒ] *fam* M Durcheinander *n;* Wirrwarr *m*
cafouiller [kafuje] *fam* V/I *personne* Verwirrung, ein Durcheinander anrichten; *fam* murksen; *organisation, entreprise* nicht funktionieren; **ça cafouille** das geht völlig durcheinander
cafouilleur [kafujœʀ] *ou* **cafouilleux** *fam* ADJ ⟨-euse⟩ verworren; wirr; chaotisch
cafouillis [kafuji] *fam* M → cafouillage
cafre [kafʀ] A ADJ Kaffern... B MPL **Cafres** Kaffern *mpl*
caftan → cafetan
cafter → cafeter

cage [kaʒ] F 1 Käfig *m; à oiseaux a.* Bauer *n;* **~ à lapin** Kaninchenstall *m; fig* enge, kleine Wohnung; **~ aux lions** Löwenkäfig *m,* -zwinger *m;* **être, tourner comme un lion, ours en ~** wie ein gefangenes Tier im Käfig hin und her gehen 2 TECH Gehäuse *n; d'un édifice* Außenmauern *fpl;* **~ d'ascenseur** Aufzugschacht *m;* **~ d'escalier** Treppenhaus *n;* PHYS **~ de Faraday** Faradaykäfig *m;* faradayscher Käfig 3 ANAT **~ thoracique** Brustkorb *m* 4 FOOTBALL *etc* Tor *n; fam* Kasten *m*
cageot [kaʒo] M Lattenkiste *f; all Sud* Steige *f;* Stiege *f*
cagibi [kaʒibi] *fam* M Abstell-, Rumpelkammer *f;* Verschlag *m; fam* Kabuff *n*
cagna [kaɲa] *arg militaire* F Unterstand *m*
cagne [kaɲ] F → khâgne
cagneux [kaɲø] A ADJ ⟨-euse⟩ *personne* x-beinig; *cheval* kuhhessig; **genoux** *mpl* **~, jambes cagneuses** X-Beine *npl* B M → khâgneux
cagnotte [kaɲɔt] F 1 *(caisse commune)* Spielkasse *f;* Gemeinschaftskasse *f* 2 *(argent économisé) fam* Spargroschen *m*
cagot [kago] *litt* A ADJ scheinheilig B SUBST **~(e)** *m(f)* Frömmler(in) *m(f)*
cagoule [kagul] F 1 Kapuze *f* mit Augenschlitzen *(a. Ku-Klux-Klan); de gangsters* Strumpfmaske *f* 2 *bonnet d'enfants* Kapuzenmütze *f* 3 **la Cagoule** *rechtsextremer Geheimbund in Frankreich 1932–1940*
cagoulé [kagule] ADJ vermummt
cahier [kaje] M 1 (Schreib)Heft *n;* **~ de brouillon** Schmier-, Konzeptheft *n;* Kladde *f;* **~ de cours** Heft zum Mitschreiben (in der Schule); **~ de devoirs, d'exercices** Hausaufgabenheft *n;* **~ d'écolier** Schulheft *n;* **~ d'histoire** Geschichtsheft *n;* **~ de musique** Notenheft *n;* **~ de textes** Aufgabenheft *n* 2 TYPO gefalzter Druckbogen 3 HIST **~s de doléances** Eingaben *fpl* (mit Beschwerden) der Stände an den König; *aujourd'hui* **~ de revendications** Forderungskatalog *m* 4 JUR **~ des charges** Lastenheft *n;* Leistungsverzeichnis *n;* Vergabebedingungen *fpl* 5 *(revue littéraire)* Zeitschrift *f;* Heft *n*
cahin-caha [kaɛ̃kaa] *fam* ADV mühsam; mit Müh und Not; recht und schlecht; *fam* soso; so lala
Cahors [kaɔʀ] *Stadt im Dep. Lot*
cahot [kao] M 1 *d'un véhicule* Stoß *m;* Ruck *m;* **~s** *pl* Rütteln *n;* Stoßen *n;* Rumpeln *n* 2 *du chemin* **~s** *pl* Holp(e)rigkeit *f*
cahotant [kaɔtɑ̃] ADJ 1 *véhicule* rüttelnd 2 *chemin* holp(e)rig; **cahotement** M Rütteln *n;* Stoßen *n;* Rumpeln *n*
cahoter [kaɔte] A V/T durchrütteln *(a. fig vie: qn); pp* **être cahoté** durchgerüttelt, hin und her geschüttelt werden; *adjt fig* **vie cahotée** unruhiges, bewegtes Leben B V/I *véhicule* rumpeln; holpern
cahoteux [kaɔtø] ADJ ⟨-euse⟩ *chemin* holp(e)rig
cahute [kayt] F *(cabane)* Hütte *f; (bicoque)* elende Behausung
caïd [kaid] M *fam* 1 *(chef de bande)* Bandenführer *m,* -chef *m;* Gangsterboss *m;* **faire le ~** der Boss sein wollen 2 *(personnage important) fam* Bonze *m;* Boss *m;* Obermacher *m* 3 *(crack)* großer Könner; *fam* Ass *n*
caillage [kajaʒ] M 1 Gerinnen *n* 2 Zum-Gerinnen-Bringen *n*
caillasse [kajas] *fam* F minderwertiges Gestein; Schotter *m;* Kies *m*
caille [kaj] F 1 ZOOL Wachtel *f; fam enfant* **chaud comme une ~** ganz warm 2 *fam terme affectueux* **ma petite ~** (mein) Schätzchen *n*
caillé [kaje] ADJ *et* SUBST M **(lait** *m***) ~** geronnene Milch; Dick-, Sauermilch *f;* dicke, saure Milch

caillebotis [kajbɔti] M 1 MAR Gräting *f* 2 *sur un sol humide* Lattenrost *m;* Knüppeldamm *m*
caillement [kajmɑ̃] M → caillage
cailler [kaje] A V/T zum Gerinnen bringen; gerinnen lassen B V/I *et* V/PR 1 **(se) ~** *lait, sang* gerinnen; **faire ~** zum Gerinnen bringen 2 *fam fig* **ça caille aujourd'hui** *fam* ganz schön kalt heute; **on (se) caille ici** *fam* hier erfriert man ja
caillette [kajɛt] F ZOOL Labmagen *m*
caillot [kajo] M **~ (de sang)** Blutgerinnsel *n;* Blutklümpchen *n*
caillou [kaju] M ⟨*pl* ~x⟩ 1 Kiesel(stein) *m;* Stein(chen) *m(n);* **avoir un ~ dans sa chaussure** e-n Stein im Schuh haben; **casser des ~x** Steine klopfen 2 **~x** *pl* Schotter *m;* Kies *m;* **tas** *m* **de ~x** Schotter-, Kieshaufen *m* 3 *fam (pierre précieuse)* Stein *m; fam* Klunker *m ou f* 4 *fam* **n'avoir plus un poil sur le ~** völlig kahl (-köpfig) sein
cailloutage [kajutaʒ] M 1 (Be)Schottern *n;* Bekiesen *n* 2 Beschotterung *f;* Schotter *m;* Kies *m*
caillouter [kajute] V/T **~ une route** eine Straße (be)schottern; **~ un chemin** einen Weg bekiesen
caillouteux [kajutø] ADJ ⟨-euse⟩ *chemin, sol* steinig
cailloutis [kajuti] M Schotter *m;* Kies *m*
caïman [kaimɑ̃] M ZOOL Kaiman *m*
Caïn [kaɛ̃] M BIBL Kain *m*
Caïphe [kaif] M BIBL Kaiphas *m*
Caire (Le) [ləkɛʀ] Kairo *n*
cairn [kɛʀn] M 1 Cairn *m;* keltisches Hügelgrab 2 *en montagne* Steinkegel *m,* -pyramide *f, autrich* -mandl *n*
caisse [kɛs] F 1 Kiste *f;* Kasten *m; pour arbustes etc* Kübel *m;* TECH *a.* Gehäuse *n;* **~ à outils** Werkzeugkasten *m,* -kiste *f; fam fig* MAR **~ à savon** Raddampfer *m; fam* Paddelkasten *m;* **~ de livres** Bücherkiste *f;* **une ~ de vin** e-e Kiste Wein 2 *d'un piano* Resonanzboden *m; d'un tambour* Resonanzkörper *m; (tambour)* Trommel *f;* **~ claire** kleine (Schnarr)Trommel; **grosse ~** große Trommel; *fig* **battre la grosse ~** die Reklametrommel rühren 3 FIN Kasse *f; autrich* Kassa *f;* **~ communale, municipale** Gemeinde-, Stadtkasse *f;* **~ enregistreuse** Registrierkasse *f;* **~ noire** Geheimfonds *m,* -kasse *f;* **livre** *m* **de ~** Kassen-, *autrich* Kassabuch *n;* **ticket** *m* **de ~** Kassenbon *m,* -zettel *m;* **montant** *m* **en ~** Kassenbestand *m;* **avoir mille euros dans sa, en ~** tausend Euro in der Kasse haben; COMM **faire la, sa ~** Kasse machen; *fam* Kassensturz machen; **faire l'état de la ~** den Kassenbestand aufnehmen; **partir avec la ~** mit der Kasse durchbrennen, -gehen; **passer à la ~** zur Kasse gehen; *fig* **vous pouvez passer à la ~** Sie sind (fristlos) entlassen; **tenir la ~** die Kasse führen 4 *institution* Kasse *f;* **~ d'allocations familiales** Kindergeldkasse *f;* **~ primaire d'assurance maladie** *correspond à* Ortskrankenkasse *f;* **~ d'épargne** Sparkasse *f;* **Caisse nationale d'épargne** Postsparkasse *f;* **~ de retraite** Pensionskasse *f;* **Caisse nationale de Sécurité sociale** Zentralbehörde *f* der Sozialversicherung 5 ANAT **~ du tympan** Paukenhöhle *f* 6 LOC *fam* **s'en aller, partir de la ~** *(être tuberculeux) fam* die Motten haben 7 CUIS Backpapier *n;* Backform *f* aus Aluminiumfolie 8 AUTO a Karosserie *f* b *fam (voiture) fam* Schlitten *m;* Kiste *f; loc adv fam* **à fond la ~** *fam* mit Karacho; mit e-m Affenzahn
caissette [kɛsɛt] F *emballage* Schale *f*
caissier [kɛsje] M, **caissière** F Kassierer(in) *m(f);* Kassenführer(in) *m(f); all Sud, autrich* Kas-

sier(in) *m(f)*; ADMIN Kassenbeamte(r) *m*, -beamtin *f*
caisson [kɛsõ] M 1 (*caisse*) Kiste *f*; Behälter *m*; MAR *a.* Tank *m* 2 MIL Munitionswagen *m* 3 CONSTR **~ (à air comprimé)** Caisson *m*; Senkkasten *m*; MÉD **maladie** *f* **des ~s** Caisson-, Taucherkrankheit *f* 4 ARCH Kassette *f*; **plafond** *m* **à ~s** Kassettendecke *f* 5 *fam* **se faire sauter le ~** sich (*dat*) e-e Kugel durch den Kopf schießen, *fam* jagen
cajoler [kaʒɔle] V/T liebkosen; umschmeicheln; **~ un enfant** ein Kind hätscheln, herzen
cajoleries [kaʒɔlʀi] FPL Liebkosungen *fpl*; Schmeicheleien *fpl*; **cajoleur** A ADJ ⟨-euse⟩ *voix etc* (ein)schmeichelnd; schmeichlerisch; *enfant* anschmiegsam B SUBST **~, cajoleuse** *m,f* Schmeichelkatze *f*, -kätzchen *n*
cajou [kaʒu] M BOT **noix** *f* **de ~** Cashewnuss *f*
Cajuns [kaʒɛ̃, -œ̃] MPL *in Louisiana ansässige ehemalige Frankokanadier*
cake [kɛk] M CUIS englischer Sandkuchen
cal[1] [kal] M 1 *de la peau* Schwiele *f* 2 MÉD, BOT Kallus *m*
cal[2] ABR (calorie[s]) cal (Kalorie[n])
calabrais [kalabʀɛ] A ADJ kalabrisch B SUBST 1 **Calabrais(e)** *m(f)* Kalabrier(in) *m(f)* 2 LING **le ~** das Kalabrische; Kalabrisch *n*
Calabre [kalabʀ] **la ~** Kalabrien *n*
calage [kalaʒ] M 1 TECH Verkeilen *n*; Festklemmen *n* 2 *d'un moteur* Abwürgen *n*
Calais [kalɛ] *Stadt im Dep. Pas-de-Calais*; **le pas de ~** die Straße von Dover
calamar [kalamaʀ] M ZOOL Kalmar *m*; CUIS **~ à l'encre** Kalmar in schwarzer Soße
calamine [kalamin] F AUTO Verbrennungsrückstände *mpl*
calaminer [kalamine] V/PR **se ~** *bougie* verrußen; *adjt* **calaminé** verrußt
calamistré [kalamistʀe] ADJ *plais cheveux, bellâtre* onduliert und pomadisiert
calamité [kalamite] F (großes allgemeines) Unglück; Unheil *n*; Katastrophe *f*; *fam plais* **quelle ~!** was für e-e Strafe!; wie grausam!
calancher [kalɑ̃ʃe] V/I *arg (mourir) pop* abkratzen; abschrammen
calandre [kalɑ̃dʀ] F 1 TECH Kalander *m*; *pour le linge* Mangel *f* 2 AUTO Kühlergrill *m*
calanque [kalɑ̃k] F *dans le Midi* (kleine) Felsbucht
calcaire [kalkɛʀ] A ADJ Kalk...; kalkig; kalkhaltig (*a. eau*); MÉD **dégénérescence** *f* **~** Verkalkung *f*; **relief** *m* **~** Kalksteinrelief *n*; **terrain** *m* **~** Kalkboden *m* B M 1 *roche* Kalk(stein) *m* 2 (*tartre*) Kesselstein *m*; Kalkansatz *m*
calcanéum [kalkaneɔm] M ANAT Fersenbein *n*
calcédoine [kalsedwan] F MINÉR Chalzedon *m*
Calchas [kalkas] M MYTH Kalchas *m*
calcification [kalsifikasjõ] F PHYSIOL, MÉD Verkalkung *f*
calcifié [kalsifje] ADJ *artère etc* verkalkt
calcination [kalsinasjõ] F TECH, CHIM Glühen *n*; Kalzinieren *n*; *du calcaire* Brennen *n*
calciner [kalsine] V/T 1 TECH, CHIM glühen; kalzinieren; *calcaire* brennen 2 (*brûler*) verbrennen; *adjt* **calciné** verbrannt; verkohlt; **débris calcinés** verkohlte, verbrannte Reste *mpl*, Trümmer *pl*
calcium [kalsjɔm] M 1 CHIM Kalzium *ou t/t* Calcium *n* 2 PHARM Kalzium(präparat) *n*; Kalk(-präparat) *m(n)*
calcul[1] [kalkyl] M 1 Rechnen *n*; Rechnung *f*; Berechnen *n*, -ung *f*; Ausrechnen *n*; COMM Kalkulation *f*; **~ mental** Kopfrechnen *n*; **~ des bénéfices** Gewinnermittlung *f*; **~ des intérêts** Zins(be)rechnung *f*; **~ des prix** Preisberechnung *f*, -kalkulation *f*, -ermittlung *f*; **~ des probabilités** Wahrscheinlichkeitsrechnung *f*; **règle** *f* **à ~** Rechenschieber *m*; *loc adv* **par le ~** rechnerisch; **être bon, faible en ~** im Rechnen gut, schwach sein; gut, nicht gut rechnen können; **être perdu dans ses ~s** in s-e Berechnungen vertieft sein; **faire des ~s** rechnen; Rechnungen machen; Berechnungen anstellen; **faire le ~ de qc** etw be-, ausrechnen; **faire à qn le ~ de qc** j-m etw vorrechnen; **faire un premier ~** e-e erste Berechnung anstellen; **faire une erreur de ~** e-n Rechenfehler machen; sich verrechnen 2 *fig (estimation)* Berechnung *f*; Erwartung *f*; Kalkül *n ou m*; **d'après mes ~s** meinen Berechnungen nach; **mon ~ était juste** meine Erwartung, Berechnung, mein Kalkül war richtig; ich habe richtig kalkuliert; **faire un mauvais ~** *ou* **se tromper dans ses ~s** sich verrechnen; sich verkalkulieren; **il s'est trompé dans ses ~s** *a.* s-e Rechnung ist nicht aufgegangen 3 *fig et péj* Berechnung *f*; Eigennutz *m*; *loc adv* **sans ~** ohne jede Berechnung; spontan; **agir par ~** aus Berechnung handeln
calcul[2] [kalkyl] M MÉD Stein *m*; **~ biliaire, rénal** Gallen-, Nierenstein *m*
calculable [kalkylabl] ADJ berechenbar; **être ~** *a.* berechnet werden können
calculateur [kalkylatœʀ] A ADJ ⟨-trice⟩ *personne* vorausschauend; *péj* berechnend B M 1 *personne* Rechner *m* 2 *machine* Rechner *m*; Rechengerät *n*, -anlage *f*; **~ électronique** Elektronenrechner *m*
calculatrice [kalkylatʀis] F 1 (Tisch)Rechenmaschine *f*; **~ de poche** Taschenrechner *m* 2 *personne* (gute) Rechnerin
calculer [kalkyle] A V/T 1 rechnen; be-, aus-, errechnen; COMM (aus)kalkulieren; *abs* rechnen; **machine** *f* **à ~** (Tisch)Rechenmaschine *f*; **~ mentalement, de tête** im Kopf (aus)rechnen 2 *fig (estimer)* berechnen; abwägen; (ein)kalkulieren; **~ approximativement** schätzen; **~ que ...** schätzen, rechnen, dass ...; **~ les avantages et les inconvénients** die Vorzüge und Nachteile gegeneinander abwägen; **~ ses chances** s-e Chancen ausrechnen; *adjt* **risque calculé** kalkuliertes Risiko 3 (*prévoir*) sorgfältig, genau überlegen, be-, ausrechnen; *adjt attitude etc* **calculé** wohlüberlegt; genau berechnet; *péj* berechnend B V/I (*économiser*) (mit dem Geld) rechnen
calculette [kalkylɛt] F (kleiner) Taschenrechner
Calcutta [kalkyta] Kalkutta *n*
Caldoche [kaldɔʃ] *fam* M/F Neukaledonienfranzose *m*, -französin *f*
cale [kal] F 1 MAR a Schiffs-, Laderaum *m*; **fond** *m* **de ~** Kielraum *m*; *fam fig* **être à fond de ~** *fam* völlig blank sein b *d'un quai* Laderampe *f* c **~ sèche** *ou* **de radoub** Trockendock *n* 2 (*coin*) (Unterleg)Keil *m*; TECH Keil *m*; Passstück *n*; **glisser, mettre une ~ derrière les roues** e-n Keil unter *ou* hinter die Räder schieben, legen; die Räder mit e-m Keil sichern
calé [kale] ADJ *fam* 1 *personne* beschlagen, bewandert (**en maths** *etc* in Mathe *etc*); **être ~** *a. fam* was loshaben 2 *chose* schwierig; *fam* haarig; **c'est trop ~ pour moi** *fam* das ist mir zu hoch
calebasse [kalbas] F 1 BOT Flaschenkürbis *m* 2 *récipient* Kalebasse *f*
calèche [kalɛʃ] F Kalesche *f*; Kutsche *f*
calecif [kalsif] M *fam* → caleçon
caleçon [kalsõ] M 1 Unterhose *f*; **~ long** lange Unterhose; **~ de bain** Badehose *f*; **être en ~** in Unterhosen, in der Unterhose sein 2 *vêtement de femme* Leggin(g)s *pl*
Calédonie [kaledɔni] **la ~** HIST Kaledonien *n*
calédonien [kaledɔnjɛ̃] ADJ ⟨~ne⟩ kaledonisch
caléidoscope → kaléidoscope
calembour [kalɑ̃buʀ] M (auf Homonymie beruhendes) Wortspiel; *péj* Kalauer *m*
calembredaines [kalɑ̃bʀədɛn] *litt* FPL Albernheiten *fpl*; ungereimtes Zeug
calendes [kalɑ̃d] FPL ANTIQUITÉ Kalenden *fpl*; *fig* **renvoyer qc aux ~ grecques** etw auf den Sankt-Nimmerleins-Tag verschieben
calendo [kalɑ̃do] *fam* M Camembert *m*
calendrier [kalɑ̃dʀije] M 1 Kalender *m*; **~ mural** Wandkalender *m*; **~ à effeuiller** *ou* **bloc** *m* **~** Abreißkalender *m*; **~ des postes** Kalender, den der Briefträger zum Jahresende verkauft 2 (*emploi du temps*) Terminkalender *m*; Programm *n*; Zeitplan *m*
cale-pied [kalpje] M ⟨*pl* cale-pieds⟩ VÉLO Pedalhaken *m*
calepin [kalpɛ̃] M Notizbuch *n*
caler [kale] A V/T 1 *moteur* abwürgen 2 *table, chaise* etwas, e-n Keil legen unter (*+acc*); **~ une roue** ein Rad blockieren; e-n Keil hinter ein Rad legen; **~ contre qc** an etw (*+dat*) abstützen; an etw (*+acc*) anlehnen 3 TECH verkeilen; feststellen, festklemmen 4 MAR **~ six mètres** sechs Meter Tiefgang haben 5 *bille* (mit den Fingern) wegschnellen, wegschnippen B V/I 1 *personne* den Motor abwürgen; *moteur* absterben 2 *fig (abandonner)* aufgeben; *fam en mangeant* nicht mehr können; *fam mets* satt machen C V/PR **se ~** es sich (*dat*) bequem machen (**dans un fauteuil** in e-m Sessel); *adjt* **bien calé dans son fauteuil** bequem in s-m Sessel sitzend
caleter [kalte] → calter
calfater [kalfate] V/T MAR kalfatern
calfeutrage [kalføtʀaʒ] M Abdichten *n*
calfeutrer [kalføtʀe] A V/T *porte, fenêtre* abdichten B V/PR **se ~ (chez soi)** sich in s-r Wohnung verkriechen; *péj* (immer) hinter dem Ofen hocken; ein Stubenhocker sein
calibrage [kalibʀaʒ] M 1 TECH Kalibrieren *n* 2 *des fruits, œufs* Sortieren *n* der Größe nach
calibre [kalibʀ] M 1 a TECH, *d'un canon* Kaliber *n*; *d'un tuyau a.* lichte Weite b *d'un projectile* Kaliber *n*; **de gros ~** großkalibrig 2 *instrument de mesure* (Schub)Lehre *f*; Schablone *f* 3 *d'une colonne etc* Durchmesser *m*; *des œufs, fruits* Größe *f* 4 *fam fig, souvent péj* Art *f*; Schlag *m*; Format *n*; *fam* Kaliber *n*; **une erreur de ce ~** ein so gewaltiger Irrtum; *fam* ein Irrtum solchen Kalibers; **un escroc de ce ~** ein Gauner s-s Schlages; ein solcher Gauner; **ils sont du même ~** sie sind vom gleichen Schlag, *fam* Kaliber; *positif* **il est d'un tout autre ~** (d)er ist von ganz anderem Format, aus ganz anderem Holz geschnitzt, *fam* von ganz anderem Kaliber
calibrer [kalibʀe] V/T 1 TECH kalibrieren 2 *œufs, fruits* der Größe nach sortieren
calice [kalis] M 1 ÉGL (Abendmahls)Kelch *m*; *fig* **boire le ~ jusqu'à la lie** den Kelch bis zur Neige leeren 2 BOT (Blüten)Kelch *m*
calicot [kaliko] M 1 TEXT Kaliko *m* 2 (*banderole*) Spruchband *n*
calife [kalif] M Kalif *m*
Californie [kalifɔʀni] **la ~** Kalifornien *n*
californien [kalifɔʀnjɛ̃] A ADJ ⟨~ne⟩ kalifornisch B SUBST **Californien(ne)** *m(f)* Kalifornier(in) *m(f)*
califourchon [kalifuʀʃõ] LOC ADV **à ~** rittlings; **être (assis) à ~** rittlings sitzen (**sur** auf *+dat*); **monter, se mettre à ~** sich rittlings setzen (**sur** auf *+acc*)
Caligula [kaligyla] M HIST Caligula *m*
câlin [kalɛ̃] A ADJ a zärtlich; liebevoll; **enfant ~** Schmeichelkatze *f*, -kätzchen *n*; *fam* Schmu-

sekatze *f*; *loc adv* **d'un air ~** zärtlich; liebevoll **b** *(qui aime être caressé)* zärtlichkeitsbedürftig; anschmiegsam **B** M Liebkosung *f*; Zärtlichkeit *f*; **faire (un) ~** zärtlich, lieb sein **(à qn** zu j-m); *fam* schmusen (mit j-m)

câliner [kaline] VT zärtlich sein zu; liebkosen; hätscheln; *fam* schmusen mit; **câlineries** FPL Zärtlichkeiten *fpl*; Liebkosungen *fpl*; *fam* Schmusen *n*

calisson [kalisõ] M Mandelkonfekt *n* mit Zuckerguss

Calixte [kalikst] M HIST Kalixt(us) *m*

call-boy [kolbɔj] M Callboy *m*

calleux [kalø] ADJ ‹-euse› **1** *mains* schwielig **2** ANAT **corps ~** Balken *m* (des Gehirns)

call-girl [kolgœʀl] F Callgirl *n*

calligramme [kaligʀam] M *poème* Gedicht *n*, dessen Druckzeilen e-e Zeichnung bilden

calligraphe [kaligʀaf] M/F Kalligraf(in) *m(f)*; Schreibkünstler(in) *m(f)*; **calligraphie** F Kalligrafie *f*; *art a.* Schönschreibkunst *f*; **calligraphier** VT in Schönschrift schreiben; malen; **calligraphique** ADJ kalligrafisch

Calliope [kaljɔp] F MYTH Kalliope *f*

Calliste [kalist] M → Calixte

callosité [kalozite] F Schwiele *f*; Hornhaut *f*; *surtout pl* **~s** Schwielen *fpl*

calmant [kalmɑ̃] PHARM **A** ADJ beruhigend und schmerzstillend **B** M Beruhigungs- und Schmerzmittel *n*

calmar [kalmaʀ] M ZOOL Kalmar *m*; CUIS **~ frit** Calamares *pl*; Calamari *pl*

calme [kalm] **A** ADJ ruhig *(a. mer)*; still; *personne a.* gelassen; *Bourse* ruhig; zurückhaltend; **être ~** ruhig, still sein; **la mer est ~** das Meer, die See ist ruhig; **le temps est ~** es ist windstill, ruhiges Wetter; **mener une petite vie ~** ein ruhiges, stilles Leben führen; **rester ~** ruhig, gelassen bleiben **B** M **1** Ruhe *f*; Stille *f*; MAR Windstille *f*; **~ plat** völlige Windstille; Flaute *f (a. fig)*; **c'est le ~ plat** MAR es herrscht Flaute, völlige Windstille; es ist ganz windstill; *en affaires* es herrscht e-e Flaute; *par ext* es ist nichts los; es geschieht, passiert gar nichts; *fig* **le ~ avant la tempête** die Ruhe vor dem Sturm; **chercher le ~** die Ruhe, Stille suchen; **ramener, rétablir le ~** die Ruhe wiederherstellen; **travailler dans le, au ~** in Ruhe, ungestört arbeiten **2** GÉOG **~s** *pl* Kalmengürtel *m*, -zone *f*; **~s équatoriaux** äquatorialer Kalmengürtel; **~s tropicaux** *a.* Rossbreiten *fpl* **3** *d'une personne* Ruhe *f*; Gelassenheit *f*; Gemütsruhe *f*; **~ intérieur** innere Ruhe; *loc adv*: **avec ~** ruhig; gelassen; **avec le plus grand ~** äußerst ruhig, gelassen; mit größter Gelassenheit; **du ~, voyons!** bitte Ruhe (bewahren)!; nur ruhig Blut!; *(silence!)* Ruhe, bitte!; **avoir un moment de ~** im Moment, e-e Zeit lang ruhig sein; **conserver, garder son ~** (die) Ruhe bewahren; ruhig bleiben; **perdre son ~** s-e Gelassenheit, die Beherrschung verlieren

calmement [kalməmɑ̃] ADV ruhig; still; gelassen

calmer [kalme] **A** VT **1** *personne* beruhigen; besänftigen; beschwichtigen; *fam menace* **je vais te ~!** *fam* ich werd dich Mores lehren! **2** *douleur* mildern; lindern; stillen; *impatience, peur* beschwichtigen; *zèle, querelle* dämpfen; **~ la soif, la faim** den Durst, den Hunger stillen; **~ la toux** den Husten lindern **B** V/PR **se ~** **1** *personne* sich beruhigen; ruhig werden; **calmez-vous!** beruhigen Sie sich!; *fam* regen Sie sich ab! **2** *tempête* sich legen; abflauen; *fièvre, douleur* nachlassen; *passion* sich abkühlen; *discussion* ruhiger werden; *tempête* **commencer à se ~** allmählich nachlassen

calmir [kalmiʀ] VI MAR *vent* abflauen; sich legen; *mer* sich beruhigen

calo [kalo] M spanische Gaunersprache

calomniateur [kalɔmnjatœʀ] M, **calomniatrice** F Verleumder(in) *m(f)*; *adjt* verleumderisch

calomnie [kalɔmni] F Verleumdung *f*; **basse ~** schändliche Verleumdung

calomnier [kalɔmnje] VT verleumden; **~ qn** *a.* j-m etw andichten

calomnieux [kalɔmnjø] ADJ ‹-euse› verleumderisch; JUR **dénonciation calomnieuse** falsche Anschuldigung

calorie [kalɔʀi] F PHYS, PHYSIOL Kalorie *f*; **grande ~** Kilokalorie *f*; **pauvre, riche en ~s** kalorienarm, -reich; **régime** *m* **basses ~s** kalorienarme Ernährung

calorifère [kalɔʀifɛʀ] M Heizung(sanlage) *f*

calorification [kalɔʀifikasjõ] F PHYSIOL Wärmebildung *f*; **calorifique** ADJ Wärme…; Heiz…; Wärme erzeugend

calorifuge [kalɔʀifyʒ] **A** ADJ wärmeisolierend, -dämmend **B** M (Wärme)Dämmstoff *m*; **calorifugé** ADJ wärmeisoliert

calorifugeage [kalɔʀifyʒaʒ] M Wärmeisolation *f*, -dämmung *f*, -schutz *m*

calorifuger [kalɔʀifyʒe] VT ‹-geons› (wärme)isolieren; dämmen

calorimètre [kalɔʀimɛtʀ] M Kalorimeter *n*;

calorimétrie F Kalorimetrie *f*; Wärmemessung *f*; **calorimétrique** ADJ kalorimetrisch

calorique [kalɔʀik] ADJ PHYSIOL Kalorien…

calorisation [kalɔʀizasjõ] F MÉTALL Kalorisieren *n*; **caloriser** VT MÉTALL kalorisieren; alitieren

calot [kalo] M **1** MIL Schiffchen *n*; Käppi *n* **2** *(grosse bille)* große Murmel

calotin [kalɔtɛ̃] *fam péj* M Klerikale(r) *m*; *fam péj* Pfaffenknecht *m*; Schwarze(r) *m*

calotte [kalɔt] F **1** *bonnet* (Scheitel)Käppchen *n*; ÉGL Kalotte *f* **2** *péj* **la ~** *(le clergé)* *péj* die Pfaffen *mpl*; POL die Klerikalen *mpl*; *fam péj* die Schwarzen *mpl* **3** *du chapeau* Kopf *m* **4** GÉOG **~ glaciaire** Eiskappe *f*; MATH **~ sphérique** Kalotte *f*; Kugelkappe *f* **5** *fam (tape)* Klaps *m*; leichte Ohrfeige; Kopfnuss *f*

calotter [kalɔte] VT *fam* **1** *(gifler)* **~ qn** *fam* j-m eine wischen **2** *(voler) fam* klauen

calquage [kalkaʒ] M (Durch)Pausen *n*; Durchzeichnen *n*

calque [kalk] M **1** Pause *f (Zeichnung)*; **prendre un ~ de qc** etw durchpausen, -zeichnen **2** *fig* Nachahmung *f*; *péj* Abklatsch *m* **3** LING Lehnübersetzung *f*

calquer [kalke] VT **1** durchpausen, -zeichnen **2** *fig* **~ qc** etw nachahmen, kopieren; **~ sa conduite sur celle de qn** j-s Verhalten genau nachahmen; sich in s-m Verhalten ganz nach j-m richten

calter [kalte] VI *ou* V/PR *fam* **(se) ~** *fam* abhauen; verduften; türmen

calumet [kalymɛ] M Kalumet *n*; **fumer le ~ de la paix** die Friedenspfeife rauchen *(a. fig)*

calva [kalva] M *fam* ABR (calvados) Calvados *m (Apfelbranntwein)*

Calvados [kalvados] **1** **le ~** *frz Departement* **2** **calvados** *m* Calvados *m (Apfelbranntwein)*

Calvaire [kalvɛʀ] **1** BIBL **le ~** der Kalvarienberg *m* **2** **calvaire** *m* REL, ART Kreuzigung *f* Christi; Kreuzigungsgruppe *f*; *en Bretagne* Kalvarienberg *m* **3** **calvaire** *m fig* Leidensweg *m*; Martyrium *n*

Calvin [kalvɛ̃] M REL Calvin *m*

calvinisme [kalvinism] M REL Kalvinismus *m*;

calviniste **A** ADJ kalvinistisch **B** M/F Kalvinist(in) *m(f)*

calvitie [kalvisi] F Glatze *f*; Kahlköpfigkeit *f*; *fam* Platte *f*

calypso [kalipso] M *danse* Calypso *m*

Calypso [kalipso] F MYTH Kalypso *f*

camaïeu [kamajø] M Camaieu *f (camée et peinture)*; **(peinture** *f* **en) ~** *a.* Tonmalerei *f*; monochrome *ou* tonige Malerei; *loc adj* **en ~** Ton in Ton (gehalten)

camarade [kamaʀad] M/F **1** Kamerad(in) *m(f)*; Gefährte *m*, Gefährtin *f*; *fam* Kumpan *m*; **vieux ~** alter Kamerad, Freund; **~ d'école** Schulkamerad(in) *m(f)*, -freund(in) *m(f)*; Mitschüler(in) *m(f)*; **~ d'enfance** Jugendfreund(in) *m(f)*; **~ de jeu** Spielkamerad(in) *m(f)*, -gefährte *m*, -gefährtin *f*; **~ m de régiment** Kamerad aus der Militärzeit; **eh, ~!** he, Kumpel! **2** *chez les socialistes etc* Genosse *m*, Genossin *f*

camaraderie [camaʀadʀi] F Kameradschaft *f*; **par (esprit de) ~** aus Kameradschaft; **ils ont des relations de bonne ~** ihr Verhältnis zueinander ist sehr kameradschaftlich; *a.* bei ihnen herrscht ein sehr kameradschaftlicher Ton

camard [kamaʀ] **A** ADJ **nez ~** Sattelnase *f*; **visage ~** Gesicht *n* mit e-r Sattelnase **B** SUBST *fig* **la Camarde** der Tod; der Knochenmann

camarguais [kamaʀgɛ] **A** ADJ (aus) der Camargue **B** SUBST **Camarguais(e)** *m(f)* Bewohner(in) *m(f)* der Camargue

Camargue [kamaʀg] **la ~** die Camargue *(Landschaft im Rhonedelta)*

cambial [kɑ̃bjal] ADJ ‹-aux› COMM Wechsel…; **cambiste** M Börsenmakler *m*

Cambodge [kɑ̃bɔdʒ] **le ~** Kambodscha *n*

cambodgien [kɑ̃bɔdʒjɛ̃] **A** ADJ ‹~ne› kambodschanisch **B** SUBST **1** **Cambodgien(ne)** *m(f)* Kambodschaner(in) *m(f)* **2** LING **le ~** das Kambodschanische; Kambodschanisch *n*

cambouis [kɑ̃bwi] M (gebrauchtes) Schmieröl; Schmiere *f*; **tache** *f* **de ~** Ölfleck *m*; **plein, taché de ~** ölverschmiert

cambré [kɑ̃bʀe] ADJ *pied* gewölbt; **taille ~e, reins ~s** nach rückwärts geneigter Oberkörper; **avoir la taille ~e** ein etwas hohles Kreuz haben; **avoir la taille bien ~e** e-e schön geformte Taille haben

cambrer [kɑ̃bʀe] **A** VT biegen; wölben **B** V/PR **se ~** die Brust wölben; den Körper straffen

cambrésien [kɑ̃bʀezjɛ̃] ADJ ‹~ne› *(et* SUBST **Cambrésien** Einwohner) von Cambrai

cambrien [kɑ̃bʀijɛ̃] M GÉOL Kambrium *n*

cambriolage [kɑ̃bʀijɔlaʒ] M Einbruch *m*; **par peur des ~s** aus Furcht vor Einbrechern

cambriole [kɑ̃bʀijɔl] *arg* F Einbruch *m*; *arg* Bruch *m*

cambrioler [kɑ̃bʀijɔle] VT einbrechen **(qc** in etw *[acc]*); **j'ai été cambriolé** bei mir ist eingebrochen worden

cambrioleur [kɑ̃bʀijɔlœʀ] M, **cambrioleuse** F Einbrecher(in) *m(f)*

cambrousse [kɑ̃bʀus] *fam péj* F (flaches) Land; **en pleine ~** *fam* in e-r gottverlassenen Gegend; wo Fuchs und Hase sich gute Nacht sagen; **il n'est jamais sorti de sa ~** *fam* er ist nie aus s-m Kaff herausgekommen; er ist ein richtiger Hinterwäldler

cambrure [kɑ̃bʀyʀ] F Krümmung *f*; Wölbung *f*; **~ du pied** Fußwölbung *f*; **~ des reins, de la taille** Wölbung des Rückens

cambuse [kɑ̃byz] F **1** *fam péj* elende Behausung *f*; *fam* Loch *n*; *chambre a. fam* triste Bude **2** MAR Bottlerei *f*

Cambyse [kɑ̃biz] M HIST Kambyses *m*

came [kam] F **1** TECH Nocken *m*; **arbre** *m* **à ~s** Nockenwelle *f* **2** *arg (cocaïne) fam* Koks *m*; Schnee *m*; *(drogue) fam* Stoff *m*

camé [kame] *arg* M *fam* Kokser *m*; Fixer *m*; **c'est un ~** *ou adjt* **il est ~** *fam* er ist ein Kokser, Fixer; er fixt

camée [kame] M Kamee *f*

caméléon [kameleõ] M ZOOL Chamäleon *n*

camélia [kamelja] M BOT Kamelie *f*; *Dumas* **La Dame aux ~s** Die Kameliendame

camelot [kamlo] M **1** Straßenhändler *m*, -verkäufer *m* **2** HIST **~s du roi** militante Royalisten *mpl*

camelote [kamlɔt] F **1** **a** *péj (pacotille) fam* Schund *m*; Ramsch *m*; Tinnef *m* **b** *fam (marchandise)* Ware *f* **2** *arg* → **came** 2

camembert [kamɑ̃bɛʀ] M **1** Camembert *m* **2** *graphique* Torten-, Kreisdiagramm *n*

camer [kame] V/PR **se ~** *arg (se droguer) fam* fixen

caméra [kameʀa] F (Film)Kamera *f*; **~ vidéo** Videokamera *f*; **~ de télévision** Fernsehkamera *f*; *déclarer* **devant les ~s** vor der Kamera; im Fernsehen

cameraman [kameʀaman] M ‹*pl* cameramen [-mɛn]› Kameramann *m*

camériste [kameʀist] F **1** HIST Kammerfrau *f* **2** *fam (femme de chambre)* Zimmermädchen *n*

Cameroun [kamʀun] **le ~** Kamerun *n*

camerounais [kamʀunɛ] **A** ADJ kamerunisch **B** SUBST **Camerounais(e)** *m(f)* Kameruner(in) *m(f)*

caméscope [kameskɔp] M Camcorder *m*

Camille [kamij] M/F *Vorname*

camion [kamjõ] M **1** Last(kraft)wagen *m*; Lastauto *n*; Laster *m*; Lkw *ou* LKW *m*; **~ à benne basculante** Kipper *m*; **~ à trois essieux** Dreiachser *m*; **~ à plate-forme** Pritschenwagen *m*; **~ à remorque** Lkw mit Anhänger; Lastzug *m*; **~ de déménagement** Möbelwagen *m*; **~ de trois tonnes** Dreitonner *m* **2** *des peintres* Farbeimer *m* **3** *(petite épingle)* kleine Stecknadel

camion-citerne [kamjõsitɛʀn] M ‹*pl* camions-citernes› Tank(last)wagen *m*

camionnage [kamjɔnaʒ] M **1** Transport *m* mit Lastwagen; Lkw-Transport *m*; Straßentransport *m* **2** *prix* Transportkosten *pl*; Rollgeld *n*; **camionner** V/T mit Lastwagen transportieren; abrollen; **camionnette** F Lieferwagen *m*; kleiner Lastwagen; **camionneur** M **1** *conducteur* Lkw-Fahrer *m*; Lastwagenfahrer *m* **2** *entrepreneur* (Lkw-)Transportunternehmer *m*

camisards [kamizaʀ] MPL HIST Kamisarden *mpl*

camisole [kamizɔl] F *autrefois* Wams *n*; **~ de force** Zwangsjacke *f*

camomille [kamɔmij] F **1** BOT Kamille *f* **2** *tisane* Kamillentee *m*

camouflage [kamuflaʒ] M **1** MIL **a** Tarnung *f*; **tenue** *f* **de ~** Tarnanzug *m* **b** *des fenêtres* Verdunk(e)lung *f* **2** *fig* Tarnung *f*; Verschleierung *f*

camoufler [kamufle] **A** V/T **1** MIL **a** tarnen **b** *fenêtres* verdunkeln **2** *fig* tarnen; verschleiern; verbergen; **~ un meurtre en suicide** e-n Mord als Selbstmord tarnen **B** V/PR **se ~** sich tarnen, verbergen, verstecken

camouflet [kamuflɛ] M *litt (offense)* Kränkung *f*; Beleidigung *f*

camp [kɑ̃] M **1** Lager *n*; MIL HIST Heer-, Feldlager *n*; **~ militaire** Truppenübungsplatz *m*; **~ (de camping)** Campingplatz *m*; Zeltplatz *m*; **~ de concentration** Konzentrationslager *n* (*abr* KZ); MIL **~ d'entraînement** Truppenübungsplatz *m*; **~ d'extermination** Vernichtungslager *n*; MIL **~ d'instruction** Ausbildungslager *n*; **~ de jeunes** Jugendlager *n*; **~ de nudistes** → nudiste B; **~ de prisonniers, de réfugiés, de transit** (Kriegs)Gefangenen-, Flüchtlings-, Durchgangslager *n*; **~ de vacances** Ferienlager *n*; **dresser, établir un ~** ein Lager aufschlagen; **faire un ~** an e-m Lager teilnehmen; *fam* **fiche(r), foutre le ~** *personne fam* abhauen; sich aus dem Staub machen; verduften; sich verziehen; *bouton, peinture* abgehen; abplatzen; *fam* **fiche-moi, fous-moi le ~!** *fam* hau ab!; verschwinde, verdufte gefälligst!; mach, dass du fortkommst!; *pop* verpiss dich!; *fam fig* **tout fout le ~** nichts ist mehr, wie es war; **lever le ~** das Lager abbrechen; *fig* abziehen; das Feld räumen **2** POL, *dans une querelle* Lager *n*; Partei *f*; **partagé en deux ~s** in zwei Lager gespalten; **changer de ~** ins andere Lager überwechseln; **passer dans le ~ adverse** ins gegnerische Lager übergehen

campagnard [kɑ̃paɲaʀ] **A** ADJ ländlich; bäuerlich; Land…; *péj* bäu(e)risch; **gentilhomme ~** Landedelmann *m*; **il a un accent ~** er spricht wie ein Mann vom Land; er hat e-n ländlichen Tonfall **B** SUBST **~(e)** *m(f)* **a** Landbewohner(in) *m(f)* **b** *péj* Bauer *m*, Bäuerin *f*; *iron* Hinterwäldler *m*; *fam* Landpomeranze *f*

campagne [kɑ̃paɲ] F **1** Land *n* (*im Gegensatz zur Stadt*); flaches Land (*im Gegensatz zum Gebirge*); *(paysage)* Landschaft *f*; Gelände *n*; *poét* Flur *f*; Gefilde *n*; **la ~ normande** *etc* die normannische *etc* Landschaft; *loc adj et loc adv* **à la ~** auf dem *ou* das Land; **séjour** *m* **à la ~** Aufenthalt *m* auf dem Land; Landaufenthalt *m*; **vie** *f* **à** *ou* **de la ~** Landleben *n*; **aller à la ~** aufs Land gehen *ou* fahren; *loc adv*: **dans la ~** im Gelände; **dans nos ~s** bei uns auf dem Land; **en pleine ~** weit auf dem Land draußen; weitab von jeder Ortschaft; **en rase ~** auf dem flachen Land; auf freiem Feld; **curé** *m*, **médecin** *m* **de ~** Landpfarrer *m*, -arzt *m*; **pain** *m* **de ~** Land-, Bauernbrot *n*; **aimer la ~** das Land(leben) lieben; gern auf dem Land sein; **battre la ~** das Gelände, die Gegend kreuz und quer durchstreifen; *fam* die Gegend abgrasen; *fig* sich in Fantasien, Fantastereien verlieren; wirres, verworrenes Zeug reden **2** MIL Feldzug *m*; **~s de Napoléon** Napoleonische Feldzüge *mpl*; **~ de Russie** Russlandfeldzug *m*; **tenue** *f* **de ~** feldmarschmäßige Ausrüstung; **entrer en ~** ins Feld ziehen, rücken; **être en, faire ~** im Feld(e) stehen; **faire une ~** e-n Feldzug mitmachen; *fig* **se mettre en ~** alle Hebel in Bewegung setzen **3** *fig* Feldzug *m*; Kampagne *f*; **~ électorale** Wahlkampf *m*; **~ publicitaire, de publicité** Werbekampagne *f*; Werbe-, Reklamefeldzug *m*; **~ d'information, de lancement, de presse** Aufklärungs-, Einführungs-, Pressekampagne *f*; **~ de propagande** Propagandafeldzug *m*; **faire ~ pour qc** für etw Propaganda machen; sich für etw einsetzen; **lancer une ~ en faveur de qc** e-n Werbe-, Propagandafeldzug für etw starten; **lancer une ~ contre qc** gegen etw zu Felde ziehen

campagnol [kɑ̃paɲɔl] M ZOOL Schermaus *f*; Wasserratte *f*

Campanie [kɑ̃pani] **la ~** Kampanien *n*

campanile [kɑ̃panil] M ARCH Campanile *ou* Kampanile *m*

campanule [kɑ̃panyl] F BOT Glockenblume *f*

campé [kɑ̃pe] ADJ **1** *personne* **être bien ~** fest *ou* breitbeinig dastehen **2** *fig dans un roman etc* **personnage bien ~** lebendig dargestellte Figur

campement [kɑ̃pmɑ̃] M **1** **a** *lieu* Lager *n*; Lagerplatz *m* **b** *action* Lagern *n*; Kampieren *n* **2** *fig (installation provisoire)* Kampieren *n*; **être en ~** kampieren

camper [kɑ̃pe] **A** V/T **1** *auteur: personnage, peintre: portrait* lebendig darstellen **2** *litt chapeau* aufsetzen **B** V/I **1** campen; *sous la tente a.* zelten **2** MIL kampieren; lagern **3** *fig (s'installer provisoirement)* kampieren; sich (notdürftig und) vorübergehend einrichten **C** V/PR **se ~** sich aufstellen, *fam* aufpflanzen (**devant** vor *+dat*); **il est venu se ~ devant moi** *a.* er baute sich vor mir auf

campeur [kɑ̃pœʀ] M, **campeuse** F Camper(in) *m(f)*; *sous la tente* Zeltler(in) *m(f)*; Zeltwand(e)rer(in) *m(f)*

camphre [kɑ̃fʀ] M PHARM Kampfer *m*

camphré [kɑ̃fʀe] ADJ Kampfer…; **alcool ~** Kampferspiritus *m*

camphrier [kɑ̃fʀije] M BOT Kampferbaum *m*

camping [kɑ̃piŋ] M **1** Camping *n*; Campen *n*; *sous la tente* Zelten *n*; **~ sauvage** wildes Campen, Zelten; **matériel** *m* **de ~** Campingausrüstung *f*; **faire du ~** campen; zelten **2** **(terrain** *m* **de) ~** Campingplatz *m*

camping-car [kɑ̃piŋkaʀ] M ‹*pl* camping-cars› Wohnmobil *n*; Campingbus *m*; **camping-gaz** M ‹*inv*› Campinggaskocher *m*

campos [kɑ̃pɔs] M GÉOG Campos *mpl*

campus [kɑ̃pys] M Universitätsgelände *n*; Campus *m*

camus [kamy] ADJ ‹-use [-yz]› **nez ~** platte Nase; Stumpf-, Sattelnase *f*

Camus [kamy] **Albert ~** *frz Schriftsteller*

Canaan [kanaɑ̃] BIBL **le pays, la terre de ~** (das Land) Kanaan *n*

Canada [kanada] **le ~** Kanada *n*

canada [kanada] F *pomme: e-e Renettensorte*

canadianisme [kanadjanism] M LING Kanadianismus *m* (*in Kanada gebräuchlicher Ausdruck des Französischen*)

canadien [kanadjɛ̃] **A** ADJ ‹~ne› kanadisch **B** SUBST **Canadien(ne)** *m(f)* Kanadier(in) *m(f)*; **Canadien français** Frankokanadier *m*

canadienne [kanadjɛn] F **1** *veste* Lammfelljacke *f* **2** *canoë* Kanadier *m* **3** *tente* Firstzelt *n*

canaille [kanaj] F **1** Schurke *m*; Halunke *m*; Lump *m*; Kanaille *f*; **cette ~ de X** X, dieser Lump, Schuft, Halunke **2** *plais, d'un ou à un enfant* Schlingel *m*; kleiner Teufel **3** ADJT **a** *airs, manières* pöbelhaft; ordinär **b** *(malhonnête)* unredlich; unanständig

canaillerie [kanajʀi] F Gemeinheit *f*; Schurkerei *f*; *action a.* Schurkenstreich *m*

canal [kanal] M ‹*pl* -aux› **1** Kanal *m*; *à Venise* **le Grand Canal** der Canal Grande; **~ latéral** Seitenkanal *m*; **~ d'irrigation** Bewässerungskanal *m*; **le ~ de Panama, de Suez** der Panama-, Sueskanal; **le ~ du Rhône au Rhin** der Rhein-Rhone-Kanal **2** GÉOG Kanal *m*; Meeresarm *m* **3** RAD, TV Kanal *m* **4** *(conduite)* Leitung *f*; Kanal *m*; **~ d'aération** Luftkanal *m*, -schacht *m* **5** ANAT Gang *m*; **~ rachidien** Wirbel-, Rückenmarkskanal *m* **6** *fig loc prép* **par le ~ de** über (*+acc*); durch Vermittlung von (*ou + gén*)

canalisable [kanalizabl] ADJ kanalisierbar

canalisation [kanalizasjõ] F **1** *de gaz etc* Leitung(snetz) *f(n)*; *d'eaux usées* Kanalisation *f* **2** *d'un fleuve* Kanalisierung *f*

canaliser [kanalize] V/T **1** *fleuve* kanalisieren **2** *fig* kanalisieren; in e-e bestimmte Richtung lenken; zusammenfassen

canapé [kanape] M **1** Couch *f*; Sofa *n*; Kanapee *n* **2** CUIS Kanapee *n*; **~ d'anchois** Kanapee mit Anschovis; *loc adj* **sur ~s** auf Weißbrotscheiben serviert

canapé-lit [kanapeli] M ‹*pl* canapés-lits› Schlaf-, Bettcouch *f*

Canaques [kanak] MPL Kanaken *mpl*

canard [kanaʀ] M **1** ZOOL Ente *f*; *par opposition à la femelle* **~ (mâle)** Erpel *m*; Enterich *m*; *fam fig* **~ boiteux** lahme Ente; angeschlagenes, schlecht gehendes Unternehmen; **~ sauvage** Wildente *f*; *fam fig à un enfant* **mon petit ~** mein kleiner Spatz; CUIS **~ à l'orange** Ente mit Orangensoße; **~ de Barbarie** Moschusente *f*; *fam fig* **il ne casse pas trois pattes à un ~** *personne* er hat nicht gerade e-e Meisterleistung vollbracht; *fam* er hat sich nicht mit Ruhm bekleckert; *film etc* er ist nicht gerade ein Meisterwerk; *fam fig* **il fait un froid de**

~ *fam* es ist hunde-, *pop* saukalt; **marcher comme un ~** watscheln **2** *fam* **a** *péj (journal)* *fam péj* Käseblatt *n* **b** *(fausse nouvelle)* (Zeitungs)Ente *f* **3** MUS falscher Ton; **faire un ~** falsch singen *ou* spielen **4** *(sucre trempé)* in Schnaps *ou* Kognak *ou* Kaffee getauchtes Stück Zucker

canardeau [kanaʀdo] M ‹*pl* ~x› ZOOL junge Ente

canarder [kanaʀde] **A** VT *fam* **~ qn** (aus gedeckter Stellung) auf j-n feuern, schießen **B** VI *fam* MUS falsch singen *ou* spielen

canardière [kanaʀdjɛʀ] F **1** Ententeich *m* **2** CH **a** Anstand *m (für die Entenjagd)* **b** Entenflinte *f*

canari [kanaʀi] M ZOOL Kanarienvogel *m*; *adjt* **jaune ~** ‹*inv*› kanariengelb

Canaries [kanaʀi] **les ~** *fpl ou* **les îles** *fpl* **~** die Kanarischen Inseln *fpl*

canasson [kanasõ] *fam* M *fam* Gaul *m*; *péj* Klepper *m*; (Schind)Mähre *f*

canasta [kanasta] F *jeu de cartes* Canasta *n*

cancan [kɑ̃kɑ̃] M **1** **~s** *pl* Klatsch *m*; Klatschereien *fpl*; Geschwätz *n*; *fam* Tratsch *m*; **faire des ~s** klatschen; *fam* tratschen; **raconter des ~s sur qn** über j-n Gerüchte, Klatsch verbreiten **2** *danse* **french ~** [fʀɛnʃ-] Cancan *m*

cancaner [kɑ̃kane] VI **1** klatschen; *fam* tratschen **2** *canard* schnattern; **cancanier** ADJ ‹-ière› klatschsüchtig, -haft

cancer [kɑ̃sɛʀ] M **1** MÉD Krebs *m*; **~ du poumon, du sein** Lungen-, Brustkrebs *m*; **avoir un ~** Krebs haben **2** *fig* Krebsgeschwür *n* **3** ASTRON, ASTROL **Cancer** Krebs *m*

cancéreux [kɑ̃seʀø] MÉD **A** ADJ ‹-euse› **1** Krebs...; krebsartig; **cellule cancéreuse** Krebszelle *f*; **tumeur cancéreuse** Krebsgeschwulst *f*; *t/t* Karzinom *n* **2** *personne, organe* krebskrank **B** SUBST **~, cancéreuse** *m,f* Krebskranke(r) *m/f(m)*

cancérigène [kɑ̃seʀiʒɛn] ADJ MÉD krebserregend; *t/t* karzinogen; kanzerogen

cancérisation [kɑ̃seʀizasjõ] F MÉD Bösartigwerden *n*; Krebsbildung *f*

cancérogène [kɑ̃seʀɔʒɛn] ADJ → cancérigène; **cancérologie** F Krebsforschung *f*; Karzinologie *f*; **cancérologique** ADJ Krebs...; karzinologisch; **cancérologue** M/F Krebsforscher(in) *m(f)*; Kanzerologe, -login *m,f*

cancoillotte [kɑ̃kɔjɔt, -kwajɔt] F *ein Weichkäse aus der Franche-Comté*

cancre [kɑ̃kʀ] *fam* M schlechter *ou* fauler Schüler; *fam* Faulpelz *m*

cancrelat [kɑ̃kʀəla] M ZOOL (Küchen)Schabe *f*; Kakerlake *f*

candélabre [kɑ̃delabʀ] M Kandelaber *m*; großer Armleuchter

candeur [kɑ̃dœʀ] F Arglosigkeit *f*; Treuherzigkeit *f*; Naivität *f*; **avec ~** arglos; treuherzig; naiv

candi [kɑ̃di] ADJ **sucre** *m* **~** Kandis(zucker) *m*

candidat [kɑ̃dida] M, **candidate** F Kandidat(in) *m(f)* (*a.* POL); Bewerber(in) *m(f)*; Anwärter(in) *m(f)*; **candidat, candidate à un examen** Examenskandidat(in) *m(f)*; Prüfling *m*; **candidat, candidate à la présidence** Präsidentschaftskandidat(in) *m(f)*; *fig* **candidat, candidate au suicide** Selbstmordkandidat(in) *m(f)*; **liste** *f* **des candidats** Kandidaten-, Bewerberliste *f*; **être, se porter candidat, candidate** kandidieren, als Kandidat(in) auftreten (**à une élection** bei e-r Wahl); sich bewerben, als Bewerber(in) auftreten (**à un poste** um e-e Stellung)

candidature [kɑ̃didatyʀ] F Kandidatur *f* (*a.* POL); Bewerbung *f*; **faire acte de ~** kandidieren; *a.* sich bewerben; **poser, présenter sa ~** sich bewerben (**à un poste** um e-e Stellung); s-e Bewerbung einreichen; kandidieren; s-e Kandidatur anmelden, sich als Kandidat aufstellen lassen (**à une élection** bei e-r Wahl); **retirer sa ~** s-e Kandidatur, Bewerbung zurückziehen

candide [kɑ̃did] ADJ arglos; treuherzig; naiv; unschuldig; ohne Falsch

candir [kɑ̃diʀ] V/PR **se ~** *sucre* auskristallisieren; *elliptiquement* **faire ~ du sucre** Zucker kandieren

candisation [kɑ̃dizasjõ] F *du sucre* Kandieren *n*

cane [kan] F ZOOL (weibliche) Ente

caner [kane] VI **1** *fam (reculer)* *fam* kneifen, sich drücken (**devant** vor *+dat*) **2** *pop (mourir)* *pop* krepieren; abkratzen

caneton [kantõ] M **a** ZOOL Entchen *n*; Entenküken *n* **b** CUIS Jungente *f*

canette [kanɛt] F **1** *d'une machine à coudre* Spule *f* **2** **a** Bügelflasche *f* **b** *contenu* Flasche *f* Bier **c** *en métal* (Getränke)Dose *f*

canevas [kanva] M **1** COUT Kanevas *m*; Gitterleinen *n*; Stramin *m*; *par ext broderie* Kanevasstickerei *f* **2** *fig d'un roman, exposé etc* Entwurf *m*; (Gedanken)Schema *n*

caniche [kaniʃ] M ZOOL Pudel *m*; **~ nain** Zwergpudel *m*; *fam* **être frisé comme un ~** sehr, ganz krause Haare haben

caniculaire [kanikylɛʀ] ADJ **chaleur** *f* **~** Gluthitze *f*

canicule [kanikyl] F **1** *époque* Hundstage *mpl* **2** *chaleur* Gluthitze *f*

canif [kanif] M Taschenmesser *n*; *fam fig* **donner un coup de ~ dans le contrat** e-n Seitensprung machen; *fam* fremdgehen

canin [kanɛ̃] ADJ Hunde...; **exposition ~e** Hundeausstellung *f*; **race ~e** Hunderasse *f*

canine [kanin] F Eck-, Augenzahn *m*

caninette [kaninɛt] F *Motorrad mit e-r Vorrichtung zum Aufsaugen von Hundekot*

caniveau [kanivo] M ‹*pl* ~x› Rinnstein *m*; Gosse *f*

cannabis [kanabis] M BOT Cannabis *m*

cannage [kanaʒ] M **1** *action* Stuhlflechten *n* **2** *(partie cannée)* Rohrgeflecht *n*

cannaie [kanɛ] F **a** (Zucker)Rohrpflanzung *f* **b** Röhricht *n*

canne [kan] F **1** BOT Rohr *n*; **~ à sucre** Zuckerrohr *n*; **sucre** *m* **de ~** Rohrzucker *m* **2** *bâton* (Spazier)Stock *m*; *d'alpiniste* Bergstock *m*; MÉD **~s anglaises** (Unterarm)Krücken *fpl*; **~ blanche** Blindenstock *m*; *par ext* **les ~s blanches** die Blinden *mpl*; **marcher avec une ~** am Stock gehen **3** **~ à pêche** Angelrute *f* **4** *fam* **~s** *pl* **de serin** *fam* Storchbeine *npl*

canné [kane] ADJ aus Rohrgeflecht; **chaise ~e** Stuhl *m* mit Sitz (und Lehne) aus Rohrgeflecht

canneberge [kanbɛʀʒ] F *plante, fruit* Cranberry *f*

canne-épée [kanepe] F ‹*pl* cannes-épées› Stockdegen *m*

cannelé [kanle] ADJ gerillt; *monnaie* gerändelt; **colonne ~e** kannelierte Säule

canneler [kanle] VT ‹-ll-› kannelieren; riefe(l)n; auskehlen

cannelier [kanəlje] M BOT Zimtbaum *m*

cannelle [kanɛl] F BOT, CUIS Zimt *m*; **bâton** *m* **de ~** Zimtstange *f*

cannelloni(s) [kanɛlɔni] MPL CUIS Cannelloni *pl*

cannelure [kanlyʀ] F Rille *f*; Hohlkehle *f*; *d'une colonne* Kannelüre *f*; **~s** *pl a.* Riefelung *f*; *d'une colonne* Kannelierung *f*

canner [kane] VT *siège* mit (e-m) Rohrgeflecht versehen

Cannes [kan] *Stadt im Dep. Alpes-Maritimes*

cannette [kanɛt] F → canette

canneur [kanœʀ] M, **canneuse** F Stuhlflechter(in) *m(f)*

cannibale [kanibal] **A** M Kannibale *m* (*a. fig*); Menschenfresser *m* **B** ADJ Kannibalen...; kannibalisch; **cannibalisme** M Kannibalismus *m* (*a.* ZOOL)

canoë [kanɔe] M Kanu *n*; **faire du ~** Kanusport (be)treiben; Kanu fahren

canoéisme [kanɔeism] M Kanusport *m*; **canoéiste** M/F Kanufahrer(in) *m(f)*; Kanute *m*

canon[1] [kanõ] M **1** **a** MIL Geschütz *n*; Kanone *f*; **~ antiaérien** *ou* **de D.C.A.** Flugabwehrkanone *f*; Flakgeschütz *n*; **~ de 75 mm (de calibre)** 7,5-cm-Geschütz *n*; **coup** *m* **de ~** Kanonenschuss *m*; **tirer le ~, un coup de ~** e-n Kanonenschuss abgeben **b** *de la police* **~ à eau** Wasserwerfer *m*; SKI **~ à neige** Schneekanone *f* **2** *de fusil, de revolver* Lauf *m*; **fusil** *m* **à ~ scié** Gewehr mit abgesägtem Lauf **3** *d'une clé, d'un arrosoir* Rohr *n* **4** *fam (verre de vin)* Glas *n* Wein

canon[2] [kanõ] M **1** BEAUX-ARTS Kanon *m*; *par ext a.* Richtschnur *f*; Regel *f* **2** ÉGL CATH Kanon *m*; *adjt* **droit** *m* **~** kanonisches Recht; (katholisches) Kirchenrecht **3** MUS Kanon *m*; **~ à deux voix** zweistimmiger Kanon **4** *fam (belle fille)* *fam* attraktive Tussi; heißer Ofen

cañon [kaɲõ] M GÉOG Cañon *m*

canonial [kanɔnjal] ADJ ‹-aux› **1** REL kanonisch **2** ÉGL CATH Domherren... *ou* Stiftsherren...

canonicat [kanɔnika] M ÉGL CATH Kanonikat *n*

canonicité [kanɔnisite] F ÉGL CATH Übereinstimmung *f* mit dem kanonischen Recht

canonique [kanɔnik] ADJ ÉGL CATH kanonisch; **âge** *m* **~** kanonisches Alter; *pour être servante de curé* vorgeschriebenes Mindestalter von vierzig Jahren; *fam fig* **être d'un âge ~** in e-m ehrwürdigen, respektablen Alter sein

canonisation [kanɔnizasjõ] F ÉGL CATH Heiligsprechung *f*; Kanonisation *f*; **canoniser** VT ÉGL CATH heiligsprechen; kanonisieren; **canoniste** M ÉGL CATH Kanonist *m*

canonnade [kanɔnad] F MIL Kanonade *f*; Geschützfeuer *n*; **canonnage** M MIL **1** *partic* MAR Bedienung *f* der Geschütze **2** Beschießen *n*; Beschuss *m*; **canonner** VT MIL beschießen; mit Geschützfeuer belegen; **canonnier** M MIL Kanonier *m*; **canonnière** F MAR Kanonenboot *n*

canot [kano] M Boot *n*; Kahn *m*; *sur un bateau a.* Beiboot *n*; **~ automobile, à moteur** Motorboot *n*; **~ de sauvetage** Rettungsboot *n*; **mettre un ~ à la mer** ein Boot zu Wasser bringen, lassen

canotage [kanɔtaʒ] M Kahnfahren *n*; Rudern *n*; **canoter** VI Kahn fahren; rudern; **canoteur** M Kahnfahrer *m*

canotier [kanɔtje] M *chapeau fam* Kreissäge *f*

Cantabriques [kɑ̃tabʀik] **les monts** *mpl* **~** das Kantabrische Gebirge

Cantal [kɑ̃tal] **1** **le ~** *Bergmassiv in der Auvergne u. Departement* **2** **cantal** *m ein Hartkäse aus der Auvergne*

cantaloup [kɑ̃talu] M *(e-e)* Zuckermelone

cantate [kɑ̃tat] F MUS Kantate *f*

cantatrice [kɑ̃tatʀis] F (Opern)Sängerin *f*

cantilène [kɑ̃tilɛn] F **1** MUS Kantilene *f* **2** *poème* Klagelied *n*

cantine [kɑ̃tin] F **1** Kantine *f*; ÉCOLE *etc* Speisesaal *m*; **~ d'entreprise** Werkskantine *f*; *par ext* **la ~ est bonne** das Essen in der Kantine ist gut; **manger à la ~** in der Kantine, *élève* in der Schule essen **2** *malle* (Leicht)Metallkiste *f*, -truhe *f*

cantinier [kɑ̃tinje] M Kantinenwirt *m*, -pächter *m*; **cantinière** F *autrefois* MIL Marketenderin *f*

cantique [kɑ̃tik] M REL **1** geistliches Lied;

C

Kirchenlied *n*; ÉGL PROT Choral *m* 2 BIBL Lobgesang *m*; **le Cantique des ~s** das Hohelied

canton [kɑ̃tõ] M 1 ADMIN *en Suisse et en France* Kanton *m*; **le ~ de Vaud** der Kanton Waadt 2 CH DE FER Blockabschnitt *m*; *de route* Streckenabschnitt *m*

cantonade [kɑ̃tɔnad] F THÉ **parler à la ~** in die Kulissen sprechen; *par ext* **dire, crier qc à la ~** etw in den Raum sagen, rufen

cantonal [kɑ̃tɔnal] ADJ ‹-aux› kantonal; Kantons…; *en France* **élections ~es** *ou subst* **~es** *fpl* Wahlen *fpl* zu den „Conseils généraux"; Departementswahlen *fpl*

cantonné [kɑ̃tɔne] ADJ ARCH an den Ecken mit Pfeilern *etc* verziert

cantonnement [kɑ̃tɔnmɑ̃] M MIL 1 *action* Unterbringung *f*; **~ chez l'habitant** Einquartierung *f* 2 *lieu* Quartier *n*; Ortsunterkunft *f*

cantonner [kɑ̃tɔne] A V/T 1 MIL unterbringen; einquartieren 2 *fig* **~ qn dans** j-m nicht mehr zugestehen als (*+acc*) B V/I MIL Quartier beziehen; im Quartier sein, liegen C V/PR **se ~** 1 (*se retirer*) sich zurückziehen; *fam* sich verkriechen 2 *fig* sich beschränken (**dans** auf *+acc*)

cantonnier [kɑ̃tɔnje] M Straßenwärter *m*; CH DE FER Streckenwärter *m*

cantonnière [kɑ̃tɔnjɛʀ] F Querbehang *m*; Schabracke *f*

canulant [kanylɑ̃] *fam* ADJ lästig; **il est ~** *a. fam* er nervt mich

canular [kanylaʀ] *fam* M Streich *m*; Fopperei *f*; Irreführung *f*; **monter un ~** j-n, die ander(e)n *etc* an der Nase herumführen; j-m, den ander(e)n *etc* e-n Bären aufbinden

canularesque [kanylaʀɛsk] *fam* ADJ **histoire** *f* **~** (Lügen)Märchen *n*; Ammenmärchen *n*

canule [kanyl] F MÉD Röhrchen *n*; Kanüle *f*

canuler [kanyle] V/T *fam* **~ qn** j-m lästig, *fam* auf den Wecker fallen

canut [kany] M Lyoner Seidenarbeiter *m*

canyon [kanjõ] M → cañon

canyoning [kanjɔniŋ] M SPORTS Canyoning *n*

canzone [kɑ(d)zɔne] F LITTÉRATURE Kanzone *f*

canzonette [kɑ̃(d)zɔnɛt] F MUS Kanzonette *f*

CAO [seao] F ABR (conception assistée par ordinateur) CAD *n* (computer-aided design)

caoua [kawa] *fam* M Kaffee *m*

caoutchouc [kautʃu] M 1 Kautschuk *m*; **~ (vulcanisé)** Gummi *m ou n*; **~ mousse** Schaumgummi *m*; *loc adj* **de** *ou* **en ~** Gummi…; **balle** *f*, **gant** *m* **de ~** Gummiball *m*, -handschuh *m* 2 BOT Gummibaum *m* 3 (*élastique*) Gummiband *n ou* -ring *m* 4 *autrefois: imperméable* Gummimantel *m*; **~s** *pl chaussures* Gummi(über)schuhe *mpl*

caoutchoutage [kautʃutaʒ] M a Gummieren *n*; Kautschutieren *n* b Gummibelag *m*; **caoutchouter** V/T gummieren; kautschutieren; **caoutchouteux** ADJ ‹-euse› kautschuk-, gummiartig; *viande etc a.* zäh wie Gummi

cap [kap] M 1 Kap *n*; Vorgebirge *n*; **le ~ Horn** [ɔʀn], **de Bonne-Espérance** das Kap Hoorn, der Guten Hoffnung; **doubler, franchir, passer un ~** ein Kap umfahren; *fig*: **doubler, franchir, passer le ~** es, die schwierige Lage überstehen; *malade* **avoir passé le ~** über den Berg sein; **avoir passé le ~ de l'examen** das Examen überstanden, hinter sich (*dat*) haben; *personne* **avoir (dé)passé le ~ de la quarantaine** über die vierzig sein; die vierzig überschritten haben; *pays* **avoir (dé)passé, doublé le ~ de 30 millions d'habitants** e-e Einwohnerzahl von 30 Millionen (erreicht) haben; die 30-Millionen-Grenze erreicht haben 2 MAR Kurs *m*; MAR, AVIAT, *par ext*: **mettre le ~ au nord** nordwärts steuern, fahren, fliegen; Kurs nach Norden nehmen; **mettre le ~ sur Marseille** Kurs auf Marseille nehmen; Marseille ansteuern; in Richtung Marseille fahren; **changer de ~** den Kurs wechseln, ändern; *fig a.* e-n Kurswechsel vornehmen; MAR, AVIAT **maintenir le ~** Kurs halten 3 LOC ADV **de pied en ~** von Kopf bis Fuß; von oben bis unten; vom Scheitel bis zur Sohle

Cap (Le) [ləkap] Kapstadt *n*

cap' [kap] ABR (capable) *fam* **t'es pas ~!** *fam* wetten, dass du's nicht schaffst!

CAP [seape] M ABR (certificat d'aptitude professionnelle) Berufsbefähigungszeugnis *n*; *correspond à* Facharbeiterbrief *m ou* -prüfung *f*; *pour artisans* Gesellenbrief *m ou* -prüfung *f*

capable [kapabl] ADJ 1 *personne* a **~ de** (*+inf*) fähig, in der Lage, imstande zu (*+inf*); **être ~ de faire qc** *a.* etw tun können, zu tun vermögen; **il est ~ de l'avoir oublié** er ist imstande und hat es vergessen; *péj* **il n'est même pas ~ de** (*+inf*) er ist nicht einmal imstande, fähig zu (*+inf*); er kann nicht einmal (*+inf*) b **~ de qc** zu etw, *st/s* e-r Sache (*gén*) fähig; **être ~ du meilleur comme du pire** zum Besten wie auch zum Schlimmsten fähig sein; **être ~ de sérieux, de patience** ernst, geduldig sein können; *péj* **il est ~ d'une bassesse pour** … er ist zu e-r Niederträchtigkeit fähig, um zu …; *péj* **il est ~ de tout** er ist zu allem fähig 2 *chose* **être ~ de** (*+inf*) können (*+inf*); **ce choc est ~ de la tuer** dieser Schock kann, könnte sie töten 3 *personne* (*compétente*) fähig; tüchtig; befähigt; tauglich 4 JUR handlungsfähig

capacitaire [kapasitɛʀ] M/F **~ (en droit)** Inhaber(in) *m(f)* des „certificat de capacité en droit"; → capacité 6

capacité [kapasite] F 1 (*aptitude*) Fähigkeit *f*; Tüchtigkeit *f*; Tauglichkeit *f*; Befähigung *f*; **~s** *pl* Fähigkeiten *fpl*; **~s intellectuelles** geistige Fähigkeiten; **~s professionnelles** berufliche Fähigkeiten; berufliches Können; **~ de travail** Arbeits-, Erwerbsfähigkeit *f*; *loc adj* **de grande ~** sehr fähig, tüchtig, befähigt; **travail** *m* **au-dessus de ses ~s** Arbeit, die s-e Fähigkeiten übersteigt; **je commence à douter de ses ~s** allmählich zweifle ich an s-m Verstand 2 (*contenance*) Fassungsvermögen *n*; Kapazität *f*; (*volume*) Rauminhalt *m*; *d'un bateau, avion* Ladefähigkeit *f*; *d'une ville, école etc* **~ d'accueil** Aufnahmefähigkeit *f*, -vermögen *n*, -kapazität *f*; Unterbringungsmöglichkeit *f*; **mesure** *f* **de ~** Hohlmaß *n* 3 PHYS, ÉLEC Kapazität *f* 4 *par ext* Kapazität *f*; Leistung(sfähigkeit) *f*; **~ fiscale** Steuerkraft *f*; **~ industrielle** Industriekapazität *f* 5 JUR **~ (civile, de jouissance)** Rechtsfähigkeit *f* 6 **certificat** *m* **de ~ en droit** Diplom *n* nach zweijährigem Rechtsstudium, zu dem Studenten ohne Abitur zugelassen werden

capage [kapaʒ] M *de cigares* Umrollen *n* mit dem Deckblatt; Decken *n*

caparaçon [kapaʀasõ] M *autrefois* (bestickter) Pferdeharnisch

caparaçonné [kapaʀasɔne] ADJ *cheval* geharnischt

cape [kap] F Umhang *m*; Cape *n*; *de matador* Capa *f*; **roman** *m* **de ~ et d'épée** Mantel-und-Degen-Roman *m*; *loc adv fig* **rire sous ~** heimlich, versteckt lachen; sich (*dat*) ins Fäustchen lachen

capeline [kaplin] F breitkrempiger (Damen)Hut

CAPES [kapɛs] M ABR (certificat d'aptitude professionnelle à l'enseignement secondaire) *correspond à* zweites Staatsexamen (für das höhere Lehramt)

capésien [kapesjɛ̃] M, **capésienne** F Inhaber(in) *m(f)* des CAPES

capétien [kapesjɛ̃] HIST A ADJ ‹~ne› Kapetinger… B MPL **Capétiens** Kapetinger *mpl*

Capharnaüm [kafaʀnaɔm] BIBL Kapernaum *n*

capharnaüm [kafaʀnaɔm] *fam* M Rumpelkammer *f*, Trödelladen *m* (*fig*)

capillaire [kapilɛʀ] A ADJ 1 ANAT, PHYS kapillar; Kapillar…; Haar…; **tube** *m* **~** Haarröhrchen *n*; Kapillare *f*; **vaisseaux** *mpl* **~s** *ou subst* **~s** *mpl* Kapillar-, Haargefäße *npl*; Kapillaren *fpl* 2 (*relatif aux cheveux*) Haar…; **lotion** *f* **~** Haarwasser *n* B M BOT Frauenhaarfarn *m*

capillarité [kapilaʀite] F 1 (*finesse*) Feinheit *f* 2 PHYS Kapillarität *f*; Kapillarwirkung *f*

capilotade [kapilɔtad] LOC ADJ *fam* **en ~**: **j'ai le dos en ~** *fam* ich bin wie gerädert; **j'ai les jambes en ~** die Füße sind mir schwer wie Blei; *gâteau etc* **être en ~** *fam* total zerquetscht, zermanscht sein

capitaine [kapitɛn] M 1 MIL a ARMÉE, AVIAT Hauptmann *m*; **~ de gendarmerie** Hauptmann der (Sicherheits)Polizei; **~ des pompiers** Brandmeister *m*; Feuerwehrhauptmann *m* b MAR MIL **~ de corvette, de frégate** Korvetten-, Fregattenkapitän *m*; **~ de vaisseau** Kapitän zur See (*abr* z. S.) 2 MAR (Schiffs)Kapitän *m*; **~ au long cours** Kapitän auf großer Fahrt; **~ de la marine marchande** *ou* **~ marchand** Kapitän der Handelsmarine; **~ en second** Erster Offizier 3 *litt* (*chef militaire*) Feldherr *m*; Heerführer *m* 4 SPORTS (Mannschafts)Kapitän *m* 5 **~ d'industrie** Industriekapitän *m*

capitainerie [kapitɛnʀi] F MAR Hafenamt *n*

capital[1] [kapital] ADJ ‹-aux› 1 Haupt…; hauptsächlich; wesentlich; entscheidend; kapital; grundlegend; **erreur ~e** kapitaler, grundlegender Irrtum; **œuvre ~e** Hauptwerk *n*; REL CATH **les sept péchés capitaux** die sieben Hauptsünden *fpl*; **point ~** Hauptpunkt *m*; wichtigster, wesentlicher, entscheidender Punkt; **être d'un intérêt ~** von größter, entscheidender, kapitaler Bedeutung sein; **jouer un rôle ~ dans une affaire** in e-r Angelegenheit e-e entscheidende Rolle spielen 2 JUR **peine ~e** Todesstrafe *f*

capital[2] [kapital] M ‹*pl* -aux› 1 Kapital *n* (*a.* ÉCON *et coll*); (*fortune*) Vermögen *n*; **capitaux** *pl* Gelder *npl*; (Geld)Mittel *npl*; Kapital(ien) *n(pl)*; **~ assuré** Versicherungssumme *f*; **~ décès** Sterbegeld *n*; **~ financier** Finanzkapital *n*; **~ d'investissement** Anlagekapital *n*; **capitaux** *pl* **d'investissement, de placement** Anlagekapital *n*; **~ en nature** Sach-, Realkapital *n*; **le ~ et le travail** Kapital und Arbeit; **investir des capitaux** Kapital investieren (**dans** in *+acc*) 2 *fig* Schatz *m*; **~ de connaissances** Reichtum *m* an Wissen, Kenntnissen

capitale [kapital] F 1 a *d'un pays* Hauptstadt *f*; *en France souvent* **la ~** Paris; **~ fédérale** Bundeshauptstadt *f* b *par ext* Mittelpunkt *m*; Zentrum *n*; **~ commerciale** Handelszentrum *n*; *Lyon*, **~ de la soie** Zentrum der Seidenindustrie 2 TYPO Großbuchstabe *m*; Versal(-buchstabe) *m*; **petite ~** Kapitälchen *n*; **en ~s d'imprimerie** in großen Druckbuchstaben

capitalisable [kapitalizabl] ADJ kapitalisierbar; **capitalisation** F Kapitalisierung *f*; Kapitalisation *f*; *abus* Kapitalbildung *f*; **capitaliser** A V/T *rente etc* kapitalisieren; *intérêts* zum Kapital schlagen B V/I Kapital bilden; **capitalisme** M Kapitalismus *m*; **capitaliste** A ADJ kapitalistisch B M/F Kapitalist(in) *m(f)*; *fam* **gros ~** Großkapitalist *m*

capital-risque [kapitalʀisk] M ÉCON Risikokapital *n*

capiteux [kapitø] ADJ ⟨-euse⟩ 1 *parfum, vin* schwer; berauschend 2 *beauté* verlockend; berauschend

Capitole [kapitɔl] *à Rome et Washington* **le ~** das Kapitol

capiton [kapitõ] M 1 Polsterkaro *n*, -karree *n* 2 MÉD Fettpölsterchen *n*; Fettablagerung *f*

capitonnage [kapitɔnaʒ] M 1 *action* Polstern *n* (und Absteppen *n*) 2 *(rembourrage)* Polsterung *f*

capitonner [kapitɔne] V/T *fauteuil etc* polstern (und absteppen); *adjt*: **porte capitonnée** Polstertür *f*; **siège capitonné** Polstersessel *m* mit Absteppung; *fig*: *tronc d'arbre* **capitonné de mousse** mit e-m Moospolster

capitulaire [kapitylɛʀ] ADJ ÉGL CATH Kapitel...; **salle** *f* **~** Kapitelsaal *m*

capitulation [kapitylasjõ] F MIL *et fig* Kapitulation *f*; **~ sans conditions, inconditionnelle** bedingungslose Kapitulation

capitule [kapityl] M BOT (Blüten)Körbchen *n*

capituler [kapityle] V/I MIL *et fig* kapitulieren; *fig a.* aufgeben

caporal [kapɔʀal] M ⟨*pl* -aux⟩ 1 MIL Gefreite(r) *m*; *fam* **le Petit Caporal** *Napoleon I.* 2 *tabac* Tabak *m* zweiter Güte

caporal-chef [kapɔʀalʃɛf] M ⟨*pl* caporaux--chefs⟩ MIL Ober- *ou* Hauptgefreite(r) *m*

caporalisme [kapɔʀalism] M Kasernenhofgeist *m*

capot¹ [kapo] M 1 AUTO Motorhaube *f*; AVIAT Triebwerkverkleidung *f*; **ouvrir, soulever le ~** die Motorhaube öffnen, aufklappen 2 MAR Persenning *f*

capot² [kapo] ADJ ⟨*inv*⟩ *joueur de cartes* **être (mis) ~** schwarz sein, werden; keinen Stich machen

capotage [kapɔtaʒ] M AVIAT Kopfstand *m*; AUTO Sichüberschlagen *n*

capote [kapɔt] F 1 AUTO, *d'un landau* Verdeck *n* 2 *manteau* Mantel *m* (mit Kapuze); MIL Soldatenmantel *m* 3 *pop* **~ anglaise** *pop* Pariser *m* 4 *autrefois: chapeau de femme* Kapotthut *m*; Kapotte *f*

capoter [capɔte] V/I 1 MAR kentern; AVIAT, AUTO sich überschlagen 2 *fig projet* scheitern; *fam* schiefgehen

Capoue [kapu] GÉOG Capua *n*

cappuccino [kaputʃino] M Cappuccino *m*

câpre [kɑpʀ] F CUIS Kaper *f*; **sauce** *f* **aux ~s** Kapernsoße *f*

caprice [kapʀis] M 1 Laune *f*; *st/s* Kaprize *f*; **~s** *pl* Launen *fpl*; Launenhaftigkeit *f*; *loc adv* **par ~** aus e-r Laune heraus; **avoir, faire des ~s** launisch, launenhaft sein; Launen haben; *enfant* **faire un ~** eigensinnig sein; *fam* ein kleiner Eigensinn sein; **céder aux ~s de qn** j-s Launen nachgeben; **elle lui passe tous ses ~s** sie lässt ihm alle s-e Launen durchgehen; **suivre son ~** e-r Laune nachgeben, folgen 2 *fig* **~s** *pl du temps, du sort, du hasard* Launen *fpl*; *du paysage etc* Vielfalt *f*; ständiger Wechsel; **~s de la mode** Modetorheiten *fpl*

capricieux [kapʀisjø] A ADJ ⟨-euse⟩ 1 launenhaft; launisch; kapriziös; **enfant ~** eigensinniges Kind; **humeur capricieuse** Launenhaftigkeit *f*; *loc adj* **d'humeur capricieuse** launisch; launenhaft; kapriziös 2 *fig mode, chance etc* launisch; launenhaft B SUBST **~, capricieuse** *m,f* launenhafter, launischer Mensch

capricorne [kapʀikɔʀn] M 1 ASTRON, ASTROL **Capricorne** Steinbock *m* 2 ZOOL Großer Eichen- *ou* Heldbock

câprier [kɑpʀije] M BOT Kapernstrauch *m*

caprin [kapʀɛ̃] ADJ Ziegen...

capsule [kapsyl] F 1 *de bouteilles* Flaschenkapsel *f*; Kronenverschluss *m*, -korken *m* 2 **~ (fulminante)** Sprengkapsel *f*; Zündhütchen *n*; **pistolet** *m* **à ~s** Spielzeugpistole *f* mit Zündblättchen 3 PHARM (Arznei)Kapsel *f* 4 ANAT Kapsel *f*; **~s surrénales** Nebennieren *fpl* 5 BOT Kapsel *f* 6 TECH Kapsel *f* (*a. spatiale*)

capsuler [kapsyle] V/T **~ des bouteilles** Flaschen verkapseln

captage [kaptaʒ] M 1 *d'une source* Fassen *n* 2 RAD *de signaux etc* Auffangen *n*

captateur [kaptatœʀ] M, **captatrice** F JUR Erbschleicher(in) *m(f)*; **captation** F JUR Erbschleicherei *f*

capter [kapte] V/T 1 *attention* fesseln; **~ la confiance de qn** j-s Vertrauen gewinnen, *péj* erschleichen; *péj a.* sich in j-s Vertrauen einschleichen 2 *source* fassen 3 RAD, TV *émetteur* hereinbekommen; *message, signal, par ext chaleur solaire* auffangen

capteur [kaptœʀ] M 1 **~ solaire** Sonnenkollektor *m* 2 *(détecteur)* Sensor *m*; Messfühler *m*

captieux [kapsjø] ADJ ⟨-euse⟩ verfänglich; **argument ~** *a.* Scheinargument *n*; **raisonnement ~** verfängliche Trugschlüsse *mpl*

captif [kaptif] A ADJ ⟨-ive⟩ 1 *animal* gefangen (gehalten); *litt personne* gefangen; *litt* in Banden, Fesseln 2 **ballon ~** Fesselballon *m* B SUBST **~, captive** *m,f* Gefangene(r) *m/f(m)*

captivant [kaptivɑ̃] ADJ 1 *livre, film etc* fesselnd; spannend; packend 2 *personne, beauté* bezaubernd; faszinierend

captiver [kaptive] V/T **~ qn** j-n in Bann schlagen; j-n fesseln, faszinieren; **~ l'attention de qn, de l'auditoire** j-s Aufmerksamkeit fesseln; j-n, s-e Zuhörer fesseln, in Bann schlagen

captivité [kaptivite] F Gefangenschaft *f*; **retour** *m* **de ~** Rückkehr *f* aus der Gefangenschaft; **tenir en ~** gefangen halten

capture [kaptyʀ] F 1 *d'animaux* Fangen *n*; *de personnes* Festnahme *f*; MIL Gefangennahme *f*; *de bateaux* Aufbringung *f*; HIST Kaperung *f* 2 *(butin)* Fang *m*; Beute *f* 3 PHYS NUCL Einfang (-prozess) *m*

capturer [kaptyʀe] V/T *animal* fangen; *personne* fassen; festnehmen; *après une poursuite a.* stellen; MIL gefangen nehmen; *choses* erbeuten; *bateau* aufbringen; HIST kapern

capuche [kapyʃ] F Kapuze *f*

capuchon [kapyʃõ] M 1 a *(capuche)* Kapuze *f* b Pelerine *f*, Umhang *m* mit Kapuze 2 *d'un stylo etc* Kappe *f* 3 *de protection* Haube *f*; Kappe *f*

capucin [kapysɛ̃] M ÉGL CATH Kapuziner (-mönch) *m*

capucine [kapysin] F BOT Kapuzinerkresse *f*

cap-verdien [kapvɛʀdjɛ̃] A ADJ ⟨~ne⟩ kapverdisch B SUBST **Cap-Verdien(ne)** *m(f)* Kapverdier(in) *m(f)*

Cap-Vert [kapvɛʀ] **le ~** Kap Verde *n*; **les îles** *fpl* **du ~** die Kapverdischen Inseln *fpl*; die Kapverden *pl*

caque [kak] F Heringsfass *n*

caquet [kakɛ] M 1 **rabattre** *ou* **rabaisser le ~ à qn** j-m den Mund stopfen; j-m e-n Dämpfer aufsetzen 2 *des poules et fig* Gackern *n*; Gegacker *n*; *fig a.* Geschwätz *n*; *fam* Klatscherei *f*

caquetage [kaktaʒ] M 1 *des poules* Gackern *n*; Gegacker *n* 2 *fig* Geschwätz *n*; *fam* Klatschen *n*; Tratschen *n*; **caqueter** V/I ⟨-tt-⟩ 1 *poule* gackern 2 *fig personne* schwatzen; *fam* klatschen; tratschen

car¹ [kaʀ] CONJ denn

car² [kaʀ] M Reise(omni)bus *m*; (Überland)Bus *m*; **~ S.N.C.F.** Bahnbus *m*; **~ de police** Mannschaftswagen *m* der Polizei; **~ de ramassage scolaire** Schulbus *m*

carabe [kaʀab] M ZOOL Laufkäfer *m*

carabin [kaʀabɛ̃] *fam* M Medizinstudent *m*

carabine [kaʀabin] F Karabiner *m*; Stutzen *m*; Gewehr *n*; **~ à air comprimé** Luftgewehr *n*

carabiné [kaʀabine] *fam* ADJ heftig; *fam* gewaltig; *boisson* stark; **amende ~e** *fam* saftige, gepfefferte Geldstrafe; **grippe ~e** heftige Grippe; **grog ~** steifer Grog; **rhume ~** *fam* Mordsschnupfen *m*

carabinier [kaʀabinje] M 1 HIST MIL Karabinier *m* 2 *en Italie* Karabiniere *m*; *en Espagne* Zollbeamte(r) *m*

Carabosse [kaʀabɔs] **la fée ~** *frz Märchengestalt*

caraco [kaʀako] M kurze, weite Bluse

caracoler [kaʀakɔle] V/I *cheval* tänzeln; *fig* **~ en tête** unangefochten an der Spitze liegen

caractère [kaʀaktɛʀ] M 1 *d'une personne* Charakter *m*; Wesen(sart) *n(f)*; **~ facile** verträglicher Charakter; verträgliches Wesen; **avec le ~ qu'il a** bei s-m Charakter; **avoir bon ~** ein verträglicher, ein leicht zu behandelnder Mensch sein; **avoir mauvais ~, un ~ exécrable**, *fam* **avoir un fichu, foutu, sale ~, un ~ de chien, de cochon** e-n schwierigen Charakter haben; ein schwieriger, schwer zu behandelnder Mensch sein; *fam* unangenehm werden können; **avoir un ~ heureux** e-e glückliche Natur, ein glückliches Naturell haben, besitzen; **être jeune de ~** (im Wesen) jung geblieben sein; ein jugendliches Wesen haben; **ce n'est pas dans son ~** das ist nicht s-e Art 2 **(force** *f* **de) ~** Charakter(stärke) *m(f)*; Willensstärke *f*, -kraft *f*; **homme** *m* **de ~** Mann *m* mit Charakter; willensstarker Mann; starke Persönlichkeit; **homme sans ~** charakter-, willensschwacher Mann; **avoir du ~** Charakter, Willensstärke haben; **manquer de ~** charakter-, willensschwach sein 3 *personne* Charakter *m*; charakterfester Mensch 4 LITTÉRATURE Charakter *m*; **comédie** *f* **de ~(s)** Charakterkomödie *f* 5 BIOL Merkmal *n*; Eigenschaft *f*; **~s héréditaires** Erbanlagen *fpl*; erbbedingte Merkmale *npl*; **~ particulier, propre** Eigentümlichkeit *f*; Charakteristikum *n* 6 *(trait distinctif)* Merkmal *n*; Wesenszug *m*; Kennzeichen *n*; *(personnalité)* Eigenart *f*; Gepräge *n*; Charakter *m*; *loc adj* **sans ~** farblos (*fig*); ohne eigenes Gepräge; **avoir du ~** ein eigenes Gepräge haben; **conférer un ~ comique à qc** e-r Sache (*dat*) e-e komische Note geben, verleihen; etw ins Komische wandeln 7 *avec adj (nature, aspect)* Charakter *m*; **le ~ difficile des négociations** die Schwierigkeit der Verhandlungen; *d'une mesure* **~ limité** beschränkter Umfang; **~ particulier** Besonderheit *f*; Eigenart *f*; **avoir un ~ provisoire** nur provisorisch, ein Provisorium sein; **~ urgent** Dringlichkeit *f*; **avoir, revêtir un ~ officiel** offiziellen Charakter haben, tragen; **ne présenter aucun ~ de gravité** völlig harmlos, ungefährlich sein 8 a *(signe écrit)* Schriftzeichen *n*; *(lettre)* Letter *f*; Buchstabe *m*; **~s** *pl* Schrift *f*; *imprimés* Druck *m*; **~s romains** Antiqua *f*; **~ d'imprimerie** Druckbuchstabe *m*; **~s d'imprimerie** Druckschrift *f*; **~s d'écriture** Schreibschrift *f*; *loc adv* **en gros, en petits ~s** mit großen, kleinen Buchstaben; *imprimé a.* groß, klein gedruckt b TYPO Letter *f*; (Druck)Type *f*

caractériel [kaʀakteʀjɛl] A ADJ ⟨~le⟩ 1 charakterlich; Charakter...; **troubles ~s** Verhaltensstörungen *fpl* 2 *personne* verhaltensgestört; **enfant ~** verhaltensgestörtes, schwer erziehbares Kind B SUBST **~, caractérielle** *m,f* Verhaltensgestörte(r) *m/f(m)*; *enfant* verhaltensgestörtes, schwer erziehbares Kind

caractérisation [kaʀakteʀizasjõ] F Charakterisierung *f*; Charakteristik *f*

caractérisé [kaʀakteʀize] ADJ eindeutig; ausgeprägt; deutlich (zu erkennend); **insolence ~e** eindeutige, deutliche Unverschämtheit

caractériser [kaʀakteʀize] A VT 1 *(décrire)* charakterisieren; kennzeichnen 2 *(être caractéristique de)* **~ qn** charakteristisch, bezeichnend, kennzeichnend für j-n sein; j-n charakterisieren, auszeichnen, kennzeichnen; *iron* **avec la chance qui me caractérise** mit, bei dem Glück, das ich immer habe B V/PR **se ~ par** gekennzeichnet sein durch; sich auszeichnen durch

caractéristique [kaʀakteʀistik] A ADJ charakteristisch, kennzeichnend, bezeichnend, typisch (**de** für) B F 1 Kennzeichen *n*; Merkmal *n*; Wesenszug *m*; Charakteristikum *n* 2 PHYS, TECH Kennlinie *f*; Charakteristik *f*; *d'une machine etc* **~s** *pl* technische Daten *pl*

caractérologie [kaʀakteʀɔlɔʒi] F Charakterologie *f*; Charakterkunde *f*

carafe [kaʀaf] F 1 Karaffe *f*; **~ à eau** Wasserkaraffe *f*; **une ~ d'eau** e-e Karaffe Wasser; **vin** *m* **en ~** offener Wein; Schoppenwein *m* 2 *fam* **laisser qn en ~** *fam* j-n versetzen; **rester en ~** *en chemin* festsitzen; nicht mehr weiterkommen; *en voiture* liegen bleiben; *orateur etc* stocken; stecken bleiben; sich verheddern 3 → carafon 2

carafon [kaʀafõ] M 1 kleine Karaffe 2 *fam (tête) fam* Schädel *m*; Birne *f*; Dez *m*

caraïbe [kaʀaib] A ADJ karibisch B MPL **Caraïbes** Kariben *mpl (Bewohner)*; **la mer des Caraïbes** die Karibik; das Karibische Meer

carambolage [kaʀɑ̃bɔlaʒ] M 1 *de véhicules* Zusammenstoß *m*; Karambolage *f*; *de plusieurs véhicules* Massenkarambolage *f* 2 BILLARD Karambolage *f*

carambole[1] [kaʀɑ̃bɔl] F *fruit* Sternfrucht *f*; Karambole *f*

carambole[2] F BILLARD Karambole *f*

caramboler [kaʀɑ̃bɔle] A VI BILLARD karambolieren B V/PR **se ~** *véhicules* zusammenstoßen; aufeinanderprallen

carambouillage [kaʀɑ̃bujaʒ] M (Weiter-)Verkauf *m* noch nicht bezahlter Ware

caramel [kaʀamɛl] M 1 Karamell *m*; **crème** *f* **(au) ~** Karamellcreme *f* 2 Karamellbonbon *m ou n*; **~s durs, mous** harte, weiche Karamellbonbons; **~ au lait** Karamelle *f* 3 ADJT ⟨*inv*⟩ karamell(farben)

caraméliser [kaʀamelize] A VT *sucre* karamellisieren; *moule à dessert* mit Karamellzucker ausstreichen; *adjt* **sucre caramélisé** Karamellzucker *m* B VI *(et* V/PR **se)** **~** *sucre* karamellisieren; *rôti* e-e braune Kruste bekommen

carapace [kaʀapas] F 1 ZOOL Panzer *m* 2 *fig* Panzer *m*; **~ d'indifférence** Panzer aus Gleichgültigkeit

carapater [kaʀapate] V/PR *fam* **se ~** *fam* abhauen; sich verdrücken; verduften

carat [kaʀa] M Karat *n*; **or** *m* **à dix-huit ~s** achtzehnkarätiges Gold

Caravage [kaʀavaʒ] **le ~** PEINT Caravaggio *m*

caravane [kaʀavan] F 1 *dans le désert* Karawane *f*; **~ de chameaux, de marchands** Kamel-, Handelskarawane *f* 2 *par ext* Gruppe *f*; Karawane *f*; *du Tour de France etc* **~ publicitaire** Gruppe von Reklamewagen 3 *(roulotte)* Wohnwagen *m*, -anhänger *m*; Caravan *m*

caravaneige [kaʀavanɛʒ] M Wintercamping *n*; Wohnwagenreisen *n* zum Wintersport

caravanier [kaʀavanje] A M 1 *(conducteur d'une caravane)* Führer *m* (der Lasttiere) e-r Karawane 2 *(voyageur en caravane)* Wohnwagentourist *m*, -reisende(r) *m*; Caravaner *m* B ADJ ⟨-ière⟩ Wohnwagen(reisen)…; Caravan…

caravaning [kaʀavaniŋ] M Wohnwagentourismus *m*; Reisen *n* mit Wohnwagen; Caravaning *n*

caravansérail [kaʀavɑ̃seʀaj] M Karawanserei *f*

caravelle [kaʀavɛl] F HIST MAR Karavelle *f*

carbonade [kaʀbɔnad] F CUIS auf Kohlenrost gebratenes Fleisch

carbonari [kaʀbɔnaʀi] MPL HIST Carbonari *ou* Karbonari *mpl*

carbonate [kaʀbɔnat] M CHIM Karbonat *n*; *t/t* Carbonat *n*

carbone [kaʀbɔn] M 1 CHIM Kohlenstoff *m*; **~ 14** Kohlenstoff 14; Radiokohlenstoff *m*; *adjt* **bilan** *m* **~** CO_2-Bilanz *f*; **oxyde** *m* **de ~** Kohlenoxid *n* 2 **~** *ou adjt* **papier** *m* **~** Kohlepapier *n*

carbonifère [kaʀbɔnifɛʀ] A ADJ 1 *terrain* kohlehaltig, Kohle führend 2 GÉOL karbonisch B M GÉOL Karbon *n*; Steinkohlenformation *f*

carbonique [kaʀbɔnik] ADJ Kohlen(säure)…; **acide** *m* **~** Kohlensäure *f*; **gaz** *m*, **anhydride** *m* **~** Kohlendioxid *n*; Kohlensäure *f (abus)*; **neige** *f* **~** Kohlensäureschnee *m*

carbonisation [kaʀbɔnizasjõ] F Verkohlung *f*

carboniser [kaʀbɔnize] VT verkohlen; *adjt* **carbonisé** verkohlt *(a. rôti)*; **il est mort carbonisé** er verbrannte

carbonnade → carbonade

carburant [kaʀbyʀɑ̃] M 1 Kraft-, Treibstoff *m*; **consommation** *f* **de ~** Kraft-, Treibstoffverbrauch *m* 2 *fam plais (boisson)* **du ~** *fam* etwas Trinkbares

carburateur [kaʀbyʀatœʀ] M TECH Vergaser *m*

carburation [kaʀbyʀasjõ] F 1 MÉTALL Aufkohlen *n*; Einsatzhärten *n* 2 *dans un moteur* Gemischbildung *f*

carbure [kaʀbyʀ] M CHIM Kohlenstoffverbindung *f*; *avec des métaux* Karbid *ou t/t* Carbid *n*; **~ (de calcium)** (Kalzium)Karbid *n*

carburer [kaʀbyʀe] A VT MÉTALL aufkohlen B VI 1 *fam (marcher)* **ça carbure** *machine, moteur* es läuft, funktioniert; *au travail* da wird gearbeitet 2 *fam (boire)* **~ au café, au rouge** *etc* nur Kaffee, Rotwein *etc* trinken

carcan [kaʀkɑ̃] M 1 *autrefois* Halseisen *n* 2 *fig* Zwang *m*; Zwangsjacke *f (fig)*; *col qui serre* **c'est un véritable ~** er schnürt mir die Luft ab

carcasse [kaʀkas] F 1 *d'animaux* Gerippe *n*; CUIS *de volaille* Rumpf *m*; Karkasse *f* 2 *fam (corps humain) fam* Korpus *m*; Gestell *n*; **ma vieille ~** meine alten Knochen 3 TECH Gerippe *n*; Skelett *n*; Gerüst *n*; Gestell *n*; *d'un pneu* Karkasse *f*; *de bateau* Rumpf *m*; *de voiture* Wrack *n*

carcéral [kaʀseʀal] ADJ ⟨-aux⟩ Gefängnis…; **univers ~** Welt *f* des Gefängnisses; Gefängniswelt *f*

carcinogène [kaʀsinɔʒɛn] ADJ MÉD krebserregend; *t/t* karzinogen

carcinome [kaʀsinom] M MÉD Karzinom *n*

cardage [kaʀdaʒ] M TEXT Krempeln *n*; Streichen *n*; Karden *n*

cardamome [kaʀdamɔm] F BOT Kardamom *m ou n*

cardan [kaʀdɑ̃] M TECH **(joint** *m* **de) ~** Kardangelenk *n*; AUTO **transmission** *f* **par ~** Kardanantrieb *m*

carde [kaʀd] F 1 TEXT Karde *f*; Krempel *f* 2 *légumes* (essbarer) Blattstiel

cardé [kaʀde] ADJ TEXT gekrempelt; gestrichen

carder [kaʀde] VT *laine, coton* krempeln; streichen; karden

cardiaque [kaʀdjak] A ADJ 1 ANAT, MÉD Herz…; *t/t* kardial; **chirurgie** *f*, **lésion** *f*, **muscle** *m* **~** Herzchirurgie *f*, -schaden *m*, -muskel *m*; **troubles** *mpl* **~s** Herzbeschwerden *fpl* 2 *personne* herzkrank, -leidend B M/F Herzkranke(r) *m/f(m)*

cardigan [kaʀdigɑ̃] M (hochgeschlossene) Strickjacke

cardinal [kaʀdinal] ⟨*mpl* **-aux**⟩ A ADJ *litt (fondamental)* Haupt…; Kardinal…; **adjectif numéral ~** *ou* **nombre ~** Grund-, Kardinalzahl *f*; **les (quatre) points cardinaux** die (vier) Himmelsrichtungen *fpl*; **les (quatre) vertus ~es** die (vier) Kardinaltugenden *fpl* B M 1 ÉGL CATH Kardinal *m* 2 ZOOL Kardinal *m*

cardinal-évêque [kaʀdinalevɛk] M ⟨*pl* cardinaux-évêques⟩ ÉGL CATH Kardinalbischof *m*

cardinalice [kaʀdinalis] ADJ ÉGL CATH Kardinals…

cardiogramme [kaʀdjɔgʀam] M MÉD Kardiogramm *n*; **cardiographe** M MÉD Kardiograf *m*; **cardiographie** F MÉD Kardiografie *f*; **cardiologie** F MÉD Kardiologie *f*; **cardiologue** M/F Herzspezialist(in) *m(f)*; Kardiologe *m*, -login *f*; **cardio-pulmonaire** ADJ MÉD kardiopulmonal

cardiotonique [kaʀdjɔtɔnik] ADJ *et* SUBST M **(remède** *m***) ~** Herzmittel *n*; herzstärkendes Mittel

cardio-vasculaire [kaʀdjɔvaskylɛʀ] ADJ MÉD kardiovaskulär; Herz und Gefäße betreffend; **troubles** *mpl* **~s** kardiovaskuläre Störungen *fpl*

cardon [kaʀdõ] M BOT Gemüseartischocke *f*; Kardone *f*

Carélie [kaʀeli] GÉOG **la ~** Karelien *n*

carême [kaʀɛm] M REL 1 *période (a.* **Carême)** Fastenzeit *f*; **dimanches** *mpl* **de ~** Fastensonntage *mpl*; *fig* **arriver comme mars, marée en ~** *(à propos)* wie gerufen kommen; *(inévitablement)* unweigerlich so kommen müssen 2 *(jeûne)* Fasten *pl*; **faire ~** das Fastengebot einhalten; *fam fig* **face** *f* **de ~** Leichenbitter-, Leidensmiene *f*; *personne fam* Trauerkloß *m*

carénage [kaʀenaʒ] M 1 MAR Überholung *f* des Unterwasserschiffs 2 AUTO stromlinienförmige Karosserie, Verkleidung

carence [kaʀɑ̃s] F 1 Fehlen *n*; Mangel *m*; Unzulänglichkeit *f*; *du gouvernement* Versagen *n*; Nichtstun *n* 2 MÉD Mangel *m*; **~ alimentaire** Mangelernährung *f*; **~ de, en vitamines** Vitaminmangel *m*; **maladie** *f* **de, par ~** Mangelkrankheit *f*

carène [kaʀɛn] F MAR Unterwasserschiff *n*; **abattre, mettre en ~** kielholen

caréné [kaʀene] ADJ 1 *carrosserie* stromlinienförmig 2 BOT gekielt

caréner [kaʀene] VT ⟨-è-⟩ 1 MAR **~ un navire** das Unterwasserschiff (e-s Schiffes) überholen 2 AUTO *etc* Stromlinienform geben *(+dat)*

carentiel [kaʀɑ̃sjɛl] ADJ ⟨~le⟩ MÉD Mangel…

caressant [kaʀɛsɑ̃] ADJ *personne, enfant, animal* zärtlich; anschmiegsam; **regard ~** zärtlicher Blick; **voix ~e** zärtliche Stimme

caresse [kaʀɛs] F 1 Zärtlichkeit *f*; Streicheln *n*; *st/s* Liebkosung *f*; **couvrir qn de ~s** j-n mit Zärtlichkeiten überschütten; **faire des ~s à qn, à un animal** j-n, ein Tier streicheln; *à un enfant a.* j-n hätscheln; **recevoir plus de coups que de ~s** mehr Prügel erhalten als Liebe erfahren 2 *fig du vent, de l'eau* (sanftes) Streicheln; *du soleil* (sanfte, wohltuende) Wärme

caresser [kaʀese] VT 1 *enfant, personne* streicheln *(a. animal)*; zärtlich sein zu; *st/s* liebkosen; *par ext objet* zärtlich streichen über *(+acc)*; **~ une étoffe** einen Stoff befühlen; **~ la joue de qn** j-s Wange streicheln; j-m sanft, zärtlich über die Wange streichen; **~ qn du regard** j-n zärtlich anblicken 2 *fig* **~ qn** *vent, eau* j-n (sanft) streicheln; *soleil* j-n wohlig wärmen 3 *fig* **~ un espoir, un rêve** eine Hoffnung, einen Traum hegen; **~ une idée** e-m Gedanken nachhängen; *péj* e-n Gedanken hätscheln

car-ferry [kaʀfeʀi] M ⟨*pl* car-ferries⟩ Autofähre *f*

cargaison [kaʀgɛzõ] F 1 Ladung *f*; Fracht *f*; MAR, AVIAT *a.* Kargo *m*; **~ de charbon** Ladung Kohlen; Kohlenladung *f*, -fracht *f* 2 *fam fig* **toute une ~** ein ganzer Vorrat; *fam* e-e ganze Menge; e-e ganze Wagenladung

cargo [kaʀgo] M MAR Frachter *m*; Frachtschiff *n*

cari [kaʀi] M Curry *m ou n*

cariatide [kaʀjatid] F ARCH Karyatide *f*

caribou [kaʀibu] M ZOOL Karibu *n*

caricatural [kaʀikatyʀal] ADJ ⟨-aux⟩ karikaturistisch; karikaturenhaft

caricature [kaʀikatyʀ] F 1 *description, dessin* Karikatur *f*; **faire la ~ de qn, qc** j-n, etw karikieren 2 *fig* Karikatur *f*; Zerrbild *n*; **ce n'est qu'une ~ de procès** das ist nur die Karikatur e-s Prozesses; dieser Prozess ist die reinste Farce 3 *personne* Witzblatt-, *fam* Schießbudenfigur *f*

caricaturer [kaʀikatyʀe] V/T karikieren; als Karikatur darstellen; **caricaturiste** M/F Karikaturist(in) *m(f)*; Cartoonist(in) *m(f)*

carie [kaʀi] F MÉD 1 **~ (dentaire)** Karies *f*; Zahnfäule *f*; **j'ai une ~** ich habe e-n hohlen Zahn, ein Loch im Zahn 2 **~ (osseuse)** Knochenschwund *m*, -fraß *m*; Karies *f*

carié [kaʀje] ADJ *dent* hohl; *t/t* kariös

carier [kaʀje] MÉD A V/T *dent* mit Karies anstecken B V/PR **se ~** *dent* hohl werden; faulen

carillon [kaʀijõ] M 1 *cloches* Glockenspiel *n* 2 *sonnerie* (Fest)Geläut(e) *n* 3 *d'une horloge, pendule* Schlagwerk *n*; **(horloge *f* à) ~** Schlaguhr *f* 4 **~ (électrique)** (elektrische) Klingel

carillonner [kaʀijɔne] A V/T 1 *cloches: fête* einläuten; *heure* schlagen; *adjt* **fête carillonnée** hohes Fest 2 *fig nouvelle etc* ausposaunen B V/I 1 *cloches* läuten; ihr Spiel ertönen lassen 2 **~ à la porte de qn** bei j-m, an j-s Tür Sturm läuten

carillonneur [kaʀijɔnœʀ] M Glöckner *m*

Carinthie [kaʀɛ̃ti] **la ~** Kärnten *n*

cariste [kaʀist] M Gabelstaplerfahrer *m*

caritatif [kaʀitatif] ADJ ⟨-ive⟩ karitativ

carlin [kaʀlɛ̃] M ZOOL Mops *m*

carlingue [kaʀlɛ̃g] F 1 AVIAT Kabine *f* 2 MAR Kielschwein *n*

carmagnole [kaʀmaɲɔl] F HIST *danse* Carmagnole *f*

carme [kaʀm] M ÉGL CATH Karmelit(er) *m*

carmel [kaʀmɛl] M 1 *couvent* Karmeliterkloster *n* 2 **le Carmel** der Karmeliterorden *m*

carmélite [kaʀmelit] F ÉGL CATH Karmeli-t(er)in *f*

Carmen [kaʀmɛn] F *Vorname*

carmin [kaʀmɛ̃] M 1 *colorant* Karmin *n*; Karmesin *n* 2 *couleur* Karmin(-), Karmesin(rot) *n*; *adjt* ⟨*inv*⟩ karmin-, karmesinrot; **lèvres** *fpl* **(de) ~** karminrote Lippen *fpl*; *poét* Korallenlippen *fpl*; Kirschenmund *m*

carnage [kaʀnaʒ] M Gemetzel *n*; Blutbad *n*

carnassier [kaʀnasje] A ADJ ⟨-ière⟩ 1 *animal* fleischfressend 2 **dent carnassière** Reißzahn *m* B MPL **~s** Landraubtiere *npl*

carnassière [kaʀnasjɛʀ] F 1 CH Jagdtasche *f* 2 *dent* Reißzahn *m*

carnation [kaʀnasjõ] F 1 Teint *m*; Gesichtsfarbe *f* 2 PEINT Karnation *f*; Inkarnat *n*

carnaval [kaʀnaval] M 1 Karneval *m*; *all Sud* Fasching *m*; **~ de Nice, de Rio** Karneval von Nizza, Rio 2 **(Sa Majesté) Carnaval** *groteske Figur, die den Karneval personifiziert*

carnavalesque [kaʀnavalɛsk] ADJ Karnevals…; Faschings…; karnevalistisch; närrisch

carne [kaʀn] F *fam péj* 1 *viande* zähes Fleisch 2 *cheval* Klepper *m*; *fam* Schindmähre *f* 3 *personne fam* Ekel *n*

carné [kaʀne] ADJ Fleisch…; **alimentation ~e** Fleischnahrung *f*

carnet [kaʀnɛ] M Notizbuch *n*; Heftchen *n*; **~ à souche** Abreißblock *m*; **~ d'adresses** Adressenbüchlein *n*; **~ de bus** Fahrkartenblock *m*, Fahrscheinheft *n* für den Bus; **~ de chèques** Scheckheft *n*; COMM **~ de commandes** Auftrags-, Bestellbuch *n*; (*commandes*) Auftragsbestand *m*; **~ de comptes, de dépenses** Ausgabenheft *n*, -buch *n*; **~ de maternité** Mutterpass *m*; **~ de métro** Fahrkartenblock *m* für die U-Bahn; ÉCOLE **~ (de notes)** Zeugnis(heft) *n* (*für ein Schuljahr*); **~ de quittances** Quittungsblock *m*; **~ (de tickets)** Fahrkartenblock *m*; Fahrscheinheft *n*; **~ de timbres** Briefmarkenheftchen *n*

carnier [kaʀnje] M CH kleine Jagdtasche

carnivore [kaʀnivɔʀ] A ADJ BIOL fleischfressend; *t/t* karnivor; **plantes** *fpl* **~s** fleischfressende Pflanzen *fpl* B MPL **~s** ZOOL fleischfressende Tiere *npl*; Fleischfresser *mpl*; *t/t* Karnivoren *pl*

Caroline [kaʀɔlin] 1 F *Vorname* 2 USA **la ~ du Nord, du Sud** Nord-, Südkarolina *n*

carolingien [kaʀɔlɛ̃ʒjɛ̃] HIST A ADJ ⟨~ne⟩ karolingisch; Karolinger… B MPL **Carolingiens** Karolinger *mpl*

caroncule [kaʀõkyl] F 1 ANAT Fleischwärzchen *n*; *t/t* Karunkel *f* 2 ZOOL Fleischauswuchs *m*, -klunker *f*; Kehllappen *m*

carotène [kaʀɔtɛn] M CHIM Karotin *n*

carotide [kaʀɔtid] F ANAT Halsschlagader *f*; *t/t* Karotis *f*

carottage [kaʀɔtaʒ] M MINES Kernbohren *n*, -ung *f*

carotte [kaʀɔt] F 1 BOT Möhre *f*; Karotte *f*; *all Nord a.* Mohrrübe *f*; *all Sud a.* Gelbe Rübe; **~ fourragère, potagère** Futter-, Gartenmöhre *f*; **~s râpées** Salat *m* aus geriebenen Möhren; *fam fig* **les ~s sont cuites** nichts mehr zu machen!; *fam* alles im Eimer! 2 ADJT **(rouge) ~** ⟨*inv*⟩ fuchsrot; fuchsig; **il est poil de ~** er ist fuchsrot, hat fuchsrote Haare 3 *enseigne* Schild *n* an Tabakläden 4 *fig* Lockmittel *n*; Köder *m*; **la ~ et le bâton** Zuckerbrot *n* und Peitsche *f*

carotter [kaʀɔte] A V/T *fam* **~ qn** *fam* j-n beschummeln; *fam* **~ qc à qn** *fam* j-m etw stibitzen; bei j-m etw abstauben; j-n um etw beschummeln B V/I *fam* **~ sur qc** *fam* von etw etwas für sich abzweigen; *marchand fam* **~ sur le prix, le poids** *fam* bei der Rechnung, beim Wiegen (be)schummeln

caroube [kaʀub] F BOT Johannisbrot *n*; Karube *f*; **caroubier** M BOT Johannisbrotbaum *m*

Carpates [kaʀpat] **les ~** *fpl* die Karpaten *pl*

carpe¹ [kaʀp] F ZOOL Karpfen *m*; SPORTS **saut** *m* **de ~** Hechtsprung *m*; **bâiller comme une ~** herzhaft gähnen; **être, rester muet comme une ~** stumm wie ein Fisch sein, bleiben

carpe² [kaʀp] M ANAT Handwurzel *f*

carpé [kaʀpe] ADJ SPORTS gehechtet; **saut ~** Hechtsprung *m*

Carpentras [kaʀpɑ̃tʀɑ] *Stadt im Dep. Vaucluse*

carpette [kaʀpɛt] F 1 Brücke *f*; Läufer *m*; Bettvorleger *m* 2 *fam péj d'une personne* Kriecher *m*

carpien [kaʀpjɛ̃] ADJ ⟨~ne⟩ ANAT **os ~s** Handwurzelknochen *mpl*

carquois [kaʀkwa] M Köcher *m*

carre [kaʀ] F Kante *f* (*a. de skis, patins à glace*); Schnittfläche *f*; *d'une planche* Dicke *f*

carré [kaʀe] A ADJ 1 quadratisch; Quadrat… (*a.* MATH); *fam* viereckig; TECH Vierkant…; **mètre ~** (*abr* **m²**) Quadratmeter *m ou n* (*abr* m² *ou* qm); **de vingt mètres ~s** von zwanzig Quadratmetern; zwanzig Quadratmeter groß; **mots ~s** magisches (Buchstaben)Quadrat; MATH **racine ~e** Quadratwurzel *f*; **tour ~e** quadratischer Turm; Turm mit quadratischem Grundriss, Querschnitt 2 *visage, mâchoires* eckig; **épaules ~es** breite Schultern *fpl*; **menton ~** breites Kinn; MAR **voile ~e** Rahsegel *n*; *loc adj*: *chaussures* **à bout ~** vorne eckig; mit eckiger Kappe; *personne* **aux épaules ~es** breitschult(e)rig 3 *réponse, propos etc* deutlich; klar; offen; eindeutig; unzweideutig; *personne* **être ~ en affaires** kurz entschlossen und offen handeln B M 1 Quadrat *n* (*a.* MATH); Geviert *n*; *fam* Viereck *n*; MATH *a.* Quadratzahl *f*; **~ magique** magisches (Zahlen)Quadrat; **5 au ~** 5 im Quadrat; **élever, porter au ~** ins Quadrat erheben; quadrieren 2 (*foulard*) (quadratisches) Hals-, Kopftuch; **~ de soie** Seidentuch *n* 3 JARD (Gemüse)Beet *n* 4 *de chocolat* Stückchen *n* 5 CUIS 6 *de porc, d'agneau, de veau* Rippenstück *n*; *autrich* Karree *n* 6 **~ de l'Est** *ein Weichkäse aus Lothringen* 6 POKER Viererpasch *m* 7 MIL HIST Karree *n*

carreau [kaʀo] M ⟨*pl* ~x⟩ 1 (*vitre*) (Fenster)-Scheibe *f*; **laveur** *m* **de ~x** Fensterputzer *m*; *fig* **encore un ~ de cassé** *fam* da hat's Scherben gegeben 2 (*dalle*) Fliese *f*; (Stein)Platte *f*; **~ de, en faïence** Kachel *f* 3 *sol* Fliesen-, Plattenboden *m*; *fig* **laisser qn sur le ~** j-n tot *ou* verwundet zurücklassen; **laver le ~ de la cuisine** den Küchenboden (auf)wischen; **rester sur le ~** tot *ou* verwundet liegen bleiben; *fig* auf der Strecke bleiben 4 *à Paris autrefois* **~ des °halles** Platz *m* mit Verkaufsbuden rund um die Zentralmarkthallen; **~ du Temple** Teil *m* des „Marché du Temple", in dem billige Kleidung verkauft wird 5 *dessin* Karo *n*; *loc adj* **à ~x** kariert; gewürfelt; **à grands, à petits ~x** groß, klein kariert; **papier** *m* **à ~x** kariertes Papier; **tissu** *m* **à ~x** Karostoff *m*; karierter Stoff 6 *aux cartes* Karo *n*; *jeu allemand* Schellen *n*; **as** *m* **de ~** Karoass *n*; *fig* **se tenir à ~** vorsichtig, gewarnt sein 7 **~ de la mine** Bergwerks-, Gruben-, Zechengelände *n* 8 PL **~x** *fam* (*lunettes*) Brille *f*

carrée [kaʀe] F *arg* (*chambre*) *fam* Bude *f*

carrefour [kaʀfuʀ] M 1 (Straßen)Kreuzung *f* 2 *fig* a (*lieu de rencontre*) Ort *m* der Begegnung; Treffpunkt *m*; Schnittpunkt *m*, -stelle *f*; Umschlagplatz *m*; **~ de la drogue** Drogenumschlagplatz *m*; **au ~ de** im Schnittpunkt von (*ou +gén*) b (*moment d'un choix*) Kreuz-, Scheideweg *m*; **être à un ~** am Kreuz-, Scheideweg stehen 3 *fig* (*réunion*) Treffen *n*; Begegnung *f*; Konferenz *f*

carrelage [kaʀlaʒ] M 1 *action* Fliesenlegen *n* 2 *revêtement* Fliesen-, Plattenbelag *m*, -boden *m*; **poser un ~** Fliesen legen

carreler [kaʀle] V/T ⟨-ll-⟩ *pièce* (aus)fliesen; mit Fliesen, Platten auslegen; *adjt* **carrelé** gefliest; mit Fliesenboden, -belag; gekachelt

carrelet [kaʀlɛ] M 1 ZOOL Scholle *f*; Goldbutt *m* 2 PÊCHE viereckiges Senknetz

carreleur [kaʀlœʀ] M Fliesen-, Plattenleger *m*

carrément [kaʀemɑ̃] ADV *parler* geradeheraus; freiheraus; klar; deutlich; ohne Umschweife; *fam* klipp und klar; *refuser* rundweg; *fam* glatt; *faire qc* kurz entschlossen; ohne zu zögern; ohne Zögern; *fam* ohne (lange) zu fackeln; einfach; ohne weiteres; *fam* glatt; *fam* **vas-y ~!** überleg nicht erst lange!; *fam* **il y va ~** *fam* der kennt da keine Hemmungen; *fam* **arriver ~ en retard** *fam* entschieden zu spät, mit gewaltiger Verspätung kommen; **il est ~ nul** er ist e-e glatte Null

carrer [kaʀe] V/PR **se ~** es sich (*dat*) bequem machen (**dans** in *+dat*)

carrier [kaʀje] M 1 *entrepreneur* Steinbruchbe-

C

sitzer *m* **b** *ouvrier* Steinbrucharbeiter *m*; Steinbrecher *m*

carrière [kaʀjɛʀ] F **1** TECH Steinbruch *m*; **~ de marbre** Marmorbruch *m* **2** *(profession)* Beruf *m*; Laufbahn *f*; Karriere *f*; beruflicher Werdegang; **la ~ diplomatique** *ou* **la Carrière** die diplomatische Laufbahn; **entrer dans la Carrière** in den diplomatischen Dienst treten; **~ médicale** ärztliche Laufbahn; ärztlicher Beruf; Beruf des Arztes; **~ militaire, des armes** militärische Laufbahn; **~ politique** politische Laufbahn, Karriere; **~s de l'enseignement** Lehrberufe *mpl*; **choix** *m* **d'une ~** Berufswahl *f*; **militaire** *m*, **officier** *m* **de ~** Berufssoldat *m*, -offizier *m*; **en début, fin de ~** am Anfang, Ende der Laufbahn; **embrasser une ~** e-n Beruf ergreifen; **faire ~** Karriere machen; **faire une rapide ~** schnell Karriere machen; **la ~ qui s'ouvre pour, devant lui** die Karriere *ou* Laufbahn, die sich ihm eröffnet, die vor ihm liegt; **suivre une ~** e-e Laufbahn einschlagen; *plais objet* **avoir terminé sa ~** ausgedient haben **3** *st/s* **donner ~ à qc** e-r Sache *(dat)* freien Lauf lassen

carriérisme [kaʀjeʀism] M *péj* Karrierismus *m*; Karrieremacherei *f*; **carriériste** M/F *péj* Karrieremacher *m*, Karrierefrau *f*; Karrierist(in) *m(f)*

carriole [kaʀjɔl] F (kleiner) Karren

carrossable [kaʀɔsabl] ADJ befahrbar; **chemin** *m* **~** Fahrweg *m*

carrosse [kaʀɔs] M Karosse *f*; Staatskutsche *f*; *autrefois* **rouler ~** Pferd und Wagen halten; *par ext* reich sein

carrosser [kaʀɔse] V/T TECH mit e-r Karosserie versehen; karossieren

carrosserie [kaʀɔsʀi] F AUTO **1** Karosserie *f*; Aufbau *m* **2** *industrie* Karosseriebau *m*

carrossier [kaʀɔsje] M **a** *réparateur* Karosserieklempner *m*, -schlosser *m*; *all Sud* Autospengler *m* **b** *constructeur* Karosseriebauer *m* **c** *dessinateur* Karosseriekonstrukteur *m*; Karossier *m*; Styler *m*

carrousel [kaʀuzɛl] M **1** HIST (Platz *m* für) Reiterspiele *npl* **2** *fig de voitures etc* Gewimmel *n*; **~ de pensées** Gedankenkarussell *n* **3** *à l'aéroport* Verteilerband *n*

carroyage [kaʀwajaʒ] M **1** schachbrettartiges Straßennetz **2** *pour reproduire un dessin* Gitternetz *n*

carrure [kaʀyʀ] F **1** *d'une personne* Schulterbreite *f*; **avoir une belle, forte ~** breite Schultern haben; breitschult(e)rig sein; **avoir une ~ d'athlète** athletische Schultern haben **2** *manteau, veste* **trop large de ~** in den Schultern zu weit **3** *fig (envergure)* Format *n*

cartable [kaʀtabl] M Schulmappe *f*, -tasche *f*; *à bretelles* Schulranzen *m*

carte [kaʀt] F **1** *donnant certains droits* Karte *f*; Ausweis *m*; **~ bancaire** (Bank)Kreditkarte *f*; **Carte bleue** Visakarte *f*; **~ grise** Kraftfahrzeugschein *m*; *fam* Zulassung *f*; **~ hebdomadaire** Wochenkarte *f*; **~ magnétique** Magnetkarte *f*; **~ orange** Netz-, Zeitkarte *f*; TÉL **~ pastel** Telekarte *f*; **~ syndicale** Gewerkschaftsausweis *m*; CH DE FER **~ vermeil** Seniorenpass *m*; AUTO **~ verte** grüne Versicherungskarte; SÉCURITÉ SOCIALE **~ Vitale** Krankenversichertenkarte *f*; **~ à mémoire, à puce** Speicher-, Chipkarte *f*; **~ de chemin de fer** Eisenbahnfahrkarte *f*; **~ de crédit** Kreditkarte *f*; **~ d'électeur** Wählerkarte *f*; Wahlausweis *m*; AVIAT **~ d'embarquement** Bordkarte *f*; **~ d'étudiant** Studentenausweis *m*; **~ de famille nombreuse** Ausweis für kinderreiche Familien; **~ de fidélité** Kundenkarte *f*; **~ d'identité** Personalausweis *m*; *fam a.* Kennkarte *f*; *autrich* Identitätsausweis *m*; *suisse* Identitätskarte *f*; **~ d'identité scolaire** Schülerausweis *m*; **~ d'invalidité** Schwerbeschädigtenausweis *m*; **~ de lecteur** Leserkarte *f*; **~ de presse** Presseausweis *m*; **~ de priorité** Sonderausweis *m* *(für bevorzugte Abfertigung)*; **~ de séjour** Aufenthaltserlaubnis *f* **2** **~ (à jouer)** (Spiel)Karte *f*; **~s** *pl a.* Kartenspiel *n*; **~ basse, °haute** niedere, hohe Karte; **~ maîtresse** Karte, die sticht; *fig* Trumpf(karte) *m(f)*; *fig* **avoir toutes les ~s dans son jeu** alle Trümpfe in der Hand haben; **battre les ~s** die Karten mischen; *fig* **brouiller les ~s** die (Hintergründe der) Angelegenheit verschleiern; bewusst Verwirrung stiften; *fig* **jouer la ~ de qc** auf etw *(acc)* setzen; *fig* **jouer sa dernière ~** s-n letzten Trumpf ausspielen; *fig* **jouer la mauvaise ~** aufs falsche Pferd setzen; **jouer aux ~s** Karten spielen; *fig* **jouer ~s sur table** mit offenen Karten spielen; **tirer** *ou* **faire les ~s à qn** j-m die Karten legen **3** **~ (de géographie)** (Land)Karte *f*; **~ météorologique** Wetterkarte *f*; **~ routière** Straßen-, Autokarte *f*; **~ touristique** Tourenkarte *f*; **~ universelle** Welt-, Erdkarte *f*; **~ au 1/100 000 (un cent millième)** Karte (im Maßstab) 1:100 000 (eins zu hunderttausend); **~ d'Allemagne** Deutschlandkarte *f*; **~ du ciel** Himmelskarte *f*; **~ d'état major** Generalstabskarte *f*; LITTÉRATURE **~ de, du Tendre** Darstellung *f* der Liebesgeografie der „Précieuses" **4** *au restaurant* (Speise)Karte *f*; **~ des vins** Weinkarte *f*; *loc adv* **à la ~** nach der Karte; à la carte; *fig* nach Wahl; à la carte; **manger à la ~** à la carte essen **5** Karte *f*; **~ perforée** Lochkarte *f*; **~ postale** (Ansichts)-Postkarte *f*; Ansichtskarte *f*; **~ d'anniversaire, d'invitation, de Noël** Geburtstags-, Einladungs-, Weihnachtskarte *f*; **~ de nouvel an** *ou* **de vœux** Neujahrskarte *f*; **~ de visite** Visiten-, Besuchskarte *f*; **laisser sa ~** s-e Karte abgeben, dalassen; *fig* **avoir ~ blanche** freie Hand haben; *fig* **laisser, donner ~ blanche à qn** j-m freie Hand lassen; j-m unbeschränkte Vollmacht, Carte blanche geben **6** INFORM **~ graphique, son** Grafik-, Soundkarte *f*; **~ (de vœux) électronique** *ou* **virtuelle** E-Card *f*

cartel [kaʀtɛl] M **1** ÉCON Kartell *n* **2** POL Zusammenschluss *m*; Block *m*; Kartell *n*

carte-lettre [kaʀt(ə)lɛtʀ] F ⟨*pl* cartes-lettres⟩ Kartenbrief *m*

cartellisation [kaʀtelizasjõ] F ÉCON Kartellbildung *f*

carter [kaʀtɛʀ] M TECH Gehäuse *n*; Kasten *m*; *sur un vélo* Kettenschutz(blech) *m(n)*; AUTO **~ inférieur** Ölwanne *f*

carte-réponse [kaʀt(ə)ʀepõs] F ⟨*pl* cartes-réponses⟩ Antwortkarte *f*

cartésianisme [kaʀtezjanism] M PHIL Kartesianismus *m*

cartésien [kaʀtezjɛ̃] ADJ ⟨~ne⟩ **1** PHIL kartesianisch; von Descartes **2** *par ext* logisch, methodisch und rational

Carthage [kaʀtaʒ] HIST Karthago *n*

Carthagène [kaʀtaʒɛn] GÉOG Cartagena *n*

carthaginois [kaʀtaʒinwa] HIST **A** ADJ karthagisch **B** SUBST **Carthaginois(e)** *m(f)* Karthager(in) *m(f)*

cartilage [kaʀtilaʒ] M ANAT Knorpel *m*; **~ articulaire, du nez** Gelenk-, Nasenknorpel *m*

cartilagineux [kaʀtilaʒinø] ADJ ⟨-euse⟩ ANAT knorp(e)lig; Knorpel…

cartographe [kaʀtɔgʀaf] M Kartograf *m*; **cartographie** F Kartografie *f*; **cartographique** ADJ kartografisch; Karten…

cartomancie [kaʀtɔmɑ̃si] F Kartenlegen *n*, -schlagen *n*; Kartenlesekunst *f*; Kartomantie *f*; **cartomancienne** F Kartenlegerin *f*

carton [kaʀtõ] M **1** *matière* Karton *m*; Pappe *f*; Papp(en)deckel *m*; **~ ondulé** Wellpappe *f*; **(morceau** *m* **de) ~** Papp(en)deckel; (Stück *n*) Pappe; *loc adj* **de** *ou* **en ~** aus Karton, Pappe; Papp…; **boîte** *f* **de ~** (Papp)Schachtel *f*; Karton *m* **2** *boîte* (Papp)Schachtel *f*; Karton *m*; **~ à chapeaux** Hutschachtel *f*; **~ à chaussures** Schuhkarton *m*, -schachtel *f*; *fig* **je dois avoir ça dans mes ~s** das muss in meinen Unterlagen, Akten sein **3** **~ à dessin** Zeichenmappe *f* **4** *(cible)* Schießscheibe *f*; **faire un ~** **a** (in der Schießbude) schießen **b** Erfolg haben; *fam* **faire un ~ sur qn** auf j-n schießen; j-n aufs Korn nehmen **5** *(carte)* **~ (d'invitation)** Einladungskarte *f*; FOOTBALL **~ jaune, rouge** Gelbe, Rote Karte; *fam* **taper le ~** Karten spielen

cartonnage [kaʀtɔnaʒ] M **1** **a** *fabrication* Herstellung *f* von Kartonagen **b** *emballage* Kartonage *f* **2** *d'un livre* Kartonage *f*; Kartonierung *f*

cartonner [kaʀtɔne] **A** V/T *livre* kartonieren; *adjt* **cartonné** kartoniert **B** V/I Erfolg haben **C** V/IMP *fam* **ça a cartonné** *fam* da hat's geknallt

cartonnerie [kaʀtɔnʀi] F **a** Herstellung *f* von Pappe, Karton *ou* von Kartonagen **b** Karton- und Pappfabrik *f ou* Kartonagenfabrik *f*; **cartonneux** ADJ ⟨-euse⟩ kartonartig

carton-pâte [kaʀtõpɑt] M ⟨*pl* cartons-pâtes⟩ Papp-, Papiermaché *n ou* -masche e *n*

cartouche[1] [kaʀtuʃ] F **1** MIL, CH Patrone *f*; **~ à blanc** Platzpatrone *f*; CH **~ à plombs** Schrotpatrone *f* **2** PHOT, *d'un stylo* Patrone *f*; PHOT *a.* Kassette *f* **3** *de cigarettes* Stange *f*

cartouche[2] [kaʀtuʃ] M *ornement* Kartusche *f*

cartoucherie [kaʀtuʃʀi] F Patronenfabrik *f*; **cartouchière** F MIL Patronentasche *f*; CH Patronengürtel *m*

carvi [kaʀvi] M BOT (Echter) Kümmel

caryatide → cariatide

cas [kɑ, ka] M **1** Fall *m*; **~ exceptionnel** Ausnahme-, Sonderfall *m*; **~ isolé** Einzelfall *m*; **~ limite** Grenzfall *m*; **~ type** typischer Fall; Musterfall *m*; **~ de conscience** Gewissensfrage *f*, -entscheidung *f*; *plais* **~ de divorce** Scheidungsgrund *m*; **~ d'espèce** Sonderfall *m*; besonderer Fall; **~ de figure** Möglichkeit *f*; Hypothese *f*; **~ de guerre** **a** Kriegsfall *m* **b** Kriegsgrund *m*; Casus Belli *m*; **en ~ de guerre** im Kriegsfall; im Falle e-s Krieges; **~ de renvoi** Kündigungsgrund *m*; ÉCOLE Grund für e-e Verweisung von der Schule; ♦ *loc adv*: **dans bien des ~** in vielen Fällen; sehr oft, häufig; **dans ce ~(-là)** in dem, diesem Fall; dann; **dans ces ~-là** in solchen Fällen; **dans le ~ contraire** ander(e)nfalls; im entgegengesetzten Fall; *fam je prends mon parapluie*, **en ~** für alle Fälle; *fam* sicher ist sicher; für den Fall e-s Falles; **en aucun ~** auf keinen Fall; keinesfalls; **en ce ~** in dem, diesem Fall; dann; **en pareil ~** in e-m solchen Fall; in solchen Fällen; in e-r solchen Lage; **en tout ~** *ou* **dans tous les ~** auf jeden Fall; jedenfalls; auf alle Fälle; **selon, suivant le(s) ~** je nach Fall; je nach Lage des Falls; *décider a.* von Fall zu Fall; ♦ *loc prép* **en ~ de** im Fall(e) *(+gén)*; bei; **en ~ d'accident** bei e-m Unfall; **en ~ de besoin, de nécessité** im Notfall; notfalls; nötigenfalls; im Bedarfsfall; **en ~ de décès** im Todesfall; **en ~ de doute** im Zweifelsfall; **en ~ de doute sur** besteht Zweifel an *(+dat)*, über *(+acc)*; **en ~ de pluie** bei Regen; falls es regnet; wenn es regnen sollte; **en ~ d'(extrême) urgence** in (äußerst) dringenden Fällen; ♦ *loc conj* **au ~ où, dans le ~ où** *(+conditionnel)*, *litt* **au, en ~ que** *(+subj)* falls; wenn; im Fall(e), dass; für den Fall, dass; **au ~ où il viendrait** falls, wenn er kommen sollte; für den Fall, dass er kommt; **dans tous les ~**

C

où … immer wenn …; in allen Fällen, in denen …; ♦ **envisager plusieurs ~** mehrere Möglichkeiten in Betracht ziehen; **ce n'est pas le ~** das ist nicht so, nicht der Fall; **si tel est le ~** wenn das so ist; wenn das der Fall ist; in dem Fall; **c'est le ~ de** (+*inf*) das, dies ist der (richtige) Moment, um zu (+*inf*); **c'est (bien) le ~ de le dire** das kann man wohl sagen; **examiner le ~ de qn** j-s Fall, Lage, Situation prüfen; **exposer son ~** s-n Fall, s-e Sache vortragen 2 *d'une personne* Fall *m* (*a.* MÉD); **~ social** Sozialfall *m*; Härtefall *m*; **le ~ Untel** der Fall Soundso; **c'est un ~** er *ou* sie ist ein schwieriger Fall; **c'est un ~ désespéré** a MÉD sein *ou* ihr Zustand ist hoffnungslos b *iron* er *ou* sie ist ein hoffnungsloser Fall; **on signale deux ~ de variole** es sind zwei Pockenfälle gemeldet worden 3 **faire ~ de qn, qc** j-n schätzen; auf etw (*acc*) Wert legen; **faire grand ~ de qn, qc** auf j-n große Stücke halten; auf etw großen Wert legen; **faire peu de ~ de qn, qc** wenig Aufhebens von j-m, etw machen; **ne faire aucun ~ de qn, qc** sich überhaupt nicht um j-n, etw kümmern, *fam* scheren; sich (*dat*) nichts aus j-m, etw machen 4 JUR Fall *m*; **~ de légitime défense** Fall von Notwehr 5 GRAM Fall *m*; Kasus *m*

Casadesus [kazadesy] *frz Musikerfamilie*

casanier [kazanje] A ADJ ⟨-ière⟩ *personne, vie* häuslich; **avoir des goûts ~s, des habitudes casanières, mener une vie casanière** am liebsten zu Hause sein; ein häusliches Leben führen; *péj* immer hinterm Ofen hocken B SUBST **~, casanière** *m,f* häuslicher Mensch; *péj* Stubenhocker(in) *m(f)*

casaque [kazak] F a *blouse de femme* Kasack *m* b Jockeijacke *f* c *autrefois* Umhang *m* der Musketiere d *fig* **tourner ~** umschwenken; s-e Meinung radikal ändern

casbah [kazba] F *en Afrique du Nord* Kasba(h) *f*

cascade [kaskad] F 1 (kleinerer) Wasserfall; Kaskade *f*; **tomber en ~** in Kaskaden herabstürzen 2 *fig* Schwall *m*; Flut *f*; *st/s* Kaskade *f*; **~ d'applaudissements** Beifallssturm *m*; **~ de chiffres** Schwall, Flut von Zahlen; **~ de rires** Lachsalve *f*; *loc adj* **en ~** aufeinanderfolgend 3 ÉLEC **montage** *m* **en ~** Kaskadenschaltung *f*

cascader [kaskade] V/I (in Kaskaden) herabstürzen

cascadeur [kaskadœʀ] M CINÉMA Stuntman *m*; Sensationsdarsteller *m*; CIRQUE Kaskadeur *m*

case [kɑz, kaz] F 1 *sur un damier* Feld *n*; *de formulaires, mots croisés* Feld *n*; *fam* Kästchen *n*; *au jeu et fig* **retour à la ~ départ!** noch einmal von vorn anfangen! 2 *d'armoires, de tiroirs etc* Fach *n*; *fam fig* **il a une ~ (de) vide, il lui manque une ~** *fam* bei ihm ist e-e Schraube locker; er hat nicht alle Tassen im Schrank; → *a.* **cinglé** 3 *en Afrique etc* (Eingeborenen)Hütte *f*; *Beecher-Stowe* **La ~ de l'oncle Tom** Onkel Toms Hütte

caséification [kazeifikasjõ] F MÉD Verkäsung *f*

caséine [kazein] F Kasein *ou t/t* Casein *n*; Käsestoff *m*

casemate [kazmat] F FORTIFICATIONS Kasematte *f*; Bunker *m*

caser [kaze, kɑ-] A V/T 1 *chose* unterbringen; verstauen 2 *fam personne* a unterbringen b (*marier*) verheiraten; *femme fam* unter die Haube, an den Mann bringen; *adjt* **elle est casée** *fam* sie ist glücklich versorgt, unter der Haube B *fam* V/PR **se ~** a noch e-n Platz finden; unterkommen; ein Unterkommen finden b (*se marier*) **réussir, trouver à se ~** *fam* glücklich e-n Mann *ou* e-e Frau finden; sich (*dat*) e-n Mann angeln

caserne [kazɛʀn] F 1 MIL Kaserne *f* 2 *fam péj bâtiments scolaires etc* Kasten *m*; Kaserne *f*; *immeuble* Mietskaserne *f*

casernement [kazɛʀnəmɑ̃] M 1 *des troupes* Kasernierung *f* 2 *lieu* Kaserne(nbereich *m*, -gelände *n*, -komplex *m*) *f*

cash [kaʃ] ADV *fam* **payer ~** bar (be)zahlen

casher [kaʃɛʀ] ADJ → cawcher

casier [kazje, kɑ-] M 1 (*case*) Fach *n*; Ablagefach *n* 2 a (*étagère*) Regal *n*; Ständer *m*; **~ à bouteilles** Flaschenregal *n*, -ständer *m*, -gestell *n* b *armoire* Fächerschrank *m*; Aktenschrank *m* mit Fächern 3 ADMIN Kartei *f*; Register *n*; **~ judiciaire** Strafregister *n*; **avoir un ~ judiciaire chargé, vierge** (bereits) vorbestraft, nicht vorbestraft sein 4 PÊCHE Hummer- *ou* Langustenreuse *f*

casino [kazino] M (Spiel)Kasino *n*; Spielbank *f*

casoar [kazɔaʀ] M 1 ZOOL Kasuar *m* 2 rot-weißer Federbusch am Tschako der „Saint-Cyriens"

Caspienne [kaspjɛn] **la (mer) ~** das Kaspische Meer

casque [kask] M 1 Helm *m* (*a.* MIL); *de mineur etc* Schutzhelm *m*; *de motard etc* Sturzhelm *m*; *fig* **les ~s bleus** die Blauhelme *mpl* (*UNO-Soldaten*); **~ colonial** Tropenhelm *m*; **~ à pointe** Pickelhaube *f* 2 (*sèche-cheveux*) Trockenhaube *f* 3 ÉLEC Kopfhörer *m*

casqué [kaske] ADJ behelmt; mit Helm

casquer [kaske] V/T *et* V/I *fam* (*payer*) *fam* blechen; berappen; *v/t argent a.* lockermachen

casquette [kaskɛt] F (Schirm)Mütze *f*; **~ de jockey, d'officier** Jockei-, Offiziersmütze *f*; *fig* **porter plusieurs ~s** mehrere Funktionen innehaben

cassable [kasabl, kɑ-] ADJ zerbrechlich

Cassandre [kasɑ̃dʀ] F MYTH Kassandra *f*; *fig* **jouer les ~** Kassandrarufe ausstoßen

cassant [kasɑ̃, kɑ-] ADJ 1 *matériau* spröde; brüchig (*a. cheveux*) 2 *personne* schroff; herrisch; *ton, voix, paroles* schroff; scharf; schneidend 3 *fam travail* **ce n'est pas ~** *fam* dabei reißt man sich (*dat*) kein Bein aus

cassate [kasat] F Cassata(eis) *f(n)*

cassation [kasasjõ, kɑ-] F 1 JUR Kassation *f*; Aufhebung *f* (e-s Urteils); **Cour** *f* **de ~** Kassationshof *m*, -gericht *n*; **pourvoi** *m* **en ~** Revision(santrag) *f(m)* 2 MIL Degradierung *f*

cassave [kasav] F BOT, *alimentation* Cassave *ou* Kassave *f*

casse[1] [kɑs, kas] F 1 a *action* Zerschlagen *n*; Zerbrechen *n* b *résultat* zerbrochenes Glas, Porzellan *etc*; Scherben *fpl*; **attention à la ~!** Vorsicht, dass es keine Scherben gibt!; **il y a eu de la ~** es hat Scherben gegeben; **payer la ~** den Schaden bezahlen; für den Schaden aufkommen 2 *fam* **il va y avoir de la ~** es wird e-e Schlägerei geben; *fam* es wird krachen 3 *de voitures, machines* Schrott *m*; *endroit* Schrottplatz *m*; **prix** *m* **de la ~** Schrottwert *m*; **voiture bonne pour la ~** schrottreifer Wagen; **mettre à la ~** verschrotten (lassen); **vendre à la ~** zum Schrottwert verkaufen 4 TYPO Setzkasten *m* 5 BOT Kassie *f*; Sennespflanze *f*

casse[2] [kɑs, kas] M *arg* (*cambriolage*) Einbruch *m*; *arg* Bruch *m*

cassé [kase, kɑ-] ADJ 1 zerbrochen; entzwei; *fam* kaputt; **il a la, une jambe ~e** er hat ein gebrochenes Bein; sein Bein ist gebrochen; → *a.* **casser** 2 **pois ~s** getrocknete Erbsen *fpl*; Trockenerbsen *fpl* 3 **blanc ~** gebrochenes, leicht getöntes Weiß; Perlweiß *n* 4 *voix* heiser; rau

casse-cou [kasku, kɑs-] ⟨*inv*⟩ A ADJ draufgängerisch; tollkühn; waghalsig; verwegen B M Draufgänger *m*; *par ext* **crier ~ à qn** j-n warnen

casse-couilles [kaskuj, kɑs-] ⟨*inv*⟩ *fam* A ADJ lästig; *fam* nervig; *personne a.* aufdringlich B M/F *personne fam* Nervensäge *f*

casse-croûte [kaskʀut, kɑs-] M ⟨*inv*⟩ Imbiss *m*; *all Sud* Vesper *n*; Brotzeit *f*; *autrich* Jause *f*; *all Nord* Stulle(n) *f(pl)*; (zweites) Frühstück; **casse-croûter** *fam* V/I *all Sud* vespern; Brotzeit machen; *autrich* jaus(n)en; *all Nord* s-e Stulle(n) essen; zweites Frühstück machen

casse-dalle [kasdal, kɑs-] M ⟨casse-dalle(s)⟩ *fam* → casse-croûte

casse-fil [kasfil, kɑs-] M ⟨*pl* casse-fils⟩ TEXT Fadenwächter *m*

casse-graine [kasgʀɛn, kɑs-] M ⟨*inv*⟩ *fam* → casse-croûte

casse-gueule [kasgœl, kɑs-] ⟨*inv*⟩ *fam* A ADJ *chemin, escalier, exercice physique* halsbrecherisch; *entreprise* tollkühn; gewagt; verwegen; **c'est ~** *a.* das ist ja lebensgefährlich B M *endroit* gefährliche Stelle; *exercice* halsbrecherische Übung; *entreprise* waghalsiges, riskantes, tollkühnes Unternehmen; **c'est un ~** *a.* da kann man sich (*dat*) ja den Hals brechen

cassement [kasmɑ̃, kɑs-] M **~ de tête** Kopfzerbrechen *n*

casse-noisette(s) [kasnwazɛt, kɑs-] M ⟨*pl* casse-noisettes⟩ *ou* **casse-noix** M ⟨*inv*⟩ Nussknacker *m*

casse-pattes [kaspat, kɑs-] *fam* M ⟨*inv*⟩ Fusel *m*; *fam* Rachenputzer *m*

casse-pieds [kaspje, kɑs-] ⟨*inv*⟩ *fam* A ADJ 1 *personne* aufdringlich; lästig; unerträglich; **ce qu'il est ~!** *fam* geht der einem auf die Nerven!; fällt der einem auf den Wecker! 2 *chose* lästig B M/F *personne fam* Nervensäge *f*

casse-pipe(s) [kaspip, kɑs-] *fam* M ⟨*inv*⟩ Krieg *m*; **aller au ~(s)** in den Krieg, an die Front gehen

casser [kase, kɑ-] A V/T 1 zerbrechen; zerschlagen; entzweischlagen; *fam* kaputt machen (*a. appareil*); *vitre a.* einwerfen; einschlagen; *fil, corde etc* zerreißen; *bâton* durchbrechen; *œufs: volontairement* aufschlagen; *involontairement* zerbrechen; *dent* ausschlagen; *pointe, poignée* abbrechen; *bois* hacken; *fig* AVIAT **~ du bois** Bruch, e-e Bruchlandung machen; **~ une branche** einen Zweig (ab)knicken; **~ le bras à qn** j-m den Arm brechen; *fam fig* **~ la croûte, la graine** e-n Imbiss zu sich nehmen; *all Sud* vespern; Brotzeit machen; *autrich* jaus(n)en; *all Nord* s-e Stulle(n) essen; Frühstückspause, zweites Frühstück machen; *par ext* essen; *fam* futtern; **~ une noix** eine Nuss (auf)knacken; *fam fig* **~ les pieds à qn** *personne, chose* j-m auf die Nerven gehen, fallen; *fam* j-m auf den Wecker fallen; *fam* j-n nerven; *chose a.* j-m sehr lästig sein; *fam* j-m gegen den Strich gehen; *fam* **tu nous les casses** *fam* du fällst uns auf den Wecker, auf die Nerven; *fam fig* **qu'est-ce qu'il lui a cassé!** *fam* was der ihm *ou* ihr alles an den Kopf geworfen hat!; *fam fig* **ça ne casse rien, ça ne casse pas trois pattes à un canard** das taugt nicht viel; das ist nicht so besonders; *fam fig* **elle ne casse rien** *au physique* e-e Schönheit ist sie ja nicht gerade; *au travail etc* da hat sie ja nicht gerade geglänzt; e-e Meisterleistung ist das wirklich nicht gerade; *fig* **le ressort est cassé** er *ou* sie ist innerlich zerbrochen; **~ sa voix** s-e Stimme überanstrengen; ♦ *fam* **à tout ~** a *loc adj: fête, repas fam* mit allem Drum und Dran; toll; *succès* beispiellos; ungeheuer; *fam* toll b *loc adv* (*tout au plus*) höchstens; maximal; → *a.* **figure** 1, **gueule** 3, **tête** 1 2 *fig adversaire* ausschalten; unschädlich machen; (*tuer*) umbringen; *fam* umlegen; *prix* radikal senken; brechen; *cours de la Bourse* stürzen lassen; *rythme, atmosphère* stören; *plus fort* zerstören; **~ le mo-**

ral à qn j-s Moral untergraben, aufweichen; **~ un parti** eine Partei zerschlagen 3 JUR *jugement* aufheben; kassieren 4 *fonctionnaire* entlassen; s-s Amtes entheben; *officier* degradieren **B** V/I 1 *verre, porcelaine etc* (zer)brechen; (zer)springen; *fam* kaputtgehen; *fil etc* (zer-, ab)reißen; *prov* **tout passe, tout lasse, tout casse** nichts ist beständig, von Dauer 2 *arg (cambrioler)* einbrechen **C** V/PR 1 **se ~** *verre, porcelaine etc* (zer)brechen; (zer)springen; zersplittern; *fam* kaputtgehen; *fil etc* (zer)reißen; *dent, branche* abbrechen; **ça se casse** das (zer)bricht leicht 2 *personne* **se ~ qc** sich *(dat)* etw brechen; *fam fig* **elle ne s'est pas cassée** *fam* sie hat sich *(dat)* (dabei) kein Bein ausgerissen; *fam fig* **ne te casse pas** *physiquement fam* racker dich, schinde dich nicht so ab; *moralement* zerbrich dir nicht den Kopf; mach dir nicht so viel Sorgen; *pop* **se ~ le cul** *fam* schuften; sich (ab)schinden; sich abrackern; **se ~ la jambe en tombant** fallen und sich *(dat)* ein Bein brechen; sich *(dat)* bei e-m Sturz ein, das Bein brechen; → *a.* **nez** 1, **tête** 1 3 *fam fig* **je me casse** *fam* ich hau ab; ich verdufte; ich verdrück mich

casserole [kasʀɔl] F 1 CUIS Stieltopf *m*; (Stiel)Kasserolle *f*; **~s** *pl a.* Kochtöpfe *mpl*; **veau** *m* **à la ~** Kalbsschmorbraten *m*; *fam* **chanter comme une ~** falsch und unmelodisch singen; *fam fig* **passer à la ~** *fam* drankommen; dran glauben müssen 2 *fam (piano)* Klavier *n*; *fam* Klimperkasten *m*; Drahtkommode *f* 3 *fam* CINÉMA, THÉ *(projecteur)* Scheinwerfer *m*

casse-tête [kastɛt, kɑs-] M ‹inv› 1 **~ (chinois)** Geduldsspiel *n*; *fig*: **c'est un vrai ~** das ist das reinste Geduldsspiel; **être un ~ pour qn** j-m viel Kopfzerbrechen machen 2 *massue* (Schlag)Keule *f*

cassette [kasɛt] F 1 Kassette *f*; **enregistrer sur ~** auf Kassette aufnehmen 2 *autrefois (coffret)* (Geld-, Schmuck)Kassette *f*, (-)Schatulle *f*

casseur [kasœʀ, kɑ-] M 1 *manifestant* gewalttätiger Demonstrant; Chaot *m*; Randalierer *m*; *fam* Politrocker *m*; Radikalinski *m* 2 *ferrailleur* Schrotthändler *m* (, der schrottreife Wagen ausschlachtet) 3 **~ de pierres** Steinklopfer *m* 4 *arg (cambrioleur)* Einbrecher *m*

Cassin [kasɛ̃] **le mont ~** der Monte Cassino

Cassiopée [kasjɔpe] F MYTH Kassiopeia *f*

Cassis [kasi(s)] *Stadt im Dep. Bouches-du--Rhône*

cassis[1] [kasis] M 1 BOT Schwarze Johannisbeere *(arbuste et fruit)* 2 **(crème** *f* **de) ~** Likör *m* aus Schwarzen Johannisbeeren 3 *fam (tête) fam* Schädel *m*; Dez *m*

cassis[2] [kasis] M *sur la route* Querrinne *f*

cassolette [kasɔlɛt] F 1 *(brûle-parfum)* Räucherpfanne *f*, -gefäß *n* 2 CUIS kleine Pfanne; Pfännchen *n*

cassonade [kasɔnad] F Rohzucker *m* (aus Zuckerrohr)

cassoulet [kasulɛ] M *Eintopf aus Fleisch, Wurst u. weißen Bohnen*

cassure [kasyʀ, kɑ-] F 1 Bruch *m*; Bruchstelle *f*; *du pantalon sur la chaussure* Knick *m*; GÉOL Kluft *f* 2 *fig* Bruch *m*; Einschnitt *m*

castagnette [kastaɲɛt] F Kastagnette *f*; **jouer des ~s** a mit den Kastagnetten klappern b *fam fig dents* klappern; *genoux* zittern; schlottern

caste [kast] F Kaste *f (a. péj)*; **esprit** *m* **de ~** Kastengeist *m*; **système** *m* **de(s) ~s** Kastensystem *n*, -wesen *n*

castel [kastɛl] M Schlösschen *n*; kleines Schloss

caster [kaste] V/T CINÉMA, THÉ casten

castillan [kastijɑ̃] **A** ADJ kastilisch **B** SUBST 1 **Castillan(e)** *m(f)* Kastilier(in) *m(f)* 2 LING **le ~** das Kastilische; Kastilisch *n*; *par ext* das Spanische; Spanisch *n*

Castille [kastij] **la ~** Kastilien *n*

casting [kastiŋ] M CINÉMA, THÉ Casting *n*

castor [kastɔʀ] M 1 ZOOL Biber *m* 2 *fourrure* Biber(pelz) *m*; Biberfell *n*

Castor [kastɔʀ] M MYTH **~ et Pollux** Kastor *m* und Pollux *m*

castrat [kastʀa] M Kastrat *m (a.* MUS*)*; **castration** F Kastration *f*; Kastrierung *f*

castrer [kastʀe] V/T kastrieren; **~ un animal** ein Tier kastrieren, *a.* verschneiden

castrisme [kastʀism] M POL Castrismus *m*; **castriste** M/F Anhänger(in) *m(f)* Fidel Castros

casuel [kazɥɛl] *litt* ADJ ‹~le› zufällig

casuiste [kazɥist] M REL *et fig* Kasuist *m*; **casuistique** F REL *et fig* Kasuistik *f*

casus belli [kazysbɛ(l)li] M ‹inv› Casus Belli *m*

cataclysme [kataklism] M 1 GÉOL Kataklysmus *m*; Naturkatastrophe *f* 2 *fig* Katastrophe *f*

catacombes [katakõb] FPL Katakomben *fpl*

catadioptre [katadjɔptʀ] M Rückstrahler *m*; *vélo fam* Katzenauge *n*

catafalque [katafalk] M Katafalk *m*

catalan [katalɑ̃] **A** ADJ katalanisch **B** SUBST 1 **Catalan(e)** *m(f)* Katalane *m*, Katalanin *f* 2 LING **le ~** das Katalanische; Katalanisch *n*

catalepsie [katalɛpsi] F MÉD Starrsucht *f*; Katalepsie *f*; **cataleptique** MÉD **A** ADJ kataleptisch; *personne a.* starrsüchtig **B** M/F Starrsüchtige(r) *m/f(m)*

Catalogne [katalɔɲ] **la ~** Katalonien *n*

catalogue [katalɔg] M 1 Katalog *m*; **~ alphabétique** alphabetischer Katalog; **~ de matières** Schlagwort-, Sachkatalog *m*; **~ de meubles** Möbelkatalog *m* 2 *par ext* Verzeichnis *n*; Liste *f*; **dresser un ~** ein Verzeichnis, e-e Liste anlegen, aufstellen

cataloguer [katalɔge] V/T 1 katalogisieren; listen-, karteimäßig erfassen; **~ des marchandises** Waren in e-n *ou* den Katalog aufnehmen 2 *fam péj* einschätzen **(comme** als); **il est, on l'a catalogué** man weiß, was man von ihm zu halten hat

catalyse [kataliz] F CHIM Katalyse *f*

catalysé [katalize] ADJ **voiture ~e** Auto *n* mit Katalysator; *fam* Katauto *n*

catalyser [katalize] V/T 1 CHIM katalysieren 2 *fig* wecken; wachrufen; **~ des forces** Kräfte wecken, wachrufen

catalyseur [katalizœʀ] M CHIM Katalysator *m (a. fig)*; AUTO **~ à trois voies** Dreiwegekatalysator *m*; **jouer le rôle d'un ~** als Katalysator wirken

catalytique [katalitik] ADJ CHIM katalytisch; AUTO **pot** *m* **~** Katalysator *m*; *fam* Kat *m*

catamaran [katamaʀɑ̃] M MAR Katamaran *m*; Doppelrumpfboot *n*

Catane [katan] GÉOG Catania *n*

cataphote® [katafɔt] M Rückstrahler *m*

cataplasme [kataplasm] M 1 MÉD Kataplasma *n*; Breiumschlag *m* 2 *fam fig d'un aliment* **c'est un vrai ~** das stopft

catapultage [katapyltaʒ] M AVIAT Katapultstart *m*; Katapultieren *n*

catapulte [katapylt] F 1 AVIAT Katapult *n ou m*; **lancer par ~** mit e-m Katapult starten; katapultieren 2 HIST MIL Katapult *n ou m*; Wurfmaschine *f*

catapulter [katapylte] V/T 1 AVIAT katapultieren 2 *par ext (lancer)* schleudern; katapultieren; **être catapulté à plusieurs mètres** mehrere Meter weit geschleudert werden 3 *fam fig* **~ qn** *dans un lieu* j-n plötzlich schicken; *à un poste fam* j-n hinaufkatapultieren, hochhieven

cataracte [kataʀakt] F 1 *d'un fleuve* Katarakt *m*; Wasserfall *m* 2 MÉD grauer Star; *t/t* Katarakt *f*; **opération** *f* **de la ~** Staroperation *f*; **être opéré de la ~** am (grauen) Star operiert werden

catarrhe [kataʀ] M MÉD Katarrh *m*

catastrophe [katastʀɔf] F 1 Katastrophe *f*; (schweres) Unglück; **~ aérienne, ferroviaire** Flugzeug-, Eisenbahnunglück *n*, *plus fort* -katastrophe *f*; **~ minière** Grubenunglück *n*; Bergwerkskatastrophe *f*; *adjt* **scénario** *m* **~** Katastrophenszenario *n*; **courir à la ~** e-r Katastrophe entgegengehen; **être une ~ pour qn** für j-n e-e Katastrophe sein, bedeuten 2 *fam par exagération*: **quelle ~!** was für e-e Katastrophe!; **~**, *j'ai oublié mon porte-monnaie! fam* o (du) Schande, ...!; wie verheerend, ...! 3 *d'un film, livre etc fam* **c'est une (vraie) ~** *fam* der Film, das Buch *etc* ist e-e Katastrophe 4 LOC ADV **en ~** *(à la hâte)* überstürzt; in größter Eile, Hast; **atterrir, se poser en ~** notlanden; **atterrissage** *m* **en ~** Notlandung *f*

catastropher [katastʀɔfe] *fam* V/T *échec, nouvelle* **~ qn** j-n niederschmettern, *fam* fertigmachen; *adjt* **il est tout catastrophé** er ist völlig niedergeschmettert, *fam* fertig, am Boden zerstört

catastrophique [katastʀɔfik] ADJ 1 katastrophal; entsetzlich; verheerend; verhängnisvoll; **conséquences** *fpl* **~s** katastrophale, verheerende Folgen *fpl* 2 *fam résultat (scolaire), livre, film etc fam* katastrophal; verheerend; **catastrophisme** M Schwarzmalerei *f*

catch [katʃ] M SPORTS Catchen *n*; Catch-as--catch-can *n*; **combat** *m* **de ~** Catcherringkampf *m*

catcher [katʃe] V/I SPORTS catchen; **catcheur** M Catcher *m*; **catcheuse** F Catcherin *f*

caté [kate] M *fam* ABR → **catéchisme** 1

catéchèse [kateʃɛz] F REL Katechese *f*

catéchiser [kateʃize] V/T REL den Katechismus lehren; katechisieren

catéchisme [kateʃism] M REL 1 Religionsunterricht *m*; **aller au ~** in den Religionsunterricht gehen; **faire le ~** Religionsunterricht erteilen 2 *manuel* Katechismus *m*

catéchiste [kateʃist] M/F REL Katechet(in) *m(f)*; Religionslehrer(in) *m(f)*; *adjt* **dame** *f* **~** Katechetin *f*

catéchumène [katekymɛn] M/F REL a Katechumene *m* b ÉGL PROT Konfirmand(in) *m(f)*

catégorie [kategɔʀi] F Kategorie *f (a.* PHIL, LING, *d'hôtel)*; Klasse *f*; Gruppe *f*; Sparte *f*; *de viande etc* Qualität *f*; **~s grammaticales, logiques** grammatische, logische Kategorien; **~ d'âge** Altersgruppe *f*; SPORTS **~ des poids lourds** Schwergewichtsklasse *f*; **~ de salaires** (Lohn- und) Gehaltsgruppe *f*; *loc adj* **de première ~** erster Kategorie, Qualität; **appartenir à, faire partie de la ~ des éternels mécontents** zu den ewig Unzufriedenen gehören; **répartir, classer qc en plusieurs ~s** etw in mehrere Kategorien, Gruppen, Arten einteilen, einordnen

catégoriel [kategɔʀjɛl] ADJ ‹~le› 1 kategorial *(a.* PHIL*)* 2 ÉCON *revendications etc* e-r bestimmten Kategorie von Arbeitnehmern

catégorique [kategɔʀik] ADJ *ton, affirmation, réponse etc* kategorisch; entschieden; energisch; *personne* **être, se montrer très ~ sur qc** etw kategorisch, sehr bestimmt, entschieden behaupten; **il est déjà moins ~** er behauptet es nicht mehr so bestimmt

catégoriquement [kategɔʀikmɑ̃] ADV kategorisch; energisch; entschieden

catégorisation [kategɔʀizasjõ] F Kategorisierung *f*; **catégoriser** V/T kategorisieren; nach Kategorien (ein)ordnen

caténaire [katenɛʀ] ADJ *et* SUBST F CH DE FER (**ligne** *f*, **suspension** *f*) ~ Fahrdraht *m*; Oberleitung *f*
catgut [katgyt] M MÉD Katgut *n*
cathares [kataʀ] MPL HIST REL Katharer *mpl*
catharsis [kataʀsis] F PHIL, PSYCH Katharsis *f*; **cathartique** ADJ PHIL, PSYCH kathartisch
cathédrale [katedʀal] F 1 Kathedrale *f*; Dom *m*; Münster *n*; **la ~ de Chartres** die Kathedrale von Chartres; **la ~ de Cologne** der Kölner Dom; **la ~ de Strasbourg** das Straßburger Münster 2 ADJT **verre** *m* ~ Kathedralglas *n*
Catherine [katʀin] F *Vorname*; HIST ~ **la Grande** Katharina die Große; *jeune fille* **coiffer sainte ~** 25 Jahre alt und noch nicht verheiratet sein
catherinette [katʀinɛt] F *Mädchen, das mit 25 Jahren noch nicht verheiratet ist (u. am 25. November mit e-r besonders aufgeputzten Kopfbedeckung an e-r Veranstaltung teilnimmt)*
cathéter [kateтɛʀ] M MÉD Katheter *m*
cathétériser [kateteʀize] V/T MÉD katheterisieren; kathetern
Catho [kato] *fam* F katholische Universität, Hochschule
cathode [katɔd] F ÉLEC Kathode *f*
cathodique [katɔdik] ADJ ÉLEC kathodisch; Kathoden(strahl)...; **rayons** *mpl* **~s** Kathodenstrahlen *mpl*; **tube** *m* ~ braunsche Röhre; Kathodenstrahlröhre *f*
catholicisme [katɔlisism] M Katholizismus *m*; **catholicité** F 1 *caractère* Katholizität *f* 2 *coll* katholische Christenheit *ou* Welt
catholique [katɔlik] A ADJ 1 REL katholisch 2 *fam fig* **ce n'est pas très ~** *fam* das ist nicht ganz koscher, astrein; da ist etwas faul B M/F Katholik(in) *m(f)*
catimini [katimini] LOC ADV **en ~** heimlich; verstohlen
catin [katɛ̃] F *péj* Hure *f*; *litt* Metze *f*
catogan [katɔgɑ̃] M im Nacken zusammengebundenes Haar
Caucase [kokaz] **le ~** der Kaukasus
caucasien [kokazjɛ̃] A ADJ ⟨~ne⟩ kaukasisch B SUBST **Caucasien(ne)** *m(f)* Kaukasier(in) *m(f)*
cauchemar [koʃmaʀ] M 1 Albtraum *m*; Albdruck *m*; *fig* **~ de la guerre** Albtraum, Schreckgespenst *n* des Krieges; **vision** *f* **de ~** Schreckensvision *f*; Schreckbild *n*; **avoir, faire un ~** e-n Albtraum haben 2 *fam fig* Gräuel *m*; Graus *m*; **c'est mon ~** das ist mir ein Gräuel
cauchemarder [koʃmaʀde] V/I Albträume haben
cauchemardesque [koʃmaʀdɛsk] ADJ albtraumhaft; grausig; **vision** *f* ~ *a.* Schreckensvision *f*; Schreckbild *n*
caudal [kodal] ADJ ⟨-aux⟩ ZOOL kaudal; Schwanz...
Caulnes [kon] *Ort im Dep. Côtes-d'Armor*
causal [kozal] ADJ ⟨-als⟩ 1 ursächlich; kausal; Kausal...; **lien ~** Kausalnexus *m*, -zusammenhang *m*; ursächlicher Zusammenhang 2 GRAM kausal; Kausal...; **proposition ~e** Kausal-, Begründungssatz *m*
causalité [kozalite] F Ursächlichkeit *f*; Kausalität *f*
causant [kozɑ̃] *fam* ADJ gesprächig; redselig; **elle n'est pas très ~e** sie ist ziemlich wortkarg
cause [koz] F 1 (*origine, motif*) Ursache *f* (*a.* PHIL); Grund *m*; Anlass *m*; **~ principale** Hauptgrund *m*, -ursache *f*; **~ de l'accident** Ursache für den Unfall, des Unfalls; Unfallursache *f*; **~ de divorce** Scheidungsgrund *m*; **~ de la mort** Todesursache *f*; **relation** *f* **de ~ à effet** Kausalzusammenhang *m*; ursächlicher Zusammenhang; ♦ *loc prép*: **à ~ de** wegen (+*gén*, *fam* +*dat*); um (+*gén*) willen; **à ~ de son grand âge** s-s hohen Alters wegen; wegen s-s hohen Alters; **à ~ des vacances** der Ferien wegen; wegen der, *fam* den Ferien; **à ~ de moi, toi, lui, elle, nous, vous, eux, elles** meinet-, deinet-, seinet-, ihret-, unsert-, euert- *ou* euret- *ou* Ihret-, ihretwegen; meinethalben *etc*; um meinetwillen *etc*; **c'est à ~ de cela que ...** deshalb ...; deswegen ...; **c'est à ~ de sa négligence que ...** wegen s-r Nachlässigkeit ...; s-e Nachlässigkeit ist schuld, es liegt an s-r Nachlässigkeit, dass ...; **pour ~ d'inventaire** wegen Inventur; **pour ~ de maladie** wegen Krankheit; krankheitshalber; ♦ *loc conj fam* **à ~ que** weil; ♦ *loc adv*: **pour une ~ valable** aus e-m triftigen Grund; **et pour ~!** (und das *ou* und zwar) aus gutem Grund!; **sans ~** grundlos; ohne (jeden) Grund, Anlass; ohne jede Ursache; **non sans ~** nicht ohne Grund; ♦ **avoir qc pour ~** etw zur Ursache haben; **être (la) ~ de qc** die Ursache, der Grund für etw sein; etw verursachen, bewirken *ou* verursacht, bewirkt haben; zu etw führen *ou* geführt haben; **être ~ de confusion** zu Verwechslungen führen, Anlass geben; **être ~ que ...** die Ursache dafür sein, dass ...; **quelle (en) est la ~?** was ist die Ursache, der Grund dafür?; *prov* **petites ~s, grands effets** kleine Ursachen, große Wirkungen (*prov*) 2 (*intérêt*) Sache *f*; Angelegenheit *f*; **~ juste, perdue** gerechte, verlorene Sache; **la ~ du peuple** die Sache des Volkes; **pour la bonne ~** a für die gute *ou* gerechte Sache b *fam* (*pour épouser*) er hat ernste Absichten; **consacrer sa vie au service d'une ~** sein Leben in den Dienst e-r Sache stellen; **faire ~ commune** sich zusammentun, -schließen, gemeinsame Sache machen (**avec qn** mit j-m); **prendre fait et ~ pour qn** für j-n Partei ergreifen; sich für j-n einsetzen; **soutenir la ~ de qn** j-s Sache, Interessen unterstützen 3 JUR (Rechts)Sache *f*; (Rechts)Fall *m*; **~ célèbre** berühmter, aufsehenerregender Rechtsfall; **~ civile** Rechtsstreit *m*; **~ criminelle** Strafsache *f*; **avocat** *m* **sans ~(s)** Rechtsanwalt *m* ohne Klienten; ♦ *par ext*: **en tout état de ~** auf jeden Fall; in jedem Fall; in jeder Lage; **être en ~** *personne* in die Sache verwickelt sein; daran beteiligt, davon betroffen sein; *intérêts* auf dem Spiel stehen; *sa bonne foi* **n'est pas en ~** steht außer Frage, nicht zur Debatte; wird nicht angezweifelt; **mettre qn en ~** j-n (mit) hineinziehen, verwickeln (**dans une affaire** in e-e Angelegenheit); **remettre qc en ~** etw in Frage stellen; **être °hors de ~** *personne* nicht verdächtigt werden; *chose* nicht in Frage kommen; **mettre qn °hors de ~** j-n von jedem Verdacht freisprechen; **la ~ est entendue** JUR die Verhandlung ist abgeschlossen; *par ext* die Sache geht in Ordnung; → *a.* **plaider** A 4 GRAM **complément** *m* **de ~** (Umstands)Bestimmung *f* des Grundes; **proposition** *f* **de ~** Kausalsatz *m*
causer[1] [koze] V/T verursachen; *troubles, désordre a.* stiften; **~ des dommages** Schäden verursachen, anrichten; **~ du chagrin, de la joie, des soucis à qn** j-m Kummer, Freude, Sorgen machen, bereiten; **~ un scandale** einen Skandal auslösen, hervorrufen; für einen Skandal sorgen; **~ une certaine surprise à qn** j-n ziemlich überraschen
causer[2] [koze] V/T *et* V/T INDIR *et* V/I 1 (*s'entretenir*) **~ (avec qn de qc, qn)** sich unterhalten, plaudern (mit j-m über etw, j-n); reden, sprechen (mit j-m von etw, j-m *ou* über etw, j-n); **~ politique** über Politik sprechen, plaudern; sich über Politik unterhalten 2 *fam* (*parler*) sprechen; reden; **~ français** französisch sprechen; *par ext*: **je cause français!** ich drücke mich doch (klar und) verständlich aus!; **~ à qn** mit j-m sprechen, reden; **je te cause!** hörst du denn nicht!; ich rede mit dir!; **assez causé** *fam* (jetzt ist) genug geschwatzt; **cause toujours(, tu m'intéresses)!** red du nur! 3 (*jaser*) klatschen, reden, *fam* tratschen (**sur qn** über j-n); **ça fait ~** das gibt Anlass zu Gerede
causerie [kozʀi] F (zwangloser) Vortrag; Plauderei *f*
causette [kozɛt] F *fam* Schwatz *m*; Schwätzchen *n*; Plausch *m*; **faire la, un brin de, une petite ~** *fam* ein Schwätzchen, e-n Schwatz, e-n Plausch halten; **elle est venue me faire la ~** *fam* sie ist auf e-n Schwatz zu mir gekommen
causeur [kozœʀ] A M Plauderer *m*; **un brillant ~** ein glänzender Unterhalter B ADJ ⟨-euse⟩ → causant
causeuse [kozøz] F kleines Sofa
causse [kos] M (dürres) Kalkplateau (im Massif Central)
causticité [kostisite] F 1 CHIM ätzende Wirkung 2 *fig d'une personne* Scharfzüngigkeit *f*; Bissigkeit *f*; *d'une satire, critique* Bissigkeit *f*; ätzende Schärfe
caustique [kostik] ADJ 1 CHIM ätzend; kaustisch 2 *fig* scharf; bissig; *ironie* beißend; schneidend; ätzend; *personne* **avoir l'esprit ~, être ~** scharfzüngig sein; von beißender Ironie sein
cauteleux [kotlø] ADJ ⟨-euse⟩ durchtrieben; verschlagen; abgefeimt
cautère [kotɛʀ, kɔ-] M MÉD Kauter *m*; **~ chimique** Ätzmittel *n*; *fig* **c'est un ~ sur une jambe de bois** das hilft absolut nichts
Cauterets [kotʀɛ] *Kurort im Dep. Hautes-Pyrénées*
cautérisation [kɔteʀizasjõ, ko-] F MÉD Kauterisation *f*; Kaustik *f*; *d'une blessure a.* Ausbrennen *n*; *d'une verrue a.* (Ab)Ätzen *n*
cautériser [kɔteʀize, ko-] V/T kauterisieren; **~ une blessure** eine Wunde ausbrennen; **~ une verrue** eine Warze kauterisieren, (ab)ätzen
caution [kosjõ] F 1 JUR a (*garantie*) Bürgschaft *f* b *somme d'argent* Kaution *f*; Bürgschaftssumme *f*; *mettre en liberté* **sous ~** gegen (Stellung e-r) Kaution c *personne* Bürge *m*; **se porter ~** bürgen, Bürgschaft leisten (**pour qn** für j-n) 2 LOC ADJ **sujet à ~** nicht verbürgt; unzuverlässig 3 *fig* (*appui*) moralische Unterstützung; Garantie *f*
cautionnement [kosjɔnmɑ̃] M 1 JUR a *contrat* Bürgschaft(svertrag) *f(m)* b *somme d'argent* Kaution *f*; Sicherheitsleistung *f*; **déposer qc en ~** etw als Kaution hinterlegen; **fournir un ~** e-e Kaution stellen 2 *fig* (*appui*) Unterstützung *f*
cautionner [kosjɔne] V/T 1 JUR **~ qn, qc** für j-n, etw bürgen 2 *fig* **~ qn** für j-n bürgen; sich für j-n verbürgen; für j-n gutsagen 3 *fig politique etc* unterstützen; stehen hinter (+*dat*)
Caux [ko] **le pays de ~** *Landschaft in der Normandie*
Cavaillon [kavajõ] 1 *Stadt im Dep. Vaucluse* 2 **cavaillon** *m* Netzmelone *f*
cavalcade [kavalkad] F 1 *défilé* Kavalkade *f*; Reiter(auf)zug *m* 2 *fig* (*troupe bruyante*) Horde *f*; (lärmende) Schar
cavalcader [kavalkade] V/I rennen; *fam* traben; *enfants* **~ dans toute la maison** durch das ganze Haus toben
cavale [kaval] F *arg* (*évasion*) Ausbruch *m* (aus dem Gefängnis); **être en ~** ausgebrochen, flüchtig sein
cavaler [kavale] *fam* A V/I 1 (*courir*) rennen; *fam* herumrasen; **~ après qn** j-m nachlaufen

C

(*a. fig*); *fam fig* hinter j-m her sein 2 (*se sauver*) *fam* sich davonmachen; abhauen; verduften B V/PR se ~ (*se sauver*) *fam* sich davonmachen; abhauen; verduften

cavalerie [kavalʀi] F 1 MIL a Kavallerie *f*; Reiterei *f*; *fam fig* **c'est de la grosse ~** das ist Massenware b *aujourd'hui* motorisierte Truppe; (*arme blindée*) Panzerwaffe *f* 2 CIRQUE Pferde *npl*

cavaleur [kavalœʀ] M *fam* **c'est un ~** *ou adjt* **il est ~** er ist ein Schürzenjäger

cavaleuse [kavaløz] F *fam* **c'est une ~** *ou adjt* **elle est ~** *fam* sie ist scharf auf Männer

cavalier [kavalje], **cavalière** A SUBST 1 M,F (*personne à cheval*) Reiter(in) *m(f)*; **c'est un bon cavalier** *a.* er reitet gut; er kann gut reiten 2 M,F a *à table* Tischherr *m*, -dame *f* b *au bal* Tanzpartner(in) *m(f)*; Tänzer(in) *m(f)*; Herr *m*; Dame *f* c *par ext* Begleiter(in) *m(f)*; Herr *m*; Dame *f*; Kavalier *m*; *fig* **faire cavalier seul** e-n Alleingang unternehmen, machen; auf eigene Faust handeln 3 M MIL Kavallerist *m* 4 M ÉCHECS Springer *m*; Rössel *n* 5 M TECH Krampe *f* 6 M *pour fichier* Reiter *m* B ADJ 1 *manières* ungehörig; ungezogen (*a. personne*) 2 **allée, piste cavalière** Reitweg *m*

cave[1] [kav] F 1 Keller *m*; **~ (à vin)** Weinkeller *m*; **une bonne ~, une ~ bien garnie** ein gut gefüllter Weinkeller; **~ à provisions** Vorratskeller *m*; *loc adv* **de la ~ au grenier** vom Dachboden bis zum Keller; **avoir du vin en ~** e-n Weinvorrat haben; **descendre, aller à la ~** in den Keller (hinunter)gehen, hinuntersteigen; **mettre en ~** einkellern 2 *cabaret* Kellerlokal *n*, -bar *f* 3 *dans un buffet* Barfach *n* 4 *au jeu* Spielgeld *n* (*das der Spieler vor sich auf den Tisch legt*)

cave[2] [kav] *arg* M j-d, der nicht den Ganovenkreisen angehört

cave[3] [kav] ADJ *yeux* tief liegend; **joues** *fpl* **~s** hohle, eingefallene Wangen; ANAT **veine** *f* **~** Hohlvene *f*

caveau [kavo] M ⟨*pl* ~x⟩ 1 Gruft *f*; Grabgewölbe *n*; **~ de famille** Familiengruft *f* 2 **Caveau** *Name einiger Kabaretts*

caverne [kavɛʀn] F 1 Höhle *f*; **~ de brigands** Räuberhöhle *f*; **homme** *m* **des ~s** Höhlenmensch *m* 2 MÉD Kaverne *f*

caverneux [kavɛʀnø] ADJ ⟨-euse⟩ 1 **voix caverneuse** sehr tiefe Stimme; Grabesstimme *f* 2 MÉD kavernös 3 ANAT **corps ~** Schwellkörper *m*

cavernicole [kavɛʀnikɔl] ADJ ZOOL Höhlen bewohnend; *t/t* kavernikol

caviar [kavjaʀ] M Kaviar *m*; **~ rouge** Lachs-, Ketakaviar *m*

caviarder [kavjaʀde] V/T *censure: texte* unleserlich machen; streichen; überdrucken; *par ext* zensieren

caviste [kavist] M/F *d'un restaurant* Kellermeister(in) *m(f)*

cavité [kavite] F 1 Hohlraum *m*; Höhlung *f*; *artificielle a.* Aussparung *f* 2 ANAT Hohlraum *m*; Höhle *f*; **~ thoracique** Brusthöhle *f*, -raum *m*

cawcher [kaʃɛʀ] ADJ ⟨-ère⟩ REL koscher

Cayenne [kajɛn] *Hauptstadt von Französisch-Guayana*

CB [sibi] F ABR (citizen band) CB-Funk *m*

CCP [sesepe] M ABR (compte chèques postal) Postgirokonto *n*; Postscheckkonto *n*

cd ABR (candéla) cd (Candela)

CD [sede] M ABR (compact disc) CD *f*; **double, maxi ~** Doppel-, Maxi-CD *f*

CDD [sedede] M ABR (contrat à durée déterminée) befristeter Arbeitsvertrag; Zeitvertrag *m*; **être en ~** einen befristeten Arbeitsvertrag, eine befristete Stelle haben

CDI [sedei] M ABR (contrat à durée indéterminée) unbefristeter Arbeitsvertrag; **être en ~** fest angestellt sein

CD-I® [sedei] M ABR (Compact Disc interactive) INFORM CD-I *f*

CD-ROM [sedeʀɔm] M ⟨*inv*⟩ CD-ROM *f*; **sur ~** auf CD-ROM

CDV® [sedeve] M ABR (Compact Disc Video) Video-CD *f*

ce [s(ə)] A ADJ DÉM M ⟨*vor Vokal u. stummem h* **cet** [sɛt], *f* **cette** [sɛt], *pl* **ces** [se]⟩ dieser, diese, dieses; *pl* diese; **~ cas** dieser Fall; **cet homme** dieser Mann; **cette maison** dieses Haus; **ces tables** diese Tische; **~ livre-là** das Buch da, dort; *st/s* jenes Buch; → *a.* ci; ♦ **être de ces gens qui …** zu den Leuten gehören, die …; **ces messieurs sont satisfaits?** sind die Herren zufrieden?; ♦ *temporel*: **cette année** dieses Jahr; in diesem Jahr; **~ matin, soir** heute Morgen, Abend; *st/s* **en ~ jour** am heutigen Tage; ♦ *dans des exclamations: admiratives* **ah, ces montagnes!** oh, diese Berge!; *étonnées fam* **cette idée!** [stide] was für e-e Idee, ein Gedanke!; *indignées* **cet idiot!** [stidjo] dieser, so ein Idiot!; ♦ *fam pour renforcer*: **j'ai eu une de ces peurs!** *fam* bin ich erschrocken!; hab ich e-n Schreck gekriegt!; **il a un de ces rhumes** *fam* er hat e-n Mordsschnupfen B PR DÉM *neutre* das; es; ♦ *avec pr*: **~ dont il est accusé** (das,) wessen er beschuldigt wird; **~ dont on parle** (das,) wovon *ou* worüber man spricht; **~ que** *tu fais* (das,) was …; *fam* **~ que c'est laid!** wie hässlich das ist!; *fam* ist das vielleicht, aber hässlich!; **~ qui** *me gêne* (das,) was …; **~ à quoi** *tu penses* (das,) woran …; **~ pour quoi** *je travaille* (das,) wofür …; ♦ **c'est** es ist; das ist; **ç'aurait été préférable** das wäre vorzuziehen gewesen; **~ doit être elle** das muss sie sein; → *a.* être[1] C 2; ♦ *dans des locutions*: **et ~** und das; und zwar; *je dois partir*, **et ~ dès demain** und zwar schon morgen; *il a refusé de m'aider*, **et ~, après tout ~ que j'ai fait pour lui** und das nach allem, was ich für ihn getan habe; **et pour ~ (faire)** zu diesem Zweck; dafür; **sur ~** und damit; und nun; darauf(hin); ♦ *avec ppr* **~ disant** mit, bei diesen Worten; während er, sie *etc* dies sagte; **~ faisant** dabei; als er *etc* das tat, machte

CE₁ [seəɛ̃, seəœ̃] M ABR (cours élémentaire un) zweite Grundschulklasse

CE₂ [seədø] M ABR (cours élémentaire deux) dritte Grundschulklasse

CEA [seəa] M ABR (Commissariat à l'énergie atomique) *frz Atomenergiebehörde*

céans [seɑ̃] ADV 1 **maître** *m* **de ~** Hausherr *m* 2 *autrefois* hier (drinnen)

CECA [seka] F ABR (Communauté européenne du charbon et de l'acier) Montanunion *f*; EGKS *f* (Europäische Gemeinschaft für Kohle und Stahl)

ceci [səsi] PR DÉM dies(es); das (hier); **~ ou cela** dies oder das; dies(es) oder jenes; **~ dit** abgesehen davon; trotzdem; **je vous dirai ~: …** ich sage Ihnen dies: …; ich werde Ihnen Folgendes sagen: …

Cécile [sesil] F *Vorname*

cécité [sesite] F MÉD Blindheit *f*; **~ des neiges** Schneeblindheit *f*; **être atteint, frappé de ~** erblinden; blind (geworden) sein

céder [sede] ⟨-è-⟩ A V/T 1 **~ qc à qn** j-m *ou* an j-n etw abtreten; j-m etw überlassen; etw an j-n abgeben; **~ la parole à qn** j-m das Wort übergeben; *personne* **~ le pas à qn** j-m den Vortritt, *fig* den Vorrang lassen; *chose* **~ le pas à qc** zurücktreten hinter etw (*dat*); weniger vorrangig sein als etw; AUTO **~ le passage à qn** j-m die Vorfahrt lassen; **~ sa place à qn** j-m s-n Platz überlassen, abtreten; j-m Platz machen; **~ son tour à qn** j-n vorlassen; → *a.* terrain 1 2 (*vendre*) veräußern; JUR zedieren; *créance etc* übertragen (**à qn** auf j-n); abtreten (an j-n); *commerce* abgeben B V/T INDIR *et* V/I 1 nachgeben (*a. à une impulsion*); weichen; **~ à qn** j-m nachgeben; **~ au chantage** sich erpressen lassen; **~ à la colère** sich vom Zorn hinreißen lassen; **~ aux, devant les menaces de qn** angesichts j-s Drohungen nachgeben; **~ à une prière** einer Bitte nachgeben; **~ à la violence, à la force** der Gewalt weichen; **ne pas ~** nicht weichen; nicht nachgeben; standhalten 2 **ne le ~ en rien à qn, qc** j-m, e-r Sache in nichts nachstehen, nichts nachgeben; **il ne lui cède en rien** er steht ihm in nichts nach; **il ne le cède à personne en habileté** an Geschicklichkeit steht er niemandem, keinem nach 3 *sentiment* weichen; *son désespoir* **céda pour faire place à la résignation** wich (e-m Gefühl) der Resignation 4 *sol, branche, digue etc* nachgeben; *corde, câble* reißen

cédérom [sedeʀɔm] M CD-ROM *f*

Cedex *ou* **CEDEX** [sedɛks] M ABR (courrier d'entreprise à distribution exceptionnelle) *Postadresskode für Großkunden*

cédille [sedij] F Cedille *f*; **c** *m* **~ (ç)** c *n* mit Cedille

cédrat [sedʀa] M BOT Zitronatzitrone *f*

cèdre [sɛdʀ] M BOT Zeder *f*; **(bois** *m* **de) ~** Zedernholz *n*

CEE [seəə] F ABR (Communauté économique européenne) EWG *f* (Europäische Wirtschaftsgemeinschaft); EG *f* (Europäische Gemeinschaft)

cégétiste [seʒetist] A ADJ der CGT B M/F Mitglied *n* der CGT

CEI [seəi] ABR (Communauté des États indépendants) **la ~** die GUS (Gemeinschaft Unabhängiger Staaten)

ceindre [sɛ̃dʀ] ⟨→ peindre⟩ *litt* V/T *et* V/PR **~ son épée** sich mit dem Schwert gürten; *fig* **~ la couronne** den Thron besteigen; **~ sa taille** *ou* **se ~ d'une écharpe** e-e Schärpe umlegen; *adjt* **la tête ceinte d'un diadème** das Haupt mit e-m Diadem geschmückt; *front* **ceint de laurier** mit Lorbeer bekränzt

ceinture [sɛ̃tyʀ] F 1 Gürtel *m*; Gurt *m*; JUDO **(être) ~ noire** Schwarzgurtträger *m* (sein); MÉD **~ orthopédique** (orthopädische) Bandage; HIST **~ de chasteté** Keuschheitsgürtel *m*; **~ de cuir** Ledergürtel *m*; **~ de flanelle** Flanellbinde *f*; **~ de natation** Schwimmgürtel *m*; AUTO, AVIAT **~ de sécurité** Sicherheitsgurt *m*; **attacher sa ~** sich anschnallen; den Gurt anlegen; *fam fig* **faire ~** leer ausgehen; *fam* in die Röhre, in den Mond gucken; *elliptiquement* **et nous, ~!** *fam* und wir gucken in die Röhre!; und für uns, Neese!; **mettre une ~** e-n Gürtel umlegen, umschnallen; *fam fig* **se serrer la ~** *fam* den Gürtel enger schnallen 2 Taille *f*; Gürtel(linie) *m(f)*; *de jupe, de pantalon* Bund *m*; BOXE *et fig* **coups** *mpl* **au-dessous de la ~** Schläge *mpl* unter die Gürtellinie; *loc adv* **jusqu'à la ~** bis zur Taille, zum Gürtel 3 *fig* Gürtel *m*; Umfassung *f*; Ring *m*; *à Paris* **la grande, la petite ~** die äußere, innere Ringbuslinie; *d'une ville* **~ verte** Grüngürtel *m*; **chemin** *m* **de fer de ~** Ringbahn *f*

ceinturer [sɛ̃tyʀe] V/T 1 SPORTS *adversaire* umklammern; *à la lutte* umfassen 2 ADJT **ville ceinturée de remparts** von e-m Ringwall umgebene Stadt

ceinturon [sɛ̃tyʀɔ̃] M a MIL, POLICE Koppel *n* b *par ext* breiter Ledergürtel

cela [s(ə)la] PR DÉM das; dies(es); **à ~** daran; an das; **de ~** davon; darüber; **avoir ~ de bon que …** das (Gute) für sich haben, dass …; **il y a**

cinq ans de ~ es, das ist fünf Jahre her; das war vor fünf Jahren; **qu'à ~ ne tienne** daran soll's nicht liegen; → *a.* ça, ceci
céladon [seladõ] ADJ ⟨*inv*⟩ blassgrün
Célèbes [selɛb] GÉOG **les ~** *fpl* Celebes *n*
célébrant [selebʀɑ̃] M ÉGL CATH Zelebrant *m*
célébration [selebʀasjõ] F *d'une fête* Feiern *n*; festliche Begehung; *d'un anniversaire etc* Feier *f*; *de la messe* Zelebration *f*; Zelebrieren *n*; **~ du mariage** Eheschließung *f*; Trauung *f*
célèbre [selɛbʀ] ADJ berühmt; weithin bekannt; *personne a.* gefeiert; **~ dans le monde entier** weltberühmt; **se rendre, devenir ~** berühmt werden (**par** durch)
célébrer [selebʀe] V/T ⟨-è-⟩ 1 *fête, victoire, événement* feiern; festlich begehen; *prêtre: messe* zelebrieren; *jeux* abhalten; *prêtre, maire* **~ le mariage** die Trauung vornehmen, vollziehen; **~ la mémoire de qn** j-s feierlich gedenken; für j-n e-e Gedenkfeier veranstalten; **~ un sacrifice** ein Opfer darbringen 2 *(glorifier)* **~ qn, qc** j-n, etw rühmen, preisen; j-n feiern
célébrité [selebʀite] F 1 Berühmtheit *f*; Ruhm *m*; **il doit sa ~ à cette œuvre** dieses Werk hat ihn berühmt gemacht; er verdankt s-e Berühmtheit diesem Werk; **jouir d'une grande ~** sehr berühmt sein 2 *personne* Berühmtheit *f*; Größe *f*; Prominente(r) *m/f(m)*; **les ~s du monde artistique** die Künstlerprominenz *f*; die prominenten Künstler *mpl*
celer [səle] *litt* V/T ⟨-è-⟩ **~ qc (à qn)** (vor j-m) etw verbergen; (j-m) etw verschweigen, verheimlichen, verhehlen
céleri [sɛlʀi] M BOT Sellerie *m ou f*; **~ en branches** Stangensellerie *m ou f*
céleri-rave [sɛlʀiʀav] M ⟨*pl* céleris-raves⟩ BOT Knollensellerie *m ou f*
célérité [seleʀite] F Geschwindigkeit *f*; Flinkheit *f*; **avec ~** geschwind; flink
célesta [selɛsta] M MUS Celesta *f*
céleste [selɛst] ADJ 1 Himmels...; **corps** *m* **~** Himmelskörper *m* 2 REL himmlisch; **colère** *f* **~** göttlicher Zorn 3 *fig (merveilleux)* himmlisch; überirdisch; wunderbar 4 **le Céleste Empire** das Reich der Mitte
Célestin [selɛstɛ̃] M *Vorname*
Célestine [selɛstin] F *Vorname*
célibat [seliba] M Ehelosigkeit *f*; Ledigenstand *m*; **~ (des prêtres)** Zölibat *m ou n*
célibataire [selibatɛʀ] A ADJ ledig; unverheiratet; **mère** *f* **~** ledige Mutter; **être ~** ledig, Junggeselle, -gesellin sein B M/F Junggeselle, -gesellin *m,f*; Ledige(r) *m/f(m)*; Unverheiratete(r) *m/f(m)*; **vie** *f* **de ~** Junggesellenleben *n*, -dasein *n*; *plais: en ce moment,* **je suis ~** bin ich Strohwitwe(r)
Céline [selin] F *Vorname*
celle → celui
cellier [selje] M a Vorratsraum *m*, -kammer *f*; Speisekammer *f* b *pour du vin* Vorratsraum *m* für Wein
cellophane® [selɔfan] F, *abus* M Zellophan *ou* Cellophan® *n*; **sous ~** in Zellophan verpackt
cellulaire [selylɛʀ] ADJ 1 BIOL Zell...; Zellen...; Zellular... 2 *en prison* **régime** *m* **~** Einzelhaft *f*; **voiture** *f ou* **fourgon** *m* **~** Zellenwagen *m*
cellular [selylaʀ] M TEXT **chemise** *f* **en ~** Netzhemd *n*
cellule [selyl] F 1 *en prison, au monastère* Zelle *f*; *par ext (pièce exiguë)* Klause *f*; Kämmerchen *n*; MIL Einzelhaft *f*, -arrest *m* 2 BIOL, ÉLEC, MÉTÉO, AVIAT Zelle *f*; **~ animale, végétale** tierische, pflanzliche Zelle; **~ solaire** Sonnen-, Solarzelle *f*; BIOL **~ souche** Stammzelle *f* 3 POL Zelle *f*; **(réunion** *f* **de) ~** Zellensitzung *f* a *fig* **~ familiale** Familie *f* als Gemeinschaft, Gruppe
cellulite [selylit] F MÉD Zellulitis *f*
celluloïd [selylɔid] M Zelluloid *n*
cellulose [selyloz] F Zellulose *f*; Zellstoff *m*;
cellulosique ADJ Zellulose...
celte [sɛlt] A ADJ keltisch B SUBST 1 **Celtes** *mpl* Kelten *mpl* 2 LING **le ~** das Keltische; Keltisch *n*
celtique [sɛltik] → celte A et B 2
celui [s(ə)lɥi] PR DÉM M ⟨*f* celle [sɛl]; *mpl* ceux [sø], *fpl* celles [sɛl]⟩ *sujet* der(-), die(-), das (-jenige), *pl* die(jenigen); *obj dir* den(jenigen), die(-), das(jenige), *pl* die(jenigen); *obj indir* **à ~** *etc* dem(-), der(jenigen), *pl* denen, denjenigen; **de ~** *etc* des-, der-, *pl* derjenigen; von dem, der, *pl* denen a *avec* **de**: **~ de mon frère** der *ou* den meines Bruders; **mieux que ~ de la dernière fois** besser als der vom letzten Mal; **je prends ~ de huit heures** ich nehme den *(Zug, Bus)* um acht; *non traduit* **ce n'était pas une tâche facile que celle de** *(+inf)* es war keine leichte Aufgabe zu *(+inf)* b *avec pr rel*: **~ dont je t'ai parlé** der(jenige), über den ich mit dir gesprochen habe; **celle que nous avons vue** die(jenige), die wir gesehen haben; **~ qui** der(jenige), der; wer; **tout ceux qui** alle (die[jenigen]), die; **quel est ~ que vous préférez?** welchen ziehen Sie vor?; **ceux de mes amis qui** diejenigen meiner Freunde, die c *avec pp: ces chiffres* **confirment ceux donnés par les journaux** bestätigen die in den Zeitungen genannten
celui-ci [s(ə)lɥisi] PR DÉM M ⟨*f* celle-ci; *mpl* ceux-ci, *fpl* celles-ci⟩ dieser, diese, dieses, *pl* diese (hier); der, die, das, *pl* die (hier); → *a.* celui-là
celui-là [s(ə)lɥila] PR DÉM M ⟨*f* celle-là; *mpl* ceux-là, *fpl* celles-là⟩ a *opposé à « celui-ci »* jener, jene, jenes, *pl* jene; *renvoi à ce qui précède* **celui-ci ..., ~** *a.* der Letztere ..., der Erstere; Letzterer ..., Ersterer b *sans opposition* dieser, diese, dieses, *pl* diese (da); der, die, das, *pl* die (da, dort); **je ne m'attendais pas à celle-là** darauf war ich nicht gefasst; *fam* **ce qu'ils m'énervent, ceux-là** *fam* die gehen mir vielleicht auf die Nerven; *fam* **elle est bien bonne, celle-là** *fam* das ist e-e tolle Geschichte
cément [semɑ̃] M ANAT (Zahn)Zement *m*
cénacle [senakl] M *d'hommes de lettres, d'artistes* Kreis *m*; Gruppe *f*
cendre [sɑ̃dʀ] F Asche *f*; *fig d'une personne* **les ~s** die sterblichen Überreste *mpl*; **~s volcaniques** vulkanische Asche; **~(s) de cigarettes** Zigarettenasche *f*; **paix à ses ~s!** *fam* Friede s-r Asche! *(a. plais)*; **goût** *m* **de ~** aschiger Geschmack; REL **le mercredi des Cendres** *ou elliptiquement* **les Cendres** *fpl* Aschermittwoch *m*; **couver sous la ~** *feu* unter der Asche schwelen; *fig révolte etc* unter der Oberfläche schwelen; **faire cuire qc sous la ~** etw in der Asche braten; ÉGL CATH **recevoir les ~s** sich *(dat)* Asche aufs Haupt streuen lassen; **réduire, mettre en ~s** *lieu, ville* in Schutt und Asche legen; *a. édifice* einäschern; niederbrennen; **réduit en ~s** völlig niedergebrannt; **renaître de ses ~s** aus der Asche erstehen; wieder erstehen
cendré [sɑ̃dʀe] ADJ aschfarben; **blond, gris ~** ⟨*inv*⟩ aschblond, -grau; **cheveux ~s** aschblonde Haare *npl*; **lumière ~e** fahles Licht
cendrée [sɑ̃dʀe] F 1 SPORTS Aschenbahn *f* 2 CH kleine Schrotkugeln *fpl*; Vogeldunst *m*;
cendreux ADJ ⟨-euse⟩ 1 *teint* (asch)grau; (asch)fahl 2 *sol etc* aschehaltig; aschig
cendrier [sɑ̃dʀije] M Asch(en)becher *m*; *fam* Ascher *m*
Cendrillon [sɑ̃dʀijõ] F Aschenbrödel *n*, -puttel *n*
Cène [sɛn] F a BIBL *et* ART Abendmahl *n* b ÉGL PROT **(sainte) ~** (heiliges) Abendmahl
cens [sɑ̃s] M HIST Zensus *m*; **~ électoral** Wahlzensus *m*
censé [sɑ̃se] ADJ **il est ~ être malade** man nimmt an, dass er krank ist; er gilt als krank; man hält ihn für krank; er soll krank sein; **je ne suis pas ~ le savoir** man kann von mir nicht verlangen *ou* erwarten, dass ich es weiß; **nul n'est ~ ignorer la loi** Unkenntnis des Gesetzes schützt nicht vor Strafe
censément [sɑ̃semɑ̃] ADV *(apparemment)* anscheinend; *(pratiquement)* so gut wie
censeur [sɑ̃sœʀ] M 1 LYCÉE *autrefois* Assistent des Direktors, der für die allgemeine Disziplin verantwortlich ist 2 CINÉMA, PRESSE Zensor *m*; *fig* strenger Kritiker, Richter; Sittenrichter *m*
censitaire [sɑ̃sitɛʀ] ADJ HIST **suffrage** *m* **~** Zensuswahlrecht *n*
censure [sɑ̃syʀ] F 1 Zensur *f*; **(commission** *f* **de) ~** Zensur(behörde *f*, -stelle *f*) *f* 2 POL **motion** *f* **de ~** Misstrauensantrag *m*
censurer [sɑ̃syʀe] V/T 1 a *(interdire)* **~ un film** die Aufführung eines Films verbieten; **~ un livre** das Erscheinen eines Buches verbieten; **~ une scène, un passage** eine Szene, eine Passage streichen b *(contrôler)* zensieren; *adjt* **film censuré** zensierter *ou* von der Zensur verbotener Film 2 POL **~ le gouvernement** der Regierung das Misstrauen aussprechen 3 *litt (critiquer)* scharf kritisieren; streng ins Gericht gehen mit
cent[1] [sɑ̃] A NUM (ein)hundert; *loc adj* **de ~ ans** [-tɑ̃] hundertjährig; ♦ **deux ~(s)** ⟨*bei folgender Zahl sowie als Ordnungszahl ohne* s⟩ zweihundert; **dix-huit ~(s)** *ou* **mille huit ~(s)** achtzehnhundert; (ein)tausendachthundert; **l'an quinze ~** das Jahr fünfzehnhundert; **trois ~s hommes** [-zɔm] dreihundert Mann; **trois ~ dix pages** dreihundertzehn Seiten; **page trois ~** Seite dreihundert; ♦ *fig, par exagération*: *fam* **~ sept ans** *fam* e-e Ewigkeit; ewig; **~ fois** zehn-, hundertmal; **vous avez ~ fois raison** Sie haben hundertprozentig Recht; **c'est ~ fois mieux** das ist zehn-, hundertmal besser; **faire les ~ pas** hin und her gehen; auf und ab gehen; **je parie ~ contre un** *ou* **il y a ~ à parier contre un que ...** ich wette zehn *ou* hundert gegen eins, dass ... B M 1 *chiffre* Hundert *f*; *all Sud a.* Hunderter *m*; → *a.* **deux** B 2 *quantité* Hundert *n*; **un ~ de** hundert 3 **pour ~** Prozent *n*; **cinq pour ~ (5 %)** fünf Prozent (5 %); fünf vom Hundert *(abr* v. H.); **100 % laine** 100 % Wolle; **augmentation** *f* **de dix pour ~** zehnprozentige Erhöhung; Erhöhung *f* von 10 %; **intérêt** *m* **de 7 %** 7 % Zinsen; ♦ *fig* **Breton** *etc* **(à) ~ pour ~** hundertprozentiger, typischer, *fam* waschechter Bretone *etc*
cent[2] [sɑ̃] M **~ (d'euro)** (Euro)Cent *m*
cent[3] [sɛnt] M *monnaie aux États-Unis etc* Cent *m*
centaine [sɑ̃tɛn] F 1 Hundert *n*; **une ~** etwa, ungefähr, rund, zirka, an die hundert **(de personnes** Leute, Personen); **par ~s** zu Hunderten *ou* hunderten 2 *dans les nombres* Hunderter *m*
centaure [sɑ̃tɔʀ] M MYTH Zentaur *ou* Kentaur *m*
centaurée [sɑ̃tɔʀe] F BOT Flockenblume *f*
centavo [sɑ̃tavo] M *pour des monnaies d'Amérique latine* Centavo *m*
centenaire [sɑ̃tnɛʀ] A ADJ hundertjährig; hundert Jahre alt; **deux fois ~** zweihundertjährig; **plusieurs fois ~** mehrere hundert Jahre alt; **devenir ~** (über) hundert Jahre (alt) werden B SUBST 1 M/F *personne* Hundertjährige(r) *m/f(m)* 2 M *anniversaire* hundertster Jahrestag; hundertjähriges Jubiläum; Hundert-

C

jahrfeier *f*; *d'une ville* °**huitième ~** achthundertjähriges Bestehen; **le quatrième ~ de sa mort, de sa naissance** sein vierhundertster Todes-, Geburtstag; **célébrer, fêter le ~ de la ville** die Hundertjahrfeier der Stadt begehen; das hundertjährige Bestehen der Stadt feiern

centésimal [sɑ̃tezimal] ADJ ⟨-aux⟩ zentesimal; Zentesimal...; hundertteilig

centième [sɑ̃tjɛm] **A** NUM hundertste(r, -s) **B** SUBST **1** **le, la ~** der, die, das Hundertste **2** M MATH Hundertstel *n*; **~ de seconde** Hundertstelsekunde *f* **3** THÉ **la ~** die hundertste Aufführung

centigrade [sɑ̃tigʀad] ADJ **degré** *m* **~** Grad *m* Celsius

centigramme [sɑ̃tigʀam] M (ABR **cg**) Zentigramm *n* (*abr* cg); **centilitre** M (ABR **cl**) Zentiliter *m ou n* (*abr* cl)

centime [sɑ̃tim] M Cent *m*; *en Suisse* Rappen *m*; HIST *en France, en Belgique* Centime *m*; **~ d'euro** Eurocent *m*; HIST **pièce** *f* **de dix ~s** Zehncentimestück *n*, -münze *f*; *fig*: **n'avoir pas un ~** keinen Pfennig haben; **je n'ai pas eu à dépenser un ~** ich brauchte keinen Pfennig auszugeben

centimètre [sɑ̃timɛtʀ] M **1** (ABR **cm**) Zentimeter *m ou n* (*abr* cm); **~ carré, cube** Quadrat-, Kubikzentimeter *m ou n* **2** **~ (de couturière)** Zentimetermaß *n*

centrafricain [sɑ̃tʀafʀikɛ̃] **A** ADJ zentralafrikanisch; **la République ~e** die Zentralafrikanische Republik **B** SUBST **Centrafricain(e)** *m(f)* Zentralafrikaner(in) *m(f)*

centrage [sɑ̃tʀaʒ] M TECH, OPT Zentrierung *f*; AVIAT Trimmung *f*

central [sɑ̃tʀal] ⟨*mpl* -aux⟩ **A** ADJ zentral; Zentral...; Mittel...; Haupt...; zentral *ou* im Mittelpunkt gelegen; **administration ~e** Zentralverwaltung *f*; zentrale Verwaltung; **l'Amérique ~e** Mittelamerika *n*; **l'Asie ~e** Inner-, Zentralasien *n*; POL **comité ~** Zentralkomitee *n* (*abr* ZK); **École ~e (des arts et manufactures)** *ou subst* **Centrale** *f Hochschule zur Ausbildung von Ingenieuren in Paris*; **l'Europe ~e** Mitteleuropa *n*; **d'Europe ~e** mitteleuropäisch; **maison, prison ~e** *ou subst* **~e** *f* Zentralgefängnis *n*; Zuchthaus *n*; **partie ~e** Mitte (-lteil) *f(m)*; zentraler Teil; Zentrum *n*; **thème ~** zentrales Thema; Hauptthema *n*; *quartier* **c'est très ~** es ist sehr zentral gelegen; es liegt sehr zentral **B** SUBST **1** M **~ (téléphonique)** (Telefon)Zentrale *f*, (-)Vermittlung *f*; Fern(melde)amt *n* **2** F **~e syndicale, ouvrière** Gewerkschaftsbund *m* **3** F **~e (électrique)** Kraftwerk *n*; Elektrizitätswerk *n*; E-Werk *n*; **~e atomique, nucléaire** Atom-, Kernkraftwerk *n*; **~e hydro-électrique, solaire, thermique** Wasser-, Sonnen-, Wärmekraftwerk *n* **4** F COMM **~e d'achat** Einkaufszentrale *f*

centralisateur [sɑ̃tʀalizatœʀ] ADJ ⟨-trice⟩ zentralisierend; zentralistisch; **centralisation** F Zentralisierung *f*; Zentralisation *f*

centraliser [sɑ̃tʀalize] V/T zentralisieren; zusammenfassen; sammeln; *adjt* **centralisé** zentralisiert

centralisme [sɑ̃tʀalism] M Zentralismus *m*; **centraliste** **A** ADJ zentralistisch **B** M/F Anhänger(in) *m(f)* des Zentralismus

centre [sɑ̃tʀ] M **1** Mittelpunkt *m* (*a.* MATH); Zentrum *n*; Mitte *f*; **le ~ de la France** *ou* **le Centre** Mittelfrankreich *n*; **~ de la Terre** Mittelpunkt der Erde; Erdmittelpunkt *m*; **~ de la ville** Stadtzentrum *n*, -mitte *f*; Zentrum der Stadt; *panneau* **~ ville** (zur) Stadtmitte; **au ~** in der Mitte (**de** *gén*); **en plein ~ de** mitten in (+*dat*); **habiter en plein ~** in der Stadtmitte, im Zentrum wohnen **2** PHYS Mittelpunkt *m*; **~ de gravité** Schwerpunkt *m* **3** PHYSIOL **~ nerveux** Nervenzentrum *n* (*a. fig*); **~s vitaux** lebenswichtige Organe *npl*; *fig* lebenswichtige Einrichtungen *fpl* **4** **a** *ville, lieu* Zentrum *n*; Hauptort *m*; **~ agricole** Hauptort e-s ländlichen Gebiets; **~ industriel, touristique** Industrie-, Fremdenverkehrszentrum *n*; **grands ~s urbains** Großstädte *fpl* **b** *dans une ville* Viertel *n*; **~ des affaires** Geschäftsviertel *n* **5** (*service centralisateur*) Zentrum *n*; Zentrale *f*; Stelle *f*; Anstalt *f*; Institut *n*; **~ commercial** Einkaufszentrum *n*; **~ culturel** Bildungs-, Kulturzentrum *n*; **~ hospitalier** Krankenhaus *n*; **Centre national de la recherche scientifique** → CNRS; **~ d'accueil** *pour touristes etc* Beratungs- und Informationsstelle *f*; Betreuungsstelle *f*; *pour réfugiés* Erstaufnahmeeinrichtung *f*; **~ de chèques postaux** Postgiroamt *n*; Postscheckamt *n*; **~ de documentation** Dokumentationszentrum *n*, -stelle *f*; **~ d'enseignement par correspondance** *ou* **~ de téléenseignement** Fernlehrinstitut *n*; **~ de formation professionnelle** Berufsbildungszentrum *n*; **~ de loisirs** Freizeitzentrum *n*; **~ de recherches, d'études** Forschungsinstitut *n*, -zentrum *n*, -stätte *f*; **~ de santé** → dispensaire; **~ de vacances** Ferienzentrum *n* **6** POL Mitte *f*; **~ gauche** gemäßigte Linke; linke Mitte; **parti** *m* **du ~** Partei *f* der Mitte **7** *fig* Mittel-, Brennpunkt *m*; **~ d'attraction** (Haupt)Anziehungspunkt *m*; Magnet *m*; **~ d'intérêt** **a** Mittel-, Brennpunkt des Interesses **b** (zentrales) Thema; *adjt* **idée** *f* **~** zentraler Gedanke; **être au ~ de l'actualité** hochaktuell sein; **être au ~ de la discussion** im Mittelpunkt der Diskussion stehen **8** SPORTS **a** *joueur* **(avant** *m***) ~** Mittelstürmer *m* **b** *passe* Flanke *f*

centrer [sɑ̃tʀe] **A** V/T **1** (*disposer au centre*) in die Mitte setzen, rücken; PHOT in den Bildmittelpunkt legen **2** TECH zentrieren (*a.* OPT); AVIAT trimmen **3** *fig* **être centré sur** sich drehen um; zum Gegenstand haben; gerichtet sein auf (+*acc*) **B** V/I SPORTS (zur Mitte) flanken

centrifugation [sɑ̃tʀifygasjõ] F Zentrifugieren *n*

centrifuge [sɑ̃tʀifyʒ] ADJ PHYS zentrifugal; **force** *f* **~** Zentrifugal-, Flieh-, Schwungkraft *f*

centrifuger [sɑ̃tʀifyʒe] V/T ⟨-geons⟩ zentrifugieren; schleudern; **centrifugeur** M *ou* **centrifugeuse** F Zentrifuge *f*

centripète [sɑ̃tʀipɛt] ADJ PHYS zentripetal; **force** *f* **~** Zentripetalkraft *f*

centriste [sɑ̃tʀist] POL **A** ADJ der Mitte **B** M/F Abgeordnete(r) *m/f(m)* *ou* Kandidat(in) *m(f)* der Mitte

centuple [sɑ̃typl] **A** ADJ hundertfach **B** SUBST **le ~** das Hundertfache; **au ~** hundertfach (*a. fig*)

centupler [sɑ̃typle] **A** V/T verhundertfachen **B** V/I sich verhundertfachen; auf das Hundertfache steigen

centurie [sɑ̃tyʀi] F *dans la Rome antique* Zenturie *f*

centurion [sɑ̃tyʀjõ] M HIST Zenturio *m*

cénure [senyʀ] M VÉT, ZOOL Drehwurm *m*

cep [sɛp] M **~ (de vigne)** Wein-, Rebstock *m*

cépage [sepaʒ] M Rebsorte *f*

cèpe [sɛp] M BOT Steinpilz *m*

cependant [s(ə)pɑ̃dɑ̃] CONJ jedoch; doch; indessen; dennoch; *litt* **~ que** während

céphalée [sefale] F *t/t* MÉD Kopfschmerzen *mpl*

céphalique [sefalik] ADJ ANAT, MÉD Kopf...

céphalopode [sefalɔpɔd] M ZOOL Kopffüßer *m*; **céphalo-rachidien** ADJ ⟨~ne⟩ ANAT, MÉD Gehirn-Rückenmarks-...

céramique [seʀamik] **A** ADJ keramisch; Keramik... **B** F Keramik *f*; *loc adj* **de, en ~** Keramik...

céramiste [seʀamist] M/F Keramiker(in) *m(f)*

cérat [seʀa] M PHARM Wachssalbe *f*

cerbère [sɛʀbɛʀ] M MYTH **Cerbère** *et fig* Zerberus *m*; MYTH *a.* Höllenhund *m*

cerceau [sɛʀso] M ⟨*pl* ~x⟩ **1** *de tonneau* Reifen *m*; Fassband *n*; *d'acrobate, jouet* Reif(en) *m*; **jouer au ~** den Reifen treiben **2** PL **~x** (*arceaux*) bogenförmiges Gestell

cerclage [sɛʀklaʒ] M *des tonneaux* Bereifen *n*; Binden *n*

cercle [sɛʀkl] M **1** Kreis *m* (*a.* MATH, GÉOG); **~ polaire** Polarkreis *m*; **entourer qc d'un ~** e-n Kreis um etw beschreiben, machen; etw mit e-m Kreis umranden **2** *de personnes* Kreis *m*; Ring *m*; **~ d'admirateurs, de curieux** Kreis, Schar *f* von Verehrern, Neugierigen; **faire ~ autour de qn** sich um j-n scharen; j-n umringen; **former un ~ autour de qn, qc** um j-n, etw e-n Kreis bilden **3** *fig* (*groupe*) Kreis *m*; Zirkel *m*; (*club*) Klub *m*; *de dames* Kränzchen *n*; **~ militaire** (Offiziers)Kasino *n*; **~ d'amis** Kreis von Freunden; Freundeskreis *m*; **~ d'études** Arbeitsgemeinschaft *f*, -kreis *m*; **~ de famille** Kreis der Familie; **~ de relations** Bekanntenkreis *m* **4** *fig* (*étendue*) Bereich *m*; Kreis *m*; Umfang *m*; **~ magique** Zauber-, Bannkreis *m*; **~ vicieux** Teufelskreis *m*; Circulus vitiosus *m* **5** (*anneau*) Ring *m*; (*cerceau*) (Fass)Reifen *m*

cercler [sɛʀkle] V/T **~ une roue** ein Rad beschlagen; **~ un tonneau** ein Fass bereifen, binden; *adjt* **lunettes cerclées d'or** Brille *f* mit Goldrand

cercopithèque [sɛʀkɔpitɛk] M ZOOL Meerkatze *f*

cercueil [sɛʀkœj] M Sarg *m*; **mettre dans un** *ou* **le ~** in e-n *ou* den Sarg legen; einsargen

Cerdagne [sɛʀdaɲ] **la ~** *Landschaft in den Pyrenäen*

céréale [seʀeal] F **1** Getreideart *f* **2** **~s** *pl* Getreide *n* **3** *au petit-déjeuner* **~s** *pl* Getreideflocken *fpl*

céréalier [seʀealje] **A** ADJ ⟨-ière⟩ Getreide...; **culture céréalière** Getreideanbau *m* **B** M Getreideproduzent *m*

cérébelleux [seʀebɛ(l)lø] ADJ ⟨-euse⟩ ANAT, MÉD Kleinhirn...; *t/t* zerebellar...

cérébral [seʀebʀal] ADJ ⟨-aux⟩ **1** ANAT, MÉD Gehirn...; (Groß)Hirn...; **hémorragie ~e** Gehirnblutung *f*; **mort ~e** Gehirntod *m* **2** (*intellectuel*) geistig; Geistes...; *subst* **c'est un ~** er ist ein Verstandesmensch

cérébro-spinal [seʀebʀospinal] ADJ ⟨-aux⟩ ANAT zerebrospinal

cérémonial [seʀemɔnjal] M ⟨*pl* -als⟩ **1** Zeremoniell *n* (*a.* REL) **2** *fig* Ritual *n*; Zeremoniell *n*

cérémonie [seʀemɔni] F **1** Zeremonie *ou* Zeremonie *f*; Feier(lichkeit) *f*; (*mariage*) **~ civile, religieuse** standesamtliche, kirchliche Trauung; **~ d'inauguration** Eröffnungszeremonie *f*, -feier(lichkeit) *f*; **~ du mariage** Trauung *f*; Trauungszeremonie *f*; **tenue** *f* **de ~** feierliche Kleidung; Gesellschaftsanzug *m* **2** *péj* Förmlichkeit *f*; übertriebene Höflichkeit; *loc adv*: **en grande ~** umständlich; feierlich; förmlich; mit großem Pomp, Aufwand; **sans ~** zwanglos; ohne Umstände; ungezwungen; **faire des ~s** sich zieren; sich nötigen lassen; Umstände machen

cérémonieux [seʀemɔnjø] ADJ ⟨-euse⟩ zeremoniell; zeremoniös; förmlich

cerf [sɛʀ] M ZOOL Hirsch *m*

cerfeuil [sɛʀfœj] M BOT Kerbel *m*

cerf-volant [sɛʀvɔlɑ̃] M ⟨*pl* cerfs-volants⟩ **1** (Papier)Drachen *m*; **lancer un ~** e-n Drachen steigen lassen **2** ZOOL Hirschkäfer *m*

cerisaie [s(ə)ʀizɛ] F Kirschgarten *m*

cerise [s(ə)ʀiz] F **1** BOT Kirsche *f*; **~s anglaises**

Sauerkirschen *fpl*; **devenir rouge comme une ~** knall-, puterrot werden **2** ADJT **(rouge) ~** ‹*inv*› kirschrot **3** *fam fig* **avoir la ~** Pech haben

cerisier [s(ə)ʀizje] M **1** BOT Kirschbaum *m*; Kirsche *f* **2** *bois* Kirschbaum(holz) *m(n)*

CERN [sɛʀn] M ABR (Organisation européenne [jusqu'en 1954 Conseil européen] pour la recherche nucléaire) *Europäisches Laboratorium für Teilchenphysik in Genf*

cerne [sɛʀn] M **1** *autour des yeux* **~s** *pl* Ringe *mpl* (um die Augen); Schatten *mpl* (unter den Augen) **2** *d'un dessin* Strich *m* zum Hervorheben von Konturen

cerné [sɛʀne] ADJ **avoir les yeux ~s** (tiefe) Schatten unter den Augen, (dunkle) Ringe um die Augen haben

cerneau [sɛʀno] M ‹*pl* ~x› BOT halb reifer Nusskern

cerner [sɛʀne] V/T **1** einkreisen; einschließen; umzingeln; umstellen; MIL, POLICE *a.* abriegeln **2** *fig* **~ un problème** ein Problem klar erkennen, erfassen; ein Problem ausleuchten **3** *st/s* (*entourer*) umgeben; *dessin* konturieren

certain [sɛʀtɛ̃] **A** ADJ ‹*nach dem subst od prädikativ*› **a** *fait, preuve etc* sicher; zuverlässig; *fait a.* feststehend; **c'est ~** das ist sicher, gewiss; das steht fest; **il est ~ qu'il ne viendra pas** es steht fest *ou* ist sicher, dass er nicht kommt; er kommt ganz bestimmt nicht; **faire des progrès ~s** entschieden Fortschritte machen **b** *personne* **être ~ de qc** e-r Sache (*gén*) sicher sein; **j'en suis ~** dessen bin ich sicher, gewiss; **être ~ de** (*+inf*) *ou* **que ...** sicher sein zu (*+inf*) *ou* dass ... **B** ADJ INDÉF ‹*vor dem subst*› gewisse(r, -s); bestimmte(r, -s); einige(r, -s); manche(r, -s); *souvent péj* **un ~ X** ein gewisser X; **d'un ~ âge** [sɛʀtɛnɑʒ] nicht mehr ganz jung; schon etwas älter; mittleren Alters; *iron* **non pas d'un ~ âge, mais d'un âge ~** wirklich nicht mehr im ersten Frühling; **à partir d'un ~ âge** von e-m gewissen, bestimmten Alter an; **dans ~s cas** in gewissen, bestimmten, einigen, manchen Fällen; **à ~es heures** zu gewissen, bestimmten Stunden, Zeiten; **~ jour que ...** e-s Tages, als ...; **je me rappelle ~s jours où ...** ich erinnere mich an gewisse, manche Tage, wo *ou* da ...; **un ~ nombre de fois** einige Mal(e); **~es personnes** gewisse Leute; einige, manche (Leute); **au bout d'un ~ temps** nach einiger, e-r gewissen Zeit **C** PR INDÉF **~s** *pl* gewisse Leute; einige, manche (Leute); **~s de ses collègues** einige, manche s-r Kollegen

certainement [sɛʀtɛnmɑ̃] ADV sicher(lich); gewiss; bestimmt; *réponse* **(mais) ~** allerdings; (aber) sicher, gewiss, bestimmt; **il viendra ~ demain** *ou fam* **~ qu'il viendra demain** er kommt ganz bestimmt morgen; bestimmt, sicher kommt er morgen

certes [sɛʀt] ADV *st/s* **1** *affirmatif* gewiss; sicher; *st/s* wahrlich; gewisslich **2** *concessif* gewiss; zwar; freilich; **il a de la bonne volonté, ~, mais ...** er ist gewiss, zwar gutwillig, aber ...

certificat [sɛʀtifika] M Zeugnis *n*; Bescheinigung *f*; Schein *m*; Nachweis *m*; Attest *n*; Bestätigung *f*; Zertifikat *n*; **~ médical** ärztliches Zeugnis, Attest; ärztliche Bescheinigung; **~ d'arrêt de travail** Arbeitsunfähigkeitsbescheinigung *f*; **~ d'études (primaires)** Volksschulabschluss(zeugnis) *m(n)*; **~ de scolarité** Bescheinigung über den regelmäßigen Schulbesuch; **~ de travail** Arbeitszeugnis *n*, -bescheinigung *f*; **~ de vaccination** Impfzeugnis *n*, -schein *m*; → *a.* CAP, CAPES

certification [sɛʀtifikasjõ] F ADMIN Beglaubigung *f*

certifié(e) [sɛʀtifje] M(F) *ou* ADJ **professeur certifié** Gymnasiallehrer(in) *m(f)* mit CAPES; *correspond à* Studienrat *m*, -rätin *f*

certifier [sɛʀtifje] V/T **1** **~ qc à qn** j-m etw bestätigen; *st/s* j-n e-r Sache (*gén*) versichern; **~ à qn que ...** j-m bestätigen, versichern, dass ... **2** JUR, ADMIN beglaubigen; *adjt* **copie certifiée conforme** beglaubigte Abschrift

certitude [sɛʀtityd] F Sicherheit *f*; Gewissheit *f*; **avec ~** mit Sicherheit; **avoir la ~ de** (*+inf*) *ou* **que ...** die Gewissheit haben zu (*+inf*) *ou* dass ...; sicher, gewiss sein, dass ...; **c'est une ~** das ist sicher, gewiss; das steht fest

cérumen [seʀymɛn] M Ohrenschmalz *n*

céruse [seʀyz] F CHIM, PEINT Bleiweiß *n*

Cervantès [sɛʀvɑ̃tɛs] M *écrivain espagnol* Cervantes *m*

cerveau [sɛʀvo] M ‹*pl* ~x› **1** ANAT (Ge)Hirn *n*; *au sens strict* Großhirn *n*; *fam fig* **avoir le ~ fêlé** *fam* eine Macke haben; nicht alle Tassen im Schrank haben **2** *fig personne* Kopf *m*; **un grand ~** ein bedeutender Kopf; ein großer Wissenschaftler; **fuite** *f* **des ~x** Brain-Drain *m* **3** *fig d'une entreprise etc* Gehirn *n*; (Schalt)Zentrale *f* **4** **~ électronique** Elektronengehirn *n*

cervelas [sɛʀvəla] M CUIS Fleischwurst *f*

cervelet [sɛʀvəlɛ] M ANAT Kleinhirn *n*

cervelle [sɛʀvɛl] F **1** Hirnsubstanz *f*, -masse *f*; **se brûler** *ou* **se faire sauter la ~** sich (*dat*) e-e Kugel durch den Kopf schießen, jagen **2** CUIS Hirn *n*; *all Nord* Bregen *m* **3** *fig* Hirn *n*; Verstand *m*; **avoir une ~ d'oiseau** *ou* **une petite ~** *fam* ein Spatzenhirn haben; keine Grütze im Kopf haben; **il n'a pas de ~** *ou* **c'est une tête sans ~** er hat ein Gedächtnis wie ein Sieb; → *a.* creuser c 2

cervical [sɛʀvikal] ADJ ‹-aux› ANAT **1** (*du cou*) Hals...; Nacken...; *t/t* zervikal; **douleur ~e** Genick-, Nackenschmerzen *mpl*; **vertèbre ~e** Halswirbel *m* **2** (*du col de l'utérus*) Gebärmutterhals...; *t/t* zervikal

cervidés [sɛʀvide] MPL ZOOL Hirsche *mpl*

Cervin [sɛʀvɛ̃] **le mont ~** das Matterhorn

cervoise [sɛʀvwaz] F HIST Bier *n*

ces → ce

C.E.S. [seəɛs] M ABR (collège d'enseignement secondaire) *correspond à* Realschule *f*; Progymnasium *n*

Césaire [sezɛʀ] M *Vorname*

César [sezaʀ] M HIST Cäsar *m*

césarienne [sezaʀjɛn] F MÉD Kaiserschnitt *m*

césium [sezjɔm] M CHIM Cäsium *n*

cessant [sɛsɑ̃] LOC ADV ADMIN **toute(s) affaire(s) ~e(s)** vordringlich; vor allem anderen; unverzüglich; sofort

cessation [sɛsasjõ] F Einstellung *f*; Aufhören *n*; **~ de commerce** Geschäftsaufgabe *f*; JUR **~ de paiements** Zahlungseinstellung *f*

cesse [sɛs] F **1** LOC ADV **sans ~** unaufhörlich; ständig; dauernd; rastlos **2** **n'avoir (pas) de ~ que ...** (*+subj*) *ou* **avant de** (*+inf*) nicht ruhen und rasten, bis ...; nicht eher ruhen, (als) bis ...; keine Ruhe geben, bis (nicht) ...

cesser [sese] **A** V/T einstellen; aufhören mit; **cessez vos bavardages!** hört auf mit eurem Gerede!; **~ le combat** den Kampf abbrechen; die Kampfhandlungen einstellen; **~ la fabrication d'un modèle** ein Modell nicht mehr herstellen; **~ ses fonctions** aus dem Amt scheiden; **~ le travail** die Arbeit niederlegen, einstellen; ♦ **~ de** (*+inf*) aufhören zu (*+inf*); (*a.* **avoir cessé de** [+*inf*]) nicht mehr (*+verbe conjugué*); **ne pas ~ de** (*+inf*), *st/s* **ne ~ de** (*+inf*) nicht aufhören zu (*+inf*); unaufhörlich, ständig, dauernd (*+verbe conjugué*); **il n'a pas cessé de bavarder** er hat dauernd, unaufhörlich geschwatzt; *loi* **~ d'être en vigueur** außer Kraft treten; *influence* **~ de se faire sentir** nicht mehr spürbar sein; **avoir cessé de vivre** tot sein; nicht mehr sein **B** V/I aufhören; *musique, récit, lien a.* abbrechen; *combat, feu a.* eingestellt werden; *influence* nicht mehr wirken, wirksam sein; **faire ~ qc** e-r Sache (*dat*) ein Ende machen

cessez-le-feu [seselfø] M ‹*inv*› Waffenruhe *f*; Feuereinstellung *f*

cessible [sesibl] ADJ JUR übertragbar; abtretbar

cession [sɛsjõ] F JUR Übertragung *f*; Überlassung *f*; Abtretung *f* (*a. d'une créance*); Zession *f*; *de commerce* Abgabe *f*; (*vente*) Veräußerung *f*

c'est [sɛ, se] → être[1] c 2

c'est-à-dire [sɛtadiʀ] LOC CONJ (ABR **c.-à-d.**) das heißt (*abr* d. h.); nämlich; also; **~ que** das heißt (, dass); *excuse* **~ que nous sommes invités chez ...** oh, das geht leider nicht, wir sind bei ... eingeladen

césure [sezyʀ] F *d'un vers* Zäsur *f*

cet → ce

cétacé [setase] M ZOOL Wal *m*

cétone [setɔn] F CHIM Keton *n*

cette → ce

ceux → celui

Cévennes [sevɛn] **les ~** *fpl* die Cevennen *pl*

cévenol [sev(ə)nɔl] ADJ (*et* SUBST **Cévenol** Bewohner) der Cevennen

Ceylan [sɛlɑ̃] HIST Ceylon *n*

ceylanais [sɛlanɛ] **A** ADJ ceylonesisch **B** SUBST **Ceylanais(e)** *m(f)* Ceylonese, -nesin *m,f*

cf. ABR (confer, « reportez-vous à ») vgl. (vergleiche) *ou* cf.

CFA [seɛfa] ADJT ABR (Communauté financière africaine) **franc** *m* **~** CFA-Franc *m* (*Währung der „Afrikanischen Finanzgemeinschaft"*)

CFC [seɛfse] MPL ABR (chlorofluorocarbones) FCKW *mpl* (Fluorchlorkohlenwasserstoffe)

CFDT [seɛfdete] F ABR (Confédération française démocratique du travail) *sozialistisch orientierte Gewerkschaft*

CFTC [seɛftese] F ABR (Confédération française des travailleurs chrétiens) *christliche Gewerkschaft*

CGC [seʒese] F ABR (Confédération générale des cadres) *Angestelltengewerkschaft*

CGT [seʒete] F ABR (Confédération générale du travail) *kommunistisch orientierte Gewerkschaft*

ch ABR (cheval-vapeur ou chevaux-vapeur) PS (Pferdestärke[n])

Chaban-Delmas [ʃabɑ̃dɛlmas] **Jacques ~** *frz Politiker*

chabichou [ʃabiʃu] M *ein Ziegenkäse aus Poitou*

chablis [ʃabli] M *ein Weißwein aus Burgund*

chabrol [ʃabʀɔl] M *ou* **chabrot** [ʃabʀo] M Wein *m* mit Fleischbrühe

chacal [ʃakal] M ‹*pl* -als› ZOOL Schakal *m*

cha-cha-cha [tʃatʃatʃa] M Cha-Cha-Cha *m*

chacon(n)e [ʃakɔn] F *danse*, MUS Chaconne *f*

chacun [ʃakɛ̃, -kœ̃] PR INDÉF ‹chacune [ʃakyn]› **1** jede(r, -s) (Einzelne); **~ de nous** *ou* **d'entre nous** jeder von uns; **~ des deux** jeder der beiden; alle beide, zwei; **partir ~ de son côté** auseinandergehen; **ils ont rempli ~ leur** *ou* **sa mission** jeder (von ihnen) hat s-n Auftrag erfüllt; *en distribuant* **~ le sien** jeder einen (für sich); **il leur consacre dix minutes ~** er widmet jedem zehn Minuten; → *a.* tour[2] 7 **2** ‹*nur m*› jeder(mann); *st/s* **tout un ~** jedermann; ein jeder; **à ~ selon son mérite** jedem nach s-m Verdienst; *prov* **~ pour soi et Dieu pour tous** jeder für sich und Gott für uns alle (*prov*) **3** *plais* **~ sa ~e** jeder mit e-r, s-r Dame

chafouin [ʃafwɛ̃] ADJ durchtrieben; verschlagen; **visage ~** *a.* Fuchsgesicht *n*

Chagos [ʃagos], [ʃagɔs] **les îles** *fpl* **~** die Tschagosinseln *fpl*

chagrin [ʃagʀɛ̃] **A** ADJ **1** *st/s* (*triste*) beküm-

C

mert; bedrückt; betrübt 2 *litt (morose)* griesgrämig; verdrießlich; grämlich B M 1 Kummer *m*; Gram *m*; Betrübnis *f*; Leid *n*; **grand ~** großer Kummer; großes Leid; *d'un enfant* **gros ~** großer Kummer; **~ d'amour** Liebeskummer *m*; **~ d'enfant** kindlicher Kummer, Schmerz; **avoir du ~** Kummer haben; **elle en a eu beaucoup de ~** das hat ihr großen Kummer gemacht; **faire, causer du ~ à qn** j-m Kummer machen, bereiten; j-m Leid verursachen, bringen; **mourir de ~** vor Kummer, an gebrochenem Herzen sterben 2 *cuir* Chagrin(leder) *n*

chagriner [ʃagʀine] V/T 1 *(attrister)* bekümmern; betrüben; bedrücken 2 *(contrarier)* (ver)ärgern; verdrießen

chah [ʃa] M HIST **le ~ (d'Iran)** der Schah (von Persien)

chahut [ʃay] M *à l'école* Krach *m*; *fam* Radau *m*; Rabatz *m*; **faire du ~** Krach *etc* machen

chahuter [ʃayte] A V/T **~ un conférencier** e-n Redner dauernd unterbrechen (und niederschreien); **~ un professeur** den Unterricht e-s Lehrers dauernd stören; *professeur* **il est chahuté** *ou* **il se fait ~** in s-n Stunden wird immer Krach, *fam* Radau, Rabatz gemacht B V/I *écoliers* den Unterricht stören; Krach, *fam* Radau, Rabatz machen

chahuteur [ʃaytœʀ] A ADJ ⟨-euse⟩ *écolier* undiszipliniert; aufsässig B M Krachmacher *m*; Radaubruder *m*

chai [ʃɛ] M Weinlager *n*; (ebenerdiger) Weinkeller

chaîne [ʃɛn] F 1 Kette *f (a. bijou)*; AUTO **~s** *pl* Schneeketten *fpl*; **~ (de bicyclette)** Fahrradkette *f*; **~ de montre, d'or, de sûreté** Uhr-, Gold-, Sicherheitskette *f* 2 INDUSTRIE **~ de montage** Fließ-, Montageband *n*; **travail** *m* **à la ~** Fließ(band)arbeit *f*; Arbeit *f* am Fließband; **travailler à la ~** am Fließband arbeiten 3 *fig de choses et de personnes* Kette *f*; Reihe *f*; (Aufeinander)Folge *f*; *d'hôtels etc* Kette *f*; **~ (de montagnes)** Gebirgskette *f*, -zug *m*; (Ketten)Gebirge *n*; **la ~ des Alpes** die Alpenkette; ÉCON **~ du froid** Kühlkette *f*; COMM **~ de magasins** Ladenkette *f*; AUTO **collision** *f* **en ~** Massenkarambolage *f*; Serienunfall *m*; NUCL *et fig* **réaction** *f* **en ~** Kettenreaktion *f*; **faire la ~** e-e Kette bilden 4 *fig et litt* **~s** Fesseln *fpl*; Bande *npl*; Ketten *fpl*; **briser ses ~s** die, s-e Ketten zerbrechen; die Fesseln sprengen 5 RAD, TV Sender(netz) *m(n)*; Programm *n*; **sur la première ~** im ersten Programm 6 **~ (°haute fidélité, °hi-fi, stéréo)** Stereoanlage *f*; Hi- Fi-Anlage *f* 7 TEXT Kette *f*; Zettel *m*; **fil** *m* **de ~** Kettfaden *m*, -garn *n*

chaînette [ʃɛnɛt] F Kettchen *n*; COUT **point** *m* **de ~** Kettenstich *m*

chaînon [ʃɛnõ] M 1 *(maillon)* (Ketten)Glied *n* 2 *fig* Glied *n* in der Kette 3 *de montagnes* Bergkette *f*

chair [ʃɛʀ] F 1 Fleisch *n*; *d'une personne* **~ ferme** festes Fleisch; *de poisson, volaille* **~ fine, tendre** zartes Fleisch; *fig* **~ à canon** Kanonenfutter *n*; CUIS **~ à pâté** Pastetenfleisch *n*; *menace* **je te hacherai menu comme ~ à pâté!** *fam* aus dir mach ich Hackfleisch!; **~ à saucisse(s)** gewürztes Hackfleisch; Hackepeter *m*; *adjt: du cuir* **côté ~** Aas-, Fleischseite *f*; **(couleur) ~** ⟨*inv*⟩ fleischfarben; *loc adv: fig* **en ~ et en os** leibhaftig; in eigener Person; **en pleine ~** (tief) ins *ou* im Fleisch; *plais: homme* **aimer la ~ fraîche** es auf junge Mädchen abgesehen haben; *fig* **avoir la ~ de poule** e-e Gänsehaut haben; **ça me donne la ~ de poule** da(von) bekomme, *fam* kriege ich, da überläuft mich e-e Gänsehaut; **être bien en ~** rundlich, wohlgenährt, gut im Fleisch sein; *fig* **n'être ni ~ ni poisson** weder Fisch noch Fleisch sein; *balle* **labourer les ~s** e-e große Wunde reißen; *balle, éclat* **pénétrer dans les ~s** ins Fleisch (ein)dringen; *ogre* **ça sent la ~ fraîche** ich rieche Menschenfleisch 2 PEINT **~s** *pl* Fleisch(partien) *n(fpl)* 3 *des fruits* (Frucht)-Fleisch *n* 4 *fig et* REL Fleisch *n*; Körper *m*; *st/s* **la ~ de sa ~** sein eigen Fleisch und Blut; **être** *m* **de ~ et de sang** Wesen *n* aus Fleisch und Blut; REL **péché** *m* **de la ~** Sünde *f* des Fleisches; REL **plaisirs** *mpl* **de la ~** Fleischeslust *f*; fleischliche Genüsse *mpl*; *plais* **la ~ est faible** (der Geist ist willig, aber) das Fleisch ist schwach; **souffrir dans sa ~** körperlich leiden

chaire [ʃɛʀ] F 1 ÉGL Kanzel *f*; **monter en ~** die Kanzel besteigen 2 UNIVERSITÉ Lehrstuhl *m*; Professur *f*; **être titulaire d'une ~ de droit** e-n Lehrstuhl für Recht innehaben 3 ÉGL CATH **la ~ pontificale** der Apostolische Stuhl; der Stuhl Petri

chaise [ʃɛz] F 1 Stuhl *m*; U.S.A. **~ électrique** elektrischer Stuhl; **~ °haute** Kinderstuhl *m*; **~ longue** Liegestuhl *m*; **~ percée** Nachtstuhl *m*; **~ roulante** Rollstuhl *m*; *autrefois* **~ à porteurs** Sänfte *f*; Tragsessel *m*; **~ de cuisine, de jardin** Küchen-, Gartenstuhl *m*; *fig* **être assis entre deux ~s** zwischen zwei Stühlen sitzen; **faire la ~** mit den überkreuzten Händen e-n Sitz bilden *(um j-n zu tragen)* 2 HIST **~ de poste** Postchaise *f* 3 TECH Gestell *n*

chaisière [ʃɛzjɛʀ] F Stuhlvermieterin *f*

chaland[1] [ʃalɑ̃] M (Last-, Fracht-, Schlepp)-Kahn *m*; Zille *f*

chaland[2] [ʃalɑ̃] M, **chalande** F *litt (client[e])* Kunde *m*, Kundin *f*

chalazion [kalazjõ] M MÉD Hagelkorn *n*

Chalcidique [kalsidik] GÉOG (die) Chalkidike

châle [ʃal] M Dreiecks-, Umschlag(e)tuch *n*; Stola *f*; *adjt* **col** *m* **~** Schalkragen *m*

chalet [ʃalɛ] M a **~ (suisse)** (Schweizer) Chalet *n*; Schweizerhaus *n* b *par ext* Landhaus *n* im Schweizer Stil

chaleur [ʃalœʀ] F 1 Wärme *f (a.* PHYS*)*; *plus fort* Hitze *f*; **les grandes ~s**, *st/s* **les ~s de l'été** die heißen Tage *mpl*; der Hochsommer; die hochsommerliche Hitze; **quelle ~!** was für e-e Hitze!; ist das e-e Hitze!; **journée** *f* **d'une ~ tropicale** tropisch heißer Tag; **dégager, donner de la ~** Wärme, Hitze abgeben, ausstrahlen 2 *fig (cordialité)* Wärme *f*; Herzlichkeit *f*; *(ardeur)* Feuer *n*; Eifer *m*; *loc adv* **avec ~** mit Wärme, Herzlichkeit; herzlich; **défendre qn avec ~** j-n mit Eifer verteidigen; **dans la ~ de la discussion** in der Hitze, im Eifer des Gefechts; *accueil etc* **manquer de ~** es an Wärme fehlen lassen; kühl sein 3 LOC ADJ **en ~** *animal* brünstig; hitzig; *fam* heiß; CH brunftig; *chienne* läufig; *chat* rollig; *jument* rossig; **être en ~** brünstig *etc* sein; CH *a.* brunften

chaleureusement [ʃaløʀøzmɑ̃] ADV herzlich; warm; mit Herzlichkeit

chaleureux [ʃaløʀø] ADJ ⟨-euse⟩ *remerciements, ton etc* herzlich; warm; *défenseur* eifrig; **accueil ~** herzlicher, warmer Empfang; **en termes ~** mit warmen Worten

châlit [ʃali] M Bettstelle *f*, -gestell *n*

Challans [ʃalɑ̃] *Stadt im Dep. Vendée*

challenge [ʃalɑ̃ʒ] M SPORTS a *épreuve* Titel- *ou* Pokalkampf *m* b *par ext: titre* Titel *m*; *coupe* Wanderpreis *m*, -pokal *m*

challenger [ʃalɑ̃ʒœʀ] M *ou* **challengeur** M SPORTS *et fig* Herausforderer *m*

chaloir [ʃalwaʀ] *litt* V/IMP LOC **peu me** *ou* **m'en chaut** das ist mir gleich; daran liegt mir wenig

chaloupe [ʃalup] F MAR Boot *n*; Schaluppe *f*

chaloupé [ʃalupe] ADJ *démarche, danse* wiegend; schaukelnd; **chalouper** V/I schaukeln; sich wiegen

chalumeau [ʃalymo] M ⟨*pl* ~x⟩ 1 TECH Schweißbrenner *m*; Schneidbrenner *m* 2 MUS a Schalmei *f* b *de cornemuse* Spiel-, Melodiepfeife *f*

Châlus [ʃaly] *Ort im Dep. Haute-Vienne*

chalut [ʃaly] M (Grund)Schleppnetz *n*; Trawl *n*; **pêcher au ~** mit dem Trawl fischen

chalutage [ʃalytaʒ] M Fischen *n* mit dem (Grund)Schleppnetz *ou* Trawl

chalutier [ʃalytje] M 1 *bateau* Trawler *m* 2 *pêcheur* Fischer *m* auf e-m Trawler

chamade [ʃamad] F *cœur* **battre la ~** zum Zerspringen klopfen

chamailler [ʃamaje] V/PR *fam* **se ~** streiten; sich zanken

chamailleries [ʃamajʀi] *fam* FPL Zank *m*; Zankerei *f*; Streiterei *f*; **chamailleur, chamailleuse** *fam* A M,F *fam* Streithammel *m*, -hansel *m* B ADJ streitsüchtig

chaman [ʃaman] M Schamane *m*

chamanisme [ʃamanism] M Schamanismus *m*

chamarré [ʃamaʀe] ADJ bunt verziert **(de** mit); **chamarrures** FPL Verzierungen *fpl*; *péj* Flitterkram *m*

chambard [ʃɑ̃baʀ] *fam* M Krach *m*; lautes Durcheinander; *fam* Spektakel *m*; Krawall *m*; **faire du ~** Krach, Krawall machen

chambardement [ʃɑ̃baʀdəmɑ̃] *fam* M Umwälzung *f*; Umsturz *m*

chambarder [ʃɑ̃baʀde] *fam* V/T *objets* durcheinanderbringen; in Unordnung bringen; *fig société, institutions* umstürzen; **~ des projets** Pläne über den Haufen werfen; **il a tout chambardé** er hat das Unterste zuoberst gekehrt, alles auf den Kopf gestellt

chambellan [ʃɑ̃bɛ(l)lɑ̃] M HIST Kammerherr *m*

chambertin [ʃɑ̃bɛʀtɛ̃] M *ein Rotwein aus Burgund*

chambouler [ʃɑ̃bule] *fam* V/T → chambarder

chambranle [ʃɑ̃bʀɑ̃l] M a *d'une porte, fenêtre* Tür- *ou* Fensterstock *m*; Zarge *f* b *d'une cheminée* Kaminverkleidung *f*

chambre [ʃɑ̃bʀ] F 1 Zimmer *n (worin man a. schläft)*; **~ individuelle** Einzelzimmer *n*; **~ meublée** möbliertes Zimmer; **~ (à coucher)** Schlafzimmer *n (a. meubles)*; **~ à un lit, à deux lits** Einbett-, Zweibettzimmer *n*; **~ d'ami(s)** Gäste-, Gastzimmer *n*; **~ de bonne** Dienstbotenkammer *f*, -stube *f*; Mädchenzimmer *n*; **~ d'enfants** Kinderzimmer *n*; **~ d'étudiant** Studentenzimmer *n*, *fam* -bude *f*; **~ d'hôte** Zimmer mit Frühstück; **~ (d'hôtel)** Hotel-, Fremdenzimmer *n*; **~ côté rue** *ou* **(donnant) sur la rue** *ou* **~ sur le devant** Zimmer zur Straße, nach vorn(e); *fig*: **sportif** *m* **en ~** Sportfan, der selbst keinen Sport treibt; **stratège** *m* **en ~** Stammtischpolitiker *m*; Biertischstratege *m*; **faire la ~** das Zimmer aufräumen und putzen; **faire ~ à part** getrennt schlafen; *malade* **garder la ~** nicht ausgehen dürfen; das Zimmer hüten (müssen) 2 *(pièce)* Raum *m*; Kammer *f*; **~ forte** Tresor(raum) *m*; Stahlkammer *f*; **~ froide** Kühlraum *m*, -kammer *f*; **~ à gaz** Gaskammer *f* 3 a JUR Kammer *f*; *d'une instance supérieure a.* Senat *m*; **~ civile** Zivilkammer *f*; **~ correctionnelle, criminelle** Strafkammer *f* b POL Kammer *f*; *en Grande-Bretagne* **Chambre basse** *ou* **des communes** Unterhaus *n*; **Chambre °haute** *ou* **des lords** Oberhaus *n*; **Chambre des députés** Abgeordnetenhaus *n*, -kammer *f* c *d'un corps* Kammer *f*; Verband *m*; **~ d'agriculture** Landwirtschaftskammer *f*; **~ de commerce (et d'industrie)** (Industrie- und) Handelskammer *f*; **~ des métiers** Handwerkskammer *f* **4** TECH Kammer *f* (*a. d'une arme*); Raum *m*; *d'un pneu* **~ à air** Schlauch *m*; **~ de combustion** *d'un moteur* Verbrennungsraum *m*; *d'une fusée* Brennkammer *f* **5** PHOT **~ noire** Dunkelkammer *f* **6** **musique** *f*, **orchestre** *m* **de ~** Kammermusik *f*, -orchester *n* **7** ANAT **~ de l'œil** Augenkammer *f*

chambrée [ʃɑ̃bʀe] F **1** *à l'internat etc* Zimmergemeinschaft *f*; MIL Stubengemeinschaft *f* **2** MIL (*pièce*) Stube *f*

chambrer [ʃɑ̃bʀe] VT **1** *vin* temperieren; auf Zimmertemperatur anwärmen **2** (*enfermer*) ins Zimmer sperren **3** *fam* (*se moquer de*) *fam* aufziehen; auf den Arm nehmen

chambrette [ʃɑ̃bʀɛt] F kleines Schlafzimmer; Kämmerchen *n*

chambrière [ʃɑ̃bʀijɛʀ] F **1** HIST Kammerfrau *f* **2** *fouet* lange Peitsche

chameau [ʃamo] M ‹*pl* ~x› **1** ZOOL Kamel *n*; *à deux bosses* Trampeltier *n*; **à dos de ~** auf Kamelrücken; mit Kamelen **2** *fam fig d'un homme* Schuft *m*; gemeiner Kerl; *d'une femme fam* gemeines Biest; **la** *ou* **quelle ~!** *fam* so ein Biest!; *adjt* **il est ~** er ist ein Schuft

chamelier [ʃamalje] M Kameltreiber *m*;

chamelle F ZOOL Kamelstute *f*

chamois [ʃamwa] M **1** ZOOL Gämse *f* **2** *cuir* Wasch-, Sämischleder *n*; **peau** *f* **de ~** Fenster-, Autoleder *n* **3** ADJT (**couleur**) **~** ‹*inv*› chamois; gelbbräunlich; gämsfarben

chamoisage [ʃamwazaʒ] M Sämischgerbung *f*

Chamonix [ʃamɔni] *Stadt im Dep. Haute-Savoie*

champ [ʃɑ̃] M **1** Feld *n*; Acker *m*; **~s** *pl* Feld *n*; *st/s* Fluren *fpl*; (*campagne*) Land *n*; **~ de blé** Getreidefeld *n*; **~ de pommes de terre** Kartoffelacker *m*; **fleurs** *fpl* **des ~s** Feld-, Wiesenblumen *fpl*; **travaux** *mpl* **des ~s** Feldarbeit(en) *f(pl)*; **vie** *f* **des ~s** Landleben *n*; *loc adv*: **à travers ~s** querfeldein; **en plein ~** auf freiem, offenem Feld **2** (*terrain*) Feld *n*; Gelände *n*; Platz *m*; *autrefois* **~ clos** Turnier-, Kampfplatz *m*; **~ de bataille** Schlachtfeld *n* (*a. fig*); **~ de courses** Rennplatz *m*, -bahn *f*; **~ de dunes** Dünen *fpl*; **~ de foire** Festplatz *m*, -wiese *f*; Messegelände *n*; **~ de manœuvre, d'exercices** Manövergelände *n*; Truppenübungsplatz *m*; **~ de mines, de neige, de pétrole** *ou* **pétrolifère** Minen-, Schnee-, Ölfeld *n*; **~ de tir** Schießstand *m*, -platz *m*; *champ visuel* Schussfeld *n*; **mourir, tomber au ~ d'honneur** auf dem Feld(e) der Ehre fallen **3** PHYS Feld *n*; **~ magnétique** Magnetfeld *n*; magnetisches Feld **4** OPT Gesichtsfeld *n*; CINÉMA Bild *n*; Bildfeld *n*; Einstellung *f*; **~ visuel** Blick-, Gesichtsfeld *n*; **entrer dans le ~** ins Bild kommen; **être dans le ~** im Bild(feld) sein **5** *fig* Feld *n* (*a.* LING, MATH); Bereich *m*; Gebiet *n*; LING **~ sémantique** Wortfeld *n*; **~ d'action, d'activité** Tätigkeitsfeld *n*, -bereich *m*; Wirkungsbereich *m*, -feld *n*, -kreis *m*; Aktionsbereich *m*; **~ des connaissances** Bereich, Gebiet der Kenntnisse; **~ d'observation** Beobachtungsbereich *m*; **avoir le ~ libre** freie Hand haben; **laisser du ~ à qn** j-m etwas mehr Handlungsfreiheit lassen; **laisser le ~ libre à qn** j-m freie Hand, Handlungsfreiheit lassen; j-n frei schalten und walten lassen; **laisser le ~ libre à qc** für etw Raum lassen; e-r Sache (*dat*) Tor und Tür öffnen; **prendre du ~** Abstand gewinnen **6** PEINT Grund *m*

Champagne [ʃɑ̃paɲ] **1** **la ~** die Champagne **2** **champagne** *m* Champagner *m* **3** GÉOL **champagne** *f* Kreideebene *f* **4** ADJT **fine** *f* **champagne** Cognac *m* aus der Champagne de Saintonge

Champagne-Ardenne [ʃɑ̃paɲaʀdɛn] **la ~** *frz Region*

champagnisation [ʃɑ̃paɲizasjɔ̃] F Verarbeitung *f* zu Champagner, Schaumwein, Sekt;

champagniser VT *vin* zu Champagner, Schaumwein, Sekt verarbeiten

champenois [ʃɑ̃pənwa] ADJ (*et* SUBST **Champenois** Bewohner) der Champagne

champêtre [ʃɑ̃pɛtʀ] ADJ ländlich; Dorf...; Land...; **bal** *m* **~** ländliches Tanzvergnügen; **garde** *m* **~** Feldhüter *m*

champignon [ʃɑ̃piɲɔ̃] M **1** BOT, CUIS Pilz *m*; *autrich* Schwammerl *n ou m*; *fig* **~ atomique** Atompilz *m*; **~ de couche, de Paris** (Zucht)-Champignon *m*; *all Sud a.* Egerling *m*; **aller aux ~s** *fam* in die Pilze gehen; **cueillir, ramasser des ~s** Pilze suchen, sammeln; *fig maisons, villes* **pousser comme des ~s** wie Pilze aus dem Boden, aus der Erde schießen; *enfant* **pousser comme un ~** sehr schnell wachsen; aufschießen **2** *fam* AUTO Gaspedal *n*; **appuyer sur le ~** *fam* auf die Tube drücken **3** BOT, MÉD Pilz *m*

champignonnière [ʃɑ̃piɲɔnjɛʀ] F (unterirdische) Champignonkultur

champion [ʃɑ̃pjɔ̃] M, **championne** F **1** SPORTS Meister(in) *m(f)*; Champion *m*; Sieger(in) *m(f)*; **champion, championne olympique** Olympiasieger(in) *m(f)*; Olympionike *m*, -nikin *f*; **champion, championne d'Europe** Europameister(in) *m(f)*; **championne de France de tennis** französische Tennismeisterin; **champion du monde** Weltmeister *m*; **champion du monde de boxe, d'échecs** Box-, Schachweltmeister *m*; Weltmeister *m* im Boxen; **champion de tir** Meisterschütze *m*; Schützenkönig *m*; *adjt* **équipe championne** Meistermannschaft *f* **2** *par ext* **(grand) champion, (grande) championne** Spitzensportler(in) *m(f)*; Rekordler(in) *m(f)*; *fam* (Sport)Kanone *f*; As *n* **3** (*défenseur*) (Vor)Kämpfer(in) *m(f)* (**d'une cause** für e-e Sache); Verfechter(in) *m(f)* (e-r Sache); **se faire le champion, la championne d'une cause** für e-e Sache kämpfen; e-e Sache verfechten; als Vorkämpfer(in) für e-e Sache auftreten **4** *fam fig* Meister(in) *m(f)*; *adjt*: **pour ça, il est champion** darin ist er Meister, ist er groß (*a. iron*); *performance* **c'est champion** *fam* das ist spitze, große Klasse

championnat [ʃɑ̃pjɔna] M Meisterschaft (-skampf) *f(m)*; **~ de France** französische Meisterschaft; **~s de tennis** Tennismeisterschaften *fpl*; **gagner, remporter le ~ du monde** die Weltmeisterschaft gewinnen; den Weltmeistertitel erringen

Champs-Élysées [ʃɑ̃zelize] MPL *Prachtstraße in Paris*

chançard [ʃɑ̃saʀ] *fam* ADJ *et* SUBST **il (elle) est** *ou* **c'est un(e) ~(e)** *fam* er (sie) ist ein Glückspilz

chance [ʃɑ̃s] F **1** Glück *n*; Chance *f*; (glücklicher) Zufall; **bonne ~!** viel Glück!; **souhaiter bonne ~ à qn** j-m viel Glück wünschen; **mauvaise ~, manque** *m* **de ~** Missgeschick *n*; *fam* Pech *n*; **coup** *m* **de ~** Glücksfall *m*; *loc adv*: **avec un peu de ~** mit ein bisschen, ein wenig Glück; **par ~** glücklicherweise; durch e-n glücklichen Zufall; **pas de ~!** *fam* so ein Pech!; Pech gehabt!; **avoir de la ~** Glück haben; *en permanence* ein Glückskind sein; **n'avoir pas de ~** kein Glück haben; *fam* Pech haben; *en permanence fam* ein Pechvogel sein; **tu as de la ~ de pouvoir partir** du hast Glück *ou* du kannst von Glück sagen, dass du (weg)gehen kannst; **courir, tenter sa ~** sein Glück versuchen; **donner, laisser sa ~ à qn** j-m e-e Chance geben; *iron* **c'est bien ma ~!** mein übliches Glück!; ich hab ja immer so ein Glück!; **c'est une ~** das ist ein Glücksfall, ein glücklicher Zufall; **c'est une ~ à courir** man sollte, müsste es versuchen; **(c'est) une ~ que ...** (*+subj*) (es ist) ein Glück, dass ...; **porter ~** Glück bringen; **la ~ a tourné** das Blatt, das Glück hat sich gewendet **2** **~s** *pl* Chancen *fpl*; Aussichten *fpl*; **~s de succès** Erfolgsaussichten *fpl*, -chancen *fpl*; **il y a des ~s, beaucoup de ~s, de fortes** *ou* **grandes ~s (pour) que ...** (*+subj*) es bestehen gute Aussichten, Chancen, dass ...; **il y a peu de ~s pour que ...** (*+subj*) es besteht wenig Aussicht, dass ...; **le projet a peu de ~s de réussir** der Plan hat wenig Aussicht auf Erfolg; **il n'a qu'une ~ sur cent de le retrouver** die Chancen stehen eins zu hundert dagegen, dass er ihn wiederfindet; **il y a 99 ~s sur 100 que ...** (*+subj*) mit neunundneunzigprozentiger Wahrscheinlichkeit, Sicherheit ...; **il y a une ~ sur deux** die Chancen stehen gleich; **il a mis toutes les ~s de son côté** was an ihm lag, hat er getan

chancelant [ʃɑ̃slɑ̃] ADJ **1** *démarche* (sch)wankend; taumelnd; **avoir une démarche ~e** *ou* **marcher d'un pas ~** (sch)wanken; taumeln **2** *fig santé, foi, volonté* schwankend; *résolution, autorité* wankend

chanceler [ʃɑ̃sle] VI ‹-ll-› **1** *personne* (sch)wanken; taumeln; *chose* (sch)wanken; **faire ~** zum, ins (Sch)Wanken bringen **2** *fig résolution etc* ins Wanken geraten

chancelier [ʃɑ̃səlje] M Kanzler *m*; *en Allemagne et Autriche* (Bundes)Kanzler *m*; *de la Légion d'honneur* **grand ~** Großkanzler *m*

chancelière [ʃɑ̃səljɛʀ] F Fußsack *m*

chancellerie [ʃɑ̃sɛlʀi] F Kanzlei *f* (*a.* DIPL); *en Allemagne et en Autriche* Kanzleramt *n*; *en France* Justizministerium *n*; *de la Légion d'honneur* **grande ~** Verwaltung *f*

chanceux [ʃɑ̃sø] ADJ ‹-euse› **être ~** Glück haben; ein Glückskind sein

chancre [ʃɑ̃kʀ] M **1** MÉD Schanker *m*; *fam fig* **manger, bouffer comme un ~** *fam* sich (*dat*) den Wanst vollschlagen **2** *fig et st/s* Krebsgeschwür *n*

chandail [ʃɑ̃daj] M Pullover *m*

Chandeleur [ʃɑ̃dlœʀ] ÉGL CATH **la ~** (Mariä) Lichtmess *f*; **à la ~** (an) Lichtmess

chandelier [ʃɑ̃dəlje] M (Kerzen)Leuchter *m*

chandelle [ʃɑ̃dɛl] F **1** (Talg)Kerze *f*; Talglicht *n*; *fig* **brûler la ~ par les deux bouts** (*ruiner sa santé*) mit s-r Gesundheit Raubbau treiben; (*dépenser trop*) das Geld mit vollen Händen ausgeben; *fig* **devoir une fière ~ à qn** j-m zu großem Dank verpflichtet sein; j-m viel, *fam* e-e ganze Menge zu verdanken haben; **dîner aux ~s** bei Kerzenlicht, -schein essen, dinieren; *fig*: **tenir la ~** als (überflüssiger) Dritter dabei sein; **le jeu n'en vaut pas la ~** das, es lohnt sich nicht; das ist der *ou* die Mühe nicht wert; **en voir trente-six ~s** die Engel (im Himmel) singen hören; Sterne sehen **2** FEU D'ARTIFICE **~ romaine** bunte Feuerwerksrakete **3** AVIAT **monter en ~** im Steilflug hochsteigen **4** FOOTBALL Kerze *f*; **faire une ~** e-e Kerze schießen **5** GYMNASTIQUE Kerze *f*; Nackenstand *m* **6** *fam* (*morve sous le nez*) *fam* Rotznase *f*

Chandigarh [ʃɑ̃digaʀ] GÉOG Tschandigarh *n*

chanfrein [ʃɑ̃fʀɛ̃] M **1** TECH Fase *f* **2** *du cheval* Gesicht *n*

chanfreiner [ʃɑ̃fʀene] VT TECH abfasen

change [ʃɑ̃ʒ] M **1** Tausch *m*; **gagner, perdre au ~** e-n guten, schlechten Tausch machen **2** FIN, COMM (Geld)Wechsel *m*; **(cours** *m*, **taux** *m* **du** *ou* **de) ~** Wechselkurs *m*; **~ avantageux** günstiger (Wechsel)Kurs; **agent** *m* **de ~** Börsenmakler *m*; **bureau** *m* **de ~** Wechselstube *f*; **lettre** *f* **de ~** Wechsel *m*; **marché** *m* **des**

~s Devisenmarkt *m* 3 LOC **donner le ~ à qn** j-n hinters Licht führen 4 *pour bébés* **~ (complet)** Wegwerfwindel *f*

changeant [ʃɑ̃ʒɑ̃] ADJ 1 *temps* veränderlich; wechselhaft; unbeständig; *a. personne, destin* launisch; *personne* **être ~** *ou* **d'humeur ~e** launisch, launenhaft sein 2 *couleur* changierend; schillernd; *tissu* **avoir des reflets ~s** schillern

changement [ʃɑ̃ʒmɑ̃] M 1 (Ver)Änderung *f*; Wechsel *m*; Wandel *m*; (Um-, Ver)Wandlung *f*; *dans une entreprise etc* Umstellung *f*; **~ d'adresse** Änderung der Anschrift; **~ d'air** Luftveränderung *f*; **~ de couleur** Verfärbung *f*; CHIM Farbumschlag *m*; **~ de décor** THÉ Szenenwechsel *m*; *fig de lieu* Orts-, *fam* Tapetenwechsel *m*; *de la situation* plötzliche Änderung der Lage; **~ de direction** (Fahrt)Richtungsänderung *f*; **~ de domicile** Wohnsitzwechsel *m*; **~ d'état** Zustandsänderung *f*; **~ de forme** Umwandlung *f*; Umgestaltung *f*; **~ de lune** Mondwechsel *m*; **~ de marée** Gezeitenwechsel *m*; **~ de ministère** Regierungswechsel *m*; **~ d'opinion** Meinungswechsel *m*, -wandel *m*; **~ de personnel** Personalwechsel *m*; **~ de poste** Stellungswechsel *m*; **~ de programme** Programmänderung *f*; **~ de propriétaire** Besitz(er)wechsel *m*; *pour un magasin* Geschäftsübernahme *f*; **~ de régime** Regimewechsel *m*; Wechsel des Regimes; **~ de saison** Wechsel der Jahreszeit; **~ de température** Temperaturänderung *f*; **brusque ~ de température** Temperatursturz *m ou* steiler Temperaturanstieg; **~ de temps** Wetteränderung *f*; AUTO **~ de vitesse** *mécanisme* Gangschaltung *f*; *manœuvre* Schalten *n*; *loc adj* **sans ~** unveränderlich; unverändert; **aimer le ~** die Abwechslung lieben; **apporter, faire des ~s** Veränderungen vornehmen (**à, dans** an *+dat*), herbeiführen (an, in *+dat*); Neuerungen einführen; *dans un texte* Änderungen vornehmen; **il y a eu du ~** es hat sich manches, einiges geändert; **cela fait un grand ~** das bedeutet e-e große Umstellung; **subir des ~s** ge-, verändert werden; (Ver)Änderungen erfahren 2 CH DE FER *etc* Umsteigen *n* 3 ADMIN Versetzung *f*; **demander son ~** s-e Versetzung beantragen

changer [ʃɑ̃ʒe] ⟨-geons⟩ A V/T 1 (um-, ein-, aus)tauschen; (aus)wechseln; *projets, ordre, habitudes, texte etc* ändern; *ordre, disposition etc* verändern; *mobilier, pièces de machine* auswechseln; ersetzen; **~ qn** j-n verändern; ♦ **~ de l'argent** Geld wechseln; **~ les draps** die Bettwäsche wechseln; das Bett *ou* die Betten frisch beziehen; **~ (un billet de) 50 euros** 50 Euro, e-n 50-Euro-Schein wechseln; **~ les idées à qn** j-n auf andere Gedanken bringen; **~ le personnel** das Personal auswechseln; **~ la place de qc** etw an, auf e-n anderen Platz legen, stellen, setzen; *meubles* umstellen; **cela ne change en rien ma résolution** das ändert nichts an meinem Entschluss; **~ une roue** ein Rad auswechseln; **vouloir tout ~** alles ändern, *fam* umkrempeln wollen; **ça, voilà qui change tout** das ändert natürlich alles; **~ sa voix** s-e Stimme verstellen; **on ne le changera pas** ihn kann man nicht mehr ändern; er ist nun mal so; ♦ **~ qc à qc** etw an etw *(dat)* ändern; **ne rien ~ à ses habitudes, à ses projets** nichts an s-n Gewohnheiten, Plänen ändern; **cela ne change rien à l'affaire** das ändert nichts daran *ou* an der Sache; **ne rien y ~** nichts daran ändern; **vous n'y changerez rien** Sie werden daran doch nichts ändern; **~ une chose contre** *ou* **pour une autre** etw gegen, für etw eintauschen; **~ des euros contre des, en dollars** Euros gegen, für Dollars (ein)wechseln, (ein)tauschen; **~ sa place pour celle d'un autre** s-n Platz gegen den e-s anderen tauschen; den Platz e-s anderen einnehmen; **~ qc de place** etw an e-n anderen Platz stellen, setzen, legen; etw umräumen, *meubles a.* umstellen; **~ qn de poste** j-m e-e andere Stelle geben; j-n versetzen 2 *(transformer)* verwandeln, umwandeln (**en** in *+acc*); **~ les doutes de qn en certitude** j-s Zweifel zur Gewissheit werden lassen; *métal* **~ en or** in Gold verwandeln 3 *bébé* trockenlegen; frisch wickeln; **~ un malade** e-m Kranken ein frisches Nachthemd *ou* e-n frischen Schlafanzug anziehen 4 **ça me** (*ou* **le** *etc*) **change** das ist ein Unterschied (**de** zu); das ist etwas anderes (als) B V/T INDIR **~ de** wechseln, ändern *(+acc)*; **~ d'adresse** s-e Anschrift ändern; umziehen; **~ d'air** *lui fera du bien* e-e Luftveränderung ...; **~ d'appartement** die Wohnung wechseln; umziehen; **~ d'attitude** s-e Haltung ändern (**avec, envers qn** j-m gegenüber); **~ d'avis** s-e Ansicht, Meinung ändern; *st/s* anderen Sinnes werden; **faire ~ qn d'avis** j-n umstimmen; **~ de bus, de train** *etc* umsteigen; **~ de chemise** ein frisches Hemd anziehen; **~ de coiffeur, de médecin** *etc* den Friseur, Arzt *etc* wechseln; zu e-m anderen Friseur, Arzt *etc* gehen; **~ de coiffure** sich anders frisieren (lassen); **avoir changé de coiffure** e-e neue, andere Frisur tragen, haben; **~ de côté** auf die andere Seite gehen *ou* sich auf die andere Seite setzen; **~ de couleur** e-e andere Farbe annehmen; sich verfärben; *personne* die Farbe wechseln; blass *ou* rot werden; **~ de direction** die *ou* s-e (Fahrt)Richtung ändern; **~ d'état** in e-n anderen Zustand übergehen; **~ de forme** e-e andere Form, Gestalt annehmen; **~ de gouvernement** e-e andere Regierung bekommen; **~ d'idée** s-e Absicht, Ansicht ändern; sich anders besinnen; *fam* **~ d'idée comme de chemise** s-e Meinung wechseln wie sein Hemd; **~ de jupe** e-n anderen Rock anziehen; **~ de langage** e-n anderen Ton anschlagen; **~ de marque** die Marke wechseln; *fam* auf e-e andere Marke umsteigen; **~ de métier** den Beruf wechseln; *fam* umsatteln; **~ de nom** s-n Namen ändern; sich anders nennen; *chose* umbenannt werden; **avoir changé de nom** (jetzt) anders heißen; **~ de place** den Platz wechseln; **~ de place avec qn** mit j-m den Platz tauschen; **~ de poste** s-e Stellung wechseln; versetzt werden; **~ de professeur** *classe* e-n neuen Lehrer bekommen; *particulier* e-n anderen Lehrer nehmen; zu e-m anderen Lehrer gehen; **~ de propriétaire** den Besitzer wechseln; **~ de route** e-e andere Route fahren; MAR den Kurs wechseln; **~ de sujet** das Thema wechseln; **~ de tactique** die Taktik ändern, wechseln; **~ de vêtements** sich umziehen, umkleiden; *auto* **~ de vitesse** schalten; e-n anderen Gang einlegen; **~ de voiture** sich *(dat)* e-n anderen, neuen Wagen anschaffen, *fam* zulegen C V/I 1 ⟨*Zustand* être⟩ sich ändern; anders werden; *temps* **~ brusquement** *a.* umschlagen; **~ à son avantage** *ou* **en mieux, en pire** sich zu s-m Vorteil, Nachteil verändern; *personne* **il n'a pas changé** er hat sich überhaupt nicht verändert, *de caractère* geändert; **il est tout changé** er ist ganz verändert; er ist wie umgewandelt; **les choses, les temps ont bien changé!** wie die Zeiten sich ändern!; **rien n'a changé** alles ist noch so, wie es war; alles ist beim Alten (geblieben); nichts hat sich geändert; **le temps va ~** das Wetter ändert sich; wir bekommen anderes Wetter; **tout a changé** alles ist anders (geworden) 2 **~ avec qn** mit j-m tauschen 3 *fam iron* **pour ~** wie gewöhnlich; *fam iron* zur Abwechslung mal wieder 4 CH DE FER *etc* umsteigen D V/PR 1 **se ~** *(changer de vêtements)* sich umziehen, umkleiden 2 **se ~ en** sich verwandeln in *(+acc)*; *soupçon* **se ~ en certitude** zur Gewissheit werden 3 **pour se ~ les idées** um auf andere Gedanken zu kommen

changeur [ʃɑ̃ʒœʀ] M 1 *personne* (Geld)Wechsler *m* 2 *machine* **~ (de monnaie)** Geldwechsler *m* 3 **~ de disques, de CD** Platten-, CD-Wechsler *m*

Chang-hai [ʃɑ̃gaj] Schanghai *n*

chanoine [ʃanwan] M Dom-, Stifts-, Chorherr *m*; Kanoniker *m*; Kanonikus *m*; Kapitular *m*;

chanoinesse F *autrefois* Stiftsdame *f*; Kanonisse *f*, -nissin *f*

Chan-si [ʃansi] GÉOG **le ~** Schansi *n*

chanson [ʃɑ̃sõ] F 1 Lied *n*; *à la mode* Schlager *m*; **~ folklorique, populaire** Volkslied *n*; **~ à boire** Trinklied *n*; **~ (à texte)** Chanson *n*; **~ d'amour** Liebeslied *n*; **~ de charme** sentimentales, *péj* schmalziges Lied; *péj* Schnulze *f*; LITTÉRATURE **~ de geste** Heldenlied *n*, -epos *n*; **~ de marche** Marschlied *n*; LITTÉRATURE **la ~ de Roland** das Rolandslied; *fam fig* **je connais la ~** das kenne ich; **comme dit la ~** wie es im Lied heißt; *fam fig* **ça, c'est une autre ~!** *fam* das ist jetzt aber was ganz anderes!; *fam fig* **c'est toujours la même ~** es ist immer die alte Leier, das alte Lied; *fig* **tout finit par des ~s** alles löst sich in Wohlgefallen auf; **mettre qc en ~** etw in Liedform bringen 2 *poét des cigales, de la mer etc* Lied *n*

chansonnette [ʃɑ̃sɔnɛt] F Liedchen *n*; *fam* **pousser la ~** ein Lied schmettern

chansonnier [ʃɑ̃sɔnje] M Kabarettist *m*; **théâtre** *m* **de ~s** Kabarett *n*; Kleinkunstbühne *f*

chant¹ [ʃɑ̃] M 1 *action* Singen *n*; Gesang *m*; **cours** *mpl* **de ~** Gesangsstunden *fpl*, -unterricht *m*; **professeur** *m* **de ~** Gesangslehrer *m*; **apprendre le ~** singen lernen 2 *(air)* Lied *n*; Gesang *m*; Weise *f*; Melodie *f*; **~ funèbre** Grablied *n*, -gesang *m*; **~ patriotique** vaterländisches Lied; **~ populaire** Volkslied *n*, -weise *f*; **le Chant du départ** *Kriegslied von 1794*; **~ d'Église** Kirchenlied *n* 3 *des oiseaux* Singen *n*; Gesang *m*; *de l'alouette* Tirilieren *n*; *du rossignol* Schlagen *n*; *du coq* Krähen *n*; *des cigales* Zirpen *n*; *fig* **le ~ du cygne** der Schwanengesang; *loc adv* **au ~ du coq** beim ersten Hahnenschrei 4 *fig* Lied *n* 5 *d'un poème épique* Gesang *m*

chant² [ʃɑ̃] M TECH *pierre* **poser de, sur ~** mit der Schmalseite nach unten setzen

chantage [ʃɑ̃taʒ] M JUR Erpressung *f*; **faire du ~** Erpressungen *ou* e-e Erpressung begehen; **faire le ~ au suicide** mit Selbstmord drohen *(um etw zu erreichen)*; **se livrer à** *ou* **exercer un ~ sur qn** j-n erpressen

Chantal [ʃɑ̃tal] F *Vorname*

chantant [ʃɑ̃tɑ̃] ADJ 1 melodisch; **accent ~** singender Tonfall; **langue, voix ~e** melodische Sprache, Stimme 2 *air, musique* sangbar

chanter [ʃɑ̃te] A V/T 1 singen; **~ une chanson, une mélodie** ein Lied, eine Melodie singen; **~ Noël** zu Weihnachten singen 2 *fig (célébrer)* **~ qc** etw besingen, preisen; **~ (les exploits de) qn** j-n, j-s Heldentaten besingen, preisen 3 *fam fig* **qu'est-ce que tu me chantes là?** was erzählst du da für e-n Unsinn, *fam* Quatsch? B V/I 1 singen; **~ bien, doucement, fort** gut, leise, laut singen; **~ faux, juste** falsch, richtig singen; *fam fig* **c'est comme si on chantait** das ist alles in den Wind geredet 2 *en parlant* singen; **langue qui chante** melodische Sprache 3 *oiseaux* singen; trillern; *alouette* tirilieren; *rossignol* schlagen; *coq* krähen; *cigales* zirpen 4 *fig eau qui bout, bouilloire* summen; singen 5 *fam fig*: **si ça vous chante**

wenn Sie (dazu) Lust haben; *fam* wenn Sie lustig sind; **comme ça vous chante** ganz wie Sie wollen, *fam* lustig sind; *il travaille* **quand ça lui chante** wenn er (dazu) Lust hat, *fam* lustig ist 6 **faire ~ qn** j-n erpressen

chanterelle [ʃɑ̃tʀɛl] F 1 BOT Pfifferling *m*; *autrich* Eierschwamm *m* 2 MUS höchste Saite; *fig* **appuyer sur la ~** den Finger auf die Wunde legen

chanteur [ʃɑ̃tœʀ] M, **chanteuse** F 1 Sänger(in) *m(f)*; **chanteur, chanteuse de cabaret** Kabarettsänger(in) *m(f)*; Chansonnier *m*; Chanson(n)ette *f*; **chanteur, chanteuse de charme** Schlager-, *péj* Schnulzensänger(in) *m(f)*; **chanteur, chanteuse de jazz** Jazzsänger(in) *m(f)*; **chanteur, chanteuse d'opéra** Opernsänger(in) *m(f)*; **chanteur, chanteuse des rues** Straßensänger(in) *m(f)* 2 ADJT **oiseaux chanteurs** Singvögel *mpl* 3 ADJT **maître chanteur** Erpresser *m*; MUS HIST Meistersinger *m*

chantier [ʃɑ̃tje] M 1 Baustelle *f*; **~ naval** (Schiffs)Werft *f*; **~ de démolition** Abbruchstelle *f*; **chef** *m* **de ~** Bauführer *m*, -leiter *m*; **mise** *f* **en ~** CONSTR Baubeginn *m*; MAR Kiellegung *f*; *panneau* **~ interdit au public!** Betreten der Baustelle verboten!; *fig* **avoir qc en ~** an etw *(dat)* arbeiten; *fig* **être en ~** in Arbeit sein; *fig* **mettre qc en ~** etw in Angriff nehmen; **travailler sur un ~** auf e-r Baustelle arbeiten 2 *fam fig* **quel ~!** was für ein Chaos, Tohuwabohu!

Chantilly [ʃɑ̃tiji] *Stadt im Dep. Oise*

chantonner [ʃɑ̃tɔne] V/T *et* V/I trällern; summen; vor sich *(acc)* hin singen

chantoung → shant(o)ung

chantourner [ʃɑ̃tuʀne] V/T TECH dekupieren; **scie** *f* **à ~** Schweif-, Dekupiersäge *f*

chantre [ʃɑ̃tʀ] M 1 ÉGL CATH Vorsänger *m* 2 *fig et st/s* Sänger *m*; Dichter *m*; **~ de la liberté** Sänger der Freiheit

chanvre [ʃɑ̃vʀ] M BOT, TEXT Hanf *m*; **~ indien** Indischer Hanf; **(toile** *f* **de) ~** Hanfleinwand *f*

chanvrier [ʃɑ̃vʀije] A ADJ ‹-ière› Hanf… B M a Hanfbauer *m*, -züchter *m* b Hanfbrecher *m* c Hanfhändler *m*

chaos [kao] M Chaos *n*

chaotique [kaɔtik] ADJ chaotisch; wüst; verworren

chap. ABR (chapitre) Kap. (Kapitel)

chapardage [ʃapaʀdaʒ] M *fam* Mausen *n*; Stibitzen *n*; **chaparder** V/T *fam* mausen; stibitzen; klauen; **chapardeur** *fam* A ADJ ‹-euse› diebisch B SUBST **~, chapardeuse** *m,f* Dieb *m*, Diebin *f*; *fam* Langfinger *m*

chape [ʃap] F 1 ÉGL CATH Rauchmantel *m*; Pluviale *n* 2 TECH Deckel *m*; Kappe *f*; *(couche)* Schicht *f*; Überzug *m*; *d'un pneu* Lauffläche *f*

chapeau [ʃapo] M ‹*pl* ~x› 1 Hut *m*; **~ à plumes** Federhut *m*; **~ de cardinal** Kardinalshut *m*; **~ de paille, de soleil** Stroh-, Sonnenhut *m*; *fig* **~ bas!**, *fam* **~!** Hut ab!; alle Achtung!; **donner un coup de ~** den Hut ziehen, lüften, abnehmen **(à qn** vor j-m); *fig* **donner un coup de ~** *ou* **tirer son ~ à qn** vor j-m den Hut ziehen; **enlever, ôter son ~** den, s-n Hut abnehmen; **mettre un, son ~** e-n, den, s-n Hut aufsetzen; *fam fig*: **porter le ~** dafür geradestehen (müssen); *fam* den Kopf hinhalten müssen; **faire porter le ~ à qn** j-m die Schuld in die Schuhe schieben; *fig et st/s* **saluer ~ bas** sich tief, ehrfürchtig verneigen **(qn** vor j-m); *fam fig* **travailler du ~** *fam* nicht ganz bei Trost sein; spinnen; → *a.* **cinglé** 2 *des champignons* Hut *m*; CUIS *de vol-au-vent etc* Deckel *m* 3 TECH Haube *f*; Deckel *m*; Kappe *f*; AUTO **~ de roue** Radkappe *f*; **démarrer sur les ~x de roue(s)** e-n Blitzstart hinlegen; *fig a.* rasant beginnen; **prendre un virage sur les ~x de roue(s)** *fam* mit zig Sachen in die Kurve gehen 4 MUS **~ chinois** Schellenbaum *m* 5 *d'un article de journal* Kopfnote *f*

chapeauté [ʃapote] ADJ **ganté et ~** mit Handschuhen und Hut; **chapeauter** *fam fig* V/T leiten; kontrollieren

chapelain [ʃaplɛ̃] M (Haus)Kaplan *m*

chapelet [ʃaplɛ] M 1 ÉGL CATH Rosenkranz *m*; *autres religions* Gebetsschnur *f*; **dire, réciter son ~** den Rosenkranz beten 2 *fig* Reihe *f*; Kette *f*; Kranz *m*; *d'injures* Hagel *m*; *d'oignons* Zopf *m*; *de saucisses* Kette *f*; Kranz *m*; *de bombes* Reihe *f*; **~ d'îles** Inselkette *f*

chapelier [ʃapəlje] M, **chapelière** F Hutmacher(in) *m(f)*; *adjt* **industrie chapelière** Hutindustrie *f*

chapelle [ʃapɛl] F 1 Kapelle *f*; → *a.* ardent 1 2 **maître** *m* **de ~** Kantor *m*; Chorleiter *m* 3 *fig et péj* Clan *m*; Clique *f*; Klüngel *m*

chapellerie [ʃapɛlʀi] F 1 *fabrication* Hutmacherei *f* 2 *magasin* Hutgeschäft *n*

chapelure [ʃaplyʀ] F CUIS Paniermehl *n*; *autrich* Semmelbrösel *pl*

chaperon [ʃapʀõ] M 1 *d'une jeune fille* Anstandsdame *f*; *fam* Anstandswauwau *m*; **servir de ~ à qn** j-m als Anstandsdame dienen 2 **le Petit Chaperon rouge** Rotkäppchen *n*

chaperonner [ʃapʀɔne] V/T *jeune fille* als Anstandsdame begleiten

chapiteau [ʃapito] M ‹*pl* ~x› 1 ARCH Kapitell *n*; *par ext* Aufsatz *m* 2 **~ (de cirque)** (Zirkus)Zelt *n*; *par ext* Zirkus *m*; **sous le ~** unter der (Zirkus)Kuppel

chapitre [ʃapitʀ] M 1 *d'un livre* Kapitel *n*; Abschnitt *m* 2 *fig* Kapitel *n*; Bereich *m*; Gegenstand *m*; Punkt *m*; **sur ce ~** diesbezüglich; in dieser Hinsicht, Beziehung; in diesem Punkt; davon; dazu; darüber; *c'est tout* **ce qu'on peut dire sur ce ~** was man darüber, diesbezüglich, zu diesem Punkt sagen kann; *être très exigeant* **sur le** *ou* **au ~ de l'exactitude** in Bezug auf *ou* in puncto Genauigkeit 3 ÉGL Kapitel *n*

chapitrer [ʃapitʀe] V/T **~ qn** j-n maßregeln; j-m die Leviten lesen

Chaplin [ʃaplɛ̃] **Charlie ~** Charlie Chaplin

chapon [ʃapõ] M Kapaun *m*

chaponner [ʃapɔne] V/T *coq* verschneiden; kapaunen

chaptalisation [ʃaptalizasjõ] F *du vin* Chaptalisierung *f*; Trockenzuckerung *f*; **chaptaliser** V/T chaptalisieren

chaque [ʃak] A ADJ INDÉF jede(r, -s); **à ~ instant** alle Augenblicke; ständig; **entre ~ phrase** nach jedem Satz; zwischen den einzelnen Sätzen B PR INDÉF **coûter dix euros ~** je zehn Euro kosten

char [ʃaʀ] M 1 MIL **~ (d'assaut)** Panzer *m* 2 *(voiture)* Wagen *m*; Karren *m*; *st/s* **~ funèbre** Leichenwagen *m*; *autrefois* **~ à bancs** Kremser *m*; **~ à bœufs** Ochsenkarren *m*; **~ à voile** Segelwagen *m*; *sport* Strandsegeln *n*; *fig* **le ~ de l'État** das Staatsschiff; *au carnaval* **~ de fleurs, fleuri** blumengeschmückter Wagen; ANTIQUITÉ **course** *f* **de ~s** Wagenrennen *n* 3 *au Canada* Auto *n*; Wagen *m*

charabia [ʃaʀabja] M *fam* Kauderwelsch *n*; **~ administratif** Behördenkauderwelsch *n*

charade [ʃaʀad] F Scharade *f*

charançon [ʃaʀɑ̃sõ] M ZOOL Rüsselkäfer *m*; **~ du blé** Kornkäfer *m*

charbon [ʃaʀbõ] M 1 Kohle *f*; **~ de bois** Holzkohle *f*; **mine** *f* **de ~** Kohlenbergwerk *n*; Zeche *f*; *fig* **être sur des ~s ardents** in e-r peinlichen, schwierigen Lage sein; *d'inquiétude* (wie) auf glühenden Kohlen sitzen 2 *(fusain)* Zeichenkohle *f*; *dessin* Kohlezeichnung *f* 3 a VÉT, MÉD Milzbrand *m* b BOT (Getreide)Brand *m*

charbonnage [ʃaʀbɔnaʒ] M Kohlenbergwerk *n*; Zeche *f*; **Charbonnages de France** *staatliches frz Kohlenbergwerksunternehmen*

charbonné [ʃaʀbɔne] ADJ schwarz (gefärbt, angemalt)

charbonneux [ʃaʀbɔnø] ADJ ‹-euse› 1 VÉT, MÉD Milzbrand… 2 *yeux* zu dunkel umrandet

charbonnier [ʃaʀbɔnje] A ADJ ‹-ière› 1 Kohlen…; **industrie charbonnière et sidérurgique** Montanindustrie *f* 2 ZOOL **mésange charbonnière** Kohlmeise *f* B M 1 *marchand* Kohlenhändler *m* 2 *autrefois* Köhler *m*; Kohlenbrenner *m*; *enfant* **noir comme un ~** schwarz wie ein Mohr

charcuter [ʃaʀkyte] V/T *fam* **~ qn** *fam* an j-m herumschnippeln, -schnipseln; **se ~ le doigt** im Finger *(nach e-m Splitter etc)* herumstochern; **se faire ~** *fam* an sich *(dat)* herumschnippeln, -schnipseln lassen

charcuterie [ʃaʀkytʀi] F 1 *produits* Fleisch- und Wurstwaren *fpl (aus Schweinefleisch)*; Wurst *f*; *en tranches* Aufschnitt *m* 2 *boutique* Fleisch- und Wurstwarengeschäft *n*; Fleischerei *f*; Metzgerei *f* 3 *métier* Fleischer-, Metzgerhandwerk *n*; *industrie* Fleisch- und Wurstwarenindustrie *f*

charcutier [ʃaʀkytje] M Fleischer *m*; (Schweine)Metzger *m*

chardon [ʃaʀdõ] M 1 BOT Distel *f* 2 *sur une grille etc* Eisenspitze *f*

chardonneret [ʃaʀdɔnʀɛ] M ZOOL Distelfink *m*; Stieglitz *m*

charentais [ʃaʀɑ̃tɛ] A ADJ der Charente B SUBST 1 **Charentais(e)** *m(f)* Bewohner(in) *m(f)* der Charente 2 **~e** *f* Pantoffel *m*

Charente [ʃaʀɑ̃t] **la ~** *Fluss u. Departement in Frankreich*; **Charente-Maritime la ~** *frz Departement*

charge [ʃaʀʒ] F 1 Last *f*; Belastung *f*; *st/s* Bürde *f*; *d'un véhicule* Ladung *f*; Fracht *f*; MAR *a. action* (Be)Laden *n*; TECH: **~ maximale** Höchstlast *f*; maximale Last, Belastung; **~ utile** Nutzlast *f*; *loc adj* **en ~** beladen; mit Ladung, Last; *chauffeur* **prendre qn, qc en ~** j-n auf-, mitnehmen; etw einladen, mitnehmen; → *a.* 4 2 ÉLEC, *d'une arme* Ladung *f*; **~ explosive** *ou* **d'explosifs** Sprengladung *f* 3 *fig* Last *f*; Belastung *f* *(a.* JUR); *st/s* Bürde *f*; *d'un loyer* **~s** *pl* Nebenkosten *pl*; **~s fiscales** Steuerlast *f*; steuerliche Belastung(en) *f(pl)*; Steuerbelastung *f*; **~s sociales** Soziallasten *fpl*; *d'une entreprise* Lohnnebenkosten *pl*; **~s de l'État** Staatsausgaben *fpl* und -schulden *fpl*; **~s de famille** Unterhaltsverpflichtungen *fpl*; **~s du ménage** Haushaltskosten *pl*; *loc adj et loc adv*: **enfant** *m* **à ~** unterhaltsberechtigtes Kind; JUR **témoin** *m* **à ~** Belastungszeuge *m*; **à ~ pour vous de** *(+inf)* mit der Verpflichtung *ou* Auflage, dass Sie …; → *a.* revanche; **à la ~ de** zulasten von *(ou +gén)*; **à la ~ de la collectivité** zulasten der Allgemeinheit; **avoir qn à ~** für j-s Unterhalt aufkommen müssen; für j-n sorgen müssen; **être à ~ à qn** *personne* j-m zur Last fallen; *tâche, obligation* j-m sehr schwerfallen; j-m fast zu viel sein; **être à la ~ de qn** *personne* von j-m unterhalten werden; *fam* j-m auf der Tasche liegen; *frais* zu j-s Lasten gehen; JUR **lourdes ~s** dringender Tatverdacht; JUR **de lourdes ~s pèsent sur lui** er ist dringend der Tat verdächtig 4 *(responsabilité, mission)* Aufgabe *f*; Auftrag *m*; **avoir ~ d'âme(s)** für andere, für das Leben anderer verantwortlich sein; **j'ai ~ d'âme** *a.* ich habe für ihn *ou* sie die Verantwortung; **avoir (la) ~ de** *(+inf)* die Aufgabe, den Auftrag haben zu *(+inf)*; (damit) beauftragt, betraut sein zu *(+inf)*; **confier à qn la ~ de** *(+inf)* j-m die Aufgabe übertragen zu *(+inf)*; j-n damit beauftragen, betrauen zu (+inf); **prendre qn, qc en ~** sich j-s, e-r Sache annehmen; etw in die Hand nehmen; etw übernehmen 5 (fonction publique) Amt n 6 (attaque) Angriff m; Attacke f; fig **revenir à la ~** sich nicht abweisen lassen; nicht lockerlassen; es noch einmal versuchen 7 THÉ d'un rôle Übertreiben n; Karikatur f; **jouer son rôle en ~** (bei s-r Rolle) übertreiben, zu dick auftragen; s-e Rolle karikieren 8 **femme** f **de ~** (Wäsche)Beschließerin f

chargé [ʃaʀʒe] A ADJ 1 beladen, bepackt, belastet (**de** mit); estomac überladen; langue belegt; style, décoration etc **trop ~** überladen; st/s **~ d'ans** hoch an Jahren; **main ~e de bagues** mit vielen Ringen geschmückte Hand; arbre **~ de fruits** voller Früchte; **~ de paquets** mit Paketen beladen, bepackt; nuage **~ de pluie** regenschwer; fig **avoir une semaine ~e** e-e ausgefüllte Woche haben 2 arme geladen 3 **lettre ~e** Wertbrief m; Brief m mit Wertangabe 4 (responsable) **~ de** beauftragt, betraut mit; **~ de mission** mit e-r Mission beauftragt; **M. X., ~ des relations publiques à ...** Herr X., zuständig für Öffentlichkeitsarbeit in ...; **être ~ de famille** für e-e Familie zu sorgen haben B SUBST DIPL **~** m **d'affaires** Geschäftsträger m; UNIVERSITÉ **~(e)** m(f) **de cours** Lehrbeauftragte(r) m/f(m)

chargement [ʃaʀʒəmɑ̃] M 1 d'un véhicule Beladen n; d'un bateau a. Laden n; de marchandises Ein-, Verladen n; **appareil** m **de ~** Ladevorrichtung f 2 (cargaison) Ladung f; Fracht f 3 d'une arme, ÉLEC, INFORM Laden n 4 d'un haut-fourneau Beschickung f 5 **~ d'un appareil photo** Einlegen n des, e-s Films in e-n Fotoapparat; t/t Laden n e-r Kamera

charger [ʃaʀʒe] ⟨-geons⟩ A V/T 1 personne, animal beladen, bepacken (**de** mit); fam taxi **~ un client** e-n Fahrgast auf-, mitnehmen; **~ du bois sur, des meubles dans un camion** Holz auf, Möbel in e-n Lkw (ver)laden; **~ des marchandises** Waren (ver-, ein)laden; **~ une valise sur son épaule** sich (dat) e-n Koffer auf die Schulter laden; e-n Koffer schultern; **~ un véhicule** ein Fahrzeug beladen, befrachten 2 fig belasten, beschweren (**de** mit); **~ qn** j-n belasten (a. JUR accusé); **~ qn de qc** j-n mit etw belasten; j-m etw aufladen, auferlegen, fam aufhalsen; etw auf j-n abladen; **~ sa conscience d'un crime** sein Gewissen mit e-m Verbrechen belasten; crime **~ la conscience de qn** j-s Gewissen belasten; auf j-s Gewissen drücken; mets **~ l'estomac** im Magen liegen; **~ sa mémoire de ...** sein Gedächtnis belasten mit ...; **~ son récit d'**épisodes inutiles s-e Erzählung überladen mit ... 3 (confier) **~ qn de qc** j-n mit etw beauftragen, betrauen; j-m etw übertragen; **~ qn de** (+inf) j-n damit beauftragen ou betrauen, j-m den Auftrag geben zu (+inf) 4 arme, batterie, ordinateur laden 5 haut-fourneau beschicken; chargieren 6 **~ un appareil photo** den, e-n Film einlegen (in die Kamera); t/t e-e Kamera laden 7 (attaquer) angreifen (a. abs); sich stürzen auf (+acc); SPORTS rempeln (a. abs) 8 (exagérer) übertreiben; karikieren B V/PR 1 **se ~** sich beladen, belasten (**de** mit); **se ~ l'estomac** sich (dat) den Magen überladen 2 **se ~ de qc** etw übernehmen, auf sich (acc) nehmen, in die Hand nehmen; **se ~ de qn** j-n betreuen; sich j-s annehmen; **se ~ de faire qc** es übernehmen, etw zu tun; **je m'en charge** das, fam den ou die übernehme ich; um das, fam den ou die kümmere ich mich

chargeur [ʃaʀʒœʀ] M 1 MAR Befrachter m 2 MIL Ladeschütze m 3 TECH Ladevorrichtung f; AGR Lader m; Förderer m 4 ÉLEC Ladegerät n 5 d'un fusil Magazin n 6 PHOT Kassette f; **à ~ automatique** Kassetten...

charia [ʃaʀja] F REL Scharia f

chariot [ʃaʀjo] M 1 Wagen m; Karren m; dans les magasins Einkaufswagen m; AVIAT, CH DE FER Kofferkuli m; CINÉMA Kamerawagen m; dans une usine Flurförderer m; d'une machine à écrire Wagen m; d'une machine-outil Schlitten m; **~ alsacien** Stubenwagen m; **~ électrique** Elektrokarren m; **~ élévateur** Gabelstapler m; t/t Hubkarren m; **~ à bagages** Gepäckkarren m; **~ d'enfant** Laufiernstuhl m, -gestell n 2 ASTRON **le Grand, Petit Chariot** der Große, Kleine Wagen

charismatique [kaʀismatik] ADJ charismatisch

charisme [kaʀism] M Charisma n

charitable [ʃaʀitabl] ADJ barmherzig; wohl-, mildtätig; **œuvres** fpl **~s** Wohlfahrts-, Wohltätigkeitseinrichtungen fpl; **n'être pas très ~ envers qn** ziemlich unbarmherzig, mitleidslos zu j-m sein, mit j-m verfahren

charitablement [ʃaʀitabləmɑ̃] ADV aus Barmherzigkeit (a. iron)

charité [ʃaʀite] F Barmherzigkeit f; Wohl-, Mildtätigkeit f; REL Nächstenliebe f; **~ chrétienne** christliche Nächstenliebe; **sœurs** fpl, **frères** mpl **de la Charité** Barmherzige Schwestern fpl, Brüder mpl; **vente** f **de ~** Wohltätigkeitsbasar m; **la ~, s'il vous plaît** ich bitte um e-e milde Gabe; **il a eu la ~ de** (+inf) er war so barmherzig und ... ou zu (+inf); **demander la ~** um Almosen bitten; betteln; **faire la ~** (ein) Almosen geben; Barmherzigkeit üben; prov **~ bien ordonnée commence par soi-même** jeder ist sich selbst der Nächste (prov); das Hemd ist mir näher als der Rock (prov)

charivari [ʃaʀivaʀi] M Krach m; fam Radau m; Spektakel m

charlatan [ʃaʀlatɑ̃] M péj Scharlatan m; d'un médecin Quacksalber m; Kurpfuscher m

charlatanesque [ʃaʀlatanɛsk] ADJ péj e-s Scharlatans; MÉD quacksalberisch; **charlatanisme** M péj Scharlatanerie f; MÉD Quacksalberei f; Kurpfuscherei f

Charlemagne [ʃaʀləmaɲ] M HIST Karl der Große

Charles [ʃaʀl] M Vorname; HIST: **~ le Chauve** Karl der Kahle; **~ le Gros** Karl der Dicke; **~ Martel** Karl Martell; **~ Quint** Karl V. (der Fünfte); **~ le Téméraire** Karl der Kühne

charleston [ʃaʀlɛstɔn] M danse Charleston m

Charlot [ʃaʀlo] M Charlie Chaplin m

Charlotte [ʃaʀlɔt] F Vorname

charlotte [ʃaʀlɔt] F 1 CUIS Süßspeise aus sirupgetränkten Löffelbiskuits, Früchten u. Vanillecreme 2 coiffure Frauenhaube f mit Volantrand

charmant [ʃaʀmɑ̃] ADJ reizend; bezaubernd; entzückend; personne a. charmant; **le Prince Charmant** der Märchenprinz (a. fig); iron **~e soirée!** ein wirklich reizender Abend!; **être d'humeur ~e** strahlender, iron reizender Laune sein; **comme c'est ~!** wie entzückend, reizend, bezaubernd!; iron **c'est ~!** das ist ja reizend!

charme¹ [ʃaʀm] M 1 Zauber m; Bann m; d'une personne a. Charme m; d'un paysage, d'une ville etc Zauber m; Reiz m; **~ de la nouveauté** Reiz der Neuheit; **avoir du ~** Charme haben; charmant sein; **avoir (aussi) son ~** (auch) s-e Reize, s-n Reiz haben; **être (encore) sous le ~** (noch) ganz verzaubert sein; **être sous le ~ de qn** in j-s Bann (dat) stehen; **faire du ~ à qn** fam versuchen, j-n zu becircen; **c'est ce qui en fait le ~** gerade das macht s-n ou ihren Reiz aus; **ne pas manquer de ~** chose durchaus auch s-e Reize, s-n Reiz haben; personne e-n gewissen Charme haben; **il se porte comme un ~** es geht ihm blendend; er erfreut sich bester Gesundheit; **rompre le ~** den Zauber lösen; fig **le ~ est rompu** der Zauber, die Illusion ist verflogen, dahin; **tenir qn sous son ~** j-n in s-m Bann halten 2 litt d'une femme **les ~s** die (weiblichen) Reize mpl; **vendre ses ~s** sich, ihren Körper verkaufen

charme² [ʃaʀm] M BOT Weiß-, Hage-, Hainbuche f

charmer [ʃaʀme] V/T 1 serpents beschwören 2 **~ qn** j-n bezaubern, faszinieren, fesseln, gefangen nehmen, entzücken; plus fort j-n verzaubern, in s-n Bann schlagen; sens affaibli **être charmé** sich sehr freuen, entzückt sein (**de** +inf [darüber,] dass ...)

charmeur [ʃaʀmœʀ] A ADJ ⟨-euse⟩ einschmeichelnd; **sourire ~** einschmeichelndes Lächeln; **voix charmeuse** einschmeichelnde Stimme B M 1 **~ de serpent** Schlangenbeschwörer m 2 (séducteur) Charmeur m

charmille [ʃaʀmij] F Laubengang m

charnel [ʃaʀnɛl] ADJ ⟨~le⟩ 1 (corporel) fleischlich; körperlich; **enveloppe ~le** Körper m; körperliche Hülle 2 (sexuel) fleischlich; Fleisches...; **acte ~** Geschlechtsakt m; **amour ~** körperliche Liebe; **désirs ~s** Fleischeslust f; fleischliche Begierden fpl

charnier [ʃaʀnje] M Leichengrube f; Massengrab n

charnière [ʃaʀnjɛʀ] F 1 TECH Scharnier n 2 fig Nahtstelle f; Übergang m; Verbindung (-sstelle) f; adjt Übergangs...; Verbindungs...

charnu [ʃaʀny] ADJ fruit, feuille fleischig; **lèvres ~es** fleischige Lippen fpl; **parties ~es** Muskelpartien fpl; Weichteile pl; plais **la partie ~e de son individu** fam sein Hinterteil n; plais sein verlängerter Rücken

charognard [ʃaʀɔɲaʀ] M ZOOL et fig Aasgeier m

charogne [ʃaʀɔɲ] F 1 d'animaux Aas n 2 injure pop Scheiß-, Dreckskerl m; d'une femme Miststück n; (Raben)Aas n

charolais [ʃaʀɔlɛ] M weiße Rinderrasse aus Burgund

charpente [ʃaʀpɑ̃t] F 1 CONSTR (Trag)Gerüst n; Gerippe n (a. d'un bateau); Skelett n; d'un pont Tragwerk n; **~ (du toit)** Dachstuhl m; Gebälk n; **~ métallique** Stahl-, Eisengerüst n, -skelett n, -konstruktion f 2 du corps **~ (osseuse)** Knochengerüst n; **avoir une solide ~** kräftig, stattlich gebaut sein 3 fig d'un roman etc Aufbau m

charpenté [ʃaʀpɑ̃te] ADJ **être bien, solidement ~** personne kräftig, stattlich gebaut sein; e-n kräftigen Körperbau haben; fig roman etc klar aufgebaut sein

charpentier [ʃaʀpɑ̃tje] M Zimmermann m; Zimmerer m

charpie [ʃaʀpi] F 1 MÉD autrefois Scharpie f 2 fig loc adj **en ~** viande ganz zerkocht; livre zerfleddert; étoffe brüchig; verschlissen; **mettre, réduire qc en ~** etw zerzupfen, zerkrümeln, in kleine Fetzen reißen; menace **mettre qn en ~** fam j-n in der Luft zerreißen; **tomber en ~** (in der Hand) zerfallen

charretée [ʃaʀte] F Ladung f; Fuhre f

charretier [ʃaʀtje] M Fuhrmann m

charrette [ʃaʀɛt] F Karren m; Wagen m; **~ à bras** Handkarren m; Révolution **~ des condamnés** Schinderkarren m

charrier [ʃaʀje] A V/T 1 (transporter) fahren; karren; transportieren; fleuve: sable mit sich führen; glaces führen 2 fam fig (se moquer de) **~ qn** fam j-n auf den Arm nehmen B V/I fam (exagérer) zu weit gehen; fam es zu bunt treiben; **faut pas ~!** fam das geht zu weit!; jetzt reicht's aber!

charron [ʃaʀɔ̃] M Wagner m; Stellmacher m

charrue [ʃaʀy] F Pflug m; fig **mettre la ~ avant, devant les bœufs** das Pferd beim Schwanz aufzäumen

charte [ʃaʀt] F JUR, POL Charta f; MOYEN-ÂGE a. Urkunde f; HIST en France **la Charte (constitutionnelle)** die Charte von 1814; **Charte des Nations unies** Charta der Vereinten Nationen; **École** f **des ~s** *Hochschule zur Ausbildung von Archivaren u. Bibliothekaren in Paris*

charter [ʃaʀtɛʀ] 1 M vol Charterflug m; avion Chartermaschine f, -flugzeug n; **en ~** mit e-r Chartermaschine 2 ADJT Charter...; **avion** m, **compagnie** f, **vol** m **~** Charterflugzeug n, -gesellschaft f, -flug m

Chartres [ʃaʀtʀ] *Stadt im Dep. Eure-et-Loir*

chartreuse¹ [ʃaʀtʀøz] F ÉGL CATH a couvent Kartause f; Kartäuserkloster n b religieuse Kartäuserin f

chartreuse®² [ʃaʀtʀøz] F liqueur Chartreuse® m

chartreux [ʃaʀtʀø] M ÉGL CATH Kartäuser(-mönch) m

Charybde [kaʀibd] LOC **tomber de ~ en Scylla** vom Regen in die Traufe kommen

chas [ʃa, ʃɑ] M (Nadel)Öhr n

chasse [ʃas] F 1 CH a action Jagd f; Fang m; st/s Weidwerk n; **~ sous-marine** Unterwasserjagd f; **~ à la baleine** Walfang m; **~ aux canards** Entenjagd f; **~ à courre** Hetz-, Parforcejagd f; **~ aux papillons** Schmetterlingsfang m; **aller, partir à la ~** auf die Jagd gehen; **faire la ~ à un animal** ein Tier jagen; Jagd auf ein Tier machen; prov **qui va à la ~ perd sa place** wer s-n Platz verlässt, verliert ihn ou verliert sein Recht darauf b domaine Jagd f; Jagdrevier n, -gebiet n c coll Jagd f; Jäger mpl; Jagdgesellschaft f d (tableau de ~) Jagd(aus)beute f; Strecke f; **faire bonne ~** e-e gute Strecke haben e période Jagd(zeit) f f animal **être en ~** → chaleur 3 2 fig Jagd f; Verfolgung f; **~ aux autographes** Jagd nach Autogrammen; **~ à l'homme** Verfolgungsjagd f; **~ aux sorcières** Hexenjagd f; **faire la ~ à qn, prendre qn, qc en ~** auf j-n, etw Jagd machen; j-n, etw verfolgen, jagen; j-m, e-r Sache nachjagen; **se mettre en ~** sich auf die Suche machen **(pour trouver qc** nach etw) 3 MIL **(aviation** f **de) ~** Jagdflugzeuge npl; Jagdverbände mpl; Jäger mpl; **avion** m **de ~** Jäger m; Jagdflugzeug n 4 **~ (d'eau)** Wasserspülung f; **actionner, tirer la ~ (d'eau)** die Wasserspülung betätigen, ziehen 5 TECH Spielraum m; AUTO Nachlauf m

châsse [ʃɑs] F 1 REL Heiligen-, Reliquienschrein m; Reliquiar n 2 TECH Fassung f; Griff m 3 arg **~s** pl (yeux) Augen npl

chassé-croisé [ʃasekʀwaze] M ‹pl chassés-croisés› 1 DANSE gekreuzter Wechselschritt; Kreuzchassé n 2 fig Hin und Her n; Hinüber und Herüber n

chasselas [ʃasla] M Gutedel m (*süße weiße Tafeltraube*)

chasse-neige [ʃasnɛʒ] M ‹inv› 1 TECH Schneeräumer m, -pflug m 2 SKI Schneepflug m

chasser [ʃase] A VT 1 CH jagen; Jagd machen auf (+acc); **~ la baleine** auf Walfang gehen; **~ le lièvre** Hasen jagen; auf die Hasenjagd gehen; **~ les papillons** Schmetterlinge fangen 2 (faire partir) weg-, hinaus-, ver-, davonjagen; vertreiben; (congédier) fam hinauswerfen; animal verjagen; vertreiben; plais: les peintres **m'ont chassé de chez moi ...** haben mich von zu Hause vertrieben; **~ qn du pays** j-n aus dem Land jagen, vertreiben; animal **~ devant soi** vorwärtstreiben; vor sich (dat) hertreiben 3 mauvaise odeur etc vertreiben; **~ son ennui, l'ennui** sich (dat) die Langeweile vertreiben; vent **~ les nuages** die Wolken verjagen, vertreiben; **~ des soucis, des pensées** Sorgen, Gedanken vertreiben, verscheuchen; **~ un souvenir de son esprit** e-e Erinnerung aus s-n Gedanken verdrängen, verbannen 4 TECH **~ un clou, une vis** einen Nagel, eine Schraube versenken B VI 1 CH jagen; auf die Jagd gehen 2 roues seitlich rutschen; wegrutschen; ancre nicht fassen

chasseresse [ʃasʀɛs] poét F Jägerin f; adjt **Diane ~** Diana als Göttin der Jagd

chasseur [ʃasœʀ] M 1 CH Jäger m; SPORTS **~ sous-marin** Unterwasserjäger m; fig **~ d'autographes** Autogrammjäger m; fig **~ d'images** Fotojäger m; **~ de têtes** chez les sauvages Kopfjäger m; ÉCON Headhunter m 2 MIL a soldat Jäger m; **~s alpins** Gebirgsjäger mpl b AVIAT Jagdflugzeug n; Jäger m 3 d'hôtel, de restaurant Page m; Boy m 4 ADJT ‹inv› CUIS nach Jägerart; mit Pilzen

chasseur-bombardier [ʃasœʀbɔ̃baʀdje] M ‹pl chasseurs-bombardiers› AVIAT Jagdbomber m; abr Jabo m

chassie [ʃasi] F Augenbutter f

chassieux [ʃasjø] ADJ ‹-euse› **avoir les yeux ~** Schmutz in den Augenwinkeln haben

châssis [ʃasi, ʃɑ-] M 1 (cadre) (Ein)Fassung f; Rahmen m 2 AUTO Fahrgestell n; Chassis n; Rahmen m; **~ intégré** selbsttragende Karosserie 3 fam fig à propos d'une femme **c'est, elle a un beau ~** fam sie hat ein tolles Untergestell 4 de fenêtre (Fenster)Flügel m; **~ dormant** nicht zu öffnendes Fenster 5 JARD Frühbeetfenster n 6 PEINT Blendrahmen m

chaste [ʃast] ADJ keusch; züchtig; cœur rein; plais **~s oreilles** fpl zarte Ohren npl

chasteté [ʃastəte] F Keuschheit f

chasuble [ʃazybl] F 1 ÉGL CATH Messgewand n; Kasel f 2 vêtement ärmelloser Kasack; adjt **robe** f **~** Chasuble n

chat¹ [ʃa] M 1 ZOOL Katze f; mâle Kater m; Perrault **Le Chat botté** Der Gestiefelte Kater; **~ domestique** Hauskatze f; terme d'affection **mon ~** (mein) Liebling; **petit ~** Kätzchen n; **~ sauvage** Wildkatze f; **~ de gouttière** ganz gewöhnliche Katze; **peau** f **de ~** Katzenfell n; **jouer avec qn comme un ~ avec une souris** Katze und Maus mit j-m spielen; fig: **acheter ~ en poche** die Katze im Sack kaufen; **appeler un ~ un ~** das Kind beim Namen nennen; **il n'y a pas un ~** kein Mensch, keine lebende Seele ist da, ist zu sehen; **avoir un ~ dans la gorge** e-n Frosch im Hals haben; **avoir une écriture de ~** e-e krakelige Schrift haben; **il n'y a pas de quoi fouetter un ~** das ist kein Grund zur Aufregung; da ist doch nichts dabei; **avoir d'autres ~s à fouetter** Wichtigeres zu tun haben; andere Sorgen haben; prov: **à bon ~ bon rat** Wurst wider Wurst (prov); wie du mir, so ich dir (prov); **~ échaudé craint l'eau froide** gebranntes Kind scheut das Feuer (prov); **quand le ~ n'est pas là, les souris dansent** wenn die Katze aus dem Haus ist, tanzen die Mäuse (auf dem Tisch) (prov) 2 jeu d'enfants Fangen n; **~ perché** Fangen, bei dem man sich vor dem Verfolger auf e-n erhöhten Standort rettet; **jouer à ~** Fangen spielen

chat² [tʃat] M INFORM Chat m

châtaigne [ʃɑtɛɲ] F 1 BOT (Edel-, Ess)Kastanie f 2 fam (coup de poing) Faustschlag m

châtaigneraie [ʃɑtɛɲʀɛ] F Kastanienpflanzung f, -wäldchen n

châtaignier [ʃɑtɛɲe] M 1 BOT (Edel)Kastanie f; Kastanienbaum m 2 **(bois** m **de) ~** Kastanie(-nholz) f(n)

châtain [ʃɑtɛ̃] ADJ ‹f inv, litt châtaine› **cheveux ~s** braunes Haar; **~ clair, foncé** ‹inv› hell-, dunkelbraun; personne **être ~** braunes Haar haben; braunhaarig sein

château [ʃɑto] M ‹pl ~x› 1 Schloss n; **~ fort, féodal** Burg f; **~ de cartes** Kartenhaus n; projets **s'écrouler comme un ~ de cartes** wie ein Kartenhaus zusammenstürzen; **~x de la Loire** Loireschlösser npl; fig **vie** f **de ~** Schlaraffenland n; fig **bâtir des ~x en Espagne** Luftschlösser bauen 2 **~ d'eau** Wasserturm m 3 dans le Bordelais Weingut n 4 NUCL **château de transport** Castor(behälter)® m

chateaubriand ou **châteaubriant** [ʃɑtobʀijɑ̃] M CUIS Chateaubriand n (dickes Filetsteak vom Grill)

Chateaubriand [ʃatobʀijɑ̃] *frz Schriftsteller*

châtelain [ʃɑtlɛ̃, ʃɑ-] M, **châtelaine** F 1 Schlossherr(in) m(f) 2 MOYEN-ÂGE Burgherr, -frau m,f; Burggraf, -gräfin m,f

Châtelguyon [ʃatɛlgɥijɔ̃] *Kurort im Dep. Puy-de-Dôme*

Châtellerault [ʃatɛlʀo] *Stadt im Dep. Vienne*

chat-huant [ʃayɑ̃] M ‹pl chats-huants› ZOOL Waldkauz m

châtier [ʃɑtje] VT st/s 1 (be)strafen **(de** mit); abstrafen; physiquement st/s züchtigen 2 ADJT langage, style **châtié** gepflegt

chatière [ʃatjɛʀ] F 1 pour chats Durchschlupf m für Katzen 2 (trou d'aération) Lüftungsöffnung f (im Dach)

châtiment [ʃɑtimɑ̃] st/s M Strafe f; Bestrafung f; **~ corporel** (körperliche) Züchtigung; ÉCOLE Prügelstrafe f; **subir, recevoir un ~** bestraft, gezüchtigt werden

chatoiement [ʃatwamɑ̃] M Schillern n

chaton [ʃatɔ̃] M 1 ZOOL Kätzchen n 2 BOT Kätzchen n; **~ de saule** Weidenkätzchen n 3 ORFÈVRERIE Fassung f

chatouillement [ʃatujmɑ̃] M 1 action Kitzeln n 2 sensation Kitzel(n) m(n)

chatouiller [ʃatuje] VT 1 kitzeln; **ça (me) chatouille** das kitzelt (mich) 2 fig: le palais kitzeln; **~ l'amour-propre de qn** j-s Selbstachtung (dat) schmeicheln

chatouilles [ʃatuj] FPL fam **faire des ~ à qn** j-n kitzeln; **craindre les ~** kitz(e)lig sein

chatouilleux [ʃatujø] ADJ ‹-euse› 1 kitz(e)lig; **être ~ de** an (+dat) kitz(e)lig sein 2 fig caractère, personne empfindlich, fam kitz(e)lig (**sur** in Bezug auf +acc)

chatoyant [ʃatwajɑ̃] ADJ schillernd; **chatoyer** VI ‹-oi-› schillern

châtré [ʃɑtʀe] A ADJ kastriert; verschnitten B M fig **voix** f **de ~** Fistelstimme f

châtrer [ʃɑtʀe] VT kastrieren; verschneiden

chatte [ʃat] F 1 ZOOL Katze f; Kätzin f; terme d'affection **ma (petite) ~** mein (kleiner) Liebling 2 ADJT fig d'une femme **elle est (très) ~** sie ist zärtlich und anschmiegsam wie ein Kätzchen 3 pop (sexe de la femme) pop Muschi f; Kätzchen n

chatter [tʃate] VI INFORM chatten

chatteries [ʃatʀi] FPL 1 (caresses) Zärtlichkeiten fpl; **faire des ~ à qn** zu j-m zärtlich sein 2 (friandises) Leckerbissen mpl; Naschwerk n

chatterton [ʃatɛʀtɔn] M Isolierband n

chatteur [tʃatœʀ] M, **chatteuse** F INFORM Chatter(in) m(f)

chaud [ʃo] A ADJ 1 warm; plus fort heiß; **très ~** (sehr) heiß; **trop ~** zu warm ou heiß; **air ~** warme ou heiße Luft; TECH Warmluft f; **main ~e** *Gesellschaftsspiel, bei dem e-e Person, der die Augen verbunden sind, erraten muss, wer ihr auf die Hand schlägt*; **repas ~** warme Mahlzeit; **la saison ~e** die warme Jahreszeit; **vin ~** Glühwein m; **avoir les mains ~es, les pieds ~s** warme Hände, Füße haben; **boire ~** etwas Warmes, Heißes trinken; **cuire à four**

C

très ~ bei starker Hitze backen; *moteur, cadavre etc* **être encore ~** noch warm sein; **le soleil est ~** die Sonne ist, scheint warm; **manger ~** etwas Warmes essen; **servir ~** heiß servieren **2** *vêtements, couverture etc* warm; wärmend **3** *fig félicitations, couleur, voix* warm; *parfum* schwer; *partisan* glühend; leidenschaftlich; **discussion ~e** hitzige Diskussion; **nouvelle toute ~e** brühwarme Neuigkeit; **l'alerte a été ~e** das ist noch einmal gnädig abgegangen; **la bataille a été ~e** das war ein heißer Kampf; **il n'est pas très ~ (pour ce projet** *etc*) er kann sich dafür nicht recht erwärmen; er ist davon nicht sehr begeistert **4** *fig* **journées chaudes** heiße Tage *mpl*; **point ~** *lieu* Krisenpunkt *m*, -herd *m*; (*question controversée*) brennende Frage; brennendes Problem; (*sujet délicat*) heißes Eisen; **quartier ~** gefährliches Viertel; **zone ~e** gefährliches Gebiet; **l'été sera ~** es wird e-n heißen Sommer geben **5** *tempérament, sang* hitzig **6** LOC ADV **à ~** MÉD *opérer* bei akuter Entzündung; *fig* solange die Gemüter noch erhitzt sind; **reportage** *m* **à ~** Live-Reportage *f*; TECH **étirer à ~** warmziehen **B** M Wärme *f*; *plus fort* Hitze *f*; *loc adv* **au ~** im Warmen; **être, rester (bien) au ~** im Warmen sein, bleiben; **garder, tenir au ~** *manger* warm stellen; *pieds etc* warm halten; **j'ai ~** mir ist warm, *plus fort* heiß; *fig* **j'ai eu ~** ich bin gerade noch mit e-m blauen Auge davongekommen; **cela me donne ~** davon *ou* dabei wird mir warm; **ça m'a donné ~ de courir** mir ist vom *ou* beim Laufen ganz heiß geworden; **il fait ~** es ist warm, *plus fort* heiß; *fam* **il ne fait pas ~ aujourd'hui** *fam* es ist ganz schön kalt heute; *fig* **ça ne me fait ni ~ ni froid** das ist mir gleichgültig, egal; das lässt mich kalt; *fig* **il fera ~ le jour où …** da muss noch viel passieren, bis …; **prendre un ~ et froid** sich verkühlen(, wenn man schwitzt); *lainage etc* **tenir ~ (à qn)** (j-n) warm halten; **cela te tiendra ~ aux oreilles** das wird dir die Ohren warm halten

chaudement [ʃodmɑ̃] ADV **1** *s'habiller* warm **2** *fig féliciter, recommander* warm; wärmstens; *disputé* heiß **3** *plais: comment ça va?* — **~!** wies einem so geht bei dem Wetter

chaude-pisse [ʃodpis] *pop* F Tripper *m*

Chaudes-Aigues [ʃodzɛg] *Kurort im Dep. Cantal*

chaud-froid [ʃofʀwa] M ⟨*pl* chauds-froids⟩ CUIS Chaudfroid *n* (*Geflügel-, Wildsülze*)

chaudière [ʃodjɛʀ] F (Heiz-, Dampf)Kessel *m*; **~ à charbon, à gaz** Kohle-, Gaskessel *m*; **~ à mazout** Ölheizkessel *m*

chaudron [ʃodʀõ] M (Koch)Kessel *m*

chaudronnerie [ʃodʀɔnʀi] F **1** *usine* Kessel- *ou* Blech- *ou* Kupferschmiede *f* **2** *objets* Blech- *ou* Kupferwaren *fpl*

chaudronnier [ʃodʀɔnje] M Kessel- *ou* Kupfer- *ou* Blechschmied *m*

chauffage [ʃofaʒ] M Heizung *f* (*installation et action*); *action* (Be)Heizen *n*; TECH Erwärmung *f*; Erhitzung *f*; **~ central, collectif** Zentral-, Sammelheizung *f*; **~ électrique** elektrische Heizung; **~ solaire** Solarheizung *f*; **~ à air chaud** Warmluftheizung *f*; **~ au bois, au charbon** Holz-, Kohlenheizung *f*, -feuerung *f*; **~ au gaz, au mazout** Gas-, Ölheizung *f*; **~ par accumulation, par le plancher** Speicher-, Fußbodenheizung *f*; **appareil** *m* **de ~** Heizgerät *n*; **bois** *m* **de ~** Brennholz *n*; **installation** *f* **de ~** Heiz(ungs)anlage *f*; **arrêter, mettre le ~** die Heizung aus-, anstellen

chauffagiste [ʃofaʒist] M Heizungsmonteur *m*

chauffant [ʃofɑ̃] ADJ aufheizbar; beheizbar; Heiz…; **couverture ~e** Heizdecke *f*; AUTO **lunette arrière ~e** beheizbare Heckscheibe; **plaque ~e** Heiz-, Kochplatte *f*

chauffard [ʃofaʀ] M Verkehrsrowdy *m*

chauffe [ʃof] F TECH Heizen *n*; Heizung *f*; Feuerung *f*; **surface** *f* **de ~** Heizfläche *f*

chauffe-assiettes [ʃofasjɛt] M ⟨*inv*⟩ Tellerwärmer *m*; **chauffe-bain** M ⟨*pl* chauffe-bains⟩ Boiler *m ou* Durchlauferhitzer *m* (fürs Bad); Badeofen *m*; **chauffe-biberon** M ⟨*pl* chauffe-biberons⟩ (Baby)Flaschenwärmer *m*

chauffe-eau [ʃofo] M ⟨*inv*⟩ Heiß-, Warmwasserbereiter *m*; **~ instantané** Durchlauferhitzer *m*; **~ à accumulation** Boiler *m*; Heiß-, Warmwasserspeicher *m*

chauffe-liquides [ʃoflikid] M ⟨*inv*⟩ Tauchsieder *m*; **chauffe-plats** M ⟨*inv*⟩ Warmhalteplatte *f*

chauffer [ʃofe] **A** V/T **1** erwärmen; (an-, vor)wärmen; *plus fort* erhitzen; **~ un appartement, une chaudière** eine Wohnung, einen Kessel heizen; **~ de l'eau à 80 degrés** Wasser auf 80 Grad erhitzen **2** *fig public* in Schwung bringen **B** V/I **1** warm, *plus fort* heiß werden; sich erwärmen; **faire ~** warm, heiß machen; erhitzen; **faire ~ le fer à repasser** das Bügeleisen anstellen; **faire ~ le manger** das Essen (auf)wärmen; **faire ~ le moteur** den Motor warm laufen lassen; **l'eau chauffe, est en train de ~** das Wasser wird warm, heiß; **mettre de l'eau à ~** Wasser aufsetzen **2** *moteur, essieu* (sich) heiß laufen; *moteur a.* zu heiß werden; *fam* kochen **3** *poêle, combustible* heizen; Wärme geben; *soleil* brennen **4** *fam fig* **ça, la salle chauffe** das Publikum geht begeistert mit, lässt sich mitreißen; *fam fig* **ça va ~** *fam* das wird was geben, absetzen; es ist dicke Luft **C** V/PR **se ~** **1** sich wärmen (**au soleil** an der Sonne); **se ~ devant le feu** sich am Feuer (auf)wärmen **2** heizen (**au bois** mit Holz)

chaufferette [ʃofʀɛt] F Fußwärmer *m*

chaufferie [ʃofʀi] F *dans un immeuble* Heizraum *m*; Heizungskeller *m*; *à l'usine* Kesselhaus *n*; MAR Kesselraum *m*

chauffeur [ʃofœʀ] M **1** Fahrer(in) *m(f)*; Chauffeur *m*; *plais* Chauffeuse *f*; ADMIN Kraftfahrer *m*; **~ de camion, de poids lourd** Lkw-Fahrer *m*; **~ du dimanche** Sonntagsfahrer *m*; **~ de taxi** Taxifahrer(in) *m(f)*, -chauffeur *m*; **voiture** *f* **sans ~** Leihwagen *m* (für Selbstfahrer) **2** *dans une chaufferie* Heizer *m*; **chauffeur-livreur** M ⟨*pl* chauffeurs-livreurs⟩ Verkaufsfahrer *m*; Ausfahrer *m*

chauffeuse [ʃoføz] F tiefer Sessel

chaulage [ʃolaʒ] M AGR Kalken *n*; Kalkdüngung *f*

chauler [ʃole] V/T AGR kalken; **~ un mur** eine Wand kalken

chaume [ʃom] M **1** **a** *après la moisson* Stoppel *f* **b** *champ* Stoppelfeld *n* **2** *pour couvrir les toits* Dachstroh *n*; **toit** *m* **de ~** Strohdach *n*

chaumière [ʃomjɛʀ] F **a** (strohgedeckte) Hütte; einfaches Häuschen; *fig* **une ~ et un cœur** Raum ist in der kleinsten Hütte für ein glücklich liebend Paar (*Schiller*) **b** *moderne* kleines Landhaus **c** *auberge* Landgasthof *m*, -gasthaus *n*

chaussant [ʃosɑ̃] ADJ *chaussures* **être ~s** gut sitzen; angenehm zu tragen sein

chaussée [ʃose] F Fahrbahn *f*; **Ponts et Chaussées** → pont 2

chausse-pied [ʃospje] M ⟨*pl* chausse-pieds⟩ Schuhanzieher *m*, -löffel *m*

chausser [ʃose] **A** V/T **1** *chaussures* (sich [*dat*]) anziehen; **~ qn** *enfant etc* j-m die Schuhe anziehen; (*fournir en chaussures*) für j-n Schuhe machen, anfertigen; **~ du 37** Schuhgröße 37 haben; **~ les étriers** die Füße in die Steigbügel stecken; *par ext* **~ ses lunettes** (sich [*dat*]) die Brille auf die Nase setzen; **~ ses, des skis** (sich [*dat*]) die Skier anschnallen; *adjt*: **être bien chaussé** gute Schuhe tragen, (an)haben; **chaussé de vieilles sandales** mit alten Sandalen (an den Füßen) **2** *chaussures* **~ (qn) bien** gut sitzen (und guten Halt geben); gut aussehen **3** AGR häufeln **4** *véhicule* bereifen **B** V/PR **1** **se ~** (sich [*dat*]) die Schuhe anziehen **2** **se ~ chez X** s-e Schuhe immer bei X kaufen; **il a du mal à se ~** es ist schwer für ihn, passende Schuhe zu finden

chausses [ʃos] FPL *autrefois* Beinkleider *npl*

chausse-trap(p)e [ʃostʀap] F ⟨*pl* chausse-trap(p)es⟩ **1** Fallgrube *f* **2** *fig* Falle *f*

chaussette [ʃosɛt] F Kniestrumpf *m*; Socke *f*; *all Sud* Socken *m*; **en ~s** in Socken

chausseur [ʃosœʀ] M Schuhlieferant *m*

chausson [ʃosõ] M **1** Hausschuh *m*; *de bébés* Babyschuh *m*; **~ (de danse)** Ballettschuh *m*; COUT **point** *m* **de ~** Hexenstich *m* **2** CUIS **~ aux pommes** Apfeltasche *f*

chaussure [ʃosyʀ] F **1** Schuh *m*; **~s** *pl a.* Schuhwerk *n*; Schuhwaren *fpl*; **~ basse** Halbschuh *m*; **~ montante** hoher Schuh; Stiefel *m*; **~s de marche** Straßenschuhe *mpl*; **~s de ski** Skistiefel *mpl*; **~s de sport** Sport-, Turnschuhe *mpl*; **fabricant** *m* **de ~s** Schuhfabrikant *m*; **marchand** *m* **de ~s** Schuh(waren)händler *m*; **enlever ses, mettre des, ses ~s** die, s-e Schuhe, sich (*dat*) die Schuhe aus-, anziehen; **faire les ~s** die Schuhe putzen; *fig* **trouver ~ à son pied** *personne* den Richtigen *ou* die Richtige, den passenden Partner finden; *chose* das Passende, Richtige finden **2** ÉCON Schuhbranche *f*, -handel *m*, -industrie *f*

chaut [ʃo] → chaloir

chauve [ʃov] ADJ kahl (*a. fig colline etc*); *personne a.* kahlköpfig; *subst* **un ~** ein Kahlkopf *m*; **devenir ~** e-e Glatze bekommen; kahl werden

chauve-souris [ʃovsuʀi] F ⟨*pl* chauves-souris⟩ ZOOL Fledermaus *f*

chauvin [ʃovɛ̃] *péj* **A** ADJ chauvinistisch **B** SUBST **~(e)** *m(f)* Chauvinist(in) *m(f)*

chauvinisme [ʃovinism] M *péj* Chauvinismus *m*

chaux [ʃo] F Kalk *m*; **blanchir à la ~** mit Kalk weißen, *all Sud, autrich* weißeln; kalken; *fig*: **bâtir à ~ et à sable** sehr solide bauen; *personne* **être bâti à ~ et à sable** e-e robuste Natur haben

Chaux-de-Fonds (La) [laʃodfõ] *Stadt in der Schweiz*

chavirement [ʃaviʀmɑ̃] M Kentern *n*

chavirer [ʃaviʀe] **A** V/T *fig* **~ qn** j-n zutiefst berühren, aufwühlen; *adjt* **j'en ai le cœur chaviré, j'en suis tout chaviré** das hat mich zutiefst berührt, aufgewühlt **B** V/I **1** *bateau* kentern; umschlagen; **faire ~** zum Kentern bringen **2** *fig murs, meubles* **~ autour de qn** um j-n schwanken; sich um j-n drehen; **ses yeux chaviraient** er verdrehte die Augen

chéchia [ʃeʃja] F (*Art*) Fes *ou* Fez *m*

check-list [ʃɛklist] F ⟨*pl* check-lists⟩ AVIAT Checklist(e) *f*

check-up [(t)ʃɛkœp] M ⟨*inv*⟩ MÉD Generaluntersuchung *f*; Check-up *m ou n*

chef [ʃɛf] M, *fam a.* F **1** Chef(in) *m(f)*; Führer(in) *m(f)*; Leiter(in) *m(f)*; Vorsteher(in) *m(f)*; Oberhaupt *n*; Kopf *m*; *d'une révolte etc* Anführer *m*; *d'une conspiration a.* Haupt *n*; MIL Führer *m*; Kommandeur *m*; Chef *m*; *d'indigènes* Häuptling *m*; *d'une école*: PEINT Meister *m*; PHIL Lehrer *m*; ♦ **~ comptable** Haupt-, Oberbuchhalter *m*; **~ (cuisinier)** Chefkoch *m*; Küchenchef *m*; **~ (hiérarchique)** Vorgesetzte(r) *m/f(m)*; **~ indien** Indianerhäuptling *m*; **~ mécanicien** MAR leitender Ingenieur; CH DE FER Oberlokomotivführer *m*; ~ **d'armée, d'une armée** Heerführer *m*; ~ **d'atelier** Werkmeister *m*; Werkstattleiter *m*; ~ **de bande** Bandenchef *m*, -führer *m*; ~ **de brigands** Räuberhauptmann *m*; ~ **de bureau** Bürovorsteher *m*, -chef *m*; *dans un ministère* Referent *m*; Ministerialdirigent *m*, -rat *m*; *d'un ministre* ~ **de cabinet** persönlicher Referent; ~ **de chantier** Bauführer *m*, -leiter *m*; ~ **des chœurs** Chordirektor *m*, -leiter *m*; ~ **d'entreprise** Leiter, Chef, Direktor *m* e-s Unternehmens, Betriebs; Unternehmer *m*; ~ **d'équipe** → équipe; ~ **d'État, de l'État** Staatsoberhaupt *n*, -chef *m*; ~ **d'état-major (général des armées)** Generalstabschef *m*; ~ **de famille** Familienoberhaupt *n*; ADMIN Haushaltungsvorstand *m*; ~ **de file** Leiter *m*; Oberhaupt *n*; (An)Führer *m*; führender Kopf; ~ **de gare** Bahnhofs-, Stationsvorsteher *m*; ~ **de gouvernement** Regierungschef *m*; ~ **d'orchestre** *grande musique* (Orchester)Dirigent *m*; *jazz, danse* Kapellmeister *m*; ~ **d'un parti** Parteichef *m*, -führer *m*; ~ **du personnel** Personalchef *m*, -leiter *m*; ~ **de produit** Produktmanager *m*; *dans un grand magasin* ~ **de rayon** Abteilungsleiter *m*; ~ **de service** Abteilungsleiter *m*; ~ **de service de presse** Pressereferent *m*; CH DE FER ~ **de train** Zugführer *m*; ♦ **pâté** *m* **du** ~ nach hauseigenem Rezept hergestellte Pastete; **qualités** *fpl* **d'un** ~ Führungsqualitäten *fpl*, -eigenschaften *fpl*; ♦ *adjt* ...-~ Chef...; MIL Haupt...; Ober...; **médecin-**~ Chefarzt *m*; leitender Arzt; **sergent-**~ (Ober)Feldwebel *m*; *loc adj* **en** ~ Chef...; MIL Ober...; **général** *m* **en** ~ Oberbefehlshaber *m*; Oberkommandierende(r) *m*; **ingénieur** *m* **en** ~ Chefingenieur *m*; **rédacteur** *m* **en** ~ Chefredakteur *m*; ♦ *appellatif fam* **oui,** ~! *fam* ja, Chef!; *fam fig* **t'es un** ~! *fam* du bist ein Ass!; **jouer au petit** ~**, les petits** ~**s** sich als Chef aufspielen wollen **2** *litt (tête)* Kopf *m*; *st/s* Haupt *n*; *loc adv* **de son propre** ~ aus eigener Initiative; auf eigene Faust; von sich aus; eigenmächtig **3** JUR (Haupt)Punkt *m*; ~ **d'accusation** (Haupt)Anklagepunkt *m* **4** LOC ADV **au premier** ~ in erster Linie; vor allem

chef-d'œuvre [ʃɛdœvʀ] M ‹*pl* chefs-d'œuvre› Meisterwerk *n*; *fig et iron a.* Meisterstück *n*; Meister-, Glanzleistung *f*; *iron* **un** ~ **de maladresse** e-e Glanzleistung an Ungeschicklichkeit; *fig* **déployer des chefs-d'œuvre d'habileté** e-e meisterhafte Geschicklichkeit an den Tag legen

chef-lieu [ʃɛfljø] M ‹*pl* chefs-lieux› ADMIN Hauptort *m*; ~ **d'arrondissement** Hauptort e-s, des Arrondissements; ~ **(de département)** Departementshauptort *m*, -hauptstadt *f*

cheftaine [ʃɛftɛn] F SCOUTISME Führerin *f*

cheik(h) [ʃɛk] M Scheich *m*

chelem [ʃlɛm] M *aux cartes* Schlemm *m*; **faire le grand** ~ alle Stiche machen; *fig* e-e Siegesserie für sich verbuchen können; der große Sieger sein

chelinguer [ʃlɛ̃ge] → schlinguer

chemin [ʃ(ə)mɛ̃] M **1** Weg *m* **(de** nach, zu) *(a. fig)*; *(parcours)* (Weg)Strecke *f*; ~ **côtier** Küstenweg *m*; MATH **le plus court** ~ **d'un point à un autre** die kürzeste Verbindung zweier Punkte; ~ **creux** Hohlweg *m*; REL **le** ~ **de la croix** der Leidensweg Christi; *représentation* ~ **de croix** Kreuzweg *m*; REL *et fig* ~ **de Damas** Damaskuserlebnis *n*; *fig* ~ **de la gloire** Weg zum Ruhm; ~ **de montagne** Bergpfad *m*; ~ **du retour** Heim-, Rückweg *m*; FORTIFICATIONS ~ **de ronde** Wehrgang *m*; ~ **de terre** Feldweg *m*; **deux heures de** ~ zwei Stunden Weg, *en voiture* Fahrt; zwei Wegstunden; ♦ *loc adv*: **en** ~ unterwegs; *fig* **s'arrêter en** ~ mittendrin aufhören, abbrechen; auf halbem Wege stehen bleiben; *fig* **je ne vais pas m'arrêter en si bon** ~ da ich schon einmal dabei, *fam* im Schwung bin (, mach ich gleich weiter); **être en** ~ unterwegs sein; *fig* **l'affaire est en bon** ~ die Sache läuft gut; **se mettre en** ~ sich auf den Weg machen; aufbrechen; *fig* **rester en** ~ auf halbem Weg stehen bleiben; nicht zu Ende kommen; **par ce** ~ auf diesem Weg(e) *(a. fig)*; *fig* damit; dadurch; *fig* **ne pas y aller par quatre** ~**s** nicht lange fackeln; nicht viel Federlesens, Umstände machen; **passer par un autre** ~ e-n ander(e)n Weg nehmen, gehen; ~ **faisant** unterwegs; während der Fahrt, Reise; ♦ *fig* **aller son (petit bonhomme de)** ~ unbeirrt s-n Weg gehen; sich nicht beirren lassen; **demander son, le** ~ **à qn** j-n nach dem Weg fragen; **faire tout le** ~ **à pied** den ganzen Weg zu Fuß zurücklegen; **faire du** ~ gut vorwärtskommen, vorankommen; e-e tüchtige Strecke zurücklegen; *fig* vorwärtskommen; vorankommen; *fig* **faire son** ~ s-n Weg machen; *idée etc* sich allmählich durchsetzen; **montrer son, le** ~ **à qn** j-m den Weg zeigen; *fig* **montrer le** ~ ein Beispiel geben, e-n, den Weg zeigen **(à qn** j-m); **passer son** ~ weitergehen; s-n Weg fortsetzen; *(s'en aller)* s-r Wege gehen; **perdre son** ~ sich verirren; vom Weg abkommen; **prendre le** ~ **de** ... den Weg nach ... einschlagen; *fig* **prendre le** ~ **de l'exil** ins Exil gehen; **prendre un autre** ~ e-n ander(e)n Weg nehmen, gehen; **prendre le mauvais** ~ den, e-n falschen Weg einschlagen; *fig* **il n'en prend pas le** ~ er tut es anscheinend (doch) nicht; *fig* **reprendre le** ~ **de l'école** sich wieder auf die Schulbank setzen; wieder die Schulbank drücken; **reprendre le** ~ **de son village** in sein Dorf zurückkehren; *fig* **rester dans le, suivre le droit** ~ auf dem rechten Weg bleiben; *fig et st/s* **suivre le** ~ **de la vertu** den, auf dem Pfad der Tugend wandeln; **trouver qc sur son** ~ e-r Sache *(dat)* auf s-m Weg begegnen; **il me trouvera sur son** ~ ich werde mich ihm in den Weg stellen; *fig* **il a su trouver le** ~ **de son cœur** er hat den Weg, den Zugang zu ihrem Herzen gefunden; *prov* **tous les** ~**s mènent à Rome** alle Wege führen nach Rom *(prov)* **2** ~ **d'escalier, de table** Treppen-, Tischläufer *m* **3** INFORM ~ **(du fichier)** (Datei)Pfad *m*

chemin de fer [ʃ(ə)mɛ̃dfɛʀ] M **1** (Eisen)Bahn *f*; ~ **électrique** elektrische (Eisen)Bahn; ~ **de montagne** Bergbahn *f*; **employé** *m* **des chemins de fer** (Eisen)Bahnbedienstete(r) *m*; **voyager en** ~ mit der Bahn reisen **2** *pour rideaux* Schleuderleiste *f*; Gardinenleiste *f*

chemineau [ʃ(ə)mino] M ‹*pl* ~x› Landstreicher *m*; *fam* Tippelbruder *m*

cheminée [ʃ(ə)mine] F **1** **a** Schornstein *m* *(a. de locomotive, de bateau)*; Kamin *m*; Esse *f*; Schlot *m*; *autrich* Rauchfang *m*; ~ **d'usine** Fabrikschornstein *m*; (Fabrik)Schlot *m* **b** *d'intérieur* (offener) Kamin; **sur la** ~ auf dem Kamin(sims) **2** ESCALADE Kamin *m* **3** *de volcan* Schlot *m* **4** GÉOL ~ **des fées** Erdpfeiler *m*, -pyramide *f* **5** MINES ~ **d'aérage** Luftschacht *m*

cheminement [ʃ(ə)minmɑ̃] M **1** Wandern *n*; *st/s* Wandeln *n*; *des eaux* langsames Rinnen **2** *fig* ~ **de la pensée** Entwicklung *f*, Fortschreiten *n* des Denkens, der Gedanken

cheminer [ʃ(ə)mine] VI **1** s-s Weges ziehen; dahingehen, -schreiten; wandern; *st/s* wandeln; *sentier* ~ **le long du mur** an der Mauer entlangführen **2** *fig idée* sich allmählich durch-, festsetzen

cheminot [ʃ(ə)mino] M Eisenbahner *m*

chemise [ʃ(ə)miz] F **1** Hemd *n*; *d'homme a.* Oberhemd *n*; *dessous féminin* Unterhemd *n*; *d'enfant* Hemdchen *n*; *par ext* HIST ~**s brunes, noires** Braun-, Schwarzhemden *npl*; ~ **de nuit** Nachthemd *n*; **en bras, manches de** ~ in Hemdsärmeln; *fig*: **changer d'avis, d'idée comme de** ~ s-e Meinung wie sein Hemd wechseln; **il donnerait sa** ~ er würde sein letztes Hemd hergeben; *fam* **je m'en fiche, moque comme de ma première** ~ *fam* das ist mir piepe, schnurzegal, schnurzpiepe; *fam* **y laisser jusqu'à sa dernière** ~ sich dabei, damit ruinieren **2** *pour documents* Aktendeckel *m*; Sammelmappe *f* **3** CUIS **nègre** *m* **en** ~ Schokoladenspeise *f* mit Schlagsahne

chemiserie [ʃ(ə)mizʀi] F **1** *branche* Herrenwäsche *f* **2** *magasin* Herrenwäschegeschäft *n*

chemisette [ʃ(ə)mizɛt] F **a** *d'homme* kurzärm(e)liges Sporthemd; Buschhemd *n* **b** *de femme* kurzärm(e)lige (Sport)Bluse

chemisier [ʃ(ə)mizje] M **1** Hemdbluse *f*; *adjt* **robe** *f* ~ Hemdblusenkleid *n* **2** *fabricant* Hersteller *m*, *marchand* Verkäufer *m* von Herrenwäsche

chênaie [ʃɛnɛ] F Eichenwäldchen *n*, -hain *m*

chenal [ʃənal] M ‹*pl* -aux› MAR Fahrrinne *f*

chenapan [ʃ(ə)napɑ̃] M *plais* Strolch *m*; Schlingel *m*

chêne [ʃɛn] M **1** BOT Eiche *f*; ~ **vert** Steineiche *f*; *fig* **être solide comme un** ~ e-e sehr robuste Gesundheit haben; sehr robust sein **2** **(bois** *m* **de)** ~ Eiche(nholz) *f(n)*; **de, en** ~ eichen; Eichen...

chéneau [ʃeno] M ‹*pl* ~x› Dachrinne *f*

chêne-liège [ʃɛnljɛʒ] M ‹*pl* chênes-lièges› BOT Korkeiche *f*

chenet [ʃənɛ] M Feuerbock *m*

chenil [ʃənil] M Hundezwinger *m*

chenille [ʃ(ə)nij] F **1** ZOOL Raupe *f* **2** TECH Raupe(nkette) *f*; Gleiskette *f*; **véhicule** *m* **à** ~**s** Raupen-, Gleiskettenfahrzeug *n* **3** TEXT Chenille *f*

chenillé [ʃ(ə)nije] ADJ **véhicule** ~ Gleisketten-, Raupenfahrzeug *n*

chenu [ʃəny] *litt* ADJ *vieillard* weißhaarig; *tête* schneeweiß

Chéops [keɔps] M HIST Cheops *m*

cheptel [ʃɛptɛl] M AGR Vieh(bestand) *n(m)*; ~ **bovin, ovin, porcin** Rinder-, Schaf-, Schweinebestand *m*; ~ **mort, vif** totes, lebendes Inventar

chèque [ʃɛk] M Scheck *m* **(de cent euros** über hundert Euro); ~ **barré** Verrechnungsscheck *m*; gekreuzter Scheck *(in Frankreich üblich)*; ~ **postal** Postscheck *m*; **centre** *m* **de** ~**s postaux**, *fam* ~**s postaux** Postgiroamt *n*; Postscheckamt *n*; ~ **au porteur** Inhaber-, Überbringerscheck *m*; ~ **de voyage** Reisescheck *m*; ~ **en blanc** Blankoscheck *m*; *fam* ~ **en bois** ungedeckter Scheck; **faire un** ~ e-n Scheck ausstellen; **payer par** ~ mit, durch, per Scheck (be)zahlen

chèque-cadeau [ʃɛkkado] M ‹*pl* chèques-cadeau› Geschenkgutschein *m*

chèque-restaurant [ʃɛkʀɛstɔʀɑ̃] M ‹*pl* chèques-restaurant› Essen(s)marke *f*

chéquier [ʃekje] M Scheckheft *n*, -buch *n*

cher [ʃɛʀ] **A** ADJ ‹chère› **1** **a** *personne* lieb; geliebt; *st/s* teuer; wert; *appellatif* ~ **ami** (mein) lieber Freund; **(mes)** ~**s auditeurs** liebe *ou* verehrte Zuhörer; **un être** ~ ein geliebter Mensch; **ce** ~ **homme** der Gute; *dans une lettre* **Chère Madame** Liebe Frau *(+nom)*; *très poli* Liebe gnädige Frau; **(mon)** ~ **Monsieur** mein lieber Herr (X); *dans une lettre* **Cher Monsieur** Lieber Herr *(+nom)*; *iron* **ce** ~ **Roger**, *il n'en fait jamais d'autres* unser lieber, der liebe Roger ...; unser guter, der gute Roger ...; *plais* **et ce** ~ **X**, *qu'est-ce qu'il devient?* und der gute X, ...?; *dans une lettre* **Chers tous** Ihr Lieben; *un* *ami* ~ **à son cœur** an dem er sehr hängt; den er sehr liebt; *st/s* der s-m Herzen teuer ist b *souvenir, projet etc* lieb; *st/s* teuer; **cela lui est** ~ das ist ihm wichtig; ihm liegt viel daran; daran hängt er; das liebt er; **c'est mon vœu le plus** ~ das ist mein innigster Wunsch; **tenir à ses chères habitudes** an s-n lieben alten Gewohnheiten hängen 2 *(coûteux)* teuer; kostspielig; *(précieux)* kostbar; **le bien le plus** ~ das kostbarste Gut; **vie chère** teures Leben; hohe Lebenshaltungskosten *pl*; **un hôtel pas** ~ ein billiges Hotel; **ce n'est pas** ~ das ist billig, nicht teuer; **être** ~ teuer sein; **c'est** ~ **pour ce que c'est** das ist das den, s-n Preis nicht wert; **c'est trop** ~ **pour moi** das ist zu teuer für mich; das ist mir zu teuer **B** ADV teuer; **moins** ~ billiger; *fam* **je l'ai eu pour pas** ~ ich hab nicht viel dafür bezahlt; ich hab es billig bekommen; **coûter** ~ teuer sein; viel (Geld) kosten; **ne pas donner** ~ **de la vie de qn** j-s Leben für verloren halten; **je donnerais** ~ **pour savoir si** ... ich würde viel d(a)rum geben, wenn ich wüsste, ob ...; **payer** ~ teuer bezahlen *(a. fig erreur etc)*; *fig une victoire a.* teuer erkaufen; **je ne l'ai pas payé** ~ ich habe nicht viel dafür bezahlt; *fig* **il me le payera** ~**!** das wird er mir büßen!; *fig* **je lui ferai payer** ~ **sa trahison** (für) diesen Verrat wird er mir büßen; *artisan etc* **prendre** ~ teuer sein; hohe Preise verlangen; *travaux etc* **revenir** ~ teuer sein; *a. fig* teuer zu stehen kommen (**à qn** j-n); **valoir** ~ teuer sein; *fig* **ne pas valoir** ~ nichts taugen *(a. personne)*; **vendre** ~ teuer verkaufen *(a. fig sa vie)*; *abs* hohe Preise haben, verlangen; *magasin* teuer sein; **vendre moins** ~ **que qn** *a.* j-n unterbieten **C** SUBST **mon** ~ mein Lieber; **ma chère** meine Liebe; *avec affectation*: ~, **très** ~ mein Bester, Lieber; **chère, très chère** Liebste; Teuerste

Cher [ʃɛʀ] **le** ~ *Fluss u. Departement in Frankreich*

Cherbourg [ʃɛʀbuʀ] *Stadt im Dep. Manche*

chercher [ʃɛʀʃe] **A** VT 1 ~ **qn, qc** j-n, etw suchen; nach j-m, etw suchen; *passage, adresse dans un livre a.* aufsuchen; ~ **de l'argent** Geld aufzutreiben suchen; ~ **le calme** die Stille suchen; ~ **des difficultés à qn** j-m Schwierigkeiten machen; ~ **une femme** e-e *(Ehe)*Frau suchen; ~ **des histoires à qn** mit j-m Streit suchen; **ne** ~ **que son intérêt** nur s-n Vorteil suchen; nur auf s-n Vorteil bedacht sein, aus sein; ~ **un mot dans le dictionnaire** ein Wort im Wörterbuch nachschlagen, suchen; ~ **ses mots** nach Worten suchen, ringen; ~ **un moyen de** *(+inf)* ein Mittel, e-e Möglichkeit, nach e-m Mittel, nach e-r Möglichkeit suchen zu *(+inf)*; ~ **le nom de qn (dans sa mémoire, tête)** sich auf j-s Namen *(acc)* zu besinnen suchen; ~ **l'oubli** Vergessen suchen; ~ **du secours** Hilfe holen; ~ **qn du regard, des yeux** sich nach j-m umsehen; nach j-m Ausschau halten 2 **aller** ~ **qn, qc** j-n, etw holen (gehen); **aller** ~ **le médecin** den Arzt holen; **va me** ~ **les ciseaux!** hol mir die Schere!; **aller** ~ **de l'argent à la banque** Geld von der Bank holen; **aller** ~ **qc dans la cuisine** etw aus der Küche holen; *fig* **où est-ce qu'il va** ~ **tout ça?** wo er das bloß alles herhat?; **qu'est-ce que tu vas** ~**?** wie kommst du denn darauf?; **descendre** ~ **qc à la cave** etwa aus dem Keller holen; **envoyer (qn)** ~ **qn, qc** (j-n) j-n, etw holen lassen; (j-n) nach j-m, etw schicken; **venir** ~ **qn, qc** j-n, etw abholen; etw holen 3 *danger* suchen; herausfordern; ~ **l'accident** es auf e-n Unfall ankommen lassen, *plus fort* anlegen; **il l'a cherché!** er hat es herausgefordert! 4 *fam* ~ **qn** mit j-m Streit, Händel suchen, anfangen wollen; **s'il me cherche** ... wenn er Streit haben will ...; wenn er es auf Streit angelegt hat ... **B** VT INDIR 1 ~ **à** *(+inf)* (ver)suchen zu *(+inf)*; sich bemühen zu *(+inf)*; danach streben zu *(+inf)*; ~ **à comprendre** (ver)suchen, sich bemühen zu verstehen; ~ **à plaire** gefallen wollen; zu gefallen suchen 2 *fam* ~ **après qn** j-n, nach j-m suchen 3 *fam* **ça va** ~ **dans les mille euros** das kostet etwa, an die tausend Euro; **ça va** ~ **dans les cinq ans (de prison)** das gibt, bringt so um die fünf Jahre (Knast) **C** VI suchen; *à un chien* **cherche!** such!; ~ **dans sa mémoire, sa tête** sich darauf zu besinnen versuchen; sein Gedächtnis anstrengen **D** V/PR **se** ~ PSYCH sich (selbst) suchen

chercheur [ʃɛʀʃœʀ] M 1 *(scientifique)* Forscher *m* 2 ~ **d'or** Goldsucher *m*, -gräber *m* 3 TECH ~ **de fuites** Gasspürgerät *n*

chercheuse [ʃɛʀʃøz] F 1 Forscherin *f* 2 ADJT **fusée** *f* **à tête** ~ Rakete *f* mit Suchkopf

chère [ʃɛʀ] F **aimer la bonne** ~ gerne gut essen; **faire bonne** ~ gut essen; *en permanence a.* gut leben

chèrement [ʃɛʀmɑ̃] ADV *victoire, succès* **payer** ~ teuer bezahlen, erkaufen; *vie* **vendre** ~ teuer verkaufen

chéri [ʃeʀi] **A** ADJ geliebt; lieb; **maman** ~**e** liebe Mutti **B** SUBST: *appellatif* ~**(e)** *m(f) ou* **mon** ~, **ma** ~**e** Liebling *m*; Geliebte(r) *m/f(m)*; Schatz *m*; Schätzchen *n*; *iron* **le pauvre** ~ der arme Liebling; *fam* **le** ~ **à sa maman** Mamas Liebling

chérir [ʃeʀiʀ] VT 1 ~ **qn** j-n (zärtlich) lieben; ~ **le souvenir de qn** j-s in Liebe gedenken 2 *idée, liberté etc* lieben

chérot [ʃeʀo] ADJ *fam* **c'est** ~ *fam* das ist ganz schön teuer

cherry(-brandy) [ʃeʀi(bʀɑ̃di)] M Cherry Brandy *m*

cherté [ʃɛʀte] F hoher Preis (**de** für); ~ **de la vie** hohe Lebenshaltungskosten *pl*; Teuerung *f*

chérubin [ʃeʀybɛ̃] M 1 BIBL Cherub *m*; ~**s** *pl* Cherubim *pl*; Cherubinen *pl* 2 BEAUX-ARTS Engelsköpfchen *n* 3 *fig (bel enfant)* Engelchen *n*; Lockenköpfchen *n*

Chesnay (Le) [ləʃenɛ] *Stadt im Dep. Yvelines*

chester [ʃɛstɛʀ] M Chester(käse) *m*

chétif [ʃetif] ADJ ⟨-ive⟩ **enfant** ~ schwächliches, schmächtiges, *fam* mickriges Kind; **plante chétive** kümmerliche Pflanze; *plus fort* verkümmerte Pflanze

cheval [ʃ(ə)val] M ⟨*pl* -aux⟩ 1 ZOOL Pferd *n*; *fam* Gaul *m*; *st/s* Ross *n*; ~ **anglais (de) pur sang** englisches Vollblut(pferd); ~ **blanc** Schimmel *m*; ~ **gris** Grauschimmel *m*; ~ **noir** Rappe *m*; ~ **de bataille** *autrefois* Schlacht-, Streitross *n*; *fig* Haupt-, Lieblingsthema *n*; bevorzugtes Thema; Steckenpferd *n*; ~ **de cirque, de course** Zirkus-, Rennpferd *n*; ~ **de labour** Ackerpferd *n*, *fam* -gaul *m*; ~ **de manège** Dressur-, Schulpferd *n*; ~ **de selle, de trait** Reit-, Zugpferd *n*; *fam fig*: **(avoir une) fièvre de** ~ starkes, hohes Fieber (haben); **remède** *m* **de** ~ sehr starkes Mittel; *traitement fam* Pferde-, Rosskur *f*; *loc adj et loc adv* **à** ~ zu Pferd(e); beritten; **à** ~**!** aufsitzen!; **à** ~ **sur** rittlings sitzend auf *(+dat)*; **promenade** *f* **à** ~ Spazierritt *m*; **aller à** ~ reiten; **être (assis) à** ~ **sur** rittlings sitzen auf *(+dat)*; *fig* **être à** ~ **sur qc** auf etw *(dat)* herumreiten; es mit etw sehr genau nehmen; sehr auf etw *(acc)* bedacht sein; **être à** ~ **sur les principes** ein Prinzipienreiter sein; *propriété* **être à** ~ **sur deux communes** sich beiderseits der Gemeindegrenzen erstrecken; *règne etc* **être à** ~ **sur deux siècles** bis (weit) ins nächste Jahrhundert reichen; **monter à** ~ reiten; **descendre de** ~ vom Pferd (ab)steigen; absitzen; *fam fig* **il a mangé du** ~**(, ma parole)** *fam* der entwickelt ja plötzlich e-e gewaltige Aktivität; **monter un** ~ ein Pferd, auf e-m Pferd reiten; **monter sur un** ~ ein Pferd besteigen; aufsitzen; *fig* **monter sur ses grands chevaux** aufbrausen; *fam* hochgehen; **tomber de** ~ vom Pferd stürzen, fallen; **ça ne se trouve pas sous le pas, sous le sabot d'un** ~ das *(das Geld)* kann man nicht so einfach aus dem Ärmel schütteln; das liegt, findet man nicht auf der Straße; *prov* **changer, troquer son** ~ **borgne contre un aveugle** vom Regen in die Traufe kommen 2 *(équitation)* Reiten *n*; Reitsport *m*; **costume** *m* **de** ~ Reitanzug *m*, -kleidung *f*; **faire du** ~ reiten; (den) Reitsport betreiben 3 *par ext*: **(jeu** *m* **de) petits chevaux** *pl* Mensch-ärgere-dich-nicht(-Spiel) *n*; ~ **à bascule** Schaukelpferd *n*; SPORTS: ~ **d'arçons** (Seit)Pferd *n*; ~ **de saut** Pferd *n*; **(manège** *m* **de) chevaux** *pl* **de bois** Pferdekarussell *n* 4 *fig*: *fam femme* **un grand** ~ e-e große derbknochige Frau; **(vieux)** ~ **de retour** Rückfällige(r) *m*; *fam* alter Bekannter der Polizei; *fam* **c'est un vrai** ~ *fam* er *ou* sie hat e-e Pferde-, Rossnatur; *fam* **c'est pas un, il** *ou* **elle n'est pas mauvais** ~ er *ou* sie ist kein schlechter Kerl 5 a PHYS *(abr* **ch)** Pferdestärke *f (abr* PS *n)* b AUTO *en France* ~ **(fiscal)** *(abr* **CV)** der Kraftfahrzeugsteuer zugrunde gelegte Leistungseinheit; Steuer-PS *n*; *par ext voiture* **une cinq chevaux** ein Wagen *m* mit 5 CV; **une deux chevaux (2 CV)** ein 2 CV *m (Citroën)*; *fam* e-e Ente 6 MIL ~ **de frise** spanischer Reiter

chevalement [ʃ(ə)valmɑ̃] M 1 CONSTR Abstützgerüst *n* 2 MINES Förderturm *m*

chevaleresque [ʃ(ə)valʀɛsk] ADJ ritterlich; chevaleresk

chevalerie [ʃ(ə)valʀi] F 1 HIST Rittertum *n*; Ritterschaft *f*; Ritterstand *m*; **roman** *m* **de** ~ Ritterroman *m* 2 **ordre** *m* **de** ~ Ritterorden *m*

chevalet [ʃ(ə)valɛ] M 1 Bock *m*; Gestell *n*; *pour scier* Sägebock *m* 2 *de peintre* Staffelei *f* 3 *de violon etc* Steg *m*

chevalier [ʃ(ə)valje] M 1 HIST Ritter *m*; ~ **servant** a HIST auserwählter Ritter e-r Dame b *iron* ständiger Begleiter; ~ **du Graal** Gralsritter *m*; *fig* ~ **d'industrie** Hochstapler *m*; **Chevaliers de la table ronde** Tafelrunde *f* des Königs Artus; *Bayard* **le** ~ **sans peur et sans reproche** der Ritter ohne Furcht und Tadel 2 *de la Légion d'honneur etc* Ritter *m* 3 *titre nobiliaire* Chevalier *m*

chevalière [ʃ(ə)valjɛʀ] F Siegelring *m*

chevalin [ʃ(ə)valɛ̃] ADJ 1 Pferde...; **boucherie** ~**e** Pferdemetzgerei *f*; Pferde-, Rossschlachterei *f* 2 *fig* **visage** ~ Pferdegesicht *n*

cheval-vapeur [ʃ(ə)valvapœʀ] M ⟨*pl* chevaux-vapeur⟩ (ABR **ch**) TECH Pferdestärke *f (abr* PS)

chevauchée [ʃ(ə)voʃe] F (Spazier)Ritt *m*

chevauchement [ʃ(ə)voʃmɑ̃] M Überlappung *f*; *de tuiles* Sichüberdecken *n*; *fig* Überschneidung *f*

chevaucher [ʃ(ə)voʃe] **A** VT reiten auf *(+dat)* **B** VI 1 *(se recouvrir en partie)* übereinanderstehen *(a. dents)*; übereinanderliegen; sich überlappen; *tuiles* sich zum Teil überdecken 2 *st/s (aller à cheval)* reiten **C** V/PR **se** ~ → B 1; *fig domaines etc* sich überschneiden

chevêche [ʃəvɛʃ] F ZOOL Steinkauz *m*

chevelu [ʃəvly] ADJ 1 ANAT **cuir** ~ Kopfhaut *f*; Haarboden *m* 2 *personne* langhaarig; mit dichtem Schopf *(a. tête)*

chevelure [ʃəvlyʀ] F 1 (Kopf)Haare *npl*; Haar *n*; Haarwuchs *m* 2 *d'une comète* Schweif *m*

chevet [ʃ(ə)vɛ] M 1 *du lit* Kopfende *n*; **lampe** *f* **de** ~ Nachttischlampe *f*, -leuchte *f*; **livre** *m* **de** ~ Lieblingsbuch *n*; **table** *f* **de** ~ Nachttisch *m*; **au** ~ **de qn** an j-s (Kranken)Bett; **rester au** ~ **de qn** an j-s Bett *(dat)* bleiben, wachen 2

ARCH (Chor)Apsis *f*

cheveu [ʃ(ə)vø] M ⟨*pl* ~x⟩ 1 (Kopf)Haar *n*; **~x** *pl* Haar(e) *n(pl)*; *loc adj et loc adv*: **aux ~x courts, longs** kurz-, langhaarig; mit kurzem, langem Haar; *fig* **à un ~ près, il s'en est fallu d'un ~, cela n'a tenu qu'à un ~** um ein Haar; um Haaresbreite; **(les) ~x au vent** mit flatternden, wehenden Haaren; *litt femme* **en ~x** ohne Hut; mit bloßem Kopf; **avoir beaucoup de ~x, avoir des ~x épais** dichtes Haar haben; **avoir les ~x gris** graue Haare haben; grauhaarig sein; **avoir, porter les ~x courts, longs** kurze, lange Haare haben; das Haar kurz, lang tragen; **avoir le ~ rare** nur ganz wenig Haare haben; *fam fig* **avoir un ~ sur la langue** mit der Zunge anstoßen; lispeln; *fig* **avoir mal aux ~x** *fam* e-n Kater, den *ou* e-n Katzenjammer haben; *fig* **couper les ~x en quatre** Haarspalterei treiben; ein Haarspalter sein; *fig* **faire dresser les ~x sur la tête à qn** j-m die Haare zu Berge stehen lassen; *fig* **se faire des ~x (blancs)** sich *(dat)* große Sorgen machen; *fig* **ce n'est pas la peine de te faire des ~x (blancs)** lass dir doch darüber keine grauen Haare wachsen; **perdre ses ~x** (die) Haare verlieren; **il perd ses ~x** *a.* ihm gehen die Haare aus; *fig* **se prendre aux ~x** sich in die Haare geraten, *fam* kriegen; *fig* **c'est tiré par les ~x** das ist an den Haaren herbeigezogen; das ist weit hergeholt; **si vous touchez à un ~ de sa tête, à un seul de ses ~x** wenn Sie ihm ein Haar krümmen; wenn ihm ein Haar gekrümmt wird; **ça vient, arrive comme un ~ sur la soupe** das passt überhaupt nicht hierher; das passt wie die Faust aufs Auge; das kommt denkbar ungelegen; → *a.* arracher B 2 2 **~x** *pl* **d'ange** CUIS feine Fadennudeln *fpl*; *décoration de Noël* Engelshaar *n* 3 *dans la porcelaine* Haarriss *m* 4 BOT **~ de Vénus** Frauenhaar *n*

chevillage [ʃ(ə)vijaʒ] M TECH (Ver)Dübeln *n*

chevillard [ʃ(ə)vijaʀ] M Schlachter, der im Schlachthof Tiere schlachtet und an Metzgereien verkauft

cheville [ʃ(ə)vij] F 1 ANAT (Fuß)Knöchel *m*; *par ext* Fessel *f*; **arriver à la ~** *vêtement* bis zum Knöchel reichen; knöchellang sein; *eau etc* knöcheltief sein; *fig* **il ne lui arrive pas à la ~** er kann ihm das Wasser nicht reichen; **avoir de l'eau jusqu'à la ~** bis zu den Knöcheln im Wasser stehen; **avoir la ~ fine** zarte, schlanke Fesseln haben; *fam fig* **tu as les ~s qui enflent** *fam* gib nicht so an!; bläh dich nicht so auf! 2 TECH Dübel *m*; *fig* **~ ouvrière** treibende Kraft; *fam fig* **être en ~ avec qn** mit j-m gut stehen 3 *de violon etc* Wirbel *m*

cheviller [ʃ(ə)vije] V/T TECH verdübeln; *fig adjt* **avoir l'âme chevillée au corps** ein zähes Leben haben

chevillier [ʃ(ə)vilje] M MUS Wirbelkasten *m*

chèvre [ʃɛvʀ] F 1 ZOOL Ziege *f*; *all Sud a.* Geiß *f*; **chemin** *m* **de ~s** schmaler, steiler Pfad; *fam fig* **faire devenir qn ~, rendre qn ~** *fam* j-n wahnsinnig, verrückt machen; *fig* **ménager la ~ et le chou** es mit keinem verderben wollen 2 **fromage** *m* **de ~** *ou elliptiquement* **~** *m* Ziegenkäse *m* 3 TECH Hebebock *m*

chevreau [ʃəvʀo] M ⟨*pl* ~x⟩ 1 ZOOL Zicklein *n*; Zickel *n*; Geißlein *n* 2 *cuir* Ziegenleder *n*; Chevreau(leder) *n*

chèvrefeuille [ʃɛvʀəfœj] M BOT Geißblatt *n*

chevrette [ʃəvʀɛt] F ZOOL 1 *(petite chèvre)* Zicklein *n*; Zickel *n* 2 *(femelle du chevreuil)* Rehgeiß *f*; Ricke *f*

chevreuil [ʃəvʀœj] M ZOOL Reh *n*; *mâle* Rehbock *m*

chevrier [ʃəvʀije] M, **chevrière** F Ziegenhirt(in) *m(f)*

chevron [ʃəvʀõ] M 1 CONSTR Dachsparren *m* 2 TEXT Fischgrätenmuster *n*; **tissu** *m* **à ~s** Stoff *m* mit Fischgrätenmuster 3 MIL Winkel *m*

chevronnage [ʃəvʀɔnaʒ] M CONSTR a Sparrenlegen *n* b Sparrenwerk *n*

chevronné [ʃəvʀɔne] ADJ erfahren; routiniert; versiert; **un pilote** *etc* **~** *a. fam* ein alter Hase

chevrotant [ʃəvʀɔtɑ̃] ADJ **voix ~e** zittrige, zitternde Stimme

chevrotement [ʃəvʀɔtmɑ̃] M *de la voix* Zittern *n*

chevroter [ʃəvʀɔte] V/I *voix* zitt(e)rig sein; zittern; *personne* mit zitt(e)riger Stimme singen, reden

chevrotin [ʃəvʀɔtɛ̃] M 1 ZOOL Rehkitz *n* 2 *ein Ziegenkäse*

chevrotine [ʃəvʀɔtin] F CH Posten *m*

chewing-gum [ʃwiŋgɔm] M ⟨*pl* chewing-gums⟩ Kaugummi *m ou n*

chez [ʃe] PRÉP bei *(+dat)*; zu *(+dat)*; **~ les Anglais** bei den Engländern; **~ les animaux** bei (den) Tieren; **~ Voltaire** bei Voltaire; ♦ **~ lui** bei *ou* zu ihm; **c'est une habitude ~ lui** das ist e-e Gewohnheit bei, von ihm; **je viens de ~ lui** ich komme von ihm, aus s-r Wohnung; **~ moi** bei mir (zu Hause) *ou* zu mir (nach Hause); in meiner Wohnung, in meinem Haus *ou* in meine Wohnung, in mein Haus; **à côté** *ou* **près de ~ moi, nous** ganz in der Nähe meiner, unserer Wohnung, meines, unseres Hauses; ganz in meiner, unserer Nähe; **derrière ~ moi** hinter meiner Wohnung, meinem Haus; **au-dessus de ~ moi** (in der Wohnung) über mir; **devant ~ moi** vor meiner Wohnung, meinem Haus; **en bas de ~ moi** unten vor meinem Haus; **je viens de ~ moi** ich komme von zu Hause, aus meiner Wohnung; **~ nous** bei *ou* zu uns; **par ~ nous** bei uns; in unserer Gegend; **passez par ~ nous** kommen Sie bei uns vorbei; ♦ *loc adj*: **robe** *f* **de ~ Dior** Kleid *n* von Dior; **un gars de ~ nous** ein Bursche aus unserer Gegend; *coutume* **bien de ~ nous** unverkennbar aus unserer Gegend; ♦ **acheter qc ~ le boulanger** etw beim Bäcker kaufen; **aller ~ le coiffeur, le médecin, qn** zum Friseur, zum Arzt, zu j-m gehen; **être ~ qn** bei j-m sein; **être ~ soi** zu Hause, daheim sein; **faites comme ~ vous** tun Sie, als ob Sie zu Hause wären; machen Sie es sich *(dat)* bequem; **rentrer ~ soi** nach Hause gehen *ou* kommen; heimgehen *ou* -kommen; **chacun reste ~ soi** jeder bleibt zu Hause, daheim; **se sentir ~ soi** sich wie zu Hause fühlen

chez-moi [ʃemwa] M, **chez-nous** M, **chez-soi** M, **chez-toi** M, **chez-vous** M ⟨*alle inv*⟩ Zuhause *n*; Heim *n*; **avoir un vrai chez-soi** ein richtiges Heim, Zuhause, Daheim haben; **je suis content de retrouver mon chez-moi** ich freue mich, wieder nach Hause zu kommen

chiadé [ʃjade] ADJ *fam* 1 *(difficile)* schwierig; *fam* verzwickt 2 *(très travaillé)* ausgefeilt; sorgfältig ausgearbeitet

chiader [ʃjade] V/T *et* V/I *fam* büffeln, pauken **(un examen** für e-e Prüfung)

chialer [ʃjale] V/I *fam* heulen; flennen

chialeur [ʃjalœʀ] M, **chialeuse** F *fam* Heulpeter *m*, -suse *f*

chiant [ʃjɑ̃] *pop* ADJ *boulot etc pop* beschissen; saublöd; **c'est ~!** *a. fam* das stinkt mir!; *pop* das kotzt mich an!; **ce qu'il est ~!** *fam* ist der e-e Nervensäge!; er tötet einem den letzten Nerv!

chianti [kjɑ̃ti] M Chianti(wein) *m*

chiasme [kjasm] M RHÉT Chiasmus *m*

chiasse [ʃjas] F 1 *pop* **avoir la ~** *la colique fam* Durchmarsch, Dünnpfiff, *pop* Dünnschiss haben; *fig peur pop* Schiss haben 2 *pop* **quelle ~!** *pop* verdammte Scheiße!; so ein Scheiß!

chic [ʃik] A ADJ ⟨*inv*, *pl a.* ~s⟩ 1 *(élégant)* schick; chic; *dîner, ameublement* hochvornehm; *fam* piekfein; **les gens ~(s)** die feinen Leute; **elle est toujours très ~** sie ist immer sehr schick (angezogen) 2 *fam (chouette)* **~ (alors)!** *fam* prima!; toll!; klasse!; dufte!; **un ~ type** ein feiner, *fam* prima Kerl; **un ~ voyage** e-e herrliche Reise; **c'est ~ de ta part** das ist großartig, *fam* toll von dir; **il a été très ~ (à mon égard, avec moi)** er hat sich (mir gegenüber) großartig verhalten B M 1 *(élégance)* Schick *m*; (modischer) Pfiff; *loc adj*: **bon ~ bon genre** → BCBG; **du dernier ~** *fam* todschick; **avoir du ~** *personne* Schick haben; sich schick anziehen; *chose* schick sein; *fam* Pfiff haben 2 *souvent iron* **avoir le ~ pour faire qc** ein besonderes Geschick, Talent (dafür) haben, etw zu tun

Chicago [ʃikago] M Chicago *n*

chicane [ʃikan] F 1 *(querelle)* Streit *m* um nichts; Nörgelei *f*; **chercher ~ à qn** mit j-m Streit, Händel suchen 2 **~s** *pl (passage rétréci)* Zickzackdurchlass *m*, -durchgang *m*; durch Schranken gesicherter Durchgang, Durchlass; *d'un circuit automobile* Schikane *f* 3 *péj* **gens** *pl* **de ~** *péj* Rechtsverdreher *mpl*

chicaner [ʃikane] A V/T **~ qn** an j-m herumnörgeln; mit j-m Streit suchen B V/I herumnörgeln (**sur tout** an allem); **on ne va pas ~ pour si peu** wegen e-r solchen Kleinigkeit, Bagatelle werden wir (doch) nicht streiten; **~ sur les chiffres** es mit den Zahlen pedantisch genau nehmen; allzu kleinlich mit den Zahlen sein C V/PR **se ~** (sich) wegen Lappalien, Bagatellen streiten

chicanerie [ʃikanʀi] F kleinliche Streiterei

chicaneur [ʃikanœʀ] A ADJ ⟨-euse⟩ streitsüchtig; nörglerisch B SUBST **~, chicaneuse** *m,f* Nörgler(in) *m(f)*; Krittler(in) *m(f)*

chicanier [ʃikanje] ⟨-ière⟩ → chicaneur

chiche [ʃiʃ] ADJ 1 *repas, salaire etc* kärglich; kümmerlich; *plus fort* schäbig; **être ~ de compliments** *etc* mit Komplimenten *etc* sparsam sein, *fam* knausern 2 BOT **pois** *m* **~** Kichererbse *f* 3 *fam* **~!** *fam* wetten dass!; **~ que je le fais!** jetzt tu ich es gerade!; wetten, dass ich es tu!; **tu n'es pas ~ de** *(+inf) fam* du hast keine Traute, nicht den Schneid zu *(+inf)*

chiche-kebab [ʃiʃkebab] M ⟨*pl* chiches-kebabs *ou* chiche-kebab⟩ CUIS Lamm-, Hammelfleischspieß *m*

chichement [ʃiʃmɑ̃] ADV **vivre ~** kümmerlich, kärglich leben; ein kümmerliches Leben führen

chichi [ʃiʃi] M *fam* Getue *n*; Gehabe *n*; **gens** *mpl* **à ~s** Leute *pl*, die großen Wert auf Etikette, Formalitäten legen; **faire des ~s** sich zieren; *fam* sich haben; **(ne fais) pas tant de ~(s)!** mach nicht so ein Getue!; *fam* hab dich nicht so!; *embarras* (mach) nur nicht so viele Umstände!

chichiteux [ʃiʃitø] *fam* ADJ ⟨-euse⟩ geziert; zeremoniös; formell

chicon [ʃikõ] M *en Belgique* Chicorée *f ou m*

chicorée [ʃikɔʀe] F 1 BOT a **~ (sauvage)** Wegwarte *f*; Wilde Zichorie; **~ à café** (Kaffee)-Zichorie *f* b *salade* **~ frisée** Winter-, Bindeendivie *f* 2 *boisson* Zichorienkaffee *m*

chicot [ʃiko] M Zahnstummel *m*, -stumpf *m*

chicotin [ʃikɔtɛ̃] M Aloesaft *m*; **amer comme ~** gallebitter

chiée [ʃje] *pop* **une ~ de ...** *fam* ein Haufen ...

chien [ʃjɛ̃] A M 1 ZOOL Hund *m*; **~ policier** Polizeihund *m*; CH **~ d'arrêt** Vorsteh-, Hüh-

C

nerhund *m*; ~ **d'aveugle, de berger, de chasse, de garde, de race** Blinden-, Schäfer-, Jagd-, Wach-, Rassehund *m*; ♦ *fam fig*: **quel ~ de temps** *fam* was für ein Sauwetter; *loc adj* **de ~** *fam* Hunde…; Sau…; **coup** *m* **de ~** a plötzlicher Sturm b plötzlicher Aufruhr; **temps** *m* **de ~** *fam* Hunde-, Sauwetter *n*; **vie** *f* **de ~** *fam* Hundeleben *n*; **avoir un caractère de ~** ein schwieriger, schwer zu behandelnder Mensch sein; **être d'une humeur de ~** *fam* e-e Stinklaune haben; *fam* **j'ai eu un mal de ~ (pour, à** *+inf*) *fam* es war irrsinnig schwer (zu *+inf*); es hat mich wahnsinnige Mühe gekostet (zu *+inf*); *loc adv* **entre ~ et loup** in der Abenddämmerung; ♦ *fig*: **abattre, tuer qn comme un ~** *fam* j-n wie e-n Hund abknallen; **enterrer qn comme un ~** j-n wie e-n Hund verscharren; **être, s'entendre comme ~ et chat** wie Hund und Katze sein, miteinander leben; **j'ai été malade comme un ~** *fam* mir war hundeelend; **il fait, c'est un temps à ne pas mettre un ~ dehors** bei dem Wetter jagt man keinen Hund hinaus; *fam* **ce n'est pas fait pour les ~s!** das ist zum Benutzen, nicht nur zum Ansehen da!; *enfant* **faire le jeune ~** herumtollen; *fam* **je lui garde un ~ de ma chienne** das werde ich ihm heimzahlen; das soll er mir büßen; **recevoir qn comme un ~ dans un jeu de quilles** j-n sehr ungnädig, unfreundlich empfangen; **se regarder en ~s de faïence** sich feindselig anblicken, anstarren; sich, einander fixieren; **un ~ regarde bien un évêque** man wird dich *ou* Sie doch noch anschauen dürfen; **traiter qn comme un ~** j-n wie e-n Hund behandeln; *prov*: **les ~s aboient, la caravane passe** die Hunde bellen, (aber) die Karawane zieht weiter (*prov*); **bon ~ chasse de race** der Apfel fällt nicht weit vom Stamm (*prov*); **qui veut noyer son ~ l'accuse de la rage** wenn man jemand hängen will, findet man auch den Strick dazu (*prov*); wer sich e-s anderen entledigen will, findet immer e-n Vorwand 2 *arg militaire* ~ **de quartier** *fam* Spieß *m* 3 *fam fig* **avoir du ~** das gewisse Etwas haben; etwas darstellen; attraktiv sein 4 *du fusil* Hahn *m*; *fig être couché, dormir* **en ~ de fusil** mit angezogenen Beinen 5 *coiffure* **~s** *pl* Pony *m* B ADJ ⟨~ne⟩ *fam* **il n'a pas été ~ (avec toi)** er war recht anständig, großzügig (zu dir); *fam* **il ne faut pas être ~** man sollte ein bisschen großzügig, nicht zu kleinlich sein

chien-assis [ʃjɛ̃asi] M ⟨*pl* chiens-assis⟩ ARCH Dachgaube *f*

chien-chien [ʃjɛ̃ʃjɛ̃] M *fam* **petit ~ à sa mémère** *fam* Hätschelhund *m*

chiendent [ʃjɛ̃dɑ̃] M BOT Quecke *f*; **brosse** *f* **de ~** harte Bürste (aus Queckenwurzeln); **pousser comme du ~** wuchern

chienlit [ʃjɑ̃li] *fam* F Tumult *m*; Chaos *n*

chien-loup [ʃjɛ̃lu] M ⟨*pl* chiens-loups⟩ ZOOL Wolfshund *m* (*Deutscher Schäferhund*)

chienne [ʃjɛn] F 1 ZOOL Hündin *f* 2 *fam fig* **quelle ~ de vie** *fam* was für ein Hundeleben

chier [ʃje] V/I *pop* 1 *pop* scheißen; kacken 2 *fig*: **en ~** es schwer haben; **ça va ~** *fam* es ist dicke Luft; es wird Stunk geben; **y a pas à ~** es hilft alles nichts(, wir müssen es tun); **tu me fais ~** *fam* du fällst mir auf den Wecker; du tötest mir den letzten Nerv; **ça me fait ~** *fam* das stinkt mir; *pop* das kotzt mich an; **se faire ~** sich langweilen; *fam* sich mopsen; **se faire ~ à faire qc** *fam* sich mit, bei etw abrackern; ♦ *adjt* **c'est chié** *fam* das ist toll, spitze, klasse

chierie [ʃiʀi] F *pop* **quelle ~!** *fam* verdammter Mist!

Chiers [ʃjɛʀ] **la ~** *Fluss in Luxemburg u. Lothringen*

chiffe [ʃif] F *fam* LOC **c'est une ~, il est mou comme une ~** *fam* er ist ein Waschlappen *m*, Schlappschwanz *m*

chiffon [ʃifõ] M 1 (*étoffe usée*) Stofffetzen *m*; Lumpen *m*; **~s** *pl t/t* Hadern *pl*; *d'un vêtement* **c'est un vrai ~** das ist ein Fetzen 2 *pour nettoyer* Putzlappen *m*; **~ (à chaussures)** Schuhputzlappen *m*, -tuch *n*; **~ (à poussière)** Staubtuch *n*, -lappen *m* 3 *fig* **~ (de papier)** Fetzen *m* Papier; *fam* Wisch *m* 4 *fam* **causer, parler ~s** über Mode, Kleider reden, sprechen

chiffonnade [ʃifɔnad] F CUIS Gericht *n* aus Kopfsalat und Sauerampfer

chiffonné [ʃifɔne] ADJ 1 *vêtement* zerknittert; zer-, verdrückt; zerknüllt; zerknautscht 2 *fig* **figure ~e** eingefallenes Gesicht 3 *fam fig personne, air* missmutig; verärgert

chiffonner [ʃifɔne] A V/T 1 *robe etc* zerknittern; zer-, verdrücken; zerknautschen; *papier* zusammen-, zerknüllen; zerknittern 2 *fam fig* **ça me chiffonne** das stört mich; *fam* das geht mir gegen den Strich B V/PR **se ~** *étoffe* (stark) knittern

chiffonnier [ʃifɔnje] M, **chiffonnière** F Lumpensammler(in) *m(f)*; **se battre, se disputer comme des chiffonniers** aufeinander eindreschen, sich anschreien

chiffrable [ʃifʀabl] ADJ bezifferbar

chiffrage [ʃifʀaʒ] M 1 (*évaluation*) Bezifferung *f* 2 *d'un message* Chiffrierung *f*; Verschlüsselung *f*

chiffre [ʃifʀ] M 1 Ziffer *f*; Zahlzeichen *n*; **~ arabe, romain** arabische, römische Ziffer, Zahl; *d'un nombre* **~ des unités** Einerstelle *f*; **nombre** *m* **de deux, de plusieurs ~s** zwei-, mehrstellige Zahl; **écrire un nombre en ~s** e-e Zahl in Ziffern schreiben 2 (*montant*) Zahl *f*; Gesamtzahl *f*, -ziffer *f*; COMM **~ d'affaires** Umsatz *m*; **~ des dépenses** (Gesamt)Ziffer *f*, (-)Summe *f* der Ausgaben; *loc adv* **en ~s ronds** in runden Zahlen; rund gerechnet 3 (*code*) (Geheim)Kode *m*; Geheimschrift *f* 4 (*initiales*) Monogramm *n*; **marquer au ~ de qn** mit j-s Monogramm versehen

chiffrement [ʃifʀəmɑ̃] M Chiffrieren *n*

chiffrer [ʃifʀe] A V/T 1 *dépenses, revenus* beziffern, taxieren (**à** auf *+acc*) 2 *message* chiffrieren; verschlüsseln; *adjt* **chiffré** chiffriert; verschlüsselt; Chiffre… B V/I **ça finit par ~** das summiert sich C V/PR **se ~ à trois millions** *etc* sich auf drei Millionen *etc* belaufen; **se ~ par millions** sich auf Millionen beziffern, belaufen; *déficit etc a.* in die Millionen gehen

chiffreur [ʃifʀœʀ] M Chiffreur *m*

chignole [ʃiɲɔl] F Handbohrmaschine *f*

chignon [ʃiɲõ] M (Haar)Knoten *m*; *fam* Dutt *m*; **cheveux ramassés en ~** zu e-m Knoten zusammengefasste Haare *npl*; *fam* **se crêper le ~** sich an den Haaren reißen; *fig* sich in den Haaren liegen; sich, einander in die Haare, *fam* in die Wolle geraten *ou* kriegen

chiite [ʃiit] REL A ADJ schiitisch B MPL **~s** Schiiten *mpl*

Chili [ʃili] **le ~** Chile *n*

chilien [ʃiljɛ̃] A ADJ ⟨~ne⟩ chilenisch B SUBST **Chilien(ne)** *m(f)* Chilene *m*, Chilenin *f*

chimère [ʃimɛʀ] F 1 Schimäre *f*; Chimäre *f*; Hirngespinst *n*; Trugbild *n*; *projet etc* **c'est une ~** das ist e-e Utopie, ein Hirngespinst; **poursuivre des ~s** Schimären, Hirngespinsten nachjagen 2 MYTH Chimära *f*

chimérique [ʃimeʀik] ADJ schimärisch; **espoir** *m* **~** trügerische Hoffnung; *personne* **esprit** *m* **~** Träumer *m*; Fantast *m*; **projet** *m* **~** utopischer Plan; **rêves** *mpl* **~s** Schimären *fpl*; Hirngespinste *npl*; Fantastereien *fpl*

chimie [ʃimi] F Chemie *f*; **~ minérale, organique** anorganische, organische Chemie; **expérience** *f* **de ~** chemisches Experiment

chimio [ʃimjo] F *fam* ABR (chimiothérapie) *fam* Chemo *f*

chimiosynthèse [ʃimjɔsɛ̃tɛz] F BIOCHIMIE Chemosynthese *f*; **chimiothérapie** F MÉD Chemotherapie *f*

chimique [ʃimik] ADJ chemisch; **industrie** *f* **~** chemische Industrie; **produits** *mpl* **~s** Chemikalien *fpl*; **usine** *f* **de produits ~s** chemische Fabrik; Chemiewerk *n*

chimiquement [ʃimikmɑ̃] ADV chemisch

chimiste [ʃimist] M/F Chemiker(in) *m(f)*; **ingénieur** *m* **~** Verfahrenstechniker *m*

chimpanzé [ʃɛ̃pɑ̃ze] M ZOOL Schimpanse *m*; **~ femelle** Schimpansin *f*

chinage [ʃinaʒ] M TEXT Chinieren *n*

chinchilla [ʃɛ̃ʃila] M 1 ZOOL Chinchilla *f ou n* 2 *fourrure* Chinchilla(pelz) *n(m)*

Chine [ʃin] **la ~** China *n*; **la ~ populaire** Rotchina *n*

chiné [ʃine] ADJ TEXT chiniert; **tissu ~** Chiné *m*

chiner [ʃine] A V/T **~ qn** j-n aufziehen, foppen B V/I die Trödelläden, Flohmärkte abklappern

chinetoc *ou* **chinetoque** [ʃintɔk] *fam péj* M Chinese *m*

chineur [ʃinœʀ] M 1 Liebhaber *m* von Trödelwaren 2 (*taquin*) Schelm *m*

chinois [ʃinwa] A ADJ chinesisch; **ombres ~es** Schattenspiel *n* B SUBST 1 **Chinois(e)** *m(f)* Chinese *m*, Chinesin *f* 2 LING **le ~** das Chinesische; Chinesisch *n*; *fam fig* **c'est du ~ (pour moi)** das sind böhmische Dörfer für mich; das ist für mich chinesisch 3 M *péj* (*pinailleur*) Pedant *m*; **quel ~**, *adjt* **ce qu'il est ~!** was für ein Pedant!; *fam* ist der pingelig! 4 M *passoire* trichterförmiges Sieb

chinoiseries [ʃinwazʀi] FPL 1 (*complications mesquines*) pedantisches Gehabe; *fam* Pingeligkeit *f*; **~ administratives** Amtsschimmel *m* 2 *bibelots* Chinoiserien *fpl*

chintz [ʃints] M TEXT Chintz *m*

Chio [kjo] GÉOG Chios *n*

chiot [ʃjo] M ZOOL Welpe *m*; junger Hund

chiottes [ʃjɔt] FPL *pop* Scheißhaus *n*; *par ext* **aux ~!** abtreten!; geh nach Hause! (*Zuruf an e-n schlechten Schauspieler etc*)

chiper [ʃipe] V/T *fam* 1 (*voler*) *fam* stibitzen; klauen; mopsen; mausen 2 *fig* **~ un bon rhume** *fam* sich (*dat*) e-n kräftigen Schnupfen holen

chipeur [ʃipœʀ] M, **chipeuse** F *fam* Langfinger *m*

chipie [ʃipi] F *fam péj* Biest *n*; **une petite ~** *fam* ein kleines Biest, Luder; **quelle vieille ~!** *fam* dieser alte Drachen!; *adjt* **elle est un peu ~** *fam* sie ist ein kleines Luder, Biest

chipolata [ʃipɔlata] F CUIS Paprikawürstchen *n*

chipotage [ʃipɔtaʒ] M kleinliche Streiterei; Nörgelei *f*

chipoter [ʃipɔte] V/I 1 (*ergoter*) **~ sur qc** an etw (*dat*) herumnörgeln 2 (*manger sans faim*) widerwillig, *fam* mit langen Zähnen essen

Chippendale [ʃipɛndal] M Chippendale *n*

chips [ʃips] MPL *ou* FPL *ou* ADJT **pommes** *fpl* **~** (Kartoffel)Chips *mpl*

chique [ʃik] F 1 Kautabak *m*; Priem *m*; *fam fig*: **mou comme une ~** schlaff; zäh; gummiartig; **avaler sa ~** (*mourir*) *fam* ins Gras beißen; *pop* abkratzen; *nouvelle* **couper la ~ à qn** j-m die Sprache, Rede verschlagen; *personne* **elle lui a coupé la ~** ihr Eintreten, ihr Anblick, ihre Worte verschlugen ihm die Rede 2 *fam fig* (*joue enflée*) geschwollene, *fam* dicke Backe

chiqué [ʃike] *fam* M 1 (*bluff*) **c'est du ~** das ist (nur *ou* reine) Angabe; *dans un combat de catch* *fam* das ist nur Mache; die tun nur so, als ob

2 (manières) faire du ~ zeremoniell sein

chiquenaude [ʃiknod] F Schnipser m; Schneller m; donner une ~ à qn j-n auf die Wange schnipsen; faire tomber qc d'une ~ etw wegschnipsen ou -schnippen

chiquer [ʃike] VI Tabak kauen; priemen; tabac m à ~ Kautabak m

Chirac [ʃiʀak] Jacques ~ frz Staatspräsident

Chiraz [ʃiʀɑz] GÉOG Schiras n

chiromancie [kiʀɔmɑ̃si] F Chiromantie f; Handlesekunst f; **chiromancienne** F Handleser(in) m(f)

chiropracteur [kiʀɔpʀaktœʀ] M MÉD Chiropraktiker m; **chiropractie** [-pʀakti] ou **chiropraxie** [-pʀaksi] F MÉD Chiropraktik f

chirurgical [ʃiʀyʀʒikal] ADJ ⟨-aux⟩ chirurgisch; intervention ~e chirurgischer Eingriff

chirurgie [ʃiʀyʀʒi] F 1 Chirurgie f; ~ du cœur Herzchirurgie f 2 ~ dentaire Zahnheilkunde f

chirurgien [ʃiʀyʀʒjɛ̃] M 1 Chirurg m 2 ~ dentiste Zahnarzt m

chistera [ʃisteʀa] M ou F PELOTE BASQUE Fangschläger m; Chistera f

chitine [kitin] F BIOL Chitin n

chiure [ʃjyʀ] F Fliegendreck m

Chleuh [ʃlø] péj M Deutsche(r) m

chlinguer [ʃlɛ̃ge] pop VI fam miefen; pop wie die Pest stinken

Chloé [klɔe] F MYTH Chloe f

chlorage [klɔʀaʒ] M TEXT Chlorieren n

chlorate [klɔʀat] M CHIM Chlorat n

chlore [klɔʀ] M CHIM Chlor n

chloré [klɔʀe] ADJ CHIM chlorhaltig; Chlor…;

chlorer VT eau chloren; chlorieren

chloreux [klɔʀø] ADJ ⟨-euse⟩ CHIM acide ~ chlorige Säure

chlorhydrique [klɔʀidʀik] ADJ CHIM acide m ~ gaz Chlorwasserstoff m; solution Salzsäure f

chloroforme [klɔʀɔfɔʀm] M CHIM, MÉD Chloroform n

chloroformer [klɔʀɔfɔʀme] VT 1 MÉD chloroformieren; (mit Chloroform) betäuben 2 fig adjt chloroformé betäubt; abgestumpft

chlorophylle [klɔʀɔfil] F BOT Chlorophyll n; Blattgrün n

chlorure [klɔʀyʀ] M CHIM Chlorid n; ~s décolorants Chlorbleichmittel npl; ~ de chaux Chlorkalk m; ~ de sodium Natriumchlorid n; Kochsalz n

chnouf [ʃnuf] F arg (drogue) fam Stoff m

choc [ʃɔk] M 1 (coup) Stoß m (a. PHYS); Schlag m; Erschütterung f; (impact) An-, Aufprall m; (collision) Zusammenstoß m, -prall m; Aneinanderstoßen n, -schlagen n; fig le ~ des opinions das Aufeinanderprallen der Meinungen; onde f de ~ Stoß-, Druckwelle f; sous le ~ durch den Stoß, Schlag, Aufprall; bei dem Stoß etc; fig c'est le ~ en retour de qc etw erweist sich als Bumerang 2 (émotion brutale) Schock m (a. MÉD); Schlag m; ~ opératoire Operationsschock m; ÉCON ~ pétrolier Ölschock m; effet m de ~ Schockwirkung f; état m de ~ Schock(zustand) m; traitement m de ~ Schocktherapie f (a. fig); avoir, recevoir un ~ e-n Schock erleiden; être encore sous le ~ noch unter Schock stehen; ça m'a fait, donné un ~ das hat mir e-n Schlag versetzt; das war ein Schock für mich 3 MIL, POLICE Zusammenstoß m; troupes fpl de ~ Eingreif-, Kommandotruppen fpl; résister au ~ dem Angriff standhalten 4 LOC ADJ de ~ personne engagiert; äußerst aktiv; dynamisch; unkonventionell; fortschrittlich; chose auffallend; neuartig; sensationell 5 ADJT sensationell; aufsehenerregend; verblüffend; drastisch; argument m ~ verblüffend treffendes Argument; formule f ~ prägnante, eingängige Formulierung; mesures fpl ~ drastische Maßnahmen fpl; prix m ~ sensationeller Preis

chochotte [ʃɔʃɔt] F fam iron ~! die feine Dame!

chocolat [ʃɔkɔla] A M 1 Schokolade f; ~ fourré, noir gefüllte, zartbittere Schokolade; ~ à croquer bittere Schokolade; ~ à cuire ou de ménage, au lait, aux noisettes Koch- ou Block-, Milch-, Nussschokolade f; crème f, gâteau m au ~ Schokolade(n)creme f, -torte f; une plaque, tablette de ~ e-e Tafel Schokolade 2 un ~ e-e Praline; des ~s a. Konfekt n; une boîte de ~s e-e Schachtel Pralinen 3 ~ en poudre Kakaopulver n mit Zucker 4 boisson Kakao m; Schokolade f; ~ liégeois Vanilleeis n mit Schokoladensoße und Schlagsahne B ADJ ⟨inv⟩ 1 schokolade(n)braun; schokolade(n)farben, -farbig 2 fam être ~ fam in die Röhre, in den Mond gucken

chocolaté [ʃɔkɔlate] ADJ Schokolade(n)…; mit Schokolade

chocolaterie [ʃɔkɔlatʀi] F Schokolade(n)fabrik f

chocolatier [ʃɔkɔlatje] A ADJ ⟨-ière⟩ Schokolade(n)… B SUBST 1 ~, chocolatière m,f Schokolade(n)fabrikant(in) m(f); vendeur Schokolade(n)händler(in) m(f) 2 chocolatière f récipient Kakaokanne f

chocottes [ʃɔkɔt] FPL fam avoir les ~ Angst, fam Bammel haben

Choderlos de Laclos [ʃɔdɛʀlodəlaklo] frz Schriftsteller

chœur [kœʀ] M 1 Chor m; ~ de l'Opéra Opernchor m; loc adv en ~ im Chor; einstimmig; gemeinsam; crier a. im Sprechchor; tous en ~! alle zusammen! 2 fig a (groupe) Chor m; Schar f; ~ des mécontents Chor, Schar der Unzufriedenen b (cris) Geschrei n; ~ de lamentations Klagegeschrei n 3 ARCH Chor m

choir [ʃwaʀ] VI ⟨défect: je chois, il choit; je chus; chu⟩ litt (tomber) fallen; litt ou plais laisser ~ qc etw fallen lassen; fam fig laisser ~ qn j-n fallen lassen; j-n im Stich lassen

choisi [ʃwazi] ADJ ausgesucht; ausgewählt; (aus)erlesen; exklusiv; morceaux ~s ausgewählte Lesestücke npl; parler un langage ~ e-e gewählte Sprache sprechen

choisir [ʃwaziʀ] A VT 1 (sélectionner) wählen; auswählen; aussuchen; métier wählen; collaborateur (aus)wählen; (sich [dat]) aussuchen; st/s époux (er)wählen; lecture auswählen; ~ ses amis sich (dat) s-e Freunde aussuchen; ~ entre (aus)wählen unter (+dat); aussuchen aus; ~ qn comme successeur, pour remplir une mission j-n als Nachfolger, für e-e Aufgabe aussuchen, (aus)wählen 2 abs (décider) wählen; e-e Wahl treffen; sich entscheiden; ~ de faire qc sich dafür entscheiden, sich (dazu) entschließen, etw zu tun; ~ où, quand, si … sich entscheiden, wo, wann, ob …; on ne choisit pas toujours manchmal hat man, bleibt einem keine Wahl; c'est à vous de ~ die Entscheidung liegt bei Ihnen; Sie müssen entscheiden B VPR se ~ qc sich (dat) etw aussuchen

choix [ʃwa] M 1 Wahl f; Auswahl f; (décision) Entscheidung f; ~ d'un métier Berufswahl f; loc adj au ~ (du client) (frei) nach Wahl; avancement m au ~ außerplanmäßige Beförderung (auf Vorschlag des Vorgesetzten); trois possibilités au ~ drei Möglichkeiten zur Wahl; à ton, votre etc ~ nach deiner, Ihrer etc Wahl; nach freier, eigener Wahl; médecin etc de son etc ~ s-r etc Wahl; vous avez le ~ Sie haben die Wahl; je n'ai pas le ~ ich habe keine (andere) Wahl; arrêter, fixer, porter son ~ sur qn, qc j-n, etw (aus)wählen; (sich [dat]) j-n, etw aussuchen; j-n, etw ausersehen; sich für j-n, etw entscheiden; il a arrêté, fixé, porté son ~ sur elle a. s-e Wahl fiel auf sie; faire son ~ s-e Wahl treffen; faire un bon, mauvais ~ e-e gute, schlechte Wahl treffen; gut, schlecht wählen; mon ~ est fait ich habe meine Wahl getroffen; guider le ~ de qn, guider qn dans son ~ j-m helfen, s-e Wahl zu treffen; laisser à qn le ~ j-m die Wahl überlassen (entre zwischen +dat); j-m die Wahl überlassen (du restaurant des Restaurants) 2 (assortiment) Auswahl f; avoir, offrir un grand ~ de disques e-e große Auswahl von, an Schallplatten (an)bieten; il y a du, beaucoup de ~ da gibt es e-e große Auswahl; il n'y a pas (beaucoup) de ~ es gibt wenig Auswahl 3 LOC ADJ: COMM de (premier) ~ erster Wahl, Güte; erstklassig; erlesen; spectacle m de ~ erstklassige, großartige Aufführung

cholédoque [kɔledɔk] ADJ ANAT canal m ~ Ausführungsgang m der Leber

choléra [kɔleʀa] M MÉD Cholera f

cholérique [kɔleʀik] ADJ MÉD Cholera…

cholestérol [kɔlɛsteʀɔl] M PHYSIOL Cholesterin n; taux m de ~ Cholesteringehalt m (im Blut)

chômage [ʃomaʒ] M Arbeitslosigkeit f; Erwerbslosigkeit f; ~ partiel Kurzarbeit f; ~ saisonnier saisonbedingte Arbeitslosigkeit; ~ technique Arbeitslosigkeit aus technischen Gründen (Streik in Zulieferbetrieben etc); allocation f, indemnité f de ~ Arbeitslosenunterstützung f, -geld n; adjt assurance f ~ Arbeitslosenversicherung f; être au ou en ~ arbeitslos sein; par ext Arbeitslosenunterstützung beziehen; fam stempeln gehen; s'inscrire au ~ sich arbeitslos melden; mettre qn au ~ j-n in die Arbeitslosigkeit entlassen

chômé [ʃome] ADJ jour ~ arbeitsfreier Tag

chômedu [ʃomdy] arg M Arbeitslosigkeit f; être au ~ fam auf der Straße stehen

chômer [ʃome] VI 1 (être au chômage) arbeitslos sein 2 (suspendre le travail) nicht arbeiten; feiern; v/t ~ un jour an e-m Tage nicht arbeiten; e-n Tag feiern; fig on ne chôme pas wir können uns über Mangel an Arbeit nicht beklagen; fam wir haben ganz schön viel zu tun 3 fig conversations ne pas ~ nicht stocken

chômeur [ʃomœʀ] M, **chômeuse** F Arbeitslose(r) m/f(m); chômeur, chômeuse de longue durée Langzeitarbeitslose(r) m/f(m); chômeur partiel, chômeuse partielle Kurzarbeiter(in) m(f)

chope [ʃɔp] F a Bierkrug m; (Bier)Seidel n b contenu Krug m, Seidel n Bier

choper [ʃɔpe] fam VT 1 (voler) fam mopsen; mausen; stibitzen; klauen 2 ~ un rhume fam e-n Schnupfen erwischen; voleur etc se faire ~ fam geschnappt werden

chopine [ʃɔpin] F fam (bouteille de vin) Flasche f Wein

choquant [ʃɔkɑ̃] ADJ schockierend; anstößig; (révoltant) empörend

choquer [ʃɔke] VT 1 (offusquer) ~ qn j-n schockieren; bei j-m Anstoß erregen; j-n (sittlich) entrüsten; ~ le bon sens gegen den gesunden Menschenverstand verstoßen; ~ la vue das Auge beleidigen; être choqué schockiert, plus fort entsetzt sein (par, de über +acc) 2 (traumatiser) ~ qn bei j-m e-n (seelischen) Schock hervorrufen

choral [kɔʀal] ⟨mpl -als⟩ A ADJ Chor… B SUBST 1 M REL, MUS Choral m 2 ~e f Chor m; Gesangverein m

chorégraphe [kɔʀegʀaf] M/F Choreograf(in) m(f); **chorégraphie** F Choreografie f; **chorégraphique** ADJ choreografisch; Tanz…; tänzerisch

choriste [kɔʀist] M/F Chorsänger(in) m(f), -mit-

C

C

glied *n*; *à l'Opéra* Chorist(in) *m(f)*

chorus [kɔʀys] M 1 **faire ~** im Chor einfallen; **faire ~ (avec qn)** j-m beipflichten, beistimmen 2 JAZZ Chorus *m*; Thema *n*

chose [ʃoz] F 1 Ding *n*; Sache *f*; ♦ **autre ~** etwas and(e)res; **les belles ~s** die schönen Dinge; das Schöne; **les bonnes ~s** die guten Dinge *(beim Essen u. Trinken)*; **chaque ~** alles; jedes Ding; jede Sache; **~ curieuse**, *il n'a pas appelé* merkwürdiger-, kurioserweise …; **la même ~** dasselbe; das Gleiche; **c'est la même ~** das ist das Gleiche, dasselbe; das ist einerlei; **c'est toujours la même ~** es ist immer das Gleiche, dasselbe; *st/s* **la ~ publique** das Gemeinwesen; der Staat; PHIL **la ~ en soi** das Ding an sich; **cours naturel des ~s** natürlicher Lauf der Dinge; ♦ **(vous lui direz) bien des ~s de ma part** richten Sie ihm *ou* ihr (bitte) viele Grüße von mir aus; grüßen Sie ihn *ou* sie bitte vielmals (von mir); **peu de ~** wenig; e-e Kleinigkeit; → *a.* peu 6; **avant toute ~** vor allem; vor allen Dingen; in erster Linie; **dans cet état de ~s** bei dieser Sachlage; bei diesem Stand der Dinge; **de deux ~s l'une** eins von beiden; ♦ **accomplir, faire de grandes ~s** große Dinge vollbringen, tun; **appeler les ~s par leur nom** die Dinge, das Kind beim (rechten) Namen nennen; **avoir une foule, des tas, plein, une quantité de ~s à faire, à raconter** e-e Menge (Dinge) zu tun, zu erzählen haben; **la ~ est décidée** es, die Sache ist entschieden; **dire à qn des ~s désagréables** j-m unerfreuliche Dinge sagen; **je vais vous dire une ~** ich werde Ihnen etwas sagen; **ce n'est pas une ~ à dire** so etwas sollte man nicht sagen; **c'est une ~ très, bien agréable que de** *(+inf)* es ist sehr angenehm, e-e sehr angenehme Sache zu *(+inf) ou*, wenn man …; **la théorie est une ~, la pratique en est une autre** Theorie und Praxis ist zweierlei; **voilà où en sont les ~s** so steht die Sache; so sieht es aus; so liegen, stehen die Dinge; **les ~s étant ce qu'elles sont** (so) wie die Dinge (nun einmal) stehen *ou* liegen; **c'est ~ faite** die Sache ist erledigt, abgeschlossen; **bien faire les ~s** großzügig sein; *fam* sich nicht lumpen lassen; **ne pas faire les ~s à moitié** nichts halb machen; nicht auf halbem Weg stehen bleiben; *(être généreux)* großzügig sein; *fam* sich nicht lumpen lassen; **les ~s se gâtent** die Sache geht schief; **s'intéresser à beaucoup de ~s** vielseitig, an vielem interessiert sein; **laisser aller les ~s** den Dingen ihren Lauf lassen; **parler de ~s et d'autres** von diesem und jenem sprechen, reden; **les ~s se sont passées ainsi** die Sache hat sich so abgespielt; **il a bien, mal pris la ~** er hat es, die Sache gut, nicht gut aufgenommen; **la ~ qu'il souhaite le plus** was er sich *(dat)* am meisten wünscht; *prov* **~ promise, ~ due** was man versprochen hat, muss man auch halten *(prov)* 2 PR INDÉF **quelque ~** etwas; *fam* was; **quelque ~ comme** so etwas wie; ungefähr; etwa; **quelque ~ dans ce goût-là** (irgend) etwas in dieser Art, Richtung; **quelque ~ d'autre** etwas and(e)res; **quelque ~ de beau, de nouveau** *etc* etw Schönes, Neues *etc*; ♦ **il lui est sans doute arrivé quelque ~** wahrscheinlich ist ihm etwas passiert, zugestoßen; **il a quelque ~** er hat (irgend)etwas, *fam* irgendwas; ihm fehlt (irgend)etwas; **il y a eu quelque ~** da war irgendetwas; irgendetwas hat's da gegeben; **avoir quelque ~ à dire, à faire** etwas zu sagen, zu tun haben; **ça a quelque ~ de bon** das hat auch sein Gutes; **il y a quelque ~ qui ne va pas** irgendetwas stimmt da nicht; **(mais) dites quelque ~!** (so) sagen Sie (doch) etwas!; **c'est quelque ~!** das ist unerhört, allerhand!; **c'est déjà quelque ~** das ist immerhin etwas; **y être pour quelque ~** etwas damit zu tun, zu schaffen haben; **faites quelque ~!** tun Sie (doch) etwas, *fam* was!; **ça lui a fait quelque ~** das hat ihn (sehr) getroffen; das hat ihm e-n Stich gegeben; **vous prendrez bien (un petit) quelque ~?** ich darf Ihnen doch etwas, e-e Kleinigkeit anbieten? 3 JUR Sache *f*; **~s communes** Gemeingut *n*; **~ jugée** abgeurteilte Sache; → *a.* juger A 1 4 *(propriété)* **considérer qn comme sa ~** j-n als sein Eigentum betrachten; **il en a fait sa ~** er hat ihn *ou* sie völlig unterjocht 5 *fam* **être porté sur la ~** *fam* scharf auf Frauen, kein Kostverächter sein; gern die Frauen vernaschen 6 M *fam* *(truc) fam* Dings(da, -bums) *n*; **(Machin) Chose** *fam* der *ou* die Dingsbums, Dingsda; **une pauvre (petite) ~** ein armes Wesen; e-e bedauernswerte Kreatur; **passez-moi le ~ là-bas** geben Sie mir das Dingsda rüber 7 ADJT **avoir l'air, être tout ~** ganz verwirrt, verstört aussehen, sein; **se sentir tout ~** sich unbehaglich fühlen

Chostakovitch [ʃɔstakɔvitʃ] M MUS Schostakowitsch *m*

chott [ʃɔt] M GÉOG Schott *m*

chou [ʃu] M ‹*pl* ~x› 1 Kohl *m*; *all Sud a.* Kraut *n*; **un ~** ein Kohlkopf *m*; **~ blanc** Weißkohl *m*, -kraut *n*; **~ rouge** Rotkohl *m*; Blau-, Rotkraut *n*; **~ de Bruxelles** Rosenkohl *m*; **~ de Milan** Wirsing(kohl) *m*; **soupe** *f* **aux ~x** Kohlsuppe *f*; ♦ *fam fig*: **feuille** *f* **de ~** *fam* Käseblatt *n*; **c'est bête comme ~** das ist kinderleicht, ein Kinderspiel; **être dans les ~x** *fam* in der, e-r Klemme sein, stecken; in der Tinte sitzen; **il a fait ~ blanc** *fam* das ist ihm danebengegangen; das ist in die Hose gegangen; **faire ses ~x gras** *fam* e-n guten Schnitt machen **(de qc** bei etw); *bébés* **naître dans les ~x** vom Storch gebracht werden; **aller planter ses, des ~x** sich aufs Land zurückziehen; **prendre le ~ à qn** *fam* j-m auf den Geist gehen; **il lui est rentré dans le ~** er hat ihn angegriffen 2 *fig* **mon (petit) ~**, *f a.* **ma choute** [ʃut] (mein) Liebling *m*, Schatz *m*, Schätzchen *n*; **le pauvre ~** der arme Liebling; **un (petit) bout de ~** ein (kleines) Bübchen *ou* Mädelchen; *petit garçon a.* ein Dreikäsehoch *m*; *adjt* **ce qu'il est, ce que c'est ~!** ist der, das süß, niedlich, entzückend! 3 CUIS **~ à la crème** Windbeutel *m* mit Schlagsahne *ou* Creme; **pâte** *f* **à ~** Brandteig *m* 4 *(gros nœud)* Schleife *f*

chouan [ʃwɑ̃, ʃuɑ̃] M *royalistischer Aufständischer in Westfrankreich während der Frz Revolution*

chouannerie [ʃwanʀi, ʃuanʀi] F HIST Aufstandsbewegung *f* der „Chouans"

choucas [ʃuka] M ZOOL Dohle *f*

chouchen [ʃuʃɛn] M *bretonischer Honigwein*

chouchou[1] [ʃuʃu] *fam* M ‹*pl* ~s›, **chouchoute** [ʃuʃut] *fam* F Liebling *m*; **être le chouchou de qn** j-s Liebling sein

chouchou[2] [ʃuʃu] M *pour les cheveux* (mit Stoff ummantelter *ou* ummanteltes) Haargummi *m ou n*

chouchouter [ʃuʃute] *fam* V/T verwöhnen; (ver)hätscheln

choucroute [ʃukʀut] F CUIS Sauerkraut *n*, -kohl *m*; **~ garnie** Sauerkraut *n* auf elsässische Art *(mit verschiedenen Wurst- und Fleischsorten)*

chouette[1] [ʃwɛt] F 1 ZOOL Eule *f* 2 *fam fig* **une vieille ~** *fam* e-e alte Eule, Ziege 3 *fam* **Machin Chouette** *fam* der *ou* die Dingsda, Dingsbums

chouette[2] [ʃwɛt] ADJ *fam* toll; prima *(inv)*; klasse *(inv)*; dufte; **un ~ (d') appartement** *fam* e-e tolle, prima Wohnung; *int* **~ (alors)!** *fam* toll!; prima!; klasse!; dufte!; **il a été ~ (avec moi)** er hat sich (mir gegenüber) großartig benommen

chou-fleur [ʃuflœʀ] M ‹*pl* choux-fleurs› BOT Blumenkohl *m*

chouïa [ʃuja] LOC ADV *fam* **un ~** ein wenig, bisschen

chou-navet [ʃunavɛ] M ‹*pl* choux-navets› BOT Kohl-, Steckrübe *f*

choupette [ʃupɛt] *fam* F 1 gedrehte Haartolle *(bei Kindern)* 2 Haarschleife *f*

chou-rave [ʃuʀav] M ‹*pl* choux-raves› BOT Kohlrabi *m*

chouraver [ʃuʀave] V/T *arg* **~ qc à qn** *fam* j-m etw klauen

choute [ʃut] → chou 2

chow-chow [ʃoʃo] M ‹*pl* chows-chows› ZOOL Chow-Chow *m*

choyer [ʃwaje] V/T ‹-oi-› umhegen; umsorgen

chrême [kʀɛm] M ÉGL **(saint) ~** Chrisam *n ou m*; Salböl *n*

chrétien [kʀetjɛ̃] A ADJ ‹~ne› christlich; HIST **le Roi Très Chrétien** der Allerchristlichste König B SUBST **~(ne)** *m(f)* Christ(in) *m(f)*; **en bon ~** als guter Christ

chrétien-démocrate [kʀetjɛ̃demɔkʀat] POL A ADJ christlich-demokratisch B MPL **les chrétiens-démocrates** die Christdemokraten *pl*; die Christlichen Demokraten *pl*

chrétiennement [kʀetjɛnmɑ̃] ADV christlich; im christlichen Glauben

chrétienté [kʀetjɛ̃te] F Christenheit *f*

Christ [kʀist] M 1 REL CATH **le ~**, PROT **~** Christus *m* 2 **christ** BEAUX-ARTS Christus(figur *f*, -bild *n*) *m*

Christian [kʀistjɑ̃] M *Vorname*

Christiane [kʀistjan] F *Vorname*

christiania [kʀistjanja] M SKI Kristiania (-schwung) *m*

christianisation [kʀistjanizasjõ] F Christianisierung *f*; **christianiser** V/T christianisieren; zum Christentum bekehren; **christianisme** M Christentum *n*

Christine [kʀistin] F *Vorname*

Christmas [kʀismas] **l'île** *f* **~** die Weihnachtsinsel

christologie [kʀistɔlɔʒi] F THÉOLOGIE Christologie *f*

Christophe [kʀistɔf] M 1 *Vorname* 2 *saint* Christophorus *m*

chromage [kʀomaʒ] M Verchromen *n*, -ung *f*

chromatine [kʀɔmatin] F BIOL Chromatin *n*

chromatique [kʀɔmatik] ADJ 1 MUS chromatisch; **gamme** *f* **~** chromatische Tonleiter 2 OPT chromatisch; Farb… 3 BIOL **réduction** *f* **~** Chromosomenreduktion *f*

chromatisme [kʀɔmatism] M MUS Chromatik *f*

chromatographie [kʀɔmatɔgʀafi] F CHIM Chromatografie *f*

chrome [kʀom] M 1 CHIM Chrom *n* 2 *d'une voiture etc* **~s** *pl* Chromteile *mpl*; Verchromung *f*

chromer [kʀome] V/T verchromen; *adjt* **chromé** verchromt; Chrom…

chromo [kʀɔmo] M ABR (chromolithographie) 1 Farbdruck *m* 2 *péj* billige, kitschige Reproduktion (in knalligen Farben)

chromolithographie [kʀɔmɔlitɔgʀafi] F Chromolithografie *f*; farbiger Steindruck; Farbdruck *m*

chromosome [kʀɔmozom] M BIOL Chromosom *n*

chromosomique [kʀɔmɔzɔmik] ADJ BIOL Chromosomen…; **carte** *f* **~** Chromosomenkarte *f*

chronicité [kʀɔnisite] F chronischer Verlauf, Charakter

chronique [kʀɔnik] A ADJ chronisch (a. MÉD); **passer à l'état ~** chronisch werden B F 1 Chronik f (a. HIST) 2 *dans un journal* (regelmäßig erscheinender) Bericht; Rubrik f; RAD regelmäßige Sendung; Rundschau f; **~ sportive** *d'un journal* Sportteil m; RAD Sportsendung f

chroniqueur [kʀɔnikœʀ] M 1 HIST Chronist m 2 *d'un journal* Berichterstatter m; Redakteur m; **~ sportif** Sportredakteur m

chrono [kʀɔno] M *fam* ABR (chronomètre) Stoppuhr f; AUTO **faire du 130 ~** *fam* 130 gestoppte Stundenkilometer fahren

chronographe [kʀɔnɔgʀaf] M TECH Chronograf m

chronologie [kʀɔnɔlɔʒi] F Chronologie f; chronologische, zeitliche Abfolge

chronologique [kʀɔnɔlɔʒik] ADJ chronologisch; Zeit...; **ordre** m **~** chronologische Reihenfolge; **dans l'ordre** *ou* **par ordre ~** in chronologischer Reihenfolge; **tableau** m **~** Zeittafel f

chronologiste [kʀɔnɔlɔʒist] M Chronologe m

chronométrage [kʀɔnɔmetʀaʒ] M SPORTS Zeitnahme f; Zeitmessung f; Stoppen n

chronomètre [kʀɔnɔmɛtʀ] M a SPORTS Stoppuhr f b *montre* Chronometer n *ou fam* m; Präzisionsuhr f; Zeitmesser m

chronométrer [kʀɔnɔmetʀe] V/T ‹-è-› stoppen; mit der Stoppuhr messen; die Zeit (von *ou +gén*) nehmen; SPORTS: **~ qn** j-s Laufzeit stoppen; j-s Zeit mit der Stoppuhr messen; **~ une course** die Laufzeiten stoppen, nehmen

chronométreur [kʀɔnɔmetʀœʀ] M SPORTS Zeitnehmer m; **chronométrie** F Chronometrie f; Zeitmessung f; **chronométrique** ADJ chronometrisch

chrysalide [kʀizalid] F ZOOL Puppe f (e-s Schmetterlings); *fig* **sortir de sa ~** sich entfalten; sich entwickeln

chrysanthème [kʀizɑ̃tɛm] M BOT Chrysantheme f

ch'timi [ʃtimi] M *fam* 1 Nordfranzose m 2 Dialekt m der Nordfranzosen

chu [ʃy] PP → choir

CHU [seaʃy] M ABR (centre hospitalier universitaire) Universitätsklinikum n

chuchotement [ʃyʃɔtmɑ̃] M Flüstern n; Geflüster n; Tuscheln n; Getuschel n

chuchoter [ʃyʃɔte] A V/T **~ qc à qn** j-m etw zuflüstern; **~ qc à l'oreille de qn** j-m etw ins Ohr flüstern, tuscheln B V/I 1 *personne* flüstern; tuscheln; wispern; zischeln; *plusieurs personnes a.* miteinander flüstern, tuscheln; *fig* **on chuchote que ...** man munkelt, es wird gemunkelt, dass ... 2 *poét ruisseau* murmeln; *vent* säuseln; raunen

chuchoteries [ʃyʃɔtʀi] FPL Getuschel n; Tuscheleien fpl; Gewisper n

chuchotis [ʃyʃɔti] M leises Flüstern; Wispern n

chuintant [ʃɥɛ̃tɑ̃] ADJ PHON **consonne ~e** *ou subst* **~e** f Zischlaut m; Sch-Laut m *(stimmlos od stimmhaft)*

chuintement [ʃɥɛ̃tmɑ̃] M 1 *vice de prononciation* Aussprache f sch statt s 2 *de la vapeur* Zischen n

chuinter [ʃɥɛ̃te] V/I 1 s wie sch (aus)sprechen 2 *vapeur* zischen

chut [ʃyt] INT pst!; st!; still!; **faire ~** a. den Finger auf den Mund legen

chute [ʃyt] F 1 *d'une personne* Fall m; Fallen n; Sturz m; Absturz m; **~ de bicyclette, de cheval** Sturz vom Fahrrad, vom Pferd; **faire une ~** stürzen, fallen (**de bicyclette** vom Fahrrad); **faire une ~ de dix mètres** zehn Meter tief (ab)stürzen; **faire une ~ dans, en descendant l'escalier** auf der Treppe stürzen, fallen; die Treppe hinunterstürzen, -fallen 2 *de choses* Fall m (a. PHYS); Fallen n (a. THÉ *du rideau*); *fig des cours en Bourse etc* Sturz m; PHYS **~ libre** freier Fall; **en ~ libre** PHYS in freiem Fall; *fig* ÉCON auf Talfahrt; **~ des cheveux** Haarausfall m; BOURSE **~ des cours** Kurssturz m, -einbruch m; **~ d'eau** Wasserfall m; **~ des feuilles** (Ab)-Fallen n der Blätter; Laubfall m; **~ de grêle** Hagelschlag m; **~ d'une monnaie** Währungssturz m; **~s de neige** Schneefälle mpl; **~s du Niagara** Niagarafälle mpl; **~ de pierres** Steinschlag m; **~s de pluie** Regenfälle mpl; **~ des prix, de température** Preis-, Temperatursturz m; ÉLEC **~ de tension** Spannungsabfall m; PHYS **loi** f **de la ~ des corps** Fallgesetz n; **point** m **de ~** *d'un projectile* Einschlagstelle f, -punkt m; *fig* Bleibe f; Standort m; (vorläufiger) Ruhepunkt; Anlaufstelle f 3 *fig d'un régime etc* Sturz m; **entraîner qn dans sa ~** j-n in s-n Sturz mit hineinreißen, -ziehen 4 MIL *d'une ville* Fall m; *par ext* **la ~ du mur de Berlin** der Fall der Berliner Mauer 5 *morale* Fall m; **la ~ (d'Adam)** der Sündenfall 6 **~ de cuir, d'étoffe** Leder-, Stoffrest m, -abfall m 7 **avoir une belle ~ de reins** ein schön geschwungenes, wohlgeformtes, wohlproportioniertes Gesäß haben 8 *d'un texte* Schlusspointe f

chuter [ʃyte] V/I 1 *fam (tomber)* fallen; stürzen; *fig* **faire ~** *gouvernement etc* stürzen; *candidat* zu Fall bringen; *production, prix* drücken; sinken lassen; *fig* **le candidat a chuté sur la dernière question** der Kandidat stolperte über die letzte Frage 2 BRIDGE **~ de trois levées** drei Unterstiche machen

chutney [ʃœtnɛ] M CUIS Chutney n

chyle [ʃil] M PHYSIOL Milch-, Speisesaft m; *t/t* Chylus m

chyme [ʃim] M PHYSIOL Speisebrei m; *t/t* Chymus m

Chypre [ʃipʀ] Zypern n

chypriote [ʃipʀijɔt] A ADJ zyprisch; zypriotisch B M/F **Chypriote** Zyprer(in) m(f); Zypriot(in) m(f)

ci [si] A ADV *après* **ce** *+subst*: diese(r, -s) ... (hier); **ce banc-~** diese Bank (hier); *loc adv*: **à cette heure-~** um diese Zeit; zu dieser Tageszeit; **ces jours-~** dieser Tage; in diesen Tagen; **ce mois-~** diesen, in diesem Monat B PR DÉM **~ et ça** dies und jenes; *loc adv fam* **comme ~ comme ça** *fam* so lala; soso

ci-annexé [sianɛkse] → ci-inclus

ci-après [siapʀɛ] LOC ADV weiter unten; nachstehend (angeführt)

cibiche [sibiʃ] F *arg (cigarette) fam* Glimmstängel m; Stäbchen n

cibiste [sibist] M/F CB-Funker(in) m(f)

cible [sibl] F 1 Zielscheibe f (a. *fig*); (Schieß)-Scheibe f; Ziel n; **tir** m **à la ~** Scheibenschießen n; **être une ~ facile pour qn** j-m ein günstiges Ziel bieten; **être une ~ pour, servir de ~ à qn** j-m als Zielscheibe dienen; *fig* **être la ~ des railleries, des critiques** Zielscheibe des Spottes, der Kritik sein; im Kreuzfeuer der Kritik stehen; **prendre qn, qc pour ~** j-n, etw als Zielscheibe benutzen, nehmen; *fig* j-n aufs Korn nehmen 2 PHYS NUCL Target n 3 ADJT LING **langue** f **~** Zielsprache f 4 PUBLICITÉ Zielgruppe f

ciboire [sibwaʀ] M ÉGL CATH Ziborium n; Speisekelch m

ciboule [sibul] F BOT Winterlauch m, -zwiebel f; **ciboulette** F BOT Schnittlauch m

ciboulot [sibulo] M *fam (tête) fam* Schädel m; Hirnkasten m; Dez m

cicatrice [sikatʀis] F Narbe f (a. *fig*); **~ de brûlure, de coupure** Brand-, Schnittnarbe f; **avoir une ~ au visage, à la jambe, dans le dos** e-e Narbe im Gesicht, am Bein, auf dem Rücken haben; **laisser une ~** e-e Narbe zurücklassen, hinterlassen; **la brûlure lui a laissé une ~** von der Verbrennung ist ihm e-e Narbe (zurück)geblieben

cicatriciel [sikatʀisjɛl] ADJ ‹~le› Narben...; **tissu(s) ~(s)** Narbengewebe n

cicatrisant [sikatʀizɑ̃] ADJ *et* SUBST M PHARM **(remède** m**) ~** die Narbenbildung förderndes Mittel; Wundheilungsmittel n

cicatrisation [sikatʀizasjõ] F Vernarbung f; Narbenbildung f; Heilung f (a. *fig*)

cicatriser [sikatʀize] A V/T *blessure, a. fig* heilen; vernarben lassen B V/I *(et* V/PR **se) ~** zuheilen; *a. fig* verheilen; vernarben

Cicéron [siseʀõ] M HIST Cicero m

cicérone [siseʀɔn] M *plais* Cicerone m; Fremdenführer m

ci-contre [sikõtʀ] LOC ADV nebenstehend; **voir image ~** siehe nebenstehendes Bild

CICR [seiseɛʀ] M ABR (Comité international de la Croix-Rouge) IKRK n (Internationales Komitee vom Roten Kreuz)

ci-dessous [sid(ə)su] LOC ADV nachstehend; weiter unten

ci-dessus [sid(ə)sy] LOC ADV weiter oben; **(mentionné) ~** (weiter) oben angeführt, genannt, erwähnt

ci-devant [sid(ə)vɑ̃] M/F ‹inv› HIST ehemalige(r) Adlige(r) m/f(m)

cidre [sidʀ] M Apfelwein m; *all Sud a.* Most m; *de France* Cidre m; **~ bouché** stark moussierender, auf Flaschen gezogener Cidre; **~ doux** süßer, noch nicht ganz vergorener Cidre

cidrerie [sidʀəʀi] F Apfelweinkellerei f

Cie ABR (compagnie) Co. (Handelsgesellschaft)

ciel [sjɛl] M 1 ‹*pl* cieux [sjø], PEINT ~s› Himmel m (a. ASTRON *et* PEINT); **~ bleu, clair** blauer, klarer Himmel; ASTRON **carte** f **du ~** Himmelskarte f; *poét* **feu** m **du ~** Blitz m; ♦ *adjt* **(bleu) ~** ‹inv› himmelblau; *loc adv*: **à ~ ouvert** MINES im Tagebau; *égout etc* offen; **dans le ~** am Himmel; **entre ~ et terre** zwischen Himmel und Erde, in der Luft (**rester, être suspendu** hängen, schweben); **sous le ~ de Londres** unter dem Himmel von London; in London; **sous d'autres cieux** unter e-m anderen Himmelsstrich; in e-r anderen Gegend; ♦ **lever les bras au ~** die Hände über dem Kopf zusammenschlagen; **lever les yeux au ~** entsetzt zum Himmel (auf)blicken; *fig* **remuer ~ et terre** Himmel und Hölle, alle Hebel in Bewegung setzen; *fig* **tomber du ~** im richtigen Moment, zur rechten Zeit, *fam* wie gerufen kommen 2 REL ‹*pl* cieux› Himmel m; *int* **~!, ô ~!, juste ~!** (o) Himmel!; gerechter Himmel!; **don** m, **présent** m **du ~** Geschenk n des Himmels; *talent* Begnadung f; Geschenk n, Gabe f Gottes; **justice** f **du ~** himmlische Gerechtigkeit; **aller au ~** in den Himmel kommen; **c'est le ~ qui t'envoie** dich schickt der Himmel; **Notre Père qui es aux cieux** Vater unser (, der du bist) im Himmel; *fig* **être au septième ~** im sieb(en)ten Himmel sein; BIBL **monter au ~** gen Himmel (auf)fahren; *prov* **aide-toi, le ~ t'aidera** hilf dir selbst, dann hilft dir Gott *(prov)* 3 ‹*pl* ~s› **~ de lit** Betthimmel m

cierge [sjɛʀʒ] M 1 ÉGL (lange Wachs)Kerze; *fam* **se tenir droit comme un ~** sich kerzengerade halten 2 BOT Säulenkaktus m

cieux [sjø] MPL → ciel

cigale [sigal] F ZOOL Zikade f

cigare [sigaʀ] M 1 Zigarre f 2 *fam (tête) fam* Schädel m; Dez m

cigarette [sigaʀɛt] F 1 Zigarette f 2 CUIS **~ (russe)** Hohlwaffel f

cigarillo [sigaʀijo] M Zigarillo *m ou n*
ci-gît [siʒi] *épitaphe* hier ruht
cigogne [sigɔɲ] F ZOOL Storch *m*; **nid** *m* **de ~** Storchennest *n*
ciguë [sigy] F 1 BOT Schierling *m* 2 *poison* Schierlingsgift *n*, -trank *m*; **boire la ~** den Schierlingsbecher trinken
ci-inclus [siɛ̃kly] *ou* **ci-joint** [siʒwɛ̃] LOC ADJ *et* LOC ADV anliegend; beigefügt; beiliegend; in der *ou* als Anlage; ADMIN *a.* in-, einliegend; **ci-inclus** *ou* **ci-joint copie** Abschrift anbei; **la copie ci-incluse** *ou* **ci-jointe** die anliegende *etc* Abschrift
cil [sil] M 1 (Augen)Wimper *f*; **faux ~s** falsche *ou* künstliche Wimpern 2 BIOL **~s vibratiles** Flimmerhaare *npl*; Wimpern *fpl*
cilice [silis] M Büßerhemd *n*, -kleid *n*
cillement [sijmɑ̃] M **~ (d'yeux)** Zwinkern *n*; Blinzeln *n*
ciller [sije] V/I 1 zwinkern; blinzeln 2 *fig* **ne pas oser ~** *fam* nicht zu mucksen wagen
cimaise [simɛz] F 1 ARCH Karnies *n* 2 *dans une pièce* Wandleiste *f*; **avoir les honneurs de la ~** an bevorzugter Stelle ausgestellt werden *ou* sein
cime [sim] F *d'un arbre* Wipfel *m*; Krone *f*; *d'une montagne* Gipfel *m* (*litt a. fig*); Spitze *f*
ciment [simɑ̃] M 1 Zement *m*; *loc adj* **de** *ou* **en ~** Zement... 2 *fig* **être le ~ d'une amitié** e-e Freundschaft festigen
cimentation [simɑ̃tasjõ] F Zementierung *f*
cimenter [simɑ̃te] V/T 1 zementieren; *bassin a.* auszementieren; **~ un anneau dans le mur** e-n Ring in die Wand einzementieren; *adjt* **sol cimenté** Zementboden *m* 2 *fig* **~ une amitié** eine Freundschaft festigen, zementieren
cimenterie [simɑ̃tʀi] F *usine* Zementwerk *n*;
cimentier M Zementarbeiter *m*
cimeterre [simtɛʀ] M Krummschwert *n*, -säbel *m*
cimetière [simtjɛʀ] M Friedhof *m* (*a. fig*); *à côté d'une église a.* Kirchhof *m*; *poét* Gottesacker *m*; **~ militaire** Soldatenfriedhof *m*; Kriegsgräber *npl*; *par ext* **~ de chiens, de voitures** Hunde-, Autofriedhof *m*; **porter un mort au ~** e-n Toten zu Grabe tragen
cimier [simje] M *d'un casque* Helmzier *f*
ciné [sine] M *fam* ABR (**cinéma**) Kino *n*; *fam* Kintopp *m ou n*
cinéaste [sineast] M/F Cineast(in) *m(f)*; Filmschaffende(r) *m/f(m)*; Filmemacher(in) *m(f)*
ciné-club [sineklœb] M ‹*pl* ciné-clubs› Filmklub *m*
cinéma [sinema] M 1 *art* Film *m*; Filmkunst *f*; Filmen *n*; Kino *n*; **le ~ français** der französische Film; **~ muet, parlant** Stumm-, Tonfilm *m*; **acteur** *m* **de ~** Filmschauspieler *m*; **techniciens** *mpl* **de ~** Filmtechniker *mpl*; **faire du ~** Filmschauspieler(in) sein; filmen 2 (**industrie** *f* **du**) **~** Filmindustrie *f*, -branche *f*, -geschäft *n* 3 (**salle** *f* **de**) **~** Kino *n*; Lichtspieltheater *n*, -haus *n*; Filmtheater *n*; **~ d'art et d'essai** Filmkunsttheater *n*; Studiokino *n*; **~ d'exclusivité, de quartier** Erstaufführungs-, Stadtteil- *ou* Vorstadtkino *n*; **aller au ~** ins Kino gehen 4 *fam fig* **c'est du ~** das ist doch nur Theater; **elle nous a fait tout un ~** *fam* sie hat ganz schön Theater gespielt (**pour** um zu)
cinémascope® [sinemaskɔp] M Cinemascope® *n*; **film** *m* **en ~** Cinemascopefilm® *m*
cinémathèque [sinematɛk] F Kinema-, Cinema-, Filmothek *f*; Filmarchiv *n*
cinématique [sinematik] F PHYS Kinematik *f*; Bewegungslehre *f*
cinématographe [sinematɔgʀaf] M Kinematograf *m*; **cinématographie** F Kinematografie *f*
cinématographique [sinematɔgʀafik] ADJ kinematografisch; Film...; **art** *m*, **technique** *f* **~** Filmkunst *f*, -technik *f*
cinéphile [sinefil] M/F Kinofreund(in) *m(f)*; Filmkenner(in) *m(f)*; Filmfreund *m*, -fan *m*
cinéraire [sineʀɛʀ] A ADJ **urne** *f* **~** Aschen-, Graburne *f* B F BOT Zinerarie *f*
cinérama [sineʀama] M Cinerama *n*
cinétique [sinetik] PHYS A ADJ kinetisch; **énergie** *f* **~** kinetische Energie B F Kinetik *f*
cing(h)alais [sɛ̃galɛ] A ADJ singhalesisch B SUBST **Cing(h)alais(e)** *m(f)* Singhalese *m*, -lesin *f*
cinglant [sɛ̃glɑ̃] ADJ 1 peitschend; **pluie ~e** peitschender Regen; **vent ~** schneidender, peitschender Wind 2 *fig* **paroles ~es** schneidende Worte *npl*; **réplique ~e** schneidende Antwort
cinglé [sɛ̃gle] ADJ *fam* bekloppt; behämmert; bescheuert; übergeschnappt; plemplem; meschugge; **être ~** *a. fam* spinnen; e-n Vogel, e-n Klaps, nicht alle Tassen im Schrank, e-n (kleinen) Dachschaden, e-e Macke, e-n Hau haben; nicht (recht) bei Trost sein; nicht ganz richtig im Oberstübchen sein; **il est ~** *a. fam* bei dem ist e-e Schraube locker; bei dem stimmt's wohl nicht; *subst* **un ~** ein Bekloppter, Übergeschnappter, Spinner
cingler[1] [sɛ̃gle] V/I MAR **~ vers** segeln nach
cingler[2] [sɛ̃gle] V/T 1 *avec une baguette etc* schlagen; peitschen 2 *vent, pluie, branche* **~ (le visage de) qn** j-m ins Gesicht peitschen
cinnamome [sinamɔm] M BOT Zimtbaum *m*
cinoche [sinɔʃ] M *fam* (*cinéma*) *fam* Kintopp *m ou n*
cinoque [sinɔk] ADJ *fam* → **cinglé**
cinq [sɛ̃k], *vor Konsonant a.* [sɛ̃] A NUM fünf; **chapitre ~** Kapitel fünf; **le ~ mai** der fünfte *ou* am fünften Mai; *loc adj*: **billet** *m* **de ~ euros** Fünf-Euro-Schein *m*; **enfant** *m* **de ~ ans** fünfjähriges Kind; Kind *n* von fünf Jahren; *loc adv*: **à ~** zu fünft; zu fünfen; **dans ~ minutes** in fünf, in ein paar Minuten; im Moment; **on va rire ~ minutes** da werden wir etwas zum Lachen haben, bekommen; *fam* **en ~ sec** im Handumdrehen; im Nu; **il est ~ heures** es ist fünf (Uhr); **il est sept heures ~** es ist sieben Uhr fünf; es ist fünf (Minuten) nach sieben; *fam* **il est ~** *fam* es ist fünf nach; *fig* **il était moins ~** es hätte nicht mehr viel gefehlt B M ‹*inv*› Fünf *f*; *all Sud a.* Fünfer *m*; **le ~ (du mois)** der Fünfte *ou* am Fünften (des Monats); → *a.* **deux** B
cinq-à-sept [sɛ̃kasɛt] M ‹*inv*› Empfang *m* am Spätnachmittag
Cinq-Mars [sɛ̃maʀ] *Verschwörer gegen Richelieu*
cinquantaine [sɛ̃kɑ̃tɛn] F 1 **une ~** etwa, an die, ungefähr, rund, zirka fünfzig (**de personnes** Leute, Personen) 2 *âge* Fünfzig *f*; Fünfziger(jahre) *npl*; **approcher de la ~** sich den Fünfzigern nähern; auf die fünfzig zugehen; bald fünfzig sein; **avoir la ~** etwa, rund fünfzig Jahre alt sein; mindestens fünfzig (Jahre alt) sein; **avoir dépassé la ~** die fünfzig überschritten haben; über die fünfzig sein; in den Fünfzigern sein
cinquante [sɛ̃kɑ̃t] A NUM fünfzig; **~ et un** einundfünfzig; **~ et unième** einundfünfzigste(r, -s); **page ~** Seite fünfzig; **~ pour cent** fünfzig Prozent; **dans les années ~** in den fünfziger Jahren *ou* Fünfzigerjahren; **de ~ ans** fünfzigjährig; von fünfzig Jahren; *par ext fam*: **il n'y a pas ~ solutions** es gibt nicht sehr viel(e) Möglichkeiten; **je lui ai déjà dit ~ fois** ich habe ihm schon hundertmal gesagt B M ‹*inv*› Fünfzig *f*; → *a.* **deux** B
cinquantenaire [sɛ̃kɑ̃tnɛʀ] M fünfzigster Jahrestag; fünfzigjähriges Jubiläum; **~ de la mort de qn** j-s fünfzigster Todestag; **fêter le ~ de qc** das fünfzigjährige Jubiläum *ou* Bestehen von etw feiern
cinquantième [sɛ̃kɑ̃tjɛm] A NUM fünfzigste(r, -s) B SUBST 1 **le, la ~** der, die, das Fünfzigste 2 M MATH Fünfzigstel *n*
cinquième [sɛ̃kjɛm] A NUM fünfte(r, -s); **la Vᵉ République** die Fünfte Republik B SUBST 1 **le, la ~** der, die, das Fünfte 2 M MATH Fünftel *n*; **les deux ~s de** zwei Fünftel von (*ou +gén*) 3 M *étage* fünfter Stock; fünfte Etage; **au ~** im fünften Stock; *fam* fünf Treppen hoch 4 F ÉCOLE zweite Klasse im Gymnasium; Quinta *f*
cinquièmement [sɛ̃kjɛmmɑ̃] ADV fünftens
cintrage [sɛ̃tʀaʒ] M TECH Biegen *n*
cintre [sɛ̃tʀ] M 1 *pour vêtement* Kleiderbügel *m*; **mettre sur un ~** auf e-n Bügel hängen 2 ARCH Wölbung *f*; Bogen *m*; (**arc** *m* **en**) **plein ~** Rundbogen *m* 3 THÉ Schnürboden *m*
cintré [sɛ̃tʀe] ADJ 1 *veste* (an)tailliert 2 ARCH Rundbogen... 3 *fam personne* → **cinglé**
cintrer [sɛ̃tʀe] V/T 1 TECH biegen 2 *veste* (an)taillieren
CIO [seio] M ABR (Comité international olympique) IOK *n* (Internationales Olympisches Komitee)
Ciotat (La) [lasjɔta] *Stadt im Dep. Bouches--du-Rhône*
cipolin [sipɔlɛ̃] M MINÉR Cipollin *m ou n*; Zwiebelmarmor *m*
ci-présent [siprezɑ̃] LOC ADJ JUR **le ~, la ~e** ... der, die hier anwesende ...
cirage [siʀaʒ] M 1 *produit* Schuhcreme *f*; *fam* Schuhwichse *f* 2 *du parquet* (Wachsen *n* und) Bohnern *n* 3 *fam fig* **être dans le ~** *fam* im Tran sein
Circé [siʀse] F MYTH Circe *f*
circoncire [siʀkõsiʀ] V/T ‹→ **suffire**; *aber pp* circoncis› REL beschneiden
circoncis [siʀkõsi] REL A ADJ beschnitten B M Beschnittene(r) *m*
circoncision [siʀkõsizjõ] F REL Beschneidung *f*; Zirkumzision *f*
circonférence [siʀkõfeʀɑ̃s] F MATH Kreis(-linie) *m(f)*; (*périmètre*) (Kreis)Umfang *m*
circonflexe [siʀkõflɛks] ADJ GRAM **accent** *m* **~** *en français* Accent circonflexe *m*; LING Zirkumflex *m*
circonlocutions [siʀkõlɔkysjõ] FPL Umschreibungen *fpl*
circonscription [siʀkõskʀipsjõ] F ADMIN Bezirk *m*; (Verwaltungs)Gebiet *n*; Bereich *m*; Distrikt *m*; **~ (électorale)** Wahlbezirk *m*; *d'un député* Wahlkreis *m*
circonscrire [siʀkõskʀiʀ] V/T ‹→ **écrire**› 1 MATH umbeschreiben; umschreiben; *adjt* **cercle circonscrit à un polygone** Umkreis *m* e-s Vielecks; **quadrilatère circonscrit** Tangentenviereck *n* 2 *sujet* umschreiben; umreißen 3 *incendie, épidémie* eindämmen; die Ausbreitung (*+gén*) verhindern
circonspect [siʀkõspɛ(kt)] ADJ ‹-ecte [-ɛkt]› vorsichtig; (*prudent*) umsichtig; (*réservé*) zurückhaltend
circonspection [siʀkõspɛksjõ] F Vorsicht *f*; Umsicht *f*; Zurückhaltung *f*; **avec ~** vorsichtig; umsichtig; zurückhaltend; mit Bedacht
circonstance [siʀkõstɑ̃s] F Umstand *m*; (*occasion*) Gelegenheit *f*; **~s** *pl* Umstände *mpl*; Lage *f*; Situation *f*; Verhältnisse *npl*; Gegebenheiten *fpl*; (*détails*) Einzelheiten *fpl*; **~ particulière** besonderer Umstand; **~s d'un accident** Umstände, Einzelheiten e-s Unfalls; → *a.* **complément** 2; ♦ *loc adj* **de ~** den Umständen, dem Anlass entsprechend, angemessen; **être de ~** (sehr) angebracht sein; **prendre une mine de ~** e-e dem Anlass entsprechende, ange-

messene Miene aufsetzen; *loc adv*: **dans les ~s actuelles** unter den gegenwärtigen, augenblicklichen Umständen; in der augenblicklichen Lage; bei den Gegebenheiten; *mourir* **dans de tragiques ~s** unter tragischen Umständen; *st/s* **en la ~** im vorliegenden Fall; **en pareille ~** in e-m solchen Fall; in e-r solchen Situation, Lage; **en toute ~** in jeder Lage, Situation; **en raison des ~s** *ou* **étant donné les ~s** unter diesen Umständen; **pour la ~** bei, zu dieser Gelegenheit; aus, zu diesem Anlass; **selon les ~s** je nach den Umständen; ♦ **il y a des ~s où ...** in manchen Fällen, Situationen ...; es gibt Situationen, in denen ...; **cela dépend(ra) des ~s** das hängt von den Umständen ab; **si les ~s l'exigent** wenn die Umstände es erfordern; erforderlichenfalls; **profiter de la ~ pour** *(+inf)* sich *(dat)* die Gelegenheit, diesen Umstand zunutze machen, um zu *(+inf)*

circonstancié [sirkõstɑ̃sje] ADJ **rapport ~** ausführlicher, eingehender, detaillierter Bericht

circonstanciel [sirkõstɑ̃sjɛl] ADJ ⟨~le⟩ GRAM Umstands...; Adverbial...; → *a.* **complément** 2

circonvenir [sirkõvnir] V/T ⟨→ venir; *aber* avoir⟩ *st/s* **~ qn** j-n zu s-n Gunsten beeinflussen

circonvolutions [sirkõvɔlysjõ] FPL 1 Windungen *fpl*; Kreise *mpl* 2 ANAT **~ cérébrales** Gehirnwindungen *fpl*; **~ intestinales** Darmschlingen *fpl*

circuit [sirkɥi] M 1 **~ (touristique)** Rundreise *f*, -fahrt *f*; **~ d'autocar** Busrundreise *f*; **faire le ~ des cathédrales gothiques** e-e Rundreise zu den gotischen Kathedralen machen 2 SPORTS Rennstrecke *f*; Rundstrecke *f*, -kurs *m*; Ring *m* 3 *(chemin compliqué)* umständlicher Weg; Umweg *m* 4 ÉLEC **~ (électrique)** Stromkreis *m*; **~ fermé** geschlossener Stromkreis; → *a.* 6; ÉLEC **~ intégré** integrierte Schaltung; integrierter Schaltkreis; *loc adj*: **en ~** eingeschaltet; **mettre en ~** einschalten; **°hors ~** ausgeschaltet; **mettre °hors ~** ausschalten *(a. fig)* 5 TECH Umlauf *m*; Kreislauf *m* 6 ÉCON Wirtschaftskreislauf *m*; **~ de distribution** Verteilernetz *n*; **économie** *f* **en ~ fermé** Wirtschaft *f* e-s Landes, das keinen Außenhandel treibt; *fig* **vivre en ~ fermé** abgesondert, abgeschlossen (von den anderen) leben

circulaire [sirkylɛr] A ADJ Kreis...; **(de forme) ~** kreisförmig, -rund; **billet** *m* **~** Rundreisefahrkarte *f*; **coup** *m* **d'œil ~** Blick *m* in die Runde; MATH **fonction** *f* **~** Winkelfunktion *f*; **mouvement** *m* **~** Kreisbewegung *f*; kreisende Bewegung; **scie** *f* **~** Kreissäge *f*; **voyage** *m* **~** Rundreise *f* B F Rundschreiben *n*; Umlauf *m*; Zirkular *n*; ADMIN Runderlass *m*

circulation [sirkylasjõ] F 1 *de véhicules* Verkehr *m*; **~ automobile** Auto-, Kraftverkehr *m*; **libre ~** Freizügigkeit *f* (**des travailleurs** *etc* der Arbeitnehmer *etc*); **~ routière** Straßenverkehr *m*; **~ à droite, à gauche** Rechts-, Linksverkehr *m*; **~ des trains** Zugverkehr *m*; **route** *f*, **voie** *f* **à grande ~** Hauptverkehrsstraße *f*; **il y a beaucoup de ~** es herrscht reger, starker, lebhafter Verkehr; *fam fig* **avoir disparu de la ~** *personne* von der Bildfläche, *a. chose* spurlos verschwunden sein; **la ~ est difficile** bei diesem Verkehr kommt man schlecht voran; **véhicules** *mpl* **mis en ~** *après le 1er janvier* ... neu zugelassene Fahrzeuge *npl*; *loi, panneaux* **réglementer**, *agent* **régler la ~** den Verkehr regeln 2 PHYSIOL **~ (sanguine, du sang)** (Blut)Kreislauf *m*, (-)Zirkulation *f*; **~ artérielle** arterieller Kreislauf; **troubles** *mpl* **de la ~** Kreislaufstörungen *fpl*; **c'est dû à une mauvaise ~** das liegt an der Durchblutung 3 *d'argent etc* Umlauf *m*; Verkehr *m*; **(libre) ~ des capitaux, des marchandises** (freier) Kapital-, Warenverkehr; **mise** *f* **en ~** *d'argent etc* In-Umlauf-Setzen *n*; In-Umlauf-Bringen *n*; In-Verkehr-Bringen *n*; *de tracts, rumeurs* Verbreiten *n*; **mettre en ~** *argent etc* in Umlauf setzen, bringen; in Verkehr bringen; *tracts, rumeurs* verbreiten; **retirer de la ~** *argent, timbre, produit* aus dem Verkehr ziehen; *billet de banque a.* einziehen 4 *de fluides* Fließen *n*; Strömen *n*; Umlauf *m*; Zirkulation *f*; **~ d'air** *a.* Luftbewegung *f*

circulatoire [sirkylatwar] ADJ PHYSIOL Kreislauf...; **appareil** *m* **~** Kreislaufsystem *n*; **troubles** *mpl* **~s** Kreislaufstörungen *fpl*

circuler [sirkyle] V/I 1 *véhicules* verkehren; fahren; *piétons* sich bewegen; gehen; *conducteurs* fahren; **circulez!** *ordre: aux passants* weitergehen!; *aux conducteurs* weiterfahren!; **~ bien** (im Verkehr) gut vorankommen, vorwärtskommen; **~ lentement** langsam fahren *ou* vorankommen, vorwärtskommen; *police* **faire ~ les badauds** die Schaulustigen zum Weitergehen veranlassen 2 *eau, gaz, sang* fließen; strömen; kreisen; zirkulieren; *air a.* sich bewegen; *courant* fließen; TECH *huile* umlaufen 3 *argent, capitaux* im *ou* in Umlauf sein; *argent a., marchandises, lettre etc* zirkulieren; umlaufen; *lettre etc* **faire ~** in Umlauf geben; zirkulieren lassen; weitergeben 4 *nouvelle, bruit* kursieren; umgehen; zirkulieren; sich verbreiten; *impersonnel* **il circule à son sujet ...** man erzählt sich über ihn ...; **faire ~** *nouvelle, bruit* verbreiten; *bruit a.* in Umlauf setzen, bringen

circumnavigation [sirkɔmnavigasjõ] *litt* F (Welt)Umsegelung *f*; Umschiffung *f*

cire [sir] F 1 Wachs *n*; *pour parquet* (Bohner)Wachs *n*; **~ d'abeille** Bienenwachs *n*; *loc adj* **en** *ou* **de ~** Wachs...; wächsern 2 **~ à cacheter** Siegellack *m*; **bâton** *m* **de ~** Siegellackstange *f*; **cachet** *m* **de ~** Wachssiegel *n* 3 **~ perdue** verlorenes Wachsmodell; **moulage** *m* **en ~ perdue** Wachsausschmelzverfahren *n* 4 *(cérumen)* Ohrenschmalz *n*

ciré [sire] A ADJ 1 *parquet* gebohnert; *meuble* poliert; **chaussures ~es** blank geputzte Schuhe *mpl* 2 **toile ~e** Wachstuch *n* B M Seglerjacke *f*; MAR Ölzeug *n*

cirer [sire] V/T *parquet* (wachsen und) bohnern, *all Sud* blocken; *meuble* polieren; **~ les chaussures** die Schuhe wichsen, eincremen, *par ext* (blank) putzen

cireur [sirœr] M **~ de chaussures** Schuh-, Stiefelputzer *m*

cireuse [sirøz] F **~ (électrique)** Bohnermaschine *f*

cireux [sirø] ADJ ⟨-euse⟩ *teint* wächsern

cirque [sirk] M 1 Zirkus *m* *(a. dans l'Antiquité)*; **~ ambulant** Wanderzirkus *m*; **gens** *pl* **du ~** Zirkusleute *pl*, -volk *n* 2 *fam fig* **quel ~!** so ein *(fam* Affen)Theater, (-)Zirkus! 3 GÉOL Felsenkessel *m*; Kar *n*; **~ de Gavarnie** Cirque *m* de Gavarnie

cirrhose [siroz] F MÉD Zirrhose *f*; **~ alcoolique**, *fam* **du foie** Leberzirrhose *f*; *fam* Säuferleber *f*

cirrocumulus [sirokymylys] M ⟨*inv*⟩ MÉTÉO Zirrokumulus *m*; **cirrostratus** M ⟨*inv*⟩ MÉTÉO Zirrostratus *m*

cirrus [sirys] M MÉTÉO Zirrus(wolke) *m(f)*; Federwolke *f*

cisaille [sizaj] F, *a.* PL **~s** TECH (große) Schere; Blechschere *f*

cisaillement [sizajmɑ̃] M TECH 1 (Zer-, Durch)Schneiden *n* 2 *usure* Abscherung *f*

cisailler [sizaje] V/T TECH (mit der Blechschere, mit dem Schneidegerät) (zer-, durch)schneiden

cisalpin [sizalpɛ̃] ADJ HIST **la Gaule ~e** Gallia cisalpina *f*

ciseau [sizo] M ⟨*pl* ~x⟩ 1 **~x** *pl* Schere *f*; **une paire de ~x** e-e Schere; **~x à ongles, de couturière** Nagel-, Schneiderschere *f*; **~x de chirurgien** chirurgische Schere 2 TECH Meißel *m*; **~ de menuisier** Stechbeitel *m*; Stemmeisen *n*; **tailler au ~** (aus)meißeln; ausstemmen 3 SPORTS **~x** *pl* Schere *f*; **sauter en ~x** e-n Scherensprung machen

ciseler [sizle] V/T ⟨-è-⟩ 1 *bijou, métal* ziselieren 2 *fig style* ausfeilen; **ciseleur** M Ziseleur *m*; Ziselierer *m*; **ciselure** F Ziselierung *f*

Cisjordanie [sisʒɔrdani] **la ~** das Westjordanland; die Westbank

cistercien [sistɛrsjɛ̃] ÉGL CATH A ADJ ⟨~ne⟩ Zisterzienser... B M Zisterzienser *m*

citadelle [sitadɛl] F 1 Zitadelle *f* 2 *fig* Bollwerk *n*; Bastion *f*; Hochburg *f*

citadin [sitadɛ̃] A ADJ städtisch; Stadt... B SUBST **~(e)** *m(f)* Städter(in) *m(f)*; Stadtbewohner(in) *m(f)*

citation [sitasjõ] F 1 *(passage cité)* Zitat *n*; **~ prise dans, tirée de cet ouvrage** diesem Werk entnommenes Zitat; Zitat aus diesem Werk 2 JUR **~ (en justice** *ou* **devant un tribunal)** (Vor)Ladung *f* (vor Gericht) 3 MIL ehrenvolle Erwähnung (**à l'ordre du jour** im Tagesbefehl)

cité [site] F 1 *(ville)* Stadt *f* 2 *(vieille ville)* **Cité** City *f*; Innenstadt *f*; **(Île** *f* **de la) Cité** *historischer Stadtkern von Paris auf der Seineinsel* 3 *(immeubles)* (Wohn)Siedlung *f*; **~ ouvrière** Arbeitersiedlung *f*; **~ universitaire** Studentenwohnheim *n*; *plus grand* Studentenstadt *f* 4 ANTIQUITÉ Stadtstaat *m*; *fig* **avoir droit de ~** allgemein anerkannt sein

cité-dortoir [sitedɔrtwar] F ⟨*pl* cités-dortoirs⟩ Schlafstadt *f*; **cité-jardin** F ⟨*pl* cités-jardins⟩ Gartenstadt *f*

citer [site] V/T 1 *auteur, passage, paroles* zitieren; anführen; *(nommer)* nennen; anführen; angeben; → *a.* **exemple** 2 JUR **~ qn (en justice)** j-n (vor)laden; j-n vor Gericht zitieren 3 MIL lobend erwähnen

citerne [sitɛrn] F 1 *d'eau de pluie* Zisterne *f* 2 *(cuve)* Tank *m*; *adjt* → **camion-citerne** *etc*

cithare [sitar] F MUS Zither *f*; *dans l'Antiquité* Kithara *f*; **cithariste** M/F Zitherspieler(in) *m(f)*

citoyen [sitwajɛ̃] M 1 (Staats)Bürger *m*; *(ressortissant)* Staatsangehörige(r) *m*; *sous la Révolution* Bürger *m*; **~ d'honneur** Ehrenbürger *m*; **~ du monde** Weltbürger *m*; *adjt* HIST **le Roi ~** der Bürgerkönig; **accomplir son devoir de ~** s-e staatsbürgerliche Pflicht, s-e Pflicht als Staatsbürger erfüllen 2 *fam fig* **un drôle de ~** ein seltsamer, komischer Kauz, *fam* Vogel

citoyenne [sitwajɛn] F (Staats)Bürgerin *f*; Staatsangehörige *f*; *sous la Révolution* Bürgerin *f*

citoyenneté [sitwajɛnte] F Staatsbürgerschaft *f*, -angehörigkeit *f*

citrate [sitrat] M CHIM Zitrat *ou t/t* Citrat *n*

citrique [sitrik] ADJ CHIM **acide** *m* **~** Zitronensäure *f*

Citroën [sitrɔɛn] 1 *frz Autohersteller* 2 *voiture* **une ~** ein Citroën *m*

citron [sitrõ] M 1 BOT Zitrone *f*; **glace** *f* **au ~** Zitroneneis *n*; **thé** *m* **(au) ~** Tee *m* mit Zitrone; **jus** *m* **de ~** Zitronensaft *m*; **jaune comme un ~** zitronengelb; *adjt* **(jaune) ~** ⟨*inv*⟩ zitronengelb, -farben; *fig* **presser qn comme un ~** j-n wie e-e Zitrone auspressen 2 *fam (tête)* *fam* Schädel *m*; Dez *m*

citronnade [sitrɔnad] F Zitronenwasser *n*, -getränk *n*, -saft *m*

C

citronné [sitʀɔne] ADJ a mit Zitrone b nach Zitrone duftend; **odeur ~e** Zitronenduft *m*
citronnelle [sitʀɔnɛl] F BOT Zitronenkraut *n*
citronnier [sitʀɔnje] M 1 BOT Zitronenbaum *m* 2 **(bois** *m* **de) ~** Zitronenholz *n*
citrouille [sitʀuj] F 1 BOT Gartenkürbis *m* 2 *fam fig* dicker Kopf; *fam* Kürbis *m*
civet [sivɛ] M CUIS **~ de lapin** *ou* **lapin** *m* **en ~, ~ de lièvre** Kaninchen-, Hasenpfeffer *m*
civette [sivɛt] F 1 a ZOOL Zibetkatze *f* b *musc* Zibet *m* 2 BOT Schnittlauch *m*
civière [sivjɛʀ] F (Trag)Bahre *f*; Trage *f*
civil [sivil] A ADJ 1 JUR Zivil...; zivilrechtlich; bürgerlich; **Code ~** Bürgerliches Gesetzbuch (*abr* BGB); **droit ~** bürgerliches Recht; Zivilrecht *n*; **responsabilité ~e** Haftpflicht *f*; zivilrechtliche Haftung; **se constituer partie ~e** als Nebenkläger auftreten 2 (*des citoyens*) Bürger...; **droits ~s** bürgerliche Rechte *npl*; **jouissance** *f* **des droits ~s** Rechtsfähigkeit *f*; **état ~** Familien-, Personenstand *m*; **(bureau** *m* **de l')état ~** Standesamt *n*; **guerre ~e** Bürgerkrieg *m* 3 (*non militaire*) zivil; Zivil...; **autorités ~es** Zivilbehörden *fpl*; **protection ~e** Luft-, Zivilschutz *m*; **vie ~e** Zivilleben *n* 4 (*non religieux*) nicht kirchlich; **enterrement ~** nicht kirchliches Begräbnis; **mariage ~** standesamtliche Trauung; Ziviltrauung *f*, -ehe *f* 5 ADMIN **année ~e** bürgerliches Jahr; Kalenderjahr *n* 6 *litt* **être, se montrer fort ~ à l'égard de qn** j-m gegenüber sehr korrekt, höflich sein B M a *personne* Zivilist *m* b **en ~** in Zivil (-kleidung); **être en ~** in Zivil sein; Zivil (-kleidung) tragen c **dans le ~** im Zivilleben
civilement [sivilmɑ̃] ADV 1 nicht kirchlich; **être enterré ~** nichtkirchlich beerdigt werden; **se marier ~** sich standesamtlich trauen lassen 2 JUR zivilrechtlich; **être ~ responsable** haftpflichtig sein; zivilrechtlich haften
civilisateur [sivilizatœʀ] ADJ ⟨-trice⟩ zivilisatorisch; zivilisierend
civilisation [sivilizasjõ] F 1 (*progrès*) Zivilisation *f*; Kultur *f*; Gesittung *f*; **degré** *m* **de ~** Kulturstufe *f* 2 (*culture*) Kultur *f*; **~ chinoise, occidentale** chinesische, westliche *ou* abendländische Kultur; **aire** *f* **de ~** Kulturraum *m* 3 *action* Zivilisierung *f*
civilisé [sivilize] ADJ zivilisiert; Kultur...; gesittet
civiliser [sivilize] A VT 1 zivilisieren; **~ un peuple, un pays** ein Volk, ein Land zivilisieren 2 **~ qn** j-m Schliff beibringen; j-n zivilisieren B V/PR **se ~** sich (*dat*) Schliff aneignen; zivilisierter werden
civilité [sivilite] F *litt* 1 Korrektheit *f*; Höflichkeit *f*; **avec ~** korrekt; höflich 2 **~s** *pl* Höflichkeitsbezeigungen *fpl*; **présenter ses ~s à qn** j-m s-e Ehrerbietung bezeugen
civique [sivik] ADJ (staats)bürgerlich; **courage** *m* **~** Zivilcourage *f*; **droits** *mpl* **~s** bürgerliche Ehrenrechte *npl*; ÉCOLE **instruction** *f* **~** Staatsbürgerkunde *f*; **sens** *m* **~** Bürgersinn *m*; staatsbürgerliche Gesinnung
civisme [sivism] M Bürgersinn *m*; staatsbürgerliche Gesinnung
clabauder [klabode] VI **~ sur, contre qn** j-n schlechtmachen, verlästern
claboter [klabɔte] VI *arg* (*mourir*) *pop* abkratzen; abschrammen
clac [klak] INT klack(s)!; klapp!
clafoutis [klafuti] M **~ (aux cerises)** *Art Kirschkuchen*
claie [klɛ] F (Gitter)Rost *m*; *pour fruits* Horde *f*
clair [klɛʀ] A ADJ 1 *pièce, flamme, lumière, couleur, étoffe, cheveux etc* hell; *eau, ruisseau, ciel etc* klar; *vitres* blank; sauber; **bleu, brun** *etc* **~** ⟨*inv*⟩ hellblau, -braun *etc*; **regard ~** klarer, offener Blick; **son ~** heller, klarer Ton; **teint ~** heller Teint; **voix** *f* **au timbre ~** helle, klare Stimme; *parler* **d'une voix ~e** mit klarer Stimme; **par temps ~** bei klarem Wetter; **rincer à l'eau ~e** mit klarem Wasser (nach)spülen 2 *fig* (*sans équivoque*) klar; eindeutig; (*compréhensible*) (leicht) verständlich; (*évident*) einleuchtend; **~ et net** klar (und deutlich); **opposer un refus ~ et net à qn** j-m e-e klare, eindeutige Absage erteilen; (es) rundweg, schlankweg ablehnen; **~ comme le jour, comme de l'eau de roche** sonnenklar; **j'aime les situations ~es** ich mag klare Verhältnisse; **avoir les idées ~es** klar, logisch denken; **il a l'esprit ~, c'est un esprit ~** er hat e-n klaren, logischen Verstand, e-n klaren Kopf; **c'est ~** (*évident*) das ist (ganz) klar; das leuchtet ein, ist einleuchtend; (*entendu*) das ist klar, selbstverständlich; **il est ~ que ...** es ist klar, dass ...; **l'affaire n'est pas ~e** die Sache ist nicht (ganz, recht) klar; *fam* **son affaire est ~e** sein Fall ist klar (*s-r Strafe entkommt er nicht*) 3 (*peu épais*) *purée, sauce, toile usée* (zu) dünn B ADV **il fait (déjà) ~** es ist (schon) hell, Tag; *fig* **parler ~** sich klar (und deutlich), unmissverständlich ausdrücken; **voir ~** gut, genug sehen; *fig* **y voir ~** klarsehen; **on ne** *ou* **n'y voit pas ~** man sieht hier nicht genug *ou* nichts; *fam* **tu ne vois pas ~** du siehst wohl schlecht; *fam* es beißt dich gleich; *fig*: **je vois ~ dans son jeu** ich durchschaue ihn, sein Spiel; **on commence à y voir (plus) ~** jetzt sieht man allmählich klar(er); **j'ai fini par voir ~** schließlich sah ich klar, wusste ich Bescheid C M 1 **~ de lune** Mondschein *m*; *poét* Mondenschein *m*; **au ~ de lune** im, bei Mondschein; **il y a** *ou* **il fait (un beau) ~ de lune** der Mond scheint (hell); es ist (heller) Mondschein 2 LOC ADV: **mettre ses notes au ~** s-e Notizen in Ordnung bringen; **mettre sabre au ~** blankziehen; **tirer qc au ~** etw (auf)klären, klarstellen; Klarheit in etw (*acc*) bringen; *message* **en ~** unverschlüsselt; nicht chiffriert; im Klartext; **en ~,** *il ne veut pas fam* im Klartext, auf gut Deutsch ...; **se détacher en ~ sur** *un fond sombre* sich hell abheben gegen ...; **s'habiller en ~** helle Kleidung tragen 3 PEINT **~s** *pl* Lichter *npl* 4 **le plus ~ de** der größte Teil von (*ou +gén*); **passer le plus ~ de son temps à** (*+inf*) den größten Teil s-r Zeit, e-n Großteil s-r Zeit, die meiste Zeit damit verbringen zu (*+inf*)
Claire [klɛʀ] F *Vorname*
claire [klɛʀ] F Austernbecken *n*; **fines** *fpl* **de ~** *ou pl* **~s** Austern *fpl* aus der Charente
clairement [klɛʀmɑ̃] ADV klar; deutlich; **expliquer ~** klar darlegen; deutlich erklären
clairet [klɛʀɛ] ADJ ⟨~te⟩ **vin ~** leichter, heller Rotwein; Bleichert *m*
clairette [klɛʀɛt] F *vin* leichter (weißer) Schaumwein
claire-voie [klɛʀvwa] F ⟨*pl* claires-voies⟩ 1 *clôture* Latten-, Staketenzaun *m* 2 LOC ADJ **à ~** mit Zwischenräumen; **caisse** *f* **à ~** Lattenkiste *f*; **porte** *f* **à ~** Latten-, Gittertür *f*; **volet** *m* **à ~** Fensterladen *m* mit Lamellen
clairière [klɛʀjɛʀ] F (Wald)Lichtung *f*
clair-obscur [klɛʀɔpskyʀ] M ⟨*pl* clairs-obscurs⟩ 1 PEINT Helldunkel *n*; Clair-obscur *n* 2 *poét* (*pénombre*) Halbdunkel *n*; Dämmerschein *m*, -licht *n*
clairon [klɛʀõ] M MUS 1 Clairon *n*; Signalhorn *n*; **sonnerie** *f* **de ~** Hornsignal *n*; **sonner du ~** das (Signal)Horn blasen 2 *musicien* Claironbläser *m*
claironnant [klɛʀɔnɑ̃] ADJ **voix ~e** schmetternde, durchdringende Stimme
claironner [klɛʀɔne] VT **~ une nouvelle, un succès** eine Neuigkeit, einen Erfolg ausposaunen, austrompeten
clairsemé [klɛʀsəme] ADJ dünn gesät; **applaudissements ~s** spärlicher Applaus; **arbres ~s** spärlicher Baumbestand; **auditoire ~** wenige Zuhörer *mpl*; spärliches Publikum; **cheveux ~s** schütteres, lichtes Haar
clairvoyance [klɛʀvwajɑ̃s] F Scharf-, Klar-, Weitblick *m*; Klarsicht *f*; **clairvoyant** ADJ klar-, weitblickend; scharfsinnig, -sichtig
clam [klam] M ZOOL Venusmuschel *f*
clamecer [klamse] VI ⟨-ç-⟩ → clamser
clamer [klame] VT hinausschreien; **~ son innocence** s-e Unschuld hinausschreien, lauthals beteuern; **~ son indignation** s-r Empörung (*dat*) lautstark Ausdruck geben
clameur [klamœʀ] F 1 Geschrei *n*; Gebrüll *n*; Schreien *n*; Brüllen *n* 2 *st/s dans la presse* lautstarker Protest; Geschrei *n*
clamser [klamse] VI *arg* (*mourir*) *pop* krepieren; abkratzen; abschrammen
clan [klɑ̃] M 1 *en Écosse, Irlande* Clan *m* 2 *des scouts* Gruppe *f* der 17- bis 25-jährigen; Rovers *mpl* 3 *fig* Clique *f*; Clan *m*; *péj* Klüngel *m*; Sippschaft *f*; **esprit** *m* **de ~** Cliquengeist *m*; **passer dans le ~ de l'opposition** ins gegnerische Lager überlaufen, -wechseln
clandestin [klɑ̃dɛstɛ̃] A ADJ heimlich; geheim; verborgen; *journal* heimlich gedruckt, erscheinend; **émetteur ~** Schwarz-, Geheimsender *m*; **mouvement ~** Untergrundbewegung *f*; **passager ~** blinder Passagier; ADMIN **travail ~** Schwarzarbeit *f*; **mener une vie ~e** im Untergrund leben B M 1 *passager* blinder Passagier 2 *travailleur* illegal eingereister Arbeiter *ou* Arbeiter *m* ohne Arbeitsgenehmigung
clandestinement [klɑ̃dɛstinmɑ̃] ADV heimlich; im Geheimen; insgeheim
clandestinité [klɑ̃dɛstinite] F Heimlichkeit *f*; Verborgenheit *f*; **vivre dans la ~** im Untergrund leben; untergetaucht sein
clapet [klapɛ] M 1 TECH Ventil *n*; Klappe *f* 2 *fam fig* **quel ~!** was für ein Mundwerk!; **ferme ton ~!** *fam* halt die Klappe!
clapier [klapje] M Kaninchenstall *m*
clapir [klapiʀ] VI *lapin* klagen; pfeifen
clapoter [klapɔte] VI plätschern
clapotis [klapɔti] M Plätschern *n*
clappement [klapmɑ̃] M Schnalzen *n* (*mit der Zunge*); Schnalzer *m*
clapper [klape] VI **~ (de la langue)** mit der Zunge schnalzen
claquage [klakaʒ] M 1 **~ d'un muscle** Muskelzerrung *f* 2 ÉLEC Durchschlag *m*
claquant [klakɑ̃] ADJ *fam* (*fatigant*) sehr ermüdend; **c'est ~** *fam* das macht einen (fix und) fertig; das schlaucht einen
claque[1] [klak] F 1 (*gifle*) Ohrfeige *f*; (*tape*) Schlag *m* mit der flachen Hand; *péj* **tête** *f* **à ~s** Ohrfeigen-, Backpfeifengesicht *n*; **donner une ~ à qn** *a.* j-n ohrfeigen; **donner une grande ~ dans le dos à qn** j-m auf den Rücken klopfen; → *a.* gifle 2 THÉ Claque *f* 3 *fam* **j'en ai ma ~** mir reicht's; *fam* ich hab die Nase voll
claque[2] [klak] ADJ **chapeau** *m* **~** Klappzylinder *m*; Chapeau claque *m*
claqué [klake] ADJ *fam* **être ~** *fam* total hin sein, erledigt sein; (fix und) fertig, völlig erschossen sein
claquement [klakmɑ̃] M *d'un fouet* Knallen *n*; *d'une porte* Zuschlagen *n*; **~ de dents** Zähneklappern *n*; **~ de doigts** Schnalzen *n*, Schnalzer *m* mit den Fingern; **~ de langue** Schnalzen *n* mit der Zunge
claquemurer [klakmyʀe] V/PR **se ~** *ou adjt* **être, rester claquemuré** sich einschließen; sich verkriechen
claquer [klake] A VT 1 *porte etc* zuschlagen;

fam zuknallen; *fig* **partir en claquant la porte** wütend die Tür hinter sich *(dat)* zuschlagen 2 *fam argent, héritage* durchbringen; *fam* auf den Kopf hauen; verjubeln; verjuxen 3 *fam* a ~ **un cheval** ein Pferd zuschanden reiten b **ce travail m'a claqué** *fam* ich bin fix und fertig, total erledigt, hin (von dieser Arbeit); diese Arbeit hat mich geschlaucht B V/I 1 *drapeau, linge, voile* knattern **(au vent** im Wind); *porte* zuschlagen; *volet* (zu)schlagen; *fouet, coup de feu* knallen; *talons sur le sol* klappern; ÉLEC *résistance* durchschlagen; **un coup de feu claqua** *a.* es fiel ein Schuss; **~ des dents** mit den Zähnen klappern; **faire ~ ses doigts, sa langue** mit den Fingern, mit der Zunge schnalzen; **faire ~ son fouet** mit der Peitsche knallen 2 *fam* a *(mourir) fam* ins Gras beißen; *pop* abkratzen; abschrammen b **l'affaire lui a claqué dans la main** *fam* die Sache ist schiefgegangen, danebengegangen, in die Hose gegangen C V/PR 1 *fam* **se ~ (pour qc, à faire qc)** sich abmühen, sich abrackern, sich schinden, *fam* schuften (für etw, um etw zu tun) 2 **se ~ un muscle** sich *(dat)* e-n Muskel zerren; sich *(dat)* e-e Muskelzerrung zuziehen

claqueter [klakte] V/I ‹-tt-› *cigogne* klappern

claquette [klakɛt] F 1 CINÉMA Klappe *f* 2 **~s** *pl* Stepp(tanz) *m*; **danseur** *m* **à ~s** Stepptänzer *m* 3 *sandale* Pantolette *f*

Clarens [klarɑ̃] *Ort in der Schweiz*

clarification [klarifikasjõ] F *d'une situation etc* Klärung *f*; Aufhellung *f*

clarifier [klarifje] V/T 1 *liquide* (ab)klären 2 *fig* klären; aufhellen; **~ une question, une situation** eine Frage, eine Situation klären

clarine [klarin] F Glocke *f*; Schelle *f*

clarinette [klarinɛt] F Klarinette *f*; **clarinettiste** M/F Klarinettist(in) *m(f)*

clarisse [klaris] F ÉGL CATH Klarisse *f*, -rissin *f*

Clarisse [klaris] F *Vorname*

clarté [klarte] F 1 *(luminosité)* Licht(schein) *n(m)*; Helle *f*; Helligkeit *f*; **faible ~** schwaches Licht; schwacher Lichtschimmer; **~ du jour** Tageslicht *n*, -helle *f*; **~ de la lune** Mondlicht *n* 2 *de l'eau, du ciel etc* Klarheit *f*; *du teint* Frische *f* 3 *fig du style, de la langue, d'un exposé* Klarheit *f*; *d'un orateur* klare Ausdrucksweise; **s'exprimer avec ~** sich klar ausdrücken 4 *litt* **~s** *pl* **sur qc** Wissen *n* über etw *(acc)*; Kenntnisse *fpl* über etw *(acc)*, von etw

classe [klɑs] F 1 Klasse *f*; Schicht *f*; **~s** *pl* Stand *m*; **~s moyennes** Mittelstand *m*; **~ ouvrière** Arbeiterklasse *f*; **~ sociale** soziale Klasse; **société** *f* **sans ~s** klassenlose Gesellschaft 2 ÉCOLE a Klasse *f*; **petites ~s, ~s supérieures** *ou* **grandes ~s** untere, obere Klassen im Gymnasium; **~ de sixième** erste Klasse im Gymnasium; Sexta *f*; **camarade** *m/f* **de ~** Klassenkamerad(in) *m(f)*; Mitschüler(in) *m(f)*; **rentrée** *f* **des ~s** Schulbeginn *m*, -anfang *m*; **(salle** *f* **de) ~** Klasse(nzimmer) *f(n)* b *(cours)* Schule *f*; Unterricht *m*; **~ verte** Landschulheim *n*; Schullandheim *n*; **~ d'histoire** Geschichtsstunde *f*, -unterricht *m*; **~ de neige** Skilager *n*; **livres** *mpl* **de ~** Schulbücher *npl*; *loc adv* **en ~** in der *ou* die Schule; im Unterricht; **aller en ~** in die, zur Schule gehen; **être en ~** in der Schule sein; **entre les heures de ~** zwischen den Unterrichtsstunden; **faire la ~** unterrichten; Schule halten; Unterricht geben, erteilen 3 CH DE FER, MAR, AVIAT, ENTERREMENT Klasse *f*; **~ affaires** Businessclass *f*; **deuxième ~** zweite Klasse; **billet** *m* **de deuxième ~** Fahrkarte *f* zweiter Klasse; **compartiment** *m* **de deuxième ~** Zweite(r)-Klasse-Abteil *n*; **première ~** erste Klasse; **voyager en première ~** erster Klasse reisen, fahren; **~ touriste** Touristenklasse *f* 4 *fig (distinction)* Klasse *f*; Rang *m*; Format *n*; *loc adj*: **de grande ~, d'une ~ exceptionnelle** hervorragend; von Format; ersten Ranges; von hohem Rang; **de ~ internationale** von internationalem Rang; der internationalen Klasse; **de première ~** ersten Ranges; erstklassig; erster Klasse; **avoir de la ~** hervorragend, erstklassig sein; Format haben; große Klasse sein; *femme a.* apart sein; **ils n'ont pas la même ~** sie gehören nicht der gleichen Kategorie an; sie sind von verschiedenem Format; **il est d'une toute autre ~** er ist um einige Klassen besser; er hat wesentlich mehr Format 5 *(catégorie)* Klasse *f (a.* BOT, ZOOL); Kategorie *f*; Gruppe *f*; Art *f*; **~ d'âge** Altersgruppe *f*, -klasse *f* 6 MIL a **soldat** *m* **de deuxième ~** *ou subst m* **deuxième ~** Grenadier *m* b *coll* Jahrgang *m*; **~ (de) 1994** Jahrgang 1974 *(in Frankreich wird das Jahr der Wehrdienstpflicht, in Deutschland das Geburtsjahr genannt)*; *fam* **être bon pour la ~** (militärdienst)tauglich sein; **être de la ~** den Militärdienst bald beendet haben; *fam* Ausscheider sein c **faire ses ~s** die Grundausbildung erhalten

classement [klasmɑ̃] M 1 Einteilung *f*; (An-, Ein)Ordnen *n*, -ung *f*; Sortieren *n*, -ung *f*; Einstufung *f*; Eingruppierung *f*; Klassifizierung *f*; **~ alphabétique** alphabetische Einteilung, (An-, Ein)Ordnung 2 ÉCOLE, SPORTS (Be)Wertung *f*; FOOTBALL *a.* Tabelle *f*; SPORTS **~ par équipes** Mannschaftswertung *f*; **au ~ de fin d'année** bei der Bewertung, nach den Zeugnissen am Schuljahrsschluss; **avoir un bon ~** zu den Besten gehören; **être premier au ~** an erster Stelle stehen; den ersten Platz einnehmen 3 *fig* **~ d'une affaire** Abschluss *m* e-r Angelegenheit 4 ADMIN **~ comme monument historique** Inventarisation *f*; Eintragung *f* in die Denkmalliste

classer [klɑse] A V/T 1 *(ranger)* (an-, ein)ordnen; sortieren; einstufen; einreihen; eingruppieren; *a.* BOT, ZOOL einteilen; klassifizieren; in Klassen einteilen; *documents* ablegen; **~ qc dans une catégorie** etw e-r Kategorie *(dat)* zuordnen; **~ par auteurs, par ordre chronologique** nach Autoren, chronologisch ordnen 2 *(clore) dossier* schließen; *affaire* ad acta, zu den Akten legen; die Akten schließen über *(+acc)*; *adjt* **affaire classée** abgeschlossene Sache, Angelegenheit 3 *fam péj* **~ qn** j-n abschätzig beurteilen; **je l'ai tout de suite classé** ich habe ihn sofort durchschaut, richtig taxiert; *fam* für mich war er sofort erledigt; **il est classé** jeder weiß, was er von ihm zu halten hat 4 ADMIN **~ (comme) monument historique** unter Denkmalschutz stellen; **être classé (comme) monument historique** unter Denkmalschutz stehen; **~ (comme) site protégé** zum Landschaftsschutzgebiet erklären; *adjt*: **monument classé** unter Denkmalschutz stehendes Bauwerk; **site classé** Natur- *ou* Kulturdenkmal *n* B V/PR **se ~ au nombre des ..., parmi les ...** zu den ... gehören, zählen; **se ~ dans une catégorie** unter e-e Kategorie fallen; **se ~ premier** der Beste, Erste sein; als Bester hervorgehen; SPORTS *a.* sich als Erster platzieren

classeur [klasœr] M 1 *en carton* Ordner *m* 2 *meuble* Aktenschrank *m*; Ablagekasten *m*

classicisme [klasisism] M 1 LITTÉRATURE, ANTIQUITÉ Klassik *f*; ARCH, BEAUX-ARTS Klassizismus *m* 2 *qualité* Klassik *f*; Klassische(s) *n*

classification [klasifikasjõ] F Klassifizierung *f*; Einteilung *f* (in Klassen); CHIM **~ périodique des éléments** periodisches System, Periodensystem *n* (der Elemente)

classifier [klasifje] V/T (in Klassen) einteilen; klassifizieren

classique [klasik] A ADJ 1 *littérature, Antiquité* klassisch; **arabe** *m* **~** Schriftarabisch *n*; arabische Schriftsprache; **architecture** *f* **~** klassizistische Architektur; **auteur** *m* **~** Klassiker *m*; klassischer Autor; **langues** *fpl* **~s** klassische Sprachen *fpl*; **lycée** *m* **~** humanistisches Gymnasium; **musique** *f* **~** klassische Musik; **peinture** *f* **~** klassizistische Malerei; **style** *m* **~** klassizistischer Stil; **faire des études ~s** das humanistische Gymnasium besuchen; → *a.* lettre 4 2 *fig (courant)* klassisch; herkömmlich; traditionell; konventionell; typisch; Schul...; **armes** *fpl* **~s** konventionelle Waffen *fpl*; SPORTS **épreuve** *f* **~** *ou subst* **~** *f* traditioneller Wettkampf; traditionelles Rennen; **c'est ~** *ou fam* **c'est le coup ~** das ist ganz typisch (dafür); das ist immer so (in solchen Fällen) 3 *fig (qui fait autorité)* klassisch; mustergültig; *coupe vestimentaire* klassisch (streng); **beauté** *f* **~** klassische Schönheit B M *auteur, œuvre* Klassiker *m*; **un ~ du cinéma** ein Klassiker des Films; **un ~ du jazz** ein Stück *n* des klassischen Jazz

Claude [klod] M/F *Vorname*

claudication [klodikasjõ] F Hinken *n*

Claudine [klodin] F *Vorname*

clause [kloz] F Klausel *f*; Bestimmung *f*; ÉCON **~ de la nation la plus favorisée** Meistbegünstigungsklausel *f*; **~ de style** übliche Formel; Floskel *f*

claustral [klostral] ADJ ‹-aux› klösterlich; Kloster...; *fig* **silence ~** klösterliche Stille

claustration [klostrasjõ] F Abgeschlossenheit *f*; Abgeschiedenheit *f*; Zurückgezogenheit *f*; Klausur *f*

claustrer [klostre] V/PR **se ~** *ou adjt* **être, rester claustré (chez soi)** sich ganz zurückziehen; sich zu Hause verkriechen; sich abkapseln

claustrophobe [klostrofɔb] ADJ an Klaustrophobie, Platzangst leidend; **claustrophobie** F Klaustrophobie *f*; *fam* Platzangst *f*

claveau [klavo] M ‹*pl* ~x› ARCH Bogenstein *m*

clavecin [klavsɛ̃] M MUS Cembalo *n*

clavette [klavɛt] F TECH (Einlege-, Treib)Keil *m*

clavicule [klavikyl] F ANAT Schlüsselbein *n*

clavier [klavje] M *d'un piano etc* Klaviatur *f*; *d'une machine à écrire etc* Tastatur *f*; Tastenfeld *n*

claviste [klavist] M/F TYPO Taster(in) *m(f)*

clayette [klɛjɛt] F *d'un réfrigérateur* Traggitter *n*, -rost *m*

clayonnage [klɛjɔnaʒ] M TECH Flechtwerk *n*

clé [kle] F 1 *d'une serrure* Schlüssel *m*; **fausse ~** Nachschlüssel *m*; AUTO **~ de contact** Zündschlüssel *m*; **~ de la porte** Türschlüssel *m*; **~ de voiture** Wagen-, Autoschlüssel *m*; *loc adv*: **fermer à ~** ab-, zuschließen, -sperren; verschließen; *maison etc* **~s en main** schlüsselfertig; **sous ~** unter Verschluss; eingesperrt; **garder sous ~** unter Verschluss halten, aufbewahren; **mettre sous ~** weg-, einschließen; **la ~ est sur la porte, dans la serrure** der Schlüssel steckt; **laisser la ~ sur la porte** den Schlüssel stecken lassen; *fig* **mettre la ~ sous la porte** sang- und klanglos verschwinden; *fig* **prendre la ~ des champs** das Weite suchen 2 TECH (Schrauben)Schlüssel *m*; *de poêle* (Zug)Klappe *f*; *de robinet* Küken *n*; **~ Allen** [alɛn] Inbusschlüssel *m*; **~ anglaise** Engländer *m*; Franzose *m*; **~ plate** Gabelschlüssel *m*; **~ polygonale** Ringschlüssel *m*; **~ à molette** Rollgabelschlüssel *m* 3 *fig* Schlüssel *m* **(de qc** zu etw); **la ~ de l'énigme** des Rätsels Lösung *f*; **~ du mystère, du succès** Schlüssel zum Geheimnis, zum Erfolg; **roman** *m* **à ~(s)** Schlüsselroman *m*; **c'est la ~ du problème** das ist die Lösung; ♦ *adjt* Schlüssel...; entscheidend; wesentlich; wichtigste(r,

C

-s); **élément** *m* ~ wichtigster, wesentlicher, entscheidender Faktor; **idée** *f*, **mot** *m*, **notion** *f* ~ Schlüsselbegriff *m*; **industrie** *f* ~ Schlüsselindustrie *f*; **personnage** *m* ~ Schlüsselfigur *f*; **position** *f* ~ Schlüsselstellung *f* (*a.* MIL), -position *f*; **poste** *m* ~ Schlüsselposition *f*, -posten *m*; **problème** *m*, **question** *f* ~ Schlüssel-, Hauptproblem *n*; Kernfrage *f*; **rôle** *m* ~ Schlüsselrolle *f* **4** MUS (Noten)Schlüssel *m*; **~ de fa** F-Schlüssel *m*; Bassschlüssel *m*; **~ de sol** G-Schlüssel *m*; Violinschlüssel *m*; **il y a un bémol à la ~** ein B ist vorgezeichnet; *fig récompense, résultat* **à la ~** in Aussicht **5** **~ de voûte** ARCH Schlussstein *m*; *fig* Grundlage *f*; grundlegende Voraussetzung **6** LUTTE Hebel *m*

clébard [klebaʀ] M *fam* Köter *m*; *all Nord a.* Töle *f*

clebs [klɛps] M *fam* Köter *m*; *all Nord a.* Töle *f*

clef [kle] F → clé

clématite [klematit] F BOT Klematis *ou* Clematis *f*; Waldrebe *f*

clémence [klemɑ̃s] F *st/s* **1** Milde *f*; Gnade *f*; **faire preuve, user de ~** Milde walten lassen; Gnade vor Recht ergehen lassen **2** *fig de l'hiver* Milde *f*; **~ du temps** milde Witterung

Clemenceau [klemɑ̃so] **Georges ~** *frz Politiker*

clément [klemɑ̃] ADJ **1** *juge, jugement* mild(e); gnädig **2** *fig* mild(e); **hiver ~** milder Winter; **température ~e** milde Temperatur

Clément [klemɑ̃] M *Vorname*

clémentine [klemɑ̃tin] F BOT Klementine *ou* Clementine *f*

Clémentine [klemɑ̃tin] F *Vorname*

clémentinier [klemɑ̃tinje] M BOT Klementinen- *ou* Clementinenbaum *m*

clenche [klɑ̃ʃ] *ou* **clenchette** F TECH Falle *f*

Cléopâtre [kleɔpatʀ] F HIST Kleopatra *f*

clepsydre [klɛpsidʀ] F HIST Wasseruhr *f*

cleptomane, cleptomanie → kleptomane, kleptomanie

clerc [klɛʀ] M **1** *de notaire, d'huissier* Gehilfe *m*; Kanzlist *m*; Schreiber *m*; **premier ~** Leiter *m* der Kanzlei; **~ de notaire** Notariatsgehilfe *m*; *fig*: **commettre un pas de ~** e-n Bock schießen; **je ne suis pas (grand) ~ en la matière** ich bin darin nicht sehr bewandert; **pas besoin d'être grand ~** man braucht kein großes Kirchenlicht zu sein (**pour** *+inf* um zu *+inf*) **2** ÉGL Kleriker *m*; Geistliche(r) *m*

clergé [klɛʀʒe] M Klerus *m*; Geistlichkeit *f*

clergyman [klɛʀʒiman] M ‹*pl* clergy- men [-mɛn]› anglikanische(r) Geistliche(r) *m*

clérical [kleʀikal] ADJ ‹-aux› **1** ÉGL geistlich; klerikal **2** POL *et péj* klerikal; klerikalistisch

cléricalisme [kleʀikalism] M POL *et péj* Klerikalismus *m*

Clermont-Ferrand [klɛʀmɔ̃fɛʀɑ̃] *Stadt im Dep. Puy-de-Dôme*

Clèves [klɛv] GÉOG Kleve *n*

clic [klik] **A** INT klick! **B** M **1** Klicken *n* **2** INFORM **~ (de la souris)** Mausklick *m*; **en un ~ de souris** per Mausklick; **double ~** Doppelklick *m*

clic-clac [klikklak] M ‹*inv*› Schlaf-, Bettcouch *f*

cliché [kliʃe] M **1** TYPO Klischee *n*; Druckplatte *f*; Stereo(typie) *n(f)* **2** PHOT Negativ *n* **3** *fig* Klischee *n*; Gemeinplatz *m*

clicheur [kliʃœʀ] M TYPO Stereotypeur *m*

client [klijɑ̃] M, **cliente** F *d'un magasin* Kunde *m*, Kundin *f*; *attitré* Stammkunde *m*; *d'un taxi* Fahrgast *m*; Kunde *m*; *d'un hôtel, restaurant, café* Gast *m*; *d'un médecin* Patient(in) *m(f)*; *d'un avocat* Klient(in) *m(f)*; Mandant(in) *m(f)*; ÉCON *d'un pays* Abnehmer *m*; *prix* **à la tête du client** je nachdem wie der Kunde eingeschätzt wird; **attendre le client** wenig *ou* kaum Kunden, Patienten *etc* haben; **il est client de** *ou* **dans ce magasin, de** *ou* **chez ce coiffeur** er ist Kunde in diesem Geschäft, bei diesem Friseur; **se faire un nouveau client** e-n neuen Kunden gewinnen

clientèle [klijɑ̃tɛl] F *d'un commerçant* Kunden(-kreis) *mpl(m)*; Kundschaft *f*; *d'un hôtel, café* Gäste *mpl*; *d'un médecin* Patienten *mpl*; *d'un avocat* Klientel *f*; *fig* **~ électorale** Wähler *mpl*; Anhänger *mpl*; **~ établie** fester Kundenkreis; Kundenstamm *m*; **~ d'habitués** Stammkundschaft *f ou* -gäste *mpl*; **~ de passage** Laufkundschaft *f*; **avoir une grosse ~** *commerçant* e-e große Kundschaft, viele (Stamm)Kunden haben; *hôtel etc* viele (Stamm)Gäste haben; *médecin, avocat* e-e große Praxis haben

clignement [kliɲmɑ̃] M **~ d'yeux** Blinzeln *n*; (Augen)Zwinkern *n*; Zusammenkneifen *n* der Augen

cligner [kliɲe] VT INDIR **~ des yeux** *rapidement* (mit den Augen) blinzeln; *(fermer à demi)* die Augen zusammenkneifen; *pour faire signe* **~ de l'œil** mit den Augen zwinkern; **~ de l'œil à qn** j-m zublinzeln, zuzwinkern

clignotant [kliɲɔtɑ̃] **A** ADJ **feu ~** Blinklicht (-anlage) *n(f)* **B** M **1** AUTO Blinker *m*; Blinkleuchte *f*; *d'un feu orange* Blinklicht *n*; *automobiliste* **mettre son ~** den Blinker einschalten, setzen **2** *fig* Warnsignal *n*; **tous les ~s s'allument** da gehen alle Warnlichter an; da schrillen sämtliche Alarmglocken

clignotement [kliɲɔtmɑ̃] M **1** *de lumières* Blinken *n* **2** *d'yeux* Blinzeln *n*; **clignoter** VI *lumière, feu orange* blinken

clim [klim] F *fam* ABR → climatisation

climat [klima] M **1** GÉOG Klima *n* **2** *fig* Klima *n*; Atmosphäre *f*; **~ social** soziales Klima; **~ d'inquiétude** Atmosphäre der Unruhe

climatique [klimatik] ADJ klimatisch; Klima…; **catastrophe** *f* **climatique** Klimakatastrophe *f*; **changement** *m* **climatique** Klimawandel *m*; **réfugié(e)** *m(f)* **climatique** Klimaflüchtling *m*; **station** *f* **~** Luftkurort *m*; heilklimatischer Kurort; **variations ~s** Klimaschwankungen *fpl*

climatisation [klimatizasjõ] F **1** *action* Klimatisierung *f* **2** *dispositif* Klimaanlage *f*; **climatiser** VT klimatisieren; *adjt* **climatisé** klimatisiert; mit Klimaanlage; **climatiseur** M Klimaanlage *f*

climatologie [klimatɔlɔʒi] F Klimatologie *f*; Klimakunde *f*; *recherche* Klimaforschung *f*

climatologique [klimatɔlɔʒik] ADJ klimatologisch; Klima…; **carte** *f* **~** Klimakarte *f*

climatologue [klimatɔlɔg] M/F Klimaforscher(in) *m(f)*

clin [klɛ̃] M **~(s) d'œil, ~s d'yeux** Blinzeln *n*; Zwinkern *n*; *loc adv* **en un ~ d'œil** im Nu; im Handumdrehen; in e-m Augenblick; **échanger des ~s d'œil complices** einander verständnisinnig zuzwinkern; **faire un ~ d'œil (amusé) à qn** j-m (amüsiert) zublinzeln, zuzwinkern

clinicien [klinisjɛ̃] M praktizierender Arzt

clinique [klinik] **A** ADJ klinisch; **examens** *mpl* **~s** klinische Prüfung; **signes** *mpl* **~s** äußerlich erkennbare Symptome *npl* **B** F **1** (Privat)Klinik *f*; **~ d'accouchement** Entbindungsklinik *f*, -heim *n* **2** *enseignement médical* Klinik(um) *f(n)*; **chef** *m* **de ~** für die in e-m Krankenhaus in klinischer Ausbildung stehenden Studenten verantwortlicher Arzt

clinquant [klɛ̃kɑ̃] **A** ADJ kitschig **B** M Flitter(kram *m*, -werk *n*) *m*; Talmi *n*

clip [klip] M **1** *bijou* Klipp *ou* Clip *m*; *à l'oreille a.* Ohrklipp *m* **2** *(vidéoclip)* Clip *m*

clipper [klipœʀ] M MAR HIST Klipper *m*; Schnellsegler *m*

clique [klik] F **1** *péj* Clique *f*; Klüngel *m*; Sippschaft *f* **2** MUS MIL Musikzug *m* (aus Clairons und Trommeln)

cliquer [klike] VI INFORM klicken; **~ sur qc** etw anklicken

cliques [klik] FPL *fam* **prendre ses ~ et ses claques** *fam* s-e Siebensachen packen; mit Sack und Pack abziehen

cliquet [klikɛ] M TECH Sperrklinke *f*

cliqueter [klikte] VI ‹-tt-› klirren; klappern

cliquetis [klikti] M Klirren *n*; Geklirr(e) *n*; Klappern *n*

clissé [klise] ADJ **bouteille ~e** Korbflasche *f*

clitoridien [klitɔʀidjɛ̃] ADJ ‹~ne› ANAT Klitoris…

clitoris [klitɔʀis] M ANAT Kitzler *m*; Klitoris *f*

clivage [klivaʒ] M **1** MINÉR Spaltung *f*; **plan** *m* **de ~** Spaltfläche *f* **2** *fig* Spaltung *f*; Kluft *f*

clivia [klivja] M BOT Klivie *f*; Clivia *f*

cloaque [klɔak] M Kloake *f* (*a.* ZOOL); Pfuhl *m*

clochard [klɔʃaʀ] M, **clocharde** F Stadtstreicher(in) *m(f)*; *fam* Penner *m*; Pennbruder *m*; Berber *m*; *en France* Clochard *m*, weiblicher Clochard

clochardisation [klɔʃaʀdizasjõ] F Verelendung *f*; Verwahrlosung *f*

cloche [klɔʃ] F **1** Glocke *f*; **~s de Pâques** Osterglocken *fpl*; *fig* **déménager à la ~ de bois** sich heimlich davonmachen (, ohne zu bezahlen); *fam fig*: **sonner les ~s à qn** j-n abkanzeln, *fam* herunterputzen, zusammenstauchen; *fam* j-m den Marsch blasen; **se faire sonner les ~s** abgekanzelt, *fam* zusammengestaucht, heruntergeputzt werden; *fam* eins auf den Deckel, *enf* Schimpfe kriegen; *prov* **qui n'entend qu'une ~ n'entend qu'un son** audiatur et altera pars (man muss auch die Gegenseite hören) *(prov)* **2** *en verre* Glasglocke *f*, -sturz *m*; **~ à fromage** Käseglocke *f* **3** **~ à plongeur** Taucherglocke *f* **4** ADJT **chapeau** *m* **~** Glocke (-nhut) *f(m)*; **jupe** *f* **~** Glockenrock *m* **5** *fam fig* **se taper la ~** schwelgen; schlemmen; sich *(dat)* den Bauch vollschlagen **6** *fam fig (incapable)* **quelle ~!**, *adjt* **ce qu'il est ~!** so ein Tollpatsch!; *fam* so e-e Flasche, ein Dussel!; **il est trop ~** *fam* er ist zu blöd, dämlich **7** *fam* **la ~** die Clochards *mpl*, *fam* Penner *mpl*; **faire partie, être de la ~** ein Clochard, *fam* Penner sein

cloche-pied [klɔʃpje] LOC ADV **à ~** auf e-m Bein (**sauter** hüpfen)

clocher[1] [klɔʃe] M Kirchturm *m*; Glockenturm *m*; *fig* **esprit** *m* **de ~** Lokalpatriotismus *m*; *par ext* Engstirnigkeit *f*; **querelle** *f* **de ~** lokale Streitigkeit

clocher[2] [klɔʃe] VI **ça cloche, il y a qc qui cloche** da stimmt etwas nicht; *fam* da ist der Wurm drin; **qu'est-ce qui cloche?** was stimmt da, denn nicht?; woran hapert's denn?

clocheton [klɔʃtõ] M Türmchen *n*

clochette [klɔʃɛt] F **1** Glöckchen *n*; Schelle *f*; *fam* Bimmel *f* **2** BOT glockenförmige Blüte; Glöckchen *n*

clodo(t) [klɔdo] M *fam* → clochard

cloison [klwazõ] F **1** (Zwischen)Wand *f*; Trennwand *f*; → *a.* étanche **2** *fig* Barriere *f*; Schranke *f* **3** BOT, ANAT Scheidewand *f*; **~ des fosses nasales** Nasenscheidewand *f*

cloisonnage [klwazɔnaʒ] M **a** Einziehen *n* von Wänden **b** Zwischen-, Trennwände *fpl*

cloisonné [klwazɔne] ADJ **1** **émail ~** *ou subst* **~** *m* Zellenschmelz *m*; Cloisonné *n* **2** *fig* (gegeneinander) abgeschirmt; abgekapselt; isoliert

cloisonnement [klwazɔnmɑ̃] M *fig* Abschirmung *f*; Abkapselung *f*; **cloisonner** VT durch Zwischen-, Trennwände (ab)teilen

cloître [klwatʀ] M **1** ARCH Kreuzgang *m* **2**

(monastère) Kloster *n; partie interdite* Klausur *f*

cloîtrer [klwatʀe] A V/T 1 in ein Kloster sperren, stecken 2 *fig adjt* **être, vivre cloîtré** von der Außenwelt isoliert *ou* abgeschnitten, in völliger Zurückgezogenheit leben B V/PR *fig* **se ~** sich ganz zurückziehen; sich abschließen (gegen die Außenwelt)

clonage [klonaʒ] M BIOL Klonen *n;* **le ~ humain** das Klonen von Menschen

clone [klon] M BIOL Klon *m*

cloner [klone] V/T BIOL klonen

clonique [klɔnik] ADJ MÉD **convulsions** *fpl* **~s** klonische Krämpfe *mpl;* Schüttelkrämpfe *mpl*

clope [klɔp] *fam* 1 M *(mégot) fam* Kippe *f; autrich* Tschick *m* 2 F *(cigarette) fam* Glimmstängel *m;* Stäbchen *n; autrich* Tschick *m*

cloper [klɔpe] *fam* V/I rauchen; *fam* paffen

clopin-clopant [klɔpɛ̃klɔpɑ̃] *fam* ADV humpelnd; **aller, marcher ~** humpeln

clopinettes [klɔpinɛt] FPL *fam* **des ~!** nichts da!; kommt nicht in Frage, *fam* nicht in die Tüte!

cloporte [klɔpɔʀt] M ZOOL (Keller)Assel *f*

cloque [klɔk] F 1 *sur la peau* Blase *f; papier peint, peinture* **faire des ~s** Blasen bilden, werfen, ziehen 2 BOT *du pêcher* Kräuselkrankheit *f* 3 *pop fig* **être en ~** *(enceinte) pop* dick sein

cloqué [klɔke] ADJ **tissu ~** *ou subst* **~** *m* Cloqué *m;* Blasenkrepp *m*

clore [klɔʀ] V/T ⟨*défect:* **je clos, tu clos, il clôt, ils closent; je clorai; que je close; clos**⟩ 1 *litt (fermer)* schließen 2 *séance* schließen; *discours, débat, liste etc* abschließen; *discours a.* (be)schließen 3 *litt* **~ un terrain** ein Grundstück einfried(ig)en

clos [klo] A PP → clore *et* ADJ ⟨close [kloz]⟩ geschlossen; **maison ~e** Bordell *n;* Freudenhaus *n; loc adv:* **à °huis ~** unter Ausschluss der Öffentlichkeit; **à la nuit ~e** nach Einbruch der Dunkelheit; **les yeux ~** mit geschlossenen Augen; **l'incident est ~** der Zwischenfall ist erledigt; **la séance est ~e** die Sitzung ist geschlossen; **trouver porte ~e** vor verschlossener Tür stehen; **vivre en vase ~** → vase¹ B M a *vignoble* (eingefriedeter) Weinberg b AGR eingezäuntes Grundstück

closerie [klozʀi] F kleiner (Bauern)Hof

Clotilde [klɔtild] F *Vorname*

clôture [klotyʀ] F 1 *(enceinte)* Zaun *m;* Einfriedung *f;* Umzäunung *f;* **~ électrique** elektrischer Zaun; **mur** *m* **de ~** Umfassungsmauer *f* 2 ADMIN, COMM (Ab)Schluss *m;* Schließung *f;* Beendigung *f;* **~ du bilan** Bilanzabschluss *m;* **~ du débat, des débats** Schluss der Debatte; **~ de l'exercice** Jahresabschluss *m;* **~ du scrutin, d'une séance** Schließung der Abstimmung, e-r Sitzung; **bilan** *m* **de ~** (Ab)Schlussbilanz *f;* **séance** *f* **de ~** Schlusssitzung *f;* BOURSE **à la** *ou* **en ~** bei Börsenschluss 3 *d'un couvent* Klausur *f*

clôturer [klotyʀe] V/T 1 *terrain* einfrieden; einzäunen 2 *(terminer)* beend(ig)en; *débat etc* (ab)schließen; **~ une séance** eine Sitzung schließen

clou [klu] M 1 Nagel *m (a.* CHIRURGIE); *t/t* Drahtstift *m;* AUTO **pneus** *mpl* **à ~s** Spike(s)reifen *mpl;* **enfoncer, planter un ~** e-n Nagel einschlagen; *fig* **être maigre comme un ~** spindeldürr, klapperdürr sein; *fam fig* **river son ~ à qn** j-m den Mund stopfen; **il lui a rivé son ~** *a. fam* der hat's ihm aber gegeben; *fam fig* **ça ne vaut pas un ~** das taugt nichts; das ist keinen Pfifferling wert; *prov* **un ~ chasse l'autre** das *ou* der eine kommt, das *ou* der andere geht 2 *fam* **~s** *pl (passage clouté)* Fußgängerüberweg *m;* **prendre les, traverser dans les ~s** die Straße auf dem Fußgängerüberweg überqueren 3 *fig (attraction)* Höhepunkt *m;* Clou *m* 4 CUIS **~ de girofle** (Gewürz)Nelke *f* 5 MÉD Furunkel *m* 6 *fam* **un vieux ~** *véhicule fam* ein alter Klapperkasten; *vélo fam* ein altes Klappergestell 7 *fam (mont-de-piété)* Pfandleihhaus *n;* **mettre qc au ~** etw versetzen 8 *fam* **des ~s!** nichts da!; *fam* von wegen!; denkste!

clouer [klue] V/T 1 (zusammen)nageln; *fermer* zu-, vernageln; *fixer* an-, auf-, festnageln 2 *fig:* **~ le bec à qn** → bec 2; *maladie* **~ qn au lit** j-n ans Bett fesseln; *adjt:* **être cloué au, dans son lit** ans Bett gefesselt sein; **être cloué à Paris** in Paris festsitzen; **rester cloué (sur place)** wie angewurzelt stehen bleiben

cloutage [klutaʒ] M Verzierung *f* mit Nägeln

clouté [klute] ADJ mit Nägeln verziert, beschlagen; **ceinture ~e** mit Nägeln verzierter, beschlagener Gürtel; **chaussures ~es** Nagelschuhe *mpl;* genagelte Schuhe *mpl;* **passage ~** (mit Nägeln markierter) Fußgängerüberweg

clouter [klute] V/T mit Nägeln verzieren, beschlagen; *chaussures* nageln

Clovis [klɔvis] M HIST Chlodwig *m*

clovisse [klɔvis] F ZOOL Venusmuschel *f*

clown [klun] M Clown *m; fig:* **c'est un vrai ~** er ist ein richtiger Clown; **faire le ~** den Hanswurst spielen

clownerie [klunʀi] F Clownerie *f;* Alberei *f;* **~s** *pl a.* Possen *mpl;* Faxen *fpl*

clownesque [klunɛsk] ADJ clownesk; Clowns…; possenhaft; närrisch

club [klœb] M 1 Klub *ou* Club *m;* Verein *m;* **~ alpin** Alpenverein *m;* **~ sportif** Sportklub *m,* -verein *m;* **~ du livre** Buchgemeinschaft *f* 2 *établissement* Klub(haus) *m(n);* **~ de remise en forme** Fitnessstudio *n,* -center *n;* **~ de vacances** Ferienklub *m* 3 **~** *ou adjt* **fauteuil** *m* **~** Klubsessel *m* 4 HIST **Club des Jacobins** Jakobinerklub *m* 5 *de golf* Golfschläger *m*

Clusaz (La) [laklyza] *Wintersportort im Dep. Haute-Savoie*

cluse [klyz] F GÉOG Schlucht *f;* Klause *f; suisse* Klus *f*

clystère [klistɛʀ] M HIST MÉD Klistier *n*

Clytemnestre [klitɛmnɛstʀ] F MYTH Klytämnestra *f*

cm ABR (centimètre[s]) cm (Zentimeter)

cm² ABR (centimètre[s] carré[s]) cm² (Quadratzentimeter)

cm³ ABR (centimètre[s] cube[s]) cm³ (Kubikzentimeter)

CM₁ [seɛmɛ̃, seɛmœ̃] M ABR (cours moyen un) vierte Grundschulklasse

CM₂ [seɛmdø] M ABR (cours moyen deux) fünfte Grundschulklasse

CNED [knɛd] M ABR (Centre national d'enseignement à distance) *staatliches frz Fernlehrinstitut*

CNES [knɛs] M ABR (Centre national d'études spatiales) *frz Raumfahrtforschungszentrum*

CNPF [seɛnpeɛf] M ABR (Conseil national du patronat français) HIST *frz Arbeitgeberverband*

CNRS [seɛnɛʀɛs] M ABR (Centre national de la recherche scientifique) *correspond à* Max-Planck-Gesellschaft *f*

c/o ABR *(care of; aux bons soins de)* bei; p. A. (per Adresse)

co… [kɔ, ko] *préfixe* Ko…; Mit…; ko…; mit…

coaccusé(e) [koakyze] M(F) JUR Mitangeklagte(r) *m/f(m)*

coach [kotʃ] M zweitüriger Wagen; *fam* Zweitürer *m*

coacher [kotʃe] V/T coachen; SPORT *a.* trainieren

coacquéreur [kɔakeʀœʀ] M Miterwerber *m*

coadjuteur [koadʒytœʀ] M ÉGL CATH Koadjutor *m;* **coadjutrice** F ÉGL CATH Stellvertreterin *f* der Äbtissin, Superiorin

coagulabilité [kɔagylabilite] F Gerinnungsfähigkeit *f;* Koagulierbarkeit *f;* **coagulable** ADJ gerinnungsfähig; koagulierbar; **coagulant** M Koagulans *n;* (blut)gerinnungsförderndes Mittel; CHIM *a.* Flockungsmittel *n*

coagulation [kɔagylasjõ] F Gerinnung *f;* Koagulation *f;* **~ du sang** Blutgerinnung *f*

coaguler [kɔagyle] A V/T zum Gerinnen bringen; gerinnen lassen; koagulieren B V/I *(et* V/PR **se)** **~** gerinnen; koagulieren

coalisé [kɔalize] POL A ADJ verbündet; Koalitions… B MPL **les ~s** die Verbündeten *mpl*

coaliser [kɔalize] A V/T verbünden; zu Verbündeten machen B V/PR **se ~** sich verbünden; POL *a.* koalieren

coalition [kɔalisjõ] F Koalition *f;* Bündnis *n;* **~ électorale** Wahlbündnis *n;* **~ gouvernementale** Regierungskoalition *f;* **gouvernement** *m* **de ~** Koalitionsregierung *f;* **former une ~** e-e Koalition bilden; ein Bündnis eingehen

coassement [kɔasmɑ̃] M *de la grenouille* Quaken *n;* **coasser** V/I quaken

coassocié(e) [kɔasɔsje] M(F) (Mit)Teilhaber(in) *m(f);* Partner(in) *m(f)*

coauteur [kootœʀ] M 1 Mitverfasser *m;* Koautor *m* 2 JUR Mittäter *m*

coaxial [kɔaksjal] ADJ ⟨-aux⟩ TECH koaxial; **câble ~** Koaxialkabel *n*

COB [kɔb] F ABR (Commission des opérations de Bourse FIN *frz Börsenaufsichtsbehörde*

cobalt [kɔbalt] M CHIM Kobalt *n;* **bleu** *m* **de ~** Kobaltblau *n*

cobaye [kɔbaj] M ZOOL Meerschweinchen *n; fam fig* **servir de ~** *fam* als Versuchskaninchen, -karnickel dienen

cobelligérant [kɔbɛ(l)liʒeʀɑ̃] ADJ **nation ~e** Mitkriegführende(r) *m*

Coblence [kɔblɑ̃s] Koblenz *n*

cobol [kɔbɔl] M INFORM COBOL *n*

Cobourg [kɔbuʀ] GÉOG Coburg *n*

cobra [kɔbʀa] M ZOOL Kobra *f*

coca¹ [kɔka] F BOT Koka(strauch) *f(m)*

coca² [kɔka] M ABR (coca-cola) Coke *n; fam* Cola *f ou n;* Coca *f ou n*

coca-cola® [kɔkakɔla] M ⟨*inv*⟩ Coca-Cola® *n ou f*

cocagne [kɔkaɲ] F 1 **Pays** *m,* **vie** *f* **de ~** Schlaraffenland *n,* -leben *n* 2 **mât** *m* **de ~** Klettermast *m*

cocaïne [kɔkain] F Kokain *n*

cocaïnomane [kɔkainɔman] M/F Kokainsüchtige(r) *m/f(m); fam* Kokser(in) *m(f);* **cocaïnomanie** F MÉD Kokainsucht *f*

cocarde [kɔkaʀd] F Kokarde *f*

cocardier [kɔkaʀdje] ADJ ⟨-ière⟩ chauvinistisch; **patriotisme ~** Hurrapatriotismus *m*

cocasse [kɔkas] ADJ komisch; spaßig; lustig; ulkig; **cocasserie** F Komik *f;* Komische(s) *n*

coccinelle [kɔksinɛl] F 1 ZOOL Marienkäfer *m* 2 *fam fig* Käfer *m (Volkswagen)*

coccyx [kɔksis] M ANAT Steißbein *n; plais* **tomber sur le ~** *fam* auf den Allerwertesten fallen

coche [kɔʃ] M Kutsche *f; fig* **manquer,** *fam* **rater, louper le ~** die Gelegenheit verpassen

cochenille [kɔʃnij] F 1 ZOOL Schildlaus *f* 2 *colorant* Koschenille *ou* Cochenille *f*

cocher¹ [kɔʃe] M Kutscher *m;* **~ de fiacre** Droschkenkutscher *m; autrich* Fiaker *m*

cocher² [kɔʃe] V/T *noms sur une liste etc* abhaken; markieren

cochère [kɔʃɛʀ] ADJ F **porte ~** Toreinfahrt *f;* Torweg *m*

Cochinchine [kɔʃɛ̃ʃin] **la ~** HIST Kotschinchina *n (Südvietnam)*

cochon [kɔʃõ] A M 1 ZOOL Schwein *n;* CUIS Schweinefleisch *n;* **~ d'Inde** Meerschweinchen *n;* **~ de lait** CUIS Spanferkel *n;* ZOOL Saugferkel *n;* ♦ *fig:* **temps** *m* **de ~** *fam* Sauwetter *n*; **des (petits) yeux de ~** Schweinsäuglein *npl*; **être gras comme un ~** *fam* dick und fett, ein Fettwanst sein; **être sale comme un ~** *fam* ein Ferkel, Schmutz-, Dreckfink, Schweinigel, *plus fort* Dreckschwein sein; **ils sont copains comme ~s** *fam* sie sind dicke Freunde; *enfant* **faire le ~ pendu** den Kniehang machen; **nous n'avons pas gardé les ~s ensemble** wo haben wir denn schon zusammen Schweine gehütet?; **manger comme un ~** unsauber, *fam* wie ein Schwein essen **2** *fam fig personne (a. au moral) fam* Ferkel *n*; Schmutz-, Dreckfink *m*; Schweinigel *m*; *plus fort* Schwein *n*; *enfant fam* Ferkel *n*; Dreckspatz *m*; **ce ~ de X** *fam* X, dieser Kerl *ou plus fort* Mistkerl; **ben, mon ~!** mein Lieber *ou* Bester!; **quel ~!** *ou* **le ~!** *moralement* so ein Ferkel, Schweinigel, *plus fort* Schwein!; **tour** *m* **de ~** übler Streich; **avoir une tête de ~** ein Dickkopf, *fam* -schädel sein **B** ADJ ⟨~ne⟩ *fam* **1** *personne* ungepflegt; schmutzig; *fam* schmudd(e)lig **2** *histoires etc* schweinisch; schmutzig; zotig; **histoires ~nes** *a.* Zoten *fpl*

cochonnaille [kɔʃɔnaj] *fam* F CUIS Schweinerne(s) *n*

cochonne [kɔʃɔn] F *fam* schmudd(e)lige Person; Schlampe *f*; *enfant* Ferkel *n*

cochonner [kɔʃɔne] VT *fam* **1** *travail* hinpfuschen, -schludern, -schlampen; *adjt* **travail cochonné** Pfusch(arbeit) *m(f)* **2** *(salir)* beschmutzen; beschmieren; *fam* verdrecken

cochonnerie [kɔʃɔnʀi] F *fam* **1** *(saleté)* Unsauberkeit *f*; Schmutz *m*; *fam* Dreck *m*; Schweinerei *f*; **faire des ~s** Schmutz, Dreck machen **2** *(chose sans valeur)* Schund *m*; *fam* Mist *m*; Dreck *m*; *nourriture fam* (Schlangen)Fraß *m*; Dreck *m*; **cette ~ de temps** *fam* so ein Sauwetter; **cette ~ de voiture** *fam* diese Mistkarre; **c'est de la ~** das ist (ein) Schund *etc* **3** *(propos obscènes)* Schweinerei *f*; *fam* Schweinigelei *f*; **dire, raconter des ~s** Zoten erzählen; Schweinereien sagen, erzählen; *fam* schweinigeln

cochonnet [kɔʃɔnɛ] M Ziel-, Markierkugel *f (beim Boulespiel)*

cocker [kɔkɛʀ] M ZOOL Cockerspaniel *m*

cockpit [kɔkpit] M AVIAT, MAR Cockpit *n*; MAR *a.* Plicht *f*

cocktail [kɔktɛl] M **1** *boisson* Cocktail *m* **2** *réunion* Cocktail(empfang *m*, -party *f*) *m*; **robe** *f* **de ~** Cocktailkleid *n* **3** ~ **Molotov** Molotowcocktail *m* **4** *fig* Mischung *f*; Mixtur *f*; Gemisch *n*

coco[1] [koko] M **1** **noix** *f* **de ~** Kokosnuss *f*; **lait** *m* **de ~** Kokosmilch *f* **2** *fam (boisson à base de réglisse)* Lakritzenwasser *n*

coco[2] [koko] M **1** *enf (œuf)* Ei *n*; *enf* Gackei *n* **2** *terme d'affection* **mon (petit) ~** mein (kleiner) Liebling, Schatz **3** *péj* **un joli ~** *ou* **un drôle de ~** *fam* ein sauberes Früchtchen; ein (ziemlich) übler Kunde **4** *péj (communiste)* Kommunist *m*; *fam* Rote(r) *m*

coco[3] [koko] F *fam (cocaïne) fam* Koks *m*; Schnee *m*

cocon [kɔkõ] M ZOOL Kokon *m*; *fig*: **être élevé dans un ~** allzu behütet aufwachsen; **s'enfermer dans son ~** sich ganz zurückziehen; sich einspinnen

coconnage [kɔkɔnaʒ] M ZOOL Kokonbildung *f*; Verpuppung *f*; **coconner** VI ZOOL sich verpuppen, einspinnen

cocooning [kɔkuniŋ] M häusliche Gemütlichkeit

cocorico [kɔkɔʀiko] **A** INT kikeriki! **B** M Kikeriki *n*

cocoter [kɔkɔte] *fam* VI stinken; *fam* miefen; *partic* **ça cocote** es stinkt

cocotier [kɔkɔtje] M BOT Kokospalme *f*; *fam fig* **gagner le ~** das große Los ziehen

cocotte[1] [kɔkɔt] F **1** *enf (poule) enf* Tucktuck *n*; Putput *n*; **~ en papier** aus Papier gefalteter Vogel **2** *terme d'affection* **ma ~** (mein) Liebling *m*, Schatz *m*, Schätzchen *n* **3** *péj (demi-mondaine)* Halbweltdame *f*; Kokotte *f* **4** *à un cheval* **hue, ~!** hü!

cocotte[2] [kɔkɔt] F CUIS Schmortopf *m*; **~ minute**® Schnellkochtopf *m*; **à la ~** *ou adjt* **~** geschmort; Schmor…

cocu [kɔky] *fam* **A** M betrogener, *fam* gehörnter Ehemann *ou* Liebhaber; Gehörnte(r) *m*; *litt* Hahnrei *m*; *fig* **avoir une veine de ~** *fam* (ein) Mordsglück haben; Dusel haben; **faire qn ~** j-n betrügen; *fam* j-m Hörner aufsetzen **B** ADJ betrogen; *fam* gehörnt

cocuage [kɔkɥaʒ] *fam* M Betrogensein *n ou* -werden *n*

cocufier [kɔkyfje] VT *fam* **~ qn** j-n betrügen; *fam* j-m Hörner aufsetzen

codage [kɔdaʒ] M Kodierung *f*

code [kɔd] M **1** JUR Gesetzbuch *n*; **Code civil** Bürgerliches Gesetzbuch *(abr* BGB*)*; *en Suisse* Zivilgesetzbuch *n*; **Code Napoléon** Code Napoléon *m*; **~ pénal** Strafgesetzbuch *n (abr* StGB*)*; **~ de commerce** Handelsgesetzbuch *n (abr* HGB*)*; **~ de procédure civile, pénale** Zivil-, Strafprozessordnung *f (abr* ZPO, StPO*)*; **~ de la route** Straßenverkehrsordnung *f (abr* StVO*)*; *fig* **c'est dans le ~** das ist gesetzlich **2** *fam* **a** *de la route* Verkehrsregeln *fpl* **b** *examen théorique* theoretische Fahrprüfung **c** **~s** *pl ou adjt* **phares** *mpl* **~** Abblendlicht *n*; **allumer ses ~s** das Abblendlicht einschalten; **se mettre en ~** abblenden; **rouler en ~** mit Abblendlicht fahren **3** *fig* Kodex *m*; Gesetze *npl*; **~ de l'honneur** Ehrenkodex *m* **4** *(système de symboles)* Kode *m*; BIOL **~ génétique** genetischer Kode; **~ secret** Geheimkode *m*; **~ à barres** Strichkode *m* **5** **~ confidentiel** Geheimnummer *f*; **~ postal** Postleitzahl *f*; **~ de la banque** Bankleitzahl *f*

code-barres [kɔdbaʀ] M ⟨*pl* codes-barres⟩ Strichkode *m*

codébiteur [kɔdebitœʀ] M, **codébitrice** F JUR Mitschuldner(in) *m(f)*

codéine [kɔdein] F PHARM Codein *ou* Kodein *n*

coder [kɔde] VT kodieren *(a.* LING*)*; *par ext* verschlüsseln; chiffrieren

codétenteur [kɔdetɑ̃tœʀ] M, **codétentrice** F JUR Mitbesitzer(in) *m(f)*; Mitinhaber(in) *m(f)*

codétenu(e) [kodetny] M(F) Mitgefangene(r) *m/f(m)*; Mithäftling *m*

codex [kɔdɛks] M PHARM (französisches) Arzneibuch

codicille [kɔdisil] M JUR Zusatz *m* zum Testament; Kodizill *n*

codification [kɔdifikasjõ] F Kodifizierung *f*

codifier [kɔdifje] VT **1** JUR kodifizieren **2** *par ext* systematisch erfassen; in Normen fixieren

codirecteur [kodiʀɛktœʀ] M, **codirectrice** F *d'un journal* Mitherausgeber(in) *m(f)*

coédition [koedisjõ] F Koedition *f*

coefficient [kɔefisjɑ̃] M Koeffizient *m (a.* MATH, PHYS, TECH, ÉCON*)*; Faktor *m*; Zahl *f*; Quote *f*; Beiwert *m*; *d'une matière d'examen* Notengewicht *n*; **~ de dilatation** Ausdehnungskoeffizient *m*; Dehnzahl *f*; **~ d'erreur** Fehlerquote *f*

cœlacanthe [selakɑ̃t] M ZOOL Latimeria *f*

coéquipier [koekipje] M, **coéquipière** F Mannschaftskamerad(in) *m(f)*; Mitspieler(in) *m(f)*

coercibilité [kɔɛʀsibilite] F PHYS Komprimierbarkeit *f*

coercitif [kɔɛʀsitif] *st/s* ADJ ⟨-ive⟩ Zwangs…; **mesures coercitives** Zwangsmaßnahmen *fpl*

coercition [kɔɛʀsisjõ] *st/s* F Zwang *m*; **mesures** *fpl* **de ~** Zwangsmaßnahmen *fpl*

cœur [kœʀ] M **1** ANAT Herz *n*; MÉD **~ artificiel** Kunstherz *n*; **maladie** *f* **de ~** Herzkrankheit *f*, -leiden *n*; **opéré** *m* **du ~** Herzoperierte(r) *m*; am Herzen Operierte(r) *m*; **opération** *f* **à ~ ouvert** Operation *f* am offenen Herzen; **avoir le ~ qui bat** Herzklopfen haben; **presser, serrer qn contre, sur son ~** j-n an sein Herz *ou* ans Herz drücken **2** *fig* Herz *n*; *terme d'affection* **mon (petit) ~** mein Herz(chen); mein Herzblatt; **affaire** *f* **de ~** Herzensangelegenheit *f*; Liebesgeschichte *f*; **coup** *m* **de ~** Liebe *f* auf den ersten Blick *(a. fig)*; **avoir un coup de ~ pour qn, qc** sein Herz an j-n, etw verlieren; **femme** *f* **de ~** Frau *f* mit Herz; **intelligence** *f* **du ~** Takt *m*; Feinfühligkeit *f*; Herzensbildung *f*; **peine** *f* **de ~** Liebeskummer *m*, -schmerz *m*; ♦ *loc adj et loc adv*: **le ~ gros** schweren Herzens; **il a le ~ gros** ihm ist schwer ums Herz; **en avoir gros sur le ~** be-, gedrückt, niedergeschlagen sein; *plais* **°haut les ~s!** Kopf hoch!; **joli comme un ~** bildhübsch; **le ~ léger** leichten Herzens; unbesorgt; unbeschwert; *plais* **à vot' bon ~, m'ssieurs-dames!** e-e kleine Spende für den guten Zweck!; **il a à ~ de** *(+inf)* es liegt ihm sehr viel daran zu *(+inf)*; er lässt es sich *(dat)* angelegen sein zu *(+inf)*; **prendre qc à ~** *(s'intéresser)* etw beherzigen; sich *(dat)* etw zu Herzen nehmen; *(prendre au sérieux)* etw sehr ernst nehmen, für sehr wichtig halten; **cela me** *(obj indir)* **tient à ~** das liegt mir am Herzen; das ist mir sehr wichtig; daran ist mir viel gelegen; **dans le secret de son ~** insgeheim; im tiefsten Inneren; **de bon ~, de grand ~** *donner, accepter etc* von Herzen gern; sehr, herzlich gern; bereitwillig; *rire* herzlich; **de tout (son) ~** von ganzem Herzen; **je suis de tout ~ avec vous** ich bin in Gedanken ganz bei Ihnen; **par ~** *savoir, apprendre* auswendig; *réciter* aus dem Kopf; **connaître qc, qn par ~** etw in- und auswendig kennen, j-n durch und durch kennen; **sans ~** herzlos; **je l'ai, ça m'est resté sur le ~** darüber bin ich (noch) nicht hinweg(gekommen); damit werde ich nicht fertig; ♦ *paroles etc* **aller droit au ~ (à qn)** (j-m) zu Herzen gehen, dringen; j-s Herz bewegen; herzbewegend sein; **avoir le ~ gai** aufgeräumt, gut aufgelegt, guter Dinge sein; **avoir le ~ sensible, tendre** ein weiches, mitfühlendes Herz, ein weiches Gemüt haben; weichherzig sein; **avoir bon ~, du ~, un ~ d'or** ein gutes Herz, ein Herz von Gold haben; **avoir, être un ~ de pierre** ein Herz von Stein haben; **n'avoir de ~ à rien** zu nichts Lust haben; **je n'ai pas le ~ à rire** mir ist nicht nach Lachen zumute; **avoir du ~ à l'ouvrage** mit Schwung, mit Lust und Liebe arbeiten; ganz bei der Sache sein; **je n'ai pas eu le ~ de** *(+inf)* ich habe es nicht übers Herz gebracht, nicht fertiggebracht zu *(+inf)*; **je veux en avoir le ~ net** ich möchte Gewissheit haben, ganz sicher sein; **avoir le ~ sur la main** sehr großzügig sein; freigebig sein; e-e offene Hand haben; **avoir la rage au ~** voller Wut, wutentbrannt sein; **briser, crever, fendre le ~ à qn** j-m das Herz zerreißen, brechen; **si le ~ vous en dit** wenn Sie Lust (dazu) haben; wenn Sie gern wollen; **donner, offrir son ~ à qn** j-m sein Herz schenken; **donner à qn du ~ à l'ouvrage** j-m Auftrieb geben; **écouter son ~** auf sein Herz hören; s-m Herzen folgen; **le ~ n'y est pas** er, sie *etc* ist nicht bei der Sache, ist nicht mit dem Herzen dabei; **faire mal au ~ à qn** j-n schmerzen; j-m (in der Seele) wehtun; **faire le joli ~** den Charmeur spielen; sich wie ein Geck benehmen; **le ~ m'a manqué** ich hab's nicht fertiggebracht, übers Herz gebracht; **mettre, donner**

du ~ au ventre à qn j-m Mut, Auftrieb geben; **parler à ~ ouvert** offen, freimütig, frei *ou* frisch von der Leber weg sprechen; **il ne le porte pas dans son ~** er hat ihn nicht (gerade) ins Herz geschlossen; er ist ihm nicht (besonders) gewogen, *fam* nicht grün; **rester jeune de ~** im Herzen jung bleiben; **venir du ~** von Herzen kommen; *prov:* **~ qui soupire n'a pas ce qu'il désire** dieser Seufzer kam aus dem, aus tiefstem Herzen; **à ~ vaillant rien d'impossible** dem Mutigen gehört die Welt *(prov)*; frisch gewagt ist halb gewonnen *(prov)* **3** *(estomac)* Magen *m*; *fam* **il a le ~ bien accroché** ihm wird nicht so schnell schlecht; *fam* ihm dreht sich nicht so schnell der Magen um; **j'ai mal au ~** mir ist *ou* wird schlecht, übel; **ça me donne mal au ~, ça me soulève le ~** davon wird mir übel; da dreht sich mir der Magen um **4** *fig (centre)* Mittelpunkt *m*; Mitte *f*; *d'un problème, sujet* Kern *m*; Kernpunkt *m*; **au ~ de la ville** mitten in der Stadt; *st/s* im Herzen der Stadt; **au ~ de l'hiver** mitten im Winter; im tiefsten Winter **5** *objet, aux cartes* Herz *n*; **en (forme de) ~** herzförmig; **as** *m etc* **de ~** Herzass *n etc* **6** *de salade* Herz *n*; *d'un fruit, d'un chou* Innere(s) *n*; **~ de palmier** Palm(en)herz *n*; *fromage* **fait à ~** ganz reif; → *a.* artichaut **7** NUCL (Reaktor)Kern *m*

cœur-poumon [kœʀpumõ] M ⟨*pl* cœurs-poumons⟩ MÉD **~ artificiel** Herz-Lungen-Maschine *f*

coexistence [kɔɛgzistɑ̃s] F Nebeneinanderbestehen *n*; gleichzeitiges Vorhandensein; Koexistenz *f*; POL **~ pacifique** friedliche Koexistenz

coexister [kɔɛgziste] VI gleichzeitig, nebeneinander existieren, bestehen; gleichzeitig vorhanden sein; koexistieren

coffrage [kɔfʀaʒ] M CONSTR (Ver-, Ein)Schalung *f*

coffre [kɔfʀ] M **1** Truhe *f*; Kasten *m*; **~ à jouets** Spiel(zeug)kiste *f*; **~ à linge** Wäschetruhe *f* **2** AUTO Kofferraum *m* **3** → coffre-fort **4** *fam fig* **avoir du ~** e-e kräftige Stimme haben

coffre-fort [kɔfʀəfɔʀ] M ⟨*pl* coffres-forts⟩ Safe *m*; Panzer-, Geldschrank *m*; Tresor *m*; Stahlfach *n*; **~ mural** Wandsafe *m*

coffrer [kɔfʀe] VT **1** *fam* **~ qn** j-n einsperren, *fam* einlochen, einbuchten, ins Kittchen sperren; **se faire ~** *fam* eingelocht, eingebuchtet werden; ins Kittchen wandern **2** CONSTR (ver-, ein)schalen

coffret [kɔfʀɛ] M Kästchen *n*; Schatulle *f*; Kassette *f* *(a. pour disques, livres)*; **~ cadeau** Geschenkset *n*; **~ à bijoux** Schmuckkästchen *n*, -kassette *f*

cogérance [kɔʒeʀɑ̃s] F JUR Mitgeschäftsführung *f*; *au sens strict* Mitpacht *f*

cogérer [kɔʒeʀe] VT ⟨-è-⟩ mitverwalten; mitbestimmen in *(+dat)*

cogestion [koʒɛstjõ] F Mitbestimmung *f*

cogitations [kɔʒitasjõ] *plais* FPL Gedanken *mpl*; Überlegungen *fpl*; **cogiter** VI *plais (réfléchir)* (nach)denken; überlegen

cognac [kɔɲak] M Cognac® *m*

cognassier [kɔɲasje] M BOT Quitte(nbaum) *f(m)*

cogne [kɔɲ] M *fam péj* Bulle *m*; Polyp *m*

cognée [kɔɲe] F (Holzfäller)Axt *f*

cognement [kɔɲmɑ̃] M Klopfen *n* *(a. d'un moteur)*; *d'un moteur Diesel* Nageln *n*

cogner [kɔɲe] **A** VT **1** *(heurter)* **~ qc** an etw *(acc)* anstoßen; mit etw (irgendwo) anstoßen; **~ qn** j-n anstoßen **(du coude** mit dem Ellbogen); *fam* j-n puffen, anrempeln **2** *fam (battre)* **~ qn** j-n schlagen, *fam* verhauen, verdreschen, verprügeln **B** VT INDIR **~ à, contre, sur** klopfen, pochen, schlagen an *(+acc)*, gegen, auf *(+acc)*; hämmern gegen; **~ au plafond** an, gegen die Zimmerdecke klopfen; **~ à la porte** (an die Tür) klopfen; anklopfen; *plus fort* an die Tür hämmern; **~ du poing sur la table** mit der Faust auf den Tisch schlagen; *fam* **~ sur qn** auf j-n einschlagen; *fam* j-n verdreschen, verprügeln; **venir ~ contre qc** gegen etw schlagen; an etw *(acc)* anschlagen, (an)stoßen **C** VI klopfen *(a. moteur)*; *moteur Diesel* nageln **D** V/PR **1** **se ~ à, contre qc** sich an etw *(dat)* stoßen; an etw *(acc)* anstoßen; gegen etw stoßen; **se ~ la tête à, contre qc** sich *(dat)* den Kopf an etw *(dat)* anschlagen; mit dem Kopf gegen etw schlagen; *fig* **c'est à se ~ la tête contre les murs** es ist zum Verzweifeln; *fam* man könnte die Wände hochgehen **2** *réciproquement fam* **se ~** *fam* sich (gegenseitig) verhauen, (ver)prügeln

cognition [kɔgnisjõ] F PHIL Erkenntnis *f*; *t/t* Kognition *f*

cohabitation [kɔabitasjõ] F **1** Zusammenleben *n*, -wohnen *n* **2** POL *en France* Zusammenarbeit *f* zwischen dem Staatspräsidenten und der e-r anderen politischen Richtung zugehörigen Regierung

cohabiter [kɔabite] VI zusammenleben, zusammen wohnen **(avec** mit)

cohérence [kɔeʀɑ̃s] F *de vues, d'un système* Zusammenhang *m*; Kohärenz *f*; *d'un groupe* Zusammenhalt *m*

cohérent [kɔeʀɑ̃] ADJ zusammenhängend; kohärent *(a.* PHYS*)*; *groupe* aufeinander abgestimmt; eng verbunden; **raisonnement ~** zusammenhängende, kohärente Argumentation; **former un ensemble, un tout ~** ein harmonisches Ganzes bilden

cohériter [kɔeʀite] VT miterben; Miterbe sein; **cohéritier** [kɔeʀitje] M, **cohéritière** F JUR Miterbe *m*, -erbin *f*

cohésif [kɔezif] ADJ ⟨-ive⟩ PHYS kohäsiv; **cohésion** [kɔezjõ] F **1** PHYS Kohäsion *f* **2** *fig d'un parti etc* Zusammenhalt *m*

cohorte [kɔɔʀt] F **1** HIST Kohorte *f* **2** *fam fig* Trupp *m*; Gruppe *f*; Rudel *n*

cohue [kɔy] F Gedränge *n*; Gewühl *n*; *(foule)* Menschenmenge *f*, -masse *f*

coi [kwa] ADJ ⟨coite [kwat]⟩ **rester, se tenir ~** stillschweigen; still sein; **il en resta ~** es verschlug ihm die Sprache

coiffant [kwafɑ̃] ADJ **1** Haar…; **gel ~** Haargel *n*; **mousse ~e** Schaumfestiger *m* **2** *coupe de cheveux etc* kleidsam

coiffe [kwaf] F *folklorique* (Trachten)Haube *f*; REL Haube *f*

coiffé [kwafe] ADJ **1** **bien, mal ~** gut, schlecht *ou* unordentlich frisiert **2** **être ~ d'une casquette** e-e Mütze tragen, auf dem Kopf haben, aufhaben

coiffer [kwafe] **A** VT **1** *(peigner)* frisieren **2** *(couvrir la tête)* **~ qn d'un bonnet** j-m e-e Mütze aufsetzen; *abs chapeau* **~ bien** kleidsam sein; **~ qn bien** j-m gut stehen; j-n (gut) kleiden **3** *par ext* **~ qc** *(surmonter)* etw überragen; *(recouvrir)* etw bedecken **4** *fig (contrôler)* übergeordnet sein *(+dat)*; kontrollieren **5** SPORTS **~ au poteau** im Ziel abfangen; um e-e Nasenlänge schlagen *(a. fig)* **B** V/PR **se ~** **1** *(se peigner)* sich frisieren; sich *(dat)* die Haare richten, ordnen **2** **se ~ d'une casquette** sich *(dat)* e-e Mütze aufsetzen

coiffeur [kwafœʀ] M Friseur *m*; *a.* Frisör *m*; **~ pour dames, pour hommes** Damen-, Herrenfriseur *m*; **aller chez le ~** zum Friseur gehen

coiffeuse [kwaføz] F **1** *personne* Friseuse *f*; *autrich* Friseurin *f* **2** *meuble* Frisierkommode *f*, -tisch *m*

coiffure [kwafyʀ] F **1** **a** *(coupe de cheveux)* Frisur *f*; Haartracht *f*; **changer de ~** sich anders frisieren **b** *métier* Friseurhandwerk *n*; **salon** *m* **de ~** Friseursalon *m* **2** *(couvre-chef)* Kopfbedeckung *f*

coin [kwɛ̃] M **1** Ecke *f*; Eck *n*; *(angle)* Winkel *m*; **~ cuisine** Kochecke *f*, -nische *f*; **~ repas** Essecke *f*; **~ de la bouche** Mundwinkel *m*; **~ de l'œil** Augenwinkel *m*; **regarder du ~ de l'œil** verstohlen, aus den Augenwinkeln, von der Seite ansehen; **l'épicier** *m* **du ~** der Kaufmann von nebenan, an der Ecke; **regard** *m* **en ~** Seitenblick *m*; *fig* **sourire** *m* **en ~** hämisches Lächeln; ♦ *loc adv:* **au ~ du feu** am Kamin, Herd, Feuer; *fig* zu Hause; in gemütlichem Kreise; **causerie** *f* **au ~ du feu** Plauderei *f* am Kamin; **aux quatre ~s du monde, de la ville** überall in, auf der Welt, in der Stadt; **disperser aux quatre ~s du monde** in alle Winde zerstreuen; **au ~ de la rue** an der Straßenecke; **à tous les ~s de rue** an jeder Straßenecke; überall; *fig:* **dans un ~ charmant** in, an e-m bezaubernden Fleckchen Erde; in e-m reizenden Winkel; **dans un ~ de sa mémoire** in e-m Winkel s-s Gedächtnisses; *à un enfant: si tu n'es pas sage,* **tu vas aller au ~, on va te mettre au ~** musst du in der Ecke stehen; *fam fig* **ça t'en bouche un ~** *fam* da staunste, biste platt *ou* baff (, was?); **chercher dans tous les ~s** überall, in jedem Winkel suchen; **faire le ~ de la rue X et la rue Y** *maison* an der Ecke X- und Y-Straße stehen, *terrain* liegen; **maison qui fait le ~** *a.* Eckhaus *n*; **jeter, mettre qc dans un ~** etw in die Ecke stellen; etw weglegen; *jeu d'enfants* **jouer aux quatre ~s** „Bäumchen, wechsle dich" spielen; *fig* **soulever un ~ du voile** e-n Zipfel des Schleiers lüften; **venir des quatre ~s du monde** aus allen Himmelsrichtungen, aus aller Herren Länder, *fam* von allen Ecken und Enden der Welt kommen; *fig* **je ne voudrais pas le rencontrer au ~ d'un bois** dem möchte ich nicht im Dunkeln *ou* im (dunklen) Wald begegnen **2** *(petit espace)* Fleckchen *n* (Erde); **un joli ~** ein reizendes Fleckchen Erde; **un ~ de ciel bleu** ein Fleckchen, ein Zipfel *m* blauer Himmel; **acheter un ~ de terre** ein Stück Land kaufen; **vous êtes du ~?** sind Sie von hier, von der Gegend? **3** *fam fig* **le petit ~** *fam* das (stille) Örtchen; **aller au petit ~** *fam* mal (verschwinden) müssen; aufs Örtchen müssen **4** CH DE FER **(place** *f* **de) ~** Eckplatz *m*; **~ couloir** Eckplatz am Gang; **~ fenêtre** Fensterplatz *m* **5** *dans un journal* **le ~ du philatéliste** die Briefmarkenecke *f* **6** *pour photos* Fotoecke *f* **7** TECH Keil *m* *(zum Spalten)* **8** *(poinçon)* Prägestempel *m*

coincement [kwɛ̃smɑ̃] M TECH Verklemmtsein *n*

coincer [kwɛ̃se] ⟨-ç-⟩ **A** VT **1** **~ qc** etw einklemmen; TECH etw ver-, festkeilen; **~ qn** j-n einklemmen **(entre** zwischen *+dat*); j-n quetschen, drücken **(contre** gegen); *adjt* **être coincé** *mécanisme, tiroir* verklemmt sein; klemmen; *personne dans la foule etc* eingekeilt sein; *(inhibé)* verklemmt, gehemmt sein **2** *fam fig (coller)* **~ qn** j-n in die Enge treiben; *fam* j-n festnageln **3** *fam fig* **~ le voleur** den Dieb erwischen, *fam* schnappen **B** VI **1** *porte etc* klemmen *(a. fig)* **2** *pop* **ça coince** da stinkt's **C** V/PR **1** *mécanisme* **se ~** sich verklemmen **2** **se ~ le doigt** sich *(dat)* den Finger einklemmen

coïncidence [kɔɛ̃sidɑ̃s] F **1** Zusammentreffen *n*; (zeitliches) Zusammenfallen; Fügung *f*; Zufall *m*; **heureuse ~** glückliche Fügung; **quelle ~!** so ein Zufall!; **c'est une simple ~** das ist (ein) reiner Zufall **2** MATH Kongruenz *f*; Deckungsgleichheit *f*

coïncident [kɔɛ̃sidɑ̃] ADJ MATH kongruent; deckungsgleich

coïncider [kɔɛ̃side] VI 1 *dates, événements* (zeitlich) zusammentreffen, -fallen (**avec** mit) 2 *témoignages* (miteinander) übereinstimmen; sich decken 3 MATH deckungsgleich, kongruent sein 4 *deux parties* **faire** ~ passend aneinanderlegen
coin-coin [kwɛ̃kwɛ̃] A INT quak, quak! B M ⟨inv⟩ Quaken *n*
co-inculpé(e) *ou* **coïnculpé(e)** [koɛ̃kylpe] M(F) JUR Mitbeschuldigte(r) *m/f(m)*
coing [kwɛ̃] M BOT Quitte *f*; *fam fig* **jaune comme un** ~ quitte(n)gelb
Coire [kwaʀ] GÉOG Chur *n*
coït [kɔit] M Beischlaf *m*; Koitus *m*
coite [kwat] → coi
coke[1] [kɔk] M Koks *m*; ~ **métallurgique** Hüttenkoks *m*
coke[2] [kɔk] F *fam (cocaïne) fam* Koks *m*; Schnee *m*
cokéfaction [kɔkefaksjõ] F TECH Verkokung *f*; **cokéfier** VT verkoken
cokerie [kɔkʀi] F Kokerei *f*
col [kɔl] M 1 Kragen *m*; ~ **cassé** Stehkragen *m* mit umgebogenen Ecken; ~ **Claudine** runder Kragen; Bubikragen *m*; ~ **Danton** Schillerkragen *m*; ~ **droit, officier** Stehkragen *m*; Bündchen *n*; Stehbörtchen *n*; **faux** ~ a abknöpfbarer Kragen b *fam fig d'un verre de bière* Schaum *m*; *fam* Feldwebel *m*; ~ **roulé** Rollkragen *m*; *fam* **pull** *m* **à** ~ **roulé** Rollkragenpullover *m*, *fam* -pulli *m*; *fam* Rolli *m*; ~ **de chemise, de fourrure** Hemd-, Pelzkragen *m* 2 *fig* ~**s blancs** Angestellte(n) *mpl*; *fam* ~ **bleu** Matrose *m*; **les** ~**s bleus** *fam* die blauen Jungs 3 *d'un récipient*, ANAT Hals *m*; ~ **du fémur, de l'utérus** Oberschenkel-, Gebärmutterhals *m* 4 GÉOG (Gebirgs)Pass *m*; **le** ~ **du Brenner** der Brenner (-pass); **passer un** ~ e-n Pass überqueren; über e-n Pass fahren
cola → kola
colback [kɔlbak] M *fam* **attraper qn par le** ~ *fam* j-n am Schlafittchen packen
col-bleu [kɔlblø] *fam* M ⟨*pl* cols-bleus⟩ Matrose *m (der Kriegsmarine)*; *fam* Teerjacke *f*; *pl* **cols-bleus** *a. fam* blaue Jungs *mpl*
colchique [kɔlʃik] M BOT Herbstzeitlose *f*
col-de-cygne [kɔldəsiɲ] M ⟨*pl* cols-de-cygne⟩ TECH Schwanenhals *m*
colégataire [kɔlegatɛʀ] M/F JUR Mitvermächtnisnehmer(in) *m(f)*
coléoptère [kɔleɔptɛʀ] M ZOOL Käfer *m*
colère [kɔlɛʀ] F 1 Zorn *m*; *plus fort* Wut *f*; *(rogne)* Ärger *m*; ~ **noire** helle, blinde, maßlose, sinnlose Wut; **être dans une** ~ **noire** vor Wut kochen; *fam* fuchsteufelswild sein; *fig* ~ **du ciel** *ou* **divine** Zorn Gottes, des Himmels; *loc adv*: **avec** ~ zornig; wütend; **de** ~ vor Zorn, Wut; **dans un mouvement de** ~**, sous le coup de la** ~ in e-r Anwandlung, Aufwallung von Zorn; im Zorn; **entrer dans une** ~ **terrible** in helle Wut geraten; *fam* fuchsteufelswild werden; **être en** ~ **(contre qn)** zornig, böse, wütend sein (auf, über j-n); *fam* fuchtig sein; **mettre qn en** ~ j-n zornig, böse, wütend machen; **se mettre en** ~ zornig, böse, wütend werden; in Zorn, Wut geraten; aufbrausen; **passer sa** ~ **sur qn, qc** s-n Zorn an j-m, etw auslassen, abreagieren; *prov* **la** ~ **est mauvaise conseillère** der Zorn ist ein schlechter Ratgeber 2 *accès* Wutanfall *m*, -ausbruch *m*; *enfant* **faire une**, *fam* **sa** ~ e-n Wutanfall haben, kriegen; *fam* **piquer une** ~ e-n Wutanfall, *fam* e-n Koller, e-n Raptus kriegen 3 *fig des éléments* Wüten *n*; Toben *n*; **flots** *mpl* **en** ~ tobende Fluten *fpl*
coléreux [kɔleʀø] ADJ ⟨-euse⟩ *ou* **colérique** ADJ jähzornig; aufbrausend; cholerisch
Colette [kɔlɛt] F *Vorname*
colibacille [kɔlibasil] M BIOL Kolibakterium *n*; **colibacillose** F MÉD durch Kolibakterien hervorgerufene Krankheit
colibri [kɔlibʀi] M ZOOL Kolibri *m*
colifichet [kɔlifiʃɛ] M (billiger) Schmuckgegenstand; ~**s** *pl a. fam* Kinkerlitzchen *npl*; Firlefanz *m*
colimaçon [kɔlimasõ] M 1 ZOOL Schnecke *f* 2 **escalier** *m* **en** ~ Wendeltreppe *f*
colin [kɔlɛ̃] M ZOOL Seehecht *m*; Hechtdorsch *m*
colin-maillard [kɔlɛ̃majaʀ] M **jouer à** ~ Blindekuh spielen
colinot [kɔlino] M ZOOL junger Seehecht, Hechtdorsch
colique [kɔlik] F 1 *douleurs* Kolik *f*; ~ **hépatique, néphrétique** Gallen-, Nierenkolik *f* 2 *(diarrhée)* Durchfall *m*; **avoir la** ~ a Durchfall haben b *fam fig (avoir peur) fam* Bammel, Manschetten, *pop* Schiss haben 3 *pop fig* **quelle** ~! wie lästig!; *fam* was für ein Kreuz!; **donner la** ~ **à qn** *fam* j-m auf den Wecker fallen
colis [kɔli] M Paket *n*; CH DE FER Frachtstück *n*; Stückgut *n*; Kollo *n*; ~ **postal** Postpaket *n*; **faire un** ~ ein Paket machen, packen
Colisée [kɔlize] *à Rome* **le** ~ das Kolosseum
colistier [kɔlistje] M POL mit auf der Liste stehender Kandidat; Mitbewerber *m*
colite [kɔlit] F MÉD Kolitis *f*
collabo [kɔlabo] M *fam* ABR → collaborateur 2
collaborateur [kɔlabɔʀatœʀ] M, **collaboratrice** F 1 Mitarbeiter(in) *m(f)* 2 M POL *et péj* Kollaborateur *m*
collaboration [kɔlabɔʀasjõ] F 1 Mitarbeit *f*; Mitwirkung *f*; Zusammenarbeit *f*; **en** ~ als Gemeinschaftsarbeit; **en** ~ **avec** unter Mitarbeit von *(ou +gén)*; in Zusammenarbeit mit; **apporter sa** ~ **à qc** an etw *(dat)* mitarbeiten; **être le fruit d'une** ~ **entre** ... das Ergebnis der Zusammenarbeit von *(ou +gén)* sein 2 POL *et péj* Zusammenarbeit *f* mit dem Feind; Kollaboration *f*
collaborer [kɔlabɔʀe] A VT INDIR ~ **à qc** an etw *(dat)* mitarbeiten, mitwirken; ~ **à un journal** *a.* Mitarbeiter *m* e-r Zeitung sein; für e-e Zeitung schreiben; ~ **avec qn** mit j-m zusammenarbeiten B VI 1 zusammenarbeiten 2 POL *et péj* mit dem Feind zusammenarbeiten; kollaborieren
collage [kɔlaʒ] M 1 (An-, Auf)Kleben *n* 2 BEAUX-ARTS Collage *f* 3 *fam (concubinage)* wilde Ehe
collagène [kɔlaʒɛn] M BIOL Kollagen *n*
collant [kɔlɑ̃] A ADJ 1 *(adhésif)* klebend; Klebe...; **papier** ~ Klebepapier *n* 2 *doigts etc* klebrig; *riz, nouilles* breiig; *fam* pappig; *all Nord* pampig 3 *robe, jeans etc* eng anliegend; hauteng 4 *fam fig personne* zu-, aufdringlich; **ce qu'il est** ~**, ce qu'elle est** ~**e!** was für e-e Klette! B SUBST 1 M Strumpfhose *f*; *de danse* Hose *f* 2 ÉCOLE *fam* ~**e** *f* schriftliche Aufforderung, sich zur Prüfung einzufinden
collapsus [kɔlapsys] M MÉD Kollaps *m*; ~ **cardio-vasculaire** Kreislaufkollaps *m*
collatéral [kɔlateʀal] ADJ ⟨-aux⟩ 1 Seiten...; Neben...; ARCH **nef** ~**e** Seitenschiff *n* 2 JUR Seiten...; **parents collatéraux** *ou subst* **collatéraux** *mpl* Verwandte *mpl* in der Seitenlinie 3 MIL **dégâts, dommages collatéraux** Kollateralschäden *mpl*
collation [kɔlasjõ] F *(goûter)* Imbiss *m*
collationner [kɔlasjɔne] A VT *des textes* kollationieren B *plais* VI e-n Imbiss zu sich nehmen
colle [kɔl] F 1 Klebstoff *m*; Leim *m*; Kleber *m*; TEXT Schlichte *f*; ~ **forte** Alleskleber *m*; ~ **à bois** Holzleim *m*; ~ **d'amidon** Kleister *m*; ~ **de bureau** Bürokleber *m*, -klebstoff *m*; ~ **de pâte** Mehlkleister *m*; ~ **de poisson** Fischleim *m*; *par ext riz, nouilles* **c'est de la** ~ *fam* das ist der reinste Papp, *all Nord* die reinste Pampe; *fam plais* **faites chauffer la** ~! *fam* da hat's gescheppert! 2 *fam fig* **être, vivre à la** ~ in wilder Ehe leben 3 *fam* ÉCOLE a *(retenue)* Nachsitzen *n*; Arrest *m*; **avoir, donner deux heures de** ~ zwei Stunden nachsitzen müssen, nachsitzen lassen (**à qn** j-n) b *(question difficile)* schwierige, knifflige, ausgetüftelte Frage; **poser une** ~ **à qn** j-m e-e knifflige Frage stellen; j-n in die Enge treiben c *(interrogation écrite)* ~ **de maths** Extemporale *n*, *fam* Ex *f* in Mathe; Mathearbeit *f*
collecte [kɔlɛkt] F 1 *de fonds, de dons* (Geld-, Spenden)Sammlung *f*; ~ **et traitement des déchets** Abfallbeseitigung *f*; **faire, organiser une** ~ **pour, au profit de** ... sammeln, e-e Sammlung veranstalten für *(+acc)*, zugunsten *(+gén)* 2 *(ramassage)* (Ein)Sammeln *n (a.* AGR *du lait)*
collecter [kɔlɛkte] VT 1 *fonds, dons* sammeln 2 *(ramasser)* (ein)sammeln
collecteur [kɔlɛktœʀ] A M 1 ÉLEC Kollektor *m*; Kommutator *m*; Stromwender *m*; ~ **d'ondes** Empfangsantenne *f* 2 ~ *ou adjt* **égout** ~ Haupt(sammel)kanal *m*; Sammler *m* B ADJ ⟨-trice⟩ Sammel...
collectif [kɔlɛktif] A ADJ ⟨-ive⟩ kollektiv; Kollektiv...; Gemeinschafts...; gemeinsam; Sammel...; Massen...; CH DE FER **billet** ~ Sammelfahrschein *m*; PSYCH **conscience collective** Kollektivbewusstsein *n*; POL **convention collective** Tarifvertrag *m*; **délire** ~ Massenwahn *m*; **démarche collective** gemeinsamer Schritt *(fig)*; **licenciement** ~ Massenentlassung *f*; GRAM **nom** ~ *ou subst* ~ *m* Kollektivum *n*; Kollektiv-, Sammelbegriff *m*; Sammelname *m*; **œuvre collective** Gemeinschaftswerk *n*; **propriété collective** Kollektiv-, Gemeineigentum *n*; **responsabilité collective** Kollektivschuld *f*; **taxi collectif** Sammeltaxi *n* B M FIN ~ **budgétaire** Nachtragshaushalt *m*
collection [kɔlɛksjõ] F 1 Sammlung *f*; ~ **complète des œuvres de** ... gesammelte Werke von ...; ~ **privée** Privatsammlung *f*; ~ **de médailles, d'objets d'art, de tableaux, de timbres** Münz-, Kunst-, Bilder-, Briefmarkensammlung *f*; **pièce** *f* **de** ~ Sammlerstück *n*; **faire** ~ **de timbres** *etc* Briefmarken *etc* sammeln 2 *d'un éditeur* (Buch)Reihe *f*; ~ **(de livres) de poche** Taschenbuchreihe *f*; *de revues etc* **avoir la** ~ **complète depuis** ... die vollständigen Jahrgänge seit ... haben 3 *fig (quantité)* Menge *f*; große Zahl; ganze Sammlung 4 COMM (Muster)Kollektion *f*; *d'un grand couturier* Kollektion *f*; ~ **d'été** Sommerkollektion *f*
collectionner [kɔlɛksjɔne] VT 1 sammeln 2 *fig et iron: bonnes ou mauvaises notes, amendes etc* **il les collectionne** sie häufen sich bei ihm; er hat schon e-e ganze Sammlung davon; *petit(e)s ami(e)s* **il, elle les collectionne** er *ou* sie hat an jedem Finger eine *ou* einen, an jedem Finger zehn
collectionneur [kɔlɛksjɔnœʀ] M, **collectionneuse** F Sammler(in) *m(f)*; **collectionneur, collectionneuse de timbres, d'objets d'art** Briefmarken-, Kunstsammler(in) *m(f)*
collectivement [kɔlɛktivmɑ̃] ADV kollektiv; gemeinschaftlich; gemeinsam; GRAM *mot* **pris** ~ als Kollektivbegriff
collectivisation [kɔlɛktivizasjõ] F Kollektivierung *f*; **collectiviser** VT kollektivieren; in Gemeineigentum überführen; **collectivisme** M Kollektivismus *m*; **collectiviste** A ADJ kollektivistisch B M Kollektivist *m*
collectivité [kɔlɛktivite] F 1 Gemeinschaft *f*;

Gesamtheit *f*; Kollektiv *n* (*a.* POL); **à la charge de la ~** zulasten des Staates, der Allgemeinheit 2 ADMIN **~ locale** Gebietskörperschaft *f*; **collectivité d'outre-mer** (französisches) Übersee-Territorium

collège [kɔlɛʒ] M 1 Gesamtschule *f* (*vierklassige Ganztagsschule der Sekundarstufe I*); → *a.* C.E.S. 2 **Collège de France** *Hochschule in Paris, deren Vorlesungen von jedem besucht werden können, an der aber keine Diplome vergeben werden* 3 **~ électoral** Wähler *mpl* (e-s Wahlkreises) 4 ÉGL CATH **le Sacré Collège** das Kardinalskollegium; das Heilige Kollegium

collégial [kɔleʒjal] ADJ ⟨-aux⟩ 1 ÉGL CATH Stifts…; **église ~e** *ou subst* **~e** *f* Stiftskirche *f* 2 (*en commun*) kollegial; durch ein Kollegium erfolgend

collégialité [kɔleʒjalite] F kollegiale Leitung; ÉGL CATH Kollegialität *f*

collégien [kɔleʒjɛ̃] M, **collégienne** F 1 Schüler(in) *m(f)* e-s „collège"; Oberschüler(in) *m(f)*; Gymnasiast(in) *m(f)* 2 M *fig* naiver Mensch; Schuljunge *m*; *fam* Naivling *m*

collègue [kɔlɛg] M/F (Berufs-, Arbeits)Kollege *m*, (-)Kollegin *f*

coller [kɔle] A V/T 1 *affiche, papier peint* ankleben; *timbre* aufkleben; *morceau de bois* anleimen; *deux choses ensemble* (zusammen)kleben, (-)leimen; *chose* **~ qc** etw verkleben; *personne* **~ qc dans** etw (ein)kleben in (*+acc*); **~ une enveloppe** einen Briefumschlag zukleben; **~ un timbre sur** e-e Briefmarke kleben auf (*+acc*); *adjt* **être collé** verklebt sein; **être collé à** angeklebt sein an (*+dat*) 2 *fig visage, oreille* drücken, pressen (**contre, à** an *+acc*); **~ son œil au trou de la serrure** sein Auge ans Schlüsselloch drücken 3 *fam fig* **~ qc à qn** *fam* j-m etw anhängen, verpassen, aufhalsen; **~ une gifle à qn** *fam* j-m eine kleben, schmieren; **il lui a collé son poing dans la figure** *fam* er hat ihm s-e Faust ins Gesicht gepflanzt; **~ un zéro à un élève** *fam* e-m Schüler e-e Sechs verpassen; **~ qc dans un coin, par terre** *fam* etw in e-n Winkel, auf den Boden schmeißen, pfeffern; **~ qn au mur** (*fusiller*) *fam* j-n an die Wand stellen; **~ qn en prison** *fam* j-n einbuchten, einlochen 4 *fam fig* **~ qn** wie e-e Klette an j-m hängen; *adjt* **être toujours collés ensemble** immer zusammen sein; *fam* wie die Kletten aneinanderhängen 5 *fam un élève* a *avec une question* in die Enge treiben; e-e schwierige, knifflige Frage stellen (**qn** j-m) b *à un examen* durchfallen, *fam* durchrasseln lassen; **être collé, se faire ~** *fam* durchfliegen, -rasseln, -segeln c *punir* nachsitzen lassen; *fam* Arrest aufbrummen (*+dat*); **être collé** nachsitzen müssen B V/T INDIR *et* V/I 1 (*adhérer*) kleben (**à** an *+dat*); *par ext vêtement* **~ (au corps à qn)** hauteng sein; (j-m) am Körper kleben; **j'ai les doigts qui collent** meine Finger kleben, sind klebrig 2 *fig: mot* **~ à la pensée de qn** j-s Gedanken präzise, treffend ausdrücken, wiedergeben; *description* **~ à la réalité** die Wirklichkeit treffend darstellen; *péj traduction* **~ au texte** zu sehr am Text kleben 3 *fam fig* **ça colle** *fam* es, das klappt; es, das haut hin; **ça ne colle pas entre eux** *fam* es klappt nicht bei, zwischen ihnen C V/PR 1 *fig* **se ~ contre qc, qn, à qc** sich an etw, j-n (an)schmiegen, pressen, drücken 2 *fam fig*: **se ~ devant la télévision** *fam* vor dem, sich vor den Fernseher hocken; **colle-toi là** *fam* hock dich da hin; *péj* **se ~ du noir aux yeux** *fam péj* sich (*dat*) die Augen schwarz anmalen, anschmieren; **se ~ un travail** *etc fam* sich (*dat*) e-e Arbeit *etc* aufhalsen

collerette [kɔlʀɛt] F Halskrause *f*

collet [kɔlɛ] M 1 LOC ADJ **~ monté** steif; (sehr) förmlich; **prendre, saisir qn au ~** j-n am Kragen, *fam* Schlafittchen packen, *fam* kriegen 2 CH Schlinge *f* 3 ANAT Zahnhals *m*

colleter [kɔlte] V/PR ⟨-tt-⟩ **se ~** sich schlagen, prügeln

colleur [kɔlœʀ] M **~ d'affiches** Plakat(an)kleber *m*; *autrich* Plakatierer *m*

colleuse [kɔløz] F CINÉMA Klebepresse *f*

colley [kɔlɛ] *ou* **collie** [kɔli] M ZOOL Collie *m*

collier [kɔlje] M 1 Halsband *n*, -kette *f*; Kollier *n*; **~ de fleurs** Blumenkette *f*; **~ de perles** Perlenkette *f*, -kollier *n*, -schnur *f* 2 *d'animaux* Halsband *n*; **~ de chien** Hundehalsband *n*; **~ de force** Stachelhalsband *n* 3 *d'un cheval* Kum(me)t *n*; *fig*: **franc du ~** offen (*im Reden, Handeln*); **donner un coup de ~** sich ins Zeug legen; **reprendre son ~ (de misère)** wieder ins Joch gespannt werden 4 **~ (de barbe)** Fräse *f* 5 ZOOL andersfarbiger Halsring 6 TECH Schelle *f* 7 BOUCHERIE Hals *m*

collimateur [kɔlimatœʀ] M OPT Kollimator *m*; *fam fig*: **avoir qn dans le ~** *fam* j-n auf dem Kieker haben; **prendre qn dans le ~** j-n aufs Korn nehmen

colline [kɔlin] F Hügel *m*

collision [kɔlizjõ] F Zusammenstoß *m*, Kollision *f* (*a. fig*); Zusammenprall(en) *m(n)*; *fig* **~ d'intérêts** Interessenkollision *f*; **~ en chaîne** Massenkarambolage *f*; Serienunfall *m*; **~ entre deux véhicules** Zusammenstoß zweier Fahrzeuge, zwischen zwei Fahrzeugen; **entrer en ~** zusammenstoßen (**avec** mit)

collocation [kɔlɔkasjõ] F 1 JUR Rangzuweisung *f* 2 LING Kollokation *f*

collodion [kɔlɔdjõ] M CHIM Kollodium *n*

colloïdal [kɔlɔidal] ADJ ⟨-aux⟩ CHIM kolloidal

colloque [kɔlɔk] M Kolloquium *n*; **tenir un ~** ein Kolloquium abhalten

collusion [kɔlyzjõ] F abgekartetes Spiel

collutoire [kɔlytwaʀ] M PHARM Mund- und Rachenantiseptikum *n*

collyre [kɔliʀ] M PHARM Augentropfen *mpl*; **~ gras** Augensalbe *f*

colmatage [kɔlmataʒ] M Abdichten *n*

colmater [kɔlmate] A V/T 1 *fuite, fissure* abdichten; zustopfen 2 MIL *brèche* abriegeln B V/PR **se ~** *tuyau etc* verschlammen

colo [kɔlo] F *fam* ABR → colonie 3

colocataire [kɔlɔkatɛʀ] M/F Mitbewohner(in) *m(f)* e-s Mietshauses; Mitmieter(in) *m(f)*

Cologne [kɔlɔɲ] Köln *n*

Colomb [kɔlõ] HIST **Christophe ~** Christoph Kolumbus

colombage [kɔlõbaʒ] M ARCH Fachwerk *n*; **maison *f* à ~s** Fachwerkhaus *n*

colombe [kɔlõb] F 1 ZOOL Taube *f* (*a. fig*, POL, REL); *fig* **~ de la paix** Friedenstaube *f* 2 *terme d'affection* **ma ~** mein Täubchen *n*

Colombie [kɔlõbi] **la ~** Kolumbien *n*

colombien [kɔlõbjɛ̃] A ADJ ⟨~ne⟩ kolumbianisch; kolumbisch B SUBST **Colombien(ne)** *m(f)* Kolumbianer(in) *m(f)*; Kolumbier(in) *m(f)*

colombier [kɔlõbje] M Taubenschlag *m*, -haus *n*

colombin [kɔlõbɛ̃] M 1 *fam* (*étron*) Kothaufen *m*; *fam* Kaktus *m* 2 POTERIE Tonwulst *m ou f*

colombo [kɔlõbo] M 1 *indische Gewürzmischung* 2 *mit e-r indischen Gewürzmischung zubereitetes karibisches Gericht*

colombophile [kɔlõbɔfil] A ADJ **société *f* ~** Brieftaubenzüchterverein *m* B M/F Brieftaubenzüchter(in) *m(f)*; **colombophilie** F Brieftaubenzucht *f*

colon [kɔlõ] M 1 HIST (An)Siedler *m*; Kolonist *m* 2 *enfant* Kind *n* in e-r Ferienkolonie 3 *arg militaire* (*colonel*) Oberst *m*; *fam fig* **ben, mon ~!** *fam* da biste platt, von den Socken!

côlon [kolõ] M ANAT Grimmdarm *m*; *t/t* Kolon *n*

colonel [kɔlɔnɛl] M MIL Oberst *m*

colonial [kɔlɔnjal] ⟨*mpl* -aux⟩ A ADJ kolonial; Kolonial…; **casque ~** Tropenhelm *m*; **guerre ~e** Kolonialkrieg *m*; **puissance ~e** Kolonialmacht *f*; ARCH **de style ~** im Kolonialstil B SUBST 1 M HIST Angehörige(r) *m* der Kolonialtruppen 2 F **~e** HIST Kolonialarmee *f*

colonialisme [kɔlɔnjalism] M *péj* Kolonialismus *m*; **colonialiste** *péj* A ADJ kolonialistisch B M Kolonialist *m*

colonie [kɔlɔni] F 1 HIST Kolonie *f*; Niederlassung *f*; Siedlung *f*; POL Kolonie *f* 2 *fig dans une ville* Kolonie *f*; **~ d'artistes** Künstlerkolonie *f* 3 **~ (de vacances)** Ferienkolonie *f*, -lager *n*; **partir en ~** in e-e Ferienkolonie fahren 4 BIOL Kolonie *f*; **~ d'abeilles** Bienenvolk *n*; **~ de termites** Termitenkolonie *f*

colonisateur [kɔlɔnizatœʀ] A ADJ ⟨-trice⟩ kolonisatorisch; kolonisierend B M Kolonisator *m*; **colonisation** F Kolonisierung *f*; Kolonisation *f*; Besied(e)lung *f*

coloniser [kɔlɔnize] V/T kolonisieren; besiedeln

colonnade [kɔlɔnad] F ARCH Kolonnade *f*; Säulenreihe *f*

colonne [kɔlɔn] F 1 ARCH Säule *f* (*a. d'un meuble*); *d'un lit a.* Pfosten *m*; *par ext* **~ Morris** [mɔʀis] Litfaß-, Anschlagsäule *f* 2 *fig* Säule *f*; GÉOL **~s basaltiques** Basaltsäulen *fpl*; PHYS **~ d'air, d'eau, de mercure** Luft-, Wasser-, Quecksilbersäule *f*; **~ de feu, de fumée** Feuer-, Rauchsäule *f*; MYTH **les ~s** *d'Hercule* die Säulen des Herkules, Herakles 3 TECH a CONSTR **~ montante** Steigleitung *f*, -rohr *n* b AUTO **~ de direction** Lenksäule *f* c CHIM **~ (de distillation)** (Destillations)Kolonne *f* 4 ANAT **~ vertébrale** Wirbelsäule *f*; Rückgrat *n* 5 *d'un journal etc* Spalte *f*; Kolumne *f*; *de chiffres* Kolonne *f*; **~s de chiffres** Zahlenkolonnen *fpl*; **~ des dizaines** Zehnerkolonne *f*; *par ext* **dans les ~s du journal X** in der Zeitung X; *texte* **sur deux, trois ~s** zwei-, dreispaltig; *titre* **sur cinq ~s à la une** über fünf Spalten auf der ersten Seite 6 MIL, *d'individus, de véhicules* Kolonne *f*; POL **cinquième ~** fünfte Kolonne; **~ de blindés** Panzerkolonne *f*; **~ de secours** Rettungsmannschaft *f*; **~ par deux, trois** Zweier-, Dreierkolonne *f*, -reihe *f*

colonnette [kɔlɔnɛt] F ARCH kleine Säule

colophane [kɔlɔfan] F Kolophonium *n*

coloquinte [kɔlɔkɛ̃t] F BOT Koloquinte *f*

colorant [kɔlɔʀɑ̃] A ADJ Farb…; **matière ~e** Farbstoff *m*; **shampooing ~** Tönungsshampoo *n* B M Farbstoff *m*; Farbe *f*; **~ alimentaire** Lebensmittelfarbstoff *m*

coloration [kɔlɔʀasjõ] F 1 (*couleur*) Färbung *f*; Farbe *f*; *ciel etc* **prendre une ~ étrange** e-e seltsame Farbe, Färbung annehmen 2 *action* Färben *n*; *par ext* **se faire faire une ~** sich (*dat*) die Haare färben lassen

colorature [kɔlɔʀatyʀ] F MUS **~** *ou adjt* **cantatrice *f* ~** Koloratursängerin *f*

coloré [kɔlɔʀe] ADJ 1 *teint* rot; blühend; gesund; **verre ~** farbiges Glas; Farbglas *n* 2 *fig* farbig; **description ~e** farbige Beschreibung; **spectacle ~** farbenprächtiges, farbenfrohes Schauspiel; **style ~** farbiger Stil 3 *fig et st/s* **~ de** gemischt mit; **~ d'ironie** ironisch gefärbt

colorer [kɔlɔʀe] A V/T färben; **~ en bleu** blau färben B V/PR **se ~** sich färben (**de rouge** rot)

coloriage [kɔlɔʀjaʒ] M Malen *n* (mit Buntstift); *d'images* Ausmalen *n*; **album *m* de ~s** Malbuch *n*; **faire du ~, des ~s** (mit Buntstiften) malen

colorier [kɔlɔʀje] V/T 1 *enfant: dessin* ausmalen;

C

abs malen; **album** *m* **à ~** Malbuch *n* **2** *estampe etc* kolorieren

coloris [kɔlɔʀi] M **1** PEINT Kolorit *n*; Farbgebung *f ou* -wirkung *f* **2** *par ext* Farbe *f*; Färbung *f*; **aux riches ~** farbenprächtig

coloriste [kɔlɔʀist] M/F Kolorist(in) *m(f)*

coloscopie [kɔlɔskɔpi] F MÉD Darmspiegelung *f*

colossal [kɔlɔsal] ADJ ‹-aux› riesenhaft; Riesen…; gewaltig; gigantisch; ungeheuer; kolossal; Kolossal…; **fortune ~e** gewaltiges Vermögen; Riesenvermögen *n*; **statue ~e** Kolossalstatue *f*; *personne* **d'une taille ~e** riesen-, hünenhaft; **faire un effort ~ pour** *(+inf)* sich gewaltig anstrengen, um zu *(+inf)*

colossalement [kɔlɔsalmɑ̃] ADV gewaltig; ungeheuer

colosse [kɔlɔs] M Koloss *m (statue et fig)*; *fig d'une industrie, institution* Gigant *m*; Riese *m*; *fig* **~ aux pieds d'argile** Koloss auf tönernen Füßen; HIST **~ de Rhodes** Koloss von Rhodos; *personne* **c'est un vrai ~** er ist ein wahrer Koloss, Hüne

colostrum [kɔlɔstʀɔm] M PHYSIOL Kolostrum *n*; Vormilch *f*

colportage [kɔlpɔʀtaʒ] M COMM Hausieren *n*; Hausierhandel *m*

colporter [kɔlpɔʀte] V/T **1** COMM hausieren (gehen) mit **2** *fig* **~ une nouvelle** eine Neuigkeit überall herumerzählen; mit einer Neuigkeit hausieren gehen

colporteur [kɔlpɔʀtœʀ] M, **colporteuse** F Hausierer(in) *m(f)*

colt [kɔlt] M Colt *m*

coltiner [kɔltine] V/PR *fam* **se ~ qn, un travail** *fam* sich *(dat)* j-n, e-e Arbeit aufhalsen; **il faut se le ~** er ist schwer zu ertragen

columbarium [kɔlɔ̃baʀjɔm] M Urnenhalle *f*; Kolumbarium *n*

col-vert [kɔlvɛʀ] M ZOOL ‹*pl* cols-verts› Stockente *f*

colza [kɔlza] M AGR Raps *m*; **huile** *f* **de ~** Rapsöl *n*

COM [kɔm] F ABR (collectivité d'outre-mer) (französisches) Übersee-Territorium

coma [kɔma] M MÉD tiefe Bewusstlosigkeit; *t/t* Koma *n*; **~ dépassé** Gehirntod *m*; **~ diabétique** Zuckerkoma *n*; **entrer dans le ~** in tiefe Bewusstlosigkeit versinken; **être dans le ~** im Koma sein, liegen; **sortir du ~** aus dem Koma erwachen

comateux [kɔmatø] MÉD **A** ADJ ‹-euse› komatös; **état ~** komatöser Zustand; Koma *n* **B** M Kranke(r) *m*, Patient *m* im Koma

combat [kɔ̃ba] M Kampf *m (a. fig et* SPORTS*)*; MIL *a.* Gefecht *n*; **~ aérien** Luftkampf *m*; **~ naval** Seegefecht *n*; *litt* **~ singulier** Zweikampf *m*; **~ terrestre** Erdkampf *m*; **~ de boxe** Boxkampf *m*; **~ de coqs** Hahnenkampf *m*; HIST **~ de gladiateurs** Gladiatorenkampf *m*; **~s de rues** MIL Straßenkämpfe *mpl*; *par ext* Straßenschlacht *f*; *loc adj*: **de ~** Kampf…; **avion** *m* **de ~** Kampfflugzeug *n*; MIL *et fig* **°hors de ~** außer Gefecht; kampfunfähig; **mettre °hors de ~** außer Gefecht setzen; kampfunfähig machen; **être (mis) °hors de ~** außer Gefecht gesetzt sein; kampfunfähig sein; *plais* **et le ~ cessa faute de combattants** die Schlägerei war vorbei, weil alle kampfunfähig waren; *par ext* die Diskussion endete, weil niemandem mehr etwas einfiel; MIL **livrer (un) ~** e-e Schlacht schlagen, liefern; *fig* **livrer ~ à qc** etw bekämpfen; gegen etw kämpfen; MIL **marcher au ~** in den Kampf ziehen

combatif [kɔ̃batif] **A** ADJ ‹-ive› kämpferisch; kampf(es)lustig; **être ~** *a.* e-e Kämpfernatur sein; Kampfgeist haben **B** M Kämpfernatur *f*

combativité [kɔ̃bativite] F Kampfgeist *m*; Kampf(es)lust *f*; MIL *a.* Kampfkraft *f*; **faire preuve de ~** Kampfgeist zeigen; sich kampf(es)lustig zeigen

combattant [kɔ̃batɑ̃] **A** ADJ MIL kämpfend; Kampf… **B** M **1** MIL Soldat *m* im Kampf; Frontsoldat *m*; Kombattant *m*; **~s** *pl* kämpfende Truppe(n) *f(pl)*; Kampftruppe(n) *f(pl)* **2 ancien ~** (ehemaliger) Kriegsteilnehmer, Frontkämpfer **3** *par ext* Kämpfer *m*; Kämpfende(r) *m*; **séparer les ~s** die Streitenden, Kämpfenden, *fam* Kampfhähne trennen

combattre [kɔ̃batʀ] ‹→ battre› **A** V/T **~ qn, qc** j-n, etw bekämpfen; gegen j-n, etw kämpfen; gegen etw ankämpfen; *st/s* gegen j-n fechten, streiten **B** V/T INDIR *et* V/I kämpfen, *st/s* streiten (**contre** gegen); **~ contre qn, qc** *a.* j-n, etw bekämpfen; **~ pour le, son droit** für das, um sein Recht kämpfen **C** V/PR **se ~** sich, einander bekämpfen; gegeneinander kämpfen

combe [kɔ̃b] F GÉOG Erosionstal *n (im Jura)*

combien [kɔ̃bjɛ̃] **A** ADV **1** *(quelle quantité)* wie viel; ♦ *avec* **de** *+subst*: **~ de fois** wie oft; wievielmal; wie viele Male; **~ de fois lui ai-je dit …** wie oft habe ich ihm gesagt …; *fam* ich hab ihm schon hundertmal gesagt …; **~ y a-t-il de participants** *ou* **~ de participants y a-t-il?** wie viel(e) Teilnehmer sind es?; **~ de jours** *restez-vous?* wie viele Tage …?; **~ de temps** wie lang(e); wie viel Zeit; **depuis ~ de temps êtes-vous là?** wie lange sind Sie schon da?; **pour ~ de temps?** für wie lange?; **à ~ cela vous est-il revenu?** wie viel, was haben Sie dafür bezahlt?; ♦ *avec verbe*: **~ y a-t-il jusqu'à …?** wie weit ist es bis …?; **~ coûte …?** wie viel, was kostet …?; **~ vous dois-je?** *ou* **je vous dois ~?** was bin ich (Ihnen) schuldig?; wie viel schulde ich Ihnen?; *fam* **c'est ~?** *ou* **ça fait ~?** wie viel macht das?; das macht wie viel?; **~ sont-ils?** *ou fam* **~ qu'ils sont?** wie viel(e) sind es?; **~ mesure …?** wie groß ist …?; **~ pèse …?** wie viel wiegt …?; wie schwer ist …?; **~ en a-t-on vus qui …** wie viele gab es, hat es gegeben, die …; wie viele …; ♦ *loc adv* **à ~ évaluez-vous …?** (auf) wie hoch, auf wie viel schätzen Sie …?; **de ~ a-t-il grandi?** um wie viel ist er gewachsen? **2** *(à quel point)* wie sehr; wie viel; *avec adj* wie; *st/s* **~ rares sont …!** wie selten sind …!; *tu ne sais pas* **~ il regrette …, ~ il a souffert …** wie sehr er es bedauert, wie sehr *ou* wie viel er gelitten hat; *en incise st/s* **ô ~!** oh, so sehr! **B** SUBST **1** *date* **le ~** der Wievielte; **le ~ sommes-nous?** *ou fam* **c'est le ~ (aujourd'hui)?** der Wievielte ist, den Wievielten haben wir heute? **2** *fam* **tu es le, la ~?** der, die Wievielte bist du?; *fam* **vous chaussez du ~?** welche Schuhgröße haben Sie?; *fam bus, train* **il passe tous les ~?** wie oft, in welchen Abständen fährt er?

combientième [kɔ̃bjɛ̃tjɛm] *fam* PR INDÉF **le, la ~** der, die, das wievielte; *subst* **il est arrivé le ~?** als Wievielter ist er angekommen?

combinaison [kɔ̃binɛzɔ̃] F **1** Kombination *f (a.* MATH*)*; Zusammenstellung *f*; CHIM Verbindung *f*; *d'un coffre-fort* (Buchstaben-, Zahlen-)Kombination *f*; **~ de couleurs** Farbkombination *f*, -zusammenstellung *f* **2** *fig (combine)* Mittel *n*; Kniff *m*; Trick *m*; *péj* **~s** *pl* Praktiken *fpl*; Machenschaften *fpl*; *fam péj* krumme Touren *fpl* **3** **a** *vêtement* Overall *m*; Kombination *f*; **~ spatiale** Raumanzug *m*; **~ d'aviateur** Fliegerkombination *f*; **~ de bébé** Strampelanzug *m*; Strampler *m*; **~ de mécanicien** Monteuranzug *m*; **~ de ski** Skianzug *m* **b** *sous-vêtement* Unterkleid *n*, -rock *m*

combinard [kɔ̃binaʀ] *fam péj* ADJ durchtrieben; *fam* gerissen; gerieben; **il est ~** *ou subst* **c'est un ~** *a. fam* er ist mit allen Wassern gewaschen, ein Schlawiner

combinat [kɔ̃bina] M (Industrie)Kombinat *n*

combinatoire [kɔ̃binatwaʀ] ADJ kombinatorisch; MATH **analyse** *f* **~** Kombinatorik *f*

combine [kɔ̃bin] F *fam* **1** *péj* Trick *m*; Kniff *m*; *fam* Dreh *m*; Masche *f*; **connaître la ~** *fam* den Trick, Kniff, Dreh raushaben; **être dans la ~** Bescheid wissen; eingeweiht sein **2** *sous-vêtement* Unterkleid *n*, -rock *m*

combiné [kɔ̃bine] **A** ADJ kombiniert; verbunden **B** M **1** TÉL Hörer *m* **2** SKI **~ alpin** alpine Kombination; **~ nordique** nordische Kombination **3** *pour femme* Korselett *n* **4** TECH Radio-Phono-Kombination *f*

combiner [kɔ̃bine] **A** V/T **1** *(arranger)* kombinieren; zusammenstellen; anordnen **2** CHIM verbinden **3** *fig (organiser)* (vorbereiten und) organisieren; ausarbeiten; arrangieren **B** V/PR **se ~ 1** CHIM sich verbinden; e-e Verbindung eingehen **2** *fig* **ça s'est bien combiné** das hat sich gut gefügt

comble[1] [kɔ̃bl] M **1** *(maximum)* Gipfel *m*; Höhepunkt *m*; **le ~ de l'insolence** der Gipfel der Unverschämtheit; **pour ~ de malheur, de malchance** um das Unglück vollzumachen; zu allem Unglück; **c'est le, un ~!** das ist doch die Höhe, der Gipfel!; *fam* das schlägt dem Fass den Boden aus!; *iron* **le ~, c'est que …** und was das Allerschönste ist …; **c'était le ~ du ridicule** das war der Gipfel der Lächerlichkeit; *fam* das war das Allerletzte; **sa colère était à son ~** sein Zorn hatte den Siedepunkt erreicht; **sa joie était à son ~** sein Glück war vollkommen; **être au ~ du désespoir** zutiefst verzweifelt sein; **être au ~ de la joie** überglücklich, selig sein; in (Glück)Seligkeit schwimmen; **mettre le ~ à la confusion** die Verwirrung vollständig machen; **mettre le ~ au désespoir, à la joie de qn** j-n in tiefste Verzweiflung stürzen, j-n überglücklich machen; **mettre qn au ~ de l'exaspération** j-n aufs Äußerste reizen, erbittern **2** CONSTR Dach(form) *n(f)*; Dachstuhl *m*; **~s** *pl* Dachgeschoss *ou autrich* -geschoß *n*; **~ à la Mansart** Mansard(en)dach *n*; *habiter* **sous les ~s** unter dem Dach; im Dachgeschoss; in e-r Dachwohnung; **aménager les ~s** das Dachgeschoss ausbauen; → *a.* fond 1

comble[2] [kɔ̃bl] ADJ *salle, cinéma* (gedrängt) voll; **bus** *m*, **train** *m* **~** überfüllter, voll besetzter Bus, Zug; *fig* **la mesure est ~** das Maß ist voll; **faire salle ~** ein volles Haus, volle Häuser bringen; **jouer devant une salle ~** vor ausverkauftem, voll besetztem Haus spielen

comblement [kɔ̃bləmɑ̃] M Zuschütten *n*; Auffüllen *n*

combler [kɔ̃ble] V/T **1** zuschütten; auffüllen; **~ un fossé** einen Graben zuschütten, auffüllen **2** *fig*: *lacune, vide* ausfüllen; schließen; *déficit* ausgleichen; *retard* aufholen; **~ un manque** e-m Mangel abhelfen; **avoir un énorme retard à ~** e-n gewaltigen Nachholbedarf, Rückstand haben **3** *vœux, désirs* erfüllen; *besoin* befriedigen; **~ qn** j-s Wünsche, Hoffnungen in reichem Maß erfüllen; j-n (über)glücklich machen; **~ qn de qc** j-n mit etw überschütten, überhäufen; **~ qn de joie** j-n mit Freude erfüllen; *plais* **vous me comblez!** Sie verwöhnen mich!; *plais* womit hab ich das verdient!; *adjt*: **être comblé** äußerst zufrieden, *plus fort* (über)glücklich sein; **comblé d'honneurs** mit Ehren überhäuft

Combs-la-Ville [kɔ̃blavil] *Stadt im Dep. Seine-et-Marne*

comburant [kɔ̃byʀɑ̃] M CHIM Oxidationsmittel *n*

combustibilité [kɔ̃bystibilite] F Brennbarkeit *f*

combustible [kõbystibl] A ADJ brennbar; entzündlich, -bar; NUCL **élément** *m* **~** Brennelement *n* B M Brennstoff *m*; **~s artificiels, gazeux, liquides, naturels** künstliche, gasförmige, flüssige, natürliche Brennstoffe; **~ nucléaire** Kernbrennstoff *m*; **~s solides** feste Brennstoffe

combustion [kõbystjõ] F CHIM, TECH, PHYSIOL Verbrennung *f*; **~ lente** stille Oxidation; **~ vive** *(eigentliche)* Verbrennung *f*

Côme [kom] Como; **le lac de ~** der Comer See

comédie [kɔmedi] F 1 THÉ Komödie *f* (*a. genre*); Lustspiel *n*; **~ musicale** Musical *n*; **~ d'intrigue** Intrigenstück *n*; **~ de mœurs** Sittenkomödie *f*; **~ de boulevard** Boulevardstück *n* 2 *fig* Theater *n*; Schauspielerei *f*; *fam* Affentheater *n*; *fam* **quelle ~!** *fam* so ein Affentheater!; *fam* **pas de ~!** kein Theater, Getue bitte!; **cesse tes ~s!** hör auf mit dem, diesem Theater!; **c'est de la ~** das ist nur Theater, *fam* Mache; *fam* **faire toute une ~** ein Drama daraus machen; *fam* ein Affentheater machen; **jouer la ~** schauspielern; Komödie, (nur) Theater spielen

comédie-ballet [kɔmedibalɛ] F ⟨*pl* comédies-ballets⟩ THÉ Ballettkomödie *f*

Comédie-Française [kɔmedifʀɑ̃sɛz] F Comédie Française *f* *(Nationaltheater in Paris)*

comédien [kɔmedjɛ̃] M, **comédienne** F 1 a *(acteur)* Schauspieler(in) *m(f)*; *autrefois* Komödiant(in) *m(f)*; **troupe** *f* **de comédiens** Theatertruppe *f*; Ensemble *n* b *(acteur comique)* Darsteller(in) *m(f)* komischer Rollen; Komiker(in) *m(f)* 2 *fig* Komödiant(in) *m(f)*; Schauspieler(in) *m(f)*; **c'est un vrai**, *adjt* **il est très comédien** *(cabotin)* er schauspielert gern; er setzt sich gern in Szene; *(hypocrite)* er ist ein Heuchler, Komödiant; er spielt immer Theater

comédiens-français [kɔmedjɛ̃fʀɑ̃sɛ] MPL **(Société** *f* **des) ~** ständige Mitglieder *npl* der Comédie Française

comédon [kɔmedõ] M Mitesser *m*

comestible [kɔmɛstibl] A ADJ essbar; genießbar; **champignon** *m* **~** Speisepilz *m* B MPL **~s** Esswaren *fpl*; Nahrungs-, Lebensmittel *npl*

comète [kɔmɛt] F ASTRON Komet *m*; *fig* **tirer des plans sur la ~** Luftschlösser bauen

coming out [kɔmiŋaut] M ⟨*inv*⟩ SOCIOLOGIE Coming-out *n*

comique [kɔmik] A ADJ 1 THÉ, CINÉMA komisch; Komödien…; Lustspiel…; **acteur** *m* **~** Komiker *m*; Darsteller *m* komischer Rollen; **auteur** *m* **~** Komödien-, Lustspieldichter *m*; Verfasser *m* von Komödien; **genre** *m*, **théâtre** *m* **~** Komödie *f* *(als Gattung)*; **personnage** *m* **~** lustige, komische Person; **pièce** *f* **~** Komödie *f*; **rôle** *m* **~** komische Rolle 2 *(amusant)* komisch; spaßig; lustig; ulkig; drollig B M 1 *(éléments comiques)* Komik *f*; **~ de caractère, de situation** Charakter-, Situationskomik *f*; **le ~ d'une scène** die Komik e-r Szene; *par ext* **le ~ de la chose, c'est que …** das Lustige an der Sache ist, dass … 2 *genre* Komödie *f* 3 *acteur* Komiker *m*; Darsteller *m* komischer Rollen

comité [kɔmite] M Ausschuss *m*; Komitee *n*; Kommission *f*; Gremium *n*; **~ consultatif** beratender Ausschuss; Beirat *m*; **~ directeur** Vorstand *m*; leitendes Gremium; **~ exécutif** Exekutivausschuss *m*, -komitee *n*; **~ d'action** Aktionskomitee *n*; **~ de coordination** Koordinierungsausschuss *m*; **~ de défense** Interessengemeinschaft *f*; Bürgerinitiative *f*; **~ d'entreprise** *correspond à* Betriebsrat *m*; **~ des fêtes** Festkomitee *n*; **~ de grève** Streikkomitee *n*; **~ de rédaction** Redaktion(sstab) *f(m)*; HIST **Comité de salut public** Wohlfahrtsausschuss *m*; **~ de soutien** Hilfskomitee *n*; *loc adv*: *fig* **en petit ~** in engstem, kleinem Kreis; **en ~ secret** in nicht öffentlicher Sitzung

commandant [kɔmɑ̃dɑ̃] M 1 MIL a *grade* Major *m* b *(chef)* Kommandeur *m*; MAR, AVIAT Kommandant *m*; **~ en chef** (Ober)Befehlshaber *m* 2 MAR Kapitän *m*; AVIAT **~ de bord** Flugkapitän *m*

commande [kɔmɑ̃d] F 1 COMM Bestellung *f* (*a. marchandise commandée*); Auftrag *m*; Auftragserteilung *f*; *loc adv* **à la ~** bei Bestellung; *loc adj* **de ~** Bestell…; *fig sourire etc* zur Schau getragen; gespielt; *loc adv* **sur ~** auf Bestellung; *fig* auf Befehl, Kommando; **faire, passer une ~ à qn** bei j-m e-e Bestellung aufgeben, machen; j-m e-n Auftrag erteilen 2 TECH a *(mise en action)* Antrieb *m*; **~ électrique** elektrischer Antrieb b *mécanisme* Steuerung *f*; Lenkung *f*; Schaltung *f*; **~ à distance** Fernsteuerung *f*, -lenkung *f*; *loc adj* **de ~** Steuer…; Schalt…; Bedienungs…; **être aux ~s**, *fig* **tenir les ~s** steuern, lenken (**de qc** etw); **se mettre aux ~s, prendre les ~s** das Steuer, die Führung übernehmen (*a. fig*); → *a.* double-commande

commandement [kɔmɑ̃dmɑ̃] M 1 MIL a *(ordre)* Befehl *m*; Kommando *n*; *par ext* **ton** *m* **de ~** Befehlston *m*; **à mon ~, …!** auf mein Kommando, …! b *(pouvoir de commander)* Befehl(sgewalt) *m(f)*, Kommando(gewalt) *n(f)* **(d'une armée** über e-e Armee); Führung *f* (e-r Armee); **prendre le ~ (d'une armée)** das Kommando, den Befehl (über e-e Armee) übernehmen; **exercer le ~ d'une armée** den Befehl über e-e Armee haben, führen; **être sous le ~ de qn** unter j-s Befehl, Kommando *(dat)* stehen; von j-m befehligt werden c *autorité militaire* Kommando(behörde) *n(f)*; **°haut ~, ~ suprême** Oberkommando *n* 2 REL Gebot *n*; **les dix ~s** die Zehn Gebote *npl*

commander [kɔmɑ̃de] A V/T 1 COMM, *qc au café, taxi etc* bestellen; COMM *a., œuvre d'art* in Auftrag geben (**à qn** bei j-m) 2 a MIL *troupes* kommandieren; befehligen; den Befehl haben, führen über *(+acc)*; **général commandant un corps d'armée** Kommandierender General *(e-s Armeekorps)* b *par ext employés, expédition etc* führen; leiten; die Führung, Leitung haben *(+gén)* c **~ qn** j-n kommandieren; j-m befehlen; *fam* j-n herumkommandieren; **il n'aime pas qu'on le commande** er lässt sich *(dat)* nicht gern befehlen, *fam* herumkommandieren 3 MIL **~ l'attaque, la retraite** den Angriff, den Rückzug befehlen; den Befehl zum Angriff, zum Rückzug geben; *par ext* **~ des mesures** Maßnahmen anordnen 4 *(dominer)* (durch s-e Lage) beherrschen; *forteresse, ville* **~ l'accès à qc** den Zugang zu etw beherrschen, kontrollieren 5 *(exiger) situation* **~ la patience, le courage** Geduld, Mut erfordern, verlangen 6 TECH betätigen; steuern; wirken auf *(+acc)*; antreiben B V/T INDIR 1 **~ à qn de** *(+inf)* j-m befehlen, den Befehl geben zu *(+inf)* 2 *fig* **~ à ses passions, sentiments** s-e Leidenschaften, Gefühle beherrschen C V/I befehlen; den Befehl, das Kommando haben, führen; **qui est-ce qui commande ici?** *a.* wer gibt hier die Befehle? D V/PR *sentiment* **ne pas se ~** sich nicht erzwingen lassen

commanderie [kɔmɑ̃dʀi] F HIST Komturei *f*

commandeur [kɔmɑ̃dœʀ] M 1 *de la Légion d'honneur* Komtur *m* (*a.* HIST); Kommandeur *m* 2 ISLAM **~ des croyants** Beherrscher *m* der Gläubigen

commanditaire [kɔmɑ̃ditɛʀ] M COMM Kommanditist *m*; *suisse* Kommanditär *m*; *(bailleur de fonds)* Geldgeber *m*

commandite [kɔmɑ̃dit] F COMM **(société** *f* **en) ~** Kommanditgesellschaft *f* *(abr* KG)

commanditer [kɔmɑ̃dite] V/T COMM Kapital einbringen in *(+acc)*; finanzieren

commando [kɔmɑ̃do] M Kommando *n*; *de terroristes a.* Gruppe *f*; MIL **opération** *f* **de ~** Kommandounternehmen *n*

comme [kɔm] A CONJ *dans des comparaisons* wie; **tout ~** genau(so), ebenso, gerade(so) wie; **ce n'est pas terminé, mais c'est tout ~** es ist so gut wie fertig a *avec subst*: **~ son frère** (ebenso) wie sein Bruder; **et moi, ~ un idiot, …** *fam* und ich, blöd wie ich bin, …; **blanc ~ neige** weiß wie Schnee; schneeweiß; *il oubliera cela* **(tout) ~ le reste** (genauso) wie alles Übrige; ♦ *énumération: les animaux domestiques* **~ le chien, le chat** wie (zum Beispiel) der Hund, die Katze; ♦ *atténuation: j'ai entendu* **~ une explosion** so etwas wie e-e Explosion; **j'ai ~ une idée que …** ich habe so e-e Ahnung, (so) ein dunkles Gefühl, dass … b *avec pr*: **l'un ~ l'autre parlent …** der eine wie der andere spricht …; beide sprechen …; *un homme* **~ lui** wie er; *fam* **~ qui dirait** sozusagen; in gewisser Weise; so etwas wie; (so) e-e Art; praktisch; fast wie; *fam* **~ tout** äußerst; höchst; *fam* unwahrscheinlich; → *a.* ça 1, quoi B 1 c *avec adv et adj*: **~ autrefois** wie früher; *la ville était* **~ morte** wie ausgestorben d *avec conj*: *il fit un geste* **~ pour m'interrompre** als wollte er mich unterbrechen; als ob er mich unterbrechen wollte; **~ quand il fait de l'orage** so wie bei (e-m) Gewitter; **~ si** als ob; *fam* als wenn; **~ s'il ne le savait pas** als ob er es nicht wüsste e *avec verbe*: **~ elle le croit** wie sie glaubt; **faites ~ il vous plaira** machen Sie es, wie Sie wollen; **~ vous voulez** *ou* **voudrez** wie Sie wollen B CONJ 1 *temporel* als; **~ nous partions** als wir aufbrachen 2 *causal* da; **~ je n'avais pas le temps** da ich keine Zeit hatte C ADV 1 *surtout dans des exclamations* wie; wie sehr; *fam* **~ vous y allez!** *fam* na, Sie sind (vielleicht) gut!; **tu sais ~ il est** du weißt, wie er ist; **~ c'est laid!** wie hässlich das ist!; **Dieu sait ~!** weiß der Himmel *ou* Teufel, wie!; *fam* **il faut voir ~!** das muss man gesehen haben!; aber wie! 2 *(en tant que)* als; **~ collègue**, *il est très agréable* als Kollege; **~ livres, il n'a que …** an Büchern hat er nur …; **~ metteur en scène et ~ acteur** sowohl als Regisseur wie auch als Schauspieler; **c'est très intéressant ~ travail** es ist e-e sehr interessante Arbeit

commedia dell'arte [kɔmedjadɛlaʀte] F THÉ Commedia dell'Arte *f*

commémoratif [kɔmemɔʀatif] ADJ ⟨-ive⟩ Gedenk…; Gedächtnis…; **cérémonie commémorative** Gedenk-, Gedächtnisfeier *f*; **journée commémorative** Gedenktag *m*; **monument ~** Denkmal *n*

commémoration [kɔmemɔʀasjõ] F 1 *(souvenir)* Gedenken *n*; *st/s* Gedächtnis *n*; **en ~ de** zum Gedenken an *(+acc)* 2 *cérémonie* Gedächtnis-, Gedenkfeier *f*

commémorer [kɔmemɔʀe] V/T (mit e-r Feier) gedenken *(+gén)*; feierlich begehen

commençant [kɔmɑ̃sɑ̃] M, **commençante** F Anfänger(in) *m(f)*

commencement [kɔmɑ̃smɑ̃] M Anfang *m*; Beginn *m*; **~ d'incendie** beginnender Brand; **~ du monde** Entstehung *f* der Welt; **~ des temps** Beginn, Anfang der Zeiten; *loc adv* **au ~** am Anfang; zu, bei Beginn; anfangs; anfänglich; BIBL *a.* im Anfang; *loc prép* **au ~ de** am Anfang *(+gén)*; *loc adv*: **du ~ à la fin** von Anfang bis Ende; vom Anfang bis zum Ende; **depuis le ~** von Anfang, Beginn an; seit dem Anfang, Beginn; **dès le ~** schon zu, bei Beginn, am Anfang; von Anfang an; **c'est le ~**

C

de la fin das ist der Anfang vom Ende; *prov* **il y a (un) ~ à tout** aller Anfang ist schwer *(prov)*; es ist noch kein Meister vom Himmel gefallen *(prov)*

commencer [kɔmɑ̃se] ‹-ç-› A V/T 1 *personne* **~ qc** (mit) etw beginnen, anfangen; **~ des, ses études** das, sein, mit dem Studium anfangen, beginnen; **nous avions commencé les °hors-d'œuvre** wir waren gerade bei der Vorspeise; **~ la lecture d'un roman** mit der Lektüre e-s Romans beginnen, anfangen; **~ un roman** e-n Roman (zu lesen *ou* schreiben) beginnen, anfangen; mit e-m Roman beginnen; **~ qc par qc** etw mit etw beginnen, anfangen; **~ son discours par …** s-e Rede mit … beginnen, einleiten; **~ sa journée par …** den Tag mit … beginnen, anfangen 2 *chose* **~ qc** am Anfang e-r Sache *(gén)* stehen; den Auftakt zu etw bilden; etw einleiten; *mot* **~ une phrase** am Anfang e-s Satzes stehen 3 **~ un élève** e-m Schüler die Grundbegriffe beibringen B V/T INDIR **~ à** *ou litt* **de** *(+inf)* anfangen, beginnen zu *(+inf)*; *fam* **je commence à en avoir assez** *fam* jetzt langt's mir allmählich; jetzt hab ich's allmählich satt; **~ à comprendre** beginnen, anfangen zu verstehen, begreifen; allmählich verstehen, begreifen; **il commençait à étouffer** er war dem Ersticken nahe, kurz vor dem Ersticken; *fam* **ça commence à bien faire** *fam* jetzt langt's aber allmählich; **~ à jouer** zu spielen anfangen, beginnen; MUS *a.* einsetzen; **~ à manger** zu essen, mit dem Essen anfangen, beginnen; **~ à parler** zu reden, *a. enfant* zu sprechen beginnen, anfangen; ♦ **~ par faire qc** zuerst, zunächst, anfangs etw tun; **commence par faire tes devoirs**, *tu joueras après* mach zuerst deine Aufgaben …; **~ par qc** mit etw beginnen, anfangen; **par où ~?** wo(mit) (soll ich *ou* sollen wir) beginnen, anfangen?; **il commence par où il devrait finir** er tut den zweiten Schritt vor dem ersten; **le spectacle commence par** *un ballet* die Vorstellung beginnt mit …, fängt mit … an, wird von … eingeleitet; **commençons par le commencement** beginnen wir am, beim, mit dem Anfang C V/I ‹*Zustand* être› anfangen; beginnen; *personne a.* den Anfang machen; *production a.* anlaufen; **l'été commence le** *21 juin* der Sommer beginnt am …; *fam* **ça commence mal**, *iron* **bien** *fam iron* das fängt ja gut an; *les travaux* **(s)ont commencé(s)** haben begonnen; *dire* **en commençant** zu Beginn, am Anfang, anfangs D V/IMP **il commence à faire chaud** es wird allmählich warm; **il commence à pleuvoir** es beginnt, fängt an zu regnen

commensal [kɔmɑ̃sal] M ‹*pl* -aux› *litt* Tischgenosse *m*

commensurable [kɔmɑ̃syʀabl] ADJ MATH kommensurabel

comment [kɔmɑ̃] A ADV wie; ♦ **~?** wie (bitte)?; *impoli* was?; **~!** *vous ne le saviez pas?* wie, …?; was, …?; ♦ **~ ça** *ou* **cela?** *(expliquez mieux)* wie denn das?; **~ donc** *ou* **diable**, *a-t--il pu faire?* wie zum Teufel …?; *je peux en prendre?* - **mais ~ donc!** aber selbstverständlich, natürlich!; *pour renforcer fam* **et ~!** und wie!; *fam* **~ qu'on l'a eu!** *fam* den haben wir ganz schön hereingelegt!; *fam* **~ qu'elle est?** wie ist sie denn?; ♦ **~ allez-vous?** wie geht es Ihnen?; **~ faire?** wie soll man *ou* soll ich *ou* sollen wir das machen?; **~ y vas-tu?** wie kommst du hin?; *je ne sais pas* **~ il a fait** wie er es gemacht hat; **voilà ~ il faut faire** so muss man es, das machen B SUBST ‹*inv*› **le ~** das Wie

commentaire [kɔmɑ̃tɛʀ] M 1 *dans les médias*, JUR, BIBL *etc* Kommentar *m*; *d'un documentaire* (Begleit)Text *m*; **~ de presse** Pressekommentar *m*; *fig*: **pas de ~** kein Kommentar; *à un enfant* **pas de ~!** kein Wort mehr!; keine Widerrede!; **sans ~!** *ou* **cela se passe de ~(s)** Kommentar überflüssig! 2 *(propos malveillants)* **~s** *pl* Gerede *n*; Redereien *fpl*; **faire des ~s sur qn, qc** über j-n, etw (abfällig) reden, abfällige Bemerkungen machen 3 ÉCOLE **~ (composé, de texte)** Textinterpretation *f*, -analyse *f*

commentateur [kɔmɑ̃tatœʀ] M, **commentatrice** F Kommentator *m*, Kommentatorin *f*

commenter [kɔmɑ̃te] V/T kommentieren; *adjt* **visite commentée** Führung *f*

commérages [kɔmeʀaʒ] MPL Klatsch *m*; Gerede *n*; Redereien *fpl*; *fam* Tratsch *m*; Tratscherei *f*

commerçant [kɔmɛʀsɑ̃] A ADJ Handels…; Handel treibend; Geschäfts…; **rue ~e** Geschäftsstraße *f*; **il est très ~** er ist ein sehr guter Geschäftsmann B SUBST **~(e)** *m(f)* Kaufmann *m*, Kauffrau *f* (*a.* JUR); *par ext* Geschäftsmann *m*, -frau *f*; **les petits ~s** die kleinen Kaufleute *pl*; die (kleinen) Einzelhändler *mpl*; **~ de** *ou* **en gros** Großhändler *m*; Grossist *m*

commerce [kɔmɛʀs] M 1 Handel *m*; **~ extérieur, international** Außenhandel *m*; **~ intérieur** Binnenhandel *m*; **~ de détail** Einzel-, Detail-, Kleinhandel *m*; **~ de, en gros** Großhandel *m*; **chambre** *f*, **école** *f* **de ~** Handelskammer *f*, -schule *f*; **employé** *m* **de ~** kaufmännische(r) Angestellte(r); *loc adv* **dans le ~** im Handel; **être dans le ~** *personne* im Handel tätig sein; Kaufmann sein; *chose* im Handel (erhältlich) sein; **cela est** *ou* **se trouve dans le ~** *a.* das gibt es zu kaufen; **faire du ~** Handel treiben; **faire le ~ de qc** mit etw handeln; *fig* **faire ~ de ses charmes, de son corps** sich, ihren Körper verkaufen 2 *(magasin)* Geschäft *n*; Laden *m*; **tenir un ~** ein Geschäft haben, führen 3 *(commerçants)* **le ~** der Handel; **le petit ~** die kleinen Kaufleute *pl*; der Einzelhandel 4 *litt* **il est d'un ~ agréable** der Umgang mit ihm ist angenehm

commercer [kɔmɛʀse] V/I ‹-ç-› Handel treiben **(avec qn** mit j-m)

commercial [kɔmɛʀsjal] ‹*mpl* -aux› A ADJ 1 Handels…; kaufmännisch; kommerziell; Geschäfts…; **entreprise ~e** Handelsunternehmen *n*; **français ~** Kaufmannsfranzösisch *n*; **locaux commerciaux** Geschäftsräume *mpl*; gewerbliche Räume *mpl*; **relations ~es** Handelsbeziehungen *fpl* 2 *péj* nur dem Kommerz dienend; *par ext* reißerisch; **film** *etc* **~** Reißer *m* B SUBST 1 M *employé* kaufmännische(r) Angestellte(r) *m* 2 M *secteur* kaufmännischer, kommerzieller Bereich 3 F **~e** AUTO Kombi (-wagen) *m*

commercialisation [kɔmɛʀsjalizasjõ] F Vertrieb *m*; Vermarktung *f*; Kommerzialisierung *f* (*a. péj du sport etc*); **il faut attendre la ~** man muss warten, bis es in den Handel kommt

commercialiser [kɔmɛʀsjalize] V/T in den Handel bringen; vermarkten; kommerzialisieren (*a. fig et péj*)

commère [kɔmɛʀ] F 1 Klatschbase *f*, -weib *n* 2 *litt* Gevatterin *f*

commérer [kɔmeʀe] V/I ‹-è-› klatschen; *fam* tratschen

commettre [kɔmɛtʀ] ‹→ mettre› A V/T begehen; **~ un crime** ein Verbrechen begehen, verüben; **~ une erreur** einen Fehler begehen; **~ une injustice (à l'égard de qn)** (j-m gegenüber) e-e Ungerechtigkeit begehen, ungerecht sein B V/PR 1 **se ~ avec qn** sich mit j-m einlassen 2 *sens passif* **il se commet** *des injustices etc* … werden begangen, geschehen

comminatoire [kɔminatwaʀ] ADJ *st/s (menaçant)* drohend; Droh…

commis [kɔmi] M 1 kaufmännische(r) Angestellte(r) *m*; Handlungsgehilfe *m*; **~ voyageur** Handlungsreisende(r) *m*; **~ aux écritures** Kontorist *m* 2 **les grands ~ de l'État** die hohen Staatsbeamten *mpl* 3 *de ferme* Knecht *m*; **~ boulanger** Bäckergeselle *m* B ADJ JUR beauftragt; bestellt; **avocat ~ d'office** Pflicht-, Offizialverteidiger *m*

commisération [kɔmizeʀasjõ] F Mitleid *n*; **avoir, éprouver de la ~ pour qn** für j-n Mitleid empfinden

commissaire [kɔmisɛʀ] M/F 1 **~ (de police)** Polizei-, Kriminalrat, -rätin *m,f* 2 ADMIN, POL Kommissar(in) *m(f)*; *autrich, suisse* Kommissär(in) *m(f)*; **~ européen** EU-Kommissar *m*; COMM **~ aux comptes** Rechnungs-, Wirtschaftsprüfer *m* 3 SPORTS Kampfrichter(in) *m(f)*

commissaire-priseur [kɔmisɛʀpʀizœʀ] M ‹*pl* commissaires-priseurs› Auktionator *m*; Versteigerer *m*

commissariat [kɔmisaʀja] M 1 **~ (de police)** Polizeirevier *n*, -dienststelle *f* 2 ADMIN, POL Kommissariat *n*; **Commissariat à l'énergie atomique** → CEA

commission [kɔmisjõ] F 1 *(message)* Auftrag *m*; *(course)* Besorgung *f*; **~s** *pl (achats)* (tägliche) Einkäufe *mpl*, Besorgungen *fpl*; **s'acquitter d'une ~** e-n Auftrag erledigen, ausführen; **envoyer qn faire une ~** *ou* **envoyer qn en ~** j-n zum Einkaufen schicken; j-n etw besorgen lassen; **faire les ~s** die (täglichen) Einkäufe machen; einkaufen, *fam* einholen (gehen); **faire une ~ pour qn** für j-n etw besorgen; für j-n e-n Auftrag erledigen; **faire faire une ~ par qn** j-n mit etw beauftragen; j-m e-n Auftrag geben; **transmettre une ~ à qn** j-m e-n Auftrag, e-e Nachricht übermitteln; j-m etw bestellen 2 *groupe* Kommission *f*; Ausschuss *m*; **~ parlementaire** parlamentarischer Ausschuss; Parlamentsausschuss *m*; **~ de contrôle** Kontrollausschuss *m*, -kommission *f*; **~ d'enquête** Untersuchungs-, Ermittlungsausschuss *m*; Untersuchungskommission *f*; ÉCOLE **~ d'examen** Prüfungskommission *f*, -ausschuss *m* 3 COMM Provision *f*; Vermittlungsgebühr *f*; **faire la ~** Kommissionsgeschäfte machen, tätigen; **toucher dix pour cent de ~** zehn Prozent Provision erhalten; **travailler à la ~** auf Provisionsbasis arbeiten 4 *enf* **faire sa grosse, sa petite ~** *enf* ein großes, kleines Geschäft verrichten 5 JUR **~ rogatoire** → rogatoire

commissionnaire [kɔmisjɔnɛʀ] M 1 COMM Kommissionär *m*; **~ en douane** Zollagent *m* 2 *(coursier)* Bote *m*; Laufbursche *m*

commissionner [kɔmisjɔne] V/T **~ qn** j-m e-n Auftrag geben, erteilen; COMM j-n mit e-m Kommissionsgeschäft betrauen; **être commissionné pour** *(+inf)* beauftragt werden, den Auftrag erhalten zu *(+inf)*

commissure [kɔmisyʀ] F ANAT **~ des lèvres** Mundwinkel *m*

commode¹ [kɔmɔd] ADJ 1 bequem; *outil, moyen* praktisch; **solution** *f* **~** bequeme Lösung; **trajet** *m* **~** bequemer Weg; *fam* **ce serait trop ~** *fam* das könnte dir *ou* ihm *etc* so passen; **pas ~ à traduire** *etc* schwer, schwierig zu übersetzen(d) *etc* 2 *personne* **n'être pas ~** unzugänglich, schwierig, *fam* ein schwieriger Kunde sein

commode² [kɔmɔd] F Kommode *f*

commodément [kɔmɔdemɑ̃] ADV bequem

commodité [kɔmɔdite] F 1 Bequemlichkeit *f*; **pour plus de ~** bequemlichkeitshalber; aus praktischen Gründen 2 **~s** *pl (facilités)* Komfort *m*; Annehmlichkeiten *fpl* 3 *plais* **~s** *pl (W.-C.)* Toilette *f*; *fam* Örtlichkeiten *fpl*

commotion [kɔmɔsjõ] F MÉD Erschütterung *f*; ~ **cérébrale** Gehirnerschütterung *f*

commotionner [kɔmɔsjɔne] V/T in e-n Schockzustand versetzen

commuable [kɔmɥabl] ADJ JUR *peine* umwandelbar; **commuer** V/T JUR *peine* umwandeln (en in +*acc*)

commun [kɔmɛ̃, -mœ̃] A ADJ ⟨-une [-yn]⟩ 1 (*collectif*) gemeinsam (*a.* MATH); gemeinschaftlich; Gemeinschafts…; allgemein; Gemein…; JUR *des époux* **biens ~s** *correspond à* Gesamtgut *n*; JUR **droit ~** → droit¹ 1; **fosse ~e** Massen-, Sammelgrab *n*; LING **langue ~e** a Gemeinsprache *f* b Grundsprache *f*; LING **nom ~** Gattungsname *m*; Appellativ(um) *n*; **salle ~e** Gemeinschaftsraum *m*; **sens ~** gesunder Menschenverstand; **vie ~e** gemeinsames *ou* gemeinsam, zusammen verbrachtes Leben; Zusammenleben *n*; **volonté ~e** allgemeiner Wunsch, Wille; ♦ **mur ~ à deux propriétés** gemeinsame Mauer zweier Grundstücke; *loc adj et loc adv* **en ~** gemeinsam; zusammen; gemeinschaftlich; Gemeinschafts…; **transports** *mpl* **en ~** öffentliche Verkehrsmittel *npl*; Massenverkehrsmittel *npl*; **mettre en ~** zusammentun, -legen; **travailler en ~** gemeinsam, zusammen arbeiten; ♦ **n'avoir de ~ que …** nur … miteinander gemein(sam) haben; **il n'a rien de ~ avec …** er hat nichts gemein(-sam) mit …, keinerlei Ähnlichkeit mit …; **avoir des intérêts ~s** gemeinsame Interessen haben (**avec qn** mit j-m); **c'est un point ~ entre eux** das haben sie beide gemein(sam); das ist ihnen beiden gemein(sam); **faire cause ~e** sich zusammentun, -schließen, gemeinsame Sache machen (**avec qn** mit j-m) 2 (*ordinaire, banal*) gewöhnlich (*a. péj*); alltäglich; *choses a.* häufig; üblich; gebräuchlich; weitverbreitet; *péj* (*vulgaire*) *personne, voix* ordinär; **lieu ~** Gemeinplatz *m*; **peu ~** außergewöhnlich; nicht alltäglich; **c'est une erreur très ~e** das ist ein häufiger, weitverbreiteter Irrtum 3 ZOOL, BOT gemein; **mouche ~e** Gemeine Stubenfliege B M 1 **le ~ des mortels** das Gros; die große Masse (der Menschen); der gewöhnliche Sterbliche; *plais* der Normalverbraucher; *litt et péj* **les gens du ~** das gemeine, niedere, einfache Volk 2 *œuvre, personnalité* °**hors du ~** außergewöhnlich; hervorragend 3 **~s** *pl d'un château, couvent* Wirtschaftsgebäude *npl*

communal [kɔmynal] ADJ ⟨-aux⟩ kommunal; Kommunal…; Gemeinde…; gemeindlich; **budget ~** Gemeindehaushalt *m*; **école ~e** *ou subst fam* **~e** *f* (fünfklassige) Volksschule

communard [kɔmynaʀ] M, **communarde** F HIST Mitglied *n*, Anhänger(in) *m(f)* der Pariser Kommune

communautaire [kɔmynotɛʀ] ADJ 1 Gemeinschafts… 2 POL der EG; EG-…; der EU; EU-…

communautarisme [kɔmynotaʀism] M POL, SOCIOLOGIE Kommunitarismus *m*

communauté [kɔmynote] F 1 (*caractère identique*) Gemeinsamkeit *f*; Übereinstimmung *f*; ~ **de goûts** gemeinsame, gleiche Neigungen *fpl*; Gemeinsamkeit der Interessen 2 *coll* Gemeinschaft *f* (*a.* POL, REL); ADMIN Gemeinwesen *n*; *de personnes vivant en commun* Wohngemeinschaft *f*; **Communauté européenne** Europäische Gemeinschaft; → *a.* CEE; *loc adv* **en ~** gemeinsam; gemeinschaftlich 3 JUR *de biens* Gütergemeinschaft *f*

commune [kɔmyn] F 1 ADMIN Gemeinde *f*; Kommune *f* 2 HIST **la Commune de Paris** die Pariser Kommune *f* 3 *en Grande-Bretagne* **les Communes** *ou* **la Chambre des ~s** das Unterhaus 4 *en Chine* **~ populaire** Volkskommune *f*

communément [kɔmynemɑ̃] ADV allgemein; gemeinhin; (für) gewöhnlich

communiant [kɔmynjɑ̃] M, **communiante** F ÉGL CATH Kommunikant(in) *m(f)*; **premier communiant, première communiante** Erstkommunikant(in) *m(f)*

communicable [kɔmynikabl] ADJ mitteilbar

communicant [kɔmynikɑ̃] ADJ miteinander in Verbindung stehend; PHYS **vases ~s** kommunizierende Röhren *fpl*

communicatif [kɔmynikatif] ADJ ⟨-ive⟩ 1 *personne* mitteilsam; kontaktfreudig 2 *fou rire etc* ansteckend

communication [kɔmynikasjõ] F 1 (*contact*) Kommunikation *f* (*a. t/t*); Verbindung *f*; Verständigung *f*; Kontakt *m*; ~ **verbale** verbale Kommunikation; **être en ~ avec qn** mit j-m in Verbindung stehen; **mettre qn en ~ avec qn** den Kontakt zwischen j-m und j-m herstellen 2 a (*action de communiquer*) Mitteilung *f*; Bekanntgabe *f*; Übermittlung *f*; **avoir ~ de qc** von etw Kenntnis haben *ou* erhalten; **demander ~ d'un dossier** Einsicht in e-e Akte verlangen; **donner ~ de qc** etw mitteilen, bekannt geben (**à qn** j-m); **prendre ~ de qc** Einsicht in etw (*acc*) nehmen b (*message*) Mitteilung *f*; Nachricht *f*; *scientifique* (kurzer) Bericht *m* 3 (*liaison*) Verbindung *f*; **~s** *pl ou* **voies** *fpl* **de ~** Verkehrsverbindungen *fpl*, -wege *mpl*; **porte** *f* **de ~** Verbindungstür *f* 4 TÉL Verbindung *f*; (*conversation*) Gespräch *n*; ~ **internationale, interurbaine, urbaine** Auslands-, Fern-, Ortsgespräch *n*; ~ **radiophonique** Funkverbindung *f*; ~ **téléphonique** a Telefon-, Ferngespräch *n* b Telefonverbindung *f*; **~s téléphoniques** *a.* Fernsprech-, Telefonverkehr *m*; **demander une ~** ein Gespräch anmelden; **donner une mauvaise ~** falsch verbinden; **donnez-moi la ~ avec …, s'il vous plaît** verbinden Sie mich bitte mit …; **prendre la ~** das Gespräch annehmen; ans Telefon gehen

communier [kɔmynje] V/I 1 ÉGL CATH kommunizieren; die Kommunion empfangen; zur Kommunion gehen; PROT das Abendmahl nehmen 2 *st/s* sich innig verbunden, sich eins fühlen

communion [kɔmynjõ] F 1 ÉGL CATH Kommunion *f*; PROT Abendmahl *n*; ~ **privée** Frühkommunion *f*; **première ~** *ou* **~ solennelle** Erstkommunion *f*; **faire sa première ~** zur Erstkommunion gehen, kommen; die erste heilige Kommunion empfangen 2 REL (*union*) ~ **des fidèles, des saints** Gemeinschaft *f* der Gläubigen, der Heiligen 3 *fig et st/s* Übereinstimmung *f*; Ein-, Gleichklang *m*; Einssein *n*; **être en ~ d'esprit avec qn** mit j-m geistig übereinstimmen; **être en ~ avec la nature** sich mit der Natur eins fühlen

communiqué [kɔmynike] M Bekanntmachung *f*; Mitteilung *f*; Meldung *f*; POL Kommuniqué *n*; ~ **final** Schlusskommuniqué *n*; ~ **de presse** Pressemeldung *f*, -mitteilung *f*

communiquer [kɔmynike] A V/T 1 *renseignements, sentiments* mitteilen; *nouvelle a.* bekannt geben; durchgeben; veröffentlichen; *dossier* übermitteln; ~ **qc à qn** *a.* j-n von etw in Kenntnis setzen 2 *maladie, enthousiasme*, PHYS: *mouvement* übertragen (**à** auf +*acc*); *mouvement a.* mitteilen (+*dat*); ~ **qc à qn** j-n mit etw anstecken (*a. fig*); **le soleil communique sa chaleur à la Terre** die Sonne vermittelt der Erde ihre Wärme B V/I 1 in Verbindung stehen *ou* treten (**entre eux** miteinander; **avec qn** mit j-m); sich verständigen (**par signes** mit Zeichen) 2 *pièces* ineinandergehen; miteinander in Verbindung stehen; **faire ~** miteinander verbinden C V/PR 1 **se ~** *feu etc* sich ausbreiten (**à** auf +*acc*) 2 **se ~ qc** einander etw mitteilen, bekannt geben; etw austauschen

communisme [kɔmynizm] M Kommunismus *m*; **communiste** A ADJ kommunistisch B M/F Kommunist(in) *m(f)*

commutable [kɔmytabl] ADJ → commuable; **commutateur** M ÉLEC Schalter *m*; Umschalter *m*; **commutatif** ADJ ⟨-ive⟩ MATH kommutativ

commutation [kɔmytasjõ] F 1 MATH, LING Kommutation *f*; Vertauschung *f* 2 JUR ~ **de peine** Strafumwandlung *f* 3 TÉLÉCOMMUNICATIONS Schaltung *f*

commuter [kɔmyte] V/T MATH, LING kommutieren; vertauschen

Comores [kɔmɔʀ] **les ~** *fpl* die Komoren *pl*

comorien [kɔmɔʀjɛ̃] A ADJ ⟨~ne⟩ komorisch B SUBST **Comorien(ne)** *m(f)* Komorer(in) *m(f)*

compacité [kõpasite] F Dichte *f*; Dichtigkeit *f*; Kompaktheit *f*

compact [kõpakt] A ADJ 1 (*dense*) dicht; fest; kompakt; *foule* dicht (gedrängt); **poudre ~e** Kompaktpuder *m* 2 (*peu encombrant*) kompakt; Kompakt…; Raum sparend; **édition ~e** klein gedruckte Ausgabe; **voiture ~e** Kompaktwagen *m* B M 1 *disque* CD *f* 2 *chaîne hi-fi* Kompakt(stereo)anlage *f*

compactage [kõpaktaʒ] M 1 TRAVAUX PUBLICS Verdichtung *f* (des Bodens) 2 INFORM Komprimieren *n*; Komprimierung *f*

compacter [kõpakte] V/T INFORM komprimieren

compagne [kõpaɲ] F 1 Gefährtin *f*; *d'un homme a.* Lebensgefährtin *f*; ~ **de classe** Schulkameradin *f*; ~ **d'infortune** Leidensgenossin *f*, -gefährtin *f* 2 *fig* **être la ~ de** Hand in Hand gehen mit

compagnie [kõpaɲi] F 1 (*présence, société*) Gesellschaft *f*; Begleitung *f*; **dame** *f* **de ~** Gesellschafterin *f*; Gesellschaftsdame *f*; *fam* **salut la ~!** *fam* guten Tag zusammen!; *all Sud* grüß Gott miteinander!; **avec la seule ~ de** nur in Begleitung von (*ou* +*gén*); **de ~ (avec)** gemeinsam, zusammen (mit); **aller de ~** *personnes* zusammen (hin)gehen; *choses* Hand in Hand gehen (**avec** mit); **en ~ de** gemeinsam, zusammen mit; in Begleitung, Gesellschaft von (*ou* +*gén*); **se plaire en la ~ de qn** gern(e) mit j-m zusammen sein; **il est de bonne, c'est un homme de bonne ~, il est d'une ~ agréable** er ist ein angenehmer Gesellschafter; es macht Freude, mit ihm zusammen zu sein; **c'est un homme de mauvaise ~** *a.* er ist e-e etwas zwielichtige Figur; **c'est une joyeuse ~** es, das ist e-e fröhliche, lustige Gesellschaft, *fam* ein fröhlicher, vergnügter Verein; **fausser ~ à qn** j-n plötzlich verlassen; **tenir ~ à qn** j-m Gesellschaft leisten 2 COMM Gesellschaft *f*; Firma *f*; **… & Cie** … & Co.; *fam* **… et ~** … usw.; *fam* … und Co.; ~ **aérienne, d'aviation** Flug-, Luftfahrt-, Luftverkehrsgesellschaft *f*; ~ **d'assurances** Versicherungsgesellschaft *f* 3 (*association*) Gesellschaft *f*; Vereinigung *f*; **Compagnie de Jésus** Jesuitenorden *m*; Gesellschaft Jesu; Societas Jesu *f* (*abr* SJ); ~ **de théâtre** Theaterensemble *n* 4 MIL Kompanie *f*; → *a.* CRS

compagnon [kõpaɲõ] M 1 Gefährte *m*; Kamerad *m* (*a. animal*); *st/s* Genosse *m*; *d'une femme a.* Lebensgefährte *m*; **joyeux ~** lustiger Bruder; *fam* fideles Haus; *st/s* **~ d'armes** *st/s* Kampfgefährte *m*; Waffenbruder *m*; ~ **de beuverie** Zechgenosse *m*, -kumpan *m*; ~ **d'infortune** Leidensgenosse *m*, -gefährte *m*; ~ **de voyage** Reisegefährte *m* 2 *fig d'une chose* Begleiterscheinung *f*; **être le ~ de** *a.* Hand in Hand gehen mit 3 *maçon, boulanger etc* Geselle *m*

compagnonnage [kõpaɲɔnaʒ] M HIST Gesellenbruderschaft *f*

comparable [kõpaʀabl] ADJ vergleichbar (**à**, **avec** mit *ou +dat*); **ne pas être ~ à** *a.* sich nicht vergleichen lassen, nicht verglichen werden können mit

comparaison [kõpaʀɛzõ] F Vergleich *m*; Gegenüberstellung *f*; *loc prép* **en ~ de, par ~ à** *ou* **avec** im Vergleich zu; verglichen mit; *loc adv* **par ~** im Vergleich; vergleichsweise; **sans ~** **a** *loc adj* unvergleichlich; nicht zu vergleichen (**avec** mit) **b** *loc adv* eindeutig; unbestreitbar; ganz ohne Zweifel; **il n'y a pas de ~ possible entre …** es ist kein Vergleich zwischen (+*dat*); **établir une ~ entre** e-n Vergleich ziehen zwischen (+*dat*); **faire la ~** e-n Vergleich ziehen, anstellen (**avec** mit); **soutenir la ~** den, jeden Vergleich aushalten (**avec** mit); **ne pas soutenir la ~** *a.* damit nicht zu vergleichen sein; → *a.* degré 9

comparaître [kõpaʀɛtʀ] V/I (→ connaître) JUR erscheinen (**en justice** vor Gericht)

comparateur [kõpaʀatœʀ] M TECH Komparator *m*

comparatif [kõpaʀatif] **A** ADJ (-ive) vergleichend; Vergleichs…; GRAM **proposition comparative** Vergleichssatz *m*; **tableau ~** vergleichende Tabelle **B** M GRAM Komparativ *m*; *adjectif* **mettre au ~** steigern

comparatiste [kõpaʀatist] M Komparatist *m*; vergleichender Literatur- *ou* Sprachwissenschaftler

comparativement [kõpaʀativmɑ̃] ADV vergleichsweise; damit verglichen; **~ à** verglichen mit; im Vergleich zu

comparé [kõpaʀe] ADJ **1** *science* vergleichend; **littérature ~e** vergleichende Literaturwissenschaft; Komparatistik *f* **2 ~ à** verglichen mit; im Vergleich zu *ou* mit

comparer [kõpaʀe] **A** V/T miteinander vergleichen; gegeneinanderhalten; einander gegenüberstellen; **~ à, avec** vergleichen mit **B** V/PR **1 se ~ à qn** sich mit j-m vergleichen **2** *sens passif* **se ~** miteinander verglichen werden; *ces choses* **ne peuvent se ~** lassen sich, kann man nicht (miteinander) vergleichen

comparse [kõpaʀs] M/F **1** THÉ Komparse *m*, Komparsin *f* **2** *fig* Randfigur *f*; *fam* kleiner Fisch

compartiment [kõpaʀtimɑ̃] M **1** *d'un tiroir, meuble* Fach *n*; *d'un espace* Abteil *n*; *d'un damier* Feld *n* **2** CH DE FER Abteil *n*

compartimentage [kõpaʀtimɑ̃taʒ] M *fig* Abschottung *f*; Abkapselung *f*

compartimenter [kõpaʀtimɑ̃te] V/T **1** in Fächer, Abteile, Felder einteilen **2** *fig* (streng) aufgliedern; (gegeneinander) abschotten, abkapseln

comparution [kõpaʀysjõ] F JUR Erscheinen *n* (vor Gericht); **mandat** *m* **de ~** (Vor)Ladung *f*; **faire acte de ~** vor Gericht erscheinen

compas [kõpa] M **1** Zirkel *m*; **~ d'épaisseur** Greifzirkel *m*; Taster *m*; **boîte** *f* **à ~** Reißzeug *n*; *fig* **avoir le ~ dans l'œil** ein ausgezeichnetes Augenmaß haben **2** MAR, AVIAT Kompass *m*

compassé [kõpase] ADJ übertrieben gemessen; steif; gestelzt; gespreizt

compassion [kõpasjõ] F tiefes Mitgefühl, Mitleid (**pour** mit); große Anteilnahme (für); **plein de ~** mitfühlend; teilnahmsvoll

compatibilité [kõpatibilite] F Vereinbarkeit *f*; Kompatibilität *f* (*a.* INFORM); Verträglichkeit *f*

compatible [kõpatibl] ADJ (miteinander) vereinbar (*a. fonctions*); kompatibel (*a.* TECH, INFORM); **difficilement ~ avec** kaum vereinbar mit

compatir [kõpatiʀ] V/T INDIR **1 ~ à** Anteil nehmen, teilnehmen an (+*dat*); mitfühlen mit **2** *litt* **ne pas ~ avec** unvereinbar sein mit; sich nicht vertragen mit

compatissant [kõpatisɑ̃] ADJ teilnahmsvoll; mitfühlend; **être ~** *a.* ein mitfühlender Mensch sein

compatriote [kõpatʀijɔt] M/F Landsmann *m*, Landsmännin *f*; **ils sont ~s** sie sind Landsleute

compendium [kõpɛ̃djɔm] *litt* M Kompendium *n*; Abriss *m*

compensable [kõpɑ̃sabl] ADJ kompensierbar; JUR aufrechenbar

compensateur [kõpɑ̃satœʀ] ADJ (-trice) ausgleichend; Ausgleichs…; Kompensations…; **indemnité compensatrice** Entschädigung *f* zum Ausgleich

compensation [kõpɑ̃sasjõ] F Ausgleich *m*; Kompensation *f* (*a.* PSYCH, MÉD); Ersatz *m*; (*dédommagement*) Entschädigung *f*; (*indemnité*) Vergütung *f*; Abfindung *f*; COMM, JUR Aufrechnung *f*; FIN Verrechnung *f*; *loc adv* **en ~** zum Ausgleich; als Ersatz; dafür; **en ~ de** zum Ausgleich, als Ersatz für; **il y a ~** das ist ein Ausgleich, Ersatz; das entschädigt dafür; das gleicht sich aus

compensatoire [kõpɑ̃satwaʀ] ADJ kompensatorisch; Kompensations…; Ausgleichs…

compensé [kõpɑ̃se] ADJ **semelle ~e** Keilabsatz *m*

compenser [kõpɑ̃se] **A** V/T **1** ausgleichen; kompensieren (*a.* PSYCH); wettmachen; aufwiegen; *abs*: **pour ~** als Ersatz, Entschädigung; zum Ausgleich; dafür; **ça compensera** das gilt als, ist e-e Entschädigung, ein Ausgleich, ein Ersatz **2** JUR **~ les dépens** die (Gerichts)Kosten gegeneinander aufheben; **~ une dette** e-e Schuld gegen e-e Forderung aufrechnen **B** V/PR **se ~** sich ausgleichen; sich ergänzen

compère [kõpɛʀ] M **1** *litt* Gevatter *m* **2** *fig* Kerl *m*; Bursche *m*; **rusé ~** Filou *m*; alter Fuchs **3** *péj d'un prestidigitateur* Helfershelfer *m*; Kumpan *m*; *d'un malfaiteur a.* Komplize *m*

compère-loriot [kõpɛʀlɔʀjo] M (*pl* compères-loriots) MÉD Gerstenkorn *n*

compétence [kõpetɑ̃s] F **1** (*connaissances*) **~(s)** Fach-, Sachkenntnis(se) *f(pl)*; Sachverstand *m*; Kompetenz *f*; **avec ~** fach-, sachkundig; fachmännisch, -gerecht; sachverständig; **avoir des ~s en la matière** auf diesem Gebiet gute Kenntnisse haben, sehr beschlagen sein; **cela dépasse mes ~s** davon verstehe ich nicht genug; dafür bin ich nicht kompetent genug **2** (*ressort*) Zuständigkeit *f*, Kompetenz *f* (*a.* JUR); Befugnis *f*; **cela entre dans les ~s de, c'est de la ~ de, cela relève de la ~ de …** das fällt in die Zuständigkeit von (*ou* +*gén*); dafür ist … zuständig

compétent [kõpetɑ̃] ADJ **1** (*capable*) sachverständig; kompetent; fach-, sachkundig; maßgebend; maßgeblich **2** JUR *autorité* zuständig; kompetent; **tribunal ~** zuständiges Gericht; *dans un contrat a.* Gerichtsstand *m* **3** JUR **âge ~** erforderliches Alter (**pour** +*inf* um zu +*inf* *ou* für)

compétiteur [kõpetitœʀ] M, **compétitrice** F Mitbewerber(in) *m(f)* (**à** um); Konkurrent(in) *m(f)*

compétitif [kõpetitif] ADJ (-ive) konkurrenz-, wettbewerbsfähig

compétition [kõpetisjõ] F Wettbewerb *m*; ÉCON *a.* Konkurrenzkampf *m*; **~ (sportive)** Wettkampf *m*; **esprit** *m* **de ~** Wetteifer *m*; Kampfgeist *m*; **société** *f* **de ~** Leistungsgesellschaft *f*; **sport** *m* **de ~** Leistungssport *m*; **entrer en ~** in Wettbewerb treten (**avec** mit); **être en ~** miteinander konkurrieren; **être en ~ avec qn** mit j-m konkurrieren; SPORTS **faire de la ~** an Wettkämpfen teilnehmen

compétitivité [kõpetitivite] F Konkurrenz-, Wettbewerbsfähigkeit *f*

Compiègne [kõpjɛɲ] *Stadt im Dep. Oise*

compilateur [kõpilatœʀ] M **1** *personne* Kompilator *m* (*a. péj*) **2** INFORM Compiler *m*; **compilation** F **1** Kompilation *f* (*a. livre et péj*); Zusammentragen *n* von Quellen **2** MUS Best-of--Album *n* **3** INFORM Kompilieren *n*; Kompilierung *f*

compiler [kõpile] V/T **1** kompilieren (*a. péj*); zusammentragen, -stellen **2** INFORM kompilieren

complainte [kõplɛ̃t] F (volkstümliches) Klagelied

complaire [kõplɛʀ] (→ plaire) **A** V/T INDIR *litt* **~ à qn** j-m gefällig sein **B** V/PR **se ~ à** (+*inf*) sich (*dat*) darin gefallen zu (+*inf*); sich (*dat*) ein Vergnügen, e-n Spaß daraus machen zu (+*inf*); **se ~ dans qc** sich in etw (*dat*) wohlfühlen; *plus fort* in etw (*dat*) schwelgen

complaisamment [kõplɛzamɑ̃] ADV → complaisant

complaisance [kõplɛzɑ̃s] F **1** (*amabilité*) Entgegenkommen *n*; Gefälligkeit *f*; Liebenswürdigkeit *f*; Freundlichkeit *f*; *loc adj* **de ~** Gefälligkeits…; **certificat** *m* **de ~** Gefälligkeitsattest *n*; **sourire** *m* **de ~** Höflichkeitslächeln *n*; *loc adv* **par ~** aus Gefälligkeit, Freundlichkeit **2** *péj* (*trop grande indulgence*) Duldsamkeit *f*; Willfährigkeit *f*; allzu große Nachsicht, Gefälligkeit **3** *péj* (*satisfaction*) Selbstgefälligkeit *f*; **avec ~** selbstgefällig **4 avoir des ~s pour qn** ein Techtelmechtel mit j-m haben

complaisant [kõplɛzɑ̃] ADJ **1** (*prévenant*) **~ (pour, envers qn)** entgegenkommend, gefällig (j-m gegenüber); liebenswürdig, freundlich (zu j-m, j-m gegenüber) **2** *péj* **mari ~** allzu nachsichtiger, *iron* gefälliger, verständnisvoller Ehemann **3** *péj* (*satisfait*) selbstgefällig; **elle se regarde d'un œil ~** sie findet sich wohl sehr hübsch

complément [kõplemɑ̃] M **1** Ergänzung *f*; Vervollständigung *f*; **~ d'information** ergänzende, zusätzliche Information; **~ (d'une somme)** fehlende Summe; Restsumme *f* **2** GRAM: *d'objet* Ergänzung *f*; *déterminatif* nähere Bestimmung; Attribut *n*; **~ circonstanciel, de circonstance** Umstands-, Adverbialbestimmung *f*; adverbiale Bestimmung; Adverbial(e) *n*; **~ circonstanciel de lieu, de manière, de temps** Umstandsbestimmung *etc* des Ortes, der Art und Weise, der Zeit; **~ d'agent** Agens *n*; Urheber *m*; → *a.* **objet** 4; *adjt* **nom ~** als Ergänzung stehendes Substantiv **3** MATH Komplementwinkel *m*

complémentaire [kõplemɑ̃tɛʀ] **A** ADJ ergänzend; Ergänzungs…; komplementär; Komplementär…; (*additionnel*) zusätzlich; Zusatz…; **~s** *a.* sich, einander ergänzend; **angle** *m* **~** Komplement-, Ergänzungswinkel *m*; **couleurs** *fpl* **~s** Komplementärfarben *fpl*; **retraite** *f* **~** *ou* *fam subst* **~** *f* zusätzliche Altersrente; Zusatzrente *f* **B** M MATH Komplement *n*

complémentarité [kõplemɑ̃taʀite] F *t/t* Komplementarität *f*

complet [kõplɛ] **A** ADJ (-ète [ɛt]) **1** (*entier*) vollständig; vollkommen *ou* vollkommen; komplett; ganz; total; völlig; gesamt; **aliment ~** Vollwertkost *f*; **aveux ~s** volles, umfassendes Geständnis; **destruction complète** völlige, vollständige, totale Zerstörung; **joie complète** vollkommene, ungetrübte Freude; **les œuvres complètes de X** sämtliche, die gesammelten Werke *npl* von X; **pain ~** Vollkornbrot *n*; **série complète** vollständige, komplette Serie; **succès ~** voller Erfolg; **à temps ~** *loc adv* ganztags; ganztägig; *loc adj* Ganztags…; **dans la misère la plus complète** im tiefsten Elend; *subst* **au (grand) ~** vollzählig (versammelt); in voller Zahl; *fam* alle Mann hoch; *fam* **c'est ~!** das hat gerade noch gefehlt!; **la victoire était complète** es war ein voller Sieg **2** *(achevé)* **artiste ~** vielseitiger Künstler; **athlète ~** Allroundsportler *m* **3** *(plein)* *hôtel, bus etc* (voll) besetzt; *hôtel a.* (voll) belegt; *théâtre etc* ausverkauft; **le théâtre affiche ~** das Theater, die Vorstellung ist ausverkauft; *hôtel* **afficher ~** voll belegt, besetzt sein **B** M (Herren)Anzug *m*

complètement [kõplɛtmɑ̃] ADV völlig; vollkommen; vollständig; total; ganz; komplett

compléter [kõplete] ‹-è-› **A** V/T ergänzen; vervollständigen; vollzählig machen; komplettieren; **~ une œuvre** ein Werk vollenden **B** V/PR **se ~** **1** *sens réciproque* sich, einander ergänzen **2** *sens passif* vollständig, komplett werden; sich vervollständigen

complétif [kõpletif] ADJ ‹-ive› GRAM **proposition complétive** *ou subst* **complétive** *f* Ergänzungs-, Objektsatz *m*

complexe [kõplɛks] **A** ADJ vielschichtig; komplex (*a.* MATH, CHIM); *(compliqué)* kompliziert; GRAM zusammengesetzt **B** M **1** *de bâtiments etc* Komplex *m*; **~ industriel** Industriekomplex *m* **2** PSYCH Komplex *m*; **~ d'infériorité, d'Œdipe** Minderwertigkeits-, Ödipuskomplex *m*; *loc adv* **sans ~s** ganz ungeniert; ohne Hemmungen; **avoir, faire des ~s** Komplexe haben; an Komplexen leiden; **ça me donne des ~s** da(von) bekomme ich Komplexe

complexé [kõplɛkse] ADJ *fam* **il est ~** er hat Komplexe; er ist gehemmt, verklemmt

complexer [kõplɛkse] V/T *fam* **ça le complexe** *fam* da(von) kriegt er Komplexe

complexion [kõplɛksjõ] *litt* F Konstitution *f*

complexité [kõplɛksite] F Vielschichtigkeit *f*; Komplexität *f*; Kompliziertheit *f*

complication [kõplikasjõ] F **1** *(complexité)* Kompliziertheit *f* **2** *(difficulté)* Komplikation *f* (*a.* MÉD); Verwicklung *f*; Schwierigkeit *f*; **vous aimez, cherchez les ~s** Sie komplizieren die Dinge unnötig

complice [kõplis] **A** ADJ *personne* mitschuldig; **regard** *m* **~** verständnisinniger Blick; **sourire** *m* **~** verständnisinniges Lächeln; **l'obscurité ~** im Schutz der Dunkelheit; **être, se faire ~ de qc** an etw *(dat)* teilnehmen; etw begünstigen; sich an etw *(dat)* mitschuldig machen **B** M/F Komplize *ou* Komplice *m*, Komplizin *f*; Helfershelfer(in) *m(f)*; Mitschuldige(r) *m/f(m)*; JUR *a.* Mittäter(in) *m(f)*

complicité [kõplisite] F Komplizenschaft *f*; (geheimes) Einverständnis; Mitschuld *f*; JUR *a.* Mittäterschaft *f*; Beihilfe *f* **(de** zu); **agir en ~** in geheimem Einverständnis handeln; **il y a une grande ~ entre eux** sie verstehen sich auf e-n Blick; **il a joui de nombreuses ~s** er hatte viele Helfershelfer

complies [kõpli] FPL ÉGL CATH Komplet *f*

compliment [kõplimɑ̃] M **1** Kompliment *n*; Artigkeit *f*; *(félicitations)* Glückwunsch *m*; **(tous) mes ~s!** mein Kompliment!; (allen) Respekt!; alle Achtung!; **faire des ~s à qn** j-m Komplimente machen; **faire ~ à qn de, sur qc** j-m ein Kompliment machen über etw *(acc)*; j-m gratulieren, j-n beglückwünschen zu etw; **je ne te fais pas mes ~s!** das hättest du wirklich besser machen können! **2** *message de politesse* Empfehlung *f*; **avec les ~s de …** mit den besten Empfehlungen *(+gén)* **3** *petit discours* Glückwunschansprache *f*; *l'enfant* **récita son petit ~** sagte sein Gedicht auf

complimenter [kõplimɑ̃te] V/T **~ qn** j-m ein Kompliment, Komplimente machen **(sur** über *+acc)*; **~ qn pour qc** j-m zu etw gratulieren; j-n zu etw beglückwünschen

complimenteur [kõplimɑ̃tœʀ] **A** ADJ ‹-euse› *péj* schmeichlerisch **B** M *péj* Lobhudler *m*

compliqué [kõplike] ADJ kompliziert (*a.* TECH); verwickelt; schwierig; **esprit ~** *ou fam subst* **~** *m fam* Umstandskrämer *m*; **histoire ~e** verwickelte Geschichte; **vous êtes un ~** *a.* Sie komplizieren die Dinge unnötig

compliquer [kõplike] **A** V/T komplizieren; kompliziert(er), verwickelt(er) machen; *travail etc a.* erschweren; behindern **B** V/PR **1** *sens passif* **se ~** sich komplizieren; kompliziert, schwierig(er) werden; *situation plus fort* sich zuspitzen; **la maladie s'est compliquée d'une pneumonie** zu der Krankheit kam noch e-e Lungenentzündung (hinzu) **2** **elle ne se complique pas l'existence, la vie** sie macht es sich *(dat)* zu leicht

complot [kõplo] M Komplott *n*; Verschwörung *f*; **faire, ourdir, tramer un ~** ein Komplott schmieden, e-e Verschwörung anzetteln **(contre** gegen); **être dans le, du ~** ins Komplott verwickelt sein; mit im Komplott sein; *par ext* **mettre qn dans le ~** j-n einweihen

comploter [kõplɔte] **A** V/T **1** **~ de renverser le régime** den Sturz des Regimes planen **2** *fam fig* **~ qc** *fam* etw aushecken, ausbrüten **B** V/T INDIR *et* V/I ein Komplott schmieden, sich verschwören **(contre** gegen)

comploteur [kõplɔtœʀ] M Verschwörer *m*

compo [kõpo] F *fam* ABR → **composition** 2 a)

componction [kõpõksjõ] F übertriebene Würde; Pose *f*; **air** *m* **de ~** übertrieben würdevolle Miene; **avec ~** übertrieben würdevoll; gestelzt

comportement [kõpɔʀtəmɑ̃] M Verhalten *n* (*a.* PSYCH), Verhaltensweise *f*, Benehmen *n*, Betragen *n* **(avec, envers qn** j-m gegenüber); Gebaren *n*

comporter [kõpɔʀte] **A** V/T **1** *(contenir)* enthalten; beinhalten; umfassen; *(se composer de)* bestehen aus; sich zusammensetzen aus **2** *(impliquer)* mit sich bringen; zur Folge haben; nach sich ziehen; bedeuten; **avec tout ce que cela comporte de …** mit allem, was dies an *(+dat)* mit sich bringt **B** V/PR **se ~** **1** *personne* sich verhalten, sich benehmen, sich betragen **(avec qn** j-m gegenüber); *péj* sich aufführen; sich gebärden; *équipe sportive* **se ~ bien** sich bewähren **2** TECH sich verhalten; funktionieren; *voiture* **se ~ bien** ein gutes Fahrverhalten zeigen

composant [kõpozɑ̃] **A** ADJ CHIM **corps ~** Bestandteil *m*; Komponente *f* **B** SUBST **1** M CHIM, LING Bestandteil *m*; Komponente *f*; ÉLEC Bauelement *n*, -teil *n* **2** F **~e** MATH, PHYS, *fig* Komponente *f*

composé [kõpoze] **A** ADJ **1** zusammengesetzt **(de** aus); **intérêt(s) ~(s)** Zinseszins(en) *m(pl)*; GRAM **mot ~** zusammengesetztes Wort; Kompositum *n*; Zusammensetzung *f*; GRAM **temps ~** zusammengesetzte Zeit **2** *fig* **attitude ~e** einstudierte Haltung **B** M **1** *(mélange)* Zusammensetzung *f*; Mischung *f* **2** **~ (chimique)** (chemische) Verbindung **(de** aus) **3** GRAM Kompositum *n*; Zusammensetzung *f*

composées [kõpoze] FPL BOT Korbblütler *mpl*; *t/t* Kompositen *fpl*

composer [kõpoze] **A** V/T **1** *(assembler)* zusammensetzen, -stellen, herstellen, (zu)bereiten **(de** aus); **~ un menu** ein Menü zusammenstellen; TÉL **~ un numéro** eine Nummer wählen **2** *(constituer, former)* bilden; ausmachen **3** *poème etc* verfassen; schreiben; machen; MUS komponieren (*a. abs*); **~ la musique pour un poème** ein Gedicht vertonen; **~ des vers** *a.* dichten **4** **~ ses gestes** unnatürlich, einstudiert wirkende Gebärden machen; **~ son visage** ein undurchdringliches Gesicht machen; e-e ausdruckslose Miene aufsetzen **5** TYPO (ab)setzen **B** V/T INDIR *et* V/I **1** *(s'arranger)* sich vergleichen, sich gütlich einigen, Kompromisse *ou* e-n Kompromiss schließen *ou* eingehen **(avec** mit); **~ avec sa conscience** nicht auf die Stimme des Gewissens hören **2** ÉCOLE e-e Klassenarbeit, Schulaufgabe machen, schreiben **(en latin** in Latein) **C** V/PR **1** **se ~ de** *(consister en)* sich zusammensetzen, zusammengesetzt sein, bestehen aus **2** **se ~ un personnage** sich ganz anders geben, als man eigentlich ist; **se ~ un visage de circonstance** e-e dem Anlass entsprechende Miene aufsetzen

composite [kõpozit] ADJ **1** ARCH Komposit…; TECH Verbund…; **matériau** *m* **~** Verbundwerkstoff *m* **2** *(hétéroclite)* (bunt) zusammengewürfelt; (bunt) gemischt

compositeur [kõpozitœʀ] M, **compositrice** F **1** MUS Komponist(in) *m(f)*; **compositeur d'opéra(s)** Opernkomponist *m* **2** TYPO (Schrift)Setzer(in) *m(f)*

composition [kõpozisjõ] F **1** Zusammensetzung *f*, -stellung *f* *(action et résultat)*; *d'un poème etc* Verfassen *n*; *d'un tableau*, PHOT Komposition *f*; *d'une assemblée* Zusammensetzung *f*; SPORTS **~ d'une équipe** Mannschaftsaufstellung *f*; **c'est un plat de ma ~** dieses Gericht habe ich selbst erfunden, mir selbst ausgedacht **2** ÉCOLE **a)** Klassenarbeit *f*, *en Bavière* Schulaufgabe *f*, *autrich* Schularbeit *f* **(de chimie** in Chemie) **b)** **~ française** (französischer) Aufsatz **3** MUS Komposition *f* (*a. matière enseignée*); *st/s* Ton(setz)kunst *f*; *action a.* Komponieren *n* **4** *personne* **être de bonne ~** umgänglich sein **5** TYPO Setzen *n*; Satz *m*; **~ informatisée** Computersatz *m*; **frais** *mpl* **de ~** Satzkosten *pl*

compost [kõpɔst] M AGR Kompost *m*; **compostage** M AGR Düngen *n* mit Kompost

composter [kõpɔste] V/T **~ un billet** eine Fahrkarte entwerten

composteur [kõpɔstœʀ] M Entwerter *m*

compote [kõpɔt] F **1** *en purée* Mus *n*; *au sirop* Kompott *n*; **~ de pommes** Apfelmus *n*, -kompott *n* **2** *fam fig partie du corps* **en ~** zerschlagen; **j'ai les pieds en ~** die Füße tun mir scheußlich weh

compotier [kõpɔtje] M Obstschale *f*

compound [kõpund, kɔmpawnd] ADJ ‹*inv*› TECH Verbund…; Compound…

compréhensibilité [kõpʀeɑ̃sibilite] F Verständlichkeit *f*; Begreiflichkeit *f*; **pour une plus grande ~** zum besseren Verständnis; um e-r besseren Verständlichkeit willen

compréhensible [kõpʀeɑ̃sibl] ADJ verständlich; begreiflich; fassbar; fasslich; **il est ~ que …** *(+subj)* es ist begreiflich, verständlich, zu verstehen, dass …

compréhensif [kõpʀeɑ̃sif] ADJ ‹-ive› verständnisvoll

compréhension [kõpʀeɑ̃sjõ] F **1** *(indulgence)* Verständnis *n* **(pour, à l'égard de** für) **2** *(clarté)* Verständlichkeit *f*; **~ d'un texte** Textverständnis *n* **3** *(faculté de comprendre)* Begriffsvermögen *n*; Auffassungsgabe *f*, -kraft *f*, -vermögen *n*

comprendre [kõpʀɑ̃dʀ] ‹→ prendre› **A** V/T **1** *(saisir)* verstehen, begreifen (*a. abs*); erfassen; auffassen; *abs* **je comprends** ich verstehe; *(j'y suis)* und ob; das will ich meinen; **~ qn** j-n verstehen, begreifen; **~ qc** etw verstehen, begreifen, erfassen; etw verständlich, begreiflich finden; **tu y comprends qc?** *(tu t'y connais?)* verstehst du (et)was davon?; *(tu saisis?)* verstehst, begreifst du das?; **je comprends son attitude** ich verstehe, begreife s-e Haltung; s-e Haltung ist mir verständlich, begreiflich; **je n'y comprends rien**

C

ich verstehe, begreife (davon) nichts; ich werde nicht klug daraus; **il ne comprend rien à rien** er versteht, begreift überhaupt nichts (à von); **je comprends que …** (*+subj ou ind*) ich verstehe, begreife, es ist (mir) verständlich, begreiflich, dass …; ♦ *avec adv*: **~ bien** gut verstehen; gut begreifen; (*correctement*) richtig verstehen, auffassen; **~ mal** schlecht verstehen; (*de travers*) falsch verstehen, auffassen; (*à moitié*) nicht ganz begreifen, verstehen; **je comprends mal qc** *a.* etw ist mir nicht recht verständlich; **je ne comprends pas** *a.* es ist mir unverständlich, unbegreiflich (**que** *+subj* dass); **~ vite** schnell verstehen, begreifen, erfassen; *abs* schnell auffassen; e-e gute Auffassungsgabe haben; *plais* **il comprend vite, mais il faut lui expliquer longtemps** *fam* er hat e-e lange Leitung; ♦ **faire ~ qc à qn** j-m etw begreiflich, verständlich machen, klarmachen, zu verstehen geben; **se faire ~** sich verständlich machen (**de, par qn** bei j-m); **je me fais ~, j'espère?** ich habe mich hoffentlich deutlich genug ausgedrückt 2 (*comporter*) umfassen; enthalten; in sich (*acc*) schließen; bestehen aus; **la propriété comprend …** *a.* zum Besitz gehört *ou* gehören … 3 (*inclure*) *frais etc* mitrechnen, mitzählen (**dans** bei) B V/PR 1 *réciproquement* **se ~** sich, einander verstehen 2 **cela se comprend** (*c'est compréhensible*) das kann man verstehen; das ist verständlich, begreiflich; (*ça va de soi*) das versteht sich

compresse [kõpʀɛs] F MÉD Kompresse *f*; Umschlag *m*; **~ humide** feuchter Umschlag; **~ de gaze** Mullkompresse *f*; **appliquer qc en ~** etw als Kompresse auflegen; **mettre une ~** e-e Kompresse auflegen

compresser [kõpʀese] V/T 1 zusammendrücken, -pressen 2 INFORM komprimieren

compresseur [kõpʀɛsœʀ] M TECH 1 Kompressor *m*; Verdichter *m* 2 ADJT **rouleau** *m* **~** Straßen-, *fam* Dampfwalze *f*

compressibilité [kõpʀɛsibilite] F 1 PHYS Verdichtbarkeit *f*; Kompressibilität *f* 2 *des dépenses* Reduzierbarkeit *f*; **compressible** ADJ 1 PHYS verdichtbar; kompressibel 2 *dépenses* reduzierbar

compressif [kõpʀɛsif] ADJ ⟨-ive⟩ 1 MÉD **bandage ~** Druck-, Kompressionsverband *m* 2 **mesures compressives** Einsparungsmaßnahmen *fpl* (durch Personalabbau)

compression [kõpʀɛsjõ] F 1 PHYS, TECH Kompression *f*; Verdichtung *f* 2 *des dépenses etc* Senkung *f*; Reduzierung *f*; Herabsetzung *f*; **~ des frais** Kostensenkung *f*, -verringerung *f*, -einsparung *f*, -dämpfung *f*; **~ du personnel** Personalabbau *m*

comprimable [kõpʀimabl] ADJ → compressible

comprimé [kõpʀime] A ADJ 1 TECH **air ~** Press-, Druckluft *f* 2 (*serré*) zusammengedrückt, -gepresst; *poitrine, taille* eingeschnürt, -gezwängt B M PHARM Tablette *f*; **~ d'aspirine** Aspirintablette *f*

comprimer [kõpʀime] A V/T 1 PHYS, TECH komprimieren; verdichten 2 INFORM komprimieren 3 (*serrer*) zusammendrücken; zusammenpressen; MÉD **~ une artère** eine Arterie zusammendrücken 4 *dépenses etc* reduzieren; vermindern; senken; zusammenstreichen 5 *larmes, colère* unterdrücken B V/PR **se ~ la taille** sich (*dat*) die Taille schnüren

compris [kõpʀi] A ADJ ⟨*vor dem subst inv*⟩ **(y) ~** einschließlich; (mit) (e)inbegriffen; inklusive (*abr* **inkl.**); (mit) einbezogen; mitgerechnet; mitgezählt; **~ dans** inbegriffen in (*+dat*); einbezogen in (*+acc*); **non ~** nicht (e)inbegriffen; zuzüglich; **service non ~** ohne Bedienung; zuzüglich Bedienung; *le loyer est de 1000 euros, charges (y) ~es* inklusive Nebenkosten; **tout ~** alles inbegriffen B PP ⟨→ comprendre⟩ 1 verstanden; **~?** verstanden? 2 *la partie du quartier* **~e entre la rue X et l'avenue Y** zwischen der X-Straße und der Y-Avenue

compromettant [kõpʀɔmɛtã] ADJ 1 kompromittierend; bloßstellend; **situation ~e** kompromittierende Situation; **être ~ pour qn** j-n kompromittieren, bloßstellen 2 **ce n'est pas ~** das verpflichtet zu nichts

compromettre [kõpʀɔmɛtʀ] ⟨→ mettre⟩ A V/T 1 schaden (*+dat*); gefährden; in Gefahr bringen; aufs Spiel setzen; beeinträchtigen; **~ la santé, la réputation de qn** j-s Gesundheit, j-s Ruf schaden, gefährden 2 **~ qn** j-n kompromittieren, bloßstellen B V/PR **se ~** 1 **s'être compromis dans un scandale** in e-n Skandal verwickelt sein 2 sich kompromittieren; s-m Ruf schaden

compromis [kõpʀɔmi] M 1 (*accord mutuel*) Kompromiss *m*; Vergleich *m*; **faire un ~** e-n Kompromiss schließen 2 (*intermédiaire*) Mittelding *n*, Zwischending *n* (**entre** zwischen *+dat*)

compromissions [kõpʀɔmisjõ] FPL (*péj* faule) Kompromisse *mpl*, Zugeständnisse *npl*; *péj* **faire des ~** Kompromisse mit s-m Gewissen schließen; gegen sein Gewissen handeln

compromissoire [kõpʀɔmiswaʀ] ADJ JUR **clause** *f* **~** Schieds(vertrags)klausel *f*

comptabilisation [kõtabilizasjõ] F Verbuchung *f*; (buchmäßige) Erfassung; **comptabiliser** V/T 1 COMM (ver)buchen 2 *par ext* zusammenrechnen

comptabilité [kõtabilite] F Buchführung *f*; Buchhaltung *f* (*a. service*); Rechnungsführung *f*; Rechnungswesen *n*; **~ nationale** volkswirtschaftliche Gesamtrechnung; **~ en partie double** doppelte Buchführung; Doppik *f*; **~ en partie simple** einfache Buchführung; **livres** *mpl* **de ~** Geschäftsbücher *npl*; **tenir** *ou* **gérer la ~** die Bücher führen

comptable [kõtabl] A ADJ 1 Buchungs…; Buch(führungs)…; **agent** *m* **~** Buchhalter *m*; Rechnungsführer *m*; **pièce** *f* **~** Buchungsbeleg *m* 2 *litt* **être ~ de qc** für etw Rechenschaft ablegen müssen B M/F Buchhalter(in) *m(f)*; Rechnungsführer(in) *m(f)*

comptage [kõtaʒ] M Zählen *n*, -ung *f*

comptant [kõtã] ADJ COMM bar; **argent ~** bares Geld; Bargeld; → *a.* argent 2; **800 euros ~** ⟨*inv*⟩ 800 Euro in bar, sofort; ♦ *loc adj* **au ~** Bar…; *t/t* Kassa…; **achat** *m* **au ~** Barkauf *m*; **paiement** *m* **au ~** Barzahlung *f*; ♦ (*loc*)*adv* **(au) ~** bar; gegen Barzahlung; gegen bar; in bar; *t/t* gegen Kasse; **acheter (au) ~** gegen Barzahlung, gegen bar kaufen; **payer (au) ~** (in) bar (be)zahlen

compte [kõt] M 1 Zählen *n*, -ung *f*; Rechnen *n*, -ung *f*; Berechnung *f*; **~ rond** runde Zahl, Summe; **~ à rebours** Count-down [kauntdaun] *m ou n*; ♦ *loc adv*: **à bon ~** billig; preiswert; *litt* wohlfeil; **il s'en est tiré à bon ~** *punition* er ist billig weggekommen; *travail* er ist gut dabei weggekommen; *accident et fig* er ist mit e-m blauen Auge davongekommen; **à ce ~-là** wenn es, das so ist; um diesen Preis; **à meilleur ~** billiger; preiswerter; **s'établir, s'installer, se mettre à son ~** sich selbstständig machen; **être à son ~** selbstständig sein; **prendre qc à son ~** *responsabilité* die Verantwortung für etw übernehmen; *fam* etw auf s-e Kappe nehmen; *frais* die Kosten für etw übernehmen; *les idées de qn* **reprendre à son ~** übernehmen; sich (*dat*) zu eigen machen; **travailler à son ~** selbstständig sein; **publier à ~ d'auteur** auf Kosten des Autors veröffentlichen; **pour mon ~** ich meinerseits; was mich betrifft; **pour mon (son) propre ~** für mich (sich) selbst; *vendre, acheter* **pour son propre ~** auf eigene Rechnung; **pour le ~ de** auf, für Rechnung von (*ou +gén*); im Auftrag von (*ou +gén*); BOXE **être envoyé sur le tapis pour le ~** ausgezählt werden; **laisser pour ~** *marchandise* nicht an-, abnehmen; *fig personne* links liegen lassen; sich nicht mehr kümmern um; *fam* **en prendre pour son ~** *fam* gehörig eins auf den Deckel, aufs Dach kriegen; **sur le ~ de qn** über j-n; **dire qc sur le ~ de qn** über j-n, von j-m etw sagen; j-m etw nachsagen; **mettre qc sur le ~ de qc** etw auf etw (*acc*) schieben, zurückführen; etw e-r Sache (*dat*) zuschreiben; **prendre qc sur son ~** für etw die Schuld, Verantwortung übernehmen; *fam* etw auf s-e Kappe nehmen; **vous pouvez être rassuré sur son ~** Sie können seinetwegen unbesorgt sein; **au bout du ~** *ou* **en fin de ~** *ou* **tout ~ fait** schließlich; letztlich; letzten Endes; im Endeffekt; im Grunde genommen; genau genommen; alles in allem; *tu m'agaces*, **à la fin du ~** jetzt langt's mir aber!; *fam* verflixt noch mal!; ♦ **je n'arrive jamais au même ~** es kommt immer e-e andere Zahl, etwas anderes heraus; *fam* **avoir son ~** (*être ivre*) *fam* blau, besoffen, voll (wie e-e Strandhaubitze) sein; *fam* **en avoir son ~ de qc** *fam* von etw die Nase voll haben; *fam* **il a eu son ~** *fam* der hat sein(en) Teil gekriegt, sein Fett weg; **donner son ~ à qn** j-n auszahlen; (*congédier*) j-n entlassen; j-m kündigen; *fam* **son ~ est bon** *fam* jetzt geht's ihm an den Kragen; **être loin du ~** sich stark verrechnet haben; von der Wirklichkeit weit entfernt sein; **le ~ n'y est pas** *ou* **ça ne fait pas le ~** es *ou* die Rechnung stimmt nicht; **faire le ~ de** (ab)zählen; zusammenzählen; berechnen; zusammenrechnen; **faire le ~ de qc à qn** j-m etw vorzählen, vorrechnen; **faire, tenir ses ~s** über s-e Ausgaben Buch führen; **nous faisons nos ~s** wir rechnen (miteinander) ab; *chose* **faire le ~ de qn** j-m zugutekommen; **régler ses ~s** s-e Schulden begleichen; **régler son ~ à qn** a *employé* j-n auszahlen; (*congédier*) j-m kündigen; j-n entlassen b *fam fig* mit j-m abrechnen; **avoir un ~ à régler avec qn** mit j-m noch eine Rechnung zu begleichen haben; *fam* mit j-m ein Hühnchen zu rupfen haben; **tenir ~ de qc** etw berücksichtigen; e-r Sache (*dat*) Rechnung tragen; etw bedenken; **ne tenir aucun ~ de qc** etw gänzlich unbeachtet, außer Betracht lassen; *conseil* in den Wind schlagen; **~ tenu de** unter Berücksichtigung von (*ou +gén*); **y trouver son ~** auf s-e Kosten, Rechnung kommen; *prov* **les bons ~s font les bons amis** unter Freunden sollte man in Geldsachen genau sein; in Geldsachen hört die Freundschaft, *fam* die Gemütlichkeit auf (*prov*) 2 *en banque*, COMM Konto *n*; **~ chèque postal** (*abr* **CCP**) Postgirokonto *n*; Postscheckkonto *n*; **~ courant** laufendes Konto; Girokonto *n*; COMPTABILITÉ Kontokorrent *n*; laufende Rechnung; **~ de dépôt, d'épargne** Depositen-, Sparkonto *n*; **~ d'épargne-logement** Bausparkonto *n*; COMM **~ de pertes et profits** Gewinn-und-Verlust-Rechnung *f*; **~ en banque** Bankkonto *n*; **ouvrir un ~ à la banque X** ein Konto bei der Bank X eröffnen; **passer en ~, sur le ~** auf dem Konto verbuchen; buchen 3 **~(s)** (*explications*) Rechenschaft *f*; **~ rendu** Bericht *m*; *écrit a.* Niederschrift *f*; *d'une séance* Protokoll *n*; *d'un livre* Rezension *f*; ÉCOLE Nacherzählung *f*; **faire le ~ rendu de qc** über etw (*acc*) berichten; **demander des ~s à qn** von j-m Rechenschaft fordern; **devoir des ~s à qn** j-m Rechenschaft schuldig sein, schulden, ablegen müssen; **rendre des ~s** Rechenschaft ablegen (**de** über

+acc); **je n'ai pas de ~s à vous rendre** ich bin Ihnen keine Rechenschaft schuldig; ich schulde Ihnen keine Rechenschaft; **rendre ~ de qc** über etw (*acc*) Bericht erstatten; **se rendre ~ de qc** sich (*dat*) über etw (*acc*) klar werden *ou* im Klaren sein; etw bemerken, feststellen; **tu te rends ~!** stell dir das mal vor!

compte-gouttes [kõtgut] M ‹*inv*› Tropfenzähler *m*; *loc adv fig* **au ~** tröpfchen-, scheibchenweise; *fam* kleckerweise; **accorder, distribuer, donner qc au ~** *a.* mit etw knausern

compter [kõte] A V/T 1 (*dénombrer*) zählen; zusammenzählen; abzählen; (*inclure*) mit-, dazuzählen, -rechnen; mit einrechnen, einbeziehen; *voix aux élections* (aus)zählen; *fig* **~ les heures, les jours** die Stunden, die Tage zählen; *fig* **ses jours sont comptés** s-e Tage sind gezählt; **on ne compte plus ses gaffes, succès** s-e Dummheiten, Erfolge sind nicht mehr zu zählen; **on peut ~ les lettres** *qu'il a écrites* man kann die Briefe … an den Fingern (e-r Hand) abzählen; **~ qc, qn au nombre des, parmi les meilleurs** etw, j-n zu den Besten zählen, rechnen; **on compte ce livre parmi …** *a.* dieses Buch wird zu … gerechnet; ♦ **sans ~** (*+subst*) ohne (*+acc*); außer (*+dat*); abgesehen von (*+dat*); nicht (mit)gerechnet (*+acc*); **sans ~ que** abgesehen davon, dass; außerdem; obendrein; noch dazu 2 (*prévoir*) rechnen (mit); **~ cinq heures en voiture** mit dem Wagen fünf Stunden rechnen; **~ que …** damit rechnen, dass …; erwarten, annehmen, dass …; **ne pas ~ que …** (*+subj*) nicht damit rechnen, dass … 3 (*avoir l'intention*) **~** (*+inf*) beabsichtigen, vorhaben, hoffen, damit rechnen zu (*+inf*); wollen (*+inf*); **je compte aller vous voir la semaine prochaine** ich beabsichtige *etc*, Sie nächste Woche zu besuchen 4 **~ qc à qn** (*facturer*) j-m etw berechnen, in Rechnung stellen; (*verser*) j-m etw (aus)zahlen, bezahlen; (*savoir gré de*) j-m etw anrechnen, zugutehalten; *fam avec parcimonie* j-m etw (spärlich) zuteilen; **tu nous, me les comptes** *fam* die sind wohl abgezählt, rationiert 5 (*estimer*) schätzen; ansehen; **tu comptes pour rien le mal** *que je me suis donné* die Mühe … zählt für dich überhaupt nicht; du erachtest die Mühe … für nichts 6 (*avoir*) *tant d'années* zählen; *années de service* haben; *ville: habitants* haben; zählen; **il compte déjà vingt ans de service (dans l'armée)** er ist schon zwanzig Jahre in der Armee; er hat schon e-e Dienstzeit von zwanzig Jahren (in der Armee); *st/s ou iron* **~ dix-huit printemps** achtzehn Lenze zählen B V/I 1 (*calculer*) zählen; rechnen; **~ de tête** im Kopf rechnen; → *a.* **doigt** 1; ♦ *loc adv* **sans ~** reichlich; großzügig; verschwenderisch; mit vollen Händen; *loc prép* **à ~ de** von … ab, an; ab; **à ~ d'aujourd'hui** von heute ab, an; ab heute 2 (*avoir de l'importance*) zählen; wichtig, wesentlich sein; gelten; **cela ne compte pas** das zählt nicht; das hat nichts zu bedeuten; **son avis compte pour beaucoup** s-e Ansicht gilt viel, hat viel Gewicht; **son fils compte beaucoup pour lui** sein Sohn bedeutet ihm sehr viel; er hängt sehr an s-m Sohn; *le mal qu'il s'est donné* **compte pour rien** … zählt überhaupt nicht 3 **devoir ~** rechnen, Haus halten müssen C V/T INDIR *personne* **~ avec qc** mit etw rechnen; etw bedenken; an etw (*acc*) denken; etw berücksichtigen; e-r Sache (*dat*) Rechnung tragen; **~ avec qn** mit j-m rechnen; j-n berücksichtigen; j-m Rechnung tragen; *personne, chose* **~ parmi** zählen, gehören zu; gezählt, gerechnet werden zu; **~ sans qc** etw vergessen, nicht bedenken, nicht berücksichtigen; **~ sans qn** nicht mit j-m rechnen; j-n vergessen; die Rechnung ohne j-n machen; **~ sur qc, qn** auf etw, j-n zählen, rechnen; mit etw, j-m rechnen; sich auf etw, j-n verlassen; **il vaut mieux ne ~ que sur soi** man soll(te) sich nur auf sich (*acc*) selbst verlassen; **j'y compte** ich rechne (fest) damit; ich verlasse mich darauf; *fam iron* **comptes-y** *ou* **compte là-dessus** *fam* ja denkste!; von wegen!; *fam* **compte là-dessus et bois de l'eau** das schlag dir aus dem Kopf; *fam* da kannst du warten, bis du schwarz wirst D V/PR **se ~** gezählt werden (**par** nach); sich zählen lassen

compte rendu [kõtʀɑ̃dy] M ‹*pl* comptes rendus› → **compte** 3

compte-tours [kõttuʀ] M ‹*inv*› TECH Drehzahlmesser *m*; Tourenzähler *m*

compteur [kõtœʀ] M TECH Zähler *m*; Zählwerk *n*, -apparat *m*; **~ bleu** Nachtstromzähler *m*; **~ électrique** Strom-, Elektrizitätszähler *m*; **~ Geiger** [ʒɛʒɛʀ] Geigerzähler *m*; **~ kilométrique** Kilometerzähler *m*; **~ à eau, à gaz** Wasser-, Gaszähler *m*, -messer *m*, -uhr *f*; **~ de taxi** Fahrpreisanzeiger *m*; Taxameter *m*; **~ (de vitesse)** Geschwindigkeitsmesser *m*; Tachometer *m ou n*; *fam* Tacho *m*; **relever le ~** den Zähler ablesen

comptine [kõtin] F Abzählvers *m*, -reim *m*

comptoir [kõtwaʀ] M 1 a *d'un bar* Theke *f*; Schanktisch *m*; Büfett *n*; Tresen *m* b *d'un magasin* Ladentisch *m*; (Laden)Theke *f* 2 *de la Banque de France* Zweigstelle *f*; ÉCON **~ de vente en commun** Gesellschaft *f* für Gemeinschaftsvertrieb 3 HIST (Handels)Kontor *n*; Handelsniederlassung *f*; Faktorei *f*

compulsation [kõpylsasjõ] F ADMIN Einsichtnahme *f* (**de** in *+acc*)

compulser [kõpylse] V/T (*consulter*) nachschlagen in (*+dat*); durchsehen; durchblättern

compulsif [kõpylsif] ADJ ‹-ive› PSYCH Zwangs…; zwanghaft; **compulsion** F PSYCH Zwang(shandlung) *m(f)*

computation [kõpytasjõ] F (Zeit)Berechnung *f*

comte [kõt] M Graf *m*

comté [kõte] M 1 Grafschaft *f* 2 *fromage: Art Schweizer Käse aus der Franche-Comté*

comtesse [kõtɛs] F Gräfin *f*

comtois [kõtwa] → **franc-comtois**

con [kõ] *pop* A ADJ ‹*f inv od* **conne** [kɔn]› *pop* saudumm, -blöd, -doof B SUBST 1 **~, conne** *m,f pop* Blödmann *m*, -hammel *m*; dumme Sau; *d'une femme* blöde Ziege; blöde Kuh; *injure pop* Arschloch *n*; *loc adj* **à la ~** *pop* saublöd, -doof; **faire le ~** (*faire l'idiot*) *fam* sich blöd, doof (an)stellen; (*faire des bêtises*) Blödsinn, Dummheiten machen; (*faire qc de stupide*) e-e stupide, stumpfsinnige, *fam* blöde, doofe Arbeit machen müssen 2 M *obscène* Fotze *f*; Möse *f* (*Vulva*)

conard [kɔnaʀ] *pop* M, **conasse** [kɔnas] *pop* F → **con** B 1

concassage [kõkasaʒ] M *de pierres* Brechen *n*; *de céréales* Schroten *n*

concassé [kõkase] M Schotter *m*

concasser [kõkase] V/T **~ de la glace** Eis zerkleinern; **~ du grain** Korn schroten; **~ des pierres** Steine brechen; **~ du poivre, du sucre** Pfeffer, Zucker zerstoßen

concasseur [kõkasœʀ] M *de pierres* Brecher *m*

concaténation [kõkatenasjõ] F PHIL Verkettung *f*

concave [kõkav] ADJ konkav, Konkav… (*a.* OPT); vertieft; **miroir** *m* **~** Konkav-, Hohlspiegel *m*

concavité [kõkavite] F 1 OPT Konkavität *f* 2 (*creux*) Vertiefung *f*; Einbuchtung *f*; Höhlung *f*

concéder [kõsede] V/T ‹-è-› 1 *droit* gewähren; einräumen; bewilligen; zugestehen 2 **~ que …** zugeben, einräumen, dass …; **~ à qn un point** j-m in e-m Punkt recht geben 3 SPORTS *but etc* hinnehmen, in Kauf nehmen, zulassen müssen (**à qn** von j-m)

concélébrer [kõselebʀe] V/I ‹-è-› ÉGL CATH konzelebrieren

concentration [kõsɑ̃tʀasjõ] F 1 Konzentration *f*, Konzentrierung *f* (*a.* CHIM, MIL); ÉCON *a.* Zusammenschluss *m*; OPT *de rayons a.* Bündelung *f*; **~ de la population** Konzentration, (Zusammen)Ballung *f* der Bevölkerung; **~ de(s) troupes** Truppenkonzentration *f*; Massierung *f* von Truppen; **camp** *m* **de ~** Konzentrationslager *n* (*abr* KZ); CHIM **degré** *m* **de ~** Konzentration *f*; **zone** *f* **de ~ urbaine** Ballungsraum *m*, -gebiet *n* 2 *fig de l'esprit* Konzentration *f*; Sammlung *f*; **faculté** *f* **de ~** Konzentrationsvermögen *n*

concentrationnaire [kõsɑ̃tʀasjɔnɛʀ] ADJ e-s Konzentrationslagers; KZ-…; **univers** *m* **~** Welt *f* der Konzentrationslager; *fig* KZ-Atmosphäre *f*

concentré [kõsɑ̃tʀe] A ADJ 1 CHIM konzentriert; **lait** *m* **~** Kondensmilch *f*; Dosenmilch *f* 2 *fig esprit, attention, personne* konzentriert; gesammelt B M Konzentrat *n*; **~ de tomates** Tomatenmark *n*; **en ~** konzentriert; in konzentrierter Form; als Konzentrat

concentrer [kõsɑ̃tʀe] A V/T 1 konzentrieren (*a.* CHIM, MIL); *liquide a.* eindicken; *troupes a.* zusammenziehen; OPT **~ des rayons** Strahlen konzentrieren, bündeln, sammeln 2 *attention, efforts, énergie* **~ sur qn, qc** auf j-n, etw konzentrieren, richten; **~ toutes ses forces** alle s-e Kräfte anspannen, zusammennehmen B V/PR **se ~** 1 *regards etc* sich konzentrieren (**sur auf** *+acc*); *foule* sich ansammeln; *plus fort* sich (zusammen)ballen 2 *personne* sich konzentrieren (**sur** auf *+acc*); sich sammeln; sich vertiefen (**in** *+acc*)

concentrique [kõsɑ̃tʀik] ADJ konzentrisch

concept [kõsɛpt] M Begriff *m*; **~ fondamental** Grundbegriff *m*

conception [kõsɛpsjõ] F 1 (*idée*) Anschauung *f*; Auffassung *f*; Vorstellung *f*; Begriff *m*; **~ du monde** Weltanschauung *f*; Weltbild *n*; **~(s) sur qc** Ansicht(en) *f(pl)* über etw (*acc*); Auffassung(en) von etw; **nous n'avons pas la même ~ du travail** unsere Vorstellungen von der Arbeit sind nicht die gleichen, gehen auseinander 2 (*création*) Konzeption *f*; Entwurf *m*; Planung *f*; Gestaltung *f*; **d'une ~ °hardie** kühn konzipiert; → *a.* **CAO** 3 BIOL Empfängnis *f*; *t/t* Konzeption *f*; REL **Immaculée Conception** Unbefleckte Empfängnis

conceptualiser [kõsɛptɥalize] V/T in Begriffe fassen

conceptuel [kõsɛptɥɛl] ADJ ‹~le› 1 begrifflich; Begriffs… 2 MARKETING Konzeptions…; Planungs…; konzeptuell

concernant [kõsɛʀnɑ̃] PRÉP hinsichtlich (*+gén*); bezüglich (*+gén*); betreffend (*+acc*); ADMIN betreffs (*+gén*)

concerné [kõsɛʀne] ADJ betroffen; **être ~** betroffen sein (**par** von); **se sentir ~** sich betroffen fühlen

concerner [kõsɛʀne] V/T **~ qc, qn** etw, j-n betreffen, angehen; **en ce qui concerne …** was (*+acc*) betrifft, anbelangt, angeht; hinsichtlich, bezüglich (*+gén*); **en ce qui me concerne** was mich betrifft; ich meinerseits; **cela ne te concerne pas** das betrifft dich nicht; *remontrance* das geht dich nichts an

concert [kõsɛʀ] M 1 MUS Konzert *n* 2 *fig des oiseaux* Gesang *m*; *plais* (*pleurs*) Geheul(e) *n*; **~ d'avertisseurs** Hupkonzert *n*; **~ de lamentations** Klage-, Wehgeschrei *n*; **c'était un ~ de louanges** alle waren des Lobes voll 3 (*ac-*

cord) ~ **des grandes puissances** *st/s* Konzert *n* der Großmächte; *loc adv agir* **de ~** im Einvernehmen, im Einverständnis, in Übereinstimmung (**avec** mit); gemeinsam (mit)

concertant [kõsɛʀtɑ̃] ADJ **symphonie ~e** konzertante Sinfonie

concertation [kõsɛʀtasjõ] F Absprache *f*; Verständigung *f*; konzertierte Aktion

concerter [kõsɛʀte] A V/T vereinbaren; absprechen; verabreden; *adjt* **plan habilement concerté** *a.* geschickt eingefädelter Plan B V/PR **se ~** sich (miteinander) verständigen; sich absprechen, abstimmen, bereden; (miteinander, sich) beraten

concertiste [kõsɛʀtist] M/F Instrumentalist(in) *m(f)*, der (die) Konzerte gibt

concerto [kõsɛʀto] M MUS Konzert *n* *(Komposition)*; **~ pour piano et orchestre** Klavierkonzert *n*; Konzert für Klavier und Orchester

concessif [kõsesif] ADJ ⟨-ive⟩ GRAM konzessiv; einräumend; **proposition concessive** Konzessivsatz *m*

concession [kõsesjõ] F 1 ADMIN *d'un droit* Gewährung *f*; Einräumung *f*; *pour un terrain, une mine* Konzession *f*; **~ de travaux publics** Vergabe *f* von Bauarbeiten (der öffentlichen Hand) 2 *funéraire* Familiengrab *n*; **~ à perpétuité** Erbbegräbnis *n* 3 *(compromis)* Zugeständnis *n*; Konzession *f*; Entgegenkommen *n*; **faire des ~s à qn** j-m Zugeständnisse, Konzessionen machen

concessionnaire [kõsesjɔnɛʀ] M/F 1 ADMIN Konzessionär(in) *m(f)*; Konzessionsinhaber(in) *m(f)* 2 COMM *d'une marque* Vertragshändler(in) *m(f)*

concevable [kõsvabl] ADJ 1 *(imaginable)* vorstellbar; denkbar 2 *(compréhensible)* begreiflich; verständlich

concevoir [kõs(ə)vwaʀ] ⟨→ recevoir⟩ A V/T 1 *(comprendre)* begreifen; erfassen; verstehen; *(s'imaginer)* sich *(dat)* vorstellen; **je conçois mal que …** *(+subj)* ich begreife nicht, ich verstehe nicht, ich finde es unbegreiflich, dass …; **~ qc comme** etw begreifen, ansehen, auffassen als 2 *projet, ouvrage etc* entwerfen; konzipieren; planen; ersinnen; → *a.* **conçu** 1 3 *st/s espoir* schöpfen; *aversion, rancune* fassen; **~ de l'amitié pour qn** j-n lieb gewinnen; **~ des doutes** Zweifel bekommen 4 BIOL empfangen *(a. abs)* B V/PR **cela se conçoit** *(c'est compréhensible)* das ist begreiflich, verständlich; *(c'est imaginable)* das lässt sich denken

concierge [kõsjɛʀʒ] M/F Concierge *m/f*; Hausmeister(in) *m(f)*; Pförtner(in) *m(f)*; Portier *m*; *fig* **c'est une vraie ~** sie *ou* er ist e-e (richtige) Klatschbase

conciergerie [kõsjɛʀʒəʀi] F 1 Portiers-, Pförtner-, Hausmeisterwohnung *f* 2 *in Paris* **Conciergerie** *ehemaliges Staatsgefängnis*

concile [kõsil] M ÉGL CATH Konzil *n*

conciliable [kõsiljabl] ADJ miteinander vereinbar; **être ~s** *a.* zu vereinbaren sein; sich miteinander vertragen

conciliabules [kõsiljabyl] MPL Getuschel *n*; **tenir des ~** (die Köpfe zusammenstecken und) miteinander tuscheln

conciliaire [kõsiljɛʀ] ADJ ÉGL CATH Konzils…

conciliant [kõsiljɑ̃] ADJ *personne, caractère* entgegenkommend; umgänglich; verbindlich; konziliant; gefällig; **paroles ~es** versöhnliche, konziliante Worte

conciliateur [kõsiljatœʀ] A ADJ ⟨-trice⟩ ausgleichend; vermittelnd; versöhnend B SUBST **~, conciliatrice** *m,f* Schlichter(in) *m(f)*; Vermittler(in) *m(f)*

conciliation [kõsiljasjõ] F 1 Ausgleich *m*; Vergleich *m*; Vermittlung *f*; Schlichtung *f*; **esprit** *m* **de ~** Versöhnlichkeit *f* 2 JUR gütliche Einigung; **procédure** *f*, **tentative** *f* **de ~** Sühneverfahren *n*, -versuch *m*; **citer en ~** zum Sühnetermin laden

conciliatoire [kõsiljatwaʀ] ADJ Vergleichs…; vermittelnd; der Versöhnung dienend; POL **procédure** *f* **~** Vergleichsverfahren *n*

concilier [kõsilje] A V/T 1 *opinions, intérêts etc* in Einklang, Übereinstimmung bringen; **peut-on ~ carrière et famille?** *a.* sind Beruf und Familie miteinander vereinbar?; **chercher à tout ~** versuchen, alles unter e-n Hut zu bringen 2 *litt personnes* zu e-m Vergleich, zu e-r Versöhnung bewegen B V/PR **se ~ la bienveillance** *etc* **de qn** j-s Wohlwollen *etc* gewinnen, erringen; sich *(dat)* j-s Wohlwollen *etc* erwerben

concis [kõsi] ADJ *style, rapport etc* prägnant *(a. auteur)*; bündig; kurz gefasst; knapp; gedrängt; *t/t* konzis; **soyez ~!** fassen Sie sich kurz!

concision [kõsizjõ] F Prägnanz *f*; Bündigkeit *f*; Knappheit *f*; Gedrängtheit *f*; Kürze *f*

concitoyen [kõsitwajɛ̃] M, **concitoyenne** F Mitbürger(in) *m(f)*

concitoyenneté [kõsitwajɛnte] F Mitbürgerschaft

conclave [kõklav] M ÉGL CATH Konklave *n*

concluant [kõklyɑ̃] ADJ überzeugend; schlüssig; stichhaltig; schlagend; bündig; beweiskräftig

conclure [kõklyʀ] ⟨je conclus, il conclut, nous concluons; je concluais; je conclus; je conclurai; que je conclue; concluant; conclu⟩ A V/T 1 *affaire, marché* abschließen; tätigen; *convention, pacte* schließen; **~ la paix** Frieden schließen; **~ un traité** einen Vertrag (ab)schließen; **marché conclu!** abgemacht! 2 *(clore)* beenden; abschließen; zu Ende bringen; *abs* **concluez!** kommen Sie zum Schluss!; **ne pas savoir ~** kein Ende finden; **~ son allocution par …** s-e Ansprache schließen, beenden mit … 3 *(déduire)* **~ qc de qc** etw aus etw schließen, folgern, ableiten; **j'en conclus que …** ich schließe, folgere daraus, dass …; ich ziehe daraus die Schlussfolgerung, den Schluss, dass … B V/T INDIR 1 **~ à qc** auf etw *(acc)* schließen; **l'enquête conclut à la mort par strangulation** den Ermittlungen zufolge trat der Tod durch Erwürgen ein; **~ de qc à qc** von etw auf etw *(acc)* schließen 2 JUR *(décider)* **~ à** erkennen auf *(+acc)*; sich aussprechen für

conclusif [kõklyzif] ADJ ⟨-ive⟩ konklusiv; *conjonction* konsekutiv

conclusion [kõklyzjõ] F 1 *d'un traité, d'une affaire etc* Abschluss *m*; **~ d'un contrat** Vertragsabschluss *m*; **~ de la paix** Friedensschluss *m* 2 *(fin)* Schluss *m*; Ende *n*; Abschluss *m*; *dans un discours* **en ~** abschließend; zum Abschluss; → *a.* 3 3 *(déduction)* Schluss(folgerung) *m(f)*; PHIL Konklusion *f*; *advt* **~, …** Fazit, …; kurz, …; mit e-m Wort, …; *loc adv* **en ~, …** folglich …; **tirer des ~s** Schlüsse, (Schluss)Folgerungen ziehen (**de aus**) 4 JUR **~s** Anträge *mpl*; **déposer des ~s** Anträge stellen

concocter [kõkɔkte] V/T *plais fam* aushecken; CUIS zusammenbrauen, -mixen; **~ une surprise** *fam* eine Überraschung aushecken

concombre [kõkõbʀ] M BOT Gurke *f*; **~s en salade** *ou* **salade** *f* **de ~s** Gurkensalat *m*

concomitance [kõkɔmitɑ̃s] F Konkomitanz *f*

concomitant [kõkɔmitɑ̃] ADJ Begleit…

concordance [kõkɔʀdɑ̃s] F 1 *(analogie)* Übereinstimmung *f*; **~ des témoignages** Übereinstimmung der Zeugenaussagen; übereinstimmende Zeugenaussagen *fpl*; **la ~ de leurs vues** die Übereinstimmung ihrer Ansichten 2 GRAM **~ des temps** Zeitenfolge *f* 3 **~ de la Bible** Bibelkonkordanz *f*

concordant [kõkɔʀdɑ̃] ADJ übereinstimmend; *projets* **peu ~s avec la réalité** … die nicht mehr viel mit der Wirklichkeit zu tun haben

concordat [kõkɔʀda] M 1 ÉGL CATH Konkordat *n* 2 JUR, COMM Vergleich *m*

concorde [kõkɔʀd] F Eintracht *f*; **esprit** *m* **de ~** Geist *m* der Eintracht

concorder [kõkɔʀde] V/I (miteinander) übereinstimmen; *caractères* miteinander harmonieren; zusammenpassen; *actions, efforts* das gleiche Ziel haben; in die gleiche Richtung gehen; **~ avec** übereinstimmen mit; in Einklang stehen mit; **faire ~** aufeinander abstimmen; in Übereinstimmung, Einklang bringen

concourant [kõkuʀɑ̃] ADJ MATH *droites* konvergent; konvergierend

concourir [kõkuʀiʀ] ⟨→ courir⟩ A V/T INDIR 1 **~ à qc** beitragen zu etw; e-n Beitrag zu etw leisten; mitwirken an etw *(dat)*; gemeinsam hinwirken auf etw *(acc)*; **~ à** *(+inf)* dazu beitragen zu *(+inf)* 2 MATH *droites* **~ en un point** in e-m Punkt zusammenlaufen, konvergieren B V/I *concurrents* an e-m, am Wettbewerb teilnehmen (**pour un prix** um e-n Preis); SPORTS **~ pour un titre** um e-n Titel kämpfen; **être admis à ~** zum Wettbewerb zugelassen werden

concours [kõkuʀ] M 1 *(compétition)* Wettbewerb *m*; Wettstreit *m*; *pour un emploi* Auswahlverfahren *n*; *dans l'enseignement* Prüfung *f*, Examen *n* im Auswahlverfahren, mit Wettbewerbscharakter; ÉQUITATION **~ complet** Military *f*; **~ général** jährlicher Leistungswettbewerb der besten Gymnasiasten; **~ hippique** Reit- und Fahrturnier *n*; **~ publicitaire** Preisausschreiben *n*; **~ de beauté** Schönheitswettbewerb *m*; **~ d'entrée (aux grandes écoles)** Aufnahmeprüfung im Auswahlverfahren für die „Grandes écoles"; **~ de tir** Wett-, Preisschießen *n*; **par voie de ~** im Auswahlverfahren; **se présenter à un ~** an e-m Wettbewerb, an e-m „concours" teilnehmen; → *a.* °hors A 2 *(aide)* Unterstützung *f*; Hilfe *f*; *(collaboration)* Mitwirkung *f*; **avec le ~ de qn** mit j-s Hilfe, Unterstützung, Beistand; unter j-s Mitwirkung *(dat)*; **apporter, prêter son ~ à qc** e-n Beitrag zu etw leisten; sein(en) Teil zu etw beitragen; bei etw mitwirken 3 **~ de circonstances** Zusammentreffen *n* mehrerer Umstände

concret [kõkʀɛ] A ADJ ⟨concrète [kõkʀɛt]⟩ konkret; gegenständlich; **avantage ~** konkreter, *a.* materieller Vorteil; **exemple ~** konkretes, anschauliches Beispiel; **idée concrète** konkrete Vorstellung; **terme ~** konkreter Begriff; **avoir l'esprit ~** konkret, praktisch denken B M **le ~** das Konkrete

concrètement [kõkʀɛtmɑ̃] ADV (ganz) konkret

concrétion [kõkʀesjõ] F 1 *dans une poire etc* Körnchen *n* 2 GÉOL Konkretion *f* 3 MÉD Konkrement *n*

concrétisation [kõkʀetizasjõ] F Konkretisierung *f*; Veranschaulichung *f*; Vergegenständlichung *f*

concrétiser [kõkʀetize] A V/T konkretisieren; veranschaulichen; vergegenständlichen; verdeutlichen; *idée a.* Gestalt geben *(+dat)*; **~ une promesse** ein Versprechen erfüllen; SPORTS **~ son avantage en marquant des buts** s-n Vorteil in Tore umsetzen B V/PR **se ~** Gestalt, konkrete Formen annehmen; sich konkretisieren

conçu [kõsy] PP → concevoir *et* ADJ 1 TECH konzipiert, angelegt, konstruiert, ausgelegt (**pour** für); **appartement bien, mal ~** gut,

schlecht geschnittene Wohnung **2** *(rédigé)* **ainsi ~** mit folgendem Wortlaut; **être ~ en ces termes** folgendermaßen lauten
concubin [kõkybɛ̃] M Lebensgefährte *m*
concubinage [kõkybinaʒ] M Konkubinat *n*; wilde Ehe; ADMIN eheähnliches Verhältnis; eheähnliche Gemeinschaft; **vivre en ~** in wilder Ehe, in e-m eheähnlichen Verhältnis leben
concubine [kõkybin] F **1** Lebensgefährtin *f* **2** HIST Konkubine *f*
concupiscence [kõkypisɑ̃s] F (sinnliche, fleischliche) Begierde; Fleischeslust *f*; **concupiscent** ADJ begehrlich; lüstern
concurremment [kõkyʀamɑ̃] ADV *(ensemble)* gemeinsam; zusammen; *(simultanément)* gleichzeitig
concurrence [kõkyʀɑ̃s] F **1** **a** Konkurrenz *f*, Wettbewerb *m*, Konkurrenzkampf *m (a.* COMM); Wettstreit *m*; COMM **libre ~** freier Wettbewerb; COMM **prix** *mpl* **défiant toute ~** konkurrenzlose Preise *mpl*; **entrer en ~ avec qn** mit j-m in Wettbewerb treten; **être en ~ avec qn** mit j-m wetteifern, konkurrieren, rivalisieren; **faire ~ à qn** j-m Konkurrenz machen; mit j-m konkurrieren; **se faire ~** sich *ou* einander Konkurrenz machen; miteinander konkurrieren **b** COMM *coll* Konkurrenz *f*; **soutenir la ~** mit der Konkurrenz Schritt halten (können); konkurrenzfähig sein **2** LOC **jusqu'à ~ de** *mille euros* bis zu ...; bis zum Betrag, bis zu e-r Höhe von ...
concurrencer [kõkyʀɑ̃se] V/T ‹-ç-› konkurrieren mit; Konkurrenz machen *(+dat)*; im Wettbewerb stehen mit
concurrent [kõkyʀɑ̃] **A** ADJ konkurrierend; Konkurrenz...; **maison ~e** Konkurrenzfirma *f* **B** SUBST **~(e)** *m(f)* Konkurrent(in) *m(f)*; Mitbewerber(in) *m(f)*; Wettbewerber(in) *m(f)*; **~s à une compétition** Wettkampfteilnehmer *mpl*; Wettkämpfer *mpl*; **~s à un concours** Kandidaten *mpl* e-s „concours"
concurrentiel [kõkyʀɑ̃sjɛl] ADJ ‹~le› Konkurrenz...; konkurrierend; **prix ~s** konkurrenzfähige Preise *mpl*; **secteurs ~s** konkurrierende Bereiche *mpl*
concussion [kõkysjõ] F JUR übermäßige Gebührenerhebung
condamnable [kõdanabl] ADJ tadelns-, verdammenswert; verwerflich; zu verurteilen(d)
condamnation [kõdanasjõ] F **1** JUR Verurteilung *f*; Aburteilung *f*; *(peine)* Strafe *f*; **~ à (la peine de) mort** Todesurteil *n*; Verurteilung zum Tode; **~ pour vol** Verurteilung wegen Diebstahls; **infliger une ~** e-e Strafe verhängen (**à qn** gegen j-n); **subir sa ~** s-e Strafe verbüßen **2** *(blâme)* Missbilligung *f*; Verwerfung *f*; Verurteilung *f*; Verdammung *f*
condamnatoire [kõdanatwaʀ] ADJ JUR **sentence** *f* **~** Verurteilung *f*
condamné [kõdane] **A** ADJ **1** JUR verurteilt; **innocent ~** unschuldig Verurteilte(r) *m* **2** *malade* unheilbar; (von den Ärzten) aufgegeben **3** *porte* zugemauert; (mit Brettern) vernagelt **B** SUBST **~(e)** *m(f)* Verurteilte(r) *m/f(m)*; **~ à mort** zum Tode Verurteilte(r) *m*; **la cigarette du ~** die letzte Zigarette (des Verurteilten) vor der Hinrichtung
condamner [kõdane] V/T **1** JUR verurteilen (**qn à une peine** j-n zu e-r Strafe; **~ qn à trois ans (de prison), à la déportation, à mort** j-n zu drei Jahren Freiheitsstrafe, zur Deportation, zum Tode verurteilen; **pour** wegen); aburteilen; *par ext* **la loi condamne l'usage de drogues** das Gesetz verbietet, untersagt den Genuss von Drogen **2** *(forcer)* **~ qn à qc** j-n zu etw verurteilen; **être condamné à l'inaction, à économiser** zur Untätigkeit, zum Sparen verurteilt, verdammt sein **3** *(blâmer)* missbilligen; verurteilen; verdammen; verwerfen; *d'un mot* **emploi condamné par l'Académie** Gebrauch, den die Académie verwirft; **son silence le condamne** durch sein Schweigen spricht er sich *(dat)* selbst sein Urteil **4** *malade* aufgeben **5** *porte* zumauern; (mit Brettern) vernageln; zu-, verstellen (**avec** mit); *fig* **~ sa porte à qn** j-m das Haus verbieten
condé [kõde] M *arg (policier) péj* Bulle *m*
condensateur [kõdɑ̃satœʀ] M ÉLEC Kondensator *m*
condensation [kõdɑ̃sasjõ] F PHYS Kondensation *f*; Kondensierung *f*; **~ électrique** Speicherung *f* elektrischer Ladungen; **~ de la vapeur sur la vitre** Beschlagen *n* der Fensterscheibe; **eau** *f* **de ~** Kondenswasser *n*
condensé [kõdɑ̃se] ADJ **1** **lait ~** Kondensmilch *f*; kondensierte Milch; Dosenmilch *f* **2** **texte ~** *ou subst* **~** *m* Kurzfassung *f*; Zusammenfassung *f*
condenser [kõdɑ̃se] **A** V/T **1** PHYS kondensieren **2** *fig* zusammenfassen; komprimieren; in gedrängter Form darstellen; *litt* **~ sa pensée** s-n Gedanken in prägnanter Form Ausdruck geben; **~ un texte** einen Text zusammenfassen **B** V/PR *vapeur* **se ~** kondensieren; sich niederschlagen (**sur** auf *+acc*)
condenseur [kõdɑ̃sœʀ] M **1** OPT Kondensor *m* **2** TECH Kondensator *m*
condescendance [kõdesɑ̃dɑ̃s] F Herablassung *f*; Gönnerhaftigkeit *f*; **air** *m* **de ~** Gönnermiene *f*
condescendant [kõdesɑ̃dɑ̃] ADJ herablassend; gönnerhaft
condescendre [kõdesɑ̃dʀ] V/T INDIR ‹→ rendre› **~ à** *(+inf)* sich (dazu) herablassen zu *(+inf)*; geruhen zu *(+inf)*; so gnädig sein zu *(+inf)*
condiment [kõdimɑ̃] M Gewürz *n*; Würzstoff *m*; Würze *f (a. fig)*
condisciple [kõdisipl] M/F Mitschüler(in) *m(f)*; Studienkollege, -kollegin *m,f*; Kommilitone, -tonin *m,f*
condition [kõdisjõ] F **1** Bedingung *f (a.* JUR, COMM); Voraussetzung *f*; **~s** *pl (circonstances)* Verhältnisse *npl*; Umstände *mpl*; *(situation)* Lage *f*; **~s atmosphériques** Wetter-, Witterungsverhältnisse *npl*; **~s économiques** wirtschaftliche Bedingungen, Verhältnisse; **~ féminine** Lage der Frau; **~s générales** allgemeine Geschäftsbedingungen *fpl*; **~ humaine** Stellung *f* und Schicksal *n* des Menschen innerhalb des Universums; MATH **~ nécessaire et suffisante** notwendige und hinreichende Bedingung; **~s d'admission** Aufnahme-, Zulassungsbedingungen *fpl*; COMM **~s de livraison, de paiement** Liefer(ungs)-, Zahlungsbedingungen *fpl*; Konditionen *fpl*; **~s de travail** Arbeitsbedingungen *fpl*; **~s de vie** Lebensbedingungen *fpl*, -verhältnisse *npl*; ♦ *loc conj* **à (la) ~ que** *(+subj ou futur)*, **à ~ de** *(+inf)* unter der Voraussetzung, Bedingung, dass ...; vorausgesetzt (, dass) ...; (nur) wenn ...; *loc adv*: **dans** *ou fam* **à ces ~s** unter diesen Umständen, Bedingungen; **sans ~(s)** bedingungslos; **sous ~** bedingt; bedingungsweise; unter bestimmten Bedingungen; ♦ COMM **faire des ~s** Bedingungen einräumen (**à qn** j-m); **poser des ~s** Bedingungen stellen; **poser qc comme ~** etw zur Bedingung machen; **mettre une ~ à qc** e-e Bedingung an etw *(acc)* knüpfen **2** *(forme physique et intellectuelle)* Verfassung *f*; *d'un sportif* Kondition *f*; **être en bonne ~** in guter Verfassung sein; *sportif* in Form, in guter Kondition, fit sein; *candidat* alle Voraussetzungen mitbringen (**pour** für); gut vorbereitet sein; **mettre en ~** *sportif* in Form bringen; fit machen; *fig personne, opinion* bearbeiten; präparieren; *péj* manipulieren **3** *(rang social)* Stellung *f*; Position *f*; Stand *m*; Rang *m*; HIST **~ de noble** ad(e)liger Stand; **de ~ élevée** hochgestellt; **de ~ modeste** (von) bescheidener Herkunft; **en ma, sa** *etc* **~ de** (in meiner, s-r *etc* Position, Stellung) als
conditionné [kõdisjɔne] ADJ **1** (**à**) **air ~** (mit) Klimaanlage *f* **2** *personne* geformt, auf bestimmte Verhaltensweisen festgelegt (**par** durch); PSYCH **réflexe ~** bedingter Reflex **3** COMM *produit* ver-, abgepackt
conditionnel [kõdisjɔnɛl] ADJ ‹~le› **1** bedingt *(a.* JUR); unter bestimmten Bedingungen (geltend, gültig); **son accord est ~** er stimmt nur bedingt zu **2** GRAM konditional; Konditional...; bedingend; **mode ~** *ou subst* **~** *m* Konditional *m*; **proposition ~le** Bedingungs-, Konditionalsatz *m*
conditionnement [kõdisjɔnmɑ̃] M **1** *d'un produit* Verpackung *f* und Aufmachung *f* **2** **~ (de l'air)** Klimatisierung *f* **3** TECH, PSYCH Konditionierung *f*; TEXT **établissement** *m* **de ~** Konditionieranstalt *f*
conditionner [kõdisjɔne] V/T **1** COMM *produit* (abpacken und) aufmachen **2** *air* klimatisieren **3** TECH konditionieren **4** *(être la condition de)* **~ qc** etw bedingen; die Ursache, Bedingung für etw sein **5** *(influencer)* **~ qn** j-n formen; j-n in e-e bestimmte Richtung lenken; j-n auf bestimmte Verhaltensweisen fixieren; *péj* j-n präparieren, manipulieren
conditionneur [kõdisjɔnœʀ] M Klimagerät *n*
condoléances [kõdɔleɑ̃s] FPL Beileid (-sbezeigung) *n(f)*; **mes sincères ~** (mein) herzliches *ou* aufrichtiges Beileid; **lettre** *f*, **message** *m* **de ~** Beileids-, Kondolenzbrief *m*, -schreiben *n*; **exprimer, faire, offrir, présenter ses ~ à qn** j-m sein Beileid aussprechen, ausdrücken, bekunden; j-m kondolieren
condom [kõdɔm] M *vieux, t/t* Kondom *n*
condor [kõdɔʀ] M ZOOL Kondor *m*
Condroz [kõdʀo] **le ~** *Landschaft in Belgien*
conductance [kõdyktɑ̃s] F ÉLEC Leitwert *m*
conducteur [kõdyktœʀ] **A** ADJ ‹-trice› **1** PHYS leitend; **corps ~** Leiter *m* **2** *fig* **fil ~** roter Faden **B** SUBST **1** **~, conductrice** *m,f d'un véhicule* Fahrer(in) *m(f)*; *d'une machine* Aufseher(in) *m(f)*; Maschinenwärter(in) *m(f)*; **~ d'autobus** Busfahrer *m*; **~ de camion** Lastwagenfahrer *m*; Lkw-Fahrer *m*; **~ d'engin** Kran- *ou* Baggerführer *m*; **~ de train** Lokomotiv-, Lokführer *m* **2** M CONSTR **~ de travaux** Bauführer *m*, -leiter *m* **3** M PHYS Leiter *m*; **~ de la chaleur** Wärmeleiter *m*
conductibilité [kɔdyktibilite] F PHYS Leitfähigkeit *f*; **conductible** PHYS ADJ leitfähig
conduction [kõdyksjõ] F PHYS, PHYSIOL Leiten *n*; Leitung *f*
conductivité [kõdyktivite] F PHYS spezifische Leitfähigkeit
conduire [kõdɥiʀ] ‹je conduis, il conduit, nous conduisons; je conduisais; je conduirai; que je conduise; conduisant; conduit› **A** V/T **1** *personne, animal* führen; *personne a.* geleiten; *(accompagner)* begleiten; *chargement* bringen; führen; *cortège* anführen; *entreprise* führen; leiten; lenken; *délégation* anführen; leiten; MIL (an)führen; befehligen; *par ext travaux, enquête* durchführen; *affaires* betreiben; **~ la main d'un enfant** e-m Kind die Hand führen; **~ des négociations** Verhandlungen führen; **~ un orchestre** ein Orchester dirigieren; **~ au désespoir** zur Verzweiflung treiben; **~ à l'école** zur, in die Schule bringen; **~ à sa ruine** zugrunde richten; **~ par la main** an der Hand führen; **se laisser ~**

comme un enfant sich wie ein Kind führen, lenken, leiten lassen **2** *chose* ~ **à** führen zu (*a. fig*); *route* (hin)führen nach, zu; ~ **à** (*+inf*) dazu bringen zu (*+inf*); ~ **sur les traces de qn** auf j-s Spur(en) (*acc*) führen; *fig* **cela peut nous ~ loin** das kann weitreichende Folgen für uns haben **3** *voiture* fahren (*a. personne transportée*); *machine* steuern; *abs* (Auto) fahren; **savoir ~** fahren können; **permis** *m* **de ~** Führerschein *m* **4** PHYS *électricité, chaleur, canalisation: eau etc* leiten **B** V/PR **se ~** sich benehmen, sich verhalten, sich betragen, *a. péj* sich aufführen (**en** wie ein[e]); **se ~ bien** sich gut benehmen, betragen

conduit [kõdɥi] M **1** TECH (Zu)Leitung *f*; (*tuyau*) Rohr *n*; Röhre *f*; ~ **de fumée** Rauchabzug *m* **2** ANAT Gang *m*; ~ **auditif, lacrymal** Gehör-, Tränengang *m*

conduite [kõdɥit] F **1** (*comportement*) Benehmen *n*; Verhalten *n* (*a.* PSYCH); Betragen *n* (*a.* ÉCOLE); PSYCH *a.* Verhaltensweise *f*; JUR, MIL Führung *f*; *fam fig* **acheter une ~** (nach außen hin) ehrbar werden; sich (*dat*) nichts mehr zuschulden kommen lassen; **adopter, observer, suivre la même ~** die gleiche Haltung einnehmen; sich gleich verhalten; **racheter sa ~ passée** s-n Lebenswandel ändern; anständig werden **2** AUTO **a** *action* Fahren *n*; Lenken *n*; Steuern *n*; *façon* Fahrweise *f*; ~ **en état d'ivresse** Trunkenheit *f* am Steuer; ~ **en ville** Fahren in der Stadt; **leçons** *fpl* **de ~** Fahrstunden *fpl*, -unterricht *m*; **prendre des leçons de ~** Fahrstunden, -unterricht nehmen **b** ~ **à droite, à gauche** Rechts-, Linkssteuerung *f* **c** ~ **intérieure** Limousine *f* **3** (*direction*) Leitung *f*; Führung *f*; Lenkung *f*; (*accompagnement*) Begleitung *f*; Geleit *n*; *des travaux, d'une enquête* Durchführung *f*; *d'une affaire* Betreibung *f*; **sous la ~ de** unter der Führung, Leitung, MUS Stabführung von (*ou +gén*); **faire un bout, un brin de ~ à qn** j-n ein Stück (-chen) Weges begleiten **4** TECH (*canalisation*) (Zu)Leitung *f*; ~ **forcée** Druckleitung *f*; ~ **d'eau, de gaz** Wasser-, Gasleitung *f*

condyle [kõdil] M ANAT Gelenkkopf *m*

cône [kon] M **1** Kegel *m* (*a.* MATH); ~ **volcanique** Vulkankegel *m*; ~ **de chantier** Leitkegel *m*; **en (forme de) ~** kegelförmig **2** BOT (Frucht)Zapfen *m*

confection [kõfɛksjõ] F **1** Herstellung *f*; Ver-, Anfertigung *f*; *d'un plat* Zubereitung *f*; **c'est un gâteau de ma ~** den Kuchen habe ich (selbst) gemacht **2** (*prêt-à-porter*) (**industrie** *f* **de**) ~ Konfektion *f*; Bekleidungsindustrie *f*; **magasin** *m*, **maison** *f* **de ~** Konfektionsgeschäft *n*; **vêtements** *mpl* **de ~** Konfektion (-skleidung) *f*; Fertigkleidung *f*; **s'habiller en ~** Konfektion(skleidung) tragen

confectionner [kõfɛksjɔne] V/T herstellen; ver-, anfertigen; *vêtements* konfektionieren; ~ **un plat** ein Gericht zubereiten

confectionneur [kõfɛksjɔnœʀ] M Hersteller *m* von Konfektion(skleidung); Konfektionär *m*

confédéral [kõfedeʀal] ADJ ⟨-aux⟩ der, e-r Konföderation

confédération [kõfedeʀasjõ] F **1** *d'États* Staatenbund *m*; Konföderation *f*; **Confédération helvétique** Schweizerische Eidgenossenschaft **2** *d'associations* Bund *m*; **Confédération générale du travail** → CGT

confédéré [kõfedeʀe] **A** ADJ verbündet; **États ~s** Staatenbund *m* **B** MPL **~s** **1** *en Suisse* Eidgenossen *mpl* **2** HIST U.S.A. Konföderierte(n) *mpl*

confédérer [kõfedeʀe] V/T ⟨-è-⟩ zusammenschließen; verbünden

conférence [kõfeʀɑ̃s] F **1** (*réunion*) Konferenz *f*; Besprechung *f*; Beratung *f*; ~ **au sommet** Gipfelkonferenz *f*; ~ **de Genève** Genfer Konferenz; ~ **de la paix** Friedenskonferenz *f*; ~ **de presse** Pressekonferenz *f*; **donner, tenir une ~ de presse** e-e Pressekonferenz geben, abhalten; ~ **sur le désarmement** Abrüstungskonferenz *f*; **être en ~** in *ou* bei e-r Besprechung, Konferenz sein; konferieren **2** (*exposé*) Vortrag *m*; Referat *n*; UNIVERSITÉ Vorlesung *f*; **donner, faire une ~** e-n Vortrag halten (**sur** über *+acc*)

conférencier [kõfeʀɑ̃sje] M, **conférencière** F (Vortrags)Redner(in) *m(f)*; Vortragende(r) *m/f(m)*; Referent(in) *m(f)*

conférer [kõfeʀe] ⟨-è-⟩ **A** V/T (*donner*) verleihen; *pleins pouvoirs* erteilen **B** V/I konferieren, beraten, sich besprechen (**avec qn** mit j-m; **de, sur** über *+acc*)

confesse [kõfɛs] F **aller à ~** zur Beichte gehen

confesser [kõfese] **A** V/T **1** ÉGL **a** *ses péchés* beichten, bekennen (**à un prêtre** e-m Priester) **b** *prêtre* ~ **qn** j-m die Beichte abnehmen; j-s Beichte hören; *abs* die Beichte hören **c** ~ **sa foi** s-n Glauben bekennen **2** (*avouer*) ~ **qc** etw (ein)gestehen, zugeben, beichten **3** *fam* (*faire parler*) ~ **qn** j-n aushorchen, ausholen, *fam* ausquetschen **B** V/PR **1** ÉGL **se ~** beichten; die Beichte ablegen **2** *fig* (*avouer*) **se ~ de qc à qn** j-m etw beichten

confesseur [kõfesœʀ] M ÉGL CATH Beichtvater *m*

confession [kõfesjõ] F **1** *de ses péchés* Beichte *f*; Sündenbekenntnis *n*; ~ **publique** öffentliche Beichte; **entendre qn en ~** j-m die Beichte abnehmen; j-s Beichte hören; **sans ~** ohne gebeichtet zu haben **2** ([*déclaration de*] *foi*) Konfession *f*; Bekenntnis *n*; **de ~ protestante** protestantischer Konfession **3** (*aveu*) Bekenntnis *n*; (Ein)Geständnis *n*

confessionnal [kõfesjɔnal] M ⟨*pl* -aux⟩ Beichtstuhl *m*

confessionnel [kõfesjɔnɛl] ADJ ⟨~le⟩ Konfessions...; Bekenntnis...; konfessionell

confetti [kõfeti] MPL Konfetti *n*

confiance [kõfjɑ̃s] F Vertrauen *n* (**en, dans** zu; in *ou* auf *+acc*); Zutrauen *n* (zu); *en l'avenir* Zuversicht *f*; *d'un enfant, animal* Zutraulichkeit *f*; ~ **en soi** Selbstvertrauen *n*; **homme** *m* **de ~** Vertrauensmann *m*; **maison** *f* **de ~** solide Firma; Geschäft *n*, in dem man reell bedient wird; **personne** *f* **de ~** Vertrauensperson *f*; **poste** *m* **de ~** Vertrauensstellung *f*; *loc adv* **de ~, en toute ~** vertrauensvoll; *loc adj* **plein de ~** vertrauensvoll; zuversichtlich; voller Zuversicht; *enfant, animal* zutraulich; **avoir ~ en** *ou* **dans qn, qc** Vertrauen, Zutrauen zu j-m, etw haben; j-m, e-r Sache vertrauen; **avoir toute, pleine ~ en qn** voll(st)es Vertrauen zu j-m haben; **avoir ~ en l'avenir** zuversichtlich, mit Zuversicht in die Zukunft blicken; **avoir (toute) la ~ de qn** j-s (vollstes) Vertrauen besitzen, genießen; **donner ~** Vertrauen erwecken, einflößen; **donner sa ~ à qn** j-m (sein) Vertrauen schenken; j-m Vertrauen entgegenbringen; **cela lui a donné ~ en elle-même** das hat ihr Selbstvertrauen gegeben; **faire ~ à qn, qc** j-m, e-r Sache vertrauen; **faire ~ à l'avenir** zuversichtlich, mit Zuversicht in die Zukunft blicken; **manquer de ~** kein Vertrauen haben (**en** zu); **vous pouvez me faire ~** *a.* Sie können sich auf mich verlassen; **mettre qn en ~** j-s Vertrauen gewinnen; **rechercher la ~ de qn** sich um j-s Vertrauen bemühen; danach trachten, j-s Vertrauen zu erringen; *iron* **la ~ règne** keiner traut mehr dem anderen; Vertrauen ist gut, Kontrolle ist besser; **se sentir en ~ avec qn** in j-s Gegenwart (*dat*) keine Befangenheit verspüren

confiant [kõfjɑ̃] ADJ vertrauensvoll; *en l'avenir* zuversichtlich; **enfant, animal ~** zutrauliches Kind, Tier; **trop ~** (zu) vertrauensselig; ~ **dans sa bonne étoile** im Vertrauen auf s-n guten Stern; **il a un, est d'un naturel ~** er ist (zu) vertrauensselig; **être ~ en, dans** vertrauen auf (*+acc*); Vertrauen haben zu

confidence [kõfidɑ̃s] F **1** (*épanchement*) vertrauliche Mitteilung *f*; **faire une ~ à qn** j-m etw anvertrauen; **faire des ~s à qn** j-m (im Vertrauen) sein Herz ausschütten **2** (*secret*) *loc adv* **en ~** im Vertrauen; vertraulich; **être dans la ~** (ins Geheimnis) eingeweiht sein; Bescheid wissen; **mettre qn dans la ~** j-n ins Vertrauen ziehen

confident [kõfidɑ̃] M, **confidente** F Vertraute(r) *m/f(m)* (*a.* THÉ); **prendre qn pour confident, confidente** sich j-m anvertrauen

confidentialité [kõfidɑ̃sjalite] F Vertraulichkeit *f*

confidentiel [kõfidɑ̃sjɛl] ADJ ⟨~le⟩ vertraulich

confidentiellement [kõfidɑ̃sjɛlmɑ̃] ADV vertraulich; im Vertrauen

confier [kõfje] **A** V/T **1** *secret* ~ **à qn** j-m anvertrauen **2** *aux soins de qn* ~ **qn à qn** j-n j-m anvertrauen; j-n in j-s Obhut (*acc*) geben; ~ **qc à qn** j-m etw anvertrauen, übertragen; j-n mit etw betrauen; ~ **le gouvernement à qn** j-m die Regierung übertragen **B** V/PR **1** (*faire des confidences*) **se ~** aus sich herausgehen; **se ~ à qn** sich j-m anvertrauen; j-m sein Herz öffnen; *st/s* sich j-m (er)öffnen; *réciproquement* **se ~ qc** einander, sich etw anvertrauen **2** *litt* (*avoir confiance*) **se ~ à** *ou* **en** vertrauen auf (*+acc*)

configuration [kõfigyʀasjõ] F Form *f*; Gestalt *f*; Konfiguration *f* (*a.* CHIM, INFORM); ~ **des lieux** Art *f*, Beschaffenheit *f* der Örtlichkeit

configurer [kõfigyʀe] V/T INFORM *logiciel, hardware* konfigurieren

confiné [kõfine] ADJ **1** *air* verbraucht; *atmosphère* stickig; dumpf **2** **vivre ~ chez soi** abgekapselt (von der übrigen Welt) leben

confinement [kõfinmɑ̃] M **1** *st/s* Abgeschlossenheit *f* von der Welt; Abkapselung *f* **2** NUCL Abschirmung *f*

confiner [kõfine] **A** V/T ~ **qn** j-n verbannen, einsperren (**dans** in *+acc*) **B** V/T INDIR *st/s* ~ **à** (an)grenzen an (*+acc*); heranreichen an (*+acc*); *fig* grenzen an (*+acc*) **C** V/PR **se ~** sich in die Einsamkeit zurückziehen; **se ~ chez soi** sich (von der übrigen Welt) abkapseln; *fig* **se ~ dans qc** sich auf etw (*acc*) beschränken, festlegen

confins [kõfɛ̃] MPL (äußerste) Grenze; Rand *m*; *loc prép* **aux ~ de** an der äußersten Grenze, am Rande (*+gén*); *fig* an der Grenze zu (*+dat*)

confire [kõfiʀ] V/T ⟨*défect: nur inf u. pp* confit⟩ ~ **des fruits** Früchte kandieren

confirmand [kõfiʀmɑ̃] M, **confirmande** F ÉGL CATH Firmling *m*; PROT Konfirmand(in) *m(f)*

confirmation [kõfiʀmasjõ] F **1** Bestätigung *f* (*a.* COMM, JUR); *plus fort* Bekräftigung *f*; COMM ~ **de commande** Auftragsbestätigung *f*; **donner ~ de qc** etw bestätigen; **j'ai reçu ~ de cela** das wurde mir bestätigt; ich habe das bestätigt bekommen **2** ÉGL CATH Firmung *f*; PROT Konfirmation *f*; Einsegnung *f*

confirmé [kõfiʀme] ADJ *médecin, traducteur etc* erfahren

confirmer [kõfiʀme] **A** V/T **1** bestätigen; *plus fort* bekräftigen; ~ **une réservation, une nouvelle** eine Reservierung, eine Nachricht bestätigen; ~ **qn dans ses fonctions** j-n in s-m Amt bestätigen **2** ~ **qn dans son opinion, dans sa résolution** j-n in s-r Meinung, in s-m Entschluss bestärken **3** ÉGL CATH firmen; PROT konfirmieren; einsegnen **B** V/PR **se** ~ sich bestätigen; *v/imp* **il se confirme que ...** es bestätigt sich, dass ...

confiscation [kõfiskasjõ] F JUR, ADMIN Beschlagnahme *f*; Konfiszierung *f*; Konfiskation *f*; Einziehung *f*

confiserie [kõfizʀi] F **1** *(sucrerie)* Süßigkeit *f*; *coll a.* Süßwaren *fpl* **2** *fabrication* Süßwarenherstellung *f* **3** *magasin* Süßwarengeschäft *n*

confiseur [kõfizœʀ] M, **confiseuse** F Süßwarenfabrikant(in) *m(f) ou* -händler(in) *m(f)*; → *a.* trêve 1

confisquer [kõfiske] V/T **1** JUR, ADMIN beschlagnahmen; konfiszieren; *biens* einziehen **2** *à l'école* konfiszieren

confit [kõfi] **A** ADJ **1** **fruits ~s** kandierte Früchte *fpl* **2** *fig mine* süßlich; **être ~ en dévotion** ein Frömmler, bigott sein **B** M CUIS **~ d'oie** Gänsestücke *npl*, die im eigenen Fett konserviert sind

confiture [kõfityʀ] F Marmelade *f*; Konfitüre *f*; **~ de fraises** Erdbeerkonfitüre *f*, -marmelade *f*

confiturier [kõfityʀje] M Konfitüre-, Marmeladenschale *f*, -dose *f*

conflagration [kõflagʀasjõ] *st/s* F Umsturz *m*; Umwälzung *f*; **~ universelle** *st/s* Weltenbrand *m*

conflictuel [kõfliktɥɛl] ADJ ‹~le› konfliktgeladen; **situation ~le** *a.* Konfliktsituation *f*

conflit [kõfli] M **1** Konflikt *m* (*a.* POL, JUR); Auseinandersetzung *f*; Streit(igkeit) *m(f)*; Widerstreit *m*; **~ sanglant** blutige Auseinandersetzung; **~ social** Tarifkonflikt *m*; **~ d'intérêts** Interessenkonflikt *m*, -kollision *f*; Widerstreit der Interessen; **entrer en ~ avec qn** mit j-m in Streit geraten **2** PSYCH Konflikt *m*; innerer Zwiespalt

confluence [kõflyɑ̃s] F *de rivières* Zusammenfluss *m*, -fließen *n*

confluent [kõflyɑ̃] M Zusammenfluss *m*; **au ~ de la Saône et du Rhône** am Zusammenfluss von Saône und Rhone

confluer [kõflye] V/I **1** *rivières* zusammenfließen; sich vereinigen **2** *fig et st/s inclination etc* **~ à** gerichtet sein auf *(+acc)*; streben nach; zustreben *(+dat)*

confondant [kõfõdɑ̃] ADJ verblüffend; erstaunlich

confondre [kõfõdʀ] ‹→ rendre› **A** V/T **1** *(mélanger)* verwechseln (**qn, qc avec** *ou* **et** j-n, etw mit, *a.* und); *abs* es, alles durcheinanderbringen; **~ deux choses** zwei Dinge (miteinander) verwechseln, *fam* durcheinanderwerfen **2** *(déconcerter)* **~ qn** j-n verwirren, verlegen machen; *(étonner)* j-n verblüffen; *st/s* **vous me confondez** *st/s* Ihre Güte beschämt mich; *adjt* **confondu** verwirrt; verblüfft; **il est resté confondu** *a.* es war ihm peinlich **3** *(démasquer)* **~ qn** j-n widerlegen; j-n in die Enge treiben (**par** durch); **~ un menteur** j-n als Lügner entlarven; j-n der Lüge *(gén)* überführen **B** V/PR **se ~ 1** *(se mélanger)* sich vermischen, verschmelzen (**avec** mit); verschwimmen **2** **se ~ en politesses, remerciements** überströmen vor Höflichkeits-, Dankesbezeigungen

conformation [kõfɔʀmasjõ] F Form *f*; (Auf-)Bau *m*; **~ du squelette** Knochenbau *m*

conforme [kõfɔʀm] ADJ **~ à** gemäß *(+dat)*; entsprechend *(+dat)*; übereinstimmend mit; *texte a.* gleichlautend mit; **être ~ à qc** e-r Sache *(dat)* gemäß sein, entsprechen; **~ au règlement** vorschriftsmäßig; **non ~ à la règle** regelwidrig; ♦ ADMIN: **certifié ~** beglaubigt; **pour copie ~** für die Richtigkeit der Abschrift

conformé [kõfɔʀme] ADJ *enfant* **bien ~** ohne Missbildungen; **mal ~** mit e-r Missbildung

conformément [kõfɔʀmemɑ̃] ADV **~ à** gemäß, entsprechend, laut, nach *(+dat)*; in Übereinstimmung mit *(+dat)*; nach Maßgabe *(+gén)*

conformer [kõfɔʀme] **A** V/T **~ à** anpassen *(+dat)*; in Übereinstimmung bringen mit **B** V/PR **se ~ à qc** sich nach etw richten; sich an etw *(acc)* halten; sich e-r Sache *(dat)* fügen; e-r Sache *(dat)* nachkommen; etw beachten; **se ~ aux ordres** *a.* den Befehlen Folge leisten

conformisme [kõfɔʀmism] M Konformismus *m*; allzu bereitwillige Anpassung

conformiste [kõfɔʀmist] **A** ADJ konformistisch; *morale* starr; traditionalistisch; **les enfants sont souvent ~s** die meisten Kinder wollen so sein wie die anderen **B** M/F Konformist(in) *m(f)*; Jasager(in) *m(f)*

conformité [kõfɔʀmite] F Gleichartigkeit *f*, -förmigkeit *f*; Übereinstimmung *f*; Konformität *f*; **en ~ avec** übereinstimmend, in Übereinstimmung mit; **être en ~ avec qn, qc** mit j-m, etw übereinstimmen, konform gehen

confort [kõfɔʀ] M Bequemlichkeit *f*; Behaglichkeit *f*; Komfort *m*; **~ moderne** moderner, neuzeitlicher Komfort; **appartement** *m* **de grand ~** Luxuswohnung *f*; *loc adj* **tout ~** mit allem Komfort ausgestattet; **aimer le ~** den Komfort lieben; **aimer son ~** s-e Bequemlichkeit lieben; **avoir tout le ~** mit allem Komfort ausgestattet sein

confortable [kõfɔʀtabl] ADJ **1** *voiture, appartement etc* bequem; komfortabel; *fauteuil a., fig situation* behaglich; **mener une vie ~** im Wohlstand leben **2** *revenus, avance etc* beachtlich; beträchtlich; ansehnlich; **majorité** *f* **~** komfortable, *fam* satte Mehrheit

confortablement [kõfɔʀtabləmɑ̃] ADV **1** *être assis, installé* bequem; behaglich **2** *vivre* sehr gut; im Wohlstand; *gagner* reichlich

conforter [kõfɔʀte] V/T stärken; festigen; **~ qn dans son opinion** j-n in s-r Meinung bestärken

confraternel [kõfʀatɛʀnɛl] ADJ ‹~le› kollegial; **rivalité ~le** Rivalität *f* unter Kollegen

confraternité [kõfʀatɛʀnite] *st/s* F gutes kollegiales Verhältnis

confrère [kõfʀɛʀ] M Kollege *m*

confrérie [kõfʀeʀi] F **1** REL Bruderschaft *f* **2** HIST Zunft *f*; Gilde *f*

confrontation [kõfʀõtasjõ] F Gegenüberstellung *f*; Konfrontation *f* (*a.* JUR); *de textes* Gegeneinanderhalten *n*

confronter [kõfʀõte] V/T *témoins, opinions etc* einander gegenüberstellen; miteinander konfrontieren; *textes a.* gegeneinanderhalten; **~ qc, qn avec qc, qn** etw, j-n mit etw, j-m konfrontieren; etw, j-n e-r Sache, j-m gegenüberstellen; *adjt* **être confronté avec, à qc** mit etw konfrontiert sein; e-r Sache *(dat)* gegenüberstehen

confucianisme [kõfysjanism] M PHIL Konfuzianismus *m*

Confucius [kõfysjys] M PHIL Konfuzius *m*

confus [kõfy] ADJ ‹-fuse [-fyz]› **1** *amas* wirr; unordentlich; ungeordnet; *forme* undeutlich; verschwommen; **bruit ~** unbestimmtes, unbestimmbares, undeutliches Geräusch **2** *fig souvenirs, idées, situation, affaire, style* unklar; konfus; verworren; wirr; *souvenirs, idées a.* vage; dunkel; verschwommen; **esprit ~** Wirrkopf *m* **3** *(embarrassé)* verlegen; betreten; verwirrt; *(honteux)* beschämt; *excuse* **je suis ~** es ist mir peinlich; **il était ~ de sa méprise** dieses Versehen war ihm peinlich

confusément [kõfyzemɑ̃] ADV *distinguer, voir* undeutlich; verschwommen; *fig comprendre* vage; **deviner ~** dunkel ahnen

confusion [kõfyzjõ] F **1** *(désordre)* Verwirrung *f*; Durcheinander *n*; Konfusion *f*; Verworrenheit *f*; *st/s* Wirrnis *f*; Wirrsal *n ou f*; **une ~ indescriptible** ein unbeschreibliches Durcheinander; ein unbeschreiblicher Wirrwarr; **~ des idées** Gedankenverwirrung *f*; Verworrenheit der Gedanken **2** *(embarras)* Verlegenheit *f*; Betretenheit *f*; Verwirrung *f*; **à ma grande ~** zu meiner großen Verlegenheit; **remplir qn de ~** j-n in Verlegenheit bringen; j-n verwirren **3** *(erreur)* Verwechs(e)lung *f*; **~ de noms** Namensverwechslung *f*; **vous faites (une) ~** Sie irren sich **4** MÉD **~ mentale** Verwirrtheit *f*; Verstörtheit *f* **5** JUR **~ des peines** Anwendung *f* der Strafe für das schwerste Delikt; POL **~ des pouvoirs** Gewalteneinheit *f*

congé [kõʒe] M **1** *(vacances)* Urlaub *m*; **~ annuel** Jahresurlaub *m*; **~ parental** Erziehungsurlaub *m*; **~s payés** bezahlter Urlaub; *péj* **les ~s payés** das Volk im Urlaub; *pour fonctionnaire* **~ de longue durée** (länger dauernde) Beurlaubung; **~ de maladie** Krankheitsurlaub *m*; **~ de maternité** Mutterschaftsurlaub *m*; **~ de naissance** Sonderurlaub *m* für Väter nach der Geburt e-s Kindes; **avoir ~** freihaben *ou* freibekommen; **avoir un jour de ~** e-n freien, ÉCOLE e-n schulfreien Tag haben; e-n Tag freihaben, -bekommen; **donner ~ à qn** j-m freigeben; **être en ~** in, im, auf Urlaub sein; **prendre un ~** Urlaub nehmen **2** *(renvoi)* Kündigung *f*; *employé* **demander son ~** kündigen; *patron* **donner son ~ à qn** j-n entlassen; j-m, *fam* j-n kündigen; **donner ~ à un locataire** e-m Mieter kündigen; **recevoir son ~** entlassen, gekündigt werden; die Kündigung erhalten **3** *avant de partir* **prendre ~** sich verabschieden, Abschied nehmen (**de** von)

congédiement [kõʒedimɑ̃] M Entlassung *f*; Kündigung *f*

congédier [kõʒedje] V/T **1** *(inviter à partir)* verabschieden; entlassen **2** *patron* **~ qn** j-n entlassen; j-m, *fam* j-n kündigen

congelable [kõʒlabl] ADJ gefrierbar

congélateur [kõʒelatœʀ] M *bahut* Gefriertruhe *f*; (Tief)Kühltruhe *f*; *armoire* Gefrierschrank *m*; *adjt* **compartiment ~** Gefrierfach *n*; Tiefkühlfach *n*; Froster(fach) *m(n)*

congélation [kõʒelasjõ] F Gefrieren *n*; Erstarren *n*; *de denrées alimentaires* Ge-, Einfrieren *n*; Tiefkühlen *n*

congeler [kõʒle] ‹-è-› **A** V/T zum Gefrieren bringen; erstarren lassen; **~ des denrées alimentaires** Nahrungsmittel einfrieren, tiefkühlen, *t/t a.* frosten; *adjt* **produits congelés** Tiefkühlkost *f*; Gefriergut *n*; **viande congelée** Gefrierfleisch *n* **B** V/PR **se ~** gefrieren

congénère [kõʒenɛʀ] M/F **1** BIOL Artgenosse, -genossin *m,f* **2** *fig* **lui et ses ~s** er und seinesgleichen

congénital [kõʒenital] ADJ ‹-aux› BIOL angeboren (*a. fig*); *t/t* kongenital

congère [kõʒɛʀ] F Schneeverwehung *f*

congestif [kõʒɛstif] ADJ ‹-ive› MÉD *d'un organe* **état ~** Schwellung *f*; Stauung *f*

congestion [kõʒɛstjõ] F **1** MÉD Blutandrang *m*; *t/t* Hyperämie *f*; **~ cérébrale** Schlaganfall *m*; **~ pulmonaire** Lungenstauung *f* **2** *des routes* Überlastung *f*

congestionné [kõʒɛstjɔne] ADJ **1** MÉD gestaut; Stauungs...; **foie ~** geschwollene Leber **2** *visage* hochrot; blaurot

congestionner [kõʒɛstjɔne] **A** V/T **1** Blutandrang verursachen in *(+dat)*; *toux, rire* **~ le visage** das Gesicht hochrot, blaurot färben; *adjt* **avoir le visage congestionné, être congestionné** ein hochrotes, blaurotes Gesicht haben **2** *route* verstopfen; überlasten **B** V/PR **se ~** *visage* sich hochrot, blaurot färben; hochrot, blaurot werden

conglomérat [kõglɔmeʀa] M GÉOL Konglomerat *n* (*a. fig*); **conglomération** *st/s* F Zusammenballung *f*; *fig* Schmelztiegel *m*; **conglomérer** ⟨-è-⟩ *st/s* V/T zusammenballen

C

conglutinant [kõglytinɑ̃] *ou* **conglutinatif** [kõglytinatif] ⟨-ive⟩ ADJ konglutinierend

Congo [kõgo] **le ~** 1 *fleuve* der Kongo 2 *pays* der Kongo; Kongo *n*; **République** *f* **du Congo** Republik *f* Kongo; **République** *f* **démocratique du Congo** Demokratische Republik Kongo

congolais [kõgɔlɛ] A ADJ kongolesisch B SUBST 1 **Congolais(e)** *m(f)* Kongolese *m*, Kongolesin *f* 2 M *gâteau* Kokosmakrone *f*

congratulations [kõgʀatylasjõ] *plais* FPL Gratulation(en) *f(pl)*

congratuler [kõgʀatyle] *plais* A V/T gratulieren (**qn** j-m) B V/PR **se ~** sich (gegenseitig) Komplimente machen

congre [kõgʀ] M ZOOL Meeraal *m*

congrégation [kõgʀegasjõ] F REL Kongregation *f*

congrégationalisme [kõgʀegasjɔnalism] M ÉGL PROT Kongregationalismus *m*

congrès [kõgʀɛ] M 1 Kongress *m*; Tagung *f*; **~ de médecins** Ärztekongress *m*, -tagung *f*; **~ d'un, du parti** Parteitag *m* 2 *U.S.A.* **le Congrès** der Kongress 3 HIST **le Congrès de Vienne** der Wiener Kongress

congressiste [kõgʀesist] M/F Kongress-, Tagungsteilnehmer(in) *m(f)*

congru [kõgʀy] ADJ **portion ~e** minimale Menge (zum Lebensunterhalt); *fig* **en être réduit à la portion ~e** von e-m Existenzminimum leben müssen; sehr kurz gehalten werden; auf schmale Kost gesetzt (worden) sein

congruence [kõgʀyɑ̃s] F MATH Kongruenz *f*

congruent [kõgʀyɑ̃] ADJ MATH kongruent

conifère [kɔnifɛʀ] M BOT Nadelbaum *m*; Konifere *f*; **~s** *pl a.* Nadelhölzer *npl*

conique [kɔnik] ADJ kegelförmig; Kegel…; konisch…; MATH **section** *f* **~** *ou subst* **~** *f* Kegelschnitt *m*

conjectural [kõʒɛktyʀal] ADJ ⟨-aux⟩ auf Vermutungen beruhend; spekulativ

conjecture [kõʒɛktyʀ] F Vermutung *f*; Mutmaßung *f*; **~s sur** Vermutungen, Spekulationen über (*+acc*); **en être réduit aux ~s** auf Vermutungen, Spekulationen angewiesen sein

conjecturer [kõʒɛktyʀe] *st/s* V/T mutmaßen; *abs* Vermutungen anstellen (**sur** über *+acc*)

conjoint [kõʒwɛ̃] A ADJ ⟨-jointe [-ʒwɛ̃t]⟩ gemeinsam; (miteinander) verbunden B SUBST **~(e)** *m(f)* ADMIN Ehegatte, -gattin *m,f*; **~s** *pl* Ehegatten *mpl*, -leute *pl*

conjointement [kõʒwɛ̃tmɑ̃] ADV gemeinsam; gemeinschaftlich

conjonctif [kõʒõktif] ADJ ⟨-ive⟩ 1 ANAT **tissu ~** Bindegewebe *n* 2 GRAM **locution conjonctive** als Konjunktion gebrauchte Wendung; **proposition conjonctive** Konjunktionalsatz *m*

conjonction [kõʒõksjõ] F 1 GRAM Bindewort *n*; Konjunktion *f* 2 ASTRON Konjunktion *f* 3 *st/s* (*rencontre*) Zusammentreffen *n*; Verbindung *f*

conjonctive [kõʒõktiv] F ANAT Bindehaut *f*;

conjonctivite F MÉD Bindehautentzündung *f*

conjoncture [kõʒõktyʀ] F 1 (*situation*) Lage *f*; Umstände *mpl*; **profiter de la ~** sich (*dat*) die Umstände zunutze machen 2 ÉCON Konjunktur *f*; Wirtschaftslage *f*; **sensible à la ~** konjunkturanfällig, -empfindlich

conjoncturel [kõʒõktyʀɛl] ADJ ⟨~le⟩ ÉCON konjunkturell; konjunkturbedingt; **politique ~le** Konjunkturpolitik *f*

conjoncturiste [kõʒõktyʀist] M ÉCON Konjunkturexperte *m*, -forscher *m*

conjugable [kõʒygabl] ADJ GRAM konjugierbar

conjugaison [kõʒygɛzõ] F 1 GRAM Konjugation *f*; Abwandlung *f*, Beugung *f*, Flexion *f* (des Verbs); **~ (ir)régulière** (un)regelmäßige Konjugation 2 *d'efforts etc* Vereinigung *f*

conjugal [kõʒygal] ADJ ⟨-aux⟩ Ehe…; ehelich; Gatten…; **amour ~** eheliche Liebe; Gattenliebe *f*; **conseiller ~** Eheberater *m*; **devoir ~** eheliche Pflichten *fpl*; **domicile, foyer ~** ehelicher Wohnsitz, Haushalt; **liens conjugaux** Band(e) *n(pl)* der Ehe; **lit ~** Ehebett *n*

conjugué [kõʒyge] ADJ 1 *forces etc* verein(ig)t; gemeinsam 2 zugeordnet; MATH konjugiert 3 BOT *feuille* paarig gefiedert

conjuguer [kõʒyge] A V/T 1 *efforts etc* verein(ig)en 2 GRAM *verbe* konjugieren; abwandeln; beugen B V/PR **se ~** GRAM konjugiert werden

conjuration [kõʒyʀasjõ] F 1 POL *et fig* Verschwörung *f*; *fig* **mais c'est une ~!** das ist ja e-e richtige Verschwörung! 2 *en magie* Beschwörung *f*

conjuré [kõʒyʀe] M Verschwörer *m*

conjurer [kõʒyʀe] A V/T 1 (*implorer*) **~ qn de** (*+inf*) j-n beschwören, anflehen zu (*+inf*); **je vous en conjure** ich flehe Sie an 2 *danger* abwenden; bannen 3 *mauvais esprits* bannen; beschwören B V/PR **se ~ contre qn** sich gegen j-n verschwören (*a. fig sort*)

connaissable [kɔnɛsabl] ADJ erkennbar; zu erkennen(d)

connaissance [kɔnɛsɑ̃s] F 1 (*savoir*) Kenntnis *f*; Wissen *n*; **~s** *pl* Kenntnisse *fpl*; Wissen *n*; **~s élémentaires** Grund-, Anfangskenntnisse *fpl*; **~s des affaires** Geschäftskenntnisse *fpl*; **~s d'anglais** Englischkenntnisse *fpl*; **~ du cœur humain** Kenntnis des menschlichen Herzens; *st/s* Wissen um das menschliche Herz; **~ des hommes** Menschenkenntnis *f*; **l'ensemble** *m* **des ~s** das gesamte Wissen; *loc adv*: **à ma ~** meines Wissens; soviel ich weiß; **en ~ de cause** in Kenntnis der Sache, Sachlage; mit Sachkenntnis; **avoir ~ de qc** Kenntnis von etw haben; (etwas) wissen über etw (*acc*), von etw; informiert sein über etw (*acc*); **il a eu ~ de** *l'incident a.* er hat von … erfahren; **avoir, posséder des ~s de, sur qc** Kenntnisse haben, besitzen in etw (*dat*); **porter qc à la ~ de qn** j-n von etw in Kenntnis setzen; j-m etw zur Kenntnis bringen; **prendre ~ de** Kenntnis nehmen von; *d'un dossier a.* Einsicht nehmen in (*+acc*); **qc est venu à sa ~** er hat von etw Kenntnis erlangt; etw ist ihm zu Ohren gekommen; *st/s* er hat von etw Kunde erhalten 2 PHIL Erkenntnis *f*; Erkennen *n*; **théorie** *f* **de la ~** Erkenntnistheorie *f* 3 (*conscience*) *loc*: **sans ~** bewusst-, besinnungslos; ohnmächtig; **tomber sans ~** in Ohnmacht fallen; ohnmächtig, bewusstlos werden; **avoir toute sa ~** bei vollem Bewusstsein sein; **n'avoir plus sa ~** nicht mehr bei Bewusstsein sein; **perdre ~** das Bewusstsein, die Besinnung verlieren; bewusstlos, ohnmächtig werden; **reprendre ~** wieder zu sich kommen; das Bewusstsein wiedererlangen 4 *personne* Bekannte(r) *m/f(m)*; Bekanntschaft *f*; *fam* **une vieille ~** ein alter Bekannter; **avoir beaucoup de ~s** viele Bekannte, Bekanntschaften haben 5 (*action de connaître*) Bekanntschaft *f*; **visage** *m* **de ~** bekanntes Gesicht; **être en pays de ~** → pays[1] 2; **faire ~ avec qn, qc** *ou* **faire la ~ de qn, qc** j-n, etw kennenlernen; mit j-m, etw bekannt werden; j-s Bekanntschaft machen; *surtout négatif* mit j-m, etw Bekanntschaft machen; *sujet au pl* **faire ~** einander, sich kennenlernen; **faire faire la ~ de qn à qn** j-n mit j-m bekannt machen; **lier ~ avec qn** mit j-m Bekanntschaft schließen

connaissement [kɔnɛsmɑ̃] M MAR Konnossement *n*

connaisseur [kɔnɛsœʀ] A ADJ ⟨*selten* -euse⟩ **coup d'œil ~** Kennerblick *m*; **d'un air ~** mit Kennermiene B M Kenner *m*; **fin ~** → fin[2] A; *loc adv* **en ~** als Kenner; kennerisch; mit Sachkenntnis; **être ~ en …** ein Kenner in (*+dat*), von (*ou +gén*) sein; sich (ausgezeichnet) auskennen in (*+dat*); **être ~ en vins** (ein) Weinkenner sein

connaître [kɔnɛtʀ] ⟨je connais, il connaît, nous connaissons; je connaissais; je connus; je connaîtrai; que je connaisse; connaissant; connu⟩ A V/T 1 *personne* kennen; bekannt sein mit; *chose* kennen; (*savoir*) wissen; **~ l'anglais** Englisch können; **ne pas ~ de bornes, limites** keine Grenzen kennen (*a. ambition etc*); **~ son métier** → métier 1; **~ la misère** (die) Armut, Not kennen (*a. pays*); **ne pas ~ de pitié** kein Mitleid, Erbarmen kennen; ♦ *avec pr et adv*: *fam* **on la connaît celle-là!** *fam* das kennt man!; ich lasse mich nicht drankriegen!; **je le connais** *a.* er ist mir bekannt; **je l'ai connu pauvre** ich habe ihn gekannt, als er (noch) arm war; **je ne le connais ni d'Ève ni d'Adam** ich kenne ihn überhaupt nicht; er ist mir völlig unbekannt; **je le connais de nom, de vue** ich kenne ihn dem Namen nach, vom Sehen; **on lui connaît deux faiblesses** man kennt zwei Schwächen an ihm; **on ne lui connaissait pas d'ennemis** von irgendwelchen Feinden (, die er gehabt hätte,) war nichts bekannt; *fam* **ça me connaît!** da(rin) kenne ich mich aus!; **tu ne me connais pas!** du kennst mich (noch) nicht!; da kennst du mich schlecht!; *fam* **connais pas!** *fam* kenn ich nicht!; nie gehört!; **il ne connaît que** *son travail* er kennt nur …; für ihn gibt es nur …; **je ne connais rien à …** ich verstehe nichts von …; **je n'y connais rien** ich verstehe nichts davon; ♦ **faire ~ qc** etw bekannt geben, machen; etw mitteilen; *son opinion* äußern; zum Ausdruck bringen; **faire ~ qn** j-n bekannt machen; **ce film l'a fait ~** *a.* durch diesen Film ist er bekannt geworden; **faire ~ qn à qn** j-n mit j-m bekannt machen; **se faire ~** bekannt werden (**par, pour** durch) 2 (*faire la connaissance de*) kennenlernen (**qn, qc** j-n, etw); *réussite* haben; *sort a.* erleben; erfahren; ÉCON **~ un essor** e-n Aufschwung erfahren, erleben; **il a connu des jours meilleurs** er hat (früher) bessere Tage gesehen, gekannt; **apprendre à ~** (allmählich) gut kennenlernen B V/T INDIR JUR **~ de** erkennen, entscheiden in (*+dat*) C V/PR **se ~** 1 *réciproquement* sich, einander kennen *ou* kennenlernen 2 *soi-même* sich (selbst) kennen; **il ne se connaît plus** er ist außer sich, kennt sich nicht mehr vor Wut; PHIL **connais-toi toi-même** erkenne dich selbst 3 **s'y ~** sich darin auskennen; sich darauf verstehen; etwas davon verstehen; **s'y ~ en** sich auskennen in (*+dat*); etwas verstehen von

connard [kɔnaʀ] *pop* M, **connasse** [kɔnas] *pop* F → con B 1

connecter [kɔnɛkte] A V/T ÉLEC anschließen (**à** an *+acc*); verbinden (mit) B V/PR INFORM **se ~** (sich) einloggen; **connecteur** M TECH, ÉLEC Schalter *m*; Schaltgerät *n*; CH DE FER Verbindungsstück *n*

connerie [kɔnʀi] *pop* F *fam* Idiotie *f*; Quatsch *m*; Mist *m*; Stuss *m*; Krampf *m*; *pop* Scheiße *f*; **dire une ~, des ~s** *fam* Quatsch, Stuss reden; Mist verzapfen; **faire une ~, des ~s** *fam* Mist machen, bauen; *pop* Scheiße bauen

connétable [kɔnetabl] M HIST Konnetabel *m*

connexe [kɔnɛks] ADJ zusammenhängend (*a.* JUR); (miteinander) verbunden, verknüpft

connexion [kɔnɛksjõ] F **1** (enge) Verbindung; Zusammenhang *m* **2** ÉLEC (Schalt)Verbindung *f*; Anschluss *m*

connivence [kɔnivɑ̃s] F heimliches Einverständnis; **sourire** *m* **de ~** verständnisinniges Lächeln; **être, agir de ~ avec qn** mit j-m unter einer Decke stecken

connotation [kɔnɔtasjõ] F LING Konnotation *f*

connu [kɔny] PP → connaître *et* ADJ bekannt (**de, par qn** j-m); **qc, qn de ~** etw, j-d Bekanntes; **être ~ comme, pour** bekannt sein als, für; **c'est (bien) ~!** das ist allgemein bekannt!

conque [kõk] F ZOOL Trompetenschnecke *f*; Tritonshorn *n*

conquérant [kõkeʀɑ̃] **A** ADJ eroberungslustig; *fig air* siegessicher, -gewiss **B** M Eroberer *m*; HIST **Guillaume le Conquérant** Wilhelm der Eroberer

conquérir [kõkeʀiʀ] ⟨→ acquérir⟩ V/T erobern (*a fig cœurs, femme*); *liberté, droit* erringen; *estime* sich (*dat*) erringen, erwerben; **~ un marché** einen Markt erobern, erschließen; **~ un pays** ein Land erobern; *terrain* **~ sur la mer** dem Meer abringen, abgewinnen; *fig* **~ qn** j-n für sich einnehmen; j-n gewinnen; **j'ai été conquis par sa gentillesse** s-e Liebenswürdigkeit hat mich für ihn eingenommen

conquête [kõkɛt] F **1** *d'un pays, du pouvoir, du marché etc, fig d'une femme* Eroberung *f*; *de la liberté, d'un droit* Erringung *f*; **~s** *pl* Eroberungen *fpl*; eroberte Gebiete *npl*; *fam fig personne* **c'est sa dernière ~** *fam* das ist s-e neueste Eroberung; *fig* **faire la ~ de qn** j-n erobern; j-n für sich einnehmen, für sich gewinnen **2** (*réalisation technique, scientifique*) Errungenschaft *f*

conquis [kõki] PP → conquérir *et* ADJ erobert; *fig* **se conduire comme en pays ~** sich benehmen, sich aufführen, als ob man der Herr sei, als ob einem alles gehöre

conquistador [kõkistadɔʀ] M ⟨*pl* ~es⟩ HIST Konquistador *m*

consacré [kõsakʀe] ADJ **1** REL geweiht **2** *expression* üblich (geworden)

consacrer [kõsakʀe] **A** V/T **1** *son temps, énergie etc* widmen (**à qc, à qn** e-r Sache, j-m); *sa vie* **~ à qc, à qn** *st/s* e-r Sache, j-m weihen; **~ sa jeunesse à qn** j-m s-e Jugend opfern **2** REL weihen; CATH *a.* konsekrieren; *par ext* **~ un enfant à la Vierge** ein Kind der Jungfrau Maria weihen **3** (*sanctionner*) sichtbar bestätigen; festigen; sanktionieren; **être consacré meilleur film de l'année** zum besten Film des Jahres erkoren werden **B** V/PR **se ~ à qc, à qn** sich e-r Sache, j-m widmen, *st/s* weihen; **se ~ au théâtre** sich dem Theater, der Bühne verschreiben

consanguin [kõsɑ̃gɛ̃] ADJ **1** **frère ~, sœur ~e** Halbbruder *m*, -schwester *f* väterlicherseits **2** *par ext* blutsverwandt; **mariage ~** Verwandtenehe *f*

consanguinité [kõsɑ̃ginite, -gɥi-] F Blutsverwandtschaft *f*

consciemment [kõsjamɑ̃] ADV bewusst

conscience [kõsjɑ̃s] F **1** *morale* Gewissen *n*; **~ professionnelle** Berufsethos *n*; berufliches Pflichtbewusstsein; *loc adv*: **en ~** ganz ehrlich; *agir* **selon sa ~** wie man es für richtig hält; nach s-m Gewissen; *fig* **acheter les ~s** durch Bestechung die Meinungen zu s-n Gunsten beeinflussen; **avoir bonne, mauvaise ~** ein gutes *ou* reines, schlechtes Gewissen haben; **il n'a pas la ~ tranquille** er hat kein ganz reines, sauberes Gewissen; **avoir la ~ en paix, en repos, être en paix avec sa ~** ein ruhiges Gewissen haben; *par ext* **il a, c'est une ~ droite** er hat e-e aufrechte Gesinnung, ein aufrechtes Wesen; **avoir qc, qn sur la ~** etw, j-n auf dem Gewissen haben; **dire tout ce qu'on a sur la ~** sich (*dat*) alles, die ganze Last von der Seele reden; **se donner bonne ~** sein Gewissen beschwichtigen; sich (*dat*) (vor sich [*dat*] selbst) ein Alibi verschaffen; **mettre beaucoup de ~ dans qc, à faire qc** etw äußerst gewissenhaft tun, machen; **soulager sa ~** sein Gewissen erleichtern, entlasten **2** *psychologique* Bewusstsein *n* (*a.* PHIL); **~ collective, de classe** Kollektiv-, Klassenbewusstsein *n*; PHIL **~ du moi** Selbstbewusstsein *n*; **prise** *f* **de ~** Bewusstwerden *n*, -ung *f*; **avoir ~ de qc** sich (*dat*) e-r Sache (*gén*) bewusst sein; **avoir ~ que ...** sich (*dat*) dessen bewusst sein, dass ...; **perdre ~** bewusstlos, ohnmächtig werden; **perdre ~ de qc** sich (*dat*) e-r Sache (*gén*) nicht mehr bewusst sein; jedes Gefühl für etw verlieren; **prendre ~ de qc** sich (*dat*) e-r Sache (*gén*) bewusst werden; **reprendre ~** wieder zu sich kommen

consciencieux [kõsjɑ̃sjø] ADJ ⟨-euse⟩ gewissenhaft; sorgfältig

conscient [kõsjɑ̃] **A** ADJ *acte* bewusst; *personne* (*pas évanoui*) bei Bewusstsein; PHIL *un être* s-r selbst und s-r Umgebung bewusst; denkend; bewusst lebend; **être ~ de qc** sich (*dat*) e-r Sache (*gén*) bewusst sein; **il est devenu ~ de qc** *a.* etw kam ihm zum Bewusstsein **B** SUBST PSYCH **le ~** das Bewusste

conscription [kõskʀipsjõ] F HIST MIL Aushebung *f*; Konskription *f*

conscrit [kõskʀi] M MIL Wehrpflichtige(r) *m*; (zum Wehrdienst) Einberufene(r) *m*; **les ~s de la classe 1990** die 1990 Einberufenen *mpl*

consécration [kõsekʀasjõ] F **1** REL Weihe *f*; Konsekration *f* **2** ÉGL CATH *pendant la messe* Wandlung *f*; **paroles** *fpl* **de la ~** Einsetzungsworte *npl* **3** (*sanction*) (glänzende) Bestätigung; Sanktionierung *f*

consécutif [kõsekytif] ADJ ⟨-ive⟩ **1** aufeinanderfolgend; **pendant trois jours ~s** an drei aufeinanderfolgenden Tagen; drei Tage nach-, hintereinander; **pour la troisième fois consécutive** zum dritten Mal hintereinander **2** **~ à** als Folge von (*ou +gén*); **être ~ à qc** auf etw (*acc*) folgen; e-e Folge (von) e-r Sache sein **3** GRAM **proposition consécutive** Konsekutiv-, Folgesatz *m*

consécutivement [kõsekytivmɑ̃] ADV nach-, hintereinander; **~ à** infolge (*+gén*)

conseigle [kõsɛgl] M AGR Mengkorn *n*; Gemengesaat *f*

conseil [kõsɛj] M **1** (*recommandation*) Rat(-schlag) *m*; **~ d'ami** freundschaftlicher Rat; **sur le ~ de qn** auf j-s Rat (*acc*) (hin); **demander (un) ~ à qn** j-n um Rat fragen; **donner un ~ à qn** j-m e-n Rat(schlag) geben, erteilen; **être (homme) de bon ~** immer (e-n guten) Rat wissen; **prendre ~ de qn** sich (*dat*) bei j-m Rat holen; j-n zu Rate ziehen; sich von j-m beraten lassen; **tenir ~** (sich) beraten (**avec qn** mit j-m; **sur qc** über etw [*acc*]); beratschlagen; → *a.* 3 **2** *personne* Berater *m*; **~ fiscal** Steuerberater *m*; JUR **~ judiciaire** Vormund *m*; **~ juridique** Rechtsberater *m*; Justitiar *m*; **~ en entreprise** Unternehmensberater *m* **3** *assemblée* Rat *m*; *par ext réunion* Ratssitzung *f*, -versammlung *f*; **Conseil économique et social** Wirtschafts- und Sozialrat *m*; **Conseil européen** Europäischer Rat; **~ général** Generalrat *m*; Departementsvertretung *f*; **~ municipal** Gemeinde-, Stadtrat *m*; Gemeindevertretung *f*; Stadtverordnetenversammlung *f*; *en Suisse* **Conseil national** Nationalrat *m*; **Conseil œcuménique des Églises** Ökumenischer Rat der Kirchen; Weltkirchenrat *m*; **~ régional** Regionalrat *m*; *d'une SA* **~ d'administration** Vorstand *m*; ÉCOLE **~ de classe** Lehrerkonferenz *f*; **~ d'établissement** Schulbeirat *m*; **Conseil d'État** Staatsrat *m* (*in Frankreich juristisches Beratungsorgan der Regierung u. oberstes Verwaltungsgericht*); **Conseil de l'Europe** Europarat *m*; **~ de famille** Familienrat *m*; **~ de guerre** Kriegsrat *m* (*a. fig*); *tribunal* Kriegsgericht *n*; *fig* **tenir un ~ de guerre** Kriegsrat halten; **~ des ministres** Ministerrat *m*; MIL **~ de révision** Musterungsausschuss *m*; MIL **passer (devant) le ~ de révision** gemustert werden; *ONU* **Conseil de sécurité** (Welt)Sicherheitsrat *m*; *d'une SA* **~ de surveillance** Aufsichtsrat *m*; *jusqu'en 1958* **président** *m* **du ~** Ministerpräsident *m*; **tenir ~** e-e Ratssitzung abhalten

conseiller[1] [kõseje] V/T **~ qn** j-n beraten; **~ qc à qn** j-m etw anraten; j-m zu etw raten; **~ à qn de** (*+inf*) j-m raten, empfehlen zu (*+inf*); **il est conseillé de** (*+inf*) es wird empfohlen zu (*+inf*); *adjt*: **être bien, mal conseillé** gut, schlecht beraten sein; COMM **prix conseillé** empfohlener Preis; Richtpreis *m*

conseiller[2] [kõseje] M *personne* Ratgeber *m*; Berater *m*; *membre d'un conseil* Rat *m*; **~ économique** Wirtschaftsberater *m*; **~ général** Mitglied *n* des „Conseil général"; **~ juridique** Rechtsberater *m*; **~ municipal** Gemeinderat (-smitglied) *m(n)*; Stadtrat(smitglied) *m(n)*; Stadtverordnete(r) *m*; **~ pédagogique** pädagogischer Berater; **~ à la Cour d'appel** Richter *m* am Berufungsgericht; **~ principal d'éducation** → C.P.E.; **~ d'État** Staatsrat *m*; Mitglied *n* des „Conseil d'État"

conseillère [kõsɛjɛʀ] F Beraterin *f*; Ratgeberin *f*; → *a.* conseiller[2]

conseilleur [kõsɛjœʀ] M *prov* **les ~s ne sont pas les payeurs** guter Rat kostet nichts; raten ist leichter als helfen

consensuel [kõsɑ̃sɥɛl] ADJ ⟨~le⟩ JUR durch beidseitige Willenserklärung rechtsgültig; **contrat ~** Konsensualvertrag *m*, -kontrakt *m*

consensus [kõsɛ̃sys, -sɑ̃-] M Konsens(us) *m*

consentant [kõsɑ̃tɑ̃] ADJ (bereit)willig; **être ~** einwilligen; einverstanden sein

consentement [kõsɑ̃tmɑ̃] M Einwilligung *f*; Zustimmung *f*; Einverständnis *n*; Zusage *f*; **accorder, donner son ~** s-e Zustimmung *etc* erteilen, geben; einwilligen; zustimmen

consentir [kõsɑ̃tiʀ] ⟨→ sentir⟩ **A** V/T **1** gewähren; einräumen; **~ un délai, une remise à qn** j-m eine Frist, einen Nachlass gewähren, einräumen **2** *litt* **~ que ...** (*+subj*) damit einverstanden sein, dass ... **B** V/T INDIR **~ à qc** in etw (*acc*) einwilligen; e-r Sache (*dat*) zustimmen; **elle y a consenti** sie hat (darin) eingewilligt; sie hat zugestimmt; **~ à ce que ...** (*+subj*) darin einwilligen, dass ...; damit einverstanden sein, dass ...

conséquemment [kõsekamɑ̃] ADV daher; infolgedessen; dementsprechend

conséquence [kõsekɑ̃s] F **1** (*suite*) Konsequenz *f*; Folge *f*; (Aus)Wirkung *f*; **~s graves, sérieuses** ernste, schwerwiegende Folgen, Konsequenzen; **~ indirecte** mittelbare Folge; *loc adj et loc adv*: **de peu de ~** unbedeutend; unwichtig; **en ~** (dem)entsprechend; demgemäß; demnach; infolgedessen; **agir en ~** *a.* die Konsequenzen daraus ziehen; **sans ~** ohne (jede) Bedeutung; (völlig) unwichtig; bedeutungslos; *loc conj* **par voie de ~** infolgedessen; **avoir pour ~** zur Folge haben; **cela ne tire pas à ~** das hat nichts zu bedeuten; das ist ganz harmlos; das hat weiter keine Folgen, (weiter) nichts auf sich **2** (*déduction*) Folgerung *f*; Konsequenz *f*; **tirer une ~, les ~s de qc** e-e Folgerung, die Folgerungen *ou* Konsequenzen aus etw ziehen

C

conséquent [kõsekɑ̃] ADJ **1** *(logique)* konsequent; folgerichtig; **être ~ avec ses principes** s-n Grundsätzen gemäß, entsprechend leben **2** *(important)* bedeutend; wichtig; relevant **3** LOC ADV **par ~** folglich; daher; infolgedessen

conservateur [kõsɛʀvatœʀ] **A** ADJ ⟨-trice⟩ konservativ *ou* konservativ *(a.* POL) **B** SUBST **1** ADMIN **~, conservatrice** *m,f d'un musée* Konservator *m*, Konservatorin *f*; Kustos *m*; **~ des eaux et forêts** Forstmeister *m*; **~ des hypothèques** Grundbuchbeamte(r) *m* **2** POL **~, conservatrice** *m,f* Konservative(r) *m/f(m)*; **les ~s** die Konservativen *mpl* **3** M *pour aliments* Konservierungsmittel *n*

conservation [kõsɛʀvasjõ] F **1** Erhaltung *f*; Bewahrung *f*; BIOL **~ de l'espèce** Arterhaltung *f*; *monument etc* **dans un bon état de ~** gut erhalten **2** ADMIN **~ des eaux et forêts** Forstamt *n*; **~ des hypothèques** Grundbuchamt *n* **3** *des aliments* Haltbarmachung *f*; Konservierung *f*; **produit** *m* **de ~** Konservierungsmittel *n*; *adjt* **lait** *m* **longue ~** H-Milch *f*

conservatisme [kõsɛʀvatism] M POL Konservativismus *ou* Konservatismus *m*

conservatoire [kõsɛʀvatwaʀ] ADJ JUR Sicherungs…; **mesure** *f* **~** Sicherungsmaßnahme *f*; vorsorgliche Maßnahme

Conservatoire [kõsɛʀvatwaʀ] M **~ (de musique)** Musikhochschule *f*; Konservatorium *n*; **~ national d'art dramatique** Staatliche Schauspielschule; **~ national des arts et métiers** *technisches Museum mit angeschlossener technischer u. wirtschaftswissenschaftlicher Hochschule zur Weiterbildung für im Berufsleben Stehende*

conserve [kõsɛʀv] F **1** *d'aliments* Konserve *f*; Eingemachte(s) *n*; **~ de légumes, de poisson** Gemüse-, Fischkonserve *f*; **boîte** *f* **de ~** Konservenbüchse *f*, -dose *f*; *loc adj* **en ~** aus der Dose, Büchse; Dosen…; Büchsen…; **°haricots** *mpl* **en ~** Bohnen *fpl* aus der Dose; *fig* **musique** *f* **en ~** *fam* Musik *f* aus der Konserve; **mettre en ~** eindosen; **faire des ~s (de légumes)** (Gemüse) einmachen; *fig et plais* **ils en font des ~s** *ou* **ils le mettent en ~** die können sich davon nicht trennen; die heben das alles auf; **se nourrir de ~s** sich von Konserven ernähren **2** LOC ADV **de ~** gemeinsam; zusammen

conservé [kõsɛʀve] ADJ *personne* **bien ~** gut erhalten

conserver [kõsɛʀve] **A** V/T **1** *(garder)* behalten; (auf)bewahren; aufheben; **il a conservé ses cheveux** er hat noch alle s-e Haare; **~ son emploi** seinen Arbeitsplatz behalten; **~ une habitude** eine Gewohnheit beibehalten; **~ ses illusions** sich *(dat)* s-e Illusionen bewahren; **~ sa souplesse** gelenkig bleiben; s-e Gelenkigkeit behalten; **~ le souvenir de qc, qn** etw, j-n in Erinnerung behalten; **il a conservé (toute) sa tête** er ist geistig noch ganz frisch; s-e geistigen Kräfte haben (überhaupt) nicht nachgelassen **2** *aliments* haltbar machen; konservieren; *pp poisson etc* **conservé dans l'huile** in Öl konserviert, eingelegt **3** *monuments, objets d'art* erhalten (und pflegen) **B** V/PR **se ~** *monument etc* erhalten bleiben *ou* sein; *aliments* sich halten; haltbar sein; aufbewahrt werden können

conserverie [kõsɛʀvəʀi] F **1** *usine* Konservenfabrik *f* **2** *industrie* Konservenindustrie *f*

considérable [kõsideʀabl] ADJ beträchtlich; beachtlich; erheblich; ansehnlich; namhaft

considérablement [kõsideʀabləmɑ̃] ADV beträchtlich; erheblich

considérant [kõsideʀɑ̃] LOC CONJ ADMIN **~ que …** in Anbetracht dessen, dass …

considération [kõnsideʀasjõ] F **1** *(réflexion)* Überlegung *f*; Erwägung *f*; *(attention)* Beachtung *f*; Rücksicht *f*; **~s** *pl a.* Betrachtungen *fpl*; **prise** *f* **en ~** Berücksichtigung *f*; *loc adj* **digne de ~** zu bedenken(d); e-r Erwägung, Prüfung wert; → *a.* 3; *loc prép*: **en ~ de** in Anbetracht, Ansehung *(+gén)*; mit Rücksicht auf *(+acc)*; **sans ~ de** ohne Rücksicht auf *(+acc)*; **sans ~ de personne** ohne Ansehen der Person; **je ne peux entrer dans ces ~s** ich kann darauf keine Rücksicht nehmen; **se perdre en ~s oiseuses** sich in müßigen Betrachtungen, Erwägungen ergehen; **prendre qc en ~** etw in Erwägung, Betracht ziehen; etw berücksichtigen; **ne pas être pris en ~** *a.* außer Betracht bleiben **2** *(estime)* Achtung *f*; Ansehen *n*; Wertschätzung *f*; *loc adj* **digne de ~** achtens-, schätzenswert; *loc prép* **par ~ pour** aus Achtung vor *(+dat)*; **avoir la ~ de qn** von j-m geschätzt, geachtet werden; **avoir beaucoup de ~ pour qn** große Achtung vor j-m haben; j-n sehr schätzen; → *a.* **agréer** A 1

considérer [kõsideʀe] ⟨-è-⟩ **A** V/T **1** *(examiner)* bedenken; abwägen; erwägen; beachten; berücksichtigen; in Betracht, Erwägung ziehen; **tout bien considéré** alles in allem; wenn man es recht bedenkt; **c'est à ~** das ist mit zu berücksichtigen; das muss mit bedacht werden **2** *(penser)* **je considère que …** ich finde, ich bin der Meinung, meine Meinung ist, (dass) …; **je considère que la question est réglée** ich betrachte die Angelegenheit als erledigt **3** **~ qn comme** *(+subst)* j-n ansehen, betrachten als *(+acc)*; **~ qn, qc (comme)** *(+adj)* j-n, etw für *(+adj)* halten; j-n, etw als *(+adj)* betrachten; **être considéré comme** *a.* gelten als **4** *(regarder attentivement)* betrachten; eingehend mustern **5** PP **être considéré** *(être estimé)* geschätzt, geachtet sein *ou* werden (**de** von) **B** V/PR **se ~** *(+subst)* sich halten für *(+acc)*

consignataire [kõsiɲatɛʀ] M **1** JUR Verwahrer *m* **2** COMM Verkaufskommissionär *m*; Konsignatar *m*

consignation [kõsiɲasjõ] F **1** JUR Hinterlegung *f* **2** COMM Konsignation *f*

consigne [kõsiɲ] F **1** *(instruction)* (An)Weisung *f*; Verhaltensmaßregel *f*; Vorschrift(en) *f(pl)*; **~ de grève** Streikaufruf *m*; **donner, passer la ~** Weisung erteilen (**de** *+inf* zu *+inf*); *fam fig* **manger la ~** es vergessen; *fam* es verschwitzen **2** *pour bagages* Gepäckaufbewahrung *f (a. lieu)*; **~ automatique** Schließfächer *npl*; **mettre ses bagages à la ~** sein Gepäck zur Aufbewahrung geben **3** *d'un emballage* Pfand(betrag) *n(m)* **4** *(retenue)* ÉCOLE Nachsitzen *n*; MIL Ausgehverbot *n*

consigner [kõsiɲe] V/T **1** *(mettre par écrit)* schriftlich niederlegen (**à, dans, sur** in *+dat*), festhalten (in *+dat*) **2** *(interdire l'accès)* den Zutritt verbieten (**qc** zu etw); sperren; **~ sa porte à qn** j-n nicht hereinlassen **3** *emballage* Pfand verlangen für; mit Pfand belegen; **la bouteille est consignée** für die Flasche ist ein Pfandbetrag berechnet; *fam* auf der Flasche ist Pfand drauf; *adjt*: **bouteille consignée** Pfandflasche *f*; Mehrwegflasche *f*; **non consigné** keine Rücknahme, -gabe **4** *élève* nachsitzen lassen; *soldat* Ausgehverbot, Ausgangssperre anordnen für; *élève* **il est consigné cet après-midi** heute Nachmittag muss er nachsitzen **5** *bagages* zur (Gepäck)Aufbewahrung geben **6** JUR hinterlegen; COMM konsignieren

consistance [kõsistɑ̃s] F Konsistenz *f*; Beschaffenheit *f*; *(fermeté)* Festigkeit *f*; *d'une sauce a.* Dickflüssigkeit *f*; *fig* **sans ~** *rumeur* haltlos; unverbürgt; unbestätigt; *personnage de roman etc* farblos; *caractère, esprit* ohne Substanz; oberflächlich; **donner de la ~ à** *substance* eindicken; *fig* Substanz verleihen *(+dat)*; **prendre (de la) ~** *substance* dick(flüssig)er, steif, fest werden; *fig rumeur* sich erhärten; *nouvelle* sich allmählich bestätigen

consistant [kõsistɑ̃] ADJ **1** *soupe, sauce* dick; **plat ~** nahrhaftes Gericht **2** *fig* **argument ~** stichhaltiges Argument

consister [kõsiste] V/T INDIR **~ en, dans** bestehen aus, in *(+dat)*; sich zusammensetzen aus; **~ à** *(+inf)* darin bestehen zu *(+inf)*

consistoire [kõsistwaʀ] M ÉGL Konsistorium *n*

consœur [kõsœʀ] *plais* F Kollegin *f*

consolable [kõsɔlabl] ADJ zu trösten(d);

consolant ADJ tröstlich; tröstend; Trost bringend; trostreich

consolateur [kõsɔlatœʀ] **A** *st/s* ADJ ⟨-trice⟩ tröstend; trostreich **B** SUBST *litt* **~, consolatrice** *m,f* Tröster(in) *m(f)* (*a.* REL); Trostspender(in) *m(f)*

consolation [kõsɔlasjõ] F Trost *m*; **~s** *pl* Tröstungen *fpl*; *iron* **belle ~!** ein schöner Trost!; *cet enfant est* **toute sa ~** sein *ou* ihr einziger, ganzer Trost; **paroles** *fpl* **de ~** tröstliche, tröstende, trostreiche Worte *npl*; Worte des Trostes; Trostworte *npl*; **prix** *m* **de ~** Trostpreis *m*; **c'est une ~ de** *(+inf)* es ist tröstlich, es tröstet zu *(+inf)*; **c'est une faible ~** das ist ein schwacher Trost

console [kõsɔl] F **1** *table* Konsoltisch(chen) *m(n)* **2** ARCH Konsole *f*; Kragstein *m* **3** INFORM (Bedienungs)Konsole *f*; **~ de visualisation** Datensichtgerät *n* **4** **~ de mixage** Mischpult *n* **5** *d'un orgue* Spieltisch *m*

consoler [kõsɔle] **A** V/T trösten; Trost zusprechen, spenden *(+dat)*; *peine* lindern; **~ qn de qc** j-n über etw *(acc)* (hinweg)trösten; **cela me console!** das ist immerhin ein Trost! **B** V/PR **se ~** sich trösten; **se ~ de qc** über etw *(acc)* hinwegkommen; sich über etw *(acc)* (hinweg)trösten; etw verschmerzen

consolidation [kõsɔlidasjõ] F **1** CONSTR Verstärkung *f*; Stützung *f*; Sicherung *f* **2** *fig* Festigung *f*; Stärkung *f*; Konsolidierung *f* **3** FIN Konsolidierung *f*; Konsolidation *f*

consolidé [kõsɔlide] ADJ **1** FIN *dette d'État* fundiert **2** MÉD *fracture* zusammengeheilt

consolider [kõsɔlide] V/T **1** *mur, bâtiment* verstärken; stützen; sichern **2** *fig position, alliance* festigen; stärken; konsolidieren **3** *dette, emprunt* konsolidieren; fundieren

consommable [kõsɔmabl] ADJ genießbar

consommateur [kõsɔmatœʀ] M, **consommatrice** F Verbraucher(in) *m(f)*; Konsument(in) *m(f)*; *dans un café etc* Gast *m*; **défense** *f* **du consommateur** Verbraucherschutz *m*

consommation [kõsɔmasjõ] F **1** ÉCON Verbrauch *m*; Konsum *m*; *t/t* Konsumtion *f*; **~ d'électricité** Stromverbrauch *m*; **article** *m* **de ~ courante** Artikel *m* des täglichen Bedarfs; **biens** *mpl* **de ~** Konsumgüter *npl*; *au sens strict* Verbrauchsgüter *npl*; **société** *f* **de ~** Konsumgesellschaft *f*; **faire une grande ~ de** *papier etc* viel (ver)brauchen; *d'aliments* viel verzehren, essen; *boissons* viel trinken **2** *d'une voiture* Benzinverbrauch *m* (**aux 100 km** auf 100 km) **3** *dans un café* Getränk *n*; *tarif affiché* **~s** Getränkepreise *mpl*; **j'ai pris deux ~s** ich habe zwei Getränke gehabt **4** JUR *du mariage* Vollzug *m* **5** *st/s* **jusqu'à la ~ des siècles** bis an das, zum Ende der Zeiten **6** JUR **prêt** *m* **de ~** Darlehen *n*

consommé [kõsɔme] **A** ADJ vollendet; perfekt **B** M CUIS Kraftbrühe *f*; Consommé *f ou n*

consommer [kõsɔme] V/T **1** *biens, énergie etc* verbrauchen; konsumieren; *aliments, provisions a.* verzehren; *voiture* **~ beaucoup d'essence** viel Benzin verbrauchen **2** *dans un café abs* etwas verzehren **3** JUR *mariage* vollziehen; *crime* vollenden

consomption [kõsõpsjõ] F MÉD Auszehrung f

consonance [kõsɔnɑ̃s] F 1 *d'une langue, d'un nom* Klang m; **nom** m **de ~ germanique** deutsch klingender Name 2 MUS Konsonanz f 3 *du son final* Gleichklang m

consonant [kõsɔnɑ̃] ADJ 1 MUS konsonant 2 **phrases ~es** Sätze *mpl* mit gleich klingenden Worten

consonantique [kõsɔnɑ̃tik] ADJ PHON konsonantisch; Konsonanten…; **substitution** f **~** Lautverschiebung f

consonantisme [kõsɔnɑ̃tism] M PHON Konsonantismus m

consonne [kõsɔn] F PHON Konsonant m; Mitlaut m

consort [kõsɔʀ] A ADJ M **prince** m **~** Prinzgemahl m B MPL **~s** Mittäter *mpl*; *souvent péj* **Untel et ~s** X und Konsorten *mpl*

consortium [kõsɔʀsjɔm] M ÉCON Konsortium n

conspirateur [kõspiʀatœʀ] A ADJ ⟨-trice⟩ verschwörerisch; konspirativ B SUBST **~, conspiratrice** *m,f* Verschwörer(in) *m(f)*; **air** m **de ~** Verschwörermiene f

conspiration [kõspiʀasjõ] F 1 Verschwörung f; Konspiration f 2 *fig* Verschwörung f; **~ du silence** Mauer f des Schweigens

conspirer [kõspiʀe] V/I konspirieren, sich verschwören (**contre** gegen)

conspuer [kõspɥe] V/T niederschreien; ausbuhen

constamment [kõstamɑ̃] ADV (be)ständig; (an)dauernd

constance [kõstɑ̃s] F 1 *(persévérance)* Beständigkeit f; Beharrlichkeit f; Stetigkeit f; Ausdauer f; Konstanz f; *loc adv* **avec ~** beständig; beharrlich; ausdauernd; mit viel Ausdauer; stetig; konstant; *fam* **tu en as de la ~** du kannst wohl einfach nicht aufgeben; *fam* du hast vielleicht ne (Engels)Geduld 2 *d'un phénomène* regelmäßiges Auftreten; regelmäßige Wiederkehr

Constance [kõstɑ̃s] 1 *ville* Konstanz n; **le lac de ~** der Bodensee 2 F *Vorname*

constant [kõstɑ̃] A ADJ 1 *(continuel)* (be)ständig; (an-, aus)dauernd; konstant; stet(ig) 2 *st/s (persévérant)* beständig; beharrlich; ausdauernd B F **~e** PHYS, MATH, *fig* Konstante f

Constantin [kõstɑ̃tɛ̃] M *Vorname*

Constantinople [kõstɑ̃tinɔpl] HIST Konstantinopel n

constat [kõsta] M 1 ADMIN, JUR Feststellung (-sprotokoll) *f(n)*; (amtliches) Protokoll; AUTO **~ amiable** einvernehmliches Unfallprotokoll; **faire le ~ (d'un accident de voiture)** e-n Verkehrsunfall aufnehmen 2 *fig* Feststellung f; Bilanz f; **dresser un ~ d'échec** e-e negative Bilanz ziehen

constatable [kõstatabl] ADJ feststellbar; festzustellen(d); **constatation** F Feststellung f (*a.* JUR, ADMIN); Konstatierung f

constater [kõstate] V/T feststellen; konstatieren; **~ le décès** den Tod feststellen *ou* beurkunden; *abs* **constatez (par) vous-même!** überzeugen Sie sich, sehen Sie selbst!

constellation [kõstɛ(l)lasjõ] F 1 ASTRON Sternbild n; Konstellation f 2 *fig et litt de poètes etc* glänzende Versammlung; **~ de lumières** Lichtermeer n

constellé [kõstɛ(l)le] ADJ übersät, besät (**de** mit); *ciel* **~ d'étoiles** mit Sternen übersät; *st/s* gestirnt; *texte* **~ de fautes** mit Fehlern gespickt

consternant [kõstɛʀnɑ̃] ADJ bestürzend; erschreckend

consternation [kõstɛʀnasjõ] F Bestürzung f; Betroffenheit f; Erschrecken n; Erschütterung f; Fassungslosigkeit f; **jeter la ~ dans l'assistance** Bestürzung, Betroffenheit unter den Anwesenden hervorrufen

consterner [kõstɛʀne] V/T bestürzen; betroffen machen; *adjt* **consterné** bestürzt, betroffen, konsterniert, erschüttert, fassungslos (**par** über *+acc*); **air consterné** bestürzte *etc* Miene

constipant [kõstipɑ̃] ADJ PHYSIOL (ver)stopfend (wirkend); zu Verstopfung führend;

constipation [kõstipasjõ] F PHYSIOL Verstopfung f

constipé [kõstipe] ADJ 1 PHYSIOL verstopft; **être ~** an Verstopfung leiden; verstopft sein 2 *fam (embarrassé)* steif; verlegen; verklemmt

constiper [kõstipe] V/T Verstopfung verursachen (**qn** [bei] j-m); zu Verstopfung führen, verstopfend wirken (**qn** bei j-m); *abs a.* stopfen

constituant [kõstitɥɑ̃] ADJ 1 **élément ~, partie ~e** *ou subst* **~** m Bestandteil m 2 **assemblée ~e** verfassunggebende, konstituierende Versammlung; HIST *subst* **la Constituante** *die verfassunggebende Nationalversammlung von 1789 bis 1791*

constitué [kõstitɥe] ADJ 1 *personne* **être bien, mal ~** von kräftiger, schwacher Konstitution sein 2 POL **corps ~s** von der Verfassung vorgesehene Gremien *npl*

constituer [kõstitɥe] A V/T 1 *(être)* bilden; ausmachen; darstellen; sein; bedeuten; **~ un précédent** e-n Präzedenzfall darstellen 2 *(créer) société commerciale, comité etc* bilden; konstituieren; gründen; *commission a.* einsetzen; **~ un dossier** e-e Akte anlegen; **(se) ~ une collection, des réserves** (sich [*dat*]) e-e Sammlung, Vorräte anlegen 3 JUR **~ qn avocat** j-n zum Anwalt bestellen; **~ qn héritier** j-n als Erben einsetzen; **~ une rente à qn** j-m e-e Rente aussetzen B V/PR 1 *société commerciale, comité etc* **se ~** sich konstituieren 2 JUR **se ~ partie civile** als Nebenkläger auftreten; **se ~ prisonnier** sich (der Polizei) stellen

constitutif [kõstitytif] ADJ ⟨-ive⟩ 1 grundlegend; wesentlich; konstitutiv; **éléments ~s** (Grund)Bestandteile *mpl* 2 JUR ein Recht begründend

constitution [kõstitysjõ] F 1 POL **Constitution** Verfassung f; Konstitution f; *en Allemagne* Grundgesetz n 2 *(création) d'une société commerciale, d'un club etc* Bildung f; Gründung f; *d'une commission a.* Einsetzung f; Konstituierung f; **~ d'un dossier** Anlegen n e-r Akte 3 *d'un individu* (physische) Konstitution, Verfassung, Beschaffenheit; **avoir une forte, robuste ~** e-e kräftige Konstitution haben 4 *(structure)* Aufbau m; Struktur f; Zusammensetzung f; Gliederung f 5 JUR *d'un avocat* Bestellung f; **~ de partie civile** Beitritt m als Nebenkläger

constitutionnaliser [kõstitysjɔnalize] V/T Verfassungscharakter geben (*+dat*); in die Verfassung aufnehmen; **constitutionnalisme** M POL Konstitutionalismus m; **constitutionnalité** F Verfassungsmäßigkeit f

constitutionnel [kõstitysjɔnɛl] ADJ ⟨~le⟩ 1 POL konstitutionell; Verfassungs…; *(conforme à la constitution)* verfassungsmäßig, -gemäß; *en France* **Conseil ~** Verfassungsgericht n; **droit ~** Verfassungsrecht n; **monarchie ~le** konstitutionelle Monarchie; **ne pas être ~** *a.* verfassungswidrig sein 2 *maladie, faiblesse* konstitutionell

constricteur [kõstʀiktœʀ] ADJ M 1 ANAT **muscle ~** *ou subst* **~** m Schließmuskel m; *t/t* Konstriktor m 2 ZOOL **boa ~** Abgott-, Königsschlange f; Boa constrictor f

constriction [kõstʀiksjõ] F Zusammenschnürung f, -ziehung f (*a.* MÉD)

constrictor [kõstʀiktɔʀ] M ZOOL → constricteur 2

constructeur [kõstʀyktœʀ] A ADJ ⟨-trice⟩ schöpferisch B M 1 TECH Konstrukteur m; *(bâtisseur)* Erbauer m; Baumeister m; **~ d'automobiles, d'avions** Kraftwagen-, Flugzeugkonstrukteur m, -bauer m 2 *fig d'un empire* (Be)Gründer m

constructible [kõstʀyktibl] ADJ *terrain* baureif

constructif [kõstʀyktif] ADJ ⟨-ive⟩ 1 *(positif)* konstruktiv 2 *(créateur)* kreativ; schöpferisch

construction [kõstʀyksjõ] F 1 CONSTR, TECH Bau m (*a. résultat*); TECH *a.* Konstruktion f (*a. résultat*); *action a.* Erbauung f; Errichtung f; *manière* Bauweise f, -art f; *par ext* Bautechnik f; *secteur* Bauwirtschaft f; **~ automobile, navale** Kraftfahrzeug-, Schiff(s)bau m; **~s nouvelles** Neubauten *mpl*; **~ de logements** Wohnungsbau m; **~ d'une maison** Hausbau m; Bau e-s Hauses; **~ en bois** Holzbau(weise) *m(f)*; Holzkonstruktion f; **~ en fer** Eisenkonstruktion f; **~ en pierre** Steinbau m; **défaut** m **de ~** Konstruktionsfehler m; **devis** m **de ~** Baukostenvoranschlag m; **jeu** m **de ~** Baukasten m; *loc adj* **en ~** im Bau (befindlich); **être en ~** im Bau sein; sich im Bau befinden 2 GRAM Konstruktion f; **~ (de la phrase)** Satzkonstruktion f, -bau m 3 GÉOMÉTRIE Konstruktion f 4 *fig* **~ de l'esprit** (reine) Hypothesen *fpl*; geistige Konstruktionen *fpl*

construire [kõstʀɥiʀ] V/T ⟨→ conduire⟩ 1 CONSTR, TECH bauen; TECH *a.* konstruieren; *édifice a.* erbauen; errichten; *abs* **on construit beaucoup à Paris** in Paris wird viel gebaut; **il fait ~** er baut (sich [*dat*] ein Haus) 2 GRAM **~ une phrase** einen Satz bilden, konstruieren 3 *triangle etc* konstruieren 4 *fig intrigue, pièce etc* anlegen; gestalten; **~ un système** ein System entwerfen; **~ une théorie** eine Theorie aufstellen

consul [kõsyl] M 1 DIPL Konsul m; **~ adjoint** stellvertretender Konsul; **~ général** Generalkonsul m; **~ de France à …** französischer Konsul in (*+dat*) 2 HIST Konsul m

consulaire [kõsylɛʀ] ADJ 1 DIPL konsularisch; Konsular…; **corps** m **~** konsularisches Korps; **représentation** f **~** konsularische Vertretung 2 JUR **juge** m **~** Handelsrichter m

consulat [kõsyla] M 1 DIPL Konsulat n; **~ général** Generalkonsulat n; **~ de France** französisches Konsulat 2 HIST Konsulat n

consultable [kõsyltabl] ADJ *ouvrage de référence etc* **être ~** eingesehen werden können

consultant [kõsyltɑ̃] A ADJ beratend; **avocat ~** beratender Anwalt; **médecin ~** zur Beratung hinzugezogener Arzt; *t/t* Konsiliarius m B M Berater m

consultatif [kõsyltatif] ADJ ⟨-ive⟩ beratend; konsultativ; **voix consultative** beratende Stimme; *loc adv* **à titre ~** um j-s Rat, Meinung zu hören

consultation [kõsyltasjõ] F 1 *(action de donner un avis)* Beratung f; Konsultation f; *avocat, expert etc* **donner des ~s** beratend tätig sein; Sprechstunde (ab)halten; → *a.* 3 2 *(action de demander un avis)* Befragung f; Konsultation f; *d'un expert a.* Anhörung f; Hinzuziehung f; **après ~ de** nach Anhören, Anhörung (*+gén*) 3 MÉD Sprechstunde f; **heures** *fpl* **de ~** Sprechstunde(n) *f(pl)*; *dans un hôpital* **services** *mpl* **de ~** Ambulanz f; Poliklinik f; **(service** m **de) ~ de nourrissons** Mütterberatung(sstelle) f; **aller à la ~** in die Sprechstunde gehen; **donner des ~s** Sprechstunde (ab)halten, haben; *médecin* **être en ~** gerade e-n Patienten untersuchen 4 *d'un ouvrage* Nachschlagen n (**de** in *+dat*)

consulter [kõsylte] A V/T 1 *personne* befragen, um Rat fragen, *médecin, avocat, expert* konsultieren, zurate ziehen, *expert a.* anhören, hinzuziehen (**sur qc, au sujet de qc** in e-r Sache [*dat*]); ~ **qn** *a.* sich von j-m beraten lassen **2** *ouvrage, manuel* nachschlagen, nachsehen in (*+dat*); zurate ziehen; konsultieren; *archives, documents* Einsicht nehmen in (*+acc*); ~ **le calendrier** auf dem Kalender nachsehen; auf den Kalender sehen; ~ **l'horoscope** das Horoskop befragen; ~ **sa montre** auf die, s-e Uhr sehen **B** V/I *médecin* Sprechstunde haben **C** V/PR **se** ~ einander befragen, konsultieren; miteinander beraten; **se** ~ **du regard** einander, sich fragend ansehen

consulteur [kõsyltœʀ] M ÉGL CATH *d'une congrégation de cardinaux* Konsultor *m*

consumer [kõsyme] **A** V/T **1** *feu: édifice* vernichten; *st/s* verzehren **2** *fig et st/s chagrin, passion* ~ **qn** *st/s* j-n verzehren, aushöhlen **B** V/PR **1** *cigarette etc* **se** ~ herunterbrennen **2** *personne st/s* **se** ~ dahinsiechen; sich verzehren (**de chagrin** vor Gram)

contact [kõtakt] M **1** *de deux choses* Kontakt *m* (*a.* ÉLEC); Berührung *f*; ~ **fugitif** flüchtige Berührung; ÉLEC **mauvais** ~ Wackelkontakt *m*; AUTO **clé** *f* **de** ~ Zündschlüssel *m*; *loc prép* **au** ~ **de** durch die, bei der Berührung mit; **au** ~ **de l'air** *a.* an der Luft; **couper le** ~ ÉLEC den Kontakt unterbrechen; (den Apparat, die Maschine *etc*) ausschalten; AUTO die Zündung ausschalten; **entrer en** ~ sich berühren; (miteinander) in Berührung kommen; **établir le** ~ den Kontakt herstellen; ÉLEC *a.* (den Apparat, die Maschine *etc*) einschalten; **être en** ~ sich berühren; Kontakt haben; → *a.* 2; AUTO **mettre le** ~ die Zündung einschalten **2** *entre personnes* Kontakt *m*; Fühlung(nahme) *f*; Verbindung *f*; ~**s humains** menschliche Kontakte; **prise** *f* **de** ~ Kontaktaufnahme *f*; Fühlungnahme *f*; **au** ~ **de qn** durch den Kontakt, die Verbindung mit j-m; **avoir des** ~**s avec qn** mit j-m in Kontakt, Verbindung stehen; mit j-m Kontakt haben; **entrer en** ~ (**avec**) in Kontakt, Verbindung kommen, treten (mit); Fühlung (auf)nehmen (mit); **être en** ~ **avec qn** mit j-m in Kontakt, Verbindung stehen, sein; **être en** ~ **par radio** in Funkverbindung stehen; **mettre qn en** ~ **avec qn** Kontakte, Beziehungen zwischen j-m und j-m herstellen; **se mettre en** ~ **avec qn** sich mit j-m in Verbindung setzen; **prendre** ~ **avec qn** mit j-m Kontakt, Verbindung aufnehmen; sich mit j-m ins Benehmen setzen **3** MÉD **lentilles** *fpl*, **verres** *mpl* **de** ~ Kontaktlinsen *fpl*; Haftschalen *fpl* **4** *personne* Kontaktperson *f*

contacter [kõtakte] V/T ~ **qn** mit j-m Kontakt aufnehmen; sich mit j-m in Verbindung setzen; j-n kontaktieren

contacteur [kõtaktœʀ] M ÉLEC Schütz *n*; Schalter *m*

contagieux [kõtaʒjø] **A** ADJ ⟨-euse⟩ *maladie* ansteckend (*a. fig rire etc*); übertragbar; *t/t* kontagiös; **être** ~ *maladie* anstecken(d sein); *personne* e-e ansteckende Krankheit haben; andere anstecken **B** M j-d, der e-e ansteckende Krankheit hat

contagion [kõtaʒjõ] F **1** MÉD Ansteckung *f*; Übertragung *f* **2** *fig* Ansteckung *f*; Ausbreitung *f*

container [kõtɛnɛʀ] M → conteneur

contamination [kõtaminasjõ] F **1** (*pollution*) Verseuchung *f*; Kontamination *f*; (*infection*) Infektion *f*; ~ **alimentaire** Infektion durch Nahrungsmittel; ~ **radioactive** radioaktive Verseuchung **2** *fig* Ansteckung *f*; *plus fort* Verseuchung *f*

contaminer [kõtamine] V/T **1** (*infecter*) anstecken; infizieren; (*polluer*) verseuchen; *adjt* **eau contaminée** verseuchtes Wassser **2** *fig* anstecken; infizieren; *plus fort* verseuchen

conte [kõt] M Erzählung *f*; Geschichte *f*; *pour enfants* Märchen *n*; ~ **de fées** (Feen)Märchen *n*; *fig* **j'ai vécu un vrai** ~ **de fées** es war wie im Märchen; **livre** *m* **de** ~**s** Märchenbuch *n*

contemplatif [kõtɑ̃platif] ADJ ⟨-ive⟩ **1** *vie etc* beschaulich; besinnlich; kontemplativ **2** ÉGL CATH **ordre** ~ beschaulicher Orden; **religieux** ~ *ou subst* ~ *m* Mitglied *n* e-s beschaulichen Ordens

contemplation [kõtɑ̃plasjõ] F **1** Betrachten *n*, -ung *f*; Anschauen *n*; **rester en** ~ **devant qc** etw voller Bewunderung betrachten **2** REL, PHIL Kontemplation *f*

contempler [kõtɑ̃ple] V/T (aufmerksam, bewundernd) betrachten, anschauen

contemporain [kõtɑ̃pɔʀɛ̃] **A** ADJ **1** (*du même temps*) zeitgenössisch; **être** ~**s** Zeitgenossen sein; **X était** ~ **de Voltaire** X war ein Zeitgenosse Voltaires, lebte zur gleichen Zeit wie Voltaire **2** (*de notre temps*) zeitgenössisch; heutig; **histoire** ~**e** Neueste Geschichte (*ab 1789*); **la langue française** ~**e** das heutige Französisch; die französische Gegenwartssprache **B** M Zeitgenosse *m*

contempteur [kõtɑ̃ptœʀ] *litt* M, **contemptrice** *litt* F Verächter(in) *m(f)*

contenance [kõtnɑ̃s] F **1** *d'un récipient* Fassungsvermögen *n*; Kapazität *f* **2** *d'une personne* Haltung *f*; Verhalten *n*; (*sang-froid*) Gelassenheit *f*; **se donner une** ~ sich (nach außen hin) gelassen geben; sich (äußerlich) gefasst zeigen; **faire bonne** ~ Haltung bewahren; sich beherrschen; gelassen bleiben; **perdre** ~ die Beherrschung *ou* Fassung verlieren

contenant [kõtnɑ̃] M Behältnis *n*

conteneur [kõtnœʀ] M Container *m*; ~ **à vieux papiers** Altpapiercontainer *m*; ~ **pour verre perdu** Altglascontainer *m*; **transport** *m* **par** ~(**s**) Containertransport *m*

contenir [kõtniʀ] ⟨→ venir⟩ **A** V/T **1** (*renfermer*) enthalten; **cette lettre contient …** *a.* in diesem Brief steht …, ist … enthalten; dieser Brief beinhaltet …; **une valise contenant des livres** ein Koffer *m* mit Büchern **2** (*avoir une capacité de*) fassen; **ce récipient contient …** *a.* in diesen Behälter gehen … **3** (*retenir*) *émotions, colère* im Zaum halten; zügeln; ~ **la foule, les manifestants** die Menge, die Demonstranten zurückhalten, in Schranken halten **B** V/PR **se** ~ sich beherrschen; sich zusammennehmen

content [kõtɑ̃] **A** ADJ (*satisfait*) zufrieden; befriedigt; (*heureux*) erfreut; froh; ~ **de qc, qn** zufrieden mit etw, j-m; befriedigt, erfreut, froh über etw (*acc*); ~ **de peu** *a.* genügsam; **non** ~ **de** (*+inf*) nicht zufrieden, nicht genug damit, dass …; **être** ~ **de** (*+inf*) *ou* **que …** (*+subj*) sich freuen zu (*+inf*); sich (darüber) freuen, dass …; *péj* **être** ~ **de soi-même** selbstzufrieden, selbstgefällig sein; **je suis** ~ **pour vous** ich freue mich für Sie; **vous voilà** ~! sind Sie jetzt zufrieden? (*a. iron*) **B** M *en* LOC: **tout son** ~ nach Herzenslust; **avoir (tout) son** ~ **de qc** genug *ou* reichlich *ou* alles, was man sich (*dat*) wünscht, von etw bekommen; **avoir dormi son** ~ ausgeschlafen haben

contentement [kõtɑ̃tmɑ̃] M **1** (*satisfaction*) Zufriedenheit *f*; Befriedigung *f*; (*joie*) Freude *f*; ~ **de soi-même** Zufriedenheit mit sich selbst; *péj* Selbstzufriedenheit *f*; Selbstgefälligkeit *f* **2** *de ses désirs* Befriedigung *f*

contenter [kõtɑ̃te] **A** V/T *personne* zufriedenstellen; ~ **la curiosité de qn** j-s Neugier(de) befriedigen; **un rien la contente** sie ist mit e-r Kleinigkeit zufrieden; sie freut sich über jede Kleinigkeit; **vouloir** ~ **tout le monde** es allen recht machen wollen **B** V/PR **se** ~ **de qc** sich mit etw zufriedengeben, begnügen, bescheiden; mit etw vorliebnehmen; **se** ~ **de** (*+inf*) sich damit begnügen, sich darauf beschränken zu (*+inf*); **je me contenterai de vous dire ceci: …** ich sage Ihnen nur (noch) eins *ou* dies: …

contentieux [kõtɑ̃sjø] JUR **A** ADJ ⟨-euse⟩ streitig; **affaire contentieuse** Streitsache *f* **B** M **1** (*litiges*) Streitsachen *fpl* **2** *service d'une entreprise* Rechtsabteilung *f*

contenu [kõtny] **A** ADJ *émotion, colère* beherrscht; gezügelt **B** M Inhalt *m* (*a. fig d'une lettre etc*)

conter [kõte] V/T *st/s et plais* (*raconter*) erzählen; *iron* **en** ~ **de belles** *iron* schöne, reizende Geschichten, Dinge erzählen; **il ne faut pas lui en** *ou* **il ne s'en laisse pas** ~ ihm kann man nichts vormachen, kein X für ein U vormachen

contestable [kõtɛstabl] ADJ bestreitbar; strittig; anfechtbar

contestataire [kõtɛstatɛʀ] **A** ADJ rebellisch; rebellierend; aufsässig; Protest…; **étudiants** *mpl* ~**s** protestierende, rebellierende Studenten *mpl* **B** M/F Protestler(in) *m(f)*; Protestierende(r) *m/f(m)*; ~**s** *pl* POL *a.* Systemveränderer *mpl*

contestation [kõtɛstasjõ] F **1** Bestreiten *n*, -ung *f*; Abstreiten *n*; JUR *d'un testament etc* Anfechtung *f*; *loc adv* **sans** ~ unbestreitbar; **élever une** ~ **sur qc** etw bestreiten; etw infrage, in Abrede stellen; Einwände erheben gegen etw **2** POL Protest(bewegung) *m(f)* **3** (*discussion*) Disput *m*; Diskussion *f*

conteste [kõtɛst] LOC ADV **sans** ~ unbestritten; unbestreitbar

contesté [kõtɛste] ADJ umstritten; strittig

contester [kõtɛste] **A** V/T bestreiten; abstreiten; in Abrede stellen; anfechten (*a.* JUR); ~ **la compétence de qn** j-s Kompetenz bestreiten; ~ **à qn le droit de** (*+inf*) j-m das Recht abstreiten, streitig machen zu (*+inf*); ~ **que …** (*+subj*) bestreiten, dass …; **je ne conteste pas qu'il (n')ait raison** ich bestreite nicht, dass er Recht hat **B** V/I POL (öffentlich) protestieren

conteur [kõtœʀ] M Erzähler *m*; *poète* Märchendichter *m*

contexte [kõtɛkst] M **1** *d'un texte* Kontext *m*; Zusammenhang *m*; *mot* °**hors du, isolé de son** ~ aus dem Zusammenhang gerissen **2** *par ext* Umstände *mpl*; Hintergrund *m*; Background *m*; Umfeld *n*; Zusammenhang *m*; Kontext *m*; ~ **politique** politische Umstände, Lage; politische Landschaft; **dans le** ~ **économique actuel** in der gegenwärtigen Wirtschaftslage

contextuel [kõtɛkstɥɛl] ADJ ⟨~le⟩ LING kontextuell

contigu [kõtigy] ADJ ⟨-guë [-gy]⟩ aneinandergrenzend, -stoßend; benachbart (*a. fig*); *fig* ähnlich; verwandt; ~ **à** angrenzend an (*+acc*); benachbart (*+dat*); **être** ~ **à** (an)grenzen an (*+acc*); benachbart sein (*+dat*); sich berühren mit

contiguïté [kõtigɥite] F Aneinandergrenzen *n*, -stoßen *n*

continence [kõtinɑ̃s] F (sexuelle) Enthaltsamkeit

continent [kõtinɑ̃] M **1** Kontinent *ou* Kontinent *m*; Erdteil *m*; **les cinq** ~**s** die fünf Kontinente **2** **le** ~ *par rapport à une île* das Festland; *pour les Anglais* der Kontinent; das europäische Festland

continental [kõtinɑ̃tal] ADJ ⟨-aux⟩ Kontinental…; kontinental; festländisch; Festland…; **climat** ~ Kontinental-, Binnenklima *n*

contingence [kõtɛ̃ʒɑ̃s] F **1** ~**s** *pl* prosaische Dinge *npl*; Banalitäten *fpl*; **les basses** ~**s maté-**

rielles die banalen, materiellen Dinge des Alltags **2** PHIL Kontingenz *f*
contingent [kõtɛ̃ʒɑ̃] **A** ADJ *événement* zufällig eintretend; PHIL kontingent **B** M **1** MIL (Jahrgang *m* der) Wehrdienstpflichtige(n) *mpl* **2** ÉCON Kontingent *n*; Quote *f*; Anteil *m*; **~ de marchandises** Warenkontingent *n* **3** *(contribution)* Beitrag *m*
contingentaire [kõtɛ̃ʒɑ̃tɛʀ] ADJ ÉCON die Kontingentierung betreffend; der Kontingentierung; **contingentement** M ÉCON Kontingentierung *f*; Zuteilung *f*; **contingenter** V/T *marchandises, importations etc* kontingentieren; zuteilen; bewirtschaften
continu [kõtiny] ADJ kontinuierlich; stetig; fortdauernd, -laufend; Dauer…; (an)dauernd; anhaltend; *série a.* nicht abreißend; ÉLEC **courant ~** Gleichstrom *m*; **effort ~** kontinuierliche, stetige Leistung; MATH **fonction ~e** stetige Funktion; **journée ~e** durchgehende Arbeitszeit; **pluie ~e** Dauerregen *m*
continuateur [kõtinɥatœʀ] M **~ de qc, de qn** j-d, der etw, j-s Werk fortsetzt, weiterführt
continuation [kõtinɥasjõ] F Fortsetzung *f*; Weiterführung *f*; Fortdauer *f*, -gang *m*; *fam* **bonne ~!** weiterhin alles Gute!; *fam* weiter viel Spaß, Vergnügen!; **~ du travail** Weiterarbeit *f*
continuel [kõtinɥɛl] ADJ ⟨~le⟩ (be)ständig; (fort-, an)dauernd; fortwährend; **efforts ~s** ständige Bemühungen *fpl*; **pluies ~les** Dauerregen *m*
continuellement [kõtinɥɛlmɑ̃] ADV ständig; (an)dauernd; immerfort, -zu; fortwährend
continuer [kõtinɥe] **A** V/T **1** *travail, politique etc* fortsetzen; weiterführen; **~ son chemin, sa route** s-n Weg fortsetzen; **~ ses études** s-e Studien fortsetzen; weiterstudieren; ♦ **~ à** *ou* **de** (+*inf*) weiter… (+*inf*); weiterhin (+*inf*); **~ à boire** weitertrinken; **~ de, à croire que …** weiterhin glauben, (dass) … **2** *ligne, route* weiterführen; verlängern **B** V/I **1** *personne: à faire qc* weitermachen, -arbeiten; fortfahren (*a. à parler*); *à marcher* weitergehen; *à rouler* weiterfahren; **continuez!** machen Sie weiter!; fahren Sie fort!; *fig* **~ dans cette même voie** so weitermachen; auf diesem Weg weitergehen; **… continua-t-il …** fuhr er fort **2** *spectacle, séance etc* (fort-, an)dauern; s-n Fortgang nehmen **3** **~ jusque** *jardin etc* sich erstrecken, gehen, reichen bis; *route* führen, gehen bis
continuité [kõtinɥite] F Kontinuität *f*; Stetigkeit *f*; *d'une tradition, d'une espèce* Fortbestand *m*; *d'une action* Beständigkeit *f*
continûment [kõtinymɑ̃] *st/s* ADV stetig; anhaltend; andauernd
contondant [kõtõdɑ̃] ADJ JUR **arme ~e** stumpfer Gegenstand
contorsion [kõtɔʀsjõ] F **1** *des membres* Verrenkung *f*; Verdrehung *f* **2** *fig* **~s** *pl* übertriebenes Getue; *fam* Sichabzappeln *n*
contorsionner [kõtɔʀsjɔne] V/PR **se ~** die Glieder verrenken, verdrehen; **contorsionniste** M Schlangenmensch *m*; Kontorsionist *m*
contour [kõtuʀ] M Umriss *m*; *souvent pl* **~s** Umrisse *mpl*; Konturen *fpl*
contourné [kõtuʀne] ADJ **1** verkrümmt; verdreht **2** *raisonnement, style* gewunden; geschraubt; **contournement** M Umgehen *n*; Umgehung *f*
contourner [kõtuʀne] V/T **1** *obstacle* herumgehen um; umgehen; *(en) voiture* herumfahren um; umfahren; *avion* herumfliegen um; umfliegen; *route* **~ qc** um etw herumführen; **le fleuve contourne la ville** der Fluss fließt um die Stadt (herum) **2** *fig difficulté, règlement, loi* umgehen

contraceptif [kõtʀasɛptif] **A** ADJ ⟨-ive⟩ empfängnisverhütend; *t/t* kontrazeptiv **B** M (Empfängnis)Verhütungsmittel *n*; *t/t* Kontrazeptiv(um) *n*
contraception [kõtʀasɛpsjõ] F Empfängnisverhütung *f*; *t/t* Kontrazeption *f*
contractant [kõtʀaktɑ̃] **A** ADJ vertragschließend; **parties ~es** vertragschließende Parteien *fpl*; Vertragsparteien *fpl* **B** MPL **~s** Vertragspartner *mpl*; Kontrahenten *mpl*
contracté [kõtʀakte] ADJ **1** *muscle, personne* verkrampft; **visage ~** verkrampftes, verzerrtes Gesicht **2** LING **article ~** mit e-r Präposition verschmolzener bestimmter Artikel
contracter [kõtʀakte] **A** V/T **1** *alliance* schließen; eingehen; **~ une assurance** eine Versicherung abschließen; **~ des dettes** Schulden machen; ADMIN **~ mariage** die Ehe schließen, eingehen; **~ des obligations** Verpflichtungen übernehmen, eingehen **2** *habitude, manie* annehmen; **~ une maladie** sich (*dat*) e-e Krankheit zuziehen; e-e Krankheit bekommen **3** *muscles* zusammenziehen; *t/t* kontrahieren; spannen; *par ext* **l'émotion lui contracta la gorge** die Rührung schnürte ihm die Kehle zu **B** V/PR **se ~** *muscles* sich zusammenziehen; *t/t* sich kontrahieren; *visage* sich verkrampfen; sich verzerren
contraction [kõtʀaksjõ] F **1** PHYSIOL, LING Zusammenziehung *f*; *t/t* Kontraktion *f*; *du visage* Verkrampfung *f*; Verzerrung *f*; **~ des muscles** Muskelkontraktion *f* **2** *pendant l'accouchement* **~s (utérines)** Wehen *fpl*; **avoir des ~s** Wehen haben; in den Wehen liegen
contractuel [kõtʀaktɥɛl] **A** ADJ ⟨~le⟩ **1** vertraglich; vertragsgemäß; Vertrags…; kontraktlich **2** **agent ~** Angestellte(r) *m* im öffentlichen Dienst (mit Privatdienstvertrag) **B** SUBST **~(le)** *m(f)* Hilfspolizist(in), der (die) den ruhenden Verkehr überwacht; Politesse *f*
contracture [kõtʀaktyʀ] F **1** MÉD krankhafte Anspannung (der Muskeln); (bleibende) Kontraktur **2** ARCH *d'une tige de colonne* Verjüngung *f*
contradicteur [kõtʀadiktœʀ] M j-d, der widerspricht; Opponent *m*
contradiction [kõtʀadiksjõ] F Widerspruch *m* (*a.* LOGIQUE); *(action de contredire) a.* Widerrede *f*; **esprit** *m* **de ~** Widerspruchsgeist *m*; **un tissu de ~s** ein Netz von Widersprüchen, Widersprüchlichkeiten; **il y a ~ entre ses principes et sa vie** zwischen s-n Prinzipien und s-m Leben besteht, klafft ein Widerspruch; **être en ~** im, in Widerspruch zueinander stehen; widersprüchlich sein; **être en ~ avec** im, in Widerspruch stehen zu; **être plein de ~s** voller Widersprüche sein, stecken; widerspruchsvoll sein; **mettre qn en ~** j-m Widersprüche, widersprüchliche Aussagen nachweisen; **porter la ~ dans une discussion** in e-e Diskussion Gegenargumente einbringen
contradictoire [kõtʀadiktwaʀ] ADJ **1** *témoignages, tendances, récit etc* widersprüchlich; einander widersprechend; gegensätzlich; LOGIQUE kontradiktorisch **2** *débat, réunion* mit (anschließender) Diskussion; **contradictoirement** ADV JUR in Anwesenheit der Parteien
contraignant [kõtʀɛɲɑ̃] ADJ einengend; beengend; als lästiger Zwang empfunden
contraindre [kõtʀɛ̃dʀ] ⟨→ craindre⟩ **A** V/T **~ qn** j-n zwingen, nötigen (**à** +*inf* zu +*inf*); **être contraint de** (+*inf*) gezwungen, genötigt sein zu (+*inf*); müssen (+*inf*) **B** V/PR **se ~ à** (+*inf*) sich (dazu) zwingen zu (+*inf*)
contraint [kõtʀɛ̃] ADJ **1** *air, mine* gezwungen; verkrampft; unnatürlich; steif **2** **~ et forcé** unter Zwang; gezwungen(ermaßen)
contrainte [kõtʀɛ̃t] F **1** Zwang *m*; Einengung *f*; Beschränkung *f*; **~ morale, sociale** moralischer, sozialer Zwang; *loc adv*: **par ~** gezwungen; **par la ~** durch Zwang; unter Anwendung von Zwang; im Zwangswege; *parler, rire* **sans ~** ungezwungen; *agir* **sous la ~** unter Zwang, Druck; **être soumis à des ~s** Zwängen unterworfen sein **2** JUR Zwangsmittel *n*, -maßnahme *f*

contraire [kõtʀɛʀ] **A** ADJ *opinions, goûts, intérêts etc* gegensätzlich; konträr; entgegengesetzt; gegenteilig; Gegen…; **vent** *m* **~** Gegenwind *m*; **vents** *mpl* **~s** MAR *a.* widrige Winde *mpl*; **dans le cas ~** andernfalls; im gegenteiligen Fall; entgegengesetztenfalls; MATH **de signe ~** mit umgekehrtem Vorzeichen; **en sens ~** *aller* in, *venir* aus entgegengesetzter Richtung; in *ou* aus der Gegenrichtung; ♦ **~ à** gegen; …widrig; *(nuisible)* nachteilig für; abträglich (+*dat*); zuwider (+*dat*); **~ au règlement** vorschriftswidrig; **être ~ à qc** im Widerspruch, Gegensatz zu etw stehen; e-r Sache (*dat*) entgegenstehen, zuwiderlaufen; **la chance lui a été ~** das Glück war ihm nicht hold **B** M **1** (~ *logique*) Gegenteil *n* (**de** von *ou* +*gén*); *loc adv* **au ~** im Gegenteil; **bien** *ou* **tout au ~** ganz im Gegenteil; **je ne dis pas le ~** das leugne ich nicht, streite ich nicht ab; **lui, c'est tout le ~ de son père** er ist das genaue Gegenteil s-s Vaters **2** *(opposé)* Gegensatz *m*; *loc prép* **au ~ de** im Gegensatz zu; **les ~s s'attirent** Gegensätze ziehen sich an
contrairement [kõtʀɛʀmɑ̃] LOC PRÉP **~ à** im Gegensatz zu; entgegen, zuwider (+*dat*); **~ à ses habitudes** entgegen s-n Gewohnheiten; s-n Gepflogenheiten zuwider
contralto [kõtʀalto] M MUS Alt *m* (*a. chanteuse*); **voix** *f* **de ~** Altstimme *f*
contrapontiste [kõtʀapõtist] M MUS Meister *m* des Kontrapunktes; Kontrapunktiker *m*
contrariant [kõtʀaʀjɑ̃] ADJ **1** *(ennuyeux)* ärgerlich; unangenehm; widerwärtig **2** **avoir l'esprit ~, l'humeur ~e** ein Widerspruchsgeist sein; sich immer widersetzen; **il n'est pas ~** er macht nie Schwierigkeiten; er ist verträglich, gutmütig
contrarié [kõtʀaʀje] ADJ **1** *amour* ver-, behindert; *projets* durchkreuzt **2** *air, personne* verstimmt; verärgert; ärgerlich
contrarier [kõtʀaʀje] V/T **1** *(gêner)* behindern; entgegenwirken (+*dat*); stören; *plus fort* zunichtemachen; **~ les projets de qn** j-s Pläne durchkreuzen **2** *(mécontenter)* (ver)ärgern; verstimmen; verdrießen; *(contredire)* widersprechen (**qn** j-m); *cette histoire* **me contrarie** *fam a.* geht mir gegen den Strich
contrariété [kõtʀaʀjete] F **1** *(mécontentement)* Verärgerung *f*; Verstimmung *f* **2** *(ennui)* **~(s)** Ärger *m*; Unannehmlichkeit(en) *f(pl)*
contraste [kõtʀast] M Kontrast *m* (*a.* OPT); Gegensatz *m*; **~ saisissant** auffallender Kontrast, Gegensatz; **~ des couleurs** Farbkontrast *m*; **effet** *m* **de ~** Kontrastwirkung *f*; MÉD **produit** *m* **de ~** Kontrastmittel *n*; *loc prép* **en ~ avec** im Gegensatz zu; *loc adv* **par ~** durch den Kontrast, Gegensatz; im Kontrast dazu; **former (un) ~ avec** e-n Kontrast, Gegensatz bilden zu; im Gegensatz stehen zu; sich (scharf) abheben gegen; TV **régler le ~** den Kontrast einstellen
contrasté [kõtʀaste] ADJ kontrastreich; stark kontrastiert; gegeneinander abgehoben; starke Kontraste aufweisend
contraster [kõtʀaste] V/I kontrastieren; im Kontrast, Gegensatz zueinander stehen; gegensätzlich sein; **~ avec** im Kontrast, Gegensatz stehen zu; e-n Kontrast, Gegensatz bilden zu; abstechen gegen
contrastif [kõtʀastif] ADJ ⟨-ive⟩ LING kontras-

C

tiv

contrat [kõtʀa] M **1** JUR Vertrag *m*; Kontrakt *m*; **~ d'assurance, de location, de mariage, de travail** Versicherungs-, Miet-, Ehe-, Arbeitsvertrag *m*; *loc adv* **par ~** vertraglich; durch Vertrag; **être sous ~** unter Vertrag stehen; **exécuter un ~** e-n Vertrag erfüllen; **passer, signer un ~ avec qn** e-n Vertrag mit j-m abschließen **2** BRIDGE Kontrakt *m* **3** *fig* **réaliser, remplir son ~** sein Versprechen halten; die in einen gesetzten Erwartungen erfüllen

contravention [kõtʀavɑ̃sjõ] F **1** **a** *au Code de la route* Verstoß *m* gegen die Straßenverkehrsordnung **b** *amende* gebührenpflichtige Verwarnung; Strafmandat *n*; *fam* Strafzettel *m*; **j'ai eu, attrapé une ~** ich habe e-e gebührenpflichtige Verwarnung bekommen; **dresser une ~ à qn** j-n gebührenpflichtig verwarnen **2** JUR *(infraction)* Ordnungswidrigkeit *f*; Übertretung *f*; **être en ~** sich e-r Ordnungswidrigkeit schuldig gemacht haben

contre [kõtʀ] **A** PRÉP **1** **a** *hostilité* gegen *(+acc)*; *st/s* wider *(+acc)*; **je n'ai rien ~ lui, ~ ce projet** ich habe nichts gegen ihn, gegen diesen Plan; **être en colère ~ qn** auf, über j-n zornig sein; **lutter ~ qn** gegen j-n kämpfen **b** *opposition* gegen *(+acc)*; entgegen *(+dat)*; *st/s* wider *(+acc)*; **~ toute apparence** entgegen allem Anschein; **~ toute attente** wider alles Erwarten; entgegen allen Erwartungen; **c'est ~ mes principes** das ist gegen meine Grundsätze; das läuft meinen Grundsätzen zuwider **c** *protection* gegen *(+acc)*; für *(+acc)*; **sirop** *m* **~ la toux** Hustensaft *m*; **s'assurer ~ l'incendie** sich gegen Feuer, Brand versichern **d** *échange* für *(+acc)*; gegen *(+acc)*; **~ remboursement** gegen, per Nachnahme; **donner un bonbon ~ une cigarette** ein Bonbon für e-e Zigarette geben **2** *proximité, contact* an *(+dat ou acc)*; nahe bei *(+dat)*; **tout ~ l'église** dicht bei, neben der Kirche; **s'écraser ~ un arbre** gegen, an e-n Baum prallen; **sa maison est ~ la mienne** sein Haus stößt an meines (an); **pousser la table ~ le mur** den Tisch an die Wand rücken; **tenir ~ son cœur** ans Herz drücken **B** ADV dagegen; **avoir qc ~** etw dagegen haben; **je n'ai rien ~** ich habe nichts dagegen; **être ~** dagegen sein; **voter ~** dagegen stimmen; ♦ *loc adv* **par ~** andererseits; dafür; dagegen; hingegen; im Gegensatz dazu; wiederum **C** M **1** **le pour et le ~** das Für und Wider **2** *aux cartes* Kontra *n* **3** SPORTS Konter *m*

contre-... [kõtʀ(ə)] *préfixe* ⟨*im pl inv*: contre-accusations *etc*⟩ Gegen...; Konter...; Kontra...; gegen...; → *les articles suivants*

contre-accusation [kõtʀakyzasjõ] F Gegenbeschuldigung *f*; **contre-allée** F Seitenallee *f*; **contre-amiral** M ⟨*pl* contre-amiraux⟩ MAR Flottillenadmiral *m*; **contre-attaque** F Gegenangriff *m* (*a.* MIL); **contre-attaquer** V/T e-n Gegenangriff führen (**qn** gegen j-n)

contrebalancer [kõtʀəbalɑ̃se] ⟨-ç-⟩ **A** V/T **1** ein Gegengewicht bilden (**qc** zu etw) **2** *fig* **~ qc** etw aufwiegen, ausgleichen **B** V/PR **1** **se ~** einander ausgleichen, die Waage halten **2** *fam* **je m'en contrebalance** *fam* ich pfeif drauf; das ist mir schnurzegal, schnurzpiepe

contrebande [kõtʀəbɑ̃d] F Schmuggel *m*; Schmuggelei *f*; Schleichhandel *m*; (**marchandise** *f* **de**) **~** Schmuggelware *f*; Bannware *f*, -gut *n*; Konterbande *f*; *loc adj* **de ~** geschmuggelt; **faire de la ~** Schmuggel treiben; schmuggeln; **faire la ~ d'alcool** Alkohol schmuggeln; **introduire en ~** einschmuggeln

contrebandier [kõtʀəbɑ̃dje] **A** ADJ ⟨-ière⟩ Schmuggler...; **navire ~** Schmugglerschiff *n* **B** M Schmuggler *m*

contrebas [kõtʀəba] LOC ADV **en ~** tiefer; weiter unten; *loc prép* **en ~ de** unterhalb *(+gén)*; **être en ~ de** tiefer liegen als

contrebasse [kõtʀəbas] F MUS **1** *instrument* Bassgeige *f*; (Kontra)Bass *m*; **il est à la ~** er spielt Kontrabass *(im Orchester)* **2** → contrebassiste

contrebassiste [kõtʀəbasist] M/F MUS Kontrabassist(in) *m(f)*; **contrebasson** M MUS Kontrafagott *n*

contrebraquer [kõtʀəbʀake] V/I AUTO gegensteuern, -lenken

contrecarrer [kõtʀəkaʀe] V/T *projets de qn* behindern; hintertreiben; durchkreuzen; entgegenarbeiten, -wirken *(+dat)*; konterkarieren

contrechamp [kõtʀəʃɑ̃] M CINÉMA Gegeneinstellung *f*

contrecœur [kõtʀəkœʀ] LOC ADV **à ~** widerwillig; mit Widerwillen

contrecoup [kõtʀəku] M Rück-, Nachwirkung *f*; indirekte Folge; **par ~** indirekt; als mittelbare, indirekte Folge

contre-courant [kõtʀəkuʀɑ̃] M MAR Gegenströmung *f*; *loc adv* **à ~** gegen die Strömung; stromaufwärts; *fig* **aller à ~ de qc** *personne* e-r Sache *(dat)* zuwiderhandeln; *idée* e-r Sache *(dat)* zuwiderlaufen; *fig* **nager à ~** gegen den Strom schwimmen

contre-culture [kõtʀəkyltyʀ] F Subkultur *f*

contredanse [kõtʀədɑ̃s] F **1** *fam (contravention) fam* Strafzettel *m*; Knöllchen *n* **2** MUS Kontertanz *m*

contredire [kõtʀədiʀ] ⟨→ dire; *aber* vous contredisez⟩ **A** V/T **~ qn** j-m widersprechen; **~ les propos de qn** j-s Worten widersprechen; *fait, témoignage* **~ qc** e-r Sache *(dat)* widersprechen, nicht entsprechen; mit etw nicht übereinstimmen **B** V/PR *personne(s), témoignages* **se ~** sich *(dat)* widersprechen

contredit [kõtʀədi] LOC ADV **sans ~** zweifelsohne; unbestritten; unstreitig

contrée [kõtʀe] F Gegend *f*; Landschaft *f*; Landstrich *m*; **dans nos ~s** in unserer Gegend; in unseren Breiten

contre-écrou [kõtʀekʀu] M TECH Gegenmutter *f*; **contre-espionnage** M Gegenspionage *f*; Spionageabwehr *f*; Abwehrdienst *m*; **contre-expertise** F Gegengutachten *n*

contrefaçon [kõtʀəfasõ] F (betrügerische) Nachahmung, Fälschung (*a. objet imité*); **~ de marques** Nachahmung, -bildung von eingetragenen Marken; **~ des monnaies et billets de banque** Münz-, Geldfälschung *f*; *au sens strict* Falschmünzerei *f*

contrefaire [kõtʀəfɛʀ] ⟨→ faire⟩ V/T **1** *sa voix, son écriture* verstellen **2** *frauduleusement* nachmachen; fälschen **3** *voix, démarche de qn* nachmachen, -ahmen

contrefait [kõtʀəfɛ] ADJ *personne* missgestaltet

contre-feu [kõtʀəfø] M Gegenfeuer *n*

contreficher [kõtʀəfiʃe] V/PR *fam* **je m'en contrefiche** *fam* ich pfeif drauf; das ist mir schnurzegal, schnurzpiepe

contre-fil [kõtʀəfil] LOC ADV TECH **à ~** gegen den Strich; quer zur Faser

contre-filet [kõtʀəfilɛ] M → faux-filet

contrefort [kõtʀəfɔʀ] M **1** CONSTR Widerlager *n*; Strebepfeiler *m* **2** GÉOG **~s** *pl* Vorberge *mpl*; Ausläufer *m(pl)*

contrefoutre [kõtʀəfutʀ] V/PR *pop* → foutre B 1

contre-haut [kõtʀəo] LOC ADV *st/s* **en ~** darüber

contre-indication [kõtʀɛ̃dikasjõ] F MÉD Gegenanzeige *f*; Kontraindikation *f*

contre-indiqué [kõtʀɛ̃dike] ADJT **être ~** MÉD kontraindiziert sein; *fig* nicht zu empfehlen, keineswegs empfehlenswert sein; sich verbieten

contre-jour [kõtʀəʒuʀ] M Gegenlicht *n*; PHOT (**photo prise à**) **~** Gegenlichtaufnahme *f*; **éclairage** *m* **en ~** Gegenlicht *n*; *loc adv* **à ~** gegen das Licht; im Gegenlicht; **se placer à ~** sich mit dem Rücken zum Licht setzen; sich gegen das Licht setzen; **prendre une photo à ~** e-e Gegenlichtaufnahme machen

contremaître [kõtʀəmɛtʀ] M Vorarbeiter *m*; *en usine a.* Werkmeister *m*; CONSTR (Maurer)Polier *m*; **contremaîtresse** F Vorarbeiterin *f*

contre-manifestation [kõtʀəmanifɛstasjõ] F Gegendemonstration *f*; **contre-manifester** V/I e-e Gegendemonstration veranstalten

contremarche [kõtʀəmaʀʃ] F *d'un escalier* Stufenhöhe *f*

contremarque [kõtʀəmaʀk] F **1** COMM nachträglich angebrachtes Markenzeichen; *sur de l'or etc* zweiter Stempel **2** THÉ *etc* Kontrollmarke *f*, -karte *f* (, die zum Wiedereintritt während der Vorstellung berechtigt)

contre-mesure [kõtʀəm(ə)zyʀ] F Gegenmaßnahme *f*

contre-offensive [kõtʀɔfɑ̃siv] F MIL Gegenoffensive *f* (*a. fig*)

contre-ordre [kõtʀɔʀdʀ] → contrordre

contrepartie [kõtʀəpaʀti] F **1** *(compensation)* Entschädigung *f*; Ausgleich *m* (**de** für); Gegenleistung *f*; **en ~** dafür; zum Ausgleich; als Gegenleistung; **avoir pour ~ qc** etw zum Ausgleich haben **2** *(avis contraire)* entgegengesetzte, gegenteilige Meinung

contre-passation [kõtʀəpasasjõ] F COMM Berichtigung *f*; Stornierung *f*; **contre-passer** V/T COMM berichtigen; stornieren; umbuchen

contre-pente *ou* **contrepente** [kõtʀəpɑ̃t] F Gegenhang *m*

contre-performance [kõtʀəpɛʀfɔʀmɑ̃s] F SPORTS (unerwartet) schlechte Leistung

contrepèterie *ou* **contrepetterie** [kõtʀəpɛtʀi] F Silbenvertauschung *f*; Schüttelreim *m*

contre-pied [kõtʀəpje] M **1** *(contraire)* Gegenteil *n*; **prendre le ~ de qc** das genaue Gegenteil von etw tun *ou* sagen **2** SPORTS **prendre son adversaire à ~** den Gegner auf dem falschen Fuß erwischen, täuschen, ins Leere laufen lassen

contreplaqué [kõtʀəplake] M Sperrholz *n*

contre-plongée [kõtʀəplõʒe] F CINÉMA Aufnahme *f* von unten, aus der Froschperspektive

contrepoids [kõtʀəpwa] M **1** TECH Gegengewicht *n*; *d'une horloge* (Zug)Gewicht *n* **2** *fig* Gegengewicht *n*; **faire (le) ~, servir de ~ à qc** das Gegengewicht, den Ausgleich zu etw bilden

contrepoint [kõtʀəpwɛ̃] M MUS *et fig* Kontrapunkt *m*; *fig* **fournir un ~ à qc** etw umrahmen (und hervorheben); den Hintergrund für etw bilden

contrepoison [kõtʀəpwazõ] M Gegengift *n*

contre-pression [kõtʀəpʀesjõ] F PHYS Gegendruck *m*; **turbine** *f* **à ~** Gegendruckdampfturbine *f*

contre-propagande [kõtʀəpʀɔpagɑ̃d] F Gegenpropaganda *f*; **contre-proposition** F Gegenvorschlag *m*

contrer [kõtʀe] **A** V/T *fam* **~ qn, qc** j-m, e-r Sache entgegentreten; j-n, etw kontern **B** V/I *aux cartes* Kontra geben, ansagen

Contre-Réforme [kõtʀəʀefɔʀm] F HIST REL Gegenreformation *f*

contre-révolution [kõtʀəʀevɔlysjõ] F POL

Gegen-, Konterrevolution *f*; **contre-révolutionnaire** A ADJ gegen-, konterrevolutionär B M Konterrevolutionär *m*

contreseing [kõtʀəsɛ̃] M JUR Gegenzeichnung *f*; Kontrasignatur *f*

contresens [kõtʀəsɑ̃s] M 1 *dans un texte* Fehldeutung *f*; Sinnwidrigkeit *f*; Widersinn *m* 2 LOC ADV **à ~** *interpréter* sinnwidrig; falsch; verkehrt; *prendre une rue, rouler* in der entgegengesetzten, falschen, verkehrten, verbotenen (Fahrt)Richtung

contresigner [kõtʀəsiɲe] V/T 1 JUR gegenzeichnen; kontrasignieren 2 **~ avec qn un roman** (mit j-m) Mitautor e-s Romans sein

contretemps [kõtʀətɑ̃] M 1 (unerwartet eintretendes) Hindernis; widriger Umstand; **sauf ~** wenn nichts dazwischenkommt; **il y a eu un ~** es kam etwas dazwischen; **j'ai été retenu par un ~** es ist mir etwas dazwischengekommen 2 LOC ADV **à ~** zur Unzeit; im ungünstigsten Moment

contre-terrorisme [kõtʀəteʀɔʀism] M Gegenterror *m*; **contre-torpilleur** M MAR MIL Zerstörer *m*; **contre-valeur** F Gegenwert *m*

contrevenant [kõtʀəvnɑ̃] M, **contrevenante** F JUR Zuwiderhandelnde(r) *m/f(m)*

contrevenir [kõtʀəvniʀ] V/T INDIR ⟨→ venir; *aber* avoir⟩ JUR **~ à qc** gegen etw verstoßen; etw übertreten; e-r Sache *(dat)* zuwiderhandeln

contrevent [kõtʀəvɑ̃] M Fensterladen *m*

contre-vérité *ou* **contrevérité** [kõtʀəveʀite] F Unwahrheit *f*; unwahre Behauptung

contre-visite [kõtʀəvizit] F MÉD Kontrolluntersuchung *f*

contre-voie [kõtʀəvwa] LOC ADV **descendre à ~** auf der falschen Seite aussteigen

contribuable [kõtʀibɥabl] M/F Steuerzahler(in) *m(f)*, -pflichtige(r) *m/f(m)*

contribuer [kõtʀibɥe] V/T INDIR **~ à qc** zu etw beitragen, beisteuern; s-n Beitrag zu etw leisten

contributif [kõtʀibytif] ADJ ⟨-ive⟩ JUR Steuer…

contribution [kõtʀibysjõ] F 1 *(part)* Beitrag *m* (**à** zu); Anteil *m* (an *+dat*); **apporter sa ~ à qc** s-n Beitrag zu etw leisten; sein(en) Teil zu etw beitragen; **mettre qn à ~** j-s Dienste in Anspruch nehmen; j-n hinzuziehen 2 a *(impôt)* Steuer *f*; Abgabe *f*; **~s (in)directes** (in)direkte Steuern *fpl* b *administration* **~s** *pl* Steuerbehörde *f*; **fonctionnaire** *m* **des ~s** Finanzbeamte(r) *m*

contrit [kõtʀi] ADJ zerknirscht; reumütig; reuig; reuevoll; REL **pécheur ~** reuiger, reumütiger Sünder

contrition [kõtʀisjõ] F REL Reue *f*; Zerknirschung *f*; Bußfertigkeit *f*; **acte** *m* **de ~** Reueakt *m*, -gebet *n*

contrôlable [kõtʀolabl] ADJ kontrollierbar; nachprüfbar; überprüfbar

contrôle [kõtʀol] M 1 *(vérification)* Kontrolle *f*; (Über)Prüfung *f*; *(surveillance)* Überwachung *f*; *par ext lieu* Kontrollstelle *f*; Kontrolle *f*; **~ fiscal** Steuerprüfung *f*; JUR **~ judiciaire** Überwachung durch die Justizorgane *(statt Untersuchungshaft)*; AUTO **~ technique** Hauptuntersuchung *f*; *fam* TÜV *m*; **~ des billets** Fahrscheinkontrolle *f*; **~ des changes** Devisenbewirtschaftung *f*; **~ d'identité** Ausweiskontrolle *f*; **~ des passeports** Passkontrolle *f*; **~ des prix** Preiskontrolle *f*, -überwachung *f*; AVIAT **liste** *f* **de ~** Checkliste *f*; **système** *m* **de ~** Kontrollsystem *n* 2 *(maîtrise)* Kontrolle *f*; Herrschaft *f*; Beherrschung *f*; Gewalt *f*; **~ de soi** Selbstkontrolle *f*, -beherrschung *f*; **~ des naissances** Geburtenkontrolle *f*, -regelung *f*; ÉCON **prise** *f* **de ~** Übernahme *f* der Aktienmehrheit; **perdre le ~ de son véhicule** die Herrschaft, Kontrolle, Gewalt über sein Fahrzeug verlieren 3 ÉCOLE Klassenarbeit *f*; *en Bavière* Schulaufgabe *f*; *autrich* Schularbeit *f*; **~ continu (des connaissances)** regelmäßige Leistungserhebungen *fpl (statt Prüfungen)*; studienbegleitende Leistungskontrollen *fpl*; **faire un ~** e-e Klassenarbeit *etc* schreiben

contrôler [kõtʀole] A V/T 1 *(vérifier)* kontrollieren; (über)prüfen; nachprüfen; *(surveiller)* überwachen 2 *(dominer)* kontrollieren (*a.* ÉCON, MIL); beherrschen; **~ ses nerfs** s-e Nerven in der Gewalt haben B V/PR **se ~** sich beherrschen; sich in der Gewalt haben

contrôle-radar [kõtʀolʀadaʀ] M ⟨inv⟩ Radarkontrolle *f*; **~ (non signalé)** Radarfalle *f*

contrôleur [kõtʀolœʀ] M 1 *personne* Kontrolleur *m*; CH DE FER Schaffner *m*; **~ aérien, de la navigation aérienne** Flugleiter *m*, -lotse *m* 2 *appareil* Kontrollgerät *n*; **contrôleuse** F Kontrolleurin *f*

contrordre [kõtʀɔʀdʀ] M Gegenbefehl *m*, -order *f*; Widerruf *m*; **sauf ~** vorbehaltlich Widerruf; **il y a eu ~** die Sache ist abgesagt, *fam* abgeblasen worden

controuvé [kõtʀuve] *litt* ADJ erfunden; erdichtet

controverse [kõtʀɔvɛʀs] F Meinungsstreit *m*; Auseinandersetzung *f*; Kontroverse *f*; **une vive ~ a opposé X et Y** es gab e-e heftige Auseinandersetzung, Kontroverse zwischen X und Y

controversé [kõtʀɔvɛʀse] ADJ umstritten; strittig; kontrovers

contumace [kõtymas] LOC ADV JUR **être condamné par ~** in Abwesenheit verurteilt werden

contusion [kõtyzjõ] F MÉD Prellung *f*; Quetschung *f*; *t/t* Kontusion *f*

contusionner [kõtyzjɔne] V/T quetschen; *adjt* **tout contusionné** voller Prellungen

convaincant [kõvɛ̃kɑ̃] ADJ überzeugend

convaincre [kõvɛ̃kʀ] V/T ⟨→ vaincre⟩ 1 *(persuader)* überzeugen (**qn de qc** j-n von etw); *abs* **il sait ~** er versteht (es) zu überzeugen 2 **~ qn de mensonge, de vol** *etc* j-n der Lüge, des Diebstahls *etc* überführen

convaincu [kõvɛ̃ky] ADJ überzeugt (**de qc** von etw); **il est ~ d'avoir raison** er ist (davon) überzeugt, dass er recht hat *ou* recht zu haben

convalescence [kõvalesɑ̃s] F Genesung(-szeit) *f*; Rekonvaleszenz *f*; **maison** *f* **de ~** Genesungs-, Erholungsheim *n*; **entrer, être en ~** auf dem Weg(e) der Genesung sein; sich auf dem Weg der Besserung befinden

convalescent [kõvalesɑ̃] A ADJ genesend; rekonvaleszent; **il est encore ~** er ist noch nicht ganz genesen, gesund B SUBST **~(e)** *m(f)* Genesende(r) *m/f(m)*; Rekonvaleszent(in) *m(f)*

convection [kõvɛksjõ] F PHYS Konvektion *f*

convenable [kõvnabl] ADJ 1 *(approprié)* passend; angemessen; entsprechend; korrekt; angebracht 2 *(acceptable, assez bon)* (recht) ordentlich; (ganz) annehmbar; zufriedenstellend; *fam* anständig; **un salaire ~** ein ordentliches *etc* Gehalt 3 *(décent) tenue, manières etc* schicklich; anständig *(a. personne)*; **être ~** *a.* sich schicken

convenablement [kõvnabləmɑ̃] ADV ordentlich; angemessen; wie es sich gehört; **~ chauffé** gut geheizt; **il s'exprime très ~ en anglais** er kann sich recht gut, ordentlich auf Englisch verständigen; **si vous vous y prenez ~,** *ça devrait fonctionner* wenn Sie es richtig anpacken, …

convenance [kõvnɑ̃s] F 1 **~s** *pl (bienséance)* Schicklichkeit *f*; Anstandsregeln *fpl*; Konventionen *fpl*; konventionelle Formen *fpl*; **contraire aux ~s** unschicklich; gegen die Anstandsregeln; **observer, respecter les ~s** die Anstandsregeln, Konventionen beachten 2 *(ce qui convient)* **qc à ma, sa** *etc* **~** etwas Passendes; etwas Entsprechendes; etwas, was mir, ihm *etc* passt; etwas, was meinen, s-n *etc* Vorstellungen entspricht; **congé** *m* **pour ~s personnelles** Beurlaubung *f* aus persönlichen Gründen 3 **mariage** *m* **de ~** Vernunftehe *f*, -heirat *f*; standesgemäße Heirat

convenir [kõvniʀ] ⟨→ venir⟩ A V/T INDIR 1 ⟨avoir⟩ **~ à qc** passen zu etw; e-r Sache *(dat)* angemessen sein, entsprechen; **~ à qn** j-m passen; j-m zusagen; j-m genehm sein; **cela me convient parfaitement** das passt mir sehr gut; *abs* **cela convient** das passt, ist angemessen; **cela pourra ~** das könnte passen 2 ⟨avoir; *st/s* être⟩ **~ de qc** *(s'accorder)* etw vereinbaren, verabreden, ab-, ausmachen; sich einigen, sich verständigen über etw *(acc)*; **~ de** *(+inf) ou* **~ que …** vereinbaren, abmachen, übereinkommen zu *(+inf) ou*, dass …; **comme convenu** wie vereinbart, abgemacht; **une date a été convenue** ein Datum wurde vereinbart 3 **~ de qc** *(avouer)* etw zugeben, einräumen; **~ que …** zugeben, einräumen, dass … B V/IMP 1 **il convient de** *(+inf) ou* **que …** *(+subj)* es empfiehlt sich zu *(+inf)*; es wäre zweckmäßig zu *(+inf)*; man sollte *(+inf)*; es kommt sich zu *(+inf)* 2 **il a été convenu que …** es wurde vereinbart, dass …; man kam überein, dass …

convention [kõvɑ̃sjõ] F 1 *(accord)* Übereinkunft *f*; Übereinkommen *n*; Abkommen *n*; Vereinbarung *f*; Absprache *f*; Abmachung *f*; Konvention *f*; **~ collective** Tarifvertrag *m*; **Convention européenne des Droits de l'Homme** Europäische Menschenrechtskonvention; **~ de Genève** Genfer Konvention 2 **~s** *pl* Konventionen *fpl*; Regeln *fpl*; Normen *fpl*; *loc adj* **de ~** konventionell; herkömmlich 3 HIST *en France* **la Convention** der (National)Konvent 4 *U.S.A.* **~ démocrate, républicaine** (National)Konvent der Demokraten, Republikaner

conventionné [kõvɑ̃sjɔne] ADJ **clinique ~e** mit Krankenkassen unter Vertrag stehende Klinik; **médecin ~** Kassenarzt *m*

conventionnel [kõvɑ̃sjɔnɛl] A ADJ ⟨~le⟩ 1 *(conforme aux conventions)* konventionell (*a. péj*); herkömmlich; üblich; MIL **armes ~les** konventionelle Waffen *fpl*; **formule ~le de politesse** Höflichkeitsfloskel *f* 2 *(résultant d'une convention)* Konventional…; vertraglich vereinbart; **signe ~** vereinbartes, festgelegtes Zeichen B M HIST Konventsmitglied *n*

conventionnellement [kõvɑ̃sjɔnɛlmɑ̃] ADV 1 konventionell 2 durch Vereinbarung;

conventionnement [kõvɑ̃sjɔnmɑ̃] M *des médecins* Gebührenordnung *f*

conventuel [kõvɑ̃tɥɛl] ADJ ⟨~le⟩ REL Kloster…; klösterlich

convenu [kõvny] ADJ vereinbart; abgemacht; abgesprochen; **(entendu,) c'est chose ~e** abgemacht!

convergence [kõvɛʀʒɑ̃s] F Konvergenz *f* (*a.* PHYS, MATH, *fig*); *de lignes a.* Zusammenlaufen *n*, -treffen *n* (in e-m Punkt); *fig: des efforts* Streben *n* nach dem gleichen Ziel; *d'intérêts, de points de vue a.* Übereinstimmung *f*

convergent [kõvɛʀʒɑ̃] ADJ PHYS, MATH, *fig* konvergierend; konvergent; *lignes a.* in e-m Punkt zusammenlaufend; *fig a.* dem gleichen Ziel zustrebend; **lentille ~e** Sammellinse *f*

converger [kõvɛʀʒe] V/I ⟨-geons⟩ 1 *lignes, routes etc* (in e-m Punkt) zusammenlaufen;

C

demselben Punkt zustreben; konvergieren *(a.* PHYS, MATH); **~ sur** *regards* sich richten, sich konzentrieren auf *(+acc)*; *routes etc* (strahlenförmig) zusammenlaufen auf *(+acc)* 2 *fig idées etc* sich einander nähern; demselben Ziel zustreben; *points de vue a.* übereinstimmen; **faire ~ ses efforts** s-e Bemühungen auf dasselbe Ziel richten, konzentrieren

convers [kõvɛʀ] ADJ ⟨converse [kõvɛʀs]⟩ ÉGL CATH **frère ~, sœur ~e** Laienbruder *m*, -schwester *f*

conversation [kõvɛʀsasjõ] F Unterhaltung *f*; Gespräch *n*; Konversation *f*; **~ téléphonique** Telefongespräch *n*; Telefonat *n*; **dans la ~ courante** in der Umgangssprache; **avoir une longue ~ avec qn** ein langes Gespräch mit j-m haben, führen; sich lange mit j-m unterhalten; **avoir de la ~** gesprächig, unterhaltsam sein; gut Konversation machen können; **il n'a pas de ~** mit ihm ist keine Konversation möglich, kann man sich über nichts unterhalten; **détourner la ~** vom Thema ablenken; **engager (la) ~** ein Gespräch, e-e Unterhaltung anknüpfen, beginnen, ins Gespräch kommen (**avec** mit); **faire la ~ avec**, *fam* **à qn** sich mit j-m unterhalten; *fam* mit j-m e-n Schwatz halten; **ranimer la ~** die Unterhaltung, das Gespräch wieder in Gang bringen

converser [kõvɛʀse] *st/s* V/I sich (miteinander) unterhalten

conversion [kõvɛrsjõ] F 1 REL a *à une autre religion* Konversion *f*; Übertritt *m* (**à zu**) b *d'un athée* Bekehrung *f* 2 *par ext à une idéologie* Bekehrung *f* (**à** zu); Sinnesänderung *f* 3 FIN *d'un emprunt* Umwandlung *f*; Konversion *f*; *d'une dette* Umschuldung *f*; *d'une monnaie* Umtausch *m* 4 MATH *de fractions* Umwandlung *f* (**en** in *+acc*); *d'unités de mesure* Umrechnung *f* (**en** in *+acc*) 5 *(transformation)* Um-, Verwandlung *f* (**en** in *+acc*) 6 SKI Spitzkehre *f* 7 MIL Schwenkung *f*; **exécuter une ~** e-e Schwenkung vollziehen

converti [kõvɛʀti] REL A ADJ bekehrt; konvertiert; übergetreten (**à** zu) B SUBST **~(e)** *m(f)* Konvertit(in) *m(f)*; Bekehrte(r) *m|f(m)*; *fig* **prêcher un ~** bei j-m offene Türen einrennen

convertibilité [kõvɛʀtibilite] F *d'une monnaie* Konvertierbarkeit *f*; Konvertibilität *f*; *d'un emprunt, d'une dette etc* Umwandelbarkeit *f*

convertible [kõvɛʀtibl] ADJ 1 *monnaie* konvertierbar; konvertibel; umtauschbar; *emprunt, dette, rente* umwandelbar 2 **canapé** *m* **~** *ou subst* **~** *m* Schlafcouch *f*

convertir [kõvɛʀtiʀ] A V/T 1 REL *et fig* **~ qn** j-n bekehren (**à** zu); *fig a.* j-n zu e-r Sinnesänderung bewegen 2 FIN *emprunt* umwandeln; konvertieren; *dette* umschulden; konvertieren; umtauschen 3 MATH *fractions* umwandeln; *unités de mesure* umrechnen (**en** in *+acc*); **~ des euros en dollars** Euros in Dollars umrechnen 4 *(transformer)* ver-, umwandeln (**en** in *+acc*) B V/PR **se ~** 1 REL konvertieren; *a. par ext* sich bekehren (**à** zu); übertreten (zu) 2 **se ~ en** sich verwandeln in *(+acc)*

convertisseur [kõvɛʀtisœʀ] M 1 MÉTALL Konverter *m*; **~ Bessemer** [bɛsmɛʀ] Bessemerbirne *f* 2 TECH Wandler *m*; ÉLEC Umformer *m*; AUTO **~ de couple** Strömungswandler *m*; ÉLEC **~ d'images** Bildwandler *m*

convexe [kõvɛks] ADJ konvex, Konvex... *(a.* OPT); nach außen gewölbt; **miroir** *m* **~** Konvexspiegel *m*

convexité [kõvɛksite] F 1 OPT Konvexität *f* 2 *(courbure)* Gewölbtsein *n*; Wölbung *f*

conviction [kõviksjõ] F 1 *(certitude)* Überzeugung *f*; **~s** *pl (opinions)* Überzeugungen *fpl*; Auffassungen *fpl*; Ansichten *fpl*; *loc adv* **avec ~** überzeugt; mit Überzeugung; **avoir la ~ que ...** die feste Überzeugung haben, fest (davon) überzeugt sein, dass ... 2 *fam (sérieux)* Ernsthaftigkeit *f*; Durchdrungenheit *f* 3 JUR **pièce** *f* **à ~** Beweisstück *n* (für e-e Straftat); Corpus Delicti *n*

convier [kõvje] V/T **~ qn à qc** j-n zu etw einladen *(a. fig)*; *st/s* j-n zu etw laden, bitten; **~ à** *(+inf)* auffordern, ersuchen zu *(+inf)*

convive [kõviv] *st/s* M/F Gast *m*

convivial [kõvivjal] ADJ ⟨-aux⟩ 1 gastlich; einladend; gemütlich 2 INFORM benutzerfreundlich; **convivialité** F 1 Gastlichkeit *f*; gesellige Gemütlichkeit 2 INFORM Benutzerfreundlichkeit *f*

convocation [kõvɔkasjõ] F 1 *d'une assemblée* Einberufung *f* 2 JUR, ADMIN Vorladung *f (a. lettre)*; **~ à l'examen** (schriftliche) Aufforderung, sich zur Prüfung einzufinden; **se rendre à une ~** e-r Vorladung *(dat)* Folge leisten

convoi [kõvwa] M 1 *de véhicules* Kolonne *f*; Konvoi *m (a.* MAR); MAR *a.* Geleitzug *m*; *de prisonniers* Transport *m*; **~ exceptionnel** Schwertransport *m* 2 **~ (funèbre)** Leichen-, Trauerzug *m* 3 *t/t* CH DE FER Zug *m*

convoiter [kõvwate] *st/s* V/T (heftig) begehren; gieren nach

convoitise [kõvwatiz] F Begehrlichkeit *f*; Gier *f*; *loc adv* **avec ~** begehrlich; gierig

convoler [kõvɔle] V/I *plais* **~ en justes noces** heiraten; in den heiligen Stand der Ehe treten; *plais* in den Hafen der Ehe einlaufen; **~ en secondes noces avec qn** j-n in zweiter Ehe heiraten

convoquer [kõvɔke] V/T 1 *assemblée* einberufen; zusammenrufen; **~ en session extraordinaire** zu e-r außerordentlichen Sitzung einberufen 2 JUR, ADMIN (vor)laden; *directeur* **~ un employé** einen Angestellten rufen, kommen lassen, zu sich zitieren; *étudiant, élève* **~ à l'examen** (schriftlich) auffordern, sich zur Prüfung einzufinden

convoyage [kõvwajaʒ] M AVIAT MIL Geleitschutzflug *m*; Überführung *f*; **convoyer** V/T ⟨-oi-⟩ (zum Schutz) begleiten; geleiten; eskortieren

convoyeur [kõvwajœʀ] M 1 **~ de fonds** Geldtransporteur *m* 2 MAR MIL Geleitschiff *n* 3 TECH (automatischer) Förderer

convoyeuse [kõvwajøz] F **~ de l'air** Flugbegleiterin *f*

convulsé [kõvylse] ADJ *visage* verkrampft; verzerrt; **convulser** V/T *(et* V/PR **se**) **~** (sich) verkrampfen; (sich) (krampfhaft) verzerren

convulsif [kõvylsif] ADJ ⟨-ive⟩ MÉD krampfhaft; konvulsiv(isch); *par ext* **rire ~** krampfhaftes Lachen; Lachkrampf *m*

convulsion [kõvylsjõ] F 1 MÉD Krampf *m*; Zuckung *f*; **être pris de ~s** von Krämpfen geschüttelt werden 2 *fig d'une révolution etc* **~s** *pl* Erschütterungen *fpl*

convulsionner [kõvylsjɔne] V/T MÉD in Krämpfe, Zuckungen verfallen lassen; *adjt visage* **convulsionné** krampfhaft verzerrt, zuckend

convulsivement [kõvylsivmã] ADV krampfhaft; konvulsiv(isch); **rire ~** e-n Lachkrampf haben

cookie [kuki] M 1 CUIS Cookie *m (Keks mit Schokoladen- oder Früchtestücken)* 2 INFORM Cookie *m*

cool [kul] ADJ ⟨inv⟩ *fam personne* cool; locker; **c'est ~!** das ist echt cool!

coolie [kuli] M Kuli *m*

coopérant [kɔɔpeʀã] M Entwicklungshelfer *m*

coopérateur [kɔɔpeʀatœʀ] M, **coopératrice** F 1 *(collaborateur)* Mitarbeiter(in) *m(f)* 2 *d'une coopérative* Genossenschaftsmitglied *n*; Genossenschaft(l)er(in) *m(f)*

coopératif [kɔɔpeʀatif] ADJ ⟨-ive⟩ 1 kooperativ; zur Zusammenarbeit bereit 2 ÉCON genossenschaftlich; Genossenschafts...; **société coopérative** → coopérative

coopération [kɔɔpeʀasjõ] F 1 *(collaboration)* Mitarbeit *f*, -wirkung *f*; Zusammenarbeit *f*, Kooperation *f (a.* POL); **apporter sa ~ à qc** an etw *(dat)* mitarbeiten, -wirken 2 *au Tiers-Monde* Entwicklungshilfe *f* 3 ÉCON Genossenschaftswesen *n*

coopératisme [kɔɔpeʀatism] M ÉCON genossenschaftliches System

coopérative [kɔɔpeʀativ] F Genossenschaft *f*; **~ agricole** landwirtschaftliche Genossenschaft; **~ artisanale** Handwerkergenossenschaft *f*; **~ laitière** Molkereigenossenschaft *f*; **~ vinicole** Winzergenossenschaft *f*; **~ d'achat** Einkaufsgenossenschaft *f*; **~ de production, de vente** Produktions-, Absatzgenossenschaft *f*

coopérer [kɔɔpeʀe] ⟨-è-⟩ A V/T INDIR **~ à qc** an etw *(dat)* mitarbeiten, -wirken B V/I zusammenarbeiten, -wirken; kooperieren

cooptation [kɔɔptasjõ] F Hinzuwahl *f*; Kooptation *f*; **coopter** V/T hinzuwählen

coordinateur [kɔɔʀdinatœʀ] A ADJ ⟨-trice⟩ koordinierend; Koordinations... B M Koordinator *m*

coordination [kɔɔʀdinasjõ] F 1 Koordinierung *f*; Koordination *f* 2 GRAM Neben-, Beiordnung *f*; Koordination *f*; Parataxe *f*; **conjonction** *f* **de ~** nebenordnende Konjunktion

coordonnateur [kɔɔʀdɔnatœʀ] → coordinateur

coordonné [kɔɔʀdɔne] ADJ 1 koordiniert; aufeinander abgestimmt 2 GRAM *phrase* neben-, beigeordnet; *adjt* **proposition coordonnée** nebengeordneter Satz 3 CH DE FER *ligne* im Zuge der Rationalisierung stillgelegt

coordonnée [kɔɔʀdɔne] F 1 MATH, GÉOG Koordinate *f*; **(système** *m* **de) ~s** Koordinatensystem *n* 2 *fam* **~s** *pl* Kontaktdaten *npl*; Angaben *fpl* zum Aufenthaltsort; Adresse *f*, Telefonnummer *f etc*; **donnez-moi, laissez-moi vos ~s** wie kann ich Sie erreichen?

coordonner [kɔɔʀdɔne] V/T 1 koordinieren; aufeinander abstimmen 2 GRAM neben-, beiordnen

coordonnés [kɔɔʀdɔne] MPL *habillement etc* Coordinates *pl*

copain [kɔpɛ̃] *fam* M Freund *m (a. d'une femme)*; *fam* Kumpel *m*; *all Sud a.* Spezi *m*; *péj* Kumpan *m*; **petit ~** *a. péj* Kumpan *m*; *adjt* **être (très) ~ avec qn** mit j-m (*fam* dick) befreundet sein; *(s'entendre)* sich mit j-m (gut) vertragen, verstehen; **nous sommes ~s** *a.* wir vertragen uns gut

copain-copain [kɔpɛ̃kɔpɛ̃] ADJT ⟨inv⟩ *fam* **ils ne sont pas ~** *fam* sie sind nicht gerade dicke Freunde

coparentalité [kopaʀɑ̃talite] F JUR gemeinsame Elternschaft

copeau [kɔpo] M ⟨pl ~x⟩ Span *m*; **~x d'acier, de bois** Stahl-, Hobelspäne *mpl*

Copenhague [kɔpɛnag] Kopenhagen *n*

Copernic [kɔpɛʀnik] M ASTRON Kopernikus *m*

copiage [kɔpjaʒ] M *dans un examen etc* Abschreiben *n*; *fam* Spicken *n*

copie [kɔpi] F 1 *d'un écrit* Kopie *f*; Abschrift *f*; Zweitschrift *f*; *(duplicata)* Durchschlag *m*; Durchschrift *f* 2 *d'une œuvre d'art* Kopie *f (a. d'un film)*; Nachbildung *f* 3 *(imitation)* Nachahmung *f*; *péj* Abklatsch *m*; **pâle ~** schwacher Abklatsch 4 ÉCOLE a *feuille* Blatt *n* (Papier); Bogen *m*; **rendre (une) ~ blanche** ein leeres

Blatt abgeben 4 *devoir* (Klassen-, Haus)Arbeit *f* 5 *(article de journal)* Artikel *m*; Beitrag *m*; *journaliste* **en mal de ~** dem nichts einfällt 6 TYPO Manuskript *n*; Satzvorlage *f*

copier [kɔpje] VT 1 abschreiben **(dans un livre** aus e-m Buch; *élève* **sur son voisin** von s-m Nachbarn); *abs* **il a copié** er hat abgeschrieben; *punition* **vous me copierez 50 fois la phrase ...** ihr schreibt 50-mal den Satz ... 2 *(imiter, reproduire)* nachahmen; nachmachen; kopieren 3 *fam fig* **vous me la copierez!** *fam* das ist doch allerhand, die Höhe, ein starkes Stück!

copier-coller [kɔpjekɔle] M ‹inv› INFORM Kopieren *n* und Einfügen *n*

copieur [kɔpjœʀ] M, **copieuse** F 1 *élève* Abschreiber(in) *m(f)*; *fam* Spicker(in) *m(f)* 2 M *appareil* Kopierer *m*; **copieur couleur** Farbkopierer *m*

copieusement [kɔpjøzmɑ̃] ADV reichlich; ausgiebig

copieux [kɔpjø] ADJ ‹-euse› *repas* reichlich; reichhaltig; **pourboire ~** großzügiges Trinkgeld

copilote [kopilɔt] M AVIAT Kopilot *ou* Copilot *m*

copinage [kɔpinaʒ] M *péj* Kumpanei *f*; Klüngelei *f*; Cliquenwirtschaft *f*

copine [kɔpin] *fam* F Freundin *f (a. d'un homme)*

copiner [kɔpine] VI *fam* Kumpane, Kumpel sein; **~ avec qn** j-s Kumpan, Kumpel sein

copinerie [kɔpinʀi] F *fam* Kumpanei *f (a. coll)*; *coll* Kumpane *mpl*; Kumpel *mpl*; *péj* → copinage

copiste [kɔpist] M 1 HIST Kopist *m* 2 *(imitateur)* Nachahmer *m*

copra(h) [kɔpʀa] M Kopra *f*

coprésidence [kopʀezidɑ̃s] F Mitvorsitz *mf*

coproducteur [kopʀɔdyktœʀ] M CINÉMA, TV Koproduzent *m*; **coproduction** F CINÉMA, TV Koproduktion *f*; Gemeinschaftsproduktion *f*

copropriétaire [kopʀɔpʀijetɛʀ] M/F Miteigentümer(in) *m(f)*

copropriété [kopʀɔpʀijete] F Miteigentum *n*; **appartement** *m*, **logement** *m* **en ~** Eigentumswohnung *f*; *immeuble* **vendu en ~** dessen Wohnungen einzeln, als Eigentumswohnungen verkauft werden

copte [kɔpt] A ADJ koptisch B SUBST 1 **Copte** *m/f* Kopte *m*, Koptin *f* 2 LING **le ~** das Koptische; Koptisch *n*

copulatif [kɔpylatif] ADJ ‹-ive› GRAM verbindend; anreihend; kopulativ

copulation [kɔpylasjõ] F BIOL Kopulation *f*; Begattung *f*

copule [kɔpyl] F GRAM Satzband *n*; Kopula *f*

copuler [kɔpyle] VI sich begatten; kopulieren

copyright [kɔpiʀajt] M Copyright *n*

coq [kɔk] M 1 ZOOL Hahn *m*; *all Sud a.* Gockel *m*; *emblème* **le ~ gaulois** der gallische Hahn; CUIS **~ au vin** Hahn *ou* Huhn *n* in Rotweinsoße; ZOOL **~ de bruyère** Auerhahn *m*; *par ext* **~ de clocher** Turm-, Wetterhahn *m*; *fig d'un homme* **mollets** *mpl* **de ~** dünne und sehnige Waden *fpl*; **rouge comme un ~** puterrot; *fig*: **être le ~ du village** der umschwärmteste Bursche, Mann des Dorfes, des Viertels sein; **être** *ou* **vivre comme un ~ en pâte** sehr verwöhnt werden; von vorn und hinten, wie ein Pascha bedient werden; leben wie Gott in Frankreich; **passer, sauter du ~ à l'âne** → coq-à-l'âne 2 ADJT BOXE, LUTTE **poids** *m* **~** Bantamgewicht(sklasse) *n(f)*; *sportif* Bantamgewichtler *m* 3 MAR (Schiffs)Koch *m*; *fam* Smutje *m*

coq-à-l'âne [kɔkalɑn] M ‹inv› Gedankensprung *m*; **faire des ~** von e-m Thema zum anderen springen

coquard *ou* **coquart** [kɔkaʀ] *fam* M blaues Auge; *fam* Veilchen *n*

coque [kɔk] F 1 *d'amande, de noix, de noisette* Schale *f*; CUIS **œuf** *m* **à la ~** weiches, weich gekochtes Ei 2 *d'un navire, d'un avion* Rumpf *m*; *d'une voiture* selbsttragende Karosserie 3 ZOOL Herzmuschel *f* 4 *ancienne coiffure* (Haar-)Tolle *f*; Rolle *f*

coquelet [kɔklɛ] M CUIS Hähnchen *n*; **~ au vin blanc** Hähnchen in Weißweinsoße

coquelicot [kɔkliko] M 1 BOT Klatschmohn *m* 2 ADJT ‹inv› **rouge ~** leuchtend rot

coqueluche [kɔklyʃ] F 1 MÉD Keuchhusten *m* 2 *fig* **être la ~ de qn** j-s Idol, Liebling, *fam* Schwarm sein

coquet [kɔkɛ] A ADJ ‹~te› 1 *(soigné)* adrett; schmuck; gepflegt; elegant; ansprechend; hübsch (anzusehen); *autrich a.* fesch; *logement a.* gemütlich 2 *(cherchant à plaire)* kokett; *péj* gefallsüchtig 3 *fam (considérable)* stattlich; ansehnlich; beträchtlich; **~te somme** *a. fam iron* hübsches Sümmchen B F **~te** kokette Frau; kokettes Mädchen; THÉ **grande ~te** verführerische Frau

coqueter [kɔkte] ‹-tt-› *litt* VI 1 affektiert sein; sich zieren 2 kokettieren, liebäugeln **(avec** mit**)**

coquetier [kɔktje] M Eierbecher *m*

coquetterie [kɔkɛtʀi] F 1 *(désir de plaire)* Koketterie *f*; Gefallsucht *f* 2 *(élégance)* Gepflegtheit *f*; Eleganz *f*; *(goût)* Geschmack *m* 3 *(affectation)* Koketterie *f*; Ziererei *f* 4 *fam fig* **~ dans l'œil** *fam* Silberblick *m*

coquillage [kɔkijaʒ] M a *mollusque* Muschel *f* b *coquille* Muschel(schale) *f*

coquillard [kɔkijaʀ] M *fam* **je m'en tape, tamponne le ~** *fam* das ist mir (schnurz)piepe, piepegal

coquille [kɔkij] F 1 *des mollusques* Schale *f*; Muschel *f*; *d'un escargot* Gehäuse *n*; **~ Saint-Jacques** Jakobsmuschel *f*; **~ d'escargot** *a.* Schneckenhaus *n*; *fig*: **rentrer dans sa ~** sich in sein Schneckenhaus zurückziehen; **sortir de sa ~** (ein wenig) aus sich herausgehen 2 *d'œufs, de noix* Schale *f*; **~ de noix** Nussschale *f (a. fig embarcation)*; **~ d'œuf** a Eierschale *f* b *adjt* ‹inv› *couleur* eierschalenfarben 3 CUIS **~ de beurre** Butterröllchen *n*; **~ de poisson** kleine Portion Fisch *(in Muschelschälchen als Vorspeise)* 4 *ornement* muschelförmige Verzierung; Muschel *f* 5 TYPO Satzfehler *m* 6 MÉTALL **moulage** *m* **en ~** Kokillenguss *m*

coquillettes [kɔkijɛt] FPL Hörnchen *npl (Teigware)*

coquin [kɔkɛ̃] A ADJ 1 *enfant* spitzbübisch; schelmisch; **être ~** ein Schlingel, Lausebengel, Spitzbube, Schelm sein 2 *histoire* pikant; frivol; *dessous féminins* neckisch; **regards ~s** frivole Blicke *mpl* B SUBST 1 *enfant* **(petit[e]) ~(e)** (kleiner) Schelm; Spitzbube *m*, Spitzbübin *f*; Schlingel *m*; *d'un adulte* **c'est un(e) ~(e)** er (sie) ist durchtrieben, *fam* gerissen 2 *fam* **~ de sort!** *fam* verflixt (und zugenäht)!; hols der Teufel!

coquinerie [kɔkinʀi] F 1 *(malice)* Schelmerei *f*; Spitzbüberei *f* 2 *(ruse)* Durchtriebenheit *f*; *fam* Gerissenheit *f*

cor [kɔʀ] M 1 MUS a *instrument* Horn *n*; **~ anglais** Englischhorn *n*; **~ à pistons** *ou* **chromatique** Ventilhorn *n*; **~ de chasse** Jagd-, Hifthorn *n*; **~ d'harmonie** Waldhorn *n*; **le ~ de Roland** das Horn Rolands; *fig réclamer* **à ~ et à cri** ungestüm; lauthals b *musicien* Hornist *m*; Hornbläser *m* 2 **~ (au pied)** Hühnerauge *n* 3 CH **un cerf (de) dix ~s** *ou* **un dix ~s** ein Zehnender *m*

corail [kɔʀaj] M ‹*pl* -aux› 1 ZOOL *et bijouterie* Koralle *f*; **~ rouge** rote (Edel)Koralle; **collier** *m* **de ~** Korallenkette *f*; GÉOG **la mer de Corail** das Korallenmeer; **récif** *m* **de ~** Korallenriff *n* 2 *fig* **(couleur) ~** ‹*inv*› korallenfarbig, -rot 3 *des coquilles Saint-Jacques* rotes essbares Fleisch

corallien [kɔʀaljɛ̃] ADJ ‹~ne› Korallen...; **récif ~** Korallenriff *n*

corallifère [kɔʀalifɛʀ] ADJ Korallen ...; **coralline** F BOT Korallenkalkalge *f*; *t/t* Korallina *f*

Coran [kɔʀɑ̃] M Koran *m*

coranique [kɔʀanik] ADJ des Korans; Koran ...; koranisch; **école** *f* **~** Koranschule *f*

corbeau [kɔʀbo] M ‹*pl* ~x› 1 ZOOL Rabe *m*; *loc adj* **(couleur) aile de ~, noir comme un ~** tief-, blauschwarz; (kohl)rabenschwarz 2 ARCH Kragstein *m* 3 *fig* anonymer Briefschreiber

corbeille [kɔʀbɛj] F 1 *panier* Korb *m*; Körbchen *n*; **~ à linge, à ouvrage, à pain, à papier** Wäsche-, Näh- *ou* Handarbeits-, Brot-, Papierkorb *m*; **~ de fleurs** Blumenkorb *m*; **~ de fruits** Obstkörbchen *n*; *fig* **~ de mariage** Hochzeitsgeschenke *npl*; **mettre qc dans la ~ de mariage** etw zur Hochzeit schenken 2 INFORM Papierkorb *m* 3 THÉ Balkon- *ou* Rangloge *f* 4 BOURSE Maklerschranken *fpl*; Ring *m* 5 BOT **~ d'argent** *(Alyssum)* Steinkraut *n*; *(Iberis)* Schleifenblume *f*

Corbières [kɔʀbjɛʀ] 1 FPL *Weingegend nordöstlich der Pyrenäen* 2 M **corbières** *Rotwein aus den Corbières*

corbillard [kɔʀbijaʀ] M Leichenwagen *m*

cordage [kɔʀdaʒ] M 1 MAR Tau(werk) *n*; Seil(-werk) *n*; *t/t* Reep *n* 2 *d'une raquette* Bespannung *f*

corde [kɔʀd] F 1 Leine *f*; Strick *m*; *épaisse* Seil *n*; *(ficelle)* Schnur *f*; **~ à linge** Wäscheleine *f*; **échelle** *f* **de ~** Strickleiter *f*; **semelles** *fpl* **de ~** geflochtene Sohlen *fpl*; Schnur-, Hanfsohlen *fpl*; **tapis** *m* **de ~** Bastteppich *m*; *fig* **il pleut des ~s** es regnet Bindfäden; **tirer sur une ~** an e-m Strick ziehen; e-n Strick anziehen, spannen 2 SPORTS Seil *n*; *du ring* **~s** *pl* Seile *npl*; **~ lisse** Kletterseil *n*; *d'acrobates* **~ raide** Drahtseil *n*; *fig* **être, marcher sur la ~ raide** sich auf ein riskantes Unternehmen einlassen; **~ à nœuds** Knotenseil *n*; **~ à sauter** Springseil *n*; ALPINISME **~ de rappel** Doppelseil *n* zum Abseilen 3 *d'un arc* Sehne *f (a.* GÉOMÉTRIE*)*; *fig*: **avoir plus d'une ~** *ou* **plusieurs ~s à son arc** mehrere, verschiedene Talente, Qualifikationen haben; **tirer trop sur la ~** den Bogen überspannen 4 *dans les hippodromes* Abgrenzungsseil *n* auf der Innenseite der Bahn; *voiture* **prendre un virage à la ~** e-e Kurve so eng wie möglich fahren, nehmen 5 MUS Saite *f*; **~s** *pl a.* Saiteninstrumente *npl*; *d'un orchestre* Streichinstrumente *npl*; Streicher *mpl*; **instrument** *m* **à ~s** Saiteninstrument *n*; **instrument** *m* **à ~s frottées, pincées** Streich-, Zupfinstrument *n*; *fig* **ce n'est pas dans mes ~s** dafür bin ich nicht zuständig; das kann ich nicht; **mettre des ~s à un instrument** ein Instrument besaiten; *fig* **faire vibrer, toucher la ~ sensible (de qn)** j-n da packen, wo er zugänglich ist; an j-s Gefühle appellieren; *fam* es auf die sentimentale Tour versuchen 6 *d'une raquette* Saite *f*; **~s** *pl* Bespannung *f* 7 *pour pendre qn* Strick *m*; Strang *m*; *fig* **il mérite la ~** er gehört an den Galgen; **mettre, passer à qn la ~ au cou** j-m die Schlinge um den Hals legen; *fig* j-n einfangen; *pour le mariage fam* sich *(dat)* j-n angeln; *fig*: **se mettre la ~ au cou** das Joch der Ehe auf sich *(acc)* nehmen; **parler de la ~ dans la maison d'un pendu** im Haus e-s Gehenkten vom Strick sprechen; **il ne vaut pas la ~ pour le pendre** er ist keinen Schuss

C

Pulver wert 8 **usé jusqu'à la ~** *vêtements* abgewetzt; fadenscheinig; *moquette* abgetreten; abgenutzt *(a. fig)*; *fig* abgedroschen 9 ANAT **~s vocales** Stimmbänder *npl*

cordé [kɔʀde] ADJ *st/s veines, tendons* stark hervortretend; *nuque etc* sehnig

cordeau [kɔʀdo] M *(pl ~x)* 1 *de jardinier etc* Schnur *f*; *arbres, salades etc* **aligner au ~** mit Hilfe der Schnur, schnurgerade pflanzen, setzen; **tiré, tracé au ~** schnurgerade; *fig* ganz regelmäßig; sehr ordentlich 2 TECH **~ détonant** Sprengschnur *f*

cordée [kɔʀde] F ALPINISME Seilschaft *f*

cordelette [kɔʀdəlɛt] F dünne Schnur; dünner Bindfaden

cordelière [kɔʀdəljɛʀ] F Kordel *f*; *des moines* Strick *m*

cordeliers [kɔʀdəlje] MPL 1 HIST REL Franziskaner(-Observanten) *mpl* 2 HIST POL **club** *m* **des Cordeliers** *radikaler politischer Klub während der Frz Revolution*

corder [kɔʀde] V/T **~ une raquette** einen Schläger bespannen

corderie [kɔʀdəʀi] F Seilerei *f*

cordial [kɔʀdjal] *(mpl -aux)* A ADJ herzlich; *iron* **°haine ~e** herzliche Feindschaft B M PHARM (Herz)Stärkungsmittel *n*

cordialement [kɔʀdjalmɑ̃] ADV herzlich; von Herzen; *formule épistolaire* **~ vôtre** mit herzlichen Grüßen (Ihr); *iron* **se détester ~** sich von Herzen verabscheuen

cordialité [kɔʀdjalite] F Herzlichkeit *f*; **avec ~** herzlich

cordier [kɔʀdje] M Seiler *m*

cordillère [kɔʀdijɛʀ] F GÉOG Kordillere *f*; Kettengebirge *n*; Gebirgskette *f*

cordon [kɔʀdõ] M 1 *(petite corde)* Schnur *f*; **~ de rideaux** Vorhangschnur *f*; **~ de sonnette** Klingelzug *m*, -schnur *f*; *fig* **tenir les ~s de la bourse** allein über das (gemeinsame) Geld verfügen 2 *d'une décoration* Ordensband *n*; **grand ~ de la Légion d'honneur** (breites Band der Träger des) Großkreuz(es) *n* der Ehrenlegion 3 ANAT **~ ombilical** Nabelschnur *f*; **couper le ~ (ombilical)** die Nabelschnur durchtrennen 4 *d'agents de police* (Posten)Kette *f*; Kordon *m*; Absperrung *f*; Sperrgürtel *m*; **~ sanitaire** Cordon sanitaire *m (a. MIL)* 5 *d'arbres* Reihe *f* 6 **~ littoral** Küstenstreifen *m*

cordon-bleu [kɔʀdõblø] M *(pl cordons--bleus)* gute, ausgezeichnete Köchin; *homme* guter, ausgezeichneter Koch

cordonnerie [kɔʀdɔnʀi] F Schuhmacherei *f*; *atelier a.* Schuster-, Schuhmacherwerkstatt *f*; *métier a.* Schuhmacher-, Schusterhandwerk *n*

cordonnet [kɔʀdɔnɛ] M 1 *fil* Kordonett-, Knopflochseide *f* 2 *ruban* Schnürchen *n*; Bändchen *n*

cordonnier [kɔʀdɔnje] M Schuster *m*; Schuhmacher *m*; *prov* **les ~s sont toujours les plus mal chaussés** der Schuster trägt immer die schlechtesten Stiefel *(prov)*

Cordoue [kɔʀdu] Córdoba *n*

Corée [kɔʀe] **la ~** Korea *n*; **la ~ du Nord, du Sud** Nord-, Südkorea *n*

coréen [kɔʀeɛ̃] A ADJ *(~ne)* koreanisch B SUBST 1 **Coréen(ne)** *m(f)* Koreaner(in) *m(f)* 2 LING **le ~** das Koreanische; Koreanisch *n*

corégence [kɔʀeʒɑ̃s] F Mitregentschaft *f*; **corégent** M Mitregent *m*

coreligionnaire [kɔʀəliʒjɔnɛʀ, -ʀe-] M Glaubensbruder *m*, -genosse *m*

coresponsabilité [kɔʀɛspõsabilite] F Mitverantwortung *f*; **coresponsable** ADJ mitverantwortlich

Corfou [kɔʀfu] GÉOG Korfu *n*

coriace [kɔʀjas] ADJ 1 **viande** *f* **~** zähes Fleisch 2 *fig personne* zäh; hartnäckig; **être ~ en affaires** *fam* ein knallharter Geschäftsmann sein

coriandre [kɔʀjɑ̃dʀ] F BOT Koriander *m*

coricide [kɔʀisid] M PHARM Hühneraugenmittel *n*

corindon [kɔʀɛ̃dõ] M MINÉR Korund *m*

Corinne [kɔʀin] F *Vorname*

Corinthe [kɔʀɛ̃t] Korinth *n*

corinthien [kɔʀɛ̃tjɛ̃] A ADJ *(~ne)* ARCH korinthisch; **colonne ~ne, ordre ~** korinthische Säule, (Säulen)Ordnung B M BIBL **Corinthien** Korinther *m*

cormier [kɔʀmje] M BOT Speierling *m*; Spierapfel *m*

cormoran [kɔʀmɔʀɑ̃] M ZOOL Kormoran *m*

cornac [kɔʀnak] M Elefantenführer *m*; Kornak *m*

cornaline [kɔʀnalin] F MINÉR Karneol *m*

cornard [kɔʀnaʀ] *fam* → cocu

corne [kɔʀn] F 1 *des chèvres, vaches etc* Horn *n*; **~s** *pl des escargots* Fühler *mpl*; Hörner *npl*; *du diable* Hörner *npl*; MYTH **~ d'abondance** Füllhorn *n*; **coup** *m* **de ~** Stoß *m* mit dem Horn 2 *substance* Horn *n*; *de l'épiderme humain* Hornhaut *f*; *loc adj* **de, en ~** aus Horn; hörnern; Horn...; **peigne** *m* **de ~** Hornkamm *m* 3 *fig: mari, femme* **avoir, porter des ~s** betrogen werden; *enfants* **faire, montrer les ~s à qn** j-n verspotten *(indem man Zeige- u. Mittelfinger über den Kopf hält)* 4 *(pointe)* Zacke *f*; Spitze *f*; Ecke *f*; *d'une page de livre* Eselsohr *n* 5 MUS Horn *n*; Signalhorn *n*; AUTO *autrefois* Hupe *f*; *fam* Tute *f*; MAR **~ de brume** Nebelhorn *n* 6 *pâtisserie orientale* **~ de gazelle** (mit Mandeln, Marzipan *etc*) gefülltes Hörnchen

corné [kɔʀne] ADJ hornartig; Horn...

corned-beef [kɔʀn(ɛd)bif] M Corned Beef *n*

cornée [kɔʀne] F ANAT Hornhaut *f* (des Auges); *t/t* Cornea *f*

cornéen [kɔʀneɛ̃] ADJ *(~ne)* MÉD Hornhaut...; **lentilles ~nes** Kontaktlinsen *fpl*

corneille [kɔʀnɛj] F ZOOL Krähe *f*; **bayer aux ~s** *fam* Maulaffen feilhalten

cornélien [kɔʀneljɛ̃] ADJ *(~ne)* 1 LITTÉRATURE Corneilles 2 *fig* schicksalhaft-tragisch; von tragischer Größe

cornemuse [kɔʀnəmyz] F MUS Dudelsack *m*; Sackpfeife *f*

corner[1] [kɔʀne] A V/T *page d'un livre, carte* e-e Ecke umknicken, umbiegen an *(+dat)*; kniffen B V/I 1 AUTO *autrefois* hupen; *fam* tuten 2 *fam* **~ aux oreilles de qn** j-m in die Ohren trompeten, schreien

corner[2] [kɔʀnɛʀ] M FOOTBALL Eckball *m*; Ecke *f*; *coup a.* Eckstoß *m*

cornet [kɔʀnɛ] M 1 *récipient* spitze Tüte; Tütchen *n*; **~ de bonbons, de frites** Tüte Bonbons, Pommes (frites); **~ de glace** Eistütchen *n*, -hörnchen *n*; CUIS **~ de macédoine (et jambon)** Schinkenröllchen *n* mit Gemüse- und Mayonnaisefüllung 2 MUS **~ à pistons** Kornett *n*; Piston *n* 3 *autrefois* **~ acoustique** Hörrohr *n* 4 **~ à dés** Würfel-, Knobelbecher *m* 5 ANAT **~ du nez** Nasenmuschel *f* 6 *fam* **n'avoir rien dans le ~** nichts im Magen haben; *fam* e-n leeren Bauch haben

cornette [kɔʀnɛt] F *de religieuses* Flügelhaube *f*

cornettiste [kɔʀnɛtist] M/F MUS Kornettbläser(in) *m(f)*

corniaud [kɔʀnjo] M 1 *plais d'un chien* Promenadenmischung *f* 2 *fam (imbécile) fam* Doofkopp *m*; Dämlack *m*; *all Sud* Depp *m*; *adjt* dämlich; doof

corniche [kɔʀniʃ] F 1 **(route** *f* **en) ~** kurvenreiche Küstenstraße an e-m felsigen Steilhang 2 ARCH, *ornement* Kranzgesims *n*; ARCH *a.* Geison *n*

cornichon [kɔʀniʃõ] M 1 CUIS Essig-, Gewürzgürkchen *n*; Cornichon *n* 2 *fam (bête) fam* Dummerjan *m*; Dämlack *m*; *adjt* dämlich; doof

cornier [kɔʀnje] ADJ *(-ière)* Eck...; **poteau ~** Eckpfosten *m*

cornière [kɔʀnjɛʀ] F TECH Winkeleisen *n*

corniot [kɔʀnjo] M → corniaud

corniste [kɔʀnist] M/F MUS Hornist(in) *m(f)*; Hornbläser(in) *m(f)*

Cornouaille [kɔʀnwaj] 1 **la ~** *Landschaft in der Bretagne* 2 **les ~s** *fpl en Angleterre* Cornwall *n*

cornouiller [kɔʀnuje] M BOT Hartriegel *m*; Kornelkirsche *f (Strauch, Baum)*

cornu [kɔʀny] ADJ *bêtes* gehörnt; Horn...; *diable* mit Hörnern

cornue [kɔʀny] F CHIM Retorte *f*

Corogne (La) [lakɔʀɔɲ] La Coruña *n*

corollaire [kɔʀɔlɛʀ] M 1 LOGIQUE Korollarium *n* 2 *par ext (conséquence)* logische, unmittelbare Folge

corolle [kɔʀɔl] F BOT (Blumen)Krone *f*

Coromandel [kɔʀɔmɑ̃dɛl] **la côte de ~** die Koromandelküste

coron [kɔʀõ] M (Haus *n* in e-r *ou* Häuser *npl* e-r) Bergarbeitersiedlung *f*

coronaire [kɔʀɔnɛʀ] ADJ ANAT (Herz)Kranz...; Koronar...; **artères** *fpl* **~s** (Herz)Kranz-, Koronararterien *fpl*

corporatif [kɔʀpɔʀatif] ADJ *(-ive)* 1 *mouvement, système* berufsständisch; **esprit ~** Korpsgeist *m* 2 HIST Zunft...

corporation [kɔʀpɔʀasjõ] F 1 Berufsstand *m* 2 HIST Gilde *f*; Zunft *f*

corporatisme [kɔʀpɔʀatism] M *doctrine* Korporativismus *m*

corporel [kɔʀpɔʀɛl] ADJ *(~le)* körperlich; leiblich; → *a.* châtiment

corps [kɔʀ] M 1 a *(opposé à esprit)* Körper *m*; Leib *m (a. REL)*; **garde** *m* **du ~** Leibwächter *m*; *loc adv*: **~ et âme** [kɔʀzeam] mit Leib und Seele; **se donner ~ et âme à qc, qn** sich e-r Sache, j-m ganz hingeben; sich e-r Sache mit Leib und Seele hingeben, verschreiben; **~ à ~** [kɔʀakɔʀ] Mann gegen Mann; *subst* → corps-à-corps; **à son ~ défendant** widerwillig; ungern; **à ~ perdu** ungestüm; blindlings; **se jeter à ~ perdu dans une entreprise, dans la mêlée** sich mit Feuereifer, Elan in ein Unternehmen, sich blindlings in das Kampfgetümmel stürzen; **jusqu'au milieu du ~** bis zur Taille; bis zum Gürtel; bis an die Hüften; *fig*: **passer sur le ~ de qn** über j-s Leiche *(acc)* gehen; j-n skrupellos opfern; **il faudra d'abord me passer sur le ~** nur über meine Leiche!; *nourriture fam* **ça tient au ~, ça** das hält lange vor; das macht für lange Zeit satt b *(cadavre)* Leiche *f*; Leichnam *m* 2 *(groupe)* Körperschaft *f*; Organ *n*; Gremium *n*; Korps *n (a. MIL)*; **~ diplomatique** diplomatisches Korps; **~ électoral** Wähler(schaft) *mpl(f)*; **~ enseignant** Lehrerschaft *f*; Lehrkörper *m*; Lehrer *mpl*; Erzieher *mpl*; MIL **Corps européen de Défense** Eurokorps *n*; **~ médical** Ärzteschaft *f*; **~ d'armée** Armeekorps *n*; **~ de ballet** Ballettkorps *n*, -truppe *f*; Corps de Ballet *n*; *en France* **grands ~ de l'État** *staatliche Organe mit besonderen Aufgaben (Conseil d'État, Cour des comptes etc)*; **~ de métier** HIST (Handwerker)Zunft *f*; Handwerksgilde *f*; *aujourd'hui* Innung *f*; **~ des officiers** Offizierskorps *n*; **esprit** *m* **de ~** Korpsgeist *m*; MIL **rejoindre son ~** zu s-r Einheit, Truppe zurückkehren 3 *(partie principale)* Haupt(bestand)teil *m*; *d'une lettre, d'un article* (eigentlicher) Text; *d'un bâtiment* Haupt-, Mittelbau *m*, -trakt *m*; *d'un navire* Rumpf *m*; *t/t* Kasko *m*; MAR, ADMIN

~ **et biens** [kɔʀzebjɛ̃] Schiff n und Ladung f; **navire perdu ~ et biens** mit Mann und Maus untergegangenes Schiff 4 (objet, substance) Körper m; ~ **céleste** Himmelskörper m; CHIM ~ **composé** (chemische) Verbindung; MÉD et fig ~ **étranger** Fremdkörper m; ANAT ~ **jaune** Gelbkörper m; PHYS ~ **noir** schwarzer Strahler; CHIM ~ **simple** (chemisches) Element; Grundstoff m; JUR ~ **du délit** Corpus Delicti n; Beweisstück n; **faire ~ (avec)** nicht zu trennen sein (von); e-e Einheit bilden, fest zusammenhängen, verschmolzen sein, eins sein (mit); fig idée, projet **prendre ~** Gestalt annehmen, gewinnen 5 (recueil de textes) (Text)Sammlung f; t/t Corpus ou Korpus n 6 TYPO ~ **d'une lettre** Schriftgrad m, -größe f 7 LOC **avoir du ~** vin vollmundig sein; Körper haben; körperreich sein; papier fest sein; sauce rund und würzig schmecken; fig **donner (du) ~ à qc** e-r Sache (dat) Gewicht verleihen

corps-à-corps [kɔʀakɔʀ] M ⟨inv⟩ 1 (mêlée) Handgemenge n 2 MIL Einzel-, Nahkampf m 3 BOXE Clinch m

corpulence [kɔʀpylɑ̃s] F Beleibtheit f; Korpulenz f; **de forte ~** von beträchtlichem Leibesumfang

corpulent [kɔʀpylɑ̃] ADJ beleibt; korpulent

corpus [kɔʀpys] M de textes, LING Korpus ou Corpus n

corpusculaire [kɔʀpyskylɛʀ] ADJ PHYS korpuskular; Korpuskular...; Teilchen...

corpuscule [kɔʀpyskyl] M 1 PHYS Korpuskel n ou f; Teilchen n 2 ANAT Körperchen n

corral [kɔʀal] M ⟨pl -als⟩ Pferch m (für Großvieh); Korral m

correct [kɔʀɛkt] ADJ 1 (sans fautes) richtig; fehlerfrei; einwandfrei; korrekt 2 personne, conduite korrekt; **politiquement ~** politisch korrekt; **il est très ~** er verhält sich tadellos, einwandfrei, sehr korrekt (**avec qn** j-m gegenüber); **il est ~ en affaires** sein Geschäftsgebaren ist korrekt, einwandfrei; in Geschäftsdingen ist er korrekt 3 prix, salaire angemessen; travail, repas, hôtel annehmbar; passabel

correctement [kɔʀɛktəmɑ̃] ADV 1 (sans fautes) richtig; fehlerfrei; einwandfrei; korrekt 2 **gagner ~ sa vie** genug verdienen, um menschenwürdig leben zu können

correcteur [kɔʀɛktœʀ], **correctrice** A SUBST 1 M,F EXAMEN, TYPO Korrektor m, Korrektorin f 2 M TECH Regler m; **correcteur de tonalité** Tonblende f; Klangregler m 3 M et ADJT **blanc correcteur** Korrekturflüssigkeit f; Tipp-Ex® n 4 M INFORM Rechtschreibkorrekturprogramm n B ADJ verres zur Korrektur e-s Brechungsfehlers der Augen

correctif [kɔʀɛktif] A ADJ ⟨-ive⟩ 1 **gymnastique corrective** Gymnastik f gegen Haltungsschäden; Ausgleichsgymnastik f 2 PHARM (die Wirkung) mildernd; (den Geschmack) verbessernd B M 1 PHARM Korrigens n 2 mesure Korrektiv n

correction [kɔʀɛksjõ] F 1 (amélioration) Verbesserung f; Korrektur f; Berichtigung f; Richtigstellung f; ÉCOLE **~s** pl Korrigieren n (und Zensieren n); loc adv **sauf ~** wenn ich mich nicht täusche; mit Verlaub 2 TYPO Korrektur f; **~(s) d'auteur** Autorkorrektur f; **~ des épreuves** Korrekturlesen n; Fahnenkorrektur f; **signes** mpl **de ~** Korrekturzeichen npl; **faire les ~s** Korrektur lesen 3 (châtiment corporel) Tracht f Prügel; Schläge mpl; **recevoir une ~** Schläge, Hiebe bekommen 4 qualité a d'une traduction etc Korrektheit f; Richtigkeit f; Fehlerfreiheit f b d'une personne korrektes Benehmen; Anstand m; Korrektheit f

correctionnel [kɔʀɛksjɔnɛl] ADJ ⟨~le⟩ JUR **peine ~le** Strafe f für ein Vergehen

correctionnelle [kɔʀɛksjɔnɛl] F JUR Landgericht n Abteilung Strafsachen; **passer en ~** sich vor der Strafkammer verantworten müssen

Corrège [kɔʀɛʒ] **le ~** PEINT Correggio m

corrélatif [kɔʀelatif] ADJ ⟨-ive⟩ korrelativ; (sich) wechselseitig (bedingend); GRAM **mot ~** ou subst **~** m Korrelat n

corrélation [kɔʀelasjõ] F 1 MATH, GRAM Korrelation f 2 par ext Wechselbeziehung f; wechselseitige Beziehung; enger Zusammenhang; **mettre en ~** in Beziehung zueinander setzen

correspondance [kɔʀɛspõdɑ̃s] F 1 ((échange de) lettres) Briefwechsel m; Schriftwechsel m, -verkehr m; Korrespondenz f; **~ commerciale** Handelskorrespondenz f; **enseignement** m **par ~** Fernunterricht m; **vente** f **par ~** Versandhandel m, -geschäft n; **avoir, entretenir une ~ avec qn** mit j-m e-n Briefwechsel führen, in Briefwechsel stehen; **dépouiller sa ~** s-e Post durchsehen 2 TRANSPORTS Anschluss m (**pour** nach); **prendre la, une ~** umsteigen 3 (analogie) Übereinstimmung f; Entsprechung f; **~ de sentiments** Übereinstimmung der Gefühle; übereinstimmende Gefühle npl 4 ÉCOLE **carnet** m **de ~** *Heft mit Eintragungen der Lehrer, das von den Eltern unterschrieben werden muss*

correspondancier [kɔʀɛspõdɑ̃sje] M, **correspondancière** F COMM Korrespondent(in) m(f)

correspondant [kɔʀɛspõdɑ̃] A ADJ 1 (einander) entsprechend; übereinstimmend; (dazu) passend; MATH **angles ~s** Stufenwinkel mpl 2 d'une société savante **membre ~** korrespondierendes Mitglied B SUBST 1 **~(e)** m(f) (à qui on écrit) Briefpartner(in) m(f); ÉCOLE Brieffreund(in) m(f) 2 **~(e)** m(f) PRESSE Korrespondent(in) m(f); Berichterstatter(in) m(f); **~ de guerre** Kriegsberichterstatter m 3 M TÉL Teilnehmer m; Gesprächspartner m 4 M 5 → A 2

correspondre [kɔʀɛspõdʀ] V/I ⟨→ rendre⟩ 1 personnes (s'écrire) (miteinander) korrespondieren, in brieflicher Verbindung stehen, in Briefwechsel stehen, e-n Briefwechsel führen; **~ avec qn** mit j-m korrespondieren etc 2 pièces (communiquer) miteinander in Verbindung stehen; **~ avec** in Verbindung stehen mit 3 (être conforme à) sich, einander entsprechen; **~ à qc** e-r Sache (dat) entsprechen; mit etw übereinstimmen

Corrèze [kɔʀɛz] **la ~** *Fluss u. Departement in Frankreich*

corrida [kɔʀida] F 1 Stierkampf m 2 fam fig a (agitation) lautes Durcheinander; Trubel m b (dispute bruyante) fam Zirkus m; Theater n; **faire une ~** fam ein schreckliches Theater machen; sich furchtbar anstellen

corridor [kɔʀidɔʀ] M (enger, schmaler) Flur, Korridor, Gang

corrigé [kɔʀiʒe] M Musterlösung f; Schlüssel m

corriger [kɔʀiʒe] ⟨-geons⟩ A V/T 1 faute, erreur verbessern; korrigieren; berichtigen; richtigstellen; professeur: copie etc korrigieren; **~ qn** j-n korrigieren, verbessern; TYPO **~ des épreuves** Korrektur lesen; Fahnen korrigieren; **~ un texte** einen Text korrigieren 2 fig: **~ son mauvais caractère** umgänglicher werden; **~ les défauts de qn** j-m s-e Fehler abgewöhnen 3 (atténuer) mildern 4 (battre) schlagen; verhauen; **se faire ~** geschlagen, verhauen werden; Haue, Schläge bekommen B V/PR **se ~** sich bessern; **se ~ de qc** etw ablegen; sich (dat) etw abgewöhnen

corrigible [kɔʀiʒibl] ADJ verbesserungsfähig; zu verbessern(d); korrigierbar

corroborant [kɔʀɔbɔʀɑ̃] ADJ bekräftigend; bestätigend; zur Bekräftigung, Bestätigung; **corroborer** V/T bekräftigen, bestätigen; erhärten

corrodant [kɔʀɔdɑ̃] A ADJ korrodierend; ätzend B M korrodierende, ätzende Substanz; Ätzmittel n; **corroder** V/T ätzen; angreifen; zerfressen; nagen an (+dat); korrodieren

corrompre [kɔʀõpʀ] ⟨→ rompre⟩ A V/T 1 jeunesse (sittlich) verderben; **~ les mœurs** die Sitten verderben 2 témoins, fonctionnaires etc bestechen 3 chaleur **~ la viande** das Fleisch zersetzen 4 litt **~ un texte** einen Text verfälschen, entstellen, korrumpieren; **~ des mots** den Sinn von Wörtern entstellen, verfälschen 5 litt plaisir verderben B V/PR **se ~** 1 bois, viande faulen; viande a. sich zersetzen; verwesen 2 fig u. st/s mœurs in Verfall geraten

corrompu [kɔʀõpy] ADJ korrupt; juge, témoin etc a. bestochen; mœurs a. verdorben; litt verderbt

corrosif [kɔʀɔzif] A ADJ ⟨-ive⟩ 1 CHIM ätzend; korrosiv; zerfressend 2 fig **ironie corrosive** ätzende, beißende Ironie B M Ätzmittel n

corrosion [kɔʀozjõ, -ʀɔ-] F Korrosion f (a. GÉOL); Ätzen n

corroyage [kɔʀwajaʒ] M du cuir Zurichtung f

corroyer [kɔʀwaje] V/T ⟨-oi-⟩ cuir zurichten; **corroyeur** M ouvrier Zurichter m

corrupteur [kɔʀyptœʀ] st/s A ADJ ⟨-trice⟩ (moralisch) verderblich B SUBST **~, corruptrice** m,f Verderber(in) m(f)

corruptible [kɔʀyptibl] ADJ 1 fonctionnaire bestechlich 2 substance zersetzbar; verderblich

corruption [kɔʀypsjõ] F 1 morale Korruption f; Korruptheit f; litt Verderbtheit f; **~ des mœurs** Sittenverderbnis f, -verfall m 2 de témoins etc Bestechung f; Korruption f; **~ électorale** Stimmenkauf m; Wahlbestechung f, -manipulation f; **~ de fonctionnaires** Beamtenbestechung f; **tentative** f **de ~** Bestechungsversuch m 3 d'une substance Zersetzung f; Fäulnis f 4 du langage etc litt Verderbnis f

corsage [kɔʀsaʒ] M a (chemisier) Bluse f b d'une robe Oberteil n ou m

corsaire [kɔʀsɛʀ] M 1 HIST Freibeuter m; Korsar m 2 HIST **~** ou adjt **navire** m **~** Kaperschiff n 3 ADJT **pantalon** m **~** Caprihose f

Corse [kɔʀs] **la ~** Korsika n

corse [kɔʀs] A ADJ korsisch B SUBST 1 **Corse** m/f Korse m, Korsin f 2 LING **le ~** das Korsische; Korsisch n

corsé [kɔʀse] ADJ 1 vin vollmundig; körperreich; **café ~** starker Kaffee; **plat ~** pikant, scharf gewürztes Gericht 2 fig **histoire ~e** schlüpfrige, gepfefferte Geschichte

Corse-du-Sud [kɔʀsədysyd] **la ~** *frz Departement auf Korsika*

corselet [kɔʀsəlɛ] M 1 d'un costume folklorique Mieder n 2 ZOOL d'insecte Brust(stück) f(n)

corser [kɔʀse] A V/T 1 vin mit Alkohol versetzen; **~ un plat, une sauce** ein Gericht, eine Soße scharf, pikant würzen 2 fig récit etc packend(er), spannend(er) gestalten B V/PR affaire **se ~** verwickelt, kompliziert, spannend werden; sich komplizieren

corset [kɔʀsɛ] M Korsett n; Mieder n; **~ orthopédique** (Stütz)Korsett n

corseter [kɔʀsəte] V/T ⟨-è-⟩ in ein Korsett stecken, zwängen; schnüren

corso [kɔʀso] M Korso m; Umzug m; **~ fleuri** Blumenkorso m

Corte [kɔʀte] *Stadt auf Korsika*

cortège [kɔʀtɛʒ] M 1 (défilé) Zug m; Umzug m; d'un haut personnage Gefolge n; **~ funèbre** Leichen-, Trauerzug m; Trauergefolge n; **~ nuptial** Hochzeitszug m; **~ de manifestants** Demonstrationszug *m*; **se former en ~** e-n Zug bilden; sich zu e-m Zug aufstellen, formieren **2** *fig* Gefolge *n*; Folge *f*; **la guerre et son ~ de misères** der Krieg und was er an Not mit sich bringt; der Krieg und was er an Elend im Gefolge hat

cortex [kɔʀtɛks] M ANAT **~ (cérébral)** (Groß)-Hirnrinde *f*; *t/t* Kortex *m*; **~ surrénal** Nebennierenrinde *f*

cortisone [kɔʀtizɔn] F PHARM Cortison *ou* Kortison *n*

corvéable [kɔʀveabl] ADJ **1** HIST zum Frondienst verpflichtet **2** *fig* → taillable

corvée [kɔʀve] F **1** lästige Arbeit, Aufgabe; Bürde *f*; Last *f*; MIL (bestimmter Sonder)Dienst; **~s ménagères** (lästige) Haushaltsarbeiten *fpl*; *pop* **~ des chiottes** Abort-, Latrinenreinigungsdienst *m*; *fam* **~ de patates, de pluches** Kartoffelschälen *n*; *par ext* Küchendienst *m*; **être de ~** die Aufgabe übernehmen müssen; *fam* dran sein; dran glauben müssen; **cette semaine je suis de ~ de vaisselle** diese Woche habe ich Geschirrspüldienst, *fam* bin ich mit Geschirrspülen dran **2** HIST Fron(arbeit) *f*; Frondienst *m*

corvette [kɔʀvɛt] F MAR Korvette *f*

corvidés [kɔʀvide] MPL ZOOL Rabenvögel *mpl*

coryphée [kɔʀife] M **1** DANSE Angehörige der dritten Stufe der Rangordnung im frz Ballett **2** *fig et litt* Führer *m*

coryza [kɔʀiza] M MÉD Schnupfen *m*

cosaque [kɔzak] M Kosak *m*

cosignataire [kosiɲatɛʀ] M/F JUR Mitunterzeichner(in) *m(f)*

cosinus [kɔsinys] M MATH Kosinus *m*

cosmétique [kɔsmetik] **A** ADJ kosmetisch; Kosmetik...; **produits** *mpl* **~s** Kosmetika *npl*; *fig* **réforme** *f* **~** kosmetische Reform **B** M *produit* Kosmetikum *n*

cosmétologie [kɔsmetɔlɔʒi] F Kosmetologie *f*

cosmique [kɔsmik] ADJ kosmisch; Weltraum...; des Weltalls; **rayons** *mpl* **~s** kosmische Strahlung; Höhenstrahlung *f*

cosmogonie [kɔsmɔgɔni] F Kosmogonie *f*; **cosmogonique** ADJ kosmogonisch

cosmographie [kɔsmɔgʀafi] F Kosmografie *f*; **cosmographique** ADJ kosmografisch

cosmologie [kɔsmɔlɔʒi] F Kosmologie *f*; **cosmologique** ADJ kosmologisch

cosmonaute [kɔsmɔnot] M/F Kosmonaut(in) *m(f)*; Raumfahrer(in) *m(f)*

cosmopolite [kɔsmɔpɔlit] **A** ADJ kosmopolitisch; weltbürgerlich; weltoffen; **foule** *f* **~** buntes Völkergemisch; **quartier** *m* **~** Stadtviertel *n* mit verschiedensten Bevölkerungsgruppen; **ville** *f* **~** Weltstadt *f*; **mener une existence ~** in den verschiedensten Ländern leben **B** M Kosmopolit *m*; Weltbürger *m*

cosmopolitisme [kɔsmɔpɔlitism] M Kosmopolitismus *m*; Weltbürgertum *n*

cosmos [kɔsmos] M **1** *extra-terrestre* Kosmos *m*; Weltall *n*; Weltraum *m* **2** PHIL Kosmos *m*; Weltordnung *f*

Cosne [kon] *frz Ortsname*

cossard [kɔsaʀ] *fam* **A** ADJ faul; **il est drôlement ~** *fam* er ist stinkfaul; er stinkt vor Faulheit **B** SUBST **~(e)** *m(f)* Faulenzer(in) *m(f)*; *fam* Faulpelz *m*, -tier *n*

cosse [kɔs] F **1** *de petits pois etc* Schote *f*; Hülse *f* **2** ÉLEC Kabelschuh *m* **3** *fam (paresse)* Faulheit *f*; → *a.* flemme

cossu [kɔsy] ADJ *personne* wohlhabend; gut situiert; begütert; *fam* betucht; **maison ~e** stattliches, ansehnliches Haus

costal [kɔstal] ADJ ⟨-aux⟩ ANAT Rippen...; *t/t* kostal; **vertèbre ~e** Brustwirbel *m*

costard [kɔstaʀ] *fam* M (Herren)Anzug *m*

Costa Rica [kɔstaʀika] **le ~** Costa Rica *n*

costaricien [kɔstaʀisjɛ̃] **A** ADJ ⟨~ne⟩ costa-ricanisch **B** SUBST **Costaricien(ne)** *m(f)* Costa-Ricaner(in) *m(f)*

costaud [kɔsto] *fam* **A** ADJ ⟨*f inv*⟩ **1** *(fort)* stämmig; untersetzt; vierschrötig **2** *(plein de santé)* robust; **elle n'est pas ~** sie ist nicht sehr kräftig; sie hat e-e zarte Konstitution **3** *objet, voiture* robust; *meuble* solide; haltbar; **ce n'est pas ~** das wird nicht lange halten **B** M stämmiger Kerl

costume [kɔstym] M **1** *pour hommes* (Herren)-Anzug *m*; **~ sur mesure** Maßanzug *m* **2** THÉ, *déguisement* Kostüm *n*; **~ folklorique, régional** (Volks)Tracht *f*; **~ national** National-, Landestracht *f*; **~ d'apparat** Prunk-, Prachtgewand *n*; **~ de bain** Badeanzug *m*; **~ de carnaval** Faschings-, Karnevalskostüm *n*; *fig* **en ~ d'Adam** im Adamskostüm; splitter(faser)nackt

costumé [kɔstyme] ADJ kostümiert; **bal ~** Kostümball *m*

costumer [kɔstyme] V/T *(et* V/PR **se**) **~** (sich) kostümieren, verkleiden (**en** als *+acc*)

costumier [kɔstymje] M, **costumière** F **a** *loueur* Kostümverleiher(in) *m(f)* **b** *fabricant* Kostümschneider(in) *m(f)* **c** THÉ Kostümbildner(in) *m(f)*; Gewandmeister *m*

cosy [kɔzi] M *meuble* Anbauliege *f*

cotangente [kɔtɑ̃ʒɑ̃t] F MATH Kotangens *m*

cotation [kɔtasjõ] F BOURSE (Börsen-, Kurs)-Notierung *f*

cote [kɔt] F **1** BOURSE **a** *action* Kursnotierung *f* **b** *bulletin* Kurszettel *m*, -bericht *m*, -blatt *n* **2** *par ext d'une voiture, d'une collection etc* Schätzpreis *m* **3** *(marque de classement)* (Kenn)Ziffer *f*; Signatur *f*; Aktenzeichen *n*; Nummer *f* **4** TOPOGRAPHIE Kartenpunkt *m*; Kote *f*; Höhe *f*; **~ de niveau** Höhenzahl *f*, -angabe *f* **5** **~ d'alerte** *d'un cours d'eau* Hochwassermarke *f*; *fig* kritischer Punkt **6** *(appréciation)* Bewertung *f*; **~ de popularité** Beliebtheitsgrad *m*; *d'ouvrages parus* **~ des succès** Bestsellerliste *f*; *fig* **(ne pas) avoir la ~** (nicht) sehr geschätzt werden, angesehen sein, hoch im Kurs stehen; **avoir la ~ auprès de qn** bei j-m gut angeschrieben sein, *fam* e-n Stein im Brett haben; **sa ~ baisse** sein Stern ist im Sinken **7** TURF **la ~ est à 10 contre 1** die Gewinnchancen stehen 1 zu 10 **8** *d'un impôt* Anteil *m*; Quote *f*

côte [kot] F **1** *de la mer* Küste *f*; **la Côte (d'Azur)** die Côte d'Azur; die (französische) Riviera; **la Côte d'Or** *Landschaft in Burgund*; → *a.* Côte-d'Or; **sur la ~** an der *ou* die Küste; *navire* **aller à la ~** stranden; auflaufen; *fig personne* **être à la ~** am Hungertuch nagen; keinen Heller haben **2** *(montée)* Steigung *f*; Hang *m*; **en °haut d'une ~** auf e-r Kuppe **3** *(coteau)* (Berg)Hang *m*; Lehne *f*; **les ~s du Rhône** die Hänge beiderseits der Rhone; → *a.* côtes-du-Rhône **4** ANAT Rippe *f*; *loc adv* **~ à ~** nebeneinander; Seite an Seite; *fam fig* **avoir les ~s en long** *fam* die Arbeit nicht erfunden haben; *fam* **se tenir les ~s (de rire)** sich *(dat)* die Seiten, den Bauch halten vor Lachen; *fig* **on lui voit les ~s** man kann bei ihm die Rippen zählen; er hat nichts auf den Rippen **5** BOUCHERIE *d'agneau, de porc etc* Kotelett *n*; *de bœuf* Rippenstück *n* **6** *de certains légumes* Rippe *f* **7** *tissu, tricot* **à ~s** im Rippenmuster; gerippt; **velours** *m* **à ~s** Kord(samt) *m*

coté [kɔte] ADJ **1** *(apprécié)* geschätzt; begehrt; **il est très ~** er ist sehr angesehen; *fam* er steht hoch im Kurs **2** *valeur* **(non) ~ en Bourse** an der Börse (nicht) notiert, gehandelt **3** *devoir* **bien ~** gut bewertet

côté [kote] **A** M Seite *f*; MATH *d'un angle* Schenkel *m*; **bon ~** richtige, *d'un tissu* rechte Seite; *fig de qn, de qc* gute Seite; *fig* **prendre qc du bon ~** etw von s-r guten Seite nehmen, ansehen; **mauvais ~** falsche, *d'un tissu* linke Seite; *fig* schlechte, schlimme Seite; *fig* **ne voir que le mauvais ~ des choses** nur die schlechte(n) Seite(n) der Dinge, nur das Schlechte sehen; MATH **~ opposé à** Gegenseite *f* von *(ou +gén)*; **les ~s ridicules de qn, de qc** die lächerlichen Eigenschaften e-r Person; die lächerlichen Seiten e-r Sache; **10 cm de ~** 10 cm Seitenlänge; ♦ *loc adj et loc adv* **à ~** *(tout près)* nebenan; Neben...; *(à ~ du but)* daneben; **pièce** *f* **à ~** Nebenzimmer *n*; Zimmer *n* nebenan; **il habite à ~** er wohnt nebenan, *par ext* ganz in der Nähe, gleich um die Ecke; **jeter, lancer à ~** vorbeiwerfen; **passons à ~** gehen wir nach nebenan; **le coup est passé à ~** der Schlag ist danebengegangen; **verser à ~** danebengießen; ♦ **les gens d'à ~** die Leute von nebenan; **la maison d'à ~** das Nebenhaus; das Haus nebenan; ♦ *loc prép* **à ~ de** *(près de)* neben *(+dat ou +acc)*; *fig (en comparaison de)* neben *(+dat)*; im Vergleich zu *(+dat)*; verglichen mit *(+dat)*; gegenüber *(+dat)*; **aux ~s de qn** an j-s Seite *(dat)*, j-m zur Seite, neben j-m *(a. fig)*; **l'un à ~ de l'autre** nebeneinander; *fam* **à ~ de ça** allerdings; andererseits; **assieds-toi à ~ de moi** setz dich neben mich, zu mir; **il était à ~ de moi** er stand neben mir; **il est petit à ~ de moi** er ist klein im Vergleich zu mir, neben mir; *fig* **vous êtes passé à ~ du sujet** Sie haben das Thema verfehlt; **vous avez répondu à ~ de la question** Ihre Antwort geht an der Frage vorbei; ♦ *loc adj et loc adv* **de ~** *(à l'écart)* auf der *ou* die Seite; zur Seite; beiseite *(a. fig)*; *(de travers)* schräg; **faire un bond de ~** zur Seite springen; e-n Sprung zur Seite machen; **jeter un regard de ~ à qn** j-m e-n Seitenblick zuwerfen; j-n von der Seite ansehen; *fig* **laisser qc de ~** etw beiseitelassen; *sujet, détail a.* etw nicht erwähnen; *fig* **laisser qn de ~** j-n links liegen lassen; j-n unbeachtet lassen; **mettre de ~** beiseitelegen; auf die Seite legen; zur Seite legen; *fig (réserver)* beiseitelegen; *argent a.* auf die hohe Kante legen; *chapeau* **posé de ~** schräg, schief aufgesetzt; ♦ **de l'autre ~** *venir* von der ander(e)n Seite; *être, se trouver* auf der ander(e)n Seite; *aller* auf die andere Seite; *partir* nach der ander(e)n Seite; *fig* and(e)rerseits; auf der ander(e)n Seite; **d'un ~ ..., de l'autre ~ ...** einerseits ..., andererseits ...; **de ce ~(-ci)** von *ou* auf *ou* nach dieser Seite; *fig* **de ce ~-là** diesbezüglich; in dieser Hinsicht; **de chaque ~** von *ou* auf jeder Seite; **des deux ~s** von *ou* auf beiden Seiten; **du ~ maternel, paternel** mütterlicher-, väterlicherseits; **du ~ opposé** von *ou* auf *ou* nach der entgegengesetzten Seite; **de tous (les) ~s** *(de partout)* von allen Seiten; von überallher; *(dans toutes les directions)* nach allen Seiten; überallhin; *(partout)* auf allen Seiten; überall; ♦ *avec adj poss*: **de mon, son ~** meiner-, seinerseits; **je l'ai de mon ~** ich habe ihn, er ist, er steht auf meiner Seite; **mettre qn de son ~** j-n auf s-e Seite ziehen; j-n für sich gewinnen; **chacun est parti de son ~** sie gingen auseinander; jeder ging s-r Wege; ♦ *loc prép* **du ~ de** *(aux environs de)* in der Nähe von *(ou +gén)*; bei *(+dat)*; *(dans la direction de)* in Richtung auf *(+acc)*; **il s'est installé du ~ de Lyon** er hat sich in der Nähe von Lyon niedergelassen; *fig*: **être du ~ de qn** auf j-s Seite *(dat)* stehen; **passer, se ranger du ~ de qn** sich auf j-s Seite *(acc)* stellen; zu j-m übergehen; **des deux ~s de** beiderseits *(+gén)*; ♦ *loc adv* **par le ~** von der Seite (her); **on entre par le ~ gauche** *a.* der Eingang ist auf der linken Seite; *loc adv* **sur le ~** auf, an der Seite; *mouvement* auf die Seite; *personne, navire, voiture* **être couché sur le ~** auf der Seite liegen **B** *fam* PRÉP was *(+acc)* angeht; in puncto *(+nominatif)*; *fam* …mäßig; **~ santé** in puncto Gesundheit; gesundheitsmäßig

coteau [kɔto] M ‹*pl* ~x› Anhöhe *f*; (sanfter) Hügel; Hang *m*

Côte-d'Ivoire [kotdivwaʀ] **la ~** die Elfenbeinküste

Côte-d'Or [kotdɔʀ] **la ~** *frz Departement*

côtelé [kotle] ADJ **velours ~** Kord(samt) *m*; Rippensamt *m*

côtelette [kotlɛt, kɔt-] F Kotelett *n*; **~ de porc, de veau** Schweine-, Kalbskotelett *n*

Cotentin [kɔtɑ̃tɛ̃] **le ~** *Halbinsel der Normandie*

coter [kɔte] V/T **1** *(marquer)* markieren; *(numéroter)* nummerieren **2** BOURSE notieren **3** *par ext* **~ une voiture, un restaurant** ein Auto, ein Restaurant bewerten **4** TECH *plan* mit Maßzahlen versehen

coterie [kɔtʀi] *st/s* F Klüngel *m*; Clique *f*

Côtes-d'Armor [kotdaʀmɔʀ], *bis 1990* **Côtes-du-Nord** [kotdynɔʀ] **les ~** *fpl frz Departement*

côtes-du-Rhône [kotdyʀon] M ‹*inv*› *Rotwein aus dem südlichen Rhonetal*

cothurne [kɔtyʀn] M ANTIQUITÉ Kothurn *m*

côtier [kotje] ADJ ‹-ière› Küsten…; **navigation, pêche côtière** Küstenschifffahrt *f*, -fischerei *f*

cotillon [kɔtijõ] M **1** LOC **courir le ~** jeder Schürze nachlaufen; ein Schürzenjäger sein **2** **accessoires** *mpl* **de ~** Papierartikel *mpl* für Partys *etc (Papierschlangen, Konfetti etc)*

cotisant [kɔtizɑ̃] **A** ADJ **membre ~** zahlendes Mitglied **B** SUBST **~(e)** *m(f)* Beitragszahler(in) *m(f)*

cotisation [kɔtizasjõ] F (Mitglieds)Beitrag *m* (à an *+acc*)

cotiser [kɔtize] **A** V/I (s-n) Beitrag *ou* (s-e) Beiträge zahlen, entrichten (à an *+acc*) **B** V/PR **se ~** (Beiträge, Geld) sammeln; zusammenlegen (**pour un cadeau** für ein Geschenk)

coton [kɔtõ] M **1** Baumwolle *f*; *loc adj* **de ~** Baumwoll…; baumwollen; aus Baumwolle; **tissu** *m* **de ~** Baumwollgewebe *n*, -stoff *m*; *fig*: **avoir les jambes en ~** weiche Knie haben; → *a.* **filer** A1 **2** *fil* Baumwollgarn *n*; **~ à broder, à repriser** (Baumwoll)Stick-, Stopfgarn *n* **3** **~ (hydrophile)** (Verband[s])Watte *f*; **(morceau** *m* **de) ~** Wattebausch *m*; *fig*: **il a du ~ dans les oreilles** s-e Ohren sind zu; *enfant* **élever dans du ~** in Watte packen; verhätscheln; verzärteln **4** ADJT *fam* **c'est ~!** *fam* das ist kniff(e)lig, verzwickt, vertrackt!

cotonnade [kɔtɔnad] F Baumwollgewebe *n*, -zeug *n*

cotonneux [kɔtɔnø] ADJ ‹-euse› **1** *brume* wie Watte; **nuages** *mpl* **~** Wattewolken *fpl*, -wölkchen *npl* **2** *feuille* flaumig **3** *fruit* mehlig **4** *bruit* gedämpft

cotonnier [kɔtɔnje] ADJ ‹-ière› Baumwoll…; **industrie cotonnière** Baumwollindustrie *f*

coton-tige® [kɔtõtiʒ] M ‹*pl* cotons-tiges› Wattestäbchen *n*

côtoyer [kotwaje] V/T ‹-oi-› **1** **~ qn** mit j-m zusammenkommen, in Verbindung, in Berührung kommen **2** *fig* **~ qc** mit etw in (enge) Berührung kommen; **~ le ridicule** *réaction etc* ans Lächerliche grenzen; *personne* sich ziemlich lächerlich machen **3** *route* **~ la rivière** sich am Fluss entlangziehen; am Fluss entlanglaufen

cottage [kɔtɛdʒ] M Cottage *n*; kleines Landhaus

cotte [kɔt] F **1** HIST **~ de mailles** Kettenhemd *n*, -panzer *m* **2** *vêtement de travail* Latzhose *f*

cotutelle [kɔtytɛl] F JUR Mitvormundschaft *f*; **cotuteur** M JUR Mitvormund *m*

cotylédon [kɔtiledõ] M BOT Keimblatt *n*

cou [ku] M **1** *d'une personne, d'un animal* Hals *m*; *fig*: **~ de cygne** Schwanenhals *m*; **~ de taureau** Stiernacken *m*; *loc adv*: **au ~** am Hals; *porter* um den Hals; **autour du ~** um den Hals (geschlungen); **jusqu'au ~** bis zum Hals (*a. fig*); **être endetté jusqu'au ~** bis zum Hals, bis über die Ohren in Schulden stecken; **se casser, se rompre le ~** sich *(dat)* den Hals, das Genick brechen (*a. fig*); **couper le ~ à qn** j-m die Kehle, den Hals durchschneiden; **se jeter, sauter au ~ de qn** j-m um den Hals fallen; **se pendre au ~ de qn** sich an j-s Hals *(acc)* hängen; j-n umhalsen **2** *d'une bouteille* Hals *m*

couac [kwak] M falscher Ton; Misston *m*; **faire des ~s** falsch singen *ou* spielen

couard [kwaʀ] *st/s* **A** ADJ feig(e) **B** M Feigling *m*; *litt* Memme *f*

couardise [kwaʀdiz] *st/s* F Feigheit *f*

couchage [kuʃaʒ] M *des troupes* Unterbringung *f*; Übernachtung *f*; **matériel** *m* **de ~** Schlafausrüstung *f* für Camping *etc*; **sac** *m* **de ~** Schlafsack *m*

couchant [kuʃɑ̃] **A** ADJ **1** **soleil ~** untergehende Sonne **2** CH **chien ~** Vorstehhund *m* **B** M **1** *(ouest) st/s* Abend *m* **2** *soleil* untergehende Sonne

couche [kuʃ] F **1** *(épaisseur)* Schicht *f* (*a.* GÉOL, MÉTÉO, TECH); Lage *f*; MINES *a.* Flöz *n*; TECH *a.* Belag *m*; PEINT *a.* Anstrich *m*; **~ protectrice** Schutzschicht *f*; GÉOL **~ d'argile** Tonschicht *f*; **~ de neige** Schneedecke *f*; **~ de peinture** Farbschicht *f*; *fam fig* **il en a, tient une ~** *fam* der ist ganz schön blöd, dämlich, vernagelt; der hat ein Brett vor dem Kopf **2** *fig* **~s sociales** Gesellschaftsschichten *fpl*; soziale Schichten *fpl* **3** JARD Mistbeet *n* **4** *pour bébés* Windel *f* **5** **a** **fausse ~** Fehlgeburt *f*; *t/t* Abort *m*; **avoir, faire une fausse ~** e-e Fehlgeburt haben **b** *st/s* **~s** *pl période* Wochenbett *n*; *(accouchement)* Entbindung *f*; *litt* Niederkunft *f*; **retour** *m* **de ~s** erste Menstruation nach der Entbindung; **femme** *f* **en ~s** Wöchnerin *f*; **être en ~s** im Wochenbett liegen; **mourir en ~s** im Wochenbett *ou* bei der Geburt sterben **6** *litt* Lager *n*; **~ nuptiale** Hochzeits-, Brautlager *n*

couché [kuʃe] ADJ **1** liegend; **être ~** *(étendu)* liegen; *au lit* im Bett sein; **il est déjà ~** *a.* er schläft schon; er ist schon schlafen gegangen; **rester ~** liegen bleiben **2** *écriture* schräg; **pli ~** COUT einfache Falte; GÉOL liegende Falte

couche-culotte [kuʃkylɔt] F ‹*pl* couches-culottes› Höschenwindel *f*

coucher¹ [kuʃe] **A** V/T **1** **a** **~ qn** j-n (hin)legen (**sur** auf *+acc*); *enfant, malade* ins Bett legen; *enfant a.* zu Bett bringen **b** **~ qn (chez soi)** j-n (für die Nacht) beherbergen, (bei sich) unterbringen; j-n (bei sich) übernachten lassen **2** *objet* (waagrecht) legen; hinlegen; *pluie* **~ les blés** das Getreide umlegen; *tempête* **~ un navire** ein Schiff auf die Seite legen **3** **~ qc (par écrit)** etw schriftlich niederlegen; etw niederschreiben, zu Papier bringen; **~ qn sur son testament** j-n in s-m Testament bedenken **4** **~ en joue** → **joue** 1 **B** V/I **1** *(dormir)* schlafen; *(passer la nuit)* übernachten; nächtigen; **~ à l'hôtel** im Hotel übernachten; **~ avec qn** mit j-m zusammen (in e-m Zimmer *ou* Bett) schlafen; → *a.* B 2; **~ sous les ponts** unter den Brücken schlafen; *fig* **nom** *m* **à ~ dehors** unaussprechlicher, schwer auszusprechender Name; Name, den man sich *(dat)* nicht merken kann **2** *fam* **~ avec qn** *(avoir des rapports sexuels)* mit j-m schlafen **3** *à un chien* **allez** *ou* **va ~!** kusch! **C** V/PR **se ~ 1** **a** *pour dormir* sich schlafen legen; sich niederlegen; schlafen gehen; ins, zu Bett gehen; **c'est l'heure de se ~** *a.* es ist Zeit zum Schlafengehen **b** *(s'étendre)* sich hin-, nieder-, *fam* flachlegen; **se ~ dans l'herbe, sur le divan** sich ins Gras, auf die Couch legen **2** *(se courber)* **se ~ sur qc** sich tief beugen über etw *(acc)* **3** *soleil, astre* untergehen

coucher² [kuʃe] M **1** *d'un astre* Untergang *m*; (au) **~ du soleil** (bei) Sonnenuntergang *m* **2** *moment de la journée* Schlafengehen *n*; Schlafenszeit *f* **3** HIST **~ du roi** Abendaudienz *f* (beim König)

coucheries [kuʃʀi] FPL *péj* Bettgeschichten *fpl*

couche-tard [kuʃtaʀ] M ‹*inv*› Nachtarbeiter *m ou* -schwärmer *m*; **couche-tôt** M ‹*inv*› j-d, der mit den Hühnern ins Bett geht

couchette [kuʃɛt] F **1** CH DE FER Platz *m* im Liegewagen; Liegeplatz *m*; **~s** *pl* Liegewagen *m* **2** MAR Kabinenbett *n*; Koje *f*

coucheur [kuʃœʀ] M **mauvais ~** Meckerer *m*; Nörgler *m*; Streithahn *m*, *fam* -hammel *m*, *all Sud* -hans(e)l *m*; **c'est un mauvais ~** *a.* mit ihm ist nicht gut Kirschen essen

coucheuse [kuʃøz] F FABRICATION DE PAPIER Gautschpresse *f*

couci-couça [kusikusa] ADV *fam* so lala; soso

coucou [kuku] **A** M **1** ZOOL Kuckuck *m* **2** *pendule* Kuckucksuhr *f* **3** BOT Schlüsselblume *f*; Himmelsschlüssel *m* **4** *fam fig (vieil avion)* **(vieux) ~** *fam* alte Kiste, Mühle **B** INT kuckuck!; **~, me voilà!** kuckuck *ou* hallo, da bin ich!

coude [kud] M **1** Ell(en)bogen *m*; *loc adv* **~ à ~** dicht nebeneinander, aneinandergedrängt; auf Tuchfühlung; Schulter an Schulter (*a. fig*); Seite an Seite (*a. fig*); *veste* **trouée aux ~s** mit durchlöcherten Ellbogen; mit Löchern an den Ellbogen; **donner un coup de ~ à qn, pousser qn du ~** j-n mit dem Ellbogen anstoßen; **jouer des ~s** die Ellbogen gebrauchen (*a. fig*); *fam fig* **lever le ~** *fam* (gern) einen heben; *fig* **se serrer, se tenir les ~s** zusammenhalten **2** *d'une rivière* (starke) Krümmung, Biegung; Knie *n*; *d'un chemin* Knick *m* **3** TECH Knie *n*; Kröpfung *f*

coudée [kude] F **avoir les ~s franches** Handlungs-, Bewegungs-, Ellbogenfreiheit haben

cou-de-pied [kudpje] M ‹*pl* cous-de-pied› ANAT Spann *m*; (Fuß)Rist *m*

couder [kude] V/T TECH (zu e-m Knie, knieförmig) umbiegen; kröpfen; *adjt* **tuyau coudé** Knie *n*; Krümmer *m*

coudou [kudu] M ZOOL Kudu *m*

coudoyer [kudwaje] ‹-oi-› V/T **1** **~ qn** mit j-m in Berührung, Kontakt kommen; mit j-m zusammenkommen **2** *fig* **~ qc** an etw *(acc)* grenzen

coudre [kudʀ] V/T ‹je couds, il coud, nous cousons; je cousais; je cousis; je coudrai; que je couse; cousant; cousu› nähen (*a. abs*); *bouton, manche etc* annähen (à an *+acc*); *pièce* aufnähen; *deux parties* zusammennähen; MÉD **~ une plaie** eine Wunde nähen; **~ à la machine** mit der (Näh)Maschine nähen

coudrier [kudʀije] M BOT Haselstrauch *m*, -busch *m*; **baguette** *f* **de ~** Haselrute *f*, -gerte *f*; *du sourcier* Wünschelrute *f*

couenne [kwan] F CUIS Speckschwarte *f*

Couesnon [kwenõ] **le ~** *Fluss in Westfrankreich*

couette [kwɛt] F **1** *(édredon)* Federbett *n* **2** *cheveux* seitlich zusammengehaltener Haarschopf; *fam* Schwänzchen *n*

couffin [kufɛ̃] M strohgeflochtener Tragkorb *ou* strohgeflochtene Tragetasche *(für Babys)*

cougouar *ou* **couguar** [kugwaʀ] M ZOOL Kuguar *m*; Puma *m*

C

couic [kwik] INT 1 *cri étranglé* quiek!; *fam fig* **faire ~ à qn** *fam* j-m den Hals umdrehen 2 *fam* **n'y comprendre que ~** *fam* nichts kapieren

couille [kuj] F *vulg (testicule)* Hoden *m*; **~s** *pl pop* Eier *npl*; **~ molle** *fam* Waschlappen *m*; *pop* Schlappschwanz *m*; **casser les ~s à qn** *pop* j-m auf den Sack gehen; **se faire des ~s en or** *pop* viel, einen Haufen Kohle machen

couillon [kujõ] M *fam* Dussel *m*; Blödmann *m*; Dämlack *m*

couillonner [kujɔne] V/T *fam* **~ qn** j-n hereinlegen, *fam* überfahren

couinement [kwinmɑ̃] *fam* M *d'un petit animal* Quieken *n*; **couiner** *fam* V/I *petit animal* quieken; *enfant* flennen; *chariot, frein* quietschen

coulage [kulaʒ] M 1 TECH Gießen *n*; Guss *m* 2 *fam (gaspillage)* Verschwendung *f*

coulant [kulɑ̃] A ADJ 1 *style* flüssig; **nœud ~** Schlinge *f*; **vin ~** süffiger Wein 2 *fam personne* großzügig; entgegenkommend; *fam* nicht pingelig B M *d'une ceinture* Schlaufe *f*

coule [kul] LOC ADJ *fam* **à la ~** routiniert; *fam* gewieft; **être à la ~** *a.* Bescheid wissen; alle Tricks kennen

coulée [kule] F 1 MÉTALL a *action* Gießen *n*; Guss *m*; Abstich *m* b *masse* Schmelzmasse *f* 2 GÉOL Strom *m*; **~ de boue** Schlammlawine *f*; Mure *f*; **~ de lave** Lavastrom *m*

couler [kule] A V/T 1 MÉTALL, TECH gießen; **~ qc dans qc** etw in etw *(acc)* gießen 2 *navire* versenken 3 *fig personne* erledigen; *fam* fertigmachen; **~ une entreprise** ein Unternehmen ruinieren 4 **~ un mot à l'oreille de qn** j-m heimlich etwas ins Ohr flüstern; **~ un regard vers qn, qc** verstohlen, heimlich e-n Blick auf j-n, etw werfen 5 **~ des jours heureux** glückliche Tage verbringen, verleben B V/I 1 *liquides* fließen; rinnen; *plus fort* strömen; (her)auslaufen; *beurre* zerlaufen; *fromage, cire* laufen; *fig* **l'argent lui coule entre les doigts** das Geld zerrinnt ihm in, unter den Händen; **faire ~ ses larmes** Tränen vergießen; **le sang a coulé** es floss Blut; **faire ~ le sang** *personnes* Blut vergießen; *choses* Veranlassung zu Blutvergießen sein 2 *tonneau etc* lecken; undicht sein; auslaufen; *robinet, bougie* tropfen; *stylo* klecksen; **mon nez coule** mir läuft die Nase; meine Nase läuft 3 *st/s temps* verrinnen; verstreichen; *vie* **~ doucement** gemächlich verlaufen, dahinfließen 4 *navire* untergehen; (ver)sinken 5 **~ tout seul** *style* flüssig sein; *récit* flüssig geschrieben sein C V/PR 1 **se ~ dans son lit** ins, in sein Bett schlüpfen; **se ~ dans une pièce** sich in ein Zimmer schleichen 2 *fam* **se la ~ douce** sich *(dat)* ein angenehmes Leben machen; sein Leben genießen; es sich *(dat)* wohl sein lassen

couleur [kulœʀ] F 1 Farbe *f*; **~s fondamentales** Grundfarben *fpl*; **~s spectrales, du spectre** Spektralfarben *fpl*; ♦ *adjt* ⟨*inv*⟩ **~ chair** fleischfarben; **~ épinard** spinatgrün; **copie** *f*, **téléviseur** *m* **~** Farbkopie *f*, -fernseher *m*; ♦ *loc adj*: **de ~** farbig; Farb...; bunt; **femme** *f*, **homme** *m* **de ~** Farbige(r) *m/f(m)*; **gens** *pl* **de ~** Farbige(n) *mpl*; **de plusieurs ~s** farbig; bunt; **d'une seule ~** einfarbig; **en ~s** Farb...; Bunt...; **photo** *f* **en ~s** Farbfoto *n*; **°haut en ~(s)** *personne* mit hochrotem Gesicht; *foule, spectacle* farbenfroh, -freudig; bunt; *fig personnage* urwüchsig; *style, expression* sehr bildhaft; *plus fort* deftig; ♦ **avoir de belles ~s** e-e frische, gesunde Gesichtsfarbe, frische Farben haben; *fam fig* **en faire voir à qn de toutes les ~s** j-m schwer zu schaffen machen; j-m das Leben sauer machen; *fig* **passer par toutes les ~s** abwechselnd rot und blass werden; **perdre ses ~s** blass werden; *fam fig* **vous n'en verrez plus la ~** davon werden Sie nie mehr etwas zu sehen bekommen; *fam* das werden Sie am Nimmerleinstag wiederbekommen 2 *substance* Farbe *f*; Farbstoff *m* 3 *fig* Farbe *f*; Färbung *f*; *du style a.* Farbigkeit *f*; **~ locale** PEINT Lokalfarbe *f*; *fig* Lokalkolorit *n*; **sans ~** farblos; **sous ~ de** *(+inf)* unter dem Vorwand zu *(+inf)*; *apparaître, voir* **sous de toutes autres ~s** in e-m ganz anderen Licht; *décrire* **sous de belles ~s** in rosigen Farben; in rosigem Licht 4 PL **~s** *d'un club etc* Farben *fpl* 5 PL **~s (nationales)** Landes-, Nationalfarben *fpl*; *par ext (drapeau)* Flagge *f*; **les trois ~s** die Trikolore *f* 6 JEUX DE CARTES Farbe *f*; **annoncer la ~** (Trumpf)Farbe ansagen; *fig* s-e Absichten bekannt geben; ROULETTE **jouer la ~** auf Farbe setzen; *aux cartes* **jouer dans la ~** Farbe bedienen, bekennen 7 *fig, surtout* POL Richtung *f*; Schattierung *f*; Färbung *f*; Couleur *f* 8 *linge* Buntwäsche *f*

couleuvre [kulœvʀ] F ZOOL Natter *f*; *fig*: **avaler des ~s** *(subir des affronts)* allerhand, so manche Beleidigung einstecken, hinnehmen, *fam* schlucken; *(être crédule)* sehr leichtgläubig sein; **être paresseux comme une ~** sehr faul, *fam* stinkfaul, ein Faulpelz sein

coulis [kuli] A ADJ **vent ~** Zug(luft) *m(f)*; Luftzug *m* B M CUIS **~ d'écrevisses** Krebssuppe *f*; **~ de fraises** passierte Erdbeeren *fpl*; **~ de tomates** Tomatenpüree *n*, -mark *n*

coulissant [kulisɑ̃] ADJ Schiebe...; Gleit...; **cloison, porte ~e** Schiebewand *f*, -tür *f*

coulisse [kulis] F 1 THÉ *surtout* PL **~s** Seiten- und Hinterbühne(n) *f(pl)*; *fig*: **dans les ~s** hinter den Kulissen; **il connaît les ~s de la politique** er weiß, was sich in der Politik hinter den Kulissen abspielt; **se tenir dans la ~** *ou* **les ~s** nach außen hin nicht in Erscheinung treten 2 *(glissière)* Führung(sschiene) *f*; Falz *m*; Fuge *f*; *loc adj* **à ~** Schiebe...; **pied** *m* **à ~** Schieb-, Schublehre *f*; **porte** *f* **à ~** Schiebetür *f* 3 MUS **trombone** *m* **à ~** Zugposaune *f* 4 COUT Zugsaum *m* 5 *fig* **regard** *m* **en ~** verstohlener, heimlicher Blick 6 BOURSE Kulisse *f*; Freiverkehr *m*

coulisser [kulise] V/I in Schienen, in e-r Führung gleiten; sich (ver)schieben lassen

couloir [kulwaʀ] M 1 *d'un appartement, d'un train, du métro* Gang *m*; *d'un immeuble a.* Korridor *m (a. par ext)*; *d'un appartement a.* Flur *m*; SPORTS Bahn *f*; *d'une salle de séance*, THÉ *etc* **~s** *pl* Wandelgänge *mpl*; AVIAT **~ aérien** Luftkorridor *m*; Flugschneise *f*; **~ d'autobus** Fahrspur *f* für Busse und Taxis; *fig* POL **ce sont des bruits de ~s** das wird in den Wandelgängen erzählt 2 GÉOL Furche *f*; **~ rocheux** Felsrinne *f*; **~ d'avalanches** Lawinengraben *m*, -gasse *f*; *autrich* Lahngang *m*; Lahner *m*

coulomb [kulõ] M (ABR C) ÉLEC Coulomb *n* *(abr* C*)*

coulommiers [kulɔmje] M *ein Weichkäse*

Coulounieix-Chamiers [kulunjeʃamje] *Stadt im Dep. Dordogne*

coulpe [kulp] F LOC **battre sa ~** sich *(dat)* an die Brust schlagen

coulure [kulyʀ] F 1 MÉTALL beim Gießen durch die Formfugen gedrungenes Metall 2 AGR Blütenfall *m*; Aus-, Verrieseln *n* 3 *en peinture, glaçure etc* heruntergelaufener Tropfen; *fam* Nase *f*

coup [ku] M 1 Schlag *m (a. fig)*; Hieb *m*; *(choc)* Stoß *m*; *de couteau etc* Stich *m*; *d'une arme à feu* Schuss *m*; *fig (action)* Tat *f*; Coup *m*; *fam* Stückchen *n*; **~ bas** BOXE Tiefschlag *m*; *fig* Schlag unter die Gürtellinie; CH **double ~** Doppeltreffer *m*; Dublette *f*; *fig* **faire ~ double** zwei Fliegen mit einer Klappe schlagen; *fig* **~ dur** harter, schwerer (Schicksals)Schlag; FOOTBALL **~ franc** Freistoß *m*; *fam fig* **sale ~** gemeiner, hinterhältiger Schlag, Streich; JUR **~s et blessures** *fpl* Körperverletzung *f*; ♦ **~ d'aile** Flügelschlag *m*; MUS **~ d'archet** Bogenstrich *m*, -führung *f*; **~s de bâton** Stockschläge *mpl*; **donner des ~s de bâton à qn** j-n verprügeln; **~ de bêche** Spatenstich *m*; MÉD **~ de bistouri** Schneiden *n*; Schnitt *m*; *fam* **~ de boule** Kopfstoß *m*; **~ de canon** Kanonenschuss *m*; MÉD **~ de chaleur** Hitzschlag *m*; *fig* **~ de chance** Glücksfall *m*; **~ de ciseaux** Schnitt *m* (mit der Schere); **~ de couteau** Messerstich *m*; *fig* **~ d'essai** erster Versuch; Anfang *m*; **pour un ~ d'essai, c'est un ~ de maître** für e-n ersten Versuch *ou* dafür, dass es ein erster Versuch war, ist das e-e Meisterleistung; **~ de feu** Schuss *m*; *fig* **c'est le ~ de feu** es ist, herrscht Hochbetrieb; es ist Stoßzeit; **tirer un ~ de feu** schießen; e-n Schuss abfeuern, abgeben; TÉL *fam* **~ de fil** Anruf *m*; **~ de folie** Anfall *m* von Wahnsinn; *fig* plötzliche Anwandlung; *plus fort* Moment *m* der Unzurechnungsfähigkeit; **~ de force** Gewaltstreich *m*; *fig* **~ de génie** genialer Einfall; Genie-, Geistesblitz *m*; *fig* **~ de langue** bissige, gehässige Bemerkung; *animal* **donner un ~ de langue à qn** j-m das Gesicht (ab)lecken; **~ du lapin** Töten *n* e-s Kaninchens durch Abknicken des Kopfes; *blessure* Schleudertrauma *n*; *fracture* Halswirbelbruch *m* (durch Peitscheneffekt); **~ de main** → main 1; **~ de maître** Meisterleistung *f*; **~ de marteau** Hammerschlag *m*; **~ d'œil** → œil 1; *fig* **~ de patte** kleiner Seitenhieb; **~ de pied** (Fuß)Tritt *m*; **donner un ~ de pied à qn, à qc** j-m, e-r Sache e-n (Fuß)Tritt geben, versetzen; **recevoir un ~ de pied au derrière** e-n Tritt in den Hintern bekommen; **~ de pinceau** Pinselstrich *m*; **donner un ~ de pinceau** flüchtig (über)streichen (à **qc** etw); **~ de pistolet** Pistolenschuss *m*; **~ de poing** Faustschlag *m*, -hieb *m*; → *a.* poing, coup-de-poing; **~ de téléphone** (Telefon)Anruf *m*; **donner un ~ de téléphone à qn** j-n anrufen; *fam* **~ de Trafalgar** *fam* Schlag *m* ins Kontor; → *a. les subst correspondants*; ♦ *loc adv et loc prép*: **à ~s de** mit (Hilfe von *ou +gén*); durch *(+acc)*; mittels *(+gén)*; **au premier ~** auf Anhieb; (gleich) beim ersten Mal; **à ~ sûr** mit Sicherheit; ganz bestimmt, gewiss; **à tous les ~s** jedes Mal; bei jeder Gelegenheit; **tout à ~** mit einem Schlag; plötzlich; auf einmal; **après ~** hinterher; nachher; nachträglich; hinterdrein; im Nachhinein; *fam* **du ~** deshalb; darum; aus diesem Grund; **du même ~** bei dieser Gelegenheit; **du premier ~** auf Anhieb; (gleich) beim ersten Mal; **d'un (seul) ~** auf einmal; mit einem Schlag; → *a.* 2; **tout d'un ~** plötzlich; auf einmal; mit einem Schlag; **encore un ~** noch einmal; wieder; **pour le ~** (für) diesmal; *fam si elle sait qu'il est là*, **c'est pour le ~ qu'elle ne viendra pas** (dann) kommt sie erst recht nicht; **sous le ~ de** unter der (Ein)Wirkung, unter dem Eindruck *ou* unter der Drohung von *(ou +gén)*; **sous le ~ d'un choc** unter Schockwirkung; **sous le ~ de l'émotion** im Affekt; **il est sous le ~ d'une condamnation** ihm droht e-e Verurteilung; **tomber sous le ~ de la loi** unter die Bestimmungen des Gesetzes, unter das Gesetz fallen; strafbar sein; **~ sur ~** Schlag auf Schlag; schnell hintereinander; **sur le ~** auf der Stelle; sofort; **être tué sur le ~** auf der Stelle, sofort tot sein; **sur le ~ de dix heures** etwa um, gegen zehn Uhr; ♦ *fig* **accuser le ~** Wirkung zeigen; **il a accusé le ~** *a.* man hat es ihm angemerkt; *fam* **il a attrapé un mauvais ~** *fam* den hat's ganz schön erwischt; er hat ganz schön was abgekriegt; **avoir un joli ~ de crayon** gut zeichnen (können); *fam*

j'ai (pris) le ~ *fam* jetzt hab ich's heraus *(wie man es macht)*; **calculer son ~** sich *(dat)* die Sache genau ausrechnen; e-n genauen Plan machen; *fig* **compter les ~s** nur Zuschauer sein; nicht daran beteiligt sein; **donner un ~ de chiffon (à qc)** (etw) flüchtig abstauben; mit dem Staubtuch darüberfahren (über etw *[acc]* fahren); *fam* **donner un ~ de gueule** losbrüllen; **se donner un ~** sich (an)stoßen, anschlagen; *fam* **ce ~-ci, c'est le bon** *fam* diesmal muss es klappen; **être noir, bleu de ~s** überall blaue Flecken haben; *fam fig* **être aux cent ~s** Todesängste ausstehen; entsetzlich, furchtbar aufgeregt sein; **être dans le ~** *(au courant)* auf dem Laufenden, im Bilde sein; Bescheid wissen; *(participer)* in die Sache (mit) verwickelt sein; *(à la mode)* aktuell, modisch, *fam* in sein; *fam* **expliquer le ~ (à qn)** (j-m) die Sache erklären, auseinandersetzen; **c'est lui qui a fait le ~** das hat er gemacht, angerichtet, angestellt; **tu ne vas pas nous faire le ~ de te dédire** du wirst uns doch das nicht antun (und absagen); *malfaiteur* **faire un (mauvais) ~** e-e Straftat begehen; *fam* ein Ding drehen; **faire un mauvais ~ à qn** j-m übel mitspielen; *fam* **faire les quatre cents ~s** übermütige, tolle Streiche verüben; sich austoben; *fam* **en ficher un ~** *fam* sich ins Zeug legen; tüchtig rangehen; **on frappa trois ~s à la porte** es klopfte dreimal (an die Tür); **se libérer d'un ~ de reins** sich (mit e-m Ruck) aus e-r Umklammerung befreien; **marquer le ~** → marquer A 7; *fam* **en mettre un ~** *fam* sich ins Zeug legen; tüchtig rangehen; **mettre qn dans le ~** *(faire participer)* j-n in die Sache (mit) hineinziehen; *(informer)* j-n ins Bild setzen; **monter un ~** e-n Coup vorbereiten, planen, *fam* aushecken; **c'est un ~ monté** das ist e-e abgekartete Sache, ein abgekartetes Spiel; **porter un ~ à qn** j-m e-n Schlag versetzen *(a. fig)*; j-m e-n Hieb versetzen; **porter un ~ à la réputation de qn** j-s gutem Ruf schaden; j-s guten Ruf beeinträchtigen; **le ~ a porté** der Schlag, Hieb hat gesessen; *fam* **en prendre un (bon) ~** *personne, voiture* etwas dabei abbekommen, *fam* abkriegen; *fig* ziemlich hart getroffen werden; e-n Stoß versetzt bekommen; *horloge* **sonner six ~s** sechsmal schlagen; **tenir le ~** aus-, durch-, standhalten; *chose* (sich) halten; *fam* **valoir le ~** sich lohnen; der Mühe wert sein **2** *(quantité bue)* Schluck *m*; *vider son verre* **d'un seul ~** auf einen Zug; *fam fig* **avoir un ~ dans le nez** zu tief ins Glas geguckt haben; *fam* **boire un ~** *fam* einen trinken, heben; *fam* **boire un ~ de trop** *fam* einen über den Durst trinken **3** ÉCHECS (Spiel)Zug *m*

coupable [kupabl] **A** ADJ *personne* schuldig; *comportement* schuldhaft; *par ext* **amour** *m* **~** sündige, sündhafte Liebe; JUR **non ~** nicht schuldig; **être ~ d'un crime** e-s Verbrechens schuldig sein; **être déclaré, reconnu ~** für schuldig befunden, *a.* JUR erklärt werden; JUR schuldig gesprochen werden; **se rendre ~ de** *accident etc* verschulden; *faute, délit* sich *(dat)* zuschulden kommen lassen; PSYCH **se sentir ~** sich schuldig fühlen **B** M/F Schuldige(r) *m/f(m)*; Täter *m*; **le grand ~ de qc c'est ...** der Hauptschuldige an etw *(dat)* ist ...; die Hauptschuld an etw *(dat)* trägt ...; **c'est moi le ~** ich bin der Schuldige; ich bin schuld (daran)

coupage [kupaʒ] M *de vins* Verschnitt *m*

coupant [kupɑ̃] ADJ **1** *outil* schneidend; (scharf) geschliffen; **bord ~** scharfkantiger Rand **2** *fig* **ton ~** schneidender Ton

coup-de-poing [kudpwɛ̃] M ‹*pl* coups-de-poing› **1 ~ (américain)** Schlagring *m* **2** PRÉHISTOIRE Faustkeil *m*

coupe [kup] F **1** *récipient, contenu* Schale *f*; *à fruits a.* Schüssel *f*; *petite* Schälchen *n*; Schüsselchen *n*; *précieuse* Pokal *m*; **~ glacée** Eisbecher *m*; **~ à champagne** Sektschale *f*; **~ de cristal** Kristallschale *f*, -schüssel *f*; *fig* **boire la ~ jusqu'à la lie** den Kelch bis zur Neige leeren; *prov* **il y a loin de la ~ aux lèvres** ein Versprechen geben und es halten *ou* e-n Plan machen und ihn durchführen ist zweierlei **2** SPORTS *prix* Pokal *m*; *compétition* Pokal(wettbewerb) *m*; **~ Davis** [-devis] Davis-Cup [de:viskap] *m*; Davis-Pokal *m*; **~ d'Europe** Europapokal *m*; **~ de France de football** französischer Fußballpokal(wettbewerb); **Coupe du monde** Fußballweltmeisterschaft *f*; SKI Weltcup *m* **3** *(action de couper)* Schneiden *n*; Schnitt *m*; **~ (de cheveux)** *résultat, manière* (Haar)Schnitt *m*; *action* Schneiden *n* **4** COUT **a** *action* Zuschneiden *n*; Zuschnitt *m* **b** *résultat, manière* Schnitt *m* **c** *(coupon)* Coupon *m*; (Stück *n*) Stoff *m* **5** *(section)* Schnitt *m*; *dessin* Schnittzeichnung *f*; **~ histologique** Gewebsschnitt *m*; **~ longitudinale, transversale** Längs-, Querschnitt *m* **6** LOC **être, tomber sous la ~ de qn** unter j-s Fuchtel *(dat)* sein; unter j-s Fuchtel *(acc)* fallen; völlig von j-m beherrscht werden **7** SYLVICULTURE Einschlag *m*; **~ réglée** Jahresschlag *m*; *fig* **mettre qn en ~ réglée** j-n regelmäßig schröpfen; *fig* **~s sombres** einschneidende Reduzierungen *fpl*, Kürzungen *fpl* **(dans le budget, dans le personnel** des Budgets, beim Personal); **faire, pratiquer des ~s sombres** einschneidende Kürzungen vornehmen; den Rotstift ansetzen; **faire des ~s sombres dans un texte** e-n Text stark kürzen, zusammenstreichen **8** JEUX DE CARTES Abheben *n* **9** VERSIFICATION Zäsur *f*; LING **~ syllabique** Silbentrennung *f*

coupé [kupe] **A** ADJ **1** (ab)geschnitten; *cheveux* kurz (geschnitten); **fleurs ~es** Schnittblumen *fpl*; *vêtement* **mal ~** schlecht (zu)geschnitten; → *a.* couper A 1 **2** *communications* abgeschnitten; unterbrochen; *route* unterbrochen; unpassierbar **3** *chat* kastriert; verschnitten **4** TENNIS **balle ~e** angeschnittener Ball **B** M AUTO Coupé *n*

coupe-choux [kupʃu] M ‹*inv*› *fam* MIL kurzer Säbel; **coupe-cigares** M ‹*inv*› Zigarrenabschneider *m*; **coupe-circuit** M ‹*inv*› ÉLEC Sicherung *f*; **coupe-coupe** M ‹*inv*› Buschmesser *n*; Machete *f*

coupée [kupe] F MAR **échelle** *f* **de ~** Fallreep *n*

coupe-faim [kupfɛ̃] M ‹*inv*› Appetitzügler *m*

coupe-feu [kupfø] ‹*inv*› **A** ADJ **mur** *m* **~** Brandmauer *f*; **porte** *f* **~** Feuerschutztür *f* **B** M **1** Brandschneise *f* **2** INFORM Firewall *f*

coupe-file [kupfil] M ‹*inv*› Passierschein *m*; Sonderausweis *m*; **coupe-gorge** M ‹*inv*› **1** *lieu, passage* üble, gefährliche, berüchtigte, verrufene Gegend **2** *(bar etc louche)* Spelunke *f*; Räuberhöhle *f*

coupelle [kupɛl] F TECH Kupelle *ou* Kapelle *f*

coupe-ongles [kupɔ̃gl] M ‹*inv*› Nagelschneider *m*, -zange *f*; **coupe-papier** M ‹*inv*› Papiermesser *n*; Brieföffner *m*

couper [kupe] **A** V/T **1** schneiden; *en deux* zer-, durchschneiden; kappen *(a.* MAR); *(découper)* zerschneiden; *(séparer d'un tout)* abschneiden; *plante, haie* beschneiden; *herbe, blés* (ab)mähen; schneiden; *cheveux* schneiden; *vêtement* zuschneiden; *arbres* fällen; hauen; *du bois avec une scie* sägen; *avec une hache* hacken; *branches* abschlagen; abhacken; abschneiden; **~ qn** j-n schneiden, verletzen; j-m e-e Schnittwunde beibringen; **~ la gorge à qn** j-m die Kehle, den Hals durchschneiden; **~ une jambe à qn** MÉD j-m ein Bein abnehmen; *lors d'un accident* j-m ein Bein abfahren; **~ (les pages d')un livre** ein Buch aufschneiden; **~ une tranche** e-e Scheibe abschneiden; *fig vent, froid* **~ le visage** ins Gesicht schneiden; **se faire ~ les cheveux** sich *(dat)* die Haare schneiden lassen; ♦ *adjt*: **il a eu la jambe coupée** ein Bein wurde ihm *lors d'un accident* abgetrennt, abgerissen, abgefahren, MÉD abgenommen; *fig de fatigue* **j'ai les jambes coupées** ich kann mich kaum aufrecht halten; die Beine wollen mich nicht tragen; *fig de peur* **j'en ai eu les jambes coupées** die Knie zitterten mir, wurden mir weich; ♦ *loc adj brouillard* **à ~ au couteau** undurchdringlich; dicht; dick; **il y avait une fumée à ~ au couteau** die Luft war zum Schneiden; ♦ *avec loc adv*: **~ avec un couteau** mit e-m Messer (ab-, durch)schneiden; **~ avec les dents** ab-, durchbeißen; **~ avec une °hache** (ab-, zer)hacken; **~ avec une scie** (ab-, zer)sägen; **~ en deux** in zwei Teile schneiden; halbieren; **~ une pièce en deux** ein Zimmer in zwei Räume aufteilen; **~ en morceaux** in Stücke schneiden; entzweischneiden; zerschneiden **2** *(interrompre) passage, route* unterbrechen; versperren; unpassierbar machen; *neige: village,* MIL *retraite* abschneiden; *communications* unterbrechen; *gaz, eau, électricité, téléphone* sperren; abstellen; *électricité a.* ausschalten; *circuit électrique* unterbrechen; *médicament: fièvre* senken; vertreiben; *électricité etc* **être coupé** *a.* ausfallen; TÉL **nous avons été coupés** wir sind unterbrochen worden; **être coupé du reste du monde** von der Außenwelt abgeschnitten sein; *fam fig* **ça te la coupe** *fam* da bleibt dir die Spucke weg; da biste platt; da staunste; **~ le crédit, les vivres à qn** j-m den Geldhahn zudrehen; **~ la matinée d'une récréation** den Vormittag durch e-e Pause unterbrechen; MAR **~ la vapeur** die Maschine(n) abstellen, stoppen; **~ le vent** den Wind abhalten; Schutz vor dem Wind bieten; **ça coupera le voyage** das ist, wäre e-e (angenehme) Unterbrechung der Reise; → *a.* souffle 2 **3 ~ un passage d'un texte** e-e Stelle aus e-m Text (heraus)streichen; **~ (une scène, quelques scènes d')un film** e-n Film kürzen; e-e Szene, einige Szenen aus e-m Film herausschneiden **4** *cartes* abheben **5** *(châtrer)* kastrieren; verschneiden **6** TENNIS *balle* (an)schneiden **7** *liquide* mischen; **~ le lait** die Milch mit Wasser verdünnen, mischen; *fam* die Milch pan(t)schen; **~ son vin d'eau** den Wein mit Wasser mischen **8** *(croiser)* durchqueren; durchschneiden; MATH *ligne* schneiden; *route: une autre* schneiden; kreuzen; *en voiture* **~ un virage** eine Kurve schneiden **9** *phrase, vers* durch Einschnitte markieren **B** V/T INDIR **1** *fam* **tu n'y couperas pas** du wirst dich dem nicht entziehen können; *fam* da kommst du nicht drum herum; da wirst du dran glauben müssen **2 ~ court à qc** etw (kurz) abschneiden, abbrechen; e-r Sache *(dat)* (auf einen Schlag) ein Ende machen **C** V/I **1** *couteau etc* schneiden; scharf sein **2** COUT zuschneiden **3** CARTES **a** *(séparer les cartes)* abheben **b** *(prendre avec un atout)* (mit e-r Trumpfkarte) stechen **4 ~ à travers champs** querfeldein gehen *ou* laufen; **~ par le bois** (den kürzesten Weg) quer durch den Wald gehen **5** *prise de son, de vues* **coupez!** aus!; stopp!; TÉL **ne coupez pas, s.v.p.** (Fräulein,) ich spreche noch **D** V/PR **se ~ 1** sich schneiden; **je me suis coupé(e) le** *ou* **au doigt** ich habe mich in den Finger geschnitten **2** *tissu* brüchig werden; Brüche bekommen **3** *routes* sich schneiden; sich kreuzen **4** *fig* *(se trahir)* sich verplappern

couper-coller [kupekɔle] M ‹*inv*› INFORM

Ausschneiden *n* und Einfügen *n*

couperet [kupʀɛ] M **1** *(hachoir)* Hackbeil *n*, -messer *n*; *pour fines herbes* Wiegemesser *n* **2** *de la guillotine* Fallbeil *n*

couperose [kupʀoz] F erweiterte *ou* geplatzte Äderchen *npl* (in der Gesichtshaut)

couperosé [kupʀoze] ADJ *visage* mit erweiterten *ou* geplatzten Äderchen

coupeur [kupœʀ] M **1** *ouvrier* Zuschneider *m* **2** *fig* **~ de cheveux en quatre** Haarspalter *m*

coupeuse [kupøz] F **1** *ouvrière* Zuschneiderin *f* **2** *machine* Schneidemaschine *f*

coupe-vent [kupvɑ̃] M ⟨*inv*⟩ Windjacke *f*

couplage [kuplaʒ] M TECH, ÉLEC Kopp(e)lung *f*; ÉLEC *a.* Schaltung *f*

couple¹ [kupl] M **1** **a** *(homme et femme)* Paar *n*; Pärchen *n*; *(mari et femme)* Ehepaar *n*; **~ d'amis** befreundetes (Ehe)Paar; **~ d'amoureux** Liebespaar *n*, -pärchen *n* **b** *d'animaux* Paar *n*; *de petite taille* Pärchen *n* **2** PHYS Kräftepaar *n*; TECH (Dreh)Moment *n*; ÉLEC Element *n* **3** MAR Spant *n*; Rippe *f* **4** MATH Paar *n*

couple² [kupl] F *régional* **une ~ de** zwei

couplé [kuple] ADJ TURF **pari ~** Zwillingswette *f*

coupler [kuple] V/T TECH, ÉLEC koppeln; ÉLEC *a.* schalten

couplet [kuplɛ] M (Lied)Strophe *f*; **~s** *pl a.* Lied *n*; **~s satiriques** Couplet *n*; *fam fig* **il nous a ressorti son ~ sur …** *fam* er hat wieder mit der alten Leier über (*+acc*) angefangen

coupole [kupɔl] F **1** ARCH Kuppel *f* **2** *par ext* **la Coupole** das Institut de France mit der Académie française; **être reçu sous la Coupole** in die Académie française aufgenommen werden

coupon [kupõ] M **1** *d'étoffe* Stoffrest *m*; Kupon *m* **2** FIN Kupon *m*; Zinsschein *m* **3** *d'un ticket* Abschnitt *m*; *(bon)* Gutschein *m*; Kupon *m*

coupon-réponse [kupõʀepõs] M ⟨*pl* coupons-réponse⟩ **~ international** internationaler Antwortschein

coupure [kupyʀ] F **1** *blessure* Schnitt(wunde, -verletzung) *m(f)* **(au doigt, au visage** am Finger, im Gesicht**)** **2** *fig (cassure)* Einschnitt *m*; *dans la vie de qn* einschneidendes Erlebnis **3** *de gaz, d'eau* Abstellen *n*; (Ab)Sperrung *f*; TÉL Unterbrechung *f*; **~ de courant** Stromsperre *f ou* -ausfall *m*; **il y aura une ~ d'eau** das Wasser wird abgestellt, (ab)gesperrt **4** **~s dans un film** Kürzung *f* e-s Films; Schnitte *mpl* in e-m Film; **~ dans un texte** Kürzung *f* e-s Textes; Streichen *n* von Passagen in e-m Text; **faire des ~s dans un texte** e-n Text kürzen, zusammenstreichen **5** **~ de journal** Zeitungsausschnitt *m* **6** *(billet de banque)* Banknote *f*; (Geld)Schein *m* **7** INFORM **~ automatique des mots** automatische Silbentrennung

cour [kuʀ] F **1** *d'un bâtiment* Hof *m*; Hofraum *m*; **~ intérieure** Innenhof *m*; **~ de ferme** Hof e-s Bauernhauses; **~ d'honneur** Ehrenhof *m*; **~ (de récréation)** Schulhof *m*; Pausenhof *m*; → *a.* **miracle** 5; ♦ THÉ **côté** *m* **~** (auf der) linke(n) Seite der Bühne *(vom Schauspieler aus gesehen)* **2** *d'un souverain* (Königs-, Fürsten)Hof *m*; *par ext* Hofstaat *m (a. fig)*; *fig* **~ d'admirateurs** Schwarm *m*, Kreis *m* von Verehrern; Hofstaat *m*; **~ de France** französischer (Königs)Hof; *fig* **homme** *m* **de ~** übertrieben zeremonieller, höflicher Mensch; HIST **noblesse** *f* **de ~** Hofadel *m*; *loc adv* **à la ~** bei Hofe; **à la ~ d'Henri IV** am Hofe Heinrichs IV.; **avoir sa ~** Hof halten; **être bien (mal) en ~** (HIST bei Hofe) in Gnade (Ungnade), in Gunst stehen; *fig a.* (nicht) sehr angesehen sein; *fig* **il lui faut une ~** er *ou* sie muss immer im Mittelpunkt stehen; *fig* **faire sa ~** *ou* **la ~ à qn** j-n hofieren; **faire la ~ à une femme** e-r Frau den Hof machen **3** JUR **~ (de justice)** Gericht(shof) *n(m)*; höheres Gericht; **Cour européenne de justice** Europäischer Gerichtshof; **Cour européenne des droits de l'homme** Europäischer Gerichtshof für Menschenrechte; *en France* **°haute Cour (de justice)** *parlamentarisches Sondergericht zur Aburteilung des Staatspräsidenten od von Regierungsmitgliedern*; **Cour internationale de justice** Internationaler Gerichtshof; **Cour pénale internationale** Internationaler Strafgerichtshof; **~ d'appel** Berufungsgericht *n*; **~ d'assises** Schwurgericht *n*; **Cour de cassation** Kassationshof *m*, -gericht *n*; **Cour des comptes** Rechnungshof *m*

courage [kuʀaʒ] M **1** *(bravoure)* (Wage)Mut *m*; Tapferkeit *f*; Unerschrockenheit *f*; Courage *f*; **avec ~** (wage)mutig; tapfer; unerschrocken; **avoir du ~** Mut haben, besitzen; mutig sein; **avoir le ~ de ses opinions** zu s-r Meinung stehen; Zivilcourage haben; **n'écouter que son ~** nicht an die Gefahr denken; *st/s* die Gefahr nicht achten; **manquer de ~** keinen Mut haben; **prendre son ~ à deux mains** s-n ganzen Mut zusammennehmen; sich *(dat)* ein Herz fassen; sein Herz in die Hand nehmen **2** *(énergie)* Mut *m*; Entschlossenheit *f*; Beherztheit *f*; Einsatz *m*; Eifer *m*; **~!** nur Mut!; Kopf hoch!; **bon ~!** mach's *ou* machen Sie's gut!; lass dich *ou* lassen Sie sich nicht unterkriegen!; **avec ~** beherzt; mutig; entschlossen; **ne pas avoir le ~ de faire qc** es nicht über sich *(acc)* bringen *ou* sich nicht dazu aufraffen können *ou* sich nicht entschließen können, etw zu tun; **je n'ai pas eu le ~ de refuser** ich hatte nicht das Herz *ou* ich brachte es nicht übers Herz abzulehnen; **il a eu le ~ de me dire cela** er hatte die Stirn, mir das zu sagen; **(re)donner ~** (wieder) Mut machen, geben; **reprendre ~** wieder Mut fassen, schöpfen

courageux [kuʀaʒø] ADJ ⟨-euse⟩ **1** *(brave)* mutig; tapfer; unerschrocken; couragiert **2** *(énergique)* beherzt; entschlossen; *au travail* einsatzfreudig; eifrig

couramment [kuʀamɑ̃] ADV **1** *parler une langue* fließend; geläufig **2** *(habituellement)* üblicherweise; häufig; oft

courant [kuʀɑ̃] **A** ADJ **1** *(habituel)* üblich; gebräuchlich; alltäglich; *dépenses, affaires* laufend; COMM **article ~** gängiger Artikel; **compte ~** laufendes Konto; Girokonto *n*; **langage ~, langue ~e** Gemeinsprache *f*; Normalsprache *f*; *fig* **c'est monnaie ~e** das ist gang und gäbe; das ist so üblich; **mot ~** übliches, gebräuchliches, geläufiges, gängiges Wort; **prix ~** (handels)üblicher, marktgängiger Preis; **problème ~** häufig vorkommendes, häufiges, alltägliches Problem; **c'est ~** das gibt es häufig; das kommt häufig, alle Tage vor; das ist e-e alltägliche Sache; **c'est (de pratique) ~(e)** das ist (allgemein) so üblich **2** **eau ~e** fließendes Wasser; *autrich* Fließwasser *n* **3** **l'année ~e** dieses, in diesem Jahr; COMM das laufende *ou* im laufenden Jahr **4** *d'un escalier* **main ~e** Handlauf *m* **5** CH **chien ~** Hetzhund *m* **B** M **1** ÉLEC Strom *m*; **~ alternatif, continu** Wechsel-, Gleichstrom *m*; **le ~ ne passe plus** es fließt kein Strom mehr; *fig* **le ~ (ne) passe (pas)** sie finden (keinen) Kontakt zueinander; der Funke ist (nicht) übergesprungen **2** *d'un fluide* Strömung *f*; **~s aériens, atmosphériques** Luftströmungen *fpl*; **~ ascendant, descendant** Auf-, Abwind *m*; **~ marin** Meeresströmung *f*; **~ d'air** Zug(luft) *m(f)*; Luftzug *m*; *fig* **nom** *m* **à ~ d'air** ellenlanger Name mit (meist gekauften) Adelsprädikaten; **il y a un ~ d'air** *ou* **des ~s d'air ici** hier zieht es; **faire un ~ d'air pour aérer** Durchzug machen (, um zu lüften); **il y a du ~** es herrscht e-e ziemlich starke Strömung; **remonter le ~** strom-, flussaufwärts fahren *ou* schwimmen; *fig* **il remonte le ~** es geht wieder aufwärts mit ihm; **suivre le ~** strom-, flussabwärts fahren *ou* schwimmen; *fig* mit dem Strom schwimmen **3** **dans le ~ de la semaine** im Laufe der, dieser Woche; COMM **le dix ~** *(abr* **ct.***)* der Zehnte *ou* am Zehnten dieses Monats *(abr* d. M.*)*; **fin ~** Ende des laufenden, per Ende dieses Monats **4** COMM, POL **~ des affaires** laufende Geschäfte *npl* **5** *fig de personnes* Strom *m*; **~ d'immigration, de population** Einwanderer-, Bevölkerungsstrom *m* **6** *fig d'idées, de tendances* Strömung *f*; Richtung *f*; **~s de pensée** (philosophische) Richtungen **7** LOC ADV: **être au ~** auf dem Laufenden sein, im Bilde sein, informiert sein, Bescheid wissen (**de** über *+acc*); **mettre au ~** informieren, unterrichten, ins Bild setzen (**de** über *+acc*); in Kenntnis setzen (von); *nouveau collaborateur etc* einarbeiten, einführen (in *+acc*); **se mettre au ~** sich informieren, sich unterrichten, sich orientieren (**de** über *+acc*); **(se) tenir au ~** (sich) auf dem Laufenden halten

courante [kuʀɑ̃t] F *fam (diarrhée)* Durchfall *m*; *fam* Durchmarsch *m*

courbatu [kuʀbaty] *st/s* ADJ wie zerschlagen; wie gerädert

courbature [kuʀbatyʀ] F Gliederschmerzen *mpl*; *due à un effort prolongé* Muskelkater *m*; **avoir des ~s** Gliederschmerzen, Muskelkater haben; sich wie zerschlagen fühlen

courbaturé [kuʀbatyʀe] ADJ wie zerschlagen; wie gerädert; **courbaturer** V/T Muskelkater verursachen (*+dat*); **cette escalade m'a courbaturé** nach dieser Klettertour fühle ich mich wie zerschlagen

courbe [kuʀb] **A** ADJ gebogen; gekrümmt; geschwungen; krumm; **ligne** *f* **~** gebogene, gekrümmte Linie; Kurve *f (a.* MATH*)* **B** F **1** *d'une route, d'un fleuve* Kurve *f*; Krümmung *f*; Biegung *f*; *des sourcils* Bogen *m*; Wölbung *f (a. des épaules)* **2** MATH Kurve *f*; **~ fermée, plane** geschlossene, ebene Kurve; STATISTIQUE **~ des prix, des salaires** Preis-, Lohnkurve *f*; MÉD **~ de température** Fieberkurve *f* **3** GÉOG **~s de niveau** Höhen-, Niveaulinien *fpl*

courbé [kuʀbe] ADJ **~ en S** S-förmig gekrümmt; **~ par l'âge, par les ans** altersgebeugt; vom Alter gebeugt; **~ sous le poids** unter der Last gebeugt; **~ sur qc** über etw *(acc)* gebeugt, gebückt

courber [kuʀbe] **A** V/T **1** biegen; krümmen; *vent* **~ les arbres** die Bäume schief wachsen lassen, krümmen; **~ le dos (sous les coups)** sich zusammenkrümmen (unter den Schlägen) **2** **~ le front sur un livre** sich über ein Buch beugen; den Kopf über ein Buch neigen **B** V/PR **se ~** **1** *branche etc* sich biegen; sich krümmen **2** *personne* **a** *(se baisser)* sich bücken; sich (nieder)beugen **b** *par l'âge* krumm werden; gebeugt gehen **c** *fig et st/s* **se ~ devant qn** sich j-m beugen

courbette [kuʀbɛt] F tiefe Verneigung; Bückling *m*; *fig* **faire des ~s à, devant qn** vor j-m katzbuckeln; vor j-m e-n Kotau machen

courbure [kuʀbyʀ] F Krümmung *f*; Biegung *f*; Wölbung *f*

coureur [kuʀœʀ] M **1** Läufer *m*; Rennfahrer *m*; **~ automobile, cycliste, motocycliste** Auto(mobil)renn-, Radrenn-, Motorradrennfahrer *m*; **~ de demi-fond, de fond** Mittelstrecken-, Langstreckenläufer *m*; **~ de 110 mètres °haies** 110-m-Hürdenläufer *m* **2** *péj* **~ (de jupons)** Schürzenjäger *m*; Casanova *m*; Frauen-, Weiberheld *m*; *adjt* **il est ~** er ist ein Schürzenjäger *etc*

coureuse [kuʀøz] F **1** Läuferin *f* (*a.* SPORTS) **2** *péj* (**petite**) ~ leichtes Mädchen; Flittchen *n*; *adjt* **elle est** ~ sie ist ein Flittchen

courge [kuʀʒ] F **1** BOT Kürbis *m* **2** *fam fig* → gourde A 2

courgette [kuʀʒɛt] F BOT Zucchini *f*

courir [kuʀiʀ] ‹je cours, il court, nous courons; je courais; je courus; je courrai; que je coure; courant; couru› **A** V/T **1** ~ **le danger, le risque de** (+*inf*) Gefahr laufen zu (+*inf*); → *a.* danger, risque **2** (*fréquenter*) ~ **un endroit** e-n Ort häufig besuchen; an e-r Stelle häufig sein *ou* herumstreifen; ~ **les bals** auf allen Bällen anzutreffen sein; ~ **les magasins** *fam* die Geschäfte abklappern; ~ **les mers** die Meere befahren; ~ **les théâtres** ständig im Theater anzutreffen sein; ein Theaternarr, -fan sein; dauernd ins Theater rennen **3** (*rechercher*) ~ **qc** *fam* auf etw (*acc*) aus sein; ~ **les filles** hinter den Mädchen her sein; den Mädchen nachlaufen; ~ **les honneurs** sehr auf Ehrungen aus sein, erpicht sein **4** SPORTS ~ **le cent mètres, le Grand Prix** am 100-m-Lauf, am Großen Preis teilnehmen **5** *fam* (*ennuyer*) ~ **qn** *fam* j-m auf den Wecker, auf den Geist gehen **6** CH ~ **un cerf** einen Hirsch hetzen, jagen **B** V/I **1** laufen; rennen; eilen; ♦ *avec prép*: **il a couru à la maison** er ist nach Hause gelaufen, gerannt, geeilt; *fig* ~ **à sa perte, ruine** in sein Verderben rennen; s-m Ruin, Untergang entgegengehen; ~ **à la porte** zur Tür laufen; *gens* ~ **à un spectacle** sich zu e-r Vorstellung drängen; ~ **après qc, qn** hinter etw, j-m herlaufen; *fig* e-r Sache, j-m nachlaufen; hinter e-r Sache, j-m her sein; *fam* scharf auf etw, j-n sein; *fig* ~ **après l'argent** (sehr) hinter dem Geld her sein; scharf aufs Geld sein; *fig* ~ **après son argent** hinter s-m Geld herlaufen; s-m Geld nachrennen; *fig* ~ **après le bonheur** hinter dem Glück herjagen; *fig* ~ **après la gloire** dem Ruhm nachjagen; *fam* **il lui court après** er läuft hinter ihm *ou* ihr her; *fig* er läuft ihm *ou* ihr nach; ~ **au-devant de qn** auf j-n losrennen; *fig* ~ **sur ses cinquante ans** bald fünfzig Jahre (alt) sein; sich den Fünfzigern nähern; ~ **vers qn, qc** auf j-n, etw zulaufen; ♦ *avec adv*: **il court encore** *ou* **toujours** *malfaiteur* er läuft noch frei herum; er ist noch flüchtig; er konnte noch nicht gefasst werden; *de peur* der Schreck sitzt ihm immer noch in den Gliedern; **j'y cours** ich gehe sofort hin *ou* ich komme sofort; *fam* ich fliege; ♦ *loc adv* **en courant** eilig; hastig; in (aller) Eile; im Eiltempo; **arriver en courant** an-, herbeigelaufen, -gerannt kommen; **entrer en courant** herein- *ou* hineinlaufen; hereingerannt kommen; **passer en courant** vorbei-, vorüberlaufen; **sortir en courant** heraus- *ou* hinauslaufen; ♦ *avec verbe*: ~ **chercher le médecin** schnell den Arzt holen; **faire** ~ **qn** j-n herumhetzen (**pour rien** für nichts und wieder nichts); *fam fig* **tu peux toujours** ~ da kannst du lange warten; das kommt nicht infrage, *fam* in die Tüte; *pop* du kannst mich mal; *prov* **rien ne sert de** ~, **il faut partir à point** man muss rechtzeitig anfangen, durch Hetzen schafft man es (dann) nicht **2** *bruits, nouvelle* sich verbreiten; *bruits a.* umlaufen; umgehen; in Umlauf sein; kursieren; **le bruit court que ...** es geht das Gerücht, dass ...; **c'est un bruit qui court** das ist (so) ein Gerücht; **les ragots qui courent sur son compte** der Klatsch, der über ihn *ou* sie verbreitet wird; **faire** ~ in Umlauf setzen; verbreiten; ausstreuen **3** SPORTS *sportif, cheval* ~ (**dans une compétition, course**) an e-m (Wett)Rennen, an e-m Lauf teilnehmen; **faire** ~ **un cheval** ein Pferd laufen haben **4** *eau, ruisseau* fließen; *nuages* ~ **dans le ciel** am Himmel entlangziehen; über den Himmel ziehen; ~ **le long de qc** *chemin, ruisseau* an etw (*dat*) entlanglaufen; ~ **sur qc** *ombres* über etw (*acc*) hinfliehen, (-)gleiten, (-)huschen; *vent* über etw (*acc*) hinwegstreichen, wehen; *plume* ~ **sur le papier** über das Papier gleiten; *les doigts du pianiste* **couraient sur les touches** glitten über die Tasten; *fam* **laisser** ~ die Dinge laufen lassen; nichts unternehmen **5** MAR ~ **vent arrière** vor dem Wind segeln **6** *délai* laufen (**à partir de** ... von ... an); **le mois qui court** der laufende Monat; **les intérêts courent à partir de** ... die Verzinsung beginnt am ...; *loc adv* **par les temps qui courent** heutzutage; in heutiger Zeit

Courlande [kuʀlɑ̃d] GÉOG **la** ~ Kurland *n*

courlis [kuʀli] M ZOOL Brachvogel *m*

Courmayeur [kuʀmajœʀ] *Ort im Aostatal*

couronne [kuʀɔn] F **1** *d'un roi etc* Krone *f* (*a. fig: royauté*); ~ **impériale** Kaiserkrone *f*; *fig* **la ~ d'Angleterre** die englische Krone; REL ~ **d'épines** Dornenkrone *f*; **discours** *m*, **héritier** *m* **de la** ~ Thronrede *f*, -erbe *m* **2** *de fleurs* Kranz *m*; ~ **funéraire, mortuaire** Trauer-, Grabkranz *m*; ~ **de fleurs d'oranger** (Braut)Kranz aus Orangenblüten; ~ **de laurier** Lorbeerkranz *m* **3** ANAT, MÉD *d'une dent* Krone *f*; **poser, mettre une** ~ e-n Zahn überkronen **4** ASTRON ~ **solaire** Korona *f* **5** TECH Zahnkranz *m* **6** *fig* (*objet de forme circulaire*) Kranz *m*; *loc adj* **en** ~ Kranz...; kranzförmig; (**brioche** *f* **en**) ~ Kranzkuchen *m* **7** *autour de Paris* **Petite, Grande Couronne** innerer, äußerer Gürtel der Paris umgebenden Departements **8** *unité monétaire* Krone *f*

couronné [kuʀɔne] ADJ **1** *souverain* gekrönt; **tête ~e** gekröntes Haupt **2** *ouvrage, auteur* preisgekrönt; **lauréat ~ par le jury** Preisträger *m* **3** *par ext* gekrönt (**de** von); bedeckt (mit); **colline ~e de verdure** mit Grün bedeckter Hügel; *fig* ~ **de succès** von Erfolg gekrönt **4** **avoir les genoux ~s** aufgeschürfte Knie haben

couronnement [kuʀɔnmɑ̃] M **1** Krönung *f* (**d'un roi** e-s Königs) **2** *fig d'une carrière* Krönung *f*; Vollendung *f* **3** ARCH Bekrönung *f*

couronner [kuʀɔne] V/T **1** *souverain* krönen; **il a été couronné empereur** er wurde zum Kaiser gekrönt **2** *ouvrage, auteur* mit e-m Preis auszeichnen; e-n Preis zuerkennen (+*dat*); **on a couronné le lauréat** dem Preisträger wurde der Preis überreicht **3** *st/s* ~ **qn de fleurs** j-n mit Blumen bekränzen **4** *fig* ~ **une carrière, une œuvre** eine Karriere, ein Werk krönen; *iron* **pour ~ le tout** um allem die Krone aufzusetzen; und was der Gipfel ist **5** *st/s diadème: front de qn, neige: cimes etc* krönen; bekrönen

courre [kuʀ] **chasse** *f* **à** ~ Hetzjagd *f*; Parforcejagd *f*

courriel [kuʀjɛl] M INFORM E-Mail *f*

courrier [kuʀje] M **1** (*lettres*) Post *f*; Postsachen *fpl*; Korrespondenz *f*; INFORM ~ **électronique** elektronische Post; E-Mail *f*; *loc adv* **par le même** ~ mit gleicher Post; **faire son** ~ s-e Korrespondenz erledigen; **porter le** ~ die Post bringen, austragen **2** *dans un journal* Rubrik *f*; (regelmäßig erscheinender) Bericht; ~ **du cœur** Briefkastenecke *f*; Kummerkasten *m*; ~ **des lecteurs** Leserzuschriften *fpl*, -briefe *mpl* **3** HIST Kurier *m*

courriériste [kuʀjeʀist] M/F Redakteur(in) *m(f)*; ~ **du cœur** Briefkastentante *f*, -onkel *m*

courroie [kuʀwa] F Riemen *m*; Gurt *m*; AUTO Keilriemen *m*; ~ **de cuir** Lederriemen *m*, -gurt *m*; TECH ~ **de transmission** Treibriemen *m*

courroucer [kuʀuse] *st/s* **A** V/T ‹-ç-› (heftig) erzürnen; in Harnisch bringen; *adjt* **courroucé** zornig; erzürnt **B** V/PR **se** ~ sich (heftig) erzürnen; *poét éléments* wüten; toben

courroux [kuʀu] *st/s* M Zorn *m*; *st/s* Grimm *m*; *poét flots* **en** ~ wütend; tobend

cours [kuʀ] M **1** (*suite de leçons*) Kurs *m*; Lehrgang *m*; (*leçon*) Unterrichtsstunde *f*; UNIVERSITÉ Vorlesung *f*; ~ **élémentaire** (*abr* **CE_1, CE_2**) 2. und 3. Grundschulklasse *f*; *de langues etc* Anfängerkurs *m*; ~ **élémentaire de français** Französisch *n* für Anfänger; Französisch *n* Grundstufe; ~ **moyen** (*abr* **CM_1, CM_2**) 4. und 5. Grundschulklasse *f*; *de langues etc* Mittelstufe *f* (e-s Lehrgangs); → *a.* 3; ~ **préparatoire** (*abr* **CP**) erste Grundschulklasse; ~ **privé** Privatschule *f*; ~ **supérieur** Oberstufe *f* (e-s Lehrgangs); → *a.* 3; ~ **d'histoire** Geschichtsstunde *f*, -unterricht *m*; ~ **du soir** Abendschule *f*, -lehrgang *m*, -kurs *m*, -unterricht *m*; ~ **de vacances** Ferienkurs *m*; ~ **par correspondance** Fernkurs *m*, -unterricht *m*; **donner des** ~ Unterricht geben; Vorlesungen halten; Kurse abhalten; **faire un** ~ e-e Stunde geben, halten; e-n Kurs abhalten; → *a.* suivre A 9 **2** *manuel* Lehrbuch *n*; ~ **de physique** Physiklehrbuch *n*; Lehrbuch der Physik **3** *d'un fleuve* **a** *longueur* Lauf *m* **b** *mouvement* Strömung *f*; ~ **inférieur, moyen, supérieur** Unter-, Mittel-, Oberlauf *m*; ~ **rapide** starke Strömung; ~ **d'eau** Wasserlauf *m* **4** MAR **capitaine** *m* **au long** ~ Kapitän *m* auf großer Fahrt; **navigation** *f*, **voyage** *m* **au long** ~ große Fahrt **5** *des événements* Gang *m*; Lauf *m*; *des astres* (Um)Lauf *m*; *des saisons* Ablauf *m*; *d'une affaire* Verlauf *m*; ~ **naturel des choses** natürlicher Lauf der Dinge; *loc prép* **au ~ de** im Laufe (+*gén*); während (+*gén*); *loc adj*: **en** ~ laufend; **l'année en** ~ das laufende *ou* im laufenden Jahr; **en ~ de construction** im Bau (befindlich); **en ~ d'élaboration** in Ausarbeitung begriffen; *loc adv* **en ~ de route** unterwegs; **être en** ~ *travaux, enquête etc* im Gange sein; laufen; **suivre son** ~ *affaire* ihren (gewohnten) Gang gehen; normal verlaufen; *justice* ihren Lauf nehmen **6** **donner libre ~ à sa colère, à sa joie, à ses larmes** s-m Zorn freien Lauf lassen; s-r Freude Ausdruck geben; s-e Tränen ungehemmt fließen lassen **7** FIN Kurs *m*; BOURSE Notierung *f*; ~ **de clôture, d'ouverture** Schluss-, Anfangskurs *m*; ~ **du change** Wechselkurs *m*; ~ **de l'or** Goldpreis *m*; *loc prép* **au ~ de** zum Kurs von; **au ~ du jour** zum Tageskurs; **avoir** ~ gültig sein; *fig* **cet usage n'a plus** ~ dieser Brauch ist nicht mehr üblich, wird nicht mehr gepflegt **8** *dans des noms de rue* Avenue *f*

course [kuʀs] F **1** (*action de courir*) Lauf *m*; Laufen *n*; **en pleine** ~ mitten im Lauf; *fig* **être à bout de** ~ völlig erschöpft sein; **prendre sa** ~ zu laufen beginnen **2** SPORTS *à pied* Lauf *m*; *de véhicules* Rennen *n*; ~ **automobile** Autorennen *n*; ~ **cycliste** Radrennen *n*; ~ **à pied** Lauf *m*; *fig* ~ **aux armements** Wettrüsten *n*; Rüstungswettlauf *m*; ~ **au galop** Galopprennen *n*; *fig* ~ **au pouvoir** Kampf *m* um die Macht; Machtkampf *m*; ~ **contre la montre** CYCLISME (Einzel)Zeitfahren *n*; *fig* Wettlauf *m* mit der Zeit; **~s (de chevaux)** Pferderennen *n(pl)*; **jouer aux ~s** (bei Pferderennen) wetten; ~ **de fond** ATHLÉTISME Langstreckenlauf *m*; SKI (Ski)Langlauf *m*; ~ **de haies** ATHLÉTISME Hürdenlauf *m*; HIPPISME Hürdenrennen *n*; ~ **de motos** Motorradrennen *n*; ~ **de relais** Staffellauf *m*; ~ **de taureaux** Stierkampf *m*; ~ **de vitesse** Kurzstreckenlauf *m*; ~ **de yachts** Segelwettbewerb *m* (von Jachten); ~ **en sac** Sackhüpfen *n*; ~ **par étapes** Etappenrennen *n*; CYCLISME ~ **sur piste** Bahnrennen *n*; ~ **sur route** CYCLISME Straßenrennen *n*; ATHLÉTISME Straßenlauf *m*; *fig* être dans la ~ mit der Zeit Schritt halten (können); *enfants* **faire la ~** e-n Wettlauf machen; um die Wette laufen 3 **~ en montagne** Bergtour *f*, -besteigung *f*, -begehung *f* 4 *d'une voiture* **~ en taxi** Taxifahrt *f*; **la voiture acheva sa ~ folle dans un champ, contre un arbre** das Auto raste in ein Feld, gegen e-n Baum 5 **~s** *pl* a *(commissions)* Besorgungen *fpl*; (Boten)Gänge *mpl* b *(achats)* Einkäufe *mpl*; **faire des ~s** Besorgungen machen, erledigen; Einkäufe machen 6 *st/s d'un astre* Bahn *f*; Lauf *m*; *des nuages* Ziehen *n*; *du temps* Verrinnen *n* 7 TECH Lauf *m*; AUTO **~ du piston** Kolbenhub *m*

course-croisière [kuʀsəkʀwazjɛʀ] F ‹*pl* courses-croisières› MAR Hochseerennen *n*; **course-poursuite** F ‹*pl* courses-poursuites› Verfolgungsjagd *f*

coursier [kuʀsje] M 1 *(garçon de course)* Bote *m* 2 *litt (cheval de tournoi)* Turnierpferd *n*; *(cheval de bataille)* Streitross *n*; **coursière** F Botin *f*

coursive [kuʀsiv] F MAR Gang *m*

court[1] [kuʀ] A ADJ ‹courte [kuʀt]› 1 *dans l'espace* kurz; **le chemin le plus ~** der kürzeste Weg; **herbe ~e** kurzes, niedriges Gras; **robe ~e** kurzes Kleid; **avoir les jambes ~es** *ou* **être ~ sur, de jambes** kurze Beine haben; kurzbeinig sein; **avoir la vue ~e** kurzsichtig sein *(a. fig)* 2 *dans le temps* kurz; **à ~ terme** kurzfristig; **avoir la mémoire ~e** ein kurzes Gedächtnis haben; **avoir la respiration ~e, le souffle ~** kurzatmig sein; **le temps me sembla ~** die Zeit verging (mir) sehr schnell 3 *(insuffisant)* knapp B ADV kurz; *(brusquement)* plötzlich; schnell; **tout ~** (ganz) einfach; **s'arrêter ~** plötzlich halten, stehen bleiben; *dans une activité* innehalten; *fig* **couper ~ à** → couper B 2; **cheveux coupés ~** kurz geschnittene Haare *npl*; **se faire couper les cheveux ~** sich *(dat)* die Haare kurz schneiden lassen; **s'habiller ~** kurze Kleider *ou* Röcke tragen; kurz tragen; *fig* **prendre qn de ~** j-n überrumpeln; *fig* **tourner ~** fehlschlagen; scheitern C LOC PRÉP **à ~ de** ohne; **être à ~ d'argent** kein Geld (mehr) haben; *fam* knapp bei Kasse sein; **être à ~ d'arguments** keine Argumente mehr haben, finden; um Argumente verlegen sein

court[2] [kuʀ] M **~ (de tennis)** Tennisplatz *m*; **~ central** Centre-Court *m*

courtage [kuʀtaʒ] M 1 *activité* Maklertätigkeit *f*; *(vente par courtiers)* Vertrieb *m* durch Vertreter, Agenten, Makler; **faire du ~** Makler sein 2 *commission* Maklergebühr *f*, -provision *f*; BOURSE Courtage *f*; COMM Provision *f*

courtaud [kuʀto] ADJ gedrungen; untersetzt; stämmig

court-bouillon [kuʀbujõ] M ‹*pl* courts-bouillons› CUIS Sud *m* (für Fischgerichte)

court-circuit [kuʀsiʀkɥi] M ‹*pl* courts-circuits› ÉLEC Kurzschluss *m*

court-circuiter [kuʀsiʀkɥite] V/T 1 ÉLEC kurzschließen 2 *fig* **~ qn, qc** j-n, etw umgehen, übergehen, ausschalten

Courteline [kuʀtəlin] **Georges ~** *frz Schriftsteller*

courtepointe [kuʀtəpwɛ̃t] F Steppdecke *f* (als Tagesdecke)

courtier [kuʀtje] M COMM Makler *m*; Agent *m*; *(représentant)* Vertreter *m*; BOURSE Börsenmakler *m*; **~ d'assurances** Versicherungsvertreter *m*, -agent *m*; **~ en vins** Weinvertreter *m*

courtine [kuʀtin] F 1 *(rideau)* Vorhang *m* 2 FORTIFICATIONS Kurtine *f*

courtisan [kuʀtizɑ̃] A M 1 HIST Höfling *m*; *péj* Hofschranze *f* 2 *fig et péj* Liebediener *m* B ADJ *péj* liebedienerisch

courtisane [kuʀtizan] F Kurtisane *f*

courtiser [kuʀtize] V/T 1 **~ une femme** e-r Frau *(dat)* den Hof machen 2 *péj* **~ qn** j-n hofieren; *fam* um j-n herumscharwenzeln

courtois [kuʀtwa] ADJ 1 *personne* vollendet *ou* ausgesucht höflich; **refus ~** höfliche Ablehnung 2 *poésie, littérature* höfisch; **amour ~** Minne *f*

courtoisie [kuʀtwazi] F (ausgesuchte) Höflichkeit; **visite** *f* **de ~** Höflichkeitsbesuch *m*

court-vêtu [kuʀvety] ADJ ‹*f* court-vêtue, *pl* court-vêtu(e)s› in, mit kurzem Kleid; in e-m kurzen Kleid; *plais* kurz berockt

couru [kuʀy] ADJ 1 *spectacle* viel besucht; **être ~** großen Zulauf haben 2 *fam* **c'est ~** *fam* das ist todsicher

couscous [kuskus] M CUIS Kuskus *m*

couscoussier [kuskusje] M CUIS Kuskustopf *m*

cousette [kuzɛt] *fam* F Nähmädchen *n*

cousin [kuzɛ̃] M 1 Vetter *m*; Cousin *m*; **~ (éloigné)** entfernter Vetter *ou* Onkel; **nous sommes un peu ~s** wir sind entfernte Verwandte, weitläufig miteinander verwandt, *fam* um ein paar Ecken herum verwandt 2 ZOOL Stechmücke *f*

cousine [kuzin] F Cousine *ou* Kusine *f*; Base *f*

coussin [kusɛ̃] M 1 Kissen *n*; *d'un fauteuil* Polster *n* 2 TECH **~ d'air** Luftkissen *n*

coussinet [kusinɛ] M 1 *(petit coussin)* kleines Kissen 2 TECH Lager(buchse) *n(f)*; **~ de rail** Schienenlager *n* 3 *du chat* Sohlenballen *m*

cousu [kuzy] PP → coudre *et* ADJ genäht; **~ (à la) main** handgenäht; *étiquette* Handarbeit; *fam fig* **c'est du ~ main** *fam* das ist ganz große Klasse; das passt haargenau; → *a.* fil 1

coût [ku] M Kosten *pl*; **~ salarial** Lohnkosten *pl*; **~ de production** Produktionskosten *pl*; **~ de la vie** Lebenshaltungskosten *pl*

coûtant [kutɑ̃] ADJ **(au) prix ~** (zum) Selbstkostenpreis *m*

couteau [kuto] M ‹*pl* ~x› 1 Messer *n*; **~ à beurre** Buttermesser *n*; **~ à cran d'arrêt** Springmesser *n*; **~ à découper** Tranchiermesser *n*; **~ à fromage** Käsemesser *n*; **~ à huîtres** Austernbrecher *m*; **~ à légumes** Kartoffelschäler *m*; **~ à poisson** Fischmesser *n*; **~ de boucher** Fleischermesser *n*; **~ de chasse** Jagdmesser *n*; Hirschfänger *m*; **~ de cuisine, de poche, de table** Küchen-, Taschen-, Tafelmesser *n*; **enfoncer, planter le ~ dans le ventre de qn** j-m das Messer tief in den Bauch stoßen; *fig*: **être à ~x tirés** einander Spinnefeind sein; sich, einander nicht ausstehen können; **jouer du ~** das Messer locker sitzen haben; **mettre le ~ sous** *ou* **sur la gorge à qn** j-m die Pistole auf die Brust, das Messer an die Kehle setzen; → *a.* plaie 1 2 PEINT **~ à palette** Spachtel *m ou f* 3 *de balance* Schneide *f* 4 ZOOL Gerade Messerscheide

couteau-scie [kutosi] M ‹*pl* couteaux-scies› Messer *n* mit Wellenschliff

coutelas [kutla] M großes Küchenmesser

coutelier [kutəlje] M Schneidwaren-, Messerfabrikant *m*

coutellerie [kutɛlʀi] F 1 *industrie* Schneidwarenindustrie *f* 2 *produits* Schneidwaren *fpl* 3 *usine* Schneidwaren-, Messerfabrik *f*

coûter [kute] A V/T *efforts, larmes etc* kosten (à qn j-n); **~ sa situation à qn** j-n die, s-e Stellung kosten; **~ la vie à qn** j-n das Leben kosten; *v/imp st/s* **il lui en coûta la vie** das hat ihn das Leben gekostet B V/I kosten; *fam* **ça coûte** das kostet viel Geld; das ist teuer; **~ 100 euros** 100 Euro kosten; **~ cher**, *fam* **gros** teuer sein; viel (Geld) kosten; *fig* **~ cher à qn** j-n teuer zu stehen kommen; *fig* **une habitude qui coûte cher** e-e kostspielige Gewohnheit; **combien ça coûte?** wie viel *ou* was kostet das?; *fam* **~ les yeux de la tête**, *pop* **la peau des fesses** *fam* e-e Stange Geld, ein Heidengeld, ein Sündengeld, *pop* ein Schweinegeld kosten; **ça coûtera ce que ça coûtera** Kosten spielen da keine Rolle; das mag kosten, was es will; *fig* **coûte que coûte** koste es, was es wolle; um jeden Preis; unbedingt; **ça ne coûte rien** das kostet nichts *(a. fig)*; *v/imp fig* **il m'en coûte de** *(+inf)* es fällt mir schwer zu *(+inf)*; es kostet mich große Überwindung zu *(+inf)*

coûteux [kutø] ADJ ‹-euse› teuer; kostspielig; aufwendig

coutil [kuti] M Drell *m*; Drillich *m*; Zwillich *m*

coutume [kutym] F 1 Brauch *m*; Sitte *f*; Gewohnheit *f*; *loc adv*: **de ~** gewöhnlich; gewohntermaßen; **comme de ~** wie üblich; wie gewöhnlich; **selon la ~** wie es der Brauch ist *ou* war; **selon la ~ orthodoxe** nach orthodoxer Sitte; nach orthodoxem Brauch; **selon sa ~** wie gewohnt; wie üblich; **avoir ~ de** *(+inf)* die Gewohnheit haben zu *(+inf)*; pflegen zu *(+inf)*; **la ~ veut que …** *(+subj)* es ist Sitte, dass …; *prov* **une fois n'est pas ~** einmal ist keinmal *(prov)* 2 JUR Gewohnheitsrecht *n*

coutumier [kutymje] ADJ ‹-ière› 1 *(ordinaire)* gewohnt; gewöhnlich 2 **il est ~ du fait** er macht das nicht zum ersten Mal; er ist dafür bekannt 3 JUR **droit ~** Gewohnheitsrecht *n*

couture [kutyʀ] F 1 *action* Nähen *n*; Schneidern *n*; Näherei *f*; **travaux** *mpl* **de ~** Näharbeiten *fpl*; **faire de la ~** nähen; schneidern; *adjt* **(façon) ~** maßgeschneidert 2 *profession* Kleider-, Modebranche *f*; **°haute ~** Haute Couture *f*; **maison** *f* **de ~** Modesalon *m*; **être, travailler dans la ~** in der Kleider-, Modebranche tätig sein 3 *(points)* Naht *f (a. MÉD cicatrice)*; **~ anglaise** Rechts-links-Naht *f*; *bas*: **à ~** mit Naht; **sans ~** nahtlos; *fig*: **battre qn à plate(s) ~(s)** j-m e-e vernichtende Niederlage bereiten; j-n haushoch schlagen; *fam* j-n in die Pfanne hauen; **examiner sous toutes les ~s** genauestens prüfen

couturé [kutyʀe] ADJ **visage ~** von Narben zerfurchtes Gesicht

couturier [kutyʀje] M 1 Modeschöpfer *m*; **grand ~** (Haute) Couturier *m*; berühmter Modeschöpfer 2 ANAT Schneidermuskel *m*

couturière [kutyʀjɛʀ] F 1 Schneiderin *f*; Näherin *f* 2 THÉ **(répétition** *f* **des) ~(s)** Kostümprobe *f*

couvain [kuvɛ̃] M *d'abeilles, d'insectes* Brut *f*

couvaison [kuvɛzõ] F *des oiseaux* Brutzeit *f*

couvée [kuve] F 1 *œufs* bebrütete Eier *npl*; Brut *f* 2 *petits* ausgeschlüpfte Küken *npl*; Brut *f* 3 *fam fig (famille nombreuse)* Brut *f*

couvent [kuvɑ̃] M 1 *(monastère)* Kloster *n*; **entrer au ~** ins Kloster gehen, eintreten 2 *pensionnat* Klosterschule *f*

couver [kuve] A V/T 1 **~ des œufs** Eier aus-, bebrüten 2 *fig* **~ qn** j-n verhätscheln, verzärteln, in Watte packen; **~ des yeux, du regard** *avec complaisance* mit zärtlichen Blicken, *avec convoitise* mit begehrlichen Blicken verfolgen; zärtlich *ou* begehrlich anblicken 3 *fig maladie* ausbrüten; **~ des projets de vengeance** Rachepläne hegen B V/I 1 *oiseau* brüten 2 *feu* schwelen; glimmen; *fig révolte* unter der Oberfläche schwelen; sich zusammenbrauen

couvercle [kuvɛʀkl] M Deckel *m*

couvert [kuvɛʀ] A PP → couvrir *et* ADJ 1 zugedeckt; bedeckt; *marché, quai, allée* überdacht; *temps* trüb(e); **ciel ~** bedeckter, verhangener Himmel; **piscine ~e** Hallen(schwimm)bad *n*; **~ de** bedeckt mit; voll(er) *(+subst)*; **~ de poussière** mit Staub bedeckt; staubbedeckt; **~ de sang** blutverschmiert, -befleckt; **la tête ~e** mit bedecktem Kopf; *personne* **être (bien, très) ~** (sehr) warm angezogen sein; **rester ~** den Hut aufbehalten, auf dem Kopf behalten, *fam* auflassen 2 *fig dire qc, parler* **à mots ~s** durch die Blume; andeutungsweise 3 *fig* (*protégé*) **être ~ par qn** von j-m gedeckt werden, Rückendeckung erhalten **B** M 1 *à table* Gedeck *n*; *st/s* Kuvert *n*; **table** *f* **de douze ~s** Tisch *m* mit zwölf Gedecken; für zwölf Personen gedeckter Tisch; *fig* **avoir son ~ mis chez qn** bei j-m ein gern gesehener Gast sein; **mettre un ~** ein Gedeck auflegen; **mettre, dresser le ~** den Tisch decken 2 (*cuiller et fourchette*) Besteck *n*; **~ d'argent** Silberbesteck *n* 3 *litt* **sous le ~ d'un chêne** *etc* unter dem Blätterdach e-r Eiche *etc* 4 LOC ADV **à ~** geschützt; sicher; COMM gedeckt; gesichert; *loc prép* **à ~ de** geschützt, sicher vor (*+dat*); **se mettre à ~** sich unterstellen; Schutz suchen 5 LOC PRÉP **sous (le) ~ de** unter dem Vorwand, Anschein, Deckmantel von (*ou +gén*); **sous le ~ de l'anonymat** im Schutze der Anonymität 6 → vivre[2] 2

couverte [kuvɛʀt] F TECH Glasur *f*

couverture [kuvɛʀtyʀ] F 1 *en tissu* Decke *f*; *de lit a.* Bettdecke *f*; **~ chauffante** Heizdecke *f*; **~ de laine** Wolldecke *f*; *fig* **tirer la ~ à soi** auf s-n Vorteil bedacht sein; alles für sich beanspruchen 2 *d'un livre* Einband *m*; Deckel *m*; *d'un magazine* Cover *n*; (*enveloppe*) Umschlag *m* 3 CONSTR Bedachung *f*; Dach *n* 4 MIL Deckung *f*; Sicherung *f* 5 FIN, COMM Deckung *f*; Sicherheit *f*; ASSURANCES (Prozentsatz *m* der Kosten)Deckung *f*; **~ sociale** soziale Absicherung; soziales Netz 6 *fig pour dissimuler* Deckmantel *m*; Tarnung *f* 7 JOURNALISME (ausführliche) Berichterstattung (**de** über *+acc*)

couveuse [kuvøz] F 1 MÉD Brutkasten *m* 2 *poule* Bruthenne *f*; Glucke *f*

couvoir [kuvwaʀ] M AGR a Brutraum *m*, -stätte *f* b Brutanstalt *f*

couvrant [kuvʀɑ̃] ADJ deckend; Deck...; **fond** *m* **de teint ~** deckendes Make-up; **peinture ~e** Deckfarbe *f*

couvrante [kuvʀɑ̃t] F *fam* (*couverture*) (Bett)-Decke *f*

couvre-chef [kuvʀəʃɛf] *plais* M ⟨*pl* couvre--chefs⟩ Kopfbedeckung *f*

couvre-feu [kuvʀəfø] M ⟨*pl* couvre-feux⟩ Ausgangssperre *f*; **décréter le ~** e-e Ausgangssperre verhängen

couvre-lit [kuvʀəli] M ⟨*pl* couvre-lits⟩ Tagesdecke *f*; **couvre-livre** M ⟨*pl* couvre-livres⟩ Buchhülle *f*; **couvre-pied(s)** M ⟨*pl* couvre--pieds⟩ (gesteppte) Tagesdecke *f*; **couvre--sol** M ⟨*inv*⟩ JARD Bodendecker *m*

couvreur [kuvʀœʀ] M Dachdecker *m*

couvrir [kuvʀiʀ] ⟨je couvre, il couvre, nous couvrons; je couvrais; je couvris; je couvrirai; que je couvre; couvrant; couvert⟩ **A** V/T 1 zu-, bedecken (**de** mit); *personne a.* (*habiller*) warm anziehen; **~ une table d'une nappe** (auf e-n Tisch) ein Tischtuch auflegen; **~ un toit de tuiles** ein Dach mit Ziegeln decken; **des décorations lui couvrent la poitrine** s-e Brust ist mit Orden bedeckt; **des nuages couvrent le ciel** der Himmel ist bewölkt, verhangen, (von Wolken) bedeckt 2 *fig* überschütten, überhäufen (**de** mit); **~ de baisers** mit Küssen bedecken; **~ qn d'éloges** j-n mit Lob überschütten; j-n überschwänglich loben; **~ qn d'honneurs** j-n mit Ehren überhäufen; **~ qn de honte** über j-n Schande bringen 3 MIL sichern; decken; Deckung geben (**qn** j-m); *fig* **~ qn** j-n decken; j-m Rückendeckung geben; **~ qn de son corps** j-n mit s-m Körper decken 4 *distance* zurücklegen; *période* umfassen; **l'émetteur couvre cette région** der Sender strahlt in dieses Gebiet aus; der Sender kann in diesem Gebiet empfangen werden 5 *son, voix* übertönen; **les applaudissements ont couvert la fin de son discours** *a.* das Ende s-r Rede ging im Applaus unter; **~ la voix de qn** *a.* j-n überschreien 6 FIN, COMM *frais* decken; *emprunt, souscription* (voll) zeichnen; *assurance: risques* (ab)decken; absichern; *personne* **~ ses frais** die Unkosten wieder hereinbekommen; **être couvert par une assurance** versichert sein 7 *journaliste* **~ un événement** (ausführlich) über ein Ereignis berichten **B** V/PR **se ~** 1 (*s'habiller*) sich warm anziehen 2 (*mettre un chapeau*) den Hut aufsetzen 3 *fig* **se ~ de gloire** sich mit Ruhm bedecken; Ruhm ernten, erwerben; **se ~ de ridicule** sich lächerlich machen; sich blamieren 4 *ciel* sich (mit Wolken) bedecken; sich bewölken; sich beziehen; **le temps se couvre** es, das Wetter wird trüb; es trübt sich ein

cover-girl [kɔvœʀgœʀl] F ⟨*pl* cover-girls⟩ Covergirl *n*

covoiturage [kovwatyʀaʒ] M Fahrgemeinschaft *f*

cow-boy [kobɔj] M ⟨*pl* cow-boys⟩ Cowboy *m*

coxo-fémoral [kɔksofemɔʀal] ADJ ⟨-aux⟩ ANAT **articulation ~e** Hüftgelenk *n*

coyote [kɔjɔt] M ZOOL Kojote *m*; Präriewolf *m*

CP [sepe] M ABR (cours préparatoire) erste Grundschulklasse

C.P.E. [sepeə] M/F ABR (conseiller [conseillère] principal[e] d'éducation) ÉCOLE Beauftragte(r) *m/f(m)* für Disziplin, Verwaltung und Beratung

C.Q.F.D. [sekyɛfde] ABR (ce qu'il fallait démontrer) q. e. d. (quod erat demonstrandum); was zu beweisen war)

crabe [kʀab] M ZOOL Krebs *m*; Krabbe *f*; *fig* **panier** *m* **de ~s** Gruppe *f*, Familie *f*, in der es immer wieder zu Streitigkeiten kommt; **marcher en ~** seitwärtsgehen

crabier [kʀabje] M ZOOL Krebsfresser *m*

crac [kʀak] INT krach!; knack(s)!

crachat [kʀaʃa] M Auswurf *m*; Spucke *f*

craché [kʀaʃe] ADJ **c'est son père tout ~** er ist s-m Vater wie aus dem Gesicht geschnitten; **c'est elle tout(e) ~(e)** das sieht ihr wieder mal ähnlich; das ist typisch für sie; das ist sie, wie sie leibt und lebt

crachement [kʀaʃmɑ̃] M 1 Ausspucken *n*; **~ de sang** Blutspucken *n* 2 *par ext* **~ de flammes** Ausspeien *n* von Flammen; Flammenspeien *n* 3 *d'un haut-parleur etc* Knattern *n*; Geknatter *n*

cracher [kʀaʃe] **A** V/T 1 *bonbon etc* ausspucken; **~ du sang** Blut spucken 2 *par ext volcan: lave* auswerfen; (aus)spucken; ausspeien; *feu, flammes* speien 3 *fam fig* **~ (de l'argent, des sous)** *fam* Geld, Moneten ausspucken 4 *fig* **~ des injures** Beleidigungen, Beschimpfungen ausstoßen (**à qn** j-m gegenüber) **B** V/I 1 (aus)spucken; *st/s* (aus)speien; **~ à la figure de qn** j-m ins Gesicht spucken; **~ sur qn, qc** j-n, etw anspucken; **défense de ~!** nicht auf den Boden spucken!; *fam fig* **c'est comme si je crachais en l'air** das ist in den Wind gesprochen; es ist, als ob ich gegen e-e Wand spräche 2 *fam fig* **ne pas ~ sur qc** etw nicht verachten; kein Kostverächter (von etw) sein 3 *stylo* klecksen; spritzen 4 *haut-parleur, radio* knattern

crachin [kʀaʃɛ̃] M Sprüh-, Nieselregen *m*

crachiner [kʀaʃine] V/IMP nieseln

crachoir [kʀaʃwaʀ] M Spucknapf *m*; *fam fig*: **tenir le ~** die ganze Zeit reden; keinen andern zu Wort kommen lassen; **tenir le ~ à qn** j-m zuhören müssen, ohne selber zu Wort zu kommen

crachotement [kʀaʃɔtmɑ̃] M 1 *action* häufiges Ausspucken 2 *bruit* Knattern; Geknatter *n*

crachoter [kʀaʃɔte] V/I 1 *personne* häufig (aus)spucken 2 *haut-parleur, radio* knattern

crack [kʀak] M 1 *fam* (*as*) *fam* Kanone *f*; Ass *n*; **un ~ en math** e-e Kanone, ein Ass in Mathe 2 *cheval* Crack *m*; ausgezeichnetes Rennpferd 3 *drogue* Crack *n*

cracking [kʀakiŋ] M CHIM Kracken *n*

Cracovie [kʀakɔvi] Krakau *n*

cracra [kʀakʀa] *fam* ADJ ⟨*inv*⟩ *ou* **cradingue** [kʀadɛ̃g] *fam* ADJ *ou* **crado** [kʀado] *fam* ADJ ⟨*inv*⟩ schmutzig; schmuddelig

craie [kʀɛ] F Kreide *f* (*a.* GÉOL)

craindre [kʀɛ̃dʀ] V/T ⟨je crains, il craint, nous craignons; je craignais; je craignis; je craindrai; que je craigne; craignant; craint⟩ 1 **~ qn, qc** j-n, etw fürchten; sich vor j-m, etw fürchten; vor j-m, etw Angst, Furcht haben; **~ le pire** das Schlimmste (be)fürchten; **il ne craint pas le ridicule** er fürchtet sich nicht davor, sich lächerlich zu machen; *fam quelques gouttes de pluie,* **je ne crains pas** (das) macht mir nichts aus; *abs* **~ pour qn** um j-n, um j-s Leben fürchten, bangen; **se faire ~** sich (*dat*) Respekt verschaffen (**de qn** bei j-m); ♦ **~ de** (*+inf*) sich fürchten, befürchten zu (*+inf*); **ne pas ~ de** (*+inf*) sich nicht scheuen zu (*+inf*); **~ que ... (ne)** (*+subj*) (be)fürchten, dass ...; **il est à ~ que ... (ne)** (*+subj*) es ist zu befürchten, dass ... 2 *choses, plantes* **~ la chaleur, la gelée** hitze-, frostempfindlich sein; Hitze, Frost nicht vertragen; **ce tissu craint l'eau** dieser Stoff verträgt kein Wasser, ist gegen Wasser empfindlich 3 *fam* **ça ne craint rien** da besteht keine Gefahr; da kann gar nichts passieren 4 *abs fam* **ça craint** *fam* das ist mies

crainte [kʀɛ̃t] F Furcht *f*; Befürchtung *f*; Angst *f*; Bangen *n*; Scheu *f*; **~s** *pl* Befürchtungen *fpl*; **~ du gendarme** Furcht, Angst vor der Polizei; *loc prép* **dans la ~ de** *ou* **de ~ de** *ou fam* **~ de** (*+inf ou +subst*) aus Angst, Furcht zu (*+inf*) *ou* vor (*+dat*); **de ~ de manquer le train,** *j'ai pris un taxi* da ich befürchtete, den Zug zu verpassen, ...; **n'ayez ~** keine Sorge!; **soyez sans ~** seien Sie ohne Sorge; (be)fürchten Sie nichts

craintif [kʀɛ̃tif] ADJ ⟨-ive⟩ furchtsam; ängstlich; **être d'un naturel ~** von Natur aus ängstlich sein; ein furchtsames Wesen haben

cramer [kʀame] **A** V/T *rôti* anbrennen lassen **B** V/I *plat, lait* anbrennen; *fam* **la baraque a cramé** *fam* die Bude ist abgebrannt

cramoisi [kʀamwazi] ADJ hochrot; *teint a. fam* knallrot; *tissu a.* leuchtend rot; karmesinrot

crampe [kʀɑ̃p] F Krampf *m*; **~ des écrivains** Schreibkrampf *m*; **~ d'estomac** Magenkrampf *m*

crampon [kʀɑ̃pɔ̃] M 1 TECH Klammer *f*; *de chaussures* Stollen *m*; Spike *m*; ALPINISME **~s à glace** Steigeisen *npl* 2 *fam fig* **quel ~!** *fam* so e-e Klette!; *adjt* **elle est ~** sie ist e-e richtige Klette; man wird sie nicht los 3 BOT **~s** *pl* Haftwurzeln *fpl*

cramponner [kʀɑ̃pɔne] **A** V/T 1 TECH verklammern 2 *fam fig* **~ qn** *fam* sich wie e-e Klette an j-n hängen **B** V/PR 1 **se ~ à qc** sich an etw (*acc*) klammern; **se ~ au bras, au cou de qn** sich an j-s Arm (*acc*) klammern; j-s Hals umklammern; *fig* **se ~ à un espoir, à la vie** sich an e-e Hoffnung, ans Leben klammern 2 *fam* **se ~** *fam* e-e Klette sein

cran [kʀɑ̃] M 1 (*entaille*) Einschnitt *m*; Kerbe *f*; Einkerbung *f*; Raste *f*; Stufe *f* (*a. fig*); *d'une ceinture etc* Loch *n*; TECH **~ d'arrêt** Sperrklinke *f*; **couteau** *m* **à ~ d'arrêt** Springmesser *n*; *d'une arme à feu:* **~ de mire** Kimme *f*; **~ de sûreté** Sicherung *f*; *planche d'étagère etc* **baisser, °hausser d'un ~** um ein Loch, e-e Stufe niedriger, höher einlegen; *fig* **baisser d'un ~ dans l'estime de qn** ein wenig in j-s Achtung (*dat*) sinken; *fig* **monter d'un ~ dans son métier** in

C

s-m Beruf e-e Stufe höher kommen; **ouvrir sa ceinture d'un ~** s-n Gürtel um ein Loch weiter machen 2 *fam (courage)* Mut *m*; Kühnheit *f*; *fam* Schneid *m*; **avoir du ~** *fam* Schneid haben 3 *fam fig* **il est à ~** er ist äußerst gereizt; *fam* er explodiert gleich; er ist auf hundert- (--achtzig) 4 *coiffure* **~s** *pl* scharf markierte Wellen *fpl*

crâne [kʀɑn] M Schädel *m*; **~ chauve** kahler Schädel; Glatzkopf *m*; **j'ai mal au ~** mir tut der Schädel weh; *fam fig* **se mettre qc dans le ~** sich *(dat)* etw in den Kopf, *fam* Schädel setzen; → *a.* bourrer A 2

crâner [kʀɑne] VI *fam* angeben; aufschneiden

crâneur [kʀɑnœʀ] M, **crâneuse** F *fam* Angeber(in) *m(f)*; Aufschneider(in) *m(f)*; Großsprecher(in) *m(f)*; Prahlhans *m*; **faire le crâneur, la crâneuse** *ou adjt* **être ~** *fam* angeben; aufschneiden; ein Angeber, e-e Angeberin sein

crânien [kʀɑnjɛ̃] ADJ ⟨~ne⟩ ANAT Schädel...; **boîte ~ne** Gehirnschädel *m*; Hirnschale *f*

cranter [kʀɑ̃te] VT *couteau* mit Wellenschliff versehen; *cheveux* in starke Wellen legen

Craon [kʀɑ̃] *Ort im Dep. Mayenne*

crapahuter [kʀapayte] *fam* VI in schwierigem Gelände marschieren

crapaud [kʀapo] M 1 ZOOL Kröte *f* 2 ADJT **fauteuil** *m* **~** kleiner Lehnsessel; **(piano** *m***) ~** kleiner Stutzflügel 3 *d'un diamant* kleine Unreinheit; kleiner Mangel

crapule [kʀapyl] F *péj* Lump *m*; Halunke *m*; *fam* übler Bursche, Kunde, Patron; **crapulerie** F *péj* Lumperei *f (a. Eigenschaft)*; dunkle, krumme Geschäfte *npl*

crapuleux [kʀapylø] ADJ ⟨-euse⟩ *action* schändlich; gemein; *existence* dunkel; zwielichtig; **crime ~** Raubmord *m*

craquage [kʀakaʒ] M CHIM Kracken *n*

craquant [kʀakɑ̃] ADJ *fam personne, enfant* niedlich; *fam* süß; allerliebst

craque [kʀak] *fam* F Lüge(nmärchen) *f(n)*

craquelé [kʀakle] ADJ mit feinen Rissen; rissig; PEINT mit Krakelüren *ou* Craqueluren; **porcelaine ~e** Craqueléporzellan *n*

craqueler [kʀakle] ⟨-ll-⟩ A VT rissig machen; **~ de la porcelaine** in der Glasur von Porzellan Haarrisse erzeugen B V/PR *terre, vernis* **se ~** rissig werden; (feine) Risse bekommen

craquelure [kʀaklyʀ] F feiner Riss; Haarriss *m*; *dans la porcelaine* Craquelé *n*; PEINT Krakelüre *f*; Craquelure *f*

craquement [kʀakmɑ̃] M *bruit sec* Knacken *n*; Knarren *n*; Knistern *n*; Knirschen *n*; *en éclatant* Krachen *n*; Bersten *n*

craquer [kʀake] A VT 1 *allumette* anstreichen; anreißen 2 CHIM kracken B VI 1 *(faire un bruit sec)* knacken; *vieux meuble, parquet* knarren; *biscotte* krachen; *feuilles* knistern; *neige* knirschen; **faire ~ ses doigts** mit den Fingern, Fingergelenken knacken 2 *en éclatant* krachen; brechen; bersten; *couture* platzen; **faire ~** sprengen; zum Bersten bringen; *fig* **plein à ~** zum Bersten, Brechen voll; brechend voll 3 *fig régime etc* ins Wanken geraten 4 *fam personne* a *(céder à la tentation) fam* schwach werden; **~ pour qn, qc** *fam* auf j-n, etw stehen b *(s'effondrer)* zusammenbrechen; **il a craqué** *ou* **ses nerfs ont craqué** er ist zusammengebrochen; er hat die Nerven verloren

craquètement [kʀakɛtmɑ̃] M 1 *bruit sec* Knistern *n* 2 *de la cigogne* Klappern *n*

craqueter [kʀakte] VI ⟨-tt-⟩ 1 *bruit sec* knistern 2 *cigogne* klappern

craquettement → craquètement

crash [kʀaʃ] M AVIAT *atterrissage* Bauchlandung *f*; *(écrasement au sol)* Absturz *m*

crasse¹ [kʀas] F 1 *(saleté)* Schmutz *m*; *fam* Dreck *m*; **couvert de ~** schmutzig; schmutzstarrend; *fam* verdreckt; **vivre dans la ~** im Schmutz, *fam* Dreck verkommen, ersticken 2 MÉTALL **~s** *pl* Gekrätz *n*; Krätze *f* 3 *fam fig* **faire une ~ à qn** j-m gegenüber e-e Gemeinheit begehen, gemein handeln

crasse² [kʀas] ADJ *ignorance, bêtise* krass

crasseux [kʀasø] ADJ ⟨-euse⟩ verschmutzt; schmutzig; *fam* verdreckt; dreckig

crassier [kʀasje] M MÉTALL Schlackenhalde *f*

cratère [kʀatɛʀ] M GÉOL, *de bombe* Krater *m*; **~ lunaire, volcanique** Mond-, Vulkankrater *m*; **lac** *m* **de ~** Kratersee *m*

cratériforme [kʀateʀifɔʀm] ADJ kraterförmig

cravache [kʀavaʃ] F Reitpeitsche *f*, -gerte *f*; *fig* **mener qn à la ~** j-n mit rücksichtsloser Strenge, Härte behandeln

cravacher [kʀavaʃe] A VT **~ un cheval** ein Pferd mit der Peitsche antreiben B VI *fam* sich ranhalten

cravate [kʀavat] F Krawatte *f*; *fam* Schlips *m*; **~ de commandeur de la Légion d'honneur** als Krawatte geschlungenes Ordensband der Kommandeure der Ehrenlegion; *fam fig* **s'en jeter un derrière la ~** *fam* (sich *[dat]*) einen hinter die Binde gießen

cravater [kʀavate] VT 1 *(saisir par le cou)* **~ qn** j-n in den Würgegriff nehmen 2 *fam voleur etc* **se faire ~** *fam* geschnappt werden

crawl [kʀol] M SPORTS Kraul(stil) *n(m)*; Kraulen *n*; Kraulschwimmen *n*

crawler [kʀole] VI SPORTS kraulen; *adjt* **dos crawlé** Rückenkraulen *n*

crayeux [kʀɛjø] ADJ ⟨-euse⟩ kreidig; kreidehaltig; Kreide...; **falaise crayeuse** Kreidefelsen *m*

crayon [kʀɛjõ] M 1 *pour écrire ou dessiner* (Blei-, Farb-, Zeichen)Stift *m*; MÉD **~ hémostatique** blutstillender Stift; **~ noir** Bleistift *m*; INFORM **~ optique** Lichtstift *m*; **~ rouge** Rotstift *m*; PEINT Rötelstift *m*; **~ (à) bille** Kugelschreiber *m*; **~ à lèvres** Konturenstift *m* (für die Lippen); **~ à sourcils** Augenbrauenstift *m*; **~ de couleur** Farb-, Buntstift *m*; **dessin** *m* **au ~** Bleistiftzeichnung *f*; **écrire au ~** mit (dem) Bleistift schreiben 2 *dessin* Bleistiftzeichnung *f*

crayon-feutre [kʀɛjõføtʀ] M ⟨*pl* crayons-feutres⟩ Filz-, Faserschreiber *m*, -stift *m*;

crayon-lecteur M ⟨*pl* crayons-lecteurs⟩ Scanner *m*

crayonnage [kʀɛjɔnaʒ] M (Bleistift)Gekritzel *n*

crayonner [kʀɛjɔne] VT *au crayon* (mit dem Bleistift) kritzeln; *(esquisser)* skizzieren

créance [kʀeɑ̃s] F 1 COMM, JUR Forderung *f*; **~s** *pl a.* Außenstände *pl* 2 DIPL **lettres** *fpl* **de ~** Beglaubigungsschreiben *n*

créancier [kʀeɑ̃sje] M, **créancière** F COMM, JUR Gläubiger(in) *m(f)*

créateur [kʀeatœʀ] A ADJ ⟨-trice⟩ schöpferisch; kreativ B SUBST 1 M **Créateur** Schöpfer *m (Gott)* 2 **~, créatrice** *m,f* Schöpfer(in) *m(f)*; Begründer(in) *m(f)*; THÉ **~, créatrice d'un rôle** erster Darsteller, erste Darstellerin e-r Rolle

créatif [kʀeatif] A ADJ ⟨-ive⟩ kreativ; erfinderisch B MPL **~s** PUBLICITÉ kreativ tätige Werbefachleute *pl*

création [kʀeasjõ] F 1 REL a **la Création** *(le monde créé)* die Schöpfung b **~ du monde** Erschaffung *f* der Welt 2 *(fondation)* Schaffung *f*; (Be)Gründung *f*; Errichtung *f*; COMM **~ de capitaux** Kapitalschöpfung *f*; **~ de nouveaux emplois** Schaffung neuer Arbeitsplätze; **~ d'une nouvelle entreprise** (Be)Gründung, Errichtung e-s neuen Unternehmens 3 ART *activité* Schaffen *n*; *œuvre* Schöpfung *f*; **~ artistique, littéraire** künstlerisches, literarisches Schaffen; **les ~s de Michel-Ange** die Schöpfungen Michelangelos 4 THÉ *d'un rôle* Kreieren *n*; *(rôle créé)* kreierte Rolle; *d'une pièce* Erstinszenierung *f* 5 *des grands couturiers* Kreation *f*

créativité [kʀeativite] F Kreativität *f*

créature [kʀeatyʀ] F 1 REL Geschöpf *n*; Kreatur *f* 2 *surtout femme* Geschöpf *n*; Wesen *n*; **quelle sotte ~!** so e-e dumme Person! 3 *péj (protégé)* Kreatur *f*

crécelle [kʀesɛl] F 1 Rassel *f*; Schnarre *f*; Knarre *f*; Klapper *f* 2 *fig*: **bruit** *m* **de ~** Kreischen *n*; Schrillen *n*; Klappern *n*; Rasseln *n*; Schnarren *n*; **voix** *f* **de ~** kreischende, schrille Stimme

crèche [kʀɛʃ] F 1 BIBL Krippe *f*; **~ de Noël** Weihnachtskrippe *f* 2 *pour enfants* Kinderkrippe *f*

crécher [kʀeʃe] VI ⟨-è-⟩ *fam (habiter) fam* hausen; *(passer la nuit)* übernachten

crédence [kʀedɑ̃s] F 1 ÉGL CATH Kredenz *f*; Seitentischchen *n* am Altar 2 *meuble* Kredenz *f*

crédibilité [kʀedibilite] F Glaubwürdigkeit *f*, -haftigkeit *f*; **crédible** ADJ glaubwürdig, -haft

CREDIF [kʀedif] M ABR (Centre de recherche et d'étude pour la diffusion du français) *sprachdidaktisches Forschungs- und Studieninstitut*

crédit [kʀedi] M 1 COMM Kredit *m*; **~ bancaire** Bankkredit *m*; **~ documentaire** Dokumenten-, Warenakkreditiv *n*; **~ industriel et commercial** gewerblicher Kredit; **~ à la consommation** Konsumenten-, Verbraucherkredit *m*; **carte** *f* **de ~** Kreditkarte *f*; *loc adj et loc adv* **à ~** Kredit...; auf Kredit, Borg, *fam* Pump; **achat** *m* **à ~** Kreditkauf *m*; Kauf *m* auf Kredit; **acheter à ~** auf Kredit kaufen; *fam (à tempérament)* auf Raten(zahlung), *fam* auf Stottern kaufen; **accorder un ~ à qn** j-m e-n Kredit gewähren, bewilligen; **avoir du ~** Kredit haben (**chez** bei); → *a.* 3; **avoir trois mois de ~** drei Monate Kredit, Zahlungsfrist haben; **faire ~ à qn** j-m Kredit geben, gewähren, einräumen; **obtenir un ~** e-n Kredit erhalten; **prendre un ~** e-n Kredit aufnehmen 2 *nom de banque* Kreditanstalt *f*, -institut *n*; **Crédit agricole** *correspond à* Raiffeisenbank *f*; **Crédit foncier** Bodenkreditanstalt *f*; **Crédit Lyonnais** *frz Großbank*; **~ municipal** städtisches Leihamt 3 *(prestige)* Ansehen *n*; Kredit *m*; Reputation *f*; **avoir du ~, être en ~ (auprès de qn)** (bei j-m) Ansehen genießen, angesehen sein; **jouir d'un grand ~ (auprès de qn)** (bei j-m) sehr angesehen sein 4 *(confiance)* **ne plus avoir de ~** nicht mehr glaubwürdig sein; **trouver (du) ~ (auprès de qn)** (bei j-m) Glauben finden 5 PL **~s (budgétaires)** Haushaltsmittel *npl*; Kredite *mpl* 6 COMPTABILITÉ Haben(seite) *n(f)*; **porter une somme au ~ de qn** j-m e-e Summe gutschreiben, kreditieren

crédit-bail [kʀedibaj] M Leasing *n*

crédité [kʀedite] M Kreditnehmer *m*

créditer [kʀedite] VT **~ un compte, qn d'une somme** e-m Konto, j-m e-n Betrag gutschreiben, kreditieren

créditeur [kʀeditœʀ] A ADJ ⟨-trice⟩ **compte ~** Aktiv-, Vermögenskonto *n*; **solde ~** Aktiv-, Habensaldo *m* B M Kreditor *m*

credo [kʀedo] M 1 ÉGL **Credo** Kredo *n*; Glaubensbekenntnis *n* 2 *fig* Glaubensbekenntnis *n*; Kredo *n*; Prinzipien *npl*

crédule [kʀedyl] ADJ leichtgläubig; **crédulité** F Leichtgläubigkeit *f*

créer [kʀee] A VT 1 REL (er)schaffen 2 *œuvre artistique* schaffen; *produit, modèle, mode, rôle* kreieren; *spectacle* zum ersten Mal inszenieren; *abs* schöpferisch tätig sein 3 *(fonder)* (be)gründen; errichten; ins Leben rufen; **~ des emplois** Arbeitsplätze schaffen; **~ de nouveaux mar-**

chés neue Märkte erschließen 4 ~ **des ennuis à qn** j-m Unannehmlichkeiten, Ärger (ein)bringen, verursachen, bereiten B V/PR 1 **se ~ qc** sich *(dat)* etw aufbauen; **se ~ une clientèle** Kunden, e-n Kundenkreis gewinnen 2 **se ~ des besoins** sich *(dat)* (unnötige) Bedürfnisse schaffen; **se ~ des ennuis** sich *(dat)* Ärger einhandeln; Ärger bekommen

Creil [kʀɛj] *Stadt im Dep. Oise*

crémaillère [kʀemajɛʀ] F 1 Kesselhaken *m*; *fig* **pendre la ~** die neue Wohnung einweihen; s-n Einzug in die neue Wohnung, in das neue Haus feiern 2 TECH Zahnstange *f*; **chemin de fer** *m* **à ~** Zahnradbahn *f*

crémant [kʀemɑ̃] M leicht moussierender Wein

crémation [kʀemasjõ] F Kremation *f*; (Leichen)Verbrennung *f*; Einäscherung *f*

crématoire [kʀematwaʀ] ADJ *et* SUBST M **(four** *m*) ~ Verbrennungsofen *m*; Krematorium *n*

crématorium [kʀematɔʀjɔm] M Krematorium *n*

crème [kʀɛm] A F 1 CUIS a *matière grasse* Sahne *f*; *all Sud* Rahm *m*; **~ Chantilly** [ʃɑ̃tiji] *ou* **~ fouettée** Schlagsahne *f*; *all Sud* Schlagrahm *m*; *autrich* Schlagobers *n*; **~ fraîche** (dicke) süße Sahne; Crème fraîche *f*; *adjt* **café** *m* **~** *ou elliptiquement* **~** *m* Milchkaffee *m* b *entremets* Creme *f*; Krem *f ou fam m*; **~ anglaise** Eier-Milch-Creme *f*; **~ glacée** Eiscreme *f*; **~ renversée** gestürzter Pudding mit Karamellüberzug c *fromage* Schmelz-, Streichkäse *m*; **~ de gruyère** Schmelzkäse aus Emmentaler d *potage* sämige Suppe; **~ d'asperges** Spargelcremesuppe *f* 2 *produit de toilette* (Haut)-Creme *f*; **~ grasse** Fettcreme *f*; **~ solaire** Sonnen(schutz)creme *f*; **~ à raser, de beauté, de jour, de nuit** Rasier-, Schönheits-, Tages-, Nachtcreme *f* 3 *liqueur* **~ de banane, de cacao** Bananen-, Kakaolikör *m* 4 *(cirage)* Schuhcreme *f* 5 *fam* **la ~** *(les meilleurs)* die Creme (der Gesellschaft); **la ~ de la ~** die (aller)feinsten Leute *pl*; *fam* **c'est la ~ des hommes** er ist der gutmütigste Mensch B ADJ ⟨inv⟩ *couleur* cremefarben

crémerie [kʀɛmʀi] F Milchgeschäft *n*; *fam fig* **changer de ~** das Lokal wechseln

crémeux [kʀemø] ADJ ⟨-euse⟩ sahnig; cremig; sämig

crémier [kʀemje] M, **crémière** F Milchhändler(in) *m(f)*

Crémone [kʀemɔn] GÉOG Cremona *n*

crémone [kʀemɔn] F TECH Treibriegelverschluss *m*

créneau [kʀeno] M ⟨*pl* ~x⟩ 1 FORTIFICATIONS Zinne *f*; *fig* **monter au ~** auf die Barrikaden gehen 2 AUTO Parklücke *f*; **faire un ~** einparken; in e-e Parklücke hineinfahren 3 **~ (horaire)** freier Augenblick, freie Zeit (im Terminplan); ESPACE **~ de lancement** Startfenster *n* 4 ÉCON Marktlücke *f*, -nische *f*

crénelé [kʀenle] ADJ *tour, mur* zinnenbewehrt; mit Zinnen versehen

créneler [kʀenle] V/T ⟨-ll-⟩ TECH kerben; zähnen; **~ une pièce de monnaie** ein Geldstück rändeln

créole [kʀeɔl] A ADJ kreolisch; **parlers** *mpl* **~s** Kreolensprachen *fpl* B SUBST 1 M/F Kreole *m*, Kreolin *f* 2 LING **le ~** Kreol(isch) *n*; das Kreolische

crêpage [kʀɛpaʒ] M 1 *des cheveux* Toupieren *n* 2 *fam fig* **~ de chignon** Zank *m*; Streit *m*; Gezänk *n* 3 TEXT Kreppen *n*

crêpe[1] [kʀɛp] M 1 TEXT Krepp *m*; **~ georgette** Crêpe Georgette *m*; **~ de Chine** Crêpe de Chine *m*; **~ de laine, de soie** Woll-, Seidenkrepp *m* 2 *en signe de deuil* Trauerflor *m*, -band *n*, -schleife *f* 3 **semelles** *fpl* **(de) ~** Kreppsohlen *fpl*

crêpe[2] [kʀɛp] F CUIS (dünner) Pfann-, Eierkuchen *m*; Crêpe *f*; *autrich* Palatschinke *f*; **~s Suzette** *mit Likörcreme angerichtete u. flambierte Eierkuchen*; **~ de sarrasin** Marmeladen-, Buchweizenpfannkuchen *m*; *fam fig* **retourner qn comme une ~** j-n vollkommen umstimmen, *fam* herumkriegen

crêpeler [kʀɛple] A V/T 1 *cheveux* toupieren 2 TEXT kreppen B V/PR *fam* → chignon

crêperie [kʀɛpʀi] F Lokal *n*, Café *n*, in dem „crêpes" serviert werden

crépi [kʀepi] M CONSTR (rauer) (Ver)Putz; Rauputz *m*; Bewurf *m*

crêpier [kʀepje] M, **crêpière** F Crêpeverkäufer(in) *m(f)*

crépine [kʀepin] F 1 TECH Saugkorb *m*; Sieb *n* 2 BOUCHERIE Netz *n*; **crépinette** F BOUCHERIE Netzkotelett *n (von Netz umhülltes Hackfleisch in Frikadellenform)*

crépir [kʀepiʀ] V/T *mur* verputzen; bewerfen; berappen; **crépissage** M (Rau)Verputzen *n*

crépitation [kʀepitasjõ] F 1 Knistern *n*; Prasseln *n* 2 MÉD Krepitation *f*; Knistern *n*; *des poumons* Knistern *n*; Knisterrasseln *n*

crépitement [kʀepitmɑ̃] M *d'un feu de bois* Knistern *n*; Prasseln *n*; *d'une mitrailleuse* Knattern *n*; Rattern *n*

crépiter [kʀepite] V/I *feu de bois* knistern; prasseln; *applaudissements* aufbranden; aufbrausen; *mitrailleuse* knattern; rattern

crépon [kʀepõ] A ADJ **papier** *m* **~** Krepppapier *n* B M TEXT dicker, grober Krepp

CREPS [kʀɛps] M ABR (centre régional d'éducation physique et sportive) *staatliche Ausbildungsstätte für Sportlehrer*; Sporthochschule *f*

crépu [kʀepy] ADJ kraus; **cheveux ~s** Kraushaar *n*

crépusculaire [kʀepyskylɛʀ] ADJ **lueur** *f*, **lumière** *f* **~** Dämmerlicht *n*

crépuscule [kʀepyskyl] M 1 (Abend)Dämmerung *f*; Dämmerlicht *n*; **au ~** *ou* **à l'heure du ~** in der Abenddämmerung 2 *fig et litt (déclin)* Vergehen *n*; Untergang *m*; *Wagner* **Le Crépuscule des dieux** Die Götterdämmerung

crescendo [kʀeʃɛndo] A ADV MUS crescendo; *fig* **aller ~** anschwellen; zunehmen B M MUS Crescendo *n*

cresson [kʀesõ, kʀə-] M BOT Kresse *f*; **~ de fontaine** Brunnenkresse *f*

cressonnière [kʀesɔnjɛʀ] F Anpflanzung *f* von Brunnenkresse

Crest [kʀɛ] *Stadt im Dep. Drôme*

Crésus [kʀezys] M HIST Krösus *m*; *fig* **il est riche comme ~** er ist ein Krösus

crésyl® [kʀezil] M *ein Desinfektionsmittel*

crétacé [kʀetase] GÉOL A ADJ Kreide... B M Kreide(zeitalter) *f(n)*

crête [kʀɛt] F 1 *du coq, de certains reptiles* Kamm *m*; *(huppe)* Schopf *m* 2 *d'une montagne* Kamm *m* 3 **~ d'une vague** Wellenkamm *m*, -berg *m* 4 *d'un toit* First *m*; *d'une muraille* Krone *f* 5 ANAT **~ iliaque** Darmbeinkamm *m* 6 ÉLEC **puissance** *f* **de ~** Spitzenleistung *f*

Crète [kʀɛt] **la ~** Kreta *n*

crêté [kʀete] ADJ ZOOL mit Kamm *ou* Schopf

crête-de-coq [kʀɛtdəkɔk] F ⟨*pl* crêtes-de-coq⟩ 1 BOT a Hahnenkamm-Esparsette *f* b Klappertopf *m* 2 PL MÉD spitze Kondylome *npl*; Feigwarzen *fpl*

Créteil [kʀetɛj] *Stadt im Dep. Val-de-Marne*

crétin [kʀetɛ̃] A ADJ dumm; *fam* blöd B SUBST **~(e)** *m(f)* 1 *péj* Dummkopf *m*; Idiot *m*; *fam d'une femme* dumme, blöde Kuh 2 MÉD Kretin *m*

crétinerie [kʀetinʀi] F Dummheit *f*; Blödsinn *m*; **crétiniser** V/T verdummen; **crétinisme** M 1 MÉD Kretinismus *m* 2 *(bêtise)* Dummheit *f*; Blödsinn *m*; Idiotie *f*

crétois [kʀetwa] A ADJ kretisch B SUBST 1 **Crétois(e)** *m(f)* Kreter(in) *m(f)* 2 LING **le ~** das Kretische; Kretisch *n*

cretonne [kʀətɔn] F TEXT Cretonne *f ou m*; *autrich* Kreton *m*

Creuse [kʀøz] **la ~** *Fluss u. Departement in Frankreich*

creusement [kʀøzmɑ̃] M Graben *n*; Aushöhlen *n*

creuser [kʀøze] A V/T 1 *dans la terre: trou, puits, tunnel* graben; *tunnel a.* bohren; *fosse, tranchée* ausheben; MINES *galerie* vortreiben; *(rendre creux) roche etc* aushöhlen; *fig* **~ un abîme** e-n Abgrund aufreißen **(entre** zwischen +*dat*); **~ un canal** einen Kanal bauen; **~ la terre** die Erde aufgraben; in der Erde graben; *fig* **~ sa tombe, sa fosse** sich *(dat)* sein eigenes Grab schaufeln, graben; **~ un trou dans qc** *a.* etw aushöhlen 2 *par ext: joues* aushöhlen; *yeux* einsinken lassen; **~ l'estomac** hungrig machen; **visage creusé de rides** verrunzeltes, von Runzeln durchzogenes Gesicht 3 *fig sujet, question* vertiefen; sich eingehend befassen mit B V/I 1 *dans la terre* graben 2 *fam (donner de l'appétit)* hungrig machen C V/PR **se ~** 1 *(devenir creux) dent, joues* hohl werden; *visage a.* hohlwangig werden; *yeux* einsinken; *fig* **un fossé se creuse entre eux** ein Graben tut sich zwischen ihnen auf 2 *fig (réfléchir)* sich (geistig) anstrengen; **se ~ la cervelle, le cerveau, la tête** sich *(dat)* den Kopf zerbrechen; sich *(dat)* das Hirn zermartern

creuset [kʀøzɛ] M 1 *récipient* (Schmelz)Tiegel *m* 2 *d'un haut fourneau* Gestell *n* 3 *fig* Schmelztiegel *m*

Creusot (Le) [ləkʀøzo] *Stadt im Dep. Saône-et-Loire*

Creutzfeldt-Jakob [kʀøtsfɛltʒakɔb] **maladie** *f* **de ~** Creutzfeldt-Jakob-Krankheit *f*

creux [kʀø] A ADJ ⟨creuse [kʀøz]⟩ 1 hohl *(a. dent)*; Hohl...; *par ext: joues* hohl; eingefallen; *visage* hohl(wangig); *yeux* tief liegend; eingesunken; **assiette creuse** tiefer Teller; Suppenteller *m*; **chemin ~** Hohlweg *m*; MAR **mer creuse** hohle See; COUT **pli ~** Kellerfalte *f*; *fig* **j'ai le ventre, l'estomac ~** ich habe e-n leeren Magen, nichts im Magen; mir knurrt der Magen 2 *fig:* **classes creuses** geburtenschwache *ou* durch den Krieg dezimierte Jahrgänge *mpl*; **heures creuses** CIRCULATION verkehrsschwache Zeiten *fpl*; COMM Zeiten, in denen wenig Betrieb ist 3 *son* hohl 4 *fig phrases, discours* leer; hohl; inhalts-, gehaltlos B ADV **sonner ~** hohl klingen *(a. fig)* C M 1 Vertiefung *f*; (Aus)Höhlung *f*; Mulde *f*; *all Nord a.* Kuhle *f*; **~ de l'estomac** Magen-, Herzgrube *f*; *fig* **j'ai un ~ (dans l'estomac)** ich habe Hunger; ich bin hungrig; mir knurrt der Magen; **~ du genou** Kniekehle *f*; **~ de la main** hohle Hand; **~ d'une vague** Wellental *n*; *fig* **être dans le ~ de la vague** an e-m Tiefpunkt angelangt sein 2 COMM Flaute *f*

crevaison [kʀəvɛzõ] F *d'un pneu* Reifenpanne *f*; geplatzter Reifen; *fam* Platte(r) *m*; Plattfuß *m*; *autrich* Patschen *m*

crevant [kʀəvɑ̃] ADJ *fam* 1 *(épuisant)* ermüdend; **c'est ~** *fam* das macht einen fertig, kaputt 2 *(drôle) fam* zum Totlachen, Schreien, Schießen; irrsinnig komisch

crevasse [kʀəvas] F 1 *d'un mur, dans le sol* (tiefer *ou* klaffender) Riss 2 *de la peau* **~s** *pl* Schrunden *fpl*; Risse *mpl*; **~s aux lèvres** aufgerissene, rissige Lippen *fpl*; **~s des mains** Risse, Schrunden an den Händen 3 *d'un glacier* Gletscherspalte *f*

crevasser [kʀəvase] A V/T *froid: mains etc* aufspringen lassen; rissig machen, werden las-

C

sen; *adjt* **crevassé** rissig; **peau crevassée** rissige, aufgesprungene Haut **B** V/PR **se ~** Risse bekommen; rissig werden; aufreißen; aufspringen

crève [kʀɛv] *fam* F **attraper la ~** *fam* sich *(dat)* e-e Mordserkältung, sich *(dat)* den Tod holen; **avoir la ~** *fam* mordsmäßig erkältet, *plus fort pop* kurz vor dem Abkratzen sein

crevé [kʀəve] ADJ **1** *(éclaté)* ge-, zerplatzt; geborsten; **pneu ~** geplatzter Reifen; *fam* Platte(r) *m*; Plattfuß *m*; *autrich* Patschen *m* **2** *plante, animal* eingegangen; *animal a.* verendet **3** *fam (épuisé)* **être ~** *fam* vollkommen fertig, erledigt, kaputt, völlig erschossen sein

crève-cœur [kʀɛvkœʀ] M ⟨inv⟩ Herzeleid *n*; Jammer *m*; **c'est un vrai ~ de voir ça** das ist ein herzzerreißender Anblick

crève-la-faim [kʀɛvlafɛ̃] M ⟨inv⟩ *fam* Hungerleider *m*

crever [kʀəve] ⟨-è-⟩ **A** V/T **1** *(faire éclater)* platzen lassen; zum Platzen, Bersten bringen; *pneu avec un couteau* zerstechen; aufschlitzen; *sac en papier etc* durchbohren; ein Loch bohren, machen in *(+acc)*; **~ un abcès** einen Abszess aufschneiden, aufstechen; *fig* **~ le cœur à qn** j-m das Herz zerreißen, brechen; **ça vous crève le cœur** *a.* das ist herzzerreißend; *fig acteur* **~ l'écran** große Begeisterung auslösen; Furore machen; **~ un œil à qn** j-m ein Auge ausschlagen, ausstechen; *fig* **ça crève les yeux** das springt in die Augen; das ist sonnenklar; *fam* das sieht doch ein Blinder; *objet égaré* **il te crève les yeux** es liegt direkt vor deiner Nase; *fam* es wird dich gleich beißen **2** *fam (épuiser)* **~ qn** *fam* j-n kaputtmachen, fertigmachen, erledigen; **~ un cheval** ein Pferd zuschanden reiten **B** V/I **1** *(éclater)* (auf-, zer)platzen; bersten; *abcès* aufgehen; aufbrechen; *nuage* sich entladen; *pneu* platzen; *par ext* **j'ai crevé** ich habe e-e Reifenpanne, *fam* e-n Platten, e-n Plattfuß, *autrich* e-n Patschen (gehabt); *fig*: **~ de jalousie** vor Neid platzen; **~ d'orgueil** äußerst hochmütig sein; **~ de rire** vor Lachen platzen; *fam* sich totlachen; **c'est à ~ de rire** *fam* es ist zum Totlachen, Schießen **2** *animal, plante* eingehen; *animal a.* verenden; *fam* krepieren; *pop personne pop* krepieren; verrecken; *fam fig* **~ de chaleur** *fam* vor Hitze umkommen, vergehen; *fam fig* **~ de faim** *fam* vor Hunger vergehen; am Verhungern sein; *fam* **chaleur** *f* **à ~** *fam* Bullen-, Affen-, Bruthitze *f*; *fam* **il fait une chaleur à ~** *fam* es ist wahnsinnig heiß; **ça fait ~ les plantes** davon gehen die Pflanzen ein **C** V/PR **1** *fam* **se ~ (au travail)** *fam* sich zu Tode arbeiten, schinden, schuften; sich abschinden **2** **se ~ les yeux** sich *(dat)* die Augen verderben

crevette [kʀəvɛt] F ZOOL Garnele *f*; CUIS Krabbe *f*; **~ grise** Sandgarnele *f*; Granat *m*; **~ rose** rosa Garnele

crevettier [kʀəvɛtje] M **1** Garnelen-, Krabbenfangboot *n*; Krabbenkutter *m* **2** Garnelen-, Krabbennetz *n*

cri [kʀi] M Schrei *m*, Ruf *m (a. d'un animal)*; **~s** *pl a.* Geschrei *n*; Schreien *n*; *fig* **le dernier ~** der letzte Schrei; der Dernier cri; **long ~** lang gezogener Schrei; **~ d'alarme** Warnruf *m*; **~ de guerre** Schlachtruf *m*; **~ d'indignation** Schrei der Entrüstung; **~ de joie** Freudenschrei *m*; Jauchzer *m*; **~s de joie** Freudengeschrei *n*, -gebrüll *n*; Jubel *m*; Jauchzen *n*; **pousser des ~s de joie** in (ein) Freudengeschrei ausbrechen; jubeln; jauchzen; **~ du nouveau-né** erster Schrei des Neugeborenen; *fig* **les ~s des opprimés** die Schreie, das Schreien der Unterdrückten; HIST **~s de Paris** Rufe der Straßenhändler in Paris; **~s des vendeurs de journaux** Rufe der Zeitungsverkäufer; **au(x) ~(s) de ...** mit dem Ruf, Schrei ...; *loc adv* **à grands ~s** mit lautem Geschrei; *fig* nachdrücklich; eindringlich; *fig* **c'est le ~ du cœur** das ist ganz echt, ganz spontan, nicht gespielt; das ist mir *(ou dir etc)* (wider Willen) entschlüpft

criaillement [kʀijɑjmɑ̃] M Kreischen *n*; Zetern *n*; Keifen *n*; Zetergeschrei *n*

criailler [kʀijɑje] V/I *(crier)* kreischen; *(se plaindre)* zetern; keifen

criailleries [kʀijɑjʀi] FPL Gezeter *n*; Gekeife *n*

criant [kʀijɑ̃] ADJ **1** *injustice* (himmel)schreiend **2** *(manifeste)* eindeutig; ganz klar; **preuve ~e** eindeutiger, schlagender Beweis

criard [kʀijaʀ] ADJ **1** *voix* kreischend; **enfant ~** kreischendes, plärrendes Kind **2** *couleur* grell; schreiend

criblage [kʀiblaʒ] M TECH (Aus)Sieben *n*

crible [kʀibl] M (grobes) Sieb; *fig* **passer au ~** genau prüfen; unter die Lupe nehmen

criblé [kʀible] ADJ *corps* **~ de bleus** mit blauen Flecken übersät; *visage* **~ de boutons** mit Pickeln übersät; **~ de taches** voller Flecken; *fig* **être ~ de dettes** völlig verschuldet sein; *fam* bis über beide Ohren, bis an den Hals in Schulden stecken; mehr Schulden als Haare auf dem Kopf haben

cribler [kʀible] V/T **1** *(percer)* durchbohren; durchlöchern; **~ de balles** mit Kugeln durchsieben **2** TECH (durch-, aus)sieben

cric [kʀik] M **a** **~ (d'automobile)** Wagenheber *m* **b** TECH Zahnstangenwinde *f*

cricket [kʀikɛt] M SPORTS Kricket *n*

cri-cri [kʀikʀi] M ⟨inv⟩ ZOOL Grille *f*

criée [kʀije] F **(vente *f* à la) ~** öffentliche Versteigerung; Auktion *f*

crier [kʀije] **A** V/T **1** schreien; rufen; **~ qc à qn** j-m etw zu- *ou* nachschreien, -rufen; **~ à qn de** *(+inf)* j-m zurufen zu *(+inf)*; ♦ *loc*: **~ grâce** um Gnade flehen; **~ misère** s-e Not, sein Elend klagen; jammern; **~ vengeance** nach Rache schreien; **~ la vérité** die Wahrheit hinausschreien; → *a.* famine **2** *journal* ausrufen **B** V/I **1** *personne, animal* schreien; rufen; **~ au scandale** es als Skandal bezeichnen; es e-n Skandal nennen; **~ au secours** um Hilfe rufen, schreien; **~ au voleur** „haltet den Dieb!" *ou* „Hilfe, Diebe!" schreien; *fam* **~ après qn** j-n anschreien; mit j-m (herum)schimpfen; **il lui crie après** er schreit ihn an *etc*; **~ de douleur, de peur** vor Schmerzen, vor Angst schreien **2** *gonds d'une porte* quietschen

crieur [kʀijœʀ] M Straßenverkäufer *m*, -händler *m*; fliegender Händler; HIST **~ public** Ausrufer *m*; **~ de journaux** Zeitungsverkäufer *m*

CRIF [kʀif] M ABR (Conseil représentatif des institutions juives de France) *Dachverband der jüdischen Organisationen in Frankreich*; *correspond à* Zentralrat *m* der Juden

crime [kʀim] M Verbrechen *n (a. JUR)*; *(meurtre)* Mord *m*; **~ parfait** perfektes Verbrechen; **~ politique** politisches Verbrechen; Staatsverbrechen *n*; **~ contre l'humanité** Verbrechen gegen die Menschlichkeit; **~ de guerre** Kriegsverbrechen *n*; **arme** *f* **du ~** Tatwaffe *f*; **victime** *f* **d'un ~** Opfer *n* e-s Verbrechens; *fig* **ce n'est pas un ~ de** *(+inf)* es ist doch kein Verbrechen zu *(+inf)*; *prov* **le ~ ne paie pas** das Verbrechen lohnt sich nicht, zahlt sich nicht aus

Crimée [kʀime] **la ~** die Krim

criminaliser [kʀiminalize] V/T JUR *affaire* als Verbrechen einstufen; zur Strafsache machen

criminaliste [kʀiminalist] M Kriminalist *m*; **criminalistique** F Kriminalistik *f*

criminalité [kʀiminalite] F Kriminalität *f*

criminel [kʀiminɛl] **A** ADJ ⟨~le⟩ kriminell; verbrecherisch; Kriminal...; JUR *a.* Straf...; **acte ~** verbrecherische, kriminelle Handlung; Verbrechen *n*; Straftat *f*; **affaire ~le** Kriminalfall *m*; Strafsache *f*; **droit ~** Strafrecht *n*; **incendie ~** Brandstiftung *f*; **intention ~le** verbrecherische Absicht; **juridiction ~le** Strafgerichtsbarkeit *f*; *fam fig* **c'est ~ de** *(+inf)* es ist verbrecherisch, ein Verbrechen zu *(+inf)* **B** M **1** Verbrecher *m (a. JUR)*; **grand ~** Schwerverbrecher *m*; **~ de guerre** Kriegsverbrecher *m* **2** *juridiction* Strafgerichtsbarkeit *f*; *loc adv* **au ~** strafrechtlich

criminellement [kʀiminɛlmɑ̃] ADV **1** *agir* verbrecherisch; kriminell **2** JUR *poursuivre* strafrechtlich

criminologie [kʀiminɔlɔʒi] F Kriminologie *f*; Kriminalwissenschaft *f*; **criminologiste** M/F *ou* **criminologue** M/F Kriminologe, -login *m,f*

crin [kʀɛ̃] M Rosshaar *n*; **~ végétal** vegetabilisches, pflanzliches Rosshaar; **matelas** *m* **de ~** Rosshaarmatratze *f*; *loc adj fig* **à tous ~s** *ou* **à tout ~** leidenschaftlich; mit Leib und Seele; reinsten Wassers

crincrin [kʀɛ̃kʀɛ̃] M **a** schlechte Geige, Fiedel **b** Gekratze *n*, Kratzen *n* auf der Geige

crinière [kʀinjɛʀ] F Mähne *f (a. fam chevelure)*

crinoline [kʀinɔlin] F HIST Krinoline *f*; Reifrock *m*

crique [kʀik] F kleine Bucht (an e-r Felsküste)

criquet [kʀikɛ] M ZOOL Feldheuschrecke *f*; **~ migrateur, pèlerin** Wanderheuschrecke *f*

crise [kʀiz] F **1** MÉD *(accès)* Anfall *m*; *(changement décisif)* Krisis *f*; Krise *f*; **~ cardiaque** Herzanfall *m*; *mortelle* Herzschlag *m*; **~ d'appendicite** akute Blinddarmentzündung; **~ d'asthme** Asthmaanfall *m*; **~ de foie** (akute) Leberbeschwerden *fpl* **2** PSYCH Krise *f*; Anfall *m*; **~ de larmes** Weinkrampf *m*; **~ de nerfs** Nervenzusammenbruch *m*, -krise *f*; *iron* **quelle ~!** was für ein Drama!; **avoir une, passer par une ~ de conscience** mit s-m Gewissen ringen; *fam* **avoir sa ~** *fam* wieder mal s-n Koller haben; **être en ~** e-e Krise durchmachen; sich in e-r Krise befinden; *fam* **piquer une ~** *fam* e-n Tobsuchtsanfall kriegen **3** POL, ÉCON Krise *f*; **~ économique, gouvernementale, ministérielle, monétaire, politique** Wirtschafts-, Regierungs-, Kabinetts-, Währungs-, Staatskrise *f*; **~ de l'énergie** Energiekrise *f*; **~ du logement** Wohnungsnot *f*; Wohnraummangel *m*; **économie** *f* **en ~** kritische Wirtschaftslage

crispant [kʀispɑ̃] ADJ unerträglich; auf die Nerven gehend

crispation [kʀispasjõ] F **1** *du visage etc* Verkrampfung *f* **2** *(irritation)* Gereiztheit *f*; Erregung *f*

crispé [kʀispe] ADJ verkrampft *(a. personne)*; verzerrt; **sourire ~** verkrampftes Lächeln; **le visage ~ par la douleur** mit schmerzverzerrtem Gesicht

crisper [kʀispe] **A** V/T **1** verkrampfen; verzerren; krampfhaft zusammenziehen; **la douleur crispait son visage** sein Gesicht verzerrte, verkrampfte sich vor Schmerz **2** *fam fig* **~ qn** j-n nerven; *fam* j-n auf die Palme bringen **B** V/PR **se ~** sich verkrampfen *(a. personne)*; sich (krampfhaft) verzerren, verziehen

crissement [kʀismɑ̃] M Knirschen *n*; Rascheln *n*; *de pneus* Quietschen *n*; Kreischen *n*

crisser [kʀise] V/I *gravier, neige* knirschen; *feuilles sèches* rascheln; *pneus* quietschen; kreischen

cristal [kʀistal] M ⟨*pl* -aux⟩ **1** *verre* Kristall(-glas) *n*; **cristaux** *pl* Kristallgeschirr *n*, -gläser *npl*, -vasen *fpl*, -schalen *fpl*, COMM -waren *fpl*; **~ de Bohême** böhmisches Kristall(glas); **boule** *f* **de ~** Kristallkugel *f*; *loc adj* **en ~** aus Kristall; Kristall...; kristallen **2** CHIM, MINÉR Kristall *m*; COMM **cristaux (de soude)** Kristallsoda *f*; **cristaux de neige** Schneekristalle *mpl*; **~ de roche** Bergkristall *m* **3** ÉLEC **cristaux** *pl* **liquides** Flüssigkristalle *mpl*; **affichage** *m* **à cristaux liquides** Flüssigkristallanzeige *f*

cristallerie [kʀistalʀi] F **1** *fabrication* Kristall(glas)herstellung *f* **2** *usine* Kristallglasfabrik *f* **3** *objets* Kristallglas *n*

cristallin [kʀistalɛ̃] **A** ADJ **1** *eaux, son, voix* kristallklar; *eaux* **d'une transparence ~e** kristallklar **2** MINÉR kristallin; **roche ~e** kristallines Gestein **3** CHIM Kristall...; **système ~** Kristallsystem *n* **B** M ANAT *de l'œil* Linse *f*

cristallisation [kʀistalizasjõ] F **1** CHIM **a** *action* Kristallbildung *f*; Kristallisation *f*; Kristallisierung *f* **b** *résultat* **~s** *pl* Kristallformen *fpl*, -bildungen *fpl* **2** *fig et st/s* Konkretisierung *f*; Fixierung *f*

cristalliser [kʀistalize] **A** V/T CHIM kristallisieren lassen; in Kristalle umwandeln; *adjt* **sucre cristallisé** (grober) Kristallzucker **B** V/I (*et* V/PR **se**) **~ 1** CHIM *substances* kristallisieren; Kristalle bilden; *dans une solution* auskristallisieren **2** *fig et st/s idées, sentiments, souvenirs* deutlich werden; Gestalt annehmen; sich konkretisieren; sich fixieren (**autour de** auf *+acc*)

cristallisoir [kʀistalizwaʀ] M CHIM Kristallisierschale *f*; flache Glasschale

cristallographie [kʀistalɔgʀafi] F Kristallografie *f*

critère [kʀitɛʀ] M Kriterium *n*; Merkmal *n*; Maßstab *m*; **~ d'adhésion, de convergence** *de l'Union européenne* Beitritts-, Konvergenzkriterium *n*

critérium [kʀiteʀjɔm] M **1** CYCLISME, SKI Kriterium *n* **2** HIPPISME **~ des deux ans** klassisches Rennen der Zweijährigen

critiquable [kʀitikabl] ADJ tadelnswert; zu kritisieren(d)

critique [kʀitik] **A** ADJ **1** MÉD, PHYS, *par ext situation, instant* kritisch; **âge** *m* **~** kritisches Alter; kritische Jahre *npl*; *d'une femme a.* Wechseljahre *npl*; **jours** *mpl* **~s** kritische Tage *mpl* (*a. e-r Frau*); PHYS NUCL **masse** *f* **~** kritische Masse; **phase** *f* **~** kritische Phase; kritisches Stadium; PHYS **point** *m* **~** kritischer Zustand, Punkt **2** *jugement, examen etc* kritisch; **esprit** *m* **~** kritischer Geist (*a. personne*); **avoir l'esprit ~** kritisch sein; e-n kritischen Verstand, e-e kritische Ader haben; **remarque** *f* **~** kritische Bemerkung **B** SUBST **1** F **a** (*analyse*) Kritik *f*; *d'un livre* Besprechung *f*; Rezension *f*; **~ dramatique, littéraire, musicale** Theater-, Literatur-, Musikkritik *f*; **~ d'art, de cinéma** Kunst-, Filmkritik *f*; **~ des textes** Textkritik *f*; *auteur, ouvrage* **avoir une bonne, mauvaise ~** e-e gute, schlechte Kritik bekommen; **faire la ~ d'un livre** ein Buch besprechen, rezensieren; **faire la ~ d'une œuvre** e-e Kritik zu e-m Werk schreiben; ein Werk kritisch durchleuchten **b** *coll* Kritik *f*; Kritiker *mpl* **c** (*désapprobation*) Kritik *f*; Kritisieren *n*; **formuler des ~s** Kritik üben; **il a formulé deux ou trois ~s** er kritisierte zwei oder drei Punkte; **ne pas supporter la ~** *ou* **les ~s** keine Kritik vertragen; *Destouches* **la ~ est aisée, l'art est difficile** Kritisieren ist leicht, Selbermachen ist schwer **2** M Kritiker(in) *m(f)*; **~ dramatique, littéraire, d'art, de cinéma** Theater-, Literatur-, Kunst-, Filmkritiker(in) *m(f)*

critiquer [kʀitike] V/T kritisieren; Kritik üben an (*+dat*); *abs* **il faut toujours qu'il critique** er muss immer kritisieren, kritteln

croassement [kʀɔasmɑ̃] M *du corbeau* Krächzen *n*; **croasser** V/I krächzen

croate [kʀɔat] **A** ADJ kroatisch **B** SUBST **1** **Croate** *m/f* Kroate *m*, Kroatin *f* **2** LING **le ~** das Kroatische; Kroatisch *n*

Croatie [kʀɔasi] **la ~** Kroatien *n*

croc [kʀo] M **1** *de certains animaux* Fangzahn *m*; *fam* **avoir les ~s** *fam* e-n Mordshunger haben; **montrer les ~s** *chien* die Zähne fletschen, blecken; *fig* die Zähne zeigen **2** *instrument* Haken (-stange) *m(f)* **3** **moustaches** *fpl* **en ~s** aufgezwirbelter Schnurrbart

croc-en-jambe [kʀɔkɑ̃ʒɑ̃b] M ⟨*pl* crocs-en--jambe [kʀɔkɑ̃ʒɑ̃b]⟩ Beinstellen *n*; **faire un ~ à qn** j-m ein Bein stellen (*a. fig*)

croche [kʀɔʃ] F MUS Achtel(note) *n(f)*; **double ~** Sechzehntel(note) *n(f)*; **triple ~** Zweiunddreißigstel(note) *n(f)*; **quadruple ~** Vierundsechzigstel(note) *n(f)*

croche-patte [kʀɔʃpat] *fam* M ⟨*pl* croche--pattes⟩ *ou* **croche-pied** M ⟨*pl* croche--pieds⟩ → croc-en-jambe

crochet [kʀɔʃɛ] M **1** (*pièce de métal recourbé*) Haken *m*; *à vis* Schraubhaken *m*; *d'une fenêtre* Fensterhaken *m*; **~ de boucherie** Fleischerhaken *m*; **~ de remorque** Schlepp-, AUTO Abschlepphaken *m*; **~ de serrurier** Dietrich *m* **2** *aiguille* Häkelnadel *f*; **travail** *m* **au ~** Häkelarbeit *f*; **faire du ~** häkeln **3** BOXE Haken *m*; **~ du droit, du gauche** rechter, linker Haken; **porter à qn un ~ à la mâchoire** j-m e-n Kinnhaken versetzen **4** (*détour*) **faire un ~** *route* e-n Bogen machen; *personne* e-n Abstecher machen (**par Reims** nach Reims; **chez qn** zu j-m) **5** *fig* **vivre aux ~s de qn** auf j-s Kosten (*acc*) leben; j-m auf der Tasche liegen **6** *ancienne émission* **~ radiophonique** vom Rundfunk veranstalteter Amateurwettbewerb für Sänger **7** TYPO **~s** *pl* eckige Klammern *fpl*; **mettre entre ~s** in eckige Klammern setzen **8** MUS Fähnchen *n* **9** *des serpents venimeux* Giftzahn *m*

crochetage [kʀɔʃtaʒ] M *d'une serrure* Öffnen *n* mit e-m Dietrich

crocheter [kʀɔʃte] V/T ⟨-è-⟩ **~ une serrure** ein Schloss (mit e-m Dietrich) aufbrechen

crocheteur [kʀɔʃtœʀ] M Dieb, der mit e-m Dietrich arbeitet

crochu [kʀɔʃy] ADJ krumm; gebogen; hakenförmig; *fig* **avoir les doigts ~s** habgierig sein

croco [kʀɔko] M ABR → crocodile 2

crocodile [kʀɔkɔdil] M **1** ZOOL Krokodil *n* **2** *peau* Krokodilleder *n*; **sac** *m* **en ~** Krokotasche *f*; Krokodilleder(hand)tasche *f*

crocus [kʀɔkys] M BOT Krokus *m*

croire [kʀwaʀ] ⟨je crois, il croit, nous croyons; je croyais; je crus; je croirai; que je croie; croyant; cru⟩ **A** V/T **~ qc** etw glauben; **~ qc de qn** etw von j-m glauben; **~ qn** j-m glauben; j-m Glauben schenken; **je vous crois** ich glaube (es) Ihnen; *fam* **je te crois!** *ou* **je vous crois!** (*je pense ainsi*) das will ich meinen!; ganz meine Meinung!; (*c'est évident*) selbstverständlich!; freilich!; *fam* na klar!; **le croira qui voudra** das soll einer glauben; *fam* wer's glaubt, wird selig; ♦ *avec attribut* halten für; **on l'a cru mort** man hielt ihn für tot; man glaubte, er sei tot; **je vous crois capable de** (*+inf*) ich halte Sie für fähig zu (*+inf*); **on le croyait médecin** man hielt ihn für e-n Arzt; man glaubte, er sei Arzt; ♦ *avec inf*: **elle croyait être guérie** sie hielt sich für geheilt; sie glaubte, sie sei geheilt; **il ne croit pas si bien dire** er weiß nicht, wie wahr er spricht; **~ bien faire** es gut meinen; glauben, richtig zu handeln; **j'ai cru mourir** ich glaubte, ich würde sterben; ich meinte, ich müsste sterben; ♦ **~ que ...** glauben, dass ...; **je crois que non, que oui** ich glaube nein, ja; **je crois qu'il viendra** ich glaube, (dass) er kommt; **je ne crois pas qu'il se soit trompé** *ou* **qu'il s'est trompé** ich glaube nicht, dass er sich geirrt hat; **on croirait que ..., c'est à que ...** man könnte meinen, (dass) ...; **je vous prie de ~ que ...** Sie können sich darauf verlassen, dass ...; ich versichere Ihnen, dass ...; ♦ **en ~ qn** j-m glauben; sich auf j-n verlassen; **à l'en ~** nach dem, was er sagt; wenn man ihm glauben kann, soll; **si j'en crois ce qu'on raconte** wenn ich dem, was man erzählt, glauben kann *ou* Glauben schenken kann; **si vous m'en croyez** wenn Sie auf mich hören; **ne pas en ~ ses oreilles, ses yeux** s-n Ohren, s-n Augen nicht trauen; ♦ **faire ~ qc à qn** j-m etw weismachen; **faire ~ à qn que ...** j-m weismachen, dass ...; **il lui fait ~ tous ses mensonges** er bringt ihn dazu, alle s-e Lügen zu glauben; **laisser ~ qc à qn** j-n im Glauben an etw (*acc*) lassen **B** V/T INDIR **~ à qc, à qn** an etw, an j-n glauben; **~ au diable, aux revenants** an den Teufel, an Gespenster glauben; **croyez-vous à l'éventualité du retour de X?** glauben Sie, halten Sie es für möglich, dass X wiederkommt?; **~ à la médecine** an die Medizin glauben; zur Medizin Vertrauen haben; **il crut à une pneumonie** er hielt es für (e-e) Lungenentzündung; er glaubte, es sei (e-e) Lungenentzündung; **c'est à ne pas y ~** *ou* **c'est à n'y pas ~** man sollte es nicht für möglich halten; *formule épistolaire* **je vous prie de ~** *ou* **veuillez ~, Monsieur, à l'expression de mes sentiments distingués** mit vorzüglicher Hochachtung; ♦ **~ en qn** an j-n glauben; **~ en Dieu** an Gott glauben; **~ en soi** an sich (*acc*) selbst glauben; Selbstvertrauen haben; **croyez en mon expérience** vertrauen Sie auf meine Erfahrung **C** V/I glauben; REL *a.* gläubig sein; *fam* **je crois bien!** (*je pense ainsi*) das will ich meinen!; ganz meine Meinung!; (*c'est évident*) freilich!; natürlich!; *fam* na klar! **D** V/PR **se ~** (*être prétentieux*) eingebildet sein; sehr von sich selbst überzeugt sein; **il se croit quelqu'un** er hält sich für etwas Besonderes; *fam* er meint, er sei wer; **qu'est-ce qu'il se croit?** was bildet er sich (*dat*) eigentlich ein?; für wen hält er sich eigentlich?; ♦ *avec attribut*: **se ~ aimé** glauben, geliebt zu werden; glauben, dass man geliebt wird; **il se croit intelligent** er hält sich für intelligent; er glaubt, er sei intelligent; **il se croit obligé de** (*+inf*) er hält es für s-e Pflicht zu (*+inf*); er fühlt sich verpflichtet zu (*+inf*); **on se croyait à la veille d'un accord** man glaubte, man stünde kurz vor dem Abschluss e-s Abkommens; **il se croit en sécurité** er glaubt, *st/s* wähnt sich in Sicherheit; er meint, er sei in Sicherheit

croisade [kʀwazad] F HIST *et fig* Kreuzzug *m*; *fig* **partir en ~ contre** e-n Kreuzzug starten gegen

croisé [kʀwaze] **A** ADJ gekreuzt; *jambes* übereinandergeschlagen; *loc adv* **les bras ~s** mit verschränkten, gekreuzten Armen; *fig* **rester les bras ~s** die Hände in den Schoß legen; untätig sein, herumsitzen, -stehen; MIL **feu(x) ~(s)** Kreuzfeuer *n*; *fig* **sous le feu ~ des critiques** im Kreuzfeuer der Kritik; ANAT **ligament ~** Kreuzband *n*; **mots ~s** Kreuzworträtsel *n(pl)*; **race ~e** gekreuzte Rasse; Kreuzung *f*; **veste ~e** zweireihige Jacke **B** M HIST Kreuzritter *m*, -fahrer *m*

croisée [kʀwaze] F **1** LOC *fig* **être, se trouver à la ~ des chemins** am Kreuzweg, am Scheideweg stehen **2** *d'une fenêtre* Fensterkreuz *n*; (*fenêtre*) Fenster *n* **3** ARCH **~ d'ogives** Kreuzrippe *f*; **~ du transept** Vierung *f*

croisement [kʀwazmɑ̃] M **1** *action* Kreuzen *n*; *de deux lignes a.* Überschneiden *n*; *des bras* Verschränken *n*; Kreuzen *n*; *des jambes* Übereinanderschlagen *n* **2** (*carrefour*) Kreuzung *f* **3** *de deux véhicules* Begegnung *f*; Aneinander-Vorbei-Fahren *n* **4** BIOL Kreuzen *n*; Kreuzung *f*; **~ de, entre races** Rassenkreuzung *f*

croiser [kʀwaze] A VT 1 *(disposer en croix)* kreuzen; über Kreuz legen; kreuzweise legen, setzen, stellen; **~ les bras** die Arme verschränken, kreuzen; → *a.* c 2; **~ les jambes** die Beine übereinanderschlagen; **~ une veste, un manteau** eine Jacke, einen Mantel vorne übereinanderschlagen 2 **~ qn** j-m begegnen; **ma lettre a croisé la vôtre** unsere Briefe haben sich gekreuzt; **son regard croisa le mien** sein Blick begegnete dem meinen; unsere Blicke begegneten sich; *voiture* **~ un véhicule** e-m (andern) Fahrzeug begegnen 3 *route: voie ferrée etc* kreuzen; sich kreuzen mit; überqueren 4 BIOL *animaux, plantes* kreuzen; **~ une race avec une autre** e-e Rasse mit e-r anderen kreuzen 5 ESCRIME **~ le fer** die Klinge(n) kreuzen 6 MIL *baïonnette* fällen B VI 1 *vêtement* **~ bien** vorne weit übereinandergehen 2 MAR *navire* kreuzen C VPR 1 **se ~** *chemins, routes, lettres* sich, einander kreuzen; *personnes, regards, véhicules* sich, einander begegnen; *voitures a.* aneinander vorbeifahren 2 **se ~ les bras** die Arme verschränken, kreuzen; *fig* die Hände in den Schoß legen; untätig sein, herumsitzen, -stehen; **se ~ les jambes** die Beine übereinanderschlagen

croisette [kʀwazɛt] F 1 Kreuzchen *n* 2 BOT a Kreuzenzian *m* b Kreuzlabkraut *n*

croiseur [kʀwazœʀ] M MAR MIL Kreuzer *m*

croisière [kʀwazjɛʀ] F 1 *voyage* Kreuzfahrt *f* (**en Méditerranée** auf dem Mittelmeer); **vitesse** *f* **de ~** MAR, AVIAT, AUTO Reisegeschwindigkeit *f*; *fig* fester Rhythmus 2 MAR *action* Kreuzen *n*; **en ~** kreuzend

croisillon [kʀwazijõ] M 1 *d'une fenêtre* (Fenster)Sprosse *f* 2 *d'une croix* Querbalken *m* 3 ARCH *du transept* Kreuzarm *m*, -flügel *m*

croissance [kʀwasɑ̃s] F Wachstum *n*; BIOL *a.* Wachsen *n*; BOT *a.* Wuchs *m*; *d'une ville a.* Anwachsen *n*; **~ démographique, économique** Bevölkerungs-, Wirtschaftswachstum *n*; ÉCON **~ zéro** Nullwachstum *n*; BIOL **hormone** *f* **de ~** Wachstumshormon *n*

croissant [kʀwasɑ̃] A ADJ wachsend; steigend; zunehmend; größer *ou* stärker werdend B M 1 CUIS Hörnchen *n*; Croissant *n* 2 **~ (de lune)** Mondsichel *f*; **en ~** sichelförmig 3 *emblème islamique* Halbmond *m*

croître [kʀwatʀ] VI ‹je crois, il croît, nous croissons; je croissais; je crûs; je croîtrai; que je croisse; croissant; crû, crue› 1 *plantes, animaux, st/s personnes* wachsen; *jeune fille* **~ en beauté** (mit zunehmendem Alter) immer schöner werden; **~ en sagesse** an Weisheit zunehmen; BIBL **croissez et multipliez** seid fruchtbar und mehret euch; **ne faire que ~ et embellir** zusehends, täglich größer und schöner werden; *iron* **sa bêtise ne fait que ~ et embellir** er wird immer dümmer 2 *(augmenter)* wachsen; anwachsen; zunehmen; größer *ou* stärker werden; sich steigern; **~ en nombre** an Zahl zunehmen; mehr werden

croix [kʀwa] F 1 REL, *objet, décoration, signe* Kreuz *n*; **~ grecque** griechisches Kreuz; **~ de bois** Holzkreuz *n*; **~ de guerre** Kriegsverdienstkreuz *n*; **~ de la Légion d'honneur** Kreuz der Ehrenlegion; **~ de Lorraine** Lothringer Kreuz; **~ de Malte** Malteserkreuz *n*; **~ de Saint-André** Andreaskreuz *n*; **mystère** *m*, **sacrifice** *m* **de la Croix** Opfertod *m* (Christi) am Kreuz; **supplice** *m* **de la ~** Kreuzestod *m*; Tod *m* am Kreuz; *loc adj et loc adv* **en ~** kreuzförmig, -weise; über Kreuz; in Kreuzform; gekreuzt; **les bras** *mpl* **en ~** mit ausgebreiteten Armen; **disposer en ~** kreuzförmig anordnen; kreuzen; über Kreuz legen; *fig* **c'est la ~ et la bannière** *pour le faire manger, sortir etc* man muss s-e ganze Überredungskunst aufbieten ...; *fam* das ist (immer) ein furchtbares Theater, ein Riesentheater ...; **faire une ~** *en guise de signature* ein Kreuz machen; *fig* **faire une ~ à la cheminée** es im Kalender rot anstreichen (müssen); *fig* **tu peux faire une ~ dessus** das siehst du nie wieder; das kannst du vergessen, abschreiben, in den Kamin schreiben; **mettre qn en ~** j-n ans Kreuz schlagen; **mourir sur la ~** am Kreuz sterben; *fig* **porter sa ~** sein Kreuz tragen (müssen) 2 ASTRON **Croix du Sud** Kreuz *n* des Südens

Croix-Rouge [kʀwaʀuʒ] **la ~** das Rote Kreuz

Cro-Magnon [kʀomaɲõ] *vorgeschichtliche Fundstätte im Dep. Dordogne*

Cronos [kʀɔnos, -ɔs] M MYTH Kronos *m*

crooner [kʀunœʀ] M Crooner *m (amerikanischer sentimentaler Schlagersänger)*

croquant [kʀɔkɑ̃] A ADJ *biscuit etc* knusp(e)rig; knackig; *salade etc* krachig B M HIST *et péj (paysan)* Bauer *m*

croque au sel [kʀɔkosɛl] LOC ADJ **à la ~** nur mit Salz (gewürzt)

croquembouche [kʀɔkɑ̃buʃ] M *aus mehreren Etagen bestehende Torte*

croque-mitaine [kʀɔkmitɛn] M ‹*pl* croque-mitaines› schwarzer Mann; Kinderschreck *m*; *fam* Buhmann *m*; **c'est un vrai ~** er ist ein, sieht aus wie ein richtiges Schreckgespenst

croque-monsieur [kʀɔkməsjø] M ‹*inv*› CUIS getoastetes Schinken-Käse-Sandwich

croque-mort [kʀɔkmɔʀ] *fam* M ‹*pl* croque-morts› 1 Sargträger *m* 2 *fig* **c'est un vrai ~** er ist ein unheimlicher Mensch, e-e makabre Figur

croquenots [kʀɔkno] MPL *fam* Quadratlatschen *mpl*; Treter *mpl*

croquer [kʀɔke] A VT 1 *bonbon* zerbeißen; *biscuits, noisettes* knabbern; *pomme* mit großen Bissen essen; *chat* **~ une souris** eine Maus fressen; *v/t indir* **~ dans une pomme** herzhaft in e-n Apfel beißen; *fam fig* **(joli, mignon) à ~** *fam* zum Anbeißen (hübsch); knusp(e)rig 2 *fig argent, héritage* verprassen; vergeuden; verschleudern; durchbringen 3 *(esquisser, décrire)* skizzieren; umreißen B VI *salade, fruits* knacken; krachen; knirschen

croquet [kʀɔkɛ] M 1 *jeu* Krocket *ou* Krocket *n* 2 COUT Zackenlitze *f*

croquette [kʀɔkɛt] F CUIS Krokette *f*; **~s de pommes de terre** Kartoffelkroketten *fpl*

croqueuse [kʀɔkøz] F **~ de diamants** kostspielige Mätresse

croquignolet [kʀɔkiɲɔlɛ] ADJ ‹~te› *fam, a. iron* reizend; *fam* süß; goldig

croquis [kʀɔki] M Skizze *f*; *t/t* Kroki *n*; *fig* **faire un rapide ~ de la situation** die Lage kurz umreißen

Crosne [kʀon] *Ort im Dep. Essonne*

crosne [kʀon] M BOT Knollenziest *m*

cross(-country) [kʀɔs(kuntʀi)] M ‹*pl* cross-countries› SPORTS Geländelauf *m*; Crosscountry *n*; *adjt* **vélo** *m* **cross** BMX-Rad *n*

crosse [kʀɔs] F 1 **~ d'un fusil, d'un pistolet** Gewehr-, Pistolenkolben *m*; **à coups de ~** mit Kolbenhieben; *fig* **mettre la ~ en l'air** *(se rendre)* sich (kampflos) ergeben; *(refuser de se battre)* sich weigern zu kämpfen 2 ÉGL Bischofs-, Krummstab *m* 3 SPORTS **~ de criquet, de hockey** Kricket-, Hockeyschläger *m* 4 ANAT **~ de l'aorte** Aortenbogen *m* 5 *fam* **chercher des ~s à qn** mit j-m Streit, Händel suchen

crotale [kʀɔtal] M ZOOL Klapperschlange *f*

crotte [kʀɔt] A F 1 *excrément* Kot(kugel) *m(f)*; *fam* Bohne *f*; Wurst *f*; *par ext fam du nez fam* (Nasen)Popel *m*; **~ de chien** Hundekot *m* 2 *fam fig* **~ de bique** Plunder *m*; Ramsch *m*; *fam* Tinnef *m* 3 **~ de, en chocolat** Praline *f* B INT *fam* verflixt!; verdammt!

crotté [kʀɔte] ADJ *chaussures etc* (stark) verschmutzt; *fam* verdreckt; dreckig; **tout ~** *ou* **~ des pieds à la tête** von oben bis unten mit Schmutz bespritzt, *fam* völlig verdreckt

crotter [kʀɔte] VPR **se ~** sich schmutzig, *fam* dreckig machen

crottin [kʀɔtɛ̃] M 1 *de cheval* Pferdeapfel *m*; *coll* Pferdeäpfel *mpl*, -mist *m* 2 **~ de Chavignol** *kleiner runder Ziegenkäse*

croulant [kʀulɑ̃] A ADJ *murs* baufällig; altersschwach; *plus fort* verfallen B MPL *fam* **les ~s** die Alten *mpl*; *fam* die Gruftis *mpl*

crouler [kʀule] VI 1 *maison, mur* zusammen-, einstürzen; einfallen; *peu à peu* verfallen 2 *fig* **~ sous les cadeaux** *personne* fast zusammenbrechen, *table* sich biegen unter den Geschenken; **la salle croulait sous les applaudissements** dröhnender Beifall erfüllte den Saal 3 *fig projets* scheitern

croup [kʀup] M MÉD Krupp *m*; Kehlkopfdiphtherie *f*; **faux ~** Pseudokrupp *m*

croupe [kʀup] F 1 *du cheval* Kruppe *f*; Kreuz *n*; **en ~** hinter dem Reiter, hinten sitzend; **prendre qn en ~** j-n hinten aufsitzen lassen 2 *fam d'une femme fam* (breiter) Hintern 3 *d'une colline* Kuppe *f*

croupetons [kʀuptõ] LOC ADV **à ~** (auf den Fersen) hockend, kauernd; **être, se tenir à ~** auf den Fersen hocken, kauern; **se mettre à ~** sich niederkauern

croupi [kʀupi] ADJ **eau ~e** fauliges, brackiges Wasser

croupier [kʀupje] M Croupier *m*

croupière [kʀupjɛʀ] F *fig* **tailler des ~s à qn** j-m Schwierigkeiten bereiten

croupion [kʀupjõ] M *de volaille* Bürzel *m*; Schwanzwurzel *f*; Sterz *m*; Steiß *m*

croupir [kʀupiʀ] VI 1 *eau* stehen und faulig sein *ou* werden 2 *personne* **~ dans l'ignorance** in Unwissenheit dahinvegetieren; **~ dans la saleté** im Schmutz verkommen

croupissant [kʀupisɑ̃] ADJ *eau* faulig

CROUS [kʀus] M ABR (centre régional des œuvres universitaires et scolaires) *correspond à* Studentenwerk *n*

croustade [kʀustad] F CUIS Mürbeteigtörtchen *n* (**aux champignons** mit Pilzen)

croustillant [kʀustijɑ̃] ADJ 1 *pain, biscuit etc* knusp(e)rig; *all Nord a.* kross 2 *fig* **histoires ~es** pikante Geschichten *fpl*

croustiller [kʀustije] VI *pain, galette etc* knusp(e)rig sein

croûte [kʀut] F 1 *du pain, d'un gratin etc* Kruste *f*; *du pain a., du fromage* Rinde *f*; **~ du pain** Brotrinde *f*, -kruste *f*; *pl* **~s de pain** trockene (Weiß)Brotscheiben *fpl*, Brotreste *mpl*; *fam fig* **gagner sa ~** s-n Lebensunterhalt, *fam* s-e Brötchen verdienen; → *a.* casser A 1 2 CUIS a **~ aux champignons, au fromage** in der Pfanne geröstete Brotscheibe mit Pilzsoße, mit Käse b **(pâté** *m* **en) ~** Blätterteigpastete *f* 3 *sur une plaie* Schorf *m*; *fam* Kruste *f*; *all Nord* Borke *f*; MÉD **~s de lait** Milchschorf *m* 4 *de tartre etc* Schicht *f*; Belag *m* 5 GÉOL **~ terrestre** Erdkruste *f*, -rinde *f* 6 *fam fig (mauvais tableau) fam* Schinken *m* 7 TECH *cuir* Spaltleder *n* 8 *fam fig* **vieille ~** bornierte(r), verknöcherte(r) Alte(r)

croûter [kʀute] VI *fam* futtern

croûton [kʀutõ] M 1 *de pain* (Brot)Kanten *m*; *fam* Ranft *m*; Ränftchen *n*; Knust *m*; *autrich* Scherzel *n* 2 CUIS gerösteter Brotwürfel; Croûton *m*; **~s à l'ail** mit Knoblauch eingeriebene, geröstete Brotwürfel *mpl* 3 *fam fig* **vieux ~** verknöcherte(r) Alte(r)

croyable [kʀwajabl] ADJ **à peine ~** kaum glaublich; kaum zu glauben; **ce n'est pas ~!** das ist doch nicht zu glauben!

croyance [kʀwajɑ̃s] F Glaube(n) *m* (*à* an *+acc*); ~(s) **populaire(s)** Volksglaube *m*; ~**s religieuses** Glaubensüberzeugungen *fpl*; religiöse Überzeugungen *fpl*

croyant [kʀwajɑ̃] REL A ADJ gläubig; religiös; **très** ~ tiefgläubig, -religiös B M Gläubige(r) *m*

CRS [seɛʀɛs] ABR (compagnies républicaines de sécurité) M Bereitschaftspolizist *m*; **les** ~ *mpl* die Bereitschaftspolizei

cru¹ [kʀy] A ADJ 1 *viande, légumes, lait* roh; ungekocht; TECH unverarbeitet; Roh...; **cuir** ~, **soie** ~**e** Rohleder *n*, -seide *f*; **manger qc** ~ etw roh essen; *fam fig* **il ne va pas te manger tout** ~ *fam* er wird dich schon nicht fressen 2 *couleur, lumière* grell 3 *propos, réponse* brutal; roh; grob; *vérité* schonungslos; hart; *description* ungeschminkt 4 LOC ADV **monter à** ~ ohne Sattel reiten B ADV **je vous le dis tout** ~ ich sage es Ihnen ganz ohne Umschweife, ganz brutal C M CUIS **le** ~ **et le cuit** Rohes *n* und Gekochtes *n*

cru² [kʀy] M 1 (*vignoble*) Wein(bau)gebiet *n*; *par ext* (*vin*) Wein *m*; (**vin** *m* **de**) **grand** ~ berühmter Wein; **les grands** ~**s** die besten, berühmtesten Weine *mpl* 2 LOC ADJ **du** ~ (*du terroir*) einheimisch; aus der Gegend 3 *fig* **de mon, ton** *etc* ~ von mir, dir *etc* erfunden; **comme (si c'était) de son** ~ *fam a.* als wäre es auf seinem Mist gewachsen

cru³ [kʀy] PP → croire

crû [kʀy] PP → croître

cruauté [kʀyote] F Grausamkeit *f* (*a. acte*); *du sort a.* Härte *f*; ~ **mentale** seelische Grausamkeit; **avec** ~ grausam

cruche [kʀyʃ] F 1 Krug *m*; ~ **à eau** Wasserkrug *m*; *prov* **tant va la** ~ **à l'eau (qu'à la fin elle se casse)** *d'une personne* wer sich oft mutwillig in Gefahr begibt, kommt darin um; *d'une chose* der Krug geht so lange zum Brunnen, bis er bricht (*prov*) 2 *fam d'une femme fam péj* dumme Gans; dämliche Ziege; *adjt* **avoir l'air** ~ *fam* ganz schön dumm, dämlich aussehen

cruchon [kʀyʃõ] M kleiner Krug; Krüglein *n*

crucial [kʀysjal] ADJ ⟨-aux⟩ entscheidend; ausschlaggebend

crucifères [kʀysifɛʀ] FPL BOT Kreuzblütler *mpl*; Kruziferen *fpl*

crucifié [kʀysifje] A ADJ 1 *litt cœur* gepeinigt; schmerzgequält 2 (*mis en croix*) gekreuzigt B M REL **le Crucifié** der Gekreuzigte

crucifiement [kʀysifimɑ̃] M *supplice* Kreuzigung *f*; **crucifier** V/T kreuzigen

crucifix [kʀysifi] M REL Kruzifix *n*

crucifixion [kʀysifiksjõ] F BEAUX-ARTS Kreuzigung *f* (Christi)

cruciforme [kʀysifɔʀm] ADJ kreuzförmig; TECH **tournevis** *m*, **vis** *f* ~ Kreuzschlitzschraubenzieher *m*, -schraube *f*

cruciverbiste [kʀysivɛʀbist] M/F Kreuzworträtselfreund(in) *m(f)*

crudité [kʀydite] F 1 ~**s** *pl* Rohkost *f*; **assiette** *f* **de** ~**s** Salatplatte *f* 2 *des couleurs, de la lumière* Grelle *f*; Grellheit *f* 3 *de propos, d'une description* Brutalität *f*; Rohheit *f*; Schonungslosigkeit *f*

crue [kʀy] F Hochwasser *n*; *rivière* **en** ~ Hochwasser führend; **être en** ~ Hochwasser führen

cruel [kʀyɛl] ADJ ⟨~le⟩ 1 grausam; *personne, acte a.* unmenschlich; *sort a.* hart; *épreuve, perte* schmerzlich; schwer; hart; *remarque, ironie a.* (zutiefst) verletzend; **être** ~ **avec qn** zu j-m grausam sein 2 *par ext*: ~ **embarras** tödliche Verlegenheit; **nous sommes dans la** ~**le nécessité de** *nous séparer de lui* zu unserem tiefsten, schmerzlichen Bedauern müssen wir ... 3 *litt femme* unerbittlich; grausam (*e-m Mann* gegenüber)

cruellement [kʀyɛlmɑ̃] ADV 1 *traiter qn* grausam; hart 2 *souffrir, faire défaut* sehr; **se faire** ~ **sentir** sich schmerzlich, sehr stark bemerkbar machen

crûment [kʀymɑ̃] ADV 1 *dire* schonungslos; unverblümt; brutal 2 *éclairer* grell

crustacés [kʀystase] MPL ZOOL, CUIS Krusten-, Krebstiere *npl*; Krebse *mpl*

cruzeiro [kʀusɛjʀo, kʀyzeʀo] M *monnaie brésilienne* Cruzeiro *m*

cryochirurgie [kʀijɔʃiʀyʀʒi] F MÉD Gefrier-, Kryochirurgie *f*

cryogène [kʀijɔʒɛn] M PHYS Kältemischung *f*

cryogénie [kʀijɔʒeni] F PHYS Kryogenik *f*

cryoscopie [kʀijɔskɔpi] F PHYS Kryoskopie *f*; **cryoscopique** ADJ PHYS kryoskopisch

cryostat [kʀijɔsta] M TECH Kryostat *m*; **cryothérapie** F MÉD Gefrierverfahren *n*; Kryotherapie *f*

crypte [kʀipt] F ARCH Krypta *f*

crypter [kʀipte] V/T INFORM kodieren; verschlüsseln; *adjt* TV **chaîne cryptée** Pay-TV *n*; Abonnement-, Bezahlfernsehen *n*

cryptogame [kʀiptɔgam] BOT A ADJ blütenlos B MPL ~**s** Kryptogamen *fpl*

cryptogamique [kʀiptɔgamik] ADJ **maladies** *fpl* ~**s** Pilzkrankheiten *fpl*

cryptogénétique [kʀiptɔʒenetik] ADJ MÉD *maladie* kryptogen; kryptogenetisch

cryptogramme [kʀiptɔgʀam] M Geheimtext *m*; **cryptographie** F Geheimschrift *f*

cryptographique [kʀiptɔgʀafik] ADJ in Geheimschrift; **caractères** *mpl* ~**s** Geheimschrift *f*

csardas [ksaʀdas] F MUS Csardas *ou* Csárdás *m*

CSG [seɛsʒe] F ABR (contribution sociale généralisée) *Sozialsteuer zum Ausgleich des Defizits der Sécurité sociale*

ct. ABR ([du mois] courant) COMM d. M. (dieses Monats)

Cuba [kyba] Kuba *n*

cubage [kybaʒ] M 1 *volume* Raum-, Kubikinhalt *m*; *d'une pièce* ~ **d'air** Kubikmeterzahl *f* 2 *évaluation* Rauminhaltsberechnung *f*

cubain [kybɛ̃] A ADJ kubanisch B SUBST **Cubain(e)** *m(f)* Kubaner(in) *m(f)*

cube [kyb] M 1 GÉOMÉTRIE, *objet* Würfel *m*; *t/t* Kubus *m*; ~ **de bois** Holzwürfel *m*; **jeu** *m* **de** ~**s** Bauklötzchen *npl*, -klötze *mpl* 2 ADJT Kubik...; **centimètre** *m* ~ (*abr* **cm³**) Kubikzentimeter *m ou n* (*abr* cm³ *ou* ccm); **mètre** *m* ~ (*abr* **m³**) Kubikmeter *m ou n* (*abr* m³ *ou* cbm) 3 MATH Kubikzahl *f*; Kubus *m*; **le** ~ **de 2 est 8** die Kubikzahl von 2 ist 8; **élever un nombre au** ~ e-e Zahl in die dritte Potenz erheben 4 CUIS Suppenwürfel *m*; Fleischbrühwürfel *m* 5 *fam* **gros** ~ *moto fam* schwere Maschine

cuber [kybe] A V/T 1 *volume* den Rauminhalt messen *ou* berechnen (**qc** von etw *ou gén*) 2 MATH *nombre* in die dritte Potenz erheben; kubieren B V/I 1 *citerne etc* ~ **500 litres** e-n Rauminhalt von 500 Litern haben; 500 Liter fassen 2 *fam* **ça cube** *fam* das geht ganz schön ins Geld; das läppert sich ganz schön zusammen

cubique [kybik] ADJ 1 würfelförmig; *t/t* kubisch 2 MATH kubisch; in der dritten Potenz; **racine** *f* ~ Kubikwurzel *f*; dritte Wurzel

cubisme [kybism] M BEAUX-ARTS Kubismus *m*; **cubiste** A ADJ kubistisch B M/F Kubist(in) *m(f)*

cubital [kybital] ADJ ⟨-aux⟩ ANAT kubital; Kubital...; Ell(en)bogen...

cubitus [kybitys] M ANAT Elle *f*

cucul [kyky] ADJ ⟨inv⟩ *fam* ~ **(la praline)** *personne, histoire* einfältig; simpel; albern; läppisch; (allzu) bieder; *fam* treudoof

cucurbitacées [kykyʀbitase] FPL BOT Kürbisgewächse *npl*

cueillette [kœjɛt] F 1 *action* Pflücken *n*; Ernten *n*; *résultat* Ernte *f*; ~ **des fruits** Obsternte *f* 2 ETHNOLOGIE Sammeln *n*; Sammlerkultur *f*

cueilleur [kœjœʀ] M, **cueilleuse** F Pflücker(in) *m(f)*

cueillir [kœjiʀ] V/T ⟨je cueille, il cueille, nous cueillons; je cueillais; je cueillis; je cueillerai; que je cueille; cueillant; cueilli⟩ 1 pflücken; ~ **un bouquet de marguerites** e-n Strauß Margeriten pflücken; ~ **des fleurs** Blumen pflücken; ~ **des fruits** Obst pflücken, ernten; *fig* ~ **des lauriers** Lorbeeren ernten 2 *st/s baiser* rauben 3 *fam* ~ **qn** (*passer le prendre*) j-n abholen; *police: malfaiteur fam* j-n schnappen

cueilloir [kœjwaʀ] M Obstpflücker *m* (*Gerät*)

Cuers [kɥɛʀ] *Ort im Dep. Var*

Cuesmes [kɥɛm] *Stadt in Belgien*

cuesta [kwɛsta] F GÉOL Stufenland *n*

cui-cui [kɥikɥi] INT *petits oiseaux* piep, piep!

cuiller *ou* **cuillère** [kɥijɛʀ] F 1 Löffel *m* (*a. contenu*); **petite cuiller** *ou* **cuillère** Kaffee-, Teelöffel *m*; **cuiller** *ou* **cuillère à café** Kaffee-, Teelöffel *m*; **cuiller** *ou* **cuillère à dessert** Dessertlöffel *m*; **cuiller** *ou* **cuillère à soupe** Suppen-, Esslöffel *m*; **cuiller** *ou* **cuillère d'argent** Silberlöffel *m*; **cuiller** *ou* **cuillère de bois** Kochlöffel *m*; *loc adv fam* **en deux** *ou* **trois coups de cuiller** *ou* **cuillère à pot** im Handumdrehen; im Nu; in Windeseile; *fam mise en garde: si tu ...*, **on pourra te ramasser à la petite cuiller** *ou* **cuillère** *fam* kann man dich (e-s Tages) auf der Kehrichtschaufel wegbringen 2 MÉD, TECH Löffel *m*; TECH *a.* Kelle *f* 3 *fam fig* **serrer la cuiller** *ou* **cuillère à qn** j-m die Hand, *fam* die Flosse drücken 4 PÊCHE Spinner *m*

cuillerée [kɥij(e)ʀe] F Löffel *m* voll

cuir [kɥiʀ] M 1 Leder *n*; ~ **de Russie** Juchten (-leder) *n*; *loc adj* **de, en** ~ aus Leder; Leder...; ledern 2 ANAT ~ **chevelu** Kopfhaut *f*; Haarboden *m* 3 ZOOL *des pachydermes* Haut *f* 4 *fam* (*liaison fautive*) falsche Bindung (durch Einschub e-s Konsonanten); **faire un** ~ falsch binden

cuirasse [kɥiʀas] F 1 HIST (Brust- und Rücken)Harnisch *m*; Kürass *m*; **défaut** *m* **de la** ~ ungeschützte Stelle im Harnisch; *fig* schwacher Punkt; schwache Stelle; Schwäche *f* 2 MAR MIL Panzer(ung) *m(f)* 3 *fig* Panzer *m* (**d'indifférence** aus Gleichgültigkeit)

cuirassé [kɥiʀase] A ADJ 1 MIL Panzer...; gepanzert 2 *fig* ~ **contre** gefeit, abgehärtet, immun gegen B M MAR Schlachtschiff *n*; Panzerkreuzer *m*

cuirasser [kɥiʀase] A V/T ~ **un navire** ein Schiff panzern B V/PR *fig* **se** ~ **contre** sich panzern, abhärten gegen

cuirassier [kɥiʀasje] M MIL a HIST Kürassier *m* b *aujourd'hui* ~**s** *pl Name einiger Panzereinheiten*

cuire [kɥiʀ] ⟨je cuis, il cuit, nous cuisons; je cuisais; je cuisis; je cuirai; que je cuise; cuisant; cuit⟩ A V/T 1 *légumes, viande: à l'eau* kochen; *pain, gâteau* backen; *viande etc à la poêle ou au four* braten; *à feu doux* garen; ~ **à l'eau** (in Wasser) kochen; sieden; ~ **au four** im Backofen backen *ou* braten; *pommes* **à** ~ zum Kochen; **chocolat** *m* **à** ~ Koch-, Blockschokolade *f* 2 TECH *poterie, porcelaine* brennen; ~ **des briques** Ziegel brennen B V/I 1 *légumes, pâtes, soupe* kochen; *pain* backen; *viande* braten; **faire** *ou* **laisser** ~ **qc** etw kochen (lassen), backen, braten 2 *peau, coup de soleil etc* brennen; **les yeux me cuisent** mir brennen die Augen 3 *fam fig* **on cuit ici** *fam* das ist hier heiß wie

C

in e-m Backofen; hier ist e-e Bruthitze **C** V/IMP *fig* **il lui en cuira** das wird er bereuen; das wird ihm noch leidtun
cuisant [kɥizɑ̃] ADJ *douleur* brennend; *remords* quälend; *déception* tief; *échec* schmählich
cuisine [kɥizin] F **1** *pièce* Küche *f*; MAR Kombüse *f*; MIL **~ roulante** Feldküche *f*; *plais* Gulaschkanone *f* **2** *(art culinaire)* Küche *f*; *(plats préparés)* Kost *f*; **bonne ~, ~ épicée** gute, (gut) gewürzte Küche, Kost; **~ fine, soignée** feine, gepflegte Küche; **~ française** französische Küche; *restaurant* **faire de la bonne, grande ~** e-e gute, exquisite Küche haben **3** *(préparation des aliments)* Kochen *n*; **~ au beurre, à l'huile** Kochen mit Butter, mit Öl; **faire la ~ au beurre** mit Butter kochen; **faire la ~** kochen; das Essen (zu)bereiten **4** *fig et péj* üble Praktiken *fpl*, Manipulationen *fpl*, *fam* krumme Touren *fpl* **(électorale** bei den Wahlen)
cuisiné [kɥizine] ADJ **plat ~** Fertiggericht *n*
cuisiner [kɥizine] **A** V/T **1** *mets* kochen; (zu)bereiten **2** *fam fig (interroger)* **~ qn** *fam* j-n ausquetschen, ausholen, bearbeiten **B** V/I kochen (können); **elle cuisine bien** sie kann gut kochen
cuisinette [kɥizinɛt] F Kochnische *f*
cuisinier [kɥizinje] M Koch *m*
cuisinière [kɥizinjɛʀ] F **1** *personne* Köchin *f* **2** *fourneau* (Küchen)Herd *m*; **~ électrique, à gaz** Elektro-, Gasherd *m*
cuissage [kɥisaʒ] M HIST **droit** *m* **de ~** Jus primae noctis *n*
cuissard [kɥisaʀ] M CYCLISME Rad(ler)hose *f*
cuissardes [kɥisaʀd] FPL Anglerstiefel *mpl*
cuisse [kɥis] F **1** ANAT (Ober)Schenkel *m*; *fam fig d'une femme* **avoir la ~ légère** *fam* mit jedem schlafen; *fam fig* **se croire sorti de la ~ de Jupiter** sich für etwas Besonderes, etwas Besseres, *fam* wer weiß was halten; furchtbar von sich eingenommen sein **2** CUIS *de volaille* Keule *f*; *all Sud a.* Schlegel *m*; **~s de grenouille** Froschschenkel *mpl*; **~ de poulet** Hühnerkeule *f*, -schlegel *m*
cuisseau [kɥiso] M ⟨*pl* ~x⟩ Kalbskeule *f*, *all Sud a.* -schlegel *m*
cuisson [kɥisõ] F **1** CUIS *d'un mets* Kochen *n*; *du pain, d'un gâteau* Backen *n*; *de la viande* Braten *n*; *à feu doux* Garen *n*; **~ lente** Kochen, Braten auf kleiner Flamme; Backen, Braten bei niedriger Temperatur; **~ du pain** Brotbacken *n*; **temps** *m* **de ~** Koch-, Gar-, Back-, Bratzeit *f* **2** TECH Brennen *n*; Brand *m*
cuissot [kɥiso] M *du (gros) gibier* Keule *f*; *all Sud a.* Schlegel *m*
cuistance [kɥistɑ̃s] F *fam* → cuisine 2, 3
cuistot [kɥisto] *fam* M Koch *m*; MIL *fam* Küchenbulle *m*
cuistre [kɥistʀ] *litt* M Schulmeister *m (fig)*; *adjt* **il est ~** er muss immer schulmeistern
cuit [kɥi] PP → cuire *et* ADJ **1** CUIS gekocht; gebacken; gebraten; **(assez) ~** gar; *bifteck* **bien ~** gut durchgebraten; **trop ~** *légumes, viande* zerkocht; *gâteau* angebrannt; *bifteck* zu sehr, ganz durchgebraten; **~ au beurre** mit Butter gekocht; *à la poêle* in Butter gebraten; **vin ~** Wein *m* aus eingedampftem Most **2** POTERIE gebrannt; **terre ~e** Terrakotta *f* **3** *fam fig de qn* **il est ~** jetzt gibt's für ihn kein Entrinnen; jetzt ist er erledigt; **c'est ~** da ist nichts mehr (dran) zu ändern; **c'est du tout ~** das ist völlig sicher; das kann gar nicht schiefgehen
cuite [kɥit] F *fam (ivresse)* Rausch *m*; **avoir sa ~** *fam* wieder mal besoffen sein; **prendre une (bonne) ~** *fam* sich *(dat)* einen ansaufen; sich volllaufen lassen; **tenir une bonne ~** *fam* e-n Mordsrausch haben
cuiter [kɥite] V/PR *fam* **se ~** *fam* sich besaufen; sich volllaufen lassen
cuivre [kɥivʀ] M **1** Kupfer *n*; **~ jaune** Messing *n*; Gelbguss *m*; **~ rouge** reines Kupfer; *loc adj* **de, en ~** kupfern; Kupfer...; **ustensiles** *mpl* **en ~** Kupfergeräte *npl* **2** *objets* **~s** *pl* Kupfergeschirr *n*, -geräte *npl*; **faire les ~s** das Kupfer putzen **3** MUS **~s** *pl* Blech(blas)instrumente *npl* **4** *gravure* Kupferstich *m*; Kupfer *n*
cuivré [kɥivʀe] ADJ **1** kupferfarbig; **peau ~e** rötlich braune Haut; **reflet ~** rötlicher Schimmer **2** *voix* volltönend; klangvoll
cuivrer [kɥivʀe] V/T TECH verkupfern
cul [ky] M **1** *pop (derrière)* pop Arsch *m*; *adjt fam* **papier** *m* **~** *fam* Klopapier *n*; *pop* **en avoir plein le ~** *fam* die Nase, *pop* die Schnauze voll haben; *pop* **je l'ai au** *ou* **dans le ~** *pop* der kann mich am Arsch lecken; *fam* der kann mir im Mondschein begegnen; *fam* **être comme ~ et chemise** unzertrennlich sein; *pop fig* **se taper le ~ par terre** *fam* sich totlachen; sich *(dat)* vor Lachen den Bauch halten; *pop fig* **en tomber sur le ~** *fam* platt, baff sein; aus den Latschen kippen **2** *injure fam* Blödmann *m*; Blödhammel *m*; *pop* Arsch *m*; **quel ~!** so ein Blödmann *etc*!; *adjt* **ce qu'il est ~!** *fam* ist der blöd, dämlich! **3** *d'une bouteille, casserole etc* Boden *m*; *fam fig* **faire ~ sec** ex trinken; das Glas (mit einem Zug) leeren **4** *fam* **gros ~** *(poids lourd) fam* schwerer Brummer; *plais* Brummi *m* **5** COUT *autrefois* **faux ~** Tournüre *f* **6** MAR Gatt *n*; **~ rond** Rundgatt *n*
culasse [kylas] F **1** *d'une arme à feu* Verschluss *m* **2** *d'un moteur* Zylinderkopf *m*
culbute [kylbyt] F **1** *(galipette)* Purzelbaum *m*; **faire une ~** e-n Purzelbaum machen, schlagen, schießen **2** *(chute)* **faire une, la ~, des ~s dans l'escalier** die Treppe (kopfüber) hinunterstürzen, -kollern; *fam fig* **faire la ~** Bankrott, Pleite machen; *par ext ministère* stürzen **3** COMM **faire la ~** *(revendre au double)* e-n Gewinn, *fam* e-n Schnitt, e-n Reibach von 100 Prozent machen
culbuter [kylbyte] **A** V/T **1** *objet* umwerfen; umstürzen; *personne* umwerfen; *fam* über den Haufen rennen **2** *fig ennemi* überrennen; *ministère* stürzen **B** V/I umfallen; umstürzen; umkippen
culbuteur [kylbytœʀ] M **1** AUTO Kipphebel *m* **2** TECH Kippvorrichtung *f*
cul-de-bouteille [kydbutɛj] **A** ADJ ⟨*inv*⟩ flaschengrün **B** MPL **culs-de-bouteille** Glasscherben *f pl* (auf e-r Mauer)
cul-de-four [kydfuʀ] M ⟨*pl* culs-de-four⟩ ARCH Halbkuppel *f*
cul-de-jatte [kydʒat] M ⟨*pl* culs-de-jatte⟩ Krüppel *m* ohne Beine
cul-de-lampe [kydlɑ̃p] M ⟨*pl* culs-de-lampe⟩ **1** ARCH Anhängling *m* **2** TYPO ornamentierte Schlussvignette
cul-de-poule [kydpul] LOC ADJ **bouche** *f* **en ~** verächtlich verkniffener Mund
cul-de-sac [kydsak] M ⟨*pl* culs-de-sac⟩ Sackgasse *f (a. fig)*
culée [kyle] F ARCH Widerlager *n*
culinaire [kylinɛʀ] ADJ kulinarisch; Koch...; **art** *m* **~** Kochkunst *f*; **avoir des talents ~s** ausgezeichnet kochen (können)
culminant [kylminɑ̃] ADJ **point ~** ASTRON Kulminationspunkt *m*; *d'une montagne* höchster Punkt; *fig* Höhepunkt *m*
culmination [kylminasjõ] F ASTRON Kulmination *f*
culminer [kylmine] V/I *montagne* s-n höchsten Punkt haben **(à 3000 mètres** bei 3000 Metern); *fig* s-n Höhepunkt erreichen; kulminieren
culot [kylo] M **1** *fam (effronterie)* Frechheit *f*; Unverfrorenheit *f*; Dreistigkeit *f*; Unverschämtheit *f*; Chuzpe *f*; **en voilà du ~!** *fam* ganz schön frech, unverschämt!; **y aller au ~** *fam* e-e gehörige Portion Frechheit an den Tag legen; **avoir du, avoir un sacré ~, se payer de ~** *fam* ganz schön frech, unverschämt sein **2** *d'une ampoule* Sockel *m*; *d'un obus* Bodenstück *n*
culottage [kylɔtaʒ] M **1** *de la pipe* Einrauchen *n* **2** Schwärzen *n*
culotte [kylɔt] F **1** *vêtement masculin* (kurze) Hose; *sous-vêtement féminin* Schlüpfer *m*; HIST Kniehose *f*; *parfois pl* **~s courtes, longues** kurze, lange Hose(n); **~ de cheval** Reithose *f*; Breeches *pl*; *fig* Fettpolster *npl* an den Oberschenkeln und am Gesäß; **~ de golf** Golfhose *f*; Knickerbocker(s) *pl*; *fig et péj* **(vieille) ~ de peau** Kommisshengst *m*; *fam fig femme* **porter la ~** *fam* die Hosen anhaben; *fam fig* **trembler, faire dans sa ~** *fam* die Hosen voll haben; in die Hosen machen **2** BOUCHERIE Hüfte *f*
culotté [kylɔte] ADJ **1** *fam (effronté)* frech; unverfroren; dreist; unverschämt **2** **pipe bien ~e** gut eingerauchte Pfeife
culotter [kylɔte] V/T die Hose(n) anziehen (**qn** j-m)
Culoz [kyloz] *Ort im Dep. Ain*
culpabilisation [kylpabilizasjõ] F Erwecken *n* von Schuldgefühlen; **culpabiliser** V/T Schuldgefühle erwecken, erzeugen (**qn** bei j-m); *adjt* **être, se sentir culpabilisé** Schuldgefühle haben
culpabilité [kylpabilite] F Schuld *f (a.* JUR*)*; PSYCH **sentiment** *m* **de ~** Schuldgefühl *n*; **établir la ~** die Schuld feststellen
culte [kylt] M **1** REL Kult *m*; **~ des morts** Totenkult *m*; **lieu** *m* **de ~** Kultstätte *f*; **rendre un ~ à une divinité** e-e Gottheit verehren **2** *(religion)* Religion *f ou* Konfession *f*; **~ catholique, protestant** katholische, protestantische Konfession; **~ musulman** islamische Religion **3** ÉGL PROT *(service religieux)* Gottesdienst *m* **4** *fig* Kult *m*; große Verehrung; **~ de la personnalité** Personenkult *m*; **avoir un ~ pour qn** j-n sehr verehren; **avoir le ~ de qc** vor etw *(dat)* die größte Hochachtung, Ehrfurcht haben; *péj* mit etw e-n Kult treiben; **vouer un ~ à qn** tiefe Ehrfurcht vor j-m haben **5** ADJT Kult...
cul-terreux [kytɛʀø] M ⟨*pl* culs-terreux⟩ *fam péj* Mist-, Dreckbauer *m*
cultivable [kyltivabl] ADJ AGR bebaubar; anbaufähig
cultivateur [kyltivatœʀ] M AGR **1** *personne* Landwirt *m* **2** *machine* Kultivator *m*; Grubber *m*; **cultivatrice** F Landwirtin *f*
cultivé [kyltive] ADJ **1** *terre* bebaut; bestellt; Acker...; landwirtschaftlich genutzt; **fruits ~s** Gartenfrüchte *fpl*; **plante ~e** Kulturpflanze *f*; **surface ~e** Anbaufläche *f* **2** *(instruit)* gebildet; **esprit ~** gebildeter Mensch
cultiver [kyltive] **A** V/T **1** *terre, champ* bebauen; bestellen; **~ des céréales, des légumes** Getreide, Gemüse anbauen; **~ des fleurs** Blumen züchten **2** *fig dons* pflegen; weiterentwickeln; **~ sa mémoire** sein Gedächtnis üben, trainieren; *péj* **~ le paradoxe** sich *(dat)* in Widersprüchen gefallen **3** *amitiés, relations* pflegen; **~ qn** den Kontakt mit j-m aufrechterhalten; *fam* sich j-n warmhalten **B** V/PR **se ~** sich bilden; s-n Geist weiterbilden; an sich *(dat)* arbeiten
cultuel [kyltɥɛl] ADJ ⟨~le⟩ ADMIN Kult...
cultural [kyltyʀal] ADJ ⟨-aux⟩ AGR Anbau...
culture [kyltyʀ] F **1** AGR **a** *d'une terre* Bebauung *f*; Bestellung *f*; Kultur *f*; *de légumes, de fruits etc* Anbau *m*; Züchten *n*; Zucht *f*; **~ du blé** Weizenanbau *m*; Anbau von Weizen; **~ de la vigne** Weinbau *m*; **faire la ~ de qc** etw anbauen **b** *pl* **~s** *(terres cultivées)* bebautes, bestelltes Land; Kulturland *n* **2** BIOL Kultur *f*; **~ micro-**

bienne, de tissus Bakterien-, Gewebekultur *f* **3** *d'une personne* Bildung *f*; Kultur *f*; ~ **classique** klassische, humanistische Bildung; ~ **générale** Allgemeinbildung *f*; **grande** *ou* **vaste, solide** ~ umfassende, gediegene Bildung **4** *(civilisation)* Kultur *f*; ~ **occidentale** abendländische Kultur **5** ~ **physique** Leibesübungen *fpl*; Körperkultur *f*

culturel [kyltyʀɛl] **A** ADJ ‹~le› **1** *(relatif à la civilisation)* kulturell; Kultur...; **exception ~le** kulturelle Eigenständigkeit; **héritage** ~ Kulturerbe *n*; **relations ~les** kulturelle Beziehungen *fpl* **2** *(relatif à l'instruction)* Bildungs...; **voyage** ~ Bildungsreise *f* **B** M Kulturbereich *m*

culturisme [kyltyʀism] M Bodybuilding *n*; **culturiste** **A** ADJ Bodybuilding... **B** M/F Bodybuilder(in) *m(f)*

cumin [kymɛ̃] M BOT, CUIS Kreuzkümmel *m*

cumul [kymyl] M Häufung *f*; ~ **de charges, de fonctions** Ämterhäufung *f*; ~ **de plusieurs emplois** Innehaben *n* mehrerer Stellungen; ~ **de traitements** gleichzeitiger Bezug mehrerer Gehälter

cumulard [kymylaʀ] *péj* M Doppelverdiener *m*

cumulatif [kymylatif] ADJ ‹-ive› kumulativ

cumuler [kymyle] V/T *plusieurs fonctions* auf sich *(dat)* vereinigen; ~ **des droits** mehrfachen Anspruch haben; ~ **deux salaires** zwei Gehälter beziehen

cumulo-nimbus [kymylonɛ̃bys] M ‹inv› MÉTÉO Gewitterwolke *f*; *t/t* Kumulonimbus *m*; **cumulo-nimbus-stratus** M ‹inv› MÉTÉO Haufenschichtwolke *f*; *t/t* Stratokumulus *m*

cumulus [kymylys] M **1** MÉTÉO Haufenwolke *f*; Kumulus *m* **2** *(réservoir d'eau chaude)* Boiler *m*

cunéiforme [kyneifɔʀm] ADJ **écriture** *f* ~ Keilschrift *f*

cupide [kypid] ADJ habgierig, -süchtig; **cupidité** F Habgier *f*, -sucht *f*; Geldgier *f*

Cupidon [kypidõ] M MYTH Cupido *m*

cupro-alliage [kypʀoaljaʒ] M TECH Kupferlegierung *f*

cupule [kypyl] F BOT Fruchtbecher *m*

curabilité [kyʀabilite] F Heilbarkeit *f*; **curable** ADJ heilbar

Curaçao [kyʀaso] **1** *île* Curaçao *n* **2** M **curaçao** *liqueur* Curaçao *m*

curage [kyʀaʒ] M *de fossés, d'étangs etc* Reinigen *n*; Säubern *n*; Ausräumen *n*; Ausschlämmen *n*; *d'une pipe* Reinigen *n*

curare [kyʀaʀ] M Kurare *n*

curatelle [kyʀatɛl] F JUR Pflegschaft *f*

curateur [kyʀatœʀ] M, **curatrice** F JUR Pfleger(in) *m(f)*

curatif [kyʀatif] ADJ ‹-ive› Heil...; **méthode curative** Heilmethode *f*

curcuma [kyʀkyma] M BOT Kurkuma *f*; Gelbwurzel *f*

cure¹ [kyʀ] F **1** MÉD Kur *f*; ADMIN Heilverfahren *n*; ~ **d'air** Klimakur *f*; ~ **de désintoxication** Entziehungskur *f*; ~ **de raisin** Traubenkur *f*; ~ **de repos** Erholungs-, Liegekur *f*; ~ **de sommeil** Schlafkur *f*; ~ **de vitamines** Vitaminkur *f*; **aller, partir en** ~ in Kur gehen; **faire une** ~ e-e Kur machen **2** LOC **n'avoir** ~ **de qc** sich um etw nicht kümmern; sich *(dat)* aus etw nichts machen

cure² [kyʀ] F ÉGL CATH **1** *fonction* Pfarrstelle *f*; Amt *n* e-s Pfarrers **2** *résidence* Pfarrhaus *n*

curé [kyʀe] M ÉGL CATH **1** (Gemeinde-, Stadt)-Pfarrer *m* **2** *fam* **les ~s** die Pfarrer *mpl*; *péj* die Pfaffen *mpl*; *fam fig* **bouffer du** ~ *fam* die Pfaffen gefressen haben

cure-dent [kyʀdɑ̃] M ‹*pl* cure-dents› Zahnstocher *m*

curée [kyʀe] F **1** CH Happen *m* *(vom erlegten Wild, mit dem man den Hund belohnt)*; *par ext* Genossenmachen *n* **2** *fig* Jagd *f* *(nach Posten, Ehren etc)*

cure-ongle(s) [kyʀõgl] M ‹*pl* cure-ongles› Nagelreiniger *m*; **cure-oreille** M ‹*pl* cure-oreilles› Ohrenreiniger *m*; **cure-pipe** M ‹*pl* cure-pipes› Pfeifenreiniger *m*

curer [kyʀe] **A** V/T *fossé, citerne* reinigen; säubern; ausräumen; *étang* ausschlämmen; ~ **une pipe** eine Pfeife reinigen **B** V/PR **se** ~ **les dents** sich *(dat)* die Zähne reinigen; (sich *[dat]*) in den Zähnen (herum)stochern; **se** ~ **les ongles, les oreilles** sich *(dat)* die Nägel, die Ohren reinigen, sauber machen

curetage [kyʀtaʒ] M MÉD Ausschabung *f*; **cureter** V/T ‹-tt-› MÉD ausschaben

cureton [kyʀtõ] M *péj* Pfaffe *m*

curette [kyʀɛt] F **1** MÉD scharfer Löffel; Kürette *f* **2** TECH Schaber *m*; Schabeisen *n*

curie¹ [kyʀi] F ÉGL CATH Kurie *f*

curie² [kyʀi] M (ABR **Ci**) PHYS NUCL Curie *n* *(abr* Ci*)*

curieusement [kyʀjøzmɑ̃] ADV seltsam(-), merkwürdig(-), sonderbar(erweise)

curieux [kyʀjø] **A** ADJ ‹-euse› **1** *(indiscret)* neugierig; **enfant** ~ neugieriges, vorwitziges Kind; **être** ~ **de connaître, savoir qc** auf etw *(acc)* neugierig, gespannt sein; **je suis** ~ **de savoir si ...** ich bin neugierig, gespannt, ob ... **2** *(intéressé)* wissbegierig; wissensdurstig; interessiert; **esprit** ~ wissbegieriger, interessierter Mensch; **il est** ~ **de physique** er ist an Physik (sehr) interessiert; ihn interessiert Physik (sehr); ~ **de tout** an allem interessiert; **être** ~ **de** *(+inf)* daran interessiert sein zu *(+inf)* **3** *(bizarre)* seltsam; eigenartig; merkwürdig; sonderbar; wunderlich; kurios; **par une curieuse coïncidence** durch ein seltsames *etc* Zusammentreffen **B** SUBST **1** ~, **curieuse** *m,f* Neugierige(r) *m/f(m)*; **les** ~ *(badauds)* die Neugierigen *mpl*, Schaulustigen *mpl*, Gaffer *mpl*; *fam* **petit** ~**!** *fam* schau an, so neugierig!; **c'est un** ~ er ist neugierig **2** **le** ~ **de la chose, c'est que ...** das Seltsame, Sonderbare, Merkwürdige daran *ou* an der Sache ist, dass ...

curiosité [kyʀjozite] F **1** *(indiscrétion)* Neugier(de) *f*; *loc* **la** ~ **est un vilain défaut** sei(d) *ou* seien Sie doch nicht so neugierig!; man soll nicht so neugierig sein **2** ~ **(d'esprit)** Wissbegier *f*; Wissensdurst *m*, -drang *m*; Interesse *n* **3** *d'une ville* **~s** *pl* Sehenswürdigkeiten *fpl* **4** *(objet rare)* Kuriosität *f*; Rarität *f*

curiste [kyʀist] M/F Kurgast *m* *(a. d'une femme)*

curling [kœʀliŋ] M SPORTS Curling *n*; Eis(stock)schießen *n*

curriculum (vitae) [kyʀikylɔm(vite)] M ‹inv› Lebenslauf *m*

curry [kyʀi] M Curry *n ou m*; ~ **de volaille** Curryhuhn *n*; **riz** *m* **au** ~ Curryreis *m*

curseur [kyʀsœʀ] M **1** INFORM Cursor *m* **2** *sur une règle etc* Schieber *m*; Läufer *m*

cursif [kyʀsif] ADJ ‹-ive› **1** TYPO **écriture cursive** Schreibschrift *f* **2** *fig style, lecture* flüchtig; kursorisch

cursive [kyʀsiv] F TYPO Schreibschrift *f*

cursus [kyʀsys] M Studiengang *m*

curvimètre [kyʀvimɛtʀ] M Kurvenmesser *m*

custode [kystɔd] F AUTO **glace** *f* **de** ~ kleines hinteres Seitenfenster

cutané [kytane] ADJ Haut...; **greffe ~e** Hauttransplantation *f*, -verpflanzung *f*

cuti [kyti] F ABR (cuti-réaction) Tuberkulinprobe *f*; → *a.* virer A 3

cuticule [kytikyl] F BOT, ANAT Häutchen *n*; *t/t* Cuticula *f*

cuti-réaction [kytiʀeaksjõ] F ‹*pl* cuti-réactions› MÉD Kutanreaktion *f*; ~ **(à la tuberculine)** Tuberkulinprobe *f*

cuvage [kyvaʒ] M *ou* **cuvaison** F *du vin* Gärenlassen *n*

cuve [kyv] F **1** *pour vinification* Gärbehälter *m* **2** *(grand récipient)* Wanne *f*; Bottich *m*; Bütte *f*; PHOT ~ **à développement** Entwicklertank *m*; ~ **à mazout** (Heiz)Öltank *m*; ~ **de teinturier** Färberbottich *m*

cuvée [kyve] F **1** *quantité* Inhalt *m* e-s Gärbehälters **2** *(produit d'une vigne)* (Jahres)Ertrag *m*; Jahrgang *m*

cuvelage [kyvlaʒ] M MINES **1** *action* (Schacht)Ausbau *m* **2** *tubes* Tübbings *mpl*; **cuveler** V/T ‹-ll-› MINES *puits* ausbauen

cuver [kyve] **A** V/T ~ **sa colère** s-n Zorn verrauchen lassen; ~ **son vin** s-n Rausch ausschlafen **B** V/I *vin* in der Kellerei gären

cuvette [kyvɛt] F **1** *(bassin portatif)* (Wasch)-Schüssel *f*; *d'un lavabo* Waschbecken *n*; *de W.-C.* Klosettbecken *n*, -schüssel *f*; *fam* Kloschüssel *f* **2** *d'un baromètre à mercure* Gefäß *n*; PHOT Entwicklerschale *f* **3** GÉOG Kessel *m*

CV ABR → cheval 5

CV [seve] M ABR (curriculum vitae) Lebenslauf *m*

cyanhydrique [sjanidʀik] ADJ CHIM **acide** *m* ~ Blausäure *f*

cyanogène [sjanɔʒɛn] M CHIM Dicyan *n*

cyanose [sjanoz] F MÉD Blausucht *f*; Zyanose *f*

cyanure [sjanyʀ] M Zyanid *ou t/t* Cyanid *n*; ~ **(de potassium)** Zyankali *n*

cybercafé [sibɛʀkafe] M Internetcafé *n*; **cybercriminalité** F Internetkriminalität *f*; **cyberculture** F Netz-, Internetkultur *f*; **cyberespace** M Cyberspace *m*; **cyber-°harcèlement** M Cybermobbing *n*; **cybermarchand** M Internethändler *m*; E-Commerce-Händler *m*; **cybermonde** M Cyberspace *m*; **cybernaute** [-not] M/F Internet-Surfer(in) *m(f)*

cybernéticien [sibɛʀnetisjɛ̃] M, **cybernéticienne** F Kybernetiker(in) *m(f)*

cybernétique [sibɛʀnetik] **A** F Kybernetik *f* **B** ADJ kybernetisch

cybersexe [sibɛʀsɛks] M Cybersex *m*

cyclable [siklabl] ADJ **piste** *f* ~ Rad(fahr)weg *m*

Cyclades [siklad] GÉOG **les** ~ *fpl* die Kykladen *pl*

cyclamen [siklamɛn] M **1** BOT Alpenveilchen *n*; *t/t* Zyklamen *n* **2** ADJT ‹inv› **(couleur)** ~ zyklamenfarben, -farbig

cycle [sikl] M **1** Zyklus *m* *(a.* ÉCON, ASTRON*)*; ~ **(économique)** Konjunkturzyklus *m*; zyklische Bewegung; ~ **solaire** Sonnenzyklus *m*; ~ **des saisons** stete Wiederkehr der Jahreszeiten **2** LITTÉRATURE Zyklus *m*; Sagenkreis *m* **3** PHYSIOL ~ **menstruel** (Menstruations)Zyklus *m* **4** CHIM, PHYS Zyklus *m*; Kreisprozess *m*; *dans la nature* Kreislauf *m*; *d'un moteur à explosion* ~ **à deux, à quatre temps** Zwei-, Viertaktverfahren *n*; ~ **de l'azote, du carbone** Stickstoff-, Kohlenstoffkreislauf *m* **5** ÉTUDES ~ **élémentaire** 1.-5. Volksschulklasse *f*; **premier** ~ *dans l'enseignement secondaire* 1.-4. Gymnasialklasse *f*; *à l'université* 1. und 2. Studienjahr *n* *(Abschluss „DEUG")*; Grundstudium *n*; **second** ~ *dans l'enseignement secondaire* 5.-7. Gymnasialklasse *f* *(Abschluss „baccalauréat")*; *à l'université* 3. Studienjahr *(Abschluss „licence")* und 4. Studienjahr *(Abschluss „maîtrise")*; Hauptstudium *n*; **troisième** ~ Aufbau- und Promotionsstudium *n*

cycles [sikl] MPL Fahrräder *npl* (und Mofas *npl*); ADMIN Zweiräder *npl*; **magasin** *m*, **marchand** *m* **de** ~ Fahrradgeschäft *n*, -händler *m*

cyclique [siklik] ADJ **1** zyklisch; **crise** *f* ~ zyklische Krise **2** CHIM **composés** *mpl* **~s** zykli-

sche Verbindungen *fpl*; Cycloverbindungen *fpl*
cyclisme [siklism] M Radsport *m*
cycliste [siklist] A ADJ (Fahr)Rad...; **coureur** *m* ~ Radrennfahrer *m*; **course** *f*, **sport** *m* ~ Radrennen *n*, -sport *m* B SUBST 1 M/F Radfahrer(in) *m(f)*; *fam* Radler(in) *m(f)* 2 M *vêtement* Radlerhose *f*
cyclo-cross [siklokʀɔs] M ‹*inv*› SPORTS Querfeldeinrennen *n*
cycloïde [siklɔid] F MATH Zykloide *f*; Radkurve *f*
cyclomoteur [siklomɔtœʀ] M Mofa *n*; Motorfahrrad *n*
cyclomotoriste [siklomɔtɔʀist] M/F Mofafahrer(in) *m(f)*
cyclone [siklon] M MÉTÉO a *zone* Tief (-druckgebiet) *n*; *t/t* Zyklone *f* b *tempête* Zyklon *m*; Wirbelsturm *m*; *fig personne* **arriver comme un** ~ wie ein Wirbelwind herangestürmt kommen
cyclonique [siklɔnik] ADJ mit Wirbelsturm (einhergehend)
cyclope [siklɔp] M MYTH Zyklop *ou* Kyklop *m*
cyclopéen [siklɔpeɛ̃] ADJ ‹~ne› zyklopisch; riesenhaft; *monument* Zyklopen...; **effort** ~ Riesenanstrengung *f*
cyclo-pousse [siklopus] M ‹*pl* cyclo-pousses› Fahrradrikscha *f*
cyclothymie [siklotimi] F MÉD Zyklothymie *f*; **cyclothymique** ADJ MÉD zyklothym; *par ext* launenhaft; labil
cyclotourisme [sikloturism] M Radwandern *n*; Fahrradtourismus *m*; **cyclotouriste** M/F Radwanderer *m*, -wand(r)erin *f*; Fahrradtourist(in) *m(f)*
cyclotron [siklotʀõ] M PHYS NUCL Zyklotron *n*
cygne [siɲ] M ZOOL Schwan *m*; *fig* **chant** *m* **du** ~ Schwanengesang *m*
cylindre [silɛ̃dʀ] M 1 MATH Zylinder *m* 2 TECH (rouleau) Walze *f* 3 a *d'un moteur, d'une machine à vapeur* Zylinder *m* b *voiture* **une quatre, six ~s** ein Vier-, Sechszylinder *m*
cylindrée [silɛ̃dʀe] F AUTO a *volume* Hubraum *m* b *par ext voiture* **grosse, petite** ~ Wagen *m* mit großem, kleinem Hubraum
cylindrer [silɛ̃dʀe] V/T TECH walzen
cylindrique [silɛ̃dʀik] ADJ zylindrisch; walzenförmig; Zylinder...; Walzen...
cymaise → cimaise
cymbalaire [sɛ̃balɛʀ] F BOT Zymbelkraut *n*; Efeublättriges Leinkraut
cymbale [sɛ̃bal] F MUS Becken *n*; **coup** *m* **de** ~ Beckenschlag *m*
cynégétique [sineʒetik] A ADJ Jagd...; weidmännisch B F Jagdkunst *f*; Weidwerk *n*
cynique [sinik] A ADJ zynisch B M 1 Zyniker *m* 2 PHIL Kyniker *m*
cynisme [sinism] M Zynismus *m*
cynocéphale [sinɔsefal] M ZOOL Hundskopfaffe *m*
cyprès [sipʀɛ] M BOT Zypresse *f*
cyprin [sipʀɛ̃] M ZOOL ~ **(doré)** Giebel *m*; Silberkarausche *f*
cypriote [sipʀijɔt] → chypriote
Cyrénaïque [siʀenaik] GÉOG **la** ~ die Cyrenaika
cyrillique [siʀilik] ADJ kyrillisch; **écriture** *f* ~ kyrillische Schrift
Cyrus [siʀys] M HIST Kyros *ou* Cyrus *m*
cystéine [sistein] F CHIM Cystein *n*
cysticerque [sistisɛʀk] M ZOOL Finne *f*
cystique [sistik] ADJ ANAT (Gallen)Blasen...; **canal** *m* ~ Gallenblasengang *m*
cystite [sistit] F MÉD Blasenentzündung *f*, -katarrh *m*
cystographie [sistɔgʀafi] F MÉD Zystogramm *n*; **cystoscope** M MÉD Blasenspiegel *m*; *t/t* Zystoskop *n*; **cystoscopie** F MÉD Blasenspiegelung *f*; *t/t* Zystoskopie *f*
cystotomie [sistɔtɔmi] F Zystotomie *f*
Cythère [sitɛʀ] Kythera *n*
cytise [sitiz] M BOT Goldregen *m*
cytogénétique [sitoʒenetik] F BIOL Zytogenetik *f*; **cytologie** F Zytologie *f*; **cytolyse** F Zytolyse *f*; **cytoplasme** M Zytoplasma *n*; Zellplasma *n*
czar *etc* → tsar *etc*
czardas → csardas
Czestochowa [ʃɛstɔkɔva] GÉOG Tschenstochau *n*

D

D, d [de] M ‹*inv*› D, d *n*; *fam* **système** *m* **D** Kniffe *mpl*; Schliche *mpl*; *fam* Drehs *mpl*
d' [d] → de
DAB [dab] M ABR (distributeur automatique de billets) Geldautomat *m*
dab(e) [dab] *arg* M Vater *m*; *fam* Alte(r) *m*
d'abord [dabɔʀ] LOC ADV → abord 3
d'acc(ord) [dak(ɔʀ)] LOC ADV → accord 2
Dachau [daʃo] GÉOG Dachau *n*
dacron® [dakʀõ] M *fibre synthétique* Dacron® *n*
dactyle [daktil] M 1 MÉTRIQUE Daktylus *m* 2 BOT Knäuelgras *n*
dactylo [daktilo] F 1 *personne* Schreibkraft *f*; Maschine(n)schreiberin *f*; *fam* Tippfräulein *n*; *suisse* Daktylo *f*; *fam péj* Tippse *f* 2 (*dactylographie*) Maschine(n)schreiben *n*; **apprendre la** ~ Maschine(n)schreiben lernen 3 ADJT **chaise** *f* ~ Drehstuhl *m*
dactylogramme [daktilɔgʀam] M Daktylogramm *n*; Fingerabdruck *m*
dactylographe [daktilɔgʀaf] M/F Maschine(n)schreiber(in) *m(f)*; **dactylographie** F Maschine(n)schreiben *n*; **dactylographier** V/T mit, auf der Maschine schreiben; (ab)tippen; *abs* Maschine schreiben; *adjt* **dactylographié** maschinenschriftlich; maschinengeschrieben; in Maschinenschrift; getippt; **dactylographique** ADJ Schreibmaschinen...; maschinenschriftlich
dada [dada] M 1 *enf* (*cheval*) Pferd(chen) *n*; *enf* Hottepferd *n*; Hottehü *n*; **à** ~ zu Pferd; reitend 2 *fam fig* Lieblingsidee *f*, -thema *n*, *par ext* -beschäftigung *f*; Steckenpferd *n* 3 ART *adjt* **mouvement** *m* ~ → dadaïsme
dadais [dadɛ] M **(grand)** ~ Tollpatsch *m*; Tölpel *m*; Dummerjan *m*
dadaïsme [dadaism] M ART Dadaismus *m*
dadaïste [dadaist] ART A ADJ dadaistisch B M/F Dadaist(in) *m(f)*
Dagobert [dagɔbɛʀ] M *Vorname*
dague [dag] F 1 *poignard* langer Dolch 2 *du cerf* Spieß *m*; *du sanglier* Hauer *m*
daguet [dagɛ] M CH (Schmal)Spießer *m*
dahlia [dalja] M BOT Dahlie *f*
dahoméen [daɔmeɛ̃] HIST A ADJ ‹~ne› dahomeisch B SUBST **Dahoméen(ne)** *m(f)* Dahomeer(in) *m(f)*
Dahomey [daɔmɛ] HIST **le** ~ Dahome *n*
dahu [day] M *animal imaginaire* Wolpertinger *m*
daigner [deɲe] V/T ~ (*+inf*) die Güte haben zu (*+inf*); *iron* geruhen zu (*+inf*); *iron* **il n'a pas daigné répondre** *a.* er ließ sich zu keiner Antwort herbei; er hat uns (*ou* ihn *etc*) keiner Antwort gewürdigt
d'ailleurs [dajœʀ] LOC ADV → ailleurs
daim [dɛ̃] M 1 ZOOL Damhirsch *m*; Damwild *n* (*coll*) 2 *cuir* Wildleder *n*; **veste** *f* **de** ~ Wildlederjacke *f*
daine [dɛn] F ZOOL Damhirschkuh *f*
dais [dɛ] M Baldachin *m*
dalaï-lama [dalailama] M REL Dalai-Lama *m*
dallage [dalaʒ] M Plattenbelag *m*; Steinplatten *fpl*
dalle [dal] F 1 CONSTR Steinplatte *f*; Fliese *f*; ~ **funéraire** Grabplatte *f*; ~ **de béton, de granit, de marbre** Beton-, Granit-, Marmorplatte *f* 2 *fam loc*: **avoir la** ~ *fam* e-n Mordshunger haben; **avoir la** ~ **en pente** *fam* gern einen heben; e-n guten Zug haben; **se rincer la** ~ *fam* einen heben, kippen; sich (*dat*) einen genehmigen 3 *fam* **que** ~ nichts; **j'y comprends que** ~, **j'entrave que** ~ *fam* ich kapiere nichts; ich verstehe nur Bahnhof
daller [dale] V/T CONSTR mit (Stein)Platten belegen, abdecken; **dalleur** M Plattenleger *m*
dalmate [dalmat] A ADJ dalmatinisch; dalmatisch B SUBST **Dalmate** *m/f* Dalmatiner(in) *m(f)*
Dalmatie [dalmasi] **la** ~ Dalmatien *n*
dalmatien [dalmasjɛ̃] M *chien* Dalmatiner *m*
daltonien [daltɔnjɛ̃] A ADJ ‹~ne› rotgrünblind; *par ext* farbenblind B M Rotgrünblinde(r) *m*; Farbenblinde(r) *m*; **daltonisme** M Rotgrünblindheit *f*; *par ext* Farbenblindheit *f*
dam [dam, dɑ̃] LOC PRÉP **au grand** ~ **de** zur großen Entrüstung, zum großen Missfallen, Unwillen (*+gén*)
damage [damaʒ] M TECH (Fest)Stampfen *n*
damas [dama] M 1 TEXT Damast *m* 2 MÉTALL Damaszenerstahl *m*
Damas [damas] Damaskus *n*
damasquinage [damaskinaʒ] M Tauschierung *f*; Tauschierarbeit *f*; **damasquiner** V/T *métal* tauschieren
damassé [damase] A ADJ 1 TEXT Damast...; damastartig; **tissu** ~ Damaststoff *m* 2 **acier** ~ Damaszenerstahl *m* B M TEXT (Leinen-, Baumwoll)Damast *m*
damasser [damase] V/T 1 TEXT damastartig weben 2 *acier* damaszieren
dame[1] [dam] F 1 Dame *f*; Frau *f*; **grande** ~ vornehme, feine, große Dame; **la grande** ~ **du cinéma français** *etc* die Grande Dame des französischen Films *etc*; *fam* **ma petite** ~, **ma bonne** ~! liebe Frau!; *fam* die Dame!; **la première** ~ **de France** Frankreichs First Lady *f*; ~ **de compagnie** Gesellschafterin *f*; Gesellschaftsdame *f*; ~ **d'honneur, de la cour** Hofdame *f*; ~ **de charité** in e-m Wohltätigkeitsverein tätige Dame; *plais* **la** ~ **de ses pensées** die Dame s-s Herzens; s-e Angebetete; SPORTS **100 mètres ~s** 100 Meter Damen; TENNIS **double** *m* **~s** Damendoppel *n*; **dis merci à la** ~! sag der Dame, *fam* der Tante danke schön! 2 (*femme mariée*) (verheiratete, Ehe)Frau *f*; *fam* **comment va votre** ~? wie geht's Ihrer Frau? 3 REL Ordensfrau *f* 4 a ÉCHECS *etc* Dame *f*; **jeu** *m* **de ~s** Damespiel *n*; **aller à** ~ e-e Dame bekommen; **jouer aux ~s** Dame spielen b CARTES Dame *f*; *carte allemande* Ober *m*; ~ **de cœur, de pique** Herz-, Pikdame *f*
dame[2] [dam] INT allerdings!; natürlich!; *étonnement* Donnerwetter!; ~ **oui, non!** aber ja, nein!
dame-jeanne [damʒan] F ‹*pl* dames-jeannes› Ballon(flasche) *m(f)*; große Korbflasche
damer [dame] V/T 1 *pion* zur Dame machen; → *a.* pion 3 2 TECH (fest)stampfen; *adjt* SKI **piste damée** präparierte Piste, Loipe
damier [damje] M 1 Damebrett *n* 2 *par ext* Schachbrett-, Würfelmuster *n*; *tissu* **en** ~ gewürfelt
damnation [danasjõ] F Verdammung *f*; *état* Verdammnis *f*

damné [dane] **A** M REL PL **les ~s** die Verdammten *pl*; *fig*: **souffrir comme un ~** Höllenqualen leiden, ausstehen; **travailler comme un ~** arbeiten, schuften wie ein Besessener **B** ADJ **1** REL verdammt; *fig* **être l'âme ~e de qn** j-s böser Geist sein **2** *fam fig* verdammt; verteufelt

damner [dane] **A** V/T **1** REL verdammen **2** *fig* **faire ~ qn** j-n rasend machen, zur Verzweiflung bringen **B** V/PR REL **se ~** s-e Verdammung bewirken

Damoclès [damɔklɛs] M HIST Damokles *m*

damoiseau [damwazo] M ⟨*pl* ~x⟩ **1** MOYEN ÂGE Knappe *m* **2** *plais* Stutzer *m*; Geck *m*; **damoiselle** F MOYEN ÂGE Edelfräulein *n*

Dampremy [dɑ̃ʀemi] *Stadt in Belgien*

dan [dan] M JUDO Meistergrad *m*; Dan *m*

Danaé [danae] F MYTH Danae *f*

dancing [dɑ̃siŋ] M Tanzlokal *n*, -diele *f*

dandinement [dɑ̃dinmɑ̃] M Schwanken *n*; Schaukeln *n*; *en marchant* Watscheln *n*

dandiner [dɑ̃dine] V/PR **se ~** sich hin und her bewegen; hin und her schwanken, schaukeln; *en marchant* watscheln; **se ~ sur sa chaise** *a.* nicht ruhig sitzen können

dandy [dɑ̃di] M Dandy *m*

dandysme [dɑ̃dism] M Dandytum *n*

Danemark [danmaʀk] **le ~** Dänemark *n*

danger [dɑ̃ʒe] M Gefahr *f*; **~ de contagion, d'infection** Ansteckungs-, Infektionsgefahr *f*; **~ de guerre, d'incendie** Kriegs-, Brand- *ou* Feuergefahr *f*; **~ de mort** Lebens-, Todesgefahr *f*; *loc adj*: **plein de ~s** gefahrvoll; voller Gefahren; **sans ~** ungefährlich; gefahrlos; **aimer le ~** die Gefahr lieben; **il y a du ~ à** (+ *inf*) es ist gefährlich zu (+*inf*); **il n'y a aucun ~ à** (+*inf*) es ist völlig ungefährlich zu (+*inf*); *fam* **il n'y a pas de ~ qu'il vienne** es ist ganz unwahrscheinlich *ou* völlig ausgeschlossen, dass er kommt; *fam* **quel ~ y a-t-il?** was ist dabei gefährlich?; *fam* **pas de ~!** *fam* ausgeschlossen!; keine Spur!; das fällt mir, ihm nicht ein!; ich denke, er denkt nicht dran!; **courir un ~** sich in Gefahr begeben; sich e-r Gefahr (*dat*) aussetzen; **courir le ~ de** (+*inf*) Gefahr laufen zu (+*inf*); **être en ~** in Gefahr sein, schweben; gefährdet sein; **sa vie est en ~** er schwebt in Lebensgefahr; **être °hors de ~** außer Gefahr sein; **mettre en ~** in Gefahr bringen; gefährden

dangereux [dɑ̃ʒʀø] ADJ ⟨-euse⟩ gefährlich; *entreprise a.* gefahrvoll; **~ criminel** gefährlicher Verbrecher; *fig* **jeu ~** gefährliches Spiel; **zone dangereuse** Gefahrenzone *f*; **il est ~ de** (+*inf*) es ist gefährlich zu (+*inf*)

Daniel [danjɛl] M *Vorname*

Danièle *ou* **Danielle** [danjɛl] F *Vorname*

Daninos [daninɔs] **Pierre ~** *frz Schriftsteller*

danois [danwa] **A** ADJ dänisch **B** SUBST **1** **Danois(e)** *m(f)* Däne *m*, Dänin *f* **2** LING **le ~** das Dänische; Dänisch *n* **3** ZOOL *m* **(grand) ~** Deutsche Dogge

dans [dɑ̃] PRÉP **1** *lieu*: **a** *question « wo? »*: in (+ *dat*); ♦ **~ les Alpes, le Massif central** *etc* in den Alpen, im Zentralmassiv *etc*; **~ le Cantal, le Haut-Rhin** *etc* im Departement Cantal, Haut-Rhin *etc*; **~ Paris** *etc* in (der Stadt) Paris *etc*; innerhalb (der Stadtgrenzen von) Paris *etc*; **~ toute la France, ~ le Paris de demain** *etc* in ganz Frankreich, im Paris von morgen *etc*; **~ le Midi** in Südfrankreich; **~ le Nord de l'Europe** im Norden Europas; in Nordeuropa; ♦ **~ un endroit ensoleillé** an e-m sonnigen Ort; **~ la foule** in der Menge; **~ le journal** in der Zeitung; **~ la rue** auf der Straße; **il est ~ sa chambre** er ist in, auf s-m Zimmer; **lire ~ un livre** in e-m Buch lesen; ♦ **boire ~ une tasse** *etc* aus e-r Tasse *etc* trinken; **découper un article ~ le journal** e-n Artikel aus der Zeitung ausschneiden; **manger ~ une assiette** *etc* aus e-m Teller *etc* essen; ♦ **~ le Cid de Corneille** in Corneilles Cid; **~ Sartre** bei Sartre; **~ tout ce qu'il fait** bei allem, was er tut; **c'est ~ ses habitudes (de** +*inf*) es gehört zu, es entspricht s-n Gewohnheiten (zu +*inf*); **il est ~ le commerce, l'enseignement** er ist im Handel, im Schulwesen tätig; → *a.* être[1] B 1 d) **b** *question « wohin? »*: in (+*acc*); in … hinein; **s'asseoir ~ un fauteuil** sich in e-n Sessel setzen; **entrer ~ la maison, la pièce** ins Haus, ins Zimmer (hinein)gehen; **monter ~ une voiture** in ein Auto (ein)steigen; → *a. subst et verbes correspondants* **2** *temps*: **a** in (+*dat*); **~ trois jours, une semaine** in drei Tagen, e-r Woche; **~ un instant, une minute** augenblicklich; gleich; sofort; **~ combien de temps reviendrez-vous?** wann kommen Sie wieder? **b** innerhalb von (*ou* +*gén*); binnen (+*dat*); im Laufe von (*ou* +*gén*); während (+*gén*); in (+*dat*); **~ les 24 heures** innerhalb von, binnen 24 Stunden; **~ l'année** im Laufe des Jahres; **~ les délais convenus** frist-, termingemäß; **~ son enfance** in, während s-r Kindheit; **~ le temps** früher **3** *manière*: **~ un accident** bei e-m Unfall; **~ l'attente de** in Erwartung (+*gén*); **~ ces circonstances** unter diesen Umständen; **~ sa colère** in s-m Zorn; **~ l'ensemble** insgesamt; im Ganzen; alles in allem; **~ l'espoir de** (+*inf*) in der Hoffnung zu (+*inf*); **~ le fond** im Grunde (genommen); **~ les règles** vorschriftsmäßig; ordnungsgemäß **4** *approximation*: **~ les … etwa**; ungefähr; um die …; um (… herum); **avoir ~ les cinquante ans** etwa fünfzig (Jahre alt) sein; um die fünfzig sein

dansant [dɑ̃sɑ̃] ADJ **1** Tanz…; **soirée ~e** Tanzabend *m*; **thé ~** Tanztee *m* **2** tanzend; *fig*: *reflets* tanzend; **flammes ~es** züngelnde Flammen *fpl*

danse [dɑ̃s] F **1** Tanz *m* (*a.* MUS); **la ~** *a.* das Tanzen; **la ~ classique** das klassische Ballett; **~ folklorique, régionale** Volkstanz *m*; ART **Danse macabre, des morts** Totentanz *m*; **~ rythmique** tänzerische Gymnastik; **~ de salon** Gesellschaftstanz *m*; **~ du ventre** Bauchtanz *m*; **~ sur glace** Eistanz *m*; **chaussons** *mpl* **de ~** Ballettschuhe *mpl*; **cours** *m* **de ~** *de salon* Tanzstunde *f*, -kurs *m*; *classique* Ballettunterricht *m*; **pas** *m* **de ~** Tanzschritt *m*; **entrer dans la ~** mittanzen; *fig* eingreifen; sich einschalten; mitmischen; **exécuter une ~** e-n Tanz aufführen; *fig et péj* **mener la ~** der Anführer, Rädelsführer sein; **ouvrir la ~** den Tanz eröffnen **2** MÉD **~ de Saint-Guy** Veitstanz *m*

danser [dɑ̃se] **A** V/T tanzen; **~ la polka** Polka tanzen; **~ une valse** e-n Walzer tanzen **B** V/I **1** tanzen; **~ en mesure, sur un air** im Takt, nach e-r Melodie tanzen; **faire ~ qn** mit j-m tanzen; **voulez-vous ~ avec moi?** *ou* **vous dansez?** darf ich bitten? **2** *fig barque* tanzen; *flammes* züngeln **C** V/PR *dans* **se ~ bien** sich gut tanzen lassen

danseur [dɑ̃sœʀ] M, **danseuse** F Tänzer(in) *m(f)*; **danseurs** *pl a.* Tanzende *pl*; Tanzlustige *pl*; **danseur, danseuse classique** Balletttänzer(in) *m(f)*; **danseur mondain** Eintänzer *m*; Gigolo *m*; **danseur, danseuse de corde** Seiltänzer(in) *m(f)*; **danseuse du ventre** Bauchtänzerin *f*; *fig* CYCLISME **en danseuse** im Wiegetritt; in den Pedalen stehend; *adjt* **être bon danseur** ein guter Tänzer sein

Dante Alighieri [dɑ̃taligjeʀi] M *écrivain italien* Dante Alighieri *m*

dantesque [dɑ̃tɛsk] ADJ dantisch

Danube [danyb] **le ~** die Donau

danubien [danybjɛ̃] ADJ ⟨~ne⟩ Donau…

d'après [dapʀɛ] PRÉP → après A 3

dard [daʀ] M *d'un insecte* Stachel *m*

Dardanelles [daʀdanɛl] GÉOG **les ~** *fpl* die Dardanellen *pl*

darder [daʀde] V/T **1** *litt flèche* (ab)schießen; *lance etc* schleudern **2** *fig et st/s* **le soleil darde ses rayons** die Sonne sendet ihre glühenden Strahlen aus, brennt unbarmherzig, sengt; **~ un regard sur qn** j-n mit e-m Blick durchbohren

dare-dare [daʀdaʀ] *fam* LOC ADV in aller Eile; eiligst; unverzüglich; schnurstracks; *fam* dalli, dalli

Dar es-Sala(a)m [daʀɛssalam] GÉOG Daressalam *n*

darne [daʀn] F CUIS Fischsteak *n*; (Fisch)Scheibe *f*; **~ de saumon** Lachssteak *n*

darse [daʀs] F *en Méditerranée* (geschütztes) Hafenbecken

dartre [daʀtʀ] F MÉD *souvent* PL **~s** (Haut)Flechten *fpl*

dartreux [daʀtʀø] ADJ ⟨-euse⟩ MÉD **a** flechtenartig **b** *personne* mit *ou* voller (Haut)Flechten

Darwin [daʀwin] M BIOL Darwin *m*

darwinien [daʀwinjɛ̃] ADJ ⟨~ne⟩ darwinsche(r, -s); **darwinisme** M BIOL Darwinismus *m*; **darwiniste** **A** ADJ darwinistisch **B** M Darwinist *m*

Dassault [daso] *frz Flugzeugbauer*

datable [databl] ADJ datierbar; **datage** M Datierung *f*

datation [datasjõ] F **1** *d'un document* Datierung *f*; Datumsangabe *f* **2** GÉOL *etc* Datierung *f*; Altersbestimmung *f*

date [dat] F **1** Datum *n*; **~ de l'émission** Ausstellungsdatum *n*; **~ de naissance** Geburtsdatum *n*; *lettre* **en ~, à la ~ du dix mai** (unter dem Datum) vom zehnten Mai; **sans ~** ohne Datum(sangabe); **indiquer, mettre la ~** das Datum angeben, einsetzen; **porter la ~ du …** das Datum vom … tragen **2** *par ext* Zeitpunkt *m*; COMM, ADMIN Termin *m*; ADMIN *a.* Stichtag *m*; **~ limite** Schlusstermin *m*; letzter, äußerster Termin; **~ limite de conservation** Mindesthaltbarkeitsdatum *n*; **~ de livraison** Liefertermin *m*; **~ de parution** Erscheinungstermin *m*; *loc adv et loc adj*: **à cette ~** zu diesem Zeitpunkt; **à la ~ convenue** zum vereinbarten Zeitpunkt, Termin; COMM termingerecht; **à ~ fixe** zu e-m festen Termin; **à quelle ~?** an welchem Tag?; zu welchem Zeitpunkt?; **à une ~ ultérieure** zu e-m späteren Zeitpunkt, Termin; **de fraîche ~** neu; neueren Datums; **de longue ~** *loc adv* seit Langem; seit langer Zeit; *loc adj* seit Langem, schon lange bestehend; alt; langjährig; **jusqu'à cette ~** bis zu diesem Zeitpunkt, Tag; COMM bis dato; **passé cette ~** nach diesem Zeitpunkt, Termin; *fig* **être le premier, dernier en ~** der Erste, Letzte sein; zuerst, zuletzt kommen; **fixer une ~** e-n Termin anberaumen, festsetzen; **prendre ~** e-n Zeitpunkt, Termin vereinbaren, verabreden, ausmachen **3** HIST Datum *n*; Jahreszahl *f*; *par ext* markantes Ereignis; wichtiger Einschnitt; **faire ~** e-n bedeutenden Einschnitt darstellen; Epoche machen

dater [date] **A** V/T **1** *document* datieren; mit dem Datum versehen; *adjt* **(non) daté** (un)datiert; **une lettre datée du deux mai** ein vom zweiten Mai datierter Brief **2** *œuvre d'art etc* datieren **B** V/I **1** **~ de** stammen, datieren aus; **~ du 17e siècle** aus dem 17. Jahrhundert stammen; **~ de 1990** von 1990 datieren; **~ de vingt ans** vor zwanzig Jahren entstanden, geschehen sein; *loc prép* **à ~ de** ab …; von … an, ab; **à ~ d'aujourd'hui** ab heute; von heute ab, an; → *a.* hier 2 **2** (*être démodé*) veraltet sein; aus der Mode gekommen sein; **ne pas ~** *a.*

D

zeitlos sein

dateur [datœʀ] M Datum(s)stempel *m*

datif [datif] M GRAM Dativ *m*; Wemfall *m*; dritter Fall

datte [dat] F Dattel *f*; **dattier** M BOT ~ *ou adjt* **palmier** *m* ~ Dattelpalme *f*

daube [dob] F CUIS Schmoren *n*; *par ext* Schmorbraten *m*; **bœuf** *m* **en** ~ Rinderschmorbraten *m*

dauber [dobe] *litt* V/T herabsetzen; schlechtmachen

Daumesnil [domenil] *frz General*

dauphin [dofɛ̃] M **1** ZOOL Delfin *m* **2** HIST **Dauphin** Dauphin *m*; französischer Thronfolger **3** *fig et plais* Kronprinz *m*; Thronfolger *m*; Nachfolger *m*

Dauphine [dofin] F HIST Gemahlin *f* des Dauphins

Dauphiné [dofine] **le** ~ die Dauphiné (*historische Provinz in Südostfrankreich*)

dauphinois [dofinwa] **A** ADJ (aus) der Dauphiné **B** SUBST **Dauphinois(e)** *m(f)* Bewohner(in) *m(f)* der Dauphiné

daurade [dɔʀad] F ZOOL Dorade *f*; Goldbrassen *m*; Rotbrassen *m*

d'autant [dotɑ̃] LOC ADV → autant A 1 e)

davantage [davɑ̃taʒ] ADV **1** (noch) mehr; **je n'en dirai pas** ~ mehr sage ich nicht; ich will nichts weiter sagen; **si vous voulez en savoir** ~ **…** wenn Sie mehr darüber wissen wollen …; ~ **que** mehr als; *avec subst*: ~ **de** mehr **2** *temporel* (noch) länger; **je ne m'attarderai pas** ~ **sur ce sujet** ich will mich mit diesem Thema nicht länger aufhalten

David [david] M *Vorname*

davier [davje] M **1** DENTISTERIE Extraktionszange *f* **2** MAR (Seil)Scheibe *f*; *d'un câblier* (Kabel)Rolle *f*

Dax [daks] *Stadt im Dep. Landes*

DCA [desea] F ABR (défense contre avions) Flak *f*

DDT [dedete] M ABR (dichloro-diphényl-trichloréthane) DDT® *n*

de [d(ə)]

⟨*vor Vokal u. stummem h* **d'**; „de le" *wird zu* **du**, „de les" *zu* **des** *zusammengezogen*⟩

A préposition   **B** article partitif

— **A** préposition —

1 *lieu*: **a** *origine, point de départ* von; aus; von … her; von … aus; ♦ **arriver, venir** ~ **Bordeaux** von *ou* aus Bordeaux kommen; **sortir d'une maison** aus e-m Haus (heraus)kommen; **tirer qc** ~ **sa poche** etw aus der Tasche ziehen; **venir** ~ **l'école,** ~ **l'étranger,** ~ **la gare** aus der Schule, aus dem Ausland, vom Bahnhof kommen; ♦ ~ **Paris il y a 300 km** von Paris (aus) sind es 300 km; ♦ ~ **… à** von … nach, (bis) zu; **aller** ~ **Paris à Marseille** von Paris nach Marseille fahren; ~ **la porte à la fenêtre** von der Tür zum Fenster; ~ **la tête aux pieds** von Kopf bis Fuß; ♦ ~ **… en** → en A 6; ♦ ~ **côté** von der Seite; ~ **dessous, dessus** von unten, oben; ~ **face** von vorn; **d'ici** von hier aus; ~ **là** von da, dort aus; ~ **loin** von Weitem; aus der Ferne; **d'où?** woher?; **d'où vient-il?** wo kommt er her?; woher kommt er?; ~ **près** aus der Nähe; ♦ **venir** ~ **chez le dentiste** vom Zahnarzt kommen; ♦ **le consul d'Allemagne** der deutsche Konsul; **vent** *m* **du nord** Nordwind *m*; **vins** *mpl* ~ **France** französische Weine *mpl*; Weine aus Frankreich; ♦ *particule de noblesse* von; ♦ *par ext*: **une lettre** ~ **Paul** ein Brief von Paul; ~ **source sûre** aus sicherer Quelle; **être né** ~ **parents pauvres** von armen Eltern kommen, abstammen; das Kind armer Eltern sein; **revenir** ~ **vacances** aus den Ferien zurückkehren **b** *direction* ♦ ~ **ce côté-ci** *venir* von dieser Seite; *se trouver* auf dieser Seite; *partir* auf diese, nach dieser Seite; → *a.* côté; ♦ **le passage du Rhin** der Übergang über den Rhein; der Rheinübergang; **le train** ~ **Paris** der Zug von *ou* nach Paris **2** *temps* ~ **jour** bei, am Tag(e); tagsüber; ~ **nos jours** heutzutage; ~ **mémoire d'homme** seit Menschengedenken; ~ **nuit** in der, bei Nacht; nachts; ~ **son vivant** zu, bei s-n Lebzeiten; ♦ *dans des phrases négatives*: *ne rien faire etc* ~ **(toute) la journée** den ganzen Tag; ♦ ~ **… à** von … bis; **du début à la fin** von Anfang bis Ende; vom Anfang bis zum Ende; ~ **lundi à jeudi** von Montag bis Donnerstag; **du matin au soir** vom Morgen bis zum Abend; von morgens bis abends; **du premier au quinze mai** vom ersten bis (zum) fünfzehnten Mai; ♦ ~ **… en** von … zu; ~ **jour en jour** von Tag zu Tag; ♦ **enfant** *m/f* ~ **trois ans** dreijähriges Kind; Kind von, mit drei Jahren; Dreijährige(r) *m/f(m)*; **travail** *m* ~ **dix ans** Arbeit *f* von zehn Jahren; zehnjährige Arbeit **3** *appartenance* von; *plus souvent traduit par un génitif* ♦ **l'amour** ~ **Dieu** die Liebe Gottes; → *a.* 9; **la cathédrale** ~ **Cologne** der Kölner Dom; **la cathédrale** ~ **Chartres** die Kathedrale von Chartres; **la conviction** ~ **tous** die Überzeugung aller; **la couleur du ciel** die Farbe des Himmels; **crise** *f* ~ **la puberté** Pubertätskrise *f*; **le livre** ~ **Pierre** Peters Buch; das Buch von Peter; **la maison** ~ **mon père** das Haus meines Vaters; (meines) Vaters Haus; **le prix du pain** der Brotpreis; ♦ **le meilleur** ~ **tous** der Beste von allen; **le seul** ~ **ses amis** der Einzige s-r Freunde; ♦ **c'est un,** *st/s* **il est** ~ **mes amis** er ist ein Freund von mir; **pour ce qui est** ~ **lui** was ihn betrifft, anbelangt; → *a.* être[1] B 1 d) *et les subst correspondants* **4** *cause* vor (+*dat*); wegen; an (+*dat*); über (+*acc*); ♦ *rouge* ~ **colère, honte** vor Zorn, Scham; *trembler* ~ **froid** vor Kälte; ♦ **joie** *f* ~ **vivre** Lebensfreude *f*; **peur** *f* ~ **la mort** Angst *f* vor dem Tod; Todesfurcht *f*, -angst *f*; ♦ *loc conj*: ~ **ce que: je m'étonne** ~ **ce qu'il n'est** *ou* **ne soit pas venu** ich wundere mich darüber, dass er nicht gekommen ist; ~ **crainte que … (ne)** (+*subj*) aus Furcht davor, dass …; ♦ **être atteint d'une maladie** an e-r Krankheit leiden; **être étonné, surpris** ~ **qc** über etw (*acc*) erstaunt, überrascht sein; **se plaindre** ~ **qn, qc** sich über j-n, etw *ou* wegen j-m, etw beklagen; ♦ *agent du passif* von; **accompagné** ~ **sa femme** in Begleitung s-r Frau; **aimé** ~ **ses parents** von s-n Eltern geliebt **5** *matière* von; aus; ♦ *fig* **cœur** *m* ~ **pierre** Herz *n* von Stein; **plaque** *f* ~ **marbre** Marmorplatte *f*; Platte *f* aus Marmor; marmorne Platte; ♦ **faire qc** ~ **rien** aus nichts etw machen **6** *contenu*: *non traduit* ♦ **un paquet** ~ **cigarettes** e-e Schachtel, Packung Zigaretten; **trois verres** ~ **vin** drei Glas Wein; ♦ *par ext*: **billet** *m* ~ **cent euros** Hundert-Euro-Schein *m*; **collection** *f* ~ **timbres** Briefmarkensammlung *f*; **comité** *m* ~ **cinq membres** fünfköpfiger Ausschuss **7** *moyen, outil* mit; ♦ **coup** *m* ~ **matraque** Schlag *m* mit dem Gummiknüppel; **coup** *m* ~ **pied** Fußtritt *m*; **coup** *m* ~ **revolver** Revolverschuss *m*; ♦ **chercher des yeux** mit den Augen suchen; **montrer qn du doigt** mit dem Finger auf j-n zeigen; ♦ **jouer du piano** *etc* Klavier *etc* spielen; ♦ **armé d'un couteau** mit e-m Messer bewaffnet; **se nourrir** ~ **riz** sich von Reis ernähren; **orner** ~ **fleurs** mit Blumen schmücken **8** *sujet, thème* über (+*acc*); von; **parler** ~ **qn, qc** von j-m, etw, über j-n, etw sprechen; **que pensez-vous** ~ **lui?** was denken, halten Sie von ihm?; **rêver** ~ träumen von **9** *manière*: ♦ *manger* ~ **bon appétit** mit gutem Appetit; ~ **beaucoup** weitaus; bei Weitem; **d'un bond** mit e-m Sprung; ~ **force** mit Gewalt; ~ **cette manière** auf diese Weise; ~ **mémoire** aus dem Gedächtnis; ~ **son mieux** so gut er *ou* sie kann; **d'un pas ferme** mit festem Schritt; festen Schrittes; ~ **soi-même** (*ou* ~ **lui-même, d'elle-même**) von selbst; von sich aus; aus sich selbst heraus; ♦ ~ **plus en plus grand** *etc* immer größer *etc*; ♦ **amour** *m* ~ **Dieu** Liebe *f* zu Gott; **amour** *m* ~ **la patrie, du prochain** Vaterlands-, Nächstenliebe *f*; **homme** *m* ~ **génie** genialer Mensch; **livres** *mpl* **d'enfants** Kinderbücher *npl*; **maison** *f* ~ **campagne** Landhaus *n*; **regard** *m* ~ **pitié** mitleidiger Blick; ♦ *loc adj*: **père** *m* ~ **cinq enfants** Vater *m* von fünf Kindern; ~ **grand format** großformatig; ~ **première qualité** erstklassig; ♦ **être d'une bêtise incroyable** von e-r unglaublichen Dummheit, unglaublich dumm sein; *fam* **le ciel est d'un bleu!** *fam* der Himmel ist unwahrscheinlich, sagenhaft blau!; **être vêtu** ~ **noir** schwarz gekleidet sein; ♦ **qualifier un journal** ~ **tendancieux** e-e Zeitung als tendenziös bezeichnen; **traiter qn** ~ **menteur** j-n e-n Lügner nennen **10** *fonction essentiellement syntaxique*: **a** *après subst*: **une chienne** ~ **vie** ein Hundeleben *n*; **une espèce** ~ **singe** e-e Art Affe; **le mois** ~ **mai** der Monat Mai; **le mot** (~) **liberté** das Wort Freiheit; **la principauté** ~ **Monaco** das Fürstentum von Monaco; **la profession** ~ **médecin** der Arztberuf; der Beruf e-s Arztes; **cette sorte** ~ **vin** diese Sorte Wein; diese Weinsorte; **la ville** ~ **Paris** die Stadt Paris **b** *après adj*: **amoureux** ~ verliebt in (+*acc*); **avide** ~ gierig auf (+*acc*), nach; **avide d'argent** geldgierig; **capable d'un crime** zu e-m Verbrechen, *st/s* e-s Verbrechens fähig; **étroit d'esprit** engstirnig; **large d'épaules** breitschult(e)rig; breit in den Schultern; **plein** ~ **contradictions** voller Widersprüche; ♦ **une drôle** ~ **voiture** ein komisches Auto; **pauvre** ~ **moi!** ich Arme(r)! **c** *après des verbes*: **avoir besoin** ~ **qn, qc** j-n, etw brauchen; **changer** ~ **chemise** das Hemd wechseln; → *a. verbes correspondants* **d** *après loc prép*: **autour** ~, **à cause** ~, **en dépit** ~ *etc* → *les termes correspondants* **e** *mesures*: **âgé** ~ **dix ans** zehn Jahre alt; **un mur** ~ **un** *ou* **d'un mètre** ~ **haut** e-e ein(en) Meter hohe Mauer; e-e Mauer von einem Meter Höhe; **avoir deux mètres** ~ **long,** ~ **profondeur** *ou* **être long, profond** ~ **deux mètres** zwei Meter lang, tief sein; **avancer d'un pas** e-n Schritt vortreten; **diminuer** ~ **moitié** um die Hälfte abnehmen; **la hauteur est** ~ **trois mètres** die Höhe beträgt drei Meter; **raccourcir** ~ **dix centimètres** (um) zehn Zentimeter verkürzen; *montre* **retarder** ~ **cinq minutes** fünf Minuten nachgehen; ♦ **dix euros** ~ **l'heure** zehn Euro pro, in der Stunde; ♦ **plus** ~ **dix minutes** mehr als zehn Minuten; ♦ *fam* **et** ~ **deux!** das wären zwei! **f** *devant inf* zu; ♦ **cesser** ~ **parler** aufhören zu sprechen; **demander à qn** ~ **partir** j-n bitten zu gehen; ♦ *inf sujet*: **comme si** (~) **pleurer servait à qc** als ob Weinen etwas nützen würde; **il est difficile, °honteux** ~ **…** es ist schwierig, e-e Schande zu …; ♦ *inf de narration* **et les enfants** ~ **sauter et** ~ **crier** und nun fingen die Kinder an zu hüpfen und zu schreien; ♦ **plutôt mourir que** (*st/s* ~) **céder** lieber sterben als nachgeben **g** *devant adj et pp et adv*: ♦ **en voici une** ~ **terminée** hier ist e-e fertig; **avoir deux jours** ~ **libres** zwei Tage freihaben; zwei freie Tage haben; ♦ **personne d'autre** niemand anders; sonst niemand; **qc** ~ **beau** etwas Schönes; **qn** ~

résolu jemand Entschlossenes; **qui d'autre?** wer sonst?; **quoi ~ neuf?** was gibt es Neues?; **rien ~ grave** nichts Ernstes; ♦ **cinq minutes ~ moins, ~ plus** fünf Minuten weniger, mehr b **si j'étais (que) ~ vous** ich an Ihrer Stelle; wenn ich Sie wäre

— **B** article partitif —

souvent non traduit 1 **~ l'eau, des épinards, du pain, ~ la salade** Wasser *n*, Spinat *m*, Brot *n*, Salat *m*; **du porc, du veau** Schweine-, Kalbfleisch *n*; *fam* **du solide** etwas Solides; ♦ **il y a du révolutionnaire en lui** es steckt etwas von e-m Revolutionär in ihm; **chausser du quarante** Schuhgröße vierzig haben; **écouter du Mozart** Mozart hören; **faire du cent** (mit) hundert fahren; **manger ~ tout** alles essen; alles mögen; **penser du bien ~ qn** Gutes, gut von j-m denken; ♦ **du très bon travail** sehr gute Arbeit; **~** *ou fam* **des belles fleurs** schöne Blumen *fpl*; ♦ **travailler pour ~ l'argent** für Geld arbeiten 2 *seulement* **de:** a *après indications de quantité*: **assez, beaucoup, pas, peu, plus, tant, trop d'argent** genug, viel, kein, wenig, mehr, so viel, zu viel Geld; **combien ~ personnes?** wie viel(e) Personen?; **un litre ~ lait** ein Liter Milch; **une paire ~ gants** ein Paar Handschuhe; ♦ *exception*: **bien des gens** (sehr) viele Leute; **se faire bien du souci** sich *(dat)* große Sorgen machen; *mais*: **bien d'autres** (sehr) viele andere b *dans une négation*: **il n'a jamais eu ~ succès** er hat nie Erfolg gehabt; **sans faire ~ bruit** ohne Lärm zu machen; ♦ *excepté après* **être: ce n'est pas ~ la laine** das ist keine Wolle

dé¹ [de] M 1 (Spiel)Würfel *m*; **coup** *m* **de ~(s)** Wurf *m* (beim Würfeln); *fig* Lotteriespiel *n*; Glückssache *f*; **jeu** *m* **de ~s** Würfelspiel *n*; **jeter le(s) ~(s)** würfeln; *fig* **les ~s sont jetés** die Würfel sind gefallen; **jouer aux ~s** Würfel spielen; würfeln; knobeln 2 CUIS Würfel *m*; **couper en ~s** in Würfel schneiden

dé² [de] M 1 **~ (à coudre)** Fingerhut *m* 2 *quantité* **un ~ à coudre** ein Fingerhut voll

dé... [de] *préfixe* ⟨vor Vokal **dés...**, *vor s meist* **des...**⟩ *souvent* **ent...**; **Ent...**; → *les articles suivants*

DEA [deəa] M ABR (diplôme d'études approfondies) *Forschungsdiplom im Anschluss an die „maîtrise"*

dealer [dilœʀ] M Dealer *m*; Drogenhändler *m*

déambulateur [deɑ̃bylatœʀ] M Rollator *m*; Gehwagen *m*

déambulatoire [deɑ̃bylatwaʀ] M ARCH Chorumgang *m*

déambuler [deɑ̃byle] V/I umhergehen, -schlendern

débâcle [debɑkl] F 1 *de la glace* Eisaufbruch *m*; Eisgang *m* 2 *fig* a MIL wilde Flucht; Auflösung *f* b *d'une entreprise etc* Zusammenbruch *m*; Debakel *n*

débâcler [debɑkle] V/I *rivière (gelée)* aufbrechen; Eis führen

déballage [debalaʒ] M 1 Auspacken *n* 2 *(étalage)* Warenauslage *f* 3 *fam fig* (rückhaltloses) Geständnis; Beichte *f*; (Herzens)Erguss *m*

déballé [debale] *fam* ADJ entmutigt; niedergeschlagen

déballer [debale] V/T 1 auspacken; **~ des marchandises** Waren auspacken 2 *fam fig: savoir etc* von sich geben; anbringen; *fam* auspacken; loswerden; *plaintes fam* abladen

débandade [debɑ̃dad] F Auseinanderrennen *n*, -laufen *n*; *a.* MIL wilde, regellose Flucht; Auflösung *f*; **ce fut la ~ générale** alles lief auseinander, davon; MIL alles war in Auflösung begriffen

débander [debɑ̃de] A V/T 1 die Binde, den Verband abnehmen (**une plaie** von e-r Wunde); **~ les yeux à qn** j-m die Binde von den Augen abnehmen 2 *arc etc* lockern B V/I *fam pénis* schlaff werden; *fam fig* **sans ~** unablässig; ohne Unterlass C V/PR **se ~** *manifestants* auseinanderlaufen; *armée* sich auflösen

débaptiser [debatize] V/T umbenennen; umtaufen; **~ une rue** eine Straße umbenennen

débarbouillage [debaʀbujaʒ] M (rasche) Gesichtswäsche

débarbouiller [debaʀbuje] A V/T **~ un enfant** e-m Kind das Gesicht (und die Hände) waschen, sauber machen B V/PR **se ~** sich *(dat)* (rasch) das Gesicht waschen

débarcadère [debaʀkadɛʀ] M MAR Landungsbrücke *f*, -steg *m*; Anlege-, Landeplatz *m*, -stelle *f*; Pier *m ou f*

débardage [debaʀdaʒ] M 1 MAR Ausladen *n*; Löschen *n* 2 *de bois, de pierres* Abtransport *m*; Abfuhr *f*

débarder [debaʀde] V/T MAR ausladen; löschen; **débardeur** M 1 *ouvrier* Entlader *m*; Transportarbeiter *m*; MAR Hafenarbeiter *m*; Schauermann *m* 2 *vêtement* a Pullunder *m* b *porté à même la peau* Achselshirt *n*; Top *n*; *pour hommes a.* Muscle-Shirt *n*

débarquement [debaʀkəmɑ̃] M 1 *passagers* An-Land-Gehen *n*; Von-Bord-Gehen *n* (*a.* AVIAT); Aussteigen *n* 2 *marchandises* Ausladen *n*, -ung *f*; MAR Löschen *n*, -ung *f*; Anlanden *n*, -ung *f*; Ausschiffen *n*, -ung *f* (*a. passagers*) 3 MIL Landung *f*; HIST **le Débarquement** die Invasion *(1944)*

débarquer [debaʀke] A V/T 1 *marchandises* ausladen; MAR löschen; anlanden; **~ les marchandises** die Waren ausschiffen; **~ les passagers** die Passagiere ausschiffen, an Land setzen 2 *fam fig* **~ qn** *fam* j-n ausbooten B V/I 1 *passagers* MAR an Land gehen; sich ausschiffen; *d'un avion* von Bord gehen; aussteigen (**de aus**) 2 MIL landen 3 *fam fig* **~ chez qn** *fam* bei j-m hereingeschneit kommen, aufkreuzen 4 *fam fig* **il débarque** man sieht, dass er neu ist *ou* dass er nicht auf dem Laufenden ist

débarras [debaʀa] M 1 *fam* **bon ~!** *fam* e-e wahre Erlösung!; den *ou* die *ou* das wären wir los, hätten wir vom Hals! 2 *lieu* Abstellraum *m*; Rumpelkammer *f*

débarrasser [debaʀase] A V/T befreien (**de** von); *place* frei machen; räumen; **~ le grenier** den Dachboden ausräumen, entrümpeln; **~ une pièce** ein Zimmer ausräumen; **~ (la table)** den Tisch abräumen; (den Tisch) abdecken; **~ qn de qc** j-n von etw befreien; **~ un enfant d'une mauvaise habitude** e-m Kind e-e Unart abgewöhnen, e-e schlechte Angewohnheit austreiben; **puis-je vous ~ de votre manteau?** darf ich Ihnen den Mantel abnehmen?; **~ qn d'un souci** j-m e-e Sorge *(gén)* entheben; **~ qn de qn** j-m j-n vom Halse schaffen; **être débarrassé de qn, qc** j-n, etw los sein, vom Halse haben B V/PR **se ~ de qc, de qn** sich e-r Sache, j-s entledigen; sich *(dat)* etw, j-n vom Halse schaffen; etw, j-n loswerden, beseitigen, *préjugé, défaut* ablegen, *actions* abstoßen

débat [deba] M 1 Debatte *f*; Erörterung *f*; Aussprache *f*; Diskussion *f*; Streitgespräch *n*; **~ télévisé** Fernsehdebatte *f*; **conférence suivie d'un ~** Vortrag *m* mit anschließender Diskussion, Aussprache 2 **~s** *pl* a POL Debatte *f*; **~s parlementaires** Parlamentsdebatte *f*; **compte rendu des ~s** Parlamentsbericht *m* b JUR (Haupt)Verhandlung *f* 3 *fig* **~ intérieur** innerer Konflikt, Kampf

débâter [debɑte] V/T den Packsattel abnehmen (**une bête de somme** e-m Lasttier)

débattre [debatʀ] ⟨→ battre⟩ A V/T debattieren, diskutieren über *(+acc)*; erörtern; *question* besprechen; durchsprechen; **~ un prix** einen Preis aushandeln; **prix** *m* **à ~** Preis *m* nach Vereinbarung B V/PR **se ~** 1 um sich schlagen; sich wehren; sich sträuben 2 *fig* sich herumschlagen (**contre** mit); sich abmühen; kämpfen; ringen

débauchage [deboʃaʒ] M *(licenciement)* Entlassung *f*; Abbau *m*

débauche [deboʃ] F 1 Ausschweifung *f*; JUR **excitation** *f* **de mineurs à la ~** Verführung *f*, Anstiftung *f* Minderjähriger zur Unzucht; **lieu** *m* **de ~** Ort *m* der Ausschweifung; **vie** *f* **de ~** ausschweifender, unsolider, liederlicher Lebenswandel; **vivre dans la ~** ein ausschweifendes, liederliches Leben führen 2 *fig* **une ~ de** e-e verschwenderische Fülle von

débauché [deboʃe] A ADJ ausschweifend lebend; lasterhaft; liederlich B SUBST **~(e)** *m(f)* Wüstling *m*; liederliches Frauenzimmer; **débaucher** V/T 1 *(détourner de son travail)* (der Arbeit *[dat]*) abspenstig machen; von der Arbeit abbringen; abwerben 2 *(licencier)* entlassen; abbauen 3 *fam (distraire)* verführen; verleiten

débecqueter *ou* **débecter** [debɛkte] V/T *pop (dégoûter) pop* ankotzen; **ça me débecquète** *ou* **débecte** das widert, *pop* kotzt mich an

débet [debɛ] M FIN Passivsaldo *m*; Fehlbetrag *m*; Rückstand *m*

débile [debil] A ADJ 1 schwächlich 2 *fam* blöd; doof; schwachsinnig B M 1 MÉD **~ mental** Schwachsinnige(r) *m* 2 *fam* Blödmann *m*; Idiot *m*

débilitant [debilitɑ̃] ADJ *atmosphère* demoralisierend; deprimierend

débilité [debilite] F 1 Schwäche *f*; Schwächlichkeit *f*; **~ sénile** Altersschwäche *f* 2 **~ mentale** Schwachsinn *m*

débiliter [debilite] V/T 1 schwächen; entkräften 2 *fig* entmutigen; demoralisieren

débine [debin] F *pop* → dèche

débiner [debine] *fam* A V/T schlechtmachen; *fam* in den Dreck ziehen B V/PR **se ~** *fam* abhauen; verduften; sich dünn machen; **débineur** *fam* M, **débineuse** *fam* F *fam* Lästerzunge *f*, -maul *n*

débit [debi] M 1 *de marchandises* Absatz *m*; Vertrieb *m*; Verkauf *m*; Abgang *m*; Umsatz *m*; *loc adj: produit* **d'un bon ~** gut gehend, absetzbar; gängig; **d'un faible ~** schlecht gehend, absetzbar; schlechten Absatz findend 2 **~ de boissons** (Getränke)Ausschank *m*; **~ de tabac** Tabakladen *m*; *autrich* (Tabak)Trafik *f* 3 *(manière de parler)* Sprech-, Redeweise *f*; Vortrag(sart) *m(f)*; **il, elle a un de ces ~s** er, sie redet wie ein Wasserfall 4 a *d'un cours d'eau* Wasserführung *f*; Abflussmenge *f*; *d'une source* Schüttung *f*; Ergiebigkeit *f* b TECH Durchfluss(menge *f*, -strom *m*) *m*; *d'une machine* Ausstoß *m*; Mengenleistung *f*; Durchsatz *m*; *d'une rue etc* (Verkehrs)Leistung *f*; Kapazität *f* 5 INFORM, TÉLÉCOMM (Übertragungs)Rate *f*; **connexion** *f* **à haut ~** Breitbandanschluss *m*; **réseau** *m* **à haut ~** Breitbandnetz *n* 6 COMM Soll *n*; Debet *n*; **le ~ et le crédit** Soll und Haben *n*; **avis** *m* **de ~** Lastschriftanzeige *f*; **mettre une dépense au ~ de qn** j-n mit e-r Ausgabe belasten

débitage [debitaʒ] M *du bois* Zuschneiden *n*; Zuschnitt *m*

débitant [debitɑ̃] M **~ de boissons** Schankwirt *m*; **~ de tabac** Tabakwaren(einzel)händler *m*; *autrich* (Tabak)Trafikant *m*

débiter [debite] V/T 1 *marchandises* absetzen; vertreiben; umsetzen; **~ des boissons** Getränke verkaufen, ausschenken 2 *péj: sottises* von sich geben; *fam* verzapfen; *par cœur* her(unter)-

leiern; herbeten; ~ **des mensonges** Lügen erzählen, auftischen 3 *source: eau* liefern (**dix litres à la seconde** zehn Liter in der, pro Sekunde); *pompe: liquide* fördern; *machine: produit* ausstoßen 4 *bois* zuschneiden; *animal* zerlegen 5 COMM ~ **qn, un compte d'une somme** j-n, ein Konto mit e-m Betrag belasten

D

débiteur [debitœʀ], **débitrice** A M,F 1 FIN Schuldner(in) *m(f)*; COMM Debitor *m* 2 *fig* Schuldner(in) *m(f)*; **je suis votre débiteur** ich stehe, bin in Ihrer Schuld B ADJ **compte débiteur** Debetkonto *n*; **pays débiteur** Schuldnerland *n*; **solde débiteur** Passiv-, Debet-, Sollsaldo *m*

débitmètre [debimɛtʀ] M TECH Durchflussmesser *m*, -zähler *m*

déblaiement [deblɛmɑ̃] M 1 *d'une rue* Freimachen *n*; Aufräumen *n*, -ung *f*; **travaux** *mpl* **de** ~ Aufräumungsarbeiten *fpl* 2 *de terre etc* Beseitigung *f*; Wegschaffung *f*

déblatérer [deblateʀe] V/T INDIR ‹-è-› ~ **contre qn, qc** über j-n, etw los-, herziehen; auf j-n, etw schimpfen

déblayage [deblɛjaʒ] M → déblaiement

déblayer [debleje] V/T ‹-ay- *od* -ai-› 1 a) *rue, entrée* frei machen; aufräumen; ~ **une pièce** ein Zimmer frei machen, ausräumen b) *décombres etc* beseitigen; wegschaffen; weg-, ab-, aufräumen 2 CONSTR *terrain* abtragen; abgraben; *terre* ausheben 3 *fig* ~ **le terrain** den Weg ebnen; die Bahn frei machen; die Anfangsschwierigkeiten beseitigen; Hindernisse aus dem Weg räumen; die Vorfragen klären

déblocage [deblɔkaʒ] M 1 TECH Lösen *n*; Entriegeln *n*, -ung *f* 2 ÉCON Freigabe *f*; ~ **des prix, des salaires** *a.* Aufhebung *f* des Preis-, Lohnstopps

débloquer [deblɔke] A V/T 1 TECH lösen; *serrure* wieder gängig machen; *pièce d'une machine* entriegeln; die Arretierung lösen (+*gén*); ~ **les freins** die Bremsen lösen 2 ÉCON *prix etc* freigeben; ~ **un compte** die Sperre e-s Kontos aufheben; ~ **les salaires** den Lohnstopp aufheben B *fam* V/I Unsinn, Blödsinn, *fam* Quatsch, Blech, Stuss reden; **tu débloques?** red keinen Unsinn *etc*!; *fam* quatsch nicht so dämlich, blöd!

débobiner [debɔbine] V/T abwickeln; abspulen

déboires [debwaʀ] MPL (bittere) Enttäuschungen *fpl*; Verdruss *m*; Ärger *m*

déboisage [debwazaʒ] M MINES Rauben *n* (der Zimmerung); **déboisement** M Abholzen *n*, -ung *f* (des Waldes); Entwaldung *f*; **déboiser** V/T (den Wald) abholzen; entwalden

déboîtement [debwatmɑ̃] M 1 MÉD Aus-, Verrenkung *f* 2 AUTO Ausscheren *n*

déboîter [debwate] A V/T 1 MÉD aus-, verrenken; auskugeln; **se** ~ **l'épaule** sich (*dat*) die Schulter aus-, verrenken, auskugeln 2 TECH herausnehmen; auseinandernehmen; ausbauen B V/I AUTO ausscheren

débonder [debõde] V/T den Spund herausziehen (**un tonneau** aus e-m Fass)

débonnaire [debɔnɛʀ] ADJ gutmütig; HIST **Louis le** ~ Ludwig der Fromme

Déborah [debɔʀa] F BIBL Debora *f*

débord [debɔʀ] M 1 COUT Vorstoß *m* 2 CH DE FER **voie** *f* **de** ~ Freiladegleis *n*

débordant [debɔʀdɑ̃] ADJ 1 *joie etc* überströmend, -quellend, -schäumend; überschwänglich; *activité* rastlos; fieberhaft; **imagination ~e** blühende Fantasie 2 *personne* **être ~ d'activité** rastlos tätig sein; → *a.* déborder B 3 3 MIL **mouvement** ~ Umgehungs-, Umfassungsbewegung *f*

débordé [debɔʀde] ADJ **être ~ (de travail)** (mit Arbeit) überlastet sein; **être ~ de demandes, de visites** mit Anträgen überhäuft, von Besuchern überlaufen sein

débordement [debɔʀdəmɑ̃] M 1 *d'un fleuve* Übertreten *n*; Überschwemmung *f*; *d'un récipient* Überlaufen *n*, -fließen *n* 2 *fig* ~ **d'enthousiasme** Woge *f*, Welle *f* der Begeisterung; Begeisterungsausbruch *m*; ~ **d'injures** Flut *f* von Beleidigungen; ~ **de joie** Überschwang *m* der Freude 3 **~s** *pl* Exzesse *mpl*; Ausschweifungen *fpl* 4 MIL Umgehung *f*; Umfassung *f*

déborder [debɔʀde] A V/T 1 *chose* ~ **qc** über (den Rand von) etw hinausgehen, -stehen, -ragen; ~ **le cadre du sujet** den Rahmen des Themas sprengen 2 MIL umgehen; umfassen 3 *un lit* in Unordnung bringen; *personne* (halb) aufdecken B V/I 1 *fleuve etc* über die Ufer treten; übertreten; *liquide, récipient* überlaufen, -fließen; *fam* überschwappen; **plein à ~** randvoll; zum Überlaufen voll; *pluie* **faire ~ la rivière** den Fluss über die Ufer treten lassen; *fig* **faire ~ le vase** das Maß vollmachen; das Fass zum Überlaufen bringen 2 *gens* ~ **sur la place** bis auf den Platz hinausstehen; *linge* ~ **du tiroir** aus der Schublade quellen 3 *fig* ~ **d'enthousiasme, de reconnaissance** vor *ou* von Begeisterung, Dankbarkeit überströmen; ~ **d'esprit** vor Geist sprühen; ~ **de santé** vor *ou* von Gesundheit strotzen; ~ **de vie** vor *ou* von Lebenslust, Temperament übersprudeln, überschäumen C V/PR **se ~** sich aufdecken; *bébé* sich frei strampeln

débotté [debɔte] M *litt* LOC ADV **au ~** gleich bei der Ankunft; *fig* unversehens

débotter [debɔte] A V/T ~ **qn** j-m die Stiefel ausziehen B V/PR **se ~** (sich [*dat*]) die Stiefel ausziehen

débouchage [debuʃaʒ] M 1 *d'une bouteille* Öffnen *n*; Aufmachen *n*; Entkorken *n* 2 → débouchement

débouché [debuʃe] M 1 *d'une rue* Einmündung *f*; *d'une vallée* Ausgang *m*; Mündung *f* 2 ÉCON Absatzmarkt *m*; **ouvrir de nouveaux ~s** neue Absatzmärkte erschließen 3 PL **~s** Berufsaussichten *fpl*; **n'offrir aucun ~** keine Berufsaussichten eröffnen

débouchement [debuʃmɑ̃] M *d'un évier etc* Beseitigung *f* der Verstopfung; Freimachen *n*

déboucher [debuʃe] A V/T 1 *bouteille* aufmachen; öffnen; entkorken 2 *évier* die Verstopfung beseitigen (+*gén*); frei machen B V/I 1 ~ **de** (heraus)kommen, *voiture a.* (-)fahren aus; ~ **d'une rue transversale dans une grande artère** aus e-r Querstraße in e-e Hauptverkehrsader kommen *ou* fahren 2 *chemin* ~ **dans** (ein)münden in (+*acc*); ~ **sur une place** auf e-n *ou* e-m Platz münden 3 *fig* ~ **sur** einmünden in (+*acc*); führen zu; anlangen bei; *discussions* ~ **sur des négociations** in Verhandlungen einmünden C V/PR **se ~** *tuyau etc* frei werden; aufgehen

débouchoir [debuʃwaʀ] M ~ **à ventouse** Stampfer *m* (*zur Rohrreinigung*)

déboucler [debukle] V/T aufschnallen

déboulé [debule] M 1 SPORTS (Daher)Stürmen *n*; voller Lauf 2 DANSE Déboulé *n*

débouler [debule] V/I 1 (*a.* V/T) ~ **(l'escalier** die Treppe) hinunter-, hinab- *ou* herunter-, herabkullern, -purzeln 2 *lièvre etc* aufspringen und davonrennen

déboulonnage [debulɔnaʒ] M TECH Los-, Abschrauben *n*

déboulonner [debulɔne] V/T 1 TECH los-, abschrauben 2 *fam fig* ~ **qn** j-n aus s-r Stellung drängen; *fam* j-n absägen

débourbage [deburbaʒ] M 1 *dans le traitement de minerais* Läutern *n*, -ung *f* 2 *dans la préparation du vin blanc* Vorklären *n* (*des Mostes*)

débourber [deburbe] V/T 1 vom Schlamm reinigen; entschlammen; ~ **un étang** einen Weiher entschlammen 2 *minerai* läutern 3 VIT vorklären

débourrage [deburaʒ] M 1 TANNERIE *des peaux* Enthaaren *n*, -ung *f* 2 TEXT *d'une carde* Putzen *n*; Reinigen *n*, -ung *f* 3 *d'un cheval de selle* Grundausbildung *f*; Zureiten *n*; **débourrement** M *partic* VIT Aufbrechen *n* der (Reben)Knospen; **débourrer** A V/T *pipe* reinigen; ausklopfen B V/I *pop* (*déféquer*) *pop* kacken; **débourreur** M TEXT *d'une carde* Wendewalze *f*; Wender *m*

débours [debuʀ] MPL Auslagen *fpl*; Ausgaben *fpl*; Aufwendungen *fpl*; Spesen *pl*

débourser [deburse] V/T ausgeben; aufwenden; **sans rien ~, sans ~ un sou** ohne etwas, ohne e-n Pfennig auszugeben

déboussoler [debusɔle] *fam* V/T ~ **qn** j-n aus der *ou* außer Fassung, aus dem Geleise bringen; *adjt* **déboussolé** völlig außer Fassung; rat-, hilflos

debout [d(ə)bu] ADV *et* ADJ ‹*inv*› 1 stehend; aufrecht (stehend); TECH *a.* hochkant; **place** *f* ~ Stehplatz *m*; *int* ~ **(là-dedans)!** (alles) aufstehen, aufgestanden!; auf!; **être ~** stehen; → *a.* 2, 3; **laisser qn ~** j-n stehen lassen; **manger ~** im Stehen essen; **mettre qc ~** etw (aufrecht) stellen; etw aufstellen; TECH *a.* etw hochkant stellen; → *a.* 3; **se mettre ~** aufstehen; sich erheben; sich aufrecht hinstellen; **rester ~** stehen bleiben; → *a.* 2; *personne* **ne plus tenir ~** sich nicht mehr auf den Beinen halten können; → *a.* 3; **se tenir ~** (da)stehen 2 auf; aufgestanden; **être ~** *à six heures du matin* ... aufsein, auf den Beinen sein; *malade* **il est déjà ~** er ist schon wieder auf; er kann schon wieder aufstehen; **rester ~** aufbleiben 3 LOC *fig*: **dormir ~** im Stehen schlafen; zum Umfallen müde sein; *histoire* **à dormir ~** ganz unwahrscheinlich; **être encore ~** *maisons etc* noch stehen; *institution* noch Bestand haben; *affaire* **mettre ~** auf die Beine stellen; *argument etc* **tenir ~** Hand und Fuß haben; **ne pas tenir ~** weder Hand noch Fuß haben; keinen Sinn haben

débouté [debute] M JUR 1 Abweisung *f* der Klage 2 abgewiesener Kläger; **déboutement** M JUR Abweisung *f* (e-r Klage)

débouter [debute] V/T JUR ~ **qn de sa demande** j-s Klage abweisen

déboutonner [debutɔne] A V/T aufknöpfen B V/PR **se ~** 1 s-e Jacke *etc* aufknöpfen 2 *fig* sein Herz ausschütten; sich offen aussprechen 3 *vêtement* aufgehen; sich öffnen

débraillé [debʀaje] A ADJ 1 *personne* nachlässig, schlampig, (allzu) salopp gekleidet; nicht ganz angezogen; *fam* halb nackt; *vêtements* nachlässig; schlampig; (allzu) salopp; *allure* salopp; lässig 2 *fig manières* locker; lose; zu frei (*a. propos*) B M nachlässige, allzu saloppe (Art der) Kleidung

débrailler [debʀaje] V/PR *fam* **se ~** sich entblößen; *fam* halb nackt herumlaufen

débranchement [debʀɑ̃ʃmɑ̃] M ÉLEC Ab-, Ausschalten *n*, -ung *f*

débrancher [debʀɑ̃ʃe] V/T den Stecker herausziehen (**la télévision** des Fernsehers); *circuit etc* ab-, ausschalten; ~ **une batterie** eine Batterie abklemmen

Debray [dəbʀɛ] **Régis ~** *frz Schriftsteller*

débrayage [debʀɛjaʒ] M 1 AUTO Auskuppeln *n*; **double ~** Schalten *n* mit Zwischengas 2 *fig* Arbeitsniederlegung *f*, -einstellung *f*; Ausstand *m*

débrayer [debʀeje] V/I ‹-ay- *od* -ai-› 1 AUTO auskuppeln; (auf) die Kupplung treten 2 *fig* die Arbeit niederlegen; in den Ausstand treten

Debrecen [debʀɛtsɛn] GÉOG Debrezin *n*

débridé [debʀide] ADJ *passion* zügellos; ungezügelt; hemmungslos; entfesselt; **imagination ~e** blühende, ungezügelte Fantasie

débridement [debʀidmɑ̃] M Entfesselung *f*; Zügellosigkeit *f*

débrider [debʀide] V/T 1 *cheval* abzäumen; *fig* **sans ~** ohne Unterbrechung; pausenlos; in einem fort 2 CUIS die Fäden entfernen von

débris [debʀi] 1 MPL *de vaisselle* Scherben *fpl*; *d'une statue, d'un avion* Trümmer *pl*; **~ de verre** Glasscherben *fpl* 2 MPL *fig* Überreste *mpl*; Überbleibsel *npl*; Trümmer *pl* 3 *fam péj* **un vieux ~** *fam* ein alter Knacker

débrouillard [debʀujaʀ] A ADJ pfiffig; findig; schlau; geschickt; wendig; *fam* gewieft; **un garçon ~** *a.* ein Bursche, der sich *(dat)* zu helfen weiß B M e-r, der sich *(dat)* zu helfen weiß; Schlaukopf *m*; findiger, wendiger, *fam* gewiefter Bursche; *fam* Pfiffikus *m*

débrouillardise [debʀujaʀdiz] F Pfiffigkeit *f*; Findigkeit *f*; Schlauheit *f*; Wendigkeit *f*; Improvisationskunst *f*; *fam* Gewieftheit

débrouiller [debʀuje] A V/T 1 *fils etc* entwirren 2 *fig* entwirren; Ordnung, Klarheit, Licht bringen in *(+acc)*; aufklären 3 *fam* **~ qn** j-m die elementaren Kenntnisse, die Grundbegriffe beibringen; *adjt* **il est déjà bien débrouillé** *enfant* es ist schon sehr selbstständig; *élève* er beherrscht schon gut die Grundbegriffe B V/PR **se ~** sich *(dat)* zu helfen wissen; zurechtkommen; e-n Ausweg finden; zurande kommen; sich aus der Affäre ziehen; *fam* sich durchwursteln; **débrouillez-vous!** schauen Sie, wie Sie zurechtkommen!; **qu'il se débrouille!** soll er sehen, wie er zurechtkommt *ou* wo er bleibt!; **se ~ bien, tout seul** sich *(dat)* gut, allein zu helfen wissen; gut, allein zurechtkommen; **se ~ avec ce qu'on a** sich mit dem behelfen, was man hat; **se ~ avec ses difficultés** *a.* mit s-n Schwierigkeiten fertig werden; **savoir se ~** sich *(dat)* zu helfen wissen

débroussailler [debʀusaje] V/T 1 das Gestrüpp entfernen (**qc** von, aus, in etw *[dat]*) 2 *fig* Klarheit, Licht bringen in *(+acc)*

débureaucratiser [debyʀokʀatize] V/T entbürokratisieren

débusquer [debyske] V/T 1 *gibier* aufscheuchen, -jagen, -stöbern 2 *fig* **~ qn** j-n vertreiben, verdrängen; *de sa cachette* j-n aufstöbern

Debussy [dəbysi] **Claude ~** *frz Komponist*

début [deby] M 1 Anfang *m*; Beginn *m*; **~ de l'année, du mois** Jahres-, Monatsbeginn *m*; *loc adv*: **au ~** anfangs; anfänglich; am, zu Anfang; zu Beginn; zuerst; **tout au ~**, *st/s* **au tout ~** gleich zu Beginn, am *ou* zu Anfang; **dès le ~** von Anfang an; **du ~ à la fin** von Anfang bis Ende; vom Anfang bis zum Ende; *loc prép*: **~ mai** Anfang Mai; **au ~ de** am Anfang, zu *ou* am *ou* bei Beginn *(+gén)*; **au ~ de l'année** (am) Anfang des Jahres; **au ~ du livre** am Anfang des Buches; **au ~ de la semaine prochaine** Anfang nächster Woche; **au ~ du spectacle** zu, bei Beginn der Vorstellung; **en ~ de semaine** (am) Anfang, zu Beginn der Woche; **en ~ de matinée** am frühen Vormittag 2 PL **~s** *d'un acteur* Debüt *n*; erstes Auftreten (in der Öffentlichkeit); **faire ses ~s** sein Debüt geben *(a. iron)*; debütieren; zum ersten Mal (öffentlich) auftreten; **faire ses ~s dans le monde** in die Gesellschaft eingeführt werden 3 PL **~s** Anfänge *mpl*; Anfang *m*; erste Schritte *mpl*; **les ~s de la photographie** die Anfänge der Fotografie; **n'en être qu'à ses ~s** *personne* noch am Anfang stehen; die ersten Schritte tun; *chose* noch in den Kinderschuhen stecken

débutant [debytɑ̃] A ADJ angehend; **pianiste ~** angehender Pianist B SUBST 1 **~(e)** *m(f)* Anfänger(in) *m(f)*; Neuling *m*; *acteur a.* Debütant(in) *m(f)*; **cours** *m* **pour ~s** Anfängerkurs *m*; *péj* **comme un ~** wie ein Anfänger 2 **~e** *f* Debütantin *f*; **bal** *m* **des ~es** Debütantinnenball *m*

débuter [debyte] V/T *et* V/I 1 anfangen; beginnen; **~ à mille euros, comme sténodactylo** mit tausend Euro, als Stenotypistin anfangen; **~ dans la vie** ins Leben treten; **~ par des généralités** mit allgemeinen Dingen beginnen 2 *artiste* debütieren; zum ersten Mal auftreten; sein Debüt geben

déca [deka] M *fam* ABR → **décaféiné**

deçà [dəsa] A ADV *litt* **~ (et) delà** bald hier (-hin), bald da(hin) B LOC PRÉP **en ~ de** [ɑ̃dsad(ə)] diesseits *(+gén)*; *st/s* **en ~ du Rhin** diesseits des Rheins; *fig* **rester en ~ de la vérité** nicht bis zur Wahrheit vordringen

décacheter [dekaʃte] V/T ⟨-tt-⟩ **~ une lettre** einen Brief öffnen, aufmachen, aufreißen

décadaire [dekadɛʀ] ADJ *dans le calendrier républicain* Dekaden...

décade [dekad] F 1 *(dix jours)* Dekade *f* 2 *abus (décennie)* Jahrzehnt *n*

décadence [dekadɑ̃s] F Dekadenz *f*; Kulturverfall *m*; *d'un empire* Niedergang *m*; Verfall *m*; **tomber en ~** in Verfall geraten; verfallen

décadent [dekadɑ̃] A ADJ dekadent; dem Niedergang, Verfall preisgegeben; angekränkelt B MPL **les ~s** die Dekadenzdichter *mpl* (des ausgehenden 19. Jahrhunderts)

décaèdre [dekaɛdʀ] M MATH Dekaeder *n*; Zehnflächner *m*; Zehnflach *n*

décaféiné [dekafeine] ADJ koffeinfrei; entkoffeiniert; *subst m* **du ~** koffeinfreier Kaffee; **décaféiner** V/T entkoffeinieren

décagonal [dekagɔnal] ADJ ⟨-aux⟩ MATH zehneckig; *prisme* zehnseitig

décagone [dekagon, -gɔn] MATH A M Zehneck *n*; Dekagon *n* B ADJ zehneckig

décagramme [dekagʀam] M (ABR **dag**) Dekagramm *n (abr* Dg, *autrich* dkg); *autrich a.* Deka *n*

décaisser [dekese] V/T 1 *marchandise* aus der Kiste nehmen, auspacken 2 *argent* auszahlen; der Kasse entnehmen

décalage [dekalaʒ] M 1 Verschiebung *f*; Abstand *m*; Unterschied *m*; **~ horaire** Zeitunterschied *m* 2 *fig* Diskrepanz *f*, Unterschied *m*, Missverhältnis *n*, Kluft *f*, Spanne *f* (**entre ... et** zwischen *[+dat]* ... und)

décalaminer [dekalamine] V/T AUTO entrußen; die Ölkohle entfernen von

décalcifiant [dekalsifjɑ̃] ADJ PHYSIOL Kalkmangel hervorrufend; **décalcification** F MÉD Kalk-, Kalziumverlust *m*; Kalkmangel *m*;

décalcifier A V/T Kalk, Kalzium entziehen (**l'organisme** dem Organismus) B V/PR **se ~** Kalk, Kalzium verlieren

décalcomanie [dekalkɔmani] F 1 *image* Abziehbild *n* 2 *procédé* Abziehbildverfahren *n*

décalé [dekale] ADJ abgehoben; *fam* abgedreht

décaler [dekale] V/T verschieben; *dans l'espace a.* versetzen; verstellen; *dans le temps a.* verlegen; **~ le repas d'une heure** das Essen um e-e Stunde verschieben, verlegen

décalitre [dekalitʀ] M 1 Dekaliter *n ou m* 2 *récipient* Zehnliterbehälter *m*

décalogue [dekalɔg] M REL **le ~** der Dekalog; die Zehn Gebote *npl*

décalquage [dekalkaʒ] M (Ab-, Durch)Pausen *n*

décalque [dekalk] M 1 *d'un dessin* Pause *f* 2 *fig* Nachahmung *f*; *péj* Abklatsch *m*

décalquer [dekalke] V/T (ab-, durch)pausen

Décaméron [dekameʀɔ̃] *Boccaccio* **le ~** das Dekameron *ou* Decamerone

décamètre [dekamɛtʀ] M Dekameter *n ou m*

décamper [dekɑ̃pe] V/I *fam* sich aus dem Staub machen; Reißaus nehmen; abhauen; sich verziehen

décan [dekɑ̃] M ASTROL Dekade *f*

décanat [dekana] M ÉGL, UNIVERSITÉ Dekanswürde *f*

décaniller [dekanije] V/I *fam* abhauen; verduften; sich verkrümeln; abzischen

décantage [dekɑ̃taʒ] M → **décantation**

décantation [dekɑ̃tasjɔ̃] F Klären *n* (durch Absetzenlassen); Dekantieren *n*; **bassin** *m* **de ~** Klärbecken *n*

décanter [dekɑ̃te] A V/T 1 *liquide* klären; dekantieren 2 *fig idées etc* sich abklären lassen B V/PR **se ~** 1 *liquide* sich klären; **laisser ~** absetzen lassen 2 *fig idées etc* sich abklären

décanteur [dekɑ̃tœʀ] M TECH Kläräpparat *m*; Dekanter *m*; *d'une station d'épuration* Klär-, Absetzbecken *n*

décapage [dekapaʒ] M 1 *métal* Beizen *n*; Dekapieren *n*; Entzundern *n* 2 *peinture* Abbeizen *n*

décapant [dekapɑ̃] A M 1 Abbeizmittel *n* 2 *pour souder* Flussmittel *n*; Lötwasser *n* B ADJ *fig* **humour ~** ätzender Humor

décaper [dekape] V/T 1 *métal* (ab)beizen; dekapieren; entzundern 2 *peinture* abbeizen; **~ au chalumeau** abbrennen 3 *par ext* blank scheuern; putzen

décapeur [dekapœʀ] M *ouvrier* (Metall)Beizer *m*; Entroster *m*; **décapeuse** F TRAVAUX PUBLICS Schrapper *m*

décapitation [dekapitasjɔ̃] F Enthauptung *f*

décapiter [dekapite] V/T 1 *personne* enthaupten; köpfen 2 *arbre* köpfen; kappen 3 *fig* führerlos machen; das Haupt ausschalten (**une bande** e-r Bande)

décapodes [dekapɔd] MPL ZOOL Zehnfußkrebse *mpl*; Zehnfüßer *mpl*; Dekapoden *mpl*

décapotable [dekapɔtabl] ADJ *voiture* mit zurückklappbarem Verdeck; **voiture** *f* **~** *ou subst* **~** *f* Kabriolett *n*; **décapoter** V/T das Verdeck zurückklappen (**une voiture** e-s Wagens)

décapsuler [dekapsyle] V/T *bouteille* öffnen; aufmachen; **décapsuleur** M Flaschenöffner *m*

décarcasser [dekaʀkase] V/PR *fam* **se ~** *fam* sich abrackern, sich abplacken, sich abstrampeln (**pour** *+inf* um zu *+inf*)

décasyllabe [dekasi(l)lab] M MÉTRIQUE zehnsilbiger Vers; Zehnsilb(n)er *m*; **décasyllabique** ADJ zehnsilbig

décathlon [dekatlɔ̃] M SPORTS Zehnkampf *m*

décathlonien [dekatlɔnjɛ̃] M SPORTS Zehnkämpfer *m*

décati [dekati] ADJ *personne* verblüht; gealtert; abgelebt; verlebt

décatir [dekatiʀ] A V/T TEXT dekatieren; krumpfen B V/PR **se ~** *fig personne* verblühen; altern

décavé [dekave] ADJ *fam* 1 *financièrement* ruiniert; *fam* pleite; blank 2 *physiquement* angegriffen; mitgenommen

décéder [desede] V/I ⟨-è-; être⟩ ADMIN, JUR (ver)sterben; *adjt* **décédé** verstorben

décelable [deslabl] ADJ nachweisbar; feststellbar; erkennbar

décèlement [desɛlmɑ̃] M Nachweis *m*; Feststellung *f*; Aufdeckung *f*

déceler [desle] V/T ⟨-è-⟩ 1 *traces, influence etc* nachweisen; feststellen; **~ un complot** ein Komplott aufdecken 2 *chose* **~ qc** etw erkennen lassen; auf etw *(acc)* schließen lassen; etw verraten

décélération [deseleʀasjɔ̃] F 1 PHYS, TECH Geschwindigkeitsabnahme *f*, -verringerung *f*;

d'un véhicule Bremsverzögerung *f* 2 *fig* Verlangsamung *f*

décembre [desɑ̃bʀ] M Dezember *m*

décemment [desamɑ̃] ADV 1 anständig; schicklich; geziemend; **s'exprimer ~** sich anständig *etc* ausdrücken 2 *(raisonnablement)* vernünftigerweise 3 annehmbar; **vivre ~** sein Auskommen haben

décence [desɑ̃s] F 1 *(bienséance)* Anstand *m*; Schicklichkeit *f*; **blesser, choquer la ~** den Anstand verletzen; **c'est contraire à la ~** das ist gegen den *ou* allen Anstand 2 *(tact)* Zurückhaltung *f*; Diskretion *f*; Takt *m*; **avoir la ~ de se taire** so taktvoll sein und schweigen

décennal [desenal] ADJ ⟨-aux⟩ a *durée* zehnjährig b *répétition* zehnjährlich

décennie [deseni] F Jahrzehnt *n*; Dezennium *n*

décent [desɑ̃] ADJ 1 *tenue, propos etc* (wohl)anständig; schicklich; geziemend; *personne* anständig; gesittet; untadelig 2 *conditions, salaire etc* annehmbar; akzeptabel; brauchbar

décentralisateur [desɑ̃tʀalizatœʀ] A ADJ ⟨-trice⟩ dezentralisierend; Dezentralisations... B M Anhänger *m* der Dezentralisation; **décentralisation** F Dezentralisation *f*; Dezentralisierung *f*

décentraliser [desɑ̃tʀalize] V/T dezentralisieren; *personnel* in die Provinz schicken; **~ l'administration** die Verwaltung dezentralisieren; **~ une entreprise** ein Unternehmen in die Provinz verlegen

décentrer [desɑ̃tʀe] V/T OPT, PHOT dezentrieren; exzentrisch verstellen

déception [desɛpsjõ] F Enttäuschung *f*; **causer une cruelle ~ à qn** j-m e-e bittere Enttäuschung bereiten

décernement [desɛʀnəmɑ̃] M Zuerkennung *f*; Verleihung *f*

décerner [desɛʀne] V/T 1 *récompense etc* zuerkennen; *fig* **~ la palme à qn** j-m den Sieg zuerkennen; **~ un prix à qn** j-m einen Preis zuerkennen, verleihen 2 JUR **~ un mandat d'arrêt** Haftbefehl erlassen

décès [desɛ] M ADMIN, JUR Ableben *n*; Tod *m*; Todesfall *m*; Sterbefall *m*; **acte** *m* **de ~** Sterbeurkunde *f*; **date** *f* **du ~** Sterbe-, Todesdatum *n*; **en cas de ~** im Todesfall; **assurance** *f* **(en cas de) ~** Todesfallversicherung *f*; *partic dans l'assurance sociale* Sterbegeldversicherung *f*; **fermé pour cause de ~** wegen Todesfall(s) geschlossen; *adjt* **capital** *m* **~** Sterbegeld *n*

décevant [des(ə)vɑ̃] ADJ enttäuschend

décevoir [des(ə)vwaʀ] V/T ⟨→ recevoir⟩ **~ qn** j-n enttäuschen; **cet élève, ce livre, cette ville m'a déçu** dieser Schüler, dieses Buch, diese Stadt hat mich enttäuscht; **~ l'attente, la confiance de qn** j-s Erwartung, Vertrauen enttäuschen

déchaîné [deʃene] ADJ 1 *éléments, passions* entfesselt; *mer, passions a.* aufgewühlt; **enthousiasme ~** stürmische Begeisterung 2 *personne* a außer Rand und Band; nicht zu bändigen b **~ contre** aufgebracht gegen; wütend auf *(+acc)*

déchaînement [deʃɛnmɑ̃] M *de la tempête* Losbrechen *n*; Toben *n*; Wüten *n*; *des passions etc* Entfesselung *f*; Ausbruch *m*; *des éléments* Aufruhr *m*

déchaîner [deʃene] A V/T *éléments, passions etc* entfesseln; *hilarité* hervorrufen; *colère* auslösen; entfachen; **~ l'opinion contre qn** die öffentliche Meinung gegen j-n aufbringen B V/PR **se ~** 1 *tempête* losbrechen; toben; wüten; ausbrechen; *passions etc* ausbrechen 2 *personne* toben, *fam* losziehen, loswettern (**contre** gegen)

déchanter [deʃɑ̃te] V/I zurückstecken; klein beigeben

décharge [deʃaʀʒ] F 1 ÉLEC Entladung *f*; **~ disruptive** Durchschlag *m*; **recevoir une ~ (électrique)** e-n elektrischen Schlag bekommen; sich elektrisieren 2 **~ publique** Müll-, Schuttabladeplatz *m*; Müllkippe *f*; Deponie *f* 3 *d'une arme à feu* Abfeuern *n*; Abschießen *n*; *(salve)* Schüsse *mpl*; Salve *f*; **~ de plombs** Ladung *f* Schrot; Schrotladung *f* 4 JUR Entlastung *f*; **témoin** *m* **à ~** Entlastungszeuge *m*; **à sa ~** zu s-r Entlastung 5 COMM Entlastung *f*; *(quittance)* Entlastungsbescheinigung *f*; Quittung *f* 6 ARCH **arc** *m* **de ~** Entlastungsbogen *m*

déchargement [deʃaʀʒ(ə)mɑ̃] M 1 *d'un véhicule, de marchandises* Entladen *n*, -ung *f*; Aus-, Abladen *n* 2 *d'une arme à feu* Entladen *n*

décharger [deʃaʀʒe] ⟨-geons⟩ A V/T 1 *véhicule, marchandise* entladen; ausladen; abladen; *personne* s-e Last abnehmen *(+dat)*; **~ les bagages de la voiture** das Gepäck aus dem Auto ausladen; **~ qn d'une valise** j-m e-n Koffer abnehmen 2 *arme à feu* a entladen b *(tirer)* abfeuern, abschießen (**sur** auf *+acc*) 3 *batterie etc* entladen 4 *fig* **~ qn (d'un travail)** j-n (in s-r Arbeit) entlasten; j-m Arbeit abnehmen; **~ qn de ses engagements** j-n von s-n Verpflichtungen entlasten 5 *fig* a *son cœur* erleichtern; *sa conscience* entlasten; erleichtern b *sa colère etc* **~ sur qn** an j-m auslassen 6 JUR entlasten 7 COMM **~ un bon de livraison** einen Lieferschein quittieren; **~ un compte** ein Konto entlasten B V/I *tissu* abfärben C V/PR 1 **se ~ d'un travail** *etc* **sur qn** e-e Arbeit *etc* an j-n abgeben 2 *batterie* **se ~** sich entladen

déchargeur [deʃaʀʒœʀ] M TECH Entladegerät *n*; Entlader *m*

décharné [deʃaʀne] ADJ *visage* abgezehrt; *membres* mager; dürr; *personne* (zum Skelett) abgemagert

déchaussé [deʃose] ADJ 1 ohne Schuhe; **être ~** keine Schuhe anhaben 2 *dent* mit bloß liegendem Zahnhals; freigelegt; *mur* mit bloß liegendem Fundament

déchaussement [deʃosmɑ̃] M 1 Bloß-, Freilegen *n*; *état* Bloß-, Freiliegen *n* (der Wurzeln *ou* der Fundamente) 2 MÉD Bloß-, Freiliegen *n* der Zahnhälse und Zahnwurzeln; *processus* Zurückgehen *n* des Zahnfleischs; Zahnbettschwund *m*

déchausser [deʃose] A V/T 1 **~ qn** j-m die Schuhe ausziehen; *par ext* **~ ses skis** s-e Skier abschnallen 2 bloß legen, freilegen (**un arbre** die Wurzeln e-s Baumes; **un mur** das Fundament e-r Mauer) B V/PR **se ~** 1 (sich [*dat*]) die Schuhe ausziehen 2 *dent* locker, lose werden

dèche [dɛʃ] F *fam* (Geld)Klemme *f*; *fam* **il est dans la ~** *fam* er ist in der Klemme; *fam* es geht ihm dreckig

déchéance [deʃeɑ̃s] F 1 Verfall *m*; Niedergang *m*; Zerrüttung *f*; **~ intellectuelle, physique** geistiger, körperlicher Verfall 2 JUR Verlust *m*; Verwirkung *f*; Aberkennung *f*; **~ de la puissance paternelle** Aberkennung, Verwirkung der elterlichen Gewalt 3 *d'un souverain* Absetzung *f*

déchet [deʃɛ] M 1 PL **~s** Abfälle *mpl*; Abfall *m*; **~s dangereux** Sondermüll *m*; **déchets électroniques** Elektronikschrott *m*; **~s nucléaires** Atommüll *m*; **~s organiques** Biomüll *m*; **~s radioactifs** radioaktive Abfälle; Atommüll *m*; **~s de bois** Holzabfälle *mpl*; Abfallholz *n*; **~s de viande** Fleischabfälle *mpl* 2 COMM Abgang *m*; Verlust *m*; Schwund *m*; **~ de route** Abgang *etc* beim Transport; **il y a beaucoup de ~** es geht viel dabei verloren 3 *fig* **un ~ de l'humanité** ein heruntergekommenes Subjekt

déchetterie [deʃɛtʀi] F Müllsammelstelle *f*

déchiffrable [deʃifʀabl] ADJ entzifferbar; **déchiffrage** M MUS Vom-Blatt-Spielen *n* *ou* Vom-Blatt-Singen *n*

déchiffrement [deʃifʀəmɑ̃] M Entzifferung *f*; Entschlüsselung *f*; Dechiffrierung *f*

déchiffrer [deʃifʀe] V/T 1 entziffern; *message secret* entschlüsseln; dechiffrieren; **~ une écriture, un texte** eine Schrift, einen Text entziffern 2 MUS *jouer* vom Blatt spielen; *chanter* vom Blatt singen 3 *fig* durchschauen; erraten; enträtseln

déchiquetage [deʃiktaʒ] M 1 Zerreißen *n*; Zerfetzen *n* 2 Auszacken *n*, -ung *f*

déchiqueter [deʃikte] V/T ⟨-tt-⟩ 1 in Stücke, Fetzen reißen; zerfetzen; zerstückeln; *fauve: proie* zerfleischen 2 *papier* auszacken; *adjt* **déchiqueté** *feuille, relief* gezackt; *côte* zerklüftet

déchiqueteur [deʃiktœʀ] M *ou* **déchiqueteuse** F TECH Zerkleinerer *m*

déchirant [deʃiʀɑ̃] ADJ *scène, adieux* herzzerreißend; **un cri ~** ein markerschütternder Schrei

déchiré [deʃiʀe] ADJ 1 zerrissen; *muscle* gerissen 2 *fig personne* **être ~** tiefen Schmerz empfinden 3 *fig pays etc* (innerlich) zerrissen; entzweit

déchirement [deʃiʀmɑ̃] M 1 Zerreißen *n* 2 *fig* tiefer (seelischer) Schmerz; **causer un ~ à qn** j-m das Herz zerreißen 3 *fig pl* **~s** (innere) Zerrissenheit; Zwietracht *f*

déchirer [deʃiʀe] A V/T 1 zerreißen; *plus fort* zerfetzen; *au bord* einreißen; **~ en deux** auseinanderreißen; entzwei-, durchreißen; **~ en morceaux** in Stücke reißen 2 *fig cri etc* **~ le silence** die Stille zerreißen; *bruit* **~ le tympan** das Trommelfell zerreißen; **~ le voile** die Wahrheit an den Tag bringen; den Schleier zerreißen 3 *fig* **~ (le cœur de) qn** j-m das Herz zerreißen; j-m e-n Riss geben 4 *conflit* **~ un peuple** ein Volk entzweien, spalten 5 *fig* **~ qn à belles dents** j-n schlechtmachen, herabsetzen, *fam* heruntermachen; kein gutes Haar, keinen guten Faden an j-m lassen B V/PR 1 **se ~** *robe, nuages etc* zerreißen; *corde, sachet, muscle* reißen; *couture* aufreißen; *au bord* einreißen; *au milieu* durchreißen; auseinanderreißen 2 **se ~ un muscle** sich *(dat)* e-n Muskelriss zuziehen

déchirure [deʃiʀyʀ] F Riss *m*; **~ musculaire** Muskelriss *m*

déchoir [deʃwaʀ] V/I ⟨*défect*: je déchois, il déchoit, nous déchoyons; je déchus; je déchoirai; que je déchoie; déchu; avoir *u.* être⟩ *socialement* (ab)sinken; *physiquement, mentalement* verfallen; **~ de son rang** s-n Rang einbüßen, verlieren; *st/s* s-s Ranges verlustig gehen; **ce serait ~ ...** es hieße tief sinken ...

déchristianisation [dekʀistjanizasjõ] F Entchristlichung *f*; **déchristianiser** V/T entchristlichen; dem Christentum entfremden

déchu [deʃy] PP → déchoir *et* ADJ 1 abgesunken; heruntergekommen; *st/s* s-s Ranges, s-r Stellung verlustig gegangen; *souverain* gestürzt; abgesetzt; entthront 2 **ange ~** gefallener Engel 3 **~ d'un droit** e-s Rechtes verlustig gegangen; **déclarer qn ~ d'un droit** j-m ein Recht aberkennen

de-ci [dəsi] LOC ADV **~ de-là** hier und da

décibel [desibɛl] M PHYS Dezibel *n*

décidé [deside] ADJ 1 *personne, attitude* entschlossen; *attitude a., ton* entschieden; (sehr) bestimmt; **être ~ à qc, à faire qc** (fest) entschlossen sein zu etw, etw zu tun; **~ à tout** zu allem entschlossen; **j'y suis ~** ich bin (fest) dazu entschlossen; **je suis ~ à ce qu'il parte** ich werde entschieden darauf hinarbeiten, dass er geht 2 *chose* entschieden; beschlossen

décidément [desidemɑ̃] ADV **1** (also) wirklich; wahrhaftig; wahrlich; **~, il n'a pas de chance!** (also) wirklich *ou* wahrhaftig, er hat doch gar kein Glück! **2** entschieden; **~ trop cher, vieux** *etc* entschieden zu teuer, alt *etc*

décider [deside] **A** V/T **1** **~ qc** etw beschließen; ADMIN, JUR *a.* etw verfügen; **~ de** (+*inf*) *ou* **que …** (+*fut*) beschließen zu (+*inf*) *ou* dass …; **~ l'envoi de secours** *ou* **d'envoyer des secours** die Entsendung von Hilfsmannschaften beschließen *ou* beschließen, Hilfsmannschaften zu entsenden; **sans rien ~** ohne e-n Beschluss zu fassen **2** **~ qn à qc** j-n zu etw bestimmen, veranlassen, bewegen, drängen; **~ qn à un voyage** j-n zu e-r Reise veranlassen; **~ qn à acheter** j-n zum Kauf bestimmen, veranlassen **B** V/T INDIR *personne, chose* **~ de qc** über etw (*acc*) entscheiden; etw bestimmen; *st/s*, ADMIN über etw (*acc*) befinden; **~ de la paix et de la guerre** über Krieg und Frieden entscheiden; **le sort en a décidé autrement** das Schicksal hat anders entschieden **C** V/I entscheiden; bestimmen; **c'est moi qui décide** hier entscheide, bestimme ich; **à vous de ~** die Entscheidung liegt bei Ihnen **D** V/PR **se ~** **1** sich entschließen (**à qc** zu etw; **à faire qc** etw zu tun); **décidez-vous!** entschließen Sie sich!; **se ~ à une opération** sich zu e-r Operation entschließen; **se ~ à partir** sich entschließen zu gehen; **être prompt à se ~** von schnellem Entschluss sein **2** *entre plusieurs possibilités* sich entscheiden (**pour** für) **3** *question, issue, avenir etc* sich entscheiden; **son avenir se décide aujourd'hui** heute entscheidet sich s-e Zukunft

décideur [desidœʀ] M Entscheidungsträger *m*

décigramme [desigʀam] M (ABR **dg**) Dezigramm *n* (*abr* dg)

décile [desil] M STATISTIQUE Dezil *n*; Zehntelwert *m*

décilitre [desilitʀ] M (ABR **dl**) Deziliter *m ou n* (*abr* dl)

décimal [desimal] ADJ ‹-aux› Dezimal…; Zehner…; dekadisch; **calcul ~** Dezimalrechnung *f*; **nombre ~** Dezimalzahl *f*; **numération ~e** Dezimal-, Zehnersystem *n*; dekadisches System; **système ~** metrisches System der Maße und Gewichte

décimale [desimal] F MATH Dezimale *f*; Dezimalstelle *f*

décimalisation [desimalizasjõ] F Dezimalisierung *f*; Umstellung *f* auf das Dezimalsystem

décimation [desimasjõ] F Dezimierung *f*

décime [desim] **1** F HIST Décime *f* (*Abgabe des Klerus an die Krone*) **2** M DROIT FISCAL zehnprozentiger Steuerzuschlag

décimer [desime] V/T dezimieren

décimètre [desimɛtʀ] M **1** (ABR **dm**) Dezimeter *m ou n* (*abr* dm) **2** **double ~** Lineal *n* von 20 cm Länge

décimétrique [desimetʀik] ADJ RAD **ondes** *fpl* **~s** Dezimeterwellen *fpl*

décisif [desizif] ADJ ‹-ive› entscheidend; ausschlaggebend; maßgeblich; maßgebend; **l'argument ~** das ausschlaggebende Argument; **bataille décisive** Entscheidungsschlacht *f*; **influence décisive** maßgeblicher Einfluss; **au moment ~** im entscheidenden Augenblick; **être ~** entscheidend sein; den Ausschlag geben

décision [desizjõ] F **1** *acte* Entscheidung *f*; *d'un comité a.* Beschlussfassung *f*; **la ~ appartient à …** die Entscheidung liegt bei …; **soumettre une question à la ~ de qn** j-m e-e Frage zur Entscheidung vorlegen **2** (*verdict*) Entscheidung *f*; *d'un comité a.* Beschluss *m*; ADMIN, JUR *a.* Entscheid *m*; ADMIN *a.* Bescheid *m*; **prendre une ~** e-e Entscheidung treffen; e-n Beschluss fassen; → *a.* 3 **3** (*résolution*) Entschluss *m*; **~ irrévocable** unwiderruflicher Entschluss; **forcer une ~** e-n Entschluss erzwingen; **prendre une ~** e-n Entschluss fassen **4** *qualité* Entschiedenheit *f*; Bestimmtheit *f*; Entschlossenheit *f*; **esprit** *m* **de ~** Entschlusskraft *f*; **agir avec ~** mit aller Entschiedenheit, entschlossen handeln

décisionnel [desizjɔnɛl] ADJ ‹~le› Entscheidungs…; **pouvoir ~** Entscheidungsbefugnis *f*; **processus ~** Entscheidungsprozess *m*, -findung *f*

déclamation [deklamasjõ] F Deklamation *f*; Deklamieren *n*; **déclamatoire** ADJ *péj* deklamatorisch; schwülstig; pathetisch

déclamer [deklame] V/T deklamieren (*a. péj*)

déclarable [deklaʀabl] ADJ *à la douane* zu verzollen(d); **revenu** *m* **~** anzugebendes Einkommen

déclaratif [deklaʀatif] ADJ ‹-ive› **1** JUR feststellend; deklaratorisch **2** GRAM **verbe ~** Verb *n* des Sagens und Denkens

déclaration [deklaʀasjõ] F **1** Erklärung *f*; Aussage *f*; Feststellung *f*; Deklaration *f*; **~ ministérielle** Regierungserklärung *f*; **~ à la presse** Presseerklärung *f*; **~ de guerre** Kriegserklärung *f*; **la Déclaration des droits de l'homme** die Erklärung der Menschenrechte; **~ d'intention** Absichtserklärung *f*; **~ de principe** Grundsatzerklärung *f*; **sur la ~ de deux témoins** auf die Aussage zweier Zeugen hin; **faire une ~** e-e Erklärung abgeben **2** **~ (d'amour)** Liebeserklärung *f*; **faire sa ~ à qn** j-m e-e Liebeserklärung machen **3** ADMIN Anmeldung *f*; Angabe *f*; Anzeige *f*; Erklärung *f*; Deklaration *f*; **~ d'état civil** Erklärung vor dem, Anmeldung beim Standesamt; **~ d'impôts** Steuererklärung *f*; **~ de naissance** Anmeldung e-r Geburt beim Standesamt; **~ de perte** Verlustanzeige *f*; **~ de (la) valeur** Wertangabe *f*; **~ en douane** Zollerklärung *f*, -anmeldung *f*, -deklaration *f*

déclaré [deklaʀe] ADJ **1** *ennemi* erklärt; **être l'ennemi ~ de qn, de qc** ein erklärter Gegner j-s, e-r Sache sein **2** *colis etc* **avec valeur ~e** mit Wertangabe; Wert…

déclarer [deklaʀe] **A** V/T **1** erklären; **~ son amour** s-e Liebe erklären; **~ la guerre** → guerre; **~ ses intentions** s-e Absichten aussprechen, äußern, bekannt geben; **~ que …** erklären, dass …; **~ qn coupable** j-n für schuldig erklären; j-n schuldig sprechen; **~ la séance ouverte** die Sitzung für eröffnet erklären **2** ADMIN (an)melden; angeben; anzeigen; COMM *a.* deklarieren; *marchandises à la douane* verzollen; **~ un décès, une naissance** e-n Todesfall, e-e Geburt anmelden; **~ un employé à la Sécurité sociale** e-n Angestellten bei der Sozialversicherung anmelden; **avez-vous qc à ~?** haben Sie etwas zu verzollen?; **~ ses revenus** s-e Einkünfte (dem Finanzamt) angeben **B** V/PR **se ~** **1** *personne* sich äußern, Stellung nehmen (**sur un point** zu e-m Punkt); **se ~ contre, pour qn, qc** sich gegen, für j-n, etw erklären; **se ~ lésé** *etc* sich für benachteiligt *etc* erklären **2** *amoureux* sich erklären; s-e Liebe erklären **3** *incendie, maladie* ausbrechen; *maladie a.* zum Ausbruch kommen

déclassé [deklase] **A** ADJ deklassiert; abgesunken; zurückgesetzt **B** M Deklassierte(r) *m*

déclassement [deklasmɑ̃] M **1** Deklassierung *f*; Zurücksetzung *f*; Schlechterstellung *f* **2** *de personnel, d'hôtel etc* niedrigere Einstufung; Zurückstufung *f*

déclasser [deklase] **A** V/T **1** deklassieren; sozial erniedrigen, zurück-, herabsetzen **2** *personnel, hôtel* niedriger einstufen; zurück-, herabstufen; *fonctionnaire*, SPORTS zurückversetzen **3** *objets classés* in Unordnung bringen **B** V/PR **se ~** sich deklassieren; sich sozial erniedrigen, herabsetzen

déclenchement [deklɑ̃ʃmɑ̃] M **1** TECH Auslösen *n*, -ung *f* **2** *d'une crise etc* Auslösung *f*

déclencher [deklɑ̃ʃe] **A** V/T **1** TECH auslösen **2** *crise, évolution etc* auslösen; in Gang bringen **B** V/PR **se ~** ausgelöst werden; in Gang kommen; *crise, guerre* ausbrechen

déclencheur [deklɑ̃ʃœʀ] M TECH, PHOT Auslöser *m*; PHOT **~ automatique** Selbstauslöser *m*

déclic [deklik] M **1** TECH Auslöse-, Ausklinkvorrichtung *f*, -knopf *m* **2** *bruit* Klicken *n*; *fig* **il y a eu un ~** *fam* da machte es klick

déclin [deklɛ̃] M **1** *d'une civilisation* Niedergang *m*; *des forces, de la popularité* Schwinden *n*; Nachlassen *n*; *des forces a.* Abnehmen *n*; Verfall *m*; **être sur son ~** im Niedergang begriffen sein **2** *st/s* **~ du jour** Abenddämmerung *f*; **le ~ de la vie** der Lebensabend

déclinable [deklinabl] ADJ GRAM deklinierbar; deklinabel; beugbar; **déclinaison** F **1** GRAM Deklination *f* **2** ASTRON, PHYS Deklination *f*; **déclinant** ADJ *gloire, forces* schwindend; nachlassend

décliner [dekline] **A** V/T **1** ablehnen; **~ une offre, une invitation** ein Angebot, eine Einladung ablehnen; **~ toute responsabilité** jede Verantwortung ablehnen; ADMIN keine Haftung übernehmen **2** *identité* angeben; **~ ses nom, prénom, titres et qualités** s-e Personalien angeben; Angaben zur Person machen **3** GRAM deklinieren; beugen; abwandeln **B** V/I *forces* nachlassen; abnehmen; schwinden; verfallen; *personne* schwächer werden; verfallen; *popularité* sinken; schwinden; *st/s jour* sich neigen **C** V/PR GRAM **se ~** dekliniert werden (können)

déclivité [deklivite] F Neigung *f*; Gefälle *n*

décloisonnement [deklwazɔnmɑ̃] M Abbau *m* von Trennendem; **décloisonner** V/T das Trennende zwischen (+*dat*) abbauen

déclouer [deklue] V/T *planche* los-, abmachen, *caisse* aufmachen (durch Ausziehen der Nägel)

décocher [dekɔʃe] V/T **1** *flèche* abschießen; abschnellen **2** *fig remarque* fallen lassen; **~ un regard à qn** j-m einen Blick zuwerfen

décoction [dekɔksjõ] F Absud *m*; PHARM Dekokt *n*

décodage [dekɔdaʒ] M Dekodieren *n*, -ung *f*; **décoder** V/T INFORM dekodieren; *par ext* entschlüsseln; entziffern; **décodeur** M INFORM, TV Decoder *m*

décoffrage [dekɔfʀaʒ] M CONSTR Ausschalen *n*, -ung *f*; **décoffrer** V/T CONSTR ausschalen

décoiffer [dekwafe] **A** V/T **1** **~ qn** j-s Frisur, Haare in Unordnung bringen; j-s Haare zerzausen; **être décoiffé** zerzaust sein; zerzaustes Haar haben **2** *fam fig* **ça décoiffe** *fam* das ist ne Wucht **B** V/PR **se ~** s-e Frisur, s-e Haare in Unordnung bringen

décoincer [dekwɛ̃se] V/T ‹-ç-› **1** losmachen; frei machen; die Verklemmung beseitigen (+*gén*) **2** *fam fig* **~ qn** j-n lockerer, ungezwungener werden lassen

décolérer [dekɔleʀe] V/I ‹-è-› **il ne décolère pas** sein Zorn verraucht nicht; er ist immer noch wütend

décollage [dekɔlaʒ] M **1** AVIAT Start *m*; Abheben *n*; **~ vertical** Senkrechtstart *m*; **piste** *f* **de ~** Startbahn *f*; **au ~** beim Start **2** ÉCON Aufschwung *m*

décollé [dekɔle] ADJ **oreilles ~es** abstehende Ohren *npl*

décollement [dekɔlmɑ̃] M Ablösung *f*; MÉD

D

D

~ **de la rétine** Netzhautablösung *f*
décoller [dekɔle] **A** VT ablösen; abmachen; ~ **une enveloppe** einen Umschlag aufmachen, öffnen; ~ **un timbre** eine Briefmarke ablösen, abmachen **B** VI **1** *avion* starten; abheben **2** *fam* **ne pas ~ (d'ici, d'un endroit)** nicht von der Stelle weichen; **pas moyen de le faire ~** es ist unmöglich, ihn loszuwerden **3** CYCLISME sich lösen (**du peloton** vom Feld) **4** ÉCON e-n Aufschwung nehmen **5** *fam (maigrir)* abmagern; *fam* vom Fleisch fallen **C** VPR **se ~** *affiche etc* sich ablösen; abgehen; *enveloppe* aufgehen; *meuble, livre fam* aus dem Leim gehen
décolleté [dekɔlte] **A** ADJ *robe* (tief) ausgeschnitten; mit e-m Dekolletee; *femme* dekolletiert; **très ~e** tief dekolletiert **B** M Dekolletee *n*; (tiefer) Ausschnitt; ~ **profond** tiefes Dekolletee; ~ **dans le dos** Rückenausschnitt *m*; *femme* **avoir un beau ~** ein gutes Dekolletee haben; **être en grand ~** in großem Dekolletee erscheinen
décolleter [dekɔlte] ‹-tt-› VT **1** COUT dekolletieren; *robe a.* mit e-m Dekolletee versehen; tief ausschneiden **2** TECH abstechen; *par ext* auf dem Drehautomaten bearbeiten
décolonisation [dekɔlɔnizasjõ] F Entkolonialisierung *f*; **décoloniser** VT entkolonialisieren
décolorant [dekɔlɔʀɑ̃] **A** ADJ bleichend; Bleich… **B** M Bleichmittel *n*
décoloration [dekɔlɔʀasjõ] F Bleichen *n*; TECH *a.* Entfärben *n*; **se faire faire une ~** sich *(dat)* das Haar bleichen lassen
décoloré [dekɔlɔʀe] ADJ **a** *cheveux* gebleicht; *femme* **être ~e** gebleichtes Haar haben **b** *tissu* ausgeblichen; verblichen; verschossen; verblasst **c** *lèvres* farblos; blutleer
décolorer [dekɔlɔʀe] **A** VT bleichen; TECH *a.* entfärben; **se faire ~** sich *(dat)* das Haar bleichen lassen **B** VPR **1** *femmes* **se ~ (les cheveux)** sich *(dat)* das Haar bleichen **2** **se ~** *cheveux* bleichen; *tissu* (aus-, ver)bleichen; verschießen; verblassen
décombres [dekõbʀ] MPL Trümmer *pl*; Schutt *m*
décommander [dekɔmɑ̃de] **A** VT *marchandises* abbestellen; *invités* absagen (**qn** j-m); ausladen; ~ **une invitation** eine Einladung absagen **B** VPR **se ~** absagen
décompactage [dekõpaktaʒ] M INFORM Dekomprimierung *f*; **décompacter** VT INFORM dekomprimieren
décomplexé [dekõplɛkse] ADJ frei von Komplexen; **être ~** keine Komplexe haben; **décomplexer** VT ~ **qn** j-n von s-n Komplexen befreien
décomposable [dekõpozabl] ADJ zerlegbar
décomposer [dekõpoze] **A** VT **1** (in s-e Bestandteile) zerlegen; MATH ~ **un nombre en facteurs premiers** e-e Zahl in Primfaktoren zerlegen; GRAM ~ **une phrase** e-n Satz zerlegen **2** *visage* entstellen; verzerren; *adjt personne* **décomposé** bleich und mitgenommen aussehend **B** VPR **se ~** **1** *substance organique* sich zersetzen; verwesen **2** *visage* sich entstellen; sich verzerren
décomposition [dekõpozisjõ] F **1** Zerlegung *f* (**en** in *+acc*) **2** *de substance organique* Zersetzung *f*; Verwesung *f*; **en ~** in Verwesung befindlich, übergegangen
décompresser [dekõpʀese] **A** VT INFORM dekomprimieren; entpacken **B** VI *fam* den Stress, den inneren Druck loswerden; relaxen;
décompression F **1** TECH, PHYSIOL Dekompression *f*; Druckabfall *m*; Druckverminderung *f* **2** INFORM Dekomprimierung *f*
décomprimer [dekõpʀime] VT INFORM dekomprimieren
décompte [dekõt] M **1** *(déduction)* Abzug *m*; **faire le ~ de qc** etw in Abzug bringen; etw abrechnen **2** *d'un total* Abrechnung *f*; Aufschlüsselung *f*
décompter [dekõte] VT abziehen; abrechnen
déconcentration [dekõsɑ̃tʀasjõ] F ADMIN Dekonzentration *f*; **déconcentrer** VT **1** ADMIN dekonzentrieren **2** ~ **qn** j-s Konzentration stören
déconcertant [dekõsɛʀtɑ̃] ADJ verwirrend; beunruhigend; **il est ~** bei ihm weiß man nicht, woran man ist
déconcerté [dekõsɛʀte] ADJ verwirrt; verunsichert; außer Fassung
déconcerter [dekõsɛʀte] VT ~ **qn** j-n verwirren, verwirrt machen, durcheinanderbringen, verunsichern, ratlos machen, irritieren; j-n aus der Fassung bringen
déconfit [dekõfi] ADJ *mine, personne* betreten; enttäuscht
déconfiture [dekõfityʀ] F Scheitern *n*; Misserfolg *m*; Zusammenbruch *m*; Ruin *m*; *fam* Pleite *f*; **être en ~** pleite sein; **tomber en ~** pleitegehen
décongélation [dekõʒelasjõ] F (Wieder)-Auftauen *n*
décongeler [dekõʒle] VT ‹-è-› (wieder) auftauen
décongestion [dekõʒɛstjõ] F (Verkehrs)Entlastung *f*
décongestionner [dekõʒɛstjɔne] VT **1** PHYSIOL den Blutandrang herabmindern (**un organe** in e-m Organ) **2** *fig route* entlasten; *circulation a.* verdünnen
déconnecter [dekɔnɛkte] **A** VT **1** TECH trennen; unterbrechen; ÉLEC *a.* abschalten; abklemmen **2** *par ext* trennen (**de** von) **B** VPR INFORM **se ~** (sich) ausloggen
déconner [dekɔne] *fam* VI **a** *(dire des bêtises)* *fam* Mist, Stuss, Käse reden, quatschen **b** *(faire des bêtises) fam* Mist machen; *pop* Scheiße bauen **c** *appareil fam* spinnen
déconnexion [dekɔnɛksjõ] F TECH Trennung *f*; Unterbrechung *f*; ÉLEC *a.* Abschaltung *f*
déconseiller [dekõseje] VT ~ **qc à qn** j-m von etw abraten; ~ **à qn de faire qc** j-m davon abraten, etw zu tun; **il me l'a déconseillé** er hat mir davon abgeraten; **c'est déconseillé** davon ist abzuraten; das ist nicht ratsam
déconsidération [dekõsideʀasjõ] *st/s* F Verruf *m*; Misskredit *m*
déconsidérer [dekõsideʀe] ‹-è-› **A** VT in Verruf, Misskredit bringen **B** VPR **se ~** sich in Verruf bringen; in Verruf kommen
décontamination [dekõtaminasjõ] F NUCL Dekontamination *f*; Entseuchung *f*; Entgiftung *f*; **décontaminer** VT NUCL dekontaminieren; entseuchen; entgiften
décontenancer [dekõtnɑ̃se] ‹-ç-› **A** VT ~ **qn** j-n aus der, außer Fassung bringen; **se laisser ~** sich aus der Fassung bringen lassen; *adjt* **être tout décontenancé** ganz außer Fassung sein; fassungslos sein **B** VPR **se ~** die Fassung verlieren
décontracté [dekõtʀakte] ADJ **1** *muscle etc* entspannt **2** *fig personne* locker; unbekümmert; selbstsicher; *péj* ohne Hemmungen; lässig; *fête, tenue* zwanglos; **décontracter** VPR **se ~** sich entspannen
décontraction [dekõtʀaksjõ] F Unbekümmertheit *f*; Zwanglosigkeit *f*; *péj* Lässigkeit *f*
déconvenue [dekõvny] F Enttäuschung *f*
décor [dekɔʀ] M **1** Ausstattung *f*; Schmuck *m*; Zierrat *m*; Dekor *m ou n* **2** PL **~s** THÉ Bühnenbild *n*; (Bühnen)Ausstattung *f*; Bühnendekoration *f*; Kulisse(n) *f(pl)*; Szenerie *f*; CINÉMA Bauten *mpl* **3** *fig* Umgebung *f*; Rahmen *m*; Hintergrund *m*; Szenerie *f*; *fam voiture* **rentrer dans le(s) ~(s)** von der Fahrbahn abkommen; *fam* im Graben landen
décorateur [dekɔʀatœʀ] M, **décoratrice** F **1** Dekorateur(in) *m(f)*; Raumausstatter(in) *m(f)*; *adjt*: **peintre décorateur** Dekorationsmaler *m*; **tapissier ~** Tapezierer *m* **2** THÉ Bühnenbildner(in) *m(f)*
décoratif [dekɔʀatif] ADJ ‹-ive› **1** schmückend; der Ausschmückung, Dekoration dienend; **arts décoratifs** Kunstgewerbe *n* **2** *(qui décore bien)* dekorativ; *personne* etwas darstellend; repräsentabel
décoration [dekɔʀasjõ] F **1** Ausschmückung *f*; Verzierung *f*; Dekoration *f*; Ausstattung *f*; Schmuck *m*; Zierrat *m*; ~ **intérieure** Innenausstattung *f*, -architektur *f*; Raumkunst *f* **2** *(insigne)* Auszeichnung *f*; Orden *m*; Ehrenzeichen *n*; **remise** *f* **de ~s** Verleihung *f* von Auszeichnungen; **couvert de ~s** ordengeschmückt
décoré [dekɔʀe] **A** ADJ *personne* (mit e-m Orden) ausgezeichnet, dekoriert **B** SUBST **~(e)** *m(f)* Ordensträger(in) *m(f)*
décorer [dekɔʀe] VT **1** **a** (aus)schmücken, verzieren, *vitrine* dekorieren, *appartement* ausstatten (**de qc** mit etw) **b** *objet* ~ **qc** etw zieren, schmücken **2** auszeichnen, dekorieren (**d'une médaille** mit e-r Medaille); ~ **qn** *a.* j-m e-e Auszeichnung verleihen; ~ **qn de qc** *a.* j-m etw verleihen
décorner [dekɔʀne] VT LOC **il fait un vent à ~ les bœufs** es stürmt fürchterlich
décorticage [dekɔʀtikaʒ] M *du riz etc* Schälen *n*; Enthülsen *n*; *d'un arbre* Entrinden *n*; (Ab)Schälen *n*
décortiquer [dekɔʀtike] VT **1** *graine, riz etc* schälen; enthülsen; ~ **un arbre** einen Baum entrinden, (ab)schälen **2** *fig* ~ **un texte** einen Text zerpflücken
décorum [dekɔʀɔm] M Etikette *f*; Zeremoniell *n*; Dekorum *n*; Schicklichkeit *f*
décote [dekɔt] F FIN (Kurs)Abschlag *m*; IMPÔTS (Steuer)Herabsetzung *f*, (-)Ermäßigung *f*
découcher [dekuʃe] VI auswärts, nicht zu Hause schlafen
découdre [dekudʀ] ‹→ coudre› **A** VT COUT auftrennen; *doublure* heraustrennen; ~ **un bouton** einen Knopf abtrennen **B** VI *fig* **en ~** sich schlagen; kämpfen **C** VPR **se ~** *couture* aufgehen; aufplatzen; *bouton* abgehen
découler [dekule] VI ~ **de** herkommen, herrühren von; sich ab-, herleiten (lassen) aus, von; sich ergeben aus
découpage [dekupaʒ] M **1** Zerschneiden *n*; *de volailles* Tranchieren *n*; Zerlegen *n*; *de viande, de gâteau* Aufschneiden *n* **2** **~s** *pl* Ausschneidebilder *npl*; **faire des ~s** Bilder ausschneiden **3** TECH (Zu-, Aus)Schneiden *n* **4** ADMIN ~ **électoral** Wahlkreiseinteilung *f* **5** CINÉMA (kurbelfertiges) Drehbuch; Aufnahmeplan *m*
découpe [dekup] F COUT Passe *f*; Einsatz *m*
découpé [dekupe] ADJ ausgeschnitten; BOT *feuille* gesägt; gezähnt; *côte* zerklüftet
découper [dekupe] **A** VT **1** (in Stücke) schneiden; zerschneiden; zerlegen; *rôti, gâteau* aufschneiden; *volaille* tranchieren; zerlegen **2** ausschneiden (**dans** aus); TECH *a.* (zu)schneiden; ~ **à la scie** aussägen; ~ **une photo dans le journal** ein Bild aus der Zeitung ausschneiden **B** VPR **se ~ sur** sich abheben von, gegen; abstechen von; sich abzeichnen gegen
découplage [dekuplaʒ] M ÉLEC Entkopp(e)lung *f*
découplé [dekuple] ADJ *homme* **bien ~** gut

gebaut

découpler [dekuple] VT TECH entkoppeln

découpures [dekupyʀ] FPL gezackter Rand

décourageant [dekuʀaʒɑ̃] ADJ **A** entmutigend; lähmend; deprimierend **B** **tu es ~** du nimmst mir allen Mut, Schwung

découragement [dekuʀaʒmɑ̃] M Mutlosigkeit *f*; Niedergeschlagenheit *f*; **se laisser aller au ~** sich e-r depressiven Stimmung hingeben

décourager [dekuʀaʒe] ⟨-geons⟩ **A** VT **~ qn** j-n entmutigen; j-m den Mut, die Lust nehmen (**de qc** zu etw; **de faire qc** etw zu tun); j-n abbringen (**de qc** von etw; **de faire qc** etw zu tun); j-n abschrecken; *par ext:* **~ la bonne volonté** den guten Willen lähmen; ♦ *adjt* **être découragé** entmutigt, mutlos, niedergeschlagen sein; keinen Mut mehr haben **B** V/PR **se ~** den Mut verlieren; den Mut sinken lassen; mutlos werden; **ne te décourage pas si vite!** gib nicht so schnell auf!; *fam* Kopf hoch!

décousu [dekuzy] **A** ADJ **1** COUT aufgetrennt; aufgeplatzt **2** *fig* unzusammenhängend; zusammenhang(s)los; abgerissen; wirr; konfus **B** M Zusammenhang(s)losigkeit *f*

découvert [dekuvɛʀ] **A** ADJ **1** unbedeckt; bloß; *terrain* frei; offen; *véhicule* offen **2** *fig* **à visage ~** offen; ohne Verstellung; **combattre, se montrer à visage ~** mit offenem Visier, ehrlich, fair kämpfen **B** LOC ADJ *et* LOC ADV **à ~** **1** ungedeckt; ungeschützt; offen; MIL ohne Deckung **2** *fig* offen; unverhohlen **3** FIN ungedeckt; ohne Deckung; Blanko ...; *compte* überzogen; **mettre à ~** überziehen **C** M COMM Defizit *n*; Fehlbetrag *m*; ungedeckter Betrag; *d'un compte* Überziehung *f*; **~ de caisse** Kassendefizit *n*, -fehlbetrag *m*, -manko *n*; **combler un ~** ein Defizit ausgleichen

découverte [dekuvɛʀt] F Endeckung *f*; *d'un complot* Aufdeckung *f*; **les ~s scientifiques** die wissenschaftlichen Entdeckungen, Errungenschaften *fpl*; **la ~ de l'Amérique** die Entdeckung Amerikas; **la ~ de la radioactivité** die Entdeckung der Radioaktivität; **aller, partir à la ~** auf Entdeckungs-, Erkundungsreise gehen (*a. fig*); *fig* **aller à la ~ de qc** sich nach etw umsehen; nach etw Ausschau halten

découvreur [dekuvʀœʀ] M, **découvreuse** F Entdecker(in) *m(f)*

découvrir [dekuvʀiʀ] ⟨→ couvrir⟩ **A** VT **1** *panier* aufdecken; öffnen; *épaules* entblößen; **~ un enfant** ein Kind aufdecken **2** (*trouver*) entdecken; auffinden; herausfinden; ausfindig machen; **~ la cause de qc** den Grund, die Ursache von etw erkennen, herausfinden; **~ un complot** ein Komplott aufdecken; **~ un trésor** e-n Schatz entdecken; **~ un virus** ein Virus entdecken; **~ un visage dans la foule** ein Gesicht in der Menge entdecken, erblicken; *malfaiteur* **craindre d'être découvert** fürchten, entdeckt zu werden **3** *intention* offenbaren; enthüllen; verraten; *fig* **~ son jeu** s-e Karten aufdecken, (offen) auf den Tisch legen **4** MIL, ÉCHECS die Deckung abziehen (**qc** von etw); ungedeckt lassen **B** V/PR **se ~** **1** den Hut abnehmen, ziehen **2** *en dormant* sich aufdecken, entblößen **3** MIL die Deckung verlassen; BOXE, ESCRIME sich (*dat*) e-e Blöße geben **4** **le ciel se découvre** es klart auf

décrassage [dekʀasaʒ] M *ou* **décrassement** M Reinigung *f*; Säuberung *f*; TECH Entschlackung *f*

décrasser [dekʀase] **A** VT **1** reinigen; säubern; vom groben Schmutz befreien **2** *fig* **~ qn** j-m Manieren *ou* Bildung *ou* das Nötigste beibringen; j-m Schliff geben **B** V/PR *fig* **se ~** bessere Manieren annehmen

décrêper [dekʀepe] VT *cheveux* entkräuseln

décrépir [dekʀepiʀ] **A** VT (den) Putz entfernen, abschlagen, abkratzen (**qc** von etw) **B** V/PR **le mur s'est décrépi** von der Mauer ist der Putz abgefallen

décrépit [dekʀepi] ADJ altersschwach; gebrechlich; hinfällig

décrépitude [dekʀepityd] F völliger Verfall

decrescendo [dekʀeʃɛndo] MUS **A** ADV decrescendo **B** M Decrescendo *ou* Dekrescendo *n*

décret [dekʀɛ] M Verordnung *f*; Erlass *m*; Dekret *n*; **~ (d'application)** Ausführungsbestimmung *f*, -verordnung *f*; Durchführungsbestimmung *f*

décréter [dekʀete] VT ⟨-è-⟩ **1** anordnen; verfügen; dekretieren; verordnen; *blocus* verhängen **2** (*décider*) bestimmen; mit Bestimmtheit erklären

décret-loi [dekʀɛlwa] M ⟨*pl* décrets-lois⟩ JUR Verordnung *f* mit Gesetzeskraft

décrier [dekʀije] *litt* VT in Verruf bringen; verunglimpfen; **être décrié** in Verruf stehen; verschrie(e)n sein

décrire [dekʀiʀ] VT ⟨→ écrire⟩ **1** beschreiben; schildern; **~ un événement** ein Ereignis schildern, darstellen; **~ ses impressions** s-e Eindrücke beschreiben, schildern, wiedergeben **2** MATH beschreiben; *oiseau, avion* **~ des cercles** kreisen; Kreise beschreiben, ziehen; **~ une courbe** *route* e-e Kurve machen; *avion* e-e Kurve ziehen

décrispation [dekʀispasjõ] F *fig* Entkrampfung *f*; **décrisper** VT *fig* entkrampfen

décrochage [dekʀɔʃaʒ] M **1** *de rideaux etc* Abnehmen *n*; TECH Los-, Aushaken *n*; *d'un wagon* Abhängen *n*; Abkuppeln *n* **2** MIL Absetzbewegung *f*

décroche [dekʀɔʃ] F *fam d'une drogue* Entwöhnung *f*

décrochement [dekʀɔʃmɑ̃] M *d'un mur* zurückversetzter Teil

décrocher [dekʀɔʃe] **A** VT **1** *vêtement etc* vom Haken nehmen; *rideaux etc* abnehmen; TECH los-, aushaken; *remorque* abhängen; abkuppeln; TÉL (den Hörer) abnehmen, abheben **2** *fam fig prix etc* erlangen; erringen; *fam* sich (*dat*) holen; *place fam* ergattern; sich (*dat*) angeln **B** VI **1** MIL sich absetzen **2** *fam fig dans un travail etc* aufhören; aufgeben; nicht durchhalten; *fam* aufstecken

décrochez-moi-ça [dekʀɔʃemwasa] *plais* M ⟨*inv*⟩ Trödelladen *m*

décroiser [dekʀwaze] VT *jambes* nebeneinanderstellen; *bras* aus der Verschränkung lösen; wieder fallen lassen

décroissance [dekʀwasɑ̃s] F Abnahme *f*; Abnehmen *n*; Rückgang *m*; Nachlassen *n*; **décroissant** ADJ abnehmend; *tendance a.* rückläufig; *taux* degressiv; **décroissement** M Abnehmen *n* (*a. der Tage, des Mondes*)

décroît [dekʀwa, -kʀwɑ] M ASTRON Abnehmen *n* des Mondes

décroître [dekʀwatʀ] VI ⟨→ accroître⟩ abnehmen; *eaux* zurückgehen; fallen; *forces, bruit a.* nachlassen; schwächer werden; schwinden; *jours a.* kürzer werden

décrottage [dekʀɔtaʒ] M *des chaussures etc* Reinigen *n*; Säubern *n*; Abkratzen *n*; **décrotter** VT *chaussures etc* reinigen; von grobem Schmutz säubern; den Schmutz abkratzen (**qc** von etw); **décrottoir** M Kratzeisen *n*

décrue [dekʀy] F *d'un fleuve et fig* Rückgang *m* (des Hochwassers)

décrypter [dekʀipte] VT entziffern; entschlüsseln

déçu [desy] PP → décevoir *et* ADJ enttäuscht (de von)

déculotter [dekylɔte] VT (*et* V/PR **se ~**) (sich [*dat*]) die Hose(n) ausziehen (**qn** j-m)

déculpabiliser [dekylpabilize] VT **~ qn** j-m das Schuldgefühl nehmen

décuple [dekypl] **A** ADJ zehnfach **B** SUBST **le ~** das Zehnfache; **le ~ de la somme** die zehnfache Summe

décuplement [dekypləmɑ̃] M Verzehnfachung *f*

décupler [dekyple] **A** VT verzehnfachen **B** VI sich verzehnfachen; auf das Zehnfache steigen

dédaignable [dedɛɲabl] ADJ **ne pas être ~** nicht zu verachten sein

dédaigner [dedeɲe] VT **1** verachten; gering schätzen; verschmähen; **~ les menaces de qn** j-s Drohungen nicht beachten **2** **~ de** (*+inf*) es nicht der Mühe wert halten zu (*+inf*); es für unter s-r Würde halten zu (*+inf*)

dédaigneusement [dedɛɲøzmɑ̃] ADV herablassend; geringschätzig; verächtlich; **traiter ~ qn** j-n von oben herab behandeln

dédaigneux [dedɛɲø] ADJ ⟨-euse⟩ *air, réponse etc* herablassend; verächtlich; geringschätzig; *subst* **faire le ~** verächtlich, erhaben tun; die Nase rümpfen

dédain [dedɛ̃] M Verachtung *f*, Geringschätzung *f* (**pour, de** für, gegenüber); **répondre avec ~** von oben herab antworten

dédale [dedal] M **1** Labyrinth *n*; Irrgarten *m*; Gewirr *n*; **un ~ de ruelles** ein Gewirr von Gässchen **2** *fig* Wirrwarr *m*; Durcheinander *n*

Dédale [dedal] M MYTH Dädalus *m*

dedans [d(ə)dɑ̃] **A** ADV **1** darin; *fam* drin; *dans un lieu* drinnen; *avec mouvement* hinein *ou* herein; *fam* rein; **être ~** darin, *fam* drin sein; **jeter ~** hinein-, *fam* reinwerfen; *fam fig* **mettre, foutre, fiche(r) qn ~** j-n betrügen, *fam* reinlegen; *fam fig* **se mettre, se foutre, se fiche(r) ~** sich gewaltig täuschen, irren; *fam* reinfallen; **une voiture m'est rentrée ~** *fam* ein Auto ist mir reingefahren; *fig* **il va lui rentrer ~** er wird gleich auf ihn losgehen **2** LOC ADV **de ~** von drinnen; von innen; **en ~** nach innen; **marcher les pieds en ~** mit einwärtsgerichteten Füßen gehen; **plier en ~** nach innen falten, (um)biegen **B** LOC PRÉP *litt* **en ~ de** innerhalb von (*ou +gén*); in (*+dat*) **C** M Innere(s) *n*

dédicace [dedikas] F **1** Widmung *f*; Zueignung *f* **2** REL Einweihung *f*; Weihe *f*; **dédicacer** VT ⟨-ç-⟩ *livre* mit e-r Widmung versehen; widmen (**à qn** j-m)

dédicataire [dedikatɛʀ] M/F Person, der etw gewidmet ist

dédier [dedje] VT **1** *église etc* **~ à qn** j-m weihen **2** *œuvre etc* **~ à qn** j-m widmen

dédire [dediʀ] ⟨→ dire, *aber* vous dédisez⟩ V/PR **se ~** sein Wort, das Gesagte zurücknehmen; **se ~ (d'une invitation)** (e-e Einladung) absagen; **se ~ de** *promesse* nicht einhalten, erfüllen; *affirmation* widerrufen

dédit [dedi] M JUR **1** Abstandsgeld *n*; Konventionalstrafe *f*; Reugeld *n* **2** *par ext* **en cas de ~** im Falle des Rücktritts

dédommagement [dedɔmaʒmɑ̃] M Entschädigung *f*; Ersatzleistung *f*; **en ~ de** als Entschädigung für; **à titre de ~** als Entschädigung

dédommager [dedɔmaʒe] ⟨-geons⟩ **A** VT entschädigen (**qn de qc** j-n für etw) **B** V/PR **se ~** sich schadlos halten (**de** für)

dédouanement [dedwanmɑ̃] M Verzollung *f*; zollamtliche Abfertigung; **dédouaner** VT **1** verzollen; zollamtlich abfertigen **2** *fig* **~ qn** j-n rein-, weißwaschen

dédoublage [dedublaʒ] M *de l'alcool* Verdünnen *n* (mit Wasser)

dédoublement [dedubləmɑ̃] M **1** Zweiteilung *f*; Halbierung *f*; **~ d'une classe** Teilung *f* e-r Klasse 2 PSYCH ~ **de la personnalité** Persönlichkeitsspaltung *f*; Doppel-Ich *n*

dédoubler [deduble] A V/T halbieren; teilen; ~ **un groupe** e-e Gruppe teilen; ~ **un train** e-n Entlastungszug einsetzen B V/PR PSYCH **se** ~ an Persönlichkeitsspaltung leiden

dédramatiser [dedʀamatize] V/T entdramatisieren; *fam* herunterspielen

déductible [dedyktibl] ADJ *frais* abzugsfähig; absetzbar (**de** von); anrechenbar (auf *+acc*);

déductif ADJ ⟨-ive⟩ deduktiv; ableitend

déduction [dedyksjõ] F 1 COMM Abzug *m*; ~ **faite des frais** nach, unter Abzug der Kosten; abzüglich der Kosten; **toutes ~s faites** nach Berücksichtigung aller Abzüge 2 IMPÔTS Abzug *m*; Absetzung *f*; Freibetrag *m* 3 (*conclusion*) Deduktion *f*; Ableitung *f*; Schluss *m*; (Schluss)Folgerung *f*

déduire [dedɥiʀ] ⟨→ conduire⟩ A V/T 1 COMM abziehen (**de** von); in Abzug bringen; *des impôts* absetzen 2 (*conclure*) deduzieren; schließen, folgern (**de** aus); her-, ableiten (**de** von) B V/PR **se** ~ **de** sich ab-, herleiten (lassen) aus, von

déesse [deɛs] F Göttin *f*

de facto [defakto] JUR LOC ADV de facto; *loc adj* De-facto-...

défaillance [defajɑ̃s] F 1 Schwäche(anfall) *f(m)*; **avoir une** ~ e-n Schwächeanfall erleiden 2 *fig* Schwäche *f*; Ohnmacht *f*; ~ **de mémoire** Gedächtnisschwäche *f*; *mémoire* **sans** ~ zuverlässig 3 TECH Versagen *n*; Defekt *m*; Ausfall *m*

défaillant [defajɑ̃] ADJ 1 schwach; *personne a.* geschwächt; kraftlos; **mémoire ~e** schwaches, lückenhaftes Gedächtnis; **voix ~e d'émotion** vor Erregung versagende Stimme 2 JUR nicht erschienen; säumig

défaillir [defajiʀ] V/I ⟨→ assaillir⟩ 1 e-n Schwächeanfall erleiden; schwach werden; **elle était sur le point de** ~ sie war e-r Ohnmacht nahe 2 *fig* schwach werden; versagen; *mémoire* nachlassen; schwinden

défaire [defɛʀ] ⟨→ faire⟩ A V/T 1 ab-, wegmachen; auseinandernehmen; *cravate etc* abnehmen; *valise* auspacken; *nœud* lösen; aufbinden, -machen; *tricot* aufziehen; *coiffure* in Unordnung bringen; ~ **ses chaussures** seine Schuhe aufschnüren, ausziehen; ~ **une couture** eine Naht auftrennen; *fig* **faire et** ~ **les gouvernements** die Regierungen ein- und absetzen; ~ **le lit** *pour changer les draps* das Bett abziehen; *mettre en désordre* das Bett durcheinanderbringen, *plus fort* zerwühlen; ~ **un paquet** ein Paket aufmachen, aufschnüren 2 *st/s* ~ **qn de** j-n befreien von; **défaites-moi de ce gêneur!** *a.* schafft mir diesen lästigen Menschen vom Hals! 3 MIL besiegen; schlagen B V/PR **se** ~ 1 *natte, couture etc* aufgehen; sich (auf)lösen; *coiffure* in Unordnung geraten; *paquet* aufgehen; *fig les amitiés* **se font et se défont** ... werden geschlossen und wieder gelöst 2 **se** ~ **de** sich befreien von; sich entledigen (*+gén*); loswerden (*+acc*); *habitude* ablegen; *voiture etc* abstoßen; **se** ~ **de qn** *a.* sich (*dat*) j-n vom Halse schaffen; sich von j-m trennen

défait [defɛ] ADJ ⟨défaite [defɛt]⟩ 1 *nœud etc* aufgegangen; aufgelöst; *cheveux* unordentlich; ungekämmt; *lit* nicht gemacht; ungemacht; *lit, coiffure* **être** ~ in Unordnung sein 2 **avoir la mine ~e, le visage** ~ mitgenommen aussehen

défaite [defɛt] F MIL *et fig* Niederlage *f*; ~ **électorale** Wahlniederlage *f*; **subir une** ~ e-e Niederlage hinnehmen müssen, erleiden; unterliegen

défaitisme [defetism] M Defätismus *m*; *fam* Miesmacherei *f*; **défaitiste** A ADJ defätistisch B M/F Defätist(in) *m(f)*; *fam* Miesmacher *m*

défalcation [defalkasjõ] F COMM Abzug *m*

défalquer [defalke] V/T COMM abziehen, absetzen, in Abzug bringen (**de** von)

défaut [defo] M 1 (*absence*) Mangel *m* (**de** an *+dat*); Fehlen *n*; ~ **d'organisation** fehlende, mangelnde Organisation; *loc prép* **à** ~ **de** in Ermangelung von (*ou +gén*); mangels (*+gén*); *fam* **à** ~ **de quoi** statt dessen; dafür; *loc adv* **à** ~ in Ermangelung e-s Besseren; notfalls; MATH **par** ~ abgerundet; **faire** ~ fehlen; **le temps m'a fait** ~ die Zeit hat mir gefehlt 2 (*imperfection*) Fehler *m*; Mangel *m*; Schönheitsfehler *m*; ~ **de fabrication, de prononciation** Fabrikations-, Aussprache- *ou* Sprachfehler *m* 3 (*vice*) Fehler *m*; Laster *n*; ~ **de caractère** Charakterfehler *m*; **sans** ~ ohne Laster; fehlerlos, -frei; makel-, tadellos; **être en** ~ im Unrecht sein; **prendre qn en** ~ j-n bei e-m Fehler, Verstoß, bei e-r Verfehlung ertappen 4 (*faiblesse*) Schwäche *f*; Unzulänglichkeit *f*; Unvollkommenheit *f* 5 JUR **jugement** *m* **par** ~ Versäumnisurteil *n*; **condamner par** ~ in Abwesenheit verurteilen 6 *fig* ~ **de la cuirasse** schwacher Punkt; schwache Stelle 7 CH **mettre en** ~ von der Fährte abbringen

défaveur [defavœʀ] F Ungunst *f*; Ungnade *f*; **être en** ~ in Ungnade stehen, schlecht angeschrieben sein (**auprès de** bei)

défavorable [defavɔʀabl] ADJ ungünstig; *personne* **être** ~ **à qn** j-m nicht wohlgesinnt sein; j-m nicht gewogen sein; **être** ~ **à un projet** *personne* e-m Vorhaben ablehnend gegenüberstehen; *mesure etc* e-m Vorhaben abträglich sein, zuwiderlaufen

défavoriser [defavɔʀize] V/T benachteiligen; schlechter stellen

défécation [defekasjõ] F PHYSIOL Darmentleerung *f*; Stuhlgang *m*

défectif [defɛktif] ADJ ⟨-ive⟩ GRAM **verbe** ~ defektives, unvollständiges Verb; Defektivum *n*

défection [defɛksjõ] F 1 POL Abfall *m*; Abtrünnigwerden *n*; *d'un parti a.* Austritt *m* (**de** aus) 2 *dans une réunion* Fernbleiben *n*; Nichterscheinen *n*; **faire** ~ fernbleiben; nicht erscheinen

défectueux [defɛktɥø] ADJ ⟨-euse⟩ fehler-, mangelhaft; **machine défectueuse** defekte Maschine; **marchandise défectueuse** fehlerhafte, schadhafte Ware

défectuosité [defɛktɥozite] F a *état* Fehler-, Mangelhaftigkeit *f* b **~s** *pl* Fehler *mpl*; Mängel *mpl*

défendable [defɑ̃dabl] ADJ 1 vertretbar; *cette thèse* **n'est pas** ~ ist nicht haltbar 2 MIL **être** ~ verteidigt werden können; zu halten sein

défendeur [defɑ̃dœʀ] M, **défenderesse** [defɑ̃dʀɛs] F JUR Beklagte(r) *m/f(m)*

défendre [defɑ̃dʀ] ⟨→ rendre⟩ A V/T 1 (*prendre la défense*) verteidigen (**contre** gegen); *cause, théorie etc* verfechten; vertreten; eintreten für; sich einsetzen für; *avocat: client* verteidigen; vertreten; *fam* ~ **sa peau** sich s-r Haut wehren 2 (*interdire*) verbieten, untersagen (**qc à qn** j-m etw; **à qn de faire qc** j-m, etw zu tun); **c'est défendu!** das ist verboten! 3 LOC ADV **à son corps défendant** widerwillig; ungern 4 *st/s* ~ **du** *ou* **contre le froid** vor Kälte schützen B V/PR **se** ~ 1 sich verteidigen, wehren (**contre** gegen); **se** ~ **à coups de poing** sich mit Faustschlägen verteidigen, wehren; *fig* **se** ~ **contre une accusation** sich gegen e-e Anschuldigung wehren; e-e Anschuldigung zurückweisen 2 *fam dans son métier etc* sich tapfer durchschlagen; ganz gut zurechtkommen 3 **se** ~ **de critiquer** *etc* sich der Kritik *etc* enthalten; **il ne peut se** ~ **d'un sentiment de joie** er kann sich e-s Gefühls der Freude nicht erwehren, nicht enthalten; **ne pouvoir se** ~ **de** (*+inf*) nicht umhinkönnen zu (*+inf*) 4 *sens passif* **ça se défend** das lässt sich vertreten; *fam* das hat etwas für sich; **cette opinion peut se** ~ diese Meinung lässt sich vertreten

défenestration [defənɛstʀasjõ] F Fenstersturz *m*

défenestrer [defənɛstʀe] V/T ~ **qn** j-n aus dem Fenster stürzen

défense [defɑ̃s] F 1 SPORTS, MIL *etc* Verteidigung *f*; Abwehr *f*; *d'un idéal etc* Verfechtung *f*; Verteidigung *f*; Eintreten *n* (**de** für); MIL **~s** *pl* Verteidigungsstellungen *fpl*, -anlagen *fpl*; JUR **en état de légitime** ~ in Notwehr; *en France* **Défense nationale** Landesverteidigung *f*; ~ **passive** (ziviler) Luftschutz; PHYSIOL **la** ~ **de l'organisme** die Abwehrkräfte *fpl* des Organismus; **arme** *f* **de** ~ Verteidigungswaffe *f*; MIL **ligne** *f* **de** ~ Verteidigungslinie *f*; PSYCH **mécanismes** *mpl* **de** ~ Abwehrmechanismen *mpl*; **être sans** ~ schutzlos sein; ausgeliefert sein (**contre** *dat*); **prendre la** ~ **de qn** j-n verteidigen, beschützen; für j-n eintreten 2 JUR Verteidigung *f*; **assurer la** ~ **de qn** j-s Verteidigung übernehmen; j-n verteidigen; **la parole est à la** ~ das Wort hat die Verteidigung 3 (*interdiction*) Verbot *n*; ~ **absolue, expresse** absolutes, ausdrückliches Verbot; ~ **d'afficher, d'entrer, de fumer** Plakatankleben, Ein- *ou* Zutritt, Rauchen verboten!; ~ **de doubler** Überholverbot *n* 4 ZOOL Stoßzahn *m*; *sanglier* Hauer *m*

défenseur [defɑ̃sœʀ] M 1 Verteidiger(in) *m(f)*; *fig d'une thèse etc* Verfechter(in) *m(f)*; Anhänger(in) *m(f)*; Vertreter(in) *m(f)*; SPORTS ~ **du titre** Titelverteidiger(in) *m(f)* 2 JUR Verteidiger(in) *m(f)* 3 FOOTBALL Abwehrspieler *m*

défensif [defɑ̃sif] ADJ ⟨-ive⟩ Verteidigungs...; defensiv; Defensiv...; Abwehr...; **armes défensives** Verteidigungs-, Defensiv-, Schutzwaffen *fpl*

défensive [defɑ̃siv] F Defensive *f*; Verteidigungs-, Abwehrstellung *f*; **être, se tenir sur la** ~ in der Defensive, in Verteidigungsstellung sein (*a. fig*)

déféquer [defeke] V/I ⟨-è-⟩ PHYSIOL Stuhlgang haben

déférence [defeʀɑ̃s] F Achtung *f*; Ehrerbietung *f*; **par** ~ **pour qn** aus Achtung vor j-m

déférent [defeʀɑ̃] ADJ 1 ehrerbietig; respektvoll; **se montrer** ~ **envers qn, à l'égard de qn** sich j-m gegenüber respektvoll verhalten 2 ANAT **canal** ~ Samenleiter *m*

déférer [defeʀe] ⟨-è-⟩ A V/T JUR ~ **qn à la justice** j-n vor Gericht bringen, dem Gericht überantworten; ~ **une affaire à un tribunal** e-e Sache vor Gericht bringen B V/T INDIR *st/s* ~ **à qn** j-m willfährig sein, (aus Achtung) beipflichten; ~ **à la décision de qn** sich j-s Entscheidung (*dat*) (aus Respekt) unterwerfen, fügen

déferlant [defɛʀlɑ̃] ADJ **vague ~e** Brandungswelle *f*; sich brechende Welle

déferlement [defɛʀləmɑ̃] M 1 *des vagues* Brechen *n*; Brandung *f* 2 *fig* a *d'une armée* Einfall *m*; Einbruch *m* b *de passions* Auflodern *n*; Aufbranden *n*; ~ **d'enthousiasme** Welle *f*, Woge *f* der Begeisterung; aufbrandende Begeisterung

déferler [defɛʀle] A V/T MAR *voile* setzen; *pavillon* hissen B V/I 1 *vagues* sich brechen; *mer* branden 2 *fig* a *foule* strömen b *haine etc* aufbranden; auflodern

déferrer [defɛʀe] V/T a (die) Eisenbeschläge

entfernen, lösen (**une caisse** von e-r Kiste) 5 **~ un cheval** e-m Pferd ein *ou* die Hufeisen abmachen 6 **~ un prisonnier** e-m Gefangenen die Ketten abnehmen

défi [defi] M 1 Herausforderung *f*; **d'un air de ~** mit herausfordernder Miene; **accepter, relever un ~** e-e Herausforderung annehmen; **lancer un ~ à qn** j-n herausfordern 2 *fig* **~ au bon sens** Herausforderung *f* des gesunden Menschenverstandes 3 **mettre qn au ~ de faire qc** wetten, dass j-d etw nicht tun kann *ou* wird

défiance [defjɑ̃s] F Argwohn *m*, Misstrauen *n* (**de** gegen); **mettre qn en ~** j-n misstrauisch machen

défiant [defjɑ̃] ADJ argwöhnisch; misstrauisch

défibrage [defibʀaʒ] M TECH Zerfasern *n*

défibrillateur [defibʀijatœʀ] M MÉD Defibrillator *m*

déficeler [defisle] V/T <-ll-> aufschnüren

déficience [defisjɑ̃s] F Schwäche *f*

déficient [defisjɑ̃] A ADJ 1 *organisme etc* schwach; **enfant ~** zurückgebliebenes, lernbehindertes Kind 2 *fig* **argumentation ~e** schwache Argumentation B M **~ auditif, de la vue** Hör-, Sehbehinderte(r) *m*

déficit [defisit] M Defizit *n*; Fehlbetrag *m* (**de deux millions** von zwei Millionen); **~ budgétaire** Haushaltsdefizit *n*; **~ de la balance des paiements** Zahlungsbilanzdefizit *n*; **combler un ~** ein Defizit ausgleichen; **être en ~** ein Defizit aufweisen, haben; defizitär sein; **se solder par un ~** mit e-m Defizit (ab)schließen

déficitaire [defisitɛʀ] ADJ mit Verlust abschließend; defizitär; *balance commerciale* passiv; **bilan** *m* **~** *a.* Unterbilanz *f*; **entreprise** *f* **~** Verlustunternehmen *n*

défier [defje] A V/T 1 **~ qn** j-n herausfordern (**à qc** zu etw) 2 *fig* **~ le danger** der Gefahr (*dat*) trotzen; mit der Gefahr spielen 3 **~ qn de faire qc** wetten, dass j-d etw nicht tun kann *ou* wird 4 **~ toute comparaison** jeglichen Vergleich verbieten; *prix* **~ toute concurrence** konkurrenzlos niedrig sein B V/PR *st/s* **se ~ de qn, qc** gegen j-n, etw Argwohn hegen; j-m, e-r Sache misstrauen

défiguration [defigyʀasjɔ̃] F Entstellung *f*; *d'un texte etc* verzerrte, entstellte Wiedergabe;

défigurer V/T 1 entstellen; verunstalten 2 *vérité, pensée etc* entstellen; verzerren; entstellt, verzerrt wiedergeben

défilé [defile] M 1 MIL Aufmarsch *m*; Parade *f*; Vorbeimarsch *m* (**devant** an *+dat*) 2 *de gens* Andrang *m*; Zustrom *m*; *de voitures* endlose Reihe 3 **~ de mode** Mode(n)schau *f* 4 GÉOG Engpass *m*; Durchbruch *m*

défiler [defile] A V/I 1 defilieren (*abs*); vorbeimarschieren, -ziehen, -fahren, -defilieren (**devant** an *+dat*); aufmarschieren (vor *+dat*) 2 *clients etc* sich die Klinke in die Hand geben; *jours* dahingehen, -ziehen; *images* **~ devant les yeux de qn** vor j-s Augen (*dat*) vorbei-, vorüberziehen 3 *bande magnétique* **faire ~** ablaufen lassen B V/PR **se ~** *fam* (*s'esquiver*) *fam* sich drücken; kneifen

défini [defini] ADJ 1 bestimmt; genau abgegrenzt 2 *concept* **bien, mal ~** gut, schlecht definiert 3 GRAM **article ~** bestimmter Artikel; **passé ~** Passé simple *n*; historisches Perfekt

définir [definiʀ] V/T 1 *mot etc* definieren 2 *par ext* bestimmen; abgrenzen; *conditions etc* festlegen, -setzen; **~ la politique** die Richtlinien der Politik bestimmen 3 *personne* charakterisieren; *sentiment* genau beschreiben; **~ son point de vue** seinen Standpunkt erläutern

définissable [definisabl] ADJ definier-, bestimmbar

définitif [definitif] ADJ <-ive> 1 endgültig; definitiv 2 LOC ADV **en définitive** schließlich; letzten Endes; letztlich

définition [definisjɔ̃] F 1 Begriffsbestimmung *f*; Definition *f*; *loc adv* **par ~** definitionsgemäß; wie das Wort schon sagt; per definitionem; *par ext* zwangsläufig; logischerweise 2 *par ext* Bestimmung *f*; Charakterisierung *f*; genaue Beschreibung 3 TV Zahl *f* der Zeilen und Bildpunkte; Fernsehnorm *f*; **télévision** *f* **°haute ~** hochauflösendes Fernsehen

définitivement [definitivmɑ̃] ADV endgültig; definitiv

déflagration [deflagʀasjɔ̃] F Explosion *f*; CHIM Deflagration *f*; Verpuffen *n*; explosionsartiges Verbrennen

déflation [deflasjɔ̃] F ÉCON Deflation *f*

déflationniste [deflasjɔnist] ADJ ÉCON deflationär; deflationistisch; deflatorisch

déflecteur [deflɛktœʀ] M 1 AUTO Ausstellfenster *n* 2 NUCL Deflektor *m*

défleurir [deflœʀiʀ] V/I die Blüten verlieren; ver-, abblühen

déflexion [deflɛksjɔ̃] F PHYS Ablenkung *f*

défloration [deflɔʀasjɔ̃] F Defloration *f*; Entjungferung *f*; **déflorer** V/T 1 entjungfern; deflorieren 2 *fig* den Reiz (der Neuheit), die Originalität nehmen (*+dat*)

défoliant [defɔljɑ̃] ADJ *et* SUBST M (**produit** *m*) **~** Entlaubungsmittel *n*; **défoliation** F 1 BOT Laub-, Blattfall *m* 2 *artificielle* Entlaubung *f*; **défolier** V/T entlauben

défonce [defɔ̃s] F *arg* Turn *m*; Trip *m*

défoncer [defɔ̃se] <-ç-> A V/T *mur etc* eindrücken, -schlagen; *rue* tief ausfahren; stark beschädigen; *adjt rue* **défoncé** *a.* voller Schlaglöcher B V/PR **se ~** 1 *fam dans un travail* das Letzte hergeben; sich voll einsetzen 2 *arg* (*se droguer*) sich antörnen

déformable [defɔʀmabl] ADJ deformierbar; leicht verformbar; AUTO **zone** *f* **~** Knautschzone *f*

déformant [defɔʀmɑ̃] ADJ **glace ~e** Zerr-, Vexierspiegel *m*

déformation [defɔʀmasjɔ̃] F 1 Verformung *f* (*a.* TECH); Deformation *f* (*a.* MÉD); Deformierung *f*; Formveränderung *f* 2 *fig* Verzerrung *f*; Entstellung *f*; *du goût* Verbildung *f*; **c'est une ~ professionnelle** der Beruf färbt aufs Privatleben ab; das sind die Folgen des Berufs

déformer [defɔʀme] A V/T 1 verformen; deformieren; *chaussures* austreten; **~ une image** ein Bild verzerren; **~ un visage** ein Gesicht verunstalten; *adjt* **chaussée déformée** unebene Fahrbahn 2 *réalité etc* verzerren; entstellen; *goût* verbilden B V/PR **se ~** sich verformen; die Form verlieren; *bois* sich verziehen; *vêtement* die Form, die Fasson verlieren

défoulement [defulmɑ̃] M PSYCH Abreaktion *f*; Sichabreagieren *n*; **défouler** V/PR **se ~** 1 PSYCH sich abreagieren 2 *par ext* sich austoben

défraîchi [defʀeʃi] ADJ nicht mehr neu; getragen; **robe ~e** getragenes Kleid

défraîchir [defʀeʃiʀ] V/PR **se ~** *vêtement* das neue Aussehen verlieren; nicht mehr neu aussehen; *couleur* verblassen

défrayer [defʀeje] V/T <-ay- *od* -ai-> 1 die Kosten übernehmen (**qn** für j-n); **être défrayé de tout** alles frei haben 2 *fig* **~ la chronique** von sich reden machen; im Mittelpunkt des Klatsches stehen

défrichage [defʀiʃaʒ] M *ou* **défrichement** M 1 Urbarmachung *f*; Roden *n*, -ung *f* 2 *fig* Beseitigung *f* der Anfangsschwierigkeiten

défricher [defʀiʃe] V/T 1 *terre* urbar machen; roden 2 *fig* die Anfangsschwierigkeiten beseitigen, die Vorarbeit leisten (**un domaine** auf e-m Gebiet); *sujet* aufbereiten; in Angriff nehmen

défriper [defʀipe] V/T *vêtement* glätten; glatt streichen

défriser [defʀize] V/T 1 *cheveux* entkrausen 2 *fam fig chose* **~ qn** j-n (ver)ärgern; **ça te défrise?** (ver)ärgert dich das?

défroisser [defʀwase] V/T glätten; glatt streichen; wieder glatt machen

défroque [defʀɔk] F abgelegte, alte Kleidungsstücke *npl*

défroqué(e) [defʀɔke] M(F) REL aus dem Orden ausgetretener Mönch, ausgetretene Nonne; ehemaliger Priester; **défroquer** V/I *et* V/PR (**se**) **~** REL die Mönchskutte, das Nonnengewand, das Priestergewand ablegen

défunt [defɛ̃, -fœ̃], **défunte** [defɛ̃t, -fœ̃t] A M,F Verstorbene(r) *m/f(m)*; *st/s* Verblichene(r) *m/f(m)* B ADJ 1 verstorben; verschieden; selig 2 *fig et st/s* vergangen; verflossen

dégagé [degaʒe] ADJ 1 *nuque, front, vue* frei; **ciel ~** klarer, wolkenloser Himmel 2 *allure etc* ungezwungen; ungeniert; leger

dégagement [degaʒmɑ̃] M 1 Befreiung *f*; Herausholen *n*, -ziehen *n*, -bringen *n*; *de blessés* Bergung *f*; MIL Entsatz *m* 2 *d'une rue etc* Freimachen *n*; Räumung *f*; **voie** *f* **de ~** Umgehungs-, Entlastungsstraße *f* 3 ARCH Gang *m*; Flur *m* 4 *d'énergie* Freiwerden *n*; Entwicklung *f*; Abgabe *f*; Freisetzung *f*; *de gaz a.* Ausströmen *n*; Entweichen *n*; **~ de chaleur** Wärmeabgabe *f*, -entwicklung *f*; **~ de vapeur** Dampfentwicklung *f* 5 ESCRIME Degagieren *n*; Umgehen *n*; FOOTBALL Befreiungsschlag *m* 6 *fig* Befreiung *f*, Entbindung *f* (**d'une promesse** *etc* von e-m Versprechen *etc*); Lösung *f* (aus)

dégager [degaʒe] <-geons> A V/T 1 *blessés* befreien; *objets a.* hervor-, herausziehen; herausholen, -bringen; *accidentés a.* bergen (**des décombres** aus den Trümmern) 2 *passage* frei machen; räumen; **allons, dégagez!** gehen *ou* fahren Sie weiter! 3 *cou, nuque* frei lassen 4 *énergie* entwickeln; abgeben; freisetzen; *chaleur a.* ausstrahlen; *odeur* verströmen; verbreiten 5 *crédit* bereitstellen 6 ESCRIME degagieren (*abs*); umgehen; FOOTBALL **~ (la balle)** klären 7 *fig morale, idée* herausstellen, -arbeiten; *conclusion* ziehen 8 *gage* ein-, auslösen 9 *fig responsabilité* ablehnen 10 **~ qn de qc** j-n von etw befreien, entbinden; j-n e-r Sache (*gén*) entheben; **~ qn de toute responsabilité** j-n aus der Verantwortung entlassen B V/PR **se ~** 1 *personne* sich befreien (**de** aus) 2 *rue etc* frei, leer werden; *nez* wieder frei werden; **le ciel, le temps se dégage** es klart auf; der Himmel hellt sich auf 3 *énergie* sich entwickeln; frei werden; *gaz, vapeur a.* ausströmen, entweichen (**de** aus); *odeur* ausströmen (aus); *fumée* aufsteigen (aus) 4 *fig résultat etc* sich abzeichnen; hervortreten (**de** aus); sich zeigen; zutage treten 5 *personne* sich lösen (**d'une contrainte** aus e-m Zwang); sich frei machen (von)

dégaine [degɛn] F *fam* (*allure*) (lächerliche) Haltung; (komischer) Gang; **quelle ~!** *fam* wie der *ou* die daherkommt!

dégainer [degene] V/T blankziehen; *par ext* s-n Revolver ziehen

déganter [degɑ̃te] V/PR **se ~** s-e Handschuhe abstreifen, ablegen, ausziehen

dégarnir [degaʀniʀ] A V/T 1 *vitrine etc* ausräumen; den Schmuck entfernen (**qc** von etw); **~ le réfrigérateur, un compte** den Kühlschrank, ein Konto plündern; *adjt* **front dégarni** Stirnglatze *f* 2 MIL entblößen; ungedeckt lassen B V/PR **se ~** *tête, arbre* kahl werden; *rangs* sich lichten; **il se dégarnit** sein Haar wird lichter; er bekommt schütteres

D

D

Haar; er wird kahl
Degas [dəga] *frz Maler*
dégât [dega] M Schaden *m*; Verwüstung *f*; **~s matériels** Sachschaden *m*; **~s causés par le gel** Frostschäden *mpl*; **causer de grands ~s** großen Schaden anrichten (*a. fig*); große Schäden verursachen; große Verwüstungen anrichten; *fig* **limiter les ~s** möglichst wenig Schaden anrichten; das Schlimmste verhüten
dégazage [degazaʒ] M 1 TECH Gasentzug *m*; Entgasen *n* 2 MAR *d'un pétrolier* Reinigung *f* von Ölrückständen; **dégazer** V/I *pétrolier* Ölrückstände ins Meer ablassen
dégel [deʒɛl] M 1 (Auf)Tauen *n*; MÉTÉO Tauwetter *n* 2 *fig* POL Tauwetter *n* (**des relations politiques** in den politischen Beziehungen)
dégelée [deʒle] F *fam* Keile *f*; Dresche *f*
dégeler [deʒle] ‹-è-› A V/T 1 auftauen 2 *fig personne* aus s-r Reserve herauslocken; *public* mitreißen; *situation* entspannen 3 *crédits* freigeben B V/I auftauen; **le lac a dégelé** der See ist aufgetaut; **faire ~ un produit congelé** Tiefkühlkost auftauen (lassen) C V/IMP **il dégèle** es taut D V/PR **se ~** *fig personne* auftauen; warm werden
dégénéré [deʒenere] ADJ degeneriert
dégénérer [deʒenere] V/I ‹-è-› 1 BIOL degenerieren; entarten 2 *fig* ausarten (**en** in +*acc*); **~ en orgie** in e-e Orgie ausarten; **~ en bronchite** sich zu e-r Bronchitis entwickeln
dégénérescence [deʒeneresɑ̃s] F MÉD, BIOL Degeneration *f*; Entartung *f*
dégingandé [deʒɛ̃gɑ̃de, deʒɛ̃-] ADJ *fam* schlaksig
dégivrage [deʒivraʒ] M Abtauen *n*; Enteisung *f* (*a.* AVIAT); Entfrostung *f*; *réfrigérateur* **à ~ automatique** mit Abtauautomatik
dégivrant [deʒivrɑ̃] ADJ AUTO **glace arrière ~e** (be)heizbare Heckscheibe
dégivrer [deʒivre] V/T *réfrigérateur* abtauen; AVIAT enteisen; TECH entfrosten; **dégivreur** M TECH Defroster(anlage) *m(f)*
déglacer [deglase] V/T ‹-ç-› CUIS **~ la poêle, la sauteuse** den Bratensatz ablöschen (**avec**, à mit)
déglinguer [deglɛ̃ge] *fam* A V/T kaputt machen; *adjt* **déglingué** klapp(e)rig B V/PR **se ~** kaputtgehen; klapp(e)rig werden
déglutir [deglytir] V/T (hinunter)schlucken; **déglutition** F PHYSIOL Deglutition *f*; Schluckakt *m*
dégobiller [degɔbije] V/T *et* V/I *pop* kotzen
dégoiser [degwaze] *fam péj* A V/T *sottises fam* verzapfen B V/I schwatzen; *fam* quatschen
dégommer [degɔme] V/T *fam personne* hinauswerfen; *fam* feuern
dégonflage [degɔ̃flaʒ] *fam fig* M feiger Rückzieher
dégonflé [degɔ̃fle] A ADJ nicht aufgepumpt; nicht aufgeblasen; **le pneu est ~** im Reifen ist keine Luft; der Reifen hat Luft verloren; **avoir un pneu ~** *fam* e-n Platten haben B M *fam* Hasenfuß *m*; Schlappschwanz *m*; Waschlappen *m*
dégonflement [degɔ̃fləmɑ̃] M Verlieren *n*, Ablassen *n* der *ou* von Luft
dégonfler [degɔ̃fle] A V/T (die) Luft ab-, herauslassen (**qc** aus etw) B V/PR **se ~** 1 *pneu etc* (die) Luft verlieren 2 *fam fig* e-n feigen Rückzieher machen; *fam* Bammel, *pop* Schiss bekommen; **ne te dégonfle pas!** sei kein Feigling, *fam* Schlappschwanz!
dégorgement [degɔrʒəmɑ̃] M 1 *des égouts* Entleerung *f* 2 CUIS (Aus)Wässern *n*; *des escargots* Ausschwemmen *n*
dégorger [degɔrʒe] ‹-geons› A V/T *conduite* die Verstopfung beseitigen (+*gén*); frei machen; reinigen; *égout* entleeren; (aus)spülen B V/I 1 CUIS **faire ~** wässern (lassen); *escargots* ausschwemmen (lassen); *concombres* Wasser ziehen lassen; entwässern 2 *a.* V/PR **(se) ~** sich ergießen; (ab)fließen; sich entleeren
dégot(t)er [degɔte] V/T *fam* auftreiben; aufgabeln; ergattern; angeln
dégoulinade [degulinad] F (länglicher) Tropfen; **dégoulinement** M Tröpfeln *n*; Rieseln *n*; Tropfen *n*; **dégouliner** V/I (herab)tropfen, (-)tröpfeln, (-)rieseln; *cheveux* triefen
dégoupiller [degupije] V/T **~ une grenade** eine (Hand)Granate entsichern
dégourdi [degurdi] A ADJ aufgeweckt; gewandt; geschickt; gewitzt; pfiffig; wendig B SUBST **~(e)** *m(f)* aufgeweckter *etc* Bursche; aufgewecktes *etc* junges Mädchen
dégourdir [degurdir] A V/T 1 *membres* bewegen; lockern; *par ext* wärmen 2 *liquide* leicht erwärmen 3 *fig* **~ qn** j-n gewandter, gewitzter, aufgeweckter machen B V/PR 1 **se ~ les jambes** sich (*dat*) die Beine vertreten 2 *fig* **se ~** gewandter, gewitzter, aufgeweckter werden
dégoût [degu] M 1 Ekel *m*, Abscheu *m* (**pour** vor +*dat*); Widerwille *m* (gegen); **avoir, ressentir du ~ pour qn, qc** j-n, etw verabscheuen; Widerwillen gegen j-n, etw haben, empfinden; **inspirer du ~ à qn** j-n anekeln, anwidern 2 Überdruss *m*; **~ de la vie** Lebensüberdruss *m*
dégoûtant [degutɑ̃] ADJ 1 *mets, lieu etc* ekelerregend; ekelhaft; ek(e)lig; widerlich; abscheulich 2 *personne, acte* abscheulich; *personne a.* widerlich; ekelhaft; *acte a.* empörend; *fam* **type ~** *ou subst* **~** *m* widerlicher Kerl; Scheusal *n*; *fam* Ekel *n*; **c'est ~ de** (+*inf*) es ist abscheulich *etc* zu (+*inf*) 3 *histoires* obszön; schmutzig
dégoûtation [degutasjɔ̃] F *fam* **quelle ~!** wie ek(e)lig, ekelhaft, abscheulich!
dégoûté [degute] ADJ 1 angeekelt; angewidert 2 *par ext* **n'être pas ~** nicht gerade wählerisch sein; *fig* nicht gerade zimperlich sein; *subst* **faire le ~** den Wählerischen spielen; wählerisch tun 3 **~ de qn, de qc** j-s, e-r Sache überdrüssig; von etw übersättigt; **~ de la vie** lebensüberdrüssig, *par ext* -müde; **être ~ de qn, de qc** *a. fam* j-n, etw satthaben
dégoûter [degute] A V/T 1 **~ qn** j-n anekeln, anwidern; **ce plat me dégoûte** *a.* mir *ou* mich ekelt vor dieser Speise; ich ekle mich vor dieser Speise 2 **~ qn de qc** j-m etw verleiden; **(si vous n'aimez pas ça,) n'en dégoûtez pas les autres!** (wenn es Ihnen schon nicht schmeckt,) verderben Sie nicht noch den anderen den Appetit!; **c'est à vous ~ de ce travail** das verleidet einem ganz die Arbeit; das nimmt einem jede Lust an der Arbeit B V/PR 1 **se ~ d'un plat** sich (*dat*) e-e Speise überessen 2 **se ~ de qc, de qn** e-r Sache, j-s überdrüssig werden; *fam* etw, j-n sattbekommen
dégoutter [degute] V/I (herab)tropfen
dégradant [degradɑ̃] ADJ erniedrigend; entwürdigend; degradierend
dégradation [degradasjɔ̃] F 1 Degradierung *f*; Rangverlust *m*; **~ civique** Verlust *m*, Aberkennung *f* der bürgerlichen Ehrenrechte 2 *morale* Erniedrigung *f*; Ent-, Herabwürdigung *f*; Verfall *m* 3 *d'une construction* Beschädigung *f*; Verfall *m*; Verwitterung *f*; **~s** *pl* Schäden *mpl* 4 *fig* Verschlechterung *f* 5 → dégradé 1
dégradé [degrade] M 1 *d'une couleur* Abstufung *f*; (Ab)Schattierung *f*; Abtönung *f*; Abschattung *f* 2 CINÉMA Verlaufblende *f*
dégrader [degrade] A V/T 1 MIL, JUR degradieren 2 *moralement* erniedrigen; ent-, herabwürdigen; moralisch sinken lassen 3 *mur etc* beschädigen 4 *couleurs* abstufen; abtönen; (ab)schattieren; abschatten; *des cheveux* **coupe dégradée** Stufenschnitt *m* B V/PR **se ~** 1 *fig situation, santé, temps* sich verschlechtern 2 *maison etc* verfallen; verkommen; verwittern
dégrafer [degrafe] V/T los-, aufhaken
dégraissage [degrɛsaʒ] M 1 CUIS Abschöpfen *n* des Fett(e)s; Degraissieren *n* 2 *de vêtements* Entfernung *f* der Fettflecken 3 TECH Entfettung *f* 4 *fig d'une entreprise* Verschlankung *f*; **dégraissant** M Entfettungsmittel *n*; Fettlöser *m*
dégraisser [degrese] V/T 1 CUIS das Fett abschöpfen (**qc** von etw); degraissieren; **~ la viande** vom Fleisch das Fett abschneiden, entfernen, abtrennen 2 (die) Fettflecken entfernen (**un tissu** aus e-m Stoff); *cheveux* entfetten 3 TECH entfetten 4 *fam fig budget, entreprise* verschlanken; *fam* abspecken
degré [dəgre] M 1 Grad *m*; Stufe *f*; **le dernier ~** *d'une maladie* das letzte Stadium; das Endstadium; **le plus °haut, bas ~** *de l'échelle sociale* die höchste, tiefste *ou* niedrigste Stufe, Sprosse; **~ de difficulté** Schwierigkeitsgrad *m*; **~ de perfection** Grad der Vollkommenheit; *loc adv*: **(jusqu') à un certain ~** in e-m gewissen Maße, Grade; bis zu e-m gewissen, bestimmten Maß, Grad; **par ~(s)** stufenweise; schrittweise; nach und nach; **au plus °haut ~** im höchsten Maß, Grad 2 *température* Grad *m*; **32 ~s centigrades** *ou* **Celsius** [sɛlsjys] 32 Grad Celsius; **la fièvre a baissé d'un ~** das Fieber ist um ein Grad gefallen 3 GÉOG, GÉOMÉTRIE Grad *m*; **~ de latitude, de longitude** Breiten-, Längengrad *m*; **angle** *m* **de trente ~s (30°)** Winkel *m* von dreißig Grad (30°) 4 (Volum)-Prozent *n*; **~ d'alcool** Alkoholgehalt *m*; **alcool** *m* **à quatre-vingt-dix ~s (90°)** neunzigprozentiger (90%iger) Alkohol; **ce vin a 12 ~s** dieser Wein hat 12 Prozent 5 **~ de parenté** Verwandtschaftsgrad *m*; **être parents au deuxième ~** im zweiten Grad miteinander verwandt sein 6 MÉD **brûlure** *f* **du premier, second, troisième ~** Verbrennung *f* ersten, zweiten, dritten Grades; **être brûlé au troisième ~** Verbrennungen dritten Grades (erlitten) haben 7 **enseignement** *m* **du premier ~** Grundschulwesen *n*; **enseignement** *m* **du second ~** höheres Schulwesen *n* 8 MATH **équation** *f* **du premier, second ~** Gleichung *f* ersten, zweiten Grades 9 GRAM **~ de comparaison** Steigerungsstufe *f*; **~s** *pl* **de comparaison** Steigerung *f*; Komparation *f* 10 LOC: *prendre qc* **au premier ~** wortwörtlich; *humour* **au second ~** nicht wörtlich zu nehmen(d); übersteigert 11 *st/s d'un escalier* Stufe *f*
dégressif [degresif] ADJ ‹-ive› *tarif* degressiv; abnehmend
dégrèvement [degrɛvmɑ̃] M Steuersenkung *f*, -ermäßigung *f*, -nachlass *m*
dégrever [degrəve] V/T ‹-è-› die Steuern ermäßigen, senken, nachlassen (**qn** j-m)
dégriffé [degrife] ADJ COMM ohne Markenzeichen
dégringolade [degrɛ̃gɔlad] *fam* F 1 Sturz *m* 2 *fig d'actions etc* Kurssturz *m*; *fam* Talfahrt *f*
dégringoler [degrɛ̃gɔle] *fam* A V/T *escalier etc* hinunter- *ou* herunter-, *fam* runterstürzen, *fam* -rasen, -sausen B V/I ‹être *od* avoir› 1 hinunter- *ou* herunter-, *fam* runterpurzeln (**d'une échelle** von e-r Leiter) 2 *fig actions* jäh, stark fallen; *fam* purzeln
dégrisement [degrizmɑ̃] M Ausnüchterung *f*; Ernüchterung *f* (*a. fig*); **dégriser** V/T nüchtern machen; ernüchtern (*a. fig*)
dégrossir [degrosir] A V/T 1 TECH grob bearbeiten; *pierre* grob behauen 2 *fig* **~ le travail** die Vorarbeit leisten; den Rohentwurf an-

fertigen; die Arbeit aufbereiten 3 ~ qn j-m Schliff beibringen; *par ext* j-m die Anfangsgründe beibringen; *adjt* **mal dégrossi** ungehobelt; grob B VPR **se ~** *personne* Schliff bekommen

dégrouiller [degʀuje] VPR **se ~** *fam* sich tummeln; sich ranhalten

déguenillé [deg(ə)nije] ADJ zerlumpt

déguerpir [degɛʀpiʀ] VI *fam* sich davonmachen; abhauen; türmen; **faire ~ qn** j-n vertreiben, verjagen; *fam* j-m Beine machen

dégueu [degø] ADJ ⟨*inv*⟩ *fam* ABR → dégueulasse

dégueulasse [degœlas] *pop* ADJ ekelhaft; widerlich; abscheulich; *personne a.* widerwärtig; **pas ~** *fam* große Klasse; ganz toll; **c'est ~!** *pop a.* das ist zum Kotzen!

dégueuler [degœle] VT *et* VI *pop* kotzen

dégueulis [degœli] M *pop* Kotze *f*

déguisé [degize] ADJ 1 verkleidet 2 (*caché*) verschleiert; verstellt; versteckt

déguisement [degizmɑ̃] M Verkleidung *f*; **sous ce ~** in dieser Verkleidung

déguiser [degize] A VT 1 verkleiden (**en** als) 2 *voix etc* verstellen 3 *fig pensées, vérité* verschleiern; *sentiment* verbergen (**sous** hinter *+dat*) B VPR **se ~** sich verkleiden (**en** als); *fig* **se ~ en courant d'air** sich in Luft auflösen

dégurgiter [degyʀʒite] VT unverdaut wieder von sich geben (*a. fig*)

dégustateur [degystatœʀ] M Weinprüfer *m*

dégustation [degystasjõ] F Kosten *n*; Probieren *n*; **~ gratuite** Ausgabe *f* von Gratisproben; *de boissons* kostenloser Probeausschank; **~ de vins** Weinprobe *f*

déguster [degyste] VT 1 kosten; probieren; *vin a.* beißen; *par ext* (*savourer*) genießen 2 *fam fig coups fam* abkriegen; *par ext* **qu'est-ce qu'il a dégusté!** was hat er alles durchgemacht!

déhanchement [deɑ̃ʃmɑ̃] M Wiegen *n* in den Hüften; Schwingen *n* der Hüften; **déhancher** VPR **se ~** sich in den Hüften wiegen; die Hüften schwingen

dehors [dəɔʀ] A ADV 1 draußen; *avec déplacement* hinaus *ou* heraus; nach draußen; *fam* raus; **aller ~** hinausgehen; nach draußen gehen; *fam* rausgehen; *fig* **mettre, jeter,** *fam* **flanquer, ficher,** *pop* **foutre qn ~** j-n hinauswerfen, *fam* rauswerfen, rausschmeißen 2 LOC ADV **de ~** von draußen; **en ~** nach außen; **marcher les pieds en ~** mit nach außen gerichteten, auswärtsgerichteten Füßen gehen; *porte* **s'ouvrir en ~** sich nach außen öffnen (lassen); *fig* **rester en ~** sich nicht einmischen; sich heraus-, *fam* raushalten B LOC PRÉP **en ~ de** 1 außerhalb (*+gén*); **il habite en ~ de la ville** er wohnt außerhalb der Stadt; **se pencher en ~ de la portière** sich zur Tür hinauslehnen; *fig*: **être en ~ du sujet** nicht zum Thema, zur Sache gehören; **se tenir en ~ d'une discussion** sich bei e-r Diskussion heraushalten, *fam* raushalten 2 außer (*+dat*); **en ~ de cela, il y a encore …** außerdem *ou* daneben gibt es noch … C M Äußere(s) *n*; *d'une personne* **les ~** *pl* das Äußere; **sous des ~ gentils …** hinter e-m freundlichen Äußeren …; **avoir des ~ agréables** ein angenehmes Äußeres haben; **venir du ~** von außen kommen

déhoussable [deusabl] A ADJ *canapé etc* mit abnehmbarem Schonbezug B M Sofa *n*, Couch *f* mit abnehmbarem Schonbezug

déification [deifikasjõ] F Vergottung *f*; Erhebung *f* zum Gott; **déifier** VT vergotten; zum Gott erheben, machen

déisme [deism] M PHIL Deismus *m*; **déiste** A M Deist *m* B ADJ deistisch

déité [deite] *st/s* F Gottheit *f*

déjà [deʒa] ADV 1 schon; bereits; **il est ~ parti** er ist schon weg(gegangen) 2 *par ext*: **comment s'appelle-t-il ~?** wie heißt er doch gleich, noch (gleich)?; **ce n'est ~ pas si mal** das ist gar nicht so schlecht; **c'est ~ ça** das ist immerhin etwas; **réussis ~ ton bac,** *après on verra* mach erst mal das Abi …; *fam* **~ que tu as le rhume …** wenn du schon den Schnupfen hast …

déjanté [deʒɑ̃te] ADJ *fam* durchgeknallt; ausgeflippt

déjanter [deʒɑ̃te] A VT *pneu* von der Felge ziehen B VI *fam fig personne fam* spinnen; verrücktspielen

déjection [deʒɛksjõ] F 1 PHYSIOL Darmentleerung *f*; **~s** *pl* Exkremente *npl* 2 *d'un volcan* **~s** *pl* Auswurfmassen *fpl*; *d'un torrent* **cône** *m* **de ~** Schwemmkegel *m*

déjeté [deʒte, deʃte] ADJ verzogen; krumm

déjeuner [deʒøne, -ʒœ-] A VI 1 *à midi* zu Mittag essen; das Mittagessen einnehmen; **j'ai déjeuné d'un sandwich** mein Mittagessen bestand aus e-m Sandwich 2 *le matin* frühstücken B M 1 Mittagessen *n*; **~ d'affaires** Geschäfts-, POL Arbeitsessen *n*; **à l'heure du ~** zur Zeit des Mittagessens; **avoir qn à ~** j-n zum Mittagessen dahaben 2 **petit ~** Frühstück *n* 3 (*tasse et soucoupe*) Frühstücksgedeck *n* 4 *fig* **être un ~ de soleil** *chose* kurzlebig sein; *sentiments* ein Strohfeuer sein; *entreprise* nicht von langer Dauer sein

déjouer [deʒwe] VT vereiteln; *plans a.* durchkreuzen; → *a.* manœuvre¹ 5

déjuger [deʒyʒe] VPR ⟨-geons⟩ **se ~** s-e Meinung, s-n Entschluss, sein Urteil ändern

delà [dəla] LOC ADV **en ~** [ɑ̃dla] darüber hinaus; → *a.* deçà

délabré [delabʀe] ADJ 1 *maison* verfallen; baufällig; verkommen; *fam* heruntergekommen 2 *fig santé* ruiniert; zerrüttet

délabrement [delabʀəmɑ̃] M 1 Baufälligkeit *f* 2 *fig* Zerrüttung *f*

délabrer [delabʀe] A VT *fig* **~ sa santé** *ou* **se ~ la santé** s-e Gesundheit ruinieren, zerstören B VPR **se ~** 1 *maison* verfallen; verkommen 2 *fig santé* sich verschlechtern; *affaires* immer schlechter gehen

délacer [delase] VT ⟨-ç-⟩ aufschnüren, -binden; **~ ses chaussures** seine Schuhe aufschnüren, -binden

délai [delɛ] M 1 (*temps accordé*) Frist *f*; Zeit *f*; Zeitraum *m*; Termin *m*; JUR **~ d'inscription** Anmeldefrist *f*; **~ de livraison** Lieferfrist *f*, -zeit *f*; **~ de paiement** Zahlungsfrist *f*, -termin *m*; → *a.* 2; **~ de préavis** Kündigungsfrist *f*; **~ de réflexion** Bedenkzeit *f*; **à bref ~** bald; kurzfristig; **dans un ~ de dix jours** innerhalb (von) zehn Tagen; binnen zehn Tagen; in(nerhalb) e-r Frist von zehn Tagen; **dans les ~s** fristgemäß; termingerecht; **dans les plus brefs ~s** in kürzester Frist, Zeit; **dans le ~ fixé** in der festgelegten Frist, Zeit; **fixer un ~ à qn** j-m e-e Frist setzen; **observer, proroger un ~** e-e Frist einhalten, verlängern; **passé ce ~ …** nach Ablauf dieser Frist, Zeit … 2 (*prolongation*) Aufschub *m*; **~ de paiement** Zahlungsaufschub *m*; Stundung *f*; **sans ~** unverzüglich; sofort; sogleich; auf der Stelle; **accorder un ~** e-n Aufschub gewähren

délai-congé [delɛkõʒe] M ⟨*pl* délais-congés⟩ Kündigungsfrist *f*

délaissé [delese] ADJ *conjoint* verlassen; *enfant* vernachlässigt

délaissement [delɛsmɑ̃] M 1 Verlassenheit *f* 2 JUR **~ d'enfant** vorsätzliches Verlassen e-s Kindes in hilfloser Lage

délaisser [delese] VT 1 verlassen, im Stich lassen (**pour qn d'autre** wegen j-s anderen); *fam* sitzen lassen 2 *études etc* aufgeben (**pour faire qc d'autre** um etw anderes zu tun); **~ les sciences pour les lettres** von den Naturwissenschaften zu den Geisteswissenschaften überwechseln 3 (*négliger*) vernachlässigen 4 JUR abtreten; verzichten auf (*+acc*)

délassant [delasɑ̃] ADJ erholsam; entspannend

délassement [delasmɑ̃] M Erholung *f*; Entspannung *f*; **être un ~ pour qn** e-e Erholung, Entspannung für j-n sein

délasser [delase] A VT entspannen; erquicken; *abs lecture etc* entspannen; der Entspannung dienen B VPR **se ~** sich erholen, entspannen

délateur [delatœʀ] M, **délatrice** F Denunziant(in) *m(f)*; Spitzel *m*

délation [delasjõ] F Denunziation *f*; *par ext* Denunziantentum *n*

délavé [delave] ADJ verwaschen; *jeans* vorgewaschen; **couleur ~e** verwaschene, wässrige Farbe; **tissu ~** verwaschener Stoff

délaver [delave] VT 1 *couleurs* (durch Wasser) aus-, verwischen 2 *sol, chemin* aufweichen

délayage [delɛjaʒ] M 1 *dans un liquide* Anrühren *n* 2 *fig* **faire du ~** sich in weitschweifigen, langatmigen, umständlichen Ausführungen ergehen

délayé [deleje] M → délayage 2

délayer [deleje] VT ⟨-ay- *od* -ai-⟩ 1 anrühren (**qc dans qc** etw in etw [*dat*]) 2 *fig pensée etc* weitschweifig, umständlich, langatmig darlegen; verwässern

delco® [dɛlko] M AUTO Batteriezündanlage *f*

délectable [delɛktabl] ADJ *st/s mets, vin* köstlich

délectation [delɛktasjõ] F Genuss *m*; **avec ~** mit Genuss

délecter [delɛkte] A *st/s* VT ergötzen, *st/s* delektieren (**de** mit, durch) B VPR **se ~ à** *ou* **de qc** sich an etw (*dat*) erfreuen, ergötzen; etw genießen; an etw (*dat*) Gefallen finden

délégation [delegasjõ] F 1 (*groupe*) Delegation *f*; Abordnung *f*; Vertretung *f*; **~ commerciale** Handelsdelegation *f*; **~ syndicale** Gewerkschaftsdelegation *f*; **envoyer, recevoir une ~** e-e Delegation, Abordnung entsenden, empfangen; **venir en ~** als Abordnung erscheinen, kommen 2 Entsendung *f*, Delegierung *f* (**d'un observateur à un congrès** e-s Beobachters zu e-m Kongress) 3 Übertragung *f*, Delegierung *f*, Delegation *f* (**de pouvoirs à qn** von Macht-, Amtsbefugnissen auf j-n) 4 (*mandat*) Auftrag *m*; Vollmacht *f*; **par ~** im Auftrag (*abr* i. A.)

délégué(e) [delege] M(F) Delegierte(r) *m/f(m)*; Delegationsmitglied *n*; Vertreter(in) *m(f)*; Beauftragte(r) *m/f(m)*; **~ syndical** Gewerkschaftsvertreter *m*; ÉCOLE **~ de classe** Klassensprecher *m*; **~ du personnel** Personal-, Arbeitnehmervertreter *m*

déléguer [delege] VT ⟨-è-⟩ 1 *personne* entsenden; abordnen; delegieren; **~ un représentant à un congrès** e-n Vertreter zu e-m Kongress entsenden 2 übertragen; delegieren; **~ ses pouvoirs à qn** j-m s-e Befugnisse übertragen

Delémont [dəlemõ] GÉOG Delsberg *n*

délestage [delɛstaʒ] M 1 MAR, AVIAT Abwerfen *n*, Abwurf *m* von Ballast 2 *élect* Stromabschaltung *f* 3 AUTO **itinéraire** *m* **de ~** Ausweich-, Entlastungsstrecke *f*, -route *f*

délester [delɛste] VT 1 MAR, AVIAT Ballast abwerfen (**qc** aus etw) 2 *fig* **~ qn d'un travail** j-n von e-r Arbeit entlasten; j-m e-e Arbeit abnehmen 3 *fig et iron* **~ qn de son argent** j-n um sein Geld erleichtern

délétère [deletɛʀ] ADJ 1 *émanations* (lebens)-

D

gefährlich; schädlich **2** *fig et st/s* **influence** *f* **~** schädlicher, verderblicher Einfluss

délibérant [delibeʀɑ̃] ADJ **assemblée ~e** beschlussfassende Versammlung; Beschlussorgan *n*

délibératif [delibeʀatif] ADJ ⟨-ive⟩ **voix délibérative** beschließende Stimme

délibération [delibeʀasjõ] F **1** *d'un jury etc* Beratung *f*; **salle** *f* **des ~s** Beratungszimmer *n*; **mettre une question en ~** e-e Frage zur Beratung stellen **2** *(décision)* Beschluss *m*; **par ~ de** durch Beschluss *(+gén)* **3** *(réflexion)* Überlegung *f*; **après mûre ~** nach reiflicher Überlegung

délibéré [delibeʀe] **A** ADJ **1** fest; entschlossen; entschieden; **avoir l'intention ~e de** *(+inf)* die feste Absicht haben zu *(+inf)* **2** LOC ADV **de propos ~** absichtlich; mit Absicht; bewusst; willentlich **B** M JUR Beratung *f*

délibérément [delibeʀemɑ̃] ADV **1** *(à dessein)* wohlüberlegt; bewusst; willentlich; absichtlich **2** *(résolument)* entschlossen

délibérer [delibeʀe] V/I ⟨-è-⟩ *jury etc* beraten, beratschlagen (**sur qc** etw *ou* über etw *[acc]*); **se retirer pour ~** sich zur Beratung zurückziehen

délicat [delika] ADJ **1** *traits, objet, fig palais, mets etc* fein; *mets a.* delikat **2** *peau, fleur etc* zart; empfindlich; *santé* zart; anfällig; schwach; *enfant* zart; schwächlich; *subst* **faire le ~** zimperlich sein; → *a.* 5 **3** *fig situation, opération etc* heikel; delikat; schwierig; *la broderie* **est un travail ~** ... ist e-e Arbeit, die Geschicklichkeit verlangt **4** *personne, comportement* feinfühlig; zartfühlend; delikat; rücksichts-, taktvoll; **choquer des oreilles ~es** zarte Ohren schockieren **5** *personne (difficile)* wählerisch; anspruchsvoll; *subst* **faire le ~** sich allzu wählerisch, anspruchsvoll zeigen

délicatement [delikatmɑ̃] ADV **1** **~ travaillé, ciselé** fein gearbeitet, ziseliert **2** *agir* behutsam; vorsichtig; *par ext* taktvoll

délicatesse [delikatɛs] F **1** *des traits, fig du goût, des mets etc* Feinheit *f* **2** *de la peau etc* Zartheit *f*; Empfindlichkeit *f* **3** *d'une personne* Fein-, Zartgefühl *n*; Feinfühligkeit *f*; Rücksichtnahme *f*; Takt(gefühl) *m(n)*; **manque** *m* **de ~** Mangel *m* an Taktgefühl; Taktlosigkeit *f*

délice [delis] **1** FPL **~s** *de l'amour etc* Wonnen *fpl*; Freuden *fpl*; *de la vie* Genüsse *mpl*; **lieu** *m* **de ~s** herrliches Fleckchen Erde; Paradies *n*; **faire ses ~s de qc** sich an etw *(dat)* erfreuen; etw genießen; **faire les ~s du public** dem Publikum große Freude bereiten **2** M Wonne *f*; Genuss *m*; Freude *f*; **quel ~!** welch ein, was für ein Genuss!; **avec ~** mit Wonne, Genuss; **ce rôti est un vrai ~** dieser Braten ist ein wahrer Genuss, *fam* ein Gedicht

délicieusement [delisjøzmɑ̃] ADV köstlich; sehr angenehm

délicieux [delisjø] ADJ ⟨-euse⟩ **1** *mets* köstlich; lecker; wohlschmeckend; delikat; **parfum ~** lieblicher Duft **2** *sensation* sehr angenehm; freudig; *femme, robe, histoire* entzückend; reizend; **fraîcheur délicieuse** wohltuende Frische **3** *iron* **c'est vraiment ~!** das ist wirklich köstlich, lieblich!

délictueux [deliktɥø] ADJ ⟨-euse⟩ JUR strafbar; **fait, acte ~** strafbare, unerlaubte Handlung; Straftat *f*; Delikt *n*

délié [delje] **A** ADJ **1** **avoir la langue ~e** ein flinkes, gutes Mundwerk haben **2** *taille* fein; dünn **3** *fig esprit* scharf; klar **B** M ÉCRITURE Haar-, Aufstrich *m*

délier [delje] **A** V/T **1** aufbinden; losbinden; lösen; → *a.* **bourse** 1, **langue** 2 **2** **~ qn d'un engagement** j-n von e-r Verpflichtung entbinden **B** V/PR **se ~** *ruban, sachet etc* aufgehen

délimitation [delimitasjõ] F Abgrenzung *f*

délimiter [delimite] V/T **1** *territoire* ab-, begrenzen; Grenzen ziehen (**qc** um etw) **2** *fig sujet etc* abgrenzen; *compétence etc* (voneinander) abgrenzen

délinquance [delɛ̃kɑ̃s] F Kriminalität *f*; Straffälligkeit *f*; **~ juvénile** Jugendkriminalität *f*; **petite ~** Kleinkriminalität *f*

délinquant [delɛ̃kɑ̃], **délinquante** **A** M,F Straftäter(in) *m(f)*; Delinquent(in) *m(f)* **B** ADJ **enfance délinquante** straffällige Jugend (-liche) *f(pl)*

déliquescence [delikesɑ̃s] F völliger Verfall; Auflösung *f*; Dekadenz *f*; **déliquescent** ADJ **1** CHIM zerfließbar; stark hygroskopisch **2** *fig mœurs etc* dekadent; *vieillard* hinfällig

délirant [deliʀɑ̃] ADJ *joie, imagination etc* toll; übermäßig; ungeheuer; *joie a.* wahnsinnig; unbändig; **idées ~es** Wahnideen *fpl*; **joie ~e** *a.* Freudenrausch *m*, -taumel *m*

délire [deliʀ] M **1** MÉD Delirium *n*; (Fieber)Wahn *m*; PSYCH **~ de (la) persécution** Verfolgungswahn *m*; **avoir le ~, être en ~** im Delirium sein **2** *fig* Toben *n*; Raserei *f*; **foule** *f* **en ~** tobende, rasende Menge **3** *fam fig* Wahnsinn *m*; **c'est du ~!** das ist Wahnsinn!

délirer [deliʀe] V/I **1** MÉD im Delirium sein; fantasieren **2** *fig* **~ de joie** vor Freude rasen, toben, außer Rand und Band sein **3** *fam fig* **il délire** er redet Unsinn, dummes Zeug; *fam* er spinnt

delirium tremens [deliʀjɔmtʀemɛ̃s] M MÉD Delirium tremens *n*; Säuferwahnsinn *m*

délit [deli] M Delikt *n*; Vergehen *n*; **~ (pénal)** strafrechtliches Delikt; Straftat *f*; **~ politique** politisches Verbrechen; **~s d'atteinte à l'environnement** Umweltkriminalität *f*; **~ de fuite** Fahrer-, Unfallflucht *f*; **corps** *m* **du ~** Corpus Delicti *n*; Beweisstück *n*; **commettre un ~** ein Delikt begehen; **poursuivre qn pour ~ d'opinion** j-n wegen s-r Überzeugungen verfolgen

délivrance [delivʀɑ̃s] F **1** Befreiung *f* **2** *fig* Erleichterung *f*; Erlösung *f*; **ce serait une ~ pour lui** das wäre e-e Erlösung für ihn **3** MÉD Nachgeburt *f*; *par ext* Entbindung *f* **4** *d'un passeport etc* Ausstellung *f*; Ausfertigung *f*; *de billets* Ausgabe *f*; *d'un brevet* Erteilung *f*

délivrer [delivʀe] V/T **1** befreien; **~ un prisonnier** einen Gefangenen befreien **2** *fig* **~ qn de qc** j-n von etw *(peur, souci)* befreien, erlösen; **la mort l'a délivré de ses souffrances** der Tod hat ihn von s-n Leiden erlöst; **~ qn d'un importun** j-n von e-m lästigen Menschen befreien **3** *passeport etc* ausstellen; ausfertigen; *billets* ausgeben; *brevet* erteilen

délocalisation [delɔkalizasjõ] F *d'une entreprise etc* Ver-, Auslagerung *f*; Verlegung *f*; **délocaliser** V/T ver-, auslagern; verlegen

déloger [delɔʒe] V/T ⟨-geons⟩ ausquartieren; *par ext (chasser)* verjagen, -treiben

Délos [delos], [delɔs] GÉOG Delos *n*

déloyal [delwajal] ADJ ⟨-aux⟩ *adversaire* unfair; *attitude* unehrenhaft; unfair; unkorrekt; *commerçant* unredlich; unkorrekt; unreell; **ami ~** treuloser, unaufrichtiger, unzuverlässiger Freund; **concurrence ~e** unlauterer Wettbewerb

déloyauté [delwajote] F Unkorrektheit *f*; Unehrenhaftigkeit *f*; Unaufrichtigkeit *f*; Treulosigkeit *f*; **faire acte, preuve de ~** sich unfair, unkorrekt, unehrenhaft verhalten

Delphes [dɛlf] GÉOG Delphi *n*

Delphine [dɛlfin] F *Vorname*

delta [dɛlta] M **1** Delta *n*; **~ du Rhône** Rhonedelta *n* **2** *lettre* Delta *n*; **en (forme de) ~** deltaförmig; Delta...; AVIAT **aile** *f* **(en) ~** Deltaflügel *m*

deltaplane [dɛltaplan] M **a** *engin* (Flug)Drachen *m*; Hängegleiter *m*; *fam* Drachenflieger *m* **b** *sport* Drachenfliegen *n*; **faire du ~** Drachenflieger sein

deltoïde [dɛltɔid] ADJ *et* SUBST M **(muscle** *m***) ~** Deltamuskel *m*

déluge [delyʒ] M **1** BIBL **Déluge** Sintflut *f*; *a.* Sündflut *f*; *fig* **remonter au ~** weit zurückliegen; uralt sein; *loc* **après moi le ~!** nach mir die Sintflut! **2** *pluie* sintflutartiger Regen **3** *fig de larmes* Strom *m*; *de paroles* Flut *f*; *de protestations* Hagel *m*

déluré [delyʀe] ADJ **a** gewitzt; pfiffig **b** *péj* ungeniert; ungehemmt; kess

démago [demago] *fam* ABR → **démagogue**

démagogie [demagɔʒi] F POL Demagogie *f*; Volksverhetzung *f*; **faire de la ~** Hetze betreiben; hetzen; *(flatter)* den Leuten nach dem Munde reden

démagogique [demagɔʒik] ADJ demagogisch; hetzerisch; **discours** *m* **~** demagogische, hetzerische Rede

démagogue [demagɔg] **A** M/F Demagoge, -gogin *m,f* **B** ADJ *personne* demagogisch

démailler [demaje] V/PR **se ~** *bas* Laufmaschen bekommen; *tricot* aufgehen

démailloter [demajɔte] V/T *bébé* auswickeln

demain [d(ə)mɛ̃] ADV **1** morgen; **~ matin, soir, (à) midi** morgen früh *ou* Vormittag, Abend, Mittag; **à ~!** bis, auf morgen!; **d'ici (à) ~** bis morgen; **la journée de ~** der morgige Tag; **avoir tout ~ pour faire qc** den ganzen morgigen Tag haben, um etw zu tun; *fam* **ce n'est pas pour ~** *ou* **ce n'est pas ~ la veille** so schnell geht das nicht; *fam* so schnell schießen die Preußen nicht **2** *(l'avenir)* **le monde de ~** die Welt von morgen; *nous ne savons pas* **de quoi ~ sera fait** was uns das Morgen bringen wird

démancher [demɑ̃ʃe] **A** V/T **1** *outil* den Stiel, den Griff abmachen (**qc** von etw); *adjt* **démanché** *chaise etc* aus dem Leim, in die Brüche gegangen **2** *fam bras etc* ver-, ausrenken; auskugeln **B** V/PR **se ~** **1** *outil* den Stiel, den Griff verlieren **2** *fam* **se ~ le bras** sich *(dat)* den Arm ver-, ausrenken, auskugeln

demande [d(ə)mɑ̃d] F **1** Ersuchen *n*; Bitte *f*; Anfrage *f*; *écrite, officielle* Antrag *m*; Gesuch *n*; Eingabe *f*; **~ d'admission** Zulassungsantrag *m*, -gesuch *n*; **~ d'autorisation** Antrag auf Genehmigung; **~ d'emploi** Stellengesuch *n*; **~ de renseignements** Bitte, Ersuchen um Auskunft; **à, sur la ~ de qn** auf j-s Bitte, Ersuchen, Verlangen (hin); **à la ~ générale** auf allgemeinen Wunsch; **sur ~** auf Anfrage; auf Wunsch; auf Anforderung; **faire une ~** e-n Antrag stellen, ein Gesuch einreichen, e-e Eingabe machen (**à** bei) **2** **~ en mariage** Heiratsantrag *m* **3** ÉCON Nachfrage *f* (**de qc** nach etw) **4** JUR **~ (en justice, judiciaire)** Klage *f*; (Klage)Antrag *m*; **~ en divorce** Scheidungsklage *f*; **~ en, de dommages-intérêts** Klage auf Schadenersatz; Schadenersatzklage *f*; **~ en, de renvoi** Verweisungsantrag *m*; **former une ~** e-e Klage erheben, einreichen, anstrengen **5** JEUX DE CARTES Bieten *n*; Reizen *n* **6** **faire les ~s et les réponses** Fragen stellen und sie gleich selbst beantworten

demandé [d(ə)mɑ̃de] ADJ *marchandise, personne* gefragt; begehrt; *personne a.* beliebt

demander [d(ə)mɑ̃de] **A** V/T **1** *(solliciter)* bitten (**qc à qn** j-n um etw); erbitten (etw von j-m); ersuchen (j-n um etw); ADMIN beantragen; **~ aide, assistance à qn** j-n um Hilfe, Beistand bitten; **~ une augmentation de salaire** um (e-e) Gehaltserhöhung bitten, nachsuchen; **~ l'autorisation, la permission (à qn) (de faire qc)** (j-n) um die Erlaubnis bitten,

ADMIN (bei j-m) die Genehmigung einholen, um die Genehmigung nachsuchen(, etw tun zu dürfen); **~ une faveur, un service à qn** j-n um e-e Gefälligkeit, um e-n Gefallen bitten; **~ la parole** ums Wort bitten; sich zu Wort melden; **~ des renseignements à qn** j-n um Auskunft bitten, ersuchen; bei j-m Auskünfte einholen; ♦ **~ à qn de faire qc** j-n (darum) bitten, etw zu tun; ♦ **~ à** *(+inf)* bitten zu *(+inf)*; **~ à réfléchir** um Bedenkzeit bitten; **il a demandé à partir** er hat (darum) gebeten, gehen zu dürfen; ♦ **~ que …** *(+subj)* (darum) bitten, dass …; **j'ai demandé qu'il vienne** ich habe (darum) gebeten, dass er kommt *ou* kommen möge **2** *(exiger)* verlangen, (an)fordern (**qc à qn** etw von j-m); abverlangen (j-m etw); *(désirer)* wünschen, begehren (etw von j-m); TÉL **~ une communication** ein (Telefon)Gespräch anmelden; ♦ *fam* **il ne demande que ça** darauf wartet er nur; das will er ja gerade; **~ beaucoup à qn** viel von j-m verlangen; j-m viel abverlangen, zumuten; **je ne demande pas mieux!** herzlich gern!; mit dem größten Vergnügen!; **je ne demande pas mieux que de** *(+inf)* ich wünsche mir nichts sehnlicher als zu *(+inf)*; es ist mein sehnlichster Wunsch zu *(+inf)*; **~ trop à qn** *a.* j-m zu viel zumuten; j-n überfordern; **c'est trop ~** das ist zu viel verlangt; *iron fam* **il ne faut pas lui en ~ trop** für ihn ist das schon viel; *dans une vente* **~ trop cher** zu viel verlangen, fordern; **c'est tout ce que je demande** *ou* **je n'en demande pas plus** mehr verlange ich (gar) nicht; ♦ **~ à** *(+inf)* verlangen, wünschen zu *(+inf)*; **je ne demande qu'à le croire** ich möchte es gern glauben; **~ à voir qc** verlangen, wünschen, etw zu sehen; ♦ **~ que …** *(+subj)* verlangen, wünschen, dass … **3** *chose* **~ qc** etw verlangen, erfordern, benötigen, brauchen, in Anspruch nehmen; e-r Sache *(gén)* bedürfen; **cela demande une explication** das verlangt e-e Erklärung, bedarf e-r Erklärung; *travail, voyage* **~ deux jours** zwei Tage in Anspruch nehmen; *situation* **~ réflexion** Bedenkzeit erfordern; zum Nachdenken nötigen; *état de santé* **~ un repos complet** vollständige Ruhe erfordern, verlangen; *entreprise* **~ du sang-froid** Kaltblütigkeit, Beherrschtheit verlangen, erfordern; *malade, animal, plante* **~ beaucoup de soins** viel Pflege brauchen, benötigen; sorgfältiger Pflege bedürfen; ♦ **~ à être** *(+pp)* … werden müssen; *plante* **~ à être arrosé chaque jour** täglich gegossen werden müssen; *résultat* **~ à être vérifié** geprüft werden müssen **4** **~ qn** j-n verlangen; **~ un médecin, un prêtre** e-n *ou* nach e-m Arzt, Priester verlangen; *offre d'emploi* **on demande une secrétaire** Sekretärin gesucht; **on vous demande** Sie werden verlangt; man wünscht Sie zu sprechen; **~ qn au téléphone** j-n am Telefon verlangen **5** *par question* fragen (**qc à qn** j-n nach etw); **~ son avis à qn** j-n um s-e, nach s-r Meinung fragen; **~ son chemin (à qn)** (j-n) nach dem Weg fragen; **il a demandé de vos nouvelles** er hat nach Ihnen gefragt; er hat sich nach Ihnen erkundigt (**à qn** bei j-m); **~ à qn la raison de son retard** j-n nach dem Grund s-r Verspätung, s-s Zuspätkommens fragen; *fam* **je vous le demande** *ou* **je vous demande (un peu)!** muss das sein!; ist das nötig!; **~ comment, quand, pourquoi, si …** fragen, wie, wann, warum, ob …; **il ne faut pas ~ pourquoi!** man braucht (gar) nicht zu fragen warum! **6** JUR klagen (**qc** auf etw *[acc]*); e-e Klage einreichen; **~ des dommages-intérêts** auf Schadenersatz klagen; **~ le divorce** die Scheidung einreichen **7** **~ qn en mariage, ~ la main de qn** um j-n, um j-s Hand anhalten **B** V/T INDIR *fam* **~ après qn** nach j-m fragen **C** V/PR **se ~** sich fragen; **je me demande la raison de ces mesures** ich frage mich nach dem Grund dieser Maßnahmen; **je me le demande** *ou* **c'est ce que je me demande** das frage ich mich auch, möchte ich auch wissen; *fam* **c'est à se ~ si …** man fragt sich, ob …

demandeur[1] [d(ə)mɑ̃dœʀ] M, **demanderesse** [d(ə)mɑ̃dʀɛs] F JUR Kläger(in) *m(f)*

demandeur[2] [d(ə)mɑ̃dœʀ] M, **demandeuse** F: **demandeur, demandeuse d'asile** Asylbewerber(in) *m(f)*; Asylant(in) *m(f)*; **demandeur, demandeuse d'emploi** Arbeit(s)-, Stellungssuchende(r) *m/f(m)*

démangeaison [demɑ̃ʒɛzõ] F Jucken *n*; Juckreiz *m*; **j'ai une ~, des ~s** es juckt mich

démanger [demɑ̃ʒe] V/T *et* V/I ‹-geait› **1** jucken (**qn** *ou* **à qn** j-n); **ça me démange dans le dos** es juckt mich am Rücken **2** *fig* **la langue lui démange de tout dire** es brennt ihm auf der Zunge, alles zu sagen; **la main me démange** es juckt mir *ou* mich in den Fingern; **cela le démange (de** *+inf)* *fam* es kribbelt ihm in den Finger(spitze)n (zu *+inf)*

démantèlement [demɑ̃tɛlmɑ̃] M **1** Schleifen *n*; Niederreißen *n* **2** Zerschlagung *f*

démanteler [demɑ̃t(ə)le] V/T ‹-è-› **1** *forteresse* schleifen; niederreißen **2** *fig réseau etc* zerschlagen

démantibuler [demɑ̃tibyle] *fam* **A** V/T kaputt machen, schlagen; *adjt* **démantibulé** kaputt; in die Brüche gegangen **B** V/PR **se ~** kaputtgehen; in die Brüche gehen; entzweigehen

démaquillage [demakijaʒ] M Abschminken *n*

démaquillant [demakijɑ̃] **A** ADJ Abschmink…; Reinigungs…; **crème ~e, lait ~** Reinigungscreme *f*, -milch *f* **B** M Abschminke *f*; Abschminkmittel *n*

démaquiller [demakije] **A** V/T abschminken **B** V/PR **se ~** sich abschminken

démarcage M → démarquage

démarcation [demaʀkasjõ] F **1** Grenzziehung *f*; Abgrenzung *f*; **ligne** *f* **de ~** Demarkations-, Grenzlinie *f* **2** *fig* Grenze *f*; Abgrenzung *f*; Trennung *f*

démarchage [demaʀʃaʒ] M COMM Kundenwerbung *f*; Akquisition *f*; **faire du ~** als Kundenwerber, Akquisiteur, *fam* Drücker tätig sein

démarche [demaʀʃ] F **1** *(façon de marcher)* Gang *m*; Art *f* des Gehens, zu gehen **2** *fig* Vorstoß *m*; *souvent pl* **~s** Schritte *mpl*; **faire des ~s** Schritte unternehmen (**pour** *+inf* um zu *+inf*); **faire une ~ auprès de qn** bei j-m vorsprechen; **tenter une ~ (auprès de qn)** e-n Vorstoß (bei j-m) wagen **3** *de la pensée etc* Aufbau *m*; Weg *m*; Entwicklung *f*; Methode *f*

démarcheur [demaʀʃœʀ] M, **démarcheuse** F Kundenwerber(in) *m(f)*; Akquisiteur *m*; *fam* Drücker *m*

démarquage [demaʀkaʒ] M **1** Nachahmung *f*; Kopierung *f*; *résultat* Plagiat *n*; Kopie *f* **2** SPORTS Freilaufen *n*, -spielen *n*

démarque [demaʀk] F COMM Entfernung *f* des Markenzeichens, der Markierung (**d'un article** von e-m Artikel)

démarquer [demaʀke] **A** V/T **1** COMM das Markenzeichen, die Markierung entfernen, abmachen, *par ext* den Preis herabsetzen (**qc** von etw) **2** *œuvre, auteur* nachahmen; kopieren; plagiieren **3** SPORTS *joueur* freispielen **B** V/PR **se ~** **1** SPORTS sich freilaufen; sich freispielen **2** *fig* sich profilieren

démarrage [demaʀaʒ] M **1** Anfahren *n*; Starten *n*; *d'un moteur* Anlassen *n*; Anwerfen *n*; Starten *n*; Anspringen *n*; Start *m*; **~ en côte** Anfahren am Berg; **~ en trombe** Blitzstart *m* **2** *fig* Start *m*; Anfang *m*; Beginn *m*; Einleitung *f*; ÉCON Ankurbelung *f*; *par ext* Aufschwung *m* **3** SPORTS Start *m*; *a.* Spurt *m*

démarrer [demaʀe] **A** V/T **1** *affaire, production* ankurbeln; in Gang bringen; *travail etc* beginnen; in die Wege leiten; einleiten; starten **2** INFORM *ordinateur, logiciel* starten **B** V/I **1** *véhicule* anfahren; starten; sich in Bewegung setzen; *bateau* ablegen; *moteur* anspringen; **faire ~** *moteur* anlassen; anwerfen; starten *(a. véhicule)* **2** *fig affaire, travail etc* anlaufen; in Gang kommen; beginnen **3** SPORTS (los)spurten

démarreur [demaʀœʀ] M AUTO Anlasser *m*; Starter *m*

démasquer [demaske] **A** V/T **1** demaskieren; die Maske abnehmen (**qn** j-m) **2** *fig criminel, traître* entlarven; demaskieren; *espion a.* enttarnen; *intentions, fourberie etc* entlarven; enthüllen; **~ les intentions de qn** *a.* hinter j-s Absichten *(acc)* kommen; **~ son plan** s-n Plan enthüllen, aufdecken **B** V/PR **se ~** **1** sich demaskieren; s-e Maske abnehmen **2** *fig* sich entlarven, demaskieren; s-e Maske fallen lassen

démâtage [demataʒ] M MAR Entmasten *n*; Verlust *m* der Masten

démâter [demate] MAR **A** V/T entmasten **B** V/I entmastet werden; die Masten verlieren

dématérialisation [dematerjalizasjõ] F NUCL De-, Entmaterialisation *f*; Zerstrahlung *f*

d'emblée [dɑ̃ble] LOC ADV → emblée

démêlage [demɛlaʒ] M Entwirren *n*

démêlé [demele] M Streit *m*; Auseinandersetzung *f*; **avoir des ~s avec** Streit haben, in Streit liegen mit; *avec la police, la justice* zu tun haben mit

démêler [demele] V/T **1** *cheveux* auskämmen, -bürsten; *fils* entwirren **2** *fig* entwirren; aufklären; Licht bringen in *(+acc)* **3** *par ext* auseinanderhalten; unterscheiden; **~ le vrai du faux** das Wahre vom Falschen unterscheiden

démembrement [demɑ̃bʀəmɑ̃] M (Auf)Teilung *f*; Zerstückelung *f*

démembrer [demɑ̃bʀe] V/T *empire etc* (auf)teilen; zerstückeln; zersplittern

déménagement [demenaʒmɑ̃] M Um-, Auszug *m*; **camion** *m* **de ~** Möbelwagen *m*; **entreprise** *f* **de ~** Umzugsfirma *f*; Möbelspedition *f*

déménager [demenaʒe] ‹-geons› **A** V/T *meubles etc* (aus e-r Wohnung in die andere) transportieren, schaffen **B** V/I **1** um-, ausziehen **2** *fam fig (être fou) fam* spinnen

déménageur [demenaʒœʀ] M **1** *ouvrier* Möbelpacker *m* **2** *entrepreneur* Möbeltransporteur *m*, -spediteur *m*

démence [demɑ̃s] F **1** MÉD, JUR Demenz *f*; **~ précoce** Dementia praecox *f*; **~ sénile** senile Demenz **2** *fig* Verrücktheit *f*; **c'est de la ~!** das ist Irrsinn!

démener [demne] V/PR ‹-è-› **se ~** **1** (herum)toben **2** *fig* sich plagen; sich abmühen; sich abrackern

dément [demɑ̃] **A** ADJ **1** MÉD, JUR geistig behindert; *d'une personne âgée* dement; dementkrank **2** *fig* irrsinnig; verrückt **B** SUBST **~(e)** *m(f)* MÉD, JUR geistig Behinderte(r) *m/f(m)*; Demenzkranke(r) *m/f(m)*

démenti [demɑ̃ti] M Dementi *n*; **donner, opposer un ~** ein Dementi herausgeben

démentiel [demɑ̃sjɛl] ADJ ‹~le› *projet etc* unsinnig; verrückt

démentir [demɑ̃tiʀ] ‹→ partir› **A** V/T **1** **~ qn** j-n (offiziell) widerlegen; j-m (offiziell) widersprechen **2** *nouvelle etc* dementieren; für falsch erklären **3** *chose* **~ qc** etw widerlegen, entkräften, Lügen strafen **B** V/PR *amitié etc* **ne**

pas se ~ nicht nachlassen, abflauen, aufhören

démerdard [demɛʀdaʀ] *pop* M *et* ADJ → débrouillard

démerder [demɛʀde] V/PR *pop* **se ~** 1 → débrouiller B 2 *(se hâter) fam* sich tummeln; sich ranhalten

démérite [demeʀit] *litt* M Verfehlung *f*; Fehler *m*; *par ext* Schuldhaftigkeit *f*

démériter [demeʀite] V/I **~ aux yeux de qn** sich in j-s Augen *(dat)* vergehen, schuldig machen; **~ de son pays** sich s-s Landes unwürdig erweisen; *abs* **en quoi a-t-il démérité?** worin besteht sein Vergehen, s-e Schuld?

démesure [deməzyʀ] F Maßlosigkeit *f*

démesuré [deməzyʀe] ADJ 1 immens; riesig 2 *fig appétit* maßlos; *exigence a.* unmäßig; überzogen; **ambition, fierté ~e** maßloser Ehrgeiz, Stolz

démesurément [deməzyʀemɑ̃] ADV maßlos; übermäßig; unendlich

démettre [demɛtʀ] ⟨→ mettre⟩ A V/T 1 *cheville, bras etc* ver-, ausrenken; *bras, épaule a.* auskugeln 2 **~ qn de ses fonctions** j-n s-s Amtes entheben; j-n absetzen B V/PR 1 **se ~ le bras** sich *(dat)* den Arm ver-, ausrenken, auskugeln 2 **se ~ (de ses fonctions)** sein Amt niederlegen; (von s-m Amt) zurücktreten

demeurant [dəmœʀɑ̃] LOC ADV *st/s* **au ~** im Übrigen; ansonsten

demeure [dəmœʀ] F 1 Wohnsitz *m*; *fig* **accompagner qn à sa dernière ~** j-n zu s-r letzten Ruhestätte geleiten 2 LOC ADV **à ~** auf (die) Dauer; ständig 3 **mise** *f* **en ~** Mahnung *f*, Aufforderung *f* (, s-n Verpflichtungen nachzukommen); **mettre qn en ~ de** *(+inf)* j-n auffordern, mahnen zu *(+inf)*; **il (n')y a (pas) péril en la ~** es ist (keine) Gefahr im Verzug

demeuré [dəmœʀe] A ADJ (geistig) zurückgeblieben; *péj* schwachköpfig B SUBST **~(e)** *m(f)* Schwachkopf *m*; *fam* Depp *m*

demeurer [dəmœʀe] V/I 1 *(habiter)* wohnen (**à Paris, rue de la gare** in Paris, in der Bahnhofstraße); ADMIN **demeurant à Nice** wohnhaft in Nizza 2 ⟨être⟩ *(rester)* bleiben; *intention etc* fortbestehen; **~ étranger à qc** bei, an etw *(dat)* unbeteiligt bleiben; **en ~ là** *personne* die Sache nicht weiterverfolgen; es dabei bewenden lassen; nicht weiter davon, darüber sprechen; *chose* nicht fortgesetzt werden; keine weiteren Folgen haben

demi [d(ə)mi] A LOC ADJ **... et ~(e)** [edmi] ...(ein)halb; **un jour et ~** anderthalb *ou* eineinhalb Tage *mpl*; **deux litres et ~** zweieinhalb Liter *mpl*; **trois heures et ~e** dreieinhalb Stunden *fpl*; **à trois heures et ~e** um halb vier; **à midi, minuit et ~(e)** um halb eins (mittags, nachts) B LOC ADV **à ~** halb; zur Hälfte; **à ~ convaincu** halb, zur Hälfte überzeugt; **à ~ nu** halb nackt; **à ~ plein** halb voll; zur Hälfte voll C SUBST 1 **~(e)** *m(f)* Halbe(r, -s) *f(m, n)*; *un pain entier c'est trop*, **donnez-m'en un ~** geben Sie mir ein Halbes 2 M MATH Halbe(s) *n* 3 **un ~ (de bière)** ein (kleines) Glas Bier 4 M FOOTBALL, HOCKEY Mittelfeldspieler *m*; RUGBY **~ de mêlée, d'ouverture** Gedränge-, Flügelhalbspieler *m* 5 F **~e** *heure*: **à la ~e** um halb; **la ~e de sept heures** halb acht

demi-... [d(ə)mi] *préfixe* ⟨*f u. pl inv, z. B.* **demi-bottes**⟩ halb...; Halb...; → *les articles suivants*

demi-botte [d(ə)mibɔt] F Halbstiefel *m*; **demi-bouteille** F halbe *ou* kleine Flasche

demi-cercle [d(ə)misɛʀkl] M Halbkreis *m*; **en ~** im Halbkreis; **demi-circulaire** ADJ halbkreisförmig; halbrund

demi-colonne [d(ə)mikɔlɔn] F 1 *de journal* halbe Spalte 2 ARCH Wand-, Halbsäule *f*

demi-deuil [d(ə)midœj] M Halbtrauer *f*; **demi-dieu** M Halbgott *m*; **demi-douzaine** F halbes Dutzend *(a. approximation)*; **une ~ d'huîtres** ein halbes Dutzend Austern

demi-droite [d(ə)midʀwat] F MATH Strahl *m*; Halbgerade *f*

demi-écrémé [d(ə)miekʀeme] ADJ **lait ~** Halbmilch *f*; Trockenmilch *f* mit geringerem Fettgehalt *(für Säuglinge)*

demi-fin [d(ə)mifɛ̃] ADJ halbfein

demi-finale [d(ə)mifinal] F SPORTS Halb-, Semifinale *n*; **demi-finaliste** M/F SPORTS Teilnehmer(in) *m(f)* am Halb-, Semifinale; Semifinalist(in) *m(f)*

demi-fond [d(ə)mifɔ̃] M SPORTS Mittelstrecke *f*; **coureur** *m*, **course** *f* **de ~** Mittelstreckenläufer *m*, -lauf *m*; **demi-frère** M Halb-, Stiefbruder *m*; **demi-gros** M COMM Einzelhandel *m* im Großen; **demi-heure** F halbe Stunde; **demi-jour** M Dämmer-, Zwielicht *n*; Halbdunkel *n*; **demi-journée** F halber Tag

démilitarisation [demilitaʀizasjɔ̃] F Ent-, Demilitarisierung *f*; **démilitariser** V/T ent-, demilitarisieren

demi-litre [d(ə)militʀ] M halber Liter

demi-longueur [d(ə)milɔ̃gœʀ] F SPORTS halbe Länge; **gagner d'une ~** mit e-r halben Länge (Vorsprung) gewinnen

demi-lune [d(ə)milyn] F 1 FORTIFICATIONS Außenwerk *n* 2 ARCH halbkreisförmiger, halbrunder Platz 3 ADJT ⟨inv⟩ *meuble* halbkreisförmig; halbrund

demi-mal [d(ə)mimal] M **il n'y a que ~** es ist (nur) halb so schlimm

demi-mesure [d(ə)mim(ə)zyʀ] F halbe Sache; Halbheit *f*

demi-mondaine [d(ə)mimɔ̃dɛn] F Halbweltdame *f*; **demi-monde** M Halbwelt *f*; **demi-mort** *litt* ADJ halb tot

demi-mot LOC ADV **à ~** [admimo] ohne viel Worte; aufgrund, mithilfe von Andeutungen; **comprendre une lettre** *etc* **à ~** *a.* zwischen den Zeilen lesen (können)

déminage [deminaʒ] M MIL Minenräumung *f*; Entminung *f*; **déminer** V/T MIL entminen; von Minen säubern; *abs* Minen räumen

déminéralisation [demineʀalizasjɔ̃] F MÉD Demineralisation *f*; Verarmung *f* an Mineralien; **déminéraliser** V/PR **se ~** MÉD (die) Mineralien verlieren; an Mineralien verarmen

démineur [deminœʀ] M MIL Minenräumer *m*

demi-pause [d(ə)mipoz] F MUS halbe Pause

demi-pension [d(ə)mipɑ̃sjɔ̃] F 1 *à l'hôtel* Halbpension *f* 2 ÉCOLE *en France* Ganztagsschule *f* (mit gemeinsamem Mittagessen); **demi-pensionnaire** M Ganztagsschüler *m*

demi-place [d(ə)miplas] F (um die Hälfte) ermäßigte Fahrkarte; **demi-pointure** F *chaussures* Zwischengröße *f*; **demi-portion** F *fam et péj d'une personne fam* halbe Portion; **demi-queue** ADJ *et* SUBST M ⟨inv⟩ **(piano** *m***) ~** Stutzflügel *m*; **demi-reliure** F Halbleder-, Halbfranzband *m*; **demi-ronde** F TECH Halbrundfeile *f*

démis [demi] PP → **démettre** *et* ADJ *articulation* verrenkt; ausgerenkt; *épaule, bras a.* ausgekugelt

demi-saison [d(ə)misɛzɔ̃] F Übergangszeit *f*; **manteau** *m* **de ~** Übergangsmantel *m*

demi-sang [d(ə)misɑ̃] M ⟨inv⟩ *cheval* Halbblut *n*; **demi-sec** ADJ *champagne* halbtrocken

demi-sel [d(ə)misɛl] A ADJ *beurre, fromage* leicht gesalzen B M ⟨inv⟩ leicht gesalzener Frischkäse

demi-siècle [d(ə)misjɛkl] M halbes Jahrhundert; **demi-sœur** F Halb-, Stiefschwester *f*; **demi-solde** F MIL halber Sold; **demi-sommeil** M Halbschlaf *m*, -schlummer *m*; **demi-soupir** M MUS Achtelpause *f*

démission [demisjɔ̃] F 1 Rücktritt *m*; POL *a.* Demission *f*; *d'un salarié* Kündigung *f*; **lettre** *f* **de ~** Rücktrittsgesuch *n*; **donner sa ~** den Rücktritt einreichen, erklären; s-e Entlassung einreichen; s-n Abschied nehmen; *salarié* kündigen 2 *fig* Verzicht *m*; Aufgabe *f*; *des parents etc* Versagen *n*

démissionnaire [demisjɔnɛʀ] ADJ 1 zurückgetreten 2 *parents etc* die aufgeben, versagen

démissionner [demisjɔne] V/I 1 zurücktreten; *d'une fonction* ausscheiden (**de** aus); *salarié* kündigen; *iron v/t* **on l'a démissionné** er ist gegangen worden 2 *fig* (es, alles, das Ganze) aufgeben

demi-tarif [d(ə)mitaʀif] LOC ADJ *billet* **(à) ~** zum halben Preis; (um die Hälfte) ermäßigt

demi-teinte [d(ə)mitɛ̃t] F PEINT Halbton *m* *(a. fig)*; **demi-ton** M MUS Halbton *m*

demi-tour [d(ə)mituʀ] M Kehrtwendung *f*; MIL **~ (à) droite!** rechtsum kehrt!; **faire ~** kehrtmachen; umkehren

demi-vie [d(ə)mivi] F NUCL Halbwertszeit *f*

démobilisation [demɔbilizasjɔ̃] F 1 MIL Demobilisation *f*; Demobilisierung *f* 2 *fig* Demotivation *f*

démobiliser [demɔbilize] V/T 1 MIL demobilisieren *(a. abs)* 2 *fig* demotivieren; die Einsatzfreude nehmen (**qn** j-m); *adjt* **démobilisé** demotiviert; ohne Einsatzfreude

démocrate [demɔkʀat] A M/F Demokrat(in) *m(f)* B ADJ demokratisch; *aux États-Unis* **parti ~** Demokratische Partei

démocrate-chrétien [demɔkʀatkʀetjɛ̃] ADJ ⟨-ne⟩ POL christlich-demokratisch

démocratie [demɔkʀasi] F Demokratie *f*; **~ populaire** Volksdemokratie *f*; **être en ~** in e-r Demokratie leben

démocratique [demɔkʀatik] ADJ demokratisch; **démocratiquement** ADV auf demokratische Weise; auf demokratischem Wege

démocratisation [demɔkʀatizasjɔ̃] F Demokratisierung *f*

démocratiser [demɔkʀatize] A V/T 1 demokratisieren; **~ un pays** ein Land demokratisieren 2 *par ext sports, voyages etc* demokratisieren; popularisieren; allen Bevölkerungsschichten zugänglich machen; **~ l'enseignement** *a.* gleiche Bildungschancen für alle schaffen B V/PR **se ~** 1 POL demokratisch werden 2 *par ext* allen Bevölkerungsschichten zugänglich werden

Démocrite [demɔkʀit] M PHIL Demokrit *m*

démodé [demɔde] ADJ altmodisch; unmodern; überholt

démoder [demɔde] V/PR **se ~** unmodern, altmodisch werden; aus der Mode kommen

démographe [demɔgʀaf] M/F Demograf(in) *m(f)*; Bevölkerungsstatistiker(in) *m(f)*

démographie [demɔgʀafi] F Demografie *f*; Bevölkerungsstatistik *f*, -wissenschaft *f*; *par ext* **~ galopante** sprunghafte Bevölkerungszunahme

démographique [demɔgʀafik] ADJ demografisch; Bevölkerungs...; **politique** *f* **~** Bevölkerungspolitik *f*

demoiselle [d(ə)mwazɛl] F 1 *(femme célibataire)* Fräulein *n* 2 *iron (jeune fille)* junge Dame; **ces ~s** die jungen Damen 3 **~ d'honneur** Brautjungfer *f* 4 **~ du téléphone** Telefonfräulein *n* 5 ZOOL Wasserjungfer *f*

démolir [demɔliʀ] V/T 1 *construction* ein-, ab-, niederreißen; abbrechen 2 *instrument etc* kaputt machen; demolieren 3 *fig argumentation* zerstören; zunichtemachen *(a. plan)*; **~ l'autorité de qn** j-s Autorität untergraben 4 *fam* *(frapper)* ~ **qn** j-n nieder-, *fam* zusammenschlagen; **se faire** ~ nieder-, *fam* zusammengeschlagen werden 5 *fig* ~ **qn** j-n diffamieren, in Verruf bringen, *fam* heruntermachen; *par la critique* j-n verreißen 6 *excès etc* ~ **qn** j-n (physisch) zugrunde richten 7 *événements* ~ **qn** j-n niedergeschlagen machen; *plus fort fam* j-n fertigmachen

démolissage [demɔlisaʒ] M *d'un auteur, d'une œuvre* Verriss *m*; vernichtende Kritik (**de** an *+dat*); **démolisseur** M 1 CONSTR Abbrucharbeiter *m* 2 *fig* Zerstörer *m*; Vernichter *m*

démolition [demɔlisjõ] F 1 Abbruch *m*; Abriss *m*; **chantier** *m*, **entreprise** *f* **de** ~ Abbruchstelle *f*, -unternehmen *n* 2 *fig* Zerstörung *f* 3 ~**s** *pl* (Bau)Trümmer *pl*

démon [demõ] M 1 REL Dämon *m*; Teufel *m*; **être possédé du** ~ vom Teufel, von e-m bösen Geist besessen sein 2 *fig personne* Teufel *m*; *enfant* **petit** ~ Wildfang *m* 3 *par ext* **le** ~ **de la jalousie** *etc* der Dämon Eifersucht *etc*; ~ **du jeu** Spielteufel *m*; ~ **de midi** Midlife-Crisis *f*; Johannistrieb *m*

démonétisation [demɔnetizasjõ] F Außerkurssetzung *f*; Einziehung *f*; Demonetisierung *f*; **démonétiser** V/T *argent* außer Kurs setzen; aus dem Verkehr ziehen; einziehen; demonetisieren

démoniaque [demɔnjak] ADJ dämonisch; teuflisch

démonstrateur [demõstʀatœʀ] M, **démonstratrice** F Vorführer(in) *m(f)*; Vorführdame *f*; Demonstrator *m*; Werbeverkäufer(in) *m(f)*; Propagandist(in) *m(f)*

démonstratif [demõstʀatif] ADJ ⟨-ive⟩ 1 *personne* mitteilsam; überschwänglich; **peu** ~ zurückhaltend; verschlossen 2 GRAM **adjectif** ~ attributives Demonstrativpronomen; **pronom** ~ *ou subst* ~ *m* (allein stehendes) Demonstrativpronomen; hinweisendes Fürwort

démonstration [demõstʀasjõ] F 1 *(raisonnement)* Beweisführung *f*; *(preuve)* Beweis *m*; **faire la** ~ **de qc** etw beweisen, demonstrieren 2 *d'un appareil etc* Vorführung *f*; Demonstration *f*; **faire une** ~ das Gerät, den Artikel *etc* vorführen 3 *de sentiments* Bekundung *f*; Bezeigung *f*; Äußerung *f*; ~ **de joie** Freudenbezeigung *f*; *par ext* ~ **de force** Demonstration *f* der Stärke (*a.* MIL)

démontable [demõtabl] ADJ zerlegbar

démontage [demõtaʒ] M 1 Zerlegen *n*, -ung *f*; Auseinandernehmen *n*; Demontage *f*; Abbau(en) *m(n)* 2 *d'un pneu etc* Abmontieren *n*

démonté [demõte] ADJ *mer* aufgewühlt

démonte-pneu [demõtpnø] M ⟨*pl* démonte-pneus⟩ TECH Montierhebel *m*

démonter [demõte] A V/T 1 *machine, meuble etc* zerlegen; auseinandernehmen; demontieren (*a. usine*); *tente* abbrechen; *tricot* aufziehen; ~ **un échafaudage** ein Gerüst abbauen 2 *pièce de machine, roue etc* abmontieren; *pièce a.* ausbauen; ~ **une porte** eine Tür aushängen 3 *cheval: cavalier* abwerfen 4 *fig* ~ **qn** j-n aus der Fassung bringen, verwirren, in Verwirrung stürzen, verunsichern B V/PR **se** ~ 1 *appareil etc* zerfallen; auseinanderfallen 2 *personne* die Fassung verlieren; sich aus der Fassung bringen lassen; unsicher werden

démontrable [demõtʀabl] ADJ beweisbar

démontrer [demõtʀe] V/T 1 *principe, vérité etc* beweisen 2 *par ext* demonstrieren; aufzeigen; beweisen; hinweisen auf (*+acc*); vor Augen führen

démoralisant [demɔʀalizɑ̃] ADJ entmutigend; deprimierend; demoralisierend; **démoralisateur** ADJ ⟨-trice⟩ demoralisierend; zersetzend

démoralisation [demɔʀalizasjõ] F 1 *action* Demoralisierung *f*; Entmutigung *f* 2 *état* Mutlosigkeit *f*; Deprimiertheit *f*

démoraliser [demɔʀalize] A V/T demoralisieren; entmutigen; die Zuversicht nehmen (**qn** j-m) B V/PR **se** ~ den Mut, die Zuversicht verlieren

démordre [demɔʀdʀ] V/T INDIR ⟨→ rendre⟩ **ne pas** ~ **d'une opinion** von e-r Meinung nicht abgehen; auf e-r Meinung beharren; **il n'en démord pas** er lässt sich nicht davon abbringen; er beharrt darauf; er lässt nicht locker

Démosthène [demɔstɛn] M HIST Demosthenes *m*

démotiver [demɔtive] V/T demotivieren

démoulage [demulaʒ] M Herausnehmen *n* aus der Form

démouler [demule] V/T aus der Form nehmen; ~ **un gâteau** einen Kuchen aus der Form nehmen

démoustiquer [demustike] V/T von Mücken befreien; die Mücken vernichten (**un lieu** an e-m Ort)

démultiplicateur [demyltiplikatœʀ] M TECH Untersetzungsgetriebe *n*; **démultiplication** F TECH Übersetzung *f*; *t/t* Untersetzung *f*

démultiplier [demyltiplije] V/T TECH übersetzen; *t/t* untersetzen

démunir [demyniʀ] A V/T ~ **qn de qc** j-m etw wegnehmen; j-n um etw bringen; *st/s* j-n e-r Sache (*gén*) berauben; **être démuni** *(sans argent)* ohne Geld, mittellos sein, dastehen; *fig* hilflos dastehen B V/PR **se** ~ **de qc** etw weg-, abgeben; sich e-r Sache (*gén*) entledigen

démystification [demistifikasjõ] F Aufklärung *f*; Desillusionierung *f*; **démystifier** V/T 1 *personne* aufklären; desillusionieren 2 *chose* das Geheimnisvolle nehmen (*+dat*)

démythification [demitifikasjõ] F Entmythisierung *f*; **démythifier** V/T entmythisieren; *par ext* realistisch, kritisch betrachten

dénasalisation [denazalizasjõ] F PHON Entnasalierung *f*

dénatalité [denatalite] F Geburtenrückgang *m*

dénationalisation [denasjɔnalizasjõ] F ÉCON, POL Reprivatisierung *f*; Rückführung *f* in Privathand; **dénationaliser** V/T reprivatisieren; entnationalisieren

dénaturalisation [denatyʀalizasjõ] F Denaturalisation *f*; Ausbürgerung *f*; **dénaturaliser** V/T denaturalisieren; ausbürgern

dénaturant [denatyʀɑ̃] M Denaturierungsmittel *n*; **dénaturation** F TECH Denaturierung *f*

dénaturé [denatyʀe] ADJ 1 *goût, mœurs etc* entartet; **mère ~e, père ~, parents ~s** *a.* Rabenmutter *f*, -vater *m*, -eltern *pl* 2 *produit* denaturiert; *alcool a.* vergällt

dénaturer [denatyʀe] V/T 1 *faits, propos* entstellen; verfälschen; entstellt, falsch wiedergeben 2 *goût, parfum etc* verändern; verfälschen 3 TECH denaturieren; *alcool a.* vergällen

dénazification [denazifikasjõ] F Entnazifizierung *f*; **dénazifier** V/T entnazifizieren

dénégation [denegasjõ] F Verneinung *f*; Ab-, Bestreiten *n*; Leugnen *n*; **geste** *m* **de** ~ Geste *f* der Verneinung, Ablehnung

déneigement [denɛʒmɑ̃] M Schneeräumung *f*

dengue [dɛ̃g] F MÉD Denguefieber *n*

déni [deni] M JUR ~ **de justice** Rechts-, Justizverweigerung *f*

déniaiser [denjeze] V/T *jeunes gens* aufklären; gewitzter machen; *(dépuceler)* die Unschuld nehmen (**qn** j-m)

dénicher [deniʃe] V/T 1 *œufs, oiseaux* aus dem Nest nehmen 2 *objet rare* aufstöbern (*a. voleur*); ausfindig machen; auftreiben (*a. personne*); *fam* ergattern; aufgabeln

dénicheur [deniʃœʀ] M, **dénicheuse** F 1 j-d, der Nester ausnimmt 2 *fig* ~ **d'antiquités** *etc* j-d, der Antiquitäten *etc* aufstöbert

dénicotinisation [denikɔtinizasjõ] F Nikotinentzug *m*; **dénicotiniser** V/T das Nikotin entziehen (*+dat*); *adjt* **dénicotinisé** nikotinarm *ou* -frei

denier [dənje] M 1 HIST *à Rome* Denar *m*; *fig*, BIBL **pour trente ~s** für e-n Judaslohn; für dreißig Silberlinge 2 HIST *en France* Denier *m*; *correspond à* Heller *m* 3 ~**s publics** öffentliche Gelder *npl*, Mittel *npl*; **de ses ~s** mit s-m eigenen Geld; aus eigener Tasche 4 ÉGL CATH *en France* ~ **du culte** freiwillige Abgabe an die Kirche; *correspond à* Kirchgeld *n* 5 TEXT Denier *n*

dénier [denje] V/T 1 ~ **à qn le droit de** (*+inf*) j-m das Recht verweigern, absprechen zu (*+inf*) 2 *st/s responsabilité* ab-, bestreiten; leugnen

dénigrant [denigʀɑ̃] ADJ *paroles, ton etc* herabwürdigend

dénigrement [denigʀəmɑ̃] M Herabwürdigung *f*; Verunglimpfung *f*; **dénigrer** V/T anschwärzen; herabwürdigen, -setzen; schlechtmachen; verunglimpfen

Denis [dəni] M 1 *Vorname* 2 *saint* Dionysius *m*

Denise [dəniz] F *Vorname*

dénivelée [denivle] F Höhenunterschied *m* (*a. beim Schießen*); **déniveler** V/T ⟨-ll-⟩ *sol, rue* uneben machen; senken

dénivellation [denivɛlasjõ] F *ou* **dénivellement** M Höhenunterschied *m*

dénombrable [denõbʀabl] ADJ zählbar

dénombrement [denõbʀəmɑ̃] M Zählung *f*

dénombrer [denõbʀe] V/T 1 *personnes, choses* zählen 2 *(énumérer)* aufzählen

dénominateur [denɔminatœʀ] M MATH Nenner *m*; ~ **commun** gemeinsamer Nenner (*a. fig*); **réduire au même** ~ auf den gleichen Nenner bringen; gleichnamig machen

dénominatif [denɔminatif] ADJ *et* SUBST M (**mot** *m*, **verbe** *m*) ~ Denominativ(um) *n*

dénomination [denɔminasjõ] F Bezeichnung *f*; Benennung *f*

dénommer [denɔme] V/T (be)nennen; bezeichnen; *adjt a.* **le dénommé Deschamps** der besagte, bewusste Deschamps

dénoncer [denõse] V/T ⟨-ç-⟩ 1 *personne* anzeigen (**à la police** bei der Polizei); *bassement* denunzieren 2 *fig abus etc* anprangern 3 *accord, contrat* (auf)kündigen

dénonciateur [denõsjatœʀ] M, **dénonciatrice** F 1 j-d, der Anzeige erstattet; *péj* Denunziant(in) *m(f)* 2 ADJT **lettre dénonciatrice** schriftliche Anzeige; *péj* Denunzierungsschreiben *n*, -brief *m*

dénonciation [denõsjasjõ] F 1 Anzeige *f*; *péj* Denunziation *f*; Denunzierung *f*; ~ **anonyme** anonyme Anzeige; JUR ~ **calomnieuse** falsche Anschuldigung 2 *fig* Anprangerung *f* 3 JUR (Auf)Kündigung *f*

dénoter [denɔte] V/T ~ **qc** von etw zeugen; auf etw (*acc*) hindeuten; auf etw (*acc*) schließen lassen

dénouement [denumɑ̃] M *d'un drame, a.* THÉ Ausgang *m*; *fig* Lösung *f*; *situation* **avoir un heureux** ~ ein glückliches Ende, e-e glückliche Lösung finden; e-n glücklichen Ausgang nehmen

dénouer [denwe] A V/T 1 *nœud, cheveux etc* aufbinden, -machen; lösen; auf-, entknoten 2 *fig situation* entwirren; lösen; ~ **une crise** eine Krise lösen, beheben **B** VPR **se ~** **1** *lacets etc* aufgehen; sich lösen **2** *difficultés* sich lösen (*a.* THÉ)

dénoyauter [denwajote] VT entsteinen; entkernen

denrée [dɑ̃ʀe] F **1** (Ess)Ware *f*; *souvent pl* **~s** Lebensmittel *npl*; *pour animaux* Futtermittel *npl*; **~s alimentaires** Nahrungsmittel *npl*; **~s périssables** leicht verderbliche Lebensmittel **2** *fig* **une ~ rare** e-e Seltenheit, Rarität; etwas Seltenes

D

dense [dɑ̃s] ADJ **1** dicht (*a.* PHYS); *foule* dicht gedrängt **2** *fig style, texte* gedrängt; verdichtet; komprimiert

densimètre [dɑ̃simɛtʀ] M PHYS Densimeter *n*

densité [dɑ̃site] F **1** Dichte *f*; **~ de la population** Bevölkerungsdichte *f* **2** PHYS (Massen)-Dichte *f*; Dichtezahl *f*; Dichtigkeit *f*

dent [dɑ̃] F **1** Zahn *m*; **fausse ~** künstlicher, falscher Zahn; **~ à, sur pivot** Stiftzahn *m*; **les ~s du bas, du haut** die unteren, oberen Zähne; **~ de lait, de sagesse** Milch-, Weisheitszahn *m*; **brosse** *f* **à ~s** Zahnbürste *f*; **coup** *m* **de ~** Biss *m*; **mal** *m* **de ~s** Zahnschmerzen *mpl*, -weh *n*; **avoir mal aux ~s** Zahnschmerzen, -weh haben; ♦ *loc adv*: **dévorer à belles ~s** mit gesundem Appetit essen; *fam* tüchtig reinhauen; **mordre qc à belles ~s** kräftig, herzhaft in etw (*acc*) hineinbeißen; → *a.* déchirer A 5; **entre les ~s** undeutlich; vor sich (*acc*) hin; **grommeler entre ses ~s** in s-n Bart brummen; **armé jusqu'aux ~s** bis an die Zähne bewaffnet; ♦ **se faire arracher une ~** sich (*dat*) e-n Zahn ziehen lassen; *fam fig* **avoir la ~** *fam* e-n Mordshunger haben; *fig* **avoir la ~ dure** e-e spitze *ou* böse Zunge haben; *dans un écrit* e-e spitze Feder führen; *fig* **avoir les ~s longues** geldgierig *ou* ehrgeizig *ou* anspruchsvoll sein; *fig* **avoir, garder une ~ contre qn** e-n Groll gegen j-n hegen; *fig* **se casser les ~s sur qc** mit etw nicht zurechtkommen, nicht fertig werden; *fig* **être sur les ~s** in äußerster Anspannung, *police etc* im Großeinsatz sein; *bébé* **faire, percer ses ~s** s-e Zähne bekommen; zahnen; **manger du bout des ~s** ohne Appetit, *fam* mit langen Zähnen essen; **il mange tout ce qui lui tombe sous la ~** er isst alles, was er bekommen kann *ou* was ihm vorgesetzt wird; **n'avoir rien à se mettre sous la ~** nichts zu beißen haben **2** *d'une fourchette* Zinke *f*; *d'un peigne, d'une roue, d'un timbre* Zahn *m*; *d'une scie* Zahn *m*; Zacke *f*; *all Sud a.* Zacken *m*; **en ~s de scie** gezackt, gezahnt, gezähnt (wie e-e Säge); sägeförmig; *fig* in e-m ständigen Auf und Ab **3** *d'une montagne* Zacke *f*; Horn *n*

dentaire [dɑ̃tɛʀ] ADJ **a** Zahn...; **prothèse** *f* **~** Zahnprothese *f* **b** zahnärztlich; **cabinet** *m* **~** Zahnarztpraxis *f*; **soins** *mpl* **~s** zahnärztliche Behandlung

dental [dɑ̃tal] ADJ ‹-aux› *et* SUBST F PHON (**consonne** *f*) **~e** Dental(laut) *m*; Zahnlaut *m*

denté [dɑ̃te] ADJ gezahnt; gezähnt; gezackt; TECH **roue ~e** Zahnrad *n*

dentelé [dɑ̃tle] ADJ (ungleichmäßig) gezahnt, gezähnt, gezackt

denteler [dɑ̃tle] VT ‹-ll-› mit Zähnen *ou* Zacken versehen; auszacken

dentelle [dɑ̃tɛl] F **1** Spitze *f*; **~ mécanique** Maschinenspitze *f*; **col** *m* **de ~** Spitzenkragen *m* **2** *par ext* **~ de papier** Spitzenpapier *n* **3** ADJT CUIS **crêpes** *fpl* **~** hauchdünne Pfannkuchen *mpl*

dentellier [dɑ̃təlje] **A** ADJ ‹-ière› Spitzen...; **industrie dentellière** Spitzenindustrie *f* **B** F **dentellière** (Spitzen)Klöpplerin *f*

dentelure [dɑ̃tlyʀ] F Auszackung *f*, -zahnung *f*

dentier [dɑ̃tje] M (künstliches) Gebiss; (Zahn)-Prothese *f*

dentifrice [dɑ̃tifʀis] **A** M Zahncreme *f*, -pasta *f*; **un tube de ~** e-e Tube Zahncreme, -pasta **B** ADJ **eau** *f* **~** Mundwasser *n*; **pâte** *f*, **poudre** *f* **~** Zahncreme *f* *ou* -pasta *f*, -pulver *n*

dentine [dɑ̃tin] F ANAT Zahnbein *n*; Dentin *n*

dentiste [dɑ̃tist] M/F Zahnarzt, -ärztin *m,f*; **aller chez le ~** zum Zahnarzt gehen

dentisterie [dɑ̃tistəʀi] F Zahnmedizin *f*, -heilkunde *f*

dentition [dɑ̃tisjõ] F **1** (*dents*) (natürliches) Gebiss **2** (*formation des dents*) Dentition *f*; Zahnung *f*; **première ~** Zahnen *n*; Durchbruch *m* der Milchzähne

denture [dɑ̃tyʀ] F TECH *d'une scie etc* Zahnung *f*

dénucléariser [denykleaʀize] VT zur kern-, atomwaffenfreien Zone erklären, machen; *adjt* **zone dénucléarisée** kern-, atomwaffenfreie Zone

dénudé [denyde] ADJ *bras, dos etc* nackt; entblößt; *arbre, paysage, crâne* kahl; *câble* blank

dénuder [denyde] VT *bras etc* entblößen; **~ un câble** ein Kabel bloß legen, freilegen

dénué [denɥe] ADJ **~ de qc** ohne etw; ...los; **~ d'esprit** geistlos; **~ de fondement** unbegründet; grundlos; **être ~ de tout fondement** jeglicher Grundlage entbehren; **~ d'intérêt** uninteressant; ohne Interesse; **~ de sens** sinnlos

dénuement [denymɑ̃] M Mittellosigkeit *f*; Ärmlichkeit *f*; Not *f*

dénuer [denɥe] VPR *st/s* **se ~ de tout pour qn** sich für j-n aufopfern; das Letzte für j-n hingeben

dénutrition [denytʀisjõ] F MÉD **a** (*assimilation insuffisante*) mangelhafte Nahrungsverwertung **b** (*nutrition insuffisante*) Mangelernährung *f*

déodorant [deɔdɔʀɑ̃] M Deodorant *n*

déontologie [deõtɔlɔʒi] F Berufsethos *n*; (Kodex *m* der) Berufs-, Standespflichten *fpl*; *t/t* Deontologie *f*

dép. ABR **1** (*départ*) Abf. (Abfahrt) **2** (*député*) Abg. (Abgeordneter)

dépaillé [depaje] ADJ **chaise ~e** Stuhl, dessen Strohsitz sich auflöst

dépannage [depanaʒ] M **1** Pannenhilfe *f*; Reparatur *f*; Instandsetzung *f*; AUTO **service** *m* **de ~** Abschleppdienst *m* **2** *fam fig* Hilfe (-leistung) *f*

dépanner [depane] VT **1** die Panne beheben (**la voiture** am Auto); reparieren; instand setzen; *voiture a.* abschleppen **2** *fam fig* **~ qn** j-m aus der Verlegenheit, *fam* aus der Patsche helfen; j-m aus-, weiterhelfen; *fam* j-m unter die Arme greifen

dépanneur [depanœʀ] M Kunden-, Pannendienst *m*; **dépanneuse** F Abschleppwagen *m*

dépaqueter [depakte] VT ‹-tt-› auspacken

dépareillé [depaʀeje] ADJ **1** *service, collection etc* unvollständig; nicht mehr vollständig, komplett; *gant etc* einzeln **2** *tasses etc* nicht zusammenpassend, zusammengehörend; **dépareiller** VT *collection* unvollständig machen

déparer [depaʀe] VT verunstalten; entstellen; verschandeln; verunzieren; **ce tableau ne dépare pas sa collection** dieses Gemälde ist e-e Zierde s-r Sammlung, passt gut in s-e Sammlung

départ [depaʀ] M **1** *de personnes* Abreise *f*; Aufbruch *m*; *d'un train, bus, bateau* Abfahrt *f*; *d'un avion* Abflug *m*; CH DE FER **~ ... arrivée ... ab ... an ...**; **heure** *f* **du ~** Abfahrtszeit *f*; **préparatifs** *mpl* **de ~** Reisevorbereitungen *fpl*; **être sur le ~** im Begriff sein abzureisen; reisefertig sein **2** SPORTS Start *m*; **faux ~** Fehlstart *m*; **ligne** *f* **de ~** Startlinie *f*; **donner le ~** das Startzeichen geben (*a. fig*) (**à** für); **prendre le ~** starten; **prendre un bon ~** e-n guten Start haben (*a. fig*); *fig* **prendre un nouveau ~** neu beginnen **3** (*début*) Anfang *m*; Beginn *m*; **point** *m* **de ~** Ausgangspunkt *m*; *fig a.* Ansatzpunkt *m*; *loc adv*: **au ~** am, zu Anfang; zu Beginn; anfangs; anfänglich; **dès le ~** von Anfang an **4** *d'un fonctionnaire etc* Abgang *m*; Rücktritt *m*; Ausscheiden *n* **5** PRÉP COMM ab ...; **prix** *m* **~ usine** Preis *m* ab Werk

départager [depaʀtaʒe] VT ‹-geons› **~ deux candidats** zwischen zwei Kandidaten die Entscheidung herbeiführen; **~ les jurés** bei der Abstimmung der Geschworenen den Ausschlag geben; **~ les votes** die Stimmengleichheit aufheben

département [depaʀtəmɑ̃] M **1** Departement *n*; **le ~ de l'Essonne** das Departement Essonne **2** *dans une entreprise etc* Abteilung *f*; *USA* **Département d'État** State Department *n*; Außenministerium *n* **3** *d'un fonctionnaire* Ressort *n*; Geschäfts-, Amtsbereich *m*

départemental [depaʀtəmɑ̃tal] ADJ ‹-aux› Departements...; **route ~e** *ou subst* **~e** *f* Landstraße *f* (erster Ordnung)

départir [depaʀtiʀ] ‹→ partir› **A** VT *st/s tâche* anvertrauen, übertragen (**à qn** j-m); *faveurs* erweisen (**à qn** j-m) **B** VPR **se ~ de qc** etw aufgeben; **sans se ~ de son calme** ohne s-e Ruhe zu verlieren

dépassé [depase] ADJ überholt; veraltet

dépassement [depasmɑ̃] M **1** AUTO Überholen *n*; Überholvorgang *m*; **~ dangereux** gefährliches Überholen **2** *de crédit etc* Überschreitung *f*; Überziehung *f* **3** *fig* **~ (de soi-même)** Über-sich-selbst-Hinauswachsen *n*

dépasser [depase] **A** VT **1** *personne, véhicule* überholen (*a. abs*); SPORTS *a.* **~ qn** an j-m vorbeiziehen **2** *ligne d'arrivée etc* hinausgehen *ou* -fahren über (*+acc*); *cap* umfahren **3** *personne, maison etc* überragen; hinausragen über (*+acc*); **~ qn d'une tête** j-n um Haupteslänge überragen **4** *somme, temps, quantité* überschreiten; übersteigen; überziehen; **l'entretien ne dépassera pas dix minutes** das Gespräch wird nicht länger als zehn Minuten dauern; COMM **l'offre dépasse la demande** das Angebot übersteigt die Nachfrage **5** *fig espoirs, prévisions* übertreffen; *compétences* überschreiten; **~ l'imagination** die Vorstellungskraft übersteigen; **cela dépasse mes forces** das übersteigt meine Kräfte; das geht über meine Kräfte; **les mots ont dépassé sa pensée** s-e Worte waren heftiger als beabsichtigt; → *a.* borne 3 **6** *fig* **cela le dépasse** (*c'est trop difficile*) das übersteigt s-e Fähigkeiten; da ist er überfordert; (*il ne comprend pas*) das geht ihm nicht in den Kopf hinein; er kann es nicht fassen; **il est dépassé (par les événements)** er wird der Dinge nicht mehr Herr; die Dinge wachsen ihm über den Kopf **B** VI hinausragen (**de** über *+acc*); herausragen, -stehen (aus); *robe* **~ du** *ou* **sous le manteau** unter dem Mantel hervorschauen, *fam* -gucken **C** VPR **1** **se ~** einander überholen; aneinander vorbeigehen *ou* -fahren **2** *fig* **se ~ (soi-même)** über sich (*acc*) selbst hinauswachsen; sich selbst übertreffen

dépassionner [depasjɔne] VT entschärfen; versachlichen; **~ un débat** eine Debatte entschärfen, versachlichen

dépatouiller [depatuje] VPR *fam* **se ~** *fam* sich (*dat*) selbst aus der Patsche helfen; sich aus dem Schlamassel ziehen

dépaver [depave] VT **~ une rue** das Pflaster e-r Straße aufreißen

dépaysement [depeizmɑ̃] M 1 Fremdsein *n;* Unvertrautsein *n;* Verloren-, Verlassenheit *f* 2 *positif* Orts-, *fam* Tapetenwechsel *m*
dépayser [depeize] V/T ein Gefühl der Fremdheit geben (**qn** j-m); *adjt* **se sentir dépaysé** sich *(dat)* fremd, verloren, verlassen vorkommen; sich nicht zu Hause fühlen
dépeçage [depəsaʒ] M Zerreißen *n;* Zerlegen *n;* Auseinandernehmen *n*
dépecer [depəse] V/T ‹-è-, -ç-› *proie* zerreißen; in Stücke reißen; *bœuf etc* auseinandernehmen; zerlegen
dépêche [depɛʃ] F Depesche *f*
dépêcher [depeʃe] A V/T **~ qn auprès de qn** j-n schnell zu j-m schicken B V/PR **se ~** sich beeilen (**de faire qc** etw zu tun, mit etw); sich sputen; **dépêche-toi!** *a.* mach schnell!; *fam* **dépêchons!** schnell!; rasch!
dépeigner [depeɲe] V/T → décoiffer A 1
dépeindre [depɛ̃dʀ] V/T ‹→ peindre› beschreiben; schildern
dépenaillé [dep(ə)naje] ADJ zerlumpt; *tenue a.* zerfetzt; zerschlissen
dépendance [depɑ̃dɑ̃s] F 1 Abhängigkeit *f* (*a. d'une drogue*); **être sous la ~ de qn** in Abhängigkeit von j-m sein; sich in Abhängigkeit von j-m befinden 2 MÉD Pflegebedürftigkeit *f* 3 *souvent* PL **~s** Nebengebäude *npl;* dazugehörende Ländereien *fpl; sg d'un hôtel* Dependance *f*
dépendant [depɑ̃dɑ̃] ADJ 1 abhängig; **être ~ de qn** von j-m abhängig sein 2 **être ~ (d'une drogue)** drogenabhängig, -süchtig sein 3 MÉD pflegebedürftig; **personne ~e** *a.* Pflegefall *m*
dépendeur [depɑ̃dœʀ] M *fam* **grand ~ d'andouilles** *fam* langer Lulatsch
dépendre [depɑ̃dʀ] ‹→ rendre› A V/T *tableau etc* abhängen; abnehmen B V/T INDIR 1 *chose* **~ de qc, de qn** von etw, von j-m abhängen; an etw, an j-m liegen; *abs* **ça dépend** das kommt d(a)rauf an; je nachdem; *impersonnel* **il dépend de lui que …** (*+subj*) *ou* **de** (*+inf*) es hängt von ihm ab, es liegt an ihm, ob … *ou* zu (*+inf*) 2 *personne* **~ de qn** von j-m abhängig sein; von j-m abhängen; auf j-n angewiesen sein 3 (*faire partie*) **~ de qc** zu etw gehören; *territoire* **~ administrativement de la France** verwaltungsmäßig zu Frankreich gehören
dépens [depɑ̃] MPL 1 LOC PRÉP **aux ~ de qn, de qc** auf j-s Kosten (*acc*), auf Kosten e-r Sache (*gén*) (*a. fig*); **à mes ~** auf meine Kosten; **je l'ai appris à mes ~** ich bin durch Schaden klug geworden; ich habe dafür (mein) Lehrgeld bezahlt; **vivre aux ~ d'autrui** auf Kosten anderer leben 2 JUR Gerichtskosten *pl;* **être condamné aux ~** zur Zahlung der Kosten verurteilt werden
dépense [depɑ̃s] F 1 Ausgabe *f;* Auslage *f;* Aufwendung *f;* **faire une grosse ~, de grosses ~s** viel Geld ausgeben; **~s publiques** öffentliche Ausgaben *fpl;* Staatsausgaben *fpl;* **~s du ménage** Haushaltsausgaben *fpl;* → *a.* regarder B 2 *fig* Aufwand *m;* **~ nerveuse** nervliche Belastung; **~ physique** physische Anstrengung, Belastung; **~ de forces, de temps** Aufwand an Kraft, Zeit; Kraft-, Zeitaufwand *m* 3 TECH Verbrauch *m;* **~ d'énergie** Energieverbrauch *m*
dépenser [depɑ̃se] A V/T 1 *argent* ausgeben; aufwenden; verausgaben; **~ sans compter** mit vollen Händen Geld ausgeben 2 *fig temps, énergie etc* aufwenden B V/PR **se ~** 1 sich (physisch) verausgaben 2 *fig* sich anstrengen
dépensier [depɑ̃sje] A ADJ ‹-ière› verschwenderisch; ausgabenfreudig B SUBST **~, dépensière** *m,f* Verschwender(in) *m(f)*

déperdition [depɛʀdisjõ] F Verlust *m;* Schwund *m;* **~ de chaleur, d'énergie** Wärme-, Energieverlust *m*
dépérir [depeʀiʀ] V/I 1 *malade* dahinsiechen; *plante* verkümmern; eingehen; **il dépérit** *a.* mit ihm geht es bergab 2 *fig industrie, civilisation etc* allmählich zugrunde gehen; *affaires* allmählich zum Erliegen kommen
dépérissement [depeʀismɑ̃] M 1 *d'un malade* Dahinsiechen *n; d'une plante* Verkümmern *n;* Eingehen *n;* **~ des forêts** Waldsterben *n* 2 *fig* Niedergang *m;* Verfall *m*
dépersonnaliser [depɛʀsɔnalize] A V/T entpersönlichen; *pouvoir* den Händen e-s Einzelnen entziehen B V/PR **se ~** *relations etc* unpersönlich werden
dépêtrer [depetʀe] A V/T 1 befreien, herausziehen, -holen (**de** aus) 2 *fig* **~ qn** j-n befreien, j-m heraushelfen (**de** aus) B V/PR **se ~** 1 sich befreien (**de qc** aus etw) 2 *fig* loskommen, sich frei machen (**de qn, qc** von j-m, etw)
dépeuplement [depœpləmɑ̃] M Entvölkerung *f*
dépeupler [depœple] A V/T **~ une région** eine Gegend entvölkern B V/PR **se ~** sich entvölkern
déphasage [defazaʒ] M 1 PHYS Phasenverschiebung *f* 2 *fig* mangelnde Anpassung; Orientierungslosigkeit *f*
déphasé [defaze] ADJ 1 PHYS phasenverschoben 2 *fig* nicht angepasst; orientierungslos; **être ~** sich nicht mehr zurechtfinden
dépiauter [depjote] *fam* V/T 1 das Fell *ou* die Haut abziehen (*+dat*); ab-, enthäuten 2 *par ext* **~ qc** die Hülle von etw abreißen
dépilation [depilasjõ] F 1 MÉD Haarschwund *m;* Haarausfall *m* 2 → épilation
dépilatoire [depilatwaʀ] A ADJ Enthaarungs… B M Enthaarungsmittel *n*
dépistage [depistaʒ] M MÉD Erkennung *f;* Nachweis *m;* Feststellung *f;* **~ précoce** Früherkennung *f;* Vorsorge *f*
dépister [depiste] V/T 1 *maladie, influence etc* nachweisen; feststellen; erkennen; herausfinden; **~ une fraude** einer Betrügerei auf die Spur kommen 2 *criminel etc* auf die Spur kommen (**qn** j-m); aufspüren; ausfindig machen; *gibier* aufspüren
dépit [depi] M 1 Verdruss *m;* Verstimmung *f;* Missmut *m;* Unwille *m;* **par ~** aus Trotz; *ou* verletzter Eitelkeit; **avoir, éprouver du ~** verdrossen, verstimmt, missmutig, unwillig sein; **causer du ~ à qn** j-m Verdruss bereiten; j-n verdrießen, verstimmen, verärgern 2 LOC PRÉP **en ~ de** trotz (*+gén, rarement +dat*); ungeachtet (*+gén*); **en ~ de mes conseils** trotz meiner Ratschläge; meinen Ratschlägen zum Trotz; **en ~ du bon sens** völlig planlos; schlampig
dépité [depite] ADJ verstimmt; verdrossen; missmutig; enttäuscht; **dépiter** V/T verstimmen; verdrießen; verärgern
déplacé [deplase] ADJ 1 *propos, geste etc* unpassend; unangebracht; fehl am Platz; deplatziert; *par ext* taktlos 2 POL **personne ~e** Vertriebene(r) *m/f(m)*
déplacement [deplasmɑ̃] M 1 Umstellen *n,* -ung *f;* Verrücken *n;* Verschieben *n,* -ung *f;* Bewegung *f* 2 Versetzung *f;* **~ d'office** Strafversetzung *f* 3 Reise *f;* Fahrt *f;* **frais** *mpl* **de ~** Reise-, Fahrtkosten *pl,* -spesen *pl;* **être en ~** auf Reisen sein; *professionnellement* auswärts *ou* im Außendienst arbeiten; SPORTS auswärts spielen; **cela vaut le ~** das ist e-e Reise wert 4 MAR Wasserverdrängung *f*
déplacer [deplase] ‹-ç-› A V/T 1 *objet* umstellen; verrücken; verschieben; *virgule* versetzen; **~ un élève** einen Schüler umsetzen; **~ une entreprise** ein Unternehmen verlagern, verlegen; **~ un fonctionnaire** einen Beamten versetzen 2 *fig* **~ un problème** ein Problem verlagern 3 (*reporter*) verlegen 4 MAR *navire* **~ 2000 tonnes** 2000 Tonnen verdrängen; e-e Wasserverdrängung von 2000 Tonnen haben 5 *population* verschleppen; (zwangsweise) umsiedeln; vertreiben B V/PR **se ~** 1 sich (fort)bewegen; *chose a.* sich verschieben 2 (*voyager*) (ver)reisen 3 (*se déranger*) eigens kommen 4 **il s'est déplacé une vertèbre** bei ihm hat sich ein Wirbel verschoben
déplaire [deplɛʀ] ‹→ plaire› A V/T INDIR **~ à qn** j-m missfallen, nicht gefallen, nicht zusagen; j-s Missfallen erregen; **il ne me déplaît pas** er missfällt mir nicht; er ist mir gar nicht so unsympathisch B V/IMP **il me déplaît de** (*+inf*) es missfällt mir zu (*+inf*); *loc* **ne vous en déplaise** ob es Ihnen gefällt, passt oder nicht C V/PR **se ~** sich nicht wohlfühlen
déplaisant [deplɛzɑ̃] ADJ 1 *personne* unsympathisch; widerwärtig 2 *bruit etc* unangenehm; störend; **remarque ~e** unfreundliche, verletzende Bemerkung
déplaisir [deplezir] M Missfallen *n;* **à mon grand ~** zu meinem großen Missfallen
déplanter [deplɑ̃te] V/T um-, verpflanzen; um-, versetzen
déplâtrer [deplɑtʀe] V/T MÉD den Gipsverband, *fam* den Gips abnehmen (**un membre** von e-m Glied; **qn** j-m)
dépliage [deplijaʒ] M Auseinander-, Entfalten *n*
dépliant [deplijɑ̃] M 1 (*prospectus*) Faltprospekt *m,* -blatt *n* 2 *dans un livre* Faltafel *f,* -blatt *n*
déplier [deplije] A V/T auseinanderfalten; entfalten B V/PR **se ~** sich auseinanderfalten (lassen); sich öffnen
déplisser [deplise] A V/T die Falten entfernen (aus) B V/PR **se ~** die Falten verlieren; wieder glatt werden
déploiement [deplwamɑ̃] M 1 Auseinander-, Entfalten *n; des ailes* Ausbreiten *n* 2 *fig de zèle, de courage etc* Entfaltung *f;* Aufbietung *f; de luxe, de puissance etc* Entfaltung *f;* Zurschaustellung *f;* Demonstration *f* 3 MIL Aufmarsch *m; de fusées* Stationierung *f*
déplorable [deplɔʀabl] ADJ 1 beklagens-, bedauernswert; bedauerlich (*a. incident*); **état** *m* **~** beklagenswerter, jämmerlicher Zustand 2 *style, goût, comportement etc* miserabel; erbärmlich
déplorer [deplɔʀe] V/T *perte, victime etc* beklagen; **~ un incident** einen Zwischenfall bedauern
déployer [deplwaje] ‹-oi-› A V/T 1 (ganz) auseinanderfalten, entfalten; ausbreiten; *ailes* ausbreiten, -spannen; *filet* auslegen, -spannen; → *a.* gorge 1 2 *fig zèle, courage, éloquence etc* entfalten; entwickeln; aufbieten; *puissance, luxe etc* entfalten; zur Schau stellen; demonstrieren 3 MIL *troupes* aufmarschieren lassen; *fusées etc* stationieren B V/PR **se ~** 1 sich entfalten; *parachute* aufgehen 2 MIL aufmarschieren
déplumé [deplyme] ADJ 1 *fam personne* (fast) kahl (*a. crâne*); kahl-, glatzköpfig 2 **oiseau ~** Vogel, der s-e Federn verloren hat
déplumer [deplyme] V/PR **se ~** 1 *fam personne* kahl werden; *fam* e-e Platte bekommen 2 *oiseau* s-e Federn verlieren
dépoétiser [depɔetize] V/T realistisch sehen; entzaubern
dépoitraillé [depwatʀaje] *fam* ADJ *femme fam* sehr offenherzig; *homme* mit weit offen stehendem Hemd
dépoli [depɔli] ADJ **verre ~** Mattglas *n;* **dépolir** V/T TECH mattieren; matt schleifen

D

dépolitisation [depɔlitizasjõ] F Entpolitisierung *f*; **dépolitiser** V/T entpolitisieren

dépolluer [depɔlɥe] V/T die (Umwelt)Verschmutzung beseitigen (**les plages** der Strände); sanieren; reinigen; entgiften

dépollution [depɔ(l)lysjõ] F Beseitigung *f* der Umweltverschmutzung; Reinigung *f*; Entgiftung *f*

déponent [depɔnɑ̃] ADJ *et* SUBST M GRAM (**verbe** *m*) ~ Deponens *n*

dépopulation [depɔpylasjõ] F Entvölkerung *f*; Bevölkerungsrückgang *m*

déportation [depɔʀtasjõ] F 1 POL Deportation *f*; Verschleppung *f* (in ein Konzentrationslager) 2 HIST Deportation *f*; Verbannung *f*; **déporté(e)** M(F) Deportierte(r) *m/f(m)*

déportement [depɔʀtəmɑ̃] M Zur-Seite-gedrückt-Werden *n*; Ausscheren *n*

déporter [depɔʀte] A V/T 1 *vent etc: véhicule* abdrängen; aus der Fahrtrichtung, zur Seite drücken; hinaustragen (**dans un virage** aus e-r Kurve); *vent* **~ un avion, un bateau** ein Flugzeug, ein Schiff abtreiben 2 *personne* deportieren; (in ein Konzentrationslager) verschleppen B V/PR **se ~** *véhicule* von der Fahrtrichtung abkommen; abgedrängt werden; ausscheren

déposant [depozɑ̃] M, **déposante** F COMM Deponent(in) *m(f)*; Hinterleger(in) *m(f)*; *d'argent* Einzahler(in) *m(f)*

dépose [depoz] F TECH Ausbau(en) *m(n)*; Abmontieren *n*

déposé [depoze] ADJ COMM, JUR **marque ~e, nom ~** eingetragene Marke; **modèle ~** Gebrauchsmuster *n*

déposer [depoze] A V/T 1 *objet* ab-, nieder-, hin-, wegstellen, -legen; *couronne* niederlegen; *passager* absetzen; **~ qc chez qn** etw bei j-m abgeben; **~ les armes** die Waffen strecken, niederlegen; **~ qn à la gare** j-n am Bahnhof absetzen; **défense de ~ des ordures!** Schutt-, Müllabladen verboten! 2 *en lieu sûr* deponieren; hinterlegen; in Verwahrung geben; **~ de l'argent** Geld einzahlen; **~ ses bagages** sein Gepäck deponieren, abgeben 3 *projet de loi* einbringen; *brevet* anmelden; *nom, marque* eintragen lassen; **~ son bilan** Konkurs anmelden, beantragen; **~ une plainte** Strafantrag stellen, (Straf)Anzeige erstatten (**contre qn** gegen j-n) 4 TECH ausbauen; abmontieren 5 *souverain etc* absetzen 6 *fleuve: alluvions etc* ablagern 7 **~ un baiser sur le front de qn** j-m e-n Kuss auf die Stirn drücken B V/I 1 *au tribunal* aussagen 2 *liquide* e-n (Boden)Satz, Niederschlag bilden C V/PR **se ~** *poussière* sich legen; *lie etc* sich absetzen; CHIM *a.* sich niederschlagen; *boue etc* sich ablagern

dépositaire [depozitɛʀ] M 1 *de documents etc* Verwahrer *m*; FIN Depositar *m*; Depositär *m* 2 *par ext* Träger *m*; *d'un secret* Mitwisser *m* 3 COMM Auslieferer *m*; **~ exclusif** Alleinauslieferer *m*

déposition [depozisjõ] F 1 JUR (Zeugen)-Aussage *f*; **~ des témoins** Zeugenaussage *f* 2 *d'un souverain etc* Absetzung *f* 3 PEINT **Déposition de Croix** Kreuzabnahme *f*

déposséder [depɔsede] V/T ‹-è-› **~ qn** j-n enteignen; **~ qn de qc** j-m das Besitzrecht an etw *(dat)* entziehen; j-m etw entziehen

dépossession [depɔsesjõ] F Enteignung *f*; Entzug *m*

dépôt [depo] M 1 *d'une couronne* Niederlegung *f*; *d'un testament, d'une somme etc* Hinterlegung *f*; **~ légal** Ablieferung *f* der Pflichtexemplare; **~ de bilan** Konkursanmeldung *f*, -antrag *m*; **~ de brevet** Patentanmeldung *f*; **~ de la demande** Antragstellung *f*; **~ des ordures** Müll-, Schuttabladen *n*; **~ de titres** Wertpapierdepot *n*, -verwahrung *f* 2 FIN **~ (bancaire)** Einlage *f*; Spareinlage *f*; **~s** *a.* Depositen *pl*; **~ à terme** Termingeld *n*; **~ à vue** Sichteinlage *f*; **banque** *f* **de ~s** Depositenbank *f* 3 *objet* Depot *n*; aufbewahrter *ou* hinterlegter Gegenstand 4 *lieu* Depot *n* (*a.* MIL); Aufbewahrungsort *m*; Lager *n*; *pour transports publics* Betriebshof *m*; Betriebswerk *n*; Depot *n*; **~ de munitions** Munitionsdepot *n*, -lager *n*; **~ d'ordures** Schuttablade-, Müllabladeplatz *m*; Müllkippe *f*; Deponie *f*; **~ de pain** Brotverkauf(sstelle) *m(f)* 5 JUR Verwahrung *f*; **mandat** *m* **de ~** Haftbefehl *m*; **conduire qn au ~** j-n in Polizeigewahrsam nehmen; j-n in die Arrestzelle bringen 6 *dans un liquide* Bodensatz *m*; Rückstand *m*; *dans le vin a.* Depot *n*; Ausscheidung *f*; CHIM Niederschlag *m*; GÉOL Ablagerung *f*; *de calcaire etc* Ansatz *m*; Ablagerung *f*

dépoter [depɔte] V/T umtopfen

dépotoir [depɔtwaʀ] M 1 Schutt-, Müllabladeplatz *m*; Müllkippe *f* 2 *fam fig* **cette pièce est un vrai ~** *fam* in diesem Zimmer sieht es wie in e-m Schweinestall aus

dépouille [depuj] F 1 *d'un animal* abgezogene Haut; abgezogenes Fell; Balg *m*; *de reptiles, d'insectes* abgestreifte Haut; abgestreifter Panzer 2 *st/s* **~ (mortelle)** sterbliche Hülle; sterbliche Überreste *pl* 3 **~s** *pl* Beute *f*

dépouillé [depuje] ADJ 1 *style* streng; schmucklos; nüchtern 2 **~ de qc** frei von etw; ohne etw; …los

dépouillement [depujmɑ̃] M 1 genaue Durchsicht; Prüfung *f*; Auswertung *f*; **procéder au ~ du scrutin** die Auszählung der Stimmen vornehmen 2 *du style* Strenge *f*; Schmucklosigkeit *f*

dépouiller [depuje] A V/T 1 *animal* das Fell abziehen *(+dat)*; *poisson* ab-, enthäuten; *arbre* **~ (de ses feuilles)** entblättern; entlauben 2 **~ qn de qc** j-m etw wegnehmen; j-n e-r Sache *(gén)* berauben; **~ qn** j-n be-, ausrauben 3 *documents etc* (genau) durchsehen (*a. courrier*); prüfen; **~ un questionnaire** einen Fragebogen auswerten; **~ le scrutin** die Stimmen auszählen B V/PR 1 *arbre* **se ~ de ses feuilles** s-e Blätter, sein Laub verlieren 2 **se ~ (de ses biens) en faveur de qn** alles, sein ganzes Hab und Gut für j-n hingeben

dépourvu [depuʀvy] A ADJ **~ de qc** ohne etw; …los; **~ (d'argent, de ressources)** mittellos; **~ d'intérêt** uninteressant; **être ~ de sens** sinnlos sein; keinen Sinn haben B LOC ADV **prendre qn au ~** j-n (völlig) überraschen; j-n unvorbereitet treffen, finden; **être pris au ~** überrascht werden; unvorbereitet sein

dépoussiérage [depusjeʀaʒ] M Entstaubung *f*; TECH *a.* Staubentfernung *f*, -abscheidung *f*; **dépoussiérer** V/T ‹-è-› 1 abstauben; entstauben (*a.* TECH) 2 *fig* frischen Wind bringen in *(+acc)*

dépravation [depʀavasjõ] F Verderbtheit *f*; Verderbnis *f*; **~ des mœurs** Sittenverderbnis *f*, -verfall *m*

dépravé [depʀave] A ADJ 1 *personne* verdorben; lasterhaft; *mœurs* verderbt 2 *goût* abwegig B SUBST **~(e)** *m(f)* moralisch verdorbener Mensch

dépraver [depʀave] V/T verderben; *goût a.* irreleiten

dépréciatif [depʀesjatif] ADJ ‹-ive› LING pejorativ; abwertend; **dépréciation** F Wertminderung *f*, -verlust *m*

déprécier [depʀesje] A V/T 1 den Wert mindern *(+gén)* 2 *fig œuvre, mérites* abwerten; gering schätzen; herabsetzen, -würdigen; *mérites a.* schmälern; **~ qn** j-n gering schätzen B V/PR 1 **se ~** an Wert verlieren 2 **se ~ soi-même** sich selbst herabsetzen, -würdigen

déprédation [depʀedasjõ] F *st/s* 1 **~s** *pl* (*pillage*) Plünderungen *fpl*; (*dégâts*) Schaden *m* 2 *de fonds publics* Veruntreuung *f* 3 ÉCOL Raubbau *m*

déprendre [depʀɑ̃dʀ] V/PR ‹→ prendre› *litt* **se ~ de** sich lösen von

dépressif [depʀesif] ADJ ‹-ive› PSYCH depressiv

dépression [depʀesjõ] F 1 GÉOG Senkung *f*; Senke *f*; Vertiefung *f* 2 MÉTÉO **~ (atmosphérique)** Fallen *n* des Luftdrucks; *par ext* Tief *n* 3 PSYCH Depression *f*; **~ nerveuse** nervöse Erschöpfung; Depressionen *fpl*; depressiver Zustand; *fam* **faire de la ~** an Depressionen leiden 4 ÉCON Depression *f*; Flaute *f*; Konjunkturtief *n*

dépressionnaire [depʀesjɔnɛʀ] ADJ MÉTÉO Tiefdruck…

dépressurisation [depʀesyʀizasjõ] F AVIAT, ESPACE Druckabfall *m*

déprimant [depʀimɑ̃] ADJ deprimierend; bedrückend

déprime [depʀim] *fam* F Depression *f*; depressive Stimmung; **être en pleine ~** *fam* ganz down sein

déprimer [depʀime] A V/T deprimieren; bedrückt machen; *adjt* **déprimé** deprimiert; bedrückt; niedergeschlagen B *fam* V/I in e-r depressiven Stimmung, *fam* down sein

dépt. ABR (département) Departement *n*

dépuceler [depysle] *fam* V/T ‹-ll-› entjungfern

depuis [d(ə)pɥi] A PRÉP 1 *temps* seit *(+dat)*; von *(+dat)* an; **~ ce moment-là** von da an; von diesem Augenblick an; **~ sa mort** seit s-m Tod(e); **~ vendredi** seit Freitag; **~ peu** seit Kurzem; **~ quand?** seit wann?; **~ toujours** schon immer; von jeher 2 *lieu* a von … ab; **il a plu ~ Paris** von Paris ab hat es geregnet b von … aus; **~ ma fenêtre …** von meinem Fenster aus … 3 **~ … jusqu'à …** von … bis (zu) …; **~ le début jusqu'à la fin** von Anfang bis Ende; vom Anfang bis zum Ende; **~ le haut jusqu'en bas** von oben bis unten B ADV seitdem; seither C LOC CONJ **~ que** seit(dem); **~ qu'il est parti …** seit(dem) er abgereist ist …; **~ le jour où …** seit dem Tage, da *ou* an dem …; **~ le temps que je voulais te voir!** es ist ewig lange her, dass ich dich besuchen wollte!; **~ le temps que je le connais(, je devine sa réaction)** ich kenne ihn schon seit Langem (und errate s-e Reaktion); **tu devrais le savoir, ~ le temps!** das solltest du eigentlich schon längst wissen!

dépuratif [depyʀatif] PHARM A ADJ ‹-ive› blutreinigend; entschlackend B M blutreinigendes, entschlackendes Mittel

députation [depytasjõ] F 1 *action* Entsendung *f*; *groupe* Abordnung *f*; Deputation *f* 2 POL Abgeordnetenamt *n*, -würde *f*; **candidat** *m* **à la ~** Abgeordnetenkandidat *m*

député(e) [depyte] M(F) POL Abgeordnete(r) *m/f(m)*; **une femme ~** e-e Abgeordnete; **chambre** *f* **des ~s** Abgeordnetenkammer *f*, -haus *n*

député-maire [depytemɛʀ] M ‹*pl* députés-maires› Abgeordnete(r) und Bürgermeister *m*

députer [depyte] V/T (als Abgeordneten) entsenden; abordnen

déqualification [dekalifikasjõ] F SOCIOLOGIE Dequalifizierung *f*

der [dɛʀ] *fam* (*dernier*) 1 **la ~ des ~s** der Erste Weltkrieg 2 **le, la ~ des ~s** der, die, das Allerletzte

déraciné [deʀasine] A ADJ *personne* entwurzelt B SUBST **~(e)** *m(f)* Entwurzelte(r) *m/f(m)*

déracinement [deʀasinmɑ̃] M Entwurze-

lung *f* (*a. fig*)
déraciner [deʀasine] VT 1 *arbre* entwurzeln 2 *fig préjugés etc* (mit der Wurzel) ausrotten; mit Stumpf und Stiel ausrotten 3 *personne* entwurzeln
déraillement [deʀɑjmɑ̃] M CH DE FER Entgleisung *f*
dérailler [deʀɑje] VI 1 CH DE FER entgleisen; aus den Gleisen springen; **faire ~** zum Entgleisen bringen 2 *fam fig* a *personne fam* dummes Zeug faseln; Blech reden b *mécanisme fam* spinnen; verrücktspielen
dérailleur [deʀɑjœʀ] M Ketten-, Gangschaltung *f*; **~ à trois vitesses** Dreigangschaltung *f*
déraison [deʀɛzõ] *st/s* F Unvernunft *f*; Unverstand *m*
déraisonnable [deʀɛzɔnabl] ADJ unvernünftig; unsinnig; **déraisonner** VI Unsinn reden
dérangement [deʀɑ̃ʒmɑ̃] M 1 (*désordre*) Unordnung *f* 2 TÉL Störung *f*; **être en ~** gestört, unterbrochen sein 3 MÉD **~ intestinal** Durchfall *m* 4 Störung *f*; **causer du ~ à qn** j-n stören; j-m Ungelegenheiten, Umstände machen; **occasionner de nombreux ~s** zahlreiche Laufereien verursachen
déranger [deʀɑ̃ʒe] ⟨-geons⟩ A VT 1 *objets* in Unordnung bringen; durcheinanderbringen 2 *par ext: projets etc* durcheinanderbringen; umwerfen; **ce repas lui a dérangé l'estomac** an diesem Essen hat er sich (*dat*) den Magen verdorben; **avoir l'esprit dérangé** *ou fam* **être dérangé** nicht ganz richtig im Kopf, geistesgestört sein 3 *fam* **être dérangé** (*avoir la diarrhée*) Durchfall haben 4 **~ qn** j-n stören; **je vous dérange?** störe ich (Sie)?; komme ich ungelegen?; **excusez-moi de vous ~** entschuldigen Sie die Störung B VPR **se ~** s-n Platz verlassen; sich persönlich bemühen; **ne vous dérangez pas!** bemühen Sie sich nicht (**pour moi** meinetwegen, um meinetwillen)!; lassen Sie sich nicht stören!
dérapage [deʀapaʒ] M 1 *d'un véhicule* Schleudern *n*; Rutschen *n*; Ausbrechen *n*; **faire un ~** ins Schleudern kommen, geraten 2 SKI Seitrutschen *n* 3 *fig* Außer-Kontrolle-Geraten *n*; Abgleiten *n*; *de langage* Entgleisung *f*; *fam* Ausrutscher *m*
déraper [deʀape] VI 1 *véhicule* schleudern; rutschen; *voiture a.* ausbrechen 2 *fig* außer Kontrolle geraten; ins Rutschen kommen; abgleiten
dératé [deʀate] M LOC **courir comme un ~** laufen *ou* rennen wie ein Wiesel; laufen *ou* rennen, was die Beine hergeben
dératisation [deʀatizasjõ] F Rattenvertilgung *f*, -vernichtung *f*; **dératiser** VT die Ratten vernichten, vertilgen (**un immeuble** in e-m Gebäude)
derby [dɛʀbi] M SPORTS Derby *n*
derechef [dəʀəʃɛf] *litt* ADV abermals; wiederum
déréglé [deʀegle] ADJ gestört; nicht in Ordnung; *machine* unregelmäßig laufend, funktionierend; *balance* falsch anzeigend; *pendule* falsch, unregelmäßig gehend; *appétit* unregelmäßig; gestört; *par ext* **une vie ~e** ein unstetes, unregelmäßiges, *plus fort* ausschweifendes Leben
dérèglement [deʀɛgləmɑ̃] M 1 unregelmäßiges Funktionieren; unregelmäßiger Lauf 2 *litt* lockerer, ausschweifender Lebenswandel
déréglementation [deʀɛgləmɑ̃tasjõ] F ÉCON Deregulierung *f*
dérégler [deʀegle] ⟨-è-⟩ A VT in Unordnung bringen; stören B VPR **se ~** *machine, pendule* unregelmäßig laufen
dérider [deʀide] A VT **~ qn** j-n aufheitern, heiter stimmen B VPR **se ~** heiter werden
dérision [deʀizjõ] F Spott *m*; *plus fort* Hohn *m*; **par ~** zum Spott; spöttisch; **tourner qc en ~** etw verspotten; über etw (*acc*) spotten; etw lächerlich machen
dérisoire [deʀizwaʀ] ADJ lächerlich; **arguments** *mpl*, **résultats** *mpl* **~s** lächerliche Argumente *npl*, Ergebnisse *npl*; **à un prix ~** spottbillig; zu e-m Spottpreis; für ein Spottgeld
dérivatif [deʀivatif] A ADJ ⟨-ive⟩ LING Ableitungs… B M Ablenkung *f* (**à** von)
dérivation [deʀivasjõ] F 1 Ableitung *f*; **canal** *m* **de ~** Seitenkanal *m* 2 LING Ableitung *f*; Derivation *f* 3 ÉLEC Abzweigung *f*; Nebenschluss *m*; Zweigleitung *f*
dérive [deʀiv] F 1 MAR, AVIAT Abtrift *f*; (Ab)-Drift *f*; **aller à la ~** *bateau* treiben; driften; *fig personne* sich treiben lassen; **cette entreprise va à la ~** mit diesem Unternehmen geht es bergab 2 *dispositif* MAR Schwert *n*; AVIAT Seitenflosse *f* 3 GÉOL **~ des continents** Kontinentalverschiebung *f*
dérivé [deʀive] A ADJ LING abgeleitet; derivativ B SUBST 1 M LING abgeleitetes Wort; Ableitung *f*; Derivativ *n* 2 M CHIM Derivat *n* 3 **~e** *f* MATH Ableitung *f*
dériver [deʀive] A VT 1 *cours d'eau* ableiten 2 MATH ableiten B VT INDIR **~ de** *mot etc* stammen, kommen aus; zurückgehen auf (+*acc*) C VI 1 MAR, AVIAT abtreiben; abgetrieben werden 2 *fig* (vom Thema) abschweifen
dériveur [deʀivœʀ] M MAR Schwertboot *n*
dermato [dɛʀmato] *fam* ABR → dermatologie, dermatologue
dermatologie [dɛʀmatɔlɔʒi] F Dermatologie *f*; **dermatologue** M/F Hautarzt, -ärztin *m,f*; *t/t* Dermatologe, -login *m,f*
dermatose [dɛʀmatoz] F MÉD Dermatose *f*; Hautkrankheit *f*
derme [dɛʀm] M ANAT Lederhaut *f*; **dermique** ADJ ANAT (Leder)Haut…
dernier [dɛʀnje] A ADJ ⟨-ière⟩ 1 letzte(r, -s); **~ étage** oberste Etage; **le ~ jour du mois** der Letzte des Monats; **les dernières volontés** der Letzte Wille; *loc adv*: **en ~ (lieu)** an letzter Stelle; zuletzt; schließlich; **pour la dernière fois** zum letzten Mal 2 äußerste(r, -s); höchste(r, -s); letzte(r, -s); *loc adv*: **au ~ degré** im äußersten, höchsten Maß, Grad; äußerst; **être du ~ bien avec qn** sich bestens verstehen mit j-m; **être de la dernière importance** von höchster, äußerster Bedeutung sein 3 **être de dernière qualité** von äußerst schlechter Qualität sein; qualitativ sehr schlecht sein 4 letzte(r, -s); jüngste(r, -s); vorige(r, -s); **l'an ~, l'année dernière** a das letzte, vorige, vergangene Jahr b *loc adv* letztes, voriges, vergangenes Jahr; im letzten, vorigen, vergangenen Jahr; **le ~ cri** der letzte Schrei; der Dernier Cri; **~s événements** jüngste, letzte Ereignisse *npl*; **dernière mode** letzte, neueste Mode; **aux dernières nouvelles** nach den neuesten, letzten Meldungen; den neuesten, letzten Nachrichten zufolge; **information** *f* **de dernière minute** letzte, allerneueste Meldung; *elliptiquement* **connaissez-vous la dernière?** wissen Sie schon das Neueste? B SUBST 1 **le ~, la dernière** der, die, das Letzte; **petit ~** *dans une famille* Nesthäkchen *n*; **le ~ des imbéciles** der größte Dummkopf; **le ~ du mois** der Monatsletzte *ou* am Monatsletzten; COMM *a.* Ultimo *m*; *adv* (per) ultimo; **être le ~ de sa classe** Klassenletzter sein; *fam* **c'est le ~ des ~s** er ist der gemeinste Schuft, Schurke; **marcher le ~** als Letzter gehen; *fam* **traiter qn comme le ~ des ~s** *fam* j-n wie den letzten Dreck behandeln; **c'est le ~ sur qui on puisse compter** er ist der Letzte, auf den man sich verlassen kann 2 **ce ~, cette dernière** Letzterer, Letztere
dernièrement [dɛʀnjɛʀmɑ̃] ADV kürzlich; vor Kurzem; letzthin; neulich; unlängst
dernier-né [dɛʀnjene] M ⟨*pl* derniers-nés⟩, **dernière-née** [dɛʀnjɛʀne] F ⟨*pl* dernières-nées⟩ 1 Letztgeborene(r, -s) *f(m, n)* 2 *fig* **dernier-né des avions** *etc* letztes, neuestes Flugzeugmodell *etc*
dérobade [deʀɔbad] F 1 *d'un cheval* Ausbrechen *n* 2 *fig* Ausweichen *n*; Ausweichmanöver *n*
dérobé [deʀɔbe] ADJ versteckt; verborgen; Geheim…; **porte ~e** Geheim-, *a.* Tapetentür *f*; ♦ *loc adv* **regarder qn à la ~e** verstohlene Blicke auf j-n werfen; j-n verstohlen ansehen, mustern
dérober [deʀɔbe] A VT 1 *st/s* entwenden, stehlen (**qc à qn** j-m etw) 2 *fig* (weg)nehmen; entziehen; *secret* entlocken; *baiser* rauben; **~ qc aux regards** etw den Blicken entziehen; etw verbergen B VPR 1 **se ~ à qc** sich e-r Sache (*dat*) entziehen; **se ~ à son devoir** sich s-r Pflicht entziehen; **se ~ à une question** sich der Beantwortung e-r Frage entziehen; die Beantwortung e-r Frage umgehen; **se ~ aux regards, à la vue de qn** sich j-s Blicken entziehen; *abs* **se ~** ausweichen 2 *sol etc* **se ~ sous** nachgeben, *plus fort* zusammenbrechen unter (+*dat*); **mes jambes se dérobent sous moi** die Beine versagen mir den Dienst 3 *cheval* **se ~** ausbrechen
dérogation [deʀɔgasjõ] F 1 JUR Abweichung *f* (**à** von); **par ~ à** in Abweichung von; abweichend von 2 *par ext* (*exception*) Ausnahme *f*; **obtenir une ~** e-e Ausnahmebefugnis, e-e Sondergenehmigung erhalten
dérogatoire [deʀɔgatwaʀ] ADJ JUR Abweichungs…; abweichend
déroger [deʀɔʒe] ⟨-geons⟩ A VT INDIR 1 abweichen (**à** von); zuwiderhandeln (+*dat*) 2 *par ext* e-e Ausnahme bilden, sein (**à** zu) 3 *st/s* **~ à son rang** s-m Stand zuwiderhandeln B *st/s* VI sich erniedrigen
dérouillée [deʀuje] F *fam* Dresche *f*; Senge *pl*; Keile *f*
dérouiller [deʀuje] A VT 1 entrosten 2 *fig membres* wieder gelenkig, beweglich machen 3 *fam* **~ qn** *fam* j-n verdreschen, versohlen, verbimsen, vertrimmen, verwichsen B VI *fam* verdroschen, versohlt *etc* werden; e-e Abreibung bekommen (*a. fig*) C VPR **se ~ les jambes** sich (*dat*) die Beine vertreten
déroulement [deʀulmɑ̃] M 1 Abrollen *n*; Auf-, Entrollen *n*; Abwickeln *n* 2 *fig* Ver-, Ablauf *m*; **~ d'une maladie** Krankheitsverlauf *m*; **~ du travail** Arbeitsablauf *m*
dérouler [deʀule] A VT 1 abrollen; *tapis, rouleau a.* auf-, entrollen; *fil, pelote a.* abwickeln 2 *fig souvenirs etc* ablaufen, abrollen, an sich (*dat*) vorbeiziehen lassen B VPR **se ~** 1 *fil, ruban etc* sich abwickeln; sich aufrollen 2 *fig événements, vie, fête, maladie etc* verlaufen; *drame* sich abspielen; **se ~ devant qn** vor j-m ablaufen, abrollen; **voir se ~ qc** etw an sich (*dat*) vorbeiziehen, vor sich (*dat*) ablaufen sehen 3 *st/s paysage* sich hinziehen
dérouleur [deʀulœʀ] M INFORM **~ de bande** Magnetbandgerät *n*
déroutant [deʀutɑ̃] ADJ verwirrend
déroute [deʀut] F 1 wilde Flucht; **mettre en ~** in die Flucht schlagen 2 *fig* (völliger) Zusammenbruch; Ruin *m* (*a. d'une personne*); *d'un parti* Desorganisation *f*; innere Auflösung
dérouté [deʀute] ADJ verwirrt; verunsichert; **être ~** *a.* außer Fassung sein
déroutement [deʀutmɑ̃] M MAR, AVIAT Kursänderung *f*

dérouter [deʀute] V/T 1 ~ **qn** j-n verwirren, verunsichern, durcheinanderbringen 2 den Kurs ändern (**un navire** e-s Schiffes); umleiten

derrick [deʀik] M TECH Bohrturm *m*

derrière [dɛʀjɛʀ] A PRÉP 1 hinter (*+dat question « wo? »; +acc question « wohin? »*); **aller ~ la maison** hinter das Haus gehen; **marcher l'un ~ l'autre** hintereinandergehen; *loc prép* **de ~** hinter (*+dat*) hervor 2 *fig* hinter (*+dat*); **~ les apparences** hinter dem äußeren Schein; **~ sa cordialité …** hinter s-r Herzlichkeit …; **il a qn ~ lui** er hat j-n hinter sich (*dat*); j-d steht hinter ihm; j-d deckt ihn; **avoir une idée ~ la tête** e-n Hintergedanken haben; **il faut toujours être ~ lui** man muss immer hinter ihm her sein; **laisser qn loin ~ soi** j-n weit hinter sich (*dat*) (zurück)lassen; viel vor j-m voraushaben B ADV hinten; *avec verbes de mouvement* hinterher…; **loin ~** weit hinten; **regarder ~** nach hinten schauen; **venir ~** hinterherkommen; *à un chien* **~!** (bei) Fuß!; **par ~** → par-derrière C M 1 *d'une maison etc* Hinterfront *f*; Rückseite *f* 2 ANAT Hinterteil *n*; *fam* Hintern *m*; **coup** *m* **de pied dans le ~** *fam* Tritt *m* in den Hintern; **botter le ~ à qn** j-n in den Hintern treten; → *a.* taper c 2 3 LOC ADJ **de ~** Hinter…; hintere(r, -s); **patte** *f* **de ~** Hinterpfote *f*; **poche** *f* **de ~** Gesäßtasche *f*; **porte** *f* **de ~** Hintertür *f*, -eingang *m*

derviche [dɛʀviʃ] M REL Derwisch *m*

des [de] A *article défini* ⟨zusammengezogen aus „*de les*"⟩ der (*gén pl*); **la mère ~ enfants** die Mutter der Kinder; **parler ~ détails** über die Einzelheiten reden B *article indéfini* 1 *non traduit*: **~ amis** Freunde *mpl*; *fam* **~ comme ça, ~ qui** solche; **il y en a ~ grands et ~ petits** es gibt davon große und kleine 2 *temporel*: **~ mois entiers** monatelang; **~ semaines** wochenlang 3 *suivi d'un nom propre*: **~ Napoléon** ein Napoleon; j-d wie Napoleon 4 *fam suivi d'un nombre*: **se coucher à ~ deux heures du matin** nicht vor zwei in der Frühe schlafen gehen; **il soulève ~ cinquante kilos comme un rien** *fam* er hebt dir glatte *ou* s-e fünfzig Kilo wie nichts

dès [dɛ] A PRÉP 1 *temps* schon, gleich in *ou* an (*+dat*); schon von … an; schon seit; **~ l'aube** schon in der Morgendämmerung; gleich mit Tagesanbruch; **~ son enfance** von Kindheit an; von klein auf; **~ cette époque** schon von dieser Zeit an; schon seit dieser Zeit; **~ mon retour** gleich bei meiner Rückkehr; ♦ **~ aujourd'hui** schon, gleich heute; schon von heute an; **~ maintenant** schon, gleich jetzt; schon von jetzt an; ♦ *loc prép* **~ avant** schon vor (*+dat*); *loc conj* **~ avant de** (*+inf*) schon ehe, bevor 2 *lieu* schon in, an, auf (*+dat*); **~ l'entrée** schon am Eingang; **~ Strasbourg** schon in Straßburg 3 *fig* (schon) ab; **~ le deuxième échelon** (schon) ab der zweiten (Gehalts- *etc*)Stufe B CONJ **~ que** sobald; sowie; **~ qu'il sera arrivé …** sobald, sowie er angekommen ist, …; → *a.* lors

des… *ou* **dés…** *préfixe* → dé…

désabonnement [dezabɔnmɑ̃] M Abbestellung *f*, Auflösung *f* des Abonnements

désabonner [dezabɔne] A V/T **~ qn** j-s Abonnement abbestellen, lösen B V/PR **se ~** sein Abonnement abbestellen, lösen

désabusé [dezabyze] ADJ desillusioniert; enttäuscht; ernüchtert; **désabuser** V/T **~ qn** j-n ernüchtern; j-m die Augen öffnen

désacclimater [dezaklimate] A V/T 1 *plante, animal* aus dem gewohnten Klimabereich nehmen 2 *fig* **~ qn** j-n aus s-r gewohnten Umgebung reißen B V/PR **se ~** s-e gewohnte Umgebung verlieren *ou* verlassen

désaccord [dezakɔʀ] M 1 Meinungsverschiedenheit *f*; Zerwürfnis *n*; Missklang *m*; Uneinigkeit *f*; Unstimmigkeit *f*; Misshelligkeit *f*; **léger, sérieux, grave ~** leichte, ernste, schwerwiegende Meinungsverschiedenheit; **il y a (un) ~ entre …** es besteht Uneinigkeit, Unstimmigkeit, ein Missklang zwischen … (*+dat*); **être en ~ avec qn** mit j-m nicht einig, uneinig, uneins sein (**sur** in *+dat ou* über *+acc*); mit j-m nicht e-r Meinung sein (über *+acc*); mit j-m nicht übereinstimmen (in *+dat*) 2 *entre des choses* Missverhältnis *n*; Diskrepanz *f*; Unstimmigkeit *f*

désaccordé [dezakɔʀde] ADJ *instrument de musique* verstimmt; **désaccorder** V/T *instrument de musique* verstimmen

désaccoutumer [dezakutyme] V/PR **se ~ de** (*+inf*) sich (*dat*) etw abgewöhnen; **je me suis désaccoutumé de fumer** ich habe mir das Rauchen abgewöhnt

désacralisation [desakʀalizasjõ] F Verlust *m* des sakralen Charakters; **désacraliser** V/T den sakralen Charakter, *par ext* s-n Nimbus nehmen (**qc** e-r Sache [*dat*])

désactivation [dezaktivasjõ] F NUCL Abklingen(lassen) *n*

désadapté [dezadapte] ADJ nicht (mehr) angepasst; unangepasst; **désadapter** V/PR **se ~** s-e Anpassung verlieren

désaffectation [dezafɛktasjõ] F 1 *d'un bâtiment* a Zweckentfremdung *f* b Nicht-mehr-Benutzen *n* 2 CH DE FER, MINES Stilllegung *f*

désaffecté [dezafɛkte] ADJ a (*abandonné*) *bâtiment* nicht mehr benutzt; leer stehend; CH DE FER, MINES stillgelegt b (*utilisé autrement*) zweckentfremdet; **désaffecter** V/T nicht mehr (für den vorgesehenen Zweck) benutzen; stilllegen

désaffection [dezafɛksjõ] F Nachlassen *n*, Verlust *m* der Zuneigung (**pour qn** zu j-m); Abkehr *f* (**pour qc** von etw); Desinteresse *n* (an *+dat*)

désagréable [dezagʀeabl] ADJ 1 unangenehm; *chose a.* unerfreulich; unliebsam; **odeur** *f* **~** unangenehmer Geruch; **situation** *f*, **question** *f* **~** unangenehme *ou* peinliche Situation, Frage; **il est ~ de** (*+inf*) es ist unangenehm zu (*+inf*) 2 **être ~ avec qn** unfreundlich zu j-m sein

désagrégation [dezagʀegasjõ] F 1 Zerfall *m*; Zerstörung *f*; Verwitterung *f* 2 *fig* Auflösung *f*; Zerfall *m*

désagréger [dezagʀeʒe] ⟨-è-, -geons⟩ A V/T zersetzen B V/PR **se ~** 1 *substance* sich zersetzen; zerfallen; *roche a.* verwittern 2 *fig groupe* sich auflösen; *système, empire* zerfallen

désagrément [dezagʀemɑ̃] M Unannehmlichkeit *f*; **causer du ~ à qn** j-m Unannehmlichkeiten bereiten; **éviter les ~s** Unannehmlichkeiten vermeiden

désaimanter [dezɛmɑ̃te] V/T entmagnetisieren

désaisonnalisé [desɛzɔnalize] ADJ saisonbereinigt

désaliéner [dezaljene] V/T ⟨-è-⟩ (von Zwängen) befreien, frei machen

désaltérant [dezalteʀɑ̃] ADJ durststillend

désaltérer [dezalteʀe] ⟨-è-⟩ A V/I den Durst stillen, löschen B V/PR **se ~** s-n Durst stillen, löschen

désamorçage [dezamɔʀsaʒ] M Entschärfung *f* (*a. fig*)

désamorcer [dezamɔʀse] V/T ⟨-ç-⟩ 1 *bombe* entschärfen; *fig* **~ un conflit** einen Konflikt entschärfen 2 *pompe* leerlaufen lassen

désamour [dezamuʀ] M Abkehr *f*, Abwendung *f* (**pour** von)

désappointé [dezapwɛ̃te] ADJ enttäuscht; **désappointement** M Enttäuschung *f*; **désappointer** V/T enttäuschen

désapprendre [dezapʀɑ̃dʀ] V/T ⟨→ prendre⟩ verlernen

désapprobateur [dezapʀɔbatœʀ] ADJ ⟨-trice⟩ *air, ton* missbilligend; tadelnd; **désapprobation** F Missbilligung *f*

désapprouver [dezapʀuve] V/T **~ qc** etw missbilligen; etw nicht billigen; **~ qn** j-n tadeln; j-s Verhalten missbilligen

désarçonner [dezaʀsɔne] V/T 1 *cavalier* abwerfen; aus dem Sattel heben, werfen 2 *fig* aus dem Konzept, aus der Fassung bringen

désargenté [dezaʀʒɑ̃te] ADJ ohne Geld; mittellos; **désargenter** V/PR **se ~** die Versilberung verlieren

désarmant [dezaʀmɑ̃] ADJ *naïveté etc* entwaffnend

désarmement [dezaʀməmɑ̃] M 1 POL, MIL Abrüstung *f* 2 MAR Auflegen *n*

désarmer [dezaʀme] A V/T 1 *personne* entwaffnen; die Waffen abnehmen (**qn** j-m); *pays* abrüsten 2 *arme à feu* entladen *ou* sichern; **~ une mine** eine Mine entschärfen 3 MAR *navire* auflegen 4 *fig* entwaffnen; *adjt* **être désarmé devant qc, qn** etw, j-m gegenüber hilflos, machtlos sein B V/I 1 POL, MIL abrüsten 2 *fig* **ne pas ~** *haine, colère* nicht nachlassen; andauern; *personne* nicht nach-, aufgeben; sich nicht geschlagen geben

désarrimage [dezaʀimaʒ] M 1 MAR Verschiebung *f*, Verrutschen *n* der Schiffsladung 2 *d'engins spatiaux* Abkoppeln *n*, -ung *f*

désarroi [dezaʀwa] M Verwirrung *f*; Bestürzung *f*; **être en plein, grand ~** in großer Verwirrung, Bestürzung sein; völlig verwirrt, bestürzt sein

désarticuler [dezaʀtikyle] A V/T *membre* ausrenken; *adjt* **pantin désarticulé** Hampelmann *m* B V/PR **se ~** *acrobate* sich nach allen Seiten verrenken

désassembler [dezasɑ̃ble] V/T TECH auseinandernehmen

désassorti [dezasɔʀti] ADJ *service de table etc* nicht mehr vollständig, komplett

désastre [dezastʀ] M Katastrophe *f*; Desaster *n*; Unheil *n*; **courir au ~** e-r Katastrophe entgegengehen; *cette pièce de théâtre* **a été un vrai ~** war e-e wahre Katastrophe, ein echtes Fiasko

désastreux [dezastʀø] ADJ ⟨-euse⟩ katastrophal; verheerend; *idée, projet etc* verhängnis-, unheilvoll

désavantage [dezavɑ̃taʒ] M Nachteil *m*; **à son ~** zu s-m Nachteil; **se montrer à son ~** sich von s-r schlechten Seite zeigen; **qc tourne à mon ~** etw gereicht mir zum Nachteil

désavantager [dezavɑ̃taʒe] V/T ⟨-geons⟩ benachteiligen; **désavantageux** ADJ ⟨-euse⟩ nachteilig; unvorteilhaft; ungünstig

désaveu [dezavø] M ⟨*pl* ~x⟩ 1 *d'une déclaration* Widerrufung *f*; Widerruf *m* 2 *d'un acte* (Ab)Leugnung *f*; Nichtanerkennung *f*; JUR **~ de paternité** Anfechtung *f* der Ehelichkeit (e-s Kindes) 3 *fig* Missbilligung *f*

désavouer [dezavwe] V/T 1 widerrufen 2 *acte, œuvre* (ab)leugnen; in Abrede stellen; nicht als den Seinigen *ou* die, das Seinige anerkennen 3 *fig personne* desavouieren; **~ la conduite, les paroles de qn** j-s Verhalten, j-s Worte missbilligen

désaxé [dezakse] ADJ *et* SUBST → déséquilibré

Descartes [dekaʀt] *frz Philosoph*

desceller [desele] A V/T 1 TECH herausreißen, -nehmen, -lösen 2 *document etc* entsiegeln; das Siegel entfernen (**qc** von etw) B V/PR **se ~** *gonds etc* herausbrechen

descendance [desɑ̃dɑ̃s] F 1 Nachkommenschaft *f* 2 *st/s* **être de ~ française** *etc* französischer *etc* Herkunft *ou* Abstammung sein

descendant [desɑ̃dɑ̃] **A** ADJ absteigend; MUS: *gamme a.* abwärtsgehend; *intervalle* fallend; GÉNÉALOGIE **ligne ~e** absteigende Linie; **marée ~e** Ebbe *f*; **mouvement ~** Abwärtsbewegung *f* **B** SUBST **~(e)** *m(f)* Nachkomme *m*; Abkömmling *m*

descendeur [desɑ̃dœʀ] M, **descendeuse** F SKI Abfahrtsläufer(in) *m(f)*

descendre [desɑ̃dʀ] ⟨→ rendre⟩ **A** VT **1** *montagne, rue, escalier* hinunter- *ou* herunter-, hinab- *ou* herab-, *fam* runtergehen, -steigen, -kommen; (*personne dans un*) *véhicule: montagne, rue* hinunter- *ou* herunter-, hinab- *ou* herab-, *fam* runterfahren; **~ un fleuve** *a.* stromab(-wärts), flussabwärts fahren, *personne a.* schwimmen; *personne a.* e-n Fluss hinunter-, hinabschwimmen; *par ext* **~ la gamme** die Tonleiter abwärts singen *ou* spielen; *eau* **~ le long du mur** an der Wand herunter-, herablaufen, -fließen **2** *objet* hinunter- *ou* herunter-, hinab- *ou* herab-, *fam* runterbringen, -tragen, -schaffen; herunter-, *fam* runterholen; *de l'armoire etc* herunter-, *fam* runternehmen, -holen; *tableau* tiefer, niedriger hängen; **~ la table à la cave** den Tisch in den Keller bringen, schaffen, tragen; **~ la valise du grenier** den Koffer vom Speicher holen **3** *avion, oiseau* abschießen; *fam* herunterholen; *par ext fam personne fam* ab-, niederknallen **B** VI ⟨être⟩ **1** herunter- *ou* hinunter-, herab- *ou* hinab-, *fam* runtergehen, -steigen, -kommen; *d'un sommet a.* absteigen (von); (*personne dans un*) *véhicule ou ascenseur* herunter- *ou* hinunter-, herab- *ou* hinab-, *fam* runterfahren; *d'un véhicule* aussteigen (aus); *dans un hôtel* absteigen (in *+dat*); *dans le Midi* fahren *ou* fliegen (in *+acc*); *dans une mine* einfahren (in *+acc*); **~ à la cave** in den Keller (hinunter-, *fam* runter)gehen, (-)steigen; **~ à pied** (zu Fuß) herunter- *ou* hinunter-, herab- *ou* hinab-, *fam* runtergehen; **vous descendez à la prochaine?** steigen Sie bei der nächsten Station aus?; MAR **~ à terre** an Land gehen; *fig* **~ dans la rue** auf die Straße gehen; öffentlich demonstrieren; **~ de cheval** vom Pferd steigen; absitzen; **~ d'une estrade** von e-m Podium (herunter-, herab)treten; **~ d'une voiture** aus e-m Auto (aus)steigen; **~ en courant** herunter- *ou* hinunter-, herab- *ou* hinab-, *fam* runterlaufen, -rennen; **~ en voiture** (mit dem Auto) herunter- *ou* hinunter-, herab- *ou* hinab-, *fam* runterfahren; JUR **~ sur les lieux** e-n Lokaltermin abhalten **2** (*tenir son origine*) **~ de** abstammen von **3** *terrain* abfallen; *route* bergab, abwärtsgehen, -führen; *avion* tiefer gehen; *parachute etc* zur Erde gleiten; herunterkommen; *piston etc* abwärtsgehen; nach unten gehen; niedergehen; *thermomètre, niveau, fig prix* fallen; **la marée, la mer descend** das Wasser geht zurück; es ist Ebbe; *poét* **la nuit descend** die Nacht fällt ein, bricht herein; *par ext* **ma voix ne peut, je ne peux pas ~ plus bas** ich kann nicht tiefer singen; *fam* ich komme nicht tiefer; *fleuve:* **~ de la montagne** aus den Bergen kommen; **~ vers la mer** zum Meer fließen; *route* **~ vers la plaine** in die Ebene hinunterführen **4** (*atteindre*) **~ (jusqu') à** (hinunter-, hinab)reichen bis zu, bis an *ou* in (*+acc*) **5** *fam nourriture* verdaulich, bekömmlich sein; *fam* runterrutschen; **pour faire ~** zur besseren Verdauung

descente [desɑ̃t] F **1** Abstieg *m*; Herunter- *ou* Hinunter-, Herab- *ou* Hinab-, *fam* Runtergehen *n*, -steigen *n*, -kommen *n*; *dans un véhicule* Abwärtsfahrt *f*; Herunter- *ou* Hinunter-, Herab- *ou* Hinab-, *fam* Runterfahren *n*; (*en*) *téléphérique* Talfahrt *f*; Ab(wärts)fahrt *f*; *dans la mine* Einfahrt *f*; *d'un avion* Sinken *n* (beim Landeanflug); MÉD *d'un organe* Senkung *f*; PEINT **Descente aux enfers** Höllenfahrt *f* Christi; JUR **~ de justice, ~ sur les lieux** Lokaltermin *m*; **~ de police** (Polizei)Razzia *f*; **~ en parachute** Fallschirm(ab)sprung *m*; **à la ~ de l'avion, du train** beim Aussteigen aus dem Flugzeug, Zug; *fam fig* **avoir une bonne ~** *fam* e-n ordentlichen Stiefel vertragen; e-e ausgepichte Kehle haben; *fam* **faire une ~** *police* (e-e) Razzia machen; *groupe* (lärmend) gehen, *fam* ziehen, einfallen (**dans** in *+acc*) **2** PEINT **Descente de Croix** Kreuzabnahme *f* **3** (*pente*) Gefällstrecke *f*; Abfahrt *f*; abschüssige Strecke, Straße **4** SKI Abfahrtslauf *m* **5** **~ de lit** Bettvorleger *m* **6** (**tuyau** *m* **de**) **~** Fallrohr *n*

descripteur [dɛskʀiptœʀ] M **1** Schilderer *m* **2** INFORM Deskriptor *m*; **descriptible** ADJ beschreibbar; **descriptif** **A** ADJ ⟨-ive⟩ beschreibend (*a. style*); schildernd; darstellend (*a. géométrie*); deskriptiv **B** M CONSTR Baubeschreibung *f*

description [dɛskʀipsjõ] F Beschreibung *f*; Schilderung *f*; Darstellung *f*; **faire la ~ de qc** e-e Beschreibung von etw geben; etw beschreiben

Desdémone [dɛsdemɔn] F THÉ Desdemona *f*

désembourber [dezɑ̃buʀbe] VT **~ une voiture** ein Auto aus dem Schlamm, aus dem Dreck ziehen

désembouteiller [dezɑ̃buteje] VT (vom Verkehr) entlasten; Verkehrsstauungen beseitigen (**l'autoroute** auf der Autobahn; **le centre** im Zentrum)

désembuer [dezɑ̃bɥe] VT *vitre* frei machen

désemparé [dezɑ̃paʀe] ADJ *personne* hilf-, ratlos

désemparer [dezɑ̃paʀe] LOC ADV **sans ~** unablässig; ununterbrochen

désemplir [dezɑ̃pliʀ] **A** VI **ne pas ~** *restaurant etc* nicht leer werden; immer voll sein **B** V/PR **se ~** *salle, bouteille, porte-monnaie* sich leeren

désenchanté [dezɑ̃ʃɑ̃te] ADJ desillusioniert; ernüchtert; enttäuscht; **désenchantement** M Desillusion *f*; Ernüchterung *f*; Enttäuschung *f*; **désenchanter** *litt* VT desillusionieren; ernüchtern; enttäuschen

désenclaver [dezɑ̃klave] VT **~ une ville, un territoire** eine Stadt, ein Gebiet an den Verkehr anschließen; die Verkehrsverbindungen einer Stadt, eines Gebietes verbessern

désencombrer [dezɑ̃kõbʀe] VT *grenier etc* frei machen (**de qc** von etw); *rue* (vom Verkehr) entlasten; *université etc* entlasten

désencrasser [dezɑ̃kʀase] VT (vom Schmutz) säubern, reinigen

désendettement [dezɑ̃dɛtmɑ̃] M Entschuldung *f*; **désendetter** V/PR **se ~** s-e Schulden bezahlen, abtragen

désenfler [dezɑ̃fle] VI ⟨*Vorgang* avoir, *Ergebnis* être⟩ MÉD abschwellen

désengagement [dezɑ̃gaʒmɑ̃] M POL, MIL Disengagement *n*; Auseinanderrücken *n*

désengager [dezɑ̃gaʒe] ⟨-geons⟩ V/PR **se ~ (d'une obligation)** sich von e-r Verpflichtung frei machen; sich aus e-r Verpflichtung lösen

désengorger [dezɑ̃gɔʀʒe] VT ⟨-geons⟩ *conduite* wieder frei machen

désenneiger [dezɑ̃neʒe] VT ⟨-geons⟩ von Schnee räumen, befreien

désennuyer [dezɑ̃nɥije] ⟨-ui-⟩ **A** VT die Langeweile vertreiben (**qn** j-m *ou abs*) **B** V/PR **se ~** sich (*dat*) die Langeweile, Zeit vertreiben

désensabler [dezɑ̃sable] VT *canal etc* von Sand säubern; **~ un bateau** ein Schiff aus dem Sand befreien, herausholen

désensibilisant [desɑ̃sibilizɑ̃] M PHARM Desensibilisierungsmittel *n*; **désensibilisateur** M PHOT Desensibilisator *m*; **désensibilisation** F MÉD, PHOT Desensibilisierung *f*; Desensibilisation *f*; **désensibiliser** VT MÉD, PHOT desensibilisieren

désensorceler [dezɑ̃sɔʀsəle] VT ⟨-ll-⟩ aus der Verzauberung befreien; entzaubern

désentortiller [dezɑ̃tɔʀtije] VT auswickeln

désentraver [dezɑ̃tʀave] VT von den Fesseln befreien (*a. fig*)

désenvenimer [dezɑ̃vnime] VT *situation* entschärfen; *atmosphère* entgiften

désépaissir [dezepesiʀ] VT *sauce* verdünnen; *cheveux* ausschneiden; ausdünnen; effilieren

déséquilibre [dezekilibʀ] M **1** PSYCH seelische Störungen *fpl* **2** *des forces etc* Unausgewogenheit *f*; Ungleichgewicht *n*; mangelndes, fehlendes Gleichgewicht **3** PHYS ungleichmäßige Gewichtsverteilung; **en ~** wack(e)lig

déséquilibré [dezekilibʀe] **A** ADJ *personne* seelisch gestört **B** SUBST **~(e)** *m(f)* seelisch Gestörte(r) *m/f(m)*; Psychopath(in) *m(f)*; Neurotiker(in) *m(f)*

déséquilibrer [dezekilibʀe] VT **1** *objet* aus dem Gleichgewicht bringen **2** *personne* aus dem (seelischen) Gleichgewicht reißen, bringen

désert [dezɛʀ] **A** ADJ ⟨-erte [-ɛʀt]⟩ **1** *île etc* unbewohnt; einsam; verlassen; *région* öde **2** *rue etc* menschenleer; wie ausgestorben **B** M **1** Wüste *f*; **~ de Gobi** Wüste Gobi; **~ de sable** Sandwüste *f*; **~ du Sahara** Sahara *f* **2** *par ext* Einöde *f*; Wüstenei *f*; Wildnis *f*; *fig* **prêcher dans le ~** tauben Ohren predigen

déserter [dezɛʀte] **A** VT **1** *lieu* (für immer) verlassen; *son poste* verlassen **2** *un parti etc* abtrünnig werden (*+dat*); abfallen von; im Stich lassen **B** VI MIL desertieren; fahnenflüchtig werden; *par ext* zum Feind überlaufen; **déserteur** M **1** MIL Deserteur *m*; Fahnenflüchtige(r) *m*; *par ext* Überläufer *m* **2** *fig et litt* Abtrünnige(r) *m*

désertification [dezɛʀtifikasjõ] F **1** GÉOG Versteppung *f* **2** *par l'exode rural* Verödung *f*

désertion [dezɛʀsjõ] F **1** MIL Desertion *f*; Fahnenflucht *f*; **~ à l'ennemi** Überlaufen *n* zum Feind **2** *d'un parti etc* Abfall *m*; Abtrünnigwerden *n*

désertique [dezɛʀtik] ADJ **1** Wüsten…; **climat** *m* **~** Wüstenklima *n* **2** *paysage* wüstenartig; öde

désescalade [dezɛskalad] F POL, MIL Deeskalation *f*

désespérance [dezɛspeʀɑ̃s] *litt* F Hoffnungslosigkeit *f*

désespérant [dezɛspeʀɑ̃] ADJ **1** entmutigend; Verzweiflung hervorrufend; trostlos; **cet enfant est ~** dieses Kind ist ein hoffnungsloser Fall; **c'est ~!** das ist zum Verzweifeln! **2** *perfection etc* unnachahmlich; jeglichen Mut zur Nachahmung nehmend

désespéré [dezɛspeʀe] **A** ADJ **1** *personne* verzweifelt; untröstlich **2** *effort, combat etc* verzweifelt; **acte ~** Verzweiflungstat *f* **3** *situation* hoffnungs-, ausweglos; verzweifelt; **c'est un cas ~** **4** MÉD sein *ou* ihr Zustand ist hoffnungslos **5** *iron* er *ou* sie ist ein hoffnungsloser Fall **B** SUBST **~(e)** *m(f)* Verzweifelte(r) *m/f(m)*

désespérément [dezɛspeʀemɑ̃] ADV **1** hoffnungs-, trostlos; **~ vide** trostlos leer; **~ seul** hoffnungslos allein, einsam **2** *s'efforcer etc* verzweifelt

désespérer [dezɛspeʀe] ⟨-è-⟩ **A** VT **~ qn** j-n zur Verzweiflung bringen, verzweifeln lassen **B** VT INDIR **1** **~ de qc** die Hoffnung auf etw (*acc*) aufgeben, verlieren; **~ de la guérison de qn** die Hoffnung auf j-s Heilung aufgeben, verlieren; **~ de revoir qn** die Hoffnung aufgeben *ou* verlieren, j-n wiederzusehen **2** **~ du**

monde, de la vie an der Welt, am Leben verzweifeln **C** VI verzweifeln; die Hoffnung aufgeben, verlieren **D** VPR **se ~** verzweifeln; sich der Verzweiflung überlassen

désespoir [dezɛspwaʀ] M Verzweiflung *f*; Hoffnungslosigkeit *f*; *loc adv*: **en ~ de cause** als (aller)letztes Mittel; als letzter *ou* letzten Ausweg; **avec l'énergie du ~** mit dem Mut der Verzweiflung; **s'abandonner au ~** sich der Verzweiflung überlassen; **être, faire le ~ de qn** j-n zur Verzweiflung bringen; *succès etc* für j-n ein unerreichbares Vorbild sein; **être au ~** untröstlich sein (**de** *+inf* dass ...)

déshabillage [dezabijaʒ] M Entkleiden *n*, -ung *f*; Ausziehen *n*

déshabillé [dezabije] M Negligee *n*

déshabiller [dezabije] **A** VT **~ qn** j-n ausziehen, entkleiden; **~ qn du regard** j-n mit (den) Blicken ausziehen **B** VPR **se ~** sich ausziehen, entkleiden

déshabituer [dezabitɥe] **A** VT **~ qn de qc** j-m etw abgewöhnen **B** VPR **se ~ de** (*+inf*) sich (*dat*) etw abgewöhnen; *st/s* sich e-r Sache (*gén*) entwöhnen; **se ~ de fumer** sich (*dat*) das Rauchen abgewöhnen; **se ~ de l'alcool** sich (*dat*) das Trinken abgewöhnen

désherbage [dezɛʀbaʒ] M Unkrautvernichtung *f*, -bekämpfung *f*

désherbant [dezɛʀbɑ̃] M Unkrautvernichtungsmittel *n*

désherber [dezɛʀbe] VT Unkraut vernichten, bekämpfen, beseitigen (*abs ou* in, auf *+dat*); (*sarcler*) (Unkraut) jäten

déshérence [dezeʀɑ̃s] F JUR Erbenlosigkeit *f*

déshérité [dezeʀite] **A** ADJ **1** enterbt **2** *fig personne etc* benachteiligt; **région ~e** benachteiligte Region **B** SUBST **~(e)** *m(f) fig* Benachteiligte(r) *m/f(m)*; Bedürftige(r) *m/f(m)*

déshériter [dezeʀite] VT **1** enterben **2** *fig* benachteiligen; stiefmütterlich behandeln

déshonneur [dezɔnœʀ] M Unehre *f*; Schande *f*; *st/s* Schimpf *m*; **il n'y a pas de ~ à** (*+inf*) es ist keine Schande zu (*+inf*)

déshonorant [dezɔnɔʀɑ̃] ADJ unehrenhaft; entehrend; schimpflich; schändlich

déshonorer [dezɔnɔʀe] **A** VT **1** Schande, Unehre machen (*+dat*); *le souvenir de qn* entehren; *une profession* in Misskredit bringen **2** *femme* entehren **3** *comportement etc* **~ qn** j-m zur Unehre gereichen; *calomnie* j-s Ehre angreifen; **se croire déshonoré de** (*+inf*) es für unter s-r Würde halten zu (*+inf*) **4** *façade etc* verunstalten; verunzieren **B** VPR **se ~** sich mit Schande bedecken; s-e Ehre verlieren

déshumaniser [dezymanize] VT entmenschlichen; enthumanisieren

déshydratation [dezidʀatasjõ] F **1** CHIM, TECH Wasserentzug *m*; Entwässerung *f*; Dehydratation *f* **2** PHYSIOL, MÉD Wasserverlust *m*

déshydraté [dezidʀate] ADJ **1** wasserfrei; ausgetrocknet; **légumes ~s** Trockengemüse *n* **2** *fam* **être complètement ~** e-e ganz ausgedörrte Kehle, *fam* e-n Mordsdurst, e-n Brand haben

déshydrater [dezidʀate] **A** VT CHIM, TECH Wasser entziehen (*+dat*); entwässern; austrocknen; dehydratisieren **B** VPR **se ~** *organisme* wasserarm werden; austrocknen

desiderata [dezideʀata] MPL Wünsche *mpl*; *par ext* Anliegen *npl*

design [dizajn] M Design *n*; *adjt* ⟨*inv*⟩ **meubles** *mpl*, **mode** *f* **~** Designermöbel *npl*, -mode *f*

désignation [deziɲasjõ] F **1** Bezeichnung *f*; Benennung *f* **2** *d'un successeur etc* Designation *f*; Designierung *f*; Bestimmung *f*; Bestellung *f*

designer [dizajnœʀ] M/F Designer(in) *m(f)*

désigner [deziɲe] VT **1** bezeichnen; benennen; **~ qn par son nom** j-n beim, bei s-m Namen nennen **2** **~ (de la main)** (mit der Hand) zeigen, (hin)weisen auf (*+acc*); mit der Hand bezeichnen **3** *successeur etc* designieren; bestimmen; bestellen; **~ qn pour qc** j-n für etw bestimmen, zu etw ausersehen; *adjt* **être tout désigné pour faire qc** für etw geradezu prädestiniert, wie geschaffen sein **4** **~ qn à l'attention de qn** j-s Aufmerksamkeit auf j-n lenken

désillusion [dezi(l)lyzjõ] F Desillusion *f*; Enttäuschung *f*

désillusionner [dezi(l)lyzjɔne] VT desillusionieren; die Illusion(en) nehmen (**qn** j-m); enttäuschen; *adjt* **être complètement désillusionné** keine Illusionen mehr haben; völlig desillusioniert, enttäuscht sein

désincarné [dezɛ̃kaʀne] ADJ **1** *âme st/s* dem Körper entflohen **2** *a. iron amour etc* wirklichkeitsfremd

désincrustant [dezɛ̃kʀystɑ̃] M **1** TECH Kesselsteinlösemittel *n* **2** COSMÉTIQUE Tiefenreinigungsmittel *n*; **désincrustation** F **1** TECH Lösen *n* des Kesselsteins **2** *de la peau* Tiefenreinigung *f*; **désincruster** VT **1** TECH den Kesselstein lösen (**qc** von etw) **2** *peau* bis in die Tiefe reinigen; porentief reinigen

désinence [dezinɑ̃s] F GRAM Endung *f*

désinfectant [dezɛ̃fɛktɑ̃] **A** ADJ desinfizierend; Desinfektions... **B** M Desinfektionsmittel *n*; **désinfecter** VT desinfizieren

désinfection [dezɛ̃fɛksjõ] F Desinfektion *f*

désinflation [dezɛ̃flasjõ] F ÉCON Rückgang *m* der Inflation

désinformation [dezɛ̃fɔʀmasjõ] F Desinformation *f*

désinstaller [dezɛ̃stale] VT INFORM deinstallieren

désintégration [dezɛ̃tegʀasjõ] F **1** Auflösung *f*; Zerfall *m*; Desintegration *f* **2** NUCL Atomzerfall *m*, -zertrümmerung *f*, -spaltung *f*

désintégrer [dezɛ̃tegʀe] ⟨-è-⟩ **A** VT NUCL zertrümmern; spalten **B** VPR **se ~** **1** *parti etc* sich auflösen; auseinanderfallen; zerfallen **2** NUCL zerfallen

désintéressé [dezɛ̃teʀese] ADJ **1** *personne, conseil etc* uneigennützig; selbstlos **2** *jugement etc* unparteiisch; objektiv

désintéressement [dezɛ̃teʀɛsmɑ̃] M Uneigennützigkeit *f*; Selbstlosigkeit *f*; **avec ~** uneigennützig; selbstlos

désintéresser [dezɛ̃teʀese] **A** VT **~ qn** j-n auszahlen **B** VPR **se ~ de qc, qn** das Interesse an etw, j-m verlieren; kein Interesse mehr für etw, j-n haben

désintérêt [dezɛ̃teʀɛ] M Uninteressiertheit *f*, Desinteresse *n* (**pour** an *+dat*)

désintoxication [dezɛ̃tɔksikasjõ] F MÉD Entgiftung *f*; *de drogués* Entwöhnung *f*; **cure** *f* **de ~** Entziehungs-, Entwöhnungskur *f*

désintoxiquer [dezɛ̃tɔksike] VT MÉD entgiften (*a. fig*); *drogués* entwöhnen

désinvolte [dezɛ̃vɔlt] ADJ ungezwungen; *péj* lässig; (zu) frei; ungeniert

désinvolture [dezɛ̃vɔltyʀ] F *péj* (betonte *ou* verletzende) Lässigkeit; Ungeniertheit *f*; **avec ~** (betont) lässig; ganz ungeniert

désir [deziʀ] M **1** Wunsch *m* (**de qc** nach etw *ou* **de** *+inf* zu *+inf*); *plus fort* Verlangen *n*, Sehnsucht *f* (**de qc** nach etw); **~ de paix** Wunsch, *plus fort* Sehnsucht nach Frieden; **~ de plaire** Wunsch zu gefallen; **éprouver un ~** e-n Wunsch haben, verspüren; *plus fort* ein Verlangen haben, spüren; Sehnsucht haben; *plais* **vos ~s sont des ordres** Ihr Wunsch ist, sei mir Befehl; **exprimer un ~** e-n Wunsch äußern, aussprechen; **prendre ses ~s pour des réalités** s-e Wunschvorstellungen für Tatsachen halten; sich (*dat*) etw vormachen; **il prend ses ~s pour des réalités** *a.* bei ihm ist der Wunsch der Vater des Gedankens **2** *pour qn* (sinnliche) Begierde, Lust

désirable [deziʀabl] ADJ **1** wünschenswert **2** *personne* begehrenswert

désiré [deziʀe] ADJ erwünscht; **enfant ~** Wunschkind *n*; **non ~** ungewollt; unerwünscht; *moment etc* **tant ~** (heiß) ersehnt

Désirée [deziʀe] F *Vorname*

désirer [deziʀe] VT **1** (sich [*dat*]) wünschen; *plus fort* ersehnen; *st/s* begehren; **que désirez-vous?** was wünschen Sie?; womit kann ich (Ihnen) dienen?; was darf es sein?; ♦ **~** (*+inf*) wünschen zu (*+inf*); gern(e) mögen (*+inf*); **~ que ...** (*+subj*) (sich [*dat*]) wünschen *ou* gern(e) mögen, dass ...; **n'avoir plus rien à ~** keine Wünsche mehr haben; wunschlos glücklich sein; (*tout avoir*) alles, was man sich (*dat*) wünschen kann, haben; **se faire ~** auf sich (*acc*) warten lassen; **ne te fais pas trop ~!** lass dich nicht so selten sehen!; *fam* mach dich nicht so rar!; **laisser à ~** zu wünschen übrig lassen **2** *personne* begehren

désireux [deziʀø] ADJ ⟨-euse⟩ **~ de** (*+inf*) bestrebt, in dem Bestreben, *plus fort* begierig zu (*+inf*); **être ~ de** (*+inf*) *a.* den Wunsch haben zu (*+inf*)

désistement [dezistəmɑ̃] M **1** POL Rücktritt *m*, Verzicht *m* (**en faveur de** zugunsten von) **2** JUR **~ d'action** (Zu)Rücknahme *f*, Zurückziehung *f* der Klage

désister [deziste] VPR **1** POL **se ~ en faveur de qn** zugunsten von j-m zurücktreten (von der Kandidatur), verzichten (auf die Kandidatur) **2** JUR **se ~ de l'action** die Klage zurücknehmen, -ziehen

Desnos [dɛsnɔs] **Robert ~** *frz Dichter*

désobéir [dezɔbeiʀ] VT INDIR **~ à qn** j-m nicht gehorchen; *enfant a.* j-m nicht folgen; *abs a.* ungehorsam sein; **~ à la loi** das Gesetz übertreten, verletzen; **~ à un ordre** sich e-m Befehl widersetzen; e-n Befehl verweigern

désobéissance [dezɔbeisɑ̃s] F Ungehorsam *m* (**à qn** gegenüber j-m); **désobéissant** ADJ ungehorsam; *enfant a.* unfolgsam; unartig; *animal a.* unfolgsam

désobligeance [dezɔbliʒɑ̃s] *st/s* F Ungefälligkeit *f*

désobligeant [dezɔbliʒɑ̃] ADJ *personne* ungefällig; **remarque ~e** unfreundliche, *plus fort* verletzende Bemerkung

désobliger [dezɔbliʒe] VT ⟨-geons⟩ **~ qn** j-n kränken; j-n vor den Kopf stoßen; **vous me désobligeriez en n'acceptant pas mon invitation** Sie würden mich kränken, wenn Sie meine Einladung nicht annehmen würden

désodorisant [dezɔdɔʀizɑ̃] M Deodorant *n*; **désodoriser** VT desodorieren; den unangenehmen Geruch beseitigen (**une pièce** in e-m Raum)

désœuvré [dezœvʀe] **A** ADJ untätig; unbeschäftigt; *st/s* müßig **B** SUBST **~(e)** *m(f)* Untätige(r) *m/f(m)*; *st/s* Müßiggänger(in) *m(f)*

désœuvrement [dezœvʀəmɑ̃] M Untätigkeit *f*; Nichtstun *n*; *st/s* Müßiggang *m*; **faire qc par ~** etw tun, um die Zeit totzuschlagen

désolant [dezɔlɑ̃] ADJ **1** *nouvelle etc* (tief) betrüblich; traurig **2** *temps, spectacle* trostlos

désolation [dezɔlasjõ] F tiefe Betrübnis; **plonger qn dans la ~** j-n tief betrüben, sehr traurig machen

désolé [dezɔle] ADJ **1** tief betrübt, untröstlich (**de** über *+acc*); **je suis ~ de ce qui t'arrive** ich bin tief betrübt über das, was du mitmachst; *formule de politesse*: **(je suis) ~** (es) tut mir leid; **(je suis) ~ de vous avoir fait attendre** (es) tut mir leid, dass ich Sie habe warten lassen **2** *région* öde; trostlos

désoler [dezɔle] A V/T 1 *échec, mort etc* ~ **qn** j-n tief betrüben; j-n traurig machen, stimmen 2 *incident, retard etc* ~ **qn** j-n bekümmern, verdrießen; j-m leidtun B V/PR **se** ~ traurig, betrübt sein
désolidariser [desɔlidaʀize] V/PR **se** ~ **de qn** mit j-m nicht mehr solidarisch sein; sich von j-m distanzieren; **se** ~ **de qc** mit etw nicht mehr übereinstimmen; sich von etw distanzieren
désopilant [dezɔpilɑ̃] ADJ herzhaftes, lautes Lachen hervorrufend; urkomisch; *plus fort* zwerchfellerschütternd
désordonné [dezɔʀdɔne] ADJ 1 *personne, maison etc* unordentlich; *fam* schlampig; *fuite, course* wild; **mouvements** ~**s** unkontrollierte Bewegungen *fpl* 2 *vie, conduite* unordentlich; zügellos; ungezügelt; *plus fort* ausschweifend
désordre [dezɔʀdʀ] M 1 Unordnung *f*; Durcheinander *n*; **quel** ~**!** was für e-e, welch e-e Unordnung!; was für ein, welch ein Durcheinander!; *loc adj* **en** ~ in Unordnung; ungeordnet; *lieu* nicht aufgeräumt; unaufgeräumt; **mettre en** ~ in Unordnung bringen; durcheinanderbringen; *objets* **traîner en** ~ unordentlich herumliegen; ♦ *fam adjt* **il, elle est très** ~ er, sie ist sehr unordentlich, *fam* schlampig 2 *des idées* Ungeordnetheit *f*; Durcheinander *n*; *des finances etc* Unordnung *f* 3 Unruhe *f*; Unfriede(n) *m*; Verwirrung *f*; **causer du** ~ Unruhe, Unfrieden, Verwirrung stiften; **semer le** ~ Unruhe verbreiten 4 *souvent* PL ~**s** *(troubles)* (öffentliche) Unruhe; Aufruhr *m*; Unruhen *fpl* 5 *tiercé* **dans le** ~ in beliebiger Reihenfolge
désorganisation [dezɔʀganizasjõ] F Desorganisation *f*; Auflösung *f*; ~ **complète** *a.* Zerrüttung *f*
désorganiser [dezɔʀganize] A V/T desorganisieren; in Unordnung bringen; auflösen; zersetzen; zerrütten B V/PR **se** ~ in Unordnung geraten; sich auflösen
désorienté [dezɔʀjɑ̃te] ADJ verwirrt; verunsichert; **être** ~ *a.* sich nicht mehr zurechtfinden
désorienter [dezɔʀjɑ̃te] V/T verwirren; verunsichern
désormais [dezɔʀmɛ] ADV von nun an *ou* ab; von jetzt an *ou* ab; fortan; künftig
désosser [dezɔse] V/T *viande* von den Knochen lösen; entbeinen; *all Sud* auslösen, -beinen
désoxydant [dezɔksidɑ̃] M CHIM, TECH Desoxidationsmittel *n*; **désoxyder** V/T CHIM, TECH desoxidieren
désoxyribonucléique [dezɔksiʀibɔnykleik] ADJ BIOL **acide** *m* ~ *(abr* ADN) Desoxyribonukleinsäure *f (abr* DNS)
desperado [dɛspeʀado] M Desperado *m*
despote [dɛspɔt] M 1 POL Despot *m*; Alleinherrscher *m*; *péj* Gewaltherrscher *m* 2 *fig* Despot *m*; Tyrann *m*; *adjt* despotisch; **mari** ~ despotischer Ehemann
despotique [dɛspɔtik] ADJ despotisch
despotisme [dɛspɔtism] M 1 POL Despotismus *m*; Alleinherrschaft *f*; *péj* Despotie *f*; Gewaltherrschaft *f*; HIST ~ **éclairé** aufgeklärter Absolutismus 2 *fig* Tyrannei *f*
desquamation [dɛskwamasjõ] F MÉD Abschuppung *f*; Abschilferung *f*; **desquamer** V/I *(et* V/PR **se**) ~ *peau* sich (ab)schuppen; abschilfern
desquels, **desquelles** [dekɛl] PR REL *et* PR INTERROG → lequel
DESS [deəɛsɛs] M ABR (diplôme d'études supérieures spécialisées) *praxisorientiertes Diplom im Anschluss an die „maîtrise"*
dessaisir [desezir] A V/T JUR ~ **un tribunal d'une affaire** e-e Sache der Gerichtsbarkeit e-s Gerichtes entziehen; ein Gericht in e-r Sache für nicht zuständig erklären B V/PR **se** ~ **de qc** etw ab-, herausgeben, abtreten
dessalage [desalaʒ] M *ou* **dessalaison** *f ou* **dessalement** *m* Entsalzen *n*, -ung *f*
dessaler [desale] A V/T 1 entsalzen; CUIS weniger salzig *ou* milder machen; *hareng* wässern 2 *fig* ~ **qn** j-m s-e Naivität *ou* Schüchternheit nehmen; *plus fort* j-n abgebrühter machen; *adjt* **dessalé** recht keck; *plus fort* abgebrüht; mit allen Wassern gewaschen B V/I CUIS **mettre à** ~ wässern C V/PR **se** ~ *fig* s-e Naivität *ou* Schüchternheit ablegen, verlieren; *plus fort* abgebrühter werden
desséchant [deseʃɑ̃] ADJ 1 *vent* trocken; der alles verdorren lässt 2 *fig études etc* trocken; abstumpfend
dessèchement [desɛʃmɑ̃] M 1 Austrocknen *n*; Vertrocknen *n*; Trockenheit *f* 2 *fig* ~ **du cœur** Verhärtung *f*, Abstumpfung *f* der Gefühle; ~ **de l'esprit** geistige Unbeweglichkeit; Verknöcherung *f*
dessécher [deseʃe] ⟨-è-⟩ A V/T 1 austrocknen; ~ **le sol, la peau** den Boden, die Haut austrocknen 2 *fig* abstumpfen; ~ **le cœur de qn** j-s Herz verhärten; j-n gefühlskalt *ou* hart machen; ~ **l'esprit de qn** j-s geistige Beweglichkeit lähmen; j-n verknöchern lassen B V/PR **se** ~ 1 *sol, peau, gosier etc* austrocknen; *végétation* vertrocknen; verdorren 2 *fig* abstumpfen; hart *ou* gefühlskalt werden; verhärten; *mentalement* die geistige Beweglichkeit verlieren; verknöchern 3 *vieillard* zusammenfallen; hager und faltig werden; verschrumpeln
dessein [desɛ̃] *st/s* M Absicht *f*; Plan *m*; Vorhaben *n*; *loc adv* **à** ~ absichtlich; mit Absicht; vorsätzlich; mit Fleiß; **dans le** ~ **de** *(+inf)* in der Absicht zu *(+inf)*; *litt* **avoir le** ~ **de** *(+inf)* die Absicht hegen, sich mit der Absicht tragen zu *(+inf)*; **son** ~ **est de** *(+inf)* s-e Absicht, sein Plan ist es zu *(+inf)*; *litt* **nourrir de noirs** ~**s** dunkle Absichten hegen; etwas Böses im Schilde führen
desseller [desele] V/T ~ **un cheval** ein Pferd absatteln
desserrage [deseʀaʒ] M TECH Lockern *n*; *plus fort* Lösen *n*; **desserrement** M 1 *d'une poignée* Lockerung *f* 2 *fig* Auflockerung *f*; Dezentralisierung *f*
desserrer [deseʀe] A V/T 1 *ceinture, nœud, vis etc* lockern; *ceinture a.* weiter machen, schnallen; *frein* lösen 2 *fig* **ne pas** ~ **les dents** den Mund nicht auftun, -machen; kein Wort *ou fam* Sterbenswörtchen sagen B V/PR **se** ~ *nœud, vis etc* sich lockern
dessert [desɛʀ] M Dessert *n*; Nachtisch *m*, -speise *f*; **vin** *m* **de** ~ Dessertwein *m*
desserte [desɛʀt] F 1 Abstell-, Beistell-, Serviertisch *m*; *à roulettes* Servier-, Teewagen *m* 2 Verkehrsverbindung *f* (**de** zu, nach); ~ **(par voie) ferrée** Eisenbahnanschluss *m*, -verbindung *f*; **chemin** *m* **de** ~ Stichstraße *f*
dessertir [desɛʀtiʀ] V/T *pierre précieuse* aus s-r Fassung nehmen
desservant [desɛʀvɑ̃] M ÉGL Pfarrverweser *m*
desservir [desɛʀviʀ] V/T ⟨→ servir⟩ 1 *bus, train* (regelmäßig) verkehren, fahren (**un village** zu e-m Dorf); bedienen; halten (**une gare** an e-m Bahnhof; **un village** in e-m Dorf); *bateau: île, port* (regelmäßig) anlaufen, anfahren; *avion: aéroport* anfliegen; *adjt lieu* **bien desservi** verkehrsmäßig gut erschlossen *ou* günstig gelegen 2 ÉGL seelsorgerisch betreuen 3 ~ **(la table)** (den Tisch) abdecken, abräumen 4 ~ **qn** j-m e-n schlechten Dienst, e-n Bärendienst erweisen; j-m schaden
dessiccatif [desikatif] M TECH, CHIM Trockenmittel *n*; **dessiccation** F CHIM, TECH Trocknen *n*, -ung *f*; *de fruits, légumes a.* Dörren *n* 2 *du sol etc* Austrocknen *n*
dessiller [desije] A V/T ~ **les yeux à qn** j-m die Augen öffnen B V/PR **alors mes yeux se dessillèrent** da fiel es mir wie Schuppen von den Augen
dessin [desɛ̃] M 1 *résultat* Zeichnung *f*; ~ **animé** Zeichentrickfilm *m*; ~ **humoristique** Karikatur *f*; ~ **à la plume** Federzeichnung *f*; ~ **à main levée** Freihandzeichnung *f*; ~ **d'architecture** Bauzeichnung *f*, -plan *m*; *fam iron* **il faut te faire un** ~**?** *fam* kapierst du denn nicht?; muss ich es dir denn erst lang und breit erklären? 2 *action* Zeichnen *n*; ~ **industriel** technisches Zeichnen; ~ **publicitaire** Werbegrafik *f*; *par ext* Gebrauchsgrafik *f*; **papier** *m* **à** ~ Zeichenpapier *n*; **planche** *f* **à** ~ Zeichen-, Reißbrett *n*; **professeur** *m* **de** ~ Zeichenlehrer *m*; **doué pour le** ~ zeichnerisch, für das Zeichnen begabt; **apprendre le** ~ zeichnen lernen 3 *d'un tissu etc* Muster *n*; Dessin *n* 4 *(lignes)* Zeichnung *f*; Züge *mpl*; Musterung *f*; *du bois* Maserung *f*
dessinateur [desinatœʀ] M, **dessinatrice** F Zeichner(in) *m(f)*; TEXT Dessinateur(in) *m(f)*; Musterzeichner(in) *m(f)*; ~ **humoristique** Karikaturist *m*; Cartoonist *m*; ~ **industriel** technischer Zeichner; ~ **publicitaire** Werbegrafiker *m*; *par ext* Gebrauchsgrafiker *m*; ~ **de mode** Modezeichner *m*
dessiner [desine] A V/T 1 zeichnen; ~ **au crayon** mit dem Bleistift zeichnen; *adjt* **bande(s) dessinée(s)** Comic(s) *m(pl)* 2 *contours, formes* hervortreten lassen; unterstreichen; hervorheben; betonen 3 *route* ~ **une courbe** e-e Kurve machen, beschreiben 4 *fig auteur* ~ **le caractère de qn** j-s Charakter zeichnen B V/PR **se** ~ 1 sich abzeichnen (**sur, à l'horizon** am Horizont) *(a. fig)* 2 *projets* Gestalt annehmen, gewinnen
dessouder [desude] TECH A V/T auseinanderschweißen B V/PR **se** ~ aufgehen; sich lösen
dessoûler [desule] A V/T ~ **qn** j-n nüchtern machen B V/I nüchtern werden; ausnüchtern; **il ne dessoûle pas depuis trois jours** *a.* er ist seit drei Tagen betrunken
dessous [d(ə)su] A ADV 1 darunter *ou fam* (unten)drunter 2 LOC ADV **en** ~ darunter *ou fam* drunter; unten; an der Unterseite; *fam* **par en** ~ von unten her; *fig*: **agir** *(fam* **par)** **en** ~ nicht mit offenen Karten spielen; **regarder (qn)** *(fam* **par)** **en** ~ j-m nicht offen in die Augen sehen; *abs* keinen offenen Blick haben; **rire** *(fam* **par)** **en** ~ versteckt lachen; in sich *(acc)* hineinlachen B LOC PRÉP **de** ~ unter *(+dat)* hervor; **retirer de** ~ **les décombres** unter den Trümmern hervorziehen C M 1 *d'objets* Unterseite *f*; untere Seite 2 **(étage** *m* **du)** ~ untere Etage; unteres Stockwerk; **les gens du** ~ die Leute, die e-e Etage tiefer wohnen 3 THÉ Unterbühne *f*; *fig* **être au trente-sixième** ~ völlig deprimiert, ganz verzweifelt sein 4 *fig* **connaître, voir le** ~ **des cartes** die Hintergründe (der Angelegenheit) kennen; wissen, was dahinter steckt 5 *fig* ~ **de table** Schmier-, Draufgeld *n* 6 ~ **de bouteille** *etc* → dessous-de-bouteille *etc* 7 LOC **avoir le** ~ unterlegen sein 8 ~ *pl* Dessous *npl*; (Damen)Unterwäsche *f* 9 *fig* ~ *pl d'une affaire etc* Hintergründe *mpl*
dessous-de-bouteille [d(ə)sudbutɛj] M ⟨inv⟩ Flaschenuntersatz *m*, -untersetzer *m*; **dessous-de-bras** M ⟨inv⟩ COUT Arm-, Schweißblatt *n*; **dessous-de-plat** M ⟨inv⟩ Schüsseluntersatz *m*, -untersetzer *m*; **dessous-de-table** M ⟨inv⟩ → dessous C 5; **des-**

sous-de-verre M ⟨inv⟩ Gläseruntersatz *m*, -untersetzer *m*

dessus [d(ə)sy] **A** ADV **1** darauf; *fam* (oben)drauf; **tu peux t'asseoir ~** du kannst dich daraufsetzen, *fam* draufsetzen; *fig: ne comptez pas sur cet appartement*, **quelqu'un est déjà ~** es spekuliert schon j-d darauf; **marcher ~** *sur un tapis etc* darüber gehen; *fam* drübergehen; *sur une pierre etc* drauftreten; *fig* **mettre la main ~** *police* zugreifen; *par ext* finden; **il lui a tapé, tiré ~** er hat auf ihn eingeschlagen, geschossen; **il lui est tombé ~** er hat sich auf ihn gestürzt; → *a.* bras 1, sens 4 **2** LOC ADV **en ~** oben; auf der oberen Seite; *fam* obendrauf **B** LOC PRÉP **de ~** von … hoch; **enlever qc de ~ la table** etw vom Tisch nehmen **C** M **1** *d'objets* Oberseite *f*; obere Seite **2** (**étage** *m* **du**) **~** obere Etage; oberes Stockwerk; **les gens du ~** die Leute, die e-e Etage höher wohnen **3** THÉ Schnürboden *m* **4** MUS Diskant *m* **5** *fig* **le ~ du panier** die oberen zehntausend; die Creme der Gesellschaft; die High Society **6** LOC **avoir le ~** überlegen sein; die Oberhand gewinnen; (**re**)**prendre le ~** *fam* sich (wieder) auf-, hochrappeln; wieder auf die Beine kommen

dessus-de-lit [d(ə)sydli] M ⟨inv⟩ Tagesdecke *f*

déstabilisation [destabilizasjõ] F POL Destabilisierung *f*; **déstabiliser** V/T *régime etc* destabilisieren

déstalinisation [destalinizasjõ] F POL Entstalinisierung *f*; **déstaliniser** V/T entstalinisieren

destin [dɛstɛ̃] M Schicksal *n*; *st/s* Geschick *n*; **arrêt** *m* **du ~** Schicksalsfügung *f*; Schickung *f*; *loc* **on n'échappe pas à son ~** s-m Schicksal kann man nicht entgehen; **prendre son ~ en main** sein Geschick selbst in die Hand nehmen

destinataire [dɛstinatɛʀ] M/F Empfänger(in) *m(f)*; Adressat(in) *m(f)*

destination [dɛstinasjõ] F **1** Bestimmung *f*; Verwendungszweck *m*; **rendre une école à sa ~ première** e-e Schule wieder ihrer ursprünglichen Bestimmung zuführen, übergeben **2** *lieu* Bestimmungsort *m*; Ziel *n*; **gare** *f* **de ~** Bestimmungs-, Zielbahnhof *m*; *train, avion* **à ~ de Paris** nach Paris; **arriver à ~** am Bestimmungsort, Ziel ankommen; **partir pour une ~ inconnue** mit unbekanntem Ziel aufbrechen

destinée [dɛstine] F Schicksal *n*; Los *n*; *st/s* Geschick *n*; **être promis aux plus °hautes ~s** zu Höherem, zu Großem berufen sein; *st/s* **unir sa ~ à celle de qn** mit j-m den Bund fürs Leben schließen

destiner [dɛstine] **A** V/T **1 ~ qn à qc** j-n zu etw bestimmen, ausersehen; **~ qn à une carrière militaire, au commerce** j-n zu e-r militärischen Laufbahn, zu e-m kaufmännischen Beruf bestimmen, ausersehen **2 ~ qc à qn** etw für j-n bestimmen, ausersehen; *adjt* **être destiné à qn** für j-n bestimmt sein; j-m zugedacht sein; *remarque a.* j-m gelten **3 ~ qc à qc** etw für etw bestimmen; **être destiné à** bestimmt sein für *ou* zu; sollen *(+inf)*; *un titre* **destiné à éveiller la curiosité** der die Neugier wecken soll **B** V/PR **se ~ à l'enseignement** den Lehrberuf wählen

destituer [dɛstitɥe] V/T absetzen; **~ qn de ses fonctions** j-n aus s-m Amt entlassen; j-n s-s Amtes entheben

destitution [dɛstitysjõ] F Absetzung *f*; Dienstentlassung *f*; Amtsenthebung *f*

destrier [dɛstʀije] M HIST Streitross *n*

destroyer [dɛstʀwaje] M MAR Zerstörer *m*

destructeur [dɛstʀyktœʀ] **A** ADJ ⟨-trice⟩ zerstörerisch; *fig a.* destruktiv **B** SUBST **~, destructrice** *m,f* Zerstörer(in) *m(f)*; Vernichter(in) *m(f)*;

destructible ADJ zerstörbar; **destructif** ADJ ⟨-ive⟩ Zerstörungs…; zerstörerisch; *fig a.* destruktiv

destruction [dɛstʀyksjõ] F **1** Zerstörung *f*; Vernichtung *f*; **moyen** *m* **de ~ massive** Massenvernichtungsmittel *n* **2** *de parasites etc* Vernichtung *f*; Vertilgung *f*

déstructurer [destʀyktyʀe] V/T die Struktur auflösen *(+gén)*

désuet [dezɥɛ, des-] ADJ ⟨-ète [-ɛt]⟩ aus der Mode gekommen; altmodisch; antiquiert

désuétude [dezɥetyd, des-] F LOC **tomber en ~** außer Gebrauch, aus der Mode kommen; unüblich werden; veralten

désuni [dezyni] ADJ **1** entzweit; zerstritten **2** *sportif* aus dem Tritt, Rhythmus gekommen

désunion [dezynjõ] F Zwietracht *f*; Zwist(-igkeit) *m(f)*; **semer la ~** Zwietracht säen, stiften

désunir [dezyniʀ] V/T entzweien; **~ une famille** eine Familie entzweien

détachable [detaʃabl] ADJ abreißbar; Abreiß…

détachage [detaʃaʒ] M (chemische) Fleck(en)entfernung (**de qc** aus etw); **détachant** M Fleck(en)entfernungsmittel *n*, -entferner *m*; Fleckenwasser *n*

détaché [detaʃe] ADJ **1 pièce ~e** Einzelteil *n*; *(pièce de rechange)* Ersatzteil *n* **2** *air etc* gleichgültig; unbeteiligt; uninteressiert; **être détaché de qc** an etw *(dat)* nicht mehr interessiert sein **3** *fonctionnaire* vorübergehend e-r anderen Dienststelle zugeteilt

détachement [detaʃmɑ̃] M **1** erloschenes Interesse (**[à l'égard] de qc** an etw *[dat]*); *par ext* Gleichgültigkeit *f*; **avec ~** gleichgültig **2** MIL (Sonder)Trupp *m*, (-)Abteilung *f*, (-)Kommando *n* **3 être en ~** MIL abkommandiert sein; *par ext* abgestellt, abgeordnet sein; *fonctionnaire a.* vorübergehend e-r anderen Dienststelle zugeteilt sein

détacher[1] [detaʃe] **A** V/T **1** lösen; los-, abmachen; los-, abreißen; abtrennen; *ceinture de sécurité* abnehmen; *lacets* aufbinden; *feuille* abreißen (**de** von); **~ une barque** ein Boot losmachen, losbinden; **~ un chien** einen Hund losbinden; **~ une remorque** einen Anhänger abhängen; *sur des formulaires etc* (**à**) **~ suivant le pointillé** hier abtrennen!; (**ne pas**) **arriver à ~ qc** etw (nicht) los-, abbekommen, *fam* -kriegen **2** *mots, syllabes* getrennt aussprechen; *lettres* getrennt schreiben; PEINT *motif* deutlich hervorheben **3 ~ qn** MIL j-n abkommandieren; *par ext* j-n abstellen, abordnen; *fonctionnaire* vorübergehend e-r anderen Dienststelle zuteilen **4** *fig* **~ qn de qn** j-n von j-m lösen, trennen; j-n j-m entfremden **5 ne pas pouvoir ~ ses yeux de qc** s-e Augen nicht von etw losreißen, abwenden, lösen können **B** V/PR **1 se ~** *rocher etc* sich lösen; abgehen; *chien* sich losmachen, -reißen; *feuille* abfallen (**de l'arbre** vom Baum); *coureur* **se ~ du peloton** sich vom Hauptfeld lösen; das Hauptfeld hinter sich *(dat)* lassen **2** *fig* **se ~ de qc** sich nicht mehr für etw interessieren; sein Interesse an etw *(dat)* verlieren; *fig* **se ~ de qn** sich (gefühlsmäßig) von j-m lösen **3 se ~ sur qc** sich scharf abzeichnen, abheben gegen etw

détacher[2] [detaʃe] V/T die Flecken entfernen (**qc** aus etw)

détail [detaj] M **1** COMM (**commerce** *m* **de**) **~** Einzel-, Kleinhandel *m*; **vente** *f* **au ~** Verkauf *m* im Einzel-, Kleinhandel; Einzel-, Kleinverkauf *m*; **vendre au ~** in kleinen Mengen, einzeln verkaufen; **prix** *m* **de ~** Einzelhandelspreis *m* **2** Einzelheit *f*; Detail *n*; **en ~** im Einzelnen; ausführlich; **raconter qc en ~, dans le ~** etw im Einzelnen, in allen Einzelheiten, ganz ausführlich, lang und breit erzählen; **entrer dans les ~s** auf (die) Einzelheiten eingehen; ins Detail gehen; **se perdre dans les ~s** sich in (den) Einzelheiten verlieren; sich verzetteln **3** *d'un compte etc* ausführliche, detaillierte Aufstellung; **~ des dépenses** detaillierte Kostenaufstellung; *fam fig* **ne pas faire de** *ou* **le ~** sich nicht mit Einzelheiten aufhalten; alles über einen Kamm scheren **4** *(vétille)* Kleinigkeit *f*; *loc adj* **de ~** unwichtig; nebensächlich; unwesentlich; **question** *f* **de ~** unwichtige, nebensächliche Frage; **c'est un ~** das ist e-e Kleinigkeit; das ist ganz ohne Bedeutung

détaillant [detajɑ̃] M, **détaillante** F COMM Einzel-, Kleinhändler(in) *m(f)*; *adjt* **épicier détaillant** Lebensmitteleinzelhändler *m*

détaillé [detaje] ADJ detailliert; ausführlich; ins Einzelne gehend

détailler [detaje] V/T **1** COMM **a** im, über den Einzelhandel verkaufen, vertreiben **b** in kleineren Mengen *ou* einzeln, stückweise verkaufen **2 ~ qn des pieds à la tête** j-n von Kopf bis Fuß eingehend mustern **3** *st/s* **~ qc** etw im Einzelnen ausführen; etw detaillieren

détaler [detale] V/I *fam* abhauen; Reißaus nehmen; verduften

détartrage [detaʀtʀaʒ] M Entkalkung *f*; **détartrant** M *produit* Entkalker *m*

détartrer [detaʀtʀe] V/T **a** entkalken **b** den Zahnstein entfernen (**les dents** von den Zähnen)

détaxation [detaksasjõ] F *ou* **détaxe** [detaks] F **a** *réduction* Steuer-, Gebührenermäßigung *f*, -nachlass *m* **b** *suppression* Steuer-, Gebührenbefreiung *f*, -erlass *m*

détaxer [detakse] V/T **~ qc** die Steuer, mit der etw belegt ist, senken *ou supprimer* aufheben; *adjt* **détaxé** steuerermäßigt *ou* -frei

détecter [detɛkte] V/T **1** feststellen; registrieren; *fuite etc* auffinden; ausfindig machen; AVIAT, MAR orten **2** *fig réseau etc* aufspüren, -decken

détecteur [detɛktœʀ] M TECH Detektor *m* (*a.* RAD); Anzeigegerät *n*; **~ de gaz** Gasspürgerät *n*; **~ d'incendie** automatischer Feuermelder; **~ de mensonge** Lügendetektor *m*; MIL **~ de mines** Minensuchgerät *n*

détection [detɛksjõ] F **1** Feststellung *f*; Auffindung *f*; AVIAT, MAR Ortung *f*; INFORM **~ de virus** Viruserkennung *f* **2** *fig* Aufspürung *f*, -deckung *f*

détective [detɛktiv] M **~ (privé)** (Privat)Detektiv *m*; **agence** *f* **de ~s privés** Detektei *f*

déteindre [detɛ̃dʀ] V/I ⟨→ peindre⟩ **1** *tissu* aus-, verbleichen; verschießen; die Farbe verlieren **2 ~ sur** abfärben auf *(+acc)* (*a. fig*)

dételer [detle] ⟨-ll-⟩ **A** V/T **1** *cheval etc* aus-, abspannen (*a. voiture*); aus-, abschirren **2** CH DE FER abkuppeln **B** V/I LOC ADV *fig* **sans ~** ohne aufzuhören; ununterbrochen

détendeur [detɑ̃dœʀ] M TECH Druckminderungsventil *n*

détendre [detɑ̃dʀ] ⟨→ rendre⟩ **A** V/T **1** *arc etc* entspannen; die Spannung vermindern, lockern *(+gén)* **2** *fig situation, relations, esprit* entspannen **B** V/PR **se ~ 1** *arc etc* die Spannung verlieren; erschlaffen; nachgeben **2** PHYS *fluide* expandieren; sich ausdehnen **3** *fig personne, situation* sich entspannen

détendu [detɑ̃dy] ADJ entspannt (*a. fig personne, situation*); *corde a.* locker; schlaff; *élastique* ausgeleiert

détenir [detniʀ] V/T ⟨→ venir⟩ **1** behalten; bewahren; besitzen; **~ un document** ein Dokument besitzen; im Besitz e-s Dokumentes sein **2** *fig pouvoir* besitzen; *poste, titre* innehaben; ~

un record einen Rekord halten; ~ un secret ein Geheimnis bewahren 3 ~ qn j-n festhalten, gefangen halten, in Haft halten

détente [detɑ̃t] F 1 *d'une arme à feu* Abzug *m*; appuyer sur la ~ auf den Abzug drücken; *fam fig* être dur à la ~ *(être avare)* geizig, *fam* knick(e)rig sein; *(être obstiné)* stur sein; *(ne pas comprendre)* schwer von Begriff, *fam* Kapee sein; *fam* e-e lange Leitung haben 2 *d'un ressort etc* Entspannung *f*; Lockerung *f*; Erschlaffung *f* 3 *fig d'une personne, d'une situation etc* Entspannung *f*; politique *f* de ~ Entspannungspolitik *f* 4 SPORTS Wurf- *ou* Sprungvermögen *n* 5 PHYS Entspannung *f*; Expansion *f*; Ausdehnung *f*

détenteur [detɑ̃tœʀ] M, **détentrice** F 1 Besitzer(in) *m(f)*; ~ d'armes Waffenbesitzer *m* 2 *fig d'un poste etc* Inhaber(in) *m(f)*; *d'un secret* Bewahrer(in) *m(f)*; détenteur, détentrice d'un record, d'un titre Rekord-, Titelhalter(in) *m(f)*

détention [detɑ̃sjõ] F 1 Besitz *m*; ~ d'armes Waffenbesitz *m* 2 Haft *f*; ~ provisoire, *autrefois* ~ préventive Untersuchungshaft *f*

détenu [detny] A ADJ inhaftiert B SUBST ~(e) *m(f)* Inhaftierte(r) *m/f(m)*; Häftling *m*

détergent [detɛʀʒɑ̃] A ADJ reinigend; Reinigungs...; waschaktiv B M Reinigungs-, Wasch-, Spülmittel *n*; ~s *pl t/t* Tenside *npl*; Detergenzien *pl*; Netzmittel *npl*

détérioration [deteʀjɔʀasjõ] F 1 Beschädigung *f* 2 *fig* Verschlechterung *f*; Verschlimmerung *f*

détériorer [deteʀjɔʀe] A V/T 1 *objet* beschädigen 2 *fig situation, relations* verschlechtern; verschlimmern; *santé* schaden *(+dat)* B V/PR se ~ 1 beschädigt, schadhaft werden; leiden; verlottern; verkommen 2 *fig* sich verschlechtern; sich verschlimmern

déterminable [detɛʀminabl] ADJ bestimmbar; festlegbar; **déterminant** A ADJ bestimmend; entscheidend; ausschlaggebend B M 1 LING Begleiter *m* des Substantivs 2 MATH Determinante *f*

déterminatif [detɛʀminatif] ADJ ‹-ive› LING adjectif ~ attributives Pronomen (und Zahlwort); complément ~ nähere Bestimmung; Attribut *n*

détermination [detɛʀminasjõ] F 1 Bestimmung *f*; Festlegung *f*, -stellung *f*; Ermittlung *f*; MAR, AVIAT ~ de la position Standortbestimmung *f* 2 LING nähere Bestimmung 3 PHIL Determiniertheit *f* 4 a Entschluss *m*; Entscheidung *f*; prendre une ~ e-n Entschluss fassen; e-e Entscheidung treffen b Entschlossenheit *f*; agir avec ~ entschlossen handeln

déterminé [detɛʀmine] A ADJ 1 *quantité, lieu etc* bestimmt 2 PHIL determiniert 3 *personne, air* entschlossen B M LING näher bestimmtes Substantiv

déterminer [detɛʀmine] A V/T 1 *distance, espèce etc* bestimmen; *lieu, date* festlegen; *cause* feststellen; ermitteln; *action commune etc* beschließen; festlegen 2 LING näher bestimmen 3 ~ qn à *(+inf)* j-n bestimmen, bewegen, veranlassen zu *(+inf)* 4 *réaction etc* bewirken; hervorrufen 5 PHIL determinieren B V/PR se ~ (à qc *ou* à *+inf*) sich entschließen, sich durchringen (zu etw *ou* zu *+inf*); sich entscheiden (für etw)

déterminisme [detɛʀminism] M PHIL Determinismus *m*; **déterministe** PHIL A ADJ deterministisch B M/F Determinist(in) *m(f)*

déterré [deteʀe] M LOC avoir une mine de ~ leichen-, totenblass aussehen, sein

déterrer [deteʀe] V/T 1 ausgraben; ~ une plante, un trésor eine Pflanze, einen Schatz ausgraben 2 *fig* ausgraben; ausfindig machen

détersif [detɛʀsif] ADJ ‹-ive› *et* SUBST M → détergent

détestable [detɛstabl] ADJ verabscheuungswürdig; abscheulich; scheußlich

détester [detɛste] V/T 1 verabscheuen; hassen; nicht ausstehen können; ~ *(st/s* de) faire qc es hassen, etw tun zu müssen; il se fait ~ de tout le monde er macht sich bei jedermann verhasst 2 ne pas ~ ganz gern(e) mögen; ne pas ~ boire, danser *etc* ganz gern(e) einmal etwas trinken, einmal tanzen *etc*

détonant [detɔnɑ̃] ADJ explosiv; mélange ~ explosives Gemisch

détonateur [detɔnatœʀ] M 1 Initialzünder *m*; Zündmittel *n*; Detonator *m* 2 *fig* auslösendes Element; **détonation** F Detonation *f*; Knall *m*

détoner [detɔne] V/I detonieren

détonner [detɔne] V/I 1 MUS detonieren; unsauber, falsch singen *ou* spielen 2 *fig* nicht passen (dans in *+acc*; avec zu); *abs a.* aus dem Rahmen fallen

détordre [detɔʀdʀ] V/T ‹→ rendre› aufdrehen; *corde* aufdröseln

détortiller [detɔʀtije] V/T aufwickeln; aufdrehen

détour [detuʀ] M 1 Biegung *f*; Krümmung *f*; Windung *f*; les tours et les ~s de la rivière die vielen Windungen des Flusses; au ~ du chemin hinter, in der Wegbiegung, -krümmung 2 Umweg *m*; éviter, faire un ~ e-n Umweg vermeiden, machen; valoir le ~ e-n Umweg lohnen 3 *fig* Umweg *m*; Winkelzug *m*; Ausflucht *f*; sans ~(s) ohne Umschweife; personne *f* sans ~ offene und ehrliche, biedere Person; parler sans ~(s) ohne Umschweife, freiheraus, geradeheraus, frei von der Leber weg reden

détourné [detuʀne] ADJ d'une façon ~e auf indirekte Weise; indirekt; par des moyens ~s, par des voies ~es auf Umwegen

détournement [detuʀnəmɑ̃] M 1 Umleitung *f* 2 ~ d'avion Flugzeugentführung *f* 3 JUR ~ de fonds Unterschlagung *f*, Veruntreuung *f* (von Geldern); ~ de mineur Verführung *f* Minderjähriger

détourner [detuʀne] A V/T 1 *cours d'eau, circulation* umleiten 2 *avion* entführen 3 *tête, regard* ab-, wegwenden 4 *fig* ~ qn de qc j-n von etw abbringen 5 *fig les soupçons de qn* zerstreuen; ~ sur qn auf j-n lenken, wälzen; ~ la conversation vom Thema ablenken 6 JUR ~ des fonds Gelder unterschlagen, veruntreuen; ~ un mineur e-n Minderjährigen verführen B V/PR se ~ sich abwenden

détracteur [detʀaktœʀ] M, **détractrice** F Verleumder(in) *m(f)*

détraqué [detʀake] A ADJ 1 gestört; *fam* kaputt 2 *fam santé* angegriffen; *estomac* verdorben; *fam* verkorkst; *nerfs* zerrüttet; *temps* schlecht; *fam* mies; avoir le cerveau ~, être ~ verrückt, *fam* übergeschnappt sein; → *a.* cinglé B SUBST *fam* ~(e) *m(f)* Verrückte(r) *m/f(m)*; *fam* Übergeschnappte(r) *m/f(m)*

détraquement [detʀakmɑ̃] M Störung *f*; *fam* Kaputtgehen *n*

détraquer [detʀake] A V/T 1 *mécanisme etc fam* kaputt machen 2 *fam santé* angreifen; *estomac* verderben; *fam* verkorksen; *nerfs* zerrütten; cela lui a détraqué le cerveau *fam* das hat ihn um den Verstand gebracht 3 *fam* ~ qn j-m nicht gut bekommen; *fam* j-n fertigmachen B V/PR se ~ 1 *fam* kaputtgehen 2 *fam temps* schlecht, *fam* mies werden 3 *fam* se ~ l'estomac sich *(dat)* den Magen verderben, *fam* verkorksen

détrempe [detʀɑ̃p] F PEINT a *couleur* Temperafarbe *f* b *œuvre* Temperamalerei *f*

détrempé [detʀɑ̃pe] ADJ *sol* aufgeweicht

détremper [detʀɑ̃pe] V/T 1 *couleurs, mortier* anrühren 2 *pluie* ~ le sol den Boden aufweichen

détresse [detʀɛs] F 1 *sentiment* Verlorenheit *f*; Verzweiflung *f*; äußerste Not; cri *m* de ~ Notschrei *m* 2 *situation* Not(lage) *f*; Bedrängnis *f*; *(misère)* Elend *n*; être dans la ~ in Not, Bedrängnis, im Elend sein 3 MAR Seenot *f*; AUTO feux *mpl* de ~ Warnblinkanlage *f*, -blinklicht *n*; signal *m* de ~ Notsignal *n*; *loc adj* en ~ in Seenot; *avion* in e-r Notsituation

détriment [detʀimɑ̃] M LOC PRÉP au ~ de zum Schaden, Nachteil von *(ou +gén)*; auf Kosten *(+gén)*; à mon ~ zu meinem Nachteil; auf meine Kosten; au ~ de la qualité auf Kosten der Qualität

détritus [detʀitys] MPL Abfall *m*; Müll *m*

Detroit [detʀwa] GÉOG Detroit *n*

détroit [detʀwa] M Meerenge *f*; Straße *f*; ~ de Béring Beringstraße *f*; ~ de Gibraltar Straße, Meerenge von Gibraltar

détromper [detʀõpe] A V/T ~ qn j-n von s-m Irrtum befreien, e-s Besseren belehren; j-n über s-n Irrtum aufklären B V/PR détrompez-vous! glauben Sie es nicht!

détrôner [detʀone] V/T entthronen *(a. fig)*

détrousser [detʀuse] V/T *litt ou plais* überfallen und ausplündern

détruire [detʀɥiʀ] ‹→ conduire› A V/T 1 zerstören; ~ une ville eine Stadt zerstören; ~ de fond en comble völlig zerstören; dem Erdboden gleichmachen 2 *parasites, documents etc* vernichten; *parasites a.* vertilgen; ~ par le feu durch Feuer vernichten 3 *fig* zerstören; *santé* ruinieren; zerrütten; *espoirs, projets* zunichtemachen B V/PR se ~ 1 *arguments etc* sich auflösen, -heben 2 *(se suicider)* s-m Leben ein Ende setzen

dette [dɛt] F 1 COMM Schuld *f*; ~ publique Staatsschuld(en) *f(pl)*; Schulden der öffentlichen Hand; ~ d'honneur Ehrenschuld *f*; ~s de jeu Spielschulden *fpl*; contracter, faire des ~s Schulden machen; payer ses ~s s-e Schulden bezahlen, begleichen; rembourser une ~ e-e Schuld zurückzahlen; *prov* qui paye ses ~s s'enrichit wer s-e Schulden bezahlt, wird reich; → *a.* criblé 2 *fig* Schuld *f*; (moralische) Verpflichtung; acquitter une ~ de reconnaissance e-e Dankesschuld abtragen; avoir une ~ envers qn in j-s Schuld *(dat)* stehen; payer sa ~ à la société s-e Strafe verbüßen

DEUG [døg] M ABR (diplôme d'études universitaires générales) Abschlussprüfung *f*, -diplom *n* des „premier cycle" *(nach 2 Studienjahren)*

deuil [dœj] M 1 Trauer *f*; ~ national Staatstrauer *f*; jour *m* de ~ Trauertag *m*; plonger dans le ~ in Trauer versetzen; ♦ *fam fig* faire son ~ de qc *fam* etw abschreiben, in den Mond, in den Schornstein schreiben 2 (vêtement *m* de) ~ Trauerkleidung *f*; être en ~ in Trauer sein; porter le ~ Trauer(kleider) tragen; porter le ~ de qn um j-n trauern; prendre le ~ Trauer(kleidung) anlegen; ♦ *fam fig* avoir les ongles en ~ *fam* Trauerränder an den Fingernägeln haben 3 *(décès)* Trauerfall *m*; avoir un ~ dans la famille e-n Trauerfall in der Familie haben 4 *durée* Trauerzeit *f*

deus ex machina [deysɛksmakina] M THÉ *et fig* Deus ex Machina *m*

DEUST [dœst] M ABR (diplôme d'études universitaires scientifiques et techniques) *berufsqualifizierender Hochschulabschluss (nach zweijährigem Kurzstudium)*

deutérium [døteʀjɔm] M CHIM Deuterium *n*; schwerer Wasserstoff

deutsche mark [dɔɛtʃmaʀk] M HIST D-Mark

D

D

f

deux [dø] A NUM 1 zwei; **les ~** beide; die beiden; **tous (les) ~** alle beide, zwei; *leurs enfants* **et les ~ miens** und meine beiden; ♦ **Élisabeth II** Elisabeth II. (die Zweite); **le ~ mai** der zweite *ou* am zweiten Mai; GRAM **les ~ points** der Doppelpunkt; **tome** *m* **~** Band *m* zwei; ♦ *loc adj*: **à ~ étages** zweigeschossig, -stöckig; mit zwei Stockwerken, Etagen; **enfant** *m* **de ~ ans** zweijähriges Kind; Kind *n* von zwei Jahren; **mère** *f* **de ~ enfants** Mutter *f* zweier Kinder *ou* von zwei Kindern; **voyage** *m* **de ~ jours** zweitägige Reise; **mot** *m* **de ~ syllabes** zweisilbiges Wort; ♦ *loc adv*: **à ~** zu zweit; zu zweien; **à nous ~ (maintenant)!** *(je m'occupe de vous)* und nun zu uns beiden!; *menaçant* ich habe mit dir *ou* Ihnen ein Wörtchen zu reden, *fam* ein Hühnchen zu rupfen!; **dans ~ ou trois mois** in zwei bis drei Monaten; in zwei, drei Monaten; **couper en ~** in zwei Teile schneiden; **partager en ~** halbieren; **entre les ~** halb so, halb so; so ein Zwischen-, Mittelding; **~ par** *ou* **à ~** je zwei und zwei; immer zwei; paarweise; **se mettre ~ par ~** sich paarweise aufstellen; ♦ **il est ~ heures** es ist zwei (Uhr); *l'exactitude et lui*, **cela fait ~** das ist zweierlei; *fam* das sind zwei Paar Stiefel; *fig* **c'est clair comme ~ et ~ font quatre** das ist doch sonnenklar; *prov* **jamais ~ sans trois** aller guten Dinge sind drei *(prov)* 2 *par ext*: **à ~ pas d'ici** ein paar Schritte von hier; *fam* **en moins de ~** *fam* in null Komma nichts; **en ~ secondes** in ein paar, in wenigen Sekunden; **j'ai ~ mots à vous dire** ich habe ein Wörtchen mit Ihnen zu reden; **expliquer qc en ~ mots** etw in, mit wenigen Worten *ou* mit ein paar Worten erklären B M Zwei *f*; *all Sud a.* Zweier *m*; **~ de cœur** Herzzwei *f*; *aux dés* **faire un ~** e-e Zwei, zwei Augen würfeln; ♦ **le ~ (du mois)** der Zweite *ou* am Zweiten (des Monats); TV *fam* **sur la ~** im Zweiten *(Programm)*; **habiter au ~** Hausnummer zwei wohnen; **prendre le ~** den Zweier(bus) *ou* die Zwei *(tramway)* nehmen

deuxième [døzjɛm] A NUM zweite(r, -s); **occuper la ~ place** den zweiten Platz belegen B SUBST 1 **le, la ~** der, die, das Zweite; **arriver le ~** als Zweiter ankommen 2 M zweiter Stock; zweite Etage; **habiter au ~** im zweiten Stock, *fam* zwei Treppen hoch wohnen

deuxièmement [døzjɛmmɑ̃] ADV zweitens

deux-mâts [døma] M ⟨inv⟩ MAR Zweimaster *m*; **deux-pièces** M ⟨inv⟩ 1 *maillot de bain* zweiteiliger Badeanzug; *fam* Zweiteiler *m* 2 *costume* Jackenkleid *n*; Deuxpièces *n*; *fam* Zweiteiler *m* 3 *appartement* Zweizimmerwohnung *f*; **deux-places** M ⟨inv⟩ AUTO Zweisitzer *m*; **deux-points** MPL Doppelpunkt *m*

Deux-Ponts [døpõ] Zweibrücken *n*

deux-roues [døʀu] M ⟨inv⟩ Zweirad *n*

Deux-Sèvres [døsɛvʀ] **les ~** *fpl frz Departement*

deux-temps [døtɑ̃] M ⟨inv⟩ Zweitakter *m*; Zweitaktmotor *m*

deuzio [døzjo] *fam* ADV zweitens

dévaler [devale] A V/T *personne: escalier etc* hinunter-, hinabeilen, -stürzen; *véhicule: pente* sehr schnell hinunter-, hinabfahren B V/I *rocher, torrent* hinunter-, hinabstürzen

dévaliser [devalize] V/T 1 **~ qn** j-n ausplündern, -rauben 2 *fig* **~ un magasin** ein Geschäft plündern, leer kaufen

dévalorisation [devalɔʀizasjõ] F COMM, FIN Entwertung *f*; Wertverlust *m*, -minderung *f*

dévaloriser [devalɔʀize] A V/T 1 *argent* entwerten; *marchandise etc* wertlos machen 2 *fig* den Wert schmälern, herabsetzen (+*gén*) B V/PR **se ~** s-n Wert verlieren; wertlos werden

dévaluation [devalɥasjõ] F *d'une monnaie* Abwertung *f*; **dévaluer** V/T abwerten

devancement [dəvɑ̃smɑ̃] M 1 Zuvorkommen *n* 2 MIL **~ d'appel** vorzeitige Ableistung des (Grund)Wehrdienstes

devancer [d(ə)vɑ̃se] V/T ⟨-ç-⟩ 1 **~ qn, qc** *dans le temps* vor j-m, e-r Sache kommen; j-m, e-r Sache vorangehen; *dans une tâche* j-m, e-r Sache zuvorkommen; *dans une compétition* **~ qn de quelques pas** j-m um einige Schritte voraus sein; **~ une question** e-r Frage zuvorkommen 2 *fig rival etc* übertreffen; überflügeln; voraus, überlegen sein (**qn** j-m) 3 MIL **~ l'appel** den (Grund)Wehrdienst vorzeitig ableisten

devancier [dəvɑ̃sje] M, **devancière** F Vorgänger(in) *m(f)*

devant [d(ə)vɑ̃] A PRÉP 1 *lieu et ordre* vor (+*dat question « wo? »; +acc question « wohin? »*); **aller ~ la maison** vor das Haus gehen; **être ~ la maison** vor dem Haus sein; **passer ~ qn, qc** vor, an j-m, etw vorbeigehen, -fahren, -kommen; etw passieren; **regarde ~ toi!** schau vor dich! 2 *fig* vor (+*dat*); angesichts (+*gén*); gegenüber (+*dat*); **~ le danger** angesichts der Gefahr; **~ la loi** vor dem Gesetz; **l'avenir est ~ nous** die Zukunft liegt vor uns; **faire qc ~ qn** etw vor j-m *ou* in j-s Gegenwart machen; ♦ **aller droit ~ soi** geradeaus gehen; *fig* s-n Weg unbeirrt gehen; **avoir de l'argent ~ soi** e-e finanzielle Rücklage haben; Geld auf der hohen Kante haben; **avoir du temps ~ soi** genügend Zeit vor sich *(dat)* haben B ADV vorn(e); *avec des verbes de mouvement* voraus...; voran...; **loin ~** weit vorn(e); **aller, courir ~** voraus-, vorangehen, -laufen; **être assis deux rangs ~** zwei Reihen weiter vorn(e) sitzen; **monter ~** vorn(e) einsteigen; **passez ~!** gehen Sie voran, voraus!; → *a.* passer B 1 d); **regarder ~** nach vorn(e) schauen C M 1 Vorderfront *f*, -seite *f*; vorderer Teil; **loger sur le ~** zur Straße, nach vorn(e) (hinaus) wohnen 2 LOC **prendre les ~s** voraus-, vorangehen, -eilen; *fig* j-m zuvorkommen; schneller als der andere sein 3 LOC ADJ **de ~** Vorder...; vordere(r, -s); **patte** *f* **de ~** Vorderpfote *f*

devanture [d(ə)vɑ̃tyʀ] F Schaufenster(front) *n(f)*; *(étalage)* Auslage *f*

dévastateur [devastatœʀ] ADJ ⟨-trice⟩ 1 *tempête etc* verheerend 2 *fig passion* zerstörerisch; unheilvoll; **dévastation** F Verwüstung *f*; Verheerung *f*

dévaster [devaste] V/T 1 *région etc* verwüsten; verheeren; *récoltes* vernichten 2 *fig* zugrunde richten; *st/s* verwüsten

déveine [devɛn] *fam* F Pech *n*

développé [devlɔpe] M HALTÉROPHILIE Drücken *n*

développement [devlɔpmɑ̃] M 1 BIOL Entwicklung *f*; *par ext des muscles* Kräftigung *f*; **~ intellectuel** geistige Entwicklung 2 *fig, a.* ÉCON (Aufwärts)Entwicklung *f*; Aufschwung *m*; Entfaltung *f*; *de la production a.* Steigerung *f*; Erweiterung *f*; *d'une entreprise a.* Expansion *f*; *des sciences* (Weiter)Entwicklung *f*; *des relations* Ausbau *m*; *d'une maladie* Fortschreiten *n*; **pays** *m* **en voie de ~** Entwicklungsland *n*; *pays* **être en plein ~** e-n großen, bedeutenden Aufschwung nehmen, erleben 3 *d'un thème etc* Ausführung *f*; Erläuterung *f*; *dans une dissertation* Ausführung *f*; Hauptteil *m* 4 MUS Durchführung *f* 5 **~s** *pl d'une affaire* Folgen *fpl* 6 PHOT Entwicklung *f*; Entwickeln *n*; **appareil** *m* **photo à ~ instantané** Sofortbildkamera *f* 7 *d'un vélo* Übersetzung *f*

développer [devlɔpe] A V/T 1 BIOL sich entwickeln lassen; *par ext muscles* ausbilden; kräftigen; *corps* stählen; ertüchtigen; *adjt*: **être bien développé** *muscles, corps* gut entwickelt sein; *muscles a.* gut ausgebildet sein; **poitrine très développée** stark entwickelter Busen 2 *fig* entwickeln; entfalten; zur Entfaltung bringen; ÉCON *production etc* entwickeln; steigern; erweitern; *une industrie etc* entwickeln; e-n Aufschwung verleihen (+*dat*); *relations* ausbauen; entwickeln 3 *plan, idées, argument etc* näher ausführen; erläutern; entwickeln 4 PHOT entwickeln; **donner à ~** zum Entwickeln geben 5 *vélo* **~ sept mètres** bei e-r Pedalumdrehung sieben Meter zurücklegen 6 *moteur: puissance* entwickeln 7 *paquet* auspacken B V/PR **se ~** 1 BIOL sich entwickeln 2 *fig talent etc* sich entwickeln, entfalten; ÉCON sich aufwärtsentwickeln

devenir [dəvniʀ, dvəniʀ] A V/I ⟨→ venir; être⟩ 1 werden; **~ célèbre** berühmt werden; **~ actrice** Schauspielerin werden 2 *dans des interrogatives*: **qu'allons-nous ~?** was wird aus uns werden?; **qu'est devenu votre projet?** was ist aus Ihrem Plan geworden?; *fam* **que devenez-vous?, qu'est-ce que vous devenez?** was machen, *fam* treiben Sie denn (so)? B M PHIL Werden *n*

dévergondage [devɛʀgõdaʒ] M Zügellosigkeit *f*; Schamlosigkeit *f*; Ausschweifungen *fpl*; zügel-, schamloses Verhalten

dévergondé [devɛʀgõde] A ADJ *personne, vie etc* zügellos; ausschweifend; *femme a.* schamlos; *propos* frivol; schlüpfrig B SUBST **~(e)** *m(f)* j-d, der ein ausschweifendes, zu freies Leben führt; schamlose Person

dévergonder [devɛʀgõde] V/PR **se ~** ein ausschweifendes, zu freies Leben führen; *plus fort* alle Scham verlieren

déverrouillage [devɛʀujaʒ] M Ent-, Aufriegeln *n*; **déverrouiller** V/T ent-, aufriegeln

devers [dəvɛʀ] → par-devers

déversement [devɛʀsəmɑ̃] M Abfließen *n*; Ableiten *n*; Entleeren *n*

déverser [devɛʀse] A V/T 1 *eau etc* (ab)fließen lassen; ablassen; ableiten; entleeren; *par ext sable* ausschütten, -kippen 2 *fig train: voyageurs fam* ausspucken; *produits* **~ sur le marché** auf den Markt werfen 3 *fig colère* entladen B V/PR **se ~** sich ergießen; abfließen

déversoir [devɛʀswaʀ] M Überlauf (-vorrichtung) *m(f)*

dévêtir [devetiʀ] ⟨→ vêtir⟩ A V/T aus-, entkleiden; ausziehen B V/PR **se ~** sich aus-, entkleiden, ausziehen

déviance [devjɑ̃s] F SOCIOLOGIE normabweichendes Verhalten; Devianz *f*; **déviant** ADJ von der Norm abweichend; deviant

déviation [devjasjõ] F 1 *de la circulation* Umleitung *f*; **prendre une ~** e-e Umleitung fahren 2 PHYS Ablenkung *f* 3 *d'un projectile* Deviation *f*; Abweichung *f* 4 *d'un instrument de mesure* Ausschlag *m* 5 MÉD **~ de la colonne vertébrale** Rückgratverkrümmung *f* 6 *fig*, POL Abweichung *f* 7 *morale* Verirrung *f*

déviationnisme [devjasjɔnism] M POL mangelnde Linientreue; Abweichung *f* von der parteipolitischen Linie; Abweichlertum *n*; **déviationniste** POL A ADJ nicht linientreu; abweichlerisch B M/F Abweichler(in) *m(f)*

dévider [devide] V/T abhaspeln; abwickeln; **dévidoir** M 1 TEXT Haspel *f* 2 *pour tuyau d'arrosage* Schlauchrolle *f*

dévier [devje] A V/T 1 *circulation* umleiten 2 PHYS **(faire) ~** ablenken B V/I 1 *projectile etc* (von s-r Richtung) abweichen; *aiguille d'un instrument de mesure* ausschlagen 2 *fig conversation* e-e andere Richtung nehmen; *doctrine* sich in e-e andere Richtung weiterentwickeln; vom ursprünglichen Ziel abweichen; *personne* **~ de ses principes** von s-n Prinzipien abweichen, abgehen

devin [dəvɛ̃] M, **devineresse** [dəvinʀɛs] F Wahrsager(in) *m(f)*; Hellseher(in) *m(f)*; ANTIQUITÉ Seher(in) *m(f)*; *fig* **je ne suis pas devin** ich bin (doch) kein Hellseher

devinable [d(ə)vinabl] ADJ erratbar; vorhersehbar

deviner [d(ə)vine] VT 1 *énigme* raten; lösen; *pensées, intentions, secret* erraten; *avenir* ahnen; *abs*: **devine!** rate mal!; **vous ne devinerez jamais** Sie erraten es nie; Sie werden nie darauf kommen; **j'avais deviné juste** ich hatte richtig geraten, *fam* getippt; **je ne pouvais pas ~ qu'il viendrait** ich konnte nicht ahnen, dass er kommt *ou* kommen würde 2 *st/s* **~ qn** j-n durchschauen

devineresse → devin

devinette [d(ə)vinɛt] F a Rätsel *n*; Rateaufgabe *f*; Scherzfrage *f*; **poser une ~** ein Rätsel aufgeben b **~s** *pl* Ratespiel *n*; **jouer aux ~s** ein Ratespiel spielen, machen

devis [d(ə)vi] M Kostenvoranschlag *m*; **établir un ~** e-n Kostenvoranschlag machen, aufstellen

dévisager [devizaʒe] VT ‹-geons› anstarren

devise [d(ə)viz] F 1 Devise *f*; Wahlspruch *m*; Motto *n*; **c'est ma ~** das ist, so lautet meine Devise 2 FIN ausländisches Zahlungsmittel; fremde Geldsorte; **~s** *pl* Devisen *fpl*; **~ forte** harte Währung

deviser [dəvize] *st/s* VI plaudern

dévissage [devisaʒ] M Ab-, Aufschrauben *n*

dévisser [devise] A VT *bouchon* ab- *ou* aufschrauben; *tube* aufschrauben; *pièce vissée* ab-, losschrauben B VI *alpiniste* abstürzen

de visu [devizy] LOC ADV durch persönlichen Augenschein; aus eigener Anschauung

dévitaliser [devitalize] VT MÉD den Nerv entfernen (**une dent** e-s Zahnes); *t/t* devitalisieren

dévoilement [devwalmɑ̃] M 1 Enthüllung *f* 2 *fig* Enthüllung *f*; Offenbarung *f*; *st/s* Entschleierung *f*

dévoiler [devwale] A VT 1 enthüllen; **~ une statue** eine Statue enthüllen 2 *fig intentions etc* verraten; enthüllen; offenbaren; kundgeben; **~ un secret** ein Geheimnis verraten, enthüllen, lüften 3 TECH den Achter herausmachen (**une roue** aus e-m Rad) B VPR **se ~** 1 *femme* den Schleier ablegen; *st/s* sich entschleiern 2 *fig* sich enthüllen; offenbar werden

devoir[1] [d(ə)vwaʀ] ‹je dois, il doit, nous devons, ils doivent; je devais; je dus; je devrai; que je doive; devant; dû, due› A VT 1 (*somme d'argent* schulden; schuldig sein (**à qn** j-m); **qu'est-ce que je vous dois?** was bin ich (Ihnen) schuldig? 2 *fig explication, respect, obéissance etc* **~ à qn** j-m schulden, schuldig sein; **je lui dois bien cela** das bin ich ihm wohl schuldig; → *a.* **dû** 3 *situation, surnom, vie, découverte etc* **~ à qn** j-m (zu) verdanken (haben); **ne ~ rien à personne** niemandem Dank schulden; ♦ **~ à qn, à qc de** (*+inf*) es j-m, e-r Sache (zu) verdanken (haben), dass … *ou* zu (*+inf*); **je lui dois d'avoir obtenu ce poste** ich verdanke es ihm, dass ich diesen Posten erhalten habe B VAUX *avec inf* 1 a *nécessité* müssen; **cela devait arriver!** das musste (ja) kommen, passieren! b *obligation* müssen; sollen; haben zu; **ne pas ~** nicht dürfen, sollen; **il devrait (le) lui dire** er sollte, müsste es ihm sagen; **le soldat doit obéir** der Soldat hat zu, muss gehorchen; **vous auriez dû me prévenir** Sie hätten mich warnen müssen, sollen; **les choses ne doivent pas en rester là** man darf es nicht dabei bewenden lassen 2 *probabilité* müssen; wohl werden; **il a dû avoir une panne** er muss, wird wohl e-e Panne gehabt haben 3 *intention* vorhaben; willens sein; *je lui ai téléphoné*, **il doit passer vous voir demain** er hat vor, Sie morgen zu besuchen 4 *futur dans le passé* sollen; **il devait mourir deux jours plus tard** zwei Tage später starb er, sollte er sterben 5 *litt* **dussé-je m'y ruiner**, *je ne renoncerai pas* sollte ich mich auch dabei ruinieren C VPR 1 *impersonnel* **comme il se doit** wie es sich gehört, gebührt, geziemt 2 **se ~ à qn, à sa patrie** gegenüber j-m, dem Vaterland e-e Pflicht zu erfüllen haben 3 **se ~ de faire qc** es sich (*dat*) schuldig sein, etw zu tun

devoir[2] [d(ə)vwaʀ] M 1 Pflicht *f*; **~ de mémoire** Pflicht *f* zur Erinnerung; historische Verpflichtung; **(sentiment** *m* **du) ~** Pflichtgefühl *n*, -bewusstsein *n*; **homme** *m* **de ~** Pflichtmensch *m*; pflichtbewusster Mensch; **agir par ~** aus Pflichtgefühl, -bewusstsein handeln 2 Pflicht *f* (**envers qn** gegenüber j-m); Schuldigkeit *f*; **~ conjugal** eheliche Pflichten *fpl*; **~ du citoyen** Bürgerpflicht *f*; **accomplir, faire, remplir son ~** s-e Pflicht erfüllen, tun; s-e Schuldigkeit tun; **assumer un ~** e-e Pflicht auf sich (*acc*) nehmen, übernehmen; **avoir le ~ de** (*+inf*) die Pflicht haben zu (*+inf*); **croire de son ~ de** (*+inf*) es für s-e Pflicht halten zu (*+inf*); **il est de mon ~ de** (*+inf*) es ist meine Pflicht zu (*+inf*); **se faire un ~ de** (*+inf*) es als s-e Pflicht betrachten, es sich (*dat*) zur Pflicht machen zu (*+inf*); **manquer à son ~** s-e Pflicht versäumen, verletzen, nicht erfüllen; **se mettre en ~ de** (*+inf*) sich anschicken zu (*+inf*); *litt* **aller rendre ses ~s à qn** j-m s-e Aufwartung machen; **rendre à qn les derniers ~s** j-m die letzte Ehre erweisen 3 (Schul)Aufgabe *f*; **~s** *pl* Hausaufgaben *fpl*; **~ d'anglais** Englischaufgabe *f*; **~s de vacances** Aufgabensammlung *f* für die Ferien; **~ sur table** Klassenarbeit *f*; **faire ses ~s** s-e Aufgaben machen

dévolter [devɔlte] VT ÉLEC die Spannung herabsetzen, erniedrigen (**un circuit** in e-m Stromkreis)

dévolu [devɔly] A ADJ *a.* JUR übergegangen (**à** an *+acc*); übertragen (*+dat*); zugefallen (*+dat*) B M **jeter son ~ sur qc, qn** sein Auge auf etw, j-n werfen; j-n auserwählen

dévorant [devɔʀɑ̃] ADJ *feu* verheerend; *passion* verzehrend; **curiosité ~e** unersättliche Neugier; **faim ~e** *fam* Bären-, Mordshunger *m*

dévorer [devɔʀe] VT 1 *animal: proie* fressen; verschlingen; *par ext* **être dévoré par les moustiques** von den Mücken ganz zerstochen werden *ou* sein 2 *personne: mets* verschlingen; hinunterschlingen; *abs* schlingen 3 *fig kilomètres* fressen; *économies* durchbringen; **~ un livre** ein Buch verschlingen; *projet* **~ de grosses sommes** große Summen verschlingen; **~ des yeux, du regard** mit den Augen, Blicken verschlingen 4 *flammes: forêt etc* vernichten 5 *fig passion, souci, remords* **~ qn** j-n verzehren

dévot [devo] A ADJ fromm; *péj* frömmelnd B SUBST **~(e)** *m(f)* Fromme(r) *m/f(m)*; *péj* Frömmler(in) *m(f)*

dévotement [devɔtmɑ̃] ADV fromm; andächtig

dévotion [devosjõ] F 1 Frömmigkeit *f*; Andacht *f*; Gottergebenheit *f*; *péj* **fausse ~** Frömmelei *f* 2 **~s** *pl* Andachtsübungen *fpl*; **faire ses ~s** s-n religiösen Pflichten nachkommen 3 *fig* **avoir une véritable ~ pour qn, qc** j-n, etw glühend verehren; **être à la ~ de qn** j-m völlig ergeben sein

dévoué [devwe] ADJ ergeben; **être tout ~ à qn** j-m ganz ergeben sein; *à la fin d'une lettre* **votre (tout) ~ …** Ihr sehr ergebener …

dévouement [devumɑ̃] M Ergebenheit *f*; *plus fort* Hingabe *f*; Aufopferung *f*; *par ext* Opferbereitschaft *f*, -sinn *m*; *a.* Einsatzbereitschaft *f*; **~ à une noble cause** Hingabe an, Aufopferung für e-e edle Sache; **~ d'un employé à son patron** Ergebenheit e-s Angestellten s-m Chef gegenüber; **avec ~** aufopfernd; aufopferungsvoll; hingebungsvoll

dévouer [devwe] VPR **se ~** 1 (*se sacrifier*) sich aufopfern; **prêt à se ~** bereit, sich aufzuopfern; opferbereit 2 *fam plais* sich opfern (**pour faire qc** und etw tun); **allons, dévoue-toi!** los, opfere dich! 3 **se ~ à une cause** sich e-r Sache (*dat*) ganz hingeben, widmen

dévoyé(e) [devwaje] M(F) auf die schiefe Bahn geratener Mensch

dévoyer [devwaje] ‹-oi-› VPR **se ~** auf die schiefe Bahn geraten

dextérité [dɛksteʀite] F Fingerfertigkeit *f*; Geschicklichkeit *f*, Gewandtheit *f* (*a. fig*)

dextre [dɛkstʀ] F *plais* (*main droite*) Rechte *f*

dextrine [dɛkstʀin] F CHIM Dextrin *n*

dextrose [dɛkstʀoz] M CHIM Dextrose *f*; Traubenzucker *m*

dézipper [dezipe] VT INFORM entzippen; entpacken

dia [dja] INT → °hue

diabète [djabɛt] M MÉD Zuckerkrankheit *f*; Diabetes *m*

diabétique [djabetik] A ADJ zuckerkrank; diabetisch; **coma** *m* **~** Zuckerkoma *n* B M/F Diabetiker(in) *m(f)*; Zuckerkranke(r) *m/f(m)*

diable [djɑbl] A M 1 REL, MYTH Teufel *m*; *fig*: **bruit** *m*, *fam* **boucan** *m*, **potin** *m* **du ~** *fam* Höllen-, Heidenlärm *m*; Höllenspektakel *m*; Mordskrach *m*; **faim** *f* **de tous les ~s** *fam* Bären-, Mordshunger *m*; **vent** *m* **du ~** fürchterlicher Wind; ♦ *loc adv*: **à la ~** flüchtig; oberflächlich; **au ~** *la prudence!* zum Teufel mit …!; **allez au ~!** *fam* scheren Sie sich, gehen Sie zum Teufel!; **envoyer qn au ~, à tous les ~s** j-n zum Teufel jagen, schicken; *habiter* **au ~ (vauvert)** → vauvert; *se démener* **comme un (beau) ~, comme un ~ dans un bénitier** wie ein Verrückter, Wilder; wie wild, toll; **du ~ si …** ich will des Teufels sein, wenn …; **têtu** *etc* **en ~** schrecklich, *fam* verdammt bockig *etc*; ♦ **avoir le ~ au corps** den Teufel im Leib haben; **le ~ m'emporte si …** der Teufel soll mich holen *ou* hol mich der Teufel, wenn …; **c'est bien le ~ si je ne trouve pas un café** es müsste mit dem Teufel zugehen, wenn ich kein Café fände; **ce n'est pas le ~** das ist nicht schwer; *fam* das ist nicht die Welt; **faire le ~ à quatre** (wild, lärmend) herumtollen, (-)toben; **le ~ s'en mêle** hier hat der Teufel s-e Hand im Spiel; **tirer le ~ par la queue** kaum sein Auskommen haben; *plus fort* am Hungertuch nagen; **vendre son âme au ~** dem Teufel s-e Seele verschreiben 2 INT: **~!** *étonné* ei der Teufel!; *admiratif* Teufel auch!; **que ~!** zum Teufel (auch)!; **où, pourquoi, qui** *etc* **~ …?** wo, warum, wer *etc* zum Teufel …? 3 *fig d'une personne* a *péj* Teufel *m* b **bon ~** braver Kerl; *fam* gute Haut; **grand ~** langer Kerl, *fam* Lulatsch, Laban; **pauvre ~** *fam* armer Teufel, Schlucker; **~ d'homme** *fam* Teufelskerl *m* 4 *jouet* Springteufel *m* 5 *chariot* Sack-, Stechkarre *f* B ADJ *enfant* wild

diablement [djɑbləmɑ̃] ADV *fam* verteufelt; verdammt; verflucht

diablerie [djɑbləʀi] F Streich *m*; Schelmenstück *n*; Schelmerei *f*

diablesse [djɑblɛs] F 1 MYTH Teufelin *f*; weiblicher Teufel 2 *fam fig* **c'est une (vraie) ~** *fam* das ist ein Teufelsweib

diablotin [djɑblɔtɛ̃, dja-] M 1 MYTH kleiner Teufel; Teufelchen *n* 2 *fig enfant* kleiner Teufel; Schlingel *m*; Schelm *m* 3 *bonbon* Knallbonbon *m ou n*

diabolique [djabɔlik, dja-] ADJ teuflisch; diabolisch

diabolo [djabɔlo] M 1 *jouet* Diabolo *n* 2 **~ menthe** Mischung *f* aus Limonade mit Pfefferminzsirup
diachronique [djakʀɔnik] ADJ LING diachron (-isch)
diaconat [djakɔna] M ÉGL CATH Diakonat *n*;
diaconesse F ÉGL PROT Diakonisse *f ou* Diakonissin *f*
diacre [djakʀ] M ÉGL Diakon *m*
diacritique [djakʀitik] ADJ LING **signe** *m* **~** diakritisches Zeichen
diadème [djadɛm] M Diadem *n*; Stirnreif *m*
diagnostic [djagnɔstik] M 1 MÉD Diagnose *f*; **erreur** *f* **de ~** Fehldiagnose *f*; **émettre un ~** e-e Diagnose stellen 2 *fig* Diagnose *f*; Beurteilung *f*
diagnostiquer [djagnɔstike] V/T 1 MÉD diagnostizieren 2 *fig crise etc* diagnostizieren; feststellen
diagonal [djagɔnal] ADJ ‹-aux› diagonal
diagonale [djagɔnal] F 1 MATH Diagonale *f* 2 LOC ADV **en ~** diagonal; schräg (laufend); *fig* **lire en ~** diagonal lesen
diagramme [djagʀam] M Diagramm *n*; **~ en arbre, en bâtons** Baum-, Stabdiagramm *n*
dialectal [djalɛktal] ADJ ‹-aux› mundartlich; Dialekt...; dialektal; **terme** *m* **~** Dialektausdruck *m*
dialecte [djalɛkt] M Dialekt *m*; Mundart *f*
dialecticien [djalɛktisjɛ̃] M, **dialecticienne** F Dialektiker(in) *m(f)*
dialectique [djalɛktik] A ADJ dialektisch; **matérialisme** *m* **~** dialektischer Materialismus; *abr* Diamat *m* B F Dialektik *f* (*a.* PHIL)
dialectologie [djalɛktɔlɔʒi] F LING Dialektologie *f*; Mundartenforschung *f*
dialogue [djalɔg] M Dialog *m* (*a.* THÉ, CINÉMA, INFORM); Zwiegespräch *n*; **établir le ~** den Dialog eröffnen
dialoguer [djalɔge] A V/T dialogisieren; in Dialogform bringen; **~ un roman** einen Roman dialogisieren, in Dialogform bringen B V/I **~ avec qn** mit j-m e-n Dialog, ein Gespräch führen; **dialoguiste** M/F CINÉMA Dialogautor(in) *m(f)*
dialyse [djaliz] F CHIM, MÉD Dialyse *f*; MÉD *a.* Blutwäsche *f*; **être en ~** zur Dialyse, Blutwäsche müssen; Dialysepatient sein
diamant [djamɑ̃] M 1 Diamant *m* 2 TECH **~ (de vitrier)** Glaserdiamant *m*; *par ext* Glasschneider *m*
diamantaire [djamɑ̃tɛʀ] M 1 *ouvrier* Diamantschleifer *m* 2 *négociant* Diamantenhändler *m*
diamétralement [djametʀalmɑ̃] ADV *fig* **~ opposé** diametral entgegengesetzt
diamètre [djamɛtʀ] M Durchmesser *m*
diantre [djɑ̃tʀ] *litt* INT zum Teufel!
diapason [djapazõ] M 1 MUS Stimmgabel *f*; Diapason *m ou n* 2 *fig* **être au ~ de qn** auf j-n eingestellt sein; mit j-m übereinstimmen; **se mettre au ~ de qn** sich auf j-n einstellen
diaphane [djafan] ADJ 1 durchscheinend; diaphan 2 *fig et litt mains, visage* durchscheinend
diaphragme [djafʀagm] M 1 ANAT Zwerchfell *n* 2 PHOT Blende *f* 3 TÉL, RAD Membran *f* 4 CONTRACEPTION Diaphragma *n*
diapo [djapo] F *fam* ABR (**diapositive**) *fam* Dia *n*
diaporama [djapɔʀama] M Tonbildschau *f*
diapositive [djapozitiv] F PHOT Diapositiv *n*
diapré [djapʀe] *st/s* ADJ bunt schillernd
diarrhée [djaʀe] F MÉD Durchfall *m*; *t/t* Diarrhö(e) *f*; **avoir la ~** Durchfall haben
diarrhéique [djaʀeik] ADJ durchfallartig; Durchfall...; *t/t* diarrhöisch
diaspora [djaspɔʀa] F REL *et d'une ethnie* Diaspora *f*
diastole [djastɔl] F PHYSIOL Diastole *ou* Diastole *f*
diathermie [djatɛʀmi] F MÉD Diathermie *f*
diatomique [diatɔmik] ADJ CHIM zweiatomig
diatonique [djatɔnik] ADJ MUS diatonisch
diatribe [djatʀib] F heftige, beißende Kritik (**contre qn** an j-m); **se lancer dans une longue ~ contre qn** gegen j-n heftig zu Felde ziehen
dico [diko] M *fam* ABR → **dictionnaire**
dicotylédones [dikɔtiledɔn] FPL BOT Zweikeimblättrige(n) *pl*; *t/t* Dikotyledonen *fpl*; Dikotylen *fpl*
dictaphone® [diktafɔn] M Diktafon *n*; Diktiergerät *n*
dictateur [diktatœʀ] M Diktator *m* (*a. fig*)
dictatorial [diktatɔʀjal] ADJ ‹-aux› diktatorisch (*a. fig*)
dictature [diktatyʀ] F Diktatur *f* (*a. fig*); **~ militaire** Militärdiktatur *f*; **~ du prolétariat** Diktatur des Proletariats
dictée [dikte] F Diktat *n* (*a.* ÉCOLE); Diktieren *n*; **écrire sous la ~** nach Diktat schreiben
dicter [dikte] V/T 1 diktieren; **~ une lettre (à sa secrétaire)** (s-r Sekretärin) einen Brief diktieren 2 *fig paroles* eingeben, in den Mund legen (**à qn** j-m); *conduite* vorschreiben (**à qn** j-m); bestimmen 3 *conditions etc* diktieren; aufzwingen
diction [diksjõ] F Vortrags-, Sprechweise *f*; Diktion *f*
dictionnaire [diksjɔnɛʀ] M Wörterbuch *n*; Lexikon *n*; **~ bilingue** zweisprachiges Wörterbuch; **~ encyclopédique** Lexikon *n*; Enzyklopädie *f*; **~ français-anglais** französisch-englisches Wörterbuch; **~ de la musique** Musiklexikon *n*; **consulter un ~** in e-m Wörterbuch nachschlagen; *fig d'une personne* **c'est un vrai ~** er *ou* sie ist ein wandelndes Lexikon
dicton [diktõ] M sprichwörtliche Redensart; volkstümliche Weisheit; volkstümlicher Spruch
didacticiel [didaktisjɛl] M INFORM Lernsoftware *f*
didactique [didaktik] ADJ didaktisch; belehrend; lehrhaft
Didier [didje] M *Vorname*
Didon [didõ] F MYTH Dido *f*
dièdre [djɛdʀ] M 1 MATH Dieder *n* 2 AVIAT V-Stellung *f*; V-Form *f*; *ailes* **en ~** v-förmig abgewinkelt
diencéphale [diɑ̃sefal] M ANAT Zwischenhirn *n*; *t/t* Diencephalon *n*
Dieppe [djɛp] *Stadt im Dep. Seine-Maritime*
dièse [djɛz] M MUS Kreuz *n*; Erhöhungszeichen *n*; **double ~** Doppelkreuz *n*; *adjt* **do ~** cis (*-Moll*) *ou* Cis(*-Dur*)
diesel [djezɛl] M TECH 1 *moteur* Dieselmotor *m*; *fam* Diesel *m* 2 *véhicule* Dieselfahrzeug *n*; *fam* Diesel *m* 3 ADJT **moteur** *m*, **camion** *m* **Diesel** Dieselmotor *m*, -lastwagen *m*
diète[1] [djɛt] F (*jeûne*) Nulldiät *f*; (*régime*) Diät *f*; Schonkost *f*; **~ absolue** absolutes Fasten; **être à la ~** Diät leben (müssen); **mettre à la ~** Nulldiät verordnen (**qn** j-m); auf Schonkost setzen
diète[2] [djɛt] F a HIST Reichstag *m* b *aujourd'hui en Allemagne* Landtag *m*
diététicien [djetetisjɛ̃] M, **diététicienne** F Diätspezialist(in) *m(f)*; *profession* Diätassistent(in) *m(f)*
diététique [djetetik] A ADJ diätetisch; Diät...; **aliments** *mpl*, **produits** *mpl* **~s** Reformkost *f* B F Diätetik *f*; Ernährungslehre *f*; **magasin** *m* **de ~** Reformhaus *n*
Dieu [djø] M 1 REL Gott *m*; ♦ **~!** (o) Gott!; **le bon ~** der liebe Gott; *fig* **on lui donnerait le bon ~ sans confession** er sieht aus, als ob er kein Wässerchen trüben könnte; **prier le bon ~** zum lieben Gott beten; *juron pop* **bon ~!, nom de ~!** *fam* Herrgott noch mal!; *plus fort pop* Herrgottsackerment!; Himmel, Arsch und Zwirn!; **grand ~!** *fam* großer *ou* allmächtiger Gott!; du lieber Gott!; Allmächtiger!; **mon ~!** mein Gott!; ach Gott!; **~ merci!, grâce à ~!** Gott sei Dank!; *fam* Gott sei's gedankt!; **~ du ciel!** Gott im Himmel!; **devant ~ et devant les hommes je jure ...** vor Gott und den Menschen schwöre ich ...; ♦ **~ vous aide!** Gott helfe Ihnen!; Gott mit Ihnen!; **(que) ~ ait son âme!** Gott hab ihn selig!; **~ vous bénisse!** Gott segne Sie!; Gottes Segen (sei) mit Ihnen!; *fig* **ne craindre ni ~ ni diable** weder Gott noch den Teufel fürchten; vor nichts zurückschrecken; **~ vous entende!** Gott gebe es!; *fam* **c'est pas ~ possible!** *fam* das gibt's doch nicht!; **~ m'est témoin que ...** Gott sei mein Zeuge, dass ...; **tous les jours que ~ fait** *st/s* alle Tage, die Gott werden lässt; **~ vous garde!** Gott schütze Sie!; **~ m'en garde!** *fam* Gott bewahre, behüte!; **~ soit loué!** gottlob!; Gott sei (Lob und) Dank!; **paraître devant ~** (*mourir*) vor Gott treten; *litt* **~ me pardonne!** Gott verzeih's!; Gott verzeih mir!; **(que) ~ vous le rende!** vergelt's Gott!; **~ seul le sait** das wissen die Götter; das weiß der liebe Gott; **~ sait pourquoi, quand** *etc* Gott weiß warum, wann *etc*; weiß Gott, warum, wann *etc*; **~ sait** *si, que* ... weiß Gott; **~ sait si je l'avais prévenu** ich hatte ihn weiß Gott gewarnt; **à ~ vat!** komme, was wolle!; **~ le veuille!** wollte Gott!; Gott gebe es!; **si ~ le veut** so Gott will 2 ‹*pl* **dieux**› MYTH **dieu** Gott *m*; **Mars, dieu de la guerre** Mars, der Gott des Krieges; *fig*: **festin** *m* **des dieux** *fam* Göttermahl *n*; göttliches Mahl; **être beau comme un (jeune) dieu** schön sein wie ein junger Gott; *ce poète* **est son dieu** ist sein Abgott; **jurer ses grands dieux** Stein und Bein schwören
diffamant [difamɑ̃] ADJ diffamierend; ehrenrührig; verleumderisch
diffamateur [difamatœʀ] M, **diffamatrice** F Verleumder(in) *m(f)*; **diffamation** F Diffamierung *f*; Verleumdung *f*; JUR üble Nachrede; **diffamatoire** ADJ diffamatorisch; verleumderisch
diffamer [difame] V/T diffamieren; verleumden
différé [difeʀe] M RAD, TV **émission** *f* **en ~** Aufzeichnung *f*; **diffuser en ~** als Aufzeichnung, in e-r Aufzeichnung, zeitversetzt senden
différemment [difeʀamɑ̃] ADV anders
différence [difeʀɑ̃s] F 1 Unterschied *m*; Verschiedenheit *f*; **~ d'âge** Altersunterschied *m*, -abstand *m*; **~ d'opinions** Unterschied in den Meinungen; *loc prép* **à la ~ de qn, qc** im Unterschied zu j-m, etw; zum Unterschied von j-m, etw; anders als j-d, etw; *loc conj* **à la ~ que ...** *ou* **à cette ~ près que ...** mit dem Unterschied, dass ...; **il y a une ~ entre ...** es besteht ein Unterschied zwischen (*+dat*); **il y a deux ans de ~ entre eux** zwischen ihnen besteht ein Altersunterschied von zwei Jahren; sie liegen altersmäßig zwei Jahre auseinander; **faire, sentir, voir la ~** e-n Unterschied feststellen, merken, sehen; **ne pas faire la ~** keinen Unterschied feststellen; nicht unterscheiden können; **ne pas faire de ~** keinen Unterschied machen; nicht unterscheiden; **faire des ~s entre ses enfants** e-n Unterschied zwischen s-n Kindern machen; s-e Kinder unterschiedlich behandeln; **cela fait**

une ~ das ist ein Unterschied **2** Differenz *f* (*a.* MATH); Unterschied *m*; **~ de longueur, de poids** Längen-, Gewichtsunterschied *m*; **~ de prix** Preisdifferenz *f*, -unterschied *m*, -gefälle *n*; **~ de température** Temperaturunterschied *m*

différenciation [difeʀɑ̃sjasjõ] F **1** (*distinction*) Differenzierung *f*; Unterscheidung *f* **2** (*fait de se différencier*) Differenzierung *f*; Auseinanderentwicklung *f*

différencier [difeʀɑ̃sje] **A** VT differenzieren (*a.* MATH); unterscheiden **B** V/PR **se ~** sich differenzieren

différend [difeʀɑ̃] M Differenz *f*; Meinungsverschiedenheit *f*; Unstimmigkeit *f*; **régler un ~** e-e Differenz *etc* beilegen, schlichten

différent [difeʀɑ̃] ADJ **1** verschieden; unterschiedlich; anders(artig); **espèce ~e** abweichende Art; **des opinions ~es** unterschiedliche Meinungen *fpl*; **dans des conditions ~es** unter anderen, andersartigen Bedingungen; **~ de …** verschieden von …; anders als …; **c'est (tout) ~** das ist etwas (ganz) anderes **2** ⟨*nur pl u. vorangestellt*⟩ **~s** verschiedene; mehrere; **pour ~es raisons** aus verschiedenen Gründen

différentiation [difeʀɑ̃sjasjõ] F MATH Differenzieren *n*; Differentiation *f*

différentiel [difeʀɑ̃sjɛl] **A** ADJ ⟨~le⟩ **1** MATH **calcul ~** Differenzialrechnung *f* **2** CH DE FER **tarif ~** Staffeltarif *m* **B** SUBST **1** M AUTO Ausgleichs-, Differenzialgetriebe *n*; Differenzial *n* **2** MATH **~le** *f* Differenzial *n*

différer [difeʀe] ⟨-è-⟩ **A** VT auf-, ver-, hinausschieben; *paiement a.* anstehen lassen **B** VI **a** **~ de qc** von etw abweichen; sich von etw unterscheiden (**par** durch); anders sein als etw **b** *abs* voneinander abweichen; sich unterscheiden; *opinions a.* differieren; auseinandergehen; **~ du tout au tout** völlig verschieden, grundverschieden sein

difficile [difisil] ADJ **1** schwierig; schwer; *exécution d'une tâche a.* mühsam; *chemin (a. fig), caractère* schwierig; *personne a.* diffizil; schwer zu behandeln(d); *enfant a.* schwer erziehbar; **cela m'est ~** das ist schwierig, schwer für mich; das fällt mir schwer; ♦ **~ à dire** schwierig, schwer zu sagen; **un problème ~ à résoudre** ein schwer lösbares, schwer *ou* schwierig zu lösendes Problem; **il est ~ à vivre** mit ihm ist schwer, schlecht, *plus fort* nicht auszukommen; **c'est ~ à comprendre** das ist schwer zu verstehen, schwer verständlich; ♦ **il est ~ de** (*+inf*) es ist schwer, schwierig zu (*+inf*); **il m'est ~ d'en parler** es ist schwer, schwierig für mich *ou* es fällt mir schwer, davon zu sprechen; ♦ *subst*: **le (plus) ~, c'est de** (*+inf*) die (größte) Schwierigkeit dabei ist zu (*+inf*); **le plus ~ est fait** das Schwerste, Schwierigste ist geschafft, liegt hinter mir *ou* uns **2** *personne* heikel, wählerisch, diffizil (**sur la nourriture** was das Essen angeht); *subst* **faire le, la ~** wählerisch sein; große Ansprüche stellen

difficilement [difisilmɑ̃] ADV schwer; mit Mühe

difficulté [difikylte] F **1** Schwierigkeit *f*; **sans ~** ohne Schwierigkeit, Mühe; mühe-, reibungslos; **aimer la ~** immer den schwierigsten Weg vorziehen; **avoir, éprouver de la ~ à comprendre qc** Schwierigkeiten haben, etw zu verstehen **2** *souvent* PL **~s** Schwierigkeiten *fpl*; **~s financières** finanzielle Schwierigkeiten; **~s de paiement** Zahlungsschwierigkeiten *fpl*; **avoir des ~s avec qn** mit j-m Schwierigkeiten haben; **être en ~** in Schwierigkeiten sein, stecken; **faire des ~s** Schwierigkeiten machen, bereiten; *par ext* **faire des ~s pour venir** nur ungern kommen; **cela ne fait aucune ~** das macht, bedeutet (gar) keine Schwierigkeit; **se heurter à de grosses ~s** auf große Schwierigkeiten stoßen; **surmonter les ~s** die Schwierigkeiten überwinden

difforme [difɔʀm] ADJ difform; missgestaltet; (*gros*) unförmig; **difformité** F Difformität *f*; Missgestalt *f*; Unförmigkeit *f*; (*malformation*) Missbildung *f*

diffraction [difʀaksjõ] F PHYS Beugung *f*; Diffraktion *f*

diffus [dify] ADJ ⟨-use [-yz]⟩ **1** diffus; zerstreut (*tous deux a.* OPT); nicht scharf abgegrenzt; **lumière ~e** diffuses Licht **2** *fig* diffus; verschwommen

diffuser [difyze] **A** VT **1** OPT (zer)streuen **2** RAD, TV ausstrahlen; senden; übertragen **3** *fig idées etc* verbreiten **B** VI PHYS diffundieren **C** V/PR **se ~** *rumeur etc* sich verbreiten

diffuseur [difyzœʀ] M **1** AUTO Lufttrichter *m* **2** TECH Diffusor *m* **3** *d'une lampe* Licht(verteilungs)schirm *m*; Blendschutz *m*; Abdeckung *f*

diffusion [difyzjõ] F **1** PHYS, OPT Diffusion *f*; OPT *a.* (Zer)Streuung *f* **2** RAD, TV Ausstrahlung *f*; Übertragung *f*; **~ en direct** Live-, Direktübertragung *f* **3** *fig d'idées etc* Verbreitung *f*

digérer [diʒeʀe] VT ⟨-è-⟩ **1** PHYSIOL verdauen; (*supporter*) vertragen; **il digère mal** ihm ist etw nicht bekommen; ihm liegt etw schwer im Magen; **difficile à ~** schwer verdaulich; schwer zu verdauen(d) **2** *fig livre etc* geistig verarbeiten; *fam* verdauen **3** *fam* **~ qc** etw hinnehmen, *fam* einstecken, schlucken, verdauen

digest [diʒɛst, daj(d)ʒɛst] M *revue, résumé* Digest *m ou n*

digeste [diʒɛst] ADJ leicht verdaulich; gut verträglich

digestif [diʒɛstif] **A** ADJ ⟨-ive⟩ **1** PHYSIOL Verdauungs…; **appareil ~** Verdauungsapparat *m*; **sucs ~s** Verdauungssäfte *mpl* **2** *liqueur etc* verdauungsfördernd **B** M Digestif *m*; Verdauungstrank *m*

digestion [diʒɛstjõ] F Verdauung *f*

digicode [diʒikɔd] M elektronisches Türschloss

digital [diʒital] ADJ ⟨-aux⟩ **1** Finger…; **empreinte ~e** Fingerabdruck *m* **2** INFORM digital; Digital…; **affichage ~** Digitalanzeige *f*; **montre ~e** Digitaluhr *f*

digitale [diʒital] F BOT Fingerhut *m*; *t/t* Digitalis *f*

digitalisation [diʒitalizasjõ] F INFORM Digitalisierung *f*; **digitaliser** VT INFORM digitalisieren

digitigrades [diʒitigʀad] MPL ZOOL Zehengänger *mpl*

digitopuncture [diʒitɔpõktyʀ] F MÉD Akupressur *f*

digne [diɲ] ADJ **1** wert; würdig (**de qc** e-r Sache [*gén*] *ou* **de faire qc** etw zu tun); **~ d'admiration** bewundernswert, -würdig; bewunderungswürdig; **~ de confiance** vertrauenswürdig; **~ de foi** glaubwürdig; **~ d'intérêt** Interesse verdienend; **être ~ de ce nom** dieses Namens wert, würdig sein; diesen Namen verdienen **2** **~ de qn, de qc** j-s, e-r Sache würdig, wert; e-r Sache (*dat*) angemessen; *un adversaire* **~ de lui** der seiner würdig, wert ist **3** (*comportement d'une*) *personne* würdig; würdevoll; **d'un air ~** mit würdevoller Miene; **rester ~** Würde bewahren **4** *iron* (ehren)wert

dignement [diɲmɑ̃] ADV würdig; würdevoll (*a. iron*)

dignitaire [dinitɛʀ] M Würdenträger *m*

dignité [diɲite] F **1** (*fonction*) Würde *f*; Amt *n*; **~ de président** Präsidentenwürde *f* **2** *d'une personne, d'une tâche etc* Würde *f*; **manquer de ~** es an Würde fehlen lassen

digression [digʀesjõ] F Abschweifung *f*; Exkurs *m*; **faire une ~** e-n Exkurs machen

digue [dig] F **1** Deich *m*; Damm *m*; **~ de retenue** Staudamm *m* **2** *fig* Damm *m*; Schranke *f*

Dijon [diʒõ] *Stadt im Dep. Côte-d'Or*

diktat [diktat] M POL Diktat *n*

dilapidateur [dilapidatœʀ] M, **dilapidatrice** F Verschwender(in) *m(f)*; Vergeuder(in) *m(f)*; **dilapidation** F Verschwendung *f*; Vergeudung *f*

dilapider [dilapide] VT *fortune etc* verschwenden; vergeuden

dilatabilité [dilatabilite] F PHYS (Aus)Dehnbarkeit *f*; **dilatable** ADJ PHYS (aus)dehnbar; **dilatation** F **1** PHYS (Aus)Dehnung *f*; *t/t* Dilatation *f* **2** PHYSIOL, MÉD Erweiterung *f*

dilater [dilate] **A** VT **1** *chaleur: corps* (aus)dehnen **2** PHYSIOL erweitern; **~ les pupilles** die Pupillen erweitern; *par ext* **~ ses narines** die Nüstern blähen; die Nasenflügel weiten **3** *fig* **~ le cœur** das Herz weit machen, weit öffnen **B** V/PR **se ~** **1** PHYS sich (aus)dehnen **2** PHYSIOL, MÉD sich erweitern **3** *fig* **son cœur se dilata de joie** das Herz wurde ihm weit, *st/s* schwoll ihm vor Freude

dilatoire [dilatwaʀ] ADJ hinaus-, aufschiebend; verzögernd; **manœuvres** *fpl* **~s** Verschleppungsmanöver *npl*; **réponse** *f* **~** hinhaltende Antwort

dilemme [dilɛm] M Dilemma *n*; **être devant un ~** in e-m Dilemma sein

dilettante [dilɛtɑ̃t] M/F Dilettant(in) *m(f)* (*souvent péj*); **faire qc en ~** etw dilettantisch, dilettantenhaft machen

dilettantisme [dilɛtɑ̃tism] M Dilettantismus *m*; Dilettantentum *n*; *péj a.* Oberflächlichkeit *f*; **avec ~** dilettantisch; dilettantenhaft

diligence [diliʒɑ̃s] F **1** HIST Postkutsche *f* **2** *st/s* (*zèle*) Eifer *m*; Beflissenheit *f*; **faire ~** sich beeilen; nicht säumen

diligent [diliʒɑ̃] ADJ *st/s* eifrig; beflissen; emsig

diluant [dilɥɑ̃] M Verdünnungsmittel *n*

diluer [dilɥe] VT **1** *liquide* verdünnen (**avec de l'eau** mit Wasser) **2** *médicament, sel etc* auflösen

dilution [dilysjõ] F **1** Verdünnung *f* (*a. résultat*) **2** Auflösen *n*; *résultat* Lösung *f*

diluvien [dilyvjɛ̃] ADJ ⟨~ne⟩ **pluies ~nes** sintflutartige Regenfälle *mpl*

dimanche [dimɑ̃ʃ] M **1** Sonntag *m*; **~ de Pâques** Ostersonntag *m*; **les ~s et jours fériés** an Sonn- und Feiertagen; **habits** *mpl* **du ~** Sonntagskleider *npl*; *plais* Sonntagsstaat *m*; **s'habiller en ~** sich sonntäglich anziehen; → *a.* **jeudi** **2** *fam fig* **chauffeur** *m*, **peintre** *m* **du ~** Sonntagsfahrer *m*, -maler *m*

dîme [dim] F HIST Zehnt *m*; Zehnte(r) *m*

dimension [dimɑ̃sjõ] F **1** Abmessung *f*; Dimension *f*; Maß *n*; **~s** *pl d'une surface a.* Größe *f*; Ausdehnung *f*; **à la ~ de qc** nach dem Maß von etw; **prendre les ~s de qc** das Maß von etw nehmen; etw ab-, aus-, vermessen **2** MATH, PHYS Dimension *f*; **la quatrième ~** die vierte Dimension; **à trois ~s** dreidimensional **3** *fig* Ausmaß *n*; Dimension *f*; Bedeutung *f*; Umfang *m*; Größe *f*; **donner une ~ à qc** e-r Sache (*dat*) e-e Bedeutung geben; **être à la ~ de qc** e-r Sache (*dat*) angemessen sein; **prendre la ~ de qc** das Ausmaß von etw annehmen; zu etw werden **4** *fig* Dimension *f*; Aspekt *m*; **~ historique, humaine** historische, menschliche Dimension

diminué [diminɥe] ADJ **1** *personne* (körperlich und geistig) geschwächt, gezeichnet **2** MUS

D

vermindert

diminuer [diminɥe] A VT 1 vermindern; verringern; *prix etc a.* herabsetzen, senken, ermäßigen (**de** um); *dépenses, production a.* einschränken; **~ le temps de travail** die Arbeitszeit verkürzen 2 *fig* verringern; *mérites a.* schmälern; verkleinern; *souffrances a.* mildern; *forces* schwächen; **~ l'enthousiasme** die Begeisterung dämpfen 3 **~ qn** *(dénigrer)* j-n herabwürdigen, -setzen, schlechtmachen 4 **~ qn** *(réduire le salaire)* j-s Gehalt *ou* Lohn kürzen, herabsetzen B VI 1 *prix, provisions etc* sich vermindern, verringern; *prix a.* heruntergehen, sinken, fallen (**de deux euros** um zwei Euro); *marchandise* billiger werden; *provisions, dettes etc* kleiner werden; abnehmen; *production* zurückgehen; *chaleur, pluies etc* nachlassen; schwächer werden; *pression* fallen; *jours* abnehmen; kürzer werden; *population* abnehmen; zurückgehen; *circulation* zurückgehen; schwächer werden; *prix, production* **aller en diminuant** rückläufig sein 2 *fig forces, enthousiasme etc* nachlassen; abnehmen; schwächer werden 3 *malade* abbauen 4 *en tricotant* abnehmen

diminutif [diminytif] LING A ADJ ⟨-ive⟩ Diminutiv...; Verkleinerungs...; diminutiv; verkleinernd; **suffixe ~** Diminutivsuffix *n* B M Diminutiv(um) *n*; Verkleinerungswort *n*; *d'un nom* Koseform *f*

diminution [diminysjõ] F 1 Verminderung *f*; Verringerung *f*; Herabsetzung *f*; Senkung *f*; Einschränkung *f*; Verkürzung *f*; *spontanée* Rückgang *m*; Fallen *n*; Sinken *n*; Abnahme *f*; **~ de prix** Preissenkung *f*, -nachlass *m*, -rückgang *m*; **~ de valeur** Wertminderung *f*, -verlust *m* 2 *fig* Abnahme *f*; Nachlassen *n*; *des performances* Abfall *m* 3 *dans un tricot* Abnehmen *n*

dinanderie [dinɑ̃dʀi] F Messinggeschirr *n*, -töpfe *mpl*

dinar [dinaʀ] M *monnaie* Dinar *m*

dînatoire [dinatwaʀ] ADJ **goûter** *m* **~** vorgezogene Abendmahlzeit

dinde [dɛ̃d] F 1 ZOOL Truthenne *f*; Pute *f*; CUIS *a.* Truthahn *m*; Puter *m*; **~ rôtie** gebratener Truthahn, Puter; gebratene Pute 2 *fig fam* dumme Pute, Gans

dindon [dɛ̃dõ] M 1 ZOOL Truthahn *m*; Puter *m* 2 *fig* **être le ~ de la farce** der Dumme, Geprellte, *fam* Gelackmeierte sein; das Nachsehen haben

dindonneau [dɛ̃dɔno] M ⟨*pl* ~x⟩ ZOOL kleiner, junger Truthahn, Puter; CUIS Babypute *f*

dîner [dine] A VI zu Abend essen; das Abendessen einnehmen; *avec cérémonie* dinieren; **~ d'une salade** am Abend (nur) e-n Salat essen, zu sich nehmen; **avoir qn à ~** j-n als Gast zum Abendessen haben, *fam* dahaben; **inviter qn à ~** j-n zum Abendessen einladen B M Abendessen *n*, -mahlzeit *f*, -brot *n*; *(soirée)* Diner *n*; **~ de gala** Galadiner *n*; **donner un ~** ein Essen geben; **faire un bon ~** gut zu Abend essen, speisen

dînette [dinɛt] F Puppengeschirr *n*; **jouer à la ~** mit der Puppenküche spielen

dîneur [dinœʀ] M, **dîneuse** F *dans un dîner* Gast *m*

ding [diŋ] INT *sonnette* kling(e)ling!; **~, dong!** [diŋdõg] *carillon* bim, bam!

dingo [dɛ̃go] A M ZOOL Dingo *m* B *fam* ADJ *et* SUBST ⟨*f inv*⟩ → dingue

dingue [dɛ̃g] *fam* A ADJ a *personne* wahnsinnig; → *a.* cinglé; **être ~ de** *fam* verrückt, versessen sein auf (+*acc*) b *(extraordinaire) fam* toll; wahnsinnig; Wahnsinns... B M/F Wahnsinnige(r) *m/f(m)*; **~ de la télé** *fam* Fernsehnarr *m*; **mener une vie de ~** ein gehetztes, hektisches Leben führen

dinguer [dɛ̃ge] VI *fam* → valdinguer

dinosaure [dinɔzɔʀ] M ZOOL Dinosaurier *m* (*a. fig*)

dinosauriens [dinɔzɔʀjɛ̃] MPL ZOOL Dinosaurier *mpl*

diocésain [djɔsezɛ̃] ÉGL CATH A ADJ Diözesan...; **évêque ~** Diözesanbischof *m* B M Diözesan *m*

diocèse [djɔsɛz] M ÉGL CATH Diözese *f*

diode [djɔd] F ÉLEC Diode *f*

Diogène [djɔʒɛn] M PHIL Diogenes *m*

Diomède [djɔmɛd] M MYTH Diomedes *m*

dionysiaque [djɔnizjak] ADJ Dionysos...; dionysisch

Dionysos [djɔnizos, -ɔs] M MYTH Dionysos *m*

dioptrie [djɔptʀi] F OPT Dioptrie *f*

Dior [djɔʀ] *frz Modeschöpfer*

dioxine [djɔksin] F CHIM Dioxin *n*

dioxyde [djɔksid, diɔ-] M CHIM Dioxid *n*

diphasé [difɑze] ADJ ÉLEC **courant ~** Zweiphasenstrom *m*

diphtérie [difteʀi] F MÉD Diphtherie *f*; **diphtérique** ADJ Diphtherie...; diphtherisch

diphtongaison [diftõgɛzõ] F PHON Diphthongierung *f*

diphtongue [diftõg] F PHON Diphthong *m*; Doppellaut *m*; **diphtonguer** VT (*et* VPR **se**) ~ PHON diphthongieren

diplodocus [diplɔdɔkys] M PALÉONTOLOGIE Diplodocus *m*

diplomate [diplɔmat] A M 1 Diplomat *m* (*a. fig*); **femme** *f* ~ Diplomatin *f* 2 CUIS *Süßspeise aus mit Rum getränkten Biskuits, Konfitüre u. Crème anglaise* B ADJ *fig personne* diplomatisch

diplomatie [diplɔmasi] F 1 Diplomatie *f*; *par ext carrière* Diplomatenlaufbahn *f*; diplomatische Laufbahn; *coll* diplomatischer Dienst; **entrer dans la ~** die Diplomatenlaufbahn, diplomatische Laufbahn einschlagen; in den diplomatischen Dienst treten 2 *fig* diplomatisches Geschick; Diplomatie *f*; **agir avec ~** diplomatisch handeln

diplomatique [diplɔmatik] ADJ 1 diplomatisch (*a. fig*); **corps** *m* **~** diplomatisches Korps; **rompre les relations ~s** die diplomatischen Beziehungen abbrechen 2 *fam fig* **maladie** *f* **~** vorgeschobene, POL politische Krankheit

diplôme [diplom] M Diplom *n*; Zeugnis *n*; **~ de bachelier** Abitur-, Reifezeugnis *n*; **~ d'études supérieures spécialisées** (*abr* **DESS**) *praxisorientiertes Diplom im Anschluss an die „maîtrise"*; **~ d'études universitaires générales** (*abr* **DEUG**) Abschlussprüfung *f* des „premier cycle" (*nach zwei Studienjahren*); **~ d'infirmière, d'ingénieur** Krankenschwester-, Ingenieurdiplom *n*

diplômé [diplome] A ADJ diplomiert; Diplom... (*abr* Dipl.); staatlich geprüft; **dentiste ~ de la Faculté de médecine de Paris** Zahnarzt, der die Hochschulabschlussprüfung an der medizinischen Fakultät der Universität Paris bestanden hat; **infirmière ~e** staatlich geprüfte, examinierte Krankenschwester B SUBST **~(e)** *m(f)* Inhaber(in) *m(f)* e-s Diploms

diplômer [diplome] VT das Diplom verleihen (**qn** j-m); diplomieren

dipsomane [dipsɔman] M/F MÉD Quartalssäufer(in) *m(f)*; *t/t* Dipsomane *m/f*

diptères [diptɛʀ] MPL ZOOL Zweiflügler *pl*

diptyque [diptik] M 1 PEINT Diptychon *n* 2 LITTÉRATURE Werk *n* in zwei Teilen

dire[1] [diʀ] ⟨je dis, il dit, nous disons, vous dites, ils disent; je disais; je dis; je dirai; que je dise; disant; dit⟩ A VT 1 sagen; *pensées* aussprechen; *événements* erzählen; **~ un nom, une raison** einen Namen, einen Grund nennen; *enfant* **~ un poème** ein Gedicht aufsagen; *acteur* **~ un texte** einen Text sprechen, vortragen; *expressions*: a *avec subst*: **~ l'avenir** die Zukunft voraussagen; **~ la bonne aventure** wahrsagen; **~ du bien, du mal de qn** j-m Gutes, Schlechtes nachsagen; Gutes, Schlechtes über j-n sagen; **dites-lui bien des choses de ma part** richten Sie ihm *ou* ihr (bitte) viele Grüße von mir aus; grüßen Sie ihn *ou* sie vielmals (von mir); **~ sa leçon** s-e Lektion auf-, hersagen; **~ la messe** die Messe lesen b *avec une complétive*: **il dit qu'il est malade** er sagt, dass er krank sei *ou* wäre *ou* ist; er sagt, er sei *ou* wäre krank; **il a dit qu'il viendrait** er hat gesagt, er würde kommen *ou* er käme *ou* dass er kommen würde; **~ que ...** wenn man bedenkt, dass ...; **~ qu'il a pu faire une chose pareille!** wer hätte gedacht, dass er so etwas tun würde!; **je vous dis que non** ich sage Ihnen doch - nein; **~ à qn de faire qc** j-m sagen, dass er etw tun soll c *avec pr*: *fam* **je ne te dis que ça!** weiter brauche ich nichts zu sagen!; **il dit ce qu'il pense** er sagt, was er denkt; er nimmt kein Blatt vor den Mund; **à ce qu'il dit** nach dem *ou* demzufolge, was er sagt; s-n Worten nach; **si le cœur vous en dit** wenn Sie wollen; wenn Sie Lust dazu haben; **vous l'avez dit!** Sie sagen es!; ganz Ihrer Meinung!; so ist es!; **disons-le, ...** sprechen wir es (ruhig) aus, ...; **à qui le dis-tu!** wem sagst du das!; **c'est moi qui vous le dis** wenn ich es Ihnen sage; das können Sie mir ruhig glauben; **c'est toi qui le dis** das sagst d u so; das glaube ich nicht; **qui l'eût dit?** wer hätte das gedacht?; **quand je vous le disais** ich hab's Ihnen gesagt (, dass es so kommen würde); **que dites-vous?, qu'est-ce que vous dites?** *pour faire répéter* wie bitte?; *étonné* w a s sagen Sie (da)!; **qu'est-ce que tu en dis?** was sagst du dazu?; **que diriez-vous d'une promenade?** was würden Sie zu e-m Spaziergang sagen, von e-m Spaziergang halten?; *fam* **que tu dis!** was du nicht sagst!; ob das auch stimmt?; *pour préciser* **que dis-je, pas même ...** was sage ich da, nicht einmal ...; **qui dit** *Anglais* **dit** *flegmatique* wer ... sagt, meint auch ... d *avec adj ou adv*: **pour ainsi ~, autant ~** sozusagen; gewissermaßen; **~ qc tout bas, tout 'haut** etw leise, laut sagen; **c'est beaucoup ~** das ist *ou* wäre zu viel gesagt, übertrieben; *cet acteur* **dit bien, juste** trägt gut vor, trifft genau den Ton; *fam* **comme dit l'autre** wie man (so schön) sagt; wie es heißt; *fam* **comme qui dirait** sozusagen; in gewisser Weise; so etwas wie; (so) e-e Art; praktisch; fast wie; **elle a dit cela comme elle aurait dit autre chose** sie hat das nur so dahingesagt; *en incise* **comment dirais-je?** wie soll ich sagen, mich ausdrücken?; **comment dites-vous cela en anglais?** wie sagen Sie dazu auf Englisch?; *fam* **dis, dites donc!** *fam* e sag (doch) mal, sagen Sie (doch) mal! f he du, Sie!; du, Sie da!; *fam avec étonnement* **eh ben, dis donc!** na *ou* nein so was!; *fam* **non, mais, dis!** *fam* he, du da!; he, sag mal!; **pour mieux ~** besser, richtiger gesagt; **qui dit mieux?** wer bietet mehr?; **ne ~ ni oui ni non** weder Ja noch Nein sagen; **je ne dis pas non** ich sage nicht Nein (dazu); **il ne sait pas ~ non** er kann nicht Nein sagen; **ce n'est pas peu ~** das will nicht wenig heißen; **c'est trop peu ~** das ist noch gelinde ausgedrückt; *fam* **vous m'en direz tant!** nein *ou* na, so was!; ja, gibt's denn so was!; *fam* da biste platt!; **c'est tout ~** das (be)sagt alles; damit ist alles gesagt; **pour tout ~** kurz (und gut); der langen Rede kurzer Sinn; → *a.* vrai B g *avec des verbes*: **cela va sans ~** (das) versteht sich (von selbst); das ist selbstverständlich; **j'irais jusqu'à ~ que ...**

ich würde so weit gehen zu behaupten, sagen, dass ...; **je n'ai rien à ~ à cela** dagegen habe ich nichts einzuwenden; **il n'y a pas à ~** man muss (es) zugeben, sagen; **il y a beaucoup à ~ là-dessus** dazu lässt sich (noch) viel sagen; **il ne croit pas si bien ~** er weiß gar nicht, wie wahr er spricht, wie recht er hat; **c'est plus facile à ~ qu'à faire** das ist leichter gesagt als getan; **c'est ~ si ...** das besagt, dass ...; **est-ce à ~ que ...?** heißt, bedeutet das, dass ...?; **qu'est-ce à ~?** das heißt, bedeutet?; *fam* **ce n'est pas pour ~, mais ...** verstehen Sie mich recht, aber...; ich will ja nichts gesagt haben, aber ...; *fam* **ce n'est rien de le ~!** das muss man gesehen haben!; dafür gibt es keine Worte!; JEUX DE CARTES **c'est à vous de ~** Sie sind (mit dem Reizen, Bieten) dran; **ne pas se le faire ~ deux fois** es sich *(dat)* nicht zweimal sagen lassen; **je ne vous le fais pas ~** das haben Sie gesagt!; **il me fait ~ que ...** er lässt ausrichten, dass ...; er behauptet, ich hätte gesagt, dass ...; **il faut vous ~ que ...** dazu müssen Sie wissen, dass ...; → *a.* B 1; **il faut le ~ vite** wenn man es nicht so genau nimmt; **je me suis laissé ~ que ...** ich habe mir sagen lassen, dass ...; **laisse-le ~!** lass ihn reden!; *prov* **bien faire et laisser ~** tue recht und scheue niemand *(prov)*; *en incise* **si j'ose (le) ~** wenn ich so sagen darf; *plus fort* ich wage zu behaupten; **vouloir ~** → 5 h **on dit que ...** man sagt, man behauptet, es heißt, es wird gesagt, es wird behauptet, dass ...; **on dit qu'il est déjà parti** er soll schon abgereist sein; *en incise* **dit-on** sagt man; **comme on dit** wie man so sagt; wie es heißt; **quoi qu'on dise** was man auch immer sagen mag; trotz allem; ♦ **on dirait** man möchte meinen, sagen; **on aurait dit qu'il allait pleuvoir** man hätte meinen können, es würde regnen *ou* dass es regnen würde; **on dirait un gangster** man könnte ihn für e-n Gangster halten; **on dirait de l'or** man könnte es für Gold halten, ansehen; das könnte Gold sein i *absolument:* **dis, dites** sag, sagen Sie; *pour renforcer* nicht wahr?; *en incise* **dit-il** sagt er; **disons** (na,) sagen wir; *se promener débraillé à la campagne,* **je ne dis pas, mais** *en ville* ... da sage ich ja nichts, aber ... 2 *par ext journal, écrivain etc* sagen; schreiben; **la loi dit que ...** in dem Gesetz heißt es, dass ... 3 *visage, nom etc* **~ qc à qn** j-m etw sagen; j-m bekannt vorkommen; **ne rien ~ à qn** j-m nichts sagen, unbekannt sein; *st/s les traits de son visage* **disaient sa lassitude** verrieten s-e Erschöpfung, ließen s-e Erschöpfung erkennen 4 *(faire envie)* **~ à qn** j-m zusagen, gefallen; **est-ce que cela vous dit?** haben Sie dazu Lust?; würde Ihnen das gefallen?; **cela ne me dit rien** das reizt, lockt mich nicht; **cela ne me dit rien de sortir** ich habe keine Lust auszugehen 5 **vouloir ~** *personne* sagen wollen; meinen; *chose* bedeuten; heißen; **que voulez-vous ~ par là?** was meinen Sie damit?; was wollen Sie damit sagen?; **ce n'est pas ce que je veux ~** so ist es, habe ich es nicht gemeint; das will ich damit nicht sagen; **ça ne veut rien ~** das will gar nichts heißen, (be)sagen; das heißt, bedeutet gar nichts; **qu'est-ce que cela veut ~?** was bedeutet das?; was soll das heißen, bedeuten?; **cela dit bien ce que cela veut ~** das drückt das gut aus, was gemeint ist B V/PR 1 **se ~** (zu) sich *(dat)* sagen; **je me suis dit que ce n'était pas si grave** ich habe mir gesagt, dass es nicht so schlimm sei *ou* ist; *en incise* **se disait-il** sagte er (zu) sich *(dat)*; **dis-toi bien que ...** denk daran, dass ...; **il faut vous ~ que ...** dabei müssen Sie berücksichtigen, sich *(dat)* sagen, dass ... 2 *expression* **cela ne se dit plus** das sagt man nicht mehr; das wird nicht mehr gesagt; *fam* **comment ça se dit en français?** wie heißt das, wie sagt man dazu auf Französisch?

dire² [diʀ] M Aussage *f*; Sagen *n*; Reden *n*; *péj* Gerede *n*; **d'après les ~s, au(x) ~(s) de qn** nach j-s Aussage, Worten; j-s Aussagen zufolge

direct [diʀɛkt] A ADJ 1 direkt; gerade; GÉNÉALOGIE **en ligne ~e** in direkter, gerader Linie 2 *question, accusation etc* direkt; offen; **d'une façon ~e** geradezu, -heraus 3 *contact, responsabilité, cause etc* direkt; unmittelbar; FIN **impôt ~** direkte Steuer; **prendre une part ~e dans qc** sich unmittelbar, direkt an etw *(dat)* beteiligen 4 GRAM **complément ~** direktes Objekt; Akkusativobjekt *n*; **style, discours ~** direkte, wörtliche Rede; → *a.* **objet** 4 5 CH DE FER **train ~** *ou subst* **~** *m* Eilzug *m*; **voiture ~e** Kurswagen *m*; durchgehender Wagen B M 1 BOXE Gerade *f*; **~ du droit, du gauche** rechte, linke Gerade 2 RAD, TV **émission** *f* **en ~** Livesendung *f*; Direktsendung *f*; Originalübertragung *f*; **diffuser en ~** live senden; direkt übertragen

directement [diʀɛktəmɑ̃] ADV 1 direkt; geradewegs; auf direktem Wege 2 *fig* direkt; unmittelbar

directeur [diʀɛktœʀ] A M 1 Direktor *m*; Leiter *m*; **~ artistique** künstlerischer Leiter; **~ commercial** kaufmännischer Direktor, Leiter; **~ sportif** Sportfunktionär *m*; **~ technique** technischer Direktor, Leiter; *d'un journal* **~ de la publication** Herausgeber *m*; **~ de succursale** Filialleiter *m*; **~ de théâtre** Intendant *m*; Theaterdirektor *m* 2 **~ (d'école)** Rektor *m*; Schulleiter *m* 3 ADMIN **~ (général)** Ministerialdirektor *m*, -dirigent *m*; *en France* **~ de cabinet** Kabinettsdirektor *m* 4 ÉGL CATH **~ (spirituel, de conscience)** Spiritual *m*; Beichtvater *m* B ADJ ⟨-trice⟩ 1 leitend; **comité ~** Vorstand *m*; leitendes Gremium 2 *fig idée, principe* Leit... 3 TECH **roue directrice** lenkbares Rad

directif [diʀɛktif] ADJ ⟨-ive⟩ PÉDAGOGIE, PSYCH autoritär

direction [diʀɛksjõ] F 1 *action* Führung *f*; Leitung *f*; **être chargé de la ~ d'un hôpital** mit der Führung, Leitung e-s Krankenhauses betraut sein 2 *comité* Direktion *f*; Geschäftsführung *f*, -leitung *f*; Betriebsleitung *f*; Direktorium *n*; *par ext* a *bureau* Direktionsbüro *n* b *fonction* Stelle *f* des Direktors; **s'adresser à la ~** sich an die Direktion, Geschäftsleitung wenden 3 *d'un ministère* **~ (générale)** Abteilung *f* 4 *mus* Dirigieren *n*; **sous la ~ de** unter der (musikalischen) Leitung von; unter der Stabführung von 5 TECH Lenkung *f*; Steuerung *f* 6 Richtung *f*; *panneau* **toutes ~s** Fernverkehr *m*; Gesamt(durchgangs)verkehr *m*; **~ du vent** Windrichtung *f*; **changement** *m* **de ~** Richtungsänderung *f*; **dans toutes les ~s** in alle Richtungen; nach allen Seiten; überallhin; **le train en ~ de Nice** der Zug nach Nizza; **il marche dans la ~, en ~ de la gare** er geht in Richtung Bahnhof; **prendre une ~** e-e Richtung einschlagen, nehmen; **il a pris la ~ de l'hôtel** er hat die Richtung zum Hotel eingeschlagen; **prendre la ~ du sud** in Richtung, nach Süden fahren 7 *fig* Richtung *f*; **donner une nouvelle ~ à qc** e-r Sache *(dat)* e-e neue Richtung geben

directionnel [diʀɛksjɔnɛl] ADJ ⟨~le⟩ TÉLÉCOMMUNICATIONS **antenne ~le** Richtantenne *f*; Richtstrahler *m*

directive [diʀɛktiv] F *surtout* PL **~s** Direktiven *fpl*; Richtlinien *fpl*; Weisungen *fpl*; **donner des ~s** Direktiven geben; Weisungen erteilen

directoire [diʀɛktwaʀ] M 1 HIST **Directoire** Directoire *n* *(a. période)* 2 ART **style** *m* **Directoire** Directoire(stil) *n(m)*; *adjt* **commode** *f* **Directoire** Directoirekommode *f* 3 *d'une S.A.* Vorstand *m*

directorial [diʀɛktɔʀjal] ADJ ⟨-aux⟩ des Direktors, Leiters; Direktions...

directrice [diʀɛktʀis] F Direktorin *f*; Leiterin *f*; *d'une école primaire* Rektorin *f*; Schulleiterin *f*; **~ de succursale** Filialleiterin *f*

dirham [diʀam] M *monnaie* Dirham *m*

dirigé [diʀiʒe] ADJ 1 *entreprise etc* **bien, mal ~** gut, schlecht geleitet, geführt 2 ÉCON **économie ~e** (staatlich) gelenkte Wirtschaft; Planwirtschaft *f*

dirigeable [diʀiʒabl] ADJ *et* SUBST M **(ballon** *m***) ~** Luftschiff *n*; Zeppelin *m*

dirigeant [diʀiʒɑ̃] A ADJ führend; leitend; herrschend; **les classes ~es** die herrschenden Klassen *fpl*; die führende Schicht B SUBST **~(e)** *m(f)* Führer(in) *m(f)*; Leiter(in) *m(f)*; *d'un pays* Machthaber *m*; *dans l'industrie* **~s** *pl* Führungskräfte *fpl*; **~s du parti** Parteiführer *mpl*, -führung *f*; Führungsspitze *f* der Partei

diriger [diʀiʒe] ⟨-geons⟩ A V/T 1 *travaux, débat* leiten; *entreprise, école* leiten; an der Spitze stehen *(+gén)*; *personnes* führen; leiten; lenken; **~ un journal** eine Zeitung herausgeben; **~ un orchestre** ein Orchester leiten, dirigieren; **~ un pays** ein Land lenken, regieren; *abs* **savoir ~** Führungsqualitäten besitzen; führen können 2 *véhicule* lenken; steuern 3 *troupes* dirigieren; führen; schicken 4 *marchandises etc* schicken **(sur, vers** nach**)** 5 *lampe etc* **~ vers, sur qn, qc** auf j-n, etw richten; **~ ses regards, yeux vers qn, qc** s-e Blicke, Augen auf j-n, etw richten 6 *fig accusation, paroles* richten **(contre** gegen**)** B V/PR 1 **se ~ vers qc** *personne* auf etw *(acc)* zugehen, *voiture* zufahren; *avion, bateau* etw ansteuern; auf etw *(acc)* zusteuern; **se ~ vers le sud** in Richtung, nach Süden fahren *ou* fliegen 2 *fig* **se ~ vers les sciences** *etc* sich den Naturwissenschaften *etc* zuwenden 3 **se ~** *dans l'obscurité* sich zurechtfinden

dirigisme [diʀiʒism] M ÉCON Dirigismus *m*; staatliche Lenkung der Wirtschaft; Planwirtschaft *f*; **dirigiste** ADJ dirigistisch

dirlo [diʀlo] *langage d'écolier* M/F Direktor *m*, Direktorin *f*

discal [diskal] ADJ ⟨-aux⟩ MÉD Bandscheiben...; **°hernie ~e** Bandscheibenvorfall *m*

discernable [disɛʀnabl] ADJ wahrnehmbar; erkennbar; unterscheidbar

discernement [disɛʀnəmɑ̃] M Unterscheidungsfähigkeit *f*, -kraft *f*, -vermögen *n*; Einsicht *f*; Urteilsfähigkeit *f*; **manque** *m* **de ~** mangelnde Einsicht, Urteilsfähigkeit; **agir sans ~** sich *(dat)* der Tragweite s-r Handlungen nicht bewusst sein; **il manque de ~** es fehlt ihm an Einsicht, Unterscheidungsvermögen; *plus fort* er ist unzurechnungsfähig

discerner [disɛʀne] V/T 1 *(percevoir)* wahrnehmen; erkennen; unterscheiden 2 *fig* unterscheiden **(qc de qc** *ou* **d'avec qc** etw von etw); *vérité, cause etc* erkennen

disciple [disipl] M Schüler *m*; Jünger *m* *(a.* REL*)*; *par ext (partisan)* Anhänger *m*

disciplinable [disiplinabl] ADJ **être ~** an Disziplin zu gewöhnen sein

disciplinaire [disiplinɛʀ] ADJ disziplinarisch; Disziplinar...; MIL **bataillon** *m* **~** Strafbataillon *n*; **mesure** *f* **~** disziplinarische Maßnahme; **sanction** *f* **~** Disziplinarstrafe *f*

discipline [disiplin] F 1 Disziplin *f*; Zucht *f*; **~ militaire** militärische Disziplin; POL **~ de vote** Fraktionszwang *m*; **conseil** *m* **de ~** ADMIN Disziplinargericht *n*; ÉCOLE Gremium, das über Disziplinarstrafen gegen Schüler entscheidet 2 *(matière)* Lehr-, Unterrichtsfach *n;* Disziplin *f;* Fachrichtung *f;* **les ~s littéraires, scientifiques** die geisteswissenschaftlichen, naturwissenschaftlichen Fächer, Disziplinen **3** SPORTS Disziplin *f;* Sportart *f;* **~s olympiques** olympische Disziplinen

discipliné [disipline] ADJ diszipliniert

discipliner [disipline] V/T **1** an Disziplin, Zucht gewöhnen; Disziplin beibringen (**qn** j-m) **2** *sentiments, instincts* im Zaum halten; disziplinieren **3** *fig cheveux* bändigen

disc-jockey [diskʒɔkɛ] M ⟨*pl* disc-jockeys⟩ Discjockey *m*

disco [disko] M MUS Diskosound *m; adjt* **musique** *f* **~** Diskomusik *f*

discographique [diskɔgʀafik] ADJ Schallplatten…

discontinu [diskõtiny] ADJ **1** *ligne* unterbrochen; gestrichelt **2** *fig mouvement, travail* nicht kontinuierlich; diskontinuierlich; zeitweilig unterbrochen

discontinuer [diskõtinɥe] LOC ADV **sans ~** ohne Unterlass; unablässig; ununterbrochen

discontinuité [diskõtinɥite] F *d'un travail etc* fehlende, mangelnde Kontinuität; zeitweilige Unterbrechung; Diskontinuität *f*

disconvenir [diskõvniʀ] V/T INDIR ⟨→ venir⟩ **ne pas ~ de qc** etw nicht in Abrede stellen, nicht leugnen

discophile [diskɔfil] M/F Schallplattenliebhaber(in) *m(f)*, -freund(in) *m(f)*, -fan *m*, -sammler(in) *m(f)*

discordance [diskɔʀdɑ̃s] F **1** *d'opinions etc* Nichtübereinstimmung *f;* Nichtzusammenpassen *n* (*a. des couleurs*); Diskordanz *f;* **~ entre** *a.* Diskrepanz *f*, fehlende Übereinstimmung zwischen (*+dat*) **2** MUS Diskordanz *f;* Disharmonie *f;* Missklang *m*

discordant [diskɔʀdɑ̃] ADJ **1** nicht übereinstimmend; nicht zusammenpassend **2** MUS diskordant; disharmonisch **3** *par ext voix, cris* misstönend

discorde [diskɔʀd] F Zwietracht *f;* Uneinigkeit *f;* Unfriede(n) *m; st/s* **pomme** *f* **de ~** Zankapfel *m;* **semer la ~** Zwietracht säen

discothèque [diskɔtɛk] F **1** *lieu* Diskothek *f* **2** *collection* Schallplattensammlung *f*

discount [diskawnt] M COMM Discount *m; adjt* **magasin** *m*, **prix** *m* **~** Discountgeschäft *n*, -preis *m*

discoureur [diskuʀœʀ] M, **discoureuse** F Schwätzer(in) *m(f)*

discourir [diskuʀiʀ] V/I ⟨→ courir⟩ schwatzen, lang und breit reden, schwadronieren

discours [diskuʀ] M **1** Rede *f;* Ansprache *f;* **~ électoral** Wahlrede *f;* **~ inaugural, d'ouverture** Eröffnungsrede *f*, -ansprache *f;* **~ de clôture** Schlussrede *f*, -ansprache *f;* **faire, prononcer un ~** e-e Rede halten **2** *péj* Geschwätz *n;* Gerede *n;* lange Reden *fpl;* **assez de ~!** genug der Worte!; **que de ~!** was für ein Geschwätz!; was soll das lange Reden! **3** GRAM **~ direct, indirect** direkte *ou* wörtliche, indirekte *ou* abhängige Rede; **parties** *fpl* **du ~** Wortarten *fpl* **4** *traité* (theoretische) Abhandlung

discourtois [diskuʀtwa] *st/s* ADJ unhöflich

discrédit [diskʀedi] M Misskredit *m;* **jeter le ~ sur qn** j-n in Misskredit, Verruf bringen; **tomber dans le ~** in Misskredit, Verruf geraten

discréditer [diskʀedite] **A** V/T in Misskredit, Verruf bringen; diskreditieren **B** V/PR **se ~** sich in Misskredit bringen; sich diskreditieren; in Misskredit, Verruf geraten

discret [diskʀɛ] ADJ ⟨-ète [-ɛt]⟩ **1** *personne* taktvoll; diskret; rücksichtsvoll; *regard, couleur etc* diskret; unauffällig; unaufdringlich; *couleur, vêtement a.* dezent; **allusion discrète** leise Anspielung **2** (*qui garde un secret*) diskret; verschwiegen **3** MATH diskret

discrètement [diskʀɛtmɑ̃] ADV diskret; unauffällig; unaufdringlich

discrétion [diskʀesjõ] F **1** *d'une personne* Takt *m;* Diskretion *f;* Rücksichtnahme *f; d'une tenue* Unauffälligkeit *f;* Unaufdringlichkeit *f;* Dezenz *f; loc adv:* **avec ~** *se retirer* diskret; taktvoll; rücksichtsvoll; *s'habiller* dezent; unauffällig; **par ~** aus Taktgefühl, Rücksichtnahme; **manquer de ~** es an Takt fehlen lassen **2** Diskretion *f;* Verschwiegenheit *f;* **~ assurée** Diskretion zugesichert; **je m'en remets à votre ~** ich verlasse mich auf Ihre Diskretion **3** LOC ADV **à ~** *vin etc* nach Belieben; so viel man will **4** **être à la ~ de qn** j-m auf Gnade und Ungnade ausgeliefert sein

discrétionnaire [diskʀesjɔnɛʀ] ADJ JUR **pouvoir** *m* **~** (freies) Ermessen; Ermessensfreiheit *f*

discriminant [diskʀiminɑ̃] M MATH Diskriminante *f;* **discriminateur** M ÉLEC, RAD Diskriminator *m*

discrimination [diskʀiminasjõ] F **1** Unterscheidung *f;* Unterschied *m* **2** *entre catégories sociales* Diskriminierung *f;* unterschiedliche, ungleiche Behandlung; Ungleichbehandlung *f;* **~ positive** positive Diskriminierung; **~ raciale** Rassendiskriminierung *f*

discriminatoire [diskʀiminatwaʀ] ADJ diskriminierend; **mesures** *fpl* **~s** diskriminierende Maßnahmen *fpl*

discriminer [diskʀimine] V/T **1** *t/t* (*distinguer*) unterscheiden **2** *socialement* diskriminieren

disculper [diskylpe] **A** V/T **~ qn** j-n (von s-r Schuld) reinwaschen; j-n entlasten **B** V/PR **se ~** s-e Unschuld beweisen (**auprès de, aux yeux de qn** gegenüber j-m); sich (von Schuld) reinwaschen; sich rechtfertigen (vor j-m)

discursif [diskyʀsif] ADJ ⟨-ive⟩ PHIL diskursiv

discussion [diskysjõ] F **1** Diskussion *f*, Aussprache *f* (**de** über *+acc*); Erörterung *f*, Besprechung *f* (*+gén*); POL *a.* Debatte *f* (über *+acc*); **donner matière à ~, être sujet à ~** umstritten, nicht bewiesen sein; **entamer, ouvrir une ~** e-e Diskussion, Aussprache einleiten, eröffnen; **soulever une ~** e-e Diskussion auslösen, hervorrufen; *prov* **de la ~ jaillit la lumière** erst durch das Gespräch gewinnt man Klarheit **2** Widerrede *f;* **pas de ~!** keine Widerrede! **3** (*dispute*) Auseinandersetzung *f;* Wortwechsel *m*, -gefecht *n* **4** *fam* (*conversation*) Gespräch *n;* Unterhaltung *f*

discutable [diskytabl] ADJ *théorie, point de vue* anfechtbar; bestreitbar; **c'est très ~** das ist sehr fragwürdig; **être d'un intérêt ~** von fragwürdigem, zweifelhaftem Interesse, Wert sein

discutailler [diskytaje] V/I *fam péj* palavern

discuté [diskyte] ADJ **très ~** viel diskutiert; umstritten

discuter [diskyte] **A** V/T **1** *problème etc* (durch)diskutieren; erörtern; besprechen; **~ un prix** einen Preis aushandeln; **~ un projet de loi** einen Gesetzentwurf behandeln; **~ affaires, politique** *etc* über Geschäfte, Politik *etc* diskutieren, reden, sprechen **2** *authenticité, autorité etc* in Zweifel ziehen; infrage stellen; anzweifeln **3** *fam* **~ le coup** sich unterhalten; *fam* e-n kleinen Schwatz halten **B** V/T INDIR **~ de, sur qc** über etw (*acc*) diskutieren, sprechen, reden, debattieren **C** V/I **1** diskutieren (**avec qn** mit j-m); *par ext* **~ avec qn pour obtenir qc** mit j-m (hin und her) verhandeln, um etw zu erreichen **2** Einspruch erheben; widersprechen; **obéir sans ~** widerspruchslos, wortlos gehorchen **D** V/PR *sujet* **se ~** diskutiert, erörtert werden; **cela peut se ~** darüber lässt sich diskutieren, reden; das ist diskutabel

disert [dizɛʀ] *litt* ADJ ⟨-erte [-ɛʀt]⟩ redegewandt; beredt

disette [dizɛt] F Hunger(snot) *m(f);* **année** *f* **de ~** Hungerjahr *n*

diseur [dizœʀ] M, **diseuse** F THÉ **excellent diseur** j-d, der ausgezeichnet vorzutragen versteht; Vortragskünstler *m;* **diseuse de bonne aventure** Wahrsagerin *f;* **diseur de bons mots** j-d, der gut Witze erzählen kann; Witzbold *m*

disgrâce [dizgʀɑs, dis-] F Ungnade *f;* **tomber en ~** in Ungnade fallen

disgracié [dizgʀasje, dis-] ADJ **1** in Ungnade gefallen **2** *fig et st/s visage etc* unschön; **~ par la nature** von der Natur stiefmütterlich behandelt; **disgracier** V/T **~ qn** j-m s-e Gunst entziehen

disgracieux [dizgʀasjø, dis-] ADJ ⟨-euse⟩ anmutlos; ohne Anmut; ungraziös; unschön; plump

disjoindre [disʒwɛ̃dʀ, diz-] ⟨→ joindre⟩ **A** V/T **1** (voneinander) trennen; auseinandernehmen **2** *fig problèmes etc* voneinander trennen; gesondert behandeln **B** V/PR **se ~** aus den Fugen gehen; auseinandergehen

disjoint [disʒwɛ̃] ADJ ⟨-jointe [-ʒwɛ̃t]⟩ aus den Fugen gegangen; *dalles* mit weiten Fugen

disjoncter [disʒõkte] V/I *fam* spinnen; ausrasten

disjoncteur [disʒõktœʀ] M ÉLEC Sicherungsautomat *m;* (Sicherungs)Schutzschalter *m*

disjonctif [disʒõktif] ADJ ⟨-ive⟩ GRAM, PHIL disjunktiv

disjonction [disʒõksjõ] F Trennung *f*

dislocation [dislɔkasjõ] F **1** Auseinanderbrechen *n*, -reißen *n*, -fallen *n* **2** *d'une articulation* Aus-, Verrenkung *f* **3** *fig d'un cortège* Auflösung *f; d'un empire* Auseinanderfallen *n*, -brechen *n;* Zerschlagung *f*

disloquer [dislɔke] **A** V/T **1** *machine, armoire etc* auseinanderbrechen, *chaîne etc* reißen **2** *membre* aus-, verrenken; auskugeln **3** *fig cortège* auflösen; *empire* auseinanderreißen; zerschlagen **B** V/PR **se ~** **1** *machine etc* auseinanderbrechen, -fallen **2** **a** **se ~ le bras** *etc* sich (*dat*) den Arm *etc* ver-, ausrenken, auskugeln **b** *clown* sich verrenken **3** *fig cortège* sich auflösen; *empire* auseinanderfallen, -brechen

disparaître [dispaʀɛtʀ] V/I ⟨→ connaître; avoir, *selten* être disparu⟩ **1** verschwinden; *st/s* entschwinden; *personne dans la foule a.* untertauchen; *objets a.* abhandenkommen; verloren gehen; *fam* **ils n'ont tout de même pas disparu tout seuls** *fam* sie haben doch keine Beine bekommen; *personne* **~ sans laisser de traces** spurlos verschwinden **2** *tache* verschwinden; weggehen; *douleurs, soucis* vergehen; *mode, dialecte, espèce etc* aussterben; *civilisation* untergehen; **avoir disparu** *tache, douleur a.* weg sein **3** (*mourir*) dahingehen; sterben; umkommen; **~ en mer** auf See, auf dem Meer umkommen **4** *personne, avion etc* **avoir disparu** vermisst werden **5** **faire ~** *personne* beseitigen; aus dem Weg(e) räumen, schaffen; *document etc* verschwinden lassen; *soucis, doutes* zerstreuen; *obstacle* aus dem Weg(e) räumen; beseitigen; *médicament: douleur* beseitigen; *produit: tache* entfernen; beseitigen; **faire ~ qc dans sa poche** etw in s-r Tasche verschwinden lassen

disparate [dispaʀat] ADJ nicht zusammenpassend; nicht aufeinander abgestimmt; uneinheitlich; ungleich; disparat

disparité [dispaʀite] F Ungleichheit *f*, Diskrepanz *f*, Disparität *f* (**entre** zwischen *+dat*); **~ des caractères** Ungleichheit, Unterschiedlichkeit *f* der Charaktere

disparition [dispaʀisjõ] F **1** Verschwinden

n; **signaler la ~ de qn** e-e Vermisstenanzeige aufgeben; j-s Verschwinden melden 2 *d'une tache* Verschwinden *n*; Weggehen *n*; *de douleurs* Verschwinden *n*; Vergehen *n*; *d'une mode, d'une espèce, d'un dialecte etc* Aussterben *n*; *d'une civilisation* Untergang *m*; **en voie de ~** im Aussterben begriffen; aussterbend; **être menacé de ~** vom Aussterben bedroht sein 3 *(mort)* Hinscheiden *n*

disparu [dispaʀy] A PP → disparaître *et* ADJ *personne* vermisst; verschollen *(a. bateau, avion)*; **~ en mer** auf See verschollen; **être porté ~** als vermisst gelten, gemeldet sein B SUBST **~(e)** *m(f)* 1 Vermisste(r) *m|f(m)* *(surtout en temps de guerre)*; Verschollene(r) *m|f(m)* 2 *(défunt[e])* Dahingegangene(r) *m|f(m)*; Verstorbene(r) *m|f(m)*

dispatcher [dispatʃœʀ] M CH DE FER, AVIAT *etc* Dispatcher *m*

dispatching [dispatʃiŋ] M *dans les services de transport et d'approvisionnement* Überwachungszentrale *f*

dispendieux [dispɑ̃djø] ADJ ⟨-euse⟩ kostspielig; aufwendig *ou* aufwändig

dispensaire [dispɑ̃sɛʀ] M Ambulanz *f*, Ambulatorium *n (zur kostenlosen Behandlung)*; Poliklinik *f*; *pour vaccinations et dépistage correspond à* Gesundheitsamt *n*

dispensateur [dispɑ̃satœʀ] M, **dispensatrice** F *litt* Spender(in) *m(f)*

dispense [dispɑ̃s] F Dispens *f ou m*; Dispensierung *f*, Befreiung *f* (**de** von); Ausnahmebewilligung *f*; **~ d'âge** Zulassung *f*, obwohl das vorgeschriebene Alter noch nicht erreicht ist; **~ d'éducation physique** Befreiung, Dispensierung vom Turnunterricht

dispenser [dispɑ̃se] A V/T 1 **~ qn de qc** j-n von etw befreien, entbinden, dispensieren; j-m etw erlassen; **~ qn de faire qc** *a.* es j-m ersparen, etw tun zu müssen *ou* etw zu tun; **être dispensé de qc** von etw befreit, dispensiert sein; **se faire ~ de qc** sich von etw befreien, dispensieren lassen; *fig* **je vous dispense de vos commentaires** auf Ihren Kommentar kann ich verzichten; Ihren Kommentar können Sie sich *(dat)* schenken, sparen; verschonen Sie mich mit Ihrem Kommentar! 2 *bienfaits* erweisen; zuteilwerden lassen; *soins* zukommen lassen; *savoir* vermitteln; *soleil: lumière* spenden B V/PR **se ~ d'une obligation** sich e-r Verpflichtung *(dat)* entziehen; e-r Verpflichtung *(dat)* nicht nachkommen; **je m'en dispenserais bien** ich würde gern darauf verzichten

dispersé [dispɛʀse] ADJ *habitat, famille* weit verstreut

disperser [dispɛʀse] A V/T 1 zerstreuen; *vent: nuages etc a.* verwehen; *police, pluie: foule a.* auseinandertreiben; MIL *ennemis* zersprengen; *par ext collection etc* zersplittern; aufteilen 2 *fig son attention, ses forces* verzetteln B V/PR **se ~** 1 *foule* sich zerstreuen; auseinandergehen; sich verlaufen; *rapidement* auseinanderstieben 2 *personne* sich verzetteln

dispersion [dispɛʀsjõ] F 1 Zerstreuen *n*, -ung *f*; *état a.* Verstreutsein *n*; *d'une foule a.* Auseinandertreiben *n*; *d'une collection etc* Zersplitterung *f*; Aufteilung *f* 2 *fig de ses forces etc* Verzettelung *f* 3 PHYS Streuung *f*; Dispersion *f* 4 CHIM Dispersion *f* 5 STATISTIQUE Streuung *f*

disponibilité [disponibilite] F 1 *d'une personne* a Verfügbarkeit *f*; Disponibilität *f* b *morale* innere Bereitschaft 2 FIN **~s** *pl* verfügbare, flüssige Mittel *npl*, Gelder *npl* 3 *de fonctionnaires* Beurlaubung *f*; **être en ~** beurlaubt sein

disponible [disponibl] ADJ 1 *personne* a frei; abkömmlich; verfügbar; **être ~** *a.* nichts vorhaben; Zeit haben; **ne pas être ~** *a.* etwas vorhaben; keine Zeit haben b *moralement* bereit; offen; wach 2 *place etc* verfügbar; frei 3 FIN *capital, marchandise* verfügbar; disponibel; *argent a.* flüssig; *marchandise a.* greifbar; vorrätig

dispos [dispo] ADJ **frais et ~** ⟨fraîche et dispose⟩ frisch und munter; ausgeruht

disposé [dispoze] ADJ 1 *objets* angeordnet; arrangiert 2 *personne* **être bien, mal ~** gut, schlecht aufgelegt *ou* gelaunt sein; **être bien ~ à l'égard de qn, envers qn** j-m wohlgesinnt, gewogen sein; **être mal ~ à l'égard de qn, envers qn** j-m schlecht, übel gesinnt sein; schlecht, nicht gut auf j-n zu sprechen sein; **être ~ à l'indulgence** nachsichtig gestimmt sein 3 **être ~ à faire qc** bereit *ou* gewillt sein, etw zu tun

disposer [dispoze] A V/T *objets* anordnen, arrangieren, aufstellen (**sur la table** auf dem Tisch); **~ avec art, avec goût** kunst-, geschmackvoll anordnen, arrangieren B V/T INDIR 1 **~ de qc** über etw *(acc)* verfügen; etw haben; **~ de peu de temps** über wenig Zeit verfügen; wenig Zeit haben 2 **~ de qn, de qc** über j-n, etw verfügen; **~ de son argent de poche** über sein Taschengeld (frei) verfügen; **droit** *m* **des peuples à disposer d'eux-mêmes** Selbstbestimmungsrecht *n* der Völker C V/I *à un inférieur* **vous pouvez ~** Sie können jetzt gehen D V/PR **se ~ à faire qc** sich anschicken, etw zu tun; **je me disposais à partir quand …** ich wollte gerade abreisen, als …

dispositif [dispozitif] M 1 TECH Vorrichtung *f*; Anlage *f*; **~ d'alarme** Alarmanlage *f*; **~ de sûreté** Sicherheitsvorrichtung *f* 2 *par ext* Apparat *m*; **~ policier** Polizeiaufgebot *n*; **~ de contrôle** Kontrollsystem *n*, -apparat *m*; **~ de sécurité** Sicherheitsapparat *m*, -vorkehrungen *fpl*

disposition [dispozisjõ] F 1 *d'objets* Anordnung *f* 2 Verfügung *f*; **avoir qc à sa ~** etw zu s-r Verfügung haben; **être à la ~ de qn** j-m zur Verfügung stehen; **je suis à votre entière ~** ich stehe ganz zu Ihrer Verfügung; **laisser qc à la ~ de qn** j-m etw zu s-r Verfügung überlassen; **mettre qc à la ~ de qn** j-m etw zur Verfügung stellen; **je le mets à sa ~** ich stelle es ihm zur Verfügung; **tenir qc à la ~ de qn** etw für j-n zur Verfügung halten; **se tenir à la ~ de qn** sich j-m zur Verfügung, zu j-s Verfügung halten 3 JUR Bestimmung *f*; Verfügung *f*; Anordnung *f*; Vorschrift *f*; **~ européenne** EU-Bestimmung *f*; **~s tarifaires** Tarifbestimmungen *fpl* 4 **~s** *pl* Vorbereitungen *fpl*; *face à un danger* Vorkehrungen *fpl*; **prendre toutes les ~s nécessaires** alle notwendigen Vorbereitungen *ou* Vorkehrungen treffen; **prendre ses ~s pour partir** Anstalten, Vorbereitungen zur Abreise treffen 5 **~s** *pl* Stimmung *f*; Laune *f*; **être dans de bonnes, mauvaises ~s** gut, schlecht gelaunt sein 6 **~s** *pl* Anlagen *fpl*; Begabung *f*; **avoir des ~s** gute Anlagen haben, zeigen; **avoir des ~s pour la musique** für Musik begabt sein; e-e Begabung für Musik haben; gute musikalische Anlagen haben; **il n'a aucune ~ pour les mathématiques** er hat, zeigt keinerlei Begabung für Mathematik

disproportion [dispʀopɔʀsjõ] F Missverhältnis *n*, Disproportion *f* (**de taille** *etc* in der Größe *etc*)

disproportionné [dispʀopɔʀsjɔne] ADJ 1 **~ avec, à qc** der, die, das in keinem Verhältnis, in e-m Missverhältnis zu etw steht 2 *membres etc* unproportioniert; übergroß

dispute [dispyt] F Streit *m*; Auseinandersetzung *f*; Wortwechsel *m*; Disput *m*; **avoir une ~ avec qn** mit j-m e-n Streit *etc* haben

disputer [dispyte] A V/T 1 **~ qc à qn** j-m etw streitig machen 2 SPORTS *match, épreuve* austragen; **~ un titre** um e-n Titel kämpfen 3 *fam* **~ un enfant** ein Kind ausschimpfen, -schelten; *fam* **se faire ~** ausgeschimpft werden; Schelte, *fam* Schimpfe bekommen 4 **le ~ à qn en beauté** *etc* es mit j-m an Schönheit *etc* aufnehmen können B V/PR 1 a **se ~** (sich, miteinander) streiten; sich zanken b **se ~ avec qn** (sich) mit j-m streiten; sich mit j-m zanken 2 **se ~ qc** sich um etw streiten, zanken; einander etw streitig machen *(a. fig)* 3 SPORTS *épreuve* **se ~** ausgetragen werden

disquaire [diskɛʀ] M/F Schallplattenhändler(in) *m(f)*

disqualification [diskalifikasjõ] F SPORTS Disqualifizierung *f*; Disqualifikation *f*

disqualifier [diskalifje] A V/T SPORTS disqualifizieren B V/PR **se ~** *fig* sich disqualifizieren

disque [disk] M 1 Schallplatte *f*; *souvent abrégé* Platte *f*; **~ compact, laser** CD *f*; Compact Disc *f*; **~ microsillon de longue durée** Langspielplatte *f*; **~ de jazz** Jazzplatte *f*; **~ de musique classique** (Schall)Platte mit klassischer Musik; *fam fig* **changer de ~** *fam* e-e andere Platte auflegen; **mettre, passer un ~** e-e (Schall)Platte auflegen, laufen lassen *ou* (ab)spielen 2 TECH Scheibe *f*; AUTO **~ d'embrayage** Kupplungsscheibe *f*; **frein** *m* **à ~** Scheibenbremse *f* 3 SPORTS Diskus *m*; Wurfscheibe *f* 4 ANAT **~ intervertébral** Bandscheibe *f* 5 AUTO **~ de stationnement** Parkscheibe *f* 6 INFORM Platte *f*; **~ dur** Festplatte *f*; **~ magnétique** Magnetplatte *f*; **~ souple** Floppy Disk *f*

disque-jockey M → disc-jockey

disquette [diskɛt] F INFORM Diskette *f*

dissection [disɛksjõ] F BIOL, MÉD Sezieren *n*; Sektion *f*; **salle** *f* **de ~** Seziersaal *m*

dissemblable [disɑ̃blabl] ADJ unähnlich; ungleich; **dissemblance** F Unähnlichkeit *f*; Ungleichheit *f*; Verschiedenartigkeit *f*

dissémination [diseminasjõ] F 1 *de la semence* Ausstreuung *f*; (natürliche) Verbreitung 2 *de troupes, d'habitants etc* Verstreutsein *n*; Streuung *f* 3 *des armes atomiques* Verbreitung *f*; Weitergabe *f*

disséminer [disemine] A V/T 1 *vent: semence* aus-, verstreuen; verbreiten 2 *personnes* zerstreuen; hierhin und dahin stellen; *adjt* **être disséminé** verstreut sein 3 *armes atomiques* verbreiten; weitergeben B V/PR **se ~** sich aus-, verbreiten

dissension [disɑ̃sjõ] F *surtout* PL **~s** Streitigkeiten *fpl*; Zwistigkeiten *fpl*

dissentiment [disɑ̃timɑ̃] M Meinungsverschiedenheit *f*; Unstimmigkeit *f*

disséquer [diseke] V/T ⟨-è-⟩ 1 BIOL, MÉD sezieren 2 *fig* sezieren; genau untersuchen; auseinandernehmen

dissert [disɛʀt] F *langage d'écolier* → dissertation

dissertation [disɛʀtasjõ] F LYCÉE Erörterung *f*; Besinnungsaufsatz *m*; UNIVERSITÉ Seminar-, Hausarbeit *f*; **disserter** V/T INDIR **~ sur, de qc** etw abhandeln, (ausführlich) behandeln, erörtern

dissidence [disidɑ̃s] F 1 *d'un parti etc* Spaltung *f*; **être en ~** gespalten sein 2 *coll* Dissidenten *mpl*; Dissidententum *n*

dissident [disidɑ̃] POL A ADJ andersdenkend B SUBST **~(e)** *m(f)* Dissident(in) *m(f)*; Andersdenkende(r) *m|f(m)*; Regimekritiker(in) *m(f)*

dissimilitude [disimilityd] *t/t* F Unähnlichkeit *f*; Unterschiedlichkeit *f*

dissimulateur [disimylatœʀ] M, **dissimulatrice** F Heuchler(in) *m(f)*

dissimulation [disimylasjõ] F 1 *(hypocrisie)* Verstellung(skunst) *f*; Heuchelei *f* 2 *de qc* Verheimlichung *f; de revenus etc* Verschleierung *f*

dissimulé [disimyle] ADJ *personne* heuchlerisch; falsch; unaufrichtig

dissimuler [disimyle] A V/T 1 verheimlichen, -hehlen, -bergen, -schleiern (**à qn** j-m); *abs* sich verstellen; **~ des sentiments, des intentions** Gefühle, Absichten verheimlichen; **ne pas ~ à qn que …** j-m gegenüber kein(en) Hehl daraus machen, dass … 2 *objets* verbergen 3 *revenus etc* verschleiern B V/PR 1 **ne pas se ~ qc** sich *(dat)* über etw *(acc)* klar, im Klaren sein; sich keinen Illusionen über etw *(acc)* hingeben 2 *personne, objet* **se ~** sich verbergen (**derrière** hinter *+dat*)

dissipation [disipasjõ] F 1 *d'une fortune* Verschwendung *f*; Vergeudung *f* 2 *d'un écolier* Unaufmerksamkeit *f*; Undiszipliniertheit *f*

dissipé [disipe] ADJ 1 *élèves* unaufmerksam; undiszipliniert 2 *st/s vie* locker; unsolide; ausschweifend

dissiper [disipe] A V/T 1 *nuages, brume* vertreiben; *fig* **~ les fumées de l'alcool** den Kopf wieder klar machen 2 *fig* zerstreuen; *ennui* vertreiben; **~ un malentendu** ein Missverständnis beseitigen, aufklären; **~ des soucis, des doutes** Sorgen, Zweifel zerstreuen 3 *fortune* verschwenden; vergeuden; verschleudern; *fig* **~ sa jeunesse** s-e Jugend vergeuden, leichtsinnig vertun 4 *élèves* ablenken; von der Arbeit abhalten B V/PR **se ~** 1 *nuages, brume* sich auflösen 2 *fig soucis, peur etc* verfliegen; verschwinden; *espoirs, rêves* **se ~ en fumée** sich in Rauch auflösen; in Rauch aufgehen 3 *élèves* nicht mehr aufpassen; unaufmerksam werden

dissociable [disɔsjabl] ADJ voneinander trennbar

dissociation [disɔsjasjõ] F 1 CHIM, PSYCH Dissoziation *f* 2 *fig* Trennung *f*

dissocier [disɔsje] A V/T 1 CHIM dissoziieren 2 *fig* voneinander trennen; getrennt behandeln B V/PR **se ~** 1 CHIM dissoziieren 2 *fig* sich trennen (**de** von); sich auflösen

dissolu [disɔly] ADJ *vie, mœurs* ausschweifend; lasterhaft; liederlich

dissolubilité [disɔlybilite] F POL Auflösbarkeit *f*

dissoluble [disɔlybl] ADJ POL *parlement etc* auflösbar

dissolution [disɔlysjõ] F 1 *d'une substance* Auflösen *n*, -ung *f* 2 *liquide* Lösung *f*; *colle* Gummilösung *f* 3 *fig d'un système etc* Auflösung *f*; Zerfall *m* 4 JUR Auflösung *f* 5 *st/s des mœurs* Zügellosigkeit *f*

dissolvant [disɔlvɑ̃] A ADJ CHIM auflösend B M 1 CHIM Lösungsmittel *n* 2 *pour vernis à ongles* Nagellackentferner *m*

dissonance [disɔnɑ̃s] F MUS *et fig* Dissonanz *f*; Misston *m*; **dissonant** ADJ MUS dissonant; misstönend *(a. fig)*

dissoudre [disudʀ] ⟨→ absoudre⟩ A V/T 1 *substance* auflösen 2 JUR, POL auflösen; **~ un mariage, un parti** eine Ehe, eine Partei auflösen B V/PR **se ~** sich auflösen *(a. fig)*

dissous [disu], **dissoute** [disut] PP → dissoudre

dissuader [disɥade] V/T **~ qn de faire qc** j-m ausreden, j-n davon abbringen, etw zu tun

dissuasif [disɥazif] ADJ ⟨-ive⟩ abschreckend; Abschreckungs…

dissuasion [disɥazjõ] F POL Abschreckung *f*; **force** *f* **de ~** Abschreckungsstreitmacht *f*

dissyllabe [disi(l)lab] A ADJ zweisilbig B M zweisilbiges Wort; **dissyllabique** ADJ zweisilbig

dissymétrie [disimetʀi] F fehlende Symmetrie; Mangel *m* an Symmetrie; **dissymétrique** ADJ unsymmetrisch

distance [distɑ̃s] F 1 Entfernung *f*; Abstand *m* *(a. fig et* MATH); Distanz *f (a. fig)*; Strecke *f*; OPT **~ focale** Brennweite *f*; **~ parcourue** zurückgelegte Strecke, Entfernung; AUTO **~ d'arrêt, de freinage** Bremsweg *m*; AUTO **~ de visibilité** Sichtweite *f*; **~ entre Paris et Lyon** Entfernung zwischen Paris und Lyon; *loc adv*: **à ~** aus der Ferne; *loc adj* Fern…; **commande** *f* **à ~** Fernsteuerung *f*; **à cette ~** auf diese Entfernung; aus dieser Entfernung; **à une faible, grande ~** in geringer, großer *ou* weiter Entfernung (**de qn, qc** von j-m, etw); in geringem, weitem *ou* großem Abstand (zu j-m, etw); **à égale ~ de** gleich weit entfernt, weg von; **être à quelques mètres de ~ l'un de l'autre** einige Meter voneinander entfernt sein; *fig* **garder, tenir ses ~s** Distanz, den nötigen Abstand wahren; **prendre ses ~s** GYMNASTIQUE Abstand nehmen; *fig* sich von j-m, von etw distanzieren; **tenir qn à ~ (respectueuse)** j-n auf Distanz halten, sich *(dat)* j-n vom Leibe halten *(a. fig)*; **se tenir à ~** sich auf Distanz halten *(a. fig)* 2 *dans le temps loc adv*: **à ~** aus der Distanz; **à quelques années de ~** im Abstand von einigen Jahren 3 SPORTS Distanz *f*

distancer [distɑ̃se] V/T ⟨-ç-⟩ 1 SPORTS distanzieren 2 *par ext* hinter sich *(dat)* lassen; abschütteln; **~ un concurrent** einen Konkurrenten hinter sich *(dat)* lassen, abschütteln; **être distancé** *a.* den Anschluss verlieren; **se laisser ~** *a.* sich überholen lassen

distanciation [distɑ̃sjasjõ] F THÉ **(effet** *m* **de) ~** Verfremdung(seffekt) *f(m)*

distancier [distɑ̃sje] V/PR **se ~ de qn, qc** sich von j-m, etw distanzieren

distant [distɑ̃] ADJ 1 entfernt (**de 2 km** 2 km) 2 *fig personne, air* distanziert; reserviert; kühl; *personne* **se montrer ~ avec qn** sich j-m gegenüber distanziert zeigen

distendre [distɑ̃dʀ] ⟨→ rendre⟩ A V/T (stark) (aus)dehnen; überdehnen; **~ un muscle, un tendon** *a.* einen Muskel, eine Sehne zerren; *adjt muscle etc* **distendu** gezerrt B V/PR **se ~** 1 sich (über)dehnen; *peau* schlaff werden 2 *fig liens* sich lockern

distension [distɑ̃sjõ] F (Über)Dehnung *f*; *d'un muscle a.* Zerrung *f*

distillateur [distilatœʀ] M Destillateur *m*; Branntweinbrenner *m*; **distillation** F Destillation *f*; Destillieren *n*; *du vin a.* Brennen *n*

distiller [distile] V/T 1 *pétrole, eau* destillieren; **~ du blé** *etc* Schnaps *ou* Branntwein aus Getreide *etc* brennen; *adjt* **eau distillée** destilliertes Wasser 2 BOT, ZOOL ausscheiden; ausschwitzen 3 *fig personne* **~ son venin** sein Gift verspritzen; *st/s propos* **~ l'ennui** Langeweile verbreiten

distillerie [distilʀi] F (Branntwein)Brennerei *f*

distinct [distɛ̃] ADJ ⟨-incte [-ɛ̃kt]⟩ 1 *voix, trace etc* deutlich 2 *(différent)* unterschiedlich; verschieden (**de** von); **être ~ de qc** sich von etw unterscheiden

distinctement [distɛ̃ktəmɑ̃] ADV deutlich

distinctif [distɛ̃ktif] ADJ ⟨-ive⟩ Unterscheidungs…; **caractère ~** Unterscheidungsmerkmal *n*; **marque distinctive, signe ~** Kennzeichen *n*

distinction [distɛ̃ksjõ] F 1 *action* Unterscheidung *f* (**entre** zwischen *+dat*); *(différence)* Unterschied *m*; **sans ~** unterschiedslos; ohne Unterschied; **sans ~ d'origine** *etc* ohne Unterschiede hinsichtlich der Herkunft *etc* zu machen; ohne Rücksicht auf die Herkunft *etc* 2 Auszeichnung *f*; **décerner, obtenir une ~** e-e Auszeichnung verleihen, erhalten 3 Vornehmheit *f*; **avoir de la ~** ein vornehmes, distinguiertes Benehmen haben

distingué [distɛ̃ge] ADJ 1 *personne, allure, comportement* vornehm; distinguiert; **faire ~** vornehm wirken 2 *personnalité* bedeutend; hervorragend 3 *à la fin d'une lettre* **veuillez agréer l'expression de mes sentiments ~s, de ma considération ~e** hochachtungsvoll; mit vorzüglicher Hochachtung; *moins cérémonieux* mit freundlichen Grüßen

distinguer [distɛ̃ge] A V/T 1 *(percevoir)* unterscheiden; erkennen; wahrnehmen; **~ qn dans la foule** j-n in der Menge erkennen 2 *(différencier)* unterscheiden (**qc de** *ou* **d'avec qc** etw von etw; **entre** zwischen *+dat*); auseinanderhalten 3 *(honorer)* **~ qn** j-n auszeichnen (**par qc** mit, durch etw) 4 *chose* **~ qn, qc** für j-n, etw kennzeichnend sein; j-n, etw verraten; **~ qn, qc de qn, de qc** j-n, etw von j-m, von etw unterscheiden B V/PR 1 **se ~** *(être différent)* sich unterscheiden (**par qc** durch etw; **de** von) 2 **se ~** *(s'illustrer)* sich auszeichnen (**par** durch) 3 **se ~ à l'horizon** *etc* sich am Horizont *etc* abzeichnen

distinguo [distɛ̃go] M (feine) Unterscheidung; **faire le ~ entre …** (fein) unterscheiden zwischen *(+dat)*

distique [distik] M POÉSIE Distichon *n*

distorsion [distɔʀsjõ] F OPT, TÉLÉCOMMUNICATIONS, MÉD, *fig* Verzerrung *f*

distraction [distʀaksjõ] F 1 *(inattention)* Zerstreutheit *f*; Geistesabwesenheit *f*; Zerfahrenheit *f*; *plus fort* Gedankenlosigkeit *f*; *par ext* **avoir des ~s** *fam* abschalten; geistig weggetreten sein 2 *(diversion)* Zerstreuung *f*; Ablenkung *f*; Abwechslung *f* 3 *(passe-temps)* Abwechslung *f*; Unterhaltung *f*; Vergnügung *f*; Freizeitbeschäftigung *f*

distraire [distʀɛʀ] ⟨→ traire⟩ A V/T 1 **~ qn** j-n ablenken (**de ses soucis, de son travail** von s-n Sorgen, von s-r Arbeit) 2 *public* unterhalten; Abwechslung bieten (**qn** j-m) B V/PR **se ~** sich ablenken; sich zerstreuen

distrait [distʀɛ] ADJ ⟨-aite [-ɛt]⟩ zerstreut; geistesabwesend; zerfahren; *fam* geistig weggetreten; *élève a.* unaufmerksam; **regard ~** zerstreuter Blick; **écouter d'une oreille ~e** mit halbem Ohr hinhören

distrayant [distʀɛjɑ̃] ADJ unterhaltsam; unterhaltend; Unterhaltungs…

distribué [distʀibɥe] ADJ *appartement* **bien ~** gut aufgeteilt, geschnitten

distribuer [distʀibɥe] V/T 1 *(donner, répartir)* ver-, austeilen, ausgeben (**à qn** an j-n) 2 *poste: courrier* zustellen; *facteur: courrier* austragen 3 *gaz, eau etc* verteilen; weiterleiten; liefern 4 *fig* **~ des poignées de main** viele Hände schütteln; **~ des sourires** nach allen Seiten hin lächeln 5 THÉ **~ les rôles** die Rollen verteilen; *par ext* **~ un film, une pièce** e-n Film, ein Stück besetzen 6 *ordres, instructions* erlassen; erteilen 7 COMM vertreiben; verkaufen; verteilen

distributeur [distʀibytœʀ] A M 1 *personne* (F **distributrice**) Verteiler(in) *m(f)* 2 **~ de films** Filmverleiher *m* 3 COMM Vertreiber *m* 4 **~ (automatique)** Automat *m*; **~ de cigarettes** Zigarettenautomat *m*; **~ de billets** Geldautomat *m*; **~ de savon** Seifenspender *m*; **~ de timbres** Briefmarkenautomat *m* 5 AUTO (Zünd)Verteiler *m* B ADJ ⟨-trice⟩ Verteiler…; Verteilungs…; POSTE **bureau ~** Zustellpostamt *n*

distributif [distʀibytif] ADJ ⟨-ive⟩ LING, MATH distributiv; Distributiv…; **adjectif numéral ~** Distributivum *n*; Distributiv-, Verteilungszahlwort *n*

distribution [distʀibysjõ] F 1 Ver-, Austeilung *f*; Ausgabe *f*; **~ des prix** Preisverteilung *f* 2 *du courrier* Austragen *n*; Zustellung *f* 3 **~ des eaux, de l'électricité, du gaz** Wasser-,

Strom-, Gasversorgung *f*; **usine** *f* **de ~ des eaux** Wasserwerk *n* 4 THÉ *des rôles* Verteilung *f*; *d'une pièce, d'un film* Besetzung *f* 5 CINÉMA **société** *f* **de ~ de films** Filmverleih (-gesellschaft) *m(f)* 6 ÉCON Distribution *f*; Waren- *ou* Einkommensverteilung *f*; *a.* Vertrieb *m*; Absatz *m*; **la grande ~** die Verbrauchermärkte *mpl*; der Verbrauchermarkt-Sektor; **circuit** *m* **de ~** Verteilernetz *n* 7 *d'un appartement* Aufteilung *f*; Schnitt *m*

district [distʀikt] M Distrikt *m*; (Verwaltungs)Bezirk *m*; Gebiet *n*

dit [di] PP → dire¹ *et* ADJ ⟨dite [dit]⟩ 1 gesagt; genannt; festgesetzt; **à l'heure ~e** zur festgesetzten Zeit, Stunde 2 *(surnommé)* genannt; mit Beinamen 3 LOC: **aussitôt ~, aussitôt fait** gesagt, getan; **autrement ~** anders gesagt, ausgedrückt; mit anderen Worten; **bien ~!** gut gesagt!; richtig!; **cela, ceci ~** abgesehen davon; trotzdem; *loc adj* **proprement ~** eigentlich; im engeren Sinne; **tout est ~** damit ist, wäre alles gesagt; **c'est ~ une fois pour toutes** das gilt ein für alle Mal; **c'est vite ~** das ist schnell gesagt; **soit ~ en passant** beiläufig, nebenbei gesagt; **entre nous soit ~** unter uns (gesagt); im Vertrauen gesagt; **il ne sera pas ~ que …** man soll nicht sagen können, dass …; **tenez-vous-le** *ou* **tenez-le-vous pour ~!** lassen Sie sich *(dat)* das gesagt sein!

dithyrambique [ditiʀɑ̃bik] ADJ dithyrambisch; *fig* überschwänglich *(a. péj)*

diurétique [diyʀetik] ADJ *(et* SUBST M*)* harntreibend(es Mittel)

diurne [djyʀn] ADJ 1 ZOOL **papillon** *m*, **rapace** *m* **~** Tagfalter *m*, -raubvogel *m* 2 ASTRON **mouvement** *m* **~** tägliche Umdrehung des Himmels

diva [diva] F gefeierte Sängerin; Diva *f*

divagations [divagasjõ] FPL unzusammenhängende Worte *npl*; wirres Gerede; *par ext* Fantastereien *fpl*; *fam* Spinnereien *fpl*

divaguer [divage] V/I 1 *malade* irrereden; fantasieren 2 *fig* ungereimtes, dummes Zeug (daher)reden

divan [divɑ̃] M Liege(sofa) *f(n)*; Diwan *m*; Chaiselongue *f ou n*

dive [div] ADJ F *plais* **la ~ bouteille** der Wein; *poét* der Rebensaft

divergence [divɛʀʒɑ̃s] F 1 Auseinanderlaufen *n*, -gehen *n*; Divergenz *f (a.* MATH, OPT*)* 2 *fig* **~ (de vues, d'opinions)** Meinungsverschiedenheit *f*; Divergenz *f*; unterschiedliche Auffassung; *d'intérêts* Auseinanderlaufen *n*; *plus fort* Gegensätzlichkeit *f*

divergent [divɛʀʒɑ̃] ADJ 1 auseinanderlaufend, -gehend; divergierend, divergent *(a.* MATH, OPT*)* 2 *fig opinions, intérêts* auseinandergehend, -laufend; divergierend; abweichend; *plus fort* gegensätzlich

diverger [divɛʀʒe] V/I ⟨-geons⟩ 1 *lignes, rayons, rues etc* auseinanderlaufen, -gehen 2 *fig opinions, intérêts* divergieren; voneinander abweichen; auseinandergehen 3 NUCL *réacteur* kritisch werden; die kritische Masse erreichen

divers [divɛʀ] ADJ ⟨-erse [-ɛʀs]⟩ 1 *(varié)* verschieden(artig); unterschiedlich; divers; mannigfaltig; *dans les journaux* **fait ~** Meldung *f* aus dem Polizeibericht; Lokalnachricht *f*; *pl* **faits ~** Vermischte(s) *n*; **frais ~** *ou subst* **~** *mpl* diverse Kosten *pl*; Diverses *n*; Sonstiges *n*; *problèmes etc* **d'intérêt ~** von unterschiedlichem Interesse 2 *(plusieurs)* verschiedene; mehrere; diverse; **en ~es occasions** bei verschiedenen, mehreren Gelegenheiten; **à ~es reprises** mehrmals; zu wiederholten Malen

diversement [divɛʀsəmɑ̃] ADV auf verschiedene Weise; verschieden; unterschiedlich

diversification [divɛʀsifikasjõ] F ÉCON Diversifikation *f*; Diversifizierung *f*; FIN **~ des capitaux** Anlagenstreuung *f*

diversifié [divɛʀsifje] ADJ vielfältig, -seitig, -gestaltig; mannigfaltig

diversifier [divɛʀsifje] A V/T 1 vielseitig(er) machen, gestalten; *programme* abwechslungsreicher gestalten 2 ÉCON diversifizieren B V/PR **se ~** vielseitiger, abwechslungsreicher werden

diversion [divɛʀsjõ] F Ablenkung *f*; Zerstreuung *f*; Abwechslung *f*; **faire ~ à qc** von etw ablenken; etw vergessen lassen; **faire ~** (e-e) Abwechslung, Zerstreuung bieten

diversité [divɛʀsite] F Verschiedenheit *f*; Verschiedenartigkeit *f*; Mannigfaltigkeit *f*; Vielfalt *f*; Vielseitigkeit *f*; Vielgestaltigkeit *f*

divertir [divɛʀtiʀ] A V/T **~ qn** j-n unterhalten, belustigen; j-m Spaß, Vergnügen machen, bereiten B V/PR **se ~** sich unterhalten, belustigen, vergnügen, *st/s* ergötzen

divertissant [divɛʀtisɑ̃] ADJ unterhaltend; unterhaltsam; vergnüglich; belustigend

divertissement [divɛʀtismɑ̃] M Unterhaltung *f*; Vergnügen *n*, -ung *f*; Belustigung *f*; **~ favori** Lieblingsbeschäftigung *f*; Hauptvergnügen *n*

dividende [dividɑ̃d] M 1 FIN Dividende *f* 2 MATH Dividend *m*

divin [divɛ̃] ADJ 1 göttlich; Gottes…; *Dante* **La Divine Comédie** Die Göttliche Komödie; HIST **de droit ~** von Gottes Gnaden; **le ~ enfant** [lədivinɑ̃fɑ̃] das Jesus-, Christkind; **grâce, justice ~e** göttliche Gnade, Gerechtigkeit; **volonté ~e** göttlicher Wille 2 *fig* göttlich; himmlisch *(a. plais)*; **c'était ~!** das war himmlisch!

divinateur [divinatœʀ] ADJ ⟨-trice⟩ (hell)seherisch; **divination** F Wahrsagen *n*; Weissagen *n*; *par ext* Hellsehen *n*

divinatoire [divinatwaʀ] ADJ Wahrsage…; Weissage…; **art** *m* **~** Wahrsagekunst *f*

divinement [divinmɑ̃] ADV **~ bien** göttlich; himmlisch

divinisation [divinizasjõ] F Erhebung *f* zum Gott; Vergottung *f (a. péj)*; **diviniser** V/T zum Gott erheben; als Gott verehren; vergotten *(a. péj)*

divinité [divinite] F 1 *(nature divine)* Göttlichkeit *f* 2 *(dieu)* Gottheit *f*

diviser [divize] A V/T 1 (ein)teilen (**en** in *+acc*); gliedern (**en** in *+acc*); *territoire etc* teilen 2 MATH dividieren; teilen; **six divisé par deux fait trois** sechs dividiert, geteilt durch zwei ist drei 3 *fig* trennen; spalten; entzweien; *adjt* **divisé** uneinig; gespalten; **être divisé** *a.* geteilter Meinung sein (**sur** über *+acc*); *prov* **~ pour régner** divide et impera! *(prov)*; teile und herrsche! *(prov)* B V/PR 1 **se ~** sich teilen (**en** in *+acc*); *le roman* **se divise en trois parties …** gliedert sich in drei Teile 2 *fig* **se ~ en deux camps** *etc* sich in zwei Lager *etc* spalten

diviseur [divizœʀ] M MATH Divisor *m*; Teiler *m*; **plus grand commun ~** größter gemeinsamer Divisor, Teiler

divisibilité [divizibilite] F Teilbarkeit *f*; **divisible** ADJ teilbar

division [divizjõ] F 1 (Ein)Teilung *f*; Gliederung *f*; *fig* Spaltung *f*; BIOL **~ cellulaire** Zellteilung *f*; *fig* **~ d'un parti en deux camps** Spaltung e-r Partei in zwei Lager; ÉCON **~ du travail** Arbeitsteilung *f* 2 MATH Dividieren *n*; Teilen *n*, -ung *f* 3 *d'un thermomètre etc* Einteilung *f* 4 MIL Division *f*; **~ blindée** Panzerdivision *f* 5 ADMIN a **~ administrative** Verwaltungseinheit *f*, -bezirk *m* b *d'une administration* Abteilung *f*; **chef** *m* **de ~** Abteilungsleiter *m* 6 SPORTS Division *f*; Liga *f*; Spielklasse *f* 7 *fig* Uneinigkeit *f*; Zwietracht *f*; **~s** *pl* Unstimmigkeiten *fpl*

divisionnaire [divizjɔnɛʀ] ADJ 1 MIL Divisions… 2 ADMIN Bezirks…; Abteilungs…

divorce [divɔʀs] M 1 (Ehe)Scheidung *f* (**d'avec qn** von j-m); **être en (instance de) ~** in Scheidung leben, liegen 2 *fig* Bruch *m*, Kluft *f* (**entre** zwischen *+dat*)

divorcé [divɔʀse] A ADJ geschieden B SUBST **~(e)** *m(f)* Geschiedene(r) *m/f(m)*

divorcer [divɔʀse] V/I ⟨-ç-⟩ sich scheiden lassen (**d'avec qn** von j-m)

divulgateur [divylgatœʀ] M, **divulgatrice** F *d'un secret* Verbreiter(in) *m(f)*; **divulgation** F Verbreitung *f*; Bekanntmachung *f*

divulguer [divylge] V/T verbreiten; bekannt machen; unter die Leute bringen

dix [dis, *vor Konsonant* di, *vor Vokal* diz] A NUM zehn; **Charles X** Karl X. (der Zehnte); BIBL **les ~ commandements** *mpl* die Zehn Gebote *npl*; **le ~ mars** der zehnte *ou* am zehnten März; **page ~** Seite zehn; *loc adv* **à ~** zu zehnt; *loc adj*: **à ~ étages** zehnstöckig, -geschossig; mit zehn Stockwerken, Etagen; **enfant** *m* **de ~ ans** zehnjähriges Kind; Kind *n* von zehn Jahren; **absence** *f* **de ~ mois** zehnmonatige Abwesenheit; Abwesenheit *f* von zehn Monaten; **il est ~ heures** es ist zehn (Uhr); **il est deux heures ~** es ist zwei Uhr zehn; es ist zehn (Minuten) nach zwei; *fam* **il est ~** *fam* es ist zehn nach; *fam* **il est moins ~** *fam* es ist zehn vor; *par ext* **cela tient en ~ lignes** das hätte man auch kürzer ausdrücken können; *fam fig* **ça vaut ~** *fam* das ist (ja) zum Kugeln, Schießen, Totlachen, Piepen B M 1 *chiffre* Zehn *f*; *all Sud a.* Zehner *m*; **le ~ (du mois)** der Zehnte *ou* am Zehnten (des Monats); → *a.* deux B 2 a *note à l'école primaire* Eins *f*; **il a eu (un) ~** er hat e-e Eins bekommen b *note au lycée* Vier *f*; **il a eu ~ (sur vingt)** er hat e-e Vier bekommen

dix-huit [dizɥit] NUM achtzehn

dix-huitième [dizɥitjɛm] NUM achtzehnte(r, -s)

dixième [dizjɛm] A NUM zehnte(r, -s) B SUBST 1 **le, la ~** der, die, das Zehnte 2 M MATH Zehntel *n*; *fig* **les neufs ~s des gens** *etc* fast alle Leute *etc* 3 M zehnter Stock; zehnte Etage 4 M LOTERIE Zehntellos *n* 5 F MUS Dezime *f*

dixièmement [dizjɛmmɑ̃] ADV zehntens

dix-neuf [diznœf] NUM neunzehn

dix-neuvième [diznœvjɛm] NUM neunzehnte(r, -s)

dix-sept [di(s)sɛt] NUM siebzehn

dix-septième [di(s)sɛtjɛm] NUM siebzehnte(r, -s)

dizain [dizɛ̃] M POÉSIE Zehnzeiler *m*

dizaine [dizɛn] F 1 (Gruppe *f*, Anzahl *f* von) zehn; **une ~ de personnes** *etc* etwa zehn, ungefähr zehn, an die zehn Personen *etc*; **des ~s de …** dutzende *ou* Dutzende von … 2 *dans les nombres* Zehner *m* 3 REL **~ de chapelet** Rosenkranzgesätz *n*

DJ [didʒi, didʒɛ] M ABR (disque-jockey) DJ *m*

Djeddah [dʒeda] GÉOG Dschidda *n*

djellaba [dʒɛlaba] F *robe* Dschellaba *f*

Djerba [dʒɛʀba] GÉOG Djerba *n*

Djibouti [dʒibuti] Dschibuti *n*

djiboutien [dʒibusjɛ̃] A ADJ ⟨~ne⟩ dschibutisch B SUBST **Djiboutien(ne)** *m(f)* Dschibutier(in) *m(f)*

djihad [dʒi(j)ad] M REL Dschihad *m*; Heiliger Krieg (der Moslems)

djinn [dʒin] M MYTH Dschinn *m*

dl ABR (décilitre[s]) dl (Deziliter)

dm ABR (décimètre[s]) dm (Dezimeter)

Dniepr [dnjɛpʀ] GÉOG **le ~** der Dnjepr

D

do [do] M ‹inv› MUS c *ou* C *n*; **~ bémol** ces *ou* Ces *n*; **~ dièse** cis *ou* Cis *n*

doberman [dɔbɛʀman] M ZOOL Dobermann *m*

Dobroudja [dɔbʀudʒa] GÉOG **la ~** die Dobrudscha

docile [dɔsil] ADJ folgsam; fügsam; gefügig; willig; *par ext* **cheveux** *mpl* **~s** schmiegsames, leicht frisierbares Haar

docilement [dɔsilmɑ̃] ADV willig

docilité [dɔsilite] F Folgsam-, Fügsam-, Gefügig-, Willigkeit *f*

dock [dɔk] M 1 Hafenbecken *n*; **~ flottant** Schwimmdock *n* 2 **~s** *pl* Lagerhäuser *npl*; Magazine *npl*

docker [dɔkɛʀ] M Hafenarbeiter *m*; Docker *m*; **~s** *pl a.* Schauerleute *pl*

docte [dɔkt] ADJ *péj* hochgelehrt; schulmeisterlich(gelehrt)

docteur [dɔktœʀ] M 1 **~ en droit, en médecine, ès lettres, ès sciences** *correspond à* Doktor der Rechte, der Medizin, der Philosophie, der Naturwissenschaften 2 *(médecin)* Doktor *m*; Arzt *m ou* Ärztin *f*; **appeler le ~** den Doktor rufen; **bonjour, ~** guten Tag, Herr *ou* Frau Doktor 3 **~ de l'Église** Kirchenlehrer *m*

doctoral [dɔktɔʀal] ADJ ‹-aux› *péj* gelehrtenhaft; professoral; schulmeisterlich

doctorat [dɔktɔʀa] M a **~ de troisième cycle** *correspond à* Promotion *f*; **~ en droit, ès sciences** Promotion an der juristischen, naturwissenschaftlichen Fakultät; **thèse** *f* **de ~** Doktorarbeit *f* b HIST **~ d'État** *correspond à* Habilitation *f* c **~ d'université** *correspond à* Promotion *f*

doctoresse [dɔktɔʀɛs] *fam* F Ärztin *f*

doctrinaire [dɔktʀinɛʀ] A ADJ doktrinär *(a. péj)* B M Doktrinär *m (a. péj)*; Ideologe *m*; **doctrinal** ADJ ‹-aux› die Doktrin, Lehre betreffend

doctrine [dɔktʀin] F 1 Doktrin *f*; Lehre *f*; Lehrmeinung *f* 2 JUR Rechtslehre *f*; Lehrmeinung *f*

document [dɔkymɑ̃] M 1 Dokument *n*; Urkunde *f*; Schriftstück *n*; *au parlement* Drucksache *f*; **~s** *pl a.* Unterlagen *fpl* 2 *(preuve)* Dokument *n*; Beweis-, Belegstück *n* 3 COMM **~s** *pl* (Waren)Papiere *npl*

documentaire [dɔkymɑ̃tɛʀ] A ADJ 1 dokumentarisch; Dokumentar...; *loc adv* **à titre ~, je vous signale ...** zu Ihrer Information teile ich Ihnen mit ... 2 COMM Dokumenten... B M CINÉMA Dokumentar-, Kulturfilm *m*

documentaliste [dɔkymɑ̃talist] M/F Dokumentar(in) *m(f)*; Dokumentalist(in) *m(f)*; ÉCOLE (Schul)Bibliothekar(in) *m(f)*

documentariste [dɔkymɑ̃taʀist] M/F CINÉMA Dokumentarfilmer(in) *m(f)*; Dokumentarist(in) *m(f)*

documentation [dɔkymɑ̃tasjõ] F Dokumentation *f*; Unterlagen(sammlung) *fpl(f)*; Informationsmaterial *n*; **service** *m* **de ~** Dokumentationsstelle *f*

documenté [dɔkymɑ̃te] ADJ 1 *personne* **bien ~** gut informiert 2 *rapport etc* **bien ~** gut dokumentiert *ou* dokumentarisch belegt

documenter [dɔkymɑ̃te] A V/T 1 **~ qn sur qc** j-n über etw *(acc)* informieren 2 *thèse, ouvrage etc* dokumentarisch, durch Dokumente belegen; dokumentieren B V/PR **se ~** Dokumente sammeln; sich *(dat)* Unterlagen beschaffen; sich informieren

dodécaèdre [dɔdekaɛdʀ] M MATH Dodekaeder *n*; Zwölfflächner *m*

dodécagonal [dɔdekagɔnal] ADJ ‹-aux› zwölfeckig; **dodécagone** [-gon, -gɔn] M MATH Zwölfeck *n*

Dodécanèse [dɔdekanɛz] GÉOG **le ~** der Dodekanes

dodécaphonique [dɔdekafɔnik] ADJ **musique** *f* **~** Zwölftonmusik *f*; Dodekafonie *f*; **dodécaphonisme** M MUS Zwölftontechnik *f*; Dodekafonie *f*

dodeliner [dɔdline] V/I **~ de la tête** den Kopf hin und her wiegen, bewegen

dodo [dodo] M 1 *enf (sommeil)* Schlaf *m*; **heure** *f* **du ~** Schlafenszeit *f*; **faire ~** schlafen; *enf* heia machen; *int* **~!** du musst jetzt heia machen!; *berceuse* **~, l'enfant do, l'enfant dormira bientôt** schlaf, Kindchen, schlaf 2 *enf (lit) enf* Heia(bettchen) *f(n)*; **aller au ~** in die Heia gehen

dodu [dɔdy] ADJ *animal* fleischig; dick; *bébé, bras* rundlich; *fam* pummelig

dogmatique [dɔgmatik] ADJ 1 REL, PHIL dogmatisch 2 *fig personne* dogmatisch; stur; *ton* dogmatisch; lehrhaft

dogmatiser [dɔgmatize] V/I sich in e-m dogmatischen, entschiedenen, apodiktischen Ton äußern (**sur** über *+acc*); **dogmatisme** M *péj* Dogmatismus *m*

dogme [dɔgm] M 1 REL Dogma *n*; Glaubenssatz *m*; *par ext* **le ~ chrétien** die christliche Glaubenslehre 2 *fig* Dogma *n*

dogue [dɔg] M ZOOL Dogge *f*; *fig* **être d'une humeur de ~** bärbeißig, übel gelaunt sein

doigt [dwa] M 1 *de la main* Finger *m*; *chez certains animaux* **~s** *pl* Zehen *pl*; ♦ **petit ~** kleiner Finger; *soldat au garde-à-vous* **le petit ~ sur la couture du pantalon** Hände an der Hosennaht; *à un enfant* **mon petit ~ me l'a dit** Mutti, Vati *etc* sieht eben alles; das sagt mir mein kleiner Finger; *fig* **ne pas lever, bouger le petit ~** nicht den kleinen Finger rühren; *fam* keinen Finger krumm machen; ♦ **~ de pied** Zehe *f ou* Zeh *m*; **gros ~ de pied** große Zehe *ou* großer Zeh; ♦ *loc adv fig* **au ~ et à l'œil: mener qn, faire marcher qn au ~ et à l'œil** j-n an der Kandare haben, halten; **obéir au ~ et à l'œil** aufs Wort gehorchen, *fam* parieren; → *a.* bout[1] 1; ♦ **compter sur ses ~s** mit Hilfe der Finger zählen; *fig amis, objets rares* **on peut les compter sur les ~s** man kann sie an den fünf Fingern (s-r Hand) abzählen; **être comme les deux ~s de la main** ein Herz und e-e Seele sein; unzertrennlich sein; **elle n'a jamais rien fait de ses dix ~s** sie hat nie in ihrem Leben gearbeitet, arbeiten müssen; *fam fig* **se ficher, se fourrer, se mettre le ~ dans l'œil (jusqu'au coude)** sich gründlich irren; *fam* sich *(dat)* in den Finger schneiden; schiefgewickelt sein; *fam fig* **gagner les ~s dans le nez** spielend, mit Leichtigkeit, mühelos siegen; ÉCOLE **lever le ~** den Finger heben; sich melden; aufzeigen; *fig* **mettre le ~ dans l'engrenage** ins Räderwerk geraten; *fig* **mettre le ~ sur qc** den Kern, das Wesentliche e-r Sache *(gén)* treffen; **tu as mis le ~ dessus** *a.* du hast den Nagel auf den Kopf getroffen; das ist des Pudels Kern; *fig* **mettre le ~ sur la plaie** den Finger auf die Wunde legen; **montrer qn, qc du ~** auf j-n, etw mit dem Finger zeigen, weisen; *fig* **montrer qn du ~** mit Fingern auf j-n zeigen; **taper sur les ~s à qn** j-m auf die Finger klopfen *(a. fig)*; *fig* **faire toucher qc à qn du ~** j-m etw handgreiflich vor Augen führen; → *a.* filer B 5, glisser B 1, mordre D 2 2 **~ de gant** (Handschuh)Finger *m*, (-)Fingerling *m* 3 a *quantité* **un ~ de vin** *etc* ein Fingerhut voll Wein *etc*; ein ganz klein wenig Wein *etc* b *distance* Fingerbreit *m*; *rallonger une robe* **de trois ~s** um drei Fingerbreit; *loc prép* **à deux ~s, à un ~ de qc** ganz nahe an etw *(dat)*; *fig*: **être à deux ~s du succès** dem Erfolg ganz nahe sein; kurz vor dem Erfolg stehen; *projectile* **passer à deux ~s de qc** um Haaresbreite an etw *(dat)* vorbeigehen

doigté [dwate] M 1 Fingerspitzengefühl *n* (**dans qc** bei etw; **avec qn** gegenüber j-m) 2 MUS Fingersatz *m*

doigtier [dwatje] M Fingerling *m*

dois, doit[1] [dwa] → devoir[1]

doit[2] [dwa] M COMM Soll *n*; Debet *n*

dol [dɔl] M JUR Arglist *f*; arglistige Täuschung

doléances [dɔleɑ̃s] FPL *(réclamations)* Beschwerden *fpl*; *(plaintes)* Klagen *fpl*; *(lamentations)* Jammern *n*; Gejammer *n*

dolent [dɔlɑ̃] ADJ *péj* wehleidig; Mitleid heischend; jammernd

dollar [dɔlaʀ] M *monnaie* Dollar *m*; **~ canadien** kanadischer Dollar; ÉCON **zone** *f* **~** Dollarraum, -block *m*

dolmen [dɔlmɛn] M HIST Dolmen *m*

Dolomites [dɔlɔmit] **les ~** *fpl* die Dolomiten *pl*

DOM [dɔm] M ABR (département d'outre-mer) Übersee-Departement *n*

domaine [dɔmɛn] M 1 *(propriété)* (Land)Gut *n*; **~s** *pl a.* Ländereien *fpl* 2 JUR, ADMIN **Domaine (de l'État)** Staatsvermögen *n*, -besitz *m*; *par ext* **le Domaine** die Staatsvermögensverwaltung; **~ aérien** Luftraum *m*; *œuvre d'art* **tomber dans le ~ public** frei werden 3 *fig* Bereich *m*; Gebiet *n*; Domäne *f*; Sparte *f*; **~ d'application** Geltungs-, Anwendungsbereich *m*; **dans tous les ~s** auf allen Gebieten; **dans le ~ de la politique** auf dem Gebiet, im Bereich der Politik; **être du ~ de qn** in j-s Bereich, Kompetenz *(acc)* fallen 4 INFORM Domain *f*

domanial [dɔmanjal] ADJ ‹-aux› Staats...; staatlich; **forêt ~e** Staatsforst *m*

dôme [dom] M 1 ARCH Kuppel *f* 2 *en Italie* Dom *m* 3 *litt et fig* **~ de feuillage** Blätterdom *m*, -dach *n* 4 GÉOG Kuppe *f*

domestication [dɔmɛstikasjõ] F 1 *d'animaux sauvages* Zähmung *f* 2 *fig* Bändigung *f*

domesticité [dɔmɛstisite] *litt* F Gesinde *n*; Dienerschaft *f*

domestique [dɔmɛstik] A ADJ 1 Haus...; häuslich; **économie** *f* **~** Hauswirtschaft *f*; **travaux** *mpl* **~s** Hausarbeit *f* 2 ZOOL **animal** *m* **~** Haustier *n* B M/F Dienstbote *m*; Diener(in) *m(f)*; *autrefois* Bediente(r) *m*; *péj* Domestik(e) *m*

domestiquer [dɔmɛstike] V/T 1 *animaux sauvages* zähmen 2 *fig énergie atomique etc* bändigen; sich *(dat)* untertan machen

domicile [dɔmisil] M Wohnsitz *m*, -ort *m*; Wohnung *f*; Domizil *n*; **~ légal** fester, gesetzlicher Wohnsitz; JUR **violation** *f* **de ~** Hausfriedensbruch *m*; *loc adv* **à ~** *livrer* ins Haus; *travailler* zu Hause; **livrer à ~** ins Haus liefern; **travailler à ~** *a.* Heimarbeit machen; **travail** *m* **à ~** Heimarbeit *f*; *loc adj* **sans ~ fixe** ohne festen Wohnsitz; **abandonner le ~ conjugal** die eheliche Wohnung verlassen; **changer de ~** den Wohnsitz, -ort wechseln; **élire ~** s-n Wohnsitz nehmen; sich niederlassen

domiciliaire [dɔmisiljɛʀ] ADJ JUR **visite** *f*, **perquisition** *f* **~** Haussuchung *f*

domicilié [dɔmisilje] ADJ **~ à** ansässig, wohnhaft, mit Wohnsitz in; **être ~ à Paris** *a.* s-n Wohnsitz in Paris haben

domicilier [dɔmisilje] V/T FIN *traite* domizilieren

dominance [dɔminɑ̃s] F BIOL Dominanz *f*

dominant [dɔminɑ̃] ADJ 1 vor-, beherrschend; dominierend; Haupt...; *opinion* herrschend; **raison ~e** Hauptgrund *m*; **trait ~** dominierender, beherrschender Zug; **vents ~s** vorherrschende Winde *mpl* 2 BIOL dominant

dominante [dɔminɑ̃t] F 1 dominierendes Merkmal; dominierender Zug; Dominante *f*; *couleur* dominierende Farbe 2 MUS Dominante *f*

dominateur [dɔminatœʀ] **A** ADJ ‹-trice› herrisch; gebieterisch; *personne a.* herrschsüchtig **B** M *st/s* Beherrscher *m*

domination [dɔminasjõ] F Herrschaft *f* (**sur** über *+acc*); **~ étrangère** Fremdherrschaft *f*; **être sous la ~ de qn** unter j-s Herrschaft (*dat*) stehen; *fig* **exercer une ~ sur qn** auf *ou* über j-n Macht ausüben; **passer sous la ~ de qn** unter j-s Herrschaft, Gewalt (*acc*) geraten

dominatrice [dɔminatʀis] F **1** *st/s* Beherrscherin *f* **2** *prostituée* Domina *f*

dominer [dɔmine] **A** V/T **1** *pays, peuple, marché* beherrschen; **~ un pays** über ein Land herrschen **2** *passions, instincts* beherrschen; zügeln; im Zaum halten; *sujet* beherrschen; **~ une situation** eine Situation meistern, bewältigen; mit einer Situation fertig werden **3** *concurrents* überlegen sein (**qn** j-m); übertreffen; beherrschen **4** *bâtiment: ville, personne: foule* beherrschen; überragen; *bruit: autre bruit* übertönen; überlagern; *problème: un débat* beherrschen; *œuvre: une époque* beherrschen; entscheidend beeinflussen **B** V/I **1** SPORTS *équipe* dominieren **2** *personnes, qualité, couleur* überwiegen; vorherrschen; dominieren; vorherrschend, dominierend sein **C** V/PR **se ~** sich beherrschen; sich in der Gewalt haben

dominicain [dɔminikɛ̃], **dominicaine** **A** M,F **1** ÉGL CATH Dominikaner(in) *m(f)* **2** **Dominicain, Dominicaine** Dominikaner(in) *m(f)*; Einwohner(in) *m(f)* der Dominikanischen Republik **B** ADJ **1** ÉGL CATH Dominikaner... **2** dominikanisch; **la République dominicaine** die Dominikanische Republik

dominical [dɔminikal] ADJ ‹-aux› sonntäglich; Sonntags...; **repos ~** Sonntagsruhe *f*

Dominique [dɔminik] **1** M/F *Vorname* **2** *État* **la ~** Dominica *n*

domino [dɔmino] M **1** a Dominostein *m* b **~s** *pl* Domino(spiel) *n*; **jouer aux ~s** Domino spielen **2** *costume* Domino(kostüm) *m(n)* **3** ÉLEC Lüsterklemme *f*

dommage [dɔmaʒ] M **1** Schaden *m*; **~s causés par la grêle** Hagelschäden *mpl*; **~ corporel** Personenschaden *m*; **~ matériel** materieller Schaden; Sach-, Vermögensschaden *m*; **~ moral** immaterieller, ideeller Schaden; **~s de guerre** a Kriegsschäden *mpl* b *fam indemnité* Entschädigung *f* für Kriegsschäden; **~s et intérêts** Schadenersatz *m*; Entschädigung *f*; **causer, réparer un ~** e-n Schaden verursachen *ou* anrichten, wiedergutmachen *ou* ersetzen **2** **c'est bien ~** das ist sehr schade; **c'est ~, quel ~,** *fam* **~ que ...** (*+subj*) *ou* **de** (*+inf*) es ist schade, wie schade, schade, dass ... *ou* zu (*+inf*); *fam* **~!** schade!; *fam* **~ qu'il ne vienne pas** schade, dass er nicht kommt; **quel ~ de devoir partir si tôt** wie schade, so früh gehen zu müssen

dommageable [dɔmaʒabl] ADJ **~ à qn, à qc** schädlich, nachteilig für j-n, für etw

dommages-intérêts [dɔmaʒɛ̃teʀɛ] MPL Schadenersatz *ou* JUR Schadensersatz *m*; Entschädigung *f*

domotique [dɔmɔtik] F Hausautomatisierung *f*; Automatisierung *f* privater Haushalte

dompter [dõ(p)te] V/T **1** *animaux* bändigen **2** *rebelles* bezwingen; unterwerfen **3** *fig passions etc* bezähmen; bezwingen; im Zaum halten;

dompteur M, **dompteuse** F Dompteur *m*, Dompteuse *f*; Tierbändiger(in) *m(f)*

DOM-TOM [dɔmtɔm] MPL ABR (**départements et territoires d'outre-mer**) HIST Übersee-Departements und -Territorien *pl*

Don [dõ] GÉOG **le ~** der Don

don¹ [dõ] M **1** *action* Schenkung *f* (*a.* JUR); *humanitaire* Spende *f*; *fig* **~ de soi** Selbstaufopferung *f*; Selbstlosigkeit *f*; **faire ~ de qc à qn** j-m etw schenken *ou* spenden **2** (*chose donnée*) Schenkung *f* (*a.* JUR); Zuwendung *f*; Spende *f*; Gabe *f*; **~ en argent, en nature** Geld-, Sachspende *f*; **faire un ~ à qn** j-m e-e Schenkung machen; j-m e-e Spende zukommen lassen; **recevoir des ~s** Spenden, Gaben empfangen **3** *fig du sort etc* Gabe *f*; Geschenk *n*; **~ de Dieu** Gottesgabe *f*, -geschenk *n* **4** (*talent*) Gabe *f*; Begabung *f*; Talent *n*; Fähigkeit *f*; **avoir un ~** *ou* **des ~s pour qc** für etw begabt sein; **avoir le ~ de** (*+inf*) a *chose* geeignet, dazu angetan sein zu (*+inf*) b *personne iron* die Gabe haben zu (*+inf*)

don² [dõ] M *titre espagnol* Don *m*

doña [dɔɲa, -na] F *titre espagnol* Doña *f*

donataire [dɔnatɛʀ] M/F JUR Beschenkte(r) *m/f(m)*

donateur [dɔnatœʀ] M, **donatrice** F **1** Spender(in) *m(f)*; Stifter(in) *m(f)* (*a.* ART) **2** JUR Schenker *m*

donation [dɔnasjõ] F JUR Schenkung *f*; **~ entre vifs** Schenkung unter Lebenden; **faire une ~** e-e Schenkung machen

donc [dõk] CONJ **1** *conséquence* also; folglich; demnach; demzufolge; *j'ai fini,* **tu peux ~ partir** du kannst also gehen **2** *reprise d'un sujet évoqué* also; **il affirmait ~ que ...** er behauptete also, dass ... **3** *dans des interrogatives* denn; also; **que fait-il ~ là?** was macht er denn dort?; **pourquoi, qui** *etc* **~?** warum, wer *etc* denn? **4** *avec impératif* doch; **taisez-vous ~!** halten Sie doch den Mund!; **allons ~!** was denn!; nanu!; → *a.* aller¹ A 1 a); *fam* **dites ~** *fam* sagen Sie (doch) mal!; → *a.* dire¹ A 1 d) **5** **et moi ~!** und ich erst!

dondon [dõdõ] F *fam* **grosse ~** dicke Frau; *fam* Maschine *f*; Dampfwalze *f*; Tonne *f*

döner [dønɛʀ] M CUIS Döner(kebab) *m*

Donets [dɔnɛts] GÉOG **le ~** der Donez

donjon [dõʒõ] M Bergfried *m*

don Juan [dõʒɥɑ̃] M *fig* Casanova *m*; Frauenheld *m*; Don Juan *m*

donjuanesque [dõʒɥanɛsk] ADJ e-s Casanova, Frauenhelden

donnant [dɔnɑ̃] LOC **~ ~** nichts ohne Gegenleistung; do ut des (*prov*)

donne [dɔn] F **1** JEUX DE CARTES Geben *n*; **à vous la ~** Sie geben; **il y a fausse ~** es ist falsch gegeben worden; *fig* die Voraussetzungen stimmen nicht **2** *fig* Konstellation *f*; Gesamtlage *f*; Ausgangssituation *f*; **nouvelle ~ politique** neue politische Lage

donné [dɔne] ADJ **1** gegeben (*a.* MATH) **2** bestimmt; **à un moment ~** zu e-m bestimmten Zeitpunkt; (*soudain*) plötzlich **3** **c'est ~** das ist geschenkt, spottbillig; *fam* **c'est pas ~** *fam* das ist ganz schön teuer **4** LOC PRÉP **étant ~ qc** in Anbetracht, wegen e-r Sache (*gén*); mit Rücksicht auf etw (*acc*); **étant ~ la situation financière** in Anbetracht, wegen der finanziellen Lage; *loc conj* **étant ~ que** da (ja); in Anbetracht der Tatsache, dass

donnée [dɔne] F **1** *surtout* PL **~s** INFORM, SCIENCES, TECH Daten *npl*; *par ext* Angaben *fpl*; Ausgangsmaterial *n*; Gegebenheiten *fpl*; **~s numériques** → numérique 1; **~s statistiques** statistische Daten, Angaben; **banque** *f* **de ~s** Datenbank *f* **2** MATH gegebene, bekannte Größe

donner [dɔne] **A** V/T **1** geben; **~ qc à qn** j-m etw geben; *expressions:* a *employé absolument:* **j'ai déjà donné** ich habe schon (etwas) gegeben; *fig* ich habe schon genug dafür *ou* für ihn, sie *etc* getan; **son plaisir c'est de ~** Schenken, Geben macht ihm Freude; JEUX DE CARTES **c'est à vous de ~** Sie geben b *avec subst:* **~ de l'appétit** Appetit machen; **~ son appui à qn** j-m s-e Hilfe, Unterstützung gewähren; **~ le bras à qn** j-m den Arm geben, bieten, reichen; **~ un concert** ein Konzert geben; **~ bonne, mauvaise conscience** ein gutes, schlechtes Gewissen verursachen; **~ un conseil** e-n Rat geben; raten; **~ un devoir** e-e Aufgabe stellen; **~ de l'élan** Schwung geben, verleihen; **~ des encouragements à qn** j-n fördern, ermutigen; **~ de l'espoir** Hoffnung machen, *chose a.* geben; **~ un film** e-n Film geben, spielen; **~ un fils à son mari** ihrem Mann e-n Sohn schenken, gebären; *arbre* **~ des fruits** Früchte tragen; **~ le goût de qc à qn** j-n an etw (*dat*) Geschmack finden lassen; *montre* **~ l'heure** die Zeit anzeigen; **pourriez-vous me ~ l'heure?** könnten Sie mir sagen, wie spät es ist?; **~ des instructions** Instruktionen erteilen, geben; **~ de la joie** Freude bereiten, machen; **~ lieu, matière, sujet à qc** Anlass, Veranlassung zu etw geben, bieten; *lampe* **~ une lumière douce** ein mildes Licht spenden, geben; **cela me donne mal à la tête** davon bekomme ich Kopfschmerzen; **~ son manteau au vestiaire** s-n Mantel an der Garderobe abgeben; **~ la mort** den Tod geben, bringen; töten (**à qn** j-n); **~ un mot d'ordre** e-e Losung ausgeben; *radio* **~ des nouvelles** Nachrichten bringen; **~ de ses nouvelles** von sich hören lassen; **~ l'occasion** die Gelegenheit bieten, geben; **~ de l'ombre** Schatten spenden, geben; **~ une permission** e-e Erlaubnis erteilen; **~ une pièce de théâtre** ein Theaterstück bringen, geben; **~ raison** recht geben; **~ des raisons** Gründe angeben; **~ un résultat** ein Ergebnis bringen, zeitigen; *vigne* **~ un vin excellent** e-n vorzüglichen Wein geben; → *a. subst correspondants* c *avec adv ou pr: sol* **~ beaucoup, peu** sehr, wenig ertragreich sein; **je me demande ce que ça va ~** ich frage mich, was daraus werden soll, was dabei herauskommen wird, wohin das führt; **combien m'en donnez-vous?** wie viel geben, zahlen Sie mir dafür?; *les recherches* **n'ont rien donné** haben nichts gebracht *ou* ergeben; **je donnerais tout au monde pour** (*+inf*) ich gäbe alles in der Welt darum, wenn ich (*+subj II*) d *avec prép:* **je vous le donne en mille** ich wette hundert zu eins, dass Sie es nicht erraten; **je vous le donne pour ce que ça vaut** ich gebe es Ihnen so weiter, wie ich es gehört habe e *avec +inf:* **~ à entendre à qn** j-m zu verstehen, erkennen geben; j-m an-, bedeuten; **~ à manger à qn, à un animal** j-n, ein Tier füttern; j-m zu essen, e-m Tier zu fressen geben; **~ à penser, à réfléchir à qn** j-m zu denken geben; j-n nachdenklich machen, stimmen; **~ son linge à laver** s-e Wäsche zum Waschen, in die Wäscherei geben; **~ qc à réparer** etw zum Reparieren, zur Reparatur bringen f *impersonnel et st/s:* **il m'a été donné de** (*+inf*) es war mir (die Möglichkeit) gegeben zu (*+inf*) **2** **~ trente ans à qn** j-n auf dreißig Jahre schätzen; *fam* j-m dreißig Jahre geben **3** *fam* **~ du directeur** *etc* **à qn** j-n (mit) Herr Direktor *etc* titulieren; j-n mit Herr Direktor *etc* anreden **4** *fam* **~ un complice** e-n Komplizen verraten, *fam* verpfeifen **B** V/I **1** schlagen; stoßen; MIL angreifen; zuschlagen; *par ext soleil* brennen; *radio* **~ à plein** mit voller Lautstärke laufen, spielen; *soleil* **~ dans la pièce** ins Zimmer scheinen; **~ de la tête contre le mur** mit dem Kopf gegen die Wand schlagen, rennen; *fig* **ne plus savoir où ~ de la tête** nicht mehr wissen, wo einem der Kopf steht **2** *personne* **~ dans qc** in etw (*acc*) geraten, fallen; *fig* e-r Sache (*dat*) verfallen; sich e-r Sache (*dat*) er-, hingeben; **~ dans le ridicule** sich lächerlich ma-

D

chen; ~ **dans le snobisme** dem Snobismus verfallen **3** ~ **sur la cour, sur la rue** *fenêtre, pièce* auf den Hof *ou* nach dem Hof (hin), auf die Straße *ou* nach der Straße (hin) gehen; zum Hof (hin) *ou* auf der Hofseite, zur Straße (hin) *ou* auf der Straßenseite liegen; *porte* zum Hof, zur Straße führen, gehen **C** V/PR **1** **se ~ (à fond)** sich (ganz) hingeben; sich (voll) einsetzen; **se ~ à qc** sich e-r Sache *(dat)* hingeben, widmen; *femme* **se ~ à qn** sich j-m hingeben; **se ~ en spectacle** den Leuten ein Schauspiel geben, bieten; sich zur Schau stellen; **s'en ~ à cœur joie** mit Leib und Seele dabei sein; *fam* **s'en ~** sich verausgaben; *fam* ganz dabei sein **2** **a** *réfléchi*: **se ~ du mal, de la peine** sich *(dat)* Mühe geben; sich bemühen, anstrengen; **se ~ du temps pour faire qc** sich *(dat)* (dabei) Zeit lassen, etw zu tun; **se ~ du bon temps** sich *(dat)* schöne Tage machen; sich's *(dat)* gut gehen, sich's *(dat)* wohl sein lassen **b** *réciproque*: **se ~ le bras** sich unterfassen, -haken; untergehakt gehen; **se ~ des coups** sich *(dat)* Schläge geben, versetzen **c** *sens passif*: **se ~** *film, pièce* gegeben werden; *film a.* laufen

donneur [dɔnœʀ] M, **donneuse** F **1** Geber(in) *m(f)*; COMM ~ **d'ordre** Auftrag-, Ordergeber(in) *m(f)* **2** M MÉD (Organ)Spender *m*; **donneur universel** Universalspender *m*; **donneur de sang** Blutspender *m*

Don Quichotte [dõkiʃɔt] M *héros de roman* Don Quichotte *m*

dont [dõ] PR REL ⟨*vertritt Konstruktionen mit* **de**⟩ **1** *complément d'un* SUBST: dessen *(antécédent m ou n)*; deren *(antécédent f ou pl)*; *avec un sens partitif* von dem *ou* von der *ou* von denen; **un chanteur ~ les disques** *connaissent un grand succès* ein Sänger, dessen Platten ...; **des livres ~ trois sont reliés** Bücher, von denen drei gebunden sind **2** *complément d'un verbe*: von dem, von welchem *ou* von der, von welcher *ou* von denen, von welchen; *selon la rection du verbe allemand a.* an den, über den *etc*; *a.* dessen *ou* deren; *se rapportant à un pronom neutre* wovon, woran, worüber *etc*; **l'accident ~ on parle** der Unfall, von dem *ou* über den man spricht; **c'est un ami ~ je suis sûr** das ist ein Freund, dessen ich sicher bin; **la famille ~ je sors** die Familie, aus der ich stamme; **l'homme ~ je sais que ...** der Mann, von dem ich weiß, dass ...; **la maison ~ il a hérité** das Haus, das er geerbt hat; **la maladie ~ il est mort** die Krankheit, an der er gestorben ist; **monsieur X ~ je connais la fille** Herr X, dessen Tochter ich kenne; **les moyens ~ il se sert** die Mittel, deren er sich bedient; **ce ~ je parle** (das,) wovon *ou* worüber ich spreche; **voilà ce ~ il s'agit** eben darum handelt es sich; **la manière ~ il est habillé** die Art, wie er gekleidet ist **3** *sans verbe*: unter ihnen; darunter *ou* darunter; *il avait six enfants*, ~ **cinq filles** davon *ou* darunter fünf Mädchen

donzelle [dõzɛl] F *fam d'une jeune fille, d'une femme fam* launisches Ding

dopage [dɔpaʒ] M Dopen *n*; Doping *n*

dopamine [dɔpamin] F PHYSIOL Dopamin *n*

dopant [dɔpɑ̃] M Aufputschmittel *n*

dope [dɔp] F *fam (drogue)* Droge *f*; *fam* Stoff *m*; *fam* Dope *n*

doper [dɔpe] **A** V/T dopen **B** V/PR **se ~** sich dopen

doping [dɔpiŋ] M → dopage

dorade F → daurade

Dordogne [dɔʀdɔɲ] **la ~** *Fluss u. Departement in Frankreich*

doré [dɔʀe] **A** ADJ **1** Gold...; golden; vergoldet; *reliure* ~ **sur tranche(s)** mit Goldschnitt **2** *couleur* goldfarben; golden; Gold...; goldbraun; **blond ~** goldblond **3** CUIS goldbraun (gebraten *ou* gebacken) **4** *fig* **jeunesse ~e** Jeunesse dorée *f* **B** M Vergoldung *f*; goldene Farbe

dorénavant [dɔʀenavɑ̃] ADV von nun *ou* jetzt an, ab; künftig(hin); fortan; in Zukunft

dorer [dɔʀe] **A** V/T **1** vergolden **2** CUIS mit Eigelb bestreichen **3** *fig* ~ **la pilule à qn** j-m die bittere Pille versüßen **B** V/I CUIS goldbraun werden; **faire ~ au four** überbacken **C** V/PR **se ~ au soleil** sich von der Sonne bräunen lassen

d'ores et déjà [dɔʀzedeʒa] LOC ADV schon jetzt; jetzt schon

doreur [dɔʀœʀ] M, **doreuse** F Vergolder(in) *m(f)*

Dorgelès [dɔʀʒəlɛs] **Roland ~** *frz Schriftsteller*

dorien [dɔʀjɛ̃] ADJ ⟨~ne⟩ HIST, MUS dorisch

dorique [dɔʀik] ADJ *et* SUBST M ARCH (**ordre** *m*) ~ dorische Säulenordnung; **colonne** *f* ~ dorische Säule

dorloter [dɔʀlɔte] **A** V/T verhätscheln; verzärteln; **se faire ~** sich verhätscheln lassen **B** V/PR **se ~** sich *(dat)* das Leben angenehm machen

dormant [dɔʀmɑ̃] **A** ADJ **eau ~e** stehendes, ruhiges Wasser, Gewässer **B** M CONSTR Tür- *ou* Fenstereinfassung *f*, -stock *m*; Zarge *f*

dormeur [dɔʀmœʀ] M, **dormeuse** F Schlafende(r) *m/f(m)*; Schläfer(in) *m(f)*; *par ext* **grand dormeur, grande dormeuse** *fam* Schlafratte *f*

dormir [dɔʀmiʀ] V/I ⟨je dors, il dort, nous dormons; je dormais; je dormis; je dormirai; que je dorme; dormant; dormi⟩ **1** schlafen *(a. fig)*; **ne pas ~ de la nuit** die ganze Nacht nicht schlafen; **ne ~ que d'un œil** nicht tief, fest schlafen; unruhig schlafen; *fig et st/s* ~ **de son dernier sommeil** den ewigen Schlaf schlafen; ~ **d'un sommeil léger** nicht tief schlafen; unruhig schlafen; *a. fam* dösen; ~ **d'un sommeil profond, ~ profondément** tief und fest schlafen; *fig* **il n'en dort plus** er findet (deshalb) keinen Schlaf mehr; *prov* **qui dort dîne** wer früh aufsteht, sein Brot verzehrt, wer lange schläft, den Gott ernährt *(prov)* **2** *par ext nature, ville* ruhen; schlafen **3** *fig affaire* ruhen; *capitaux* nicht arbeiten; **c'est de l'argent qui dort** das ist totes Kapital; **laisser ~ des capitaux** Gelder nicht arbeiten lassen

Dorothée [dɔʀɔte] F *Vorname*

dorsal [dɔʀsal] ADJ ⟨-aux⟩ Rücken...; ANAT **épine ~e** Rückgrat *n*

dorsalgie [dɔʀsalʒi] F MÉD Rückenschmerzen *mpl*; *t/t* Dorsalgie *f*

dortoir [dɔʀtwaʀ] M **1** Schlafsaal *m* **2** ADJT **ville** *f* ~ Schlafstadt *f*

dorure [dɔʀyʀ] F **1** *(couche d'or)* Vergoldung *f*; goldener Überzug **2** ~**s** *pl* Goldverzierung(en) *f(pl)* **3** *action* Vergolden *n*, -ung *f*

doryphore [dɔʀifɔʀ] M ZOOL Kartoffelkäfer *m*

dos [do] M **1** *d'un homme, d'un animal* Rücken *m*; ~ **voûté** gebeugter, krummer Rücken; ~ **d'âne** → âne 1; ♦ *loc adv*: ~ **à** ~ Rücken an Rücken; *fig* **renvoyer deux personnes ~ à ~** keinem der beiden recht geben; *transporter* **à ~ de chameau** auf Kamelrücken; auf Kamelen; *robe* **décolleté dans le ~** im Rücken, hinten ausgeschnitten; rückenfrei; **vu de ~** von hinten gesehen; ♦ *fig* **avoir bon ~** *personne* e-n breiten Rücken, *fam* Buckel haben; *chose* ein bequemer Vorwand sein; *fam fig* **en avoir plein le ~** *fam* es gründlich satthaben; die Nase voll haben; *fig* **avoir qn sur le ~** ständig j-n hinter sich *(dat)* spüren, *fam* auf der Pelle haben; **dormir sur le ~** auf dem Rücken schlafen; *fig* **être toujours sur le ~ de qn** j-m ständig auf die Finger sehen; **faire le gros ~** *chat* e-n Buckel machen; *fig* sich ducken; *fig* **faire qc dans, derrière le ~ de qn** etw hinter j-s Rücken *(dat)* tun; *fig* **mettre qc sur le ~ de qn** j-m etw in die Schuhe schieben; *fig* **se mettre qn à ~** j-n gegen sich aufbringen; sich *(dat)* j-n zum Feind machen; **porter les cheveux dans le ~** die Haare im Rücken offen tragen; *fam fig* **tomber sur le ~ à qn** *(faire des reproches)* über j-n herfallen; *visiteur* j-n überfallen; *maladie etc* über j-n hereinbrechen; **tourner le ~ à qn, à qc** j-m, e-r Sache den Rücken zuwenden; mit dem Rücken zu j-m, zu etw stehen *ou* sitzen; *fig* j-m, e-r Sache den Rücken kehren; *la rue Racine?* - **vous lui tournez le ~** sie liegt, ist hinter Ihnen; **dès qu'il eut le ~ tourné ...** kaum hatte er den Rücken gekehrt, gewandt, da ... **2** *par ext d'un vêtement* Rücken(partie) *m(f)* **3** *fig d'objets* Rücken *m*; *d'une feuille, d'une enveloppe, d'un chèque* Rückseite *f*; *d'une chaise* Rückenlehne *f*; ~ **d'une chaise** *a.* Stuhllehne *f*; ~ **d'un livre** Buchrücken *m*; ~ **de la main, du pied** Hand-, Fußrücken *m*; *fam fig* **ne pas y aller avec le ~ de la cuiller** nicht gerade zimperlich sein, vorgehen; **signer au ~ d'un chèque** auf der Rückseite e-s Schecks unterschreiben

dosage [dozaʒ] M **1** MÉD, PHARM Dosierung *f* **2** *fig d'ironie, de compliments etc* (maßvolle) Dosierung

dose [doz] F **1** MÉD, PHARM Dosis *f*; **à °haute, faible ~** in hohen, schwachen Dosen; in starker, schwacher Dosierung; **augmenter, diminuer les ~s** die Dosen erhöhen, herabsetzen **2** *par ext* Dosis *f*; Menge *f*; **une bonne ~ de sucre** e-e ganze, gut bemessene Menge Zucker; reichlich Zucker; **forcer la ~** zu viel (von etw) nehmen; *fig* zu viel des Guten tun **3** *fig* **une forte, fameuse ~ de courage, de paresse** *etc* ein gerüttelt Maß, *fam* e-e gehörige Portion *ou* Dosis Mut, Faulheit *etc*; **j'ai ma ~** ich bin eingedeckt; mir reichts; *fam* **il a sa ~** *fam* er hat einen sitzen, einen in der Krone; *fam* **en avoir une bonne ~** *fam* ganz schön blöd, dämlich sein; geistig minderbemittelt sein

doser [doze] V/T **1** MÉD, PHARM dosieren **2** *fig compliments, reproches etc* (maßvoll) dosieren; im richtigen Maß, Verhältnis zumessen

doseur [dozœʀ] M Dosier-, Abmessvorrichtung *f*; *adjt* **bouchon** *m* ~ Ausgießer *m*

dossard [dosaʀ] M SPORTS Start-, Rückennummer *f*

dossier [dosje] M **1** *d'un siège* Rückenlehne *f* **2** *(documents)* Akten *fpl*; Akte *f*; Vorgang *m*; Unterlagen *fpl*; ~ **médical** Krankenblatt *n*; ~ **numéro X** Aktenzeichen *n* X; ~ **de candidature** Bewerbungsunterlagen *fpl*; **constituer, établir un ~** e-e Akte anlegen; Unterlagen zusammentragen; **examiner le ~** die Akten, Unterlagen prüfen, durchsehen

Dostoïevski [dɔstɔjɛfski] M *écrivain russe* Dostojewski *m*

dot [dɔt] F Mitgift *f*; Aussteuer *f*

dotation [dɔtasjõ] F **1** *(revenus)* Dotierung *f* **2** *(équipement)* Ausstattung *f* (**en** mit)

doter [dɔte] V/T **1** *sa fille* e-e Aussteuer mitgeben, e-e Mitgift geben (**qn** j-m) **2** JUR, ADMIN dotieren; mit Einkünften versehen **3** *(équiper)* ausrüsten, ausstatten (**de qc** mit etw) **4** *par ext* ~ **qn de qc** j-n mit etw ausstatten, versehen, bedenken; *adjt épreuve etc* **doté de prix** mit Preisverleihung

douairière [dwɛʀjɛʀ] F *fam péj* reiche alte Schachtel

Douala [dwala] GÉOG Duala *n*

douane [dwan] F **1** **a** ADMIN Zoll(behörde) *m(f)*; **formalités** *fpl* **de ~** Zollformalitäten *fpl* **b**

lieu Zoll(stelle) *m(f)*; **passer (à) la ~** den Zoll passieren, durchlaufen; durch den Zoll gehen **2** **(droit** *m* **de) ~** Zoll(gebühr) *m(f)*

douanier [dwanje] **A** M Zollbeamte(r) *m*; *fam* Zöllner *m* **B** ADJ ‹-ière› Zoll...; **tarif ~** Zolltarif *m*

doublage [dublaʒ] M **1** CINÉMA Synchronisierung *f*; Synchronisation *f* **2** COUT Füttern *n*

double [dubl] **A** ADJ doppelt; Doppel...; zweifach; **~ consonne** *f* Doppelkonsonant *m*; **~ mètre** *m* Zentimetermaß *n* (von zwei Metern Länge); **~ nœud** *m* doppelter Knoten; Doppelknoten *m*; **~ whisky** *m* doppelter Whisky; *valise etc* **à ~ fond** mit doppeltem Boden; *mot, phrase* **à ~ sens** doppeldeutig, -sinnig; zweideutig; **en ~ exemplaire** in doppelter, zweifacher Ausfertigung; **l'avantage de cette solution est ~** diese Lösung hat zwei Vorteile; **faire coup ~** CH e-n Doppeltreffer machen; *fig* zwei Fliegen mit einer Klappe schlagen; **fermer (la porte) à ~ tour** → tour[2] 3; *fig* **jouer (un) ~ jeu** ein doppeltes Spiel spielen, treiben; **mener une vie ~** ein Doppelleben führen; → *a.* emploi 3 **B** ADV doppelt; **voir ~** doppelt sehen (*a. fig*) **C** M **1** **le ~** das Doppelte; doppelt, zweimal so viel *ou* so groß; **le ~ du prix** der doppelte Preis; **le ~ de travail** das Doppelte an Arbeit; doppelt so viel Arbeit; **augmenter du ~** auf das Doppelte steigen; sich verdoppeln; **jouer (à) quitte ou ~** → quitte 4; **il a mis le ~ de temps pour** (*+inf*) er hat die doppelte Zeit, doppelt so viel Zeit gebraucht, um zu (*+inf*) **2** *dans une collection etc* Dublette *f*; Doppelstück *n*; **avoir qc en ~** etw doppelt haben **3** *d'un document* Doppel *n*; Duplikat *n*; Zweitausfertigung *f*, -schrift *f*; *a.* Kopie *f*; Durchschlag *m* **4** *d'une clé* Zweitschlüssel *m* **5** TENNIS Doppel *n*; **~ dames, messieurs** Damen-, Herrendoppel *n* **6** *fig personne* Geistes-, Seelenverwandte(r) *m/f(m)*

doublé [duble] **A** ADJ **1** verdoppelt **2** *vêtement, enveloppe* gefüttert **3** CINÉMA synchronisiert **4** *fig* **~ de** und zugleich, gleichzeitig; *c'est un médecin* **~ d'un poète** und zugleich (ein) Dichter **B** M **1** ORFÈVRERIE Doublé *n*; Dublee *n* **2** SPORTS Doppelerfolg *m*, -sieg *m*; *fig* **réussir un beau ~, faire un ~** e-n Doppelerfolg erringen, verbuchen

double-as [dublas] M ‹*pl* doubles-as› DOMINO Einerpasch *m*

double-blanc [dubləblɑ̃] M ‹*pl* doubles-blancs› DOMINO Nullpasch *m*

double-clic [dubləklik] M ‹*pl* double-clics› INFORM Doppelklick *m*; **double-cliquer** V/I INFORM doppelklicken (**sur** auf *+acc*)

double-commande [dubləkɔmɑ̃d] F ‹*pl* doubles-commandes› AUTO doppelte Bremse und Kupplung; AVIAT Doppelsteuer(-ung) *n(f)*; **voiture** *f* **à ~** Fahrschulauto *n*

double-crème [dubləkʀɛm] M ‹*pl* doubles-crèmes› Doppelrahmfrischkäse *m*

double-croche [dubləkʀɔʃ] F ‹*pl* doubles-croches› MUS Sechzehntelnote *f*

doublement [dubləmɑ̃] **A** ADV doppelt; zweifach **B** M Verdopp(e)lung *f*

doubler [duble] **A** V/T **1** verdoppeln; *fig* **~ le pas** s-n Schritt, sein Tempo beschleunigen; e-n Schritt zulegen **2** *vêtement* (ab)füttern **3** *acteur* doubeln **4** *film* synchronisieren **5** *véhicule, piéton* überholen (*a. abs*); SPORTS überrunden **6** *fam* **~ qn** j-n hintergehen, *fam* anschmieren **B** V/I sich verdoppeln **C** V/PR **se ~ de qc** von etw begleitet sein; mit etw verbunden sein

doublet [dublɛ] M **1** ORFÈVRERIE falscher (Edel)Stein; Dublette *f* **2** LING Dublette *f*

doublon [dublɔ̃] M **1** TYPO Hochzeit *f* **2** *autrefois pièce d'or espagnole* Dublone *f*

doublure [dublyʀ] F **1** *d'un vêtement, d'un sac* Futter *n* **2** THÉ, CINÉMA Double *n*; Ersatz *m* für e-n Schauspieler; **les ~s** *pl a.* die Zweitbesetzung

Doubs [du] **le ~** *Fluss u. Departement in Frankreich*

douce [dus] → doux

douce-amère [dusamɛʀ] F BOT Bittersüß *n*; Bittersüßer Nachtschatten

douceâtre [dusɑtʀ] ADJ *goût, fruit* süßlich--fad(e)

doucement [dusmɑ̃] ADV **1** sanft; sachte; behutsam; leise; **marcher ~** sanft *etc* auftreten; leise gehen; **parler ~** leise sprechen; **poser ~ qc** etw behutsam hinlegen, -stellen **2** (*lentement*) **(tout) ~** langsam; allmählich **3** (*médiocrement*) mittelmäßig; leidlich; *comment allez--vous?* - **tout ~** so leidlich; soso lala; *affaires* **aller tout ~** mittelmäßig, (so) leidlich gehen **4** *fam* **ça me fait ~ marrer** da muss ich im Stillen, heimlich lachen **5** INT *fam* **~!** immer sachte!; (nur immer) langsam!; *fam* immer mit der Ruhe!

doucereux [dusʀø] ADJ ‹-euse› *paroles, voix* zuckersüß; süßlich; *personne* übertrieben freundlich; scheinheilig-liebenswürdig

doucettement [dusɛtmɑ̃] *fam* ADV in aller Ruhe; gemächlich; ganz langsam

douceur [dusœʀ] F **1** *d'un fruit, du miel* Süße *f* **2** **~s** *pl* (*friandises*) Leckereien *fpl*; Schleckereien *fpl* **3** *de la musique, de la voix* Sanftheit *f*; *de la lumière* Milde *f*; *de la peau* Zartheit *f*; Weichheit *f*; *du climat, du soir* Milde *f* **4** *fig* Annehmlichkeit *f*; angenehme Seite; **les ~s de l'oisiveté** das süße Nichtstun; **la ~ de vivre** ein angenehmes und friedliches Leben **5** **~ (de caractère)** Sanftmut *f*, -heit *f*; (*indulgence*) Milde *f*; **elle est d'une ~ angélique** sie ist sanft wie ein Engel; **employer la ~** milde, nachsichtig sein; es mit Milde, auf gütlichem Wege versuchen; **prendre qn par la ~** j-n milde, sanft anfassen **6** LOC ADV **en ~** (*doucement*) weich; sanft; (*en douce*) heimlich; unauffällig; **atterrir en ~** weich landen; AUTO **démarrer en ~** sanft anfahren; *séparation etc* **se faire en ~** sich allmählich, behutsam vollziehen

douche [duʃ] F **1** *action* Dusche *f*; Duschen *n*; Dusch-, Brausebad *n*; **prendre une ~** (sich) duschen **2** *installation* Dusche *f*; Brause *f*; **~s** *pl a.* Duschraum *m*; **chambre** *f* **avec ~** Zimmer *n* mit Dusche; *à la piscine* **passer à, sous la ~** unter die Dusche gehen; duschen **3** *fig*: **~ écossaise** Wechselbad *n*; **~ froide** kalte Dusche; *fam* **quelle ~ pour lui!** das ist *ou* war e-e kalte Dusche, *fam* ein Schlag ins Kontor für ihn; **prendre, recevoir une ~** *fam* eine (tüchtige) Abreibung bekommen

doucher [duʃe] **A** V/T **1** **~ qn** j-n (ab)duschen **2** *fig l'enthousiasme de qn* abkühlen; dämpfen; *fam* **cet accueil l'a douché** dieser Empfang war für ihn e-e kalte Dusche, wirkte auf ihn wie e-e kalte Dusche; **se faire ~ (par la pluie)** e-e (Regen)Dusche abbekommen, abkriegen; *fam* **il s'est fait ~ par son chef** *fam* er hat von s-m Chef e-e (tüchtige) Abreibung bekommen **B** V/PR **se ~** (sich) duschen; unter die Dusche gehen

doudou[1] [dudu] *fam* F Frau *f* von den Antillen; *fam* kaffeebraune Schönheit

doudou[2] [dudu] *fam* M Schmusetuch *n*; Kuscheltier *n*; Knuddelkissen *n*

doudoune [dudun] *fam* F Daunenjacke *f*

doué [dwe] ADJ **1** **~ de qc** ausgestattet, versehen mit etw; **être ~ de raison** mit Vernunft begabt sein **2** begabt (**pour qc** für etw); **~ pour les langues** sprachbegabt; *fam* **il est vraiment pas ~!** wie kann man sich bloß so ungeschickt anstellen!

douer [dwe] V/T *nature etc* **~ qn de qc** j-n mit etw versehen, ausstatten; j-m etw mitgeben

douille [duj] F **1** *d'une ampoule* Fassung *f* **2** *d'une cartouche* (Patronen)Hülse *f* **3** *d'un outil* Tülle *f*

douillet [dujɛ] ADJ ‹~te› **1** *lit, coussin etc* mollig (weich); *fam* kuschelig **2** *confort, cadre de vie* behaglich; gemütlich; wohlig **3** *personne* überempfindlich; zimperlich

douillettement [dujɛtmɑ̃] ADV *enfant* **élever ~** verweichlichen

doula [dula] F Geburtsbegleiterin *f*

douleur [dulœʀ] F **1** Schmerz *m*; **cri** *m* **de ~** Schmerzensschrei *m*; *hurler etc* **de ~** vor Schmerz(en) **2** *accouchement* **~s** *pl* (Geburts)-Wehen *fpl* **3** *morale* Schmerz *m*; Leid *n*; Weh *n*; *st/s* Pein *f*; **il a eu la ~** *de perdre son fils* ihm ist das tiefe Leid widerfahren ...

Doullens [dulɑ̃] *Stadt im Dep. Somme*

douloureusement [duluʀøzmɑ̃] ADV schmerzlich; **ils ont été ~ éprouvés** sie sind schmerzlich getroffen worden

douloureux [duluʀø] **A** ADJ ‹-euse› **1** *blessure, traitement* schmerzhaft; *partie du corps* schmerzend; **point ~** Schmerzstelle *f* **2** *regard, expression* schmerzvoll, -erfüllt, -bewegt; leiderfüllt **3** *fig* **perte douloureuse** schmerzlicher Verlust; **souvenir ~** schmerzliche Erinnerung **4** *par ext* **problème ~** peinigendes, quälendes Problem **B** SUBST *fam* **la douloureuse** die Rechnung (*im Restaurant*)

Douma [duma] F POL Duma *f*

Douro [duʀo] GÉOG **le ~** der Duero

doute [dut] M Zweifel *m*; Bedenken *n*; *loc adv*: **sans ~** sicher(lich); gewiss; doch wohl; wahrscheinlich; **tu es sans ~ très intelligent, mais ...** du bist gewiss, zwar sehr intelligent, aber ...; **sans aucun ~, sans nul ~** zweifellos; ohne (jeden) Zweifel; ganz bestimmt; zweifelsohne; *loc conj*: **nul ~ que ...** (*+ind*) (es besteht) kein Zweifel, es steht ganz fest, dass ...; **avoir des ~s** Zweifel, Bedenken haben, *st/s* hegen; **avoir des ~s au sujet de qn, qc, sur qn, qc** an j-m, etw zweifeln; j-m gegenüber, an etw (*dat*) Zweifel haben; etw bezweifeln; **il n'y a pas de ~** es besteht kein Zweifel (daran); **être dans le ~** im Zweifel sein (**au sujet de qc** über etw [*acc*]); **cela est °hors de ~** das steht außer Zweifel; **cela ne fait aucun ~** es besteht (gar) kein Zweifel (daran); **laisser qn dans le ~** j-n im Zweifel lassen (**au sujet de qc, sur qc** über etw [*acc*]); **mettre qc en ~** etw in Zweifel ziehen; *prov* **dans le ~, abstiens-toi** im Zweifelsfall sollte man nichts unternehmen

douter [dute] **A** V/I *et* V/T INDIR **~ de qc** an etw (*dat*) zweifeln; etw be-, anzweifeln; **~ de qn** an j-m zweifeln; j-m misstrauen; **~ du succès** am Erfolg zweifeln; den Erfolg bezweifeln; **je doute de ce qu'il affirme** ich zweifle an dem, was er behauptet; *iron* **ne ~ de rien** sich (*dat*) zu viel zutrauen; sich überschätzen; blind drauflosgehen; **~ de tout** an allem zweifeln; alles bezweifeln, infrage stellen; **j'en doute fort** ich zweifle sehr daran; das möchte ich stark bezweifeln; *loc adv* **à n'en pas ~** ohne jeden Zweifel; zweifellos; ganz bestimmt; zweifelsohne; **~ que ...** (*+subj*) daran zweifeln, dass *ou* ob ...; bezweifeln, dass ...; **je doute qu'il vienne** ich zweifle (daran), ob *ou* dass er kommt; ich bezweifle, dass er kommt **B** V/PR **se ~ de qc** etw ahnen, vermuten; **je m'en doute** das kann ich mir denken; **je ne m'en serais jamais douté** das hätte ich nie vermutet, gedacht; *fam* das hätte ich mir nie träumen lassen; **je ne me doutais de rien** ich hatte nicht die geringste Ahnung; **se ~ que ...** ahnen, vermuten, sich (*dat*) denken

D

können, dass …

douteux [dutø] ADJ ⟨-euse⟩ **1** *résultat, victoire, faits* zweifelhaft; ungewiss; *sens* nicht eindeutig; **c'est ~** das ist zweifelhaft, fraglich; **il n'est pas ~ que …** (*+ind ou* **[ne]** *+subj*) es steht außer Zweifel, es steht fest, dass … **2** *péj réputation, goût etc* zweifelhaft; dubios; fragwürdig; *viande etc* nicht ganz einwandfrei, frisch; *vêtements, vaisselle* nicht ganz sauber; *linge* **d'un blanc ~, d'une propreté douteuse** nicht ganz weiß, sauber

douve [duv] F **1** *d'un tonneau* Daube *f* **2** *fossé* Wassergraben *m* **3** ZOOL, VÉT Leberegel *m*

Douvres [duvʀ] Dover *n*

doux [du] **A** ADJ ⟨douce [dus]⟩ **1** *fruit* süß; **eau douce** Süßwasser *n*; **piment ~** süßer Paprika; **vin ~** süßer, milder, lieblicher Wein; **vin ~ (naturel)** Süßwein *m* **2** *musique, murmure etc* sanft; *voix* sanft; (*basse*) leise; *température, soirée* mild; *nuit, soirée a.* lau; *parfum* leicht; *savon, produit* mild; *technique, énergie* (*non polluant*) sanft; **climat ~** mildes Klima; **drogue douce** weiche Droge; **lit ~** weiches Bett; **lumière douce** mildes, sanftes, weiches Licht; **peau douce** weiche, zarte Haut; **pente douce** sanfter Hügel; CUIS **à feu ~** auf kleiner Flamme; bei schwacher Hitze; **être ~ au toucher** sich weich anfühlen; **il fait ~** es ist mild **3** *fig espoir, souvenir, émotion* angenehm; freudig; **faire une douce folie** e-e süße Torheit begehen; → *a.* couler c 2 **4** *personne, expression, regard* sanft(-mütig); *geste* ruhig; *cheval* fromm; **~ comme un agneau, mouton** sanft, geduldig wie ein Lamm; lammfromm **5** (*amoureux*) **billet ~** Liebesbriefchen *n*; **faire les yeux ~ à qn** j-m schöne, verliebte Augen machen; j-m verliebte Blicke zuwerfen **B** ADV **1** *fam* **en douce** heimlich; unauffällig **2** *fam* **tout ~!** nicht so hastig!; *fam* immer mit der Ruhe! **3** → filer B 6

doux-amer [duzamɛʀ] ADJ ⟨douce-amère [dusamɛʀ]⟩ *fig et st/s* bittersüß

douzaine [duzɛn] F **1** Dutzend *n*; **une ~ d'œufs** ein Dutzend Eier; **à la ~** dutzendweise; im Dutzend **2** **une ~** etwa, ungefähr, an die zwölf; **enfant** *m* **d'une ~ d'années** Kind *n* von etwa zwölf Jahren

douze [duz] **A** NUM zwölf; **le ~ mai** der zwölfte *ou* am zwölften Mai; **page ~** Seite zwölf; **Pie XII** Pius XII. (der Zwölfte); **enfant** *m* **de ~ ans** zwölfjähriges Kind; Kind *n* von zwölf Jahren; **voyage** *m* **de ~ jours** zwölftägige Reise **B** M ⟨*inv*⟩ **1** Zwölf *f*; *all Sud a.* Zwölfer *m*; **le ~ (du mois)** der Zwölfte *ou* am Zwölften (des Monats); → *a.* deux B **2** **l'Europe** *f* **des Douze** das Europa der Zwölf

douzième [duzjɛm] **A** NUM zwölfte(r, -s) **B** SUBST **1** **le, la ~** der, die, das Zwölfte **2** M MATH Zwölftel *n*; **douzièmement** ADV zwölftens

doyen [dwajɛ̃] M, **doyenne** [dwajɛn] F **1** M ÉGL Dekan *m*; Dechant *m* **2** *d'une faculté* Dekan *m* **3** *d'une assemblée* Rang-, Dienstälteste(r) *m/f(m)*; DIPL Doyen *m*; **doyen, doyenne d'âge** Alterspräsident(in) *m(f)* **4** *par ext d'un groupe, d'un village* Älteste(r) *m/f(m)*

D.P.L.G. ABR (diplômé par le gouvernement) staatlich geprüft

Dr ABR (docteur) Dr. (Doktor)

Drac [dʀak] **le ~** *Fluss in den frz Alpen*

drachme [dʀakm] F HIST *monnaie* Drachme *f*

draconien [dʀakɔnjɛ̃] ADJ ⟨~ne⟩ drakonisch

dragage [dʀagaʒ] M **1** *d'un chenal etc* (Aus)Baggern *n* **2** MAR MIL **~ de mines** Minenräumen *n*

dragée [dʀaʒe] F **1** (Zucker)Dragee *n*; Wiener Mandel *f*; **~s de baptême** Wiener Mandeln, die anlässlich e-r Taufe verteilt werden; *fig* **tenir la ~ °haute à qn** (*faire attendre*) j-n lange hinhalten; *fam* j-n zappeln lassen; (*faire payer cher*) j-n teuer bezahlen lassen; (*tenir tête*) j-m Widerstand entgegensetzen **2** PHARM Dragee *n*; (Arznei)Pille *f*

dragéifié [dʀaʒeifje] ADJ dragiert; mit e-r Zuckerschicht überzogen

dragon [dʀagõ] M **1** MYTH, ART Drache(n) *m*; Lindwurm *m* **2** *fam fig* (*femme autoritaire*) *fam* Feldwebel *m*; Dragoner *m* **3** HIST MIL Dragoner *m*

dragonne [dʀagɔn] F **a** *d'une épée* Quaste *f*; Portepee *n* **b** *d'un parapluie, bâton de ski* (Halte)-Schlaufe *f*

drague [dʀag] F **1** TECH (Schwimm)Bagger *m* **2** PÊCHE Dredsche *f* (*Schleppnetz*) **3** *fig fam* Anmache *f*

draguer [dʀage] V/T **1** ausbaggern; **~ un chenal** eine Fahrrinne ausbaggern **2** MAR MIL *mines* räumen; *mer* entminen **3** PÊCHE mit der Dredsche fangen **4** *fam fig personne fam* anmachen; *fam* anbaggern; *abs* auf Liebesabenteuer aus sein; **~ une fille** *a. fam* ein Mädchen aufreißen; **se faire ~** sich anmachen lassen

dragueur [dʀagœʀ] M **1** TECH Baggerschiff *n* **2** MAR MIL **~ de mines** Minensuch-, Minenräumboot *n* **3** *fam fig* (*a.* **dragueuse** *f*) *fam* Anmacher(in) *m(f)*

drain [dʀɛ̃] M **1** AGR Drän(röhre) *m(f)*; Entwässerungsröhre *f* **2** MÉD Drain *m*

drainage [dʀɛnaʒ] M **1** AGR Dränierung *f*; Dränage *f*; Entwässerung *f* **2** MÉD Drainage *ou* Dränage *f* **3** *fig de capitaux etc* Zusammenziehung *f*

drainer [dʀene] V/T **1** AGR dränieren; entwässern **2** MÉD drainieren *ou* dränieren **3** *fig capitaux, main-d'œuvre* an sich (*acc*) ziehen; zusammenziehen

dramatique [dʀamatik] **A** ADJ **1** THÉ dramatisch; Schauspiel…; Bühnen…; Theater…; des Dramas; **art** *m* **~** dramatische Kunst; Schauspielkunst *f*; **auteur ~** → dramaturge; **critique** *f(m)* **~** Theaterkritik(er) *f(m)*; **genre** *m* **~** Drama *n*; Dramatik *f* **2** *fig situation, lutte etc* dramatisch; aufregend; **de façon ~** auf dramatische Weise; dramatisch **B** F TV Fernsehspiel *n*

dramatisation [dʀamatizasjõ] F *fig* Dramatisierung *f*; **dramatiser** V/T *fig* dramatisieren

dramaturge [dʀamatyʀʒ] M THÉ Dramatiker *m*; Bühnenautor *m*, -schriftsteller *m*; Theaterdichter *m*; **dramaturgie** F Dramaturgie *f*

drame [dʀam] M **1** THÉ Drama *n*; Schauspiel *n* **2** *fig* Drama *n*; **~ de la jalousie** Eifersuchtsdrama *n*; **cela fera des ~s** das wird böse Folgen haben; **faire (tout) un ~ de qc** etw dramatisieren; aus etw ein Drama machen

drap [dʀa] M **1** *text* Tuch *n* **2** **~ (de lit)** Betttuch *n*; (Bett)Laken *n*; **~s** *pl* Bettwäsche *f*, -zeug *n* (*ohne Kopfkissenbezug*); **~ de bain** Badetuch *n*; **~ de dessous** (Bett)Laken *n*; Betttuch *n*; **~ de dessus** Oberlaken *n*; *fig*: **être dans de beaux ~s** (schön) in der Klemme, *fam* Patsche sitzen; **mettre qn dans de beaux ~s** j-n in die Klemme bringen; *fam* j-n (ganz schön) hineinreiten; **se mettre dans de beaux ~s** *fam* sich in die Tinte setzen; sich selbst hineinreiten

drapé [dʀape] M Drapierung *f*; Faltenwurf *m*

drapeau [dʀapo] M ⟨*pl* ~x⟩ Fahne *f*; Flagge *f*; **petit ~** Fähnchen *n*; **~ tricolore** Trikolore *f*; *fig*: **être sous les ~x** Soldat sein; **être appelé sous les ~x** einberufen werden

draper [dʀape] **A** V/T **1** **a** *personne, silhouette* mit Stoff umhüllen, behängen; drapieren; *adjt* **drapé dans une cape** in e-n Umhang (ein)gehüllt **b** *tissu, cape* **~ qn** j-n umhüllen **2** *tissu, vêtement etc* drapieren, in Falten legen (**sur qn** an j-m) **B** V/PR **se ~** **1** sich (ein)hüllen (**dans** in *+acc*) **2** *fig* **se ~ dans sa dignité** sich in beleidigtes Schweigen hüllen

draperie [dʀapʀi] F **1** PEINT, SCULP Faltenwurf *m*; Draperie *f* **2** *tenture* Stoffdekoration *f*, -draperie *f* **3** **a** *fabrication* Tuchfabrikation *f* **b** *commerce* Tuchhandel *m*

drap-housse [dʀaus] M ⟨*pl* draps-housses⟩ Spannbetttuch *n*

drapier [dʀapje] M, **drapière** F **a** *fabricant* Tuchfabrikant(in) *m(f)*, -macher *m* **b** *marchand* Tuchhändler(in) *m(f)*

drastique [dʀastik] ADJ **1** *purgatif* sehr wirksam; stark **2** *mesures etc* drastisch; energisch

Drave [dʀav] GÉOG **la ~** die Drau

dravidien [dʀavidjɛ̃] ADJ ⟨~ne⟩ drawidisch

dreadlocks [dʀɛdlɔks] FPL Rastalocken *fpl*; Dreadlocks *pl*

drelin [dʀəlɛ̃] INT **~, ~!** klingling!

Dresde [dʀɛzd] Dresden *n*

dressage [dʀɛsaʒ] M **1** *d'animaux* Dressur *f*; Dressieren *n*; Abrichten *n*; *de chevaux a.* Zureiten *n* **2** *fig et péj d'enfants, de soldats* Dressur *f*; Drill *m* **3** TECH Richten *n*

dresser [dʀese] **A** V/T **1** *échelle, mât* aufstellen; *tente* aufschlagen; *tête* aufrichten; heben; *animal: ses oreilles* spitzen; aufrichten; hochstellen; **~ un monument** ein Denkmal errichten (**à qn** j-m); *fig personne* **~ l'oreille** die Ohren spitzen; *fig* **faire ~ les cheveux sur la tête à qn** j-m die Haare zu Berge stehen lassen **2** *plan, bilan, liste etc* aufstellen; *plan a.* entwerfen; *liste a.* anlegen; anfertigen; *procès-verbal, inventaire* aufnehmen; **~ un acte** eine Urkunde ausstellen, ausfertigen; **~ un contrat** einen Vertrag aufsetzen; **~ une facture** eine Rechnung ausstellen **3** **~ qn contre qn** j-n gegen j-n aufbringen, aufhetzen **4** *animaux* dressieren; abrichten (*surtout les chiens*); *chevaux a.* zureiten **5** *fig et péj soldats, enfants* drillen; *enfants a.* dressieren; *fam* **ça le dressera** das wird ihm e-e Lehre sein **6** TECH richten; zurichten **7** CUIS *mets sur un plat* anrichten; dressieren **B** V/PR **se ~** **1** sich aufrichten; *animaux* **se ~ sur ses pattes de derrière** sich auf die Hinterpfoten, -beine stellen; **se ~ sur la pointe des pieds** sich auf die Zehenspitzen stellen **2** *montagne, tour, arbre* emporragen; sich erheben **3** *fig obstacle* **se ~ sur la route de qn** sich j-m entgegenstellen, in den Weg stellen; sich vor j-m aufbauen **4** *fig* **se ~ contre qn, qc** sich gegen j-n, etw auflehnen, empören

dresseur [dʀesœʀ] M, **dresseuse** F Dresseur *m*, Dresseuse *f*; **dressoir** M Geschirrbord *n*

Dreyfus [dʀɛfys] M *officier français* Dreyfus *m*

dreyfusard [dʀɛfyzaʀ] M, **dreyfusarde** F HIST Dreyfus-Anhänger(in) *m(f)*

DRH [deɛʀaʃ] F ABR (direction des ressources humaines) Personalabteilung *f*

dribble [dʀibl] M FOOTBALL Dribbling *n*

dribbler [dʀible] V/T *et* V/I FOOTBALL **~ (le ballon)** dribbeln; **~ l'adversaire** den Gegner umspielen

drille[1] [dʀij] M **joyeux ~** lustiger, fideler Kerl, Geselle; *fam* fideles Haus

drille[2] [dʀij] F TECH Drillbohrer *m*

dring [dʀiŋ] INT *téléphone etc* drr!

drive(u)r [dʀajvœʀ, dʀivœʀ] M INFORM Treiber *m*

drogue [dʀɔg] F **1** Droge(n) *f(pl)*; Rauschgift *n*; **~ douce, dure** weiche, harte Droge; **trafic** *m* **de (la) ~** Drogen-, Rauschgifthandel *m* **2** *fig* Droge *f*; Suchtmittel *n* **3** *péj* (*médicament*) Arznei *f*; *fam* Mittelchen *n*

drogué [dʀɔge] **A** ADJ drogen-, rauschgiftsüchtig **B** SUBST **~(e)** *m(f)* Drogen-, Rauschgiftsüchtige(r) *m/f(m)*

droguer [dʀɔge] **A** V/T **~ qn** j-m Drogen,

Rauschgift geben, verabreichen **B** V/PR **se ~** **1** Drogen, Rauschgift nehmen; unter Drogen stehen **2** *malade* (zu) viele Arzneien nehmen

droguerie [dʀɔgʀi] F Drogerie *f*; **droguiste** M/F Drogist(in) *m(f)*

droit[1] [dʀwa] M **1** ⟨*ohne pl*⟩ *sens objectif* Recht *n*; **~ administratif** Verwaltungsrecht *n*; **~ civil** bürgerliches Recht; Zivilrecht *n*; **~ commun** gemeines Recht; **prisonnier** *m* **de ~ commun** Strafgefangene(r) *m*; *opposé à prisonnier politique* Kriminelle(r) *m*; **~ constitutionnel** Verfassungsrecht *n*; Staatsrecht *n*; **~ international** Völkerrecht *n*; internationales Recht; **~ pénal** *ou* **criminel** Strafrecht *n*; **~ du travail** Arbeitsrecht *n*; **~ du plus fort** Recht des Stärkeren; Faustrecht *n*; *loc adv*: **à bon ~** mit vollem, gutem Recht; zu Recht; **de plein ~** völlig rechtmäßig, zu Recht; *par ext* ganz selbstverständlich; ohne weiteres; HIST **de ~ divin** von Gottes Gnaden; **s'adresser à qui de ~** sich an die zuständige Stelle, Person wenden **2** *science* Rechtswissenschaft *f*; Jura *npl*; Rechte *npl*; *autrich* Jus *n*; **faculté** *f* **de ~** rechtswissenschaftliche, juristische, *autrich* juridische Fakultät; **faire son ~** Jura, Rechtswissenschaft, *autrich* Jus studieren **3** *sens subjectif* Recht *n*; Berechtigung *f*; Befugnis *f*; Anrecht *n*; Anspruch *m*; **~s civiques** bürgerliche Ehrenrechte *npl*; **~ au travail** Recht auf Arbeit; **~ de grève** Streikrecht *n*; **~s de l'homme** Menschenrechte *npl*; **~ de reproduction** Vervielfältigungsrecht *n*; **~ de visite** → visite 1; **~ de vote** Wahlrecht *n*; Stimmrecht *n*; **de quel ~** *faites-vous cela?* mit welchem Recht ...?; **avoir le ~, être en ~ de faire qc** das Recht haben, berechtigt sein, befugt sein, etw zu tun; etw tun dürfen; **on a bien le ~ de téléphoner!** man wird doch noch telefonieren dürfen!; **ne pas avoir le ~ de faire qc** kein Recht haben, nicht das Recht haben, nicht berechtigt sein, nicht befugt sein, etw zu tun; etw nicht tun dürfen; **avoir ~ à qc** ein (An)Recht, e-n Anspruch auf etw *(acc)* haben; **avoir des ~s sur qc** Ansprüche auf etw *(acc)* haben; **cela lui donne, confère le ~ de** *(+inf)* das gibt ihm das Recht, berechtigt ihn zu *(+inf)*; **être dans son (bon) ~** (völlig) im Recht sein; **c'est ton ~** das ist dein (gutes) Recht **4** *(taxe)* Gebühr *f*; Abgabe *f*; **~s d'auteur** Vergütung *f* aus dem Urheberrecht; Tantiemen *fpl* (e-s Autors); **~ de douane** Zoll (-gebühr) *m(f)*; **~ d'inscription** Einschreibungs-, Anmeldegebühr *f*

droit[2] [dʀwa] **A** ADJ **1** rechte(r, -s); SPORTS **ailier ~** Rechtsaußen *m*; POL **centre ~** gemäßigte Rechte; rechte Mitte; *loc adv* **à main ~e** rechter Hand; zur rechten Hand; *st/s* zur Rechten; *d'un fleuve* **rive ~e** rechtes Ufer; *fig* **être le bras ~ de qn** j-s rechte Hand sein **2** *ligne, nez, mur etc* gerade; *écriture a.* steil; MATH **angle ~** rechter Winkel; TENNIS **coup ~** Vorhandschlag *m*; COUT **manteau ~** gerade geschnittener Mantel; COUT **veston ~** einreihiges Jackett; *chapeau* **bien ~ sur la tête** gerade sitzend; *loc adv* **en ligne ~e** in gerader Linie; in Luftlinie; geradlinig; *personne* **~ comme un i** kerzengerade; *fam* gerade wie e-e Eins; *fig* **s'écarter du ~ chemin** vom rechten Weg abweichen; *fig* **rester dans le ~ chemin** auf dem rechten Weg bleiben; **se tenir ~** sich gerade halten; gerade stehen *ou* sitzen **3** *fig personne* aufrecht; gerade; rechtschaffen; redlich **B** ADV *aller, regarder etc* **~ devant soi** geradeaus; *fig* **aller ~ au but** geradewegs aufs Ziel losgehen; direkt zur Sache kommen; **aller ~ au fait** ohne Umschweife, sofort zur Sache kommen; *entreprise* **aller ~ à la faillite** geradewegs auf den Konkurs zusteuern; **écrire ~** steil, gerade schreiben; **(c'est) tout ~** (es geht) immer geradeaus; **marcher ~** gerade, aufrecht gehen; *fig* aufs Wort gehorchen; *fam* spuren **C** M BOXE Rechte *f* *(a. coup porté)*; **crochet** *m* **du ~** rechter Haken

droite [dʀwat] F **1** Rechte *f*; rechte Seite; ♦ *loc adv*: **à ~** rechts *ou* nach rechts; *fig* **à ~ et à gauche** überall *ou* überallhin; **la deuxième rue à ~** die zweite Straße rechts; **regarder à ~** nach rechts schauen; **rouler à ~** rechts, auf der rechten Seite fahren; **tourner à ~** rechts einbiegen; **de la ~** von rechts; *fig* **de ~ et de gauche** von überallher; von allen Seiten; *automobilistes entre eux* **et votre ~!** können Sie nicht rechts fahren!; ♦ *loc prép*: **à ~ de** rechts von *(ou +gén)*; **à la ~ de qn** rechts von j-m; *st/s* zu j-s Rechten; j-m zur Rechten; **à** *ou* **sur votre ~** rechts von Ihnen; zu Ihrer Rechten; *à table* **placer qn à sa ~** j-n zu s-r Rechten setzen; **prendre sur la ~** rechts einbiegen; **tenir sa ~** sich rechts halten; rechts fahren **2** POL **la ~** die Rechte; **l'extrême ~** die äußerste Rechte; *loc adj* **de ~** Rechts...; rechts stehend; **journal** *m* **de ~** rechts stehende Zeitung; **parti** *m* **de ~** Rechtspartei *f*; **politique** *f* **de ~** rechtsgerichtete Politik; **il est de ~** er steht rechts; *fam* **être (très) à ~** (stark) rechts eingestellt sein; *fam* **voter à ~** rechts wählen **3** MATH Gerade *f*

droitier [dʀwatje], **droitière** **A** M,F Rechtshänder(in) *m(f)* **B** ADJ rechtshändig; **être droitier, droitière** Rechtshänder(in) sein

droiture [dʀwatyʀ] F Geradheit *f*; Aufrichtigkeit *f*; Rechtschaffenheit *f*; Redlichkeit *f*; **avec ~** redlich; rechtschaffen

drolatique [dʀɔlatik, dʀo-] ADJ *litt* tolldreist

drôle [dʀol] **A** ADJ **1** *(amusant)* lustig; spaßig; ulkig; drollig; **ce n'est pas ~** das ist nicht gerade lustig; das macht nicht gerade Spaß; *fam iron* **vous êtes ~!** Sie sind aber gut!; Sie sind lustig!; Sie machen mir Spaß!; **vous trouvez cela ~?** finden Sie das (etwa) lustig, komisch, zum Lachen? **2** *(bizarre)* komisch; seltsam; sonderbar; merkwürdig; ♦ *épithète* **~ de: la ~ de guerre** → guerre; **une ~ d'idée** e-e komische, seltsame Idee, Vorstellung; **un ~ de type** ein komischer Kauz; **avoir un ~ d'air** seltsam, sonderbar aussehen; **faire une ~ de tête** das Gesicht verziehen; ein komisches Gesicht machen; ♦ *attribut*: **cela me fait ~** das berührt mich sonderbar, seltsam; dabei habe ich ein sonderbares, seltsames Gefühl; **je me sens tout ~** mir ist so komisch (zumute); ich fühle mich nicht ganz wohl **3** *fam* **~ de** ungeheuer; enorm; *fam* unheimlich; **un ~ de courage** ein ungeheurer *etc* Mut **B** SUBST **un ~** *fam* e-e komische Type, Nummer; **un mauvais ~** ein übler Bursche; *fam* ein sauberes Früchtchen

drôlement [dʀolmɑ̃] ADV **1** *(bizarrement)* komisch; seltsam; sonderbar; merkwürdig **2** *fam (beaucoup, très)* enorm; ungeheuer; *fam* unheimlich

drôlerie [dʀolʀi] F Komik *f*; Lustigkeit *f*

dromadaire [dʀɔmadɛʀ] M ZOOL Dromedar *n*

Drôme [dʀom] **la ~** *Fluss u. Departement in Frankreich*

Dropt [dʀo] **le ~** *Fluss in Südwestfrankreich*

drosser [dʀɔse] V/T MAR (ab)treiben

dru [dʀy] **A** ADJ dicht; **cheveux ~s** dichtes Haar; **pluie ~e** dichter Regen **B** ADV **pousser ~** dicht wachsen; *pluie* **tomber ~** in dichten Tropfen fallen; prasseln

drugstore [dʀœgstɔʀ] M Drugstore *m*

druide [dʀɥid] M Druide *m*; **druidique** ADJ druidisch; Druiden...; **druidisme** M Druidentum *n*

dry [dʀaj] ADJ *boisson alcoolisée* dry; trocken

DST [deɛste] F ABR (Direction de la surveillance du territoire) HIST Spionageabwehrdienst *m*; Geheimdienst *m*

D.T.S. [deteɛs] MPL ABR (droits de tirage spéciaux) SZR *npl* (Sonderziehungsrechte)

du [dy] *article défini et article partitif* ⟨*zusammengezogen aus „de le"*⟩ → **de** A et B

dû [dy] **A** PP → devoir[1] *et* ADJ ⟨due⟩ **1** *somme d'argent* schuldig; geschuldet **2** JUR **en bonne et due forme** formgerecht; vorschriftsmäßig; ordnungsgemäß **3** *phénomène, événement* **être ~ à qc** e-r Sache *(dat)* zuzuschreiben, zu verdanken sein; auf etw *(acc)* zurückzuführen sein; **être ~ au hasard** dem *ou* e-m Zufall zu verdanken sein **4** *honneurs, rang* gebührend, zukommend **(à qn** j-m); **être ~ à qn** j-m gebühren, zukommen; **cela lui est ~** das ist, was ihm gebührt; das hat er verdient **B** SUBST **mon ~** das mir Zukommende, Gebührende; das, was mir zukommt, gebührt; **à chacun son ~** jedem das Seine

dualisme [dɥalism, dya-] M Dualismus *m*; **dualiste** **A** ADJ dualistisch **B** M Dualist *m*; **dualité** F Dualität *f*; Zweiheit *f*

dubitatif [dybitatif] ADJ ⟨-ive⟩ Zweifel ausdrückend; zweifelnd; dubitativ

Dublin [dyblɛ̃] Dublin *n*

duc [dyk] M **1** Herzog *m* **2** ZOOL **grand ~** Uhu *m*

ducal [dykal] ADJ ⟨-aux⟩ Herzogs...; herzoglich

ducasse [dykas] F *en Belgique et dans le Nord de la France* Volksfest *n*; Kirmes *f*

ducat [dyka] M Dukaten *m*

duché [dyʃe] M Herzogtum *n*

duchesse [dyʃɛs] F **1** Herzogin *f* **2** **~** *ou adjt* ⟨*inv*⟩ **poire** *f* **~** Butterbirne *f*

ductile [dyktil] ADJ TECH duktil; dehn-, streck-, verformbar

Dudelange [dyd(ə)lɑ̃ʒ] GÉOG Düdelingen *n*

duègne [dɥɛɲ] F (ältere) Anstandsdame

duel [dɥɛl] M **1** Duell *n*; Zweikampf *m*; **se battre en ~** sich duellieren; **provoquer qn en ~** j-n zum Duell (heraus)fordern; **tuer qn en ~** j-n im Duell töten **2** *fig* **~ oratoire** Rededuell *n*; Wortgefecht *n* **3** GRAM Dual(is) *m*

duelliste [dɥelist] M Duellant *m*

duettiste [dɥetist] M/F MUS **a** *qui chante* Duettsänger(in) *m(f)* **b** *qui joue* Duospieler(in) *m(f)*

duffle-coat [dœfœlkot] M Dufflecoat *m*

Du Guesclin [dygeklɛ̃] *historische frz Gestalt*

Duhamel [dyamɛl] **Georges ~** *frz Schriftsteller*

dulcinée [dylsine] F *plais* Dulzinea *f*; Angebetete *f*

Dumas [dyma] *frz Schriftsteller*

dûment [dymɑ̃] ADV **1** JUR vorschriftsmäßig; ordnungsgemäß **2** *(convenablement)* gebührend; wie es sich gebührt

dumping [dœmpiŋ] M COMM Dumping *n*

dune [dyn] F Düne *f*

dunette [dynɛt] F MAR Poop *f*; Hütte *f*

Dunkerque [dɛ̃kɛʀk, dœ̃-] Dünkirchen *n*

duo [dyo] M MUS **a** *vocal* Duett *n*; **en ~** im Duett **b** *instrumental* Duo *n* *(a. fig et plais)*

duodécimal [dɥɔdesimal] ADJ ⟨-aux⟩ **système** *m* **de numération ~e** Duodezimal-, Zwölfersystem *n*

duodénal [dɥɔdenal] ADJ ⟨-aux⟩ ANAT Zwölffingerdarm...

duodénum [dɥɔdenɔm] M ANAT Zwölffingerdarm *m*

dupe [dyp] **A** F **être la ~ de qn** von j-m betrogen, geprellt, übers Ohr gehauen, zum Narren gehalten werden; **c'est un marché de ~s** das ist Betrug **B** ADJ **être ~ de qc** auf etw *(acc)* hereinfallen; sich von etw täuschen lassen; **je ne suis pas ~** darauf falle

ich nicht herein; ich durchschaue die Sache
duper [dype] VT betrügen; prellen; zum Narren halten
duperie [dypʀi] F Schwindel *m*; Betrug *m*
duplex [dyplɛks] M 1 TÉLÉCOMMUNICATIONS Duplexbetrieb *m*; Gegensprechverkehr *m* 2 RAD, TV Konferenzschaltung *f* (mit zwei Teilnehmern) 3 *appartement* Maiso(n)nettewohnung *f*
duplicata [dyplikata] M ⟨*inv*⟩ Duplikat n; Zweitschrift *f*, -ausfertigung *f*; **duplicateur** M Vervielfältigungsapparat *m*
duplicité [dyplisite] F *d'une personne* Doppelzüngigkeit *f*; Falschheit *f*
dupliquer [dyplike] VT INFORM kopieren
duquel [dykɛl] PR REL *et* PR INTERROG → lequel
dur [dyʀ] A ADJ 1 *(ferme) matériau, sol, siège etc* hart; *œuf* hart (gekocht); **blé ~** Hartweizen *m*; **viande ~e** zähes Fleisch; **~ comme du bois** steinhart; *fig* **avoir la tête ~e** ein Dickkopf, *fam* -schädel sein 2 *par ext combats* hart; *sommeil* fest; *fam* **coup ~** harter, schwerer (Schicksals)Schlag; **drogue ~e** harte Droge; **~ à digérer** schwer zu verkraften(d); **être ~ à la tâche** ein unermüdlicher Arbeiter sein; → *a.* vie 1 3 *(difficile)* schwer; schwierig; hart; *porte, levier etc* **être ~** schwer gehen; **être ~ d'oreille**, *fam* **de la feuille** schwerhörig sein; schwer hören; **ce n'est pas ~** das ist nicht schwer, schwierig; das fällt mir nicht schwer; **les temps sont ~s** es sind schwere, harte, schlechte Zeiten; **mener la vie ~e à qn** j-m das Leben schwer, sauer machen; → *a.* détente 1 4 *(sévère) voix, traits du visage etc* hart; *personne* hart; streng; *(inhumain)* hart(herzig); *loi, traitement, critique* hart; streng; **être ~ avec qn** gegen j-n, zu j-m hart sein B ADV 1 *fam* **cogner, frapper ~** hart, fest, kräftig (zu)schlagen; **travailler ~** hart arbeiten; *soleil fam* **taper ~** heiß brennen 2 *fig* **croire à qc ~ comme fer** (an) etw *(acc)* felsenfest glauben; von etw felsenfest überzeugt sein C SUBST 1 *personne* a *fam* **un ~** ein abgebrühter, *fam* hartgesottener Bursche; **jouer les ~s** sich hart, abgebrüht geben b *fam* **un ~, une ~e à cuire** j-d, mit dem *ou* mit der man schlecht fertig wird c *(intransigeant)* **un ~** ein harter, unnachgiebiger, kompromissloser Mensch; **les ~s d'un parti** die Kompromisslosen *mpl*, Falken *mpl* in e-r Partei 2 M **construction** *f* **en ~** Massivbau *m* 3 LOC ADV **être élevé à la ~e** hart, streng, spartanisch erzogen werden *ou* sein 4 **coucher sur la ~e** auf der bloßen Erde schlafen
durabilité [dyʀabilite] F Dauerhaftigkeit *f*; Beständigkeit *f*; Nachhaltigkeit *f*
durable [dyʀabl] ADJ dauerhaft; beständig; **développement** *m* **~** nachhaltige Entwicklung; **effet** *m* **~** nachhaltige Wirkung; **influence** *f* **~** nachhaltiger Einfluss
duralumin [dyʀalymɛ̃] M TECH Duralumin (-ium) *n*; Dural *n*
durant [dyʀɑ̃] PRÉP 1 während *(+gén, fam a. +dat)*; **~ l'été** während des Sommers; den Sommer über; **~ trois jours** drei Tage (lang); während dreier Tage; **~ la nuit** während, in der Nacht; die Nacht über; **~ tout ce temps** während, in dieser ganzen Zeit 2 ⟨*nachgestellt*⟩ **une heure ~** e-e (ganze) Stunde lang; e-e geschlagene Stunde; **des heures ~** stundenlang; **des mois ~** monatelang; **sa vie ~** sein Leben lang
Duras [dyʀas] *frz Schriftstellerin*
duratif [dyʀatif] ADJ ⟨-ive⟩ LING durativ; die Dauer ausdrückend; **aspect ~** durative Aktionsart
durcir [dyʀsiʀ] A VT 1 *matériau, sol etc* hart machen; hart werden lassen; *matériau a.* (er)härten 2 *fatigue etc: visage* hart machen, erscheinen lassen; **il a durci sa voix** s-e Stimme wurde hart 3 *fig* **~ sa position** e-e unnachgiebigere Position einnehmen; **~ la résistance** den Widerstand verstärken B VI hart werden; erhärten C VPR **se ~** 1 hart werden *(a. traits du visage etc)*; *matériau a.* erhärten 2 *fig positions, fronts* sich verhärten; *personne* hart (-herzig) werden
durcissement [dyʀsismɑ̃] M 1 Hartwerden *n*; Erhärtung *f* 2 *fig des positions etc* Verhärtung *f*; **durcisseur** M TECH Härter *m*; Härtungsmittel *n*
durée [dyʀe] F Dauer *f*; Zeit(dauer) *f*; Länge *f*; **~ de construction, de cuisson** Bau-, Kochzeit *f*; INFORM **~ d'exécution** Laufzeit *f*; **~ du travail** Arbeitszeit *f*, -dauer *f*; **réduire la ~ du travail** die Arbeitszeit verkürzen; **~ de validité** Gültigkeitsdauer *f*; *loc adj*: **de courte ~** von kurzer Dauer; *phénomène a.* kurzlebig; *loc prép*: **pendant la ~ de** während (der Dauer) *(+gén)*; **pendant la ~ des travaux** während der Bauarbeiten; **pour la ~ de** für die Dauer von *(ou +gén)*; **pour la ~ des vacances** für die Dauer der Ferien; für die ganze Ferienzeit; **pour une ~ illimitée** auf unbegrenzte Zeit
durement [dyʀmɑ̃] ADV 1 **être ~ touché, éprouvé** hart, schwer mitgenommen, getroffen, geprüft werden; Schweres durchmachen 2 *parler, répondre etc* hart; in hartem Ton
dure-mère [dyʀmɛʀ] F ANAT harte (Ge)Hirnhaut; *t/t* Dura Mater *f*
durer [dyʀe] VI 1 dauern; an-, fortdauern; anhalten; *st/s* währen; *beau temps* anhalten; sich halten; *mode, œuvre* sich halten; Bestand haben; *la conversation* **dure encore** dauert noch an; **la tempête dure depuis deux jours** der Sturm dauert schon zwei Tage; es stürmt schon seit zwei Tagen; **cela a assez duré, cela n'a que trop duré** das dauert nun lange genug; das hat schon allzu lange gedauert; jetzt reicht's!; **cela ne peut ~** das kann nicht so bleiben, weitergehen; **pourvu que cela dure!** wenn es doch nur so bliebe!; hoffentlich bleibt es so!; ♦ **faire ~ qc** etw hinausziehen, in die Länge ziehen, verlängern; *iron* **faire ~ le plaisir** den Spaß in die Länge ziehen 2 *objet, matériau* halten; **faire ~ ses affaires** s-e Sachen schonen, damit sie länger halten; *fam* **ça durera ce que ça durera** das hält eben, solange es hält
dureté [dyʀte] F 1 *d'un matériau, d'un lit etc* Härte *f* 2 *fig du visage, de la voix etc* Härte *f*; *d'une personne* a *(sévérité)* Härte *f*; Strenge *f* b *(inhumanité)* Hartherzigkeit *f*; Härte *f*; *d'une loi, d'une critique etc* Härte *f*; Strenge *f*
durillon [dyʀijɔ̃] M Schwiele *f*
durit® [dyʀit] F AUTO Kühlwasserschlauch *m*
Durkheim [dyʀkɛm] **Émile** ~ *frz Soziologe*
dussé-je [dysɛʒ] → devoir[1] B 5
DUT [deyte] M ABR (diplôme universitaire de technologie) Abschlussdiplom *n* e-r Fachhochschule (→ IUT)
duvet [dyvɛ] M 1 Daunen *fpl*; Flaumfedern *fpl*; *oreiller* **garni de ~** mit Daunenfüllung 2 *(sac de couchage)* (Daunen)Schlafsack *m* 3 *des humains*, ZOOL, BOT Flaum(haare) *m(npl)* 4 *d'un jeune homme* Flaum(bart) *m*
duveter [dyvte] VPR ⟨-tt-⟩ **se ~** Flaumhaare, e-n Flaum bekommen; **duveteux** ADJ ⟨-euse⟩ flaumig; mit Flaum bedeckt; *tissu* flauschig
DVD [devede] M ABR (digital versatile disc) DVD *f*
dynamique [dinamik] A ADJ dynamisch; *fig personne a.* energiegeladen; tatkräftig B F 1 PHYS *fig* Dynamik *f* 2 PSYCH **~ de(s) groupe(s)** Gruppendynamik *f*
dynamiser [dinamize] VT dynamisieren; **dynamisme** M 1 *d'une personne, d'une évolution* Dynamik *f* 2 PHIL Dynamismus *m*
dynamitage [dinamitaʒ] M Sprengen *n*, Sprengung *f* mit Dynamit
dynamite [dinamit] F 1 Dynamit *n*; **attentat** *m* **à la ~** Sprengstoffattentat *n*; **faire sauter à la ~** mit Dynamit sprengen 2 *fam fig d'une personne* **c'est de la ~** *fam* der *ou* die hat aber (ein) Temperament!
dynamiter [dinamite] VT mit Dynamit sprengen
dynamo [dinamo] F ÉLEC Dynamo *m*; AUTO Lichtmaschine *f*; **dynamo-électrique** ADJ **machine** *f* **~** Dynamomaschine *f*
dynamomètre [dinamɔmɛtʀ] M Dynamometer *n*; Kraftmesser *m*
dynastie [dinasti] F Dynastie *f (a. fig)*; Herrscherhaus *n*, -geschlecht *n*; **dynastique** ADJ dynastisch
dyne [din] F PHYS Dyn *n (symbole* dyn)
dysenterie [disɑ̃tʀi] F MÉD Ruhr *f*; **~ amibienne** Amöbenruhr *f*
dysfonctionnement [disfɔ̃ksjɔnmɑ̃] M MÉD Funktionsstörung *f*
dyslexie [dislɛksi] F Legasthenie *f*; **dyslexique** A ADJ legasthenisch B M/F Legastheniker(in) *m(f)*
dyspepsie [dispɛpsi] F MÉD Verdauungsstörung *f*; *t/t* Dyspepsie *f*

E

E, e [ə] ⟨*inv*⟩ E, e *n*; **l'e** [lə ə, lə] das E; **e dans l'o** oe verschlungen (œ)
E. ABR (est) O (Ost[en])
EAO [əao] M ABR (enseignement assisté par ordinateur) computerunterstützter Unterricht
eau [o] F ⟨*pl* ~x⟩ 1 Wasser *n*; *pl* **~x** *a.* GÉOG Gewässer *npl*; *(sources thermales)* Heilquellen *fpl*; ♦ **basses ~x** Niedrigwasser *n*; niedriger Wasserstand; **~ chaude** warmes, heißes Wasser; Warmwasser *n*; **~ douce** Süßwasser *n*; **~ fraîche** frisches Wasser; Frischwasser *n*; **~ froide** kaltes Wasser; Kaltwasser *n*; **se laver à l'~ froide** sich mit kaltem Wasser waschen; **les grandes ~x de Versailles** die Wasserkünste *fpl* von Versailles; *fam fig* **c'est les grandes ~x** *fam* er *ou* sie heult wie ein Schlosshund; **°hautes ~x** Hochwasser *n*; hoher Wasserstand; **~ minérale** Mineralwasser *n*; Tafelwasser *n*; **~x territoriales** Hoheitsgewässer *npl*; **~x thermales** warme Quellen *fpl*; Thermalquellen *fpl*; **~ de Cologne** Kölnischwasser; **~ de cuisson** Kochwasser *n*; **~x d'égout** Abwasser *n*; Schmutzwasser *n*; **~ de mer** Meerwasser *n*; **~ de parfum** Eau de Parfum *n*; **~ de pluie** Regenwasser *n*; **~ de riz** Reisschleim *m*; **~ du robinet** Leitungswasser *n*; **~ de source** Quellwasser *n*; **~ de toilette** Eau de Toilette *n*; **~ de vaisselle** Abwasch-, Spülwasser *n*; *fig et péj (soupe trop claire)* dünne Brühe; ♦ *loc adv*: **au bord de l'~** am Ufer; am Wasser; **en ~ profonde** in großer (Wasser)Tiefe; **entre deux ~x** in e-r gewissen Wassertiefe; *fig* **nager entre deux ~x** es mit keinem verderben wollen; geschickt lavieren; *loc adj* **(cuit) à l'~** (in Wasser) gekocht; **soluble dans l'~** wasserlöslich; ♦ **aller aux ~x** e-e Badekur machen; ins Bad reisen; **aller sur l'~** auf dem Wasser fahren; *fig* **amener de l'~ au moulin de qn** Wasser auf j-s Mühle *(acc)* sein; *fam fig* **il y a de l'~ dans le gaz** es kriselt; da ist Sand im Getriebe; **le temps est à l'~** es sieht nach Regen aus;

être en ~ in Schweiß gebadet sein; *fig* **les ~x sont basses** *fam* es ist Ebbe (in meiner Kasse); MAR **faire ~** leck sein; lecken; ein Leck haben; **se jeter à l'~** sich ins Wasser stürzen; ins Wasser springen; *suicide* sich ertränken; ins Wasser gehen; *fig (oser)* den Stier bei den Hörnern packen; sich *(dat)* ein Herz fassen; **laver à grande ~** mit viel *ou* reichlich Wasser, gründlich waschen; **mettre à l'~** *canot (de sauvetage)* aussetzen; zu Wasser lassen, bringen; *bateau (lancer)* vom Stapel lassen; *fig* **mettre de l'~ dans son vin** zurückstecken; *fig* **d'ici là il passera, coulera beaucoup d'~ sous les ponts** bis dahin wird noch viel Wasser den Rhein *(ou* die Donau *etc)* hinunterfließen; **passer à l'~** CUIS abschrecken; *vaisselle etc* (kurz) abspülen; **se passer les mains à l'~** sich *(dat)* (kurz) die Hände waschen; *fig* **pêcher en ~ trouble** im Trüben fischen; *fig* **porter de l'~ à la rivière** Eulen nach Athen tragen; **prendre les ~x** e-e Trinkkur machen; Brunnen trinken; **tenir l'~** *récipient* wasserdicht sein; *bateau* schwimmfähig sein; **tomber à l'~** ins Wasser fallen *(a. fig)*; **il tombe de l'~** es regnet; **cela me fait venir, me met l'~ à la bouche** *ou* **j'en ai l'~ à la bouche** das Wasser läuft mir im Munde zusammen; das macht mir den Mund wässerig; ♦ *prov:* **l'~ va toujours à la rivière** Geld kommt immer zu Geld *(prov)*; wo viel ist, kommt noch mehr hin *(prov)*; **il n'est pire ~ que l'~ qui dort** stille Wasser sind, gründen tief *(prov)* **2** **Eaux et Forêts** *fpl* Forstwesen *n*; **administration** *f* **des Eaux et Forêts** Forstverwaltung *f*; **ingénieur** *m* **des Eaux et Forêts** Diplomforstwirt *m* **3** MÉD **~x** *pl* Fruchtwasser *n*; **perte** *f* **des ~x** Fruchtwasserabgang *m*; **poche** *f* **des ~x** Fruchtblase *f* **4** *diamant* **de la plus belle ~** von erstem, reinstem Wasser; *fig* **un escroc** *etc* **de la plus belle ~** ein Schurke *etc* reinsten Wassers

eau-de-vie [odvi] F ⟨*pl* eaux-de-vie⟩ Branntwein *m*; Schnaps *m*; **~ de vin** Weinbrand *m*; **cerises** *fpl* **à l'~** in Branntwein eingelegte Kirschen *fpl*

eau-forte [ofɔʀt] F ⟨*pl* eaux-fortes⟩ **1** Radierung *f (technique et résultat)* **2** CHIM Scheidewasser *n*

Eauze [eoz] *Ort im Dep. Gers*

ébahir [ebaiʀ] **A** V/T verblüffen; *adjt* **tout ébahi** ganz verdutzt; bass erstaunt; sprachlos **B** V/PR *litt* **s'~** sich (ver)wundern; erstaunt, verblüfft sein (**de** über *+acc*); s-n Augen nicht trauen; es nicht fassen können

ébahissement [ebaismɑ̃] M Verblüffung *f*

ébarber [ebaʀbe] V/T TECH ab-, entgraten; MÉTALL (guss)putzen; *plumes* reißen; schleißen; *papier* beschneiden

ébats [eba] *st/s et plais* MPL Herumtollen *n*; (muntere) Spiele *npl*; **~ amoureux** Liebesspiele *npl*

ébattre [ebatʀ] V/PR ⟨→ battre⟩ *st/s* **s'~** sich herumtummeln; herumtollen

ébaubi [ebobi] *litt* ADJ sprachlos; verdutzt

ébauche [eboʃ] F **1** *de tableau, de roman, de lettre etc* (erster) Entwurf; Skizze *f*; Anlage *f*; Vorstufe *f*; Rohfassung *f* **2** *fig* (schwacher) Versuch; Andeutung *f*; **~ d'un sourire** Andeutung, Spur *f* e-s Lächelns **3** TECH Rohform *f*; Rohling *m*

ébaucher [eboʃe] **A** V/T **1** *tableau, roman etc* entwerfen; skizzieren; anlegen; SCULP aus dem Rohen, Groben arbeiten **2** *fig* **~ un projet** einen Plan entwerfen; **~ un sourire, un salut** ein Lächeln, einen Gruß andeuten **3** TECH roh bearbeiten **B** V/PR **s'~** sich andeuten; sich abzeichnen; allmählich Gestalt annehmen

ébauchoir [eboʃwaʀ] M SCULP Modellierstab *m*

ébaudir [ebodiʀ] V/PR **s'~** *litt* sich ergötzen

ébène [ebɛn] F Ebenholz *n*; *fig* **cheveux** *mpl* **d'~, noirs comme l'~** Haare *npl* schwarz wie Ebenholz; **meubles** *mpl* **d'~** Möbel *npl* aus Ebenholz; **noir** *m* **d'~** tiefes Schwarz

ébénier [ebenje] M BOT Ebenholzbaum *m*; **faux ~** Goldregen *m*

ébéniste [ebenist] M/F (Kunst)Tischler(in) *m(f)*; Möbeltischler(in) *m(f)*

ébénisterie [ebenistəʀi] F **a** Tischlerhandwerk *n*; (Kunst-, Möbel)Tischlerei *f* **b** (**ouvrage** *m* **d'**)~ (Kunst)Tischlerarbeit *f*

éberlué [ebɛʀlɥe] ADJ verdutzt

éblouir [ebluiʀ] V/T **1** *soleil etc* **~ qn** j-n blenden **2** *fig* **a** *(émerveiller)* sehr beeindrucken; bezaubern; hinreißen **b** *péj* blenden; bluffen; täuschen; **se laisser ~ par qc** sich von etw blenden lassen

éblouissant [ebluisɑ̃] ADJ **1** *soleil etc* blendend; *neige* blendend weiß **2** *fig* blendend; *style* glänzend; *teint* schimmernd; strahlend; **verve ~e** sprühender Witz; **être d'une beauté ~e** strahlend, hinreißend schön sein

éblouissement [ebluismɑ̃] M **1** Blenden *n*, -ung *f* **2** **j'ai des ~s** es wird mir schwarz, es flimmert mir vor den Augen **3** *fig* bewunderndes Staunen; **ce fut un ~** es war wunderbar, herrlich

ébonite [ebɔnit] F Hartgummi *n ou m*; Ebonit *n*

e-book [ibuk] M ⟨*pl* e-books⟩ INFORM E-Book *n*

éborgner [ebɔʀɲe] **A** V/T **~ qn** j-m ein Auge ausstechen, -schlagen, -stoßen **B** V/PR **s'~** sich *(dat)* ein Auge ausstechen, -schlagen, -stoßen

éboueur [ebwœʀ] M Arbeiter *m* bei der Müllabfuhr; *t/t* Müllwerker *m*; **~s** *pl* Müllabfuhrpersonal *n*

ébouillanter [ebujɑ̃te] **A** V/T abbrühen; überbrühen; CUIS *a.* kurz in kochendes Wasser legen; **~ une théière** eine Teekanne heiß ausspülen, vorwärmen **B** V/PR **s'~** sich verbrühen

éboulement [ebulmɑ̃] M Erd-, Bergrutsch *m*; MINES Verschüttung *f*; Verbruch *m*; **~ d'une falaise** Einsturz *m* e-r Steilküste; **~ de terrain, de terre** Erdrutsch *m*

ébouler [ebule] V/PR **s'~** einstürzen; *talus* abrutschen

éboulis [ebuli] M Geröll *n*; Schutt *m*

ébouriffant [ebuʀifɑ̃] *fam* ADJ haarsträubend; verblüffend; unglaublich; **succès ~** durchschlagender Erfolg

ébouriffé [ebuʀife] **A** ADJ *cheveux, personne* zerzaust; zerrauft; *fam* strubbelig; *cheveux a.* wirr; *moineau* aufgeplustert; **tête ~e** Strubbelkopf *m* **B** M Struwwelpeter *m*; Strubbelkopf *m*

ébouriffer [ebuʀife] V/T **1** **~ les cheveux de qn** j-m das Haar, die Haare zerzausen, zerraufen, *fam* verstrubbeln **2** *fam fig* verblüffen; verdutzen

ébrancher [ebʀɑ̃ʃe] V/T aus-, abästen; ausputzen; auslichten

ébranlement [ebʀɑ̃lmɑ̃] M **1** Erschütterung *f* **2** *fig de la confiance, du pouvoir* Erschütterung *f*; *de la santé* Zerrüttung *f*; *du trône* Wanken *n* **3** *psychique* Erschütterung *f*; Schock *m*

ébranler [ebʀɑ̃le] **A** V/T **1** *vitres, sol* erschüttern; erzittern lassen; *immeuble* ins Wanken bringen; *cris* **~ l'air** durch die Luft hallen **2** *fig* **a** *confiance, pouvoir* erschüttern; ins Wanken bringen; **~ les convictions de qn** *a.* j-n in s-r Überzeugung wankend machen; *ces arguments* **l'ont ébranlé** haben ihn unsicher gemacht; **rien ne peut l'~** ihn kann nichts erschüttern **b** *nerfs, santé* zerrütten; *adjt* **ébranlé** *a.* angeschlagen **B** V/PR **s'~** *train* sich in Bewegung setzen; anfahren; *cortège* sich in Bewegung setzen; *armée* sich in Marsch setzen; *cloches* zu läuten beginnen, anheben

Èbre [ɛbʀ] GÉOG **l'~** *m* der Ebro

ébréché [ebʀeʃe] ADJ **1** *lame* schartig; *tasse, verre* angeschlagen; *dent* ab-, ausgebrochen **2** *fam fig fortune* stark angegriffen

ébrécher [ebʀeʃe] ⟨-è-⟩ **A** V/T **1** *lame* schartig machen; **~ une assiette, un vase, un verre** einen Teller, eine Vase, ein Glas anschlagen **2** *fam fig fortune* angreifen **B** V/PR **s'~** schartig werden; **s'~ une dent** sich *(dat)* ein Stück von e-m Zahn ausbrechen

ébréchure [ebʀeʃyʀ] F *sur une lame* Scharte *f*; *sur une assiette etc* angeschlagene Stelle; Beschädigung *f*

ébriété [ebʀijete] F ADMIN Trunkenheit *f*; **en état d'~** in betrunkenem Zustand

ébrouement [ebʀumɑ̃] M Schnauben *n*; Prusten *n*

ébrouer [ebʀue] V/PR **s'~** **1** *animaux, personnes* sich schütteln; **s'~ sous la douche** prustend und sich schüttelnd duschen **2** *cheval* schnauben; prusten

ébruitement [ebʀɥitmɑ̃] M Ruchbarwerden *n*; Verbreitung *f*

ébruiter [ebʀɥite] **A** V/T *secret, nouvelle* verbreiten; unter die Leute bringen; ausplaudern **B** V/PR **s'~** bekannt, laut, ruchbar werden; sich herumsprechen

ébullition [ebylisjõ] F **1** (Auf)Kochen *n*; Sieden *n*; Aufwallen *n*; PHYS **point** *m* **d'~** Siedepunkt *m*; **entrer en ~** zu sieden, kochen beginnen; aufwallen; **porter à ~** zum Sieden bringen **2** *fig loc adj* **en ~** in Aufregung; in Wallung; in Aufruhr

écaille [ekaj, ekaj] F **1** ZOOL, BOT Schuppe *f*; **~ de poisson** Fischschuppe *f* **2** *par ext de l'ardoise, de peinture etc* Plättchen *n* **3** *de tortues* Schildpatt *n*; **lunettes** *fpl* **d'~** Schildpattbrille *f*; *par ext* Hornbrille *f*; **peigne** *m* **en ~** Schildpattkamm *m* **4** **~ d'huître** Austernschale *f*

écailler[1] [ekaje] **A** V/T **1** *poisson* (ab)schuppen **2** *huîtres* aufmachen, -brechen; öffnen **B** V/PR **s'~** *peinture, vernis* abblättern; abspringen; abplatzen; *adjt* **écaillé** abgeblättert

écailler[2] [ekaje] M, **écaillère** F Austernhändler(in) *m(f)*

écailleux [ekajø] ADJ ⟨-euse⟩ *peau* schuppig; MINÉR blättrig; **écaillure** F *de peinture etc* (abgefallenes) dünnes Blättchen

écale [ekal] F *de noix etc* (grüne) Schale; **écaler** V/T *noix, œufs* schälen

écarlate [ekaʀlat] **A** ADJ scharlachrot, -farben; *visage* hochrot; stark gerötet; **devenir ~** feuerrot, puterrot werden (**de** vor) **B** F **1** *couleur* Scharlachrot *n*, -farbe *f*; Scharlach *m* **2** *étoffe* scharlachroter Stoff

écarquiller [ekaʀkije] V/T **~ les yeux** die Augen (weit) aufreißen, aufsperren

écart [ekaʀ] M **1** *(distance)* Abstand *m*; Spielraum *m*; *(différence)* Unterschied *m*; Abweichung *f*; Spanne *f*; **un ~ de dix jours** ein Spielraum, e-e Spanne von zehn Tagen; **~ de(s) prix** Preisspanne *f*, -unterschied *m*; **~s des prix** Preisabweichungen *fpl*, -gefälle *n*; **~s de salaires** Lohn-, Gehaltsunterschiede *mpl*; Lohngefälle *n*; **~s de température** Temperaturunterschiede *mpl*, -gefälle *n* **2** *fig (irrégularité)* Abweichung *f*; Verfehlung *f*; Verstoß *m*; Entgleisung *f*; *fam* Ausrutscher *m*; **~s (de conduite)** Seitensprünge *mpl*; **~ de jeunesse** Jugendverfehlung *f*, -sünde *f*; **~ de langage** sprachliche Entgleisung; **se permettre des ~s de langage** sich im Ton vergreifen; **~ de régime** Diätfehler *m* **3** *(brusque mouvement)* Sprung *m*, Schritt *m*, Wendung *f* zur Sei-

E

te; **faire un ~** auf die Seite, zur Seite springen 4 SPORTS **grand ~** Spagat *m ou n*; **faire le grand ~** (e-n) Spagat machen 5 MATH, STATISTIQUE Abweichung *f*; TECH (Maß)Abweichung *f*; Toleranz *f* 6 JEUX DE CARTES a Ablegen *n* (der Karten) b abgelegte Karten *fpl* 7 a *loc adv* **à l'~** beiseite; abseits; fern; **s'asseoir à l'~** sich abseits, auf die Seite setzen; **rester à l'~** abseits-, beiseitebleiben; auf der Seite bleiben; *fig* **tenir qn à l'~** j-n fernhalten (**de** von); j-n übergehen; **se tenir à l'~** beiseitestehen; sich abseitshalten; *fig* sich fernhalten (**de** von); wegbleiben; **vivre à l'~** zurückgezogen leben b *loc prép* **à l'~ de la route** *etc* abseits der Straße *etc*; weit weg von der Straße *etc*

écarté [ekaʀte] **A** ADJ 1 *yeux, dents* (weit) auseinander stehend; SPORTS: **bras ~s!** Arme seitlich heben!; **jambes ~es!** Beine spreizen!; **saut** *m* **jambes ~es** Grätsche *f*; DANSE **pose ~e** Ekarté *n* 2 *lieu (isolé)* abgelegen; entlegen **B** M *jeu de cartes* Ekarté *n*

écartèlement [ekaʀtɛlmɑ̃] M 1 HIST Vierteilen *n* 2 *fig* Zerrissensein *n*, Hin-und-her-Gerissen-Sein *n* (**entre** zwischen *+dat*)

écarteler [ekaʀtəle] V/T ⟨-è-⟩ 1 HIST **~ qn** j-n vierteilen 2 *fig* **être écartelé** hin und her gerissen werden *ou* sein (**entre** zwischen *+dat*)

écartement [ekaʀtəmɑ̃] M 1 Abstand *m*; Entfernung *f*; lichte Weite; **~ des essieux** Achsstand *m*; **~ des roues** Spurweite *f*; **~ des yeux** Augenabstand *m* 2 CH DE FER Spurweite *f*

écarter [ekaʀte] **A** V/T 1 *(séparer) bras, jambes* auseinandernehmen, *fam* -machen; *bras a.* ausbreiten; *doigts, jambes* spreizen; *branchages* auseinanderbiegen; zur Seite biegen; **~ la foule** die Leute zur Seite schieben; SPORTS **~ les jambes** die Beine grätschen; **~ les rideaux** die Vorhänge (e-n Spalt) öffnen; die Vorhänge zur Seite schieben, beiseiteschieben 2 *(éloigner)* wegrücken, -schieben; zur Seite rücken, schieben; entfernen; *mèche de cheveux* zurückstreichen; *les curieux* zurückdrängen; zur Seite drängen; **~ une table du mur** e-n Tisch von der Wand rücken 3 *fig objection, critique* zurückweisen; *problème* zurückstellen; ausklammern; *idée* verwerfen; zur Seite schieben; fallen lassen; *danger* abwenden; vorbeugen *(+dat)*; *soupçon* zerstreuen; *d'un concours* ausschließen (von); **~ un adversaire** einen Gegner kaltstellen, ausschalten; **~ la candidature de qn** j-s Bewerbung ablehnen; **~ un obstacle** ein Hindernis beseitigen, wegräumen; **~ une solution, une proposition** eine Lösung, einen Vorschlag ablehnen, verwerfen; **~ qn d'un emploi** j-n aus e-r Stellung entfernen 4 *du bon chemin etc* entfernen; abbringen; *fig*: **~ qn du droit chemin** j-n vom rechten Weg abbringen; **~ qn de son devoir** j-n von s-r Pflicht abhalten 5 *carte à jouer* ablegen **B** V/PR **s'~** 1 sich entfernen (**de** von); auf die Seite, zur Seite gehen; beiseitegehen, -treten; weg-, abrücken (**de** von); zur Seite rücken; *foule* sich teilen; zurückweichen; *lignes* auseinanderlaufen; sich öffnen; *nuages* aufreißen 2 **s'~ du (bon) chemin** vom Weg abkommen; sich verlaufen; *fig* **s'~ du droit chemin** vom rechten Weg abkommen; auf Abwege geraten; *fig* **s'~ du but, d'une ligne politique** *etc* vom Ziel, von e-m politischen Kurs *etc* abweichen; **s'~ du sujet** vom Thema abkommen, abschweifen; nicht bei der Sache bleiben

ecchymose [ekimoz] F MÉD blauer Fleck; blaues Mal

ecclésiastique [eklezjastik] **A** ADJ kirchlich; geistlich; Kirchen…; **habit** *m* **~** Kleidung *f* der Geistlichen; **état** *m* **~** geistlicher Stand; **fonctions** *fpl* **~s, charge** *f* **~** geistliches Amt **B** M Geistliche(r) *m*; Kleriker *m*

écervelé [esɛʀvəle] **A** ADJ leichtsinnig; unbesonnen; gedankenlos; kopflos **B** SUBST **~(e)** *m(f)* leichtsinnige, gedankenlose, kopflose Person; **une jeune ~e** ein leichtsinniges Mädchen

échafaud [eʃafo] M HIST Schafott *n*; Blutgerüst *n*

échafaudage [eʃafodaʒ] M 1 CONSTR (Bau)-Gerüst *n*; **dresser un ~** ein Gerüst aufbauen, aufstellen, aufschlagen 2 *fig de livres etc* Haufen *m*; Stapel *m*; Stoß *m* 3 *fig d'arguments etc* (Gedanken)Gebäude *n*

échafauder [eʃafode] **A** V/T 1 *(empiler)* (auf)stapeln; aufeinandersetzen, -stellen, -legen 2 *fig projets* entwerfen; arbeiten an *(+dat)*; *système* aufbauen; *fortune* erwerben; zusammenbringen; **~ une entreprise** ein Unternehmen aufbauen; **~ une théorie** eine Theorie aufstellen **B** V/I CONSTR ein Gerüst aufbauen, aufstellen, aufschlagen

échalas [eʃala] M 1 VIT, JARD Pfahl *m* 2 *fam fig d'une personne* **un grand ~** *fam* e-e lange Stange, Latte; e-e Hopfen-, Bohnenstange

échalote [eʃalɔt] F BOT, CUIS Schalotte *f*

échancré [eʃɑ̃kʀe] ADJ 1 COUT ausgeschnitten; halsfern 2 *côte* buchtenreich; zerrissen; zerklüftet; **échancrer** V/T COUT ausbogen; ausschneiden; TECH schweifen

échancrure [eʃɑ̃kʀyʀ] F 1 COUT Ausschnitt *m*; *par ext* Dekolletee *n* 2 *de la côte* **~s** *pl* Einbuchtungen *fpl*

échange [eʃɑ̃ʒ] M 1 Austausch *m*; Tausch *m*; Wechsel *m*; BIOL **~s cellulaires** Zellstoffwechsel *m*; **~s (commerciaux)** Warenaustausch *m*; Handelsverkehr *m*; **~s culturels** Kulturaustausch *m*; BIOL **~s gazeux** Gasaustausch *m*; **~ scolaire** Schüleraustausch *m*; **~ de coups** Schlägerei *f*; **~ d'appartements** Wohnungstausch *m*; **~ de lettres** Brief-, Schriftwechsel *m*; **~ de poignées de main** gegenseitiges Händeschütteln; gegenseitiger Händedruck; **~ de politesses** Austausch von Höflichkeiten; **~ de prisonniers** Gefangenenaustausch *m*; **~ de professeurs** Lehreraustausch *m*; **vif ~ de propos** heftiger Wortwechsel; **~ de vues, d'idées** Meinungs-, Gedankenaustausch *m*; ÉCON **volume** *m* **des ~s** Handelsvolumen *n*; **faire un ~** tauschen (**avec qn** mit j-m); e-n Tausch machen 2 COMM Umtausch *m*; **pour un ~** zwecks Umtausch 3 ÉCHECS Abtausch *m*; **faire un ~** abtauschen 4 a *loc adv* **en ~** als Gegenleistung; als Ersatz dafür; **donner, prendre en ~** in Tausch, dafür geben, nehmen b *loc prép* **en ~ de** für; als Ersatz für; statt *(+gén)*; **en ~ de son silence**, *on lui avait promis …* für sein Schweigen …; **en ~ de quoi?** was bieten Sie *ou* bietest du dafür?

échangeable [eʃɑ̃ʒabl] ADJ austauschbar; **article** *m* **non ~** vom Umtausch ausgeschlossene Ware

échanger [eʃɑ̃ʒe] V/T ⟨-geons⟩ 1 *objet, poste, logement* tauschen; *souvenirs, politesses, idées, prisonniers* austauschen; *regards, lettres, paroles, alliances* wechseln; **~ des billes contre des bonbons** Murmeln gegen Bonbons tauschen; Murmeln für, gegen, in Bonbons eintauschen; **~ des cadeaux** einander, sich (gegenseitig) beschenken; **~ des coups** sich schlagen; aufeinander einschlagen; **~ un salut** sich grüßen; e-n Gruß wechseln; **~ avec qn un regard rapide** e-n kurzen Blick mit j-m wechseln; **~ un sourire** einander, sich (gegenseitig) zulächeln 2 *marchandises* umtauschen; *adjt* **ni échangé ni repris** vom Umtausch ausgeschlossen

échangeur [eʃɑ̃ʒœʀ] M 1 (kreuzungsfreier) Verkehrsknoten; Verkehrskreuz *n*; *d'autoroutes* Autobahnkreuz *n* 2 PHYS **~ de chaleur** Wärmeaustauscher *m*

échangisme [eʃɑ̃ʒism] M Partnertausch *m*; **échangiste** M/F 1 Swinger(in) *m(f)*; *adjt* **club** *m* **échangiste** Swingerklub *m* 2 JUR Tauschpartner(in) *m(f)*; Tauschende(r) *m/f(m)*

échanson [eʃɑ̃sõ] M 1 HIST Mundschenk *m* 2 *plais* **notre grand ~** unser Mundschenk, Getränkemeister *m*

échantillon [eʃɑ̃tijõ] M 1 COMM (Waren)-Probe *f*; (Waren)Muster *n*; Probestück *n*; **~ de parfum** Probe Parfüm; **~ de tissu** Stoffmuster *n*, -probe *f*; **cahier** *m*, **carnet** *m* **d'~s** Musterheft *n*, -buch *n* 2 *par ext* Probe *f*; **prélever des ~s d'eau, du sol** Wasser-, Bodenproben entnehmen 3 *fig de talent, d'humour* Kostprobe *f* 4 STATISTIQUE Stichprobe *f*; repräsentative Auswahl; Sample *n*

échantillonnage [eʃɑ̃tijɔnaʒ] M 1 COMM Mustersammlung *f*, -kollektion *f*; *fig* Auswahl *f* 2 STATISTIQUE Stichprobenerhebung *f*; Repräsentativerhebung *f* 3 TECH Entnahme *f* von Proben; Probeentnahme *f*

échantillonner [eʃɑ̃tijɔne] V/T 1 COMM Proben zusammenstellen, e-e Probe anfertigen (**qc** von etw) 2 STATISTIQUE auswählen; e-e Auswahl treffen (von) 3 TECH Proben *ou* e-e Probe entnehmen *(+dat)*

échappatoire [eʃapatwaʀ] F Ausflucht *f*; Ausrede *f*; *par ext* Ausweg *m*

échappe [eʃap] **touche** *f* **~** Escape-Taste *f*

échappé [eʃape] **A** ADJ *animal* entlaufen; *oiseau* entflogen **B** M *fam fig* **un ~ (de l'asile)** ein Verrückter *m*

échappée [eʃape] F 1 CYCLISME Ausreißversuch *m*; Ausreißen *n* 2 *(perspective)* (schmaler) Durchblick (**sur** auf *+acc*)

échappement [eʃapmɑ̃] M 1 AUTO Auspuff *m*; **~ libre** ungedämpfter Auspuff; **pot** *m* **d'~** Auspufftopf *m* 2 HORLOGERIE Hemmung *f*

échapper [eʃape] **A** V/T **l'~ belle** noch einmal (so *ou* gut) davonkommen; mit dem Schrecken, mit heiler Haut davonkommen **B** V/T INDIR *et* V/I ⟨avoir, *litt a.* être⟩ 1 entkommen, entgehen, entfliehen, entrinnen, entwischen (**à** *dat*); **~ à sa condition** aus s-n Verhältnissen herauskommen; **~ à un danger** e-r Gefahr entkommen, entgehen, entrinnen; **~ à ses gardiens** s-n Wächtern entkommen, entwischen; **laisser ~ un prisonnier** e-n Gefangenen laufen, entwischen *ou* entkommen lassen 2 *parole, juron etc* entfahren, entschlüpfen, herausfahren (**à qn** j-m); **ce mot m'a échappé** dieses Wort ist mir entschlüpft; **un soupir lui échappa** er seufzte auf; **laisser ~** *cri, soupir, juron* ausstoßen; *protestation* laut werden lassen; *remarque* nicht unterlassen können 3 *nom etc* entfallen (sein) (**à qn** j-m); **son nom m'échappe** sein Name ist mir entfallen, fällt mir nicht ein 4 *faute, détail, héritage etc* entgehen (**à qn** j-m); **cela m'a échappé** das ist mir entgangen; das habe ich übersehen, überhört; **rien ne lui échappe** ihm entgeht nichts; **laisser ~ une occasion** sich *(dat)* e-e Gelegenheit entgehen lassen 5 *à une influence, aux regards, à une obligation etc* sich entziehen (**à** *dat*); **vous n'y échapperez pas!** Sie werden nicht darum herumkommen!; **elle sentait que son fils lui échappait** sie merkte, dass ihr Sohn sich ihrem Einfluss entzog, dass ihr Sohn ihr entglitt; **il sent que son autorité va lui ~** er merkt, dass er s-e Autorität verliert; **la raison de son acte m'échappe** die Gründe s-s Handelns entziehen sich mir; **~ à la règle** von der Regel abweichen; e-e Ausnahme bilden 6 *objet* **~ des mains** aus den Händen fallen, gleiten; entgleiten; **laisser ~ une assiette** e-n Teller fallen lassen **C** V/PR s'~ 1 *prisonnier etc* entkommen; entlaufen; entfliehen; entspringen; entweichen; entwischen; *animal* entlaufen; *serpent* entweichen; *oiseau* entfliegen; *par ext personne* sich davonmachen; verschwinden; weggehen; CYCLISME **s'~ du peloton** sich vom Feld lösen; das Feld hinter sich *(dat)* lassen 2 *larmes, sang* rinnen, strömen (**de** aus); *vapeur, gaz, fumée* entweichen; ausströmen; dringen (**de** aus); *odeur* entströmen (**de** *dat*); *son* (heraus)kommen (**de** aus); *soupir* sich entringen (**de** *dat*); *maille de tricot* sich lösen

écharde [eʃaʀd] F Splitter *m*; *all Sud* Spreißel *m*; *autrich a.* Schiefer *m*

écharpe [eʃaʀp] F 1 *(cache-nez)* Schal *m*; Halstuch *n*; **~ de soie** Seidenschal *m* 2 *insigne* Schärpe *f*; **~ tricolore** Schärpe in den Farben der Trikolore 3 MÉD Schlinge *f*; (Arm)Binde *f*; **porter le** *ou* **un bras en ~** den *ou* e-n Arm in der Binde, Schlinge tragen 4 *véhicule* **prendre en ~** in die Seite fahren *(+dat)*; (seitlich) rammen

écharper [eʃaʀpe] V/T 1 in Stücke reißen 2 *fam fig* **~ qn** *fam* j-n fertigmachen, in der Luft zerreißen; *fam fig* **se faire ~** *fam* fertiggemacht, in der Luft zerrissen werden

échasse [eʃas, eʃɑs] F 1 Stelze *f*; **marcher avec des ~s** auf Stelzen gehen; *enfants* Stelzen laufen 2 *fam fig* **~s** *pl (jambes longues et maigres) fam* Storch(en)beine *npl*

échassier [eʃasje] M ZOOL Stelzvogel *m*

échauder [eʃode] V/T 1 CUIS brühen; überbrühen 2 *(brûler)* verbrühen 3 *fig* **se faire ~, être échaudé** sich *(dat)* die Finger verbrennen; e-e Enttäuschung erleben

échauffant [eʃofɑ̃] ADJ *boissons, nourriture* (ver)stopfend

échauffement [eʃofmɑ̃] M 1 Erwärmung *f*; *plus fort* Erhitzung *f*; TECH Heißlaufen *n*; AGR Selbsterhitzung *f* 2 SPORTS Aufwärmen *n* 3 *fig* Erregung *f*

échauffer [eʃofe] A V/T 1 erwärmen; *plus fort* erhitzen 2 *fig* **~ la bile, les oreilles à qn** j-n wütend machen, in Harnisch bringen; **~ les esprits** die Gemüter erhitzen, erregen, in Wallung bringen B V/PR **s'~** 1 SPORTS sich aufwärmen; sich warm laufen 2 *fig personne* sich erregen; in Feuer, Hitze geraten; sich ereifern; *esprits* sich erhitzen, erregen; *discussion* heftig, hitzig werden

échauffourée [eʃofuʀe] F Zusammenstoß *m*; Krawall *m*

échauguette [eʃogɛt] F FORTIFICATIONS (Burg)Warte *f*

échéance [eʃeɑ̃s] F 1 COMM, JUR *d'un paiement* Fälligkeit *f*; Fälligkeitsdatum *n*, -termin *m*, -tag *m*; *d'une lettre de change etc* Verfall *m*; Verfallsdatum *n*, -termin *m*, -tag *m*; *payer une traite* **avant l'~** ... vor Verfall; **arriver, venir à ~** fällig werden; verfallen 2 *paiement* fällige Zahlung; **l'~ du loyer est le premier du mois** die Miete ist am Ersten des Monats fällig 3 LOC ADV *et* LOC ADJ: **à brève, longue ~** auf kurze, lange Sicht; kurz-, langfristig; **à plus ou moins longue ~** über kurz oder lang; *obtenir des résultats* **à brève ~** in, binnen kurzer Zeit 4 *fig* **~ fatale** unausweichliches Schicksal; bitteres Ende

échéancier [eʃeɑ̃sje] M COMM Fälligkeitsverzeichnis *n*; *par ext* Terminplan *m*

échéant [eʃeɑ̃] LOC ADV **le cas ~** gegebenenfalls

échec [eʃɛk] M 1 Misserfolg *m*; Misslingen *n*; *à un examen* Durchfallen *n*; *fam* Durchfall *m*; *d'un spectacle* Durchfall *m*; *d'un projet, de négociations* Scheitern *n*; SPORTS *etc* Niederlage *f*; Schlappe *f*; *d'une entreprise* Fehlschlag *m*; **aller au-devant d'un ~, courir à un ~ certain** keine Aussicht auf Erfolg haben; e-r (sicheren) Niederlage entgegengehen; **essuyer, subir un ~** e-e Niederlage, Schlappe erleiden; e-n Fehlschlag hinnehmen müssen; **faire ~ aux projets de qn** j-s Pläne vereiteln, zum Scheitern bringen 2 a **~s** *pl ou* **jeu** *m* **d'~s** Schachspiel *n*; **joueur** *m* **d'~s** Schachspieler *m*; **battre qn aux ~s** j-n beim Schachspiel besiegen; **jouer aux ~s** Schach spielen b *aux échecs* Schach *n*; **~ à la reine! gardez!**; **~ au roi!** Schach (dem König) !; **~ et mat!** Schach (und) matt!; *adjt* **être ~ et mat** (schach)matt sein; **être en ~** *ou adjt* **être ~** im Schach stehen; **faire ~ et mat en dix coups** in zehn Zügen matt setzen; **mettre qn en ~** j-m Schach bieten; **mettre ~ et mat** (schach)matt setzen; *fig* **tenir qn en ~** j-n in Schach halten

échelle [eʃɛl] F 1 Leiter *f*; **~ coulissante, à coulisse** Auszieh-, Schiebeleiter *f*; **~ double** Steh-, Bockleiter *f*; **~ escamotable** Falltreppe *f*; **la grande ~** die Feuerwehrleiter; **~ à incendie** Feuer-, Brandleiter *f*; **~ de corde** Strickleiter *f*; **~ de meunier** (kurze) Treppe; Treppenleiter *f*; **faire la courte ~ à qn** j-m Hilfestellung geben (beim Klettern); j-m hinaufhelfen; *fig* j-m den Steigbügel halten; j-m Hilfestellung leisten; *fig* **il n'y a plus qu'à tirer l'~** a das ist nicht mehr zu überbieten b *iron* (das ist) verlorene Liebesmühe 2 *fig* a *sur des bas* Laufmasche *f* b *coiffeur* **faire des ~s** Treppen *fpl*, Stufen *fpl* (ins Haar) schneiden 3 *(graduation)* Skala *f (a. fig)*; ÉCON **~ mobile** gleitende Skala; MÉTÉO **~ de Beaufort** Beaufortskala *f*; Windstärkenskala *f*; SÉISME **~ de Richter** [ʀiʃtɛʀ] Richterskala *f*; **~ des salaires** Lohnskala *f*, -tabelle *f*; **~ des valeurs** Wert(e)skala *f* 4 *(hiérarchie)* Rangordnung *f*; Stufenleiter *f*; **~ sociale** soziale Stufenleiter; gesellschaftliche Rangordnung; **être en bas, en °haut de l'~** zur unteren, oberen Gesellschaftsschicht gehören; **être arrivé au sommet de l'~** an der Spitze der Gesellschaft stehen 5 *(rapport)* Maßstab *m*; **carte** *f* **à l'~ de 1/10 000 (un dix-millième)** Karte *f* im Maßstab 1:10 000 (eins zu zehntausend); **carte** *f* **à grande ~** Karte *f* in kleinem, stark verkleinertem Maßstab; **à l'~** maßstab(s) gerecht, -getreu; im richtigen Maßstab; *fig:* **être à l'~ de** entsprechen *(+dat)*; angemessen sein *(+dat)*; im (richtigen) Verhältnis stehen zu; **à l'~ nationale** auf nationaler Ebene; **sur une grande, vaste ~** in großem Maßstab, Stil; in großem *ou* größerem Umfang

échelon [eʃlõ] M 1 *d'une échelle* Sprosse *f* 2 *fig* Stufe *f*; Ebene *f*; *loc adv:* **à l'~ national** *etc* auf nationaler *etc* Ebene; POL **à l'~ le plus élevé** auf höchster Ebene; **à tous les ~s** auf allen Ebenen; **être au dernier ~** auf der höchsten *ou* untersten Stufe stehen; **gravir les ~s du succès** die Stufenleiter des Erfolgs emporklettern 3 ADMIN Rang(stufe) *m(f)*; Dienstgrad *m*; *par ext* Dienstaltersstufe *f*; Gehalts-, Besoldungsgruppe *f*; **s'élever d'~ en ~** stufenweise aufsteigen, weiterkommen; **gravir les ~s de la hiérarchie** auf der Stufenleiter der Hierarchie aufsteigen, hochklettern; **passer à un ~ supérieur** in e-e höhere Gehaltsstufe, Besoldungsgruppe kommen; höher eingestuft werden 4 MIL (Gefechts)Staffel *f*

échelonnement [eʃlɔnmɑ̃] M *des paiements etc* Staffelung *f*; Verteilung *f* (**sur trois ans** auf drei Jahre); **~ des congés** Staffelung der Urlaubszeit

échelonner [eʃlɔne] A V/T staffeln; abstufen; *paiements, travaux* verteilen (**sur un an** auf, über ein Jahr); *adjt* **versements échelonnés** Ratenzahlungen *fpl* B V/PR **s'~** *paiements etc* sich verteilen, erstrecken (**sur** auf, über *+acc*); sich hinziehen (über *+acc*); *policiers etc* in bestimmten Abständen stehen, aufgestellt sein

écheniller [eʃnije] V/T (die) Raupen ablesen (**un arbre** von e-m Baum)

écheveau [eʃvo] M ⟨*pl* ~x⟩ 1 *de laine etc* Strang *m*; Docke *f* 2 *fig* Wirrwarr *m*; **démêler l'~ d'une situation** *etc* e-e Situation *etc* entwirren

échevelé [eʃəvle] ADJ 1 *personne* mit zerzaustem, fliegendem Haar 2 *fig* **danse ~e** wilder, hemmungsloser Tanz; **passion ~e** heftige, zügellose Leidenschaft; **style ~** wirrer Stil

échevin [eʃ(ə)vɛ̃] M 1 *aux Pays-Bas et en Belgique* Beigeordnete(r) *m* des Bürgermeisters 2 HIST Magistratsbeamte(r) *m*; Schöffe *m*

échine [eʃin] F 1 ANAT Rückgrat *n*; Wirbelsäule *f*; *fig:* **avoir l'~ souple** kein Rückgrat haben; unterwürfig, ein Kriecher sein; **courber, plier l'~** sich unterordnen; katzbuckeln 2 CUIS **~ de porc** Schweinekamm *m*

échiner [eʃine] V/PR *fam* **s'~** sich abplagen, *fam* abrackern (**à** *+inf* um zu *+inf*)

échinodermes [ekinɔdɛʀm] MPL ZOOL Stachelhäuter *mpl*; *t/t* Echinodermen *mpl*

échiquier [eʃikje] M 1 Schachbrett *n*; *loc adv* **en ~** schachbrettartig 2 *fig* Schau-, Kampfplatz *m*; Schachbrett *n*; **l'~ européen** das europäische Kräftespiel 3 *en Angleterre* **chancelier** *m* **de l'Échiquier** Schatzkanzler *m*; Finanzminister *m*

écho[1] [eko] M 1 *acoustique* Echo *n*; Widerhall *m*; RADAR Schattenbild *n*; (Radar)Echo *n*; TV Geisterbild *n*; MUS Echo *n*; *par ext* **à tous les ~s** in allen Richtungen; überall; **il y a de l'~** *ou* **ça fait (de l')~** es gibt ein Echo; es hallt wider 2 *fig* a Echo *n*; Widerhall *m*; Resonanz *f*; Anklang *m*; **~ dans le monde, dans la presse** Welt-, Presseecho *n*; Echo, Reaktion *f* in der Welt, bei der Presse; *proposition etc* **éveiller, trouver un vif ~** ein lebhaftes Echo finden, auslösen; lebhafte Resonanz, großen Anklang finden; **se faire l'~ de qn** nachsagen, -beten, -plappern, was j-d sagt; **se faire l'~ de certains bruits** Gerüchte weitererzählen, -tragen; **rester sans ~** ohne Echo, Resonanz bleiben b *(rumeur)* **avez-vous eu quelques ~s de cette affaire?** haben Sie (etwas) davon gehört?; ist Ihnen etwas zu Ohren gekommen? c *rubrique de journal* **~s** *pl* Spalte *f*, Seite *f* mit Gesellschaftsnachrichten, -klatsch

écho[2] [eko] F ABR → **échographie**

échographie [ekogʀafi] F MÉD Ultraschalluntersuchung *f*; Sonografie *f*

échoir [eʃwaʀ] ⟨*défect:* **il échoit, ils échoient; il échut; il échoira; échéant; échu; être** *od* **avoir**⟩ A V/T INDIR **~ à qn** j-m zufallen (**en héritage** als, durch Erbschaft); *st/s* j-m anheimfallen; *destin* j-m zuteilwerden B V/I COMM *dette* fällig werden *ou* sein; *date* verfallen; *délai* ablaufen; **intérêts** *mpl* **à ~** anfallende Zinsen *mpl*; **à terme échu** nach dem Fälligkeitstermin

échoppe [eʃɔp] F (Verkaufs)Stand *m*; kleiner (Kram)Laden

échotier [ekɔtje] M für die Gesellschaftsnachrichten verantwortlicher Redakteur

échouage [eʃwaʒ] M MAR Stranden *n*; Auflaufen *n*

échouer [eʃwe] A V/T *bateau* auf Strand, auf Grund setzen; auflaufen lassen B V/I 1 a *bateau* stranden; auf Grund laufen; auflaufen b *fig (arriver) dans un café etc* landen 2 *personne* scheitern; Schiffbruch erleiden; *à un examen* durchfallen; *projet etc* scheitern; fehlschlagen; misslingen; *fam* schiefgehen; **~ à un examen** in, bei e-r Prüfung durchfallen; durch e-e Prüfung fallen; e-e Prüfung nicht bestehen; **~ dans son projet** mit s-m Vorhaben scheitern, Schiffbruch erleiden; **faire ~ qc** etw vereiteln,

E

zum Scheitern bringen, hintertreiben C VPR **s'~** *bateau* → B 1

échu [eʃy] PP → échoir

écimer [esime] VT **~ des arbres** Bäume kappen, köpfen

éclabousser [eklabuse] A VT 1 bespritzen; vollspritzen; *adjt* **être éclaboussé de sang** mit Blut bespritzt sein 2 *fig* a **~ qn** j-s Namen, Ehre beschmutzen, beflecken; j-n in Mitleidenschaft ziehen b **~ qn par son luxe** s-n Luxus vor j-m aufdringlich zur Schau stellen B VPR **s'~** sich bespritzen, vollspritzen

éclaboussure [eklabusyʀ] F 1 Spritzer *m*; (Schmutz)Fleck(en) *m*; **~s d'encre, de sang** Tinten-, Blutspritzer *mpl* 2 *fig* a Fleck(en) *m*; Makel *m* b *dans une bagarre etc* **recevoir quelques ~s** etwas abbekommen, *fam* abkriegen

éclair [eklɛʀ] M 1 *pendant l'orage* Blitz *m*; **~(s) de chaleur** Wetterleuchten *n*; *loc adv*: **avec la rapidité de l'~** mit Blitzesschnelle; **comme un ~** *ou* **rapide comme l'~** blitzschnell, -artig; wie der *ou* ein Blitz; *fam* wie ein geölter Blitz; **il y a** *ou* **il fait un ~, des ~s** es blitzt 2 PHOT Blitz(licht) *m(n)* 3 *fig* Aufblitzen *n*; Aufleuchten *n*; **un ~ de génie** Geistesblitz *m*; **un ~ de malice (dans ses yeux)** ein schalkhafter Blick; *diamant* **jeter des ~s** blitzen; strahlen; glitzern; **ses yeux lançaient des ~s** s-e Augen blitzten, funkelten, sprühten vor Zorn 4 *fig (bref moment)* (kurzer) Augenblick; **~ de lucidité** Augenblick der Klarheit; *tout comprendre* **en un ~** blitzartig; ♦ *adjt* ⟨inv⟩ Blitz...; **fermeture** *f* **~** Reißverschluss *m*; **guerre** *f* **~** Blitzkrieg *m*; **voyage** *m* **~** kurze, überraschende Reise; **faire une visite ~** e-n Blitzbesuch, *fam* e-e Stippvisite machen 5 *gâteau* Eclair *n*; Liebesknochen *m*; **~ au café, au chocolat** Eclair mit Mokkacreme-, Schokoladencremefüllung

éclairage [eklɛʀaʒ] M 1 Beleuchtung *f*; PEINT Lichtverteilung *f*, -verhältnisse *npl*; **~ indirect** indirekte Beleuchtung; **~ au néon** Neonbeleuchtung *f*; **~ de la scène** Bühnenbeleuchtung *f*; **~ des vitrines** Schaufensterbeleuchtung *f* 2 *fig* Beleuchtung *f*; Licht *n*; **sous cet ~** in dieser Beleuchtung; in diesem Licht

éclairagiste [eklɛʀaʒist] M/F Beleuchtungstechniker(in) *m(f)*

éclairant [eklɛʀɑ̃] ADJ leuchtend; Leucht...; **pouvoir ~** Leuchtkraft *f*

éclaircie [eklɛʀsi] F 1 MÉTÉO (vorübergehende) Aufheiterung; Zwischenaufheiterung *f*; Aufhellung *f* 2 *fig* Lichtblick *m*; Silberstreif(en) *m* am Horizont

éclaircir [eklɛʀsiʀ] A VT 1 *couleur* aufhellen; *sa voix* klar machen; *sauce etc* verdünnen; strecken; *plantes* vereinzeln; verziehen; *les rangs* lichten; **~ une forêt** einen Wald lichten, ausholzen, durchforsten; *suivre un régime* **pour ~ le teint** um e-n klaren, frischen Teint zu bekommen 2 *fig point* (auf)klären; klarstellen; Licht, Klarheit bringen in (+acc); *doute* beseitigen; *point de vue* klarmachen; **~ un malentendu, une question** ein Missverständnis, eine Frage (auf)klären; **~ le sens d'un mot** die Bedeutung eines Wortes erläutern, erklären; *fam* **cela vous éclaircira les idées** davon bekommen Sie e-n klaren Kopf B VPR **s'~** 1 *ciel* sich aufhellen, -heitern, -klären; *temps* aufklaren; *brouillard* sich lichten; *couleur* sich aufhellen; heller werden; *teint* klar werden; *voix* hell(er), klar(er) werden; *cheveux* sich lichten; dünner werden; *rangs* sich lichten; **(tousser pour) s'~ la voix**, *fam* **la gorge** sich räuspern 2 *fig difficultés* sich klären; *situation* sich bessern

éclaircissement [eklɛʀsismɑ̃] M Auf-, Erklärung *f*; Klarstellung *f*; Klärung *f*; Aufschluss *m*; Erläuterung *f*; *d'un doute* Beseitigung *f*; **demander des ~s** Aufschluss verlangen (**à qn sur** von j-m über +acc); **donner des ~s** Aufschluss geben

éclairé [eklɛʀe] ADJ 1 be-, erleuchtet; erhellt; **mal ~** schwach *ou* schlecht be-, erleuchtet; **~ au néon** mit Neonbeleuchtung 2 *fig* aufgeklärt; aufgeschlossen; ohne Vorurteile

éclairement [eklɛʀmɑ̃] M PHYS Beleuchtung *f*; Beleuchtungsstärke *f*

éclairer [eklɛʀe] A VT 1 **~ qc** etw be-, erleuchten; etw erhellen (*a. fig sourire: visage*); **deux larges baies éclairent la pièce** zwei große Fenster erhellen den Raum; **~ faiblement** schwach beleuchten; → *a.* éclairé 1 2 **~ qn** j-m leuchten; **~ qn pour descendre, sortir** j-m hinunter-, hinausleuchten 3 *fig* **~ qn** j-n aufklären, j-m Aufschluss geben (**sur** über +acc); **~ qc** etw aufklären, erklären, klarlegen B VI *lumière, yeux etc* leuchten; **cette lampe éclaire mal** das Licht (dieser Lampe) ist zu schwach; die Lampe gibt ein schlechtes Licht C VPR **s'~** 1 *pièce etc* hell werden; *fenêtre etc* sich erhellen; erhellt, erleuchtet werden; *fig visage* aufleuchten; sich auf-, erhellen 2 *fig problème, point* klar, geklärt, verständlich werden 3 **s'~ à la bougie, au gaz, à l'électricité** Kerzen-, Gasbeleuchtung, elektrische Beleuchtung haben; **s'~ avec une lampe de poche** mit e-r Taschenlampe leuchten

éclaireur [eklɛʀœʀ] M 1 MIL Aufklärer *m*; Kundschafter *m*; *fig* **envoyer qn en ~** (zur Erkundung) j-n vor(aus)schicken 2 *(scout)* Pfadfinder *m*

éclaireuse [eklɛʀøz] F Pfadfinderin *f*

éclat [ekla] M 1 *(fragment)* Splitter *m*; **~ d'obus, d'os, de verre** Granat-, Knochen-, Glassplitter *m*; **voler en ~s** zersplittern; zerspringen; in Stücke fliegen; **faire voler en ~s** zersplittern; zerschmettern 2 *(bruit soudain)* **de grands ~s de joie** Freudenausbrüche *mpl*; unbändige Freude; **~ de rire** lautes Auflachen; **de grands ~s de rire** schallendes Gelächter; **des ~s de voix** heftige, erregte Stimmen *fpl*; Stimmenlärm *m*; **rire aux ~s** schallend, aus vollem Halse, hellauf lachen 3 *(retentissement)* Aufsehen *n*; Skandal *m*; Eklat *m*; **faire un grand ~** großes Aufsehen erregen; **intervenir avec ~ dans le débat** lautstark in die Debatte eingreifen; **provoquer un ~** e-n Skandal hervorrufen; e-n Eklat verursachen 4 *du soleil, des flammes etc* Helligkeit *f*; *du métal* Glanz *m*; *des yeux, des pierres précieuses* Glanz *m*; Feuer *n*; Funkeln *n*; *des couleurs* Leuchtkraft *f*; Pracht *f*; strahlender Glanz; *st/s* Schmelz *m* (*a. fig de la jeunesse*); *fig d'une époque, d'une fête, d'un titre* Glanz *m*; Gepränge *n*; **l'~ des fleurs** die Blumenpracht; die leuchtenden Farben *fpl* der Blumen; **l'~ de son teint** die Frische ihres Teints; ihr frischer, strahlender Teint; *fig* **action** *f* **d'~** Glanzleistung *f*; Bravourstück *n*; *fig* **coup** *m* **d'~** Geniestreich *m*; Glanzstück *n*; *loc adj et loc adv* **sans ~** glanzlos, matt (*a. fig*); *fig* **aimer l'~** Pomp, Prunk lieben; **briller avec** *ou* **d'un vif ~** in vollem Glanz erstrahlen (*a. fig*); blitzen; funkeln; **être dans tout l'~ de sa beauté** im vollen Glanz der Schönheit stehen; **donner de l'~ (à)** *objet* auf Glanz bringen (+acc); polieren (+acc); *fig à une fête etc* Glanz verleihen (+dat); **perdre son ~** *objet* glanzlos, matt werden; *fig* s-n Glanz verlieren, einbüßen

éclatant [eklatɑ̃] ADJ 1 *rire, voix* (laut) schallend; *bruit* durchdringend; *fanfare* schmetternd 2 *soleil* (blendend) hell; strahlend; *couleur* leuchtend; strahlend; *teint* frisch; strahlend; *beauté, joie* strahlend; *santé* blühend; **dents ~es** blendend weiße Zähne 3 *fig vérité, mensonge* augenfällig; eklatant; **succès ~** glänzender Erfolg; **victoire ~e** glänzender Sieg

éclatement [eklatmɑ̃] M 1 *de pneus* Platzen *n*; *d'une bombe* Krepieren *n*; *de vitres* Bersten *n*; Zersplittern *n*; Zerspringen *n* 2 *fig d'une institution* Aufspaltung *f*; Aufteilung *f*; Zersplitterung *f*

éclater [eklate] A VI 1 *pneu, conduite etc* platzen; *bombe* krepieren; explodieren; *chaudière* bersten; explodieren; *vitres* bersten; zersplittern; zerspringen; *un verre* (zer)springen; *bourgeons* aufspringen; *fig personne* **il finira par ~** bald platzt ihm der Kragen; *fig sa tête bourdonnante* **était près d'~** schien zu zerspringen; *gel* **faire ~ les roches** das Gestein sprengen; *eau bouillante* **faire ~ les verres** die Gläser zerspringen, zerplatzen lassen 2 *fig parti* sich aufspalten; zersplittern; *route* sich (auf)teilen (**en** in +acc); *institution, commune* aufgeteilt, aufgegliedert werden 3 *coups de feu* knallen; krachen; *orage* losbrechen, sich entladen (*a. fig*); *tempête* losbrechen; *bois, châtaigne dans le feu* krachen; knacken; knallen; platzen; *rire, cris* erschallen; ertönen; *trompettes etc* (los)schmettern; *applaudissements* einsetzen; aufbrausen, -branden; *tonnerre d'applaudissements* losbrechen; **sa colère éclata** er brach in Zorn aus; sein Zorn brach aus ihm hervor; **~ de rire** in Gelächter, Lachen ausbrechen; schallend lachen; laut auflachen; **~ en sanglots** in Schluchzen ausbrechen; aufschluchzen 4 *maladie, guerre, incendie etc* ausbrechen; zum Ausbruch kommen; *troubles a.* aufflackern; **le scandale a éclaté** es gab e-n Skandal 5 *(briller)* strahlen; glänzen; **la joie éclatait sur son visage** sein Gesicht strahlte vor Freude 6 *(se manifester)* sich zeigen; zum Ausdruck kommen; sprechen (**dans** aus); **laisser ~ sa joie** s-e Freude zeigen B VPR *fam* **s'~** sich austoben; *pop* die Sau rauslassen

éclateur [eklatœʀ] M ÉLEC Funkeninduktor *m*; Funkenstrecke *f*

éclectique [eklɛktik] A ADJ 1 PHIL eklektisch 2 *par ext personne, goûts* vielseitig B M PHIL Eklektiker *m*

éclectisme [eklɛktism] M 1 PHIL Eklektizismus *m* 2 *par ext d'une personne* Vielseitigkeit *f*

éclipse [eklips] F 1 ASTRON Sonnen- *ou* Mondfinsternis *f*; *t/t* Eklipse *f*; **~ partielle, totale** partielle, totale Mond- *ou* Sonnenfinsternis; **~ de Lune, de Soleil** Mond-, Sonnenfinsternis *f* 2 *fig d'une personnalité* (zeitweiliges) Verschwinden; Abwesenheit *f*; *de popularité etc* (zeitweiliges) Verblassen, Schwinden, Nachlassen

éclipser [eklipse] A VT 1 ASTRON verdunkeln; verfinstern 2 *fig* in den Schatten stellen; den Rang ablaufen (**qn** j-m); ausstechen; (j-s Ruhm) überstrahlen B VPR **s'~** *fam personne* verschwinden; *fam* sich verziehen; sich verdrücken

écliptique [ekliptik] M ASTRON Ekliptik *f*

éclisser [eklise] VT 1 MÉD schienen 2 CH DE FER verlaschen

éclopé [eklɔpe] *fam* A ADJ schlecht zu Fuß; gehbehindert B M Fußkranke(r) *m* (*a. iron*); *fam* Hinkebein *n*

éclore [eklɔʀ] VI ⟨*défect* il éclôt *od* éclot, ils éclosent; éclos; être, *manchmal* avoir⟩ 1 *poussin* ausschlüpfen, -kriechen; aus dem Ei schlüpfen, kriechen; **les œufs éclosent** die Küken schlüpfen aus; die Eier sind ausgebrütet 2 *fleurs* auf-, erblühen; zur Blüte kommen 3 *fig talents* sich entfalten; **faire ~** zur Entfaltung bringen; hervorbringen

éclosion [eklozjõ] F 1 *de poussins* **~ (des œufs)** Ausschlüpfen *n*; Auskriechen *n* 2 *des fleurs* Aufblühen *n* 3 *fig d'idées, de talents* Entfaltung *f*; Entstehung *f*; *de projets* Entstehen *n*; Werden *n*

écluse [eklyz] F Schleuse *f*; *bateau* **faire passer**

par l'~ durchschleusen

écluser [eklyze] VT **1** *péniche* (durch)schleusen **2** *pop (boire) pop* saufen; **en ~ un** *fam* einen zischen, zwitschern

éclusier [eklyzje] M, **éclusière** F Schleusenwärter(in) *m(f)*

éco [eko] ADJ ABR (économique) **1** *fam* **sciences** *fpl* **~** Wirtschaftswissenschaften *fpl* **2** *d'une machine à laver* **touche** *f* **~** Spartaste *f*

écobilan [ekobilɑ̃] M Umwelt-, Ökobilanz *f*

écobuer [ekɔbɥe] VT AGR *pour fertiliser le sol* abbrennen; absengen

écœurant [ekœʀɑ̃] ADJ **1** *odeur* widerlich; übel; ekelhaft; *mets (trop sucré)* widerlich süß; *(trop gras)* widerlich fett; **gâteau ~** Kuchen, der einem leicht zuwider ist *ou* widersteht **2** *fig flatterie, comportement, spectacle* widerlich; widerwärtig; ekelhaft; ek(e)lig; *procédés* empörend; **~ de banalité** abstoßend banal **3** *fig (décourageant)* entmutigend; *tout lui réussit,* **c'en est ~!** das demoralisiert einen!

écœurement [ekœʀmɑ̃] M **1** Übelkeit *f*; Ekel *m* **2** *fig* Ekel *m*; Abscheu *m*; Widerwillen *m*; Überdruss *m* **3** *fig (découragement)* Niedergeschlagenheit *f*

écœurer [ekœʀe] VT **1** **~ qn** *mets, odeur* j-n anekeln, anwidern; *sucreries etc* j-m (leicht) widerstehen, zuwider sein, *fam* über werden; **vous allez vous ~** es wird euch schlecht, übel davon werden **2** *fig* **~ qn** *comportement, flatteries etc* j-n anekeln, anwidern; j-m zuwider sein; *(indigner)* j-n empören **3** *fig échec, résultats etc* **~ qn** j-n entmutigen, demoralisieren

écolabel [ekolabɛl] M Ökosiegel, -label *n*

école [ekɔl] F **1** Schule *f (a. coll)*; *locaux a.* Schulhaus *n*; **~ commerciale** Handelsschule *f*; **~ communale** Gemeindeschule *f*; **grande ~** Elitehochschule *f (für e-e bestimmte Fachrichtung)*; **~ maternelle** Vorschule *f*; **~ militaire** Militärakademie *f*; **École nationale d'administration** → ENA; **École nationale supérieure de chimie** *Hochschule für Chemie in Paris*; **~ normale** → normal A 2; **~ primaire** Grundschule *f*; **~ d'architecture** Bauakademie *f*; Hochschule *f* für Baukunst; **~ d'art dramatique** Schauspielschule *f*; **~ des arts décoratifs** Hochschule *f* für Kunstgewerbe; **~ de danse** Ballettschule *f*; **~ de musique** Musikschule *f*; **~ de secrétariat** Sekretärinnenschule *f*; **~ de ski** Skischule *f*; **~ de voile** Segelschule *f*; **années** *fpl* **d'~** Schulzeit *f*; **fréquentation** *f* **de l'~** Schulbesuch *m*; *à Paris* **Quartier** *m* **des Écoles** Quartier latin *n*; **travail** *m* **d'~** Arbeit *f* e-s Kunststudenten; **aller à l'~** in die, zur Schule gehen; *fam enf* **aller à la grande ~** in die Schule kommen, gehen; **être en âge d'aller à l'~** im schulpflichtigen Alter, schulpflichtig sein; **fréquenter une ~** e-e Schule besuchen; *enfant* **mettre à l'~** einschulen; in die Schule geben; *plais* **il faudrait le renvoyer à l'~** er sollte sich *(dat)* sein Schulgeld wiedergeben lassen **2** ÉQUITATION **°haute ~** Hohe Schule **3** *fig* Schule *f*; Lehre *f*; **l'~ de la vie** die Schule des Lebens; **être à bonne ~** in e-r guten Schule, Lehre sein *(a. iron)*; **être à dure, à rude ~** in e-r harten Schule, Lehre sein; **être un homme de la vieille ~** ein Kavalier der alten Schule sein **4** PHIL, PEINT *etc* Schule *f*; *par ext* **faire ~** Schule machen; Nachahmer finden; sich durchsetzen

écolier [ekɔlje] M, **écolière** F **1** Schüler(in) *m(f)*; *fig* **prendre, suivre le chemin des écoliers** Umwege machen; nicht den direkten, kürzesten Weg gehen **2** *fig* Anfänger(in) *m(f)*; Neuling *m*

écolo [ekɔlo] *fam* ABR (écologiste) **A** M/F Grüne(r) *m/f(m)*; Umweltschützer(in) *m(f)* **B** ADJ grün; der Grünen; Umwelt(schutz) ...

écologie [ekɔlɔʒi] F Ökologie *f*; *par ext* Umweltschutz *m*

écologique [ekɔlɔʒik] ADJ ökologisch; Umwelt...; *par ext* Umweltschutz...; **bonus** *m* **écologique** *Vergünstigung für besonders umweltfreundliche Autos*; **catastrophe** *f* **~** Umweltkatastrophe *f*; **équilibre** *m* **~** ökologisches Gleichgewicht; **maison** *f* **~** Ökohaus *n*; **mesure** *f* **~** Umweltschutzmaßnahme *f*

écologisme [ekɔlɔʒism] M Umweltbewegung *f*

écologiste [ekɔlɔʒist] M/F Ökologe, -login *m, f*; *par ext* Umweltschützer(in) *m(f)*

écologue [ekɔlɔg] M/F Ökologe, -login *m,f*

e-commerce [ikɔmɛʀs] M E-Commerce *m*

écomusée [ekɔmyze] M Freilichtmuseum *n*; Heimatmuseum *n*

éconduire [ekõdɥiʀ] VT ‹→ conduire› abweisen; wegschicken; die Tür weisen (**qn** j-m); hinauskomplimentieren; *soupirant* e-n Korb geben (**qn** j-m)

économat [ekɔnɔma] M **1** Verwaltungsstelle *f*, -büro *n*; (Wirtschafts)Verwaltung *f* **2** MIL heereseigene Verkaufsstelle

économe [ekɔnɔm] **A** ADJ sparsam; haushälterisch; wirtschaftlich; ökonomisch; **être ~** sparsam, haushälterisch sein; gut wirtschaften, haushalten (können); *fig* **être ~ de ses louanges, de son temps** mit Lob, mit s-r Zeit geizen, sparsam umgehen **B** M/F Wirtschaftsdirektor(in) *m(f)*; Verwalter(in) *m(f)*

économie [ekɔnɔmi] F **1** Wirtschaft *f*; *science* Wirtschaftswissenschaft *f*; **~ agricole** Agrarwirtschaft *f*; *science* Landwirtschaftswissenschaft *f*; **~ capitaliste** kapitalistisches Wirtschaftssystem; **~ libérale** freie (Markt)Wirtschaft; **~ mixte** gemischtwirtschaftliches System; **~ mondiale** Weltwirtschaft *f*; **~ nationale** einheimische Wirtschaft; Volkswirtschaft *f*; **~ politique** Volkswirtschaft(slehre) *f*; Nationalökonomie *f*; **~ privée** Privatwirtschaft *f*; **~ souterraine** Schattenwirtschaft *f*; **~ d'entreprise** Betriebswirtschaft(slehre) *f*; **~ de marché** (freie) Marktwirtschaft; **ministère** *m* **de l'Économie** Wirtschaftsministerium *n*; **vivre en ~ fermée** ein in sich *(dat)* geschlossenes Wirtschaftssystem haben **2** *(contraire: gaspillage)* Sparsamkeit *f*; Wirtschaftlichkeit *f*; Ökonomie *f*; **son esprit d'~** s-e Sparsamkeit; *loc adv*: **avec ~** sparsam; **par ~** aus Sparsamkeit (-sgründen) **3** *d'argent* **~s** *pl* Ersparnisse *fpl*; Ersparte(s) *n*; *fam* **petites ~s** Spargroschen *m*; **faire, réaliser des ~s** Ersparnisse machen; sparen; **vivre sur ses ~s** von s-n Ersparnissen leben; *prov* **il n'y a pas de petites ~s** wer den Pfennig nicht ehrt, ist des Talers nicht wert *(prov)*; viele Wenig geben *ou* machen ein Viel *(prov)* **4** *de place, d'énergie etc* Einsparung *f*; Ersparnis *f*; **~ d'essence** Benzinersparnis *f*; **~ de temps** Zeitersparnis *f*, -gewinn *m*; **faire l'~ de qc** sich *(dat)* etw (er)sparen; etw vermeiden; *fig* **faire des ~s de bouts de chandelle** an lächerlichen Kleinigkeiten sparen; **ce sont des ~s de bouts de chandelle** das ist reine Knickerei, Knauserei **5** *d'une œuvre littéraire etc* (zweckmäßiger) Aufbau; sinnvolle (An)Ordnung, Gliederung

économique [ekɔnɔmik] ADJ **1** Wirtschafts...; wirtschaftlich; ökonomisch; **crise** *f* **~** Wirtschaftskrise *f*; **sciences** *fpl* **~s** *(fam* **éco)** Wirtschaftswissenschaften *fpl*; **secteur** *m* **~** Wirtschaftsbereich *m*; ökonomischer Sektor **2** *chauffage, voiture etc* wirtschaftlich; sparsam (im Verbrauch); *méthode etc a.* ökonomisch; AVIAT **classe** *f* **~** Economyklasse *f*

économiquement [ekɔnɔmikmɑ̃] ADV **1** wirtschaftlich; ökonomisch; **les ~ faibles** *mpl* die sozial Schwachen *pl* **2** *(en dépensant peu)* sparsam; billig; ökonomisch

économiser [ekɔnɔmize] VT **1** *argent* (er)sparen; *énergie etc* sparen; *matériel, personnel* einsparen; **~ l'eau** Wasser sparen; mit Wasser sparen *ou* sparsam umgehen; **~ sur qc** an etw *(dat)* sparen; **~ sur la nourriture** am Essen sparen; **~ pour (faire) qc** auf, für etw sparen; **~ pour ses vieux jours** für s-e alten Tage, für das Alter sparen *ou* (etwas) zurücklegen **2** *fig* sparsam sein *ou* umgehen (**qc** mit etw); **~ une démarche** sich *(dat)* e-n Gang (er)sparen; **~ son temps, ses forces** mir s-r Zeit, s-n Kräften haushalten *ou* sparsam umgehen

économiseur [ekɔnɔmizœʀ] M INFORM **~ d'écran** Bildschirmschoner *m*

économisme [ekɔnɔmism] M Ökonomismus *m*; **économiste** M/F Wirtschaftswissenschaftler(in) *m(f)*; Wirtschaftler(in) *m(f)*; Volkswirt(schaftler) *m*; Nationalökonom *m*; *par ext* Wirtschaftsexperte *m*, -expertin *f*

écopastille [ekopastij] F AUTO *prime* Umweltbonus *m*; *pénalité* Umweltmalus *m*

écope [ekɔp] F MAR Wasserschöpfer *m*, -schaufel *f*

écoper [ekɔpe] VT **1** *bateau* ausschöpfen, leer schöpfen **2** *fam* **~ (de)** *punition fam* aufgebrummt *ou* aufgeknallt kriegen; **il a écopé (de) cent euros d'amende** *fam* man hat ihm hundert Euro Strafe aufgebrummt; *abs* **~ (pour les autres)** es ausbaden müssen; die Zeche bezahlen müssen

écorce [ekɔʀs] F **1** BOT Rinde *f*; *all Nord* Borke *f* **2** *d'orange etc* Schale *f*; **~ de citron** Zitronenschale *f* **3** GÉOL **~ terrestre** Erdrinde *f*, -kruste *f*

écorcer [ekɔʀse] VT ‹-ç-› **1** *arbre* entrinden **2** *orange, riz* schälen

écorché [ekɔʀʃe] M **1** PEINT, SCULP Muskelmann *m* **2** *fig* **il a une sensibilité d'~ vif** er ist von mimosenhafter Empfindlichkeit; er ist zartbesaitet, dünnhäutig

écorcher [ekɔʀʃe] **A** VT **1** das Fell abziehen *(+dat)*; enthäuten; **~ un lapin** einem Kaninchen das Fell abziehen; ein Kaninchen enthäuten; *fam* **il crie comme si on l'écorchait** er schreit wie am Spieß **2** *blesser* aufschürfen; (ab)schürfen; *par frottement* aufscheuern; wund reiben; *adjt* **avoir les genoux écorchés** aufgeschürfte, wunde Knie haben **3** *fig sons* **~ les oreilles** in den Ohren wehtun; *fam* **ça t'écorcherait la bouche de dire merci?** kannst du nicht danke sagen? **4** *mot, nom* entstellen; falsch aussprechen; *fam* verhunzen; *langue* radebrechen **B** V/PR **s'~** sich aufschürfen, aufscheuern; **s'~ les pieds** sich *(dat)* (die Füße) wund laufen

écorchure [ekɔʀʃyʀ] F (kleine) Schürfwunde; Hautabschürfung *f*; Schramme *f*

écorner [ekɔʀne] VT **1** *meuble, marche etc* die Ecken, Kanten abstoßen (**qc** an etw [*dat*]); **~ un livre** *a.* Eselsohren *npl* in ein Buch machen **2** *fig réserves, économies* angreifen; anbrechen

écossais [ekɔsɛ] **A** ADJ schottisch; *fig* **douche ~e** Wechselbad *n*; **jupe ~e** Schottenrock *m*; **tissu ~** *ou subst* **~** *m* Schotten(stoff) *m* **B** SUBST **1** **Écossais(e)** *m(f)* Schotte *m*, Schottin *f* **2** LING **l'~** *m* das Schottische; Schottisch *n*

Écosse [ekɔs] **l'~** *f* Schottland *n*

écosser [ekɔse] VT *petits pois, haricots* aus-, enthülsen; ausschoten

écosystème [ekɔsistɛm] M Ökosystem *n*

écot [eko] M Anteil *m (an der Zeche)*

écotaxe [ekɔtaks] F Ökosteuer *f*; **écotourisme** M Ökotourismus *m*

Écouen [ekwɑ̃] *Ort im Dep. Val-d'Oise*

écoulement [ekulmɑ̃] M **1** *de liquide* Abfluss *m*; Abfließen *n*; Ab-, Auslaufen *n*; PHYSIOL

Ausfluss *m*; Absonderung *f*; **tuyau** *m* **d'~** Abflussrohr *n*; Abfluss *m* **2** *d'une foule* Hinausströmen *n*; *de la circulation* Abwicklung *f*; Fluss *m*; *du temps* Ablauf *m*; Fluss *m*; Dahinfließen *n* **3** *de marchandises* Absatz *m*; Vertrieb *m*; *de fausse monnaie* Verbreitung *f*; In-Umlauf-Setzen *n*

écouler [ekule] **A** VT *marchandises* absetzen; vertreiben; verkaufen; umsetzen; *fausse monnaie* in Umlauf setzen *ou* bringen; verbreiten **B** V/PR **s'~** **1** *liquide* ab-, auslaufen; abfließen; **laisser, faire (s')~ l'eau** das Wasser abfließen, ablaufen lassen **2** *foule* sich verlaufen; strömen (**de** aus); *temps* vergehen; verrinnen; verfließen; dahinfließen; **deux jours se sont écoulés** *depuis cet incident* ... sind zwei Tage vergangen; **laisser s'~ un délai** e-e Frist verstreichen lassen; *adjt* **l'année écoulée** das abgelaufene Jahr **3** *marchandises* Absatz finden; gehen; **s'~ facilement** gut gehen; gängig sein

écourter [ekuʀte] VT *voyage, séjour* abkürzen; *texte, discours, citation* kürzen; zusammenstreichen; *(tronquer)* sinnentstellend kürzen; verstümmeln

écoute[1] [ekut] F RAD Hören *n*; TÉL Abhören *n*; RAD, TV **heure** *f* **de grande ~** Hauptsendezeit *f*; **poste** *m* **d'~** Abhörstelle *f*; MIL Horchposten *m*; **table** *f* **d'~** Abhörgerät *n*; TÉL **mise** *f* **sur table d'~** Anzapfen *n*; **être à l'~ de qn** j-m zuhören; RAD **vous êtes à l'~ de ...** hier ist ...; Sie hören ...; **être aux ~s** auf der Lauer sein, liegen; lauschen; *par ext* **être aux ~s de l'actualité** das Tagesgeschehen verfolgen; TÉLÉCOMMUNICATIONS: **passer l'~ à qn** an j-n übergeben; **prendre l'~** auf Empfang gehen; RAD **restez à l'~ ...** anschließend hören Sie ...

écoute[2] [ekut] F *mar* Schot(e) *f*; Segelleine *f*

écouter [ekute] **A** VT **1** *informations, disque, chanteur etc* (an)hören; *aux portes etc* horchen (*abs ou* auf *+acc*); MÉD battements de c œur etc abhören; abhorchen; **~ qn** j-m zuhören; j-m lauschen; *abs* **écoute** *ou* **écoutez!** hör *ou* hören Sie (doch) (ein)mal!; hör *ou* hören Sie zu!; pass *ou* passen Sie mal auf!; *avec reproche* na, hör *ou* hören Sie mal!; TÉL **allô, j'écoute** ja bitte?; **écoutez-moi bien!** hören Sie (mir) gut zu!; **~ attentivement** aufmerksam zuhören; gespannt lauschen; **~ le chant des oiseaux** dem Gesang der Vögel lauschen; **~ un concert à la radio** im Radio ein Konzert hören; sich *(dat)* ein Konzert im Radio anhören; **~ la radio** Radio hören; **~ aux portes** an der Tür, an den Türen lauschen, horchen; **savoir ~** zuhören können; *adjt* **une des émissions les plus écoutées** e-e der meistgehörten Sendungen **2** *avec bienveillance* **~ qn** j-n anhören; j-m Gehör schenken; **~ les doléances de qn** (sich [*dat*]) j-s Klagen anhören; j-s Klagen Gehör schenken; **savoir se faire ~** sich *(dat)* Gehör zu verschaffen wissen; Gehör finden; *adjt* **un des orateurs les plus écoutés** e-r der angesehensten, meistbeachteten Redner **3** *(suivre)* **~ qn** auf j-n hören; *plus fort* j-m folgen, gehorchen; **~ sa conscience** auf sein Gewissen hören; s-m Gewissen folgen; **~ les conseils de qn** auf j-s Rat(schläge) hören; j-s Rat(schläge) befolgen; **n'~ que son courage** nicht an die Gefahr denken; *st/s* die Gefahr nicht achten; **ne vouloir ~ personne** sich *(dat)* nichts sagen lassen **B** V/PR **1** **s'~ parler** sich (selbst) gern reden hören **2** **si je m'écoutais**, *je n'irais pas* wenn es nach mir ginge *ou* wenn ich meiner ersten Eingebung folgen würde ... **3** **s'~ (trop)** in übertriebener Weise auf s-e Gesundheit achten

écouteur [ekutœʀ] M *du téléphone, d'un casque* Hörer *m*; **~s** *pl* Kopfhörer *mpl*

écoutille [ekutij] F MAR Luke *f*

écouvillon [ekuvijõ] M Flaschenbürste *f*

écrabouillage [ekʀabujaʒ] *fam* M *ou* **écrabouillement** *fam* M Zerquetschen *n*; Zermalmen *n*; *fam* Zermatschen *n*; **écrabouiller** *fam* VT zerquetschen; zermalmen; *fam* zermatschen; *escargot* zertreten

écran [ekʀɑ̃] M **1** **a** **~ (de cheminée)** (Kamin)Schirm *m* **b** *par ext* Schirm *m*; (Sicht)Blende *f*; (Schutz)Wand *f*; **~ de verdure** grüner Wall; grüne Wand; **faire ~** e-e Abschirmung bilden; **se faire un ~ avec sa main** mit der Hand die Augen abschirmen **c** TECH Schutzvorrichtung *f*; Abschirmung *f*; Schirm *m*; **~ de protection** Schutzschild *m* **2** **a** CINÉMA Leinwand *f*; **grand ~** *ou* **~ panoramique** Breitwand *f* **b** *par ext (le cinéma)* Film *m*; **vedette** *f* **de l'~** Filmstar *m*; **porter à l'~** *roman etc* verfilmen; auf die Leinwand bringen **c** *fig* **le petit ~** das Fernsehen **3** ÉLEC, TV Bildschirm *m*; MÉD *a.* Röntgenschirm *m*; **écran plasma** Plasmabildschirm *m*; **~ plat** Flachbildschirm *m*; **~ radar** Radarschirm *m* **4** TYPO, PHOT Filter *m ou n*; **~ coloré** Farbfilter *m* **5** PARFUMERIE **~ total** Sonnencreme *f* mit höchstem Schutzfaktor; Sunblocker *m*

écrasant [ekʀazɑ̃] ADJ **1** *poids* enorm; gewaltig **2** *fig preuves, majorité* erdrückend; überwältigend; *forces* weit überlegen; *supériorité* haushoch; *chaleur* (er)drückend; **défaite ~e** vernichtende Niederlage; **succès ~** überwältigender, durchschlagender Erfolg

écrasement [ekʀazmɑ̃] M **1** Zerdrücken *n*; Zermalmen *n*; Zerquetschen *n* **2** *fig d'une révolte* Niederschlagung *f*, -werfung *f*; *d'une armée* Vernichtung *f*; Zerschlagung *f*

écraser [ekʀaze] **A** VT **1** zerdrücken; zerquetschen; zermalmen; *ver etc exprès* zertreten; *involontairement* treten auf *(+acc)*; *herbe* zer-, niedertreten; *véhicule: personne etc* überfahren; *pédale de frein, accélérateur* ganz durchtreten; **~ l'accélérateur** *a.* Vollgas geben; **~ une cigarette** eine Zigarette ausdrücken; *par exagération* **~ le pied de qn** j-m auf den Fuß treten; **~ qc avec un marteau** etw mit dem Hammer zerschlagen, zerklopfen; **être écrasé par un éboulement de rochers** von herabstürzenden Steinen zerschmettert werden; **se faire ~ par une voiture** von e-m Auto überfahren werden; ♦ *adjt: fam* **rubrique** *f* **des chiens écrasés** vermischte (Lokal)Nachrichten *fpl*; **nez écrasé** platte, platt gedrückte Nase; *fam* Boxernase *f* **2** *fig révolte* niederschlagen, -werfen; MIL vernichten; zerschlagen; SPORTS vernichtend schlagen; *adversaire, rival* weit, haushoch überlegen sein *(+dat)*; an die Wand drücken; *fam* zermalmen; **elle écrase de luxe tout son entourage** sie sticht mit ihrem Luxus alle aus; sie protzt mit ihrem Luxus; **~ qn de son mépris** j-n mit Verachtung strafen **3** *fig* **~ qn** *soucis, malheur etc* j-n (be-, er-, nieder)drücken, nieder-, zerschmettern; *travail* j-n (fast) erdrücken; *responsabilité* schwer auf j-m lasten; **cet immeuble écrase tous ceux qui l'entourent** dieses Gebäude erdrückt alle anderen in der Nähe **4** *pop* **en ~** *fam* wie ein Sack, Ratz schlafen **B** V/PR **s'~** **1** *fruits en tombant* zer-, aufplatzen; *vagues* sich brechen; *avion* **s'~ (au sol)** abstürzen; am Boden zerschellen; **s'~ contre une montagne** an e-m Berg zerschellen; *voiture* **s'~ contre un mur** gegen e-e Mauer prallen **2** *fam foule* sich drängen **3** *pop (s'effacer)* klein beigeben; *pop* die Klappe, die Schnauze halten; *fam* ganz klein und hässlich werden; *pop* **écrase!** *pop* Schnauze!; *fam* quatsch nicht!; halt die Klappe!

écraseur [ekʀazœʀ] M *fam* Verkehrsrowdy *m*

écrémage [ekʀemaʒ] M Entrahmen *n*

écrémer [ekʀeme] VT ⟨-è-⟩ **1** *lait* entrahmen; abrahmen; absahnen; *adjt* **lait écrémé** entrahmte Milch; Magermilch *f* **2** *fig* den Rahm abschöpfen, (sich [*dat*]) das Beste nehmen (**qc** von etw)

écrémeuse [ekʀemøz] F Milchzentrifuge *f*; Entrahmer *m*

écrevisse [ekʀəvis] F ZOOL, CUIS (Fluss)Krebs *m*; *fig*: **rouge comme une ~** krebsrot; **marcher, aller comme une ~** im Krebsgang gehen; krebsen

écrier [ekʀije] V/PR **s'~** ausrufen; **... s'écria-t-il** ... rief er (aus)

écrin [ekʀɛ̃] M (Schmuck)Kästchen *n*, (-)Kasten *m*; Etui *n*; Schatulle *f*

écrire [ekʀiʀ] ⟨j'écris, il écrit, nous écrivons; j'écrivais; j'écrivis; j'écrirai; que j'écrive; écrivant; écrit⟩ **A** VT schreiben; *(noter)* auf-, niederschreiben; *abs écrivain* schreiben; schriftstellern; **~ qc à qn** j-m etw schreiben; an j-n etw schreiben; **faire ~ une lettre à une secrétaire** e-e Sekretärin e-n Brief schreiben lassen; **~ un livre, un roman** ein Buch, e-n Roman schreiben; **~ un opéra, une sonate** e-e Oper, e-e Sonate schreiben; **~ beaucoup, lisiblement, mal, peu** viel, leserlich, schlecht, wenig schreiben; **~ fin** fein schreiben; **~ gros, petit** groß, klein schreiben; **~ au brouillon, au propre** ins Konzept, ins Reine schreiben; **~ à la craie, au crayon** mit Kreide, mit Bleistift schreiben; **~ à la machine, à la main** mit der Maschine, mit der Hand schreiben; **~ au tableau** an die (Wand)Tafel schreiben; **~ dans les journaux** für, in Zeitungen schreiben; **~ dans le sable** in den Sand schreiben; **~ d'une manière illisible** unleserlich schreiben; **~ de Paris** aus Paris schreiben; **~ en prose, en vers** in Prosa, in Versen schreiben; **~ sur** *ou* **dans un cahier** in ein Heft schreiben; **~ sur ses genoux** auf den Knien schreiben; **apprendre à ~** schreiben lernen; **savoir lire et ~** lesen und schreiben können; → *a.* **écrit** **B** V/PR **s'~** *sens passif* geschrieben werden; sich schreiben; *sens réciproque* sich *(Briefe)* schreiben; miteinander in Briefwechsel stehen; **comment est-ce que ça s'écrit?** wie schreibt man das?; wie wird das geschrieben?; **son nom s'écrit avec ck** er schreibt sich mit ck

écrit [ekʀi] **A** PP → écrire *et* ADJ **1** schriftlich; geschrieben; *feuille* beschrieben; **autorisation ~e** schriftliche Genehmigung; **droit ~** geschriebenes Recht; **le français ~** das Schriftfranzösische; Schriftfranzösisch *n*; die französische Schriftsprache; **langue ~e** geschriebene Sprache; Schriftsprache *f*; **~ à la machine, à la main** maschine(n)-, handgeschrieben **2** **être ~** *dans un livre etc* stehen; BIBL *et st/s* geschrieben stehen; **qu'est-ce qui était ~** *ou* **qu'est-ce qu'il y avait d'~ sur cette feuille?** was stand auf diesem Blatt?; *fig*: **c'était ~** es musste so kommen; das war Schicksal; **la douleur était ~e sur son visage** Schmerz stand ihm im Gesicht geschrieben **B** M **1** *ouvrage* Schrift *f*; **~ politique, satirique** politische, satirische Schrift **2** JUR *(document)* Schriftstück *n* **3** *examen* schriftliche Prüfung; Schriftliche(s) *n*; schriftlicher Teil (e-r Prüfung); **échouer à l'~** im Schriftlichen durchfallen **4** LOC ADV **par ~** schriftlich; **confirmer qc par ~** etw schriftlich bestätigen; **mettre qc par ~** etw niederschreiben, zu Papier bringen

écriteau [ekʀito] M ⟨*pl* ~x⟩ (Hinweis)Schild *n*; **mettre un ~ sur une porte** ein Schild an e-r Tür anbringen

écritoire [ekʀitwaʀ] F *autrefois* Schreibzeug *n*, -garnitur *f*

écriture [ekʀityʀ] F **1** Schrift *f*; *action, à l'école* Schreiben *n*; **~ arabe, romaine** arabische, lateinische Schrift; ÉCOLE **une page d'~** e-e Seite Schönschrift, Schönschreiben **2** *de qn* (Hand)Schrift *f*; **avoir une belle ~** e-e schöne (Hand)Schrift haben **3** COMM Buchung *f*; Eintragung *f*; **~s** *pl* Geschäftsbücher *npl*; geschäftliche Aufzeichnungen *fpl*; **employé** *m* **aux ~s** (Kanzlei)Schreiber *m*; **tenir les ~s** die Buchführung machen; die Bücher führen **4** JUR Schriftstück *n*; Urkunde *f*; Dokument *n* **5** REL **l'Écriture (sainte)** *ou* **les (Saintes) Écritures** die (Heilige) Schrift

écrivailler [ekʀivaje] VT *et* VI *péj* viel zusammenschreiben; e-n Stiefel zusammenschreiben; **écrivailleur** M *ou* **écrivaillon** M Schreiberling *m*; Skribent *m*; Vielschreiber *m*; Federfuchser *m*

écrivain [ekʀivɛ̃] M, *parfois* **écrivaine** F **1** Schriftsteller(in) *m(f)*; Dichter(in) *m(f)*; **un grand écrivain** ein großer Schriftsteller, Dichter **2** **écrivain public** Schreibkundige(r) *m*; öffentlicher Schreiber

écrivasser [ekʀivase] VT → écrivailler

écrou [ekʀu] M **1** TECH (Schrauben)Mutter *f*; **serrer un ~** e-e Mutter anziehen **2** JUR Inhaftierung *f*; Inhaftnahme *f*; **levée** *f* **d'~** Haftaufhebung *f*, -entlassung *f*; **registre** *m* **d'~** Haftregister *n*

écrouelles [ekʀuɛl] FPL MÉD HIST Skrofeln *fpl*

écrouer [ekʀue] VT inhaftieren; einsperren; ins Gefängnis einliefern

écroulement [ekʀulmɑ̃] M **1** Einsturz *m*; Einstürzen *n*; Zusammenbrechen *n*; **danger** *m* **d'~** Einsturzgefahr *f* **2** *fig* Zusammenbruch *m*

écrouler [ekʀule] V/PR **s'~** **1** *maison, pont, échafaudage etc* einstürzen; zusammenbrechen; *maison a.* in sich *(dat)* zusammenstürzen; *tribune* zusammenstürzen; *mur, tour* einfallen; umstürzen; **faire ~** zum Einsturz bringen; **le plafond s'écroula sur les occupants** die Decke stürzte, kam auf die Bewohner herunter **2** *fig empire, puissance, entreprise* zusammenbrechen; *projets, espoirs* sich zerschlagen; zunichtewerden; *théorie* in sich *(dat)* zusammenstürzen, -brechen **3** *fig personne* zusammenbrechen; **être écroulé** *après un malheur* zutiefst betroffen sein; *de fatigue* in sich *(dat)* zusammengesunken, *fam* zusammengesackt sein **4** *fam fig* sich fallen lassen (**sur son lit, dans un fauteuil** auf sein Bett, in e-n Sessel) **5** *fam fig de rire* **être écroulé** *fam* sich krumm und bucklig lachen; sich kugeln vor Lachen

écru [ekʀy] ADJ *toile, coton* ungebleicht; naturfarben; **soie ~e** Ekrüseide *f*; Rohseide *f*

ecstasy [ɛkstazi] F *drogue* Ecstasy *f*

ectoplasme [ɛktɔplasm] M OCCULTISME Teleplasma *n*

écu [eky] M **1** HIST MIL Schild *m* **2** HÉRALDIQUE (Wappen)Schild *m ou n* **3** HIST *monnaie* Taler *m* **4** → ECU

ECU [eky] M ABR (European currency unit) Ecu *ou* ECU *m*

écueil [ekœj] M **1** Riff *n*; Klippe *f*; *bateau* **se briser sur** *ou* **contre un ~** an e-r Klippe zerschellen **2** *fig* Klippe *f*; **éviter un ~** e-e Klippe umschiffen

écuelle [ekɥɛl] F *pour animaux ou litt* **a** Napf *m*; Schale *f* **b** *contenu* Napf *m* voll; (e-e) Schale voll

éculé [ekyle] ADJ **1** *chaussures, talons* abgelaufen; schief gelaufen, getreten **2** *fig plaisanterie etc* abgedroschen; abgegriffen; abgeleiert; *farce, truc* billig

écume [ekym] F **1** Schaum *m*; *sur les vagues a.* Gischt *m ou f*; *des animaux* Geifer *m*; *des chevaux* Schaum *m*; Schweiß *m* **2** MINÉR **~ de mer** Meerschaum *m*; **pipe** *f* **en ~ de mer** Meerschaumpfeife *f*

écuménique [ekymenik] ADJ → œcuménique

écumer [ekyme] **A** VT **1** *bouillon, sirop etc* abschäumen; den Schaum abschöpfen (**qc** von etw) **2** *fig* **a** *pirates* **~ les mers, les côtes** Seeräuberei betreiben **b** *par ext (prendre le meilleur)* ausrauben; plündern; das Beste mitnehmen aus **c** *les librairies, cafés etc fam* abklappern **B** VI **1** schäumen; sich mit Schaum bedecken; *mer* Schaum bilden; Gischt aufwerfen, sprühen **2** *fig* **~ (de colère, de rage)** vor Zorn, vor Wut schäumen

écumeux [ekymø] ADJ ⟨-euse⟩ schaumbedeckt; schäumend

écumoire [ekymwaʀ] F CUIS Schaumlöffel *m*, -kelle *f*; *fig* **transformer en ~** mit Kugeln durchsieben

écureuil [ekyʀœj] M ZOOL Eichhörnchen *n*; *fig personne* **être vif, agile comme un ~** flink wie ein Wiesel, wieselflink sein

écurie [ekyʀi] F **1** (Pferde)Stall *m*; HIST Marstall *m*; MYTH **les ~s d'Augias** [oʒjas] der Augiasstall; *cheval, fig personne* **sentir l'~** den Stall wittern; merken, dass es nach Hause, heimwärts geht **2** SPORTS Rennstall *m* **3** *fig d'un lieu sale* Schweinestall *m*

écusson [ekysõ] M **1** HÉRALDIQUE Wappenschild *m ou n* **2** *par ext* Schild *n*; *autrich* Wapperl *n* **3** MIL Kragenspiegel *m* **4** ARCH Kartusche *f* mit Wappenschmuck

écuyer [ekɥije] M **1** **a** *(cavalier)* (guter) Reiter **b** CIRQUE Kunstreiter *m* **c** *(professeur d'équitation)* Reitlehrer *m* **2** HIST **a** *d'un chevalier* (Schild)Knappe *m* **b** *(jeune noble)* (junger) Edelmann **c** *(intendant des écuries)* Stallmeister *m*

écuyère [ekɥijɛʀ] F **a** Reiterin *f* **b** CIRQUE Kunstreiterin *f*; **monter à l'~** im Herrensitz reiten

eczéma [ɛgzema] M MÉD Ekzem *n*; Hautausschlag *m*

eczémateux [ɛgzematø] ADJ ⟨-euse⟩ MÉD ekzematös; ekzemartig

édam [edam] M CUIS Edamer (Käse) *m*

edelweiss [edɛlvajs, -vɛs] M BOT Edelweiß *n*

Éden [edɛn] M **1** BIBL **l'~** *ou* **le jardin d'~** der Garten Eden **2** *fig* **éden** Paradies *n*

édenté [edɑ̃te] ADJ zahnlos; *peigne* mit abgebrochenen Zähnen, Zinken

EDF [ədeɛf] F ABR (Électricité de France) *staatliche frz Elektrizitätsgesellschaft*

Edgar [ɛdgaʀ] M *Vorname*

édicter [edikte] VT verordnen; *loi* erlassen; *règles de conduite* vorschreiben

édicule [edikyl] M Häuschen *n*

édifiant [edifjɑ̃] ADJ **1** *sermon etc* erbaulich; **lecture ~e** Erbauungslektüre *f* **2** *(instructif)* lehrreich; aufschlussreich

édification [edifikasjõ] F **1** *(construction)* Errichtung *f*; Erbauung *f*; Bau *m*; Erstellung *f* **2** *des fidèles etc* Erbauung *f*; *(instruction)* Belehrung *f* **3** *fig d'un empire, d'une science etc* Aufbau *m*; Bau *m*; Schaffung *f*

édifice [edifis] M **1** Gebäude *n*; Bauwerk *n*; Bau *m*; JUR bauliche Anlage; **~s publics** öffentliche Gebäude *npl* **2** *fig* Bau *m*; Gebäude *n*; **~ social** Gesellschaftsordnung *f*; soziale Struktur

édifier [edifje] VT **1** erbauen; errichten; erstellen; **~ un palais, une cathédrale** einen Palast, eine Kathedrale erbauen, errichten **2** *fig empire, société* begründen; aufbauen; schaffen; *théorie* aufstellen **3** *sermon: fidèles etc* erbauen; andächtig, besinnlich stimmen **4** *iron (instruire)* belehren; aufklären; **je suis édifié sur son compte** ich weiß über ihn Bescheid; ich bin über ihn im Bild(e)

édile [edil] M **1** HIST *à Rome* Ädil *m* **2** *d'une ville* **~s** *pl* Stadtväter *mpl (airon)*

Édimbourg [edɛ̃buʀ] Edinburg(h) *n*

édit [edi] M HIST Edikt *n*; Erlass *m*; **l'~ de Nantes** das Edikt von Nantes

éditer [edite] VT herausgeben; verlegen; herausbringen *(a. disque)*; edieren

éditeur [editœʀ], **éditrice** **1** M,F Verleger(in) *m(f)*; Herausgeber(in) *m(f)*; Verlag *m*; *d'un journal* **éditeur responsable** Herausgeber *m*; Verleger *m*; *par ext* **éditeur, éditrice de disques, d'œuvres d'art** Schallplatten-, Kunstverleger(in) *m(f)*; *adjt* **société éditrice** Verlag (-sgesellschaft) *m(f)* **2** M INFORM Editor *m*

Édith [edit] F *Vorname*

édition [edisjõ] F **1** *de livres* Ausgabe *f (œuvre)*; Edition *f*; *action* Herausgabe *f (a. de disques)*; **~ brochée, reliée** broschierte, gebundene Ausgabe; **~ critique** kritische Ausgabe; **~ à tirage restreint, limité** Ausgabe mit beschränkter, begrenzter Auflage(nziffer); **~ de disque** Schallplattenausgabe *f*; **~ de luxe** Luxus-, Prachtausgabe *f*; **~ de poche** Taschenbuchausgabe *f*; **contrat** *m* **d'~** Verlags-, Autorenvertrag *m*; **maison** *f*, **société** *f* **d'~** Verlag *m*; Verlagshaus *n*, -anstalt *f*; **travailler dans l'~** im Verlag(swesen) tätig sein **2** **a** *de journaux* Ausgabe *f*; **dernière ~** neueste *ou* letzte Ausgabe; **~ spéciale** Extrablatt *n*; Sonderausgabe *f*; **~ du soir** Abendausgabe *f*; **~ de Paris, de province** Pariser Ausgabe *f*, Regionalausgabe *f* **b** RAD, TV *du journal parlé* Ausgabe *f* **3** *(tirage)* Auflage *f*; **~ augmentée** ergänzte, erweiterte Auflage; **nouvelle ~** Neuauflage *f*; **~ revue et corrigée** durchgesehene und verbesserte Auflage **4** **~s** *pl* Verlag *m*; *ce livre* **est paru aux ~s X** ist im Verlag X, bei X erschienen, herausgekommen **5** *fig d'un événement etc* **nouvelle, deuxième ~** Neuauflage *f*; Wiederholung *f*

éditorial [editɔʀjal] M ⟨*pl* -aux⟩ Leitartikel *m*; **éditorialiste** M/F Leitartikler(in) *m(f)*

Edmond [ɛdmõ] M *Vorname*

Édouard [edwaʀ] M *Vorname*

édredon [edʀədõ] M Daunenbett *n*, -decke *f*; Federbett *n*; Plumeau *n*

éducable [edykabl] ADJ erziehungsfähig; erziehbar

éducateur [edykatœʀ], **éducatrice** **A** M,F Erzieher(in) *m(f)* **B** ADJ erzieherisch; Erzieher...

éducatif [edykatif] ADJ ⟨-ive⟩ erzieherisch; bildend; pädagogisch (wertvoll); belehrend; Erziehungs...; *autrich a.* erziehlich; **film ~** Lehrfilm *m*; **jeux ~s** erzieherische, pädagogisch wertvolle Spiele *npl*

éducation [edykasjõ] F **1** Erziehung *f*; Bildung *f*; **~ mixte** Koedukation *f*; **~ permanente** ständige Fort-, Weiterbildung; **~ physique** körperliche Ertüchtigung; ÉCOLE **~ physique et sportive** *(abr* **EPS***)* Sportunterricht *m*; Turnen *n*; **professeur** *m* **d'~ physique** Sportlehrer *m*; **~ politique** politische Bildung; **~ religieuse** religiöse Erziehung; **~ sexuelle** Sexualerziehung *f*, -pädagogik *f*; **ministère** *m* **de l'Éducation nationale** Erziehungs-, Unterrichtsministerium *n*; *en Allemagne* Kultusministerium *n*; **avoir de l'~** gut erzogen sein; **ne pas avoir d'~** kein (gutes) Benehmen, keine Bildung haben; schlecht erzogen sein; **donner à qn une bonne ~** j-m e-e gute Erziehung zuteilwerden lassen; **avoir reçu une bonne ~** e-e gute Erziehung genossen haben **2** *de la volonté, du goût etc* Schulung *f*; Ausbildung *f*; **~ de la mémoire** Gedächtnisschulung *f*

édulcorant [edylkɔʀɑ̃] M Süßstoff *m*; **édulcorer** VT **1** PHARM Süßstoff hinzufügen (**qc** zu etw) **2** *fig texte, propos* mildern; entschärfen; abschwächen

éduquer [edyke] VT **1** erziehen; bilden; *adjt*

bien, mal **éduqué** wohlerzogen *ou* gut erzogen, schlecht erzogen 2 *la mémoire, le goût etc* schulen; ausbilden

Edwige [ɛdviʒ] F *Vorname*

effaçable [efasabl] ADJ (aus)löschbar

effacé [efase] ADJ *personne* unauffällig; unscheinbar; unbedeutend; *comportement* zurückhaltend; bescheiden

effacement [efasmɑ̃] M 1 a *d'une chose écrite* (Aus)Löschen *n*; (Aus)Streichen *n*; Ausradieren *n*; Löschung *f*; Tilgung *f* b *d'un enregistrement* Löschen *n*, -ung *f* 2 *fig de souvenirs etc* Verblassen *n*; Zurücktreten *n*; Tilgung *f* 3 *d'une personne* ~ **(de soi-même)** (bescheidenes) Zurücktreten; (bescheidene, bewusste) Zurückhaltung

effacer [efase] ⟨-ç-⟩ A VT 1 *chose écrite* (aus)löschen; aus-, wegwischen; *(gommer)* aus-, wegradieren; *noms sur une liste* (aus-, weg-, durch)streichen; *tache* entfernen; *pli* glätten; *traces* verwischen; löschen; tilgen; ~ **des données, un enregistrement** Daten, eine Aufnahme löschen; ~ **le tableau** die Tafel abwischen 2 *fig souvenir etc* (aus)löschen; (aus)tilgen; *différences* ausmerzen; beseitigen; **le temps efface tout** alles ist vergänglich; ~ **de sa mémoire** aus s-m Gedächtnis streichen 3 *fig (éclipser)* ausstechen; (bei weitem) übertreffen; in den Schatten stellen 4 *épaules, haut du corps* zurücknehmen B VPR **s'~** 1 *chose écrite* sich aus-, wegwischen, (aus)radieren lassen; verwischen; *couleurs, encre* verblassen; *inscription etc* verblassen; vergehen; ausgelöscht werden 2 *fig souvenir* verblassen; zurücktreten; *sentiments* erlöschen; nachlassen 3 *personne par politesse* a zur Seite treten; zurücktreten *(um j-n vorbeizulassen)* b *fig* zurückstehen (**devant qn** hinter j-m); sich (bescheiden) zurückziehen, -halten; sich im Hintergrund halten

effaceur [efasœʀ] M Tintenkiller *m*

effarant [efaʀɑ̃] ADJ *ignorance etc* erschreckend; bestürzend; *prix* horrend; *vitesse* schwindelerregend

effaré [efaʀe] ADJ verwirrt; fassungslos; verstört; bestürzt; **effarement** M Bestürzung *f*; Verwirrung *f*; Fassungslosigkeit *f*; Betroffenheit *f*; **effarer** A VT verwirren; bestürzen B VPR **s'~** in Aufregung geraten; verwirrt werden *ou* sein

effarouchement [efaʀuʃmɑ̃] M Verschüchterung *f*

effaroucher [efaʀuʃe] A VT 1 *gibier, oiseau* auf-, verscheuchen; verjagen; vertreiben 2 *fig* ein-, verschüchtern; ab-, erschrecken; *adjt* **être effarouché** verschüchtert, eingeschüchtert sein B VPR **s'~** erschrecken, sich entsetzen (**de** über *+acc*)

effectif [efɛktif] A ADJ ⟨-ive⟩ wirklich; tatsächlich (vorhanden); wirksam; echt; effektiv; real; **dépense, recette effective** Ist-Ausgabe *f*, Ist-Einnahme *f*; *d'une monnaie* **valeur effective** tatsächlicher Wert; *mesure etc* **être ~ à partir de …** wirksam werden *ou* sein ab … B M *ou* **~s** *pl* Personalbestand *m*; *d'une entreprise* (gesamte) Belegschaft(sstärke); *d'un parti* Mitgliederzahl *f*; *d'une école* Schülerzahl *f*; *d'une classe* Stärke *f*; Frequenz *f*; MIL (Truppen)Stärke *f*; MIL **les ~s engagés** die Stärke der eingesetzten Truppen

effectivement [efɛktivmɑ̃] ADV wirklich; tatsächlich; wahrhaftig; in der Tat

effectuer [efɛktɥe] A VT aus-, durchführen; vornehmen; COMM *a.* effektuieren; abwickeln; *paiements* leisten; *voyage, démarches* unternehmen; *parcours* zurücklegen; ~ **des achats** Einkäufe tätigen B VPR **s'~** erfolgen; sich vollziehen; vor sich *(acc)* gehen; durchgeführt werden

efféminé [efemine] ADJ *péj* weibisch; unmännlich; feminin; weichlich; **efféminer** VT *péj* weibisch, unmännlich machen; verweichlichen

effervescence [efɛʀvesɑ̃s] F 1 CHIM Aufbrausen *n*, -schäumen *n*, -wallen *n*; **entrer en ~** aufbrausen, -wallen 2 *fig* Erregung *f*; Wallung *f*; Gärung *f*; Unruhe *f*; **tout le pays était en ~** das ganze Land war in Wallung, Aufruhr; im ganzen Land gärte es

effervescent [efɛʀvesɑ̃] ADJ 1 CHIM (auf)brausend; (auf)schäumend; PHARM **comprimé ~** Brausetablette *f* 2 *fig foule* gärend; brodelnd; unruhig; erregt

effet [efɛ] M 1 Wirkung *f*; Effekt *m*; Erfolg *m*; Auswirkung *f*; THÉ Beleuchtungseffekt *m*; MÉD **~ curatif** Heilwirkung *f*; PHYS **~ Doppler-Fizeau** Dopplereffekt *m*; **un ~ oratoire, théâtral** ein rednerischer, theatralischer Effekt; JUR **~ rétroactif** rückwirkende Kraft; PHYS **~ thermique** Wärmewirkung *f*; TECH **~ utile** Nutzeffekt *m*; Nutzleistung *f*; Wirkungsgrad *m*; **~ du hasard** Zufallswirkung *f*, -effekt *m*; **~s de lumière** Lichteffekte *mpl*; ÉCOL **~ de serre** Treibhauseffekt *m*; **~ de surprise** Überraschungseffekt *m*, -moment *n*; ♦ *loc adv*: **à cet ~** zu diesem Zweck(e); dazu; **en ~** nämlich; denn; *(effectivement)* wirklich; tatsächlich; in der Tat; allerdings; freilich; *il ne pourra pas aller au théâtre*, **il est, en ~, fortement enrhumé** er ist nämlich stark erkältet; *vous souvenez-vous l'avoir vu sortir?* – **oui, en ~ …** ja, tatsächlich; ja, stimmt; *loc adj* **sans ~** unwirksam; wirkungslos; ohne Wirkung; **rester sans ~** wirkungslos bleiben; *loc prép* **sous l'~ de** unter der Wirkung von *(ou +gén)*; **être sous l'~ de la morphine** unter der Wirkung von Morphium stehen; **(agir) sous l'~ de la colère, de la passion** im Zorn, im Affekt (handeln); ♦ **avoir, produire un ~ salutaire** e-e heilsame Wirkung haben; heilsam, wohltuend wirken; **avoir pour ~** zur Folge haben; **couper ses ~s à qn** j-n um s-e Wirkung bringen; *st/s et iron* **si c'était un ~ de votre bonté** wenn Sie die Güte haben wollen; **faire l'~ de** den Eindruck *(+gén)* machen; wirken wie; **il me fait l'~ d'un imbécile** er macht auf mich den Eindruck e-s Dummkopfes; **cette nouvelle a fait l'~ d'une bombe** diese Nachricht hat wie e-e Bombe eingeschlagen; **tu ne peux pas savoir l'~ que ça m'a fait** du kannst dir nicht vorstellen, wie das auf mich gewirkt hat; *médicament etc* **faire son ~** s-e Wirkung tun; wirken; **faire (un) bon, mauvais ~** e-n guten, schlechten Eindruck machen (**sur** auf *+acc*); **c'est tout l'~ que cela te fait?** das scheint dich nicht sehr, sonderlich zu beeindrucken; **faire de l'~** wirken; wirksam sein; s-e Wirkung tun; THÉ **faire un ~** e-n Effekt hineinbringen; e-e Pointe hinzufügen; **l'acteur a manqué,** *fam* **raté son ~** die Pointe (des Schauspielers) hat ihre Wirkung verfehlt, *fam* ist nicht angekommen; **ménager ses ~s** s-e Pointen wirksam dosieren; s-e Wirkung wohl berechnen; JUR *loi etc* **prendre ~** in Kraft treten; wirksam werden; **produire son petit ~** sich interessant machen; **rechercher l'~, viser (à) l'~** auf Effekt aus sein; *chose* auf Effekt berechnet sein; **ressentir les ~s de qc** die Wirkung, die Auswirkungen von etw verspüren 2 COMM Wertpapier *n*; *(lettre de change)* Wechsel *m*; **~s** *pl* Effekten *pl*; Stücke *npl* 3 **~s** *pl* Kleider *npl*; Kleidungsstücke *npl*; Sachen *fpl*; Habseligkeiten *fpl*

effeuillage [efœjaʒ] M 1 AGR Abblatten *n*; Entlauben *n* 2 *fig* Striptease *m ou n*; **effeuillaison** F BOT Laubfall *m*; Abfallen *n* der Blätter; **effeuillement** M *d'arbres* a Laubfall *m*; Entlaubung *f* b Entlaubt-, Kahlsein *n*; *de fleurs* Ab-, Entblättern *n*; Abfallen *n (der Blütenblätter)*

effeuiller [efœje] A VT *plantes* entblättern; AGR abblatten; entlauben; *fleur* die Blütenblätter auszupfen *(+gén)* B VPR **s'~** die Blätter abwerfen; *fleurs* abblättern

effeuilleuse [efœjøz] *plais* F *fam* Stripperin *f*

efficace [efikas] ADJ wirksam; wirkungsvoll; effektiv; effizient; *aide* tatkräftig; *slogan* zugkräftig; *personne* fähig; tüchtig; kompetent; erfolgreich; leistungsfähig; **efficacement** ADV wirksam; wirkungsvoll; *aider* tatkräftig; *intervenir* erfolgreich

efficacité [efikasite] F Wirksamkeit *f*; Wirkungskraft *f*, -vermögen *n*; Wirkung *f*; Effektivität *f*; *(rendement)* Effizienz *f*; *d'une personne* (Leistungs)Fähigkeit *f*; Tüchtigkeit *f*; *d'une entreprise* Leistungsfähigkeit *f*; TECH Wirkungsgrad *m*; (Arbeits)Leistung *f*; Nutzeffekt *m*; **efficacité énergétique** Energieeffizienz *f*; **~ publicitaire** Werbewirkung *f*

efficience [efisjɑ̃s] F Effizienz *f*; → *a.* efficacité; **efficient** ADJ effizient; → *a.* efficace

effigie [efiʒi] F 1 Bild *n*; Bildnis *n*; bildliche Darstellung; Nachbildung *f*; **brûler qn en ~** j-n in effigie verbrennen 2 *sur une monnaie, une médaille* Kopfbild(nis) *n*; *pièce* **à l'~ de** mit dem Bildnis *(+gén)*

effilé [efile] A ADJ schmal; dünn; zugespitzt; spitz (zulaufend); spitzig; **couteau ~** langes spitzes Messer B M TEXT Franse *f*

effiler [efile] A VT *bord d'un tissu* Fäden auszupfen, ausziehen (**qc** aus etw); *cheveux* effilieren; gleichmäßig ausdünnen B VPR **s'~** 1 *tissu* (aus)fransen; *fil de laine* sich auflösen; sich spalten 2 *objet* spitz zulaufen; sich verjüngen

effilochage [efilɔʃaʒ] M TEXT, FABRICATION DE PAPIER Reißen *n*; Zerkleinern *n*; Zerfasern *n*

effiloche [efilɔʃ] F TEXT Flockseide *f*

effilocher [efilɔʃe] A VT *tissu, chiffons* zerfasern *(a. fig vent: nuages)*; zerkleinern; *avec les doigts* zerzupfen; *fil, ficelle* aufdröseln B VPR **s'~** *étoffe usée* ausfransen *(a. fig nuages)*; fransig werden; *adjt* **effiloché** ausgefranst; fransig geworden

efflanqué [eflɑ̃ke] ADJ dürr; mager; ab-, ausgemergelt

effleurage [eflœʀaʒ] M MÉD Streichmassage *f*; **effleurement** M Streifen *n*; leichte Berührung

effleurer [eflœʀe] VT 1 streifen; leicht, flüchtig berühren; *de la main* streichen über *(+acc)* 2 *fig problème* streifen; antippen; anreißen 3 *idée etc* **~ qn** j-m kommen

efflorescence [eflɔʀesɑ̃s] F 1 CHIM, MINÉR Ausblühung *f*; Auswitterung *f*; Effloreszenz *f* 2 *litt et fig* Aufblühen *n*; **efflorescent** ADJ 1 CHIM, MINÉR ausblühend; auswitternd 2 *litt et fig* aufblühend

effluent [eflyɑ̃] M **~ urbain** städtische Abwässer *npl*

effluve [eflyv] M 1 **~s** *pl* Ausdünstung *f*; *poét* Duft *m*; Aroma *n* 2 **~ électrique** Glimmentladung *f*

effondrement [efɔ̃dʀəmɑ̃] M 1 *d'un bâtiment etc* Einsturz *m*; Zusammenbrechen *n* 2 *fig d'un empire, d'une entreprise etc* Zusammenbruch *m (a. physique et moral d'une personne)*; rascher Zerfall; *de projets* Scheitern *n*; Fehlschlagen *n*; *d'une fortune* (plötzlicher) Verlust; Vernichtung *f*; **~ des cours de la Bourse** Kurssturz *m*, -einbruch *m* an der Börse; **~ de la monnaie** Währungszusammenbruch *m*, -zerfall *m*; **~ des prix** Preissturz *m*, -einbruch *m* 3 GÉOL (Ein)Bruch *m*

effondrer [efɔ̃dʀe] VPR **s'~** 1 *plancher, toit, pont etc* einstürzen; einbrechen; zusammenbrechen; *maison, tribune a.* (in sich *[dat]*) zusammenstürzen; *maison a.* einfallen **2** *fig empire, cours, prix etc* zusammenbrechen; (rasch) zerfallen; *espoirs, projets* zunichtewerden; sich zerschlagen **3** *fig personne, a. moralement* zusammenbrechen (*a. accusé*); *fam* zusammenklappen; **s'~ dans un fauteuil** sich in e-n Sessel fallen lassen; *adjt* **être effondré** völlig gebrochen, niedergeschlagen sein

efforcer [efɔʀse] V/PR ⟨-ç-⟩ **s'~** sich bemühen, sich anstrengen, sich (*dat*) Mühe geben, Anstrengungen machen (**de** *+inf* zu *+inf*); *st/s* sich befleißigen; **s'~ de parvenir à un compromis** sich um e-n Kompromiss bemühen

effort [efɔʀ] M **1** **~ (physique)** körperliche Anstrengung; Kraftaufwand *m*, -anstrengung *f*, -anspannung *f*; **~ excessif** Überanstrengung *f*; **~ musculaire** Muskelanstrengung *f*; *soulever un fardeau* **sans ~ apparent, sans le moindre ~** scheinbar mühelos, ohne sich im Geringsten anzustrengen **2** *intellectuel ou moral* Anstrengung *f*; Bemühung *f*; Mühe *f*; Anspannung *f*; (Be)Streben *n*; **~ intellectuel** geistige Anstrengung, Anspannung; **~ de volonté** Willensanstrengung *f*; **faire un ~ de volonté** sich überwinden, zusammennehmen, aufraffen; *loc adv*: **après bien des ~s** nach vieler Mühe; **dans un suprême ~** mit äußerster, letzter Kraft, Anstrengung; **sans ~** mühelos; **demander des ~s à qn** j-n Mühe kosten; **demander un ~ de réflexion** zum Nachdenken zwingen; *fig* **être un partisan du moindre ~** sich (*dat*) kein Bein ausreißen; den Weg des geringsten Widerstandes gehen; **faire un ~** **a** sich anstrengen; es versuchen **b** *fam financier* große Summen (aus)geben, aufwenden; *dans un marchandage* **allez, faites encore un ~!** *fam* los, geben Sie sich (*dat*) noch e-n Ruck *ou* legen Sie noch etwas drauf!; **faire un ~ sur soi-même** sich (selbst) überwinden; sich zusammennehmen, *fam* -reißen; **faire tous ses ~s pour obtenir qc** größte Anstrengungen machen *ou* sich (*dat*) jede erdenkliche Mühe geben *ou* s-e ganze Kraft einsetzen, um etw zu erreichen; **ne faire aucun ~** sich (*dat*) gar keine Mühe geben; sich überhaupt nicht anstrengen; keinerlei Anstrengungen machen; **faire un ~ d'imagination, de mémoire** s-e Fantasie, sein Gedächtnis anstrengen; **ne reculer devant aucun ~** keine Anstrengung, Mühe scheuen **3** PHYS, TECH Beanspruchung *f*

effraction [efʀaksjõ] F JUR Einbruch *m*; **vol** *m* **avec ~** Einbruch(s)diebstahl *m*; **pénétrer par ~ dans une maison** in ein *ou* e-m Haus einbrechen; e-n Einbruch in ein Haus verüben

effraie [efʀɛ] F ZOOL Schleiereule *f*

effranger [efʀɑ̃ʒe] ⟨-geons⟩ **A** V/T ausfransen **B** V/PR **s'~** (aus)fransen; fransig sein *ou* werden; *adjt* **effrangé** ausgefranst; fransig

effrayant [efʀɛjɑ̃] ADJ **1** *spectacle etc* schrecklich; erschreckend; **silence ~** beängstigende, unheimliche Stille **2** *fam appétit, chaleur etc* schrecklich; fürchterlich; furchtbar; *prix* horrend

effrayer [efʀeje] ⟨-ay- *od* -ai-⟩ **A** V/T erschrecken; in Schrecken, Angst versetzen; Angst machen (**qn** j-m); ängstigen; *sens affaibli: prix etc* **~ qn** j-n abschrecken **B** V/PR **s'~** (sich) erschrecken (**de** über *+acc ou* vor *+dat*); e-n Schreck bekommen

effréné [efʀene] ADJ *passion etc* zügellos; hemmungslos; wild; entfesselt; *joie, orgueil* unbändig; maßlos; *jalousie* wild; rasend; **ambition ~e** brennender, maßloser Ehrgeiz

effritement [efʀitmɑ̃] M **1** *des roches* Verwitterung *f*; Ab-, Zerbröckeln *n* **2** *fig* Zerfall *m*; Auflösung *f*; *des cours de la Bourse* Abbröckeln *n*; POL **~ des voix** Stimmenschwund *m*

effriter [efʀite] V/PR **s'~** **1** *roche etc* verwittern; ab-, zerbröckeln **2** *fig cours de la Bourse* abbröckeln; *parti, groupe* zerfallen; sich allmählich auflösen; *majorité etc* langsam zurückgehen, schwinden

effroi [efʀwa, efʀwa] *st/s* M Entsetzen *n*; Schrecken *m*; Grau(s)en *n*

effronté [efʀõte] **A** ADJ frech; unverschämt; unverfroren; dreist **B** SUBST **petit ~** frecher Kerl; (kleiner) Frechdachs; **petite ~e** freches Ding

effronterie [efʀõtʀi] F Frechheit *f*; Dreistigkeit *f*; Unverfrorenheit *f*; Unverschämtheit *f*

effroyable [efʀwajabl] ADJ entsetzlich, schrecklich, fürchterlich, furchtbar, grauenhaft, grässlich (*a. fam par exagération*); *fam* schauderhaft

effroyablement [efʀwajabləmɑ̃] *adv* → effroyable; **chanter ~ mal** entsetzlich schlecht singen

effusion [efyzjõ] F **1** **~ de sang** Blutvergießen *n*; **sans ~ de sang** ohne Blutvergießen **2** *souvent* PL **~s** Gefühlsäußerungen *fpl*, -ausbrüche *mpl*; **accueillir qn avec ~** j-n auf das Herzlichste, überschwänglich empfangen

égailler [egaje, egeje] V/PR **s'~** *foule, groupe* sich zerstreuen; auseinandergehen, -laufen; sich verlaufen

égal [egal] ⟨*mpl* **égaux**⟩ **A** ADJ **1** gleich; **deux poids à peu près égaux** zwei ungefähr gleich schwere Gewichte *npl*; **troupes ~es en nombre** zahlenmäßig gleich starke Truppen *fpl*; *loc adv*: **à intervalles égaux** in gleichen Abständen; im gleichen Abstand; **à parts ~es** zu gleichen Teilen; **avoir des chances ~es** gleiche Chancen haben; **combattre à armes ~es** mit (den) gleichen Waffen kämpfen (*a. fig*); **la partie est ~e** die Gegner, Mannschaften sind gleich stark, einander ebenbürtig; **être ~ à qc** e-r Sache (*dat*) gleich sein (*a.* MATH); **être ~ à zéro** gleich null sein (*a. fig*); **tous les citoyens sont égaux devant la loi** alle Bürger sind vor dem Gesetz gleich; **être égaux en droits** gleichberechtigt sein; **être de force ~e** gleich stark sein; **être de valeur ~e** gleichwertig sein **2** (*constant*) *mouvement* gleichförmig; gleichmäßig; *humeur* gleichbleibend; **il est toujours ~ à lui-même** er ist immer der gleiche, *fam a.* derselbe; er bleibt sich (*dat*) immer gleich; **être toujours d'une humeur ~e** immer gleich aufgelegt sein; ausgeglichen sein **3** *terrain* flach; eben; platt **4** (*indifférent*) gleich(-gültig); einerlei; egal; **cela m'est (parfaitement) ~** das ist mir (ganz, völlig) gleich(-gültig), egal, einerlei; *loc conj fam* **c'est ~** trotzdem; jedenfalls; immerhin; **c'est ~, j'aimerais mieux être ailleurs** trotzdem wäre ich lieber woanders **5** GÉOMÉTRIE deckungsgleich; kongruent **B** SUBST **n'avoir d'~ que …** ⟨*meist inv*⟩ nur zu vergleichen sein mit …; **son talent n'a d'~ que sa modestie** er ist so bescheiden wie begabt; **n'avoir point d'~** nicht seinesgleichen haben; **être l'~ de qn** j-m gleich, ebenbürtig, gewachsen sein; **il est mon ~** er ist meinesgleichen, mir ebenbürtig *ou* gewachsen; **il n'est rien d'~ à …** es geht nichts über (*+acc*); es gibt nichts Besseres als …; **trouver son ~** e-n ebenbürtigen Gegner finden; ♦ *loc prép* **à l'~ de** ⟨*inv*⟩ ebenso (sehr) wie; (so) wie; **aimer qn à l'~ de soi-même** j-n wie sich selbst lieben; *loc adv* **d'~ à ~** ⟨*inv*⟩ wie (mit) seinesgleichen; **traiter qn d'~ à ~** j-n wie seinesgleichen, als gleichstehend behandeln; *loc adj* **sans ~** ohnegleichen; unvergleichlich; einzigartig; **être sans ~** nicht seinesgleichen haben; **il est d'une bravoure sans ~(e)** s-e Tapferkeit ist ohnegleichen

égalable [egalabl] ADJ **difficilement ~** dem *ou* der schwer gleichzukommen ist

également [egalmɑ̃] ADV **1** (*d'une manière égale*) gleich; gleichermaßen; in gleicher Weise; **aimer ~ tous ses enfants** (alle) s-e Kinder gleich gernhaben **2** (*aussi*) ebenfalls; gleichfalls; auch

égaler [egale] V/T **1** **~ qc, qn** e-r Sache, j-m gleichkommen, gleich sein; gleich sein wie etw, j-d; **il n'est rien qui égale …** es geht nichts über (*+acc*); es gibt nichts Schöneres *ou* Besseres als …; **~ qn en beauté** j-m an Schönheit gleichkommen, nicht nachstehen; ebenso schön sein wie j-d **2** MATH **2 plus 3 égale(nt) 5** 2 und *ou* plus 3 ist 5; **2 multiplié par 3 égale 6** 2 mal 3 ist (gleich) 6 **3** SPORTS *record* einstellen; egalisieren

égalisateur [egalizatœʀ] ADJ ⟨-trice⟩ ausgleichend; Ausgleichs…; SPORTS **but ~** Ausgleichstor *n*, -treffer *m*

égalisation [egalizasjõ] F Ausgleich *m*; Anpassung *f*; Angleichung *f*; SPORTS **obtenir l'~** den Ausgleich erzielen

égaliser [egalize] **A** V/T **1** *sol, terrain* ausgleichen; (ein)ebnen; planieren; *cheveux* gleich lang schneiden; gerade schneiden **2** *fig* ausgleichen; (einander) angleichen, anpassen; gleichmäßig verteilen; gleichmachen **B** V/I SPORTS ausgleichen; den Ausgleich erzielen; gleichziehen; egalisieren

égalitaire [egalitɛʀ] ADJ POL egalitär; auf (politische, soziale) Gleichheit aller gerichtet

égalitarisme [egalitaʀism] M POL Egalitarismus *m*; **égalitariste** M POL Vertreter *m*, Anhänger *m* des Egalitarismus

égalité [egalite] F **1** Gleichheit *f*; **~ civile** Rechtsgleichheit *f*; **~ des chances** Chancengleichheit *f*; **~ des droits** Gleichberechtigung *f*; **~ des salaires** Lohngleichheit *f*; **~ devant l'impôt** Steuergleichheit *f*; **~ devant la loi** Gleichheit vor dem Gesetz; GRAM **comparatif** *m* **d'~** Vergleichsform im Positiv; *loc prép* **à ~ de** bei Gleichheit (*+gén*); bei gleichem, gleicher, gleichen …; SPORTS **être à ~** gleichstehen; punktgleich stehen; **être sur un pied d'~ avec qn** mit j-m auf gleichem Fuß stehen; **traiter qn sur un pied d'~** j-n wie seinesgleichen, als gleichstehend behandeln **2** *d'un mouvement* Gleichmäßigkeit *f*; Gleichförmigkeit *f*; **~ d'âme** Gleichmut *m*; Beherrschtheit *f*; Gelassenheit *f*; **~ d'humeur, de caractère** Ausgeglichenheit *f* **3** *d'un terrain* Ebenheit *f*; Flachheit *f* **4** TENNIS Einstand *m*; „40 beide" **5** GÉOMÉTRIE Deckungsgleichheit *f*; Kongruenz *f*

égard [egaʀ] M **1** **~s** *pl* Rücksicht(nahme) *f*; Achtung *f*; Aufmerksamkeit *f*; **un manque d'~s** e-e Rücksichtslosigkeit; **avoir de grands ~s, être plein d'~s pour qn** j-m gegenüber sehr, äußerst rücksichtsvoll sein; (viel) Rücksicht auf j-n nehmen; **manquer d'~s envers qn** es an Rücksicht gegenüber j-m fehlen lassen **2** LOC ADV: **à cet ~** in dieser Hinsicht, Beziehung; diesbezüglich; **à beaucoup d'~s, à certains, maints ~s** in vieler, gewisser, mancher Hinsicht, Beziehung; **à plus d'un ~** in mehrfacher Hinsicht, Beziehung, Weise; **à tous ~s** [atuzegaʀ] *ou* **à tous les ~s** in jeder Hinsicht, Beziehung; ♦ *loc prép*: **à l'~ de** was (*+acc*) betrifft; gegenüber (**qn** j-m); zu (**qn** j-m); **il a été injuste à votre ~** er war Ihnen gegenüber, zu Ihnen ungerecht; **eu ~ à** im Hinblick auf (*+acc*); mit Rücksicht auf (*+acc*); in Anbetracht (*+gén*); unter Berücksichtigung (*+gén*); *il a été dispensé de venir*, **eu ~ à son âge** mit Rücksicht auf sein Alter; in Anbetracht s-s Alters; ADMIN **eu ~ au fait que …** unter Berücksichtigung des Umstandes, dass …; in Anbetracht dessen, dass …; **par ~ à, pour** mit Rücksicht auf (*+acc*); **sans aucun ~, sans le**

E

moindre ~ (pour ...) ohne (irgendwelche) Rücksicht, ohne auch nur im Geringsten Rücksicht zu nehmen (auf *+acc*)

égaré [egaʀe] ADJ 1 *personne, animal* verirrt; *objet* verlegt; abhandengekommen; *colis postal* fehlgeleitet; verloren gegangen; *automobiliste* der sich verfahren hat; BIBL **brebis ~e** verirrtes, verlorenes Schaf 2 *(fou) air, regard* verwirrt; verstört; irr(e)

égarement [egaʀmɑ̃] M 1 *litt (dérèglement)* Verfehlung *f*; Verirrung *f* 2 *(folie)* geistige Verwirrung; **dans un moment d'~** in e-m Anfall geistiger Umnachtung

E

égarer [egaʀe] A V/T 1 *objets* verlegen; *marchandises* fehlleiten; *personne* irreleiten, irreführen, in die Irre führen *(a. fig)* 2 *passion etc: esprit* verwirren; trüben B V/PR **s'~** 1 *personnes* sich verirren; sich verlaufen; vom richtigen, rechten Weg abkommen; *en voiture* sich verfahren; *animal* sich verlaufen; *objets* abhandenkommen; *colis postal* fehlgeleitet werden; verloren gehen 2 *orateur etc* abschweifen; vom Thema abkommen; auf Abwege geraten *(a. discussion)*; **ne nous égarons pas!** bleiben wir beim Thema!

égayer [egeje] ‹-ay- *od* -ai-› A V/T 1 *personne, public* auf-, erheitern; heiter, froh stimmen 2 *choses* angenehm, freundlich machen, gestalten; beleben; *récit* auflockern B V/PR *litt* **s'~** sich belustigen (**aux dépens de qn** auf j-s Kosten *[acc]*)

Égée [eʒe] **la mer ~** das Ägäische Meer; die Ägäis

égérie [eʒeʀi] F Ratgeberin *f*; guter Geist; *d'un artiste* Muse *f*

égide [eʒid] LOC **sous l'~ de** unter der Ägide, dem Schutz, der Leitung, der Schirmherrschaft von *(ou +gén)*

Égine [eʒin] GÉOG Ägina *n*

églantier [eglɑ̃tje] M wilder Rosenstrauch; **églantine** F Heckenrose *f*; wilde Rose

églefin [egləfɛ̃] M ZOOL Schellfisch *m*

église [egliz] F 1 **Église** Kirche *f*; *abs* **l'Église** die (römisch-)katholische Kirche; **l'Église catholique** die katholische Kirche; **l'Église protestante** die protestantische, *en Allemagne plutôt* evangelische Kirche; **l'Église de Rome** die römische Kirche; **appartenir à l'Ɛ** zur katholischen Kirche gehören; katholisch sein; **entrer dans l'Ɛ** Geistlicher werden 2 *édifice* Kirche *f*; *st/s* Gotteshaus *n*; **~ gothique, romane** gotische, romanische Kirche; **chant** *m* **d'~** Kirchenlied *n*; **aller à l'~** in die, zur Kirche gehen; **se marier à l'~** sich kirchlich trauen lassen

ego [ego] M ‹inv› PHIL, PSYCH Ego *n*; Ich *n*

égocentrique [egɔsɑ̃tʀik] A ADJ egozentrisch; ichbezogen B M/F Egozentriker(in) *m(f)*; **égocentrisme** M Egozentrik *f*; Ichbezogenheit *f*

égoïne [egɔin] F *scie* Fuchsschwanz *m*

égoïsme [egɔism] M Egoismus *m*; Selbstsucht *f*; Eigennutz *m*; **agir par ~** aus Egoismus, egoistisch handeln; **faire preuve d'~** sich als Egoist erweisen

égoïste [egɔist] A ADJ egoistisch; selbstsüchtig; eigennützig B M/F Egoist(in) *m(f)*; **se conduire en ~** sich wie ein Egoist verhalten; egoistisch handeln; **vivre en ~** nur für sich selbst leben; egoistisch eingestellt sein

égorger [egɔʀʒe] V/T ‹-geons› die Kehle durchschneiden (**qn** j-m); **égorgeur** M Mörder *m*

égosiller [egozije] V/PR **s'~** sich heiser schreien

égotisme [egɔtism] M Egotismus *m*

égout [egu] M (Abwasser-, Abzugs)Kanal *m*; Kloake *f (a. fig)*; **~s** *pl* Kanalisation *f*; **bouche** *f* **d'~** Gully *m ou n*; **réseau** *m* **d'~s** Kanalisationsnetz *n*, -system *n*

égoutier [egutje] M Kanalreiniger *m*, -räumer *m*

égoutter [egute] A V/T *légumes, vaisselle etc* **(faire) ~** abtropfen lassen B V/PR **s'~** *linge, vaisselle, eau de pluie* abtropfen; **laisser (s')~ du linge** Wäsche abtropfen lassen

égouttoir [egutwaʀ] M *à vaisselle* Abtropfgestell *n*, -ständer *m*, -körbchen *n*; *à bouteilles*, PHOT Trockenständer *m*

égratigner [egʀatiɲe] A V/T 1 *peau, jambes etc* zer-, aufkratzen; aufritzen; zerschrammen; *meuble, carrosserie etc* zerkratzen; e-e Schramme, e-n Kratzer machen in *(+acc)* 2 *fig (critiquer)* **~ qn** j-m zusetzen; j-n aufs Korn nehmen B V/PR **s'~** sich auf-, zerkratzen

égratignure [egʀatiɲyʀ] F *sur la peau* Kratzwunde *f*; *sur la peau, sur des objets* Kratzer *m*; Schramme *f*; **se faire des ~s** sich zer-, aufkratzen; zerkratzt werden; **s'en tirer sans une ~** nicht einmal e-e Schramme, e-n Kratzer abbekommen; mit heiler Haut davonkommen

égrener [egʀəne] ‹-è-› A V/T 1 *céréales* aus-, entkörnen; *raisins, groseilles* abbeeren; *autrich* rebeln 2 *fig* **~ son chapelet** den Rosenkranz her-, abbeten; **l'horloge égrena les douze coups de minuit** die Turmuhr schlug zwölfmal hintereinander, es war Mitternacht B V/PR **s'~** 1 *blé etc* aus-, abfallen 2 *fig groupe* auseinandergehen; sich auflösen; *notes d'un instrument* hintereinander ertönen

égrillard [egʀijaʀ] ADJ *histoires, chansons etc* frech; gewagt; schlüpfrig; *personne, air* lüstern

égrotant [egʀɔtɑ̃] *litt* ADJ *vieillard* kränklich; kränkelnd

Égypte [eʒipt] **l'~** *f* Ägypten *n*

égyptien [eʒipsjɛ̃] A ADJ ‹~ne› ägyptisch B SUBST 1 **Égyptien(ne)** *m(f)* Ägypter(in) *m(f)* 2 LING **l'~** *m* das Ägyptische; Ägyptisch *n*

égyptologie [eʒiptɔlɔʒi] F Ägyptologie *f*; **égyptologue** M/F Ägyptologe *m*, -login *f*

eh [e] INT *appel* he!; heda!; hallo!; *étonnement* ach!; ah!; *douleur* au!; **~! attendez un peu** halt *ou* ach, warten Sie mal!; **~ là! doucement!** immer sachte!; langsam, langsam!; **~! (vous) là-bas! venez par ici** he *ou* hallo, (Sie da!) kommen Sie mal her!; → *a.* bien[1] A 7

éhonté [eɔ̃te] ADJ schamlos; unverschämt; frech; dreist

eider [ɛdɛʀ] M ZOOL Eiderente *f*

Eiffel [ɛfɛl] M *frz Ingenieur*

éjaculation [eʒakylasjɔ̃] F PHYSIOL Ejakulation *f*; Samenerguss *m*; MÉD **~ précoce** vorzeitiger Samenerguss; *t/t* Ejaculatio praecox *f*

éjaculer [eʒakyle] V/I PHYSIOL ejakulieren; Samen ausspritzen

éjectable [eʒɛktabl] ADJ AVIAT **siège** *m* **~** Schleudersitz *m*

éjecter [eʒɛkte] A V/T 1 TECH auswerfen; ausstoßen; *par ext personne dans un accident* **être éjecté (de la voiture)** herausgeschleudert werden; aus dem Auto geschleudert werden 2 *fam fig* **~ qn** j-n hinauswerfen, *fam* rauswerfen, -schmeißen (**de** aus); **se faire ~** *d'une école, d'un emploi fam* rausgeworfen werden; *fam* fliegen B V/PR **s'~** *pilote* sich mit dem Schleudersitz retten

éjection [eʒɛksjɔ̃] F TECH Ausstoß(en) *m(n)*; Auswerfen *n*; *d'un pilote* Herausschleudern *n*

élaboration [elabɔʀasjɔ̃] F 1 *d'un projet etc* Ausarbeitung *f*; Erarbeitung *f*; Erstellung *f* 2 PHYSIOL *de la bile etc* Bildung *f*

élaborer [elabɔʀe] A V/T 1 *projet, programme, livre etc* ausarbeiten; erarbeiten; erstellen; abfassen; verfassen 2 PHYSIOL *bile etc* bilden B V/PR **s'~** Gestalt, Form annehmen; entstehen

élagage [elagaʒ] M 1 *d'arbres* Auslichten *n*, -schneiden *n* 2 *fig* Kürzung *f*; Streichung *f*

élaguer [elage] V/T 1 *arbres* ausschneiden, -lichten 2 *fig superflu* streichen; **~ un discours, un texte** eine Rede, einen Text kürzen, zusammenstreichen

élan[1] [elɑ̃] M 1 Schwung *m*; SPORTS Anlauf *m*; SPORTS: **avec ~** mit Anlauf; → *a.* 2; **sans ~** ohne Anlauf; aus dem Stand; **perdre son ~** den Schwung verlieren; **prendre de l'~, son ~** (e-n) Anlauf nehmen *ou* Schwung holen 2 *fig* Schwung *m*; Elan *m*; *(ardeur)* Feuer *n*; *(enthousiasme)* Begeisterung *f*; **~ d'affection** Aufwallung *f* von Zärtlichkeit (**vers qn** für j-n); **~ de générosité** Anwandlung *f* von Großzügigkeit; *loc adv* **avec ~** mit Schwung *etc*; **briser l'~ de qn** j-m allen Schwung nehmen; **l'~ est donné** der Anfang ist gemacht; ÉCON **redonner de l'~** wieder in Schwung bringen (**à qc** etw)

élan[2] [elɑ̃] M ZOOL Elch *m*

élancé [elɑ̃se] ADJ *personne, silhouette* schlank; hoch aufgeschossen; rank; von schlankem Wuchs; *cou* schlank; lang; *tour, colonne* schlank

élancement [elɑ̃smɑ̃] M MÉD stechender Schmerz

élancer [elɑ̃se] ‹-ç-› A V/I MÉD stechende Schmerzen verursachen; heftig stechen B V/PR **s'~** 1 *personne* sich stürzen (**sur qn** auf j-n); *abs* los-, hervorstürzen; (her) vorstürmen; **s'~ à la poursuite de qn** j-m nachstürzen; j-s Verfolgung aufnehmen; **s'~ au secours de qn** j-m zu Hilfe eilen; **s'~ vers la sortie** dem Ausgang zustürzen; zum Ausgang stürzen, stürmen 2 *fig et litt* sich emporschwingen 3 *tour etc* **s'~ vers le ciel** (steil) emporragen; in die Höhe, in den Himmel ragen; hoch aufragen

élargir [elaʀʒiʀ] A V/T 1 a *rue etc* verbreitern; breiter machen; *ouverture* (aus)weiten; erweitern; weiter, größer machen; *vêtement* weiter machen; *chaussure* (aus)weiten; (aus)dehnen b *vêtement: personne* dick(er) machen; *coiffure: visage* breiter, voller erscheinen lassen c *domaine* erweitern; ausdehnen 2 *fig connaissances etc* erweitern; vergrößern; (auf neue Gebiete) ausdehnen; *problème* weiter fassen; **~ son horizon** s-n Horizont erweitern; *adjt* POL **majorité élargie** breite Mehrheit B V/PR **s'~** *fleuve, rue* breiter werden; sich verbreitern; *vêtements, chaussures* sich ausweiten, ausdehnen; weiter werden

élargissement [elaʀʒismɑ̃] M 1 *d'une route etc* Verbreiterung *f*; *d'une ouverture* Erweiterung *f*; *de vêtements* Weitermachen *n* 2 *fig* Erweiterung *f*; Ausdehnung *f*; Vergrößerung *f* 3 JUR Freilassung *f*

élasticité [elastisite] F 1 PHYS, *de la peau etc* Elastizität *f*; Dehnbarkeit *f*; *d'un matelas* Federkraft *f* 2 *par ext du corps, de la démarche etc* Elastizität *f*; Spannkraft *f*; Federn *n* 3 *fig de principes etc* Dehnbarkeit *f*

élastique [elastik] A ADJ 1 PHYS, *peau, bretelle etc* elastisch; dehnbar 2 *par ext démarche, mouvements* elastisch; federnd; geschmeidig 3 *fig concept, règlement etc* dehnbar; elastisch; flexibel; **avoir une conscience ~** ein weites Gewissen haben B M 1 Gummi *n*; Gummiband *n*; *circulaire* Gummiring *m*; *dans un vêtement* Gummizug *m*; *fam fig* **les lâcher avec un ~** *fam* knick(e)rig, knaus(e)rig, filzig sein 2 TEXT Elastik *n*

élastomères [elastɔmɛʀ] MPL CHIM Elastomere *npl*; Elaste *mpl*

Elbe [ɛlb] 1 *fleuve* **l'~** *f* die Elbe 2 **l'île** *f* **d'~** Elba *n*

Elbourz [ɛlbuʀz] GÉOG **l'~** *m* der Elburs

Elbrouz [ɛlbʀuz] GÉOG **l'~** *m* der Elbrus

eldorado [ɛldɔʀado] M Eldorado *n*; Traum-, Wunschland *n*

électeur [elɛktœʀ] M, **électrice** F 1 Wähler(in) *m(f)*; ~ **inscrit** Wahlberechtigte(r) *m* 2 HIST **Électeur** Kurfürst *m*; **le Grand Électeur** der Große Kurfürst 3 *U.S.A.* **grands** ~ Wahlmänner *mpl*

électif [elɛktif] ADJ ⟨-ive⟩ 1 Wahl…; durch Wahl (bestimmt); *fonction* durch Wahl zu vergeben(d) 2 CHIM HIST **affinité élective** Wahlverwandtschaft *f* (*a. fig*)

élection [elɛksjõ] F 1 POL Wahl *f*; **~s (législatives)** Parlamentswahlen *fpl*; **~s municipales** Gemeinde-, Kommunalwahlen *fpl*; **~s régionales** Regionalwahlen *fpl*; **résultats** *mpl* **des ~s** Wahlergebnis(se) *n(pl)*; **être candidat à une ~, se présenter aux ~s** (bei e-r Wahl) kandidieren 2 JUR ~ **de domicile** Wahl *f* des Wohnsitzes 3 *fig* **d'~** auserwählt, erwählt (*a.* REL); s-r Wahl; **terre** *f* **d'~** bevorzugtes Gebiet; *l'Italie fut pour Stendhal* **la patrie d'~** … seine Wahlheimat

électoral [elɛktɔʀal] ADJ ⟨-aux⟩ Wahl…; Wähler…; **campagne ~e** Wahlkampf *m*; **liste ~e** Wählerliste *f*; **loi ~e** Wahlgesetz *n*; **manœuvres ~es** Wahlmanöver *npl*; **réunion ~e** Wahlversammlung *f*

électoralisme [elɛktɔʀalism] M POL Wahltaktik *f*, -propaganda *f*; **électoraliste** ADJ wahltaktisch

électorat [elɛktɔʀa] M 1 (*électeurs*) Wählerschaft *f*; Wähler *mpl*; ~ **féminin** weibliche Wählerschaft; ~ **de gauche** Linkswähler *mpl* 2 ADMIN (*droit de vote*) Wahlrecht *n* 3 HIST *territoire* Kurfürstentum *n*

électricien [elɛktʀisjɛ̃] M Elektriker *m*; Elektromonteur *m*, -installateur *m*, -techniker *m*; ~ **auto** Autoelektriker *m*; *adjt* **ingénieur, ouvrier ~** Elektroingenieur *m*, -monteur *m*

électricité [elɛktʀisite] F Elektrizität *f*; elektrischer Strom; *par ext fam* **allumer, éteindre l'~** das Licht an-, ausmachen; **avoir l'~** elektrischen Strom haben; *fam fig* **il y a de l'~ dans l'air** es herrscht e-e gespannte Atmosphäre; *fam* hier ist dicke Luft; **couper l'~** den Strom abschalten; **faire installer, poser l'~** elektrische Leitungen legen lassen; **marcher à l'~** elektrisch, mit Elektrizität betrieben werden; *fam* elektrisch gehen, laufen; *fam* **payer son ~** s-e Stromrechnung zahlen

électrification [elɛktʀifikasjõ] F CH DE FER Elektrifizierung *f*; *suisse* Elektrifikation *f*; **électrifier** V/T *ligne de chemin de fer* elektrifizieren; auf elektrischen Betrieb umstellen; *village etc* an die Stromversorgung, an das Stromnetz anschließen

électrique [elɛktʀik] ADJ 1 elektrisch; Elektro…; **appareil** *m* ~ elektrisches Gerät; Elektrogerät *n*; **courant** *m* ~ elektrischer Strom; **cuisinière** *f* ~ Elektroherd *m*; **énergie** *f* ~ elektrische Energie; **gril** *m* ~ Elektrogrill *m*; **locomotive** *f* ~ elektrische Lokomotive; E-Lok *f*; **moteur** *m* ~ Elektromotor *m* 2 *fig atmosphère* geladen; *tempérament* lebhaft; spontan; **bleu** *m* ~ lebhaftes, kräftiges (Hell)Blau

électriquement [elɛktʀikmã] ADV elektrisch

électrisation [elɛktʀizasjõ] F Elektrisierung *f*; Ladung *f*

électriser [elɛktʀize] A V/T 1 elektrisieren; der Wirkung des elektrischen Stromes aussetzen; *adjt* **électrisé** elektrisch geladen 2 *fig public* elektrisieren; aufrütteln; begeistern; mitreißen B V/PR **s'~** sich elektrisch aufladen

électro-acoustique [elɛktʀoakustik] A F Elektroakustik *f* B ADJ elektroakustisch; **électro-aimant** M Elektromagnet *m*

électrobiologie [elɛktʀɔbjɔlɔʒi] F Elektrobiologie *f*

électrocardiogramme [elɛktʀɔkaʀdjɔgʀam] M MÉD Elektrokardiogramm *n* (*abr* EKG)

électrochimie [elɛktʀɔʃimi] F Elektrochemie *f*; **électrochimique** ADJ elektrochemisch

électrochoc [elɛktʀɔʃɔk] M MÉD Elektroschock *m*

électrocuté [elɛktʀɔkyte] M Starkstromverletzte(r) *m*; j-d, der e-n (tödlichen) elektrischen Schlag bekommen hat; **électrocuter** A V/T durch elektrischen Strom töten B V/PR **s'~** e-n (tödlichen) elektrischen Schlag bekommen

électrocution [elɛktʀɔkysjõ] F 1 tödlicher elektrischer Schlag; tödliche Starkstromverletzung 2 *exécution* Tötung *f*, Hinrichtung *f* durch elektrischen Strom

électrode [elɛktʀɔd] F Elektrode *f*

électrodynamique [elɛktʀɔdinamik] A F Elektrodynamik *f* B ADJ elektrodynamisch

électro-encéphalogramme [elɛktʀoɑ̃sefalɔgʀam] M MÉD Elektroenzephalogramm *n* (*abr* EEG)

électrogène [elɛktʀɔʒɛn] ADJ Strom erzeugend; **groupe** *m* ~ Strom(erzeugungs)-aggregat *n*

électrolyse [elɛktʀɔliz] F CHIM Elektrolyse *f*; **électrolyser** V/T elektrolysieren

électrolyte [elɛktʀɔlit] M CHIM Elektrolyt *m*; **électrolytique** ADJ elektrolytisch; Elektrolyt…

électromagnétique [elɛktʀɔmaɲetik] ADJ PHYS elektromagnetisch; **électromagnétisme** M Elektromagnetismus *m*

électromécanicien [elɛktʀɔmekanisjɛ̃] M Elektromechaniker *m*; **électromécanique** A F Elektromechanik *f* B ADJ elektromechanisch

électroménager [elɛktʀɔmenaʒe] A ADJ **appareils** *mpl* **~s** Elektrogeräte *npl*; elektrische Haushaltsgeräte *npl* B M (Sektor *m* der) elektrische(n) Haushaltsgeräte *npl*

électromoteur [elɛktʀɔmɔtœʀ] ADJ ⟨-trice⟩ elektromotorisch; **force électromotrice** (*abr* **f.é.m.**) elektromotorische Kraft (*abr* EMK)

électron [elɛktʀõ] M PHYS Elektron *n*

électronicien [elɛktʀɔnisjɛ̃] M, **électronicienne** F Elektroniker(in) *m(f)*

électronique [elɛktʀɔnik] A ADJ elektronisch; Elektronen…; **adresse** *f* ~ E-Mail-Adresse *f*; **calculateur** *m*, **calculatrice** *f* ~ Elektronenrechner *m*; **commerce** *m* ~ Electronic Commerce *m*; **flash** *m* ~ Elektronenblitz(gerät) *m(n)*; **industrie** *f* ~ Industrie *f* für elektronische Geräte; **jeu** *m* ~ Video-, Telespiel *n*; **jeu** *m* **d'échecs** ~ Schachcomputer *m*; **musique** *f* ~ elektronische Musik; **signature** *f* ~ elektronische Signatur B F Elektronik *f*

électrophone [elɛktʀɔfɔn] M Phonokoffer *m*; (*tourne-disque*) Plattenspieler *m*

électrostatique [elɛktʀɔstatik] PHYS A ADJ elektrostatisch B F Elektrostatik *f*; **électrotechnicien** M Elektrotechniker *m*

électrotechnique [elɛktʀɔtɛknik] A ADJ elektrotechnisch; **industrie** *f* ~ Elektroindustrie *f* B F Elektrotechnik *f*

électrothérapie [elɛktʀɔteʀapi] F MÉD Elektrotherapie *f*

élégamment [elegamã] ADV → élégant

élégance [elegɑ̃s] F 1 Eleganz *f*; *d'un meuble etc a.* elegante Form; Formschönheit *f*; *de l'allure, des mouvements a.* Anmut *f*; Grazie *f*; **s'exprimer avec ~** sich elegant, gewandt ausdrücken; **s'habiller avec ~** sich elegant, geschmackvoll kleiden 2 *par ext* Takt *m*; korrekte Haltung; **savoir perdre avec ~** mit Haltung verlieren können

élégant [elegɑ̃] A ADJ 1 *personne, vêtement, intérieur* elegant; *formes etc a.* anmutig; *tenue, attitude* tadellos; gewandt; kultiviert; **restaurant ~** elegantes, feines Restaurant; **style ~** eleganter, gewandter Stil 2 *par ext procédé etc* elegant; geschickt; **une façon ~e de se débarrasser de qn** e-e elegante, geschickte Art, j-n loszuwerden; **un procédé peu ~** ein nicht sehr korrektes Verfahren B SUBST **~(e)** *m(f) plais* Stutzer *m*; Geck *m*; Modepuppe *f*

élégiaque [eleʒjak] A ADJ elegisch; wehmütig B M Elegiker *m*

élégie [eleʒi] F Elegie *f*

élément [elemã] M 1 *d'un tout* Element *n*; Teil *m ou n*; Bestandteil *m*; Einzelteil *n*; (*détail*) Einzelheit *f*; (*facteur*) Moment *n*; Faktor *m*; MIL Truppenteil *m*; Einheit *f*; COMPTABILITÉ Posten *m*; *d'un meuble* Anbauteil *m ou n*; **les ~s** *a.* die verschiedenen *ou* einzelnen Teile; ~ **de base** Grundbestandteil *m*, -element *n*; grundlegender Bestandteil; **~s d'un radiateur** Heizkörperrippen *fpl*; **meubles** *mpl* **à ~s** Anbaumöbel *npl*; **l'enquête n'a apporté aucun ~ nouveau** die Untersuchung hat keine neuen Einzelheiten, kein neues Moment erbracht; **nous manquons d'~s d'appréciation** es fehlen uns die Informationen, um uns ein Urteil bilden zu können 2 **~s** *pl* (*rudiments*) *d'une science etc* Elemente *npl*; Grundzüge *mpl*; Anfangsgründe *mpl*; Grundlagen *fpl*; Grundbegriffe *mpl*; *pour un sujet etc* Unterlagen *fpl*; **~s d'algèbre, de géométrie** elementare Algebra, Geometrie 3 **~s** *pl* (*individus*) Elemente *npl* (*souvent péj*); Kräfte *fpl*; **bons, mauvais ~s** gute, schlechte *ou* üble Elemente 4 CHIM Element *n* 5 ÉLEC *d'une pile* Element *n*; *d'une batterie* Zelle *f* 6 **~s** *pl* (*forces naturelles*) Elemente *npl*; Naturgewalten *fpl* 7 (*milieu*) (Lebens)Element *n*; **être dans son ~** in s-m Element sein

élémentaire [elemɑ̃tɛʀ] ADJ 1 elementar; grundlegend; Elementar…; Grund…; Anfangs…; (*rudimentaire*) einfach(st); primitiv; mindest; **notions** *fpl* **~s** Grund-, Elementarkenntnisse *fpl*; elementare Kenntnisse *fpl*; **précaution** *f* ~ einfach(st)e Vorsichtsmaßnahme; **c'est ~** das weiß jeder, jedes Kind; → *a.* cours 1 2 CHIM, PHYS Elementar…; **particule** *f* ~ Elementarteilchen *n*

éléphant [elefɑ̃] M ZOOL Elefant *m*; ~ **mâle** Elefantenbulle *m*; ~ **de mer** See-Elefant *m*; *fig d'une personne*: **il a l'air d'un ~, c'est un ~** er ist ein richtiger Elefant; **(il est) comme un ~ dans un magasin de porcelaine** (er benimmt sich) wie ein Elefant im Porzellanladen; **avoir une mémoire d'~** ein phänomenales Gedächtnis haben; sich (*dat*) alles merken (können); (*être rancunier*) nachtragend sein

éléphante [elefɑ̃t] F ZOOL Elefantenkuh *f*; **éléphanteau** M ⟨*pl* ~x⟩ ZOOL junger Elefant; **éléphantesque** ADJ ungeheuer; riesig; mächtig

éléphantiasis [elefɑ̃tjazis] M MÉD Elefantiasis *f*

éléphantin [elefɑ̃tɛ̃] ADJ elefantenähnlich, —artig

élevage [elvaʒ] M Aufzucht *f*; Zucht *f*; Züchtung *f*; Haltung *f*; *abs* Viehzucht *f*; Viehwirtschaft *f*; ~ **des bovins, des chevaux, des moutons, des porcs** Rinder-, Pferde-, Schaf-, Schweinezucht *f*; ~ **de poulets** *a.* Hühnerfarm *f*; *de poules* ~ **en batterie** Batteriehaltung *f*; **faire de l'~** Tiere züchten; Tierzüchter sein; e-e Tierzucht haben; Viehzucht (be)treiben

élévateur [elevatœʀ] A ADJ ⟨-trice⟩ 1 TECH **appareil ~** *ou subst* ~ *m* Hebegerät *n*, -zeug *n*; *de grains* Elevator *m*; MAR Hebewerk *n*; **chariot ~** Gabelstapler *m*; *t/t* Hubkarren *m*; AUTO **pont ~** Hebebühne *f* 2 ANAT **muscle ~** Hebemuskel *m*; Levator *m* B M TECH Lastenaufzug *m*; Elevator *m*; Hebewerk *n*, -gerät *n*

élévation [elevasjõ] F 1 *d'un bras, d'une charge* (An)Heben *n*; TECH *a.* Hub *m* 2 *fig* Erhebung *f*; **~ à une dignité** Erhebung in e-e Würde; **~ de l'âme vers Dieu** Erhebung der Seele zu Gott; **une grande ~ de pensée** ein hoher Gedankenflug 3 *(construction) d'un mur etc* Bau *m*; Errichtung *f (a. d'un monument)* 4 *du niveau de l'eau, de la température etc* Erhöhung *f*; Anstieg *m*; *de la voix* (Er)Heben *n*; *d'un ballon* **~ dans les airs** Aufsteigen *n*; Aufstieg *m* 5 MATH **~ au carré, à la puissance deux** Erhebung *f* ins Quadrat, in die zweite Potenz 6 *de terrain* (Boden)Erhebung *f*; Anhöhe *f* 7 *(caractère noble)* Erhabenheit *f*; Größe *f*; Adel *m*; *du style* Gehobenheit *f*; Erhabenheit *f*

E

élève [elɛv] M/F Schüler(in) *m(f)*; *d'un internat a.* Zögling *m*; *d'une grande école* Student(in) *m(f)*; **bon, mauvais ~** guter, schlechter Schüler; **~ officier** Offiziersanwärter *m (abr* OA*)*; **~ pilote** Flugschüler(in) *m(f)*; **~ du Conservatoire** Schüler(in) *m(f)* am Konservatorium; Musikstudent(in) *m(f)*

élevé [elve] ADJ 1 *(haut)* hoch; *température* hoch; erhöht; *région* hoch gelegen; *pouls* beschleunigt; **peu ~** niedrig; **poste ~** hoher, leitender Posten 2 *(noble) pensées* erhaben; edel; *style* gehoben; erhaben 3 **bien ~** wohlerzogen; gut erzogen; **mal ~** schlecht erzogen; unerzogen; ungezogen; **c'est mal ~ de dire cela** es ist ungezogen, so etwas zu sagen; *subst fam* **c'est un mal ~** (d)er ist schlecht erzogen, *plus fort* ein Flegel

élever [elve] ⟨-è-⟩ A V/T 1 *mur* errichten; aufführen; aufmauern; *cloison* hochziehen; *monument* errichten; aufstellen; **~ une digue** einen Deich aufschütten 2 REL CATH *hostie, calice* emporheben 3 *température* erhöhen; *niveau de culture, niveau de vie* (an) heben; erhöhen; heraufsetzen; **~ aux plus °hautes dignités** zu den höchsten Würden erheben; **~ qn au rang de ...** j-n in den Rang e-s ... erheben 4 *protestation* erheben; einlegen; *objection, critique* erheben; vorbringen; **~ la voix** *(parler plus haut)* die Stimme heben; *fig* die Stimme erheben (**contre** gegen); **il n'ose plus ~ la voix** er wagt nichts mehr zu sagen 5 MATH *nombre* **~ à la puissance deux** *etc* in die zweite *etc* Potenz erheben; **~ au carré** quadrieren; ins Quadrat erheben; MUS **~ d'un demi-ton** um e-n halben Ton erhöhen 6 *enfants* großziehen; aufziehen; *(éduquer)* erziehen; **ils ont été élevés ensemble** sie sind zusammen aufgezogen worden, groß geworden; **~ un enfant au biberon** ein Kind mit der Flasche groß-, aufziehen 7 *animaux* auf-, großziehen; züchten B V/PR **s'~** 1 *avion* (auf)steigen; *poussière* sich erheben; *fumée* auf-, hochsteigen; in die Höhe steigen; *flammes* auf-, emporlodern; hoch aufschlagen; *température* (an)steigen; *tour, montagne* sich erheben; (hoch) aufragen; *édifices* stehen; sich erheben; *oiseau* **s'~ dans le ciel** hoch aufsteigen; *montagne* **s'~ en pente douce** sanft ansteigen; **le clocher s'élève à une °hauteur de vingt mètres** der Turm erreicht e-e Höhe von zwanzig Metern 2 *fig personne* **s'~ au-dessus de qc** sich über etw *(acc)* erheben; über etw *(acc)* hinauswachsen; **s'~ au-dessus des préjugés** sich über Vorurteile hinwegsetzen 3 *voix, dispute, vacarme etc* sich erheben; *dispute a.* ausbrechen 4 **s'~ contre qn** gegen j-n auftreten; sich gegen j-n erklären; **s'~ contre les abus** sich gegen Missstände wenden; gegen Missstände protestieren 5 *(parvenir à un rang supérieur)* hochkommen; vorwärtskommen; **s'~ aux premières charges d'État** es (bis) zu den höchsten Staatsämtern bringen; **s'~ au rang des grandes puissances** zu e-r Großmacht werden; **s'~ au-dessus de sa condition sociale** aus s-n sozialen Verhältnissen herauskommen 6 *nombre, somme, prix* **s'~ à** betragen *(+acc)*; sich belaufen auf *(+acc)*

éleveur [elvœʀ] M, **éleveuse** F 1 Züchter(in) *m(f)*; **éleveur de chevaux, de porcs** Pferde-, Schweinezüchter *m* 2 **éleveuse (artificielle)** künstliche Glucke

elfe [ɛlf] M MYTH Elf(e) *m(f)*

Éliane [eljan] F *Vorname*

élider [elide] V/T *voyelle* elidieren; ausstoßen; weglassen; *adjt* **article élidé** bestimmter Artikel mit elidiertem e bzw. a

Élie [eli] M BIBL Elias *m*

éligibilité [eliʒibilite] F POL Wählbarkeit *f*; passives Wahlrecht

éligible [eliʒibl] ADJ wählbar; **être ~** *a.* das passive Wahlrecht besitzen

élimé [elime] ADJ durchgescheuert; abgewetzt; fadenscheinig; abgetragen

élimination [eliminasjõ] F 1 Beseitigung *f*; Ausschaltung *f*; Eliminierung *f*; *de qn dans un concours* Ausscheiden *n*; Ausschluss *m*; **~ des déchets** (Abfall)Entsorgung *f*; **procéder par ~** nach dem Ausschlussprinzip vorgehen 2 MATH Elimination *f* 3 PHYSIOL Ausscheidung *f*

éliminatoire [eliminatwaʀ] A ADJ den Ausschluss bedingend; Ausscheidungs...; SPORTS **épreuve** *f*, **match** *m* **~** Ausscheidungs(wett)kampf *m*, -spiel *n*; EXAMEN **note** *f* **~** den Ausschluss bedingende Note; **zéro est une note ~** *correspond à* mit e-r Sechs fällt man durch B FPL **~s** Ausscheidungs(wett)kämpfe *mpl*

éliminer [elimine] V/T 1 *doute, possibilité* ausschalten; ausschließen; *déchets* entsorgen; *fautes, erreurs, abus* beseitigen; ausmerzen; eliminieren; *difficultés* beseitigen; ausräumen; *du superflu* ausscheiden; aussondern; **~ un adversaire, un concurrent** einen Gegner, einen Konkurrenten ausschalten, eliminieren; **~ un obstacle** ein Hindernis beseitigen, aus dem Weg räumen; *candidat, équipe* **être éliminé** ausscheiden (müssen) 2 MATH eliminieren 3 PHYSIOL ausscheiden

élire [eliʀ] V/T ⟨→ lire⟩ wählen; **~ qn président** j-n zum Präsidenten wählen; **~ à la majorité absolue** mit absoluter Mehrheit wählen; **être élu au premier tour** im ersten Wahlgang gewählt werden; → *a.* domicile

Élisabeth [elizabɛt] F *Vorname*

élisabéthain [elizabetɛ̃] ADJ HIST elisabethanisch

élision [elizjõ] F *d'une voyelle* Elision *f*

élite [elit] F Elite *f*; Auslese *f*; *loc adj*: **sujet** *m* **d'~** hervorragender, glänzender Schüler; **tireur** *m* **d'~** Scharfschütze *m*

élitisme [elitism] M elitäres System; **faire de l'~** e-e elitäre Politik betreiben

élitiste [elitist] ADJ elitär

élixir [eliksiʀ] M PHARM Elixier *n*; Heiltrank *m*; **~ de longue vie** Lebenselixier *n*; *par ext fam* **c'est un véritable ~** das ist ein köstliches Getränk

elle [ɛl] PR PERS *de la 3e personne* SG F ⟨*pl* elles⟩ 1 *sujet d'un verbe* sie *(sg et pl)*; **~(s) arrive(nt)** sie kommt *ou* kommen; *la maison,* **~ est neuve** es ist neu 2 a *employé seul et souvent accentué* sie *(sg et pl)*; **~ non plus** sie auch nicht; **~ et sa sœur** sie und ihre Schwester; **je n'aime qu'~** ich liebe nur sie; **~, ~ n'a rien dit** sie hat nichts gesagt b *avec prép* sie *(acc sg et pl)*; ihr *(dat sg)*; ihnen *(dat pl)*; *réfléchi* sich; **pour ~(s)** für sie; **avec ~** mit ihr; **avec ~s** mit ihnen; **~ ne pense qu'à ~** sie denkt nur an sich *(acc)* 3 *fam (histoire, fait)* **~ est bien bonne!** das ist ja gut!; **~ est raide, celle-là!** das ist (ja) ein starkes Stück!

ellébore [elebɔʀ] M BOT Nieswurz *f*

elle-même [ɛlmɛm] PR PERS ⟨*pl* elles-mêmes⟩ 1 *emphatique* (sie) selbst; **elle l'a dit ~** sie hat es selbst gesagt 2 *réfléchi* sich (selbst); **d'~** von sich aus; von selbst; aus eigenem Antrieb

elles [ɛl] PR PERS → elle

ellipse [elips] F MATH, ASTRON, GRAM Ellipse *f*

elliptique [eliptik] ADJ 1 MATH, ASTRON elliptisch; ellipsenförmig 2 a GRAM, RHÉT elliptisch; unvollständig b *fig allusions etc* rätselhaft; unverständlich

élocution [elɔkysjõ] F Sprech-, Redeweise *f*; Diktion *f*; Vortrag *m*; **~ aisée, facile** *ou* **facilité** *f* **d'~** Rede-, Sprachgewandtheit *f*; **défaut** *m* **d'~** Sprachfehler *m*

éloge [elɔʒ] M 1 *(louange)* Lob *n*; **digne d'~s** lobenswert; löblich; **faire l'~ de qc, qn** etw, j-n (sehr) loben; über etw, j-n des Lobes voll sein; ein Loblied auf etw, j-n anstimmen, singen; **ne pas tarir d'~s sur qc, qn** etw, j-n nicht genug loben können; *fam* etw, j-n über den grünen Klee loben 2 *discours* Lobrede *f*; **~ académique** Rede *f* auf ein verstorbenes Akademiemitglied; **~ funèbre** Grabrede *f*; Nachruf *m*

élogieux [elɔʒjø] ADJ ⟨-euse⟩ lobend; anerkennend; *(flatteur)* schmeichelhaft; **en termes ~** mit lobenden Worten

Éloi [elwa] M *saint* Eligius *m*

éloigné [elwaɲe] ADJ 1 a *dans l'espace* fern; (weit) entfernt; abgelegen; entlegen b *avenir, passé* fern; *époque* weit zurückliegend; längst vergangen 2 *parents* entfernt; weitläufig; **ils sont parents ~s** sie sind entfernt, weitläufig verwandt 3 *fig* **être ~ de qc** von etw weit entfernt *ou* weg sein; e-r Sache *(dat)* fernstehen; **il n'était plus très ~ de croire que ...** er war nahe daran zu glauben, dass ...

éloignement [elwaɲmã] M 1 *action* Entfernen *n*, -ung *f* 2 *(distance)* Entfernung *f*; Distanz *f*; Abstand *m* 3 *fig* Abwesenheit *f*, Fernsein *n* (**de** von)

éloigner [elwaɲe] A V/T 1 a *objet, meuble* zur Seite rücken, schieben; wegrücken, (weiter) wegstellen (**de** von); fort-, weg-, beiseiteräumen; *personnes* wegbringen (**de** aus, von); entfernen, fernhalten (von) b *dans le temps* entfernen (**qn de qc** j-n von etw); *danger, échéance* auf-, hinausschieben; hinauszögern 2 *fig personne* entfremden (**de** *dat*); entfernen, abbringen (von); *pensées* von sich weisen; verwerfen; **~ les enfants de leur mère** die Kinder ihrer Mutter entfremden B V/PR **s'~** 1 sich entfernen (**de** von); *personne a.* weg-, fortgehen (**de la ville** aus der Stadt; **de qn** von j-m); *du chemin* abkommen; abgehen; abweichen; *orage a.* abziehen; *bruit* sich in der Ferne verlieren; **éloignez-vous** treten Sie zurück; gehen Sie hier weg; **ne t'éloigne pas trop!** geh nicht zu weit weg! 2 *fig du sujet* abkommen; abweichen; abschweifen; *souvenirs* verblassen; in die Ferne rücken; *personne* **s'~ de qn** sich j-m entfremden

élongation [elõgasjõ] F MÉD a *d'un muscle* Zerrung *f*; Überdehnung *f* b *de la colonne vertébrale* Dehnung *f*

éloquemment [elɔkamã] *adv* → éloquent

éloquence [elɔkãs] F 1 Beredsamkeit *f*; Redegabe *f*; Beredtheit *f*; Eloquenz *f*; **~ politique** politische Rhetorik; parlamentarische Beredsamkeit; **parler avec ~** beredt, mit großer Beredsamkeit sprechen 2 *fig d'un regard, d'un geste etc* Beredtheit *f*; **~ des chiffres** deutliche Sprache der Zahlen

éloquent [elɔkã] ADJ 1 *personne* beredt; rede-, wort-, sprachgewandt; beredsam; eloquent; wortgewaltig; **en termes ~s** mit beredten Worten 2 *fig geste, silence* beredt; vielsagend; **regard ~** vielsagender, sprechender Blick; *chiffres* **être ~** für sich sprechen; e-e deutliche Sprache reden

Elsa [ɛlza] F *Vorname*

Elseneur [ɛlsənœʀ] GÉOG Helsingör *n*

élu [ely] A PP → **élire** *et* ADJ 1 POL gewählt 2 *fig* auserwählt (*a.* REL); *poét* auserkoren B SUBST 1 **~(e)** *m(f) fig*, REL Auserwählte(r) *m|f(m)*; *poét, plais* Auserkorene(r) *m|f(m)*; *plais* **l'~e de son cœur** die Auserwählte s-s Herzens; s-e Auserkorene 2 POL **les ~s** *mpl* die gewählten Vertreter *mpl*

élucidation [elysidasjõ] F Aufklärung *f*; Erhellung *f*

élucider [elyside] V/T *énigme* aufklären; aufhellen; *texte, problème* erläutern; erklären; erhellen; **~ une affaire** Licht in e-e Sache bringen; e-e Angelegenheit klären

élucubrations [elykybʀasjõ] FPL *péj* Hirngespinste *npl*

éluder [elyde] V/T *difficulté, problème* (geschickt) ausweichen, sich entziehen, aus dem Weg gehen (+*dat*)

Élysée [elize] A M **l'~** 1 POL das Elysee (*Sitz des Präsidenten der Republik in Paris*) 2 MYTH das Elysium B ADJ MYTH **les champs ~s** die elysischen, elysäischen Gefilde *npl*; → *a.* Champs-Élysées

élyséen [elizeɛ̃] ADJ ⟨~ne⟩ 1 MYTH elysäisch; elysisch 2 POL des Elysees; des Elyseepalastes

élytre [elitʀ] M ZOOL Flügeldecke *f*; Deckflügel *m*

émacié [emasje] ADJ abgezehrt; ausgemergelt

e-mail [imɛl] M INFORM E-Mail *f*; *adjt* **adresse** *f* **~** E-Mail-Adresse *f*; **par, via ~** per E-Mail; **envoyer un ~ à qn** j-m e-e E-Mail schicken; j-m mailen

émail [emaj] M ⟨*pl* -aux⟩ 1 a Email *n*; Emaille *f*; Schmelz *m*; CÉRAMIQUE Glasur *f*; **peinture** *f* **sur ~** Email-, Schmelzmalerei *f* b *bijou* Emailschmuck *m* c TECH emailliertes Gusseisen, Blech; **baignoire** *f* **en ~** Emailwanne *f*; emaillierte (Bade)Wanne 2 ANAT **~ (des dents)** (Zahn)Schmelz *m*

émaillage [emajaʒ] M a *action* Emaillieren *n*; CÉRAMIQUE Glasieren *n* b *résultat* Emaillierung *f*; Glasur *f*

émailler [emaje] V/T 1 emaillieren; *céramique, porcelaine* glasieren; *adjt* **émaillé** a emailliert b glasiert 2 *fig texte, discours* (aus)schmücken, verzieren (**de citations** mit Zitaten); *iron* **émaillé de fautes** mit Fehlern gespickt

émanation [emanasjõ] F 1 PHIL, PHYS, CHIM Emanation *f* 2 *d'une usine etc* Ausdünstung *f*; *de gaz, de vapeurs* Ausströmen *n*; Aufsteigen *n* 3 *fig* Auswirkung *f*; Ausdruck *m*; Sichtbarwerden *n*

émancipateur [emɑ̃sipatœʀ] ADJ ⟨-trice⟩ emanzipatorisch; Emanzipations…

émancipation [emɑ̃sipasjõ] F 1 Emanzipation *f*; Emanzipierung *f*; Befreiung *f*; Gleichstellung *f*; Gleichberechtigung *f*; **~ des femmes** Emanzipation, Gleichberechtigung der Frauen 2 JUR Volljährigkeitserklärung *f*; Mündigsprechung *f*

émanciper [emɑ̃sipe] A V/T 1 emanzipieren; befreien; selbstständig, unabhängig machen; *femmes a.* (rechtlich) gleichstellen; *adjt* **une femme émancipée** e-e emanzipierte, sehr selbstständige, unabhängige Frau 2 JUR für volljährig, mündig erklären; mündig sprechen B V/PR **s'~** sich emanzipieren, befreien, frei machen; unabhängig, selbstständig werden

émaner [emane] V/I 1 *gaz, odeurs* ausströmen (**de aus**); *chaleur* ausgehen (von); *lumière, chaleur* ausgestrahlt werden; **la chaleur qui émane du four** die Hitze, die der Ofen ausstrahlt *ou* die vom Ofen ausgeht 2 *fig pouvoir etc* ausgehen (*a. charme, dignité*), kommen, herrühren, sich ableiten (**de** von); **un décret émanant du gouvernement** ein von der Regierung herausgegebener Erlass, erlassenes Dekret

émargement [emaʀʒəmɑ̃] M Abzeichnung *f*; Unterschreiben *n*; **feuille** *f* **d'~** (*liste de présence*) Anwesenheitsliste *f*; (*liste de paye*) Gehalts-, Lohnquittungsliste *f*

émarger [emaʀʒe] ⟨-geons⟩ A V/T (am, auf dem Rand) abzeichnen; unterschreiben B V/I sein Gehalt, Geld empfangen, beziehen

émasculation [emaskylasjõ] F Entmannung *f*; Kastration *f*; **émasculer** V/T *homme* entmannen; *animal* kastrieren

emballage [ɑ̃balaʒ] M 1 *action* Ver-, Einpacken *n*; Packen *n* 2 (*enveloppe*) Verpackung *f*; Verpackungsmaterial *n*; **~ d'origine** Original(ver)packung *f*; **frais** *mpl* **de port et d'~** Porto- und Verpackungskosten *pl*; **sans ~** unverpackt; ohne Verpackung; offen

emballé [ɑ̃bale] ADJ 1 *cheval* scheu, wild geworden; scheuend 2 *fam spectateur etc* **être ~** hingerissen sein; *fam* (ganz) hin, weg sein

emballement [ɑ̃balmɑ̃] M 1 *d'un cheval* Scheuen *n*; Durchgehen *n* 2 (*enthousiasme*) vorschnelle Begeisterung; heftiges Gefühl (**pour** für) 3 *d'un moteur* Aufheulen *n*; *d'une machine* Durchgehen *n*, -drehen *n*

emballer [ɑ̃bale] A V/T 1 *marchandises, objets* ein-, verpacken; *marchandises a.* einschlagen 2 *moteur* aufheulen lassen; hochjagen 3 *fam public* hin-, mitreißen; begeistern; **son discours nous a emballés** wir waren ganz hingerissen, *fam* ganz hin, ganz weg von s-r Rede; **ça ne m'emballe pas** das reizt, lockt mich nicht; *fam* das reißt mich nicht vom Stuhl 4 *fam criminel etc fam* schnappen; hochgehen lassen 5 *fam* **~ une fille** *fam* ein Mädchen herumkriegen 6 *fam* **se faire ~** *fam* abgekanzelt werden; e-n Anpfiff bekommen B V/PR **s'~** 1 *cheval* scheuen; durchgehen; scheu, wild werden 2 *moteur* aufheulen; *machine* durchdrehen, -gehen 3 *fam public, personne* a (*s'enthousiasmer*) sich rasch begeistern; gleich Feuer und Flamme sein; schnell, rasch Feuer fangen b (*s'emporter*) aufbrausen; sich hinreißen lassen; heftig werden; sich ereifern; *fam* hochgehen; **ne t'emballe pas**, *ce n'est pas sûr!* reg dich nicht auf *ou* freu dich nicht zu früh, …!

embarcadère [ɑ̃baʀkadɛʀ] M MAR Landungsbrücke *f*, -steg *m*; Pier *m ou f*; Lande-, Anlegeplatz *m*, -stelle *f*; *pour marchandises a.* Verladeplatz *m*

embarcation [ɑ̃baʀkasjõ] F (kleines) (Segel-, Ruder-, Motor)Boot; Wasserfahrzeug *n*; *embarqué* Beiboot *n*; **~ de sauvetage** Rettungsboot *n*

embardée [ɑ̃baʀde] F 1 AUTO **faire une ~** plötzlich seitlich, nach der Seite ausweichen; e-e plötzliche Lenkbewegung, *fam* e-n Schlenker machen 2 MAR Gieren *n*; Gierschlag *m*

embargo [ɑ̃baʀgo] M ÉCON Embargo *n*; Handelssperre *f*, -verbot *n*; **~ sur les importations** Einfuhrverbot *n*, -sperre *f*; **~ sur les livraisons d'armes** Waffenembargo *n*; **frapper d'~** mit e-m Embargo belegen; **lever l'~** das Embargo aufheben; **mettre l'~ sur** ein Embargo verhängen über (+*acc*)

embarquement [ɑ̃baʀkəmɑ̃] M *sur un bateau* Einschiffung *f*; *de troupes, marchandises a.* Verschiffung *f*; *de troupes, marchandises: sur bateau, en train, en avion* Verladung *f*; *des passagers sur bateau, en avion* An-Bord-Gehen *n*; *des passagers dans tous véhicules* Einsteigen *n*; JUR **~ clandestin** unerlaubte, heimliche Einschiffung; **frais** *mpl* **d'~** Verschiffungskosten *pl*; **port** *m* **d'~** Verschiffungs-, Verladehafen *m*

embarquer [ɑ̃baʀke] A V/T 1 *sur bateau* einschiffen; an Bord nehmen (*a. en avion*); *troupes, marchandises a.* verschiffen; *marchandises a.* übernehmen; *par ext marchandises, troupes dans tous véhicules* ver-, einladen; **~ qn dans sa voiture** j-n in sein Auto einsteigen lassen; *fam* j-n in sein Auto packen, verfrachten 2 *fam* (*voler*) **~ qc** *fam* etw mitgehen lassen 3 *fam police* **~ qn** *fam* j-n schnappen, einlochen, *autrich* einkasteln 4 *fam* **~ qn dans une affaire** j-n in e-e Angelegenheit verstricken, verwickeln, hineinziehen B V/I 1 *passagers* sich einschiffen; an Bord gehen (*a. en avion*) 2 MAR *navire* Wasser übernehmen C V/PR **s'~** 1 sich einschiffen (**sur** auf +*dat*); an Bord gehen (*a. en avion*); **s'~ pour l'Angleterre** sich nach England einschiffen 2 *fam* **s'~ dans** *une affaire* sich verwickeln in (+*acc*); sich einlassen in *ou* auf (+*acc*); verwickelt, verstrickt werden in (+*acc*)

embarras [ɑ̃baʀa] M 1 unangenehme, schwierige, peinliche Lage *ou* Situation; Notlage *f*; *st/s* Bedrängnis *f*; *fam* Klemme *f*; *par ext* **~ (d'argent)** (Geld)Verlegenheit *f*; Geldnot *f*, -schwierigkeiten *fpl*; **être dans l'~** in e-r unangenehmen *ou* schwierigen Lage, Situation sein; in e-r Notlage, in e-r Zwickmühle sein; **mettre qn dans l'~** j-n in e-e unangenehme *ou* schwierige Lage, *st/s* in Bedrängnis bringen; **tirer qn d'~** j-m aus e-r schwierigen Situation, aus der Verlegenheit, aus e-r Notlage, *fam* aus der Klemme helfen; **se tirer d'~** aus e-r schwierigen Situation herauskommen; sich aus e-r Notlage befreien; *fig*: **l'~ du choix** die Qual der Wahl; **n'avoir que l'~ du choix** nur zu wählen brauchen 2 (*confusion*) Verlegenheit *f*; Verwirrung *f*; Befangenheit *f*; Unsicherheit *f*; Beschämung *f* 3 **faire des ~** Ungelegenheiten, Umstände machen; sich zieren 4 MÉD **~ gastrique** Magenverstimmung *f*, -beschwerden *fpl*

embarrassant [ɑ̃baʀasɑ̃] ADJ 1 *situation, question, cas etc* unangenehm; peinlich; schwierig; verzwickt; unbequem; lästig; *question a.* verfänglich; *situation a.* misslich 2 *colis etc* hinderlich

embarrassé [ɑ̃baʀase] ADJ 1 *air, sourire etc* verlegen; betreten; befangen; **explications ~es** wirre, verworrene Erklärungen *fpl*; *personne* **être ~** verlegen, verwirrt, peinlich berührt, beschämt, betreten sein; in Verlegenheit kommen; **être bien ~ pour répondre** um e-e Antwort verlegen sein; **je serais bien ~ pour vous le dire** das kann ich Ihnen beim besten Willen nicht sagen 2 **avoir les mains ~es** die Hände nicht frei haben; **être ~ dans un long manteau** *etc* durch e-n langen Mantel *etc* behindert sein

embarrasser [ɑ̃baʀase] A V/T 1 *vêtements, paquets etc* **~ qn** j-n behindern, stören; j-m hinderlich, lästig sein 2 (*déconcerter*) **~ qn** *personne, question* j-n in Verlegenheit bringen, verlegen machen, verwirren; *situation* für j-n peinlich, unangenehm sein 3 (*mettre dans une situation gênante*) **~ qn** j-n in e-e schwierige, unangenehme Situation bringen; j-m Ungelegenheiten machen; j-m lästig sein; j-m zu schaffen machen B V/PR **s'~** 1 (*s'encombrer*) sich belasten (**de** mit) 2 *fig* (*se soucier de*) **il ne s'embarrasse pas pour si peu** das stört *ou* kümmert ihn nicht, wenig; **ne pas s'~ de scrupules** sich (*dat*) keine Skrupel machen

embastiller [ɑ̃bastije] V/T 1 HIST in die Bastille sperren 2 *plais* einsperren

embauchage [ɑ̃boʃaʒ] M *d'ouvriers* Ein-, Anstellung *f*

embauche [ɑ̃boʃ] F Ein-, Anstellung *f*; *travailleur* **chercher de l'~** e-e Anstellung, e-e Stel-

E

le, Arbeit suchen

embaucher [ɑ̃boʃe] VT **1** *travailleur* ein-, anstellen; *abs* **ici on embauche** Stelle(n) frei; wir stellen ein ...; **se faire ~** e-e Beschäftigung annehmen **2** *fam fig* **~ qn** j-n anstellen, einspannen (**pour essuyer la vaisselle** zum Geschirrabtrocknen); **viens, je t'embauche** komm, ich hab (e-e) Arbeit für dich

embauchoir [ɑ̃boʃwaʀ] M Schuhspanner *m*; Leisten *m*

embaumement [ɑ̃bommɑ̃] M Einbalsamierung *f*

embaumer [ɑ̃bome] **A** VT **1** *cadavre* einbalsamieren **2** **a** *pièce, jardin etc* mit Wohlgeruch, (angenehmem) Duft erfüllen **b** **~ la violette** *etc* Veilchenduft *etc* ver-, ausströmen, verbreiten; nach Veilchen duften **B** VI duften (*a. iron*); e-n angenehmen Duft verbreiten, aus-, verströmen

embaumeur [ɑ̃bomœʀ] M Einbalsamierer *m*

embellie [ɑ̃beli] F **1** MAR (vorübergehende) Windstille *ou* ruhige See **2** (*éclaircie*) (Zwischen)Aufheiterung *f*

embellir [ɑ̃beliʀ] **A** VT **1** schön(er) machen; *personne, visage a.* verschönen; *chose, lieu a.* verschönern **2** *fig personnage, vérité etc* in besseren Licht erscheinen lassen; *situation* beschönigen; schönfärben; **~ un récit** eine Erzählung ausschmücken **B** VI ⟨*Vorgang* avoir, *Ergebnis* être⟩ schön(er), hübsch(er) werden; *fam* sich herausmachen

embellissement [ɑ̃belismɑ̃] M Verschönerung *f*; *de la réalité* Ausschmückung *f*; Beschönigung *f*

emberlificoter [ɑ̃bɛʀlifikɔte] *fam* **A** VT **~ qn** *fam* j-n beschwatzen, einseifen, einwickeln, herumkriegen; **se laisser ~** *fam* sich herumkriegen lassen **B** VPR **s'~** *fam* sich verheddern (*a. fig* **dans ses explications** in s-n Erklärungen)

embêtant [ɑ̃bɛtɑ̃] *fam* ADJ **1** (*ennuyeux*) *film, livre etc* langweilig; fad; *fam* blöd; doof; *personne, chose* **être ~** einem auf die Nerven gehen *ou* fallen; einem lästig werden *ou* fallen **2** (*fâcheux*) *incident etc* ärgerlich; unangenehm; *fam* blöd; **ça, c'est ~!** so was Dummes, Blödes!; das ist dumm, unangenehm, ärgerlich, blöd!; *subst* **l'~ (dans cette histoire) c'est que ...** das Dumme daran *ou* an der Sache ist, dass ...

embêtement [ɑ̃bɛtmɑ̃] *fam* M Ärger *m*; Unannehmlichkeit *f*; *fam* Schererei *f*

embêter [ɑ̃bete] *fam* **A** VT **1** (*lasser*) **~ qn** j-n langweilen; j-m auf die Nerven gehen *ou* fallen; j-m lästig fallen *ou* werden; *fam* j-n anöden; j-m auf den Geist gehen; j-m auf den Wecker fallen **2** (*contrarier*) **~ qn** j-m Ärger, *fam* Scherereien machen; j-m zu schaffen machen; j-n wurmen; **ça m'embête vachement!** das passt mir ganz und gar nicht!; *fam* das stinkt mir!; *adjt* **être embêté** *fam* in der Patsche, Klemme sein, sitzen, stecken; in der Tinte sitzen; **je suis drôlement embêté!** *a. fam* so was Blödes, Dummes!; ist das blöd, dumm, ärgerlich! **3** (*irriter*) **~ qn** j-n ärgern, belästigen, reizen; **ne l'embête pas!** lass ihn in Ruhe, zufrieden!; **ne m'embête pas avec ça!** bleib mir damit vom Hals!; lass mich damit in Ruhe!; komm mir nicht damit! **B** VPR **s'~** **1** (*s'ennuyer*) sich langweilen; *fam* sich mopsen **2** **il ne s'embête pas** er kann sich (*dat*) alles leisten **3** **ne pas s'~ à faire qc** sich (*dat*) nicht die Mühe machen, etw zu tun; *fam* nicht so dumm *ou* blöd sein und etw tun; **je ne vais pas m'~ avec ça** *fam* damit werde ich mich nicht herumschlagen

emblaver [ɑ̃blave] VT *champ* (mit Weizen, Getreide) besäen

emblée [ɑ̃ble] LOC ADV **d'~** sofort; gleich (zu Beginn); auf Anhieb; (gleich) beim ersten Versuch, Mal

emblématique [ɑ̃blematik] ADJ emblematisch; sinnbildlich

emblème [ɑ̃blɛm] M Emblem *n*; Sinnbild *n*; Wahrzeichen *n*; Attribut *n*

embobiner [ɑ̃bɔbine] VT *fam* **~ qn** *fam* j-n beschwatzen, einwickeln

emboîtage [ɑ̃bwataʒ] M *d'un livre* Schuber *m*; Kassette *f*

emboîtement [ɑ̃bwatmɑ̃] M Ineinandergreifen *n*; TECH (Holz-, Metall)Verbindung *f*; Verband *m*; Verbund *m*

emboîter [ɑ̃bwate] **A** VT **1** einpassen, einfügen (**qc dans qc** etw in etw [*acc*]); *plusieurs choses* zusammensetzen, -fügen; ineinanderstecken; *chaussures* **~ bien le pied** gut, *fam* wie angegossen passen **2** **~ le pas à qn** j-m auf dem Fuße folgen; hinter j-m hergehen; *fig* in j-s Fuß(s)tapfen (*acc*) treten; j-s Beispiel (*dat*) folgen; j-m nacheifern **B** VPR **s'~** ineinanderpassen, -greifen, -stecken

embolie [ɑ̃bɔli] F MÉD Embolie *f*; **~ cérébrale, pulmonaire** Gehirn-, Lungenembolie *f*

embonpoint [ɑ̃bõpwɛ̃] M Korpulenz *f*; Körperfülle *f*; (Wohl)Beleibtheit *f*; **avoir tendance à l'~** zur Korpulenz neigen; **prendre de l'~** korpulent, dick, füllig werden

embouché [ɑ̃buʃe] ADJ *fam* **être mal ~** grob, patzig, ausfällig werden

emboucher [ɑ̃buʃe] VT *instrument à vent* ansetzen

embouchure [ɑ̃buʃyʀ] F **1** *d'un fleuve* Mündung *f*; **l'~ de la Loire** die Loiremündung **2** MUS Mundstück *n*; Ansatz *m*

embourber [ɑ̃buʀbe] **A** VT *véhicule* in den Schlamm, Dreck, Morast fahren; **être embourbé** im Schlamm, Dreck, Morast feststecken, festgefahren sein **B** VPR **s'~** **1** im Schlamm, Dreck, Morast stecken bleiben **2** *fig* sich verwickeln, verstricken (**dans** in +*acc*)

embourgeoisement [ɑ̃buʀʒwazmɑ̃] M Verbürgerlichung *f*; **embourgeoiser** VPR **s'~** verbürgerlichen; bürgerlich, *péj* spießig werden

embout [ɑ̃bu] M **1** *d'une canne, d'un parapluie* Zwinge *f*; Spitze *f* **2** *d'une seringue* Aufsatz *m*

embouteillage [ɑ̃butɛjaʒ] M **1** Verkehrsstockung *f*; (Verkehrs)Stau *m*; Verstopfung *f*; **être pris dans un ~** in e-n Stau geraten; *état* im Stau stecken **2** *par ext* Überfüllung *f*; Überlaufensein *n*; Andrang *m*; TÉL Überlastung *f*

embouteiller [ɑ̃buteje] VT *voie de communication* verstopfen; *adjt* **embouteillé** *rue etc* verstopft; *par ext lignes téléphoniques* überlastet; *profession* überfüllt; überlaufen

embouti [ɑ̃buti] M TECH **1** Tiefziehteil *n ou m* **2** *d'une pompe, d'une presse* Manschette *f*; Dichtungsring *m* (aus Leder)

emboutir [ɑ̃butiʀ] **A** VT **1** *aile, arrière de voiture etc* eindrücken; zerbeulen; demolieren; **~ une voiture** *a.* auf e-n Wagen auffahren; **je me suis fait ~ (l'arrière de ma voiture)** *fam* mir ist einer (hinten) rein-, draufgefahren **2** TECH tiefziehen; kümpeln **B** VPR **s'~** zusammenstoßen, -prallen; **s'~ contre un camion** auf e-n Lastwagen auffahren

emboutissage [ɑ̃butisaʒ] M **1** *d'une aile etc* Eindrücken *n*; Zerbeulen *n* **2** TECH Tiefziehen *n*; Kümpeln *n*

embranchement [ɑ̃bʀɑ̃ʃmɑ̃] M **1** *de routes* Abzweigung *f*; Gabelung *f*; *de tuyaux* Verzweigung *f* **2** CH DE FER Abzweigung *f*; Zweig-, Nebenlinie *f*; Zweigbahn *f* **3** BIOL Stamm *m*

embrancher [ɑ̃bʀɑ̃ʃe] **A** VT *route, voie ferrée* verbinden (**à** *ou* **sur la voie principale** mit der Hauptstraße *ou* dem Hauptgleis); anschließen (an +*acc*) **B** VPR **s'~** verbunden sein (**sur** mit); angeschlossen sein (an +*acc*)

embrasement [ɑ̃bʀɑzmɑ̃] M *st/s* **1** (*incendie*) *st/s* Feuersbrunst *f* **2** *fig* Glut *f*; Feuer *n*

embraser [ɑ̃bʀɑze] *st/s* **A** VT *soleil: ciel* in (rote) Glut tauchen; *soleil: paysage* versengen; brennen auf (+*acc*); *adjt* **embrasé** in Glut getaucht; glutrot; *personne* **embrasé de passion** *st/s* zu wilder Glut entfacht **B** VPR **s'~** *ciel* sich rot färben; in Glut getaucht sein

embrassade [ɑ̃bʀasad] F heftige, stürmische (Begrüßungs)Küsse *mpl*; (stürmische) Umarmung

embrasse [ɑ̃bʀas] F *d'un rideau* Raffhalter *m*

embrassé [ɑ̃bʀase] ADJ **rimes ~es** umarmende, umschließende Reime *mpl*

embrassement [ɑ̃bʀasmɑ̃] *litt* M Umarmung *f*

embrasser [ɑ̃bʀase] **A** VT **1** küssen; umarmen (und küssen); *enfants a. st/s* herzen; **~ qn tendrement** j-n zärtlich umarmen, küssen; **~ qn sur la bouche** j-n auf den Mund küssen; **se tenir embrassés** sich umschlungen halten; *à la fin d'une lettre* **je t'embrasse bien fort** herzliche Grüße und Küsse **2** *fig et st/s* **~ une carrière** e-n Beruf ergreifen; e-e Laufbahn einschlagen; **~ une cause** für e-e Sache eintreten; sich für e-e Sache einsetzen; *prov* **qui trop embrasse mal étreint** wer zu viel anfängt, führt nichts richtig durch **3** *domaine, époque, question* umfassen; umschließen **4** *paysage, région etc* **~ du regard** überschauen, -blicken; **~ d'un coup d'œil** mit e-m Blick umfassen **B** VPR **s'~** sich küssen

embrasure [ɑ̃bʀɑzyʀ] F CONSTR Fenster- *ou* Türöffnung *f*; Laibung *ou* Leibung *f*; **se tenir dans l'~ de la porte** in der Tür stehen

embrayage [ɑ̃bʀɛjaʒ] M **1** *mécanisme* Kupplung *f* **2** *action* Einkuppeln *n*

embrayer [ɑ̃bʀeje] ⟨-ay- *od* -ai-⟩ **A** VT TECH einrücken, -kuppeln **B** VI **1** AUTO (ein)kuppeln; die Kupplung kommen lassen **2** *fig* anfangen, beginnen (**sur** mit)

embrigadement [ɑ̃bʀigadmɑ̃] M Einreihung *f*, Eingliederung *f* (**dans** in +*acc*); Unterstellung *f* (unter +*acc*)

embrigader [ɑ̃bʀigade] VT einreihen; eingliedern; einteilen, einsetzen (**pour faire qc** zu etw); **~ dans une organisation** e-r Organisation (*dat*) unterstellen; in e-e Organisation einreihen, -gliedern

embringuer [ɑ̃bʀɛ̃ge] *fam* **A** VT **~ qn dans une affaire** j-n in e-e Affäre hineinziehen, verwickeln; **se laisser, se faire ~ dans qc** sich in etw (*acc*) hineinziehen lassen **B** VPR **s'~ dans qc** in etw (*acc*) hineingeraten, *fam* hineinschlittern

embrocher [ɑ̃bʀɔʃe] VT **1** *volaille* an e-n, den (Brat)Spieß stecken **2** *fam adversaire* durchbohren; *fam* aufspießen **3** MÉD *os* nageln

embrouillamini [ɑ̃bʀujamini] *fam* M Durcheinander *n*; Wirrwarr *m*

embrouille [ɑ̃bʀuj] *fam* F Verwirrung *f*; verworrene Situation

embrouillé [ɑ̃bʀuje] ADJ *discours, explications etc* wirr; konfus; verworren; **embrouillement** M *rarement* Verwirrung *f*; Verworrenheit *f*; Verwicklung *f*

embrouiller [ɑ̃bʀuje] **A** VT **1** *fils* verwirren; *fils, papiers etc* durcheinanderbringen, in Unordnung bringen; *fam* verwursteln **2** *fig situation, question* komplizieren; verwickelt machen; *faits* vernebeln; verschleiern **3** **~ qn** j-n verwirren; j-n durcheinanderbringen, in Verwirrung, aus dem Konzept bringen **B** VPR **s'~** sich nicht mehr zurechtfinden, auskennen (**dans ses calculs** in s-n Rechnungen); *en parlant* den Faden verlieren; aus dem Konzept kommen; *fam* sich verheddern; **s'~ dans ses**

explications sich in s-n Aussagen verstricken; wirre Erklärungen vorbringen

embroussaillé [ɑ̃bʀusaje] ADJ *chemin* von Gebüsch, Gestrüpp überwuchert; *cheveux, barbe* struppig; verfilzt

embrumer [ɑ̃bʀyme] **A** VT **1** in Nebel, Dunst hüllen **2** *fig alcool: cerveau* be-, vernebeln; **avoir l'esprit embrumé** benommen, benebelt sein **B** VPR **s'~** *fig regard* sich verschleiern

embruns [ɑ̃bʀɛ̃, ɑ̃bʀœ̃] MPL Gischt *m ou f*; Sprühwasser *n*

embryologie [ɑ̃bʀijɔlɔʒi] F Embryologie *f*; **embryologiste** M Embryologe *m*

embryon [ɑ̃bʀijõ] M **1** PHYSIOL Embryo *m*; (Leibes)Frucht *f*; BIOL Embryo *m*; Keimling *m* **2** *fig* Ansatz *m*, Keim(zelle) *m(f)* (**de solution** e-r Lösung)

embryonnaire [ɑ̃bʀijɔnɛʀ] ADJ **1** PHYSIOL embryonal; Embryonal...; **vie** *f* **~** embryonales Leben **2** *fig* **(en) être à l'état, au stade ~** im Ansatz, Keim vorhanden sein; im Anfangsstadium sein

embûches [ɑ̃byʃ] FPL Fallstricke *mpl*; Fallen *fpl*; **plein d'~** *a.* voller Tücken *fpl*; **tendre des ~ à qn** j-m Fallstricke legen

embuer [ɑ̃bɥe] **A** VT *vitres* anlaufen lassen; *adjt* **vitre embuée** beschlagene, angelaufene Fensterscheibe; *par ext yeux* **embués de larmes** voller Tränen; tränenfeucht **B** VPR **s'~** *pare-brise etc* (sich) beschlagen; anlaufen

embuscade [ɑ̃byskad] F MIL Hinterhalt *m*; **être, se tenir en ~** im Hinterhalt liegen, lauern; **tendre une ~ à qn** j-m auflauern; j-m e-n Hinterhalt legen; **tomber dans une ~** in e-n Hinterhalt fallen, geraten

embusqué [ɑ̃byske] M MIL *et péj* Etappenhase *m*, -schwein *n*; Drückeberger *m*

embusquer [ɑ̃byske] VPR **s'~** **1** sich in den Hinterhalt legen; *adjt*: **tireur embusqué** Heckenschütze *m*; **se tenir embusqué** im Hinterhalt lauern **2** MIL *et péj* sich drücken; **se faire ~** sich *(dat)* e-n Druckposten verschaffen

éméché [emeʃe] ADJ *fam* beschwipst; angeheitert; angesäuselt; beduselt; benebelt

émeraude [emʀod] **A** F Smaragd *m*; GÉOG **la Côte d'~** *die Küste bei St. Malo*; *poét* **l'Ile** *f* **d'~** die Grüne Insel *(Irland)* **B** ADJ **(vert) ~** ⟨*inv*⟩ smaragdgrün; smaragden

émergement [emɛʀʒəmɑ̃] M GÉOL *d'un continent* Emporkommen *n*, Auftauchen *n* aus dem Wasser

émergence [emɛʀʒɑ̃s] F **1** *d'un rayon, d'un liquide etc* Austritt *m*; Austreten *n* **2** *fig* Auftauchen *n*; Zutagetreten *n*

émergent [emɛʀʒɑ̃] ADJ ÉCON **marchés ~s** Emerging Markets *pl*; Schwellenmärkte *mpl*; dynamische Märkte *mpl* der Schwellenländer; **pays ~** Schwellenland *n*

émerger [emɛʀʒe] VI ⟨-geait⟩ **1** *île, rocher etc* auftauchen; hervorkommen; *définitivement* heraus-, hervorragen **2** *par ext (apparaître)* auftauchen, heraus-, hervorkommen (**de** aus); sich zeigen; *vérité* zum Vorschein kommen; zutage treten; *édifice, travail etc* heraus-, hervorragen; sich herausheben **3** *fam du sommeil* zu sich kommen

émeri [emʀi] M **1** MINÉR, TECH Schmirgel *m*; **papier** *m* **(d')~** Schmirgel-, Schleifpapier *n*; **toile** *f* **(d')~** Schmirgel-, Schleifleinen *n*; **frotter, passer, polir à l'~** (ab)schmirgeln **2** *fam fig* **être bouché à l'~** stroh-, stockdumm, *fam* vernagelt sein; ein Brett vor dem Kopf haben

émérite [emeʀit] ADJ **1** bedeutend; hervorragend; *(expérimenté)* erfahren; *(méritant)* verdient; verdienstvoll **2** *en Belgique: professeur* emeritiert

émerveillement [emɛʀvɛjmɑ̃] M (höchste) Verwunderung; (Er)Staunen *n*; *(admiration)* Bewunderung *f*; *(enchantement)* Entzücken *n*

émerveiller [emɛʀveje] **A** VT **~ qn** j-n in (Er)Staunen, Verwunderung (ver)setzen; j-s Bewunderung erregen; *adjt* **émerveillé** staunend; voll(er) Bewunderung; entzückt **B** VPR **s'~** staunen; verwundert sein; *(être enchanté)* in Entzücken geraten; entzückt sein

émétique [emetik] PHARM **A** ADJ Erbrechen erregend; *t/t* emetisch **B** M Brechmittel *n*; *t/t* Emetikum *n*

émetteur [emɛtœʀ] **A** M **1** RAD, TV Sender *m*; Sendeanlage *f*; **~ de télévision** Fernsehsender *m* **2** FIN Emittent *m* **B** ADJ ⟨-trice⟩ **1** RAD, TV Sende...; **antenne, station émettrice** Sendeantenne *f*, -station *f*; **poste ~** Sendegerät *n*; Sender *m* **2** FIN **banque émettrice** emittierende Bank; **émetteur-récepteur** M ⟨*pl* émetteurs-récepteurs⟩ Sender-Empfänger *m*; Sende- und Empfangsgerät *n*; Funkgerät *n*

émettre [emɛtʀ] VT ⟨→ mettre⟩ **1** TÉLÉCOMMUNICATIONS *signaux, images* ausstrahlen; senden; **~ sur ondes courtes** auf Kurzwelle senden **2** FIN ausgeben; begeben; auflegen; emittieren; **~ des actions** Aktien ausgeben **3** PHYS *rayons, particules* aussenden; *lumière* ausstrahlen; *sons* von sich geben; PHON aussprechen **4** *fig opinion, hypothèse* äußern; aussprechen; von sich geben; vorbringen; *jugement* abgeben

émeu [emø] M ZOOL Emu *m*

émeute [emøt] F Aufruhr *m*; Krawall *m*; **~s** *pl* Unruhen *fpl*; **déclencher, provoquer une ~** e-n Aufruhr auslösen; *personne a.* Aufruhr stiften

émeutier [emøtje] M Aufrührer *m*; Unruhestifter *m*

émiettement [emjɛtmɑ̃] M **1** *d'un gâteau etc* Zerbröckeln *n*; Zerkrümeln *n* **2** *fig* Zerstückelung *f*; Zersplitterung *f*

émietter [emjete] **A** VT **1** *pain, gâteau* zerbröckeln; zerkrümeln **2** *fig* zersplittern; zerstückeln **B** VPR **s'~** **1** *gâteau* zerbröckeln **2** *fig* (allmählich) dahinschwinden; abbröckeln

émigrant [emigʀɑ̃] M Auswanderer *m*

émigration [emigʀasjõ] F Auswanderung *f*; Abwanderung *f*; POL Emigration *f*; **pays** *m* **à forte ~** Land *n* mit e-r hohen Auswanderungsquote

émigré [emigʀe] M POL Emigrant *m*

émigrer [emigʀe] VI **1** auswandern, POL emigrieren (**en Amérique** nach Amerika); in die Emigration gehen; abwandern (**vers la ville** in die Stadt) **2** *oiseaux* nach Süden ziehen; wegziehen

Émile [emil] M *Vorname*

Émilie [emili] F *Vorname*

émincer [emɛ̃se] VT ⟨-ç-⟩ CUIS in dünne Scheiben schneiden

éminemment [eminamɑ̃] ADV höchst; außerordentlich; ganz besonders

éminence [eminɑ̃s] F **1** *du terrain* (Boden)Erhebung *f*; Anhöhe *f* **2** ANAT Vorsprung *m*; Höcker *m* **3** ÉGL CATH **Éminence** Eminenz *f*; **son Éminence** S-e Eminenz; *fig* **~ grise** graue Eminenz

éminent [eminɑ̃] ADJ *savant etc* bedeutend; hervorragend; vorzüglich; *service rendu etc* außerordentlich; *qualité* hervor-, herausragend; hervorstechend

émir [emiʀ] M Emir *m*

émirat [emiʀa] M Emirat *n*; **les Émirats arabes unis** die Vereinigten Arabischen Emirate *npl*

émissaire [emisɛʀ] **A** M **1** Abgesandte(r) *m* mit geheimem Auftrag; Emissär *m* **2** TECH Ableitungs-, Abzugskanal *m* **B** ADJ *fig* **bouc ~** Sündenbock *m*

émission [emisjõ] F **1** RAD, TV Sendung *f*; **~s enfantines** Kinderfunk *m*; **~ publique** öffentliche Veranstaltung des Rundfunks; **~ radiophonique** Rundfunksendung *f*; **~s scolaires** Schulfunk *m*; **~ télévisée, de télévision** Fernsehsendung *f*; **~ en couleurs** Farbsendung *f*; Sendung in Farbe; **~ en noir et blanc** Schwarzweißsendung *f*; **~s pour la jeunesse** Jugendfunk *m*; **nos ~s sont terminées** unser Programm ist beendet **2** *d'obligations etc* Ausgabe *f*; Begebung *f*; Emission *f*; *de timbres* (Her)Ausgabe *f*; **~ d'emprunt** Anleihebegebung *f* **3** PHYS Emission *f*; Aussendung *f*; Ausstrahlung *f*

Emma [ema, ɛmma] F *Vorname*

emmagasinage [ɑ̃magazinaʒ] M **1** *de marchandises, de meubles etc* (Ein)Lagern *n*; Stapeln *n*; Speichern *n*; Lagerung *f* **2** Lagergebühr *f*, -kosten *pl*, -geld *n*; **emmagasiner** VT **1** *marchandises, objets* (ein)lagern; stapeln; speichern **2** *fig connaissances* sich *(dat)* erwerben; *souvenirs* sammeln

emmaillotement [ɑ̃majɔtmɑ̃] M *d'un petit enfant* Wickeln *n*

emmailloter [ɑ̃majɔte] **A** VT *bébé* wickeln; *doigt blessé etc* umwickeln; verbinden **B** VPR **s'~ dans une couverture** sich in e-e Decke wickeln

emmanchement [ɑ̃mɑ̃ʃmɑ̃] M **1** *d'un outil* Bestielen *n* **2** *par ext* TECH Einpassen *n*; Einsetzen *n*

emmancher [ɑ̃mɑ̃ʃe] **A** VT **1** mit e-m Stiel versehen; e-n Stiel einpassen (**un balai** in e-n Besen) **2** *par ext* TECH einpassen, -setzen **3** *fam fig affaires, négociations* einfädeln; einleiten; beginnen; *adjt* **l'affaire est bien, mal emmanchée** die Sache lässt sich gut, schlecht an **B** VPR *fam fig affaire* **s'~ bien, mal** sich gut, schlecht anlassen; gut, schlecht anfangen

emmanchure [ɑ̃mɑ̃ʃyʀ] F COUT Ärmel-, Armausschnitt *m*; Armloch *n*; **~ raglan** Raglanschnitt *m*

Emmanuel [emanɥɛl] M *Vorname*

Emmanuelle [emanɥɛl] F *Vorname*

Emmaüs [emays] BIBL Emmaus *n*

emmêlement [ɑ̃mɛlmɑ̃] M **1** *action* Verwirren *n*; Verwickeln *n* **2** *résultat* Wirrwarr *m*; Gewirr *n*

emmêler [ɑ̃mele] **A** VT **1** *fils, cheveux etc* verwirren; verwickeln; durcheinanderbringen; *fam* verfitzen; verwursteln; *adjt* **cheveux emmêlés** verwirrtes, wirres Haar **2** *fig histoire* durcheinanderbringen; komplizieren **B** VPR **1** **s'~** *fils, cheveux* sich verwirren; *fam* sich verfitzen **2** **s'~ les pieds dans le tapis** mit den Füßen am Teppich hängen bleiben; *fam fig en parlant* **s'~ les pieds, les pédales, les pinceaux** ins Schwimmen, Stocken geraten; *fam* sich verheddern

emménagement [ɑ̃menaʒmɑ̃] M Einzug *m*, Einziehen *n* *(in e-e Wohnung)*; **emménager** VI ⟨-geons⟩ einziehen (**dans** in *+acc*)

emmener [ɑ̃mne] VT ⟨-è-⟩ **1** *personnes, animaux, choses* mitnehmen; *personne a.* wegbringen; **~ un livre avec soi** sich *(dat)* ein Buch mitnehmen; **~ un prisonnier** einen Gefangenen abführen; **~ qn à la campagne** j-n mit aufs Land nehmen; **~ qn au cinéma** mit j-m ins Kino gehen; j-n ins Kino mitnehmen; **~ qn chez soi** j-n mit nach Hause nehmen; **~ qn en promenade, ~ qn promener** j-n zu e-m, auf e-n Spaziergang mitnehmen; **~ qn en voiture** j-n im Auto mitnehmen **2** *fig*, SPORTS mitreißen

emmenthal [emɛ̃tal] M Emmentaler (Käse) *m*

emmerdant [ɑ̃mɛʀdɑ̃] *pop* ADJ *problème etc*

pop beschissen; saublöd; *personne* lästig; unausstehlich; **ça, c'est ~** das ist beschissen, saublöd; *personne, chose* **être ~** *fam* einem auf den Wecker fallen, auf den Geist gehen

emmerde [ɑ̃mɛʀd] F *pop* → emmerdement

emmerdement [ɑ̃mɛʀdəmɑ̃] *pop* M *fam* Schererei *f*; Mordsärger *m*; **quel ~!** *pop* verdammte Scheiße!

emmerder [ɑ̃mɛʀde] *pop* A VT 1 **~ qn** *problème, travail etc fam* j-m zum Hals heraushängen; j-m stinken; *pop* j-n ankotzen; *personne fam* j-m auf den Wecker fallen, auf den Geist gehen; j-n anöden; **ça m'emmerde d'y aller** *fam* es stinkt mir, dass ich da hingehen soll *ou* muss; **il vient nous ~ tout le temps** *pop* dauernd kommt er angeschissen 2 **je t'emmerde!** *pop* leck mich am Arsch!; **je l'emmerde!** *pop* (d)er kann mich am Arsch lecken!; *par euphémisme* (d)er kann mich mal (am Abend besuchen)! B ADJT **être emmerdé** *fam* in der Patsche, in der Tinte, *pop* in der Scheiße sitzen; **je suis drôlement emmerdé**, *j'ai perdu mon portefeuille pop* so ne Scheiße … C VPR **s'~** sich zu Tode langweilen; *fam* sich mopsen; **ce qu'on s'emmerde ici!** *fam* hier ist's stinkfad, -langweilig!; → *a.* embêter B 2, 3

emmerdeur [ɑ̃mɛʀdœʀ] *pop* M, **emmerdeuse** *pop* F lästige Person; *fam* Nervensäge *f*; ausgewachsenes Ekel; **emmerdeur public** *fam* e-r, der allen auf den Wecker fällt

emmieller [ɑ̃mjele] VT *euphémisme* → emmerder

emmitoufler [ɑ̃mitufle] VT (*et* VPR) **(s')~** (sich) einmummen; (sich) warm, dick einhüllen, anziehen; *adjt* **emmitouflé jusqu'au cou** bis zur Nasenspitze eingemummt

emmouscailler [ɑ̃muskaje] VT *fam* → emmerder

emmurer [ɑ̃myʀe] VT einmauern; *mineurs accidentellement* **être emmuré** eingeschlossen werden *ou* sein

émoi [emwa] M *litt* 1 *(effervescence)* Aufregung *f*; Unruhe *f*; **être, mettre en ~** in Aufregung, Unruhe sein, versetzen 2 *(trouble intime)* Erregung *f*; beglückendes Gefühl

émollient [emɔljɑ̃] PHARM A ADJ lindernd B M linderndes Mittel

émoluments [emɔlymɑ̃] MPL *(traitement)* (Dienst)Bezüge *pl*; Einkünfte *pl*; Gehalt *n*; *pour une expertise etc* Gebühren *fpl*; Vergütung *f*

émonder [emɔ̃de] VT 1 *arbres* ausschneiden, -putzen 2 *graines* verlesen und reinigen

émoticone [emɔtikon] M INFORM Emoticon *n*

émotif [emɔtif] A ADJ ⟨-ive⟩ 1 *réaction etc* Gefühls…; affektiv; **choc ~** affektiver Schock; **troubles ~s** starke, heftige Gefühlsverwirrung 2 *personne* überempfindlich; feinfühlig; empfindsam; **avoir un caractère, un tempérament ~** überempfindlich sein B SUBST **~, émotive** *m,f* empfindsamer, affektiver Mensch

émotion [emosjɔ̃] F 1 Rührung *f*; (Gemüts)Bewegung *f*; Ergriffenheit *f*; **sans ~ (apparente)** ohne (sichtbare) Bewegung, Rührung; (scheinbar) unbewegt, ungerührt; **parler avec ~** bewegt, gerührt, mit bewegter Stimme sprechen; **ne pouvoir cacher son ~** s-e Rührung nicht verbergen können; **ne ressentir aucune ~** keinerlei Rührung verspüren; nichts empfinden 2 *(affolement)* Aufregung *f*; Erregung *f*; *(bouleversement)* Erschütterung *f*; *fam* **aimer les ~s fortes** den Nervenkitzel lieben; **causer une vive ~** e-e heftige Erschütterung auslösen; e-n Schock versetzen; *fam* **ça m'a** *ou* **tu m'as donné des ~s** ich hab Ängste ausgestanden; **l'~ a été trop forte pour lui** die Aufregung war zu groß für ihn

émotionnel [emosjɔnɛl] ADJ ⟨~le⟩ Gefühls…; emotional; emotionell; gefühlsmäßig; **réaction ~le** Gefühlsreaktion *f*; emotionale Reaktion

émotionner [emosjɔne] *fam* VT (be)rühren; bewegen; *(bouleverser)* erschüttern; *adjt* **être encore tout émotionné** noch ganz erschüttert, *fam* geschocktsein

émotivité [emɔtivite] F Überempfindlichkeit *f*; Empfindsamkeit *f*; PSYCH Emotivität *f*; erhöhte (Gemüts)Erregbarkeit

émouchet [emuʃɛ] M ZOOL Turmfalke *m*

émoulu [emuly] ADJ **être frais ~** *(f* **fraîche ~e) de l'université** *etc* gerade, frisch von der Universität *etc* kommen; gerade sein Examen an der Universität *etc* gemacht haben

émousser [emuse] A VT 1 *lame de couteau etc* abstumpfen; stumpf machen; *adjt* **émoussé** stumpf 2 *sentiments, sens etc* abstumpfen B VPR **s'~** 1 *lame etc* abstumpfen; stumpf werden 2 *passion, désir etc* abstumpfen; nachlassen; schwächer werden

émoustillant [emustijɑ̃] ADJ *propos etc* anregend; pikant; *présence d'une femme etc* erregend

émoustiller [emustije] VT *vin: convives etc* anregen; in angeregte Stimmung versetzen; *adjt* **émoustillé** in angeregter Stimmung; erregt (**à l'idée de faire qc** beim Gedanken an etw *[acc]*)

émouvant [emuvɑ̃] ADJ ergreifend; bewegend; rührend; *plus fort* erschütternd

émouvoir [emuvwaʀ] ⟨→ mouvoir; *aber pp* ému⟩ A VT **~ qn** *propos, orateur, spectacle etc* j-n rühren, ergreifen, *(bouleverser)* erschüttern; *propos a.* j-m zu Herzen gehen; j-n bewegen; *spectacle a.* j-m nahegehen; **rien ne peut l'~** ihn rührt, erschüttert nichts; **se laisser ~** sich rühren lassen B VPR **s'~** sich erregen (**de** über *+acc*); gerührt, *plus fort* erschüttert sein *ou* werden; **sans s'~** ruhig; gelassen; ohne ein Zeichen der Rührung, Bewegung

empaillage [ɑ̃pajaʒ] M 1 *de chaises* Bespannen *n* mit Stroh 2 *d'animaux* Ausstopfen *n* (mit Stroh)

empaillé [ɑ̃paje] ADJ *fam (maladroit)* unbeholfen; linkisch; *fam* täppisch

empailler [ɑ̃paje] VT 1 *chaises* mit Stroh, mit e-m Strohgeflecht bespannen 2 *bouteilles, porcelaine* in Stroh ein-, verpacken 3 *animaux* ausstopfen

empailleur [ɑ̃pajœʀ] M, **empailleuse** F 1 Präparator(in) *m(f)*; Tierausstopfer(in) *m(f)* 2 *rempailleur, -euse* Stuhlflechter(in) *m(f)*

empalement [ɑ̃palmɑ̃] M 1 Aufspießen *n* 2 HIST *d'un criminel* Pfählen *n*

empaler [ɑ̃pale] A VT 1 *(embrocher)* aufspießen 2 HIST *malfaiteur* pfählen B VPR **s'~** aufgespießt werden; **s'~ sur une fourche** in e-e Gabel fallen

empanacher [ɑ̃panaʃe] VT 1 *casque, chapeau* mit e-m Federbusch schmücken, verzieren 2 *fig discours* (aus)schmücken

empaquetage [ɑ̃paktaʒ] M Ein-, Verpacken *n*; **empaqueter** VT ⟨-tt-⟩ ein-, verpacken; **empaqueteur** M, **empaqueteuse** F Packer(in) *m(f)*

emparer [ɑ̃paʀe] VPR 1 *par la force* **s'~ de qc, de qn** etw, j-n in s-e Gewalt bringen; *st/s* sich e-r Sache, j-s bemächtigen; e-r Sache, j-s habhaft werden; **s'~ de qc** *a.* etw in Besitz nehmen; von etw Besitz ergreifen 2 *illégalement* **s'~ de qc** sich *(dat)* etw (widerrechtlich) aneignen; etw an sich *(acc)* bringen, nehmen; *fam* sich *(dat)* etw unter den Nagel reißen 3 *concrètement* **s'~ de qc** etw an sich *(acc)* reißen; *gardien de but* **s'~ du ballon** den Ball an sich *(acc)* reißen 4 *fig: journal* **s'~ d'une affaire** e-e Affäre aufgreifen; **s'~ de la confiance de qn** sich *(dat)* j-s Vertrauen erschleichen; **s'~ de la conversation** das Gespräch an sich *(acc)* ziehen 5 *sentiment, sommeil etc* **s'~ de qn** j-n überkommen, übermannen; *st/s* sich j-s bemächtigen; *pensée a.* sich j-m aufdrängen

empâté [ɑ̃pɑte] ADJ *visage* dicklich; aufgedunsen; mit schlaffen Konturen

empâtement [ɑ̃pɑtmɑ̃] M Dicker-, Rundlich-, Schlaffwerden *n*; **empâter** A VT *bouche, langue* klebrig, pappig machen B VPR **s'~** *personne* in die Breite gehen; auseinandergehen; dicker werden; *visage* dick, teigig, weich, schlaff werden

empathie [ɑ̃pati] F Empathie *f*

empattement [ɑ̃patmɑ̃] M 1 AUTO, CH DE FER Radstand *m*; Achsabstand *m* 2 *d'un mur* unterer (vorspringender) Absatz; Bankett *n*

empêché [ɑ̃peʃe] ADJ (am Erscheinen) verhindert

empêchement [ɑ̃pɛʃmɑ̃] M Hindernis *n*; Hinderungsgrund *m*; ADMIN **en cas d'~** im Verhinderungsfall; **il a eu un ~** er war verhindert; es ist ihm etwas dazwischengekommen; **être retenu par un ~** verhindert sein

empêcher [ɑ̃peʃe] A VT a **~ qc** etw verhindern, unterbinden, abwenden; *fam* **qu'est-ce que ça empêche?** was macht das schon (aus)? b **~ qn de faire qc** j-n (daran) hindern, etw zu tun; j-n an etw *(dat)* hindern; j-n von etw abhalten; j-m etw verwehren; **~ qn de dormir, de travailler** j-n am Schlafen, Arbeiten hindern; **~ qn de s'enfuir** j-s Flucht verhindern, vereiteln; **ces difficultés ne l'ont pas empêché de réussir** diese Schwierigkeiten konnten s-n Erfolg nicht verhindern c **~ que …** *(st/s* **ne)** *(+subj)* verhindern, dass … d *loc conj* **(il) n'empêche que …** *ou* **cela n'empêche pas que …** *ou abs* **n'empêche** trotz allem; trotzdem; dennoch; immerhin; jedenfalls; **n'empêche que, sans lui, tu serais mort** immerhin wärst du ohne ihn jetzt nicht mehr am Leben B VPR **je ne peux pas m'~ de** *(+inf)* ich muss einfach *(+inf)*; ich kann nicht anders, ich muss (einfach) *(+inf)*; ich kann nicht umhin zu *(+inf)*; **je ne peux m'~ de penser que …** ich werde den Gedanken nicht los, dass …

empêcheur [ɑ̃pɛʃœʀ] M **~ de danser** *ou* **tourner en rond** Spielverderber *m*

empeigne [ɑ̃pɛɲ] F 1 *d'une chaussure* Oberleder *n* 2 *pop fig* **gueule** *f* **d'~** *pop* blöde Fresse; dreckige Visage

empennage [ɑ̃pɛ(n)naʒ] M 1 AVIAT Leitwerk *n*; Stabilisierungsflächen *fpl* 2 *d'une flèche* (Be)Fiederung *f*

empenner [ɑ̃pɛ(n)ne] VT *flèche* befiedern

empereur [ɑ̃pʀœʀ] M Kaiser *m*

emperler [ɑ̃pɛʀle] VT *fig* **la sueur commençait à ~ son front** Schweißperlen traten ihm auf die Stirn

empesage [ɑ̃pəzaʒ] M *du linge* Stärken *n*; Steifen *n*; **empeser** VT ⟨-è-⟩ *linge* stärken; steifen; *adjt* **empesé** gestärkt; steif

empester [ɑ̃pɛste] VT 1 *(empuantir)* verpesten; mit Gestank erfüllen; *fam* verstänkern 2 *(puer)* stinken, riechen (**qc** nach etw); *abs* stinken

empêtrer [ɑ̃petʀe] VPR **s'~** 1 sich verwickeln (**dans** in *+acc*); sich verfangen (in *+dat*); **être empêtré dans un long manteau** in e-m langen Mantel stecken; durch e-n langen Mantel behindert sein 2 *fig* sich verstricken (**dans** in *+acc*)

emphase [ɑ̃fɑz] F Emphase *f* (*a.* RHÉT, LING); *péj* Pathos *n*; Schwulst *m*

emphatique [ɑ̃fatik] ADJ emphatisch; *péj* pathetisch; hochtrabend; schwülstig

emphysème [ɑ̃fizɛm] M MÉD **~ (pulmonaire)** (Lungen)Emphysem *n*
emphytéotique [ɑ̃fiteɔtik] ADJ JUR **bail** *m* **~** Erbpacht(vertrag) *f(m)*
empiècement [ɑ̃pjɛsmɑ̃] M COUT Einsatz *m*; Passe *f*
empierrement [ɑ̃pjɛʀmɑ̃] M **a** *action* Beschottern *n* **b** *couche* Steinschüttung *f*; Packlage *f*
empierrer [ɑ̃pjeʀe] VT beschottern; **~ un chemin, une route** einen Weg, eine Straße beschottern
empiétement *ou* **empiètement** [ɑ̃pjɛtmɑ̃] M **1** Vordringen *n* (**sur** in *+acc*) **2** *fig et* JUR (widerrechtlicher) Eingriff (**sur** in *+acc*); Übergriff *m* (auf *+acc*)
empiéter [ɑ̃pjete] VT INDIR ‹-è-› **~ sur 1** vordringen in *(+acc)*; übergreifen auf *(+acc)*; *sur un territoire* sich *(dat)* nach und nach aneignen *(+acc)*; *mer* **~ sur les terres** ins Land vordringen **2** *sur des droits etc* (widerrechtlich) eingreifen in *(+acc)*; übergreifen auf *(+acc)*; antasten *(+acc)*; beeinträchtigen *(+acc)*; **~ sur les attributions de qn** in j-s Kompetenzbereich eingreifen
empiffrer [ɑ̃pifʀe] VPR *fam* **s'~** sich vollstopfen, sich *(dat)* den Bauch vollschlagen, *pop* sich vollfressen (**de** mit)
empilable [ɑ̃pilabl] ADJ *chaises etc* stapelbar
empilage [ɑ̃pilaʒ] M (Auf)Stapeln *n*; Auftürmen *n*; (Auf)Schichten *n*; Stapelung *f*
empilement [ɑ̃pilmɑ̃] M **a** *action* (Auf)Stapeln *n* **b** *(pile)* Stapel *m*
empiler [ɑ̃pile] **A** VT (auf)stapeln; auftürmen; (auf)schichten **B** VPR **s'~** sich stapeln, anhäufen, türmen
empire [ɑ̃piʀ] M **1** Kaiserreich *n*; *par ext* Weltreich *n*; Imperium *n*; Reich *n*; **~ colonial** Kolonialreich *n*; *fig* **~ industriel** weltweites Unternehmen; industrielles Imperium; HIST: **l'Empire britannique** das Empire; das Britische Weltreich; **l'Empire (colonial) français** das französische Kolonialreich; **le Premier, le Second Empire** das Erste, das Zweite Kaiserreich; **l'Empire romain** das Römische Reich; das Imperium Romanum; **le Saint Empire romain germanique** das Heilige Römische Reich Deutscher Nation; **l'Empire du Milieu** *(la Chine)* das Reich der Mitte; **l'Empire du Soleil Levant** *(le Japon)* das Land der aufgehenden Sonne; *fig* **pas pour un ~!** nicht um alles in der Welt!; **bâtir, fonder un ~** ein (Welt)Reich (be)gründen **2** HIST **l'Empire** das Erste Kaiserreich; ♦ *adjt* Empire… **meuble** *m* **Empire** Möbel *n* im Empirestil; Empiremöbel *n*; **style** *m* **Empire** Empire *n*; Empirestil *m* **3** *(influence)* Einfluss *m*; Wirkung *f*; Gewalt *f*; Macht *f*; **(agir) sous l'~ de la boisson, de la colère** unter dem Einfluss *ou* der Wirkung des Alkohols, im Zorn (handeln); **avoir de l'~ sur qn** j-n beherrschen, in der Hand, in der Gewalt haben
empirer [ɑ̃piʀe] **A** VT verschlimmern; verschlechtern; schlimmer machen **B** VI sich verschlimmern; sich verschlechtern; schlechter, schlimmer werden; **ne faire qu'~** immer schlimmer, nur noch schlimmer werden
empirique [ɑ̃piʀik] **A** ADJ empirisch; auf (der) Erfahrung beruhend; *péj a.* unwissenschaftlich **B** M Empiriker *m*
empirisme [ɑ̃piʀism] M **1** PHIL Empirismus *m* **2** *par ext* Empirie *f*; auf der Erfahrung beruhende Methode; **empiriste** PHIL **A** M Empirist *m* **B** ADJ empiristisch
emplacement [ɑ̃plasmɑ̃] M Stelle *f*; Platz *m*; (Stand)Ort *m*; *d'un terrain* Lage *f*; *réservé à une voiture* Stellplatz *m*; **sur l'~ de l'ancien théâtre** an der Stelle, wo das alte Theater stand
emplâtre [ɑ̃plɑtʀ] M **1** MÉD Salbenverband *m*; *fig* **un ~ sur une jambe de bois** → cautère **2** *fam fig (empoté)* **quel ~!** *fam* so ne Flasche! **3** *fam fig aliment* **être un vrai ~** stopfen
emplette [ɑ̃plɛt] F Einkauf *m*; Kauf *m*; **faire des ~s** Einkäufe *mpl*, Besorgungen *fpl* machen; einkaufen
emplir [ɑ̃pliʀ] *st/s* VT (*et* VPR) **(s')~** (sich) füllen; → *a.* remplir
emploi [ɑ̃plwa] M **1** *(utilisation)* Gebrauch *m*; Anwendung *f*; Verwendung *f*; Benutzung *f*; **~ du temps** Zeitplan *m*; Terminkalender *m*; ÉCOLE Stundenplan *m*; **avoir un ~ du temps très chargé** e-n vollen Terminkalender haben; viele Dinge zu erledigen haben; **faire un bon (mauvais) ~ de son argent, de ses connaissances, de son temps** sein Geld gut (schlecht) anlegen; von s-n Kenntnissen sinnvollen (schlechten) Gebrauch machen; s-e Zeit gut (schlecht) nützen; **je n'en ai pas l'~** ich habe keine Verwendung dafür **2** *(place, travail)* Beschäftigung *f*; Anstellung *f*; Stelle *f*; Arbeitsplatz *m*; Arbeitsverhältnis *n*; ÉCON **l'~** der Beschäftigtenstand; die Beschäftigungslage; **plein ~** Vollbeschäftigung *f*; **~ à mi-temps, à temps partiel, à plein temps** Halbtags-, Teilzeit-, Vollzeitbeschäftigung *f*; **demande** *f* **d'~** Stellengesuch *n*; **marché** *m* **de l'~** Arbeits-, Stellenmarkt *m*; **politique** *f* **de l'~** Beschäftigungspolitik *f*; **sécurité** *f* **de l'~** Sicherheit *f* des Arbeitsplatzes; **situation** *f* **de l'~** Lage *f* auf dem Arbeitsmarkt; **avoir, occuper un ~** e-e Stelle (inne)haben; Arbeit haben; **il a la tête, le physique,** *pop* **la gueule de l'~** man sieht ihm sein Gewerbe an; er sieht wie ein typischer Vertreter s-s Berufes aus; **chercher un ~** Arbeit, e-e Stelle, e-e Anstellung, e-e Beschäftigung suchen; **être sans ~** arbeitslos, stellenlos sein; keine Arbeit, Anstellung haben **3** LOC **faire double ~** unnötig, überflüssig, überzählig, doppelt, *fam* doppelt gemoppelt sein **4** THÉ Rollenfach *n*
employable [ɑ̃plwajabl] ADJ verwendbar; geeignet; infrage kommend
employé(e) [ɑ̃plwaje] M(F) Angestellte(r) *m/f(m)*; **~(e) de banque** Bankangestellte(r) *m/f(m)*; **~(e) de bureau** Büroangestellte(r) *m/f(m)*; Bürokraft *f*; Kontoristin *f*; **employé du gaz** Gasmann *m*; **employée de maison** Hausangestellte *f*
employer [ɑ̃plwaje] ‹-oi-› **A** VT **1** *mot, ruse, outil etc* gebrauchen; benützen; anwenden; verwenden; *moyen* anwenden; einsetzen; aufbieten; *matériel, somme d'argent* verwenden; *violence* anwenden; **~ un(e) après-midi à faire qc** e-n Nachmittag darauf verwenden *ou* dazu (be)nützen, etw zu tun **2** ÉCON *main-d'œuvre* beschäftigen; Arbeit geben (**qn** j-m); **~ qn à (faire) qc** j-n zu etw anstellen; **être employé** im Angestelltenverhältnis stehen; angestellt sein (**chez** bei) **B** VPR **s'~ 1** *mot, expression* gebraucht werden; *moyen* angewendet, angewandt, verwendet werden **2** **s'~ à (faire) qc** sich für etw einsetzen; sich um etw bemühen; **il s'y emploie de son mieux** er tut sein Möglichstes, Bestes
employeur [ɑ̃plwajœʀ] M, **employeuse** F Arbeitgeber(in) *m(f)*
emplumé [ɑ̃plyme] ADJ mit Federn versehen, verziert
empocher [ɑ̃pɔʃe] VT *fam* **1** *argent* einnehmen; *fam* einstecken; einstreichen **2** *objet* in die Tasche stecken; *fam* einstecken
empoignade [ɑ̃pwaɲad] *fam* F heftige Auseinandersetzung; heftiger Wortwechsel
empoigne [ɑ̃pwaɲ] F *fam* **c'est une** *ou* **la foire d'~** *fam* es herrscht ein wüstes Gerangel, Gezerre
empoigner [ɑ̃pwaɲe] **A** VT **1** *objet* (an)packen; (kräftig) anfassen; ergreifen; **~ qn** j-n packen (**par le bras** am Arm) **2** *fig public* ergreifen; packen; erschüttern **B** VPR **s'~** aneinandergeraten; Streit bekommen; *fam* sich, einander in die Haare, in die Wolle geraten, kriegen
empois [ɑ̃pwa] M (Wäsche)Stärke *f*; TEXT Schlichte *f*
empoisonnant [ɑ̃pwazɔnɑ̃] ADJ *fam* → embêtant
empoisonnement [ɑ̃pwazɔnmɑ̃] M **1** Vergiftung *f*; *meurtre* Giftmord *m*; **~ dû à des champignons vénéneux** Pilzvergiftung *f*; **~ du sang** Blutvergiftung *f* **2** *fam fig* **~s** *pl* Ärger *m*; Unannehmlichkeiten *fpl*; *fam* Scherereien *fpl*
empoisonner [ɑ̃pwazɔne] **A** VT **1** *homme, animal, aliment* vergiften; *homme, animal a.* Gift geben (**qn** j-m); *adjt* **flèche empoisonnée** Giftpfeil *m*; **il est mort empoisonné** er ist vergiftet worden **2** *pièce, région, atmosphère* verpesten; mit Gestank erfüllen; *abs* stinken; übel riechen **3** *fig vie, ambiance* vergiften; *vie a., joie* vergällen **4** *fam* → embêter A 1-3 **B** VPR **s'~ 1** sich vergiften; Gift nehmen **2** *fam (s'ennuyer) fam* sich zu Tode langweilen; sich mopsen
empoisonneur [ɑ̃pwazɔnœʀ] M, **empoisonneuse** F **1** Giftmischer(in) *m(f)*; Giftmörder(in) *m(f)* **2** *fig fam* Nervensäge *f*; **quel ~!** der geht einem auf die Nerven, *fam* fällt einem auf den Wecker!
emporté [ɑ̃pɔʀte] ADJ *personne, caractère* (leicht) aufbrausend; heftig; hitzig; jähzornig
emportement [ɑ̃pɔʀtəmɑ̃] M Zornesausbruch *m*; Aufwallung *f* des Zorns
emporte-pièce [ɑ̃pɔʀtəpjɛs] M ‹inv› **1** TECH (Loch)Stanze *f* **2** *fig loc adj* **à l'~** *expression, phrase* (sehr) deutlich; pointiert; zugespitzt; scharf; schneidend; *jugement* treffsicher; scharf; *caractère* gerade; offen
emporter [ɑ̃pɔʀte] **A** VT **1** *objet* mitnehmen; *secret* **~ dans la tombe** mit ins Grab nehmen; **donner qc à ~ à qn** j-m etw mitgeben; **pizza** *f* **à ~** Pizza *f* zum Mitnehmen **2** *blessés etc* wegtragen, -schaffen, -bringen **3** **~ qn** *maladie* j-n dahin-, hinwegraffen; *courant* j-n fort-, mitreißen; *train etc* j-n bringen (**vers l'Italie** nach Italien); **~ qc** *inondations etc* etw fortschwemmen, wegspülen, -schwemmen, -reißen; *vent* etw verwehen, weg-, fortwehen; *tempête* etw mit sich (fort) reißen, ab-, wegreißen; **il a été emporté en quelques heures** der Tod hat ihn in wenigen Stunden hinweggerafft; **être emporté par le courant, par l'eau** fort-, weggeschwemmt, -gespült werden **4** **a** **l'~** den Sieg davontragen; siegen; sich durchsetzen; **l'~ dans une compétition** siegreich, erfolgreich aus e-m Wettbewerb hervorgehen; **l'~ dans une discussion** e-e Diskussion für sich entscheiden; **l'~ sur qn, qc** über j-n, etw siegen, den Sieg davontragen, die Oberhand gewinnen *ou* behalten; stärker sein als j-d, etw; j-n, etw übertreffen; **cette opinion l'emporta** diese Meinung drang durch, setzte sich durch **b** **~ l'affaire** das Geschäft machen; den Auftrag bekommen; **~ la décision** s-n Entschluss, s-e Entscheidung durchsetzen **5** **se laisser ~ à faire qc** sich zu etw hinreißen lassen; **se laisser ~ par la colère** sich in s-m Zorn hinreißen lassen (**à faire qc** zu etw) **B** VPR **s'~** (zornig) aufbrausen, -fahren, hochfahren; sich ereifern, erregen; in Zorn geraten; **s'~ contre qn, qc** gegen j-n, etw loswettern; sich über j-n, etw ereifern
empoté [ɑ̃pɔte] *fam* **A** ADJ unbeholfen; schwerfällig; *fam* dämlich **B** SUBST **~(e)** *m(f)* unbeholfener, schwerfälliger Mensch; *fam a.* Flasche *f*; *fam* **ne reste pas planté là comme un**

~! steh nicht so dumm, *fam* dämlich, blöd herum!

empourprer [ɑ̃puʀpʀe] A VT 1 *soleil* ~ **le ciel** den Himmel purpurn, purpurrot färben 2 ADJT **visage empourpré** gerötetes, puterrotes Gesicht B VPR **s'~** 1 *ciel* sich purpurn, purpurrot färben 2 *visage* sich röten; rot anlaufen; **s'~ de honte** vor Scham erglühen

empreindre [ɑ̃pʀɛ̃dʀ] ⟨→ peindre⟩ *st/s* A VT prägen; *adjt*: **empreint de** geprägt von; **un accueil empreint de la plus franche cordialité** ein überaus, ausgesprochen herzlicher Empfang B VPR **s'~ de** geprägt sein *ou* werden von

empreinte [ɑ̃pʀɛ̃t] F 1 *d'un sceau, d'une serrure, d'un pied etc*, GÉOL Abdruck *m*; ~ **digitale** Fingerabdruck *m*; **prendre les ~s digitales de qn** j-m die Fingerabdrücke abnehmen; von j-m Fingerabdrücke machen; *par ext* ~ **génétique** genetischer Fingerabdruck; **l'~ des pas dans la neige** die Fußabdrücke, Fußspuren *fpl* im Schnee; **laisser des ~s partout** überall Fingerabdrücke, Spuren hinterlassen, zurücklassen; **prendre l'~ de qc** *dans du plâtre etc* etw abdrücken 2 *fig* Gepräge *n*; Stempel *m*; Prägung *f*; *d'une maladie etc* Spuren *fpl*; Zeichen *npl*; **marquer une époque de son ~** e-r Epoche das Gepräge geben, verleihen; e-e Epoche prägen

empressé [ɑ̃pʀese] ADJ 1 *admirateur, prétendant* eifrig; **il paraît fort ~ auprès d'elle** er scheint sich sehr um sie zu bemühen 2 *envers un client, un supérieur* (dienst)beflissen; diensteifrig, -fertig; eilfertig; geschäftig; **se montrer peu ~** sich wenig interessiert, begeistert zeigen

empressement [ɑ̃pʀesmɑ̃] M Dienstbeflissenheit *f*, -fertigkeit *f*, -eifer *m*; Bereitwilligkeit *f*; Eilfertigkeit *f*; (*zèle*) Eifer *m*; Geschäftigkeit *f*; Emsigkeit *f*; **avec ~** dienstbeflissen *etc*; **marquer, témoigner de l'~ à, envers qn** j-m gegenüber großen Diensteifer bezeigen, an den Tag legen; **montrer peu d'~ pour qc** wenig Interesse, Begeisterung für etw zeigen; sich nicht zu etw drängen

empresser [ɑ̃pʀese] VPR 1 **s'~ auprès de qn** sich eifrig um j-n bemühen; **s'~ autour de qn** sich um j-n drängen 2 **s'~ de faire qc** sich beeilen, etw zu tun; sofort, unverzüglich, schleunigst etw tun; **il s'empressa d'ajouter que ...** er beeilte sich hinzuzufügen, dass ...

emprise [ɑ̃pʀiz] F (entscheidender) Einfluss; Wirkung *f*; Macht *f*; **sous l'~ de** unter dem Einfluss, unter der Wirkung von (*ou +gén*); im Banne (*+gén*); **être sous l'~ de qn** unter j-s Einfluss stehen; **avoir de l'~ sur qn** großen Einfluss auf j-n haben; j-n beherrschen

emprisonnement [ɑ̃pʀizɔnmɑ̃] M Gefängnisstrafe *f*; Haft(strafe) *f*; *action* Inhaftierung *f*; **il a été condamné à six mois d'~** er ist zu sechs Monaten Gefängnis verurteilt worden

emprisonner [ɑ̃pʀizɔne] VT 1 ins Gefängnis stecken, schicken; inhaftieren; gefangen setzen; *fam* einsperren 2 *fig* einschließen; einsperren; *adjt* **être emprisonné** *dans la carcasse de sa voiture etc* eingeschlossen sein; **être emprisonné dans la routine** Sklave s-r Gewohnheiten sein

emprunt [ɑ̃pʀɛ̃, ɑ̃pʀœ̃] M 1 Anleihe *f*; *action* Kreditaufnahme *f*; ~ **national, public, d'État** Staatsanleihe *f*; ~ **à 5%** 5%ige Anleihe; **contracter, faire un ~** e-e Anleihe, ein Darlehen, e-n Kredit aufnehmen; **émettre, lancer, ouvrir un ~** e-e Anleihe auflegen, ausgeben; **rembourser, restituer un ~** e-e Anleihe, ein Darlehen, geliehenes *ou* geborgtes Geld zurückzahlen 2 LOC ADJ **d'~** (*emprunté*) geliehen; geborgt; *fig* fremd; Schein...; **sous un nom d'~** unter e-m Decknamen, Pseudonym 3 LING Entlehnung *f*; Lehnwort *n* (**de, à** aus); **mot** *m* **d'~** Lehnwort *n*; ~ **de l'espagnol** Lehnwort aus dem Spanischen 4 *fig à un auteur etc* Anleihe *f* (**à qn** bei j-m)

emprunté [ɑ̃pʀɛ̃te, -pʀœ̃-] ADJ *personne* linkisch; verlegen (*a. air*); gehemmt

emprunter [ɑ̃pʀɛ̃te, -pʀœ̃-] VT 1 ~ **qc à qn** sich (*dat*) etw von j-m (aus)leihen, borgen, entleihen, *fam* pumpen, *livres a.* entlehnen (**à la bibliothèque** aus der Bibliothek); ~ **de l'argent** sich (*dat*) Geld leihen; Geld aufnehmen; *fam* **je vous emprunte votre crayon cinq minutes!** ich nehme kurz Ihren Bleistift!; ♦ *abs* Anleihen, e-e Anleihe aufnehmen 2 *fig* a ~ **qc à qn** etw von j-m übernehmen; ~ **un mot à l'anglais** ein Wort aus dem Englischen entlehnen; ~ **un motif à une légende** ein Motiv e-r Sage (*dat*) entnehmen; aus e-r Sage ein Motiv übernehmen b ~ **l'allure de qn** j-s Benehmen annehmen, nachahmen 3 *chemin, itinéraire etc* benutzen; gehen; *en voiture* (be)fahren; **empruntez le passage souterrain!** Fußgänger bitte Unterführung benutzen!

emprunteur [ɑ̃pʀɛ̃tœʀ, pʀœ̃-] M Entleiher *m*; Kredit-, Darlehensnehmer *m*

empuantir [ɑ̃pɥɑ̃tiʀ] VT verpesten; mit schlechtem, üblem Geruch erfüllen

ému [emy] PP → émouvoir *et* ADJ bewegt; gerührt; ergriffen; **être très ~** tief bewegt, sehr gerührt, ganz ergriffen sein

émulation [emylasjõ] F Wetteifer *m*; Wettstreit *m*; Nacheiferung *f*

émule [emyl] M/F Nacheiferer *m*; **être l'~ de qn** *a.* j-m nacheifern; mit j-m wetteifern

émulsifiant [emylsifjɑ̃] CHIM A ADJ emulgierend B M Emulgator *m*

émulsion [emylsjõ] F CHIM, PHOT Emulsion *f*

émulsionner [emylsjɔne] VT emulgieren

en [ɑ̃], *vor Vokal u. stummem h* [ɑ̃n]

A préposition | B adverbe et pronom

— A préposition —

1 *lieu*: a *question « wo? »*: in (*+dat*); ♦ *être, passer ses vacances etc* ~ **Allemagne, Turquie** *etc* in Deutschland, in der Türkei *etc*; ~ **Iran, Uruguay** *etc* im Iran, in Uruguay *etc*; ~ **Normandie, Rhénanie** *etc* in der Normandie, im Rheinland *etc*; ~ **Seine-et-Marne** *etc* im Departement Seine-et-Marne *etc*; ~ **Corse** auf Korsika; *litt* ~ **Avignon** in Avignon; ♦ ~ **classe** in der Schule; *st/s* ~ **l'église de la Madeleine** in der Madeleinekirche; ~ **mer** auf dem Meer; ~ **montagne** im Gebirge; **compte** *m* ~ **banque** Bankkonto *n*; **de la viande ~ boîte** Büchsenfleisch *n*; **être ~ bonnes mains** in guten Händen sein; **habiter, travailler ~ ville** in der Stadt wohnen, arbeiten; → *a. subst correspondants*; ♦ ~ **moi(-même)** *etc* in mir *etc*; **il y a ~ lui qc de mystérieux** er hat etw Geheimnisvolles an sich (*dat*); ~ **moi-même, je pensais ...** ich dachte bei mir ...; ~ **elle-même, la chose a ...** an und für sich hat die Sache ... b *direction (question « wohin? »)*: nach; in (*+acc*); *aller, envoyer, venir etc* ~ **Allemagne, France, Normandie, Sicile, Turquie** *etc* nach Deutschland, nach Frankreich, in die Normandie, nach Sizilien, in die Türkei *etc*; **aller ~ ville** in die Stadt gehen; **mettre ~ bouteilles** in Flaschen (ab)füllen 2 *temporel* a in (*+dat*); ~ **1945** (im Jahre) 1945; ~ **l'an mille** im Jahr(e) tausend; ~ **quelle année?** in welchem Jahr?; ~ **janvier** *etc* im Januar *etc*; ~ **été, automne, hiver** im Sommer, Herbst, Winter; ~ **plein jour** am helllichten Tage b *durée* in (*+dat*); innerhalb von (*ou +gén*); ~ **deux heures** in zwei Stunden; innerhalb von zwei Stunden; ~ **une journée** an e-m Tag; innerhalb e-s Tages; ~ **deux jours** innerhalb von zwei Tagen; an zwei Tagen 3 *fig domaine ou matière* in (*+dat ou acc*); ~ **allemand, français** *etc* im Deutschen, Französischen *etc*; auf Deutsch, Französisch *etc*; **traduire ~ allemand** *etc* ins Deutsche *etc* übersetzen; ~ **mathématiques, politique** *etc* in der Mathematik, Politik *etc*; **étudiant** *m* ~ **lettres** Philologiestudent *m*; **docteur** *m* ~ **médecine** Doktor *m* der Medizin; **spécialiste** *m* ~ **la matière** Fachmann *m* auf dem Gebiet; *c'est* ~ **cela** *qu'il se distingue des autres* darin, hierin ... 4 *manière*: ~ **largeur, longueur** in der Breite, Länge; der Breite, Länge nach; *le même article* ~ **rouge, vert** *etc* in Rot, Grün *etc*; ♦ **agir ~ ami** als Freund handeln; **aller ~ voiture** mit dem Auto fahren; **être ~ blanc, noir** weiß, schwarz gekleidet sein; **être ~ fleurs** in Blüte stehen; blühen; **cela fait ~ francs suisses ...** das macht in Schweizer Franken ...; **manger les carottes ~ salade** die Möhren als Salat essen; **teindre qc ~ rouge, bleu** *etc* etw rot, blau *etc* färben; ♦ **roman** *m* ~ **trois volumes** Roman *m* in drei Bänden; dreibändiger Roman; **promenade** *f* ~ **vélo, skis** Radtour *f*, Skiwanderung *f*; **voyage** *m* ~ **avion, car** Flug-, Busreise *f*; ♦ *forme*: ~ **cercle** im Kreise; kreisförmig; ~ **croix** gekreuzt; über Kreuz; ♦ *transformation*: **changer, transformer qc ~ qc** etw in etw (*acc*) verwandeln, umwandeln; **se déguiser ~ pirate** sich als Pirat verkleiden; ♦ *loc adv*: ~ **arrière,** ~ **général,** ~ **vitesse** *etc* → *mots correspondants* 5 *matériau* aus; ~ **fer** *etc* aus Eisen *etc*; **montre** *f* ~ **or** goldene Uhr; **table** *f* ~ **bois** hölzerner Tisch; Holztisch *m* 6 **de ... en ...** von ... zu ...; **d'année ~ année** von Jahr zu Jahr; **d'est ~ ouest** von Ost(en) nach West(en); **d'heure ~ heure** von Stunde zu Stunde; **de plus ~ plus** immer mehr; **de plus ~ plus bête** immer dümmer; **de ville ~ ville** von Stadt zu Stadt 7 *introduisant un complément*: **approvisionner qn, qc ~ qc** j-n, etw mit etw versorgen; **croire ~ Dieu** an Gott glauben; **pauvre, riche ~ qc** arm, reich an etw (*dat*); *pays* **pauvre ~ matières premières** rohstoffarm; **besoins** *mpl* ~ **énergie** Energiebedarf *m*; Bedarf *m* an Energie 8 *gérondif*: a *simultanéité*: **parler ~ mangeant** beim Essen, während des Essens sprechen; **je l'ai vu ~ sortant de la maison** ich habe ihn gesehen, als ich aus dem Haus ging; ~ **passant par là**, *vous éviterez de traverser la ville* wenn Sie so *ou* diese Strecke fahren ... b *concession*: **tout ~ l'admirant**, *il ne lui ménageait pas ses critiques* obwohl er ihn bewunderte ... c *manière*: **arriver ~ courant** angelaufen kommen; **répondre ~ souriant** lächelnd antworten d *moyen*: *s'en tirer* ~ **mentant** durch Lügen

— B adverbe et pronom —

⟨*vertritt Konstruktionen mit -de-*⟩ 1 *local* von dort; von da; daher; *vous allez à Paris?* **j'~ reviens** ich komme von dort; da komme ich gerade her; *une voiture s'arrêta* **et un homme ~ descendit** und ein Mann stieg aus; *st/s* dem ein Mann entstieg; **s'~ aller** (weg-, fort) gehen 2 *se rapportant à une chose* davon (*ou* darüber, daran *etc selon la rection des verbes en allemand*); *se rapportant à un être vivant* von ihm *ou* ihr *ou* ihnen; *vous avez vu ce film?* **tout le monde ~ parle** alle sprechen davon; *il a réussi* **et il ~ est fier** und er ist stolz darauf; **qu'~ dites-vous?** was sagen Sie dazu?; **vous pouvez ~ être sûr** da *ou* dessen können Sie sicher sein; *fam* **on s'~ souviendra, de ce voyage** an diese Reise werden wir noch lange denken **3** *génitif partitif* welchen, welche, welches, *pl* welche; davon; *souvent non traduit; pl st/s* deren; ihrer; *j'ai des bonbons*, **est-ce que tu ~ veux?** willst du welche *ou* davon?; *prenez des gâteaux*, **il y ~ a encore** es sind noch (welche) da; *avez-vous des frères?* **j'~ ai deux** ja, zwei; **les journaux ~ sont pleins** die Zeitungen sind voll davon; *connaissez-vous des philatélistes?* **moi, j'~ connais beaucoup** ich kenne (*st/s ou iron* deren) viele; ♦ *sans antécédent:* **il y ~ a** *ou* **il ~ est qui disent ...** es gibt welche *ou* es gibt Leute, die sagen ...; manche sagen ...; **elle ~ aime un autre** sie liebt e-n anderen **4** *possession* sein(e) *ou* ihr(e); *st/s* dessen *ou* deren; *c'est une belle maison*, **qui ~ est le propriétaire?** wer ist sein *ou* der Besitzer? **5** *cause* deswegen; deshalb; darum; *j'étais si pressé* **que j'~ ai oublié** *de réclamer ma monnaie* ... dass ich darüber vergessen habe ...; **son succès n'~ est que plus impressionnant** sein Erfolg ist deshalb umso *ou* desto eindrucksvoller **6** *dans des locutions verbales souvent non traduit:* **ne pas ~ croire ses oreilles** s-n Ohren nicht trauen; → *les verbes correspondants*

ENA [ena] F ABR (École nationale d'administration) *Elitehochschule zur Ausbildung des Nachwuchses für hohe Staatsämter*

énamourer [enamuʀe] *ou* **enamourer** [ɑ̃namuʀe] V/PR *litt ou iron* **s'énamourer** *ou* **s'enamourer de qn** in Liebe zu j-m entflammen, entbrennen

énarque [enaʀk] M/F Absolvent(in) *m(f)*, ehemaliger Schüler, ehemalige Schülerin der ENA

encablure [ɑ̃kablyʀ] F MAR Kabel-, Taulänge *f*; *par ext* **à quelques ~s de là** nicht weit (davon) weg

encadré [ɑ̃kadʀe] M *dans un journal etc* Kasten *m*

encadrement [ɑ̃kadʀəmɑ̃] M **1** *d'un tableau etc* (Ein)Rahmen *n*; Einrahmung *f* (*a. résultat*) **2** *d'une porte, d'une fenêtre* Einfassung *f*; Rahmen *m*; **apparaître dans l'~ de la porte** (plötzlich) in der Tür stehen, auftauchen **3** MIL Kader *m* **4** *par ext* Betreuungspersonal *n*; Betreuer *mpl*

encadrer [ɑ̃kadʀe] **A** V/T **1** **a** *tableau, miroir* (ein)rahmen; **faire ~** rahmen lassen **b** *article, annonce* umranden; einkasteln; **~ de** *ou* **en noir, rouge** schwarz, rot umranden; *adjt* **encadré de noir** *a.* mit Trauerrand **2** *fig cheveux: visage, montagnes: paysage* einrahmen; umrahmen; einfassen; **~ qn** j-n flankieren, einrahmen **3** MIL e-m Kader unterstellen **4** *par ext jeunes, visiteurs etc* betreuen; **être encadré par qn** j-m unterstellt sein **5** *fam fig* → encaisser A 3 **B** V/PR **s'~ dans la porte** in der Tür auftauchen

encadreur [ɑ̃kadʀœʀ] M **1** *artisan* Bildereinrahmer *m* **2** *entreprise* Bilderrahmengeschäft *n*; Fachgeschäft *n* für Einrahmungen

encager [ɑ̃kaʒe] V/T ‹-geons› in e-n Käfig sperren

encaissable [ɑ̃kesabl] ADJ *somme* einziehbar; einzuziehen(d); *chèque etc* einlösbar

encaisse [ɑ̃kes] F COMM, FIN Kassenbestand *m*; **~ or** Goldbestand *m*

encaissé [ɑ̃kese] ADJ *rivière etc* tief (ins Gestein) eingeschnitten; **gorge ~e** tiefe *ou* enge Felsschlucht; **rue ~e** Straßenschlucht *f*; **vallée ~e** tief eingeschnittenes Tal; Engtal *n*

encaissement [ɑ̃kesmɑ̃] M **1** COMM, FIN (Ein)Kassieren *n*; Einziehung *f*; Einzug *m*; Inkasso *n*; *d'un chèque, d'un bon* Einlösung *f*; **remettre un chèque à l'~** e-n Scheck zum Inkasso vorlegen **2** *d'une vallée etc* Einengung *f*

encaisser [ɑ̃kese] **A** V/T **1** COMM, FIN einziehen; (ein)kassieren; vereinnahmen; **~ un chèque** einen Scheck einlösen; **~ le loyer** die Miete einziehen **2** *fam fig* SPORTS, *coups, injures, défaite, reproches* einstecken, hinnehmen (müssen); *coups a.* kassieren; **~ tout** sich (*dat*) alles gefallen lassen; *abs boxeur* **~ bien** hart im Nehmen sein; *par ext* **savoir ~** einiges einstecken, hinnehmen können; *fam* hart im Nehmen sein **3** *fam fig* **ne pas pouvoir ~ qn** j-n nicht ausstehen, *fam* riechen können **4** *montagnes: vallée* einengen; einschließen **B** V/PR **s'~** *vallée, route* eng werden; *fleuve* sich (tief) einschneiden

encaisseur [ɑ̃kesœʀ] M Inkassobeauftragte(r) *m*; Einkassierer *m*; Kassenbote *m*

encan [ɑ̃kɑ̃] LOC ADV **vendre qc à l'~** etw versteigern; *fig* **mettre à l'~** meistbietend verkaufen

encanailler [ɑ̃kanaje] V/PR **s'~** sich mit den unteren Schichten des Volkes gemeinmachen

encapuchonné [ɑ̃kapyʃɔne] ADJ (ein)gehüllt, eingemummt (**dans une couverture** in e-e Decke)

encart [ɑ̃kaʀ] M (eingeheftete) Beilage; **~ publicitaire** eingeheftete Werbeseiten *fpl*; Werbebeilage *f*

encarter [ɑ̃kaʀte] V/T **1** TYPO *prospectus etc* einheften; *par ext* einlegen; beilegen (**dans un journal** e-r Zeitung [*dat*]) **2** *épingles* einbriefen; *boutons* auf Karton befestigen

en-cas *ou* **encas** [ɑ̃kɑ] M ‹*inv*› CUIS kalter Imbiss; kleine, kalte Mahlzeit

encastrable [ɑ̃kastʀabl] M Einbauelement *n*, -möbel *n*

encastrement [ɑ̃kastʀəmɑ̃] M TECH Einbau *m*; Einpassen *n*; Einfügen *n*; Einlassen *n*

encastrer [ɑ̃kastʀe] **A** V/T TECH einbauen, einpassen, einfügen, einlassen (**dans** in *+acc*); *adjt* **encastré dans un mur** in e-e Mauer, Wand eingelassen **B** V/PR **s'~** **1** sich einfügen; (genau) passen; eingelassen sein **2** *fig voiture* **s'~ sous un camion** sich unter e-n Lastwagen schieben

encaustique [ɑ̃kɔstik] F (Bohner)Wachs *n*; (Möbel)Politur *f*; **passer à l'~** mit Politur behandeln; polieren

encaustiquer [ɑ̃kɔstike] V/T *parquet* (ein)wachsen; bohnern; *meuble* polieren

enceinte[1] [ɑ̃sɛ̃t] ADJ F schwanger; **femme ~** *souvent* Schwangere *f*; **être ~ de quatre mois** im fünften Monat (schwanger) sein; **être ~ de qn** von j-m schwanger sein; **elle est ~ de son troisième enfant** sie ist mit ihrem dritten Kind schwanger; **mettre ~** schwängern

enceinte[2] [ɑ̃sɛ̃t] F **1** **a** FORTIFICATIONS Ring-, Umfassungsmauer *f*; *d'une ville* Stadtmauer *f*; **~ fortifiée** Festungs-, Befestigungsgürtel *m* **b** *par ext* Umfried(ig)ung *f*; Einfriedigung *f* **2** (*espace clos*) abgeschlossener Bereich, Raum; **~ d'un tribunal** Gerichtssaal *m*; **dans l'~ de la ville** auf dem Stadtgebiet; **pénétrer dans l'~ de l'établissement** in den Anstaltsbereich eindringen **3** *pour stéréo* **~ (acoustique)** (Lautsprecher)Box *f*; Lautsprechergruppe *f* **4** NUCL **~ de confinement** Sicherheitsbehälter *m*

encens [ɑ̃sɑ̃] M Weihrauch *m*; **bâtons** *mpl* **d'~** Räucherstäbchen *npl*; **brûler de l'~** Weihrauch ver-, abbrennen

encensement [ɑ̃sɑ̃smɑ̃] M REL Beräucherung *f*; Inzensation *f*

encenser [ɑ̃sɑ̃se] V/T **1** REL (mit Weihrauch) beräuchern **2** *fig* **~ qn** j-n beweihräuchern

encensoir [ɑ̃sɑ̃swaʀ] M (Weih)Rauchfass *n*; Räuchergefäß *n*; *fam fig* **manier l'~, donner des coups d'~** Weihrauch streuen; lobhudeln

encéphale [ɑ̃sefal] M ANAT Gehirn *n*; *t/t* Zerebrum *n*; **encéphalite** F MÉD Gehirnentzündung *f*; *t/t* Enzephalitis *f*

encéphalogramme [ɑ̃sefalɔgʀam] M MÉD Enzephalogramm *n*

encéphalopathie [ɑ̃sefalɔpati] F MÉD Enzephalopathie *f*

encerclement [ɑ̃sɛʀkləmɑ̃] M Einkreisung *f*; Umzingelung *f*; MIL *a.* Einschließung *f*; Einkesselung *f*; Umklammerung *f*

encercler [ɑ̃sɛʀkle] V/T einkreisen; umzingeln; MIL *a.* einschließen; einkesseln; umklammern; umfassen

enchaîné [ɑ̃ʃene] M CINÉMA **~** *ou adjt* **fondu ~** Überblendung *f*

enchaînement [ɑ̃ʃɛnmɑ̃] M **1** *d'idées, de phrases, de paragraphes* Verbindung *f*; Verknüpfung *f*; *de circonstances, d'événements* Verkettung *f*; *d'heures, d'années* Aufeinanderfolge *f*; Abfolge *f*; MUS Verbindung *f*; Aufeinanderfolge *f*; **~ des idées** Gedankenverbindung *f*, -kette *f*; **l'~ de la violence** die Spirale der Gewalt; **par un ~ de circonstances malheureuses** durch e-e Verkettung unglücklicher Umstände **2** *dans un spectacle etc* Überleitung *f*; verbindender Text

enchaîner [ɑ̃ʃene] **A** V/T **1** *prisonnier* in Ketten legen; anketten (*a. chien*) **2** *fig* **a** **~ qn à qc** j-n an etw (*acc*) binden, ketten **b** *peuple* unterjochen; unterdrücken; *presse* an die Kandare nehmen; gleichschalten **3** *idées, parties d'un discours etc* verbinden; verknüpfen; aneinanderreihen; *adjt* MÉTRIQUE **rimes enchaînées** Kettenreime *mpl* **B** V/I *dans la conversation* (rasch) fortfahren (**sur qc** mit etw); die Gesprächspause überbrücken; THÉ den Dialog wieder aufnehmen; CINÉMA überblenden **C** V/PR **s'~** *épisodes, parties d'un discours etc* ineinandergreifen; sich ineinanderfügen; miteinander verknüpft, verbunden, verkettet sein

enchanté [ɑ̃ʃɑ̃te] ADJ **1** (*magique*) verzaubert; Zauber...; *Mozart* **La Flûte ~e** Die Zauberflöte; **monde ~** Zauber-, Wunderwelt *f* **2** *fig* **a** **être ~** begeistert, entzückt sein (**de qc, qn** von etw, j-m); hocherfreut, sehr froh sein (**de voir que ...** dass ...) **b** *lors de présentations* **~ de faire votre connaissance** sehr erfreut, Sie kennenzulernen; ich freue mich, Ihre Bekanntschaft zu machen; *elliptiquement* **~!** sehr erfreut!; (sehr) angenehm!

enchantement [ɑ̃ʃɑ̃tmɑ̃] M Zauber *m*, Ver-, Bezauberung *f* (*a. fig*); *fig a.* Entzücken *n*; Wonne *f*; *loc adv* **comme par ~** wie durch e-n Zauberschlag; wie durch ein Wunder; urplötzlich; *les douleurs* **ont disparu comme par ~** sind wie weggeblasen; *par ext* **ce spectacle est un véritable ~** das ist ein bezaubernder, zauberhafter, entzückender Anblick

enchanter [ɑ̃ʃɑ̃te] V/T *surtout fig* ver-, bezaubern; *fig a.* entzücken; begeistern; **cela ne m'enchante guère** ich bin davon nicht sehr begeistert, angetan

enchanteur [ɑ̃ʃɑ̃tœʀ], **enchanteresse** [ɑ̃ʃɑ̃tʀɛs] **A** SUBST **1** M,F Zauberer *m*, Zauberin *f* **2** M *fig* Charmeur *m* **B** ADJ zauberhaft; bezaubernd; entzückend; *st/s* berückend

enchâssement [ɑ̃ʃasmɑ̃] M **a** *de pierres précieuses* Fassen *n*; Fassung *f* (*a. résultat*) **b** *par ext* Einsetzen *n*, -passen *n*

enchâsser [ɑ̃ʃase] V/T **a** *pierres précieuses* fassen (**dans l'or** in Gold) **b** *par ext* einsetzen, -passen (**dans** in *+acc*)

enchère [ɑ̃ʃɛʀ] F **1** (*offre*) (Mehr)Gebot *n*; (höheres) Angebot; **la plus forte ~** das Höchst-, Meistgebot; **~ minimum** Mindestgebot *n*; **couvrir une ~** ein Angebot überbieten; ein höheres Angebot machen; **faire une ~** bieten; ein (An)Gebot machen **2** **vente** *f* **aux ~s** Versteigerung *f*; Auktion *f*; **acheter qc à une vente aux ~s** etw bei *ou* auf e-r Versteigerung, Auktion erstehen, kaufen; etw ersteigern; **mettre qc aux ~s** etw versteigern (lassen); etw zur Versteigerung bringen; **vendre qc aux ~s** etw versteigern, meistbietend verkaufen; etw verauktionieren; *lors d'une adjudication a.* etw unter den Hammer bringen; **être vendu aux ~s** zur Versteigerung kommen; *a.* unter den Hammer kommen **3** BRIDGE Bieten *n*; Reizen *n*

enchérir [ɑ̃ʃeʀiʀ] V/T INDIR **~ sur qn, sur une offre** j-n, ein (An)Gebot überbieten; mehr bieten als j-d; *abs* ein höheres Angebot abgeben, machen

enchérisseur [ɑ̃ʃeʀisœʀ] M Bieter *m*; Steigerer *m*; **le dernier ~** der Meistbietende

enchevêtrement [ɑ̃ʃ(ə)vɛtʀəmɑ̃] M **1** *de branches, de fils, de ruelles* Gewirr *n*; (wirres) Durcheinander **2** *fig* Knäuel *m ou n*; Durcheinander *n*; *de circonstances etc* Verwicklung *f*; Verwirrung *f*; Komplikation *f*; *d'une intrigue a.* Verflechtung *f*

enchevêtrer [ɑ̃ʃ(ə)vetʀe] **A** V/T *fils, pelote etc, fig* verwirren; verwickeln; durcheinanderbringen; *fils etc a.* verschlingen; *fam* verfitzen; *tôles etc* ineinander verkeilen; *intrigue a.* komplizieren; verschachteln **B** V/PR **s'~** *branches, lierre etc* wild durcheinanderwachsen; ein dichtes Gewirr bilden; *fils etc, fig* sich verwirren, verwickeln, verfangen; durcheinandergeraten; *personne* **s'~ dans qc** sich in etw *(dat)* verwickeln, verfangen

enchifrené [ɑ̃ʃifʀəne] ADJ **être ~** e-n Stockschnupfen haben

enclave [ɑ̃klav] F **1** JUR, POL Enklave *f* **2** *terrain* von fremdem Gebiet umschlossenes Grundstück **3** GÉOL Einsprengsel *n*

enclavement [ɑ̃klavmɑ̃] M Einschluss *m*; Eingeschlossensein *n*

enclaver [ɑ̃klave] V/T **1** *territoire* einschließen; umschließen; **être enclavé dans** e-e Enklave bilden, sein in *(+dat)* **2** *(encastrer)* einpassen, -fügen

enclenchement [ɑ̃klɑ̃ʃmɑ̃] M TECH Einrücken *n*; Einklinken *n*; Einrasten *n*; Einschalten *n*

enclencher [ɑ̃klɑ̃ʃe] **A** V/T **1** TECH einklinken; einrücken; *vitesse* einschalten **2** *fig* in Gang bringen; **une fois l'affaire enclenchée ...** wenn die Sache einmal angelaufen, in Gang gekommen ist ... **B** V/PR **s'~** TECH einklinken; einrasten

enclin [ɑ̃klɛ̃] ADJ **~ à qc** zu etw neigend; **être ~ à l'exagération** zu Übertreibungen neigen; e-n Hang, e-e Neigung zu Übertreibungen haben; **être ~ à pardonner qc** geneigt sein, dazu neigen, etw zu verzeihen

enclore [ɑ̃klɔʀ] V/T ⟨→ clore⟩ *st/s* einfrieden; umfrieden

enclos [ɑ̃klo] M **1** *terrain* eingezäuntes, eingefriedetes Grundstück, Stück Land; *pour le bétail* eingezäunte Weide; Koppel *f* **2** *(clôture)* Einfriedung *f*; Umzäunung *f*

enclume [ɑ̃klym] F TECH Amboss *m (a.* ANAT); *fig* **être, se trouver entre l'~ et le marteau** zwischen Hammer und Amboss geraten (sein)

encoche [ɑ̃kɔʃ] F Kerbe *f*; Ein-, Auskerbung *f*; Einschnitt *m (a. d'un répertoire)*

encocher [ɑ̃kɔʃe] V/T **1** (ein-, aus)kerben **2** *flèche* auflegen

encodage [ɑ̃kɔdaʒ] M INFORM Kodieren *n*, -ung *f*; **encoder** V/T kodieren; **encodeur** M Kodierer *m*

encoignure [ɑ̃kɔɲyʀ, -kwa-] F Ecke *f*; Winkel *m*

encollage [ɑ̃kɔlaʒ] M TECH Leimen *n*, -ung *f*; Gummieren *n*, -ung *f*; TEXT Schlichten *n*; **encoller** V/T TECH, *dos d'un livre* leimen; *enveloppes* gummieren; TEXT schlichten; *papier peint* einkleistern; *bois* verleimen; **encolleuse** F TECH Leim-, Klebemaschine *f*; TEXT Schlichtmaschine *f*

encolure [ɑ̃kɔlyʀ] F **1** **a** *surtout des chevaux* Hals *m* **b** HIPPISME Halslänge *f*; **gagner d'une ~** mit e-r Halslänge (Vorsprung) gewinnen **2** COUT **a** *(tour de cou)* Hals-, Kragenweite *f* **b** *d'un vêtement* (Hals)Ausschnitt *m*

encombrant [ɑ̃kɔ̃bʀɑ̃] **A** ADJ **1** *paquet* sperrig; unhandlich; *meuble* sperrig; platzraubend; **peu ~** handlich; **marchandises ~es** Sperrgut *n*; sperrige Güter *npl* **2** *fig personne, présence* störend; lästig; **passé ~** belastende Vergangenheit **B** MPL **~s** Sperrmüll *m*

encombre [ɑ̃kɔ̃bʀ] LOC ADV **sans ~** unbehindert; glatt; ohne Zwischenfälle, Schwierigkeiten

encombrement [ɑ̃kɔ̃bʀəmɑ̃] M **1** *surtout* PL **~s** *de véhicules* Verkehrsstaus *mpl*, -stockungen *fpl*, -gewühl *n*, -getriebe *n*; *de personnes* (Menschen)Gewühl *n*; Gedränge *n* **2** *de marchandises* Überangebot *n*; *dans une profession* Überfüllung *f*; TÉL Überlastung *f*; **~ du marché** Marktüberfüllung *f*, -schwemme *f* **3** *(dimensions)* Abmessungen *fpl*; *loc adj* **de faible ~** platzsparend

encombrer [ɑ̃kɔ̃bʀe] **A** V/T **1** *route, couloir etc* versperren; *rue a.* verstopfen; *table etc* überhäufen (**de livres** mit Büchern); **~ le passage** *a.* im Weg sein, stehen; *adjt* **rue encombrée** verstopfte Straße **2** *par ext marchandises: le marché etc* überfüllen; *adjt* **encombré** *profession* überlaufen; überfüllt; *ligne téléphonique* überlastet **B** V/PR **s'~** **1** sich belasten (**de qc, qn** mit etw, j-m); **s'~ de bagages** *a.* sich mit Gepäck abschleppen **2** *fig* sich belasten (**de scrupules** *etc* mit Skrupeln *etc*); **s'~ la mémoire** sein Gedächtnis belasten

encontre [ɑ̃kɔ̃tʀ] LOC PRÉP **à l'~ de** im Gegensatz zu; entgegen *(+dat)*; **aller à l'~ de qc** im Gegensatz zu etw stehen; e-r Sache *(dat)* zuwiderlaufen

encor [ɑ̃kɔʀ] ADV *poét* → encore

encorbellement [ɑ̃kɔʀbɛlmɑ̃] M ARCH Auskragung *f*; Überhang *m*; Erker *m*; *loc adj* **en ~** auskragend; **balcon** *m* **en ~** auskragter Balkon; **maison** *f* **en ~** Haus *n* mit vorspringenden Stockwerken

encorder [ɑ̃kɔʀde] V/PR **s'~** sich anseilen

encore [ɑ̃kɔʀ] **A** ADV **1** *temporel* noch; immer noch; *êtes-vous prêt? -* **pas ~!** noch nicht!; **c'est ~ l'hiver** es ist (immer) noch Winter; **on en parlera ~ dans dix ans** man wird noch in zehn Jahren davon sprechen; **on en rit ~** man lacht noch heute *ou* heute noch darüber; **je ne l'avais ~ jamais vu** ich hatte ihn noch nie gesehen **2** *(de nouveau)* wieder; nochmals; *fam* noch mal; *int* **~!** schon wieder!; **~ vous?** Sie sind's schon wieder, noch mal?; **~ une fois** noch einmal; noch- mals; **qu'est-ce qui se passe ~?** was ist denn jetzt (schon) wieder los?; **prenez ~ du gâteau** nehmen Sie doch noch Kuchen! **3** *pour renforcer* **a** *devant comp* noch; **parlez ~ plus bas** sprechen Sie noch leiser! **b** **non seulement ... mais ~ ...** nicht nur ... sondern auch, überdies, obendrein, außerdem (auch) noch ... **4** *restrictif* **a** **si ~ ...** wenn wenigstens ...; **si ~ il s'était excusé!** wenn er sich wenigstens entschuldigt hätte! **b** *on vous en donnera tout juste cent euros,* **et ~!** höchstens!; und vielleicht (noch) nicht mal das! **c** *ce n'est pas loin,* **~ faut-il connaître le chemin** man muss allerdings, freilich den Weg kennen **5** *(en plus)* noch (mehr); noch dazu; **et puis quoi ~?** (und) was denn noch alles?; **qu'est-ce qu'il y a ~?** was gibt's denn jetzt noch?; *nous vous donnerons certains avantages -* **mais ~?** (und) darf ich fragen, welche? **B** LOC CONJ *litt* **~ que** *(+subj)* obschon; obgleich; obwohl

encorner [ɑ̃kɔʀne] V/T auf die Hörner nehmen; mit den Hörnern verletzen

encornet [ɑ̃kɔʀnɛ] M ZOOL Gemeiner Kalmar; Loligo *m*

encourageant [ɑ̃kuʀaʒɑ̃] ADJ ermutigend; er-, aufmunternd

encouragement [ɑ̃kuʀaʒmɑ̃] M **1** Ermutigung *f*; Er-, Aufmunterung *f*; Zuspruch *m*; **cris** *mpl* **d'~** aufmunternde Rufe *mpl*; **parole** *f* **d'~** Wort *n* der Ermutigung; aufmunterndes Wort **2** *de projets, de talents etc* Förderung *f*; Unterstützung *f*; **mériter des ~s** förderungswürdig sein **3** ÉCOLE **~s** *pl* Belobigung *f*; Lob *n*

encourager [ɑ̃kuʀaʒe] V/T ⟨-geons⟩ **1** **~ qn** j-n ermutigen; j-m Mut machen, zusprechen; SPORTS j-n anfeuern; **~ qn à (faire) qc** j-n zu etw ermutigen, ermuntern; j-m zu etw zureden, Mut machen; j-n in etw *(dat)* bestärken, unterstützen; *à mal faire* j-n zu etw verleiten, aufstacheln; **~ qn à partir** j-m zureden zu gehen; **~ qn à persévérer** j-n darin bestärken auszuharren; **~ qn dans ses mauvaises habitudes** j-n in s-n schlechten Gewohnheiten (noch) bestärken **2** *artiste, talent, industrie, projet etc* fördern; unterstützen; *économie, production a.* ankurbeln; anregen

encourir [ɑ̃kuʀiʀ] V/T ⟨→ courir⟩ **~ qc** mit etw rechnen müssen; *st/s* etw zu gewärtigen haben; *blâme, punition, colère de qn a.* sich *(dat)* etw zuziehen; **~ une peine** sich strafbar machen

encrage [ɑ̃kʀaʒ] M TYPO Einfärben *n*

encrassement [ɑ̃kʀasmɑ̃] M Verschmutzung *f*; Verunreinigung *f*; *par la suie* Verrußen *n*

encrasser [ɑ̃kʀase] **A** V/T verschmutzen; verunreinigen; *fam* verdrecken; *adjt*: **encrassé** *cheminée,* AUTO *bougie* verrußt **B** V/PR **s'~** *moteur, arme etc* verschmutzen; dreckig, schmutzig werden; *fam* verdrecken; AUTO *bougie* verrußen

encre [ɑ̃kʀ] F **1** Tinte *f*; **~ à tampon** Stempelfarbe *f*; **gomme** *f* **à ~** Tintengummi *m*; **écrire à l'~** mit Tinte schreiben; *fig* **cette affaire a fait couler beaucoup d'~** darüber ist schon viel Tinte verspritzt *ou* verschwendet worden, geflossen; *fig* **il faisait une nuit d'~** es war e-e raben-, pechschwarze Nacht **2** **~ d'imprimerie** Druckerschwärze *f*; Druckfarbe *f* **3** **~ de Chine** Tusche *f*

encrer [ɑ̃kʀe] V/T TYPO einfärben; schwärzen; Druckfarbe *ou* Druckerschwärze auftragen auf *(+acc)*

encreur [ɑ̃kʀœʀ] ADJ ⟨m⟩ **tampon ~** Stempelkissen *n*

encrier [ɑ̃kʀije] M Tintenfass *n*

encroûté [ɑ̃kʀute] ADJ **1** krustig; verkrustet **2** *fig* **être ~** verknöchert, verkalkt, abgestumpft sein; **être ~ dans ses habitudes, préjugés** in s-n Gewohnheiten, Vorurteilen festgefahren sein

encroûtement [ɑ̃kʀutmɑ̃] M **1** Verkrustung *f* **2** *fig* Verknöcherung *f*; Verkalkung *f*; Festgefahrensein *n* (**dans** in *+dat*)

encroûter [ɑ̃kʀute] **A** V/T **1** mit e-r Kruste überziehen **2** *fig* verknöchern, abstumpfen lassen **B** V/PR **s'~** *fig* verknöchern; verkalken; abstumpfen; festgefahren sein (**dans** in *+dat*)

enculé [ɑ̃kyle] M *injure* Arschloch *n*

enculer [ɑ̃kyle] V/T *injure* **va te faire ~!** *pop* verpiss dich!; *pop* **se faire ~** *fam* reingelegt werden

enculeur [ɑ̃kylœʀ] M *pop* **~ de mouches** *pop* Korinthenkacker *m*

encyclique [ɑ̃siklik] F ÉGL CATH Enzyklika *f*

encyclopédie [ɑ̃siklɔpedi] F Enzyklopädie *f*; Konversationslexikon *n*; *pour un domaine donné* Reallexikon *n*; Sachwörterbuch *n*; *a.* Handbuch *n*; **l'Encyclopédie** *die große französische Enzyklopädie von Diderot und d'Alembert*; *fig* **c'est une ~ vivante** er *ou* sie ist ein wandelndes Lexikon, *fam* ein gelehrtes Haus

encyclopédique [ɑ̃siklɔpedik] ADJ enzyklopädisch; **dictionnaire** *m* ~ Lexikon *n*; Enzyklopädie *f*; *par ext* **avoir des connaissances ~s** ein enzyklopädisches, umfassendes Wissen haben

encyclopédiste [ɑ̃siklɔpedist] M 1 *au XVIIIe siècle* **les ~s** die Enzyklopädisten *mpl* 2 Verfasser *m* e-r, Mitarbeiter *m* an e-r Enzyklopädie

endémie [ɑ̃demi] F MÉD Endemie *f*

endémique [ɑ̃demik] ADJ 1 MÉD endemisch 2 *fig* ständig; dauernd; **chômage** *m* ~ ständige Arbeitslosigkeit

endetté [ɑ̃dete] ADJ verschuldet (**de dix mille euros** mit zehntausend Euro)

endettement [ɑ̃dɛtmɑ̃] M Verschuldung *f*

endetter [ɑ̃dete] V/PR **s'~** sich verschulden; Schulden machen

endeuiller [ɑ̃dœje] V/T in Trauer versetzen; *manifestation etc* **être endeuillé par qc** von etw überschattet sein *ou* werden

endiablé [ɑ̃djable] ADJ 1 **enfant** ~ kleiner Teufel; Wildfang *m* 2 *course* wild; *rythme* wild; toll; leidenschaftlich

endiguement [ɑ̃digmɑ̃] M *d'un fleuve etc* Eindämmen *n*, -ung *f*; Eindeichen *n*, -ung *f*; *de terres* Eindeichen *n*, -ung *f*

endiguer [ɑ̃dige] V/T 1 *fleuve etc* eindämmen; eindeichen; *terres* eindeichen 2 *fig* hemmen; aufhalten; *revendications etc* in Grenzen halten; eindämmen; **~ une foule** eine Menschenmenge aufhalten, zurückdrängen; **~ le progrès** den Fortschritt hemmen, aufhalten

endimancher [ɑ̃dimɑ̃ʃe] V/PR **s'~** s-e Sonntagskleider anziehen; sich festlich kleiden; *adjt* **endimanché** festlich, sonntäglich gekleidet; im Sonntagsstaat

endive [ɑ̃div] F BOT, CUIS Chicorée *f ou m*

endocrine [ɑ̃dɔkʀin] ADJ PHYSIOL **glandes** *fpl* **~s** endokrine, innersekretorische Drüsen *fpl*

endocrinien [ɑ̃dɔkʀinjɛ̃] ADJ ⟨-ne⟩ PHYSIOL endokrin; der innersekretorischen Drüsen

endoctrinement [ɑ̃dɔktʀinmɑ̃] M *péj* Indoktrinierung *f*; Indoktrination *f*; ideologische Beeinflussung; **endoctriner** V/T *péj* indoktrinieren; ideologisch beeinflussen

endogamie [ɑ̃dɔgami] F Endogamie *f*

endogène [ɑ̃dɔʒɛn] ADJ BOT, PHYSIOL, GÉOL endogen

endolori [ɑ̃dɔlɔʀi] ADJ schmerzend; **j'ai le bras ~** der Arm tut mir weh; ich habe Schmerzen im Arm

endommagement [ɑ̃dɔmaʒmɑ̃] M Beschädigung *f*

endommager [ɑ̃dɔmaʒe] V/T ⟨-geons⟩ beschädigen; *fig réputation* schädigen; schaden (+dat); *grêle etc* **~ les récoltes** der Ernte schaden; *adjt* **endommagé** beschädigt

endormant [ɑ̃dɔʀmɑ̃] ADJ *paroles, bruits* einschläfernd; *par ext discours, orateur* zum Einschlafen (langweilig)

endormi [ɑ̃dɔʀmi] ADJ 1 *personne, animal* schlafend; **être encore tout ~** noch ganz schläfrig, verschlafen, *st/s* schlaftrunken sein; **être à moitié ~** fast, (schon) halb schlafen; halb eingeschlafen sein 2 *fig personne* verschlafen; schläfrig; lahm; träge; *fam* schlafmützig; *esprit, intelligence* träge; *subst* **quel(le) ~(e) !** *fam péj* so e-e Schlafmütze!

endormir [ɑ̃dɔʀmiʀ] ⟨→ dormir⟩ A V/T 1 *enfant* einschläfern; einlullen; **~ un enfant (en le berçant)** ein Kind in den Schlaf wiegen; *chaleur, boisson etc* **~ qn** j-n müde, schläfrig machen; auf j-n einschläfernd wirken; *musique, bruit a.* j-n einschläfern 2 *(anesthésier)* betäuben; e-e Narkose geben (**qn** j-m); **on m'a endormi** ich habe e-e Narkose bekommen; ich bin betäubt worden 3 *fig livre, film etc* **~ qn** auf j-n einschläfernd wirken; **ce livre, ce film m'endort** *a.* bei diesem Buch, Film schlafe ich ein 4 *fig les soupçons etc de qn* einschläfern; einlullen B V/PR **s'~** 1 einschlafen; in Schlaf versinken (*a. litt nature, ville*); *st/s* einschlummern; **avant de s'~** vor dem Einschlafen; **s'~ au volant** am Steuer einschlafen 2 *fig fam* **ce n'est pas le moment de s'~!** das ist nicht der richtige Augenblick, um zu schlafen!; **s'~ sur ses lauriers** (sich) auf s-n Lorbeeren ausruhen; **s'~ sur son travail** über s-r Arbeit einschlafen; mit s-r Arbeit nicht fertig werden 3 *st/s (mourir)* **s'~ paisiblement** *st/s* sanft entschlafen; hinüberschlummern

endormissement [ɑ̃dɔʀmismɑ̃] M PSYCH Einschlafen *n*

endoscope [ɑ̃dɔskɔp] M MÉD Endoskop *n*; **endoscopie** F MÉD Endoskopie *f*

endossable [ɑ̃dosabl] ADJ FIN indossierbar; übertragbar; girierbar

endossataire [ɑ̃dosatɛʀ] M FIN Indossat *m*; Indossatar *m*; Girat *m*; Giratar *m*

endossement [ɑ̃dosmɑ̃] M FIN Indossament *n*; Giro *n*; Übertragungsvermerk *m*; Indosso *n*; **~ en blanc** Blankoindossament *n*, -giro *n*

endosser [ɑ̃dose] V/T 1 *vêtement* anziehen; überziehen; *uniforme* anlegen; *fig* **~ la soutane** Geistlicher werden 2 *fig responsabilité* auf sich (*acc*) nehmen; **~ les conséquences, une erreur** die Folgen, einen Fehler auf s-e Kappe nehmen; für die Folgen, einen Fehler geradestehen; **faire ~ qc à qn** j-n für etw geradestehen lassen; j-m etw aufbürden 3 FIN indossieren; girieren

endosseur [ɑ̃dosœʀ] M FIN Indossant *m*; Girant *m*

endroit [ɑ̃dʀwa] M 1 Stelle *f* (*a. d'un livre, du corps etc*); Ort *m*; Platz *m*; *par ext (localité)* Ortschaft *f*; **~ pittoresque** malerischer Ort; malerisches Plätzchen; **les paysans de l'~** die hiesigen *ou* dortigen Bauern; *loc adv*: **à l'~ où** an der Stelle, wo; **à quel ~?** an welcher Stelle?; **rire au bon ~** an der richtigen Stelle lachen; **par ~s** stellenweise; an manchen, einigen Stellen; *loc prép st/s* **à l'~ de qn** j-m gegenüber; **son attitude à mon ~** s-e Haltung mir gegenüber; *fig* **toucher qn à l'~ sensible** j-n an s-r schwachen, empfindlichen Stelle treffen 2 *d'un tissu, d'un tapis* rechte Seite; Oberseite *f*; *d'une photo* Vorderseite *f*; *loc adv* **à l'~** auf der rechten Seite; rechts; **mettre sa chemise à l'~** sein Hemd auf die rechte Seite drehen

enduire [ɑ̃dɥiʀ] ⟨→ conduire⟩ A V/T bestreichen, überstreichen (**qc de qc** etw mit etw); CONSTR *mur* bewerfen, verputzen (**de ciment** *etc* mit Zement *etc*); CUIS **~ de beurre** mit Butter bestreichen; **~ de crème** eincremen; **~ de graisse** (ein)fetten; *fam* einschmieren B V/PR **s'~ (le corps, la peau) de qc** sich (*dat*) (den Körper, die Haut) mit etw einreiben

enduit [ɑ̃dɥi] M 1 CONSTR Putz *m*; Verputz *m*; Bewurf *m*; *à la chaux* Anstrich *m* 2 *(revêtement)* Belag *m*; Überzug *m*

endurable [ɑ̃dyʀabl] ADJ erträglich

endurance [ɑ̃dyʀɑ̃s] F Ausdauer *f* (*a.* SPORTS); Widerstandskraft *f*; Widerstandsfähigkeit *f*; Zähigkeit *f*; Durchhaltevermögen *n*; AUTO **épreuve** *f* **d'~** Zuverlässigkeitsfahrt *f*

endurant [ɑ̃dyʀɑ̃] ADJ ausdauernd; zäh; widerstandsfähig

endurci [ɑ̃dyʀsi] ADJ 1 *physiquement* abgehärtet; gestählt; **~ à la fatigue** gegen Strapazen abgehärtet 2 *fig cœur* verhärtet; *pécheur* verstockt; *criminel* abgebrüht; hartgesotten; **célibataire ~** eingefleischter Junggeselle

endurcir [ɑ̃dyʀsiʀ] A V/T 1 *climat etc* **~ qn** j-n abhärten, widerstandsfähig, unempfindlich machen (**à, contre qc** gegen etw); **~ son corps** s-n Körper abhärten, stählen 2 *fig métier etc* **~ qn** j-n hart machen; j-n abstumpfen; **~ son cœur** sein Herz verhärten B V/PR **s'~** 1 sich abhärten (**au froid** *etc* gegen Kälte *etc*) 2 *fig* hart *ou* gleichgültig werden, abstumpfen (**à la misère** gegenüber dem Elend)

endurcissement [ɑ̃dyʀsismɑ̃] M 1 Abhärtung *f* (**à la douleur** gegen den Schmerz) 2 *fig* a **~ (au malheur)** Abstumpfung *f* (gegen das Unglück) b *du cœur* Verhärtung *f*; Verstocktheit *f*

endurer [ɑ̃dyʀe] V/T ertragen; aushalten; *carences, fatigues a.* auf sich (*acc*) nehmen; *souffrances, martyre a.* erdulden; *coups, injures* einstecken; hinnehmen; sich (*dat*) gefallen lassen; **~ la faim, le froid** den Hunger, die Kälte ertragen, aushalten

Énée [ene] M MYTH Äneas *m*

énergétique [enɛʀʒetik] A ADJ a PHYS energetisch; Energie...; **bouquet** *m* **énergétique** Energiemix *m*; **efficience** *f* ~ Energieeffizienz *f*; **politique** *f* ~ Energiepolitik *f*; **ressources** *fpl* **~s** Energiequellen *fpl* b PHYSIOL **aliment** *m* ~ Energiespender *m*; **boisson** *f* ~ Energydrink *m*; **valeur** *f* ~ Nährwert *m* B F PHYS, PHIL Energetik *f*

énergie [enɛʀʒi] F 1 PHYS Energie *f*; **~ atomique, nucléaire** Atom-, Kernenergie *f*, -kraft *f*; **~ solaire** Sonnenenergie *f*; **source** *f* **d'~** Energiequelle *f*; **transport** *m* **de l'~** Energieübertragung *f*, -transport *m* 2 *d'une personne* Energie *f*; Tatkraft *f*; *protester etc* **avec ~** energisch; nachdrücklich; mit Nachdruck; **être plein d'~** energiegeladen, voll(er) Energie sein; **être sans ~** energielos, ohne Energie sein; **manquer d'~** keine Energie haben; energielos sein; **protester avec ~** energisch, nachdrücklich, mit Nachdruck protestieren

énergique [enɛʀʒik] ADJ *personne* energisch; tatkräftig; *visage, action* energisch; *protestation, invitation* nachdrücklich; *poignée de main a.* kraftvoll; kräftig; **style** *m* ~ kraftvoller Stil; **prendre une décision ~** rasch e-e klare Entscheidung treffen; **prendre des mesures ~s** energische Maßnahmen ergreifen; energisch durchgreifen

énergisant [enɛʀʒizɑ̃] ADJ belebend; Energie spendend; **boisson** *f* **~e** Energydrink *m*

énergivore [enɛʀʒivɔʀ] ADJ energieintensiv; **être ~** viel Energie verbrauchen

énergumène [enɛʀgymɛn] M/F verrückter Kerl; überspannte Person; **bande** *f* **d'~s** *fam* Bande *f* von Wahnsinnigen

énervant [enɛʀvɑ̃] ADJ entnervend; nervenaufreibend; zermürbend; **manie ~e** Manie, die auf die Nerven geht *ou* nervös macht; **c'est ~** *a.* das geht einem auf die Nerven; *fam* das macht einen wahnsinnig; **ce qu'il peut être ~!** der kann einem vielleicht auf die Nerven gehen!

énervé [enɛʀve] ADJ aufgeregt; nervös; erregt

énervement [enɛʀvəmɑ̃] M Erregung *f*; Erregtheit *f*; Aufregung *f*; Nervosität *f*

énerver [enɛʀve] A V/T *attente, bruit etc* **~ qn** j-n nervös, *fam* wahnsinnig machen; j-m auf die Nerven gehen; j-n entnerven; *fam* j-m den Nerv töten; *attente a.* j-n zermürben; **tu m'énerves!** du gehst mir auf die Nerven!; **ça m'énerve de** (+inf) *ou* **que …** (+subj) es macht mich nervös *etc* zu (+inf) *ou* dass … B V/PR **s'~** 1 sich auf-, erregen; nervös werden; **ne t'énerve pas!** reg dich nicht auf! 2 *fam (se dépêcher) fam* sich tummeln, ranhalten

enfance [ɑ̃fɑ̃s] F 1 Kindheit *f*; Kinderzeit *f*; Kinderjahre *npl*; Kindesalter *n*; **petite ~** frühe

E

Kindheit; frühes Kindesalter; **souvenirs** *mpl* **d'~** Kindheitserinnerungen *fpl*; **dans mon ~** in, während meiner Kindheit; **dès l'~** von Kind an *ou* auf; von Kindheit an; von klein auf; von Kindesbeinen an; **avoir eu une ~ heureuse** e-e glückliche Kindheit gehabt haben; *vieillard* **retomber en ~** (wieder) kindisch werden; **être sorti de l'~** den Kinderschuhen entwachsen sein **2** *coll* Kinder *npl*; JUR **~ délinquante** straffällige Jugend *f*, Jugendliche *mpl*; **protection** *f* **de l'~** Kinder-, Jugendschutz *m* **3** *fig* Anfänge *mpl*; **être encore dans l'~** noch in den Kinderschuhen stecken; *fam* **c'est l'~ de l'art** das ist kinderleicht; das gehört zu den einfachsten Dingen

E

enfant [ɑ̃fɑ̃] **A** M **1** Kind *n*; **~ adoptif** Adoptivkind *n*; MÉD **~ bleu** Blue Baby *n*; **~ espiègle** Schelm *m*; **~ insupportable** unausstehliches Kind; **petit ~** kleines Kind; Klein(st)kind *n*; Kindchen *n*; **~s à charge** Kinder, für deren Unterhalt man aufkommen muss; unterhaltsberechtigte Kinder; **~ de l'amour** Kind der Liebe; ÉGL CATH **~ de chœur** Ministrant *m*; Chorknabe *m*; *fig* **ce n'est pas un ~ de chœur** er *ou* sie ist auch kein Unschuldslamm; ihm *ou* ihr kann man nichts vormachen; **~ en nourrice** Pflegekind *n*; **jardin** *m* **d'~s** Kindergarten *m*; **lit** *m* **d'~** Kinderbett *n*; JUR **juge** *m* **pour ~s** Jugendrichter *m*; JUR **tribunal** *m* **pour ~s** Jugendgericht *n*; **couple** *m* **sans ~s** kinderloses Ehepaar; *appellatif* **alors, les ~s, vous êtes prêts?** seid ihr fertig, Kinder?; **abandonner un ~** ein Kind aussetzen; *fam fig en parlant d'adultes* **les ~s s'amusent!** wie die Kinder!; **attendre un ~** ein Kind erwarten; *fam* **il n'y a plus d'~s!** diese Jugend!; **elle va avoir un ~** sie bekommt, *fam* kriegt ein Kind; *fig* **c'est un (grand) ~** er *ou* sie ist ein (großes) Kind, *péj* ein (großer) Kindskopf; *fam* **faire un ~ à une femme** *fam* e-r Frau ein Kind machen; **faire des ~s** Kinder in die Welt setzen; *fig* **faire l'~** sich wie ein Kind, kindisch, albern aufführen, gebärden; **ne fais pas l'~!** sei nicht kindisch!; **mettre un ~ au monde** ein Kind zur Welt bringen; **prendre qn pour un ~** j-n für naiv halten; **traiter qn comme l'~ de la maison** j-n wie(s)ein eigenes Kind behandeln; → *a.* **terrible** 1 **2** *st/s d'un pays etc* **les ~s de …** die Söhne *mpl* (und Töchter *fpl*) (+*gén*) **B** F kleines, junges Mädchen; **ma chère ~!** mein liebes Kind!; **pauvre ~!** arme Kleine!; **~ de Marie** ÉGL CATH (junges) Mädchen, das Mitglied e-r Marianischen Jungfrauenkongregation ist; *fig* Unschuldslamm *n* **C** ADJT **1 bon ~** ⟨*inv*⟩ gutmütig; gutartig; *ambiance* gemütlich; **avoir l'air bon ~** gutmütig aussehen; **être bon ~** *a.* ein guter Kerl sein **2 étant ~** *ou* **tout ~** als Kind; **lorsque j'étais ~** als ich ein Kind war; als ich klein war

enfantement [ɑ̃fɑ̃tmɑ̃] M **1** *litt* (*accouchement*) *litt* Niederkunft *f* **2** *fig et st/s* Geburt *f*; Entstehung *f*; Hervorbringung *f*

enfanter [ɑ̃fɑ̃te] V/T **1** *litt* (*accoucher*) gebären; *litt* niederkommen (mit); BIBL **tu enfanteras dans la douleur** unter Mühen, Schmerzen sollst du Kinder gebären **2** *fig et st/s* gebären; hervorbringen; (er)zeugen

enfantillage [ɑ̃fɑ̃tijaʒ] M Kinderei *f*; Alberei *f*; **~s** *pl a.* kindisches, albernes Zeug

enfantin [ɑ̃fɑ̃tɛ̃] ADJ **1** kindlich; Kinder…; kindhaft; **âme ~e** kindliches Gemüt; **chanson ~e** Kinderlied *n*; **langage ~** Kindersprache *f*; **visage ~** Kindergesicht *n*; kindliches Gesicht **2** (*facile*) kinderleicht; **c'est d'une simplicité ~e** das ist kinderleicht **3** *péj* (*puéril*) kindisch

enfant-soldat [ɑ̃fɑ̃sɔlda] M ⟨*pl* enfants-soldats⟩ Kindersoldat *m*

enfariné [ɑ̃faʀine] ADJ THÉ (*poudré*) (weiß) gepudert; *fam fig* **arriver le bec ~**, *pop* **la gueule ~e** (ohne Grund, naiv) siegessicher, siegesgewiss auftreten

enfer [ɑ̃fɛʀ] M **1** REL *et fig* Hölle *f*; *juron* **~ et damnation!** Tod und Teufel!; hol's der Teufel!; *loc adj* **d'~** **a** Höllen…; höllisch **b** *fam* super; toll; klasse; *fig* **bruit** *m*, **feu** *m* **d'~** Höllenlärm *m*, -feuer *n*; **rouler à un train d'~** *fam* ein Höllentempo draufhaben; *fam* **il est d'~** *fam* er ist fantastisch, super; **aller en ~** in die Hölle kommen; *fig* **ma vie est un ~** mein Leben ist die Hölle (auf Erden); *prov* **l'~ est pavé de bonnes intentions** der Weg zur Hölle ist mit guten Vorsätzen gepflastert (*prov*) **2** MYTH **~s** *pl* Unterwelt *f*

enfermer [ɑ̃fɛʀme] **A** V/T **1** **~ qn** j-n einschließen, einsperren (**dans** in +*acc ou dat*); **~ qc** etw einschließen (**dans** in +*acc ou dat*); etw wegschließen, verschließen; *par ext* **faire ~ qn** j-n in e-e (Heil)Anstalt bringen, sperren; *fam* **il est bon à ~!** er gehört in e-e Anstalt; *fam* er ist reif fürs Irrenhaus **2** SPORTS *l'adversaire* abdrängen **B** V/PR **s'~** **1** sich einschließen **2** *fig* **s'~ dans une attitude** sich auf e-e Haltung zurückziehen; **s'~ dans le silence** sich in Schweigen hüllen

enferrer [ɑ̃fere] V/PR **s'~** **1** sich in die Waffe s-s Gegners stürzen **2** *fig* sich (immer mehr) in Widersprüche verwickeln; **s'~ dans ses mensonges** sich in s-m eigenen Lügengewebe verfangen

enfiévrer [ɑ̃fjevʀe] ⟨-è-⟩ **A** V/T *fig* (leidenschaftlich) erregen, erhitzen; fiebern lassen; *adjt* **enfiévré** (leidenschaftlich) erregt, erhitzt **B** V/PR **s'~** sich erhitzen, erregen; sich begeistern, ereifern (**pour qc** für etw)

enfilade [ɑ̃filad] F lange, gerade Reihe; *de maisons, de salles, de rues* Flucht *f*; **~ de colonnes** lange Säulenreihe, Reihe von Säulen; **~ de maisons** Häuserflucht *f*, -zeile *f*; **en ~** in e-r langen, geraden Reihe

enfiler [ɑ̃file] **A** V/T **1** *perles etc* auffädeln; auf-, anreihen; **~ une aiguille** e-e Nadel, den Faden einfädeln; **~ des anneaux sur une tringle** Ringe auf e-e Stange schieben; *fig* **ne pas être là pour ~ des perles** nicht da sein, um Händchen zu halten **2** *par ext* hineinzwängen, -stecken (**dans** in +*acc*) **3** *vêtement* (sich) rasch überziehen, überstreifen; hineinschlüpfen in (+*acc*); **~ une jupe** *a.* rasch in e-n Rock schlüpfen **B** V/PR **s'~** **1** *fam* **a** *une bière etc* hinunter-, *fam* runterkippen, -gießen; *nourriture* verschlingen; sich (*dat*) einverleiben; *fam* verputzen; sich (*dat*) reinziehen **b** **s'~ tout le chemin à pied** *fam* den ganzen Weg tippeln (müssen); **s'~ tout le travail** (wohl oder übel) die ganze Arbeit allein machen **2** **s'~ dans une rue** rasch in e-e Straße einbiegen

enfin [ɑ̃fɛ̃] ADV **1** (*à la fin*) endlich; schließlich; zuletzt; **~!** endlich!; **~ seul!** endlich allein!; **il a ~ fini par trouver un appartement** endlich, schließlich, zuletzt hat er doch noch e-e Wohnung gefunden; **viens ~!** komm endlich! **2** *conclusion* kurz; kurzum; kurz gesagt; mit einem Wort; *il y avait les oncles, les tantes, les cousins*, **~ toute la famille** kurz *etc*, die ganze Familie **3** *résignation* nun (ja); *fam* sei's drum; **~, s'il est heureux, c'est l'essentiel** nun ja, Hauptsache, er ist glücklich; *fam* sei's drum, wenn er nur glücklich ist; **~, nous verrons** nun, wir werden ja sehen **4** *restriction* das heißt; *il n'a pas d'enfants*, **~, pas que je sache** wenigstens soviel ich weiß; *elle est rousse*, **~ presque rousse** das heißt, fast rothaarig **5** *c'était à vous de décider*, **car ~, vous êtes son père!** schließlich sind Sie ja der Vater!

enflammé [ɑ̃flame] ADJ **1** *bûche, flambeau etc* brennend; *bûche a.* glühend **2** MÉD entzündet **3** *fig discours etc* zündend; flammend; mitreißend; **lettre ~e** glühender Liebesbrief; **regards ~s** feurige, glühende, flammende Blicke *fpl*

enflammer [ɑ̃flame] **A** V/T **1** *bois, papier, édifice etc* anzünden; in Brand setzen, stecken; anbrennen; anstecken **2** MÉD **~ une blessure, la peau** *etc* e-e Entzündung hervorrufen **3** *fig visage* röten; **~ qn** *orateur etc* j-n hin-, mitreißen, begeistern; j-s Leidenschaft entzünden, entfachen; *passion, haine* j-n durchglühen; in j-m brennen, lodern; *st/s* **~ les cœurs** die Herzen entflammen **B** V/PR **s'~** **1** *bois etc* sich entzünden; in Brand geraten; Feuer fangen **2** *fig* in Feuer, Leidenschaft geraten; Feuer fangen; entflammen, sich begeistern (**pour qc** für etw); *regard* feurig, leidenschaftlich werden; *st/s* **s'~ d'amour** in Liebe entflammen, entbrennen

enflé [ɑ̃fle] ADJ *pieds, mains, yeux etc* (an)geschwollen; dick; *visage a.* aufgeschwollen

enfler [ɑ̃fle] **A** V/T *pieds etc, fig voix* anschwellen lassen **B** V/I ⟨*Vorgang* avoir, *Ergebnis* être⟩ (an)schwellen; dick werden; *bosse, visage a.* aufschwellen; auflaufen **C** V/PR **s'~** *voix* anschwellen

enflure [ɑ̃flyʀ] F **1** Schwellung *f*; An-, Aufschwellung *f* **2** *fig fam* Trottel *m*

enfoiré(e) [ɑ̃fwaʀe] M(F) *injure grossière* Arschloch *n*

enfoncement [ɑ̃fɔ̃smɑ̃] M **1** *d'un clou* Einschlagen *n*; *d'un pieu* Einrammen *n* **2** *d'une porte etc* Eindrücken *n*; Einstoßen *n*; MIL Durch-, Einbruch *m* **3** (*creux*) Vertiefung *f*

enfoncer [ɑ̃fɔ̃se] ⟨-ç-⟩ **A** V/T **1** *clou etc* (hin)einschlagen; *vis* versenken; hineindrehen; *punaise, bouchon* hineindrücken; *pieu* einrammen; (hin)eintreiben; *aiguille* (hin)einstecken; **~ son béret jusqu'aux oreilles** s-e Mütze, sich (*dat*) die Mütze bis zu den Ohren, über die Ohren herunterziehen; **~ son chapeau sur les yeux** (sich [*dat*]) den Hut (tief) ins Gesicht drücken, ziehen; **~ un clou dans le mur** e-n Nagel in die Wand schlagen; **~ ses mains dans ses poches** die Hände (tief) in die Taschen stecken, in den Taschen vergraben; *fam fig*: **~ qc dans le crâne, dans la tête de qn** j-m etw einhämmern, *fam* einbläuen, eintrichtern; **enfoncez-vous bien ça dans la tête!** merken Sie sich (*dat*) das (genau, gut)!; *adjt clou* **être bien enfoncé** fest *ou* gerade sitzen; **avoir les yeux enfoncés (dans leurs orbites)** tief liegende Augen haben **2** **a** *porte etc* eindrücken, -stoßen, -schlagen; *porte a.* einrennen; **il a eu la cage thoracique enfoncée** ihm wurde der Brustkorb eingedrückt **b** MIL **~ une armée** die feindliche Front eindrücken, aufbrechen, durchbrechen **c** *fam fig* **~ qn** (*battre*) j-n (haushoch) schlagen; (*surpasser*) j-n ausstechen, übertreffen **B** V/I einsinken; *pp* **enfoncé jusqu'aux genoux dans la neige** bis zu den Knien im Schnee steckend **C** V/PR **1** **s'~ une épine (dans la peau)** sich (*dat*) e-n Dorn einziehen **2** *bateau* **s'~ (dans les flots)** (in den Fluten) versinken; sinken; *personne* **s'~ dans la neige** im Schnee ein-, versinken; *fig* **s'~ dans les dettes** immer tiefer in Schulden geraten; *soleil* **s'~ dans la mer** im Meer versinken **3** *par ext* **s'~ dans un fauteuil** in e-m Sessel versinken **4** (*pénétrer*) **s'~** (tief, weit) hineingehen, vor-, eindringen (**dans une forêt** in e-n Wald)

enfonceur [ɑ̃fɔ̃sœʀ] M **~ de porte(s) ouverte(s)** j-d, der offene Türen einrennt

enfouir [ɑ̃fwiʀ] **A** V/T **a** *cadavre, trésor etc* ver-, eingraben; *cadavre a.* ver-, einscharren; *fam dans le sable etc* einbuddeln **b** *par ext livres etc* vergraben, verbergen (**au fond de l'armoire** ganz unten, hinten im Schrank) c *fig* **~ dans son cœur** in s-m Herzen begraben, verschließen **B** VPR **s'~ sous les couvertures** sich unter den Decken verstecken, verkriechen, vergraben

enfouissement [ɑ̃fwismɑ̃] M Ver-, Eingraben *n*

enfourcher [ɑ̃fuʀʃe] VT **~ un cheval, une bicyclette** ein Pferd, ein Fahrrad besteigen; auf ein Pferd, Fahrrad steigen; sich in den Sattel, auf ein Fahrrad schwingen; *fig* **~ son dada** sein Steckenpferd reiten

enfournage [ɑ̃fuʀnaʒ] M *ou* **enfournement** M a *de pain* Einschießen *n* b *de céramiques* Einbau *m*; Einsetzen *n* c *dans un four à coke* Beschickung *f* (mit Kohle)

enfourner [ɑ̃fuʀne] **A** VT **1** *pain etc* einschießen; in den Ofen schieben; *poteries* einsetzen **2** *fam fig (avaler)* verschlingen; *fam* verputzen **B** VPR *fam* **s'~ dans** *le métro etc* sich zwängen in *(+acc)*

enfreindre [ɑ̃fʀɛ̃dʀ] VT ⟨→ peindre⟩ zuwiderhandeln *(+dat)*; übertreten; verstoßen gegen

enfuir [ɑ̃fɥiʀ] VPR ⟨→ fuir⟩ **s'~** **1** fliehen; flüchten; die Flucht ergreifen; entfliehen; *(se sauver)* davon-, weg-, fortlaufen; *chien etc* entlaufen; **s'~ à l'étranger** ins Ausland fliehen; sich ins Ausland absetzen; **s'~ de chez soi** von zu Hause fort-, weglaufen; *fam* ausreißen **2** *fig et st/s bonheur* dahinschwinden; entschwinden; *temps* entschwinden; enteilen

enfumage [ɑ̃fymaʒ] M *d'abeilles* Ausräuchern *n*, -ung *f*

enfumé [ɑ̃fyme] ADJ verräuchert; verqualmt; voll(er) Rauch, Qualm; rauchig; **pièce ~e** verräuchertes, verqualmtes Zimmer

enfumer [ɑ̃fyme] VT **1** *pièce etc* verräuchern; verqualmen; einräuchern; **~ qn** j-n einräuchern, durch Rauch belästigen; *plais a.* j-n ausräuchern **2** *abeilles, renards* ausräuchern

Engadine [ɑ̃gadin] **l'~** *f* das Engadin

engagé [ɑ̃gaʒe] **A** ADJ **1** *écrivain, littérature* engagiert **2** MAR *navire* **~** überliegendes, übergeholtes Schiff; Schiff, das überliegt *ou* gekrängt ist **B** M MIL Freiwillige(r) *m*; Zeitsoldat *m*; **~ volontaire par devancement d'appel** Soldat, der s-n Wehrdienst (freiwillig) vorzeitig ableistet; **~ (volontaire) pour la durée de la guerre** Kriegsfreiwillige(r) *m*

engageant [ɑ̃gaʒɑ̃] ADJ *sourire, air* gewinnend; *lieu* reizvoll; **offre ~e** verlockendes Angebot; **pas très ~** nicht sehr verlockend

engagement [ɑ̃gaʒmɑ̃] M **1** *(obligation)* Verpflichtung *f* (**envers qn** gegenüber j-m); bindende Zusage; Bindung *f*; COMM **~s** *pl* Verbindlichkeiten *fpl*; (Zahlungs)Verpflichtungen *fpl*; **~ contractuel** vertragliche Verpflichtung, Bindung; **~ moral** moralische Verpflichtung; **~ tacite** stillschweigendes Eingehen e-r Verpflichtung; **sans ~** unverbindlich; **être lié, tenu par ses ~s** an s-e Zusagen gebunden sein; **prendre un ~** e-e Verpflichtung, COMM Verbindlichkeit eingehen; e-e Verpflichtung übernehmen; **prendre l'~ de faire qc** sich verpflichten, die Verpflichtung übernehmen, etw zu tun **2** *de main-d'œuvre* Ein-, Anstellung *f*; THÉ Engagement *n*; MAR Anheuerung *f*; Anmusterung *f*; MIL freiwillige Verpflichtung; MIL **~ par devancement d'appel** (freiwillige) vorzeitige Ableistung des (Grund)Wehrdienstes **3** *d'un écrivain etc* Engagement *n*; Einsatz *m* **4** *(mise en gage)* Verpfänden *n*, -ung *f*; Versetzen *n* **5** SPORTS *(inscription)* (An)Meldung *f*; TURF *a.* Einschreibung *f* **6** *dans un passage etc* Hineinführen *n*, -fahren *n*, -manövrieren *n* **7** MIL a *de troupes etc* Einsatz *m* b *(combat localisé)* Gefecht(sberührung) *n(f)*; Kampfhandlung *f* **8** SPORTS *(coup d'envoi)* Anstoß *m*

engager [ɑ̃gaʒe] ⟨-geons⟩ **A** VT **1** a *(mettre en gage)* verpfänden; versetzen b *fig sa parole* verpfänden; *sa responsabilité* übernehmen; *décision etc* **~ l'avenir** sich auf die Zukunft auswirken; die Weichen für die Zukunft stellen **2** a *(obliger)* **~ qn (à qc)** j-n (zu etw) verpflichten; j-n (an etw *[acc]*) binden; **ce contrat vous engage** mit diesem Vertrag verpflichten Sie sich, gehen Sie Verpflichtungen ein; Sie sind an diesen Vertrag gebunden; **~ des dépenses** Ausgabenverbindlichkeiten eingehen; **cela n'engage à rien** das verpflichtet zu nichts b *par ext (exhorter)* **~ qn à qc** j-n zu etw anhalten, auffordern, ermahnen, veranlassen **3** *main-d'œuvre* an-, einstellen; in Dienst nehmen; anwerben; *tueur a.* dingen; THÉ engagieren, verpflichten (**à un théâtre** an ein Theater); MAR anheuern; anmustern; *soldats, mercenaires* (an) werben; **~ qn dans un parti** j-n für e-e Partei werben, gewinnen; j-n in e-e Partei aufnehmen **4** TECH **~ qc dans qc** etw in etw *(acc)* eingreifen lassen, einführen, einlegen, *clé* hineinstecken **5** *véhicule* hineinfahren (lassen); hineinsteuern, -manövrieren; **mal ~ sa voiture (pour se garer)** schlecht einparken **6** *argent* hineinstecken (**dans** in *+acc*); investieren (in *+acc ou dat*); *fonds, capitaux a.* einsetzen **7** **~ qn dans qc** j-n in etw *(acc)* hineinziehen, verwickeln; **~ qn dans une entreprise** j-n an e-m Unternehmen beteiligen; j-n für ein Unternehmen gewinnen **8** MIL *troupes etc* einsetzen **9** *(commencer) négociations* einleiten; aufnehmen; eintreten in *(+acc)*; *conversation* anknüpfen; beginnen; anfangen; *discussion* eröffnen; eintreten in *(+acc)*; JUR *procédure* einleiten; MIL *combat* einleiten; eröffnen; *fig* **~ la bataille, le combat** den Kampf aufnehmen **10** TURF einschreiben; (schriftlich) anmelden **B** VI SPORTS den Anstoß ausführen **C** VPR **s'~** **1** a **s'~ à (faire) qc** sich zu etw verpflichten; sich verpflichten, etw zu tun; **ne pas s'~** sich nicht festlegen; sich nicht binden; keine bindende Zusage machen b *abs écrivain, homme politique etc* sich engagieren **2** a MIL **s'~ (dans l'armée)** sich freiwillig verpflichten; **s'~ dans l'aviation** sich zur Luftwaffe melden; zur Luftwaffe gehen b *(entrer au service de qn)* e-e Stelle annehmen (**comme chauffeur** als Chauffeur); *domestique a.* sich verdingen **3** *personne, véhicule* **s'~ dans qc** in etw *(acc)* einbiegen, hineinfahren; *train* **s'~ dans un tunnel** in e-n Tunnel fahren **4** TECH **s'~ dans qc** in etw *(acc)* eingreifen, sich einfügen **5** *fig* **s'~ dans qc** sich auf etw *(acc)* einlassen; in etw *(acc)* hineingeraten; **tu ne sais pas à quoi tu t'engages** du weißt nicht, worauf du dich einlässt **6** *combat, match etc* beginnen; anfangen; *discussion a.* sich entspinnen; *dispute a.* ausbrechen

engeance [ɑ̃ʒɑ̃s] F *péj* Sippschaft *f*; Gesindel *n*; Gelichter *n*; Brut *f*

engelure [ɑ̃ʒlyʀ] F Frostbeule *f*

engendrer [ɑ̃ʒɑ̃dʀe] VT **1** *enfant* zeugen *(a.* BIBL*)*; erzeugen **2** *fig* erzeugen; hervorbringen; verursachen; *conséquences* zeitigen; nach sich ziehen **3** MATH erzeugen; **être engendré** entstehen

Enghien [ɑ̃gɛ̃] *Stadt in Belgien*

Enghien-les-Bains [ɑ̃gɛ̃lebɛ̃] *Stadt im Dep. Val-d'Oise*

engin [ɑ̃ʒɛ̃] M **1** Gerät *n*; Vorrichtung *f*; Maschine *f*; **~ spatial** Raumfahrzeug *n*; **~s de levage** Hebezeuge *npl*, -vorrichtungen *fpl*; **~s de travaux publics** Straßenbau-, Tiefbaumaschinen *fpl* **2** *fam, souvent péj* Ding *n*; Apparat *m*; **quel drôle d'~!** was für ein komisches Ding! **3** MIL Flugkörper *m*; Rakete *f*; **~s blindés** Panzer *mpl*

engineering [ɛndʒiniʀiŋ] M → ingénierie

englober [ɑ̃glɔbe] VT **1** umfassen; einschließen, einbeziehen (**dans** in *+acc*) **2** *territoire etc* eingliedern (**dans** in *+acc*); *frais etc* (mit) dazunehmen

engloutir [ɑ̃glutiʀ] VT **1** *nourriture* (gierig) verschlingen, hinunterschlingen; in sich *(acc)* hineinschlingen; *abs* schlingen **2** *fig économies, héritage etc* verschwenden; verprassen; vergeuden; durchbringen; *projet: argent* verschlingen; *économies* **être englouti** verloren gehen; *fam* draufgehen **3** *mer: bateau etc* verschlingen; in die Tiefe, in den Abgrund reißen; *séisme etc: ville etc* völlig zerstören, vernichten

engloutissement [ɑ̃glutismɑ̃] M Verschlingen *n*; Verschwinden *n*; Untergehen *n*; Versinken *n*

engluage [ɑ̃glyaʒ] M *ou* **engluement** M a Bestreichen *n* mit Leim b Verschmieren *n*, Bestreichen *n* mit Baumwachs

engluer [ɑ̃glye] **A** VT **1** *oiseau* mit (Vogel)-Leim fangen **2** *enduire* mit e-r klebrigen Masse bestreichen **B** VPR **1** **s'~ les doigts** sich *(dat)* die Finger klebrig machen **2** *fig* **s'~ dans qc** sich in etw *(dat)* festfahren

engoncer [ɑ̃gɔ̃se] VT ⟨-ç-⟩ *manteau etc* **~ qn** j-n unförmig, plump machen; *pp* **engoncé dans une canadienne** *etc* in e-r Lammfelljacke *etc* steckend; *adjt* **il a le cou engoncé dans les épaules** sein Kopf sitzt unmittelbar auf den Schultern; er zieht den Kopf ständig ein

engorgement [ɑ̃gɔʀʒəmɑ̃] M **1** *d'un conduit* Verstopfung *f* **2** MÉD *du foie etc* (An)Schwellung *f*; *des poumons, des reins etc* Stauung *f* **3** ÉCON *du marché* Überfüllung *f*; *des routes* Verstopfung *f*; Stau(ung) *m(f)*

engorger [ɑ̃gɔʀʒe] ⟨-geons⟩ **A** VT **1** *conduit* verstopfen **2** MÉD verschleimen; verstopfen **B** VPR **s'~** **1** *conduit* verstopft sein *ou* werden **2** MÉD sich mit Schleim füllen

engouement [ɑ̃gumɑ̃] M (rasch aufflammende, flüchtige) Begeisterung, Bewunderung; (übertriebene) Vorliebe; Schwärmerei *f*; Enthusiasmus *m*; **~ passager** Strohfeuer *n*; flüchtige Begeisterung

engouer [ɑ̃gwe] VPR **s'~ de** *ou* **pour qn, qc** für j-n, etw schwärmen, sich begeistern, Feuer und Flamme sein

engouffrer [ɑ̃gufʀe] **A** VT **1** *fam nourriture* verschlingen; hinunterschlingen; *fam* verdrücken; verputzen; *abs* schlingen **2** *argent etc* (in großen Mengen) hineinstecken (**dans** in *+acc*) **B** VPR **s'~** **1** *eau* sich ergießen, einbrechen (**dans** in *+acc*); *vent:* **s'~ (dans une cheminée)** sich (in e-m Kamin) verfangen; **s'~ dans une rue** durch e-e Straße fegen, pfeifen **2** *foule* strömen, sich ergießen, sich hineindrängen (**dans** in *+acc*); *individus* verschwinden (**dans** in *+dat*); **s'~ dans un taxi** sich in ein Taxi werfen

engourdi [ɑ̃guʀdi] ADJ *membres* gefühllos; taub; eingeschlafen; *de froid* klamm; starr; steif; *personne* **tout ~ par la chaleur** ganz schläfrig, träge, benommen von der Hitze; **avoir les doigts ~s** *a.* abgestorbene Finger haben; kein Gefühl (mehr) in den Fingern haben; **j'ai la jambe ~e** mein Bein ist eingeschlafen

engourdir [ɑ̃guʀdiʀ] **A** VT **1** *membres* gefühllos, taub machen; *par le froid* klamm, steif, starr werden lassen **2** *fig* träge, schlaff, benommen machen; erschlaffen lassen **B** VPR **s'~** *membres* taub, gefühllos werden; einschlafen; *de froid* erstarren; absterben; klamm, steif, starr werden

engourdissement [ɑ̃guʀdismɑ̃] M **1** *des*

membres Betäubung *f*; Einschlafen *n*; Gefühllosigkeit *f*; *par le froid* Erstarrung *f*; Steifwerden *n* **2** *fig* Betäubung *f*; Erschlaffung *f*; Benommenheit *f*; *dans la routine* Erstarrung *f*

engrais [ɑ̃gʀɛ] M Dünger *m*; Düngemittel *n*; Dung *m*; **~ chimique** Kunstdünger *m*

engraissage [ɑ̃gʀesaʒ] M *ou* **engraissement** M Mast *f*; Mästen *n*

engraisser [ɑ̃gʀese] **A** V/T **1** *animaux* mästen **2** *terres* düngen **B** V/I *hommes, animaux* dick, fett werden; Fett ansetzen **C** V/PR *fig* **s'~** sich bereichern

engraisseur [ɑ̃gʀesœʀ] M Viehmäster *m*; **~ de porcs** Schweinemäster *m*

engrangement [ɑ̃gʀɑ̃ʒmɑ̃] M *de la récolte etc* Einfahren *n*; Einbringen *n*; **engranger** V/T ‹-geons› *récolte* einfahren; einbringen

engrenage [ɑ̃gʀənaʒ] M **1** TECH (Zahnrad)-Getriebe *n*; Räderwerk *n* **2** *fig* Räderwerk *n*; Maschinerie *f*; Verkettung *f*; **l'~ de la violence** die Spirale der Gewalt; **être pris, entraîné dans un ~** von e-m Räderwerk, von e-r Maschinerie erfasst werden; in ein Räderwerk, in e-e Maschinerie geraten

engrener [ɑ̃gʀəne] V/PR ‹-è-› **s'~** *roues dentées* ineinandergreifen; sich verzahnen; **s'~ sur, dans qc** in etw *(acc)* eingreifen

engrosser [ɑ̃gʀose] *pop* V/T *fam* ein Kind machen, andrehen, anhängen (**qn** j-m)

engueulade [ɑ̃gœlad] *fam* F **1** *fam* Anpfiff *m*; Rüffel *m*; Abreibung *f*; *pop* Anschiss *m*; **recevoir une ~** *fam* eins aufs Dach, auf den Deckel kriegen **2** *(dispute)* heftige Auseinandersetzung; *fam* (Heiden)Krach *m*

engueuler [ɑ̃gœle] *fam* **A** V/T **~ qn** j-n anfahren, *plus fort* anschreien, anbrüllen, *fam* zusammenputzen, zusammenstauchen, runtermachen, anschnauzen; j-m eins auf den Deckel geben; **~ qn (comme du poisson pourri)** *pop* j-n anscheißen, zusammenscheißen, zur Sau machen; **se faire ~** *fam* eins aufs Dach, auf den Deckel kriegen **B** V/PR **s'~** sich anschreien, anbrüllen, *fam* anschnauzen

enguirlander [ɑ̃giʀlɑ̃de] V/T **1** mit Girlanden schmücken **2** *fam euphémisme pour* engueuler

enhardir [ɑ̃aʀdiʀ] **A** V/T kühn, mutig machen; *pp* **enhardi par cette victoire ...** kühn, mutig geworden durch diesen Sieg ... **B** V/PR **s'~** kühn(er), mutig(er) werden (**jusqu'à faire qc** und etw tun); sich erkühnen (zu *+inf*)

énième [ɛnjɛm] ADJ → nième

énigmatique [enigmatik] ADJ rätselhaft; rätselvoll; dunkel; unergründlich; geheimnisvoll; **caractère** *m* **~** Rätselhaftigkeit *f*

énigme [enigm] F **1** Rätsel *n*; **poser une ~ à qn** j-m ein Rätsel aufgeben; **résoudre une ~** ein Rätsel lösen, raten **2** *fig* Rätsel *n*; Geheimnis *n*; **l'~ de sa disparition** sein rätselhaftes Verschwinden; **cet homme est une ~ pour moi** dieser Mensch ist mir ein Rätsel; aus diesem Menschen werde ich nicht klug; **parler par ~s** in Rätseln sprechen; **se trouver devant une ~** vor e-m Rätsel stehen

enivrant [ɑ̃nivʀɑ̃] ADJ *alcool, parfum* berauschend; zu Kopf steigend; *parfum a.* betäubend; **beauté ~e** hinreißende, betörende Schönheit

enivrement [ɑ̃nivʀəmɑ̃] M *fig* Rausch *m*; Berauschtheit *f*; Trunkenheit *f*; Taumel *m*; **~ du pouvoir, de la vitesse** Macht-, Geschwindigkeitsrausch *m*

enivrer [ɑ̃nivʀe] **A** V/T **1** *alcool st/s* **~ qn** j-n berauschen; auf j-n berauschend wirken; *st/s* j-n trunken machen **2** *fig* berauschen; betören; zu Kopf steigen *(+dat)*; *st/s* trunken machen; *pp* **enivré de joie** freudetrunken **B** V/PR **1** **s'~** *st/s* sich berauschen **2** *fig* **s'~ de qc** sich an etw *(dat)* berauschen; in etw *(dat)* schwelgen

enjambée [ɑ̃ʒɑ̃be] F (großer, langer) Schritt; **d'une seule ~** mit einem Schritt; **marcher à grandes ~s, faire de grandes ~s** mit großen, langen, weit ausgreifenden Schritten gehen; große, lange Schritte machen; rasch, *fam* tüchtig, kräftig ausschreiten

enjambement [ɑ̃ʒɑ̃bmɑ̃] M Enjambement *n*; Zeilensprung *m*

enjamber [ɑ̃ʒɑ̃be] **A** V/T **a** **~ qc, qn** über etw, j-n hinweggehen, -steigen, -schreiten; **~ un fossé, un ruisseau** einen Graben, einen Bach überspringen **b** *pont: rivière etc* überspannen **B** V/I MÉTRIQUE *vers* übergreifen (**sur le vers suivant** auf den nächsten Vers); durch (ein) Enjambement verbunden sein (mit)

enjeu [ɑ̃ʒø] M ‹*pl* ~x› **1** *au jeu* Einsatz *m* **2** *fig d'un conflit* (Streit)Objekt *n*; (Streit)Gegenstand *m*; *par ext* Frage *f*, Sache *f* (, um die es geht); Problem *n*; Thema *n*

enjoindre [ɑ̃ʒwɛ̃dʀ] V/T ‹→ joindre› *litt ou* ADMIN **~ à qn de** *(+inf)* j-m (ausdrücklich) befehlen, vorschreiben zu *(+inf)*

enjôlement [ɑ̃ʒolmɑ̃] M Beschwatzen *n*; Schöntun *n*; Schmeicheln *n*

enjôler [ɑ̃ʒole] V/T **~ qn** j-n betören, umschmeicheln, einwickeln, beschwatzen; *(flatter)* j-m schöntun, um den Bart gehen

enjôleur [ɑ̃ʒolœʀ], **enjôleuse** **A** M,F Schönredner *m*; Schöntuer *m*; Betörer(in) *m(f)* **B** ADJ verführerisch; betörend

enjolivement [ɑ̃ʒɔlivmɑ̃] M **1** Verzierung *f*; Zierrat *m* **2** *fig* Ausschmückung *f*; Schnörkel *m*

enjoliver [ɑ̃ʒɔlive] V/T **1** *objet* (ver)zieren; schmücken **2** *fig récit, faits* ausschmücken; etwas hinzudichten (**qc** zu etw); **enjoliveur** M AUTO Radkappe *f*; **enjolivure** F (kleine) Verzierung; Zierrat *m*; *sur un meuble, une écriture* Schnörkel *m*

enjoué [ɑ̃ʒwe] ADJ *personne, sourire, voix* heiter; fröhlich; liebenswürdig; *humeur* heiter; gelöst; unbeschwert; **caractère ~** *a.* sonniges Gemüt; **conversation ~e** zwanglose, scherzhafte Unterhaltung

enjouement [ɑ̃ʒumɑ̃] M Heiterkeit *f*; Unbeschwertheit *f*; Gelöstheit *f*; Frohsinn *m*; Frohmut *m*

enlacement [ɑ̃lasmɑ̃] M **1** *de rubans etc* Geflecht *n* **2** *(étreinte)* Umarmung *f*; Umschlingung *f*

enlacer [ɑ̃lase] ‹-ç-› **A** V/T **1** *lierre: arbre etc* umranken; umwinden; umschlingen **2** *personne* umarmen; umschlingen; *corps* umfassen; *adjt*: **étroitement, tendrement enlacés** eng, zärtlich umschlungen; **des amoureux enlacés** ein Liebespaar, das sich umschlungen hält **B** V/PR **s'~** **1** *amoureux etc* sich umarmen, umschlingen; sich umschlungen halten **2** *rubans* sich ineinanderschlingen; *lierre etc* sich schlingen, winden, ranken (**autour d'un arbre** um e-n Baum)

enlaidir [ɑ̃lediʀ] **A** V/T entstellen; verunstalten; verschandeln **B** V/I hässlich, unansehnlich werden; **enlaidissement** M Entstellung *f*; Verunstaltung *f*; Verschandelung *f*

enlevé [ɑ̃lve] ADJ *musique, scène* lebhaft, schwungvoll, kühn gespielt *ou* vorgetragen

enlèvement [ɑ̃lɛvmɑ̃] M **1** *de bagages, de meubles etc* Abholung *f*; Mitnahme *f*; Abtransport *m*; Wegfahren *n*; Wegräumen *n*; *des blessés, cadavres etc* Wegschaffen *n*; Wegbringen *n*; *de déchets, de gravats* Abfuhr *f*; Beseitigung *f*; Entfernung *f*; **~ des ordures (ménagères)** Müllabfuhr *f*; **~ à domicile** Abholung vom Hause, in der Wohnung **2** JUR Entführung *f*; Raub *m*; **~ d'enfant** Kindesentführung *f*, -raub *m* **3** MIL Einnahme *f*; Eroberung *f*

enlever [ɑ̃lve] ‹-è-› **A** V/T **1** *bagages, marchandises etc* abholen; mitnehmen; abtransportieren; wegschaffen, -tragen, -fahren; fortbringen; *morts, blessés* abtransportieren; wegschaffen, -bringen; *objets gênants* wegschaffen, -nehmen, -räumen, -schieben, -stellen; *ordures, gravats* abfahren **2** *étiquette, panneau etc* abmachen; entfernen; *fam* wegmachen; *tache* entfernen; beseitigen; *fam* weg-, herausmachen; *objets: d'en haut* herunternehmen; *d'une boîte, d'une pièce* herausnehmen; *tableau d'un mur* ab-, wegnehmen; abhängen; *fam* wegmachen; *saleté* auf-, wegputzen, -kehren, -wischen; *vêtement* ablegen; *chapeau* abnehmen; *gants* abstreifen; ausziehen; *casque* absetzen; *amygdales* herausnehmen, *fam* -machen; *rein etc* entfernen; herausnehmen; *verrue* wegmachen; *membre* abnehmen; amputieren; *phrase, mot* streichen; weglassen; herausnehmen; *vis, ampoule* herausdrehen, *fam* -machen; *clou etc* herausziehen, *fam* -machen; *toit* abdecken; *chiffre* abziehen; *peau* abziehen; abschälen; *fam* wegmachen; **~ la couverture** das Bett abdecken; **~ la poussière** Staub wischen; abstauben; **~ à coups de marteau** mit dem Hammer wegschlagen; **~ qc d'une étagère** etw aus e-m Regal nehmen; *porte* **~ de ses gonds** ausheben; aushängen; aus den Angeln heben; **~ qc de la table** etw vom Tisch (herunter-, weg) nehmen; **enlève ta main!** nimm deine Hand weg!; **enlève tes jambes de (sur) la table!** nimm deine Beine vom Tisch (herunter) ! **3** *(kidnapper)* entführen; rauben; *plais* **je vous enlève votre fils pour ce soir** ich entführe Ihnen für heute Abend Ihren Sohn **4** *(s'emparer de)* MIL *ville, position* erobern; (er)stürmen; (ein)nehmen; *la victoire* davontragen; erkämpfen; COMM **~ l'affaire** das Geschäft machen; sich *(dat)* das Geschäft sichern; SPORTS **~ la première place** den ersten Platz erringen; sich *(dat)* den ersten Platz erkämpfen; POL **~ un siège** e-n Sitz erringen, gewinnen **5** *mort, maladie* **~ qn** j-n dahin-, hinwegraffen; **la mort nous l'a enlevé** der Tod hat ihn uns genommen, entrissen **6** *(priver de) courage, espoir, illusions* nehmen, rauben (**à qn** j-m); **~ un poste, un titre à qn** j-m e-e Stelle, e-n Titel entziehen; **cela n'enlève rien à l'amitié que je te porte** das tut unserer Freundschaft keinen Abbruch; **cela n'enlève rien à ses mérites** das schmälert s-e Verdienste nicht **B** V/PR **s'~** *peinture* abgehen; sich ablösen; *tache* heraus-, weggehen; *marchandises fam* **s'~ comme des petits pains** reißenden Absatz finden; reißend weggehen

enlisement [ɑ̃lizmɑ̃] M **1** *dans le sable etc* Ein-, Versinken *n*; Steckenbleiben *n* **2** *fig* Stocken *n*; Erlahmen *n*; Unbeweglichkeit *f*; Stillstand *m*

enliser [ɑ̃lize] **A** V/T **~ sa voiture** mit dem Wagen einsinken, stecken bleiben **B** V/PR **s'~** **1** *dans le sable, la boue etc* ein-, versinken; *voiture a.* stecken bleiben **2** *fig enquête etc* stecken bleiben; nicht vorwärtskommen; stocken; erlahmen; versanden

enluminer [ɑ̃lymine] V/T **1** *livre, manuscrit* (mit Farbe) ausmalen; illuminieren; kolorieren **2** *visage* röten; *fam* **avoir la trogne enluminée** ein gerötetes Gesicht, *fam* e-e Schnapsnase haben

enlumineur [ɑ̃lyminœʀ] M, **enlumineuse** F Buchmaler(in) *m(f)*; Miniaturmaler(in) *m(f)*; Illuminator *m*; **enluminure** F **1** *art* Buchmalerei *f*; Miniaturmalerei *f* **2** *œuvre* Miniatur *f*; (Buch)Malerei *f*

enneigé [ɑ̃neʒe] ADJ schneebedeckt; verschneit; eingeschneit

enneigement [ɑ̃nɛʒmɑ̃] M Schneehöhe *f*; Schneeverhältnisse *npl*; **faible ~** geringe

Schneehöhe; **bulletin** *m* **d'~** Schneebericht *m*
ennemi(e) [ɛnmi] **A** *M(F)* Feind(in) *m(f)*; Gegner(in) *m(f)*; Widersacher(in) *m(f)*; **~ public numéro un** Staatsfeind *m* Nummer eins; **~(e) de l'alcool** Feind(in) des Alkohols; Alkoholgegner(in) *m(f)*; *le tabac* **l'~ de votre santé** der Feind Ihrer Gesundheit; **attaquer, battre, vaincre l'~** den Feind angreifen, schlagen, besiegen; **c'est son pire ~** das ist sein ärgster, schlimmster Feind, sein Hauptfeind; **se faire des ~s** sich *(dat)* Feinde machen, schaffen; **se faire un ~ de qn** sich *(dat)* j-n zum Feind machen; **passer à l'~** (zum Feind) überlaufen; **tomber aux, entre les mains de l'~** in Feindeshand fallen; dem Feind in die Hände fallen; *fam fig* **c'est toujours ça de pris sur l'~** das wäre erst, schon einmal gewonnen; das ist immerhin etwas **B** *ADJ* feindlich; gegnerisch; verfeindet; Feind...; **frères ~s** feindliche Brüder *mpl*; **positions ~es** feindliche Stellungen *fpl*; **en pays, territoire ~** im, in Feindesland; **être ~(e) de qn, qc** j-m, e-r Sache feind sein
ennième [ɛnjɛm] *ADJ* → nième
ennoblir [ɑ̃nɔbliʀ] *V/T fig* adeln; auszeichnen
ennuagement [ɑ̃nɥaʒmɑ̃] *M* MÉTÉO Bewölkungsmenge *f*; **ennuager** *V/PR* ‹-geait› **s'~** *ciel* sich bewölken; sich (mit Wolken) bedecken; sich beziehen
ennui [ɑ̃nɥi] *M* **1** *surtout PL* **~s** Ärger *m*; Unannehmlichkeiten *fpl*; Schwierigkeiten *fpl*; Ungelegenheiten *fpl*; Widerwärtigkeiten *fpl*; Verdruss *m*; *fam* Scherereien *fpl*; **attirer, causer, faire des ~s à qn** j-m Ärger *etc* machen, bereiten; **avoir toutes sortes d'~s** e-e Menge Ärger *etc* haben *ou* bekommen, *fam* kriegen; **avoir des ~s d'argent** in Geldschwierigkeiten, in Geldverlegenheit sein; **l'~, c'est que ...** das Dumme, Ärgerliche (an der Sache) ist, dass ...; die Schwierigkeit liegt darin, dass ... **2** Langeweile *f*; *a.* Langweile *f*; *(lassitude)* Überdruss *m*; **mourir d'~** vor Langeweile (fast) sterben, umkommen, vergehen; sich zu Tode langweilen
ennuyant [ɑ̃nɥijɑ̃] *ADJ rarement* → ennuyeux
ennuyé [ɑ̃nɥije] *ADJ* **1** *(contrarié)* verstimmt; ärgerlich; verärgert **2** *(dans l'embarras)* **je suis très ~** es ist mir unangenehm, peinlich; ich bin in e-r unangenehmen, schwierigen Lage **3** *(soucieux)* besorgt; beunruhigt; bekümmert
ennuyer [ɑ̃nɥije] ‹-ui-› **A** *V/T* **1** *(contrarier)* **~ qn** j-n stören, belästigen, ärgern, verdrießen; j-m lästig sein, werden, fallen; j-m auf die Nerven gehen; **si cela vous ennuie, n'y allez pas** wenn es Ihnen nicht passt *ou* lästig ist, gehen Sie nicht hin; **il m'ennuie avec ses questions perpétuelles** er fällt mir lästig mit s-n ewigen Fragen; *fam* er geht mir auf die Nerven mit s-r (ewigen) Fragerei; **cela m'ennuierait d'arriver en retard** es wäre mir unangenehm *ou* nicht recht, wenn ich zu spät kommen würde; **cela vous ennuierait-il d'attendre un moment?** würde es Ihnen etwas ausmachen, e-n Augenblick zu warten? **2** *(lasser)* **~ qn** j-n langweilen; j-m Überdruss bereiten; **~ qn à mourir** *fam* j-n zu Tode langweilen **3** *(préoccuper)* **~ qn** j-n beunruhigen, stören; j-m Sorgen, Kummer machen, keine Ruhe lassen **B** *V/PR* **s'~** **1** sich langweilen; Langeweile haben, verspüren, empfinden; **s'~ avec qn, en la compagnie de qn** sich mit j-m, in j-s Gesellschaft *(dat)* langweilen **2** **s'~ de qn** j-n vermissen; sich nach j-m sehnen; **s'~ de Paris** sich nach Paris sehnen
ennuyeux [ɑ̃nɥijø] *ADJ* ‹-euse› **1** *(désagréable)* ärgerlich; lästig; peinlich; unangenehm; unerquicklich; leidig; verdrießlich; fatal; **c'est bien ~** das ist sehr ärgerlich; **c'est ~ à dire** es ist unangenehm, das sagen zu müssen **2** *(inintéressant)* langweilig; fad; öde
énoncé [enɔ̃se] *M* Ausdruck *m*; Äußerung *f*; Darlegung *f*; LING Aussage *f*; *d'un verdict etc* Wortlaut *m*; Text *m*; JUR **~ des faits** Tatbestand *m*; Sachverhalt *m*; MATH **~ du problème** Aufgabenstellung *f*
énoncer [enɔ̃se] *V/T* ‹-ç-› ausdrücken, -sprechen; formulieren; zum Ausdruck bringen; *faits* darlegen; MATH *problème* stellen
énonciatif [enɔ̃sjatif] *ADJ* ‹-ive› GRAM **proposition énonciative** Aussagesatz *m*
énonciation [enɔ̃sjasjɔ̃] *F* Darlegung *f*; Formulierung *f*; Aussage *f*
enorgueillir [ɑ̃nɔʀgœjiʀ] **A** *V/T* stolz, *péj* überheblich machen **B** *V/PR* **s'~ de qc** stolz sein auf etw *(acc)*; *péj* sich *(dat)* etwas einbilden, zugutehalten auf etw *(acc)*
énorme [enɔʀm] *ADJ* enorm; ungeheuer (groß); gewaltig; mächtig; riesig; riesengroß; Riesen...; *erreur a.* krass; *bêtise a.* bodenlos; beispiellos; *crime, accusation* ungeheuerlich; *différence a.* himmelweit; *succès, majorité a.* überwältigend; **masse** *f*, **quantité** *f*, **somme** *f* **~** *a.* Unmasse *f*, Unmenge *f*, Unsumme *f*; **c'est ~!** das ist enorm, erstaunlich, ungeheuer, allerhand!
énormément [enɔʀmemɑ̃] *ADV* **1** enorm; ungeheuer; gewaltig; mächtig; riesig; **cela me fait ~ plaisir** das freut mich riesig **2** **~ de** *(+subst)* außerordentlich, sehr, *fam* ungeheuer, unwahrscheinlich, schrecklich viel(e); **je me suis donné ~ de mal** *fam* ich habe mich ungeheuer angestrengt, mir schrecklich viel Mühe gegeben
énormité [enɔʀmite] *F* **1** *d'un crime, d'une injure etc* Ungeheuerlichkeit *f*; *d'une tâche* gewaltiger Umfang; Größe *f* **2** *parole ou action* Ungeheuerlichkeit *f*; *bêtise* Riesendummheit *f*
enquérir [ɑ̃keʀiʀ] *V/PR* ‹→ acquérir› *st/s* **s'~ de qc** sich nach etw erkundigen, sich über etw *(acc)* informieren, *st/s* etw erfragen (**auprès de qn** bei j-m)
enquête [ɑ̃kɛt] *F* **1** ÉCON, POL *etc* Untersuchung *f*; Erhebung *f*; Umfrage *f*; Befragung *f*; Enquete *f*; PRESSE (ausführlicher) Bericht; Report *m*; *par ext (investigation)* Erkundigung *f*; Nachforschung *f*; **~ d'opinion, par sondage** Meinungsumfrage *f*, -befragung *f*; **faire sa petite ~** sich umhören; **mener, effectuer, conduire une ~** e-e Untersuchung *etc* durchführen; Erhebungen anstellen **2** JUR Ermittlungen *fpl*; Untersuchung *f*; Beweisaufnahme *f*, -erhebung *f*; **~ administrative** behördliche Ermittlungen; **~ judiciaire** gerichtliche Untersuchung; **~ parlementaire** parlamentarische Untersuchung; **~ préliminaire** Voruntersuchung *f*; **ouvrir une ~** e-e Untersuchung einleiten; Ermittlungen aufnehmen
enquêter [ɑ̃kete] *V/T INDIR* **~ sur qc** e-e Untersuchung, Erhebung durchführen, anstellen in e-r, über e-e Sache; in e-r Sache ermitteln; etw untersuchen
enquêteur [ɑ̃kɛtœʀ] *M* **1** JUR (*F* **enquêteuse**) Untersuchungsbeamte(r) *m*, -beamtin *f* **2** ÉCON *etc* (*f* **enquêtrice**) Interviewer(in) *m(f)*; Befrager(in) *m(f)*
enquiquinant [ɑ̃kikinɑ̃] *fam ADJ* lästig; langweilig; → *a.* embêtant
enquiquinement [ɑ̃kikinmɑ̃] *fam M surtout PL* **~s** Ärger *m*; *fam* Scherereien *fpl*
enquiquiner [ɑ̃kikine] *fam* **A** *V/T* **~ qn** j-m lästig fallen, auf die Nerven gehen, *fam* auf den Wecker fallen **B** *V/PR* **ne pas s'~ à faire qc** nicht so dumm, *fam* blöd sein und etw tun; → *a.* embêter
enquiquineur [ɑ̃kikinœʀ] *fam M*, **enquiquineuse** *fam F* lästiger Mensch, lästige Person; *fam* Nervensäge *f*
enracinement [ɑ̃ʀasinmɑ̃] *M* **1** BOT Einwurzeln *n*; Anwachsen *n* **2** *fig* Verwurzelung *f*; *état a.* Verwurzelt-, Verwachsensein *n*
enraciner [ɑ̃ʀasine] **A** *V/T* **~ qn dans un pays** j-n in e-m Land heimisch werden lassen; **~ qc dans l'esprit de qn** j-m etw anerziehen; etw in j-n hineinlegen; *adjt* **profondément enraciné** *personne* fest verwurzelt, verbunden, verwachsen (**dans** mit); *habitudes, sentiments, préjugés* tief eingewurzelt; **être enraciné dans ses habitudes** in s-n Gewohnheiten festgefahren sein **B** *V/PR* **s'~** **1** *plante* (sich) einwurzeln; Wurzeln schlagen; anwachsen **2** *fig personne* Wurzeln schlagen; *erreur, habitude etc* sich festsetzen; sich einbürgern; *mauvaise habitude a.* einreißen
enragé [ɑ̃ʀaʒe] *ADJ* **1** VÉT tollwütig **2** *fig joueur, chasseur etc* leidenschaftlich; besessen; fanatisch; *subst* **un(e) ~(e) de musique, de cinéma** *etc* ein leidenschaftlicher Musikfan, Kinofan *etc*
enrager [ɑ̃ʀaʒe] *V/I* ‹-geons› **j'enrage de** *(+inf)* es macht mich rasend, *fam* ich könnte mich schwarzärgern, dass ich ...; **faire ~ qn** j-n ärgern, reizen
enraiement [ɑ̃ʀɛmɑ̃] *M* → enrayement
enrayage [ɑ̃ʀɛjaʒ] *M d'une arme à feu* Ladehemmung *f*; **enrayement** *M d'une épidémie, d'une crise etc* Eindämmung *f*
enrayer [ɑ̃ʀeje] ‹-ay- *od* -ai-› **A** *V/T crise, évolution* aufhalten; (ab)bremsen; Einhalt gebieten *(+dat)*; *évolution a.* hemmen; **~ une augmentation de prix** eine Preiserhöhung auffangen; **~ une épidémie** eine Epidemie eindämmen, unter Kontrolle bringen **B** *V/PR* **s'~** *arme à feu* Ladehemmung haben
enrégimenter [ɑ̃ʀeʒimɑ̃te] *V/T* eingliedern, einreihen (**dans** in *+acc*)
enregistrable [ɑ̃ʀ(ə)ʒistʀabl] *ADJ faits etc* registrierbar; *concert etc* einspielbar
enregistrement [ɑ̃ʀ(ə)ʒistʀəmɑ̃] *M* **1** *de son, d'images* Aufnahme *f* (*a. résultat*); Aufzeichnung *f*; *d'images a.* Speicherung *f*; *de disques a.* Einspielung *f*; *de mesures* Aufzeichnung *f*; Registrierung *f*; **~ sur bande magnétique** (Magnet-)Bandaufnahme *f*, -aufzeichnung *f*; **~ sur disque** (Schall)Plattenaufnahme *f*; **studio** *m* **d'~** Aufnahmestudio *n* **2** JUR Eintragung *f*; Registrierung *f*; **l'Enregistrement** die Registrierbehörde, -stelle *(in Frankreich Behörde, bei der rechtlich wichtige Verhältnisse registriert werden müssen)* **3** *de données, d'observations etc* Verzeichnung *f*; Registrierung *f*; Vermerken *n*; Erfassung *f*; Verbuchung *f*; *d'une commande* Aufnahme *f* **4** **~ des bagages** Gepäckabfertigung *f*; Gepäckaufgabe(stelle) *f*; Gepäckannahme (-stelle) *f*; AVIAT **se présenter à l'~** einchecken
enregistrer [ɑ̃ʀ(ə)ʒistʀe] *V/T* **1** *sur bande etc* aufnehmen; aufzeichnen; *images a.* speichern; *disque a.* einspielen; *mesures* registrieren; (selbsttätig) aufzeichnen; **~ de la musique sur bande, sur disque** Musik auf Band, auf Platte aufnehmen; **ce pianiste n'a encore rien enregistré** dieser Pianist hat noch keine (Platten)Aufnahmen gemacht, noch nichts eingespielt **2** *données, observations etc* ver-, aufzeichnen; registrieren; festhalten; vermerken; *données a.* erfassen; *réclamations* entgegennehmen; *progrès, tendances* verzeichnen; *qc dans sa mémoire* sich *(dat)* merken, einprägen; registrieren; verbuchen; **~ une commande** eine Bestellung aufnehmen; **on enregistre actuellement une tendance à la hausse** zur Zeit ist e-e Auftriebstendenz zu verzeichnen; **c'est enregistré** ich denke bestimmt daran; ich habe es mir gemerkt; *fam* ist gebongt **3** **a** JUR

E

(in ein Register) eintragen; registrieren; einschreiben b COMM buchen; in ein Register eintragen **4** a *bagages* abfertigen; AVIAT einchecken; **faire ~** aufgeben b *personne* **se faire ~** einchecken

enregistreur [ɑ̃ʀ(ə)ʒistʀœʀ] **A** ADJ ⟨-euse⟩ aufzeichnend; Registrier...; **caisse enregistreuse** Registrierkasse *f* **B** M TECH **~ DVD** DVD-Rekorder *m*; **~ de pression** Druckschreiber *m*; AVIAT **~ de vol** Flugschreiber *m*

E

enrhumé [ɑ̃ʀyme] ADJ erkältet; verschnupft; **être ~** *a.* e-e Erkältung, e-n Schnupfen haben

enrhumer [ɑ̃ʀyme] **A** V/T e-e Erkältung, e-n Schnupfen verursachen, auslösen (**qn** bei j-m); **le moindre courant d'air suffit à l'~** beim geringsten Luftzug erkältet er sich, bekommt er Schnupfen **B** V/PR **s'~** sich erkälten; sich *(dat)* e-e Erkältung, e-n Schnupfen holen, zuziehen; e-e Erkältung, e-n Schnupfen bekommen

enrichir [ɑ̃ʀiʃiʀ] **A** V/T **1** **~ qn** j-n reich, wohlhabend machen; *adjt* **enrichi** reich geworden **2** *collection, langue etc* bereichern (**de qc** um etw); *connaissances* bereichern; erweitern; vertiefen; **~ son esprit** s-n Horizont erweitern; **~ son vocabulaire** seinen Wortschatz erweitern **3** *minerai, terre* anreichern; *adjt* **uranium enrichi** angereichertes Uran **B** V/PR **s'~** reich, wohlhabend werden; zu Geld, Reichtümern kommen; *péj* sich bereichern

enrichissant [ɑ̃ʀiʃisɑ̃] ADJ *expérience, lecture etc* gewinnbringend; nutzbringend; lohnend

enrichissement [ɑ̃ʀiʃismɑ̃] M **1** Reichwerden *n*; *péj* Bereicherung *f* (*a.* JUR) **2** *d'une collection etc, des connaissances* Bereicherung *f*; Erweiterung *f*; *des connaissances a.* Vertiefung *f* **3** TECH Anreicherung *f*

enrobage [ɑ̃ʀɔbaʒ] M *ou* **enrobement** M Umhüllung *f*; Ummantelung *f*; CUIS, PHARM Überziehen *n*; *de cigares* Umrollen *n* mit dem Deckblatt

enrober [ɑ̃ʀɔbe] V/T **1** umhüllen; ummanteln; mit e-r (Schutz)Hülle umgeben; *fruits* kandieren; PHARM *comprimés* mit Zuckermasse überziehen; *pp* **glace enrobée de chocolat** Eis *n* mit Schokoladenüberzug **2** *fig reproches etc* einkleiden, verpacken (**de** in *+acc*); verbrämen (mit)

enrôlement [ɑ̃ʀolmɑ̃] M **1** HIST MIL Anwerbung *f*; MAR Anheuerung *f*; Anmusterung *f* **2** *fig* Ein-, Beitritt *m*

enrôler [ɑ̃ʀole] **A** V/T **1** HIST MIL anwerben; MAR anheuern; anmustern **2** *fig dans un parti etc* aufnehmen **B** V/PR **s'~** **1** HIST MIL Soldat werden; zu den Fahnen eilen **2** *fig* **s'~ dans un parti** ine-e Partei eintreten; e-r Partei *(dat)* beitreten

enroué [ɑ̃ʀwe] ADJ *voix, personne* heiser

enrouement [ɑ̃ʀumɑ̃] M Heiserkeit *f*

enrouer [ɑ̃ʀwe] V/PR **s'~** heiser werden; **s'~ à force de crier** sich heiser schreien

enroulement [ɑ̃ʀulmɑ̃] M **1** *action* Herumwickeln *n*; *de rubans etc* Aufrollen *n*; Aufwickeln *n* **2** ÉLEC Wicklung *f*

enrouler [ɑ̃ʀule] **A** V/T *papier, tapis etc* ein-, auf-, zusammenrollen; *fil, corde* aufwickeln; **~ qc autour de qc** etw um etw (herum) wickeln, schlingen; **~ qc dans qc** etw in etw *(acc)* (ein)wickeln, einschlagen; **~ du fil sur une bobine** Faden aufspulen, auf e-e Rolle, Spule wickeln; *adjt* **serpent enroulé sur lui-même** zusammengerollte Schlange **B** V/PR **s'~** sich ein-, auf-, zusammenrollen; sich aufwickeln; *copeaux etc* sich ringeln; **s'~ autour de qc** sich um etw (herum) wickeln, schlingen, winden, *lianes a.* ranken; **s'~ dans qc** sich in etw *(acc)* (ein)wickeln

enrouleur [ɑ̃ʀulœʀ] M AUTO **ceinture** *f* **à ~** Automatikgurt *m*

enrubanner [ɑ̃ʀybane] V/T mit e-m Band, mit Bändern, mit e-r Schleife schmücken, verzieren

ensablement [ɑ̃sabləmɑ̃] M *d'un port etc* Versandung *f*; *par le vent* Sandverwehung *f*

ensabler [ɑ̃sable] V/PR **s'~** **1** *port etc* versanden; *adjt* **estuaire ensablé** versandende, versandete Mündung **2** *bateau* auf e-e Sandbank laufen; *voiture* im Sand einsinken, stecken bleiben; *coquillage* sich im Sand eingraben

ensacher [ɑ̃saʃe] V/T *ciment, grains etc* in Säcke (ab)füllen, (ab)packen; *bonbons etc* in Tüten (ab)füllen, (ab)packen

ensanglanter [ɑ̃sɑ̃glɑ̃te] V/T *visage, linge etc* mit Blut verschmieren, beflecken, besudeln *(a. fig)*; *adjt* **ensanglanté** blutverschmiert, -befleckt; blutig; voll(er) Blut; *pays* mit Krieg, mit blutigen Wirren überzogen

enseignant [ɑ̃sɛɲɑ̃] **A** ADJ **corps ~** Lehrerschaft *f*; Lehrer *mpl*; Erzieher *mpl*; *d'une école* **personnel ~** Lehrkörper *m*; Lehrkräfte *fpl*; Lehrerkollegium *n* **B** SUBST **~(e)** *m(f)* Lehrkraft *f*; Lehrer(in) *m(f)*

enseigne[1] [ɑ̃sɛɲ] F **1** (Aushänge-, Laden-, Firmen)Schild *n*; **~ (commerciale)** Firmenschild *n*; **~ publicitaire** Reklameschild *n*; **~ au néon** Neonschild *n*, -reklame *f*; **~ d'une auberge** Gasthaus-, Wirtshausschild *n*; *fig* **être logé(s) à la même ~** im gleichen Boot sitzen; in der gleichen Lage sein **2** HIST MIL Feldzeichen *n* **3** LOC CONJ *litt* **à telle ~ que** sodass sogar

enseigne[2] [ɑ̃sɛɲ] M MAR MIL **~ de vaisseau** (Ober)Leutnant *m* zur See

enseignement [ɑ̃sɛɲmɑ̃] M **1** Unterricht *m*; *activité a.* Unterrichten *n*; *institution* Schul-, Unterrichtswesen *n*; **~ commercial** a Handelsunterricht *m* b Handelsschulwesen *n*; **~ général** der Allgemeinbildung dienender Unterricht; **~ libre** *ou* **privé** Privatschulwesen *n*; **~ obligatoire** Schulpflicht *f*; **~ primaire** Grundschulwesen *n*; **~ public** staatliches Schulwesen; **~ religieux** Religionsunterricht *m*; **~ secondaire** höheres Schulwesen; **~ supérieur** Hochschulwesen *n*; Hochschulen *fpl*; **~ technique, professionnel** a Fach-, Berufsschulunterricht *m* b Fach-, Berufsschulwesen *n*; **~ théorique, pratique, clinique** theoretischer, praktischer, klinischer Unterricht; **~ du dessin, des langues** Zeichen-, Sprachunterricht *m*; **~ par correspondance** Fernunterricht *m*; **programme** *m* **d'~** Lehrplan *m*; Unterrichtsprogramm *n*; Lehrstoff *m* **2** *(métier d'enseignant)* Lehrberuf *m*; Lehrfach *n*; Schuldienst *m*; **être dans l'~** im Schuldienst, Lehrfach sein **3** *(leçon) surtout pl* **~s** Lehre(n) *f(pl)*; **tirer des ~s de qc** aus etw die Lehre ziehen

enseigner [ɑ̃seɲe] V/T **~ qc à qn** j-n etw lehren; j-n in etw *(dat)* unterrichten, unterweisen; *fam* j-m etw beibringen; **~ l'histoire** Geschichte unterrichten, geben; *à l'université* Geschichte lehren, lesen; Vorlesungen in Geschichte halten; *à l'université* **~ la médecine légale** Gerichtsmedizin lehren, lesen; Vorlesungen in Gerichtsmedizin halten; **~ avec la méthode X** nach der Methode X unterrichten; *abs*: **~ à la Sorbonne** an der Sorbonne lehren, lesen, Vorlesungen halten; **elle enseigne en province** sie unterrichtet in der Provinz; *par ext* **l'expérience nous enseigne que ...** die Erfahrung lehrt uns, dass ...; *adjt* **matière enseignée** Lehr-, Unterrichtsfach *n*

ensemble [ɑ̃sɑ̃bl] **A** ADV **1** zusammen; miteinander; beisammen; beieinander; *(en commun)* gemeinsam; **tous ~** alle zusammen *etc*; *personnes, choses* **aller ~** zusammenpassen; zueinanderpassen; zusammengehören; *personnes* **être bien ~** sich gut verstehen, vertragen; gut miteinander auskommen; **faire qc ~** etw zusammen, miteinander, gemeinsam tun; **mettre qc ~** etw zusammenlegen, -setzen, -stellen, -tun; *livres etc* **être rangés ~** beieinanderstehen; beisammenstehen **2** *(simultanément)* zugleich; gleichzeitig **B** M **1** *(totalité)* Ganze(s) *n*; Gesamtheit *f*; Ganzheit *f*; *de questions etc* Komplex *m*; **l'~ des faits** die Gesamtheit der Fakten; **un ~ de faits** ein Komplex von Fakten; **l'~ des professeurs** das Lehrerkollegium; die Lehrerschaft; *loc adj* **d'~** Gesamt...; **impression** *f* **d'~** Gesamteindruck *m*; **plan** *m* **d'~** Gesamt-, Übersichtsplan *m*; **vue** *f* **d'~** Gesamtansicht *f*; Überblick *m*, -sicht *f (a. fig)*; *loc adv* **dans l'~** insgesamt; im (Großen und) Ganzen; alles in allem; im Allgemeinen; **dans son ~** in s-r Gesamtheit **2** *(harmonie)* Zusammenspiel *n*, -wirken *n*, -klang *m*; Übereinstimmung *f*; *œuvre* **manquer d'~** nicht ausgewogen, einheitlich, harmonisch sein **3** MUS Ensemble *n*; **~ instrumental, vocal** Instrumental-, Vokalensemble *n* **4** *d'édifices* Komplex *m*; Gruppe *f*; **grand ~** Groß-, Wohnsiedlung *f*; Trabantenstadt *f*; **~ industriel** Industrieanlage *f*, -komplex *m* **5** *de meubles etc* Garnitur *f*; Gruppe *f*; *dans les publicités* **l'~ 3000 euros** komplett 3000 Euro **6** COUT Ensemble *n*; Komplet *n*; **~ de plage** Strandensemble *n* **7** MATH Menge *f*; **théorie** *f* **des ~s** Mengenlehre *f*

ensemblier [ɑ̃sɑ̃blije] M **1** *décorateur* Innenarchitekt *m* **2** CINÉMA Ausstatter *m*

ensemencement [ɑ̃smɑ̃smɑ̃] M **1** Aus-, Einsaat *f*; Einsäen *n* **2** BIOL Beimpfen *n*; **ensemencer** V/T ⟨-ç-⟩ **1** *champ* einsäen; besäen **2** *étang, rivière* mit Fischbrut besetzen **3** BIOL beimpfen

enserrer [ɑ̃seʀe] V/T (eng) umschließen *(a. fig montagnes: village etc)*; *plus fort taille etc* einschnüren

ensevelir [ɑ̃səv(ə)liʀ] **A** V/T **1** *litt (enterrer)* begraben; bestatten; *(envelopper dans un linceul)* in ein Leichentuch hüllen **2** *avalanche etc* **~ qn, qc** j-n, etw unter sich *(dat)* begraben; j-n, etw verschütten; **être enseveli (sous les décombres)** (unter den Trümmern) verschüttet, begraben werden *ou* sein **3** *fig secret, passé etc* verbergen; begraben; *silence etc* **~ qn** j-n einhüllen **B** V/PR *fig* **s'~ dans la solitude** sich (ganz) von der Welt zurückziehen

ensevelissement [ɑ̃səv(ə)lismɑ̃] M **1** *litt (enterrement)* Begräbnis *n*; Bestattung *f*; *litt* Grablegung *f*; *dans un linceul* Einhüllen *n* in ein Leichentuch **2** *d'une ville etc* Begraben-, Verschüttetwerden *n*

ensiler [ɑ̃sile] V/T AGR in e-m Silo einlagern; einsäuern; silieren

en-soi [ɑ̃swa] M PHIL An-sich-Sein *n*

ensoleillé [ɑ̃sɔleje] ADJ sonnig; *endroit a.* sonnenbeschienen; besonnt; *pièce a.* sonnendurchflutet; **côté ~** Sonnenseite *f*; **être ~** *a.* Sonne haben; in der Sonne liegen

ensoleillement [ɑ̃sɔlɛjmɑ̃] M Sonnenbestrahlung *f*, -einstrahlung *f*; Sonnenschein *m*; **durée** *f* **d'~** Sonnenscheindauer *f*; **journées** *fpl* **d'~** Sonnentage *mpl*

ensoleiller [ɑ̃sɔleje] V/T *fig vie, journée* erhellen; Glanz bringen in *(+acc)*; verschönern

ensommeillé [ɑ̃sɔmeje] ADJ schläfrig *(a. yeux)*; verschlafen; schlaftrunken

ensorcelant [ɑ̃sɔʀsəlɑ̃] ADJ bezaubernd; betörend; *st/s* berückend

ensorceler [ɑ̃sɔʀsəle] V/T ⟨-ll-⟩ **1** *(envoûter)* verzaubern; verwünschen; ver-, behexen; *adjt* **ensorcelé** verhext; verzaubert; verwunschen **2** *fig (captiver)* bezaubern; betören; bestricken; in s-n Bann ziehen; e-n Zauber ausüben (**qn**

auf j-n)
ensorceleur [ɑ̃sɔʀsəlœʀ] M, **ensorceleuse** F Verführer(in) m(f); Hexe f
ensorcellement [ɑ̃sɔʀsɛlmɑ̃] M 1 (sorcellerie) Zauberei f; état Verzauberung f; Behexung f 2 fig Zauber m; Reiz m; Bezauberung f
ensuite [ɑ̃sɥit] ADV 1 temporel dann; danach; darauf; nachher; hernach; hinterher; anschließend; st/s sodann; alsdann; **et ~?** und (was) dann?; was weiter?; litt **~ de quoi** worauf 2 spatial dann; dahinter; hinterher 3 fig (de plus) ferner; außerdem; (en second lieu) zweitens
ensuivre [ɑ̃sɥivʀ] ⟨→ suivre; défect: nur inf u. 3. Person sg u. pl; in zusammengesetzten Zeiten wird en abgetrennt⟩ V/PR **s'~** (découler) sich daraus ergeben; daraus resultieren, hervorgehen; (suivre) darauf folgen; sich anschließen; **jusqu'à ce que mort s'ensuive** bis der Tod eintritt; **et tout ce qui s'ensuit** und alles Folgende; und alles, was damit verbunden ist; impersonnel **il s'ensuit (de là) que ...** daraus, hieraus ergibt sich ou folgt ou geht hervor, dass ...; das hat zur Folge, dass ...
entacher [ɑ̃taʃe] V/T st/s honneur, réputation etc beflecken; besudeln; beschmutzen; **entaché d'erreurs** mit Fehlern behaftet; fehlerhaft
entaille [ɑ̃taj] F 1 Einschnitt m; Kerbe f; TECH a. Raste f; **faire une ~ dans**, à e-e Kerbe machen in (+acc) 2 blessure (tiefe) Schnittwunde; **se faire une ~ dans le doigt** sich (acc ou dat) tief in den Finger schneiden
entailler [ɑ̃taje] A V/T TECH einschneiden; einkerben; einkehlen; arbre a. anritzen B V/PR **s'~ le doigt** sich (acc ou dat) tief in den Finger schneiden, avec une hache hacken
entame [ɑ̃tam] F CUIS Anschnitt m
entamer [ɑ̃tame] V/T 1 réserves, bouteille, paquet de cigarettes etc anbrechen; pain, rôti etc anschneiden; boîte de chocolats etc a. anreißen; billet de banque anbrechen; anfangen; capital, héritage angreifen; **~ une pomme** einen Apfel anbeißen; fig **la journée est déjà bien entamée** es ist nicht mehr früh am Tag 2 CHIM angreifen; diamant: verre etc ritzen; rouille: fer etc angreifen; zer-, anfressen; MIL ligne ennemie eindrücken; einbrechen in (+acc) 3 fig conviction, optimisme erschüttern; Abbruch tun (+dat); honneur, réputation antasten; angreifen 4 (commencer) beginnen, anfangen (**qc** etw ou mit etw); discussion einleiten; eröffnen; négociations einleiten; aufnehmen; conversation anknüpfen; œuvre in Angriff nehmen; **~ la lecture d'un livre** ein Buch anfangen, a. anlesen
entartrage [ɑ̃taʀtʀaʒ] M Ansatz m, Ablagerung f von Kesselstein
entartrer [ɑ̃taʀtʀe] A V/T Kesselstein ablagern, bilden in, auf (+dat) B V/PR **s'~** Kesselstein ansetzen
entassement [ɑ̃tasmɑ̃] M 1 Auf-, Anhäufung f; de terre etc Aufschüttung f; résultat a. Haufen m; Berg m; péj Wust m; Durcheinander n; **~ de papiers** Haufen, Wust von Papieren 2 d'êtres vivants Zusammenpferchen n; état Zusammengepferchtsein n, -gedrängtsein n; de masses humaines Zusammenballung f
entasser [ɑ̃tase] A V/T 1 auf-, anhäufen; (auf)stapeln; auftürmen; aufschichten; terre, pommes de terre etc aufschütten; provisions (amasser) horten; speichern; hamstern 2 prisonniers etc zusammenpferchen (**dans** in +dat); hineinpferchen (in +acc) B V/PR **s'~** 1 marchandises, courrier etc sich stapeln, türmen, (an) häufen, ansammeln 2 personnes sich (dicht zusammen) drängen; zusammengepfercht sein; dicht gedrängt stehen; masses humaines sich zusammenballen
entendement [ɑ̃tɑ̃dmɑ̃] M 1 (faculté de comprendre) Verständnis n; Begriffsvermögen n; Fassungskraft f; **dépasser l'~** die Fassungskraft übersteigen; unbegreiflich, unverständlich sein 2 (intelligence) Verstand m (a. PHIL); Urteilskraft f
entendeur [ɑ̃tɑ̃dœʀ] M LOC **à bon ~ salut!** Sie wissen ou du weißt jetzt Bescheid!; Sie sind ou du bist gewarnt!
entendre [ɑ̃tɑ̃dʀ] ⟨→ rendre⟩ A V/T 1 (percevoir par l'ouïe) hören (a. abs); vernehmen; verstehen; **~ mal** schlecht, schwer hören; un orateur etc schlecht verstehen; **j'ai mal entendu** ich habe mich verhört; ich habe falsch gehört; **ne pas ~ qc** etw überhören, nicht hören; **on entend souvent cette locution** man kann diese Wendung oft hören; **à l'~** wenn man ihn (fam so) hört; s-n Reden nach; **qu'est-ce que j'entends?** was höre ich da?; was muss ich da hören?; **~ que ...** hören, dass ...; ♦ **~ crier, parler** etc schreien, sprechen etc hören; **j'ai entendu dire que ...** ich habe gehört, dass ...; **d'après ce que j'ai entendu dire** soviel ich gehört habe; **~ qn dire qc** j-n etw sagen hören; hören, wie j-d etw sagt; etw von j-m hören; **~ parler de qn, de qc** von j-m, von etw hören ou reden hören; **j'en ai entendu parler** ich habe davon gehört; **il ne veut pas en ~ parler** er will nichts davon hören; **je n'ai plus entendu parler de lui depuis longtemps** ich habe schon lange nichts mehr von ihm gehört; **j'aime ~ parler français** ich höre gern Französisch; **je ne l'ai jamais entendu parler de cela** ich habe ihn nie davon, darüber sprechen hören; ♦ fam **il va m'~!** fam der kriegt was (von mir) zu hören!; **faire celui qui n'a pas entendu** (absichtlich) etw überhören; **faire ~** bruit, son hören lassen; von sich geben; **se faire ~** zu hören sein; personne sich (dat) Gehör verschaffen; mit s-r Stimme durchdringen; bruit etc hörbar, vernehmbar werden; rires a. erschallen; musique a. erklingen; sirène a. ertönen; fam **qu'est-ce qu'il ne faut pas ~!** fam was man da so alles hört!; was muss man da nicht alles hören!; **il répète à qui veut l'~ que ...** er erzählt jedem, der es hören will, dass ... 2 a (écouter) (an) hören; Gehör schenken (+dat); témoin, accusé hören; vernehmen; **~ une conférence** sich (dat) e-n Vortrag anhören; **après avoir entendu les parties** nach Anhörung der Parteien; **faire ~ raison à qn** j-n zur Vernunft bringen; **il ne veut rien ~** er will nicht hören b plaintes, prières erhören; **que Dieu vous entende!** Gott gebe es! 3 a (comprendre) verstehen; begreifen; **ne rien ~ à qc** von etw nichts verstehen; für etw kein Verständnis haben; **j'entends bien** ich verstehe gut; ich begreife; ich weiß wohl; es ist mir klar; **donner à, laisser ~ qc (à qn)** (j-m) etw zu verstehen, erkennen geben; (j-n) etw merken lassen; (bei j-m) etw durchblicken lassen; (j-m) etw andeuten, st/s bedeuten; je te défends de sortir, **tu entends?** verstanden? b (vouloir dire) **~ par** verstehen unter (+dat); meinen mit; **qu'entendez-vous par là?** was verstehen Sie darunter?; was meinen Sie damit?; was wollen Sie damit sagen? 4 st/s (vouloir) beabsichtigen; wollen; **qu'entendez-vous faire maintenant?** st/s was gedenken Sie jetzt zu tun?; **faites comme vous l'entendez** machen Sie es, wie es Ihnen beliebt; **j'entends qu'on m'obéisse, j'entends être obéi** ich verlange, erwarte Gehorsam B V/PR **s'~** 1 a (s'accorder) **s'~ (bien, mal) avec qn** sich mit j-m (gut, schlecht) verstehen, vertragen; mit j-m (gut, schlecht) auskommen; réciproque **s'~** sich verstehen, vertragen; miteinander auskommen; **entendons-nous bien!** wohlverstanden!; damit wir uns recht verstehen! b (se mettre d'accord) **s'~ avec qn, sur qc** sich mit j-m, über etw (acc) einigen, verständigen; mit j-m, über etw (acc) einig werden; **s'~** a. zu e-r Verständigung kommen; **avec lui il y a moyen de s'~** mit ihm kann man reden; er lässt mit sich reden c (s'y connaître) **s'~ à qc** sich auf etw (acc) verstehen; **il s'y entend** er versteht sich darauf; **s'y ~ pour** (+inf) sich darauf verstehen zu (+inf); es verstehen zu (+inf) d (être compris) verstanden werden; **cela s'entend** (das) versteht sich; (das ist) selbstverständlich; **ce mot peut s'~ de diverses manières** das Wort kann man verschieden auffassen; quand je dis jamais, **je m'entends ...** dann verstehe ich darunter, dann heißt das ... 2 (être perçu par l'ouïe) a bruit etc gehört werden; zu hören sein; **ce mot s'entend encore** dieses Wort kann man noch hören, hört man noch; **cela s'entend tout de suite** das hört man gleich b personne(s) sich hören; die eigene Stimme hören; fam **tu ne t'entends pas** du merkst gar nicht, wie laut du bist; fam **on ne s'entend plus ici** hier hört, versteht man ja sein eigenes Wort nicht mehr; **aimer s'~ parler** sich gern reden hören c **s'~ dire, répondre que ...** die Antwort erhalten, dass ...; **s'~ condamner à ...** verurteilt werden zu ...
entendu [ɑ̃tɑ̃dy] ADJ 1 (convenu) abgemacht; beschlossen; **(c'est) ~!** einverstanden!; abgemacht!; gut!; klar!; geht in Ordnung!; es bleibt dabei!; fam ist gebongt!; **étant ~ que ...** wobei als vereinbart gilt, dass ...; loc adv **bien ~** natürlich; selbstverständlich; selbstredend; das versteht sich; concessif wohlverstanden; wohlgemerkt; allerdings; fam **comme de bien ~** fam versteht sich!; na klar! 2 air, sourire, regard verständnisvoll; des Einverständnisses; e-s Komplizen
entente [ɑ̃tɑ̃t] F 1 processus Verständigung f; Einigung f; résultat Übereinkommen n; Abmachung f; Absprache f (a. ÉCON); **terrain** m **d'~** Verständigungsgrundlage f; **parvenir à une ~** Einigung erzielen; zu e-m Übereinkommen gelangen; sich verständigen, einigen 2 POL Entente f; Bündnis n; HIST **l'Entente (cordiale)** die Entente cordiale 3 (concorde) Einvernehmen n; Eintracht f; Einigkeit f; gegenseitiges Verstehen; **vivre en bonne ~** in gutem Einvernehmen leben
enter [ɑ̃te] V/T (greffer) pfropfen
entérinement [ɑ̃teʀinmɑ̃] M JUR d'une expertise etc Bestätigung f (durch das Gericht); **entériner** V/T 1 JUR (gerichtlich) bestätigen 2 (approuver) billigen; gutheißen; akzeptieren
entérite [ɑ̃teʀit] F MÉD Darmkatarr(h) m; Dünndarmentzündung f; t/t Enteritis f
enterrement [ɑ̃tɛʀmɑ̃] M 1 d'un mort Beerdigung f; Begraben n; Bestattung f; Beisetzung f; d'un trésor etc Ver-, Eingraben n; de cadavres, d'animaux a. Verscharren n 2 cérémonie Beerdigung f; Begräbnis n; Bestattung f; Beisetzung f; all Sud a. Leiche f; **~ religieux** kirchliches Begräbnis; fam fig **un ~ de première classe** ein Begräbnis erster Klasse; **tête** f **d'~** Leichenbittermiene f; Trauermiene f 3 (cortège funèbre) Trauer-, Leichenzug m; Trauergefolge n; a. Trauergemeinde f 4 fig de projets, d'espoirs etc Ende n; Begraben n
enterrer [ɑ̃tɛʀe] A V/T 1 mort beerdigen; begraben; bestatten; beisetzen; zu Grabe tragen; **être enterré au cimetière de ...** auf dem Friedhof von ... begraben sein, liegen; **nous l'avons enterré hier** wir haben ihn gestern zu Grabe getragen; **il est mort et enterré** er ist längst tot, unter der Erde; fig **il nous enterrera tous** er wird uns alle überleben 2 cadavre, animal vergraben; verscharren; trésor, ar-

mes etc ver-, eingraben; JARD eingraben; in die Erde stecken; TECH *conduites* unter der Erde, unterirdisch verlegen; *fig* **~ la hache de guerre** *fam* das Kriegsbeil begraben **3** *par ext* **être enterré sous les décombres** unter den Trümmern verschüttet, begraben werden *ou* sein, (begraben) liegen **4** *fig secret* begraben, verschließen (**dans son cœur** in s-m Herzen); *querelle, affaire, projets, espoirs* begraben; *espoirs a.* zu Grabe tragen; **~ sa vie de garçon** den Abschied von s-m Junggesellenleben feiern **B** V/PR **s'~** *fig* sich zurückziehen (**en province** in die Provinz); *fam* sich vergraben (in der Provinz)

E

entêtant [ãtɛtã] ADJ *parfum* betäubend; schwer; zu Kopfe steigend; *air de musique* die einem nicht aus dem Kopf geht

en-tête [ãtɛt] M ⟨*pl* en-têtes⟩ **1** *de papier à lettres* Briefkopf *m* **2** INFORM Kopf *m*; Vorsatz *m*

entêté [ãtete] **A** ADJ eigensinnig; starrköpfig, -sinnig; halsstarrig; störrisch; *fam* stur; dickköpfig, -schäd(e)lig **B** SUBST **~(e)** *m(f)* Starrkopf *m*; *fam* Dickkopf *m*; Dickschädel *m*

entêtement [ãtɛtmã] M Eigensinn(igkeit) *m(f)*; Starrsinn *m*; Starrköpfigkeit *f*; Halsstarrigkeit *f*; *fam* Sturheit *f*; Dickköpfigkeit *f*; Dickschädligkeit *f*

entêter [ãtete] V/PR **s'~** eigensinnig, starrköpfig, halsstarrig werden; *fam* s-n Dickkopf aufsetzen; **s'~ dans qc** sich auf etw *(acc)* versteifen; eigensinnig auf etw *(dat)* beharren, an etw *(dat)* festhalten; sich auf etw *(acc)* kaprizieren; **s'~ à faire qc** sich darauf versteifen, etw zu tun; hartnäckig etw tun; **s'~ dans une idée** *a.* sich in e-e Idee verrennen; **s'~ dans son refus** *a.* sich hartnäckig weigern

enthousiasmant [ãtuzjasmã] ADJ begeisternd; hinreißend

enthousiasme [ãtuzjasm] M Begeisterung *f*; Enthusiasmus *m*; *loc adv*: **avec ~** begeistert; mit Begeisterung; **dans l'~ général** in der allgemeinen Begeisterung; **fête célébrée dans l'~** begeistert, überschwänglich gefeiertes Fest

enthousiasmer [ãtuzjasme] **A** V/T begeistern; in Begeisterung versetzen; hinreißen; enthusiasmieren; *pp* **être enthousiasmé par qc, qn** von etw, j-m begeistert sein **B** V/PR **s'~** sich begeistern (**pour** für); in Begeisterung geraten (über *+acc*)

enthousiaste [ãtuzjast] ADJ *accueil, partisan etc* begeistert; enthusiastisch; *a. péj* überschwänglich; schwärmerisch

entichement [ãtiʃmã] M Schwärmerei *f*; Vorliebe *f*; Neigung *f*

enticher [ãtiʃe] V/PR **s'~ de qn, qc** für j-n, etw schwärmen; sich für j-n, etw begeistern; sich in j-n, etw vernarren; **être entiché de** vernarrt sein in *(+acc)*

entier [ãtje] **A** ADJ ⟨-ière⟩ **1** a ganz; **(durant) une année entière, des années entières** ein ganzes, volles Jahr (lang), jahrelang; **lait ~** Vollmilch *f*; MATH **nombre ~** ganze Zahl; **payer place entière** den vollen Preis bezahlen b *advt* **tout** ⟨*inv*⟩ **~** ganz; völlig; vollständig; ganz und gar; über und über; **tout ~ à son travail** ganz in s-e Arbeit vertieft; **avaler qc tout ~** etw ganz (ver)schlucken; **boire une bouteille tout entière** e-e ganze Flasche (aus)trinken; **se donner tout ~ à une tâche** sich *(dat)* e-r Aufgabe voll und ganz widmen c *loc adv* **en ~** ganz; vollständig; **écrire son nom en ~** s-n Namen (ganz) ausschreiben; **lire un article en ~** e-n Artikel ganz lesen **2** *(absolu) confiance, liberté* völlig; uneingeschränkt; absolut; *confiance a.* unbedingt; *liberté a.* vollkommen; *ignorance, indépendance* völlig; **donner entière satisfaction à qn** j-n voll und ganz, restlos zufriedenstellen **3** *(intact) vase etc* ganz; unversehrt; *fig réputation* unangetastet; **rester ~** *mystère, problème* ungelöst bleiben; *question* offenbleiben **4** *caractère, personne* gerade; unbeugsam; direkt; *péj a.* eigensinnig; *caractère a.* fest; **être ~ dans ses opinions** feste Ansichten haben **B** M **1** MATH Ganze(s) *n* **2** LOC ADV **dans, en son ~** ganz; als Ganzes

entièrement [ãtjɛrmã] ADV ganz; völlig; vollständig; voll und ganz; ganz und gar; gänzlich; zur Gänze

entité [ãtite] F **1** PHIL Entität *f*; Seinshaftigkeit *f*; Wesenheit *f* **2** *par ext* Wesen *n*; Gebilde *n*

entoiler [ãtwale] V/T **1** *carte de géographie* auf Leinwand aufziehen **2** COUT mit Leinen, mit e-r Einlage versteifen

entôler [ãtole] V/T *fam* reinlegen; anschmieren; übers Ohr hauen

entomologie [ãtɔmɔlɔʒi] F Insektenkunde *f*; *t/t* Entomologie *f*; **entomologique** ADJ entomologisch; **entomologiste** M/F Insektenforscher(in) *m(f)*; *t/t* Entomologe *m*, -login *f*

entonner [ãtɔne] V/T *mélodie* anstimmen; intonieren; *fig* **~ les louanges de qn** ein Loblied auf j-n anstimmen

entonnoir [ãtɔnwaʀ] M Trichter *m* (*a. d'une bombe*); **en (forme d')~** trichterförmig

entorse [ãtɔʀs] F **1** MÉD Verstauchung *f*; **se faire une ~ au pied** sich *(dat)* den Fuß verstauchen **2** *fig* **faire une ~ à** *loi, vérité* verdrehen; *loi a., règlement* missachten; sich hinwegsetzen über *(+acc)*; verletzen; verstoßen gegen; **faire une ~ à ses habitudes** (einmal) von s-n Gewohnheiten abgehen, gegen s-e Gewohnheiten verstoßen

entortiller [ãtɔʀtije] **A** V/T **1** *bonbons etc* (ein)wickeln (**dans** in *+acc*); *mouchoir etc* (herum) wickeln (**autour de son doigt** um den Finger) **2** *fig phrases* komplizieren; *adjt* **entortillé** wirr; verworren; konfus **3** *fam fig* **~ qn** *fam* j-n beschwatzen, einwickeln **B** V/PR **s'~** **1** *plantes, serpent* sich winden, sich wickeln, *plante a.* sich ranken, *serpent a.* sich ringeln (**autour de** um) **2** a *fam* **s'~ dans ses draps** sich in s-e Decken (ver)wickeln b *fig* sich verwickeln, verheddern (**dans** in *+dat*)

entourage [ãtuʀaʒ] M **1** *d'une personne* Umgebung *f*; Kreis *m* (**de qn** um j-n); *d'un souverain a.* Gefolge *n* **2** *de choses* Einfassung *f*; Umrandung *f*

entouré [ãtuʀe] ADJ a umgeben, umsäumt (**de qc** von etw); eingesäumt, eingefasst (mit etw); **entouré d'amis** von Freunden umgeben; **~ de légendes** sagenumwoben; **~ de suspicion** von allen Seiten verdächtigt b *personne* **(très) ~** viel, sehr umschwärmt; viel bewundert; **être mal ~** schlechte Ratgeber, nicht die richtigen Mitarbeiter haben

entourer [ãtuʀe] **A** V/T **1** **~ de** umgeben, einfassen, umschließen mit; **~ qn de ses bras** j-n umfassen; *fig* **~ qn d'égards** j-n rücksichtsvoll behandeln; **~ qc d'une ficelle** etw mit e-r Schnur umwickeln; **~ de ses flots** umspülen; umfluten; **~ de, en rouge** rot umranden **2** **~ qc** *choses* etw umgeben; *arbres: maison a.* umstehen; *champs: ferme a.* (rings) herumliegen um; *personnes* um etw herumstehen; sich um etw versammeln **3** **~ qn** *personnes* j-n umgeben; um j-n herum sein; *admirateurs, auditeurs* j-n umringen, umstehen; sich um j-n drängen, versammeln, scharen; *amis etc* j-m beistehen, zur Seite stehen (**dans son malheur** im Unglück); sich um j-n kümmern; *dangers, tentations* auf j-n lauern; *soldats, police* **~ qn, qc** j-n, etw einkreisen, umzingeln **B** V/PR **s'~ de** sich umgeben mit; *de personnes a.* um sich scharen, (ver)sammeln *(+acc)*; → *a.* mystère 1, précaution

entourloupette [ãtuʀlupɛt] *fam* F (übler) Streich; **faire une ~ à qn** j-m übel mitspielen; j-m e-n Streich spielen

entournure [ãtuʀnyʀ] F **1** *(emmanchure)* Ärmelausschnitt *m* **2** *fig* **être gêné aux ~s** *(être mal à l'aise)* sich unbehaglich, unwohl fühlen; *financièrement fam* knapp bei Kasse sein; keine großen Sprünge machen können

entracte [ãtʀakt] M **1** THÉ, CINÉMA *etc* Pause *f* **2** *fig* Atempause *f*; kurze Ruhepause

entraide [ãtʀɛd] F (gegenseitige) Hilfe, Unterstützung; (gegenseitiger) Beistand; **comité** *m* **d'~** Hilfskomitee *n*

entraider [ãtʀede] V/PR **s'~** einander, sich (gegenseitig) helfen, unterstützen, beistehen

entrailles [ãtʀaj] FPL **1** *(viscères)* Eingeweide *pl*; Gedärme *pl* **2** REL **et le fruit de vos ~ est béni** und gebenedeit ist die Frucht deines Leibes **3** *fig de la Terre* Innere(s) *n*; *litt* Schoß *m*; *d'un bateau* Bauch *m*; *livre etc* **prendre qn aux ~** j-n tief, bis ins Innerste aufwühlen

entrain [ãtʀɛ̃] M Schwung *m*; Temperament *n*; Feuer *n*; Begeisterung *f*; Lebendigkeit *f*; **plein d'~** *personne* temperamentvoll; aufgeräumt; glänzender Laune; vor Lebenslust sprühend; *musique* schwungvoll; mitreißend; **avec ~** mit Schwung, Lust, Begeisterung; **sans ~** lust-, schwunglos; ohne Schwung; **manquer d'~** *personne* keinen Schwung, kein Temperament, nichts Mitreißendes (an sich *[dat]*) haben; *a. conversation etc* schwunglos, lustlos, träge sein; *fête etc* **ça manque d'~** da ist kein Leben, kein Schwung drin; **mettre de l'~** Leben, Schwung hineinbringen

entraînant [ãtʀɛnã] ADJ *musique* beschwingt; mitreißend; schwungvoll; **marche ~e** schwungvoller, schmissiger, flotter Marsch

entraînement [ãtʀɛnmã] M **1** Training *n* (*a.* SPORTS); Ausbildung *f* (*a.* MIL); Schulung *f*; Übung *f*; *physique* Ertüchtigung *f*; *de main-d'œuvre* Einarbeitung *f*; Anlernen *n*; MIL **~ sévère** *a.* Drill *m*; Schliff *m*; MIL **~ à la marche, au tir** Marsch-, Schießausbildung *f*; **manque** *m* **d'~** Ungeübtheit *f*; mangelnde Übung; SPORTS **match** *m* **d'~** Trainings-, Übungsspiel *n*; **à l'~** beim Training; **avoir de l'~** Übung haben; trainiert, geschult sein; **manquer d'~** keine Übung, kein Training haben; nicht geübt, trainiert sein; aus der Übung sein **2** TECH Antrieb *m* **3** *fig* a *de la passion etc* Macht *f* b *(impulsion)* Trieb *m*; Regung *f*

entraîner [ãtʀene] **A** V/T **1** **~ qc** a *courant, avalanche etc* etw (mit sich) fortreißen; etw mit-, wegreißen; *eaux a.* etw fort-, wegschwemmen, wegspülen, mit sich führen b TECH etw antreiben; **~ au fond de l'eau** auf den Grund ziehen; in die Tiefe reißen **2** *personne* **~ qn** j-n mitnehmen, -führen, -ziehen, *dans sa chute* mitreißen, *de force ou fam* mitschleppen **3** *fig* a *musique, passion etc* **~ qn** j-n mit-, hinreißen b *personne* **~ qn dans qc** *(engager)* j-n in etw *(acc)* (mit) hineinziehen, in etw *(acc)* verwickeln; *(pousser)* j-n zu etw veranlassen, verleiten, überreden; **~ qn à faire qc** j-n dazu bringen, veranlassen, bewegen, etw zu tun; **il cherchait à m'~ avec lui** er versuchte, mich zum Mitmachen zu überreden, verleiten; **se laisser ~ dans une aventure** sich in ein Abenteuer hineinziehen, zu e-m Abenteuer verleiten lassen; **il a été entraîné sur une mauvaise pente** er ist auf die schiefe Bahn geraten; **cela nous entraînerait trop loin** das würde (uns) zu weit führen **4** *(avoir pour conséquence)* nach sich ziehen; zur Folge, im Gefolge haben; mit sich bringen; **~ la mort** den Tod zur Folge haben, herbeiführen **5** *(exercer)* trainieren (*a.* SPORTS); schulen;

üben; *son corps* ertüchtigen; *employés* einarbeiten; anlernen; *adjt* **bien entraîné** geübt; gut (durch)trainiert **B** V/PR **s'~** trainieren (a. SPORTS); sich üben (**à [faire] qc** in etw [dat])
entraîneur [ɑ̃tʀɛnœʀ] M SPORTS Trainer *m*; *d'une femme* Trainerin *f*; **entraîneuse** F Animierdame *f*, -mädchen *n*
entrant [ɑ̃tʀɑ̃] ADJ *élève etc* neu eintretend, hinzukommend
entrapercevoir [ɑ̃tʀapɛʀsəvwaʀ] V/T ⟨→ recevoir⟩ flüchtig sehen, erblicken
entrave [ɑ̃tʀav] F **1** *pour animaux* (Fuß)Fessel *f* **2** *fig* Fessel *f*; Hemmnis *n*; Hindernis *n*; Behinderung *f*; Beeinträchtigung *f*; JUR **~ à la circulation** Verkehrsbehinderung *f*; **~ à la liberté de la presse** Beeinträchtigung der Pressefreiheit; **~ à la liberté du travail** Behinderung von Arbeitswilligen
entraver¹ [ɑ̃tʀave] V/T **1** *animaux, prisonniers* (am Fuß) fesseln; e-e (Fuß)Fessel anlegen (+dat) **2** *fig circulation, évolution etc* behindern; beeinträchtigen; hemmen; erschweren; *projets etc a.* entgegenwirken (+dat); *vêtement etc* **~ la marche** beim Gehen (be)hindern, stören, hinderlich sein; *adjt* **jupe entravée** Humpelrock *m*
entraver² [ɑ̃tʀave] V/T *arg (comprendre) fam* kapieren; mitkriegen
entre [ɑ̃tʀ] PRÉP **1** **a** *spatial* zwischen (+dat ou acc); **~ ces objets** *etc a.* dazwischen; *fig* **être ~ les mains de qn** in j-s Händen sein; **laisser de la place ~ chaque mot** nach jedem Wort Platz lassen **b** *temporel* zwischen; **~ dix et onze heures** zwischen zehn und elf Uhr **c** *rapport entre deux personnes ou deux choses* zwischen (+dat); **match** *m* **~ deux équipes** Spiel *n* zwischen zwei Mannschaften; *je vous assure qu'* **il n'y a rien ~ nous** wir haben nichts miteinander; es ist nichts zwischen uns **2** *entre plusieurs personnes ou choses* unter (+dat); von; **amitié** *f* **~ frères et sœurs** Freundschaft *f* unter Geschwistern; **~ autres** unter anderem; **(soit dit) ~ nous** unter uns, im Vertrauen (gesagt); **dîner ~ amis** im Freundeskreis essen; **personnes qui parlent ~ elles** Menschen, die miteinander sprechen; **ils veulent rester ~ eux** sie wollen unter sich bleiben; ♦ **lequel d'~ vous?** wer von euch *ou* Ihnen?; **la plupart d'~ eux** die meisten von ihnen; *choses* die meisten davon
entrebâillement [ɑ̃tʀəbajmɑ̃] M Spalt *m*; **dans l'~ de la porte** im Türspalt
entrebâiller [ɑ̃tʀəbaje] **A** V/T *porte, fenêtre* e-n Spalt (weit), ein wenig, *a.* halb öffnen; anlehnen; *adjt* **fenêtre entrebâillée** angelehntes Fenster; Fenster, das e-n Spalt offen steht **B** V/PR **s'~** *fenêtre, porte* sich e-n Spalt (weit), ein wenig öffnen; e-n Spalt (weit) aufgehen
entrechat [ɑ̃tʀəʃa] M DANSE Entrechat *m*; Kreuzsprung *m*
entrechoquement [ɑ̃tʀəʃɔkmɑ̃] M *de vaisselle etc* Aneinander-, Gegeneinanderstoßen *n*, -schlagen *n*; Klappern *n*; Klirren *n*; *de verres a.* Klingen *n*
entrechoquer [ɑ̃tʀəʃɔke] **A** V/T *vaisselle etc* aneinander-, gegeneinanderstoßen *ou* -schlagen; *verres en trinquant* klingen lassen **B** V/PR **s'~** *tasses etc* aneinander-, gegeneinanderstoßen *ou* -schlagen; klappern; *verres* klirren; *verres en trinquant* klingen; *wagons* zusammenstoßen
entrecôte [ɑ̃tʀəkot] F CUIS Rippenstück *n*; Entrecote *n*
entrecouper [ɑ̃tʀəkupe] **A** V/T unterbrechen (**qc de qc** etw durch etw); *adjt*: **récit entrecoupé de silences** (ab und zu) durch Schweigen unterbrochener Bericht; **il parla d'une voix entrecoupée de sanglots** s-e Worte waren von Schluchzen unterbrochen **B** V/PR **s'~** *lignes etc* sich (über)schneiden
entrecroisement [ɑ̃tʀəkʀwazmɑ̃] M *de poutres etc* Kreuzung *f*
entrecroiser [ɑ̃tʀəkʀwaze] **A** V/T *rubans, fils* verflechten; ineinanderschlingen, flechten **B** V/PR **s'~** *lignes, rues etc* sich kreuzen; sich (über)schneiden; *adjt* **lignes entrecroisées** sich (über)schneidende Linien *fpl*
entre-déchirer [ɑ̃tʀədeʃiʀe] V/PR *litt et fig* **s'~** einander bekriegen, *plus fort* zerfleischen
entre-deux [ɑ̃tʀədø] M ⟨inv⟩ **1** COUT (Spitzen)Einsatz *m* **2** BASKET Sprungball *m*; FOOTBALL Schiedsrichterball *m*
entre-deux-guerres [ɑ̃tʀədøgɛʀ] M ⟨inv⟩ Zeit *f* zwischen den zwei Weltkriegen
entre-deux-mers [ɑ̃tʀədømɛʀ] M *weißer Bordeauxwein*
entre-dévorer [ɑ̃tʀədevɔʀe] V/PR **s'~** einander verschlingen; sich gegenseitig auffressen
entrée [ɑ̃tʀe] F **1** *de personnes* Eintritt *m*; Eintreten *n*; Hereinkommen *n*; *en scène* Auftritt *m*; Auftreten *n*; *dans un pays* Einreise *f*; *de véhicules* Einfahren *n*; Einfahrt *f*; *de bateaux* Einlaufen *n* (**dans un port** in e-n Hafen); MIL Einmarsch *m*; Einzug *m*; Einrücken *n*; MUS Einsatz *m*; Einsetzen *n*; **~ interdite!** Eintritt, Zutritt, Eingang verboten!; kein Zugang, Eintritt, Eingang!; *fig* **~ dans le monde, dans la vie** Geburt *f*; Geborenwerden *n*; **~ en action** Tätigwerden *n*; Eingreifen *n*; **~ en fonctions** Amtsantritt *m*, -übernahme *f*; *d'un train* **~ en gare** Einfahrt *f*; **~ en guerre** Kriegseintritt *m*; **~ en matière** Einleitung *f*; Einführung *f*; *d'une loi etc* **~ en vigueur** Inkrafttreten *n*; **à son ~** bei s-m Ein- *ou* THÉ Auftreten; als er eintrat, hereinkam, auftrat; THÉ **avoir son ~** beim ersten Auftritt, Auftreten Szenenapplaus bekommen; *fig* **avoir ses ~s chez qn** bei j-m ein und aus gehen; **faire son ~** s-n Einzug halten; *acteur* auftreten; **faire une ~ discrète** unauffällig, diskret hereinkommen; **faire une ~ remarquée** bei s-m Kommen viel beachtet werden, Aufsehen erregen; THÉ e-n viel beachteten Auftritt haben; *fig* **faire son ~ dans le monde** zum ersten Mal in der Gesellschaft erscheinen; in die Gesellschaft eingeführt werden; debütieren; SPORTS **faire son ~ dans le stade** ins Stadion einziehen, einlaufen, einfahren; THÉ **manquer son ~** s-n Auftritt, Einsatz verpassen, *fam* verpatzen **2** *endroit* **a** *pour personnes* Eingang *m*; *dans les bus* Einstieg *m*; *pour véhicules* Einfahrt *f*; **~ latérale, principale** Neben- *ou* Seiteneingang *m*, Haupteingang *m*; THÉ **~ des artistes** Bühneneingang *m*; **~ de la cour** Hofeingang *m*, -einfahrt *f*; **~ d'un défilé** Zugang zu e-m Engpass; **~ du métro** Metroeingang *m*; Eingang zur Metro; **~ du port** Hafeneinfahrt *f*; **~ de service** Dienstboten-, Lieferanteneingang *m*; **porte** *f* **d'~** Eingangstür *f* **b** *d'une manche etc* Öffnung *f*; Loch *n*; *d'un câble etc* Ein-, Zuführung *f*; **~ d'air** Lufteintritt *m*, -zuführung *f*, -einlass *m* **3** *dans un parti etc* Eintritt *m*; Beitritt *m*; Aufnahme *f*; **~ au lycée** Eintritt, Aufnahme ins Gymnasium; **~ d'un pays dans le marché commun** Beitritt e-s Landes zum Gemeinsamen Markt; **examen** *m* **d'~** Aufnahmeprüfung *f* **4** *(prix d'entrée)* Eintritt *m*; Eintrittsgeld *n*; *(billet)* Eintrittskarte *f*; **l'exposition a enregistré 2000 ~s** bei der Ausstellung wurden 2000 Besucher gezählt **5** COMM **a** *dans un pays* **~(s)** *(pl)* Einfuhr *f* **b** *dans une entreprise* **~s** *pl* Eingänge *mpl* **6** *(vestibule)* Diele *f*; Vorraum *m*; Flur *m* **7** CUIS erster Gang; Vorspeise *f* **8** INFORM Eingabe *f*; Input *m ou n* **9** LEXICOGRAPHIE Stichwort *n* **10** LOC ADV **d'~ (de jeu)** von Anfang an; gleich zu Beginn, am Anfang; von vornherein
entrefaite [ɑ̃tʀəfɛt] LOC ADV **sur ces ~s** in diesem Augenblick, Moment
entrefilet [ɑ̃tʀəfilɛ] M *dans un journal* kurze Notiz, Meldung; Pressenotiz *f*, -meldung *f*
entregent [ɑ̃tʀəʒɑ̃] M gewandtes Benehmen; **avoir de l'~** sehr gewandt, kontaktfreudig sein; mit (den) Leuten umgehen können
entrejambe(s) [ɑ̃tʀəʒɑ̃b] M COUT Schritt *m*
entrelacement [ɑ̃tʀəlasmɑ̃] M Ineinanderflechten *n*, -schlingen *n*; *résultat* Verflochtensein *n*
entrelacer [ɑ̃tʀəlase] ⟨-ç-⟩ **A** V/T ineinanderschlingen; umeinanderschlingen; (miteinander) verflechten; *adjt* **entrelacé** ineinander verschlungen; (ineinander) verflochten **B** V/PR **s'~** *plantes* sich verflechten; *a. lignes, rubans* ineinander verschlungen, verflochten sein
entrelacs [ɑ̃tʀəla] M *ornement* Flechtdekoration *f*; Flechtwerk *n*
entrelarder [ɑ̃tʀəlaʀde] V/T CUIS spicken
entremêler [ɑ̃tʀəmele] V/T **1** (ver)mischen; vermengen **2** *fig* **~ qc de qc** etw mit etw vermischen
entremets [ɑ̃tʀəmɛ] M CUIS Süßspeise *f*; Nachtisch *m*
entremetteur [ɑ̃tʀəmɛtœʀ] M **a** *(intermédiaire)* Mittelsmann *m* **b** *péj (proxénète)* Kuppler *m*; **entremetteuse** F *péj* Kupplerin *f*
entremettre [ɑ̃tʀəmɛtʀ] V/PR ⟨→ mettre⟩ *st/s* **s'~** vermitteln; sich ins Mittel legen; vermittelnd eingreifen
entremise [ɑ̃tʀəmiz] F Vermittlung *f*; Fürsprache *f*; *loc prép* **par l'~ de** durch die Vermittlung, Fürsprache (+gén)
entrepont [ɑ̃tʀəpɔ̃] M MAR Zwischendeck *n*
entreposer [ɑ̃tʀəpoze] V/T *marchandises* (ein)lagern; *meubles etc* unter-, einstellen
entrepôt [ɑ̃tʀəpo] M **1** Lager *n*; Lagerhaus *n*, -halle *f*, -raum *m*; Warenlager *n*; Depot *n*; Lagerplatz *m*; **~ frigorifique** Kühlhaus *n*, -halle *f*; **~ de carburants** Treibstofflager *n* **2** **~ (de douane)** Zolllager *n*; Zollniederlage *f*
entreprenant [ɑ̃tʀəpʀənɑ̃] ADJ **1** unternehmend; unternehmungslustig; tatkräftig; tätig; einsatzfreudig; rührig **2** *auprès des femmes* draufgängerisch; *péj* auf-, zudringlich
entreprendre [ɑ̃tʀəpʀɑ̃dʀ] V/T ⟨→ prendre⟩ **1** **a** **~ qc** etw unternehmen; **~ la construction d'un immeuble** mit dem Bau e-s Hauses anfangen, beginnen; **~ des recherches** Nachforschungen anstellen; **~ une tâche** eine Aufgabe in Angriff nehmen **b** **~ de faire qc** versuchen, es unternehmen, sich (dat) zur Aufgabe machen, etw zu tun **2** **~ qn** j-n zu beeinflussen, zu überreden (ver)suchen; *fam* sich an j-n heranmachen; **~ qn sur un sujet** anfangen, (mit j-m) über ein Thema zu sprechen; *fam* von e-m Thema anfangen
entrepreneur [ɑ̃tʀəpʀənœʀ] M Unternehmer *m*; **~ (de bâtiment)** Bauunternehmer *m*; **~ de maçonnerie** selbstständiger Maurer (-meister); **~ de transports** Transportunternehmer *m*; Spediteur *m*; **~ de travaux publics** (Tief)Bauunternehmer *m*
entrepreneuse [ɑ̃tʀəpʀənøz] F Unternehmerin *f*
entreprise [ɑ̃tʀəpʀiz] F **1** Unternehmen *n*, -ung *f*; Vorhaben *n*; **~ téméraire** *a.* (kühnes) Unterfangen; **avoir l'esprit d'~** Unternehmungsgeist haben; unternehmungslustig sein **2** ÉCON Unternehmen *n*; Betrieb *m*; Firma *f*; Geschäft *n*; **~ artisanale** Handwerksbetrieb *m*; handwerklicher Betrieb; **~ commerciale** Handelsunternehmen *n*; kaufmännischer Betrieb; **~ familiale** Familienbetrieb *m*, -unternehmen *n*; **grande ~** Großunternehmen *n*, -betrieb *m*; **~ industrielle** Industriebetrieb *m*, -unternehmen *n*; *par ext* **la libre ~** das freie Unternehmertum; **petites et moyennes ~s**

E

(*abr* **PME**) Klein- und Mittelbetriebe *mpl*; **~ privée** Privatbetrieb *m*, -unternehmen *n*; **~ publique** öffentliches Unternehmen; **~ de transports** Transport-, Verkehrsunternehmen *n*; Speditionsfirma *f*; **direction** *f* **de l'~** Betriebsführung *f*, -leitung *f* **3** **contrat** *m* **d'~** Werk(lieferungs)vertrag *m*

entrer [ɑ̃tʀe] **A** V/T INFORM eingeben **B** V/I ⟨être⟩ **1** *personnes* eintreten; herein- *ou* hinein- *ou fam* reinkommen; hineingehen; betreten (**dans un restaurant** *etc* ein Lokal *etc*); kommen, gehen (**dans** in *+acc*); *touristes* einreisen (**dans un pays** in ein Land); *armée* einziehen; einrücken; einmarschieren; *véhicules* hinein- *ou* herein- *ou fam* reinfahren; *bateaux* einfahren; einlaufen; *eau* eindringen; hereinlaufen; *lumière, soleil* hereinkommen, -scheinen, -fallen; *oiseau* hinein- *ou* hereinfliegen; *serpent* hinein- *ou* hereinkriechen; ♦ *abs*: **entrez!** kommen Sie herein!; treten Sie ein!; *quand on frappe* herein!; **défense** *f* **d'~** Eintritt, Zutritt, Eingang, Einfahrt verboten; kein Eintritt, Zutritt; **frappez avant d'~** bitte (an)klopfen; **à droite en entrant** rechts vom Eingang; wenn man hereinkommt, rechts; ♦ *avec adv*: **~ furtivement** (sich) herein- *ou* hineinschleichen; **~ précipitamment** hereinstürmen, -stürzen; ♦ *avec prép et loc adv*: (*en*) *voiture* **~ au garage** in die Garage fahren; **~ à l'improviste** hereinplatzen, *fam* -schneien; *fig et litt* **le malheur est entré chez lui** Unglück ist über ihn gekommen; *argent* **~ dans la caisse** hereinkommen; **~ dans la chair** ins Fleisch (ein)schneiden, (ein)dringen; *marchandise* **~ dans un pays** in ein Land eingeführt werden; *lumière* **~ dans une pièce** in ein Zimmer dringen, fallen; **~ en courant** herein- *ou* hineinlaufen; **~ en foule** herein- *ou* hineinströmen, -drängen; **~ en France** nach Frankreich einreisen, kommen; französischen Boden betreten; THÉ **~ en scène** auftreten; **~ par la fenêtre** zum Fenster hinein- *ou* hereinsteigen, -kommen; ♦ *avec des verbes*: **aider qn à ~** j-m hinein- *ou* hereinhelfen; *st/s* **donnez-vous la peine d'~** *st/s* wollen Sie sich bitte hereinbemühen; **empêchez-le d'~** lassen Sie ihn nicht herein, *fam* rein; **faire, laisser ~ qn** j-n herein- *ou* hinein- *ou fam* reinlassen; **faire ~** *personnes* hereinholen; (mit) hereinbringen; *véhicules* hinein- *ou* hereinfahren; *meubles etc* hinein- *ou* hereinschaffen, -transportieren, -befördern; **faites ~** ich lasse bitten; bitten Sie ihn *ou* sie herein; **je ne fais qu'~ et sortir** ich schaue nur kurz vorbei, herein; ich gehe gleich wieder; **faire signe à qn d'~** j-n hereinwinken **2** *objets* (hinein)passen, (-)gehen (**dans** in *+acc*); **cela n'entre pas dans votre poche** das geht, passt nicht in Ihre Tasche; **faire ~ qc dans qc** etw in etw (*acc*) hineinbringen, -stecken, -drücken, -zwängen **3** *dans une entreprise, une école, un parti, un club etc* eintreten; **~ au collège** ins, aufs Gymnasium kommen, gehen; **~ à l'école** in die, zur Schule kommen; **~ au parti** in die Partei eintreten; der Partei beitreten; **~ chez Renault** *etc* zu Renault *etc* gehen; bei Renault *etc* anfangen, beginnen; **faire ~ qn chez Renault** j-m e-e Stelle bei Renault vermitteln, verschaffen; j-n bei Renault unterbringen; **~ dans l'enseignement** in den Schuldienst, ins Lehrfach gehen; **~ dans une famille** in e-e Familie einheiraten; **~ dans un métier** sich e-m Beruf zuwenden; **~ dans le monde** debütieren; in die Gesellschaft eingeführt werden; **~ dans la police** zur Polizei gehen; Polizist werden **4** *par ext* (*changer d'état*) (ein)treten, kommen (**dans, en** in *+acc*); **~ dans l'âge mûr** ins reif(er)e Alter kommen; **~ dans un complot** sich an e-r Verschwörung beteiligen; an e-r Verschwörung teilnehmen; **~ dans l'histoire** in die Geschichte eingehen; **~ dans la mauvaise saison** in die kalte Jahreszeit kommen; **~ dans le sommeil** zu schlafen beginnen; **~ dans l'usage, les mœurs** üblich werden; sich einbürgern, durchsetzen; TÉL **~ en communication** Verbindung bekommen; **~ en communication avec qn** mit j-m Verbindung aufnehmen; mit j-m in Verbindung treten; sich mit j-m in Verbindung setzen; **~ en conversation avec qn** mit j-m ins Gespräch kommen; **~ en correspondance avec qn** mit j-m in Briefwechsel treten; **~ en guerre** in den Krieg eintreten; **~ en lutte avec qn** mit j-m den Kampf aufnehmen; **~ en rivalité avec qn** mit j-m in Wettstreit treten; *machine* **~ en service** in Betrieb genommen werden **5** (*faire partie de*) ein Bestandteil sein, e-n Bestandteil bilden (**dans** von *ou +gén*); **~ dans une catégorie** zu e-r Kategorie gehören; **~ dans la fabrication de qc** zur Herstellung e-r Sache verwendet werden, dienen; **cela entre pour beaucoup dans ma décision** das spielt e-e große Rolle bei meiner Entscheidung; **~ dans le prix de revient** im Selbstkostenpreis (mit) enthalten, einkalkuliert sein; **~ en ligne de compte** in Betracht kommen; **faire ~ en ligne de compte** in Betracht ziehen; berücksichtigen; → *a. les subst correspondants*

entresol [ɑ̃tʀəsɔl] M Zwischen-, Halbgeschoss, *autrich* -geschoß *n*

entre-temps [ɑ̃tʀətɑ̃] ADV inzwischen; in der Zwischenzeit; unterdessen

entretenir [ɑ̃tʀətniʀ] ⟨→ venir⟩ **A** V/T **1** *température, pression etc* konstant, unverändert, auf dem gleichen Stand halten; *feu* unterhalten; nicht ausgehen lassen; *relations, correspondance* unterhalten; aufrechterhalten; *relations a.* pflegen; *légende etc* pflegen; erhalten; bewahren; *troubles, révolte* (noch) unterstützen, schüren; **~ une atmosphère de gaieté** für e-e fröhliche Atmosphäre sorgen; **~ la conversation** das Gespräch in Fluss halten; Konversation machen; **~ une correspondance avec qn** *a.* mit j-m im Briefwechsel stehen; **~ des rapports de bon voisinage avec qn** mit j-m gute Nachbarschaft halten **2** *vêtements, routes, maison etc* instand, in Ordnung, in gutem Zustand halten; *édifice a.* erhalten; *édifice, stade etc a.* unterhalten; TECH *machine etc* warten; *voiture a.* pflegen; *outils etc a.* pfleglich behandeln; sorgsam umgehen mit; *santé* erhalten; *beauté* pflegen; bewahren; erhalten; *mémoire, connaissances* üben; *mémoire a.* trainieren; **~ sa forme (physique)** sich (körperlich) in Form halten **3** (*nourrir*) *famille, enfant* unterhalten; für den Unterhalt aufkommen (*+gén*); *armée* unterhalten; *animaux* (sich) halten; *péj femme, a. homme* aushalten; **se faire ~** sich aushalten lassen **4** *st/s* **~ qn de qc** mit j-m über etw (*acc*) sprechen, reden, etw bereden, besprechen **B** V/PR **s'~ avec qn de qc** sich mit j-m über etw (*acc*) unterhalten; mit j-m etw besprechen; *réciproquement* **s'~** sich unterhalten; miteinander sprechen

entretenu [ɑ̃tʀətny] ADJ **1** **bien (mal) ~** *parc, maison, voiture* (nicht) gepflegt; in gutem (schlechtem) Zustand; *voiture, édifice a.* (nicht) gut erhalten **2** *péj femme, homme* ausgehalten

entretien [ɑ̃tʀətjɛ̃] M **1** *de maisons, de rues etc* Unterhaltung *f*; Unterhalt *m*; Instandhaltung *f*; Pflege *f*; TECH *de machines etc* Wartung *f*; *d'édifices a.* Erhaltung *f*; **frais** *mpl* **d'~** Unterhalts-, Unterhaltungs-, Instandhaltungskosten *pl*; **service** *m* **d'~** Wartungsdienst *m*; **d'~ facile** pflegeleicht; **exiger trop d'~** im Unterhalt viel zu teuer sein **2** *d'une famille etc* (Lebens)unterhalt *m*; *de troupes etc* Unterhalt *m*; *d'animaux* Haltung *f*; Unterhalt *m* **3** (*conversation*) Unterredung *f*; Besprechung *f*; Gespräch *n*; **~ d'embauche** Vorstellungsgespräch *n*; **accorder un ~ à qn** j-m e-e Unterredung gewähren; **avoir un ~ avec qn** mit j-m ein Gespräch, e-e Unterredung haben, führen

entre-tuer [ɑ̃tʀətɥe] V/PR **s'~** einander, sich gegenseitig umbringen, töten

entrevoie [ɑ̃tʀəvwa] F CH DE FER Gleisabstand *m*, -zwischenraum *m*

entrevoir [ɑ̃tʀəvwaʀ] V/T ⟨→ voir⟩ **1** flüchtig, undeutlich, (nur) kurz sehen; **laisser ~ qc** etw ahnen lassen, andeuten **2** (*pressentir*) **~ qc** etw ahnen, erraten, vermuten, durchschauen, erkennen; *difficultés* voraus-, vorhersehen; **laisser ~ qc à qn** j-m etw in Aussicht stellen, andeuten; bei j-m etw durchblicken lassen

entrevue [ɑ̃tʀəvy] F (*rencontre*) Begegnung *f*; Zusammenkunft *f*; Treffen *n*; (*entretien*) Unterredung *f*; Rücksprache *f*; **avoir une longue ~ avec qn** mit j-m e-e lange Unterredung haben

entropie [ɑ̃tʀɔpi] F PHYS, INFORM Entropie *f*

entrouvrir [ɑ̃tʀuvʀiʀ] ⟨→ couvrir⟩ **A** V/T *fenêtre, porte, yeux etc* halb, ein wenig, e-n Spalt (weit), Spaltbreit öffnen, aufmachen; *fenêtre, porte a.* anlehnen; *vêtement* ein Stück weit aufknöpfen, aufmachen; *adjt*: **porte entrouverte** halb offene Tür; *dormir* **la bouche entrouverte** mit halb offenem Mund **B** V/PR **s'~** *porte etc* halb, ein wenig, e-n Spalt (weit), Spaltbreit aufgehen; sich halb *etc* öffnen

entubage [ɑ̃tybaʒ] M *pop* Beschiss *m*; **entuber** *pop* V/T *fam* übers Ohr hauen; reinlegen; anschmieren; *pop* bescheißen

enturbanné [ɑ̃tyʀbane] ADJ mit e-m Turban (auf dem Kopf)

énumératif [enymeʀatif] ADJ ⟨-ive⟩ aufzählend; e-e Aufzählung enthaltend

énumération [enymeʀasjõ] F Aufzählung *f*; *de motifs a.* Anführung *f*; *écrite* Aufstellung *f*; **faire l'~ de** aufzählen; e-e Aufstellung machen von

énumérer [enymeʀe] V/T ⟨-è-⟩ *faits etc* aufzählen; herzählen; hersagen; vorrechnen; *motifs, exemples a.* an-, aufführen

énurésie [enyʀezi] F MÉD Bettnässen *n*; *t/t* Enurese *f*

énurétique [enyʀetik] ADJ **enfant** *m* **~** *ou subst* **~** *m* Bettnässer *m*

envahir [ɑ̃vaiʀ] V/T **1** *territoire* einfallen, eindringen, einmarschieren (**un pays** in ein Land); überfallen **2** *par ext insectes etc*: *région* herfallen, sich hermachen über (*+acc*); heimsuchen (*a. fig visiteurs: qn*); *mauvaises herbes: jardin* überwuchern; hinwegwachsen über (*+acc*); *eau: endroit* überfluten; eindringen in (*+acc*); sich ergießen über (*+acc*); *feu: maison* erfassen; übergreifen auf (*+acc*); *produit: marché* überschwemmen; *nuages: ciel* völlig bedecken; überziehen; *foule* strömen (**la salle** in den Saal; **la place publique** auf den Platz); überfluten; **~ le domaine privé** auf den privaten Bereich übergreifen; *pièce* **être envahi par la fumée** voll Rauch, *fam* verqualmt sein; **être envahi par la pub** von Werbung überflutet werden **3** *sentiment* **~ qn** j-n erfüllen, überkommen, überwältigen, ergreifen; über j-n kommen; in j-m aufwallen, aufsteigen; **il est envahi par le doute** er ist, steckt voller Zweifel

envahissant [ɑ̃vaisɑ̃] ADJ **1** zu-, aufdringlich; **voisin ~** zu-, aufdringlicher Nachbar **2** *mauvaises herbes etc* überhandnehmend; alles überwuchernd

envahissement [ɑ̃vaismɑ̃] M **1** Überfall *m* (**d'un pays** auf ein Land); Einfall *m*, Einmarsch *m*, Eindringen *n* (in ein Land) **2** *fig* Überhandnahme *f*; Überhandnehmen *n*; *par les mauvaises herbes* Überwucherung *f*; *par l'eau, par la foule, par la pub* Überflutung *f*; *du marché* Überschwemmung *f*; *de la mer* Vordringen *n*

envahisseur [ɑ̃vaisœʀ] M Angreifer *m*; Aggressor *m*; Eindringling *m* (*a. fig*); **~s** *pl a.* Invasoren *mpl*

envasement [ɑ̃vazmɑ̃] M *d'un port etc* Verschlammung *f*

envaser [ɑ̃vaze] V/PR **s'~** 1 *canal etc* verschlammen 2 *bateau etc* im Schlamm versinken, stecken bleiben

enveloppant [ɑ̃vlɔpɑ̃] ADJ 1 einhüllend, umhüllend (*a.* MATH); umfassend 2 *fig manières* einschmeichelnd; *a. personne* bestrickend; verführerisch

enveloppe [ɑ̃vlɔp] F 1 *d'une lettre* (Brief)Umschlag *m*; Kuvert *n*; **~ à fenêtre** Fensterbriefumschlag *m*; **mettre dans une ~, sous ~** in e-n Umschlag stecken; *t/t* kuvertieren 2 (*revêtement*) Hülle *f*; Umhüllung *f*; Überzug *m*; Verkleidung *f*; TECH *a.* Mantel *m*; Ummantelung *f*; *d'un pneu* (Lauf)Mantel *m*; Decke *f*; **~ protectrice** Schutzhülle *f*, -mantel *m*; **~ de coussin** Kissenbezug *m*, -überzug *m* 3 *fig* (*apparence*) Hülle *f*; Schale *f* 4 MATH Enveloppe *f*; Hüllkurve *f* 5 FIN (*somme*) a **~ budgétaire** Haushaltssumme *f* b **toucher une ~** ein Draufgeld erhalten

enveloppé [ɑ̃vlɔpe] ADJ *fam* **bien ~** vollschlank; dicklich

enveloppement [ɑ̃vlɔpmɑ̃] M 1 Einwickeln *n*, -hüllen *n*, -packen *n*, -schlagen *n*; Verpacken *n*, -ung *f* 2 MÉD Umschlag *m*; Wickel *m* 3 MIL Umfassung *f*; Einkreisung *f*; Einschließung *f*

envelopper [ɑ̃vlɔpe] A V/T 1 a einwickeln, einhüllen, ein-, verpacken, einschlagen (**dans** in *+acc*); TECH *conduite etc* umwickeln, umhüllen (**dans qc** mit etw); **~ qn dans une couverture** j-n in e-e Decke hüllen, wickeln, *fam* packen b *emballage etc* **~ qc** etw umhüllen, umgeben 2 *fig* a *vérité, pensées* verpacken, (ver)kleiden (**sous une forme agréable** in e-e angenehme Form); *brouillard: montagne etc* verhüllen; umhüllen; *pp*: **enveloppé de mystère** geheimnisumwittert; **enveloppé de silence** in Schweigen gehüllt b *st/s* **~ qn, qc du regard** j-n, etw mit e-m zärtlichen, liebevollen Blick umfangen 3 MIL umfassen B V/PR 1 **s'~ dans** sich hüllen, wickeln (**dans** in *+acc*) 2 *fig* **s'~ dans une certaine réserve** *etc* sich (*dat*) e-e gewisse Reserve *etc* auferlegen

envenimement [ɑ̃vnimmɑ̃] M MÉD 1 *d'une blessure, d'une plaie* Reizung *f*; Entzündung *f* 2 *par la morsure ou la piqûre d'animaux venimeux* Vergiftung *f*

envenimer [ɑ̃vnime] A V/T 1 MÉD infizieren; e-e Entzündung hervorrufen (**qc** bei etw) 2 *fig atmosphère* vergiften; *situation* verschärfen; verschlimmern; verschlechtern; **~ une dispute** einen Streit verschärfen B V/PR **s'~** 1 MÉD sich entzünden 2 *fig situation etc* sich verschärfen; *discussion a.* böse, bösartig, gehässig werden

envergure [ɑ̃vɛʀgyʀ] F 1 *d'un avion, d'un oiseau* Spannweite *f* 2 *fig d'une personne* Format *n*; (geistige) Spannweite; Größe *f*; *homme politique etc* **d'~** von Format; **avoir de l'~, manquer d'~** Format, kein Format haben 3 *fig d'une entreprise etc* Ausmaß *n*; Umfang *m*; Zuschnitt *m*; *loc adj*: **de grande ~** großen Umfangs; groß angelegt; Groß...; *œuvre* **sans ~** mittelmäßig; **prendre de l'~** e-n größeren Umfang annehmen; (an) Bedeutung gewinnen

enverrai *etc* [ɑ̃vɛ(ʀ)ʀe] → envoyer

envers[1] [ɑ̃vɛʀ] PRÉP 1 gegenüber (*+dat*); gegen (*+acc*); **être aimable ~ qn** freundlich, liebenswürdig zu j-m sein; **être ingrat ~ qn** sich j-m gegenüber undankbar erweisen; **être juste ~ tous** gerecht sein gegen alle 2 LOC **~ et contre tous** *ou* **tout** allen Widersachern, Gegnern *ou* Widerständen, Schwierigkeiten zum Trotz; gegen jeden, jedermann, alle anderen

envers[2] [ɑ̃vɛʀ] M 1 Rückseite *f*; *d'un tissu a.* linke Seite; Abseite *f*; BOT *d'une feuille* Unterseite *f*; ♦ *loc adv* **à l'~** umgekehrt; verkehrt (herum); TEXT links; *tableau a.* auf dem Kopf; *tableau* **accrocher à l'~** umgekehrt aufhängen; **ton gilet est à l'~** du hast die Weste verkehrt (herum) an; *iron* **faire des progrès à l'~** den Krebsgang gehen; *vêtement* **mettre à l'~** verkehrt (herum) anziehen; **repasser à l'~** (von) links bügeln 2 *fig* Kehrseite *f*; Schattenseite *f*; andere Seite; **découvrir l'~ du décor** hinter die Kulisse, Fassade sehen

envi [ɑ̃vi] LOC ADV *st/s* **à l'~** um die Wette

enviable [ɑ̃vjabl] ADJ beneidenswert

envie [ɑ̃vi] F 1 (*jalousie*) Neid *m*; Missgunst *f*; **avec ~** neidisch; missgünstig; **il est dévoré, rongé d'~** er ist *ou* wird grün, gelb, blass vor Neid; der Neid frisst, nagt, zehrt an ihm; **regarder qn, qc d'un œil d'~** j-n, etw missgünstig, neidisch, mit e-m neidischen, scheelen Blick betrachten; **c'est l'~ qui le fait parler** aus ihm spricht (doch nur) der Neid; *prov* **il vaut mieux faire ~ que pitié** besser beneidet als bemitleidet 2 (*désir*) Lust *f* (**de** auf *+acc*, zu); Verlangen *n* (nach); *de femme enceinte* Gelüst(e) *n*; **~ de rire** Lachlust *f*; **avoir ~ de (faire) qc** Lust haben auf etw (*acc*), zu etw, etw zu tun; etw gerne (tun, haben) wollen; **avoir ~ d'un bifteck** *a.* Appetit auf ein Steak haben; **avoir ~ d'une femme** e-e Frau begehren; *fam* **avoir des ~s de femme enceinte** Gelüste wie e-e Schwangere haben; **il a ~ de pleurer** er möchte am liebsten weinen; **avoir grande ~, une ~ folle de qc** große, *fam* wahnsinnig(e) Lust auf etw (*acc*) haben; **je n'en ai pas ~** ich habe keine Lust dazu, darauf, kein Verlangen danach; **j'en avais ~ depuis longtemps** das wollte ich schon lange einmal tun *ou* haben; das war schon seit Langem mein Wunsch; **avoir ~ que ...** (*+subj*) gerne wollen, dass ...; es gerne sehen, wenn ...; **brûler, mourir,** *fam* **crever d'~ de faire qc** etw für sein Leben gern tun wollen; darauf brennen, etw zu tun; brennend, *fam* furchtbar gern etw tun wollen; **cela me donne ~ d'y aller** da(bei) bekomme ich Lust, dort hinzugehen, -fahren; *chose* **faire ~ à qn** j-n reizen; **cette voiture me fait ~** *a.* den Wagen hätte ich gern; **ce voyage me fait ~** *a.* da würde ich gern hingehen, hinfahren; **ôter à qn l'~ de recommencer** j-m die Lust nehmen, es noch einmal zu tun; **passer son ~** sich (*dat*) s-n Wunsch erfüllen; *st/s* s-e Gelüste befriedigen; **l'~ lui en a passé, est passée** ihm ist die Lust dazu, daran vergangen; **faire passer l'~ de qc à qn** j-m die Lust an etw (*dat*), zu etw nehmen; j-m etw austreiben; **si l'~ lui prend** wenn er darauf Lust hat; *st/s* wenn es ihn danach verlangt, gelüstet 3 (*besoin organique*) (natürliches) Bedürfnis; Drang *m*; **avoir ~ d'aller aux toilettes,** *fam* **de faire pipi** auf die Toilette müssen; *fam* mal müssen; **avoir ~ de dormir** schläfrig werden; (gern) schlafen wollen; **j'ai ~ de vomir** mir wird schlecht; ich verspüre e-n Brechreiz 4 *autour de l'ongle* Niednagel *m* 5 *sur la peau* Muttermal *n*

envier [ɑ̃vje] V/T **~ qn** j-n beneiden; auf j-n neidisch sein; **~ le sort** *etc* **de qn** j-n um sein Schicksal *etc* beneiden; *st/s* **~ qc à qn** j-n um etw beneiden; j-m etw neiden, missgönnen; **je l'envie d'être si peu frileux** ich beneide ihn darum, dass er so wenig kälteempfindlich ist; **n'avoir rien à ~ à qn** j-n nicht zu beneiden brauchen; j-m in nichts nachstehen; *adjt* **envié** *emploi etc* begehrt

envieux [ɑ̃vjø] A ADJ (-euse) neidisch (**de** auf *+acc*); missgünstig; *regard a.* scheel B M Neider *m*; *fam* Neidhammel *m*; **faire des ~** beneidet werden; sich (*dat*) Neider machen, schaffen

environ [ɑ̃viʀõ] ADV ungefähr; etwa; rund; zirka; *avec prix ou âge a.* so bei; so um die; um (die) ... herum; **il y a ~ deux ans** *ou* **deux ans ~** vor ungefähr zwei Jahren

environnant [ɑ̃viʀɔnɑ̃] ADJ umliegend; in der Umgebung; **la campagne ~e** die ländliche Umgebung

environnement [ɑ̃viʀɔnmɑ̃] M 1 ÉCOL Umwelt *f*; **protection** *f* **de l'~** Umweltschutz *m* 2 (*entourage*) Umgebung *f*

environner [ɑ̃viʀɔne] A V/T umgeben (*a. fig*); umschließen; umringen; **environné de** umgeben von B V/PR **s'~ d'amis** *etc* sich mit Freunden *etc* umgeben

environs [ɑ̃viʀõ] MPL 1 *d'une ville etc* Umgebung *f*; Umgegend *f*; Umland *n*; **dans les ~** in der Umgebung *etc*; in dieser Gegend 2 LOC PRÉP **aux ~ de** *temporel* um; gegen; *local* in der Nähe, Umgebung von; bei; *suivi d'un nombre, d'un montant* ungefähr, etwa; **aux ~ de Noël** um Weihnachten (herum); **aux ~ de Bordeaux** in der Nähe von Bordeaux; bei Bordeaux; **aux ~ de mille euros** *etc* ungefähr, etwa, so um die, rund tausend Euro *etc*

envisageable [ɑ̃vizaʒabl] ADJ in Betracht zu ziehen(d); denkbar

envisager [ɑ̃vizaʒe] V/T (-geons) 1 a **~ qc** etw im Auge haben, ins Auge fassen, in Aussicht nehmen; etw anvisieren; *possibilités, difficultés* in Betracht ziehen; berücksichtigen; vorhersehen; *mesures, conséquences, moyens a.* erwägen; in Erwägung ziehen; *situation, danger, mort* ins Auge schauen, sehen (*+dat*); **~ l'avenir avec optimisme** zuversichtlich in die Zukunft blicken; der Zukunft zuversichtlich entgegensehen; **~ le pire** mit dem Schlimmsten rechnen; **l'angle sous lequel il faut ~ la question** der Blickwinkel, unter dem man die Frage sehen muss; *adjt* **la solution actuellement envisagée** *a.* die Lösung, an die man zurzeit denkt; **être envisagé** *a.* infrage kommen b **~ de faire qc** den Plan haben, die Absicht haben, beabsichtigen, vorhaben, daran denken, sich mit dem Gedanken tragen, etw zu tun

envoi [ɑ̃vwa] M 1 *action* Absendung *f*; Versendung *f*; Verschickung *f*; Zusendung *f*; Übersendung *f*; COMM Versand *m*; *de troupes etc* Entsendung *f*; *d'une lettre pour un concours etc* Einsendung *f*; **~ par avion, par bateau, par chemin de fer** Versand mit dem *ou* per Flugzeug, mit dem Schiff, mit der *ou* per Bahn; **contre l'~ de** gegen Einsendung von 2 (*paquet etc*) Sendung *f*; Ein-, Zusendung *f*; **~ contre remboursement** Nachnahmesendung *f* 3 SPORTS **coup** *m* **d'~** Anstoß *m*; **donner le coup d'~** den Anstoß ausführen; *fig* **donner le coup d'~ à qc** etw eröffnen, einleiten 4 *d'une ballade* Zueignungsstrophe *f*

envol [ɑ̃vɔl] M 1 *d'un oiseau* Auf-, Weg-, Davonfliegen *n*; Aufflattern *n* 2 *d'un avion* Abflug *m*; Start *m*

envolée [ɑ̃vɔle] F 1 *de l'inspiration* Aufschwung *m* (*a. des prix*); Gedankenflug *m* 2 *au Canada* AVIAT (*vol*) Flug *m*

envoler [ɑ̃vɔle] V/PR **s'~** 1 *oiseau* auf-, weg-, davon-, fortfliegen; aufflattern; *st/s* sich in die Lüfte erheben, schwingen; *fam fig* **l'oiseau s'est envolé** der Vogel ist ausgeflogen; ♦ *non réfléchi*: **faire ~** vertreiben; verscheuchen; verjagen; **laisser ~ un oiseau** e-n Vogel entfliegen, davonfliegen, entkommen lassen 2 *feuilles etc dans le vent* davon-, wegfliegen; *fumée* verfliegen; sich verziehen; *poussière* aufsteigen 3 *avion* abfliegen; starten; aufsteigen; *st/s* sich in die Luft erheben 4 *fam objets (disparaître)* verschwinden; *fam* Beine kriegen 5 *fig et litt temps, espérances* entschwinden; dahinschwinden; verfliegen

envoûtant [ɑ̃vutɑ̃] ADJ bezaubernd; verführerisch; **envoûtement** M 1 Ver-, Behexung *f*; Verzauberung *f*; Zauber *m* 2 *fig* Zauber *m*; Bann *m*; Verzauberung *f*

E

envoûter [ɑ̃vute] V/T 1 ver-, behexen; verzaubern 2 *fig* be-, verzaubern; behexen; in s-n Bann ziehen, schlagen; e-n Zauber ausüben (**qn** auf j-n)

envoyé [ɑ̃vwaje] A M 1 *d'un journal* **~ spécial** Sonderberichterstatter *m*, -korrespondent *m* 2 *(délégué)* Abgesandte(r) *m*; POL Gesandte(r) *m* B ADJ *fam* **ça c'est ~!** gut gesagt, geantwortet, gemacht!

envoyer [ɑ̃vwaje] ⟨-oi-; *Futur u. Conditionnel* j'enverrai(s)⟩ A V/T 1 *personne* schicken; aus-, vor-, *fam* vorbeischicken; *délégué* entsenden; abordnen; *député* schicken, entsenden, wählen (à in *+acc*); *troupes* entsenden; schicken; **~ un enfant à l'école, au lit** ein Kind in die Schule, ins Bett schicken; **~ des soldats à la mort** Soldaten in den Tod schicken; **~ qn aux nouvelles** j-n (aus)schicken, um zu erfahren, was es Neues gibt; **~ qn à la rencontre de qn** j-n j-m entgegenschicken; **~ qn en prison** j-n ins Gefängnis schicken; ♦ *avec inf:* **~ (qn) chercher qn, qc** (j-n) nach j-m, etw schicken; (j-n) j-n, etw holen lassen; **ma mère m'envoie dire que …** meine Mutter lässt (Ihnen) sagen, ausrichten, dass …; meine Mutter schickt mich, ich soll Ihnen sagen, dass …; **il ne le lui a pas envoyé dire** er hat es ihm ins Gesicht gesagt; er hat (vor ihm) kein Blatt vor den Mund genommen; **~ qn faire des courses** j-n einkaufen schicken; → *a.* **promener** A 3 2 *choses* (ab-, weg-, ver-, ein)schicken, (-)senden; *lettre, paquet a.* aufgeben; *marchandises a.* verfrachten; **~ qc à qn** *a.* j-m etw zuschicken, zusenden, übersenden; **M. Untel vous envoie le bonjour** Herr Soundso lässt Sie grüßen; **~ ses condoléances, ses félicitations à qn** j-m ein Beileidsschreiben, Glückwünsche schicken, senden; **~ une invitation à qn** j-m e-e Einladung schicken; **~ des invitations** Einladungen verschicken; **~ qc par la poste** etw mit der Post® schicken; **~ de l'argent par mandat** Geld durch die Post® überweisen; **~ un message par radio** e-e Nachricht funken; **~ des vivres par avion en Turquie** Lebensmittel in die Türkei fliegen 3 *coup de feu* abgeben; abfeuern; *gifle* geben; verabreichen; *coup (de poing, de pied)* versetzen; *fam* verpassen; *balle* werfen; *avec le pied* treten; stoßen; schießen; *un baiser de la main* zuwerfen; **~ qc à, dans la figure de qn** j-m etw ins Gesicht schleudern, werfen; **il m'envoie sa fumée dans la figure** er bläst mir s-n Rauch ins Gesicht; *fam fig* **~ à qn dans les dents, gencives** *fam* j-m eins auf den Deckel geben; **le cœur envoie le sang dans les artères** das Herz pumpt das Blut in die Arterien B V/PR **s'~** 1 *lettres etc* sich *(dat)* schicken; *lettres a.* sich *(dat)* schreiben 2 *fam* a *verre de vin etc* trinken; *fam* sich *(dat)* genehmigen; runterkippen; *repas* sich *(dat)* gönnen, einverleiben, *fam* genehmigen, reinziehen; *pop une fille fam* vernaschen; *pop* umlegen; **qu'est-ce qu'il s'est envoyé!** *fam* dem hats aber geschmeckt!; der hat 'ne ganze Menge verdrückt! b *corvée* auf sich *(acc)* nehmen (müssen); **s'~ tout le chemin à pied** den ganzen Weg tippeln (müssen); **je me suis envoyé tout le travail** *a.* die ganze Arbeit ist an mir hängen geblieben

envoyeur [ɑ̃vwajœʀ] M Absender *m*; **retour à l'~** zurück an Absender

enzyme [ɑ̃zim] M *ou* F BIOL Enzym *n*

enzymologie [ɑ̃zimɔlɔʒi] F Enzymologie *f*

Éole [eɔl] M MYTH Äolus *m*

éolien [eɔljɛ̃] A ADJ ⟨~ne⟩ Wind…; äolisch; **énergie ~ne** Windkraft *f*; **°harpe ~ne** Äols-, Windharfe *f* B F **~ne** TECH Windrad *n*; Windkraftanlage *f*

Éoliennes [eɔljɛn] **les îles** *fpl* **~** die Äolischen *ou* Liparischen Inseln *fpl*

éosine [eɔzin] F CHIM Eosin *n*

épagneul [epaɲœl] M ZOOL Spaniel *m*

épais [epɛ] ADJ ⟨épaisse [epɛs]⟩ 1 *mur, papier, tranche, couche etc* dick; *couche de neige* hoch; *personne* dick; beleibt; *silhouette* stark; gedrungen; **doigts** *mpl* **~** dick(lich)e Finger *mpl*; **lèvres ~ses** dicke, wulstige Lippen *fpl*; **mains ~ses** dick(lich)e Hände *fpl*; **elle n'est pas ~se** sie ist ziemlich dünn, mager; **une planche ~se de 2 cm** ein 2 cm dickes, starkes Brett 2 *brouillard, fumée* dicht; dick; stark; *cheveux, forêt etc* dicht; *sourcils* dicht; buschig; *obscurité* undurchdringlich; **au feuillage ~** dicht belaubt 3 *liquides* dick(flüssig); zäh; *soupe, sauce* dick; sämig 4 *fig plaisanterie etc* plump; grob

épaisseur [epɛsœʀ] F 1 Dicke *f*; Stärke *f*; TECH *a.* Dickte *f*; *de la neige* Höhe *f*; **un mur de 30 cm d'~** e-e 30 cm dicke, starke Mauer 2 *du brouillard, de la fumée* Dichte *f*; Dicke *f*; *des cheveux, de la forêt etc* Dichte *f* 3 *d'une sauce etc* Dicke *f*

épaissir [epesiʀ] A V/T ein-, verdicken; einkochen; **~ une sauce** eine Soße einkochen, ein-, verdicken B V/I *peinture, sauce etc* dick(er), dickflüssig werden; *sauce a.* sämig werden; **sa taille, il** *ou* **elle a épaissi** er, sie ist dicker geworden C V/PR **s'~** *sauce etc* dick(er), dickflüssig werden; sich verdicken; einkochen; *personne* dick(er), stärker werden; zunehmen; *brouillard* dichter, dicker, stärker werden; sich verdichten; *obscurité, mystère* (immer) undurchdringlicher werden

épaississant [epesisɑ̃] M Verdickungsstoff *m*; **épaississement** M *du brouillard etc* Dichter-, Dicker-, Stärkerwerden *n*; *de la peau etc* Verdickung *f*; *de la peinture etc* Eindickung *f*; **épaississeur** M *appareil* Eindicker *m*

épanchement [epɑ̃ʃmɑ̃] M 1 MÉD Erguss *m* 2 *fig* Geständnis *n*; Erguss *m*; Herzensergießung *f*

épancher [epɑ̃ʃe] A V/T *st/s* **~ son cœur** sein Herz ausschütten B V/PR **s'~** 1 MÉD *sang etc* sich ergießen 2 *st/s* **s'~ (auprès de qn)** (j-m) sein Herz ausschütten; sich (bei j-m) aussprechen

épandage [epɑ̃daʒ] M 1 AGR Ausbreiten *n*, Verteilen *n* (des Düngers) 2 **champ** *m* **d'~** Rieselfeld *n*

épandre [epɑ̃dʀ] V/T ⟨→ rendre⟩ *fumier, engrais* ausbreiten; verteilen

épanoui [epanwi] ADJ 1 *fleur* aufgeblüht; erblüht; aufgegangen; entfaltet 2 *visage, sourire* (freude) strahlend; vergnügt; freudig; *personne* heiter und ausgeglichen 3 *corps, formes* (voll) entwickelt

épanouir [epanwiʀ] A V/T 1 *fleurs* auf-, erblühen lassen 2 *fig visage* erhellen; aufheitern; erstrahlen, aufleuchten lassen 3 **~ qn** j-n in s-r Entwicklung fördern; j-m zur Entfaltung s-r Persönlichkeit verhelfen B V/PR **s'~** 1 *fleur* sich entfalten; auf-, erblühen; aufgehen 2 *fig beauté, civilisation etc* sich entfalten; *a. personne* aufblühen; *st/s* erblühen; *enfant* sich entfalten, entwickeln 3 *visage* (auf)leuchten; strahlen; sich aufhellen, aufheitern; *personne* (vor Freude) strahlen

épanouissement [epanwismɑ̃] M 1 *de fleurs* Auf-, Erblühen *n*; Aufgehen *n* 2 *fig du corps, du talent etc* (volle) Entfaltung, Entwicklung; *d'une civilisation* Aufblühen *n*; *st/s* Erblühen *n*; (höchste) Entfaltung; Blüte *f*; Höhepunkt *m* 3 *d'un visage* (Er)Strahlen *n*; Aufheiterung *f*

épargnant [epaʀɲɑ̃] M Sparer *m*; **les petits ~s** *a.* die Kleinsparer *mpl*

épargne [epaʀɲ] F 1 *action* Sparen *n*; Sparwesen *n*, -tätigkeit *f*; **caisse** *f* **d'~** Sparkasse *f*; **encourager l'~** die Spartätigkeit fördern 2 *somme(s)* Spargelder *npl*; Ersparnisse *fpl*; **épargne-logement** F Bausparen *n*

épargner [epaʀɲe] A V/T 1 *argent* sparen; zurücklegen 2 *fig temps, forces etc* sparen; sparsam umgehen mit; haushalten mit; (gut) einteilen; **n'~ aucun effort** keine Mühe scheuen 3 **~ qc à qn** j-m etw ersparen; j-n mit etw verschonen; **~ qc** *a.* etw unnötig, überflüssig machen; **rien ne lui a été épargné** ihm ist nichts erspart geblieben; **épargnez-moi vos explications** verschonen Sie mich mit Ihren Erklärungen 4 *(ménager) choses, gens* verschonen; *adversaire a.* schonend, milde behandeln; **ne pas ~ qn** *a.* j-n heftig, scharf kritisieren; **être épargné** verschont bleiben; **la maladie ne l'a pas épargné** er ist von der Krankheit nicht verschont geblieben; **immeuble épargné par l'incendie** Gebäude, das bei, von dem Brand verschont geblieben ist B V/PR **s'~ des ennuis** *etc* sich *(dat)* Ärger *etc* (er)sparen

éparpillement [epaʀpijmɑ̃] M 1 *état* Verstreutsein *n*; Herumliegen *n*; *action* Verstreuen *n*; Herumstreuen *n* 2 *fig des efforts* Verzettelung *f*; Zersplitterung *f*

éparpiller [epaʀpije] A V/T 1 *objets, papiers* (unordentlich) verstreuen; herumstreuen; wahllos umherstreuen; ausbreiten; *vent* **~ les feuilles** die Blätter verwehen; **être éparpillé** herumliegen; verstreut sein, liegen 2 *personnes* (da und dort, an mehreren Stellen) verteilen; *(disperser)* zerstreuen; *adjt* **colons éparpillés sur un vaste territoire** über ein großes Gebiet verstreute, verteilte Siedler 3 *fig son énergie etc* verzetteln; zersplittern B V/PR **s'~** 1 *choses* verstreut, umhergestreut werden; *grâce au vent* verweht, in alle Richtungen geweht werden 2 *foule* sich verteilen, verlaufen, zerstreuen 3 *fig personne* sich verzetteln

épars [epaʀ] ADJ ⟨éparse [epaʀs]⟩ 1 (weit) verstreut; vereinzelt (auftretend, nachweisbar); *cheveux* aufgelöst; wirr; unordentlich; fliegend; **pluies ~es** strichweise Regen *m* 2 *fig souvenirs* lückenhaft; *fragments* zusammenhang(s) los; unzusammenhängend

épatant [epatɑ̃] ADJ *fam* toll; klasse *(inv)*; prima *(inv)*; dufte; fantastisch

épate [epat] F *fam* **faire de l'~** *fam* Eindruck schinden (wollen); sich (groß) aufspielen

épaté [epate] ADJ 1 *nez* platt (gedrückt); stumpf; **nez ~** *a.* Stumpfnase *f* 2 *fam* **être ~** verblüfft, *fam* platt, baff sein; nur so staunen

épatement [epatmɑ̃] M 1 *du nez* Plattheit *f* 2 *fam (étonnement)* Verblüffung *f*; Erstaunen *n*

épater [epate] *fam* V/T verblüffen; imponieren (**qn** j-m); *fam* Eindruck schinden (bei j-m); sich (groß) aufspielen (vor j-m); **tu m'épateras toujours!** du bist für jede Überraschung gut!; **ça t'épate, hein?** *fam* da bist du baff *ou* platt, was?; **ça m'épate que …** *(+subj)* es verblüfft mich, *fam* haut mich um, dass …

épaule [epol] F Schulter *f* (*a. du cheval*); *du cheval, du bœuf, du chevreuil* Bug *m*; CUIS *a.* Schulterstück *n*; CH Blatt *n*; *chez l'homme fam a.* Achsel *f*; **largeur** *f* **d'~s** Schulterbreite *f*; *fig* **avoir la tête sur les ~s** vernünftige Ansichten haben;

vernünftig, ausgeglichen sein; *fig* **donner un coup d'~ à qn** j-m unter die Arme greifen; j-n unterstützen; **être carré, large d'~s** breite Schultern haben; breitschult(e)rig sein; *responsabilités* **peser, reposer sur les ~s de qn** auf j-s Schultern *(dat)* lasten, ruhen; **porter un fusil, une pelle sur l'~** ein Gewehr geschultert haben, e-e Schaufel auf der Schulter tragen

épaulé [epole] M HALTÉROPHILIE Umsetzen *n*; **épaulé-jeté** M Stoßen *n*

épauler [epole] V/T 1 anlegen *(a. abs)*; in Anschlag bringen; **~ un fusil** ein Gewehr anlegen, in Anschlag bringen 2 *fig* **~ qn** j-n unterstützen; j-m helfen; sich für j-n einsetzen, für j-n eintreten **(auprès de qn** bei j-m)

épaulette [epolɛt] F 1 MIL Schulterstück *n*; Epaulette *f* 2 COUT Schulterpolster *n*

épave [epav] F 1 MAR a *bateau* (Schiffs)Wrack *n* b *(débris sur le rivage)* Strandgut *n*; *sur la mer* Treibgut *n* 2 *par ext d'une voiture, d'un avion, fig d'une personne* Wrack *n*; **n'être plus qu'une ~** nur noch ein Wrack sein

épeautre [epotʀ] M BOT Dinkel *m*

épée [epe] F Schwert *n*; Degen *m* *(a. d'officier et* ESCRIME*)*; *fig* **~ de Damoclès** [-s] Damoklesschwert *n*; **coup** *m* **d'~** Schwertstreich *m*, -hieb *m*; Degenstich *m*; *fig* **un coup d'~ dans l'eau** ein Schlag ins Wasser

épeiche [epɛʃ] F ZOOL Buntspecht *m*

épeire [epɛʀ] F ZOOL Kreuzspinne *f*

épéisme [epeism] M SPORTS Degenfechten *n*; **épéiste** M Degenfechter *m*

épeler [eple] V/T ⟨-ll-⟩ buchstabieren

épellation [epɛ(l)lasjõ] F Buchstabieren *n*

épépiner [epepine] V/T entkernen

éperdu [epɛʀdy] ADJ 1 außer sich; **~ de bonheur** überglücklich; **~ de joie** außer sich vor Freude; **~ de reconnaissance** überaus, unendlich dankbar 2 *amour, désir etc* leidenschaftlich; heftig 3 *regard, geste* verzweifelt; **fuite ~e** überstürzte Flucht

éperdument [epɛʀdymã] ADV **~ amoureux** (un)sterblich, bis über die Ohren verliebt; **je m'en moque ~** das ist mir völlig gleichgültig; das lässt mich völlig kalt

éperlan [epɛʀlã] M ZOOL Stint *m*

Épernay [epɛʀnɛ] *Stadt im Dep. Marne*

éperon [epʀõ] M 1 Sporn *m*; **piquer des ~s** s-m Pferd die Sporen geben 2 BOT, ZOOL Sporn *m*; *du chien* Afterklaue *f* 3 GÉOL *rocheux* Vorsprung *m*

éperonner [epʀɔne] V/T 1 **~ son cheval** s-m Pferd die Sporen geben; sein Pferd anspornen 2 *fig* **(être) éperonné par l'ambition** *etc* vom Ehrgeiz *etc* angespornt, angestachelt (sein); von Ehrgeiz *etc* getrieben (sein)

épervier [epɛʀvje] M 1 ZOOL Sperber *m* 2 *fig et* POL Falke *m*

éphèbe [efɛb] M 1 ANTIQUITÉ Ephebe *m* 2 *iron* schöner Jüngling

éphémère [efemɛʀ] A ADJ *gloire, bonheur, puissance etc* vergänglich; vorübergehend; nur kurze Zeit dauernd; kurzlebig; ephemer; **caractère** *m* **~** Vergänglichkeit *f* B M ZOOL Eintagsfliege *f*

éphéméride [efemeʀid] F 1 *calendrier* Tages-, Abreißkalender *m* 2 PL **~s** ASTRON Ephemeriden *fpl*

Éphèse [efɛz] HIST Ephesus *n*

épi [epi] M 1 Ähre *f*; *de maïs* Kolben *m*; **~ de blé, d'orge, de seigle** Korn- *ou* Weizen-, Gersten-, Roggenähre *f* 2 *par ext* a **~ (de cheveux)** (Haar)Wirbel *m* b *protection du littoral* Buhne *f* c *loc adv* **en ~** ährenförmig; AUTO **stationnement** *m* **en ~** Schrägparken *n*

épice [epis] F CUIS Gewürz *n*; **pain** *m* **d'~(s)** Honig-, Pfeffer-, Lebkuchen *m*

épicé [epise] ADJ CUIS gewürzt; würzig; pikant; scharf

épicéa [episea] M BOT Fichte *f*; Rottanne *f*

épicentre [episɑ̃tʀ] M *d'un séisme* Epizentrum *n*

épicer [epise] V/T ⟨-ç-⟩ CUIS würzen *(a. fig)*

épicerie [episʀi] F 1 *magasin* Lebensmittelgeschäft *n*; *autrefois* Kolonialwarengeschäft *n*; *rayon de grande surface* Lebensmittelabteilung *f*; **petite ~ du coin** Tante-Emma-Laden *m* 2 *commerce* Lebensmittelhandel *m* 3 *produits* Lebensmittel *npl*; **~ fine** Feinkost *f*; Delikatessen *fpl*

épicier [episje] M, **épicière** F Lebensmittelhändler(in) *m(f)*; Krämer *m*; *fig* **mentalité** *f* **d'épicier** spießbürgerliche Gesinnung; Engstirnigkeit *f*

Épicure [epikyʀ] M PHIL Epikur *m*

épicurien [epikyʀjɛ̃] PHIL *et fig* A ADJ ⟨~ne⟩ epikureisch B M Epikureer *m*; **épicurisme** M PHIL *et fig* Epikureismus *m*

épidémie [epidemi] F 1 Epidemie *f*; Seuche *f*; **~ de grippe** Grippeepidemie *f* 2 *fig (mode)* Seuche *f*; Epidemie *f*; *de suicides etc* Serie *f*; Welle *f*

épidémiologie [epidemjɔlɔʒi] F Epidemiologie *f*; Seuchenlehre *f*

épidémique [epidemik] ADJ epidemisch; seuchenartig

épiderme [epidɛʀm] M ANAT Epidermis *f*; Oberhaut

épidermique [epidɛʀmik] ADJ 1 ANAT der Epidermis; Oberhaut...; epidermal 2 *fig (superficiel)* oberflächlich

épier [epje] V/T *personne, agissements* (heimlich) beobachten, belauschen, belauern, überwachen; *bruits* hören, horchen auf *(+acc)*; lauschen *(+dat)*; **~ qn** *a.* j-m nachspionieren; **~ sa proie** s-r Beute auflauern; auf s-e Beute lauern

épieu [epjø] M ⟨*pl* ~x⟩ HIST, CH Spieß *m*

épigastre [epigastʀ] M ANAT Oberbauch *m*; *t/t* Epigastrium *n*

épiglotte [epiglɔt] F ANAT Kehlkopfdeckel *m*; *t/t* Epiglottis *f*

épigone [epigɔn] M Epigone *m*

épigramme [epigʀam] F Epigramm *n*

épigraphe [epigʀaf] F 1 *(inscription)* Epigraf *n*; Inschrift *f* 2 *en tête d'un chapitre* Motto *n*

épilateur [epilatœʀ] M **~ (électrique)** Epiliergerät *n*; Epilierer *m*

épilation [epilasjõ] F Enthaarung *f*; Haarentfernung *f*; *t/t* Epilation *f*

épilatoire [epilatwaʀ] ADJ Enthaarungs...; Haarentfernungs...; **crème** *f* **~** Enthaarungs-, Haarentfernungscreme *f*

épilepsie [epilɛpsi] F MÉD Epilepsie *f*; **avoir une crise d'~** e-n epileptischen Anfall haben *ou* bekommen

épileptique [epilɛptik] MÉD A ADJ epileptisch B M/F Epileptiker(in) *m(f)*

épiler [epile] A V/T enthaaren; die Haare entfernen von; *t/t* epilieren; *sourcils* auszupfen; **se faire ~ les jambes** sich *(dat)* die Beinhaare entfernen lassen B V/PR **s'~ les aisselles, les jambes** sich *(dat)* die Achsel-, Beinhaare entfernen; **s'~ les sourcils** sich *(dat)* die Augenbrauen auszupfen

épilogue [epilɔg] M 1 Epilog *m*; Schlusswort *n*; THÉ *a.* Nachspiel *n*; *d'un roman a.* Nachwort *n* 2 *fig (dénouement)* Ende *n*; Ausgang *m*; (Auf)Lösung *f*

épiloguer [epilɔge] V/T INDIR **~ sur qc** (hinterher) lange über etw *(acc)* diskutieren, reden; lange Kommentare über etw *(acc)* abgeben

épinard [epinaʀ] M 1 BOT Spinat *m*; *adjt* **vert ~** ⟨*inv*⟩ spinatgrün 2 CUIS **~s** *pl* Spinat *m*

épine [epin] F 1 BOT Dorn *m*; Stachel *m* *(a. du hérisson etc)*; *fig* **enlever, ôter, tirer à qn une ~ du pied** j-m aus e-r schwierigen Lage, Notlage helfen; *fam* j-m aus der Klemme, Patsche helfen 2 ANAT **~ dorsale** Rückgrat *n*

épinette [epinɛt] F 1 MUS Spinett *n* 2 BOT *au Canada* Fichte *f*; Rottanne *f*

épineux [epinø] ADJ ⟨-euse⟩ 1 BOT dornig; stach(e)lig *(a. hérisson etc)* 2 *fig problème, situation* heikel; kniff(e)lig; misslich; schwierig

épinglage [epɛ̃glaʒ] M 1 Befestigen *n* mit Nadeln; Feststecken *n* 2 COUT Abstecken *n*

épingle [epɛ̃gl] F (Steck)Nadel *f*; *d'une broche etc* Nadel *f*; Verschluss *m*; **~ à chapeau** Hutnadel *f*; **~ à cheveux** Haarnadel *f*; **virage** *m* **en ~ à cheveux** Haarnadelkurve *f*; **~ de cravate** Krawattennadel *f*; **~ de nourrice, de sûreté** Sicherheitsnadel *f*; *fig* **coup** *m* **d'~** Nadelstich *m*; Stichelei *f*; **attacher, fixer qc avec des ~s** etw feststecken, mit Nadeln befestigen; *fig* **monter qc en ~** etw hochspielen, aufbauschen, groß herausstellen; **se piquer avec une ~** sich an e-r Nadel stechen; *fig* **tirer son ~ du jeu** sich geschickt aus der Affäre ziehen; rechtzeitig abspringen, aussteigen; *fig* **être tiré à quatre ~s** geschniegelt und gebügelt, wie aus dem Ei gepellt, *fam* piekfein sein

épinglé [epɛ̃gle] M TEXT Epinglé *m*

épingler [epɛ̃gle] V/T 1 an-, feststecken; mit e-r Nadel, mit Nadeln feststecken, -machen, befestigen; COUT *ourlet etc* abstecken; *papiers etc* **~ ensemble** zusammenstecken; **~ qc sur la poitrine de qn** j-m etw anstecken, an die Brust stecken 2 *fam fig* **~ qn** j-n (am Tatort) erwischen, *fam* schnappen; **se faire ~** *fam* sich erwischen lassen; erwischt, geschnappt werden

épinière [epinjɛʀ] ADJ F ANAT **moelle** *f* **~** Rückenmark *n*

épinoche [epinɔʃ] F ZOOL Stichling *m*

Épiphanie [epifani] F REL (Fest *n* der) Erscheinung *f* des Herrn; Epiphanias *n*

épiphyse [epifiz] F ANAT 1 *d'un os* Epiphyse *f* 2 *glande* Zirbeldrüse *f*; Epiphyse *f*

épique [epik] ADJ 1 episch; Helden...; **genre** *m*, **poésie** *f* **~** Epik *f*; **poème** *m* **~** Epos *n*; **poète** *m* **~** Epiker *m* 2 *sauvetage etc* abenteuerlich; *scène, discussion* theatralisch

Épire [epiʀ] GÉOG **l'~** *f* Epirus *n*

épiscopal [episkɔpal] ADJ ⟨-aux⟩ bischöflich; Bischofs...; Episkopal...

épiscopat [episkɔpa] M ÉGL 1 *fonction* Episkopat *m ou n*; Bischofswürde *f*, -amt *n* 2 *coll* Episkopat *m ou n*; Bischöfe *mpl*

épiscope [episkɔp] M 1 OPT Episkop *n* 2 *d'un blindé* Winkelspiegel *m*

épisode [epizɔd] M 1 *(événement)* Episode *f*; (flüchtige) Begebenheit; (nebensächliches) Erlebnis; Zwischenspiel *n* 2 *(action incidente) d'une pièce, d'un roman* Neben-, Zwischenhandlung *f*; Episode *f*; Zwischenstück *n* 3 *(partie) d'un roman, d'un film* Abschnitt *m*; Teil *m*; **film** *m* **à ~s** Episodenfilm *m*; **film** *m* **en cinq ~s** Film *m* mit fünf Abschnitten, Episoden

épisodique [epizɔdik] ADJ episodisch; *événement etc* nebensächlich; vorübergehend; **rôle** *m* **~** Nebenrolle *f*

épissure [episyʀ] F MAR, TECH Spleißung *f*; Splissung *f*; Spleiß *m*; Spliss *m*

épistémologie [epistemɔlɔʒi] F PHIL Epistemologie *f*; Erkenntnislehre *f*

épistolaire [epistɔlɛʀ] ADJ Brief...; brieflich; **littérature** *f* **~** Briefliteratur *f*

épitaphe [epitaf] F Grabinschrift *f*; Epitaph (-ium) *n*

épithélium [epiteljɔm] M BIOL Epithel(ium) *n*; Epithelgewebe *n*

épithète [epitɛt] F 1 Epitheton *n*; Beiwort *n*; **~s injurieuses** Schimpfnamen *mpl*, -wörter *npl*

E

2 GRAM ~ *ou adjt* **adjectif** *m* ~ attributives Adjektiv

épître [epitʀ] F **1** BIBL (Apostel)Brief *m*; Epistel *f* (*a. à la messe*) **2** *iron* (*lettre*) Brief *m*; Epistel *f*

éploré [eplɔʀe] ADJ **a** *visage* tränenüberströmt; verweint; *personne* in Tränen aufgelöst; **voix ~e** tränenerstickte Stimme **b** *par ext* (*affligé*) untröstlich; tief betrübt; schmerzerfüllt; **veuve ~e** trauernde Witwe

épluchage [eplyʃaʒ] M **1** *de pommes de terre etc* Schälen *n*; *de salades, de légumes* Putzen *n*; Verlesen *n* **2** *fig* strenge Kontrolle; genaue Prüfung, Durchsicht

épluche-légumes [eplyʃlegym] M ⟨*inv*⟩ Schälmesser *n*; Gemüseschäler *m*

éplucher [eplyʃe] V/T **1** *fruits, oignons etc* schälen; *radis, haricots, salade, légumes* putzen; *salade, légumes a.* verlesen; **~ des pommes de terre** Kartoffeln schälen, pellen **2** *fig comptes etc* genau prüfen, kontrollieren; Punkt für Punkt durchgehen; *texte etc* unter die Lupe nehmen; zerpflücken; Fehler herausklauben (**qc** aus etw)

éplucheur [eplyʃœʀ] M **a** ~ *ou adjt* **couteau** *m* ~ Schälmesser *n* **b** Schälmaschine *f*

épluchures [eplyʃyʀ] FPL (Obst-, Kartoffel)-Schalen *fpl*; *de légumes etc* Abfälle *mpl*

EPO [øpeo] F ABR (érythropoïétine) *hormone* Erythropoetin *n*; *dopant* Erythropoietin® *n*; Epo *n*

épointer [epwɛ̃te] V/T *aiguille, couteau, ciseaux* abstumpfen; stumpf machen; die Spitze abbrechen (+*gén*); **~ un crayon** einen Stift abschreiben, stumpf schreiben

éponge [epõʒ] F **1** Schwamm *m* (*a.* ZOOL); CUIS **~ métallique** Topfkratzer *m*; **~ naturelle, synthétique** Natur-, Kunststoffschwamm *m*; **~ végétale** Luffaschwamm *m*; BOXE **jeter l'~** das Handtuch werfen (*a. fig*); *fig* **passer l'~ sur qc** großzügig über etw (*acc*) hinwegsehen; nicht mehr über etw (*acc*) sprechen; **passons l'~!** Schwamm drüber!; **passer un coup d'~ sur la table** den Tisch (mit e-m Schwamm) abwischen; *fig* **presser l'~** das Letzte herausholen (aus j-m) **2** ADJT **serviette** *f* ~ Frottee-, Frottier-(hand)tuch *n*; **tissu** *m* ~ Frottee *n ou m*; Frottierstoff *m*, -gewebe *n*

épongeage [epõʒaʒ] M Ab-, Aufwischen *n*

éponger [epõʒe] ⟨-geons⟩ **A** V/T **1** abwischen; **~ la table** den Tisch abwischen; **~ une flaque, une tache** eine Pfütze, einen Fleck aufwischen **2** ÉCON *excédent* abschöpfen **B** V/PR **s'~** sich (*dat*) abwischen, (ab)trocknen (**le front** die Stirn)

épopée [epɔpe] F **1** (Helden)Epos *n*; Heldendichtung *f* **2** *fig* **l'~ napoléonienne** Frankreichs heroische Zeit unter Napoleon; *iron* **une véritable ~** e-e Serie von Abenteuern

époque [epɔk] F **1** (*période*) Epoche *f*; Zeit(-alter) *f(n)* (*a.* GÉOL); **la Belle Époque** die Belle Époque; die Zeit um die Jahrhundertwende; GÉOL **~ carbonifère** Karbon *n*; **~ classique** Klassik *f*; **les grandes ~s de l'histoire** die großen Geschichtsepochen *fpl*; **~ romane** Romanik *f*; **l'~ des grandes découvertes** das Zeitalter der großen Entdeckungen; **l'~ des grandes invasions** die Zeit der Völkerwanderung; *loc adj*: **costume** *m* **d'~** Kostüm *n* der Zeit; Originalkostüm *n*; THÉ *a.* historisierendes Kostüm; **meuble** *m* **d'~** (echtes) Stilmöbel; **être d'~** *meuble etc* echt sein; *loc adv* **à l'~ de** zur Zeit, im Zeitalter (+*gén*); **à notre ~** *a.* in der heutigen Zeit; heutzutage; **être de son ~, vivre avec son ~** mit der Zeit gehen; in, mit s-r Zeit leben; **faire ~** Epoche machen; **événement** *m* **qui fera ~** Epoche machendes, epochales Ereignis **2** (*moment*) Zeit *f*; Zeitpunkt *m*; **~ des vacances** Ferienzeit *f*; **~ des vendanges** Zeit der Weinlese; *loc adv*: **à cette ~** (**de l'année**) zu dieser, um diese (Jahres)Zeit; **à l'~** damals; **l'an dernier à pareille ~, à la même ~** letztes Jahr um diese, um die gleiche Zeit; **à l'~ de notre mariage** (damals) als wir heirateten; zur Zeit unserer Heirat

épouillage [epujaʒ] M Entlausung *f*

épouiller [epuje] **A** V/T (ent) lausen **B** V/PR **s'~** sich lausen

époumoner [epumɔne] V/PR **s'~** *en parlant fam* sich (*dat*) die Seele aus dem Leib reden; sich (*dat*) den Mund fusselig reden; *en criant fam* sich (*dat*) die Lunge aus dem Hals schreien

épousailles [epuzɑj] FPL *plais ou litt* (*mariage*) Vermählung *f*; Verehelichung *f* (*a. iron*)

épouse [epuz] F → époux

épouser [epuze] V/T **1** **~ qn** j-n heiraten **2** *fig idées, opinions etc* annehmen; sich (*dat*) aneignen; sich (*dat*) zu eigen machen; *cause* sich einsetzen für; vertreten; **~ la querelle de qn** bei e-m Streit für j-n Partei ergreifen **3** *choses* sich anpassen, anschmiegen (**qc** *dat*); **~ les formes du corps** *robe* sich dem Körper anpassen, anschmiegen; (eng) anliegen; *dossier* körpergerecht, dem Körper angepasst sein; *chaussures* **~ la forme du pied** *a.* fußgerecht sein

époussetage [epustaʒ] M Abstauben *n*; Staubwischen *n*

épousseter [epuste] V/T ⟨-tt-⟩ abstauben; **~ les meubles** *a.* Staub wischen

époustouflant [epustuflɑ̃] *fam* ADJ verblüffend; höchst überraschend, erstaunlich;

époustoufler *fam* V/T in Erstaunen versetzen; überraschen; verblüffen; verdutzen; **être époustouflé** *fam* platt, baff sein

épouvantable [epuvɑ̃tabl] ADJ entsetzlich; schrecklich; grauenhaft, -voll; grauenerregend; grausig; *fam* grässlich; **colère** *f* **~** schreckliche, furchtbare Wut; **temps** *m* **~** scheußliches Wetter; **avoir une mine ~** erschreckend *ou* entsetzlich schlecht, fürchterlich aussehen

épouvantablement [epuvɑ̃tabləmɑ̃] ADV sehr; *fam* furchtbar; **~ laid** abgrundhässlich; *fam* potthässlich

épouvantail [epuvɑ̃taj] M **1** Vogelscheuche *f* **2** *fig d'une personne* **~ (à moineaux)** Vogelscheuche *f* **3** *fig d'une chose* Schreckgespenst *n*; Popanz *m*

épouvante [epuvɑ̃t] F Entsetzen *n*; Grauen *n*; Grausen *n*; (Er)Schrecken *m(n)*; **cris** *mpl* **d'~** Entsetzensschreie *mpl*; **film** *m* **d'~** Horrorfilm *m*; **vision** *f* **d'~** Schreckensvision *f*, -bild *n*; **saisi d'~** von Entsetzen gepackt; **jeter, semer l'~** Schrecken verbreiten

épouvanter [epuvɑ̃te] **A** V/T **~ qn** **1** j-m Schrecken, Furcht, Angst einjagen; j-n in Schrecken, Angst versetzen; *adjt*: **épouvanté** (zu Tode) erschrocken; voll(er) Entsetzen; entsetzt **2** (*inquiéter*) j-n ängstigen, beunruhigen; j-m Angst machen **B** V/PR *fam* **elle s'épouvante du déménagement** *etc* es graut ihr, ihr graut vor dem Umzug *etc*

époux [epu] M, **épouse** [epuz] F (Ehe)Mann *m*, (Ehe)Frau *f*; JUR Ehegatte *m*; *st/s* Gatte *m*, Gattin *f*; Gemahl(in) *m(f)*; **époux** *pl* Ehegatten *pl*; Ehepaar *n*; Eheleute *pl*; ADMIN **Mme Y, épouse X** Frau X, geborene Y; **les futurs époux** die zukünftigen Ehegatten, -leute; das zukünftige (Ehe)Paar; **les jeunes époux** die Jungverheirateten *pl*; das junge, neuvermählte Paar; *st/s* die Neuvermählten *pl*; *fam* **le bonjour à votre épouse** *fam* grüßen Sie die *ou* Ihre Frau Gemahlin; Grüße an die Frau Gemahlin; **prendre pour ~** zum Mann *ou* zur Frau nehmen; ehelichen (*a. plais*)

éprendre [epʀɑ̃dʀ] V/PR ⟨→ prendre⟩ *st/s* **s'~** sich verlieben (**de qn** in j-n)

épreuve [epʀœv] F **1** (*test*) Probe *f*, Test *m*, Prüfung *f* (*a.* TECH); (Aus)Probieren *n*; Testen *n*; HIST **~ du feu** Feuerprobe *f*; **~ de force** Kraft-, Machtprobe *f*; JUR **mise** *f* **à l'~** Bewährung *f*; *loc adj*: *amitié, patience etc* **à toute ~** unbedingt (zuverlässig); bewährt; erprobt; *santé, nerfs* eisern; *santé a.* robust; **à l'~ de** widerstandsfähig gegen; **à l'~ des balles, des bombes, du feu** kugel-, bomben-, feuersicher, -fest; **beauté** *f* **à l'~ du temps** zeitlose, unvergängliche Schönheit; **mettre à l'~** *personne* auf die Probe stellen; TECH erproben; prüfen; e-r Belastungsprobe aussetzen; **mettre la patience de qn à rude ~** j-s Geduld auf e-e harte Probe stellen; j-n auf e-e harte Geduldsprobe stellen; **résister aux ~s** den Prüfungen standhalten **2** (*malheur*) (Schicksals)Prüfung *f*; Heimsuchung *f*; **passer par de dures, rudes ~s** schwere Prüfungen durchmachen; durch e-e schwere, harte Schule gehen **3** EXAMEN Prüfung(sarbeit) *f*; **~s écrites, orales** schriftliche, mündliche Prüfungen; **~s de mathématiques** Prüfungen, Prüfungsarbeiten in Mathematik **4** SPORTS Wettkampf *m*; Prüfung *f*; **~s d'athlétisme** Leichtathletikwettkämpfe *mpl* **5** **a** TYPO (Korrektur)Fahne *f*; Korrekturabzug *m*, -bogen *m*; Probeabzug *m*; **corriger les ~s** Korrektur lesen **b** GRAVURE *etc* Probedruck *m*; (Probe)Abzug *m* **c** PHOT Abzug *m*; **faire tirer des ~s** Abzüge machen lassen

épris [epʀi] PP → éprendre *et* ADJ **1** **être ~ de qn** in j-n verliebt, *plus fort* vernarrt sein **2** **être ~ de qc** von etw begeistert, ganz besessen sein; für etw schwärmen

éprouvant [epʀuvɑ̃] ADJ *climat* hart; *chaleur* schwer zu ertragen(d); **travail ~** strapaziöse, anstrengende, beschwerliche Arbeit

éprouvé [epʀuve] ADJ **1** *matériel* erprobt; bewährt; geprüft; *appareil* betriebssicher; zuverlässig **2** *ami* bewährt; erprobt; absolut zuverlässig; **fidélité ~e** absolute, unbedingte Treue **3** (*qui a souffert*) leidgeprüft; schwer geprüft; **avoir l'air très ~** sehr mitgenommen aussehen

éprouver [epʀuve] V/T **1** (*tester*) prüfen, testen (*a. mémoire, connaissances*); erproben; (aus)probieren; *courage, force* erproben; testen; *sincérité, fidélité, foi* auf die Probe stellen **2** (*faire souffrir*) *perte, maladie etc* **~ qn** j-n (sehr) mitnehmen, schwer treffen; *guerre, épidémie* **~ un pays** *a.* ein Land heimsuchen; **sa santé en a été très éprouvée** s-e Gesundheit hat dadurch schwer gelitten **3** (*ressentir*) *joie, déception etc* erleben; *joie, mépris, peur, regret, dégoût, pitié, douleur* empfinden; *douleur, joie, amour* fühlen; spüren; *soulagement, curiosité, envie, désir* verspüren; **~ du bien-être** Wohlbehagen verspüren, empfinden; **~ des difficultés** Schwierigkeiten haben; auf Schwierigkeiten (*acc*) stoßen

éprouvette [epʀuvɛt] F **1** CHIM Reagenzglas *n*; **~ graduée** Messzylinder *m* **2** ADJT **bébé** *m* **~** Retortenbaby *n*

EPS [əpeɛs] F ABR (éducation physique et sportive) Sportunterricht *m*; Turnen *n*

épucer [epyse] ⟨-ç-⟩ V/T (*et* V/PR **s'~** sich) flöhen

épuisant [epɥizɑ̃] ADJ *travail, climat etc* kräftezehrend; anstrengend; ermüdend

épuisé [epɥize] ADJ **1** *source* versiegt; *filon* (völlig) abgebaut; ausgebeutet; *sol* ausgelaugt; ausgemergelt; *tirage* vergriffen; *réserves* verbraucht; erschöpft; *stock* ausverkauft; *sujet* erschöpfend behandelt; **être ~** *fam a.* alle, aus sein **2** *personne* (völlig) erschöpft; entkräftet; kraftlos; ermattet; matt; abgespannt; abgekämpft; mitgenommen; ausgemergelt; ausgelaugt

épuisement [epɥizmɑ̃] M 1 *du sol* Ausmergelung *f*; Auslaugung *f*; *d'un filon* (vollständiger) Abbau; Ausbeutung *f*; *des réserves, des fonds etc* Erschöpfung *f*; *d'une source* Versiegen *n*; **jusqu'à l'~ des stocks** solange der Vorrat reicht 2 *d'une personne* (völlige) Erschöpfung (*a. d'un pays*); Übermüdung *f*; Entkräftung *f*; Ermattung *f*; **jusqu'à ~ complet** bis zur völligen Erschöpfung; **être dans un état d'~ extrême** in e-m, im Zustand äußerster Erschöpfung sein

épuiser [epɥize] A V/T 1 *filon, carrière* (völlig) abbauen; ausbeuten; *sol* ausmergeln; auslaugen; *stock etc* ausverkaufen; restlos verkaufen; *réserves, moyens* erschöpfen; ausschöpfen; aufbrauchen; *sujet* erschöpfen; erschöpfend behandeln; *munitions* verschießen; verfeuern; **notre stock est épuisé** *a.* wir sind ausverkauft 2 *maladie etc: personne, guerre etc: pays* erschöpfen; entkräften; mitnehmen; *forces* aufzehren; verbrauchen B V/PR **s'~** 1 *source* versiegen; *réserves, moyens* zu Ende, zur Neige gehen; ausgehen; dahinschwinden; zusammenschrumpfen; *fam* alle werden 2 *malade* schwächer werden; Kräfte verlieren; ermatten; *forces* nachlassen; schwinden; schwächer werden; zu Ende gehen; **s'~ en efforts inutiles** sich vergeblich abmühen, anstrengen; **s'~ à faire qc** sich mit etw abmühen, abrackern; **ma patience commence à s'~** meine Geduld geht allmählich zu Ende, ist allmählich erschöpft

épuisette [epɥizɛt] F PÊCHE Kescher *ou* Käscher *m*; Fangnetz *n*

épurateur [epyʀatœʀ] M TECH Reiniger *m*; Reinigungsapparat *m*

épuration [epyʀasjõ] F 1 TECH, MÉD Reinigung *f*; *de liquides a.* Klärung *f*; **~ des eaux d'égout** Abwasserreinigung *f*; **station** *f* **d'~** Kläranlage *f* 2 *fig* Reinigung *f*; Läuterung *f*; *du goût, de la langue* Verfeinerung *f* 3 POL Säuberung *f*

épure [epyʀ] F TECH Aufriss *m*; Skizze *f*; (Fertigungs-, Werk)Zeichnung *f*

épurement [epyʀmɑ̃] M *fig* Verfeinerung *f*; Veredelung *f*

épurer [epyʀe] V/T 1 TECH reinigen; *liquides a.* klären 2 *fig* reinigen; läutern; veredeln; *goût, langue* verfeinern 3 POL säubern

équarrir [ekaʀiʀ] V/T 1 *bois* vierkantig (zu)schneiden; *t/t* abvieren; *adjt* **bois équarri** Kantholz *n* 2 *animal mort* beseitigen; abdecken

équarrissage [ekaʀisaʒ] M 1 *d'une poutre etc* Abvieren *n* 2 *de cadavres d'animaux* Tierkörperbeseitigung *f*; Abdecken *n*; **équarrisseur** M Abdecker *m*

équateur [ekwatœʀ] M 1 GÉOG Äquator *m*; *par ext* Äquatorzone *f* 2 *État* **l'Équateur** Ecuador *n*

équation [ekwasjõ] F MATH, CHIM Gleichung *f*; **~ algébrique** algebraische Gleichung; **~ à une inconnue** Gleichung mit einer Unbekannten; **poser, résoudre une ~** e-e Gleichung aufstellen, (auf)lösen

équatorial [ekwatɔʀjal] ADJ ⟨-aux⟩ äquatorial; Äquatorial...; Äquator...; **l'Afrique ~e** Äquatorialafrika *n*; **climat ~** äquatoriales Klima; **courants équatoriaux** Äquatorialströme *mpl*; **zone ~e** Äquatorialzone *f*

équatorien [ekwatɔʀjɛ̃] A ADJ ⟨~ne⟩ ecuadorianisch B SUBST **Équatorien(ne)** *m(f)* Ecuadorianer(in) *m(f)*

équerre [ekɛʀ] F 1 Winkel(maß) *m(n)*; **double ~** *ou* **~ en T** Reißschiene *f*; **fausse ~** Schmiege *f*; Stellwinkel *m* 2 LOC ADJ **d'~, en ~** im rechten Winkel; rechtwink(e)lig; **ne pas être d'~** *a.* schiefwink(e)lig sein; **mettre d'~** in den rechten Winkel bringen; rechtwinklig (zu)schneiden, stellen; SPORTS **les jambes en ~** mit waagrecht ausgestreckten Beinen 3 TECH Winkelband *n*, -eisen *n*

équerrer [ekeʀe] V/T in den Winkel bringen; winkelrecht zuschneiden

équestre [ekɛstʀ] ADJ 1 **statue** *f* **~** Reiterstandbild *n*, -statue *f* 2 Reit...; **promenade** *f*, **randonnée** *f* **~** Spazier-, Ausritt *m*

équeutage [ekøtaʒ] M *de fruits* Entstielen *n*; **équeuter** V/T *fruits* entstielen

équidés [ekide, -kɥi-] MPL ZOOL *famille* Pferde *npl*; Einhufer *mpl*

équidistant [ekɥidistɑ̃] ADJ abstandsgleich; gleich weit entfernt; **équilatéral** ADJ ⟨-aux⟩ MATH gleichseitig

équilibrage [ekilibʀaʒ] M 1 Ausbalancieren *n*; Ausgleichen *n* 2 TECH Auswuchten *n*; **équilibration** F PHYSIOL Herstellen *n* des Gleichgewichts

équilibre [ekilibʀ] M 1 Gleichgewicht *n* (*a.* PHYS); Balance *f*; PHYS *et fig* **~ des forces** Gleichgewicht der Kräfte; Kräftegleichgewicht *n*; PHYSIOL **sens** *m* **de l'~** Gleichgewichtssinn *m*; MÉD **troubles** *mpl* **de l'~** Gleichgewichtsstörungen *fpl*; *loc adj* **en ~** im Gleichgewicht; **être en ~ instable** PHYS im labilen Gleichgewicht sein; *objets* auf der Kippe stehen; unsicher, wack(e)lig, nicht gut stehen; **marcher en ~ sur une poutre** über e-n Balken balancieren; **mettre qc en ~** etw ausbalancieren, ins Gleichgewicht bringen; **tenir qc en ~** etw balancieren; **se tenir en ~ sur un pied** auf e-m Bein balancieren; **garder l'~** die Balance, das Gleichgewicht halten; **perdre l'~** die Balance, das Gleichgewicht verlieren; aus der Balance, dem Gleichgewicht kommen; (um)kippen; **retrouver son ~** sein (inneres) Gleichgewicht wiederfinden, -erlangen, -gewinnen 2 *fig*, ÉCON, ÉCOL, POL Gleichgewicht *n*; *d'une personne* (seelisches, inneres) Gleichgewicht; Ausgeglichenheit *f*; *d'une œuvre d'art* Ausgewogenheit *f*; Harmonie *f*; **~ budgétaire** Haushaltsausgleich *m*; ausgeglichener Haushalt; **rompre, troubler l'~** das Gleichgewicht stören; aus dem Gleichgewicht bringen (**de qc, de qn** etw, j-n); **manquer d'~** unausgeglichen sein

équilibré [ekilibʀe] ADJ *personne* ausgeglichen; *caractère a.* ausgewogen

équilibrer [ekilibʀe] A V/T 1 ausbalancieren; ins Gleichgewicht bringen; **~ un avion, un bateau** ein Flugzeug, ein Boot trimmen 2 TECH *roue* auswuchten 3 *par ext budget etc* ausgleichen; *dépenses et recettes* in Übereinstimmung bringen B V/PR **s'~** *charges, forces* sich ausgleichen; sich im Gleichgewicht befinden; sich, einander aufheben; *fig a.* sich (*dat*) die Waage halten

équilibriste [ekilibʀist] M/F Balancierkünstler(in) *m(f)*; Äquilibrist(in) *m(f)*

équimultiple [ekimyltipl] ADJ MATH **nombres** *mpl* **~s** *ou subst* **~s** *mpl* Zahlen *fpl* mit e-m gemeinsamen Faktor

équin [ekɛ̃] ADJ Pferde...

équinoxe [ekinɔks] M ASTRON Tagundnachtgleiche *f*; *t/t* Äquinoktium *n*; **~ d'automne, de printemps** Herbst-, Frühlings-Tagundnachtgleiche *f*; **tempêtes** *fpl* **d'~** Äquinoktialstürme *mpl*

équinoxial [ekinɔksjal] ADJ ⟨-aux⟩ äquinoktial; Äquinoktial...

équipage [ekipaʒ] M *d'un bateau, d'un avion* Besatzung *f*; Crew *f*; Bemannung *f*; *d'un bateau a.* Mannschaft *f*

équipe [ekip] F Mannschaft *f* (*a.* SPORTS); Team *n*; Equipe *f*; *autour d'un chef* Stab *m*; *d'ouvriers* Kolonne *f*; Trupp *m*; Gruppe *f*; *en usine a.* Schicht *f*; *de gymnastes* Riege *f*; **joyeuse ~** lustige, fröhliche Gesellschaft, Gruppe; **~ ministérielle** Regierungsmannschaft *f*; **~ d'amateurs, de professionnels** Amateur-, Profimannschaft *f*; **~ de chercheurs** Forscherteam *n*, -gruppe *f*; **~ de collaborateurs** Mitarbeiterstab *m*; **~ de bons copains** Gruppe guter Freunde; **~ de football** Fußballmannschaft *f*; **~ de France** französische Nationalmannschaft; **~ de jour, de nuit** Tag-, Nachtschicht *f*; **~ de secours** Hilfs-, Rettungsmannschaft *f*; SPORTS **capitaine** *m* **de l'~** Mannschaftskapitän *m*; **chef** *m* **d'~** Teamleiter *m*; *d'ouvriers* Vorarbeiter *m*; Kolonnenführer *m*; CONSTR Polier *m*; **faire ~ avec qn** mit j-m zusammenarbeiten, im Team arbeiten; **jouer en, par ~** in e-r Mannschaft spielen; **travailler en ~** im Team arbeiten

équipée [ekipe] F 1 Abenteuer *n*; Coup *m*; Unterfangen *n*; **une folle ~** ein wahnwitziges Unterfangen 2 *plais (sortie)* Ausflug *m*

équipement [ekipmɑ̃] M Ausrüstung *f* (*a.* TECH, MIL, *d'un chasseur etc*); Ausrüstungsgegenstände *mpl*, -material *n*; *d'une école, d'un hôpital, d'un café etc* Ausstattung *f*; Ausstattungsgegenstände *mpl*; Einrichtung *f*; TECH *a.* (technische) Einrichtung; Anlage(n) *f(pl)*; Gerät *n (coll)*; ADMIN **~s collectifs** Gemeinschaftseinrichtungen *fpl*; **~ industriel** Industrieanlagen *fpl*, -ausrüstung *f*; **~ de ski** Skiausrüstung *f*; **~ d'une voie ferrée** Streckenausrüstung *f*; **biens** *mpl* **d'~** Ausrüstungsgüter *npl*

équiper [ekipe] A V/T TECH, MAR, MIL, *personne* ausrüsten (**de** mit); *école, café etc* ausstatten (mit); einrichten; TECH *a.* bestücken (mit); *par ext (pourvoir)* versehen (mit); **~ d'un réseau routier** mit e-m Straßennetz überziehen, versehen; **~ en véhicules** mit Fahrzeugen ausrüsten, ausstatten; *adjt* **être bien, mal équipé** gut, schlecht ausgerüstet, ausgestattet sein; **cuisine tout équipée** komplett eingerichtete Küche B V/PR **s'~** sich ausrüsten, ausstatten, versehen (**de qc** mit etw)

équipier [ekipje] M, **équipière** F SPORTS Mannschaftsmitglied *n*, -angehörige(r) *m/f(m)*; Spieler(in) *m(f)*

équitable [ekitabl] ADJ gerecht; *personne a.* rechtschaffen; *jugement, solution, mesure a.* angemessen; berechtigt; billig; **commerce** *m* **~** fairer Handel; Fair Trade *m*

équitation [ekitasjõ] F Reiten *n*; Reitsport *m*; Reitkunst *f*; **école** *f* **d'~** Reitschule *f*; **professeur** *m* **d'~** Reitlehrer *m*

équité [ekite] F *d'une personne* Gerechtigkeit *f*; Rechtschaffenheit *f*; *d'un jugement etc* Berechtigung *f*; Angemessenheit *f*; Rechtlichkeit *f*; Billigkeit *f*; **avec ~, en toute ~** gerecht(erweise); angemessen; billigerweise, -maßen; **pour des raisons d'~** aus Billigkeitsgründen

équivalence [ekivalɑ̃s] F 1 Gleichwertigkeit *f*; (Wert)Gleichheit *f*; MATH Äquivalenz *f* 2 UNIVERSITÉ Anerkennung *f* (e-s Diploms); **accorder une ~** ein Diplom (als gleichwertig) anerkennen

équivalent [ekivalɑ̃] A ADJ gleichwertig (**à** mit); entsprechend (*+dat*); *prix*, MATH gleich; *tournure* gleichbedeutend; bedeutungsgleich; MATH **figures ~es** flächengleiche Figuren *fpl*; **être ~ à** entsprechen (*+dat*) B M Äquivalent *n* (*a.* PHYS); Entsprechung *f* (*a.* LING); Entsprechende(s) *n*; (gleichwertiger) Ersatz; Gegenwert *m*; **c'est sans ~** das ist ohnegleichen; es gibt nichts Gleichwertiges; **offrir l'~ à qn** j-m e-n gleichwertigen Ersatz, etw Gleichwertiges anbieten

équivaloir [ekivalwaʀ] ⟨→ valoir⟩ A V/T INDIR **~ à** entsprechen, gleichkommen (*+dat*); bedeuten (*+acc*); so viel bedeuten, heißen wie; (eben) so gut sein wie; gleichwertig sein mit; **~ à un refus** e-r Ablehnung gleichkommen; **cela équivaudrait à tout abandonner** das hieße *ou* würde bedeuten, alles aufgeben **B** V/PR **s'~** gleich (gut *ou* schlecht) sein; **ça s'équivaut** das kommt aufs Gleiche heraus

équivoque [ekivɔk] **A** ADJ *termes, propos* zweideutig; doppel-, vieldeutig; doppelsinnig; *notion* mehrdeutig; missverständlich; *péj: rôle, milieu* zweifelhaft; *péj: personnage, passé, comportement* zwielichtig; dubios; suspekt; **sourire** *m* ~ hintergründiges Lächeln **B** F *(ambiguïté)* Doppelsinn *m*; Zweideutigkeit *f*; *(manque de clarté)* Unklarheit *f*; Unsicherheit *f*; **sans ~** eindeutig; unzweideutig; klar; unmissverständlich; **pour éviter toute ~** damit keine Unklarheiten entstehen; um Missverständnissen vorzubeugen

érable [eʀabl] M BOT Ahorn *m* *(a. bois)*

éradication [eʀadikasjõ] F *d'une maladie* Ausrottung *f*

érafler [eʀafle] **A** V/T *peau* zer-, aufkratzen; (auf)ritzen; (zer)schrammen; (auf)schürfen; *bois, cuir, peinture etc* zerschrammen; zerkratzen; e-n Kratzer, e-e Schramme machen in *(+acc)*; *balle* **~ qn** j-n streifen **B** V/PR **s'~** sich *(dat)* (die Haut) zer-, aufkratzen, (auf)ritzen, zerschrammen, (auf)schürfen; **s'~ le genou en tombant** sich *(dat)* das Knie aufschlagen

éraflure [eʀaflyʀ] F Kratzer *m*; Schramme *f*; Ritz *m*; *par un projectile* Streifschuss *m*

éraillé [eʀaje] ADJ **1** *voix* heiser; krächzend; rau **2** *tissu* fadenscheinig; zerschlissen; abgenutzt; **éraillement** M *de la voix* Heiser-, Rauwerden *n*, -sein *n*

érailler [eʀaje] V/PR **s'~ la voix** e-e heisere, krächzende, raue Stimme bekommen

Érasme [eʀasm] M *Vorname*

ère [ɛʀ] F Ära *f*; Zeitalter *n*; Zeitrechnung *f*; *par ext* Zeit *f*; Epoche *f*; GÉOL Erdzeitalter *n*; Ära *f*; **~ atomique** Atomzeitalter *n*; **~ chrétienne** christliche Ära, Zeitrechnung; **~ nouvelle** neues Zeitalter; neue Ära; **l'an 800 avant notre ~** das Jahr 800 vor unserer Zeitrechnung *ou* vor der Zeitenwende

érecteur [eʀɛktœʀ] ADJ ⟨-trice⟩ PHYSIOL erigierend; Erektions…

érectile [eʀɛktil] ADJ PHYSIOL erektil; erigibel

érection [eʀɛksjõ] F **1** *d'un édifice etc* Errichtung *f*; Erstellung *f*; *d'une statue a.* Aufstellung *f* **2** PHYSIOL Erektion *f*; **être en ~** erigiert, im Zustand der Erektion sein

éreintage [eʀɛ̃taʒ] M → éreintement 2; **éreintant** ADJ sehr anstrengend, ermüdend; aufreibend; kräftezehrend

éreinté [eʀɛ̃te] ADJ todmüde; **être ~** *a.* (ganz) abgespannt, abgeschlagen, er-, zerschlagen, *fam* völlig erledigt sein

éreintement [eʀɛ̃tmɑ̃] M **1** *(fatigue)* völlige Erschöpfung; Übermüdung *f*; Abgespanntheit *f* **2** *(critique)* unerbittliche, scharfe, boshafte, harte Kritik; *fam* Verriss *m*; **éreinter** **A** V/T **1** *(fatiguer)* überanstrengen; sehr ermüden; erschöpfen **2** *(critiquer)* scharf, hart, abfällig kritisieren; *fam* verreißen; heruntermachen, -reißen **B** V/PR **s'~** sich abrackern, abmühen, *fam* abplacken, abplagen, abschinden

érésipèle [eʀezipɛl] → érysipèle

Erevan [eʀevɑ̃] GÉOG Eriwan *n*

erg¹ [ɛʀg] M GÉOG Erg *m*; Sandwüste *f*

erg² [ɛʀg] M PHYS Erg *n* *(symbole* erg*)*

ergonome [ɛʀgɔnɔm] M/F Ergonom(in) *m(f)*; **ergonomie** F Ergonomie *f*; Ergonomik *f*; **ergonomique** ADJ ergonomisch; **ergonomiste** M/F → ergonome

ergot [ɛʀgo] M **1** *du coq* Sporn *m*; *du chien* Afterkralle *f*, -klaue *f*; *fig* **monter, se dresser sur ses ~s** aggressiv werden; sich aufbäumen; sich auf die Hinterbeine stellen; die Krallen zeigen **2** AGR Mutterkorn *n* *(a.* PHARM) **3** TECH Nase *f*; Dorn *m*; Haltestift *m*

ergotage [ɛʀgɔtaʒ] M Nörgelei *f*; Nörgeln *n*; Mäkelei *f*; Mäkeln *n*; *fam* Gemecker *n*; Meckern *n*

ergoter [ɛʀgɔte] V/I nörgeln; kritteln; mäkeln; *fam* meckern; **~ sur tout** an allem herumnörgeln, -mäkeln; alles bekritteln

ergoteur [ɛʀgɔtœʀ], **ergoteuse** **A** M,F Nörgler(in) *m(f)*; Krittler(in) *m(f)*; Kritikaster *m*; Mäkler *m*; *fam* Meckerer *m* **B** ADJ nörglerisch; mäkelig

ergothérapeute [ɛʀgoteʀapøt] M/F Beschäftigungs-, Ergotherapeut(in) *m(f)*; **ergothérapie** F Beschäftigungs-, Arbeits-, Ergotherapie *f*

Éric *ou* **Érik** [eʀik] M *Vorname*

ériger [eʀiʒe] ⟨-geons⟩ **A** V/T **1** *édifice, statue* errichten; erstellen; *statue a.* aufstellen **2** *tribunal, commission* einsetzen **3** **~ en** erheben, machen zu; **~ qc en principe** etw zum Prinzip erheben; **~ qc en système** ein System aus etw machen **B** V/PR **s'~ en** *personne* sich aufwerfen zu; sich aufspielen als

Erivan [eʀivɑ̃] GÉOG Eriwan *n*

ermitage [ɛʀmitaʒ] M Einsiedelei *f* *(a. fig lieu solitaire)*

ermite [ɛʀmit] M Einsiedler *m*; Eremit *m*; Klausner *m*; *fig* **vivre en ~** zurückgezogen, wie ein Einsiedler leben; ein Einsiedlerleben, -dasein führen

Ernest [ɛʀnɛst] M *Vorname*

éroder [eʀɔde] V/T GÉOL erodieren; *par l'eau a.* auswaschen; *par le vent a.* abtragen

érogène [eʀɔʒɛn] ADJ erogen; **zone** *f* **~** erogene Zone

éros [eʀos] M PSYCH Eros *m*

érosif [eʀozif] ADJ ⟨-ive⟩ GÉOL erosiv; Erosions…

érosion [eʀozjõ] F **1** GÉOL Erosion *f*; **~ marine** Abrasion *f*; Brandungserosion *f*; **~ du sol** Bodenerosion *f* **2** *fig* Abnutzung *f*; langsamer Zerfall; **~ monétaire** schleichende Geldentwertung

érotique [eʀɔtik] ADJ erotisch; Liebes…; **érotisation** F Erotisierung *f*; **érotiser** V/T erotisieren; **érotisme** M Erotik *f*

érotomane [eʀɔtɔman] MÉD **A** ADJ erotoman **B** M/F Erotomane *m/f*; **érotomanie** F MÉD Erotomanie *f*; Liebeswahn *m*

errance [ɛʀɑ̃s] *litt* F Irrfahrt *f*; Umherirren *n*, -schweifen *n*; Ruhelosigkeit *f*

errant [ɛʀɑ̃] ADJ *peuplade* umherziehend; nomadisch; Wander…; Nomaden…; *individu* umherziehend, -irrend, -schweifend; unstet; HIST **chevalier ~** fahrender Ritter; **chien ~** streunender Hund; **le Juif ~** der Ewige Jude; **regard ~** schweifender, unsteter, irrender Blick; **vie ~e** unstetes, ruheloses Leben; Wander-, Nomadenleben *n*

errata [eʀata] M ⟨inv⟩ TYPO Errata *npl*; Druckfehler(verzeichnis) *mpl(n)*

erratique [eʀatik] ADJ **1** *litt personne* unstet; ruhelos **2** MÉD *douleur* nicht lokalisierbar **3** GÉOL **bloc** *m* **~** erratischer Block; Findling *m*

erratum [eʀatɔm] M TYPO Druckfehler *m*; Erratum *n*

errements [ɛʀmɑ̃] *litt* MPL Fehler *mpl*; Irrtümer *mpl*; Irrwege *mpl*

errer [ɛ(ʀ)ʀe] V/I **1** umherirren, -laufen, -wandern, -schweifen, -ziehen; *animaux* streunen; **~ à travers le monde** durch die Welt ziehen; **~ dans les rues** durch die Straßen irren **2** *fig regard* (umher)schweifen; irren; *un sourire* **errait sur ses lèvres** spielte, huschte um s-e Lippen; **laisser ~ son imagination** s-r Fantasie freien Lauf lassen

erreur [ɛʀœʀ, e-] F Irrtum *m*; Fehler *m* *(a.* MATH, PHYS); Versehen *n*; **~!** (du bist *ou* Sie sind im) Irrtum!; das stimmt nicht!; JUR **~ judiciaire** Justizirrtum *m*; INFORM **~ système** Systemfehler *m*; **~ d'appréciation** Fehleinschätzung *f*; **~ de calcul** Rechenfehler *m*; **~ de jeunesse** Jugendsünde *f*; **~ de jugement** Fehlurteil *n*; falsche Beurteilung; **~ de tactique** taktischer Fehler; JUR **~ sur la personne** Irrtum in der Person; ♦ *loc adv*: **par ~** irrtümlich(erweise); fälschlich(erweise); versehentlich; aus Versehen; **par suite d'une ~** durch ein Versehen, e-n Fehler, e-n Irrtum, e-e Verwechslung; **sauf ~** wenn ich (mich) nicht irre; wenn ich mich nicht täusche; COMM Irrtum vorbehalten; ♦ **il y a ~** das muss ein Irrtum sein; da liegt ein Irrtum, Missverständnis vor; *fam* da stimmt (et)was nicht; **il n'y a pas d'~** da ist jeder Irrtum ausgeschlossen; ganz ohne jeden Zweifel; (ich bin) ganz sicher; **commettre, faire une ~** e-n Fehler, Irrtum begehen; e-n Fehler machen; **être dans l'~** im Irrtum sein; sich im Irrtum befinden; **c'est une ~ de croire que …** es ist ein Irrtum anzunehmen *ou* zu glauben, dass …; **vous faites ~** Sie irren, täuschen sich; **laisser dans l'~** im Irrtum, im falschen Glauben lassen; *prov* **l'~ est humaine** Irren ist menschlich *(prov)*

erroné [eʀɔne, ɛ-] ADJ fehlerhaft; falsch; irrtümlich; irrig; irreführend; **adresse ~e** falsche Adresse; **conclusion ~e** Trug-, Fehlschluss *m*; falscher Schluss; **croyance ~e** Irrglaube *m*; **interprétation ~e** Missdeutung *f*; Fehlinterpretation *f*; **jugement ~** Fehlurteil *n*

ersatz [ɛʀzats] M Ersatz *m*; **~ de café, de savon** Kaffee-, Seifenersatz *m*

éructation [eʀyktasjõ] F PHYSIOL Aufstoßen *n*

éructer [eʀykte] **A** V/T *injures etc* hervorstoßen **B** V/I PHYSIOL aufstoßen

érudit [eʀydi] **A** ADJ *personne, ouvrage* gelehrt **B** SUBST **~(e)** *m(f)* Gelehrte(r) *m/f(m)*

érudition [eʀydisjõ] F Gelehrsamkeit *f*; Gelehrtheit *f*; **ouvrage** *m* **d'~** gelehrtes Werk; **avoir de l'~** gelehrt sein

éruptif [eʀyptif] ADJ ⟨-ive⟩ **1** MÉD eruptiv; mit e-m Ausschlag verbunden, einhergehend **2** GÉOL eruptiv; **roche éruptive** Eruptivgestein *n*

éruption [eʀypsjõ] F **1** MÉD Ausschlag *m*; *t/t* Eruption *f* **2** GÉOL *d'un volcan* Ausbruch *m*; Eruption *f*; *de lave* Austreten *n*; Austritt *m*; **volcan** *m* **en ~** tätiger Vulkan; *volcan* **entrer en ~** ausbrechen; tätig, aktiv werden **3** *fig* **~ de colère, de joie** Zornes-, Freudenausbruch *m*

érysipèle [eʀizipɛl] M MÉD (Wund)Rose *f*; *t/t* Erysipel *n*

érythème [eʀitɛm] M MÉD Erythem *n*

Érythrée [eʀitʀe] **l'~** *m* Eritrea *n*

érythréen [eʀitʀeɛ̃] **A** ADJ ⟨~ne⟩ eritreisch **B** **Érythréen(ne)** *m(f)* Eritreer(in) *m(f)*

es [ɛ] → être¹

ès [ɛs] PRÉP **docteur** *m*, **licence** *f*, **licencié** *m* **~ lettres, ~ sciences** → docteur 1, licence 1, licencié(e) 1; JUR **~ qualités** in amtlicher Eigenschaft

Ésaü [ezay] M BIBL Esau *m*

ESB [əɛsbe] F ABR (encéphalopathie spongiforme bovine) BSE *f*

esbigner [ɛzbiɲe] V/PR **s'~** *fam* sich davonmachen; sich aus dem Staub machen; Reißaus nehmen

esbroufe [ɛzbʀuf] F *fam* Wichtigtuerei *f*; Angeberei *f*; **à l'~** durch Bluff, Blendung; **faire de l'~** *fam* sich wichtigtun; angeben

esbroufer [ɛzbʀufe] *fam* V/T blenden; bluffen; **esbroufeur** *fam* M Blender *m*

escabeau [ɛskabo] M ⟨*pl* ~x⟩ **1** *siège* Schemel *m*; Hocker *m* **2** *échelle* Tritthocker *m*; (kleine)

Bockleiter
escadre [ɛskadʀ] F MAR, AVIAT Geschwader *n*; AVIAT **~ aérienne, de bombardement, de chasse, de reconnaissance, de transport** Luft- *ou* Flieger-, Bomben-, Jagd(flieger)-, Aufklärungs-, Transportgeschwader *n*
escadrille [ɛskadʀij] F 1 AVIAT Staffel *f*; **~ de chasse** Jagdstaffel *f* 2 MAR leichtes Geschwader
escadron [ɛskadʀõ] M 1 MIL *de cavalerie* Schwadron *f*; *de blindés* Kompanie *f*; AVIAT Staffel *f* 2 *fig* Schar *f*; Menge *f*; *fam* Geschwader *n*
ESCAE [ɛskɑə] F ABR (École supérieure de commerce et d'administration des entreprises) Hochschule *f* für Handel und Betriebswirtschaft
escalade [ɛskalad] F 1 a *d'un mur etc* Übersteigen *n*; *d'une montagne* Besteigung *f*; Erklettern *n*; **faire l'~ d'une montagne** e-n Berg besteigen b SPORTS Klettern *n*; **faire de l'~** klettern 2 *fig*, MIL, POL Eskalation *f*; Eskalierung *f*; POL *a.* Zuspitzung *f*; Verschärfung *f*; **~ de la violence** Eskalation, Eskalierung der Gewalt
escalader [ɛskalade] VT *mur, portail etc* übersteigen; (hinüber)steigen, klettern über (+*acc*); **~ une montagne** einen Berg besteigen, erklimmen
escalator® [ɛskalatɔʀ] M Rolltreppe *f*
escale [ɛskal] F 1 MAR, AVIAT Zwischenlandung *f*; **~ de quelques heures** mehrstündiger Aufenthalt; **vol** *m* **sans ~** Direktflug *m*; Nonstopflug *m*; AVIAT **faire ~ à Londres** London anfliegen; in London zwischenlanden; **faire ~ dans un port** e-n Hafen anlaufen 2 *lieu* Zwischenstation *f*; MAR *a.* Anlegeplatz *m*; AVIAT *a.* Landeplatz *m*
escalier [ɛskalje] M Treppe *f*; *autrich* Stiege *f*; **~ roulant, mécanique** Rolltreppe *f*; **~ de la cave** Kellertreppe *f*; **~ d'honneur** Ehrentreppe *f*; **~ de secours** Nottreppe *f*; **~ de service** Dienstboten-, Lieferantenaufgang *m*; **dans l'~** *ou* **les ~s** auf der Treppe; *fig* **avoir l'esprit de l'~** nicht schlagfertig sein; langsam reagieren; **tomber en descendant l'~** die Treppe hinunter-, herunterfallen
escalope [ɛskalɔp] F CUIS **~ (de veau)** (Kalbs)Schnitzel *n*
escamotable [ɛskamɔtabl] ADJ *train d'atterrissage* einziehbar; *machine à coudre, poignée* versenkbar; *antenne* ausziehbar; *meuble* zusammenklappbar; **échelle** *f* **~** Falltreppe *f*; **lit** *m* **~** Klapp-, Schrankbett *n*
escamotage [ɛskamɔtaʒ] M 1 *d'un objet* Verschwindenlassen *n*; Wegzaubern *n* 2 AVIAT *du train d'atterrissage* Einfahren *n*; Einziehen *n* 3 *fig d'une question, d'un problème* Umgehen *n*; (geschicktes) Ausweichen
escamoter [ɛskamɔte] VT 1 *carte, mouchoir etc* verschwinden lassen; wegzaubern; *par ext* (*dérober*) *documents etc* verschwinden lassen; (heimlich) beiseite-, wegschaffen 2 AVIAT *train d'atterrissage* einfahren; einziehen 3 *fig* a (*éluder*) **~ qc** etw umgehen; e-r Sache (*dat*) geschickt ausweichen; rasch über etw (*acc*) hinweggehen b *mot, note* überspringen; auslassen; unterschlagen
escamoteur [ɛskamɔtœʀ] M Taschenspieler *m*
escampette [ɛskɑ̃pɛt] LOC **prendre la poudre d'~** davonlaufen; ausreißen
escapade [ɛskapad] F 1 Eskapade *f*; (unüberlegter) Streich; *d'homme marié* Seitensprung *m*; **faire une ~** sich (*dat*) e-e Eskapade leisten 2 (*sortie*) Ausflug *m*
escarbille [ɛskaʀbij] F Flugasche *f*
escarboucle [ɛskaʀbukl] F MINÉR Karfunkel(-stein) *m*
escarcelle [ɛskaʀsɛl] F *autrefois ou plais* Geldkatze *f*
escargot [ɛskaʀgo] M Schnecke *f* (*mit Haus*); **~ de Bourgogne** Weinbergschnecke *f*; *fig* **marcher comme un ~** im Schneckentempo gehen; kriechen wie e-e Schnecke
escargotière [ɛskaʀgɔtjɛʀ] F 1 Schneckengarten *m*, -zucht *f* 2 CUIS Schneckenplatte *f*, -teller *m*
escarmouche [ɛskaʀmuʃ] F 1 MIL Scharmützel *n*; kleines Gefecht 2 *fig* (Wort)Geplänkel *n*; Plänkelei *f*
escarpé [ɛskaʀpe] ADJ *rocher* schroff; steil (aufragend); jäh abfallend; *pente* steil (ansteigend, abfallend); *chemin* abschüssig; **pente ~e** Steilhang *m*
escarpement [ɛskaʀpəmɑ̃] M Steilhang *m*; steile Böschung
escarpin [ɛskaʀpɛ̃] M Pumps *m*
escarpolette [ɛskaʀpɔlɛt] F *autrefois* Schaukel *f*
escarre [ɛskaʀ] F MÉD auf-, wund gelegene Stelle; **avoir une ~, des ~s** sich aufliegen, wund liegen (**au dos** den *ou* am Rücken)
Escaut [ɛsko] **l'~** *m* die Schelde
eschatologie [ɛskatɔlɔʒi] F REL Eschatologie *f*; **eschatologique** ADJ eschatologisch
Eschyle [eʃil] M Äschylus *m*
escient [ɛsjɑ̃] LOC **à bon ~** ganz bewusst; aus gutem Grund; (*avec raison*) zu Recht; mit vollem Recht
esclaffer [ɛsklafe] V/PR **s'~** schallend, laut, hellauf lachen; laut auflachen; in schallendes Gelächter ausbrechen
esclandre [ɛsklɑ̃dʀ] M Szene *f*; Auftritt *m*; Skandal *m*; **faire un ~** e-e Szene, e-n Skandal machen
esclavage [ɛsklavaʒ] M 1 Sklaverei *f*; *st/s* Sklaventum *n*; **réduire en ~** versklaven 2 *fig* a Sklaverei *f*; Knechtschaft *f*; Versklavung *f* b *par ext* **~ des habitudes** Zwang *m* der Gewohnheiten; **~ des passions** Beherrschtsein *n*, (völlige) Abhängigkeit von den Leidenschaften
esclavagisme [ɛsklavaʒism] M Sklaverei *f*; Sklavenhaltergesellschaft *f*
esclavagiste M/F HIST Verteidiger(in) *m(f)*, Anhänger(in) *m(f)* der (Neger)Sklaverei
esclave [ɛsklav] A M/F Sklave *m*, Sklavin *f* (*a. fig*); **révolte** *f* **des ~s** Sklavenaufstand *m*; **traiter qn en ~** j-n wie e-n Sklaven behandeln; **être vendu comme ~** als Sklave verkauft werden B ADJ **être ~ de qc** Sklave e-r Sache (*gén*) sein; **être ~ des convenances** sich sklavisch an die Anstandsregeln halten; **être ~ de son travail** Sklave s-r Arbeit sein
escogriffe [ɛskɔgʀif] M *fam* **un grand ~** ein großer, schlaksiger Kerl; ein Schlaks *m*; *fam* ein langer Lulatsch
escompte [ɛskõt] M 1 FIN Diskont *m*; *opération* Diskontierung *f*; **taux** *m* **d'~** Diskontsatz *m* 2 COMM Skonto *m ou n*
escompter [ɛskõte] VT 1 FIN *lettre de change* diskontieren 2 *fig* **~ qc** etw erwarten, erhoffen; sich (*dat*) etw erhoffen; auf etw (*acc*) hoffen; mit etw rechnen
escorte [ɛskɔʀt] F Eskorte *f* (*a.* MAR); Geleit *n*; Begleitung *f*; Begleitmannschaft *f*; MIL *a.* Bedeckung *f*; (*garde*) Bewachung *f*; Bewachungstrupp *m*, -mannschaft *f*; **~ d'honneur** Ehrengeleit *n*, -eskorte *f*; **navire** *m* **d'~** Geleit-, Begleitschiff *n*; *loc adv* **sous bonne ~** unter scharfer, strenger Bewachung; unter starkem Geleitschutz; **faire ~ à qn** j-m das Geleit geben; → *a.* escorter
escorter [ɛskɔʀte] VT eskortieren; geleiten; begleiten; (militärisches, polizeiliches) Geleit geben (+*dat*); *prisonniers etc a.* bewachen; *par ext* **~ qn, qc** j-n, etw begleiten; mit j-m, etw mitgehen
escorteur [ɛskɔʀtœʀ] M MAR MIL Begleit-, Geleitschiff *n*
escouade [ɛskwad] F Gruppe *f*; Schar *f*; Trupp *m*
escrime [ɛskʀim] F SPORTS Fechten *n*; Fechtkunst *f*, -sport *m*; **~ à l'épée, au fleuret, au sabre** Degen-, Florett-, Säbelfechten *n*; **tournoi** *m* **d'~** Fechtturnier *n*; **faire de l'~** fechten; den Fechtsport betreiben
escrimer [ɛskʀime] V/PR **s'~ à faire qc, sur qc** sich abmühen, abquälen, abplagen, *fam* herumschlagen, -quälen mit etw
escrimeur [ɛskʀimœʀ] M, **escrimeuse** F SPORTS Fechter(in) *m(f)*; Fechtsportler(in) *m(f)*
escroc [ɛskʀo] M Betrüger *m*; Gauner *m*; Schwindler *m*; Hochstapler *m*; **~ au mariage** Heiratsschwindler *m*
escroquer [ɛskʀɔke] VT a **~ qc** (sich [*dat*]) etw erschwindeln, ergaunern; **~ qc à qn** j-n um etw betrügen, bringen, prellen b **~ qn** j-n betrügen, begaunern
escroquerie [ɛskʀɔkʀi] F 1 Betrug *m* (*a.* JUR); Gaunerei *f*; Schwindel *m*; Hochstapelei *f*; **~s** *pl a.* Betrügereien *fpl*; **~ à l'assurance** Versicherungsbetrug *m*; **~ au mariage** Heiratsschwindel *m* 2 *morale* (bewusste) Täuschung; Irreführung *f*
escudo [ɛskydo] M HIST *monnaie* Escudo *ou* Eskudo *m*
Esculape [ɛskylap] M MYTH Äskulap *m*
esgourde [ɛsguʀd] *fam* F Ohr *n*; *fam* Löffel *m*
Ésope [ezɔp] M Äsop *m*
ésotérique [ezɔteʀik] ADJ esoterisch; **ésotérisme** M Esoterik *f*
espace [ɛspas] M 1 PHYS, MATH, PHIL Raum *m*; AVIAT **~ aérien** Luftraum *m*; **~ creux** Hohlraum *m* 2 *extraterrestre* Weltraum *m*; **conquête** *f*, **exploration** *f* **de l'~** Eroberung *f*, Erforschung *f* des Weltraums; **lancer une fusée dans l'~** e-e Rakete in den Weltraum, ins All schießen 3 (*étendue*) Raum *m*; Platz *m*; **~ libre, vide** freier, leerer Platz, Raum; URBANISME **~s verts** Grünflächen *fpl*, -anlagen *fpl*; POL **~ vital** Lebensraum *m* 4 (*distance*) Zwischenraum *m*; Abstand *m*; Platz *m*; **laisser, ménager un ~** Platz, Abstand, e-n Zwischenraum lassen 5 **~ (de temps)** Zeitraum *m*, -spanne *f*; **l'~ d'un an** der Zeitraum, die Zeitspanne von e-m Jahr; **en l'~ d'une heure** in, innerhalb, binnen, im Lauf(e) e-r Stunde
espacement [ɛspasmɑ̃] M 1 *action* Auseinanderrücken *n*; (*intervalle*) Zwischenraum *m*; Abstand *m* 2 *des visites, paiements etc* Seltenerwerden *n*; allmähliche Einstellung
espacer [ɛspase] ⟨-ç-⟩ A VT 1 Zwischenräume, Platz, Abstand lassen zwischen (+*dat*); auseinanderrücken; *adjt arbres, maisons etc* **ne pas être assez espacé(e)s** nicht weit genug auseinanderstehen *ou* -liegen; **régulièrement espacés** in regelmäßigen Abständen stehend 2 *visites, paiements etc* auf längere Zeiträume verteilen; immer seltener werden lassen; in immer größeren Abständen vornehmen; *adjt* **visites espacées** Besuche *mpl* in großen Abständen B V/PR **s'~** 1 *maisons etc* in immer größeren Abständen stehen; immer weiter auseinanderliegen 2 *lettres etc* in immer größeren Abständen, immer seltener kommen; immer seltener werden
espace-temps [ɛspastɑ̃] M PHYS Raum-Zeit-Welt *f*; Raum-Zeit-Kontinuum *n*
espadon [ɛspadõ] M ZOOL Schwertfisch *m*
espadrille [ɛspadʀij] F Leinenschuh *m* (mit geflochtener Sohle)
Espagne [ɛspaɲ] **l'~** *f* Spanien *n*
espagnol [ɛspaɲɔl] A ADJ spanisch B SUBST

1 **Espagnol(e)** *m(f)* Spanier(in) *m(f)* **2** M LING **l'~** das Spanische; Spanisch *n*

espagnolette [ɛspaɲɔlɛt] F CONSTR Espagnolette(verschluss) *f(m)*; Drehriegel *m*

espalier [ɛspalje] M **1** AGR Spalier *n*; **arbres** *mpl* **en ~** Spalierbäume *mpl* **2** SPORTS **~s** *pl* Sprossen-, Kletterwand *f*

espèce [ɛspɛs] F **1** *d'objets* Art *f*; Sorte *f*; Gattung *f*; *péj de gens* Sorte *f*; Art *f*; Schlag *m*; Spezies *f*; **des gens de cette ~** Leute dieses Schlags; solches Gesindel; **cela n'a aucune ~ d'importance** das hat keinerlei Bedeutung; **être le seul, la seule de son ~** einzigartig sein; der, die, das Einzige in s-r, ihrer Art sein **2** **a** **une ~ de …** ⟨*fam abus oft mit dem Genus des folgenden subst* **un ~ de …**⟩ (so) e-e Art (von) …; etwas wie …; *fam* **un ~ de chapeau** e-e Art Hut; *iron a.* ein hutähnliches Gebilde; **éprouver une ~ de répulsion** e-e Art, etwas wie Abneigung empfinden **b** *péj*: **~ d'imbécile!** (Sie *ou* du) Dummkopf!; **regardez-moi cette ~ d'abruti!** schauen Sie mal diesen blöden Kerl an! **3** BIOL Art *f*; Spezies *f*; **~ animale, végétale** Tier-, Pflanzenart *f*; **~ humaine** Menschengeschlecht *n*; **~ rare** seltene Art; **conservation** *f* **de l'~** Arterhaltung *f*; **disparition** *f* **de l'~** Aussterben *n* der Art **4** JUR **cas** *m* **d'~** Sonderfall *m*; besonderer Fall; *par ext* **c'est un cas d'~** das ist ein (ganz) besonderer, spezieller Fall; **en l'~** im vorliegenden, in diesem Fall(e) **5** ÉGL *communier* **sous les deux ~s** in beiderlei Gestalt **6** COMM **en ~s** (in) bar; **paiement** *m* **en ~s** Barzahlung *f*; **payer, régler en ~s** bar zahlen

espérance [ɛspeʀɑ̃s] F Hoffnung *f*; Erwartung *f*; DÉMOGRAPHIE **~ de vie** Lebenserwartung *f*; **anéantir, briser, détruire les ~s de qn** j-s Hoffnungen zunichtemachen, zerstören; **dépasser toutes les ~s** alle Erwartungen übertreffen; **le vert est la couleur de l'~** Grün ist die Farbe der Hoffnung

espérantiste [ɛspeʀɑ̃tist] **A** ADJ Esperanto… **B** M/F Esperantist(in) *m(f)*

espéranto [ɛspeʀɑ̃to] M LING Esperanto *n*

espérer [ɛspeʀe] V/T *et* V/I ⟨-è-⟩ **~ qc** auf etw *(acc)* hoffen; sich *(dat)* auf etw *(acc)* Hoffnungen machen; (sich *[dat]*) etw erhoffen; etw erwarten; **~ qn** j-n erwarten; mit j-m rechnen; *st/s* **~ en qn, qc** auf j-n, etw hoffen, vertrauen; **n'espère de lui aucune aide** erwarte von ihm keine Hilfe; **~ un miracle** auf ein Wunder hoffen; **espérons-le!, je l'espère** hoffentlich!; hoffen wir es!; ich hoffe es!; *abs* **j'espère bien** das will ich hoffen!; **~ mieux, plus** mehr erwarten, erhoffen; **je n'en espérais pas tant** mit so viel habe ich (gar) nicht gerechnet; **je n'ai plus rien à ~** ich habe nichts mehr zu erwarten, erhoffen; **on ne vous espérait plus** wir haben Sie nicht mehr erwartet; *abs fam* **il faut ~** *fam* hoffen wir's!; **on lui a laissé ~ une réponse favorable** man machte ihm Hoffnung auf e-n günstigen Bescheid; **on n'osait plus l'~** man wagte es nicht mehr zu hoffen; ♦ **j'espère, espérons, il faut ~ que …** ich hoffe, hoffen wir, dass …; hoffentlich …; **espérons que non!** hoffentlich nicht!; **j'espère (bien) que non** ich hoffe nicht; **j'espère (bien) que oui** ich hoffe (es); **on est en droit d'~ que …** man darf (wohl) annehmen, damit rechnen, dass …; *plus fort* man kann erwarten, verlangen, dass …; ♦ *avec inf* **j'espère y arriver** ich hoffe, dass ich es schaffe; **j'espère avoir fait ce qu'il fallait** ich hoffe, das Nötige getan zu haben *ou* dass ich das Nötige getan habe; **il espérait vous voir** er hoffte, Sie zu sehen

esperluette [ɛspɛʀlɥɛt] F Und-, Et-Zeichen *n*

espiègle [ɛspjɛgl] **A** ADJ schalkhaft; schelmisch; neckisch; mutwillig **B** M/F *d'un(e) enfant* Schelm *m*; Schalk *m*

espièglerie [ɛspjɛgləʀi] F **1** *caractère* Schalkhaftigkeit *f*; Schelmerei *f*; Mutwille *m* **2** *(farce)* Schelmenstreich *m*, -stück *n*; Eulenspiegelei *f*

espion [ɛspjõ] M, **espionne** [ɛspjɔn] F **1** Spion(in) *m(f)* **2** ADJT Spionage…; **espion industriel** Werkspion *m*; **avion** *m*, **navire** *m*, **satellite** *m* **espion** Spionageflugzeug *n*, -schiff *n*, -satellit *m* **3** M *(miroir à la fenêtre)* Spion *m*

espion(n)ite [ɛspjɔnit] F Spionagekomplex *m*; Angst *f* vor Spionen; Spionenfurcht *f*

espionnage [ɛspjɔnaʒ] M Spionage *f*; Spionieren *n*; **~ industriel** Werk-, Wirtschaftsspionage *f*; **affaire** *f* **d'~** Spionageaffäre *f*, -fall *m*; **roman** *m* **d'~** Spionageroman *m*; **service** *m* **d'~** Spionage-, Agentendienst *m*; **faire de l'~, se livrer à l'~** Spionage treiben; spionieren

espionner [ɛspjɔne] V/T **~ qn** j-n ausspionieren, bespitzeln; j-m nachspionieren; **~ les allées et venues de qn** j-m ständig nachspionieren

esplanade [ɛsplanad] F Esplanade *f*; großer freier Platz

espoir [ɛspwaʀ] M **1** Hoffnung *f*; Hoffen *n*; Zuversicht *f*; **~ de guérison, d'une récompense** Hoffnung auf Genesung, auf e-e Belohnung; **amour** *m* **sans ~** hoffnungslose, aussichtslose Liebe; **dans l'~ de** *(+inf)* in der Hoffnung zu *(+inf)* *(a. à la fin d'une lettre)*; **abandonner tout ~ de** *(+inf)* jede, alle Hoffnung aufgeben, dass … *ou* zu *(+inf)*; **j'ai bon ~** ich bin zuversichtlich; ich hoffe schon; *à l'examen* **j'ai l'~ de réussir** ich hoffe, dass ich Erfolg habe, durchkomme, bestehe; **il y a encore de l'~** es besteht noch Hoffnung; **je n'ai plus d'~** ich habe keine Hoffnung mehr; **éveiller, faire naître, susciter des ~s** Hoffnungen wecken, machen; **garder un ~** noch Hoffnung haben; immer noch hoffen; **être riche d'~** hoffnungsvoll, zuversichtlich, voll Hoffnung sein; **c'est sans ~** das ist hoffnungslos, aussichtslos; **mettre tout son ~ en qc, qn** s-e ganze Hoffnung auf etw, j-n setzen; **ruiner tous les ~s** alle Hoffnungen zerstören, zunichtemachen; **susciter des ~s** Hoffnungen (er)wecken, machen; **il ne vit que dans l'~ que …** er lebt ganz in der Hoffnung, dass …; *prov* **l'~ fait vivre** der Mensch lebt von der Hoffnung **2** *personne, chose* Hoffnung *f*; *personne a.* Hoffnungsträger *m*; **les jeunes ~s** *de la chanson etc* die vielversprechenden jungen Talente *npl*; **c'est, vous êtes mon dernier ~** das ist, Sie sind meine letzte Hoffnung

esprit [ɛspʀi] M **1** *d'une personne, d'une œuvre, d'une époque*, PHIL Geist *m*; *d'une personne a.* Verstand *m*; Witz *m*; *d'une personne, d'une œuvre a.* Geisteshaltung *f*; Gesinnung *f*; Sinn *m*; **~ d'à-propos, de repartie** Schlagfertigkeit *f*; **~ de compétition** Kampfgeist *m*; Wetteifer *m*; **~ de contradiction** Widerspruchsgeist *m*; **~ de corps** Korpsgeist *m*; **~ d'équipe** Team-, Mannschaftsgeist *m*; **~ de famille** Familiensinn *m*; **~ de sacrifice** Opferbereitschaft *f*, -mut *m*; **homme** *m* **d'~** Mann *m* von Geist; geistvoller, -reicher Mann; **mot** *m* **d'~** Witz (-wort) *m(n)*; witziger Einfall; **pauvreté** *f* **d'~** geistige Armut; ♦ *loc adj* **plein d'~** geistreich, -voll; witzig; *loc adv*: **dans cet ~** in diesem Sinn(e); **dans un ~ de conciliation** im Geist(e) der Versöhnung; in e-m versöhnlichen Geist(e); **dans l'~ de la loi** im Sinne des Gesetzes; **dans mon ~** meiner Ansicht nach; in meinen Augen; **en ~, par l'~** im Geiste; in Gedanken; ♦ **avoir de l'~** geistreich, -voll sein; Geist haben; **avoir de l'~ jusqu'au bout des ongles** höchst, äußerst geistreich, -voll sein; vor Geist sprühen; **ne plus avoir tous ses ~s** nicht mehr ganz richtig im Kopf sein; **ne pas avoir l'~ à …** keine Lust haben zu …; nicht aufgelegt sein zu …; keinen Kopf haben für …; **je n'ai pas l'~ au jeu en ce moment** *a.* mir ist jetzt nicht nach Spielen zumute; **avoir l'~, le bon ~ de faire qc** klug genug sein, die gute Idee haben, etw zu tun; **où avais-je l'~?** wo hatte ich nur meinen Verstand?; wo war ich nur mit meinen Gedanken?; **avoir l'~ ailleurs** geistesabwesend sein; mit s-n Gedanken anderswo, ganz woanders sein; **avoir l'~ critique** kritisch sein; e-e kritische Ader, e-n kritischen Verstand haben; **avoir l'~ logique** logisch denken können; **avoir mauvais ~, faire preuve de mauvais ~** es am guten Willen fehlen lassen; aufsässig, widerspenstig sein; **avoir l'~ préoccupé** vieles im Kopf haben; Probleme, Sorgen haben; **avoir l'~ mal tourné** immer gleich Schlechtes denken, auf schlechte Gedanken kommen; **avoir l'~ vif** e-e rasche Auffassungsgabe haben; **avoir l'~ d'analyse** analytisch denken können; *péj* **faire de l'~** geistreich tun; den Geistreichen spielen; **occuper l'~ de qn** j-n ganz beschäftigen, beanspruchen; **perdre l'~** den Verstand verlieren; **perdre ses ~s** den Kopf verlieren; **rendre l'~** den Geist aufgeben; **reprendre, retrouver ses ~s** *(se ressaisir)* sich wieder fassen; *(reprendre connaissance)* wieder zu sich kommen; das Bewusstsein wiedererlangen; **cela m'était (complètement) sorti de l'~** das hatte ich (völlig) vergessen; daran hatte ich (überhaupt) nicht mehr gedacht; **traverser l'~** durch den Kopf, Sinn gehen; **venir, se présenter à l'~** in den Sinn kommen; einfallen; **cela ne me serait même pas venu à l'~** das wäre mir nicht einmal im Traum eingefallen **2** *personne* Geist *m*; Mensch *m*; Kopf *m*; **~s** *pl* Gemüter *npl*; **bel ~** Schöngeist *m*; **~ fertile, ingénieux, inventif** schöpferischer, erfinderischer Geist, Mensch; einfallsreicher Mensch; **~ lent** langsamer Mensch, Denker; **~ lucide** heller Kopf; **~ noble, généreux** edler Geist; **~ terre à terre** prosaischer Mensch; Banause *m*; **calmer les ~s** die Gemüter beruhigen, besänftigen; **les ~s sont montés contre lui** die Stimmung ist gegen ihn; *plais* **les grands ~s se rencontrent** zwei Seelen und ein Gedanke; große Geister finden sich immer **3** REL, MYTH Geist *m*; **~ divin** Geist Gottes; göttlicher Geist; **~ frappeur** Klopf-, Poltergeist *m*; **pur ~** reiner Geist; *fam fig* **ne pas être un pur ~** nicht von der Luft leben können; realistisch, materialistisch denken, sein; **l'Esprit saint** der Heilige Geist; **croire aux ~s** an Geister glauben

esprit-de-vin [ɛspʀidvɛ̃] M Weingeist *m*; Spiritus *m*

esquif [ɛskif] M *litt* **un frêle ~** ein leichtes, schlankes Boot

esquille [ɛskij] F MÉD Knochensplitter *m*

esquimau[1] [ɛskimo] **A** ADJ ⟨-aude; *mpl* -aux⟩ Eskimo…; eskimoisch **B** SUBST **Esquimau(de)** *m(f)* Eskimo(frau) *m(f)*

esquimau®[2] [ɛskimo] M Eis *n* am Stiel mit Schokoladenüberzug

esquintant [ɛskɛ̃tɑ̃] ADJ *fam* sehr anstrengend; aufreibend; kräftezehrend; **travail ~** kräftezehrende, sehr anstrengende Arbeit

esquinter [ɛskɛ̃te] *fam* **A** V/T **1** *(fatiguer)* überanstrengen; erschöpfen; *fam* fertigmachen; erledigen **2** *(abîmer) objet* abnützen; beschädigen; *fam* kaputt machen; ramponieren; *personne fam* übel, bös zurichten; *adjt* **esquinté** *fam a.* ziemlich mitgenommen **3** *(critiquer) auteur, film etc fam* heruntermachen, -reißen; verreißen **B**

V/PR **3** **s'~ (au travail)** sich abrackern, abschinden, abplagen, abmühen **4** *objets* **s'~** *fam* kaputtgehen **5** **s'~ la santé** s-r Gesundheit *(dat)* schaden; **s'~ la vue** sich *(dat)* die Augen verderben, *fam* kaputt machen

esquisse [ɛskis] F **1** PEINT Skizze *f*; Entwurf *m*; flüchtig hingeworfene Zeichnung; **~ au crayon** Bleistiftskizze *f* **2** *par ext d'un roman etc* Skizze *f*; Entwurf *m*; kurze Darstellung **3** *fig de sourire* Ansatz *m*; Andeutung *f*; Anflug *m*; Spur *f*

esquisser [ɛskise] **A** V/T **1** PEINT skizzieren; flüchtig hinwerfen **2** *roman etc* skizzieren; entwerfen **3** *geste, sourire* andeuten; **~ un mouvement de recul** leicht, kurz zurückschrecken, -zucken; **~ un salut** *a.* flüchtig grüßen **B** V/PR **s'~** *solution etc* sich abzeichnen, andeuten

esquive [ɛskiv] F SPORTS Ausweichbewegung *f*; Ausweichen *n*

esquiver [ɛskive] **A** V/T **1** (geschickt) ausweichen (**un coup** e-m Schlag) **2** *fig difficulté etc* (geschickt) ausweichen, aus dem Wege gehen, sich entziehen *(+dat)*; umgehen **B** V/PR **s'~** (unauffällig) weggehen; verschwinden; sich davon-, wegschleichen; sich fortstehlen

essai [esɛ] M **1** Versuch *m* (*a.* ATHLÉTISME, RUGBY); Probe *f*; Erprobung *f*; Ausprobieren *n*; Prüfung *f*; Test *m*; AUTO Probe-, Testfahrt *f*; COURSE AUTOMOBILE Trainingsrunde *f*; **~ nucléaire** Atomtest *m*; Kernwaffenversuch *m*; **~ timide** schüchterner Versuch, Ansatz; **~ de contrôle** Gegenprüfung *f*, -versuch *m*, -probe *f*; **~ de laboratoire** Laborversuch *m*, -test *m*; **~ de machines** Erprobung, Prüfung, Test von Maschinen; **~ des matériaux** Material-, Werkstoffprüfung *f*; **~ en vol** Flugerprobung *f*, -test *m*; **ballon** *m* **d'~** Versuchsballon *m* (*a. fig*); *fig* **coup** *m* **d'~** (erster) Versuch; Anfang *m*; **période** *f* **d'~** Probezeit *f*; **pilote** *m* **d'~** Testpilot *m*; **vol** *m* **d'~** Probe-, Testflug *m*; *loc adv* **à l'~, à titre d'~** auf, zur Probe; probe-, versuchsweise; **embaucher, prendre qn à l'~** j-n auf Probe einstellen, nehmen; e-n Versuch mit j-m machen; **faire un ~, des ~s (de qc)** e-e Probe, e-n Versuch, Proben, Versuche machen (mit etw); **faire l'~ de qc** etw erproben, ausprobieren, prüfen; **faire faire un ~ à un candidat** e-n Bewerber e-e Probe s-s Könnens ablegen lassen; CINÉMA **tourner un bout d'~** Probeaufnahmen machen **2** LITTÉRATURE Essay *m ou n*

essaim [esɛ̃] M Schwarm *m* (*a. fig d'enfants etc*); **~ d'abeilles** Bienenschwarm *m*

essaimage [esɛmaʒ] M *d'abeilles* **a** Schwärmen *n* **b** Schwarmzeit *f*

essaimer [eseme] V/I **1** *abeilles* schwärmen **2** *fig famille* sich zerstreuen; *entreprise* Niederlassungen gründen

essayage [esɛjaʒ] M COUT Anprobe *f*; Anprobieren *n*; **cabine** *f*, **salon** *m* **d'~** Anprobe-, Umkleidekabine *f*, -raum *m*

essayer [eseje] ⟨-ay- *od* -ai-⟩ **A** V/T **a** **~ qc** etw versuchen; e-n Versuch mit etw machen; es mit etw versuchen; TECH etw erproben, prüfen, testen, ausprobieren; *voiture* testen; e-e Probefahrt machen (**qc** mit etw); Probe fahren; *vêtements, chaussures* anprobieren; *chapeau* aufprobieren; *coiffure, recette, marque, modèle* (aus)probieren; *boisson, mets, méthode, médicament* (aus)probieren; versuchen; **~ les petites annonces** es mit e-r Kleinanzeige versuchen, probieren; **~ les coups, la douceur** es mit Schlägen, Güte versuchen; **~ sa force** s-e Kraft erproben; **~ l'un après l'autre tous les restaurants** alle Restaurants aus-, durchprobieren; **il a tout essayé**, *rien n'y fait* er hat alles (Mögliche) versucht, (aus)probiert; **l'~, c'est l'adopter** wer es probiert hat, bleibt dabei **b** *abs* es versuchen, probieren; **essayez donc** *ou* **toujours!** versuchen Sie es *ou fam* Sie's doch, nur!; *dissuasif* **essaye un peu (pour voir)** ! versuch's, probier's nur!; das versuch, probier nur!; **je vais ~** ich werde es versuchen, probieren; *fam* ich versuch's, probier's; **il n'en coûte rien d'~** probieren, versuchen, ein Versuch kostet nichts **c** **~ de faire qc** etw zu tun versuchen; versuchen, etw zu tun; **~ de dormir** versuchen zu schlafen; zu schlafen versuchen **B** V/PR **s'~ à (faire) qc** sich in, an etw *(dat)* versuchen; **s'~ à la peinture** sich im Malen versuchen

essayeur [esɛjœʀ] M **1** *de voitures* Testfahrer *m* **2** HIST Münzwardein *m*; **essayeuse** F COUT Absteckerin *f*; **essayiste** M/F *écrivain* Essayist(in) *m(f)*

esse [ɛs] F TECH s-förmiger Haken; S-Haken *m*

ESSEC [esɛk] F ABR (École supérieure des sciences économiques et commerciales) *Elitehochschule für Wirtschaft und Handel*

essence [esɑ̃s] F **1** Benzin *n*; *fam* Sprit *m*; **~ ordinaire** Normalbenzin *n*; **~ à briquet, à détacher** Feuerzeug-, Waschbenzin *n*; **~ sans plomb** bleifreies Benzin; **faire le plein d'~** volltanken; auftanken; **prendre de l'~** tanken **2** CHIM Essenz *f*; ätherisches Öl; CUIS *a.* Extrakt *m*; **~ de roses, de térébenthine** Rosen-, Terpentinöl *n* **3** PHIL Essenz *f*; Wesen(heit) *n(f)*; Sosein *n*; *loc adv* **par ~** wesensmäßig; s-m Wesen, s-r Natur nach **4** BOT (Baum)Art *f*

essencerie [esɑ̃sʀi] F *au Sénégal* Tankstelle *f*

essentiel [esɑ̃sjɛl] **A** ADJ ⟨~le⟩ **1** wesentlich; wichtigste(r, -s); grundlegend; unabdingbar; PHIL wesensmäßig; essenziell; essential; **caractère ~** Hauptmerkmal *n*; **idée ~le** Grund-, Hauptgedanke *m*; wesentlicher, wichtigster Gedanke; **point ~** Kernpunkt *m*; wesentlicher, wichtigster Punkt; **être ~ à la vie** lebenswichtig, -notwendig sein **2** CHIM **huiles ~les** ätherische Öle *npl* **B** M Wesentliche(s) *n*; Hauptsache *f*; Kern *m* der Sache; **l'~ est de réussir** wesentlich, entscheidend ist der Erfolg; **arriver à l'~** zum Kern der Sache, zum Wesentlichen kommen; **tu es sain et sauf, c'est l'~!** Hauptsache, dir ist nichts passiert!; **oublier l'~** die Hauptsache, das Wesentliche, Wichtigste vergessen

essentiellement [esɑ̃sjɛlmɑ̃] ADV **1** (*principalement*) im Wesentlichen; in der Hauptsache **2** (*par essence*) s-m Wesen, s-r Natur nach; wesensmäßig

esseulé [esœle] ADJ einsam; vereinsamt; verlassen; (mutterseelen)allein

essieu [esjø] M ⟨*pl* ~x⟩ TECH (Wagen-, Rad)Achse *f*; **~ arrière, avant** Hinter-, Vorderachse *f*

Essonne [esɔn] **l'~** *f Fluss u. Departement in Frankreich*

essor [esɔʀ] M **1** *surtout* ÉCON Aufschwung *m*; Auftrieb *m*; Aufblühen *n*; **~ économique** wirtschaftlicher Aufschwung; Wirtschaftsaufschwung *m*; **~ de la production** Produktionsaufschwung *m*; *ville, pays, industrie* **en plein ~** aufstrebend; in vollem Aufschwung; in voller Blüte; **prendre un ~** e-n Aufschwung nehmen, erfahren; aufblühen **2** *poét oiseau* **prendre son ~** *poét* sich in die Lüfte schwingen; sich emporschwingen

essorage [esɔʀaʒ] M *du linge* Schleudern *n*; *à la main* Auswringen *n*; **essorer** V/T *linge* schleudern; *à la main* auswringen, -winden; **essoreuse** F (Wäsche-, Trocken)Schleuder *f*

essoufflement [esufləmɑ̃] M **1** Atemlosigkeit *f*; Kurzatmigkeit *f* **2** *fig* Nachlassen *n*; Erlahmen *n*

essouffler [esufle] **A** V/T außer Atem kommen lassen; **cette course m'a essoufflé** ich bin ganz außer Atem von dem Lauf; *adjt* **essoufflé** außer Atem; atemlos; abgehetzt; **je suis essoufflé** *a.* mir ist der Atem ausgegangen **B** V/PR **s'~** **1** außer Atem kommen, geraten **2** *fig* nicht mehr mithalten können; nachlassen; erlahmen; **qn, l'économie** *etc* **s'essouffle** *a.* j-m, der Wirtschaft *etc* geht der Atem *ou* die Luft aus

essuie-glace [esɥiglas] M ⟨*pl* essuie-glaces⟩ AUTO Scheibenwischer *m*; **essuie-mains** M ⟨*inv*⟩ Handtuch *n*

essuyage [esɥijaʒ] M *de verres, de vaisselle* Abtrocknen *n*; *de meubles* Abstauben *n*; Abwischen *n*; *de saleté* Auf-, Wegwischen *n*

essuyer [esɥije] ⟨-ui-⟩ **A** V/T **1** *vaisselle, mains* abtrocknen; *sueur, poussière, tableau, table* abwischen; *tache, sol* aufwischen; *tache a.* wegwischen; *meuble* abstauben; abwischen; *lunettes* putzen; *larmes* abwischen; trocknen; **~ la poussière** abstauben; Staub wischen; **prière d'~ ses pieds** bitte Füße abtreten **2** *fig (subir) tempête etc* abbekommen; kommen in *(+acc)*; *fam* abkriegen; *défaite, reproches etc* einstecken, hinnehmen müssen; *pertes* erleiden; → *a.* **refus** **B** V/PR **s'~** sich abtrocknen; **s'~ la bouche, le front** sich *(dat)* den Mund, die Stirn abwischen; **s'~ les mains** sich *(dat)* die Hände abtrocknen

est¹ [ɛst] **A** M **1** *point cardinal* (ABR **E.**) Ost(en) *m* (*abr* O); **vent** *m* **d'~** Ostwind *m*; *loc adv* **à l'~** im Osten, östlich (**de** von *ou +gén*); **plus à l'~** weiter *ou* mehr im Osten, östlich; **en direction de l'~, vers l'~** in östlicher Richtung; ostwärts; nach Osten **2** *d'un pays, d'une ville etc* **l'Est** der Osten; *loc adj* **de l'Est** Ost...; **l'Europe de l'Est** Osteuropa *n*; **dans l'Est parisien** *ou* **de Paris** im Osten von Paris; im Pariser Osten; in Ostparis **3** *de la France* **l'Est** Ostfrankreich *n*; der Osten (Frankreichs); **dans l'Est** in Ostfrankreich **4** POL **l'Est** der Osten; **l'Allemagne** *f* **de l'Est** Ostdeutschland *n*; HIST die DDR; HIST **les pays** *mpl* **de l'Est** die Ostblockstaaten *mpl*; **rapports** *mpl* **entre l'Est et l'Ouest** Ost-West-Beziehungen *fpl* **B** ADJ ⟨*inv*⟩ östlich; Ost...; **la banlieue ~ de Paris** die östlichen Vororte *mpl* von Paris; **côte** *f* **~** Ostküste *f*; GÉOG **longitude** *f* **~** östliche Länge; POL **relations** *fpl* **~-ouest** Ost-West-Beziehungen *fpl*

est² [ɛ] → **être¹**

establishment [establiʃmɛnt] M Establishment *n*

estafette [ɛstafɛt] F HIST Stafette *f*; MIL Meldegänger *m*; Melder *m*

estafilade [ɛstafilad] F Schnittwunde *f*; Schmarre *f*; Schmiss *m*

est-allemand [ɛstalmɑ̃] ADJ POL HIST DDR-...; der DDR; ostdeutsch

estaminet [ɛstaminɛ] M Schänke *f*; Schankwirtschaft *f*

estampage [ɛstɑ̃paʒ] M **1** TECH Prägen *n*, -ung *f*; Stanzen *n*; Gesenkschmieden *n*, -drücken *n*; *de métal a.* Pressen *n* **2** TYPO Präge-, Reliefdruck *m* **3** *fam fig* Hereinlegen *n*; Gaunerei *f*

estampe [ɛstɑ̃p] F **1** TECH Prägestempel *m*, -form *f*; Stanze *f* **2** ART Grafik *f*; (Kupfer)Stich *m*; *a.* Holzschnitt *m*; Lithografie *f*; **~s japonaises** japanische Grafiken

estamper [ɛstɑ̃pe] V/T **1** TECH prägen; stanzen **2** *fam* **~ qn** *fam* j-n reinlegen, übers Ohr hauen, begaunern

estampeur [ɛstɑ̃pœʀ] M **1** *ouvrier* Stanzer *m*; Presser *m* **2** → **estampe 1** **3** *fam (escroc)* Gauner *m*

estampillage [ɛstɑ̃pijaʒ] M Versehen *n* mit e-m Güte-, Echtheitszeichen, e-m (Zoll)Stem-

pel; Abstempelung *f*
estampille [ɛstɑ̃pij] F Güte-, Echtheits-, Herkunfts-, Schutzzeichen *n*; Marke *f*; **estampiller** V/T mit einem Güte-, Echtheitszeichen, Stempel versehen
est-ce que [ɛskə] *particule interrogative* **~ tu viens?** kommst du?
Estelle [ɛstɛl] F *Vorname*
ester¹ [ɛstɛʀ] M CHIM Ester *m*
ester² [ɛste] V/I JUR **~ en justice** vor Gericht auftreten; e-n Prozess führen
Esterel [ɛstəʀɛl] **l'~** *m Bergmassiv in der Provence*
Esther [ɛstɛʀ] F *Vorname*
esthète [ɛstɛt] M Ästhet *m (a. péj)*; Schöngeist *m*
esthéticien [ɛstetisjɛ̃] M Ästhetiker *m*; **esthéticienne** F Kosmetikerin *f*
esthétique [ɛstetik] **A** F **1** *(science du beau)* Ästhetik *f* **2** *d'une œuvre etc* Schönheit *f*; Ästhetische(s) *n*; ästhetischer Charakter **B** ADJ **1** ästhetisch; schön; geschmackvoll; **sens** *m* **~** ästhetisches Empfinden; Schönheitssinn *m* **2** **chirurgie** *f* **~** kosmetische Chirurgie; Schönheitschirurgie *f*
esthétisme [ɛstetism] M Ästhetizismus *m*
estimable [ɛstimabl] ADJ schätzenswert; achtbar
estimatif [ɛstimatif] ADJ ⟨-ive⟩ auf Schätzung beruhend; **devis ~** Kostenvoranschlag *m*
estimation [ɛstimasjõ] F **1** (Ab-, Ein)Schätzung *f*; Bewertung *f*; Veranschlagung *f*; Taxierung *f*; *(calcul rapide)* Überschlag *m*; Überschlagen *n*; **~ des dégâts** Schätzung, Bewertung des Schadens; **d'après mes ~s** meiner Schätzung nach; **faire une ~ de qc** etw (ab-, ein)schätzen, bewerten, taxieren **2** ÉLECTIONS Hochrechnung *f*
estime [ɛstim] F (Hoch)Achtung *f*; Ansehen *n*; Wert-, Hochschätzung *f*; **~ de soi** Selbstachtung *f*; **avoir l'~ de qn** von j-m geachtet, geschätzt werden; bei j-m Ansehen genießen, angesehen sein; **avoir de l'~ pour qn** j-n achten, (hoch) schätzen; vor j-m Achtung haben; j-m Achtung entgegenbringen; **avoir, tenir qn en grande, °haute ~** Hochachtung, große Achtung vor j-m haben; j-n hoch achten, sehr schätzen; viel von j-m halten; **cela l'a fait baisser dans mon ~** das hat ihn in meiner Achtung sinken lassen; **forcer l'~ de qn** j-m Achtung abnötigen; **remonter dans l'~ de qn** in j-s Achtung *(dat)* steigen
estimer [ɛstime] **A** V/T **1** *(évaluer) objet, dommages etc* (ab-, ein)schätzen; bewerten; taxieren; den Wert ermitteln *(+gén)*; *frais* veranschlagen; *(calculer approximativement)* überschlagen; *fig œuvre, personne* einschätzen; beurteilen; **~ qc à un million** etw auf e-e Million schätzen; **être encore difficile à ~** noch schwierig abzuschätzen, noch nicht abzusehen sein; **faire ~ qc** etw schätzen lassen **2** *(apprécier) personne* (hoch) achten; schätzen; respektieren; *qualités de qn* schätzen; **se faire ~** sich *(dat)* Achtung erwerben; *pp et adjt: personne, œuvre* **être très estimé (de, par qn)** hoch geachtet, sehr geschätzt, geachtet werden (von j-m); sehr beliebt, angesehen sein (bei j-m); **notre très estimé collègue** unser hoch geschätzter, allseits beliebter Kollege **3** **a** **~ que …** der Ansicht sein, dass …; meinen, glauben, *fam* schätzen, dass …; **j'estime avoir fait mon devoir** ich bin der Ansicht *etc*, meine Pflicht getan zu haben **b** **~ qc convenable** *etc* etw für angemessen *etc* halten, erachten; **~ qn digne de qc** j-n e-r Sache *(gén)* für würdig, wert halten, erachten, befinden; **~ indispensable de faire qc** es für unerlässlich halten, etw zu tun **B** V/PR **s'~ heureux de** *(+inf)* *ou* **que …** *(+subj)* sich glücklich schätzen, zu *(+inf) ou* dass …; von Glück sagen können, dass …; **s'~ satisfait** zufrieden sein (**de qc** mit etw)
estivage [ɛstivaʒ] M AGR Sömmerung *f*
estival [ɛstival] ADJ ⟨-aux⟩ sommerlich; Sommer…; **station ~e** Sommerfrische *f*, -ferienort *m*, -urlaubsort *m*; **température ~e** sommerliche Temperatur
estivant [ɛstivɑ̃] M, **estivante** F Sommergast *m*; (Sommer)Feriengast *m*; Sommerfrischler(in) *m(f)*
est-nord-est [ɛstnɔʀɛst] M Ostnordost(en) *m*
estoc [ɛstɔk] LOC ADV **d'~ et de taille** auf Hieb und Stoß
estocade [ɛstɔkad] F CORRIDA Todesstoß *m*
estomac [ɛstɔma] M Magen *m*; **maux** *mpl* **d'~** Magenschmerzen *mpl*, -beschwerden *fpl*, -leiden *n*; *fam fig* **avoir de l'~** dreist, ungeniert, unverfroren sein; *fam* **il a l'~ bien accroché** ihm wird nicht so schnell schlecht; **avoir mal à l'~** Magenweh haben; *fam* **avoir l'~ dans les talons** *fam* e-n Bären-, Mordshunger haben; Kohldampf haben, schieben; *fam fig* **faire qc à l'~** etw ganz kühn, dreist, unverfroren machen; *fig peur etc* **prendre qn à l'~, serrer l'~ à qn** sich j-m auf den Magen schlagen; **rester sur l'~** schwer im Magen liegen *(a. fig)*
estomaquer [ɛstɔmake] *fam* V/T verblüffen; verdutzen; **être estomaqué de tant d'insolence** ganz verblüfft, verdutzt, *fam* platt, baff sein über so viel Unverschämtheit
estompe [ɛstõp] F PEINT **1** Wischer *m* **2** (**dessin** *m* **à l'**)**~** gewischte Zeichnung
estomper [ɛstõpe] **A** V/T **1** PEINT (ver)wischen **2** *par ext rides, contours* verwischen; mildern **B** V/PR **s'~** *contours* verschwimmen; *souvenirs* verblassen; *haine, douleur* nachlassen; schwinden
Estonie [ɛstɔni] **l'~** *f* Estland *n*
estonien [ɛstɔnjɛ̃] **A** ADJ ⟨~ne⟩ estnisch; estländisch **B** SUBST **1** **Estonien(ne)** *m(f)* Este *m*, Estin *f*; Estländer(in) *m(f)* **2** M LING **l'~** das Estnische; Estnisch *n*
estouffade [ɛstufad] F CUIS **~ de bœuf** geschmortes Rinderragout
estourbir [ɛstuʀbiʀ] *fam* V/T bewusstlos schlagen; niederschlagen; **être tout estourbi** (**par le choc**) (von dem Schock) ganz betäubt, benommen sein
estrade [ɛstʀad] F Podium *n*; Podest *n*; Bühne *f*
estragon [ɛstʀagõ] M BOT, CUIS Estragon *m*; **moutarde** *f* **à l'~** Estragonsenf *m*
Estrémadure [ɛstʀemadyʀ] GÉOG **l'~** *f* Estremadura *n*
estropié [ɛstʀɔpje] **A** ADJ verstümmelt *(a. fig)*; verkrüppelt; versehrt **B** M Versehrte(r) *m*; Krüppel *m*
estropier [ɛstʀɔpje] **A** V/T **1** zum Krüppel machen **2** *fig texte, mot* verstümmeln; entstellen **B** V/PR **s'~** zum Krüppel werden
est-sud-est [ɛstsydɛst] M Ostsüdost(en) *m*
estuaire [ɛstɥɛʀ] M Trichtermündung *f*
estudiantin [ɛstydjɑ̃tɛ̃] ADJ studentisch; Studenten…; **vie ~e** Studentenleben *n*
esturgeon [ɛstyʀʒõ] M ZOOL Stör *m*
et [e] CONJ **1** und; **lui ~ son fils** er und sein Sohn; **deux ~ trois font cinq** zwei und drei ist fünf; **vingt ~ un** einundzwanzig; **il y a mensonge ~ mensonge** es gibt solche und solche Lügen; **il y a parfum ~ parfum** Parfüm ist nicht gleich Parfüm; ♦ *en début de phrase:* **~ moi?** *vous m'oubliez!* und (wo bleibe) ich?; *vous êtes content?* - **~ comment!** und wie! **2** *st/s* **~ … ~ …** sowohl … als auch … **3** *non traduit:* **climat sec ~ froid** trockenes, kaltes Klima; **plus j'écoute ~ moins je comprends** je mehr ich hinhöre, desto weniger verstehe ich; **deux heures ~ demie** zweieinhalb Stunden; *heure* halb drei (Uhr)
ETA [ətea] F ABR (Euskadi ta Askatasuna) POL ETA *f*
étable [etabl] F Stall *m*; **~s** *pl a.* Stallungen *fpl*
établi [etabli] M Werkbank *f*; **~ de menuisier** Hobelbank *f*
établir [etabliʀ] **A** V/T **1** *usine etc* ein-, errichten; (be)gründen; eröffnen; erstellen; *domicile* aufschlagen **2** *rapport, relation* herstellen; *programme, projets, principes, devis, record* aufstellen; *expertise* erstellen; *règles, frontières* festlegen; *prix, salaire, délai* festsetzen; *liste* auf-, zusammenstellen; TÉL **~ la communication** die Verbindung herstellen; verbinden; **~ le contact** den Kontakt herstellen; ÉLEC *a.* einschalten; *fig* Kontakt, Verbindung aufnehmen; **~ un contrat** einen Vertrag abfassen; **~ une facture, une quittance** eine Rechnung, eine Quittung ausstellen; **~ un parallèle** e-e Parallele ziehen (**entre** zwischen *+dat*); **~ des relations avec qn** zu j-m Beziehungen aufnehmen; ♦ *adjt* **établi** *usage etc* bestehend; herrschend; **ordre établi** bestehende, herrschende Ordnung; **avoir une réputation bien établie de …** bekannt sein als …; im Ruf(e) e-s … stehen **3** *(démontrer)* feststellen; ermitteln; nachweisen; **l'expertise a établi que …** das Gutachten hat ergeben, dass …; **il est établi que …** es steht fest, es ist sicher, es ist bewiesen, dass … **B** V/PR **s'~** sich niederlassen, sich ansässig machen (**à Paris** in Paris); *peuple a.* sich ansiedeln
établissement [etablismɑ̃] M **1** *d'un empire etc* (Be)Gründung *f*; Errichtung *f*; *d'un domicile etc* Einrichtung *f* **2** *de populations* Niederlassung *f*; Ansied(e)lung *f* **3** *(installations)* Anstalt *f*; TECH (Werks-, Betriebs)Anlage *f*; *(entreprise)* Niederlassung *f*; Werk *n*; Betrieb *m*; **les ~s X** die Firma X; **~ bancaire** Bankinstitut *n*; **~ commercial** Handelsunternehmen *n*; kaufmännischer Betrieb; **~ hospitalier** Krankenanstalt *f*, -haus *n*; **~ public** öffentlich-rechtliche Anstalt; Anstalt des öffentlichen Rechts; **~ scolaire** Lehr-, Unterrichts-, Bildungsanstalt *f*; **~ thermal** Kuranstalt *f*, -haus *n*; Thermalbad *n*; **chef** *m* **d'~** (Schul)Direktor *m* **4** *d'un programme, d'un devis, de projets* Aufstellung *f*; *d'une expertise, d'un rapport* Erstellung *f*; *d'une facture, d'un certificat* Ausstellung *f*; *d'un contrat* Abfassung *f*; *de prix etc* Festsetzung *f*; *de règles* Festlegung *f*; **~ du budget** Budgetierung *f*; Aufstellung e-s Budgets, Haushaltsplans **5** *de faits* Feststellung *f*; Ermittlung *f*
étage [etaʒ] M **1** Stock(werk) *m(n)*; Etage *f*; (Ober)Geschoss *ou autrich* (-)Geschoß *n*; *d'une tour* Plattform *f*; Etage *f*; **dernier ~** oberstes Stockwerk; **immeuble** *m* **à, de quatre ~s** vierstöckiges, -geschossiges Wohnhaus; **habiter au troisième ~** im dritten Stock wohnen; *fam* drei Treppen hoch wohnen; **habiter à l'~ au-dessus, en dessous** e-n Stock, *fam* e-e Treppe höher, tiefer wohnen **2** *de fusées, turbines etc* Stufe *f*; **fusée** *f* **à (plusieurs) ~s** (Mehr)Stufenrakete *f*; mehrstufige Rakete **3** GÉOL Stufe *f*; Abteilung *f* **4** *d'une armoire etc* Fach *n* **5** MINES Sohle *f* **6** LOC ADJ *fig* **de bas ~** niedrigstehend; minderwertig
étagement [etaʒmɑ̃] M Abstufung *f*
étager [etaʒe] ⟨-geons⟩ **A** V/T *maisons* stufenförmig anordnen; *jardin* terrassenförmig anlegen; terrassieren **B** V/PR **s'~** stufenförmig ansteigen
étagère [etaʒɛʀ] F **a** *meuble* Regal *n*; Gestell *n* **b** *au mur* Wandbord *n*, -brett *n*; *à livres* Bücherbord *n*, -brett *n*
étai [etɛ] M CONSTR Stützbalken *m*, -holz *n*; Stütze *f*; Versteifung *f*; Strebe *f*; Spreize *f*

étain [etɛ̃] M 1 *métal* Zinn *n* 2 *objet* Zinnfigur *f*, -gerät *n*
étais, était [etɛ] → être[1]
étal [etal] M ⟨*pl* -als⟩ 1 *sur le marché* (Markt)-Stand *m* 2 *de boucher* Hack-, Fleischbank *f*
étalage [etalaʒ] M 1 *de marchandises* Ausstellen *n*, -ung *f*; Auslegen *n*; Ausbreiten *n* 2 *(devanture)* Auslage *f*; Schaufenster *n*; **être à l'~** ausgestellt, im Schaufenster, in der Auslage sein; **mettre à l'~** (im Schaufenster) ausstellen, auslegen 3 *fig* Zurschaustellung *f*; **faire ~ de qc** etw zur Schau stellen; mit etw prahlen
étalager [etalaʒe] V/T ⟨-geons⟩ (im Schaufenster) ausstellen, auslegen; **étalagiste** M/F Schaufensterdekorateur(in) *m(f)*, -gestalter(in) *m(f)*
étale [etal] ADJ a **la mer est ~** das Wasser hat s-n höchsten *ou* niedrigsten Stand erreicht, steigt *ou* fällt nicht mehr b MAR: *navire* stillstehend; *vent* gleichmäßig
étalement [etalmɑ̃] M 1 *dans le temps* Ver-, Aufteilung *f*; zeitliche Staffelung *(a. des vacances)* 2 *dans l'espace* Ausbreiten *n*; Verteilen *n*
étaler [etale] A V/T 1 *marchandises* ausstellen; auslegen; ausbreiten; *carte, journal* ausbreiten; auseinanderfalten; entfalten; *cartes (au jeu)* aufdecken; (offen) auf den Tisch legen; *peinture, crème* verteilen; verstreichen; verreiben; **~ qc sur la table** etw auf dem Tisch ausbreiten; **~ du beurre sur le pain** Butter aufs Brot streichen; **~ du gravier sur la route** Kies auf der Straße verteilen, auf die Straße streuen 2 *dans le temps: paiements etc* ver-, aufteilen; (zeitlich) staffeln; **être étalé sur plusieurs années** sich über mehrere Jahre verteilen, erstrecken, hinziehen; über mehrere Jahre verteilt sein 3 *fig luxe, savoir* zur Schau stellen; prahlen (mit); *défaut* (offen) zeigen; enthüllen; aufdecken B V/PR 1 *titre de journal* **s'~ sur** sich erstrecken über *(+acc)*; *peinture, crème* **s'~ bien, mal** sich gut, schlecht verteilen, verstreichen, verreiben lassen 2 *paiements, vacances* **s'~** sich verteilen; gestaffelt, aufgeteilt, verteilt sein; **s'~ sur trois mois** über drei Monate verteilt sein; sich über drei Monate verteilen, hinziehen, erstrecken 3 *fig luxe* **s'~** sich entfalten, ausbreiten; zur Schau gestellt werden 4 *fam* a **s'~** *(prendre de la place) fam* sich breitmachen *(a. fig)* b **s'~ de tout son long** *(tomber)* der Länge nach, lang hinfallen, *fam* hinschlagen
étalon[1] [etalõ] M (Zucht)Hengst *m*; Deckhengst *m*; Beschäler *m*
étalon[2] [etalõ] M 1 Urmaß *n*; *adjt* **mètre** *m* **~** Urmeter *n* 2 *par ext* Eich-, Normal-, Prüfmaß *n*; Standard *m*; *adjt* Eich...; Normal... 3 ÉCON **~ (monétaire)** Währungsmetall *n*
étalonnage [etalɔnaʒ] M *ou* **étalonnement** M Eichen *n*, -ung *f*
étalonner [etalɔne] V/T *(instrument de) mesure* eichen
étalon-or [etalõɔʀ] M ÉCON Goldstandard *m*, -währung *f*
étambot [etɑ̃bo] M MAR Hinter-, Achter-, Rudersteven *m*
étamer [etame] V/T 1 verzinnen 2 *glace* belegen; verspiegeln
étamine [etamin] F 1 BOT Staubgefäß *n*, -beutel *m*, -blatt *n* 2 TEXT E(s)tamin *n*; Etamine *f* 3 *(tissu à filtrer)* Beutel-, Siebtuch *n*
étanche [etɑ̃ʃ] ADJ (wasser-, luft)dicht; undurchlässig *(a. fig)*; *montre* wasserdicht; *fig* hermetisch abgeschlossen; **cloison** *f* **~** MAR Schott *n*; *fig* unüberwindliche Schranke; **rendre ~** abdichten; dicht, undurchlässig machen
étanchéité [etɑ̃ʃeite] F Dichtheit *f*; Dichtigkeit *f*; Undurchlässigkeit *f*

étancher [etɑ̃ʃe] V/T 1 TECH, MAR (ab)dichten 2 *litt soif* löschen; *a. sang* stillen
étançon [etɑ̃sõ] M CONSTR Stützholz *n*, -balken *m*; Stütze *f*; MINES Stempel *m*
étang [etɑ̃] M 1 Teich *m*; Weiher *m* 2 GÉOG Lagune *f*; Haff *n*
étant [etɑ̃] PPR → être[1]; **~ donné** → donné 4
étape [etap] F 1 *distance* (Weg-, Teil)Strecke *f*; Etappe *f (a. SPORTS)*; CYCLISME: **~ de montagne** Bergetappe *f*; **~ contre la montre** Zeitfahren *n* über e-e Etappe; **vainqueur** *m* **de l'~** Etappensieger *m*; **classement** *m* **par ~s** Etappenwertung *f*; **parcourir une longue ~** e-e große, weite Strecke zurücklegen 2 *lieu* (Zwischen)Station *f*; (Zwischen)Aufenthalt *m*; *adjt* **ville** *f* **~** Zwischenstation *f*; **faire ~ à** (Zwischen)Station machen, e-n Zwischenaufenthalt einlegen in 3 *fig* Abschnitt *m*; Stufe *f*; Station *f*; Etappe *f*; Schritt *m*; **par ~s** schritt-, stufen-, etappenweise; in Etappen; **brûler les ~s** einige Stufen, Etappen überspringen; *fam a.* gleich aufs Ganze gehen
état [eta] M 1 Zustand *m*; Stand *m*; Verfassung *f*; Status *m*; Beschaffenheit *f*; *(situation)* Lage *f*; Verhältnisse *npl*; PHYS Aggregatzustand *m*; ♦ **~ civil** Familien-, Personenstand *m*; **(bureau** *m* **de l')~ civil** Standesamt *n*; PHYS **~ critique** kritischer Zustand; PHYS **~ gazeux, liquide, solide** gasförmiger, flüssiger, fester (Aggregat)Zustand; **~ général** Allgemeinzustand *m*, -befinden *n*; **~ naturel, de nature** natürlicher Zustand; Naturzustand *m*; **~ originel** Urzustand *m*; ursprünglicher Zustand; PSYCH **~ second** Bewusstseinstrübung *f*; *par ext* **être dans un ~ second** in e-r Art Schwebezustand sein; das Gefühl haben zu träumen; **~ stable** fester Zustand; **~ d'alerte** Alarmzustand *m*, -bereitschaft *f*; **~ d'âme** → âme 1; **~ de choses** Sachlage *f*; Stand der Dinge; Zustände *mpl*; **dans l'~ actuel des choses** beim derzeitigen, gegenwärtigen Stand (der Dinge); **~ de délabrement** Verfallszustand *m*; Baufälligkeit *f*; **~ d'esprit** *(mentalité)* Einstellung *f*; Denkweise *f*; Geisteshaltung *f*; *(disposition)* Geistesverfassung *f*; geistige Verfassung; **~ d'excitation** Erregungszustand *m*; Zustand der Erregung; **~ de fait** Sachlage *f*; Sachverhalt *m*; Tatbestand *m*; **l'~ de ses finances** s-e finanzielle Lage; **~ de grâce** REL Stand der Gnade; POL Schonfrist *f*; **~ de guerre** Kriegszustand *m*; **~ des routes** Straßenzustand *m*; **~ de santé** Gesundheitszustand *m*; Befinden *n*; **~ de siège** Belagerungszustand *m*; **~ d'urgence** Notstand *m*; Ausnahmezustand *m*; LING **verbe** *m* **d'~** Zustandsverb *n*; ♦ *loc adv*: **à l'~ brut** im Rohzustand; roh; unverarbeitet; **à l'~ latent** latent (vorhanden); **dans un ~ de ...** in e-m Zustand, im Zustand *(+gén)*; **dans un parfait ~ de conservation** tadellos erhalten; *iron* **dans un bel ~!** in e-m schönen Zustand!; in e-m Zustand!; **être dans un fichu, sale ~, un ~ lamentable** in einem jämmerlichen, kläglichen Zustand sein; **dans l'~ actuel de la science** beim gegenwärtigen Stand der Wissenschaft; **être dans tous ses ~s** in heller Aufregung, ganz aufgeregt, *fam* ganz aus dem Häuschen sein; **ne vous mettez pas dans des ~s pareils!** regen Sie sich doch nicht so auf!; *fam* kriegen Sie bloß keine Zustände!; **en ~ de ...** im Zustand *(+gén)*; **en bon, mauvais ~** in gutem Zustand *ou* gut erhalten, in schlechtem Zustand; **être en bon ~** *a.* gut im Stande, *fam* gut im Schuss sein; **en tout ~ de cause** auf jeden Fall; in jedem Fall; in jeder Lage; **en ~ de marche** *machine* in betriebsfähigem Zustand; betriebsfähig, -bereit; *véhicule a.* fahrbereit; JUR **être en ~ d'arrestation** verhaftet, inhaftiert, in Haft sein; **être en ~ de faire qc** imstande, in der Lage sein, etw zu tun; **mettre qn en ~ de faire qc** j-n instand setzen, in die Lage versetzen, etw zu tun; **remettre, tenir qc en ~** etw instand setzen, halten; **en l'~** im jetzigen, derzeitigen Zustand; **laisser les choses en l'~** die Dinge so lassen, wie sie sind; **être °hors d'~ de faire qc** außerstande *ou* außer Stande, nicht imstande, nicht in der Lage sein, etw zu tun; **je suis hors d'~ de ...** *a.* ich fühle, sehe mich außerstande zu ...; **mettre qn hors d'~ de nuire** j-n unschädlich machen 2 **État** Staat *m*; **État agricole** Agrarstaat *m*; **État industriel, industrialisé** Industriestaat *m*; **État membre** Mitgliedsstaat *m*; **État membre de l'Union européenne** EU-Mitgliedsstaat *m*; Mitgliedsstaat *m* der EU, der Europäischen Union; **petits États** Kleinstaaten *mpl*; **État satellite** Satellitenstaat *m*; **État de droit** Rechtsstaat *m*; **affaire** *f* **d'État** wichtige Staatsangelegenheit; *fig* **en faire une affaire d'État** e-e Staatsaffäre, e-e (Haupt- und) Staatsaktion daraus machen; **coup** *m* **d'État** Staatsstreich *m*; **diplôme** *m* **d'État** staatliches Diplom; Staatsdiplom *n*, -examen *n*; **homme** *m* **d'État** Staatsmann *m*; **secret** *m* **d'État** Staatsgeheimnis *n*; **diplômé d'État** staatlich geprüft; *Louis XIV* **l'État, c'est moi** der Staat bin ich; **former un État dans l'État** e-n Staat im Staate bilden 3 *(description)* Auf-, Zusammenstellung *f*; Liste *f*; Verzeichnis *n*; **~ comparatif** vergleichende Zusammenstellung; **~ de comptes** Kontenstand *m*; **~ de frais** Kostenaufstellung *f*, -berechnung *f*, -verzeichnis *n*; Spesenaufstellung *f*; **~ des lieux** *d'un appartement* Ortsbefund *m*; Zustandsfeststellung *f*; *pour fonctionnaires* **~s de services** Dienstzeitbescheinigung *f*; **faire ~ de qc** sich auf etw *(acc)* berufen; auf etw *(acc)* Bezug nehmen; etw anführen 4 HIST Stand *m*; **~s généraux** Generalstände *mpl*; **le tiers ~** [-tjɛʀzeta] der dritte Stand 5 **de son ~** von Beruf; s-s Zeichens; **il est notaire de son ~** er ist Notar von Beruf; er ist s-s Zeichens Notar
étatique [etatik] ADJ staatlich; Staats...; **étatisation** F Verstaatlichung *f*
étatiser [etatize] V/T verstaatlichen; *adjt* **étatisé** verstaatlicht; staatlich; Staats...
étatisme [etatism] M POL Etatismus *m*; Staatssozialismus *m*
état-major [etamaʒɔʀ] M ⟨*pl* états-majors⟩ 1 MIL Stab *m*; Führungsstab *m*; MAR *d'un navire* Offiziere *mpl*; **~ (général des armées)** Generalstab *m*; **~ de l'armée de l'air, de terre** Führungsstab der Luftwaffe, des Heeres; **carte** *f* **d'~** Generalstabskarte *f* 2 *fig* a *d'un ministre etc* (Mitarbeiter)Stab *m*; engste Mitarbeiter *mpl* b *d'un parti, d'une entreprise* Führungsspitze *f*; Führungsstab *m*; Führung *f*; Leitung *f*
État-providence [etapʀɔvidɑ̃s] M Wohlfahrtsstaat *m*
États-Unis (d'Amérique) [etazyni(-dameʀik)] **les États-Unis (d'Amérique)** *mpl* die Vereinigten Staaten (von Amerika) *mpl*
étau [eto] M ⟨*pl* ~x⟩ TECH Schraubstock *m*; *fig*: **être pris, serré (comme) dans un ~** eingeklemmt, eingezwängt sein (wie in e-m Schraubstock); **l'~ se resserre autour de qn** die Schlinge zieht sich um j-n zusammen
étayage [etɛjaʒ] M *ou* **étayement** M *d'un mur etc* (Ab)Stützen *n*, -ung *f*; Ab-, Versteifen *n*, -ung *f*; Verstreben *n*, -ung *f*
étayer [eteje] V/T ⟨-ay- *od* -ai-⟩ 1 *mur etc* (ab)-stützen; ab-, versteifen; abspreizen 2 *fig raisonnement etc* stützen (**sur** auf *+acc*; mit); untermauern (mit)
etc. ABR → et cætera
et cætera *ou* **et cetera** [ɛtseteʀa] LOC ADV (ABR **etc.**) und so weiter *(abr* usw.); et cetera *(abr* etc.); und so fort *(abr* usf.)

E

été[1] [ete] M Sommer *m;* **~ de la Saint-Martin** Nach-, Spät-, Altweibersommer *m;* **heure** *f* **d'~** Sommerzeit *f;* **tenue** *f* **d'~** Sommerkleidung *f;* -kleider *npl*, MIL -uniform *f;* **en ~, l'~** im Sommer

été[2] [ete] PP → être[1]

éteignoir [etɛɲwaʀ] M Löschhütchen *n*

éteindre [etɛ̃dʀ] ⟨→ peindre⟩ A VT 1 *feu, incendie* löschen; *feu a.* auslöschen, -machen; *lumière, lampe* ausmachen; aus-, abschalten; (aus)löschen; *fam* ausknipsen; *gaz, chauffage* ausmachen; aus-, abdrehen; *radio, téléviseur* ausmachen; aus-, abschalten; aus-, abdrehen; abstellen; *phares* ausmachen; **~ une allumette** ein Streichholz ausblasen; **~ une bougie** eine Kerze aumachen, -blasen; **~ une cigarette** eine Zigarette ausmachen, -drücken, -treten; *fam* **éteins le bureau!** mach das Licht im Büro aus!; ♦ *abs* das Licht ausmachen 2 *fig soif* löschen; stillen; *passion* erlöschen, erkalten lassen; *dette* löschen; tilgen; *droit* zum Erlöschen bringen B VPR **s'~** 1 *feu, lumière, chauffage* ausgehen; **laisser le feu s'~** das Feuer ausgehen lassen 2 *fig sentiment* erlöschen; erkalten; absterben; *bruit* verstummen; *souvenir* vergehen; verblassen; schwinden 3 *(mourir)* entschlummern; entschlafen; verscheiden; *race, famille* aussterben

éteint [etɛ̃] ADJ ⟨éteinte [etɛ̃t]⟩ 1 *feu, bougie* erloschen; ausgegangen; *chauffage* ausgegangen; abgestellt; *radio, téléviseur* ausgeschaltet; abgestellt; TECH **chaux ~e** gelöschter Kalk; **volcan ~** erloschener Vulkan; AUTO **circuler tous feux ~s** ohne Licht fahren; **être ~** *a.* aus sein; *fam* **toutes les fenêtres sont ~es** alle Fenster sind dunkel 2 *fig sentiment* erloschen; erkaltet; *st/s* erstorben; *regard* erloschen; glanzlos; *voix* erloschen; ton-, klanglos 3 *fig personne* abgespannt; schlapp; apathisch

étendage [etɑ̃daʒ] M 1 *du linge* Aufhängen *n* 2 *comme dispositif de séchage* Wäscheleine *f*

étendard [etɑ̃daʀ] M MIL Standarte *f;* Fahne *f; fig* **brandir, lever l'~ de la révolte** das Zeichen zum Aufstand geben

étendre [etɑ̃dʀ] ⟨→ rendre⟩ A VT 1 *bras, jambes* (aus)strecken; *les bras a.* ausbreiten; *ailes* ausbreiten; spannen; *tapis etc* ausbreiten, -legen; *pâte* ausrollen; *peinture etc* verteilen, -streichen; **~ le linge** die Wäsche aufhängen; **~ qc par terre** etw auf der Erde, auf dem Boden ausbreiten 2 *vin etc* verdünnen; strecken; *pp* **étendu d'eau** mit Wasser verdünnt, gestreckt 3 **~ qn sur un lit** *etc* j-n auf ein Bett *etc* legen; *fam* **~ qn (d'un coup de poing)** j-n (mit e-m Fausthieb) niederstrecken, zu Boden strecken; *fam fig* **~ un candidat** e-n Prüfungskandidaten durchfallen, *fam* -rasseln, -segeln lassen; *fam* **se faire ~ à un examen** (bei e-m Examen) durchfallen, *fam* -rasseln, -segeln 4 *empire, influence, action etc* ausdehnen (**à** auf *+acc*); vergrößern; erweitern B VPR **s'~** 1 *vêtement, tissu* sich (aus)dehnen; *vêtement a.* sich weiten, weiter werden (**au lavage** beim Waschen) 2 *épidémie* sich aus-, verbreiten; um sich greifen; *brouillard, silence* sich ausbreiten 3 *forêt, plaine, empire* sich erstrecken, ausdehnen (**jusqu'à** bis [zu]); **s'~ sur des kilomètres** sich kilometerweit, über Kilometer erstrecken; *fig* **mes connaissances ne s'étendent pas jusque-là** meine Kenntnisse gehen, reichen nicht so weit 4 *mesure etc* sich erstrecken (**à** auf *+acc*) 5 *personne* sich ausstrecken (**sur un lit** *etc* auf e-m Bett *etc*); sich hinlegen; *fam* sich langlegen 6 **s'~ sur un sujet** sich über ein Thema auslassen, verbreiten

étendu [etɑ̃dy] ADJ 1 *bras, jambes* ausgestreckt; *ailes* ausgebreitet; **~ par terre** *personne* auf dem Boden hin-, ausgestreckt, *couverture etc* ausgebreitet 2 *propriété, forêt* ausgedehnt; *surface* weit 3 *connaissances etc* umfassend; umfangreich; groß; reich; *registre de voix* umfangreich

étendue [etɑ̃dy] F 1 *d'une région* Ausdehnung *f;* Größe *f;* Umfang *m; de terre, d'eau* Fläche *f;* Weite *f* 2 *d'une catastrophe etc* Ausmaß *n;* Umfang *m (a. des connaissances);* **~ des dégâts** Schadensumfang *m;* MUS **~ d'une voix** Stimmumfang *m*

éternel [etɛʀnɛl] A ADJ ⟨~le⟩ 1 ewig *(a.* REL); unvergänglich; zeitlos; **l'~ féminin** das Ewigweibliche; **neiges ~les** ewiger Schnee; *sur une tombe etc* **regrets ~s** in tiefer Trauer; REL **salut ~, vie ~le** ewiges Heil, Leben; **la Ville ~le** *(Rome)* die Ewige Stadt; **cette situation ne sera pas ~le** das wird nicht ewig so sein, ewig dauern; **je ne suis pas ~** ich werde nicht ewig leben; **la vie est un ~ recommencement** das Leben ist ein ständiger Neubeginn; **je lui en garderai une reconnaissance ~le** ich werde ihm dafür immer, ewig dankbar sein 2 *(continuel)* ewig; ständig; unaufhörlich; dauernd; **son ~le cigarette à la bouche** die unvermeidliche, obligate Zigarette im Mund; **c'est un ~ mécontent** er ist ständig, dauernd, ewig unzufrieden; **vêtu de son ~ manteau gris** wie immer in s-n grauen Mantel gekleidet; *fam* in s-m ewigen grauen Mantel B M **l'Éternel** *(Dieu)* der Ewige

éterniser [etɛʀnize] A VT ausdehnen; in die Länge ziehen; **~ une discussion, un procès** eine Diskussion, einen Prozess ausdehnen, in die Länge ziehen B VPR **s'~** 1 *guerre, crise, discussion* sich in die Länge ziehen; sich ausdehnen; andauern; *fam* ewig dauern 2 *fam personne* sich festsetzen; lange, *fam* ewig bleiben

éternité [etɛʀnite] F 1 Ewigkeit *f (a.* REL) 2 *par exagération* Ewigkeit *f; loc adv* **de toute ~** schon immer; seit eh und je; **il y a une ~ que je ne l'ai pas vu** *fam* ich habe ihn e-e Ewigkeit, ewig nicht gesehen 3 *(caractère éternel)* Ewigkeit *f;* Unvergänglichkeit *f*

éternuement [etɛʀnymɑ̃] M Niesen *n*

éternuer [etɛʀnɥe] VI niesen; **faire ~** zum Niesen reizen

êtes [ɛt] → être[1]

étêtage [etɛtaʒ] M *ou* **étêtement** M *d'arbres* Köpfen *n;* Kappen *n;* Verschneiden *n*

étêter [etete] VT a *arbre* köpfen; kappen b *poisson* den Kopf abschneiden *(+dat)*

éthane [etan] M CHIM Äthan *n*

éthanol [etanɔl] M CHIM Äthanol *n*

éther [etɛʀ] M PHIL, CHIM, *poét* Äther *m;* **endormir qn à l'~** j-n mit Äther betäuben; j-m e-e Äthernarkose geben

éthéré [eteʀe] ADJ *litt créature, sentiments* ätherisch; zart; überirdisch; vergeistigt

Éthiopie [etjɔpi] **l'~** *f* Äthiopien *n*

éthiopien [etjɔpjɛ̃] A ADJ ⟨~ne⟩ äthiopisch B SUBST **Éthiopien(ne)** *m(f)* Äthiopier(in) *m(f)*

éthique [etik] A ADJ ethisch; sittlich; moralisch B F Ethik *f;* **~ professionnelle** Berufsethos *n*

ethnie [ɛtni] F Sprach-, Kulturgemeinschaft *f;* Ethnie *f;* **ethnique** ADJ ethnisch; Volks…

ethnographe [ɛtnɔgʀaf] M/F Ethnograf(in) *m(f);* **ethnographie** F Ethnografie *f;* (beschreibende) Völkerkunde; **ethnographique** ADJ ethnografisch; **ethnologie** F Ethnologie *f;* (allgemeine) Völkerkunde; **ethnologique** ADJ ethnologisch; völkerkundlich; **ethnologue** M/F Ethnologe, -login *m,f;* Völkerkundler(in) *m(f)*

éthologie [etɔlɔʒi] F BIOL Verhaltensforschung *f;* Ethologie *f*

éthyle [etil] M CHIM Äthyl *n*

éthylène [etilɛn] M CHIM Äthylen *n*

éthylique [etilik] A ADJ 1 CHIM **alcool** *m* **~** Äthylalkohol *m* 2 MÉD alkoholisch B M/F MÉD Alkoholkranke(r) *m/f(m);* Alkoholiker(in) *m(f)*

éthylisme [etilism] M MÉD Alkoholismus *m*

étiage [etjaʒ] M niedrigster Wasserstand; Niedrigwasser *n*

Étienne [etjɛn] M 1 *Vorname* 2 *saint* Stephanus *m*

étincelant [etɛ̃slɑ̃] ADJ funkelnd; glitzernd; blitzend; schimmernd; *poét* gleißend; *yeux* **~s de colère** vor Zorn funkelnd; **~s de joie** freudestrahlend

étinceler [etɛ̃sle] VI ⟨-ll-⟩ *étoiles, yeux, bijou etc* funkeln; glitzern; blitzen; *yeux, étoiles a.* strahlen; leuchten; *or etc* schimmern; *lumières* (auf)blitzen; *soleil, bijou etc poét* gleißen; *yeux* **~ de haine** vor Hass, hasserfüllt blitzen, funkeln

étincelle [etɛ̃sɛl] F Funke(n) *m; fig* **~ de courage, de génie** Funke(n) Mut, Talent; *fig* **c'est l'~ qui a mis le feu aux poudres** das war der Funke ins Pulverfass; **faire des ~s** a Funken geben, sprühen; funken b *fam fig personne* brillieren; glänzen; *fam* **ça va faire des ~s** *fam* es gibt Zunder, Krach

étincellement [etɛ̃sɛlmɑ̃] M Funkeln *n;* Glitzern *n;* Blitzen *n;* Strahlen *n;* Schimmern *n*

étiolement [etjɔlmɑ̃] M 1 *d'une plante* Vergeilung *f; t/t* Verspillerung *f* 2 *fig* Verkümmerung *f*

étioler [etjɔle] A VT 1 *plante* vergeilen lassen; *t/t* etiolieren 2 *fig personne* verkümmern lassen; auszehren B VPR **s'~** 1 *plante* vergeilen; *t/t* verspillern 2 *fig personne, intelligence etc* verkümmern; *malade a.* dahinsiechen; *adjt* **étiolé** verkümmert

étique [etik] ADJ abgezehrt; dürr; mager

étiquetage [etiktaʒ] M Etikettieren *n; de marchandises* Auszeichnen *n*

étiqueter [etikte] VT ⟨-tt-⟩ 1 mit e-m Etikett, Schild versehen, bekleben; etikettieren; *marchandises* auszeichnen 2 *fig* **~ qn** j-n einstufen, einordnen, *péj* etikettieren (**comme** als); *péj a.* j-n abstempeln (als, zum *ou* zur)

étiquette [etikɛt] F 1 Etikett *n;* (Preis)Schild *n;* **~ à bagages** Anhänger *m* 2 *fig* Bezeichnung *f;* Name *m;* Benennung *f;* Aushängeschild *n;* POL **sans ~** parteilos 3 *(protocole)* Etikette *f; par ext* Förmlichkeiten *fpl;* **manquer à l'~** gegen die Etikette verstoßen

étirable [etiʀabl] ADJ dehn-, streckbar; **étirage** M TECH Strecken *n;* Ziehen *n;* **étirement** M Dehnen *n;* Strecken *n*

étirer [etiʀe] A VT *métal* strecken; ziehen; *verre* ziehen B VPR **s'~** 1 *tissu, vêtement* sich dehnen, ziehen; dehnbar sein; *au lavage etc* sich verziehen; weiter werden 2 *personne, animal* sich strecken, recken; *de bien-être* sich räkeln, rekeln 3 *par ext nuages, cortège etc* sich auseinanderziehen

Etna [ɛtna] **l'~** *m* der Ätna

étoffe [etɔf] F 1 COUT Stoff *m;* Gewebe *n;* **~ de laine, de soie** Woll-, Seidenstoff *m* 2 *fig* Stoff *m;* Zeug *n;* Fähigkeiten *fpl;* **l'~ dont sont faits les °héros** der Stoff, aus dem Helden gemacht sind; **avoir l'~ d'un chef** *etc* das Zeug zum Chef *etc* haben; *abs* **il a de l'~** das ist ein fähiger Kopf; er hat Fähigkeiten; *fam* in ihm steckt etwas

étoffé [etɔfe] ADJ *travail* stoff-, gedankenreich; gehaltvoll; inhaltsreich

étoffer [etɔfe] A VT *rapport, article* ausbauen; vertiefen; erweitern; *récit a.* ausschmücken; *personnage etc* herausarbeiten; Farbe geben *(+dat)* B VPR **s'~** *par le sport* kräftiger werden; Muskeln bekommen

étoile [etwal] F 1 ASTRON Stern *m;* **~ filante**

Sternschnuppe *f*; **~ polaire** Polarstern *m*; **~ du berger** Venus *f*; Morgen-, Abendstern *m*; **~ du matin, du soir** Morgen-, Abendstern *m*; *loc adv* **à la belle ~** im Freien; unter freiem Himmel; **passer la nuit à la belle ~** *fam a.* bei Mutter Grün schlafen; *loc adj* **criblé, (par)semé d'~s** mit Sternen besät, übersät; *fig*: **avoir confiance, foi dans, en son ~** an s-n Stern glauben; **être né sous une bonne, mauvaise ~** unter e-m günstigen, ungünstigen Stern *ou* Unstern geboren sein **2** *par ext* **a** *dessin ou objet* Stern *m*; NAZISME **~ jaune** Judenstern *m*; **~ à cinq branches** Stern mit fünf Zacken; fünfzackiger Stern; **~ de David** David(s)stern *m*; ZOOL **~ de mer** Seestern *m*; **un (hôtel) trois ~s** ein Dreisternehotel *n*; **général** *m* **à quatre ~s** Vierstergenegeneral *m*; *loc adj* **en ~** sternförmig; AVIAT **moteur** *m* **en ~** Sternmotor *m* **b** *sur un pare-brise etc* sternförmiger Bruch; sternförmige Risse *mpl* **3** THÉ, CINÉMA Stern *m*; Star *m*; **~ montante (du théâtre français)** aufsteigender Stern (am französischen Theaterhimmel); *adjt* **danseur** *m* **~** erster (Solo)Tänzer; **danseuse** *f* **~** Primaballerina *f*

étoilé [etwale] ADJ **1** *ciel* sternenbesät, -übersät; mit Sternen besät, übersät; *poét* be-, gestirnt; *nuit* sternklar, -hell; **ciel ~** *a.* Stern(en)himmel *m*; *poét* **voûte ~e** *poét* Sternenzelt *n* **2** *(décoré d'étoiles)* mit Sternen besetzt, geschmückt, verziert; **bannière ~e** Sternenbanner *n* **3** *(en forme d'étoile)* sternförmig; *verre* sternförmig gesprungen

étoilement [etwalmɑ̃] M sternförmige Anlage, Anordnung

étoiler [etwale] **A** V/T *astres* **~ le ciel** am Himmel stehen **B** V/PR **s'~** **1** *ciel* sich mit Sternen bedecken **2** *verre* sternförmig springen

étole [etɔl] F ÉGL CATH, *fourrure* Stola *f*

Étolie [etɔli] GÉOG **l'~** *f* Ätolien *n*

étonnamment [etɔnamɑ̃] ADV → étonnant

étonnant [etɔnɑ̃] ADJ erstaunlich *(a. d'une personne)*; erstaunenswert; verwunderlich; **ce n'est pas ~** *ou subst* **cela n'a rien d'~, il n'y a rien d'~ à cela** das ist kein Wunder; das ist nicht (weiter) erstaunlich, verwunderlich; **il ne serait pas ~ que ...** *(+subj)* es wäre nicht verwunderlich, wenn ...; **je trouve ~ que ...** *(+subj)* ich finde es erstaunlich, dass ...; *subst m* **l'~ est que ...** *(+subj)* das Erstaunliche, Verwunderliche ist, dass ...

étonné [etɔne] ADJ erstaunt, verwundert (**de** über *+acc*); **être ~** *a.* sich wundern; staunen; **ne soyez pas ~ si ...** wundern Sie sich nicht, wenn ...

étonnement [etɔnmɑ̃] M (Er)Staunen *n*; Verwunderung *f*; Befremden *n*; **à mon grand ~** zu meinem großen Erstaunen; zu meiner großen Verwunderung; **frapper, remplir d'~** in (Er)-Staunen, Verwunderung versetzen

étonner [etɔne] **A** V/T erstaunen; (ver)wundern; in (Er)Staunen, Verwunderung versetzen; *plus fort* verblüffen; *(surprendre)* überraschen; **cela m'étonne beaucoup** das wundert, erstaunt, überrascht mich sehr; **cela ne m'étonne pas** das wundert, erstaunt, überrascht mich nicht; *st/s* das nimmt mich nicht wunder; **ça m'étonnerait** das würde mich wundern; *iron* **tu m'étonnes!** das ist kein Wunder!; *iron* was du nicht sagst! **B** V/PR **s'~** (er)staunen, sich wundern (**de** über *+acc*); **je m'étonne qu'il ne soit pas venu** ich wundere mich *ou* es wundert mich, dass er nicht gekommen ist; **ne t'étonne pas si ...** *(+ind)* wundere dich nicht *ou* du brauchst dich nicht zu wundern, wenn ...

étouffant [etufɑ̃] ADJ *air* stickig; zum Ersticken; *temps* schwül; drückend; *chaleur* erstickend; drückend; *fig atmosphère* be-, erdrückend; **chaleur ~e** *a.* Schwüle *f*

étouffé [etufe] ADJ **1** erstickt; **mourir ~** ersticken **2** *fig bruits* gedämpft; *cris, rires* unterdrückt; erstickt; gedämpft; **d'une voix ~e (par les larmes)** mit (tränen)erstickter Stimme

étouffe-chrétien [etufkʀetjɛ̃] *fam* M ⟨*pl* étouffe-chrétiens⟩ Speise, die stopft

étouffée [etufe] LOC ADV CUIS **à l'~** geschmort; gedämpft; gedünstet; **cuire à l'~** schmoren; dämpfen; dünsten

étouffement [etufmɑ̃] M **1** Ersticken *n*; Atemnot *f*; *crise* Erstickungsanfall *m*; **éprouver une sensation d'~** das Gefühl haben zu ersticken, keine Luft (mehr) zu bekommen; **mourir d'~** den Erstickungstod sterben **2** *de bruits* Dämpfung *f*; *du feu* Ersticken *n*; *d'un scandale* Vertuschung *f*; *d'une révolte etc* Ersticken *n*; Unterdrückung *f*

étouffer [etufe] **A** V/T **1** **~ qn** *tuer* j-n ersticken; *(gêner la respiration)* j-n ersticken; j-m den Atem nehmen; **la chaleur m'étouffe** ich ersticke vor Hitze, in dieser Hitze; ich komme um vor Hitze; **les sanglots l'étouffaient** Schluchzen erstickte ihre Stimme; *arbres etc* **~ les autres plantes** die anderen Pflanzen ersticken; **~ qn de baisers** j-n mit (s-n) Küssen (fast) ersticken; *fam fig*: **ça t'étoufferait de dire merci?** du kannst wohl nicht danke sagen?; **ce n'est pas la politesse qui l'étouffe** er ist nicht gerade höflich; → *a.* scrupule **2** *incendie* ersticken; *bruits* dämpfen; schlucken; *résistance, opinions, soupirs, cri, sentiments* unterdrücken; *révolte, résistance a.* ersticken; **~ un scandale** einen Skandal vertuschen **B** V/I ersticken *(a. fig)*; keine Luft bekommen; **~ de chaleur** vor Hitze umkommen, ersticken; **~ de rage** vor Wut, Zorn ersticken; **on étouffe ici** es ist zum Ersticken hier; hier erstickt man ja **C** V/PR **s'~** ersticken; *en mangeant* sich verschlucken und ersticken; **s'~ en avalant de travers** sich verschlucken und ersticken

étoupe [etup] F Werg *n*; Hede *f*

étourderie [etuʀdəʀi] F **1** *caractère* Unbesonnenheit *f*; Unüberlegtheit *f*; Gedankenlosigkeit *f*; *(légèreté)* Leichtfertigkeit *f*; Leichtsinn *m*; *(oubli)* Vergesslichkeit *f*; **agir avec, par ~** unüberlegt, gedankenlos, leichtsinnig handeln **2** *faute* (unüberlegter) Streich; Unfug *m*; Dummheit *f*; **commettre une ~** etwas Unüberlegtes tun, sagen

étourdi [etuʀdi] **A** ADJ *personne* gedankenlos; unbesonnen; kopflos; *(léger)* leichtsinnig; leichtfertig; *(qui oublie facilement)* vergesslich; *(distrait)* zerstreut; **réponse ~e** unüberlegte, vorschnelle Antwort **B** SUBST **~(e)** *m(f)* gedankenloser, unbesonnener, leichtsinniger Mensch; Leichtfuß *m*; **étourdiment** ADV → étourdi

étourdir [etuʀdiʀ] **A** V/T *par un coup etc* betäuben; *vacarme* **~ qn** j-n benommen machen, betäuben **B** V/PR **s'~** *fig* sich betäuben; Ablenkung, Zerstreuung suchen

étourdissant [etuʀdisɑ̃] ADJ **1** *bruit* ohrenbetäubend **2** *succès etc* überwältigend; außerordentlich; großartig

étourdissement [etuʀdismɑ̃] M Betäubung *f*; Schwindel(gefühl *n*, -anfall *m*) *m*; Benommenheit *f*, -sein *n*; Taumel *m*; **avoir un ~, des ~s** schwindlig werden; benommen, taumelig sein; e-n Schwindelanfall, Schwindelanfälle haben; **j'ai un ~** *a.* mir ist, wird ganz schwind(e)lig

étourneau [etuʀno] M ⟨*pl* ~x⟩ **1** ZOOL Star *m* **2** *fig personne* Leichtfuß *m*; Springinsfeld *m*

étrange [etʀɑ̃ʒ] ADJ seltsam; sonderbar; merkwürdig; eigenartig; komisch; wunderlich; befremdend; befremdlich; fremdartig; absonderlich

étranger [etʀɑ̃ʒe] **A** ADJ ⟨-ère⟩ **1** *(d'une autre nation)* ausländisch; fremdländisch; Auslands...; Fremd...; **accent ~** ausländischer Akzent; **langues étrangères** Fremdsprachen *fpl*; **politique étrangère** Außenpolitik *f*; **ressortissant ~** ausländische(r) Staatsangehörige(r); **travailleur ~** Gast-, Fremdarbeiter *m*; ausländischer Arbeitnehmer; → *a.* affaire 1 **2** *(d'un autre groupe)* fremd; außen stehend; *(d'une autre ville)* ortsfremd; auswärtig; *visage etc* fremd; unbekannt; *choses* ohne Beziehung, nicht zugehörig (**à qc** zu etw); **étranger à un sujet** sachfremd; MÉD *et fig* **corps ~** Fremdkörper *m*; **élément ~** fremdes Element; Fremdkörper *m*; **pays ~s** fremde Länder *npl*; *personne* **être ~ à qn, qc** j-m, e-r Sache fremd gegenüberstehen; mit j-m, etw nichts zu tun, zu schaffen haben; **être ~ à qc** *a.* an etw *(dat)*, bei etw nicht beteiligt, unbeteiligt sein; *chose* **être ~ à qn** j-m fremd, unbekannt sein **B** SUBST **1** **~, étrangère** *m,f* *(personne d'une autre nation)* Ausländer(in) *m(f)* **2** **~, étrangère** *m,f* *(personne d'un autre groupe social)* Fremde(r) *m/f(m)* **3** **l'~** *m* das Ausland; die Fremde; *loc adj et loc adv*: **à l'~** im *ou* ins Ausland; Auslands...; **correspondant** *m* **à l'~** Auslandskorrespondent *m*; **voyage** *m* **à l'~** Auslandsreise *f*; **s'installer à l'~** sich im Ausland niederlassen; **partir à l'~** ins Ausland gehen; **relations** *fpl* **avec l'~** Auslandsbeziehungen *fpl*; **nouvelles** *fpl* **de l'~** Auslandsnachrichten *fpl*; **venir de l'~** aus dem Ausland kommen

étrangeté [etʀɑ̃ʒte] F **1** Seltsamkeit *f*; Sonderbarkeit *f*; Merkwürdigkeit *f*; Eigenartigkeit *f*; Absonderlichkeit *f*; Wunderlichkeit *f*; Fremdartigkeit *f* **2** *litt* **~s** *pl* Absonderlichkeiten *fpl*

étranglé [etʀɑ̃gle] ADJ **1** *voix* erstickt **2** *taille* eingeschnürt; eingeengt; MÉD *hernie* eingeklemmt

étranglement [etʀɑ̃gləmɑ̃] M **1** *(strangulation)* Erdrosseln *n*; Erwürgen *n* **2** **a** *d'une route, d'un conduit etc* Verengung *f* **b** *d'une hernie* Einklemmung *f* **3** *fig des libertés etc* Unterdrückung *f*; Einschränkung *f*; *de la critique etc* Abwürgen *n*

étrangler [etʀɑ̃gle] **A** V/T **1** *être vivant* erdrosseln; erwürgen; strangulieren; *sans tuer* würgen; die Luft abschnüren (**qn** j-m); *par ext émotion* **~ qn** j-m die Kehle zuschnüren **2** *fig presse, liberté* unterdrücken; einschränken; einengen; *critique etc* abwürgen **B** V/PR **s'~** **1** *se tuer* sich erdrosseln **2** *(s'étouffer)* keine Luft mehr bekommen; ersticken; **s'~ avec une arête** sich an e-r Gräte verschlucken **3** *voix* versagen

étrangleur [etʀɑ̃glœʀ] M Würger *m*; *fig* **des mains d'~** grobe, brutale Hände

étrave [etʀav] F MAR Vordersteven *m*; Bug *m*

être[1] [ɛtʀ]

⟨je suis, tu es, il est, nous sommes, vous êtes, ils sont; j'étais; je fus; je serai; que je sois, qu'il soit, que nous soyons; sois, soyons, soyez; étant; avoir été⟩

A verbe auxiliaire **B** verbe intransitif **C** verbe impersonnel

— **A verbe auxiliaire** —

1 *de quelques* sein; **elle est arrivée** sie ist (an) gekommen **2** *de tous les v/pr* haben; **elle s'est blessée** sie hat sich verletzt; **ils se sont acheté des livres** sie haben sich *(dat)* Bücher gekauft; **ils se sont serré la main** sie haben sich *(dat)* die Hand gegeben; **cet article s'est bien vendu** dieser Artikel hat sich gut

E

verkaufen lassen, ist gut verkauft worden **3** *de la forme passive* werden; **être aimé** geliebt werden; **il a été critiqué** er ist kritisiert worden

— **B** verbe intransitif —

1 *(exister)* sein; da sein; bestehen; existieren; *expressions:* **a** *employé seul:* **cela étant** bei dieser Sachlage; da dem so ist; **comme si de rien n'était** als ob nichts vorgefallen, gewesen wäre; *litt* **il n'est plus** *(il est mort)* er ist nicht mehr; → *a.* **soit** **b** *suivi d'un attribut:* **~ bête, jeune** *etc* dumm, jung *etc* sein; **~ français** *ou* **Français** (ein) Franzose sein; **il n'est pas français** *ou* **Français** er ist kein Franzose; *st/s* **serait-il malade?** sollte er etwa krank sein?; **il n'est plus lui-même** *ou* **le même** er ist gar nicht mehr er selbst; er ist nicht mehr derselbe; **~ tout pour qn** j-m alles bedeuten; **si j'étais vous** wenn ich Sie wäre **c** *avec adv:* **en ~** mit dabei sein; mitmachen; dazugehören; daran beteiligt sein; **j'en suis** ich mache mit; **où en êtes-vous (dans votre travail)** ? wie weit sind Sie (mit Ihrer Arbeit) ?; **où en est-il de son procès?** wie steht es mit s-m Prozess?; **voilà où j'en suis** so weit bin ich (jetzt); **je n'en suis pas encore là** so weit bin ich noch nicht; **ne plus savoir où l'on en est** nicht mehr wissen, woran man ist; **on en est à se demander, à croire** man muss sich fragen, man muss annehmen; man fragt sich, möchte meinen; ♦ **je n'y suis pour personne** ich bin für niemand(en) zu sprechen, zu Hause; *iron* **va voir dehors si j'y suis!** *fam* mach gefälligst die Tür von draußen zu!; verschwinde hier!; **pendant que vous y êtes** wenn Sie gerade dabei sind; *fig* **j'y suis** jetzt hab ich's; **vous n'y êtes pas du tout** Sie liegen völlig falsch; **nous y sommes?** sind wir so weit?; alles bereit, fertig?; **je n'y suis pour rien** ich habe nichts damit zu tun, zu schaffen; ich kann nichts dafür **d** *avec prép:* **il est à son travail** er ist bei der Arbeit; **il n'est pas à ce qu'il fait** er ist nicht bei der Sache; MATH **a est à x ce que b est à c** a verhält sich zu x wie b zu c; *fam* **vous êtes là à causer**, *mais vous ne faites rien* Sie stehen da und reden ...; **~ toujours à crier** andauernd, fortwährend schreien; **~ à louer, à vendre** zu vermieten, zu verkaufen sein; **~ après qn** hinter j-m her sein; j-m (scharf) auf die Finger sehen; **~ au-dessus des calomnies** über den Verleumdungen stehen; **~ avec qn** *ensemble* bei j-m sein; mit j-m (zusammen) sein; *du côté de qn* zu j-m halten; es mit j-m halten; **~ bien avec qn** (sich) mit j-m gut stehen; **~ contre qn, qc** gegen j-n, etw sein; *abs* **~ contre** dagegen sein; **~ dans sa cinquantième année** im fünfzigsten Lebensjahr stehen; *fam* **il est dans les assurances** er ist, arbeitet bei e-r Versicherung; *fam* **~ dans la police** bei der Polizei sein; **~ pour qc dans une affaire** mit e-r Sache zu tun, zu schaffen haben; bei e-r Sache mitwirken, *péj* s-e Hand im Spiel haben; **il est de Paris** er ist aus *ou* von Paris; **cet enfant est de lui** dieses Kind ist von ihm; **il est de mes amis** er ist ein Freund von mir; **~ de toutes les réunions** auf allen Versammlungen sein; alle Versammlungen mitmachen; **le prix est de 100 euros** der Preis beträgt 100 Euro; **~ d'une curiosité maladive** von e-r krankhaften Neugier sein; krankhaft neugierig sein; **~ de service** Dienst haben; **~ en argent** aus Silber sein; **~ en maillot de bain** im Badeanzug sein; **~ en promenade** auf e-m Spaziergang sein; ÉCOLE **~ en troisième** in der Tertia sein; **~ pour qn, qc** für j-n, etw sein; *abs* **~ pour** dafür sein; *chose* **~ pour qc** zu etw dienen; **j'étais pour partir, quand ...** ich war gerade dabei, im Begriff zu gehen, als ...; **vous n'êtes pas sans savoir que ...** Sie wissen sicherlich *ou* sehr wohl, dass ...; **~ sur une enquête** an e-r Untersuchung arbeiten, sein **2** *(se trouver)* sein; sich befinden; stehen; liegen; sitzen; *personne, animal* **~ allongé, couché** liegen; **~ assis** sitzen; **~ debout** stehen; *tableau* **~ au mur** an der Wand hängen; **il est chez lui, en prison** er ist, *fam* sitzt zu Hause, im Gefängnis; **~ sur le bureau** auf dem Schreibtisch *lampe* stehen, *journal* liegen; *clé* **~ sur la porte** stecken *(abs)* **3** *au passé composé (aller)* gehen; **il a été à Paris** er ist nach Paris gegangen, gefahren; **j'ai été le voir** *ami* ich habe ihn besucht; *supérieur* ich habe bei ihm vorgesprochen; *film* ich habe ihn mir angesehen **4** *(se sentir)* sich fühlen; sich befinden; **on est mal dans cette voiture** man sitzt nicht bequem in diesem Wagen; **on était bien à X** in X war es schön *ou* gut; **il est mieux aujourd'hui** es geht ihm heute besser **5** *indiquant la date* haben; **quel jour sommes-nous aujourd'hui?** was für e-n Tag *ou* den Wievielten haben wir heute?; **nous sommes lundi** wir haben Montag; **le combien sommes-nous aujourd'hui?** den Wievielten haben wir heute?; **nous sommes le deux mars** wir haben den zweiten März; heute ist der zweite März; **nous sommes en hiver, en mai** *ou* **au mois de mai, en 1995** wir haben Winter, Mai, das Jahr 1995 **6** **~ à** *(appartenir)* gehören *(+dat)*; **ce livre est à moi** dieses Buch gehört mir; **je suis à vous tout de suite** ich stehe Ihnen sofort zu Diensten

— **C** verbe impersonnel —

1 **il est** **a** *st/s (il y a)* es gibt; **il est des gens qui ...** es gibt Leute, die ...; **un coquin s'il en est** *ou* **s'il en fut** ein wahrer Schurke **b** *avec un attribut:* **il est difficile de** *(+inf)* es ist schwierig zu *(+inf)*; **il en est des hommes comme des animaux** es verhält sich mit den Menschen wie mit den Tieren **c** *pour exprimer l'heure:* **il est dix heures** es ist zehn (Uhr); **quelle heure est-il?** wie viel Uhr ist es?; wie spät ist es?; **il est temps de partir** es ist Zeit zu gehen **2** **c'est** **a** *pour présenter une personne ou une chose* das ist; es ist; *pour présenter une personne souvent* er *ou* sie ist; **c'est exagéré** das ist übertrieben; **c'est difficile à dire** es *ou* das ist schwer zu sagen; **c'est mon ami** das ist mein Freund; **ce sont**, *fam* **c'est mes livres** das sind meine Bücher; **c'est moi** ich bin es; das bin ich; **c'est le printemps** es ist Frühling; ♦ *expressions:* **c'est combien?** was kostet das?; **c'est trois euros** das kostet drei Euro; **... n'est-ce pas?** ... nicht wahr?; *fam* ... nicht?; **n'est-ce pas que j'ai raison?** habe ich nicht recht?; **c'est que ...** dann ...; weil ...; *(s')il n'est pas venu*, **c'est qu'il est malade** ... dann *ou* so ist er krank; ... weil er krank ist; **ce n'est pas que ...** *(+subj)* nicht etwa, dass ...; **laissez-le-moi ne serait-ce** *ou* **ne fût-ce qu'un moment** lassen Sie es mir, und sei es auch nur für e-n Augenblick; **qui est-ce?**, *fam* **qui c'est?** wer ist das?; **c'était à qui parlerait le plus fort** jeder wollte am lautesten reden; **c'est à vous** Sie sind dran; **c'est à vous de décider** es ist an Ihnen zu entscheiden; jetzt müssen Sie entscheiden; Sie haben zu entscheiden; die Entscheidung liegt bei Ihnen; **c'est bien de lui** das sieht ihm ähnlich; das ist typisch für ihn; **pour ce qui est de ...** was *(+acc)* (an) betrifft, an(be)langt; **je sais ce que c'est** ich weiß, was das bedeutet, heißt; **voilà ce que c'est (que) de** *(+inf)* so geht es *ou* das kommt davon, wenn man ...; → *a.* **ça**1 **b** *mise en relief* **c'est ... qui** *ou* **que ...** *non traduit et exprimé par l'accentuation adéquate:* **c'est mon frère qui l'a fait** mein Bruder hat es getan; **c'est à Paris que je voudrais habiter** in Paris möchte ich wohnen **c** *forme interrogative* **est-ce que** *rendu en allemand par l'inversion;* **est-ce que tu viens?** kommst du?

être[2] [ɛtʀ] M **1** *(être vivant)* (Lebe)Wesen *n*; **~ humain** Mensch *m*; **~ vivant** Lebewesen *n* **2** *(personne)* Mensch *m*; **~ aimé, cher** geliebter Mensch **3** *être bouleversé* **au plus profond de son ~** im Innersten; *désirer* **de tout son ~** von ganzem Herzen, aus tiefster Seele **4** PHIL Sein *n*

étreindre [etʀɛ̃dʀ] ⟨→ peindre⟩ **A** V/T **1** **~ qn** j-n in die Arme schließen, (mit beiden Armen) umschließen, umschlingen, umarmen, umfangen, umfassen; *lutteur: adversaire* umklammern; **~ qc** etw umklammern; **~ qn sur son cœur, sa poitrine** j-n an sein Herz, s-e Brust drücken **2** *sentiment* **~ qn** j-n bedrücken, beklemmen **B** V/PR **s'~** sich, einander umarmen, umschlingen

étreinte [etʀɛ̃t] F **1** *dans ses bras* Umarmung *f*; *par ext* **~ amoureuse** Liebesakt *m* **2** *d'un adversaire, de la main* Umklammerung *f* **3** *fig* Beklemmung *f*; Druck *m*

étrenner [etʀene] **A** V/T **~ qc** etw zum ersten Mal, als Erster benutzen, in Gebrauch nehmen; *fam* etw einweihen; *vêtements* zum ersten Mal tragen, anziehen, *fam* anhaben **B** V/I *(écoper)* es ausbaden müssen; den Kopf hinhalten müssen

étrennes [etʀɛn] FPL **a** Neujahrsgeschenk(e) *n(pl)* **b** *pour les facteurs etc* Weihnachtsgeld *n*

Étretat [etʀəta] *Ort im Dep. Seine-Maritime*

étrier [etʀije] M Steigbügel *m (a.* ANAT*)*; *fig:* **avoir le pied à l'~** auf dem richtigen, besten Weg (zum Erfolg) sein; e-e gute Ausgangsbasis, ein Sprungbrett haben; **mettre le pied à l'~ à qn** j-m in den Sattel helfen; j-m den Steigbügel halten; **boire le coup de l'~** e-n Schluck zum Abschied trinken

étriller [etʀije] V/T **1** striegeln; **~ un cheval** ein Pferd striegeln **2** *fig* **~ qn** *(malmener)* j-n hart anfassen; *fam* j-n striegeln; *(critiquer)* j-n kritisieren, *fam* verreißen, heruntermachen; *(plumer) fam* j-n neppen

étriper [etʀipe] **A** V/T *animaux* ausweiden; ausnehmen; *(éventrer)* den Bauch aufschlitzen *(+dat)* **B** V/PR *fam* **s'~** sich, einander massakrieren

étriqué [etʀike] ADJ **1** *vêtements* zu eng; zu knapp; *personne* **être ~ dans un complet** in e-m zu engen Anzug stecken; in e-n Anzug gezwängt sein **2** *fig vie* kümmerlich; armselig; dürftig; **esprit ~** engstirniger, *fam* kleinkarierter Mensch

étroit [etʀwa] ADJ ⟨étroite [etʀwat]⟩ **1** *ruban, épaules, fenêtre etc* schmal; *rue, passage, couloir, ouverture, chaussures* schmal; eng; *vêtements* eng; knapp; *taille* schlank; schmal; *fig terme* **au sens ~** im engeren Sinn **2** *péj esprit* kleinlich; borniert; beschränkt; klein; *opinions* engstirnig; borniert; **~ d'esprit** engstirnig; kleinlich; *fam* kleinkariert **3** *liens, collaboration etc* eng; **rester en rapports ~s avec qn** mit j-m in enger, fester Verbindung bleiben **4** LOC ADV **à l'~** (räumlich) beengt; gedrängt; **être à l'~** eng sitzen, stehen; (räumlich) beengt sein; **être logé à l'~** sehr beengt wohnen; auf engem Raum wohnen, leben; *fig* **vivre à l'~** in beschränkten Verhältnissen, eingeschränkt leben

étroitement [etʀwatmɑ̃] ADV *liés etc* eng; *personne* **être lié ~ à, avec qn** mit j-m eng, fest verbunden sein; **surveiller qn ~** j-n scharf, streng, genau überwachen

étroitesse [etʀwatɛs] F **1** *d'une rue etc* Enge *f*; Schmalheit *f* **2** *fig* **~ (d'esprit)** Engstirnigkeit *f*; Borniertheit *f*; Beschränktheit *f*; geistige Enge; *fam* Kleinkariertheit *f*

étron [etʀõ] M Kothaufen *m*

étrusque [etʀysk] A ADJ etruskisch B SUBST 1 **Étrusques** *mpl* Etrusker *mpl* 2 LING **l'~** *m* das Etruskische; Etruskisch *n*

Ets ABR (établissements) Werk(e); Fa. (Firma)

étude [etyd] F 1 a *abs* Lernen *n*; Studieren *n*; **aimer l'~** (lern)eifrig, strebsam, fleißig sein b *d'une langue etc* Erlernung *f*; *d'un rôle* Einstudierung *f*; *d'un morceau de musique* Einübung *f*; *d'un texte, d'un auteur, d'une science* Studium *n*; *d'un phénomène, d'un problème* Studium *n*; Erforschung *f*; Untersuchung *f*; Ergründung *f*; **abandonner l'~ du piano** den Klavierunterricht, das Klavierspielen aufgeben c **~s** *pl* Studium *n*; Studienzeit *f*; **~s primaires** (Volks)Schulzeit *f*; **~s secondaires** Schulzeit *f* im Gymnasium; Gymnasialzeit *f*; **~s supérieures** Studium *n*; **~s de droit, de médecine** *etc* Jura-, Medizinstudium *n etc*; **diplôme** *m* **de fin d'~s** Abschlussdiplom *n*; **achever** *ou* **terminer, commencer ses ~s** sein Studium beenden *ou* abschließen, beginnen; **faire des ~s de médecine** *etc* Medizin *etc* studieren; **faire ses ~s** studieren; **avoir fait de bonnes ~s** e-e gute Ausbildung, Schulbildung haben 2 *de propositions, de projets etc* Prüfung *f*; Studium *n*; *de dossiers a.* Bearbeitung *f*; *de projets a.* Planung *f*; Vorbereitung *f*; Entwurf *m*; **~ d'impact sur l'environnement** Umweltverträglichkeitsprüfung *f*; **~ du marché** Marktanalyse *f* (*a. ouvrage*); **bureau** *m* **d'~s** → bureau 4; **voyage** *m* **d'~s** Studienreise *f*; *loc adv* **à l'~** zur Prüfung; in Bearbeitung, Vorbereitung; *projet etc* **être à l'~** geprüft werden; in Vorbereitung sein; **mettre à l'~** *dossier* bearbeiten; *projet* (eingehend) prüfen 3 *ouvrage* Studie *f* (*a.* PEINT); Abhandlung *f*; Untersuchung *f*; Arbeit *f* 4 MUS Etüde *f*; Übungsstück *n* 5 ÉCOLE a *salle* Arbeitsraum *m*, -saal *m* b *temps* Zeit *f* für Schularbeiten, Hausaufgaben; **avoir ~, être en ~** s-e Schulaufgaben unter Aufsicht in der Schule machen 6 *de notaire, d'avocat* Kanzlei *f*; *par ext* Praxis *f*; **~ de notaire** *a.* Notariat *n*

étudiant [etydjɑ̃], **étudiante** A M,F Student(in) *m(f)*; Studierende(r) *m/f(m)*; *iron* Studiosus *m*; **étudiant, étudiante en droit** Jurastudent(in) *m(f)*, *autrich* Jusstudent(in) *m(f)* (*abr* stud. jur.); Jurist(in) *m(f)*; **étudiant, étudiante en lettres** Philologiestudent(in) *m(f)* (*abr* stud. phil.); Philologe *m*, Philologin *f*; **étudiant, étudiante en médecine** Medizinstudent(in) *m(f)* (*abr* stud. med.); Mediziner(in) *m(f)*; **étudiant, étudiante en sciences** Student(in) der Naturwissenschaften (*abr* stud. rer. nat.); Naturwissenschaftler(in) *m(f)* B ADJ studentisch; Studenten...; **jeunesse étudiante** studentische, studierende Jugend

étudié [etydje] ADJ 1 (*calculé*) (wohl)durchdacht; ausgearbeitet; ausgefeilt; *prix* scharf, knapp kalkuliert 2 (*affecté*) *style, geste etc* gekünstelt; gesucht; berechnet; unnatürlich; gezwungen

étudier [etydje] A V/T 1 *à l'université* studieren; *leçon etc* lernen; *langues* (er)lernen; THÉ *rôle* einstudieren; *instrument de musique* spielen lernen; *morceau de musique* (ein)üben 2 *phénomène, problème* studieren; erforschen; untersuchen; (zu) ergründen (suchen); *texte, auteur* studieren; genau, eingehend lesen; (*caractère, traits d'une*) *personne* studieren; genau beobachten; **~ un problème** *a.* sich (gründlich, eingehend) mit e-m Problem befassen, beschäftigen 3 *proposition, projet etc* prüfen; studieren; *dossiers a.* bearbeiten; *projet a.* planen; vorbereiten B V/PR **s'~** sich mit sich selbst beschäftigen, befassen; sich selbst beobachten

étui [etɥi] M Etui *n*; Futteral *n*; Köcher *m*; *pour raquette etc* Hülle *f*; **~ à cigares** Zigarrentasche *f*; **~ à cigarettes** Zigarettenetui *n*; **~ à lunettes** Brillenetui *n*, -futteral *n*; **~ à peigne** Kammhülle *f*; **~ à violon** Geigenkasten *m*

étuvage [etyvaʒ] M TECH Trocknen *n* (*durch Wärmeeinwirkung*); *de pièces de béton* Warmbehandlung *f*

étuve [etyv] F 1 Schwitzbad *n*; Schwitzkasten *m*; *fig* **quelle ~!** hier ist e-e Hitze wie in e-m Brutkasten! 2 TECH Trockenofen *m*, -apparat *m*

étuvée [etyve] LOC ADV CUIS **à l'~** gedämpft; gedünstet; geschmort; **cuire à l'~** dämpfen; dünsten; schmoren

étuver [etyve] V/T 1 TECH (durch Wärmeeinwirkung) trocknen 2 CUIS dämpfen; dünsten; schmoren

étymologie [etimɔlɔʒi] F Etymologie *f*; **étymologique** ADJ etymologisch; **étymologiste** M/F Etymologe, -login *m,f*

étymon [etimõ] M LING Etymon *n*; Stammwort *n*

eu [y] PP → avoir[1]

Eu [ø] *Stadt im Dep. Seine-Maritime*

Eubée [øbe] GÉOG **l'~** *f* Euböa *n*

eucalyptus [økaliptys] M BOT Eukalyptus *m*

eucharistie [økaʀisti] F ÉGL CATH Eucharistie *f*; Altarsakrament *n*; **eucharistique** ADJ eucharistisch

euclidien [øklidjɛ̃] ADJ ⟨~ne⟩ **géométrie (non) ~ne** (nicht) euklidische Geometrie

eudémonisme [ødemɔnism] M PHIL Eudämonismus *m*

Eugène [øʒɛn] M *Vorname*

Eugénie [øʒeni] F *Vorname*

eugénique [øʒenik] A F Eugenik *f*; Erbgesundheitslehre *f* B ADJ eugenisch; **eugénisme** M → eugénique A; **eugéniste** M Eugeniker *m*

euh [ø] INT 1 *en cherchant ses mots* äh ... 2 *embarras, hésitation, incrédulité* oh!; ach!; so?; *c'est lui le coupable* - **~! vous êtes sûr?** ach (was) ? *ou* so? Sind Sie sicher? 3 *indécision* hm!; *alors, cela vous plaît?* - **~! ~!** hm!

eunuque [ønyk] M Eunuch *m*

euphémique [øfemik] ADJ euphemistisch; beschönigend; verhüllend; **euphémisme** M Euphemismus *m*

euphonie [øfɔni] F MUS, LING Eufonie *f*; Wohlklang *m*; LING *a.* Wohllaut *m*; **euphonique** ADJ eufonisch

euphorbe [øfɔʀb] F BOT Wolfsmilch *f*

euphorie [øfɔʀi] F Euphorie *f* (*a.* MÉD); Hochstimmung *f*; Glücksgefühl *n*; **dans l'~ de son succès** im Hochgefühl s-s Erfolgs; **être en pleine ~** in Hochstimmung sein

euphorique [øfɔʀik] ADJ euphorisch

euphorisant [øfɔʀizɑ̃] A ADJ in e-n euphorischen Zustand versetzend; euphorisierend B M PHARM Euphorikum *n*; **euphoriser** V/T in e-n euphorischen Zustand versetzen

Euphrate [øfʀat] **l'~** *m* der Euphrat

eurafricain [øʀafʀikɛ̃] ADJ eurafrikanisch

eurasiatique [øʀazjatik] ADJ GÉOG eurasisch

Eurasie [øʀazi] **l'~** *f* Eurasien *n*

eurasien [øʀazjɛ̃] A ADJ ⟨~ne⟩ eurasisch B SUBST **Eurasien(ne)** *m(f)* Eurasier(in) *m(f)*

Euratom [øʀatɔm] F Euratom *f*

Eure [œʀ] **l'~** *f Fluss u. Departement in Frankreich*

Eure-et-Loir [œʀelwaʀ] **l'~** *m frz Departement*

eurêka [øʀeka] INT ich habs!; *litt* heureka!

eurent [yʀ] → avoir[1]

Euripide [øʀipid] M *poète tragique grec* Euripides *m*

euristique [øʀistik] A ADJ heuristisch; **principe** *m* **~** heuristisches Prinzip B F Heuristik *f*

euro [øʀo] M *monnaie* Euro *m*; *adjt* **zone** *f* **~** Eurozone *f*, -land *n*

euro... [øʀo] *préfixe* Euro...; euro...

eurochèque [øʀoʃɛk] M Eurocheque *ou* -scheck *m*

eurocrate [øʀokʀat] M/F *péj* Eurokrat(in) *m(f)*

eurodéputé(e) [øʀodepyte] M(F) Europaabgeordnete(r) *m/f(m)*

eurodollars [øʀodɔlaʀ] MPL Eurodollars *mpl*

euromarché [øʀomaʀʃe] M FIN Euromarkt *m*

euromissile [øʀomisil] M MIL eurostrategische Mittelstreckenrakete

euro-obligation [øʀoɔbligasjõ] F FIN Eurobond *m*, -anleihe *f*

Europe [øʀɔp] **l'~** *f* Europa *n*; **l'~ verte** der gemeinsame europäische Agrarmarkt; **l'~ des Douze** das Europa der Zwölf

européaniser [øʀɔpeanize] A V/T europäisieren B V/PR **s'~** sich europäisieren; europäisch werden; **européanisme** M Europäertum *n*; europäischer Charakter; europäisches Denken

européen [øʀɔpeɛ̃] A ADJ ⟨~ne⟩ europäisch; Europa...; **Commission ~ne** Europäische Kommission; **élections ~nes** Europawahlen *fpl*; **Parlement ~** Europäisches Parlament; **idéal ~** Ideal *n* e-s vereinten Europa B SUBST 1 **Européen(ne)** *m(f) habitant(e)* Europäer(in) *m(f)* 2 **~(ne)** *m(f)* POL Europäer(in) *m(f)*; Anhänger(in) *m(f)* e-s vereinten Europa; **~ convaincu** überzeugter Europäer

Europol [øʀɔpɔl] F Europol *f*

euroscepticisme [øʀosɛptisism] M Euroskepsis *f*; **eurosceptique** A ADJ euroskeptisch B M/F Euroskeptiker(in) *m(f)*

eurosignal [øʀosiɲal] M TÉL Eurosignal *n*

eurotunnel [øʀotynɛl] M Euro-, Kanaltunnel *m*

Eurovision [øʀovizjõ] F TV Eurovision *f*; **émission** *f* **en ~** Eurovisionssendung *f*

Eurydice [øʀidis] F MYTH Eurydike *f*

eus [y] → avoir[1]

eut, eût [y] → avoir[1]

euthanasie [øtanazi] F Euthanasie *f*; Gnadentod *m*; Sterbehilfe *f*; **euthanasier** V/T *personne* Sterbehilfe leisten (+ *dat*); *animal* einschläfern

eux [ø] PR PERS *de la 3e personne* PL M 1 *employé seul et souvent accentué* sie (*nom et acc*); **~, ils n'ont rien dit** sie haben nichts gesagt; **il court aussi vite qu'~** er läuft so schnell wie sie 2 *avec prép* sie (*acc*); ihnen (*dat*); *réfléchi* sich; **pour ~** für sie; **avec ~** mit ihnen; **ils ne pensent qu'à ~** sie denken nur an sich (*acc*)

eux-mêmes [ømɛm] PR PERS 1 *emphatique* (sie) selbst; **ils l'ont promis ~** sie haben es selbst versprochen 2 *réfléchi* sich (selbst)

évacuation [evakɥasjõ] F 1 PHYSIOL Ausscheidung *f*; Entleerung *f*; Abführung *f* 2 *de liquides, de gaz, de chaleur* Ableitung *f*; Abführung *f*; *de liquides a.* Abfließen *n*; Abfluss *m*; Ablassen *n*; TECH Entleerung *f*; **~ d'air** Entlüftung *f* 3 MIL *d'un territoire* Räumung *f*; *de la population* Evakuierung *f*; *de blessés* Abtransport *m*; *par ext d'une salle etc* Räumung *f*

évacué [evakɥe] M Evakuierte(r) *m*

évacuer [evakɥe] V/T 1 PHYSIOL ausscheiden; entleeren; abführen 2 *liquide, chaleur, gaz* ableiten; ab-, wegführen; *liquides a.* abfließen, ablaufen lassen; ablassen; TECH entleeren 3 MIL *territoire, ville etc* räumen; *population* evakuieren; *troupes* verlegen; *blessés* abtransportieren; *par ext salle, stade* räumen; **~ par avion** ausfliegen; **faire ~ la salle** den Saal räumen las-

sen
évadé [evade] A ADJ entflohen; flüchtig B M Ausbrecher *m*; Entflohene(r) *m*
évader [evade] V/PR **s'~** 1 a *prisonnier etc* ausbrechen, (ent)fliehen, entkommen, entweichen (**d'une prison** aus e-m Gefängnis); **faire ~ qn** j-m zur Flucht verhelfen b *par ext* sich heimlich davonmachen; sich wegstehlen 2 *fig de ses soucis, de la réalité* entfliehen (+*dat*); **s'~ à la campagne** sich aufs Land zurückziehen, flüchten

évaluable [evalɥabl] ADJ abschätzbar
évaluation [evalɥasjõ] F *de valeurs, d'objets* Schätzung *f*; Bewertung *f*; Taxierung *f*; Wertbestimmung *f*; *de distances* (Ab)Schätzen *n*; *de frais, de prix* Berechnung *f*; Ermittlung *f*; Überschlagen *n*; Veranschlagung *f*; **~ approximative** ungefähre Schätzung; Näherungswert *m*; **erreur** *f* **d'~** Schätzungsfehler *m*
évaluer [evalɥe] V/T *valeur, objet* schätzen; bewerten; taxieren; den Wert ermitteln (+*gén*); *distance, volume* (ab)schätzen; *chances, risque* abschätzen; *frais, prix* überschlagen; ungefähr, im Voraus berechnen; veranschlagen; *dommages* schätzen; beurteilen; ermitteln; **~ à 10 000 le nombre des manifestants** die Zahl der Demonstranten auf 10 000 schätzen; **faire ~ qc** etw schätzen lassen; **la maison est évaluée (à) un million** das Haus ist auf e-e Million geschätzt worden, ist mit e-r Million veranschlagt
évanescence [evanesɑ̃s] *litt* F a *d'un rêve etc* Verblassen *n*; Verschwinden *n*; Vergehen *n* b Verschwommenheit *f*; **évanescent** *litt* ADJ verschwimmend; schwindend
évangélique [evɑ̃ʒelik] ADJ 1 (*conforme à l'Évangile*) dem Evangelium gemäß; evangelisch 2 (*protestant*) evangelisch; protestantisch
évangélisateur [evɑ̃ʒelizatœʀ] A ADJ ⟨-trice⟩ evangelisierend B M Verkünder *m* des Evangeliums; **évangélisation** F Evangelisation *f*; Missionierung *f*; **évangéliser** V/T evangelisieren; das Evangelium verkünden (**qn** j-m); missionieren; **évangéliste** M Evangelist *m* (*a.* ÉGL PROT)
évangile [evɑ̃ʒil] M REL **Évangile** *et fig* Evangelium *n*; *fig* **ce n'est pas parole d'~** das ist kein Evangelium
évanoui [evanwi] ADJ 1 *personne* ohnmächtig; bewusslos; ohne Bewusstsein 2 *rêve, bonheur* vergangen; entschwunden
évanouir [evanwiʀ] V/PR **s'~** 1 *personne* ohnmächtig, bewusstlos werden; in Ohnmacht fallen; das Bewusstsein verlieren 2 *apparition, image etc* sich (in nichts) auflösen; (in nichts) zerrinnen; (spurlos) verschwinden; sich verflüchtigen; *gloire, illusions, amour, peur etc* vergehen; schwinden; *gloire a.* verblassen; *souvenir* verblassen; schwinden; *sons* ab-, verklingen; *par ext personne* verschwinden; entfliehen
évanouissement [evanwismɑ̃] M 1 Ohnmacht *f*; Bewusstlosigkeit *f*; **avoir un ~** in Ohnmacht fallen; e-n Ohnmachtsanfall haben 2 *d'apparitions, d'espoirs etc* Schwinden *n*; Zerrinnen *n*; Vergehen *n*
évaporable [evapɔʀabl] ADJ CHIM flüchtig; leicht verdunstend, verdampfend; verdampfbar
évaporation [evapɔʀasjõ] F Verdunstung *f*; Verdampfung *f*
évaporé [evapɔʀe] A ADJ 1 verdunstet; verdampft 2 *fig* leichtfertig, -sinnig; flatterhaft; kopflos B SUBST **~(e)** *m(f)* Leichtfuß *m*; *fam* Luftikus *m*; *d'une jeune fille* leichtsinniges, -fertiges Geschöpf, *fam* Ding
évaporer [evapɔʀe] V/PR **s'~** 1 verdunsten; verdampfen; sich verflüchtigen; **faire ~ qc** etw verdunsten, verdampfen lassen 2 *fam fig (disparaître) personne fam* sich verdrücken, verdünnisieren, verflüchtigen; *chose fam* sich verflüchtigen, in Luft auflösen
évasé [evaze, -vɑ-] ADJ sich erweiternd, verbreiternd; *jupe* ausgestellt; **évasement** M Erweiterung *f*; (Auf)Weitung *f*
évaser [evaze, -vɑ-] A V/T *ouverture* erweitern; weiter machen; *tuyau* (auf)weiten B V/PR **s'~** *ouverture* sich weiten, erweitern; *manche, jupe* weiter werden; glockig fallen; *jupe* ausgestellt sein
évasif [evazif] ADJ ⟨-ive⟩ *réponse* ausweichend; *geste* vage; unbestimmt; **rester ~** ausweichend antworten; sich nicht festlegen
évasion [evazjõ] F 1 *d'un prisonnier etc* Ausbruch *m*; Flucht *f*; Entkommen *n* 2 *fig hors du quotidien, de la réalité* Flucht *f*; Entfliehen *n*; **besoin** *m* **d'~** Bedürfnis *n* nach Ablenkung, Abwechslung 3 ÉCON Flucht *f*; **~ fiscale** Steuerflucht *f*; **~ des capitaux** Kapitalflucht *f*, -abwanderung *f*
Ève [ɛv] F *Vorname*; *fig*: **en tenue d'~** im Evaskostüm; **je ne le connais ni d'~ ni d'Adam** ich kenne ihn überhaupt nicht; er ist mir völlig, gänzlich unbekannt
évêché [eveʃe] M 1 *territoire* Bistum *n* 2 *ville* Bischofssitz *m*
éveil [evɛj] M 1 *de l'intelligence, des sens etc* Erwachen *n*; Wachwerden *n*; ÉCOLE PRIMAIRE (**activités** *fpl* **d'**)**~** Anregung *f* der geistigen Entwicklung durch Beschäftigung mit konkreten Dingen 2 a *loc adj* **en ~** wach(sam); aufmerksam; *esprit a.* aufnahmebereit; **être en ~** aufmerksam, wachsam, auf der Hut sein; aufpassen; sich vorsehen; **tenir en ~** wach halten b **donner l'~ à qn** j-n warnen, aufmerksam machen, aufhorchen lassen; j-m e-n Wink geben
éveillé [eveje] ADJ 1 wach; schlaflos; *par ext* **rêve ~** Wachtraum *m*; Tagtraum *m*; **rêver tout ~** mit offenen Augen träumen 2 *fig* aufgeweckt; (hell)wach; lebhaft; munter; regsam; **enfant ~** aufgewecktes Kind
éveiller [eveje] A V/T 1 *litt* **~ qn** j-n (auf)wecken 2 *désirs, sentiments* wachrufen; wecken; *soupçons, jalousie, méfiance, sympathie etc* erwecken; erregen; *curiosité a.* wecken; anstacheln; *intelligence* anregen; entwickeln; fördern; **~ qc en qn** in j-m etw wachrufen B V/PR **s'~** 1 a *litt personne* erwachen b *poét nature, ville* (aus dem Schlaf) erwachen 2 a *sentiments, souvenirs, intelligence* erwachen; sich regen; geweckt werden b **s'~ à l'amour** zur Liebe erwachen
événement *ou* **évènement** [evɛnmɑ̃] M a Ereignis *n*; Geschehnis *n*; Vorkommnis *n*; Begebenheit *f*; (*expérience*) Erlebnis *n*; **heureux ~** (*naissance*) freudiges Ereignis; **les principaux ~s de la journée** die wichtigsten Tagesereignisse *npl*; *loc adj* **chargé, riche en ~s** ereignisreich; **être au courant des ~s** über das Geschehen auf dem Laufenden sein; **ce fut pour lui un grand ~** das war ein großes Erlebnis für ihn; *plais: il travaille,* **c'est un ~** das ist ein Ereignis; → *a.* **dépasser** A 6 b **~s** *pl* besondere Ereignisse *npl*, Umstände *mpl*; **en raison des ~s** aufgrund der besonderen Ereignisse; *je ne l'avais pas revu* **depuis les ~s** seitdem … c POL **~s** *pl* (politische) Unruhen *fpl*
événementiel [evɛnmɑ̃sjɛl] ADJ ⟨~le⟩ **histoire ~le** lediglich die Ereignisse schildernde Geschichtsschreibung
éventail [evɑ̃taj] M 1 Fächer *m* 2 LOC ADJ *et* LOC ADV **en ~** fächerförmig, -artig; fächerig; wie ein ausgebreiteter Fächer; *fam fig* **doigts** *mpl* **de pied en ~** *fam* alle viere von sich gestreckt; **disposer en ~** fächerförmig anordnen; (auf)fächern 3 *fig* Palette *f*; Spektrum *n*; Skala *f*; *de marchandises a.* Angebot *n*; Auswahl *f*; **~ des prix** Preisskala *f*, -spektrum *n*; **~ des salaires** Lohnspanne *f*, -skala *f*; Staffelung *f* der Lohnsätze
éventailliste [evɑ̃tajist] M Fächerfabrikant *m*, -händler *m*, -maler *m*
éventaire [evɑ̃tɛʀ] M COMM Auslage *f* (*im Freien*); *d'un marchand ambulant* Bauchladen *m*
éventé [evɑ̃te] ADJ 1 *boisson* schal; abgestanden; *parfum* verduftet 2 *secret* offen; **c'est un truc ~** das ist ein alter Trick; den Trick kennt jeder 3 *lieu* (*venteux*) windig
éventer [evɑ̃te] A V/T 1 **~ qn** j-n fächeln; j-m Luft, Kühlung zufächeln 2 *complot, secret* auf-, entdecken; enthüllen; *secret a.* lüften; *trahison* wittern B V/PR **s'~** 1 *personne* sich (*dat*) Luft, Kühlung zufächeln 2 *boisson* schal werden; *parfum* verduften; s-n Duft verlieren
éventration [evɑ̃tʀasjõ] F MÉD Bauchwandbruch *m*
éventrer [evɑ̃tʀe] A V/T 1 **~ qn, un animal** j-m, e-m Tier den Bauch aufschlitzen 2 *objets* (gewaltsam) aufreißen, -schlitzen, -schneiden, -brechen; *sol* aufwühlen B V/PR **s'~** sich (*dat*) den Bauch aufschlitzen
éventreur [evɑ̃tʀœʀ] M (Bauch)Aufschlitzer *m*; **Jack l'Éventreur** Jack the Ripper
éventualité [evɑ̃tɥalite] F Eventualität *f*; Möglichkeit *f*; möglicher Fall; Eventualfall *m*; **dans l'~ de** im Fall(e) (+*gén*); **envisager l'~ d'une guerre** mit der Möglichkeit e-s Krieges rechnen; **être prêt à toute ~** auf alle Eventualitäten vorbereitet sein
éventuel [evɑ̃tɥɛl] ADJ ⟨~le⟩ eventuell; etwaige(r, -s); möglich; Eventual…
éventuellement [evɑ̃tɥɛlmɑ̃] ADV eventuell; möglicherweise; möglichenfalls; unter Umständen; vielleicht
évêque [evɛk] M Bischof *m*
Everest [ɛvʀɛst] **l'~** *m ou* **le mont ~** der Mount Everest
évertuer [evɛʀtɥe] V/PR **s'~** sich (*dat*) alle, große Mühe geben, sich bemühen, sich anstrengen, *plus fort* sich abmühen (**à faire qc** etw zu tun, mit etw)
éviction [eviksjõ] F 1 *hors d'un parti etc* Ausschluss *m*; Verdrängung *f*; *d'un rival etc* Ausschaltung *f*; Verdrängung *f* 2 JUR Eviktion *f*; Entwehrung *f*
évidé [evide] ADJ hohl; ausgehöhlt; vertieft
évidemment [evidamɑ̃] ADV 1 (ganz) offensichtlich; offenbar 2 (*bien sûr*) selbstverständlich; natürlich
évidence [evidɑ̃s] F 1 Augenscheinlichkeit *f*; Offenkundigkeit *f*; Offensichtlichkeit *f*; Evidenz *f*; Deutlichkeit *f*; Eindeutigkeit *f*; **force** *f* **de l'~** Kraft *f* des Evidenten; *loc adv* **à l'~, de toute ~** (ganz) offensichtlich, sicher; **démontrer à l'~ que …** schlüssig, eindeutig, klar beweisen, dass …; **c'est l'~ même** das ist doch ganz klar, eindeutig, offensichtlich; **nier l'~** die Tatsachen leugnen; leugnen, was klar zutage liegt, ganz offensichtlich ist; **se rendre à l'~** die Tatsachen anerkennen; sich den Tatsachen beugen; **refuser de se rendre, se refuser à l'~** sich den Tatsachen, der Wahrheit verschließen; die Sache nicht wahrhaben wollen 2 (*chose évidente*) augenscheinliche, offenkundige, offensichtliche, klare Tatsache; Selbstverständlichkeit *f* 3 LOC ADV **en ~** gut, deutlich sichtbar; **être en ~** klar zutage treten; ins Auge fallen; **mettre en ~** zur Schau stellen; zeigen; *objet a.* auffällig, gut sichtbar hinlegen; *fig* klar, deutlich hervorheben, herausstellen; herausstreichen; **se mettre en ~** die Aufmerksamkeit auf sich (*acc*) lenken, ziehen; sich in Szenesetzen
évident [evidɑ̃] ADJ augenscheinlich; offen-

kundig; offensichtlich; offenbar; evident; klar (erkennbar); deutlich (sichtbar); eindeutig; einleuchtend; sinnfällig; **preuve ~e** klarer, eindeutiger, schlüssiger Beweis; **c'est ~, c'est une chose ~e** *a.* das liegt klar auf der Hand; **il est ~ qu'il a menti** es ist ganz klar, dass er gelogen hat; er hat eindeutig, offensichtlich gelogen; **ce n'est pas ~** das ist gar nicht so selbstverständlich, einfach, leicht

évider [evide] VT aushöhlen, -bohren, -kehlen

évier [evje] M Spüle *f*; Spülbecken *n*; Ausguss (-becken) *m(n)*

évincement [evɛ̃smɑ̃] M *rarement* → éviction

évincer [evɛ̃se] VT ‹-ç-› *d'un parti, d'un emploi etc* ausschließen; verdrängen; vertreiben; **~ un rival** einen Rivalen ausschalten, verdrängen

évitable [evitabl] ADJ vermeidbar

évitement [evitmɑ̃] M CH DE FER **voie** *f* **d'~** Ausweich-, Überholgleis *n*

éviter [evite] A VT 1 *erreur, rencontre, accident etc* vermeiden; abwenden; *mets, boisson, lieu* meiden; *obstacle, difficulté etc* ausweichen, aus dem Weg gehen (*+dat*); umgehen; *corvée, tâche* sich entziehen, aus dem Weg gehen (*+dat*); **~ la guerre** e-n Krieg vermeiden, verhüten; es nicht zu e-m Krieg kommen lassen; **~ le regard de qn** j-s Blick ausweichen; **~ une voiture de justesse** e-m Wagen gerade noch ausweichen (können); **réussir à ~ une corvée** um e-e lästige Arbeit herumkommen; **~ de faire qc** es vermeiden, sich hüten, etw zu tun; **~ que ... (ne)** (*+subj*) vermeiden, sich vorsehen, dass ...; zusehen, dass nicht ... 2 **~ qn** j-n meiden; j-m ausweichen, aus dem Weg gehen; sich von j-m fernhalten; *fam* j-n schneiden 3 **~ qc à qn** j-m etw ersparen B V/PR **s'~** 1 *personnes* sich, einander meiden, aus dem Weg gehen 2 *sens passif* sich vermeiden lassen 3 **s'~ qc** sich (*dat*) etw ersparen

évocateur [evɔkatœʀ] ADJ ‹-trice› *image, parfum* Erinnerungen wachrufend; *geste* bedeutsam; bedeutungsvoll; vielsagend; *nom, titre* bezeichnend; beziehungsreich; *style, film* anschaulich

évocation [evɔkasjõ] F 1 *des esprits* (Geister)Beschwörung *f* 2 *d'un souvenir* Wachrufen *n*; Heraufbeschwören *n*; *d'un événement* Zurückrufen *n* in die Erinnerung; Erinnerung *f*, Zurückdenken *n* (**de** an *+acc*); **pouvoir** *m* **d'~** Aussage-, Suggestivkraft *f*

évolué [evɔlɥe] ADJ *peuple, pays* hoch entwickelt; zivilisiert; *personne* kultiviert; aufgeklärt; tolerant; *idées* fortschrittlich

évoluer [evɔlɥe] VI 1 *(se mouvoir)* Bewegungen ausführen; *personnes* sich bewegen; hin und her gehen; kommen und gehen; *troupes* schwenken; die Stellung, Lage wechseln; *avion* umherfliegen; s-e Kreise ziehen; *la société* **dans laquelle il évolue** in der er verkehrt, sich bewegt 2 *(changer) science, conception etc* sich (weiter-, fort)entwickeln; *science a.* Fortschritte machen; *opinion, situation* sich (ver)ändern, wandeln; *maladie* fortschreiten; **il a beaucoup évolué** s-e Einstellung hat sich grundlegend geändert; er hat sich zu s-m Vorteil entwickelt; **~ favorablement** sich günstig entwickeln; **la situation évolue en faveur de ...** die Lage (ver)ändert, entwickelt sich zugunsten (*+gén*)

évolutif [evɔlytif] ADJ ‹-ive› sich entwickelnd, wandelnd; entwicklungs-, wandlungsfähig; *maladie* fortschreitend

évolution [evɔlysjõ] F 1 a **~s** *pl* Bewegungen *fpl*; Vorführungen *fpl*; *d'une danseuse a.* Schritte *mpl* b *de troupes* Schwenkung *f*; Bewegung *f*; Lage-, Stellungswechsel *m* 2 *d'une science, théorie etc* (Weiter-, Fort)Entwicklung *f*; Fortschritt *m*; Fortschreiten *n*; *des idées, du goût* Entwicklung *f*; *(changement)* Wandlung *f*; Änderung *f*; *d'une personne a.* Werdegang *m*; *d'une langue* Entwicklung *f*; *d'une maladie* Fortschreiten *n*; Verlauf *m*; **~ démographique** Bevölkerungsentwicklung *f*; **~ des prix** Preisentwicklung *f*, -kurve *f*; **civilisation** *f* **en pleine ~** in der Entwicklung begriffene Kultur 3 BIOL Evolution *f*

évolutionnisme [evɔlysjɔnism] M BIOL Evolutionstheorie *f*; PHIL Evolutionismus *m*; **évolutionniste** A ADJ evolutionistisch B M Evolutionist *m*

évoquer [evɔke] VT 1 *esprits* beschwören 2 *événement, personne* in Erinnerung, ins Gedächtnis rufen; erinnern, die Erinnerung wachrufen an (*+acc*); hinweisen auf (*+acc*); *mots* **~ des idées** Vorstellungen auslösen, hervorrufen; **~ des souvenirs** Erinnerungen wachrufen, wecken; *forme* **~ une tête humaine** an e-n menschlichen Kopf denken lassen, erinnern; **cela n'évoquait rien pour lui** das sagte ihm nichts; er konnte nichts damit verbinden 3 *par ext pays etc* vor Augen führen; e-e Vorstellung geben von; **~ un problème** ein Problem erwähnen, streifen, anschneiden

ex [ɛks] M/F *fam* Ex *m/f*; Verflossene(r) *m/f(m)*

ex. ABR (exemple) Beispiel: ...

ex-... [ɛks] *préfixe* Ex...; ehemalige(r, -s); frühere(r, -s); *fam* gewesene(r, -s); *par exemple*: **ex-ami** früherer Freund; *fam* Verflossene(r) *m*; Ehemalige(r) *m*; **ex-directeur** ehemaliger, früherer Direktor; **ex-femme** *fam* Exfrau *f*; **ex-mari** *fam* Exmann *m*

exacerbation [ɛgzasɛʀbasjõ] F MÉD *et fig* Verschlimmerung *f*; Steigerung *f*

exacerber [ɛgzasɛʀbe] A VT *douleur* schlimmer machen; verschlimmern; *désir, colère* steigern; *passions* aufstacheln; *adjt* **exacerbé** *sensibilité, désir, orgueil* übersteigert; *désir a.* heftig B V/PR **s'~** *douleurs* sich verschlimmern; stärker, schlimmer werden; *sentiments* sich steigern; immer heftiger werden

exact [ɛgza(kt)] ADJ ‹exacte [ɛgzakt]› 1 *calcul, mesure, méthode etc* genau; exakt; *raisonnement, constatation* richtig; zutreffend; *réponse* richtig; korrekt; *expression a.* treffend; *vérification* sorgfältig; eingehend; streng; **heure ~e** genaue Uhrzeit; **reproduction ~e** genaue Wiedergabe; **les sciences ~es** die exakten Wissenschaften *fpl*; **c'est ~** das ist richtig; das stimmt; **c'est l'~e vérité** das ist die reine Wahrheit 2 *personne* pünktlich; **être ~ au rendez-vous** pünktlich bei der Verabredung sein

exactement [ɛgzaktəmɑ̃] ADV genau; **calculer ~** exakt, richtig rechnen

exaction [ɛgzaksjõ] F 1 FIN übermäßige Forderung 2 PL **~s** *(abus de pouvoir)* Machtmissbrauch *m*; **commettre des ~s** Machtmissbrauch treiben

exactitude [ɛgzaktityd] F 1 *d'un calcul, d'une méthode etc* Genauigkeit *f*; Exaktheit *f*; *d'un raisonnement, d'une constatation* Richtigkeit *f*; Korrektheit *f*; *d'une enquête a.* Sorgfältigkeit *f*; Sorgfalt *f*; **avec ~** genau; exakt; richtig; korrekt; sorgfältig 2 *(ponctualité)* Pünktlichkeit *f*; *prov* **l'~ est la politesse des rois** Pünktlichkeit ist die Höflichkeit der Könige *(prov)*

ex æquo [ɛgzeko] LOC ADV *et* LOC ADJ gleich(-rangig, -wertig); gleichstehend; *candidat* **être premier ~ avec qn** zusammen mit j-m Examensbester sein; **être classé ~ avec** gleich eingestuft, bewertet werden wie; gleichstehen mit

exagération [ɛgzaʒeʀasjõ] F Übertreibung *f*; Übersteigerung *f*; Aufbauschung *f*; **sans ~**, *on peut affirmer que ...* ohne Übertreibung ...; **il est économe, sans ~** er ist sparsam, ohne zu übertreiben *ou* aber nicht übertrieben; **il y a beaucoup d'~ dans ce qu'il raconte** es ist vieles übertrieben, was er erzählt

exagéré [ɛgzaʒeʀe] ADJ übertrieben; überzogen; *prix* überhöht; *exigence a.* übersteigert; überspitzt; **il n'est pas ~ de dire que ...** man kann ohne Übertreibung, ohne zu übertreiben sagen, dass ...

exagérément [ɛgzaʒeʀemɑ̃] ADV übertrieben; übermäßig; unangemessen

exagérer [ɛgzaʒeʀe] ‹-è-› A VT übertreiben; aufbauschen; *importance* überbewerten; überschätzen B VI 1 *(présenter comme plus grand)* übertreiben; *fam* dick auftragen; **sans ~** ohne zu übertreiben; ohne Übertreibung 2 *(abuser)* übertreiben; zu weit gehen; es zu weit treiben; **tu exagères!** du übertreibst, gehst zu weit!; *fam* **(il ne) faut, faudrait pas ~!** *fam* das geht zu weit!; jetzt reicht's mir aber!; jetzt ist es mir aber zu dumm! C V/PR **s'~ qc** etw überschätzen, überbewerten

exaltant [ɛgzaltɑ̃] ADJ erhebend; begeisternd; mitreißend; **ça n'a rien d'~** das ist nicht gerade erhebend

exaltation [ɛgzaltasjõ] F 1 leidenschaftliche Erregung, Begeisterung; *péj* Überschwänglichkeit *f*; Überschwang *m*; Überspanntheit *f*; Schwärmerei *f*; Exaltiertheit *f* 2 *litt (glorification)* Verherrlichung *f*

exalté [ɛgzalte] A ADJ *personne, sentiments, souvent péj* überschwänglich; überspannt; schwärmerisch; exaltiert B SUBST **~(e)** *m(f)* Schwärmer(in) *m(f)*; Fantast(in) *m(f)*

exalter [ɛgzalte] A VT 1 *personne* leidenschaftlich erregen; begeistern; mit-, hinreißen 2 *st/s (glorifier)* preisen; rühmen; verherrlichen 3 *sentiments, sensations etc* steigern; verstärken; erhöhen B V/PR **s'~** sich begeistern; sich leidenschaftlich erregen; in Schwärmerei geraten; *péj* sich exaltieren

exam [ɛgzam] M ABR → examen 1

examen [ɛgzamɛ̃] M 1 *(épreuves)* Prüfung *f*; Examen *n*; **~ écrit, oral** schriftliche, mündliche Prüfung; **~ d'admission** Zulassungs-, Aufnahmeprüfung *f*; **~ d'entrée** Aufnahmeprüfung *f*; **~ de passage** Versetzungsprüfung *f*; **admettre qn à un ~** j-n zu e-r Prüfung zulassen; **échouer, être refusé**, *fam* **collé, recalé à l'~** durchs Examen fallen; im *ou* beim Examen, in *ou* bei der Prüfung durchfallen, *fam* durchrasseln, -fliegen, -segeln; **passer, subir un ~** e-e Prüfung, ein Examen machen, ablegen; **réussir à l'~, être reçu à l'~** die Prüfung bestehen; durchkommen 2 *(contrôle)* Prüfung *f*; Überprüfung *f*; Untersuchung *f*; Studium *n*; Durchsicht *f*; Einsicht(nahme) *f* (**de** in *+acc*); **à l'~** bei (der) Durchsicht, (Über)Prüfung; **~ des empreintes digitales** Untersuchung, Überprüfung der Fingerabdrücke; **~ des faits** (Über)Prüfung der Fakten; **après ~** nach Einsichtnahme; **après plus ample ~** bei näherer Prüfung; **pour ~** mit der Bitte um Prüfung; zur (Über)Prüfung, Einsichtnahme 3 **~ (médical)** (ärztliche) Untersuchung; **~ de sang** Blutuntersuchung *f*, -bild *n*; **se faire faire des ~s** verschiedene Untersuchungen machen lassen 4 **~ de conscience** Gewissenserforschung *f* (*a.* REL); **faire son ~ de conscience** sein Gewissen erforschen 5 JUR **mise** *f* **en ~** Eröffnung *f* e-s Ermittlungsverfahrens (**de qn** gegen j-n); **qn a été mis en ~** gegen j-n wird ermittelt

examinateur [ɛgzaminatœʀ] M, **examinatrice** F Prüfer(in) *m(f)*; Prüfende(r) *m/f(m)*; Examinator *m*

examiner [ɛgzamine] A VT 1 *(contrôler)* prüfen; untersuchen (*a.* MÉD); überprüfen; studie-

E

ren; e-r Prüfung, Untersuchung *(dat)* unterziehen; *dossier a.* durchsehen, -gehen; *documents, papiers a.* sichten; *proposition a.* erwägen; **~ les défauts de qc** die Mängel e-r Sache prüfen; etw auf s-e Mängel prüfen 2 *(observer) personne, chose* mustern; genau, prüfend betrachten, anschauen, ansehen; *chose a.* in Augenschein nehmen; *lieu* besichtigen 3 *candidat* prüfen; examinieren B V/PR **s'~ (dans la glace)** sich (im Spiegel) genau betrachten

exaspérant [ɛgzaspeʀɑ̃] ADJ ärgerlich; auf die Nerven gehend, fallend; **être ~** *a.* einen wütend, rasend machen; einen zur Raserei, Verzweiflung bringen

exaspération [ɛgzaspeʀasjõ] F 1 *(irritation)* Verärgerung *f*; Ärger *m*; Gereiztheit *f*; Erbitterung *f* 2 *litt du désir, d'un sentiment* Steigerung *f*; Anwachsen *n*

exaspérer [ɛgzaspeʀe] ⟨-è-⟩ A V/T 1 *(irriter)* aufs Äußerste reizen; aufbringen; rasend machen; in Wut bringen; erbittern; erbosen; *adjt* **exaspéré** wütend; gereizt; aufgebracht; erbittert; erbost 2 *souffrance* verschlimmern; *sentiments* (aufs Höchste) steigern; *colère* reizen B V/PR **s'~** *souffrance* sich verschlimmern; *désir* sich steigern

exaucement [ɛgzosmɑ̃] M Erhörung *f*

exaucer [ɛgzose] V/T ⟨-ç-⟩ 1 *Dieu: une prière* erhören; **~ qn** j-n erhören 2 *souhait* erfüllen; *demande* gewähren

ex cathedra [ɛkskatedʀa] LOC ADV ÉGL CATH ex cathedra *(a. fig)*

excavateur [ɛkskavatœʀ] M TECH (großer) Bagger

excavation [ɛkskavasjõ] F Vertiefung *f*; (Aus)Höhlung *f*; Einbuchtung *f*; *dans le sol a.* Mulde *f*; Senke *f*

excavatrice [ɛkskavatʀis] F → excavateur

excaver [ɛkskave] V/T TECH ausbaggern; ausheben; ausschachten

excédant [ɛksedɑ̃] ADJ *la présence de qn etc* lästig; ärgerlich; unerträglich

excédent [ɛksedɑ̃] M Überschuss *m*; Mehrbetrag *m*; Überhang *m*; **~ annuel** Jahresüberschuss *m*; **~ de bagages** Übergepäck *n*; **~ des exportations sur les importations** Export-, Ausfuhrüberschuss *m*; **~ de naissances** Geburtenüberschuss *m*; **~ de poids** Mehr-, Übergewicht *n*; Überfracht *f*; **~ de la production** Produktionsüberschuss *m*; *loc adj* **en ~** überschüssig; überzählig; **balance** *f* **en ~** aktive Bilanz

excédentaire [ɛksedɑ̃tɛʀ] ADJ überschüssig; überzählig; **balance commerciale ~** aktive Handelsbilanz

excéder [ɛksede] V/T ⟨-è-⟩ 1 *nombre, quantité, prix, niveau, durée* übersteigen; überschreiten; hinausgehen über *(+acc)*; liegen über *(+dat)*; höher sein (**qc** als etw); *inconvénients: les avantages* überwiegen; größer sein als 2 *par ext pouvoirs* überschreiten; *moyens, attente, forces* übersteigen 3 *(agacer)* **~ qn** j-m lästig sein, fallen; j-n ärgern, belästigen, reizen, nervös machen; *pp* **je suis excédé par qc** etw geht mir auf die Nerven; *adjt* **d'un air excédé** mit verärgerter, gereizter Miene

excellence [ɛksɛlɑ̃s] F 1 Vortrefflichkeit *f*; hervorragende Qualität; ÉCOLE **prix** *m* **d'~** Preis *m* für den Klassenbesten 2 *titre* **Excellence** Exzellenz *f*; **Son, Votre Excellence** Seine, Eure Exzellenz; **Son Excellence l'ambassadeur** Seine Exzellenz der Botschafter 3 LOC ADJ **par ~** schlechthin; par excellence; **le sportif** *etc* **par ~** der Sportler *etc* schlechthin, par excellence

excellent [ɛksɛlɑ̃] ADJ hervorragend; (ganz) ausgezeichnet; vortrefflich; vorzüglich; exzellent

excellentissime [ɛksɛlɑ̃tisim] ADJ ganz hervorragend, ausgezeichnet, exzellent

exceller [ɛksele] V/I **~ dans, en qc** sich auszeichnen, sich hervortun, glänzen, brillieren, hervorragend sein, ausgezeichnet sein in etw *(dat)*; **~ dans sa profession** in s-m Beruf, Fach Hervorragendes leisten; **~ en mathématiques** (ganz) ausgezeichnet, hervorragend sein in Mathematik; in Mathematik glänzen; **~ à faire qc** etw ganz ausgezeichnet, hervorragend machen

excentration [ɛksɑ̃tʀasjõ] F PHYS, TECH Verlagerung *f* des Mittelpunkts; Mittenverlagerung *f*; **excentrer** V/T TECH exzentrisch verstellen

excentricité [ɛksɑ̃tʀisite] F *d'une personne* exzentrisches Wesen; Überspanntheit *f*; Exzentrizität *f*; *d'un vêtement* Extravaganz *f*; **faire des ~s** sich *(dat)* Extravaganzen leisten

excentrique [ɛksɑ̃tʀik] A ADJ 1 *personne* exzentrisch; überspannt; *tenue* extravagant; ausgefallen; auffallend 2 MATH, TECH exzentrisch; TECH *a.* aus-, außermittig 3 *quartier* abgelegen; weit vom Zentrum entfernt B SUBST 1 M/F exzentrischer, überspannter Mensch; Exzentriker(in) *m(f)* 2 M TECH Exzenter *m*

excepté [ɛksɛpte] PRÉP ⟨*bei Nachstellung veränderlich*⟩ ausgenommen *(+cas régi par le verbe précédent)*; mit Ausnahme von *(ou +gén)*; bis auf *(+acc)*; abgesehen von *(+dat)*; außer *(+dat)*; *il avait tout prévu,* **~ ce cas** ausgenommen diesen Fall, bis auf diesen Fall, nur nicht diesen Fall; **eux ~s**, *personne n'a entendu parler de cela* außer ihnen, bis auf sie, sie ausgenommen ...; ♦ *loc conj*: **~ que ...** davon abgesehen *ou* abgesehen davon, dass ...; außer *ou* nur dass ...; sieht man davon ab, dass ...; **~ si ...** außer (wenn) ...; es sei denn, dass ...; wenn nicht ...

excepter [ɛksɛpte] V/T **~ qn, qc** j-n, etw ausnehmen, beiseitelassen; von j-m, etw absehen; **sans ~ personne** ohne Ausnahme; ohne j-n auszunehmen

exception [ɛksɛpsjõ] F Ausnahme *f* (**à qc** von etw); Ausnahme-, Sonderfall *m*; *loc adj* **d'~** Ausnahme...; Sonder...; **un être d'~** ein außergewöhnlicher Mensch; **loi** *f* **d'~** Ausnahmegesetz *n*; **mesure** *f* **d'~** Sondermaßnahme *f*; außergewöhnliche Maßnahme; **traitement** *m* **d'~** Sonderbehandlung *f*; *loc prép* **à l'~ de, ~ faite de** ausgenommen *(+cas régi par le verbe précédent)*; mit Ausnahme von *(ou +gén)*; bis auf *(+acc)*; abgesehen von *(+dat)*; außer *(+dat)*; *loc adv*: **à une ~ près** bis auf e-e, mit e-r Ausnahme; von e-r Ausnahme abgesehen; **sans (aucune) ~** ohne (jede) Ausnahme; (ganz) ausnahmslos; **sans ~ d'âge ni de sexe** ohne Rücksicht auf Alter und Geschlecht; **constituer, être une ~, faire ~** e-e Ausnahme bilden, sein; **faire une ~ pour qn, en faveur de qn** bei j-m e-e Ausnahme machen; *prov* **c'est l'~ qui confirme la règle** Ausnahmen bestätigen die Regel *(prov)*

exceptionnel [ɛksɛpsjɔnɛl] ADJ ⟨~le⟩ 1 Ausnahme...; Sonder...; außergewöhnlich; **des circonstances ~les** besondere, außergewöhnliche Umstände *mpl*; **congé ~** Sonderurlaub *m*; **mesure ~le** Sondermaßnahme *f*; außergewöhnliche Maßnahme 2 *personne, réussite etc* außerordentlich; außergewöhnlich; **occasion ~le** einmalige Gelegenheit

exceptionnellement [ɛksɛpsjɔnɛlmɑ̃] ADV 1 *(par exception)* ausnahmsweise 2 *(extraordinairement)* außerordentlich; außer-, ungewöhnlich

excès [ɛksɛ] M 1 Übermaß *n*; Unmaß *n*; Unmäßigkeit *f (de table surtout)*; Maßlosigkeit *f*; Exzess *m*; **~** *pl* Exzesse *mpl*; *(violences) a.* Ausschreitungen *fpl*; Gewalttätigkeiten *fpl*; *(débauche) a.* Ausschweifungen *fpl*; **un ~ de ...** ein Übermaß an *(+dat)*; **~** *pl* **de langage** sprachliche Entgleisungen *fpl*; **~ de précaution, de prudence** übermäßige, übertriebene Vorsicht; **~ de travail** Arbeitsüberlastung *f*; **~ de zèle** Übereifer *m*; **pécher par ~ de zèle** übereifrig, (all) zu eifrig sein; *loc adv*: **à l'~, avec ~** übermäßig; unmäßig; maßlos; im Übermaß; ohne Maß; übertrieben; **être méticuleux à l'~** übergenau, übertrieben genau sein; **jusqu'à l'~** bis zum Exzess; **pousser qc jusqu'à l'~** etw bis zum Letzten, Äußersten treiben; **faire des ~** unmäßig sein (im Essen und Trinken); **ne faites pas d'~** leben Sie mäßig!; **tomber dans l'~** übertreiben; **tomber dans l'~ inverse** ins andere Extrem fallen 2 JUR **~ de pouvoir** Überschreitung *f* der Amtsgewalt, der Dienstbefugnisse; **~ de vitesse** Geschwindigkeitsüberschreitung *f* 3 *(excédent)* Überschuss *m*; Mehrbetrag *m*; Plus(differenz) *n(f)*; MATH **par ~** aufgerundet

excessif [ɛksesif] ADJ ⟨-ive⟩ 1 *(démesuré)* übermäßig; unmäßig; maßlos; exzessiv; *(exagéré)* übertrieben; überzogen; *prix, loyer, vitesse* überhöht; *prise de position* übertrieben; extrem; **joie excessive** übertriebene, ausgelassene, maßlose, unbändige Freude; **d'une longueur excessive** extrem, übertrieben lang 2 *(extraordinaire)* außerordentlich; außergewöhnlich

excessivement [ɛksesivmɑ̃] ADV 1 *(trop)* übermäßig, unmäßig, maßlos viel 2 *(extrêmement)* äußerst; außerordentlich

excipient [ɛksipjɑ̃] M PHARM Grundmasse *f*

exciser [ɛksize] V/T MÉD (her)ausschneiden; *t/t* exzidieren

excision [ɛksizjõ] F 1 MÉD Ausschneiden *n*; *t/t* Exzision *f* 2 ETHNOLOGIE *d'une jeune fille* Beschneidung *f*; Genitalverstümmelung *f*

excitabilité [ɛksitabilite] F Erregbarkeit *f*, Reizbarkeit *f* *(a.* PHYSIOL*)*; **excitable** ADJ reizbar, erregbar *(a.* PHYSIOL*)*; empfindlich

excitant [ɛksitɑ̃] A ADJ erregend, aufreizend *(a. sexuellement)*; *lecture etc* aufregend *(a. beauté)*; *boisson etc* anregend; stimulierend B M Reiz-, Anregungsmittel *n*; Stimulans *n (a. fig)*

excitation [ɛksitasjõ] F 1 *de l'appétit, de l'imagination* Anregung *f*; *des sens* Reiz(en) *m(n)*; *à la résistance etc* Aufstachelung *f*; Aufwiegelung *f*; Aufreizung *f*; Verleitung *f*; Anstiftung *f*; JUR **~ (de mineurs) à la débauche** Verführung *f*, Anstiftung (Minderjähriger) zur Unzucht; **~ à la haine** Verhetzung *f* 2 *état* Erregung *f (a. sexuelle)*; Erregtheit *f*; Aufregung *f*; **être dans un état d'extrême ~** sich im, in e-m Zustand äußerster Erregung befinden 3 ÉLEC Erregung *f*; NUCL Anregung *f*

excité [ɛksite] A ADJ erregt; aufgeregt B SUBST **~(e)** *m(f)* Hitzkopf *m*; Heißsporn *m*

exciter [ɛksite] A V/T 1 *colère, jalousie, passion etc* erregen; aufstacheln; *courage* anspornen; anstacheln; **~ l'appétit, l'imagination** den Appetit, die Fantasie anregen; **~ la douleur** den Schmerz verstärken 2 *personne* erregen, aufreizen *(a. sexuellement)*; in Wallung bringen; *personne a., animal (irriter)* reizen; **~ qn à qc** j-n zu etw aufstacheln, anstiften; *abs* **~ à la révolte** zum Aufruhr hetzen; **~ qn contre qn** j-n gegen j-n aufhetzen; **~ son chien contre qn** s-n Hund auf j-n hetzen 3 PHYSIOL *nerf etc* reizen; erregen; ÉLEC erregen B V/PR **s'~** erregt werden *(a. sexuellement)*; in Wallung geraten; *(s'irriter)* sich erregen, aufregen (**sur** über *+acc*)

exclamatif [ɛksklamatif] ADJ ⟨-ive⟩ GRAM Ausrufe...; Ausrufungs...; **proposition exclamative** Ausrufesatz *m*

exclamation [ɛksklamasjõ] F Ausruf *m*; **~ de surprise** Ausruf der Überraschung; **point** *m*

d'~ Ausrufe-, Ausrufungszeichen *n*
exclamer [ɛksklame] V/PR **s'~** ausrufen; **... s'exclama-t-il ...** rief er (aus)
exclu [ɛkskly] PP → exclure *et* ADJ ausgeschlossen; **c'est ~** das ist ausgeschlossen; das scheidet aus; **il n'est pas ~ que** (*+subj*) es ist nicht ausgeschlossen, es kann durchaus sein, dass ...; **se sentir ~** sich ausgeschlossen fühlen (**de** von); sich nicht zugehörig fühlen (zu); *subst* **les ~s** die Ausgeschlossenen *pl*
exclure [ɛksklyʀ] ⟨→ conclure⟩ **A** V/T **1** **~ qn** j-n ausschließen; **~ qn d'un parti** j-n aus e-r Partei ausschließen, *plus fort* ausstoßen **2** *éventualité etc* ausschließen; nicht in Betracht ziehen; nicht ins Auge fassen; **l'un n'exclut pas l'autre** das eine schließt das andere nicht aus **B** V/PR **s'~ (l'un l'autre, mutuellement)** sich (gegenseitig), einander ausschließen
exclusif [ɛksklyzif] ADJ ⟨-ive⟩ ausschließlich; Allein...; exklusiv; Exklusiv...; **modèle ~** Exklusivmodell *n*; **privilège ~** ausschließliches Vorrecht; **représentant ~** Alleinvertreter *m*; **il est trop ~** *dans ses goûts* er ist zu einseitig; *dans ses amitiés* er beansprucht ungeteilte Zuneigung
exclusion [ɛksklyzjõ] F Ausschluss *m* (**d'un parti** aus e-r Partei); Ausschließung *f*; *d'un élève* Verweisung *f* (von der Schule); *sociale* Ausgrenzung *f*; *loc prép* **à l'~ de** mit Ausnahme, *litt* mit Ausschluss von (*ou +gén*); außer (*+dat*)
exclusive [ɛksklyziv] F Ausschluss *m*; Ausschließungsmaßnahme *f*
exclusivement [ɛksklyzivmã] ADV ausschließlich; **jusqu'au 20 mai ~** bis zum 20. Mai ausschließlich, exklusive
exclusivité [ɛksklyzivite] F COMM Alleinverkauf(srecht) *m(n)*; Alleinvertrieb *m*, -auslieferung *f*; Allein-, Exklusivvertretung *f*; Alleinherstellung(srecht) *f(n)*; Alleinveröffentlichungsrecht *n*, -aufführungsrecht *n*; Exklusivrecht *n*; **cinéma** *m* **d'~** Erstaufführungskino *n*; **contrat** *m* **d'~** Exklusivvertrag *m*; *loc adv* **en ~** ausschließlich; exklusiv; **ce film passe en ~ au « Royal »** dieser Film läuft exklusiv im „Royal"; **publier en ~** exklusiv, als Exklusivbericht veröffentlichen; **avoir l'~ d'une marque** e-e Marke im Alleinvertrieb haben; *publicité* **c'est une ~ X** ein X-Produkt; Alleinhersteller *ou* Alleinvertrieb X
excommunication [ɛkskɔmynikasjõ] F ÉGL CATH Exkommunikation *f*; Exkommunizierung *f*; **être frappé d'~** exkommuniziert werden
excommunier [ɛkskɔmynje] V/T ÉGL CATH exkommunizieren
excréments [ɛkskʀemã] MPL PHYSIOL Exkremente *npl*; Kot *m*
excréter [ɛkskʀete] V/T ⟨-è-⟩ PHYSIOL ausscheiden; absondern
excrétion [ɛkskʀesjõ] F PHYSIOL **1** Exkretion *f*; Ausscheidung *f*; *d'une glande* Absonderung *f* **2** **~s** *pl* Exkrete *npl*; Ausscheidungen *fpl*
excroissance [ɛkskʀwasɑ̃s] F MÉD Auswuchs *m*; Wucherung *f* (*a.* BOT); Gewächs *n*
excursion [ɛkskyʀsjõ] F Ausflug *m*; **~ (scientifique)** Exkursion *f*; **~ en montagne** Ausflug ins Gebirge; **~ en voiture** Autoausflug *m*, -fahrt *f*, -tour *f*; **faire une ~** e-n Ausflug machen
excursionner [ɛkskyʀsjɔne] V/I Ausflüge machen; **excursionniste** M/F Ausflügler(in) *m(f)*
excusable [ɛkskyzabl] ADJ entschuldbar; zu entschuldigen(d); verzeihlich; **il est ~** man kann es ihm verzeihen
excuse [ɛkskyz] F Entschuldigung *f*; Entschuldigungsgrund *m*; (*prétexte*) Ausrede *f*; **mauvaise ~** faule Ausrede; ÉCOLE **mot** *m* **d'~** Entschuldigung *f*; Entschuldigungszettel *m*, -brief *m*; **avoir toujours une bonne ~** nie um e-e Ausrede verlegen sein; **ce n'est pas une ~** das ist keine Entschuldigung; **être sans ~** *erreur etc* unentschuldbar, unverzeihlich sein; *a. personne* nicht zu entschuldigen sein; **exiger des ~s de qn** von j-m e-e Entschuldigung verlangen; **faire ses** *ou* **des ~s à qn** sich bei j-m entschuldigen, j-n um Entschuldigung bitten (**pour** für, wegen); **je vous fais toutes mes ~s** ich möchte mich bei Ihnen entschuldigen; *fam* **faites ~!** entschuldigen Sie!; **prendre qc pour ~** etw vorschützen; **présenter ses ~s à qn** sich bei j-m (in aller Form) entschuldigen
excuser [ɛkskyze] **A** V/T **a** *comportement, erreur etc* entschuldigen; **rien n'excuse une telle conduite** nichts entschuldigt ein solches Verhalten; **excusez ma mauvaise écriture** entschuldigen Sie meine schlechte Schrift **b** **~ qn** j-n entschuldigen (*a. pour son absence*); **excusez-moi!**, *a.* **vous m'excuserez!** entschuldigen, verzeihen Sie (bitte)!; Entschuldigung!; Verzeihung!; **se faire ~** (*de son absence*) sich entschuldigen (lassen); **veuillez m'~ auprès de ...** entschuldigen Sie mich bitte bei ...; **vous êtes tout excusé** Sie sind entschuldigt **B** V/PR **s'~** sich entschuldigen (**de qc auprès de qn** bei j-m für *ou* wegen etw); **je m'excuse** entschuldigen Sie (bitte) (**de vous déranger** die Störung); **ma femme s'excuse**, *elle ne peut pas venir* meine Frau lässt sich entschuldigen ...
exécrable [egzekʀabl, ekse-] ADJ scheußlich; abscheulich; **exécration** F Abscheu *m*; **exécrer** V/T ⟨-è-⟩ verabscheuen
exécutable [egzekytabl] ADJ **1** aus-, durchführbar **2** MUS spielbar
exécutant [egzekytã] M **1** ausführendes Organ (*personne*); **un simple ~** *a.* ein einfacher Befehlsempfänger **2** MUS Mitwirkende(r) *m*; Ausführende(r) *m*; Vortragende(r) *m*
exécuter [egzekyte] **A** V/T **1** *mission, ordre, mouvement, commande etc* ausführen; *projet, travail* durch-, ausführen; *œuvre d'art* ausführen; *abs* ausführendes Organ sein; **~ un virage** e-e Kurve AUTO fahren, AVIAT fliegen, ziehen; **~ les dernières volontés de qn** j-s Letzten Willen erfüllen **2** JUR *verdict, testament etc* vollstrecken; *verdict a.* vollziehen; **~ un contrat** einen Vertrag erfüllen **3** MUS vortragen; spielen; aufführen **4** **~ qn** j-n hinrichten, exekutieren; *par ext* (*tuer*) j-n umbringen **B** V/PR **s'~** der Aufforderung *ou* dem Befehl *ou* s-n Verpflichtungen *etc* nachkommen; sich fügen
exécuteur [egzekytœʀ] M **1** JUR **~ testamentaire** Testamentsvollstrecker *m* **2** **~ des °hautes œuvres** Scharfrichter *m*; Henker *m*
exécutif [egzekytif] ADJ ⟨-ive⟩ Exekutiv...; **comité ~** Exekutivausschuss *m*, -komitee *n*; **le pouvoir ~** *ou subst* **l'~** *m* die Exekutive; die Exekutivgewalt; die vollziehende (Staats)Gewalt
exécution [egzekysjõ] F **1** *d'un ordre, d'un mouvement etc* Ausführung *f*; *d'un projet, de travaux* Durch-, Ausführung *f*; *fam* **~!** los, los!; schnell!; **mettre à ~** aus-, durchführen; *menace* wahr machen; **passer à l'~** an die Ausführung gehen **2** JUR *d'un verdict, d'un testament etc* Vollstreckung *f*; *d'un contrat* Erfüllung *f*; **~ forcée** Zwangsvollstreckung *f* **3** MUS Vortrag *m*; Spiel *n*; Aufführung *f* **4** **~ (capitale)** Hinrichtung *f*; Exekution *f*; MIL Erschießung *f*
exécutoire [egzekytwaʀ] ADJ JUR vollstreckbar; rechtskräftig; Vollstreckungs...
exégèse [egzeʒɛz] F Exegese *f* (*surtout* BIBL); Auslegung *f*, -deutung *f*; (Text)Erklärung *f*; **faire l'~ de qc** etw auslegen, -deuten
exégète [egzeʒɛt] M Exeget *m*; Ausdeuter *m*; Erklärer *m*
exemplaire [egzɑ̃plɛʀ] **A** ADJ *conduite etc* mustergültig; musterhaft; vorbildlich; beispielhaft; *châtiment* exemplarisch; **une mère ~** e-e vorbildliche Mutter **B** M Exemplar *n*; Stück *n*; **~ gratuit** Freiexemplar *n*; *loc adv*: **à des milliers d'~s** in Tausenden von Exemplaren; in großer Stückzahl; *écrire* **en deux, trois ~s** *ou* **en double, triple ~** in zweifacher *ou* doppelter, dreifacher Ausfertigung
exemplarité [egzɑ̃plaʀite] F Mustergültigkeit *f*; Vorbildlichkeit *f*; Bespielhaftigkeit *f*; *d'un châtiment* exemplarischer Charakter
exemple [egzɑ̃pl] M Beispiel *n*; *en guise d'avertissement* Exempel *n*; *d'une personne a.* Vorbild *n*; Muster *n*; **un bel ~ de style gothique** ein schönes Beispiel für den gotischen Stil; **un ~ de ce qu'il ne faut pas faire** ein abschreckendes Beispiel; **un cas sans ~** ein beispielloser, noch nie da gewesener Fall; *loc prép* **à l'~ de** nach dem Beispiel, Vorbild von (*ou +gén*); *loc adv*: **par ~** **a** zum Beispiel (*abr* z. B.); beispielsweise **b** *fam* (*pourtant*) allerdings; (je) doch **c** *int fam* (na) so was!; nicht möglich!; Donnerwetter!; *une autre source d'énergie*, **(par) ~ le soleil** zum Beispiel die Sonne; **pour l'~** um ein Exempel zu statuieren; **citer, donner un ~** ein Beispiel geben, anführen (**de qc** für etw); **citer qn, qc en ~** j-n als Vorbild, etw als vorbildlich, mustergültig, beispielhaft hinstellen; **donner l'~** mit gutem Beispiel vorangehen; ein gutes Beispiel geben; **donner le mauvais ~** ein schlechtes Beispiel geben; **faire un ~** ein Exempel statuieren; **prendre ~ sur qn** sich (*dat*) an j-m ein Beispiel nehmen; **servir d'~** als Beispiel dienen; **suivre l'~ de qn** j-s Beispiel (*dat*) folgen
exempt [egzɑ̃] ADJ ⟨exempte [egzɑ̃t]⟩ frei, *personne a.* befreit, dispensiert (**de** von); **pas ~ d'ironie** nicht ohne Ironie; **~ de tout souci** sorgenfrei
exempter [egzɑ̃te] **A** V/T befreien, ausnehmen, *personne a.* freistellen, dispensieren (**de** von); *adjt* **exempté d'impôt(s)** *chose* steuerfrei; *personne* von der Steuer befreit; **exempté du service militaire** vom Militärdienst befreit **B** V/PR **s'~ de qc** etw unterlassen, vermeiden
exemption [egzɑ̃psjõ] F Befreiung *f*, Dispens *m*, Dispensierung *f* (**de** von); **~ d'impôt(s)** Befreiung von der Steuer (von Steuern); Steuerfreiheit *f*; **~ du service militaire** Befreiung vom Militärdienst
exercé [egzɛʀse] ADJ *œil, oreille* geübt
exercer [egzɛʀse] ⟨-ç-⟩ **A** V/T **1** *pouvoir, influence, métier etc* ausüben; *droit a.* Gebrauch machen von; **~ un contrôle, une influence sur qn, qc** e-e Kontrolle über j-n, etw, Einfluss auf j-n, etw ausüben; **~ un métier** *a.* ein Gewerbe betreiben; **~ une pression sur qn**, TECH **sur qc** e-n Druck auf j-n, auf etw ausüben; **~ son talent** sein Talent ausüben, entfalten; **~ sa verve contre qn** s-n Witz gegen j-n richten **2** (*entraîner*) *mémoire etc* üben; schulen **B** V/I *médecin* praktizieren; *avocat* als Anwalt tätig sein; **il n'exerce plus** *médecin* er praktiziert nicht mehr; *avocat* er ist nicht mehr als Anwalt tätig **C** V/PR **s'~** **1** (*s'entraîner*) üben; SPORTS *a.* trainieren; **s'~ à faire qc** sich in etw (*dat*) üben **2** *pouvoir, influence etc* ausgeübt werden (**sur qn** auf j-n); *méchanceté etc* sich richten (**contre** gegen)
exercice [egzɛʀsis] M **1** *du pouvoir, d'un droit, d'un métier etc* Ausübung *f*; **~ illégal de la médecine** unbefugte, illegale Ausübung der Medizin; **libre ~ des cultes** freie Religionsausübung; **le président en ~** der amtierende Präsident; **dans l'~ de ses fonctions** in Ausübung s-s Amtes; **entrer en ~** sein Amt antre-

ten **2** SPORTS, ÉCOLE, MUS *etc* Übung *f*; **~s au sol** Bodenturnen *n*; **~ d'alerte** Probealarm *m*; **~s d'assouplissement** Lockerungsübungen *fpl*; **~ de grammaire** Grammatikübung *f*; **faire des ~s** Übungen machen; *musicien, chanteur* üben **3** **~ (physique)** (körperliche) Bewegung; **faire de l'~** sich *(dat)* Bewegung machen, verschaffen; **manquer d'~** nicht genügend Bewegung haben **4** COMM, FIN Geschäfts-, Rechnungs-, Wirtschaftsjahr *n* **5** MIL Exerzieren *n*

exergue [ɛgzɛʀg] M **1** *sur une médaille* Inschrift *f* **2** *par ext d'un texte* Motto *n*; **mettre en ~** als Motto voranstellen

exfoliant [ɛksfɔljɑ̃] ADJ **crème ~e** Peelingcreme *f*

exfoliation [ɛksfɔljasjõ] F Abblättern *n*; MÉD Exfoliation *f*

exfolier [ɛksfɔlje] V/PR **s'~** abblättern; sich ablösen

exhalaison [ɛgzalɛzõ] F Dunst *m*; Ausdünstung *f*; *agréable* Duft *m*

exhaler [ɛgzale] **A** V/T **1** *odeur etc* ausströmen; *st/s* aushauchen; *odeur désagréable a.* ausdünsten *(a.* PHYSIOL); *litt* **~ le dernier soupir** s-n letzten Seufzer aushauchen, tun **2** *fig et litt joie etc* äußern; bekunden **B** V/PR **s'~** *litt odeur etc* ausströmen; aufsteigen, dringen **(de** aus)

exhaussement [ɛgzosmɑ̃] M CONSTR Erhöhung *f*

exhausser [ɛgzose] V/T *mur etc* höher machen; erhöhen; *maison* **~ d'un étage** (um e-e Etage) aufstocken

exhausteur [ɛgzostœʀ] M CHIM **~ (de saveur, de goût)** Geschmacksverstärker *m*

exhaustif [ɛgzostif] ADJ ⟨-ive⟩ *étude, liste etc* erschöpfend

exhaustivement [ɛgzostivmɑ̃] ADV *énumérer* detailliert; **étudier qc ~** sich eingehend mit etw beschäftigen

exhiber [ɛgzibe] **A** V/T **1** *document* vorzeigen; vorweisen; *animaux au cirque* vorführen **2** *ses décorations etc* zur Schau tragen; *savoir, richesse* zur Schau stellen; vorführen; prunken mit **B** V/PR **s'~** *péj* sich zeigen; sich zur Schau stellen

exhibition [ɛgzibisjõ] F **1** Vorzeigen *n*; Vorweisen *n*; *au cirque* Vorführung *f* **2** *de richesses etc* Zurschaustellung *f*; Zurschautragen *n*; Vorführung *f*

exhibitionnisme [ɛgzibisjɔnism] M **1** PSYCH Exhibitionismus *m* **2** *fig* Zurschaustellung *f* s-r Intimsphäre, s-s Privatlebens

exhibitionniste [ɛgzibisjɔnist] **1** M/F Exhibitionist(in) *m(f)* **2** ADJT *par ext* **être un peu ~** sich gern nackt zeigen; *femme a.* freigebig mit ihren Reizen sein; *fig* gern sein Privatleben zur Schau stellen

exhortation [ɛgzɔʀtasjõ] *st/s* F Ermahnung *f* **(à qc** zu etw); **~s** *pl a.* Zureden *n*

exhorter [ɛgzɔʀte] V/T *st/s* **~ qn** j-n ermahnen, j-m zureden **(à faire qc** etw zu tun); **~ qn à la patience** j-n zur Geduld mahnen

exhumation [ɛgzymasjõ] F Exhumierung *f*; Ausgrabung *f*

exhumer [ɛgzyme] V/T **1** exhumieren **(un corps** e-e Leiche) **2** *ruines etc* ausgraben **3** *fig souvenirs, vieux documents* ausgraben

exigeant [ɛgziʒɑ̃] ADJ *personne, caractère* anspruchsvoll; *chef* der viel verlangt; *activité* bei der viel verlangt wird; die hohe Anforderungen stellt

exigence [ɛgziʒɑ̃s] F **1** **~s** *pl* **a** *de qn, d'un pays etc* Forderungen *fpl*; Ansprüche *mpl* **b** *de la situation, d'un métier etc* Erfordernisse *npl*; Anforderungen *fpl*; **ne pas répondre aux ~s** den Anforderungen nicht genügen, *personne a.* nicht gewachsen sein **2** *personne* **il est d'une ~ incroyable** er ist unglaublich anspruchsvoll

exiger [ɛgziʒe] V/T ⟨-geons⟩ **1** fordern, verlangen **(qc de qn** etw von j-m); *dédommagement a.* beanspruchen; **qualités qu'on exige d'un ingénieur** Eigenschaften, die von e-m Ingenieur verlangt werden; **~ que ...** *(+subj)* fordern, verlangen, dass ...; **on ne peut ~ de lui qu'il ...** *(+subj) a.* man kann ihm nicht zumuten, dass er ...; *adjt* **diplômes exigés** erforderliche Diplome *npl* **2** *chose (nécessiter)* **~ qc** etw erfordern, erforderlich machen; *plante* **~ beaucoup d'eau** viel Wasser brauchen; *travail* **~ beaucoup de temps** viel Zeit erfordern, beanspruchen, in Anspruch nehmen

exigibilité [ɛgziʒibilite] F *d'une dette* Eintreib-, Einklagbarkeit *f*; *d'un paiement* Fälligkeit *f*; **exigible** ADJ *dette* eintreibbar; beitreibbar; einklagbar; *impôt, paiement etc* fällig

exigu [ɛgzigy] ADJ ⟨-guë [-gy]⟩ sehr klein; winzig; eng

exiguïté [ɛgzigɥite] F Kleinheit *f*; Winzigkeit *f*; Enge *f*

exil [ɛgzil] M **1** Exil *n*; Verbannung *f*; Emigration *f*; **(lieu** *m* **d')~** Exil *n*; Verbannungsort *m*; **gouvernement** *m* **en ~** Exilregierung *f*; **condamner qn à l'~** j-n verbannen; **envoyer qn en ~** j-n ins Exil, in die Verbannung schicken; **être, vivre en ~** im Exil sein, leben **2** *fig* Getrenntsein *n*, Trennung *f* von der Heimat, von zu Hause

exilé [ɛgzile] **A** ADJ im Exil lebend; Exil... **B** SUBST **~(e)** *m(f)* im Exil Lebende(r) *m/f(m)*; Verbannte(r) *m/f(m)*; Emigrant(in) *m(f)*

exiler [ɛgzile] **A** V/T **1** exilieren; ins Exil schicken; verbannen **2** *par ext* **~ qn en province** *etc* j-n in die Provinz verbannen **B** V/PR **s'~** ins Exil gehen; emigrieren

existant [ɛgzistɑ̃] ADJ bestehend *(a. lois, tarifs etc)*; vorhanden; existierend; existent

existence [ɛgzistɑ̃s] F **1** Vorhandensein *n*; Bestehen *n*; Existenz *f*; **l'~ de Dieu** die Existenz Gottes; **avoir un siècle d'~** seit einem Jahrhundert bestehen, existieren; **elle avait oublié jusqu'à son ~** sie hatte ihn völlig vergessen; sie hatte sogar vergessen, dass er existierte **2** *(vie)* Dasein *n*; Leben *n*; Existenz *f*; **moyens** *mpl* **d'~** Existenzmittel *npl*; Mittel *npl* zur Bestreitung des Lebensunterhalts; **être las de l'~** keinen Lebensmut mehr haben; **mener une ~ misérable** ein elendes Dasein fristen

existentialisme [ɛgzistɑ̃sjalism] M PHIL Existenzialismus *m*; Existenzphilosophie *f*; **existentialiste** PHIL **A** ADJ existenzialistisch **B** M/F Existenzialist(in) *m(f)*

existentiel [ɛgzistɑ̃sjɛl] ADJ ⟨~le⟩ existenziell; Existenz...

exister [ɛgziste] **A** V/I existieren *(a. vivre)*; vorhanden sein; bestehen; da sein; *cette coutume* **existe encore** besteht, existiert noch; gibt es noch; *ce monument* **n'existe plus** existiert nicht mehr; ist nicht mehr vorhanden, da; *fam* **la solidarité, ça existe!** es gibt noch Solidarität! **B** V/IMP **il existe** es gibt; es existiert; **il en existe de plusieurs sortes** es gibt, es existieren mehrere Sorten davon

exit [ɛgzit] *indication scénique* geht ab

ex-libris [ɛkslibʀis] M ⟨inv⟩ Exlibris *n*

exode [ɛgzɔd] M **1** BIBL **l'Exode** der Auszug aus Ägypten; der Exodus **2** *par ext* Massenauswanderung *f*; Abwanderung *f*; POL Massenflucht *f*; Fluchtwelle *f*; *st/s* Exodus *m*; **~ rural** Landflucht *f*; ÉCON **~ des capitaux** Kapitalabwanderung *f*, -flucht *f*; **l'~ des vacanciers** der Beginn der Urlaubsreisewelle

exonération [ɛgzɔneʀasjõ] F Befreiung *f*; Erlass *m*; **~ fiscale, d'impôts** Befreiung von der Steuer

exonérer [ɛgzɔneʀe] V/T ⟨-è-⟩ von Steuern, Gebühren *etc* befreien; **~ qn de qc** *a.* j-m etw erlassen; *adjt* **marchandises exonérées** zollfreie Waren *fpl*

exophtalmie [ɛgzɔftalmi] F MÉD Glotzauge *n*; *t/t* Exophthalmus *m*

exorbitant [ɛgzɔʀbitɑ̃] ADJ *prix, loyer etc* übermäßig hoch; überhöht; horrend; *privilèges* zu weit gehend; **exigences ~es** maßlose, übermäßige Forderungen *fpl*; **loyers ~s** *a.* Mietwucher *m*

exorbité [ɛgzɔʀbite] ADJ **yeux ~s** vorstehende Augen *npl*; Glotzaugen *npl*; *d'étonnement* weit aufgerissene, *d'effroi* starre Augen *npl*

exorciser [ɛgzɔʀsize] V/T **1** REL die bösen Geister, den Teufel austreiben **(qn** aus j-m); **~ un démon** e-n Dämon austreiben **2** *fig peur, haine* bannen

exorciseur [ɛgzɔʀsizœʀ] M → exorciste

exorcisme [ɛgzɔʀsism] M REL Exorzismus *m*; Teufelsaustreibung *f*; **exorciste** M Exorzist *m (a.* ÉGL CATH)

exorde [ɛgzɔʀd] M RHÉT Exordium *n*; Einleitung *f (e-r Rede)*

exotique [ɛgzɔtik] ADJ exotisch; fremdländisch

exotisme [ɛgzɔtism] M Exotik *f*; exotisches Wesen; exotischer Charme

exp. ABR (expéditeur) Abs. (Absender)

expansé [ɛkspɑ̃se] ADJ TECH geschäumt; **polystyrène ~** Styropor® *n*

expansible [ɛkspɑ̃sibl] ADJ PHYS ausdehnbar

expansif [ɛkspɑ̃sif] ADJ ⟨-ive⟩ **1** mitteilsam; offenherzig; **un homme peu ~** ein ziemlich verschlossener Mensch **2** PHYS Ausdehnungs...; Expansions...

expansion [ɛkspɑ̃sjõ] F **1** Ausdehnung *f (a. d'une ville etc)*; Expansion *f (surtout* POL *et* ÉCON); Ausweitung *f*; **~ économique** wirtschaftliche Expansion; wirtschaftliches Wachstum; **une industrie en pleine ~** e-e expansive Industrie **2** PHYS Ausdehnung *f*; Expansion *f* **3** TECH Schäumen *n*; Treiben *n* **4** *d'une personne* **besoin** *m* **d'~** Mitteilungsbedürfnis *n*

expansionnisme [ɛkspɑ̃sjɔnism] M Expansionspolitik *f*, -bestrebungen *fpl*; **expansionniste** ADJ POL expansionistisch; expansiv

expansivité [ɛkspɑ̃sivite] F *d'une personne* Mitteilsamkeit *f*; Offenherzigkeit *f*; Mitteilungsbedürfnis *n*

expatriation [ɛkspatʀijasjõ] F Verlassen *n* s-s Vaterlandes; Emigration *f*; Auswanderung *f*

expatrier [ɛkspatʀije] **A** V/T *capitaux* im Ausland anlegen **B** V/PR **s'~** sein (Vater)Land verlassen; emigrieren; auswandern

expectative [ɛkspɛktativ] F **1** **être, rester dans l'~** sich abwartend verhalten; abwarten **2** *litt* Erwartung *f*

expectorant [ɛkspɛktɔʀɑ̃] ADJ PHARM schleimlösend; **expectoration** F **1** Ausspucken *n*, -husten *n* (von Schleim) **2** *(crachat)* Auswurf *m*; **expectorer** V/T ausspucken, -husten; *abs* Schleim ausspucken, -husten

expédient [ɛkspedjɑ̃] M Ausweg *m*; Notlösung *f*; Notbehelf *m*; **recourir à des ~s** zu allerlei Tricks greifen (, um zu Geld zu kommen); **vivre d'~s** sich (so) durchlavieren, -schlagen, -bringen, -mogeln

expédier [ɛkspedje] V/T **1** *tâche, affaire* rasch, zügig erledigen; *affaires courantes* erledigen; *péj élève: ses devoirs* hinschludern; *repas* hinunterschlingen **2** *client, visiteur etc* rasch abfertigen **3** *(envoyer) colis, marchandises* versenden; verschicken; *lettre* ab-, wegschicken; absenden; aufgeben *(a. télégramme)*; *par ext (transporter)* befördern **4** *fam personne(s)* schicken, (weg-, fort)schaffen, *fam* abschieben **(ses en-**

fants chez leurs grands-parents s-e Kinder zu den Großeltern); *fig* **~ qn dans l'autre monde** j-n ins Jenseits befördern
expéditeur [ɛkspeditœʀ], **expéditrice** A M,F Absender(in) *m(f)*; **retour à l'expéditeur** zurück an Absender B ADJ **gare expéditrice** Versand-, Abgangsbahnhof *m*
expéditif [ɛkspeditif] ADJ ⟨-ive⟩ *personne* flink; fix; zügig, flott arbeitend; *méthode, solution* rasch zum Ziel führend; **justice expéditive** Schnelljustiz *f*, -verfahren *n*; **être ~ en affaires** die Geschäfte zügig erledigen
expédition [ɛkspedisjõ] F 1 *scientifique* Expedition *f*; Forschungsreise *f*; **~ polaire** Polarexpedition *f*; *fam fig* **c'est une véritable ~!** das ist e-e wahre Expedition! 2 MIL Expedition *f*; Feldzug *m* 3 *des affaires* Erledigung *f*; **être chargé de l'~ des affaires courantes** mit der Erledigung, Führung der laufenden Geschäfte beauftragt sein 4 *(envoi) de marchandises, de colis* Versand *m*; Versendung *f*; Verschickung *f*; *d'une lettre etc* Absendung *f*; *d'un télégramme* Aufgabe *f*; *par ext* Beförderung *f*
expéditionnaire [ɛkspedisjɔnɛʀ] A ADJ MIL **corps** *m* **~** Expeditionskorps *n* B M/F COMM Expedient(in) *m(f)*
expérience [ɛkspeʀjɑ̃s] F 1 Erfahrung *f*; *comme qualité a.* Erfahrenheit *f*; **~ amoureuse, sentimentale** (Liebes)Erlebnis *n*; **~ professionnelle** Berufserfahrung *f*, -praxis *f*; **de longues années d'~** langjährige Erfahrung; *connaître, savoir* **par ~** aus Erfahrung; *débutant* **sans ~** ohne Erfahrung; unerfahren; **acquérir de l'~** Erfahrungen sammeln; **avoir de l'~** Erfahrung haben; über Erfahrung verfügen; **avoir l'~ des affaires** Geschäftserfahrung haben; geschäftserfahren sein; **avoir l'~ des hommes** Erfahrung im Umgang mit Menschen haben; **avoir l'~ du monde** Weltkenntnis haben; welterfahren sein; **avoir une certaine ~ de la vie** e-e gewisse Lebenserfahrung haben; **faire l'~ de qc** Erfahrungen mit etw machen; etw ausprobieren, kennenlernen, erleben; **j'en ai fait maintes fois l'~** diese Erfahrung habe ich häufig gemacht; **l'~ prouve, démontre que …** die Erfahrung zeigt, dass … 2 *(essai)* Experiment *n*; Versuch *m*; *par ext* **~ malheureuse** Fehlschlag *m*; **~ de chimie, de physique** chemischer, physikalischer Versuch; **à titre d'~** versuchsweise; **faire une ~** e-n Versuch, ein Experiment machen, anstellen; **faire des ~s (sur des animaux vivants)** Experimente (an lebenden Tieren) machen; (mit lebenden Tieren) experimentieren; **tenter l'~** den Versuch wagen, machen
expérimental [ɛkspeʀimɑ̃tal] ADJ ⟨-aux⟩ experimentell; Experimental …; Versuchs …; **à titre ~** versuchsweise; → *a.* science 1, stade 2
expérimentalement [ɛkspeʀimɑ̃talmɑ̃] ADV experimentell; im Experiment
expérimentateur [ɛkspeʀimɑ̃tatœʀ] M, **expérimentatrice** F Experimentator *m*, Experimentatorin *f*
expérimentation [ɛksperimɑ̃tasjõ] F Experimentieren *n*; **~ animale** Tierversuche *mpl*
expérimenté [ɛkspeʀimɑ̃te] ADJ erfahren; routiniert; erprobt; **expérimenter** VT erproben, ausprobieren (**qc sur qn** etw an j-m)
expert [ɛkspɛʀ] A ADJ ⟨-erte [-ɛʀt]⟩ 1 sachverständig; sach-, fachkundig; **d'une main ~e** geschickt; routiniert; **être ~ en la matière** Fachmann auf dem Gebiet sein 2 INFORM **système ~** Expertensystem *n* B M *(a. pour une femme)* 1 *en art etc* Sachverständige(r) *m/f(m)*; Gutachter(in) *m(f)*; **~ agréé auprès des tribunaux** gerichtlicher Sachverständiger; **de l'avis des ~s** nach Meinung der Sachverständigen; **commission** *f* **d'~s** Sachverständigenausschuss *m*; Gutachterkommission *f*; Fachausschuss *m*; **avoir recours à, faire appel à, consulter un ~** e-n Gutachter, Sachverständigen hinzuziehen 2 *par ext (connaisseur)* Fachmann *m*; Experte *m*
expert-comptable [ɛkspɛʀkõtabl] M ⟨*pl* experts-comptables⟩ Wirtschafts-, Buch-, Rechnungsprüfer *m*
expertise [ɛkspɛʀtiz] F *rapport* (Sachverständigen)Gutachten *n*; Expertise *f*; *(estimation)* Begutachtung *f* durch e-n Sachverständigen; **rapport** *m* **d'~** Sachverständigenbericht *m*, -gutachten *n*; **établir, faire une ~** ein Gutachten erstellen
expertiser [ɛkspɛʀtize] VT (als Sachverständiger) begutachten; ein Gutachten abgeben über *(+acc)*; **faire ~ qc** etw (durch e-n Sachverständigen) begutachten lassen
expiable [ɛkspjabl] ADJ sühnbar
expiation [ɛkspjasjõ] F Sühne *f*; REL *a.* Buße *f*; **en ~ de** als Sühne für
expiatoire [ɛkspjatwaʀ] ADJ Sühne…
expier [ɛkspje] VT 1 *faute, crime, péché* sühnen; (ab)büßen 2 *par ext* **~ qc** (für) etw büßen müssen
expirant [ɛkspiʀɑ̃] ADJ 1 *personne* sterbend 2 *fig* (ab)sterbend; **d'une voix ~e** mit verlöschender Stimme
expiration [ɛkspiʀasjõ] F 1 PHYSIOL Ausatmung *f* 2 *d'un délai, d'un contrat, d'une garantie etc* Ablauf *m*; Erlöschen *n*; **~ de la peine** Ablauf der Strafzeit; **date** *f* **d'~** Ablauf-, Verfallsdatum *n*; **à l'~ de ce délai** nach Ablauf dieser Frist; **arriver à ~** *délai etc* ablaufen; erlöschen; *passeport etc* ungültig werden; verfallen
expirer [ɛkspiʀe] A VT *et abs* ausatmen B VI 1 *(mourir)* verscheiden; sterben; *st/s* sein Leben aushauchen 2 *fig son* verhallen; *feu* erlöschen 3 ⟨Ergebnis être⟩ *délai, contrat, garantie etc* ablaufen; erlöschen; *délai a.* verstreichen; *passeport etc* ungültig werden; verfallen; **laisser ~ un délai** e-e Frist verstreichen lassen, versäumen
explétif [ɛkspletif] GRAM A ADJ ⟨-ive⟩ **le « ne » ~** das funktionslose, fakultative „ne" B M Füll-, Flickwort *n*; *t/t* Expletiv *n*
explicable [ɛksplikabl] ADJ erklärlich; erklärbar
explicatif [ɛksplikatif] ADJ ⟨-ive⟩ erklärend; erläuternd; **note explicative** Erläuterung *f*; erläuternde Notiz; **notice explicative** Bedienungsanleitung *f*
explication [ɛksplikasjõ] F 1 Erklärung *f*; Erläuterung *f*; **~ de texte** *ou* **~ française** Textinterpretation *f*; **voilà l'~** das ist des Rätsels Lösung; **demander des ~s à qn** j-n um e-e Erklärung bitten; *(demander des comptes)* j-n zur Rede stellen (**sur qc** wegen etw); **je n'ai pas d'~ à vous donner** ich bin Ihnen keine Erklärung, Rechenschaft schuldig; **donner, fournir des ~s** *a.* Aufschluss geben 2 *(discussion)* Auseinandersetzung *f*; **avoir une ~ avec qn** e-e Auseinandersetzung mit j-m haben
explicite [ɛksplisit] ADJ *déclaration, texte etc* eindeutig; klar; deutlich; unzweideutig; *clause, volonté* ausdrücklich; explizit; *personne* **être ~** sich eindeutig *etc* ausdrücken
explicitement [ɛksplisitmɑ̃] ADV eindeutig; unzweideutig; ausdrücklich; *st/s* explizite; **expliciter** VT eindeutig formulieren, ausdrücken
expliquer [ɛksplike] A VT erklären, erläutern (**qc à qn** j-m etw); **~ un auteur, un texte** einen Autor, einen Text interpretieren; **~ qc à qn en détail** *a.* j-m etw auseinandersetzen; **cela explique pourquoi …** das macht verständlich, warum …; **expliquez-lui que nous comptons sur lui** machen Sie ihm klar, dass wir uns auf ihn verlassen; *adjt* **lecture expliquée** kommentierte Schullektüre B V/PR 1 **s'~** *(dire sa pensée)* sich äußern, auslassen, aussprechen, ausdrücken (**sur** über *+acc*); **je m'explique: …** lassen Sie mich das näher erklären, ausführen: …; **je ne sais pas si je me suis bien expliqué** ich weiß nicht, ob ich mich deutlich genug ausgedrückt habe 2 a **s'~ avec qn** *(discuter)* sich mit j-m auseinandersetzen, aussprechen b *fam* **s'~** *(se battre)* sich prügeln 3 **s'~ qc** *(comprendre)* sich *(dat)* etw erklären (können); **je ne m'explique pas comment …** ich kann mir nicht erklären, wie … 4 *sens passif* sich *(dat)* erklären lassen; zu erklären sein; **tout s'explique** mir wird alles klar
exploit [ɛksplwa] M 1 (hervorragende) Leistung; Glanzleistung *f*; Großtat *f*; *surtout iron* Heldentat *f*, -stück *n* 2 JUR **~ (d'huissier)** vom Gerichtsvollzieher zugestelltes Schriftstück
exploitable [ɛksplwatabl] ADJ verwertbar; *gisement* abbauwürdig, -fähig; erschließbar; *sol, forêt* nutzbar
exploitant [ɛksplwatɑ̃] M 1 **~ (agricole)** Landwirt *m*; **petit, gros ~** Klein-, Großlandwirt *m* 2 *d'une salle de cinéma* Filmtheater-, Kinobesitzer *m*
exploitation [ɛksplwatasjõ] F 1 *d'une propriété, du sol* Bewirtschaftung *f*; *d'une forêt* Nutzung *f*; *d'une mine* Ausbeutung *f*; *d'un gisement de charbon, de minerai* Abbau *m*; *d'un gisement de pétrole* Ausbeutung *f*; Nutzung *f*; Erschließung *f*; *d'une ligne de bus etc*, TECH Betrieb *m*; *d'une ligne aérienne a.* Befliegen *n*; *d'un brevet, de statistiques etc* Aus-, Verwertung *f*; *d'un brevet a.* Nutzung *f*; MINES **~ souterraine, à ciel ouvert** Untertage-, Tagebau *m*; INFORM **système** *m* **d'~** Betriebssystem *n*; **être en ~** in Betrieb sein 2 *(entreprise)* Betrieb *m*; **~ agricole** landwirtschaftlicher Betrieb; **~ familiale** (bäuerlicher) Familienbetrieb; **~ industrielle** Industrie-, Gewerbebetrieb *m* 3 *d'une situation, d'un avantage etc* Ausnützung *ou* Ausnutzung *f* 4 *péj de travailleurs* Ausbeutung *f*; **l'~ de l'homme par l'homme** die Ausbeutung des Menschen durch den Menschen
exploiter [ɛksplwate] VT 1 *ferme, terre* bewirtschaften; *forêt* nutzen; *mine* ausbeuten; *gisement de charbon, de minerai* abbauen; *gisement de pétrole* ausbeuten; nutzen; erschließen; *entreprise, commerce, ligne de bus etc* betreiben; *ligne de bus a.* befahren; *ligne aérienne a.* befliegen; **~ des statistiques** Statistiken aus-, verwerten 2 *situation, don, avantage, péj ignorance de qn etc* ausnützen; (aus)nutzen; sich *(dat)* zunutze machen 3 *péj main-d'œuvre* ausbeuten; aussaugen
exploiteur [ɛksplwatœʀ] M, **exploiteuse** F *péj* Ausbeuter(in) *m(f)*
explorateur [ɛksplɔʀatœʀ] M Forschungsreisende(r) *m*; *d'un continent etc* Erforscher *m*
exploration [ɛksplɔʀasjõ] F 1 *d'une région, d'un problème etc* Erforschung *f*; **partir en ~** e-e Forschungsreise unternehmen 2 MÉD Untersuchung *f* (der inneren Organe)
explorer [ɛksplɔʀe] VT 1 erforschen; **~ un continent, une mer, un problème** einen Kontinent, ein Meer, ein Problem erforschen 2 *maison etc* gründlich ansehen; besichtigen; **~ l'horizon, un terrain** den Horizont, ein Gelände absuchen 3 MÉD untersuchen
exploser [ɛksploze] VI 1 *bombe, gaz etc* explodieren; *pétard* zerplatzen; zerknallen; **faire ~** zur Explosion bringen; zünden 2 *fig colère* aus-, hervorbrechen; sich *(dat)* Luft machen; zum Ausbruch kommen; *fam* **il a explosé** *fam* er explodierte; er zerplatzte vor Wut; er ging in die Luft; ihm platzte der Kragen; *fam* **faire ~ qn** *fam* j-n auf die Palme bringen 3 *fig prix, ville etc* explosionsartig, rapide anwach-

sen; explodieren

explosible [ɛksplozibl] ADJ explosiv; leicht explodierend; explosibel

explosif [ɛksplozif] A ADJ ⟨-ive⟩ 1 explosiv; Spreng...; **engin ~** Sprengkörper *m*; **mélange ~** explosives Gemisch; **onde explosive** Explosionswelle *f* 2 *fig situation* spannungsgeladen; brisant; *tempérament* explosiv; *situation* **devenir ~** sich zuspitzen, verschärfen 3 PHON **consonne explosive** *ou subst* **explosive** *f* Verschluss-, Explosivlaut *m* B M Spreng-, Explosivstoff *m*; **attentat** *m* **à l'~** Sprengstoffattentat *n*

explosion [ɛksplozjõ] F 1 Explosion *f*; *bruit a.* Knall *m*; **~ de gaz** Gasexplosion *f*; **moteur** *m* **à ~** Explosions-, Verbrennungsmotor *m*; **entendre une ~** *souvent* e-n Knall hören; **faire ~** explodieren 2 *fig (manifestation soudaine)* Ausbruch *m*; **~ raciale** Ausbruch von Rassenhass; **~ d'enthousiasme** Ausbruch der Begeisterung; **~ de joie** Freudenausbruch *m* 3 *fig (expansion soudaine)* explosionsartiges, rapides Ansteigen, Anwachsen; Explosion *f*; **~ démographique** Bevölkerungsexplosion *f*

expo [ɛkspo] F *fam* ABR (exposition) Ausstellung *f*

exponentiel [ɛkspɔnɑ̃sjɛl] ADJ ⟨~le⟩ MATH Exponential...; exponentiell (*a. fig croissance*); **fonction ~le** *ou subst* **~le** *f* Exponentialfunktion *f*

exportable [ɛkspɔʀtabl] ADJ COMM ausführbar; exportierbar

exportateur [ɛkspɔʀtatœʀ] A ADJ ⟨-trice⟩ Ausfuhr...; Export...; exportierend; **pays ~ de céréales** Getreideausfuhrland *n* B M Exporteur *m*

exportation [ɛkspɔʀtasjõ] F a *action* Ausfuhr *f*; Export *m*; **~ de capitaux** Kapitalexport *m*; **maison** *f* **d'~** Exportfirma *f* b **~s** *pl* Export(e) *m(pl)*; Ausfuhr(en) *f(pl)*; Ausfuhr-, Exportgüter *npl*, -artikel *mpl*

exporter [ɛkspɔʀte] V/T 1 COMM ausführen; exportieren 2 *fig mode, doctrine etc* exportieren; im Ausland verbreiten

export-import [ɛkspɔʀɛ̃pɔʀ] M COMM Export-Import *m*

exposant [ɛkspozɑ̃] M 1 COMM Aussteller *m* 2 MATH Exponent *m*; Hochzahl *f*

exposé [ɛkspoze] M Darlegung *f*; Darstellung *f*; Bericht *m*; Überblick *m*; Exposee *n*; Referat *n*; **~ de la situation** Lagebericht *m*; **faire l'~ d'un problème** ein Problem darlegen; e-e Darstellung e-s Problems, e-n Überblick über ein Problem geben

exposer [ɛkspoze] A V/T 1 *marchandises, objets d'art* ausstellen; **être exposé à la vue, aux regards de tous** offen zur Schau gestellt sein; den Blicken der Leute ausgesetzt sein 2 *morts* aufbahren 3 *(soumettre)* aussetzen (**à** *dat*); **~ à l'air, à la flamme** mit Luft, mit offenem Feuer in Berührung bringen; **~ à la chaleur** der Hitze aussetzen; *adjt* **exposé au vent** dem Wind ausgesetzt; windig 4 **~ qn, qc (au danger)** j-n, etw der Gefahr aussetzen, in Gefahr bringen; j-n, etw exponieren; *adjt* **être à un poste exposé** an exponierter Stelle stehen 5 *édifice* **~ au sud** nach Süden richten; in Südlage bauen; *adjt*: **être exposé au sud** *édifice, jardin etc* nach Süden liegen; *pièce a.* nach Süden gehen; auf der Südseite liegen; **maison bien exposée** Haus *n* in sonniger Lage 6 PHOT belichten 7 *fait, problème, raisons etc* darlegen, -stellen; vortragen; *projet, idées a.* entwickeln; auseinandersetzen B V/PR **s'~** sich aussetzen (**à** *dat*); *abs* sich exponieren; **s'~ à la critique, à un danger** sich der Kritik, e-r Gefahr aussetzen; **s'~ (au soleil)** sich der Sonne aussetzen; **s'~ à des reproches** sich Vorwürfen aussetzen

exposition [ɛkspozisjõ] F 1 *de marchandises, d'objets d'art* Ausstellen *n*, -ung *f* 2 *(présentation publique)* Ausstellung *f*; Schau *f*; *(foire)* Messe *f*; **~ (des œuvres de) Picasso** Ausstellung der Werke Picassos; Picassoausstellung *f*; **~ de peinture** Gemäldeausstellung *f*; **parc** *m* **des ~s** Ausstellungs-, Messegelände *n* 3 **~ au soleil** Sonnenbestrahlung *f* 4 *d'un édifice* Lage *f*; **~ au sud** Südlage *f* 5 PHOT Belichtung *f* 6 *de faits etc* Darlegung *f*; Darstellung *f* 7 MUS, *d'une pièce de théâtre* Exposition *f*

exposition-vente [ɛkspozisjõvɑ̃t] F ⟨*pl* expositions-ventes⟩ Verkaufsausstellung *f*

exprès[1] [ɛkspʀɛ] ADV a *(à dessein)* absichtlich; mit Absicht; bewusst; extra; **pardon, je ne l'ai pas fait ~** Entschuldigung, ich habe es nicht absichtlich getan; **il fait ~ de vous contredire** er widerspricht Ihnen absichtlich; **c'est fait ~** das ist absichtlich, extra, ganz bewusst so gemacht; **comme par un fait ~** [-t-] ausgerechnet; es ist wie verhext b *(spécialement)* extra; eigens; **il est venu ~ pour vous voir** er ist extra, eigens zu Ihnen gekommen

exprès[2] [ɛkspʀɛ(s)] ADJ 1 ⟨expresse [ɛkspʀɛs]⟩ ausdrücklich; **défense expresse de** *(+inf)* ausdrückliches Verbot zu *(+inf)* 2 [ɛkspʀɛs] ⟨*inv*⟩ *sur une lettre, un colis* **~** Eilzustellung *f*; durch Eilboten; **colis** *m* **~** Schnellpaket *n*; **lettre** *f* **~** Eilbrief *m*

express [ɛkspʀɛs] A ADJ ⟨*inv*⟩ Schnell...; **train** *m* **~** *ou subst* **~** *m* Schnellzug *m*; D-Zug *m*; **voie** *f* **~** Schnellstraße *f* B M *café* Espresso *m*

expressément [ɛkspʀesemɑ̃] ADV ausdrücklich; **interdire qc ~** etw ausdrücklich verbieten; **recommander qc ~** etw dringend empfehlen

expressif [ɛkspʀesif] ADJ ⟨-ive⟩ ausdrucksvoll; ausdrucksstark; expressiv

expression [ɛkspʀesjõ] F 1 Ausdruck *m* (*a.* MUS, ART *etc*); **liberté** *f* **d'~** (Recht *n* auf) freie Meinungsäußerung; Meinungsfreiheit *f*; *loc adv et loc adj*: **au-delà de toute ~** unbeschreiblich; über alle Maßen; **avec une ~ de désespoir** mit dem Ausdruck der Verzweiflung; **d'~ française** *pays* Französisch sprechend; französischsprachig; *auteur* Französisch schreibend; **sans ~** ausdruckslos; *formule épistolaire* **veuillez agréer l'~ de mes sentiments distingués** hochachtungsvoll; mit vorzüglicher Hochachtung 2 *dans la langue* Ausdruck *m*; (Rede)Wendung *f*; Redensart *f*; **~ argotique** Argotausdruck *m*; **~ imagée, populaire** bildhafter, volkstümlicher Ausdruck; **~ toute faite** feste (Rede)Wendung; stehende Redensart; Klischee *n* 3 MATH Ausdruck *m*; **réduire à sa plus simple ~** *fraction etc* kürzen; *fig* auf ein Minimum reduzieren; *données* auf die einfachste Formel bringen

expressionnisme [ɛkspʀesjɔnism] M Expressionismus *m*; **expressionniste** A ADJ expressionistisch B M/F Expressionist(in) *m(f)*

expressivité [ɛkspʀesivite] F Ausdruckskraft *f*; Expressivität *f*

exprimable [ɛkspʀimabl] ADJ ausdrückbar

exprimer [ɛkspʀime] A V/T 1 ausdrücken; zum Ausdruck bringen; *sentiment a.* Ausdruck geben, verleihen *(+dat)*; *opinion, souhait a.* äußern; artikulieren; *regard* **~ l'admiration** Bewunderung ausdrücken; **~ l'espoir que ...** der Hoffnung Ausdruck geben, dass ...; **~ ses remerciements** s-n Dank aussprechen, abstatten 2 ADJT POL **suffrages exprimés** abgegebene Stimmen *fpl* 3 *jus* ausdrücken, -pressen B V/PR **s'~** sich ausdrücken; sich artikulieren; **si je peux m'~ ainsi** wenn ich so sagen darf; **il s'exprime difficilement** er hat Mühe, sich auszudrücken; **s'~ en bon français** (ein) gutes Französisch sprechen; **s'~ par gestes** sich durch Gesten verständlich machen

expropriant [ɛkspʀɔpʀijɑ̃] M JUR Enteigner *m*

expropriation [ɛkspʀɔpʀijasjõ] F Enteignung *f*; **procédure** *f* **d'~** Enteignungsverfahren *n*

exproprier [ɛkspʀɔpʀije] V/T enteignen

expulsé [ɛkspylse] M Ausgewiesene(r) *m*; Vertriebene(r) *m*

expulser [ɛkspylse] V/T 1 *personne(s)* vertreiben, ausweisen, verweisen, entfernen (**de** aus); *d'un parti* ausstoßen; ausschließen; *étranger indésirable* ausweisen; abschieben; **~ un élève du lycée** e-n Schüler vom Gymnasium verweisen; SPORTS **~ un joueur** einen Spieler vom Platz, des Feldes verweisen 2 PHYSIOL ausstoßen

expulsion [ɛkspylsjõ] F 1 Ausweisung *f*; Vertreibung *f* (**de son pays** aus s-r Heimat); Ausstoßung *f*, Ausschluss *m* (**d'un parti** aus e-r Partei); *d'une salle* Entfernung *f*; *d'un élève* Verweisung *f* von der Schule; *d'un locataire* zwangsweise Ausweisung; *abs a.* Zwangsräumung *f*; *d'étrangers* Ausweisung *f*; Abschiebung *f*; SPORTS Platz-, Feldverweis *m*; **arrêté** *m* **d'~** Ausweisungsverfügung *f ou* Räumungsbefehl *m* 2 PHYSIOL Ausstoßung *f*

expurger [ɛkspyʀʒe] V/T ⟨-geons⟩ die anstößigen Stellen streichen (**un livre** aus e-m Buch); von anstößigen Stellen säubern; *adjt* **édition expurgée** *a.* zensierte Ausgabe

exquis [ɛkski] ADJ 1 auserlesen; ausgesucht; hervorragend; ausgezeichnet; exquisit; *mets a.* köstlich; wohlschmeckend; **être d'une politesse ~e** von ausgesuchter Höflichkeit sein; ausgesucht höflich sein 2 *personne* anmutig; charmant

exsangue [ɛgzɑ̃g, ɛksɑ̃g] ADJ 1 blutleer, -los; **lèvres** *fpl* **~s** blutleere, -lose Lippen *f/pl* 2 *blessé, fig pays* ausgeblutet 3 *fig littérature etc* kraftlos

exsudation [ɛksydasjõ] F MÉD, BOT Ausschwitzung *f*; *t/t* Exsudation *f*; **exsuder** MÉD, BOT A V/T ausschwitzen B V/I ausgeschwitzt werden

extase [ɛkstɑz, -taz] F REL *et fig* Ekstase *f*; Verzückung *f*; **être en ~ devant qn, qc** von j-m, etw ganz hingerissen sein; **tomber en ~** in Ekstase, Verzückung geraten

extasier [ɛkstazje, -tɑ-] V/PR **s'~** vor Entzücken außer sich geraten; in Entzücken ausbrechen (**devant, sur** über *+acc*); hell begeistert sein (von); *adjt* **extasié** verzückt; entzückt; hingerissen

extatique [ɛkstatik] ADJ ekstatisch; verzückt

extenseur [ɛkstɑ̃sœʀ] M 1 ANAT **~** *et adjt* **muscle ~** Streckmuskel *m*; Strecker *m* 2 SPORTS Expander *m*

extensibilité [ɛkstɑ̃sibilite] F Dehnbar-, Streckbarkeit *f*; **extensible** ADJ dehn-, streckbar

extensif [ɛkstɑ̃sif] ADJ ⟨-ive⟩ 1 AGR **culture extensive** extensive Wirtschaft, Bodenbewirtschaftung 2 *sens d'un mot* erweitert

extension [ɛkstɑ̃sjõ] F 1 *d'un ressort etc* (Aus)Dehnung *f* 2 SPORTS, MÉD Strecken *n*; *jambe, bras* **en ~** gestreckt 3 *d'influence, de pouvoir etc* Ausdehnung *f*; Erweiterung *f*; Ausweitung *f*; *d'une épidémie, d'un incendie* Ausbreitung *f*; Umsichgreifen *n*; **l'~ du français dans le monde** die Verbreitung des Französischen in der Welt; **prendre de l'~** sich ausweiten; sich vergrößern; um sich greifen 4 LING Bedeutungserweiterung *f*; **par ~** im weiteren Sinne 5 INFORM Extension *f*

exténuant [ɛkstenɥɑ̃] ADJ sehr anstrengend,

ermüdend; aufreibend; beschwerlich; **exténuation** F Ermattung *f*; Entkräftung *f*

exténuer [ɛkstenɥe] A V/T sehr anstrengen; aufreiben; ermatten; entkräften; *adjt* **être exténué** ermattet, erschöpft, entkräftet sein B V/PR **s'~ à faire qc** etw bis zur Erschöpfung tun

extérieur [ɛksteʀjœʀ] A ADJ äußere(r, -s); Außen...; äußerlich; außerhalb befindlich, liegend; *sentiment* **tout ~** rein äußerlich; **aspect ~** äußerer Anblick; Äußere(s) *n*; **boulevards ~s** (äußere) Ringstraßen *fpl*; **bruit ~** von außen kommender Lärm; **commerce ~** Außenhandel *m*; **escalier ~** Außentreppe *f*; **monde ~** Außenwelt *f*; **politique ~e** Außenpolitik *f*; **impôt** *m* **sur les signes ~s de richesse** Aufwandsteuer *f* B M 1 Äußere(s) *n* (*a. d'une personne*); Außenseite *f*; (*monde* ~) Außenwelt *f*; **peindre l'~ de qc** die Außenseite (*+gén*) anmalen; etw außen anmalen; ♦ *loc prép* **à l'~ de** außerhalb (*+gén*); *loc adv*: **à l'~** (dr)außen; SPORTS **jouer à l'~** auswärts spielen; **de l'~** von außen; **juger de l'~** nach dem Äußeren (be)urteilen; **regarder de l'~** (von außen) hereinschauen, -sehen; **vu de l'~** von außen gesehen (*a. fig*); *porte* **s'ouvrir vers l'~** nach außen aufgehen 2 CINÉMA **~s** *pl* Außenaufnahmen *fpl*

extérieurement [ɛksteʀjœʀmɑ̃] ADV 1 (*au dehors*) äußerlich; von außen 2 (*apparemment*) äußerlich; nach außen hin; zum Schein

extériorisation [ɛksteʀjɔʀizasjõ] F *de sentiments* Äußerung *f*; Ausdruck *m*; **extérioriser** A V/T *sentiments* äußern; ausdrücken; zeigen B V/PR **s'~** *sentiment* sich äußern; (äußerlich) sichtbar werden; *personne* aus sich herausgehen

exterminateur [ɛkstɛʀminatœʀ] ADJ ⟨-trice⟩ Ausrottungs...; Vernichtungs...; BIBL **ange ~** Würgengel *m*

extermination [ɛkstɛʀminasjõ] F Ausrottung *f*; Vernichtung *f*; **camp** *m* **d'~** Vernichtungslager *n*

exterminer [ɛkstɛʀmine] V/T ausrotten; vernichten; *vermine a.* vertilgen

externat [ɛkstɛʀna] M 1 ÉCOLE Externat *n* 2 MÉD Tätigkeit *f* als „externe des hôpitaux"

externe [ɛkstɛʀn] A ADJ äußere(r, -s); äußerlich; Außen...; PHARM **à usage ~** äußerlich anzuwenden; zur äußerlichen Anwendung B M/F 1 Externe(r) *m/f(m)*; nicht im Internat wohnender Schüler, wohnende Schülerin 2 **~ (des hôpitaux)** *Medizinstudent(in), der (die) auf Grund e-r Auslese bereits vom 3. Studienjahr ab im Krankenhaus tätig ist*

exterritorialité [ɛksteʀitɔʀjalite] F DIPL Exterritorialität *f*

extincteur [ɛkstɛ̃ktœʀ] M Feuerlöscher *m*; Feuerlöschgerät *n*

extinction [ɛkstɛ̃ksjõ] F 1 *d'un incendie* Löschen *n*; *d'un feu* Auslöschen *n*; MIL **~ des feux** Zapfenstreich *m* 2 *d'une race, d'une famille etc* Aussterben *n*; Erlöschen *n* (*a. d'un droit*); **en voie d'~** im Aussterben begriffen; aussterbend 3 **~ de voix** völlige Heiserkeit; Stimmlosigkeit *f*; **avoir une ~ de voix** völlig heiser, stimmlos sein

extirpation [ɛkstiʀpasjõ] F 1 *de mauvaises herbes* Ausreißen *n* 2 MÉD völlige Entfernung; *t/t* Exstirpation *f* 3 *fig et st/s* Ausrottung *f*; Beseitigung *f*

extirper [ɛkstiʀpe] A V/T 1 *mauvaises herbes* (mit der Wurzel) ausreißen 2 MÉD völlig entfernen; *t/t* exstirpieren 3 *st/s préjugé* ausrotten; *abus* beseitigen; abstellen 4 *renseignement etc* **~ à qn** j-m entlocken; aus j-m herauslocken 5 *fam* **~ qn de son lit** j-n aus dem Bett jagen B V/PR *fam* **s'~ de son sac de couchage** *etc* sich aus s-m Schlafsack *etc* befreien, *fam* quälen

extorquer [ɛkstɔʀke] V/T *aveu, signature etc* erpressen, erzwingen (**à qn** von j-m); abnötigen (j-m); **~ de l'argent à qn** von j-m Geld erpressen

extorsion [ɛkstɔʀsjõ] F Erpressung *f*; Erzwingung *f*; **~ de fonds** Erpressung von Geld

extra [ɛkstʀa] A M ⟨*inv*⟩ 1 a) **un ~** etwas Außergewöhnliches, Besonderes (*surtout mets, boisson*); **s'offrir un (petit) ~** sich (*dat*) etwas Außergewöhnliches, Besonderes leisten b) *serveur etc* **faire des ~** anderswo aushelfen 2 *serveur* Aushilfskellner *m* B *fam* ADJ ⟨*inv*⟩ ausgezeichnet; *fam* prima (*inv*); super (*inv*)

extra... [ɛkstʀa] *préfixe* außer...; extra...; → *a. les articles suivants*

extrabudgétaire [ɛkstʀabydʒetɛʀ] ADJ außeretatmäßig; **extracommunautaire** ADJ außerhalb der EG, der EU; **extraconjugal** ADJ ⟨-aux⟩ außerehelich

extraction [ɛkstʀaksjõ] F 1 *de charbon, minerai, pétrole etc* Förderung *f*; Gewinnung *f*; MINES *a.* Abbau *m* 2 MÉD (operative) Entfernung; *d'une dent* Ziehen *n*; *t/t* Extraktion *f* 3 MATH **~ de la racine** Wurzelziehen *n* 4 *litt* **être de haute, basse ~** von hoher, niederer Ab-, Herkunft sein

extrader [ɛkstʀade] V/T JUR ausliefern

extradition [ɛkstʀadisjõ] F Auslieferung *f*; **demande** *f* **d'~** Auslieferungsersuchen *n*

extra-dry [ɛkstʀadʀaj] ADJ extra dry; **extra-fin** ADJ COMM extrafein

extrafort [ɛkstʀafɔʀ] A ADJ COMM extrastark B M COUT Kanten-, Eckenband *n*

extraire [ɛkstʀɛʀ] ⟨→ traire⟩ A V/T 1 *richesses minières* fördern; gewinnen; *charbon, minerai a.* abbauen; *marbre, ardoise* brechen 2 MÉD (operativ) entfernen; herausziehen; **~ une dent** einen Zahn ziehen 3 *passages, textes etc* entnehmen (**d'un livre** e-m Buch); exzerpieren, herausschreiben (aus e-m Buch) 4 MATH *racine* ziehen (**d'un nombre** aus e-r Zahl) B V/PR *fam* **s'~ de sa voiture** sich aus s-m Wagen zwängen, *fam* quälen

extrait [ɛkstʀɛ] M 1 CHIM Extrakt *m*; Auszug *m*; **~ de lavande** Lavendelextrakt *m* 2 *d'un livre, d'un discours etc* Auszug *m*; *écrit* Exzerpt *n*; **reproduire des ~s d'un discours** e-e Rede in Auszügen, auszugsweise wiedergeben 3 JUR Auszug *m*; **~ (d'acte) de naissance** Geburtsurkunde *f*; **~ de baptême** Taufschein *m*; **~ du casier judiciaire** Auszug aus dem Strafregister; **~ de mariage** Trauschein *m*; Heiratsurkunde *f*

extralucide [ɛkstʀalysid] ADJ **voyante** *f* **~** Hellseherin *f*; Wahrsagerin *f*

extra-muros [ɛkstʀamyʀos] ADV außerhalb der Stadt(mauern)

extraordinaire [ɛkstʀaɔʀdinɛʀ] ADJ 1 *séance, mesure etc* außerordentlich; außerplanmäßig; Sonder...; **assemblée** *f* **~** außerordentliche Versammlung; **en mission ~** im Sonderauftrag; *loc adv* **par ~** wider Erwarten; ausnahmsweise 2 *aventure, nouvelle etc* außer-, ungewöhnlich; erstaunlich; merkwürdig 3 *succès, beauté, appétit, joie etc* außergewöhnlich (*a. personne*); außerordentlich; *fortune* außergewöhnlich groß; *fam vin etc* vorzüglich; ausgezeichnet; *fam* **ce film n'est pas ~, n'a rien d'~** *fam* dieser Film ist nicht besonders

extraparlementaire [ɛkstʀapaʀləmɑ̃tɛʀ] ADJ außerparlamentarisch

extrapolation [ɛkstʀapɔlasjõ] F 1 (voreilige) Schlussfolgerung, Verallgemeinerung 2 MATH Extrapolation *f*

extrapoler [ɛkstʀapɔle] V/I extrapolieren (*a.* MATH); (voreilig) auf anderes schließen

extrascolaire [ɛkstʀaskɔlɛʀ] ADJ außerschulisch

extraterrestre [ɛkstʀateʀɛstʀ] A ADJ außerirdisch; *t/t* extraterrestrisch B M/F Außerirdische(r) *m/f(m)*

extra-utérine [ɛkstʀayteʀin] ADJ F MÉD **grossesse ~** Bauchhöhlenschwangerschaft *f*

extravagance [ɛkstʀavagɑ̃s] F 1 *d'une personne etc* Überspanntheit *f*; Extravaganz *f*; Verstiegenheit *f* 2 überspannte Idee; *parole* überspannte Äußerung; **~s** *pl a.* Extravaganzen *fpl*; **il a encore fait quelque ~** er hat sich (*dat*) wieder etwas Ausgefallenes, Extravagantes geleistet

extravagant [ɛkstʀavagɑ̃] ADJ 1 *personne, comportement, idée* überspannt; extravagant; *idée a.* verstiegen; *tenue* ausgefallen; extravagant; **idée ~e** *a.* Hirngespinst *n*; *fam* Schnapsidee *f*; **tenir des propos ~s** ungereimtes Zeug reden 2 *exigences* übermäßig; übertrieben; *prix* übermäßig hoch; horrend

extraversion [ɛkstʀavɛʀsjõ] F PSYCH Extravertiertheit *f*

extraverti [ɛkstʀavɛʀti] PSYCH A ADJ extravertiert B SUBST **~(e)** *m(f)* Extravertierte(r) *m/f(m)*

extrême [ɛkstʀɛm] A ADJ äußerste(r, -s); extrem (*a.* MATH, *climat etc*); **cas** *m* **~** Extremfall *m*; POL **l'~ droite, gauche** die äußerste, extreme Rechte, Linke; **~ urgence** äußerste, höchste Dringlichkeit; **à l'~ limite** an der äußersten *ou* an die äußerste Grenze (*a. fig*); **à l'~ pointe de la Bretagne** an der äußersten Spitze der Bretagne; **à l'~ rigueur** im äußersten Notfall; **avoir des opinions ~s** extreme Ansichten haben, vertreten; **la plus ~ prudence est recommandée** es wird äußerste, größte Vorsicht empfohlen B M 1 Extrem *n*; **passer d'un ~ à l'autre** von e-m Extrem ins andere fallen; *prov* **les ~s se touchent** die Extreme berühren sich (*prov*) 2 LOC ADV **à l'~** bis zum Äußersten; **pousser qc à l'~** etw bis zum Äußersten, auf die Spitze treiben

extrêmement [ɛkstʀɛmmɑ̃] ADV äußerst; höchst; auf das Äußerste; **~ intelligent** äußerst intelligent; hochintelligent

extrême-onction [ɛkstʀɛmõksjõ] F ÉGL CATH Krankensalbung *f*; Letzte Ölung

Extrême-Orient [ɛkstʀɛmɔʀjɑ̃] **l'~** *m* der Ferne Osten; Fernost

extrême-oriental [ɛkstʀɛmɔʀjɑ̃tal] ADJ ⟨-aux⟩ fernöstlich

extrémisme [ɛkstʀemism] M POL Radikalismus *m*; Extremismus *m*; **extrémiste** POL A ADJ radikal; extrem; extremistisch B M/F Radikale(r) *m/f(m)*; Extremist(in) *m(f)*

extrémité [ɛkstʀemite] F 1 äußerstes Ende; **~ du doigt** Fingerspitze *f*; **à la dernière ~** im allerletzten Augenblick; **d'une ~ à l'autre** von e-m Ende zum andern 2 **~s** *pl* Gliedmaßen *fpl*; Extremitäten *fpl* 3 *fig* **en arriver aux pires ~s** zum Äußersten schreiten; *malade* **il est à la dernière ~** es geht mit ihm zu Ende; *fam* er liegt in den letzten Zügen; **pousser qn à une fâcheuse ~** j-n zum Äußersten treiben; **j'en suis réduit à cette pénible ~** ich bin leider zu dieser extremen Maßnahme gezwungen

extrinsèque [ɛkstʀɛ̃sɛk] ADJ äußerlich; äußere(r, -s)

extroverti [ɛkstʀɔvɛʀti] → extraverti

exubérance [ɛgzybeʀɑ̃s] F 1 *de la végétation, des formes etc* Üppigkeit *f*; Fülle *f* 2 *d'une personne* Überschwänglichkeit *f*; (Gefühls)Überschwang *m*; **avec ~** überschwänglich

exubérant [ɛgzybeʀɑ̃] ADJ 1 *végétation* üppig (wuchernd); *formes* üppig 2 *personnes, comportement, joie* überschwänglich

exultation [ɛgzyltasjõ] F Frohlocken *n*;

exulter VI frohlocken
exutoire [ɛgzytwaʀ] M Ventil *n (fig)*; **trouver un ~ à sa colère** s-m Zorn Luft machen
ex-voto [ɛksvɔto] M ⟨inv⟩ Votivbild *n*
eye-liner [ajlajnœʀ] M ⟨pl eye-liners⟩ Eyeliner *m*
Eyzies-de-Tayac (Les) [lezezidətajak] *Ort im Dep. Dordogne*

F

F

F[1], **f** [ɛf] M ⟨inv⟩ F, f *n*
F[2] ABR (franc[s]) HIST F (Franc[s])
F₂, F₃, F₄ [ɛfdø, ɛftʀwa, ɛfkatʀ] M ABR (foyer) Zwei-, Drei-, Vierzimmer(miet)wohnung *f*
°F ABR (degré[s] Fahrenheit) °F (Grad Fahrenheit)
fa [fa, fa] M ⟨inv⟩ MUS f *ou* F *n*
Fabien [fabjɛ̃] M *Vorname*
Fabienne [fabjɛn] F *Vorname*
fable [fabl] F 1 Fabel *f (a. fig)* 2 **il est la ~ du quartier** das ganze Viertel spottet, lacht über ihn
fabliau [fablijo] M ⟨pl ~x⟩ *altfrz Verserzählung*
fabricant [fabʀikɑ̃] M, **fabricante** F 1 *(propriétaire d'usine)* Fabrikant(in) *m(f)*; Fabrikbesitzer(in) *m(f)* 2 *(producteur, productrice)* Hersteller(in) *m(f)*; Produzent(in) *m(f)*
fabrication [fabʀikasjõ] F Herstellung *f*; Fertigung *f*; An-, Verfertigung *f*; Fabrikation *f*; **~ artisanale** handwerkliche Fertigung; **produit** *m* **de ~ française** französisches Fabrikat; **~ en série** Serienfertigung *f*; **~ sur commande** Auftragsfertigung *f*; **être en cours de ~** in der Fertigung sein; *fam* **c'est un plat de ma ~** *fam* dieses Gericht ist mein eigenes Fabrikat
Fabrice [fabʀis] M *Vorname*
fabrique [fabʀik] F Fabrik *f*; Fabrikbetrieb *m*; **~ de chaussures, de meubles** Schuh-, Möbelfabrik *f*; **marque** *f* **de ~** Fabrikmarke *f*, -zeichen *n*
fabriquer [fabʀike] VT 1 herstellen; fertigen; an-, verfertigen; *(produire)* erzeugen; produzieren *(a. fig scientifiques etc)*; *fam péj* fabrizieren; **~ des meubles, des outils, des voitures** Möbel, Werkzeuge, Autos herstellen 2 *fam (faire)* tun; machen; *fam* treiben; **qu'est-ce que tu fabriques?** was machst, tust, treibst du denn da?; **qu'est-ce qu'il peut bien ~!** was macht, tut, treibt er bloß so lange! 3 *fig* **~ de toutes pièces** → pièce 1
fabulateur [fabylatœʀ] A ADJ ⟨-trice⟩ fabulierend B M Fabulierer *m*; **fabulation** F Fabulieren *n*
fabuler [fabyle] VI fabulieren; Geschichten erfinden
fabuleux [fabylø] ADJ ⟨-euse⟩ 1 *somme, prix* märchen-, sagenhaft; fantastisch; unwahrscheinlich 2 Fabel…; **animal ~** Fabeltier *n*
fabuliste [fabylist] M Fabeldichter *m*
fac [fak] F *fam* ABR (faculté) *fam* Uni *f*; **à la** *ou* **en ~** an der Uni
façade [fasad] F 1 ARCH Fassade *f*; Vorder-, Stirnseite *f*; (Vorder)Front *f* 2 *fig* Fassade *f*; Äußere(s) *n*; (äußerer) Anschein; **luxe** *m* **de ~** äußerer Luxus; glanzvolle Fassade; **ce n'est qu'une ~** das ist nur Fassade 3 *fam (figure)* **démolir la ~ à qn** *fam* j-m die Fassade polieren; *femme* **se refaire la ~** *fam* sich wieder anmalen
face [fas] F 1 Gesicht *n*; *st/s* Angesicht *n*; Antlitz *n*; *pop péj* **~ de rat** Fratze *f*; *fam* Affengesicht *n*; **~ contre terre** mit dem Gesicht zur Erde; *fig* **changer la ~ du monde** das Gesicht, das Aussehen der Welt verändern; *fig* **perdre, sauver la ~** das Gesicht verlieren, wahren; *st/s ou iron* **se voiler la ~** sein Antlitz verhüllen 2 *avec prép* ♦ *loc prép* **à la ~ de** vor *(+dat)*; in Gegenwart von *(ou +gén)*; **à la ~ du monde, de l'univers** vor aller Welt; vor der Weltöffentlichkeit; *loc prép* **~ à** zu *(+dat)* hin; **~ à la mer** zum Meer hin (gelegen); **~ au public** zum Publikum hin, gewandt; *loc adv* **~ à ~** Auge in Auge; von Angesicht zu Angesicht; **se trouver ~ à ~ avec qn** j-m Auge in Auge, von Angesicht zu Angesicht gegenüberstehen; *loc adv* **de ~** von vorn; CH DE FER **coin** *m* **(de) ~** Eckplatz *m* in Fahrtrichtung; THÉ **loge** *f* **de ~** Mittelloge *f*; **portrait** *m* **de ~** En-face-Bild *n*; Vorderansicht *f*; **avoir le vent de ~** Gegenwind haben; **photo prise de ~** von vorn aufgenommenes Foto; *loc prép* **en ~ de** gegenüber *(+dat)*; vor *(+acc ou dat)*; **en ~ de cela** demgegenüber; andererseits; **être assis l'un en ~ de l'autre** einander, sich gegenübersitzen; **sa maison est en ~ de la vôtre** sein Haus liegt Ihrem gegenüber; *loc adj* **d'en ~** gegenüberliegend; **la maison d'en ~** das gegenüberliegende Haus; das Haus gegenüber; *loc adv* **en ~** ins Gesicht; **avoir le soleil en ~** die Sonne im Gesicht haben; **il le lui a dit en ~** er hat es ihm ins Gesicht gesagt; **regarder qn (bien) en ~** j-m (direkt) ins Gesicht schauen; *fig* **regarder la mort en ~** dem Tod ins Auge sehen; **voir les choses en ~** den Dingen ins Gesicht sehen; ♦ **faire ~ à la demande** die Nachfrage befriedigen; **faire ~ à une dépense** e-e Ausgabe bestreiten; **faire ~ à des difficultés** mit Schwierigkeiten fertig werden; **faire ~ à ses engagements** s-n Verpflichtungen nachkommen; **faire ~ à l'ennemi** dem Feind die Stirn, die Spitze, Trotz bieten; **faire ~ à la situation** die Lage meistern; *sa maison* **fait ~ à la mienne** liegt meinem gegenüber 3 *d'une pièce de monnaie (a.* **côté** *m* **~)** Vorder-, Bildseite *f*; Avers *m* 4 *d'un solide* Fläche *f*; **à °huit ~s** achtflächig; *par ext* **glace** *f* **à trois ~s** dreiteiliger Spiegel 5 ANAT, BOT, *de la lune, d'un disque* Seite *f*; **examiner qc sous toutes ses ~s** etw von allen Seiten betrachten
face-à-face [fasafas] M ⟨inv⟩ TV Fernsehduell *n*
face-à-main [fasamɛ̃] M ⟨pl faces-à-main⟩ Lorgnette *f*; Stielbrille *f*
facétie [fasesi] F Posse *f*; Schnurre *f*; Spaß *m*; Scherz *m*; **faire des ~s** Possen reißen
facétieux [fasesjø] ADJ ⟨-euse⟩ *personne* immer zu Späßen aufgelegt; *histoire etc* spaßig; spaß-, scherzhaft
facette [fasɛt] F 1 *d'un diamant etc* Facette *f* 2 ZOOL **yeux** *mpl* **à ~s** Facetten-, Netzaugen *npl*
fâché [fɑʃe] ADJ 1 *(irrité)* verärgert; verstimmt; böse; *fam* sauer; **je ne serais pas ~ de le voir partir** *ou* **qu'il parte** ich wäre nicht böse, wenn er ginge; **être ~ contre**, *fam* **après qn** auf j-n böse sein 2 *(brouillé)* **être ~ avec qn** mit j-m verzankt, zerstritten, böse, *fam* verkracht sein
fâcher [fɑʃe] A VT **~ qn** j-n ärgern, verstimmen; *(mettre en colère)* j-n zornig, wütend machen B VPR 1 **se ~** böse, wütend, zornig werden; sich aufregen; sich ärgern; *fam* sauer werden; **se ~ contre**, *fam* **après qn** mit j-m *ou en son absence* auf j-n schimpfen 2 **se ~ avec qn** sich mit j-m verzanken, zerstreiten, überwerfen, verfeinden; mit j-m Streit bekommen
fâcherie [fɑʃʀi] F Streit *m*; Zerwürfnis *n*
fâcheusement [fɑʃøzmɑ̃] *adv* → fâcheux
fâcheux [fɑʃø] ADJ ⟨-euse⟩ misslich; fatal; unangenehm; unerfreulich; peinlich; **contretemps ~** widriger Umstand; **~ événement** missliches *etc* Ereignis; **c'est ~** das ist misslich; das kommt sehr ungelegen
facho [faʃo] *fam* ABR → fasciste
facial [fasjal] ADJ ⟨-aux⟩ Gesichts…
faciès [fasjɛs] M Gesicht *n*; Gesichtszüge *mpl*, -ausdruck *m*; Aussehen *n*
facile [fasil] ADJ *tâche, texte etc* leicht; *plaisanterie, critique* billig; *femme* leicht herumzukriegen(d); *enfant* leicht erziehbar; mit dem man keine Schwierigkeiten hat; *caractère* verträglich; **avoir la vie ~** ein leichtes Leben haben; **cela lui est ~** das ist leicht für ihn, für ihn ein Leichtes; das fällt ihm leicht; ♦ **~ à laver** bequem, leicht zu waschen(d); leicht waschbar; **~ à manier** leicht zu handhaben(d); handlich; **il est ~ à vivre** mit ihm ist gut auszukommen, kann man gut auskommen; er ist umgänglich, verträglich; **c'est ~ à comprendre** das ist leicht, unschwer zu verstehen, leicht verständlich; **c'est plus ~ à dire qu'à faire** das ist leichter gesagt als getan
facilement [fasilmɑ̃] ADV 1 leicht; mühelos; mit Leichtigkeit; **se casser ~** leicht brechen; **il se vexe ~** er ist leicht, schnell, gleich beleidigt 2 *il faut compter* **~ deux heures** mindestens, gut und gern zwei Stunden
facilité [fasilite] F 1 *d'une tâche etc* Leichtigkeit *f*; Mühelosigkeit *f*; **solution** *f* **de ~** bequem(st)e Lösung; Weg *m* des geringsten Widerstandes; *enfant* **n'avoir aucune ~** keine leichte Auffassungsgabe haben; sich *(acc ou dat)* schwertun beim Lernen; **avoir des ~s** leicht, mühelos lernen; keinerlei Lernschwierigkeiten haben; **céder à la ~, choisir une solution de ~** es sich *(dat)* leicht machen; den Weg des geringsten Widerstandes gehen; **écrire avec ~** mühelos, gewandt, mit leichter Hand schreiben 2 **~s** *pl* Erleichterungen *fpl*; **~s de paiement** Zahlungserleichterungen *fpl*; bequeme Zahlungsbedingungen *fpl*; **pour plus de ~s** bequemlichkeitshalber; **fournir, procurer à qn toutes ~s pour …** j-m jegliche Hilfe gewähren, um zu …
faciliter [fasilite] VT erleichtern; leichter machen; *digestion* fördern; *son entêtement* **ne facilitera pas les choses …** wird die Sache nicht gerade leichter machen; **~ la tâche à qn** j-m die, s-e Aufgabe erleichtern
façon [fasõ] F 1 Art *f*; Art und Weise *f*; Weise *f*; **~ cachemire, cuir** kaschmir-, lederartig; **~ d'agir, de s'exprimer, de procéder** Handlungs-, Ausdrucks-, Verfahrensweise *f*; **~ d'être** Art, sich zu geben; Auftreten *n*; Verhalten *n*; **~ de voir (les choses)** Ansicht *f* (über die Dinge); **la ~ dont il s'est conduit** die Art, wie er sich verhalten hat; **je vais lui dire ma ~ de penser** dem werde ich meine Meinung sagen; ♦ *loc adv*: **à ma, sa ~** auf meine, seine Weise, Art; **à la ~ de** nach Art von *(ou +gén)*; **de cette ~** auf diese Art, Weise, Art und Weise; so; **de quelle ~** wie; auf welche (Art und) Weise; **de toute ~** auf alle Fälle; auf jeden Fall; jedenfalls; sowieso; **d'une ~ ou d'une autre** auf die e-e oder andere Art; irgendwie; **d'une ~ différente** anders; **d'une ~ générale** allgemein; im Allgemeinen; *loc conj* **de (telle) ~ que …** *ou* **de ~ à ce que …** *(+subj)* so …, dass …; **s'y prendre de telle ~ que …** es so anstellen, dass …; **il se plaça de ~ à être vu** er stellte *ou* setzte sich so, dass man ihn sehen konnte *ou* dass er gesehen wurde; **en aucune ~** in keiner Weise; keineswegs; durchaus nicht; mitnichten 2 **~s** *pl* Benehmen *n*; Manieren *fpl*; Allüren *fpl*; Gebaren *n*; Gehaben *n*; *(manières affectées)* Ziererei *f*; Gehabe *n*; Getue *n*; **sans ~(s)** zwanglos; ungezwungen; **accepter sans ~** ohne weiteres annehmen; **non merci, sans ~!** nein danke, be-

stimmt *ou* wirklich nicht!; **sans plus de ~s** ohne weiteres; **je n'aime pas ses ~s** ich mag sein Gehabe nicht; **faire des ~s** sich nötigen lassen; sich zieren; Umstände machen; *fam* sich haben; sich anstellen; **ne fais pas de ~s!** zier dich nicht!; stell dich nicht so an!; hab dich nicht so!; tu doch nicht so! 3 COUT Fasson *f*; Ausführung *f*; Verarbeitung *f* 4 ÉCON **travail** *m* **à ~** Lohnvered(e)lung *f*; Arbeit *f* an geliefertem Material

faconde [fakõd] *litt* F Redseligkeit *f*

façonnage [fasɔnaʒ] M Formgebung *f*; Formung *f*; Gestaltung *f*; TECH *a.* Bearbeitung *f*; Formarbeit *f*; Fassonieren *n*

façonné [fasɔne] ADJ *étoffe* gemustert; mit Webmuster

façonner [fasɔne] V/T 1 formen; gestalten; modeln; TECH *a.* bearbeiten; fassonieren 2 *fig personne, esprit* formen; prägen

fac-similé [faksimile] M ‹*pl* fac-similés› Faksimile *n*

factage [faktaʒ] M 1 **entreprise** *f* **de ~** Rollfuhrunternehmen *n* 2 *prix* Rollgeld *n* 3 *(distribution du courrier)* (Post)Zustellung *f*

facteur [faktœʀ] M 1 *(préposé)* Briefträger *m*; Postbote *m* 2 MATH, BIOL, ÉCON, PSYCH Faktor *m*; MATH **~ premier** Primfaktor *m*; MATH **mise** *f* **en ~s** Zerlegung *f* in Faktoren 3 *par ext* Faktor *m*; Moment *n*; **le ~ décisif, psychologique** das entscheidende, psychologische Moment; **le ~ chance, surprise** das Glücks-, Überraschungsmoment; **le ~ temps** der Zeitfaktor; der Faktor Zeit; **~ de sécurité** Sicherheitsfaktor *m* 4 **~ de pianos, d'orgues** Klavier-, Orgelbauer *m*

factice [faktis] ADJ 1 nachgemacht, -gebildet; künstlich; **article** *m* **~** Attrappe *f*; **bouteille** *f* **~** (Flaschen)Attrappe *f*; **étalage** *m* **~** Schaupackungen *fpl*; Attrappen *fpl* 2 *fig sentiments* künstlich; ge-, erkünstelt; unecht; Schein…

factieux [faksjø] POL A ADJ ‹-euse› aufrührerisch; umstürzlerisch B M Aufrührer *m*; Aufwiegler *m*; Umstürzler *m*

faction [faksjõ] F 1 POL aufrührerische, umstürzlerische Partei, Gruppe 2 MIL **être en** *ou* **de ~** Wache stehen; *fig* Posten bezogen haben; sich postiert haben; **mettre qn en ~** j-n postieren

factitif [faktitif] GRAM A ADJ ‹-ive› kausativ; faktitiv B M Kausativ *n*; Faktitiv *n*

factoriel [faktɔʀjɛl] ADJ ‹~le› Faktoren…

factorielle [faktɔʀjɛl] F MATH Fakultät *f*

factotum [faktɔtɔm] M Faktotum *n*

factrice [faktʀis] F Briefträgerin *f*; Postbotin *f*

factuel [faktɥɛl] ADJ ‹~le› Tatsachen…; auf Fakten beruhend

facturation [faktyʀasjõ] F COMM 1 Ausstellung *f*, Ausfertigung *f* e-r Rechnung, von Rechnungen (**de** über *+acc*); Fakturierung *f* 2 *service* Rechnungsabteilung *f*

facture [faktyʀ] F 1 COMM (Waren)Rechnung *f*; Faktur *f*; **établir, faire une ~** e-e Rechnung ausstellen, ausschreiben 2 *d'un poème etc* Anlage *f*; (Auf)Bau *m* 3 *d'un instrument de musique* Bau *m*; Herstellung *f*

facturer [faktyʀe] V/T *marchandise* e-e Rechnung ausstellen für, über *(+acc)*; fakturieren; *(compter)* berechnen; in Rechnung stellen; *article* **facturé dix euros** mit zehn Euro berechnet

facturier [faktyʀje] M 1 Fakturist *m* 2 *livre* Fakturenbuch *n*; **facturière** F Fakturistin *f*

facultatif [fakyltatif] ADJ ‹-ive› fakultativ; nicht obligatorisch; ÉCOLE *matière* wahlfrei; *pourboire, présence, devoir* dem Einzelnen überlassen; jedem freigestellt; freiwillig; **arrêt ~** Bedarfshaltestelle *f*; **matière facultative** Wahlfach *n*

faculté [fakylte] F 1 Fähigkeit *f*; Vermögen *n*; **~s intellectuelles** geistige Fähigkeiten, Kräfte *fpl*; **~ d'adaptation** Anpassungsfähigkeit *f*, -vermögen *n*; **il a une grande ~ d'attention** er kann gut aufpassen; **ne plus jouir de toutes ses ~s** nicht mehr im Vollbesitz s-r geistigen Kräfte sein; nicht mehr ganz zurechnungsfähig sein 2 UNIVERSITÉ Fakultät *f*; **la ~** *souvent* die Universität; **~ de droit, des lettres et sciences humaines, de médecine, des sciences** juristische, philosophische, medizinische, naturwissenschaftliche Fakultät 3 *st/s (possibilité)* (Wahl)Freiheit *f*; Möglichkeit *f*; *(droit)* Befugnis *f*; **avoir la ~ de faire qc** die Freiheit haben, etw zu tun; etw tun können

fada [fada] *fam* A ADJ ‹*f inv*› *fam* verrückt; übergeschnappt; → *a.* **cinglé** B M *fam* Verrückte(r) *m*; Irre(r) *m*

fadaises [fadɛz] FPL Albernheiten *fpl*; abgeschmacktes, fades Zeug

fadasse [fadas] ADJ *fam péj* → fade

fade [fad] ADJ 1 *mets, boisson* fad(e); geschmacklos; ohne Geschmack; *boisson a.* schal; **d'un goût ~** fad schmeckend; **c'est ~** das schmeckt fad(e), nach nichts 2 *fig* fad(e); geist-, witzlos; abgeschmackt; schal; langweilig; **couleur** *f* **~** matte, stumpfe Farbe

fadeur [fadœʀ] F 1 Fadheit *f*; Geschmacklosigkeit *f* 2 *fig* Fadheit *f*; Geist-, Witzlosigkeit *f*; Abgeschmacktheit *f*; Schalheit *f*; Langweiligkeit *f*

fading [fadiŋ] M RAD Fading *n*; Schwund *m*

faf [faf] *fam* → fasciste

fafiot [fafjo] *arg* M Geldschein *m*

fagot [fago] M Reisigbündel *n*; *fig vin* **de derrière les ~s** erlesen; von der besten Sorte

fagoté [fagɔte] ADJ **mal ~** schlecht, geschmacklos angezogen

fagoter [fagɔte] V/PR **se ~** sich schlecht, geschmacklos anziehen

Fahrenheit [faʀɛnajt, -ʀən-] ADJ/T Fahrenheit *n*; **32 degrés ~** 32 Grad Fahrenheit

faiblard [fɛblaʀ] *fam* A ADJ (ziemlich) schwach *(a. fig)*; **se sentir (assez) ~** sich ziemlich schwach, elend fühlen B M Schwächling *m*

faible [fɛbl] A ADJ 1 schwach *(a. élève, lumière)*; *personne a. (sans énergie)* charakterschwach; energielos; zu nachsichtig; *bruit, voix a.* leise; *dénivellation* leicht; sanft; *pluie etc* leicht; *argumentation* auf schwachen Füßen stehend; **~ indice** *m* schwaches Anzeichen; kleiner Hinweis; **point** *m* **~** *d'une démonstration etc* Schwachpunkt *m*, -stelle *f*; schwacher Punkt; schwache Stelle; *d'une personne* schwache Seite; Schwäche *f*; **le latin est son point ~** Latein ist s-e schwache Seite; MÉTÉO **vent** *m* **~ à modéré** schwacher bis mäßiger Wind; **n'avoir qu'une ~ idée de qc** nur e-e schwache Vorstellung von etw haben; **avoir la vue ~** schwache Augen haben; **être de ~ constitution** von schwacher Konstitution sein; **être trop ~ avec ses enfants** zu nachsichtig gegen s-e Kinder sein; **être ~ en maths** in Mathe schwach sein; **se sentir ~** sich schwach fühlen 2 *nombre, hauteur, poids, coût etc* gering; niedrig; *monnaie* weich; **~ quantité** *f* geringe Menge; **~ rendement** *m* geringer Ertrag; **à une ~ profondeur** in geringer Tiefe B M 1 Schwache(r) *m*; *péj* Schwächling *m*; **les économiquement ~s** die sozial Schwachen; **un ~ d'esprit** ein geistig Beschränkter; **c'est un ~** er ist ein schwacher Charakter, ein Schwächling 2 *(penchant)* Schwäche *f*; Faible *n*; **avoir un ~ pour qn, qc** e-e Schwäche, ein Faible für j-n, etw haben

faiblement [fɛbləmɑ̃] ADV **~ épicé** leicht, schwach gewürzt; *pouls* **battre ~** schwach schlagen; **critiquer ~** vorsichtig kritisieren; *lampe* **éclairer ~** schwach leuchten; **protester ~** schwach protestieren

faiblesse [fɛblɛs] F 1 Schwäche *f*; Schwachheit *f*; **~ de caractère** Charakterschwäche *f*; **dans un moment de ~** in e-m schwachen Augenblick; in e-r schwachen Stunde; **par ~** aus Schwäche; **si vous avez la ~ de lui céder …** wenn Sie so schwach sind und ihm nachgeben …; **être d'une grande ~ envers qn** sehr nachsichtig gegen j-n sein 2 *(défaillance physique)* Schwäche *f*; Schwächeanfall *m* 3 *(point faible)* Schwäche *f*; schwache Seite 4 *des revenus, du coût etc* geringe Höhe

faiblir [fɛbliʀ] V/I *pouls, vent* schwächer werden; *courage, vent* nachlassen; *cours boursiers* nachgeben; zurückgehen; sinken

faïence [fajɑ̃s] F Steingut *n*; *décorée* Fayence *f*; **~s de Delft** Delfter Fayencen; **poêle** *m* **de** *ou* **en ~** Kachelofen *m*; **vaisselle** *f* **de ~** Steingutgeschirr *n*

faïencerie [fajɑ̃sʀi] F Steingutfabrik *f*; Fayencemanufaktur *f*; **faïencier** M, **faïencière** F Steingutfabrikant(in) *m(f)*, -händler(in) *m(f)*

faignant [fɛɲɑ̃] *fam* → fainéant

faille¹ [faj] F 1 GÉOL Spalte *f*; Verwerfung *f*; Bruch *m*; Sprung *m*; **ligne** *f* **de ~** Verwerfungs-, Bruchlinie *f* 2 *fig* Schwachstelle *f*; *loc adj* **sans ~** *raisonnement, alibi* hieb- und stichfest; *amitié* unverbrüchlich

faille² [faj] → falloir

failli [faji] COMM, JUR A ADJ in Konkurs geraten B M Gemeinschuldner *m*

faillible [fajibl] ADJ fehlbar

faillir [fajiʀ] V/I ‹*défect*: **j'ai failli**; *passé simple* **je faillis**› 1 **j'ai failli tomber** ich wäre beinahe, fast, *fam* bald gefallen; es fehlte nicht viel, und ich wäre gefallen; **elle a failli acheter ce manteau** fast hätte sie diesen Mantel gekauft; sie war nahe daran, diesen Mantel zu kaufen 2 *st/s* **~ à son devoir** s-e Pflicht verletzen; gegen s-e Pflicht verstoßen; **~ à ses engagements** s-n Verpflichtungen nicht nachkommen

faillite [fajit] F 1 COMM, JUR Konkurs *m*; Bankrott *m*; **être en ~** sich im Konkurs befinden; bankrott, *fam* pleite sein; **faire ~** Bankrott, *fam* Pleite machen; Bankrott, *fam* pleitegehen; Konkurs machen; in Konkurs geraten, gehen; → *a.* 2 2 *fig d'une politique, d'un projet etc* Fehlschlag *m*; Scheitern *n*; Misserfolg *m*; Zusammenbruch *m*; *fam* Pleite *f*; Bankrott *m*; **faire ~** scheitern

faim [fɛ̃] F 1 Hunger *m*; **la ~ dans le monde** der Hunger in der Welt; **avoir (très) ~** (großen) Hunger haben; (sehr) hungrig sein; *fam* **avoir une ~ de loup** *fam* e-n Bären-, Wolfs-, Mordshunger haben; *fam* **j'ai une de ces ~s!** *fam* hab ich e-n Hunger!; **calmer sa ~** s-n Hunger stillen; **cela donne ~** dabei *ou* davon bekommt, *fam* kriegt man Hunger; das macht Hunger, hungrig; **laisser qn sur sa ~** j-s Hunger ungestillt lassen; *fig* j-n unbefriedigt lassen; **manger à sa ~** sich satt essen; **ne pas manger à sa ~** Hunger leiden; hungern; **mourir, crever de ~** a verhungern; an Hunger *ou st/s* hungers sterben; den Hungertod sterben b *fam fig* am Verhungern sein; vor Hunger vergehen; **se laisser mourir de ~** freiwillig den Hungertod sterben; **rester sur sa ~** hungrig bleiben; nicht satt werden; *fig* nicht auf s-e Kosten kommen; in s-e Erwartungen enttäuscht werden 2 *fig et st/s* Hunger *m* (**de** nach); **avoir ~ de tendresse** *etc st/s* nach Zärtlichkeit *etc* hungern, lechzen

faîne *ou* **faine** [fɛn] F BOT Buchecker *f*

fainéant [feneɑ̃] A ADJ faul; träge; *plus fort fam* stinkfaul; HIST **les Rois ~s** *die letzten Me-*

rowinger **B** SUBST **~(e)** *m(f)* Nichtstuer *m*; Faulenzer(in) *m(f)*; Tagedieb *m*; *fam* Faulpelz *m*; Faultier *n*

fainéanter [feneɑ̃te] VI nichts tun; faulenzen; *fam* auf der faulen Haut liegen

fainéantise [feneɑ̃tiz] F Faulenzerei *f*; Faulheit *f*

faire [fɛʀ]

⟨je fais, il fait, nous faisons [f(ə)zõ], vous faites, ils font; je faisais [f(ə)zɛ]; je fis; je ferai; que je fasse, que nous fassions; faisant [f(ə)zɑ̃]; fait⟩

F

A verbe transitif et intransitif
B verbe auxiliaire
C verbe impersonnel
D verbe pronominal

— A verbe transitif et intransitif —

1 machen; tun; *expressions:* **a** *avec subst:* **~ une bonne action** e-e gute Tat vollbringen, *fam* tun; **~ des bénéfices** Gewinne erzielen, *fam* machen; **~ ses chaussures** s-e Schuhe putzen; **~ la cuisine** kochen; **~ un excellent déjeuner** *personne* ausgezeichnet essen; *mets* ein ausgezeichnetes Mittagessen ergeben; **~ un gâteau** e-n Kuchen backen, *fam* machen; *chat* **~ ses griffes** die Krallen wetzen; **~ du jardinage** im Garten arbeiten; gärtnern; **~ dix kilomètres à pied** zehn Kilometer zu Fuß machen, zurücklegen; **~ les lits** die Betten machen; *oiseau* **~ son nid** nisten; sein Nest bauen; **~ la paix** Frieden schließen; **~ une robe** ein Kleid machen, schneidern; **~ la salade** den Salat anmachen; **~ un tableau** ein Bild malen; *jus etc* **~ des taches** Flecken machen, hinterlassen, verursachen; **~ un tout homogène** ein einheitliches Ganzes bilden, ergeben; **~ un travail** e-e Arbeit machen, tun, verrichten, erledigen; → *a.* 2-18 *et les subst correspondants;* ♦ **~ qn qc** j-n zu etw machen; **~ qn son héritier** j-n zu s-m Erben machen; **~ qn président** j-n zum Präsidenten machen; ♦ **~ qc de qn, de qc** etw aus j-m, aus etw machen; **cet événement a fait de lui un autre homme** dieses Ereignis hat aus ihm e-n anderen Menschen gemacht; *d'un fils* **on en fera un médecin** wir wollen ihn Arzt werden lassen **b** *avec adj* wirken; aussehen; sich ausnehmen; *personne* **~ jeune** jung aussehen, wirken; **ce tableau fait joli** dieses Bild wirkt hübsch, nimmt sich hübsch aus; ♦ *adjt:* **ces lunettes font vieille institutrice** mit dieser Brille sehe ich, siehst du *etc* aus wie e-e alte Lehrerin; *vêtement* **~ mode** modisch wirken; *expression* **~ dix-neuvième siècle** nach neunzehntem Jahrhundert klingen **c** *avec adv: fam* **ça ne fait pas assez** das ist nicht genug; das reicht nicht; *fam* **ça commence à bien ~** *fam* jetzt reicht's dann aber; *accessoire, bibelot etc* **~ bien** gut aussehen, wirken; sich gut ausnehmen, machen; *fam* **ça fait bien de parler anglais** es macht sich gut, wenn man englisch spricht; **il a bien fait** er hat richtig gehandelt, recht getan (**de le lui dire** es ihm zu sagen); *devise* **bien ~ et laisser dire** tue recht und scheue niemand; **pour bien ~ il faudrait** (+*inf*) das Richtige, Beste wäre zu (+*inf*); **c'est bien fait** das geschieht dir *ou* ihm *etc* recht; **il ferait bien**, *fam* **pas mal de songer à l'avenir** er täte gut daran, an die Zukunft zu denken; **bien ~ les choses** es gut meinen; großzügig sein; *fam* sich nicht lumpen lassen; **faites comme chez vous!** tun Sie, als ob Sie zu Hause wären!; machen Sie es sich (*dat*) bequem!; **comment avez-vous fait?** wie haben Sie es angestellt?; *st/s* **c'en est fait de lui, de qc** es ist um ihn, um etw geschehen; es ist aus mit ihm, mit etw; **vous feriez mieux de vous taire** Sie täten besser daran, den Mund zu halten; **ne ~ que ~ qc** nur, bloß etw tun; **il ne fait que commencer** er fängt gerade erst an; **il n'a fait qu'effleurer le sujet** er hat das Thema nur gestreift; **ne ~ qu'entrer et sortir** nur kurz herein-, vorbeischauen; gleich wieder gehen; **cela y fait beaucoup** das macht viel aus; *st/s* **rien n'y fit** nichts wollte helfen; es war zwecklos **d** *avec pr:* **ne fais pas ça!** tu, mach das nicht!; **fais ce que tu veux!** mach *ou* tu, was du willst!; *loc* **ce qui est fait est fait** das Geschehene kann man nicht ungeschehen machen; geschehen ist geschehen; **ce n'est ni fait ni à ~** das ist nichts Halbes und nichts Ganzes; **ce faisant** dabei; als ich, er *etc* das tat, machte; *fam* **on ne me la fait pas!** *fam* ich lasse mich nicht reinlegen, drankriegen!; *fam* **je le connais comme si je l'avais fait** *fam* ich kenne ihn in- und auswendig, wie meine Westentasche; **que ~?** was tun?; was kann man da machen?; **qu'est-ce que vous faites là?** was tun, machen, treiben Sie da?; **mais qu'est-ce qu'ils font!** was tun, machen sie bloß so lange!; **qu'est-ce que vous faites dans la vie?** welchen Beruf haben Sie?; was arbeiten Sie?; **qu'est-ce que tu as fait de mes clefs?** was hast du mit meinen Schlüsseln gemacht?; **faites quelque chose!** tun Sie (doch) (et)was!; **~ qc pour qn** für j-n etw tun; **cela lui a fait qc** das hat ihn (sehr) getroffen; das hat ihm e-n Stich gegeben; *d'un enfant* **on en fera qc** aus dem kann (et)was werden; *fam* **pour quoi ~?** wozu?; wofür?; **quoi qu'on fasse, il n'est jamais content** man kann es ihm nie recht machen; **il ne fait rien** er tut, arbeitet nichts; **il ne fait rien à l'école** er leistet nichts in der Schule; **je ne lui ai rien fait** ich habe ihm nichts getan; **cela ne fait rien** das macht nichts; **cela ne lui fait rien** das macht ihm nichts aus; **ça ne fait rien à l'affaire** das ändert nichts an der Sache; *fam* **rien à ~!** nichts zu machen!; nichts zu wollen!; *st/s* **n'en faites rien!** tun Sie das nicht!; *formule de politesse* **je n'en ferai rien** aber ich bitte Sie!; *prov* **ne faites pas à autrui ce que vous ne voudriez pas que l'on vous fasse (à vous-même)** was du nicht willst, dass man dir tu, das füg auch keinem andern zu (*prov*) **e** *avec verbe:* **j'ai à ~** ich habe zu tun; **avoir à ~ à** zu tun, zu schaffen haben mit; *si tu ...* **tu auras à ~ à moi** dann bekommst du es mit mir zu tun; **le gouvernement a fort à ~** [fɔʀtafɛʀ] **avec les extrémistes** die Radikalen machen der Regierung viel zu schaffen; *fam* **j'en ai rien à ~** damit habe ich nichts zu tun, zu schaffen; das geht mich nichts an; **il n'y a (plus) rien à ~** es *ou* da ist nichts (mehr) zu machen; *st/s* **n'avoir que ~ de qc** etw entbehren können; *st/s* e-r Sache (*gén*) nicht bedürfen; *fam* **il faut le ~!** das ist gar nicht so einfach!; das soll erst (ein)mal einer nachmachen!; **(se) laisser ~** → laisser B et C; **je ne peux pas ~ autrement** ich kann nicht anders; **qu'est-ce que ça peut bien vous ~?** was haben Sie damit zu tun?; was macht das Ihnen aus?; was interessiert Sie das?; *fam* **il ne peut jamais ~ comme tout le monde!** er muss auch immer aus der Reihe tanzen!; **on ne peut rien y ~** da kann man nichts machen, tun; *fam* **savoir y ~** sich darauf verstehen; **qu'est-ce que vous voulez que j'en fasse?** was soll ich damit anfangen? **f** *avec conj:* **~ que ...** bewirken, zur Folge haben, dass ...; **sa maladie a fait qu'il n'a pas pu travailler** s-e Krankheit hatte zur Folge, dass er nicht arbeiten konnte; *fam* **ça fait que ...** deshalb, deswegen, darum ...; *il pleuvait à verse,* **ça fait qu'on est resté** deshalb sind wir geblieben; **fasse le Ciel qu'il revienne bientôt!** gebe (es) der Himmel, dass er bald zurückkommt!; *st/s* **~ en sorte que ...** (+*subj*) es so einrichten, dass ...; das Nötige veranlassen, damit ... **g** *abs (uriner, déféquer)* (hin) machen; *jeune chien* **~ partout** überall hinmachen; **~ dans sa culotte** in die Hose machen **h** *abs* **(faites,) faites!** bitte! **i** *reprise d'un verbe précédent* tun; **il répondit comme jamais son frère ne l'aurait fait** er antwortete, wie es sein Bruder nie getan hätte **2** **~ du sport** Sport treiben; *fam* sporteln; **~ un sport** e-e Sportart betreiben; **~ de la natation, de la voile** Schwimmsport, Segelsport betreiben; schwimmen, segeln; **~ de la marche** wandern; (Fuß)Wanderungen machen; **~ du tennis** Tennis spielen; *fam* **~ du vélo** Rad fahren; *fam* radeln; → *a. les subst correspondants* **3** *(étudier) une matière* studieren; treiben; lernen; *une école* besuchen; durchlaufen; absolvieren; **~ de l'anglais** *à la fac* Englisch studieren; *à l'école* Englisch lernen; *seul* Englisch treiben, lernen, *fam* machen; **~ son droit, sa médecine** Jura, Medizin studieren; **il fait les Beaux-Arts** *etc* er studiert an der Kunstakademie *etc* **4** *(visiter) région* bereisen; *fam* abgrasen; *monument* besichtigen; *fam* machen; *magasins fam* abklappern **5** *fam une maladie* haben; leiden an (+*dat*); *fam* durchmachen; **~ une angine** e-e Angina durchmachen; **~ du diabète** Diabetes haben; an Diabetes leiden; **~ de la fièvre** Fieber haben **6** *fam magasin: article* führen; haben; verkaufen **7** *fam (cultiver) blé etc* anbauen **8** *fam (cambrioler) banque etc* ausrauben; **~ le portefeuille à qn** j-m die Brieftasche leeren **9** *(devenir)* abgeben; werden; **il fera un bon professeur** er wird ein guter Lehrer werden, e-n guten Lehrer abgeben **10** *(chercher à passer pour)* sich ... stellen; so tun, als ob ...; markieren; machen; spielen; **~ le malade** sich krank stellen; so tun, als sei man krank *ou* als ob man krank wäre; den Kranken markieren, spielen **11** *fam* CINÉMA, THÉ *rôle* spielen; **~ Harpagon** den Harpagon spielen **12** *nombre aux dés* werfen; würfeln; **~ un six** e-e Sechs, sechs Augen werfen, würfeln **13** *fam (vendre)* geben, verkaufen für; **je vous le fais (à) dix euros** ich geb's, lasse es Ihnen für zehn Euro **14** *en incise* sagen; erwidern; *sans doute,* **fit-il**, *vous avez raison* erwiderte, sagte er; **chut! fit-elle** pst! machte sie **15** *fam (durer) vêtement, objet* halten; *provisions* reichen; *fam* vorhalten; *film, spectacle* dauern **16** *(servir de)* dienen als; **un placard qui fait penderie** ein Wandschrank, der als Kleiderschrank dient **17** GRAM bilden; **«cheval» fait «chevaux» au pluriel** „cheval" bildet den Plural „chevaux" **18** MATH, MESURES: **quatre et trois font sept** vier und drei ist, macht sieben; **ce mur fait deux mètres** diese Mauer hat zwei Meter (Höhe *ou* Länge); **ce réservoir fait cinquante litres** dieser Tank fasst fünfzig Liter; **mon frère fait quatre-vingts kilos** mein Bruder ist achtzig Kilo schwer, wiegt, *fam* hat (s-e) achtzig Kilo; **il fait un mètre quatre-vingt** er ist eins achtzig groß; **combien fais-tu?** wie groß *ou* schwer bist du?; **quelle pointure faites-vous?** welche (Schuh- *etc*)Größe haben Sie?; **je fais du quarante** ich habe vierzig; AUTO **~ du cent (à l'heure)** *vitesse momentanée* mit hundert (Stundenkilometern) fahren; *fam* hundert draufhaben; *vitesse maximale* hundert (Stundenkilometer) fahren, machen; ♦ *impersonnel* **a** *en payant* **ça fait cent euros** das macht hundert Euro; *fam* **combien ça fait?** was macht das? **b** *indication de temps* **ça fait quinze jours que je ne l'ai pas vu** ich habe ihn seit vierzehn Tagen nicht gesehen; es ist *ou* sind vierzehn Tage her, dass ich ihn nicht gesehen habe

— **B** verbe auxiliaire —

avec inf lassen (*+inf*); veranlassen zu (*+inf*); bringen zu (*+subst*); **~ adopter une motion** e-n Antrag durchbringen, zur Annahme bringen; **~ changer qn d'idée** j-n umstimmen; j-n veranlassen, s-e Absicht zu ändern; **ne me faites pas dire ce que je n'ai pas dit** legen Sie mir nicht Worte in den Mund, die ich nicht gesagt habe; **~ lire les élèves** die Schüler lesen lassen; **~ lire un texte aux élèves** die Schüler e-n Text lesen lassen; **~ manger** *enfant, malade* füttern; **il me** (*obj indir*) **fait penser à mon oncle** er erinnert mich an meinen Onkel; **~ rire qn** j-n zum Lachen bringen; j-n lachen machen; **~ savoir (à qn) que …** (j-m) mitteilen, dass …; **~ traverser la rue à qn** j-n über die Straße bringen; **~ venir qn** j-n kommen lassen; → *a. les verbes correspondants*

— **C** verbe impersonnel —

sein **a** *temps, température*: **il fait beau, mauvais** es ist schön(es Wetter), schlechtes Wetter; das Wetter ist schön, schlecht; wir haben schönes, schlechtes Wetter; **il fait chaud, froid** *etc* es ist warm, kalt *etc*; **il va ~ froid** es wird kalt; wir bekommen, *fam* kriegen kaltes Wetter; **il fait du brouillard** es ist neblig; wir haben, es herrscht Nebel; **il fait une chaleur terrible** es ist furchtbar heiß; wir haben e-e furchtbare Hitze; **il fait trente degrés à l'ombre** es sind, wir haben dreißig Grad im Schatten; **il fait (du) soleil** die Sonne scheint; **quel temps fait-il?** wie ist das Wetter?; **par le temps qu'il fait** bei dem Wetter; → *a.* bon[1] B **b** **il fait jour, nuit** es ist Tag, Nacht; **il fait clair, sombre** es ist hell, dunkel

— **D** verbe pronominal —

se ~ **1** **a** *mariage, paix* zustande kommen; *silence* eintreten; *impersonnel* **il se fit un (grand) silence** es trat (e-e große) Stille ein; es wurde (ganz) still **b** *fromage* reifen **c** **cet homme s'est fait seul** dieser Mann hat sich aus eigener Kraft hochgearbeitet **d** *impersonnel*: **il pourrait bien se ~ que …** (*+subj*) es könnte sehr wohl sein, geschehen, der Fall eintreten, passieren, dass …; **comment se fait-il qu'il parte déjà?** wie kommt es, wie ist es möglich, dass er schon geht?; *fam* **comment (que) ça se fait?** wie kommt das?; wie ist das möglich?; *fam* wieso? **2** *sens passif* **a** gemacht werden; erfolgen; **le montage se fait dans cet atelier** die Montage erfolgt in dieser Werkstatt; COMM **se ~ en acajou, en bleu** in Mahagoni, in Blau hergestellt werden, lieferbar sein **b** (*être courant*) üblich, Brauch, gang und gäbe, Mode sein; **ça ne se fait pas!** das *ou* so was tut man nicht! **3** *avec subst* sich (*dat*) … machen; **se ~ des amis** Freunde gewinnen; **se ~ un peu d'argent de poche** sich (*dat*) etwas Taschengeld verdienen; **se ~ un devoir de** (*+inf*) es sich (*dat*) zur Pflicht machen, es als s-e Pflicht ansehen, betrachten zu (*+inf*); **se ~ des ennemis** sich (*dat*) Feinde machen, schaffen; **se ~ une opinion** sich (*dat*) e-e (eigene) Meinung bilden; **se ~ une situation** sich (*dat*) e-e Position schaffen **4** *avec adj ou subst sans article*: **a** werden; **se ~ moine** Mönch werden; **se ~ rare** selten werden; *personne* sich selten sehen lassen; *fam* sich rarmachen; *impersonnel* **il se fait tard** es wird spät; **se ~ vieux** alt werden; altern **b** **se ~ beau** *ou* **belle** sich fein, schön machen; sich herausputzen; **se ~ fort de** (*+inf*) sich anheischig machen zu (*+inf*) **5** *avec inf*: **a** sich (*dat*) … lassen; **se ~ couper les cheveux** sich (*dat*) die Haare schneiden lassen; **se ~ ~ un costume** sich (*dat*) e-n Anzug machen lassen; **se ~ maigrir** e-e Abmagerungskur machen **b** *sens passif* werden; **se ~ renverser par une voiture** von e-m Auto umgefahren werden; **se ~ sentir** fühlbar, spürbar werden; sich bemerkbar machen **6** **se ~ à** sich gewöhnen an (*+acc*); **se ~ à une idée** *a.* sich mit e-m Gedanken abfinden; **s'y ~** sich daran gewöhnen **7** *chaussures, jeans* **se ~** nachgeben; sich dehnen, weiten **8** *fam* **ne pas s'en ~** (*ne pas s'inquiéter*) sich (*dat*) (deswegen) keine Sorgen machen; sich (*dat*) nichts daraus machen; sich (*dat*) deswegen keine grauen Haare wachsen lassen; (*ne pas se gêner*) keine Hemmungen haben; sich (*dat*) viel herausnehmen; **(ne) t'en fais pas!** nur keine Sorge!; **il ne s'en fait pas** *fam* der kennt da nichts, keine Hemmungen; *iron* **(il ne) faut pas vous en ~!** Sie nehmen sich (*dat*) da ein bisschen viel raus!; *fam* Sie haben vielleicht Nerven! **9** *pop* (*coïter*) **se ~ qn** mit j-m ins Bett gehen; *fam* j-n vernaschen **10** *fam* **il faut se le ~** es ist nicht so einfach, mit ihm auszukommen, ihn zu ertragen

faire-part [fɛʀpaʀ] M ‹*inv*› (Familien)Anzeige *f*; **~ de décès, de mariage, de naissance** Todes- *ou* Trauer-, Heirats- *ou* Vermählungs-, Geburtsanzeige *f*; **envoyer, faire imprimer des ~** Anzeigen verschicken, drucken lassen

faire-valoir [fɛʀvalwaʀ] M ‹*inv*› AGR Bewirtschaftung *f*; **~ direct** Selbst-, Eigenbewirtschaftung *f*

fair-play [fɛʀplɛ] **A** M Fairness *f*; Fair Play *n* **B** ADJ ‹*inv*› fair; **(ne pas) être ~** (nicht *ou* un)fair sein, spielen, kämpfen

fais [fɛ] → faire

faisabilité [fəzabilite] F Durchführbarkeit *f*

faisable [fəzabl] ADJ durchführbar; machbar; möglich; **c'est (très) ~** das lässt sich (gut) machen; das geht (gut, ohne weiteres)

faisan [fəzɑ̃] M **1** ZOOL Fasan *m*; **~ doré** Goldfasan *m* **2** *arg* Betrüger *m*; Gauner *m*

faisandage [fəzɑ̃daʒ] M *du gibier* Abhängen *n*, bis es den Hautgout annimmt

faisandé [fəzɑ̃de] ADJ CUIS **viande ~e** Fleisch *n* mit Hautgout, mit e-m Stich

faisandeau [fəzɑ̃do] M ‹*pl* ~x› junger Fasan

faisander [fəzɑ̃de] VT CUIS *gibier* abhängen lassen, bis es den Hautgout annimmt

faisanderie [fəzɑ̃dʀi] F Fasanerie *f*; Fasanengehege *n*; **faisandier** M Fasanenzüchter *m*

faisane [fəzan] F *ou* ADJT **poule** *f* **~** Fasanenhenne *f*

faisceau [fɛso] M ‹*pl* ~x› **1** *de brindilles* Bündel *n*; Bund *n* **2** MATH Bündel *n*; Büschel *n*; PHYS Strahl *m*; OPT Bündel *n*; **~ électronique** Elektronenstrahl *m*; TÉLÉCOMMUNICATIONS **~ hertzien** Richtfunkstrecke *f*, -verbindung *f*; **~ laser** Laserstrahl *m*; **~ lumineux** Lichtkegel *m*; (Licht)Strahlenbündel *n* **3** ANAT Strang *m*; Bündel *n* **4** MIL Gewehrpyramide *f* **5** *fig* **~ de preuves** Kette *f* von Beweisen; Beweiskette *f*

faiseur [fəzœʀ] M, **faiseuse** F **faiseur, faiseuse de …** …macher(in) *m(f)*; **faiseuse d'anges** Engelmacherin *f*; **faiseur d'embarras** j-d, der anderen ständig Ungelegenheiten macht; *fam* Stänker(er) *m*; **faiseuse de mariage** Ehestifterin *f*; *fam* Kupplerin *f*

faisselle [fɛsɛl] F Abtropfsieb *n* (für Quark)

fait[1] [fɛ] PP → faire *et* ADJ ‹faite [fɛt]› **1** *travail* gemacht; getan; fertig; erledigt; beendet; aus-, durchgeführt; *objet* beschaffen; gebildet (**de qc** aus etw); *yeux* geschminkt; *ongles* lackiert; JUR *acte* **~ le …** ausgefertigt, ausgestellt am …; **tout ~** *travail* (fix und) fertig; ganz fertig; *expression* fest; stehend; stereotyp; **des idées toutes ~es** übernommene, überkommene Ansichten *fpl*; Klischeevorstellungen *fpl*; **c'est ~** das ist erledigt, gemacht, getan, fertig; **voilà qui est ~** das wäre erledigt, geschafft; **c'est un grand pas de ~** das ist ein großer Schritt vorwärts; das hat uns ein gutes Stück weitergebracht; **c'est bien ~** das geschieht dir, ihm *etc* recht; ♦ **être ~ pour qn, qc** für j-n, etw wie geschaffen sein; ideal, genau richtig für j-n, etw sein; **ils sont ~s l'un pour l'autre** sie sind füreinander bestimmt, (wie) geschaffen; **il n'est pas ~ pour ce métier, pour être professeur** er eignet sich nicht für diesen Beruf, zum Lehrer; *fam* **c'est ~ pour** dazu ist es ja da **2** *fromage* reif; weich; *fam* durch **3** *personne* **bien ~** gut gewachsen; *fam* gut gebaut; **être mal ~** nicht gut gewachsen, *fam* gebaut sein; **un homme ~** ein ausgewachsener, *all Sud* gestandener Mann **4** *fam* **être ~** *fam* dran, *plus fort* geliefert, verloren sein

fait[2] [fɛ(t)] M **1** (*réalité*) **a** Tatsache *f*; Faktum *n*; **~ nouveau** Novum *n*; neue Tatsache (*a.* JUR); **le ~ de** (*+inf*) *ou* **que …** (*+ind ou subj*) die Tatsache, dass …; **le ~ de n'avoir rien répondu** *ou* **qu'il n'ait rien répondu** (die Tatsache,) dass er nichts geantwortet hat; **c'est un ~** das ist e-e Tatsache, ein Faktum; das steht fest; **le ~ est que vous avez raison** Tatsache ist, dass Sie recht haben; tatsächlich haben Sie recht; **le ~ est là,** *il est trop tard* Tatsache ist … **b** **~s** *pl* Sachverhalt *m*; Sachlage *f*; JUR Tatbestand *m* **2** (*acte*) Tat *f*; Handlung *f*; **°hauts ~s** große, denkwürdige Taten; Heldentaten *fpl* (*a. iron*); **~ d'armes, de guerre** (kriegerische) Heldentat; **le ~ de parler, de s'en aller** *etc* das Sprechen, Weggehen *etc*; **prendre qn sur le ~** j-n auf frischer Tat, in flagranti ertappen; **surveiller les ~s et gestes de qn** j-s Tun und Treiben überwachen **3** (*événement*) Ereignis *n*; Begebenheit *f*; Geschehnis *n*; Vorfall *m*; Vorkommnis *n*; (*phénomène*) Erscheinung *f*; **~ divers** → divers 1 **4** (*cause*) Sache *f*; Fall *m*; **dire son ~ à qn** j-m gründlich die Meinung sagen; j-m ordentlich Bescheid sagen; **être sûr de son ~** s-r Sache (*gén*) sicher sein; **prendre ~ et cause pour qn** für j-n Partei ergreifen; sich für j-n einsetzen; **(en) venir au ~** zur Sache, zum Kern der Sache kommen **5** LOC ADV **au ~** [ofɛt] übrigens; dabei fällt mir ein; eigentlich; **au ~, j'ai oublié de vous dire que …** übrigens, ich habe vergessen, Ihnen zu sagen, dass …; **au ~, que voulez-vous de moi?** was wollen Sie eigentlich von mir?; ♦ *loc adv et loc adj* **de ~** [dəfɛt] faktisch; tatsächlich; in der Tat; wirklich; wahrhaftig; **gouvernement** *m* **de ~** De-facto-Regierung *f*; *il avait promis d'être à l'heure et,* **de ~,** *il y était* tatsächlich; in der Tat; wirklich; wahrhaftig; *loc adv* **de ce ~** aus diesem Grund; deshalb; darum; auf Grund dieser Tatsache; *loc prép et loc conj* **du ~ de** (*+subst*) *ou* **que …** (*+ind*) durch (*+acc*); infolge, als Folge, wegen (*+gén*); dadurch dass; da; weil; **du seul ~ de son appartenance** *ou* **qu'il appartienne à un parti** allein aufgrund s-r Parteizugehörigkeit; allein aufgrund der Tatsache, dass er e-r Partei angehört; ♦ *loc adv* **en ~** [ɑ̃fɛt] in Wirklichkeit; im Grunde; *loc prép* **en ~ de** was (*+acc*) (an)betrifft, an(be)langt, angeht; in puncto (*+subst sans article*); hinsichtlich (*+gén*); ♦ *loc adv* **tout à ~** [tutafɛ] **a** ganz (und gar); völlig; vollständig; vollkommen; gänzlich **b** *fam* genau!; richtig!

faîtage [fɛtaʒ] M ARCH (Dach)First *m*

faîte [fɛt] M **1** *d'un toit, d'une maison* (Dach)First *m; d'une tour* Spitze *f* **2** *d'une montagne* Gipfel *m;* Kamm *m;* Grat *m; d'un arbre* Wipfel *m;* Gipfel *m;* Krone *f* **3** *fig* Glanz-, Höhepunkt *m;* Zenit *m;* **être (parvenu) au ~ de la gloire** auf der Höhe des Ruhmes stehen; den Gipfel, Höhepunkt des Ruhmes erreicht haben

fait-tout ‹*inv*› *ou* **faitout** [fɛtu] M (schwerer) Kochtopf

faix [fɛ] M *litt (fardeau)* Last *f; st/s* Bürde *f*

fakir [fakiʀ] M Fakir *m*

falaise [falɛz] F Steilküste *f;* (Fels)Klippe *f;* Felswand *f*

falbalas [falbala] MPL (üppiger) Besatz; *fam péj* Firlefanz *m*

F

Falkland [falklɑ̃d] **les îles** *fpl* **~** die Falklandinseln *fpl*

fallacieux [fa(l)lasjø] ADJ ‹-euse› trügerisch; irreführend

falloir [falwaʀ] V/IMP ‹il faut; il fallait; il fallut; il a fallu; il faudra; qu'il faille; qu'il fallût› **1** müssen; nötig sein; sollen; dürfen **a** *avec inf:* **il me faut** (*+inf*) ich muss (*+inf*); **il faut** (*+inf*) man muss (*+inf*); **il ne faut pas** (*+inf*) man darf, soll nicht (*+inf*); **il lui a fallu attendre** er musste warten; **il fallait me le dire** du hättest *ou* Sie hätten es mir sagen müssen, sollen; **faut-il être bête tout de même!** wie kann man nur so dumm sein!; **il ne faut pas mentir** man darf, soll nicht lügen; **(il) faut voir!** das muss man gesehen haben!; das müssten Sie *etc* mal sehen! **b** **il faut que je …** (*+subj*) ich muss (*+inf*); **il a fallu qu'il arrive juste à ce moment-là** ausgerechnet in diesem Augenblick musste er kommen!; **encore faut-il qu'il réussisse à son examen** da, dazu muss er erst mal s-e Prüfung bestehen; **il faut toujours qu'elle se trouve des excuses** sie braucht immer e-e Ausrede **c** **il le faut** das, es muss sein; **il faut ce qu'il faut** was sein muss, muss sein; **s'il le faut** wenn es sein muss; wenn es nötig, erforderlich ist; *quand on reçoit un cadeau* **il ne fallait pas!** das wäre doch nicht nötig gewesen!; **quand il faut** wenn es angebracht ist **d** *loc adv et loc adj* **comme il faut** vorbildlich; musterhaft, -gültig; wie es sich, wie sich's gehört; **des gens (très) comme il faut** (sehr) anständige, ordentliche Leute *pl* **2** brauchen; benötigen; nötig haben; bedürfen (*+gén*); **il me faut qc** ich brauche etw; **il lui faut qn pour l'aider** er braucht jemand(en) zur Hilfe, der ihm hilft; **il me le faut absolument** ich brauche ihn *ou* es unbedingt; ich muss ihn *ou* es unbedingt haben; **il faut beaucoup de soin** es bedarf großer Sorgfalt; **plus qu'il n'en faut** mehr als genug **3** **s'en ~** fehlen; **il s'en faut de beaucoup qu'elle soit heureuse** sie ist alles andere *ou* nichts weniger als glücklich; sie ist weit davon entfernt, glücklich zu sein; **il s'en faut de beaucoup qu'il soit aussi riche que son frère** er ist bei weitem *ou* lange nicht so reich wie sein Bruder; **il s'en faut de peu** *ou* **peu s'en faut que …** (*+ subj*) es fehlt nicht viel *ou* nur wenig und (*+Konditional*); **il est ruiné, ou peu s'en faut** er ist so gut wie ruiniert; *il n'est pas bête,* **tant s'en faut!** weit gefehlt!

falot[1] [falo] M große (Hand)Laterne

falot[2] [falo] ADJ *personne* unscheinbar; unbedeutend; farblos; blass; unauffällig

falsificateur [falsifikatœʀ] M, **falsificatrice** F Fälscher(in) *m(f);* Verfälscher(in) *m(f);* **falsification** F *d'aliments, d'un texte, de la vérité* Verfälschung *f; du vin, du lait a.* Pan(t)schen *n;* Pan(t)scherei *f*

falsifier [falsifje] V/T *aliments, textes, vérité* verfälschen; *vin, lait a.* pan(t)schen; *argent, document, signature, date, bilan* fälschen; *bilan a.* verschleiern; *fam* frisieren

falzar [falzaʀ] M *fam (pantalon) fam* Buxe *f;* Büx *f*

Famagouste [famagust] GÉOG Famagusta *n*

famé [fame] ADJ *rue, café etc* **mal ~** verrufen; verschrie(e)n; berüchtigt; übel beleumundet

famélique [famelik] ADJ *personne* ausgehungert; ausgemergelt; abgezehrt; *animal* ausgehungert; mager

fameux [famø] ADJ ‹-euse› **1** *(renommé)* berühmt (**par, pour** für); bekannt (wegen, durch); denkwürdig **2** *iron* viel zitiert; oft erwähnt; **vos ~ principes** Ihre viel, gern, oft zitierten Grundsätze *mpl* **3** *(très grand)* riesig; gewaltig; *fam* gehörig; tüchtig; ganz schön; **une fameuse canaille** e-e Erzkanaille; **un ~ coup de soleil** ein schlimmer, *fam* ganz schöner Sonnenbrand; **une fameuse gaffe** e-e gewaltige Dummheit, *fam* Riesendummheit **4** *(excellent)* ausgezeichnet; hervorragend; vorzüglich; vortrefflich; *fam* **pas ~** *fam* nicht berühmt; nicht besonders; nicht gerade berauschend

familial [familjal] **A** ADJ ‹-aux› Familien…; familiär; **allocations ~es** Kindergeld *n;* COMM **boîte ~e, paquet ~** Familienpackung *f;* **liens familiaux** Familienbande *npl;* familiäre Bindungen *fpl* **B** F **~e** sechssitziger Kombi (-wagen) *m*

familiariser [familjaʀize] **A** V/T **~ qn avec qc** j-n mit etw vertraut machen; j-n in etw (*acc*) einführen **B** V/PR **se ~ avec qc** sich mit etw vertraut machen; mit etw vertraut werden; sich an etw (*acc*) gewöhnen; **se ~ avec les lieux** sich an e-m Ort einleben; sich mit den Räumlichkeiten, Örtlichkeiten vertraut machen; **se ~ avec sa nouvelle situation** *a.* sich in s-e neue Situation hineinfinden

familiarité [familjaʀite] F **1** *(intimité)* Vertrautheit *f,* Vertrautsein *n (a. fig avec une langue etc)* **2** *du comportement* Vertraulichkeit *f;* Zwanglosigkeit *f;* Ungezwungenheit *f;* Familiarität *f;* **traiter qn avec une ~ déplacée, excessive** j-n mit e-r unangebrachten Vertraulichkeit, übertrieben vertraulich behandeln **3** *péj* **~s** *pl* Vertraulichkeiten *fpl;* Zudringlichkeit *f;* **se permettre des ~s avec qn** sich (*dat*) Freiheiten, Vertraulichkeiten gegenüber j-m herausnehmen, erlauben

familier [familje] **A** ADJ ‹-ière› **1** (wohl)vertraut; *langue a.* geläufig; *geste, attitude a.* gewohnt; üblich **2** *péj comportement* (allzu) vertraulich, familiär; zudringlich; aufdringlich **3** *conversation etc* familiär; ungezwungen; zwanglos; frei **4** *tournure, expression* umgangssprachlich; familiär; **langage ~** Umgangssprache *f;* **mot, terme ~** Wort *n,* Ausdruck *m* der Umgangssprache **B** M häufiger Gast; Freund *m* (des Hauses); Vertraute(r) *m*

familièrement [familjɛʀmɑ̃] ADV zwanglos; ungezwungen; familiär; **comme on dit ~** wie man umgangssprachlich sagt

famille [famij] F Familie *f (a.* BOT, ZOOL, LING, *fig); par ext* Verwandtschaft *f; (lignée)* Geschlecht *n;* **~ nombreuse** kinderreiche Familie; *par ext* **les deux cents ~s** die reichsten Familien Frankreichs; *fig* **les grandes ~s politiques** die Parteien *fpl* und Gruppierungen *fpl* der politischen Grundrichtungen; LING **~ de langues, de mots** Sprach-, Wortfamilie *f;* **~ d'ouvriers** Arbeiterfamilie *f;* **chef** *m* **de ~** Familienoberhaupt *n;* ADMIN, JUR Haushaltsvorstand *m;* **fils** *m* **de ~** Sohn *m* aus reichem, gutem Hause *(a. péj);* **médecin** *m* **de ~** Hausarzt *m;* **situation** *f* **de ~** Familien-, Personenstand *m; loc adj et loc adv:* **de bonne ~** aus gutem Hause; aus guter Familie; **d'une vieille ~** aus altem Geschlecht; *fam distraction etc* **des ~s** gemütlich; harmlos; **en ~** im (engsten) Familienkreis; im Kreise der Familie; unter sich; **on est en ~** die Familie ist unter sich; **ne pas avoir de ~** keine Familie, kein Zuhause haben; **c'est dans la, c'est de ~** das liegt in der Familie; **être de la même ~** zur selben Familie gehören; aus derselben Familie stammen; *fam* **il fait partie de la ~** er gehört zur Familie; *fam* **promener sa petite ~** s-e Familie ausführen; e-n Familienspaziergang machen

famine [famin] F Hungersnot *f;* Hunger *m;* **crier ~** über Mangel, s-e geringen Mittel klagen; **mon estomac crie ~** mir knurrt der Magen

fan [fan] M/F Fan *m*

fana [fana] *fam* ABR (fanatique) **A** ADJ ‹*f inv*› **il en est ~** *fam* er ist verrückt, scharf, wild darauf; **je n'en suis pas ~** *a.* ich mache mir nichts draus **B** M/F Fan *m;* **~ de foot** Fußballfan *m*

fanage [fanaʒ] M AGR Heuwenden *n*

fanal [fanal] M ‹*pl* -aux› MAR Schiffs-, Positionslaterne *f; par ext* Laterne *f;* Windlicht *n*

fanatique [fanatik] **A** ADJ fanatisch **B** M/F **1** *(passionné)* Fanatiker(in) *m(f);* begeisterter Anhänger, begeisterte Anhängerin; Fan *m;* (blinder) Bewunderer; **~ du jazz** **a** Jazzfan *m* **b** begeisterter Jazzmusiker **2** POL, REL Fanatiker(in) *m(f);* Eiferer *m,* Eiferin *f*

fanatiser [fanatize] V/T fanatisieren; aufpeitschen; aufhetzen; **~ la foule, le peuple** die Menge, das Volk fanatisieren

fanatisme [fanatism] M Fanatismus *m;* Besessenheit *f;* **~ politique, religieux** politischer, religiöser Fanatismus

fandango [fɑ̃dɑ̃go] M *danse* Fandango *m*

fane [fan] F *souvent* PL **~s** *de carottes etc* Kraut *n; de radis etc* Blätter *npl*

fané [fane] ADJ **1** *fleurs* welk; verwelkt; verblüht **2** *visage* welk; *beauté* verblüht; *couleur* verblasst; verblichen; *tissu* verblichen; verschossen; ausgeblichen

faner [fane] **A** V/T AGR *foin* wenden **B** V/PR **se ~** **1** *fleurs* (ver)welken; welk werden; verblühen **2** *couleur* verblassen; verbleichen; *tissu* ausbleichen; verbleichen; verschießen

fanfare [fɑ̃faʀ] F **1** **a** *orchestre* Blaskapelle *f;* Blechmusik(kapelle) *f;* **~ municipale** städtische Blaskapelle; *fam fig* **c'est un sale coup pour la ~** *fam* das ist ein Schlag ins Kontor **b** *musiciens* Blechbläser *mpl* **2** *musique* Fanfare *f;* **~s** *pl* Trompetengeschmetter *n;* **accueillir qn en ~** j-n mit e-m Tusch begrüßen; *fam fig:* **réveil** *m* **en ~** Wecken *n* mit viel Lärm, Getöse; **réveiller qn en ~** j-n mit viel Lärm, Getöse wecken, aus dem Schlaf reißen; j-n aus dem Schlaf trommeln

fanfaron [fɑ̃faʀõ] **A** ADJ ‹~ne› großsprecherisch; prahlerisch; aufschneiderisch; *fam* angeberisch **B** M Aufschneider *m;* Prahler *m;* Prahlhans *m;* Wichtigtuer *m; fam* Angeber *m;* **faire le ~** aufschneiden; prahlen; großtun; sich wichtigmachen; *fam* angeben

fanfaronnade [fɑ̃faʀɔnad] F Prahlerei *f;* Großsprecherei *f;* Wichtigtuerei *f; fam* Angeberei *f;* Angabe *f;* **fanfaronner** V/I prahlen; aufschneiden; sich wichtigmachen; *fam* angeben; den Mund voll nehmen

fanfreluches [fɑ̃fʀəlyʃ] FPL Flitterkram *m; fam* Firlefanz *m*

fange [fɑ̃ʒ] F Schlamm *m;* Schmutz *m (a. fig)*

fangeux [fɑ̃ʒø] ADJ ‹-euse› schlammig

fanion [fanjõ] M Wimpel *m;* Fähnchen *n;* Flagge *f;* Stander *m;* **~ d'un club** Vereinswimpel *m*

Fanny [fani] F *Vorname*

fanon [fanõ] M **1** **a** *du bœuf* Wamme *f* **b** *du dindon* Kehllappen *m* **2** **a** *de la baleine* Barte *f* **b** *substance* Fischbein *n*

fantaisie [fɑ̃tezi] F **1** *(caprice)* Laune *f;* Lust *f;* Verlangen *n;* (launischer, plötzlicher) Einfall; **s'offrir, se payer une (petite) ~** sich (*dat*) etwas Besonderes, *fam* Extras gönnen; **il lui a pris la ~ de …** plötzlich kam es ihm in den Sinn zu …; er hatte plötzlich Lust, das Verlangen zu …; es wandelte ihn die Lust an zu … 2 *(goût)* Geschmack *m*; Gutdünken *n*; Belieben *n*; **selon sa ~** nach eigenem Gutdünken; wie es einem gefällt, in den Sinn kommt 3 *(imagination)* schöpferische Fantasie; Einfallsreichtum *m*; Erfindungsgabe *f*; origineller Einfall; **n'avoir aucune ~** keinerlei originelle Einfälle, keine Fantasie haben; fantasielos sein; **donner libre cours à sa ~** s-r Fantasie, s-m schöpferischen Talent freien Lauf lassen; **vie** *f* **qui manque de ~** Leben *n* ohne Abwechslung; gleichförmiges Dasein 4 ADJT **(de) ~** Fantasie…; *tissu, bas etc* lebhaft gemustert; **bijoux** *mpl* **~** Modeschmuck *m*; **tissu** *m* **~** *a.* Fantasiedruck *m* 5 MUS Fantasie *f*

fantaisiste [fɑ̃tezist] A ADJ 1 *hypothèse etc* der Fantasie entstammend; aus der Luft gegriffen; *remède* nicht ernst zu nehmend 2 *personne* unkonventionell; *péj* unseriös B M/F 1 unkonventioneller, eigenwilliger, sprunghafter Mensch 2 *artiste* Unterhaltungskünstler(in) *m(f)*

fantasia [fɑ̃tazja] F *divertissement équestre de cavaliers arabes* Fantasia *f*

fantasmagorie [fɑ̃tasmagɔʀi] F Phantasmagorie *f*; fantastische Vision; Trugbild *n*; **fantasmagorique** ADJ bizarr; geisterhaft; phantasmagorisch

fantasmatique [fɑ̃tasmatik] ADJ PSYCH phantasmatisch

fantasme [fɑ̃tasm] M Fantasie(bild, -gebilde) *f(n)*; Wunsch-, Trugbild *n*; PSYCH Phantasma *n*

fantasmer [fɑ̃tasme] V/I sich Fantasien *(dat)* hingeben; fantasieren; träumen

fantasque [fɑ̃task] ADJ wunderlich; launenhaft; seltsam; eigenwillig; kapriziös; unberechenbar

fantassin [fɑ̃tasɛ̃] M MIL Infanterist *m*

fantastique [fɑ̃tastik] A ADJ 1 fantastisch; unwirklich; übernatürlich; Fantasie…; **cinéma** *m* **~** Fantasyfilm *m*; **histoire** *f* **~** fantastische Geschichte 2 a *(excellent) réussite etc* fantastisch; außerordentlich; großartig b *(incroyable) prix etc* fantastisch; enorm; unglaublich; *fam* unwahrscheinlich B SUBST **le ~** das Fantastische

fantoche [fɑ̃tɔʃ] M *fig* Hampelmann *m*; Marionette *f*; *adjt* **gouvernement** *m* **~** Marionettenregierung *f*

fantomatique [fɑ̃tɔmatik] ADJ gespenster-, geister-, schemenhaft; gespenstisch

fantôme [fɑ̃tom] M 1 *(spectre)* Gespenst *n*; Geist *m*; Phantom *n*; Schemen *m*; *fig* **les ~s du passé** die Geister der Vergangenheit; **maison °hantée par les ~s** Haus *n*, in dem es spukt; Spukhaus *n*; **apparaître, disparaître** *ou* **s'évanouir comme un ~** wie ein Gespenst auftauchen, verschwinden; **(ne pas) croire aux ~s** (nicht) an Gespenster, Geister glauben 2 *(chimère)* Fantasiegebilde *n*; Trugbild *n*; Phantom *n*; Hirngespinst *n* 3 ADJT Gespenster…; Geister…; Phantom…; POL **cabinet** *m* **~** Schattenregierung *f*; MÉD **douleurs** *fpl* **~s** Phantomschmerz *m*; MÉD **membre** *m* **~** Phantomglied *n*; **train** *m* **~** Geisterbahn *f*

fanzine [fɑ̃zin] M *ou* F Fanmagazin *n*; Fanzine *n*

faon [fɑ̃] M ZOOL *du chevreuil* (Reh)Kitz *n*; Rehkalb *n*; *du cerf* Hirschkalb *n*

Faou (Le) [ləfu] *Ort im Dep. Finistère*

far [faʀ] M CUIS **~ (breton)** Milch-Eier-Auflauf *m* (mit Backpflaumen)

faramineux [faʀaminø] ADJ ⟨-euse⟩ *fam prix, somme* enorm; *fam* fantastisch; horrend

farandole [faʀɑ̃dɔl] F *provenzalischer Tanz*

faraud [faʀo] M, **faraude** F **faire le faraud** sich aufspielen; *fam* (e-e Stange) angeben

farce¹ [faʀs] F 1 THÉ Farce *f* (*a. fig*); Posse *f*; Schwank *m*; *fig* **cela tourne à la ~** das wird zur Farce 2 *(tour)* Streich *m*; Schabernack *m*; Ulk *m*; *fam* Jux *m*; **faire une ~ à qn** j-m e-n Streich, e-n Schabernack spielen; **faire des ~s** Ulk, *fam* Jux, Fez machen; Schabernack treiben 3 **~s et attrapes** *fpl* Scherzartikel *mpl*

farce² [faʀs] F CUIS Füllung *f*; Farce *f*

farceur [faʀsœʀ], **farceuse** A M,F Spaßvogel *m*, -macher(in) *m(f)*; Witzbold *m* B ADJ witzig; ulkig; **il est très ~** er ist sehr witzig, ein großer Spaßvogel

farci [faʀsi] ADJ 1 CUIS gefüllt; **~ aux marrons** mit Kastanienfüllung; **tomates ~es** gefüllte Tomaten *fpl* 2 *fig* voll(er) (**de** *gén*); vollgestopft, -gepfropft (mit)

farcir [faʀsiʀ] A V/T 1 CUIS füllen; farcieren 2 *fig tête* vollstopfen (**de** mit); *livre* **~ de citations** mit Zitaten spicken B V/PR 1 **se ~ la mémoire, la tête de qc** sich *(dat)* das Gedächtnis, den Kopf mit etw vollpfropfen, -stopfen 2 *fam* **se ~ une corvée** (sich an) e-e unangenehme Arbeit machen; **se ~ 20 km à pied** *fam* 20 km tippeln; **se ~ un bon repas** *fam* sich *(dat)* ein gutes Essen einverleiben, reinziehen; **j'ai dû me ~ tout le travail** ich musste die ganze Arbeit machen; *fam* an mir blieb alles hängen; **il faut se le ~!** es ist nicht so einfach, mit ihm auszukommen, ihn zu ertragen

fard [faʀ] M 1 Schminke *f*; **~ à paupière** Lidschatten *m*; **(se) mettre du ~** Schminke auftragen; sich schminken 2 *fam personne* **piquer un ~** rot anlaufen; ganz rot, *fam* knallrot werden; *fam* e-n roten Kopf kriegen 3 LOC ADJ *et* LOC ADV *fig* **sans ~** ungeschminkt; unverblümt; **parler sans ~** die ungeschminkte, unverblümte Wahrheit sagen

fardeau [faʀdo] M ⟨*pl* ~x⟩ Last *f*, *st/s* Bürde *f* (*a. fig*)

farder [faʀde] A V/T 1 schminken; *adjt* **fardé** geschminkt 2 *fig ses mobiles etc* bemänteln; beschönigen; **~ la vérité** die Wahrheit vertuschen B V/PR **se ~** sich schminken, zurechtmachen

farfadet [faʀfadɛ] M Kobold *m*; Irrwisch *m*

farfelu [faʀfəly] *fam* A ADJ *fam* spinnig; verdreht B SUBST **~(e)** *m(f) fam* komischer Typ; Spinner(in) *m(f)*

farfouiller [faʀfuje] *fam* V/I *fam* herumstöbern, -wühlen, -kramen, -schnüffeln (**dans** in *+dat*)

fariboles [faʀibɔl] FPL Belanglosigkeiten *fpl*; Nichtigkeiten *fpl*; belangloses Zeug

farigoule [faʀigul] F *provençal* a Thymian *m* b Eau de Toilette *n* mit Thymiangeruch

farine [faʀin] F Mehl *n*; **~ de blé** *ou* **de froment** Weizenmehl *n*; *par ext* **~ de poisson, de soja** Fisch-, Sojamehl *n*; *fam fig* **se faire rouler dans la ~** *fam* reingelegt werden

farineux [faʀinø] A ADJ ⟨-euse⟩ 1 *aliments, fruits* mehlig; *par ext (féculent)* stärkehaltig 2 *(couvert de farine)* mehlig; mit Mehl bestäubt B M stärkehaltiges Gemüse

farniente [faʀnjɛnte, -njɑ̃t] M Dolcefarniente *n*; (süßes) Nichtstun

farouche [faʀuʃ] ADJ 1 *enfant, animal* scheu; *enfant a.* schüchtern; ängstlich; *adulte* (menschen)scheu; ungesellig; **pas ~** *a.* zutraulich; *fam d'une femme* **elle n'est pas ~** sie ist (sehr) zugänglich 2 *haine* heftig; wild; *volonté* unbeugsam; fanatisch; *regard* wild; **adversaire** *m*, **résistance** *f* **~** erbitterter Gegner, Widerstand

farouchement [faʀuʃmɑ̃] ADV sehr heftig, entschieden

fart [faʀt] M Skiwachs *n*; **fartage** M Wachsen *n*; **farter** V/T *skis* wachsen

Far West [faʀwɛst] **le ~** der Wilde Westen

fascicule [fasikyl] M Lieferung *f*; Heft *n*; Faszikel *m*; **publié par ~s** in (einzelnen) Lieferungen erscheinend

fascinant [fasinɑ̃] ADJ faszinierend; bezaubernd; fesselnd; reizvoll; **fascination** F Faszination *f*; Zauber *m*; Reiz *m*; Anziehungskraft *f*

fasciner [fasine] V/T faszinieren; in s-n Bann schlagen; e-n unwiderstehlichen Reiz ausüben (**qn** auf j-n); fesseln; bezaubern; **se laisser ~ par** sich faszinieren lassen von; **être fasciné par qc** von etw fasziniert sein

fascisant [faʃizɑ̃] ADJ POL faschistoid

fascisme [faʃism] M Faschismus *m*

fasciste [faʃist] A ADJ faschistisch B M/F Faschist(in) *m(f)*

fasse [fas] → faire

faste¹ [fast] M Prunk *m*; Pracht(entfaltung) *f*; Gepränge *n*

faste² [fast] ADJ **jour** *m* **~** Glückstag *m*; günstiger Tag; **être dans un jour ~** e-n Glückstag haben

fast-food [fastfud] M ⟨*pl* fast-foods⟩ Fast-Food-Gaststätte *f*; Schnellimbiss *m*

fastidieux [fastidjø] ADJ ⟨-euse⟩ langweilig; lästig; ermüdend; stumpfsinnig; eintönig

fastoche [fastɔʃ] *fam* ADJ ganz einfach; *fam* kinderleicht

fastueusement [fastɥøzmɑ̃] ADV mit großem Prunk; mit großer Pracht; **fastueux** ADJ ⟨-euse⟩ prunk-, pracht-, glanzvoll; prächtig; *péj* pomphaft; pompös

fat [fa(t)] *litt* A ADJ blasiert; geckenhaft; überheblich; selbstgefällig; dünkelhaft B M Geck *m*; Laffe *m*

fatal [fatal] ADJ ⟨-als⟩ 1 *(fixé par le destin)* schicksalhaft; *(funeste)* verhängnisvoll; unheilvoll; *erreur, décision a.* folgenschwer; **femme ~e** Femme fatale *f*; **~ à, pour la santé** für die Gesundheit verhängnisvoll; **ça lui a été ~** das wurde ihm zum Verhängnis; das war sein Verhängnis 2 *(mortel)* tödlich; **porter le coup ~** den Todesstoß, den tödlichen Hieb, Schlag versetzen 3 *(inévitable)* unabwendbar; zwangsläufig; unvermeidlich; unausweichlich

fatalement [fatalmɑ̃] ADV unweigerlich; zwangsläufig

fatalisme [fatalism] M Fatalismus *m*; Schicksalsglaube *m*; **fataliste** A ADJ fatalistisch; schicksalsgläubig B M/F Fatalist(in) *m(f)*

fatalité [fatalite] F 1 *de la mort etc* Unabwendbarkeit *f*; Zwangsläufigkeit *f*; Unausweichlichkeit *f*; Unvermeidbarkeit *f* 2 *(destin)* Schicksal *n*; Geschick *n*; Verhängnis *n*; Fatum *n*

fatidique [fatidik] ADJ schicksalhaft

fatigant [fatigɑ̃] ADJ 1 *activité* ermüdend; anstrengend; strapaziös; *journée* anstrengend; *voyage a.* beschwerlich 2 *personne* lästig; störend

fatigue [fatig] F 1 Müdigkeit *f*; Ermüdung *f*; *(épuisement)* Abgespanntheit *f*; Erschöpfung *f*; Mattigkeit *f*; **~ générale** allgemeine Müdigkeit; **~ intellectuelle** geistige Überanstrengung, Überarbeitung; **~ nerveuse** nervöse Erschöpfung; **éprouver une grande ~** große Müdigkeit verspüren; **être mort de ~** todmüde sein; **lutter contre la ~** gegen die Müdigkeit ankämpfen; **tomber de ~** vor Müdigkeit umfallen; zum Umfallen müde sein 2 **~s** *pl* Strapazen *fpl*; Anstrengungen *fpl*; **se reposer des ~s du voyage** sich von den Strapazen der Reise erholen 3 TECH Ermüdung *f*

fatigué [fatige] ADJ müde; *(épuisé)* erschöpft; abgespannt; matt; **voix ~e** müde, matte Stimme; **avoir l'air ~** müde, angestrengt, abge-

spannt, mitgenommen aussehen; **être ~ de conduire** müde vom Fahren sein
fatiguer [fatige] **A** VT **1** *personne* ermüden; müde machen; strapazieren; mitnehmen; anstrengen (*a. yeux, cœur*); (*épuiser*) erschöpfen; *sol* erschöpfen; aussaugen; übermäßig beanspruchen; *fam salade* umrühren; **~ un cheval** ein Pferd abreiten, müde reiten; **~ les nerfs** die Nerven beanspruchen; **cet exercice fatigue le cœur** bei dieser Übung wird das Herz beansprucht; diese Übung strengt das Herz an; **~ l'organisme** den Organismus beanspruchen **2** (*importuner*) **~ qn** j-n ermüden (**par** durch); j-n belästigen, j-m lästig fallen *ou* werden, j-n stören (**par** mit); **~ ses auditeurs** s-e Zuhörer ermüden, langweilen; *fam* **tu me fatigues** *avec tes histoires fam* du fällst, gehst mir auf die Nerven … **B** VI **1** *moteur* Mühe haben **2** *poutre* nachgeben; sich (durch)biegen **C** VPR **se ~ 1** ermüden; müde werden **2 se ~ de qc** e-r Sache (*gén*) müde, überdrüssig werden; etw sattbekommen **3** *fam et iron*: **il ne s'est pas trop fatigué** *fam* er hat sich nicht gerade überanstrengt; **(ne) te fatigue pas (à mentir), je sais tout** du brauchst mir nichts zu erzählen, ich weiß alles; **laisse tomber, (ne) te fatigue pas!** lass doch *ou* gibs auf, das hat (doch) keinen Sinn!
fatras [fatʀa] M Wust *m*, Durcheinander *n* (**de** von)
fatuité [fatɥite] F Blasiertheit *f*; Selbstgefälligkeit *f*; Dünkel *m*; Überheblichkeit *f*
fatwa [fatwa] F REL Fatwa *f ou n*
faubourg [fobuʀ] M **1** Vorstadt *f* **2** *in Namen von Pariser Stadtteilen (ehemalige Vorstädte)*
faubourien [fobuʀjɛ̃] ADJ ⟨~ne⟩ vorstädtisch; **avoir l'accent ~** den typischen Akzent der (Pariser) Vorstadtbewohner haben
fauchage [foʃaʒ] M AGR Mähen *n*; Mahd *f*
fauche [foʃ] F **1** *fam* Klauen *n*; **il y a de la ~ dans ce magasin** in diesem Geschäft kommt viel weg, *fam* wird viel geklaut **2** *fam plus un sou*, **c'est la ~** *fam* ich bin *ou* er ist *etc* völlig blank, abgebrannt, pleite
fauché [foʃe] **A** ADJ *fam* **être (complètement) ~, être ~ comme les blés** *fam* (völlig) blank, abgebrannt, pleite sein **B** M *fam* j-d, der keine Piepen, keinen Kies hat
faucher [foʃe] VT **1** AGR (ab)mähen; *abs* mähen **2** *fig voiture: piéton* umfahren; *footballeur: adversaire fam* umsäbeln; *avec une mitrailleuse* niedermähen; *mort: personne* hinweg-, dahinraffen **3** *fam* **a** (*voler*) *fam* klauen; **on m'a fauché cent euros dans mon portefeuille** *fam* mir wurden hundert Euro aus der Brieftasche geklaut **b** *petit(e) ami(e)* abspenstig machen; *fam* ausspannen; wegschnappen
faucheur [foʃœʀ] M **1** AGR Mäher *m*; Schnitter *m* **2** ZOOL Weberknecht *m*; Kanker *m*; **faucheuse** F **1** AGR Mähmaschine *f* **2 Faucheuse** *litt* (*la mort*) Sensenmann *m*
faucheux [foʃø] M ZOOL Weberknecht *m*; Kanker *m*
faucille [fosij] F **1** AGR Sichel *f* **2** *emblème* **la ~ et le marteau** Hammer *m* und Sichel *f*
faucon [fokõ] M ZOOL Falke *m* (*a.* POL); **~ pèlerin** Wanderfalke *m*; **chasse** *f* **au ~** Falkenjagd *f*; (Falken)Beize *f*; **dresser un ~** e-n Falken abrichten
fauconneau [fokɔno] M ⟨*pl* ~x⟩ **1** ZOOL junger Falke **2** HIST MIL Falkonett *n*
fauconnerie [fokɔnʀi] F Falknerei *f*; **fauconnier** M Falkner *m*; Falkenier *m*
faudra [fodʀa], **faudrait** [fodʀɛ] → falloir
faufil [fofil] M COUT Heftfaden *m*; **faufilage** M COUT Heften *n*
faufiler [fofile] **A** VT COUT heften **B** VPR **se ~** sich (hin)durchschlängeln (**dans, à travers la foule** durch die Menge); sich (hin)einschleichen (**dans une maison** in ein Haus); sich hineinschmuggeln, sich mit durchschmuggeln (**dans une réunion** in e-e Versammlung); durchschlüpfen, sich (hin)durchzwängen, -winden (**dans un passage étroit** durch e-n engen Durchgang)
faune[1] [fon] M MYTH Faun *m*
faune[2] [fon] F **1** Fauna *f*; Tierreich *n*, -welt *f*; **~ alpestre** Alpenfauna *f* **2** *fig et péj d'un lieu* Typen *mpl*; Volk *n*
faunesque [fonɛsk] ADJ faunisch; wie ein Faun; Fauns…
faussaire [fosɛʀ] M/F Fälscher(in) *m(f)*
faussement [fosmã] ADV **1** *accuser* fälschlich (-erweise); zu Unrecht **2** *raisonner etc* falsch; auf falsche Weise **3** *devant adj*: **d'un air ~ modeste** mit geheuchelter, gespielter Bescheidenheit; **prendre une attitude ~ indifférente** gleichgültig, gelassen tun
fausser [fose] VT **1** *résultat, calcul* (ver)fälschen **2** *fig sens, pensée, texte* verfälschen; entstellen; verdrehen; *raisonnement* irreleiten; in e-e falsche Richtung lenken; verderben; **~ l'esprit de qn** j-n verbilden **3** *clé, serrure, lame* verbiegen **4 ~ compagnie à qn** j-n plötzlich verlassen; plötzlich von j-m weggehen; j-m entwischen
fausset [fosɛ] M **1** MUS Falsett *n*; *péj* **voix** *f* **de ~** Fistelstimme *f* **2** *d'un tonneau* Spund *m*; Zapfen *m*
fausseté [foste] F **1** *d'une information etc* Falschheit *f*; Unwahrheit *f*; Unrichtigkeit *f* **2** *d'une personne, d'un sentiment* Falschheit *f*; Unwahrhaftigkeit *f*; Unaufrichtigkeit *f*; Lügenhaftigkeit *f*
faut [fo] → falloir
faute [fot] F **1** (*erreur*) Fehler *m* (*a.* TENNIS); Verstoß *m*; FOOTBALL *etc* Foul *n*; TENNIS **double ~** Doppelfehler *m*; **~ grossière** grober Fehler; **~ de calcul** Rechenfehler *m*; **~ de conduite** fehlerhafte Fahrweise; **~ d'étourderie, d'inattention** Leichtsinns-, Flüchtigkeitsfehler *m*; **~ de frappe** Tippfehler *m*; **~ de goût** Verstoß gegen den guten Geschmack; Geschmacksverirrung *f*; **~ de grammaire** Grammatikfehler *m*; grammat(ikal)ischer Fehler; **~ d'impression** Druckfehler *m*; **~ d'orthographe** Rechtschreibfehler *m*; orthografischer Fehler; TENNIS **~ de pied** Fußfehler *m*; **~ de prononciation** Aussprachefehler *m*; **sans ~(s)** fehlerlos, -frei; ohne Fehler; → *a.* 4 b); **faire une ~** e-n Fehler machen; *a.* sich verschreiben, verrechnen *etc* **2** (*mauvaise action*) Fehler *m*; Verfehlung *f*; Fehltritt *m*; Verstoß *m*; Vergehen *n*; JUR Verschulden *n*; Verletzung *f*; Fahrlässigkeit *f*; JUR **~ commune** Mitverschulden *n*; **~ professionnelle** in Ausübung des Berufs begangener Fehler; MÉD Kunstfehler *m*; **commettre une ~** sich (*dat*) etwas zuschulden kommen lassen; e-n Fehler begehen; **prendre qn en ~** j-n bei e-m Fehler, Verstoß, bei e-r Verfehlung ertappen **3** (*responsabilité*) Schuld *f*; Verschulden *n*; **à qui la ~?** wer ist schuld (daran)?; wessen Schuld ist das?; wer hat Schuld, die Schuld?; wer trägt die Schuld?; wen trifft die Schuld?; an wem liegt es?; **par sa ~** durch s-e Schuld, sein Verschulden; **c'est par sa ~ que …** er ist schuld daran, es ist s-e Schuld, sein Fehler, dass …; **c'est arrivé par la ~ de son frère** sein Bruder ist schuld daran, es ist die Schuld s-s Bruders, dass es dazu gekommen ist; **c'est (de) sa ~** das ist s-e Schuld, sein Fehler; die Schuld liegt bei ihm; er ist schuld daran; **c'est la ~ de son professeur, si …** es ist die Schuld s-s Lehrers, wenn …; sein Lehrer ist schuld daran, dass …; **tout est de ma ~** das ist ganz *ou* allein meine Schuld; ich bin an allem schuld; alles ist meine Schuld; **être en ~** im Unrecht sein; **imputer la ~ à qn** j-m die Schuld geben; **se sentir en ~** sich schuldig, im Unrecht fühlen; *prov* **~ avouée est à moitié pardonnée** gebeichtet ist halb gebüßt; e-e eingestandene Schuld ist so gut wie vergeben **4 a** *loc prép* **~ de** mangels (*+gén*); in Ermangelung von (*ou +gén*); aus Mangel an (*+dat*); **~ d'argent** aus Mangel an Geld; aus Geldmangel; **~ de mieux** in Ermangelung e-s Besseren; **~ de preuves** aus Mangel an Beweisen; mangels Beweisen; **~ de quoi** andernfalls; sonst; widrigenfalls; wenn nicht; **~ de savoir si …** da *ou* weil ich, er *etc* nicht wusste, ob …; **ce n'est pas ~ d'avoir travaillé** das liegt nicht daran, dass er nicht gearbeitet hätte **b** *loc adv* **sans ~** ganz sicher, gewiss, bestimmt; auf jeden Fall; unbedingt; unweigerlich **c ne pas se faire ~ de** (*+inf*) nicht versäumen, es sich (*dat*) nicht versagen zu (*+inf*)
fauter [fote] VI *fam plais femme* e-n Fehltritt begehen, tun
fauteuil [fotœj] M Sessel *m*; Lehnsessel *m*, -stuhl *m*; Armsessel *m*, -stuhl *m*; **~ roulant** Rollstuhl *m*; **~ à bascule** Schaukelstuhl *m*; *fig* **~ d'académicien** Sitz *m* in der Académie française; **~ de dentiste** Zahnarztstuhl *m*; THÉ **~ d'orchestre** Platz *m*, Sitz *m* im vorderen Parkett; Orchestersessel *m*; *dans une compétition fam* **arriver dans un ~** mühelos, spielend, überlegen gewinnen
fauteuil-couchette [fotœjkuʃɛt] M ⟨*pl* fauteuils-couchettes⟩ *dans un avion* Liegesessel *m*
fauteur [fotœʀ] M **~ de guerre** Kriegstreiber *m*, -hetzer *m*; **~ de troubles** Unruhestifter *m*
fautif [fotif] **A** ADJ ⟨-ive⟩ schuld(ig); **être ~** schuld(ig) sein; **se sentir ~** sich schuldig fühlen **B** SUBST **~, fautive** *m,f* Schuldige(r) *m/f(m)*
fauve [fov] **A** ADJ **1** fahlgelb, -rot; *st/s* falb; **cheval** *m* **~** Falbe(r) *m* **2 bêtes** *fpl* **~s** Raubtiere *npl*; wilde Tiere *npl* **3** PEINT zu den Fauves gehörend **B** M **1** *couleur* Fahlrot *n*, -gelb *n* **2** ZOOL Raubtier *n*; große Raubkatze; **grands ~s** *a.* Großwild *n*; **odeur** *f* **de ~** Raubtiergeruch *m*; *fam* **ça sent le ~ ici** hier riecht es wie in e-m Raubtierkäfig **3** PEINT **les Fauves** die Fauves *mpl*; die Fauvisten *mpl*
fauverie [fovʀi] F Raubtierhaus *n*, -gehege *n*
fauvette [fovɛt] F ZOOL Grasmücke *f*
fauvisme [fovism] M PEINT Fauvismus *m*
faux[1] [fo] F AGR Sense *f*; *poét de la mort* Hippe *f*
faux[2] [fo] **A** ADJ ⟨fausse [fos]⟩ *idée, promesse, soupçon, rumeur* falsch; unrichtig; *idée, conception a.* verkehrt; *nouvelle, rapport a.* erlogen; unwahr; *calcul etc* falsch; fehlerhaft; *personne* falsch; unaufrichtig; unwahrhaftig; *passeport, argent, cartes* falsch; gefälscht; *bijoux, perles* falsch; unecht; *piano etc* verstimmt; ARCH *porte, fenêtre* blind; ♦ **fausse alerte** falscher, blinder Alarm; LING **~ amis** Faux amis *mpl*; **fausse barbe** falscher Bart; **fausse candeur** falsche, gespielte Treuherzigkeit; **~ chignon** falscher Knoten; **fausse clé** Nachschlüssel *m*; **fausse déclaration** falsche Angabe, Erklärung; SPORTS **~ départ** Fehlstart *m*; JUR **fausse déposition** Falschaussage *f*; **fausse facture** gefälschte Rechnung; **~ jumeaux** zweieiige Zwillinge *mpl*; **une fausse maigre** e-e Frau, die schlanker, dünner wirkt, als sie ist; **fausse modestie** falsche Bescheidenheit; **fausse monnaie** Falschgeld *n*; **~ nez** Pappnase *f*; **sous un ~ nom** unter falschem Namen; **fausse nouvelle** Falschmeldung *f*; ARCH **~ plafond** Zwischendecke *f*; **~ problème** Scheinproblem *n*; **fausses raisons** Scheingründe *mpl*; vorgeschobene Gründe *mpl*; **~ témoin** falscher Zeuge; **un ~ Picasso**

etc ein falscher Picasso *etc*; ♦ **avoir l'air, un regard ~** falsch aussehen, e-n falschen Blick haben; **avoir des idées fausses sur qc** falsche Vorstellungen von etw haben; sich *(dat)* falsche Vorstellungen über etw *(acc)* machen; **être en porte à ~** → porter[1] B 5; **c'est ~!** das ist falsch, nicht wahr, nicht richtig, *plus fort* erlogen!; das stimmt nicht!; **il est ~ que …** *(+subj)* es ist falsch, nicht wahr, es stimmt nicht, dass …; **être dans une situation fausse** in e-r schiefen, peinlichen Situation sein; **faire un ~ mouvement** e-e ungeschickte Bewegung machen; THÉ **faire une fausse sortie** abgehen und gleich zurückkommen **B** ADV falsch; nicht richtig; **avoir tout ~** ÉCOLE alles falsch haben; *par ext* sich völlig irren; **chanter, jouer ~** falsch singen, spielen **C** M **1** Falsche(s) *n*; **plaider le ~ pour savoir le vrai** etwas Falsches behaupten, um die Wahrheit zu erfahren **2** JUR, *d'une œuvre d'art* Fälschung *f*; *résultat a.* Falsifikat *n*; **~ en écriture** Urkundenfälschung *f*; Fälschung *f* e-s Schriftstücks; *fig* **s'inscrire en ~ contre qc** etw dementieren, bestreiten; **commettre un ~** e-e Fälschung begehen; **être condamné pour ~ et usage de ~** wegen Fälschung und Gebrauch falscher, gefälschter Urkunden verurteilt werden; **c'est du ~** das ist unechter Schmuck

faux-filet [fofilɛ] M CUIS (Ochsen-, Rinder-)Lende *f*

faux-fuyant [fofɥijɑ̃] M Ausflucht *f*; Ausrede *f*; **chercher un ~** Ausflüchte machen; e-e Ausrede suchen

faux-monnayeur [fomɔnɛjœʀ] M Falschmünzer *m*

favela [favela] F *(bidonville)* Favela *f*

faveur [favœʀ] F **1** *(avantage)* Vergünstigung *f*; Gunst *f*; Vorrecht *n*; THÉ **billet** *m* **de ~** Freikarte *f*; **tarif** *m* **de ~** Vorzugs-, Ausnahmetarif *m*; **traitement** *m*, **régime** *m* **de ~** Bevorzugung *f*, bevorzugte Behandlung (**accordé à qn** j-s); **jouir d'un traitement de ~** bevorzugt behandelt werden; **accorder, faire une ~ à qn** j-m e-e Vergünstigung, e-e Gunst gewähren, e-n Vorteil verschaffen; j-n bevorzugt behandeln; *litt femme* **accorder ses ~s à un homme** e-m Mann ihre Gunst schenken; **demander, solliciter une ~ à qn** j-n um e-e Vergünstigung, e-n Gefallen bitten; *litt* **refuser les dernières ~s à un homme** e-m Mann das Letzte verweigern; ♦ *loc prép*: **à la ~ de** begünstigt von *(+dat)*, durch *(+acc)*; unter dem Schutz *(+gén)*; **à la ~ de l'obscurité** im Schutz(e) der Dunkelheit; **en ~ de** zugunsten von *(ou +gén)*; für *(+acc)*; **en ma, ta** *etc* **~** zu meinen, deinen *etc* Gunsten; **se prononcer en ~ de qn, qc** sich für j-n, etw aussprechen **2** *(considération)* Gunst *f*; Wohlwollen *n*; Gewogenheit *f*; *(protection)* Gönnerschaft *f*; **~ du public** Publikumsgunst *f*; *st/s* **être en ~ auprès de qn** bei j-m in Gunst stehen; sich j-s Gunst erfreuen **3** *ruban* (Seiden-)Band *n*

favorable [favɔʀabl] ADJ **1** *personne* geneigt, gewogen, wohlgesinnt, freundlich gesinnt (**à qn, à qc** j-m, e-r Sache); *accueil* freundlich; **il a été ~ à mon projet** er hat meinen Plan günstig, wohlwollend aufgenommen; **recevoir un accueil ~** freundlich, günstig, wohlwollend aufgenommen werden; (e-e) günstige Aufnahme finden **2** *instant, circonstances, temps* günstig; *conditions a.* vorteilhaft; **nombre** *m* **de votes ~s à …** Anzahl *f* der Stimmen für …; **le moment était ~ pour lui parler** es war ein günstiger Augenblick, um mit ihm zu sprechen

favori [favɔʀi] **A** ADJ ⟨favorite [favɔʀit]⟩ **1** Lieblings…; bevorzugt; **auteur ~** Lieblingsautor *m*; **lecture ~te** Lieblingslektüre *f*; bevorzugte Lektüre; **plat ~** Leibspeise *f*, -gericht *n*; Lieblingsgericht *n* **2** SPORTS favorisiert; **partir ~** als Favorit ins Rennen gehen **B** SUBST **1** **~(te)** *m(f) du public* Liebling *m* (*a. femme*); *d'un souverain* Günstling *m*; *femme* Favoritin *f*; bevorzugte Mätresse **2** **~(te)** *m(f)* SPORTS Favorit(in) *m(f)* **3** **~s** *mpl* Backenbart *m* **4** M INFORM Favorit *m*

favoriser [favɔʀize] VT begünstigen; *évolution, économie a.* fördern; unterstützen; *contrebande, révolte a.* Vorschub leisten *(+dat)*; *candidat, parti* begünstigen; bevorzugen; e-e Be-, Vergünstigung zuteilwerden lassen (**qn** j-m)

favorite → favori

favoritisme [favɔʀitism] M Günstlingswirtschaft *f*

fax [faks] M **1** *message* Fax *n* **2** *appareil* Faxgerät *n*; *fam* Fax *n*; **faxer** VT faxen

fayot [fajo] M *fam* **1** CUIS weiße Bohne **2** *péj personne* Kriecher *m*

fayotage [fajɔtaʒ] *fam* M Kriecherei *f*

fayoter [fajɔte] *fam* VI sich lieb Kind machen; *fam* sich einkratzen

fazenda [fazɛnda] F *au Brésil* Fazenda *f*

FB ABR (franc[s] belge[s]) HIST bfr (belgischer Franc) *ou* bfrs (belgische Francs)

féal [feal] ADJ ⟨-aux⟩ *litt (fidèle)* (ge)treu

fébrifuge [febʀifyʒ] PHARM ADJ (et SUBST M) fiebersenkend(es Mittel)

fébrile [febʀil] ADJ **1** fieb(e)rig; fiebernd; fieberkrank; Fieber…; **état** *m* **~** Fieberzustand *m*; fieberhafter Zustand **2** *fig* fieberhaft; fieb(e)rig; hektisch; **agitation** *f* **~** Hektik *f*

fébrilité [febʀilite] F *fig* Fieberhaftigkeit *f*; Betriebsamkeit *f*; Hektik *f*

fécal [fekal] ADJ ⟨-aux⟩ fäkal; kotig; **matières ~es** Fäkalien *pl*; Kot *m*

fèces [fɛs] FPL PHYSIOL Kot *m*; Stuhl *m*; *t/t* Fäzes *pl*

fécond [fekõ] ADJ ⟨féconde [fekõd]⟩ **1** BIOL fruchtbar (*a. sol*) **2** *fig esprit, auteur, idée* fruchtbar; fruchtbringend; produktiv; **~ en** reich an *(+dat)*

fécondabilité [fekõdabilite] F STATISTIQUE Empfängniswahrscheinlichkeit *f*

fécondation [fekõdasjõ] F BIOL Befruchtung *f*; BOT *a.* Bestäubung *f*; MÉD **~ artificielle** künstliche Befruchtung; **~ in vitro** In-vitro-Befruchtung *f*, -Fertilisation *f*

féconder [fekõde] VT **1** BIOL befruchten; BOT *a.* bestäuben; *animaux a.* begatten **2** *par ext fleuve: terre etc* fruchtbar machen; *l'esprit* befruchten

fécondité [fekõdite] F **1** BIOL Fruchtbarkeit *f* (*a.* AGR) **2** *fig d'un auteur etc* Fruchtbarkeit *f*; *d'un thème a.* Ergiebigkeit *f*

fécule [fekyl] F CHIM *dans les plantes, aliments* Stärke *f*; *extraite des plantes* Stärkemehl *n*; **~ de pommes de terre** Kartoffelstärke *f*

féculent [fekylɑ̃] **A** ADJ stärkehaltig **B** M stärkehaltiges Nahrungsmittel

fédéral [fedeʀal] ADJ ⟨-aux⟩ **1** POL Bundes…; bundesstaatlich; *en Suisse a.* eidgenössisch; **l'Allemagne ~e** die Bundesrepublik (Deutschland); *en Suisse* **Assemblée ~e** Bundesversammlung *f*; **autorités ~es** Bundesbehörden *fpl*; **chancelier ~** Bundeskanzler *m*; *en Suisse* **Conseil ~** Bundesrat *m*; **État ~** Bundesstaat *m*; **république ~e** Bundesrepublik *f* **2** *d'une fédération de sociétés* **bureau ~** oberste Leitung; Vorstand *m*; Präsidium *n*; **union ~e** Zentralverband *m*

fédéraliser [fedeʀalize] VT föderalisieren; die Form e-r Föderation geben *(+dat)*; in e-n Bundesstaat umwandeln

fédéralisme [fedeʀalism] M Föderalismus *m*; **fédéraliste** **A** ADJ föderalistisch **B** M Föderalist *m*

fédératif [fedeʀatif] ADJ ⟨-ive⟩ föderativ

fédération [fedeʀasjõ] F **1** POL Föderation *f*; Bund *m* **2** *d'associations etc* (Zentral-, Spitzen-)Verband *m*; Bund *m*; Dachorganisation *f*; *d'associations professionnelles a.* Fach-, Berufsverband *m*; **Fédération française de football** *frz Fußballbund*; **Fédération nationale des syndicats d'exploitants agricoles** Französischer Bauernverband; **~ sportive** Sportverband *m*, -bund *m* **3** HIST **fête** *f* **de la Fédération** *in Frankreich am 14. Juli 1790 gefeiertes Fest*

fédéré [fedeʀe] **A** ADJ föderiert; vereinigt; verbündet **B** M HIST Soldat *m* der Pariser Kommune; Kommunarde *m*; **le mur des Fédérés** *auf dem Pariser Friedhof Père-Lachaise: Mauer, vor der die Kommunarden erschossen wurden*

fédérer [fedeʀe] ⟨-è-⟩ **A** VT in e-r Föderation zusammenschließen, vereinigen **B** V/PR **se ~** sich föderieren, verbünden; sich zu e-r Föderation, zu e-m Bund zusammenschließen

fée [fe] F **1** MYTH Fee *f*; **bonne ~** gute Fee; **la ~ Carabosse** die böse Fee; **conte** *m* **de ~s** (Feen)Märchen *n* **2** *fig* guter Geist; **la ~ du logis** der gute Geist des Hauses, der Familie; **avoir des doigts de ~** (mit den Händen, Fingern) sehr geschickt sein; fingerfertig sein

feed-back [fidbak] M ⟨*inv*⟩ TECH Feedback *n* (*a. fig*); Rückmeldung *f*, -kopp(e)lung *f*

féerie [feeʀi] F **1** THÉ Feerie *f*; Feenstück *n*; Zauber-, Märchenspiel *n* **2** *fig* märchen-, zauberhaftes Schauspiel

féerique [feeʀik] ADJ zauber-, märchenhaft; wunderbar; feenhaft; **monde** *m* **~** Feen-, Märchenwelt *f*

feignant [fɛɲɑ̃] *fam* → fainéant

feindre [fɛ̃dʀ] VT ⟨→ peindre⟩ *étonnement, joie, tristesse* heucheln; vortäuschen; mimen; *maladie, malaise etc* vortäuschen; simulieren; *maladie a.* vorschützen; *abs litt* sich verstellen; heucheln; **~ de** *(+inf)* (so) tun, als ob …; **~ de s'attendrir** Mitgefühl heucheln, vortäuschen; so tun, als hätte man Mitgefühl; **~ de ne rien comprendre** so tun, als ob man nichts verstehen würde; sich dumm stellen; **~ d'être malade** sich krank stellen; vorgeben, krank zu sein; Krankheit vortäuschen, vorschützen

feint [fɛ̃] PP → feindre *et* ADJ ⟨feinte [fɛ̃t]⟩ *sentiment, douleur etc* vorgetäuscht; gespielt; geheuchelt; falsch; fingiert; erkünstelt

feinte [fɛ̃t] F SPORTS, *fig* Finte *f*; Täuschung *f*; *fig a.* Täuschungsmanöver *n*; List *f*; Falle *f*

feinter [fɛ̃te] VT **1** *adversaire* (durch e-e Finte) täuschen, ablenken **2** *fam* **~ qn** *fam* j-n reinlegen, drankriegen

feldspath [fɛldspat] M MINÉR Feldspat *m*

fêlé [fele] ADJ **1** *(objet de) porcelaine etc* gesprungen; rissig; mit e-m Sprung; mit Sprüngen, Rissen **2** *voix* brüchig **3** *fam fig* **avoir le cerveau ~, être ~** *fam* e-e Macke haben; → *a.* cinglé

fêler [fele] **A** VT e-n Sprung machen (**une tasse** in e-e Tasse) **B** V/PR **se ~** *porcelaine, verre etc* e-n Sprung, Sprünge, e-n Riss, Risse bekommen

félibrige [felibʀiʒ] M *neuprovenzalischer Dichterkreis*

félicitations [felisitasjõ] FPL Glückwunsch *m*, -wünsche *mpl*; Beglückwünschung *f*; Gratulation *f*; *(éloge)* Anerkennung *f*; Lob *n*; **(mes** *ou* **nos) ~!** (ich) gratuliere! *ou* wir gratulieren!; **toutes mes ~** herzlichen Glückwunsch; herzliche Glückwünsche; UNIVERSITÉ **avec les ~ spéciales du jury** mit Auszeichnung; **lettre** *f*, **télégramme** *m* **de ~** Glückwunschschreiben *n*, -telegramm *n*; **adresser, présenter des, ses**

~ à qn j-m s-n Glückwunsch, (s-e) Glückwünsche aussprechen, übermitteln; j-m gratulieren; j-n beglückwünschen

félicité [felisite] *st/s* F Glückseligkeit *f*

Félicité [felisite] F *Vorname*

féliciter [felisite] A V/T **~ qn** j-n beglückwünschen; j-m gratulieren; j-m s-n Glückwunsch, s-e Glückwünsche aussprechen; *pour un exploit, une attitude a.* j-m s-e Anerkennung aussprechen; **~ qn pour, de son succès** j-n zu s-m Erfolg beglückwünschen *etc* B V/PR **se ~ de qc** froh, glücklich sein über etw *(acc)*; *fam* sich *(dat)* gratulieren (können) zu etw

félidés [felide] MPL ZOOL Katzen *fpl (famille)*

félin [felɛ̃] A ADJ 1 ZOOL Katzen…; katzenartig 2 *fig allure, grâce* katzenartig, -haft B M ZOOL Katze *f (au sens large)*; **grands ~s** Großkatzen *fpl*; große Raubkatzen *fpl*

Félix [feliks] M *Vorname*

fellag(h)a [fɛ(l)laga] M algerischer Partisan *(im Unabhängigkeitskrieg gegen Frankreich)*

fellah [fɛ(l)la] M Fellache *m*

fellation [fɛ(l)lasjõ] F Fellatio *f*

félon [felõ] MOYEN-ÂGE *et litt* A ADJ ⟨~ne⟩ eid-, treubrüchig B M Verräter *m*

félonie [felɔni] *litt* F Treubruch *m*

fêlure [fɛlyʀ] F *dans le verre, la porcelaine* Sprung *m*; Riss *m*

f.é.m. ABR (force électromotrice) EMK (elektromotorische Kraft)

femelle [fəmɛl] A F 1 ZOOL Weibchen *n*; weibliches Tier 2 *péj* Weibsbild *n*, -stück *n*, -person *f* B ADJ 1 ZOOL, BOT weiblich 2 ÉLEC **fiche** *f* ~ Gerätestecker *m*

féminin [feminɛ̃] A ADJ 1 weiblich; fraulich; Frauen…; **charme ~** weiblicher Charme; SPORTS **équipe ~e** Frauen-, Damenmannschaft *f*; **football féminin** Frauenfußball *m*; **mode ~e** Damenmode *f*; **succès ~s** Erfolg *m* bei Frauen; **c'est typiquement ~** das ist echt, typisch Frau 2 *d'un homme* feminin; weibisch 3 GRAM weiblich; feminin; **adjectif ~** weibliche Form des Adjektivs; **genre ~** Femininum *n*; weibliches Geschlecht; **nom ~** weibliches Substantiv; Femininum *n*; **rime ~e** weiblicher, klingender Reim B M 1 GRAM Femininum *n*; weibliches Geschlecht *ou* Substantiv; **au ~** in der weiblichen Form 2 **l'éternel ~** das Ewigweibliche

féminisation [feminizasjõ] F 1 BIOL Verweiblichung *f*; Feminierung *f* 2 *d'une profession* Zunahme *f* des Frauenanteils

féminiser [feminize] A V/T 1 BIOL verweiblichen; feminieren 2 GRAM in ein Femininum umwandeln B V/PR **se ~** 1 BIOL weibliche Züge annehmen; verweiblichen 2 **cette profession se féminise** immer mehr Frauen üben diesen Beruf aus

féminisme [feminism] M Frauenbewegung *f*; Feminismus *m*; **féministe** A ADJ feministisch; frauenrechtlerisch B M/F Feminist(in) *m(f)*; Frauenrechtler(in) *m(f)*

féminité [feminite] F Weiblichkeit *f*; Fraulichkeit *f*

femme [fam] F 1 Frau *f*; BIBL, *poét, péj fam* Weib *n*; *fam* **une bonne ~** e-e Frau; *fam fig* **une petite bonne ~** ein kleines Mädchen; *péj* **sa bonne ~** *fam* s-e Alte, Olle; *péj* **les bonnes ~s** die Weiber *npl*, Weibsleute *pl*; das Weibervolk; *adjt* **rideaux** *mpl* **bonne ~** seitlich geraffte Gardinen *fpl*; **conte** *m* **de bonne ~** Ammenmärchen *n*; **remède** *m* **de bonne ~** Hausmittel *n*; *iron* **une faible ~** ein schwaches, hilfloses Weib; **jeune ~** junge Frau; *Molière* **Les Femmes savantes** Die gelehrten Frauen; **~ écrivain** Schriftstellerin *f*; **~ ingénieur** Ingenieurin *f*; **~ médecin** Ärztin *f*; Medizinerin *f*; **~ au foyer** Hausfrau *f*; **~ d'affaires** Geschäftsfrau *f*; **~ de chambre** Zimmer-, Stubenmädchen *n*; HIST Kammerzofe *f*; **~ d'esprit** geistreiche, geistvolle Frau; **~ d'intérieur** gute, tüchtige Hausfrau; häusliche Frau; **~ de lettres** Schriftstellerin *f*; Literatin *f*; Belletristin *f*; **~ de ménage** Putz-, Reinemache-, Aufwarte-, Zugehfrau *f*; Raumpflegerin *f*; **~ du monde** Dame *f* von Welt; Weltdame *f*; **~ du peuple** einfache Frau; Frau aus dem Volk; **~ de tête** zielstrebige, zielbewusste Frau; **~ de mauvaise vie** liederliches Frauenzimmer; **~ en couches** Wöchnerin *f*; **émancipation** *f* **de la ~** Frauenemanzipation *f*; **les ~s et les enfants d'abord!** Frauen und Kinder zuerst!; **devenir ~** Frau werden; **c'est la ~ de ma vie** das ist die Frau meines Lebens; **être ~ à** *(+inf)* durchaus die Frau sein, die …; ganz der Typ sein, der …; **elle est ~ à se venger** sie ist ganz der Typ, der sich rächt; **elle fait déjà très ~** sie ist, wirkt schon sehr weiblich, fraulich; sie sieht schon wie e-e Frau aus; *prov* **ce que ~ veut, Dieu le veut** wenn e-e Frau sich etwas vornimmt, setzt sie es auch durch 2 *(épouse)* (Ehe)Frau *f*; **prendre ~** heiraten; **prendre pour ~** zur Frau nehmen

femme-enfant [famɑ̃fɑ̃] F ⟨*pl* femmes-enfants⟩ Kindfrau *f*

femmelette [famlɛt] F *d'un homme* Schwächling *m*; *fam* Waschlappen *m*

fémoral [femɔʀal] ADJ ⟨-aux⟩ ANAT Oberschenkel…; **artère ~e** Oberschenkelschlagader *f*

fémur [femyʀ] M ANAT Oberschenkelknochen *m*; **col** *m* **du ~** Oberschenkelhals *m*; MÉD **fracture** *f* **du col du ~** Schenkelhalsbruch *m*; **se casser le col du ~** (sich *[dat]*) den Oberschenkelhals brechen

FEN [fɛn] F ABR (Fédération de l'éducation nationale) Nationaler Erzieherverband *(Lehrergewerkschaft)*

fenaison [fənɛzõ] F AGR (Zeit *f* der) Heuernte *f*

fendant [fɑ̃dɑ̃] M *berühmter Schweizer Weißwein*

fendillement [fɑ̃dijmɑ̃] M a Rissigwerden *n*; *de la peau a.* Aufspringen *n* b *résultat* feiner Riss, Sprung

fendiller [fɑ̃dije] A V/T Risse, Sprünge hervorrufen, verursachen in *(+dat)*; rissig machen; *peau a.* aufspringen lassen; *adjt* **fendillé** rissig B V/PR **se ~** *plâtre, sol etc* Risse bekommen; rissig werden; *peau a.* aufspringen

fendre [fɑ̃dʀ] ⟨→ rendre⟩ A V/T 1 *bois, pierre* spalten; *bois a.* hacken; **~ qc en deux** etw durch-, entzweihauen; **il gèle à pierre ~** es friert Stein und Bein 2 *fig* **~ l'âme, le cœur** das Herz zerreißen; *loc adv* **à ~ l'âme** herzzerreißend 3 *fig* zerteilen; *oiseau* **~ l'air** durch die Luft, Lüfte schießen; *navire* **~ les flots** die Fluten zerteilen; *personne* **~ la foule** sich *(dat)* e-n Weg durch die Menge bahnen B V/PR **se ~** 1 *rocher etc* sich spalten; bersten; *mur, récipient* Risse, Sprünge bekommen; rissig werden; *marrons au feu* (auf-, zer)platzen; **se ~ le crâne** sich *(dat)* ein Loch in den Kopf schlagen, stoßen 2 *fam* **se ~ de qc** *fam* etw herausrücken; **il ne s'est pas fendu** *fam* er hat sich nicht (gerade) verausgabt, in Unkosten gestürzt 3 *fam* **se ~ la gueule, la pipe, la pêche** *fam* wiehern vor Lachen; sich *(dat)* e-n Ast lachen; sich schieflachen 4 ESCRIME e-n Ausfall machen

fendu [fɑ̃dy] ADJ *bois, crâne, lèvre* gespalten; *marbre, récipient* rissig; gesprungen; mit e-m Riss, Sprung; mit Rissen, Sprüngen; *vêtement* geschlitzt; mit (Geh)Schlitz; **bouche ~e jusqu'aux oreilles** Mund *m* bis zu den Ohren

Fénelon [fenlõ, fe-] *frz Schriftsteller*

fenêtre [f(ə)nɛtʀ] F 1 Fenster *n* (*a. d'une enveloppe*, INFORM); **~ basculante** Kipp-, Schwingfenster *n*; **~ à guillotine** Fall-, Hebefenster *n*; *fig* **une ~ sur le monde** ein Tor zur Welt; **jeter par la ~** zum Fenster hinauswerfen, *fam* -schmeißen (*a. fig l'argent*); **se mettre à la ~** sich ans Fenster stellen; sich ins Fenster legen 2 ESPACE **~ de tir** Startfenster *n*

fenil [fənil] M Heuboden *m*

fennec [fenɛk] M ZOOL Fennek *m*; Wüstenfuchs *m*

fenouil [fənuj] M BOT, CUIS Fenchel *m*

fente [fɑ̃t] F 1 Spalte *f*; Spalt *m*; *dans la roche a.* Kluft *f*; *dans le bois a.* Sprung *m*; Riss *m*; *d'un vêtement, d'une boîte aux lettres, d'un volet* Schlitz *m* 2 ESCRIME Ausfall *m*

féodal [feɔdal] ADJ ⟨-aux⟩ feudal; lehnsrechtlich; Feudal…; Lehns…; feudalistisch; **château ~** Feudalsitz *m*; **époque ~e** Feudalzeit *f*; Zeit *f* des Feudalismus; **État ~** Feudalstaat *m*; **régime ~** Feudalsystem *n*, -wesen *n*; Lehnswesen *n*; **société ~e** Feudalgesellschaft *f*

féodalisme [feɔdalism] M Feudalcharakter *m*, -struktur *f*; **féodalité** F HIST Feudalherrschaft *f*, -system *n*, -wesen *n*; Feudalismus *m*; Lehnswesen *n*

fer [fɛʀ] M 1 *métal* Eisen *n*; **~ brut** Roheisen *n*; *loc adj* **de, en ~** Eisen…; eisern; aus Eisen; → *a.* 2; **alliage** *m*, **plaque** *f* **de ~** Eisenlegierung *f*, -platte *f*; *par ext* COMM **transport** *m* **par ~** Bahntransport *m*; *aliment etc* **contenir du ~** Eisen enthalten; eisenhaltig sein; *prov* **il faut battre le ~ pendant qu'il est chaud** man muss das Eisen schmieden, solange es heiß ist *(prov)* 2 *fig loc adj* **de ~** *volonté, discipline, santé* eisern; *volonté a.* stählern; *santé a.* robust; **le chancelier de ~** der Eiserne Kanzler *(Bismarck)*; **avoir une poigne de ~** e-e eiserne Hand, Faust haben 3 *outils* a **~s** *pl (forceps)* (Geburts)Zange *f*; **~ à friser** Brennschere *f*; Lockenstab *m*; **~ à souder** Lötkolben *m* b **~ (à repasser)** Bügeleisen *n*; *all Nord a.* Plätteisen *n*; **~ électrique** elektrisches Bügeleisen; **donner un coup de ~** *(fam* über*)*bügeln **(à qc** etw*)*; *fam* mit dem Bügeleisen drübergehen, -fahren (**à** über *+acc*) c **~ à cheval** Hufeisen *n*; *loc adj et loc adv* **en ~ à cheval** hufeisenförmig; in Form e-s Hufeisens; Hufeisen…; **mettre des ~s à un cheval** e-m Pferd Hufeisen aufnageln; ein Pferd beschlagen; *cheval, fig personne* **tomber les quatre ~s en l'air** auf den Rücken fallen d *d'une pelle* Blatt *n* e *d'une flèche, d'une lance* Spitze *f*; *fig* **~ de lance** Speerspitze *f*; *d'un groupe* Stoßtrupp *m*; **en ~ de lance** spitz(ig); spitz zulaufend; lanzett-, spieß-, pfeil-, keilförmig f *sous les chaussures* Eisen *n* 4 ESCRIME Klinge *f*; **croiser le ~** die Klinge(n) kreuzen 5 **~s** *pl litt (chaînes)* Ketten *fpl*; Eisen *npl*; **mettre aux ~s** in Ketten, Eisen legen, schließen

ferai [f(ə)ʀe], **fera(s)** [f(ə)ʀa] *etc* → faire

fer-blanc [fɛʀblɑ̃] M ⟨*pl* fers-blancs⟩ (Weiß)Blech *n*; **boîte** *f* **en ~** Blechdose *f*

ferblanterie [fɛʀblɑ̃tʀi] F 1 *industrie* Blechwaren-, Klempnerwaren-, Eisenwarenherstellung *f ou commerce* -handel *m* 2 *ustensiles* Blech-, Klempner-, Eisenwaren *fpl*; **ferblantier** M Blechschmied *m*; Klempner *m*

férié [feʀje] ADJ **jour ~** Feiertag *m*

férir [feʀiʀ] V/T LOC **sans coup ~** kampf-, mühelos; ohne auf Widerstand zu stoßen

fermage [fɛʀmaʒ] M AGR a Pacht(wirtschaft) *f*; Verpachtung *f*; Grundpacht *f* b *loyer* Pachtzins *m*, -geld *n*

ferme¹ [fɛʀm] A ADJ *chair, terre* fest; *poitrine* fest; straff; *fruits* fest; hart; *pas, écriture* fest; sicher; *voix, ton* fest; sicher; entschieden; bestimmt; *personne* standhaft; beharrlich; unbeirrbar; *règlement* fest; *prix* fest; unveränderlich; gleichbleibend; COMM **offre** *f* **~** Fest(an)gebot *n;* verbindliches, festes Angebot; **prison** *f* ~ Gefängnis *n* ohne Bewährung; **terre** *f* ~ Festland *n;* BOURSE **valeur** *f* ~ fester, gleichbleibender, unveränderter Wert; *loc adv* **d'un pas ~** mit festem Schritt; festen Schrittes; **avoir la ~ intention de** *(+inf)* die feste Absicht haben zu *(+inf);* BOURSE *cours* **rester ~** sich behaupten; unverändert, fest sein, bleiben **B** ADV **discuter ~** heftig diskutieren; **s'ennuyer ~** *fam* sich gewaltig langweilen; **travailler ~** tüchtig, hart, *fam* feste arbeiten

ferme² [fɛʀm] F **1** (Bauern)Hof *m;* (Bauern-, Land)Gut *n;* Gehöft *n; maison* Bauernhaus *n;* **~ avicole** Geflügelfarm *f;* **~ d'élevage** Farm *f;* **~ d'État** Staatsgut *n* **2** AGR, JUR Pacht *f;* Verpachtung *f;* **donner à ~** verpachten; in Pacht geben; **prendre à ~** pachten; in Pacht nehmen

fermé [fɛʀme] ADJ *porte, magasin, yeux* geschlossen; zu *(attribut seulement); société, club etc* geschlossen; exklusiv; *visage* verschlossen; *syllabe, voyelle,* MATH *courbe* geschlossen; *loc adv* **les yeux ~s** mit geschlossenen Augen; *fig* unbesehen; ohne zu prüfen; in blindem Vertrauen; **être ~ à qc** keinen Zugang haben zu etw; keine Begabung, kein Verständnis, keinen Sinn haben für etw; **être ~ à la pitié** sich dem Mitleid verschließen; kein Mitleid empfinden; **être ~** *porte, usine, magasin* geschlossen sein; zu sein; *magasin a.* zuhaben; *entreprise a.* stillgelegt sein; *porte, fenêtre* **être mal ~** *a.* nicht (richtig, ganz) zu sein; **être ~ à clef** ab-, zugeschlossen, verschlossen, ab-, zugesperrt sein

fermement [fɛʀməmɑ̃] ADV *tenir qc, croire à qc* fest; *inviter qn* nachdrücklich; energisch; **être ~ décidé à** *(+inf)* fest entschlossen sein zu *(+inf);* **prier qn poliment mais ~ de** *(+inf)* j-n höflich, aber bestimmt bitten zu *(+inf)*

ferment [fɛʀmɑ̃] M **1** CHIM Ferment *n;* Gärungserreger *m;* Gärstoff *m;* **~s lactiques** Milchsäurebakterien *fpl* **2** *fig et litt* Keim *m* **(de discorde** der Zwietracht)

fermentation [fɛʀmɑ̃tasjõ] F **1** CHIM Gärung *f;* Gärungsprozess *m,* -vorgang *m; du lait* Säuerung *f* **2** *fig* Gärung *f;* Aufruhrstimmung *f*

fermenter [fɛʀmɑ̃te] VI **1** CHIM gären; *adjt: boisson* **(non) fermenté** (un)vergoren; **lait fermenté** vergorene Milch; **commencer à ~** in Gärung übergehen; **faire ~** zur Gärung bringen **2** *fig* sich in Gärung befinden; in Aufruhr (-stimmung) sein

fermer [fɛʀme] **A** VT *porte, volet, armoire, valise, magasin, musée, guichet* schließen; *fam* zumachen; *école, casino* schließen; *entreprise, mine, ligne de chemin de fer* stilllegen; *yeux, main* schließen; *yeux a.* zudrücken; *fam* zumachen; *bouche* halten; *fam* zumachen; *livre, couvercle* schließen; zuklappen; zuschlagen; *fam* zumachen; *vêtement* zuknöpfen; *fam* zumachen; *parapluie* zumachen; *canif* zuklappen; *fam* zumachen; *rideaux* vor-, zuziehen; *fam* zumachen; *passage, frontière* sperren; *appareil électrique* ausschalten; ausmachen; abschalten; abstellen; *radio, télé a.* aus-, abdrehen; *lumière* ausmachen, -knipsen, -drehen, -schalten, -löschen; *robinet* aus-, ab-, zudrehen; abstellen; *abs* **on ferme** wir schließen; wir machen zu; es wird geschlossen; *pop* **ferme-la!** *ou* **la ferme!** *fam* (halt die) Klappe, Schnauze!; halt den Schnabel!; *plus fort* halt's Maul!; *fig* **~ la carrière à qn** j-m die Laufbahn verbauen; j-s Karriere verhindern; *fig* **~ son cœur à la pitié** sich dem Mitleid verschließen; **je n'ai pas fermé l'œil de (toute) la nuit** ich habe die ganze Nacht kein Auge zugetan; **fermez la parenthèse!** Klammer zu!; **ferme(z) la porte!** Tür zu!; → *a.* porte¹ 1; **~ à clé** ab-, zu-, verschließen; ab-, zusperren; **~ au trafic** für den Verkehr sperren **B** VI *magasin* schließen; geschlossen haben; zuhaben; zu sein; *fam* zumachen; *porte, boîte* **~ (bien, mal)** (gut, schlecht *ou* nicht richtig) schließen, zugehen, zuzumachen sein; sich (...) schließen lassen; *clé* schließen; **cette porte ne ferme pas à clé** diese Tür kann man nicht abschließen **C** V/PR **se ~** **1** *réfléchi: porte* zugehen; ins Schloss fallen; *blessure* sich schließen; zuheilen; **ses yeux se ferment** ihm fallen die Augen zu; *personne* **se ~ à qc** sich e-r Sache *(dat)* verschließen; *pays* **se ~ aux étrangers** keine Ausländer hereinlassen **2** *sens passif: boîte etc* **se ~ (bien, mal)** (gut, schlecht *ou* nicht richtig) schließen, zugehen, zuzumachen sein; sich (...) schließen lassen; *robe* zugemacht, geschlossen werden **(dans le dos** auf dem Rücken, hinten)

fermeté [fɛʀməte] F **1** *de la chair etc* Festigkeit *f* **2** *de la voix* Festigkeit *f; du ton* Bestimmtheit *f; du style* Sicherheit *f;* Kraft *f; de caractère* Stärke *f;* Festigkeit *f; d'une personne* Festigkeit *f;* Entschlossenheit *f;* Bestimmtheit *f;* Entschiedenheit *f;* Standhaftigkeit *f;* Standfestigkeit *f;* Rückgrat *n;* **faire preuve de ~** Festigkeit *etc* beweisen, zeigen; **répondre avec ~** in festem, bestimmtem Ton, mit Bestimmtheit antworten

fermette [fɛʀmɛt] F (kleines) Bauern-, Landhaus *(als Zweitwohnung)*

fermeture [fɛʀmətyʀ] F **1** *dispositif* Verschluss *m; d'une porte, d'un coffre-fort* Schloss *n;* **~ automatique** automatischer Verschluss, Türschließer; **~ éclair®** Reißverschluss *m* **2** *action: d'une porte etc* Schließen *n; d'un commerce etc* Schließung *f; d'une entreprise a.* Stilllegung *f; de la chasse, de la pêche* Ende *n;* **~ annuelle** Betriebs-, Werksferien *pl;* **~ des bureaux** Büroschluss *m;* **~ de la chasse** *a.* Beginn *m* der Schonzeit; **~ des guichets** Schalterschluss *m;* **~ des magasins** Ladenschluss(zeit) *m(f)*

fermier [fɛʀmje] M, **fermière** F **1** Landwirt *m;* Bauer *m,* Bäuerin *f; USA etc* Farmer *m,* Farmersfrau *f; adjt:* **beurre** *m* **fermier** Bauern-, Landbutter *f;* **poulet** *m* **fermier** auf dem Bauernhof im Freien aufgezogenes Hähnchen **2** JUR (Grund-, Land)Pächter(in) *m(f)* **3** HIST **fermier général** Generalsteuerpächter *m*

fermoir [fɛʀmwaʀ] M *d'un bijou, d'un livre, d'un sac à main* Verschluss *m;* Schließe *f; d'un sac à main a.* Schloss *n; d'un livre a.* Spange *f*

Fernand [fɛʀnɑ̃] M *Vorname*

Fernande [fɛʀnɑ̃d] F *Vorname*

féroce [feʀɔs] ADJ *animal* wild; reißend; *homme* grausam; unbarmherzig; unerbittlich; mitleid(s)los; *regard, aspect* wild; schrecklich; grausam; grimmig; **appétit** *m* **~** unbändiger Appetit; **joie** *f* **~** grausame Lust

férocité [feʀɔsite] F *d'un animal* Wildheit *f; d'une personne, d'une mesure* Grausamkeit *f;* Härte *f;* Unmenschlichkeit *f;* Brutalität *f; d'une personne a.* Unbarmherzigkeit *f;* Unerbittlichkeit *f;* Mitleid(s)losigkeit *f*

Féroé [feʀɔe] **les îles** *fpl* **~** die Färöer *pl*

ferrage [fɛʀaʒ] M **1** *de chevaux* Beschlagen *n* **2** TECH *d'une porte* Metallbeschlag *m,* -beschläge *mpl*

ferraillage [fɛʀajaʒ] M CONSTR Armierung *f;* Bewehrung *f*

ferraille [fɛʀaj] F **1** Schrott *m;* Alteisen *n; par ext* Altmetall *n;* **mise** *f* **à la ~** Verschrottung *f;* **tas** *m* **de ~** Schrotthaufen *m (a. fig voiture accidentée);* **faire la récupération de la ~** Schrott, Altmetall, Alteisen sammeln; **jeter, mettre à la ~** verschrotten; **être bon à jeter, mettre à la ~, bon pour la ~** schrottreif sein; nur noch Schrottwert haben; **faire un bruit de ~** *vieux véhicule* scheppern; klappern; rattern; *chaînes* rasseln **2** *fam (menue monnaie)* Klein-, Kupfergeld *n;* Münzen *fpl*

ferrailler [fɛʀaje] VI *autrefois* sich mit dem Säbel schlagen

ferrailleur [fɛʀajœʀ] M **1** *marchand* Schrott-, Alteisen-, Altmetallhändler *m* **2** CONSTR Eisenflechter *m*

Ferrare [fɛʀaʀ] GÉOG Ferrara *n*

ferré [fɛʀe] ADJ **1** (mit Eisen) beschlagen; *canne* mit Metallspitze; **voie ~e** (Bahn)Gleis *n;* Bahnlinie *f;* Schienenstrang *m;* **par voie ~e** auf dem Schienenweg; per Bahn; per Schiene; mit der (Eisen)Bahn **2** *fig* **être ~** (sehr) beschlagen sein, gut Bescheid wissen **(en histoire** in Geschichte; **sur une question** über e-e Frage)

ferrer [fɛʀe] VT **1** *chevaux* beschlagen; *chaussures* mit Eisen beschlagen **2** *pêcheur: le poisson* festhaken; anreißen

ferreux [fɛʀø] ADJ ⟨m⟩ eisenhaltig; **métaux** *mpl* **non ~** Nichteisenmetalle *npl*

ferrite [fɛʀit] M ÉLEC Ferrit *m*

ferro-alliage [fɛʀoaljaʒ] M ⟨*pl* ferro-alliages⟩ MÉTALL Ferro-, Eisenlegierung *f;* **ferromagnétisme** M PHYS Ferromagnetismus *m*

ferronnerie [fɛʀɔnʀi] F **1** **~ (d'art)** *métier* Kunstschlosserei *f;* Kunstschlosser-, Kunstschmiedehandwerk *n; objets* Kunstschmiedearbeiten *fpl* **2** CONSTR Eisen-, Metallbauteile *npl*

ferronnier [fɛʀɔnje] M **~ (d'art)** Kunstschlosser *m,* -schmied *m*

ferroviaire [fɛʀɔvjɛʀ] ADJ (Eisen)Bahn...; Schienen...; **compagnie** *f* **~** Eisenbahngesellschaft *f;* **trafic** *m* **~** (Eisen)Bahn-, Zugverkehr *m;* **transport** *m* **~** Bahn-, Schienentransport *m*

ferrugineux [fɛʀyʒinø] ADJ ⟨-euse⟩ *eau, roche* eisenhaltig

ferrure [fɛʀyʀ] F *d'une porte etc* (Eisen-, Metall)-Beschlag *m*

ferry [fɛʀi] M ⟨*pl* ~s *od* ferries⟩, **ferry-boat** [fɛʀibot] M ⟨*pl* ferry-boats⟩ Eisenbahnfähre *f;* Fährschiff *n;* (große) Fähre

fertile [fɛʀtil] ADJ **1** *sol* fruchtbar; ertragreich; ergiebig **2** *fig imagination etc* fruchtbar; **~ en qc** reich an etw *(dat); jour, époque* **~ en événements** ereignisreich

fertilisable [fɛʀtilizabl] ADJ fruchtbar zu machen(d); **fertilisant** **A** ADJ fruchtbar machend **B** M Düngemittel *n;* **fertilisation** F *du sol* Fruchtbarmachung *f;* Düngung *f;* **fertiliser** VT *terre* fruchtbar machen; düngen

fertilité [fɛʀtilite] F *du sol* Fruchtbarkeit *f (a. fig de l'esprit, de l'imagination);* Ergiebigkeit *f;* Ertragfähigkeit *f*

féru [feʀy] ADJ **être ~ de qc** (ganz) besessen sein von etw; sich begeistern für etw

férule [feʀyl] F *autrefois* (Zucht)Rute *f; fig et litt* **être sous la ~ de qn** unter j-s Zuchtrute, *fam* Fuchtel *(dat)* stehen

fervent [fɛʀvɑ̃] **A** ADJ *croyant* eifrig; *prière* inbrünstig; *démocrate, partisan, amour* leidenschaftlich; glühend; *amour a.* heiß **B** M begeisterter, leidenschaftlicher Anhänger, Verehrer

ferveur [fɛʀvœʀ] F *de la prière, de la foi* Inbrunst *f; d'une personne* Eifer *m; d'un sentiment* Glut *f;* Feuer *n;* **écouter qn avec ~** j-m wie gebannt zuhören; **remercier qn avec ~** j-m überschwänglich danken

Fès [fɛz] GÉOG Fes *n*

fesse [fɛs] F Hinter-, Gesäß-, *pop* Arschbacke *f;* Gesäßhälfte *f;* **~s** *pl* Gesäß *n;* Hinterteil *n; fam* Hintern *m; fam* **histoire** *f* **de ~s** Bettgeschichte *f; fam* **il a la police** *etc* **aux ~s** er hat die Polizei *etc* im Nacken; die Polizei *etc* ist ihm auf den Fersen; **botter les ~s à qn, donner un coup de pied aux ~s à qn** j-m e-n Tritt in den Hintern geben; j-m in den Hintern treten; *fam* **ça**

coûte la peau des **~s** *fam* das ist sündhaft teuer; *fam* **poser ses ~s** *(s'asseoir) fam* sich auf s-n Hintern setzen; *fam fig* **serrer les ~s, avoir chaud aux ~s** *fam* es mit der Angst kriegen; Schiss, (e-n) Bammel haben

fessée [fese] F Schläge *mpl* auf den Hintern; **donner une ~ à qn** *fam* j-m den Hintern vollhauen, versohlen; j-m die Hosen stramm ziehen; **recevoir une (bonne) ~** *fam* den Hintern voll, ein paar auf den Hintern kriegen

Fessenheim [fesɛnɛm] *Ort im Dep. Haut-Rhin*

fesser [fese] V/T **~ qn** *fam* j-m den Hintern vollhauen, versohlen; j-m die Hosen stramm ziehen

fessier [fesje] **A** *fam* M Hinterteil *n*; *fam* Hintern *m* **B** ADJ ⟨-ière⟩ ANAT Gesäß…; **muscles ~s** Gesäßmuskeln *mpl*

fessu [fesy] ADJ *fam* mit e-m breiten, dicken Hintern

festin [fɛstɛ̃] M Festessen *n*, -mahl *n*, -schmaus *m*; Bankett *n*

festival [fɛstival] M **1** Festspiele *npl*; Festival *n*; CINÉMA Filmfestival *n*; **le ~ de Cannes** das Filmfestival von Cannes; **le ~ de Salzbourg** die Salzburger Festspiele **2** *fig* glänzende Demonstration s-s Könnens; **festivalier** **A** ADJ ⟨-ière⟩ Festspiel… **B** M Festspielteilnehmer *m*

festivités [fɛstivite] FPL (Fest)Veranstaltungen *fpl*; Festlichkeiten *fpl*; Feiern *fpl*; *plais* Festivitäten *fpl*

fest-noz [fɛstnoz] M ⟨inv⟩ *Fest mit traditionellen bretonischen Tänzen*

feston [fɛstõ] M ARCH, COUT Feston *n*; COUT **point** *m* **de ~** Langettenstich *m*

festonner [fɛstɔne] V/T COUT festonieren

festoyer [fɛstwaje] V/I ⟨-oi-⟩ festlich, gut essen, speisen; schlemmen

feta [feta] F CUIS Feta *m*

fêtard [fɛtaʀ] *fam* M j-d, der gern feiert; *fam* Nachtschwärmer *m*

fête [fɛt] F **1** Fest *n*; Fest-, Feiertag *m*; festliche Veranstaltung; Feier *f*; **~ légale** gesetzlicher Feiertag; **~ nationale** Nationalfeiertag *m*; **~ de bienfaisance, de charité** Wohltätigkeitsfest *n*, -veranstaltung *f*; **~ de famille** Familienfest *n*, -feier *f*; **~s (de fin d'année)** Weihnachten *n* und Neujahr *n*; **~ des mères** Muttertag *m*; **~ de la moisson** Ernte(dank)fest *n*; **~ des pères** Vatertag *m*; **~ du travail** Tag *m* der Arbeit; *fig* **air** *m* **de ~** festliches Aussehen; festliche Stimmung; **jour** *m* **de ~** (persönlicher) Fest-, Feiertag; *loc adv* **les dimanches et ~s** an Sonn- und Feiertagen; *fig* **en ~** festlich; fröhlich; in festlicher Stimmung; *poét nature etc* im Festgewand; **donner une ~ en l'honneur de qn** j-m zu Ehren, für j-n ein Fest geben, veranstalten; *fig* **être à la ~** ganz in s-m Element sein; überglücklich sein; *fig* **ne pas être à la ~** sich nicht wohlfühlen in s-r Haut; *fig* **il n'avait jamais été à pareille ~** er hatte noch nie etwas so Herrliches erlebt; **être de la ~** beim Fest (dabei) sein; am Fest teilnehmen; mitfeiern; **faire la ~** *fam* tüchtig, ordentlich feiern; *fig* **se faire une ~ de qc** sich sehr auf etw *(acc)* freuen; *fig* **faire ~ à qn** j-n freudig empfangen, begrüßen **2** *(jour du saint dont qn porte le nom)* Namenstag *m*; **bonne ~!** alles Gute, herzlichen Glückwunsch zum Namenstag!; *fam fig* **je vais lui faire sa ~!** *fam* der kann was erleben!; dem werd ich's zeigen!

Fête-Dieu [fɛtdjø] F ⟨pl Fêtes-Dieu⟩ Fronleichnam(sfest) *m(n)*

fêter [fete] V/T *fête, anniversaire, victoire, succès, vainqueur* feiern; *fête a.* (festlich, feierlich) begehen; *vainqueur a.* festlich, feierlich empfangen; *fam* **on va ~ ça!** das muss gefeiert werden!

fétiche [fetiʃ] M REL *et fig* Fetisch *m*; **fétichisme** M REL, PSYCH, *fig* Fetischismus *m*; **fétichiste** **A** ADJ fetischistisch **B** M/F Fetischist(in) *m(f)*

fétide [fetid] ADJ *haleine, émanations* übel riechend; stinkend; **odeur** *f* **~** widerlicher, ekelerregender Geruch

fétu [fety] M **~ (de paille)** Strohhalm *m*; **être emporté comme un ~** vom Strom mitgerissen werden; ein Spielball der Wellen sein

feu[1] [fø] M ⟨pl ~x⟩ **1** Feuer *n* *(a. fig d'une personne, du regard, de l'amour)*; *fig du regard, de la passion a.* Glut *f*; *(incendie)* Brand *m*; CUIS Hitze *f*; Flamme *f*; *de mets épicés etc* Brennen *n*; *fig d'un diamant* **~x** *pl* Feuer *n*; ♦ **~ sacré** heiliges Feuer; *fig d'un artiste etc* **avoir le ~ sacré** von s-r Arbeit, s-m Beruf besessen sein; mit Leib und Seele bei s-r Arbeit sein; **~ d'artifice** Feuerwerk *n (a. fig)*; **~ de Bengale** bengalisches Feuer; **~ de brousse** Buschbrand *m*; **~ de camp** Lagerfeuer *n*; **~ de cheminée** Kaminfeuer *n*; *incendie* Kaminbrand *m*; **~ de joie** Freudenfeuer *n*; *fig* **~ de paille** Strohfeuer *n*; **~ du rasoir** Brennen *n* nach der Rasur; **mise** *f* **à ~** Zünden *n*, -ung *f (d'une fusée, d'explosifs)*; GÉOG **Terre** *f* **de Feu** Feuerland *n*; ♦ *int* **au ~!** Feuer!; es brennt!; **crier au ~** „Feuer!" rufen; *loc adj* **à trois ~x** *cuisinière à gaz* mit drei Flammen; *cuisinière électrique* mit drei Kochplatten; *loc adv*: CUIS **à ~ doux, à grand ~, à ~ vif** auf kleiner *ou* schwacher, starker Flamme; bei schwacher, starker Hitze; *fig* **dans le ~ de l'action** im Eifer, in der Hitze des Gefechts; ♦ *plat* **aller au ~** feuerfest sein; **allumer le ~** Feuer anmachen, anzünden, entfachen; *fumeur* **avez-vous du ~?** haben Sie Feuer?; **il y a le ~** es brennt; da brennt es; *fig* **il n'y a pas le ~** kein Grund zur Eile; warum so eilig?; *fam fig* **avoir le ~ au derrière**, *pop* **au cul** *fam* es brandeilig haben; *fig* **avoir les joues en ~** glühende, brennend rote Wangen haben; *fig* **j'ai la bouche, la gorge en ~** mein Mund, meine Kehle brennt wie Feuer; *diamants* **briller de mille ~x** herrlich strahlen, funkeln; **être en ~** in Brand, in Flammen stehen; brennen; *fig* **être tout ~ tout flamme pour qc** für etw Feuer und Flamme sein; *fig* **être sans ~ ni lieu** weder Haus noch Herd haben; obdachlos sein; *plat* **être sur le ~** aufgestellt sein; auf dem Feuer, Herd stehen; **faire du ~** Feuer machen; *fig* **faire ~ de tout bois** alle Mittel einsetzen; *fam* alle Minen springen lassen; *diamant* **jeter des ~x** funkeln; Feuer haben; *fig* **se jeter au ~ pour qn** für j-n durchs Feuer gehen; *fig* **jouer avec le ~** mit dem Feuer spielen; **mettre le ~ à qc** etw in Brand stecken, anzünden, anstecken; Feuer legen an etw *(acc)*; *pays, ville* **mettre à ~ et à sang** mit Feuer und Schwert verwüsten, verheeren; *fig* **mettre le ~ aux poudres** den Funken ins Pulverfass schleudern; der Funke im Pulverfass sein; CUIS **mettre sur le ~** aufstellen; aufsetzen; aufs Feuer, auf den Herd stellen; *fig* **parler avec ~** mit Feuer, Begeisterung sprechen; **prendre ~** Feuer fangen; in Brand geraten; sich entzünden; *fam fig* **il n'y voit que du ~** *fam* das merkt der gar nicht **2** *(lumière, signal lumineux) d'un bateau* Licht *n*; Laterne *f*; *d'un avion* Kennlicht *n*; CIRCULATION **~(x)** Ampel *f*; *sur un véhicule* **~(x) arrière** Rück-, Schlusslicht(er) *n(pl)*, -leuchte(n) *f(pl)*; *aux passages à niveau etc* **~ clignotant** Blinklicht(anlage) *n(f)*; **~x coordonnés** grüne Welle; *titre dans la presse* **pleins ~x sur …** im Blickpunkt …; alles über *(+acc)*; CIRCULATION **~ rouge, orange, vert** rotes, gelbes, grünes Licht; **le ~ passe au vert** die Ampel, es wird grün; *fig* **donner, obtenir le ~ vert** grünes Licht geben, bekommen; AUTO: **~ stop** Bremslicht *n*; **~x de croisement** Abblendlicht *n*; **~x de détresse** Warnblinkanlage *f*, -licht *n*; **~x de position** AUTO Standlicht *n*; MAR, AVIAT Positionslichter *npl*; THÉ **~x de la rampe** Rampenlicht *n*; AUTO **~x de recul** Rückfahrscheinwerfer *mpl*; AUTO **~x de route** Fernlicht *n*; **~x de signalisation** Verkehrsampel *f*; AUTO **~x de stationnement** Parkleuchte *f*; *loc adv* **sous les ~x des projecteurs** im Scheinwerferlicht *(a. fig)*; AUTO **rouler tous ~x éteints** ohne Beleuchtung, ohne Licht fahren **3** MIL (Gewehr-, Geschütz)Feuer *n*; *ordre* **~!** Feuer!; **arme** *f* **à ~** Feuer-, Schusswaffe *f*; **coup** *m* **de ~** Schuss *m*; → *a.* coup 1; **cessez le ~!** Feuer einstellen!; **être sous le ~ de l'ennemi** unter (feindlichem) Beschuss, unter Feuer liegen; **faire ~** Feuer geben; feuern; *fig* **faire long ~** *projet* zu nichts führen; *sujet* nicht mehr ziehen; *fig* **ne pas faire long ~** *accord etc* nicht lange dauern; von kurzer Dauer sein; *personne à un poste etc* es nicht lange aushalten; nicht lange bleiben; *fig* **être pris, se trouver entre deux ~x** zwischen zwei Feuern stehen **4** *fam (revolver) fam* Kanone *f*; Schießeisen *n*

feu[2] [fø] *litt* ADJ ⟨inv⟩ verstorben; selig; **~ son père** sein verstorbener, seliger Vater; *all Sud a.* sein Vater selig

feuillage [fœjaʒ] M **a** *d'un arbre* Laub *n*; Blätter *npl* **b** *(rameaux coupés)* abgeschnittene grüne Zweige *mpl*; abgeschnittenes grünes Laub

feuillaison [fœjɛzõ] F *des arbres* Belaubung *f*; Grünwerden *n*

feuillantine [fœjãtin] F Gebäck *n* aus Blätterteig

feuillants [fœjã] MPL HIST **1** REL Feuillanten *mpl* **2** POL *1791* Mitglieder *npl* des Klubs der Feuillants; gemäßigte Republikaner *mpl*

feuillard [fœjaʀ] M Bandeisen *n*

feuille [fœj] F **1** BOT Blatt *n*; **~s** *pl a.* Laub *n*; **~s mortes** welkes, dürres, trockenes Laub; welke, dürre, trockene Blätter; **~ de chêne** Eich(en)blatt *n*; Eichenlaub *n*; *salade* Eichblattsalat *m*; CUIS **~s de laurier** Lorbeerblätter *npl*; **~ de marronnier, de menthe** Kastanien-, Pfefferminzblatt *n*; **~ de palmier** Palm(en)blatt *n*, -wedel *m*, -zweig *m*; **~ de tabac** Tabakblatt *n*; **~ de vigne** Rebenblatt *n*; BEAUX-ARTS *et fig* Feigenblatt *n*; **trèfle** *m* **à quatre ~s** vierblätt(e)riges Kleeblatt; *fig* **trembler comme une ~** zittern wie Espenlaub **2** *papier* **a** Blatt *n* (Papier); (Schreibpapier-, Packpapier)-Bogen *m*; TYPO (Druck)Bogen *m*; **~ double** Doppelblatt *n*, -bogen *m*; **une ~ de papier** ein Blatt Papier; **~ de papier à lettres** Briefbogen *m*; **~ de timbres** Briefmarkenbogen *m* **b** *document* Schein *m*; **~ d'impôt** Steuerformular *n*; **~ de maladie, de soins** *correspond à* Krankenschein *m*; **~ de paie** Lohn-, Gehaltsstreifen *m*; **~ de présence** Anwesenheits-, Präsenzliste *f*; MIL **~ de route** Fahrbefehl *m*; **~ de température** Fiebertabelle *f* **c** *(journal)* Blatt *n*; *fam* **~ de chou** *fam* Käseblatt *n* **3** *(plaque mince)* (Metall)Folie *f*; *en bois* Platte *f* **4** *fam* **être dur de la ~** schwerhörig sein; schwer hören

feuillée [fœje] F **1** *poét* Laubdach *n* **2** **~s** *pl* MIL Latrine *f*

feuille-morte [fœjmɔʀt] ADJ ⟨inv⟩ gelbbraun; rotbraun

feuillet [fœjɛ] M **1** *d'un cahier etc* Blatt *n* **2** *des ruminants* Blättermagen *m* **3** TECH dünne Platte; dünnes Brett

feuilletage [fœjtaʒ] M CUIS Zubereitung *f* von Blätterteig

feuilleté [fœjte] **A** ADJ blätt(e)rig; TECH **pare-brise ~** Verbundglasscheibe *f*; CUIS **pâte ~e** Blätterteig *m* **B** M CUIS Blätterteiggebäck *n*

feuilleter [fœjte] VT <-tt-> 1 durchblättern; blättern in (+*dat*); ~ **un journal, un livre** eine Zeitung, ein Buch durchblättern; in einer Zeitung, einem Buch blättern 2 CUIS ~ **de la pâte** Blätterteig zubereiten

feuilleton [fœjtõ] M *dans un journal* Fortsetzungsroman *m*; TV, RAD Serie *f*; Sendereihe *f*

feuilletoniste [fœjtɔnist] M Autor *m*, Verfasser *m* von Fortsetzungsromanen, Serien

feuillu [fœjy] A ADJ a (*touffu*) dicht belaubt; mit dichtem Laub-, Blätterwerk b (*qui porte des feuilles*) laubtragend B MPL ~**s** Laubbäume *mpl*; **forêt** *f* **de** ~**s** Laubwald *m*

feuillure [fœjyʀ] F MENUISERIE Falz *m*

feulement [følmɑ̃] M *du tigre* Brüllen *n*; *du chat* Fauchen *n*; **feuler** VI *tigre* brüllen; *chat* fauchen

feutrage [føtʀaʒ] M *des vêtements* (Ver)Filzen *n*; Filzigwerden *n*

feutre [føtʀ] M 1 TEXT Filz *m* 2 *chapeau* Filzhut *m*; *fam* Filz *m* 3 *crayon* Filz-, Faserschreiber *m*, -stift *m*

feutré [føtʀe] ADJ 1 *laine, vêtement* verfilzt; filzig (geworden) 2 *bruit* gedämpft; dumpf; **marcher à pas** ~**s** auf leisen Sohlen, mit leisen Schritten gehen; **vivre dans une atmosphère** ~**e** abgeschirmt leben

feutrer [føtʀe] A VT 1 TEXT filzen; zu Filz verarbeiten 2 (*garnir de feutre*) mit Filz unterlegen, auslegen B VI (*et* VPR) (**se**) ~ *laine, vêtements* (ver)filzen; filzig werden

feutrine [føtʀin] F TEXT Wollfilz *m*

fève [fɛv] F 1 BOT, CUIS a Sau-, Puffbohne *f*; dicke Bohne b ~ **de cacao** Kakaobohne *f* 2 ~ **(des Rois)** am Dreikönigsfest in der „galette" versteckte Bohne *ou* kleine Figur

février [fevʀije] M Februar *m*; *autrich* Feber *m*

Feydeau [fɛdo] **Georges** ~ *frz Dramatiker*

fez [fɛz] M *coiffure* Fes *ou* Fez *m*

Fez [fɛz] GÉOG Fes *n*

FF ABR (franc[s] français) HIST FF; französischer Franc *ou* französische Francs

FFI [ɛfɛfi] FPL ABR (Forces françaises de l'intérieur) *Streitkräfte der frz Résistance im 2. Weltkrieg*

FFL [ɛfɛfɛl] FPL ABR (Forces françaises libres) *Streitkräfte des freien Frankreich im 2. Weltkrieg (de Gaulle)*

fi [fi] 1 INT *litt* ~ **(donc)!** pfui! 2 LOC **faire** ~ **de** verschmähen

fiabilité [fjabilite] F 1 TECH Zuverlässigkeit *f*; Betriebssicherheit *f* 2 *d'une personne* Vertrauenswürdigkeit *f*

fiable [fjabl] ADJ 1 TECH zuverlässig; betriebssicher 2 *personne* vertrauenswürdig; verlässlich

fiacre [fjakʀ] M (Pferde)Droschke *f*; Mietkutsche *f*; *autrich* Fiaker *m*

fiançailles [f(i)jɑ̃saj] FPL Verlobung *f*; *st/s* Verlöbnis *n*; *temps* Verlobungszeit *f*; **rompre ses** ~ die Verlobung (wieder) lösen; sich entloben

fiancé(e) [f(i)jɑ̃se] M(F) Verlobte(r) *m/f(m)*; Bräutigam *m*, Braut *f*; **les fiancés** die Verlobten; das Brautpaar; die Brautleute *pl*

fiancer [f(i)jɑ̃se] <-ç-> A VT verloben (à mit); ~ **sa fille à qn** s-e Tochter mit j-m verloben B VPR **se** ~ sich verloben (**avec qn** mit j-m)

fiasco [fjasko] M Fiasko *n*; Misserfolg *m*; *fam* (glatter) Reinfall *m*; ~ **complet** *fam* glatter Reinfall; **sa pièce a été un** ~ *a.* er erlebte mit s-m Stück ein Fiasko

fiasque [fjask] F dickbauchige Korbflasche mit langem Hals

fibranne [fibʀan] F TEXT Zellwolle *f*

fibre [fibʀ] F 1 BIOL, TEXT *etc* Faser *f*; BIOL, ANAT *a.* Fiber *f*; TEXT *a.* Faserstoff *m*; ~ **animale** tierische Faser; ~**s musculaires** Muskelfasern *fpl*; ~ **naturelle** natürliche (Textil)Faser; TÉLÉCOMMUNICATIONS ~ **optique** Glasfaser *f*; ~ **synthétique** Chemie-, Kunstfaser *f*; synthetische (Textil)Faser; ~ **textile** Textilfaser *f*; ~ **végétale** pflanzliche Faser; Pflanzenfaser *f*; ~ **de bois** Holzfaser *f*; *pour emballages* Holzwolle *f*; ~ **de verre** Glasfaser *f*, -wolle *f* 2 *fig*: **avoir la** ~ **maternelle** e-e gute Mutter abgeben, sein; **avoir la** ~ **poétique** e-e poetische Ader haben; **faire jouer la** ~ **patriotique** an die patriotischen Gefühle appellieren

fibreux [fibʀø] ADJ <-euse> fas(e)rig; Faser…

fibrillation [fibʀijasjõ] F MÉD Herzflimmern *n*

fibrille [fibʀij] F ANAT, BOT Fibrille *f*; BOT *a.* Fäserchen *n*

fibrine [fibʀin] F PHYSIOL Fibrin *n*

fibrociment® [fibʀɔsimɑ̃] M CONSTR Asbestzement *m*; Eternit® *n ou m*

fibrome [fibʀom] M MÉD Fasergeschwulst *f*; Fibrom *n*

ficelage [fislaʒ] M (Ver-, Zu)Schnüren *n*; Verschnürung *f* (*a. résultat*)

ficelé [fisle] ADJ 1 *paquet etc* verschnürt 2 *fam* **être mal** ~ komisch, geschmacklos angezogen sein

ficeler [fisle] VT <-ll-> *paquet etc* ver-, zuschnüren; mit (e-r) Schnur, (e-m) Bindfaden umwickeln (*a.* CUIS *rôti etc*); mit Schnur, Bindfaden zubinden; (*attacher*) festschnüren, -binden; mit Schnur, Bindfaden befestigen; ~ **qn, qc à qc** j-n, etw an etw (*dat*) festbinden, anbinden

ficelle [fisɛl] F 1 Bindfaden *m*; Schnur *f*; Kordel *f*; ~**s** *pl d'une marionnette* Fäden *mpl*; **attacher, lier avec de la** ~ mit Bindfaden, Schnur an-, fest-, zusammenbinden, befestigen; *fig* **tirer les** ~**s** die Fäden in der Hand haben; der Drahtzieher sein; **c'est lui qui tire les** ~**s** *a.* bei ihm laufen alle Fäden zusammen 2 *pain* dünnes, langes Weißbrot 3 ~**s** *pl d'un métier etc* Kniffe *mpl*; Tricks *mpl*; Finessen *fpl*; Schliche *mpl*; **connaître toutes les** ~**s d'un métier** alle Kniffe *etc* e-s Berufs kennen; *fig* **la** ~ **est un peu grosse** das ist zu plump, durchsichtig, offensichtlich; *adjt fam méfiez-vous*, **il est drôlement** ~ er ist (ganz) gerissen, durchtrieben, mit allen Wassern gewaschen

fiche[1] [fiʃ] F 1 ÉLEC ~ **(mâle, de prise de courant)** Stecker *m*; Stöpsel *m*; ~ **femelle** Gerätestecker *m* 2 (*feuille*) Zettel *m*; Blatt *n*; Bogen *m*; *d'un fichier* (Kartei)Karte *f*; ~ **médicale** Krankenblatt *n*; ~ **technique** technische Daten *npl*; ~ **de contrôle** Kontrollzettel *m*, -karte *f*, -schein *m*; ~ **d'état civil** Personenstandsurkunde *f*

fiche[2] [fiʃ] → fichér[1]

ficher[1] [fiʃe] ‹*inf a.* **fiche**; *pp* **fichu**› *fam* A VT 1 (*faire*) machen; tun; **il n'a rien fichu aujourd'hui** er hat heute nichts getan 2 (*donner*) geben; *un coup* versetzen; **ça me fiche le cafard** das macht mich ganz elend, trübsinnig, krank; *a.* da bekomme ich richtig Heimweh; **fiche-moi la paix!** lass mich in Ruhe, in Frieden, zufrieden! 3 (*jeter*) werfen; *fam* schmeißen; ~ **le camp** → camp 1; **elle a été fichue, elle s'est fait fiche à la porte** *fam* man hat sie rausgeworfen; sie ist (raus)geflogen; **va te faire fiche!** *fam* mach, dass du fortkommst! 4 **je t'en ficherai, moi**, *des voyages à l'étranger* das würde dir so passen …; das schlag dir aus dem Kopf …; *je croyais qu'il avait fini son discours, mais* **je t'en fiche**, *il a encore parlé fam* von wegen; denkste B VPR 1 **se** ~ **de qc, qn** *fam* auf etw, j-n pfeifen; **je m'en fiche (pas mal)** *fam* das ist mir (völlig) egal, schnuppe, piepe; das kümmert, schert mich e-n Dreck; **il se fiche du monde** *fam* der ist gut!; der hat Nerven! 2 **se** ~ **de qn** j-n auslachen, veralbern, *fam* veräppeln; → *a. les expressions sous* foutre

ficher[2] [fiʃe] VT 1 einrammen; einschlagen; ~ **un poteau** einen Pfosten einrammen, einschlagen 2 (*mettre en fiche*) karteimäßig erfassen; registrieren; **être fiché** registriert sein; in e-r, der Kartei stehen

fichier [fiʃje] M 1 Kartei *f*; ~ **de clients** Kundenkartei *f*; **établir, tenir un** ~ e-e Kartei anlegen, führen 2 *boîte* Karteikasten *m*; Zettelkasten *m* 3 INFORM Datei *f*

fichtre [fiʃtʀ] INT *admirative, étonnée fam* Donnerwetter!; so was!

fichtrement [fiʃtʀəmɑ̃] ADV *fam* unwahrscheinlich; unheimlich; verdammt

fichu[1] [fiʃy] M Schulter-, Busentuch *n*

fichu[2] [fiʃy] *fam* PP → ficher[1] *et* ADJ 1 (*détruit*) *fam* kaputt; futsch; hin; im Eimer; *pop* im Arsch; *personne* **il est** ~ *financièrement etc fam* der ist erledigt, am Ende; *physiquement fam* der macht's nicht mehr lange 2 (*désagréable*) *fam* blöd; verdammt; verflixt; ~ **temps!** *fam* Sauwetter!; **il a un** ~ **caractère** *fam* der kann ganz unangenehm werden 3 **bien** ~ *femme* gut gewachsen; *fam* gut gebaut; *mécanisme etc* gut, geschickt gemacht, ausgedacht; **être mal** ~ *personne* sich schlecht, elend, jämmerlich fühlen; *fam* nicht auf dem Damm, Posten sein; nicht gut beieinander sein; *mécanisme etc* schlecht, nicht gut gemacht sein 4 (*capable de*) **il est** ~ **de (le faire)** *fam* er ist imstand(e) und (macht's, tut's); **il n'est pas** ~ **d'arriver à l'heure** *fam* der ist nie pünktlich

fictif [fiktif] ADJ <-ive> 1 *personnage etc* (frei) erfunden; erdacht; fiktiv; **valeur fictive** gedachter, angenommener, fiktiver Wert 2 (*faux, feint*) *scène, accord etc* vorgetäuscht; gespielt; fingiert; *facture* fingiert; Schein…; Pro-forma-…; **contrat** ~ Scheinvertrag *m*; fingierter Vertrag; **promesse fictive** falsche, zum Schein abgegebene Versprechungen *fpl*; **vente fictive** Pro-forma-Verkauf *m*

fiction [fiksjõ] F Fiktion *f*; Erdichtung *f*; Erfindung *f*; **ouvrage** *m* **de** ~ Werk *n* der Dichtkunst; *loc* **la réalité dépasse la** ~ die Wirklichkeit geht über alle Vorstellung hinaus

fidèle [fidɛl] A ADJ 1 *ami, partenaire, serviteur etc* treu; zuverlässig; *serviteur a.* (treu) ergeben; *chien a.* anhänglich; ~ **à son devoir** pflichttreu; **être, rester** ~ **à, envers qn** j-m treu sein, bleiben; j-m die Treue halten; treu zu j-m halten; **être, rester** ~ **à qc** e-r Sache (*dat*) treu bleiben; an etw (*dat*) festhalten; **être** ~ **à ses habitudes** an s-n Gewohnheiten festhalten; s-n Gewohnheiten treu bleiben; **rester** ~ **à soi-même** sich (*dat*) selber, selbst treu bleiben 2 *reproduction, récit etc* genau; getreu; *reproduction a.* originalgetreu; *traduction a.* wortgetreu; *mémoire* zuverlässig; *mise en scène* ~ **à la conception de l'auteur** ganz im Sinne des Autors B M/F 1 a (*adepte*) Getreue(r) *m/f(m)* b (*client*) Stammkunde *m*, -kundin *f* 2 REL Gläubige(r) *m/f(m)*

fidèlement [fidɛlmɑ̃] ADV (ge)treu; (ge)treulich; genau; zuverlässig; *fin de lettre, plais* ~ **vôtre** … in aller Treue Ihr …; **rapporter, reproduire** ~ genau, zuverlässig berichten, wiedergeben; **traduire** ~ **un texte** e-n Text wortgetreu übersetzen

fidéliser [fidelize] VT *public* (auf Dauer) gewinnen; an sich (*acc*) binden; bei der Stange halten

fidélité [fidelite] F 1 Treue *f* (**à, envers qn** zu j-m); Anhänglichkeit *f*; Festhalten *n* (**à qc** an etw [*dat*]); ~ **conjugale** eheliche Treue; ~ **à ses convictions** Festhalten an s-n Überzeugungen; ~ **à une promesse** Einhaltung *f* e-s Versprechens; **serment** *m* **de** ~ Treueschwur

F

m, -gelöbnis *n*; Treueid *m*; **les époux se doivent ~** die Ehegatten schulden einander Treue **2** *d'une traduction, d'un récit etc* Genauigkeit *f*; Zuverlässigkeit *f* (*a. de la mémoire*); MUS **°haute ~** High Fidelity *f* (*abr* Hi-Fi); originalgetreue Wiedergabe; **chaîne** *f* **°haute ~** Stereoanlage *f*; Hi-Fi-Anlage *f*

Fidji [fidʒi] **les îles** *fpl* **~** die Fidschiinseln *fpl*

fiduciaire [fidysjɛʀ] ADJ **1** JUR, ÉCON treuhänderisch; Treuhand...; *t/t* fiduziarisch; **société** *f* **~** Treuhandgesellschaft *f* **2** ÉCON **monnaie** *f* **~** Zeichengeld *n*; Papier- und Hartgeld *n*

fief [fjɛf] M **1** HIST Lehen *n*; Lehnsgut *n* **2** *fig* (ureigenstes Fach-, Wirkungs)Gebiet; (Fach)-Bereich *m*; Domäne *f*; *d'un politicien* **~** (**électoral**) Hochburg *f*; **là, je suis dans mon ~** *dans un quartier etc* da bin ich zu Hause; da kenne ich jeden Stein; *dans un domaine* da bin ich zu Hause; da kenne ich mich aus; **c'est son ~** das ist sein Bereich, s-e Domäne

fieffé [fjefe] ADJ *menteur etc* abgefeimt; ausgemacht; Erz...

fiel [fjɛl] M **1** *d'animaux de boucherie, de volaille* Galle *f* **2** *fig* Galle *f*; Bosheit *f*; Bitterkeit *f*; **plein de ~** boshaft; gehässig

fielleux [fjɛlø] ADJ ⟨-euse⟩ *propos, personne* gallig; gehässig; boshaft; *propos a.* galle(n) bitter

fiente [fjɑ̃t] F *d'oiseaux* Kot *m*; Mist *m*; Dreck *m*

fienter [fjɑ̃te] V/I *oiseaux* Kot auswerfen; misten

fier[1] [fje] V/PR **se ~ à qn** sich auf j-n verlassen; j-m vertrauen, Vertrauen schenken; **se ~ à qc** sich auf etw (*acc*) verlassen; mit etw rechnen; **on ne sait plus à qui se ~** man kann niemand(em) mehr trauen, sich auf niemand(en) mehr verlassen

fier[2] [fjɛʀ] ADJ ⟨fière [fjɛʀ]⟩ **1** stolz; *péj* hochmütig; *personne a.* eingebildet; **~ comme Artaban** stolz wie ein Spanier, Pfau; *litt* **avoir fière allure** e-e würdige Haltung haben; vornehm wirken; **être ~ de qn, qc** stolz auf j-n, etw sein; *péj* sich (*dat*) etwas einbilden auf j-n, etw; **il n'y a pas de quoi être ~** darauf brauchst du dir *ou* brauchen Sie sich (*dat*) gar nichts einzubilden; das ist kein Grund, stolz zu sein; **il est trop ~ pour** (*+inf*) er ist zu stolz, um zu (*+inf*); *fam* **ne pas être ~** *fam* ganz schön Angst haben; so klein sein; *subst* **faire le ~** stolz, hochmütig, eingebildet tun **2** *fam* gewaltig; unwahrscheinlich; **devoir une fière chandelle à qn** j-m zu großem Dank verpflichtet sein; j-m viel, *fam* eine ganze Menge zu verdanken haben; **il a un ~ culot** *fam* der ist ganz schön frech, dreist, unverfroren

fier-à-bras [fjɛʀabʀa] *litt* M ⟨*pl* fier(s)-à-bras⟩ Prahlhans *m*; Bramarbas *m*

fiérot [fjeʀo] ADJ dummstolz; kindisch stolz; eingebildet

fierté [fjɛʀte] F Stolz *m*; *péj* Hochmut *m*; **par ~** aus Stolz; **j'ai ma ~!** ich habe auch meinen Stolz!; **c'est sa ~** das ist sein ganzer Stolz; **il en tire une juste ~** er ist mit Recht stolz darauf

fiesta [fjɛsta] *fam* F Fest *n*; *fam* Fete *f*

fièvre [fjɛvʀ] F **1** MÉD Fieber *n*; **~ jaune** Gelbfieber *n*; **~ des marais** Sumpffieber *n*; Malaria *f*; *yeux* **brillant de ~** fieberglänzend; *front* **brûlant de ~** fieberheiß, -glühend; **avoir de la ~** Fieber haben; fiebern; **sa fièvre est tombée** er hat kein Fieber mehr, ist fieberfrei **2** *fig* Fieber *n*; Erregung *f*; Aufregung *f*; Hektik *f*; **~ des élections** Wahlfieber *n*; **dans la ~ du départ** in der Hektik der Abreise; *discuter* **avec ~** eifrig, leidenschaftlich, hitzig, heftig

fiévreusement [fjevʀøzmɑ̃] ADV fieberhaft; mit Feuereifer

fiévreux [fjevʀø] ADJ ⟨-euse⟩ **1** MÉD fieb(e)rig **2** *fig attente, activité* fieberhaft; fieb(e)rig; *activité a.* hektisch

FIFA [fifa] F ABR (Fédération internationale de football association) FIFA *f* (Internationaler Fußballverband)

fifille [fifij] F *fam affectueux ou iron* Töchterchen *n*; *fam* Kleine *f*; Schätzchen *n*

fifre [fifʀ] M **1** *flûte* Querpfeife *f* **2** *joueur* Querpfeifer *m*

fifty-fifty [fiftififti] *fam* LOC ADV *fam* halbe-halbe; fifty-fifty; **faire ~** *fam* halbe-halbe, fifty-fifty machen

figaro [figaʀo] M *fam plais* (*coiffeur*) Friseur *m*; *plais* Figaro *m*

figé [fiʒe] ADJ **1** *huile, sauce* fest; steif; erstarrt **2** *fig regard, attitude, morale* starr; *sourire a.* maskenhaft; GRAM **expression, locution ~e** feste, feststehende (Rede)Wendung; **société ~e** verknöcherte Gesellschaft; **être ~ dans qc** starr an etw (*dat*) festhalten; festgefahren sein in etw (*dat*); **être ~ dans une attitude** starr an e-r Einstellung festhalten

figer [fiʒe] ⟨-geons⟩ **A** V/T **1** *huile, sauce* fest werden lassen **2** *fig peur, stupeur* **~ qn** j-n erstarren lassen, lähmen **B** V/PR **se ~ 1** *huile, sauce* erstarren; fest, steif, *sauce a.* dick werden **2** *fig personne* erstarren; *sourire* gefrieren; (zur Maske) erstarren; *litt* **son sang se figea dans ses veines** das Blut erstarrte, stockte ihm in den Adern

fignolage [fiɲɔlaʒ] M Ausfeilen *n*; letzter Schliff

fignoler [fiɲɔle] V/T sorgfältig, bis ins Letzte ausführen; die größte Sorgfalt verwenden auf (*+acc*); ausfeilen; den letzten Schliff geben (*+dat*); *fam* bosseln an (*+dat*)

figue [fig] F BOT Feige *f*; **~s fraîches, sèches** frische, getrocknete Feigen; **~ de Barbarie** Kaktusfeige *f*

figuier [figje] M BOT Feigenbaum *m*; **~ de Barbarie** Feigenkaktus *m*

figurant [figyʀɑ̃] M, **figurante** F THÉ, CINÉMA, *fig* Statist(in) *m(f)*; Komparse *m*, Komparsin *f*; *fig a.* Randfigur *f*; **rôle** *m* **de figurant, figurante** Statisten-, Nebenrolle *f* (*a. fig*)

figuratif [figyʀatif] ADJ ⟨-ive⟩ **1** *art, peinture, peintre* gegenständlich **2** *représentation* bildlich; bildhaft; figürlich

figuration [figyʀasjõ] F **1** THÉ, CINÉMA **a** *coll* Statisterie *f*; Komparserie *f* **b** **faire de la ~** Statisten-, Nebenrollen spielen **2** (*représentation*) bildliche Darstellung

figure [figyʀ] F **1** (*visage*) Gesicht *n*; **ne plus avoir ~ humaine** unkenntlich, vollkommen entstellt sein; nicht mehr wie ein Mensch aussehen; *fam* **casser la ~ à qn** j-n verprügeln, *fam* verdreschen, verhauen; *fam* **se casser la ~** hinfallen; hinschlagen; stürzen; *fig* **faire bonne ~** e-e gute Figur machen; s-n Mann stehen; *sportif a.* gut abschneiden; *fig* **faire piètre ~** e-e klägliche Figur machen; *sportif* schlecht abschneiden; *fig* **jeter qc à la ~ de qn** j-m etw vorhalten, -werfen, *fam* an den Kopf werfen, unter die Nase reiben **2** ART, RHÉT, MUS, MATH, PATINAGE *etc* Figur *f*; **~ géométrique** geometrische Figur; **~ de danse** Tanz-, Ballettfigur *f*; PATINAGE: **~s imposées** Pflicht(figuren) *f(pl)*; **~s libres** Kür(lauf) *f(m)*; **~ de style** Stilfigur *f*; *fig projet* **prendre ~** Gestalt annehmen **3** (*personnalité*) (bedeutende, große) Persönlichkeit, Gestalt; **les grandes ~s de l'histoire** die großen Gestalten der Geschichte **4** **faire ~ de qn, qc** als j-d, etw *ou* für j-n, etw gelten, angesehen werden; für j-n, etw gehalten werden

figuré [figyʀe] ADJ *sens* figürlich; bildlich; übertragen; **au sens ~** im übertragenen, bildlichen Sinn(e); in übertragener Bedeutung; figürlich; *subst* **au propre et au ~** in der eigentlichen und übertragenen Bedeutung

figurer [figyʀe] **A** V/T (bildlich, figürlich) darstellen **B** V/I *sur une liste etc* stehen; (aufgeführt) sein; erscheinen; vorkommen; figurieren; *candidat* **~ en bonne place** gute Aussichten haben; in die engere Wahl kommen; **~ parmi les dix premiers** unter den ersten zehn sein; **~ sur une photo** auf e-m Foto (abgebildet, zu sehen, *fam* drauf) sein; **faire ~ dans le bilan** in der Bilanz ausweisen; **faire ~ sur une liste** auf e-e Liste setzen **C** V/PR **se ~ qc** sich (*dat*) etw vorstellen; **figure-toi que l'autre jour ...** stell dir vor *ou* denk nur, kürzlich ...; **s'il se figure que ...** wenn er glaubt, meint, denkt, sich (*dat*) einbildet, dass ...; **tu ne peux pas te ~ comme ...** du glaubst nicht, kannst dir nicht vorstellen, machst dir keine Vorstellung, wie ...

figurine [figyʀin] F Figürchen *n*; kleine Figur, Statue; Figurine *f*; **figuriste** M/F Gipsfigurengießer(in) *m(f)*

fil [fil] M **1** COUT, TEXT Faden *m* (*a. fig de la conversation etc*); Garn *n*; *d'une corde, des haricots* Faser *f*; *d'un collier de perles* Schnur *f*; **droit ~** Fadenlauf *m*; Webrichtung *f*; *fig* **être dans le droit ~ de qc** ganz auf der Linie von etw liegen; **gros ~** grober, dicker Faden; Grobgarn *n*; **~ à broder** Stickgarn *n*; **~ à coudre** Nähfaden *m*, -garn *n*; **~ à plomb** Lot *n*; Senkblei *n*; **~ d'araignée** Spinnenfaden *m*; *fig* **~ d'Ariane** Ariadnefaden *m*; **~ de canne à pêche** Angelschnur *f*; *fig* **~ de la conversation** Gesprächsfaden *m*; **~ de soie** Nähseide *f*; Seidenfaden *m*, -garn *n*; **~s de la Vierge** Altweibersommer *m*; ♦ *loc adj*: **de ~** leinen; **en ~ d'Écosse, pur ~** reinleinen; *prétexte etc* **cousu de ~ blanc** zu durchsichtig; leicht zu durchschauen(d); fadenscheinig; *haricots* **pleins de ~s** voller Fasern; fas(e)rig; *loc adv* **de ~ en aiguille** im Lauf(e) des Gesprächs; ♦ *fig: fam* **avoir un ~ à la patte** nicht frei sein; gebunden sein; *fam* e-n Klotz am Bein haben; **être maigre comme un ~** spindel-, klapperdürr sein; **perdre le ~ (de ses pensées, idées)** den Faden verlieren; aus dem Konzept kommen; **suivre le ~ de ses idées, pensées** s-n Gedanken nachhängen; s-e Gedanken weiterspinnen; *vie etc* **ne tenir qu'à un ~** an e-m (seidenen) Faden hängen; → *a.* **retordre 2** *métallique* Draht *m*; ÉLEC Leitung(sdraht) *f(m)*; *d'une lampe, de téléphone etc* Schnur *f*; Kabel *n*; *d'un câble a.* Ader *f*; **~ électrique** Leitungsdraht *m*; elektrische Leitung; elektrisches Kabel; **~ de fer** Eisendraht *m*; **clôture** *f* **en ~s de fer** Drahtzaun *m*; **~ de terre** Erdleiter *m*, -leitung *f*; *fig* **il n'a pas inventé le ~ à couper le beurre** er hat das Pulver nicht erfunden **3** *fam* (*fil téléphonique*) (Telefon)Leitung *f*; **coup** *m* **de ~** Anruf *m*; Telefongespräch *n*; **donner, passer un coup de ~ à qn** j-n anrufen; **avoir qn au bout du ~** mit j-m telefonieren; *fam* j-n an der Strippe haben; **il l'entendit rire au bout du ~** er hörte ihn am anderen Ende lachen **4** *dans la viande etc* Faserrichtung *f*, -verlauf *m* **5** *d'un couteau, d'une lame* Schneide *f*; Schärfe *f* **6** LOC ADV **au ~ de l'eau** mit dem Strom; **au ~ des jours** im Laufe der Zeit; mit der Zeit

filage [filaʒ] M TEXT Spinnen *n*

filaire[1] [filɛʀ] F ZOOL Fadenwurm *m*

filaire[2] [filɛʀ] ADJ TÉL schnurgebunden; Schnur...

filament [filamɑ̃] M **1** (pflanzliche, tierische) Faser; Faden *m* (*a. de salive*) **2** ÉLEC Glühfaden *m*, -draht *m*; Wendel *f*; **le ~ est grillé** der Glühfaden ist durchgebrannt

filamenteux [filamɑ̃tø] ADJ ⟨-euse⟩ fas(e)rig;

faserförmig

filandreux [filɑ̃dʀø] ADJ ⟨-euse⟩ 1 *viande, légume* fas(e)rig; voller Fasern; *viande a.* zäh; sehnig 2 *fig discours* weitschweifig; langatmig; unklar; **phrase filandreuse** verschachtelter, endloser, wirrer Satz

filant [filɑ̃] ADJ 1 *liquide, sauce* dick; zähflüssig; Fäden ziehend 2 *pouls* sehr schwach 3 **étoile ~e** Sternschnuppe *f*

filasse [filas] F 1 TEXT Fasermasse *f*, -gut *n*; Werg *n* 2 ADJT **cheveux** *mpl* **(blond) ~** Flachshaar *n*; flachs-, strohblonde Haare *npl*

filateur [filatœʀ] M Spinnereibesitzer *m*

filature [filatyʀ] F 1 TEXT a *usine* Spinnerei *f* b *activité* Spinnen *n*; Spinnerei *f* 2 *par la police* Beschattung *f*; **prendre qn en ~** j-n beschatten

fildeferiste [fildəfeʀist] M/F Drahtseilkünstler(in) *m(f)*; Seilakrobat(in) *m(f)*

file [fil] F *de gens, de choses* Reihe *f*; *de gens, de voitures a.* Schlange *f*; *de voitures a.* Kolonne *f*; *d'une route* (Fahr)Spur *f*; **~ d'attente** Schlange *f* (wartender Menschen, Autos); **~ de voitures** Autokolonne *f*, -schlange *f*; *fig* **chef** *m* **de ~** Leiter *m*; (An)Führer *m*; führender Kopf; *loc adv*: **à la, en ~** hintereinander (ausgerichtet); e-r, e-s hinter dem anderen; in einer Reihe; **en ~ indienne** im Gänsemarsch; **se suivre à la ~** (in einer Reihe) hintereinandergehen, hintereinander hergehen; e-r hinter dem anderen gehen; *personnes* **se mettre à la, prendre la ~** sich (hinten) anstellen; *stationner, stationnement* **en double ~** in zweiter, in der zweiten Reihe; **prendre la ~ de droite** sich in die rechte Fahrspur einordnen

filé [file] M 1 Webfaden *m*, -garn *n* 2 Metall-, Gold-, Silberfaden *m*

filer [file] I VT 1 *coton, laine etc* (ver)spinnen; **machine** *f*, **métier** *m* **à ~** Spinnmaschine *f*; *ver à soie* **~ son cocon** sich einspinnen; *fig* **~ un mauvais coton** übel, schlecht, schlimm dran sein; **il file un mauvais coton** *a.* es geht bergab mit ihm; *araignée* **~ sa toile** ihr Netz, ihre Fäden spinnen 2 TECH a *métaux* strangpressen b *adjt* **verre filé** Fadenglas *n* 3 *bateau* **~ 30 nœuds** (mit) 30 Knoten fahren; 30 Knoten laufen, *fam* machen 4 *fig* a *fam* **~ le parfait amour** *fam* im sieb(en)ten Himmel sein b *litt métaphore* ausspinnen 5 **~ qn**, *fam* **~ le train à qn** j-n beschatten; j-n (unauffällig) folgen 6 *fam argent etc* geben; *fam* herausrücken (**qc mit etw**); *gifle* versetzen II VI 1 *sirop, fromage etc* Fäden ziehen; *sirop a.* dick-, zähflüssig sein 2 *maille* laufen; **son bas a filé** ihr Strumpf hat *ou* bekam e-e Laufmasche 3 *(aller vite)* schnell laufen; rennen; (dahin)rasen, *fam* (-)sausen; flitzen; *cheval* **~ bon train** schnell (dahin)galoppieren 4 *fam (s'en aller) fam* sich verziehen; abziehen; abzischen; **allez file!** geh jetzt!; *fam* verschwinde!; ab mit dir!; **~ à l'anglaise** *fam* sich französisch *ou* auf Französisch empfehlen; französisch Abschied nehmen 5 *fam fig temps* verrinnen; verfliegen; **le temps file à une allure!** *fam* die Zeit vergeht unwahrscheinlich schnell; **l'argent lui file entre les doigts** das Geld zerrinnt ihm (nur so) unter den Fingern, Händen; **laisser ~ qc** sich *(dat)* etw entgehen lassen; etw verpassen 6 *fam personne* **~ doux (avec qn)** sich (j-m) fügen; *fam* klein beigeben; kuschen

filet [filɛ] M 1 *(réseau)* Netz *n*; PÊCHE, CH *a.* Fangnetz *n*; CH *a.* Garn *n*; **~ à bagages, à cheveux** Gepäck-, Haarnetz *n*; **~ (à provisions)** Einkaufsnetz *n*; **~ de pêche** Fisch(er)netz *n*; **~ de tennis** Tennisnetz *n*; *fig* **coup** *m* **de ~** Fang *m*; Fischzug *m*; **la police a réussi un beau coup de ~** die Polizei hat e-n guten Fang gemacht; *fig* **attirer, prendre qn dans ses ~s** j-n in s-e Netze ziehen; j-n umgarnen; *ballon* **envoyer dans le ~** ins Netz schlagen *ou* werfen; **travailler sans ~** *acrobate* ohne Netz arbeiten; *fig* ein großes Risiko eingehen; große Gefahren auf sich *(acc)* nehmen 2 CUIS *de bœuf etc* Filet *n*; Lende(nstück) *f(n)*; Lendenbraten *m*; *de poisson* Filet *n*; **faux ~** (Ochsen-, Rinder)Lende *f*; **~ mignon** kleine runde Scheibe von der Filetspitze; **~ de bœuf** Rinderfilet *n*; **~ de hareng** Heringsfilet *n*; **bifteck** *m* **dans le ~** Filetsteak *n* 3 *de liquide* feiner, dünner Strahl; *quantité* Schuss *m*; kleine Menge; **~ d'air** schwacher Luftstrom, -zug; **~ d'eau** Rinnsal *n*; dünner Wasserstrahl; **~ de lumière** schmaler Lichtstreifen; dünner Lichtstrahl; *fig* **~ de voix** schwache, dünne Stimme 4 *d'une vis* Gewinde *n* 5 *de la langue, du prépuce* Bändchen *n*; *t/t* Frenulum *n*

filetage [filtaʒ] M TECH Gewinde *n*

fileur [filœʀ] M, **fileuse** F TEXT Spinner(in) *m(f)*

filial [filjal] ADJ ⟨-aux⟩ kindlich; Kindes…; der Kinder; **amour ~** Liebe *f* der Kinder (zu den Eltern); *st/s* Kindesliebe *f*

filiale [filjal] F COMM Tochtergesellschaft *f*, -firma *f*; *fam* Tochter *f*

filiation [filjasjõ] F 1 JUR Abstammung *f*; Filiation *f*; **~ naturelle** uneheliche Abstammung 2 *fig d'idées etc* Zusammenhang *m*; Aufeinanderfolge *f*; Verbindung *f*; **~ des mots** Herkunft *f*, Entwicklung *f* der Wörter

filière [filjɛʀ] F 1 TECH Zieheisen *n* 2 *fig* Stufenleiter *f*; UNIVERSITÉ Studiengang *m*; **suivre la, passer par la ~** die ganze Stufenleiter durchlaufen; *dans un métier a.* von der Pike auf dienen 3 *d'un réseau secret* Linie *f*, Kette *f*, Reihe *f*, Netz *n* (von Mittelspersonen, Zwischenstationen); *de la drogue* Connection *f*; **remonter la ~** den Weg, die Linie zurückverfolgen; sich zum Ausgangspunkt vorarbeiten 4 NUCL Reaktortyp *m*

filiforme [filifɔʀm] ADJ fadenförmig; dünn (wie ein Faden); *personne* spindeldürr

filigrane [filigʀan] M 1 **(ouvrage** *m* **de, en) ~** Filigran(arbeit) *n(f)* 2 *sur le papier, des billets de banque* Wasserzeichen *n*; *fig* **apparaître en ~** durchkommen; zu spüren sein

filigrané [filigʀane] ADJ 1 Filigran… 2 **papier ~** Papier *n* mit Wasserzeichen

filin [filɛ̃] M MAR Tau *n*; Trosse *f*

fille [fij] F 1 *(opposé à fils)* Tochter *f*; *appellatif* **ma ~** meine Tochter; *fam a. iron* meine Liebe; **~ adoptive** Adoptivtochter *f*; **~ aînée** älteste Tochter; **~ cadette** jüngste Tochter; *fam* **la ~ Un Tel** (das) Fräulein Sowieso, Soundso; *plais* **~ d'Ève** Evastochter *f*; **~ de la maison** Tochter des Hauses; *fig et litt* **la jalousie, ~ du soupçon** Eifersucht, die Tochter des Verdachts; *fam fig* **jouer la ~ de l'air** (heimlich) verschwinden; *fam* sich verziehen, dünnemachen; verduften 2 *(opposé à garçon)* Mädchen *n*; *all Sud a.* Mädel *n*; **jeune ~** junges Mädchen; **~ mère** unverheiratete, ledige Mutter; **petite ~** kleines Mädchen; **vieille ~** alte Jungfer; **c'est une chic ~** *fam* sie ist ein netter Kerl; *prov* **la plus belle ~ du monde ne peut donner que ce qu'elle a** keiner kann mehr geben, als er hat 3 **~ (publique)** Dirne *f*; Prostituierte *f*; Strichmädchen *n*; **~ de joie, des rues** Freuden-, Straßenmädchen *n* 4 *dans des noms de métier* **~ de cuisine** Küchenhilfe *f*; **~ de ferme** Bauernmagd *f*; HIST **~ d'honneur** Hoffräulein *n*; **~ de salle** Stationsmädchen *n* *(à l'hôpital)* 5 REL Nonne *f* *(dans certains ordres)*

fillette [fijɛt] F 1 (kleines) Mädchen 2 *(demi-bouteille)* kleine Flasche

filleul(e) [fijœl] M(F) Patenkind *n*, -sohn *m* *ou* -tochter *f*

film [film] M 1 CINÉMA, TV (Spiel)Film *m*; *fam* Streifen *m*; **~ comique** Filmkomödie *f*; **~ éducatif** Lehrfilm *m*; **~ muet** Stummfilm *m*; **~ parlant, sonore** Tonfilm *m*; **~ policier** Kriminalfilm *m*; *fam* Krimi *m*; **~ publicitaire** Werbefilm *m*; **~ à grand spectacle** Ausstattungs-, Monumentalfilm *m*; **~ d'aventures, d'espionnage, de guerre, de propagande** Abenteuer-, Spionage-, Kriegs-, Propagandafilm *m*; **~ de science-fiction, d'anticipation** Science-Fiction-Film *m*; **~ en couleurs, en noir et blanc** Farb-, Schwarzweißfilm *m*; **~ en relief, en trois dimensions** plastischer, dreidimensionaler Film; 3-D-Film *m* 2 *(pellicule photographique)* Film(streifen) *m*; **~ fixe** Stehbildstreifen *m*; **~ de format réduit** Schmalfilm *m* 3 *fig dans les médias* **~ des événements de la semaine** Chronik *f* der Woche 4 *(couche mince)* Film *m*; dünne Schicht; **~ d'huile** Ölfilm *m* 5 **~ plastique** Frischhaltefolie *f*

filmage [filmaʒ] M Filmen *n*

film-culte [filmkylt] M ⟨*pl* films-cultes⟩ Kultfilm *m*

filmer [filme] VT *scène, gens, animaux* filmen; *scène a.* (ab)drehen; **~ des scènes en extérieur, en studio** Außen-, Studio- *ou* Innenaufnahmen drehen, machen

filmique [filmik] ADJ filmisch; Film…; **œuvre** *f* **~** Filmwerk *n*; filmisches Werk

filmographie [filmɔgʀafi] F *d'un metteur en scène, d'un genre* systematisches Filmverzeichnis; **filmologie** F Filmwissenschaft *f*

filon [filõ] M 1 MINES Flöz *n*; Ader *f*; Gang *m* 2 *fam fig* einträglicher *ou* bequemer Job; *(planque)* Druckposten *m*; **avoir le ~** e-n lukrativen Job haben

filou [filu] M 1 *fam d'un enfant* Schelm *m*; Spitzbube *m* 2 *(escroc)* (gerissener) Dieb, Gauner

filouter [filute] VT **~ qc** *fam* etw stibitzen; **~ qn** *fam* j-n beklauen

filouterie [filutʀi] F Betrügerei *f*

fils [fis] M Sohn *m*; **Alexandre Dumas ~** Alexandre Dumas der Jüngere; *fam* **le ~ Durand** der Sohn der Durands; **M. Durand ~** Herr Durand junior; COMM **Durand et ~** Durand und Sohn; *appellatif* **mon ~** mein Sohn; **~ adoptif** Adoptivsohn *m*; **~ aîné, cadet** ältester, jüngster Sohn; *fig* **~ spirituel** geistiger Erbe; Schüler *m*; *péj* **~ à papa** verwöhnter Sohn reicher Eltern; REL **le Fils de Dieu, de l'homme** Gottes, des Menschen Sohn; der Gottes-, Menschensohn; **~ de famille** Sohn aus reichem, gutem Hause *(a. péj)*; **~ de la maison** Sohn des Hauses; *plais* Junior *m*; **c'est bien le ~ de son père** er ist ganz der Sohn s-s Vaters; *péj a.* der Apfel fällt nicht weit vom Stamm *(prov)*

filtrable [filtʀabl] ADJ filtrierbar

filtrage [filtʀaʒ] M 1 Filtern *n*, -ung *f*; *t/t* Filtration *f*; Filtrierung *f* 2 *fig* genaue Kontrolle; *d'informations* Siebung *f*

filtrant [filtʀɑ̃] ADJ Filter…; Filtrier…; **crème ~e** Creme *f* mit Filterwirkung; OPT **verre ~** Filterglas *n*

filtrat [filtʀa] M Filtrat *n*

filtration [filtʀasjõ] F → filtrage 1

filtre [filtʀ] M Filter *m*, *t/t le plus souvent n*; PHOT **~ jaune** Gelbfilter *m*; **~ à air** Luftfilter *m*; **~ à essence, à huile** Kraftstoff- *ou* Benzin-, Ölfilter *n*; AUTO **~ à particules** Partikelfilter *m*; ♦ **(bout** *m***) ~** Filter(mundstück) *m(n)*; **cigarette** *f* **à bout ~** Filterzigarette *f*; **(café** *m***) ~** Filterkaffee *m*

filtrer [filtʀe] I VT 1 *liquides, lumière etc* filtern; *liquides a.* filtrieren; PHYS *a.* aussieben 2 *fig personnes* genau, streng kontrollieren, überprüfen; *informations* sieben II VI 1 *café* durchlaufen; *eau etc* durchsickern, -dringen; versickern (**à travers le sable** im Sand); *lumière* durchdringen, -kommen, -scheinen (**à travers les volets** durch die Fensterläden); *vitre etc* **laisser ~ le jour** Licht durchlassen **2** *fig informations, vérité* durchdringen, -sickern

fin[1] [fɛ̃] F **1** Ende *n* (*a. de la vie*); Schluss *m*; Ausgang *m*; *d'une fête a.* Ausklang *m*; *d'un empire* Ende *n*; Untergang *m*; **~ prématurée** vorzeitiges, (all) zu frühes Ende; *d'une personne a.* (all) zu früher Tod; **~ de l'année** Jahresende *n*, -(ab)schluss *m*, -ausgang *m*; **~ de citation** Ende des Zitats; Zitatende *n*; so weit Zitat; **~ du contrat** Vertragsende *n*, -ablauf *m*; **certificat** *m*, **diplôme** *m* **de ~ d'études** Abschlusszeugnis *n*, -diplom *n*; **~ du millénaire** Jahrtausendwende *f*; **~ du mois** Monatsende *n*; *fam* **avoir des ~s de mois difficiles** *fam* am, gegen Monatsende knapp bei Kasse sein; **~ du monde** Weltuntergang *m*, -ende *n*; **~ de semaine** Wochenende *n*; COMM **~ de série** Restposten *m*; auslaufende Serie; **~ de siècle** **a** Jahrhundertwende *f* **b** *loc adj* dekadent; (des) Fin de siècle; ♦ *loc adv et loc prép*: **~ mai, juin** Ende Mai, Juni; **à la ~** am Ende, Schluss (**de** *gén*); schließlich; zum Schluss; zuletzt; *fam* **j'en ai assez à la ~!** *fam* jetzt reicht's mir allmählich, dann!; **à la ~ de l'année** *ou* **en ~ d'année** am Jahresende; am Ende, Schluss des Jahres; **en ~ d'après-midi** am Spätnachmittag; **en ~ de compte** schließlich; letztlich; letzten Endes; zu guter Letzt; im Endeffekt; **en ~ de liste** am Ende, Schluss der Liste; (ganz) unten auf der Liste; **en ~ de semaine** am Wochenende; **jusqu'à la ~** bis zuletzt; bis zum Schluss, Ende; **jusqu'à la ~ des temps, des siècles** bis ans Ende der Zeiten; *a. loc adj* **sans ~** endlos (*a.* TECH); ohne Ende; ♦ **approcher de la ~** sich dem Ende nähern; dem Ende zugehen; **la ~ approche** das Ende rückt näher; es geht dem Ende zu; *d'un mourant* es geht zu Ende mit ihm; *mourant* **sentir sa ~ approcher** sein Ende nahen fühlen; **être arrivé à la ~ d'un livre** ein Buch zu Ende gelesen, ausgelesen haben; *fam* mit e-m Buch fertig sein; **ne pas avoir de ~** kein Ende nehmen; **commencer par la ~** das Pferd am Schwanz aufzäumen; **c'est la ~ de tout**, *fam* **des °haricots** jetzt ist alles aus, *fam* ist's ganz aus; **faire une ~** s-e Verhältnisse ordnen; **mener à bonne ~** (glücklich) zu Ende führen; *affaire* zustande bringen; perfekt machen; **mettre ~ à qc** e-r Sache (*dat*) ein Ende machen, bereiten, setzen; *fig* e-n Schlussstrich unter etw (*acc*) ziehen; **mettre ~ à ses jours** s-m Leben ein Ende machen; sich (*dat*) das Leben nehmen; **prendre ~** ein Ende nehmen, haben; zu Ende gehen; *fam* aus sein; **tirer, toucher à sa ~** *fête, jour, provisions* zu Ende gehen; *jour, provisions a. st/s* zur Neige gehen; *fête a.* sich dem Ende, s-m Ende zuneigen; dem Ende entgegengehen; *provisions a.* ausgehen; *fam* alle werden **2** (*but*) Ziel *n*; (End)Zweck *m*; **~ en soi** Selbstzweck *m*; *loc adv*: **à cette ~, à ces ~s** zu diesem Zweck; hierfür; hierzu; **à toutes ~s utiles** für alle Fälle; **à des ~s de documentation** zu Dokumentationszwecken; *loc conj*: **à seule ~ de** (*+inf*) nur zu dem Zweck, nur in der Absicht, zu dem einzigen Zweck, mit dem einzigen Ziel zu (*+inf*); nur um zu (*+inf*); **aux ~s de** (*+inf*) zwecks (*+gén*); **arriver, parvenir à ses ~s** sein(e) Ziel(e), s-n Zweck erreichen; s-n Willen durchsetzen; zum Ziel gelangen; *prov*: **la ~ justifie les moyens** der Zweck heiligt die Mittel (*prov*); **qui veut la ~ veut les moyens** wer den Zweck will, darf vor den Mitteln nicht zurückschrecken **3** → non-recevoir

fin[2] [fɛ̃] **A** ADJ ⟨**fine** [fin]⟩ *sel, sable, poudre, visage, cheveux* fein; *vins, mets* fein; erlesen; *perception, sensibilité* fein; scharf; ausgeprägt; *mains, taille etc* schmal; schlank; *papier, verre, branche* fein; dünn; *écriture* fein; zierlich; *aiguille, plume, pinceau* fein; (sehr) spitz; dünn; *remarque* geistreich; witzig; *personne* raffiniert; **~ connaisseur** ausgezeichneter, hervorragender, feiner Kenner; **épicerie ~e** Feinkost *f*; Delikatessen *fpl*; *a.* Feinkost-, Delikatessengeschäft *n*; **~ gourmet**, *fam* **~e gueule** Feinschmecker *m*; *fam* Leckermaul *n*; **~es herbes** Küchenkräuter *npl*; **lingerie ~e** Feinwäsche *f*; *fig* **~e mouche** *fam* schlaues Weib; **or ~** Feingold *n*; **perle ~e** echte Perle; **pierre ~e** Halbedelstein *m*; **pluie ~e** feiner Regen; Sprühregen *m*; *loc prép* **au ~ fond de** ganz *ou* weit hinten in (*+dat*); tief im Innern, im tiefsten Innern, im entlegensten, fernsten Winkel (*+gén*); **au ~ fond des bois** im tiefsten Wald; *iron* **tu as l'air ~** *avec ce chapeau* du siehst wirklich intelligent aus ...; **avoir le nez ~** e-e feine, gute, die richtige Nase, *fam* den richtigen Riecher haben; **avoir l'oreille ~e** ein gutes Gehör haben; ein feines, scharfes Ohr, Gehör haben; **il n'est pas très ~** er ist nicht sehr schlau, *fam* helle; *iron* **c'est ~ ce que tu as fait là!** da hast du was Schönes, Feines angerichtet! **B** ADV **1** **être ~ prêt** ganz fertig sein **2** **moudre ~** fein mahlen **C** M **1** **le ~ du ~** das Feinste vom Feinen; das Allerfeinste **2** **jouer au plus ~ avec qn** j-n zu überlisten suchen; schlauer sein wollen als j-d

final[1] [final] ADJ ⟨-als⟩ **1** End...; Schluss...; letzte(r, -s); abschließend; MUS **accord ~** Schlussakkord *m*; **point ~** Schlusspunkt *m*; *fig* **mettre le, un point ~ à qc** etw beenden; e-r Sache (*dat*) ein Ende machen; unter etw (*acc*) e-n Schlussstrich ziehen; **résultat ~** Endergebnis *n*; NAZISME **solution ~e** Endlösung *f*; **victoire ~e** Endsieg *m*; **voyelle ~e** Endvokal *m*; auslautender Vokal **2** GRAM final; **proposition ~e** Final-, Zwecksatz *m* **3** PHIL **cause ~e** Zweckursache *f*

final[2] *ou* **finale** [final] M MUS Finale *n*; *d'une symphonie a.* Schlusssatz *m*

finale [final] F **1** SPORTS Finale *n*; Endspiel *n*; **°huitième** *m*, **quart** *m* **de ~** Achtel-, Viertelfinale *n*; **arriver en ~** ins Finale kommen, einziehen; **remporter la ~** das Finale gewinnen **2** GRAM Endsilbe *f*; Auslaut *m*

finalement [finalmɑ̃] ADV schließlich; endlich; am Ende; zu guter Letzt; letzten Endes

finaliser [finalize] V/T zum Abschluss bringen; den letzten Schliff geben (*+ dat*); **finalisme** M PHIL Finalismus *m*; **finaliste** M/F SPORTS Finalist(in) *m(f)*; Endspielteilnehmer(in) *m(f)*; **finalité** F PHIL Finalität *f*; Zweckbestimmtheit *f*

finance [finɑ̃s] F **1** PL **~s** Finanzen *fpl*; Finanzwesen *n*; (*ressources pécuniaires*) Geldmittel *npl*; **~s publiques** öffentliche Finanzen; Staatsfinanzen *fpl*; **administration** *f* **des Finances** Finanzverwaltung *f*; **loi** *f* **de ~s** Haushaltsgesetz *n*; *fam* **l'état de mes ~s** meine finanzielle Lage; *fam* meine Finanzen; *fam* **ses ~s vont mal** *fam* es steht schlecht mit s-n Finanzen **2** **a** Geldgeschäft(e) *n(pl)*; **être dans la ~** im Geldgeschäft tätig sein **b** (**monde** *m* **de la**) **~** Finanzwelt *f*; **°haute ~** Hochfinanz *f*; Finanz-, Geldaristokratie *f* **3** LOC ADV **moyennant ~** mit, mittels (Bar)Geld

financement [finɑ̃smɑ̃] M Finanzierung *f*; Kapitalbeschaffung *f*; **plan** *m*, **type** *m* **de ~** Finanzierungsplan *m*, -art *f*

financer [finɑ̃se] V/T ⟨-ç-⟩ finanzieren

financier [finɑ̃sje] **A** ADJ ⟨-ière⟩ **1** finanziell; geldlich; Finanz...; Geld...; **accord ~** Finanzabkommen *n*; **aide financière** finanzielle Hilfe, Unterstützung; **année financière** Finanzjahr *n*; **crise financière** Finanzkrise *f*; finanzielle Krise; **difficultés financières** finanzielle Schwierigkeiten *fpl*; Geldschwierigkeiten *fpl*; **équilibre ~** finanzielles Gleichgewicht; Finanzstabilität *f*; **établissement ~** Geldinstitut *n*; **groupe ~** Finanzgruppe *f*; **marché ~** Kapitalmarkt *m*; **moyens ~s** finanzielle Mittel *npl*; Geld-, Finanzmittel *npl*; **opération financière** Geldgeschäft *n*; **service ~** Finanzabteilung *f*; **situation financière** Finanzlage *f*; finanzielle Lage; **soucis ~s** Geldsorgen *fpl*; *dans la presse* **la vie financière** (der) Börsenbericht **2** CUIS **sauce financière** *ou subst* **financière** *f* Madeirasoße *f* mit Trüffelfond **B** M Finanzier *m*; Finanz-, Geldmann *m*; **~s** *pl a.* Finanz-, Geldleute *pl*

financièrement [finɑ̃sjɛʀmɑ̃] ADV finanziell (gesehen)

finasser [finase] V/I Winkelzüge machen; Tricks, Ausflüchte gebrauchen; **finasserie** F Trick *m*; **~s** *pl* Winkelzüge *mpl*

finaud [fino] **A** ADJ (bauern)schlau; pfiffig **B** SUBST **~(e)** *m(f)* *fam* Schlaumeier *m*

finauderie [finodʀi] F (Bauern)Schläue *f*; Pfiffigkeit *f*; Gewitztheit *f*

fine [fin] F **1** *eau-de-vie* fein(st)er, erstklassiger Weinbrand **2** **~ de claire** → claire

finement [finmɑ̃] ADV fein; genau; bis in alle Einzelheiten; sehr sorgfältig

finesse [finɛs] F **1** Feinheit *f* (*a. fig*); *de la taille a.* Zierlichkeit *f*; Schmalheit *f*; *d'un pinceau a.* Dünne *f*; *des sens a.* Schärfe *f*; *du goût a.* Erlesenheit *f*; Raffinement *n*; **~ d'esprit** Scharfsinn *m*; Schärfe *f* des Verstandes; **~ d'exécution** Feinheit, Sorgfalt *f* der Ausführung; *pensées, paroles* **plein de ~** scharfsinnig; geistreich **2** PL **~s** *d'un art etc* Feinheiten *fpl*; Finessen *fpl*; Raffinessen *fpl*

finette [finɛt] F TEXT Finette *f*

fini [fini] **A** ADJ **1** *travail* fertig; abgeschlossen; beendet; **produits ~s** Fertigprodukte *npl*, -waren *fpl*, -erzeugnisse *npl*; **c'est ~ entre nous** zwischen uns ist es aus; wir haben (miteinander) Schluss gemacht; ich habe mit ihm *ou* ihr Schluss gemacht; **tout est ~** es ist alles aus; **est-ce que c'est ~!** ist endlich Schluss damit!; hört das endlich auf!; Schluss jetzt! **2** *vêtements etc* **bien ~** gut, sorgfältig gearbeitet, gefertigt **3** *fig* **il est ~, c'est un homme ~** er ist erledigt, am Ende; mit ihm ist es aus, vorbei **4** *péj menteur etc* abgefeimt; ausgemacht; Erz...; **ivrogne ~** Erzsäufer *m* **5** PHIL, MATH endlich **B** M **1** sorgfältige Verarbeitung, Ausführung **2** PHIL Endlichkeit *f*; Endliche(s) *n*

finir [finiʀ] **A** V/T **1** *travail* beend(ig)en; abschließen; fertigstellen; fertig machen; zu Ende führen, bringen; vollenden; *sa vie* beschließen; beenden; *vêtements, chaussures* auftragen; *assiette* leer essen; aus-, ab-, aufessen; *verre* leer trinken; austrinken; *son pain etc* aufessen; *pipe, cigarette* aufrauchen; zu Ende, fertig rauchen; **~ qc** *a.* mit etw aufhören; **~ sa dernière année de droit** im letzten Jahr Jura studieren; **il a fini son apprentissage** er hat ausgelernt, s-e Lehre beendet, abgeschlossen; **avoir fini son devoir** mit s-r (Schul)Aufgabe fertig sein; **~ ses jours à la campagne** s-n Lebensabend auf dem Land verbringen; **avoir fini son service militaire** s-n Militärdienst abgeleistet, *fam* hinter sich (*dat*) haben; ♦ **~ de faire qc** aufhören, etw zu tun; mit etw aufhören; etw abschließen, zu Ende führen; **ils finissaient de dîner** *quand je suis arrivé* sie waren gerade mit dem Essen fertig ...; **vous n'avez pas fini de vous disputer?** streitet ihr (euch) immer noch?; **finissez de faire votre travail** schließt eure Arbeit ab **2** (*parachever*) den letzten Schliff geben *(+dat)*; TECH fein-, endbearbeiten; fertigstellen **B** VI **1** *personne* aufhören; Schluss machen; **avoir fini** fertig sein; ♦ **en ~** ein Ende machen; damit Schluss machen; **en ~ avec qn, qc** mit j-m, e-r Sache Schluss machen; sich *(dat)* j-n, etw vom Hals schaffen; **en ~ avec qn** *a.* sich j-s entledigen; j-n aus dem Weg räumen; **en ~ avec qc** *a.* e-r Sache ein Ende machen; etw aus der Welt schaffen; **pour en finir ...** um zum Ende, Schluss zu kommen ...; um der Sache ein Ende zu machen ...; um das abzuschließen ...; **il faut en ~** das muss ein Ende haben, aufhören; *orateur* **il n'en finit plus** er findet kein Ende, hört überhaupt nicht mehr auf; *fam* **je n'en finirais pas de raconter mes aventures** ich könnte Bände erzählen von meinen Erlebnissen **2** *manifestation* zu Ende gehen *ou* sein; aufhören; enden; *fam* aus sein; *histoire* ausgehen; aufhören; enden; *rue* enden; zu Ende sein; aufhören; *contrat* ab-, auslaufen; *désagréments* ein Ende haben, nehmen; *malade, blessé* enden; den Tod finden; **il est temps que cela finisse** das muss (endlich) aufhören, ein Ende haben; damit muss (endlich) Schluss sein; **~ bien, mal** gut, schlimm *ou* böse enden; ein gutes, schlimmes *ou* böses Ende nehmen; gut, schlimm *ou* übel ausgehen; **les films qui finissent bien** Filme mit gutem Ausgang, mit Happy End; *prov* **tout est bien qui finit bien** Ende gut, alles gut *(prov)*; *personne*: **il finira mal** es wird ein böses, schlimmes Ende mit ihm nehmen; **~ clochard** als Penner enden; **~ directeur** es am Ende zum Direktor bringen; **~ à l'hôpital** im Krankenhaus enden; *rue* **~ en cul-de-sac** als Sackgasse enden; *fam* **~ en beauté** *sportif, acteur etc* s-e Karriere mit e-m Triumph beenden; sich *(dat)* e-n glänzenden Abgang verschaffen; *fête etc* e-n guten Abschluss finden; gegen Ende (noch) schön sein; ♦ **n'en pas, plus ~** kein Ende haben; endlos, sehr lang, *fam* ellenlang sein; **applaudissements** *mpl* **à n'en plus ~** nicht enden wollender, lang anhaltender Beifall; **discussions** *fpl* **à n'en plus ~** endlose Diskussionen *fpl*; **des bras** *mpl* **qui n'en finissent pas** sehr lange Arme *mpl* **3** **~ par faire qc** am Ende, schließlich, zum Schluss, zuletzt (doch) etw tun; **~ par accepter** am Ende, schließlich doch annehmen; **il a fini par me persuader** er hat mich schließlich überzeugt; **ça finira par s'arranger** das wird sich einrenken, geben; **il finira par avoir un accident** er wird früher oder später, e-s Tages e-n Unfall haben; es wird damit enden, dass er e-n Unfall hat; **il finira bien par payer** er wird am Ende doch, schon zahlen (müssen)

finish [finiʃ] M SPORTS Finish *n*; Endspurt *m*; **l'emporter au ~** im Endspurt siegen *(a. fig)*

finissage [finisaʒ] M Fertig-, Endbearbeitung *f*; Fertigstellung *f*; **finissant** ADJ *saison, époque* zu Ende gehend; sich dem Ende zuneigend; endend; *époque a.* ausgehend; **finisseur** M, **finisseuse** F **1** SPORTS Sportler(in) *m(f)* mit gutem Finish, Endspurt **2** INDUSTRIE Fertigbearbeiter(in) *m(f)*

Finistère [finistɛʀ] **le ~** *frz Departement*

finition [finisjõ] F **1** *action* **a** Fertig-, Endbearbeitung *f*; Fertigstellung *f* **b** *pl* **~s** letzte Arbeiten *fpl*; letzter Schliff; COUT Versäuberungsarbeiten *fpl* **2** *résultat* Verarbeitung *f*; Ausführung *f*

finitude [finityd] F PHIL Endlichkeit *f*

finlandais [fɛ̃lɑ̃dɛ] **A** ADJ finnisch; **gouvernement ~** finnische Regierung **B** SUBST **Finlandais(e)** *m(f)* Finne *m*, Finnin *f*

Finlande [fɛ̃lɑ̃d] **la ~** Finnland *n*

finnois [finwa] **A** ADJ finnisch; **culture, langue ~e** finnische Kultur, Sprache **B** SUBST LING **le ~** das Finnische; Finnisch *n*

fiole [fjɔl] F **1** PHARM Phiole *f* **2** *fam fig (tête) fam* Birne *f*; **se payer la ~ de qn** *fam* j-n durch den Kakao ziehen

Fionie [fjɔni] GÉOG **la ~** Fünen *n*

fiord → fjord

fioritures [fjɔʀityʀ] FPL Verzierung(en) *f(pl)*; *péj* Verschnörkelung *f*; Schnörkel *mpl*

firmament [fiʀmamɑ̃] M *litt* Firmament *n*; Himmelszelt *n*

firme [fiʀm] F COMM Firma *f*

fis [fi] → faire

FIS [fis] M ABR (Front islamique du salut) *en Algérie* Islamische Heilsfront

fisc [fisk] M Fiskus *m*; Staatskasse *f*; Steuerbehörde *f*; **frauder le ~** (die) Steuer hinterziehen

fiscal [fiskal] ADJ ⟨-aux⟩ steuerlich; Steuer...; fiskalisch; **allégement ~** Steuererleichterung *f*; **charges ~es** Steuerlast *f*; steuerliche Belastung(en); **conseiller ~** Steuerberater *m*; **dégrèvement ~** Steuernachlass *m*; **réforme ~e** Steuerreform *f*; **timbre ~** Gebührenmarke *f*

fiscalisation [fiskalizasjõ] F Besteuerung *f*;

fiscaliser VT besteuern

fiscalité [fiskalite] F **1** *système* Steuersystem *n*, -wesen *n*; *lois* Steuergesetzgebung *f* **2** *(charges fiscales)* **lourde ~** hohe steuerliche Belastung

fish-eye [fiʃaj] M ⟨*pl* fish-eyes⟩ PHOT Fischauge(nobjektiv) *n*

Fismes [fim] *Ort im Dep. Marne*

fissa [fisa] ADV *fam* **faire ~** *fam* schnell, fix machen

fissible [fisibl] ADJ NUCL spaltbar

fissile [fisil] ADJ MINÉR, NUCL spaltbar

fission [fisjõ] F NUCL (Kern)Spaltung *f*

fissuration [fisyʀasjõ] F *d'un mur etc* Rissigwerden *n*

fissure [fisyʀ] F **1** Spalt(e) *m(f)*; Riss *m*; *dans un récipient* Sprung *m* **2** *fig* Bruch *m*; Unstimmigkeit *f*

fissurer [fisyʀe] **A** VT Risse, Spalten hervorrufen, verursachen in *(+dat)*; *adjt* **fissuré** rissig; von Spalten durchzogen **B** V/PR **se ~** *sol, mur* rissig werden; Risse bekommen; *verre, porcelaine* springen; Sprünge bekommen

fiston [fistõ] M *fam (fils) fam* Filius *m*; *appellatif* Kleine(r) *m*

fistule [fistyl] F MÉD Fistel *f*

fit, fît [fi] → faire

FIT [ɛfite] F ABR (Fédération internationale des traducteurs) *internationaler Übersetzerverband*

FIV [fiv, ɛfive] F ABR (fécondation in vitro) In-vitro-Fertilisation *f*; IVF *f*

fixage [fiksaʒ] M PHOT Fixieren *n*; Fixage *f*

fixateur [fiksatœʀ] M **1** PHOT Fixiermittel *n* **2** COIFFURE Haarfestiger *m* **3** PEINT Fixateur *m (Zerstäuber)*

fixatif [fiksatif] M PEINT Fixativ *n*

fixation [fiksasjõ] F **1** *d'un objet* Befestigen *n*, -ung *f*; Festmachen *n*; *dans un étau etc* Einspannen *n* **2** **(dispositif** *m* **de) ~** Befestigung (-svorrichtung) *f*; Halterung *f*; *sur des skis* Bindung *f*; **~ de sécurité** Sicherheitsbindung *f* **3** *d'un délai, des prix, des salaires etc* Festsetzung *f*; Festlegung *f*; Fixierung *f*; Bestimmung *f*; *d'un rendez-vous a.* Anberaumung *f*; *d'un délai a.* Bemessung *f* **4** *par écrit, dans la mémoire* Festhalten *n*; Fixierung *f* **5** PHOT, PEINT Fixieren *n*, -ung *f*; CHIM Bindung *f*; Anlagerung *f* **6** PSYCH Fixierung *f* **(sur qn** auf j-n); Bindung *f* (an j-n); **faire une ~ sur qn, qc** auf j-n, etw fixiert sein

fixe [fiks] **A** ADJ *heure, date* fest; bestimmt; festgesetzt, -gelegt, -stehend; COMM fix; *regard* starr; unverwandt; *péj* stier; *objet* unbeweglich; unveränderlich; TECH stationär; ortsfest; SPORTS **barre** *f* **~** Reck *n*; **étoile** *f* **~** Fixstern *m*; **fêtes** *fpl* **~s** unbewegliche Feste *npl*; **frais** *mpl* **~s** Fixkosten *pl*; **idée** *f* **~** fixe Idee; Zwangsvorstellung *f*; **point** *m* **~** Fix-, Festpunkt *m*; fester Punkt; **prix** *m* **~** Festpreis *m*; fester, verbindlicher Preis; **à prix ~** zum Festpreis; TÉL **réseau** *m* **fixe** Festnetz *n*; **revenu** *m* **~** festes, fixes Einkommen; TÉL **téléphone** *m* **fixe** Festnetztelefon *n*; TÉL **numéro** *m* **de téléphone fixe** Festnetznummer *f*; *loc adv*: **à heure ~** zu e-r bestimmten Stunde, Zeit; immer zur gleichen Stunde, Zeit; **sans domicile ~** ohne festen Wohnsitz; **avoir le regard ~** e-n starren Blick haben; ins Leere starren **B** M **1** *salaire* Fixum *n*; festes, fixes Gehalt; **toucher un ~** ein Fixum bekommen **2** TÉL Festnetztelefon *n*; **numéro** *m* **de fixe** Festnetznummer *f* **C** INT MIL stillgestanden!

fixé [fikse] ADJ **1** **je suis ~ (sur son compte)** ich weiß (über ihn) Bescheid; ich weiß, woran ich (bei ihm) bin, was ich von ihm zu halten habe; **je ne suis pas encore ~** ich habe mich noch nicht festgelegt, entschieden, entschlossen; ich bin noch nicht entschlossen, sicher **2** PSYCH **~ à** fixiert auf *(+acc)*

fixement [fiksəmɑ̃] ADV **regarder ~ qn, qc** j-n, etw starr, unverwandt anschauen

fixer [fikse] **A** VT **1** *objet* befestigen; festmachen; *insigne a.* anstecken; *dans un étau etc* ein-, festspannen; **~ qc au mur** etw an der Wand festmachen, befestigen **2** *délai, prix, salaires, date etc* festsetzen, -legen; fixieren; bestimmen; *rendez-vous, date a.* festmachen; anberaumen; *délai a.* setzen; bemessen; **~ des règles, des principes** Regeln, Prinzipien aufstellen; ♦ *adjt*: **au jour fixé** am festgesetzten Tag; **limites fixées par la loi** durch das Gesetz *ou* gesetzlich festgelegte, gezogene Grenzen *fpl*; **il n'y a encore rien de fixé** es steht noch nichts fest **3** *par écrit, dans la mémoire* festhalten; fixieren **4** **~ qn, qc** *ou* **~ son regard, ses yeux sur qn, qc** j-n, etw fixieren, anstarren, *péj* anstieren; j-n starr *ou* unverwandt anschauen; auf j-n, etw starren, *péj* stieren; den Blick, die Augen auf j-n, etw heften; j-n, etw fest ansehen, scharf ins Auge fassen **5** *meist adjt* **a** **je suis fixé (sur son compte)** ich weiß (über ihn) (genau) Bescheid; ich weiß, woran ich (bei ihm) bin **b** **je ne suis pas encore fixé** ich habe mich noch nicht festgelegt, entschieden, entschlossen; ich bin noch nicht entschlossen, sicher **6** **~ son attention sur qn, qc** sich auf j-n, etw konzentrieren; s-e Aufmerksamkeit j-m, e-r Sache zuwenden; → *a.* choix1 **7** PHOT, PEINT fixieren; CHIM binden; anlagern **B** V/PR **1** **se ~** *(s'établir)* sich niederlassen, festsetzen; s-n Wohnsitz aufschlagen **2** **se ~ sur** *regard* sich heften auf *(+acc)*; *choix* fallen auf *(+acc)* **3** **se ~ une ligne de conduite** sich *(dat)* e-e Verhaltensweise zurechtlegen; sich auf e-e Verhaltensweise festlegen **4** *(trouver l'équilibre)* **se ~** sich stabilisieren; sich einpendeln

fixing [fiksiŋ] M BOURSE Fixing *n*

fixité [fiksite] F *(invariabilité)* Unveränderlichkeit *f*; Unbeweglichkeit *f*; *d'un regard* Starre *f*; Starrheit *f*

fjord [fjɔʀ(d)] M Fjord *m*

FL ABR (franc[s] luxembourgeois) HIST lfr(s) (Luxemburger Franc[s])

flac [flak] INT patsch!; klatsch!

flaccidité [flaksidite] F Schlaffheit *f*

flacon [flakõ] M kleine Flasche; Fläschchen *n*; Flakon *n ou m*; **~ de parfum** Fläschchen, Flakon Parfüm

fla-fla [flafla] M *fam* **faire des ~s** sich großtun, wichtigmachen; *fam* angeben

flagada [flagada] ADJ ‹inv› *fam* → flapi
flagellant [flaʒɛ(l)lɑ̃] M REL HIST Flagellant *m*; Geißelbruder *m*; Geißler *m*; **flagellation** F Geißelung *f* (*a.* REL)
flagelle [flaʒɛl] M BIOL Geißel *f*; *t/t* Flagellum *n*
flageller [flaʒɛ(l)le] A VT geißeln B VPR **se** ~ sich geißeln
flageolant [flaʒɔlɑ̃] ADJ (vor Schwäche) zitternd, schlotternd; **il a les jambes ~es** ihm zittern, schlottern, wanken die Knie; er hat weiche Knie; er ist schwach, wack(e)lig auf den Beinen
flageoler [flaʒɔle] VI ~ **(sur ses jambes)** schwach, wack(e)lig auf den Beinen sein; **il a les jambes qui flageolent** → flageolant
flageolet¹ [flaʒɔlɛ] M BOT, CUIS kleine weißgrüne Bohne
flageolet² [flaʒɔlɛ] M MUS Flageolett *n*
flagorner [flagɔʀne] VT *litt* liebedienern (**qn** vor j-m)
flagornerie [flagɔʀnəʀi] F *litt* Liebedienerei *f*; **flagorneur** M *litt* Liebediener *m*
flagrant [flagʀɑ̃] ADJ 1 JUR **(prendre qn) en ~ délit** (j-n) in flagranti, auf frischer Tat (ertappen) 2 *injustice, contradiction etc* flagrant; offenkundig; schreiend; ins Auge fallend; *erreur, contradiction a.* krass
flair [flɛʀ] M 1 *des chiens, du gibier* Witterung *f*; Geruchssinn *m* 2 *fig* Gespür *n*; Spürsinn *m*; *fam* Riecher *m*; **avoir du ~** e-e feine, gute Nase, *fam* den richtigen Riecher haben
flairer [fleʀe] VT 1 *animal: nourriture etc* beschnuppern; beschnüffeln; beriechen; schnuppern, schnüffeln an (*+dat*); *gibier* wittern; aufspüren 2 *fig trahison, piège etc* wittern
flamand [flamɑ̃] A ADJ flämisch (*a.* ART); flandrisch B SUBST 1 **Flamand(e)** *m(f)* Flame *m*, Flamin *ou* Flämin *f* 2 LING **le ~** das Flämische; Flämisch *n*
flamant [flamɑ̃] M ZOOL ~ **(rose)** Flamingo *m*
flambage [flɑ̃baʒ] M *de la volaille* (Ab)Sengen *n*; *d'aiguilles etc* Ausglühen *n*
flambant [flɑ̃bɑ̃] ADV ~ **neuf** ‹*inv od* ~ **neuve**› ganz neu; *fam* brandneu; (funkel)nagelneu
flambé [flɑ̃be] ADJ 1 CUIS flambiert 2 *fam fig* erledigt; pleite
flambeau [flɑ̃bo] M ‹*pl* ~x› 1 Fackel *f*; **retraite** *f* **aux ~x** Fackelzug *m* 2 *fig de la foi, du progrès etc* Fackel *f*; Fanal *n*; **passer le ~** die Fackel weiterreichen 3 (*candélabre*) (Kerzen-, Arm)Leuchter *m*; Flambeau *m*
flambée [flɑ̃be] F 1 (kurz auf)loderndes, aufflackerndes Feuer; **faire une ~** Feuer machen (um sich aufzuwärmen) 2 *fig de haine, de violence etc* Aufflammen *n*, -lodern *n*, -flackern *n* 3 ÉCON ~ **des prix** starker Preisauftrieb
flamber [flɑ̃be] A VT 1 *volaille* (ab)sengen; *cheveux* absengen; *aiguille etc* ausglühen; (kurz) in, über e-e Flamme halten 2 CUIS flambieren B VI 1 *feu* (hell auf)lodern; aufflammen; *bois sec, paille* aufflammen; lichterloh brennen; in Flammen aufgehen 2 *fig prix* in die Höhe schießen 3 *fam joueur* sehr hoch, mit hohem Einsatz spielen
flambeur [flɑ̃bœʀ] *fam* M Spieler, der hohe Einsätze wagt
flamboiement [flɑ̃bwamɑ̃] M *des flammes* Flammenschein *m*; heller Schein; *du soleil* heller Glanz
flamboyant [flɑ̃bwajɑ̃] A ADJ 1 flammend; *épée etc* (in der Sonne) (auf)blitzend; funkelnd 2 *fig regard* ~ **(de colère, de haine)** flackernd, funkelnd, lodernd (vor Zorn, Hass) 3 ARCH spätgotisch; im Flamboyantstil; **gothique** *m* ~ Spätgotik *f*; Flamboyant(stil) *n(m)* B M 1 ARCH Spätgotik *f*; Flamboyant(stil) *n(m)* 2 BOT Flamboyant *m*
flamboyer [flɑ̃bwaje] VI ‹-oi-› 1 *feu* aufflammen; (auf)lodern 2 *métal au soleil* (auf)blitzen; funkeln 3 *fig yeux: de haine etc* flackern; lodern
flamenco [flamɛnko] M MUS Flamenco *m*
flamingant [flamɛ̃gɑ̃] A ADJ Flämisch sprechend B M Anhänger *m* der flämischen Autonomiebewegung
flamme [flam, flɑm] F 1 Flamme *f*; *fam fig* **descendre qn en ~s** j-n scharf kritisieren; *fam* j-n herunterreißen; **être dévoré par les ~s** ver-, ab-, niederbrennen; **être en ~s** in Flammen stehen; (lichterloh) brennen; **jeter des ~s** aufflammen; (auf)lodern; **passer à la ~** (kurz) in, über die Flamme halten; *aiguille* ausglühen; *avion* **tomber en ~s** brennend abstürzen 2 *fig* a *du regard, de l'enthousiasme etc* Feuer *n*; Glut *f*; **(parler) avec ~** feurig, mit Feuer (sprechen); *orateur etc* **plein de ~** feurig; leidenschaftlich; **être tout feu tout ~ pour qc** für etw Feuer und Flamme sein b *litt* **déclarer sa ~** e-e Liebeserklärung machen 3 POSTES Maschinenwerbestempel *m*
flammé [flame] ADJ geflammt
flammèche [flamɛʃ] F brennendes, glühendes Teilchen; Funke(n) *m*; **~s** *pl a.* Funkenflug *m*
flan [flɑ̃] M 1 CUIS Pudding *m* 2 *fam* **c'est du ~** das ist Quatsch 3 *fam* **au ~** auf gut Glück; → *a.* rond c 1
flanc [flɑ̃] M *des hommes, des animaux* Seite *f*; Weiche *f*; *des animaux*, MIL Flanke *f*; *d'une montagne* Flanke *f*; (Ab)Hang *m*; Seite *f*; (Berg)Lehne *f*; *d'un bateau* Seite *f*; **à ~ de coteau** am Hang e-s Hügels; *fam fig* **être sur le ~** erschöpft, *fam* erschlagen, (ganz) kaputt sein; **prêter le ~** MIL die Flanke ungedeckt lassen; *fig* e-e Angriffsfläche bieten (**à la critique** der Kritik); *fam fig* **tirer au ~** sich (von, vor der Arbeit) drücken; faulenzen; *fam* sich auf die faule Haut legen; → *a.* battre c 3
flancher [flɑ̃ʃe] VI *fam personne* e-n Rückzieher machen; *fam* kneifen; umfallen; schwach werden; *cœur fam* streiken; nicht mehr mitmachen; *moral* schwanken; nachlassen; **ce n'est pas le moment de ~!** dies ist nicht der Moment aufzugeben!
flanchet [flɑ̃ʃɛ] M *du bœuf, du veau* Dünnung *f*; Bauchlappen *m*
Flandre [flɑ̃dʀ] **la ~** *ou* **les ~s** *fpl* Flandern *n*
Flandre-Occidentale [flɑ̃dʀɔksidɑ̃tal] **la ~** Westflandern *n*
Flandre-Orientale [flɑ̃dʀɔʀjɑ̃tal] **la ~** Ostflandern *n*
flandrin [flɑ̃dʀɛ̃] M **grand ~** großer, schlaksiger Bursche; *fam* (langer) Lulatsch
flanelle [flanɛl] F TEXT Flanell *m*
flâner [flɑne] VI (umher)schlendern; flanieren; *fam* bummeln; ~ **le long des quais de la Seine** am Seineufer entlangbummeln, -schlendern
flânerie [flɑnʀi] F (Umher)Schlendern *n*; *fam* Bummeln *n*; (*promenade*) *fam* Bummel *m*; **flâneur** M, **flâneuse** F Spaziergänger(in) *m(f)*
flanquer¹ [flɑ̃ke] VT *personne*, ARCH flankieren; *pp* **flanqué de** flankiert von
flanquer² [flɑ̃ke] *fam* A VT 1 (*jeter*) werfen; *fam* schmeißen; ~ **qn à la porte, dehors** *fam* j-n vor die Tür *ou* an die Luft setzen, rauswerfen, rausschmeißen, feuern; *vaisselle etc* ~ **par terre** *fam* runterwerfen, -schmeißen; *fig* **ça flanque tout par terre!** *fam* das wirft, schmeißt alles über den Haufen! 2 (*donner*) geben; *une gifle etc* versetzen; *fam* verpassen; ~ **la frousse à qn** *fam* j-m e-e Heidenangst einjagen; ~ **une volée**, *fam* **une raclée** *etc* **à qn** j-n verprügeln, verhauen, *fam* verdreschen, versohlen, verbimsen, verbläuen, vertrimmen, verwichsen, vermöbeln; *fam* j-m e-e tüchtige Abreibung geben, das Fell gerben, die Hucke vollhauen, ein paar überziehen; → *a.* gifle 1 B VPR **se ~ par terre** hinschlagen, -fallen
flapi [flapi] ADJ *fam* kaputt; fertig; erledigt; hunde-, todmüde
flaque [flak] F (Wasser)Pfütze *f*, (-)Lache *f*; **marcher dans une ~ d'eau** in e-e Pfütze treten
flash [flaʃ] M ‹*pl* **~es** [flaʃ]› 1 PHOT a *lumière* Blitz(licht) *m(n)* b *dispositif* Blitzgerät *n* 2 CINÉMA Flash *m* 3 PRESSE, RAD Kurznachrichten *fpl*; kurze (wichtige) Meldung; ~ **publicitaire** Werbespot *m*
flash-back [flaʃbak] M ‹*inv*› CINÉMA Rückblende *f*
flasher [flaʃe] VI *fam* ~ **sur qn, qc** *fam* auf j-n, etw abfahren
flasque¹ [flask] ADJ *chair, peau* schlaff
flasque² [flask] F kleine flache Flasche
flatter [flate] A VT 1 a *personne* ~ **qn** j-m schmeicheln; *fam* j-m schöntun; **vous me flattez!** Sie schmeicheln (mir)! b *chose* ~ **qn** j-m schmeicheln; **être, se sentir flatté** sich geschmeichelt fühlen (**de, par qc** durch etw); **être flatté dans son orgueil** sich in s-m Stolz geschmeichelt fühlen; **je suis flatté, ça me flatte** ich fühle mich geschmeichelt, das schmeichelt mir c *portrait, coiffure* ~ **qn** j-m schmeicheln 2 ~ **les défauts de qn** j-s Fehler (noch) unterstützen 3 ~ **l'oreille, les yeux** für das Ohr, Auge angenehm, wohltuend sein; ein Ohrenschmaus, e-e Augenweide sein; *mets* ~ **le palais** den Gaumen kitzeln; etwas für den Feinschmecker sein 4 *animal* streicheln; tätscheln B VPR **se ~ de** (*+inf*) sich (*dat*) einbilden, überzeugt sein, *st/s* sich (*dat*) schmeicheln zu (*+inf*); **sans me ~** ohne mir schmeicheln zu wollen
flatterie [flatʀi] F Schmeichelei *f*; *fam* Schöntuerei *f*; *plus fort* Lobhudelei *f*
flatteur [flatœʀ], **flatteuse** A M,F Schmeichler(in) *m(f)*; *fam* Schöntuer(in) *m(f)* B ADJ 1 *personne, propos* schmeichlerisch; *fam* schöntuerisch 2 *comparaison, compliment* schmeichelhaft 3 *description* schmeichelhaft; beschönigend; zu günstig
flatulence [flatylɑ̃s] F MÉD (Darm)Blähung *f*; *t/t* Flatulenz *f*
flatuosité [flatɥozite] F Darmgas *n*, -wind *m*
fléau [fleo] M ‹*pl* ~x› 1 AGR (Dresch)Flegel *m* 2 *fig de la guerre, de la peste etc* Geißel *f*; Heimsuchung *f*; *de parasites etc* (Land)Plage *f*; *fam* wahre Plage 3 *d'une balance* Waagebalken *m*
fléchage [fleʃaʒ] M *d'un parcours* Markierung *f* mit Pfeilen; Pfeilmarkierung *f*
flèche [flɛʃ] F 1 Pfeil *m* (*projectile et indicateur de direction*); *fig, a.* SPORTS **démarrage** *m* **en ~** Blitzstart *m*; *partir* **comme une ~** wie ein Pfeil; pfeilschnell; **dans le sens de la ~** in Pfeilrichtung; *fig* **décocher une ~ contre qn** e-e spitze Bemerkung machen gegenüber j-m; *fig* **faire ~ de tout bois** alle Mittel einsetzen; *fam* alle Minen springen lassen; **monter en ~** *avion* steil, im Steilflug aufsteigen, in die Höhe steigen; *prix, température* in die Höhe schnellen; jäh ansteigen 2 *d'une cathédrale* (Turm)Spitze *f* 3 TECH *d'une grue* Ausleger *m*
flécher [fleʃe] VT ‹-è-› *parcours* mit Pfeilen markieren, kennzeichnen; beschildern
fléchette [fleʃɛt] F Wurfpfeil *m*; **(jeu** *m* **de) ~s** Darts *n*; Dartspiel *n*; **jouer aux ~s** Darts spielen
fléchir [fleʃiʀ] A VT 1 *genoux etc* beugen; ~ **le corps en avant, en arrière** den Rumpf vor-, zurückbeugen, nach vorn(e), nach hinten beugen 2 *fig* ~ **qn** j-n rühren; j-s Herz erwei-

chen **3** ADJT LING **formes fléchies** flektierte Formen *fpl* **B** VI **1** *poutre etc* sich (durch)biegen; *jambes* weich werden; nachgeben **2** *fig personne, détermination* nachlassen; wanken; *courage* dahinschwinden; *dans ses convictions, sa décision* wankend werden; *devant les prières de qn nachgeben; sich erweichen, rühren lassen* (**devant qc** durch etw) **3** BOURSE *cours* sich abschwächen; nachgeben; abflauen; *prix* fallen; zurückgehen; sinken

fléchissement [fleʃismɑ̃] M **1** *des genoux etc* Beugen *n*; *d'une poutre etc* (Durch)Biegen *n* **2** *fig de sa détermination* Nachlassen *n*; Wanken *n*; Wankendwerden *n* **3** BOURSE Abschwächung *f*; Abflauen *n*; Nachgeben *n*; *des prix* Rückgang *m*; Fallen *n*; **~ des cours** *a.* nachgebende Kurse *mpl*; **~ de la production** Produktionsrückgang *m*; **accuser, marquer un ~** e-n Rückgang aufweisen, verzeichnen

fléchisseur [fleʃisœʀ] ADJ *et* SUBST M ANAT (**muscle** *m*) **~** Beugemuskel *m*; Beuger *m*

flegmatique [flɛgmatik] ADJ gelassen; gleichmütig; *péj* phlegmatisch; **être ~** *a.* nicht aus der Ruhe zu bringen sein

flegme [flɛgm] M Gelassenheit *f*; Gleichmut *m*; *péj* Phlegma *n*; **faire perdre son ~ à qn** j-n aus der Ruhe bringen

flegmon → phlegmon

flemmard [flemaʀ] *fam* **A** ADJ faul; träge **B** SUBST **~(e)** *m(f)* Faulenzer(in) *m(f)*; *fam* Faulpelz *m*; Faultier *n*

flemmarder [flemaʀde] *fam* VI faulenzen; *fam* auf der faulen Haut liegen

flemme [flɛm] *fam* F Faulheit *f*; Trägheit *f*; **avoir la, tirer sa ~** faulenzen; *fam* s-n faulen Tag haben; **avoir la ~ de faire qc** zu faul zu etw sein; zu faul sein, (um) etw zu tun

Flers [flɛʀ] *Stadt im Dep. Orne*

Flessingue [flesɛ̃g] GÉOG Vlissingen *n*

flétan [fletɑ̃] M ZOOL Heilbutt *m*

flétri [fletʀi] ADJ **1** *plante* welk; verwelkt; *fleur a.* verblüht **2** *fig peau, visage* welk; schlaff; **beauté ~e** verblühte Schönheit

flétrir[1] [fletʀiʀ] **A** VT **1** *plante, fleur* (ver)welken lassen; verdorren, vertrocknen lassen **2** *fig et litt* den Glanz, die Frische nehmen (*+dat*) **B** V/PR **se ~ 1** *fleurs* (ver)welken; verblühen; welk werden; verdorren; vertrocknen **2** *beauté* verblühen; *visage* welk, schlaff werden

flétrir[2] [fletʀiʀ] VT *le nom, la mémoire de qn* beschmutzen; in den Schmutz ziehen; schänden; beflecken

flétrissure [fletʀisyʀ] F **1** *d'une plante, de la peau* Welken *n*; Welksein *n*; *d'une fleur, fig de la beauté* Verblühen *n* **2** *fig et litt* Schmach *f*; Entehrung *f*

fleur[1] [flœʀ] F **1** BOT **a** *plante* Blume *f*; **~s de jardin** Gartenblumen *fpl*; *Baudelaire* **Les ~s du mal** Die Blumen des Bösen; *fig* **~s de rhétorique** poetische Bilder *npl*; *péj* schöne Floskeln *fpl*; *adjt fig* **~ bleue** ⟨*inv*⟩ sentimental; gefühlvoll; romantisch; *loc adj* **à ~s** *tissu, papier etc* mit Blumenmuster; geblümt; **chapeau** *m* **à ~s** blumengeschmückter Hut; *loc adv fam fig* **comme une ~** (spielend) leicht; mühelos; als ob nichts dabei wäre; *sur un faire-part* **ni ~s ni couronnes** von Blumen- und Kranzspenden bitten wir abzusehen; *fig* **couvrir qn de ~s** j-n mit Komplimenten überschütten; *fig d'une jeune fille* **être fraîche comme une ~** frisch wie der junge Morgen sein; *fam fig* **faire une ~ à qn** j-m sehr entgegenkommen; **on ne lui a pas fait de ~** *a.* ihm ist nichts geschenkt worden; *fig* **jeter des ~s à qn** j-m Komplimente machen **b** *partie d'une plante* Blüte *f*; **~s d'oranger** Orangenblüten *fpl*; **~ en bouton** Blütenknospe *f*; **arbre** *m* **en ~(s)** blühender Baum; **être en ~(s)** blühen; in Blüte stehen; **être tout en ~(s)** in voller Blüte stehen **2** *fig* **la (fine) ~** *de la jeunesse, de la société etc* die Blüte; die Besten *mpl*; *de la société a.* die Creme; die Elite; **~ de farine** Auszugsmehl *n*; feinstes Mehl; **mourir à la ~ de l'âge** im blühendsten Alter, in der Blüte des Lebens sterben **3** CHIM **~ de soufre** Schwefelblüte *f*, -blume *f* **4** PL **~s** *sur le vin, le vinaigre* Kahm(haut) *m(f)*; Schimmel *m*

fleur[2] [flœʀ] **A** LOC PRÉP **à ~ de** etwa auf gleicher Höhe, Ebene mit (*+dat*); an der Oberfläche (*+gén*); **à ~ d'eau** an der Wasseroberfläche; dicht über *ou* unter der Wasseroberfläche; *fig* **sensibilité** *f* **à ~ de peau** Überempfindlichkeit *f*; **avoir les nerfs à ~ de peau** überreizte, überempfindliche Nerven haben **B** ADJT **cuir** *m* **pleine ~** genarbtes Leder

fleuraison [flœʀɛzõ] F → floraison

fleurdelisé [flœʀdəlize] ADJ *drapeau* mit Lilien verziert

fleurer [flœʀe] VT *et* VI duften, riechen (**qc** nach etw)

fleuret [flœʀɛ] M ESCRIME Florett *n*

fleurette [flœʀɛt] F Blümchen *n*; *fig* **conter ~ à une femme** e-r Frau den Hof machen, schöntun; Süßholz raspeln

fleurettiste [flœʀetist] M/F ESCRIME Florettfechter(in) *m(f)*

fleuri [flœʀi] ADJ **a** *branche, arbre* blühend; *jardin, pré a.* mit Blumen übersät; voll(er) Blumen; **balcon ~** blumengeschmückter Balkon **b** *tissu, papier peint etc* mit Blumenmuster; geblümt **c** *fig teint* blühend; frisch; rosig; **style ~** blumiger, bilderreicher Stil; **l'empereur à la barbe ~e** *Beiname Karls des Großen*

fleurir [flœʀiʀ] **A** VT (mit Blumen) schmücken **B** VI **1** *plantes* blühen; in (voller) Blüte stehen; **faire ~** zum Blühen bringen **2** ⟨*imparfait meist* **florissait**; *ppr* **florissant**⟩ *fig arts etc* e-e Blütezeit, Glanzzeit, e-n Höhepunkt erleben; (er)blühen

fleuriste [flœʀist] M/F **a** *marchand* Blumenhändler(in) *m(f)*; *boutique* Blumengeschäft *n*, -laden *m* **b** *métier* Blumenbinder(in) *m(f)*; Florist(in) *m(f)*

fleuron [flœʀõ] M *d'une couronne* stilisierte Blätter *npl* und Blumen *fpl*; *fig d'une collection etc* **le plus beau ~ (de la couronne)** das Prunkstück; das beste, wertvollste Stück; das Kleinod

fleuve [flœv] M **1** (großer) Fluss; Strom *m* (*a. fig de sang, de larmes, de gens*); **~ de boue** Schlammflut *f*; **~ de lave** Lavastrom *m*; **lit** *m* **d'un ~** Flussbett *n* **2** *fig et adjt article, discours etc* endlos lang; **discours** *m* **~** *a. fam* Marathonrede *f*; **procès** *m* **~** *a.* Mammutprozess *m*; **roman** *m* **~** Romanzyklus *m*

flexibiliser [flɛksibilize] VT *emploi, horaires, salaires etc* flexibilisieren; flexibel gestalten

flexibilité [flɛksibilite] F **1** *d'une branche etc* Biegsamkeit *f*; TECH *a.* Biegbarkeit *f* **2** *fig* Flexibilität *f*; Anpassungsfähigkeit *f*

flexible [flɛksibl] **A** ADJ **1** *branche, lame d'acier etc* biegsam; geschmeidig; elastisch; TECH *a.* biegbar; *matériau* schmiegsam; nachgiebig **2** *fig prix, emploi etc* flexibel; *caractère a.* fügsam; anpassungsfähig **B** M TECH biegsame Welle

flexion [flɛksjõ] F **1** TECH (Durch)Biegung *f*; **résistance** *f* **à la ~** Biegefestigkeit *f* **2** *du bras, du genou etc* Beugen *n*; (Ab)Biegen *n*; SPORTS **~ des bras, des genoux** Arm-, Kniebeuge *f* **3** LING Flexion *f*; Beugung *f*

flexionnel [flɛksjɔnɛl] ADJ ⟨**~le**⟩ LING Flexions...; **désinences ~les** Flexionsendungen *fpl*; **langues ~les** flektierende Sprachen *fpl*

flibustier [flibystje] M HIST Freibeuter *m* (*a. fig*)

flic [flik] *fam* M Polizist *m*; *plais* Ordnungshüter *m*; **~s** *pl a. fam* Polente *f*; *fig* **vingt-deux, voilà les ~s!** Achtung, (es ist) Gefahr im Anzug!

flicaille [flikaj] F *fam péj* Bullen *mpl*; Polypen *mpl*

flic flac [flikflak] INT *fam* pitsch, patsch!; klitsch, klatsch!

flingue [flɛ̃g] M *fam* Knarre *f*; Schießprügel *m*

flinguer [flɛ̃ge] *fam* **A** VT *fam* ab-, niederknallen; über den Haufen schießen **B** V/PR **se ~** sich erschießen; *fig* **il y a de quoi se ~!** es ist nicht zum Aushalten!

flipper[1] [flipe] *fam* VI **a** (*être déprimé*) deprimiert, *fam* down sein **b** (*paniquer*) *fam* ausflippen; durchdrehen

flipper[2] [flipœʀ] M Flipper *m*

fliquer [flike] *fam* VT (polizeilich) überwachen

flirt [flœʀt] M **1** Flirt *m* (*a. fig*); Liebelei *f* **2** *personne* Schwarm *m*; Flamme *f*

flirter [flœʀte] VI flirten (*a. fig*)

flirteur [flœʀtœʀ] ADJ ⟨-euse⟩ **être ~** gern flirten

FLN [ɛfɛlɛn] M ABR (Front de libération nationale) Nationale Befreiungsfront (*im Algerienkrieg*)

floc [flɔk] INT plumps!

flocon [flɔkõ] M Flocke *f*; CUIS **~s d'avoine** Haferflocken *fpl*; **~ de neige** Schneeflocke *f*; *neige* **tomber à gros ~s** in dicken Flocken fallen

floconneux [flɔkɔnø] ADJ ⟨-euse⟩ flockig

flonflons [flõflõ] MPL Klänge *mpl*; Geschmetter *n*

flop [flɔp] M CINÉMA, *THÉ* Flop *m*

flopée [flɔpe] *fam* F Menge *f*; Schwarm *m*; *fam* Haufen *m*; **~ d'enfants** Kinderschar *f*; Haufen Kinder

floraison [flɔʀɛzõ] F **1** Blüte *f*; Blühen *n*; *époque* Blüte(zeit) *f*; **en pleine ~** in voller Blüte (stehend) **2** *fig de talents etc* Aufblühen *n*

floral [flɔʀal] ADJ ⟨-aux⟩ **1** Blumen...; **exposition ~e** Blumenschau *f*, -ausstellung *f* **2** BOT Blüten...

floralies [flɔʀali] FPL Blumenschau *f*, -ausstellung *f*

flore [flɔʀ] F Flora *f*; **~ alpestre** Alpenflora *f*; PHYSIOL **~ intestinale** Darmflora *f*

floréal [flɔʀeal] M HIST Floreal *m* (*8. Monat des frz Revolutionskalenders*)

Florence [flɔʀɑ̃s] **1** *ville* Florenz *n* **2** F *Vorname*

Florent [flɔʀɑ̃] M *Vorname*

florentin [flɔʀɑ̃tɛ̃] **A** ADJ florentinisch **B** SUBST **Florentin(e)** *m(f)* Florentiner(in) *m(f)*

florès [flɔʀɛs] M *litt* **faire ~** Erfolg haben

floricole [flɔʀikɔl] ADJ *insectes* Blüten bewohnend; auf Blüten lebend; **floriculture** F Blumenzucht *f*

Floride [flɔʀid] **la ~** Florida *n*

florifère [flɔʀifɛʀ] ADJ BOT *tige, branche* Blüten tragend; *plante* blütenreich; mit vielen Blüten

florilège [flɔʀilɛʒ] M Blütenlese *f*

florin [flɔʀɛ̃] M HIST Gulden *m*

florissait [flɔʀisɛ] → fleurir B 2

florissant [flɔʀisɑ̃] ADJ *commerce etc* blühend; florierend; *pays, santé, teint* blühend; **être ~** blühen; florieren

flot[1] [flo] M **1** PL **~s** *de la mer, d'un lac, d'un fleuve* Flut(en) *f(pl)*; Wellen *fpl*; Wogen *fpl*; **se laisser bercer, porter au gré des ~s** sich von den Wellen wiegen, tragen, auf dem Wasser treiben lassen **2** (*courant*) Flut *f*; Strom *m* **3** *fig de larmes, de gens etc* Flut *f*; Strom *m*; *de sang* Strom *m*; *de lumière, de pensées etc* Flut *f*; Fülle *f*; *de paroles* Flut *f*; Schwall *m*; **~s de dentelle** Spitzengeriesel *n*; **~ d'injures** Flut von Schimpfwörtern; **~ de voitures** Fahrzeugstrom *m*; *loc adv* **à ~s** in Strömen; *champagne, sang* **couler**

F

à ~s in Strömen fließen; *soleil* **entrer à ~s** hereinfluten

flot² [flo] LOC ADJ MAR **à ~** flott; *bateau* **être à ~** flott sein; **remettre à ~** *bateau* (wieder) flottmachen (*a. fig entreprise*); *fig a.* wieder auf die Beine helfen (**qn** j-m)

flottable [flɔtabl] ADJ **1** *bouée, bois etc* schwimmfähig **2** *cours d'eau* flößbar; **flottage** M Flößen *n*; Flößerei *f*

flottaison [flɔtɛzõ] F **1** MAR **ligne** *f* **de ~** Wasserlinie *f* **2** ÉCON → flottement 3

flottant [flɔtã] ADJ **1** schwimmend; treibend; Schwimm…; Treib…; **ancre ~e** Treibanker *m*; **bois ~s** Treibholz *n*; **glaces ~es** Treibeis *n*; **grue ~e** Schwimmkran *m* **2** *fig* **a** *vêtement, drapeau, cheveux* flatternd; wehend; wallend; *vêtement a.* fließend; *cheveux a.* fliegend; *nuages* schwebend; treibend; ziehend; **brume ~e** Nebelschwaden *fpl* **b** *caractère, esprit* schwankend; wankelmütig; unsicher; unstet **c** ANAT **côtes ~es** frei endende falsche Rippen *fpl*; MÉD **rein ~** Wanderniere *f* **d** FIN **capitaux ~s** fluktuierende Gelder *npl*; Hot Money *n*; **monnaie ~e** floatende Währung **e** INFORM **virgule ~e** Fließkomma *n*

flotte [flɔt] F **1** MAR, AVIAT Flotte *f*; **~ aérienne, pétrolière** Luft-, Tankerflotte *f*; **~ de commerce** Handelsflotte *f*; **la ~ de guerre** *ou abs* **la Flotte** die Kriegsflotte **2** *fam* (*eau*) Wasser *n*; **boire de la ~** Wasser trinken; **il tombe de la ~** → flotter C

flottement [flɔtmã] M **1** (*indécision*) Unschlüssigkeit *f*; Unentschlossenheit *f*; Zögern *n*; Schwanken *n* **2** TECH *des roues etc* Flattern *n* **3** ÉCON *d'une monnaie* Floaten ['flo:-] *n*; Floating *n*

flotter [flɔte] **A** V/T *bois* flößen **B** V/I **1** *objet* schwimmen, treiben (**sur l'eau** auf dem Wasser); **~ à la dérive** abgetrieben werden **2** *drapeau, vêtement, cheveux* flattern; wehen; *cheveux a.* fliegen; *brume* wallen; wogen; *nuages* ziehen; treiben; *parfum* **~ dans la pièce** im Raum schweben, hängen; *sourire* **~ sur ses lèvres** um s-e Lippen spielen **3** TECH *roues etc* flattern; schlagen **4** ÉCON floaten; **laisser ~ une monnaie** den Wechselkurs e-r Währung freigeben; e-e Währung floaten lassen **C** V/IMP *fam* **ça, il flotte** es, das regnet, *pop* schifft, pisst, *fam plus fort* gießt, schüttet

flotteur [flɔtœʀ] M TECH Schwimmer *m*

flottille [flɔtij] F Flottille *f*

flou [flu] **A** ADJ **1** *photo* unscharf; verschwommen; *dessin* weich; zart; *robe* weich, locker, lose fallend; fließend; *coiffure* weich fließend; **tout devint ~ autour d'elle** alles verschwamm ihr vor den Augen **2** *fig pensée* unklar; unbestimmt; verschwommen **B** M PHOT Unschärfe *f*; Verschwommenheit *f*; *d'une coiffure, d'un vêtement* weiche, fließende Linie

flouer [flue] *fam* V/T begaunern; *fam* reinlegen

flouse [fluz] M *fam* → fric

fluctuant [flyktɥã] ADJ **1** *personne* schwankend; unsicher; unbeständig **2** *prix etc* fluktuierend; Schwankungen unterworfen

fluctuation [flyktɥasjõ] F Schwanken *n*, -ung *f*; Fluktuation *f*; **~s de la conjoncture** Konjunkturschwankungen *fpl*; **~s de la main-d'œuvre** Fluktuation der Arbeitskräfte; **~s du marché** Marktbewegung *f*, -schwankung *f*, -veränderung *f*; **~s des prix** Preisschwankungen *fpl*; Fluktuation der Preise; **être sujet à des ~s** Schwankungen (*dat*) unterworfen sein, unterliegen

fluctuer [flyktɥe] V/I fluktuieren; schwanken

fluet [flyɛ] ADJ ⟨-te⟩ *personne* schmächtig; zart; **jambes ~tes** dünne, dürre Beine *npl*; **voix ~te** zarte, schwache Stimme

fluide [flɥid, flyid] **A** ADJ **1** *huile etc* (dünn)flüssig; *par ext circulation* flüssig **2** *fig style* flüssig **B** M **1** PHYS flüssiger oder gasförmiger Körper; **les ~s** Flüssigkeiten *fpl* und Gase *npl*; **~s frigorifiques** Kältemittel *npl* **2** (*rayonnement*) Fluidum *n*; Ausstrahlung *f*

fluidification [flɥidifikasjõ] F Verflüssigen *n*, -ung *f*; *par ext de la circulation* Flüssig(er)machen *n*; **fluidifier** V/T verflüssigen; *par ext trafic routier* flüssig(er) machen

fluidité [flɥidite] F **1** *du sang etc* Dünnflüssigkeit *f*; *par ext du trafic* Flüssigkeit *f*; Fließen *n* **2** *fig du style* Flüssigkeit *f*

fluor [flyɔʀ] M CHIM Fluor *n*

fluorescence [flyɔʀesãs] F PHYS Fluoreszenz *f*

fluorescent [flyɔʀesã] ADJ *corps, lumière* fluoreszierend; **écran ~** Leuchtschirm *m*; **lampe ~e, tube ~** Leuchtstofflampe *f*, -röhre *f*

flûte [flyt] F **1** MUS Flöte *f*; **~ traversière** Querflöte *f*; **~ à bec** Block-, Schnabelflöte *f*; **~ de Pan** Panflöte *f* **2** *verre* Flöte *f*; **~ à champagne** Sektkelch *m*, -glas *n* **3** *pain* langes dünnes Brot **4** *fam* **jouer, se tirer des ~s** *fam* abhauen; verduften; sich verziehen; türmen **5** INT **~!** verflixt!; zu dumm!

flûté [flyte] ADJ *voix* hoch; hell; schrill

flûteau [flyto] *ou* **flûtiau** [flytjo] M ⟨*pl* ~x⟩ einfache (Hirten)Flöte

flûtiste [flytist] M/F Flötist(in) *m(f)*; Flötenspieler(in) *m(f)*, -bläser(in) *m(f)*

fluvial [flyvjal] ADJ ⟨-aux⟩ Fluss…; **navigation ~e** Flussschifffahrt *f*; **pêche ~e** Angeln *n*, Fischen *n* in Flüssen; **port ~** Binnenhafen *m*; **trafic ~** Binnenschiff(fahrt)sverkehr *m*

fluviomètre [flyvjɔmɛtʀ] M Wasserstandsmesser *m*; Pegel *m*

flux [fly] M **1** PHYSIOL Absonderung *f*; Ausfluss *m*; **~ menstruel** Menstruationsblutung *f* **2** MAR Flut *f*; **le ~ et le reflux** Ebbe *f* und Flut; *fig* das Hin und Her; das Auf und Ab **3** PHYS *et fig de la circulation, de capitaux etc* Fluss *m*; **~ monétaire** Geldstrom *m*; ÉCON **flux de trésorerie** Cashflow *m*

fluxion [flyksjõ] F MÉD **a** **~ de poitrine** Lungen- und Rippenfellentzündung *f* **b** **~ dentaire** Zahnfleischinfektion *f*

FM [ɛfɛm] F ABR (frequency modulation, modulation de fréquence) UKW *n* (Ultrakurzwelle)

FMI [ɛfɛmi] M ABR (Fonds monétaire international) IWF *m* (Internationaler Währungsfonds)

FN [ɛfɛn] M ABR (Front national) *rechtsextreme frz Partei*

FNAC [fnak] F ABR (Fédération nationale d'achats des cadres) *Name e-r (auf Bücher, Tonträger, Fotoartikel spezialisierten) Warenhauskette*

FNSEA [ɛfɛnɛsəa] F ABR (Fédération nationale des syndicats d'exploitants agricoles) Französischer Bauernverband

FO [ɛfo] F ABR (Force ouvrière) *sozialdemokratisch orientierte frz Gewerkschaft*

foc [fɔk] M MAR Fock(segel) *f(n)*

focal [fɔkal] ADJ ⟨-aux⟩ OPT Brenn(punkts) …; fokal; Fokal…; **distance ~e** *ou subst* **~e** *f* Brennweite *f*

focalisation [fɔkalizasjõ] F PHYS *de rayons* Bündeln *n*, -ung *f*; Fokussierung *f*; **focaliser** V/T **1** PHYS in e-m Punkt vereinigen; fokussieren **2** *fig attention etc* konzentrieren (**sur** auf *+acc*)

Foch [fɔʃ] *frz Marschall*

foehn [føn] M MÉTÉO Föhn *m*

fœtal [fetal] ADJ ⟨-aux⟩ MÉD fetal; fötal

fœtus [fetys] M MÉD Fetus *ou* Fötus *m*; *humain a.* Leibesfrucht *f*

fofolle [fɔfɔl] ADJ → foufou

foi [fwa] F **1** Glaube(n) *m*; Vertrauen *n*; **bonne ~** guter Glaube (*a.* JUR); Treu *f* und Glauben (*a.* JUR); Aufrichtigkeit *f*; Ehrlichkeit *f*; **de bonne, en toute bonne ~** in gutem Glauben; gutgläubig; auf Treu und Glauben; bona fide; **être de bonne ~** gutgläubig sein; **abuser de la bonne ~ de qn** j-s guten Glauben, Gutgläubigkeit ausnützen, missbrauchen; **mauvaise ~** Böswilligkeit *f*; Unaufrichtigkeit *f*; Unehrlichkeit *f*; JUR böser Glaube; **de mauvaise ~** böswillig; unaufrichtig; unehrlich; ♦ *int* **ma ~ oui** aber ja; (aber) gewiss; ja, schon; **c'est ma ~ vrai!** ach ja, das ist wahr; ♦ *personne* **digne de ~** glaubwürdig; *loc adv*: **avec la meilleure ~ du monde** in der besten Absicht; **sur la ~ de qn, qc** im Vertrauen auf, im Glauben an j-n, etw; **sur la ~ des témoins** auf Grund der Zeugenaussagen; **ajouter ~ à qc** e-r Sache (*dat*) Glauben schenken; **avoir ~, une ~ totale en qn** zu j-m Zutrauen, Vertrauen haben; j-m voll und ganz vertrauen; **avoir ~ en l'avenir** an die Zukunft glauben; Vertrauen in die Zukunft haben; JUR **faire ~** maßgebend, verbindlich, authentisch sein; **le cachet de la poste fait ~** es gilt das Datum des Poststempels; **mettre sa ~ en qn, qc** auf j-n, etw s-e Hoffnung setzen **2** REL Glaube(n) *m*; **avoir la ~** gläubig sein; **avoir la ~ du charbonnier** e-n Köhlerglauben haben; **n'avoir ni ~ ni loi** weder Glauben noch Moral besitzen; **il n'y a que la ~ qui sauve** der Glaube macht selig (*a. fig*); **perdre la ~** den Glauben verlieren (*a. fig*); BIBL *et fig* **la ~ soulève, transporte les montagnes** der Glaube versetzt Berge

foie [fwa] M Leber *f*; **~ gras** Gänse- *ou* Entenleber(pastete) *f*; **~ de veau** Kalbsleber *f*; MÉD **crise** *f* **de ~** (akute) Leberbeschwerden *fpl*; *pop fig* **avoir les ~s** *pop* Schiss haben

foin [fwɛ̃] M **1** AGR Heu *n*; MÉD **rhume** *m* **des ~s** Heuschnupfen *m*; *fam* **il est bête à manger du ~** *fam* er ist dumm wie Bohnenstroh, strohdumm; **faire les ~s** heuen; Heu machen **2** **~ d'artichaut** Artischockenbart *m*, -borsten *fpl* **3** *fam* Krach *m*; **faire du ~, un ~ du diable** *fam* Krach machen; e-n Mordskrach machen; (*se fâcher*) Krach schlagen

foirade [fwaʀad] F *fam* Pleite *f*; Fiasko *n*

foire [fwaʀ] F **1** (*exposition*) Messe *f*; Ausstellung *f*; **~ de Lyon** Lyoner Messe **2** (*marché*) (Jahr)Markt *m*; **~ aux bestiaux** Viehmarkt *m* **3** (*fête foraine*) Volksfest *n*; Kirmes *f* **4** *fam fig* **a** **c'est la ~ ici** *fam* das ist ein Rummel hier **b** **faire la ~** *fam* einen draufmachen; e-e Sause machen; sumpfen; **ils ont fait la ~ toute la nuit** sie haben die ganze Nacht durchgefeiert

foirer [fwaʀe] V/I **1** *vis* überdreht sein; *fusée* nicht zünden; verpuffen **2** *fam projet etc* schiefgehen; platzen; **ça a foiré** das ist schiefgegangen **3** *pop* (*avoir la diarrhée*) *pop* Dünnschiss haben

foireux [fwaʀø] **A** ADJ ⟨-euse⟩ *fam projet etc* faul **B** M *pop* (*lâche*) *pop* Hosenscheißer *m*

fois [fwa] F Mal *n* **a** *avec adj*: **une ~, deux ~, trois ~** einmal, zweimal, dreimal; *aux enchères* zum Ersten, zum Zweiten, zum Dritten; **une autre ~** ein anderes Mal; ein andermal; **une bonne ~, une ~ pour toutes** ein für alle Mal; **une seule ~** ein einziges Mal; **une ~ par an** einmal jährlich *ou* im Jahr; **une ~ sur deux** jedes zweite Mal; **en une ~** auf einmal; **encore une ~** noch einmal; nochmals; *fam* noch mal; **pour une ~** (für) einmal; *dans les contes* **il était une ~ …** es war einmal …; *prov* **une ~ n'est pas coutume** einmal ist keinmal (*prov*); ♦ *fam* **l'autre ~** letzthin; kürzlich; unlängst; **les autres ~** sonst; **cette ~, cette ~-ci, cette ~-là** dieses (eine) Mal; diesmal; **chaque ~** jedes Mal; **la dernière ~** das letzte Mal; voriges, das vorige Mal; **pour la dernière ~** zum letzten Mal; **la première ~** das erste Mal; **c'est la première et la dernière ~ que j'y vais** das ist das erste und das letzte Mal, dass ich da hingehe; **la prochaine ~** nächstes, das nächste Mal; **la seule et unique ~** das erste und einzige Mal; ♦ **bien des ~, de nombreuses ~** (sehr) oft; viele Male; *fam* x-mal; **plus d'une ~** mehr als einmal; → *a.* maint, plusieurs; ♦ **on n'a pas besoin de le lui dire deux ~** man braucht es ihm nicht zweimal zu sagen; **je vous ai dit vingt ~, cent ~ de** *(+inf) ou* **que** … ich habe Ihnen schon hundertmal gesagt, dass … **B** MULTIPLICATION mal; **trois ~ quatre (font) douze** drei mal vier ist zwölf; **cent ~ pire** hundertmal schlimmer; **deux ~ plus grand, petit** doppelt, halb so groß; **dix ~ plus** zehnmal so viel; das Zehnfache; **trois ~ centenaire** dreihundert Jahre alt; **c'est trois ~ rien** das ist nicht der Rede wert; das ist doch gar nichts **C** *loc adv*: **à la ~** zugleich; gleichzeitig; auf einmal; **ne parlez pas tous à la ~!** redet nicht alle zugleich *etc*!; **à, par deux ~** zweimal; **y regarder à deux ~** es sich *(dat)* zweimal überlegen; *fam* **des ~** *(parfois)* manchmal; mitunter; *(par hasard)* zufällig; vielleicht; *fam* **non, mais des ~!** was glauben Sie eigentlich! **D** *loc conj*: **autant de ~ que** … sooft …; **(à) chaque ~, toutes les ~ que** … jedes Mal, immer wenn …; sooft …; *fam* **des ~ que** … es könnte ja sein, dass …; vielleicht …; **la première ~ que** … das erste Mal, als *ou fam* wo …; **la prochaine ~ que** … nächstes, das nächste Mal, wenn …; **une ~ que** … wenn (erst) einmal, *fam* mal …; **une ~ qu'il s'est mis qc dans la tête** … wenn er sich *(dat)* erst mal was in den Kopf gesetzt hat …; **pour une ~ que** *j'ai oublié* … wenn ich einmal …; das einzige Mal, dass …; **une ~ dans le train**, *vous pourrez vous reposer* wenn Sie (erst) einmal, *fam* mal im Zug sind …; **une ~ parti**, *il s'aperçut que* … als er (schon) weg war …

foison [fwazõ] LOC ADV **à ~** in Hülle und Fülle; in großen, *fam* rauen Mengen

foisonnant [fwazɔnɑ̃] ADJ **~ de** reich an *(+dat)*; …reich

foisonnement [fwazɔnmɑ̃] M **1** *des plantes* Wuchern *n*; üppiges Wachstum **2** *fig d'idées* (Über)Fülle *f*

foisonner [fwazɔne] VI **1** *plantes* wuchern; üppig wachsen; *gibier etc* im Überfluss vorhanden sein; überhandnehmen **2** **~ de, en** überquellen, wimmeln von; Überfluss haben an *(+dat)*; reich sein an *(+dat)*; **~ d'idées** voller Einfälle stecken

fol [fɔl] ADJ → fou

folâtre [fɔlɑtʀ] ADJ ausgelassen; lustig; fröhlich; **folâtrer** VI herumtollen, -toben; sich tummeln

foldingue [fɔldɛ̃g] **A** M/F *fam* Verrückte(r) *m/f(m)*; Spinner(in) *m(f)* **B** ADJ *fam* verrückt; durchgeknallt

folichon [fɔliʃõ] ADJ ⟨~ne⟩ **pas (très) ~** nicht (sehr) erfreulich; gar nicht lustig

folie [fɔli] F **1** MÉD Wahn(sinn) *m*; Irrsinn *m*; Verrücktheit *f*; geistige Umnachtung; **~ furieuse** Tobsucht *f*; **~ des grandeurs** Größenwahn *m*; **avoir la ~ des grandeurs** größenwahnsinnig sein; **~ de la persécution** Verfolgungswahn *m*; **accès** *m*, **coup** *m* **de ~** Anfall *m* von Wahnsinn; **sombrer dans la ~** dem *ou* in Wahnsinn verfallen **2** *par ext* Torheit *f*; Narrheit *f*; Tollheit *f*; *fam* Verrücktheit *f*; Wahnsinn *m*; Irrsinn *m*; Riesendummheit *f*; **~ de jeunesse** Jugendtorheit *f*; **aimer qn à la ~** j-n bis zum Wahnsinn, *fam* wahnsinnig lieben; **vous n'aurez pas la ~ de faire ça** Sie werden nicht so töricht sein, das zu tun; **c'est de la (pure) ~, de la ~ furieuse** das ist ja Irrsinn, heller Wahnsinn; *fam* **c'est de la ~ douce** *fam* das ist so e-e Spinnerei, so ein Spleen; **c'est une vraie ~ en ce moment** das ist zurzeit ganz große Mode; **faire une ~** e-e große Dummheit begehen; *dépense excessive* e-e unsinnige Geldausgabe machen; sich in Unkosten stürzen; **s'offrir une petite ~** sich *(dat)* etwas Besonderes leisten; **il a passé l'âge des ~s** er ist über dieses Alter hinaus

folio [fɔljo] M *d'un manuscrit* nummeriertes Blatt

foliole [fɔljɔl] F BOT Blättchen *n*

folique [fɔlik] ADJ **acide** *m* **folique** Folsäure *f*

folk [fɔlk] M MUS Folk *m*

folklo [fɔlklo] ADJ *fam* ABR → folklorique 2

folklore [fɔlklɔʀ] M **1** Folklore *f*; *science a.* Volkskunde *f* **2** *fam fig, surtout péj* (Affen)Theater *n*; (reine) Schau

folklorique [fɔlklɔʀik] ADJ **1** folkloristisch; volkskundlich; Volks…; **costume** *m* **~** Tracht *f*; **danse** *f* **~** Volkstanz *m* **2** *fam fig, surtout péj* (ein bisschen) komisch, bizarr, *fam* spinnig

folkloriste [fɔlklɔʀist] M Volkskundler *m*; Folklorist *m*

folle [fɔl] ADJ → fou

follement [fɔlmɑ̃] ADV sehr; *fam* irrsinnig; wahnsinnig; **être ~ amoureux** *fam* (un)sterblich, wahnsinnig, bis über beide Ohren verliebt sein

follet [fɔlɛ] ADJ ⟨~te⟩ **1** **esprit ~** *ou subst* **~** *m* Kobold *m*; **feu ~** Irrlicht *n* **2** **poil ~** *des jeunes gens* (erster) Flaum (*a. des poussins etc*); Flaumbart *m*

folliculaire [fɔlikylɛʀ] M *litt et péj* Schreiberling *m*

follicule [fɔlikyl] M **1** BOT Samenhülle *f* **2** ANAT, PHYSIOL Follikel *m*; **~ ovarien, de De Graaf** graafscher Follikel; Bläschen-, Tertiärfollikel *m*

folliculine [fɔlikylin] F Follikelhormon *n*

fomentateur [fɔmɑ̃tatœʀ] M, **fomentatrice** F Anstifter(in) *m(f)*; Aufwiegler(in) *m(f)*

fomentation [fɔmɑ̃tasjõ] F *d'une dispute, d'une haine* Anstiftung *f* **(de** zu); *d'une révolte* Anzett(e)lung *f*

fomenter [fɔmɑ̃te] VT *discorde, troubles* stiften; **~ une conspiration, une révolte** eine Verschwörung, einen Aufstand anzetteln; **~ la haine** Hass schüren

fonçage [fõsaʒ] M **1** *pour les tonneaux* Einsetzen *n* des Bodens **2** MINES Abteufen *n*, -ung *f*; Niederbringen *n*; *d'un puits* Graben *n*; Bohren *n* **3** *pour les papiers peints etc* Grundieren *n*, -ung *f*

foncé [fõse] ADJ *couleur, peau* dunkel; **rouge ~** ⟨*inv*⟩ dunkel-, tiefrot

foncement [fõsmɑ̃] M → fonçage 2

foncer [fõse] ⟨-ç-⟩ **A** VT **1** CUIS: *moule* mit Teig be-, auslegen; *casserole* mit Speckscheiben und Gemüse auslegen **2** *couleur* dunkler machen; *cheveux* dunkler färben **B** VI **1** *tableau, bois* nachdunkeln; *cheveux* dunkler werden **2** **~ sur qn** sich auf j-n stürzen; über j-n herfallen; auf j-n losgehen **3** *(en) voiture fam* (dahin)rasen, (-)sausen; *a. pour terminer* ein hohes Tempo vorlegen; **~ à cent à l'heure dans les virages** *fam* mit hundert Sachen in die Kurve gehen

fonceur [fõsœʀ] M Draufgänger *m*; **fonceuse** F *pour les papiers peints etc* Grundiermaschine *f*

foncier [fõsje] ADJ ⟨-ière⟩ **1** Grund…; Boden…; **bien ~** Grundstück *n*; Liegenschaft *f*; **Crédit ~ (de France)** *Frz Bodenkreditanstalt*; **impôt ~** *ou subst* **~** *m* Grundsteuer *f*; **propriétaire ~** Grund(stücks)-, Landbesitzer *m*, -eigentümer *m*; **propriété foncière** Grundeigentum *n*; Grund-, Landbesitz *m*; Grund *m* und Boden *m*; **spéculation foncière** Bodenspekulation *f* **2** *égoïsme, bonté etc* grundlegend; wesensmäßig; **qualités foncières** Grundeigenschaften *fpl*

foncièrement [fõsjɛʀmɑ̃] ADV von Grund auf; durch und durch; **~ honnête** grundehrlich; **ne pas être ~ mauvais** nicht durch und durch schlecht sein

fonction [fõksjõ] F **1** *(activité)* Funktion *f*; Amt *n*; Tätigkeit *f*; *(poste)* (Dienst)Stellung *f*; Posten *m*; *(obligation)* (Dienst)Obliegenheit *f*; Aufgabe *f*; **~s** *pl a.* Amtsgeschäfte *npl*; **~ publique** öffentlicher Dienst (*a. coll*); Staatsdienst *m*; **employé** *m* **de la ~ publique** Angestellte(r) *m* im öffentlichen Dienst; **~ de directeur** Amt, Posten e-s Direktors; **appartement** *m*, **voiture** *f* **de ~** Dienstwohnung *f*, -wagen *m*; **en ~** im Amt; **entrer en ~(s)** sein Amt antreten, übernehmen; *comité* s-e Tätigkeit aufnehmen; in Funktion treten; **être en ~** im Amt sein; amtieren; **charger qn d'une ~, confier une ~ à qn** j-m ein Amt übertragen, anvertrauen; **exercer la ~, les ~s de** … das Amt, die Funktion e-s … ausüben; als … amtieren; **faire ~ de** fungieren, tätig sein, (stellvertretend) amtieren als; *choses* dienen als; **laisser qn dans ses ~s** j-n in s-m Amt, auf s-m Posten (be)lassen **2** BIOL, TECH, LING *etc* Funktion *f*; PHYSIOL *a.* Tätigkeit *f*; CHIM **~ acide** Säurewirkung *f*; PSYCH **~s supérieures** höhere Funktionen **3** MATH Funktion *f*; **~ algébrique** algebraische Funktion **4** LOC PRÉP **en ~ de** in Abhängigkeit von *(+dat)*; entsprechend *(+dat)*; je nach *(+dat)*; aufgrund von *(ou +gén)*; in Bezug auf *(+acc)*; unter Berücksichtigung von *(ou + gén)*; **en ~ du contenu** je nach dem Inhalt; **en ~ du marché** marktgerecht; **agir en ~ de ses intérêts** in s-m (eigenen) Interesse handeln; **considérer qc en ~ de qc** etw im Zusammenhang mit etw sehen; **être ~ de qc** von etw abhängen; e-e Funktion von etw sein

fonctionnaire [fõksjɔnɛʀ] M/F Beamte(r) *m*, Beamtin *f*; **~s** *pl a.* Beamtenschaft *f*; **°haut ~** hoher Beamter

fonctionnalisme [fõksjɔnalism] M ARCH Funktionalismus *m*

fonctionnarisation [fõksjɔnaʀizasjõ] F **1** Verbeamtung *f*; Übernahme *f* ins Beamtenverhältnis **2** Bürokratisierung *f*; **fonctionnariser** **A** VT verbeamten; den Beamten gleichstellen **B** V/PR **se ~** verbürokratisieren;

fonctionnarisme M *péj* Bürokratie *f*

fonctionnel [fõksjɔnɛl] ADJ ⟨~le⟩ **1** funktionell (*a.* BIOL, CHIM); funktional (*a.* LING); MÉD **troubles ~s** Funktionsstörungen *fpl*; funktionelle Erkrankungen *fpl* **2** *(pratique)* zweckentsprechend, -mäßig; funktionell; funktional; *subst* **le ~** das Zweckmäßige

fonctionnement [fõksjɔnmɑ̃] M Funktionieren *n*; Arbeiten *n*; *d'une machine a.* Lauf *m*; *d'une institution a.* Betrieb *m*; **~ d'une entreprise** Betriebsablauf *m*; **(mode** *m* **de) ~** Arbeitsweise *f*; **en état de bon ~** funktionsfähig, -tüchtig

fonctionner [fõksjɔne] VI *machine, entreprise, organisation* funktionieren; arbeiten; *machine, appareil a.* laufen; *organe* arbeiten; s-e Funktion erfüllen; **faire ~** in Gang setzen, bringen; bedienen; betätigen

fond [fõ] M **1** *d'un récipient, d'un violon* Boden *m*; *d'un lac etc* Grund *m*; *d'une vallée*, MINES Sohle *f*; *d'une pièce* Hintergrund *m*; entlegenster, hinterster Teil; *d'un bateau* Bauch *m*; Bilge *f*; *par ext* Unterste(s) *n*; Tiefste(s) *n*; Tiefe *f*; *abs* Meeresboden *m*, -grund *m*; ♦ **grands ~s** Tiefsee *f*; **~ d'ar-**

F

tichaut Artischockenboden *m*; ~ **de culotte** Hosenboden *m*; COUT *a.* Gesäß(partie) *n(f)*; **user ses ~s de culotte sur les bancs de l'école** die Schulbank drücken; ~ **de la mer** Meeresboden *m*, -grund *m*; ANAT ~ **de l'œil** Augenhintergrund *m*; ~ **de la vallée** Talsohle *f*, -grund *m*; **chambre** *f* **du** ~ hinteres Zimmer; **mineur** *m* **de** ~ Untertagearbeiter *m*; ♦ *loc adv* **au** ~ hinten *ou* unten; MINES unter Tage; **être assis au** ~ *dans une salle etc* hinten, *dans une voiture a.* im Fond sitzen; *loc prép* **au** ~ **de** im Inner(e)n, Innersten, Hintergrund *(+gén)*; (ganz, weit) unten *ou* hinten in *(+dat)*; **au ~ de l'armoire** ganz unten, hinten im Schrank; **au ~ des bois, de l'eau** tief im Wald, im Wasser; **au ~ du couloir** am Ende des Ganges; hinten im Gang; **au ~ de ma poche** ganz unten in meiner Tasche; **au ~, dans le ~ d'un récipient** auf dem Boden, Grund e-s Gefäßes; unten in e-m Gefäß; **au ~ de la salle** hinten im Saal; **au ~ de la voiture** hinten im Auto; im Fond des Wagens; **regarder qn au ~ des yeux** j-m prüfend, durchdringend in die Augen sehen; **dans le ~ de la gorge** hinten im Hals; *loc adv* **de ~ en comble** [-fõtã-] von oben bis unten; *fig* von Grund auf *ou* aus; grundlegend; ganz und gar; völlig; ♦ **il n'y a pas assez de ~ pour plonger** es ist nicht tief genug zum Tauchen; *fig* **racler les ~s de tiroir** die letzten Pfennige, das letzte Geld zusammenkratzen; **toucher le ~** *bateau* Grundberührung haben; auf Grund geraten, stoßen; *personne* Grund haben; stehen können; *fig* s-n Tiefpunkt erreicht haben **2** *par ext dans une bouteille, un verre* Bodensatz *m*; Rest *m*; **il en reste un ~** es bleibt ein Rest, ein wenig, ein bisschen (davon) übrig **3** *en peinture etc* Untergrund *m*; TEXT *d'un tissu à motifs* Grund *m*; Fond *m*; *d'un tableau* Hintergrund *m*; CINÉMA, RAD, TV ~ **sonore** musikalische, akustische Untermalung; Geräuschkulisse *f*; akustischer Hintergrund; ~ **de robe** Unterrock *m*, -kleid *n*; ~ **de teint** Make-up *n*; **bruit** *m* **de ~** Geräusch *n*, Lärm *m* im Hintergrund; **vert sur ~ rouge** grün auf rotem Grund; **se découper, se détacher sur un ~ sombre** sich von e-m dunklen (Hinter)Grund abheben; *fam* **le ~ de l'air est frais** die Luft selbst ist kühl **4** *fig* Grund(lage) *m(f)*; Kern *m*; Wesen *n*; Wesentliche(s) *n*; Eigentliche(s) *n*; Innerste(s) *n*; Tiefste(s) *n*; *d'un poème etc* Inhalt *m*; Gehalt *m*; **le ~ du problème** der Kern des Problems; **article** *m* **de ~** Leitartikel *m*; ♦ *loc adv*: **à ~** gründlich; von Grund auf; eingehend; durch und durch; **connaître qc à ~** etw sehr genau, von Grund auf kennen; **étudier qc à ~** etw gründlich studieren; **pousser une idée à ~** e-n Gedanken zu Ende denken; **respirer à ~** tief durchatmen; **je vous soutiendrai à ~** ich werde Sie in allem, voll und ganz unterstützen; **visser à ~** festschrauben; ganz hineinschrauben; **à ~ de train** im Eiltempo; blitzschnell; **au ~, dans le ~** im Grunde (genommen); eigentlich; **au ~, il a raison** im Grunde (genommen), eigentlich hat er recht; **au ~ de son cœur** im Grunde s-s Herzens; **au ~, jusqu'au ~ du cœur** zutiefst; bis ins Innerste; **du ~ du cœur** von (ganzem) Herzen; aus ganzem, tiefstem Herzen; aus Herzensgrund; ♦ **aller au ~ des choses** den Dingen auf den Grund gehen; **avoir un bon ~** e-n guten Kern, Charakter haben; **avoir un ~ d'honnêteté** im Grunde ein ehrlicher Mensch sein; **confier le ~ de sa pensée à qn** j-m s-e geheimsten Gedanken anvertrauen; **découvrir le ~ de son cœur** sein Innerstes offenbaren; **toucher au ~ du désespoir** zutiefst verzweifelt sein; **toucher au ~ de la misère** in tiefste *ou* bitterste Not geraten **5** **(course** *f* **de)** ~ ATHLÉTISME Langstreckenlauf *m*; SKI (Ski)Langlauf *m*; → *a.* **ski 2**

fondamental [fõdamɑ̃tal] ADJ ⟨-aux⟩ **1** grundlegend; fundamental; wesentlich; Grund...; Haupt...; **idée ~e** Grundgedanke *m*; **mépris ~** tiefe Verachtung; **question ~e** Grundfrage *f*; **recherche ~e** Grundlagenforschung *f*; **vocabulaire ~** Grundwortschatz *m* **2** MUS **accords fondamentaux** Grundakkorde *mpl*

fondamentalement [fõdamɑ̃talmɑ̃] ADV grundlegend; von Grund auf; ganz und gar; ~ **opposé** grundverschieden

fondamentaliste [fõdamɑ̃talist] REL **A** ADJ fundamentalistisch **B** M/F Fundamentalist(in) *m(f)*

fondant [fõdɑ̃] **A** ADJ **1** *glace* schmelzend; tauend **2** *dans la bouche* im Mund(e) zergehend; *poire a.* weich und saftig; **bonbon ~** Fondant *m ou n* **B** M MÉTALL Schmelz-, Flussmittel *n*

fondateur [fõdatœʀ] M, **fondatrice** F (Be)Gründer(in) *m(f)*; *d'une œuvre de bienfaisance, d'un prix* Stifter(in) *m(f)*; *adjt* **membre fondateur** Gründungsmitglied *n*

fondation [fõdasjõ] F **1** CONSTR **~s** *pl* Fundament(e) *n(pl)*; Grundmauern *fpl*; Unterbau *m*; *suisse* Fundation *f*; **faire, jeter les ~s** das Fundament legen; das Fundament, die Grundmauern errichten **2** *d'une ville, d'un parti etc* (Be)Gründung *f* **3** *d'une œuvre de bienfaisance, d'un prix etc* Stiftung *f* (*a. établissement*)

fondé [fõde] **A** ADJ *reproche, critique etc* begründet; berechtigt; gerechtfertigt; fundiert; *opinion* begründet; **bien, mal ~** wohlbegründet, schlecht *ou* unzureichend begründet; **non ~** nicht gerechtfertigt *etc*; ungerechtfertigt; unbegründet **B** SUBST **~(e)** *m(f)* **de pouvoir(s)** JUR, COMM (Handlungs)Bevollmächtigte(r) *m/f(m)*; Prokurist(in) *m(f)*

fondement [fõdmɑ̃] M **1** *(base)* Grundlage *f*; Fundament *n*; ~ **juridique** Rechtsgrundlage *f*; *loc adj* **dénué de tout ~, sans ~** *rumeur* haltlos; jeder Grundlage entbehrend; *affirmation* unhaltbar; unbegründet; **jeter, poser les ~s de qc** den Grund, das Fundament legen zu etw; die Grundlage(n) schaffen für etw **2** *fam (derrière) fam* Hintern *m*; *(anus)* After *m*

fonder [fõde] **A** V/T **1** *État, parti, entreprise, famille etc* (be)gründen; *prix, œuvre de bienfaisance etc* stiften; *mouvement littéraire etc* (be)gründen; ins Leben rufen **2** *fig* ~ **qc sur qc** etw auf etw *(acc)* gründen; ~ **ses espoirs sur qc** s-e Hoffnungen auf etw *(acc)* gründen; ~ **de grands espoirs sur qn, qc** große Hoffnungen auf j-n, etw setzen; ~ **ses prétentions sur qc** s-e Ansprüche aus etw ableiten; **être fondé sur qc** auf etw *(dat)* beruhen, basieren, fußen; **être fondé en droit** e-e Rechtsgrundlage haben; berechtigt sein **3** *personne* **être fondé à** *(+inf)* Grund haben zu *(+inf)* **B** V/PR **se ~ sur qc** *chose* sich auf etw *(acc)* stützen, gründen; auf etw *(dat)* fußen; *personne* sich auf etw *(acc)* stützen; **sur quoi vous fondez-vous pour affirmer cela?** worauf stützen Sie Ihre Behauptung?

fonderie [fõdʀi] F MÉTALL Gießerei *f* *(technique et usine)*; **fondeur** M **1** MÉTALL Gießer *m* **2** SKI Langläufer *m*

fondre [fõdʀ] ⟨→ rendre⟩ **A** V/T **1** *métal, cire etc* schmelzen; *(vieux) métaux a.* einschmelzen **2** FONDERIE gießen; ~ **une statue** eine Statue gießen **3** *fig (mélanger)* verschmelzen, vereinigen (**avec, dans qc** mit etw); *couleurs* ineinander übergehen, verschmelzen lassen **B** V/I **1** *glace, neige* (ab-, weg)schmelzen; (weg)tauen; *couche de glace* auftauen; *métal* schmelzen (**à ... degrés** bei ... Grad); *glaçon, sucre* sich auflösen; zergehen; ~ **dans la bouche** auf der Zunge, im Mund(e) zergehen; *fig* ~ **en larmes** in Tränen zerfließen, ausbrechen; (ganz) in Tränen aufgelöst sein; **faire ~** zum Schmelzen bringen; *glace a.* auftauen; CUIS *beurre etc* zerlassen; zergehen lassen; **laisser ~** zergehen, sich auflösen lassen **2** *fig argent etc* zusammenschmelzen; (dahin) schwinden; *personne (maigrir)* abnehmen; abmagern; dünner werden **3** ~ **sur** (los)stürzen, sich stürzen auf *(+acc)*; *malheur* hereinbrechen über *(+acc)* **C** V/PR **se ~** **1** *(se réunir)* verschmelzen; sich vereinigen; **se ~ dans** aufgehen in *(+dat)* **2** *(disparaître)* verschwinden, untertauchen (**dans** in *+dat*)

fondrière [fõdʀijɛʀ] F Schlamm-, Wasserloch *n*

fonds [fõ] M **1** PL Geld(er) *n(pl)*; Kapital *n*; *sg* Fonds *m*; ~ **commun de placement** Sammelanlagefonds *m*; **Fonds monétaire international** *(abr* **FMI**) Internationaler Währungsfonds *(abr* IWF); **Fonds national de solidarité** *(abr* **F.N.S.**) *staatlicher Hilfsfonds in Frankreich*; ~ **propres** Eigenkapital *n*; ~ **publics, d'État** Staatsgelder *npl*; öffentliche Mittel *npl*; Gelder der öffentlichen Hand; *titres* Staatspapiere *npl*; ~ **secret** Geheim-, Reptilienfonds *m*; **Fonds social européen** Europäischer Sozialfonds; ~ **de roulement** Betriebskapital *n*; Umlaufvermögen *n*; *loc adv* **à ~ perdu** ohne Aussicht auf Gegenleistung oder Rückerhalt; auf Verlustkonto; *subvention* verloren; *fam* **être en ~** *fam* (gut) bei Kasse sein **2** ~ **de commerce** (Handels)Geschäft *n* **3** *fig* Schatz *m*; Material *n*; Ausstattung *f*; *d'une bibliothèque etc* Bestand *m*; *de tableaux etc* Stiftung *f*

fondu [fõdy] **A** ADJ **1** geschmolzen; *beurre, graisse* zerlassen; **fromage ~** Schmelzkäse *m*; **neige ~e** Schneeregen *m* **2** *teintes* ineinander übergehend; verfließend **3** *fam* ~ **de qc** begeistert von etw; *fam* verrückt nach etw **B** M **1** CINÉMA ~ **enchaîné** Überblendung *f*; **faire un ~ enchaîné** überblenden **2** PEINT Farbabstufung *f*

fondue [fõdy] F CUIS (Käse)Fondue *f ou n*; ~ **bourguignonne** Fleischfondue *f ou n*

fongicide [fõʒisid] **A** ADJ fungizid; pilztötend **B** M Fungizid *n*

font [fõ] → faire

fontaine [fõtɛn] F (Spring)Brunnen *m*; ~ **de Jouvence, de marbre, de Neptune** Jung-, Marmor-, Neptunsbrunnen *m*; *prov* **il ne faut jamais dire « Fontaine je ne boirai pas de ton eau »** man soll niemals „nie" sagen *(prov)*

fontanelle [fõtanɛl] F ANAT Fontanelle *f*

fonte [fõt] F **1** *des glaces etc* Schmelze *f*; (Ab)Schmelzen *n*; Auftauen *n*; ~ **des neiges** Schneeschmelze *f*; **eaux** *fpl* **de ~** Schmelzwasser *n* **2** MÉTALL Gießen *n*; Guss *m*; VERRERIE Schmelze(n) *f(n)* **3** *fer* Guss-, Roheisen *n*; *loc adj* **en ~** gusseisern; aus Gusseisen; **cocotte** *f* **en ~** gusseiserner Schmortopf

Fontenay [fõtnɛ] *frz Ortsname*

fonts [fõ] MPL ~ **baptismaux** Taufbecken *n*, -stein *m*; **tenir un enfant sur les ~ baptismaux** ein Kind aus der Taufe heben, über die Taufe halten

foot [fut] M *fam* → football

football [futbol] M SPORTS Fußball *m*; ~ **américain** (American) Football *m*; **championnat** *m*, **terrain** *m* **de ~** Fußballmeisterschaft *f*, -platz *m*; **jouer au ~** Fußball spielen

footballeur [futbolœʀ] M, **footballeuse** F Fußballspieler(in) *m(f)*; *fam* Fußballer(in) *m(f)*

footing [futiŋ] M Fußmarsch *m*; *a.* Jogging *n*; *dans la forêt* Waldlauf *m*; **faire du ~** joggen

for [fɔʀ] M LOC **en, dans mon, son** *etc* **~ intérieur** im Innersten

forage [fɔʀaʒ] M TECH *d'une pièce* (Aus)Bohren *n; d'un puits* Bohrung *f;* **~ pour le pétrole** Bohrung nach Öl

forain [fɔʀɛ̃] A ADJ Jahrmarkts...; **fête ~e** Volksfest *n;* Jahrmarkt *m;* Kirmes *f;* **marchand ~** Jahrmarktshändler *m;* fliegender, ambulanter Händler B M Schausteller *m;* Budenbesitzer *m*

Forbach [fɔʀbak] *Stadt im Dep. Moselle*

forban [fɔʀbɑ̃] M 1 HIST Freibeuter *m (a. fig)* 2 *fig* Schuft *m;* Schurke *m*

forçage [fɔʀsaʒ] M 1 CH Hetzen *n* 2 AGR Treiben *n;* Frühkultur *f*

forçat [fɔʀsa] M 1 HIST Galeeren-, Bagnosträfling *m* 2 *(condamné aux travaux forcés)* Zuchthäusler *m;* Zwangsarbeiter *m* 3 *fig:* **travail** *m* **de ~** Sklaven-, Fronarbeit *f;* **travailler comme un ~** arbeiten wie ein Pferd; *fam* schuften

force[1] [fɔʀs] F 1 Kraft *f;* Stärke *f;* ♦ PHYS **~ motrice** Trieb-, Antriebskraft *f;* **~ physique** Körperkraft; PHIL **~ vitale** Lebenskraft *f;* **~ d'âme** seelische Kraft, Stärke; Seelenstärke *f;* PHYS **~ d'attraction** Anziehungskraft *f;* **~ de l'habitude** Macht *f* der Gewohnheit; **~ de loi** Gesetzeskraft *f;* **~s de la nature** Naturkräfte *fpl; fig personne* **être une ~ de la nature** voller Vitalität stecken; e-e Bärennatur haben; **~ du vent** Windstärke *f;* **tour** *m* **de ~** Kunststück *n;* Glanzleistung *f;* **travail** *m,* **travailleur** *m* **de ~** Schwerarbeit *f,* -arbeiter *m;* ♦ *loc adv:* **à ~s égales** mit gleichen Kräften; in gleicher Stärke; **à la ~ du poignet** aus eigener Kraft; **à bout de, sans ~** kraftlos; völlig erschöpft; **être à bout de ~** mit s-r Kraft am Ende sein; **dans la ~ de l'âge** in den besten Jahren; *homme a.* im besten Mannesalter; **dans toute la ~ du terme** im wahrsten Sinne des Wortes; in des Wortes wahrster Bedeutung; im vollen Wortsinn; *loc adj* **de première ~** erstklassig; ausgezeichnet; Spitzen...; *loc adv:* **de toutes mes, ses** *etc* **~s** aus Leibeskräften; mit aller Kraft; **en ~** a mit (viel) Kraft(aufwand) b → 3; ♦ *loc prép* **à ~ de** mit, durch viel(es) *(+subst);* **à ~ de patience,** *il a réussi* mit viel Geduld; **à ~ de chercher,** *il finira par trouver* durch vieles Suchen, wenn er lange genug sucht; *abs* **à ~** durch ständiges Bemühen; ♦ **avoir de la ~** Kraft haben; kräftig, stark sein; **ne plus avoir la ~ de marcher** zu kraftlos, schwach sein zum Gehen; **être de ~ égale, être de la même ~** gleich stark, kräftig sein; SPORTS gleich gut sein, spielen *etc;* **ce travail est au-dessus de ses ~s** diese Arbeit geht über s-e Kräfte, überfordert ihn; **être de ~ à faire qc** zu etw fähig, geeignet sein; fähig sein, etw zu tun; **exiger qc avec ~** etw nachdrücklich, mit Nachdruck fordern; **s'exprimer avec ~** e-n kraftvollen Stil schreiben; sich drastisch ausdrücken; **ce qui fait sa ~, c'est ...** s-e Stärke ist ...; MAR **faire ~ de rames** aus Leibeskräften *ou* mit aller Kraft rudern; **ne pas, plus sentir sa ~** nicht merken, wie stark man ist 2 *(contrainte)* Zwang *m;* Gewalt *f;* **~ majeure** höhere Gewalt; **c'est un cas de ~ majeure** hier liegt höhere Gewalt vor; **~ des choses** Zwangsläufigkeit *f;* Sachzwang *m;* **par la ~ des choses** zwangsläufig; unter dem Zwang der Verhältnisse; ♦ *loc adv:* **à toute ~** unbedingt; mit aller Gewalt; **avec ~, de ~, par (la) ~** mit Gewalt; gewaltsam; **de, par ~** zwangsweise; **enlever, prendre de ~ qc à qn** j-m etw mit Gewalt wegnehmen; **faire entrer de ~ qc dans qc** etw in etw *(acc)* hineinzwängen; etw mit Gewalt in etw *(acc)* hineinstecken, -pressen; **accepter par ~** gezwungenermaßen, notgedrungen zustimmen; ♦ **employer la ~, recourir à la ~** Zwang, Gewalt anwenden; *st/s* **~ lui fut de** *(+inf)* er musste *(+inf)* 3 *surtout* PL **~s** MIL Streitkräfte *fpl;* **~s aériennes** Luftwaffe *f;* Luftstreitkräfte *fpl;* **~s armées** Streitkräfte *fpl;* Streitmacht *f;* **~ publique** öffentliche Gewalt; Polizei *f;* **~ de frappe** französische Atomstreitmacht; **~s de l'ordre** (Ordnungs)Polizei *f;* Ordnungskräfte *fpl;* **~s de police** Polizeikräfte *fpl,* -einheiten *fpl;* **en ~** MIL mit starken Kräften; *fig* zahlreich; in großer Zahl 4 ÉLEC Strom *m;* Elektrizität *f* 5 **Force ouvrière** *sozialdemokratisch orientierte frz Gewerkschaft*

force[2] [fɔʀs] *litt* ADV viel(e)

forcé [fɔʀse] ADJ 1 *(imposé)* erzwungen; Zwangs...; AVIAT **atterrissage ~** Notlandung *f;* **faire un atterrissage ~** notlanden; FIN **cours ~** Zwangskurs *m;* MIL **marche ~e** Gewalt-, Eilmarsch *m;* **travaux ~s** → travail 4; **vente ~e** Zwangs-, Notverkauf *m;* zwangsweiser Verkauf; **prendre un bain ~** ein unfreiwilliges Bad nehmen 2 *sourire etc* gezwungen; forciert; unnatürlich 3 *conséquence* zwangsläufig; unvermeidlich; *fam* **il perdra, c'est ~** er verliert auf jeden Fall, *fam* garantiert, das ist ganz klar

forcement [fɔʀsəmɑ̃] M *d'une serrure* Aufbrechen *n; d'un passage* Erzwingung *f*

forcément [fɔʀsemɑ̃] ADV zwangsläufig; notwendigerweise; notgedrungen; **pas ~** nicht unbedingt

forcené [fɔʀsəne] A ADJ *(fanatique)* leidenschaftlich; besessen; fanatisch; *travail* zäh; verbissen B M Rasende(r) *m;* Tobsüchtige(r) *m;* Besessene(r) *m;* **s'agiter comme un ~** sich wie toll gebärden; wild um sich schlagen; **crier comme un ~** wie verrückt, besessen, wie ein Besessener schreien; **travailler comme un ~** wie besessen arbeiten

forceps [fɔʀsɛps] M MÉD (Geburts)Zange *f*

forcer [fɔʀse] ‹-ç-› A V/T 1 *serrure, porte* aufbrechen; gewaltsam, mit Gewalt öffnen; sprengen; *coffre-fort a. fam* knacken; *résistance, blocus* brechen; *passage* erzwingen; **~ un barrage** e-e Polizeisperre durchbrechen; *fig* **~ la porte de qn** sich *(dat)* gewaltsam, mit Gewalt Zutritt verschaffen bei *ou* zu j-m; den Zutritt zu j-m erzwingen 2 *personne* zwingen; nötigen; Zwang antun, auferlegen (**qn** j-m); **~ la main à qn** j-n zu etw zwingen, nötigen; j-m s-n Willen aufzwingen; j-m etwas aufdrängen; **~ qn à (faire) qc** j-n zu etw zwingen; j-n zwingen, etw zu tun; **être forcé de faire qc** gezwungen sein, sich gezwungen sehen zu etw, etw zu tun; etw tun müssen 3 *succès* erzwingen; ertrotzen; forcieren; *admiration, estime* abnötigen; *destin* meistern; bezwingen 4 *voix* überfordern; überanstrengen; *le pas, l'allure* beschleunigen; forcieren; *gibier* (zu Tode) hetzen; **~ sa voix** *a.* sich überschreien; MUS forcieren B V/I sich (bis zum Äußersten) anstrengen; sich verausgaben; **il a trop forcé** er hat sich überanstrengt, zu sehr verausgabt; *fam* **il n'a pas forcé** er hat sich nicht besonders angestrengt; *fam* er hat sich *(dat)* kein Bein ausgerissen; **sans ~** mühelos; ohne sich besonders anzustrengen C V/PR **se ~** sich zwingen (**à faire qc** etw zu tun)

forcing [fɔʀsiŋ] M SPORTS Forcierung *f* des Tempos; *fam fig* **faire le** *ou* **du ~** alle Energie aufbieten; alles daransetzen; aufs Ganze gehen

forcir [fɔʀsiʀ] *fam* V/I dicker, kräftiger, stark werden; zunehmen

Forclaz (La) [lafɔʀkla] *Alpenpässe*

forer [fɔʀe] V/T TECH a *objet* (aus)bohren; ein Loch bohren in *(+acc)* b *trou, puits, galerie* bohren

foresterie [fɔʀɛstəʀi] F *au Canada* Forstwirtschaft *f*

forestier [fɔʀɛstje] A ADJ ‹-ière› Wald...; Forst...; forstlich; forstwirtschaftlich; **chemin ~** Waldweg *m;* ADMIN Forstweg *m;* **garde ~** (Revier)Förster *m;* **maison forestière** Forst-, Försterhaus *n;* Försterei *f;* **ouvrier ~** Waldarbeiter *m;* **région forestière** Waldgebiet *n;* waldreiche Gegend B M Förster *m;* Forstbeamte(r) *m*

foret [fɔʀɛ] M TECH Bohrer *m*

forêt [fɔʀɛ] F 1 Wald *m;* Forst *m;* Waldung *f;* **~ domaniale** Staatsforst *m;* **~ vierge** Urwald *m;* **~ de haute futaie** Hochwald *m;* **~ en taillis** Niederwald *m;* **incendie** *m* **de ~** Waldbrand *m* 2 *fig d'antennes, de mâts etc* Wald *m;* Labyrinth *n* 3 PL **les Eaux** *fpl* **et Forêts** das Forstwesen; → *a.* eau 2

Forêt-Noire [fɔʀɛnwaʀ] **la ~** der Schwarzwald

foreur [fɔʀœʀ] M *ouvrier* Bohrer *m;* **foreuse** F TECH Bohrmaschine *f,* -gerät *n*

Forez [fɔʀɛ] **le ~** *Landschaft im Zentralmassiv*

forfait [fɔʀfɛ] M 1 *litt (crime)* Verbrechen *n;* Untat *f* 2 COMM Pauschalpreis *m,* -summe *f;* Pauschale *f;* **forfait de ski** Skipass *m;* **~ vacances** Pauschalurlaub *m;* Urlaubspaket *n;* **voyage** *m* **à ~** Pauschalreise *f;* **acheter qc à ~** etw zu e-m Pauschalpreis kaufen 3 **déclarer ~** SPORTS s-e Meldung zurückziehen; *fig* aufgeben; ausscheiden; sich zurückziehen

forfaitaire [fɔʀfɛtɛʀ] ADJ COMM pauschal; Pauschal...; **estimation** *f* **~** Pauschalbewertung *f;* Pauschalierung *f;* **montant** *m* **~** Pausch(al)betrag *m;* **prix** *m* **~** Pauschalpreis *m;* Pauschale *f*

forfaiture [fɔʀfetyʀ] *litt* F Unredlichkeit *f;* Pflichtvergessenheit *f*

forfanterie [fɔʀfɑ̃tʀi] F Prahlerei *f; st/s* Bramarbasieren *n*

forge [fɔʀʒ] F 1 Schmiede *f; fig* **ronfler comme une ~** fürchterlich schnarchen; *fam* sägen; **souffler comme une ~** schwer schnaufen, keuchen 2 *souvent* PL **~s** MÉTALL (Eisen)Hütte *f;* Hüttenwerk *n*

forgé [fɔʀʒe] ADJ 1 *métal* geschmiedet; **fer ~** Schmiedeeisen *n;* **de** *ou* **en fer ~** schmiedeeisern; aus Schmiedeeisen 2 *fig histoire* **~ de toutes pièces** frei, von A bis Z erfunden; völlig aus der Luft gegriffen

forgeable [fɔʀʒabl] ADJ schmiedbar; **forgeage** M Schmieden *n*

forger [fɔʀʒe] ‹-geons› V/T 1 *métal, objet* schmieden; *prov* **c'est en forgeant qu'on devient forgeron** Übung macht den Meister *(prov)* 2 *fig expression* bilden; prägen; *projet* schmieden; **se ~ une réputation de ...** sich *(dat)* den Ruf e-s ... erwerben

forgeron [fɔʀʒəʀɔ̃] M Schmied *m;* **forgeur** M Schmied *m;* Arbeiter *m* in e-r Schmiede

forint [fɔʀint] M *monnaie* Forint *m*

formage [fɔʀmaʒ] M TECH Formen *n;* Formgebung *f*

formaldéhyde [fɔʀmaldeid] M CHIM Formaldehyd *m*

formalisation [fɔʀmalizasjɔ̃] F Formalisieren *n,* -ung *f*

formaliser [fɔʀmalize] A V/T formalisieren; systematisieren B V/PR **se ~** sich aufregen (**de** über *+acc;* wegen); Anstoß nehmen, sich stoßen (an *+dat*); ungehalten sein (über *+acc*); **il ne se formalise pas pour si peu** er regt sich wegen e-r solchen Kleinigkeit nicht auf

formalisme [fɔʀmalism] M Formalismus *m (a.* JUR, ART, PHIL *et péj);* JUR *a.* Formgebundenheit *f; péj a.* Überbetonung *f* der Form, des Formalen, der Äußerlichkeiten

formaliste [fɔʀmalist] A ADJ formalistisch;

personne förmlich; formell; (zu sehr) auf Formen, Äußerlichkeiten bedacht **B** M Formalist *m*

formalité [fɔʀmalite] F **1** JUR *et par ext* Formalität *f*; Formvorschrift *f*; Förmlichkeit *f*; **~s** *pl a.* Formalien *fpl*; **~s administratives** Verwaltungsformalitäten *fpl*; **~s de douane** Zollformalitäten *fpl*; **~s d'usage** übliche Formalitäten; **sans autre ~** ohne weitere Formalitäten **2** *sens atténué* Formsache *f*; Formalität *f*; **ce n'est qu'une pure, simple ~** das ist e-e reine, bloße Formsache, Formalität

format [fɔʀma] M Format *n*; Größe *f*; **petit ~** Kleinformat *n*; **(appareil** *m* **photographique de) petit ~** Kleinbildkamera *f*; **en petit ~** kleinformatig; im Kleinformat; **~ standard** Standard-, Normalformat *n*; **~ du papier** Papierformat *n*; **~ de poche** Taschenformat *n*

formatage [fɔʀmataʒ] M INFORM Formatierung *f*; **formater** V/T INFORM formatieren

formateur [fɔʀmatœʀ] ADJ ⟨-trice⟩ formend; bildend; gestaltend

formatif [fɔʀmatif] ADJ ⟨-ive⟩ formativ; → *a.* formateur

formation [fɔʀmasjõ] F **1** *de nuages, de mots, d'un gouvernement etc* Bildung *f*; *d'une nation, d'un projet* Entstehung *f*; *d'un contrat* Zustandekommen *n*; *d'un organe* Ausbildung *f*; Entwicklung *f*; PHYSIOL **(âge** *m* **de la) ~** Entwicklungsjahre *npl*; **mot** *m* **de ~ récente** Neubildung *f*, -prägung *f*; **être en cours, en voie de ~** im Entstehen, Werden sein **2** *professionnelle* (Aus)Bildung *f*; Schulung *f*; *intellectuelle* Bildung *f*; **~ accélérée** Kurzausbildung *f*; **~ permanente** *ou* **continue** Fortbildung *f*; ständige Weiterbildung; **~ professionnelle** Berufs(aus)bildung *f*; berufliche (Aus)Bildung; **~ professionnelle des adultes** (*abr* **F.P.A.**) berufsbezogene Aus- und Weiterbildung für Erwachsene; **~ des maîtres** Lehrerbildung *f*; **congé** *m* **de ~** Bildungsurlaub *m* **3** MIL **a** Formation *f*; Formierung *f*; Aufstellung *f*; **~ de marche** Marschordnung *f*; **en ~ serrée** in geschlossener Formation **b** Verband *m*; Pulk *m*; **~ aérienne, blindée** Flugzeug-, Panzerverband *m* **4** *surtout* POL Gruppierung *f* **5** GÉOL Formation *f*

forme [fɔʀm] F **1** Form *f* (*a.* GRAM, JUR, MATH, MUS, PHIL); Gestalt *f* (*a. d'un être humain*); SPORTS Form *f*; Verfassung *f*; Kondition *f*; **~s** *pl d'une femme* (Körper)Formen *fpl*; **~ poétique** dichterische Form; dichterischer Ausdruck; **~s rondes** rundliche Gestalt; rundliche Formen; **~ de civilisation** Kulturform *f*; **~ de gouvernement** Regierungsform *f*; **~ de pensée, de vie** Denk-, Lebensform *f*; LITTÉRATURE **la ~ et le fond** Form und Inhalt *m*; **beauté** *f* **d'une ~, des ~s** Formschönheit *f*; Schönheit *f* der Form(en); PSYCH **théorie** *f* **de la ~** Gestalttheorie *f*; ♦ *loc adv et loc adj*: **dans les ~s** in aller Form; förmlich; **dans les ~s prévues** in der vorgesehenen Weise; **de ~ constante** formbeständig; **de pure ~** rein formal; COUT **de ~ raglan** im Raglanschnitt; **de ~ sphérique** kugelförmig; **en ~ de** in Form von (*ou* +*gén*); als; …förmig; **en ~ de cœur** herzförmig; **en ~ de dialogue** in Dialogform; in Form e-s Dialogs; **en bonne (et due) ~** in gehöriger Form; formgerecht; vorschriftsmäßig; ordnungsgemäß; in aller Form; **pour la ~** formell; der Form halber, wegen; um die Form zu wahren; pro forma; zum Schein; *fig* **sans autre ~ de procès** kurzerhand; kurz entschlossen; mir nichts, dir nichts; *fam* ohne lange zu fackeln; *d'une personne* **sous la ~ de** in (der) Gestalt (+*gén*); *d'une chose* **sous (la) ~ de** in Form von; **sous une ~ différente** in anderer Form, Gestalt; **la bêtise sous toutes ses ~s** die Dummheit in all(en) ihren Erscheinungsformen; **sous (la) ~ de comprimés** in Tablettenform; als Tabletten; ♦ *fam* **je n'ai pas la ~ aujourd'hui** ich bin heute nicht in Form; **donner sa ~ à qc** e-r Sache (*dat*) Form geben, verleihen; **donner à sa pensée une ~ nouvelle** s-e Gedanken neu formulieren; s-e Gedanken in e-e neue Form kleiden; *vêtement* **épouser, mouler les ~s** die Formen betonen; eng anliegen; körpernah, -betont sein; → *a.* épouser 3; SPORTS *et fig*: **être en ~** in Form sein; fit sein; **être dans une ~ éblouissante, en grande ~** in blendender, großer Form sein; **être en pleine ~ (pour faire qc)** in Hochform, Topform, Bestform, topfit sein (für etw); *fam* **tenir la (grande) ~** in Hochform sein; **y mettre des ~s** sich taktvoll ausdrücken; die Form wahren; **en y mettant des ~s** in höflicher Form; taktvoll; schonend; **prendre ~** (feste) Gestalt, Formen annehmen **2** (*moule, modèle*) **a** TECH Form *f*; **~ à fromage** Käseform *f* **b** TYPO Druckform *f* **c** *pour chaussures* Leisten *m* **d** **~ de modiste** Hutform *f*

formé [fɔʀme] ADJ *fruit etc* ausgebildet; ausgewachsen; entwickelt; *jeune fille* (körperlich voll) entwickelt; *jugement* ausgereift; *goût* ausgeprägt

formel [fɔʀmɛl] ADJ ⟨~le⟩ **1** *déclaration, interdiction etc* ausdrücklich; nachdrücklich; *ordre a.* strikt; streng; *refus* entschieden; **preuve ~le** unwiderlegbarer, eindeutiger Beweis; **en termes ~s** (ganz) entschieden; mit Bestimmtheit; *personne* **être ~** (s-r Sache) ganz sicher sein; sehr bestimmt sein **2** (*de pure forme*) formell; förmlich; (rein) äußerlich **3** (*relatif à la forme*) formal (*a.* ART, MATH, PHIL)

formellement [fɔʀmɛlmã] ADV **1** aus-, nachdrücklich; auf das Entschiedenste; **interdire qc ~** etw strikt, streng verbieten; **reconnaître qn ~** j-n einwandfrei, ganz sicher erkennen **2** (*en considérant la forme*) formal; formell

former [fɔʀme] **A** V/T **1** bilden; formen; gestalten; *troupes* formieren; aufstellen; *train, cortège* zusammenstellen; bilden; *fleuve* **~ une boucle** e-e Schleife machen; **~ une croûte** e-e Kruste bilden; *par ext* **~ le dessein de** (+*inf*) den Plan fassen zu (+*inf*); **~ une équipe** e-e Mannschaft aufstellen; ein Team zusammenstellen, bilden; **~ un gouvernement** e-e Regierung bilden; **bien ~ ses lettres** s-e Buchstaben malen, sorgfältig schreiben; **~ un pacte** einen Pakt schließen, eingehen; **~ une phrase, les temps d'un verbe** e-n Satz, die Zeiten e-s Verbs bilden **2** (*constituer*) bilden; darstellen; ausmachen; **~ un ensemble, un tout** ein Ganzes bilden **3** *esprit, caractère* bilden; formen; *goût, aptitudes* ausbilden; entwickeln; *apprenti, ouvrier, soldat* ausbilden; *spécialistes etc a.* heranbilden **4** JUR *plainte* einreichen; anstrengen; erheben **B** V/PR **se ~** *nuages, croûte, bouchon etc* sich bilden; entstehen; *être vivant* entstehen; *fruits* sich entwickeln, (aus)bilden; *relations, état* sich herausbilden; *troupes* sich formieren, aufstellen; *convoi* sich formieren, bilden; **se ~ en cortège** e-n Zug bilden; sich zu e-m Zug aufstellen, formieren

formica® [fɔʀmika] M Resopal® *n*; **meubles** *mpl* **en ~** Resopalmöbel *npl*

formidable [fɔʀmidabl] ADJ **1** *nombre, quantité* riesig; gewaltig; ungeheuer; enorm; *coup, détonation etc* gewaltig; furchtbar; fürchterlich **2** *fam* **a** *livre, film etc fam* toll; klasse (*inv*); prima (*inv*); super (*inv*); e-e Wucht (*attribut seulement*) **b** *iron* **vous êtes ~** *fam* Sie sind gut

formique [fɔʀmik] ADJ CHIM **acide** *m* **~** Ameisensäure *f*

formol [fɔʀmɔl] M CHIM Formalin *n*

Formose [fɔʀmoz] HIST Formosa *n*

formulable [fɔʀmylabl] ADJ formulierbar

formulaire [fɔʀmylɛʀ] M **1** *à remplir* Formular *n*; Formblatt *n*; Vordruck *m* **2** (*recueil de formules*) Formelsammlung *f*

formulation [fɔʀmylasjõ] F Formulieren *n*, -ung *f*

formule [fɔʀmyl] F **1** Formel *f* (*a.* MATH, CHIM); **~ magique** Zauberformel *f*, -spruch *m*; **~ toute faite** (Brief-, Höflichkeits)Floskel *f*; feste Formulierung; floskelhafte Redewendung; Klischee *n*; **~ de politesse** Höflichkeitsformel *f*, -floskel *f* **2** *par ext* Lösung *f*; Methode *f*; Modus *m*; Möglichkeit *f*; Art *f*; Typ *m*; **une nouvelle ~ de vacances** e-e neue Art, die Ferien zu verbringen; **trouver une (bonne) ~** e-e (gute) Lösung *etc* finden **3** (*formulaire*) Formular *n*; Formblatt *n*; Vordruck *m* **4** SPORTS **~ 1** Formel *f* 1; **courir en ~ 1** in der Formel 1 fahren

formuler [fɔʀmyle] V/T **1** *idée, message* formulieren; in Worte fassen; *par écrit a.* abfassen **2** *vœux, craintes, prière etc* aussprechen; äußern; Ausdruck geben, verleihen (+*dat*); zum Ausdruck bringen; *accusation, objection* vorbringen; erheben; **~ des réserves** Vorbehalte äußern, anmelden

fornication [fɔʀnikasjõ] F REL *ou plais* Unzucht *f*; Hurerei *f*

forniquer [fɔʀnike] V/I REL *ou plais* Unzucht treiben; huren

fors [fɔʀ] LOC **tout est perdu ~ l'honneur** alles ist verloren, nur nicht die Ehre

forsythia [fɔʀsisja] M BOT Forsythie *f*

fort [fɔʀ] **A** ADJ ⟨forte [fɔʀt]⟩ **1** *personne, gouvernement, armée* stark; *personne a.* kräftig; kraftvoll; *matériau* stark; haltbar; fest; kräftig; *vent, coup* stark; heftig; kräftig; *voix* kräftig; laut; volltönend; *dénivellation* stark; *pluie, fièvre, douleur* stark; heftig; *fièvre a.* hoch; *impression, sentiment, accent* stark; *lumière* stark; grell; *odeur, goût, café, tabac, vin* stark; *sauce, moutarde, fromage* scharf; *monnaie* stark; hart; *litt* **esprit ~** Freigeist *m*; POL **l'homme ~** der starke Mann; **mer ~e** hochgehende See; **place ~e** Festung *f*; **le sexe ~** das starke Geschlecht; **~e tête** Rebell *m*; aufsässiger Mensch; *loc adj commando etc* **~ de 300 hommes** 300 Mann stark; *loc adv* **à plus ~e raison** umso mehr, eher; mit umso größerem Recht; **au sens ~ du mot** im vollen Wortsinn; in des Wortes voller Bedeutung; *loc prép* **~ de l'aide, de la protection de qn** im Vertrauen auf j-s Hilfe, Unterstützung (*acc*); **il y a de ~es chances pour qu'il échoue** er fällt mit großer Wahrscheinlichkeit durch; **avoir une ~e constitution** kräftig (gebaut) sein; e-e kräftige Konstitution haben; **ça a été plus ~ que moi** das war stärker als ich; ich konnte nicht anders; das überkam mich; **être ~ de qc** sich stützen können, sich verlassen können, bauen können auf etw (*acc*); **se faire ~** ⟨*inv*⟩ **de** (+*inf*) sich anheischig machen zu (+*inf*) **2** (*corpulent*) stark (*par euphémisme*); beleibt; korpulent; *femme* vollschlank; *poitrine* üppig; voll; *taille, hanche* stark; breit; **~ des °hanches** mit breiten Hüften **3** (*doué, capable*) gut; tüchtig; fähig; **être ~ aux échecs** gut Schach spielen; ein guter Schachspieler sein; **être ~ à un exercice** e-e Übung gut können; **être ~ en anglais, en maths** in Englisch, Mathe (sehr) gut sein; **être ~ sur une question** gut Bescheid wissen in e-r, über e-e Frage; **il a trouvé plus ~ que lui** er hat s-n Meister gefunden **4** *somme d'argent* hoch; bedeutend; groß; ansehnlich; **payer le prix ~** den vollen Preis, ziemlich viel bezahlen **5** *expression, plaisanterie* stark; gewagt; *iron* **le plus ~, c'est que …** das (Aller)Schönste ist, dass …; *fam* **elle est ~e, celle-là!** *ou* **ça, c'est un peu ~ (de café)!** *ou* c'est trop ~! das geht zu weit!; *fam* das ist ja allerhand!; das ist ein starkes Stück!; das ist starker Tobak! **B** ADV **1** stark; heftig; kräftig; fest; *fam fig* **y aller ~** übertreiben; zu weit gehen; *cœur* **battre ~** stark, heftig, kräftig schlagen; **crier, parler ~** laut schreien, sprechen; **frapper ~** stark, heftig, laut klopfen; **sentir ~** stark riechen, duften; **serrer ~** fest drücken, pressen, anziehen; **le vent souffle ~** es weht ein heftiger, starker Wind **2** *(très, beaucoup)* sehr; äußerst; **~ bien** sehr gut; **fait** *m* **~ étrange** sehr, äußerst seltsame, äußerst befremdliche Tatsache; **il aura ~ à faire** [fɔʀtafɛʀ] **pour me convaincre** es wird schwer für ihn sein *ou* es wird ihm nur schwer gelingen, mich zu überzeugen; **j'en doute ~** ich zweifle sehr daran; das möchte ich stark bezweifeln; *st/s* **j'en suis ~ aise** [fɔʀtɛz] das freut mich sehr **C** M **1** Starke(r) *m*; *autrefois* **~ des °halles** Lastenträger *m* in den Pariser Markthallen; **un ~ en anglais** ein Ass *n* in Englisch; *iron ou péj* **un ~ en thème** ein Musterschüler *m* **2** *d'une personne* Stärke *f*; starke Seite; **l'orthographe n'est pas son ~** Rechtschreibung ist nicht s-e Stärke **3** LOC ADV **au ~ de l'été, de l'hiver** mitten im Sommer, Winter; im Hochsommer, im tiefsten, strengsten Winter; **au plus ~ de la discussion** mitten in, auf dem Höhepunkt der Diskussion **4** MIL Fort *n*

forte [fɔʀte] ADV MUS forte

fortement [fɔʀtəmɑ̃] ADV stark; fest; sehr; kräftig; **il est ~ question de** *(+inf ou +subst)* es wird ernstlich erwogen zu *(+inf)*; man denkt ernsthaft an *(+acc)*; **~ marqué** *contours* klar, scharf umrissen; *traits du visage* markant; scharf ausgeprägt

forteresse [fɔʀtəʀɛs] F MIL Festung *f*

fortiche [fɔʀtiʃ] ADJ *fam personne* fähig; tüchtig; sehr gut (en in *+dat*)

fortifiant [fɔʀtifjɑ̃] **A** ADJ kräftigend; stärkend **B** M **a** *médicament* Stärkungsmittel *n* **b** *aliment* Kraftnahrung *f*

fortification [fɔʀtifikasjõ] F MIL **a** *action* Befestigung *f* **b** *ouvrages* **~s** *pl* Befestigungsanlagen *fpl*, -bauten *mpl*, -werke *npl*; Befestigung *f*

fortifier [fɔʀtifje] **A** V/T **1** **a** *personne, organisme* kräftigen; stärken **b** *fig caractère, âme etc* stärken **2** MIL befestigen; *adjt* **ville fortifiée** befestigte Stadt **B** V/PR **se ~** sich kräftigen, stärken; kräftiger, stärker werden

fortin [fɔʀtɛ̃] M MIL kleines Fort

fortissimo [fɔʀtisimo] MUS **A** ADV fortissimo **B** M Fortissimo *n*

fortuit [fɔʀtɥi] ADJ *(par hasard)* zufällig; *(imprévu)* unvorhergesehen; unerwartet; **suite ~e d'événements** Reihe *f* unvorhergesehener Ereignisse

fortuitement [fɔʀtɥitmɑ̃] ADV zufällig (-erweise); durch Zufall

fortune [fɔʀtyn] F **1** *litt (destin)* Schicksal *n*; Geschick *n*; MYTH **Fortune** Fortuna *f*; Glücks-, Schicksalsgöttin *f*; **revers** *m* **de ~** Schicksalsschlag *m*; → *a.* 3; **roue** *f* **de la Fortune** Glücksrad *n (a. sur les foires)*; *prov* **la ~ sourit aux audacieux** wer wagt, gewinnt *(prov)* **2** *d'une personne (destinée)* Schicksal *n*; *(chance)* Glück *n*; *d'une œuvre etc* Schicksal *n*; Weg *m*; **avoir la bonne** *ou* **l'heureuse, la mauvaise ~ de** *(+inf)* das große Glück, das Unglück *ou* Pech *ou* Missgeschick haben zu *(+inf)*; **chercher ~** sein Glück suchen, machen wollen; **connaître des ~s diverses** die Höhen und Tiefen, das Auf und Ab des Lebens kennen; gute und schlechte Zeiten kennen; **faire ~** sein Glück machen; → *a.* 3; *expression etc* sich durchsetzen; ankommen; Erfolg haben; **faire contre mauvaise ~ bon cœur** gute Miene zum bösen Spiel machen; **inviter qn à manger à la ~ du pot** j-n zum Essen einladen, ohne besondere Umstände zu machen **3** *(richesses)* Vermögen *n*; **sans ~** unvermögend; mittellos; **avoir, posséder de la ~** vermögend sein; Vermögen haben, besitzen; **avoir connu des revers de ~** sein Vermögen verloren haben; **faire ~** ein Vermögen erwerben; reich werden; **cela a fait sa ~** das hat ihm ein Vermögen eingebracht; damit hat er ein Vermögen gemacht; *prov* **la ~ vient en dormant** den Seinen gibt's der Herr im Schlaf *(prov)* **4** LOC ADJ **de ~** behelfsmäßig; Behelfs...; Not...; **éclairage** *m* **de ~** behelfsmäßige Beleuchtung; **solution** *f* **de ~** Notlösung *f*

fortuné [fɔʀtyne] ADJ vermögend; begütert; reich; wohlhabend

forum [fɔʀɔm] M **1** HIST Forum *n* **2** Symposium *n*; Forum *n*; öffentliche Aussprache; INFORM **~ de discussion** Diskussionsforum *n*; Newsgroup *f*

fosse [fos] F **1** Grube *f*; SPORTS Sprunggrube *f*; AUTO Abschmiergrube *f*; **~ septique** Klärgrube *f*; **~ aux lions** BIBL Löwengrube *f*; *au zoo* Löwenzwinger *m*; **~ aux ours** Bärenzwinger *m*; THÉ **~ d'orchestre** Orchestergraben *m*, -raum *m* **2** *(tombe)* Grab *n*; **~ commune** Massen-, Sammelgrab *n* **3** GÉOL **~ (océanique)** Tiefseegraben *m* **4** ANAT Grube *f*; Höhle *f*; *t/t* Fossa *f*; **~s nasales** Nasenhöhle *f*

fossé [fose] M **1** Graben *m*; Straßengraben *m*; *voiture* **aller dans le ~** in den Graben fahren **2** *fig* Kluft *f*; **le ~ entre les riches et les pauvres** die Kluft zwischen den Reichen und den Armen; **il y a un ~ entre nous** es besteht e-e Kluft zwischen uns; **un ~ les sépare** e-e Kluft trennt sie **3** GÉOL **~ d'effondrement** Graben (-bruch) *m*

fossette [fosɛt] F *sur les joues, au menton* Grübchen *n*

fossile [fosil] **A** ADJ fossil *(a. combustibles)*; versteinert; urweltlich **B** M **1** GÉOL Fossil *n*; Versteinerung *f* **2** *fig et péj* **un vieux ~** *fam péj* ein alter Knacker, Trottel

fossilisation [fɔsilizasjõ] F Fossilienbildung *f*

fossiliser [fɔsilize] V/PR **se ~** zu Fossilien werden; versteinern

fossoyeur [foswajœʀ] M Totengräber *m (a. fig)*

Fos-sur-Mer [fɔssyʀmɛʀ] *Ort im Dep. Bouches-du-Rhône*

fou [fu] **A** ADJ ⟨*m vor Vokal u. stummem h* **fol** [fɔl]; *f* **folle** [fɔl]⟩ **1** MÉD *et fig* irr(e); wahnsinnig; irrsinnig; *fam* verrückt; MÉD *a.* geistesgestört; *personne, idée a.* töricht; närrisch; *espoir, tentative* sinnlos; töricht; wahnwitzig; *course, vitesse* rasend; irrsinnig; *chevauchée* wild; *personne a. (furieux)* rasend; wütend; **amour ~** leidenschaftliche Liebe; JUR **folle enchère** leichtfertiges Angebot; **folle gaieté** ausgelassene Fröhlichkeit; Ausgelassenheit *f*; **peur folle** sinnlose, unsinnige Angst; **regard ~** irrer Blick; **tireur ~** Amokschütze *m*; **devenir ~** irre, *fam* verrückt *etc* werden; den Verstand verlieren; **il y a de quoi devenir ~** *fam* es ist zum Verrücktwerden; **il est complètement ~** *ou* **~ à lier** *fam* er ist total verrückt, völlig übergeschnappt, reif fürs Irrenhaus; *fam* **il n'est pas ~** der weiß schon, was er tut; *fam* der ist gewieft; *d'une femme fam* **pas folle, la guêpe** die ist schlau, raffiniert, *fam* gerissen; **il est à moitié ~** er ist nicht recht bei Verstand, *fam* nicht ganz bei Trost; **être ~ de douleur** fast, halb verrückt, wahnsinnig sein vor Schmerz; **être ~ de colère** vor Wut rasen, außer sich sein; rasend sein vor Zorn; **être ~ de désir** *fam* ein wahnsinniges Verlangen verspüren; **être ~ de joie** außer sich sein vor Freude; *fam* sich wahnsinnig freuen; **il faut être ~ pour** *(+inf)* man muss schön dumm sein, um zu *(+inf)*; **il n'est pas assez ~ pour** *(+inf)* er ist nicht so verrückt *ou* dumm, dass er ...; **être pris d'un ~ rire** furchtbar lachen müssen; *fam* nicht mehr können vor Lachen **2** **être ~ de qn** in j-n vernarrt, *fam* verschossen, verknallt sein; *fam* nach j-m verrückt sein; an j-m e-n Narren gefressen haben; **être ~ de qc** auf etw *(acc)* ganz versessen, *fam* verrückt sein; in etw *(acc)* ganz vernarrt sein; **être ~ de musique** musikbesessen sein; (ganz) versessen sein auf Musik; ein Musiknarr sein **3** *fam (énorme) fam* wahn-, irrsinnig; unsinnig; irr(e); enorm; riesig; **argent ~** *fam* Heiden-, Schweinegeld *n*; irr(sinnig) es Geld; **prix ~** *fam* irrsinniger, horrender Preis; **succès ~** *fam* toller Erfolg; Bomben-, Riesenerfolg *m*; **avoir un travail ~** *fam* wahnsinnig viel zu tun haben; **il y avait un monde ~** *fam* es waren irr-, wahnsinnig viel Leute da; **c'est ~ ce que c'est cher** *fam* das ist irr-, wahnsinnig, sündhaft teuer; **mettre un temps ~** *fam* irrsinnig lange brauchen **4** **a** TECH lose (auf e-r Achse laufend); beweglich **b** *herbes* wild (wachsend); *mèche de cheveux* lose; widerspenstig **c** *fam* **avoir une patte folle** *fam* ein Hinkebein, e-n Hinkefuß haben **B** SUBST **1** **~, folle** *m,f* MÉD *et fig* Irre(r) *m/f(m)*; Wahnsinnige(r) *m/f(m)*; *fam* Verrückte(r) *m/f(m)*; **~ furieux** Tobsüchtige(r) *m*; **pauvre ~** *fam* armer Irrer; **vieille folle** närrische, *fam* verrückte Alte; *apostrophe fam* verrücktes Weibsbild; **~ du volant** *fam* Raser *m*; **maison** *f* **de ~s** Irrenhaus *n (a. fig)*; Irrenanstalt *f*; *fam* **vie** *f* **de ~** gehetztes Leben; *fam* **courir comme un ~** *fam* wie ein Irrer, Wahnsinniger, Verrückter laufen; *fam* **c'est une histoire de ~s** das ist e-e unglaubwürdige *ou* völlig unverständliche Geschichte; *loc* **plus on est de ~s, plus on rit** je mehr Leute, umso lustiger wird es *ou* umso mehr wird gelacht; *fam* **faire le ~** den Hanswurst, Narren spielen; *fam* Faxen machen; *enfants* herumtollen, -toben; ausgelassen sein **2** M HIST (Hof)Narr *m* **3** M ÉCHECS Läufer *m* **4** *fig* **la folle du logis** die Fantasie, Einbildungskraft **5** *fam* **une folle** *(un homosexuel) fam* e-e Tunte **6** M ZOOL **~ de Bassan** Basstölpel *m*

fouace [fwas] F *Hefekuchen aus der Auvergne*

foucade [fukad] F *litt (caprice)* Laune *f*

foudre¹ [fudʀ] F **1** Blitz(schlag) *m*; **frappé par la ~** vom Blitz getroffen; **la ~ est tombée** der Blitz *ou* es hat eingeschlagen (**sur cette maison** in dieses Haus) **2** *fig* **coup** *m* **de ~** Liebe *f* auf den ersten Blick; *par ext* **avoir le coup de ~ pour qc** sofort begeistert sein von etw; gleich Feuer und Flamme sein für etw **3** *fig* **~s** *pl* Zorn *m*; Missbilligung *f*; **s'attirer les ~s de son chef** sich *(dat)* den Zorn s-s Chefs zuziehen

foudre² [fudʀ] M **1** *attribut de Jupiter* Blitzstrahl *m* **2** *iron* **~ de guerre** großer Kriegsheld

foudre³ [fudʀ] M großes (Lager)Fass *(50-300 hl)*

foudroyant [fudʀwajɑ̃] ADJ **1** *succès* überwältigend; durchschlagend; *vitesse* rasend **2** *poison* (schnell) tödlich (wirkend); *maladie* blitzartig verlaufend; **mort ~e** plötzlicher Tod; **être emporté par un mal ~** von e-r tödlichen Krankheit dahingerafft werden **3** *regard* vernichtend

foudroyer [fudʀwaje] V/T ⟨-oi-⟩ **1** **être foudroyé** vom Blitz erschlagen werden **2** *fig* **~ qn** *avec une arme à feu* j-n (tödlich) treffen; *crise cardiaque* j-n dahinraffen; **~ qn du regard** j-m vernichtende Blicke zuwerfen

Fouesnant [fwenɑ̃] *Ort im Dep. Finistère*

fouet [fwɛ] M **1** Peitsche *f*; **coup** *m* **de ~** Peitschenhieb *m (a. fig)*; **donner un coup de ~** e-n Peitschenhieb versetzen (**à** *dat*); *fig à l'organisme* aufputschen, aufpeitschen (+*acc*); **faire avancer à coups de ~** mit der Peitsche antreiben; *châtiment* **donner le ~** mit der Rute, Peitsche züchtigen, schlagen (**à** *acc*) 2 LOC ADV **de plein ~** *frapper, heurter* mit voller Wucht 3 CUIS Schneebesen *m*

Fouettard [fwɛtaʀ] ADJ **père ~** Knecht *m* Ruprecht; *autrich a.* Krampus *m*; *pour faire peur aux enfants* schwarzer Mann

fouetter [fwete] A V/T 1 (aus)peitschen 2 CUIS schlagen; *adjt* **crème fouettée** Schlagsahne *f*, *all Sud* -rahm *m*, *autrich* -obers *n* 3 *pluie, vagues* klatschen, schlagen (**qc** gegen etw); **la pluie me fouettait le visage** der Regen peitschte, schlug mir ins Gesicht 4 *fig ambition etc* aufpeitschen; aufputschen; anstacheln B V/I 1 *pluie, vagues* schlagen, klatschen (**contre qc** gegen etw) 2 *pop* (*puer*) stinken (wie die Pest); *fam* miefen

foufou [fufu] ADJ ⟨fofolle [fɔfɔl]⟩ ein bisschen verrückt, *fam* spinnig; *par ext* (*écervelé*) leichtsinnig; kopflos

fougasse [fugas] F → fouace

fougeraie [fuʒʀɛ] F BOT Farnfeld *n*; mit Farn bewachsene Stelle

fougère [fuʒɛʀ] F BOT Farn *m*; Farnkraut *n*, -pflanze *f*; **branche** *f* **de ~** Farnwedel *m*

fougue [fug] F Ungestüm *n*; Feuer *n*; (mitreißender) Schwung; **avec la ~ de la jeunesse** mit jugendlichem Ungestüm; **plein de ~** voll(er) Schwung, Feuer; mitreißend

fougueux [fugø] ADJ ⟨-euse⟩ *caractère* ungestüm; heftig; aufbrausend; hitzig; **cheval ~** feuriges Pferd; **discours ~** feurige, mitreißende, begeisternde Rede

fouille [fuj] F 1 ARCHÉOLOGIE **~s** *pl* (Aus)Grabungen *fpl* 2 *de gens, de bagages, de lieux* Durchsuchung *f*; *fam* Filzen *n*; *d'une région a.* Absuchen *n*; **~ corporelle** Leibesvisitation *f*; **~ des bagages** Gepäckdurchsuchung *f* 3 CONSTR Baugrube *f* 4 *fam* (*poche*) Tasche *f*; *all Sud* Sack *m*; **s'en mettre plein les ~s** *fam* in die eigene Tasche wirtschaften

fouillé [fuje] ADJ *étude etc* sorgfältig ausgearbeitet; detailliert

fouiller [fuje] A V/T 1 ARCHÉOLOGIE Ausgrabungen machen, (aus)graben (**un terrain** in e-m Gebiet) 2 *gens, bagages, lieu* durchsuchen; *fam* filzen; *région a.* absuchen B V/I durchsuchen, durchwühlen (**dans qc** etw); nachsuchen, (*fam* herum)stöbern, (-)wühlen, (-)kramen (in +*dat*); *animal* (im Boden) wühlen; **~ dans sa mémoire** sich zu erinnern (ver)suchen; *fam* in s-m Gédächtnis kramen C V/PR *fam* **il peut toujours se ~** da kann er lange warten; *fam* das kommt nicht in die Tüte

fouilleuse [fujøz] F 1 Beamtin, die Leibesvisitationen vornimmt 2 AGR Untergrundpflug *m*

fouillis [fuji] *fam* M Durcheinander *n*; Wirrwarr *m*; *fam* Wust *m*; Kuddelmuddel *m ou n*; **être en ~** in Unordnung sein; *affaires a.* durcheinanderliegen

fouinard [fwinaʀ] *fam* ADJ *et* SUBST → fouineur

fouine [fwin] F 1 ZOOL Steinmarder *m* 2 *fig d'une personne* **avoir une tête de ~** ein Fuchsgesicht haben; **être curieux comme une ~** sehr neugierig, vorwitzig sein

fouiner [fwine] V/I *fam* herumschnüffeln; s-e Nase in alles hineinstecken; **ils ont fouiné dans ses affaires** sie haben in s-n Sachen herumgeschnüffelt

fouineur [fwinœʀ] *fam*, **fouineuse** *fam* A M,F *fam* Schnüffler(in) *m(f)* B ADJ neugierig; zudringlich

fouir [fwiʀ] V/T *animal* wühlen, scharren (**le sol** im Boden)

fouisseur [fwisœʀ] ADJ ⟨-euse⟩ ZOOL Grab...; **animaux ~s** *ou subst* **~s** *mpl* Grabtiere *npl*

foulage [fulaʒ] M 1 *du raisin* Zerquetschen *n*; Maischen *n* 2 TEXT Walken *n*

foulant [fulɑ̃] ADJ 1 TECH **pompe ~e** Druckpumpe *f* 2 *fam travail* **pas très ~** nicht sehr anstrengend

foulard [fulaʀ] M 1 (*écharpe*) (Seiden)Kopftuch *n*; (Seiden)Schal *m* 2 *étoffe* (leichter) Seidenstoff; Foulard *m*

foule [ful] F 1 (Menschen)Menge *f*; Gedränge *n*; **~ compacte** dichte Menge; **~ grouillante** Gewühl *n*; Gewimmel *n*; **il y avait ~** es waren e-e Menge Leute da; *fam* **il n'y a pas ~** es sind nicht gerade viel Leute da; **se mêler à la ~** sich unter die Menge, unters Volk mischen 2 **la ~** die Masse; der große Haufen 3 **une ~ de** *choses, de gens* e-e Menge, Unzahl, Vielzahl, Masse, ein Haufen *m*, *de gens a.* e-e Schar, ein Schwarm *m* (von); *loc adv* **en ~** in Massen; massenweise; *de gens a.* in Scharen; scharen-, haufenweise; in hellen Haufen

foulée [fule] F 1 *du cheval* a Auftreten *n* b Galoppsprung *m* 2 SPORTS Schritt *m*; Laufstil *m*; **allonger sa ~** längere Schritte machen 3 *fig loc adv* **dans la ~** unmittelbar danach; gleich im Anschluss (daran); gleich anschließend

fouler [fule] A V/T 1 *fig* **~ aux pieds** mit Füßen, in den Staub treten; *litt* **~ le sol de son pays** die Heimaterde betreten; den Fuß auf Heimaterde setzen 2 *raisins* zerquetschen; maischen 3 TECH *drap, cuir* walken B V/PR 1 **se ~ la cheville** sich (*dat*) den Knöchel verstauchen 2 *fam fig* **ne pas se ~** *fam* sich (*dat*) kein Bein ausreißen

foulque [fulk] F ZOOL Blässhuhn *n*

foultitude [fultityd] F *fam* **une ~ de** e-e Menge, *fam* ein Haufen *m* (+*gén sans article*)

foulure [fulyʀ] F MÉD Verstauchung *f*

four [fuʀ] M 1 *du boulanger* (Back)Ofen *m*; *d'une cuisinière* Backofen *m*, -röhre *f*; Bratröhre *f*; **~ à micro-ondes** Mikrowellenherd *m*; **cuit au ~** gebraten; *fam fig* **c'est un ~ ici** *fam* hier ist e-e Hitze wie in e-m Backofen, e-e Affen-, Bullenhitze; *fam* **il fait noir comme dans un ~** es ist stockdunkel, -finster, pechschwarze Nacht; **mettre au ~** in den (Back)Ofen schieben; *fam fig en bâillant* **ouvrir un (grand) ~** *fam* den Mund (weit) aufreißen, aufsperren; *prov* **on ne peut être à la fois au ~ et au moulin** man kann nicht auf zwei Hochzeiten tanzen (*prov*) 2 TECH Ofen *m* 3 *pâtisserie* **petits ~s** *pl* Petits Fours *pl* 4 THÉ *etc* Fiasko *n*; Misserfolg *m*; *fam* Durchfall *m*; Reinfall *m*; **~ complet** glatter Durchfall; **faire un ~** ein Fiasko erleben, erleiden; *fam* durchfallen

fourbe [fuʀb] *litt* A ADJ schurkisch; betrügerisch; arglistig B M Schurke *m*; Schuft *m*; Betrüger *m*

fourberie [fuʀbəʀi] *litt* F Schurkerei *f*; Schurkenstreich *m*; Betrügerei *f*

fourbi [fuʀbi] M 1 *fam* (*affaires*) *fam* Krempel *m*; Kram *m*; Zeug *n* 2 *fam* (*fouillis*) *fam* Wust *m*; Kuddelmuddel *m ou n*

fourbir [fuʀbiʀ] V/T *métal, arme* blank putzen; polieren

fourbu [fuʀby] ADJ müde; erschöpft; zerschlagen

fourche [fuʀʃ] F 1 AGR Gabel *f*; *all Nord* Forke *f*; *d'un deux-roues, d'une route, d'une branche* Gabel *f*; *d'une route a.* Gabelung *f*; **~ à foin, à fumier** Heu-, Mistgabel *f*, -forke *f*; *chemin, tronc d'arbre* **faire une ~** sich gabeln 2 *fig et litt* **passer sous les ~s caudines** *litt* sich unter das Joch beugen müssen

fourcher [fuʀʃe] V/I 1 *cheveux* sich spalten 2 **la langue lui a fourché** er hat sich versprochen

fourchette [fuʀʃɛt] F 1 (Ess)Gabel *f*; **~ à dessert, à escargots, à gâteaux, à huîtres, à poisson** Dessert-, Schnecken-, Kuchen-, Austern-, Fischgabel *f*; *fam* **avoir un bon** *ou* **joli coup de ~** kräftig, tüchtig zulangen; *fam* (r)einhauen; spachteln; etwas verdrücken können 2 AUTO Schaltgabel *f* 3 ZOOL *des oiseaux* Gabelbein *n* 4 STATISTIQUES, COMM Spanne *f* (zwischen zwei extremen Werten); COMM *a.* Marge *f*

fourchu [fuʀʃy] ADJ gabelförmig; sich gabelnd; gespalten; **pied ~** *des ruminants* gespaltene Klaue; *d'un satyre* Bocksfuß *m*; *du diable* Pferdefuß *m*

fourgon [fuʀgõ] M 1 AUTO Kastenwagen *m*; geschlossener Lastwagen; **~ funèbre, funéraire, mortuaire** Leichenwagen *m* 2 CH DE FER **~ (à bagages)** Gepäckwagen *m*; **~ postal** Postwagen *m*; **~ à bestiaux** Viehwagen *m*

fourgonner [fuʀgɔne] V/I *fam* (herum)wühlen, (-)stöbern (**dans** in +*dat*)

fourgonnette [fuʀgɔnɛt] F Lieferwagen *m*; (kleiner) Kastenwagen

fourguer [fuʀge] V/T *fam* (*vendre*) *fam* verscheuern; **~ qc à qn** *fam* j-m etw andrehen

fourme [fuʀm] F *halbfester Schnittkäse aus der Auvergne*

fourmi [fuʀmi] F 1 ZOOL Ameise *f*; **~s ailées** geflügelte Ameisen; **~ rouge** Rote Waldameise; *fig* **avoir des ~s dans les jambes** ein (Ameisen)Kribbeln in den Beinen haben 2 *fig* **c'est une vraie ~** er, sie ist e-e Arbeitsbiene, bienenfleißig; **travail** *m* **de ~** mühsame Kleinarbeit

fourmilier [fuʀmilje] M ZOOL Ameisenbär *m*; **fourmilière** F Ameisenhaufen *m* (*a. fig*)

fourmi-lion [fuʀmiljõ] M ⟨*pl* fourmis-lions⟩ *ou* **fourmilion** M ZOOL Ameisenlöwe *m*

fourmillement [fuʀmijmɑ̃] M 1 *d'êtres vivants* Gewimmel *n*; Wimmeln *n*; *d'insectes a.* Kribbeln *n* 2 *fig d'idées, d'événements* Fülle *f* 3 *dans les membres* (Ameisen)Kribbeln *n*; Ameisenlaufen *n*; **j'ai des ~s dans les jambes** es kribbelt mich *ou* mir in den Beinen; ich habe, spüre ein Kribbeln in den Beinen

fourmiller [fuʀmije] V/I *êtres vivants* wimmeln; *insectes a.* kribbeln; *chose* **~ de qc** wimmeln, voll sein von etw; **les fautes fourmillent dans ce texte** *ou* **ce texte fourmille de fautes** der Text wimmelt von Fehlern; in dem Text wimmelt es von Fehlern

fournaise [fuʀnɛz] F 1 starkes, loderndes Feuer; Glut *f* 2 *fig endroit* Backofen *m*; Brutkasten *m*

fourneau [fuʀno] M ⟨*pl* ~x⟩ 1 TECH (Fabrik-, Schmelz)Ofen *m*; **°haut ~** Hochofen *m* 2 **~ (de cuisine)** (Küchen)Herd *m* 3 *d'une pipe* Kopf *m*

fournée [fuʀne] F 1 *de pain* Schub *m*; Ofen *m* voll 2 *fam fig de gens* Schub *m*; *de touristes a. fam* Ladung *f*; Fuhre *f*; **par ~s** schubweise

fourni [fuʀni] ADJ 1 **bien ~** reichhaltig; gut ausgestattet; mit großer Auswahl 2 *chevelure, barbe* dicht; stark; üppig 3 *travail* geleistet; **travail ~** *a.* Arbeitsaufwand *m*

fournil [fuʀni] M Backstube *f*

fourniment [fuʀnimɑ̃] *fam* M Ausrüstung *f*; *fam* Krempel *m*

fournir [fuʀniʀ] A V/T 1 *client, commerce, restaurant* beliefern, versorgen (**en qc** mit etw) 2 *marchandises* liefern, besorgen (**qc à qn** j-m etw); *moyens financiers etc* beschaffen; aufbringen; zur Verfügung stellen; bereitstellen; *travail* geben; beschaffen; → *a.* 3; *certificat etc* (bei)bringen; vorlegen; *preuve* liefern; erbringen; führen; antreten; *renseignements* erteilen; *raisons* anführen; angeben; *prétexte* liefern; *ga-*

rantie leisten; übernehmen; gewähren; geben; *caution* stellen; leisten; *aide* leisten; *arbre: fruits* hervorbringen; *au jeu: carte* (aus)spielen; *abs* Farbe bekennen; bedienen; **~ un alibi** ein Alibi erbringen, nachweisen; **~ à qn l'occasion de** (*+inf*) j-m Gelegenheit geben zu (*+inf*) 3 *par ext travail* leisten; **~ un effort** e-e Anstrengung machen B V/PR **se ~ chez qn** s-e Einkäufe bei j-m tätigen; bei j-m kaufen

fournisseur [fuʀnisœʀ] M 1 Lieferant *m*; Lieferfirma *f*; *adjt* **pays ~** Lieferland *n*; **pays ~s de matières premières** Rohstoffländer *npl*, -lieferanten *mpl* 2 (*marchand*) Kaufmann *m*; Händler *m*; *vous trouverez ce produit* **chez votre ~ habituel** bei Ihrem Kaufmann 3 INFORM **~ (d'accès)** Internet-Provider *m*

fourniture [fuʀnityʀ] F 1 Lieferung *f* (*a. marchandise fournie*) 2 **~s** *pl* Bedarf *m*; **~s scolaires** Schulbedarf *m*; Lernmittel *npl*; **~s de bureau** Bürobedarf *m* 3 **~s** *pl d'un artisan* Zutaten *fpl*

fourrage [fuʀaʒ] M (Vieh)Futter *n*; **~ sec, vert** Trocken-, Grünfutter *n*

fourrager[1] [fuʀaʒe] V/I ⟨-geons⟩ *fam* (hastig) (herum)wühlen, (-)stöbern (**dans** in *+dat*)

fourrager[2] [fuʀaʒe] ADJ ⟨-ère⟩ AGR Futter…; **betterave fourragère** Futter-, Runkelrübe *f*

fourragère [fuʀaʒɛʀ] F MIL Fangschnur *f*

fourré[1] [fuʀe] M *souvent* PL **~s** Gestrüpp *n*; Dickicht *n*

fourré[2] [fuʀe] ADJ 1 *gâteaux, bonbons* gefüllt (**à qc** mit etw); **~s aux amandes** mit Mandelfüllung 2 *manteau etc* pelzgefüttert; mit Pelzfutter; **bottes ~es** Pelzstiefel *mpl* 3 **coup ~** a ESCRIME Doppeltreffer *m* b *fam fig* Tücke *f*; Gemeinheit *f*

fourreau [fuʀo] M ⟨*pl* ~x⟩ 1 *d'un parapluie etc* Futteral *n*; Hülle *f*; *d'une épée* Scheide *f* 2 COUT ~ *ou adjt* **robe** *f* ~ Etuikleid *n*; hautenges Kleid

fourrer [fuʀe] A V/T 1 *fam* a (*faire entrer*) (hinein)stecken, (-)stopfen (**qc dans qc** etw in etw [*acc*]); **~ son doigt, ses doigts dans son nez** in der Nase bohren; *fam* popeln; *fig* **~ une idée dans la tête de qn** j-m e-n Floh ins Ohr setzen; **~ ses mains dans ses poches** die Hände in die Tasche stecken; *fig* **~ son nez partout** s-e Nase in alles (hinein)stecken; *fig* **~ son nez dans les affaires de qn** s-e Nase in j-s Angelegenheiten (*acc*) stecken; **~ qn en prison** j-n ins Gefängnis stecken; *fam* j-n einlochen, einbuchten; ♦ **être tout le temps fourré au bistro** *fam* dauernd in der Kneipe hocken, rumsitzen; **être sans arrêt fourré à l'église** *fam* dauernd in die Kirche rennen; **être fourré dans les jupes de sa mère** an Mutters Rockzipfel hängen b (*placer sans soin*) hinlegen, -stellen, *fam* -tun; **~ la valise sous l'armoire** den Koffer unter dem Schrank verstauen 2 *manteau etc* mit Pelz, Fell (ab)füttern 3 CUIS, *bonbons* füllen B V/PR 1 *fam* **se ~** (*se cacher*) sich verkriechen; *fig* **ne plus savoir où se ~** (vor Verlegenheit, Scham) im Boden versinken mögen; *fam* sich am liebsten in ein Mauseloch verkriechen (wollen) 2 *fam* **se ~ dans qc** in etw (*acc*) hineingeraten; → *a.* pétrin 2 3 *fam fig* **se ~ qc dans la tête** sich (*dat*) etw in den Kopf setzen; *fam fig* **se ~ le doigt dans l'œil (jusqu'au coude)** → doigt 1

fourre-tout [fuʀtu] *fam* M ⟨*inv*⟩ weite Handtasche

fourreur [fuʀœʀ] M a *artisan* Kürschner *m* b *commerçant* Pelzhändler *m*

fourrière [fuʀjɛʀ] F 1 *pour voitures* Kfz-Verwahrstelle *f*; **emmener à la ~** *ou* **mettre en ~** kostenpflichtig abschleppen 2 *pour animaux* Tierasyl *n*, -heim *n*

fourrure [fuʀyʀ] F 1 *vêtement* Pelz *m*; **~s** *pl a.* Pelzwerk *n*; Pelz-, Rauchwaren *fpl*; **bonnet** *m* **de ~** Pelzmütze *f*; **(manteau** *m* **de) ~** Pelz (-mantel) *m*; **doublé de ~** pelzgefüttert; mit Pelzfutter 2 (*pelage*) Pelz *m*; Fell *n*; **chasseur** *m* **de ~s** Pelz(tier)jäger *m*

fourvoiement [fuʀvwamɑ̃] *litt* M Verirrung *f*

fourvoyer [fuʀvwaje] ⟨-oi-⟩ A *litt* V/T irreführen; in die Irre führen B V/PR **se ~** 1 sich verirren (**dans** in *+acc*) 2 *fig* (sich) irren; fehlgehen; auf dem Holzweg sein

foutaise [futɛz] *fam* F dummes Zeug; *fam* Quatsch *m*; Quark *m*; **foutoir** M *pop* Saustall *m*

foutre [futʀ] ⟨je fous, il fout, nous foutons; je foutais; *kein Passé simple*; je foutrai; que je foute; foutant; foutu⟩ *pop* A V/T 1 (*faire*) machen; tun; **qu'est-ce que j'en ai à ~?** *ou* **je n'en ai rien à ~** *fam* das kümmert, schert mich e-n Dreck; das kratzt mich wenig; *pop* das ist mir scheißegal; **qu'est-ce que ça fout?** was macht das (aus)?; **qu'est-ce que ça peut te ~?** was geht dich das an?; was kümmert, schert, *fam* juckt, kratzt dich das?; das kann dir doch (*pop* scheiß)egal sein; *fam* das geht dich doch e-n Dreck, e-n feuchten Staub an!; **il ne fout rien de la journée** *fam* der rührt den ganzen Tag keinen Finger, liegt den ganzen Tag auf der faulen Haut 2 (*donner*) geben; *un coup* versetzen; *fam* verpassen; **je te fous une baffe** *fam* ich hau dir eine runter; ich knall, kleb, lang dir eine; **ça me fout le cafard** das macht mich ganz trübsinnig, elend, krank; **~ son poing sur la gueule à qn** *pop* j-m die Faust in die Fresse hauen 3 (*jeter*) *fam* schmeißen; pfeffern; **~ qn à la porte** *fam* j-n vor die Tür *ou* an die Luft setzen, rauswerfen, raussetzen, rausschmeißen, feuern; **elle a été foutue à la porte** *ou* **elle s'est fait ~ à la porte** *fam* man hat sie rausgeworfen; sie ist (raus)geflogen; *fig* **~ qn dedans** j-n betrügen, *fam* reinlegen, übers Ohr hauen; **~ qc en l'air** *fam* etw weg-, rausschmeißen; **~ qn en colère** *fam* j-n auf die Palme bringen; **~ qn en tôle** *fam* j-n einlochen, einbuchten; **~ qc par terre** *fam* etw runterschmeißen; *fig* **ça fout tout par terre** *ou* **en l'air** *fam* das wirft, schmeißt alles über den Haufen; **va te faire ~!** *fam* mach, dass du wegkommst!; hau (bloß) ab!; scher dich zum Teufel!; *pop* verpiss dich!; → *a.* camp 1 4 **ça la fout mal** das macht e-n schlechten Eindruck; das ist peinlich; *fam* so was Blödes, Dummes! B V/PR 1 **se ~ de qc, de qn** (*ne pas se soucier de*) *fam* auf etw, j-n pfeifen, *pop* scheißen; **je m'en fous** *fam* das ist mir egal, wurst *ou* wurscht, schnuppe, schnurz, (schnurz)piepe, piepegal, *pop* scheißegal; *fam* ich pfeif, *pop* scheiß drauf; **il s'en fout complètement** *a. fam* er kümmert *ou* schert sich e-n Dreck, den Teufel drum; **il se fout du monde!** *fam* der ist gut!; der hat Nerven! 2 **se ~ de qn** (*tourner en dérision*) sich über j-n lustig machen; j-n auslachen, veralbern, *fam* verhohnepipeln, *pop* verarschen 3 **se ~ dedans** sich gewaltig irren, täuschen; *fam* reinfallen; danebenhauen; sich verhauen 4 **se ~ qc dans la tête** sich (*dat*) etw in den Kopf setzen; **se ~ dans une sale affaire** in e-e üble Sache hineingeraten; **se ~ en colère** wütend werden; *fam* e-e Wut kriegen; *fig* **s'en ~ plein la lampe** *fam* sich (*dat*) den Bauch vollschlagen

foutrement [futʀəmɑ̃] ADV *fam* verdammt; *fam* total; extrem

foutu [futy] *pop* PP → foutre *et* ADJ → fichu[2]

fox [fɔks] M → fox-terrier

fox-terrier [fɔkstɛʀje] M ⟨*pl* fox-terriers⟩ ZOOL Foxterrier *m*; Fox *m*

fox-trot [fɔkstʀɔt] M ⟨*inv*⟩ Foxtrott *m*

foyer [fwaje] M 1 a (*âtre*) Feuerstelle *f*, -stätte *f*; TECH *d'une chaudière* Feuerung *f*; Feuer(ungs)raum *m* b (*feu*) (Kamin)Feuer *n* 2 (*domicile familial*) Haushalt(ung) *m(f)*; Hausstand *m*; Heim *n*; häuslicher Herd; **femme** *f*, **homme** *m* **au ~** Hausfrau *f*, -mann *m*; **fonder un ~** e-e Familie, e-n Hausstand gründen; **rentrer, renvoyer dans ses ~s** nach Hause, in die Heimat zurückkehren, -schicken 3 (*lieu de réunion*) Heim *n*; **~ d'étudiants** Studentenheim *n* 4 THÉ *etc* Foyer *n*; Wandelgang *m*, -halle *f* 5 OPT, MATH Brennpunkt *m*; OPT *a.* Fokus *m*; *lunettes* **à double ~** mit Bifokalgläsern 6 *d'incendie*, MÉD, *fig de révolte* Herd *m*; MÉD *a.* Krankheitsherd *m*; *t/t* Fokus *m*; *fig d'une civilisation etc* Zentrum *n*; Mittel-, Ausgangspunkt *m*; *fig et péj* Brutstätte *f*; **~ d'épidémie(s)** Brutstätte von Seuchen; **~ d'incendie** Brandherd *m*; MÉD **~ d'inflammation** Entzündungsherd *m*; POL **~ de troubles** Unruheherd *m*

F.P.A. [ɛfpea] F ABR (formation professionnelle des adultes) berufsbezogene Aus- und Weiterbildung für Erwachsene

frac [fʀak] M Frack *m*

fracas [fʀaka] M Krach *m*; Getöse *n*; Gepolter *n*; Gedröhn(e) *n*; **avec ~** krachend; mit Getöse; mit lautem Krach; *fig* **mettre qn à la porte avec perte et ~** *fam* j-n hochkant(ig), in hohem Bogen rausschmeißen

fracassant [fʀakasɑ̃] ADJ 1 *bruit* krachend; polternd; dröhnend 2 *fig nouvelle* verblüffend; aufsehenerregend

fracasser [fʀakase] A V/T zerschmettern; zertrümmern B V/PR **se ~** zerschellen (**contre** an *+dat*); zerbrechen

fraction [fʀaksjõ] F 1 MATH Bruch *m*; **~ décimale** Dezimalbruch *m*, -zahl *f* 2 *d'un tout* (An)Teil *m*; Bruchteil *m*; **en une ~ de seconde** im Bruchteil e-r Sekunde; **pendant une ~ de seconde** e-n kurzen Augenblick, Moment lang 3 *dans un parti* Gruppierung *f*

fractionnaire [fʀaksjɔnɛʀ] ADJ MATH Bruch…; **nombre** *m* **~** Bruchzahl *f*

fractionnel [fʀaksjɔnɛl] ADJ ⟨~le⟩ POL zersetzend

fractionnement [fʀaksjɔnmɑ̃] M 1 (Auf)Teilung *f*; Zerlegung *f*; *d'un parti* (Auf)Spaltung *f*; Zersplitterung *f* 2 CHIM Fraktionierung *f*

fractionner [fʀaksjɔne] A V/T zerlegen; (auf-, zer)teilen; zersplittern; (auf)spalten B V/PR **se ~** *parti etc* sich (auf)spalten, aufsplittern

fractionnisme [fʀaksjɔnism] M POL Bildung *f* von Splittergruppen; **fractionniste** POL A ADJ spalterisch B M Spalter *m*

fracture [fʀaktyʀ] F 1 MÉD (Knochen)Bruch *m*; *t/t* Fraktur *f*; **~ ouverte** komplizierter, offener Bruch; **~ simple** einfacher, glatter Bruch; **~ du crâne** Schädelbruch *m*; **réduire une ~** e-n Bruch einrichten 2 GÉOL Bruch *m*; Verwerfung *f*; Sprung *m*

fracturer [fʀaktyʀe] A V/T 1 *os* brechen 2 *porte, serrure* aufbrechen B V/PR **se ~ le bras** *etc* sich (*dat*) den Arm *etc* brechen

fragile [fʀaʒil] ADJ 1 *verre etc* zerbrechlich (*a. sur étiquettes*); brüchig; spröde; *par ext mécanisme* empfindlich; störanfällig 2 *personne* (sehr) zart; empfindlich; anfällig; *constitution* schwach; *cheveux* dünn; empfindlich; **avoir l'estomac ~** e-n empfindlichen Magen haben; **avoir une santé ~** von zarter Gesundheit, (gegen Krankheiten) empfindlich, anfällig sein 3 *fig bonheur etc* vergänglich; unbeständig; unsicher; *bonheur a.* zerbrechlich; *autorité a.* schwach; **théorie** *f* **~** fragliche, auf schwachen Beinen stehende Theorie

fragiliser [fʀaʒilize] V/T MÉD, PSYCH anfällig, empfindlich machen; schwächen

fragilité [fʀaʒilite] F 1 *du verre etc* Zerbrechlichkeit *f*; Sprödigkeit *f*; Brüchigkeit *f*; *par ext* *d'un mécanisme* Empfindlichkeit *f*; Störanfälligkeit *f* **2** *d'une personne, de l'organisme* Empfindlichkeit *f*; Anfälligkeit *f*; *d'une personne a.* Zartheit *f*; Zerbrechlichkeit *f* **3** *fig du bonheur, d'un sentiment etc* Vergänglichkeit *f*; Unbeständigkeit *f*; Unsicherheit *f*; *du bonheur a.* Zerbrechlichkeit *f*; *d'une théorie* Schwäche *f*; Fraglichkeit *f*

fragment [fʀagmɑ̃] M **1** *d'une œuvre d'art* Fragment *n*; Bruchstück *n* **2** *de rocher etc* Brocken *m*; Splitter *m*; **~s d'os** Knochensplitter *mpl* **3** *d'une lettre, d'un discours etc* Auszug *m*; Passage *f*; Stelle *f*

fragmentaire [fʀagmɑ̃tɛʀ] ADJ *œuvre* fragmentarisch; bruchstückhaft; unvollendet; *connaissances* lückenhaft

fragmentation [fʀagmɑ̃tasjõ] F Zersplitterung *f*; Zerstück(e)lung *f*

fragmenter [fʀagmɑ̃te] V/T zerstückeln; zersplittern; aufteilen (**en plusieurs États** in mehrere Staaten); *roman* einteilen (**en plusieurs épisodes** in mehrere Episoden); **~ la publication d'un ouvrage** ein Werk in einzelnen, mehreren Teilen, Folgen veröffentlichen

fragrance [fʀagʀɑ̃s] *litt* F Wohlgeruch *m*; Duft *m*

frai [fʀɛ] M **1** **a** *ponte* Laichen *n* **b** *période* Laichzeit *f* **c** *œufs* Laich *m* **2** *(alevins)* Fischbrut *f*

fraîche [fʀɛʃ] ADJ → frais[1]

fraîchement [fʀɛʃmɑ̃] ADV **1** *(récemment)* unlängst; (erst) vor Kurzem; frisch **2** *accueillir* kühl; frostig; unfreundlich

fraîcheur [fʀɛʃœʀ] F **1** *de l'air, de l'eau, de la nuit* Frische *f*; Kühle *f*; **~ du soir** Abendkühle *f*; **chercher un peu de ~** etwas Kühle, Kühlung suchen **2** *fig d'un accueil* Kühle *f*; Frostigkeit *f* **3** *d'aliments, d'une personne, du teint, de la jeunesse etc* Frische *f*; *d'impressions a.* Neuheit *f*; Lebendigkeit *f*; *de sentiments* Reinheit *f*; Unschuld *f*

fraîchir [fʀɛʃiʀ] V/I **1** *vent* auffrischen; stärker, kräftiger werden **2** *temps* frischer, kühler werden

frais[1] [fʀɛ] **A** ADJ ⟨fraîche [fʀɛʃ]⟩ **1** *vent, nuit, eau* frisch; kühl; *cave, ruelle* kühl; **petit air ~** frisches, kühles Lüftchen **2** *fig accueil* kühl; frostig; unfreundlich **3** *aliment, traces, blessure, vêtement, personne, teint etc* frisch; *forces a.* unverbraucht; *impressions a.* neu; lebendig; °**harengs ~** grüne Heringe *mpl*; **légumes ~** *a.* Frischgemüse *n*; **neige fraîche** Neuschnee *m*; frisch gefallener Schnee; **attention, peinture fraîche!** Vorsicht, frisch gestrichen!; **troupes fraîches** frische, neue, ausgeruhte Truppen *fpl*; *loc adj* **de fraîche date** neueren Datums; *loc adv* **de ~** frisch **4** *fam* **nous voilà ~!, nous sommes ~!** *fam* da haben wir den Schlamassel!; jetzt sitzen wir (ganz) schön in der Tinte, Patsche! **B** ADV **1** frisch; kühl; **boire, servir ~** kühl, gekühlt, kalt trinken, servieren; **il fait ~** es ist frisch, kühl **2** ⟨*veränderlich*⟩ frisch; vor Kurzem; gerade; **des cerises fraîches cueillies** frisch gepflückte Kirschen; → *a.* émoulu **C** SUBST **1** M Kühle *f*; Frische *f*; MAR **bon, grand ~** starker, steifer Wind; *aliments* **garder au ~** kühl, an e-m kühlen Ort aufbewahren; **mettre qc au ~** etw kalt stellen; *fam fig* **on l'a mis au ~** *fam* man hat ihn eingelocht, eingebuchtet; **prendre le ~** frische Luft schöpfen, *fam* schnappen **2** LOC ADV **à la fraîche** in der Morgenkühle

frais[2] [fʀɛ] MPL Kosten *pl*; Unkosten *pl*; Spesen *pl*; (Kosten)Aufwand *m*; Ausgaben *fpl*; Auslagen *fpl*; **faux ~** Nebenkosten *pl*; zusätzliche Kosten; Spesen; *d'une entreprise* **~ généraux** allgemeine Unkosten; Gemeinkosten *pl*; **~ professionnels** Werbungskosten *pl*; **~ d'achat, d'acquisition** Anschaffungskosten *pl*; **~ de chauffage** Heizungskosten *pl*; **~ de déplacement** Reisespesen *pl*, -auslagen *pl*, -kosten *pl*; JUR **~ d'enregistrement** Eintragungs- *ou* Einschreibungskosten *pl*, -gebühr *f*; Registriergebühr *f*; **~ d'entretien** Unterhalts-, Unterhaltungs-, Instandhaltungskosten *pl*; **~ d'envoi** Versandkosten *pl*, -spesen *pl*; **~ d'exploitation** Betriebskosten *pl*; JUR **~ de justice** Gerichtskosten *pl*, -gebühren *fpl*; **~ de main-d'œuvre** Lohn- *ou* Arbeitskosten *pl*; **~ de tenue de compte** Kontoführungsgebühr *f*; **établir la note de ~** die Spesen abrechnen; die Spesenabrechnung aufstellen; ♦ *loc adv*: **aux ~ de qn** auf j-s Kosten *(acc)*; **aux ~ de l'État** auf Staatskosten; **à grands ~** mit hohen Kosten, hohem Kostenaufwand; mit großer Mühe, Anstrengung; **à peu de, à moindres ~** mit wenig Kosten, geringen Kosten, geringem Kostenaufwand; ohne große Unkosten; *fig* mit geringem Aufwand; mit geringer, wenig Mühe; **tous ~ compris** alle Spesen inbegriffen; einschließlich aller Unkosten; **tous ~ payés** spesen-, kostenfrei; ♦ *fam fig* **arrêtez les ~!** hören Sie auf damit!; *fig* **en être pour ses ~** sich umsonst bemüht haben; nichts erreichen; **faire des ~** *personne* (viel) Geld ausgeben; *chose* (Un)-Kosten verursachen; **faire beaucoup de ~ pour** *(+inf)* große Ausgaben haben, viel ausgeben, um zu *(+inf)*; **faire les ~ de qc** für etw aufkommen, die Kosten tragen müssen; *fig* **faire les ~ de la conversation** *(être le principal sujet)* das Gesprächsthema bilden; den Gesprächsstoff liefern; *(parler seul)* die Unterhaltung allein bestreiten; **se mettre en ~** sich in Unkosten stürzen; *fig* sich anstrengen; sich *(dat)* Mühe geben; *fig* **se mettre en ~ d'amabilité** sich sehr freundlich zeigen; sehr freundlich tun; **prendre les ~ à sa charge** die Kosten übernehmen, tragen; → *a.* rentrer B 2

fraisage [fʀɛzaʒ] M TECH (Aus)Fräsen *n*; Fräsarbeit *f*

fraise[1] [fʀɛz] F **1** Erdbeere *f*; **~s des bois** Walderdbeeren *fpl*; *fam fig* **sucrer les ~s** *fam* den Tatterich haben; ganz zitt(e)rig, *fam* tatt(e)rig sein; *(être gâteux) fam* ein Tattergreis sein; → *a.* ramener A 6 **2** ADJT ⟨*inv*⟩ erdbeerfarben, -farbig

fraise[2] [fʀɛz] F **1** **a** *outil* Fräser *m*; Fräse *f* **b** *de dentiste* Bohrer *m* **2** COUT Halskrause *f* **3** *du dindon* Hautlappen *m* **4** *de veau* Gekröse *n*

fraiser [fʀeze] V/T TECH (aus)fräsen

fraiseraie [fʀɛzʀɛ] F Erdbeerpflanzung *f*, -plantage *f*

fraiseur [fʀɛzœʀ] M *ouvrier* Fräser *m*; **fraiseuse** F **1** *ouvrière* Fräserin *f* **2** *machine* Fräsmaschine *f*

fraisier [fʀezje] M BOT Erdbeerpflanze *f*; Erdbeere *f*

framboise [fʀɑ̃bwaz] F **1** *fruit* Himbeere *f*; **sirop** *m* **de ~s** Himbeersirup *m* **2** *liqueur* Himbeerlikör *m*; *eau-de-vie* Himbeergeist *m*

framboisé [fʀɑ̃bwaze] ADJ mit Himbeergeschmack; **framboisier** M BOT Himbeerstrauch *m*; Himbeere *f*

franc[1] [fʀɑ̃] M *monnaie* **a** *en Suisse* Franken *m*; **~ suisse** Schweizer Franken **b** HIST *en France, en Belgique, au Luxembourg* Franc *m*; **ancien ~** alter Franc; **~ belge, français, luxembourgeois** belgischer, französischer, Luxemburger Franc; **nouveau ~**, *fam* **~ lourd** neuer Franc; ÉCON **zone ~** Franc-Zone *f*; Währungsgebiet *n* des Franc

franc[2] [fʀɑ̃] ADJ ⟨franche [fʀɑ̃ʃ]⟩ **1** **a** *(sincère)* frei(mütig); offen(herzig); aufrichtig; gerade; geradeheraus *(attribut seulement)*; **~ du collier** offen *(im Reden, Handeln)*; *advt* **à parler ~** offen gesagt, gestanden; um offen zu sein; **je serai ~ avec vous** ich werde (ganz) offen mit Ihnen reden; **jouer ~ jeu** mit offenen Karten spielen **b** *par ext* **franche aversion, hostilité** offene Abneigung, Feindseligkeit **c** *couleur* klar; rein **d** **franche canaille** Erzkanaille *f* **2** *(libre)* frei; FOOTBALL **coup ~** Freistoß *m*; COMM: **port ~** Freihafen *m*; **zone franche** Freizone *f*; **~ de port** porto-, frachtfrei; franko

franc[3] [fʀɑ̃] HIST **A** ADJ ⟨franque [fʀɑ̃k]⟩ fränkisch **B** SUBST **Franc, Franque** *m,f* Franke *m*, Fränkin *f*

français [fʀɑ̃sɛ] **A** ADJ französisch; **grammaire, langue, littérature ~e** französische Grammatik, Sprache, Literatur; **la République ~e** die Französische Republik; *loc adj et loc adv* **à la ~e** französisch; auf französische Art, auf Französisch; *advt* **acheter ~** (nur) französische Produkte kaufen; **cela n'est pas ~** das sagt man im Französischen nicht; das ist kein Französisch; **être ~** Franzose, französischer Staatsbürger, -angehöriger sein **B** SUBST **1** **Français(e)** *m(f)* Franzose *m*, Französin *f*; **Français moyen** Durchschnittsfranzose *m* **2** LING **le ~** das Französische; Französisch *n*; **l'ancien ~** das Altfranzösische; Altfranzösisch *n*; **le ~ moderne** das Neufranzösische; Neufranzösisch *n*; **le ~ parlé** das gesprochene Französisch; gesprochenes Französisch; **enseignement** *m* **du ~** Französischunterricht *m*; **professeur** *m* **de ~** Französischlehrer(in) *m(f)*; *loc adv*: **en ~** auf Französisch; im Französischen; *livre* **paraître en ~** in Französisch erscheinen; *fig* **en bon ~, ça veut dire** *qu'il refuse* das heißt auf gut Deutsch ...; **traduire en bon ~** in gutes, korrektes Französisch übersetzen; **traduire de l'allemand en ~** aus dem Deutschen ins Französische übersetzen; **apprendre le ~** Französisch lernen; *fam fig* **vous ne comprenez pas le ~?** Sie verstehen wohl kein Deutsch?; **ne pas savoir un mot de ~** kein *ou* nicht ein Wort Französisch können; *advt*: **parlez-vous ~?** sprechen Sie Französisch?; **parler couramment (le) ~** fließend Französisch sprechen; **on parle ~** hier wird Französisch gesprochen

franc-comtois [fʀɑ̃kõtwa] ADJ ⟨franche-comtoise⟩ (*et* SUBST **Franc-Comtois** Bewohner) der Franche-Comté

France [fʀɑ̃s] **1** **la ~** Frankreich *n*; **la ~ d'en bas** der von Politik und Wirtschaft enttäuschte Teil der französischen Bevölkerung; **la ~ d'en haut** der privilegierte Bevölkerungsteil Frankreichs; Frankreichs Privilegierte *mpl* **2** F *Vorname*

France 2 [fʀɑ̃sdø] *zweites Programm des frz Fernsehens*

France 3 [fʀɑ̃stʀwa] *drittes Programm des frz Fernsehens* *(mit Regionalsendungen)*

francfort [fʀɑ̃kfɔʀ] F *saucisse* Frankfurter *f*

Francfort [fʀɑ̃kfɔʀ] Frankfurt *n*

francfortois [fʀɑ̃kfɔʀtwa] **A** ADJ Frankfurter **B** SUBST **Francfortois(e)** *m(f)* Frankfurter(in) *m(f)*

Francfort-sur-le-Main [fʀɑ̃kfɔʀsyʀləmɛ̃] Frankfurt *n* am Main

Francfort-sur-l'Oder [fʀɑ̃kfɔʀsyʀlɔdɛʀ] Frankfurt *n* an der Oder

Franche-Comté [fʀɑ̃ʃkõte] **la ~** **1** *frz Region* **2** HIST die Freigrafschaft Burgund

franchement [fʀɑ̃ʃmɑ̃] ADV **1** *(sincèrement)* offen; aufrichtig; freimütig; gerade-, rundheraus; frank und frei; **(à parler) ~, ...** offen gestanden, gesagt, ...; **~, tu exagères!** offen gesagt, *fam* (ganz) ehrlich, du übertreibst!; **dire qc ~** etw offen, rundheraus sagen; **parler ~ à qn** mit j-m (ganz) offen reden **2** *(nettement)* (ganz) eindeutig; klar; deutlich;

c'est ~ mauvais das ist (ganz) eindeutig schlecht 3 *(courageusement)* beherzt; entschieden; entschlossen

franchir [fʀɑ̃ʃiʀ] V/T *frontière, seuil* überschreiten; gehen über *(+acc)*; *obstacle* übersteigen, -klettern, -springen; nehmen; überwinden *(a. fig)*; **~ le cap de la cinquantaine** die Fünfzig überschreiten; **~ une distance** eine Strecke zurücklegen; **~ un fleuve, un pont** einen Fluss, eine Brücke überqueren; *cheval* **~ une °haie** e-e Hecke nehmen, überspringen; **~ la ligne d'arrivée** die Ziellinie passieren; durchs Ziel laufen, gehen, fahren; **~ les limites de la décence** den Anstand verletzen; **~ le mur du son** die Schallmauer durchbrechen; *fig* **~ le pas** sich zu e-m Entschluss durchringen

franchisage [fʀɑ̃ʃizaʒ] M COMM Franchise *ou* Franchising *n*

franchise [fʀɑ̃ʃiz] F 1 *(sincérité)* Offenheit *f*; Freimut *m*; Freimütigkeit *f*; Aufrichtigkeit *f*; Geradheit *f*; **en toute ~** in aller Offenheit; ganz offen, ehrlich 2 ÉCON (Abgaben-, Gebühren)Freiheit *f*; *dans une assurance* Franchise *f*; Selbstbehalt *m*, -beteiligung *f*; **~ douanière** Zollfreiheit *f*, -befreiung *f*; **~ postale** Postgebührenfreiheit *f*; **en ~** zoll-, gebühren-, portofrei

franchissable [fʀɑ̃ʃisabl] ADJ überschreitbar; *col de montagne* befahrbar; **col** *m* **~ en été** im Sommer befahrbarer Pass

franchissement [fʀɑ̃ʃismɑ̃] M *d'un obstacle* Übersteigen *n*, -klettern *n*, -springen *n*; Überwindung *f*; *d'une frontière* Überschreitung *f*; *d'un fleuve* Überquerung *f*

francien [fʀɑ̃sjɛ̃] M LING **le ~** das Franzische; Franzisch *n*

francilien [fʀɑ̃siljɛ̃] ADJ ⟨~ne⟩ *(et* SUBST **Francilien** Bewohner) der Île-de-France

Francine [fʀɑ̃sin] F *Vorname*

francique [fʀɑ̃sik] LING **le ~** das Fränkische; Fränkisch *n*

Francis [fʀɑ̃sis] M *Vorname*

francisation [fʀɑ̃sizasjõ] F Franzö(si)sierung *f*

franciscain [fʀɑ̃siskɛ̃] REL A ADJ franziskanisch; Franziskaner… B SUBST **~(e)** *m(f)* Franziskaner(in) *m(f)*

franciser [fʀɑ̃size] V/T franzö(si)sieren

francisque [fʀɑ̃sisk] F Streitaxt *f* der Franken *(Emblem der Vichy-Regierung)*

francité [fʀɑ̃site] F Franzosentum *n*

franc-maçon [fʀɑ̃masõ] A M ⟨*pl* francs-maçons⟩ Freimaurer *m* B ADJ ⟨franc-maçonne⟩ freimaurerisch; Freimaurer…

franc-maçonnerie [fʀɑ̃masɔnʀi] F 1 Freimaurerei *f* 2 *fig* (Geheim)Bund *m*; **franc-maçonnique** ADJ freimaurerisch

franco [fʀɑ̃ko] ADV 1 COMM franko; (porto-, kosten-, fracht)frei; **~ à domicile** frei Haus 2 *fam* frank und frei; gerade-, rundheraus

franco-… [fʀɑ̃ko] ADJ französisch-…; *exemples:* **franco-allemand** deutsch-französisch; **franco-arabe** französisch-arabisch; **franco-espagnol** französisch-spanisch

franco-français [fʀɑ̃kofʀɑ̃sɛ] ADJ innerfranzösisch; der Franzosen unter sich

François [fʀɑ̃swa] M *Vorname*

Françoise [fʀɑ̃swaz] F *Vorname*

Franconie [fʀɑ̃kɔni] **la ~** Franken *n*

franconien [fʀɑ̃kɔnjɛ̃] A ADJ ⟨~ne⟩ fränkisch B SUBST **Franconien(ne)** *m(f)* Franke *m*, Fränkin *f*

francophile [fʀɑ̃kɔfil] A ADJ frankreich-, franzosenfreundlich; frankophil B M/F Freund *m* Frankreichs; Frankophile(r) *m/f(m)*; **francophilie** F Frankophilie *f*

francophobe [fʀɑ̃kɔfɔb] ADJ frankreich-, franzosenfeindlich; frankophob; **francophobie** F Frankophobie *f*

francophone [fʀɑ̃kɔfɔn] ADJ Französisch sprechend; französischsprachig; frankofon; **francophonie** F französische Sprachgemeinschaft; Frankofonie *f*

franco-provençal [fʀɑ̃kopʀɔvɑ̃sal] ADJ ⟨-aux⟩ LING frankoprovenzalisch

franc-or [fʀɑ̃ɔʀ] M ⟨*pl* francs-or⟩ Goldfranc *m*, *suisse* -franken *m*

franc-parler [fʀɑ̃paʀle] M Freimut *m*, Offenheit *f* im Reden; **avoir son ~** offen reden; frei, frisch von der Leber weg reden

franc-tireur [fʀɑ̃tiʀœʀ] M ⟨*pl* francs-tireurs⟩ 1 Freischärler *m* 2 *fig* Einzelgänger *m*

frange [fʀɑ̃ʒ] F 1 *bordure* Franse *f* 2 **~ (de cheveux)** Pony(frisur) *m(f)* 3 *fig* kleine Minderheit; Randgruppe *f*

franger [fʀɑ̃ʒe] V/T ⟨-geons⟩ mit Fransen verzieren, versehen

frangin [fʀɑ̃ʒɛ̃] *fam* M Bruder *m*; *plais* Bruderherz *n*; **frangine** *fam* F Schwester *f*; *plais* Schwesterherz *n*

frangipane [fʀɑ̃ʒipan] F CUIS Mandelcreme *f*

franglais [fʀɑ̃glɛ] M mit Anglizismen durchsetztes Französisch

franquette [fʀɑ̃kɛt] LOC ADV *fam* **à la bonne ~** ohne besondere Umstände; ganz zwanglos, einfach

franquisme [fʀɑ̃kism] M POL *en Espagne* Franco-Regime *n*; **franquiste** M/F Franco-Anhänger(in) *m(f)*

frappant [fʀapɑ̃] ADJ auffallend; überraschend; verblüffend; frappant; frappierend

frappe[1] [fʀap] F 1 a *(action de taper à la machine)* Maschine(n)schreiben *n*; **faute** *f* **de ~** Tippfehler *m* b *(manière de frapper)* Anschlag *m* 2 *de la monnaie* Prägen *n*, -ung *f*; *résultat* Gepräge *n* 3 SPORTS Schlagkraft *f* 4 MIL **force** *f* **de ~** französische Atomstreitmacht

frappe[2] [fʀap] F *fam* **une petite ~** *fam* ein sauberes Früchtchen

frappement [fʀapmɑ̃] M Schlagen *n*; Klopfen *n*

frapper [fʀape] A V/T 1 schlagen; *d'un coup, d'un projectile* treffen; MUS *cordes* anschlagen; **~ qn au visage** j-n ins Gesicht schlagen, treffen; **~ qn d'un coup de poignard** j-m e-n Dolchstoß versetzen; *balle* **~ qn en pleine poitrine** j-n in die Brust treffen; *fig* **~ un coup décisif, ~ un grand coup** e-n entscheidenden Schlag führen; *horloge* **~ les douze coups de minuit** Mitternacht schlagen; THÉ **~ les trois coups** dreimal auf den Boden klopfen *(vor dem Öffnen des Vorhangs)*; *projectile etc* **~ le mur** auf die Mauer auftreffen; **~ le sol du pied** mit dem Fuß aufstampfen; *pluie* **~ les vitres** an, gegen die Scheiben schlagen 2 *fig épidémie, catastrophe* **~ qn** j-n heimsuchen; *malheur a.* j-n treffen; über j-n kommen; **le grand malheur qui la frappait** das große Unglück, von dem sie getroffen wurde 3 *loi, mesure* **~ qn** j-n (be)treffen; **~ qn d'une amende** j-m e-r Geldstrafe belegen; j-m e-e Geldstrafe auferlegen; **~ qn, qc d'un impôt** j-m e-e Steuer auferlegen; etw mit e-r Steuer belasten, belegen 4 *(étonner)* **~ qn** j-n überraschen, verblüffen, frappieren, erstaunen; j-m auffallen; *abs* **cela frappe** das fällt auf, ins Auge; **ce qui frappe en entrant, c'est …** wenn man hereinkommt, beim Eintreten fällt auf …; **~ de terreur** in Schrecken versetzen 5 *boisson* kalt stellen; kühlen; *adjt* **frappé** (eis)gekühlt 6 *monnaie* prägen; *drapeau* **frappé d'une aigle** mit aufgeprägtem Adler B V/I **~ (à la porte)** (an die Tür) klopfen; anklopfen; **entrez sans ~** (bitte) nicht anklopfen; **on frappe** es klopft; *fig* **~ à la bonne, à la mauvaise porte** sich an die richtige, an die falsche *ou* verkehrte Stelle, *fam* Adresse wenden; *fig* **~ à toutes les portes** sich an alle Stellen wenden; *fam* von Pontius zu Pilatus laufen; **~ dans ses mains** in die Hände klatschen C V/PR 1 **se ~ le front** sich *(dat)* an die Stirn tippen; **se ~ la poitrine** sich *(dat)* an die Brust schlagen 2 *fam fig* **(ne) te frappe pas** mach dir deswegen keine Gedanken; reg dich darüber nicht auf; *fam* lass dir deshalb keine grauen Haare wachsen; **sans se ~** völlig gelassen

frappeur [fʀapœʀ] ADJ M **esprit ~** Klopf-, Poltergeist *m*

frasque [fʀask] F Eskapade *f*; Streich *m*; Torheit *f*; Dummheit *f*; **~ de jeunesse** Jugendtorheit *f*, -streich *m*; **faire des ~s** *a.* über die Stränge schlagen

fraternel [fʀatɛʀnɛl] ADJ ⟨~le⟩ brüderlich, Bruder… *(a. fig)*; *(entre frères et sœurs)* geschwisterlich; Geschwister…; **baiser ~** Bruderkuss *m*

fraternisation [fʀatɛʀnizasjõ] F Verbrüderung *f*; *avec l'ennemi* Fraternisierung *f*; **fraterniser** V/I sich verbrüdern **(avec qn** mit j-m); fraternisieren (mit j-m)

fraternité [fʀatɛʀnite] F 1 Brüderlichkeit *f*; Brüderschaft *f*; Zusammengehörigkeit *f* 2 REL Bruderschaft *f*

fratricide [fʀatʀisid] A ADJ brudermörderisch; **guerre** *f* **~** Bruderkrieg *m* B SUBST 1 M JUR Bruder- *ou* Schwestermord *m* 2 M/F Bruder- *ou* Schwestermörder(in) *m(f)*

fraude [fʀod] F Betrug *m*; Betrügerei *f*; JUR, *lors d'un examen* Täuschung *f*; *d'un bilan* Verschleierung *f*; **~ électorale** Wahlbetrug *m*; **~ fiscale, à l'impôt** Steuerhinterziehung *f*; **fabriquer qc en ~** etw schwarz herstellen; **passer qc en ~** etw (ein-, heraus)schmuggeln; **prendre qn en ~** j-n bei e-r Täuschung, e-m Betrug ertappen

frauder [fʀode] A V/T betrügen; täuschen; *bilan* verschleiern; **~ le fisc** Steuern hinterziehen B V/I betrügen; **~ à** *ou* **dans l'examen** bei der Prüfung täuschen, unerlaubte Hilfsmittel benutzen

fraudeur [fʀodœʀ] M Betrüger *m*; *de la douane* Schmuggler *m*; *du fisc* Steuerhinterzieher *m*

frauduleux [fʀodylø] ADJ ⟨-euse⟩ betrügerisch; **banqueroute, faillite frauduleuse** betrügerischer Bankrott; **bilan ~** gefälschte, verschleierte, *fam* frisierte Bilanz

frayer [fʀeje] ⟨-ay- *ou* -ai-⟩ A V/T **~ un passage** e-n Weg bahnen **(à qn dans la foule** j-m durch die Menge); *fig* **~ la voie à qn, à qc** j-m, e-r Sache den Weg bereiten, ebnen B V/I 1 **~ avec qn** mit j-m verkehren, Umgang *ou* Kontakt haben, pflegen 2 *poisson* laichen C V/PR **se ~ un chemin, un passage** sich *(dat)* e-n Weg bahnen **(à travers, dans la foule** durchs Gedränge)

frayeur [fʀɛjœʀ] F Schrecken *m*; Angst *f*; Schauder *m*

fredaine [fʀədɛn] F Eskapade *f*; Streich *m*

Frédéric [fʀedeʀik] M *Vorname*

Frédérique [fʀedeʀik] F *Vorname*

fredonnement [fʀədɔnmɑ̃] M Summen *n*; Trällern *n*; **fredonner** V/T summen; trällern

free-lance [fʀilɑ̃s] A ADJ freiberuflich tätig; frei B M/F ⟨*pl* free-lances⟩ freie(r) Mitarbeiter(in); Freiberufler(in) *m(f)*

freesia [fʀezja] M BOT Freesie *f*

freeware [fʀiwɛʀ] M INFORM Freeware *f*

freezer [fʀizœʀ] M Gefrierfach *n*; Froster *m*

frégate [fʀegat] F 1 MAR Fregatte *f* 2 ZOOL Fregattvogel *m*

frein [fʀɛ̃] M 1 TECH Bremse *f*; **~ avant, arrière** Vorderrad-, Hinterradbremse *f*; **~ moteur** Motorbremse *f*; **~ à disque, à main, à tam-**

F

bour Scheiben-, Hand-, Trommelbremse *f*; CH DE FER ~ **de secours** Notbremse *f*; **appuyer sur le ~** auf die Bremse treten; **donner un coup de ~** kurz (ab)bremsen; *fig* **coup de ~ donné à** Einschränkung *f*, Drosselung *f* (+*gén*); **les ~s ont lâché** die Bremsen haben nachgegeben, versagt; **mettre, serrer le ~** die Bremse anziehen **2** *fig* Hemmschuh *m*; Zügel *m*; **sans ~** zügel-, schranken-, grenzenlos; ungezügelt; **être un ~ à qc** etw hemmen, bremsen; ein Hemmschuh sein für etw; **mettre un ~ à qc** etw zügeln, im Zaum halten; e-r Sache (*dat*) Zügel anlegen, e-n Riegel vorschieben; → *a.* ronger A 1 **3** ANAT Bändchen *n*; *t/t* Frenulum *n*

freinage [fʀenaʒ] M **1** TECH Bremsen *n*, -ung *f*; Abbremsen *n*; **bon, mauvais ~** guter, schlechter Bremseffekt *m*; **système** *m*, **trace** *f* **de ~** Bremssystem *n*, -spur *f* **2** *fig des prix, de la production* Drosselung *f*; Dämpfung *f*

freiner [fʀene] **A** V/T hemmen, bremsen (*a. fig*); *fig* behindern; ein Hemmschuh sein (**qc** für etw); *conjoncture, exportation* bremsen; drosseln; dämpfen **B** V/I (ab)bremsen; **~ brusquement, doucement** scharf, weich bremsen

Fréjus [fʀeʒys] *Stadt im Dep. Var*

frelatage [fʀəlataʒ] M *de produits* (Ver)Fälschen *n*, -ung *f*; *du vin, du lait a.* Pan(t)schen *n*

frelater [fʀəlate] V/T *marchandise* (ver)fälschen; *vin, lait a.* pan(t)schen; *adjt* **frelaté** *fig vie, plaisirs* unnatürlich

frêle [fʀɛl] ADJ **1** (*délicat*) zierlich; feingliede(e)rig **2** (*faible*) schwach (*a. voix*); schwächlich; **voix** *f* **~ de vieillard** schwache Greisenstimme; **tout reposait sur ses ~s épaules** alles ruhte auf ihren schwachen Schultern

frelon [fʀəlõ] M ZOOL Hornisse *f*; **nid** *m* **de ~s** Hornissennest *n*

freluquet [fʀəlykɛ] M *péj* Laffe *m*; kleiner Geck

frémir [fʀemiʀ] V/I **1** *feuillage etc* rauschen; säuseln; zittern; *insectes* schwirren; *eau avant de bouillir* summen; singen **2** *personne* (er)zittern; (er)beben; schau(d)ern; **~ de crainte, d'impatience, d'indignation** vor Furcht, Ungeduld, Empörung zittern, beben; **le froid le faisait ~** er schauderte, bebte, *fam* bibberte vor Kälte; *abs* **c'est à faire ~** das ist schauderhaft, abscheulich

frémissant [fʀemisɑ̃] ADJ zitternd, bebend (**de colère** *etc* vor Zorn *etc*); vibrierend; **frémissement** M **1** *des feuilles etc* Rauschen *n*; Säuseln *n*; Zittern *n* **2** *d'une personne* (Er)Zittern *n*; Beben *n*; Erschauern *n*

frênaie [fʀɛnɛ] F Eschenwald *m*

french cancan [fʀɛnʃkɑ̃kɑ̃] M *danse* Cancan *m*

frêne [fʀɛn] M Esche *f* (*arbre et bois*)

frénésie [fʀenezi] F Raserei *f*; Wahnsinn *m*; **avec ~** wie wahnsinnig; wie besessen; rasend

frénétique [fʀenetik] ADJ *rythme, applaudissements* frenetisch; rasend; **frénétiquement** ADV *applaudir* begeistert; *aimer* leidenschaftlich

fréquemment [fʀekamɑ̃] ADV häufig; oft

fréquence [fʀekɑ̃s] F **1** Häufigkeit *f*; CH DE FER **~ des trains** Zugdichte *f* **2** PHYS Frequenz *f*; Schwingungszahl *f*

fréquent [fʀekɑ̃] ADJ häufig; ständig wiederkehrend; **il est ~ de voir …** man sieht oft, häufig …; **ce n'est pas ~** das kommt nicht oft vor, ist nicht üblich; **faire un usage ~ de qc** etw oft, häufig benützen

fréquentable [fʀekɑ̃tabl] ADJ **individu** *m* **peu ~** Person, der man aus dem Weg gehen sollte, mit der man nicht verkehren sollte

fréquentatif [fʀekɑ̃tatif] ADJ *et* SUBST M LING (**verbe**) **~** Frequentativ(um) *n*

fréquentation [fʀekɑ̃tasjõ] F *des musées etc* häufiger Besuch; *des gens* Umgang *m*, (häufiger) Verkehr, Zusammensein *n* (**de** mit); **~ scolaire** Schulbesuch *m*; **~ des théâtres** häufiger Theaterbesuch; **avoir de mauvaises ~s** schlechten Umgang haben; **bien choisir ses ~s** die Leute, mit denen man verkehrt, gut aussuchen; **ce n'est pas une ~ pour lui** das ist kein Umgang für ihn

fréquenté [fʀekɑ̃te] ADJ *route* stark, viel befahren; *rue a.* belebt; *lieu* viel besucht; **mal ~** wo zweifelhafte Leute verkehren

fréquenter [fʀekɑ̃te] **A** V/T **1** *lieu, spectacle etc* häufig, regelmäßig besuchen; frequentieren **2 ~ qn** mit, bei j-m verkehren; mit j-m Umgang haben, pflegen; mit j-m oft, häufig zusammenkommen; **~ une jeune fille** mit e-m Mädchen gehen **B** V/PR **se ~** miteinander verkehren; oft, häufig zusammenkommen; **ils ont cessé de se ~** sie kommen nicht mehr zusammen

frère [fʀɛʀ] M **1** Bruder *m*; **~(s) et sœur(s)** *f(pl)* Geschwister *pl*; *fam* **petit ~** kleiner Bruder; Brüderchen *n*; *nom d'entreprise* **Durand ~s** Gebrüder Durand; **aimer qn comme un ~** j-n wie e-n Bruder lieben; *La Fontaine* **si ce n'est toi, c'est donc ton ~** wenn es du nicht warst, dann dein Bruder **2** REL Bruder *m*; **mes (bien chers) ~s!** liebe Brüder (und Schwestern)!; liebe Gemeinde!; **il a été élevé chez les ~s** er ist in e-r (von Mönchen geleiteten) Klosterschule erzogen worden **3** *fig* Bruder *m*; *adjt* Bruder…; **faux ~** falscher Freund, *fam* Fuffziger; *fam* **vieux ~** *fam* altes Haus; **~s d'armes** Waffenbrüder *mpl*; *adjt* **partis** *mpl* **~s** Schwesterparteien *fpl*; **peuples** *mpl* **~s** Brudervölker *npl*; **c'est un ~ pour moi** er ist wie ein Bruder für mich; **partager en ~s** brüderlich teilen; *couple* **vivre comme ~ et sœur** wie Bruder und Schwester leben; e-e Josephsehe führen **4** *fam fig d'objets* Pendant *n*; *fam* Zwilling *m*

frérot [fʀeʀo] *fam* M kleiner Bruder; Brüderchen *n*; *fam* Bruderherz *n*

frésia [fʀezja] M → freesia

Fresnay [fʀenɛ, fʀe-] **Pierre ~** *frz Schauspieler*

Fresnes [fʀɛn] *Stadt im Dep. Val-de-Marne*

fresque [fʀɛsk] F **1** PEINT Fresko *n*; Freske *f*; **peinture** *f* **à ~** Freskomalerei *f* **2** *fig* (Monumental)Gemälde *n*, (-)Schilderung *f*

fret [fʀɛ] M **1** **a** (*coût du transport*) Fracht *f*; Frachtkosten *pl*, -geld *n*, -preis *m* **b** MAR Schiffsmiete *f*; Schiffsmietpreis *m* **2** (*cargaison*) Fracht *f*; Frachtgut *n*; Ladung *f*; **~ aérien, ferroviaire** Luft-, Bahnfracht *f*

fréter [fʀete] V/T ‹-è-› **1** *véhicule* mieten **2** *navire* verchartern; **fréteur** M Schiffsvermieter *m*

frétillant [fʀetijɑ̃] ADJ *poisson* zappelnd; zuckend; *personne* lebhaft; quecksilb(e)rig; quirlig; **être tout ~ d'impatience** ganz zapp(e)lig sein vor Ungeduld

frétillement [fʀetijmɑ̃] M Zappeln *n*; Zucken *n*

frétiller [fʀetije] V/I *poisson* zappeln; zucken; *personne* zappeln (**d'impatience** vor Ungeduld); *chien* **~ de la queue** mit dem Schwanz wedeln

fretin [fʀətɛ̃] M **1** wertlose kleine Fische *mpl* **2** *fig* **menu ~** *fam* kleine Fische *mpl*

freudien [fʀødjɛ̃] **A** ADJ ‹~ne› freudianisch; Freuds **B** SUBST **~(ne)** *m(f)* Freudianer(in) *m(f)*

freudisme [fʀødism] M Lehre *f* Freuds und s-r Schüler

freux [fʀø] M ZOOL Saatkrähe *f*

Freyming [fʀemiŋ], [fʀemɛ̃] *Stadt im Dep. Moselle*

friabilité [fʀijabilite] F *des roches* Bröck(e)ligkeit *f*; Brüchigkeit *f*; *de la craie* Zerreibbarkeit *f*

friable [fʀijabl] ADJ *roche* bröck(e)lig; brüchig; *gâteau* bröck(e)lig; krüm(e)lig; *craie a.* zerreibbar

friand [fʀijɑ̃] **A** ADJ **être ~ de qc** *d'un aliment* etw für sein Leben gern essen; große Lust auf etw (*acc*) haben; *fig de compliments etc* auf etw (*acc*) aus sein; *st/s* nach etw lüstern sein **B** M CUIS kleine Blätterteigpastete

friandise [fʀijɑ̃diz] F *souvent* PL **~s** Leckereien *fpl*; *all Sud* Schleckereien *fpl*

Fribourg [fʀibuʀ] Freiburg *n*

Fribourg-en-Brisgau [fʀibuʀɑ̃bʀisgo] Freiburg *n* im Breisgau

fric [fʀik] M *fam* (*argent*) *fam* Kohle *f*; Knete *f*; Zaster *m*; Kies *m*; Moneten *pl*; Pinke *f*; Pinkepinke *f*; Piepen *pl*; Kröten *fpl*; Moos *n*; Mäuse *fpl*; Eier *npl*

fricandeau [fʀikɑ̃do] M ‹*pl* ~x› CUIS gespickte Kalbsnuss

fricassée [fʀikase] F **1** CUIS Frikassee *n*; **~ de poulet** Hühnerfrikassee *n* **2** *fam* **~ de museaux** *fam* endlose, allgemeine Küsserei

fricasser [fʀikase] V/T CUIS frikassieren

fricative [fʀikativ] ADJ *et* SUBST F PHON (**consonne**) **~** Frikativ-, Reibelaut *m*

fric-frac [fʀikfʀak] *fam* M ‹*pl* fric-fracs› Einbruch *m*

friche [fʀiʃ] F AGR Brache *f*; Brachland *n*; *loc adj* **en ~** *terre* brachliegend (*a. fig dons, facultés*); unbestellt; *fig a.* ungenutzt; *terre et fig* **être (laisser) en ~** brachliegen (lassen)

frichti [fʀiʃti] *fam* M Essen *n*

fricot [fʀiko] *fam* M Essen *n*

fricotage [fʀikɔtaʒ] *fam* M dunkles, faules Geschäft; Schiebergeschäft *n*

fricoter [fʀikɔte] *fam* **A** V/T **~ qc** etw im Schilde führen; *fam* etw aushecken **B** V/I dunkle, faule Geschäfte machen; **fricoteur** M *fam* Schieber *m*

friction [fʀiksjõ] F **1** Ab-, Einreiben *n*, -ung *f*; Frottieren *n*; MÉD Friktion *f*; Reibmassage *f*; COIFFEUR Kopfmassage *f* **2** PHYS, TECH Reibung *f*; Friktion *f* **3** *fig* Reibung *f*; Reiberei *f*; **cause** *f* **de ~** Anlass *m* zu Reibereien; Reibungsfläche *f*; **point** *m* **de ~** Reibungs-, Streitpunkt *m*

frictionner [fʀiksjɔne] **A** V/T ein-, abreiben; frottieren **B** V/PR **se ~** sich ein-, abreiben, (ab)frottieren

fridolin [fʀidɔlɛ̃] M *fam péj* Deutsche(r) *m*

frigidaire® [fʀiʒidɛʀ] M Kühlschrank *m*; *fam fig projet etc* **mettre au ~** auf Eis legen; einfrieren

frigide [fʀiʒid] ADJ *femme* frigid(e); **frigidité** F Frigidität *f*

frigo [fʀigo] M *fam* (*réfrigérateur*) Kühlschrank *m*

frigorifier [fʀigɔʀifje] V/T **1** *aliment* einfrieren **2** ADJT *personne fam* **être frigorifié** ganz durchgefroren *ou* durchfroren sein

frigorifique [fʀigɔʀifik] ADJ Kühl…; Gefrier…; Kälte…; **camion** *m*, **chaîne** *f* **chambre** *f* **~** Kühlwagen *m*, -kette *f*, -raum *m*; **machine** *f* **~** Kältemaschine *f*

frileux [fʀilø] ADJ ‹-euse› **1** *personne* kälteempfindlich; *attitude* fröstelnd; **être ~** leicht frieren, frösteln **2** *fig* ängstlich; zaghaft

frimas [fʀima] *poét* MPL (Rau)Reif *m*

frime [fʀim] F *fam* Theater *n*; Mache *f*; **pour la ~** (nur) zum Schein; pro forma; **c'est de la ~** das ist doch alles nur Theater, Mache; er *etc* tut doch nur so

frimer [fʀime] V/I *fam* sich groß aufspielen; angeben; **frimeur** M, **frimeuse** F *fam* Angeber(in) *m(f)*

frimousse [fʀimus] *fam* F Gesicht(chen) *n*

fringale [fʀɛ̃gal] *fam* F Heißhunger *m* (*a. fig*); *fam* Kohldampf *m*; **j'ai une de ces ~s!** *fam* hab ich e-n Kohldampf!; *fig* **avoir une ~ de lecture** e-n Heißhunger auf Lektüre haben; lesehungrig sein

fringant [fʀɛ̃gɑ̃] ADJ 1 *cheval* feurig 2 *personne* flott; schneidig

fringuer [fʀɛ̃ge] *fam* A V/T anziehen; *adjt* **être bien fringué** gut angezogen, *fam* in Schale sein B V/PR **se ~** sich anziehen

fringues [fʀɛ̃g] FPL *fam* Klamotten *fpl*

friper [fʀipe] V/T *tissu, vêtement* zerknittern, -knüllen, *fam* -knautschen

friperie [fʀipʀi] F 1 *(vieux habits)* Altkleider *npl* 2 a *commerce* Altkleiderhandel *m* b *boutique* Secondhandshop *m*

fripes [fʀip] *fam* FPL Altkleider *npl*; Secondhandkleidung *f*

fripier [fʀipje] M, **fripière** F Altkleiderhändler(in) *m(f)*; Trödler(in) *m(f)*

fripon [fʀipɔ̃] *fam* A ADJ ⟨~ne⟩ schelmisch; spitzbübisch B SUBST **~(ne)** *m(f) d'un enfant* Schelm *m*; Spitzbube *m*, -bübin *f*; **petit ~** kleiner Schelm

fripouille [fʀipuj] *fam* F Lump *m*; Schuft *m*; Schurke *m*; Halunke *m*

friqué [fʀike] *fam* ADJ reich; *fam* betucht; **être ~** *fam* gut betucht sein

frire [fʀiʀ] ⟨*défect*: je fris, il frit; je frirai; frit⟩ V/T *et* V/I **(faire) ~** (in schwimmendem Fett) backen, braten; frittieren; **pâte** *f* **à ~** Ausbackteig *m*; **poêle** *f* **à ~** Bratpfanne *f*; → *a.* frit

frisant [fʀizɑ̃] ADJ *lumière* flach einfallend

frisbee [fʀizbi] M *jeu* Frisbee® *n*

frise¹ [fʀiz] F 1 a ARCH Fries *m* b *décoration* (Ornament)Fries *m*; Zierstreifen *m* 2 THÉ Bühnenhimmel *m*

frise² [fʀiz] F MIL **cheval** *m* **de ~** ⟨*pl* chevaux de ~⟩ spanischer Reiter

Frise [fʀiz] **la ~** Friesland *n*

frisé [fʀize] A ADJ 1 *cheveux* lockig; gekräuselt; kraus; gelockt; wellig; *personne* mit gelocktem Haar; kraushaarig; **cheveux ~s** *a.* Kraushaar *n*; **être ~ comme un mouton** → mouton 1 2 *feuilles* kraus; gekraust; **chou ~** Wirsing *m* B M 1 *personne* Locken-, Krauskopf *m* 2 *fam* → fritz

Frise-Orientale [fʀizɔʀjɑ̃tal] **la ~** Ostfriesland *n*

friser [fʀize] A V/T 1 *cheveux* wellen; in Wellen legen; locken; kräuseln 2 *(frôler)* **~ l'impertinence, le ridicule** *etc* an Unverschämtheit, ans Lächerliche *etc* grenzen; **il frise la soixantaine** er ist bald, knapp, an die sechzig (Jahre alt) B V/I *cheveux* sich wellen, kräuseln, locken, (k)ringeln; wellig, lockig, kraus sein; *personne* Locken-, Kraushaar bekommen *ou* haben; **~ naturellement** von Natur gelocktes Haar haben; Naturwellen, -locken haben

frisette [fʀizɛt] F Löckchen *n*; kleine Locke; **se faire des ~s** sich *(dat)* Löckchen machen, drehen

frison [fʀizɔ̃] A ADJ ⟨~ne⟩ friesisch B SUBST 1 **Frison(ne)** *m(f)* Friese *m*, Friesin *f* 2 LING **le ~** das Friesische; Friesisch *n*

Frisonnes [fʀizɔn] **les îles** *fpl* **~** die Friesischen Inseln *fpl*

frisottant [fʀizɔtɑ̃] *ou* **frisotté** ADJ *cheveux* sich kräuselnd, (k)ringelnd

frisotter [fʀizɔte] A V/T **~ qn** j-m Löckchen machen, drehen B V/I *cheveux* sich kräuseln, (k)ringeln

frisquet [fʀiskɛ] *fam* ADJ ⟨~te⟩ frisch; kühl; **il fait ~** es ist kühl, frisch

frisson [fʀisɔ̃] M Schauder *m*; *st/s* Schauer *m*; *de froid a.* Frösteln *n*; Zittern *n*; *de peur, d'excitation a.* (Er)Zittern *n*; *st/s* (Er)Beben *n*; *de peur a.* Gruseln *n*; MÉD **~s** *pl* Schüttelfrost *m*; **avoir un ~ de terreur** vor Schrecken (er)zittern; **donner le ~ à qn** j-n schaudern, erschauern lassen; **cela me donne le ~, j'en ai des ~s** es schaudert mich (dabei); es gruselt mir (davor); es überläuft mich kalt (dabei); mich erfasst, ergreift, überfällt (dabei) ein Schauder

frissonnant [fʀisɔnɑ̃] ADJ schaudernd; erschauernd; (er)zitternd; *st/s* (er)bebend; *de froid a.* fröstelnd; **frissonnement** M Erschauern *n*; Schaudern *n*; (Er)Beben *n*; *de peur a.* Gruseln *n*; *des feuilles* Rascheln *n*; Rauschen *n*

frissonner [fʀisɔne] V/I 1 erschauern; schaudern; *de froid a.* frösteln; *de peur, d'émoi, de froid a.* zittern; *st/s* beben; *d'effroi* sich gruseln; **~ de plaisir** vor Lust beben; **faire ~ qn** j-n erschauern lassen 2 *poét roseau etc* sich (leicht) bewegen, *eau* sich kräuseln (**sous le vent** im Wind)

frisure [fʀizyʀ] F *des cheveux* Kräuselung *f*

frit [fʀi] PP → frire *et* ADJ 1 (in schwimmendem Fett) gebacken, gebraten; frittiert; **œuf ~** in Öl gebratenes Spiegelei; **pommes de terre ~es** Pommes frites *pl* 2 *fam fig* **il est ~** *fam* er ist erledigt; es ist aus mit ihm

frite [fʀit] F *fam* Fritte *f*; *surtout pl* **~s** Pommes frites *pl*; *fam* Pommes *pl*; Fritten *fpl*; **steak** *m* **~s** (Beef)Steak *n* mit Pommes frites; **cornet** *m* **de ~s** Tüte *f* (mit) Pommes frites; *fam fig* **avoir la ~** in Form sein

friterie [fʀitʀi] F Pommes-frites-Stand *m*; **friteuse** F CUIS Fritteuse *f*

friture [fʀityʀ] F 1 CUIS a *action* Braten *n*, Backen *n* (in schwimmendem Fett) b *graisse* (heißes) Ausbackfett; Frittüre *f* c *poissons* (kleine) gebratene, gebackene Fische *mpl* 2 RAD, TÉL Störgeräusch *n*; Knattern *n*

fritz [fʀits] M *fam péj* Deutsche(r) *m*

frivole [fʀivɔl] ADJ 1 *personne* leichtfertig; leichtsinnig; oberflächlich; frivol 2 *lecture, prétexte etc* nichtssagend; *prétexte a.* nichtig; *lecture a.* leicht; oberflächlich; *spectacle a.* gehaltlos

frivolité [fʀivɔlite] F 1 *d'une personne* Leichtfertigkeit *f*; Oberflächlichkeit *f*; Leichtsinn *m*; Frivolität *f* 2 *d'une chose* Oberflächlichkeit *f*; Nichtigkeit *f* 3 **~s** *pl* Accessoires *npl*; modisches Beiwerk

froc [fʀɔk] M 1 (Mönchs)Kutte *f*; *fig* **jeter le ~ aux orties** *moine* aus dem Orden austreten; *prêtre* den Priesterberuf aufgeben 2 *fam* (*pantalon*) *fam* Büx *f*; Buxe *f*

froid [fʀwa] A ADJ ⟨froide [fʀwad]⟩ 1 *temps, vent, eau, lieu etc* kalt; kühl; *moteur, mets* kalt; **chambre ~e** Kühlraum *m*; **avoir les mains ~es** kalte Hände haben; **boire ~** kalt, etwas Kaltes trinken; **manger ~** kalt essen 2 *personne* (gefühls)kalt; kühl; *(insensible)* gefühllos; kaltherzig; *(indifférent)* gleichgültig; ungerührt; *accueil etc* kühl; frostig; unfreundlich; *colère* kalt; verhalten; **guerre ~e** kalter Krieg; **garder la tête ~e** e-n kühlen Kopf, kaltes Blut bewahren; **cela me laisse ~** das lässt mich kalt; **rester ~** gleichgültig, ungerührt bleiben 3 *vêtement* dünn; luftig; leicht; **être trop ~ pour l'hiver** *a.* für den Winter viel zu kalt sein 4 LOC ADV **à ~** TECH kalt; **démarrage** *m* **à ~** Kaltstart *m*; *fig* **s'emporter à ~ sur un sujet** sich (ganz) plötzlich, unvermittelt über ein Thema ereifern; SPORTS *et fig* **prendre son adversaire à ~** s-n Gegner überfahren, überrumpeln, *fam* kalt erwischen B M 1 Kälte *f*; **~ artificiel, industriel** künstliche Kälte; **les premiers ~s** die ersten kalten Tage *mpl ou* Nächte *fpl*; **résistance** *f* **au ~** *des êtres vivants* Widerstandsfähigkeit *f* gegen Kälte; TECH Kältebeständigkeit *f*; *fam* **~ de canard, de loup** *fam* Hunde-, *pop* Saukälte *f*; *fam* **il fait un ~ de canard, de loup** *fam* es ist hunde-, *pop* saukalt; **vague** *f* **de ~** Kälteeinbruch *m*, -welle *f*; **attraper, prendre ~** sich erkälten; *fam* sich verkühlen; **attraper un coup de ~** sich *(dat)* e-e Erkältung holen, zuziehen; **avoir ~** frieren; **j'ai ~** ich friere, es friert mich, mich friert, mir ist kalt (**aux mains** an den Händen); *fig* **n'avoir pas ~ aux yeux** Courage haben; *fig* **battre ~ à qn** j-m die kalte Schulter zeigen; j-n links liegen lassen; **cela me donne ~** davon *ou* dabei wird es mir (ganz) kalt; **cela me donne ~ dans le dos** dabei läuft es mir kalt den Rücken hinunter; *fam fig* **être en ~ avec qn** auf gespanntem Fuß *ou* nicht gut mit j-m stehen; **il fait ~** es ist kalt, kühl; *fig* **jeter un ~ dans l'assistance** wie e-e kalte Dusche, ernüchternd, peinlich auf das Publikum wirken; **mourir de ~** erfrieren; an Unterkühlung sterben; *fam fig* **on meurt, crève de ~ ici** *fam* hier ist's hunde-, *pop* saukalt; **supporter le ~** (die) Kälte (gut) ertragen 2 TECH Kältetechnik *f*

froidement [fʀwadmɑ̃] ADV 1 *(avec réserve)* kühl; kalt; *(calmement)* unbewegt; gleichgültig; gelassen; **accueillir qn ~** j-n kühl, frostig, reserviert empfangen 2 *tuer qn* kaltblütig 3 *plais*: *comment allez-vous? - ~!* wies einem so geht bei dem Wetter

froideur [fʀwadœʀ] F (Gefühls)Kälte *f*; Kühle *f*; Frostigkeit *f*; Reserviertheit *f*; **être d'une ~ incroyable** unglaublich kalt, kühl sein

froidure [fʀwadyʀ] *litt* F (Winter)Kälte *f*

froissement [fʀwasmɑ̃] M 1 *d'un tissu* (Zer)Knittern *n* 2 *bruit* Rascheln *n*; Knistern *n* 3 MÉD Zerrung *f*; Quetschung *f* 4 *fig* **~s** *pl* Reibereien *fpl*; Zusammenstöße *mpl*

froisser [fʀwase] A V/T 1 *tissu, papier* zerknittern; *papier a.* zerknüllen; *tissu a.* zerdrücken; *fam* zerknautschen; *adjt* **tôle froissée** Blechschaden *m* 2 MÉD *muscle etc* zerren; quetschen 3 *fig* **~ qn** j-n kränken, verletzen B V/PR **se ~** 1 *tissu, vêtement* knittern; knüllen; *fam* knautschen 2 **se ~ un muscle** sich *(dat)* e-e Muskelzerrung, -quetschung zuziehen 3 *personne* gekränkt, beleidigt sein

frôlement [fʀolmɑ̃] M 1 *(effleurement)* Streifen *n*; leichte Berührung 2 *bruit* Knistern *n*; Rascheln *n*

frôler [fʀole] V/T 1 *(effleurer)* streifen; leicht berühren 2 *(raser)* (ganz) nahe vorbeigehen *ou* -fahren (**qn, qc** an j-m, etw) 3 *fig* **~ l'accident** fast, um ein Haar e-n Unfall haben; **~ la catastrophe, la mort** knapp, mit knapper Not e-r Katastrophe, dem Tod entgehen

fromage [fʀɔmaʒ] M 1 Käse *m*; **~ blanc** Quark *m*; *autrich* Topfen *m*; **~ double crème** Doppelrahmkäse *m*; **~ fondu, frais** Schmelz-, Frischkäse *m*; **~ à pâte molle, à pâte pressée** *ou* **à pâte ferme** Weich-, Hartkäse *m*; **~ de brebis, de chèvre** Schaf(s)-, Ziegenkäse *m*; **soufflé** *m* **au ~** Käseauflauf *m* 2 **~ de tête** Schweinskopfsülze *f* 3 *fam fig*: **avoir un bon ~** an der Futterkrippe sitzen; **en faire (tout) un ~** die Sache mächtig aufbauschen

fromager [fʀɔmaʒe] A ADJ ⟨-ère⟩ Käse...; **industrie fromagère** Käseindustrie *f* B M 1 a *marchand* Käsehändler *m* b *fabricant* Käsehersteller *m* 2 BOT Kapokbaum *m*

fromagerie [fʀɔmaʒʀi] F Käserei *f*

from(e)gi [fʀɔmʒi] M *fam (fromage)* Käse *m*

froment [fʀɔmɑ̃] M Weizen *m*; **farine** *f* **de ~** Weizenmehl *n*

from(e)ton [fʀɔmtɔ̃] M *fam (fromage)* Käse *m*

fronce [fʀɔ̃s] F COUT Kräuselfalte *f*; Reihfältchen *n*

froncement [fʀɔ̃smɑ̃] M **~ des sourcils** Stirnrunzeln *n*

froncer [fʀɔ̃se] V/T ⟨-ç-⟩ 1 **~ les sourcils** die Stirn runzeln 2 COUT kräuseln; fälteln; (an)reihen; zusammenziehen; *adjt* **jupe froncée** (an)gereihter, geriehener Rock

frondaison [fʀɔ̃dɛzɔ̃] *litt* F Laub-, Blattwerk *n*

fronde [fʀɔ̃d] F 1 Schleuder *f* 2 HIST **la Fronde** *Aufstand gegen Mazarin* 3 *par ext* **esprit** *m* **de ~** Geist *m* des Aufruhrs

F

frondeur [fʀɔ̃dœʀ] A M HIST *et fig* Frondeur *m*; *fig a.* scharfer Kritiker der Regierung, der Autorität B ADJ ⟨-euse⟩ aufrührerisch; aufsässig; **esprit ~** Widerspruchsgeist *m*; aufrührerischer Geist; **propos ~s** kritische Reden *fpl*

front [fʀɔ̃] M 1 ANAT Stirn *f*; *loc adv* **le ~ baissé, °haut** gesenkten, erhobenen Hauptes; *st/s* **avoir le ~ de faire qc** die Stirn haben, sich erdreisten, sich unterstehen, etw zu tun; *fig*: **courber le ~** sich fügen, beugen, unterordnen, unterwerfen; **faire ~ à qn, qc** j-m die Stirn bieten; j-m, e-r Sache trotzen; sich j-m, e-r Sache widersetzen; gegen j-n, etw Front machen 2 MIL *et* POL Front *f*; **Front islamique du salut** Islamische Heilsfront; **Front national** *rechtsextreme frz Partei*; **Front populaire** Volksfront *f*; **Front de libération nationale** (*abr* **FLN**) Nationale Befreiungsfront; **guerre** *f* **sur deux, plusieurs ~s** Zweifronten-, Mehrfrontenkrieg *m*; **aller, monter au ~** an die Front gehen; **être au, sur le ~** an der Front sein, stehen; **mourir, tomber au ~** an der Front fallen 3 MÉTÉO **~ chaud, froid** Warm-, Kaltfront *f* 4 *d'une construction* (Vorder)Front *f*; Stirn-, Vorderseite *f*; *par ext*: **~ de mer** am Meer entlangführende Straße; **~ de Seine** Häuserfront *f* an der Seine 5 LOC ADV **de ~** frontal; von vorn; *fig* (ganz) direkt; ohne Umschweife; *marcher, rouler* nebeneinander; auf gleicher Höhe; *voitures* **se heurter de ~** frontal zusammenstoßen; e-n Frontalzusammenstoß haben; MIL **attaque** *f* **de ~** Frontalangriff *m*; **aborder un problème de ~** ein Problem direkt angehen; *voitures etc* **rouler de ~** nebeneinander, auf gleicher Höhe fahren; **mener de ~** gleichzeitig ausüben, betreiben

frontal [fʀɔ̃tal] ADJ ⟨-aux⟩ 1 ANAT Stirn…; **os ~** *ou subst* **~** *m* Stirnbein *n* 2 *collision* **~e** Frontalzusammenstoß *m*

frontalier [fʀɔ̃talje] A ADJ ⟨-ière⟩ Grenz…; **population frontalière** Grenzbevölkerung *f*; **trafic ~** (kleiner) Grenzverkehr; **travailleur ~** Grenzgänger *m*; **ville, zone frontalière** Grenzstadt *f*, -gebiet *n ou* -land *n* B M Grenzbewohner *m*

frontière [fʀɔ̃tjɛʀ] F 1 Grenze *f*; **~ linguistique** Sprachgrenze *f*; **~ naturelle** natürliche Grenze; *fig* **les ~s du savoir** die Grenzen des Wissens; **fermeture** *f* **des ~s** Schließung *f* der Grenzen; Grenzsperre *f*; **incident** *m* **de ~** Grenzzwischenfall *m*; **passage** *m* **de la ~** Grenzübertritt *m*, -überschreitung *f*; *loc adv*: **à la ~** an der Grenze; **au-delà des ~s** jenseits der Grenzen; **dans nos ~s** innerhalb unserer Grenzen; **franchir, passer la ~** über die Grenze gehen; die Grenze überschreiten, passieren; **reconduire à la ~** über die Grenze abschieben 2 ADJT ⟨*inv*⟩ Grenz…; **garde** *m* **~** Grenzwache *f*, -posten *m*; Grenzer *m*; **gare** *f*, **poste** *m*, **ville** *f* **~** Grenzstation *f*, -übergang *m*, -stadt *f*

frontispice [fʀɔ̃tispis] M TYPO 1 Titelblatt *n* 2 Frontispiz *n*; Titelbild *n*

fronton [fʀɔ̃tɔ̃] M 1 ARCH Giebeldreieck *n*, -feld *n*; Frontispiz *n* 2 PELOTE BASQUE Mauer *f*

frottage [fʀɔtaʒ] M Reiben *n*; Scheuern *n*; *du parquet* Bohnern *n*; Wienern *n*

frottement [fʀɔtmɑ̃] M 1 Reiben *n*; Reibung *f* (*a.* PHYS, TECH); Aneinander-, Abreiben *n*; Frottieren *n*; **usure** *f* **par ~** Reibungsabnutzung *f*; Abnutzung *f* durch Reibung 2 *fig* **~s** *pl* Reibereien *fpl*; Schwierigkeiten *fpl*

frotter [fʀɔte] A V/T 1 (ab)reiben; frottieren; *fam* (ab)rubbeln; *allumette* anzünden; anreißen; **~ qc à l'émeri** etw (ab)schmirgeln; **~ son doigt sur la table** mit dem Finger über den Tisch reiben; **~ qn pour le réchauffer, sécher** j-n warm reiben, trocken reiben; *adjt* **instrument** *m* **à cordes frottées** Streichinstrument *n* 2 *sol* scheuern; schrubben; *cuivre, vitres* blank reiben, putzen; **~ le parquet** das Parkett bohnern, wienern B V/I (aneinander)reiben; scheuern; **roue** *f* **qui frotte contre l'aile** am Kotflügel reibendes Rad C V/PR 1 a **se ~** sich abreiben, frottieren b **se ~ les mains, les yeux** sich (*dat*) die Hände, die Augen reiben 2 *fig* a **se ~ à qn** sich an j-m reiben; sich mit j-m anlegen b **se ~ à qc** sich e-e Zeit lang mit etw beschäftigen; *fam* in etw (*acc*) hineinriechen; **ne vous y frottez pas!** lassen Sie die Finger davon!; *prov* **qui s'y frotte s'y pique** wer nicht hören will, muss fühlen (*prov*)

frottis [fʀɔti] M 1 PEINT dünner Farbauftrag 2 BIOL, MÉD Ausstrich *m*

frottoir [fʀɔtwaʀ] M *d'une boîte d'allumettes etc* Reibfläche *f*

frou-frou *ou* **froufrou** [fʀufʀu] M *d'une robe de soie etc* Rascheln *n*; Rauschen *n*; Knistern *n*; Froufrou *m ou n*

froufroutant [fʀufʀutɑ̃] ADJ raschelnd; knisternd; **froufrouter** V/I rascheln; rauschen; knistern

froussard [fʀusaʀ] *fam* A ADJ ängstlich; bang(e); furchtsam; **être ~** *fam* ein Angsthase sein B SUBST **~(e)** *m(f) fam* Angsthase *m*; *all Nord* Bangbüx(e) *f*

frousse [fʀus] F *fam* Heidenangst *f*; Bammel *m*; *pop* Schiss *m*; **avoir la ~** *fam* (e-n) Bammel, (e-e) Heidenangst, *pop* Schiss haben

fructifère [fʀyktifɛʀ] ADJ BOT fruchttragend; Frucht…

fructification [fʀyktifikasjɔ̃] F BOT 1 Fruchtbildung *f*, -ansatz *m* 2 Fruchtstand *m* 3 *des cryptogames* Fortpflanzungsorgane *npl*

fructifier [fʀyktifje] V/I 1 *arbres etc* Früchte tragen (*a. fig*), bilden, hervorbringen; *terre* ertragreich sein 2 COMM Zinsen abwerfen, bringen, tragen; **faire ~ son argent** sein Geld verzinslich, zinsbringend, gewinnbringend anlegen

fructose [fʀyktoz] M CHIM Fruchtzucker *m*; *t/t* Fructose *f*

fructueux [fʀyktɥø] ADJ ⟨-euse⟩ *commerce, spéculation etc* einträglich; gewinnbringend; vorteilhaft; **collaboration fructueuse** fruchtbare, erfolgreiche Zusammenarbeit

frugal [fʀygal] ADJ ⟨-aux⟩ 1 *nourriture, repas* frugal; einfach; karg; kärglich 2 *personne* genügsam; mäßig; enthaltsam; anspruchslos; *vie* einfach; karg; **frugalité** F 1 *d'un repas etc* Einfachheit *f*; Kargheit *f*; Kärglichkeit *f*; Frugalität *f* 2 *d'une personne* Genügsamkeit *f*; Mäßigkeit *f*; Enthaltsamkeit *f*; Anspruchslosigkeit *f*

fruit [fʀɥi] M 1 Frucht *f*; *pl* **~s** *a.* Obst *n*; BIBL *et fig* **le ~ défendu** die verbotene Frucht; **l'attrait** *m* **du ~ défendu** der Reiz des Verbotenen; **~s secs** Dörr-, Trocken-, Backobst *n*; *fig d'une personne* **un ~ sec** ein Versager *m*; *fam* e-e Niete; e-e taube Nuss; **~s tropicaux** Südfrüchte *fpl*; **~ vert** unreife, grüne Frucht; *fig* sehr junges Mädchen; **~s à noyau, à pépins** Stein-, Kernobst *n*; *prov* **c'est au ~ qu'on connaît l'arbre** an der Frucht erkennt man den Baum; BIBL an ihren Früchten sollt ihr sie erkennen 2 **~s de mer** Meeresfrüchte *fpl*; Krusten- und Schalentiere *npl* 3 *fig* Frucht *f*; Folge *f*; Ergebnis *n*; *litt* **~ de l'amour** Frucht, Kind *n* der Liebe; **~ de profondes réflexions** Ergebnis gründlicher Überlegungen; **le ~ d'une vie de travail** die Früchte e-s arbeitsreichen Lebens; **porter ses ~s** Früchte tragen; Folgen zeitigen, haben

fruité [fʀɥite] ADJ mit Fruchtgeschmack; *vin* fruchtig; **goût ~** Fruchtgeschmack *m*

fruiterie [fʀɥitʀi] F Obstgeschäft *n*

fruitier [fʀɥitje] ADJ ⟨-ière⟩ Obst…; Frucht…; **arbre ~** Obstbaum *m*

fruitière [fʀɥitjɛʀ] F *dans le Jura et en Savoie* a Milchverwertungs-, Molkereigenossenschaft *f* b Käserei *f*

frusques [fʀysk] *fam* FPL (alte) Kleider *npl*, *fam* Klamotten *fpl*

fruste [fʀyst] ADJ 1 *personne, manières* ungeschliffen; ungehobelt; grob; plump 2 *médaille* abgegriffen; **statue** *f* **~** verwitterte Statue

frustrant [fʀystʀɑ̃] ADJ frustrierend

frustration [fʀystʀasjɔ̃] F 1 Frustration *f*; Frustriertheit *f*; *fam* Frust *m*; *par ext* Enttäuschung *f* 2 *d'un héritier* Benachteiligung *f*

frustrer [fʀystʀe] V/T 1 frustrieren; (*décevoir*) enttäuschen; *espoirs* vereiteln; enttäuschen; **~ qn dans ses espoirs** j-n in s-n Erwartungen, j-s Erwartungen enttäuschen; *adjt* **frustré** frustriert 2 **~ qn de qc** j-n um etw bringen, betrügen

FS ABR (franc[s] suisse[s]) Fr *ou* sFr *ou* sfr (*pl* sfrs) (Schweizer Franken)

fuchsia [fyʃja] M BOT Fuchsie *f*

fucus [fykys] M BOT Ledertang *m*

fuégien [fɥeʒjɛ̃] A ADJ ⟨~ne⟩ feuerländisch B SUBST **Fuégien(ne)** *m(f)* Feuerländer(in) *m(f)*

fuel [fjul] M Heizöl *n*

fugace [fygas] *litt* ADJ flüchtig; von kurzer Dauer; vergänglich; **fugacité** *litt* F Flüchtigkeit *f*; kurze Dauer

fugitif [fyʒitif] A ADJ ⟨-ive⟩ 1 *personne* flüchtig 2 *pensée, impression, mouvement* flüchtig; *bonheur* (von) kurz(er Dauer); **beauté fugitive** vergängliche, rasch verblühende Schönheit; **ombres fugitives** fliehende Schatten *mpl* B SUBST **~, fugitive** *m,f* Flüchtige(r) *m/f(m)*; Flüchtling *m*

fugue [fyg] F 1 MUS Fuge *f* 2 *d'enfant, d'adolescent* Ausreißen *n*; **faire une ~** ausreißen; weg-, fort-, davonlaufen

fugué [fyge] ADJ MUS in der Art e-r Fuge; fugiert

fuguer [fyge] V/I *fam* ausreißen; **fugueur** M, **fugueuse** F Ausreißer(in) *m(f)*

führer [fyʀœʀ] M POL Führer *m* (*Hitler*)

fuir [fɥiʀ] ⟨je fuis, il fuit, nous fuyons; je fuyais; je fuis; je fuirai; que je fuie; fuyant; fui⟩ A V/T **~ qn, qc** j-m, e-r Sache aus dem Weg(e) gehen; j-n, etw meiden; *st/s* j-n, etw fliehen; **~ un danger** e-r Gefahr ausweichen; **~ un régime** e-m Regime entfliehen; **~ les responsabilités** die Verantwortung scheuen B V/I 1 fliehen, flüchten (**devant qn** vor j-m; **devant le danger** vor der Gefahr); **faire ~ qn** j-n vertreiben 2 *fig et litt beaux jours* dahineilen, -schwinden; verfliegen; *litt* fliehen 3 *liquide* (durch e-e undichte Stelle) rinnen, auslaufen, *gaz* ausströmen (**de** aus) 4 *récipient* leck sein; lecken; e-e undichte Stelle haben; undicht sein; rinnen; *robinet* tropfen; *robinet de gaz* undicht sein 5 *lignes etc* in die Tiefe laufen; sich verjüngen

fuite [fɥit] F 1 Flucht *f* (**devant** vor *+dat*); *fig* **~ en avant** Flucht nach vorn; JUR **délit** *m* **de ~** Fahrer-, Unfallflucht *f*; **tentative** *f* **de ~** Fluchtversuch *m*; *loc adv* **dans sa ~** auf der Flucht; *loc adj* **en ~** auf der Flucht; fliehend; *prisonnier* flüchtig; **être en ~** auf der Flucht *ou* flüchtig sein; **mettre en ~** in die Flucht schlagen; **prendre la ~** die Flucht ergreifen 2 *fig*: ÉCON **~ des capitaux** Kapitalflucht *f*; **la ~ du temps** die dahineilende, verfliegende Zeit 3 *de liquide* Auslaufen *n*, *de gaz* Ausströmen *n* (aus e-r undichten Stelle); **il y a une ~ de gaz** es strömt Gas aus 4 (*fissure*) undichte Stelle; Leck *n*; **il y a une ~** das Rohr ist nicht

F

dicht 5 *fig (indiscrétion)* Indiskretion *f*; Geheimnisverrat *m*; **il y a eu des ~s** es gab Indiskretionen 6 *perspective* **ligne** *f* **de ~** Fluchtlinie *f*; **point** *m* **de ~** Fluchtpunkt *m*

Fuji Yama [fuʒijama] **le ~** der Fudschijama

fulgurant [fylgyʀɑ̃] ADJ 1 *regard* funkelnd; leuchtend; *clarté* gleißend; grell 2 *douleur* stechend 3 *réponse* blitzschnell und scharf; *vitesse, progrès fam* rasant; **fulguration** F 1 PHYS Wetterleuchten *n* 2 *fig et litt* Blitzen *n*; Funkeln *n*; Gleißen *n*

fuligineux [fyliʒinø] ADJ ⟨-euse⟩ rußig; Ruß…; *flamme* rußend

full [ful] M *au poker* Full House *n*

fulminant [fylminɑ̃] ADJ 1 *personne* wütend; tobend; **lettre ~e** wütender Brief; **regard ~** wütender, drohender Blick 2 CHIM Knall…

fulmination [fylminasjõ] F ÉGL CATH Schleudern *n (des Bannfluches)*

fulminer [fylmine] A VT *reproches* **~ contre qn** j-m entgegenschleudern B VI 1 *personne* wettern; toben; schimpfen (**contre** auf *+acc*); *fam* (los)donnern (gegen) 2 CHIM detonieren; explodieren

fumage [fymaʒ] M *ou* **fumaison** F 1 *d'aliments* Räuchern *n* 2 AGR Düngen *n* mit Mist

fumant [fymɑ̃] ADJ 1 *cendres, cheminée etc* rauchend; **soupe ~e** dampfende Suppe 2 *fam fig* **~ de colère** kochend vor Zorn; wutschnaubend 3 *fam* **réussir un coup ~** e-n tollen Coup landen; *malfaiteur* ein tolles Ding drehen

fumasse [fymas] ADJ *fam* → furax

Fumay [fymɛ] *Stadt im Dep. Ardennes*

fumé [fyme] ADJ 1 *aliment* geräuchert; Räucher…; **jambon, lard ~** geräucherter Schinken, Speck; Räucherschinken *m*, -speck *m* 2 **verres ~s** dunkle Brille(ngläser) *f(npl)*

fume-cigare [fymsigaʀ] M ⟨*inv*⟩ Zigarrenspitze *f*; **fume-cigarette** M ⟨*inv*⟩ Zigarettenspitze *f*

fumée [fyme] F 1 Rauch *m*; **~ épaisse** Qualm *m*; dicker, dichter Rauch; **~ du tabac** Tabakrauch *m*; *mur* **noir de ~** rauchgeschwärzt; *fig* **s'en aller, se dissiper, s'évanouir en ~** *projets* in Rauch aufgehen; *fortune* sich in nichts auflösen; zerrinnen; *fumeur* **avaler la ~** auf Lunge rauchen; Lungenzüge machen; **la ~ ne vous dérange pas?** stört es Sie, wenn ich rauche?; *prov* **il n'y a pas de ~ sans feu** wo Rauch ist, ist auch Feuer *(prov)*; kein Rauch ohne Feuer *(prov)* 2 *(vapeur)* Dunst *m*; Dampf *m*

fumer [fyme] A VT 1 *tabac, drogue* rauchen *(a. abs)*; **~ une cigarette** e-e Zigarette rauchen; **~ la cigarette, le cigare, la pipe** Zigaretten, Zigarren, Pfeife rauchen; **défense de ~** Rauchen verboten!; *voulez-vous une cigarette? -* **merci, je ne fume pas** danke, ich bin Nichtraucher; **arrêter, cesser de ~** das Rauchen aufgeben; sich *(dat)* das Rauchen abgewöhnen 2 *aliment* räuchern 3 AGR (mit Mist) düngen; misten B VI 1 *cendres, cheminée etc* rauchen; *plus fort* qualmen 2 *soupe, cheval en nage etc* dampfen 3 *fam personne* toben; schäumen, kochen vor Wut

fumerie [fymʀi] F Opiumhöhle *f*

fumerolle [fymʀɔl] F GÉOL Fumarole *f*

fûmes [fym] → être[1]

fumet [fymɛ] M 1 CUIS Bratenduft *m* 2 *par ext (odeur)* Duft *m*; Aroma *n*; Geruch *m* 3 CH Witterung *f*; Wildgeruch *m*

fumeur [fymœʀ] M, **fumeuse** F Raucher(in) *m(f)*; MÉD **cancer** *m* **des fumeurs** Raucherkrebs *m*; **compartiment** *m* **(non) fumeurs** (Nicht)Raucherabteil *n*

fumeux [fymø] ADJ ⟨-euse⟩ 1 *idées* verschwommen; nebulös; **esprit ~** Wirrkopf *m*; **explications fumeuses** verworrene Erklärungen *fpl* 2 *flamme etc* rauchend

fumier [fymje] M 1 AGR (Stall)Mist *m*; Stalldünger *m*, -dung *m*; **tas** *m* **de ~** Mist-, Dunghaufen *m*; **épandre du ~** Mist streuen 2 *injure pop* Mistvieh *n*; Miststück *n*; *pour un homme a.* Mist-, Saukerl *m*

fumigateur [fymigatœʀ] M MÉD, AGR Räucherapparat *m*; **fumigation** F MÉD, AGR Räuchern *n*; AGR *a.* Begasung *f*; *d'un lieu* Ausräucherung *f*

fumigène [fymiʒɛn] ADJ Rauch entwickelnd; Rauch…; MIL **bombe** *f* **~** Rauch-, Nebelbombe *f*

fumiste [fymist] 1 M *ouvrier* Ofensetzer *m* 2 M/F **c'est un (une) ~** er (sie) hält die Leute zum Narren; *(paresseux)* er (sie) reißt sich *(dat)* kein Bein aus

fumisterie [fymistəʀi] *fam* F Bluff *m*; Schwindel *m*; **une vaste ~** ein aufgelegter Schwindel

fumivore [fymivɔʀ] A ADJ rauchverzehrend B M Rauchverzehrer *m*

fumoir [fymwaʀ] M 1 *pour aliments* Räucherkammer *f* 2 Rauchsalon *m*

funambule [fynɑ̃byl] M/F Seiltänzer(in) *m(f)*

funambulesque [fynɑ̃bylɛsk] ADJ *projets* verstiegen; ausgefallen

funèbre [fynɛbʀ] ADJ 1 Bestattungs…; Begräbnis…; Beerdigungs…; Trauer…; Leichen…; Toten…; **cérémonie** *f* **~** Bestattungs-, Beisetzungsfeier *f*; **cortège** *m* **~** Trauerzug *m*; **pompes** *fpl* **~s** Bestattungs-, Beerdigungsinstitut *n*; **veillée** *f* **~** Totenwache *f* 2 *fig mine* traurig; *voix* unheimlich; *couleur, pensées* düster; **air** *m* **~** *a.* Trauer-, Leichenbittermiene *f*

funérailles [fyneʀɑj] FPL Bestattung *f*; Beisetzung *f*; Begräbnis *n*; Leichenbegängnis *n*; Beerdigung *f*; **~ nationales** Staatsbegräbnis *n*

funéraire [fyneʀɛʀ] ADJ 1 Grab…; **dalle** *f*, **pierre** *f*, **urne** *f* **~** Grabplatte *f*, -stein *m*, -urne *f* 2 Bestattungs…; Begräbnis…; **drap** *m* **~** Bahrtuch *n*

funérarium [fyneʀaʀjɔm] M Leichenhalle *f*

funeste [fynɛst] ADJ *conséquences, conseil, erreur* verhängnisvoll (**à** für); *st/s* unheilvoll; Unheil bringend; *influence* verderblich; **~ pressentiment** dunkle Vorahnung; *son audace* **lui a été ~** wurde ihm zum Verhängnis

funiculaire [fynikylɛʀ] M (Stand)Seilbahn *f*

fur [fyʀ] a LOC ADV **au ~ et à mesure** nach und nach; eins nach dem andern b *loc conj* **au ~ et à mesure que** in dem Maße, wie; **au ~ et à mesure que l'heure avançait …** je weiter die Zeit vorrückte … c *loc prép* **au ~ et à mesure de** je nach

furax [fyʀaks] *fam* ADJ ⟨*inv*⟩ wütend; *fam* wild; **être ~** *a. fam* (e-e) Wut im Bauch haben

furent [fyʀ] → être[1]

furet [fyʀɛ] M 1 ZOOL Frettchen *n* 2 *jeu de société* Taler, Taler, du musst wandern

fureter [fyʀte] VI ⟨-è-⟩ (herum)schnüffeln; *dans une librairie* (herum)schmökern; **~ partout** überall herumschnüffeln

fureteur [fyʀtœʀ], **fureteuse** A M,F Schnüffler(in) *m(f)* B ADJ **des yeux fureteurs** neugierig blickende Augen *npl*

fureur [fyʀœʀ] F 1 Wut *f*; Raserei *f*; *des combats* Verbissenheit *f*; Heftigkeit *f*; *poét* **la ~ des flots** das Toben der Wogen; **accès** *m*, **crise** *f* **de ~** Wutanfall *m*, -ausbruch *m*; **se battre avec ~** verbissen kämpfen; **il entra dans une ~ noire** er bekam, es packte ihn e-e blinde, sinnlose Wut; er wurde maßlos wütend; er begann zu toben, rasen; **être dans une ~ noire** von e-r blinden, sinnlosen Wut gepackt sein; maßlos wütend sein 2 *fig* **~ du jeu, de lire** Spiel-, Lesewut *f*; **~ de vivre** Lebensgier *f*; *spectacle, chanson, mode* **faire ~** großen Erfolg haben; der (große) Schlager sein; Furore machen

furibard [fyʀibaʀ] ADJ *fam* → furibond

furibond [fyʀibõ] ADJ ⟨-bonde [-bõd]⟩ *personne, regard, air* wütend; zornig; grimmig; wild; *personne a.* wutschnaubend; wutschäumend; wutentbrannt; **rouler des yeux ~s** wütend die Augen rollen

furie [fyʀi] F 1 MYTH *et fig d'une femme* Furie *f* 2 *(fureur)* (helle, unbändige) Wut; Raserei *f*; *loc adj* **en ~** wütend; wild geworden; *poét mer* tobend; **attaquer avec ~** ungestüm, heftig, wütend angreifen

furieux [fyʀjø] ADJ ⟨-euse⟩ 1 *personne* wütend *(a. animal)*; zornig; aufgebracht; erbost; erbittert; *regard, air, geste* wütend; zornig; **être ~ contre qn** auf j-n wütend sein; **il est ~ que …** *(+subj)* er ist wütend *etc* darüber, dass … 2 *fig attaque* wütend; heftig; erbittert; *envie* heftig; **appétit ~** unbändiger Appetit 3 **fou ~** Tobsüchtige(r) *m*; **folie furieuse** Tobsucht *f*

furoncle [fyʀõkl] M Furunkel *m*

furonculeux [fyʀõkylø] ADJ ⟨-euse⟩ 1 furunkelartig; furunkulös 2 *personne* mit Furunkeln behaftet; an Furunkulose leidend; **furonculose** F MÉD Furunkulose *f*

furtif [fyʀtif] ADJ ⟨-ive⟩ *regard, geste* verstohlen; heimlich; unauffällig; MIL **avion ~** Tarnkappenflugzeug *n*; **sourire ~** flüchtiges Lächeln; **entrer d'un pas ~** sich herein- *ou* hineinschleichen; **glisser une main furtive dans qc** heimlich in etw *(acc)* greifen

furtivement [fyʀtivmɑ̃] ADV heimlich; **s'en aller ~** sich davonschleichen, -stehlen; **regarder ~ qn** j-n verstohlen ansehen

fus [fy] → être[1]

fusain [fyzɛ̃] M 1 BOT Spindelbaum *m* 2 *(charbon pour dessiner)* (Zeichen)Kohle *f* 3 *dessin* Kohlezeichnung *f*

fusant [fyzɑ̃] ADJ MIL **obus ~** *ou subst* **~** *m* Brennzündergranate *f*

fuseau [fyzo] M ⟨*pl* ~x⟩ 1 *pour filer* Spindel *f*; *loc adj* **en ~** spindelförmig 2 **dentelle** *f* **aux ~x** Klöppelspitze *f* 3 **~** *ou adjt* **pantalon** *m* **~** Steg-, Keilhose *f* 4 GÉOG **~ horaire** Zeitzone *f*

fusée [fyze] F 1 Rakete *f*; **~ éclairante** Leuchtrakete *f*; **~ porteuse** Trägerrakete *f*; **rampe** *f* **de lancement de ~s** Raketenabschussrampe *f* 2 AUTO Achsschenkel *m* 3 *d'une grenade, d'une bombe* Zünder *m*

fuselage [fyzlaʒ] M AVIAT Rumpf *m*

fuselé [fyzle] ADJ spindelförmig; *doigts, jambes* schlank (und wohlgeformt); AVIAT stromlinienförmig

fuser [fyze] VI 1 *pièce de feu d'artifice* unter Zischen abbrennen; *substances chimiques* knisternd verbrennen 2 *fig rires, cris* erschallen; ertönen; sich erheben; aufsteigen

fusible [fyzibl] A ADJ schmelzbar B M ÉLEC (Schmelz)Sicherung *f*

fusil [fyzi] M 1 MIL Gewehr *n*; HIST Flinte *f*; **~ mitrailleur** leichtes Maschinengewehr; **~ (à chargement) automatique** Selbstladegewehr *n*; Selbstlader *m*; **~ à air comprimé** Luftgewehr *n*; **~ à lunette** Gewehr mit Zielfernrohr; **~ de chasse** Jagdgewehr *n*; *à plomb* (Jagd)Flinte *f*; *à balles* Büchse *f*; **coup** *m* **de ~** a Gewehr-, Büchsenschuss *m* b *fam fig dans un restaurant etc fam* gesalzene Rechnung; Nepp *m*; **tirer un coup de ~** e-n (Gewehr)Schuss abgeben; *fig* **changer son ~ d'épaule** umschwenken; s-e Ansicht, Pläne ändern; POL in das andere Lager überwechseln 2 *fig personne* **un excellent ~** ein ausgezeichneter Schütze

fusilier [fyzi(l)je] M MIL **~ marin** Marineinfanterist *m*

fusillade [fyzijad] F Schießerei *f*; Schusswechsel *m*; **une ~ a éclaté** es kam zu e-r

Schießerei, zu e-m Schusswechsel
fusiller [fyzije] VT 1 erschießen; **faire ~ qn** j-n erschießen lassen 2 *fig* **~ qn du regard** j-m vernichtende Blicke zuwerfen 3 *fam fig machine, voiture fam* kaputt machen
fusion [fyzjõ] F 1 PHYS, MÉTALL Schmelzen *n*; **point** *m*, **température** *f* **de ~** Schmelzpunkt *m*, -temperatur *f*; *loc adj* **en ~** schmelzflüssig; in geschmolzenem Zustand; **entrer en ~** zu schmelzen beginnen; flüssig werden 2 NUCL **~ nucléaire** Kernfusion *f*, -verschmelzung *f* 3 ÉCON *d'entreprises* Fusion *f*; Zusammenschluss *m* (*a.* POL *de partis*) 4 *fig de systèmes, de races etc* Verschmelzung *f*
fusionnement [fyzjɔnmɑ̃] M ÉCON Fusionierung *f*; Zusammenschluss *m*; **fusionner** A VT *surtout* ÉCON zusammenschließen, -legen B VI fusionieren; sich zusammenschließen; ineinander aufgehen
fusse [fys] → être¹
fustiger [fystiʒe] VT ‹-geons› 1 HIST auspeitschen 2 *fig et litt* geißeln
fut, fût¹ [fy] → être¹
fût² [fy] M 1 *d'un arbre* Stamm *m* 2 *d'une colonne* Schaft *m* 3 *d'un fusil* Schaft *m* 4 (*tonneau*) Fass *n*; **sentir le ~, avoir pris un goût de ~** nach (dem) Fass schmecken
futaie [fytɛ] F (°**haute**) **~** Hochwald *m*
futaille [fytaj] F 1 Fass *n* 2 *coll* Fässer *npl*
futé [fyte] A ADJ *personne, air* pfiffig; schlau; verschmitzt; *personne a.* gewitzt; gerissen; gerieben; durchtrieben; mit allen Wassern gewaschen B SUBST **~(e)** *m(f)* pfiffiger *etc* Bursche; schlauer Fuchs; *fam* schlaues Weib; Schlauberger *m*; Schlaumeier *m*; **un petit ~** ein pfiffiges Kerlchen
fûtes [fyt] → être¹
futile [fytil] ADJ 1 *conversation etc* belanglos; bedeutungslos; unwichtig; unwesentlich; *propos a.* nichtssagend; leer; *raisons a.* nichtig; **distractions** *fpl* **~s** leerer, nutz-, wertloser Zeitvertreib; **prétexte** *m* **~** nichtiger Vorwand; **s'occuper de choses ~s** sich mit belanglosen, unbedeutenden, nebensächlichen Dingen beschäftigen 2 *personne* belanglosen, unwesentlichen Dingen zugetan; oberflächlich
futilité [fytilite] F 1 *des propos* Belanglosigkeit *f*; Bedeutungslosigkeit *f*; *des raisons* Nichtigkeit *f*; *d'une activité* Wertlosigkeit *f*; Nutzlosigkeit *f*; *d'une vie* Inhaltslosigkeit *f*; *d'une personne* Oberflächlichkeit *f* 2 PL **~s** Belanglosigkeiten *fpl*; Nichtigkeiten *fpl*; *propos* belangloses Zeug; nichtssagende Dinge *npl*; **dire des ~s** Belanglosigkeiten, belangloses Zeug, nichtssagende Dinge reden
futur [fytʀ] A ADJ zukünftige(r, -s); künftige(r, -s); kommende(r, -s); spätere(r, -s); **générations ~es** künftige, kommende Generationen *fpl*, Geschlechter *npl*; **~e mère** werdende Mutter; **temps ~s** (zu)künftige, kommende Zeiten *fpl*; REL **vie ~e** zukünftiges Leben B SUBST 1 **~(e)** *m(f) fam* (*fiancé(e)*) *fam* Zukünftige(r) *m/f(m)* 2 M (*avenir*) Zukunft *f* 3 M GRAM Futur *n*; Zukunft *f*; **~ antérieur** zweites Futur; Futurum exactum *n*; vollendete Zukunft; **~ proche** nahe (mit dem Verb „aller" gebildete) Zukunft; **~ simple** (erstes) Futur; **~ du passé** Konditional *m* als Tempus in futurischen Nebensätzen; **être au ~** im Futur stehen
futurisme [fytyʀism] M Futurismus *m*; **futuriste** ADJ futuristisch
futurologie [fytyʀɔlɔʒi] F Futurologie *f*; Zukunftsforschung *f*; **futurologue** M/F Futurologe *m*, -login *f*; Zukunftsforscher(in) *m(f)*
fuyant [fɥijɑ̃] ADJ *menton, front* fliehend; *perspective* sich verjüngend; **regard ~** ausweichender Blick
fuyard [fɥijaʀ] M Fliehende(r) *m*; Flüchtige(r) *m*; *surtout* vor dem Feind fliehender Soldat
fuyons [fɥijõ] → fuir

G

G¹, g¹ [ʒe] M ‹inv› G, g *n*
G² ABR (gauss) G (Gauß)
g² ABR (gramme[s]) g (Gramm)
gabardine [gabaʀdin] F 1 *tissu* Gabardine *m ou f* 2 *vêtement* Gabardinemantel *m*
gabarit [gabaʀi] M 1 TECH Schablone *f*; Formlehre *f*; CH DE FER **~ de chargement** Lademaß *n*, -profil *n* 2 MAR Mall *n*; **salle** *f* **des ~s** Schnür-, Mallboden *m* 3 *par ext* Größe *f*; Größenordnung *f*; *fam d'une personne* stattlicher Wuchs 4 *fig* (*type*) Art *f*; Sorte *f*; Schlag *m*; **ils sont du même ~** sie sind vom selben Schlag
gabegie [gabʒi] F Miss-, Lotterwirtschaft *f*; *fam* Schlamperei *f*
gabelle [gabɛl] F HIST Salzsteuer *f*
gabelou [gablu] *péj ou iron* M Zöllner *m*
gabier [gabje] M MAR Rudergast *m*
gabion [gabjõ] M TECH Steinpackung *f* in Maschendraht
gable *ou* **gâble** [gabl, gɑ-] M ARCH Wimperg *m*; Ziergiebel *m*
Gabon [gabõ] **le ~** Gabun *n*
gabonais [gabɔnɛ] A ADJ gabunisch B SUBST **Gabonais(e)** *m(f)* Gabuner(in) *m(f)*
Gabriel [gabʀiɛl] M *Vorname*
Gabrielle [gabʀiɛl] F *Vorname*
gâchage [gɑʃaʒ] M *du plâtre etc* Anmachen *n*; Anrühren *n*
gâcher [gɑʃe] VT 1 *plâtre, mortier* anmachen; anrühren; mischen 2 *fig* verderben; *travail, vie* verpfuschen; *occasion* schlecht, miserabel nutzen; *temps, argent, talent* vergeuden; **~ le métier** die Preise verderben; zu billig arbeiten; **~ de la pellicule** sehr viel Film verknipsen *ou* abdrehen; **il m'a gâché mon plaisir** er hat mir den Spaß verdorben
gâchette [gɑʃɛt, ga-] F 1 *d'une arme à feu* Abzug *m*; **appuyer sur la ~** abdrücken; **avoir le doigt sur la ~** den Finger am Abzug haben 2 *d'une serrure* Zuhaltung *f*
gâcheur [gɑʃœʀ] M, **gâcheuse** F Verschwender(in) *m(f)*
gâchis [gɑʃi] M 1 CONSTR (Gips)Mörtel *m* 2 *fig* a (*gaspillage*) Verschwendung *f*; Vergeudung *f* b (*situation confuse*) *fam* Schlamassel *m*
gadget [gadʒɛt] M technische Spielerei; *fam* Apparätchen *n*
gadin [gadɛ̃] M *fam* **prendre, ramasser un ~** hinfallen; hinschlagen
gadoue [gadu] F (Straßen)Schlamm *m*, (-)Dreck *m*
Gaël [gaɛl] M *Vorname*
gaélique [gaelik] A ADJ gälisch B SUBST LING **le ~** das Gälische; Gälisch *n*
Gaëlle [gaɛl] F *Vorname*
Gaète [gaɛt] GÉOG Gaeta *n*
gaffe [gaf] F 1 *fam* (*bourde, maladresse*) Fehler *m*; Dummheit *f*; *fam* Schnitzer *m*; Patzer *m*; **faire, commettre une ~** e-n Fehler, Schnitzer, e-e Dummheit machen; *fam* e-n Bock schießen 2 *fam* **faire ~** aufpassen 3 MAR Bootshaken *m*
gaffer [gafe] *fam* VI e-n Fehler, Schnitzer, e-e Dummheit machen; *fam* e-n Bock schießen
gaffeur [gafœʀ] M, **gaffeuse** F *fam* Dussel *m*; *adjt* ungeschickt; *fam* dusselig
gag [gag] M CINÉMA *etc* Gag *m*
gaga [gaga] ADJ ‹*f inv*› *fam* vertrottelt; verkalkt; **devenir ~** vertrotteln; verkalken; abbauen; **il est complètement ~** er ist völlig vertrottelt, verkalkt
gage [gaʒ] M 1 JUR Pfand *n*; Pfandgegenstand *m*; Faustpfand *n*; **donner, laisser qc en ~** etw als Pfand geben, hinterlassen; **mettre qc en ~** etw verpfänden, versetzen; **prêter sur ~** gegen Pfand leihen 2 JEUX Pfand *n* 3 *fig* Unterpfand *n*; Beweis *m*; Zeichen *n*; **~ d'amitié** Freundschaftsbeweis *m*; **~ d'amour** Unterpfand der Liebe; **donner des ~s de sa bonne foi** e-n Beweis für s-e Aufrichtigkeit geben 4 **~s** *pl* (*salaire*) Lohn *m*; **tueur** *m* **à ~s** Killer *m*; gedungener Mörder
gager [gaʒe] VT ‹-geons› 1 (*parier*) **~ que ...** wetten, dass ... 2 JUR durch ein Pfand sichern; *adjt* **emprunt gagé** gedeckte, gesicherte Anleihe
gageure [gaʒyʀ], *abus* [gaʒœʀ] F unmögliches Unterfangen; gewagte Sache
gagiste [gaʒist] M **~** *ou adjt* **créancier** *m* **~** Pfandgläubiger *m*, -nehmer *m*
gagnant [gaɲɑ̃] A ADJ Gewinn...; *dans une compétition a.* siegreich; JUR obsiegend; **billet ~** Gewinnlos *n*; Treffer *m*; **numéro ~** Gewinnzahl *f*; COURSES **pari ~** Siegwette *f*; **jouer ~ et placé** Sieg und Platz wetten; e-e Sieg- und Platzwette abschließen; **donner un cheval ~** ein Pferd als Sieger betrachten; **vous serez ~** Sie haben etwas davon; **partir ~** siegessicher, -gewiss sein B SUBST **~(e)** *m(f)* JEU Gewinner(in) *m(f)*; COMPÉTITION Sieger(in) *m(f)*
gagne-pain [gaɲpɛ̃] M ‹inv› Broterwerb *m*; **perdre son ~** brotlos werden
gagne-petit [gaɲpəti] M ‹inv› Kleinverdiener *m*
gagner [gaɲe] A VT 1 *en travaillant* verdienen; **~ de l'argent** Geld verdienen; → *a.* **vie** 5; *adjt* **repos bien gagné** wohlverdiente Ruhe 2 *jeu, compétition, guerre, procès* gewinnen; *fam* **c'est toujours ça de gagné** das ist immerhin, wenigstens etwas; besser als nichts 3 (*acquérir*) gewinnen; erwerben; **~ des amis** Freunde gewinnen; **~ tous les cœurs** alle Herzen gewinnen; **~ qn à une cause** j-n für e-e Sache gewinnen; **vous n'y gagnerez rien de bon** Sie gewinnen nichts dabei; **tout ce que j'y ai gagné, c'est un rhume** alles, was ich davon gehabt habe, war e-e Erkältung 4 *temps, place* gewinnen; (*économiser*) (ein)sparen; **chercher à ~ du temps** versuchen, Zeit zu gewinnen; **cela nous fait ~ une heure** dadurch gewinnen wir e-e Stunde; dadurch sparen wir e-e Stunde ein; **~ plusieurs kilos** mehrere Kilo zunehmen; **~ du terrain** MIL Bodengewinne erzielen; *fig: incendie* sich ausbreiten; sich ausdehnen; um sich greifen; *idées* (an) Boden gewinnen; *coureur* Boden gutmachen; aufholen (**sur son adversaire** gegenüber s-m Gegner) 5 (*atteindre*) erreichen; gelangen zu; **~ le large** auf die offene See hinausfahren; **~ la sortie** zum Ausgang gelangen; den Ausgang erreichen; **~ qn de vitesse** schneller sein als j-d 6 *faim, fatigue, sommeil* **~ qn** j-n überkommen; *enthousiasme* **~ qn** auf j-n ansteckend wirken; j-n erfassen; *l'instruction* **gagne toutes les couches de la population** ... erfasst allmählich alle Bevölkerungsschichten; ... breitet sich in allen Bevölkerungsschichten aus; **l'incendie gagne le premier étage** der Brand greift auf den ersten Stock über B VI 1 gewinnen; *dans une compétition a.* siegen; **~ à la loterie** in der Lotterie gewinnen; **~ aux points** nach Punkten siegen; **~ d'une longueur, d'une tête** mit e-r Länge, mit e-r Nasenlänge siegen; **~ par 2-0 (deux à zéro)** (mit) 2:0 (zwei zu null) gewinnen; **à tous les coups on gagne!** jedes Los gewinnt!; **jouer à qui perd gagne** „Wer

verliert, gewinnt" spielen **2** *(obtenir un avantage)* ~ **au change** e-n guten Tausch machen; *fig* ~ **sur tous les tableaux** überall Erfolge verbuchen können; **vous y gagnerez** es ist vorteilhafter für Sie **3** *(s'améliorer)* ~ **à être connu** bei näherem Kennenlernen gewinnen; ~ **en poids, en précision** *etc* an Bedeutung, an Präzision *etc* gewinnen

gai [ge] ADJ **1** fröhlich; heiter; lustig; vergnügt; fidel; *littérature, chanson* heiter; lustig; **couleur ~e** freundliche Farbe; **pièce ~e** freundliches Zimmer; **avoir le cœur ~** fröhlich, gut aufgelegt, guter Dinge sein; **ne pas avoir une vie bien ~e** kein sehr schönes Leben haben; *iron* **eh bien, c'est ~!** das ist ja heiter! **2** *(ivre)* **être un peu ~** angeheitert, beschwipst sein **3** → gay

gaiement [gemɑ̃] ADV fröhlich; lustig; *fam* **allons-y ~!** *fam* na, dann wollen wir mal!

gaieté [gete] F **1** Fröhlichkeit *f*; Heiterkeit *f*; Lustigkeit *f*; **folle ~** Ausgelassenheit *f*; **ce n'est pas de ~ de cœur que …** nur ungern, schweren Herzens … **2** *iron pl* **les ~s de …** die heiteren Seiten *(+gén)*

gaillard [gajaʀ] **A** ADJ **1** *(costaud)* (gesund und) munter; frisch; voller Schwung; *vieillard* **encore ~** noch rüstig **2** *(grivois)* etwas frei; locker **B** M **1** (kräftiger, strammer) Kerl, Bursche; **un grand, solide ~** ein großer, kräftiger Kerl; *fam* **attends un peu, mon ~!** warte, du Bürschchen! **2** MAR ~ **d'arrière** Schanze *f*; ~ **d'avant** Back *f*

gaillarde [gajaʀd] F **1** TYPO *corps d'un caractère* Petit *f* **2** BOT Kokardenblume *f* **3** MUS HIST Gaillarde *f*

gaillardement [gajaʀdəmɑ̃] ADV → gaillard A 1; **gaillardise** F etwas freie, schlüpfrige Äußerung

gaîment → gaiement

gain [gɛ̃] M **1** Gewinn *m*; *(profit)* Nutzen *m*; ÉCON ~ **spéculatif** Spekulationsgewinn *m*; **amour** *m* **du ~** Gewinnstreben *n*, -sucht *f*; **céder à l'appât du ~** der Verlockung des Geldes erliegen; **(re)tirer un ~ de qc** Gewinn, Nutzen, Vorteil aus etw ziehen; → *a.* âpre 3 **2** **avoir, obtenir ~ de cause** JUR recht bekommen; obsiegen *ou* obsiegen; *par ext* das Gewünschte, Geforderte bekommen; sich durchsetzen; gewinnen; siegen; **donner ~ de cause à qn** j-m recht geben; JUR *a.* j-s Antrag *(dat)* stattgeben **3** *(salaire)* **~s** *pl* Verdienst *m*; (Arbeits)Einkommen *n*; **perte** *f* **de ~s** Verdienstausfall *m* **4** ~ **de temps, de place** Zeit-, Raumgewinn *m*, -ersparnis *f*; *moteur* ~ **de puissance** Leistungsgewinn *m*, -zunahme *f*

gainage [gɛnaʒ] M TECH Umhüllen *n*, -ung *f*

gaine [gɛn] F **1** *sous-vêtement* Mieder *n*; Hüfthalter *m*, -gürtel *m* **2** *d'une épée etc* Scheide *f* **3** ANAT Sehnenscheide *f* **4** TECH (Schutz)Hülle *f*; Mantel *m*; ~ **de ventilation** Lüftungskanal *m* **5** *d'un buste* Hermenpfeiler *m*

gaine-culotte [gɛnkylɔt] F ⟨*pl* gaines-culottes⟩ Miederhose *f*

gainer [gene] VT **1** TECH mit e-r Schutzhülle versehen; umhüllen **2** *fig* umhüllen; *(mouler)* modellieren; **des jambes gainées de soie** seidenbestrumpfte Beine *npl*

gaîté → gaieté

gala [gala] M Fest-, Galaveranstaltung *f*; ~ **de bienfaisance** Wohltätigkeitsfest *n*; ~ **de patinage artistique** Schaulaufen *n*; **habit** *m* **de ~** Gala-, Festanzug *m*; Gala *f*; **repas** *m*, **soirée** *f* **de ~** Galadiner *n*, -abend *m*

galactique [galaktik] ADJ ASTRON galaktisch; des Milchstraßensystems

galactogène [galaktɔʒɛn] ADJ PHYSIOL milchtreibend; **galactomètre** M Galaktometer *n*; Milchwaage *f*

galamment [galamɑ̃] ADV → galant

galant [galɑ̃] **A** ADJ **1** *homme* galant; rücksichtsvoll, zuvorkommend, aufmerksam (gegenüber Damen); ritterlich; höflich; *propos* galant; artig; **homme ~** *a.* Kavalier *m*; **il (n')est (pas) ~** *a.* er ist (kein) Kavalier **2** *par ext* galant; Liebes…; **aventure ~e** galantes, amouröses Abenteuer; Liebesabenteuer *n*; **rendez-vous ~** Rendezvous *n*; **en ~e compagnie** in galanter Gesellschaft **3** *litt* ~ **homme** Mann *m* von feiner Lebensart **B** M *plais* Galan *m*; Verehrer *m*; Liebhaber *m*; **vert ~** Weiberheld *m*; Schürzenjäger *m*

galanterie [galɑ̃tʀi] F Galanterie *f*; Zuvorkommenheit *f*, Rücksichtnahme *f* (gegenüber Damen); Ritterlichkeit *f*; **la vieille ~ française** Kavalierstum *n* der alten Schule

galantine [galɑ̃tin] F *Fleisch- od Geflügelsülze*

Galapagos [galapagos], [galapagɔs] **les îles** *fpl* ~ die Galapagosinseln *fpl*

galaxie [galaksi] F ASTRON **a** **Galaxie** Milchstraßensystem *n*; Galaxis *f* **b** *par ext* Galaxie *f*; Sternsystem *n*; Spiralnebel *m*

galbe [galb] M anmutig geschwungene, wohlgerundete Form *f*, Konturen *fpl*

galbé [galbe] ADJ (anmutig, gefällig) geschwungen, geschweift, gerundet; *colonne* mit Entasis; **des jambes bien ~es** wohlgeformte Beine *npl*

galber [galbe] VT **1** anmutig, harmonisch geschwungene, geschweifte Konturen verleihen *(+dat)* **2** TECH *tôles etc* leicht ausbauchen, wölben

gale [gal] F **1** MÉD Krätze *f*; ~ **du ciment** (Berufs)Ekzem *n* der Zementarbeiter; *fam fig* **bois dans mon verre, je n'ai pas la ~!** trink aus meinem Glas, ich hab doch keine ansteckende Krankheit! **2** VÉT Räude *f* **3** *fig (personne méchante)* Giftnudel *f*; Giftspritze *f*

galéjade [galeʒad] F *Provence* Schwindelgeschichte *f*; Flunkerei *f*; **galéjer** VI ⟨-è-⟩ schwindeln; flunkern

galène [galɛn] F MINÉR Bleiglanz *m*

galère [galɛʀ] F **1** MAR HIST Galeere *f*; *loc*: **que diable allait-il faire dans cette ~?** was hatte er denn da zu suchen?; wie konnte er sich bloß darauf einlassen?; **vogue la ~!** hoffen wir das Beste! **2** HIST **(peine** *f* **des) ~s** Galeerenstrafe *f*; *fig* **quelle ~!** so e-e Plagerei, Schinderei!

galérer [galeʀe] *fam* VI ⟨-è-⟩ sich abplagen, *fam* abrackern, abschinden (müssen); es schwer haben

galerie [galʀi] F **1** ARCH Galerie *f*; *Versailles* ~ **des Glaces** Spiegelsaal *m* **2** *(collection ou magasin d'art)* (Kunst)Galerie *f*; ~ **d'art, de peinture, de tableaux** Kunst-, Gemälde-, Bildergalerie *f* **3** COMM ~ **marchande** Einkaufspassage *f*; Ladengalerie *f* **4** **~s** *pl* THÉ Rang *m*; *fig* **pour épater la ~** aus Effekthascherei **5** *(couloir souterrain)* (unterirdischer) Gang; Stollen *m*; MINES Strecke *f*; Stollen *m*; **~s de taupe** Maulwurfsgänge *mpl*; MINES **creuser une ~** e-n Stollen, e-e Strecke vortreiben **6** AUTO Dachgepäckträger *m* **7** ~ **pare-avalanche** Lawinengalerie *f*

galérien [galeʀjɛ̃] M HIST **a** Galeerensträfling *m* **b** Galeerensklave *m*

galeriste [galʀist] M/F Galerist(in) *m(f)*

galet [galɛ] M **1** Kiesel(stein) *m*; **plage** *f* **de ~s** Kies-, Geröllstrand *m* **2** TECH (Lauf)Rolle *f*; ~ **de guidage** Führungsrolle *f*

galetas [galta] M armselige Behausung; *fam* Loch *n*

galette [galɛt] F **1** CUIS flacher runder Kuchen; Fladen *m*; *crêpe* (Buchweizen)Pfannkuchen *m*; **~s bretonnes** bretonische Butterplätzchen *npl*; ~ **des Rois** Dreikönigskuchen *m*; *fig* **plat comme une ~** platt, flach wie ein Pfannkuchen **2** *fam (argent) fam* Kies *m*; → *a.* fric

galeux [galø] ADJ ⟨-euse⟩ **1** *animal* räudig; **brebis galeuse** räudiges Schaf; *fig* schwarzes Schaf **(de la famille** der Familie**)** **2** MÉD krätzig; *fam fig* **j'en mangerais sur la tête d'un ~** das esse ich für mein Leben gern

galhauban [galobɑ̃] M MAR Pardun(e) *n(f)*

Galice [galis] **la ~** Galicien *n (in Spanien)*

Galicie [galisi] **la ~** Galizien *n (in Polen)*

galicien [galisjɛ̃] GÉOG **A** ADJ ⟨~ne⟩ **1** *Espagne* galicisch **2** *Pologne* galizisch **B** SUBST **Galicien(ne)** *m(f)* **1** *en Espagne* Galicier(in) *m(f)* **2** *en Pologne* Galizier(in) *m(f)*

Galilée [galile] **1** M HIST Galilei *m* **2** GÉOG **la ~** Galiläa *n*

galiléen [galileɛ̃] GÉOG, HIST, BIBL **A** ADJ ⟨~ne⟩ galiläisch **B** M **Galiléen** Galiläer *m* *(a. Bezeichnung für Christus)*

galimatias [galimatja] M Galimathias *m ou n*; verworrenes Gerede

galion [galjõ] M MAR HIST Galeone *ou* Galione *f*

galipette [galipɛt] *fam* F Purzelbaum *m*; **faire des ~s** Purzelbäume machen, schlagen

galle [gal] F BOT (Pflanzen)Galle *f*; ~ **du chêne** *ou* **noix** *f* **de ~** Gallapfel *m*; Knopper *f*

Galles [gal] **le pays de ~** Wales *n*

gallican [ga(l)likɑ̃] ADJ ÉGL CATH gallikanisch

gallicanisme [ga(l)likanism] M ÉGL CATH Gallikanismus *m*

gallicisme [ga(l)lisism] M französische Spracheigentümlichkeit; Gallizismus *m*

gallinacés [ga(l)linase] MPL ZOOL Hühnervögel *mpl*

gallois [galwa] **A** ADJ walisisch; von, aus Wales **B** SUBST **Gallois(e)** *m(f)* Waliser(in) *m(f)*

gallon [galõ] M *mesure de capacité* Gallone *f*

gallo-romain [galoʀɔmɛ̃] HIST **A** ADJ galloromanisch **B** MPL **Gallo-Romains** Galloromanen *mpl*; romanisierte Gallier *mpl*

gallo-roman [galoʀɔmɑ̃] M LING **le ~** das Galloromanische; Galloromanisch *n*

galoche [galɔʃ] F Holzpantine *f*, -pantoffel *m*; *fam fig* **menton** *m* **en ~** spitzes, vorspringendes Kinn

galon [galõ] M **1** COUT Borte *f*; Tresse *f*; Litze *f* **2** MIL Tresse *f*; *jusqu'au sergent-major a.* Winkel *m*; *de certains officiers a.* Ärmelstreifen *m*; **~s de caporal** Gefreitenwinkel *mpl*; *fam* **lieutenant** *m* **deux ~s** Oberleutnant *m*; MIL *et par ext* **prendre du ~** befördert werden; avancieren; aufrücken

galonné [galɔne] **A** ADJ betresst **B** SUBST *fam* MIL **un ~** *fam* ein Betresster *m (Offizier, Unteroffizier)*

galonner [galɔne] VT COUT mit Borten, Tressen besetzen

galop [galo] M **1** Galopp *m*; **grand, petit ~** gestreckter, kurzer Galopp; ~ **d'essai** Probe-, Aufgalopp *m*; *fig* Probelauf *m*; *loc adv* **au ~** im Galopp *(a. fig)*; **au ~!** schnell!; *fam* dalli, dalli!; **cheval** *m* **au ~** galoppierendes Pferd; **lancer son cheval au ~** sein Pferd in Galopp setzen; **se mettre au ~, prendre le ~** in Galopp übergehen, fallen; Galopp anschlagen; **partir au ~** davongaloppieren; *fam fig* davon-, weg-, fortrennen **2** MUS, *danse* Galopp *m*

galopade [galɔpad] F **1** Galopp *m*; Galoppieren *n* **2** *fig* Getrappel *n*

galopant [galɔpɑ̃] ADJ *fig* galoppierend; **inflation ~e** galoppierende Inflation

galoper [galɔpe] VI **1** galoppieren; im Galopp reiten **2** *fig* (herum)rennen; ~ **derrière qn** hinter j-m herrennen

galopeur [galɔpœʀ] M *cheval* Galopper *m*

galopin [galɔpɛ̃] M Schlingel *m*; Lausbub *m*; *fam* Bengel *m*

galuchat [galyʃa] M Haifisch- *ou* Rochenhaut *f*; Fischleder *n*

galure [galyʀ] M *ou* **galurin** [galyʀɛ̃] M *fam* (*chapeau*) Hut *m*; *fam* Deckel *m*

galvanique [galvanik] ADJ ÉLEC, TECH galvanisch

galvanisation [galvanizasjõ] F **1** TECH Verzinkung *f* **2** MÉD Galvanisation *f*

galvaniser [galvanize] V/T **1** TECH verzinken; *adjt* **galvanisé** verzinkt **2** *fig orateur: la foule* begeistern; in s-n Bann schlagen; mitreißen; elektrisieren

galvanomètre [galvanɔmɛtʀ] M ÉLEC Galvanometer *n*; **galvanoplastie** [-plasti] F TECH Galvanoplastik *f*; **galvanotypie** [-tipi] F TYPO Galvanoplastik *f*; Elektrotypie *f*

galvauder [galvode] V/T *réputation* entwürdigen; kompromittieren; *talent* vergeuden; *expression* abnutzen; strapazieren

gamay [gamɛ] M *e-e Rebsorte*

gambade [gɑ̃bad] F Luftsprung *m*

gambader [gɑ̃bade] V/I hüpfen, Luftsprünge machen (**de joie** vor Freude); *enfants* **~ dans le jardin** im Garten herumhüpfen

gambas [gɑ̃mbas] FPL *Riesengarnelen*

gambe [gɑ̃b] F MUS → viole

gamberge [gɑ̃bɛʀʒ] *fam* F Grübeln *n*; Grübelei *f*; **gamberger** *fam* V/I ‹-geons› überlegen; nachdenken; grübeln

gambette [gɑ̃bɛt] F *fam* (*jambe*) Bein *n*; *fam all Sud* Haxen *m*; **jouer, tricoter des ~s** *fam* sich aus dem Staub machen; abhauen; verduften

Gambie [gɑ̃bi] **la ~** Gambia *n*

gambien [gɑ̃bjɛ̃] **A** ADJ ‹~ne› gambisch **B** SUBST **Gambien(ne)** *m(f)* Gambier(in) *m(f)*

gambille [gɑ̃bij] F *fam* Schwof *m*; **gambiller** V/I *fam* schwofen

Gameboy® [gɛmbɔj] M *ou* F Gameboy® *m*

gamelle [gamɛl] F **1** Koch-, Essgeschirr *n* **2** *fam* **ramasser une ~** *fam* auf die Nase fallen (*a. fig*)

gamète [gamɛt] M BIOL Gamet *m*; Keim-, Geschlechts-, Fortpflanzungszelle *f*

gamin [gamɛ̃], **gamine** **A** M,F **1** *garçon* kleiner Junge, *all Sud* Bub; *fam* Bengel *m*; *fille* kleines Mädchen; *fam* Göre *f*; **~s** *pl a.* Kinder *npl*; *fam* Gören *pl*; **une bande de ~s** e-e Kinderschar; **se conduire comme un ~** sich wie ein kleiner *ou* dummer Junge benehmen; **c'est encore une ~e** *ou adjt* **elle est encore ~e** sie ist noch ein kleines Mädchen **2** *fam* (*fils, fille*) *fam* Kleine(r) *m/f(m)*; **c'est son ~** das ist sein Kleiner **B** ADJ jungenhaft; lausbubenhaft; (*espiègle*) schelmisch; schalkhaft

gaminerie [gaminʀi] F Kinderei *f*; *plus fort* Dumme(r)jungenstreich *m*

gamma [ga(m)ma] M **1** *lettre* Gamma *n* **2** PHYS **rayons** *mpl* **~** Gammastrahlen *mpl*

gamme [gam] F **1** MUS Tonleiter *f*; **faire des ~s** Tonleitern üben **2** *fig* (*série*) Skala *f*; COMM Palette *f*; (Waren)Angebot *n*; Sortiment *n*; Programm *n*; **~ des couleurs** Farbskala *f*; **~ des prix** Preisskala *f*; **~ de produits** Produktpalette *f*; **toute la ~ des vins de Bordeaux** sämtliche Bordeauxweine; **éprouver toute la ~ des sentiments, des sensations** e-e ganze Gefühlsskala durchleben; *loc adj*: **bas de ~** der unteren Preisklasse; minderwertig; **°haut de ~** der gehobenen Preisklasse; Qualitäts…; **produits** *mpl* **haut de ~** Qualitäts-, Spitzen-, Luxus-, Prestigeerzeugnisse *npl*

gammée [game] ADJ F **croix ~** Hakenkreuz *n*

ganache [ganaʃ] F *fam* **(vieille) ~** (alter) Esel

Gand [gɑ̃] Gent *n*

Gandhi [gɑ̃di] POL, PHIL Gandhi

gandin [gɑ̃dɛ̃] M Geck *m*; Stutzer *m*

gandoura [gɑ̃duʀa] F *Hemd, das unter dem Burnus getragen wird*

gang [gɑ̃g] M (Verbrecher)Bande *f*; Gang *f*; **chef** *m* **de ~** Gangsterboss *m*

Gange [gɑ̃ʒ] **le ~** der Ganges

ganglion [gɑ̃glijõ] M ANAT **~ (lymphatique)** Lymphknoten *m*; **inflammation** *f* **des ~s** Lymphknotenentzündung *f*; *fam* **avoir des ~s** geschwollene Lymphknoten haben

gangrène [gɑ̃gʀɛn] F **1** MÉD Brand *m*; Gangrän *f ou n* **2** *fig* Krebsschaden *m*

gangrener [gɑ̃gʀəne] V/PR ‹-è-› MÉD **se ~** brandig werden; *adjt* **gangrené** brandig (geworden)

gangreneux [gɑ̃gʀənø] ADJ ‹-euse› brandig; gangränös

gangster [gɑ̃gstɛʀ] M **1** Gangster *m* **2** *fig* (*crapule*) Lump *m*; (*escroc*) Betrüger *m*

gangstérisme [gɑ̃gsteʀism] M Gangstertum *n*, -unwesen *n* ['gɛŋ-]; *par ext* Gangstermethoden *fpl*

gangue [gɑ̃g] F **1** MINES Gangart *f* **2** *fig* Schale *f*; Verpackung *f*

ganse [gɑ̃s] F COUT Schnur *f*; Kordel *f*; Besatzband *n*; Paspel *f*; **ganser** V/T mit Schnur, Band besetzen; einfassen; paspeln

gant [gɑ̃] M **1** Handschuh *m*; **~ de boxe, d'escrime** Box-, Fechthandschuh *m*; **~s de caoutchouc, de laine, de peau** Gummi-, Woll-, Leder- *ou* Glaceehandschuhe *mpl*; **~ de protection** Schutzhandschuh *m*; **une paire de ~s** ein Paar *n* Handschuhe; **aller à qn comme un ~** *vêtement* (j-m) sitzen wie angegossen; *rôle* j-m auf den Leib geschrieben sein; *personne* **être souple comme un ~** sehr, überaus geschmeidig, wendig sein; *fig* **jeter le ~ à qn** j-m den Fehdehandschuh hinwerfen; j-n herausfordern; **mettre des ~s** Handschuhe an-, überziehen; *fam fig*: **prendre des ~s avec qn** j-n mit Samt-, Glaceehandschuhen anfassen; *fam* j-n wie ein rohes Ei behandeln; **ne pas prendre de ~s pour dire à qn ce qu'on pense** j-m unverblümt s-e Meinung sagen; **sans prendre de ~s** *a.* ohne viel Federlesens; *fig* **relever le ~** den Fehdehandschuh aufnehmen; die Herausforderung annehmen **2** **~ (de toilette)** Waschlappen *m*, -handschuh *m*; **~ de crin** Massagehandschuh *m*

ganté [gɑ̃te] ADJ *personne* mit Handschuhen; *main* behandschuht

gantelet [gɑ̃tlɛ] M TECH Handleder *n*

ganter [gɑ̃te] V/PR *st/s* **se ~** sich (*dat*) Handschuhe überziehen, überstreifen

ganterie [gɑ̃tʀi] F **1** *industrie* Handschuhindustrie *f* **2** *commerce* Handschuhhandel *m* **3** *usine* Handschuhfabrik *f*; **gantier** M, **gantière** F Handschuhmacher(in) *m(f)*

Gap [gap] *Stadt im Dep. Hautes-Alpes*

garage [gaʀaʒ] M **1** Garage *f*; *pour bicyclettes* Schuppen *m*; *pour avions* Halle *f*; *pour bateaux* Bootshaus *n*; **~ en sous-sol** Tiefgarage *f*; *inscription* **sortie de ~!** Ausfahrt freihalten!; **mettre, rentrer sa voiture au ~** s-n Wagen in die Garage bringen, fahren; s-n Wagen einstellen **2** *atelier* (Autoreparatur-, Kraftfahrzeug)Werkstatt *f*; **~ Renault** Renaultvertretung *f*; **aller porter sa voiture au ~** s-n Wagen in die Werkstatt bringen **3** CH DE FER Abstellen *n*; **voie** *f* **de ~** Abstellgleis *n*; → *a.* voie 2

garagiste [gaʀaʒist] M/F Auto-, Kraftfahrzeugmechaniker(in) *m(f)*; Inhaber(in) *m(f)* e-r Autoreparaturwerkstatt

garance [gaʀɑ̃s] F **1** BOT Färberröte *f*; Krapp *m* **2** ADJ ‹inv› krapprot

garant [gaʀɑ̃] M, **garante** F **1** JUR Bürge *m*, Bürgin *f*; **être garant, garante** bürgen (**de** für) **2** POL Garantiemacht *f*; Garant *m* **3** LOC **se porter garant, garante de qc** sich für etw verbürgen; die Garantie, die Gewähr für etw übernehmen; für etw einstehen

garanti [gaʀɑ̃ti] M JUR Bürgschaftsnehmer *m*

garantie [gaʀɑ̃ti] F **1** COMM Garantie *f*; Gewährleistung *f*; **bon** *m*, **certificat** *m* **de ~** Garantieschein *m*; **délai** *m* **de ~** Garantiefrist *f*; *réparation* **être couverte par la ~** unter die Garantie fallen; *fam* auf Garantie gehen; **ma montre est encore sous (la) ~** auf meine Uhr habe ich noch Garantie; auf meiner Uhr ist noch Garantie **2** JUR Bürgschaft *f*; **donner sa ~** Bürgschaft leisten **3** *par ext* Garantie *f*; Gewähr *f*; Sicherheit *f*; **sans ~** ohne Gewähr; **demander des ~s** Garantien, Sicherheiten verlangen; **offrir, présenter toutes les ~s** jede Gewähr bieten; **prendre des ~s** sich absichern

garantir [gaʀɑ̃tiʀ] V/T **1** JUR bürgen für; *droits, liberté* garantieren; COMM Garantie geben auf (*+acc*); **~ l'indépendance d'un pays** die Unabhängigkeit e-s Landes garantieren; **être garanti un an** ein Jahr Garantie haben **2** (*certifier*) garantieren; gewährleisten; versichern; zusichern; zusagen; **~ la livraison pour mardi** die Lieferung für Dienstag zusichern, zusagen; **~ le succès** für den Erfolg garantieren; **il m'a garanti que tout irait bien** er hat mir versichert, dass alles gut gehen würde **3** (*protéger*) (ab)sichern (**contre un risque** gegen ein Risiko); schützen (**de l'humidité** vor, gegen Nässe)

garbure [gaʀbyʀ] F CUIS Kohlsuppe *f* mit Speck

garce [gaʀs] F *fam péj* **1** *péj* Weibsbild *n*, -stück *n*; *fam* Biest *n*; Luder *n* **2** LOC ADJ **cette ~ de vie** *fam* dieses verdammte, verfluchte, *pop* beschissene Leben

garçon [gaʀsõ] M **1** *enfant* Junge *m*; *all Sud* Bub *m*; *st/s* Knabe *m*; **jeune ~** Halbwüchsige(r) *m*; junger Bursch(e); **mon ~!** mein Junge!; **petit ~** kleiner Junge; *fig* **se sentir un petit ~ auprès de qn** sich (*dat*) neben j-m klein vorkommen; **traiter qn en petit ~** j-n wie e-n kleinen *ou* dummen Jungen behandeln **2** (*jeune homme*) junger Mann; Bursche *m*; *fam* Bursch *m*; Kerl *m*; **un brave ~** ein gutmütiger, braver Kerl; **~ d'honneur** Brautführer *m*; **être beau ~** ein schmucker Bursch sein **3** **mauvais ~** Ganove *m*; *fam* schwerer Junge **4** **vieux ~** (älterer) Junggeselle **5** **~ boucher, boulanger** Fleischer- *ou* Metzger-, Bäckergeselle *m*; **~ coiffeur** Friseurgehilfe *m*; **~ d'ascenseur** Fahrstuhlführer *m*; Liftboy *m*; **~ de bureau** Bürodiener *m*; **~ de courses** Laufbursche *m*, -junge *m*; Bote *m*; **~ d'écurie** Stallbursche *m*; Pferdeknecht *m*; **~ de ferme** Knecht *m*; **~ de laboratoire** Laborgehilfe *m* **6** **~ (de café, de restaurant)** Kellner *m*; Ober *m*; **~ de cabine** Steward *m*

garçonne [gaʀsɔn] F **coiffure** *f* **à la ~** Bubikopf *m*

garçonnet [gaʀsɔnɛ] M **1** (kleiner) Junge **2** ADJT COUT Knaben…; **taille** *f* **~** Knabengröße *f*

garçonnier [gaʀsɔnje] ADJ ‹-ière› jungenhaft; **garçonnière** F Junggesellenwohnung *f*

Gard [gaʀ] **le ~** *Fluss u. Departement in Frankreich*

garde[1] [gaʀd] F **1** (*surveillance*) Bewachung *f*; Beaufsichtigung *f*; Aufsicht *f* (**de** über *+acc*); **chien** *m* **de ~** Wachhund *m*; **faire bonne ~** sehr wachsam sein; gut aufpassen **2** JUR **~ judiciaire** gerichtliche Verwahrung; **~ à vue** Polizeigewahrsam *m*; **droit** *m* **de ~** Sorgerecht *n*; **avoir la ~ d'un enfant** das Sorgerecht für ein Kind haben **3** (*attention*) **~ à vous!** → garde-à-vous; **mettre qn en ~** j-n warnen (**contre qn, qc** vor j-m, etw); **mise** *f* **en ~** Warnung *f*; **prendre ~** achtgeben, achthaben, aufpassen, achten (à auf *+acc*); sich in Acht nehmen, sich hüten, auf der Hut sein, sich vorsehen (vor *+dat*); **prenez ~ (à ce) qu'on ne vous entende pas!** geben Sie acht *ou* passen Sie auf, dass man Sie nicht hört!; **prends ~ de ne pas te salir!** pass auf *ou* gib acht, dass du dich nicht schmutzig machst!; **se tenir, être sur ses ~s** auf der Hut sein; sich vorsehen **4** *service* Wachdienst *m*; Wache *f*; MÉD, PHARM **(service** *m* **de) ~** Bereitschafts-, Notdienst *m*; Nacht- *ou* Sonntagsdienst *m*; **~ de nuit** Nachtwache *f*; **médecin** *m* **de ~** diensthabender Arzt; **pharmacie** *f* **de ~** dienstbereite Apotheke; MIL **poste** *m* **de ~** Wachlokal *n*; Wache *f*; MIL **sentinelle** *f* **de ~** wachhabender, Wache stehender Posten; MIL **tour** *m* **de ~** (turnusmäßiger) Wachdienst; **être de ~** MIL Wache *ou* Wachdienst haben; auf Wache sein; MÉD, PHARM Bereitschaftsdienst haben; MIL **monter la ~** Wache halten, *fam* schieben; Posten stehen **5** *(soldats en faction)* Wache *f*; Wachmannschaft *f*; **~ d'honneur** Ehrenwache *f*; HIST **corps** *m* **de ~** Wache *f*; *fig* **plaisanterie** *f* **de corps de ~** deftiger, derber Witz **6** *corps de troupe* Garde *f*; Gardekorps *n*; HIST **~ impériale** Kaisergarde *f*; **~ mobile** Bereitschaftspolizei *f*; **~ républicaine** Republikanische Garde *(Korps der Sicherheitspolizei in Paris zur Bewachung der Regierungsgebäude u. zum Ehrendienst)*; *fig* **la vieille ~** die alte Garde **7** BOXE, ESCRIME Auslage *f*; Grund-, Ausgangsstellung *f* **8** *d'une épée* Stichblatt *n*; Glocke *f*; **jusqu'à la ~** bis zum Heft **9** **page** *f* **de ~** Vorsatzblatt *n* **10** AUTO **~ au sol** Bodenfreiheit *f*

garde² [gaʀd] M **1** Wächter *m*; Wache *f (Person)*; Aufseher *m*; Wärter *m*; MIL (Wach-, Wacht)Posten *m*; Wachsoldat *m*; **~ champêtre** Feldhüter *m*; **~ forestier** (Revier)Förster *m*; **~ du corps** Leibwächter *m*; **~s du corps** *pl a.* Leibwache *f*; **~ des Sceaux** Justizminister *m*; HIST Siegelbewahrer *m* **2** MIL Gardist *m*; **~ mobile** Bereitschaftspolizist *m*; **~ républicain** Angehörige(r) der „garde républicaine"; *en Chine* **les ~s rouges** die Roten Garden *pl*

garde³ [gaʀd] F *(garde-malade)* Krankenwärterin *f*

Garde [gaʀd] **le lac de ~** der Gardasee

gardé [gaʀde] ADJ *parking* bewacht; *passage à niveau* **(non) ~** (un)beschrankt; **chasse ~e** (für Unbefugte verbotenes) Jagdrevier; *fig* Reservat *n*

garde-à-vous [gaʀdavu] MIL **A** *commandement* **~!** stillgestanden!; *quand un officier entre* Achtung! **B** M ⟨inv⟩ stramme Haltung; Habachtstellung *f*; Strammstehen *n*; **se mettre au ~** strammstehen; (stramme) Haltung an-, einnehmen

garde-barrière [gaʀdəbaʀjɛʀ] M ⟨*pl* gardes-barrière(s)⟩ Schranken-, Bahnwärter *m*; **garde-boue** M ⟨inv⟩ Schutzblech *n*; **garde-chasse** M ⟨*pl* gardes-chasse(s)⟩ Jagdaufseher *m*; Wildhüter *m*

garde-chiourme [gaʀdəʃjuʀm] M ⟨*pl* gardes-chiourme⟩ **1** HIST Sträflingsaufseher *m* **2** *fig et péj* brutaler Aufseher; Antreiber *m*; KZ-Wächter *m*

garde-corps [gaʀdəkɔʀ] M ⟨inv⟩ **1** MAR Manntau *n* **2** TECH (Schutz)Geländer *n*

garde-côte [gaʀdəkot] M ⟨*pl* garde-côte(s)⟩ Küstenwachboot *n*; **garde-feu** M ⟨inv⟩ Kamin-, Ofenschirm *m*; **garde-fou** M ⟨*pl* garde-fous⟩ (Schutz)Geländer *n*; **garde-magasin** M ⟨*pl* gardes-magasin(s)⟩ MIL Kammerunteroffizier *m*; **garde-malade** M/F ⟨*pl* gardes-malades⟩ Krankenwärter(in) *m(f)*; **garde-manger** M ⟨inv⟩ Fliegenschrank *m*; **garde-meuble** M ⟨*pl* garde-meuble(s)⟩ Lagerraum *m* für Möbel; Möbelspeicher *m*

gardénia [gaʀdenja] M BOT Gardenie *f*

garden-party [gaʀdɛnpaʀti] F ⟨*pl* garden-parties⟩ Gartenfest *n*

garde-pêche [gaʀdəpɛʃ] M ⟨inv⟩ **~** *ou adjt* **vedette** *f* **~** Fischereikreuzer *m*, -schutzboot *n*

garder [gaʀde] **A** V/T **1** bewachen; *personnes a.* beaufsichtigen; aufpassen auf *(+acc)*; *vaches etc* hüten; **~ un bâtiment, un prisonnier** ein Gebäude, einen Gefangenen bewachen; **~ un enfant** ein Kind hüten; auf ein Kind aufpassen; JUR **~ qn à vue** j-n in Polizeigewahrsam halten **2** *litt* **~ qn de qc** j-n vor etw *(dat)* behüten, bewahren **3** *provisions, documents etc* aufbewahren; aufheben; verwahren; *place* belegen (à qn j-m, für j-n); **~ le meilleur pour la fin** das Beste bis zuletzt aufsparen **4** *objet trouvé etc* behalten; zurückbehalten *(a. cicatrice)*; *vêtement* anbehalten; *fam* anlassen; *chapeau* aufbehalten; *fam* auflassen; *foulard* umbehalten; *invité à dîner* dabehalten; COMM **~ un client** e-n Kunden behalten; **~ une habitude** eine Gewohnheit beibehalten; **~ un bon, mauvais souvenir de qn, de qc** j-n, etw in guter, schlechter Erinnerung haben, behalten; *secret, réflexion* **~ pour soi** für sich behalten **5** *dans tel ou tel état* halten; bewahren; *fortune, train de vie* erhalten; bewahren; *jeunesse, humour* bewahren; **~ l'équilibre** das Gleichgewicht halten, *fig* bewahren; **~ toutes ses facultés** noch im Vollbesitz s-r geistigen Kräfte sein; *suivre un régime* **pour ~ la ligne** um die schlanke Linie zu bewahren; **~ la mesure** Maßhalten; ♦ *avec adj*: **~ les yeux baissés** den Blick gesenkt halten; **~ la tête froide** e-n kühlen Kopf bewahren; **~ les mains libres** sich *(dat)* die Hände frei halten; **l'affaire a été gardée secrète** die Sache ist geheim gehalten worden **B** V/PR **1** **se ~ de qc** sich vor etw *(dat)* hüten, in Acht nehmen; **se ~ de faire qc** sich davor hüten *ou* in Acht nehmen, etw zu tun; **je m'en garderai bien!** ich werde mich hüten! **2** *aliments* **se ~** sich halten; haltbar sein; sich aufbewahren lassen

garderie [gaʀdəʀi] F **~ (d'enfants)** Kinderhort *m*; Kinderbetreuungsstelle *f*; *péj* Kinderbewahranstalt *f*

garde-robe [gaʀdəʀɔb] F ⟨*pl* garde-robes⟩ **1** *(vêtements de qn)* Garderobe *f* **2** *(penderie)* Kleiderschrank *m*

gardeuse [gaʀdøz] F **~ d'oies** Gänsehirtin *f*

garde-voie [gaʀdəvwa] M ⟨*pl* gardes-voie(s)⟩ CH DE FER Streckenwärter *m*

gardian [gaʀdjɑ̃] M *en Camargue* berittener Viehhirt

gardien [gaʀdjɛ̃] M **1** Aufseher *m*; Wärter *m*; Wächter *m*; *d'un parking* Parkwächter *m*; *d'un immeuble* Hauswart *m*, -meister *m*; SPORTS **~ de but** Torhüter *m*, -wart *m*; MYTH **~ du Graal** Gralshüter *m*; **~ de musée** Museumswärter *m*; **~ de nuit** Nachtwächter *m*; **~ de la paix** Polizeibeamte(r) *m*; Polizist *m*; *fam* Schutzmann *m*; **~ de phare** Leuchtturmwärter *m*; **~ de prison** Gefängnisaufseher *m*, -wärter *m*; Gefangenenwärter *m*; **~ de troupeaux** Viehhirt *m* **2** *fig de la tradition etc* Hüter *m* **3** ADJT **ange ~** Schutzengel *m (a. fig)*

gardiennage [gaʀdjɛnaʒ] M Aufseher-, Wärteramt *n*, -dienst *m*; *d'un immeuble* Hausmeisterei *f*; **société** *f* **de ~** Wach- und Schließgesellschaft *f*

gardienne [gaʀdjɛn] F Aufseherin *f*; Wärterin *f*; *par ext* Hüterin *f*

gardon [gaʀdõ] M ZOOL Plötze *f*; Rotauge *n*; **être frais comme un ~** wie das blühende Leben aussehen

gare¹ [gaʀ] F **1** CH DE FER Bahnhof *m*; **~ centrale** Hauptbahnhof *m*; **~ maritime** Hafenbahnhof *m*; **~ d'arrivée** Ankunftsbahnhof *m*, -bahnsteige *mpl*, -halle *f*; **~ de départ** Abgangs-, *pour marchandises a.* Aufgabebahnhof *m*; **~ de marchandises** Güterbahnhof *m*; **~ de triage** Verschiebe-, Rangierbahnhof *m*; **~ de voyageurs, en cul-de-sac** Personen-, Sackbahnhof *m*; **chef** *m* **de ~** Bahnhofs-, Stationsvorsteher *m*; **à la ~** am *ou* auf dem Bahnhof; **aller à la ~** zum Bahnhof gehen *ou* fahren; *train* **entrer en ~** einfahren **2** **~ routière** *pour autocars* Busbahnhof *m*; *pour camions* Autohof *m*

gare² [gaʀ] INT **1** **~ à toi!** nimm dich in Acht!; na warte!; **~ à tes fesses!** pass auf, sonst gibt's eins hintendrauf!; **~ au premier qui rira!** dass mir ja keiner lacht! **2** LOC ADV **sans crier ~** unvermutet; unerwartet; unvermittelt

garenne [gaʀɛn] F Wildkaninchengehege *n*, -revier *n*; **lapin** *m* **de ~** Wildkaninchen *n*

garer [gaʀe] **A** V/T *véhicule, avion* abstellen; *voiture a.* parken; *adjt voiture* **être garé** geparkt sein; **je suis mal garé** mein Wagen ist schlecht geparkt **B** V/PR **1** **se ~** parken; s-n Wagen abstellen; **se ~ en marche arrière** rückwärts einparken **2** **se ~** *(éviter)* ausweichen

gargantuesque [gaʀgɑ̃tɥɛsk] ADJ e-s Gargantua würdig; *appétit* riesig; **repas** *m* **~** *fam* Fressgelage *n*

gargariser [gaʀgaʀize] V/PR **1** **se ~** gurgeln **(avec de** *ou* **à l'eau salée** mit Salzwasser) **2** *fam fig* **se ~ de grands mots** sich an großen Worten berauschen

gargarisme [gaʀgaʀism] M **1** PHARM Gurgelwasser *n*, -mittel *n* **2** *action* Gurgeln *n*; **faire un ~, des ~s** gurgeln

gargote [gaʀgɔt] F *péj* mieses Esslokal

gargouille [gaʀguj] F ARCH Wasserspeier *m*

gargouillement [gaʀgujmɑ̃] M **1** *d'eau* Plätschern *n*; Gurgeln *n* **2** *de l'estomac* **~s** *pl* Knurren *n*; Kollern *n*

gargouiller [gaʀguje] V/I **1** *eau* plätschern *(a. fontaine)*; gurgeln; gluckern; blubbern; sprudeln **2** *estomac* knurren; kollern

gargouillis [gaʀguji] M → gargouillement

garnement [gaʀnəmɑ̃] M Schlingel *m*; Lausbub *m*; Galgenstrick *m*; *fam* Bengel *m*

garni [gaʀni] M möblierte Unterkunft

garnir [gaʀniʀ] V/T **1** *(munir)* ausstatten, versehen, TECH verkleiden, belegen **(de** mit); *adjt*: **un portefeuille bien garni** e-e gut gefüllte, prall gefüllte, *fam* dicke Brieftasche; **une table bien garnie** ein reich gedeckter Tisch **2** *(décorer)* (aus)schmücken, (ver)zieren **(de** mit) **3** CUIS garnieren **(de** mit); *adjt*: **garni** *a.* mit Beilagen; **choucroute garnie** Sauerkraut *n* auf elsässische Art **4** COUT besetzen, garnieren, verzieren, *de fourrure* verbrämen **(de** mit)

garnison [gaʀnizõ] F MIL Garnison *f*; **(ville** *f* **de) ~** Garnison(s)stadt *f*; Standort *m*; **être en ~, tenir ~** in Garnison liegen

garniture [gaʀnityʀ] F **1** Ausstattung *f*; Ausrüstung *f*; Zubehör *n*; **~ de bureau** Schreibtischgarnitur *f* **2** *(décoration)* Verzierung *f*; **~ de cheminée** Kaminaufsatz *m* **3** CUIS Beilage *f*; *d'un vol-au-vent* Füllung *f* **4** COUT Besatz *m*; *en fourrure a.* Verbrämung *f* **5** **~ périodique** (Damen-, Monats)Binde *f* **6** AUTO **~ d'embrayage, de frein** Kupplungs-, Bremsbelag *m*; **~ de piston** Kolbenring *m*

Garonne [gaʀɔn] **la ~** *Fluss in Südwestfrankreich*

garrigue [gaʀig] F *immergrüne Strauchheide im Mittelmeerraum*

garrot [gaʀo] M **1** MÉD Arterienabbinder *m*; Abschnürbinde *f*; **~ de fortune** Notaderpresse *f*; **poser, mettre un ~** die Arterie abbinden **2** *instrument de supplice* Ga(r)rotte *f*;

Würgschraube *f* 3 *du cheval etc* Widerrist *m*
garrotter [gaʀɔte] VT fesseln
gars [ga] *fam* M Bursche *m*; *fam* Bursch *m*; Kerl *m*; **beau ~** stattlicher Bursche; **brave ~** solider junger Mann; **petit ~** junger Bursche; **les ~ de la marine** *fam* die blauen Jungs *pl*; *fam* **salut, les ~!** *fam* (guten) Tag zusammen *ou* allerseits!; **eh les ~! venez voir** he, ihr Burschen *ou* Kerle, kommt mal her!
Gascogne [gaskɔɲ] **la ~** die Gaskogne (*Landschaft in Südwestfrankreich*); **le golfe de ~** die Biskaya; der Golf von Biskaya
gascon [gaskõ] A ADJ ‹~ne› gaskognisch; (aus) der Gaskogne B SUBST **Gascon(ne)** *m(f)* Gaskogner(in) *m(f)*
gasoil [gazwal] M Diesel(kraftstoff) *m*; Dieselöl *n*
gaspi [gaspi] M *fam* ABR → gaspillage
gaspillage [gaspijaʒ] M Verschwendung *f*; Vergeudung *f*
gaspiller [gaspije] VT verschwenden; vergeuden; verschwenderisch umgehen mit; *fortune a.* verschleudern; *argent, temps a.* vertun; **~ son talent** sein Talent vergeuden
gaspilleur [gaspijœʀ], **gaspilleuse** A M,F Verschwender(in) *m(f)* B ADJ verschwenderisch; **il est gaspilleur** er ist ein Verschwender
gastéropodes [gasteʀɔpɔd] MPL ZOOL Schnecken *fpl*; *t/t* Gastropoden *mpl*
Gaston [gastõ] M *Vorname*
gastrique [gastʀik] ADJ Magen…; *t/t* gastrisch; **suc** *m* **~** Magensaft *m*
gastrite [gastʀit] F MÉD Magenschleimhautentzündung *f*; *t/t* Gastritis *f*
gastro-entérite [gastʀoɑ̃teʀit] F MÉD ‹*pl* gastro-entérites› Brechdurchfall *m*; Magen-Darm-Entzündung *f*; *t/t* Gastroenteritis *f*
gastro-entérologie [gastʀoɑ̃teʀɔlɔʒi] F MÉD Gastroenterologie *f*; **gastro-entérologue** M Facharzt *m* für Magen- und Darmleiden; *t/t* Gastroenterologe *m*
gastro-intestinal [gastʀoɛ̃tɛstinal] ADJ ‹-aux› MÉD Magen-Darm-…; *t/t* gastrointestinal; **troubles gastro-intestinaux** Magen-Darm-Beschwerden *fpl*
gastronome [gastʀɔnɔm] M/F Feinschmecker(in) *m(f)*; **gastronomie** F Kochkunst *f*; Gastronomie *f*; Esskultur *f*
gastronomique [gastʀɔnɔmik] ADJ Feinschmecker…; gastronomisch; kulinarisch; **menu** *m* **~** Menü *n* für Feinschmecker; Feinschmeckermenü *n*; **restaurant** *m* **~** Feinschmeckerlokal *n*
gastroscope [gastʀɔskɔp] M MÉD Gastroskop *n*; **gastroscopie** F MÉD Magenspiegelung *f* (mit dem Gastroskop); *t/t* Gastroskopie *f*
gâté [gɑte] ADJ 1 *fruit* verdorben; **dent ~e** fauler Zahn 2 *enfant* verwöhnt; verzogen; **enfant ~** *a.* Hätschel-, Schoßkind *n*
gâteau [gato] M ‹*pl* ~x› 1 CUIS Kuchen *m*; *a.* (Creme)Torte *f*; **petits ~x** Kleingebäck *n*; **~x secs** Teegebäck *n*; Plätzchen *npl*; Kekse *mpl*; **~ aux amandes** Mandelkuchen *m ou* -torte *f*; **~ d'anniversaire** Geburtstagskuchen *m*, -torte *f*; **~ de riz, de semoule** Reis-, Grießpudding *m ou* -auflauf *m*; *fam fig* **c'est du ~** das ist kinderleicht, e-e Kleinigkeit; das schaffe ich *ou* schafft er *etc* spielend; *fig*: **partager le ~** den Gewinn teilen; **vouloir sa part du ~** sein Stück vom Kuchen haben wollen 2 **~ de cire, de miel** (Bienen-, Honig)Wabe *f* 3 ADJ *fam* **papa** *m* (**maman** *f*) **~** *fam* Opa *m* (Oma *f*), der (die) gern Kinder verwöhnt; Kindernarr *m*
gâter [gɑte] A VT 1 **~ qn** j-n verwöhnen; *enfant a.* verziehen; verzärteln; *c'était magnifique,* **vous nous avez gâtés** Sie haben uns wirklich verwöhnt; *quel beau temps,* **nous sommes gâtés** wir haben wirklich Glück; *iron* **aujourd'hui je suis gâté** *fam* heute bin ich bedient 2 *pluie: séjour, accident: vacances* verderben; *elle est jolie et de plus riche,* **ce qui ne gâte rien** was nichts schaden kann B VPR **se ~** *temps, situation* sich verschlechtern; **les choses se gâtent** *a.* die Sache geht schief; **le temps se gâte** *a.* wir bekommen schlechtes Wetter; *fam* **attention! ça va se ~** pass auf, das wird nicht gut gehen *ou fam* das wird schiefgehen!
gâterie [gɑtʀi] F 1 (*petit cadeau*) Kleinigkeit *f* 2 (*friandise*) Leckerei *f*
gâte-sauce [gɑtsos] M ‹*inv*› *plais* Küchenjunge *m*
gâteux [gɑtø] A ADJ ‹-euse› kindisch (geworden); trottelig; *fam* verkalkt; vertrottelt; **devenir ~** abbauen; kindisch werden; *fam* verkalken; vertrotteln B M **un vieux ~** ein kindischer Alter; *fam a.* ein alter Knacker
gâtisme [gɑtism] M Altersabbau *m*; Verfall *m* der geistigen Kräfte; *fam* Verkalkung *f*
GATT [gat] M ÉCON GATT *n*
gauche [goʃ] A ADJ 1 linke(r, -s) (*a.* POL); **côté** *m* **~** linke Seite; **main** *f* **~** linke Hand; *loc adv* **à main ~** linker Hand; *st/s* zur Linken; *fig* **il s'est levé du pied ~** er ist mit dem linken Fuß zuerst aufgestanden; ♦ *loc adv*: **à ~** links *ou* nach links; MIL **à ~, ~!** linksum!; **la première rue à ~** die erste Straße links; **doubler à ~** links überholen; POL **être à ~** links stehen; *fig* **mettre de l'argent à ~** *ou* **en mettre à ~** etwas auf die hohe Kante legen; *fam fig* **passer l'arme à ~** *pop* ins Gras beißen; abkratzen; **regarder à ~** nach links schauen; **tourner à ~** (nach) links abbiegen; **de ~ à droite** von links nach rechts; ♦ *loc prép* **à ~ de** links von (*ou +gén*) 2 (*maladroit*) linkisch; unbeholfen 3 *poutre etc* verzogen; verbogen; MATH **courbe** *f* **~** Raumkurve *f* B SUBST 1 F Linke *f*; linke Seite; *loc adv*: **à la ~ de qn** links von j-m; zur Linken (*+gén*); j-m zur Linken; **à** *ou* **sur notre ~** links (von uns); zu unserer Linken; **de la ~** von links; *fam fig* **jusqu'à la ~** völlig; bis zum Letzten; **être endetté jusqu'à la ~** *fam* bis an den Hals in Schulden stecken; **tenir sa ~** sich links halten; links fahren 2 POL **la ~** die Linke; **l'extrême ~** die äußerste Linke; *loc adj* **de ~** Links…; links stehend; **gouvernement** *m* **de ~** Linksregierung *f*; **avoir des opinions de ~** linksorientiert, links eingestellt sein 3 M BOXE a Linke *f*; linke Faust; **crochet** *m* **du ~** linker Haken b *coup* Linke *f*
gauchement [goʃmɑ̃] ADV linkisch; unbeholfen
gaucher [goʃe], **gauchère** A M,F Linkshänder(in) *m(f)* B ADJ linkshändig; **être gaucher, gauchère** Linkshänder(in) sein
gaucherie [goʃʀi] F *d'une personne* linkisches, unbeholfenes Wesen *ou* Benehmen; linkische, unbeholfene Art; *a. de gestes etc* Unbeholfenheit *f*
gauchir [goʃiʀ] A VT *humidité: le bois etc* verziehen; verbiegen B VI (*et* VPR **se**) **~** sich verziehen; sich (ver)werfen; sich verbiegen
gauchisant [goʃizɑ̃] ADJ POL nach links tendierend; **gauchiser** VPR **se ~** POL sich nach links orientieren; **gauchisme** M POL Linksextremismus *m*, -radikalismus *m*
gauchissement [goʃismɑ̃] M *du bois etc* Verziehen *n*; Verbiegung *f*; Verwerfung *f*
gauchiste [goʃist] POL A ADJ linksextrem, -radikal B M/F Linksextreme(r) *m/f(m)*, -radikale(r) *m/f(m)*
gaucho [goʃo] M Gaucho *m*
gaudriole [godʀijɔl] F 1 (*plaisanterie leste*) loser, etwas freier Scherz 2 (*amour physique*) Sinnengenuss *m*; **ne penser qu'à la ~** immer auf Liebesabenteuer aus sein; nur Frauen *ou* Männer im Kopf haben
gaufrage [gofʀaʒ] M TECH a *de tissu, de papier* Gaufrieren *n*; Gaufrierung *f* (*a. Ergebnis*) b TYPO Präge-, Reliefdruck *m*
gaufre [gofʀ] F CUIS Waffel *f*
gaufrer [gofʀe] VT TEXT, *papier* gaufrieren; mit e-m Präge-, Reliefdruck versehen
gaufrette [gofʀɛt] F *gâteau sec* Waffel *f*; *a.* Eiswaffel *f*
gaufrier [gofʀije] M CUIS Waffeleisen *n*
gaufrure [gofʀyʀ] F (Präge)Muster *n*; Prägung *f*
Gaule [gol] HIST **la ~** Gallien *n*
gaule [gol] F 1 (*longue perche*) (lange) Stange 2 (*canne à pêche*) Angelrute *f*
gauler [gole] VT 1 *noix etc* herunterschlagen 2 *arg* **se faire ~** *fam* geschnappt werden
Gaulle (de) [dəgol] *frz Staatsmann*
gaullien [goljɛ̃] ADJ ‹~ne› POL de Gaulles; de-gaullesche(r, -s)
gaullisme [golism] M POL Gaullismus *m*; **gaulliste** POL A ADJ gaullistisch B M/F Gaullist(in) *m(f)*
gaulois [golwa] A ADJ 1 (*de la Gaule*) gallisch; *symbole national de la France* **le coq ~** der gallische Hahn; **moustache** *f* **à la ~e** herabhängender Schnauzbart 2 *propos, plaisanterie* derb; frech; anstößig; locker; schlüpfrig; *fam* saftig; deftig; **esprit ~** derbe *etc* Art, Mentalität B SUBST 1 **Gaulois(e)** *m(f)* Gallier(in) *m(f)* 2 **~e** *f frz Zigarettenmarke*
gauloiserie [golwazʀi] F derber, schlüpfriger, anstößiger, *fam* deftiger, saftiger Witz; Zote *f*
gauss [gos] A M PHYS Gauß *n* B **Gauss** N/PR STATISTIQUE **la loi de Gauss** das gaußsche Fehlergesetz
gausser [gose] VPR *litt* **se ~ de qn** j-n auslachen; sich über j-n lustig machen
Gaut(h)ier [gotje] M *Vorname*
gavage [gavaʒ] M Nudeln *n*; Stopfen *n*
gave [gav] M Gieß-, Sturzbach *m* (*in den Pyrenäen*)
gaver [gave] A VT 1 *oies, canards* nudeln; stopfen 2 *fig* **~ qn** j-n vollstopfen, überfüttern (**de** mit) B VPR **se ~** sich vollstopfen (**de** mit) (*a. fig*)
gavotte [gavɔt] F MUS, *danse* Gavotte *f*
gavroche [gavʀɔʃ] A M (witzig-frecher, aufgeweckter) Pariser Straßenjunge B ADJ witzig-frech; aufgeweckt
gay [gɛ] A ADJ ‹*inv*› Schwulen… B M Gay *m*; Schwule(r) *m*
gaz [gɑz] M 1 CHIM, TECH Gas *n*; **~ carbonique** Kohlendioxid *n*; **~ combustible** Brenngas *n*; **~ naturel** Erdgas *n*; **~ pauvre** Arm-, Schwachgas *n*; **~ rare** Edelgas *n*; **~ riche** Reichgas *n*; **gaz à effet de serre** Treibhausgas *n*; **~ d'éclairage** Leuchtgas *n*; **~ de pétrole liquéfié** Flüssig-, Autogas *n*; **~ de ville** Stadtgas *n*; **~ en bouteilles** Flaschengas *n*; **chauffage** *m* **au ~** Gasheizung *f*; **avez-vous le ~ chez vous?** haben Sie Gasanschluss?; **se suicider au ~** *fam* den Gashahn aufdrehen 2 *partic* MIL **~ lacrymogène(s)** Tränengas *n*; **~** *pl* **de combat** Kampfgase *npl*; chemische Kampfstoffe *mpl*; **alerte** *f* **aux ~** Gasalarm *m* 3 PL *d'un moteur* Gas *n*; **~** *pl* **d'échappement** Auspuffgase *npl*; Abgase *npl*; *loc adv fam* (**à**) **pleins ~** mit Vollgas; **rouler à pleins ~** mit Vollgas fahren; AVIAT **couper, mettre les ~** das Gas wegnehmen, Gas geben 4 PL PHYSIOL Blähungen *fpl*; **avoir des ~** Blähungen haben
gazage [gɑzaʒ] M TEXT Gasieren *n*; Sengen *n*
gaze [gɑz] F 1 TEXT Gaze *f* 2 PHARM (Verband)Mull *m*; (**bande** *f* **de**) **~** Mullbinde *f*
gazé [gɑze] M *de la guerre de 14-18* Gaskriegsversehrte(r) *m*

gazéification [gazeifikasjõ] F TECH Vergasen *n*, -ung *f*; **gazéifier** VT 1 CHIM, TECH vergasen; in Gas umwandeln 2 *boisson* mit Kohlensäure versetzen
gazelle [gazɛl] F ZOOL Gazelle *f*; *fig* **yeux** *mpl* **de ~** Rehaugen *npl*; **courir comme une ~** laufen wie ein Wiesel
gazer [gɑze] A VT 1 a *exterminer* vergasen b MIL durch Giftgas kampfunfähig machen 2 TEXT gasieren; sengen B VI *fam* **ça gaze** *fam* es klappt; es haut hin; **salut, ça gaze?** grüß dich, gehts gut?
gazette [gazɛt] F *autrefois* Zeitung *f*; Gazette *f*
gazeux [gɑzø] ADJ ⟨-euse⟩ 1 CHIM gasförmig; **corps, fluide ~** gasförmiger Körper; **état ~** gasförmiger (Aggregat)Zustand 2 *boisson* mit Kohlensäure versetzt; kohlensäurehaltig; **eau gazeuse** *a.* Sprudel *m*; **eau minérale non gazeuse** Mineralwasser *n* ohne Kohlensäure; *fam* stilles Wasser; **eau gazeuse naturelle** natürliche Kohlensäure enthaltendes Mineralwasser
gazier [gɑzje] M Arbeiter *m*, Angestellte(r) *m* e-r Gasgesellschaft
gazinière [gazinjɛʀ] F Gasherd *m*
gazoduc [gazɔdyk] M TECH Ferngasleitung *f*;
gazogène M TECH (Gas)Generator *m*
gazole [gazɔl] M Diesel(kraftstoff) *m*
gazomètre [gazɔmɛtʀ] M Gaskessel *m*, -behälter *m*; Gasometer *m*
gazon [gazõ] M Rasen *m*
gazonner [gazɔne] VT Rasen anlegen auf (*+dat*); mit Rasen bepflanzen
gazouillement [gazujmã] M 1 *d'oiseaux* Zwitschern *n*; Gezwitscher *n* 2 *d'un ruisseau* Murmeln *n*; Plätschern 3 *d'un bébé* Lallen *n*; Plappern *n*
gazouiller [gazuje] VI 1 *oiseau* zwitschern 2 *ruisseau* murmeln; plätschern 3 *bébé* lallen; plappern
gazouillis [gazuji] M → gazouillement
Gdansk [gdãsk] Danzig *n*
g.d.b. [ʒedebe] F *fam* ABR (gueule de bois) → gueule 2
GDF [ʒedeɛf] M ABR (Gaz de France) *staatliches frz Gasversorgungsunternehmen*
geai [ʒɛ] M ZOOL (Eichel)Häher *m*
géant [ʒeã], **géante** A M,F 1 MYTH *et d'une personne* Riese *m*, Riesin *f*; *homme a.* Hüne *m*; **à pas de ~** mit Riesenschritten; **avoir une force de ~** Riesenkräfte haben 2 *fig*, POL, ÉCON Gigant *m* B ADJ riesig; riesengroß, -haft; Riesen... (*a.* BIOL); gigantisch; *homme a.* hünenhaft; **entreprise ~e** gigantisches Unternehmen; Riesenunternehmen *n*; ASTRON **étoile ~e** Riese(nstern) *m*; COMM **paquet ~** Großpackung *f*; SPORTS **slalom ~** Riesenslalom *m*; ZOOL **tortue ~e** Riesenschildkröte *f*
gecko [ʒeko] M ZOOL Gecko *m*
gégène [ʒeʒɛn] *arg* F Folter *f* (durch Elektroschocks)
geignard [ʒɛɲaʀ] *fam* A ADJ *personne, ton* jammernd; wehleidig; weinerlich B SUBST **~(e)** *m(f)* j-d, der dauernd jammert
geindre [ʒɛ̃dʀ] VI ⟨→ peindre⟩ 1 stöhnen; *faiblement* wimmern; *animal* klagen 2 *péj* (dauernd, immerzu) jammern, klagen, lamentieren 3 *fig girouette etc* ächzen
geisha [gɛʃa] F Geisha *f*
gel [ʒɛl] M 1 Frost *m*; **période** *f* **de ~** Frostperiode *f* 2 *fig des crédits etc* Einfrieren *n* 3 *substance* Gel *n*
gélatine [ʒelatin] F Gelatine *f* (*a.* CUIS); Gallerte *f ou* Gallert *n* (*a.* BIOL)
gélatineux [ʒelatinø] ADJ ⟨-euse⟩ a gallertartig; gelatinös; *fam* schwabbelig b CUIS geleeartig; **sauce gélatineuse** *a.* Soße, die geliert hat

gélatino-bromure [ʒelatinobʀɔmyʀ] M PHOT **~ d'argent** Bromsilbergelatine *f*
gelé [ʒ(ə)le] ADJ 1 *eau* gefroren; *lac, cours d'eau* zugefroren; *canalisation* eingefroren; *membres, fleurs* erfroren; **il a eu les pieds ~s** ihm sind die Füße erfroren; er hat sich (*dat*) die Füße erfroren 2 *personne* **être ~** (schrecklich, entsetzlich, *fam* jämmerlich, wie ein Schneider) frieren; **je suis ~** *a.* mich friert *ou* es friert mich schrecklich; **être complètement ~** *ou* **être ~ jusqu'aux os** ganz durchgefroren *ou* durchfroren sein; **avoir les mains ~es** eiskalte Hände haben 3 *fig crédits etc* eingefroren
gelée [ʒ(ə)le] F 1 Frost *m*; **~ blanche** Reif *m*; **~ matinale, nocturne** Nachtfrost *m*; **les premières ~s** die ersten Fröste 2 CUIS a *de viande* Gelee *n*; Aspik *m*; Sülze *f*; *loc adj* **en ~** in Gelee; in Aspik b *de fruits* Gelee *n*; **~ de pommes** Apfelgelee *n* 3 **~ royale** Gelee royale *n*
geler [ʒ(ə)le] ⟨-è-⟩ A VT 1 *eau, sol* gefrieren lassen; zum Gefrieren bringen; *membres, fleurs* erfrieren lassen; MÉD Erfrierungen verursachen an (*+dat*) 2 *fig* einfrieren; **~ des crédits** Kredite einfrieren B VI 1 *eau* gefrieren; *cours d'eau, lac* zufrieren; *canalisation* einfrieren; *membres, fleurs etc* erfrieren; **les blés ont gelé** das Getreide ist erfroren 2 *personne* frieren; **on gèle ici** man friert hier; es friert einen hier; *fam* hier ist es eiskalt, kommt man um vor Kälte, erfriert man (fast) C V/IMP **il gèle** es friert; es herrscht Frost; **il gèle à pierre fendre** es friert Stein und Bein D V/PR **se ~** *personne* frieren; **on se gèle ici** *a. fam* man kommt hier vor Kälte um
gélifiant [ʒelifjã] ADJ Gelier...; **sucre ~** Gelierzucker *m*
gélification [ʒelifikasjõ] F CHIM Gelbildung *f*; Gelatinierung *f*; **gélifier** CHIM A VT gelatinieren; zum Gelatinieren bringen B V/PR **se ~** gelatinieren; ein Gel bilden; CUIS gelieren
gélinotte [ʒelinɔt] F ZOOL Haselhuhn *n*
gélule [ʒelyl] F PHARM Gelatinekapsel *f*
gelure [ʒ(ə)lyʀ] F MÉD Erfrierung *f*
Gémeaux [ʒemo] MPL ASTRON, ASTROL **les ~** die Zwillinge *mpl*; **être ~** ein Zwilling sein
gémellaire [ʒemɛ(l)lɛʀ] ADJ MÉD Zwillings...; **grossesse** *f* **~** Zwillingsschwangerschaft *f*
gémellité [ʒemɛ(l)lite] F MÉD Vorkommen *n*, Auftreten *n* von Zwillingen
gémination [ʒeminasjõ] F Verdopp(e)lung *f*; BIOL Paarigkeit *f*; LING Silbenverdoppelung *f*; *de consonnes* Gemination *f*
géminé [ʒemine] ADJ Zwillings...; Doppel...; ARCH *colonnes a.* gekuppelt; BIOL paarig; PHON geminiert; **consonne ~e** *a.* Geminate *f*
gémir [ʒemiʀ] VI 1 stöhnen (**de douleur** vor Schmerzen); *sous un fardeau a.* ächzen; *animal blessé* klagen 2 *par ext vent* heulen; *porte* ächzen; knarren 3 *fig (se plaindre)* seufzen, klagen, jammern (**sur** über *+acc*)
gémissant [ʒemisã] ADJ *voix* klagend; jammernd
gémissement [ʒemismã] M 1 Stöhnen *n*; Ächzen *n*; Klagelaut *m*; **~ de douleur** (Auf)Stöhnen *n* vor Schmerz; **pousser des ~s** stöhnen; Klagelaute ausstoßen 2 *par ext du vent* Heulen *n*; *d'une porte* Ächzen *n*; Knarren *n*
gemmage [ʒɛ(m)maʒ] M AGR Anzapfen *n* (von Nadelbäumen)
gemme [ʒɛm] F 1 MINÉR Edelstein *m* 2 ADJT **sel** *m* **~** Steinsalz *n*
gemmer [ʒɛ(m)me] VT *pins* anzapfen
gémonies [ʒemɔni] FPL *litt* **vouer qn aux ~** j-n der Schmach preisgeben
gênant [ʒɛnã] ADJ *objet* hinderlich; *bruit* störend; *personne, présence de qn* lästig; unbequem; **situation ~e** peinliche Situation; **devenir ~** (j-m) lästig fallen *ou* werden, im Wege stehen; **c'est ~** das ist lästig, ärgerlich
gencive [ʒãsiv] F ANAT *surtout* PL **~s** Zahnfleisch *n*; *fam fig* **en prendre un coup dans les ~s** Kritik, e-e Niederlage hinnehmen, *fam* einstecken müssen
gendarme [ʒãdaʀm] M 1 (Sicherheits)Polizist *m*; *par ext* **la peur du ~** die Angst vor der Polizei, vor (der) Strafe; *fig et péj* **c'est un ~** sie *ou* er ist ein Feldwebel; *fam fig* **faire le ~** den Polizisten, den Aufpasser spielen; **jouer au(x) ~(s) et au(x) voleur(s)** Räuber und Gendarm spielen 2 *fam* **~ couché** Boden-, Fahrbahnschwelle *f*; Aufpflasterung *f* 3 a *saucisse* Landjäger *m* b *(hareng saur)* Bückling *m* 4 ALPINISME (Berg)Zinne *f*
gendarmer [ʒãdaʀme] V/PR **se ~** e-n energischen Ton anschlagen
gendarmerie [ʒãdaʀməʀi] F 1 (Sicherheits)-Polizei *f*; **~ maritime** Hafenpolizei *f*; **~ mobile** Bereitschaftspolizei *f*; **~ nationale** *amtliche Bezeichnung der frz Gendarmerie*; **~ de l'air** Flughafenpolizei *f* 2 a *bureaux* (Sicherheits)Polizei(-behörde) *f* b *caserne* (Sicherheits)Polizeikaserne *f*
gendre [ʒãdʀ] M Schwiegersohn *m*
gêne [ʒɛn] F 1 *physique* Enge *f*; Beklemmung *f*; Beschwerden *fpl*; **~ à respirer** Atembeklemmung *f* 2 *(désagrément)* (lästiger) Zwang; Last *f*; **je ne voudrais vous causer aucune ~** ich möchte Ihnen nicht lästig fallen; *prov* **où (il) y a de la ~, (il n')y a pas de plaisir** wo es gezwungen zugeht, fühlt man sich nicht wohl 3 *financière* Geldverlegenheit *f*; *fam* (Geld)Klemme *f*; **être dans la ~** in Geldverlegenheit, in der Klemme sein 4 *psychique* Gehemmtheit *f*, -sein *n*; Hemmungen *fpl*; Verlegenheit *f*; Betretenheit *f*; Befangenheit *f*; **éprouver de la ~** sich genieren, Hemmungen haben (**devant qn** vor j-m; **à raconter qc** etw zu erzählen); **j'éprouve de la ~ à** (*+inf*) *a.* es ist mir peinlich zu (*+inf*); ♦ *loc adj* **sans ~** ungeniert; *plus fort* frech; dreist; unverfroren; rücksichtslos; **être sans ~** *a.* keine Hemmungen haben, kennen; → *a.* sans-gêne
gène [ʒɛn] M BIOL Gen *n*
gêné [ʒene] ADJ 1 *personne, air, sourire* verlegen; betreten; befangen; *personne a.* gehemmt; peinlich berührt; **avoir l'air ~** verlegen, betreten dreinschauen 2 *financièrement* in Geldverlegenheit; **je me trouve un peu ~** *fam* ich bin gerade etwas knapp bei Kasse
généalogie [ʒenealɔʒi] F 1 *(filiation)* Abstammung *f*; Geschlechter-, Ahnenfolge *f* 2 *science* Genealogie *f*; Geschlechterkunde *f*; Ahnenforschung *f*
généalogique [ʒenealɔʒik] ADJ genealogisch; **arbre** *m* **~** Stammbaum *m*; Ahnentafel *f*
généalogiste [ʒenealɔʒist] M/F Genealoge, -login *m,f*
gêner [ʒene] A VT 1 *vêtements* **~ qn** j-n behindern, *chaussures* drücken 2 *(entraver)* behindern; im Wege stehen (*+dat*); *évolution* hemmen; stören; **~ la circulation** den Verkehr behindern; **~ les intérêts de qn** j-s Interessen im Wege stehen 3 *(déranger)* **~ qn** j-m lästig fallen, werden; j-n stören, genieren; **est-ce que la fumée vous gêne?** stört es Sie, wenn ich rauche?; *abs* **il a toujours peur de ~** er hat immer Angst zu stören 4 *(embarrasser)* **~ qn** j-n in Verlegenheit bringen, verlegen machen; j-n peinlich berühren; **ça me gêne de vous demander ça** es ist mir peinlich, Sie darum zu bitten; → *a.* gêné1 B V/PR 1 **se ~** sich (*dat*) Zwang antun, auferlegen; sich genieren (**avec qn** vor j-m); **ne pas se ~** *a.* keine Hemmungen haben, kennen (**avec qn** j-m gegenüber); **ne vous gênez pas!** a tun Sie sich (*dat*)

keinen Zwang an!; fühlen Sie sich wie zu Hause! **b** *iron* tun Sie Ihren Gefühlen keinen Zwang an!; **il aurait tort de se ~!** warum sollte er sich genieren? **2** **se ~ (mutuellement)** sich (gegenseitig), einander behindern *ou* stören *ou* lästig fallen

général[1] [ʒeneʀal] ADJ ⟨-aux⟩ allgemein; generell; Allgemein…; General…; Gesamt…; Haupt…; **amnistie ~e** Generalamnestie *f*; **conditions ~es** allgemeine Geschäfts- *ou* Versicherungsbedingungen *fpl*; **culture ~e** Allgemeinbildung *f*; *d'un chapitre etc* **idée ~e** Grundidee *f*; **impression ~e** Gesamteindruck *m*; **médecine ~e** Allgemeinmedizin *f*; **moyenne ~e** Gesamtdurchschnitt *m*; THÉ **répétition ~e** *ou subst* **~e** *f* Generalprobe *f* (*a. fig*); Hauptprobe *f*; **secrétaire ~** Generalsekretär *m*; **tendance ~e** (allgemeiner) Trend; **vue ~e** Gesamtansicht *f*; **l'indignation était ~e** die Empörung war allgemein; ♦ *loc adv*: **à la surprise ~e** zur allgemeinen Überraschung; **dans l'intérêt ~** im allgemeinen Interesse; im Interesse der Allgemeinheit; im Gesamtinteresse; *travail* **d'intérêt ~** von allgemeinem Interesse; allgemein interessierend; **d'une manière ~e** allgemein; **en ~** im Allgemeinen; gewöhnlich; meist(ens); **c'est en ~ ce qui arrive** so geht es meist; **parler en ~** im Allgemeinen sprechen; ♦ *subst* **conclure du particulier au ~** vom Besonderen auf das Allgemeine schließen

général[2] [ʒeneʀal] M ⟨*pl* -aux⟩ **1** MIL General *m*; **les généraux** *a.* die Generalität; **~ d'aviation, d'infanterie** Luftwaffen-, Infanteriegeneral *m*; **~ de brigade, de division, de corps d'armée, d'armée** Brigadegeneral *m*, Generalmajor *m*, Generalleutnant *m*, General; **~ en chef** Oberbefehlshaber *m*; Oberkommandierende(r) *m* **2** HIST Feldherr *m* **3** ÉGL CATH **~ des Jésuites** Jesuitengeneral *m*

générale [ʒeneʀal] F **la ~ X** die Frau des Generals X

généralement [ʒeneʀalmɑ̃] ADV **a** allgemein; generell; **~ parlant** allgemein gesprochen **b** (*en général*) im Allgemeinen; meist(-ens)

généralisable [ʒeneʀalizabl] ADJ *mesure, méthode* allgemein anwendbar; *déclaration* die sich verallgemeinern lässt

généralisateur [ʒeneʀalizatœʀ] ADJ ⟨-trice⟩ **esprit ~** j-d, der gern verallgemeinert *ou* der zu Verallgemeinerungen neigt

généralisation [ʒeneʀalizasjõ] F **1** *d'une méthode etc* allgemeine Anwendung, Verbreitung, Einführung; *d'un conflit* Ausweitung *f* **2** *en raisonnant* Verallgemeinerung *f*

généraliser [ʒeneʀalize] **A** V/T **1** *mesure, méthode* allgemein anwenden; *méthode a.* allgemein verbreiten, einführen; allgemeine Geltung verschaffen (*+dat*); *adjt*: **cancer généralisé** Krebs, der Metastasen gebildet hat; **crise généralisée** allgemeine Krise **2** *observation, cas* verallgemeinern; generalisieren; *abs*: **il a tendance à ~** er neigt zu Verallgemeinerungen; **il ne faut pas ~** man darf nicht verallgemeinern **B** V/PR **se ~** sich allgemein verbreiten; *fléau* sich ausbreiten; *conflit* sich ausweiten; *instruction a.* (All)Gemeingut werden

généralissime [ʒeneʀalisim] M MIL Oberbefehlshaber *m*; Oberkommandierende(r) *m*; Generalissimus *m*

généraliste [ʒeneʀalist] M/F praktischer Arzt, praktische Ärztin; Allgemeinmediziner(in) *m(f)*; *adjt* **médecin** *m* **~** praktischer Arzt; Allgemeinmediziner *m*

généralité [ʒeneʀalite] F **1** *d'une affirmation etc* allgemeiner Charakter; Allgemeingültigkeit *f* **2** **~s** *pl* allgemeine Darlegungen *fpl*, Erläuterungen *fpl*; Allgemeine(s) *n*

générateur [ʒeneʀatœʀ] **A** ADJ ⟨-trice⟩ **1** BIOL Zeugungs… **2** *par ext* **~ de …** auslösend; bewirkend **B** M ÉLEC Generator *m*

génératif [ʒeneʀatif] ADJ ⟨-ive⟩ LING **grammaire générative** generative Grammatik

génération [ʒeneʀasjõ] F **1** Generation *f*; *st/s* Geschlecht *n*; *espace de temps a.* Menschenalter *n*; **la ~ actuelle** die heutige Generation; **les ~s futures** die kommenden Generationen; **la jeune, nouvelle ~** die junge Generation; *immigrés* **de la deuxième ~** der zweiten Generation; **de ~ en ~** von Generation zu Generation; von Geschlecht zu Geschlecht **2** *par ext* TECH Generation *f*; **ordinateur** *m* **de la troisième ~** Computer *m* der dritten Generation **3** BIOL Zeugung *f*; Fortpflanzung *f*; **~ spontanée** Urzeugung *f*; **alternance** *f* **des ~s** Generationswechsel *m* **4** MATH, LING Erzeugung *f*; LING *a.* Generierung *f*

génératrice [ʒeneʀatʀis] F ÉLEC (Gleichstrom)Generator *m*

générer [ʒeneʀe] V/T ⟨-è-⟩ **1** *troubles, conflit* hervorrufen; auslösen; bewirken **2** LING *phrases* generieren; erzeugen

généreux [ʒeneʀø] ADJ ⟨-euse⟩ **1** (*magnanime*) edel(mütig); hochherzig; nobel; **sentiments ~** edle Gesinnung; **vainqueur ~** großmütiger Sieger **2** (*large*) großzügig; freigebig; großherzig; generös; *fam* nobel; *subst* **faire le ~** (demonstrativ) den Großzügigen spielen **3** (*riche*) *poitrine* üppig; *sol* ertragreich; fruchtbar; *vin* feurig

générique [ʒeneʀik] **A** ADJ Gattungs…; **terme** *m* **~** Gattungs-, Oberbegriff *m* **B** M CINÉMA, TV Vorspann *m*; *à la fin* Nachspann *m*

générosité [ʒeneʀozite] F **1** (*noblesse de caractère*) Edelmut *m*; Hochherzigkeit *f*; *envers le vaincu* Großmut *f* **2** (*libéralité*) Großzügigkeit *f*; Freigebigkeit *f*; Generosität *f*

Gênes [ʒɛn] Genua *n*

genèse [ʒənɛz] F **1** BIBL **(le livre de) la Genèse** die Genesis; das erste Buch Mose; die Schöpfungsgeschichte **2** (*formation*) Entstehung(sgeschichte) *f*; Genese *f*

Genet [ʒənɛ] **Jean ~** *frz Schriftsteller*

genêt [ʒ(ə)nɛ] M BOT Ginster *m*

généticien [ʒenetisjɛ̃] M, **généticienne** F Genetiker(in) *m(f)*

génétique [ʒenetik] **A** ADJ genetisch; Gen…; **code** *m* **~** genetischer Kode; **manipulations** *fpl* **~s** Genmanipulation *f*; **profil** *m* **~** DNA-Profil *n*; genetisches Profil; **test** *m* **~** Gentest *m* **B** F Genetik *f*; Vererbungslehre *f*

génétiquement [ʒenetikmɑ̃] ADV gentechnisch; **~ modifié** gentechnisch verändert

genette [ʒ(ə)nɛt] F ZOOL Ginsterkatze *f*; Genette *f*

gêneur [ʒɛnœʀ] M, **gêneuse** F lästiger Mensch; lästige Person; Störenfried *m*

Genève [ʒ(ə)nɛv] Genf *n*

Geneviève [ʒənvjɛv] F *Vorname*

genevois [ʒənvwa] **A** ADJ Genfer **B** SUBST **Genevois(e)** *m(f)* Genfer(in) *m(f)*

genévrier [ʒənevʀije] M BOT Wacholder (-strauch) *m*

Gengis Khan [ʒɛ̃ʒiskɑ̃] M HIST Dschingis Khan *m*

génial [ʒenjal] ADJ ⟨-aux⟩ genial; *fam* **c'est ~!** einfach genial!; *fam* das ist toll, klasse, dufte, ne Wucht!

génialité [ʒenjalite] F *rarement* Genialität *f*

génie [ʒeni] M **1** (*esprit*) Geist *m*; *allégorie* Genius *m*; **bon, mauvais ~** guter, böser Geist (*a. fig d'une personne*); **~ tutélaire** Schutzgeist *m*; Genius *m* **2** *d'un peuple, d'une langue etc* Geist *m*; Wesen *n* **3** (*talent exceptionnel*) Genie *n*; Genialität *f*; **~ musical** musikalisches Genie; **le ~ de Shakespeare** das Genie Shakespeares; *loc adj* **de ~** genial; **un homme, peintre de ~** ein genialer Mensch, Maler; **une idée de ~** e-e geniale (*a. iron*), großartige, glänzende, *iron* glorreiche, gloriose Idee; **avoir du ~** Genie besitzen **4** (*personne géniale*) Genie *n*; genialer Kopf; **un ~ méconnu** ein verkanntes Genie; *iron* **c'est un petit ~** er ist ein Neunmalkluger; **ce n'est pas un ~** er ist keine große Leuchte **5** MIL Pioniertruppe *f*; Pioniere *mpl*; *suisse* Genietruppe *f*; **~ militaire** Pionierwesen *n*; **soldat** *m* **du ~** Pionier *m* **6** TECH Ingenieurwesen *n*; **~ chimique** Verfahrenstechnik *f*; **~ civil** Bau(ingenieur) wesen *n*; Hoch- und Tiefbau *m*; **~ génétique** Gentechnologie *f*

genièvre [ʒənjɛvʀ] M **1** *arbrisseau* Wacholder (-strauch) *m* **2** *baie* Wacholderbeere *f* **3** *eau-de-vie* Wacholder(schnaps *m*, -branntwein *m*) *m*; Genever *m*

génique [ʒenik] ADJ BIOL Gen…; MÉD **thérapie** *f* **~** Gentherapie *f*

génisse [ʒenis] F AGR Färse *f*; Kalbe *f*

génital [ʒenital] ADJ ⟨-aux⟩ Geschlechts…; genital; Genital…; **appareil ~** Geschlechtsapparat *m*; **organes génitaux, parties ~es** Geschlechtsorgane *npl*, -teile *npl ou mpl*; Genitalien *pl*

géniteur [ʒenitœʀ] M **1** *plais* (*père*) Erzeuger *m* **2** ZOOL männliches Zuchttier

génitif [ʒenitif] M GRAM Genitiv *m*; Wesfall *m*; zweiter Fall

génito-urinaire [ʒenitoyʀinɛʀ] ADJ ANAT urogenital; **appareil** *m* **~** Urogenitalsystem *n*; Harn- und Geschlechtsorgane *npl*

Genlis [ʒɑ̃lis] *Ort im Dep. Côte-d'Or*

Gennevilliers [ʒənvilje] *Stadt im Dep. Hauts-de-Seine*

génocide [ʒenɔsid] M Völkermord *m*; Genozid *m ou n*

génois [ʒenwa] **A** ADJ genuesisch; Genueser **B** SUBST **1** **Génois(e)** *m(f)* Genuese *m*, Genuesin *f* **2** CUIS **~e** *f* Tortenbiskuit *n*

génome [ʒenom] M BIOL Genom *n*; **génomique** F MÉD, TECH Genomforschung *f*; Genomik *f*

génothérapie [ʒenoteʀapi] F MÉD Gentherapie *f*

génotype [ʒenotip] M BIOL Genotyp(us) *m*; **banque** *f* **de ~s** Genbank *f*

genou [ʒ(ə)nu] M ⟨*pl* ~x⟩ **1** ANAT Knie *n* (*a. d'un pantalon*); *du cheval* Fußwurzel *f*; *jupe, robe*: **au ~** knielang; **au-dessous du ~** das Knie bedeckend; **au-dessus du ~** kniefrei; *loc adv* **à ~x** kniend; auf (den) Knien; **à ~x!** auf die Knie!; *fig* **demander à ~x** kniefällig, auf Knien bitten; **(s')enfoncer jusqu'aux ~x** bis zu den Knien einsinken; **être à ~x** knien; *fig* auf den Knien liegen (**devant qn** vor j-m); **se mettre à ~x** niederknien; sich hinknien; *fam fig* **c'est à se mettre à ~x devant** das ist einfach herrlich, himmlisch; *fig* **tomber aux ~x de qn** e-n Kniefall vor j-m machen; vor j-m auf die Knie fallen; *fig* **être sur les ~x** todmüde, wie zerschlagen, wie gerädert sein; **faire du ~ à une femme** e-e Frau mit dem Knie anstoßen, berühren; **mettre un ~ en terre** sich auf ein Knie niederlassen; **prendre sur ses ~x** auf den Schoß nehmen; *pantalon* **usé aux ~x** mit abgewetzten Knien **2** TECH Kugelgelenk *n*

genouillère [ʒ(ə)nujɛʀ] F **1** SPORTS Knieschützer *m*; MÉD Kniebandage *f*; *d'une armure* Kniekachel *f*, -buckel *m* **2** TECH *d'un tuyau* Knie(-stück) *n*

genre [ʒɑ̃ʀ] M **1** (*espèce*) Art *f* (*a. d'une personne*); **ce ~ de lunettes** diese Art (von) Brille; **~ de vie** (Art der) Lebensführung *f*; Lebensweise *f*; *on ne fait pas mieux* **dans le ~** in dieser, der Art; **de ce ~** (in) dieser Art; derartige(r, -s); solche(r, -s); **des plaisanteries de ce ~** Scherze dieser Art; derartige, solche Scherze; **du même ~** von derselben Art; **en, dans son ~** in s-r Art; **il est unique en son ~** er ist einzig in s-r Art; **en tout ~** *ou* **en tous ~s** aller Art; allerlei; **je n'aime pas son ~** ich mag s-e Art nicht; **avoir le ~ artiste** etwas vom Künstler an sich *(dat)* haben; wie ein Künstler aussehen; **avoir un drôle de ~** e-e komische Art haben; **avoir (un) mauvais ~** e-e vulgäre Art haben; **se donner un ~, faire du ~** sich affektiert benehmen; *il fait ça* **pour se donner un ~** um aufzufallen; aus Angabe; **ce n'est pas mon ~** das ist nicht nach meinem Geschmack; *fam* das ist nicht mein Fall; **il, elle n'est pas mon ~** er, sie ist nicht mein Typ **2** **le ~ humain** das Menschengeschlecht **3** GRAM Genus *n*; Geschlecht *n*; **~ grammatical, naturel** grammatisches, natürliches Geschlecht; *adjectif* **des deux ~s** mit gleicher Form für Maskulinum und Femininum; *accord* **en ~ et en nombre** in Geschlecht und Zahl **4** BIOL Gattung *f* **5** LITTÉRATURE, ART Gattung *f*; Genre *n*; **~ littéraire** literarische Gattung; Literaturgattung *f* **6** PEINT **peinture** *f*, **tableau** *m* **de ~** Genremalerei *f*, -bild *n*

gens [ʒɑ̃] MPL ⟨*unmittelbar vorangehendes adj steht in der Form des fpl*⟩ **1** Leute *pl*; Menschen *mpl*; **jeunes ~** junge Leute; *(jeunes hommes)* junge Männer *mpl*; **les petites ~** die kleinen Leute; der kleine Mann; **sales ~** übles Volk; **vieilles ~** alte Leute; **des ~ comme toi** (*ou* **vous**) **et moi** Menschen wie du (*ou* Sie) und ich; **~ de la campagne** Leute vom Land; **~ du Midi, du Nord** Leute aus dem Süden, Norden; Süd-, Nordfranzosen *mpl*; **~ du peuple** Leute aus dem Volk **2** **~ d'Église** Geistliche(n) *mpl*; **~ de lettres** Literaten *mpl*; Schriftsteller *mpl*; **~ de maison** Hauspersonal *n*; **~ de mer** Seeleute *pl*, -fahrer *mpl* **3** JUR **droit** *m* **des ~** Völkerrecht *n*

gent [ʒɑ̃] F *litt* **la ~ trotte-menu** das Mäusevolk

gentiane [ʒɑ̃sjan] F BOT *et alcool* Enzian *m*

gentil [ʒɑ̃ti] ADJ ⟨gentille [ʒɑ̃tij]⟩ **1** *personne, comportement* nett; freundlich; liebenswürdig; lieb; *robe, intérieur etc* nett; reizend; entzückend; **il a eu un mot ~ pour tout le monde** er hatte für jeden ein freundliches Wort; *personne* **être ~ comme un cœur** sehr, wirklich, äußerst, *fam* furchtbar nett sein; **vous êtes trop ~** Sie sind zu liebenswürdig; **être ~ avec qn** nett zu j-m sein; **vous seriez ~ de** *(+inf)* es wäre nett von Ihnen, wenn Sie ... würden; **c'est ~ comme tout**, *fam* **~ tout plein** ist das aber nett, lieb!; **c'est ~ à vous (d'être venu)** das ist nett von Ihnen (, dass Sie gekommen sind) **2** *enfant (sage)* lieb; artig; brav **3** *somme d'argent* nett; hübsch; **une ~le somme** *a.* ein nettes, hübsches Sümmchen **4** *péj* **c'est ~, mais** *ça n'a rien d'extraordinaire* das ist ja ganz nett, aber ...; **c'est bien ~ tout ça, mais ...** das ist alles schön und gut, aber ...

gentilhomme [ʒɑ̃tijɔm] M ⟨*pl* gentils-hommes [ʒɑ̃tizɔm]⟩ HIST Edelmann *m*; **gentilhommière** F vornehmes, feudales Landhaus

gentillesse [ʒɑ̃tijɛs] F **1** Freundlichkeit *f*; Liebenswürdigkeit *f*; Nettigkeit *f*; **avoir la ~ de** *(+inf)* die Freundlichkeit haben zu *(+inf)*; so nett, freundlich sein zu *(+inf)*; **il est d'une ~!** er ist von e-r Liebenswürdigkeit, Herzlichkeit! **2** *surtout* **~s** *pl* Freundlichkeiten *fpl* *(a. iron)*

gentillet [ʒɑ̃tijɛ] ADJ ⟨~te⟩ ganz nett, hübsch

Gentilly [ʒɑ̃tiji] *Stadt im Dep. Val-de-Marne*

gentils [ʒɑ̃ti] MPL REL HIST Heiden *mpl*

gentiment [ʒɑ̃timɑ̃] ADV **1** *(aimablement)* nett; freundlich; liebenswürdig **2** *(sagement)* lieb; artig; brav

gentleman [dʒɛntləman], *fam* [ʒɑ̃-] M ⟨*pl* gentlemen [dʒɛntləmɛn]⟩ Gentleman *m*; **se conduire en ~** sich wie ein, als Gentleman verhalten

gentleman-farmer [dʒɛntləmanfaʀmœʀ] M ⟨*pl* gentlemen-farmers⟩ vornehmer Gutsbesitzer

génuflexion [ʒenyflɛksjõ] F REL Kniebeuge *f*

géo [ʒeo] F *fam* ABR → géographie

géodésie [ʒeɔdezi] F Geodäsie *f*; Vermessungskunde *f*; Landesvermessung *f*; **géodésique** ADJ geodätisch

géographe [ʒeɔgʀaf] M/F Geograf(in) *m(f)*

géographie [ʒeɔgʀafi] F **1** Geografie *f*; *matière scolaire a.* Erdkunde *f*; **~ économique** Wirtschaftsgeografie *f*; **~ humaine** Anthropo-, Kulturgeografie *f*; **~ linguistique** Sprachgeografie *f*; **~ régionale** Länderkunde *f*; **professeur** *m* **de ~** Erdkundelehrer *m* **2** *manuel* Erdkunde-, Geografiebuch *n*

géographique [ʒeɔgʀafik] ADJ geografisch; erdkundlich; **carte** *f* **~** Landkarte *f*; *en France* **Institut ~ national** staatliches Vermessungsamt

geôle [ʒol] F *litt* Kerker *m*

geôlier [ʒolje] M *litt* Kerkermeister *m*

géologie [ʒeɔlɔʒi] F Geologie *f*

géologique [ʒeɔlɔʒik] ADJ geologisch; erdgeschichtlich; **coupe** *f* **~** geologisches Profil; **formation** *f* **~** geologische Formation

géologue [ʒeɔlɔg] M/F Geologe, -login *m,f*

géomagnétique [ʒeɔmaɲetik] ADJ erdmagnetisch; **géomagnétisme** M Erdmagnetismus *m*

géomètre [ʒeɔmɛtʀ] M **~** *ou adjt* **arpenteur** *m* **~** Geometer *m*; Vermessungsingenieur *m*; **~ expert** *correspond à* Vermessungsingenieur *m*

géométrie [ʒeɔmetʀi] F **1** Geometrie *f*; Raumlehre *f*; **~ analytique, descriptive** analytische, darstellende Geometrie; **~ plane** ebene Geometrie; Geometrie der Ebene; **~ dans l'espace** Geometrie des Raumes; AVIAT **avion** *m* **à ~ variable** Schwenkflügelflugzeug *n*; *fig politique, justice* **à ~ variable** den jeweiligen Gegebenheiten angepasst; pragmatisch; **figure** *f* **de ~** geometrische Figur **2** *manuel* Geometriebuch *n*

géométrique [ʒeɔmetʀik] ADJ **1** geometrisch *(a. ornement)*; **figure** *f* **~** geometrische Figur **2** *fig précision etc* mathematisch

géomorphologie [ʒeɔmɔʀfɔlɔʒi] F Geomorphologie *f*; **géophysicien** M Geophysiker *m*; **géophysique** **A** ADJ geophysikalisch **B** F Geophysik *f*; **géopolitique** **A** ADJ geopolitisch **B** F Geopolitik *f*

Georges [ʒɔʀʒ] M *Vorname*

Géorgie [ʒeɔʀʒi] **la ~** **1** Georgien *n* **2** *U.S.A.* Georgia *n*

géorgien [ʒeɔʀʒjɛ̃] **A** ADJ ⟨~ne⟩ georgisch **B** SUBST **1** **Géorgien(ne)** *m(f)* Georgier(in) *m(f)* **2** LING **le ~** das Georgische; Georgisch *n*

géorgique [ʒeɔʀʒik] ADJ *poésie* vom Landbau handelnd; *subst Vergil* **les Géorgiques** *fpl* die Georgica *npl*

géostationnaire [ʒeostasjɔnɛʀ] ADJ *satellite* geostationär; Synchron...

géothermie [ʒeotɛʀmi] F Geothermie *f*; (als Energiequelle genutzte) Erdwärme; **géothermique** ADJ geothermisch; **énergie** *f* **~** geothermische Energie; Erdwärme *f*

Gérald [ʒeʀald] M *Vorname*

gérance [ʒeʀɑ̃s] F *d'un commerce* Geschäftsführung *f*; *d'immeubles* Verwaltung *f*; **exploiter une affaire en ~** e-n Pachtbetrieb führen; **mettre en ~** verpachten; in Pacht geben; **prendre en ~** pachten; in Pacht nehmen

géranium [ʒeʀanjɔm] M BOT Geranie *f*

gérant [ʒeʀɑ̃] M, **gérante** F *d'une société* Geschäftsführer(in) *m(f)*; *d'un magasin a.* Pächter(in) *m(f)*; *d'immeubles* Verwalter(in) *m(f)*; **gérant, gérante d'une succursale** *a.* Filialleiter(in) *m(f)*

Gérard [ʒeʀaʀ] M *Vorname*

Gérardmer [ʒeʀaʀme] *Stadt im Dep. Vosges*

gerbe [ʒɛʀb] F **1** AGR Garbe *f* **2** **~ (de fleurs)** (Blumen)Strauß *m*; Bukett *n* **3** FEU D'ARTIFICE Funkengarbe *f*, -büschel *n*, -regen *m* **4** **~ d'eau** Fontäne *f* **5** MIL Geschossgarbe *f*

gerber [ʒɛʀbe] **A** V/T TECH stapeln **B** V/I *pop (vomir)* *pop* kotzen

gerboise [ʒɛʀbwaz] F ZOOL Wüstenspringmaus *f*

gercé [ʒɛʀse] ADJ *peau* aufgesprungen; rissig; schrundig; **lèvres ~es** aufgesprungene Lippen *fpl*

gercer [ʒɛʀse] ⟨-ç-⟩ **A** V/T rissig werden lassen, machen **B** V/I *(et V/PR* **se)** **~** *peau, lèvres* aufspringen; *peau a.* rissig, schrundig werden

gerçure [ʒɛʀsyʀ] F (Haut)Riss *m*; Schrunde *f*

gérer [ʒeʀe] V/T ⟨-è-⟩ *affaires* führen; *un commerce, ses biens etc* verwalten; *par ext sa carrière etc, iron la crise fam* managen; **~ une société** mit der Geschäftsführung e-r Gesellschaft beauftragt sein; *adjt* **affaire bien, mal gérée** gut, schlecht geführtes Geschäft

gerfaut [ʒɛʀfo] M ZOOL Gerfalke *m*

gériatrie [ʒeʀjatʀi] F MÉD Geriatrie *f*; Altersheilkunde *f*; **gériatrique** ADJ MÉD geriatrisch

germain[1] [ʒɛʀmɛ̃] ADJ **cousin ~** *ou* **cousine ~e** Vetter *m*, Cousin *m ou* Cousine *f* (ersten Grades); **cousins issus de ~s** Vettern zweiten Grades

germain[2] [ʒɛʀmɛ̃] HIST **A** ADJ germanisch **B** MPL **Germains** Germanen *mpl*

Germaine [ʒɛʀmɛn] F *Vorname*

Germanie [ʒɛʀmani] HIST **la ~** Germanien *n*

germanique [ʒɛʀmanik] ADJ **1** HIST germanisch; LING **langues** *fpl* **~s** germanische Sprachen *fpl* **2** *(allemand)* deutsch; **pays** *mpl* **~s** Länder *npl* deutscher Sprache und Kultur; HIST **le Saint Empire romain ~** das Heilige Römische Reich Deutscher Nation

germanisant [ʒɛʀmanizɑ̃] **A** ADJ mit e-r Vorliebe für deutsche Kultur **B** SUBST **~(e)** *m(f)* **1** Liebhaber(in) *m(f)* der deutschen Kultur **2** → germaniste

germanisation [ʒɛʀmanizasjõ] F Germanisierung *f*; Eindeutschung *f*; **germaniser** V/T germanisieren; eindeutschen *(a. mots, noms)*; **germanisme** M deutsche Spracheigentümlichkeit; Germanismus *m*; **germaniste** M/F Germanist(in) *m(f)*

germanitude [ʒɛʀmanityd] F Deutschtum *n*

germanium [ʒɛʀmanjɔm] M CHIM Germanium *n*

germano-... [ʒɛʀmano] ADJ deutsch-...; *exemples:* **germano-américain** deutsch-amerikanisch; **germano-polonais** deutsch-polnisch; **germano-tchèque** deutsch-tschechisch

germanophile [ʒɛʀmanɔfil] **A** ADJ deutschfreundlich **B** M/F Person *f* mit deutschfreundlicher Haltung; **germanophilie** F Deutschfreundlichkeit *f*

germanophobe [ʒɛʀmanɔfɔb] **A** ADJ deutschfeindlich **B** M/F Deutschenhasser(in) *m(f)*; **germanophobie** F Deutschfeindlichkeit *f*; *plus fort* Deutschenhass *m*

germanophone [ʒɛʀmanɔfɔn] ADJ deutschsprachig; Deutsch sprechend

germe [ʒɛʀm] M BIOL, MÉD, *fig* Keim *m*; *dans un œuf* Keimscheibe *f*; Hahnentritt *m*; **~s pa-**

G

thogènes Krankheitskeime *mpl*; **~s de blé** Weizenkeime *mpl*; MÉD **porteur** *m* **de ~s** Keim-, Bazillenträger *m*; *fig* **contenir qc en ~** etw im Keim enthalten; den Keim von etw in sich *(dat)* tragen

germer [ʒɛʀme] VI BOT keimen *(a. fig idée etc)*; *pommes de terre* auskeimen; **faire ~** zum Keimen bringen; *adjt* **pommes de terre germées** ausgekeimte Kartoffeln *fpl*

germicide [ʒɛʀmisid] ADJ keimtötend

germinal [ʒɛʀminal] A ADJ ⟨-aux⟩ BIOL Keim… B M HIST Germinal *m (7. Monat des frz Revolutionskalenders)*

germinatif [ʒɛʀminatif] ADJ ⟨-ive⟩ BIOL Keim…; **germination** F BIOL Keimen *n*, -ung *f*

gérondif [ʒeʀõdif] M GRAM Gerundium *n*; *en français a.* Gérondif *m*

Gérone [ʒeʀɔn] GÉOG Gerona *n*

gérontocratie [ʒeʀõtɔkʀasi] F POL Gerontokratie *f*; **gérontologie** F Gerontologie *f*; Altersforschung *f*; **gérontologue** M/F Gerontologe, -login *m,f*

Gers [ʒɛʀ], *regional* [ʒɛʀs] **le ~** *Fluss u. Departement in Frankreich*

gésier [ʒezje] M *des oiseaux* (Muskel-, Kau)Magen *m*

gésir [ʒeziʀ] *st/s* VI ⟨*défect*: **il gît, ils gisent; il gisait; gisant**⟩ (da) liegen; *fig* **c'est là que gît la difficulté** da(rin) liegt die Schwierigkeit; *fam* da liegt der Hase im Pfeffer; da liegt der Hund begraben

gesse [ʒɛs] F BOT Platterbse *f*

gestaltisme [gəʃtaltism] M PHIL, PSYCH Gestalttheorie *f*, -psychologie *f*

gestation [ʒɛstasjõ] F 1 ZOOL Trächtigkeit *f*; *t/t de la femme* Schwangerschaft *f*; **durée** *f* **de la ~** *chez les animaux* Tragezeit *f*; Trächtigkeitsdauer *f*; *chez la femme* Schwangerschaftsdauer *f* 2 *fig* Entstehung *f*; *loc adj* **en ~** im Entstehen (begriffen)

geste[1] [ʒɛst] M 1 (Hand)Bewegung *f*; Gebärde *f*; Geste *f*; **~ brusque** plötzliche (Hand)Bewegung; **au moindre ~** bei der geringsten Bewegung; **avoir un ~ malheureux** e-e unglückliche (Hand)Bewegung machen; **se faire comprendre par ~s** sich durch Gebärden, Gesten verständlich machen; **faire un ~ (de la main)** e-e Handbewegung machen; **faire des grands ~s** lebhaft gestikulieren; **ne pas faire un ~** sich nicht rühren *(a. fig)*; *fam fig* **il n'a qu'un ~ à faire pour** *(+inf)* er braucht bloß den kleinen Finger zu rühren, um zu *(+inf)* 2 *par ext* Geste *f*; **~ de générosité** großzügige, *fam* noble Geste; *fam fig* **faire un ~** s-m Herzen e-n Stoß geben; *fam* etwas springen lassen; **joindre le ~ à la parole** s-n Worten die Tat folgen lassen

geste[2] [ʒɛst] F 1 **les faits et ~s de qn** j-s Tun und Treiben *n* 2 **chanson** *f* **de ~** Heldenlied *n*, -epos *n*

gesticulation [ʒɛstikylasjõ] F Gestikulation *f*; Gestikulieren *n*

gesticuler [ʒɛstikyle] VI gestikulieren; *fam* mit den Händen, Armen in der Luft herumfuchteln

gestion [ʒɛstjõ] F 1 *d'une entreprise* Geschäftsführung *f*; *de biens, d'immeubles* Verwaltung *f*; **~ budgétaire** Haushaltsführung *f*; **~ financière** Finanzplanung *f*; **~ de la production** Produktionsleitung *f*; **gestion de qualité** Qualitätsmanagement *n*; **gestion des risques** Risikomanagement *n* 2 *matière* **~ (d'entreprise)** Betriebswirtschaft(slehre) *f*

gestionnaire [ʒɛstjɔnɛʀ] A ADJ Geschäftsführungs…; Verwaltungs…; betriebswirtschaftlich B M/F Geschäftsführer(in) *m(f)*; Verwalter(in) *m(f)*; Manager(in) *m(f)*; Betriebswirt(in) *m(f)*

gestuel [ʒɛstɥɛl] A ADJ ⟨~le⟩ Gesten…; Gebärden…; **langage ~** Gebärdensprache *f* B F **~le** Gestik *f*

Gets (Les) [leʒɛ] *Wintersportort in den frz Alpen*

Gex [ʒɛks] *Stadt im Dep. Ain*

geyser [ʒezɛʀ] M Geysir *m*; Geiser *m*

Ghana [gana] **le ~** Ghana *n*

ghanéen [ganeɛ̃] A ADJ ⟨~ne⟩ ghanaisch B SUBST **Ghanéen(ne)** *m(f)* Ghanaer(in) *m(f)*

ghetto [geto, gɛ-] M G(h)etto *n*

ghetto-blaster [getoblastɛʀ] M ⟨*pl* ghetto-blasters⟩ G(h)ettoblaster *m*

ghettoïsation [getoizasjõ] F G(h)ettoisierung *f*

Ghislaine [gislɛn] F *Vorname*

G8 [ʒeɥit] M ABR (Groupe des 8) POL G 8 *f*

G.I.A. [ʒeia] M ABR (Groupe islamique armé) *en Algérie* Bewaffnete Islamische Gruppe

gibbon [ʒibõ] M ZOOL Gibbon *m*

gibbosité [ʒibozite] F MÉD *et par ext* Buckel *m*; Höcker *m*

gibecière [ʒibsjɛʀ] F 1 CH Jagdtasche *f* 2 *sac de femme* (sportliche) Umhängetasche 3 *sac d'écolier* Schulranzen *m*, -tasche *f*

gibelotte [ʒiblɔt] F CUIS **~ de lapin** Kaninchenfrikassee *n* in Weißwein

giberne [ʒibɛʀn] F *autrefois* Patronentasche *f*

gibet [ʒibɛ] M Galgen *m*

gibier [ʒibje] M 1 Wild *n*; **gros ~** Hoch-, Schalenwild *n*; **menu, petit ~** Niederwild *n*; **~ à fourrure** jagdbare Pelztiere *npl*; **~ à plume(s)** Feder-, Flugwild *n*; **~ à poil** Haarwild *n*; **~ d'eau** jagdbare Wasservögel *mpl* 2 CUIS Wildbret *n*; Wild *n* 3 *fig fam* **un ~ facile** e-e leichte Beute; **~ de potence** Galgenvogel *m*

giboulée [ʒibule] F (Regen-, Graupel)Schauer *m*; **~s de mars** Aprilschauer *mpl*, -wetter *n*

giboyeux [ʒibwajø] ADJ ⟨-euse⟩ wildreich

Gibraltar [ʒibʀaltaʀ] Gibraltar *n*

gibus [ʒibys] M Klappzylinder *m*; Chapeau claque *m*

giclée [ʒikle] F Spritzer *m*

giclement [ʒikləmɑ̃] M (Heraus)Spritzen *n*

gicler [ʒikle] VI (heraus-, auf)spritzen; *sang* **~ de la blessure** aus der Wunde spritzen

gicleur [ʒiklœʀ] M AUTO Vergaserdüse *f*

GIE [ʒeiə] M ABR (groupement d'intérêt économique) JUR COMM wirtschaftliche Interessengemeinschaft *(frz Unternehmensform)*

Gien [ʒjɛ̃] *Stadt im Dep. Loiret*

Gier [ʒiɛʀ] **le ~** *Nebenfluss der Rhone*

gifle [ʒifl] F 1 Ohrfeige *f*; Backpfeife *f*; **donner** *ou* **flanquer une ~ à qn** j-m e-e Ohrfeige geben *ou* verabreichen; j-n ohrfeigen; *fam* j-m eine knallen, runterhauen, kleben, schmieren, langen, verpassen, schallern; *fam* **flanquer une paire de ~s à qn** *fam* j-m rechts und links eine runterhauen; **recevoir une ~** e-e Ohrfeige bekommen; *fam* eine geklebt, geschmiert, geknallt, gelangt, verpasst, geschallert kriegen 2 *fig* Schlag *m* ins Gesicht; Ohrfeige *f*

gifler [ʒifle] VT 1 **~ qn** j-n ohrfeigen 2 *fig vent, pluie* **~ le visage de qn** j-m ins Gesicht peitschen

giga[1] [ʒiga] ADJ *fam* ABR (gigantesque) *fam* super; spitze; geil

giga[2] [ʒiga] M *fam* ABR → gigaoctet

gigahertz [ʒigaɛʀts] M (ABR **GHz**) PHYS Gigahertz *n (abr GHz)*

gigantesque [ʒigɑ̃tɛsk] ADJ 1 *taille* riesig; riesenhaft; gigantisch; Riesen… 2 *entreprise* gigantisch; gewaltig; Riesen…

gigantisme [ʒigɑ̃tism] M 1 MÉD Riesenwuchs *m*; *t/t* Gigantismus *m* 2 *fig* übermäßiges Wachstum; Hypertrophie *f*; *état* Riesenhaftigkeit *f*

gigaoctet [ʒigaɔktɛ] M Gigabyte *n*

G.I.G.N. [ʒeiʒeɛn] M ABR (Groupe d'intervention de la Gendarmerie nationale) *correspond à* GSG 9 *f*

gigogne [ʒigɔɲ] ADJ **fusée** *f* **~** Mehrstufenrakete *f*; **lit** *m* **~** ausziehbares Doppelbett; **poupée** *f* **~** russische Puppen *fpl*; **table** *f* **~** Satztisch(e) *m(pl)*

gigolo [ʒigɔlo] M Gigolo *m (junger ausgehaltener Geliebter)*

gigot [ʒigo] M 1 CUIS **~ (de mouton)** Hammelkeule *f*, *all Sud a.* -schlegel *m*; **~ d'agneau** Lammkeule *f* 2 ADJT **manches** *fpl* **~** Keulen-, Schinkenärmel *mpl*

gigoter [ʒigɔte] *fam* VI zappeln; *bébé* strampeln

gigue [ʒig] F 1 MUS, *danse* Gigue *f* 2 *fam fig* **une grande ~** *fam* e-e Hopfenstange

Gilbert [ʒilbɛʀ] M *Vorname*

gilet [ʒilɛ] M 1 *d'un costume* Weste *f*; *fam fig* **venir pleurer dans le ~ de qn** j-m sein Leid klagen 2 *tricoté* Strickjacke *f*, -weste *f* 3 **~ de sauvetage** Schwimmweste *f* 4 **~ de corps** Unterhemd *n*, -jacke *f*

Gilles [ʒil] M 1 *Vorname* 2 *saint* Ägidius *m*

gin [dʒin] M Gin *m*

gingembre [ʒɛ̃ʒɑ̃bʀ] M BOT, CUIS Ingwer *m*

gingival [ʒɛ̃ʒival] ADJ ⟨-aux⟩ ANAT Zahnfleisch…; **gingivite** F MÉD Zahnfleischentzündung *f*

ginkgo [ʒɛ̃ko] M BOT Ginkgo(baum) *m*

ginseng [ʒinsɑ̃g] M BOT, PHARM Ginseng *m*

Giono [ʒjɔno] **Jean ~** *frz Schriftsteller*

girafe [ʒiʀaf] F 1 ZOOL Giraffe *f*; *fig* **cou** *m* **de ~** langer, dürrer Hals; *fam fig* **peigner la ~** e-e sinnlose Arbeit machen 2 *fam péj d'une personne fam* lange Latte; langes Laster 3 CINÉMA, TV (Mikrofon)Galgen *m*

girafeau [ʒiʀafo] M ⟨*pl* **~x**⟩ ZOOL junge, kleine Giraffe; Giraffenjunge(s) *n*

girandole [ʒiʀɑ̃dɔl] F 1 FEU D'ARTIFICE Feuerrad *n* 2 *chandelier* mehrarmiger Leuchter 3 *(guirlande lumineuse)* Lichtgirlande *f*

giratoire [ʒiʀatwaʀ] ADJ kreisend; Dreh…; Kreis…; **sens** *m* **~** Kreisverkehr *m*

giravion [ʒiʀavjõ] M AVIAT Drehflügelflugzeug *n*

girofle [ʒiʀɔfl] M BOT, CUIS **clou** *m* **de ~** (Gewürz)Nelke *f*

giroflée [ʒiʀɔfle] F 1 BOT Goldlack *m* 2 *fam fig* **~ (à cinq feuilles)** (Spuren *fpl* e-r) schallende(n) Ohrfeige

girolle [ʒiʀɔl] F BOT Pfifferling *m*; *autrich* Eierschwamm *m*

giron [ʒiʀõ] M Schoß *m*; **le ~ familial, de l'Église** der Schoß der Familie, der Kirche

girond [ʒiʀõ] ADJ ⟨-ronde [-ʀõd]⟩ *fam (bien fait)* *fam* gut gebaut; *(bien en chair)* mollig

Gironde [ʒiʀõd] **la ~** *Mündungstrichter der Garonne u. Departement in Frankreich*

girondin [ʒiʀõdɛ̃] A ADJ 1 (aus, von) der Gironde 2 HIST girondistisch B MPL **Girondins** HIST Girondisten *mpl*

girouette [ʒiʀwɛt] F Wetterfahne *f (a. fig d'une personne)*; *fig* **c'est une vraie ~** *a.* er wechselt die Meinung wie das Hemd

gisant [ʒizɑ̃] A PPR → gésir B M SCULP liegende Figur

Giscard d'Estaing [ʒiskaʀdɛstɛ̃] **Valéry ~** *frz Staatspräsident*

Gisèle [ʒizɛl] F *Vorname*

gisement [ʒizmɑ̃] M Lagerstätte *f*; Vorkommen *n*; **~ de houille, de pétrole, d'uranium** (Stein)Kohle(n) -, Erdöl-, Uranvorkommen *n*, -lagerstätte *f*

gît [ʒi] → gésir

gitan [ʒitɑ̃] A SUBST 1 **Gitan(e)** *m(f)* Zigeuner(in) *m(f)* 2 **~e** *f* *frz Zigarettenmarke* B

ADJ Zigeuner…

gîte[1] [ʒit] M 1 Unterkunft *f*; Quartier *n*; **~ rural** Ferienquartier *n* auf dem Land; **le ~ et le couvert** Unterkunft und Verpflegung *f* 2 *du gibier* Lager *n*; *du lièvre a.* Sasse *f* 3 MINÉR Lagerstätte *f*; **~ aurifère** Goldlagerstätte *f*, -vorkommen *n* 4 BOUCHERIE Hinterhesse *f*; **~ à la noix** Oberschale *f*

gîte[2] [ʒit] F MAR Schlagseite *f*; Krängung *f*; **donner de la ~** Schlagseite haben; krängen

gîter [ʒite] V/I MAR Schlagseite haben

givrage [ʒivʀaʒ] M AVIAT Vereisung *f*

givrant [ʒivʀɑ̃] ADJ **brouillard ~** Raureif bildender Nebel; *sur la route* überfrierende (Nebel)Nässe

givre [ʒivʀ] M (Rau)Reif *m*; **cristaux** *mpl* **de ~** Eisblumen *fpl*

givré [ʒivʀe] ADJ 1 *arbres etc* bereift; mit Raureif überzogen, bedeckt 2 *vitre* zugefroren; vereist (*a.* AVIAT) 3 CUIS **orange ~e** Orangensorbet(t) *m ou n* in der Schale serviert; *pour un cocktail* **verre ~** Glas *n* mit Zuckerrand 4 *fam* (*fou*) *fam* bescheuert; behämmert; → *a.* cinglé

givrer [ʒivʀe] A V/T 1 mit Raureif überziehen, bedecken 2 *fig* mit e-m (Zucker)Überzug versehen, garnieren B V/I (*et* V/PR **se**) **~** vereisen; *vitre a.* zufrieren

glabre [glabʀ] ADJ glatt rasiert; bartlos

glaçage [glasaʒ] M 1 TECH Glänzen (-dmachen) *n*; *résultat* Hochglanz *m*; TEXT Glanzappretur *f* 2 CUIS Glasieren *n*; *résultat* Glasur *f*; Zuckerguss *m*

glace [glas] F 1 Eis *n*; **~s** *pl* Eismassen *fpl*; Eis *n*; **~ artificielle** Kunsteis *n*; **couche** *f* **de ~** Eisschicht *f*, -decke *f*; **cristaux** *mpl* **de ~** Eiskristalle *mpl*; **Mer** *f* **de ~** *Gletscher im Montblanc--Massiv*; *loc adj*: *bateau* **pris dans les ~s** im Eis festsitzend; eingefroren; **couvert de ~** eisbedeckt; *fig* **il a été, il est resté de ~** er blieb eiskalt; *fig*: **rompre, briser la ~** das Eis brechen, zum Schmelzen bringen; **la ~ est rompue** das Eis, der Bann ist gebrochen 2 (*crème glacée*) (Speise)Eis *n*; *autrich* Gefrorene(s) *n*; *suisse* Glace *f*; **deux ~s** zwei (Portionen) Eis; **~ à l'italienne** Softeis *n*; **~ à la vanille** Vanilleeis *n* 3 (*miroir*) Spiegel *m*; **~ de poche** Taschenspiegel *m* 4 AUTO Wagen-, Autofenster *n*; (Auto)Scheibe *f* 5 *verre* Spiegelglas *n*; *d'une porte vitrée* (Glas)Scheibe *f* 6 CUIS Glasur *f*; Zuckerguss *m*; *adjt* **sucre** *m* **~** Staub-, Puderzucker *m*

glacé [glase] ADJ 1 (*gelé*) vereist; **neige ~e** vereister Schnee 2 CUIS Eis…; **bombe ~e** Eisbombe *f*; **chocolat ~** → esquimau®[2]; **coupe, crème ~e** Eisbecher *m*, -creme *f*; **thé ~** Eistee *m* 3 *eau, pluie, vent, pièce* eiskalt; eisig; *boisson a.* eisgekühlt; **eau, pluie ~e** *a.* Eiswasser *n*, -regen *m*; **avoir les pieds ~s** eiskalte Füße haben; *personne* **être ~** durchgefroren *ou* durchfroren sein; steif, starr vor Kälte sein; CUIS **servir ~** eiskalt servieren 4 *fig accueil, regard* eisig; frostig 5 (*lustré*) *étoffe* glanzappretiert; **gants** *mpl* **en chevreau ~** Glaceehandschuhe *mpl*; **papier ~** Glanzpapier *n*; **riz ~** polierter Reis 6 CUIS **marrons ~s** kandierte Kastanien *fpl*

glacer [glase] ⟨-ç-⟩ A V/T 1 *fig* **~ qn** j-n erstarren lassen, lähmen; **~ le sang dans les veines** das Blut in den Adern erstarren lassen 2 TECH glänzen(d machen); mit Hochglanz versehen; TEXT glanzappretieren 3 CUIS glasieren 4 PEINT lasieren B V/PR **se ~** *fig sourire* gefrieren; eisig werden; **son sang se glaça dans ses veines** das Blut erstarrte ihm in den Adern

glacerie [glasʀi] F 1 Spiegelglasindustrie *f ou* -handel *m* 2 Spiegel(glas)fabrik *f*

glaceuse [glasøz] F PHOT Trockenpresse *f*

glaciaire [glasjɛʀ] ADJ Eis…; Gletscher…; *t/t* glazial; **période** *f* **~** Eiszeit *f*

glacial [glasjal] ADJ ⟨-aux *od* -als⟩ 1 *pluie, vent* eisig; eiskalt; **froid ~** eisige Kälte 2 GÉOG **océan ~** Eismeer *n*; **zone ~e** kalte Zone 3 *fig personne* eiskalt; eisig; abweisend; **accueil ~** eisiger, frostiger Empfang; **regard ~** eisiger Blick; **silence ~** eisiges Schweigen

glaciation [glasjasjõ] F GÉOL Vereisung *f*; Vergletscherung *f*

glacier [glasje] M 1 GÉOG Gletscher *m* 2 3 *pâtissier* Eiskonditor *m* b (*marchand de glace*) Eisverkäufer *m*

glacière [glasjɛʀ] F 1 Eisschrank *m*; *portable a.* Kühltasche *f* 2 *fam fig* (*pièce très froide*) Eiskeller *m*

glaciologie [glasjɔlɔʒi] F Gletscherkunde *f*; *t/t* Glaziologie *f*

glacis [glasi] M 1 FORTIFICATIONS Glacis *n* 2 *fig* POL strategisches Vorfeld 3 PEINT Lasur *f*

glaçon [glasõ] M 1 Stück *n* Eis; Eisklumpen *m*; *pour une boisson* Eiswürfel *m*; *dans une rivière* Eisscholle *f*; *sur une gouttière* Eiszapfen *m*; *rivière* **charrier des ~s** Eis führen 2 *fam fig personne* Eisberg *m*

gladiateur [gladjatœʀ] M Gladiator *m*

glaïeul [glajœl] M BOT Gladiole *f*

glaire [glɛʀ] F PHYSIOL (zäher) Schleim

glaireux [glɛʀø] ADJ ⟨-euse⟩ schleimig

glaise [glɛz] F **~** *ou adjt* **terre** *f* **~** Lehm *m*; Ton *m*; Letten *m*

glaiseux [glɛzø] ADJ ⟨-euse⟩ lehmig; **glaisière** F Lehmgrube *f*

glaive [glɛv] M HIST, *litt* Schwert *n*; *litt* **le ~ de la justice, de la loi** das Schwert der Gerechtigkeit

gland [glɑ̃] M 1 BOT Eichel *f* 2 ANAT Eichel *f* 3 *décoratif* Troddel *f*; Quaste *f* 4 *fam* Trottel *m*

glande [glɑ̃d] F 1 ANAT Drüse *f* 2 *fam* **avoir des ~s** geschwollene Drüsen (= *Lymphknoten*) haben 3 *pop fig* **foutre les ~s à qn** *fam* j-n auf die Palme bringen

glander [glɑ̃de] *ou* **glandouiller** [glɑ̃duje] V/I *fam* herumstehen, -sitzen, -lungern

glandulaire [glɑ̃dylɛʀ] ADJ ANAT Drüsen…; **troubles** *mpl* **~s** Drüsenstörungen *fpl*

glaner [glane] V/T 1 *abs* Ähren lesen 2 *fig* (auf)sammeln; zusammentragen

glaneur [glanœʀ] M, **glaneuse** F Ährenleser(in) *m(f)*

glapir [glapiʀ] V/I 1 *renard* bellen; *lapin* durchdringend pfeifen; klagen; *chien* kläffen; *oiseau* kreischen 2 ⟨*a. v/t*⟩ *fig personne*(*: des injures*) kreischen

glapissant [glapisɑ̃] ADJ **voix ~e** kreischende Stimme

glapissement [glapismɑ̃] M 1 *d'un renard* Bellen *n*; *d'un chien* Kläffen *n*; Gekläff *n* 2 *fig d'une personne* **~s** *pl* Kreischen *n*; Gekreisch *n*

Glaris [glaʀis] GÉOG Glarus *n*

glas [glɑ] M Totengeläut(e) *n*; Totenglocke *f*; **sonner le ~** die Totenglocke läuten; *fig d'une époque, d'espérances* das Ende ankündigen; *Hemingway* **Pour qui sonne le ~** Wem die Stunde schlägt

glasnost [glasnɔst] F HIST Glasnost *f*

glaucome [glokom] M MÉD grüner Star; *t/t* Glaukom *n*

glauque [glok] ADJ 1 *mer* blau-, graugrün; *yeux* meergrün 2 *par ext lumière etc* trüb(e); düster; (*sinistre*) unheimlich

glaviot [glavjo] *pop* M Auswurf *m*; *fam* Spucke *f*; *all Nord* Qualster *m*

glèbe [glɛb] F *litt* Scholle *f*

glénoïde [glenɔid] ADJ ANAT **cavité** *f* **~** Gelenkpfanne *f*

glissade [glisad] F 1 (Aus)Gleiten *n*; (Aus)Rutschen *n*; Schlittern *n*; *fam* Rutschpartie *f*; **faire des ~s (sur la glace)** (auf dem Eis) schlittern, *fam* glitschen, *all Sud a.* schleifen 2 AVIAT Abrutschen *n*, *fam* Abschmieren *n* nach innen 3 DANSE Gleitschritt *m*; Glissade *f*

glissant [glisɑ̃] ADJ rutschig; glatt; schlüpfrig; *fam* glitschig; *panneau* **chaussée ~e** Schleudergefahr *f*

glisse [glis] F *des skis* Gleitfähigkeit *f*; *d'un skieur* Gleiten *n*; Gleitgeschwindigkeit *f*

glissé [glise] ADJ *et* SUBST M DANSE **(pas** *m***) ~** Gleitschritt *m*

glissement [glismɑ̃] M 1 Gleiten *n*; Rutschen *n*; *par ext bruit* Gleitgeräusch *n* 2 GÉOL **~ de terrain** Erd-, Bergrutsch *m* 3 *fig* Verschiebung *f*; Verlagerung *f*; POL **~ à droite** *ou* **vers la droite** Rechtsruck *m*; *d'un mot* **~ de sens** Bedeutungsverschiebung *f*

glisser [glise] A V/T 1 schieben, stecken (**dans** in +*acc*); **~ une pièce à qn** j-m ein Geldstück zustecken; **~ un pourboire dans la main de qn** j-m ein Trinkgeld in die Hand drücken; **~ le courrier sous la porte** die Post unter der Tür durchschieben 2 *fig* **~ qc à l'oreille de qn** j-m etw zuflüstern; **~ un mot dans un discours** ein Wort in e-e Rede einfließen lassen; **en ~ un mot à qn** die Sache bei j-m zur Sprache bringen B V/I 1 gleiten (*a.* TECH); *sans le vouloir* rutschen; ins Rutschen kommen; schlittern; *fam* glitschen; *personne a.* (*tomber*) ausrutschen; ausgleiten; *fam* **ça glisse** es ist rutschig, glatt; **son pied a glissé** er ist (mit dem Fuß) ausgerutscht; **le verre m'a glissé des mains** das Glas ist mir aus der Hand gerutscht, *st/s* ist meinen Händen entglitten; *fam fig* **il lui a glissé entre les doigts** er ist ihm entwischt, entschlüpft; **~ le long d'une pente** e-n Abhang herab-, herunter- *ou* hinab-, hinunterrutschen; *barque* **~ sur l'eau** auf dem Wasser dahingleiten; **se laisser ~ de sa chaise** vom Stuhl (herab) rutschen 2 *fig* **~ sur un sujet** rasch über ein Thema hinweggehen; **laisser ~ le regard sur qc** den Blick über etw (*acc*) (hin)gleiten lassen 3 *reproches, injures* **~ sur qn** an, von j-m abgleiten 4 POL **~ à gauche** e-n Linksruck erfahren C V/PR **se ~** 1 *personne, animal* (sich) schleichen, schlüpfen (**dans** in +*acc*); **se ~ dans ses draps** ins Bett schlüpfen 2 *fig erreur* sich einschleichen (**dans les calculs** in die Berechnungen); *inquiétude, doute* **se ~ en qn** j-n beschleichen

glissière [glisjɛʀ] F TECH Gleit-, Lauf-, Führungsschiene *f*; **~ de sécurité** Leitplanke *f*; **fermeture** *f* **à ~** Reißverschluss *m*

glissoire [gliswaʀ] F Schlitter-, *fam* Rutsch-, Glitschbahn *f*; *all Sud a.* Schleifbahn *f*

Gliwice [glivitse] GÉOG Gleiwitz *n*

global [glɔbal] ADJ ⟨-aux⟩ 1 gesamt; Gesamt…; global; Global…; pauschal; Pauschal…; **somme ~e** Gesamtsumme *f* 2 *pour apprendre à lire* **méthode ~e** Ganzheitsmethode *f*

globalement [glɔbalmɑ̃] ADV global; in s-r Gesamtheit; im Ganzen (genommen); **condamner qc ~** etw global, pauschal, in Bausch und Bogen verurteilen

globalité [glɔbalite] F Gesamtheit *f*; Totalität *f*

globe [glɔb] M 1 **~ (terrestre)** Erdkugel *f*, -ball *m* 2 (*mappemonde*) **~ (terrestre)** Globus *m*; **~ céleste** Himmelsglobus *m*; **~ lumineux** Leuchtglobus *m* 3 *pour recouvrir qc* Glassturz *m*, -glocke *f* 4 *d'une lampe* Glaskugel *f*, -glocke *f*; *lampe* Kugelleuchte *f* 5 ANAT **~ oculaire, de l'œil** Augapfel *m*

globe-trotter [glɔbtʀɔtœʀ, -tɛʀ] M/F ⟨*pl* globe-trotters⟩ Weltenbummler(in) *m(f)*; Globetrotter(in) *m(f)*

globulaire [glɔbylɛʀ] ADJ MÉD **numération** *f*

~ (Aus)Zählung *f* der Blutkörperchen
globule [glɔbyl] M ~ **(du sang)** Blutkörperchen *n*; **~s blancs, rouges** weiße, rote Blutkörperchen
globuleux [glɔbylø] ADJ ‹-euse› *yeux* hervortretend; vorquellend; vorstehend
globuline [glɔbylin] F BIOL Globulin *n*
glockenspiel [glɔkɛnspil] M MUS Glockenspielklavier *n*; Klaviaturglockenspiel *n*
gloire [glwaʀ] F 1 *(grande renommée)* Ruhm *m*; **à la ~ de** zum Ruhme von *(ou +gén)*; **avide de ~** ruhmsüchtig; **avoir son heure de ~** s-e Glanz-, Blütezeit erleben; in hohem Ansehen stehen; **se couvrir de ~** Ruhm erwerben, ernten; sich mit Ruhm bedecken; **faire qc pour la ~** etwa aus Idealismus tun 2 *(personne célèbre)* Berühmtheit *f*; **il fut une des ~s de son pays** er zählte zu den Berühmtheiten s-s Landes 3 *(splendeur)* Glanz *m*; Herrlichkeit *f*; Glorie *f* 4 *st/s* **rendre ~ à Dieu** Gott (lob) preisen, rühmen, verherrlichen; **~ à Dieu** Ehre sei Gott; *par ext* **rendre ~ à qn** j-n ehren 5 *(auréole)* Glorienschein *m*; Gloriole *f*; Aureole *f*; Strahlenkranz *m*; **Christ en ~** von e-m Glorienschein *etc* umgebener Christus
gloria [glɔʀja] M ‹inv› ÉGL CATH Gloria *n*
gloriette [glɔʀjɛt] F ARCH Gloriette *f*
glorieux [glɔʀjø] ADJ ‹-euse› ruhmreich; rühmlich; rühmenswert; glorreich; *personne* ruhmreich; ruhmbedeckt; **exploit ~** Ruhmestat *f*; **journée glorieuse** Ruhmestag *m*
glorificateur [glɔʀifikatœʀ] *litt* A ADJ ‹-trice› verherrlichend B M Verherrlicher *m*;
glorification F Verherrlichung *f*; Glorifizierung *f*
glorifier [glɔʀifje] A V/T verherrlichen; rühmen; preisen; glorifizieren B V/PR **se ~ de qc** stolz sein auf etw *(acc)*; sich e-r Sache *(gén)* rühmen
gloriole [glɔʀjɔl] F *péj* (kleinliche, armselige) Eitelkeit, Selbstgefälligkeit; *raconter ses succès* **par pure ~** *fam* … aus reiner Angeberei
glose [gloz] F Glosse *f*
gloser [gloze] V/T *texte* glossieren; mit Glossen versehen
glossaire [glɔsɛʀ] M Glossar *n*; Wörterverzeichnis *n* (mit Erklärungen)
glotte [glɔt] F ANAT Stimmritze *f*; *t/t* Glottis *f*; PHON **coup** *m* **de ~** Kehlkopfverschlusslaut *m*; Stimmritzenverschlusslaut *m*; Knacklaut *m*; harter Vokaleinsatz
glouglou [gluglu] M 1 *fam d'un liquide* Gluckern *n*; Glucksen *n*; **faire ~** *fam* gluck, gluck machen 2 *du dindon* Kollern *n*
glouglouter [gluglute] V/I 1 *liquide* gluckern; glucksen 2 *dindon* kollern
gloussement [glusmɑ̃] M 1 *d'une poule* Glucken *n* 2 *fig* Glucksen *n*; glucksendes Lachen
glousser [gluse] V/I 1 *poule* glucken 2 *fig* glucksen; glucksend lachen
glouton [glutõ] A ADJ ‹~ne› gefräßig; (fress) gierig B M 1 gieriger Esser; Vielfraß *m* 2 ZOOL Vielfraß *m*
gloutonnement [glutɔnmɑ̃] ADV **manger (qc) ~** (etw) gierig essen; (etw hinunter) schlingen
gloutonnerie [glutɔnʀi] F Gefräßigkeit *f*; (Fress)Gier *f*
gloxinia [glɔksinja] M BOT Gloxinie *f*
glu [gly] F 1 CH *autrefois* Vogelleim *m* 2 *fam fig personne* **quelle ~!** *fam* er *ou* sie ist die reinste Klette
gluant [glyɑ̃] ADJ klebrig; *fam* pappig
glucides [glysid] MPL CHIM Kohle(n)hydrate *npl*
Gluck [glyk] M MUS Gluck *m*
glucomètre [glykɔmɛtʀ] M VIT Mostwaage *f*
glucose [glykoz] M CHIM Traubenzucker *m*; *t/t* Glucose *f*
glutamate [glytamat] M CHIM, CUIS Glutamat *n*
glutamine [glytamin] F CHIM Glutamin *n*
glutamique [glytamik] ADJ CHIM **acide** *m* **~** Glutaminsäure *f*
gluten [glytɛn] M CHIM Gluten *n*
glycémie [glisemi] F PHYSIOL Blutzucker *m*; *t/t* Glykämie *f*
glycérine [gliseʀin] F CHIM Glyzerin *n*; *t/t* Glycerin *n*
glycine [glisin] F BOT Glyzinie *f*; Glyzine *f*
glycogène [glikɔʒɛn] M BIOCHIMIE Glykogen *n*; tierische Stärke
glycol [glikɔl] M CHIM Glykol *n*
glycosurie [glikɔzyʀi] F MÉD Ausscheidung *f* von Zucker im Urin; *t/t* Glykosurie *f*
glyptique [gliptik] F Steinschneidekunst *f*; Glyptik *f*
glyptothèque [gliptɔtɛk] F Glyptothek *f*
gnangnan [ɲɑ̃ɲɑ̃] *fam* ADJ ‹inv› energie-, willenlos; schlafmützig; verschlafen; *fam* lahm; tranig; **être ~** *a. fam* e-e Tranfunzel, Schlafmütze sein
gnaule [ɲol] F → gnôle
gneiss [gnɛs] M MINÉR Gneis *m*
gniole [ɲol] F → gnôle
gnocchi [ɲɔki] MPL *Gericht aus überbackenen Klößchen*
gnognote [ɲɔɲɔt] F *fam* **c'est de la ~** das ist wertloses Zeug; *fam* **c'est pas de la ~** das ist schon was Besonderes
gnôle [ɲol] *fam* F Schnaps *m*
gnome [gnom] M Gnom *m* *(a. fig d'un homme)*
gnon [ɲõ] *fam* M Schlag *m*; Hieb *m*; **recevoir un ~** *fam* eins verpasst kriegen
gnose [gnoz] F REL, PHIL Gnosis *f*; Gnostik *f*
gnosticisme [gnɔstisism] M REL Gnostizismus *m*; **gnostique** REL, PHIL A ADJ gnostisch B M Gnostiker *m*
gnou [gnu] M ZOOL Gnu *n*
go [go] LOC ADV **tout de ~** ohne weiteres; ohne Umschweife; schlankweg; rundweg; geradeheraus; *fam* glatt
GO ABR (grandes ondes) LW (Langwelle[n])
gobelet [gɔblɛ] M Becher *m* *(a. pour jouer aux dés)*; **~ en plastique** Plastikbecher *m*
gobelin [gɔblɛ̃] M echter Gobelin
gobe-mouches [gɔbmuʃ] M ‹inv› ZOOL Fliegenschnäpper *m*
gober [gɔbe] V/T 1 *œuf* austrinken; ausschlürfen; *huître* schlürfen; *insecte* schnappen; verschlingen; *fig* **~ les mouches** untätig herumsitzen, -stehen 2 *fam (croire)* **~ qc** etw (naiv) glauben; *fam* etw schlucken 3 *fam* **ne pas pouvoir ~ qn** j-n nicht ausstehen, *fam* nicht riechen können
goberger [gɔbɛʀʒe] V/PR ‹-geons› **se ~** fröhlich schmausen; sichs wohl sein lassen
Gobi [gɔbi] **le désert de ~** die Wüste Gobi
gobie [gɔbi] M ZOOL (Meer)Grundel *f*
godailler [gɔdaje] V/I *péj* → goder
godasse [gɔdas] F *fam (chaussure) fam* Latschen *m*; Treter *m*
Godefroi [gɔdfʀwa] M *Vorname*; HIST **~ de Bouillon** Gottfried von Bouillon
godelureau [gɔdlyʀo] M ‹pl ~x› *péj* Stutzer *m*; Laffe *m*
godemiché [gɔdmiʃe] M Dildo *m*
goder [gɔde] V/I COUT (sich) bauschen; Falten werfen
godet [gɔdɛ] M 1 *récipient* kleiner Napf; Näpfchen *n*; PEINT Farbnäpfchen *n* 2 TECH (Förder)Becher *m*; Eimer *m*; **chaîne** *f* **à ~s** Eimerkette *f* 3 COUT eingesetzte Falte; Glockenfalte *f*; Godet *n*; **jupe** *f* **à ~s** Glockenrock *m* 4 *fam (verre)* Glas *n*
godiche [gɔdiʃ] *fam* A ADJ linkisch; unbeholfen; tollpatschig; täppisch; *fam* tapsig; *plus fort* dämlich; doof B F linkische *etc* Person; Tollpatsch *m*; *fam* Taps *m*
godille [gɔdij] F 1 MAR Wrigg-, Wrickriemen *m*; **naviguer à la ~** → godiller 1 2 SKI Wedeln *n*; **faire la ~** wedeln 3 LOC ADJ *et* LOC ADV *fam* **à la ~** miserabel; *fam* schlampig
godiller [gɔdije] V/I 1 MAR wriggen; wricken 2 SKI wedeln
godillot [gɔdijo] M *fam surtout* PL **~s** *fam* Quadratlatschen *mpl*; MIL Knobelbecher *mpl*
godiveau [gɔdivo] M ‹pl ~x› CUIS Kalbsbrät *n*
godron [godʀõ] M eiförmiges Ornament
goéland [gɔelɑ̃] M ZOOL (große) Möwe
goélette [gɔelɛt] F MAR Schoner *m*
goémon [gɔemõ] M BOT Tang *m*
Goethe [gøt] M Goethe *m*
gogo[1] [gogo] LOC ADV *fam* **à ~** so viel man will; in Hülle und Fülle; massenhaft; *fam* jede Menge; in rauen Mengen
gogo[2] [gogo] M *fam* Einfaltspinsel *m*
gogol [gɔgɔl] ADJ *fam* bescheuert; bekloppt; doof
goguenard [gɔgnaʀ] ADJ spöttisch; ironisch
goguenardise [gɔgnaʀdiz] F *propos* Spott *m*; *d'une personne* spöttische, ironische Art
goguette [gɔgɛt] LOC ADJ *fam* **en ~** *(émoustillé)* angeheitert; *fam* angesäuselt; *fam* **être en ~** *fam* auf e-r Sauftour sein; einen draufmachen
goinfre [gwɛ̃fʀ] *péj* A M Vielfraß *m*; *fam* Fresssack *m* B ADJ gefräßig; fressgierig; *fam* verfressen
goinfrer [gwɛ̃fʀe] V/PR *péj* **se ~** *fam* fressen; sich vollfressen; sich *(dat)* den Bauch vollschlagen; **il ne mange pas, il se goinfre** er isst nicht, er frisst
goinfrerie [gwɛ̃fʀəʀi] F *péj* Gefräßigkeit *f*; Fressgier *f*; Verfressenheit *f*
goitre [gwatʀ] M MÉD Kropf *m*
goitreux [gwatʀø] MÉD A ADJ ‹-euse› kropfartig; *personne* mit e-m Kropf behaftet; kropfig B M mit e-m Kropf behaftete Person
Golan [gɔlɑ̃] M **plateau** *m* **du ~** Golanhöhen *fpl*
golden [gɔldɛn] F ‹inv› *pomme* Golden Delicious *m*
golf [gɔlf] M SPORTS Golf *n*; **~ miniature** Mini-, Kleingolf *n*; **club** *m* **de ~** Golfklub *m*; **pantalon** *m* **de ~** Golfhose *f*; Knickerbocker(s) *pl*; **terrain** *m* **de ~** Golfplatz *m*
golfe [gɔlf] M GÉOG Golf *m*; Meerbusen *m*
golfeur [gɔlfœʀ] M, **golfeuse** F Golfspieler(in) *m(f)*; Golfer(in) *m(f)*
Golgotha [gɔlgɔta] BIBL **le ~** Golgatha *ou* Golgotha *n*
goménol® [gɔmenɔl] M PHARM Niauliöl *n*; Gomenol *n*
gominé [gɔmine] ADJ pomadisiert
gommage [gɔmaʒ] M 1 *du papier*, TEXT Gummierung *f* 2 *avec une gomme* (Aus-, Weg)Radieren *n* 3 *fig* Entfernung *f*; Tilgung *f* 4 SOINS DE BEAUTÉ Peeling *n*
gomme [gɔm] F 1 *pour effacer* Radiergummi *m*; Gummi *m* 2 BOT Gummi *n ou m*; Gummiharz *n* 3 *fam fig* **mettre la ~** *fam* sich ranhalten 4 LOC ADJ *fam* **à la ~** *idée etc* wertlos; unseriös; *promesse* leer; **un chanteur** *etc* **à la ~** *fam* e-e Niete, Null 5 MÉD Gumma *n*
gomme-gutte [gɔmgyt] F ‹pl gommes-gutes› Gummigutt *n*
gommer [gɔme] V/T 1 *mot etc* weg-, ausradieren; *abs* radieren 2 *timbres etc* gummieren; *adjt* **papier gommé** gummiertes Papier 3 TEXT gummieren 4 *fig* beseitigen; entfernen; (aus)tilgen; auslöschen; ausradieren 5 *rides etc* durch Peeling entfernen
gomme-résine [gɔmʀezin] F ‹pl gommes-

résines⟩ Gummiharz *n*

gommeux [gɔmø] A ADJ ⟨-euse⟩ *substance* gummi-(harz)artig; *arbre* Gummi(harz) liefernd B M *litt* Stutzer *m*

gommier [gɔmje] M BOT Gummi(harz) liefernder Baum

Gomorrhe [gɔmɔʀ] BIBL Gomorrha *n*

gonade [gɔnad] F BIOL Geschlechts-, Keimdrüse *f*; *t/t* Gonade *f*

gond [gõ] M 1 (Tür-, Fenster)Angel *f* 2 *fig* **mettre qn °hors de** *ou* **faire sortir qn de ses ~s** j-n wütend machen, in Harnisch bringen; **sortir de ses ~s** (vor Zorn, Wut) außer sich geraten; in Harnisch geraten

gondolage [gõdɔlaʒ] M *du papier etc* Sichwellen *n*; *du bois* Sichwerfen *n*; *résultat* Wellung *f*; Verwerfung *f*

gondolant [gõdɔlɑ̃] ADJ *fam* zum Totlachen, Kugeln, Piepen, Schießen

gondole [gõdɔl] F 1 *barque* Gondel *f* 2 COMM Warenstand *m*

gondolement [gõdɔlmɑ̃] M → gondolage

gondoler [gõdɔle] V/I *et* V/PR 1 (se) ~ *papier, carton* sich wellen; *bois, planche* sich (ver)werfen, verziehen; *adjt* **gondolé** wellig 2 *fam* **se ~** *fam* sich biegen, kugeln vor Lachen; sich schieflachen

gondolier [gõdɔlje] M Gondoliere *m*

gonfanon [gõfanõ] M HIST Banner *n*

gonflable [gõflabl] ADJ aufblasbar; **gonflage** M Aufpumpen *n*; Aufblasen *n*; **gonflant** ADJ *pop* → chiant

gonflé [gõfle] ADJ → gonfler

gonflement [gõfləmɑ̃] M 1 → gonflage 2 *par ext* Anschwellen *n*; Aufblähung *f* (*a.* ÉCON)

gonfler [gõfle] A V/T 1 *pneu* aufpumpen; *ballon, joues* aufblasen; *aérostat* füllen; *vent* **~ les voiles** die Segel (auf)blähen; **être gonflé à bloc** a *pneu* hart aufgepumpt sein b *fam fig personne* energiegeladen, zu allem entschlossen sein 2 *par ext* anschwellen, (auf)quellen lassen; *muscles* spannen; ÉCON *circulation des billets etc* aufblähen; **~ un moteur** einen Motor frisieren; *pop* **tu nous les gonfles!** *pop* du fällst uns auf den Sack!; *adjt*: **éponge gonflée d'eau** mit Wasser vollgesogener Schwamm; **torrent gonflé par la pluie** durch den Regen angeschwollener Wildbach; **yeux gonflés de larmes** (vom Weinen) verquollene Augen *npl*; **avoir l'estomac gonflé** ein Völlegefühl im Magen haben 3 *fig* (*exagérer*) aufbauschen; übertreiben 4 *fig sentiments* **~ (le cœur de) qn** j-n erfüllen; *adjt* **être gonflé d'orgueil** aufgeblasen, hochnäsig, überheblich sein 5 *fam fig personne* **être gonflé** (*audacieux*) draufgängerisch, nicht bange sein; (*effronté*) dreist, frech sein; vor nichts zurückschrecken, haltmachen; **c'est gonflé!** das geht zu weit! B V/I *bois humide etc* (auf-, ver) quellen; *fleuve, partie du corps* anschwellen; *pâte* aufgehen C V/PR **se ~** *poitrine, voile* schwellen; *voile a.* sich (auf)blähen

gonfleur [gõflœʀ] M *pour matelas pneumatique* Blasebalg *m*

gong [gõg] M Gong *m*; **coup** *m* **de ~** Gongschlag *m*

goniomètre [gɔnjɔmɛtʀ] M 1 TECH Goniometer *n*; Winkelmesser *m* 2 MAR, AVIAT Funkpeilgerät *n*

gonocoque [gɔnɔkɔk] M MÉD Gonokokkus *m*

gonzesse [gõzɛs] F *fam* (*femme*) *fam* Weib *n*; *fam* (*jeune femme*) *fam* Mieze *f*

gordien [gɔʀdjɛ̃] ADJ M LOC **trancher le nœud ~** den gordischen Knoten durchhauen

gore [gɔʀ] ADJ ⟨*inv*⟩ *film, roman* blutrünstig

goret [gɔʀɛ] M Ferkel *n* (*a. fig*)

goretex® [gɔʀtɛks] M Goretex® *n*

gorge [gɔʀʒ] F 1 Kehle *f*; Hals *m*; Gurgel *f*; *gosier a.* Schlund *m*; Rachen *m*; **mal** *m* **de ~** Halsschmerzen *mpl*, -weh *n*; *loc adv* **à ~ déployée** aus vollem Hals; aus voller Kehle; lauthals; **j'ai la ~ sèche** mir klebt die Zunge am Gaumen; **avoir mal à la ~** Halsschmerzen, -weh haben; *fig* **faire des ~s chaudes de qc** über etw (*acc*) schadenfroh lachen *ou* reden; sich offen über etw (*acc*) lustig machen; **un sanglot lui monta à la ~** er schluchzte auf; *fumée, odeur* **prendre qn à la ~** sich j-m auf die Brust legen; **rendre ~** zu Unrecht Erworbenes heraus-, zurückgeben; *fig* **faire rentrer à qn ses mots dans la ~** j-n zwingen, s-e Worte zurückzunehmen; *os, fig remarque* **rester dans la ~ de qn** j-m in der Kehle, im Hals stecken bleiben; **saisir qn à la ~** j-n an, bei der Kehle, Gurgel packen; **l'angoisse le saisit à la ~, lui serra la ~** (die) Angst schnürte ihm die Kehle zu; **sauter à la ~ de qn** j-m an die Kehle, Gurgel springen, fahren; → *a.* pris 2, serré 2 2 *litt* (*poitrine de femme*) Busen *m*; Brust *f* 3 GÉOG **~s** *pl* Schlucht *f* 4 ARCH Hohlkehle *f* 5 TECH (*rainure*) Rille *f*

gorge-de-pigeon [gɔʀʒdəpiʒõ] ADJ ⟨*inv*⟩ taubenblau

gorgée [gɔʀʒe] F Schluck *m*; **une ~ d'eau** ein Schluck Wasser; **boire à petites ~s** schlückchenweise trinken

gorger [gɔʀʒe] *litt* V/T ⟨-geons⟩ *de nourriture* überfüttern; (über) sättigen; (*imprégner*) (durch) tränken; *adjt* **terre gorgée d'eau** mit Wasser durchtränkte Erde

gorgonzola [gɔʀgõzɔla] M CUIS Gorgonzola *m*

gorille [gɔʀij] M 1 ZOOL Gorilla *m* 2 *fam fig* Leibwächter *m*; *fam* Gorilla *m*

Gorizia [gɔʀitsja] GÉOG Görz *n*

gosier [gozje] M ANAT Schlund *m*; Rachen *m*; Kehle *f*; Hals *m*; *loc adv* **à plein ~** *chanter* aus voller Kehle, Brust; *crier* aus vollem Hals; **avoir le ~ sec** e-e trockene, ausgetrocknete Kehle (*Durst*) haben

gospel [gɔspɛl] M Gospel *m ou n*; Gospelsong *m*

gosse [gɔs] M/F *fam* 1 (*enfant*) Kind *n*; *fam* Kleine(s) *n*; *westdeutsch fam* Blag *n*; *all Nord fam* Gör *n*; *m a.* (kleiner) Junge; *all Sud* Bub *m*; *fam* Kleine(r) *m*; *f a.* (kleines) Mädchen; *fam* Kleine *f*; *péj* **un sale ~** *fam* ein elender Lausebengel; ein Rotzbengel; *adjt* **j'étais tout ~ quand ...** ich war noch klein, ein Kind, ein kleiner Junge, als ... 2 *d'adultes* **un beau ~** *fam* ein hübscher Junge; ein schmucker Bursch; **une belle ~** ein hübsches Mädchen; *adjt* **être beau ~** gut aussehen; **c'est une vraie ~** sie ist noch richtig kindlich

gothique [gɔtik] A ADJ 1 gotisch; **art** *m*, **cathédrale** *f* **~** gotische Kunst, Kathedrale 2 TYPO **caractères** *mpl* **~s, écriture** *f* **~** Fraktur *f* B M Gotik *f*; gotischer Stil; gotische Kunst

Goths [go] MPL HIST Goten *mpl*

gotique [gɔtik] M LING **le ~** das Gotische; Gotisch *n*

gouache [gwaʃ] F PEINT 1 *matière* Guaschfarbe *f*; Deckfarbe *f*; deckende Wasserfarbe; **peinture** *f* **à la ~** Guasch(malerei) *f*; Gouache *f* 2 *tableau* Guasch *ou* Gouache *f*

gouaille [gwaj] F Spottlust *f*

gouailler [gwaje] V/I spotten; spötteln; sich mokieren; **gouaillerie** F Spottlust *f*; **gouailleur** ADJ ⟨-euse⟩ *mine, sourire, ton* spöttisch

goualante [gwalɑ̃t] *pop* F (melancholisches) Lied

gouape [gwap] *fam* F Lump *m*; Halunke *m*

gouda [guda] M CUIS Gouda *m*

goudron [gudʀõ] M Teer *m*

goudronnage [gudʀɔnaʒ] M Teeren *n*

goudronner [gudʀɔne] V/T teeren; *adjt* **route goudronnée** geteerte Straße; Teerstraße *f*

goudronneur [gudʀɔnœʀ] M Teerarbeiter *m*; **goudronneuse** F Teer(spritz)maschine *f*; **goudronneux** ADJ ⟨-euse⟩ teerig

gouffre [gufʀ] M 1 Abgrund *m*; *st/s* Schlund *m*; *fig* **être au bord du ~** am Rand des Abgrunds stehen 2 GÉOL (*aven*) Höhle *f* 3 *fig* (*chose ruineuse*) Fass *n* ohne Boden

gouge [guʒ] F TECH Hohlmeißel *m*

gougelhof [gugɛlɔf] M → kouglof

gougère [guʒɛʀ] F *Käsegebäck aus Brandteig*

gouine [gwin] F *pop* (*lesbienne*) *fam* Lesbe *f*

goujat [guʒa] M *péj* Rüpel *m*; Flegel *m*; Grobian *m*; **manières** *fpl* **de ~** rüpel-, flegelhaftes Benehmen

goujaterie [guʒatʀi] F Rüpel-, Flegelhaftigkeit *f*

goujon [guʒõ] M 1 ZOOL Gründling *m* 2 TECH Stift *m*; Bolzen *m*

goulache *ou* **goulasch** [gulaʃ] F *ou* M CUIS Gulasch *n ou m*

goulag [gulag] M Straflager *n*

goulée [gule] *fam* F großer Schluck; Mundvoll *m*

goulet [gulɛ] M 1 MAR enge Hafenzufahrt 2 *en montagne* Engpass *m* 3 *fig* **~ d'étranglement** → goulot 2

gouleyant [gulejɑ̃] ADJ *vin* süffig

goulot [gulo] M 1 *d'une bouteille* (Flaschen) Hals *m*; **boire au ~** aus der Flasche trinken 2 *fig* **~ d'étranglement** CIRCULATION Engpass *m*; Nadelöhr *n*; Flaschenhals *m*; ÉCON Engpass *m* 3 *pop* **repousser du ~** aus dem Mund riechen, stinken

goulu [guly] A ADJ gierig B M gieriger Esser

goulûment [gulymɑ̃] ADV gierig

Gounod [guno] **Charles ~** *frz Komponist*

goupil [gupi(l)] M *litt* Reineke Fuchs *m*

goupille [gupij] F TECH Stift *m*; **~ fendue** Splint *m*

goupiller [gupije] A V/T 1 TECH mit e-m Stift *ou* Splint befestigen; versplinten 2 *fam* **~ qc** *fam* etw deichseln, schaukeln; *adjt* **c'est bien goupillé** *fam* das hat er *ou* sie gut hingekriegt B *fam* V/PR **comment tout ça s'est goupillé?** wie ist das alles so gekommen, so geworden?; **ça s'est bien (mal) goupillé** *fam* das hat (nicht) geklappt, hingehauen

goupillon [gupijõ] M 1 ÉGL CATH Weih(-wasser) wedel *m* 2 *brosse* Flaschenbürste *f*

gourance [guʀɑ̃s] *pop* F Irrtum *m*

gourbi [guʀbi] M elende, armselige Hütte, Behausung; *fam* Loch *n*

gourd [guʀ] ADJ ⟨gourde [guʀd]⟩ *membre* steif, starr vor Kälte; klamm

gourde [guʀd] A F 1 *récipient* Feldflasche *f* 2 *fig fam* Dussel *m*; Flasche *f*; Trottel *m*; **quelle ~!** so ein Dussel *etc*! B *fam* ADJ unbeholfen; schwerfällig; *fam* doof; dusselig

gourdin [guʀdɛ̃] M Knüppel *m*; Knüttel *m*; Prügel *m*

gourer [guʀe] V/PR *fam* **se ~** sich irren; sich täuschen; *fam* sich vertun; falschliegen; schiefgewickelt sein; reinfallen; **se ~ de route** den Weg verfehlen; *en voiture* sich verfahren; → *a.* tromper B

gourgandine [guʀgɑ̃din] F *litt ou plais* liederliches Frauenzimmer

gourmand [guʀmɑ̃] A ADJ 1 esslustig; schlemmerhaft; *de sucreries* naschhaft; **~ de qc** gierig nach etw, auf etw (*acc*); **être ~** gern essen; ein Schlemmer sein; *de sucreries* gern naschen, schlecken 2 *fig* (*avide*) hab-, geld-, profitgierig B SUBST 1 **~(e)** *m(f)* Schlemmer *m*; Gourmand *m*; *de sucreries* Nascher(in) *m(f)*;

fam Naschkatze *f*; Leckermaul *n* 2 M *branche* wilder Trieb; Wasserschoss *m*, -reis *n*

gourmander [gurmɑ̃de] *litt* V/T streng rügen, zurechtweisen

gourmandise [gurmɑ̃diz] F 1 Esslust *f*; *à propos de sucreries* Naschhaftigkeit *f*; **manger avec ~** gierig essen 2 **~s** *pl* Leckerbissen *mpl*; *sucrées* Leckereien *fpl*; Schleckereien *fpl*

gourme [gurm] F LOC **jeter sa ~** sich (*dat*) die Hörner abstoßen, ablaufen; sich austoben

gourmé [gurme] *litt* ADJ steif; förmlich

gourmet [gurmɛ] M Feinschmecker *m*; Gourmet *m*

gourmette [gurmɛt] F 1 *bijou* Gliederarmband *n* (mit Namensplakette) 2 *du mors* Kinnkette *f*

gourou [guru] M REL Guru *m* (*a. fig*)

gousse [gus] F 1 BOT Hülse *f*; Schote *f* (*a. de vanille*) 2 CUIS **~ d'ail** Knoblauchzehe *f*

gousset [gusɛ] M 1 *de gilet* Westentasche *f*; *de pantalon* Uhrentasche *f* 2 TECH Knagge *f*

goût [gu] M 1 PHYSIOL Geschmack(ssinn) *m*; **organe** *m* **du ~** Geschmacksorgan *n* 2 (*saveur*) Geschmack *m*; **~ de citron** Zitronengeschmack *m*; **avoir un ~** merkwürdig, *fam* komisch schmecken; **ne pas avoir de ~** nach nichts schmecken; **quel ~ a ce vin?** wie schmeckt dieser Wein?; **avoir un ~ amer** e-n bitteren Geschmack haben, bitter schmecken (*a. fig souvenir etc*); **avoir bon ~** gut schmecken; schmackhaft sein; → *a.* 3; **avoir un (léger) ~ de vanille** e-n (leichten) Vanillegeschmack haben; (leicht) nach Vanille schmecken; **prendre un mauvais ~** e-n schlechten Geschmack annehmen 3 (*jugement esthétique*) Geschmack *m*; **bon ~** guter Geschmack; *loc adj* **de bon ~** geschmackvoll; **avoir bon ~** e-n guten Geschmack haben; **mauvais ~** schlechter Geschmack; *d'une chose a.* Geschmacklosigkeit *f*; *loc adj* **de mauvais ~** geschmacklos; unpassend; *souvenirs etc a.* kitschig; **plaisanterie** *f* **de mauvais ~** schlechter, übler Scherz; **un homme de ~** ein Mann mit Geschmack; *loc adv*: **à mon ~** für meinen Geschmack; (*à mon avis*) nach meinem Dafürhalten; meines Erachtens; **avec, sans ~** geschmackvoll, -los; mit, ohne Geschmack; **être habillé avec ~** geschmackvoll, mit Geschmack gekleidet sein; **avoir du ~** Geschmack haben; **être au** *ou* **du ~ de qn** (nach) j-s Geschmack sein; **c'est, elle est à mon ~** das ist, sie ist ganz mein Geschmack, nach meinem Geschmack, *fam* mein Fall; **ce n'est pas du ~ de tout le monde** das ist nicht (nach) jedermanns Geschmack; das ist nicht jedermanns Sache; **manquer de ~** keinen Geschmack haben; **trouver qn à son ~** j-n nach s-m Geschmack finden; *prov*: **des ~s et des couleurs (on ne discute pas)** über den Geschmack lässt sich (nicht) streiten (*prov*); **tous les ~s sont dans la nature** die Geschmäcker sind verschieden (*prov*); **chacun ses ~s** die Geschmäcker sind verschieden (*prov*) 4 (*envie*) Lust *f* (**de, pour** zu); (*plaisir*) Gefallen *n*, Spaß *m*, Vergnügen *n*, Freude *f* (an *+dat*); (*penchant*) Sinn *m*, Vorliebe *f* (für); Neigung *f* (zu); **~ des responsabilités** Verantwortungsfreudigkeit *f*; **~ du risque** Risikofreudigkeit *f*, -bereitschaft *f*; Wagemut *m*; **~ du sensationnel** Sensationslust *f*; **avoir le ~ des langues, des livres** Sinn für Sprachen, Bücher haben; **n'avoir, ne trouver ~ à rien** zu nichts Lust haben; **faire qc par ~** etw zum Vergnügen tun; **faire passer, faire perdre à qn le ~ de qc** j-m die Lust, den Spaß, die Freude, den Geschmack an etw (*dat*) verderben; j-m etw verleiden, verekeln; **prendre ~ à qc** Gefallen, Geschmack an etw (*dat*) finden; e-r Sache (*dat*) Geschmack abgewinnen; **y prendre ~** *a.* auf den Geschmack kommen; **prendre (du) ~ à faire qc** Gefallen, Geschmack daran finden, etw zu tun 5 **~s** *pl* (*préférences*) Neigungen *fpl*; **avoir des ~s bizarres** absonderliche Neigungen haben; **avoir des ~s simples, de luxe** das einfache Leben, den Luxus lieben 6 *d'une époque* Geschmack *m*; Stil *m*; Manier *f*; Art *f*; **au ~ du jour** nach heutigem Geschmack; im Zeitgeschmack; modisch; aktuell; **se mettre au ~ du jour** mit der Zeit gehen

goûter [gute] A V/T 1 (*déguster*) versuchen; kosten; probieren; **~ une sauce, un vin** e-e Soße, e-n Wein versuchen *etc*; **je n'en ai jamais goûté** ich habe noch nie davon versucht *etc*; **goûtez-y!** versuchen, probieren, kosten Sie mal! 2 *fig bonheur, calme etc* genießen; **~ une réussite** einen Erfolg auskosten 3 *fig et litt* (*apprécier*) schätzen; lieben B V/T INDIR **~ de** (*faire l'expérience de*) kennenlernen; ausprobieren; *fam* hineinriechen in (*+acc*) C V/I *enfants* (am Nachmittag) e-n Imbiss einnehmen, ein Butterbrot, *all Nord* e-e Stulle essen; *all Sud* vespern; *autrich* jaus(n) en D M (Nachmittags)Imbiss *m*; Butterbrot *n*, *all Nord* Stulle *f* (mit Kakao *etc*); *all Sud* Vesper(brot) *n*; *autrich* Jause *f*

goutte[1] [gut] A F 1 Tropfen *m*; **~ d'eau** Wassertropfen *m*; *fig*: **c'est une ~ d'eau dans la mer** das ist (nur) ein Tropfen auf den heißen Stein; **c'est la ~ d'eau qui fait déborder le vase** das bringt das Fass zum Überlaufen; das ist zu viel; was zu viel ist, ist zu viel; das Maß ist voll; **se ressembler comme deux ~s d'eau** sich gleichen wie ein Ei dem andern; **~ de pluie** Regentropfen *m*; **il n'est pas tombé une ~ de pluie depuis des mois** seit Monaten ist kein Tropfen Regen gefallen; **~ de rosée** Tautropfen *m*; **~ de sang** Tropfen Blut; Blutstropfen *m*; **~ de sueur** Schweißtropfen *m*; *loc adv*: **~ à ~** tropfenweise; **couler ~ à ~** tropfen; tröpfeln; **verser ~ à ~** träufeln; **jusqu'à la dernière ~** bis zum letzten Tropfen; **il a la ~ au nez** ihm tropft die Nase; **il n'y en a plus une ~** es ist kein Tropfen mehr da; **il sue à grosses ~s** der Schweiß bricht ihm aus allen Poren; er schwitzt stark; er trieft von *ou* vor Schweiß; **il tombe des ~s** es tröpfelt; *pluie* **tomber à grosses ~s** in dicken, großen Tropfen fallen 2 PHARM **~s** *pl* Tropfen *mpl*; **~s pour les yeux** Augentropfen *mpl*; **prendre ses ~s** s-e Tropfen einnehmen 3 *par ext* **une ~ de café** *etc* ein klein wenig, ein Schluck, ein Schlückchen Kaffee *etc* 4 *fam fig* **boire la ~** ein Gläschen *n* Schnaps, e-n Schnaps trinken B ADV *litt ou plais* **n'y entendre ~** nicht das Geringste, kein Wort davon verstehen; **n'y voir ~** überhaupt nichts, nicht die Hand vor den Augen sehen

goutte[2] [gut] F MÉD Gicht *f*; **attaque** *f* **de ~** Gichtanfall *m*

goutte-à-goutte [gutagut] M ⟨*inv*⟩ MÉD Tropf *m*; **être au ~** am Tropf hängen

gouttelette [gutlɛt] F Tröpfchen *n*

goutter [gute] V/I tropfen

goutteux [gutø] MÉD A ADJ ⟨-euse⟩ 1 *personne* gichtkrank, -leidend 2 (*dû à la goutte*) Gicht… B M Gichtkranke(r) *m*

gouttière [gutjɛr] F 1 Dachrinne *f*; **chat** *m* **de ~** ganz gewöhnliche Katze; *fam* Dachhase *m* 2 MÉD Schiene *f*

gouvernail [guvɛrnaj] M MAR, AVIAT Ruder *n*; AVIAT: **~ de direction** Seitenruder *n*; **~ de profondeur** Höhenruder *n*; *fig*: **saisir le ~** ans Ruder kommen; **tenir le ~** das Steuer (fest) in der Hand halten; am Ruder sein

gouvernante [guvɛrnɑ̃t] F 1 *d'enfants* Gouvernante *f*; Erzieherin *f* 2 *d'un célibataire* Haushälterin *f*

gouvernants [guvɛrnɑ̃] MPL POL **les ~** die Regierenden *mpl*

gouverne [guvɛrn] F 1 AVIAT **~s** *pl* Steuerflächen *fpl*; Leitwerk *n* 2 LOC **pour votre ~** als Verhaltens-(maß)regel; zu Ihrer Orientierung

gouvernement [guvɛrnəmɑ̃] M 1 Regierung *f*; **~ central** Zentralregierung *f*; **~ fédéral** Bundesregierung *f*; **changement** *m* **de ~** Regierungswechsel *m*; **chef** *m* **de ~** Regierungschef *m*; **siège** *m* **du ~** Regierungssitz *m*; **constituer, former le ~** die Regierung bilden; **présenter son ~** s-e Regierung vorstellen 2 (*régime*) Regierungsform *f*; **~ démocratique, monarchique, parlementaire, républicain** demokratische, monarchische, parlamentarische, republikanische Regierungsform 3 (*fait de gouverner*) Regierung *f*; Herrschaft *f*; **confier le ~ à qn** j-m die Regierung übertragen

gouvernemental [guvɛrnəmɑ̃tal] ADJ ⟨-aux⟩ 1 Regierungs…; **équipe ~e** Regierungsmannschaft *f* 2 *presse* regierungsfreundlich; der Regierung nahestehend

gouverner [guvɛrne] V/T 1 regieren (*a. abs*); **~ un pays, un peuple** ein Land, ein Volk regieren 2 *fig intérêts, argent* **~ qc** etw regieren, beherrschen 3 MAR steuern 4 GRAM regieren

gouverneur [guvɛrnœr] M ADMIN, MIL Gouverneur *m*; HIST *a.* Statthalter *m*; **~ de la Banque de France** *correspond à* Bundesbankpräsident *m*

goyave [gɔjav] F *fruit* Guajave *f*

GPL [ʒepeɛl] M ABR (gaz de pétrole liquéfié) Flüssig-, Autogas *n*

GPS [ʒepeɛs] M ABR (Global Positioning System) *système* GPS *n*; *récepteur* Navigationssystem *n*; *fam* Navi *n*

Graal [gral] M MYTH **le ~** der Gral

grabat [graba] M ärmliches Bett

grabataire [grabatɛr] ADJ *vieillard* bettlägerig

grabuge [grabyʒ] *fam* M Zank *m* und Streit *m*; *fam* Krach *m*; Knatsch *m*; Krawall *m*; **il va y avoir du ~** *fam* es wird Krach geben

grâce [grɑs] A F 1 (*faveur*) a Gnade *f*; Gunst *f*; Gnaden-, Gunstbeweis *m*; *st/s* Huld *f*; HIST *titre* **Votre Grâce** Euer Gnaden; **de ~!** ich bitte Sie!; ich flehe Sie an!; **être en ~ auprès de qn** bei j-m in Gunst stehen; *st/s ou iron* in j-s Huld stehen; **faire à qn la ~ de** (*+inf*) j-m den Gefallen erweisen zu (*+inf*); *iron* die Gnade haben zu (*+inf*); **obtenir une ~** e-n Gunst-, Gnadenbeweis erhalten; **rentrer en ~ auprès de qn** von j-m wieder in Gnaden aufgenommen werden; **trouver ~ devant qn, aux yeux de qn** vor j-m, vor j-s Augen Gnade finden b **bonnes ~s** Gunst *f*; Wohlwollen *n*; Gewogenheit *f*; **être dans les bonnes ~s de qn** bei j-m in Gunst stehen; j-s Gunst, Wohlwollen genießen; *fam* bei j-m gut angeschrieben sein; *fam* bei j-m e-n Stein im Brett haben c **bonne ~** Bereitwilligkeit *f*; **mauvaise ~** Widerwillen *m*; **faire qc de bonne (mauvaise) ~** etw gern, bereitwillig (ungern, widerwillig, mit Widerwillen) tun 2 JUR Begnadigung *f*; Gnade *f*; *par ext* **coup** *m* **de ~** Gnaden-, Todesstoß *m* (*a. fig*); *avec une arme à feu* Gnadenschuss *m*; **donner, porter le coup de ~** den Gnadenstoß geben (*a. fig*); COMM **délai** *m* **de ~** Nachfrist *f*; **droit** *m* **de ~** Begnadigungsrecht *n*; **recours** *m* **en ~** Gnadengesuch *n*; *int litt* **~!** Gnade!; **demander ~** um Gnade bitten; **faire ~ à qn de qc** *de dettes, d'une punition* j-m etw erlassen; *fig* j-m etw erlassen, ersparen, schenken; j-n mit etw verschonen; **je vous fais ~ des détails** die Einzelheiten möchte ich Ihnen ersparen; *iron* **faites-moi ~ de vos observations!** verschonen Sie mich mit Ihren Bemerkungen!; schenken Sie sich (*dat*) Ihre Bemerkungen!; **refuser la ~** das Gnadengesuch ablehnen **3** REL Gnade *f*; *fig* **à la ~ de Dieu!** hoffen wir das Beste!; HIST *roi* **par la ~ de Dieu** von Gottes Gnaden; *Je vous salue, Marie,* **pleine de ~** voll der Gnade; *litt ou iron* **en l'an de ~ ...** im Jahre des Heils, des Herrn ...; **avoir la ~** die Gnade besitzen; *fig artiste* begnadet sein; **être en état de ~** im Stande der Gnade sein **4** (*charme*) Anmut *f*; Grazie *f*; *st/s* Liebreiz *m*; **avec ~** anmutig; graziös; **plein de ~** voller Anmut, Liebreiz; anmut(s)voll; **avoir de la ~** Anmut besitzen; anmutig, graziös sein; *st/s* **il aurait mauvaise ~ à se plaindre** es stünde ihm schlecht an, sich zu beklagen; **faire des ~s à qn** übertrieben freundlich zu j-m sein **5** MYTH **les trois Grâces** die drei Grazien *fpl* **6** REL **~s** *pl* Dank-, Tischgebet *n* (nach dem Essen); **action** *f* **de ~(s)** Danksagung *f*; *par ext* **~ à Dieu!** Gott sei Dank!; gottlob!; REL *et par ext* **rendre ~(s)** danken, Dank sagen (**à Dieu, à qn** Gott, j-m) **B** LOC PRÉP **~ à** dank (*+dat ou gén*); durch (*+acc*); aufgrund (*+gén*); **c'est ~ à lui** *que j'ai réussi* ihm verdanke ich ...

gracier [gʀasje] VT begnadigen

gracieusement [gʀasjøzmɑ̃] ADV **1** (*gratuitement*) gratis; unentgeltlich; kostenlos; umsonst **2** (*avec grâce*) anmutig; voller Anmut; graziös;

gracieusetés FPL *iron* Liebenswürdigkeiten *fpl*

gracieux [gʀasjø] ADJ ⟨-euse⟩ **1** (*charmant*) anmutig; graziös; *st/s* liebreizend; *poét* hold (-selig) **2** (*aimable*) freundlich; liebenswürdig **3** LOC ADV **à titre ~** unentgeltlich; gratis; kostenlos **4** JUR **juridiction gracieuse** freiwillige Gerichtsbarkeit

gracile [gʀasil] ADJ zierlich; zart; grazil; **gracilité** F Zierlichkeit *f*; Zartheit *f*; Grazilität *f*

gradation [gʀadasjõ] F Abstufung *f* (*a.* PEINT); (stufenweise) Steigerung *f* (*a.* MUS); Gradation *f* (*a.* RHÉT *et* PHOT)

grade [gʀad] M **1** MIL, ADMIN Dienstgrad *m*; MIL *a.* Rang *m*; Charge *f*; **~ militaire** militärischer Dienstgrad; **~ de capitaine** Rang e-s Hauptmanns; Hauptmannsrang *m*; **monter en ~** aufrücken; avancieren; befördert werden; **passer par tous les ~s** von der Pike auf dienen; *fam fig* **en prendre pour son ~** *fam* gehörig eins auf den Deckel, aufs Dach kriegen **2** **~ universitaire** akademischer Grad; akademische Würde; **~ de docteur ès lettres** Grad e-s (habilitierten) Doktors der Philosophie **3** MATH (*abr* **gr**) Neugrad *m*; Gon *n* (*abr* g)

gradé [gʀade] M MIL unterer Dienstgrad (*Person*); *adjt* **être ~** e-m der unteren Dienstgrade angehören

gradient [gʀadjɑ̃] M *t/t* Gradient *m*

gradin [gʀadɛ̃] M **1** *d'un amphithéâtre, d'un stade etc* **~s** *pl* (ansteigende) Sitzreihen *fpl*; (Zuschauer)Ränge *mpl* **2** *d'un terrain* Stufe *f*; Absatz *m*; MINES Strosse *f*; **en ~s** stufenförmig (ansteigend)

graduation [gʀadɥasjõ] F Maßeinteilung *f*; Skala *f*; *d'un thermomètre* Gradeinteilung *f*; *d'une règle* Zentimetereinteilung *f*

gradué [gʀadɥe] ADJ **1** *instrument de mesure* mit (e-r) Skala, Gradeinteilung (versehen); **échelle ~e** Skala *f*; **règle ~e** Lineal *n* mit Zentimetereinteilung **2** *exercices etc* (im Schwierigkeitsgrad) abgestuft

graduel [gʀadɥɛl] ADJ ⟨~le⟩ allmählich; graduell; stufen-, schrittweise (erfolgend)

graduellement [gʀadɥɛlmɑ̃] ADV allmählich; nach und nach; graduell; stufen-, schrittweise

graduer [gʀadɥe] VT **1** *difficultés etc* abstufen; allmählich, stufen-, schrittweise steigern **2** *instrument de mesure* mit e-r Skala, Gradeinteilung versehen; graduieren

graffiter [gʀafite] VT mit Graffiti besprühen; **graffiteur** M, **graffiteuse** F Sprayer(in) *m(f)*

graffiti [gʀafiti] MPL Kritzeleien *fpl* (an Wänden); *artistiques* Graffiti *pl*; *les murs* **sont couverts de ~ ...** sind vollgekritzelt

graille [gʀɑj] F *fam* → bouffe[1]

graillon [gʀɑjõ] M **1** **odeur** *f* **de ~** Geruch *m* von, nach angebranntem Fett; **sentir le ~** nach angebranntem Fett riechen **2** **~s** *pl* angebrannte Fettreste *mpl* **3** *pop* (*crachat*) (schleimiger) Auswurf

graillonner [gʀɑjɔne] VI **1** nach angebranntem Fett riechen **2** *pop* (*cracher*) Schleim aushusten, -spucken

grain [gʀɛ̃] M **1** *des céréales* Korn *n*; *coll* **le ~** das Korn; **~ de blé, de riz** Weizen-, Reiskorn *n*; **alcool** *m*, **eau-de-vie** *f* **de ~s** Kornbranntwein *m*; *fam* Korn *m* **2** *de raisin, de groseille* Beere *f*; *de café* Bohne *f*; **~ de café** Kaffeebohne *f*; **~ de poivre** Pfefferkorn *n*; **~ de raisin** Weinbeere *f*; *café, poivre* **en ~s** ungemahlen; °**haricots** *mpl* **en ~s** weiße Bohnen *fpl* **3** *d'un collier, d'un chapelet* Perle *f* **4** *de sable, de sel etc* Korn *n*; Körnchen *n*; **~ de pollen** Pollenkorn *n*; **~ de poussière** Staubkorn *n*, -teilchen *n*; Stäubchen *n*; **~ de sel** Salzkorn *n*; Körnchen Salz; *fig* **mettre**, *fam* **fourrer son ~ de sel** *fam* s-n Senf dazugeben **5** **~ de beauté** Leberfleck *m* **6** *d'une surface* körnige Struktur; *d'un papier*, PHOT Korn *n*; *d'un cuir* Narbe *f*; Narben *m*; **~ de la peau** Oberflächenbeschaffenheit *f*, Feinporigkeit *f* der Haut; *loc adj*: **à ~ fin** PHOT *etc* feinkörnig; *cuir* fein genarbt; **à gros ~s** grobkörnig; *peau* großporig **7** *fig* **n'avoir pas un ~ de bon sens** keinen Funken, kein Quäntchen gesunden Menschenverstand haben; **avoir un (petit) ~** *fam* e-n Sparren (zu viel), e-n (leichten) Stich, nicht alle Tassen im Schrank haben **8** MÉTÉO (Regen)Schauer *m*; *fig* **veiller au ~** auf der Hut sein; sich vorsehen; aufpassen

graine [gʀɛn] F **1** BOT Samenkorn *n*; Samen *m* (*a. coll*); PHARM **~ de lin** Leinsamen *m*; **~s de tournesol** Sonnenblumenkerne *mpl*; *fam fig* **casser la ~** → casser A 1; *plante* **monter en ~** (in Samen) schießen; *fig* **en prendre de la ~** sich (*dat*) daran ein Beispiel nehmen **2** *fig et péj* **mauvaise ~** *fam* sauberes Früchtchen; *plais* Schlingel *m*; Racker *m*; *coll* Bagage *f*; Rasselbande *f*; **c'est de la ~ de voyou** aus dem wird einmal ein Strolch, Lump

graineterie [gʀɛntʀi] F **a** *magasin* Samenhandlung *f* **b** *commerce* Samenhandel *m*

grainetier [gʀɛntje] M, **grainetière** F Samen- und Futtermittelhändler(in) *m(f)*

graissage [gʀɛsaʒ] M TECH (Ab)Schmieren *n*; Schmierung *f*; **huile** *f* **de ~** Schmieröl *n*; **faire faire le ~ de sa voiture** s-n Wagen abschmieren lassen

graisse [gʀɛs] F **1** PHYSIOL Fett *n*; Fettansatz *m*; **couche** *f* **de ~** Fettschicht *f* **2** CHIM, CUIS Fett *n*; **~ alimentaire** Speisefett *n*; **~s animales** tierische Fette; **~ fondue** Schmalz *n*; **~s végétales** pflanzliche Fette; Pflanzenfette *npl*; **~ d'oie** Gänsefett *n*; **odeur** *f* **de ~** Fettgeruch *m* **3** TECH Schmierfett *n*; Schmiere *f*; **~s minérales** Mineralfette *npl* **4** *du vin* Zähwerden *n*

graisser [gʀese] **A** VT **1** (ein)fetten; TECH schmieren; AUTO abschmieren; **~ des bottes, un moule** Stiefel, eine Backform einfetten **2** *salir* fettig machen **B** VI *vin* zäh werden

graisseur [gʀesœʀ] M TECH Schmiergerät *n*, -vorrichtung *f*

graisseux [gʀesø] ADJ ⟨-euse⟩ **1** (*gras*) fettig; schmierig; speckig; mit Fettflecken **2** PHYSIOL Fett...

graminée [gʀamine] F BOT Gras *n*; **~s** *pl* Gräser *npl*

grammaire [gʀa(m)mɛʀ] F **1** Grammatik *f* (*a. manuel*); Sprachlehre *f*; **faute** *f* **de ~** Grammatikfehler *m* **2** *fig d'un art* Regelwerk *n*

grammairien [gʀa(m)mɛʀjɛ̃] M, **grammairienne** F Grammatiker(in) *m(f)*

grammatical [gʀa(m)matikal] ADJ ⟨-aux⟩ grammatikalisch; grammatisch; Grammatik...; **mot ~** Strukturwort *n*

grammaticalisation [gʀa(m)matikalizasjõ] F Grammatikalisation *f*; **grammaticaliser** VT grammatikalisieren

gramme [gʀam] M **1** (ABR g) Gramm *n* (*abr* g) **2** **1 ~ 6 d'alcoolémie** 1,6 Promille Blutalkohol **3** *fig* **il n'a pas un ~ de bon sens** er hat keinen Funken, kein Quäntchen gesunden Menschenverstand

Grammont [gʀamõ] GÉOG Geraardsbergen *n*

grand [gʀɑ̃], *in der Bindung* [gʀɑ̃t] **A** ADJ ⟨grande [gʀɑ̃d]⟩ groß **a** *taille*: **~ et fort** groß und kräftig; **~ arbre** [gʀɑ̃taʀbʀ] großer, hoher Baum; **une ~e femme** *ou* **une femme ~e** e-e große Frau; **~ format** Großformat *n*; **un homme ~** ein großer, groß gewachsener, hochgewachsener Mann; → *a.* d); **~es jambes** lange Beine *npl*; **~ nez** große Nase; RAD **~es ondes** Langwelle(n) *f(pl)*; **le ~ Paris** Groß-Paris *n*; **~s pieds** große Füße *mpl*; ♦ *loc adj et loc adv*: **à ~s carreaux** groß kariert; **à une ~e profondeur** in großer Tiefe; **~ comme la main** handgroß; **de ~e largeur** von großer Breite; **de ~e taille** hochgewachsen; von hohem Wuchs **b** (*plus âgé, adulte*) **son ~ frère** sein großer Bruder; **les ~es personnes** die Großen, Erwachsenen *pl*; **quand tu seras ~** wenn du groß bist; **je suis assez ~ pour** (*+inf*) in bin groß, alt genug, um zu (*+inf*) **c** *quantité, intensité*: **~ âge** [-t-] hohes Alter; **le ~ air** [-t-] die frische Luft; **au ~ air** an, in der frischen Luft; im Freien; **~ blessé** Schwerverletzte(r) *m*; **~ bruit** lautes Geräusch; großer Lärm; **~ buveur** starker Trinker; **~ choix** reiche Auswahl; **~ cri** lauter Schrei; **~es dépenses** große Ausgaben *fpl*; **~e foule** große Menschenmenge; **~ froid** große, starke Kälte; **~ fumeur** starker Raucher; **deux ~es heures** volle, ganze, geschlagene zwei Stunden *fpl*; **~ malade** Schwerkranke(r) *m*; **~e marée** Springflut *f*; **~ soupir** schwerer, tiefer Seufzer; **~ travailleur** unermüdlicher Arbeiter; ♦ *loc adj et loc adv*: **au ~ complet** vollzählig; **en ~** im Großen; in großem Stil, Umfang, Ausmaß; **en ~e toilette** in großer Toilette; ♦ **avoir ~ besoin de qc** etw dringend brauchen, benötigen; **être de ~s amis** eng miteinander befreundet sein; *fam* dicke Freunde sein; **il est ~ temps de** (*+inf*) es ist höchste Zeit zu (*+inf*); **faire ~ tort à qn** j-m sehr schaden **d** (*important, célèbre*) **~es actions** große Taten *fpl*; **~e âme** große, hochherzige Seele; *c'est* **du ~ art** hohe Kunst; ÉCOLE **les ~es classes** die oberen Klassen *fpl*; **~ dignitaire** hoher Würdenträger; **un ~ esprit** [-t-] ein großer Geist; HIST **la Grande Guerre** der Erste Weltkrieg; **un ~ homme** [-t-] ein großer, berühmter Mann; **~e industrie** Großindustrie *f*; CH DE FER **~e ligne** Fern-, Hauptstrecke *f*; **le ~ monde** die große, vornehme Welt; **un ~ nom** ein großer Name; **la ~e nouvelle** die große Neuigkeit; **~ peintre** großer Maler; **~ foncier, terrien** Großgrundbesitzer *m*; **~s vins** berühmte Weine *mpl*; ♦ HIST **Alexandre le Grand** Alexander der Große; **Louis le Grand** Ludwig XIV. **B** ADV

G

a voir ~ in großem Stil handeln; *péj* große, hochfliegende Pläne haben; hoch hinauswollen; **voir trop** ~ *a.* des Guten zu viel tun b ⟨*veränderlich*⟩ ~ **ouvert** [-t-] weit offen, geöffnet; **les yeux ~(s) ouverts** mit weit aufgerissenen Augen; **la porte était ~e ouverte** *a.* die Tür stand sperrangelweit offen; **ouvrir la fenêtre toute ~e** das Fenster weit aufmachen C SUBST 1 *d'enfants* **le ~, la ~e** der, die Große; ÉCOLE **les ~s** die Großen; *fam* **mon ~!** lieber Junge!; **ma ~e!** liebes Kind! 2 (*adulte*) **les ~s** die Großen, Erwachsenen *pl*; **(les) petits et (les) ~s** Groß und Klein; **tout seul comme un ~** ganz allein wie ein Großer 3 (*puissant*) **un ~ de l'industrie automobile** ein Großer der Autoindustrie; **les ~s de ce monde** die Großen *pl* dieser Welt; POL **les quatre Grands** die vier Großen, Großmächte *fpl* 4 M ~ **(d'Espagne)** (spanischer) Grande 5 **le ~** das Große; MATH **l'infiniment ~** das unendlich Große

grand-angle [gʀɑ̃tɑ̃gl] M ⟨*pl* grands-angles [gʀɑ̃zɑ̃gl]⟩ Weitwinkelobjektiv *n*

grand-chose [gʀɑ̃ʃoz] A PR INDÉF **pas ~** nicht viel; **il n'en sortira pas ~ de bon** dabei kommt nicht viel Gutes heraus; **cela ne vaut pas ~** das ist nicht viel wert B SUBST *fam* **un, une pas ~** ein Nichtsnutz *m*

grand-croix [gʀɑ̃kʀwa] ⟨*pl* grand(s)-croix⟩ 1 F *décoration* Großkreuz *n* 2 M *dignitaire* Träger *m* des Großkreuzes

grand-duc [gʀɑ̃dyk] M ⟨*pl* grands-ducs⟩ 1 Großherzog *m* 2 HIST *en Russie* Großfürst *m* 3 ZOOL Uhu *m*; **grand-duché** M ⟨*pl* grands-duchés⟩ Großherzogtum *n*

Grande-Bretagne [gʀɑ̃dbʀətaɲ] **la ~** Großbritannien *n*

grande-duchesse [gʀɑ̃ddyʃɛs] F ⟨*pl* grandes-duchesses⟩ Großherzogin *f*

grandelet [gʀɑ̃dlɛ] *fam* ADJ ⟨~te⟩ schon ziemlich, recht groß

grandement [gʀɑ̃dmɑ̃] ADV 1 (*beaucoup*) in hohem Maße; sehr; **vous vous trompez ~** Sie täuschen sich gewaltig 2 (*largement*) reichlich

grandeur [gʀɑ̃dœʀ] F 1 *d'un personnage, d'une œuvre d'art etc* Größe *f*; Erhabenheit *f*; *d'un sacrifice* Größe *f*; **~ d'âme** Seelengröße *f*, -adel *m* 2 *d'un danger etc* Größe *f*; **ordre** *m* **de ~** Größenordnung *f*; *loc adj photo, statue* **~ nature** in natürlicher Größe; in Lebensgröße; lebensgroß 3 PHYS, MATH Größe *f*

grand-faim [gʀɑ̃fɛ̃] LOC **avoir ~** großen Hunger haben; sehr hungrig sein

grand-guignolesque [gʀɑ̃giɲɔlɛsk] ADJ (übertrieben, unwahrscheinlich) schauerlich; haarsträubend

grandiloquence [gʀɑ̃dilɔkɑ̃s] F hochtrabende Ausdrucksweise; Bombast *m*; **grandiloquent** ADJ hochtrabend; hochtönend; bombastisch; schwülstig

grandiose [gʀɑ̃djoz] ADJ großartig; grandios; überwältigend

grandir [gʀɑ̃diʀ] A V/T 1 *chaussures etc* **~ qn** j-n größer machen, größer erscheinen lassen 2 *fig* Größe verleihen (+*dat*); erhöhen; **sortir grandi d'une épreuve** gestärkt aus e-r Bewährungsprobe hervorgehen B V/I 1 (*pousser*) wachsen; größer *ou* groß werden; **~ de dix centimètres** zehn Zentimeter wachsen; (um) zehn Zentimeter größer werden; **comme tu as grandi!** bist du aber gewachsen, groß geworden! 2 (*s'intensifier*) wachsen; zunehmen; (immer) größer werden; *bruit* (immer) lauter, stärker werden 3 *fig* **~ en sagesse** an Weisheit zunehmen C V/PR **se ~** sich größer machen

grandissant [gʀɑ̃disɑ̃] ADJ wachsend; zunehmend; (immer) größer werdend

grandissime [gʀɑ̃disim] *plais* ADJ sehr groß; gewaltig

grand-maman [gʀɑ̃mamɑ̃] F ⟨*pl* grand(s)-mamans⟩ *fam* Großmama *f*; Oma *f*

grand-mère [gʀɑ̃mɛʀ] F ⟨*pl* grand(s)-mères⟩ 1 Großmutter *f*; **du temps de nos grands-mères** zu Großmutters Zeiten; als der Großvater die Großmutter nahm; *fam fig* **il ne faut pas pousser ~ dans les orties** man darf nicht übertreiben; *fam* man muss die Kirche im Dorf lassen 2 *fam* (*vieille femme*) *fam* Oma *f*

grand-messe [gʀɑ̃mɛs] F ⟨*pl* grand(s)-messes⟩ ÉGL CATH Hochamt *n*

grand-oncle [gʀɑ̃tɔ̃kl] M ⟨*pl* grands-oncles⟩ Großonkel *m*

grand-papa [gʀɑ̃papa] M ⟨*pl* grands-papas⟩ *fam* Großpapa *m*; Opa *m*

grand-peine [gʀɑ̃pɛn] LOC ADV **à ~** mit Müh und Not; mit großer Mühe; *fam* mit Ach und Krach

grand-père [gʀɑ̃pɛʀ] M ⟨*pl* grands-pères⟩ 1 Großvater *m* 2 *fam* (*vieillard*) *fam* Opa *m*

grand-peur [gʀɑ̃pœʀ] LOC **avoir ~ que … ne** (+*subj*) sehr fürchten, dass …

grand-route [gʀɑ̃ʀut] F ⟨*pl* grand(s)-routes⟩ Landstraße *f*

grand-rue [gʀɑ̃ʀy] F ⟨*pl* grand(s)-rues⟩ Hauptstraße *f*

Grands Lacs [gʀɑ̃lak] **les ~** *mpl* die Kanadischen *ou* Großen Seen *mpl*

grand-soif [gʀɑ̃swaf] LOC **avoir ~** großen Durst haben; sehr durstig sein

grands-parents [gʀɑ̃paʀɑ̃] MPL Großeltern *pl*

grand-tante [gʀɑ̃tɑ̃t] F ⟨*pl* grand(s)-tantes⟩ Großtante *f*

grand-voile [gʀɑ̃vwal] F ⟨*pl* grand(s)-voiles⟩ MAR Großsegel *n*

grange [gʀɑ̃ʒ] F Scheune *f*

Granges [gʀɑ̃ʒ] GÉOG Grenchen *n*

granit(e) [gʀanit] M MINÉR Granit *m*; **bloc** *m* **de granit(e)** Granitblock *m*; **en granit(e)** aus Granit; graniten; *fig* **un cœur de granit(e)** ein Herz von Stein

granité [gʀanite] ADJ körnig; gekörnt; *tissu* kreppig; kreppartig; **graniteux** ADJ ⟨-euse⟩ MINÉR granithaltig; **granitique** ADJ Granit…

granivore [gʀanivɔʀ] ADJ ZOOL körnerfressend

granny [gʀani] F, **granny smith** [gʀanismis] F ⟨*inv*⟩ *pomme* Granny Smith *m*

granulat [gʀanyla] M CONSTR Zuschlag (-stoffe) *m(pl)*

granulation [gʀanylasjɔ̃] F 1 **~s** *pl* Körnung *f*; körnige Struktur 2 TECH Körnen *n*; Granulieren *n*

granule [gʀanyl] M 1 Körnchen *n* 2 PHARM Granulum *n*

granulé [gʀanyle] A ADJ körnig; gekörnt B MPL **~s** PHARM Granulat *n*

granuler [gʀanyle] V/T TECH körnen; granulieren

granuleux [gʀanylø] ADJ ⟨-euse⟩ körnig; gekörnt; MÉD *a.* granulös

graphème [gʀafɛm] M LING Graphem *n*

grapheur [gʀafœʀ] M INFORM Grafikprogramm *n*

graphie [gʀafi] F LING Schreibung *f*; Schreibweise *f*; Grafie *f*

graphique [gʀafik] A ADJ 1 grafisch; zeichnerisch; **arts** *mpl* **~s** Grafik *f*; grafische Künste *fpl*; *secteur* grafisches Gewerbe; **représentation** *f* **~** grafische, zeichnerische Darstellung 2 Schrift…; **signe** *m* **~** Schriftzeichen *n* B M grafische Darstellung; Grafik *f*; Schaubild *n*; Diagramm *n*

graphisme [gʀafism] M Handschrift *f*; Schriftzüge *mpl*; (individuelles) Schriftbild; *d'un dessinateur* Führung *f* des Zeichenstiftes

graphiste [gʀafist] M/F Grafiker(in) *m(f)*

graphite [gʀafit] M MINÉR Grafit *m*

graphité [gʀafite] ADJ TECH **lubrifiant ~** Grafitschmieröl *n*

graphologie [gʀafɔlɔʒi] F Grafologie *f*; **graphologique** ADJ grafologisch; **graphologue** M/F Grafologe, -login *m,f*; **expert** *m* **~** Schriftsachverständige(r) *m*

grappa [gʀapa] F Grappa *m*

grappe [gʀap] F 1 BOT Traube *f*; **~ de raisin** Weintraube *f* 2 *fig* Traube *f*; Knäuel *m ou n*; Klumpen *m*; **~ humaine** Menschentraube *f*

grappillage [gʀapijaʒ] M 1 VENDANGES Nachlese *f* 2 *fig* kleine, unlautere Gewinne *mpl*, Vorteile *mpl*

grappiller [gʀapije] A V/T 1 *fruits* hier und da (ab)pflücken 2 *fig petits profits, avantages* herausschlagen, -schinden; *informations* hier und da auflesen; *fam* zusammenstoppeln B V/I VENDANGES Nachlese halten

grappin [gʀapɛ̃] M 1 MAR a (*crochet d'abordage*) Enterhaken *m*; *fam fig* **mettre le ~ sur qn** j-n mit Beschlag belegen b *ancre* Draggen *m*; Dregge *f* 2 TECH Greifer *m*

gras [gʀɑ] A ADJ ⟨grasse [gʀɑs]⟩ 1 *nourriture* fett; fetthaltig, -reich; *personne, animal* fett; feist; CHIM **acides ~ (in)saturés** (un)gesättigte Fettsäuren *fpl*; CHIM **corps** *mpl* **~** Fette *npl*; fette Öle *npl*; **crème ~se** Fettcreme *f*; **fromage ~** Fettkäse *m*; *dans la nourriture* **matières ~ses** Fett *n*; **être ~ comme un moine** dick und fett sein; *fam* ein Fettkloß sein 2 (*enduit de graisse*) *peau, cheveux* fett(ig); *papier, vêtements etc* fettig; schmierig; *vêtements a.* speckig 3 *fig terre* fett; schwer; *pâturage* fett; fruchtbar; üppig; *récompense* hoch; reichlich; *fam* fett; TYPO **caractères ~** Fettdruck *m*; **en caractères ~** fett gedruckt; **crayon ~** weicher Bleistift; BOT **plantes ~ses** Sukkulenten *pl*; Fettpflanzen *fpl*; **rire ~** lautes, ordinäres Lachen; **toux ~se** Husten *m* mit Auswurf; **vin ~** zäh gewordener Wein B ADV REL **faire ~** Fleisch essen C SUBST **le ~** das Fett(e); **le ~ de la jambe** die Wade; **aimer le ~** die fetten Stücke (vom Fleisch) mögen; *fam fig*: **il n'y a pas ~ à manger** es gibt nicht viel zu essen; **discuter le bout de ~** *fam* e-n kleinen Schwatz machen

gras-double [gʀadubl] M ⟨*pl* gras-doubles⟩ CUIS Kaldaunen *fpl*, Kutteln *fpl* (vom Rindermagen); Ochsenpansen *m*

grassement [gʀasmɑ̃] ADV reichlich

grasseyer [gʀaseje] V/I das Zäpfchen-R sprechen

grassouillet [gʀasujɛ] ADJ ⟨~te⟩ dicklich; rundlich; *femme a.* mollig

gratifiant [gʀatifjɑ̃] ADJ *activité etc* (innerlich) befriedigend

gratification [gʀatifikasjɔ̃] F 1 Gratifikation *f*; Sonderzuwendung *f*; **~ de fin d'année** Weihnachtsgratifikation *f* 2 PSYCH Befriedigung *f*; Erfüllung *f*

gratifier [gʀatifje] V/T 1 **~ qn de qc** j-m etw zukommen lassen, zuwenden, zuteilwerden lassen; j-n mit etw bedenken, beehren 2 *iron* **~ qn d'une gifle** *etc* j-m e-e Ohrfeige *etc* verpassen; j-n mit e-r Ohrfeige *etc* bedenken 3 PSYCH **~ qn** j-n befriedigen, erfüllen

gratin [gʀatɛ̃] M 1 CUIS a LOC ADJ **au ~** überbacken; gratiniert; **chou-fleur** *m* **au ~** überbackener Blumenkohl b überbackenes Gericht; **~ dauphinois** überbackener Kartoffelauflauf; **plat** *m* **à ~** feuerfeste Form 2 *fam fig* **le ~** die Creme der Gesellschaft; die Hautevolee; die oberen zehntausend

gratiné [gʀatine] ADJ 1 CUIS überbacken; gratiniert 2 *fam fig* außergewöhnlich; unglaublich; *fam* toll; enorm

gratinée [gʀatine] F CUIS mit Käse überbackene Zwiebelsuppe *f*

gratiner [gʀatine] V/T CUIS **faire ~** überbacken; überkrusten; gratinieren

gratis [gʀatis] *fam* ADV umsonst; gratis; kostenlos; *adjt* Gratis…; Frei…

gratitude [gʀatityd] F Dankbarkeit *f*; Erkenntlichkeit *f*; **dire sa ~ à qn** j-m Dank sagen; **témoigner sa ~ à qn** sich j-m gegenüber dankbar, erkenntlich zeigen, erweisen

grattage [gʀataʒ] M (Ab-, Aus)Kratzen *n*; (Ab)Schaben *n*; LOTERIE Rubbeln *n*

gratte [gʀat] F *fam* **faire de la ~** → gratter A 5

gratte-ciel [gʀatsjɛl] M ⟨*inv*⟩ Wolkenkratzer *m*; **gratte-cul** M ⟨*pl* gratte-cul(s)⟩ Hagebutte *f*; **gratte-dos** M ⟨*inv*⟩ Rückenkratzer *m*

grattement [gʀatmɑ̃] M Kratzen *n*, Scharren *n* (*a. bruit*)

gratte-papier [gʀatpapje] M ⟨*pl* gratte-papier(s)⟩ *péj* Federfuchser *m*; Schreiberling *m*

gratter [gʀate] A V/T 1 *surface* abkratzen; (ab)schaben; *all Nord a.* (ab)schrap(p)en; *chaussures* abkratzen; *carottes* schaben; *casserole* auskratzen; TECH schaben; TEXT rauen; **~ une cicatrice** eine Narbe aufkratzen; **~ la neige, le sol** den Boden, den Schnee aufscharren; *plume* **~ (le papier)** (auf dem Papier) kratzen; **~ le sable** im Sand scharren 2 (*enlever*) ab-, wegkratzen; abschaben; *inscription* auskratzen; (*gommer*) aus-, wegradieren; *abs* LOTERIE rubbeln; **~ la boue des chaussures** den Schmutz von den Schuhen (ab)kratzen 3 (*démanger*) kratzen; *fumée* **~ la gorge** im Hals kratzen; *fam* **ça me gratte** es juckt mich 4 *fam fig et* SPORTS **~ un concurrent** einen Konkurrenten überholen, hinter sich (*dat*) lassen 5 ⟨*a. v/i*⟩ *fam fig* (*faire de petits profits*) *fam* (kleine, unlautere Gewinne) herausholen, -schlagen, -schinden; **une affaire où il n'y a pas grand-chose à ~** *fam* ein Geschäft, bei dem nicht viel zu holen ist B V/I 1 kratzen; scharren; **~ à la porte** *personne* leise an die Tür klopfen, pochen; *chien* an der Tür kratzen, scharren 2 *fam* **~ de la guitare** *fam* auf der Gitarre klimpern 3 *fam* (*travailler*) *fam* werke(l)n; schaffen; *plus fort* schuften C V/PR 1 **se ~** sich kratzen; **se ~ l'oreille, la tête** sich hinterm Ohr, am *ou* den Kopf kratzen; **se ~ jusqu'au sang** sich blutig, wund kratzen 2 *pop fig* **tu peux toujours te ~** *fam* das kommt nicht in die Tüte; denkste!; von wegen!; *pop* du kannst mich mal

grattoir [gʀatwaʀ] M TECH Schaber *m*; Schab-, Kratzeisen *n*; Kratze(r) *f(m)*; *all Nord a.* Schrape *f*; Schrapper *m*

grattouiller [gʀatuje] V/T *fam* → gratter A 3, B 2

gratuit [gʀatɥi] ADJ 1 (*non payant*) kostenlos; unentgeltlich; (kosten)frei; Frei…; Gratis…; *billet* **~** Freikarte *f*; *échantillon* **~** Gratisprobe *f*; **entrée ~e** freier Eintritt; *panneau* Eintritt frei; **prêt ~** zinsloses, unverzinsliches Darlehen; **à titre ~** → gratuitement 1 2 *hypothèse, accusation etc* unbegründet; grundlos; unmotiviert; willkürlich; **acte ~** unmotivierte Handlung

gratuité [gʀatɥite] F 1 Unentgeltlichkeit *f*; **~ de l'enseignement** Schulgeldfreiheit *f*; **~ des transports publics** Nulltarif *m* (der öffentlichen Verkehrsmittel) 2 *d'une accusation etc* Unbegründetheit *f*; Grundlosigkeit *f*; Willkürlichkeit *f*

gratuitement [gʀatɥitmɑ̃] ADV 1 (*sans payer*) kostenlos; unentgeltlich; ohne Entgelt; gratis; umsonst 2 (*sans motif*) ohne Grund, Motiv; grundlos; (*arbitrairement*) willkürlich

Graulhet [gʀojɛ] *Stadt im Dep. Tarn*

gravats [gʀava] MPL Bauschutt *m*

grave [gʀav] A ADJ 1 *air, ton, propos, personne* ernst; *attitude* gemessen; würdevoll 2 *problème, sujet, décision* ernst; schwerwiegend; *situation, symptôme* ernst; bedenklich; bedrohlich; schlimm; *faute, erreur* schwer(wiegend); gravierend; schlimm; *blessé m* **~** Schwerverletzte(r) *m*; *blessure f, maladie f opération f* **~** schwere Verletzung, Krankheit, Operation; **de ~s ennuis** *mpl* ernste, ernstliche Schwierigkeiten *fpl*; **de ~s nouvelles** *fpl* schlimme Nachrichten *fpl*; **avoir des motifs, raisons ~s pour** (*+inf*) ernsthafte, ernst zu nehmende, schwerwiegende Gründe haben zu (*+inf*); **ce n'est pas ~** das ist nicht schlimm; das macht nichts; *maladie* es ist nichts Schlimmes; **son état est ~** sein Zustand ist ernst, bedenklich, besorgniserregend 3 *voix* tief; dunkel; *son, note* tief 4 *accent m* **~** *en français* Accent grave *m*; LING Gravis *m* B MPL MUS **les ~s** die tiefen Töne *mpl*

graveleux [gʀavlø] ADJ ⟨-euse⟩ zotig; anstößig; schlüpfrig

gravelle [gʀavɛl] MÉD HIST F Harngrieß *m*

gravement [gʀavmɑ̃] ADV 1 (*dignement*) ernst; würdevoll; gemessen; gravitätisch 2 (*dangereusement*) ernstlich; schwer; **~ malade** schwer krank; ernstlich erkrankt

graver [gʀave] V/T 1 *inscription, signe* einschneiden, einritzen, *sur du bois a.* einschnitzen (**sur** in *+acc*) 2 *pour reproduire* (ein)gravieren, (ein)schneiden, (ein)graben, *sur métal a.* stechen (**sur** in *+acc*); *disque, tampon* schneiden; **~ sur bois** in Holz schneiden; **~ sur pierre** in Stein schneiden, gravieren, *st/s* (ein)graben; *par ext:* **faire ~ des cartes de visite** Visitenkarten drucken lassen; **faire ~ un nom sur une bague** e-n Namen in e-n Ring eingravieren lassen 3 *CD, DVD* brennen 4 *fig: cette image* **est restée gravée dans mon cœur, dans mon souvenir** … hat sich mir tief ins Herz, ins Gedächtnis (ein)gegraben, hat sich meiner Erinnerung tief eingeprägt; *souvenir etc* **est gravé dans ma mémoire** hat sich mir tief ins Gedächtnis (ein)gegraben, eingeprägt; *les soucis* **sont gravés sur son front** … stehen ihm auf der Stirn geschrieben

graves [gʀav] M *ein Bordeauxwein*

graveur [gʀavœʀ] M, **graveuse** F 1 Graveur(in) *m(f)*; **~ à l'eau-forte** Radierer *m*; **~ en taille-douce** Kupferstecher *m*; **~ sur bois** Holz-, Formschneider *m*; **~ sur métaux** (Kupfer-, Stahl)Stecher *m* 2 M TECH **~ de CD, DVD** CD-, DVD-Brenner *m*

gravide [gʀavid] ADJ MÉD *t/t* gravid

gravier [gʀavje] M 1 Kies *m*; *allée f* **de ~** Kiesweg *m* 2 (*caillou*) (kleiner) Kiesel(stein)

gravillon [gʀavijõ] M Splitt *m*; *panneau* **~s!** Rollsplitt!

gravir [gʀaviʀ] V/T 1 *montagne etc* erklimmen; erklettern; ersteigen; (hinauf)klettern auf (*+acc*) 2 *fig les échelons d'une hiérarchie* emporklettern, -steigen; erklimmen

gravissime [gʀavisim] ADJ *maladie* sehr schwer; *erreur f, faute f* **~** äußerst gravierender Irrtum, Fehler

gravitation [gʀavitasjõ] F PHYS, ASTRON Gravitation *f*; Massenanziehung *f*; **loi f de la ~ universelle** Gravitationsgesetz *n*

gravitationnel [gʀavitasjɔnɛl] ADJ ⟨~le⟩ PHYS Gravitations…; **champ ~** Gravitations-, Schwerefeld *n*

gravité [gʀavite] F 1 (*sérieux*) (feierlicher) Ernst; Würde *f*; Gemessenheit *f*; Gravität *f* 2 *de la situation* Ernst *m*; Bedrohlichkeit *f*; *d'un problème* Gewicht *n*; Bedeutung *f*; *d'une maladie, d'une erreur* Schwere *f*; *accident* **sans ~** leicht 3 *d'un son* Tiefe *f* 4 PHYS Schwere *f*; **centre m de ~** Schwerpunkt *m* (*a. fig*); **force f de ~** Schwerkraft *f*

graviter [gʀavite] V/T INDIR 1 ASTRON **~ autour du Soleil** *etc* um die Sonne *etc* kreisen; sich um die Sonne *etc* drehen; die Sonne *etc* umkreisen 2 *fig* **~ autour de qn** ständig um j-n sein; **~ dans l'orbite de qn** sich in j-s Machtbereich, Bannkreis (*dat*) befinden

gravure [gʀavyʀ] F 1 (*art de graver*) Grafik *f*; Gravierkunst *f*; **~ à l'eau-forte** Radieren *n*; **~ sur acier** Stahlstechkunst *f*; Stahlstich *m*; **~ sur bois** Holzschneidekunst *f*; Holzschnitt *m* 2 *ouvrage, reproduction* Grafik *f*; *sur métal* (Kupfer-, Stahl)Stich *m*; *sur bois* Holzschnitt *m* 3 *par ext* (*image, illustration*) (Kunst)Druck *m*; Kunstblatt *n*; **~ en couleurs** Farbdruck *m*, -reproduktion *f* 4 (*action de graver*) (Ein)Gravieren *n*, -ung *f*; Schneiden *n* (*a. d'un disque*)

gré [gʀe] M 1 LOC PRÉP *et* LOC ADV: ♦ **au ~ de qn** *agir, faire qc* nach j-s Belieben, Wunsch, Gutdünken; wie es j-m gefällt; **à mon ~** nach Belieben; nach (meinem) Gutdünken; (*à mon avis*) meiner Meinung nach; meines Erachtens; **il trouve cela à son ~** er findet das nach s-m Geschmack; das sagt ihm zu, gefällt ihm; ♦ **au ~ de qc** in Abhängigkeit von etw; **au ~ des circonstances, événements** je nach den Umständen, Ereignissen; **au ~ de sa fantaisie** nach Lust und Laune; **se laisser aller au ~ de son imagination** sich von s-r Fantasie fortreißen lassen; *drapeau, cheveux* **flotter au ~ du vent** im Wind wehen; ♦ **contre le ~ de qn** gegen, wider j-s Willen; *il a obéi* **contre son ~** widerwillig, wider Willen; ♦ **de bon ~** bereitwillig; gern; **de son plein ~** (ganz) freiwillig; aus freien Stücken; COMM *vente* **de ~ à ~** freihändig; **de ~ ou de force** gutwillig oder gezwungen; so oder so; wohl oder übel; **bon ~ mal ~** wohl oder übel; ob man will oder nicht; nolens volens 2 *st/s* **savoir ~ à qn de qc** j-m für etw dankbar sein, verbunden sein, *st/s* Dank wissen; *dans des lettres* **je vous saurais ~ de bien vouloir** ich wäre Ihnen dankbar, wenn Sie … (würden)

grèbe [gʀɛb] M ZOOL Lappentaucher *m*; **~ huppé** Haubentaucher *m*

grec [gʀɛk] A ADJ ⟨grecque [gʀɛk]⟩ griechisch; **i ~** Ypsilon *n*; **les îles grecques** die griechischen Inseln *fpl*; *par ext* **nez ~** griechische Nase B SUBST 1 **Grec, Grecque** *m,f* Grieche *m*, Griechin *f*; **les Grecs de l'Antiquité** die alten Griechen 2 LING **le ~** das Griechische; Griechisch *n*; **le ~ ancien, moderne** das Alt-, Neugriechische; Alt-, Neugriechisch *n* 3 CUIS **à la grecque** mit Öl und Gewürzen (zubereitet)

Grèce [gʀɛs] **la ~** Griechenland *n*

Greco [gʀeko] **le ~** *peintre* El Greco *m*

gréco-latin [gʀekolatɛ̃] ADJ griechisch-lateinisch; **gréco-romain** ADJ griechisch-römisch (*a. lutte*)

grecque [gʀɛk] F *ornement* Mäander(band) *m(n)*

gredin [gʀədɛ̃] M Schurke *m*; Halunke *m*; *fam* **petit ~** Lausebengel *m*; Schlingel *m*

gréement [gʀemɑ̃] M MAR Takelage *f*; Takelung *f*; Takelwerk *n*; Rigg *n*

Green [gʀin] **Julien ~** *Schriftsteller*

gréer [gʀee] V/T MAR (auf-, be)takeln

Grées [gʀe] **les Alpes ~** *fpl* die Grajischen Alpen *pl*

greffage [gʀɛfaʒ] M ARBORICULTURE Pfropfen *n*; Veredeln *n*

greffe[1] [gʀɛf] M JUR Geschäftsstelle *f* des Gerichts

greffe[2] [gʀɛf] F 1 MÉD Transplantation *f*; Verpflanzung *f*; Übertragung *f*; **~ osseuse** Knochentransplantation *f*; **~ du cœur** Herztrans-

G

plantation *f*, -verpflanzung *f*; **~ de cornée** Hornhautübertragung *f*; **~ de peau, cutanée** Hauttransplantation *f*, -verpflanzung *f*; **~ d'un rein** Nierentransplantation *f* 2 BOT 3 *(greffon)* Edel-, Pfropfreis *n* 4 → greffage

greffer [gʀefe] A V/T 1 *arbre* pfropfen; veredeln 2 MÉD verpflanzen; übertragen; *t/t* transplantieren B V/PR *fig* **se ~ sur qc** zu etw hinzukommen; etw überlagern

greffier [gʀefje] M JUR Urkundsbeamte(r) *m* (der Geschäftsstelle); *en Suisse* Gerichtsschreiber *m*

greffon [gʀefõ] M 1 BOT Edel-, Pfropfreis *n* 2 MÉD Transplantat *n*

grégaire [gʀegɛʀ] ADJ Herden...; **animal** *m* **~** Herdentier *n*; **instinct** *m* **~** Herdentrieb *m*

grégarisme [gʀegaʀism] M ZOOL Herdentrieb *m*, -leben *n*

grège [gʀɛʒ] ADJ 1 TEXT **soie** *f* **~** Roh-, Grègeseide *f* 2 *couleur* rohseidenfarben; gelblich weiß; hellbeige

grégeois [gʀeʒwa] ADJ HIST MIL **feu ~** griechisches Feuer

Grégoire [gʀegwaʀ] M *Vorname*

grégorien [gʀegɔʀjɛ̃] ADJ ⟨~ne⟩ **calendrier ~** gregorianischer Kalender; **chant ~** gregorianischer Gesang, Choral

grêle¹ [gʀɛl] F 1 Hagel *m*; **ravagé par la ~** verhagelt; **il tombe de la ~** es hagelt 2 *fig* Hagel *m*; **~ de balles** Kugelhagel *m*; **~ d'injures** Hagel, Flut *f* von Schimpfwörtern

grêle² [gʀɛl] ADJ 1 dünn; schmal; zerbrechlich; *membres a.* dürr; mager 2 *voix, son* dünn; *voix a. fam* piepsig 3 **intestin** *m* **~** Dünndarm *m*

grêlé [gʀele] ADJ pockennarbig

grêler [gʀele] A V/IMP hageln; **il grêle** es hagelt B V/T **être grêlé** Hagelschaden erleiden

grêlon [gʀɛlõ] M Hagelkorn *n*; Schloße *f*

grelot [gʀəlo] M Schelle *f*; Glöckchen *n*

grelottant [gʀəlɔtɑ̃] ADJ zitternd; schlotternd; **grelottement** M Zittern *n*; Schlottern *n*

grelotter [gʀəlɔte] V/I (vor Kälte) zittern, schlottern; **~ de fièvre** vom Fieber geschüttelt werden; **~ de peur** vor Angst zittern, schlottern

greluche [gʀəlyʃ] F *fam (fille sotte) fam* (dumme) Zicke, Ziege

grenade [gʀənad] F 1 BOT Granatapfel *m* 2 MIL (Hand)Granate *f*; **~ sous-marine** Wasserbombe *f*; **~ à main** Handgranate *f*

Grenade [gʀənad] 1 *en Espagne* Granada *n* 2 *aux Petites Antilles* Grenada *n*

grenadier [gʀənadje] M 1 BOT Granatapfelbaum *m* 2 HIST MIL Grenadier *m*

grenadille [gʀənadij] F *fruit* Grenadille *f*

grenadin [gʀənadɛ̃] M CUIS gespicktes Kalbsfilet

grenadine [gʀənadin] F Granatapfelsirup *m*; Grenadine *f*

grenaille [gʀənaj] F 1 Metallkörner *npl*; **~ de plomb** (Blei)Schrot *m ou n* 2 *en Belgique* (Roll)Splitt *m*

grenat [gʀəna] M 1 MINÉR Granat *m* 2 ADJT ⟨*inv*⟩ granatfarben

Grenelle [gʀənɛl] M **~ de l'environnement** *frz Umweltgipfel*

grenier [gʀənje] M 1 *d'une maison* Speicher *m*; Dachboden *m*; Bodenraum *m* 2 AGR Speicher *m*; **~ à blé** Getreide-, Kornspeicher *m*; *fig d'un pays* Kornkammer *f*; **~ à foin** Heuboden *m*

Grenoble [gʀənɔbl] *Stadt im Dep. Isère*

grenoblois [gʀənɔblwa] ADJ *(et* SUBST **Grenoblois** Einwohner) von Grenoble

grenouillage [gʀənujaʒ] M POL unsaubere Machenschaften *fpl*

grenouille [gʀənuj] F ZOOL Frosch *m*

grenouillère [gʀənujɛʀ] F Strampelanzug *m*

grenu [gʀəny] ADJ körnig; gekörnt; **cuir ~** genarbtes Leder

grès [gʀɛ] M 1 *roche* Sandstein *m*; **~ rose, rouge** Buntsandstein *m* 2 *céramique* Steinzeug *n*; *loc adj* **en, de ~** Stein(zeug) ...; **pot** *m* **en ~** Steintopf *m*; **poterie(s)** *f(pl)* **de, en ~** Steinzeug *n*

gréseux [gʀezø] ADJ ⟨-euse⟩ Sandstein...

grésil [gʀezil] M MÉTÉO Graupeln *fpl*; **il tombe du ~** es graupelt

grésillement [gʀezijmɑ̃] M CUIS Brutzeln *n*; TÉL, RAD Knistern *n*; Rauschen *n*

grésiller [gʀezije] V/I *friture etc* brutzeln; TÉL, RAD knistern; rauschen

grève [gʀɛv] F 1 Streik *m*; Ausstand *m*; Arbeitsniederlegung *f*; **~ bouchon** Schwerpunktstreik *m*; **~ générale** Generalstreik *m*; **~ des dockers** Hafenarbeiterstreik *m*; **~ de la faim** Hungerstreik *m*; **faire la ~ de la faim** in den Hungerstreik treten; im Hungerstreik sein; **~ des transports** Streik der öffentlichen Verkehrsmittel; **~ du zèle** Dienst *m* nach Vorschrift; Bummelstreik *m*; **~ sur le tas, des bras croisés** Sitzstreik *m*; *loc adj* **en ~** streikend; **être en ~, faire ~** streiken; sich im Ausstand befinden; **lancer un ordre de ~** zum Streik aufrufen; **se mettre en ~** in den Ausstand, Streik treten 2 *plage* (Sand-, Kies)Strand *m*; sandiger Uferstreifen

grever [gʀəve] V/T ⟨-è-⟩ FIN belasten (**de** mit)

gréviste [gʀevist] M/F Streikende(r) *m/f(m)*

gribouillage [gʀibujaʒ] M *(écriture illisible)* Gekritzel *n*; Kritzelei *f*; *fam* Gekrakel *n*; *a. (mauvais dessin) fam* Gesudel *n*; Sudelei *f*; Geschmier *n*; Schmiererei *f*

gribouille [gʀibuj] M *péj* Tölpel *m*; *fam* Einfaltspinsel *m*; Schlaumeier *m (iron)*

gribouiller [gʀibuje] A V/T hinkritzeln, *fam* -sudeln, -schmieren B V/I kritzeln; *fam* sudeln; schmieren; **gribouilleur** M, **gribouilleuse** F *fam* Sudler(in) *m(f)*; Schmierer(in) *m(f)*; Schmierfink *m*

gribouillis [gʀibuji] M → gribouillage

grief [gʀijɛf] M (Grund *m*, Anlass *m* zur) Klage *f*, Beschwerde *f*; **~s (in)justifiés** (un)begründete Klagen, Vorwürfe *mpl*; **avoir des ~s contre qn** Anlass, Grund zur Klage (j-m gegenüber) haben; Beschwerden gegen j-n vorzubringen haben; **exposer, formuler ses ~s** s-e Beschwerden vorbringen; **faire ~ de qc à qn** j-m etw vorwerfen, zum Vorwurf machen

grièvement [gʀijɛvmɑ̃] ADV **~ blessé** schwer verletzt; *soldat* schwer verwundet

griffe [gʀif] F 1 ZOOL Kralle *f (a. par ext ongle trop long)*; Klaue *f (a. fig)*; **donner un coup de ~ à qn** j-m e-n Krallen-, *fauve* Prankenhieb versetzen; *chat a.* j-n kratzen; *fig* j-m e-n Seitenhieb versetzen; *fig* **montrer les ~s** die Krallen zeigen; **rentrer ses ~s** die Krallen einziehen; *fig* friedlich, versöhnlich werden; *chat et fig* **sortir ses ~s** die Krallen zeigen; *fig* **tomber sous la ~, dans les ~s de qn** j-m in die Klauen geraten 2 ADMIN Unterschrifts-, Namensstempel *m*; Namenszeichen *n*; COMM Namenszug *m*; Markenzeichen *n* 3 *fig d'un auteur etc* Stempel *m*; Gepräge *n*; Handschrift *f*; *œuvre* **porter la ~ de son auteur** den Stempel s-s Verfassers tragen 4 TECH Klaue *f*; Kralle *f*; Haken *m*; Greifer *m*

griffé [gʀife] ADJ *vêtements* mit dem Markenzeichen e-s berühmten Couturiers versehen

griffer [gʀife] V/T **~ qn** j-n kratzen; **~ qn au visage** j-m das Gesicht zerkratzen

griffon [gʀifõ] M 1 *chien* Griffon *m* 2 MYTH Greif *m*

griffonnage [gʀifɔnaʒ] M Gekritzel *n*; Kritzelei *f*; **griffonnement** M SCULP Modell *n* (aus Wachs, Ton)

griffonner [gʀifɔne] V/T (hin)kritzeln; *(écrire à la hâte)* flüchtig niederschreiben; hinwerfen; **~ son nom sur un bout de papier** s-n Namen auf e-n Zettel kritzeln

grif(f)ton [gʀiftõ] M → griveton

griffu [gʀify] ADJ krallenbewehrt

griffure [gʀifyʀ] F Kratzer *m*; Schramme *f*

grignotage [gʀiɲɔtaʒ] M 1 → grignotement 2 *fig d'un héritage* allmähliche Aufzehrung; *de droits etc* schrittweiser Abbau; Aushöhlung *f*; **grignotement** M Knabbern *n*

grignoter [gʀiɲɔte] V/T 1 *(manger petit à petit)* knabbern *(a. abs)*; *(enlever)* abknabbern; *(entamer)* anknabbern; **~ qc** *a.* an etw *(dat)* (herum) knabbern 2 *fig héritage* allmählich aufzehren; *droits, libertés etc* schritt-, stückchenweise abbauen; aushöhlen

grigou [gʀigu] *fam* M Geizhals *m*; *fam* Geizkragen *m*; Knauser *m*

gri-gri [gʀigʀi] M ⟨*pl* gris-gris⟩ Amulett *n*; Talisman *m*

gril [gʀil] M 1 CUIS Brat-, Grillrost *m*; **cuit sur le ~** auf dem Rost gebraten; gegrillt; *fam fig* **être sur le ~** wie auf glühenden Kohlen sitzen 2 TECH Rost *m* 3 THÉ Schnürboden *m*

grillade [gʀijad] F CUIS Grillgericht *n*; Grillade *f*

grillage [gʀijaʒ] M 1 *(treillis)* (Draht)Gitter *n*; Drahtgeflecht *n*; Maschendraht *m*; *clôture* Drahtzaun *m* 2 *(action de griller)* Rösten *n*; *de viande a.* Grillen *n*

grillager [gʀijaʒe] V/T ⟨-geons⟩ vergittern; *adjt* **fenêtre grillagée** vergittertes Fenster; Gitterfenster *n*

grille [gʀij] F 1 *d'une fenêtre etc* Gitter *n (a. barrière)*; *d'une cellule* Sprechgitter *n*; *d'un égout* Gitterrost *m*; **~ du jardin** (eisernes) Gartentor 2 *d'un poêle* (Feuer)Rost *m* 3 ÉLEC Gitter *n* 4 *(carton de lecture)* gelochte Schablone; Patrone *f* 5 *de mots croisés etc* Kästchen *npl*; Felder *npl* 6 *par ext (tableau)* Übersicht *f*; Tabelle *f*; Schema *n*; RAD, TV **~ des programmes** Programmübersicht *f*; **~ des salaires** Lohn- und Gehaltsstaffel *f*, -tabelle *f*; Tariftabelle *f*

grille-pain [gʀijpɛ̃] M ⟨*inv*⟩ Toaster *m*; Brotröster *m*

griller [gʀije] A V/T 1 *viande* (auf dem Rost) braten; grillen; *pain, marrons, café* rösten; *adjt*: **amandes grillées** gebrannte Mandeln *fpl*; **marrons grillés** geröstete Kastanien *fpl*; *autrich* heiße Maroni *fpl*; **pain grillé** Toast *m*; Röstbrot *n* 2 *par ext chaleur: visage etc* ausdörren; versengen; verbrennen; *gel: plantes* vernichten 3 *fam* **~ une cigarette** e-e Zigarette rauchen, *fam* qualmen; **en ~ une** *fam* eine qualmen 4 ÉLEC durchbrennen lassen; *adjt* **grillé** durchgebrannt 5 *fig* **~ un feu rouge** ein Rotlicht überfahren; bei Rot durchfahren; *bus etc* **~ un arrêt** durchfahren 6 *fam fig* **~ qn** SPORTS j-n überholen, -runden, -spurten; *par ext* j-m zuvorkommen; j-n ausstechen 7 *fam fig* **être grillé** *fam* erledigt, geliefert, unten durch sein B V/I 1 *viande* (auf dem Rost) braten; *pain etc* geröstet werden 2 *ampoule électrique* durchbrennen 3 *par ext fam personne* vor Hitze vergehen; *fam* braten 4 *fig* **~ (d'envie) de** (*+inf*) darauf brennen zu (*+inf*); **~ d'impatience** vor Ungeduld brennen

grillon [gʀijõ] M ZOOL Grille *f*; **~ domestique** Heimchen *n*

grill-room [gʀilʀum] M ⟨*pl* grill-rooms⟩ Grillroom *m*

grimaçant [gʀimasɑ̃] ADJ *visage* (fratzenhaft) verzerrt

grimace [gʀimas] F 1 Grimasse *f*; Fratze *f*; **~ de dégoût** angewiderte Miene; **~ de douleur**

schmerzverzerrtes Gesicht; **faire des ~s** Grimassen machen, schneiden, ziehen; Fratzen, Gesichter schneiden; **faire la ~** ein (schiefes, saures) Gesicht ziehen, machen 2 *fig vêtement* **faire des ~s** (unerwünschte) Falten machen, werfen 3 *par ext* **~s** *pl (manières)* Ziererei *f*; *fam* Gehabe *n*; Getue *n*

grimacer [gʀimase] VI ⟨-ç-⟩ 1 das Gesicht (zu e-r Grimasse, Fratze) verziehen, verzerren 2 → grimace 2

grimage [gʀimaʒ] M THÉ a *action* Schminken *n* b *résultat* Maske *f*

grimer [gʀime] VT (et VPR) THÉ, CINÉMA **(se) ~** (sich) schminken

grimoire [gʀimwaʀ] M 1 *(livre de magie)* Zauberbuch *n* 2 *(ouvrage obscur)* unverständliches, obskures Werk; *(écrit illisible)* unleserliches Schriftstück; *fam* Hieroglyphen *fpl*

grimpant [gʀɛ̃pɑ̃] A ADJ BOT kletternd; Kletter...; **plante ~e** Kletter-, Schlingpflanze *f*; **rosier ~** Kletterrose *f* B MPL **~s** *fam (pantalon) fam* Buxe(n) *f(pl)*; Büx *f*

grimpée [gʀɛ̃pe] F beschwerlicher Aufstieg; Kletterei *f*

grimper [gʀɛ̃pe] A VI 1 (hinauf)klettern, *par ext (monter)* (hinauf)steigen **(sur, à** auf *+acc)*; *plante* in die Höhe klettern; sich emporranken (**à** an *+dat*); *transitivement* **~ les escaliers** die Treppen hinaufsteigen, erklimmen; **~ à, sur un arbre** auf e-n Baum klettern; (auf) e-n Baum, an e-m Baum hinaufklettern; **~ à, sur une échelle** auf e-e Leiter klettern, steigen; e-e Leiter hinaufklettern, -steigen; **~ sur un tabouret** auf e-n Hocker steigen 2 *par ext chemin* steil ansteigen; sich emporwinden; *fam prix, température* in die Höhe klettern B M SPORTS Klettern *n*

grimpereau [gʀɛ̃pʀo] M ⟨*pl* ~x⟩ ZOOL Baumläufer *m*

grimpette [gʀɛ̃pɛt] *fam* F kurzer, steiler Weg; Steig *m*

grimpeur [gʀɛ̃pœʀ] M, **grimpeuse** F 1 *alpiniste* Kletterer *m*, Kletterin *f* 2 M CYCLISME Kletterer *m* 3 ZOOL *adjt* **oiseau grimpeur** Klettervogel *m*

grinçant [gʀɛ̃sɑ̃] ADJ 1 *porte, par ext son* knarrend; quietschend 2 *fig compliments* gezwungen, widerwillig gemacht; **humour ~** galliger Humor

grincement [gʀɛ̃smɑ̃] M 1 *d'une porte* Knarren *n*; Quietschen *n (a. de freins, de pneus)* 2 **~ de dents** Zähneknirschen *n*

grincer [gʀɛ̃se] VI ⟨-ç-⟩ 1 *porte, ressorts etc* knarren; *porte, freins, pneus* quietschen; *freins a.* kreischen 2 **~ des dents** mit den Zähnen knirschen; *pour un bruit strident* **cela (me) fait ~ des dents** das geht mir durch Mark und Bein, durch und durch

grincheux [gʀɛ̃ʃø] A ADJ ⟨-euse⟩ mürrisch; griesgrämig; verdrießlich; nörglerisch; *all Sud a. fam* grantig; *enfant fam* quengelig B SUBST **~, grincheuse** *m,f* Griesgram *m*; Nörgler(in) *m(f)*; *fam* Quengler(in) *m(f)*; *all Sud a. fam* Grantler(in) *m(f)*

gringalet [gʀɛ̃galɛ] M schmächtiges Männchen, Kerlchen

griot [gʀijo] M *en Afrique* umherziehender Sänger und Magier

griotte [gʀijɔt] F Sauer-, Weichselkirsche *f*

grippage [gʀipaʒ] M TECH Festfressen *n*

grippal [gʀipal] ADJ ⟨-aux⟩ MÉD Grippe...; *t/t* grippal

grippe [gʀip] F 1 MÉD Grippe *f*; **grippe A, grippe porcine** neue Grippe; Schweinegrippe *f*; **grippe saisonnière** saisonale Grippe; **épidémie** *f* **de ~** Grippeepidemie *f*; **avoir la ~** (die) Grippe haben 2 **prendre qn, qc en ~** Abneigung gegen j-n, etw fassen; j-n, etw nicht mehr ausstehen können

grippé [gʀipe] ADJ MÉD an Grippe erkrankt; grippekrank; **être ~** (die) Grippe haben

gripper [gʀipe] VI (et VPR **se**) **~** 1 TECH sich festfressen 2 *fig* sich festfahren; stocken

grippe-sou [gʀipsu] M ⟨*pl* grippe-sou(s)⟩ Pfennigfuchser *m*; *adjt* **être ~** ein Pfennigfuchser sein

gris [gʀi] A ADJ ⟨grise [gʀiz]⟩ 1 grau; **~ anthracite** ⟨*inv*⟩ anthrazitfarben; **~ ardoise, fer, perle, souris** ⟨*inv*⟩ schiefer-, stahl-, perl-, mausgrau; **cheveux ~** graue Haare *npl*; **aux cheveux ~** grauhaarig; **poivre ~** schwarzer Pfeffer; **vin ~** blassroter Wein; **~ de poussière** staubbedeckt 2 *temps* trüb; *ciel* grau; **il fait ~** es ist trüb(es Wetter) 3 *fig existence* eintönig; öde; grau; trübselig; ereignislos; uninteressant; → *a.* mine[1] 1 a) 4 *fig (éméché)* angeheitert; *fam* beschwipst; benebelt B M 1 Grau *n*; **~ ardoise, clair** Schiefer-, Hellgrau *n* 2 *fam tabac* gewöhnlicher Tabak; *fam* Knaster *m*

grisaille [gʀizaj] F 1 *de l'existence* Eintönigkeit *f*; Öde *f*; **la ~ quotidienne** der graue Alltag 2 PEINT Grisaille *f*; Grau-in-grau-Malerei *f*

grisant [gʀizɑ̃] ADJ *musique, succès* berauschend; **parfum ~** betäubender Duft

grisâtre [gʀizɑtʀ] ADJ 1 *couleur* gräulich; ins Graue spielend; *ciel, jour* grau; trüb 2 *fig* eintönig; öde; grau

grisbi [gʀizbi] M *arg (argent) fam* Moos *n*; Kohle(n) *f(pl)*; → *a.* fric

grisé [gʀize] M Azureelinien *fpl*; Schraffierung *f*

griser [gʀize] A VT 1 *alcool* **~ qn** j-m die Sinne benebeln; j-m zu Kopf steigen 2 *fig* **~ qn** *air vif, parfum, vitesse* j-n benommen machen, betäuben; *succès* j-n berauschen, *st/s* trunken machen; **il est grisé par son succès** *st/s* sein Erfolg hat ihn trunken gemacht; **se laisser ~ par la vitesse** dem Geschwindigkeitsrausch verfallen B VPR *fig* **se ~** sich berauschen (**de** an *+dat*); **se ~ d'air pur** sich mit reiner Luft vollsaugen

griserie [gʀizʀi] F *fig* Rausch *m*; Taumel *m*

grisette [gʀizɛt] F *autrefois* Grisette *f* *(leichtlebige junge Putzmacherin in Paris)*

gris-gris [gʀigʀi] → gri-gri

grison [gʀizɔ̃] A ADJ ⟨~ne⟩ graubündnerisch B SUBST **Grison(ne)** *m(f)* Graubündner(in) *m(f)*

grisonnant [gʀizɔnɑ̃] ADJ *cheveux, tempes* leicht ergraut *(a. personne)*; grau meliert

grisonner [gʀizɔne] VI *cheveux, personne* ergrauen; grau werden; *personne a.* graue Haare, graues Haar bekommen

Grisons [gʀizɔ̃] **les ~** *mpl* Graubünden *n*

grisou [gʀizu] M MINES Grubengas *n*; schlagende Wetter *npl*; Schlagwetter *n*; **coup** *m* **de ~** Schlagwetterexplosion *f*

grive [gʀiv] F ZOOL Drossel *f*; *fig* **soûl comme une ~** stockbetrunken; *fam* sternhagelvoll; *prov* **faute de ~s on mange des merles** in der Not frisst der Teufel Fliegen *(prov)*

grivèlerie [gʀivɛlʀi] F JUR Zechprellerei *f*

griveton [gʀivtɔ̃] *fam* M einfacher Soldat

grivois [gʀivwa] ADJ schlüpfrig; locker; frei; anzüglich

grivoiserie [gʀivwazʀi] F Schlüpfrigkeit *f (a. propos)*

grizzli *ou* **grizzly** [gʀizli] M ZOOL Grislibär *m*

Groenland [gʀɔɛnlɑ̃d] **le ~** Grönland *n*

groenlandais [gʀɔɛnlɑ̃dɛ] A ADJ grönländisch B SUBST **Groenlandais(e)** *m(f)* Grönländer(in) *m(f)*

grog [gʀɔg] M Grog *m*

groggy [gʀɔgi] ADJ ⟨*f inv*⟩ *boxeur* groggy *(a. fam fig)*; angeschlagen

grognard [gʀɔɲaʀ] M HIST alter Haudegen der napoleonischen Garde

grogne [gʀɔɲ] F POL Murren *n*; Unzufriedenheit *f*; Unmut *m*

grognement [gʀɔɲmɑ̃] M 1 *d'une personne* Murren *n*; Gemurre *n* 2 *d'un cochon* Grunzen *n*; Gegrunze *n*; *d'un ours* Brummen *n*; Gebrumm(e) *n*

grogner [gʀɔɲe] A VT *injures, réponse* (vor sich *[acc]* hin) knurren, brummen B VI 1 *personne* murren (**contre** gegen); knurren; brummen; *fam* maulen; *enfant fam* quengeln 2 *cochon* grunzen; *ours* brummen; *chien* knurren

grognon [gʀɔɲɔ̃] A ADJ ⟨*f inv*⟩ *personne, air* mürrisch; *personne a.* knurrig; *fam* brummig; *enfant fam* quengelig B M Brummbär *m*, -bart *m*; **vieux ~** alter Brummbär

groin [gʀwɛ̃] M *du porc, du sanglier* Rüssel *m*

grol(l)e [gʀɔl] F *fam (soulier) fam* Latschen *m*

grommeler [gʀɔmle] VT et VI ⟨-ll-⟩ **~ (entre ses dents)** (vor sich *[acc]* hin, in s-n Bart) brummen, brummeln, murmeln

grommellement [gʀɔmɛlmɑ̃] M Gebrumm(e) *n*; Gemurmel *n*

grondement [gʀɔ̃dmɑ̃] M 1 *du tonnerre* Grollen *n*; Rollen *n*; *du canon* Donner *m*; *d'un moteur* Brummen *n*; Dröhnen *n*; *d'un torrent* Tosen *n* 2 *d'un chien* Knurren *n*

gronder [gʀɔ̃de] A VT schelten; ausschimpfen; *fam* schimpfen (**qn** mit j-m); **si tu ..., tu vas te faire ~** wenn du ..., gibt es *ou* kriegst du Schelte, *fam* Schimpfe B VI 1 *tonnerre* grollen; rollen; *canon* donnern; *moteur* brummen; dröhnen; *torrent* tosen 2 *chien, fauve* knurren; *ours* brummen 3 *fig révolte* drohen; **l'émeute gronde** *a.* es gärt, brodelt im Volk

gronderie [gʀɔ̃dʀi] F Schelte *f*; *fam* Schimpfe *f*; **grondeur** ADJ ⟨-euse⟩ *ton, voix* scheltend; tadelnd

grondin [gʀɔ̃dɛ̃] M *poisson* Knurrhahn *m*

Groningue [gʀɔnɛ̃g] GÉOG Groningen *n*

groom [gʀum] M (Hotel)Page *m*, (-)Boy *m*

gros [gʀo] A ADJ ⟨grosse [gʀos]⟩ 1 *(volumineux)* groß; dick; mächtig; massig; **~ arbre** großer, mächtiger Baum; **~ bâton** dicker Prügel; AGR **~ bétail** Großvieh *n*; **~ chat** große, dicke Katze; **~ chien** großer Hund; **~se écriture** große Schrift; ANAT **~ intestin** Dickdarm *m*; **~ nuage** dicke Wolke; **~ os** *pl* starke, kräftige Knochen *mpl*; **~se pierre** großer Stein; **~se vague** große, mächtige Welle; **~se valise** großer Koffer; ♦ *loc adj et loc adv*: **~ comme le bras** *en employant un titre* übertriebener, schmeichelhafter geht es nicht mehr; **~ comme une maison, comme moi** *mensonge* faustdick; *erreur* gewaltig; **~ comme le poing** faustgroß; **~ comme une tête d'épingle** von der Größe e-s Stecknadelkopfes; CINÉMA **en ~ plan** in Großaufnahme 2 *(corpulent)* dick; *personne a.* dickleibig; beleibt; stark; **~ et gras** dick und fett; **~se** (*fam* **bonne**) **femme** dicke Frau; **~ses joues** volle, dicke, runde Backen *fpl*; **~se poitrine** volle, üppige Brust; **~ ventre** dicker Bauch 3 *(important)* groß; bedeutend; *mangeur, fumeur etc* stark; *orage, tempête, bruit* stark; heftig; *dégâts* schwer; groß; *erreur, faute* schwer; groß; grob; *somme, dépense* hoch; *affaire* gut; einträglich; lukrativ; **~ commerçant** reicher, wohlhabender Kaufmann; Großkaufmann *m*; **~ consommateur** Großverbraucher *m*; **~ fainéant** großer Faulenzer; Erzfaulenzer *m*; **~ fermier** Großbauer *m*; **~se fortune** großes Vermögen; **~ industriel** Großindustrielle(r) *m*; **~se réparation** große Reparatur; Großreparatur *f*; **~ rhume** starker, heftiger Schnupfen; starke, schwere Erkältung; **~ soucis** *pl* große, schwere Sorgen *fpl*; **~ soupir** schwerer, tiefer Seufzer; *fam fig* **~se tête** *fam* gelehrtes Haus; **~ tirage** hohe Auflage; Massenauflage *f*; **~se voix** dröhnende, laute, tiefe

Stimme; → *a.* voix 1 **4** *(grossier)* grob; derb; **~ses chaussures** derbe Schuhe *mpl*; grobes Schuhwerk; **~ drap** grobes Tuch; **~ mensonge** grobe Lüge; **~ mot** unanständiges, hässliches Wort; **~ peigne** grober, weiter Kamm; **~se plaisanterie** derber Scherz; **~ rire** lautes, schallendes Lachen; *fam* **~ rouge** gewöhnlicher Rotwein; **~ sel** grobes Salz; Grobsalz *n*; **~ bon sens** einfacher, gerader Verstand; **~ travaux** grobe Arbeiten *fpl* **5** MAR **~se mer** schwere, raue, grobe See; **la mer est ~se** die See geht hoch; es herrscht hoher, starker See-, Wellengang; **~ temps** stürmisches Wetter **6** *litt (enceinte)* schwanger; *loc adj fig* **~ de conséquences** folgenschwer **B** ADV **1** groß; **écrire ~** groß schreiben; e-e große Schrift haben **2** *(beaucoup)* viel; **je donnerais ~ pour savoir ...** ich würde viel darum geben, wenn ich wüsste ...; **gagner ~** viel, gut, *fam* groß verdienen; **jouer ~** mit hohem Einsatz, hoch spielen; **risquer ~** viel riskieren, aufs Spiel setzen; → *a.* parier A 1, cœur 2 **3** LOC ADV **en ~** groß; *(grosso modo)* in großen, groben Zügen, Umrissen; im Wesentlichen; COMM im Großen; in großen Mengen; en gros; **c'est écrit en ~** das steht groß da; **voici en ~ de quoi il s'agit** es handelt sich im Wesentlichen, ungefähr darum; **achat** *m*, **vente** *f* **en ~** Großeinkauf *m*, -vertrieb *m* **C** SUBST **1** **~(se)** *m(f) (personne grosse)* Dicke(r) *m/f(m)*; *fam* **mon ~!** Dickerchen!; mein Lieber!; **un petit ~** ein kleiner Dicker **2** *fam* **les ~** *mpl (les riches)* die Reichen *pl*; *fam* die Geldsäcke *mpl* **3** M COMM Großhandel *m*; **le ~ et le détail** der Groß- und Einzelhandel; **commerçant** *m*, **marchand** *m* **de** *ou* **en ~** Großhändler *m*; Grossist *m*; **commerce** *m* **de** *ou* **en ~** Großhandel *m*; **au prix de ~** zum Großhandelspreis; **faire le ~** Großhandel treiben **4** **le ~ de ...** der größte Teil, der Hauptteil, die Hauptmasse, das Gros *(+gén)*; **le ~ du travail** die Hauptarbeit; **le plus ~ est fait** das Gröbste ist geschafft; **le (plus) ~ de l'hiver est passé** den größten Teil des Winters, das Schlimmste vom Winter haben wir hinter uns

gros-bec [gʀobɛk] M ‹*pl* gros-becs› ZOOL Kernbeißer *m*

groschen [gʀɔʃɛn] M HIST *monnaie* Groschen *m*

groseille [gʀozɛj] F Johannisbeere *f*; *autrich* Ribisel *f*; **~ blanche, rouge** Weiße, Rote Johannisbeere; **~ à maquereau** Stachelbeere *f*

groseillier [gʀozeje] M Johannisbeerstrauch *m*; **~ à maquereau** Stachelbeerstrauch *m*

gros-grain [gʀogʀɛ̃] M ‹*pl* gros-grains› TEXT Seidenripsband *n*

Gros-Jean [gʀoʒɑ̃] LOC **être ~ comme devant** so klug sein wie zuvor

gros-porteur [gʀopɔʀtœʀ] M ‹*pl* gros-porteurs› AVIAT Großraumflugzeug *n*

grosse [gʀos] F **1** JUR vollstreckbare Ausfertigung **2** COMM *(douze douzaines)* Gros *n*

grossesse [gʀosɛs] F Schwangerschaft *f*; **interruption** *f* **de ~** Schwangerschaftsunterbrechung *f*; **robe** *f* **de ~** Umstandskleid *n*; **mener une ~ à terme** ein Kind austragen

grosseur [gʀosœʀ] F **1** Größe *f*; Dicke *f*; Umfang *m*; **de la ~ du poing** faustgroß **2** MÉD Geschwulst *f*; Schwellung *f*

grossier [gʀosje] ADJ ‹-ière› **1** *tissu, outil etc* grob; derb; *travail* plump; grob ausgeführt; *erreur, faute* grob; krass; schwer; **ignorance grossière** krasse Unwissenheit; **ruse grossière** plumpe List; **traits ~s** grobe Gesichtszüge *mpl*; **je n'en ai qu'une idée grossière** ich habe nur e-e grobe Vorstellung davon **2** *personne, comportement* grob; ungeschliffen; ungehobelt; flegel-, rüpel-, lümmelhaft; **~ personnage** Grobian *m*; Flegel *m*; Rüpel *m*; Lümmel *m*; *fam* grober Klotz; **être ~ avec, envers qn** grob zu j-m sein **3** *mot, plaisanterie, geste* derb; unanständig; vulgär; unflätig; nicht salonfähig; wüst

grossièrement [gʀosjɛʀmɑ̃] ADV **1** *(en gros)* grob; in großen, groben Zügen, Umrissen; **~ esquissé** grob skizziert **2** *(lourdement)* **se tromper ~** sich gröblich, schwer, stark, *fam* gewaltig täuschen **3** *(de façon impolie)* grob; flegel-, rüpelhaft

grossièreté [gʀosjɛʀte] F **1** *(caractère rudimentaire, lourd)* Grobheit *f*; Plumpheit *f* **2** **a** *d'une personne* Grobheit *f*; Flegel-, Rüpelhaftigkeit *f* **b** *action* Flegelei *f*; Rüpelei *f* **3** **a** *d'une plaisanterie etc* Derbheit *f*; Unanständigkeit *f* **b** *propos, mot* derber, unanständiger Ausdruck; **dire des ~s** derbe, unanständige Worte gebrauchen

grossir [gʀosiʀ] **A** V/T **1** *vêtements* **~ qn** j-n dick(er) machen, erscheinen lassen; *abs a.* auftragen; *abs* **le blanc grossit** Weiß macht dick **2** OPT **~ qc** etw vergrößern; *abs* **~ mille fois** tausendfach vergrößern **3** *(augmenter)* vergrößern; verstärken; vermehren; *pluie: torrent* anschwellen lassen **4** *fig (exagérer)* übertreiben; aufbauschen **B** V/I **1** *personne* dick(er) werden; zunehmen (**d'un kilo** [um] ein Kilo) **2** *(augmenter)* größer werden; sich vergrößern; zunehmen; *bruit* sich verstärken; stärker, lauter werden; *rivière* anschwellen

grossissant [gʀosisɑ̃] ADJ **miroir, verre ~** Vergrößerungsspiegel *m*, -glas *n*

grossissement [gʀosismɑ̃] M **1** OPT Vergrößerung *f*; **à fort ~** mit starker Vergrößerung; stark vergrößernd **2** *(augmentation)* Vergrößerung *f*; Größerwerden *n*; Zunahme *f*; Anschwellen *n* **3** *fig (exagération)* Übertreibung *f*; Aufbauschung *f*

grossiste [gʀosist] M/F COMM Grossist(in) *m(f)*; Großhändler(in) *m(f)*

grosso modo [gʀosomodo] LOC ADV in großen, groben Zügen, Umrissen; ungefähr

grotesque [gʀɔtɛsk] **A** ADJ grotesk; wunderlich; bizarr; *fam* komisch; ulkig **B** SUBST **1** **le ~** das Groteske; **c'est d'un ~!** das ist wirklich grotesk! **2** *ornement* **~s** *fpl* Groteske(n) *f(pl)*

grotte [gʀɔt] F Höhle *f*; *artificielle* Grotte *f*

grouillant [gʀujɑ̃] ADJ wimmelnd (**de** von); **foule ~e** Gewimmel *n*; Gewühl *n*; **place ~e de monde** von Menschen wimmelnder Platz; Platz, auf dem es von Menschen (nur so) wimmelt

grouillement [gʀujmɑ̃] M Wimmeln *n*

grouiller [gʀuje] **A** V/I **1** *foule* sich drängen; wogen; *enfants* durcheinanderrennen; sich tummeln **2** *endroit* wimmeln (**de** von); **la rue grouille de monde** *a.* auf der Straße wimmelt es von Menschen **B** V/PR *fam* **se ~** sich beeilen; *fam* sich tummeln; sich ranhalten; **grouille-toi!** *fam* mach schneller!; (los,) Beeilung!

groupage [gʀupaʒ] M COMM (Zusammenstellung *f* zu e-r) Sammelladung *f*

groupe [gʀup] M **1** *de personnes* Gruppe *f*; **~ artistique, littéraire** Künstler-, Literatengruppe *f*, -kreis *m*; **~ ethnique** Volksgruppe *f*; **~ professionnel** Berufsgruppe *f*; **~ social** gesellschaftliche Gruppe; MÉD **~ à risques** Risikogruppe *f*; INFORM **~ de discussion** Diskussionsforum *n*; Newsgroup *f*; **~ de travail** Arbeitsgruppe *f*, -kreis *m*, -gemeinschaft *f*; **cabinet** *m* **de ~** Gemeinschaftspraxis *f*; **photo** *f* **de ~** Gruppenfoto *n*, -bild *n*, -aufnahme *f*; **en ~** *loc adv* in der, als Gruppe; *loc adj* Gruppen...; **travail** *m* **en ~** Gruppenarbeit *f*; **voyage** *m* **en ~** Gesellschafts-, Gruppenreise *f*; *loc adv* **par, en ~s** in Gruppen; gruppenweise; **par petits ~s** in kleinen Gruppen; grüppchenweise **2** ÉCON, POL **~ industriel** Unternehmensgruppe *f*; **~ parlementaire** (Parlaments)Fraktion *f*; **~ de pression** Interessengruppe *f*, -verband *m*; Pressure-Group *f* **3** MUS Band *f*; **~ de rock** Rockband *f*, -gruppe *f* **4** MIL Gruppe *f*; **~ franc** Stoßtrupp *m*; **~ d'armées** Heeresgruppe *f* **5** *(ensemble)* Gruppe *f*; **~ scolaire** Schulzentrum *n*; **~ d'arbres, de maisons** Baum-, Häusergruppe *f* **6** TECH Aggregat *n*; Maschinensatz *m*; **~ électrogène** Strom(erzeugungs)-aggregat *n* **7** BIOL **~ sanguin** Blutgruppe *f*; **~ 0** [o] Blutgruppe 0

groupé [gʀupe] ADJ Sammel...; gemeinsam; COMM **achat ~, commande ~e, envoi ~** Sammeleinkauf, -bestellung *f*, -sendung *f*; INFORM **mail groupé** Rundmail *f*

groupement [gʀupmɑ̃] M **1** *(groupe)* Gruppierung *f*; Zusammenschluss *m*; Gruppe *f*; *par ext* Organisation *f*; Verband *m*; **~ politique** politische Gruppierung; **~ professionnel** Berufsverband *m*, -organisation *f*; berufsständische Vereinigung; Fachgruppe *f*; MIL **~ tactique** Kampfgruppe *f*, -verband *m*; JUR COMM **~ d'intérêt économique** wirtschaftliche Interessengemeinschaft *(frz Unternehmensform)* **2** *action* Zusammenfassung *f*, -stellung *f*

grouper [gʀupe] **A** V/T *personnes, États etc* zusammenfassen, -schließen; *objets, faits* zusammenstellen; *(comprendre)* umfassen **B** V/PR **se ~** sich zusammenschließen, -tun; **se ~ autour d'un chef** sich um e-n Anführer scharen, gruppieren

groupuscule [gʀupyskyl] M POL Splittergruppe *f*

gruau [gʀyo] M ‹*pl* ~x› **1** Grütze *f* **2** **farine** *f* **de ~** feinstes Weizenmehl

grue [gʀy] F **1** ZOOL Kranich *m*; *fig* **faire le pied de ~** lange warten (müssen); *fam* sich *(dat)* die Beine in den Bauch stehen **2** *fam (prostituée)* *fam* Nutte *f* **3** TECH Kran *m*; **~ de chantier** Baukran *m*; CINÉMA **~ de prise de vues** Kamerakran *m*

gruger [gʀyʒe] V/T ‹-geons› **~ qn** j-n hereinlegen, ausnehmen

grume [gʀym] F **bois** *m* **de, en ~** noch nicht entrindetes (Lang)Holz

grumeau [gʀymo] M ‹*pl* ~x› CUIS Klumpen *m*; Klümpchen *n*; **faire des ~x** klumpen; Klumpen bilden

grumeleux [gʀymlø] ADJ ‹-euse› **1** klumpig; **sauce grumeleuse** klumpige Soße **2** *peau* uneben

grutier [gʀytje] M Kranführer *m*

gruyère [gʀyjɛʀ] M Greyerzer (Käse) *m*; Gruyère *m*

Guadeloupe [gwadlup] **la ~** Guadeloupe *n*

guadeloupéen [gwadlupeɛ̃] ADJ ‹~ne› *(et* SUBST **Guadeloupéen** Bewohner *m)* von Guadeloupe

guanaco [gwanako] M ZOOL Guanako *n*

guano [gwano] M *engrais* Guano *m*

Guatemala [gwatemala] **le ~** Guatemala *n*

guatémalien [gwatemaljɛ̃] ‹~ne› *ou* **guatémaltèque** [gwatemaltɛk] **A** ADJ guatemaltekisch **B** **Guatémalien(ne)** *m(f) ou* **Guatémaltèque** *m/f* Guatemalteke, -tekin *m,f*

gué[1] [ge] M Furt *f*; **passer, traverser à ~** *ou* **un ~** durch e-e Furt fahren *ou* waten

gué[2] [ge] INT **ô ~** juchhe; juchheirassa

Guebwiller [gɛbvilɛʀ] GÉOG Gebweiler *n*

guède [gɛd] F BOT (Färber)Waid *m*

guéguerre [gegɛʀ] *fam* F POL *et fig* Kleinkrieg *m*

Gueldre [gɛldʀ] GÉOG **la ~** Geldern *n*; Gelderland *n*

guelte [gɛlt] F COMM Verkaufsprovision *f*

guenilles [gənij] FPL Lumpen *mpl*; zerrissene Kleider *npl*; **en ~** zerlumpt; in Lumpen (gehüllt)

guenon [gənõ] F 1 ZOOL Affenweibchen *n;* Äffin *f* 2 *fam fig (femme laide) fam* Eule *f;* Vogelscheuche *f*

guépard [gepaʀ] M ZOOL Gepard *m*

guêpe [gɛp] F ZOOL Wespe *f;* **nid** *m* **de ~s** Wespennest *n; fig* **taille** *f* **de ~** Wespentaille *f; fam fig* **pas folle, la ~!** der *ou* die ist aber schlau, raffiniert, *fam* gerissen!

guêpier [gepje] M 1 Wespennest *n; fig* **tomber, se fourrer dans un ~** sich in e-e schlimme Lage bringen; sich in die Nesseln setzen 2 ZOOL Bienenfresser *m*

guêpière [gepjɛʀ] F die Taille einengendes Mieder

guère [gɛʀ] ADV a **ne ... ~** *(pas beaucoup)* kaum; nicht sehr, gerade, viel; *(pas longtemps)* nicht lange; *(pas souvent)* fast nie; **il ne va ~ mieux** es geht ihm nicht viel, kaum besser; **elle n'a ~ plus de soixante ans** sie ist knapp (über) sechzig; **vous n'êtes ~ raisonnable** Sie sind nicht sehr, nicht gerade vernünftig b **ne ... plus ~** kaum noch c **ne ... ~ que** fast nur; höchstens; **il n'y a ~ que vous qui puissiez** *faire ce travail* höchstens Sie können ...

guéri [geʀi] ADJ 1 *personne* wieder gesund; geheilt; *st/s* genesen; *maladie* ausgeheilt; *blessure* verheilt; zugeheilt; **le voilà enfin ~** endlich ist er wieder gesund 2 *fig* **être ~ d'un préjugé** *etc* von e-m Vorurteil *etc* kuriert, geheilt sein

guéridon [geʀidõ] M kleiner runder Tisch (mit einem Bein)

guérilla [geʀija] F Guerilla(krieg) *f(m)*

guérillero [geʀijeʀo] M Guerillakämpfer *m;* Guerillero *m*

guérir [geʀiʀ] A VT 1 a *malade* heilen, kurieren (**d'une maladie** von e-r Krankheit); gesund machen b *maladie* (aus)heilen 2 *fig* **~ qn de qc** j-n von etw kurieren, heilen, befreien B VI 1 *malade* (wieder) gesund werden, gesunden; *st/s* genesen 2 *blessure* (ver-, zu) heilen; *a. eczéma* abheilen; *grippe, rhume* ausheilen; weggehen C V/PR 1 **se ~** → B 2 *fig* **se ~ de qc** etw ablegen, aufgeben; von etw loskommen; sich *(dat)* etw abgewöhnen; sich von etw befreien; **se ~ de sa timidité** s-e Schüchternheit ablegen

guérison [geʀizõ] F 1 *d'un malade* Genesung *f;* Gesundung *f;* Heilung *f (a.* BIBL) 2 *d'une maladie, d'une blessure* (Aus)Heilung *f* 3 *fig* Heilung *f;* Befreiung *f* (**de** von)

guérissable [geʀisabl] ADJ heilbar; **guérisseur** M Heilpraktiker *m;* Heilkundige(r) *m; péj* Quacksalber *m*

guérite [geʀit] F 1 MIL Schilderhaus *n* 2 *(baraque)* Bretterbude *f;* CONSTR Baubaracke *f*

Guernesey [gɛʀnəzɛ] GÉOG Guernsey *n*

guerre [gɛʀ] F Krieg *m; fig a.* Kampf *m;* Fehde *f;* Streit *m;* Zwist *m;* **~ atomique, aérienne, civile** Atom-, Luft-, Bürgerkrieg *m;* **la drôle de ~** *der Zweite Weltkrieg vor der Invasion Frankreichs im Mai 1940; fig* **~ économique** Wirtschaftskrieg *m;* **~ froide** kalter Krieg; **la Grande Guerre** der Erste Weltkrieg; **la Première, Seconde Guerre mondiale** der Erste, Zweite Weltkrieg; **~ navale, maritime** Seekrieg *m;* **~ ouverte** offener Krieg; *fig* offene Feindschaft; **mener une ~ ouverte contre qn, qc** j-n, etw offen bekämpfen; **petite ~** Geplänkel *n;* Scheinkrieg *m; fig* Kleinkrieg *m;* **~ psychologique** psychologische Kriegführung; **la ~ de 14** der Erste Weltkrieg; der Krieg 14/18; **la ~ de 70** der Siebzigerkrieg; **la ~ d'Algérie** der Algerienkrieg; **la ~ de Trente, Cent ans** der Dreißigjährige, Hundertjährige Krieg; POL **~ des étoiles** Krieg der Sterne; **~ d'indépendance, de libération** Unabhängigkeits-, Befreiungskrieg *m; fig* **~ des nerfs** Nervenkrieg *m;* **~ de religion** Religions-, Glaubenskrieg *m;* **~ d'usure** Abnützungs-, Zermürbungskrieg *m;* **crime** *m,* **prisonnier** *m etc* **de ~** Kriegsverbrechen *n,* -gefangene(r) *m etc;* ♦ *loc adv: fig* **à la ~ comme à la ~** das geht nun einmal nicht anders; man muss auch so zurechtkommen; *fig* **de ~ lasse** um des lieben Friedens willen; nach langem Sträuben; *loc adj* **en ~** *État* im Kriegszustand; im Krieg befindlich; **entrer en ~** in den Krieg eintreten; **être en ~** sich im Krieg befinden, im Krieg stehen (**avec un pays** mit e-m Land); *fig* **être, vivre en ~ avec qn** mit j-m im Streit, in Fehde liegen, Streit haben; **en cas de ~** im Kriegsfall; **pendant, durant la ~** während des Krieges; im Krieg; ♦ **déclarer la ~** den Krieg erklären (**à un pays** e-m Land); *fig* den Kampf ansagen (**à qn, qc** j-m, e-r Sache); *fig* **c'est de bonne ~** das ist durchaus rechtens; das ist sein, ihr *etc* gutes Recht; das ist nicht unfair; **faire la ~** Krieg führen (**à** mit, gegen); **se faire la ~** sich bekriegen *(a. fig); personne* **avoir fait la ~** im Krieg gewesen sein; *fig* **faire la ~ à qn** (**à propos de qc**) e-n ständigen Kampf gegen j-n führen (wegen etw); *fig* **faire la ~ à qc** etw bekämpfen, bekriegen; gegen etw kämpfen, e-n Kampf führen; **gagner la ~** den Krieg gewinnen; **mourir à la ~** (im Krieg) fallen; **partir pour la ~** in den Krieg, Kampf ziehen; *fig* **partir en ~ contre qc** gegen etw zu Felde ziehen; **perdre la ~** den Krieg verlieren

guerrier [gɛʀje], **guerrière** A M,F Krieger(in) *m(f)* B ADJ 1 *(belliqueux)* kriegerisch 2 *litt (de la guerre)* Kriegs...

guerroyer [gɛʀwaje] *litt* VI ‹-oi-› Krieg führen; e-e Fehde austragen

Guesde [gɛd] **Jules ~** *frz Politiker*

guet [gɛ] LOC **faire le ~** auf der Lauer liegen *ou* sich auf die Lauer legen; *complice fam* Schmiere stehen

guet-apens [gɛtapɑ̃] M ‹*pl* guets-apens [gɛtapɑ̃]› Hinterhalt *m (a. fig);* **attirer qn dans un ~** j-n in e-n Hinterhalt locken; **tomber dans un ~** in e-n Hinterhalt geraten

guêtre [gɛtʀ] F Gamasche *f; fam fig* **traîner ses ~s** *fam* sich herumtreiben

guetter [gete] VT 1 *(épier)* lauern *(abs ou* **qn** auf j-n); auflauern (**qn** j-m); belauern (j-n); **~ l'ennemi, le gibier** dem Feind, dem Wild auflauern; auf den Feind, das Wild lauern 2 *(attendre)* ungeduldig, gespannt warten auf *(+acc); fam* spannen, lauern auf *(+acc); occasion, signal* abwarten; abpassen; **~ le facteur** den Briefträger abpassen; **~ la sortie de qn** (ab)warten, bis j-d herauskommt 3 *fig maladie etc* **~ qn** j-n bedrohen; *mort, danger a.* auf j-n lauern

guetteur [gɛtœʀ] M Beobachtungsposten *m (a.* MIL); Späher *m;* Aufpasser *m;* HIST Turmwächter *m;* Türmer *m*

gueulante [gœlɑ̃t] *fam* F Geschrei *n;* Gebrüll *n;* **pousser une ~** losbrüllen; aufschreien

gueulard [gœlaʀ] A ADJ *fam (braillard)* laut; schreiend B SUBST 1 *fam* **~(e)** *m(f)* Schreier(in) *m(f); fam* Schreihals *m* 2 M TECH Gicht (-öffnung) *f*

gueule [gœl] F 1 *de certains animaux* Maul *n; fig* **se jeter dans la ~ du loup** sich leichtsinnig in Gefahr bringen 2 *fam (bouche) fam* Maul *n;* Klappe *f;* Schnauze *f; pop* Fresse *f; all Sud a.* Gosche(n) *f; par ext* **une fine ~** ein Feinschmecker *m, fam* Leckermaul *n;* **une grande ~, un fort en ~** *fam* ein Großmaul *n;* e-e Großschnauze; ein Maulheld *m;* **coup** *m* **de ~** Protestgeschrei *n;* **avoir une grande ~, être fort en ~** *fam* ein großes Maul, e-e große Klappe, Schnauze haben; das Maul, die Klappe aufreißen; ein Maulheld sein; **avoir la ~ de bois** *fam* e-n Kater haben; verkatert sein; *pop* **crever la ~ ouverte** *pop* verrecken, ohne dass sich j-d darum kümmert; *pop* **ça emporte la ~** das brennt wie Feuer auf der Zunge; *pop* **(ferme) ta ~!** *pop* halts Maul!; (halt die) Schnauze!; halt die Klappe, *plus fort* die Fresse!; **s'en mettre plein la ~** *pop* sich vollfressen 3 *fam (figure)* Gesicht *n; fam* Visage *f; pop* Fresse *f; par ext* **~ cassée** Gesichtsverletzte(r) *m;* **~s noires** Kumpel *mpl (Bergarbeiter);* **~ d'amour** Liebling *m* (der Frauen); Herzensbrecher *m;* **avoir une bonne ~** sympathisch aussehen, wirken; **avoir une jolie petite ~** reizend, süß aussehen; *pop* **se casser la ~** hinfallen, -schlagen; verunglücken; *fig fam* auf die Nase fallen; e-n Reinfall erleben; *pop* **casser la ~ à qn** *pop* j-m in die Fresse hauen, die Fresse polieren; *pop* **se faire casser la ~** *pop* eins in die Fresse kriegen; *(mourir) pop* draufgehen; **faire la ~** *fam* ein schiefes Gesicht machen, ziehen; eingeschnappt sein; maulen; **faire une ~ d'enterrement** e-e Leichenbittermiene aufsetzen; *pop* **c'est bien fait pour ta ~** das geschieht dir ganz recht; *pop* **se foutre de la ~ de qn** *pop* j-n verarschen; → *a.* sale A 4 4 *fam (aspect, allure)* Aussehen *n;* Wirkung *f;* Eindruck *m;* **avoir de la ~** großen Eindruck machen; apart, interessant wirken; *fam* toll, nicht übel, nach etwas aussehen; **avoir une drôle de ~** *fam* komisch aussehen 5 *d'un canon* Mündung *f*

gueule-de-loup [gœldəlu] F ‹*pl* gueules-de-loup› BOT Löwenmaul *n,* -mäulchen *n*

gueulement [gœlmɑ̃] *fam* M *souvent* PL **~s** Gebrüll *n;* Geschrei *n*

gueuler [gœle] *fam péj* A VT (hinaus)brüllen, (-)schreien; **~ des ordres** Befehle brüllen, schnauzen B VI 1 *(hurler) (fam* in der Gegend herum)brüllen, (-)schreien; *fam* krakeelen 2 *(protester)* (laut) schimpfen; poltern; **~ contre qc** auf etw *(acc)* schimpfen; gegen etw losziehen, *fam* wettern; **~ pour un rien** wegen e-r Kleinigkeit losbrüllen, -schreien, *fam* toben, wettern 3 *fig poste de radio, télé* mit voller Lautstärke laufen

gueuleton [gœltõ] *fam* M (Fest)Schmaus *m;* Festessen *n;* **un bon petit ~** ein leckeres Mahl; **faire un ~** e-n Festschmaus veranstalten, halten

gueuletonner [gœltɔne] *fam* VI e-n Festschmaus halten; schmausen

gueuse[1] [gøz] F MÉTALL Massel *f*

gueux [gø] M, **gueuse**[2] [gøz] F *litt (mendiant(e))* Bettler(in) *m(f);* **mener une vie de gueux** ein Bettlerdasein führen

gueuze [gøz] F → lambic(k)

gui [gi] M BOT Mistel *f;* **au ~ l'an neuf!** viel Glück im neuen Jahr!

Gui [gi] M *Vorname*

guibol(l)e [gibɔl] *fam* F *(jambe)* Bein *n; fam* Haxe *f;* **ne plus tenir sur ses ~s** sich nicht mehr auf den Beinen halten können

guiches [giʃ] FPL Stirn-, Schmachtlocken *fpl*

guichet [giʃɛ] M 1 Schalter *m;* **~ automatique** Geldautomat *m;* **~ de la banque, de la poste** Bank-, Postschalter *m;* **on joue à ~s fermés** die Vorstellungen sind für lange Zeit ausverkauft 2 *dans une porte* kleine Öffnung; Türchen *n;* Klappe *f*

guichetier [giʃtje] M, **guichetière** F Schalterbeamte(r) *m,* -beamtin *f*

guidage [gidaʒ] M TECH Führung *f;* AVIAT Steuerung *f;* Lenkung *f*

guide[1] [gid] 1 M/F *personne* (Fremden)Führer(in) *m(f);* **~ de (haute) montagne** Bergführer *m;* **~ d'un musée** Museumsführer(in) *m(f);* **n'oubliez pas le ~!** denken Sie an den Fremdenführer! *(Bitte um Trinkgeld);* **prendre un ~**

G

sich *(dat)* e-n Führer nehmen; **servir de ~ à qn** den Fremdenführer für j-n machen; j-n führen **2** M *livre* (Reise)Führer *m*; *par ext* Ratgeber *m*; Wegweiser *m*; kleines Handbuch; **~ touristique** Reiseführer *m*; **~ de camping** Campingführer *m*; **~ de l'étudiant** Studienführer *m*; **~ des hôtels et des restaurants** Hotel- und Gaststättenführer *m* **3** M *fig* **a** *personne* Führer *m*; Lenker *m*; Lehrmeister *m*; Ratgeber *m* **b** *chose* Richtschnur *f*; *st/s* Leitstern *m*
guide² [gid] F SCOUTISME Pfadfinderin *f*
guider [gide] **A** V/T **1** *touristes, aveugle* führen; **~ un cheval** ein Pferd lenken; *par ext étoiles etc* **~ qn** j-m den Weg weisen; *adjt* **visite guidée** Führung *f* **2** *fig (orienter)* lenken; leiten; **se laisser ~ par qc** sich von etw leiten lassen **3** TECH führen; AVIAT steuern; lenken **B** V/PR **se ~ sur** sich richten nach; folgen *(+dat)*
guides [gid] FPL *d'un cheval* Zügel *mpl*
guidon [gidõ] M **1** *d'un vélo, d'une moto* Lenker *m*; Lenkstange *f* **2** *d'une arme à feu* Korn *n* **3** MAR (Doppel)Stander *m*
Guiers [gjɛʀ] **le ~** *Nebenfluss der Rhone*
guigne [giɲ] F **1** *cerise* kleine saftige Süßkirsche; *fam fig* **se soucier de qn, de qc comme d'une ~** sich überhaupt nicht, *fam* e-n Dreck um j-n, etw kümmern **2** *fam* Pech(strähne) *n(f)*; **avoir la ~** Pech, e-e Pechsträhne haben
guigner [giɲe] V/T *poste, héritage etc* schielen nach; es abgesehen haben auf *(+acc)*; spekulieren auf *(+acc)*; liebäugeln mit
guignol [giɲɔl] M **1** **Guignol** Kasper *m*; *all Sud* Kasperle *n ou m*; *autrich* Kasperl *m* **2** *théâtre* Kasper(le) theater *n*; *autrich* Kasperltheater *n*; *fig* **c'est du ~** das ist die reinste Farce **3** *fig* Kasper *m*; Hanswurst *m*; **faire le ~** den Hanswurst spielen; kaspern
guignolet [giɲɔlɛ] M Kirschlikör *m*
guignon [giɲõ] M *fam* → guigne 2
guilde [gild] F COMM Gilde *f*
guili-guili [giligili] INT killekille!; *fam* **faire ~ à qn** *fam* bei j-m killekille machen
Guillaume [gijom] M *Vorname*; HIST **~ le Conquérant** Wilhelm der Eroberer
guilledou [gijdu] LOC *fam litt* **courir le ~** auf die Pirsch gehen; auf der Pirsch sein *(beide fig)*
guillemets [gijmɛ] MPL Anführungszeichen *npl*, -striche *mpl*; *fam* Gänsefüßchen *npl*; **entre ~** in Anführungszeichen, -strichen *(a. fig)*; **mettre qc entre ~** etw in Anführungszeichen, -striche setzen; **ouvrez, fermez les ~!** Anführungszeichen (unten, oben) !
guillemot [gijmo] M ZOOL Lumme *f*
guilleret [gijʀɛ] ADJ ⟨~te⟩ fröhlich; munter; *fam* fidel; aufgekratzt
guillocher [gijɔʃe] V/T guillochieren; mit Guillochen verzieren
guillotine [gijɔtin] F **1** Guillotine *f*; Fallbeil *n*; **envoyer qn à la ~** j-n auf die Guillotine, unter das Fallbeil schicken **2** **fenêtre** *f* **à ~** Fall-, Hebefenster *n*
guillotiner [gijɔtine] V/T durch die Guillotine, durch das Fallbeil hinrichten; guillotinieren
guimauve [gimov] F **1** BOT Eibisch *m* **2** **(pâte** *f* **de) ~** weiche Bonbonmasse; Marshmallow *n*; Schaumzucker *m* **3** *fig et péj* **à la ~** süßlich; sentimental; kitschig
guimbarde [gɛ̃baʀd] F **1** *fam (vieille voiture) fam* alte Karre; Kiste *f*; Klapperkasten *m* **2** MUS Maultrommel *f*
guimpe [gɛ̃p] F **1** *d'une religieuse* Haube *f* **2** *corsage* hochgeschlossene ärmellose Bluse **3** *plastron* Rüschen-, Spitzenumrandung *f*
guincher [gɛ̃ʃe] V/I *fam (danser) fam* schwofen
guindé [gɛ̃de] ADJ steif; unnatürlich; gezwungen; gestelzt; **style ~** geschraubter Stil
guindeau [gɛ̃do] M ⟨*pl* ~x⟩ MAR Ankerwinde *f*, -winsch *f*
guinder [gɛ̃de] V/T MAR, TECH hieven; hochziehen, -winden
Guinée [gine] **la ~** Guinea *n*
Guinée-Bissau [ginebiso] **la ~** Guinaea-Bissau *n*; **Guinée-Équatoriale la ~** Äquatorialguinea *n*
guinéen [gineɛ̃] **A** ADJ ⟨~ne⟩ guineisch **B** SUBST **Guinéen(ne)** *m(f)* Guineer(in) *m(f)*
guingois [gɛ̃gwa] LOC ADV *fam* **de ~** schief
guinguette [gɛ̃gɛt] F volkstümliches (Tanz)-Lokal im Grünen; Ausflugslokal *n*
guiper [gipe] V/T **1** TEXT mit Seide umspinnen; **fil guipé** Gimpe *f* **2** ÉLEC *fil* umspinnen; umhüllen
guipure [gipyʀ] F *dentelle* Gipüre *f*
guirlande [giʀlɑ̃d] F Girlande *f* *(a.* ARCH, PEINT*)*; **~ lumineuse** Lichtergirlande *f*; **~ de fleurs** Blumengirlande *f*
guise [giz] F **1** LOC ADV **à ma (ta** *etc***) ~** auf meine (deine *etc*) Weise; nach meiner (deiner *etc*) Fasson; wie es mir (dir *etc*) passt; **à votre ~** wie es Ihnen beliebt **2** LOC PRÉP **en ~ de** *(comme)* als; *(au lieu de)* (an)statt, anstelle *(+gén)*; **en ~ de récompense** als (ganze) Belohnung
Guise¹ [gɥiz] *Stadt im Dep. Aisne*
Guise² [giz] *frz Herzogsfamilie*
guitare [gitaʀ] F Gitarre *f*; **~ électrique** elektrische Gitarre; **jouer de la ~** Gitarre spielen
guitariste [gitaʀist] M/F Gitarrist(in) *m(f)*; Gitarrenspieler(in) *m(f)*
guitoune [gitun] F *fam (tente)* Zelt *n*; *(cabane)* Hütte *f*
gulden [gyldɛn] M *monnaie* Gulden *m*
Gulf Stream [gœlfstʀim] M Golfstrom *m*
gunite [gynit] F CONSTR Spritzbeton *m*
guppy [gypi] M ZOOL Guppy *m*
gus [gys] *fam* M Kerl *m*; *fam* Heini *m*
gustatif [gystatif] ADJ ⟨-ive⟩ PHYSIOL Geschmacks...; **nerf ~** Geschmacksnerv *m*
Gutenberg [gytɛ̃bɛʀ] M TYPO Gutenberg *m*
gutta-percha [gytapɛʀka] F Guttapercha *f ou n*
guttural [gytyʀal] ADJ ⟨-aux⟩ **1** *voix* kehlig; guttural **2** PHON **consonne ~e** *ou subst* **~e** *f* Guttural *m*; Gaumenlaut *m*
Guy [gi] M *Vorname*
Guyana [gɥijana] **la ~** Guyana *n*
guyanais [gɥijanɛ] **A** ADJ guayanisch **B** SUBST **Guyanais(e)** *m(f)* Guayaner(in) *m(f)*
Guyane [gɥijan] **la ~** *ou* **les ~s** *fpl* Guayana *n*; **la ~ française** Französisch-Guayana *n*
Guyenne [gɥijɛn] **la ~** *historische Provinz in Südwestfrankreich*
Guyon [gɥijõ] **madame ~** *frz Mystikerin*
G20 [ʒevɛ̃] M ABR (Groupe des 20) POL G 20 *f*
gym [ʒim] F *fam* ABR → gymnastique
gymkhana [ʒimkana] M Gymkhana *n*; Geschicklichkeitswettbewerb *m*
gymnase [ʒimnɑz] M **1** Turnhalle *f* **2** *en Suisse, en Allemagne* Gymnasium *n*
gymnaste [ʒimnast] M/F Turner(in) *m(f)*; **équipe** *f* **de ~s** (Turner)Riege *f*
gymnastique [ʒimnastik] F **1** Gymnastik *f*; *discipline scolaire* Turnen *n*; **~ artistique** Kunstturnen *n*; **~ médicale** Heilgymnastik *f*; **~ rythmique** rhythmische Gymnastik; **cours** *m* **de ~** Gymnastikkurs *m*; ÉCOLE Turnstunde *f*; **pas** *m* **de ~** Laufschritt *m*; **professeur** *m* **de ~** Turnlehrer(in) *m(f)*; **faire de la ~** Gymnastik machen, treiben; turnen **2** *fig* turnerische Leistung; **~ de l'esprit** geistige Übung, Anstrengung; Geistestraining *n*
gymnospermes [ʒimnɔspɛʀm] FPL BOT Nacktsamer *mpl*; *t/t* Gymnospermen *pl*
gymnote [ʒimnɔt] M ZOOL Zitteraal *m*
gynéco [ʒineko] M/F *fam* ABR → gynécologue
gynécologie [ʒinekɔlɔʒi] F MÉD Frauenheilkunde *f*; *t/t* Gynäkologie *f*; **gynécologique** ADJ gynäkologisch; frauenärztlich; **gynécologue** M/F Frauenarzt, -ärztin *m,f*; *t/t* Gynäkologe, -login *m,f*
Györ [djœʀ] GÉOG Raab *n*
gypaète [ʒipaɛt] M ZOOL Bart-, Lämmergeier *m*
gypse [ʒips] M MINÉR (natürlicher) Gips
gyrophare [ʒiʀɔfaʀ] M *d'une voiture prioritaire* Blaulicht *n*; **gyropilote** M AVIAT Flugregler *m*; Autopilot *m*; **gyroscope** M PHYS, TECH Kreisel *m*
gyroscopique [ʒiʀɔskɔpik] ADJ Kreisel...; **compas** *m* **~** Kreiselkompass *m*

H

H¹, h¹ [aʃ] M ⟨*inv*⟩ **1** H, h *n*; **~ aspiré, muet** aspiriertes, stummes H **2** **bombe H** H-Bombe *f*; Wasserstoffbombe *f* **3** MIL *et fig* **l'heure H** die Stunde X
H² ABR (henry) H (Henry)
h² ABR (heure[s]) h; *exemple*: **à 5 h** um 5 h *ou* 5h (fünf Uhr)
ha¹ ABR (hectare[s]) ha (Hektar)
°ha² [(h)a] INT *rire* **~, ~!** haha!; → *a.* ah
hab [ab] F *fam* ABR (habitude) **comme d'~** wie immer, üblich
habile [abil] ADJ **1** geschickt; gewandt; *péj a.* raffiniert; **être ~ à faire qc** etw geschickt tun, zu tun verstehen; geschickt in etw *(dat)* sein **2** JUR fähig; **~ à tester** testierfähig
habileté [abilte] F *(adresse)* Geschick(lichkeit) *n(f)*; Geschicktheit *f*; Gewandtheit *f*
habilitation [abilitasjõ] F JUR Ermächtigung *f*; Verleihung *f* der Fähigkeit; Erteilung *f* der Befugnis
habilité [abilite] ADJ JUR befugt; **non ~** unbefugt; **personne non ~e** Unbefugte(r) *m*; Nichtberechtigte(r) *m*
habiliter [abilite] V/T JUR **~ qn** j-n ermächtigen, j-m die Fähigkeit verleihen, j-m die Befugnis erteilen **(à faire qc** etw zu tun)
habillage [abijaʒ] M **1** Anziehen *n*; Ankleiden *n* **2** TECH **a** *d'une montre* Zusammenfügen *n*, -montieren *n* **b** *de bouteilles etc* Verkleidung *f*
habillé [abije] ADJ **1** angezogen, (an)gekleidet; **se coucher tout ~** mit, in den Kleidern zu Bett gehen; **être bien, mal ~** gut, schlecht angezogen, gekleidet sein; **être ~ en, de noir** schwarz gekleidet sein **2** *vêtements* festlich (wirkend); **cela fait ~** das wirkt festlich, feierlich
habillement [abijmɑ̃] M **1** *action* Einkleiden *n*, -ung *f* **2** *(vêtements)* (Be)Kleidung *f*; **dépenses** *fpl* **d'~** Ausgaben *fpl* für Kleidung
habiller [abije] **A** V/T **1** *enfant etc* anziehen; ankleiden; *militaires etc* einkleiden **2** COUT **~ qn** für j-n arbeiten, nähen **3** *(aller à)* **~ qn bien** j-n gut kleiden; j-m gut stehen; **un rien l'habille** ihr steht alles; sie kann alles tragen **4** TECH **a** *montre* zusammenfügen, -montieren **b** *(recouvrir)* verkleiden **(de** mit) **B** V/PR **s'~** **1** *(mettre des vêtements)* sich anziehen, ankleiden **2** *d'une certaine façon* sich anziehen, kleiden; **s'~ court** kurz tragen; kurze Kleider *ou* Röcke tragen; **s'~ à la mode** sich modisch anziehen, kleiden; mit der Mode gehen **3** *(mettre une tenue habillée)* sich festlich kleiden **4** *(acheter des vêtements)* **s'~ chez qn** bei j-m s-e Kleidung kaufen; **s'~ de neuf** sich neu einkleiden; **s'~ sur mesure** (sich *[dat]*) s-e Kleidung nach Maß arbeiten lassen

habilleur [abijœʀ] M, **habilleuse** F THÉ Garderobier *m*, Garderobiere *f*

habit [abi] M 1 **~s** *pl (vêtements)* Kleidung *f*; Kleider *npl*; **~s du dimanche** Sonntagskleidung *f* 2 *propre à une époque, à une fonction* Kleid *n*; Gewand *n*; *d'un ordre religieux* Ordenstracht *f*, -gewand *n*; **~ vert** Ornat *m* der Mitglieder der Académie française; **prendre l'~** Mönch werden; die Kutte nehmen; *prov* **l'~ ne fait pas le moine** der Schein trügt 3 *(costume de cérémonie)* Frack *m*; **en ~** im Frack

habitabilité [abitabilite] F 1 Bewohnbarkeit *f* 2 *d'un véhicule etc* Geräumigkeit *f*

habitable [abitabl] ADJ bewohnbar; **surface** *f* **~** Wohnfläche *f*

habitacle [abitakl] M 1 MAR Kompasshaus *n* 2 AVIAT Pilotenkanzel *f*; *d'un engin spatial* Kommandokapsel *f*; AUTO Fahrgastraum *m*, -zelle *f*

habitant [abitɑ̃] M, **habitante** F 1 *d'un pays, d'une ville* Einwohner(in) *m(f)*; *d'un pays, d'une île a.* Bewohner(in) *m(f)*; **habitant, habitante d'Europe centrale** Mitteleuropäer(in) *m(f)*; **habitant, habitante d'une grande, petite ville** Groß-, Kleinstädter(in) *m(f)*; **nombre** *m* **d'habitants** Einwohnerzahl *f*; **loger chez l'habitant** privat wohnen; ein Privatquartier haben 2 *d'un immeuble* Bewohner(in) *m(f)*

habitat [abita] M 1 *(mode de peuplement)* Siedlung(sweise *f*, -wesen *n*) *f* 2 *(conditions de logement)* Wohnverhältnisse *npl*; *par ext (logement)* Wohnung *f*; *coll* **l'~ ancien** Altbauwohnungen *fpl* 3 BOT, ZOOL Standort *m*

habitation [abitasjɔ̃] F Wohnung *f*; **~ à loyer modéré** *(abr* **HLM***)* Sozialwohnung *f*; *pl a.* sozialer Wohnungsbau; **conditions** *fpl*, **maison** *f* **d'~** Wohnverhältnisse *npl*, -haus *n*; **locaux à usage d'~** zu Wohnzwecken

habité [abite] ADJ 1 *maison, village* bewohnt 2 *engin spatial* bemannt

habiter [abite] A VT 1 bewohnen; wohnen in *(+dat)*; **~ Paris, la campagne, la ville** in Paris, auf dem Land, in der Stadt wohnen 2 *fig peur, passion* **~ qn** j-n beherrschen; *st/s* in j-m wohnen B VI wohnen; **~ à Paris, à la campagne, en ville** in Paris, auf dem Land, in der Stadt wohnen; **~ au quatrième** im vierten Stock, in der vierten Etage, vier Treppen hoch wohnen; *par ext* **aller ~ en province** in die Provinz ziehen

habitude [abityd] F Gewohnheit *f*; Gepflogenheit *f*; Angewohnheit *f*; **mauvaise ~** schlechte Angewohnheit; Unart *f*; ÉCON **~s de consommation** Konsumgewohnheiten *fpl*; ♦ *loc adv*: **comme à son ~, selon son ~, suivant son ~** wie es s-e Gewohnheit ist; wie es s-r Gewohnheit entspricht; wie gewöhnlich; **d'~** gewöhnlich; normalerweise; sonst; **comme d'~** wie gewöhnlich, üblich, sonst, immer; **par ~** aus (alter) Gewohnheit; gewohnheitsmäßig; ♦ **avoir l'~ de faire qc** die Gewohnheit haben, etw zu tun; etw zu tun pflegen; gewöhnlich etw tun; *(être habitué)* (es) gewohnt *ou* (daran) gewöhnt sein, etw zu tun; **j'en ai l'~** ich bin daran gewöhnt; ich bin es gewohnt; **avoir l'~ de qc, de qn** sich mit etw, mit j-m auskennen; mit etw, mit j-m umzugehen verstehen; an etw *(acc)* gewöhnt sein; **il a ses petites ~s** er ist ein bisschen schrullig; **entrer dans les ~s de qn** j-m zur Gewohnheit werden; **cela n'est pas** *ou* **n'entre pas dans ses ~s** das ist nicht s-e Gewohnheit; das macht er nie; **c'est une question d'~** das ist Gewohnheitssache; **être esclave de ses ~s** ein Sklave s-r Gewohnheiten sein; *fam* ein Gewohnheitstier sein; **perdre l'~ de** *(+inf)* es sich *(dat)* abgewöhnen zu *(+inf)*; **avoir perdu l'~ de** *(+inf)* es nicht mehr gewohnt sein zu *(+inf)*; **prendre l'~ de** *(+inf)* (es) sich *(dat)* angewöhnen, die Gewohnheit annehmen, es sich *(dat)* zur Gewohnheit machen zu *(+inf)*; **perdre une mauvaise ~** e-e schlechte Gewohnheit ablegen, aufgeben; **il a pris des ~s de paresse** er ist (mit der Zeit) bequem geworden; **faire prendre l'~ à qn de** *(+inf)* es j-m angewöhnen, j-n daran gewöhnen zu *(+inf)*; *prov* **l'~ est une seconde nature** Gewohnheit wird zur zweiten Natur

habitué(e) [abitɥe] M(F) *d'un lieu public* Stammgast *m (a. femme)*; COMM Stammkunde *m*, -kundin *f*; **c'est un habitué de la maison** er ist ein regelmäßiger Gast in unserem Haus; er geht bei uns ein und aus

habituel [abitɥɛl] ADJ ⟨~le⟩ üblich; gewöhnlich; gewohnt; zur Gewohnheit geworden; **client ~** Stammkunde *m*; **au sens ~ du mot** im üblichen, gebräuchlichen Sinn des Wortes

habituellement [abitɥɛlmɑ̃] ADV gewöhnlich; im Allgemeinen; in der Regel

habituer [abitɥe] A VT **~ qn à** *(+inf)* j-n daran gewöhnen zu *(+inf)*; j-m angewöhnen zu *(+inf)*; *adjt* **être habitué à qc** *ou* **à** *(+inf)* an etw *(acc)* gewöhnt sein *ou* (daran) gewöhnt sein zu *(+inf)*; etw gewohnt sein *ou* (es) gewohnt sein zu *(+inf)*; **j'y suis habitué** ich bin daran gewöhnt; ich bin es gewohnt B VPR **s'~ à qc, à qn** sich an etw, an j-n gewöhnen; **s'~ à** *(+inf)* sich daran gewöhnen zu *(+inf)*

°**hâblerie** [ɑbləʀi] F Prahlerei *f*; Aufschneiderei *f*; °**hâbleur**, °**hâbleuse** A M,F Prahler(in) *m(f)*; Prahlhans *m*; Aufschneider(in) *m(f)*; *fam* Großmaul *n*, -schnauze *f* B ADJ prahlerisch; aufschneiderisch; *fam* großschnauzig

°**Habsbourg** [apsbuʀ] MPL HIST Habsburger *mpl*

°**hachage** [aʃaʒ] M CUIS *de la viande, des légumes* Hacken *n*; Zerkleinern *n*; *à l'aide d'un hachoir* Durchdrehen *n*; AGR *de la paille* Häckseln *n*

°**hache** [aʃ] F Axt *f*; Beil *n*; **~ de guerre** Kriegsbeil *n*; *fig* **déterrer, enterrer la ~ de guerre** das Kriegsbeil ausgraben, begraben; **à coups de ~** mit Axtschlägen, Beilhieben; *fig visage* **taillé à coups de ~** grob (geschnitten)

°**haché** [aʃe] ADJ 1 CUIS **steak ~** *cru* Tatar (-beefsteak) *n*; *cuit* Hacksteak *n*; **viande ~e** Hackfleisch *n*; Gehackte(s) *n* 2 *fig style, débit* abgehackt

°**hache-légumes** [aʃlegym] M ⟨*inv*⟩ CUIS Gemüseschneider *m*, -zerkleinerer *m*

°**hacher** [aʃe] VT CUIS *à la main* hacken; zerkleinern; *avec un appareil* durchdrehen; AGR **~ la paille** das Stroh häckseln; **~ fin, menu** fein hacken; wiegen; **~ gros** grob hacken; *fig* **il se ferait plutôt ~ que de** *(+inf)* er ließe sich eher in Stücke reißen als zu *(+inf)*

°**hachette** [aʃɛt] F (kleines) Beil; kleine Axt

°**hache-viande** [aʃvjɑ̃d] M ⟨*inv*⟩ CUIS Fleischwolf *m*

°**hachis** [aʃi] M CUIS klein gehacktes Fleisch *ou* Geflügel *ou* Gemüse; klein gehackter Fisch; *mets* Haschee *n*; **~ Parmentier** *Hackbraten, der mit Kartoffelbrei umgeben u. im Ofen überbacken wird*

°**hachisch** [aʃiʃ] M Haschisch *n*

°**hachoir** [aʃwaʀ] M CUIS *pour la viande* a *appareil* Fleischwolf *m* b *couteau* Hackbeil *n*, -messer *n*; *pour les légumes* Gemüsezerkleinerer *m*, -schneider *m*; *(couperet)* Wiegemesser *n*

°**hachure** [aʃyʀ] F *souvent* PL **~s** Schraffierung *f*; Schraffur *f*; Strichelung *f*; °**hachurer** VT schraffieren; stricheln

°**haddock** [adɔk] M CUIS geräucherter Schellfisch

Hadrien [adʀijɛ̃] M *römischer Kaiser* Hadrian *m*

°**Hændel** *ou* °**Haendel** [ɛndɛl] M MUS Händel *m*

°**hagard** [agaʀ] ADJ *air etc* verstört; verängstigt

°**Haguenau** [agno] GÉOG Hagenau *n*

°**haie** [ɛ] F 1 **~ (vive)** Hecke *f* 2 SPORTS Hürde *f*; **course** *f* **de ~s** Hürdenlauf *m*; HIPPISME Hürdenrennen *n*; **le 110 m ~s** der 110-m-Hürdenlauf 3 *fig (rangée de personnes)* Spalier *n*; **~ d'honneur** Ehrenspalier *n*; **faire, former la ~** (ein) Spalier bilden

Haïfa [aifa] GÉOG Haifa *n*

°**haillon** [ajɔ̃] M *surtout* PL **~s** Lumpen *mpl*; Fetzen *mpl*; **en ~s** zerlumpt; in Lumpen; **vêtu de ~s** in Lumpen gehüllt, gekleidet

°**Hainaut** [ɛno] **le ~** der Hennegau

°**haine** [ɛn] F Hass *m* (**pour qn**, *a.* **de qn, de qc** gegen, auf j-n, auf etw); **~ de la médiocrité** Hass auf alles Mittelmäßige; *loc prép* **par ~ de qn, de qc** aus Hass gegen j-n, auf etw *(acc)*; **éprouver de la ~ pour qn** Hass auf j-n empfinden; **nourrir une ~ contre qn, vouer une ~ à qn** Hass gegen j-n hegen

°**haineux** [ɛnø] ADJ ⟨-euse⟩ hasserfüllt; gehässig

°**haïr** [aiʀ] ⟨je hais [ɛ], il hait [ɛ], nous haïssons, ils haïssent; je haïssais; je haïs; je haïrai; que je haïsse; haïssant; haï⟩ A VT **~ qn, qc** j-n, etw hassen B VPR **se ~** einander, sich hassen

°**haïssable** [aisabl] ADJ hassenswert

Haïti [aiti] Haiti *n*

°**haïtien** [aisjɛ̃] A ADJ ⟨~ne⟩ haitianisch; *a.* haitisch B SUBST °**Haïtien(ne)** *m(f)* Haitianer(in) *m(f)*; *a.* Haitier(in) *m(f)*

°**halage** [alaʒ] M MAR Treideln *n*; **chemin** *m* **de ~** Treidelweg *m*, -pfad *m*; Leinpfad *m*

°**halal** [alal] ADJ ⟨*inv*⟩ REL halal

°**hâle** [ɑl] M (Sonnen-, Wetter)Bräune *f*

°**hâlé** [ɑle] ADJ (sonnen-, wetter)gebräunt

haleine [alɛn] F Atem *m*; **~ fraîche** frischer Atem; *loc adv et loc adj*: **il a couru à perdre ~** er ist so (schnell, lange) gerannt, dass er ganz außer Atem war; *fig* **ils ont discuté à perdre ~** sie haben endlos (lang) diskutiert; *fig travail* **de longue ~** langwierig; °**hors d'~** atemlos; außer Atem; **avoir (une) mauvaise ~** e-n üblen, unangenehmen Mundgeruch haben; aus dem Mund riechen; **reprendre ~** wieder zu Atem kommen; *fam* (sich) verschnaufen, verpusten; *fig* Atem holen, schöpfen; *fig* **tenir qn en ~** j-n in Atem halten

°**haler** [ale] VT *bateau* treideln; MAR *cordage* (ver-, an)holen

°**hâler** [ɑle] VT bräunen

°**haletant** [altɑ̃] ADJ *personne* keuchend; schnaufend; nach Luft ringend; *fam* japsend; **cheval ~** schnaubendes Pferd; **chien ~** japsender Hund; *par ext* **souffle ~** keuchender Atem; **d'une voix ~e** mit keuchender Stimme

°**halètement** [alɛtmɑ̃] M Keuchen *n*; Schnaufen *n*; *fam* Japsen *n*; *d'un chien* Japsen *n*; *d'un cheval* Schnauben *n*

°**haleter** [alte] VI ⟨-è-⟩ keuchen; schnaufen; nach Luft ringen; *fam* japsen; *chien* japsen; *cheval* schnauben

°**hall** [ol] M (Eingangs)Halle *f*; **~ d'exposition, de gare, d'hôtel** Ausstellungs-, Bahnhofs-, Hotelhalle *f*

hallali [alali] M CH Halali *n (a. fig)*; **sonner l'~** das Halali blasen

°**halle** [al] F 1 Markthalle *f*; **~ aux vins** Weinmarkt *m* 2 HIST **les °Halles** die Pariser Markthallen *fpl (heutiges Stadtviertel)*

°**hallebarde** [albaʀd] F HIST Hellebarde *f*; *fig* **il tombe, pleut des ~s** es gießt in Strömen, *fam* wie aus *ou* mit Eimern *ou* Kübeln; *fam* es regnet Bindfäden

halloween [alɔwin] F Halloween *n*

hallucinant [a(l)lysinɑ̃] ADJ *ressemblance* verblüffend; *spectacle* grauenhaft; grauenerre-

H

gend
hallucination [a(l)lysinasjõ] F MÉD Halluzination *f*; Sinnestäuschung *f*; *par ext* **avoir des ~s** Halluzinationen, Wahnvorstellungen haben; Hirngespinste sehen
hallucinatoire [a(l)lysinatwaʀ] ADJ MÉD halluzinatorisch; *par ext apparition, forme* halluzinationsartig
halluciné [a(l)lysine] **A** ADJ *personne* an Halluzinationen leidend; *par ext regard, expression* verwirrt; geistesabwesend; *plus fort* irr(e) **B** SUBST **~(e)** *m(f)* an Halluzinationen Leidende(r) *m/f(m)*
halluciner [a(l)lysine] V/I Halluzinationen haben; halluzinieren
hallucinogène [a(l)lysinɔʒɛn] **A** ADJ Halluzinationen hervorrufend **B** M Halluzinogen *n*
°**halo** [alo] M **1** ASTRON Hof *m*; *t/t* Halo *m* **2** PHOT Lichthof *m* **3** *effet lumineux* (verschwommener) Lichtkreis (**de** um) **4** *fig* **~ de gloire** Gloriole *f*; Glorienschein *m*
halogène [alɔʒɛn] **A** ADJ **1** CHIM Halogen...; halogen; Salz bildend **2** ÉLEC **lampe ~** Halogenlampe *f* **B** M CHIM Halogen *n*; Salzbildner *m*
°**halte** [alt] **A** F **1** Halt *m*; Rast *f*; **faire (une) ~** haltmachen **2** CH DE FER kleine (Eisenbahn)Station; Haltepunkt *m* **B** INT MIL halt!; *fig* **~ au gaspillage!** Schluss mit der Verschwendung!; **~-là!** MIL halt!; stehen bleiben!; *fig* halt!; genug!
°**halte-garderie** [altəgaʀdəʀi] F ⟨*pl* haltes-garderies⟩ *d'un grand magasin etc* Kinderkrippe *f*, -hort *m* (für kurzzeitige Betreuung)
haltère [altɛʀ] M *abus* F SPORTS Hantel *f*; **les poids et ~s** das Gewichtheben
haltérophile [alteʀɔfil] M/F SPORTS Gewichtheber(in) *m(f)*; **haltérophilie** F SPORTS Gewichtheben *n*
°**Ham** [am] *Ort im Dep. Somme*
°**hamac** [amak] M Hängematte *f*
hamamélis [amamelis] M BOT Hamamelis *f*; Zaubernuss *f*
°**Hambourg** [ɑ̃buʀ] Hamburg *n*
°**hambourgeois** [ɑ̃buʀʒwa] **A** ADJ Hamburger; hamburgisch **B** SUBST °**Hambourgeois(e)** *m(f)* Hamburger(in) *m(f)*
°**hamburger** [ɑ̃buʀgœʀ] M CUIS Hamburger *m*
°**hameau** [amo] M ⟨*pl* ~x⟩ Weiler *m*
hameçon [amsõ] M Angelhaken *m*; *fig* **mordre à l'~** sich ködern lassen; *fam* anbeißen
°**hammam** [amam] M Hammam *m*; türkisches Dampfbad
°**hampe** [ɑ̃p] F **1** *d'une lance, d'un drapeau* Schaft *m*; *d'un drapeau a.* Stange *f*; *d'un pinceau* Stiel *m* **2** BOT Schaft *m* **3** *d'une lettre* senkrechter Hauptstrich **4** BOUCHERIE Bauchfleisch *n* (vom Rind)
°**hamster** [amstɛʀ] M ZOOL Hamster *m*
°**han** [(h)ɑ̃] INT *en faisant un effort* haa!
°**hanap** [anap] M Humpen *m*
°**hanche** [ɑ̃ʃ] F Hüfte *f*; **~s étroites, larges** schmale, breite Hüften; **tour** *m* **de ~s** Hüftumfang *m*, -weite *f*; **mettre les poings sur les ~s** die Arme in die Hüften, Seiten stemmen; **rouler des** *ou* **les ~s** sich in den Hüften wiegen
°**handball** [ɑ̃dbal] M SPORTS Handball *m*; °**handballeur** M, °**handballeuse** F Handballspieler(in) *m(f)*; *fam* Handballer(in) *m(f)*
°**handicap** [ɑ̃dikap] M **1** SPORTS **a** *désavantage* Handikap *n*; Vorgabe *f* **b** *épreuve* Handikaprennen *n*, -wettkampf *m*; HIPPISME *a.* Ausgleichsrennen *n* **2** *fig* Handikap *n*; Nachteil *m*; Benachteiligung *f*; **c'était un sérieux ~ pour lui** das war für ihn ein schweres Handikap **3** MÉD Behinderung *f*
°**handicapé** [ɑ̃dikape] **A** ADJ behindert **B** SUBST **~(e)** *m(f)* Behinderte(r) *m/f(m)*; **~ mental** geistig Behinderter; **~ moteur** spastisch Gelähmter *m*; Spastiker *m*; **~ physique** Körperbehinderter *m*
°**handicaper** [ɑ̃dikape] V/T **1** SPORTS handikapen **2** *fig* handikapen; benachteiligen; behindern; *adjt* **être handicapé par qc** durch etw gehandikapt sein
°**handisport** [ɑ̃dispɔʀ] ADJ ⟨*f inv*⟩ Behinderten...; **Jeux** *mpl* **olympiques ~s** Behindertenolympiade *f*; Paralympics *pl*
°**hangar** [ɑ̃gaʀ] M Schuppen *m*; AVIAT Flugzeughalle *f*, -schuppen *m*; Hangar *m*; MAR Bootshaus *n*
°**hanneton** [antõ] M ZOOL Maikäfer *m*; → *a.* piqué A 2
°**Hanoi** [anɔj] Hanoi *n*
°**Hanovre** [anɔvʀ] Hannover *n*
°**Hanse** [ɑ̃s] F HIST **la ~** die Hanse
°**hanséatique** [ɑ̃seatik] ADJ hanseatisch; **ville** *f* **~** Hansestadt *f*
°**hanté** [ɑ̃te] ADJ Spuk...; Geister...; **château ~** Spukschloss *n*; **maison ~e** Haus, in dem es spukt
°**hanter** [ɑ̃te] V/T **1** *fantôme* **~ une maison** in e-m Haus spuken, umgehen; **le château est hanté** im Schloss spukt es **2** *fig souvenir etc* **~ qn** j-m keine Ruhe lassen; j-n umtreiben, quälen; *soucis* **~ toutes ses pensées** sein ganzes Denken beherrschen
°**hantise** [ɑ̃tiz] F **~ de qc** (ständige) Angst, Grauen *n* vor etw (*dat*); *plus fort* Zwangsvorstellung *f* (*+gén*); **j'en ai la ~** mir grau(s)t davor; *plus fort* ich werde die Angst davor nicht los
°**happening** [ap(ə)niŋ] M Happening *n*
°**happer** [ape] V/T **1** schnappen; erhaschen **2** *fig* **être happé par une voiture** von e-m Auto erfasst, mitgerissen werden
°**happy end** [apiɛnd] M *ou* F Happy End *n*
°**hara-kiri** [aʀakiʀi] M Harakiri *n*; **faire ~** Harakiri begehen, machen (*a. iron*)
°**harangue** [aʀɑ̃g] F Rede *f*; Ansprache *f*; °**haranguer** V/T e-e Rede, Ansprache halten (**la foule** an die Menge)
°**haras** [aʀa, aʀɑ] M Gestüt *n*
°**harassant** [aʀasɑ̃] ADJ ermüdend; aufreibend
°**harasser** [aʀase] V/T übermüden; erschöpfen; *adjt* **harassé** (völlig) übermüdet; erschöpft; *fam* kaputt
°**harcèlement** [aʀsɛlmɑ̃] M Stören *n*; Bedrängen *n*; **~ moral** Mobbing *n*; **~ sexuel** sexuelle Belästigung; MIL *et fig* **guerre** *f* **de ~** Kleinkrieg *m*; MIL **tir** *m* **de ~** Störfeuer *n*
°**harceler** [aʀsəle] V/T ⟨-è-⟩ **1** MIL Feind beunruhigen **2** *fig* **~ qn** j-n bedrängen; **~ qn de questions** j-n mit Fragen bedrängen, bestürmen, attackieren; j-m mit Fragen zusetzen
°**harde** [aʀd] F **1** *de bêtes sauvages* Rudel *n* **2** CH Koppel *f* Hunde **3** **~s** *pl péj* (*vêtements*) abgetragene Kleidungsstücke *npl*, Sachen *fpl*
°**hardi** [aʀdi] **A** ADJ *personne* kühn; unerschrocken; beherzt; mutig; *péj* kühn; unverfroren; *projet, entreprise* kühn; mutig; *expression* gewagt; (*original*) kühn **B** INT **~!** nur zu!; nur Mut!; los!
°**hardiesse** [aʀdjɛs] F *d'une personne* Kühn-, Unerschrocken-, Beherztheit *f*; Mut *m*; *d'un projet etc* Kühnheit *f*
°**hardiment** [aʀdimɑ̃] ADV → °hardi
°**hardware** [aʀdwɛʀ] M INFORM Hardware *f*
°**harem** [aʀɛm] M Harem *m* (*a. plais*)
°**hareng** [aʀɑ̃] M ZOOL, CUIS Hering *m*; **~ frais** grüner Hering; **~ saur** Bückling *m*; → *a.* saur; *fam fig* **être serrés comme des ~s** wie die Heringe (zusammengepresst) sitzen *ou* stehen
°**harengère** [aʀɑ̃ʒɛʀ] F **crier comme une ~** wie ein Marktweib schreien
°**hargne** [aʀɲ] F Bissigkeit *f*; *plus fort* Gehässigkeit *f*; °**hargneux** ADJ ⟨-euse⟩ bissig; zänkisch; *plus fort* gehässig
°**haricot** [aʀiko] M **1** BOT, CUIS Bohne *f*; **~s beurre** Wachsbohnen *fpl*; **~s blancs, verts** weiße, grüne Bohnen *fpl*; **~s nains, à rames, d'Espagne** Busch-, Stangen-, Feuerbohnen *fpl*; *fam fig* **courir sur le ~ à qn** *fam* j-m auf den Wecker gehen, fallen; *fam fig* **c'est la fin des ~s** jetzt ist alles aus **2** CUIS **~ de mouton** Hammelragout *n* mit Kartoffeln und weißen Bohnen
°**haridelle** [aʀidɛl] F Klepper *m*; Schindmähre *f*
°**harki** [aʀki] M *ehemaliger algerischer Hilfssoldat der frz Armee*
harmonica [aʀmɔnika] M MUS Mundharmonika *f*
harmonie [aʀmɔni] F **1** MUS **a** Harmonie *f* **b** *science* Harmonielehre *f*; Harmonik *f* **c** *dans un orchestre* Blasinstrumente *npl*; *par ext* (*fanfare*) Harmonieorchester *n*; Blaskapelle *f* **2** LITTÉRATURE Harmonie *f*; Wohlklang *m* **3** *des couleurs, des formes* Harmonie *f*; Zusammenpassen *n* **4** *des sentiments etc* Harmonie *f*; Einklang *m*; Übereinstimmung *f*; **être en ~ avec qc** mit etw in Einklang stehen, übereinstimmen; **vivre en ~ avec qn** mit j-m in Harmonie, Einklang, Übereinstimmung leben
harmonieux [aʀmɔnjø] ADJ ⟨-euse⟩ **1** harmonisch; wohlklingend **2** *fig* harmonisch; wohlausgewogen
harmonique [aʀmɔnik] ADJ **1** MUS, PHYS **son** *m* **~** *ou subst* **~** *m ou f* Oberton *m* **2** MATH harmonisch; **division** *f* **~** harmonische Teilung
harmonisation [aʀmɔnizasjõ] F Harmonisierung *f*; Angleichung *f*
harmoniser [aʀmɔnize] **A** V/T **1** *tarifs, goûts etc* aufeinander abstimmen (*a. couleurs*); (einander) angleichen; harmonisieren **2** MUS harmonisieren; *un chant* mit e-r Begleitung versehen **B** V/PR **s'~** übereinstimmen, harmonieren (**avec** mit); *abs* miteinander harmonieren; gut zueinanderpassen
harmoniste [aʀmɔnist] M MUS Harmoniker *m*
harmonium [aʀmɔnjɔm] M MUS Harmonium *n*
°**harnachement** [aʀnaʃmɑ̃] M **1** *action* Anschirren *n* **2** (*harnais*) (Pferde)Geschirr *n*, Sattel- und Zaumzeug *n* **3** *fig* (*accoutrement*) Ausstaffierung *f*; Aufzug *m*
°**harnacher** [aʀnaʃe] V/T **1** *cheval etc* (an)schirren **2** *fig personne* **être harnaché de qc** mit etw ausstaffiert sein
°**harnais** [aʀnɛ] M **1** *d'un cheval etc* Geschirr *n* **2** *d'un parachutiste* Gurte *mpl*
°**harnois** [aʀnwa] M HIST Harnisch *m*; *fig* **blanchi sous le ~** im Dienst ergraut
°**haro** [aʀo] M LOC **crier ~ sur qn** j-n anprangern; sich laut über j-n entrüsten; gegen j-n wettern
harpagon [aʀpagõ] M Geizhals *m*, -kragen *m*
°**harpe** [aʀp] F MUS Harfe *f*
°**harpie** [aʀpi] F **1** MYTH, ZOOL Harpyie *f* **2** *fig* (*femme méchante*) Xanthippe *f*
°**harpiste** [aʀpist] M/F MUS Harfenist(in) *m(f)*; Harfenspieler(in) *m(f)*
°**harpon** [aʀpõ] M **1** PÊCHE Harpune *f* **2** CONSTR (Metall)Haken *m*
°**harponnage** [aʀpɔnaʒ] M Harpunieren *n*; °**harponner** V/T **1** harpunieren **2** *fam fig* **~ qn** *fam* j-n schnappen; °**harponneur** M Harpunier(er) *m*; Harpunenwerfer *m*
°**hasard** [azaʀ] M Zufall *m*; **~s** *pl a.* Zufälligkeiten *fpl*; **heureux ~** glücklicher Zufall; **pur ~**

reiner, purer Zufall; **jeu** *m* **de ~** Glücksspiel *n*; *loc adv*: **au ~** aufs Geratewohl; auf gut Glück; **se connaître au ~ d'une rencontre** sich anlässlich e-r zufälligen Begegnung kennenlernen; **à tout ~** für alle Fälle; **par ~** zufällig (-erweise); durch Zufall; *fam* per Zufall; (*éventuellement*) vielleicht; etwa; **auriez-vous par ~ l'intention de** (*+inf*)? haben Sie etwa, vielleicht vor zu (*+inf*)?; **si par ~ vous le rencontrez** falls Sie ihn zufällig, vielleicht treffen (sollten); **comme par ~** wie zufällig; so, als ob es unbeabsichtigt sei; **le ~ fait bien les choses** der Zufall fügt die Dinge wohl; **ne rien laisser au ~** nichts dem Zufall überlassen; **le ~ a voulu que …** (*+subj*) der Zufall hat (es) gewollt, fügte es, dass …

°hasardé [azaʀde] ADJ → hasardeux

°hasarder [azarde] **A** V/T **1** *démarche, question etc* wagen; riskieren **2** *litt* (*risquer*) riskieren; aufs Spiel setzen **B** V/PR **se ~** sich wagen, sich trauen (**dans la rue** auf die Straße); **se ~ à faire qc** es wagen, sich trauen, etw zu tun

°hasardeux [azaʀdø] ADJ ⟨-euse⟩ *entreprise* gewagt; riskant; mit unsicherem Ausgang; **affirmation hasardeuse** gewagte, willkürliche Behauptung

°hasch [aʃ] M *fam* (*haschisch*) *fam* Hasch *n*

°haschisch [aʃiʃ] M Haschisch *n*

°hase [ɑz, az] F CH Häsin *f*

°hâte [ɑt] F Eile *f*; Hast(igkeit) *f*; *loc adv*: **à la ~** (zu) hastig, eilig; überstürzt; **travail fait à la ~** *a.* flüchtige Arbeit; **en ~** in Eile; (sehr) hastig, schnell; eilends; **en toute ~** in aller, größter Eile; schleunigst; **sans ~** ohne Eile, Hast; ohne sich sonderlich zu beeilen; **avoir ~ de** (*+inf*) *ou* **que …** (*+subj*) es kaum erwarten können, ungeduldig darauf warten, zu (*+inf*) *ou* dass …; **je n'ai qu'une ~, c'est de partir** *ou* **qu'il parte** ich habe nur das e-e Verlangen, schnell wegzugehen *ou* dass er schnell weggeht; **mettre peu de ~ à faire qc** es mit etw nicht sehr eilig haben

°hâter [ɑte] **A** V/T **1** *départ, évolution* beschleunigen; vorantreiben; *mort* beschleunigen; schneller eintreten lassen; → *a.* pas[1] 1 **2** AGR *plante* treiben; *fruits* früh zur Reife bringen **B** V/PR **se ~** sich beeilen; *fam* sich eilen; **se ~ de faire qc** sich beeilen, etw zu tun; *péj* etw zu schnell, zu hastig tun; **ne pas se ~ de faire qc** keine Eile haben, sich nicht beeilen, etw zu tun; *prov* **hâte-toi lentement** eile mit Weile (*prov*)

°hâtif [ɑtif, a-] ADJ ⟨-ive⟩ **1** *développement* (zu) hastig; übereilt; überstürzt; *travail* flüchtig; zu hastig gemacht; oberflächlich; **conclusion hâtive** vorschnelle Schlussfolgerung **2** AGR Früh…; **fruits, légumes ~s** Frühobst *n*, -gemüse *n*

°hauban [obɑ̃] M **1** MAR Want *f*; **~s de misaine** Fockwanten *fpl* **2** TECH Verspannungskabel *n*, -glied *n*

°hausse [os] F **1** ÉCON Steigen *n*; Anstieg *m*; Steigerung *f*; Erhöhung *f*; *des prix a.* Anziehen *n*; Auftrieb *m*; **~ illicite de l'essence** Preistreiberei *f* bei Benzin; **~ des cours** Kursanstieg *m*; Hausse *f*; **en ~** steigend; **être en ~** (an)steigen; *prix a.* anziehen; *fig* **ses actions sont en ~** s-e Aktien steigen; BOURSE **jouer à la ~** auf das Steigen der Kurse, auf Hausse spekulieren **2** MÉTÉO Anstieg *m*; Ansteigen *n*; **~ de la température** Temperaturanstieg *m*; **le baromètre est en ~** das Barometer steigt **3** *d'une arme à feu* Visier *n*; *d'un canon a.* Aufsatz *m*

°haussement [osmɑ̃] M **~ d'épaules** Achselzucken *n*

°hausser [ose] **A** V/T **1** *le ton, la voix* heben; → *a.* ton[2] 2 **2** **~ les épaules** mit den Achseln, die Achseln, mit den Schultern, die Schultern zucken **B** V/PR **se ~ sur la pointe des pieds** sich auf die Zehenspitzen stellen

°haussier [osje] M BOURSE Haussier *m*

°haussière [osjɛʀ] F MAR Trosse *f*

Haussmann [osman] *städtebaulicher Erneuerer von Paris*

°haut [o] **A** ADJ ⟨haute [ot]⟩ **1** *dans l'espace* hohe(r, -s) (*épithète*); hoch (*attribut*); Hoch…; Ober…; *silhouette* groß; **plus ~** höher; ♦ *d'une table* **le ~ bout** das obere Ende; **~es eaux** Hochwasser *n*; hoher Wasserstand; **front ~** hohe Stirn; **~e montagne** Hochgebirge *n*; **montagne ~e** hoher Berg; ♦ *loc adj*: **chapeau ~ de forme** Zylinder(hut) *m*; **arbre ~ de dix mètres** zehn Meter hoher Baum; Baum *m* von zehn Meter(n) Höhe; **de ~e taille** groß; hochgewachsen; von hohem Wuchs; *loc adv* **la tête ~e** → tête 1; ♦ *fig* **avoir la ~e main sur qc** maßgebenden, entscheidenden Einfluss auf etw (*acc*) haben; **être ~ de deux mètres** zwei Meter hoch sein; **la rivière est ~e** der Fluss hat, führt Hochwasser; **le soleil est ~ dans le ciel** die Sonne steht hoch am Himmel **2** *dans une hiérarchie, échelle de valeurs* hohe(r, -s); Hoch…; führend; ♦ **~e bourgeoisie** Großbürgertum *n*; **la ~e couture** die Haute Couture; die führenden Mode schaffenden Häuser *npl*; **~s faits** große, denkwürdige Taten *fpl*; Heldentaten *fpl*; **~e finance** Hochfinanz *f*; Geld-, Finanzaristokratie *f*; **~ fonctionnaire** hoher Beamter; **la ~e société** die (feine, gute, vornehme) Gesellschaft; die Oberschicht; **les ~es sphères de la politique** die führenden politischen Kreise *mpl*; ♦ **avoir une ~e idée, opinion de qn, de qc** e-e hohe Meinung von j-m, von etw haben; **avoir une ~e idée de soi-même** e-e hohe Meinung von sich haben; von sich selbst überzeugt sein; selbstbewusst sein (*a. péj*); ein gesundes Selbstbewusstsein besitzen **3** *température, salaire, cours, précision, valeur etc* hohe(r, -s) (*épithète*); hoch (*attribut*); Hoch…; ÉLEC **~e tension** Hochspannung *f*; *loc adj*: **de la plus ~e importance** von höchster, größter Wichtigkeit, Bedeutung; **~ en couleur(s)** → couleur 1; *loc adv*: **au plus ~ point** in höchstem Maße; im höchsten Grade **4** *dans le temps* **la plus ~e antiquité** uralte Zeiten *fpl*; die graue Vorzeit; **le ~ Moyen Âge** das frühe Mittelalter **5** GÉOG Ober…; **la ~e Seine** die obere Seine; der Oberlauf der Seine **6** LING **le ~ allemand** das Ober- und Mitteldeutsche; Ober- und Mitteldeutsch *n*; **le moyen, vieux ~ allemand** das Mittel-, Althochdeutsche; Mittel-, Althochdeutsch *n* **7** MUS **note ~e** hoher Ton; *loc adv* **à voix ~e** laut; mit lauter Stimme; *fig*: **n'avoir jamais une parole plus ~e que l'autre** im Gespräch niemals laut werden; **pousser les ~s cris** in großes Geschrei ausbrechen; *fam* sich aufregen **B** ADV **1** *dans l'espace et fig* hoch; **plus ~** höher; weiter oben (*a. dans un texte*); **~ les cœurs!** Kopf hoch!; **~ les mains!** Hände hoch!; *fig* **~ la main** ohne Mühe; spielend; mit Leichtigkeit; **l'emporter, gagner ~ la main** überlegen siegen; haushoch gewinnen; **être pendu ~ et court** gehängt, gehenkt werden; **personnage ~ placé** hochgestellte Persönlichkeit; **voir plus ~** siehe oben; **voler ~** hoch fliegen **2** *dans le temps* **remonter plus ~ (dans le temps)** weiter ausholen **3** *à propos d'un son* laut; MUS hoch; **chanter ~** hoch singen; **lire tout ~** laut lesen; MUS **monter ~** hohe Töne singen; **parler plus ~** lauter sprechen; **penser tout ~** laut denken **4** LOC ADV: **de ~** von oben (*a. fig*); **le prendre de ~** von oben herab tun; **tomber de ~** aus großer Höhe fallen; *fig* (*a.* **tomber de son ~**) (wie) aus allen Wolken fallen; **voir les choses de ~** **a** die Dinge insgesamt sehen **b** *péj* sich nicht mit Kleinigkeiten abgeben; **de ~ en bas** [dəotɑ̃ba] von oben nach unten; **en ~** oben; *avec mouvement* nach oben; aufwärts; hinauf; **tout en ~** ganz oben *ou* ganz nach oben; **être en ~** oben sein; *chemin* **mener en ~** nach oben führen; aufwärtsführen; hinaufführen; **regarder en ~** nach oben sehen; hinaufsehen; **d'en ~** von oben (her, herab) (*a. fig*); **les voisins d'en ~** die Nachbarn von oben; **l'ordre vient d'en ~** der Befehl kommt von oben; **par en ~** oben entlang, herum; *fam* oben lang, rum; ♦ *loc prép* **en ~ de qc** oben auf etw (*dat ou acc*); **en ~ de la page 10** auf Seite 10 oben; **arriver en ~ de la montagne** oben auf dem Berg ankommen; **mettre qc en ~ de l'armoire** etw oben auf den Schrank legen **C** M **1** oberer Teil; *inscription sur une caisse* **~** oben; **dans le ~ du tableau** oben auf dem Gemälde; **dans le tiroir du ~** in der obersten Schublade; **les voisins du ~** die Nachbarn von oben; ♦ *loc prép* **du ~ de qc** von etw herunter *ou* hinunter, herab *ou* hinab, *fam* runter; von etw aus; **du ~ du balcon**, *il me salua* vom Balkon herunter, herab, *fam* runter **2** **avoir dix mètres de ~** zehn Meter hoch sein **3** *fig* **les ~s et les bas** die Höhen *fpl* und Tiefen *fpl*; das Auf und Ab; **il a connu dans sa vie des ~s et des bas** er ist in s-m Leben durch Höhen und Tiefen gegangen

°hautain [otɛ̃] ADJ hochmütig; stolz

°hautbois [obwa] M MUS **1** Oboe *f* **2** *musicien* Oboist *m*

°hautboïste [obɔist] M/F MUS Oboist(in) *m(f)*

°haut-commissaire [okɔmisɛʀ] M ⟨*pl* hauts-commissaires⟩ Hochkommissar *m*; **°haut-commissariat** M ⟨*pl* hauts-commissariats⟩ Hochkommissariat *n*; **°haut-de-chausse(s)** M ⟨*pl* hauts-de-chausse(s)⟩ HIST Oberschenkelhose *f*; **°haut-de-forme** M ⟨*pl* hauts-de-forme⟩ Zylinder(hut) *m*

°haute [ot] F *fam* **les gens de la ~** die Hautevolee; *fam* die oberen zehntausend

°Haute-Autriche [ototʀiʃ] **la ~** Oberösterreich *n*

°Haute-Corse [otkɔʀs] **la ~** *frz Departement auf Korsika*

°Haute-Égypte [oteʒipt] **la ~** Oberägypten *n*

°haute-fidélité [otfidelite] F → fidélité 2

°Haute-Garonne [otgaʀɔn], **°Haute-Loire**, **°Haute-Marne la ~** *frz Departements*

°hautement [otmɑ̃] ADV **1** hoch…; überaus; **~ qualifié** hoch qualifiziert **2** (*ouvertement*) gerade-, freiheraus; klar und deutlich

°Haute-Normandie [otnɔʀmɑ̃di] **la ~** *frz Region*

°Hautes-Alpes [otzalp] **les ~** *fpl frz Departement*

°Haute-Saône [otson], **°Haute-Savoie la ~** *frz Departements*

°Hautes-Pyrénées [otpiʀene] **les ~** *fpl frz Departement*

°hauteur [otœʀ] F **1** Höhe *f*; **~ vertigineuse** schwindelnde, schwindelerregende Höhe; SPORTS **saut** *m* **en ~** Hochsprung *m*; *loc adv*: **à ~ variable** höhenverstellbar; **à ~ d'homme** in Menschenhöhe; **à la ~ de la table** in Tischhöhe; **avoir une ~ de deux mètres** e-e Höhe von zwei Meter(n) haben; zwei Meter hoch sein; *personne* **tomber de toute sa ~** der Länge nach hinfallen **2** *fig* (*arrogance*) Hochmut *m*; Arroganz *f* **3** MATH, ASTRON Höhe *f*; **~ du soleil** Sonnenhöhe *f*, -stand *m* **4** *d'un son* Höhe *f* **5** GÉOG (An)Höhe *f*; Erhöhung *f* **6** LOC PRÉP **à la ~ de qn, de qc** auf gleicher Höhe mit j-m, mit etw; **à ma ~** auf gleicher Höhe mit mir; *bateau* **être à la ~ des Açores** auf der Höhe der Azoren sein 7 *fig*: **être à la ~ de qc** e-r Sache (*dat*) gewachsen sein; *abs fam* **il n'est pas à la ~** er ist der Sache nicht gewachsen; er ist unfähig; **se montrer à la ~ de la situation** sich der Lage, Situation gewachsen zeigen; *loc adj fam* **un type à la ~** *fam* ein fähiger, tüchtiger Typ, Kerl

°**Haute-Vienne** [otvjɛn] **la ~** *frz Departement*

°**Haute-Volta** [otvɔlta] **la ~** HIST Obervolta *n*

°**haut-fond** [ofõ] M ‹*pl* **hauts-fonds**› Untiefe *f*; seichte Stelle

°**haut-le-cœur** [olkœʀ] M ‹*inv*› 1 Übelkeit *f*; Brechreiz *m*; **j'ai un ~** mir ist übel, schlecht; **donner des ~ à qn** (bei) j-m Übelkeit verursachen 2 *fig* Abscheu *m*, Ekel *m* (**devant** vor +*dat*); **il a eu un ~ devant ce spectacle** *a.* ihm wurde ganz übel von, bei diesem Anblick

°**haut-le-corps** [olkɔʀ] M ‹*inv*› **avoir un ~** auf-, hochschrecken, -fahren

°**Haut-Palatinat** [opalatina] **le ~** die Oberpfalz

°**haut-parleur** [opaʀlœʀ] M ‹*pl* **haut-parleurs**› Lautsprecher *m*

°**Haut-Rhin** [oʀɛ̃] **le ~** *frz Departement* das Oberelsass

°**Hauts-de-Seine** [odsɛn] **les ~** *mpl frz Departement*

°**hauturier** [otyʀje] ADJ ‹-ière› MAR Hochsee…; **navigation hauturière** Hochseeschifffahrt *f*

°**havanais** [avanɛ] A ADJ von Havanna B SUBST 1 °**Havanais(e)** *m(f)* Einwohner(in) *m(f)* von Havanna 2 M *chien* Havaneser *m*

°**Havane (La)** [laavan] Havanna *n*

°**havane** [avan] A M a Havanna(tabak) *m* b Havanna(zigarre) *f* B ADJ ‹*inv*› havannabraun, -farben; gelbbraun

°**hâve** [av] ADJ (*pâle*) fahl; bleich; (*émacié*) eingefallen

°**havre** [avʀ] M *st/s* Zufluchtsort *m*; Insel *f*; Hafen *m*; **~ de paix** Insel des Friedens

°**Havre (Le)** [ləavʀ] *Stadt im Dep. Seine-Maritime*

°**havresac** [avʀəsak] M MIL Tornister *m*

Hawaï [awaj] Hawaii *n*; **les îles** *fpl* **~** die Hawaii-Inseln *fpl*

hawaïen [awajɛ̃] A ADJ ‹~ne› hawaiisch; Hawaii…; MUS **guitare ~ne** Hawaiigitarre *f* B SUBST **Hawaïen(ne)** *m(f)* Hawaiianer(in) *m(f)*

°**Haye (La)** [laɛ] Den Haag *n*

Haÿ-les-Roses (L') [laileʀoz] *Stadt im Dep. Val-de-Marne*

°**hayon** [ajõ, ɛjõ] M AUTO Hecktür *f*, -klappe *f*

°**hé** [(h)e] INT 1 he(da)!; **~! vous, là-bas** he, Sie da! 2 **~! ~!** nun (ja)!; → *a.* eh

°**heaume** [om] M HIST Helm *m* (*a.* HÉRALDIQUE)

hebdo [ɛbdo] M *fam* ABR → **hebdomadaire** B

hebdomadaire [ɛbdɔmadɛʀ] A ADJ wöchentlich; Wochen…; *revue* wöchentlich erscheinend B M Wochenblatt *n*, -schrift *f*, -zeitschrift *f*

hébergement [ebɛʀʒəmɑ̃] M a Unterbringung *f*; Beherbergung *f*; **centre** *m* **d'~ pour réfugiés** Flüchtlingsaufnahmezentrum *n*, -lager *n* b (*logement*) Unterkunft *f*

héberger [ebɛʀʒe] V/T ‹-geons› **~ qn** j-n beherbergen; (bei sich) unterbringen, *réfugiés* aufnehmen

hébété [ebete] ADJ a *air, regard* stumpf(sinnig) b *personne* benommen, wie betäubt (**de qc** von etw)

hébétement [ebɛtmɑ̃] M a *du regard etc* Stumpfheit *f* b *d'une personne* Benommenheit *f*; *a.* Stumpfsinn *m*

hébétude [ebetyd] F *litt* Stumpfsinn *m*

hébraïque [ebʀaik] ADJ hebräisch

hébreu [ebʀø] A ADJ ‹*nur m, pl* ~x› hebräisch B M 1 PL **Hébreux** Hebräer *mpl* 2 LING **l'~** das Hebräische; Hebräisch *n*; *fig* **c'est de l'~** das sind für mich böhmische Dörfer; das ist unverständlich

Hébrides [ebʀid] **les îles** *fpl* **~** die Hebriden *pl*

°**H.E.C.** [aʃese] ABR ([École des] Hautes études commerciales) (*führende*) *Wirtschaftshochschule in Jouy-en-Josas bei Paris*

hécatombe [ekatõb] F 1 (*massacre*) Blutbad *n*; Gemetzel *n*; Hekatombe *f*; **faire une ~** ein Blutbad anrichten 2 *plais à un examen* **quelle ~!** *ou* **c'était une vraie ~** da blieben viele auf der Strecke

hectare [ɛktaʀ] M (ABR **ha**) Hektar *n ou m* (*abr* ha)

hecto [ɛkto] M ABR → **hectolitre**

hectogramme [ɛktogʀam] M (ABR **hg**) Hektogramm *n* (*abr* hg); **hectolitre** M (ABR **hl**) Hektoliter *n ou m* (*abr* hl); **hectomètre** M (ABR **hm**) Hektometer *n ou m* (*abr* hm)

°**Hedjaz** [ɛdʒaz] GÉOG **le ~** der Hedschas

hédonisme [edɔnism] M PHIL Hedonismus *m*

hégélianisme [egeljanism] M PHIL Hegelianismus *m*; **hégélien** A ADJ ‹~ne› hegelianisch; hegelsche(r, -s) B SUBST **~(ne)** *m(f)* Hegelianer(in) *m(f)*

hégémonie [eʒemɔni] F POL Hegemonie *f*; Vorherrschaft *f*; Vormachtstellung *f*

hégire [eʒiʀ] F ISLAM Hedschra *f*

°**hein** [ɛ̃] INT *fam* **~?** 1 *pour faire répéter fam* hm?; was? 2 *demande d'approbation* nicht (wahr)?; *fam* hm?; *all Sud* gelt? 3 *surprise fam* na(nu)!; was!

Heine [ɛn] **Henri ~** Heinrich Heine

°**hélas** [elas] INT ach!; o weh!; leider!; **~! non** leider nein!

°**héler** [ele] V/T ‹-è-› her(an)-, herbeirufen

hélice [elis] F 1 AVIAT Propeller *m*; Luftschraube *f*; MAR (Schiffs)Schraube *f* 2 MATH Schrauben-, Schneckenlinie *f* 3 ARCH **escalier** *m* **en ~** Wendeltreppe *f*

hélico [eliko] M *fam* ABR → **hélicoptère**

hélicoïdal [elikɔidal] ADJ ‹-aux› TECH schrauben-, schneckenförmig; Schrauben…; Spiral…; Schnecken…; **engrenage ~** Schrauben(rad)getriebe *n*

hélicoptère [elikɔptɛʀ] M AVIAT Hubschrauber *m*; Helikopter *m* (*surtout en Suisse*); MIL **~ de combat** Kampfhubschrauber *m*

héligare [eligaʀ] F AVIAT Abfertigungsgebäude *n* für Hubschrauberpassagiere

hélio [eljo] F ABR → **héliogravure**

héliogravure [eljogʀavyʀ] F TYPO Tiefdruck *m*

héliomarin [eljomaʀɛ̃] ADJ MÉD **cure ~e** auf Sonnenbestrahlung und Seeluft basierende Heilkur

héliotrope [eljɔtʀɔp] M 1 BOT Heliotrop *n*; Sonnenwende *f* 2 MINÉR Heliotrop *m*; **héliotropisme** M BOT Heliotropismus *m*

héliport [elipɔʀ] M AVIAT Hubschrauberlandeplatz *m*; Heliport *m*

héliporté [elipɔʀte] ADJ mit Hubschrauber(n) befördert; *par ext* **opération ~e** Hubschrauberaktion *f*

hélium [eljɔm] M CHIM Helium *n*

hélix [eliks] M ANAT Helix *f*; umgebogener Rand der Ohrmuschel

hellène [elɛn, ɛllɛn] HIST *ou st/s* A ADJ hellenisch; griechisch B M/F **Hellène** Hellene *m*, Hellenin *f*

hellénique [ɛ(l)lenik] ADJ HIST *ou st/s* hellenisch; griechisch; **hellénisme** M HIST Hellenismus *m*

helléniste [ɛ(l)lenist] M/F Gräzist(in) *m(f)*; **hellénistique** ADJ HIST hellenistisch

°**hello** [ɛllo] INT hallo

Helsinki [ɛlsiŋki] Helsinki *n*

Helvètes [ɛlvɛt] MPL HIST Helvetier *mpl*

helvétique [ɛlvetik] ADJ Schweizer; schweizerisch; helvetisch; **Confédération** *f* **~** Schweizerische Eidgenossenschaft

helvétisme [ɛlvetism] M LING Helvetismus *m*; schweizerische Spracheigentümlichkeit

Hem [ɛm] *Stadt im Dep. Nord*

hématie [emasi] F BIOL rotes Blutkörperchen

hématite [ematit] F MINÉR Hämatit *m*

hématologie [ematɔlɔʒi] F Hämatologie *f*; Lehre *f* vom Blut

hématome [ematom] M MÉD Bluterguss *m*; *t/t* Hämatom *n*

hématurie [ematyʀi] F MÉD Blutharnen *n*; *t/t* Hämaturie *f*

hémicycle [emisikl] M *d'un théâtre, d'une salle* Halbrund *n*; *abs* **l'~** die (Sitzreihen *fpl* der französischen) Nationalversammlung; **en ~** halbkreisförmig; im Halbrund

hémiplégie [emipleʒi] F MÉD halbseitige Lähmung; *t/t* Hemiplegie *f*; **hémiplégique** M/F MÉD halbseitig Gelähmte(r) *m/f(m)*

hémisphère [emisfɛʀ] M 1 Halbkugel *f*; Hemisphäre *f*; *de la Terre* **~ nord** *ou* **boréal, sud** *ou* **austral** nördliche, südliche Halbkugel *ou* Hemisphäre; Nord-, Südhalbkugel *f* 2 ANAT **~ cérébral** Großhirnhälfte *f*

hémisphérique [emisfeʀik] ADJ halbkugelförmig; in Form e-r Halbkugel

hémistiche [emistiʃ] M VERSIFICATION Halbvers *m*; Hemistichion *n*

hémoglobine [emɔglɔbin] F Hämoglobin *n*; Blutfarbstoff *m*

hémophile [emɔfil] M MÉD Bluter *m*; **hémophilie** F MÉD Bluterkrankheit *f*; *t/t* Hämophilie *f*

hémorragie [emɔʀaʒi] F 1 MÉD Blutung *f*; **~ cérébrale** Hirnblutung *f*; **~ interne** innere Blutung 2 *fig* (*perte de vies humaines*) Aderlass *m*; *de capitaux* Schwund *m*; Abwanderung *f*

hémorroïdal [emɔʀɔidal] ADJ ‹-aux› MÉD hämorr(ho)idal; Hämorr(ho)idal…

hémorroïdes [emɔʀɔid] FPL MÉD Hämorr(ho)iden *fpl*

hémostase [emɔstaz] F MÉD Blutstillung *f*; **hémostatique** ADJ (*et* SUBST M) MÉD blutstillend(es Mittel)

Hendaye [ɑ̃daj] *Stadt im Dep. Pyrénées-Atlantiques*

°**henné** [ene, ɛ(n)ne] M a BOT Hennastrauch *m* b *colorant* Henna *f ou n*

°**hennin** [enɛ̃, ɛ(n)nɛ̃] M HIST burgundische Haube

°**hennir** [eniʀ] V/I wiehern; °**hennissement** M Wiehern *n*; Gewieher *n*

Henri [ɑ̃ʀi] M 1 *Vorname* 2 HIST Heinrich *m*

°**hep** [(h)ɛp] INT he!; hallo!

hépatique [epatik] A ADJ ANAT, MÉD Leber…; **colique** *f* **~** Gallenkolik *f* B M/F Leberkranke(r) *m/f(m)*

hépatite [epatit] F MÉD Hepatitis *f*; Leberentzündung *f*

heptathlon [ɛptatlõ] M SPORTS Siebenkampf *m*

héraldique [eʀaldik] A ADJ heraldisch; Wappen… B F Heraldik *f*; Wappenkunde *f*; **héraldiste** M/F Heraldiker(in) *m(f)*; Wappenforscher(in) *m(f)*

Hérault [eʀo] **l'~** *Fluss u. Departement in Frankreich*

°**héraut** [eʀo] M HIST **~ (d'armes)** Herold *m*

herbacé [ɛʀbase] ADJ BOT krautartig; **plante ~e** Kraut *n*; krautige *ou* nicht verholzende Pflanze

herbage [ɛʀbaʒ] M Weide *f*; **~s** *pl a.* Weide-

land n
herbager [ɛʀbaʒe] V/T ⟨-geons⟩ *bétail* auf die Weide treiben
herbe [ɛʀb] F 1 *coll* Gras n; °**hautes ~s** hohes Gras; **mauvaise ~** Unkraut n; **brin** *m* **d'~** Grashalm m; *loc adj blé* **en ~** noch grün; *fig* **c'est un pianiste en ~** aus ihm könnte ein großer Pianist werden; er hat die Anlagen zu e-m großen Pianisten; *fig* **couper l'~ sous le pied de qn** j-m den Rang ablaufen; j-n ausstechen; j-m den Wind aus den Segeln nehmen; **marcher dans, sur l'~** durch das Gras gehen 2 BOT Kraut n; krautiges Gewächs; **~s aromatiques** Gewürz-, Küchen-, Duftkräuter npl; CUIS **fines ~s** Küchenkräuter npl; feine (grüne) Kräuter npl; **omelette** f **aux fines ~s** Kräuteromelett n; PHARM **~s médicinales, officinales** Heilkräuter npl; **~ de la Saint-Jean** Johanniskraut n 3 *arg (drogue) arg* Grass n
herbeux [ɛʀbø] ADJ ⟨-euse⟩ grasbewachsen
herbicide [ɛʀbisid] A ADJ Unkraut vertilgend B M Unkrautvertilgungs-, Unkrautbekämpfungsmittel n; Herbizid n
herbier [ɛʀbje] M Herbarium n
herbivore [ɛʀbivɔʀ] ZOOL A ADJ pflanzenfressend B M Pflanzenfresser m
herboriser [ɛʀbɔʀize] V/I botanisieren; Pflanzen, Kräuter sammeln
herboriste [ɛʀbɔʀist] M/F (Heil)Kräuterhändler(in) m(f)
herboristerie [ɛʀbɔʀistəʀi] F a *commerce* (Heil)Kräuterhandel m b *magasin* (Heil)Kräuterhandlung f
Hercule [ɛʀkyl] M 1 MYTH Herkules m; Herakles m 2 *fig* **hercule** wahrer Herkules; **bâti, taillé en hercule** wie (ein) Herkules *ou* herkulisch gebaut
herculéen [ɛʀkyleɛ̃] ADJ ⟨~ne⟩ herkulisch; **force ~ne** Bärenkraft f
°**hère** [ɛʀ] M **pauvre ~** armer Kerl, Teufel, Tropf
héréditaire [eʀeditɛʀ] ADJ 1 BIOL Erb...; erblich; erbbedingt; **caractères** *mpl* **~s** Erbanlagen fpl; **maladie** *f* **~** Erbkrankheit f; erbliche Krankheit 2 JUR Erb...; erblich; *titre etc a.* vererblich; vererbbar; **monarchie** *f* **~** Erbmonarchie f 3 *fig* Erb...; **ennemi** *m* **~** Erbfeind m
hérédité [eʀedite] F BIOL 1 *transmission* Vererbung f; **lois** *fpl* **de l'~** Vererbungsgesetze npl 2 *(caractères héréditaires)* Erbgut n, -anlagen fpl; **avoir une lourde ~** erblich belastet sein
hérésie [eʀezi] F REL *et fig* Häresie f; Ketzerei f; Irrlehre f
hérétique [eʀetik] REL *et fig* A ADJ häretisch; ketzerisch B M/F Häretiker(in) m(f); Ketzer(in) m(f)
°**hérissé** [eʀise] ADJ 1 *plumes, poils, cheveux* gesträubt; *cheveux a.* hochstehend 2 **~ de qc** bedeckt, gespickt mit etw; *fig* **~ de difficultés** voller Schwierigkeiten; *fam* mit Schwierigkeiten gespickt; *parcours* **~ d'obstacles** mit vielen Hindernissen
°**hérissement** [eʀismɑ̃] M *des plumes etc* Sträuben n
°**hérisser** [eʀise] A V/T 1 *animal: ses plumes ou ses poils* sträuben 2 *fig* **~ qn** j-n zornig machen, erzürnen B V/PR **se ~** 1 *cheveux, poils, plumes* sich sträuben 2 *fig personne* zornig, böse, aggressiv werden
°**hérisson** [eʀisɔ̃] M 1 ZOOL Igel m 2 *du ramoneur* Sonne f 3 AGR Stachelwalze f 4 MIL Igelstellung f
héritage [eʀitaʒ] M 1 Erbe n; Erbschaft f; **~ paternel** väterliches Erbe; **oncle** *m*, **tante** *f* **à ~** Erbonkel m, -tante f; **faire un ~** e-e Erbschaft machen; **laisser qc en ~** etw vererben; *fig* etw hinterlassen 2 *fig* Erbe n; Erbteil n; Hinterlassenschaft f *(a. péj)*; **~ culturel** kulturelles Erbe
hériter [eʀite] V/T *et* V/T INDIR *et* V/I erben *(a. fig)*; **~ une maison de son père** ein Haus von s-m Vater erben; **~ (de) qc** etw erben (**de qn** von j-m); **~ d'une fortune** ein Vermögen erben; **~ de qn** j-n beerben
héritier [eʀitje] M 1 JUR *et fig* Erbe m; **~ du trône** Thronerbe m; *adjt* **prince ~** Erbprinz m; Kronprinz m; Thronfolger m 2 *plais (enfant) fam plais* Sprössling m; Spross m
héritière [eʀitjɛʀ] F JUR *et fig* Erbin f
hermaphrodite [ɛʀmafʀɔdit] A M 1 MYTH Hermaphrodit m 2 BIOL Zwitter m; *t/t* Hermaphrodit m B ADJ BIOL zweigeschlechtig; zwittrig
herméneutique [ɛʀmenøtik] REL, PHIL A ADJ hermeneutisch B F Hermeneutik f
hermétique [ɛʀmetik] ADJ 1 *fermeture* hermetisch; luft- und wasserdicht; *par ext boîte* hermetisch verschlossen 2 *fig (difficile à comprendre)* schwer verständlich; undurchschaubar; geheimnisvoll; *a. style* hermetisch; *visage* verschlossen; **hermétiquement** ADV **~ fermé** hermetisch verschlossen
hermétisme [ɛʀmetism] M 1 ALCHIMIE in den hermetischen Schriften enthaltene Lehre 2 LITTÉRATURE Hermetismus m
hermine [ɛʀmin] F 1 ZOOL Hermelin n 2 *fourrure* Hermelin(pelz) m
Hermon [ɛʀmɔ̃] **l'~** *m* der Hermon; das Hermongebirge
°**herniaire** [ɛʀnjɛʀ] ADJ MÉD Bruch...; **bandage** *m* **~** Bruchband n
°**hernie** [ɛʀni] F MÉD a (Eingeweide)Bruch m b **~ discale** Bandscheibenvorfall m
héroïne[1] [eʀɔin] F 1 Heldin f; Heroin f; **~ nationale** Nationalheldin f 2 *d'un roman, film etc* Heldin f; *d'une fête etc* Hauptperson f, -figur f
héroïne[2] [eʀɔin] F *drogue* Heroin n
héroïnomane [eʀɔinɔman] A ADJ heroinsüchtig B M/F Heroinsüchtige(r) m/f(m)
héroïque [eʀɔik] ADJ 1 *personne, combat etc* heldenhaft, -mütig; heroisch 2 *ère* der Helden, Heroen; heroisch; *par ext* **âge** *m* **~** Pionierzeit f 3 LITTÉRATURE Helden...; heroisch; **poème** *m* **~** Heldengedicht n
héroïquement [eʀɔikmɑ̃] ADV heldenhaft, -mütig; heroisch
héroïsme [eʀɔism] M *d'une personne* Heldenmut m, -tum n; Heroismus m; *d'un comportement* Heroismus m; Heldenhaftigkeit f; **acte** *m* **d'~** heroische Tat; Heldentat f; *iron* **c'est de l'~!** das ist der reinste Heroismus!; das ist ja geradezu heroisch!
°**héron** [eʀɔ̃] M ZOOL Reiher m; **~ cendré** Fisch-, Graureiher m
°**héros** [eʀo] M 1 Held m; Heros m; Heroe m; **~ national** Nationalheld m; **mourir en ~** als Held, wie ein Held sterben 2 *d'un roman, film etc* Held m; *d'un événement* Hauptperson f, -figur f; **~ du jour** Held m des Tages
herpès [ɛʀpɛs] M MÉD Bläschenausschlag m; *t/t* Herpes m
herpétologie [ɛʀpetɔlɔʒi] F Herpetologie f; Lehre f von den Kriechtieren
°**herse** [ɛʀs] F 1 AGR Egge f 2 FORTIFICATIONS Fallgatter n
°**herser** [ɛʀse] V/T AGR eggen
hertz [ɛʀts] M (ABR **Hz**) PHYS Hertz n *(abr* Hz)
hertzien [ɛʀtsjɛ̃] ADJ ⟨~ne⟩ RAD **ondes ~nes** hertzsche Wellen fpl
Hervé [ɛʀve] M *Vorname*
Herzégovine [ɛʀzegɔvin] GÉOG **l'~** *f* die Herzegowina
°**Hesbaye** [ɛsbe] GÉOG **la ~** der Haspengau
Hesdin [edɛ̃] *Ort im Dep. Pas-de-Calais*
hésitant [ezitɑ̃] ADJ zögernd; zaudernd; *personne a.* unschlüssig; schwankend; *voix a.* stockend
hésitation [ezitasjɔ̃] F Zögern n; Zaudern n; Unschlüssigkeit f; Schwanken n (**entre** zwischen *+dat*); **après bien des ~s** nach langem Zögern, Zaudern; nach langem Hin und Her; **obéir sans ~** auf der Stelle, ohne Zögern gehorchen
hésiter [ezite] V/I 1 zögern, zaudern (**à faire qc** etw zu tun); **il hésitait à répondre** er zögerte mit der Antwort; **sans ~** ohne zu zögern, zaudern; ohne Zögern, Zaudern; **il n'y a pas à ~** da gibt es kein Zögern; da braucht man nicht lange zu überlegen 2 **~ sur qc** (sich [dat]) über etw *(acc)* unschlüssig sein; sich *(dat)* über etw *(acc)* im Unklaren sein 3 **~ entre diverses choses** zwischen verschiedenen Dingen schwanken 4 *en parlant* stocken; *fam* stecken bleiben
°**Hesse** [ɛs] **la ~** Hessen n
hétéroclite [eteʀɔklit] ADJ verschieden-, ungleichartig; bunt zusammengewürfelt
hétérogène [eteʀɔʒɛn] ADJ heterogen; verschieden-, ungleichartig
hétérogénéité [eteʀɔʒeneite] F Heterogenität f; Verschiedenartig-, Ungleichartigkeit f
hétérosexualité [eteʀɔsɛksɥalite] F Heterosexualität f; **hétérosexuel** ADJ ⟨~le⟩ heterosexuell
°**hêtraie** [ɛtʀɛ] F Buchenhain m, -wald m
°**hêtre** [ɛtʀ] M 1 BOT Buche f 2 *bois* Buche(nholz) f(n); **en ~** buchen; aus Buchenholz
°**heu** [ø] INT → euh
heur [œʀ] M *iron* **ne pas avoir l'~ de plaire à qn** nicht das Glück haben, j-m zu gefallen
heure [œʀ] F 1 *(60 minutes)* Stunde f; ♦ **une petite ~** e-e knappe Stunde; ein Stündlein, Stündchen; **~ supplémentaire** Überstunde f; **deux ~s de route** zwei Stunden Fahrt; *course automobile* **les 24 ~s du Mans** das 24-Stunden-Rennen von Le Mans; **~ de cours** Unterrichtsstunde f; **~s de travail** Arbeitszeit f; **quart** *m* **d'~** Viertelstunde f; → *a.* quart A 3; ♦ *loc adv*: **deux ~s plus tôt, plus tard** zwei Stunden früher, später; *revenez* **dans trois ~s** in drei Stunden; *faire qc* **en trois ~s** in drei Stunden; innerhalb von drei Stunden; **vingt-quatre ~s sur vingt-quatre** rund um die Uhr; ♦ *fam* **voilà** *ou* **ça fait une ~ qu'on t'attend** wir warten schon e-e Ewigkeit auf dich; **Lyon est à deux ~s de Paris par le train** Lyon liegt zwei Zugstunden von Paris entfernt; **être payé à l'~** Stundenlohn bekommen; stundenweise bezahlt werden; **faire du cent à l'~, rouler à cent à l'~** (mit) hundert (Stundenkilometern) fahren; **gagner, toucher quinze euros l'~,** *fam* **de l'~** fünfzehn Euro die Stunde, pro Stunde verdienen 2 *division du temps* (Uhr)Zeit f; *après un chiffre* Uhr; ♦ **~ exacte** genaue Uhrzeit; **~ locale** Orts-, Lokalzeit f; MAR **~ de bord** Bordzeit f; **~ d'été** Sommerzeit f; **~ de l'Europe centrale** mitteleuropäische Zeit *(abr* MEZ); ♦ **deux ~s dix** zwei Uhr zehn; zehn (Minuten) nach zwei; **deux ~s et quart, deux ~s un quart** (ein) Viertel nach zwei; viertel drei; **dix ~s et demie** halb elf; **une ~ moins le quart** Viertel vor eins; drei viertel eins; **trois ~s moins cinq** fünf (Minuten) vor drei; **neuf ~s du matin** neun Uhr morgens *ou* vormittags; ♦ *loc adv*: **à l'~** pünktlich; **être à l'~** *personne* pünktlich sein; *montre* richtig, genau gehen; **à ~ fixe** zu e-r bestimmten Stunde, Zeit; immer zur gleichen Stunde, Zeit; **à deux ~s juste** genau, pünktlich um zwei (Uhr); **à quelle ~?** um wie viel Uhr?; um welche Zeit?; **sur le coup de dix ~s** Schlag zehn (Uhr); **après l'~** nach der vereinbarten Zeit; später; zu spät; **avant l'~** vor der Zeit; vorzeitig; *fam loc* **avant l'~ c'est pas l'~, après l'~ c'est**

H

plus l'~ zu früh ist zu früh und zu spät ist zu spät; man soll nie zu früh und nie zu spät kommen; ♦ **vous avez l'~?** haben Sie die genaue Uhrzeit?; **ne pas avoir d'~** keine festen Zeiten kennen; sich an keine festen Zeiten halten; **demander l'~** fragen, wie viel Uhr *ou* wie spät es ist; *fam fig* **je ne te demande pas l'~ qu'il est** ich habe dich nicht um deine Meinung gefragt; misch dich nicht ein!; **quelle ~ est-il?** wie spät ist es?; wie viel Uhr ist es?; **il est °huit ~s** es ist acht (Uhr) 3 *(moment)* Zeit(punkt) *f(m)*; Stunde *f*; Augenblick *m*; *par ext (époque)* Zeitalter *n*; ♦ **l'~ de l'informatique** das Zeitalter der Informatik; **l'~ de la liberté** die Stunde der Freiheit; **~s de pointe** → pointe 10; **~s des repas** Essens-, Tischzeiten *fpl*; **problèmes** *mpl* **de l'~** aktuelle, akute, anstehende Probleme *npl*; ♦ *loc adv et loc adj*: **à l'~ qu'il est, à l'~ actuelle**, *fam* **à cette ~** [astœʀ] jetzt; zu, in dieser Zeit, Stunde; zu diesem Zeitpunkt; gegenwärtig; zurzeit; in der heutigen Zeit; *int* **à la bonne ~!** (das ist aber) schön, prächtig!; *iron* nun schön!; **à la première ~** zu früher Stunde; sehr früh; *il est poète* **à ses ~s** zu s-r Zeit; bisweilen; wenn er dazu aufgelegt ist; **à toute ~** jederzeit; zu jeder Tageszeit; *magasin* **ouvert à toute ~** ganztägig geöffnet; **tout à l'~** a (so)eben; gerade; vorhin b (so)gleich; sofort; **à tout à l'~!** bis gleich, nachher, später, bald!; **la conversation de tout à l'~** das Gespräch von eben, von vorhin; **d'~ en ~** von Stunde zu Stunde; mit jeder Stunde; stündlich; **d'une ~ à l'autre** von e-r Stunde zur anderen; jeden Augenblick; **de bonne ~** *(tôt le matin)* früh (am Tage); *par ext* frühzeitig; **nouvelle** *f* **de (la) dernière ~** allerneueste Meldung; *elliptiquement* **Dernière ~** die allerneuesten Meldungen; *iron militant etc* **de la dernière ~** der sich erst kurz vor Torschluss anschließt; *partisan etc* **de la première ~** der ersten Stunde; **sur l'~** auf der Stelle; sogleich; sofort; unverzüglich; ♦ **il a cru sa dernière ~ arrivée** er glaubte, sein letztes Stündlein habe (schon) geschlagen; **l'~ est grave** die Stunde, der Augenblick ist ernst; **c'est son ~** das ist s-e *ou* ihre Zeit, Stunde; das ist die Zeit, zu der er *ou* sie gewöhnlich kommt; **c'est l'~ de** *(+inf)* es ist die Zeit zu *(+inf)*; **sa dernière ~** *ou* **son ~ a sonné** sein letztes Stündlein, s-e letzte Stunde hat geschlagen; **sa dernière ~** *ou* **son ~ est venue** s-e letzte Stunde ist gekommen; **son ~ viendra** s-e Stunde, Zeit wird (noch) kommen 4 REL **(livre** *m* **d')~s** Stundenbuch *n*

heureusement [øʀøzmɑ̃, œʀøz-] ADV 1 *(par bonheur)* glücklicherweise; zum Glück; erfreulicherweise; **~ (que) nous sommes indemnes** glücklicherweise, zum Glück sind wir unverletzt; **~ pour lui (que) ...** (es ist) ein Glück für ihn, dass ... 2 *(de façon avantageuse)* glücklich; gut; **l'affaire s'est terminée ~** die Sache hat ein glückliches Ende gefunden

heureux [øʀø, œʀø] A ADJ ⟨-euse⟩ 1 *(content, ravi)* glücklich; **bonne et heureuse année!** glückliches neues Jahr!; **~ caractère, heureuse nature** glückliche Natur; glückliches Naturell; **~ événement** *(naissance)* freudiges Ereignis; **~** *(st/s* **celui) qui ...** glücklich (ist), wer ...; **être ~ de qc** sich freuen, glücklich sein über etw *(acc)*; **j'en suis ~** das freut mich; **être ~ de** *(+inf) ou* **que ...** *(+subj)* sich freuen, glücklich sein zu *(+inf) ou*, dass ...; **je suis ~ de vous revoir** *a.* es freut mich, Sie wiederzusehen; **nous sommes ~ que vous soyez venu** *a.* es freut uns, dass Sie gekommen sind; **être ~ en ménage** e-e glückliche Ehe führen; **rendre qn ~** j-n glücklich machen 2 *(chanceux)* glücklich; **~ gagnant** glücklicher Gewinner; **avoir la main heureuse** e-e glückliche Hand haben; **s'estimer ~ de** *(+inf) ou* **que ...** *(+subj)* sich glücklich schätzen, von Glück sagen können, zu *(+inf) ou* dass ...; **être ~ au jeu, en affaires** beim Spiel, bei s-n Geschäften Glück haben; *prov* **~ au jeu, malheureux en amour** Glück im Spiel, Unglück in der Liebe *(prov)*; **c'est ~ pour vous** das ist ein Glück für Sie; da haben Sie Glück; **encore ~ que ...** *(+subj)* es ist noch ein Glück, dass ... 3 *expression, formule* gut; treffend; trefflich; glücklich; gelungen B SUBST **~, heureuse** *m,f* Glückliche(r) *m/f(m)*; **faire un ~** j-n *ou* ihn glücklich machen

°heurt [œʀ] M Reiberei *f*; Zusammenstoß *m*

°heurté [œʀte] ADJ *couleurs* stark kontrastierend; *plus fort* nicht zusammenpassend; sich beißend; *style* (zu) kontrastreich; *discours* abgehackt; nicht fließend

°heurter [œʀte] A V/T 1 **~ qc** an etw *(acc) ou* gegen etw stoßen; an etw *(acc)* anstoßen; *en tombant* auf etw *(acc ou dat)* aufschlagen; *véhicule* etw streifen; gegen etw fahren; auf etw *(acc)* aufprallen; **sa tête a heurté l'armoire** er ist mit dem Kopf an, gegen den Schrank gestoßen 2 **~ qn** j-n (versehentlich) anstoßen; *en voiture* j-n anfahren; **il a été heurté par une voiture** er ist von e-m Auto angefahren worden 3 *fig personne* verletzen; vor den Kopf stoßen; brüskieren; *les idées de qn* erschüttern; **~ de front qn, qc** j-n, etw offen, rücksichtslos angreifen B V/T INDIR 1 **~ contre qc** gegen etw stoßen 2 **~ à la porte** an die Tür klopfen, schlagen C V/PR **se ~** 1 *réfléchi* a **se ~ à un obstacle** *etc* auf ein Hindernis *etc* stoßen, treffen; **se ~ contre qc** gegen *ou* an etw *(acc)* stoßen b *fig* **se ~ à l'incompréhension de qn** auf j-s Unverständnis *(acc)* stoßen; **se ~ à une forte opposition** auf starken Widerstand stoßen 2 *réciproque* a *véhicules* zusammenstoßen; aufeinander-, gegeneinanderprallen b *fig personnes* zusammenstoßen; aneinandergeraten c *couleurs* nicht zusammenpassen; sich beißen

°heurtoir [œʀtwaʀ] M Türklopfer *m*

hévéa [evea] M BOT Kautschukbaum *m*; *t/t* Hevea *f*

hexaèdre [ɛgzaɛdʀ] M MATH Sechsflächner *m*; Hexaeder *n*

hexagonal [ɛgzagɔnal] ADJ ⟨-aux⟩ 1 sechseckig; *prisme* sechsseitig; TECH Sechskant... 2 *fig* französisch; das französische Mutterland betreffend

hexagone [ɛgzagon, -gɔn] M 1 Sechseck *n* 2 **l'Hexagone** (Kontinental)Frankreich *n*; das französische Mutterland

hexamètre [ɛgzamɛtʀ] ADJ *et* SUBST M **(vers** *m***)** ~ Hexameter *m*

°Hezbollah [ɛzbɔla] M Hisbollah *f*

°hi [(h)i] INT **~, ~, ~!** *rire* hihi(hi)!; *pleurs* huhu!

hiatus [jatys] M 1 PHON Hiat(us) *m* 2 *fig* Unterbrechung *f*; Kluft *f*, Graben *m* **(entre** zwischen *+dat***)**

hibernal [ibɛʀnal] ADJ ⟨-aux⟩ ZOOL **sommeil ~** Winterschlaf *m*

hibernation [ibɛʀnasjõ] F 1 ZOOL Winterschlaf *m* 2 MÉD **~ artificielle** künstlicher Winterschlaf; Hibernation *f* 3 *fig* **en ~** ruhend; stillliegend

hiberner [ibɛʀne] V/I *animal* Winterschlaf halten

hibiscus [ibiskys] M BOT Hibiskus *m*

°hibou [ibu] M ⟨*pl* ~x⟩ ZOOL Eule *f*

°hic [ik] *fam* M Hauptschwierigkeit *f*; *fam* Haken *m*; **voilà le ~, c'est là le ~** *fam* da liegt *ou* sitzt der Haken; da liegt der Hase im Pfeffer; da liegt der Hund begraben

hidalgo [idalgo] M *en Espagne* Hidalgo *m*

°hideur [idœʀ] *litt* F Abscheulichkeit *f*; Scheußlichkeit *f*; Grauenhaftigkeit *f*; **°hideux** ADJ ⟨-euse⟩ abscheulich; scheußlich; grauenerregend; grauenhaft; gräulich

hier [ijɛʀ, jɛʀ] ADV 1 gestern; **~ matin, (à) midi, (au) soir** gestern früh *ou* Morgen *ou* Vormittag, Mittag, Abend; **la journée d'~** der gestrige Tag; *je m'en souviens* **comme si c'était ~** als wenn es gestern gewesen wäre 2 *par ext* gestern; früher; **cela ne date pas d'~** das ist schon alt, nicht neu; das gibt es schon lange; *fam* **ne pas être né d'~** *fam* nicht von gestern sein

°hiérarchie [jeʀaʀʃi] F 1 ADMIN, MIL *etc* Hierarchie *f*; Rangordnung *f*, -folge *f* 2 *fig* Rangordnung *f*; (rangmäßige) Staffelung, Stufenfolge; **~ des valeurs** Rangordnung der Werte; Werteskala *f*

°hiérarchique [jeʀaʀʃik] ADJ hierarchisch; ADMIN Dienst...; **ordre** *m* **~** Rangordnung *f*; **supérieur** *m* **~** Dienstvorgesetzte(r) *m*; **voie** *f* **~** Dienst-, Instanzenweg *m*

°hiérarchisation [jeʀaʀʃizasjõ] F hierarchische Gliederung; (rangmäßige) Einstufung; Abstufung *f*; Staffelung *f*; **°hiérarchiser** V/T *société* hierarchisch gliedern; *valeurs* in e-e Rangordnung bringen; nach dem Rang einstufen

hiératique [jeʀatik] *litt* ADJ gemessen (-feierlich)

hiéroglyphe [jeʀɔglif] M Hieroglyphe *f* *(a. fig)*; **hiéroglyphique** ADJ hieroglyphisch; Hieroglyphen...

°hi-fi [ifi] F MUS High Fidelity *f (abr* Hi-Fi*)*; originalgetreue Wiedergabe; **chaîne** *f* **~** Stereoanlage *f*; Hi-Fi-Anlage *f*

°hi-han [iɑ̃] A INT *âne* iah! B M **pousser des ~s** iah schreien; iahen

hilarant [ilaʀɑ̃] ADJ 1 CHIM **gaz ~** Lachgas *n* 2 *histoire* belustigend; erheiternd; vergnüglich; zum Lachen

hilare [ilaʀ] ADJ vergnügt; heiter; fröhlich; **hilarité** F Heiterkeit *f*; Lachen *n*; **~ générale** allgemeine Heiterkeit; allgemeines Gelächter

°hile [il] M ANAT Hilus *m*

Himalaya [imalaja] **l'~** *m* der Himalaja

°hindi [indi] M LING Hindi *n*

hindou [ɛ̃du] *surtout* REL A ADJ Hindu...; hinduistisch; *abus* indisch B SUBST **Hindou(e)** *m(f)* Hindu *m*, Hindufrau *f*; *abus* Inder(in) *m(f)*; **hindouisme** M REL Hinduismus *m*; **hindouiste** ADJ REL hinduistisch

°hip [ip] INT **~, ~, ~, hourra!** hipp, hipp, hurra!

°hip-hop [ipɔp] M ⟨*inv*⟩ MUS Hip-Hop *m*

°hippie [ipi] A M/F Hippie *m*; Blumenkind *n* B ADJ Hippie...

hippique [ipik] ADJ Pferde(sport) ...; Reit...; **concours** *m* **~** Reit- und Fahrturnier *n*; **sport** *m* **~** Pferdesport *m*

hippisme [ipism] M Pferdesport *m*

hippocampe [ipɔkɑ̃p] M ZOOL Seepferdchen *n*

Hippocrate [ipɔkʀat] M MÉD Hippokrates *m*

hippodrome [ipodʀom] M (Pferde)Rennbahn *f*, (-)Rennplatz *m*; Hippodrom *m ou n*

hippomobile [ipɔmɔbil] ADJ **véhicule** *m* **~** Pferdefuhrwerk *n*, -wagen *m*

hippophagique [ipɔfaʒik] ADJ **boucherie** *f* **~** Pferdemetzgerei *f*; Pferde-, Rossschlachterei *f*

hippopotame [ipɔpɔtam] M 1 ZOOL Nil-, Flusspferd *n* 2 *fam fig d'une personne* Koloss *m*; *fam* Fleischberg *m*

hirondelle [iʀõdɛl] F ZOOL Schwalbe *f*; **~ de mer** Seeschwalbe *f*; *prov* **une ~ ne fait pas le printemps** e-e Schwalbe macht noch keinen Sommer *(prov)*

°Hiroshima [iʀɔʃima] Hiroschima *n*

hirsute [iʀsyt] ADJ struppig

hispanique [ispanik] **A** ADJ spanisch **B** SUBST **Hispanique** *m U.S.A.* spanischsprachiger Einwanderer

hispanisant [ispanizɑ̃] M, **hispanisante** F Hispanist(in) *m(f)*

hispanisme [ispanism] M Hispanismus *m*; spanische Spracheigentümlichkeit; **hispaniste** M/F Hispanist(in) *m(f)*

hispano-... [ispano] ADJ spanisch-...

hispano-américain [ispanoameʀikɛ̃] **A** ADJ **1** spanisch-amerikanisch **2** hispanoamerikanisch **B** SUBST **1** **Hispano-Américain(e)** *m(f)* Hispanoamerikaner(in) *m(f)* **2** M LING amerikanisches Spanisch

hispano-arabe [ispanoaʀab] *ou* **hispano-moresque** ADJ ART spanisch-maurisch

hispanophone [ispanɔfɔn] ADJ spanischsprachig; Spanisch sprechend

°**hisse** [is] INT **oh ~!** hau ruck!

°**hisser** [ise] **A** V/T **1** *drapeau, voile* hissen; aufziehen; *voile a.* setzen **2** *fardeau* hoch-, herauf-, hinaufziehen, -winden; in die Höhe ziehen; *fam* (hoch)hieven **B** V/PR **se ~** sich hoch-, emporziehen, in die Höhe ziehen

histamine [istamin] F BIOCHIMIE Histamin *n*

histocompatibilité [istokõpatibilite] F BIOL Gewebsverträglichkeit *f*; *t/t* Histokompatibilität *f*

histoire [istwaʀ] F **1** *science* Geschichte *f*; *a.* Geschichtswissenschaft *f*; **~ moderne** neuere Geschichte; **~ naturelle** Naturgeschichte *f*; **la petite ~** die kleinen Ereignisse *npl* am Rande der Weltgeschichte; **~ de l'art** Kunstgeschichte *f*; **~ de France** Geschichte Frankreichs; französische Geschichte; **~ des idées** Ideen-, Geistesgeschichte *f*; **~ de la littérature** Literaturgeschichte *f*; **~ d'une personne** Lebensgeschichte *f* e-r Person; **~ d'un peuple** Geschichte e-s Volkes; **(livre** *m* **d')~** Geschichtsbuch *n*; **professeur** *m* **d'~** Geschichtslehrer *m* **2** *(récit)* Geschichte *f*; Erzählung *f*; *(anecdote comique)* Witz *m*; **~ drôle** lustige Geschichte; **~s marseillaises** Witze (voller Übertreibungen), die in Marseille spielen; **~ à dormir debout** ganz unwahrscheinliche, völlig unglaubwürdige Geschichte; Räubergeschichte *f*, *fam* -pistole *f*; **~ d'amour** Liebesgeschichte *f*; **ce sont des ~s** das sind Märchen; das ist nicht wahr; **il nous raconte des ~s** er erzählt uns Märchen; er tischt uns Lügen auf **3** *(affaire)* Geschichte *f*; Sache *f*; Angelegenheit *f*; *par ext* **~s** *pl (ennuis)* Unannehmlichkeiten *fpl*; Scherereien *fpl*; **~ d'argent, de femmes** Geld-, Frauengeschichte *f*; **~ de fous** ganz verrückte, unglaubliche Geschichte, Sache; *loc adj fam* **sans ~** einfach; unauffällig; **avoir des ~s avec qn** mit j-m Streit haben; mit j-m etwas haben; **il m'est arrivé une drôle d'~, une sale ~** mir ist e-e komische, üble *ou* unangenehme Geschichte *ou* Sache passiert; **chercher des ~s à qn** mit j-m Streit, Händel suchen; **c'est une autre ~** das steht auf e-m anderen Blatt; das ist e-e ganz andere Sache, Geschichte; **c'est toujours la même ~** es ist immer (wieder) das Gleiche, die gleiche Geschichte; **c'est toute une ~** a das ist e-e lange Geschichte b das ist e-e Riesenaffäre; **en faire toute une ~** daraus e-e Riesenaffäre, *fam* e-e Staatsaktion machen; **faire des ~s** sich zieren; *fam* ein großes Getue machen; sich haben; **faire des ~s à qn** j-m Unannehmlichkeiten, Scherereien machen; **je ne veux pas d'~s** ich will keine Scherereien, keinen Streit (haben) **4** LOC CONJ *fam* **~ de** *(+inf)* um zu *(+inf)*; **~ de rire** aus, zum, im Spaß, Scherz

histologie [istɔlɔʒi] F BIOL Histologie *f*; Gewebelehre *f*; **histologique** ADJ histologisch

historicité [istɔʀisite] F historische Wahrheit, Zuverlässigkeit

historié [istɔʀje] ADJ ART mit Figuren *ou* Szenen *ou* Ornamenten geschmückt; ARCH **chapiteau ~** Figurenkapitell *n*

historien [istɔʀjɛ̃] M, **historienne** F Historiker(in) *m(f)* *(a. étudiant[e] en histoire)*; Geschichtsforscher(in) *m(f)*, -wissenschaftler(in) *m(f)*, -schreiber(in) *m(f)*

historiette [istɔʀjɛt] F Histörchen *n*; Anekdote *f*

historiographe [istɔʀjɔgʀaf] M (offizieller) Historiograf, Geschichtsschreiber; **historiographie** F (offizielle) Historiografie, Geschichtsschreibung

historique [istɔʀik] **A** ADJ historisch; geschichtlich; Geschichts...; **citation** *f* **~** denkwürdiges, berühmtes Zitat; **événement** *m* **~** historisches, denkwürdiges Ereignis; Ereignis *n* von historischer Bedeutung; **monument (classé) ~** unter Denkmalschutz stehendes Bauwerk; **personnage** *m* **~** historische Persönlichkeit; GRAM **présent** *m* **~** historisches Präsens; **roman** *m* **~** historischer Roman **B** M geschichtlicher, chronologischer Überblick; *d'un mot* Geschichte *f*; **faire l'~ de qc** e-n geschichtlichen Überblick über etw *(acc)* geben; etw in s-m geschichtlichen Zusammenhang darstellen

histrion [istʀijõ] *litt et péj* M schlechter Schauspieler

hitlérien [itleʀjɛ̃] ADJ ⟨~ne⟩ Hitler...; Nazi...; nazistisch; **hitlérisme** M Nazismus *m*

°**hit-parade** [itpaʀad] M Hitparade *f*

°**hittite** [itit] HIST **A** ADJ hethitisch **B** SUBST °**Hittites** *mpl* Hethiter *mpl*

°**HIV** [aʃive] M ABR (human immunodeficiency virus) HIV *n*

hiver [ivɛʀ] M Winter *m*; **~ doux, rude** milder, strenger Winter; **blé** *m* **d'~** Wintergetreide *n*; **sports** *mpl* **d'~** Wintersport *m*; **en ~, l'~** im Winter

hivernage [ivɛʀnaʒ] M Überwintern *n*, -ung *f*

hivernal ADJ ⟨-aux⟩ winterlich; Winter...; **froid ~** winterliche Kälte; **température ~e** Wintertemperatur *f*

hivernant [ivɛʀnɑ̃] M, **hivernante** F (Winter)Feriengast *m*

hiverner [ivɛʀne] V/I überwintern

hl ABR (hectolitre[s]) hl (Hektoliter)

°**HLM** [aʃɛlɛm] M *ou* F ABR (habitation à loyer modéré) Sozialwohnung *f*

°**ho** [(h)o] INT *pour appeler* he(da)!

°**hobby** [ɔbi] M ⟨*pl* hobbies⟩ Hobby *n*

°**hobereau** [ɔbʀo] M ⟨*pl* ~x⟩ (Land)Junker *m*; *péj* Krautjunker *m*

°**hochement** [ɔʃmɑ̃] M **~ de tête** Kopfschütteln *n*, -wiegen *n*; *a.* zögerndes Kopfnicken

°**hocher** [ɔʃe] V/T **~ la tête** den Kopf schütteln, wiegen; *approbation* zögernd mit dem Kopf nicken

°**hochet** [ɔʃɛ] M Rassel *f*; Klapper *f*

°**Hô Chi Minh** [oʃimin] M POL Ho Chi Minh *m*

°**hockey** [ɔkɛ] M SPORTS **~ (sur gazon)** (Feld)Hockey *n*; **~ sur glace** Eishockey *n*

°**hockeyeur** [ɔkejœʀ] M, °**hockeyeuse** F Hockeyspieler(in) *m(f)*

°**holà** [ɔla] **A** INT *pour appeler* he(da)!; *pour arrêter* halt! **B** M **mettre le ~ à qc** e-r Sache *(dat)* Einhalt gebieten, e-n Riegel vorschieben

°**holding** [ɔldiŋ] M ÉCON Holding (-gesellschaft) *f*

°**hold-up** [ɔldœp] M ⟨*inv*⟩ (bewaffneter) Raubüberfall **(d'une banque** auf e-e Bank)

°**hollandais** [ɔlɑ̃dɛ] **A** ADJ holländisch; CUIS **sauce ~e** Sauce hollandaise *f* **B** SUBST **1** °**Hollandais(e)** *m(f)* Holländer(in) *m(f)* **2** LING **le ~** das Holländische; Holländisch *n*

°**Hollande** [ɔlɑ̃d] **la ~** Holland *n*

°**hollande** [ɔlɑ̃d] M **1** Edamer(käse) *m* **2** Luxuspapier *n* mit Wasserzeichen

°**Hollande-Méridionale** [ɔlɑ̃dmeʀidjɔnal] **la ~** Südholland *n*

°**Hollande-Septentrionale** [ɔlɑ̃dsɛptɑ̃tʀijɔnal] **la ~** Nordholland *n*

°**hollywoodien** [ɔliwudjɛ̃] ADJ ⟨~ne⟩ an (den Luxus von) Hollywood erinnernd; Hollywood...

holocauste [ɔlɔkost] M **1** HIST REL Brandopfer *n* **2** *fig* Holocaust *m*; Massenvernichtung *f*;

hologramme M OPT Hologramm *n*; **holographie** F OPT Holografie *f*

°**homard** [ɔmaʀ] M ZOOL, CUIS Hummer *m*; *fig* **être rouge comme un ~** krebsrot sein

°**home** [om] M **~ d'enfants** Kinderheim *n*

homélie [ɔmeli] *litt* F (langweilige) Moralpredigt

homéopathe [ɔmeɔpat] ADJ *et* SUBST M/F **(médecin** *m*) **~** Homöopath(in) *m(f)*; **homéopathie** F Homöopathie *f*; **homéopathique** ADJ homöopathisch

homéotherme [ɔmeɔtɛʀm] ZOOL **A** ADJ warmblütig **B** M Warmblüter *m*

Homère [ɔmɛʀ] M Homer *m*

homérique [ɔmeʀik] ADJ homerisch; **rire** *m* **~** homerisches, schallendes Gelächter

°**home-trainer** [omtʀɛnœʀ] M ⟨*pl* home-trainers⟩ SPORTS Home-, Heimtrainer *m*

homicide [ɔmisid] **A** M Tötung *f*; JUR: **~ involontaire** fahrlässige Tötung; **~ volontaire** vorsätzliche Tötung **B** ADJ Mord...; mörderisch; todbringend; **guerre** *f* **~** mörderischer Krieg

hominidés [ɔminide] MPL *ou* **hominiens** [ɔminjɛ̃] MPL Hominiden *mpl*; Menschenartige(n) *mpl*

hommage [ɔmaʒ] M **1** Huldigung *f*; Ehrerbietung *f*; **mes ~s, Madame** guten Tag, gnädige Frau!; *a.* meine Verehrung!; *formule épistolaire* **(daignez agréer, Madame,) mes respectueux ~s** Ihr sehr ergebener; **en ~ de ma reconnaissance** als Ausdruck meiner Dankbarkeit; **(présentez) mes ~s à Madame** bitte empfehlen Sie mich Ihrer Frau Gemahlin; **rendre ~ à qn** j-m huldigen, Huldigungen darbringen, Ehre erweisen; j-n ehren; **rendre ~ à qc** etw würdigen; e-r Sache *(dat)* Anerkennung zollen **2** **~ d'auteur, d'éditeur** Widmungsexemplar *n* (des Autors, Verlegers) **3** HIST Huldigung *f*; **foi** *f* **et ~** Lehnseid *m*

hommasse [ɔmas] ADJ *péj* **femme** *f* **~** Mannweib *n*

homme [ɔm] M **1** *(être humain)* Mensch *m*; **~ des cavernes** Höhlenmensch *m*; **~ de Néanderthal** Neandertaler *m*; **ce n'est qu'un ~** er ist auch nur ein Mensch; REL **le Christ s'est fait ~** Christus ist Mensch geworden; *prov* **l'~ propose, Dieu dispose** der Mensch denkt, Gott lenkt *(prov)*; **l'~ est un loup pour l'~** homo homini lupus; der Mensch ist der Feind des Menschen **2** *(individu mâle)* Mann *m*; *fam* Mannsbild *n*, -person *f*; *un groupe* **de cinq ~s** von fünf Mann; *le caporal et* **ses ~s** s-e Männer *mpl*, Leute *pl*, *iron* Mannen *mpl*; ♦ **grand ~** großer, berühmter Mann; **jeune ~** junger Mann; *plais* Jüngling *m*; *fam* **eh, jeune ~! ...** he, junger Mann! ...; *fam* **votre jeune ~** Ihr Sohn; **~ politique** Politiker *m*; **~ à femmes** Frauen-, *fam* Weiberheld *m*; Schürzenjäger *m*; **~ à principes** Mann mit, von Prinzipien; *péj* Prinzipienreiter *m*; **~ d'action** Mann der Tat; **~ d'affaires** Geschäftsmann *m*; **~s d'affaires** Geschäftsleute *pl*; **~ de couleur** Farbige(r) *m*; **~ d'Église** Kirchenmann *m*; **~ d'équipe** Arbeiter *m* e-r Kolonne; **~ d'esprit** Mann von Geist; geistvoller, -reicher Mann; **~ d'État** Staatsmann *m*; **~ de génie** genialer Mensch, Mann; **~ de goût** Mann mit Geschmack; **~ d'honneur** Ehrenmann *m*; Mann von Ehre; **~ de lettres** Schriftsteller *m*; Literat *m*; **~ de loi** Jurist *m*; *péj* **~ de main** Handlanger *m*; Helfershelfer *m*; **~ du monde** Mann von Welt; Weltmann *m*; *fig* **~ de paille** Strohmann *m*; **~ du peuple** Mann aus dem Volk(e); **l'~ de la rue** der Mann auf der Straße; der kleine Mann; **~ de science** Wissenschaftler *m*; ♦ *loc adj* **d'~** Männer...; **chemise** *f* **d'~** Herrenhemd *n*; **métier** *m* **d'~** Männerberuf *m*; **parole** *f* **d'~** Manneswort *n*; **voix** *f* **d'~** Männerstimme *f*; männliche Stimme; *loc adv*: **comme un seul ~** wie e i n Mann; geschlossen; **d'~ à ~** von Mann zu Mann; ganz offen; ♦ **voilà mon ~!**, **c'est l'~ qu'il me faut** das ist mein Mann!; das ist der richtige Mann für mich; das ist der Mann, den ich brauche, suche; MAR **un ~ à la mer!** Mann über Bord!; **je suis votre ~** ich bin bereit, das (für Sie) zu machen; ich mache das; **c'est l'~ de la situation** das ist der richtige Mann in dieser Situation; **être (un) ~ à** (+*inf*) imstande, fähig sein zu (+*inf*); *vas-y*, **si tu es un ~** wenn du ein Mann bist; **vous êtes un ~ mort** Sie sind ein Kind, Mann des Todes; *fig* **c'est un ~ mort** er ist ein toter Mann; **trouver son ~** den richtigen Mann, s-n Mann finden **3** *fam* **son ~** der Mann, *fam* Kerl, mit dem sie zusammenlebt

homme-grenouille [ɔmgʀənuj] M ⟨*pl* hommes-grenouilles⟩ Froschmann *m*; **homme-orchestre** M ⟨*pl* hommes-orchestres [ɔmɔʀkɛstʀ]⟩ **1** MUS Einmannorchester *n* **2** *fig* Allroundman *m*; *fam* Hansdampf *m* in allen Gassen; **homme-sandwich** M ⟨*pl* hommes-sandwich(e)s⟩ Sandwichmann *m*; Plakatträger *m*

homo [omo] M *fam* ABR (homosexuel) *fam* Homo *m*

homogène [ɔmɔʒɛn] ADJ **1** *substance* homogen; **pâte** *f* **~** glatter Teig **2** *groupe* homogen; gleichartig (zusammengesetzt); *œuvre* einheitlich; homogen

homogénéisation [ɔmɔʒeneizasjõ] F Homogenisierung *f*; **homogénéiser** V/T CHIM, TECH homogenisieren; *adjt* **lait homogénéisé** homogenisierte Milch

homogénéité [ɔmɔʒeneite] F Homogenität *f*; Gleichartigkeit *f*; Einheitlichkeit *f*

homographe [ɔmɔgʀaf] M LING Homograph *n*

homologation [ɔmɔlɔgasjõ] F **1** SPORTS *d'un record* offizielle Anerkennung **2** *des prix* (staatliche) Genehmigung

homologue [ɔmɔlɔg] **A** ADJ **1** *grade etc* entsprechend; *personne* in gleicher Stellung **2** BIOL, MATH, CHIM homolog; ANAT sich (*dat*) entsprechend **B** M (Amts)Kollege *m*

homologuer [ɔmɔlɔge] V/T **1** SPORTS *record* offiziell anerkennen **2** *prix* (staatlich) genehmigen

homonyme [ɔmɔnim] **A** ADJ LING gleichlautend; homonym **B** M **1** LING Homonym *n* **2** *personne* Namensvetter *m*; **homonymie** F LING Homonymie *f*

homoparental [ɔmɔpaʀɑ̃tal] ADJ ⟨-aux⟩ **famille ~e** Familie *f* mit gleichgeschlechtlichen Eltern

homoparentalité [ɔmɔpaʀɑ̃talite] F gleichgeschlechtliche Elternschaft

homophobe [ɔmɔfɔb] ADJ *propos* homosexuellenfeindlich; *t/t* homophob; **agression** *f* **~** Übergriff *m* auf eine(n) Homosexuelle(n) *ou* auf Homosexuelle; *t/t* homophober Übergriff

homophobie [ɔmɔfɔbi] F *aversion* Abneigung *f* gegen Homosexuelle; *comportement* homosexuellenfeindliches Verhalten; *t/t* Homophobie *f*

homophone [ɔmɔfɔn] M LING Homofon *n*; **homophonie** F MUS Homofonie *f*

homosexualité [ɔmɔsɛksɥalite] F Homosexualität *f*; **homosexuel** **A** ADJ ⟨~le⟩ homosexuell; gleichgeschlechtlich **B** SUBST **~(le)** *m(f)* Homosexuelle(r) *m|f(m)*

°**Honduras** [õdyʀas] **le ~** Honduras *n*

°**hondurien** [õdyʀjɛ̃] **A** ADJ ⟨~ne⟩ honduranisch **B** SUBST °**Hondurien(ne)** *m(f)* Honduraner(in) *m(f)*

°**Hong-Kong** [õŋkõg] Hongkong *n*

°**hongre** [õgʀ] ADJ *et* SUBST M **(cheval** *m***) ~** Wallach *m*

°**Hongrie** [õgʀi] **la ~** Ungarn *n*

°**hongrois** [õgʀwa] **A** ADJ ungarisch **B** SUBST **1** °**Hongrois(e)** *m(f)* Ungar(in) *m(f)* **2** LING **le ~** das Ungarische; Ungarisch *n*

honnête [ɔnɛt] ADJ **1** *personne, conduite, intentions* ehrlich; aufrichtig; anständig; korrekt; redlich; *personne a.* rechtschaffen; bieder; **les ~s gens** *mpl* die anständigen, ehrlichen, *a.* biederen, rechtschaffenen Leute *pl*; HIST **~ homme** *m* allseitig gebildeter Weltmann; **homme** *m* **~** ehrlicher, aufrichtiger Mann **2** *résultat, travail etc* recht, ganz gut; befriedigend; anständig; *prix* angemessen; anständig

honnêtement [ɔnɛtmɑ̃] ADV **1** **a** (*sans voler*) auf ehrliche, anständige (Art und) Weise **b** (*loyalement*) anständigerweise; **il m'a ~ mis en garde** er hat mich anständigerweise gewarnt **c** (*franchement*) (ganz) ehrlich; **~**, *qu'est-ce que vous en pensez?* ganz ehrlich *ou* sagen Sie mir ehrlich ... **2** (*passablement*) ganz gut, anständig; nicht schlecht

honnêteté [ɔnɛtte] F Ehrlichkeit *f*; Aufrichtigkeit *f*; Anständigkeit *f*; Korrektheit *f*; Redlichkeit *f*; Rechtschaffenheit *f*; Biederkeit *f*; **ayez l'~ de le reconnaître** seien Sie so ehrlich, es zuzugeben

honneur [ɔnœʀ] M **1** Ehre *f*; **garçon** *m* **d'~** Brautführer *m*; **parole** *f* **d'~** Ehrenwort *n*; → *a.* parole 2; **place** *f* **d'~** Ehrenplatz *m*; **président** *m* **d'~** Ehrenpräsident *m*; **~ à ceux qui** ... Ehre denen, die ...; *au jeu*: **à vous l'~** Sie dürfen anfangen; **~ aux vaincus** der Verlierer darf anfangen; ♦ *loc adv*: **à son ~** zu s-r Ehre (-nrettung); **avec ~** ehrenvoll; mit Ehren; **en tout bien (et) tout ~** in (allen) Ehren; **pour l'~** um der Ehre willen; nur um die Ehre; *st/s* **sauf votre ~** mit Verlaub; bei allem Respekt Ihnen gegenüber; *jurer, attester* **sur l'~, sur son ~** bei s-r Ehre; ♦ *loc prép* **en l'~ de qn** zu j-s Ehren; **en son ~** ihm *ou* ihr zu Ehren; *iron* **en quel ~?** zu wessen Ehren?; warum denn nur?; aus welchem besonderen Anlass?; ♦ **avoir l'~ de faire part de qc** die Ehre haben, sich beehren, etw bekannt zu geben; **je n'ai pas l'~ de vous connaître** ich habe nicht die Ehre, Sie zu kennen; **à qui ai-je l'~?** mit wem habe ich die Ehre?; *iron* **j'ai bien l'~ de vous saluer** ich empfehle mich; **c'est comme j'ai l'~ de vous le dire** es ist so, wie ich sage; das können Sie mir glauben; **c'est beaucoup, trop d'~ que vous me faites** Sie tun mir e-e große, zu viel Ehre an (*a. iron*); *cette action* **est (toute) à son ~** gereicht ihm zur Ehre; **être, rester en ~** in Mode sein, bleiben; sich großer Beliebtheit erfreuen; (weiterhin) beliebt sein; **faire un (grand) ~ à qn** j-m e-e (große) Ehre erweisen; **c'est lui faire trop d'~** damit erweist man ihm zu viel Ehre; diese Ehre hat er nicht verdient; **faire à qn l'~ de** (+*inf*) j-m die Ehre erweisen, antun zu (+*inf*); **faire ~ à qn** j-m Ehre machen; COMM **faire ~ à ses obligations, engagements** s-n Verpflichtungen nachkommen; s-e Verpflichtungen einhalten, erfüllen; **faire ~ à sa signature** e-e durch s-e Unterschrift anerkannte Verpflichtung erfüllen, einhalten; *fam* **faire ~ à un plat** e-m Gericht fleißig, tüchtig, wacker zusprechen; sich (*dat*) ein Gericht gut schmecken lassen; **je n'ai pas mérité cet ~** diese Ehre habe ich nicht verdient; **mettre son point d'~ à faire qc, se faire un point d'~ de faire qc** s-e Ehre darein-, daransetzen, etw zu tun; **il s'en est fait un point d'~** *a.* das war Ehrensache für ihn; **sauver l'~ de la famille, du nom** die Ehre der Familie, des Namens retten **2** **~s** *pl* Ehren *fpl*; Ehrungen *fpl*; Ehrenerweisung(en) *f(pl)*, -bezeigung(en) *f(pl)*; (*dignités*) Würden *fpl*; **~s militaires** militärische Ehren; MIL **les ~s de la guerre** freier Abzug; *fig* **avec les ~s de la guerre** in (allen) Ehren; glimpflich; **avec tous les ~s dus à son rang** mit allen s-m Rang, s-r Stellung gebührenden Ehren; *fig* **avoir les ~s de la première page** auf der ersten Seite erscheinen; **faire les ~s de la maison (à qn)** j-n willkommen heißen (und durch das Haus führen); die Honneurs machen; **rendre à qn les derniers ~s** j-m die letzte Ehre erweisen **3** HIST Anrede **Votre Honneur** Euer Gnaden **4** **~s** *pl* BRIDGE Honneurs *pl*

°**honnir** [ɔniʀ] V/T *litt surtout* PP **honni de** *ou* **par qn** verabscheut von j-m; *devise* **honni soit qui mal y pense** ein Schelm, wer Arges dabei denkt

Honolulu [ɔnɔlyly] Honolulu *n*

honorabilité [ɔnɔʀabilite] F Achtbarkeit *f*; Ehrenhaftigkeit *f*; Ehrbarkeit *f*

honorable [ɔnɔʀabl] ADJ **1** *personne, famille* ehren-, achtenswert; achtbar; **conduite** *f* **~** ehrenhaftes Verhalten; **métier** *m* **~** ehrbarer Beruf; → *a.* amende 2 **2** (*distingué*) **le discours de mon ~ collègue** die Rede des verehrten *ou* geschätzten Herrn Kollegen; *plais* **l'~ compagnie** *f* die erlauchte Gesellschaft **3** *appréciation* **mention** *f* **~** ehrenvolle, rühmliche, lobende Erwähnung; Belobigung *f*; Auszeichnung *f* **4** (*convenable, moyen*) achtbar; anerkennenswert; *note d'examen* ganz gut; befriedigend; **fortune** *f* **~** ansehnliches Vermögen

honorablement [ɔnɔʀabləmɑ̃] ADV → honorable; **~ connu** als ehrenhaft, achtbar bekannt

honoraire [ɔnɔʀɛʀ] **A** ADJ Ehren...; **membre** *m*, **président** *m* **~** Ehrenmitglied *n*, -vorsitzende(r) *m*; **professeur** *m* **~** emeritierter Professor **B** MPL **~s** Honorar *n*; **verser des ~s pour qc** ein Honorar für etw bezahlen; etw honorieren

honoré [ɔnɔʀe] **A** ADJ **1** **mon ~ collègue** der verehrte *ou* mein verehrter Herr Kollege **2** **je suis très ~** ich fühle mich sehr geehrt (**par qc** durch etw) **B** F **~e** COMM **votre ~e du 2 mai** Ihr (sehr) geehrtes Schreiben vom 2. Mai

Honoré [ɔnɔʀe] M *Vorname*

honorer [ɔnɔʀe] **A** V/T **1** (*traiter avec respect*) ehren; *la mémoire de qn* in Ehren halten; **~ qn de sa confiance, de sa présence** j-n durch sein Vertrauen ehren, mit s-r Anwesenheit beehren **2** (*faire honneur*) ehren; Ehre machen (+*dat*); **cette franchise vous honore** diese Offenheit ehrt Sie, macht Ihnen Ehre **3** COMM *lettre de change* honorieren; einlösen; *par ext* **~ un contrat** einen Vertrag einhalten, erfüllen; **~ une promesse** ein Versprechen einlösen **B** V/PR **s'~ de qc** sich durch etw geehrt fühlen; auf etw (*acc*) stolz sein; **s'~ de** (+*inf*) (darauf) stolz sein, sich rühmen (dürfen) zu (+*inf*)

honorifique [ɔnɔʀifik] ADJ Ehren...; ehrenamtlich; **titre** *m* **~** Ehrentitel *m*; **à titre ~** eh-

H

renamtlich

honoris causa [ɔnɔʀiskoza] LOC ADJ **docteur** *m* **~** Doktor *m* honoris causa (*abr* h. c.); Ehrendoktor *m*

°Honshu [ɔnʃu] GÉOG Honschu *n*

°honte [õt] F 1 (*déshonneur*) Schande *f*; Schmach *f*; **quelle ~!** was für e-e, welche Schande, Schmach!; **~ à ceux qui ...** Schande, Schmach über die, die ...; **il n'y a pas de ~ à cela** das ist keine Schande; man braucht sich deshalb nicht zu schämen; **j'avoue à ma grande ~ que ...** zu meiner Schande muss ich gestehen, dass ...; **se couvrir de ~** sich mit (Schimpf und) Schande bedecken; *moins fort* sich blamieren; **être couvert de ~** mit (Schimpf und) Schande bedeckt sein; **c'est une ~!** das ist e-e Schande!; **être la ~ de la famille** der Schandfleck der Familie sein; **faire ~ à qn** j-m Schande machen, bereiten; *moins fort* j-n blamieren; → *a.* 2 2 (*sentiment d'humiliation*) Scham(gefühl) *f(n)*; **sans ~** ohne sich zu schämen; **sans fausse ~** ohne falsche Scham; **avoir ~** sich schämen (**de qn** für j-n; **de qc** für etw *ou st/s* e-r Sache [*gén*]; **d'avoir fait qc** etw getan zu haben); **tu n'as pas ~!** (pfui,) schäm dich!; schämst du dich nicht!; **tu devrais avoir ~!** du solltest dich schämen!; **faire ~ à qn** (*faire des reproches*) j-m ins Gewissen reden; (*être un sujet de honte*) j-n beschämen; **mourir de ~** sich zu Tode schämen; **avoir toute ~ bue** alles, jegliches Schamgefühl, alle Scham verloren haben

°honteusement [õtøzmɑ̃] ADV a (*de manière déshonorante*) mit (Schimpf und) Schande b (*de manière révoltante*) schändlich; auf schändliche Weise

°honteux [õtø] ADJ ⟨-euse⟩ 1 (*déshonorant, méprisable*) schändlich; beschämend; schimpflich; schmählich; **capitulation honteuse** schmachvolle Kapitulation; **il est ~ de** (*+inf*) es ist schändlich, e-e Schande zu (*+inf*) 2 (*qui a honte*) verschämt; schamhaft; **être ~ de qc** sich e-r Sache (*gén*) schämen 3 *vieilli ou plais* **maladie honteuse** Krankheit *f* der Geschlechtsorgane; **parties honteuses** Schamteile *npl*

°hop [(h)ɔp] INT *pour stimuler, faire sauter* hopp!; *enf* hopsa!; **allez, ~!** los, los!; auf geht's!; schnell!; *pour transcrire un geste rapide* **~ là!** husch!; wuppdich!; schwupp(diwupp)!

hôpital [ɔpital] M ⟨*pl* -aux⟩ Krankenhaus *n*; Klinik *f*; Hospital *n*; *autrich, suisse* Spital *n*; **~ militaire** Lazarett *n*; **~ pour enfants** Kinderklinik *f*; **lit** *m* **d'~** Krankenhausbett *n*; **médecin** *m* **des hôpitaux** Krankenhausarzt *m*

°hoquet [ɔkɛ] M Schluckauf *m*; **avoir le ~** den Schluckauf haben

°hoqueter [ɔkte] V/I ⟨-tt-⟩ 1 (*sangloter*) laut schluchzen 2 *fig moteur* stottern

horaire [ɔʀɛʀ] A ADJ 1 Stunden...; **salaire** *m*, **vitesse** *f* **~** Stundenlohn *m*, -geschwindigkeit *f* 2 GÉOG **fuseau** *m* **~** Zeitzone *f* B M 1 *des transports publics* Fahrplan *m*; AVIAT Flugplan *m*; **~ des chemins de fer** Eisenbahnfahrplan *m* 2 (*emploi du temps*) Zeitplan *m*; ÉCOLE Stundenplan *m*; **avoir un ~ chargé** e-n vollen Terminkalender haben; viel zu erledigen haben 3 **~ mobile, variable, à la carte** gleitende Arbeitszeit; Gleitzeit *f*

°horde [ɔʀd] F 1 Horde *f*; Bande *f*; **~ de gamins** Horde, Bande von Kindern 2 HIST Horde *f*

°horions [ɔʀjõ] *st/s* MPL heftige Schläge *mpl*

horizon [ɔʀizõ] M 1 Horizont *m*; AVIAT **~ artificiel** künstlicher Horizont; **ligne** *f* **d'~** Horizontlinie *f*; **à l'~** am Horizont 2 *par ext d'une personne* Aussicht *f*; Blickfeld *n*; *fig* Gesichtskreis *m*; Horizont *m*; **avoir pour tout ~ un mur** nur auf e-e Mauer sehen können; *fig* **changer d'~** aus der gewohnten Umgebung herauskommen; *fam* e-n Tapetenwechsel vornehmen; *interlocuteurs* **venir d'~s divers** aus verschiedenen Bereichen kommen 3 *fig* Horizont *m*; Perspektive *f*; **tour** *m* **d'~** Überblick *m*; Bestandsaufnahme *f*; **faire un tour d'~** e-n Überblick geben (**de** über *+acc*); e-e Bestandsaufnahme machen; die gegenseitig interessierenden Fragen durchsprechen; **ouvrir des ~s nouveaux** neue Horizonte, Möglichkeiten, Perspektiven eröffnen

horizontal [ɔʀizõtal] A ADJ ⟨-aux⟩ waag(e)recht; horizontal; Horizontal... B F **~e** Waag(e)rechte *f*; Horizontale *f*; **à l'~e** in der Horizontalen *ou* in die Horizontale

horizontalement [ɔʀizõtalmɑ̃] ADV waag(e)recht; horizontal; **horizontalité** F waagerechte Lage

horloge [ɔʀlɔʒ] F (öffentliche) Uhr; Turmuhr *f*; Normaluhr *f*; **~ atomique** Atomuhr *f*; **~ murale** Wanduhr *f*; RAD, TÉL **~ parlante** Zeitansage *f*; **~ de la gare** Bahnhofsuhr *f*; *fig*: **une heure d'~** e-e ganze, volle, geschlagene Stunde; **il est réglé comme une ~** er führt ein pedantisch geregeltes Leben

horloger [ɔʀlɔʒe] A ADJ ⟨-ère⟩ Uhren...; **industrie horlogère** Uhrenindustrie *f* B SUBST **~, horlogère** *m,f* Uhrmacher(in) *m(f)*; **~ bijoutier** Uhrmacher und Juwelier *m*

horlogerie [ɔʀlɔʒʀi] F 1 a *fabrication* Uhrmacherei *f*; Uhrmacherkunst *f* b *industrie* Uhrenindustrie *f* c *commerce* Uhrenhandel *m* d *magasin* Uhrengeschäft *n* 2 *coll* Uhren *fpl*

°hormis [ɔʀmi] *st/s* PRÉP außer (*+dat*); mit Ausnahme von (*ou +gén*)

hormonal [ɔʀmɔnal] ADJ ⟨-aux⟩ hormonal; Hormon...; **traitement ~** Hormonbehandlung *f*

hormone [ɔʀmɔn] F BIOL Hormon *n*

hormonothérapie [ɔʀmɔnoteʀapi] F Hormontherapie *f*

°Horn [ɔʀn] **le cap ~** Kap Hoorn *n*

horodateur [ɔʀɔdatœʀ] M TECH Datum- und Uhrzeitstempler *m*; AUTO Parkscheinautomat *m*

horokilométrique [ɔʀɔkilɔmetʀik] ADJ **compteur** *m* **~** Tachometer *m*

horoscope [ɔʀɔskɔp] M Horoskop *n*; **consulter son ~** sein Horoskop befragen

horreur [ɔʀœʀ] F 1 Entsetzen *n*; Grauen *n*; Grausen *n*; Schauder *m*; Abscheu *m*; Horror *m*; Schrecken *m*; **°hurlement** *m* **d'~** Entsetzensschrei *m*; **frappé, saisi d'~** von Entsetzen *etc* gepackt; **avoir ~ de qc, qn, avoir qc, qn en ~** etw, j-n verabscheuen, entsetzlich *ou* schrecklich finden; e-n Horror vor etw, j-m haben; *moins fort* etw, j-n nicht mögen; **j'en ai ~** *a.* mir graut davor; **avoir ~ d'écrire** schreibfaul sein; **avoir une sainte ~ de qc** e-n ausgesprochenen Abscheu vor etw haben; *chose* **faire ~** Entsetzen *etc* hervorrufen (**à qn** bei j-m); in Schrecken versetzen (j-n); **prendre qn, qc en ~** j-n, etw verabscheuen; Abscheu gegen j-n, etw bekommen; *moins fort* j-n, etw nicht mehr mögen 2 *d'un crime etc* Abscheulich-, Entsetzlich-, Grauenhaftigkeit *f*; **film** *m* **d'~** Horrorfilm *m*; **vision** *f* **d'~** Schreckensvision *f*; **dans toute son ~** in all s-r Abscheulichkeit *etc* 3 *fig* a (*chose laide*) Scheußlichkeit *f*; **quelle ~!** wie entsetzlich, scheußlich, schrecklich!; *par ext* (*personne laide*) *fam* **c'est une ~** sie, *a.* er ist ein wahres Scheusal, abstoßend hässlich b **~s** *pl* (*aspects, choses horribles*) Abscheulichkeiten *fpl*; Scheußlichkeiten *fpl*; **les ~s de la guerre** die Schrecken des Krieges c **~s** *pl* (*propos malveillants*) üble Dinge *npl*; Beschimpfungen *fpl*; Verleumdungen *fpl*; (*propos obscènes*) obszöne Dinge *npl*; Zoten *fpl*

horrible [ɔʀibl] ADJ 1 (*effroyable*) grauenhaft, -voll; entsetzlich; abscheulich; fürchterlich; schauderhaft 2 (*très laid*) scheußlich; schrecklich; fürchterlich 3 (*extrême*) *chaleur, soif etc* entsetzlich; fürchterlich; wahnsinnig

horriblement [ɔʀibləmɑ̃] ADV → horrible

horrifiant [ɔʀifjɑ̃] ADJ Grauen, schreckenerregend; **horrifié** ADJ entsetzt (**de, par** über *+acc*)

horripilant [ɔʀipilɑ̃] ADJ nervenaufreibend; nervtötend; unausstehlich; **horripiler** V/T nervös, gereizt machen; *fam* den (letzten) Nerv töten (**qn** j-m)

°hors [ɔʀ] A PRÉP *dans des* LOC **~ ligne** außergewöhnlich; hervorragend; INFORM offline; INFORM **mode** *m* **~ ligne** Offlinebetrieb *m*; AUTO *dimensions* **~ tout** über alles; **être ~ concours** (wegen s-r Überlegenheit) außer Konkurrenz teilnehmen; *par ext fam* fantastisch, konkurrenzlos sein; SPORTS **être ~ jeu** abseitsstehen; → *a.* pair² 1, série 1, taxe 3 B LOC PRÉP **~ de** außerhalb (*+gén*); aus (*+dat*) heraus *ou* hinaus; außer (*+dat*) (*a. fig*); **~ de danger** außer Gefahr; **~ d'haleine** außer Atem; atemlos; **~ d'ici!** hinaus!; *fam* raus!; **c'est ~ du sujet** das gehört nicht zum Thema; **être ~ de soi** außer sich sein; **mettre qn ~ de soi** j-n aufbringen, wütend machen, empören, aus der Fassung bringen; **se précipiter ~ de sa chambre** aus s-m Zimmer hinausstürzen; → *a. subst correspondants*

°hors-bord [ɔʀbɔʀ] M ⟨*inv*⟩ Boot *n* mit Außenbordmotor *m*; *fam* Außenborder *m*; *adjt* **moteur** *m* **~** Außenbordmotor *m*

°hors-d'œuvre [ɔʀdœvʀ] M ⟨*inv*⟩ CUIS (kalte) Vorspeise; Horsd'œuvre *n*; **~ variés** verschiedene Vorspeisen *fpl*

°hors-jeu [ɔʀʒø] M ⟨*inv*⟩ SPORTS Abseits *n*

°hors-la-loi [ɔʀlalwa] M ⟨*inv*⟩ 1 HIST für vogelfrei Erklärte(r) *m* 2 Gesetzlose(r) *m*; Verfemte(r) *m*

°hors-texte [ɔʀtɛkst] M ⟨*inv*⟩ TYPO Einschaltbild *n*

hortensia [ɔʀtɑ̃sja] M BOT Hortensie *f*

horticole [ɔʀtikɔl] ADJ Gartenbau...; **exposition** *f* **~** Gartenbauausstellung *f*; Gartenschau *f*

horticulteur [ɔʀtikyltœʀ] M, **horticultrice** F Gärtner(in) *m(f)*

horticulture [ɔʀtikyltyʀ] F Gartenbau *m*; Gärtnerei *f*; Gartenkunst *f*

hosanna [ɔzana] REL A INT hosianna! B M Hosianna *n*

hospice [ɔspis] M 1 (*asile*) (Alten)Pflegeheim *n*; *fig* **finir à l'~** im Armenhaus enden 2 REL von Mönchen geführte Herberge; Hospiz *n*

hospitalier [ɔspitalje] ADJ ⟨-ière⟩ 1 (*accueillant*) gastfreundlich; gastlich; gastfrei 2 (*relatif aux hôpitaux*) Krankenhaus...; Pflege...; **centre ~ universitaire** (*abr* **CHU**) Klinikum *n*; Universitätskliniken *fpl*; **établissement ~** Krankenanstalt *f*; **personnel ~** Krankenhaus-, Pflegepersonal *n*

hospitalisation [ɔspitalizasjõ] F a *admission* Einweisung *f*, Einlieferung *f*, Aufnahme *f* in ein Krankenhaus b *séjour* Krankenhausaufenthalt *m*; stationäre Behandlung; **frais** *mpl* **d'~** Krankenhauskosten *pl*

hospitaliser [ɔspitalize] V/T in ein Krankenhaus einweisen, einliefern; **être hospitalisé** ins Krankenhaus eingeliefert werden; *adjt* **hospitalisé** in stationärer Behandlung (befindlich)

hospitalité [ɔspitalite] F Gastfreundschaft *f*; Gastlichkeit *f*; **donner l'~ à qn** j-m Gastfreundschaft gewähren, bieten

hospitalo-universitaire [ɔspitaloyniveʀsi-

tɛʀ] ADJ **centre** *m* **~** *(abr* **CHU**) Universitätsklinikum *n*
hostellerie [ɔstɛlʀi] F (gutes) Hotel *ou* Restaurant (mit erstklassiger Küche)
hostie [ɔsti] F REL Hostie *f*
hostile [ɔstil] ADJ feindlich; feindselig; **être ~ à qn, qc** j-m, etw feindlich, feindselig gegenüberstehen
hostilité [ɔstilite] F 1 Feindseligkeit *f*, Feindschaft *f* (**envers, contre, à l'égard de qn** gegenüber j-m); **~ à qc** feindliche, feindselige Einstellung gegenüber e-r Sache *(dat)* 2 MIL **~s** *pl* Feindseligkeiten *fpl*; Kampfhandlungen *fpl*
hosto [ɔsto] M *fam* ABR → hôpital
°**hot-dog** [ɔtdɔg] M CUIS Hot Dog *n ou m*
hôte [ot] M 1 *(celui qui reçoit)* Gastgeber *m* 2 *(invité)* Gast *m (a. femme)*; **~ payant** zahlender Gast; **~ de marque** hoher Gast; **~ de passage** auf der Durchreise befindlicher Gast 3 **table** *f* **d'~** Tisch *m* für Hotel-, Pensions-, Stammgäste 4 BIOL *d'un parasite* Wirt *m*

H

hôtel [otɛl] M 1 Hotel *n*; Gasthof *m*, -haus *n*; **chambre** *f* **d'~** Hotelzimmer *n*; **maître** *m* **d'~** *dans un restaurant* Oberkellner *m*; *dans des maisons riches* Butler *m* 2 **~ (particulier)** herrschaftliches Stadthaus; Palais *n* 3 **~ des ventes** Versteigerungs-, Auktionsgebäude *n*; **~ de ville** Rathaus *n*
hôtel-Dieu [otɛldjø] M ⟨*pl* hôtels-Dieu⟩ (Zentral)Krankenhaus *n*
hôtelier [otəlje] A ADJ ⟨-ière⟩ Hotel…; **école hôtelière** Hotelfachschule *f*; **industrie hôtelière** → hôtellerie 1 B SUBST **~, hôtelière** *m,f* Hotelbesitzer(in) *m(f)*; Hotelier *m*; Gastwirt(in) *m(f)*
hôtellerie [otɛlʀi] F 1 Hotel(- und Gaststätten)gewerbe *n*; Beherbergungs(- und Gaststätten)gewerbe *n*; Hotellerie *f* 2 → hostellerie
hôtel-restaurant [otɛlʀɛstɔʀɑ̃] M ⟨*pl* hôtels-restaurants⟩ Hotel *n* mit Restaurant
hôtesse [otɛs] F 1 Gastgeberin *f* 2 **~ (d'accueil)** Hostess *f*; AVIAT **~ (de l'air)** Stewardess *f*
°**hotte** [ɔt] F 1 Tragkorb *m*; VIT *a.* Butte *f*; *all Nord* Kiepe *f*; **~ du père Noël** Sack *m* des Weihnachtsmanns 2 **~ (de cheminée)** Rauchfang *m*; **~ (filtrante)** Dunstabzugshaube *f*
°**hottentot** [ɔtɑ̃to] A ADJ hottentottisch B SUBST °**Hottentot(e)** *m(f)* Hottentotte *m*, Hottentottin *f*
°**hou** [(h)u] INT *pour faire peur* hu!; *pour faire honte* pfui!
°**houblon** [ublõ] M BOT Hopfen *m*
°**houe** [u] F AGR Hacke *f*; *all Sud a.* Haue *f*
°**houille** [uj] F Steinkohle *f*; *fig* **~ blanche** weiße Kohle
°**houiller** [uje] ADJ ⟨-ère⟩ Steinkohlen…; steinkohlenhaltig; **bassin ~** Steinkohlenbecken *n*, -revier *n*
°**houillère** [ujɛʀ] F (Stein)Kohlenbergwerk *n*, -zeche *f*, -grube *f*
°**houle** [ul] F 1 MAR Dünung *f*; Seegang *m*; **il y a de la ~** es herrscht Seegang 2 *fig* **~ humaine** wogende Menschenmenge
°**houlette** [ulɛt] F Hirtenstab *m*; *fig* **sous la ~ de** unter der Führung von *(ou +gén)*
°**houleux** [ulø] ADJ ⟨-euse⟩ 1 *mer* bewegt; unruhig; *plus fort* stürmisch; **la mer est houleuse** es herrscht Seegang 2 *fig réunion* sehr lebhaft; erregt; bewegt (verlaufend); **la salle était houleuse** im Saal herrschte Unruhe
°**houligan** [uligan] M Hooligan *m*; Rowdy *m*; °**houliganisme** M Rowdytum *n*
°**houp** [(h)up] INT → °hop
Houphouët-Boigny [ufwɛbwaɲi] *Politiker der Elfenbeinküste*
°**houppe** [up] F *(touffe)* Quaste *f*; *de cheveux* Haarbüschel *n*; Tolle *f*; **Riquet à la ~** *Märchenfigur von Perrault*
°**houppelande** [uplɑ̃d] F mantelartiger Überwurf
°**houppette** [upɛt] F *à poudre* Puderquaste *f*
°**hourdis** [uʀdi] M CONSTR Fachwerkausriegelung *f*; Ausmauerung *f*
°**hourra** [uʀa] A INT hurra! B M Hurra *n*; **~s** *pl* Hurrarufe *mpl*
°**houspiller** [uspije] V/T ausschimpfen; ausschelten; **se faire ~** ausgeschimpft werden
°**housse** [us] F (Schutz)Hülle *f*; *pour meubles* Schoner *m*; Schonbezug *m (a. pour sièges de voiture)*; **~ à vêtements** Schutzhülle für Kleidung
°**houx** [u] M BOT Stechpalme *f*; Ilex *f ou m*
°**hovercraft** [ɔvœʀkʀaft] M MAR Luftkissenfahrzeug *n*; Hovercraft *n*
°**HS** [aʃɛs] ABR (hors service) ADJT *fam* **être ~** *appareil, personne* kaputt sein; **être complètement ~** völlig kaputt, *fam* hinüber sein
H.T. ABR (hors taxe) ohne Steuern und Abgaben; *marchandise importée* zollfrei
HTML [aʃteɛmɛl] M ABR (hypertext markup language) INFORM HTML *f*
°**hublot** [yblo] M 1 MAR Bullauge *n* 2 AVIAT (kleines rundes) Fenster 3 *d'une machine à laver* Schauglas *n*; Sichtfenster *n*
°**huche** [yʃ] F Brotkasten *m*, -schrank *m*
Hudson [ytsɔn] GÉOG **l'~** *m* der Hudson
°**hue** [y] INT hü!; *fig* **l'un tire à ~ et l'autre à dia** der eine sagt hü und der andere hott
°**huées** [ɥe, ye] FPL Buhrufe *mpl*; Protestgeschrei *n*; Missfallenskundgebungen *fpl*; Hohngelächter *n*
°**huer** [ɥe, ye] A V/T *abs* buh rufen; buhen; **~ un orateur** einen Redner ausbuhen B V/I *chouette* schreien
Hugo [ygo] **Victor ~** *frz Dichter*
°**huguenot** [ygno] A ADJ hugenottisch B SUBST **~(e)** *m(f)* Hugenotte *m*, Hugenottin *f*
Hugues [yg] M *Vorname*
huilage [ɥilaʒ] M TECH Ölen *n*
huile [ɥil] F 1 Öl *n*; *de poissons* Tran *m*; **~ alimentaire** Speiseöl *n*; **~ minérale** Mineralöl *n*; **~ moteur** Motorenöl *n*; **~ solaire** Sonnenöl *n*; **~ végétale** Pflanzenöl *n*; pflanzliches Öl; **~ de foie de morue** Lebertran *m*; **~ de graissage** Schmieröl *n*; **~ d'olive** Olivenöl *n*; **~ de table** Tafelöl *n*; **faire la cuisine à l'~** mit Öl kochen 2 PEINT **(peinture** *f* **à l')~** *art* Ölmalerei *f*; *tableau* Ölgemälde *n*; Ölbild *n* 3 *fig* **mer** *f* **d'~** spiegelglatte See; spiegelglattes Meer; *fam* **baigner dans l'~** *(se dérouler parfaitement) fam* wie geschmiert gehen; *fam* **ça baigne dans l'~** *(tout va bien) fam* es ist alles in Butter; **jeter de l'~ sur le feu** Öl ins Feuer gießen; *fam* **mettre de l'~ de coude** Energie, Kraft aufwenden; **mettre de l'~ dans les rouages** wieder für e-n reibungslosen Ablauf sorgen; den Apparat wieder funktionsfähiger machen; → *a.* tache 1 4 *fam fig (personnalité importante)* wichtige Persönlichkeit; *fam* hohes, großes Tier
huilé [ɥile] ADJ 1 ölgetränkt; **papier ~** Ölpapier *n* 2 CUIS **salade trop ~e** Salat, der mit zu viel Öl angemacht ist 3 *fig* **bien ~** reibungslos funktionierend
huiler [ɥile] V/T (ein)ölen; (mit Öl) schmieren; **huilerie** F 1 *usine* Ölmühle *f* 2 *commerce* Ölhandel *m*
huileux [ɥilø] ADJ ⟨-euse⟩ ölig; ölhaltig; *par ext* **cheveux** *mpl* **~** fettige Haare *npl*; **peau huileuse** fettige Haut
huilier [ɥilje] A ADJ ⟨-ière⟩ Öl… B M Menage *f*; Ständer *m* mit Gefäßen für Essig und Öl
°**huis clos** [ɥiklo] M JUR Ausschluss *m* der Öffentlichkeit; *loc adj* **à ~** *audience* unter Ausschluss der Öffentlichkeit
Huisne [ɥin] **l'~** *f Fluss in Westfrankreich*
huisserie [ɥisʀi] F CONSTR Tür- *ou* Fenstereinfassung *f*, -rahmen *m*, -zarge *f*
huissier [ɥisje] M 1 JUR **~ (de justice)** Gerichtsvollzieher *m* 2 ADMIN Amtsdiener *m*
°**huit** [ɥit], *vor Konsonant* [ɥi] A NUM acht; **le ~ avril** der achte *ou* am achten April; **chapitre ~** Kapitel acht; **Henri VIII** Heinrich VIII. (der Achte); ♦ **~ jours** acht Tage; e-e Woche; *arriver* **dans ~ jours** in acht Tagen; *elliptiquement* **mardi en ~** Dienstag in acht Tagen; *fig* **donner ses ~ jours à qn** j-n entlassen; j-m kündigen; ♦ *loc adv* **à ~** zu acht; *loc adj*: *enfant* **de ~ ans** achtjährig; von acht Jahren; **journée** *f* **de ~ heures** Achtstundentag *m*; **voyage** *m* **de ~ jours** achttägige Reise B M ⟨*inv*⟩ 1 *chiffre* Acht *f*; *all Sud a.* Achter *m*; **le ~ (du mois)** der Achte *ou* am Achten (des Monats); **faire des ~** Achten beschreiben, machen; *(zigzaguer)* Schlangenlinien beschreiben; → *a.* deux B 2 **grand ~** Achterbahn *f* 3 ÉCON **faire les trois ~** in drei Schichten (zu acht Stunden) arbeiten 4 AVIRON Achter *m*
°**huitaine** [ɥitɛn] F 1 **une ~** etwa, ungefähr acht (**de personnes** *etc* Personen *etc*) 2 **une ~** etwa, ungefähr acht Tage; etwa, ungefähr e-e Woche; **sous ~** binnen acht Tagen; **remettre qc à ~** etw um acht Tage, um e-e Woche verschieben
°**huitante** [ɥitɑ̃t] NUM *en Suisse* achtzig
°**huitième** [ɥitjɛm] A NUM achte(r, -s); **la ~ partie** der achte Teil B SUBST 1 **le, la ~** der, die, das Achte 2 M MATH Achtel *n* 3 M *étage* achter Stock; achte Etage 4 M SPORTS **~ de finale** Achtelfinale *n*
°**huitièmement** [ɥitjɛmmɑ̃] ADV achtens
huître [ɥitʀ] F ZOOL Auster *f*
huîtrier [ɥitʀije] A ADJ ⟨-ière⟩ Austern…; **industrie huîtrière** Austernzucht *f* B M ZOOL Austernfischer *m*
huîtrière [ɥitʀijɛʀ] F Austernpark *m*
°**hulotte** [ylɔt] F ZOOL Waldkauz *m*
°**hululement** [ylylmɑ̃] M *des oiseaux de nuit* Schrei *m*; °**hululer** V/I *hibou etc* schreien
°**hum** [(h)œm] INT hm!
humain [ymɛ̃] A ADJ 1 *(de l'homme)* menschlich; Menschen…; *manger* **de la chair ~e** Menschenfleisch *n*; **la condition ~e** Stellung *f* und Schicksal *n* des Menschen innerhalb des Universums; *Malraux* So lebt der Mensch; **corps ~** menschlicher Körper; **dignité ~e** Menschenwürde *f*; Würde *f* des Menschen; **espèce ~e, genre ~** Menschengeschlecht *n*; **géographie ~e** Anthropo-, Kulturgeografie *f*; **nature ~e** menschliche Natur; Natur *f* des Menschen; **sciences ~es** Humanwissenschaften *fpl*; **ne plus avoir figure ~e** nicht mehr wie ein Mensch, nicht mehr menschlich aussehen; unkenntlich, vollkommen entstellt sein 2 *(bon)* menschlich; human; menschenfreundlich 3 *comportement, erreur* menschlich (verständlich); **c'est ~** das ist menschlich B M 1 *st/s* **les ~s** *pl* die Menschen *mpl* 2 **l'~** das Menschliche
humainement [ymɛnmɑ̃] ADV 1 **~ parlant** nach menschlichem Ermessen; **faire tout ce qui est ~ possible** das Menschenmögliche tun 2 **traiter ~ qn** j-n menschlich, wie e-n Menschen, als Menschen behandeln
humanisation [ymanizasjõ] F Humanisierung *f*; menschenwürdige Gestaltung
humaniser [ymanize] A V/T *conditions de vie etc* menschlicher, humaner, menschenwürdiger gestalten, machen; humanisieren B V/PR **s'~** menschlicher, humaner werden
humanisme [ymanism] M HIST, PHIL Humanismus *m*; **humaniste** A ADJ HIST, PHIL humanistisch B M/F 1 HIST, PHIL Humanist(in)

m(f) **2** *lettré* Kenner(in) m(f) der alten Sprachen
humanitaire [ymanitɛʀ] ADJ humanitär; menschenfreundlich; dem Wohl der Menschen dienend; *organisation a.* wohltätig
humanitarisme [ymanitaʀism] M *péj* Humanitätsduselei f
humanité [ymanite] F **1** *(genre humain)* Menschheit f **2** *(bonté)* Menschlichkeit f; Humanität f; Menschenfreundlichkeit f, -liebe f; **avec ~** menschlich; human **3** *(nature humaine)* menschliche Natur **4** **faire ses ~s** ein humanistisches Gymnasium besuchen
humble [ɛ̃bl, œ̃-] **A** ADJ **1** *(modeste)* demütig; ergeben; devot; untertänig; unterwürfig; **à mon ~ avis** nach meiner unmaßgeblichen, bescheidenen Meinung; *litt* **votre très ~ serviteur** Ihr ergebenster, untertänigster Diener **2** *st/s* *(de condition sociale modeste)* einfach; niedrig; *demeure, vie, cadeau* bescheiden; einfach **B** MPL *st/s* **les ~s** die einfachen Leute
humblement [ɛ̃bləmɑ̃, œ̃-] ADV demütig; *iron* **je vous fais ~ remarquer que ...** darf ich Sie in aller Bescheidenheit darauf aufmerksam machen, dass ...?
humecter [ymɛkte] **A** VT an-, befeuchten; *st/s* (be)netzen; *linge a.* einsprengen **B** VPR **s'~ les lèvres** sich *(dat)* die Lippen befeuchten; **ses yeux s'humectèrent** er *ou* sie bekam feuchte Augen; *fig* **s'~ le gosier** sich *(dat)* die Kehle anfeuchten
°**humer** [yme] VT *parfum, air* einatmen; einsaugen; inhalieren; **~ un plat** sich *(dat)* den Geruch e-r Speise in die Nase steigen lassen
humérus [ymeʀys] M ANAT Oberarmknochen m
humeur [ymœʀ] F **1** *(disposition momentanée)* Stimmung f; Laune f; **bonne** *ou a.* **belle ~, mauvaise** *ou a. plais* **méchante ~** gute, schlechte Laune; **être de bonne, mauvaise ~** gut, schlecht gelaunt *ou* aufgelegt sein; gute, schlechte Laune haben; (in) guter, schlechter Laune *ou* Stimmung sein; **~ noire** → noir A 5; **mettre qn de bonne, mauvaise ~** j-n in gute, schlechte Laune *ou* Stimmung versetzen; j-n gut, schlecht gelaunt machen; **selon l'~ du moment** je nach momentaner Stimmung, Laune; **être, se sentir d'~ à** *(+inf)* in der Stimmung, Laune sein zu *(+inf)*; **je ne suis pas, je ne me sens pas d'~ à plaisanter** mir ist nicht nach Scherzen zumute; ich bin nicht zu Scherzen aufgelegt **2** *(irritation)* schlechte Laune; Gereiztheit f; **dans un mouvement d'~** in e-r Anwandlung von schlechter Laune; *litt* **avec ~** verstimmt **3** *(tempérament)* Gemüt(sart) n(f); Wesen n; **incompatibilité** f **d'~** Unvereinbarkeit f der Charaktere; **sautes** *fpl* **d'~** Stimmungswechsel *mpl*, -umschwünge *mpl* **4** ANAT **~ aqueuse** (Augen)Kammerwasser n
humide [ymid] ADJ feucht; *plus fort* nass; **chaleur** f **~** feuchte Wärme, Hitze; **froid** m **~** feuchte Kälte; **c'est un froid ~** es ist nasskalt; **herbe** f **~ de rosée** taufeuchtes Gras; **regard** m **~** (tränen)feuchter Blick; **yeux** *mpl* **~s (de larmes)** (tränen)feuchte Augen *npl*
humidificateur [ymidifikatœʀ] M TECH **~ (d'air)** Luftbefeuchter m; **humidification** F TECH Be-, Anfeuchtung f; **~ d'air** Luftbefeuchtung f; **humidifier** VT be-, anfeuchten
humidité [ymidite] F Feuchtigkeit f; *st/s* Feuchte f; *plus fort* Nässe f; **~ de l'air** Luftfeuchtigkeit f; **tache** f **d'~** Stockfleck m
humiliant [ymiljɑ̃] ADJ demütigend; erniedrigend
humiliation [ymiljasjõ] F Demütigung f; Erniedrigung f; **infliger une ~ à qn** j-m e-e Demütigung zufügen
humilier [ymilje] **A** VT demütigen; erniedrigen; *adjt* **humilié** gedemütigt; erniedrigt; **se sentir humilié par, de qc** sich durch etw gedemütigt fühlen **B** VPR **s'~** sich demütigen, erniedrigen **(devant qn** vor j-m)
humilité [ymilite] F Demut f; *(déférence)* tiefe Ergebenheit; Unterwürfigkeit f; **avec ~** demütig; **en toute ~** in aller Bescheidenheit *(a. iron)*; **éprouver de l'~ devant qn** Demut vor, gegenüber j-m empfinden
humoriste [ymɔʀist] **A** M/F Humorist(in) m(f) **B** ADJ humoristisch; **humoristique** ADJ humoristisch; **histoire** f **~** *a.* Humoreske f
humour [ymuʀ] M Humor m; **~ noir** schwarzer Humor; **avoir (le sens) de l'~** (Sinn für) Humor haben
humus [ymys] M Humus m; **couche** f **d'~** Humusschicht f
°**hune** [yn] F MAR Mars m; Mastkorb m; **mât** m **de ~** Marsstenge f
°**hunier** [ynje] M Marssegel n
°**Huningue** [ynɛ̃g] GÉOG Hüningen n
°**Huns** [ɛ̃, œ̃] MPL HIST Hunnen *mpl*
°**huppe** [yp] F **1** *(touffe de plumes)* Haube f; Schopf m **2** *oiseau* Wiedehopf m
°**huppé** [ype] ADJ **1** ZOOL Hauben...; **alouette ~e** Haubenlerche f **2** *fam fig (fam* stink)vornehm, (-)reich; *fam* nobel
°**hure** [yʀ] F **1** *du sanglier, de certains poissons* (abgetrennter) Kopf **2** CUIS Schweinskopf m
°**hurlant** [yʀlɑ̃] ADJ *foule* brüllend; schreiend; *meute de loups* heulend
°**hurlement** [yʀləmɑ̃] M **1** *d'une personne* Schrei m; **~s** *pl* Brüllen n; Gebrüll n; Schreien n; Geschrei n; Heulen n; Geheul n; **~s de douleur** Schmerzgebrüll n; Schmerzensschreie *mpl*; **~s de joie** Freudengeschrei n, -geheul n; **~ de rage** Wutgebrüll n, -geheul n **2** *d'un animal, d'une sirène, du vent* Heulen n
°**hurler** [yʀle] **A** VT hinausschreien, -brüllen; **~ sa douleur, sa rage** seinen Schmerz, seine Wut hinausschreien, -brüllen **B** VI **1** *personne* (auf)brüllen, (-)schreien, (-)heulen **(de douleur** vor Schmerz) **2** *chien, loup* heulen; **~ à la lune** den Mond anbellen; *fig* **~ avec les loups** mit den Wölfen heulen **3** *sirène, vent* heulen; *freins* kreischen **4** *fig couleurs* sich beißen
°**hurleur** [yʀlœʀ] ADJ *et* SUBST M ZOOL **(singe** m**) ~** Brüllaffe m
hurluberlu [yʀlybɛʀly] **A** M komischer Kauz; *fam* Spinner m **B** ADJ verschroben; *fam* spinnig
°**Huron** [yʀõ] **le lac ~** der Huronsee
°**huron** [yʀõ] **A** ADJ ⟨~ne⟩ huronisch **B** MPL °**Hurons** Huronen *mpl*
°**hussard** [ysaʀ] M HIST MIL Husar m
°**hussarde** [ysaʀd] LOC ADV **à la ~** brutal; draufgängerisch
°**hutte** [yt] F Hütte f
°**Huy** [ɥi] *Stadt in Belgien*
Huysmans [ɥismɑ̃s] *frz Dichter*
hyacinthe [jasɛ̃t] F MINÉR Hyazinth m
hybridation [ibʀidasjõ] F BIOL Bastardierung f; Artenkreuzung f; Hybridisierung f
hybride [ibʀid] **A** ADJ **1** BIOL hybrid; Bastard...; **plante** f **~** Bastardpflanze f **2** AUTO Hybrid...; mit Hybridantrieb; **voiture** f **~** Hybridauto n; Auto n mit Hybridantrieb **3** *fig* Zwitter...; zwitterhaft; Misch...; gemischt; hybrid **B** M BIOL Hybride f *ou* m; Bastard m
hydracide [idʀasid] M CHIM Wasserstoffsäure f
hydratant [idʀatɑ̃] ADJ Feuchtigkeits...; feuchtigkeitsspendend; **crème ~e** Feuchtigkeitscreme f
hydratation [idʀatasjõ] F CHIM Hydra(ta)tion f
hydrate [idʀat] M CHIM Hydrat n; **~ de carbone** Kohle(n)hydrat n
hydrater [idʀate] **A** VT **1** CHIM mit Wasser verbinden; hydratisieren; *adjt* **hydraté** wasserhaltig; **chaux hydratée** Löschkalk m **2** *produits de beauté* **~ la peau** der Haut *(dat)* Feuchtigkeit zuführen **B** VPR **s'~** CHIM ein Hydrat bilden; Wasser aufnehmen
hydraulique [idʀolik] **A** ADJ **1** Wasser(kraft)...; **énergie** f **~** Wasserkraft f **2** TECH hydraulisch; Flüssigkeits...; **frein** m **~** hydraulische Bremse; **presse** f **~** hydraulische Presse **B** F Hydraulik f
hydravion [idʀavjõ] M Wasserflugzeug n
hydre [idʀ] F MYTH *et fig* Hydra f
hydrocarbure [idʀɔkaʀbyʀ] M CHIM Kohlenwasserstoff m
hydrocéphale [idʀɔsefal] MÉD **A** ADJ mit e-m Wasserkopf **B** M/F Mensch m mit e-m Wasserkopf; **hydrocéphalie** F MÉD Wasserkopf m
hydrocuté [idʀɔkyte] ADJ (durch plötzlichen Kontakt mit kaltem Wasser) ertrunken
hydrocution [idʀɔkysjõ] F MÉD Ertrinken n durch Bewusstloswerden in kaltem Wasser; Herzschlag m nach e-m Sprung ins kalte Wasser
hydrodynamique [idʀɔdinamik] PHYS **A** ADJ hydrodynamisch **B** F Hydrodynamik f;
hydro-électricité F durch Wasserkraft erzeugte Elektrizität; **hydro-électrique** ADJ hydroelektrisch; **centrale** f **~** Wasserkraftwerk n
hydrofoil [idʀɔfɔjl] M MAR Tragflächen-, Tragflügelboot n
hydrogénation [idʀɔʒenasjõ] F CHIM, TECH Hydrieren n, -ung f; **~ du charbon** Kohlehydrierung f
hydrogène [idʀɔʒɛn] M CHIM Wasserstoff m; MIL **bombe** f **à ~** Wasserstoffbombe f
hydrogéné [idʀɔʒene] ADJ CHIM Wasserstoff...; wasserstoffhaltig; **hydrogéner** VT ⟨-è-⟩ CHIM, TECH hydrieren
hydroglisseur [idʀɔglisœʀ] M Gleitboot n; Hydroplan m
hydrographie [idʀɔgʀafi] F **1** *science* Hydrografie f; Gewässerkunde f **2** *(cours d'eau et lacs)* Gewässer *npl*
hydrolat [idʀɔla] M PARFUMERIE mit destilliertem Wasser versetztes ätherisches Öl
hydrologie [idʀɔlɔʒi] F Hydrologie f
hydrolyse [idʀɔliz] F CHIM Hydrolyse f
hydromel [idʀɔmɛl] M Met m
hydrophile [idʀɔfil] ADJ Wasser anziehend, aufnehmend; hydrophil; **coton** m **~** Verband(s)-, Saugwatte f
hydrophobe [idʀɔfɔb] ADJ MÉD (krankhaft) wasserscheu; **hydrophobie** F MÉD (krankhafte) Wasserscheu
hydropique [idʀɔpik] ADJ MÉD wassersüchtig; an Wassersucht leidend; **hydropisie** [-pizi] F MÉD Wassersucht f
hydropulseur [idʀɔpylsœʀ] M Munddusche f
hydrosphère [idʀɔsfɛʀ] F GÉOG Hydrosphäre f
hydrostatique [idʀɔstatik] PHYS **A** ADJ hydrostatisch **B** F Hydrostatik f
hydrothérapie [idʀɔteʀapi] F MÉD Hydrotherapie f; Wasserheilverfahren n, -heilkunde f; **hydrothérapique** ADJ MÉD hydrotherapeutisch; Wasserheil...; **cure** f **~** Kneippkur f
hydroxyde [idʀɔksid] M CHIM Hydroxid n
hydrure [idʀyʀ] M CHIM Hydrid n
hyène [jɛn] F ZOOL Hyäne f *(a. fig)*
Hyères [jɛʀ] *Stadt im Dep. Var*
hygiaphone® [iʒjafɔn] M *à un guichet* (hygienisch gestaltete) Sprechöffnung
hygiène [iʒjɛn] F Hygiene f; Gesundheitslehre f, -pflege f; **~ alimentaire** Lebensmittelhy-

H

giene *f*; ~ **corporelle** Körperpflege *f*, -hygiene *f*; ~ **publique** öffentliche Gesundheitspflege; ~ **de la bouche, de la peau** Mund-, Hautpflege *f*; ~ **du travail** Arbeitshygiene *f*; **soins** *mpl* **d'~** Gesundheitspflege *f*; **manquer d'~** *personne* es an Hygiene fehlen lassen; *lieu* unhygienisch, nicht sauber sein

hygiénique [iʒjenik] ADJ hygienisch; der Gesundheit dienend; **papier** *m* ~ Toiletten-, Klosett-, *fam* Klopapier *n*; **seau** *m* ~ Toiletteneimer *m*; **serviette** *f* ~ (Damen-, Monats)Binde *f*; **soins** *mpl* **~s** Gesundheitspflege *f*

hygiéniste [iʒjenist] M/F Hygieniker(in) *m(f)*

hygromètre [igʀɔmɛtʀ] M MÉTÉO Hygrometer *n*; Luftfeuchtigkeitsmesser *m*; **hygrométrique** ADJ MÉTÉO **état** *m* ~ **(de l'air)** (Luft)Feuchtigkeitsgehalt *m*; **hygroscopique** ADJ CHIM hygroskopisch; Wasser anziehend

hymen [imɛn] M **1** ANAT Jungfernhäutchen *n*; *t/t* Hymen *n* **2** *poét* (*mariage*) Vermählung *f*, Ehe *f*

hyménée [imene] M *poét* → hymen 2

hyménoptères [imenɔptɛʀ] MPL ZOOL Hautflügler *mpl*

hymne [imn] **1** M Hymne *f*; Hymnus *m*; preisendes Gedicht; ~ **national** Nationalhymne *f*; ~ **à la nature** Hymne an die Natur **2** F REL (geistlicher) Lobgesang; Hymnus *m*

hyper... [ipɛʀ] *préfixe* Hyper...; hyper...; Über...; über...; → *les mots suivants*

hyperacidité [ipɛʀasidite] F MÉD übermäßig hoher Säuregehalt des Magensaftes; *t/t* Super-, Hyperacidität *f*

hyperactif [ipɛʀaktif] ADJ hyperaktiv; **hyperactivité** F Hyperaktivität *f*

hyperbole [ipɛʀbɔl] F **1** MATH Hyperbel *f* **2** RHÉT Hyperbel *f*; *par ext* Übertreibung *f*

hypercorrect [ipɛʀkɔʀɛkt] ADJ LING hyperkorrekt; **hypercritique** ADJ hyperkritisch; überkritisch, -streng; **hyperémotivité** F PSYCH übermäßige Emotivität, Empfindsamkeit; **hyperesthésie** F MÉD Überempfindlichkeit *f* (der Haut); **hyperglycémie** F MÉD vermehrter Blutzuckergehalt; *t/t* Hyperglykämie *f*; **hyperlien** M INFORM Hyperlink *m*

hypermarché [ipɛʀmaʀʃe] M Verbrauchermarkt *m* (*mit mehr als 2500 m² Verkaufsfläche*)

hypermétrope [ipɛʀmetʀɔp] **A** ADJ weitsichtig **B** M/F Weitsichtige(r) *m/f(m)*; **hypermétropie** F Weit-, Übersichtigkeit *f*

hypernerveux [ipɛʀnɛʀvø] ADJ ⟨-euse⟩ übernervös; *subst* **c'est un** ~ er ist übernervös

hypersensibilité [ipɛʀsɑ̃sibilite] F Überempfindlichkeit *f*; **hypersensible** ADJ überempfindlich

hypersustentateur [ipɛʀsystɑ̃tatœʀ] ADJ *et* SUBST M AVIAT (**dispositif** *m*) ~ Hochauftriebsmittel *n*; Auftriebshilfe *f*

hypertendu [ipɛʀtɑ̃dy] MÉD **A** ADJ an zu hohem Blutdruck leidend **B** SUBST **~(e)** *m(f)* an zu hohem Blutdruck Leidende(r) *m/f(m)*; **hypertension** F MÉD erhöhter Blutdruck; Bluthochdruck *m*; *t/t* Hypertonie *f*

hypertexte [ipɛʀtɛkst] M INFORM Hypertext *m*

hypertrophie [ipɛʀtʀɔfi] F **1** MÉD übermäßige Vergrößerung; übermäßiges Wachstum; *t/t* Hypertrophie *f* **2** *fig du moi* Übersteigerung *f*; *d'un système* übermäßiges Wachstum

hypertrophié [ipɛʀtʀɔfje] ADJ **1** MÉD (durch Zellenwachstum) übermäßig vergrößert; *t/t* hypertroph(isch) **2** *fig* übersteigert; übermäßig entwickelt; aufgebläht; **hypertrophier** V/PR **s'~** **1** MÉD sich (übermäßig) vergrößern; übermäßig wachsen **2** *fig* sich übermäßig entwickeln; übermäßig anwachsen; **hypertrophique** ADJ MÉD hypertroph(isch)

hypnose [ipnoz] F Hypnose *f*

hypnotique [ipnɔtik] **A** ADJ hypnotisch; *personne* hypnotisierbar **B** M PHARM Hypnotikum *n*; Schlafmittel *n*

hypnotiser [ipnɔtize] **A** V/T **1** hypnotisieren; in Hypnose versetzen **2** *fig* in s-n Bann schlagen; fesseln; *pp* **être hypnotisé par qc** durch, von etw (wie) hypnotisiert, wie gebannt, wie geblendet sein **B** V/PR **s'~ sur qc** von etw besessen sein, verfolgt werden

hypnotiseur [ipnɔtizœʀ] M Hypnotiseur *m*; **hypnotisme** M **a** *procédés* hypnotische Praktiken *fpl* **b** *science* Hypnotismus *m*

hypoallerg(én)ique [ipoalɛʀʒ(en)ik] ADJ antiallergisch

hypo-cagne → hypo-khâgne

hypocalorique [ipɔkalɔʀik] ADJ kalorienarm; **hypocentre** M GÉOL Hypozentrum *n*; Erdbebenherd *m*

hypocondriaque [ipɔkɔ̃dʀijak] **A** ADJ hypochondrisch **B** M Hypochonder *m*; eingebildete(r) Kranke(r); **hypocondrie** F MÉD Hypochondrie *f*

hypocrisie [ipɔkʀizi] F Heuchelei *f*; Verstellung *f*; Scheinheiligkeit *f*; *sa conduite est* **pure** ~ ... reine, pure Heuchelei

hypocrite [ipɔkʀit] **A** ADJ heuchlerisch; scheinheilig **B** M/F Heuchler(in) *m(f)*; **faire l'~** heucheln; sich verstellen; scheinheilig tun

hypodermique [ipɔdɛʀmik] ADJ MÉD subkutan

hypogastre [ipɔgastʀ] M ANAT Unterbauchgegend *f*

hypoglycémie [ipɔglisemi] F MÉD verminderter Blutzuckergehalt; *fam* Unterzuckerung *f*; *t/t* Hypoglykämie *f*

hypo-khâgne [ipɔkaɲ] *fam* F Klasse *f* vor der „khâgne" (→ khâgne)

hypophyse [ipɔfiz] F ANAT Hypophyse *f*; Hirnanhangsdrüse *f*

hypo-taupe [ipotop] *fam* F Klasse *f* vor der „taupe" (→ taupe 3)

hypotendu [ipɔtɑ̃dy] **A** ADJ an zu niedrigem Blutdruck leidend **B** SUBST **~(e)** *m(f)* an zu niedrigem Blutdruck Leidende(r) *m/f(m)*; **hypotenseur** ADJ (*et* SUBST M) PHARM blutdrucksenkend(es Mittel); **hypotension** F MÉD zu niedriger Blutdruck; *t/t* Hypotonie *f*

hypoténuse [ipɔtenyz] F MATH Hypotenuse *f*

hypothécable [ipɔtekabl] ADJ hypothekarisch belastbar

hypothécaire [ipɔtekɛʀ] ADJ hypothekarisch; Hypotheken...; **prêt** *m* ~ hypothekarisch gesichertes Darlehen

hypothèque [ipɔtɛk] F **1** JUR Hypothek *f*; **grever qc d'une ~** etw mit e-r Hypothek belasten; **lever l'~** die Hypothek abtragen **2** *fig* Hypothek *f*; (schwere) Belastung; **prendre une ~ sur l'avenir** e-e Hypothek auf die Zukunft aufnehmen; die Zukunft belasten

hypothéquer [ipɔteke] V/T ⟨-è-⟩ **1** JUR **a** *grever* mit e-r Hypothek belasten **b** *garantir* hypothekarisch, durch e-e Hypothek sichern **2** *fig* (vorweg, im Voraus) belasten; mit e-r Hypothek belasten

hypothermie [ipɔtɛʀmi] F MÉD Unterkühlung *f*; *t/t* Hypothermie *f*

hypothèse [ipɔtɛz] F **1** Hypothese *f*; Annahme *f*; ~ **de travail** Arbeitshypothese *f*; **faire, formuler une ~** e-e Hypothese aufstellen; **faire des ~s sur qc** Vermutungen über etw (*acc*) anstellen; **en être réduit aux ~s** auf Vermutungen angewiesen sein **2** (*éventualité*) Möglichkeit *f* (**d'un accident** e-s Unfalls); *loc conj* **dans l'~ où ...** im Fall(e), dass ...

hypothétique [ipɔtetik] ADJ **1** (*supposé*) hypothetisch; nur angenommen **2** (*douteux*) zweifelhaft; fraglich; unsicher; ungewiss

hysope [izɔp] F BOT Ysop *m*

hystérectomie [isteʀɛktɔmi] F MÉD operative Entfernung der Gebärmutter; *t/t* Hysterektomie *f*

hystérie [isteʀi] F MÉD *et fig* Hysterie *f*; ~ **collective** Massenhysterie *f*; **c'est de l'~** das ist Wahnsinn

hystérique [isteʀik] **A** ADJ hysterisch **B** M/F Hysteriker(in) *m(f)*

hystérographie [isteʀɔgʀafi] F MÉD Röntgenbild *n* der Gebärmutter; *t/t* Hysterogramm *n*

Hz ABR (hertz) Hz (Hertz)

I

I, i [i] M ⟨*inv*⟩ I, i *n*; **i grec** Ypsilon *n*; *fig* **mettre les points sur les i** sich klar und deutlich erklären; es klipp und klar sagen; *personne* **droit comme un I** kerzengerade; gerade wie e-e Eins

Iakoutsk [jakutsk] GÉOG Jakutsk *n*

iambe [jɑ̃b] M VERSIFICATION Jambus *m*; Jambe *f*

Ibadan [ibadan] GÉOG Ibadan *n*

Ibères [ibɛʀ] MPL HIST Iberer *mpl*

ibérique [ibeʀik] ADJ iberisch; **péninsule** *f* ~ Iberische Halbinsel; Pyrenäenhalbinsel *f*

ibidem [ibidɛm] ADV (ABR **ibid., ib.**) ibidem; ebenda

ibis [ibis] M ZOOL Ibis *m*

Icare [ikaʀ] M MYTH Ikaros *ou* Ikarus *m*

iceberg [ajsbɛʀg, isbɛʀg] M Eisberg *m*

ichtyologie [iktjɔlɔʒi] F Fischkunde *f*; *t/t* Ichthyologie *f*; **ichtyologiste** M/F Ichthyologe, -login *m,f*

ichtyose [iktjoz] F MÉD Fischschuppenkrankheit *f*; *t/t* Ichthyose *f*

ici [isi] ADV **1** *désignant le lieu* hier *ou* hierher; *à un chien* **~!** hierher!; TÉL ~ **Monsieur X** hier (ist) X; RAD ~ **Paris** hier ist Paris; **Monsieur X, ~ présent**, *va vous l'expliquer* der hier anwesende Herr X ...; **~ et là** hier und da; bald hierhin, bald dorthin; **il y a une faute ~** hier, an dieser Stelle ist ein Fehler; **on est bien ~** hier fühlt man sich wohl; *sur une pierre tombale* **~ repose ...** hier ruht ...; **viens ~!** komm (hier)her!; ♦ *avec prép*: **d'~** von hier; *loc adj* hiesige(r, -s); **la population d'~** die hiesige Bevölkerung; **d'~ (à) la gare, il y a cent mètres** (von hier) bis zum Bahnhof sind es hundert Meter; **il n'est pas d'~** er ist nicht von hier; **c'est loin, près d'~** das ist weit von hier (entfernt), ganz in der Nähe; **d'~ on voit ...** von hier (aus) sieht man ...; **jusqu'~** bis hier(her, -hin); **par ~** **a** hier entlang, *fam* hier lang *ou* hier hinauf, *fam* hier rauf *ou* hier hinunter, *fam* hier runter; hierhin *ou* hierher **b** hier (in der Gegend); **par ~ la sortie** hier entlang *etc* (geht es) zum Ausgang; **il est passé par ~** er ist hier vorbeigekommen; **il séjourne par ~** er hält sich hier in der Gegend auf **2** *temporel* **d'~** von jetzt, heute an; **d'~ (à) un an** übers Jahr; in Jahresfrist; **d'~ (à) demain, (à) deux jours, (à) la semaine prochaine** bis morgen, heute in zwei Tagen, bis zur nächsten Woche; **d'~ là** bis dahin; inzwischen; **d'~ peu** binnen Kurzem; in Kürze; bald; *loc conj* **d'~ (à ce) que ...** (+*subj*) bis (*fam* dass) ...; **d'~ (à ce) qu'il vienne**, *il sera deux heures* bis er kommt; **jusqu'~** bis jetzt; bisher; bislang

ici-bas [isiba] LOC ADV hier unten; auf dieser Erde; im Diesseits; *poét* hienieden; *loc adj* **d'~** irdisch; diesseitig
icône [ikon] F 1 PEINT Ikone *f* 2 INFORM Symbol *n*; Icon *n*
iconoclaste [ikɔnɔklast] A M Bilderstürmer *m*; Ikonoklast *m* B ADJ bilderstürmerisch; ikonoklastisch
iconographe [ikɔnɔgʀaf] M Wissenschaftler *m* auf dem Gebiet der Ikonografie; Ikonograf *m*; **iconographie** F 1 *science* Ikonografie *f* 2 *d'un livre* Bebilderung *f*; Illustrationen *fpl*; **iconographique** ADJ ikonografisch
ictère [iktɛʀ] M MÉD Gelbsucht *f*; *t/t* Ikterus *m*
idéal [ideal] A ADJ ⟨-aux *od* -als⟩ 1 *(parfait en son genre)* ideal; vollkommen; dem Ideal entsprechend; **beauté ~e** vollkommene, ideale Schönheit 2 *fam (rêvé, parfait)* ideal; vollkommen; perfekt; Ideal…; **mari ~** idealer Ehemann; **solution ~e** ideale Lösung; Ideallösung *f* 3 *(imaginaire)* ideal; gedacht; in der Vorstellung vorhanden; **ligne ~e** ideale, gedachte Linie B M ⟨*pl* **idéaux** *od* **idéals**⟩ 1 Ideal *n*; **~ de beauté** Schönheitsideal *n*; **homme** *m* **sans ~** Mensch *m* ohne Ideale; **avoir des idéaux** Ideale haben 2 **l'~** das Ideale, Günstigste, Beste; **l'~ (pour qn), c'est de** *ou* **que …** *(+subj)* das Ideale (für j-n) ist, zu *(+inf) ou* wenn …; **l'~ serait que tu viennes lundi** das Ideale wäre (es), wenn du Montag kommen würdest; **ce n'est pas l'~(, mais …)** das ist nicht das Ideale (, aber …)
idéalisation [idealizasjõ] F Idealisierung *f*; **idéaliser** V/T idealisieren; verklären; **idéalisme** M Idealismus *m*; **idéaliste** A ADJ idealistisch B M/F Idealist(in) *m(f)*
idée [ide] F 1 PHIL Idee *f*; Urbild *n*; reiner Begriff 2 *(pensée)* Idee *f*; Gedanke *m*; Vorstellung *f*; *(pensée originale)* Einfall *m*; *(notion)* Begriff *m*; **~s** *pl (opinion)* Auffassung *f*; Meinung *f*; **bonne ~** gute Idee; guter Einfall, Gedanke; **~ directrice** Leit-, Grund-, Hauptgedanke *m*; **~ fixe** fixe Idee; Zwangsvorstellung *f*; **~s noires** trübe Gedanken; **avoir des ~s noires** trüben Gedanken nachhängen; **quelle ~!** was für e-e Idee, Vorstellung!; was für ein Einfall, Gedanke!; wo denken Sie hin!; **~ reçue** überkommene Vorstellung; **l'~ du refus** *lui faisait peur* der Gedanke e-r, an e-e Ablehnung; **~ de derrière la tête** Hintergedanke *m*; **plein d'~s** ideenreich; voller (guter) Ideen, Einfälle; **être plein d'~s** voller Ideen, Einfälle stecken; **en voilà une ~!** was für e-e (verrückte) Idee!; ♦ **à mon ~** für meine Begriffe; nach meinen (eigenen) Vorstellungen; **il fait à son ~** er macht es (so), wie er es für richtig hält; **à l'~ d'un échec …** bei dem Gedanken an e-n Misserfolg …; **à l'~ d'échouer** *ou* **qu'il pourrait échouer …** bei dem Gedanken (daran), scheitern zu können *ou* dass er scheitern könnte …; ♦ **avoir une ~** e-e Idee, e-n Gedanken, e-n Einfall haben; **avoir des ~s** Ideen haben; **avoir de l'~** einfallsreich, erfinderisch sein; *fam* etwas loshaben; **il y a de l'~ dans ce plan** dieser Plan ist nicht dumm; **avoir une ~ de qc** e-e Vorstellung, Idee, Ahnung, e-n Begriff von etw haben; **je n'en ai aucune ~** ich habe keine Ahnung (davon); **n'avoir pas la moindre ~ de qc** nicht den geringsten Begriff, die leiseste Ahnung, die mindeste Vorstellung von etw haben; **avoir l'~ de** *(+inf)* die Idee *ou* den Gedanken haben, auf die Idee *ou* den Gedanken kommen zu *(+inf)*; **avoir l'~ de qc** die Idee zu etw haben; etw ersinnen; **avoir ~ que …, avoir dans l'~ que …** sich *(dat)* vorstellen *ou* denken können, dass …; vermuten, dass …; **on n'a pas ~!** *ou* **a-t-on ~!** das ist unglaublich, unvorstellbar, unmöglich!; **j'ai mon ~** ich habe meine eigene Vorstellung, Meinung, Idee (**sur** über *+acc*; von); **avoir ses ~s** s-e eigenen Vorstellungen, Ideen, Ansichten haben (**sur** über *+acc*); **avoir une °haute ~ de qn, qc** e-e hohe Meinung von j-m, etw haben; **avoir des ~s de droite, de gauche** rechts, links eingestellt sein; **changer d'~** s-e Meinung, Absicht ändern; sich anders besinnen; **changer les ~s à qn** j-n auf andere Gedanken bringen; **donner à qn une ~ de qc** j-m e-e Idee, e-e Vorstellung, ein Bild von etw geben, vermitteln; **donner à qn l'~ de faire qc** j-n auf die Idee, auf den Gedanken bringen, etw zu tun; *fam* **ça pourrait donner des ~s aux enfants** das könnte die Kinder auf dumme Gedanken bringen; **tiens, c'est une ~!** halt, das ist e-e Idee!; das wäre was!; **c'est son ~** das entspricht s-r Vorstellung; das ist sein Gedanke; **c'était dans mon ~ de** *(+inf)* es war meine Absicht zu *(+inf)*; **cela n'est pas dans mes ~s** das entspricht nicht meinen Vorstellungen, Auffassungen, meiner Überzeugung; **se faire une ~ de qc** sich *(dat)* e-e Vorstellung, e-n Begriff von etw machen; **se faire des ~s** sich *(dat)* falsche Gedanken, falsche Hoffnungen machen; sich *(dat)* etwas vormachen; **se faire à une ~** sich an e-n Gedanken, e-e Idee, e-e Vorstellung gewöhnen; sich mit e-m Gedanken, e-r Idee, e-r Vorstellung abfinden; **ôter, enlever à qn une ~ de la tête** j-n von e-m Gedanken abbringen; j-m e-n Gedanken ausreden; **ôtez-vous cette ~ de l'esprit** schlagen Sie sich *(dat)* diesen Gedanken aus dem Kopf, Sinn; **on ne m'ôtera, m'enlèvera pas cela de l'~** man wird mich nicht davon abbringen können; man wird mir das nicht ausreden können; **cela m'est sorti de l'~** das ist mir entfallen; **il me vient une ~** mir kommt e-e Idee, ein Gedanke; **l'~ me vint de** *(+inf) ou* **que …** mir kam die Idee zu *(+inf) ou*, dass …; **il ne me viendrait pas à l'~ de** *(+inf)* ich käme nicht auf den Gedanken, auf die Idee zu *(+inf)*; es würde mir nicht einfallen, in den Sinn kommen zu *(+inf)*
idée-force [idefɔʀs] F ⟨*pl* **idées-forces**⟩ Leitgedanke *m*
idem [idɛm] ADV (ABR **id.**) 1 idem; der-, dasselbe 2 *fam (de même)* ebenso; desgleichen
identifiable [idɑ̃tifjabl] ADJ identifizierbar
identification [idɑ̃tifikasjõ] F 1 *d'une personne, d'un avion etc* Identifizierung *f*; Identifikation *f* 2 *(assimilation)* Identifizierung *f*, Gleichsetzung *f* (**à, avec** mit) 3 PSYCH Sichidentifizieren *n*, Identifikation *f* (**à, avec** mit)
identifier [idɑ̃tifje] A V/T 1 identifizieren; die Identität feststellen *(+gén)*; **~ un cadavre** eine Leiche identifizieren 2 *(reconnaître)* wiedererkennen; (erkennen und) einordnen 3 *(assimiler)* identifizieren, gleichsetzen (**qc avec, à qc** etw mit etw) B V/PR **s'~ avec** *ou* **à qn, qc** sich mit j-m, etw identifizieren
identique [idɑ̃tik] ADJ identisch *(a.* MATH*)*; (völlig) gleich; ein und der- *ou* die- *ou* dasselbe; übereinstimmend; **opinions** *fpl* **~s** übereinstimmende Meinungen *fpl*; **demeurer ~ à soi-même** immer derselbe bleiben; sich *(dat)* selbst treu bleiben; **être ~ à qc** mit etw identisch sein
identité [idɑ̃tite] F 1 (völlige) Gleichheit, Übereinstimmung; Identität *f*; PSYCH **~ du moi** Ich-Identität *f*; **~ des points de vue** Übereinstimmung der Standpunkte 2 *d'une personne* Identität *f*; *par ext* **~ judiciaire** Erkennungsdienst *m*; **carte** *f* **d'~** Personalausweis *m*; **photo** *f* **d'~** Passbild *n*, -foto *n*; Lichtbild *n*; **pièce** *f* **d'~** Ausweis(papier) *m(n)*; **vérification** *f* **d'~** Überprüfung *f* der Personalien; **établir l'~ de qn** j-s Personalien feststellen; **voyager sous une fausse ~** unter falschem Namen reisen
idéogramme [ideɔgʀam] M LING Ideogramm *n*; Begriffszeichen *n*
idéologie [ideɔlɔʒi] F 1 Ideologie *f* 2 *péj* reine Theorie; **idéologique** ADJ ideologisch
idéologue [ideɔlɔg] M/F 1 Ideologe, -login *m,f* 2 *péj* wirklichkeitsfremder Theoretiker, wirklichkeitsfremde Theoretikerin
IDHEC [idɛk] M ABR (Institut des hautes études cinématographiques) (staatliche) Filmhochschule
idiolecte [idjɔlɛkt] M LING Idiolekt *m*
idiomatique [idjɔmatik] ADJ LING idiomatisch; **expression** *f* **~** idiomatische Redewendung
idiome [idjom] M Idiom *n*
idiot [idjo] A ADJ 1 (sehr) dumm; töricht; *fam* blöd(sinnig); idiotisch; **ce serait ~ de** *(+inf)* es wäre dumm, töricht zu *(+inf)*; **il est complètement ~** *fam* er ist ein Vollidiot 2 MÉD idiotisch B SUBST **~(e)** *m(f)* 1 Dummkopf *m*; *fam* Trottel *m*; Idiot(in) *m(f)*; *all Sud* Depp *m*; **~ du village** Dorftrottel *m*; **espèce d'~!, quel ~!** (du, Sie) Idiot!; **faire l'~** *(simuler la bêtise)* sich dumm stellen; *(faire des bêtises) fam* Faxen machen; **prendre qn pour un ~** j-n für dumm verkaufen (wollen); j-n für e-n Idioten *ou* für dumm halten 2 MÉD Idiot(in) *m(f)*; hochgradig Schwachsinnige(r) *m/f(m)*
idiotie [idjɔsi] F 1 *d'une personne* Dummheit *f*; Torheit *f*; *fam* Blödheit *f*; Idiotie *f*; *d'une réponse etc fam* Blödsinnigkeit *f* 2 *parole, action* Dummheit *f*; Torheit *f*; *fam* dummes Zeug; Blödsinn *m*; Idiotie *f*; **dire des ~s** Dummheiten, Blödsinn, idiotische Sachen sagen 3 MÉD Idiotie *f*; Idiotismus *m*; hochgradiger Schwachsinn
idiotisme [idjɔtism] M LING Spracheigenheit *f*; Idiom *n*
idoine [idwan] ADJ geeignet; tauglich
idolâtre [idɔlatʀ] A ADJ götzendienerisch *(a. fig)*; *fig* abgöttisch B M/F Götzendiener(in) *m(f)*; **idolâtrer** V/T abgöttisch verehren, lieben; **idolâtrie** F 1 Götzendienst *m* 2 *fig* abgöttische Verehrung, Liebe; Abgötterei *f*
idole [idɔl] F 1 REL Götze(nbild) *m(n)*; Idol *n* 2 *fig* Abgott *m*; Idol *n*; Kultfigur *f*; **c'est l'~ des jeunes** er *ou* sie ist das Idol der Jugend
idylle [idil] F 1 romantische, zarte Liebe; Romanze *f* 2 *poème* Idylle *f*
idyllique [idilik] ADJ idyllisch; **faire un tableau ~ de qc** ein idyllisches Bild von etw entwerfen
Iéna [jena] Jena *n*
Ienisseï [jenisei] GÉOG **l'~** *m* der Jenissei
I.E.P. [iape] M ABR (Institut d'études politiques) Hochschule *f* für Politikwissenschaft
if [if] M BOT Eibe *f*; Taxus *m*
IFOP [ifɔp] M ABR (Institut français d'opinion publique) französisches Meinungsforschungsinstitut
igloo *ou* **iglou** [iglu] M Iglu *m ou n*
Ignace [iɲas] M 1 *Vorname* 2 *saint* Ignatius *m*; **~ de Loyola** [-lɔjɔla] Ignatius von Loyola
igname [iɲam] F BOT Jams-, Yamswurzel *f*
ignare [iɲaʀ] *péj* A ADJ völlig unwissend, ungebildet B M/F Ignorant(in) *m(f)*; Nichtswisser(in) *m(f)*
igné [iɲe, igne] ADJ GÉOL **roche ~e** Vulkangestein *n*
ignifuge [iɲifyʒ, igni-] *ou* **ignifugeant** [iɲifyʒɑ̃, igni-] ADJ *et* SUBST M **(produit** *m***) ignifuge** *ou* **ignifugeant** Feuerschutzmittel *n*
ignifuger [iɲifyʒe, igni-] V/T ⟨-geons⟩ TECH feuerfest, feuersicher machen; feuersicher imprägnieren
ignition [iɲisjõ, igni-] F CHIM Brennen *n*; Ver-

brennung *f*
ignoble [iɲɔbl] ADJ **1** *(object)* gemein; schändlich; niederträchtig **2** *(sordide)* widerlich; abscheulich; ekelhaft
ignominie [iɲɔmini] F **1** *(déshonneur)* Schande *f*; Schmach *f*; *st/s* Schimpf *m* **2** *(caractère infamant)* Schändlichkeit *f* **3** *acte* Schandtat *f*; Schändlichkeit *f*
ignominieux [iɲɔminjø] ADJ ⟨-euse⟩ schändlich; schimpflich; schmachvoll
ignorance [iɲɔʀɑ̃s] F **1** Unkenntnis *f*; **dans l'~ des faits** in Unkenntnis der Tatsachen; **être dans l'~ de qc** in Unkenntnis über etw *(acc)* sein; **tenir qn dans l'~ de qc** j-n in Unkenntnis über etw *(acc)* lassen **2** Unwissenheit *f*; Ignoranz *f*; mangelndes Wissen, mangelnde Kenntnisse *fpl* (**dans ce domaine** auf diesem Gebiet); *(manque de culture)* Unbildung *f*
ignorant [iɲɔʀɑ̃] **A** ADJ **1** **être ~ de qc** etw nicht kennen; über etw *(acc)* nicht informiert sein, nicht Bescheid wissen **2** unwissend, ungebildet (**en histoire** in Geschichte) **B** SUBST **~(e)** *m(f)* Unwissende(r) *m/f(m)*; Unkundige(r) *m/f(m)*; Ignorant *m*; Ungebildete(r) *m/f(m)*; **faire l'~** sich dumm stellen
ignoré [iɲɔʀe] ADJ unbeachtet (**de qn** von j-m); *(méconnu)* verkannt
ignorer [iɲɔʀe] **A** V/T **1** nicht wissen; *viendra-t-il?* **je l'ignore** ich weiß (es) nicht; **vous ne l'ignorez pas** Sie wissen es genau; **j'ignore tout de cette affaire** ich weiß überhaupt nichts von dieser Sache; *loc* **afin que nul ne l'ignore** zur allgemeinen Beachtung; damit jedermann es wisse; **il ignorait avoir gagné** er wusste nicht, dass er gewonnen hatte; **~ que …** *(+ind ou subj)* nicht wissen, dass …; **j'ignorais qu'il était** *ou st/s* **fût malade** ich wusste nicht, dass er krank war; **ne pas ~ que …** *(+ind)* genau, sehr wohl wissen, dass … **2** nicht kennen; **~ les difficultés de la vie** die Schwierigkeiten des Lebens nicht kennen; **il ignore le mensonge** er kennt keine Lüge **3** **~ qn, qc** j-n, etw ignorieren, nicht kennen wollen, nicht beachten **B** V/PR **s'~** **1** **c'est un poète qui s'ignore** er ist ein Dichter, ohne es zu wissen; er ist ein Dichter und weiß es nicht **2** *réciproque* **s'~** sich *ou* einander nicht kennen
iguane [igwan] M ZOOL Leguan *m*; Kammeidechse *f*; Iguana *f*
ikebana [ikebana] M Ikebana *n*
il [il], *fam vor Konsonanten* [i] **1** PR PERS er; **~ lit** er liest; **est-il sorti?** ist er ausgegangen? **2** *impersonnel* es; **~ fait froid** es ist kalt; **~ arriva des gens** es kamen Leute; **il y a** → avoir[1] c; **~ faut** → falloir
île [il] F **1** Insel *f*; *poét* Eiland *n*; **l'~ de Beauté** die Insel der Schönheit *(Korsika)*; **l'~ de Malte** die Insel Malta **2** LOC ADJ **des ~s** **a** von den Antillen **b** exotisch **3** CUIS **~ flottante** Eierschnee *m* auf Vanillesoße
Île-de-France [ildəfʀɑ̃s] **l'~** *f frz Region (Paris u. Umgebung)*
iléon [ileɔ̃] M ANAT Krummdarm *m*; *t/t* Ileum *n*
iliaque [iljak] ADJ ANAT **os** *m* **~** Hüftknochen *m*, -bein *n*
îlien [iljɛ̃] M, **îlienne** F Inselbewohner(in) *m(f)*
ilion [iljɔ̃] M *ou* **ilium** [iljɔm] M ANAT Darmbein *n*
Ille-et-Vilaine [ilevilɛn] **l'~** *f frz Departement*
illégal [i(l)legal] ADJ ⟨-aux⟩ gesetz-, rechtswidrig; illegal; ungesetzlich; widerrechtlich;
illégalité F **1** Gesetz-, Rechtswidrigkeit *f*; Illegalität *f*; Ungesetzlichkeit *f*; Widerrechtlichkeit *f* **2** *acte* gesetzwidrige *etc* Handlung
illégitime [i(l)leʒitim] ADJ **1** unrechtmäßig; illegitim; **enfant** *m* **~** uneheliches, außereheliches Kind **2** *fig craintes etc* ungerechtfertigt; unberechtigt
illégitimité [i(l)leʒitimite] F Unrechtmäßigkeit *f*; Illegitimität *f*; *d'un enfant* Un-, Außerehelichkeit *f*
illettré [i(l)letʀe] **A** ADJ des Lesens und Schreibens unkundig **B** SUBST **~(e)** *m(f)* Analphabet(in) *m(f)*
illettrisme [i(l)letʀism] M Analphabetismus *m*
illicite [i(l)lisit] ADJ unerlaubt; unzulässig; unstatthaft; **concurrence** *f* **~** unlauterer Wettbewerb
illico [i(l)liko] ADV *fam* **~ (presto)** auf der Stelle; sofort; unverzüglich
illimité [i(l)limite] ADJ unbegrenzt; *dans le temps a.* unbefristet; **confiance ~e** grenzenloses Vertrauen; **responsabilité ~e** unbeschränkte Haftung
Illinois [ilinwa] GÉOG **l'~** *m* Illinois *n*
illisibilité [i(l)lizibilite] F **1** *d'une écriture* Unleserlichkeit *f* **2** *fig d'un roman etc* Unlesbarkeit *f*;
illisible ADJ **1** *écriture* unleserlich **2** *ouvrage* unlesbar
illogique [i(l)lɔʒik] ADJ unlogisch; *personne* **être ~** nicht logisch sein
illogisme [i(l)lɔʒism] M Mangel *m* an Logik
illumination [i(l)lyminasjɔ̃] F **1** *d'un monument* (Fest)Beleuchtung *f*; Illumination *f*; *avec des projecteurs* Anstrahlung *f*; **les ~s du 14 Juillet** die Festbeleuchtung am 14. Juli **2** *(inspiration subite)* Erleuchtung *f*; Geistesblitz *m* **3** REL Illumination *f*; Erleuchtung *f*
illuminé [i(l)lymine] M *péj* wirklichkeitsfremder Schwärmer; Illusionist *m*
illuminer [i(l)lymine] **A** V/T **1** *monument, ville etc* (festlich) beleuchten; illuminieren; *avec des projecteurs* anstrahlen; *éclair* **~ le ciel** den Himmel erhellen **2** *par ext joie: le visage* erhellen; **yeux illuminés de bonheur** glückstrahlende Augen *npl* **B** V/PR **s'~** erstrahlen (**de joie** vor Freude); **son visage s'illumina d'un sourire** ein Lächeln erhellte sein Gesicht
illusion [ilyzjɔ̃] F **1** *des sens* (Sinnes)Täuschung *f*; *st/s* Gaukelspiel *n*; THÉ Illusion *f*; **~ d'optique** optische Täuschung; *fig* Fehleinschätzung *f*; **donner l'~ de qc** die Illusion von etw erwecken, vermitteln; etw vorspiegeln, vortäuschen **2** *(croyance erronée)* Illusion *f*; falsche Hoffnung; Wahn *m*; **faire ~** den Leuten etwas vormachen, vorgaukeln; **se faire des ~s** sich *(dat)* Illusionen machen; sich Selbsttäuschungen hingeben; sich *(dat)* etwas vormachen; **ne vous faites pas d'~s** machen Sie sich *(dat)* (darüber) keine Illusionen; machen Sie sich *(dat)* nichts vor
illusionner [ilyzjɔne] **A** V/T **~ qn** j-m etwas vorgaukeln **B** V/PR **s'~ sur qn, qc** sich über j-n, etw Illusionen hingeben; sich *(dat)* über j-n, etw etwas vormachen
illusionnisme [ilyzjɔnism] M Zauberkunst *f*;
illusionniste M/F Zauberkünstler(in) *m(f)*; Illusionist(in) *m(f)*
illusoire [i(l)lyzwaʀ] ADJ illusorisch; trügerisch; **il est ~ de** *(+inf)* es ist illusorisch zu *(+inf)*
illustrateur [ilystʀatœʀ] M, **illustratrice** F Illustrator *m*, Illustratorin *f*
illustratif [ilystʀatif] ADJ ⟨-ive⟩ illustrativ; veranschaulichend
illustration [ilystʀasjɔ̃] F **1** *action* Illustrierung *f*; Bebilderung *f* **2** *résultat* **a** Illustration *f*; Abbildung *f* **b** *coll* Illustrationen *fpl*; Bebilderung *f* **3** *fig* Illustration *f*; Veranschaulichung *f*; Erläuterung *f*
illustre [i(l)lystʀ] ADJ illuster; erlaucht; berühmt; *plais* **un ~ inconnu** ein ganz und gar Unbekannter; *fam* ein unbeschriebenes Blatt
illustré [ilystʀe] **A** ADJ illustriert; bebildert; **affiche ~e** Bildplakat *n*; **carte postale ~e** Ansichtskarte *f*; **livre ~** illustriertes, bebildertes Buch **B** M Illustrierte *f*
illustrer [ilystʀe] **A** V/T **1** *livre etc* illustrieren; mit Illustrationen versehen; bebildern **2** *fig* **~ qc** etw illustrieren, veranschaulichen, erläutern **B** V/PR **s'~ par, dans qc** sich durch etw auszeichnen; mit etw berühmt werden
illustrissime [i(l)lystʀisim] ADJ *iron* erlauchteste(r, -s)
îlot [ilo] M **1** kleine Insel **2** *fig*: **~ de calme** Insel *f* der Ruhe; **~ de verdure** kleine Grünanlage; **~ de résistance** Widerstandsnest *n* **3** *(groupe de maisons)* Häuserblock *m*
îlotier [ilɔtje] M *agent de police* Kontakt(bereichs)beamte(r) *m*
ils [il] PR PERS MPL sie; *elle et lui*, **ils en savent davantage** sie wissen mehr darüber
image [imaʒ] F **1** Bild *n* (*a.* OPT, TV, CINÉMA, PHOT); **~ floue, nette** unscharfes *ou* verschwommenes, scharfes *ou* klares Bild; REL **~s pieuses** Andachtsbilder *npl*; **~ d'Épinal** Bilderbogen *m* von Epinal *(volkstümliche Bildergeschichten)*; *fig* naives Klischee; **livre** *m* **d'~s** Bilderbuch *n*; *enfant* **sage comme une ~** sehr artig, brav; **regarder son ~ dans la glace** sein Bild im Spiegel betrachten **2** *(ce qui évoque qc ou qn)* (Ab)Bild *n*; BIBL **Dieu créa l'homme à son ~** Gott schuf den Menschen ihm zum Bilde; **donner une ~ fidèle de qc** ein wahrheitsgetreues Bild von etw entwerfen; **être l'~ fidèle de qc** das getreue Abbild von etw sein; **être à l'~ de qn** j-s Charakter widerspiegeln; **offrir l'~ du bonheur** Glück ausstrahlen **3** *(vision mentale)* Bild *n*; Vorstellung *f*; PSYCH **~ du père** Vaterbild *n*; **cette ~ me suit partout** dieses Bild *ou* diese Vorstellung *ou* die Erinnerung daran verfolgt mich überall **4** RHÉT Bild *n*; **riche en ~s** bilderreich; **s'exprimer par des ~s** in Bildern sprechen **5** **~ (de marque)** Image *n*; **~ d'une société** Firmenimage *n*; **soigner son ~ de marque** sein Image pflegen
imagé [imaʒe] ADJ *style, langage* bilderreich; bildhaft
imagerie [imaʒʀi] F Bilder *npl (e-r Epoche, e-s Stils etc)*; **~ populaire** volkstümliche Bilderbogen *mpl*
imaginable [imaʒinabl] ADJ vorstellbar; denkbar; **par tous les moyens possibles et ~s** mit allen erdenklichen, mit allen nur denkbaren Mitteln
imaginaire [imaʒinɛʀ] ADJ imaginär; erdacht; nicht wirklich; nur in der Einbildung vorhanden; MATH **nombre** *m* **~** imaginäre Zahl; **c'est un malade ~** er ist ein eingebildeter Kranker
imaginatif [imaʒinatif] **A** ADJ ⟨-ive⟩ fantasievoll, -begabt; einfallsreich **B** SUBST **~, imaginative** *m,f* fantasievoller *etc* Mensch; **c'est un ~** *a.* er besitzt viel Fantasie
imagination [imaʒinasjɔ̃] F **1** Einbildungskraft *f*; Vorstellungskraft *f*, -vermögen *n*; Fantasie *f*; Einbildung *f*; **en ~** in Gedanken; in der Fantasie, Einbildung, Vorstellung; **avoir de l'~** viel Fantasie haben; → *a.* 2; **cela n'existe que dans ton ~** das existiert nur in deiner Fantasie, Einbildung; **manquer d'~** keine Fantasie besitzen; fantasielos sein **2** *(faculté d'inventer)* Erfindungsgabe *f*; Fantasie *f*; Einfallsreichtum *m*; **avoir de l'~** einfallsreich, erfinderisch sein
imaginer [imaʒine] **A** V/T **1** **~ qc** sich *(dat)* etw vorstellen, denken, ausmalen (können); *vous viendrez aussi*, **j'imagine** denke ich; **cela dépasse tout ce qu'on peut ~** das übersteigt jegliches Vorstellungsvermögen; **vous n'imaginez pas comme c'est difficile** Sie können sich *(dat)* nicht vorstellen, wie schwer das

ist; ~ **que …** (+*ind ou subj*) sich (*dat*) vorstellen, denken (können), dass … **2** (*inventer*) **~ qc** sich (*dat*) etw einfallen lassen, ausdenken; **~ une histoire** sich (*dat*) e-e Geschichte ausdenken; **~ de** (+*inf*) auf die (merkwürdige) Idee verfallen zu (+*inf*) **B** V/PR **s'~ 1** (*se figurer*) sich (*dat*) vorstellen; **imagine-toi!** stell dir vor!; **s'~ qn, qc autrement** sich (*dat*) j-n, etw anders vorstellen **2** (*croire à tort*) sich (*dat*) einbilden; **qu'est-ce qu'il s'imagine!** was bildet er sich (*dat*) ein!

imam [imam] M REL Imam *m*

imbattable [ɛ̃batabl] ADJ *personne* unschlagbar; *record* nicht zu überbieten(d); COMM *prix* nicht zu unterbieten(d)

imbécile [ɛ̃besil] **A** ADJ dumm; einfältig; *fam* idiotisch; blöd **B** M/F Dummkopf *m*; Schwachkopf *m*; *fam* Esel *m*; Blödian *m*; Einfaltspinsel *m*; Idiot(in) *m(f)*; *all Sud* Depp *m*; **~ heureux** glücklicher Trottel; **quel ~!, espèce d'~!** (du, Sie) Dummkopf! *etc*; **il me prend pour un ~!** *fam* ich lasse mich nicht für dumm verkaufen!

imbécillité [ɛ̃besilite] F **1** Dummheit *f*; Torheit *f*; Einfältigkeit *f*; *fam* Blödheit *f*; Idiotie *f* **2** **~s** *pl* Dummheiten *fpl*; Torheiten *fpl*

imberbe [ɛ̃bɛʀb] ADJ (noch) bartlos

imbiber [ɛ̃bibe] **A** V/T **1** (durch)tränken (**de qc** mit etw); (*tremper*) durchnässen **2** *fam fig adjt* **complètement imbibé** *fam* stink-, stockbesoffen **B** V/PR **s'~ 1** sich vollsaugen (**de qc** mit etw) **2** *fam fig* **s'~ d'eau-de-vie** *fam* sich (*dat*) mit Schnaps volllaufen lassen

imbrication [ɛ̃bʀikasjõ] F **1** CONSTR sich überschneidende *ou* schuppenförmige Anordnung **2** *fig* Überschneidung *f*; Verschachtelung *f*

imbriqué [ɛ̃bʀike] ADJ **1** CONSTR sich überschneidend; schuppenförmig angeordnet **2** *fig* ineinander verschachtelt; sich überschneidend; ineinander übergreifend, verzahnt

imbriquer [ɛ̃bʀike] V/PR *problèmes etc* **s'~** sich überschneiden, vermischen; ineinander übergreifen; **s'~ dans qc** sich mit etw überschneiden, vermischen; **s'~ les uns dans les autres** ineinander übergreifen

imbroglio [ɛ̃bʀɔglijo, ɛ̃bʀɔljo] M Wirrwarr *m*; Durcheinander *n*; Verwicklung *f*

imbu [ɛ̃by] ADJ **~ de qc** von etw durchdrungen; **être ~ de soi, de sa supériorité** von sich eingenommen, überzeugt sein

imbuvable [ɛ̃byvabl] ADJ **1** *boisson* ungenießbar; nicht trinkbar **2** *fam fig* (*insupportable*) ungenießbar; unmöglich; *personne a.* unausstehlich

imitable [imitabl] ADJ nachahmbar

imitateur [imitatœʀ] M, **imitatrice** F Nachahmer(in) *m(f)*; *artiste de variétés* Imitator *m*

imitatif [imitatif] ADJ ⟨-ive⟩ nachahmend

imitation [imitasjõ] F **1** Nachahmung *f*; Imitation *f*; Imitieren *n*; **don** *m*, **talent** *m* **d'~** Imitationsgabe *f*, -talent *n*; **à l'~ de qn** nach j-s Vorbild, Art; in j-s Nachahmung (*dat*) **2** (*œuvre imitée*) Nachahmung *f*, -bildung *f*; Imitation *f*; Kopie *f* **3** COMM Imitation *f*; **~ vison** Nerzimitation *f*; imitierter Nerz; *sac etc* **c'est en ~ cuir** das ist e-e Lederimitation, aus imitiertem Leder **4** REL **l'~ de Jésus-Christ** die Nachfolge Christi

imité [imite] *adj* nachgeahmt; imitiert

imiter [imite] V/T **1** *personne, geste, voix, signature etc* nachahmen, -machen; imitieren; *modèle, héros* nacheifern, -streben (**qn** j-m); (*s'inspirer de*) (sich [*dat*]) zum Vorbild nehmen; **il se leva et tous l'imitèrent** er erhob sich, und alle folgten s-m Beispiel **2** *matière* **~ qc** genauso aussehen wie etw; *instrument de musique* **~ qc** sich genauso anhören wie etw; **cette pierre imite le topaze** dieser Stein sieht genauso aus wie ein Topas, ist e-e Topasimitation

immaculé [i(m)makyle] ADJ **1** REL **Immaculée Conception** Unbefleckte Empfängnis **2** *fig* makellos rein; *neige, linge* strahlend weiß

immanent [i(m)manɑ̃] ADJ immanent (*a.* PHIL); innewohnend (**à qn, qc** j-m, e-r Sache); enthalten (in etw [*dat*]); **justice ~e** immanente Gerechtigkeit

immangeable [ɛ̃mɑ̃ʒabl] ADJ ungenießbar; nicht zu essen(d)

immanquable [ɛ̃mɑ̃kabl] ADJ **1** (*inévitable*) unausbleiblich; **c'était ~** *a.* das musste so kommen **2** *cible* nicht zu verfehlen(d)

immatériel [i(m)mateʀjɛl] ADJ ⟨~le⟩ **1** PHIL immateriell; unkörperlich; unstofflich **2** *finesse, légèreté* ätherisch; vergeistigt; erdentrückt

immatriculation [i(m)matʀikylasjõ] F Eintragung *f*; Einschreibung *f*; Registrierung *f*; AUTO Zulassung *f*; **numéro** *m* **d'~** AUTO amtliches, *fam* polizeiliches Kennzeichen; Zulassungsnummer *f*; SÉCURITÉ SOCIALE Sozialversicherungsnummer *f*; **plaque** *f* **d'~** Nummernschild *n*

immatriculer [i(m)matʀikyle] V/T eintragen; einschreiben; registrieren; AUTO zulassen; *adjt* **voiture immatriculée dans la Somme** im Departement Somme zugelassener Wagen

immature [i(m)matyʀ] ADJ PSYCH unreif; **immaturité** F PSYCH Unreife *f*

immédiat [i(m)medja] **A** ADJ **1** *successeur, voisinage etc* unmittelbar; direkt; **cause ~e** (unmittelbarer) Anlass **2** *départ, effet, livraison etc* sofortig; unverzüglich **B** M LOC ADV **dans l'~** im, für den Augenblick; zunächst

immédiatement [i(m)medjatmɑ̃] ADV **1** unmittelbar; direkt; **~ après, avant le croisement, le départ** unmittelbar nach, vor der Kreuzung, der Abfahrt **2** (*tout de suite*) sofort; unverzüglich; auf der Stelle

immédiateté [i(m)medjatte] F **1** PHIL Unmittelbarkeit *f* **2** HIST Reichsunmittelbarkeit *f*

immémorial [i(m)memɔʀjal] ADJ ⟨-aux⟩ uralt; *loc adv* **de temps ~** von alters her; seit uralten Zeiten; seit Menschengedenken

immense [i(m)mɑ̃s] ADJ *espace, foule, fortune, fig succès etc* unermesslich (groß); unendlich groß; immens; *océan, plaine a.* unermesslich, unendlich weit

immensément [i(m)mɑ̃semɑ̃] ADV **~ riche** unermesslich, immens reich; steinreich

immensité [i(m)mɑ̃site] F Unermesslichkeit *f*; unermessliche, unendliche Größe; (*vaste étendue*) unermessliche, unendliche Weite

immergé [i(m)mɛʀʒe] ADJ im, unter Wasser befindlich; *terre* im Meer versunken; überflutet

immerger [i(m)mɛʀʒe] ⟨-geons⟩ **A** V/T versenken (**dans la mer** im Meer); eintauchen **B** V/PR **s'~** untertauchen

immérité [i(m)meʀite] ADJ unverdient

immersion [i(m)mɛʀsjõ] F Versenken *n*; Unter-, Eintauchen *n*

immettable [ɛ̃mɛtabl] ADJ *vêtement* nicht (mehr) tragbar

immeuble [i(m)mœbl] **A** ADJ JUR unbeweglich; **biens** *mpl* **~s** unbewegliche Sachen *fpl*; Immobilien *fpl*; Liegenschaften *fpl* **B** M **1** Gebäude *n*; Haus *n*; **~ de bureaux** Bürogebäude *n*; **~ de six étages** sechsstöckiges, -geschossiges Gebäude; **~ de rapport** Rendite-, Mietshaus *n* **2** JUR unbewegliche Sache; Grundstück *n*

immigrant [i(m)migʀɑ̃] M, **immigrante** F Einwanderer *m*, Einwand(r)erin *f*; Immigrant(in) *m(f)*; **immigration** F Einwanderung *f*; Immigration *f*

immigré [i(m)migʀe] **A** ADJ eingewandert; **travailleur ~** Gastarbeiter *m*; ausländischer Arbeitnehmer **B** SUBST **~(e)** *m(f)* Einwanderer *m*, Einwand(r)erin *f*; **~s** *pl a.* Zuwanderer *mpl*; *travailleurs* Gastarbeiter *mpl*

immigrer [imigʀe] V/I einwandern; immigrieren

imminence [i(m)minɑ̃s] F *d'un départ etc* unmittelbares, nahes Bevorstehen; *d'un conflit a.* drohendes Bevorstehen; Drohen *n*; **imminent** ADJ *départ etc* unmittelbar, nahe bevorstehend; *danger, crise a.* drohend; **être ~** unmittelbar, nahe bevorstehen; drohen; in Kürze zu erwarten sein

immiscer [i(m)mise] V/PR ⟨-ç-⟩ **s'~ dans qc** sich in etw (*acc*) einmischen

immixtion [i(m)miksjõ] F Einmischung *f* (**dans** in +*acc*)

immobile [i(m)mɔbil] ADJ **1** unbeweglich; bewegungslos; regungslos; immobil; **mer** *f*, **visage** *m* **~** unbewegtes Meer, Gesicht **2** *fig* (geistig) unbeweglich

immobilier [i(m)mɔbilje] **A** ADJ ⟨-ière⟩ **1** Grundstücks…; Immobilien…; **agence immobilière** Maklerbüro *n*; **société immobilière** Grundstücks-, Immobiliengesellschaft *f* **2** JUR unbeweglich; **biens ~s** unbewegliche Sachen *fpl*; Immobilien *fpl*; Liegenschaften *fpl* **B** M Immobilien-, Grundstückshandel *m*

immobilisation [i(m)mɔbilizasjõ] F **1** *de la circulation etc* Blockierung *f* **2** MÉD *d'un membre* Ruhigstellung *f* **3** FIN **a** *de capitaux* (feste) Anlage; Festlegung *f* **b** **~s** *pl* Anlagevermögen *n*

immobiliser [i(m)mɔbilize] **A** V/T **1** *circulation, véhicule* blockieren; zum Stehen bringen **2** MÉD *membre* ruhig stellen **3** FIN *capitaux* fest anlegen; festlegen **4** *affaires etc* lähmen **B** V/PR **s'~** (unbeweglich) stehen bleiben, liegen bleiben; sich nicht mehr bewegen

immobilisme [i(m)mɔbilism] M Immobilismus *m*; geistige Unbeweglichkeit; Fortschrittsfeindlichkeit *f*; **immobiliste** ADJ geistig unbeweglich; fortschrittsfeindlich;

immobilité F Unbeweglichkeit *f* (*a. fig*); Bewegungslosigkeit *f*; Regungslosigkeit *f*; *du visage* Unbewegtheit *f*

immodéré [i(m)mɔdeʀe] ADJ unmäßig; **immodérément** ADV unmäßig; **boire ~** im Trinken unmäßig sein

immolation [i(m)mɔlasjõ] F REL *et fig litt* Opferung *f*

immoler [i(m)mɔle] V/T REL *et fig litt* opfern; zum Opfer (dar)bringen

immonde [i(m)mõd] ADJ **1** (*dégoûtant*) sehr unsauber, schmutzig **2** (*ignoble*) schmutzig; schändlich

immondices [i(m)mõdis] FPL Unrat *m*

immoral [i(m)mɔʀal] ADJ ⟨-aux⟩ unmoralisch; unsittlich; sittenwidrig; (*indécent*) unanständig; **immoralisme** M Immoralismus *m*; **immoraliste** **A** ADJ immoralistisch **B** M Immoralist *m*; **immoralité** F Immoralität *f*; Unsittlichkeit *f*; Sittenwidrigkeit *f*

immortaliser [i(m)mɔʀtalize] **A** V/T unsterblich machen; *nom a.* verewigen **B** V/PR **s'~** unsterblich werden; **immortalité** F Unsterblichkeit *f*

immortel [i(m)mɔʀtɛl] **A** ADJ ⟨~le⟩ **1** unsterblich (*a. fig*) **2** *principe, passion etc* unvergänglich; unauslöschlich **B** SUBST **1** **~s** *mpl litt* (*dieux*) Unsterbliche(n) *mpl* **2** **Immortel** *m* Unsterbliche(r) *m* (*Mitglied der Académie française*)

immortelle [i(m)mɔʀtɛl] F BOT Immortelle *f*; Strohblume *f*

immotivé [i(m)mɔtive] ADJ unmotiviert

immuabilité [i(m)mɥabilite] F → **immutabilité**; **immuable** ADJ unveränderlich; unwandelbar; unentwegt

immunisant [i(m)mynizɑ̃] ADJ MÉD immunisierend; Immun…; **sérum ~** Immunserum *n*;

immunisation F MÉD Immunisierung *f*

immuniser [i(m)mynize] VT **1** MÉD immunisieren; *adjt* **être immunisé contre une maladie** gegen e-e Krankheit immun sein **2** *fig* immun machen; *adjt* **être immunisé contre qc** gegen etw immun, unempfänglich, gefeit sein
immunitaire [i(m)mynitɛʀ] ADJ MÉD **réaction** *f* **~** Abwehr-, Immunreaktion *f*
immunité [i(m)mynite] F **1** JUR, POL, DIPL Immunität *f*; **levée** *f* **de l'~** Aufhebung *f* der Immunität **2** MÉD Immunität *f* (**à** gegen)
immunocompétent [i(m)mynokõpetã] ADJ BIOL immunkompetent; **immunogénétique** F BIOL Immungenetik *f*
immunologie [i(m)mynɔlɔʒi] F MÉD Immunologie *f*; Immunitätsforschung *f*
immunothérapie [i(m)mynoteʀapi] F MÉD Immun(o)therapie *f*
immutabilité [i(m)mytabilite] F Unveränderlichkeit *f*; Unwandelbarkeit *f*
impact [ɛ̃pakt] M **1** *de la foudre* Einschlag *m*; *d'un projectile* (**point** *m* **d'**)**~** Einschlag(stelle) *m(f)*; Aufschlagstelle *f* **2** *fig* (nachhaltiger) Einfluss, (nachhaltige) Wirkung, Einwirkung, Auswirkung (**sur** auf *+acc*); *d'une publicité etc* **force** *f* **d'~** Zugkraft *f*; Durchschlagskraft *f*; **sous l'~ de qc** unter dem Einfluss e-r Sache (*gén*); **avoir de l'~, un ~** sehr wirkungsvoll sein; e-e starke Wirkung haben (**sur** auf *+acc*)
impair [ɛ̃pɛʀ] **A** ADJ *nombre* ungerade; **jours ~s** ungerade Tage *mpl* **B** M (dummer, ungeschickter) Fehler; Ungeschicklichkeit *f*; Dummheit *f*; *fam* Schnitzer *m*; **commettre un ~** e-e Ungeschicklichkeit begehen; e-n Fehler machen
impalpable [ɛ̃palpabl] ADJ nicht greifbar (*a. fig*); nicht fassbar
imparable [ɛ̃paʀabl] ADJ *coup* unabwendbar; FOOTBALL *etc: tir* unhaltbar
impardonnable [ɛ̃paʀdɔnabl] ADJ *faute, erreur* unverzeihlich; unentschuldbar; **vous êtes ~ de ne pas être venu** es ist unverzeihlich von Ihnen, dass Sie nicht gekommen sind
imparfait [ɛ̃paʀfɛ] **A** ADJ ⟨-faite [-fɛt]⟩ unvollkommen; unzulänglich; mangelhaft; *connaissances a.* lückenhaft; **guérison ~e** unvollständige Heilung **B** M GRAM Imperfekt *n*; erste Vergangenheit
impartial [ɛ̃paʀsjal] ADJ ⟨-aux⟩ unparteiisch; **impartialité** F Unparteilichkeit *f*
impartir [ɛ̃paʀtiʀ] VT **1** JUR, ADMIN **~ un délai** e-e Frist bewilligen; *adjt* **les délais impartis par la loi** die gesetzlich bewilligten Fristen *fpl* **2** *st/s dons* zuteilen (**à qn** j-m); ausstatten mit (**à qn** j-n)
impasse [ɛ̃pas] F **1** Sackgasse *f*, -straße *f* **2** *fig* Sackgasse *f*; **être dans une ~** in e-r Sackgasse stecken; *négociations a.* an e-m toten Punkt angelangt sein **3** FIN, POL **~ budgétaire** Haushaltsdefizit *n*, -fehlbetrag *m*, -lücke *f* **4** BELOTE, BRIDGE **faire une ~** schneiden **5** *pour un examen* **faire une ~ sur un sujet** darauf spekulieren, dass ein Thema nicht drankommt; ein Thema ausklammern
impassibilité [ɛ̃pasibilite] F *d'une personne* Unbewegtheit *f*; Gefasstheit *f*; *du visage* Unbewegtheit *f*; Undurchdringlichkeit *f*; **garder son ~** die *ou* s-e Fassung bewahren
impassible [ɛ̃pasibl] ADJ **1** *personne* unbewegt, gefasst (**devant** angesichts *+gén*); unerschütterlich; **être ~** *a.* s-e Gefühle, Regungen nicht zeigen **2** *visage* unbewegt; undurchdringlich
impatiemment [ɛ̃pasjamã] ADV ungeduldig
impatience [ɛ̃pasjɑ̃s] F Ungeduld *f*; **attendre qn avec ~** j-n mit Ungeduld, ungeduldig, sehnlich(st) erwarten; **brûler d'~** vor Ungeduld vergehen; **il meurt d'~ de savoir si …** er möchte brennend gern wissen, ob …
impatient [ɛ̃pasjɑ̃] **A** ADJ ungeduldig; **être ~ de** (*+inf*) begierig darauf sein, darauf brennen zu (*+inf*) **B** SUBST **~(e)** *m(f)* Ungeduldige(r) *m/f(m)*
impatienter [ɛ̃pasjɑ̃te] **A** VT **~ qn** j-n ungeduldig machen; (*énerver*) j-m auf die Nerven gehen **B** V/PR **s'~** ungeduldig werden; die Geduld verlieren; (*s'énerver*) sich aufregen (**contre, de** über *+acc*)
impavide [ɛ̃pavid] *litt* ADJ furchtlos; unerschrocken
impayable [ɛ̃pɛjabl] ADJ *fam* köstlich; unbezahlbar; gottvoll
impayé [ɛ̃peje] **A** ADJ unbezahlt; *facture a.* unbeglichen; *traite* nicht eingelöst **B** M nicht bezahlte Rechnung *ou* nicht eingelöster Wechsel
impec [ɛ̃pɛk] ADJ *fam* ABR → impeccable
impeccable [ɛ̃pekabl] ADJ tadellos; einwandfrei; *personne* äußerst korrekt aussehend; **parler un français ~** ein einwandfreies, tadelloses, fehlerfreies Französisch sprechen; (**c'est**) **~!** tadellos!; ausgezeichnet!
impédance [ɛ̃pedɑ̃s] F ÉLEC Impedanz *f*; Scheinwiderstand *m*
impénétrable [ɛ̃penetʀabl] ADJ **1** *forêt* undurchdringlich **2** *intentions, secret etc* unergründlich; unerforschlich; *personne* undurchschaubar; undurchsichtig; **visage** *m* **~** undurchdringliches Gesicht
impénitence [ɛ̃penitɑ̃s] F REL Unbußfertigkeit *f*
impénitent [ɛ̃penitɑ̃] ADJ **1** unverbesserlich; **buveur, fumeur ~** unverbesserlicher Trinker, Raucher **2** REL unbußfertig; *pécheur* verstockt
impensable [ɛ̃pɑ̃sabl] ADJ undenkbar; unvorstellbar
imper [ɛ̃pɛʀ] M *fam* ABR → imperméable B
impératif [ɛ̃peʀatif] **A** ADJ ⟨-ive⟩ **1** (*obligatoire*) zwingend; bindend; imperativ; JUR **disposition impérative** Mussvorschrift *f*; POL **mandat ~** imperatives Mandat **2** (*autoritaire*) befehlend; Befehls…; imperativ; *geste* gebieterisch; **ton ~** Befehlston *m* **3** (*urgent*) vordringlich; dringend erforderlich, geboten **4** GRAM imperativisch; Befehls…; **proposition impérative** Befehls-, Imperativsatz *m* **B** M **1** GRAM Imperativ *m*; Befehlsform *f* **2** *surtout* PL **~s** (unabdingbare) Notwendigkeiten *fpl*, Erfordernisse *npl*; **les ~s de l'heure** das Gebot der Stunde
impératrice [ɛ̃peʀatʀis] F Kaiserin *f*
imperceptible [ɛ̃pɛʀsɛptibl] ADJ **1** (*non perceptible*) nicht wahrnehmbar **2** (*à peine perceptible*) kaum wahrnehmbar, merklich; unmerklich; winzig
imperdable [ɛ̃pɛʀdabl] ADJ *partie, match* schon im Voraus gewonnen
imperfection [ɛ̃pɛʀfɛksjõ] F **1** Unvollkommenheit *f* **2** **~s** *pl* Unvollkommenheiten *fpl*; Schwächen *fpl*; Mängel *mpl*
impérial [ɛ̃peʀjal] **A** ADJ ⟨-aux⟩ **1** kaiserlich; Kaiser… **2** *fig* majestätisch; hoheitsvoll **3** CUIS **pâté ~** Frühlingsrolle *f* **B** F **~e** *d'un bus* Oberdeck *n*; obere Etage
impérialisme [ɛ̃peʀjalism] M POL Imperialismus *m*; **impérialiste** **A** ADJ imperialistisch **B** M/F Imperialist(in) *m(f)*
impérieux [ɛ̃peʀjø] ADJ ⟨-euse⟩ **1** *ton etc* herrisch; gebieterisch **2** *besoin etc* (vor)dringlich; **nécessité impérieuse** zwingende Notwendigkeit
impérissable [ɛ̃peʀisabl] ADJ *œuvre, gloire* unvergänglich; **garder un ~ souvenir de qn, qc** j-n, etw in bleibender Erinnerung behalten
imperméabilisation [ɛ̃pɛʀmeabilizasjõ] F *d'un tissu* Imprägnierung *f*; **imperméabiliser** VT *tissu* imprägnieren; wasserdicht machen; **imperméabilité** F Wasserundurchlässigkeit *f*
imperméable [ɛ̃pɛʀmeabl] **A** ADJ **1** undurchlässig (**à** für); **~ (à l'eau)** wasserundurchlässig; **tissu** *m* **~** wasserdichter, imprägnierter Stoff **2** *fig* (*insensible*) unempfänglich, unzugänglich (**à** für) **B** M Regen-, Wettermantel *m*
impersonnalité [ɛ̃pɛʀsɔnalite] F *d'un entretien etc* Unpersönlichkeit *f*
impersonnel [ɛ̃pɛʀsɔnɛl] ADJ ⟨**~le**⟩ **1** unpersönlich; **atmosphère ~le** unpersönliche Atmosphäre; **entretien ~** unpersönliches Gespräch **2** GRAM unpersönlich; **verbes ~s** unpersönliche Verben *npl*
impertinence [ɛ̃pɛʀtinɑ̃s] F Ungehörigkeit *f*, Frechheit *f*, Unverschämtheit *f* (*a. parole, action*); Impertinenz *f*
impertinent [ɛ̃pɛʀtinɑ̃] **A** ADJ ungehörig; frech; unverschämt; impertinent **B** SUBST **petit(e) ~(e)** *m(f)* Frechdachs *m*; *fille* freches Ding
imperturbabilité [ɛ̃pɛʀtyʀbabilite] F Unerschütterlichkeit *f*
imperturbable [ɛ̃pɛʀtyʀbabl] ADJ unerschütterlich
impétigo [ɛ̃petigo] M MÉD Eiterflechte *f*; *t/t* Impetigo *f*
impétrant [ɛ̃petʀɑ̃] M, **impétrante** F ADMIN Empfänger(in) *m(f)* (*e-s Diploms etc*)
impétueux [ɛ̃petɥø] *st/s* ADJ ⟨-euse⟩ **1** *caractère, personne* ungestüm; heftig; stürmisch **2** *flots, torrent* reißend; **vent ~** heftiger Wind
impétuosité [ɛ̃petɥozite] *st/s* F *d'une personne* Ungestüm *n*; *d'une passion* Heftigkeit *f*
impie [ɛ̃pi] *litt* ADJ gottlos
impitoyable [ɛ̃pitwajabl] ADJ mitleid(s)los; unerbittlich; schonungslos; erbarmungslos; unbarmherzig
implacable [ɛ̃plakabl] ADJ **1** *ennemi* unversöhnlich **2** *logique* unerbittlich; *mal* unaufhaltsam
implant [ɛ̃plɑ̃] M MÉD Implantat *n*; **~ dentaire** Zahnimplantat *n*
implantation [ɛ̃plɑ̃tasjõ] F **1** *d'une entreprise, d'un groupe ethnique* Ansied(e)lung *f*; *de traditions* Einbürgerung *f* **2** MÉD Implantation *f*
implanter [ɛ̃plɑ̃te] **A** VT **1** *entreprise* ansiedeln; *mode* einführen; *adjt* **implanté** *traditions, doctrine* verwurzelt **2** MÉD implantieren **B** V/PR **s'~** *entreprise, groupe ethnique* sich niederlassen; sich ansiedeln; *traditions, doctrine* sich festsetzen; sich einbürgern
implication [ɛ̃plikasjõ] F **1** JUR Verwicklung *f* (**dans** in *+acc*) **2** (*conséquence*) (implizite) Auswirkung, Folge
implicite [ɛ̃plisit] ADJ mit enthalten; mit inbegriffen; implizit; stillschweigend; **implicitement** ADV implizite
impliquer [ɛ̃plike] VT **1** (*mêler*) **~ qn dans qc** j-n in etw (*acc*) verwickeln; **il est impliqué dans un scandale** er ist in e-n Skandal verwickelt **2** (*comporter*) **~ qc** etw mit enthalten, mit einschließen, implizieren; (*supposer*) **~ que …** (*+ind ou subj*) (logischerweise) bedeuten, voraussetzen, dass …
implorant [ɛ̃plɔʀɑ̃] ADJ flehend; flehentlich; **imploration** *litt* F Flehen *n*
implorer [ɛ̃plɔʀe] VT **1** **~ qn** j-n anflehen; **~ Dieu** zu Gott flehen **2** **~ qc** um etw flehen, flehentlich bitten; etw erflehen
imploser [ɛ̃ploze] VI *téléviseur* implodieren; **implosion** F PHYS Implosion *f*
impoli [ɛ̃pɔli] **A** ADJ unhöflich; **il est ~ de** (*+inf*) es ist unhöflich zu (*+inf*) **B** SUBST **~(e)** *m(f)* unhöflicher Mensch
impolitesse [ɛ̃pɔlitɛs] F Unhöflichkeit *f* (*a. acte*)
impondérable [ɛ̃põdeʀabl] ADJ unwägbar; unberechenbar; **facteurs** *mpl* **~s** *ou subst* **~s**

mpl Unwägbarkeiten *fpl*; Imponderabilien *pl*

impopulaire [ɛ̃pɔpylɛʀ] ADJ *mesure, personnalité* unpopulär; *chef, collègue etc* unbeliebt (**parmi, auprès de** bei)

impopularité [ɛ̃pɔpylaʀite] F Unpopularität *f*; Unbeliebtheit *f*

importable [ɛ̃pɔʀtabl] ADJ 1 *vêtement* nicht (mehr) tragbar 2 ÉCON einführ-, importierbar

importance [ɛ̃pɔʀtɑ̃s] F 1 Bedeutung *f*; Wichtigkeit *f*; **d'~** a *loc adv (très fort)* tüchtig; kräftig b *loc adj* wichtig; von Bedeutung; **nouvelle** *f* **d'~** wichtige Nachricht; Nachricht *f* von Bedeutung; **accorder, attacher, donner de l'~ à qc** e-r Sache *(dat)* Bedeutung, Gewicht beimessen, -legen; Gewicht auf etw *(acc)* legen; **avoir de l'~** von Bedeutung, Wichtigkeit sein; **(cela n'a) aucune ~** das hat keinerlei Bedeutung; das ist völlig unwichtig; **(cela n'a) pas d'~** das hat keine Bedeutung, ist nicht von Bedeutung, hat nichts zu bedeuten; **être de la plus °haute ~** von größter, höchster Bedeutung, Wichtigkeit sein; höchst bedeutsam sein; **être de peu d'~** von geringer Bedeutung, Wichtigkeit sein; **être sans ~** ohne Bedeutung, bedeutungslos, belanglos, unwichtig sein 2 *d'une personne* Wichtigkeit *f*; **se donner de l'~, prendre des airs d'~** sich wichtigmachen, tun; sich aufspielen 3 *d'une somme* Größe *f*; Höhe *f*

important [ɛ̃pɔʀtɑ̃] A ADJ 1 *affaire, problème, rôle etc* wichtig; bedeutend; **il est ~ de** *(+inf)* *ou* **que ...** *(+subj)* es ist wichtig, zu *(+inf)* *ou* dass ...; **c'est ~ à savoir** das ist wichtig zu wissen; das muss man wissen 2 *personne* wichtig; einflussreich; *péj* **se donner des airs ~s** sich wichtigmachen, -tun; sich aufspielen 3 *retard, dégâts* groß; beträchtlich; **somme ~e** große, beträchtliche, hohe Summe; **peu ~** geringfügig B SUBST 1 **faire l'~(e)** *m(f)* sich aufspielen; sich wichtigtun, -machen 2 M **l'~ c'est de** *(+inf)* *ou* **que ...** *(+subj ou ind)* das Wichtige, die Hauptsache (dabei) ist, zu *(+inf)* *ou* dass ...

importateur [ɛ̃pɔʀtatœʀ] A ADJ ⟨-trice⟩ Einfuhr...; Import...; importierend; **pays ~ de pétrole** Öleinfuhrland *n*; Öl importierendes Land B M Importeur *m*; **~ de vin** Weinimporteur *m*

importation [ɛ̃pɔʀtasjõ] F 1 COMM a Einfuhr *f*; Import *m*; **l'~ de légumes en provenance de la France** die Gemüseeinfuhr aus Frankreich; **articles** *mpl* **d'~** Importartikel *mpl*, -güter *npl* b **~s** *pl (marchandises importées)* Importe *mpl*; Einfuhr-, Importwaren *fpl* 2 *(introduction)* Einführung *f*; *d'une épidémie* Einschleppung *f*; *d'une mode etc* Übernahme *f* (aus dem Ausland)

importer[1] [ɛ̃pɔʀte] V/T 1 COMM einführen; importieren 2 *(introduire)* (zum ersten Mal) einführen; *mode, doctrine etc* (aus dem Ausland) übernehmen; importieren; **~ une épidémie** eine Seuche einschleppen

importer[2] [ɛ̃pɔʀte] V/I *et* V/IMP bedeuten, wichtig sein (**à qn** j-m); von Bedeutung, Belang sein (für j-n); **cela (m')importe peu** das bedeutet (mir) wenig; das ist (für mich) von geringer Bedeutung; **la seule chose qui importe (, c'est ...)** das Einzige, was zählt, worauf es ankommt, was wichtig, von Belang, von Bedeutung ist (, ist ...); ♦ **il importe de** *ou* **que ...** *(+subj)* es ist wichtig, es kommt darauf an, zu *(+inf)* *ou* dass ...; ♦ **qu'importe!** was bedeutet das schon!; was liegt daran!; was soll's!; **qu'importe qu'il vienne ou non** was bedeutet es schon, ob er kommt oder nicht; ♦ **peu importe!** das ist nicht so wichtig; das hat wenig zu bedeuten; **peu m'importe son avis** s-e Meinung bedeutet mir wenig, ist mir nicht so wichtig; **peu importe que tu viennes** es ist nicht so wichtig, dass du kommst; ♦ *avec ou sans glace?* - **n'importe!** das ist gleichgültig, egal; *c'est très cher,* **n'importe,** *ça se vend bien!* einerlei; und trotzdem; ♦ *pr indéf et loc adv* **n'importe qui, quoi, où, quand** *etc* irgendjemand, irgendetwas, irgendwo(hin), irgendwann *etc*; egal *ou* gleichgültig *ou* ganz gleich wer, was, wo(hin), wann *etc*; *travailler* **n'importe comment** ohne Methode; unüberlegt; oberflächlich; *la jeep peut rouler* **n'importe où** überall; **n'importe qui** *peut le faire* jeder (x-Beliebige); **il n'est pas n'importe qui** er ist nicht irgendwer; **acheter, dire n'importe quoi** irgendetwas, *fam* irgendwas (Unsinniges) kaufen, daherreden; **à n'importe quel prix** zu jedem Preis

import-export [ɛ̃pɔʀɛkspɔʀ] M COMM Import-Export *m*; **société** *f* **d'~** Import-Export-Firma *f*

importun [ɛ̃pɔʀtɛ̃, -tœ̃] A ADJ ⟨-une [-yn]⟩ lästig; zudringlich; aufdringlich; *visiteur a.* ungelegen B M lästiger, zudringlicher, aufdringlicher Mensch

importuner [ɛ̃pɔʀtyne] V/T **~ qn** j-n belästigen, behelligen (**par, de** mit); j-m lästig fallen, lästig werden, zur Last fallen; **être importuné par le bruit** vom Lärm belästigt werden

importunité [ɛ̃pɔʀtynite] F Zu-, Aufdringlichkeit *f*; Lästigkeit *f*; *d'une visite* Ungelegenheit *f*

imposable [ɛ̃pozabl] ADJ *revenu* steuerpflichtig; zu versteuern(d)

imposant [ɛ̃pozɑ̃] ADJ 1 *(impressionnant)* imposant; imponierend; beeindruckend; eindrucksvoll; *personne a.* stattlich 2 *(considérable)* beträchtlich; ansehnlich; ziemlich groß; imponierend

imposé [ɛ̃poze] ADJ 1 vorgeschrieben; PATINAGE **figures ~es** Pflicht(figuren) *f(pl)*; COMM **prix ~** gebundener, vorgeschriebener, festgesetzter Preis; **prix ~s** *a.* Preisbindung *f* 2 *revenu* besteuert

imposer [ɛ̃poze] A V/T 1 **~ à qn** *conditions, tâche, règle, date* j-m vorschreiben; *devoirs, privations, punition* j-m auferlegen; *volonté, opinion, régime, nouveau chef etc* j-m aufdrängen; *plus fort* j-m aufzwingen; (bei j-m) durchsetzen; **~ le respect** Respekt, Achtung einflößen 2 FIN besteuern; mit e-r Steuer belegen; *contribuable a.* (steuerlich, zur Steuer) veranlagen 3 REL, *guérisseur* **~ les mains** die Hände auflegen B V/I **en ~ à qn** j-m imponieren; auf j-n großen Eindruck machen; **s'en laisser ~** sich beeindrucken lassen C V/PR 1 **s'~ qc** *ou* **de faire qc** sich *(dat)* etw auferlegen, aufbürden; etw auf sich *(acc)* nehmen; sich *(dat)* etw zur Pflicht machen *ou* sich *(dat)* zur Pflicht machen, etw zu tun 2 *décision, solution, mesure etc* **s'~** (zwingend) geboten sein; sich aufdrängen; **une vérification s'impose** das bedarf der Nachprüfung; e-e Überprüfung ist angezeigt 3 *personne, produit etc dans un domaine* **s'~** sich durchsetzen; sich behaupten 4 **s'~** *(imposer sa présence)* sich aufdrängen; **je ne voudrais pas m'~** ich möchte mich nicht aufdrängen

imposition [ɛ̃pozisjõ] F 1 FIN Besteuerung *f*; *d'un contribuable a.* (Steuer)Veranlagung *f*; **double ~** Doppelbesteuerung *f* 2 REL **~ des mains** Handauflegung *f*

impossibilité [ɛ̃pɔsibilite] F 1 Unmöglichkeit *f*; **il est dans l'~ de venir** es ist ihm unmöglich, er ist außerstande zu kommen 2 *(chose impossible)* Unmöglichkeit *f*; unmögliche Sache

impossible [ɛ̃pɔsibl] A ADJ 1 unmöglich; **~!** unmöglich!; ausgeschlossen!; **projet** *m* **~ à réaliser** Plan, der unmöglich zu realisieren ist; unmöglich realisierbarer Plan; **cela m'est ~** das ist mir unmöglich; **il est ~ de** *(+inf)* es ist unmöglich zu *(inf)*; **il est ~ qu'il soit parti** es ist unmöglich, dass er abgereist ist 2 *fam (insupportable) fam* unmöglich; **rendre la vie ~ à qn** j-m das Leben unerträglich, *fam* unmöglich machen 3 *fam (bizarre) fam* unmöglich; *rentrer* **à une heure ~** zu e-r unmöglichen Zeit B M Unmögliche(s) *n*; **vous me demandez l'~** Sie verlangen Unmögliches von mir; **nous ferons l'~** wir werden das *ou* alles Menschenmögliche tun; *prov* **à l'~ nul n'est tenu** man kann von niemandem Unmögliches verlangen

imposte [ɛ̃pɔst] F 1 ARCH Kämpfer(gesims) *m(n)* 2 CONSTR Oberlicht *n*

imposteur [ɛ̃pɔstœʀ] M Hochstapler *m*; Betrüger *m*; Schwindler *m*; **imposture** F Hochstapelei *f*; Betrug *m*; Schwindel *m*

impôt [ɛ̃po] M FIN Steuer *f*; Abgabe *f*; **~s directs** direkte Steuern; **~ foncier** Grundsteuer *f*; **~s indirects** indirekte Steuern; **~s locaux** Gemeinde- und Departementsteuern *fpl*; **~ sur les (bénéfices des) sociétés** Körperschaftssteuer *f*; **~ sur le chiffre d'affaires** Umsatzsteuer *f*; *autrefois* **~ sur les grandes fortunes** Vermögenssteuer *f*; **~ sur le revenu** Einkommen(s)steuer *f*; **déclaration** *f* **d'~s** Steuererklärung *f*

impotence [ɛ̃pɔtɑ̃s] F MÉD Bewegungsunfähigkeit *f*; gehemmte Bewegungsfähigkeit; Unbeweglichkeit *f*; **impotent** ADJ MÉD bewegungsunfähig; unbeweglich

impraticable [ɛ̃pʀatikabl] ADJ 1 *chemin* nicht begehbar; *route* unbefahrbar; unpassierbar; *terrain de sports* unbespielbar 2 *solution, idée* undurchführbar

imprécation [ɛ̃pʀekasjõ] *litt* F Verwünschung *f*; Fluch *m*

imprécis [ɛ̃pʀesi] ADJ *indications* ungenau; unpräzis(e); *idées, style* unklar; verschwommen; **contours** *mpl* **~** undeutliche Umrisse *mpl*

imprécision [ɛ̃pʀesizjõ] F Ungenauigkeit *f*; Unklarheit *f*; Undeutlichkeit *f*

imprégnation [ɛ̃pʀeɲasjõ] F 1 TECH (Durch)Tränken *n*; Sättigen *n*; Imprägnierung *f*; **~ du bois** Holzimprägnierung *f* 2 *fig* Beeinflussung *f* (**par qc** durch etw)

imprégner [ɛ̃pʀeɲe] ⟨-è-⟩ A V/T 1 TECH (durch)tränken, sättigen (**de qc** mit etw); *bois* imprägnieren; *par ext odeur tenace* sich festsetzen in *(+dat)*; *par ext vêtement, cheveux etc* **être imprégné de l'odeur de pipe** *etc* nach Pfeifenrauch *etc* riechen; den Pfeifengeruch *etc* angenommen haben 2 *fig* **~ qn** j-n erfüllen; **être imprégné d'une idée, de préjugés** von e-r Idee, von Vorurteilen durchdrungen sein; *adjt* **imprégné d'ironie, de tristesse** voller Ironie, Traurigkeit B V/PR **s'~** 1 *tissu, substance* sich vollsaugen (**de qc** mit etw); in sich *(dat)* aufnehmen (etw); *par ext* **s'~ d'une odeur** e-n Geruch annehmen 2 *fig* **s'~ de qc** etw in sich *(dat)* aufnehmen; **s'~ d'une langue** sich *(dat)* e-e Sprache aneignen

imprenable [ɛ̃pʀənabl] ADJ 1 *forteresse* uneinnehmbar; unbezwingbar 2 *vue* unverbaubar

imprésario *ou* **impresario** [ɛ̃pʀezaʀjo] M Impresario *m*

imprescriptible [ɛ̃pʀɛskʀiptibl] ADJ JUR unverjährbar; *par ext droits* immer geltend; unantastbar

impression [ɛ̃pʀɛsjõ] F 1 Eindruck *m*; *st/s* Impression *f*; **~s de voyage** Reiseeindrücke *mpl*; **avoir l'~ de** *(+inf)* *ou* **que ...** den Eindruck, das Gefühl haben, zu *(+inf)* *ou* dass ...; **donner une ~ de qc** e-n Eindruck von etw vermitteln, geben; **donner l'~ de** *(+inf)* den Eindruck machen, erwecken (**à qn** bei j-m), scheinen zu

(+*inf*); **quelle est votre ~?** was ist Ihr Eindruck?, was für e-n Eindruck haben Sie? (**sur lui** von ihm); **faire (grande) ~** (sehr) eindrucksvoll sein; **faire (une) bonne, mauvaise ~** e-n guten, schlechten Eindruck machen (**à, sur qn** auf j-n); **quelle ~ vous fait-il?** welchen, was für e-n Eindruck macht er auf Sie?; **ressentir une ~ de tristesse** Traurigkeit empfinden 2 *de tissus etc* Bedrucken *n*; TEXT Zeug-, Stoffdruck *m* 3 TYPO Drucken *n*; (Buch)Druck *m*; **faute** *f* **d'~** Druckfehler *m*

impressionnable [ɛ̃pʀesjɔnabl] ADJ empfindlich; sensibel

impressionnant [ɛ̃pʀesjɔnɑ̃] ADJ eindrucksvoll; beeindruckend

impressionner [ɛ̃pʀesjɔne] V/T 1 **~ qn** j-n beeindrucken; nachhaltig auf j-n wirken; **se laisser ~ par qc** sich von etw beeindrucken lassen 2 PHYSIOL, PHOT einwirken auf (+*acc*)

impressionnisme [ɛ̃pʀesjɔnism] M Impressionismus *m*; **impressionniste** A ADJ impressionistisch B M/F Impressionist(in) *m(f)*

imprévisible [ɛ̃pʀevizibl] ADJ unvorhersehbar; *personne* unberechenbar

imprévoyance [ɛ̃pʀevwajɑ̃s] F Sorglosigkeit *f*; Gedankenlosigkeit *f*; Kurzsichtigkeit *f*; **imprévoyant** ADJ sorglos; gedankenlos; kurzsichtig; nicht vorausplanend

imprévu [ɛ̃pʀevy] A ADJ unvorhergesehen B M Unvorhergesehene(s) *n*; **sauf ~** unvorhergesehene Umstände ausgenommen; wenn nichts dazwischenkommt; **en cas d'~** falls etwas dazwischenkommt

imprimable [ɛ̃pʀimabl] ADJ druckreif; druckfähig

imprimante [ɛ̃pʀimɑ̃t] F INFORM Drucker *m*; **~ couleur, matricielle** Farb-, Matrixdrucker *m*; **~ à jet d'encre** Tintenstrahldrucker *m*; **~ (à) laser** Laserdrucker *m*

imprimé [ɛ̃pʀime] A ADJ *livre etc* gedruckt; **en-tête ~** aufgedruckter Briefkopf; **formulaire ~** vorgedrucktes Formular; **papier ~** bedrucktes Papier; **tissu ~** bedruckter Stoff B M 1 POSTE Drucksache *f*; *depuis 1993* Infopost *f* 2 *livre, brochure etc* Gedruckte(s) *n*; Druckwerk *n* 3 (*formulaire*) Formular *n*; Vordruck *m*; Formblatt *n* 4 TEXT bedruckter Stoff; Druck *m*; Imprimé *m*; **~ à fleurs** geblümter Druck

imprimer [ɛ̃pʀime] A V/T 1 *livre etc, auteur* drucken; *extraits d'un livre* abdrucken; **faire ~** drucken lassen; **se faire ~** sein Werk drucken lassen 2 *tissu, papier etc* bedrucken; *motif* aufdrucken; **~ des fleurs sur un tissu** ein Blumenmuster auf e-n Stoff drucken; e-n Stoff mit e-m Blumenmuster bedrucken 3 *cachet* **~ sur qc** auf etw (*acc*) drücken; *fig et litt souvenir* **être imprimé dans la mémoire** im Gedächtnis eingeprägt sein 4 (*communiquer*) mitteilen, verleihen (**à** *dat*); **~ une direction à qc** e-r Sache (*dat*) e-e Richtung geben B V/PR 1 TYPO **s'~** gedruckt werden; sich im Druck befinden 2 *fig et litt souvenir* **s'~ dans la mémoire de qn** sich j-m einprägen

imprimerie [ɛ̃pʀimʀi] F 1 *entreprise* (Buch)Druckerei *f* 2 *technique* Buchdruck (-erkunst) *m(f)*

imprimeur [ɛ̃pʀimœʀ] M 1 *propriétaire* Druckereibesitzer *m* 2 **~** *ou adjt* **ouvrier** *m* **~** (Buch)Drucker *m*; **imprimeur-éditeur** M ‹*pl* imprimeurs-éditeurs› Drucker *m* und Verleger *m*

improbabilité [ɛ̃pʀɔbabilite] F Unwahrscheinlichkeit *f*

improbable [ɛ̃pʀɔbabl] ADJ unwahrscheinlich; kaum anzunehmen(d); **il est ~ que ...** (+*subj*) es ist unwahrscheinlich, dass ...

improductif [ɛ̃pʀɔdyktif] ADJ ‹-ive› unproduktiv; unergiebig; unwirtschaftlich; **capital ~** totes Kapital

improductivité [ɛ̃pʀɔdyktivite] F Unproduktivität *f*; Unergiebigkeit *f*

impromptu [ɛ̃pʀɔ̃(p)ty] A ADJ *visite* überraschend; **concert ~** improvisiertes Konzert; **discours ~** Stegreifrede *f*; Rede *f* aus dem Stegreif B M MUS Impromptu *n*

imprononçable [ɛ̃pʀɔnɔ̃sabl] ADJ unaussprechbar

impropre [ɛ̃pʀɔpʀ] ADJ 1 *mot, expression* unpassend; falsch gewählt; sinnentstellend 2 **~ à qc** ungeeignet für etw; *aliment* **~ à la consommation** nicht zum Verzehr geeignet

improprement [ɛ̃pʀɔpʀəmɑ̃] ADV fälschlicherweise

impropriété [ɛ̃pʀɔpʀijete] F 1 *d'un mot* falscher Gebrauch 2 (*expression impropre*) falsch gebrauchtes, gewähltes Wort

improvisateur [ɛ̃pʀɔvizatœʀ] M, **improvisatrice** F Improvisator *m*, Improvisatorin *f*; **talent** *m* **d'improvisateur** Improvisationstalent *n*

improvisation [ɛ̃pʀɔvizasjɔ̃] F 1 *action* Improvisieren *n* 2 *résultat* Improvisation *f*; Stegreifdarbietung *f* 3 MUS Improvisation *f*; JAZZ **~ collective** Jam-Session *f*

improviser [ɛ̃pʀɔvize] A V/T *discours, fête etc* improvisieren; *discours a.* aus dem Stegreif halten; *adjt* **discours improvisé** Stegreifrede *f* B V/I MUS improvisieren (**au piano** auf dem, am Klavier) C V/PR **s'~ arbitre** *etc* als Schiedsrichter *etc* einspringen, aushelfen; **on ne s'improvise pas médecin** man wird nicht von e-m Tag auf den anderen Arzt

improviste [ɛ̃pʀɔvist] LOC ADV **à l'~** unerwartet; unvermutet; unversehens; unverhofft; plötzlich; überraschend

imprudemment [ɛ̃pʀydamɑ̃] ADV → imprudent

imprudence [ɛ̃pʀydɑ̃s] F 1 (*manque de prudence*) Unvorsichtigkeit *f*; Unklugheit *f*; Unbesonnenheit *f*; Unbedachtsamkeit *f* 2 (*action imprudente*) Unvorsichtigkeit *f*; **commettre, faire une ~** e-e Unvorsichtigkeit begehen; **ne faites pas d'~s sur la route** fahren Sie vorsichtig 3 JUR Fahrlässigkeit *f*; **homicide** *m* **par ~** fahrlässige Tötung

imprudent [ɛ̃pʀydɑ̃] A ADJ unvorsichtig; unklug; unbedacht; unbesonnen; *conducteur a.* leichtsinnig B SUBST **~(e)** *m(f)* unvorsichtiger *etc* Mensch

impubère [ɛ̃pybɛʀ] ADJ noch nicht geschlechtsreif; JUR noch nicht ehemündig

impubliable [ɛ̃pyblijabl] ADJ nicht druckreif, -fähig

impudence [ɛ̃pydɑ̃s] F Unverschämtheit *f*; Schamlosigkeit *f*; **avec ~** unverschämt; schamlos

impudent [ɛ̃pydɑ̃] *st/s* ADJ unverschämt; schamlos

impudeur [ɛ̃pydœʀ] F Mangel *m* an Scham (-gefühl); Schamlosigkeit *f*

impudicité [ɛ̃pydisite] F Unkeuschheit *f*; Unzüchtigkeit *f*; **impudique** ADJ unkeusch; unzüchtig

impuissance [ɛ̃pɥisɑ̃s] F 1 (*faiblesse*) Unvermögen *n*, Machtlosigkeit *f*, Ohnmacht *f* (**devant** gegenüber +*dat*; angesichts +*gén*; **à** +*inf* zu +*inf*); *régime etc* **être frappé d'~** zur Ohnmacht, Machtlosigkeit verurteilt sein; **réduire qn à l'~** j-m die Macht nehmen; j-n s-r Macht (*gén*) berauben 2 (*inutilité*) Vergeblichkeit *f* 3 *sexuelle de l'homme* Impotenz *f*

impuissant [ɛ̃pɥisɑ̃] ADJ 1 machtlos; ohnmächtig; **être ~ devant qc** bei etw machtlos sein; **être ~ à** (+*inf*) nicht imstande sein zu (+*inf*) 2 *efforts* vergeblich; **rage ~e** ohnmächtige Wut 3 *sexuellement* impotent

impulsif [ɛ̃pylsif] A ADJ ‹-ive› impulsiv B SUBST **~, impulsive** *m,f* impulsiver Mensch

impulsion [ɛ̃pylsjɔ̃] F 1 PHYS Impuls *m*; ÉLEC Stromstoß *m* 2 *fig* (*élan*) Auftrieb *m*; Anstoß *m*; Impuls *m*; **donner une ~ à qc** *a.* etw ankurbeln, in Schwung bringen 3 PSYCH Impuls *m*; (plötzliche) Eingebung; innerer Drang; **sous l'~ de la jalousie** von Eifersucht getrieben; **céder à ses ~s** s-n Impulsen folgen, nachgeben

impulsivité [ɛ̃pylsivite] F Impulsivität *f*

impunément [ɛ̃pynemɑ̃] ADV ungestraft

impuni [ɛ̃pyni] ADJ unbestraft; ungestraft; straflos, -frei; **laisser un crime ~** ein Verbrechen ungestraft, ungesühnt lassen

impunité [ɛ̃pynite] F Straffreiheit *f*; Straflosigkeit *f*; **en toute ~** völlig ungestraft

impur [ɛ̃pyʀ] ADJ 1 *liquide, air etc* unsauber; unrein 2 REL unrein 3 *st/s* (*impudique*) unkeusch; unzüchtig

impureté [ɛ̃pyʀte] F 1 Unsauberkeit *f*; Unreinheit *f* 2 **~s** *pl d'un liquide* Verunreinigungen *fpl*; *dans un cristal, sur la peau* Unreinheiten *fpl* 3 *st/s* (*impudicité*) Unkeuschheit *f*; Unzüchtigkeit *f*

imputable [ɛ̃pytabl] ADJ 1 **être ~ à qc** e-r Sache (*dat*) zuzuschreiben sein; auf etw (*acc*) zurückzuführen sein 2 FIN **être ~ sur qc** auf etw (*acc*) anzurechnen sein; zulasten von etw gehen

imputation [ɛ̃pytasjɔ̃] F 1 Beschuldigung *f*, Bezichtigung *f* (**de vol** des Diebstahls) 2 FIN Anrechnung *f* (**à, sur** auf +*acc*); Verrechnung *f*

imputer [ɛ̃pyte] V/T 1 **~ qc à qn** j-n für etw verantwortlich machen; j-m etw zur Last legen, anlasten; **~ un accident à la fatigue** e-n Unfall auf Übermüdung zurückführen 2 FIN *somme* **~ à, sur qc** auf etw (*acc*) anrechnen; *à un certain budget* bei etw verbuchen, unterbringen

imputrescible [ɛ̃pytʀesibl] ADJ unverweslich; nicht verfaulend

in [in] ADJ ‹*inv*› *fam* (*à la mode*) *fam* in; **être ~** in sein; **une boîte ~** ein Lokal, das gerade in ist

in... [ɛ̃], *vor Vokal u. stummem h* [in] *préfixe indiquant la négation* un...; in...; Un...; In...; → *les articles suivants*

inabordable [inabɔʀdabl] ADJ 1 *prix* unerschwinglich 2 *rivage* unzugänglich 3 *personnage* unnahbar; unzugänglich

inaccentué [inaksɑ̃tɥe] ADJ unbetont

inacceptable [inaksɛptabl] ADJ unannehmbar; inakzeptabel; unzumutbar

inaccessibilité [inaksesibilite] F 1 *d'un sommet d'une montagne, d'un but, d'un idéal etc* Unerreichbarkeit *f*; *d'une montagne a.* Unbezwingbarkeit *f* 2 *d'une personne* Unnahbarkeit *f*

inaccessible [inaksesibl] ADJ 1 *sommet, fig but etc* unerreichbar (**à qn** für j-n); *sommet a.* unbezwingbar; *lieu* unzugänglich 2 *personne* unnahbar; unzugänglich 3 **~ à la pitié** *etc* für Mitleid *etc* unempfänglich

inaccompli [inakɔ̃pli] ADJ 1 *clause* nicht erfüllt 2 *litt projet, tâche etc* nicht ausgeführt; nicht zu Ende geführt; *souhait* nicht erfüllt

inaccoutumé [inakutyme] ADJ ungewohnt; ungewöhnlich

inachevé [inaʃve] ADJ unbeendet; unvollendet; unfertig

inachèvement [inaʃɛvmɑ̃] M Unfertigkeit *f*

inactif [inaktif] ADJ ‹-ive› 1 untätig; tatenlos; inaktiv; **vie inactive** untätiges Leben; **rester ~** untätig bleiben 2 **population inactive** nicht erwerbs-, berufstätige Bevölkerung 3 *Bourse* matt 4 *remède* unwirksam

inaction [inaksjɔ̃] F Untätigkeit *f*; Nichtstun *n*

inactivité [inaktivite] F 1 Untätigkeit *f*; Tatenlosigkeit *f*; Inaktivität *f* 2 ADMIN, MIL **en ~** inaktiv; im einstweiligen Ruhestand

inactuel [inaktɥɛl] ADJ ⟨~le⟩ unzeitgemäß; nicht zeitnah; inaktuell

inadaptation [inadaptasjõ] F PSYCH mangelnde Anpassung(sfähigkeit); *d'enfants* Verhaltensgestörtheit *f*; ~ **sociale** mangelnde soziale Anpassung

inadapté [inadapte] PSYCH **A** ADJ **a** nicht anpassungsfähig **b** *enfant* verhaltensgestört; schwer erziehbar **B** SUBST ~(e) *m(f)* Verhaltensgestörte(r) *m/f(m)*

inadéquat [inadekwa] ADJ unangemessen; nicht passend; nicht entsprechend; inadäquat

inadmissible [inadmisibl] ADJ **1** unzulässig; inakzeptabel; indiskutabel; **il est ~ que** … (+*subj*) *a.* es kann nicht hingenommen werden, dass … **2** *candidat à un examen* nicht zugelassen

inadvertance [inadvɛʀtɑ̃s] LOC ADV **par ~** aus Versehen; versehentlich

inaliénable [inaljenabl] ADJ JUR unveräußerlich; nicht übertragbar

inaltérable [inalteʀabl] ADJ **1** unveränderlich, -bar; **~ à l'air, à la chaleur** luft-, hitzebeständig **2** *fig bonne humeur, principes* unwandelbar; unveränderlich; *amitié a.* unverbrüchlich

inamical [inamikal] ADJ ⟨-aux⟩ unfreundlich

inamovible [inamɔvibl] ADJ JUR unabsetzbar; unkündbar; nicht versetzbar

inanimé [inanime] ADJ leblos; *matière* unbelebt; **corps ~** lebloser Körper; **tomber ~** leblos zu Boden fallen

inanition [inanisjõ] F Entkräftung *f*; **mourir d'~** an Entkräftung sterben; *fig* **tomber d'~** vor Hunger sterben, *fam* umkommen

inaperçu [inapɛʀsy] ADJ LOC **passer ~** unbemerkt bleiben; nicht auffallen; *événement* unbemerkt vorübergehen; *invention* (in der Öffentlichkeit) keine Beachtung finden

inappétence [inapetɑ̃s] F **1** MÉD Appetitlosigkeit *f* **2** PSYCH **~ sexuelle** sexuelle Lustlosigkeit; *t/t* verminderte sexuelle Appetenz

inapplicable [inaplikabl] ADJ unanwendbar; **mesures** *fpl* **~s** undurchführbare Maßnahmen *fpl*

inappliqué [inaplike] ADJ **1** *élève* unaufmerksam; faul **2** *loi etc* nicht angewandt

inappréciable [inapʀesjabl] ADJ **1** *(précieux)* unschätzbar; außerordentlich groß **2** *(minime)* verschwindend klein, gering

inapprivoisable [inapʀivwazabl] ADJ *animal* unzähmbar

inapte [inapt] ADJ untauglich, ungeeignet, unbrauchbar (**à** für); MIL wehruntauglich; **~ au travail** arbeitsunfähig

inaptitude [inaptityd] F Untauglichkeit *f*, Ungeeignetheit *f*, Unbrauchbarkeit *f* (**à qc** für etw; **à** +*inf* zu +*inf*); MIL Wehruntauglichkeit *f*; **~ (physique) au travail** Arbeitsunfähigkeit *f*

inarticulé [inaʀtikyle] ADJ unartikuliert; undeutlich

inassimilable [inasimilabl] ADJ *individus dans un groupe* nicht assimilierbar

inassouvi [inasuvi] *litt* ADJ ungestillt

inattaquable [inatakabl] ADJ unangreifbar; *théorie etc a.* unanfechtbar

inattendu [inatɑ̃dy] ADJ unerwartet; unvermutet; unverhofft; überraschend; **c'est ~ de sa part** damit war bei ihm nicht zu rechnen; das hatte man von ihm nicht erwartet

inattentif [inatɑ̃tif] ADJ ⟨-ive⟩ unaufmerksam; unachtsam; achtlos

inattention [inatɑ̃sjõ] F Unaufmerksamkeit *f*; Unachtsamkeit *f*; **faute** *f*, **erreur** *f* **d'~** Flüchtigkeitsfehler *m*; *cela s'est passé* **dans un moment d'~** in e-m Augenblick der Unaufmerksamkeit

inaudible [inodibl] ADJ **1** *(non audible)* unhörbar **2** *(peu audible)* kaum hörbar, vernehmbar **3** *péj musique etc* nicht anzuhören(d)

inaugural [inogyʀal] ADJ ⟨-aux⟩ Eröffnungs…; Einweihungs…; **inauguration** F Einweihung *f*; (feierliche) Eröffnung

inaugurer [inogyʀe] V/T **1** *monument, bâtiment, plaque* einweihen; **~ une autoroute, une exposition** eine Autobahn, eine Ausstellung (feierlich) eröffnen **2** *fig politique, période* einleiten; **~ une méthode** eine Methode einführen **3** *plais (utiliser pour la première fois)* einweihen

inauthenticité [inotɑ̃tisite] F Unechtheit *f*; **inauthentique** ADJ *document* unecht; *fait* unverbürgt

inavouable [inavwabl] ADJ *intentions, mœurs* die man nicht nennen, eingestehen kann

inavoué [inavwe] ADJ uneingestanden

inca [ɛ̃ka] **A** ADJ ⟨*inv*⟩ Inka…; **Empire** *m* **~** Inkareich *n* **B** MPL **Incas** Inkas *mpl*

incalculable [ɛ̃kalkylabl] ADJ **1** *risques, conséquences* unberechenbar **2** *nombre* unermesslich groß

incandescence [ɛ̃kɑ̃desɑ̃s] F (Weiß)Glühen *n*; Weißglut *f*

incandescent [ɛ̃kɑ̃desɑ̃] ADJ (weiß) glühend

incantation [ɛ̃kɑ̃tasjõ] F **a** Bezauberung *f*; Beschwörung *f* **b** *(paroles magiques)* Zauberworte *npl*, -formel *f*

incantatoire [ɛ̃kɑ̃tatwaʀ] ADJ Zauber…; Beschwörungs…; **formule** *f* **~** Zauberformel *f*, -spruch *m*

incapable [ɛ̃kapabl] **A** ADJ **1** unfähig; untauglich; **~ de** (+*inf*) unfähig, nicht in der Lage, außerstande, nicht imstande zu (+*inf*); **être ~ de faire qc** *a.* etw nicht tun können; **être ~ d'agir** *a.* handlungsunfähig sein; **~ de qc** zu etw unfähig, nicht imstande, nicht fähig, nicht in der Lage; **je le crois ~ d'un tel acte** ich halte ihn e-r solchen Tat für nicht fähig **2** JUR unfähig (**de** +*inf* zu +*inf*); *par ext* geschäftsunfähig **B** SUBST **1** M/F Unfähige(r) *m/f(m)*; **c'est un ~** er ist (völlig) unfähig **2** M JUR Geschäftsunfähige(r) *m*

incapacité [ɛ̃kapasite] F **1** Unfähigkeit *f* (**de** +*inf* zu +*inf*); **être dans l'~ de** (+*inf*) unfähig, außerstande, nicht imstande, nicht in der Lage sein zu (+*inf*) **2** **~ (de travail)** Arbeits-, Berufs-, Erwerbsunfähigkeit *f*; **~ partielle** Erwerbsminderung *f*, -beschränkung *f*; Teilinvalidität *f* **3** JUR **~ (d'exercice)** Geschäftsunfähigkeit *f*

incarcération [ɛ̃kaʀseʀasjõ] F Inhaftierung *f*; Inhaftnahme *f*; Gefangensetzung *f*; **incarcérer** ⟨-è-⟩ V/T inhaftieren; in Haft nehmen; gefangen setzen

incarnat [ɛ̃kaʀna] **A** ADJ blut-, fleischrot **B** M blut-, fleischrote Farbe

incarnation [ɛ̃kaʀnasjõ] F **1** REL Inkarnation *f*; Fleisch-, Menschwerdung *f* **2** *fig* Verkörperung *f*; Inkarnation *f*

incarné [ɛ̃kaʀne] ADJ **1** REL **le Verbe ~** das fleischgewordene Wort **2** *fig* **c'est la bonté ~e** er *ou* sie ist die verkörperte Güte, die Güte in Person **3** **ongle ~** eingewachsener Nagel

incarner [ɛ̃kaʀne] **A** V/T verkörpern (*a.* THÉ *personnage*) **B** V/PR **s'~** **1** REL Fleisch, Mensch werden; sich inkarnieren **2** *espoirs etc* sich verkörpern (**en qn** in j-m)

incartade [ɛ̃kaʀtad] F Dummheit *f*; Streich *m*; Torheit *f*; **à la moindre ~**, *il était puni* bei dem geringsten Verstoß (gegen die Ordnung, Disziplin)

incassable [ɛ̃kasabl] ADJ unzerbrechlich; **fil** *m* **~** unzerreißbarer Faden; **vaisselle** *f* **~** unzerbrechliches Geschirr

incendiaire [ɛ̃sɑ̃djɛʀ] **A** ADJ **1** Brand…; **bombe** *f* **~** Brandbombe *f* **2** *fig* Hetz…; aufrührerisch; **article** *m* **~** Hetzartikel *m*; **propos** *mpl* **~s** Hetzreden *fpl*; Hetze *f* **3** *œillade* aufreizend **B** M/F Brandstifter(in) *m(f)*

incendie [ɛ̃sɑ̃di] M Brand *m*; Feuersbrunst *f*; (Schaden-, Groß)Feuer *n*; JUR **~ volontaire** Brandstiftung *f*; **~ de forêt** Waldbrand *m*; **bouche** *f* **d'~** Hydrant *m*; **foyer** *m* **d'~** Brandherd *m*

incendié [ɛ̃sɑ̃dje] ADJ **1** *maison, forêt* abgebrannt **2** *personne* brandgeschädigt

incendier [ɛ̃sɑ̃dje] V/T **1** *(mettre le feu à)* in Brand stecken; anzünden **2** *(irriter)* **~ la gorge à qn** j-m in der Kehle brennen **3** *poét* feuerrot färben **4** *fam* **~ qn** *fam* j-n rüffeln, abkanzeln

incertain [ɛ̃sɛʀtɛ̃] ADJ **1** *futur, origine, succès* unsicher; ungewiss; zweifelhaft; *temps* unbeständig; veränderlich **2** *démarche* unsicher **3** *contours* ungenau; unbestimmt; verschwommen **4** *personne* unentschlossen; unschlüssig; unsicher

incertitude [ɛ̃sɛʀtityd] F **1** Unsicherheit *f*; Ungewissheit *f*; **être dans l'~** nichts Genaues wissen **2** **~s** *pl* Unsicherheiten *fpl*; Unsicherheitsfaktoren *mpl* **3** PHYS **principe** *m* **d'~** Unschärfe-, Unbestimmtheitsrelation *f*

incessamment [ɛ̃sesamɑ̃] ADV gleich; sogleich; unverzüglich; **incessant** ADJ unaufhörlich; unablässig; ständig; dauernd; stetig

incessible [ɛ̃sesibl] ADJ JUR nicht übertragbar; nicht abtretbar

inceste [ɛ̃sɛst] M Blutschande *f*; Inzest *m*

incestueux [ɛ̃sɛstɥø] ADJ ⟨-euse⟩ **a** blutschänderisch; inzestuös **b** *enfant* in Blutschande gezeugt

inchangé [ɛ̃ʃɑ̃ʒe] ADJ unverändert

inchavirable [ɛ̃ʃaviʀabl] ADJ MAR unkenterbar; kentersicher

incidemment [ɛ̃sidamɑ̃] ADV nebenbei; beiläufig

incidence [ɛ̃sidɑ̃s] F **1** *(conséquence)* Folge *f* (**sur** für); *(répercussion)* (Rück-, Aus) Wirkung *f* (auf +*acc*); **avoir une ~ sur qc** sich auf etw (*acc*) auswirken; e-e Rückwirkung auf etw (*acc*) haben **2** PHYS **angle** *m* **d'~** Einfallswinkel *m*

incident [ɛ̃sidɑ̃] **A** ADJ **1** Zwischen…; **question ~e** Zwischenfrage *f* **2** PHYS *rayon* einfallend **3** GRAM **proposition ~e** → B 3 **B** SUBST **1** M Zwischenfall *m*; (unerwarteter) Vorfall; NUCL Störfall *m*; **~ diplomatique** diplomatischer Zwischenfall; **~ technique** Betriebsstörung *f*; technische Panne; SPORTS *et fig* **~ de parcours** Panne *f*; Missgeschick *n*; Pech *n*; **sans ~** ohne Zwischenfall; reibungslos; **l'~ est clos** der Zwischenfall ist erledigt; der Streit ist beigelegt **2** M JUR Inzidentklage *f*; Zwischenfeststellungsklage *f* **3** GRAM **~e** *f* eingeschobener Satz

incinérateur [ɛ̃sineʀatœʀ] M Müllverbrennungsofen *m*

incinération [ɛ̃sineʀasjõ] F **1** Verbrennung *f* (zu Asche); **usine** *f* **d'~ des ordures ménagères** Müllverbrennungsanlage *f* **2** **~ (des morts)** Feuerbestattung *f*; Einäscherung *f*; Verbrennung *f* der Toten

incinérer [ɛ̃sineʀe] V/T ⟨-è-⟩ **1** *ordures* (zu Asche) verbrennen **2** *mort* einäschern; verbrennen

incise [ɛ̃siz] F GRAM **~** *ou adjt* **proposition** *f* **~** eingeschobener Satz

inciser [ɛ̃size] V/T MÉD, *arbre* e-n Schnitt machen in (+*acc*); einschneiden

incisif [ɛ̃sizif] ADJ ⟨-ive⟩ *ton* schneidend; bissig; **critique, ironie incisive** beißende Kritik, Ironie

incision [ɛ̃sizjõ] F (Ein)Schnitt *m*

incisive [ɛ̃siziv] F ANAT Schneidezahn *m*

incitation [ɛ̃sitasjõ] F Anreizen *n*, Anreiz *m*, Anregen *n*, -ung *f*, *plus fort* An-, Aufstachelung *f*, Aufreizung *f*, *a.* JUR Verführung *f*, Verleitung *f*, Anstiftung *f* (**à qc** zu etw); JUR **~ à la débauche** Anstiftung zur Unzucht; **~ à la révolte** Aufwiegelung *f*

inciter [ɛ̃site] VT **~ qn à** (*+inf*) *ou* **à qc** j-n anreizen, anregen, *plus fort* an-, aufstacheln, aufreizen, *a.* JUR verführen, verleiten, anstiften zu (*+inf*) *ou* zu etw; **~ à la révolte** aufwiegeln; **cela m'incite à penser que …** das bewegt mich zu der Annahme, das macht mich glauben, dass …

incivil [ɛ̃sivil] *litt* ADJ unhöflich; ungesittet; **incivilité** F unsoziales Verhalten, Handeln

inclément [ɛ̃klemɑ̃] *litt* ADJ *climat, temps* rau; unfreundlich

inclinaison [ɛ̃klinɛzõ] F **1** *d'un plan* Neigung *f*; *d'une route* Gefälle *n*; *d'un mur* Schräge *f*; Schrägheit *f*; **angle** *m* **d'~** Neigungswinkel *m* **2** (*position penchée*) Schrägstellung *f*, -lage *f*; *de la tête, du buste* geneigte Haltung **3** PHYS **~ (magnétique)** Inklination *f*

inclination [ɛ̃klinasjõ] F **1** *du corps* Verneigung *f*; Verbeugung *f*; **~ de tête** Kopfnicken *n* **2** *st/s* (*penchant*) Neigung *f*, Vorliebe *f* (**pour** für); *litt* **avoir de l'~ pour qn** e-e (Zu)Neigung zu j-m hegen

incliné [ɛ̃kline] ADJ geneigt; schräg; abfallend; PHYS **plan ~** schiefe Ebene; **tête légèrement ~e** leicht geneigter Kopf

incliner [ɛ̃kline] **A** VT **1** (*pencher*) neigen; schräg halten, stellen **2** (*rendre enclin*) **~ qn à** (*+inf*) j-n geneigt machen, dazu bringen zu (*+inf*); **cela m'incline à lui pardonner** *a.* das veranlasst mich, ihm zu verzeihen **B** VI **~ à** (*+inf*) dazu neigen zu (*+inf*); **j'incline à croire que …** ich neige zu der Auffassung, dass … **C** VPR **s'~** **1** (*se courber*) *branche etc* sich neigen; *personne* sich verneigen, verbeugen (**devant** vor *+dat*) **2** *fig* (*rendre hommage*) **s'~ devant qn, qc** sich vor j-m, etw verbeugen; j-m, etw Respekt, Bewunderung zollen **3** *fig* (*se soumettre*) sich beugen, fügen (**devant qn, qc** j-m, e-r Sache); **s'~ devant les faits** sich den Tatsachen beugen

inclure [ɛ̃klyʀ] VT ⟨→ conclure; *pp* inclus⟩ **1** **~ qc dans une lettre** etw in e-n Brief (hinein)legen, e-m Brief beifügen, beilegen; *disposition* **~ dans un contrat** in e-n Vertrag aufnehmen, einbeziehen, einfügen **2** (*impliquer*) einschließen; enthalten; **cela inclut que …** das bedeutet, dass …

inclus [ɛ̃kly] PP → inclure *et* ADJ ⟨-use [-yz]⟩ einschließlich; **jusqu'à la page deux ~e** bis Seite zwei einschließlich; → *a.* **ci-inclus**

inclusion [ɛ̃klyzjõ] F Einbeziehung *f*; Einschließung *f*; Einschluss *m*

inclusivement [ɛ̃klyzivmɑ̃] ADV einschließlich

incoercible [ɛ̃kɔɛʀsibl] ADJ *litt rire, toux* nicht zu unterdrücken(d)

incognito [ɛ̃kɔɲito] **A** ADV inkognito **B** M Inkognito *n*; **garder l'~** das Inkognito wahren

incohérence [ɛ̃kɔeʀɑ̃s] F **1** Zusammenhang(s)losigkeit *f*; mangelnder Zusammenhang; Inkohärenz *f* **2** **~s** *pl idées, propos* unzusammenhängende Gedanken *mpl ou* Worte *npl*; **incohérent** ADJ unzusammenhängend; zusammenhang(s)los; inkohärent

incollable [ɛ̃kɔlabl] ADJ **1** *fam* (*imbattable*) unschlagbar; **il est ~** *a.* er kann alle Fragen beantworten **2** *riz* der nicht anhängt

incolore [ɛ̃kɔlɔʀ] ADJ farblos (*a. fig style*)

incomber [ɛ̃kõbe] VT INDIR *responsabilité, tâche* **~ à qn** j-m obliegen, zukommen; **les frais vous incombent** Sie haben für die Kosten aufzukommen; *impersonnel* **il vous incombe de** (*+inf*) es obliegt Ihnen *ou* es liegt Ihnen ob zu (*+inf*)

incombustible [ɛ̃kõbystibl] ADJ feuerfest; unverbrennbar; nicht brennbar

incommensurabilité [ɛ̃kɔ(m)mɑ̃syʀabilite] F MATH Inkommensurabilität *f*

incommensurable [ɛ̃kɔmɑ̃syʀabl] **A** ADJ **1** MATH inkommensurabel **2** *fig* (*démesuré*) maßlos **B** M **l'~** das Unermessliche

incommodant [ɛ̃kɔmɔdɑ̃] ADJ lästig; störend

incommode [ɛ̃kɔmɔd] ADJ (*peu pratique*) unpraktisch; unzweckmäßig; *outil a.* unhandlich; (*inconfortable*) unbequem

incommoder [ɛ̃kɔmɔde] VT **~ qn** j-n belästigen, stören

incommodité [ɛ̃kɔmɔdite] F Unzweckmäßigkeit *f*; Unbequemlichkeit *f*

incommunicable [ɛ̃kɔmynikabl] ADJ **1** *émotion etc* nicht mitteilbar **2** *deux univers etc* unvereinbar

incomparable [ɛ̃kõpaʀabl] ADJ unvergleichlich; unübertrefflich

incompatibilité [ɛ̃kõpatibilite] F **1** Unvereinbarkeit *f*; **~ de caractère, d'humeur** Unvereinbarkeit der Charaktere **2** JUR, MÉD, INFORM Inkompatibilität *f*

incompatible [ɛ̃kõpatibl] ADJ **1** unvereinbar (**avec** mit); **être ~ avec qc** *a.* nicht zu etw passen **2** JUR *fonctions*, MÉD *groupes sanguins*, INFORM inkompatibel

incompétence [ɛ̃kõpetɑ̃s] F **1** Inkompetenz *f*; Unkenntnis *f*; Unzulänglichkeit *f* **2** JUR Inkompetenz *f*; Un-, Nichtzuständigkeit *f*

incompétent [ɛ̃kõpetɑ̃] ADJ **1** inkompetent; **être ~** nicht kompetent sein, sich nicht auskennen (**en musique** in der Musik) **2** *tribunal etc* nicht zuständig; unzuständig; inkompetent

incomplet [ɛ̃kõplɛ] ADJ ⟨-ète [-ɛt]⟩ unvollständig; *connaissances a.* lückenhaft

incompréhensible [ɛ̃kõpʀeɑ̃sibl] ADJ unverständlich; unbegreiflich; schleier-, rätselhaft; **il est ~ que …** (*+subj*) es ist unverständlich *etc*, dass …

incompréhensif [ɛ̃kõpʀeɑ̃sif] ADJ ⟨-ive⟩ kein Verständnis zeigend; ohne Einfühlungsvermögen

incompréhension [ɛ̃kõpʀeɑ̃sjõ] F Unverständnis *n*; Mangel *m* an Einfühlungsvermögen, an (gegenseitigem) Verständnis

incompressible [ɛ̃kõpʀesibl] ADJ **1** PHYS inkompressibel; nicht zusammendrückbar **2** FIN *dépense* nicht einschränkbar; nicht reduzierbar

incompris [ɛ̃kõpʀi] **A** ADJ unverstanden (*a. iron*); verkannt **B** SUBST **~(e)** *m(f)* unverstandener Mensch; Unverstandene(r) *m/f(m)*

inconcevable [ɛ̃kõs(ə)vabl] ADJ unbegreiflich; unfassbar, -lich; unvorstellbar; **il est ~ que …** (*+subj*) es ist unbegreiflich *etc*, dass …

inconciliable [ɛ̃kõsiljabl] ADJ unvereinbar (**avec** mit)

inconditionnel [ɛ̃kõdisjɔnɛl] **A** ADJ ⟨~le⟩ bedingungslos; uneingeschränkt; *appui a.* an keine Bedingung geknüpft **B** M bedingungsloser Anhänger

inconduite [ɛ̃kõdɥit] F schlechter, lasterhafter Lebenswandel

inconfort [ɛ̃kõfɔʀ] M mangelnder Komfort

inconfortable [ɛ̃kõfɔʀtabl] ADJ **1** *maison, siège etc* unkomfortabel; unbequem **2** *fig position, situation* unbequem; unangenehm

incongru [ɛ̃kõgʀy] ADJ *remarque, question etc* unpassend; unschicklich; *plus fort* ungehörig; ungebührlich

inconnaissable [ɛ̃kɔnɛsabl] **A** ADJ nicht erkennbar (**à qn** für j-n); unergründbar **B** M **l'~** das Unergründbare

inconnu [ɛ̃kɔny] **A** ADJ unbekannt (**à, de qn** j-m); **la tombe, le tombeau du Soldat ~** das Grab(mal) des Unbekannten Soldaten; **sa voix ne m'était pas ~e** s-e Stimme kam mir bekannt vor; ADMIN *enfant* **né de père ~** Vater unbekannt **B** SUBST **1** **~(e)** *m(f)* Unbekannte(r) *m/f(m)*; **la belle ~e** die schöne Unbekannte; **ne parlez pas à des ~s** sprechen Sie nicht mit Fremden **2** JUR **déposer une plainte contre ~** Strafanzeige gegen unbekannt erstatten **3** **l'~** *m* (*ce qui n'est pas connu*) das Unbekannte **4** MATH **~e** *f* Unbekannte *f* (*a. fig*); **équation** *f* **à deux ~es** Gleichung *f* mit zwei Unbekannten

inconsciemment [ɛ̃kõsjamɑ̃] ADV unbewusst; unwillkürlich

inconscience [ɛ̃kõsjɑ̃s] F **1** Unüberlegtheit *f*; Unbedachtsamkeit *f*; Leichtfertigkeit *f*; *plus fort* Leichtsinn *m*; **c'est de l'~** das ist Leichtsinn **2** MÉD Bewusstlosigkeit *f*; Bewusstseinstrübung *f*; Dämmerzustand *m*

inconscient [ɛ̃kõsjɑ̃] **A** ADJ **1** *personne* unüberlegt; unbedacht; leichtfertig; **il est ~** *a.* er weiß nicht, was er tut **2** *geste, réaction* unbewusst; *personne* **être ~ du danger** sich (*dat*) der Gefahr (*gén*) nicht bewusst sein **3** MÉD bewusstlos **B** SUBST **1** **~(e)** *m(f)* Leichtfertige(r) *m/f(m)*; *plus fort* Leichtsinnige(r) *m/f(m)* **2** PSYCH **l'~** *m* das Unbewusste; das Unterbewusstsein; das Unterbewusste

inconséquence [ɛ̃kõsekɑ̃s] F Inkonsequenz *f*; Widersprüchlichkeit *f*; Folgewidrigkeit *f*; **inconséquent** ADJ *attitude, personne* inkonsequent; widersprüchlich; *raisonnement a.* folgewidrig

inconsidéré [ɛ̃kõsideʀe] ADJ unüberlegt; unbesonnen; unbedacht; übereilt

inconsistance [ɛ̃kõsistɑ̃s] F *d'une argumentation, d'une théorie etc* Unhaltbarkeit *f*; mangelnde Stichhaltigkeit; *d'un thème, d'un personnage etc* Substanzlosigkeit *f*

inconsistant [ɛ̃kõsistɑ̃] ADJ **1** *argumentation, théorie etc* haltlos; nicht stichhaltig; *programme, scénario etc* substanzlos **2** *personne, caractère* unbeständig; haltlos

inconsolable [ɛ̃kõsɔlabl] ADJ untröstlich

inconstance [ɛ̃kõstɑ̃s] F Unbeständigkeit *f*; Unstetigkeit *f*; Wankelmut *m*; *en amour* Treulosigkeit *f*; Untreue *f*; **inconstant** ADJ *humeur, personne* unbeständig, unstet, wankelmütig (**dans ses amitiés** in Bezug auf s-e Freundschaften); *en amour* treulos; untreu

inconstitutionnel [ɛ̃kõstitysjɔnɛl] ADJ ⟨~le⟩ verfassungswidrig

incontestable [ɛ̃kõtɛstabl] ADJ unbestreitbar; unstreitig; unstrittig; **il est ~ que …** es ist unbestreitbar, dass …; **c'est ~** *a.* das ist (ganz) offensichtlich, sicher

incontestablement [ɛ̃kõtɛstabləmɑ̃] ADV ganz offensichtlich, sicher; mit Sicherheit

incontesté [ɛ̃kõtɛste] ADJ unbestritten; (allgemein) anerkannt

incontinence [ɛ̃kõtinɑ̃s] F MÉD Inkontinenz *f*; **~ d'urine** *a.* unwillkürlicher Harnabfluss

incontinent [ɛ̃kõtinɑ̃] ADJ MÉD an Inkontinenz leidend

incontournable [ɛ̃kõtuʀnabl] ADJ unumgänglich; **qc est ~** *a.* an etw (*dat*) kommt niemand vorbei; etw ist nicht zu umgehen; **qn est ~** an j-m führt kein Weg vorbei

incontrôlable [ɛ̃kõtʀolabl] ADJ unkontrollierbar; nicht nachprüfbar

incontrôlé [ɛ̃kõtʀole] ADJ unkontrolliert; sich der Kontrolle entziehend

inconvenance [ɛ̃kõvnɑ̃s] F Unschicklichkeit *f*; Ungebührlichkeit *f*; **inconvenant** ADJ unschicklich; ungebührlich; *plus fort a.* unanständig

inconvénient [ɛ̃kõvenjɑ̃] M Nachteil *m*; nachteilige Folge; **sans ~** problemlos; **avoir des ~s** Nachteile haben; **il n'y a pas d'~ à** (*+inf*) es ist nichts dabei, es spricht nichts dagegen zu (+inf); **je n'y vois pas d'~** ich habe nichts dagegen

inconvertible [ɛ̃kõvɛʀtibl] ADJ *monnaie* nicht konvertierbar; inkonvertibel

incoordination [ɛ̃kɔɔʀdinasjõ] F MÉD **~ motrice** Koordinationsstörungen *fpl*

incorporation [ɛ̃kɔʀpɔʀasjõ] F 1 *d'une substance* Vermengung *f* (**dans** *ou* **à qc** mit etw) 2 *par ext* Einverleibung *f*, Eingliederung *f* (**dans** in +acc) 3 MIL Einziehung *f*, Einberufung *f* (zum Wehrdienst)

incorporel [ɛ̃kɔʀpɔʀɛl] ADJ ⟨~le⟩ JUR **biens ~s** unkörperliche Güter *npl*

incorporer [ɛ̃kɔʀpɔʀe] A V/T 1 **~ une substance dans** *ou* **à qc** e-e Substanz e-r Sache (dat) beimengen, -mischen, zusetzen; *adjt* TECH **incorporé** eingebaut 2 *par ext* **~ dans qc** e-r Sache (dat) einverleiben; *a. personne* in etw (acc) eingliedern, aufnehmen; **~ dans une commune** eingemeinden 3 MIL einziehen, einberufen (**dans** zu) B V/PR 1 *substance* **s'~ dans** *ou* **à qc** sich mit etw vermengen 2 *passage dans un texte, personne dans un groupe* **s'~ à** *ou* **dans qc** sich in etw (acc) eingliedern

incorrect [ɛ̃kɔʀɛkt] ADJ 1 *expression etc* un-, inkorrekt; ungenau; unrichtig 2 *manières, tenue etc* un-, inkorrekt; nicht angemessen; **politiquement ~** politisch inkorrekt 3 *personne* nicht korrekt (**avec qn** j-m gegenüber); unhöflich, grob (zu j-m); *en affaires* nicht korrekt; unreell

incorrection [ɛ̃kɔʀɛksjõ] F 1 *d'une expression etc, (faute)* Un-, Inkorrektheit *f*; Ungenauigkeit *f*; Unrichtigkeit *f* 2 *(manque de savoir-vivre)* Un-, Inkorrektheit *f*; *plus fort* Unhöflichkeit *f*; Grobheit *f*; *en affaires* unkorrektes, unreelles Gebaren

incorrigible [ɛ̃kɔʀiʒibl] ADJ unverbesserlich

incorruptible [ɛ̃kɔʀyptibl] ADJ 1 *fonctionnaire* unbestechlich 2 *matière* unvergänglich; unzersetzbar

incrédibilité [ɛ̃kʀedibilite] F Unglaubhaftigkeit *f*; Unglaubwürdigkeit *f*

incrédule [ɛ̃kʀedyl] ADJ ungläubig; skeptisch; **avoir l'air ~** ungläubig dreinschauen; nicht überzeugt zu sein scheinen

incrédulité [ɛ̃kʀedylite] F Unglaube(n) *m*; Ungläubigkeit *f*; Skepsis *f*

incrément [ɛ̃kʀemɑ̃] M INFORM Inkrement *n*

increvable [ɛ̃kʀəvabl] ADJ 1 *fam (infatigable)* unermüdlich; *fam* nicht totzukriegen(d) 2 *pneu* schlauchlos; pannensicher

incriminer [ɛ̃kʀimine] V/T *personne* be-, anschuldigen; inkriminieren; **~ le comportement de qn** j-s Verhalten beanstanden; *adjt livre etc* **incriminé** *a.* inkriminiert

incrochetable [ɛ̃kʀɔʃtabl] ADJ *serrure* einbruch(s)sicher; mit e-m Dietrich nicht zu öffnen(d)

incroyable [ɛ̃kʀwajabl] A ADJ 1 *(invraisemblable)* unglaublich; unglaubhaft; kaum glaubhaft; unglaubwürdig; **~, mais vrai!** unglaublich, aber wahr!; **il est ~ que …** (+subj) es ist unglaublich *etc*, dass … 2 *(fantastique)* unglaublich; unwahrscheinlich; außerordentlich 3 *(inouï)* unglaublich; unerhört; empörend; **c'est ~!** das ist ja unglaublich!; *d'une personne* **il est vraiment ~!** er ist einfach unmöglich! B SUBST 1 M **l'~ c'est que …** (+subj) es ist unglaublich, kaum zu glauben, dass … 2 **les Incroyables** *mpl exzentrische Modenarren zur Zeit des Directoire*

incroyance [ɛ̃kʀwajɑ̃s] F REL Unglaube(n) *m*; **incroyant** REL A ADJ ungläubig B SUBST **~(e)** *m(f)* Ungläubige(r) *m/f(m)*

incrustation [ɛ̃kʀystasjõ] F 1 a *technique décorative* Einlegen *n* b *ornement* Einlegearbeit *f*; Intarsien *fpl*; Inkrustation *f* 2 GÉOL Sinter *m*; TECH *(tartre)* Kesselstein *m*

incruster [ɛ̃kʀyste] A V/T 1 ART mit Einlegearbeiten, Intarsien verzieren; inkrustieren; *adjt* **incrusté de nacre** mit Perlmuttintarsien (verziert) 2 TECH *adjt* **incrusté de tartre** mit Kesselsteinablagerungen B V/PR **s'~** 1 GÉOL sich mit Sinter, TECH sich mit Kesselstein überziehen 2 *corps étranger* sich eindrücken (**dans** in +acc); sich festsetzen (in +dat) 3 *visiteur* sich einnisten (**chez qn** bei j-m)

incubateur [ɛ̃kybatœʀ] M MÉD Brutkasten *m*; Inkubator *m*

incubation [ɛ̃kybasjõ] F 1 ZOOL Brüten *n*; Bebrütung *f* 2 MÉD (**période** *f* **d'**)**~** Inkubation (-szeit) *f* 3 *fig d'une révolte* latentes Vorstadium

incuber [ɛ̃kybe] V/T ZOOL bebrüten

inculpation [ɛ̃kylpasjõ] F JUR Be-, Anschuldigung *f*

inculpé [ɛ̃kylpe] JUR A ADJ beschuldigt; angeschuldigt B SUBST **~(e)** *m(f)* Beschuldigte(r) *m/f(m)*; Angeschuldigte(r) *m/f(m)*; **inculper** V/T JUR be-, anschuldigen (**d'un crime** e-s Verbrechens)

inculquer [ɛ̃kylke] V/T **~ qc à qn** j-m etw beibringen, *plus fort* einschärfen, einhämmern

inculte [ɛ̃kylt] ADJ 1 AGR unbebaut; brachliegend; **terre** *f* **~** Brachland *n* 2 *personne* ungebildet 3 *cheveux, barbe* ungepflegt

inculture [ɛ̃kyltyʀ] F Mangel *m* an Bildung; Unbildung *f*

incurable [ɛ̃kyʀabl] ADJ 1 *maladie* unheilbar; *malade* unheilbar krank 2 *fig (incorrigible)* unverbesserlich

incurie [ɛ̃kyʀi] F Fahrlässigkeit *f*; (grobe) Nachlässigkeit

incursion [ɛ̃kyʀsjõ] F 1 MIL Einfall *m* 2 *fig* Abstecher *m*; **faire une ~ dans un domaine inconnu** *a.* sich vorübergehend auf ein unbekanntes Gebiet vorwagen

incurvé [ɛ̃kyʀve] ADJ gekrümmt; gebogen; **incurver** V/PR **s'~** sich krümmen, biegen

indatable [ɛ̃databl] ADJ undatierbar

Inde [ɛ̃d] **l'~** *f* Indien *n*

indécence [ɛ̃desɑ̃s] F Unschicklichkeit *f*; Anstößigkeit *f*; *plus fort* Unanständigkeit *f*; **avoir l'~ de faire qc** die Unverschämtheit besitzen, etw zu tun

indécent [ɛ̃desɑ̃] ADJ 1 *tenue, geste, propos* unschicklich; anstößig; *plus fort* unanständig 2 *luxe etc* unverschämt

indéchiffrable [ɛ̃deʃifʀabl] ADJ 1 nicht zu entziffern(d); *écriture a.* schwer leserlich 2 *fig personnage* rätselhaft; **regard** *m* **~** unerklärlicher Blick

indéchirable [ɛ̃deʃiʀabl] ADJ unzerreißbar

indécis [ɛ̃desi] A ADJ 1 *personne, caractère* unentschlossen; schwankend; *personne a.* unschlüssig 2 *problème* unentschieden; ungelöst; **la victoire demeura ~e** der Kampf blieb unentschieden 3 *(vague)* unbestimmt; ungenau B SUBST **~(e)** *m(f)* Unentschlossene(r) *m/f(m)*

indécision [ɛ̃desizjõ] F Unentschlossenheit *f*; Unschlüssigkeit *f*; Unentschiedenheit *f*

indéclinable [ɛ̃deklinabl] ADJ GRAM undeklinierbar

indécomposable [ɛ̃dekõpozabl] ADJ unzerlegbar

indécrottable [ɛ̃dekʀɔtabl] *fam* ADJ unverbesserlich

indéfectible [ɛ̃defɛktibl] *litt* ADJ unvergänglich; unwandelbar

indéfendable [ɛ̃defɑ̃dabl] ADJ 1 MIL nicht zu verteidigen(d); unhaltbar 2 *fig* unhaltbar; unvertretbar; **thèse** *f* **~** unhaltbare These

indéfini [ɛ̃defini] ADJ 1 GRAM unbestimmt; indefinit; **adjectif ~** attributives Indefinitpronomen; **article ~** unbestimmter Artikel; **pronom ~** (allein stehendes) Indefinitpronomen, unbestimmtes Fürwort 2 *(vague) sentiment* unbestimmt; *durée, quantité* unbegrenzt; **indéfiniment** ADV auf unbestimmte Zeit; unbegrenzt; *fam* ewig

indéfinissable [ɛ̃definisabl] ADJ *couleur, odeur, saveur* undefinierbar; unbestimmbar; *sentiment, charme* unerklärlich; unbegreiflich

indéformable [ɛ̃defɔʀmabl] ADJ TEXT formbeständig; formtreu

indéfrisable [ɛ̃defʀizabl] F *autrefois* Dauerwelle *f*

indélébile [ɛ̃delebil] ADJ nicht zu entfernen(d); unauslöschlich (*a. fig*); **encre** *f* **~** Wäschetinte *f*; **rouge** *m* **à lèvres ~** kussechter Lippenstift

indélicat [ɛ̃delika] ADJ 1 *(sans tact)* rücksichts-, taktlos 2 *(malhonnête)* unredlich; unehrlich

indélicatesse [ɛ̃delikatɛs] F 1 *(manque de tact)* Rücksichts-, Taktlosigkeit *f* 2 *(procédé malhonnête)* Unredlichkeit *f*; unredliches Gebaren

indémaillable [ɛ̃demajabl] TEXT A ADJ maschenfest B LOC ADJ **en ~** aus maschenfestem Gewebe

indemne [ɛ̃dɛmn] ADJ unverletzt; unversehrt; **sortir ~ d'un accident** bei e-m Unfall unverletzt bleiben, davonkommen

indemnisable [ɛ̃dɛmnizabl] ADJ *personne* entschädigungsberechtigt; *dommage* entschädigungsfähig; vergütbar; **indemnisation** F Entschädigung *f*; Vergütung *f*; Abfindung *f*

indemniser [ɛ̃dɛmnize] V/T 1 **~ qn** j-n entschädigen, j-m Schaden(s)ersatz leisten (**de qc** für etw); j-n abfinden 2 *dommage, perte* vergüten; e-e Entschädigung gewähren für

indemnité [ɛ̃dɛmnite] F *(dédommagement)* Entschädigung *f*; Schaden(s)ersatz *m*; Abfindung (-ssumme) *f*; Vergütung *f*; *(prime)* Zulage *f*; SÉCURITÉ SOCIALE **~ journalière** Krankengeld *n*; **~ kilométrique** Kilometergeld *n*; **~ parlementaire** Diäten *pl*; **~ de déplacement** Reisekostenvergütung *f*; **~ de guerre** Kriegsentschädigung *f*; **~ de licenciement** Abfindung (-ssumme) bei Kündigung; **~ de résidence** Ortszuschlag *m*, -zulage *f*

indémontable [ɛ̃demõtabl] ADJ unzerlegbar

indémontrable [ɛ̃demõtʀabl] ADJ unbeweisbar

indéniable [ɛ̃denjabl] ADJ unleugbar; nicht zu (ver)leugnen(d)

indépendamment [ɛ̃depɑ̃damɑ̃] LOC PRÉP **~ de** *(sans égard à)* unabhängig von (+dat); ungeachtet (+gén); *(en plus de)* zusätzlich zu (+dat)

indépendance [ɛ̃depɑ̃dɑ̃s] F Unabhängigkeit *f*; Selbstständigkeit *f*; POL *a.* Freiheit *f*; **guerre** *f* **d'~** Unabhängigkeitskrieg *m*

indépendant [ɛ̃depɑ̃dɑ̃] ADJ 1 *personne, peuple* unabhängig (**de qn, qc** von j-m, etw); selbstständig (*a. travailleur*); frei; freiheitsliebend; *péj* eigenwillig 2 *choses* **~ de** unabhängig von; **pour des raisons ~es de notre volonté** aus Gründen, die von unserem Willen unabhängig sind 3 **chambre ~e** Separatzimmer *n*; Zimmer *n* mit eigenem Eingang 4 AUTO **roue ~e** einzeln aufgehängtes Rad 5 GRAM **proposition ~e** *ou subst* **~e** *f* unabhängiger (Haupt)Satz

indépendantiste [ɛ̃depɑ̃dɑ̃tist] POL A ADJ **mouvement ~** Unabhängigkeitsbewegung *f* B M/F Mitglied *n* der Unabhängigkeitsbewegung; Freiheitskämpfer(in) *m(f)*

indéracinable [ɛ̃deʀasinabl] ADJ unausrottbar

indéréglable [ɛ̃deʀeglabl] ADJ TECH nie versagend

indescriptible [ɛ̃dɛskʀiptibl] ADJ unbeschreiblich

indésirable [ɛ̃deziʀabl] **A** ADJ unerwünscht (*a. personne*); nicht wünschenswert **B** M/F unerwünschte Person
indésiré [ɛ̃deziʀe] ADJ unerwünscht
indestructibilité [ɛ̃dɛstʀyktibilite] F Unzerstörbarkeit *f*; **indestructible** ADJ unzerstörbar
indéterminable [ɛ̃detɛʀminabl] ADJ unbestimmbar
indétermination [ɛ̃detɛʀminasjõ] F **1** (*indécision*) Unentschlossenheit *f*; Unschlüssigkeit *f* **2** (*imprécision*) Unbestimmtheit *f*
indéterminé [ɛ̃detɛʀmine] ADJ unbestimmt
indétraquable [ɛ̃detʀakabl] ADJ *fam* narren-, idiotensicher
index [ɛ̃dɛks] M **1** ANAT Zeigefinger *m* **2** (*table alphabétique*) Register *n*; Namen(s)-, Sach-, Stichwortverzeichnis *n*; Index *m* **3** TECH Zeiger *m* **4** ÉGL CATH **Index** Index *m*; **être à l'Index** auf dem Index stehen; **mettre à l'Index**, *fig* **à l'~** auf den Index setzen (*a. fig*) **5** STATISTIQUE **~ de mortalité** Mortalitätsziffer *f*, -quote *f*
indexation [ɛ̃dɛksasjõ] F ÉCON Indexierung *f*; Indexbindung *f*
indexer [ɛ̃dɛkse] V/T **1** ÉCON indexieren; **~ qc sur l'indice du coût de la vie** etw an den Lebenshaltungsindex binden; *adjt* **indexé** Index...; indexgebunden **2** INFORM indexieren
indic [ɛ̃dik] M *fam* ABR (indicateur) Spitzel *m*
indicateur [ɛ̃dikatœʀ] **A** ADJ ⟨-trice⟩ Anzeige...; Hinweis...; anzeigend; **panneau ~** Hinweisschild *n*, -tafel *f*; **poteau ~** Wegweiser *m* **B** M **1** **~ (des chemins de fer)** Kursbuch *n*; **~ immobilier** Immobilienanzeiger *m* **2** (*mouchard*) (Polizei)Spitzel *m* **3** TECH Anzeiger *m*; Indikator *m*; AVIAT **~ d'altitude** Höhenmesser *m*; AUTO **~ de changement de direction** Fahrtrichtungsanzeiger *m* **4** CHIM Indikator *m*; **~ coloré** Farbindikator *m*; **~ radioactif** Radioindikator *m* **5** ÉCON Indikator *m*
indicatif [ɛ̃dikatif] **A** ADJ ⟨-ive⟩ **1** anzeigend; informatorisch; **prix ~** Richtpreis *m*; **signe ~** Anzeichen *n*; Merkmal *n*; Hinweis *m*; **à titre ~** zur Information, Kenntnisnahme, Orientierung; (nur) als Hinweis (dienend) **2** GRAM **mode ~** →B1 **B** M **1** GRAM Indikativ *m*; Wirklichkeitsform *f*; **être à l'~** im Indikativ stehen **2** *d'une émission* Kenn-, Erkennungsmelodie *f*; Indikativ *n* **3** TÉL **~ (téléphonique)** Vorwahl (-nummer) *f*; ADMIN Ortsnetzkennzahl *f* **4** *d'un poste émetteur-récepteur* **~ d'appel** Rufzeichen *n*
indication [ɛ̃dikasjõ] F **1** (*renseignement*) Angabe *f*; Hinweis *m*; Auskunft *f*; (*directive*) Anweisung *f*; **~s scéniques** Regieanweisungen *fpl*; COMM **~ d'origine** Ursprungsbezeichnung *f*, -angabe *f*; COMM **~ de prix** Preisangabe *f*, -auszeichnung *f*; **~ d'un virage** Hinweis auf e-e Kurve; **sauf ~ contraire** wenn nichts anderes angegeben ist **2** (*indice*) Hinweis *m*; Anzeichen *n* **3** MÉD **~ (thérapeutique)** Indikation *f*
indice [ɛ̃dis] M **1** (*signe*) (An-, Kenn)Zeichen *n*; Indiz *n*; Merkmal *n*; Anhaltspunkt *m*; Hinweis *m* **2** JUR Indiz *n*; *souvent pl* **~s** Indizien *npl* **3** ÉCON Index(ziffer) *m(f)*; Mess-, Kennziffer *f*; **~ du coût de la vie, des prix, de la production** Lebenshaltungs-, Preis-, Produktionsindex *m* **4** MATH Index *m* **5** TV **~ d'écoute** Einschaltquote *f* **6** CHIM **~ d'octane** Oktanzahl *f*
indicible [ɛ̃disibl] ADJ unsagbar; unsäglich; unaussprechlich; namenlos
indien [ɛ̃djɛ̃] **A** ADJ ⟨~ne⟩ **1** indisch; **l'océan Indien** der Indische Ozean **2** indianisch; Indio...; **à la, en file ~ne** im Gänsemarsch; SPORTS **nage à l'~ne** Seitenschwimmen *n*; Hand-über-Hand-Schwimmen *n* **B** SUBST **1** **Indien(ne)** *m(f) de l'Inde* Inder(in) *m(f)* **2** **Indien(ne)** *m(f) d'Amérique du Nord* Indianer(in) *m(f)*; *d'Amérique latine* Indio(frau) *m(f)* **3** **~ne** *f* gemusterter kattunähnlicher Baumwollstoff
indifféremment [ɛ̃difeʀamɑ̃] ADV unterschiedslos; in gleicher Weise
indifférence [ɛ̃difeʀɑ̃s] F Gleichgültigkeit *f*; Teilnahmslosigkeit *f*; Unbeteiligtheit *f*; Indifferenz *f*; Desinteresse *n*; **~ pour, à qc** Gleichgültigkeit *etc* gegenüber etw
indifférencié [ɛ̃difeʀɑ̃sje] ADJ undifferenziert
indifférent [ɛ̃difeʀɑ̃] **A** ADJ **1** (*peu intéressé*) gleichgültig; teilnahmslos; unbeteiligt; indifferent; desinteressiert; *plus fort* gefühllos; kalt; **être ~ à qc** für etw kein Interesse, keine Teilnahme zeigen; e-r Sache (*dat*) gleichgültig gegenüberstehen; **laisser qn ~** j-n gleichgültig lassen **2** (*sans importance*) gleichgültig; belanglos; unwichtig; unwesentlich; **âge, salaire ~** Alter, Gehalt spielt keine Rolle; **être ~ à qn** j-m gleichgültig sein; *à propos de sentiments* **il ne m'est pas ~** er ist mir nicht gleichgültig; **il est ~ que ...** (*+subj*) es ist gleich(gültig), *fam* egal, ob ... **3** PHYS **équilibre ~** indifferentes Gleichgewicht **B** SUBST **~(e)** *m(f)* Gleichgültige(r) *m/f(m)*; *plus fort* gefühlloser, kalter Mensch
indifférer [ɛ̃difeʀe] V/T ⟨-è-⟩ **cela m'indiffère** das ist mir gleich(gültig), *fam* egal
indigence [ɛ̃diʒɑ̃s] F Bedürftigkeit *f*; Armut *f*; Not *f*
indigène [ɛ̃diʒɛn] **A** ADJ **1** (*autochtone*) eingeboren; Eingeborenen... **2** (*local*) einheimisch **B** M/F **1** *d'une (ancienne) colonie* Eingeborene(r) *m/f(m)* **2** *plais* Einheimische(r) *m/f(m)*
indigent [ɛ̃diʒɑ̃] **A** ADJ **1** bedürftig; Not leidend; arm; unbemittelt **2** *fig végétation, imagination* dürftig; kümmerlich; spärlich **B** SUBST **~(e)** *m(f)* Bedürftige(r) *m/f(m)*; Notleidende(r) *m/f(m)*
indigeste [ɛ̃diʒɛst] ADJ schwer verdaulich; unverdaulich
indigestion [ɛ̃diʒɛstjõ] F **1** Magenverstimmung *f*; verdorbener Magen **2** *fig* **avoir une ~ de qc** von etw genug haben; e-r Sache (*gén*) überdrüssig sein; **j'en ai une ~** *a.* ich habe es satt; *fam* es steht mir bis oben; es hängt mir zum Hals raus
indignation [ɛ̃diɲasjõ] F Entrüstung *f*; Empörung *f*; Unwille(n) *m*
indigne [ɛ̃diɲ] ADJ **1** **~ de qn, de qc** j-s, e-r Sache unwürdig, nicht würdig *ou* wert; **cela est ~ de lui** das ist seiner unwürdig **2** (*odieux*) nichts-, unwürdig; schändlich; erbärmlich; **parents** *mpl* **~s** Eltern *pl*, die dieses Namens nicht würdig sind; Rabeneltern *pl*
indigné [ɛ̃diɲe] ADJ entrüstet, empört (**par** *ou* **de qc** über etw [*acc*]); unwillig; indigniert; *personne a.* aufgebracht
indigner [ɛ̃diɲe] **A** V/T **~ qn** j-n aufbringen, empören, in Empörung versetzen **B** V/PR **s'~** sich entrüsten, sich empören (**contre qn, de qc** über j-n, etw); **s'~ de** (*+inf*) *ou* **(de ce) que ...** (*+subj*) sich darüber entrüsten, empören, zu (*+inf*) *ou* dass ...
indignité [ɛ̃diɲite] F Nichts-, Unwürdigkeit *f*; Schändlichkeit *f*; Erbärmlichkeit *f*
indigo [ɛ̃digo] M **1** Indigo *m ou n* **2** ADJT ⟨*inv*⟩ **bleu** *m* **~** Indigoblau *n*
indiqué [ɛ̃dike] ADJ **1** (*déterminé*) angegeben; **à l'endroit ~** am angegebenen Ort; **à l'heure ~e** zur angegebenen, festgesetzten Zeit, Stunde **2** (*conseillé*) angebracht; angezeigt; ratsam; MÉD indiziert; **ce n'est pas du tout ~** das ist ganz und gar nicht angebracht **3** **être ~** (*être écrit*) stehen (**dans, sur** in, auf *+dat*); *le prix* **est ~ sur l'emballage** steht auf der Verpackung
indiquer [ɛ̃dike] V/T **1** (*montrer*) zeigen, (hin)weisen, deuten auf (*+acc*); *chemin* zeigen; weisen; **~ la direction, la température** die Richtung, die Temperatur anzeigen, angeben; *aiguille d'une montre* **~ midi** auf zwölf Uhr zeigen, weisen; *boussole* **~ le nord** nach Norden weisen, zeigen **2** (*faire connaître*) **~ qc (à qn)** (j-n) auf etw (*acc*) hinweisen; (j-m) etw angeben, nennen, sagen; *dictionnaire: sens d'un mot* angeben; **~ une adresse** e-e Adresse angeben, nennen; **~ les conséquences, dangers** auf die Folgen, Gefahren hinweisen; **~ un bon restaurant, un spécialiste** ein gutes Restaurant, e-n Spezialisten nennen; **pouvez-vous m'~ la gare?** können Sie mir sagen, wie ich zum Bahnhof komme? **3** (*signaler*) *indice etc* **~ qc** etw (an)zeigen, auf etw (*acc*) hinweisen, hindeuten, schließen lassen; **tout indique qu'il est parti** alles deutet darauf hin *ou* lässt darauf schließen *ou* spricht dafür, dass er verreist ist **4** PEINT **~ qc** etw (nur) andeuten
indirect [ɛ̃diʀɛkt] ADJ **1** indirekt; *cause, effet a.* mittelbar; *critique a.* versteckt; **éclairage ~** indirekte Beleuchtung; **impôt ~** indirekte Steuer **2** GRAM **(complément** *m* **d')objet ~** Präpositionalobjekt *n*; **interrogation ~e** indirekte Frage; **style, discours ~** indirekte, abhängige, nicht wörtliche Rede; **style ~ libre** erlebte Rede; **verbe transitif ~** Verb *n* mit Präpositionalobjekt
indirectement [ɛ̃diʀɛktəmɑ̃] ADV indirekt; mittelbar
indiscernable [ɛ̃disɛʀnabl] ADJ nicht zu unterscheiden(d)
indiscipline [ɛ̃disiplin] F Undiszipliniertheit *f*; Disziplinlosigkeit *f*
indiscipliné [ɛ̃disipline] ADJ undiszipliniert; disziplinlos; *fig* **cheveux ~s** widerspenstiges Haar
indiscret [ɛ̃diskʀɛ] **A** ADJ ⟨-ète [-ɛt]⟩ **1** (*qui manque de tact*) indiskret; taktlos; auf-, zudringlich **2** (*bavard*) nicht verschwiegen; indiskret **B** SUBST **~, indiscrète** *m,f* indiskreter Mensch; indiskrete Person
indiscrétion [ɛ̃diskʀesjõ] F **1** (*manque de discrétion, de tact*) Indiskretion *f*; Taktlosigkeit *f*; Auf-, Zudringlichkeit *f*; **sans ~**, *vous travaillez ici depuis longtemps?* ohne indiskret sein zu wollen... **2** *acte ou parole* Indiskretion *f*; **commettre une ~** e-e Indiskretion begehen
indiscutable [ɛ̃diskytabl] ADJ unbestreitbar; ganz klar
indispensable [ɛ̃dispɑ̃sabl] **A** ADJ unerlässlich; unentbehrlich; unbedingt notwendig; *personne* unentbehrlich; **il est ~ que ...** (*+subj*) es ist unerlässlich, dass ...; **(seulement) si c'est ~** (nur) wenn es (gar) nicht anders geht; (nur) wenn es unbedingt sein muss **B** **l'~** *m* das Allernotwendigste, Unentbehrliche
indisponibilité [ɛ̃dispɔnibilite] F Nichtverfügbarkeit *f*; **indisponible** ADJ nicht verfügbar; nicht zur Verfügung stehend; *personne a.* unabkömmlich
indisposé [ɛ̃dispoze] ADJ indisponiert; unpässlich; *femme* unwohl
indisposer [ɛ̃dispoze] V/T **1** (*rendre malade*) **~ qn** j-s Wohlbefinden stören, beeinträchtigen **2** *fig* (*déplaire à*) **~ qn** j-n verstimmen, verärgern
indisposition [ɛ̃dispozisjõ] F Indisposition *f*; Unpässlichkeit *f*; *d'une femme* Unwohlsein *n*
indissociable [ɛ̃disɔsjabl] ADJ untrennbar (miteinander verbunden)
indissoluble [ɛ̃disɔlybl] ADJ un(auf)lösbar; unauflöslich
indistinct [ɛ̃distɛ̃(kt)] ADJ ⟨-incte [-ɛ̃kt]⟩ undeutlich; unklar
indistinctement [ɛ̃distɛ̃ktəmɑ̃] ADV **1** (*con-*

fusément) undeutlich; unklar **2** *(indifféremment)* unterschiedslos; ohne Unterschied
individu [ɛ̃dividy] M **1** Individuum *n*; BIOL *a.* Einzelwesen *n*; *(être humain)* *a.* Einzelperson *f*, -mensch *m*; **l'~** *a.* der Einzelne **2** *péj* Individuum *n*; Subjekt *n*; Kerl *m*; **~ suspect** verdächtiges Individuum
individualisation [ɛ̃dividɥalizasjõ] F Individualisation *f*; Individualisierung *f*; **individualiser** V/T individualisieren; *(personnaliser)* individuell gestalten; individuell, jeweils auf den Einzelfall abstimmen; **individualisme** M Individualismus *m*; **individualiste** **A** ADJ individualistisch **B** M/F Individualist(in) *m(f)*
individualité [ɛ̃dividɥalite] F **1** *(particularité)* Individualität *f*; Eigenart *f*; Eigenartigkeit *f*; Einzigartigkeit *f* **2** *(personnalité)* Individualität *f*; Persönlichkeit *f* **3** *(individu)* Individuum *n*; Einzelwesen *n*
individuel [ɛ̃dividɥɛl] ADJ ⟨~le⟩ **1** *(propre à l'individu)* individuell; (rein) persönlich; Eigen...; **initiative ~le** Eigeninitiative *f*; **liberté ~le** persönliche, individuelle Freiheit; **maison ~le** Einfamilienhaus *n*; Eigenheim *n*; **responsabilité ~le** Eigenverantwortlichkeit *f* **2** *(concernant une seule personne)* individuell; Einzel...; **cas ~** Einzelfall *m*
indivis [ɛ̃divi] ADJ JUR *propriété* ungeteilt; gemeinschaftlich; **cohéritiers** *mpl* **~** Erbengemeinschaft *f*; *loc adv* **par ~** gemeinschaftlich
indivisible [ɛ̃divizibl] ADJ unteilbar
indivision [ɛ̃divizjõ] F JUR Miteigentum *n*; Gesamthandsgemeinschaft *f*
indo-... [ɛ̃do] ADJ indisch-...; *exemple:* **indo-pakistanais** indisch-pakistanisch
Indochine [ɛ̃dɔʃin] HIST **l'~** *f* Indochina *n*; **guerre** *f* **d'~** Indochinakrieg *m*
indochinois [ɛ̃dɔʃinwa] **A** ADJ indochinesisch; Indochina... **B** SUBST **Indochinois(e)** *m(f)* Indochinese *m*, Indochinesin *f*
indocile [ɛ̃dɔsil] *st/s* ADJ widerspenstig; unlenksam; ungehorsam; **indocilité** *st/s* F Widerspenstigkeit *f*; Unlenksamkeit *f*; Ungehorsam *m*
indo-européen [ɛ̃doœʀɔpeɛ̃] **A** ADJ ⟨~ne⟩ LING indogermanisch, -europäisch **B** SUBST **1** **Indo-Européens** *mpl* Indogermanen *mpl*, -europäer *mpl* **2** LING **l'~** *m* das Indogermanische; Indogermanisch *n*
indolence [ɛ̃dɔlɑ̃s] F Trägheit *f*; Indolenz *f*; **indolent** ADJ träg(e); indolent; apathisch
indolore [ɛ̃dɔlɔʀ] ADJ schmerzlos
indomptable [ɛ̃dõtabl] ADJ **1** *animal* un(be)zähmbar **2** *fig* unbeugsam; **adversaire** *m*, **caractère** *m*, **volonté** *f* **~** unbeugsamer Gegner, Charakter, Wille
indompté [ɛ̃dõte] ADJ **1** *animal* ungezähmt; ungebändigt **2** *fig et st/s volonté* ungebeugt
Indonésie [ɛ̃dɔnezi] **l'~** *f* Indonesien *n*
indonésien [ɛ̃dɔnezjɛ̃] **A** ADJ ⟨~ne⟩ indonesisch **B** SUBST **1** **Indonésien(ne)** *m(f)* Indonesier(in) *m(f)* **2** LING **l'~** *m* das Indonesische; Indonesisch *n*
indoor [indɔʀ] ADJ ⟨inv⟩ SPORTS Hallen...
Indre [ɛ̃dʀ] **l'~** *f Fluss u. Departement in Frankreich*; **Indre-et-Loire** **l'~** *f frz Departement*
indu [ɛ̃dy] ADJ **1** **à une heure ~e** zu unpassender, ungehöriger Stunde, Zeit **2** *réclamation, créance* unberechtigt; unbegründet; ungerechtfertigt
indubitable [ɛ̃dybitabl] ADJ unzweifelhaft; **c'est ~** das ist über jeden Zweifel erhaben
inducteur [ɛ̃dyktœʀ] ÉLEC **A** ADJ ⟨-trice⟩ induzierend; Induktions...; Erreger... **B** M Feldmagnet *m*
inductif [ɛ̃dyktif] ADJ ⟨-ive⟩ PHIL induktiv
induction [ɛ̃dyksjõ] F ÉLEC, PHIL, BIOL Induktion *f*; **cuisinière** *f* **à induction** Induktionsherd *m*
induire [ɛ̃dɥiʀ] V/T ⟨→ conduire⟩ **1** **~ en erreur** irreführen, -leiten; zu Fehlern verleiten **2** ÉLEC induzieren
induit [ɛ̃dɥi] ADJ ÉLEC induziert; Induktions...; **courant ~** Induktionsstrom *m*; **circuit ~** *ou subst* **~** *m* Anker *m*
indulgence [ɛ̃dylʒɑ̃s] F **1** Nachsicht *f*; Milde *f*; **avec, sans ~** nachsichtig, unnachsichtig; **avoir, montrer de l'~ pour qn, qc** Nachsicht mit j-m, etw haben **2** ÉGL CATH Ablass *m*
indulgent [ɛ̃dylʒɑ̃] ADJ nachsichtig; mild(e)
indûment [ɛ̃dymɑ̃] ADV unberechtigt; unbegründet; ungerechtfertigt
induration [ɛ̃dyʀasjõ] F MÉD Verhärtung *f*; *t/t* Induration *f*
Indus [ɛ̃dys] GÉOG **l'~** *m* der Indus
industrialisation [ɛ̃dystʀijalizasjõ] F Industrialisierung *f*; **industrialiser** **A** V/T industrialisieren **B** V/PR **s'~** industrialisiert werden;
industrialisme M Industrialismus *m*
industrie [ɛ̃dystʀi] F **1** Industrie *f*; **grande ~, ~ lourde, petite ~** Groß-, Schwer-, Kleinindustrie *f*; **~ textile** Textilindustrie *f*; **~ de base** Grundstoffindustrie *f*; **~ du bâtiment** Bauindustrie *f*, -wirtschaft *f*, -gewerbe *n*, -handwerk *n* **2** *(secteur d'activité)* Industrie(zweig) *f(m)*; Gewerbe *n*; **~ du tourisme** Fremdenverkehrsgewerbe *n*
industriel [ɛ̃dystʀijɛl] **A** ADJ ⟨~le⟩ **1** industriell; Industrie...; gewerblich; Gewerbe...; **dessinateur ~** technischer Zeichner; **eaux ~les** Brauchwasser *n*; **espionnage ~** Werk-, Industriespionage *f*; **produit ~** Industrieprodukt *n*, -erzeugnis *n*; **révolution ~le** industrielle Revolution **2** Industrie...; industriell entwickelt; **centre ~, ville ~le, région ~le** Industriezentrum *n*, -stadt *f*, -gebiet *n* **3** *(contraire: artisanal)* industriell; **élevage ~** Massentierhaltung *f* **4** *fam fig* **en quantité ~le** in sehr großer Menge; massenweise, -haft **B** M Industrielle(r) *m*; **grand ~** Großindustrielle(r) *m*
industrieux [ɛ̃dystʀijø] *st/s* ADJ ⟨-euse⟩ geschickt; gewandt
inébranlable [inebʀɑ̃labl] ADJ unerschütterlich *(a. fig)*
inédit [inedi] **A** ADJ **1** *(non publié)* (noch) unveröffentlicht; nicht im Druck erschienen **2** *(nouveau)* ganz neu; noch nicht da gewesen **B** M **1** Neuheit *f*; **c'est de l'~** das ist etwas ganz Neues **2** (noch) unveröffentlichtes Werk
ineffable [inefabl] ADJ *st/s* unsagbar; unaussprechlich; **bonheur** *m* **~** unsagbares Glück; **joie** *f* **~** unsagbare Freude
ineffaçable [inefasabl] ADJ unauslöschlich; unzerstörbar
inefficace [inefikas] ADJ unwirksam; wirkungslos; *personne* leistungsschwach; **inefficacité** F Unwirksamkeit *f*; Wirkungslosigkeit *f*; *d'une personne* Leistungsschwäche *f*
inégal [inegal] ADJ ⟨-aux⟩ **1** ungleich *(a. MATH)*; **conditions ~es** ungleiche Bedingungen *fpl*; **lutte ~e** ungleicher Kampf; **être de force ~e** ungleich stark sein **2** *(irrégulier)* ungleichförmig; **pouls ~** unregelmäßiger Puls; **respiration ~e** unregelmäßige Atmung; **être d'humeur ~e** nicht immer gleich aufgelegt sein; unausgeglichen sein **3** *sol, surface* uneben
inégalable [inegalabl] ADJ unerreichbar
inégalé [inegale] ADJ unerreicht
inégalement [inegalmɑ̃] ADV ungleich; **~ réparti** ungleich verteilt
inégalité [inegalite] F **1** Ungleichheit *f (a. MATH)*; **~ sociale** soziale Ungleichheit **2** *(irrégularité)* Ungleichförmigkeit *f*; *du pouls, de la respiration* Unregelmäßigkeit *f*; **~s d'humeur** Stimmungsschwankungen *fpl* **3** *du sol* Unebenheit *f*
inélégant [inelegɑ̃] ADJ **1** nicht elegant; unelegant **2** *(indélicat)* taktlos
inéligibilité [ineliʒibilite] F Nichtwählbarkeit *f*; **inéligible** ADJ nicht wählbar
inéluctable [inelyktabl] ADJ unvermeidlich; unabwendbar; unausweichlich
inemployé [inɑ̃plwaje] ADJ un(aus)genutzt
inénarrable [inenaʀabl] ADJ unbeschreiblich komisch
inepte [inɛpt] ADJ albern; dumm
ineptie [inɛpsi] F **1** Albernheit *f*; Dummheit *f* **2** **~s** *pl* albernes, dummes Zeug, Geschwätz; Unsinn *m*
inépuisable [inepɥizabl] ADJ unerschöpflich; nie versiegend; **source** *f* **~** unerschöpfliche Quelle
inéquation [inekwasjõ] F MATH Ungleichung *f*
inerte [inɛʀt] ADJ **1** *(immobile)* leb-, bewegungs-, reg(ungs)los; PHYS träge **2** *fig (apathique)* passiv; untätig; unbeweglich; energielos
inertie [inɛʀsi] F **1** PHYS Trägheit *f*; **force** *f* **d'~** Beharrungsvermögen *n*; *fig* **opposer la force d'~ à qc** e-r Sache *(dat)* passiven Widerstand entgegensetzen **2** *fig d'une personne, de l'administration* Passivität *f*; Untätigkeit *f*; Unbeweglichkeit *f*
inespéré [inɛspeʀe] ADJ unverhofft; unerwartet
inesthétique [inɛstetik] ADJ unästhetisch
inestimable [inɛstimabl] ADJ unschätzbar *(a. fig)*
inévitable [inevitabl] ADJ **1** unvermeidlich, -bar; nicht zu verhindern(d); *subst m* **accepter l'~** sich ins Unvermeidliche schicken **2** *plais* **avec son ~ cigare** *etc* mit s-r obligaten, unvermeidlichen Zigarre *etc*
inexact [inɛgza(kt)] ADJ ⟨-acte [-akt]⟩ **1** *renseignement, réponse etc* ungenau; nicht ganz richtig; *plus fort* unrichtig; fehlerhaft; falsch; **c'est ~** das ist nicht ganz richtig; *plus fort* das ist falsch **2** *personne* unpünktlich
inexactitude [inɛgzaktityd] F **1** *(manque de précision)* Ungenauigkeit *f*; *plus fort* Unrichtigkeit *f* **2** *(erreur)* Ungenauigkeit *f* **3** *(manque de ponctualité)* Unpünktlichkeit *f*
inexcusable [inɛkskyzabl] ADJ *faute etc* unentschuldbar; unverzeihlich; **vous êtes ~ de n'y avoir pas pensé** es ist unverzeihlich (von Ihnen), dass Sie nicht daran gedacht haben
inexécutable [inegzekytabl] ADJ unausführbar; undurchführbar
inexistant [inegzistɑ̃] ADJ **1** *(absent)* nicht vorhanden; inexistent **2** *(sans efficacité)* wert-, bedeutungslos
inexistence [inegzistɑ̃s] F Nichtvorhandensein *n*
inexorable [inegzɔʀabl] ADJ unerbittlich; *personne* **être ~** *a.* sich nicht erweichen lassen (à qc durch etw)
inexpérience [inɛkspeʀjɑ̃s] F Unerfahrenheit *f* (**du métier** im Beruf)
inexpérimenté [inɛkspeʀimɑ̃te] ADJ **1** *personne* unerfahren; ungeübt **2** *procédé* nicht erprobt
inexpiable [inɛkspjabl] ADJ unsühnbar; nicht zu sühnen(d)
inexplicable [inɛksplikabl] ADJ unerklärlich
inexpliqué [inɛksplike] ADJ ungeklärt; nicht aufgeklärt
inexploitable [inɛksplwatabl] ADJ *invention etc* nicht verwertbar; *gisement* nicht abbauwürdig

inexploité [inɛksplwate] ADJ nicht verwertet; *gisement* nicht abgebaut
inexploré [inɛksplɔʀe] ADJ unerforscht
inexplosible [inɛksplozibl] ADJ explosionssicher
inexpressif [inɛkspʀɛsif] ADJ ⟨-ive⟩ ausdruckslos; nichtssagend
inexprimable [inɛkspʀimabl] ADJ unaussprechlich; nicht auszudrücken(d); unbeschreiblich
inexprimé [inɛkspʀime] ADJ unausgesprochen
inexpugnable [inɛkspygnabl] ADJ MIL uneinnehmbar
inextensible [inɛkstɑ̃sibl] ADJ nicht (aus)dehnbar
in extenso [inɛkstɛ̃so] LOC ADV in voller Länge; in vollem Wortlaut; ausführlich; in extenso
inextinguible [inɛkstɛ̃gibl] *litt* ADJ unstillbar
in extremis [inɛkstʀemis] LOC ADV **1** (*à l'article de la mort*) auf dem Sterbebett **2** *fig* in letzter Minute
inextricable [inɛkstʀikabl] ADJ unentwirrbar (*a. fig*); **affaire** *f* **~** verzwickte Angelegenheit
infaillibilité [ɛ̃fajibilite] F Unfehlbarkeit *f*; ÉGL CATH **~ pontificale** Unfehlbarkeit des Papstes
infaillible [ɛ̃fajibl] ADJ **1** *personne* unfehlbar **2** *remède* unfehlbar; **instinct** *m* **~** untrüglicher Instinkt
infailliblement [ɛ̃fajibləmɑ̃] ADV unweigerlich; ganz sicher
infaisable [ɛ̃fəzabl] ADJ undurchführbar; unmöglich; nicht machbar
infalsifiable [ɛ̃falsifjabl] ADJ ADMIN fälschungssicher
infamant [ɛ̃famɑ̃] ADJ ehrenrührig; entehrend
infâme [ɛ̃fɑm] ADJ **1** *trahison, mensonge etc* infam; niederträchtig; schändlich **2** *taudis etc* schmutzig; abstoßend; **odeur** *f* **~** abstoßender Geruch
infamie [ɛ̃fami] F **1** *d'un crime etc* Infamie *f*; Niedertracht *f*; Schändlichkeit *f* **2** *action* Schandtat *f*; *a. parole* Schändlichkeit *f*; Infamie *f*
infant [ɛ̃fɑ̃] M, **infante** F HIST *Espagne, Portugal* Infant(in) *m(f)*
infanterie [ɛ̃fɑ̃tʀi] F MIL Infanterie *f*; **~ de marine** Marineinfanterie *f*; **régiment** *m* **d'~** Infanterieregiment *n*
infanticide [ɛ̃fɑ̃tisid] **1** M/F *personne* Kindesmörder(in) *m(f)*; *adjt* **mère** *f* **~** Kindesmörderin *f* **2** M *acte* Kindesmord *m*
infantile [ɛ̃fɑ̃til] ADJ **1** MÉD Kinder...; **maladie** *f* **~** Kinderkrankheit *f*; **mortalité** *f* **~** Säuglings-, *par ext* Kindersterblichkeit *f* **2** PSYCH infantil **3** *péj comportement* kindisch; infantil
infantilisme [ɛ̃fɑ̃tilism] M **1** PSYCH Infantilismus *m* **2** *péj* kindische Art; kindisches Benehmen
infarctus [ɛ̃faʀktys] M MÉD Infarkt *m*; **~ du myocarde** Herzinfarkt *m*
infatigable [ɛ̃fatigabl] ADJ unermüdlich
infatuation [ɛ̃fatɥasjõ] *st/s* F Selbstgefälligkeit *f*
infatué [ɛ̃fatɥe] ADJ *st/s* **être ~ de sa personne** selbstgefällig, sehr von sich überzeugt *ou* eingenommen sein
infécond [ɛ̃fekõ] ADJ ⟨-onde [-õd]⟩ BIOL unfruchtbar
infécondité [ɛ̃fekõdite] F Unfruchtbarkeit *f*
infect [ɛ̃fɛkt] ADJ **1** *nourriture, odeur, temps etc* scheußlich; abscheulich **2** *personnage* ekelhaft; widerlich
infecter [ɛ̃fɛkte] **A** V/T **1** MÉD infizieren; anstecken **2** *air* verpesten; verseuchen **B** V/PR **s'~** *plaie* sich infizieren
infectieux [ɛ̃fɛksjø] ADJ ⟨-euse⟩ MÉD infektiös; ansteckend; Infektions...; **maladie infectieuse** Infektionskrankheit *f*
infection [ɛ̃fɛksjõ] F **1** MÉD Infektion *f*; Infizierung *f*; Ansteckung *f*; **foyer** *m* **d'~** Infektionsherd *m* **2** (*puanteur*) scheußlicher Geruch; **c'est une ~** es stinkt scheußlich
inféodé [ɛ̃feɔde] ADJ **être ~ à un parti** in der Abhängigkeit e-r Partei stehen
inféoder [ɛ̃feɔde] **A** V/T HIST belehnen **B** V/PR **s'~ à un parti** sich in die Abhängigkeit e-r Partei begeben
inférence [ɛ̃feʀɑ̃s] F (Schluss)Folgerung *f*;
inférer V/T ⟨-è-⟩ folgern, schließen (**de** aus)
inférieur [ɛ̃feʀjœʀ] **A** ADJ **1** *dans l'espace* untere(r, -s); Unter...; *d'une rivière* **cours ~** Unterlauf *m*; **les étages ~s** die unteren Stockwerke *npl*; **lèvre, mâchoire ~e** Unterlippe *f*, -kiefer *m*; **la partie ~e de qc** der untere Teil, der *ou* das Unterteil e-r Sache; **la vallée ~e du Rhin** das untere Rheintal **2** *dans une hiérarchie* **a** niedere(r, -s); **animaux ~s** niedere Tiere *npl*; **classes ~es de la société** niedere, untere Gesellschaftsklassen *fpl*; **position ~e** niedere, untergeordnete Position **b** **~ à qc** niedriger als etw; **note ~e à la moyenne** unter dem Durchschnitt liegende, unterdurchschnittliche Note; **température ~e à la normale** niedrigere als die Normaltemperatur; **être ~ à** stehen unter (*+dat*); tiefer stehen als; *niveau* liegen unter (*+dat*) **3** *en quantité ou en qualité* unterlegen (**à qn, à qc** j-m, e-r Sache); **qualité ~e** mindere Qualität; **être ~ à qn, à qc** *a.* hinter j-m, e-r Sache zurückbleiben; schlechter, minderwertiger sein als etw; **être ~ en nombre** zahlenmäßig, an Zahl unterlegen sein; in der Minderzahl sein **4** MATH **~ à** kleiner als **B** SUBST **~(e)** *m(f)* Untergebene(r) *m|f(m)*
infériorité [ɛ̃feʀjɔʀite] F Unterlegenheit *f*; Minderwertigkeit *f*; Inferiorität *f*; **~ intellectuelle** geistige Unterlegenheit; **~ numérique, en nombre** zahlenmäßige Unterlegenheit; GRAM **comparatif** *m* **d'~** Komparativ *m* des niedrigeren Grades; mit „moins" gebildeter Komparativ; **complexe** *m*, **sentiment** *m* **d'~** Minderwertigkeitskomplex *m*, -gefühl *n*
infernal [ɛ̃fɛʀnal] ADJ ⟨-aux⟩ **1** MYTH Höllen...; **puissances ~es** Höllenmächte *fpl* **2** (*diabolique*) infernal(isch); teuflisch; höllisch; **machine ~e** Höllenmaschine *f* **3** *fam* (*insupportable*) unerträglich; unausstehlich; *fam* infernalisch; **vacarme ~** Höllenlärm *m*
infertile [ɛ̃fɛʀtil] ADJ unfruchtbar (*a. fig*); *thème* unergiebig; **infertilité** F Unfruchtbarkeit *f* (*a. fig*)
infester [ɛ̃fɛste] V/T *animaux ou plantes nuisibles: région* befallen; heimsuchen; *pirates: côte* unsicher machen; heimsuchen; **maison infestée de rats** von Ratten befallenes Haus; **mer infestée de requins** von Haien verseuchtes Meer
infidèle [ɛ̃fidɛl] **A** ADJ **1** *ami* treulos; *en amour* untreu; *récit, traduction* ungenau; **mémoire** *f* **~** unzuverlässiges Gedächtnis; **être ~ à sa parole** sein Wort nicht halten **2** REL ungläubig **B** M/F REL Ungläubige(r) *m|f(m)*
infidélité [ɛ̃fidelite] F *d'un ami* Treulosigkeit *f*; *en amour* Untreue *f*; Seitensprung *m*; *d'un récit, d'une traduction* Ungenauigkeit *f*; *de la mémoire* Unzuverlässigkeit *f*; **faire des ~s à son mari** ihrem Mann untreu sein *ou* werden; *plais* **faire des ~s à son fournisseur habituel** s-m alten Kaufmann untreu werden; *épouse* **pardonner une ~** e-n Seitensprung verzeihen
infiltration [ɛ̃filtʀasjõ] F **1** *de liquides* Eindringen *n*; Einströmen *n*; Ein-, Durch-, Versickern *n* **2** MÉD Infiltration *f* **3** *fig d'espions etc* Infiltration *f*; Eindringen *n*; Einschleichen *n*; Unterwanderung *f*
infiltrer [ɛ̃filtʀe] V/PR **1** *liquide, gaz, lumière* **s'~ (dans)** eindringen, einströmen (in *+acc*); *liquide a.* einsickern (in *+acc*); versickern (in *+dat*); durchsickern **2** *fig provocateurs, idées etc* **s'~ (dans)** eindringen (in *+acc*); infiltrieren, unterwandern (*+acc*); *personnes a.* sich einschleichen (in *+acc*); **s'~ au travers des lignes ennemies** durch die feindlichen Linien dringen
infime [ɛ̃fim] ADJ winzig (klein)
infini [ɛ̃fini] **A** ADJ **1** unendlich (*a.* MATH); endlos **2** *fig* unendlich; **confiance ~e** unendliches, grenzenloses Vertrauen; **patience ~e** unendliche, grenzenlose Geduld; **prendre d'~es précautions** unendlich vorsichtig, behutsam sein **B** M **l'~** das Unendliche (*a.* PHIL); **à l'~** (bis) ins Unendliche; (bis) ins Endlose; unendlich; endlos; MATH **de zéro à l'~** von null bis unendlich; **s'étendre à l'~** sich ins Unendliche, bis ins Endlose, unendlich weit, endlos weit erstrecken, ausdehnen; PHOT **régler sur l'~** auf unendlich stellen
infiniment [ɛ̃finimɑ̃] ADV **1** MATH **~ grand, petit** unendlich groß, klein **2** (*beaucoup*) unendlich; **il est ~ plus intelligent** er ist unendlich viel intelligenter; **~ reconnaissant** außerordentlich, unendlich dankbar; **je regrette ~** (ich) bedaure unendlich, außerordentlich
infinité [ɛ̃finite] F **1** Unendlichkeit *f*; Endlosigkeit *f* **2** **une ~ de** e-e sehr große Menge, e-e Unmenge, Unzahl, Unmasse von (*ou +gén*)
infinitésimal [ɛ̃finitezimal] ADJ ⟨-aux⟩ MATH infinitesimal; **calcul ~** Infinitesimalrechnung *f*
infinitif [ɛ̃finitif] GRAM **A** ADJ ⟨-ive⟩ **mode ~** Infinitiv *m*; **proposition infinitive** Infinitivsatz *m* **B** M Infinitiv *m*; **~ substantivé** substantivierter Infinitiv; **verbe** *m* **à l'~** Verb *n* im Infinitiv
infinitude [ɛ̃finityd] F PHIL Unendlichkeit *f*
infirmatif [ɛ̃fiʀmatif] ADJ ⟨-ive⟩ JUR *arrêt* aufhebend; **infirmation** F JUR Aufhebung *f*; Entkräftung *f*
infirme [ɛ̃fiʀm] **A** ADJ verkrüppelt; (körper)behindert **B** M/F Krüppel *m*; Körperbehinderte(r) *m|f(m)*
infirmer [ɛ̃fiʀme] V/T **1** (*démentir*) entkräften **2** JUR *jugement* aufheben
infirmerie [ɛ̃fiʀməʀi] F Krankenabteilung *f*, -zimmer *n*, -saal *m*; MIL Krankenrevier *n*
infirmier [ɛ̃fiʀmje] M Krankenpfleger *m*; MIL Sanitäter *m*
infirmière [ɛ̃fiʀmjɛʀ] F Krankenschwester *f*, -pflegerin *f*
infirmité [ɛ̃fiʀmite] F Behinderung *f*; Gebrechen *n*
inflammable [ɛ̃flamabl] ADJ entzündbar; feuergefährlich; leicht brennbar; entflammbar
inflammation [ɛ̃flamasjõ] F MÉD Entzündung *f*; **inflammatoire** ADJ MÉD entzündlich; Entzündungs...
inflation [ɛ̃flasjõ] F **1** ÉCON Inflation *f* **2** *fig* Inflation *f*, Überhandnehmen *n* (**de** von *ou gén*)
inflationniste [ɛ̃flasjɔnist] ADJ ÉCON inflationär; inflationistisch; Inflations...
infléchir [ɛ̃fleʃiʀ] **A** V/T *politique etc* e-e andere Richtung geben (*+dat*) **B** V/PR **s'~** **1** *route, cours d'un fleuve* e-e Biegung machen (**vers** nach) **2** *fig politique* e-e andere Richtung nehmen
infléchissement [ɛ̃fleʃismɑ̃] M (kaum merkliche) Änderung
inflexibilité [ɛ̃flɛksibilite] F Unbeugsamkeit *f*; Unnachgiebigkeit *f*
inflexible [ɛ̃flɛksibl] ADJ *personne, caractère* unbeugsam (*a. volonté*); unnachgiebig; *décision* unerbittlich; **rester ~ dans sa résolution** auf s-m Entschluss beharren
inflexion [ɛ̃flɛksjõ] F **1** Biegung *f*; Krümmung

f; du corps, de la tête Beugung *f* 2 MATH **point** *m* **d'~** Wendepunkt *m* 3 *de la voix* Tonfall *m* 4 LING Umlaut *m*

infliger [ɛ̃fliʒe] V/T ‹-geons› **~ à qn** *punition, amende* j-m auferlegen; gegen j-n verhängen; *leçon* j-m erteilen; *pertes* j-m zufügen, beibringen; *défaite* j-m beibringen; *humiliation* j-m zufügen; *sa présence* j-m aufdrängen; **~ un démenti à qn** j-n (nachdrücklich) widerlegen; **~ une peine à qn** *a.* j-n mit e-r Strafe belegen; j-n zu e-r Strafe verurteilen

inflorescence [ɛ̃flɔʀesɑ̃s] F BOT Blütenstand *m*

influençable [ɛ̃flyɑ̃sabl] ADJ (leicht) beeinflussbar, zu beeinflussen(d)

influence [ɛ̃flyɑ̃s] F 1 Einfluss *m*; Einwirkung *f*; **bonne, mauvaise ~ de qn** j-s guter, schlechter Einfluss (**sur** auf *+acc*); JUR **trafic** *m* **d'~** passive Bestechung; **sous l'~ de qn, de qc** unter j-s Einfluss, unter dem Einfluss *ou* der Einwirkung e-r Sache; **avoir de l'~ sur** Einfluss haben auf (*+acc*); großen Einfluss besitzen; einflussreich sein; **exercer une ~ sur** e-n Einfluss ausüben auf (*+acc*); **~ exercée par qc sur qn** j-s Beeinflussung durch etw; **subir l'~ de qn** unter j-s Einfluss (*dat*) stehen 2 PHYS Influenz *f*

influencer [ɛ̃flyɑ̃se] V/T ‹-ç-› **~ qn, qc** j-n, etw beeinflussen; **~ qn dans sa décision** j-n bei s-r Entscheidung beeinflussen; **se laisser ~** sich beeinflussen lassen

influent [ɛ̃flyɑ̃] ADJ einflussreich

influer [ɛ̃flye] V/I **~ sur qc** Einfluss haben *ou* ausüben auf etw (*acc*); (sich aus)wirken auf etw (*acc*)

influx [ɛ̃fly] M PHYSIOL **~ nerveux** Nervenleitung *f*

info [ɛ̃fo] F *fam* ABR → information 2

in-folio [infɔljo] TYPO A ADJ ‹*inv*› Folio... B M 1 ‹*inv*› Folioband *m*; Foliant *m* 2 Folio (-format) *n*

informateur [ɛ̃fɔʀmatœʀ] M, **informatrice** F Informant(in) *m(f)*

informaticien [ɛ̃fɔʀmatisjɛ̃] M, **informaticienne** F Informatiker(in) *m(f)*; EDV-Fachmann *m*, -frau *f*

information [ɛ̃fɔʀmasjõ] F 1 *action* Information *f*; Unterrichtung *f*; Informierung *f*; **journal** *m* **d'~** Informationsblatt *n*; **voyage** *m* **d'~** Informationsreise *f*; **à titre d'~** zur Information, Unterrichtung, Kenntnisnahme; **pour votre ~** zu Ihrer Information *etc* 2 (*renseignement*) Information *f*; Auskunft *f*; Mitteilung *f*; (*nouvelle*) Nachricht *f*; PRESSE, RAD, TV *a.* Meldung *f*; **~s sportives** Sportnachrichten *fpl*, -meldungen *fpl*; **~s télévisées** Fernsehnachrichten *fpl*; **aller aux ~s** Erkundigungen einziehen; Nachrichten, Informationen sammeln; sich (*dat*) Aufschluss verschaffen; **écouter, regarder les ~s** die Nachrichten hören, ansehen 3 INFORM Information *f*; **traitement** *m* **de l'~** Datenverarbeitung *f* 4 JUR Ermittlungen *fpl*; **ouvrir une ~** ein Ermittlungsverfahren einleiten

informatique [ɛ̃fɔʀmatik] A ADJ Datenverarbeitungs...; EDV-...; Computer...; **linguistique** *f* **informatique** Computerlinguistik *f* B F 1 *science* Informatik *f* 2 *techniques* EDV *f*; elektronische Datenverarbeitung; **commission** *f* **~ et libertés** Datenschutzkommission *f*

informatisation [ɛ̃fɔʀmatizasjõ] F Umstellung *f* auf EDV; Computerisierung *f*

informatiser [ɛ̃fɔʀmatize] A V/T auf EDV umstellen; computerisieren; mit Computern ausstatten; *adjt* **informatisé** Computer... B V/PR **s'~** *entreprise etc* auf EDV umstellen

informe [ɛ̃fɔʀm] ADJ 1 *masse* formlos; unförmig; ungestaltet; *vêtement* **être ~** keine Form haben 2 *fig projet* nicht genügend durchgearbeitet; unvollkommen

informé [ɛ̃fɔʀme] A ADJ informiert, unterrichtet (**sur qn, de** *ou* **sur qc** über j-n, etw); **milieux bien ~s** gut unterrichtete Kreise *mpl* B M LOC **jusqu'à plus ample ~** bis weitere Informationen vorliegen

informel [ɛ̃fɔʀmɛl] ADJ ‹~le› 1 informell; formlos; **rencontre ~le** informelles Treffen 2 PEINT informell

informer [ɛ̃fɔʀme] A V/T **~ qn de qc** j-n über etw (*acc*) unterrichten, informieren; j-n von etw in Kenntnis setzen, benachrichtigen; **~ qn que ...** j-n darüber unterrichten, informieren, j-n davon in Kenntnis setzen, verständigen, benachrichtigen, j-m mitteilen, Bescheid geben, dass ... B V/I JUR **~ contre qn** gegen j-n ermitteln (**sur, de** wegen) C V/PR **s'~** sich informieren, unterrichten (**de qc auprès de qn** über etw [*acc*] bei j-m)

informulé [ɛ̃fɔʀmyle] ADJ unausgesprochen

infortune [ɛ̃fɔʀtyn] *st/s* F Unglück *n*; Missgeschick *n*; **~s** *pl* Schicksalsschläge *mpl*; Unglücksfälle *mpl*; **compagnon** *m* **d'~** Leidensgenosse *m*, -gefährte *m*

infortuné [ɛ̃fɔʀtyne] *st/s* A ADJ unglücklich; leidgeprüft B SUBST **~(e)** *m(f)* Unglückliche(r) *m/f(m)*

infra [ɛ̃fʀa] ADV **voir ~** siehe unten (*abr* s. u.)

infraction [ɛ̃fʀaksjõ] F Zuwiderhandlung *f*; Verstoß *m* (**à** gegen); Übertretung *f*, Verletzung *f* (**à** *gén*); **~ au code de la route** Verstoß gegen die Verkehrsregeln; **être en ~** sich e-s Verstoßes schuldig gemacht haben

infranchissable [ɛ̃fʀɑ̃ʃisabl] ADJ unüberwindlich, -bar; **obstacle** *m* **~** unüberwindliches Hindernis (*a. fig*)

infrarouge [ɛ̃fʀaʀuʒ] PHYS A ADJ infrarot B M Infrarot *n*; **chauffage** *m* **par ~** Infrarotheizung *f*

infrastructure [ɛ̃fʀastʀyktyʀ] F 1 ÉCON Infrastruktur *f* 2 *d'un aéroport* Bodenorganisation *f* 3 *ferroviaire, routière* Unterbau *m*

infréquentable [ɛ̃fʀekɑ̃tabl] ADJ **personne** *f* **~** Person, mit der man nicht verkehren kann

infroissable [ɛ̃fʀwasabl] ADJ TEXT knitterfrei

infructueux [ɛ̃fʀyktɥø] ADJ ‹-euse› frucht-, erfolg-, ergebnis-, nutzlos

infuse [ɛ̃fyz] ADJ LOC *iron* **avoir la science ~** *fam* die Weisheit mit Löffeln gefressen haben; die Weisheit für sich gepachtet haben; **je n'ai pas la science ~** ich kann ja nicht alles wissen

infuser [ɛ̃fyze] V/T 1 *tisane etc* **laisser, faire ~** aufgießen; aufbrühen; ziehen lassen 2 *litt et fig* einflößen; **~ un sang nouveau à** *st/s* neues Leben einhauchen (*+dat*)

infusette [ɛ̃fyzɛt] F Aufgussbeutel *m*

infusion [ɛ̃fyzjõ] F 1 (*tisane*) (Kräuter)Tee *m*; Aufguss *m*; **~ de menthe** Pfefferminztee *m* 2 *action* Aufgießen *n*; Ziehenlassen *n*

ingénier [ɛ̃ʒenje] V/PR **s'~ à** (*+inf*) s-n Geist, Verstand anstrengen, um zu (*+inf*)

ingénierie [ɛ̃ʒeniʀi] F TECH 1 *d'un projet industriel* Globalplanung *f* 2 *discipline* Engineering *n*

ingénieur [ɛ̃ʒenjœʀ] M/F Ingenieur(in) *m(f)*; **~ agronome** Diplomlandwirt *m*; **~ civil** in der Privatwirtschaft tätiger Ingenieur; **~ diplômé** Diplomingenieur *m*; **~ technico-commercial** Vertriebs-, Verkaufsingenieur *m*; **~ d'études** Entwicklungsingenieur *m*; **~ des mines** Bergingenieur *m*; **~ du son** Toningenieur *m*, -meister *m*; **~ des travaux publics** Tiefbauingenieur *m*; **femme** *f* **~** Ingenieurin *f*

ingénieur-conseil [ɛ̃ʒenjœʀkõsɛj] M ‹*pl* ingénieurs-conseils› 1 (selbstständiger) beratender Ingenieur 2 JUR Patentanwalt *m*

ingénieux [ɛ̃ʒenjø] ADJ ‹-euse› *personne* erfinderisch; findig; einfallsreich; *idée, explication* geist-, sinnreich; sinnig; geschickt

ingéniosité [ɛ̃ʒenjozite] F *d'une personne* Erfindungsgabe *f*; Findigkeit *f*; Einfallsreichtum *m*; *d'une idée* Sinnigkeit *f*; Durchdachtheit *f*; *d'une explication* Geschicktheit *f*; **faire preuve d'~** erfinderisch sein

ingénu [ɛ̃ʒeny] A ADJ treu-, offenherzig; naiv; unschuldig; arglos; unbefangen B F **~e** THÉ Naive *f*; **jouer les ~es** die Naive spielen

ingénuité [ɛ̃ʒenɥite] F Treu-, Offenherzigkeit *f*; Naivität *f*; Arglosigkeit *f*; Unbefangenheit *f*

ingénument [ɛ̃ʒenymɑ̃] ADV → ingénu

ingérable [ɛ̃ʒeʀabl] ADJ *situation* nicht *ou* kaum zu bewältigend; **être ~** nicht *ou* kaum zu bewältigen sein

ingérence [ɛ̃ʒeʀɑ̃s] F Einmischung *f* (**dans** in *+acc*)

ingérer [ɛ̃ʒeʀe] ‹-è-› A V/T *aliments* aufnehmen; **~ un médicament** ein Medikament einnehmen B V/PR **s'~** sich einmischen (**dans** in *+acc*)

ingestion [ɛ̃ʒɛstjõ] F PHYSIOL Nahrungsaufnahme *f*

ingouvernable [ɛ̃guvɛʀnabl] ADJ unregierbar

ingrat [ɛ̃gʀa] A ADJ 1 *personne* undankbar (**envers qn** j-m gegenüber) 2 *tâche* undankbar; nicht lohnend 3 *visage* ungefällig; **elle a un physique ~** die Natur hat sie stiefmütterlich behandelt 4 **âge ~** Pubertätsalter *n*; Entwicklungsjahre *npl*; *pour les garçons a.* Flegeljahre *npl* B SUBST **~(e)** *m(f)* Undankbare(r) *m/f(m)*

ingratitude [ɛ̃gʀatityd] F Undank(barkeit) *m(f)*

ingrédient [ɛ̃gʀedjɑ̃] M Zutat *f*; Ingredienz *f*

Ingres [ɛ̃gʀ] *frz Maler*

inguérissable [ɛ̃geʀisabl] ADJ unheilbar (*a. fig*); **malade** *m/f* **~** unheilbar Kranke(r) *m/f(m)*

inguinal [ɛ̃ginal] ADJ ‹-aux› ANAT Leisten...; °**hernie ~e** Leistenbruch *m*

ingurgiter [ɛ̃gyʀʒite] V/T 1 *nourriture* gierig verschlingen, hinunterschlingen; *boisson* hinunterstürzen 2 *fig des connaissances fam* pauken

inhabile [inabil] *st/s* ADJ ungeschickt

inhabitable [inabitabl] ADJ unbewohnbar

inhabité [inabite] ADJ unbewohnt; **maison ~e** unbewohntes, leer stehendes Haus

inhabituel [inabitɥɛl] ADJ ‹~le› ungewohnt; ungewöhnlich

inhalateur [inalatœʀ] M MÉD Inhalationsapparat *m*

inhalation [inalasjõ] F 1 Einatmen *n*, Inhalieren *n* (**de gaz** von Gas) 2 MÉD Inhalation *f*; **faire des ~s** inhalieren

inhaler [inale] V/T einatmen; inhalieren (*a.* MÉD)

inhérence [ineʀɑ̃s] F PHIL Inhärenz *f*; **inhérent** ADJ innewohnend, anhaftend (**à qc** e-r Sache [*dat*]); unzertrennlich verbunden (mit etw)

inhibé [inibe] ADJ PSYCH gehemmt; **inhiber** V/T PSYCH, PHYSIOL hemmen

inhibiteur [inibitœʀ] A ADJ ‹-trice› PSYCH, PHYSIOL hemmend B M CHIM Hemmstoff *m*; *t/t* Inhibitor *m*

inhibition [inibisjõ] F PSYCH, PHYSIOL Hemmung *f*; PSYCH *a.* Gehemmtheit *f*

inhospitalier [inɔspitalje] ADJ ‹-ière› ungastlich; **région inhospitalière** ungastliche, unwirtliche Gegend

inhumain [inymɛ̃] ADJ unmenschlich; inhuman; *traitement a.* menschenunwürdig

inhumanité [inymanite] F Unmenschlichkeit *f*; Inhumanität *f*

inhumation [inymasjõ] F Bestattung *f*; Bei-

setzung *f*; Beerdigung *f*; Begräbnis *n*
inhumer [inyme] V/T bestatten; beisetzen; beerdigen; begraben; **permis** *m* **d'~** Totenschein *m*
inimaginable [inimaʒinabl] ADJ unvorstellbar; undenkbar
inimitable [inimitabl] ADJ unnachahmlich
inimitié [inimitje] *st/s* F Feindschaft *f*
ininflammable [inɛ̃flamabl] ADJ nicht entzündbar, brennbar; feuerfest
inintelligence [inɛ̃teliʒɑ̃s] F Intelligenzmangel *m*; Unklugheit *f*; Unverständnis *n* (**d'un problème** für ein Problem); **inintelligent** ADJ nicht intelligent
inintelligibilité [inɛ̃teliʒibilite] F Unverständlichkeit *f*; **inintelligible** ADJ unverständlich
inintéressant [inɛ̃teʀesɑ̃] ADJ uninteressant
ininterrompu [inɛ̃teʀɔ̃py] ADJ ununterbrochen
inique [inik] *st/s* ADJ ungerecht; *st/s* unbillig; **iniquité** *st/s* F Ungerechtigkeit *f*; *st/s* Unbill *f*
initial [inisjal] ADJ ⟨-aux⟩ 1 Anfangs...; anfänglich; Initial...; **cause ~e** anfänglicher Grund; **position ~e** Ausgangsstellung *f* (*a.* GYMNASTIQUE); **vitesse ~e** Anfangsgeschwindigkeit *f* 2 **lettre ~e** *ou subst* **~e** *f* Anfangsbuchstabe *m*; Initiale *f*
initiateur [inisjatœʀ] M, **initiatrice** F Initiator *m*, Initiatorin *f*; Urheber(in) *m(f)*; Anreger(in) *m(f)*; (*précurseur*) Wegbereiter(in) *m(f)*; (*maître*) Lehrmeister(in) *m(f)*
initiation [inisjasjɔ̃] F 1 *à un culte, à des choses secrètes* Einweihung *f* (**à** in *+acc*) 2 (*instruction*) Einführung *f* (**à** in *+acc*)
initiatique [inisjatik] ADJ REL, SOCIOLOGIE Initiations...; **rites** *mpl* **~s** Initiationsriten *mpl*
initiative [inisjativ] F 1 Initiative *f*; **~ privée** Privatinitiative *f*; **esprit** *m* **d'~** Unternehmungsgeist *m*, -lust *f*; Initiative *f*; **de sa propre ~** aus eigener Initiative; aus eigenem Antrieb, Entschluss; von sich aus; **sur** *ou* **à l'~ de qn** auf j-s Initiative (*acc*) hin; **prendre l'~** die Initiative ergreifen (**de qc** zu etw) 2 POL Initiative *f*; **~ législative** Gesetzesinitiative *f*; **droit** *m* **d'~** Initiativrecht *n* 3 **syndicat** *m* **d'~** Fremdenverkehrsamt *n*; Verkehrsverein *m*
initié(e) [inisje] M(F) Eingeweihte(r) *m/f(m)*; Insider *m*; BOURSE **délit** *m* **d'initié** Insidergeschäft *n*, -verstoß *m*
initier [inisje] A V/T einweihen, einführen (**à qc** in etw [*acc*]); **~ qn aux secrets de la Bourse** j-n in die Geheimnisse der Börse einweihen; **~ qn à l'informatique** j-n in die Informatik einführen B V/PR **s'~ à qc** sich mit etw vertraut machen
injectable [ɛ̃ʒɛktabl] ADJ MÉD injizierbar
injecté [ɛ̃ʒɛkte] ADJ *yeux* **~ (de sang)** blutunterlaufen
injecter [ɛ̃ʒɛkte] V/T 1 MÉD injizieren, (ein)spritzen (**dans** in *+acc*) 2 TECH einspritzen (**dans** in *+acc*)
injecteur [ɛ̃ʒɛktœʀ] A ADJ ⟨-trice⟩ MÉD Injektions... B M 1 MÉD Injektionsinstrument *n* 2 AUTO Einspritzdüse *f*
injection [ɛ̃ʒɛksjɔ̃] F 1 MÉD Injektion *f*; Einspritzung *f*; *action a.* (Ein)Spritzen *n*; Injizieren *n*; **~ intramusculaire, intraveineuse** intramuskuläre, intravenöse Injektion; **faire une ~ de qc à qn** j-m etw injizieren, (ein)spritzen 2 TECH Einspritzung *f*; Injektion *f*; **moteur** *m* **à ~** Einspritzmotor *m*
injonctif [ɛ̃ʒɔ̃ktif] ADJ ⟨-ive⟩ GRAM → impératif A 4
injonction [ɛ̃ʒɔ̃ksjɔ̃] F (ausdrücklicher) Befehl
injouable [ɛ̃ʒwabl] ADJ 1 MUS, THÉ unspielbar 2 *terrain de sports* unbespielbar
injure [ɛ̃ʒyʀ] F 1 (*insulte*) Beleidigung *f* (*a.* JUR); Beschimpfung *f*; Verunglimpfung *f*; (*gros mot*) Schimpfwort *n*; **bordée** *f*, **chapelet** *m*, **flot** *m* **d'~s** Schimpfkanonade *f*; Flut *f*, Hagel *m* von Beleidigungen, Beschimpfungen; **accabler d'~s** mit Schimpfworten, Beleidigungen überhäufen; **dire des ~s à qn** j-n beschimpfen, verunglimpfen, mit Worten beleidigen; **faire ~ à qn** j-n beleidigen; **faire ~ à la réputation** *etc* **de qn** j-n beleidigen, indem man s-n guten Ruf *etc* in Zweifel zieht; **faire ~ à qn en faisant qc** j-n beleidigen, indem man etw tut 2 *litt* **l'~ du temps, des ans** der Zahn der Zeit
injurier [ɛ̃ʒyʀje] A V/T beleidigen; beschimpfen; verunglimpfen B V/PR **s'~** einander beleidigen; sich gegenseitig beschimpfen
injurieux [ɛ̃ʒyʀjø] ADJ ⟨-euse⟩ beleidigend
injuste [ɛ̃ʒyst] ADJ ungerecht (**envers, avec, à l'égard de, pour qn** j-m gegenüber, zu j-m)
injustice [ɛ̃ʒystis] F 1 *caractère* Ungerechtigkeit *f*; **~ sociale** soziale Ungerechtigkeit 2 *acte* Unrecht *n*; Ungerechtigkeit *f*; **réparer une ~** ein Unrecht wiedergutmachen
injustifiable [ɛ̃ʒystifjabl] ADJ nicht zu rechtfertigen(d)
injustifié [ɛ̃ʒystifje] ADJ ungerechtfertigt; unberechtigt
inlassable [ɛ̃lasabl] ADJ unermüdlich
inné [i(n)ne] ADJ angeboren; PHIL **idées ~es** angeborene Ideen *fpl*
innervation [inɛʀvasjɔ̃] F ANAT Versorgung *f* mit Nerven; *t/t* Innervation *f*
innocemment [inɔsamɑ̃] ADV → innocent
innocence [inɔsɑ̃s] F 1 *d'une personne non coupable* Unschuld *f*; Schuldlosigkeit *f*; **protester de son ~** s-e Unschuld beteuern 2 (*candeur*) Unschuld *f*; Unverdorbenheit *f*; (*naïveté*) Naivität *f*; **en toute ~** in aller Unschuld
innocent [inɔsɑ̃] A ADJ 1 (*non coupable*) unschuldig (**de qc** an etw [*dat*]); schuldlos 2 (*candide*) unschuldig; unschuldsvoll; (*pur*) rein; unverdorben; **air ~** Unschuldsmiene *f*; **~ comme l'enfant qui vient de naître** unschuldig wie ein neugeborenes Kind, wie ein Lamm 3 (*naïf*) naiv; einfältig; leichtgläubig; **il est bien ~ de croire** *que* ... er ist recht naiv zu glauben ... 4 *jeux etc* harmlos; *plaisirs a.* unschuldig B SUBST **~(e)** *m(f)* 1 Unschuldige(r) *m/f(m)* 2 BIBL **massacre** *m* **des Innocents** Kindermord *m* zu Bethlehem 3 *fig* Unschuldslamm *n*; Naivling *m*; *prov* **aux ~s les mains pleines** den Seinen gibts der Herr im Schlaf (*prov*); die dümmsten Bauern haben die größten Kartoffeln (*prov*)
innocenter [inɔsɑ̃te] A V/T **~ qn** j-n für unschuldig erklären; *déposition* j-n entlasten B V/PR **s'~** s-e Unschuld beweisen
innocuité [inɔkɥite] F Unschädlichkeit *f*
innombrable [i(n)nɔ̃bʀabl] ADJ zahllos; unzählig; **foule** *f* **~** unübersehbare Menschenmenge
innommable [i(n)nɔmabl] ADJ *péj* unbeschreiblich; scheußlich; ekelhaft; **conduite** *f* **~** sehr hässliches Benehmen
innovateur [inɔvatœʀ] A ADJ ⟨-trice⟩ neue Wege beschreitend; **esprit ~** auf Neuerungen sinnender Geist B SUBST **~, innovatrice** *m,f* Neuerer *m*; Wegbereiter(in) *m(f)*
innovation [inɔvasjɔ̃] F 1 *action* Einführung *f* von Neuerungen; TECH Innovation *f* 2 *chose* Neuerung *f*; **~ technique** technische Neuerung
innover [inɔve] V/I Neuerungen einführen (**en matière de mode** in der Mode); *a. v/t* **ne rien ~** keine Neuerungen einführen
inoccupation [inɔkypasjɔ̃] F *d'une personne* Untätigkeit *f*; Unbeschäftigtsein *n*
inoccupé [inɔkype] ADJ 1 (*désœuvré*) untätig; unbeschäftigt 2 (*vide*) *maison* unbewohnt; leer stehend; *siège, poste* unbesetzt; **compartiment ~** leeres Abteil
in-octavo [inɔktavo] TYPO A ADJ ⟨*inv*⟩ Oktav... B M ⟨*inv*⟩ Oktavband *m*
inoculation [inɔkylasjɔ̃] F MÉD Inokulation *f*; (Ein)Impfung *f*; Übertragung *f*
inoculer [inɔkyle] V/T 1 MÉD inokulieren; (ein)impfen; übertragen 2 *fig passion du jeu etc* **~ à qn** j-m weitergeben; auf j-n übertragen
inodore [inɔdɔʀ] ADJ geruchlos
inoffensif [inɔfɑ̃sif] ADJ ⟨-ive⟩ harmlos; ungefährlich
inofficiel [inɔfisjɛl] ADJ ⟨~le⟩ inoffiziell
inondation [inɔ̃dasjɔ̃] F 1 Überschwemmung *f* (*a. plais dans une salle de bains*); Hochwasser *n*; Wasserflut *f*; *d'un terrain a.* Überflutung *f* 2 *fig* Überschwemmung *f*; Überflutung *f*; **~ de produits sur le marché** Überschwemmung *f*, -flutung *f* des Marktes mit Produkten
inondé [inɔ̃de] PP *et* ADJ 1 *région* überschwemmt, -flutet 2 *par ext visage* **~ de larmes** tränenüberströmt; *front* **~ de sueur** schweißgebadet 3 *fig* **~ de lumière, de soleil** *paysage* licht-, sonnenüberflutet; *pièce* licht-, sonnendurchflutet; *personne* **être ~ de lettres** mit Briefen überhäuft, -schwemmt werden; *région* **être ~ de touristes** von Touristen überflutet sein; *marché* **être ~ de produits** von Produkten überschwemmt, -flutet sein
inonder [inɔ̃de] A V/T 1 *fleuve: région* überschwemmen, -fluten; unter Wasser setzen 2 *par ext: fam* **~ la salle de bains** das Badezimmer unter Wasser setzen; im Badezimmer e-e Überschwemmung anrichten; *larmes, sueur* **~ le visage** über das Gesicht strömen 3 *fig* überschwemmen, überfluten, überhäufen (**de** mit); ÉCON **~ le marché de produits bon marché** den Markt mit Billigprodukten überschwemmen, -fluten 4 *joie* **~ qn** j-n überkommen B V/PR **s'~ les cheveux de parfum** zu viel Parfüm auf sein Haar spritzen
inopérable [inɔpeʀabl] ADJ MÉD nicht operierbar; inoperabel
inopérant [inɔpeʀɑ̃] ADJ unwirksam; wirkungslos
inopiné [inɔpine] ADJ unerwartet; unvermutet; unverhofft; **inopinément** *adv* → inopiné
inopportun [inɔpɔʀtɛ̃, -tœ̃] ADJ ⟨-une [-yn]⟩ unpassend; unangebracht; unzweckmäßig; ungelegen; inopportun; *moment a.* ungünstig, falsch (gewählt)
inopportunité [inɔpɔʀtynite] *litt* F Unangebrachtheit *f*; Unzweckmäßigkeit *f*; Inopportunität *f*
inorganique [inɔʀganik] ADJ anorganisch
inorganisé [inɔʀganize] ADJ 1 unorganisiert 2 *travailleurs* nicht gewerkschaftlich organisiert
inoubliable [inublijabl] ADJ unvergesslich
inouï [inwi] ADJ unerhört; unglaublich; beispiellos; *fam* **il est ~** *fam critique* er ist unmöglich; *compliment* er ist unwahrscheinlich
inox [inɔks] M ABR → inoxydable B
inoxydable [inɔksidabl] A ADJ nicht oxidierend; rostfrei B M nicht oxidierendes, rostfreies Metall
in petto [inpeto] LOC ADV bei sich; im Herzen; im Stillen
inqualifiable [ɛ̃kalifjabl] ADJ unqualifizierbar; unglaublich; unerhört
in-quarto [inkwaʀto] TYPO A ADJ ⟨*inv*⟩ Quart... B M ⟨*inv*⟩ Quartband *m*
inquiet [ɛ̃kjɛ] ADJ ⟨-ète [-ɛt]⟩ *personne, regard* unruhig; besorgt; ängstlich; **être ~ de qc** be-

I

sorgt sein über, um etw *(acc)*; **je suis ~ pour lui** ich bin um ihn besorgt; ich mache mir Sorgen um ihn; **être ~ que …** *(+subj)* unruhig, besorgt sein, weil …

inquiétant [ɛ̃kjetɑ̃] ADJ **1** *(alarmant)* beunruhigend; besorgniserregend **2** *(peu rassurant)* unheimlich

inquiéter [ɛ̃kjete] ‹-è-› **A** V/T **1** **~ qn** j-n beunruhigen, besorgt machen; **vous m'inquiétez** Sie machen mir Sorge(n) **2** *fisc, police* **~ qn** j-n belästigen; hinter j-m her sein **B** V/PR **1** **s'~** sich sorgen, sich *(dat)* Sorgen *ou* Gedanken machen (**pour qn** um j-n; **de qc** um etw); sich beunruhigen, ängstigen (wegen etw); **ne vous inquiétez pas!** machen Sie sich *(dat)* keine Sorgen!; **il n'y a pas de quoi s'~** es besteht kein Grund *ou* Anlass zur Sorge; **s'~ de ne pas voir rentrer qn** sich *(dat)* Sorgen machen, weil j-d nicht nach Hause kommt **2** *(se préoccuper)* **s'~ de qc** sich um etw kümmern; **sans s'~ des conséquences** ohne sich um die Folgen zu kümmern

inquiétude [ɛ̃kjetyd] F Unruhe *f*; Sorge *f*; Besorgnis *f*; **avoir beaucoup de sujets d'~** viel Anlass zur Sorge haben; **donner de l'~ à qn** j-n beunruhigen; j-m Sorgen machen, bereiten; **être dans l'~** unruhig, in Sorge sein; **soyez sans ~!** seien Sie unbesorgt!

inquisiteur [ɛ̃kizitœʀ] **A** ADJ ‹-trice› *regard* inquisitorisch; streng forschend **B** M HIST Inquisitor *m*

Inquisition [ɛ̃kizisjõ] F HIST Inquisition *f (a. fig)*; **tribunal** *m* **de l'~** Inquisitionstribunal *n*

insaisissable [ɛ̃sezisabl] ADJ **1** JUR unpfändbar **2** *ennemi, fugitif* nicht zu ergreifen(d); nicht zu fassen(d) **3** *nuance* kaum wahrnehmbar

insalubre [ɛ̃salybʀ] ADJ *bâtiment, climat* ungesund; gesundheitsschädlich, -schädigend; *climat a.* der Gesundheit unzuträglich; **îlot** *m* **~** Komplex *m* baufälliger Häuser; *par ext* Elendsviertel *n*, -quartiere *npl*

insalubrité [ɛ̃salybʀite] F Gesundheitsschädlichkeit *f*; *du climat a.* Unzuträglichkeit *f*

insanité [ɛ̃sanite] F **1** Unsinnigkeit *f* **2** *propos* **~s** *pl* Unsinn *m*; unsinniges Zeug

insatiabilité [ɛ̃sasjabilite] F Unersättlichkeit *f*; **insatiable** ADJ unersättlich

insatisfaction [ɛ̃satisfaksjõ] F Unbefriedigtheit *f*; Unzufriedenheit *f*

insatisfait [ɛ̃satisfɛ] **A** ADJ ‹-faite [-fɛt]› *envie, désir* unbefriedigt; *personne* unzufrieden **B** SUBST **un éternel ~** ein ewig Unzufriedener

inscription [ɛ̃skʀipsjõ] F **1** *gravée* Inschrift *f*; *imprimée* Aufschrift *f*; Beschriftung *f*; **~ funéraire** Grabinschrift *f* **2** *action* Eintragung *f*, Einschreibung *f* (**sur une liste** in e-e Liste); (An)Meldung *f*; **~ à un cours** Anmeldung zu e-m Kurs; Belegung *f* e-s Kurses; **~ à** *ou* **dans une faculté** Immatrikulation *f*, *autrich* Inskription *f* (an e-r Hochschule); **~ à l'ordre du jour** Aufnahme *f* in die Tagesordnung; **date** *f* **d'~** Einschreibungs-, (An)Meldedatum *n*, -termin *m*; **droits** *mpl* **d'~** Einschreibungs-, Anmeldegebühren *fpl* **3** MAR **~ maritime** Registrierung *f* beim Seemannsamt **4** JUR **~ en faux** Fälschungsklage *f*; Bestreitung *f* der Echtheit e-r Urkunde

inscrire [ɛ̃skʀiʀ] ‹→ écrire› **A** V/T **1** eintragen (**sur, dans un registre, sur un agenda** in ein Register, in ein Notizbuch); **~ à l'ordre du jour** auf die Tagesordnung setzen; **~ sur une liste** *a.* auf e-e Liste setzen, schreiben; **(faire) ~** anmelden (**à une école** in e-r Schule); **se faire ~** sich anmelden **2** MATH einbeschreiben **B** V/PR **s'~** **1** sich eintragen, -schreiben (**sur une liste** in e-e Liste); sich (an)melden (**à un concours** zu e-m Wettbewerb); **s'~ à un cours** *a.* e-n Kurs belegen; **s'~ à une faculté** sich (an e-r Hochschule) immatrikulieren lassen, *autrich* inskribieren; **s'~ à un parti** e-r Partei beitreten **2** *événement etc* **s'~ dans la mémoire de qn** sich j-m tief ins Gedächtnis eingraben **3** *fig (s'insérer)* **s'~ dans qc** in Verbindung, Zusammenhang mit etw stehen; **s'~ dans le cadre de qc** im Rahmen e-r Sache *(gén)* erfolgen **4** *fig* **s'~ en faux contre qc** etw dementieren, bestreiten

inscrit [ɛ̃skʀi] **A** ADJ **1** *personne* eingeschrieben; angemeldet; **député non ~** fraktionsloser Abgeordneter; **être ~ à un parti** (eingetragenes) Mitglied e-r Partei sein **2** MATH einbeschrieben **B** SUBST **1** **~(e)** *m(f)* Eingeschriebene(r) *m/f(m)*; Angemeldete(r) *m/f(m)* **2** POL **~s** *mpl* Wahlberechtigte(n) *mpl* **3** MAR **~** *m* **maritime** beim Seemannsamt registrierter Seemann

inscrivant [ɛ̃skʀivɑ̃] M JUR Hypothekenantragsteller *m*

insécable [ɛ̃sekabl] ADJ unteilbar

insecte [ɛ̃sɛkt] M ZOOL Insekt *n*; Kerbtier *n*

insecticide [ɛ̃sɛktisid] **A** ADJ Insekten vertilgend, tötend; **poudre** *f* **~** Insektenpulver *n* **B** M Insektenvertilgungsmittel *n*; Schädlingsbekämpfungsmittel *n*; Insektizid *n*

insectivore [ɛ̃sɛktivɔʀ] ZOOL **A** ADJ insektenfressend **B** MPL **~s** Insektenfresser *mpl*

insécuriser [ɛ̃sekyʀize] V/T verunsichern; **insécurité** F Unsicherheit *f*

INSEE [inse] M ABR (Institut national de la statistique et des études économiques) Nationales Institut für Statistik und Wirtschaftsplanung

insémination [ɛ̃seminasjõ] F **~ (artificielle)** künstliche Besamung; *t/t* Insemination *f*; **inséminer** V/T künstlich besamen

insensé [ɛ̃sɑ̃se] ADJ unsinnig; verrückt; sinnlos

insensibilisation [ɛ̃sɑ̃sibilizasjõ] F MÉD Betäubung *f*; **insensibiliser** V/T MÉD betäuben; unempfindlich machen

insensibilité [ɛ̃sɑ̃sibilite] F **1** PHYSIOL Unempfindlichkeit *f*; Gefühllosigkeit *f*; **~ à la douleur** Schmerzunempfindlichkeit *f* **2** *morale* (Gefühls)Kälte *f*; Gefühllosigkeit *f*; **~ à qc** Gleichgültigkeit *f* gegenüber etw

insensible [ɛ̃sɑ̃sibl] ADJ **1** PHYSIOL unempfindlich, gefühllos (à gegenüber); **~ au froid** kälteunempfindlich **2** *moralement* (gefühls)kalt; gefühllos; **être ~ à qc** e-r Sache *(dat)* gleichgültig gegenüberstehen; sich von etw nicht beeindrucken lassen **3** *(imperceptible)* unmerklich; kaum *ou* nicht wahrnehmbar

insensiblement [ɛ̃sɑ̃sibləmɑ̃] ADV unmerklich

inséparable [ɛ̃sepaʀabl] ADJ **1** **~ (de qc)** untrennbar (mit etw verbunden) **2** *personnes* unzertrennlich; **deux amis ~s** zwei unzertrennliche Freunde

insérer [ɛ̃seʀe] ‹-è-› **A** V/T **1** *(introduire)* (hinein)legen (**dans** in *+acc*) **2** *dans un texte* einfügen, -schieben, -streuen (**dans** in *+acc*); *clause dans un contrat* aufnehmen, einsetzen (in *+acc*); *article* bringen (**dans un journal** in e-r Zeitung); **prière** *f* **d'~** *m ou f* Waschzettel *m*; **faire ~ une annonce dans le journal** → annonce 2 **B** V/PR **s'~ dans qc** **1** *(s'inscrire)* in Zusammenhang, Verbindung mit etw stehen **2** *(s'intégrer)* sich einfügen, einordnen, eingliedern in etw *(acc)*

INSERM [insɛʀm] M ABR (Institut national de la santé et de la recherche médicale) *frz Institut für Gesundheit und medizinische Forschung*

insertion [ɛ̃sɛʀsjõ] F **1** *action* Einführung *f*, -schiebung *f*, -streuung *f*, -setzung *f* (**dans**, à in *+acc*); JUR **~ légale** gesetzlich vorgeschriebene Bekanntgabe durch Anzeige in e-r Zeitung **2** *dans un groupe* Sicheinfügen *n*; Einordnung *f*; Eingliederung *f* **3** ANAT, BOT Ansatz (-stelle) *m(f)*

insidieux [ɛ̃sidjø] ADJ ‹-euse› *question* verfänglich; *odeur* sich allmählich durchsetzend, verbreitend; **fièvre insidieuse** heimtückisches, schleichendes Fieber; **maladie insidieuse** heimtückische, schleichende Krankheit; **promesses insidieuses** hinterhältige Versprechungen *fpl*

insigne¹ [ɛ̃siɲ] M Abzeichen *n*; HIST **~s** *pl* Insignien *npl*

insigne² [ɛ̃siɲ] ADJ bemerkenswert *(a. iron)*; **faveur** *f* **~** ganz besondere Gunst

insignifiance [ɛ̃siɲifjɑ̃s] F Bedeutungslosigkeit *f*; Belanglosigkeit *f*; Unbedeutendheit *f (a. d'une personne)*; **insignifiant** ADJ bedeutungslos; belanglos; unbedeutend *(a. personne)*; unwichtig; unerheblich; *visage* nichtssagend

insinuant [ɛ̃sinɥɑ̃] ADJ schmeichlerisch; einschmeichelnd; **insinuation** F Andeutung *f*; Anspielung *f*; Einflüsterung *f*; *plus fort* Verdächtigung *f*; Unterstellung *f*

insinuer [ɛ̃sinɥe] **A** V/T (geschickt) zu verstehen geben; einflüstern; **qu'est-ce que vous insinuez?** was wollen Sie damit sagen? **B** V/PR **s'~** *personne* sich einschmeicheln; *idées* **s'~ dans l'esprit de qn** sich allmählich bei j-m festsetzen; **s'~ dans les bonnes grâces de qn** sich *(dat)* j-s Gunst erschleichen

insipide [ɛ̃sipid] ADJ **1** *(fade)* fad(e); unschmackhaft; geschmacklos **2** *fig conversation, œuvre* langweilig; fad(e); **insipidité** F Geschmacklosigkeit *f*; Fadheit *f (a. fig)*; *fig a.* Langweiligkeit *f*

insistance [ɛ̃sistɑ̃s] F Beharrlichkeit *f*; Hartnäckigkeit *f*; Inständigkeit *f*; Eindringlichkeit *f*; Nachdruck *m*; PHON **accent** *m* **d'~** emphatische, der Hervorhebung dienende Betonung; **avec ~** beharrlich *etc*

insistant [ɛ̃sistɑ̃] ADJ beharrlich; hartnäckig; inständig; eindringlich; nachdrücklich

insister [ɛ̃siste] V/I **1** **~ sur qc** Nachdruck, Gewicht, den Akzent auf etw *(acc)* legen **2** **~ auprès de qn** in j-n dringen; **~ pour** *(+inf) ou* **que …** *(+subj)* darauf dringen, bestehen, beharren, zu *(+inf) ou* dass … **3** *abs* weitermachen; beharren; nicht lockerlassen; darauf bestehen; *il a commencé à apprendre l'anglais,* **mais il n'a pas insisté** aber er hat nicht weitergemacht; *elle a. menti,* **insista-t-il** beharrte er, behauptete er hartnäckig (weiter); *s'il n'est pas d'accord,* **insistez** lassen Sie nicht locker, bestehen Sie darauf, bleiben Sie hartnäckig *ou* beharrlich; *il n'acceptera jamais,* **n'insistons pas** lassen wir davon ab; bestehen wir nicht darauf

insolateur [ɛ̃sɔlatœʀ] M TECH solare Warmwasserbereitungsanlage

insolation [ɛ̃sɔlasjõ] F **1** MÉD Sonnenstich *m*; *t/t* Insolation *f*; **attraper une ~** e-n Sonnenstich bekommen **2** MÉTÉO Sonneneinstrahlung *f*; *a.* Sonnenscheindauer *f*

insolemment [ɛ̃sɔlamɑ̃] ADV → insolent

insolence [ɛ̃sɔlɑ̃s] F **1** **a** *(impertinence)* Frechheit *f*; Unverschämtheit *f* **b** *(arrogance)* Arroganz *f*; Anmaßung *f* **2** *propos, action* Frechheit *f*; Unverschämtheit *f*

insolent [ɛ̃sɔlɑ̃] **A** ADJ **1** **a** *(impertinent)* frech; unverschämt **b** *(arrogant)* arrogant; anmaßend **2** *veine fam* unverschämt **B** SUBST **~(e)** *m(f)* frecher, unverschämter Mensch; freche, unverschämte Person; *fam a.* Frechdachs *m*

insolite [ɛ̃sɔlit] ADJ ungewöhnlich

insoluble [ɛ̃sɔlybl] ADJ **1** CHIM unlöslich; **~ dans l'eau** wasserunlöslich **2** *problème* unlösbar

insolvabilité [ɛ̃sɔlvabilite] F ÉCON Zahlungsunfähigkeit *f*; Insolvenz *f*; **insolvable** ADJ ÉCON zahlungsunfähig; insolvent

insomniaque [ɛ̃sɔmnjak] A ADJ an Schlaflosigkeit leidend; schlaflos B M/F an Schlaflosigkeit Leidende(r) *m/f(m)*

insomnie [ɛ̃sɔmni] F Schlaflosigkeit *f*; **avoir des ~s** schlaflose Nächte haben; an Schlaflosigkeit leiden

insondable [ɛ̃sõdabl] ADJ 1 *gouffre* unergründlich 2 *fig désespoir etc* unermesslich; unendlich; **mystère** *m* **~** unergründliches Geheimnis

insonore [ɛ̃sɔnɔʀ] ADJ schalldicht, -schluckend, -dämmend; **insonorisation** F CONSTR Schalldämmung *f*; *d'un studio d'enregistrement* schalldichte Abschirmung

insonoriser [ɛ̃sɔnɔʀize] V/T schalldicht machen, abschirmen; *adjt* **insonorisé** schalldicht; *appartement* **mal insonorisé** hellhörig

insouciance [ɛ̃susjɑ̃s] F Sorglosigkeit *f*; Unbekümmertheit *f*; *péj* Leichtsinn *m*

insouciant [ɛ̃susjɑ̃] ADJ sorglos; unbesorgt; unbekümmert; *péj* leichtsinnig; **être ~ de qc** sich um etw nicht kümmern, scheren; sich *(dat)* keine Sorgen um etw machen

insoumis [ɛ̃sumi] ADJ 1 *tribu, région* nicht unterworfen; *caractère* aufsässig; widerspenstig 2 *soldat* der s-r Einberufung *(dat)* nicht Folge leistet

insoumission [ɛ̃sumisjõ] F 1 Aufsässigkeit *f*; Widerspenstigkeit *f*; Widerstand *m* (à gegen) 2 MIL Nichtbefolgung *f* des Einberufungsbefehls

insoupçonnable [ɛ̃supsɔnabl] ADJ über jeden Verdacht erhaben

insoupçonné [ɛ̃supsɔne] ADJ ungeahnt; unvermutet

insoutenable [ɛ̃sutnabl] ADJ 1 *argument* unhaltbar 2 *spectacle, violence* unerträglich; nicht auszuhalten(d)

inspecter [ɛ̃spɛkte] V/T inspizieren (*a.* MIL); in Augenschein nehmen; mustern; genau *ou* prüfend betrachten; *(surveiller)* beaufsichtigen; *(contrôler)* kontrollieren

inspecteur [ɛ̃spɛktœʀ] M 1 Aufsichtführende(r) *m*; Inspektor *m*; Kontrolleur *m* 2 *fonctionnaire correspond à* (Ober)Regierungsrat *m*; **~ pédagogique régional** (für ein Fach zuständiger) Oberschulrat; **~ (de l'enseignement) primaire** *correspond à* Schulrat *m*; **~ d'académie** *correspond à* Oberschulrat *m*; **~ des finances** Finanzinspekteur *m*; **~ de police** Polizeikommissar *m*; **~ du travail** Gewerbeaufsichtsbeamte(r) *m* 3 *fig* **~ des travaux finis** j-d, der erst kommt, wenn die Arbeit von anderen getan ist

inspection [ɛ̃spɛksjõ] F 1 *(examen)* Inspektion *f*; Aufsicht *f*; Kontrolle *f*; genaue Betrachtung, Besichtigung 2 *(administration)* Aufsichtsbehörde *f*, -stelle *f*, -amt *n*; **~ académique** Schulaufsichtsbehörde *f*; **~ générale des Finances** Generalinspektion der Finanzen; Oberste Finanzaufsichtsbehörde; **Inspection du travail et de la main-d'œuvre** Gewerbeaufsichtsamt *n*

inspectorat [ɛ̃spɛktɔʀa] M *charge* Stelle *f*, Amt *n ou durée* Amtszeit *f* e-s „inspecteur"

inspectrice [ɛ̃spɛktʀis] F 1 Aufsichtführende *f*; Inspektorin *f* 2 *fonctionnaire correspond à* (Ober)Regierungsrätin *f*; **~ (de l'enseignement) primaire** *correspond à* Schulrätin *f*; → *a.* inspecteur 2

inspirant [ɛ̃spiʀɑ̃] ADJ inspirierend; anregend; anfeuernd; begeisternd

inspirateur [ɛ̃spiʀatœʀ] M, **inspiratrice** F Inspirator *m*, Inspiratorin *f*; Anreger(in) *m(f)*; *péj* Anstifter(in) *m(f)*

inspiration [ɛ̃spiʀasjõ] F 1 PHYSIOL Einatmung *f* 2 Inspiration *f* (*a.* REL); Anregung *f*; Eingebung *f*; Erleuchtung *f*; Einfall *m*; **l'~ du moment** die Inspiration, Eingebung des Augenblicks; *loc adj œuvre* **d'~ cubiste, orientale** *etc* vom Kubismus, vom Orient *etc* inspiriert; **avoir une (heureuse) ~** e-e (glückliche) Erleuchtung haben; **j'ai eu la mauvaise ~ d'accepter** ich hatte den dummen Einfall, zu akzeptieren; **ça ne s'est pas fait par l'~ du Saint-Esprit** das kommt nicht von allein; j-d hat dabei die Hand im Spiel gehabt; **suivre son ~** s-r Eingebung *(dat)* folgen

inspiré [ɛ̃spiʀe] ADJ 1 *œuvre, poète* voller Inspiration; *poète* inspiriert; erleuchtet (*a.* REL); *péj* **prendre des airs ~s** so tun, als ob einem e-e Erleuchtung käme 2 **il a été bien, mal ~ de** *(+inf)* es war ein guter, schlechter Einfall von ihm zu *(+inf)* 3 *œuvre, mode* **~ de qn, qc** von j-m, etw inspiriert 4 **être ~ par la peur, la pitié** *etc* sich von Furcht, Mitleid *etc* leiten lassen

inspirer [ɛ̃spiʀe] A V/T 1 PHYSIOL einatmen *(a. abs)* 2 *artiste* inspirieren; **~ qc à qn** j-n zu etw inspirieren, anregen; *par ext fam* **cela ne m'inspire pas** da fällt mir nichts dazu ein; das sagt mir nichts 3 *(susciter)* **~ un acte à qn** j-n zu e-r Tat veranlassen, anregen, anfeuern; **~ un sentiment à qn** in j-m ein Gefühl erwecken, erregen, wachrufen; **~ de l'amour, de la peur, de la pitié** *etc* **à qn** j-s Liebe, Furcht, Mitleid *etc* erwecken, erregen, wachrufen; **~ confiance à qn** j-m Vertrauen einflößen; e-n vertrauenerweckenden Eindruck auf j-n machen; *spectacle* **~ de l'horreur à qn** j-m Grauen, Abscheu einflößen; *santé* **~ de l'inquiétude à qn** j-m Anlass, Grund zur Besorgnis geben B V/PR *artiste* **s'~ de qn, de qc** sich von j-m, von etw inspirieren, anregen lassen; *personne* **s'~ du conseil, de l'exemple de qn** sich nach j-s Rat, Beispiel richten; sich von j-s Rat, Beispiel leiten lassen; *mode, style* **s'~ de qc** von etw inspiriert werden; sich an etw *(acc)* anlehnen

instabilité [ɛ̃stabilite] F 1 *de caractère* Labilität *f* 2 *d'une situation, d'un régime etc* mangelnde Stabilität; Unstabilität *f*; Unbeständigkeit *f*; *des prix, des cours a.* Unsicherheit *f* 3 PHYS Labilität *f*; Instabilität *f*

instable [ɛ̃stabl] A ADJ 1 *caractère* labil 2 *temps* unbeständig; *paix, cours, prix etc* unsicher; unbeständig; *situation, régime a.* unstabil; nicht stabil; labil 3 PHYS instabil; *équilibre* labil; → *a.* équilibre 1 4 *population* nomadenhaft; unstet B M/F **c'est un (une) ~** er (sie) ist ein labiler Charakter

installateur [ɛ̃stalatœʀ] M (Elektro-, Gas-, Heizungs)Installateur *m*

installation [ɛ̃stalasjõ] F 1 TECH *du gaz etc* Installierung *f*; Installation *f*; Einrichtung *f* 2 *équipement* Anlage *f*; Einrichtung *f*; Vorrichtung *f*; Installation *f*; **~ électrique** elektrische Anlage(n); **~s industrielles, portuaires** Industrie-, Hafenanlagen *fpl*; **~s sanitaires** sanitäre Anlagen 3 *du mobilier* Aufstellung *f*; *d'un appartement* Einrichtung *f*; Ausstattung *f*; *(emménagement)* Einzug *m*; **~ provisoire, de fortune** behelfsmäßige Einrichtung 4 *d'un fonctionnaire* **~ (dans ses fonctions)** Amtseinweisung *f*, -einführung *f*, -einsetzung *f*; Bestallung *f*

installer [ɛ̃stale] A V/T 1 *eau, gaz, électricité, téléphone etc* installieren; **~ un appareil** ein Gerät installieren, einbauen 2 *cuisine etc* einrichten; ausstatten; **~ un échafaudage, une tente** ein Gerüst, ein Zelt aufstellen 3 **~ qn** j-n unterbringen; **~ un blessé sur une civière** e-n Verletzten auf e-e Trage legen; **~ un enfant sur son siège** ein Kind auf s-n Stuhl setzen; **ils ont installé leur fille dentiste** sie haben ihrer Tochter e-e Zahnarztpraxis eingerichtet 4 ADMIN *fonctionnaire* einweisen, -führen, -setzen (**dans ses fonctions** in sein Amt); bestallen B V/PR **s'~** 1 a *(se loger, s'établir)* sich einrichten; sich niederlassen; **s'~ à la campagne** sich auf dem Land niederlassen; aufs Land ziehen b **s'~ à son compte** sich selbstständig machen c *sur un siège, par terre* sich niederlassen; **s'~ dans un fauteuil** es sich *(dat)* in e-m Sessel bequem machen 2 *fig sentiments, doute etc* **s'~ dans le cœur de qn** sich in j-s Herzen *(dat)* festsetzen, einnisten; *pays* **s'~ dans la crise** in e-e Dauerkrise geraten

instamment [ɛ̃stamɑ̃] ADV *prier* inständig

instance [ɛ̃stɑ̃s] F 1 **~s** *pl* inständige, dringende Bitten *fpl*; **sur les ~s de qn** auf j-s inständiges, dringendes Bitten *(acc)* hin 2 JUR a Instanz *f*; **première ~** erste Instanz; **tribunal** *m* **d'~** *correspond à* Amtsgericht *n*; **tribunal** *m* **de grande ~** *correspond à* Landgericht *n* b **introduire une ~** Klage erheben 3 **être en ~** JUR anhängig sein; *par ext* zur Entscheidung anstehen; noch unerledigt sein; vorliegen; **courrier** *m* **en ~** unerledigte Post; *train* **être en ~ de départ** im Begriff sein abzufahren; **être en ~ de divorce** in Scheidung leben, liegen 4 *(autorité)* Instanz *f*; (zuständige) Stelle; **~s gouvernementales** Regierungsinstanzen *fpl*

instant¹ [ɛ̃stɑ̃] M Augenblick *m*; Moment *m*; **~ propice** günstiger Augenblick, Moment; **~s de bonheur** Augenblicke des Glücks; ♦ *loc adj* **de tous les ~s** dauernd; ständig; *loc adv*: **un ~** e-n Augenblick, Moment lang; **un ~!** e-n Augenblick, Moment(, bitte)!; **pas un seul ~** nicht e-n einzigen Augenblick, Moment lang; **à l'~** gerade; (so)eben; im Augenblick; **à chaque ~, à tout ~** alle Augenblicke; fortwährend; ständig; (an)dauernd; **au même ~** im gleichen Augenblick, Moment; **dans un ~** im Augenblick, Moment; gleich; sofort; **d'~ en ~** mit jeder Minute; von Minute zu Minute; ständig; ununterbrochen; **en un ~** im Nu; im Handumdrehen; in ganz kurzer Zeit; **par ~s** von Zeit zu Zeit; zeitweise; dann und wann; mitunter; gelegentlich; **pour l'~** für den Augenblick; im Augenblick, Moment; vorerst; vorläufig; einstweilen; *loc conj*: **à l'~ où** in dem Augenblick, Moment, als; **dès l'~ où, que** *(dès que)* sobald; sowie; *(puisque)* da

instant² [ɛ̃stɑ̃] ADJ *litt prière* inständig

instantané [ɛ̃stɑ̃tane] A ADJ 1 augenblicklich; sofortig; unverzüglich 2 *café etc* Instant... B M PHOT Momentaufnahme *f*; Schnappschuss *m*; **instantanéité** F 1 Augenblicklichkeit *f* 2 kurze Zeitdauer; **instantanément** ADV augenblicklich; sofort; unverzüglich

instar [ɛ̃staʀ] *litt* LOC PRÉP **à l'~ de** nach Art *(+gén)*; nach dem Beispiel, Muster *(+gén)*

instaurateur [ɛ̃stɔʀatœʀ] M, **instauratrice** F Begründer(in) *m(f)*; **instauration** F Begründung *f*; Errichtung *f*; Einführung *f*

instaurer [ɛ̃stɔʀe] V/T *régime politique* begründen; errichten; **~ une réforme** eine Reform einführen

instigateur [ɛ̃stigatœʀ] M, **instigatrice** F Anführer(in) *m(f)*; Hauptmacher(in) *m(f)*

instigation [ɛ̃stigasjõ] F LOC PRÉP **à** *ou* **sous l'~ de qn** auf j-s Anregung, Anraten *(acc)* hin

instinct [ɛ̃stɛ̃] M 1 Instinkt *m*; (angeborener) Trieb; Naturtrieb *m*; **~ maternel** Mutterinstinkt *m*; mütterlicher Instinkt; **~ sexuel** Geschlechtstrieb *m*; **~ de conservation** Selbsterhaltungstrieb *m*; *péj* **céder à ses (mauvais) ~s** s-n Trieben, niederen Instinkten nachgeben

2 *par ext* Instinkt *m*, Gespür *n*, (richtiges) Gefühl (**de** für); ~ **des affaires** Geschäftssinn *m*; *loc adv* **d'~** instinktiv
instinctif [ɛ̃stɛ̃ktif] ADJ ⟨-ive⟩ instinktiv; instinktmäßig; unwillkürlich; *personne* instinktiv handelnd; spontan; *péj* triebhaft; **acte** ~ *a.* Instinkthandlung *f*; **c'est** ~ das geschieht instinktiv
instinctivement [ɛ̃stɛ̃ktivmɑ̃] ADV instinktiv; unwillkürlich
instit [ɛ̃stit] M/F *fam* ABR (instituteur, -trice) (Grundschul)Lehrer(in) *m(f)*
instituer [ɛ̃stitɥe] A V/T 1 *règlement etc* (neu) einführen 2 JUR ~ **qn héritier** j-n zum Erben einsetzen B V/PR 1 **s'~** *habitude* sich einbürgern; *relations* sich herausbilden 2 **s'~ l'ardent défenseur** *etc* **de qc** sich zum glühenden Verteidiger *etc* e-r Sache (*gén*) machen
institut [ɛ̃stity] M 1 Institut *n*; Lehr-, Forschungsstätte *f*; **Institut catholique de Paris** katholische Universität von Paris; ~ **français** Französisches Kulturinstitut (*im Ausland*); ~ **médico-légal** gerichtsmedizinisches Institut; **Institut national agronomique** (*abr* **I.N.A.**) landwirtschaftliche Hochschule; ~ **universitaire de technologie** (*abr* **IUT**) *correspond à* Fachhochschule *f* 2 **Institut (de France)** französische Akademie der Wissenschaften 3 ~ **de beauté** Schönheits-, Kosmetiksalon *m*
instituteur [ɛ̃stitytœʀ] M, **institutrice** F (Grundschul)Lehrer(in) *m(f)*
institution [ɛ̃stitysjõ] F 1 *d'un règlement etc* Einführung *f*; JUR ~ **d'héritier** Erbeinsetzung *f* 2 (*organisme*) Institution *f*; Einrichtung *f*; **~s internationales, politiques** internationale, politische Institutionen; *iron* **élever la corruption à la hauteur d'une** ~ die Korruption zu e-r festen Einrichtung machen 3 ~ **religieuse** kirchliche (private) Lehranstalt
institutionnalisation [ɛ̃stitysjɔnalizasjõ] F Institutionalisierung *f*; **institutionnaliser** A V/T institutionalisieren; zu e-r festen Einrichtung machen B V/PR **s'~** sich institutionalisieren; zu e-r festen Einrichtung werden; **institutionnalisme** M Institutionalismus *m*
institutionnel [ɛ̃stitysjɔnɛl] ADJ ⟨~le⟩ institutionell
instructeur [ɛ̃stʀyktœʀ] A M MIL Ausbilder *m* B ADJ M 1 MIL **officier** ~ Ausbildungsoffizier *m* 2 JUR **juge** ~ Untersuchungsrichter *m*
instructif [ɛ̃stʀyktif] ADJ ⟨-ive⟩ instruktiv; lehr-, aufschlussreich; belehrend
instruction [ɛ̃stʀyksjõ] F 1 (*enseignement*) Unterricht *m*; Unterrichten *n*; Ausbildung *f*; Unterweisung *f*; Belehrung *f*; ~ **civique** Gemeinschafts-, Staatsbürgerkunde *f*; ~ **militaire** militärische Ausbildung; ~ **publique** staatliches Schul-, Unterrichtswesen; ~ **religieuse** Religionsunterricht *m* 2 (*connaissances*) Wissen *n*; Kenntnisse *fpl*; Schulbildung *f*; **sans** ~ ohne großes Wissen; ungebildet; **avoir de l'~** ein großes Wissen, viele Kenntnisse besitzen; gebildet sein 3 (*directive*) (An)Weisung *f*; Instruktion *f*; Vorschrift *f*; ÉGL CATH ~ **pastorale** Hirtenbrief *m*; *loc adv* **conformément aux ~s** weisungsgemäß 4 (*mode d'emploi*) **~s** *pl* (Betriebs)Anleitung *f*; Gebrauchsanweisung *f* 5 INFORM Befehl *m* 6 JUR Untersuchung *f*; strafrechtliche Voruntersuchung; **juge** *m* **d'~** Untersuchungsrichter *m*
instruire [ɛ̃stʀɥiʀ] ⟨→ conduire⟩ A V/T 1 (*enseigner*) ~ **qn** j-n unterweisen, unterrichten, ausbilden (*a.* MIL), anleiten (**dans qc** in etw [*dat*]); j-n belehren (**sur qc** über etw [*acc*]); ♦ *abs* Wissen, Kenntnisse vermitteln; belehren 2 *fig pp* **instruit par l'expérience** durch Erfahrung klug geworden 3 *st/s* (*informer*) ~ **qn de qc** j-n über etw (*acc*) unterrichten, instruieren, von etw in Kenntnis setzen 4 JUR ~ **une affaire, un procès** die strafrechtliche Voruntersuchung einleiten, durchführen; ~ **contre qn** die strafrechtliche Voruntersuchung gegen j-n durchführen B V/PR **s'~** sich (*dat*) Kenntnisse *ou* Wissen aneignen, sich bilden (**dans une science** in e-m Wissenschaftszweig); **s'~ de, sur qc** sich über etw (*acc*) unterrichten
instruit [ɛ̃stʀɥi] ADJ großes Wissen, viele Kenntnisse besitzend; mit großem Wissen; gebildet
instrument [ɛ̃stʀymɑ̃] M 1 Instrument *n*; Gerät *n*; Werkzeug *n*; ~ **tranchant** Schneidwerkzeug *n*; ~ **de chirurgie** chirurgisches Instrument; ~ **de mesure** Messinstrument *n*, -gerät *n*; ~ **de précision** Präzisionsinstrument *n*; HIST *et fig plais* ~ **de torture** Folter-, Marterwerkzeug *n*, -instrument *n*; ~ **de travail** Arbeitsgerät *n*; Hilfsmittel *n*; AVIAT **vol** *m* **aux ~s** Instrumenten-, Blindflug *m* 2 MUS ~ **(de musique)** (Musik)Instrument *n*; ~ **à clavier, à cordes** Tasten-, Saiteninstrument *n*; ~ **à cordes frottées, pincées** Streich-, Zupfinstrument *n*; ~ **à percussion, à vent** Schlag-, Blasinstrument *n*; **jouer d'un** ~ ein Instrument spielen 3 *fig* Instrument *n*; Mittel *n*; *personne* Werkzeug *n*; ~ **de propagande** Propagandamittel *n*, -instrument *n*
instrumental [ɛ̃stʀymɑ̃tal] ADJ ⟨-aux⟩ MUS Instrumental...; **musique ~e** Instrumentalmusik *f*
instrumentation [ɛ̃stʀymɑ̃tasjõ] F MUS Instrumentation *f*; Instrumentierung *f*
instrumenter [ɛ̃stʀymɑ̃te] A V/T TECH mit automatischen Kontrollgeräten ausstatten B V/I JUR e-e Urkunde, ein Dokument ausstellen, ausfertigen
instrumentiste [ɛ̃stʀymɑ̃tist] M/F MUS Instrumentalist(in) *m(f)*
insu [ɛ̃sy] LOC PRÉP **à l'~ de qn** ohne j-s Wissen; **à mon** ~ ohne mein Wissen; ohne dass ich es wusste
insubmersible [ɛ̃sybmɛʀsibl] ADJ unsinkbar
insubordination [ɛ̃sybɔʀdinasjõ] F Gehorsamsverweigerung *f*; MIL *a.* Befehlsverweigerung *f*
insubordonné [ɛ̃sybɔʀdɔne] ADJ ungehorsam; widerspenstig; *st/s* unbotmäßig; **soldat** ~ Befehlsverweigerer *m*
insuccès [ɛ̃syksɛ] M Misserfolg *m*; Misslingen *n*; Scheitern *n*; *d'une pièce, à un examen* Durchfall *m*; *d'un projet a.* Fehlschlag *m*
insuffisamment [ɛ̃syfizamɑ̃] ADV nicht genügend, genug
insuffisance [ɛ̃syfizɑ̃s] F 1 Unzulänglichkeit *f*; ~ **de personnel** Personalmangel *m*; ~ **de ressources** nicht ausreichende, unzureichende Mittel *npl*; *travail* **présenter des ~s** Unzulänglichkeiten aufweisen 2 MÉD ~ **cardiaque** Herzschwäche *f*, -insuffizienz *f*
insuffisant [ɛ̃syfizɑ̃] ADJ ungenügend; unzureichend; unzulänglich
insuffler [ɛ̃syfle] V/T 1 MÉD einblasen 2 *fig vie* einhauchen; *courage etc* einflößen; *désir* erwecken (**à qn** bei, in j-m)
insulaire [ɛ̃sylɛʀ] A ADJ Insel...; insular B M/F Inselbewohner(in) *m(f)*; Insulaner(in) *m(f)*
insularité [ɛ̃sylaʀite] F Insellage *f*; Inselcharakter *m*
insuline [ɛ̃sylin] F MÉD Insulin *n*
insultant [ɛ̃syltɑ̃] ADJ beleidigend
insulte [ɛ̃sylt] F 1 Beleidigung *f*; Beschimpfung *f* 2 *par ext* ~ **à la misère** Beleidigung angesichts des Elends; **être une ~ à qc** → insulter B
insulter [ɛ̃sylte] A V/T beleidigen; beschimpfen; **se faire, se laisser** ~ sich beleidigen, beschimpfen lassen (**par qn** von j-m) B V/T INDIR *st/s* ~ **à qc** ein Hohn auf etw (*acc*) sein; e-r Sache (*dat*) ins Gesicht schlagen, hohnsprechen C V/PR **s'~** einander, sich gegenseitig beleidigen, beschimpfen
insupportable [ɛ̃sypɔʀtabl] ADJ unerträglich; *personne a.* unausstehlich
insurgé [ɛ̃syʀʒe] A ADJ aufständisch; aufrührerisch B M Aufständische(r) *m*
insurger [ɛ̃syʀʒe] V/PR ⟨-geons⟩ **s'~** sich auflehnen, erheben, empören (**contre** gegen) (*a. fig*); aufstehen (gegen)
insurmontable [ɛ̃syʀmõtabl] ADJ unüberwindlich
insurpassable [ɛ̃syʀpasabl] ADJ unübertrefflich
insurrection [ɛ̃syʀɛksjõ] F Aufstand *m*; (bewaffnete) Erhebung, Empörung; Insurrektion *f*; ~ **populaire** Volksaufstand *m*
insurrectionnel [ɛ̃syʀɛksjɔnɛl] ADJ ⟨~le⟩ Aufstands...; **gouvernement** ~ von Aufständischen gebildete Regierung; **mouvement** ~ Aufstandsbewegung *f*
intact [ɛ̃takt] ADJ 1 *objet* unbeschädigt; ganz; heil; intakt; *somme d'argent* unberührt; vollständig 2 *fig réputation* einwandfrei; untadelig; *honneur a.* unbefleckt
intangibilité [ɛ̃tɑ̃ʒibilite] F Unantastbarkeit *f*; **intangible** ADJ unantastbar
intarissable [ɛ̃taʀisabl] ADJ 1 *source, imagination etc* nie versiegend; unversiegbar; *larmes* nicht versiegen wollend 2 *personne* unerschöpflich (**sur ce sujet** auf diesem Gebiet)
intégral [ɛ̃tegʀal] A ADJ ⟨-aux⟩ 1 *changement, somme etc* vollständig; *remboursement a.* in voller Höhe; *bronzage* nahtlos; Ganzkörper...; **casque** ~ Integralhelm *m*; **édition ~e** vollständige, ungekürzte Ausgabe; **texte** ~ vollständiger, ungekürzter Text 2 MATH **calcul** ~ Integralrechnung *f* B F **~e** 1 MATH Integral *n* 2 MUS Gesamtausgabe *f*, -aufnahme *f*; **~e des quatuors à cordes** sämtliche Streichquartette *npl*
intégralement [ɛ̃tegʀalmɑ̃] ADV vollständig; ganz; in vollem Umfang
intégralité [ɛ̃tegʀalite] F Vollständigkeit *f*; *loc adv* **dans son** ~ vollständig; ganz
intégrant [ɛ̃tegʀɑ̃] ADJ **partie ~e** integrierender, wesentlicher, unerlässlicher Bestandteil; **faire partie ~e de qc** ein integrierender Bestandteil e-r Sache sein; unbedingt zu e-r Sache (dazu) gehören
intégration [ɛ̃tegʀasjõ] F 1 Integration *f*; Integrierung *f*; POL, ÉCON *a.* Zusammenschluss *m*; *dans un ensemble a.* Eingliederung *f*, Einbeziehung *f* (**dans** in *+acc*); ~ **raciale** Aufhebung *f* der Rassentrennung; ~ **sociale** soziale Integration 2 MATH Integrieren *n*; Integration *f*
intégrationniste [ɛ̃tegʀasjɔnist] M/F Verfechter(in) *m(f)* rassischer Gleichberechtigung; Integrationist(in) *m(f)*
intègre [ɛ̃tɛgʀ] ADJ integer; moralisch sauber; rechtschaffen; unbescholten
intégrer [ɛ̃tegʀe] ⟨-è-⟩ A V/T 1 integrieren, (als Bestandteil) einfügen, eingliedern, einbeziehen, einbinden (**dans, à** in *+acc*) 2 MATH integrieren B V/I *arg universitaire* ~ **à** *une grande école* eintreten in (*+acc*) C V/PR **s'~** sich integrieren, einfügen (**dans, à** in *+acc*); *adjt* **être intégré** integriert sein
intégrisme [ɛ̃tegʀism] M REL Fundamentalismus *m*; ÉGL CATH Integralismus *m*; **intégriste** REL A ADJ fundamentalistisch; ÉGL CATH integralistisch B M Fundamentalist *m*; ÉGL CATH Integralist *m*
intégrité [ɛ̃tegʀite] F 1 *d'un territoire etc* Vollständigkeit *f*; Unversehrtheit *f*; Integrität *f*;

conserver l'~ de ses facultés intellectuelles noch im Vollbesitz s-r geistigen Fähigkeiten sein 2 *(probité)* Integrität *f*; moralische Sauberkeit; Rechtschaffenheit *f*; Unbescholtenheit *f*

intellect [ɛ̃telɛkt] M Intellekt *m*; Verstand *m*; Vernunft *f*

intellectualisation [ɛ̃telɛktɥalizasjõ] F Intellektualisierung *f*; intellektuelle, geistige Umformung, Verarbeitung; **intellectualiser** V/T intellektualisieren; intellektuell, geistig umformen, verarbeiten; **intellectualisme** M PHIL *et par ext* Intellektualismus *m*; **intellectualiste** ADJ intellektualistisch; **intellectualité** F Geistigkeit *f*; Verstandesmäßigkeit *f*

intellectuel [ɛ̃telɛktɥɛl] A ADJ ⟨~le⟩ 1 geistig; Geistes...; intellektuell; verstandesmäßig; **facultés ~les** geistige Fähigkeiten *fpl*, Kräfte *fpl*; **quotient ~** Intelligenzquotient *m*; **travail ~** geistige Arbeit; Kopfarbeit *f*; **vie ~le** Geistesleben *n* 2 *personne* intellektuell; geistig orientiert B SUBST **~(le)** *m(f)* Intellektuelle(r) *m/f(m)*

intelligemment [ɛ̃teliʒamɑ̃] ADV → intelligent

intelligence [ɛ̃teliʒɑ̃s] F 1 *(facultés mentales)* Intelligenz *f*; Verstandeskraft *f*; Geist *m*; Einsicht *f*; Klugheit *f*; **~ artificielle** künstliche Intelligenz; **test** *m* **d'~** Intelligenztest *m*; **avec ~** intelligent; klug; **il a eu l'~ de ne pas lui répondre** er war so klug, ihm nicht zu antworten; **mettre de l'~ dans qc** etw intelligent, klug machen 2 *(compréhension)* Verständnis *n*, Sinn *m* (**de qc** für etw); **pour l'~ du texte ...** zum besseren Verständnis des Textes ... 3 *(personne intelligente)* überdurchschnittlich intelligenter Mensch; geistige Größe; **une ~ normale** ein mit normaler Intelligenz begabter Mensch 4 *(entente)* Einvernehmen *n*; *(complicité)* (geheimes) Einverständnis; **regard** *m* **d'~** verständnisinniger Blick; **être d'~ avec qn** sich mit j-m im Einvernehmen, in geheimem Einverständnis befinden; *fam* mit j-m unter e-r Decke stecken; **vivre en bonne, en mauvaise ~ avec qn** mit j-m in gutem, schlechtem Einvernehmen leben 5 **~s** *pl* *(complicités secrètes)* (geheime) Verbindungen *fpl* (**avec qn** zu j-m); **avoir des ~s dans la place** (an der zuständigen Stelle) s-e Informanten haben; **entretenir des ~s avec l'ennemi** geheime Verbindungen zum Feind unterhalten

intelligent [ɛ̃teliʒɑ̃] ADJ intelligent; klug; gescheit; verständig

intelligentsia [ɛ̃teli(d)ʒɛntsja] F Intelligenz (-schicht) *f*; Intellektuelle(n) *mpl*; Intelligenzija *f*

intelligibilité [ɛ̃teliʒibilite] F Verständlichkeit *f*

intelligible [ɛ̃teliʒibl] ADJ 1 verständlich; vernehmbar, -lich; **parler à °haute et ~ voix** laut und deutlich sprechen 2 *(compréhensible)* verständlich; klar; **rendre qc ~ à qn** j-m etw klarmachen 3 PHIL intelligibel

intello [ɛ̃telo] M/F *fam* ABR (intellectuel[le]) Intelligenzler(in) *m(f)*

intempérance [ɛ̃tɑ̃peʀɑ̃s] *st/s* F Unmäßigkeit *f*; *par ext* **~ de langage** maßlose, ungezügelte Worte *npl*, Reden *fpl*

intempérant [ɛ̃tɑ̃peʀɑ̃] *st/s* ADJ unmäßig; maßlos

intempéries [ɛ̃tɑ̃peʀi] FPL Unbilden *pl* der Witterung; ungünstige Witterungseinflüsse *mpl*; **résistant aux ~** wetterbeständig, -fest

intempestif [ɛ̃tɑ̃pɛstif] ADJ ⟨-ive⟩ unangebracht; unpassend; **zèle ~** blinder Eifer

intemporalité [ɛ̃tɑ̃pɔʀalite] *litt* F Zeitlosigkeit *f*; **intemporel** *litt* ADJ ⟨~le⟩ zeitlos

intenable [ɛ̃t(ə)nabl] ADJ 1 MIL unhaltbar 2 *(insupportable)* unerträglich; *fam* nicht zum Aushalten

intendance [ɛ̃tɑ̃dɑ̃s] F 1 *d'un lycée* Verwaltung *f*; Verwaltungsstelle *f*, -büro *n* 2 MIL **~ (militaire)** (Wirtschafts)Verwaltungsbehörde *f* 3 POL **l'~** die wirtschaftlichen Aufgaben *fpl* des Staates; *loc* **l'~ suivra** die Wirtschaft bleibt der Politik untergeordnet

intendant [ɛ̃tɑ̃dɑ̃] M, **intendante** F 1 *d'un lycée* Verwaltungsdirektor(in) *m(f)* 2 *(régisseur)* Verwalter(in) *m(f)* 3 MIL **intendant militaire** Leiter *m* e-r Verwaltungsbehörde des Heeres 4 M HIST *dans les provinces françaises* Intendant *m*

intense [ɛ̃tɑ̃s] ADJ *douleur, émotion, froid, lumière, couleur* stark; intensiv; **circulation** *f* **~** starker, dichter, lebhafter Verkehr

intensément [ɛ̃tɑ̃semɑ̃] ADV intensiv

intensif [ɛ̃tɑ̃sif] ADJ ⟨-ive⟩ 1 *apprentissage, cours* intensiv; **travail ~** intensive, angestrengte Arbeit 2 AGR **culture intensive** intensive Bodenbewirtschaftung; Intensivanbau *m*; **élevage ~** Intensivhaltung *f* 3 LING verstärkend; Verstärkungs...; **préfixe ~** Verstärkungspräfix *n*

intensification [ɛ̃tɑ̃sifikasjõ] F Intensivierung *f*; Verstärkung *f*; Steigerung *f*; **intensifier** A V/T intensivieren; verstärken; *production* steigern; *échanges a.* ausbauen B V/PR **s'~** stärker, intensiver werden

intensité [ɛ̃tɑ̃site] F 1 Intensität *f*; Stärke *f*; OPT **~ lumineuse** Lichtstärke *f*; **~ de la circulation** Verkehrsdichte *f*, -aufkommen *n*; ÉLEC **~ d'un courant électrique** elektrische Stromstärke; PHYS **~ du son** Lautstärke *f*; *froid, tempête etc*: **augmenter d'~** (an Intensität, Stärke, Heftigkeit) zunehmen; stärker, heftiger werden; **diminuer d'~** nachlassen; schwächer werden 2 *d'un sentiment, d'un regard* Intensität *f*; Eindringlichkeit *f*; **~ dramatique** dramatische Dichte 3 PHON **accent** *m* **d'~** dynamischer Akzent; Tonstärke *f*

intenter [ɛ̃tɑ̃te] V/T JUR **~ une action, un procès à** *ou* **contre qn** j-n verklagen; e-e Klage, e-n Prozess gegen j-n anstrengen; gegen j-n gerichtlich vorgehen

intention [ɛ̃tɑ̃sjõ] F Absicht *f*; Vorsatz *m*; Intention *f*; **~ délibérée** feste Absicht; fester Vorsatz; **~s secrètes** geheime Absichten; **~s de vote** voraussichtliche (Zahl der) Wählerstimmen *fpl*; *loc prép*: **à l'~ de qn** *cadeau, livre, film* (speziell) für j-n; *fête* j-m zu Ehren; *dire une messe* **à l'~ d'un défunt** für e-n Toten; **avec, dans l'~ de** *(+inf)* in der Absicht zu *(+inf)*; **avoir l'~ de** *(+inf)* die Absicht haben, beabsichtigen, vorhaben, sich mit der Absicht tragen zu *(+inf)*; **n'avoir nullement l'~ de** *(+inf)* keineswegs, -falls die Absicht haben, gar nicht daran denken zu *(+inf)*; **avoir de bonnes ~s envers, à l'égard de qn** es gut mit j-m meinen; **avoir de mauvaises ~s** böse Absichten haben; Böses im Schilde führen; *loc* **c'est l'~ qui compte** der gute Wille zählt; **il n'est pas dans mes ~s de** *(+inf)* es liegt nicht in meiner Absicht zu *(+inf)*; **faire qc dans une bonne, mauvaise ~** etw in guter, böser Absicht tun; → *a.* procès 2

intentionné [ɛ̃tɑ̃sjɔne] ADJ **bien, mal ~** wohlmeinend *ou* -gesinnt, übel gesinnt

intentionnel [ɛ̃tɑ̃sjɔnɛl] ADJ ⟨~le⟩ absichtlich; beabsichtigt; vorsätzlich

inter [ɛ̃tɛʀ] M 1 *(interurbain)* TÉL Fernamt *n* 2 *(intérieur)* SPORTS Halbstürmer *m*; **~ droit, gauche** Halbrechte(r) *m*, -linke(r) *m*

inter... [ɛ̃tɛʀ] *préfixe* inter...; Inter...; zwischen...; Zwischen...; → *les articles suivants*

interactif [ɛ̃tɛʀaktif] ADJ ⟨-ive⟩ interaktiv; INFORM *a.* Dialog...

interaction [ɛ̃tɛʀaksjõ] F Wechselwirkung *f*; PSYCH *a.* Interaktion *f*

interactivité [ɛ̃tɛʀaktivite] F INFORM Interaktivität *f*

interallemand [ɛ̃tɛʀalmɑ̃] ADJ HIST inner-, gesamtdeutsch; deutsch-deutsch; **interallié** ADJ interalliiert; **interarmes** ADJ ⟨inv⟩ MIL mehrere *ou* alle Waffengattungen betreffend

intercalaire [ɛ̃tɛʀkalɛʀ] A ADJ 1 eingeschoben, -gelegt, -gefügt 2 ASTRON **jour** *m* **~** Schalttag *m* B M eingelegtes Blatt; Trennblatt *n*

intercaler [ɛ̃tɛʀkale] V/T einschieben, -legen, -fügen, -schalten

intercéder [ɛ̃tɛʀsede] V/I ⟨-è-⟩ sich einsetzen, sich verwenden (**pour, en faveur de qn** für j-n; **auprès de qn** bei j-m)

intercellulaire [ɛ̃tɛʀselylɛʀ] ADJ BIOL interzellular

intercepter [ɛ̃tɛʀsɛpte] V/T 1 *message, avion, bateau, ballon* abfangen; **~ une communication téléphonique** ein Telefongespräch abhören; **~ une lettre** einen Brief abfangen, unterschlagen 2 *lumière, chaleur* ab-, zurückhalten

intercepteur [ɛ̃tɛʀsɛptœʀ] M AVIAT MIL Abfangjäger *m*; **interception** F 1 Abfangen *n* (*a.* MIL); *d'une lettre* Unterschlagen *n*; TÉL Abhören *n* 2 *de lumière, de chaleur* Ab-, Zurückhalten *n*

intercesseur [ɛ̃tɛʀsesœʀ] M REL, *litt* Fürsprecher *m*; **intercession** F REL, *litt* Fürsprache *f*

interchangeable [ɛ̃tɛʀʃɑ̃ʒabl] ADJ (untereinander) austauschbar, auswechselbar

interclasse [ɛ̃tɛʀklas] M ÉCOLE kurze Pause *(zwischen zwei Unterrichtsstunden)*

interclubs [ɛ̃tɛʀklœb] ADJ ⟨inv⟩ *tournoi* zwischen mehreren Klubs, Vereinen; **intercommunal** ADJ ⟨-aux⟩ mehrere Kommunen, Gemeinden betreffend; **interconnexion** F TECH, ADMIN Verbund *m*

intercontinental [ɛ̃tɛʀkõtinɑ̃tal] ADJ ⟨-aux⟩ interkontinental; Interkontinental...; **fusée ~e** Interkontinentalrakete *f*

intercostal [ɛ̃tɛʀkɔstal] ADJ ⟨-aux⟩ ANAT zwischen den Rippen (liegend); *t/t* interkostal

interculturel ADJ ⟨~le⟩ interkulturell

interdépartemental [ɛ̃tɛʀdepaʀtmɑ̃tal] ADJ ⟨-aux⟩ mehrere Departements betreffend

interdépendance [ɛ̃tɛʀdepɑ̃dɑ̃s] F gegenseitige Abhängigkeit *f*; Wechselbeziehung *f*; Interdependenz *f*; Verflechtung *f*; **interdépendant** ADJ voneinander abhängend; interdependent

interdiction [ɛ̃tɛʀdiksjõ] F 1 Verbot *n*; **~ de sortir, de stationner** Ausgeh-, Parkverbot *n* 2 JUR a **~ (judiciaire)** Entmündigung *f* b **~ légale** Aberkennung *f* der bürgerlichen Rechte; **~ de séjour** Aufenthaltsverbot *n* 3 *concernant l'exercice de fonctions* Amtsenthebung *f*; Berufsverbot *n*

interdire [ɛ̃tɛʀdiʀ] ⟨→ dire; *aber* vous interdisez⟩ A V/T 1 **~ qc** etw verbieten, untersagen (**à qn** j-m); **~ à qn de faire qc** j-m verbieten, untersagen, etw zu tun; **son état de santé lui interdit de** *(+inf)* sein Gesundheitszustand verbietet es ihm zu *(+inf)* 2 JUR **~ qn** j-n entmündigen 3 *fonctionnaire* s-s Amtes entheben 4 ÉGL CATH mit dem Interdikt belegen B V/PR **s'~ qc** *ou* **de faire qc** sich *(dat)* etw verbieten, versagen *ou* es sich *(dat)* verbieten, versagen, etw zu tun

interdisciplinaire [ɛ̃tɛʀdisiplinɛʀ] ADJ mehrere Unterrichtsfächer, Disziplinen, Fachrichtungen betreffend; interdisziplinär; fächerübergreifend

interdit [ɛ̃tɛʀdi] A ADJ 1 verboten; untersagt; **passage ~** Durchgang, -fahrt verboten; **reproduction ~e** Nachdruck verboten; **~ aux moins de 18 ans** für Jugendliche unter 18 Jahren verboten; *route* **~ aux véhicules** für Fahrzeuge gesperrt; **il est ~ de** *(+inf)* es ist verboten zu *(+inf)*; *par ext espoir, bonheur* **être ~ à qn** j-m versagt sein 2 JUR entmündigt; **~ de séjour** mit e-m Aufenthaltsverbot belegt 3 *(très étonné)* bestürzt; verblüfft; wie vor den Kopf geschlagen; sprachlos B SUBST 1 **~(e)** *m(f)* JUR Entmündigte(r) *m/f(m)*; **~ de séjour** von e-m Aufenthaltsverbot Betroffene(r) *m* 2 M ÉGL CATH Interdikt *n*; *fig* **jeter l'~ sur** ausschließen; ächten; in Acht und Bann tun 3 M *(tabou)* (gesellschaftliches, religiöses, moralisches) Verbot, Tabu; **braver les ~s** sich über Verbote, Tabus hinwegsetzen

interentreprises [ɛ̃tɛʀɑ̃tʀəpʀiz] ADJ ⟨inv⟩ überbetrieblich

intéressant [ɛ̃teʀesɑ̃] A ADJ 1 interessant; reizvoll; anregend; beachtenswert; aufschlussreich; **(ne pas) être ~** *a.* (kein) Interesse, (keine) Beachtung verdienen; *péj* **chercher à se rendre ~** sich interessant machen wollen 2 *(avantageux)* interessant; vorteilhaft; lohnend 3 *plais* **être dans une position ~e** *(être enceinte)* in anderen Umständen sein B SUBST *péj* **faire l'~(e)** *m(f)* sich interessant machen; *fam* sich aufspielen; angeben

intéressé [ɛ̃teʀese] A ADJ 1 *(qui est en cause)* betreffend; beteiligt; infrage kommend; betroffen; interessiert 2 *(recherchant son intérêt)* eigennützig; *personne a.* auf s-n Vorteil bedacht 3 **être ~ à, par une question** *etc* an e-r Frage *etc* interessiert sein 4 ÉCON **être ~ aux bénéfices** am Gewinn beteiligt sein B SUBST **~(e)** *m(f)* Betreffende(r) *m/f(m)*; Beteiligte(r) *m/f(m)*; Betroffene(r) *m/f(m)*; Interessierte(r) *m/f(m)*

intéressement [ɛ̃teʀesmɑ̃] M *dans une entreprise* Gewinnbeteiligung *f*

intéresser [ɛ̃teʀese] A V/T 1 **~ qn** j-n interessieren, j-s Interesse wecken **(à qn, qc** für j-n, etw); **cela m'intéresse beaucoup** das interessiert mich sehr; *iron* **cause toujours** *ou* **continue, tu m'intéresses!** red du nur! 2 *(concerner)* **~ qc, qn** etw, j-n betreffen, angehen; für etw, j-n wichtig, interessant sein 3 ÉCON **~ qn** j-n beteiligen **(aux bénéfices** am Gewinn) B V/PR **s'~ à qn, qc** sich für j-n, etw interessieren; an j-m, etw interessiert sein; für j-n, etw *ou* an j-m, etw Interesse haben; **s'~ au sort de qn** *a.* an j-s Schicksal *(dat)* Anteil nehmen

intérêt [ɛ̃teʀɛ] M 1 *(attention)* Interesse *n*; (geistige) Anteilnahme; Aufmerksamkeit *f*; Beachtung *f*; **avec ~** mit Interesse; interessiert; **éveiller l'~ de qn** j-s Interesse wecken; **manifester de l'~ pour qn, qc** Interesse für j-n, etw zeigen, bekunden; **porter de l'~ à qn** j-m Interesse entgegenbringen; **prendre ~ à qc** e-r Sache *(dat)* Interesse entgegenbringen; für etw Interesse bekommen, aufbringen 2 *(importance)* Interesse *n*; Reiz *m*; Bedeutung *f*; *livre, sujet etc* **(plein) d'~** (sehr) interessant, bedeutend; *sujet, problème* **d'~ général** von allgemeinem Interesse; allgemein interessierend; **du plus grand ~** von größtem Interesse; sehr interessant; **sans ~, dénué d'~** uninteressant; **avoir, présenter de l'~** von Interesse sein **(pour qn** für j-n); **quel est l'~ de ce film?** worin liegt eigentlich die Bedeutung, der Reiz dieses Films?; was ist eigentlich an diesem Film so interessant?; *fam* was ist eigentlich an diesem Film dran?; **manquer d'~** uninteressant, reizlos sein 3 *(avantage)* Interesse *n*; Vorteil *m*; Nutzen *m*; **~s** *pl a.* Belange *mpl*; **~s matériels** materielle Interessen, Belange; **~ national** nationales Interesse; **groupement** *m* **d'~s** Interessengemeinschaft *f*, -gruppe *f*; **dans l'~ de qn** in j-s Interesse *(dat)*; zu j-s Bestem, Nutzen; **dans son ~** in s-m Interesse; **dans l'~ général** im allgemeinen Interesse; im Interesse der Allgemeinheit; **il a (tout) ~ à faire qc** es ist, liegt (ganz) in s-m Interesse, dass er etw tut; **il y a ~ à** *(+inf)* es ist von Vorteil *ou* Nutzen, es ist gut zu *(+inf)*; **les ~s particuliers doivent céder le pas à l'~ général** Gemeinnutz geht vor Eigennutz; **c'est dans votre propre ~** das liegt in Ihrem eigenen Interesse; **prendre soin des ~s de qn** j-s Interessen, Belange wahrnehmen, vertreten 4 *(avantage personnel)* Eigennutz *m*; **mariage** *m* **d'~** vorteilhafte Partie; **faire qc par ~** etw aus Eigennutz tun 5 FIN Zins *m*; *souvent pl* **~s** Zinsen *mpl*; **~(s) composé(s)** Zinseszins(en) *m(pl)*; **prêt** *m* **à ~** verzinsliches Darlehen; **taux** *m* **de l'~** Zinsfuß *m*, -satz *m*; **sans ~** zinslos; **payer les ~s de qc** etw verzinsen; **demander un ~ de dix pour cent** zehn Prozent Zinsen verlangen; **rapporter des ~s** sich verzinsen; Zinsen bringen, tragen 6 ÉCON **avoir des ~s dans une affaire** an e-m Geschäft beteiligt sein 7 JUR **dommages et ~s** *pl* Schaden(s)ersatz *m*; Entschädigung *f*

interface [ɛ̃tɛʀfas] F INFORM Interface *n*; Schnittstelle *f*; **~ utilisateur** Benutzeroberfläche *f*

interférence [ɛ̃tɛʀfeʀɑ̃s] F 1 PHYS Interferenz *f*; Überlagerung *f* *(a. fig)* 2 *(intervention)* Einmischung *f*, Eingriff *m* **(dans** in *+acc*); **interférer** V/I ⟨-è-⟩ 1 PHYS interferieren; sich überlagern *(a. fig)* 2 *(intervenir)* eingreifen **(dans** in *+acc*)

interféron [ɛ̃tɛʀfeʀɔ̃] M MÉD Interferon *n*

intergalactique [ɛ̃tɛʀgalaktik] ADJ ASTRON intergalaktisch; **interglaciaire** ADJ GÉOL zwischeneiszeitlich; *t/t* interglazial; **intergouvernemental** ADJ ⟨-aux⟩ zwischen den Regierungen; **intergroupe(s)** ADJ POL interfraktionell

intérieur [ɛ̃teʀjœʀ] A ADJ innere(r, -s); Innen...; innerlich; innerhalb befindlich, liegend; POL **affaires ~es** innere Angelegenheiten *fpl*; **commerce ~** Binnenhandel *m*; AUTO **conduite ~e** Limousine *f*; **cour ~e** Innenhof *m*; **marché ~** (ein)heimischer Markt; Inland(s)-, Binnenmarkt *m*; **mer ~e** Binnenmeer *n*; **navigation ~e** Binnen-, Flussschifffahrt *f*; **poche ~e** Innentasche *f*; **politique ~e** Innenpolitik *f*; **vie ~e** Innenleben *n*; AVIAT **vol ~** Inlandflug *m* B M 1 Innere(s) *n* *(a. fig)*; *d'un pays* Inland *n*; **l'~ du pays** das Landesinnere, Binnenland; **antenne** *f* **d'~** Zimmer-, Innenantenne *f*; **les ennemis** *mpl* **de l'~** die inneren Feinde *mpl*; **ministère** *m* **de l'Intérieur** Ministerium *n* des Innern; Innenministerium *n*; ♦ *loc prép* **à l'~ de** innerhalb, im Innern *(+gén)*; (innen) in *(+dat)*; **à l'~ d'un groupe** innerhalb, in e-r Gruppe; *loc adv*: **à l'~** (dr)innen; drin; im Inner(e)n; *favoriser l'industrialisation* **à l'~** im Landesinnern; *le taux de change* **à l'~** im Inland; **de l'~** von innen heraus 2 *(chez-soi)* (Da)Heim *n*; Zuhause *n*; **femme** *f* **d'~** gute, tüchtige Hausfrau; Frau, die in ihrem Zuhause aufgeht; häusliche Frau; **veste** *f* **d'~** Hausjoppe *f*, -jacke *f* 3 CINÉMA **~s** *pl* Innenaufnahmen *fpl* 4 PEINT **(tableau** *m* **d')~** Interieur *n*

intérieurement [ɛ̃teʀjœʀmɑ̃] ADV innerlich *(a. fig)*; im Inner(e)n; innen

intérim [ɛ̃teʀim] M 1 Zwischen-, Übergangszeit *f*; Interim *n*; **par ~** in der Zwischen-, Übergangszeit; zeitweilig; in Vertretung; Interims...; **gouvernement** *m* **par ~** Interimsregierung *f*; **assurer l'~ de qn** j-s Vertretung übernehmen; j-n vertreten 2 *(travail temporaire)* Zeitarbeit *f*; **agence** *f*, **société** *f* **d'~** Zeitarbeitagentur *f*, -firma *f*

intérimaire [ɛ̃teʀimɛʀ] A ADJ zeitweilig; vorläufig; vorübergehend; interimistisch; **personnel** *m* **~** Aushilfspersonal *n*; **travail** *m* **~** Zeitarbeit *f* B M/F a *remplaçant* Vertreter(in) *m(f)*; Vertretung *f* *(Person)* b *travailleur* Zeitarbeiter(in) *m(f)*

intérioriser [ɛ̃teʀjɔʀize] V/T *émotion* nicht äußern; nicht nach außen hin zeigen; **~ un conflit** einen Konflikt in s-m Innern austragen

interjectif [ɛ̃tɛʀʒɛktif] ADJ ⟨-ive⟩ LING interjektionell; **locution interjective** als Interjektion gebrauchte Wendung

interjection [ɛ̃tɛʀʒɛksjɔ̃] F LING Interjektion *f*; Ausrufe-, Empfindungswort *n*

interleukine [ɛ̃tɛʀløkin] F BIOL Interleukin *n*

interligne [ɛ̃tɛʀliɲ] M Zwischenraum *m* (zwischen den Zeilen); TYPO Durchschuss *m*

interlocuteur [ɛ̃tɛʀlɔkytœʀ] M, **interlocutrice** F Gesprächspartner(in) *m(f)*; *en vue de négociations* Verhandlungspartner(in) *m(f)*

interlope [ɛ̃tɛʀlɔp] ADJ 1 *milieu* zweideutig; anrüchig; verrufen 2 **commerce** *m* **~** Schleich-, Schwarzhandel *m*

interloqué [ɛ̃tɛʀlɔke] ADJ verdutzt; verwirrt; verblüfft; **interloquer** V/T aus der Fassung bringen; verwirren; verblüffen

interlude [ɛ̃tɛʀlyd] M Zwischenspiel *n*, -musik *f*; MUS Interludium *n*; TV Pausenfüller *m*

intermaxillaire [ɛ̃tɛʀmaksilɛʀ] ADJ ANAT Zwischenkiefer...; *t/t* Intermaxillar...

intermède [ɛ̃tɛʀmɛd] M 1 THÉ Zwischenspiel *n*, -akt *m*; Einlage *f*; Intermezzo *n* 2 *fig* Intermezzo *n*; Zwischenspiel *n*

intermédiaire [ɛ̃tɛʀmedjɛʀ] A ADJ dazwischenliegend; Zwischen...; Mittel...; intermediär; **couleur** *f* **~** Zwischenfarbe *f*; **époque** *f* **~** Übergangsepoche *f*, -zeit *f*; **espace** *m* **~** Zwischenraum *m*; **partie** *f* **~** Zwischen-, Mittelteil *n*; **position** *f* **~** mittlere Position; Mittelstellung *f*; **produit** *m* **~** Zwischenprodukt *n* B SUBST 1 M/F Mittelsmann *m*, -person *f*; Vermittler(in) *m(f)* 2 M/F COMM Zwischenhändler(in) *m(f)* 3 LOC PRÉP **par l'~ de qn** (auf dem Wege) über j-n; durch j-s Vermittlung

interminable [ɛ̃tɛʀminabl] ADJ endlos; unendlich lang; **applaudissements** *mpl* **~s** nicht enden wollender Applaus

interministériel [ɛ̃tɛʀministeʀjɛl] ADJ ⟨-le⟩ interministeriell

intermittence [ɛ̃tɛʀmitɑ̃s] F zeitweiliges Aussetzen; Unregelmäßigkeit *f*; *loc adv* **par ~** in Abständen, Intervallen; **travailler par ~** unregelmäßig, nicht kontinuierlich arbeiten

intermittent [ɛ̃tɛʀmitɑ̃] A ADJ zeitweilig aussetzend; mit Unterbrechungen erfolgend; intermittierend; *lumière* periodisch unterbrochen; *travail* nicht kontinuierlich; MÉD **fièvre ~e** Wechselfieber *n*; intermittierendes Fieber; **fontaine, source ~e** zeitweise versiegende, intermittierende Quelle; *a.* Hungerbrunnen *m*, -quelle *f*; **pouls ~** unregelmäßiger Puls B SUBST **~(e)** *m(f)* **du spectacle** *nicht fest angestellte(r) Beschäftigte(r) in den Bereichen Theater, Kino, Fernsehen etc.*

intermusculaire [ɛ̃tɛʀmyskylɛʀ] ADJ ANAT zwischen den Muskeln befindlich

internat [ɛ̃tɛʀna] M 1 *établissement* Internat *n* 2 MÉD a *fonction* Tätigkeit *f* als Assistenzarzt b *concours* Prüfung *f* zur Zulassung als Assistenzarzt

international [ɛ̃tɛʀnasjɔnal] ⟨*mpl* -aux⟩ A ADJ international; zwischenstaatlich; **droit ~ (public)** Völkerrecht *n*; internationales Recht; **langue ~e** Weltsprache *f*; SPORTS **match ~** Länderspiel *n*; **organisations ~es** internationale Organisationen *fpl*; **politique ~e** *a.* Weltpolitik *f*; **relations ~es** internationale, zwischenstaatliche Beziehungen *fpl*; **trafic ~** grenzüberschreitender Verkehr B SUBST 1 M SPORTS Nationalspieler *m*; Mitglied *n* der Nationalmannschaft 2 **Internationale** *f* *hymne, association* Internationale *f*

internationalisation [ɛ̃tɛʀnasjɔnalizasjõ] F *d'un conflit* internationale Ausweitung; **internationaliser** V/T 1 *port etc* internationalisieren 2 *conflit* international ausweiten; **internationalisme** M Internationalismus *m*

internaute [ɛ̃tɛʀnot] M/F Internetsurfer(in), -nutzer(in) *m(f)*

interne [ɛ̃tɛʀn] A ADJ innere(r, -s); innerlich; Innen…; intern; **causes** *fpl* **~s** innere Ursachen *fpl*; **face** *f* **~** Innenseite *f*; **oreille** *f* **~** inneres Ohr; Innenohr *n*; ANAT **organe** *m* **~** inneres Organ; PHYSIOL **sécrétion** *f* **~** innere Sekretion; PHARM **à usage ~** innerlich anzuwenden; zur innerlichen Anwendung B M/F 1 Internatsschüler(in) *m(f)* 2 **~ (des hôpitaux)** Assistenzarzt, -ärztin *m,f*

interné(e) [ɛ̃tɛʀne] M(F) a POL Internierte(r) *m/f(m)* b MÉD (in e-e geschlossene Anstalt) Eingewiesene(r) *m/f(m)*

internement [ɛ̃tɛʀnəmɑ̃] M a POL Internierung *f*; **camp** *m* **d'~** Internierungslager *n* b MÉD Einweisung *f* (in e-e geschlossene Anstalt)

interner [ɛ̃tɛʀne] V/T a POL internieren b MÉD (in e-e geschlossene Anstalt) einweisen

Internet [ɛ̃tɛʀnɛt] M Internet *n*; *adjt* **adresse** *f*, **connexion** *f* **~** Internetadresse *f*, -anschluss *m*; **via ~** über das Internet; per Internet; **aller sur Internet** ins Internet gehen; **naviguer sur ~** im Internet surfen

interparlementaire [ɛ̃tɛʀpaʀləmɑ̃tɛʀ] ADJ interparlamentarisch

interpellation [ɛ̃tɛʀpelasjõ] F 1 POL parlamentarische Anfrage; Interpellation *f* 2 (*apostrophe*) (laute, brüske) Anrede 3 *par la police* (Festnahme *f* zur) Überprüfung *f* der Personalien

interpeller [ɛ̃tɛʀpəle] V/T 1 POL interpellieren (*abs*); **~ qn** an j-n e-e Anfrage richten 2 (*apostropher*) **~ qn** j-n (laut) anreden, ansprechen; *péj* j-n anfahren; j-m ins Wort fallen 3 *police* die Personalien überprüfen (**des suspects** der Verdächtigen); **être interpellé par la police** *a.* von der Polizei (zur Überprüfung der Personalien) festgenommen werden 4 *chose* **~ qn** j-n beschäftigen

interpénétration [ɛ̃tɛʀpenetʀasjõ] F gegenseitige Durchdringung; Verflechtung *f*; **interpénétrer** V/PR ‹-è-› **s'~** sich gegenseitig durchdringen, verflechten

interphone® [ɛ̃tɛʀfɔn] M Sprechanlage *f*

interplanétaire [ɛ̃tɛʀplanetɛʀ] ADJ interplanetar(isch)

interpolation [ɛ̃tɛʀpɔlasjõ] F MATH, *d'un texte* Interpolation *f*; **interpoler** V/T MATH, *texte* interpolieren

interposé [ɛ̃tɛʀpoze] ADJ **par enfants ~s, par nations ~es** *etc* durch die Kinder, Nationen *etc*; mithilfe der Kinder, Nationen *etc*; sich der Kinder, Nationen *etc* als Mittelspersonen bedienend; **par personne ~e** durch e-e Mittelsperson, e-n Mittelsmann; *par ext* **par … ~** durch Vermittlung, mithilfe (+*gén*)

interposer [ɛ̃tɛʀpoze] A V/T 1 **~ qc** etw dazwischenlegen, -setzen, -stellen; **~ qc entre qc** etw zwischen etw (*acc*) setzen, legen, stellen 2 *fig* einsetzen; verwenden; **~ sa médiation entre** vermitteln zwischen (+*dat*) B V/PR **s'~** (*intervenir*) dazwischentreten; eingreifen; einschreiten; *comme médiateur* vermitteln (**entre** zwischen +*dat*); **s'~ dans une dispute** in e-n Streit eingreifen

interposition [ɛ̃tɛʀpozisjõ] F 1 Dazwischenlegen *n*, -setzen *n*, -stellen *n* 2 Dazwischentreten *n*; Eingreifen *n*; Einschreiten *n*

interprétable [ɛ̃tɛʀpʀetabl] ADJ interpretier-, auslegbar

interprétariat [ɛ̃tɛʀpʀetaʀja] M Dolmetscherwesen *n*, -beruf *m*; **école** *f* **d'~** Dolmetscherschule *f*

interprétation [ɛ̃tɛʀpʀetasjõ] F 1 (*explication*) Interpretation *f*; Auslegung *f*; Deutung *f*; Erklärung *f*; **~ d'une loi** Gesetzauslegung *f*; **~ des rêves, des songes** Traumdeutung *f*; **erreur** *f* **d'~** Interpretationsfehler *m* 2 THÉ, MUS Interpretation *f*; (künstlerische) Wiedergabe, THÉ *a.* Darstellung; *d'un rôle a.* Verkörperung *f*; CINÉMA **prix** *m* **de la meilleure ~ féminine, masculine** Preis *m* für die beste Darstellung e-r weiblichen, männlichen Filmrolle 3 (*traduction*) Dolmetschen *n*; **~ consécutive, simultanée, de conférence** Konsekutiv-, Simultan-, Konferenzdolmetschen *n* 4 MÉD **délire** *m* **d'~** aus der Umdeutung von Wahrnehmungen entstehende Wahnidee

interprète [ɛ̃tɛʀpʀɛt] M/F 1 (*traducteur*) Dolmetscher(in) *m(f)*; **servir d'~, faire l'~** dolmetschen; *fam* den Dolmetscher machen 2 THÉ, MUS Interpret(in) *m(f)*; THÉ *a.* Darsteller(in) *m(f)* 3 *d'un texte* Interpret(in) *m(f)*; Ausleger(in) *m(f)*; **~ des rêves, des songes** Traumdeuter(in) *m(f)* 4 *fig* (*porte-parole*) Dolmetsch *m*; Fürsprecher(in) *m(f)*; **se faire l'~ de qn** sich zum Dolmetsch für j-n machen; **se faire l'~ de qc** sich zum Sprachrohr e-r Sache machen

interpréter [ɛ̃tɛʀpʀete] V/T ‹-è-› 1 (*expliquer*) interpretieren; auslegen; deuten; erklären; **~ un rêve** einen Traum deuten 2 THÉ, MUS (künstlerisch) wiedergeben; interpretieren; **~ un rôle** eine Rolle darstellen, verkörpern

interprofessionnel [ɛ̃tɛʀpʀɔfesjɔnɛl] ADJ ‹~le› mehrere Berufsgruppen umfassend; **salaire minimum ~ de croissance** (dynamischer) Mindestlohn (für alle Berufssparten)

interracial [ɛ̃tɛʀasjal] ADJ ‹-aux› zwischen den Rassen; **interrègne** M HIST, *fig* Interregnum *n*

interro [ɛ̃tɛʀo] F *fam* ÉCOLE ABR (interrogation écrite) schriftlicher Test

interrogateur [ɛ̃tɛʀɔgatœʀ] A ADJ ‹-trice› fragend B SUBST **~, interrogatrice** *m,f* Prüfer(in) *m(f)*; Prüfende(r) *m/f(m)*; Examinator *m*, Examinatorin *f*

interrogatif [ɛ̃tɛʀɔgatif] A ADJ ‹-ive› 1 fragend 2 GRAM Frage…; Interrogativ…; interrogativ; **adjectif ~** attributives Interrogativpronomen; **adverbe ~** Frage-, Interrogativadverb *n*; **pronom ~** (allein stehendes) Interrogativpronomen, Fragefürwort; **proposition interrogative** Frage-, Interrogativsatz *m* B SUBST 1 M GRAM Fragewort *n* 2 F GRAM **interrogative (directe, indirecte)** (direkter, indirekter) Frage-, Interrogativsatz

interrogation [ɛ̃tɛʀɔgasjõ] F 1 GRAM Frage(-form) *f*; **point** *m* **d'~** Fragezeichen *n* (*a. fig*) 2 Befragung *f*; (*question*) Frage *f*; ÉCOLE **~ écrite** schriftlicher Test; **~ orale** Abfragen *n* des Lehrstoffs

interrogatoire [ɛ̃tɛʀɔgatwaʀ] M JUR (gerichtliche) Vernehmung; Verhör *n* (*a. fig*); *autrich, suisse* Einvernahme *f*; **subir un ~** vernommen, verhört werden; **faire subir un ~ à qn** j-n vernehmen, verhören; j-n ins Verhör nehmen (*a. fig*); *fig* **subir un ~ en règle** e-m regelrechten Verhör unterzogen werden

interroger [ɛ̃tɛʀɔʒe] ‹-geons› A V/T 1 **~ qn** j-n be-, ausfragen, j-m Fragen stellen (**sur** über +*acc*); j-n fragen (nach); JUR j-n vernehmen, verhören; *élève* abfragen; (*examiner*) prüfen; **~ qn du regard** j-n fragend, mit e-m fragenden Blick ansehen 2 *conscience* befragen; prüfen; *faits* zu Rate ziehen; **~ le ciel** den Himmel prüfend betrachten; **~ sa mémoire** sich zu erinnern versuchen 3 INFORM abfragen B V/PR **s'~** sich (*dat*) Fragen stellen; sich fragen

interrompre [ɛ̃tɛʀõpʀ] ‹→ rompre› A V/T 1 **~ qc** etw unterbrechen (*a.* ÉLEC); *entretien, voyage a.* abbrechen; **~ le travail** *a.* mit der Arbeit aussetzen 2 **~ qn** (*couper la parole*) j-n unterbrechen; j-m ins Wort fallen 3 **~ qn dans sa lecture, dans son travail** *etc* j-n bei der Lektüre, bei der Arbeit *etc* stören B V/PR **s'~** 1 *personne* innehalten (**dans son travail** in *ou* bei s-r Arbeit; **pour** +*inf* um zu +*inf*) 2 *émission* unterbrochen werden; *conversation* stocken

interrupteur [ɛ̃tɛʀyptœʀ] M ÉLEC (Licht)Schalter *m*; TECH Unterbrecher *m*

interruption [ɛ̃tɛʀypsjõ] F 1 Unterbrechung *f* (*a.* ÉLEC, JUR); **~ volontaire de grossesse** Schwangerschaftsabbruch *m*; **sans ~** ohne Unterbrechung; ununterbrochen; **ouvert sans ~** durchgehend geöffnet 2 *paroles* Zwischenruf *m*

intersection [ɛ̃tɛʀsɛksjõ] F 1 MATH Schnittpunkt *m*, -linie *f*, -fläche *f*; **point** *m* **d'~** Schnittpunkt *m* 2 (*croisement*) Kreuzungspunkt *m*, -stelle *f*; Kreuzung *f*

interstellaire [ɛ̃tɛʀstɛ(l)lɛʀ] ADJ ASTRON interstellar; **matière** *f* **~** interstellare Materie

interstice [ɛ̃tɛʀstis] M (kleiner) Zwischenraum; Spalt *m*

interstitiel [ɛ̃tɛʀstisjɛl] ADJ ‹~le› ANAT im Zwischengewebe liegend; *t/t* interstitiell; **intersyndical** ADJ ‹-aux› mehrere Gewerkschaften betreffend, umfassend; **intertitre** M CINÉMA eingeblendeter Zwischentext; **intertropical** ADJ ‹-aux› GÉOG zwischen den Wendekreisen befindlich

interurbain [ɛ̃tɛʀyʀbɛ̃] TÉL A ADJ Fern…; **communication ~e** Ferngespräch *n* B M Fernamt *n*

intervalle [ɛ̃tɛʀval] M 1 *dans le temps* Zwischenzeit *f*; Zeitabstand *m*, -spanne *f*, -raum *m*; Intervall *n*; **à deux jours d'~** nach zweitägiger Unterbrechung, Pause; **à ~s réguliers** in regelmäßigen Abständen; **dans l'~** in der Zwischenzeit; inzwischen; unterdessen; **par ~(s)** dann und wann; hin und wieder; von Zeit zu Zeit 2 *dans l'espace* Zwischenraum *m*, Abstand *m* (**entre** zwischen +*dat*); **~ de sécurité** Sicherheitsabstand *m*; **par ~(s)** hier und da; in Abständen 3 MUS Intervall *n*

intervenant [ɛ̃tɛʀvənɑ̃] M, **intervenante** F Diskussionsteilnehmer(in) *m(f)*

intervenir [ɛ̃tɛʀvəniʀ] V/I ‹→ venir› 1 einschreiten; eingreifen, sich einschalten (**dans qc** in etw [*acc*]); intervenieren (**auprès de qn** bei j-m); MIL **~ dans un pays** in e-m Land intervenieren; **~ en faveur de qn** zugunsten j-s, für j-n intervenieren; sich für j-n einsetzen, verwenden; ein gutes Wort für j-n einlegen; MIL **faire ~ la force armée** bewaffnete Streitkräfte einsetzen 2 MÉD e-n (chirurgischen) Eingriff vornehmen 3 *événement* eintreten; geschehen; sich ereignen; dazwischenkommen; vorkommen; stattfinden; *facteur* e-e Rolle spielen; *accord* zustande kommen; erzielt werden; *décision* fallen 4 JUR intervenieren; e-m Prozess beitreten

intervention [ɛ̃tɛʀvɑ̃sjõ] F 1 Einschreiten *n*; Eingreifen *n*; Eingriff *m*; Intervention *f*; MIL **~ armée** bewaffnete Intervention 2 (*prise de parole*) Stellungnahme *f* 3 MÉD **~ (chirurgicale)** (chirurgischer) Eingriff 4 *d'un fait* Eintreten *n*; Dazwischenkommen *n*; (*rôle*) Rolle *f* 5 JUR Be-

teiligung *f* e-s Dritten an e-m Prozess
interventionnisme [ɛ̃tɛʀvɑ̃sjɔnism] M a ÉCON Interventionismus *m* b POL Interventionspolitik *f*; **interventionniste** M/F a ÉCON Interventionist(in) *m(f)* b POL Befürworter(in) *m(f)* e-r Einmischung, Intervention
interversion [ɛ̃tɛʀvɛʀsjõ] F Umstellung *f*; Vertauschung *f*
intervertir [ɛ̃tɛʀvɛʀtiʀ] V/T umstellen; **~ des mots** Wörter umstellen; **~ les rôles** die Rollen vertauschen
interview [ɛ̃tɛʀvju] F Interview *n*; **accorder, donner une ~** ein Interview gewähren, geben
interviewer[1] [ɛ̃tɛʀvjuve] V/T **~ qn** j-n interviewen
interviewer[2] *ou* **intervieweur** [ɛ̃tɛʀvjuvœʀ] M, **intervieweuse** F Interviewer(in) *m(f)*
interville [ɛ̃tɛʀvil] ADJ ‹inv› CH DE FER Intercity-...
intestat [ɛ̃tɛsta] ADJ ‹a. f› JUR ohne (ein) Testament (zu hinterlassen)
intestin [ɛ̃tɛstɛ̃] A ADJ *querelle etc* intern; **guerre ~e** Bürgerkrieg *m*; **luttes ~es** innere Kämpfe *mpl*, Auseinandersetzungen *fpl* B M ANAT Darm *m*; **~s** *pl* Gedärm(e) *n(pl)*; Eingeweide *n(pl)*; **~ grêle** Dünndarm *m*; **gros ~** Dickdarm *m*
intestinal [ɛ̃tɛstinal] ADJ ‹-aux› Darm...; **grippe ~e** Darmgrippe *f*; **occlusion ~e** Darmverschluss *m*
intestine [ɛ̃tɛstin] ADJ ‹nur f› st/s **querelles ~s** innere, interne Streitigkeiten *fpl*
intifada [intifada] F POL Intifada *f*
intimation [ɛ̃timasjõ] F JUR Ladung *f* *(vor e-e höhere Instanz)*
intime [ɛ̃tim] A ADJ 1 intim; innig; *(étroit)* eng; *(familier)* vertraut; **ami** *m* **~** *a.* Busenfreund *m*; Intimus *m*; **être ~ avec qn** mit j-m eng befreundet, mit j-m vertraut, intim sein 2 *(privé)* ganz persönlich; intim; **journal** *m* **~** Tagebuch *n*; **vie** *f* **~** Privatleben *n* 3 *(sexuel)* intim; **rapports** *mpl* **~s, relations** *fpl* **~s** intime Beziehungen *fpl*; **toilette** *f* **~** Intimpflege *f* 4 *cérémonie, mariage* im engsten (Familien)Kreis; im intimen, *poét* trauten Kreis 5 *atmosphère* intim; gemütlich; behaglich; traulich 6 **avoir la conviction ~ que ...** im Innersten, innerlich (davon) überzeugt sein, dass ...; **avoir le sentiment ~ de qc** ein sicheres Gefühl, Gespür für etw haben B M/F enger Freund, Vertrauter; enge Freundin, Vertraute
intimement [ɛ̃tim(ə)mɑ̃] ADV 1 eng; innig; **être ~ lié avec qn** mit j-m eng, innig befreundet sein; j-m sehr nahestehen 2 **être ~ convaincu de qc** im Innersten, innerlich von etw überzeugt sein
intimer [ɛ̃time] V/T 1 **~ l'ordre à qn de** *(+inf)* j-m den Befehl erteilen zu *(+inf)* 2 JUR (vor e-e höhere Instanz) laden
intimidant [ɛ̃timidɑ̃] ADJ Furcht einflößend; **intimidation** F Einschüchterung *f*
intimider [ɛ̃timide] V/T **~ qn** j-n einschüchtern; **être intimidé** *a.* gehemmt, unsicher sein; **ne pas se laisser ~** sich nicht einschüchtern lassen
intimiste [ɛ̃timist] M PEINT Maler *m* von Interieurs
intimité [ɛ̃timite] F 1 Intimität *f*; Innigkeit *f*; *(familiarité)* Vertrautheit *f*; **vivre dans l'~ avec qn** zu j-s Vertrauten gehören, zählen; zum engsten Kreis um j-n gehören 2 *(vie privée)* Privatleben *n*, -sphäre *f*; **dans l'~** im Privatleben 3 *cérémonie* **avoir lieu dans la plus stricte ~** im engsten (Familien)Kreis stattfinden; **les obsèques ont eu lieu dans l'~** die Beisetzung fand in aller Stille statt 4 *(atmosphère intime)* intimer Charakter; Gemütlichkeit *f*; Behaglichkeit *f*; Traulichkeit *f*
intitulé [ɛ̃tityle] M 1 Überschrift *f*; Titel *m* 2 JUR Eingangsformel *f*; Rubrum *n*
intituler [ɛ̃tityle] A V/T betiteln; überschreiben; mit e-m Titel, e-r Überschrift versehen; **intitulé ...** mit dem Titel ... B V/PR **s'~** 1 *œuvre* den Titel, die Überschrift tragen 2 *personne* sich *(dat)* den Titel ... geben, beilegen
intolérable [ɛ̃tɔleʀabl] ADJ 1 *(insupportable)* unerträglich; nicht auszuhalten(d) 2 *(inadmissible)* unzulässig; den, die, das man nicht dulden darf; **intolérance** F 1 Intoleranz *f*; Unduldsamkeit *f* 2 MÉD Intoleranz *f* (**à** gegen); **intolérant** ADJ intolerant; unduldsam
intonation [ɛ̃tɔnasjõ] F Intonation *f* (*a.* MUS *et* PHON); Tonfall *m*; **~ fausse, juste** unreine, saubere Intonation
intouchable [ɛ̃tuʃabl] A ADJ *personnage haut placé etc* unantastbar B M/F *en Inde* Unberührbare(r) *m/f(m)*
intox(e) [ɛ̃tɔks] F *fam* ABR → intoxication 2
intoxication [ɛ̃tɔksikasjõ] F 1 Vergiftung *f*; *t/t* Intoxikation *f*; **~ alcoolique, alimentaire** Alkohol-, Nahrungsmittelvergiftung *f*; **~ par le(s) gaz** Gasvergiftung *f* 2 *fig* Beeinflussung *f*; Indoktrinierung *f*; *fam* Berieselung *f*
intoxiqué(e) [ɛ̃tɔksike] M(F) Süchtige(r) *m/f(m)* *(a. fig)*
intoxiquer [ɛ̃tɔksike] A V/T 1 vergiften; **être intoxiqué par le tabac** e-e Nikotinvergiftung haben 2 *fig* beeinflussen; indoktrinieren; *fam* berieseln; **se laisser ~ par la pub** sich von der Werbung beeinflussen *etc* lassen B V/PR **s'~** sich vergiften
intracellulaire [ɛ̃tʀaselylɛʀ] ADJ BIOL intrazellular, -zellulär; **intracommunautaire** ADJ im Rahmen, innerhalb der EG, der EU; innergemeinschaftlich; **intradermique** ADJ MÉD intrakutan
intradermo [ɛ̃tʀadɛʀmo] F *fam* ABR → intradermo-réaction
intradermo-réaction [ɛ̃tʀadɛʀmoʀeaksjõ] F MÉD Intrakutantest *m*; Hauttestprobe *f* mit e-r intrakutanen Injektion
intrados [ɛ̃tʀado] M ARCH innere Wölbfläche; Laibung *f*; Leibung *f*
intraduisible [ɛ̃tʀadɥizibl] ADJ 1 unübersetzbar 2 *fig* nicht wiederzugeben(d)
intraitable [ɛ̃tʀɛtabl] ADJ unnachgiebig, unerbittlich, kompromisslos (**sur** in Bezug auf *+acc*); **être ~ sur qc** *a.* über etw *(acc)* nicht mit sich reden lassen
intra-muros [ɛ̃tʀamyʀos] LOC ADV innerhalb der Stadt(mauern); **intramusculaire** ADJ MÉD intramuskulär
Intranet [ɛ̃tʀanɛt] M INFORM Intranet *n*
intransigeance [ɛ̃tʀɑ̃ziʒɑ̃s] F Unnachgiebigkeit *f*; Starrsinn *m*; Unversöhnlichkeit *f*; Kompromisslosigkeit *f*; **intransigeant** ADJ unnachgiebig; starrsinnig; unversöhnlich; kompromisslos
intransitif [ɛ̃tʀɑ̃zitif] GRAM A ADJ ‹-ive› intransitiv; nichtzielend B M intransitives Verb; Intransitiv(um) *n*
intransmissible [ɛ̃tʀɑ̃smisibl] ADJ nicht übertragbar; BIOL *a.* nicht vererblich
intransportable [ɛ̃tʀɑ̃spɔʀtabl] ADJ nicht transportabel; nicht transportierbar; *malade* nicht transportfähig
intra-utérin [ɛ̃tʀayteʀɛ̃] ADJ MÉD innerhalb der Gebärmutter liegend *ou* erfolgend; *t/t* intrauterin; **intraveineux** MÉD A ADJ ‹-euse› intravenös B F **intraveineuse** intravenöse Injektion
intrépide [ɛ̃tʀepid] ADJ unerschrocken; furchtlos; kühn; **intrépidité** F Unerschrockenheit *f*; Furchtlosigkeit *f*; Kühnheit *f*
intrication [ɛ̃tʀikasjõ] F 1 *de branches, de racines* Gewirr *n* 2 *fig* Vermischung *f*; Verflechtung *f*
intrigant [ɛ̃tʀigɑ̃] A ADJ intrigant; ränkesüchtig B SUBST **~(e)** *m(f)* Intrigant(in) *m(f)*; Ränkeschmied *m*
intrigue [ɛ̃tʀig] F 1 Intrige(nspiel) *f(n)*; Ränkespiel *n*; **~s** *pl a.* Machenschaften *pl*; Ränke *pl*; Umtriebe *pl*; **~s politiques** politische Intrigen 2 THÉ Intrige *f*; Knoten *m* (der Handlung); Verwicklung *f*; Plot *m*; **comédie** *f* **d'~** Intrigenstück *n*
intriguer [ɛ̃tʀige] A V/T **~ qn** j-s Neugier wecken; j-n aus der Ruhe bringen, aufhorchen lassen, aufmerksam werden lassen, stutzig machen; **être intrigué** stutzig werden B V/I intrigieren; Ränke schmieden; Intrigen spinnen
intrinsèque [ɛ̃tʀɛ̃sɛk] ADJ eigentlich; wahr; echt
intriqué [ɛ̃tʀike] ADJ sich überschneidend; kreuz und quer liegend
introducteur [ɛ̃tʀɔdyktœʀ] M, **introductrice** F Einführer(in) *m(f)*
introductif [ɛ̃tʀɔdyktif] ADJ ‹-ive› einleitend; Einleitungs...
introduction [ɛ̃tʀɔdyksjõ] F 1 *d'une personne* Einführung *f* (**dans un milieu** in e-n Kreis); *d'un visiteur* Hinein- *ou* Hereinführen *n* (**auprès de** qn zu j-m); **lettre** *f* **d'~** Empfehlungsschreiben *n* 2 MÉD *d'une sonde etc* Einführen *n*, -ung *f* (**dans** in *+acc*) 3 *d'une mode, d'un produit etc* Einführen *n*, -ung *f* 4 *(initiation)* Einführung *f* (**à** in *+acc*); **~ à l'étude de** Einführung ins Studium *(+gén)* 5 *(préface)* Einleitung *f* 6 INFORM **~ des données** Dateneingabe *f* 7 JUR **~ d'instance** Klageerhebung *f*
introduire [ɛ̃tʀɔdɥiʀ] ‹→ conduire› A V/T 1 **~ qn** a j-n hinein- *ou* hereinführen (**auprès de qn** zu j-m) b j-n einführen (**auprès de qn** bei j-m; **dans sa famille** in s-e Familie); **on m'introduisit dans son bureau** ich wurde in sein Büro geführt; *adjt* **être bien introduit dans un milieu** in e-m Kreis sehr gut eingeführt sein 2 *objet* hineinführen, -stecken, -schieben; *jeton, pièce* einwerfen; hineinstecken; MÉD *sonde* einführen; **~ la clé dans la serrure** den Schlüssel ins Schloss stecken 3 *mode, idées, marchandises etc* einführen; *usage, mode a.* aufbringen; **~ en fraude** einschmuggeln; **~ qc sur le marché** etw auf den Markt bringen 4 *corrections* anbringen (**dans un ouvrage** in *ou* an e-m Werk); *citation* aufnehmen (**dans** in *+acc*) 5 JUR **~ une instance** Klage erheben B V/PR **s'~** 1 *personne* a *(pénétrer)* eindringen, sich einschleichen, sich *(dat)* Zutritt verschaffen (**dans une maison** in ein Haus) b *(se faire admettre)* sich eindrängen, sich *(dat)* Einlass verschaffen (**dans un milieu** in e-n Kreis) 2 *méthode, usage etc* aufkommen; sich einbürgern
introït [ɛ̃tʀɔit] M ÉGL Introitus *m*
intronisation [ɛ̃tʀɔnizasjõ] F Inthronisation *f*; Inthronisierung *f*; Thronerhebung *f*; **introniser** V/T *pape, souverain* inthronisieren; feierlich einsetzen
introspectif [ɛ̃tʀɔspɛktif] ADJ ‹-ive› PSYCH introspektiv; **introspection** F PSYCH Introspektion *f*; Selbstbeobachtung *f*
introuvable [ɛ̃tʀuvabl] ADJ unauffindbar; COMM nicht aufzutreiben(d)
introversion [ɛ̃tʀɔvɛʀsjõ] F PSYCH Introversion *f*; Introvertiertheit *f*
introverti [ɛ̃tʀɔvɛʀti] PSYCH A ADJ introvertiert B SUBST **~(e)** *m(f)* Introvertierte(r) *m/f(m)*
intrus [ɛ̃tʀy] M, **intruse** [-yz] F Eindringling *m*; ungebetener Gast
intrusion [ɛ̃tʀyzjõ] F Eindringen *n* (**dans un**

milieu *etc* in e-n Kreis *etc*); **faire ~** eindringen; sich eindrängen
intuitif [ɛ̃tɥitif] A ADJ ⟨-ive⟩ intuitiv; **connaissance intuitive** intuitive Erkenntnis B SUBST **~, intuitive** *m,f* intuitiver Mensch
intuition [ɛ̃tɥisjõ] F Intuition *f* (*a.* PHIL); (*pressentiment*) (Vor)Ahnung *f*; Vorgefühl *n*; **avoir de l'~** Intuition besitzen; e-e feine, gute Nase haben; **avoir l'~ que ...** (voraus)ahnen, dass ...
inusable [inyzabl] ADJ unverwüstlich; nicht abzunutzen(d)
inusité [inyzite] ADJ ungebräuchlich; **mot ~** ungebräuchliches Wort
inutile [inytil] A ADJ 1 unnütz; nutzlos; unnötig; überflüssig; *efforts a.* vergeblich; *mesure a.* sinn-, zwecklos; **(il est) ~ de** (*+inf*) *ou* **que ...** (*+subj*) es ist unnötig *ou* überflüssig, es erübrigt sich, zu (*+inf*) *ou* dass ...; **~ d'insister** es lohnt sich nicht *ou* es hat keinen Zweck, Sinn, *fam* Wert weiterzumachen 2 *personne* unnütz (**à la société** für die Gesellschaft); überflüssig; **bouche** *f* **~** unnützer Esser B M/F unnützer Mensch; Unnütze(r) *m/f(m)*
inutilement ADV unnütz; unnötig; umsonst; *argent* **dépensé ~** sinnlos, unnütz ausgegeben
inutilisable [inytilizabl] ADJ unbrauchbar; unbenutzbar; *véhicule a.* nicht mehr fahrbereit
inutilisé [inytilize] ADJ ungenützt; ungenutzt
inutilité [inytilite] F Nutz-, Sinn-, Zwecklosigkeit *f*
invaincu [ɛ̃vɛ̃ky] ADJ unbesiegt
invalidable [ɛ̃validabl] ADJ als Invalidität anrechenbar
invalidation [ɛ̃validasjõ] F JUR, POL Ungültigkeitserklärung *f*; Annullierung *f*; *par ext* **~ d'un député** Ungültigkeitserklärung, Annullierung der Wahl e-s Abgeordneten
invalide [ɛ̃valid] A ADJ invalid(e); arbeits-, erwerbs-, berufsunfähig; dienstuntauglich B M 1 Invalide *m*; **~ de guerre** Kriegsinvalide *m*; **~ du travail** (durch Arbeitsunfall, Berufskrankheit) Arbeitsunfähige(r) *m*, Dienstuntaugliche(r) *m*; Frührentner *m* 2 **l'hôtel** *m* **des Invalides** *ou* **les Invalides** *in Paris: Grab Napoleons, Armeemuseum u. Heim für Kriegsinvaliden*
invalider [ɛ̃valide] V/T JUR, POL für ungültig erklären; annullieren; *par ext* **~ un député** die Wahl e-s Abgeordneten für ungültig erklären, annullieren
invalidité [ɛ̃validite] F Invalidität *f*; Arbeits-, Erwerbs-, Berufsunfähigkeit *f*, Dienstuntauglichkeit *f* (durch Arbeitsunfall, Berufskrankheit); **assurance** *f* **~** Invalidenversicherung *f*
invariabilité [ɛ̃vaʀjabilite] F Unveränderlichkeit *f*; **invariable** ADJ unveränderlich (*a.* GRAM); *habitude a.* (stets) gleichbleibend
invariance [ɛ̃vaʀjɑ̃s] F MATH Unveränderlichkeit *f*; Invarianz *f*; **invariant** MATH, PHYS A ADJ unveränderlich; invariant B M Invariante *f*
invasion [ɛ̃vazjõ] F 1 Invasion *f*; (feindlicher) Einfall; (gewaltsames) Eindringen; HIST **~s barbares, grandes ~s** Völkerwanderung *f* 2 *fig* Invasion *f*; massenhaftes Auftreten; Überhandnehmen *n*, -nahme *f*; **~ de rats** *a.* Rattenplage *f*
invective [ɛ̃vɛktiv] F Beschimpfung *f*; Schmährede *f*; *st/s* Invektive *f*; **se répandre en ~s contre qn** sich in Beschimpfungen gegen j-n ergehen
invectiver [ɛ̃vɛktive] V/T **~ qn** j-n beschimpfen, schmähen
invendable [ɛ̃vɑ̃dabl] ADJ unverkäuflich
invendu [ɛ̃vɑ̃dy] A ADJ unverkauft B MPL **~s** unverkaufte Artikel *mpl*; *journaux* unverkaufte Exemplare *npl*
inventaire [ɛ̃vɑ̃tɛʀ] M 1 *opération* Bestandsaufnahme *f*; *liste* Inventar *n*; Verzeichnis *n*; Aufstellung *f*; JUR **~ d'une succession** Nachlassinventar *n*; **dresser, faire un ~** e-e Bestandsaufnahme machen; das Inventar aufnehmen; **faire l'~, procéder à l'~ de qc** e-e Bestandsaufnahme von etw machen; e-e Aufstellung über etw (*acc*) machen 2 COMM Inventur *f*; **~ de fin d'année** Jahresinventur *f*; **fermé pour cause d'~** wegen Inventur geschlossen
inventer [ɛ̃vɑ̃te] A V/T 1 *qc de nouveau* erfinden 2 (*imaginer*) *excuse etc* sich (*dat*) ausdenken; ersinnen; *histoire fausse* erfinden; erdichten; **~ de** (*+inf*) darauf verfallen zu (*+inf*); **~ qc de toutes pièces** etw völlig frei erfinden; etw von A bis Z erfinden B V/PR **ce sont des choses qui ne s'inventent pas** das ist nicht erfunden; das ist tatsächlich wahr
inventeur [ɛ̃vɑ̃tœʀ] M, **inventrice** F 1 Erfinder(in) *m(f)*; **un grand ~** ein großer Erfinder 2 JUR *d'un trésor* Entdecker(in) *m(f)*
inventif [ɛ̃vɑ̃tif] ADJ ⟨-ive⟩ erfinderisch; findig
invention [ɛ̃vɑ̃sjõ] F 1 Erfindung *f*; **brevet** *m* **d'~** Patent *n* 2 (*chose imaginée*) Erfindung *f*; Erdichtung *f*; **c'est une ~** das ist (frei) erfunden; **c'est de son ~** das hat er erfunden 3 *don* Erfindungsgabe *f* 4 MUS Invention *f* 5 JUR *d'un trésor* Entdeckung *f*; Auffindung *f*
inventivité [ɛ̃vɑ̃tivite] F Findigkeit *f*; Erfindungsgeist *m*, -gabe *f*
inventorier [ɛ̃vɑ̃tɔʀje] V/T inventarisieren
invérifiable [ɛ̃veʀifjabl] ADJ nicht nachprüfbar; nicht beweisbar
inverse [ɛ̃vɛʀs] A ADJ 1 umgekehrt; entgegengesetzt; **dans l'ordre ~** in umgekehrter Reihenfolge; → *a.* **sens** 4 2 MATH **fonction** *f* **~** Umkehrfunktion *f*; **nombre** *m* **~** Kehrwert *m*; **en rapport ~ de** in umgekehrtem Verhältnis zu B M 1 Gegenteil *n*; **c'est justement l'~!** das ist genau das Gegenteil!; **il fait l'~ de ce qu'on lui dit** er macht das Gegenteil dessen *ou* von dem, was man ihm sagt 2 LOC ADV **à l'~** umgekehrt; hingegen; dagegen; *loc prép* **à l'~ de qc** im Gegensatz zu etw
inversement [ɛ̃vɛʀsəmɑ̃] ADV 1 umgekehrt; hinwieder(um) 2 MATH **~ proportionnel** umgekehrt proportional (**à** zu)
inverser [ɛ̃vɛʀse] V/T 1 *ordre* umkehren; **~ les rôles** die Rollen vertauschen 2 ÉLEC umkehren; **~ les pôles** umpolen (**de qc** etw)
inversible [ɛ̃vɛʀsibl] ADJ PHOT **film** *m* **~** Umkehrfilm *m*
inversion [ɛ̃vɛʀsjõ] F 1 GRAM Inversion *f*; Umkehrung *f* der üblichen Wortstellung 2 ÉLEC Umkehrung *f* **~ des pôles** Umpolung *f*; AVIAT **~ de poussée** Schubumkehr *f* 3 MÉD, CHIM Inversion *f*; MÉTÉO **~ thermique** Inversion(swetterlage) *f* 4 **~ (sexuelle)** Umkehrung *f* des Geschlechtstriebs
invertébré [ɛ̃vɛʀtebʀe] ZOOL A ADJ wirbellos B MPL **~s** Wirbellose(n) *pl*
inverti [ɛ̃vɛʀti] A ADJ CHIM **sucre ~** Invertzucker *m* B SUBST **~(e)** *m(f)* Invertierte(r) *m/f(m)*; Homosexuelle(r) *m/f(m)*
investigateur [ɛ̃vɛstigatœʀ] A ADJ ⟨-trice⟩ forschend; Forscher... B SUBST **~, investigatrice** *m,f* Forscher(in) *m(f)*
investigation [ɛ̃vɛstigasjõ] F (Nach)Forschung *f*; Untersuchung *f*; **journalisme** *m* **d'investigation** investigativer Journalismus
investir [ɛ̃vɛstiʀ] V/T 1 **~ qn (d'une charge)** j-n (in ein Amt) einsetzen; *fig et st/s* **~ qn de sa confiance** j-m sein (volles) Vertrauen schenken; **~ qn d'un droit** j-m ein Recht verleihen; HIST **~ qn d'un fief** j-n belehnen; **~ qn de pouvoirs extraordinaires** j-n mit außerordentlichen Vollmachten ausstatten 2 POL *candidat* aufstellen 3 ÉCON investieren (**dans** in *+acc*); anlegen (in *+dat*) 4 *fig énergie etc* investieren (**dans** in *+acc*) 5 MIL einschließen; umzingeln
investissement [ɛ̃vɛstismɑ̃] M 1 ÉCON a *action* Investieren *n*, -ung *f*; Anlage *f*; **société** *f* **d'~** Investmentgesellschaft *f* b (*capitaux investis*) Investition *f*; (Kapital)Anlage *f*; **~ brut, net** Brutto-, Nettoinvestition *f*; **~s privés, publics** privat(wirtschaftlich)e, öffentliche Investitionen; **politique** *f* **d'~s** Investitionspolitik *f*; **c'est un bon ~** das ist e-e gute Geldanlage 2 MIL Einschließung *f*; Umzingelung *f*
investisseur [ɛ̃vɛstisœʀ] M ÉCON Investor *m*; Anleger *m*
investiture [ɛ̃vɛstityʀ] F 1 HIST Investitur *f*; (feierliche) Einsetzung; **querelle** *f* **des Investitures** Investiturstreit *m* 2 *d'un candidat à des élections* Aufstellung *f*
invétéré [ɛ̃veteʀe] ADJ *habitude* eingefleischt; tief eingewurzelt; **alcoolique, buveur ~** Gewohnheitstrinker *m*; **menteur ~** unverbesserlicher Lügner
invincibilité [ɛ̃vɛ̃sibilite] F Unbesiegbarkeit *f*; Unschlagbarkeit *f*; Unbezwingbarkeit *f*
invincible [ɛ̃vɛ̃sibl] ADJ *adversaire, armée* unbesiegbar; unschlagbar; unbezwingbar; *attirance, répugnance* unüberwindlich; *courage* unerschütterlich; *obstacle* unbezwingbar
inviolabilité [ɛ̃vjɔlabilite] F Unverletzlichkeit *f*; Unantastbarkeit *f*; **inviolable** ADJ *droit* unverletzlich; *diplomate* unantastbar
inviolé [ɛ̃vjɔle] ADJ unverletzt; *tombeau* ungeschändet; *serment* ungebrochen; *sommet* unbezwungen
invisibilité [ɛ̃vizibilite] F Unsichtbarkeit *f*
invisible [ɛ̃vizibl] ADJ 1 unsichtbar 2 *fig danger* unsichtbar; verborgen 3 *personne* nicht anzutreffen(d); **être ~** *a.* sich nicht blicken lassen; **être ~ pour qn** für j-n nicht zu sprechen sein
invit [ɛ̃vit] F *fam* ABR → invitation 1, 2
invitation [ɛ̃vitasjõ] F 1 Einladung *f* (**à** zu); **carte** *f* **d'~** Einladungskarte *f*; **faire une ~ à qn** j-n einladen 2 *par ext* Einladung *f*; Einladungsschreiben *n*, -karte *f*; **envoyer les ~s** die Einladungen verschicken 3 (*incitation*) Aufforderung *f*; **sur l'~ de qn** auf j-s Aufforderung (*acc*) hin
invite [ɛ̃vit] F Wink *m*; auffordernde Geste; **~ discrète** diskreter Wink
invité(e) [ɛ̃vite] M(F) Gast *m* (*a. d'une femme*); **vous êtes mon ~(e)** ich lade Sie ein; Sie sind mein Gast
inviter [ɛ̃vite] A V/T 1 (*convier*) einladen (**qn à qc** j-n zu etw); **~ qn au cinéma, à dîner** j-n ins Kino, zum Abendessen einladen; **~ qn à danser** j-n zum Tanz auffordern; *le beau temps* **invite à la promenade** lädt zum Spaziergang ein 2 (*inciter*) **~ qn à** (*+inf*) j-n auffordern zu (*+inf*) B V/PR **s'~** sich selbst einladen; ungebeten erscheinen
in vitro [invitʀo] LOC ADV im Reagenzglas (durchgeführt); in vitro; MÉD **fécondation** *f* **~** In-vitro-Fertilisation *f*
invivable [ɛ̃vivabl] ADJ 1 *fam personne* unerträglich; unausstehlich; **il est ~** mit ihm kann man einfach nicht auskommen 2 *atmosphère, situation* unerträglich
in vivo [invivo] LOC ADV am lebenden Objekt (beobachtet *ou* durchgeführt); in vivo
invocation [ɛ̃vɔkasjõ] F REL Anrufung *f* (**à un saint** e-s Heiligen); *par ext* **~ aux Muses** Anrufung der Musen
invocatoire [ɛ̃vɔkatwaʀ] ADJ REL Anrufungs...; **formule** *f* **~** Anrufungsformel *f*
involontaire [ɛ̃vɔlɔ̃tɛʀ] ADJ 1 unabsichtlich; ungewollt; unfreiwillig; unbewusst; PHYSIOL

I

unwillkürlich; JUR **homicide** *m* **~** fahrlässige Tötung 2 *témoin* unfreiwillig

invoquer [ɛ̃vɔke] VT 1 REL anrufen; *par ext* **~ les Muses** die Musen anrufen 2 *par ext l'aide de qn* flehen, bitten um; erflehen 3 *(avoir recours à)* sich berufen, stützen auf *(+acc)*; heranziehen; geltend machen; *argument a.* anführen; *excuse* benutzen; **invoquant le fait que ...** unter Berufung darauf, dass ...

invraisemblable [ɛ̃vʀesɑ̃blabl] ADJ 1 *histoire, nouvelle* unwahrscheinlich; unglaublich 2 *chapeau, tenue* unmöglich

invraisemblance [ɛ̃vʀesɑ̃blɑ̃s] F 1 *d'une nouvelle etc* Unwahrscheinlichkeit *f* 2 *récit, témoignage* **plein d'~s** voller Unwahrscheinlichkeiten, Ungereimtheiten

invulnérabilité [ɛ̃vylneʀabilite] F Unverwundbarkeit *f*; Unverletzlichkeit *f (a. fig)*; **invulnérable** ADJ 1 unverwundbar 2 *fig* unverwundbar; unverletzlich; **~ à qc** gefeit gegen etw

iode [jɔd] M CHIM Jod *n*; AUTO **phare** *m* **à ~** Halogenscheinwerfer *m*; PHARM **teinture** *f* **d'~** Jodtinktur *f*

iodé [jɔde] ADJ CHIM jodhaltig; **ioder** VT jodieren; **iodique** ADJ Jod...

iodler [jɔdle] VI jodeln

iodure [jɔdyʀ] M CHIM Jodid *n*; PHOT **~ d'argent** Silberjodid *n*; Jodsilber *n*

ion [jõ] M PHYS Ion *n*

Ionesco [jɔnɛsko] **Eugène ~** *frz Dramatiker*

ionien [jɔnjɛ̃] ADJ ⟨~ne⟩ HIST ionisch; GÉOG: **les îles Ioniennes** die Ionischen Inseln *fpl*; **la mer Ionienne** das Ionische Meer

ionique [jɔnik] ADJ ARCH ionisch; **ordre** *m* **~** ionische Säulenordnung

ionisation [jɔnizasjõ] F PHYS Ionisation *f*; Ionisierung *f*

ioniser [jɔnize] VT PHYS ionisieren

ionosphère [jɔnɔsfɛʀ] F Ionosphäre *f*

iota [jɔta] M *lettre* Jota *n*; *fig* **sans changer un ~** ohne auch nur ein Jota zu ändern

ipéca [ipeka] M BOT Brechwurz(el) *f*

iPhone® [ifɔn] M iPhone® *n*

iPod® [ipɔd] M iPod® *m*

I.P.R. [ipeɛʀ] M ABR (inspecteur pédagogique régional) (für ein Fach zuständiger) Oberschulrat

ipso facto [ipsofakto] LOC ADV JUR ipso facto; durch die Tat selbst; *par ext* automatisch

irai [iʀe], **ira(s)** [iʀa] *etc* → aller¹

Irak [iʀak] → Iraq

irakien [iʀakjɛ̃] → iraq(u)ien

Iran [iʀɑ̃] **l'~** *m* Iran *n ou* der Iran

iranien [iʀanjɛ̃] A ADJ ⟨~ne⟩ iranisch B SUBST 1 **Iranien(ne)** *m(f)* Iraner(in) *m(f)* 2 LING **l'~** *m* das Iranische; Iranisch *n*

Iraq [iʀak] **l'~** *m* Irak *n ou* der Irak

iraq(u)ien [iʀakjɛ̃] A ADJ ⟨~ne⟩ irakisch B SUBST 1 **Iraq(u)ien(ne)** *m(f)* Iraker(in) *m(f)* 2 LING **l'~** *m* das Irakische; Irakisch *n*

irascibilité [iʀasibilite] F Jähzorn *m*; **irascible** ADJ jähzornig

ire [iʀ] *litt* F Zorn *m*

iridié [iʀidje] ADJ TECH **platine ~** Platin-Iridium-Legierung *f*

iridium [iʀidjɔm] M CHIM Iridium *n*

iris [iʀis] M 1 BOT Schwertlilie *f*; Iris *f* 2 ANAT Iris *f*; Regenbogenhaut *f* 3 PHOT **diaphragme** *m* **(à) ~** Irisblende *f* 4 MINÉR **pierre** *f* **d'~** Regenbogenquarz *m*

irisation [iʀizasjõ] F Irisieren *n*; Schillern *n* in den Regenbogenfarben

irisé [iʀize] ADJ irisierend; regenbogenfarbig (schillernd); MÉTÉO **nuage ~** irisierende Wolke

iriser [iʀize] A VT irisieren, in den Regenbogenfarben schillern lassen B V/PR **s'~** irisieren; in den Regenbogenfarben schillern

Irkoutsk [iʀkutsk] GÉOG Irkutsk *n*

irlandais [iʀlɑ̃dɛ] A ADJ irisch; irländisch B SUBST 1 **Irlandais(e)** *m(f)* Ire *m*, Irin *f*; Irländer(in) *m(f)* 2 LING **l'~** *m* das Irische; Irisch *n*

Irlande [iʀlɑ̃d] **l'~** *f* Irland *n*; **l'~ du Nord** Nordirland *n*

ironie [iʀɔni] F Ironie *f*; feiner *ou* versteckter Spott; **~ socratique** sokratische Ironie; **~ du sort** Ironie des Schicksals

ironique [iʀɔnik] ADJ ironisch

ironiser [iʀɔnize] A VT INDIR **~ sur qn, qc** j-n, etw ironisieren, mit Ironie behandeln B VI ironische Bemerkungen machen; ironisch sein *ou* werden

ironiste [iʀɔnist] M/F Ironiker(in) *m(f)*

iroquois [iʀɔkwa] A ADJ irokesisch; *punk* **coiffure** *f* **à l'~** Irokesenschnitt *m* B SUBST **Iroquois(e)** *m(f)* Irokese *m*, Irokesin *f*

irradiation [iʀadjasjõ] F 1 PHYS (Aus)Strahlung *f* 2 PHYSIOL **~ (douloureuse)** Ausstrahlen *n* des Schmerzes 3 MÉD, NUCL Bestrahlung *f*

irradier [iʀadje] A VT MÉD, NUCL bestrahlen; Strahlen *(dat)* aussetzen; *accidentellement* verstrahlen B VI 1 PHYS (aus)strahlen 2 *douleur* ausstrahlen **(dans l'épaule** in die Schulter) 3 *fig (se propager)* ausstrahlen **(de** von)

irraisonné [iʀɛzɔne] ADJ verstandesmäßig nicht kontrollierbar *ou* erklärbar; **peur ~e** sinnlose, unsinnige Angst

irrationalisme [iʀasjɔnalism] M PHIL Irrationalismus *m*; **irrationalité** F Irrationalität *f*

irrationnel [iʀasjɔnɛl] A ADJ ⟨~le⟩ 1 verstandesmäßig nicht fassbar; vernunftwidrig; unberechenbar; irrational 2 MATH **nombre ~** irrationale Zahl B M **l'~** das Irrationale

irréalisable [iʀealizabl] ADJ nicht zu verwirklichen(d); nicht realisierbar

irréalisme [i(ʀ)ʀealism] M mangelnder Realismus; mangelnde Wirklichkeitsnähe; **irréaliste** ADJ unrealistisch; wirklichkeitsfremd; **irréalité** F Irrealität *f*; Nicht-, Unwirklichkeit *f*

irrecevabilité [i(ʀ)ʀəsəvabilite] F JUR Unzulässigkeit *f*; **irrecevable** ADJ JUR *demande* unzulässig

irréconciliable [i(ʀ)ʀekõsiljabl] ADJ unversöhnlich

irrécouvrable [i(ʀ)ʀekuvʀabl] ADJ *créance* nicht ein-, beitreibbar

irrécupérable [i(ʀ)ʀekypeʀabl] ADJ 1 *déchets* nicht mehr brauchbar, verwertbar 2 *personne* nicht wieder eingliederungsfähig; nicht resozialisierbar

irrécusable [i(ʀ)ʀekyzabl] ADJ 1 JUR *témoignage, juge* nicht ablehnbar 2 *preuve* nicht anfechtbar; unwiderlegbar

irrédentisme [iʀedɑ̃tism] M HIST Irredentismus *m*

irréductibilité [iʀedyktibilite] F Nichtzurückführbarkeit *f*; Nichtreduzierbarkeit *f*; **irréductible** ADJ 1 *ennemi, opposition* unbeugsam; nicht kleinzukriegen(d) 2 MATH *fraction* der sich nicht mehr kürzen lässt; nicht mehr zu kürzen(d) 3 CHIM nicht reduzierbar 4 MÉD *fracture, luxation* nicht wieder in die normale Lage zurückzubringen(d); *t/t* irreponibel

irréel [i(ʀ)ʀeɛl] A ADJ ⟨~le⟩ 1 irreal; unwirklich; nicht wirklich 2 GRAM irreal; **mode ~** *ou subst* **~** *m* Irreal(is) *m* B M **l'~** das Irreale

irréfléchi [i(ʀ)ʀefleʃi] ADJ *comportement, geste* unüberlegt; *a. personne* unbesonnen; unbedacht; gedankenlos

irréflexion [i(ʀ)ʀeflɛksjõ] F Unüberlegtheit *f*; Unbesonnenheit *f*; Gedankenlosigkeit *f*

irréfragable [iʀefʀagabl] ADJ *preuve, alibi* unabweislich, -bar; unwiderlegbar

irréfutabilité [iʀefytabilite] *st/s* F Unwiderlegbarkeit *f*; **irréfutable** ADJ *argument, preuve* unwiderlegbar

irrégularité [iʀegylaʀite] F 1 *de formes, d'un rythme, d'un travail* Unregelmäßigkeit *f*; Regellosigkeit *f*; *d'une physionomie a.* Unebenmäßigkeit *f* 2 a *d'une situation* Regel-, Ordnungswidrigkeit *f*; Irregularität *f* b **~s** *pl* Unregelmäßigkeiten *fpl*, Regel-, Ordnungswidrigkeiten *fpl* **(dans une élection** bei e-r Wahl) 3 *d'une personne dans son travail* Ungleichmäßigkeit *f* (in der Leistung); ungleichmäßige Leistung

irrégulier [iʀegylje] ADJ ⟨-ière⟩ 1 *forme, rythme, travail, visites* unregelmäßig; regellos; *traits a.* unebenmäßig; **écriture irrégulière** unregelmäßige Schrift; GRAM **verbe ~** unregelmäßiges Verb 2 *situation, opération* regel-, ordnungswidrig; irregulär; CIRCULATION ROUTIÈRE **dépassement ~** regelwidriges Überholen 3 *personne dans son travail* mit ungleichmäßigen Leistungen; Leistungsschwankungen *(dat)*, SPORTS *a.* Formschwankungen *(dat)* unterworfen

irrégulièrement [iʀegyljɛʀmɑ̃] ADV unregelmäßig

irréligieux [i(ʀ)ʀeliʒjø] ADJ ⟨-euse⟩ nicht religiös; religionslos; irreligiös; **irréligion** F Irreligiosität *f*; Unglaube *m*

irrémédiable [i(ʀ)ʀemedjabl] ADJ *mal, vice* nicht behebbar; unheilbar; **faute** *f* **~** nicht wieder gutzumachender Fehler; **perte** *f* **~** unersetzbarer Verlust

irrémissible [i(ʀ)ʀemisibl] *st/s* ADJ unverzeihlich

irremplaçable [i(ʀ)ʀɑ̃plasabl] ADJ unersetzbar, -lich

irréparable [i(ʀ)ʀeparabl] ADJ 1 *objet, voiture* nicht zu reparieren(d); nicht wiederherstellbar 2 *faute, bévue* nicht wieder gutzumachen(d); irreparabel; **perte** *f* **~** unersetzbarer, unersetzlicher Verlust

irrépréhensible [i(ʀ)ʀepʀeɑ̃sibl] *st/s* ADJ untad(e)lig

irrépressible [i(ʀ)ʀepʀesibl] ADJ nicht zu unterdrücken(d); nicht zurückzudrängen(d)

irréprochable [iʀepʀɔʃabl] ADJ *personne, comportement, mœurs* untad(e)lig; mustergültig; *tenue* tadellos; einwandfrei

irrésistible [iʀezistibl] ADJ 1 *charme, penchant, personne* unwiderstehlich 2 *(très amusant)* zum Lachen herausfordernd; hinreißend komisch

irrésolu [i(ʀ)ʀezɔly] ADJ unentschlossen; unschlüssig; **irrésolution** F Unentschlossenheit *f*; Unschlüssigkeit *f*

irrespect [i(ʀ)ʀɛspɛ] M Respektlosigkeit *f*; Unehrerbietigkeit *f*

irrespectueux [i(ʀ)ʀɛspɛktyø] ADJ ⟨-euse⟩ respektlos; unehrerbietig

irrespirable [i(ʀ)ʀɛspiʀabl] ADJ 1 *air* nicht (ein)atembar; irrespirabel 2 *fig atmosphère* unerträglich

irresponsabilité [iʀɛspõsabilite] F 1 *morale* Verantwortungslosigkeit *f* 2 JUR Schuldunfähigkeit *f*; **irresponsable** ADJ 1 *(qui agit à la légère)* verantwortungslos 2 JUR schuldunfähig

irrétrécissable [iʀetʀesisabl] ADJ *tissu* nicht einlaufend, eingehend

irrévérence [i(ʀ)ʀeveʀɑ̃s] *st/s* F Unehrerbietigkeit *f*; Respektlosigkeit *f*

irrévérencieux [i(ʀ)ʀeveʀɑ̃sjø] ADJ ⟨-euse⟩ unehrerbietig; respektlos

irréversibilité [iʀevɛʀsibilite] F 1 Unumkehrbarkeit *f*; Irreversibilität *f* 2 TECH *d'un mécanisme* Selbsthemmung *f*; **irréversible** ADJ nicht umkehrbar; unumkehrbar; nicht rückgängig zu machen(d); irreversibel *(a.* CHIM, BIOL)

irrévocabilité [iʀevɔkabilite] F JUR Unwiderruflichkeit *f*; Nichtzurückziehbarkeit *f*; **irrévocable** ADJ unwiderruflich

irrigable [iʀigabl] ADJ (leicht) zu bewässern(d); **irrigateur** M 1 AGR Beregnungsgerät *n* 2 MÉD Spülapparat *m*; Irrigator *m*

irrigation [iʀigasjõ] F 1 AGR Bewässerung *f*; **~ par déversement, par ruissellement** Berieselung *f*; **canal** *m* **d'~** Bewässerungskanal *m* 2 PHYSIOL Durchblutung *f*

irriguer [iʀige] V/T 1 AGR bewässern 2 PHYSIOL durchbluten

irritabilité [iʀitabilite] F Reizbarkeit *f*; Erregbarkeit *f*; **irritable** ADJ reizbar; (leicht) erregbar; (über)empfindlich

irritant [iʀitã] ADJ 1 *attitude etc* aufreizend; enervierend; ärgerlich 2 MÉD Reiz…

irritation [iʀitasjõ] F 1 *d'une personne* Gereiztheit *f*; Erregung *f*; Verärgerung *f* 2 MÉD Reizung *f*; leichte Entzündung

irrité [iʀite] ADJ 1 *geste, regard, personne* gereizt; erregt; ungehalten; verärgert; **avoir un air ~** ein ärgerliches Gesicht machen 2 MÉD gereizt; leicht entzündet

irriter [iʀite] A V/T 1 **~ qn** j-n reizen, verärgern, ungehalten *ou* ärgerlich machen 2 MÉD reizen B V/PR 1 **s'~ contre qn, de qc** sich über j-n, etw aufregen 2 **s'~** sich leicht, ein wenig entzünden

irruption [iʀypsjõ] F Eindringen *n*; MIL *a.* Einfall *m*; **faire ~** (gewaltsam) eindringen (**dans** *in +acc*); **faire ~ dans une salle** *fam a.* in e-n Saal hineinplatzen

Isabelle [izabɛl] F *Vorname*

isabelle [izabɛl] ADJ isabellfarben, -farbig; bräunlich gelb

isard [izaʀ] M ZOOL Gämse *f* (*in den Pyrenäen*)

Isère [izɛʀ] **l'~** *f Fluss u. Departement in Frankreich*

Iseu(l)t [isø] F MYTH Isolde *f*

islam [islam] M 1 REL Islam *m* 2 *par ext* **l'Islam** die islamische Welt; die islamischen Völker *npl*; **islamique** ADJ islamisch; **islamisation** F Islamisierung *f*; **islamiser** V/T islamisieren; den Islam ausbreiten in (*+dat*); **islamisme** M Islamismus *m*; (islamischer) Fundamentalismus; **islamiste** A ADJ islamistisch B M/F Islamist(in) *m(f)*

islamophobe [islamɔfɔb] ADJ POL islamfeindlich; islamophob

islandais [islãdɛ] A ADJ isländisch B SUBST 1 **Islandais(e)** *m(f)* Isländer(in) *m(f)* 2 LING **l'~** *m* das Isländische; Isländisch *n*

Islande [islãd] **l'~** *f* Island *n*

Isle [il] **l'~** *f Fluss in Mittelfrankreich*

Isle-Adam (L') [iladã] *Stadt im Dep. Val-d'Oise*

ISO [izo] ADJ ABR (International Standardization Organization) **norme** *f* **~** ISO-Norm *f*

isobare [izɔbaʀ] F MÉTÉO Isobare *f*

isocèle [izɔsɛl] ADJ MATH gleichschenklig;

isochromatique ADJ *partic* PHOT isochromatisch

isohypse [izɔips] ADJ *et* SUBST F GÉOG (**ligne** *f*) **~** Höhenlinie *f*

isolable [izɔlabl] ADJ isolierbar

isolant [izɔlã] A ADJ 1 ÉLEC, PHYS, CONSTR isolierend; Isolier…; CONSTR *a.* (schall-, wärme)dämmend; **ruban ~** Isolierband *n* 2 LING **langues ~es** isolierende Sprachen *fpl* B M TECH Isolierstoff *m*; Isolator *m*; **~ acoustique, thermique** Schall-, Wärmedämmstoff *m*

isolateur [izɔlatœʀ] M ÉLEC Isolator *m*

isolation [izɔlasjõ] F ÉLEC, PHYS, CONSTR Isolation *f*; Isolierung *f*; **~ acoustique** Schalldämmung *f*; **~ thermique** Wärmeisolation *f*, -dämmung *f*, -schutz *m*

isolationnisme [izɔlasjɔnism] M POL Isolationismus *m*; **isolationniste** POL ADJ isolationistisch

isolé [izɔle] A ADJ 1 *endroit* abgelegen; entlegen; einsam (gelegen) 2 *arbre, bâtiment* frei, allein stehend; ARCH **colonne ~e** frei stehende Säule 3 (*individuel*) einzeln; Einzel…; abgesondert; vereinzelt; **bruits ~s** einzelne, vereinzelte Geräusche *npl*; **cas ~** Einzelfall *m*; **mot ~** einzelnes, aus dem Zusammenhang gerissenes Wort 4 *personne* isoliert (**de** von); allein; einsam; vereinsamt; **se sentir ~** sich isoliert, allein, einsam fühlen 5 ÉLEC, PHYS, CONSTR isoliert B M 1 (*individu*) Einzelperson *f*; Einzelne(r) *m* 2 (*personne seule*) einsam, isoliert Lebende(r) *m*; Vereinsamte(r) *m*

isolement [izɔlmã] M 1 *d'un endroit* Abgelegenheit *f*; Entlegenheit *f*; Einsamkeit *f*; Abgeschiedenheit *f* 2 *d'une personne* (*solitude*) Isolation *f*; Alleinsein *n*; Einsamkeit *f*; Vereinsamung *f*; Abkapselung *f* 3 *d'un malade, d'un détenu* Isolierung *f*; Isolation *f*; Absonderung *f*; **~ cellulaire** Isolier-, Einzelhaft *f* 4 ÉLEC Isolierung *f* 5 POL Isolation *f*; Isolierung *f*; politische Absonderung

isolément [izɔlemã] ADV einzeln; isoliert; **chacun pris ~** jeder für sich genommen

isoler [izɔle] A V/T 1 ÉLEC, PHYS, CONSTR, CHIM, BIOL isolieren 2 *endroit* abschneiden (**du monde extérieur** von der Außenwelt) 3 *fait, mot* isoliert, für sich betrachten; für sich nehmen 4 *malade, détenu* isolieren B V/PR **s'~** sich isolieren, sich absondern (**de qn** von j-m); sich zurückziehen (**dans un lieu** an e-n Ort); sich abkapseln

isoloir [izɔlwaʀ] M POL Wahlzelle *f*, -kabine *f*

isomère [izɔmɛʀ] CHIM A ADJ isomer B M Isomer(e) *n*

isomérie [izɔmeʀi] F CHIM Isomerie *f*

isométrique [izɔmetʀik] ADJ MINÉR, MATH, MÉTRIQUE isometrisch

isomorphe [izɔmɔʀf] ADJ CHIM, *MATH* isomorph; **isomorphisme** M CHIM, *MATH* Isomorphismus *m*

isotherme [izɔtɛʀm] ADJ *et* SUBST F MÉTÉO (**ligne** *f*) **~** Isotherme *f*

isotope [izɔtɔp] M PHYS NUCL Isotop *n*; **~s radioactifs** radioaktive Isotope

Israël [isʀaɛl] ⟨*ohne Artikel*⟩ Israel *n*; **l'État d'~** der Staat Israel

israélien [isʀaeljɛ̃] A ADJ ⟨~ne⟩ israelisch B SUBST **Israélien(ne)** *m(f)* Israeli *m/f*

israélite [isʀaelit] A ADJ israelitisch B M/F Israelit(in) *m(f)*

israélo-arabe [isʀaeloaʀab] ADJ israelisch-arabisch

issu [isy] ADJ 1 **~ de** abstammend von; hervorgegangen, entsprossen aus; **cousins ~s de germains** Vettern *mpl* zweiten Grades 2 *fig* **~ de** hervorgegangen, entstanden aus

issue [isy] F 1 Ausgang *m*; **~ de secours** Notausgang *m*; **rue** *f*, **voie** *f* **sans ~** Sackgasse *f*, -straße *f* 2 *fig* (*solution*) Ausweg *m* (**à une situation** aus e-r Situation); **sans ~** ausweg-, aussichts-, hoffnungslos 3 *fig* (*fin*) Ausgang *m*; Ende *n*; **~ fatale** tödlicher Ausgang; *loc prép* **à l'~ de** am Ende, am Schluss, nach Abschluss (*+gén*); *cette affaire* **a eu une heureuse ~** hat e-n glücklichen Ausgang genommen, ist gut ausgegangen

Istanbul [istãbul] Istanbul *n*

isthme [ism] M 1 GÉOG Landenge *f*; Isthmus *m*; **~ de Corinthe** Isthmus von Korinth; **~ de Panama** Landenge von Panama 2 ANAT enge Stelle; *t/t* Isthmus *m*

isthmique [istmik] ADJ *dans la Grèce antique* **jeux** *mpl* **Isthmiques** Isthmische Spiele *npl*

Istrie [istʀi] GÉOG **l'~** *f* Istrien *n*

italianiser [italjanize] V/T italianisieren; italienisieren; **italianisme** M LING Italianismus *m*; italienische Spracheigentümlichkeit

Italie [itali] **l'~** *f* Italien *n*

italien [italjɛ̃] A ADJ ⟨~ne⟩ italienisch; THÉ **comédie ~ne** Commedia dell'arte *f*; **à l'~ne** nach italienischer Art; italienisch B SUBST 1 **Italien(ne)** *m(f)* Italiener(in) *m(f)* 2 LING **l'~** *m* das Italienische; Italienisch *n*

italique [italik] A ADJ 1 TYPO **caractère** *m* **~** Kursivbuchstabe *m* 2 HIST italisch; LING **langues** *fpl* **~s** italische Sprachen *fpl* B M TYPO Kursive *f*; Kursivschrift *f*; Schrägschrift *f*, -druck *m*; **en ~** kursiv

italo-… [italo] ADJ italienisch-…; *exemple*: **italo-libyen** italienisch-libysch

item [itɛm] A ADV COMM ebenso; desgleichen B M Item *n*; Punkt *m*; Element *n*

itératif [iteʀatif] ADJ ⟨-ive⟩ GRAM iterativ; **verbe ~** Iterativ(um) *n*

Ithaque [itak] GÉOG Ithaka *n*

itinéraire [itineʀɛʀ] M (Reise)Route *f*, (-)Weg *m*; (Fahr)Strecke *f*; AVIAT Flugstrecke *f*; **~ bis** [-bis] Ausweichstrecke *f*, -route *f*

itinérance [itineʀɑ̃s] F TÉL Roaming *n*; **frais** *mpl* **d'~** Roaminggebühren *fpl*

itinérant [itineʀã] ADJ Wander…; DIPL **ambassadeur ~** fliegender Botschafter; **exposition ~e** Wanderausstellung *f*; **personnel ~** *ou subst* **~s** *mpl* CH DE FER Zugbegleitpersonal *n*

itou [itu] ADV *plais* **moi ~** ich auch

IUFM [iyɛfɛm] M ABR (institut universitaire de formation des maîtres) *Ausbildungsstätte für Grundschul- u. Gymnasiallehrer*

iule [jyl] M 1 BOT *d'un noisetier* Kätzchen *n* 2 ZOOL Julus *m*

IUT [iyte] M ABR (institut universitaire de technologie) Fachhochschule *f*

Ivanhoé [ivanɔe] M *héros du roman* Ivanhoe *m*

IVG [iveʒe] F ABR (interruption volontaire de grossesse) Schwangerschaftsabbruch *m*

ivoire [ivwaʀ] M 1 Elfenbein *n*; **d'~, en ~** aus Elfenbein; elfenbeinern; Elfenbein…; → *a.* tour[1] 2 *objet d'art* Elfenbeinstück *n*, -schnitzerei *f* 3 ANAT Zahnbein *n*

ivoirien [ivwaʀjɛ̃] A ADJ ⟨~ne⟩ der *ou* von Elfenbeinküste; ivorisch B SUBST **Ivoirien(ne)** *m(f)* Staatsangehörige(r) *m/f(m)* der *ou* von Elfenbeinküste; Ivorer(in) *m(f)*

ivraie [ivʀɛ] F BOT Lolch *m*; Raigras *n*; *fig* **séparer le bon grain de l'~** die Spreu vom Weizen sondern

ivre [ivʀ] ADJ 1 betrunken; **~ mort** völlig betrunken; *fam* stockbesoffen 2 *fig* **~ de qc** trunken von *ou* vor etw; ganz erfüllt von etw; **~ de bonheur, de fatigue, de joie** wonne-, schlaf-, freudetrunken

Ivrée [ivʀe] GÉOG Ivrea *n*

ivresse [ivʀɛs] F 1 Trunkenheit *f*; Rausch *m*; **conduite** *f* **en état d'~** Trunkenheit am Steuer 2 *fig* Taumel *m*; Rausch *m*; **~ des sens** Sinnenrausch *m*, -taumel *m*; **~ du triomphe, de la victoire** Siegestaumel *m*, -rausch *m*

ivrogne [ivʀɔɲ] A ADJ trunksüchtig; dem Trunk ergeben, verfallen B M/F Säufer(in) *m(f)*; Trunkenbold *m*; *fig* **serment** *m* **d'~** leere Versprechungen *fpl*

ivrognerie [ivʀɔɲʀi] F Trunksucht *f*

ivrognesse [ivʀɔɲɛs] *fam* F Säuferin *f*

J

J, j [ʒi] M ‹inv› J, j-d *n*; **le jour J** der *ou* am Tag X
J ABR (joule) J (Joule)
j' [ʒ] → je
jabot [ʒabo] M **1** ZOOL Kropf *m* **2** COUT Jabot *n*; **~ de dentelle** Spitzenjabot *n*
jacassement [ʒakasmɑ̃] M **1** *de la pie* Schreien *n* **2** → jacasserie; **jacasser** V/I **1** *pie* schreien **2** *fam fig* schwatzen; *fam* plappern; schnattern; **jacasserie** *fam* F Schwatzen *n*; *fam* Geplapper *n*; Geschnatter *n*; **jacasseur** *fam* ADJ ‹-euse› geschwätzig
jachère [ʒaʃɛʀ] F AGR Brachliegen *n*; *par ext* **(terre *f* en) ~** Brache *f*; Brachland *n*, -feld *n*; **mise *f* en ~** Flächenstilllegung *f*; **être, rester en ~** brachliegen; **laisser, mettre en ~** brachliegen lassen
jacinthe [ʒasɛ̃t] F BOT Hyazinthe *f*
jack [(d)ʒak] M TÉL (Schalt)Klinke *f*
jackpot [(d)ʒakpɔt] M Jackpot *m*; **toucher le ~** den Jackpot gewinnen, *fam* knacken
jacobin [ʒakɔbɛ̃] **A** M **1** HIST **Jacobin** Jakobiner *m* **2** *fig* leidenschaftlicher Republikaner, Demokrat **B** ADJ jakobinisch; Jakobiner…
jacobinisme [ʒakɔbinism] M Jakobinertum *n*
jaco(t) → jacquot
jacquard [ʒakaʀ] M TEXT **1** **~** *ou adjt* **métier *m* Jacquard** Jacquardwebstuhl *m*; Jacquardmaschine *f* **2** **~** *ou adjt* **chandail *m* ~** jacquardgemusterter Pullover
Jacqueline [ʒaklin] F *Vorname*
jacquerie [ʒakʀi] F HIST Bauernaufstand *m*
Jacques [ʒɑk] M **1** *Vorname* **2** HIST **~ (Bonhomme)** (französischer) Bauer **3** *fam* **faire le ~** den Hanswurst spielen
jacquet [ʒakɛ] M *jeu de dés* Tricktrack *n*; Puff(-spiel) *n*; Backgammon *n*
jacquot [ʒako] M **1** ZOOL Jako *m*; Graupapagei *m* **2** *nom de perroquet* Lora *f*; Jakob *m*
jactance [ʒaktɑ̃s] F **1** *litt (vanité)* Prahlerei *f*; Großtuerei *f* **2** *fam (bavardage)* Gequassel *n*; Gequatsche *n*; **jacter** V/I *fam* quasseln; quatschen
jacuzzi® [ʒakyzi] M Whirlpool® *m*
jade [ʒad] M **1** MINÉR Jade *m ou f*; **statuette *f* de ~** Jadefigürchen *n* **2** *objet* Gegenstand *m* aus Jade
jadéite [ʒadeit] F MINÉR Jadeit *m*; Jadestein *m*
jadis [ʒadis, ʒɑ-] ADV einst(mals); früher (einmal); ehemals; vorzeiten; **de ~** von einst; von früher; *adjt* **au temps ~** in alten, früheren Zeiten; vor langer Zeit
jaguar [ʒagwaʀ] M ZOOL Jaguar *m*
jaillir [ʒajiʀ] V/I **1** *liquide* herausspritzen **(de** aus); heraus-, empor-, hochschießen; hervorquellen, -sprudeln; *source* entspringen; *sang* spritzen, quellen **(d'une blessure** aus e-r Wunde); *larmes* schießen, quellen **(des yeux** aus den Augen); *gaz naturel, pétrole* ausströmen; *flammes* empor-, hochschlagen; *étincelles* sprühen *ou* ÉLEC überspringen; *lumière* aufblitzen; *cris, rire* hervorbrechen; plötzlich erschallen; *bourgeons* hervorbrechen *ou poét* sprießen **2** *fig vérité, idées* hervorgehen, -brechen; aufblitzen; **faire ~ la vérité** der Wahrheit zum Sieg verhelfen
jaillissant [ʒajisɑ̃] ADJ sprudelnd; **source ~e** Springquelle *f*
jaillissement [ʒajismɑ̃] M **1** *d'un liquide* (Auf)Spritzen *n*; Empor-, Hochschießen *n*; Sprudeln *n*; *d'une flamme* Empor-, Hochschlagen *n*; *d'étincelles* Sprühen *n*; ÉLEC Überspringen *n*; *de la lumière* Aufblitzen *n* **2** *fig de la vérité etc* Hervorbrechen *n*; Aufblitzen *n*
jais [ʒɛ] M MINÉR Gagat *m*; Jett *m ou n*; Pechkohle *f*; **perles *fpl* de ~** Jettperlen *fpl*; *fig* **yeux *mpl* de ~** tiefschwarze, kohl(raben)schwarze Augen *npl*
jaja [ʒaʒa] M *arg (vin)* Wein *m*
jalon [ʒalõ] M **1** ARPENTAGE Fluchtstab *m*; Absteckpfahl *m* **2** *fig* Anhaltspunkt *m*; **~s** *pl* Richtlinien *fpl*; Leitfaden *m*; **poser, planter des ~s** den Weg bereiten *ou* vorzeichnen, die Richtung weisen **(de qc** für etw)
jalonnement [ʒalɔnmɑ̃] M ARPENTAGE Abstecken *n*; Ausfluchten *n*
jalonner [ʒalɔne] **A** V/T **1** *terrain etc* abstecken; ausfluchten; markieren; kennzeichnen **2** *(border) arbres* **~ la route** die Straße entlang stehen; die Straße säumen **3** *fig* **~ le chemin, la voie** den Weg bereiten, vorzeichnen; die Richtung weisen; die Grundlagen schaffen; **~ la vie de qn** j-s Leben durchziehen, prägen; *adjt* **jalonné de qc** reich an etw *(dat)*; voller *(+gén)* **B** V/I Fluchtstäbe, Absteckpfähle stecken
jalousement [ʒaluzmɑ̃] ADV → jaloux; **garder ~ un secret** ein Geheimnis ängstlich hüten
jalouser [ʒaluze] **A** V/T **~ qn, qc** auf j-n, etw eifersüchtig sein; j-n beneiden **B** V/PR **se ~** aufeinander eifersüchtig, neidisch sein
jalousie [ʒaluzi] F **1** *(envie)* Neid *m*; Missgunst *f*; **~s mesquines** kleinlicher Neid; **exciter la ~ de qn** j-n neidisch machen; j-s Neid erregen **2** *en amour* Eifersucht *f* **3** *persienne* Jalousie *f*
jaloux [ʒalu] **A** ADJ ‹jalouse [ʒaluz]› **1** *(envieux)* neidisch; missgünstig; **être ~ de qn, qc** auf j-n, etw neidisch sein; j-n beneiden; **être ~ du succès, de la réussite de qn** j-n um s-n Erfolg beneiden; auf j-s Erfolg neidisch sein; j-m den Erfolg missgönnen, nicht gönnen; **je n'en suis pas ~** ich bin nicht neidisch; ich gönne es ihm *(ou* ihr, ihnen); **rendre qn ~ de qc** j-n auf etw *(acc)* neidisch machen; *loc adv* **d'un œil ~** missgünstig; neidisch; scheelen Blickes **2** *en amour* eifersüchtig; **terriblement ~, ~ comme un tigre** schrecklich, entsetzlich eifersüchtig; **être ~ de qn** auf j-n eifersüchtig sein **3** *(très attaché à)* **être ~ de qc** ängstlich auf etw *(acc)* bedacht sein; *loc adv* **avec un soin ~** mit ängstlicher Sorgfalt **B** SUBST **~, jalouse** *m,f* **1** Neider *m*; *fam* Neidhammel *m*; **son succès lui a fait des ~** der Erfolg hat ihm Neider gebracht, hat Neid erregt **2** Eifersüchtige(r) *m/f(m)*
jamaïquain [ʒamaikɛ̃] **A** ADJ jamaikanisch **B** SUBST **Jamaïquain(e)** *m(f)* Jamaikaner(in) *m(f)*
Jamaïque [ʒamaik] **la ~** Jamaika *n*
jamais [ʒamɛ] ADV **1** *sens positif* je(mals); **a-t-on ~ vu pareille chose?** hat man je so (et)was gesehen?; **(c'est) pire que ~** (das ist) schlimmer denn je; **aujourd'hui, plus que ~** heute mehr denn je; *avec un « ne » explétif* **plus que je n'ai ~ espéré** mehr als ich je gehofft habe; *avec un « si » hypothétique* **si ~ je te revois** wenn ich dich je wiedersehen sollte; *loc adv* **à (tout) ~** für immer; auf ewig; für alle Zeiten **2** *sens négatif* **a** **ne … ~**, *plus fort* **~ … ne** nie(-mals); **je ne l'oublierai ~** ich werde es nie vergessen; *st/s* **~ secret ne fut mieux gardé** niemals wurde ein Geheimnis besser gewahrt; **on n'a ~ rien vu de pareil** man hat noch nie so (et)was gesehen; **il n'en fait ~ d'autres** er macht immer solche Dummheiten; **on ne sait ~** man kann nie wissen **b** **ne … plus ~, ne … ~ plus** nie mehr; nie wieder; **je ne le ferai plus ~** ich werde es nie mehr tun, nie wieder tun; **on ne l'a plus ~ revu** man hat ihn nie wieder gesehen **c** **sans ~ …** ohne je(mals) …; **il m'écoute sans ~ s'impatienter, sans s'impatienter ~** er hört mir zu, ohne jemals ungeduldig zu werden **d** **ne … ~ que …** immer nur; schließlich nur; **il n'a ~ fait que s'amuser** er hat sich immer nur amüsiert; **ce n'est ~ qu'un enfant** das ist schließlich nur ein Kind **e** *sans « ne »: l'avez-vous déjà vu? -* **~!** nie!; *le feriez-vous encore? -* **~ plus!** nie wieder!; **~ de la vie!** nie und nimmer!; nie im Leben!; **c'est le moment ou ~!, c'est maintenant ou ~!** jetzt oder nie! **f** *subst* **~, au grand ~** nie und nimmer
jambage [ʒɑ̃baʒ] M **1** *des lettres m, n, u, p, q* Grund-, Abstrich *m* **2** CONSTR Stützglied *n*; gemauerter Pfosten
jambe [ʒɑ̃b] F **1** Bein *n* (a. *d'un pantalon*); *opposé à cuisse* Unterschenkel *m*; CH Lauf *m*; **~ artificielle** (Bein)Prothese *f*; **~ d'un bas** Beinling *m* (e-s *Strumpfs*); **~ de bois** Holzbein *n*; Stelzfuß *m*; **~ de derrière** *d'un cheval etc* Hinterbein *n*; CH Hinterlauf *m*; **~ de devant** Vorderbein *n*; CH Vorderlauf *m*; **~ de soutien, d'appui** Standbein *n*; ♦ *loc adv*: **à toutes ~s: courir à toutes ~s** laufen, was man kann *ou* was s-e Beine hergeben; **partir, s'enfuir à toutes ~s** Hals über Kopf davonlaufen, -rennen; *fig faire qc* **par-dessous** *ou* **par-dessus la ~** nachlässig; flüchtig; oberflächlich; obenhin; **traiter qn par-dessus la ~** j-m nicht genügend Beachtung schenken; j-n links liegen lassen; ♦ **allonger, étendre la ~** das Bein vor-, ausstrecken; **avoir les ~s arquées, en cerceau** O-Beine haben; **avoir les ~s cagneuses, en X** X-Beine haben; **avoir encore de bonnes ~s**, *fam* **avoir des ~s de vingt ans** noch gut zu Fuß sein; noch junge Beine haben; *fig* **n'avoir plus de ~s** vor Müdigkeit nicht mehr laufen können, kaum noch stehen können; **avoir les ~s longues, être °haut de** *ou* **sur ~s** lange Beine haben; hochbeinig sein; **avoir les ~s molles, en coton** weiche Knie haben; *fam* **avoir dix kilomètres dans les ~s** zehn Kilometer gelaufen sein; **mes ~s se dérobent sous moi, refusent de me porter** meine Beine lassen mich im Stich, wollen (mich) nicht mehr (tragen); *peur* **donner des ~s** Beine machen; **être solide sur ses ~s** sicher, fest auf den Beinen, Füßen stehen; **être dans les ~s de qn** j-m im Wege sein, in die Quere kommen, vor den Füßen herumlaufen, *fam* -tanzen; *fam fig* **cela me fait une belle ~!** was nützt mir das!; das bringt mir nichts ein!; *fam* dafür kann ich mir nichts kaufen!; **plier la ~** das Knie beugen; *fig* **prendre ses ~s à son cou** Hals über Kopf davonlaufen, -rennen; *fam* die Beine in die Hand, unter den Arm nehmen; **ne plus tenir sur ses ~s** sich nicht mehr auf den Beinen halten können; *fam fig* **tenir la ~ à qn** j-n durch sein Gerede aufhalten; *fig* **tirer dans les ~s de qn** j-n auf arglistige Weise angreifen; j-n hinterrücks überfallen; j-m in den Rücken fallen; **traîner la ~** ein Bein nachziehen; lahmen; *fig* sich nur noch mit Mühe weiterschleppen; kaum noch gehen können **2** *d'un compas* Schenkel *m* **3** CONSTR Mauerverstärkung *f*; **~ de force** Strebe *f* **4** AVIAT Bein *n*
jambière [ʒɑ̃bjɛʀ] F **1** SPORTS (Schien)Beinschutz *m*, -schützer *m* **2** HIST *d'une armure* Beinschiene *f* **3** *en laine* Legwarmer *m*
jambon [ʒɑ̃bõ] M **1** Schinken *m*; **~ blanc, cuit, de Paris** gekochter Schinken; **~ cru, fumé** roher, geräucherter Schinken; **~ de Bayonne** roher, leicht gesalzener Schinken; **~ d'York** gekochter und leicht angeräucher-

ter Schinken; **omelette** *f* **au ~** Schinkenomelett *n* **2** *fam (cuisse) fam* Schinken *m*
jambonneau [ʒɑ̃bɔno] M ⟨*pl* ~x⟩ Eisbein *n*
jamboree [ʒɑ̃bɔʀe, -ʀi] M internationales Pfadfindertreffen; Jamboree *n*
janissaire [ʒanisɛʀ] M HIST Janitschar *m*
jansénisme [ʒɑ̃senism] M REL Jansenismus *m*; *par ext* große Sittenstrenge; **janséniste** **A** ADJ REL jansenistisch; *par ext* (sitten)streng **B** M/F Jansenist(in) *m(f)*
jante [ʒɑ̃t] F TECH Felge *f*; **~ en acier** Stahlfelge *f*
janvier [ʒɑ̃vje] M Januar *m*; *autrich* Jänner *m*; **en ~, au mois de ~** im (Monat) Januar; *fam* **du premier ~ à la Saint-Sylvestre** *ou* **au trente et un décembre** das ganze Jahr über, hindurch
Japon [ʒapõ] **le ~** Japan *n*
japon [ʒapõ] M **1** japanisches Porzellan **2** Japanpapier *n*
japonais [ʒapɔnɛ] **A** ADJ japanisch **B** SUBST **1** **Japonais(e)** *m(f)* Japaner(in) *m(f)* **2** LING **le ~** das Japanische; Japanisch *n*
japonaiserie [ʒapɔnɛzʀi] F japanischer Kunstgegenstand; *bibelot* japanische Nippsache
japonisant [ʒapɔnizɑ̃] M, **japonisante** F Japanologe, -login *m,f*
jappement [ʒapmɑ̃] M *d'un chien* Kläffen *n*; Gekläff(e) *n*; **japper** V/I *chien* kläffen; *chacal* heulen
jaquette [ʒakɛt] F **1** **a** *pour hommes* Cut (-away) *m* **b** *pour femmes* taillierte (Kostüm)Jacke **2** *d'un livre* Schutzumschlag *m*; **sous ~** im Schutzumschlag **3** *d'une dent* Jacketkrone *f*
jardin [ʒaʀdɛ̃] M **1** Garten *m* (*a. fig d'une région agricole riche*); **~ anglais** englischer Garten; Landschaftsgarten *m*; **~ botanique** botanischer Garten; **~ classique, à la française** französischer Garten; **~ japonais** japanischer Garten; **~ ouvrier** Schreber-, Kleingarten *m*; **~ potager, maraîcher** Gemüsegarten *m*; **~ public** öffentliche Anlage; **~ zoologique** zoologischer Garten; Tierpark *m*; **~ d'acclimatation** (botanischer und zoologischer) Versuchsgarten *m*; BIBL **le ~ d'Éden** der Garten Eden; **~ d'hiver** Wintergarten *m*; BIBL **le ~ des Oliviers** der Ölberg; **Jardin des Plantes** Botanischer Garten in Paris; **architecture** *f*, **art** *m* **des ~s** Gartenkunst *f*; **aménager, faire un ~** e-n Garten anlegen; **faire son ~** s-n Garten bestellen; im Garten arbeiten; *Voltaire* **il faut cultiver notre ~** wir müssen unseren Garten bestellen; gehen wir lieber unserer Arbeit nach, anstatt uns in Spekulationen zu verlieren **2** **~ d'enfants** Kindergarten *m* **3** THÉ **côté** *m* **~** (auf der) rechte(n) Seite der Bühne (*vom Schauspieler aus gesehen*) **4** **le ~ secret de qn** j-s tiefstes Inneres
jardinage [ʒaʀdinaʒ] M Gartenarbeit *f*; Gartenbau *m*; **amateur** *m* **de ~** Gartenfreund *m*; **outils** *mpl* **de ~** Gartengeräte *npl*
jardiner [ʒaʀdine] V/I im Garten arbeiten; gärtnern; s-n Garten bestellen
jardinerie [ʒaʀdinʀi] F Gartencenter *n*
jardinet [ʒaʀdinɛ] M Gärtchen *n*; Gärtlein *n*
jardinier [ʒaʀdinje] **A** M Gärtner *m*; **~ fleuriste, maraîcher, paysagiste** Blumen-, Gemüse-, Landschaftsgärtner *m*; **~ pépiniériste** (Obst)Baumzüchter *m*; Baumschulgärtner *m* **B** ADJ ⟨-ière⟩ Garten…; **culture jardinière** Gartenbau *m*; SYLVICULTURE **exploitation jardinière** Femel-, Plenterwirtschaft *f*; Femel-, Plenterbetrieb *m*
jardinière [ʒaʀdinjɛʀ] F **1** Gärtnerin *f* **2** **~ d'enfants** Kindergärtnerin *f* **3** (*bac à fleurs*) Blumenkasten *m*; *meuble* Blumenständer *m* **4** CUIS gemischtes Gemüse

jargon [ʒaʀgõ] M **1** Fach-, Berufssprache *f*; Jargon *m*; **~ de la publicité, du sport** Werbe-, Sportjargon *m* **2** *péj (charabia)* Kauderwelsch *n*
jargonner [ʒaʀgɔne] V/I **1** e-n Jargon sprechen **2** e-e unverständliche Sprache sprechen; Kauderwelsch reden; kauderwelschen; *dans une langue étrangère* radebrechen **3** *oie* schnattern
Jarnac [ʒaʀnak] **coup** *m* **de ~** gemeiner, hinterhältiger Schlag, Streich
jarre [ʒaʀ] F großer Tonkrug; große Kruke
jarres [ʒaʀ] MPL Stichel-, Grannenhaar *n*
jarret [ʒaʀɛ] M **1** Kniekehle *f*; *d'un cheval* Sprunggelenk *n*; *fig* **avoir du ~, avoir des ~s d'acier** unermüdlich sein; *marcheur* gut zu Fuß sein; *danseur* ein unermüdlicher Tänzer sein **2** CUIS *de porc, de veau* Hachse *f*; *all Sud* Haxe *f*; *de bœuf* Hesse *f*; **~ de veau** Kalbshachse *f*
jarretelle [ʒaʀtɛl] F Strumpfhalter *m*; Straps *m*
jarretière [ʒaʀtjɛʀ] F Strumpfband *n*; *décoration anglaise* **(ordre** *m* **de la) Jarretière** Hosenbandorden *m*
jars [ʒaʀ] M ZOOL Gänserich *m*; *all Nord* Ganter *m*
jaser [ʒaze] V/I schwatzen, klatschen, *fam* herziehen (**de, sur** über *+acc*); **on jase** die Leute reden darüber; **ça fera ~** man wird darüber reden
jaseur [ʒazœʀ] ADJ ⟨-euse⟩ schwatzhaft; geschwätzig; klatschhaft
jasmin [ʒasmɛ̃] M BOT (Echter) Jasmin
jaspe [ʒasp] M MINÉR Jaspis *m*; **~ noir** schwarzer Jaspis
jatte [ʒat] F Schale *f*; Napf *m*; *all Nord* Satte *f*
jauge [ʒoʒ] F **1** *instrument* Messstab *m*; TECH Lehre *f*; Kaliber *n*; **~ de carburant** Kraftstoffmesser *m*, -anzeiger *m*; **~ d'épaisseur** Dick(t)enlehre *f*; AUTO **~ d'essence** Benzinuhr *f*; AUTO **~ (de niveau) d'huile** Ölmessstab *m*; Ölstandanzeiger *m* **2** MAR Rauminhalt *m*; Tonnengehalt *m*; Tonnage *f*; **~ brute, nette** Brutto-, Nettoraumgehalt *m*, -tonnengehalt *m*
jaugeage [ʒoʒaʒ] M **1** *de récipients* (Aus)Messen *n*, -ung *f* **2** MAR Tonnagebestimmung *f*
jauger [ʒoʒe] ⟨-geons⟩ **A** V/T **1** (*mesurer*) (aus-, ver)messen **2** MAR die Tonnage bestimmen (**un navire** e-s Schiffes) **3** *fig* (*évaluer*) ab-, einschätzen **B** V/I MAR **a** e-e Tonnage, e-n Tonnengehalt haben von; **~ 1200 tonneaux** 1200 Tonnen haben **b** **~ trois mètres (de tirant d'eau)** drei Meter Tiefgang haben; e-n Tiefgang von drei Metern haben
jaunâtre [ʒonɑtʀ] ADJ gelblich
jaune [ʒon] **A** ADJ gelb; **~ canari, citron, clair, paille** ⟨*inv*⟩ kanarien-, zitronen-, hell-, strohgelb; **~ d'or** ⟨*inv*⟩ goldgelb; PHOT **filtre** *m* **~** Gelbfilter *m*; GÉOG **le fleuve Jaune** der Gelbe Fluss; **la mer Jaune** das Gelbe Meer; **or** *m* **~** Gelbgold *n*; *fig* **le péril ~** die gelbe Gefahr; **race** *f* **~** gelbe Rasse **B** ADV *fig* **rire ~** gezwungen lachen **C** M **1** *couleur* Gelb *n*; **~ citron** Zitronengelb *n*; **tourner au ~** gelb werden; vergilben **2** *colorant* gelber Farbstoff; gelbe Farbe; **~ de chrome** Chromgelb *n* **3** CUIS **~ d'œuf** (Ei)Dotter *m ou n*; Eigelb *n* **4** *personne* **Jaune** *m/f* Gelbe(r) *m/f(m)* **5** *péj* Streikbrecher *m*
jaunet [ʒonɛ] M *autrefois* Goldstück *n*
jaunir [ʒoniʀ] **A** V/T gelb färben **B** V/I gelb werden; *papier a.* vergilben; *feuilles a.* sich (gelb) färben; *adjt* **jauni** vergilbt; gelb (gefärbt, geworden)
jaunissant [ʒonisɑ̃] ADJ *feuillages* (sich) gelb färbend; **papier ~** vergilbendes Papier
jaunisse [ʒonis] F MÉD Gelbsucht *f*; *fam fig* **en faire une ~** sich krank-, *fam* schwarzärgern

jaunissement [ʒonismɑ̃] M Gelbfärbung *f*; Gelbwerden *n*; Vergilben *n*
Jaurès [ʒɔʀɛs] *frz Politiker*
Java [ʒava] Java *n*
java [ʒava] F **1** *für den „bal musette" typischer Tanz* **2** *fam fig* **faire la ~** *fam* e-e tolle Sause veranstalten; einen draufmachen
javanais [ʒavanɛ] **A** ADJ javanisch **B** SUBST **1** **Javanais(e)** *m(f)* Javaner(in) *m(f)* **2** LING **le ~** das Javanische; Javanisch *n* **3** *argot conventionnel, correspond à* B-Sprache *f*
Javel [ʒavɛl] CHIM **eau** *f* **de ~** Eau de Javel *n ou f*; Chlor-, Bleichwasser *n*
javelle [ʒavɛl] F AGR Schwade(n) *f(m)*
javellisant [ʒavelizɑ̃] ADJ *produit récurant* mit großer Bleichkraft; **javellisation** F Keimfreimachen *n* mit Eau de Javel; Chloren *n*; **javelliser** V/T mit Eau de Javel keimfrei machen; chloren; *adjt eau* **très javellisée** stark gechlort
javelot [ʒavlo] M **1** HIST Wurfspieß *m*; Ger *m* **2** SPORTS Speer *m*; *par ext discipline* Speerwerfen *n*
jazz [dʒaz] M MUS Jazz *m*
jazz-band [dʒazbɑ̃d, -bɛnd] M ⟨*pl* jazz-bands⟩ Jazzband *f*
jazzman [dʒazman] M ⟨*pl* ~s *ou* jazzmen [dʒazmɛn]⟩ Jazzmusiker *m*; Jazzer *m*
J.-C. ABR (Jésus-Christ) Chr. (Christus)
Jdanov [ʒdanɔf] M POL Schdanow *m*
je [ʒ(ə)] **A** PR PERS ⟨*vor Vokal u. stummem h* j'⟩ ich; **~ parle** ich spreche; **j'entends** ich höre; **~ hais** ich hasse; **j'habite à Paris** ich wohne in Paris; **où suis-~?** wo bin ich?; *renforcé par « moi »* **mais moi, ~ sais** aber i c h weiß **B** M Ich *n* (*a.* PHIL); Ichform *f*; **employer le ~ dans un récit** in e-r Erzählung die Ichform benutzen
Jean [ʒɑ̃] M **1** *Vorname* **2** *saint, pape,* BIBL Johannes *m*
jean [dʒin] M **1** *étoffe* Jeansstoff *m*; **veste** *f* **en ~** Jeansjacke *f* **2** *pantalon* **~** *ou pl* **~s** [dʒins] Jeans *f ou fpl*; **~** *ou pl* **~s couture** Designerjeans *f ou fpl*
Jean-Baptiste [ʒɑ̃batist] M BIBL **saint ~** Johannes der Täufer
jean-foutre [ʒɑ̃futʀ] *pop* M ⟨*inv*⟩ Taugenichts *m*; Nichtsnutz *m*
Jeanine [ʒanin] F *Vorname*
Jeanne [ʒan] F Johanna *f*; HIST **~ d'Arc** die heilige Johanna; **coiffure** *f*, **coupe** *f* **à la ~ d'Arc** Pagenfrisur *f*, -kopf *m*
Jeannette [ʒanɛt] F *Vorname*
jeannette [ʒanɛt] F **1** Ärmel(plätt)brett *n* **2** christliche Pfadfinderin (*8-11 Jahre*); Wölfling *m*
jeep® [dʒip] F Jeep® *m*
Jéhovah [ʒeɔva] M BIBL Jehova *m*
je-m'en-fichisme [ʒmɑ̃fiʃism] *fam* M Gleichgültigkeit *f*; *fam* Wurstigkeit *ou* Wurschtigkeit *f*; **je-m'en-fichiste** *fam* **A** ADJ gleichgültig; *fam* wurstig *ou* wurschtig **B** M/F Person *f*, der alles gleichgültig, *fam* wurst *ou* wurscht ist
je-m'en-foutisme [ʒmɑ̃futism] *fam* M Gleichgültigkeit *f*; *fam* Wurstigkeit *ou* Wurschtigkeit *f*; **je-m'en-foutiste** *fam* **A** ADJ gleichgültig; *fam* wurstig *ou* wurschtig **B** M/F Person *f*, der alles gleichgültig, *fam* wurst *ou* wurscht ist
je-ne-sais-quoi *ou* **je ne sais quoi** [ʒənsekwa] M ⟨*inv*⟩ **un je-ne-sais-quoi** *ou* **un je ne sais quoi** ein gewisses Etwas
jérémiade [ʒeʀemjad] F *fam surtout* PL **~s** Jeremiade(n) *f(pl)*; Klagelied(er) *n(pl)*; *fam* Gejammer *n*; Geklage *n*
Jérémie [ʒeʀemi] M *prophète* Jeremia(s) *m*
jerez → xérès
Jéricho [ʒeʀiko] Jericho *n*

jéroboam [ʒeʀɔbɔam] M große Champagnerflasche
Jérôme [ʒeʀom] M *Vorname*
jerricane *ou* **jerrycan** [(d)ʒeʀikan] M (Benzin)Kanister *m*
Jersey [ʒɛʀzɛ] Jersey *n*
jersey [ʒɛʀzɛ] M **1** TEXT Jersey *m*; **~ de soie, de laine** Seiden-, Wolljersey *m*; TRICOT **point** *m* **de ~** Rechts-links-Muster *n*; **au point de ~** glatt rechts (gestrickt) **2** *corsage* eng anliegende Jerseybluse; *tricot* eng anliegender Jerseypullover
Jérusalem [ʒeʀyzalɛm] Jerusalem *n*
jésuite [ʒezɥit] **A** M **1** ÉGL CATH Jesuit *m* **2** *fig péj* raffinierter Heuchler **B** ADJ **1** Jesuiten...; **père** *m* **~** Jesuitenpater *m* **2** *fig péj* heuchlerisch; falsch; verschlagen; **jésuitisme** M *péj fig* Heuchelei *f*; Falschheit *f*; Verschlagenheit *f*
Jésus [ʒezy] M REL Jesus *m*; **l'enfant ~, le petit ~** das Jesuskind, Christkind(lein); ÉGL CATH **la Compagnie, la Société de ~** die Gesellschaft Jesu; *int* **~!, doux ~!, ~ Marie!** Jesses!; herrje(mine)!; Jesus Maria!
jésus [ʒezy] M **1** *représentation* Jesuskind *n* **2** *fig enfant* **un petit ~** ein süßes Kind; **mon ~!** mein Liebling, Liebes, Süßes! **3** TYPO (Papier)Format *n* 56 × 76 cm; **petit ~** (Papier)Format *n* 56 x 72 cm **4** *saucisson* kurze, dicke Salami
Jésus-Christ [ʒezykʀi] M REL Jesus Christus *m*; **avant, après ~** vor, nach Christus; vor, nach Christi Geburt; **d'avant, d'après ~** vor-, nachchristlich
jet¹ [ʒɛ] M **1** *(action de jeter)* Wurf *m*; Werfen *n*; *d'un filet* Auswerfen *n*; *fig* **le premier ~** der erste Entwurf; **du premier ~** auf Anhieb; **~ de pierre** Steinwurf *m*; **à un ~ de pierre** e-n Steinwurf weit (entfernt) **2** *d'un fluide* Strahl *m*; **~ d'eau** Wasserstrahl *m*; *vertical* Fontäne *f*; **~ d'encre, de flammes, de lumière, de sable, de sang, de vapeur** Tinten-, Feuer-, Licht-, Sand-, Blut-, Dampfstrahl *m*; *fam fig* **à ~ continu** unaufhörlich; in einem fort; ununterbrochen **3** MÉTALL Einguss *m (in die Form)*; **d'un seul ~** aus e-m Guss; *fig*: **d'un (seul) ~** in e-m Zug; **écrit d'un (seul) ~** in e-m Zug niedergeschrieben
jet² [dʒɛt] M AVIAT Jet *m*; Düsenverkehrsmaschine *f*; Düsenflugzeug *n*
jetable [ʒətabl] ADJ Wegwerf...; Einmal...; **briquet** *m* **~** Wegwerffeuerzeug *n*
jeté [ʒ(ə)te] M **1** DANSE Jeté *n* **2** HALTÉROPHILIE Drücken *n* **3** TRICOT Umschlag(en) *m(n)* **4** **~ (de table)** Tischläufer *m*; **~ de lit** Tagesdecke *f*
jetée [ʒ(ə)te] F MAR Mole *f*; Pier *m ou f*; Hafendamm *m*; **~ flottante** schwimmende Landungsbrücke
jeter [ʒ(ə)te] ‹-tt-› **A** V/T **1** *(lancer) ballon, pierre etc* werfen; schleudern; *fam* schmeißen; *filet, ligne de pêche* auswerfen; *objets* hinwerfen, -schleudern, *fam* -schmeißen; *avec violence* schmettern; *terre* schütten; *liquide* gießen; schütten; **~ l'ancre** den Anker auswerfen; vor Anker gehen; ankern; ♦ *avec adv*: **~ çà et là** umherwerfen; **~ dehors** hinauswerfen; *fam* rauswerfen, -schmeißen; **~ en arrière** zurückwerfen; **~ sa tête en avant** den Kopf nach vorn werfen; ♦ *avec prép*: **~ qc à qn** j-m etw zuwerfen; *nourriture à un animal* vor-, hinwerfen; **~ des pierres à qn** j-n mit Steinen bewerfen; Steine auf j-n werfen; mit Steinen nach j-m werfen; → *a.* **pierre** 1; *fig* **~ un regard à qn** j-m e-n Blick zuwerfen; *fig* **~ qc à la figure, au visage de qn** j-m etw an den Kopf werfen, ins Gesicht schleudern; *fam* j-m etw unter die Nase reiben; **~ qc à la tête de qn** j-m etw an den Kopf werfen *(a. fig reprocher)*; **~ des citations à la tête des gens** mit Zitaten um sich werfen; **~ les bras autour du cou de qn** j-m um den Hals fallen; **~ contre le mur** gegen *ou* an die Wand schleudern; *troupes* **~ dans la bataille** in die Schlacht werfen; **~ en l'air** in die Luft, in die Höhe werfen; hochwerfen; **~ en prison** ins Gefängnis werfen, stecken; **~ en tas** auf e-n Haufen werfen; in Haufen schütten; **~ qc par-dessus son épaule** etw über die Schulter werfen; **~ un manteau sur ses épaules** sich *(dat)* e-n Mantel umwerfen, über-, umhängen; **~ sur le marché** auf den Markt werfen; **~ sur le rivage** ans Ufer spülen **2** *pour s'en débarrasser* fort-, wegwerfen; *fam* wegschmeißen; *liquide* aus-, weggießen; aus-, wegschütten; *fardeau, carte au jeu* abwerfen; **(bon) à ~** zum Wegwerfen; **~ ses cartes** die Karten hinwerfen; zu spielen aufhören; **~ à l'eau, au feu** ins Wasser, Feuer werfen; **~ à la mer, par-dessus bord** auswerfen; über Bord werfen; **~ à la poubelle** in den Mülleimer werfen; *personne fam* **se faire ~** *fam* rausgeschmissen werden **3** *(émettre) lumière, fig panique* verbreiten; *lumière a., ombre* werfen **(sur** auf *+acc)*; *cris* ausstoßen; *étincelles* sprühen; *fam* **en ~** Eindruck machen; etwas darstellen; *fam* viel hermachen; **~ le désordre** Unruhe stiften; **~ une lueur** aufblitzen, -leuchten; **~ le trouble, la confusion dans les esprits** in den Köpfen Verwirrung stiften **4** BOT **~ des bourgeons** ausschlagen; Knospen treiben; knospen; sprießen; **~ des racines** Wurzeln schlagen, treiben **5** CONSTR **~ les fondations (d'un édifice)** das Fundament (zu e-m Gebäude), die Grundmauern (e-s Gebäudes) errichten; *fig* **~ les bases, fondements de qc** den Grund, das Fundament zu etw legen; **~ un pont** e-e Brücke schlagen **(sur** über *+acc)* **B** V/PR **1** **se ~** (sich) stürzen; ♦ *avec adv*: **se ~ à plat ventre** sich flach hinwerfen; **se ~ à terre, par terre** sich hin-, niederwerfen; **se ~ de côté** beiseitespringen; zur *ou* auf die Seite springen; **se ~ dehors** hinaus-, herausstürzen; **se ~ en arrière** zurückspringen; **se ~ en avant** vorstürzen, -springen; ♦ *avec prép*: **se ~ à l'assaut, à l'attaque** stürmen; angreifen; **se ~ au cou de qn** j-m um den Hals fallen; **se ~ à l'eau** → **eau** 1; **se ~ aux pieds de qn** sich j-m zu Füßen werfen; sich vor j-m niederwerfen; *fig* **se ~ à la tête de qn** sich j-m an den Hals werfen; sich j-m aufdrängen; **se ~ au travers, en travers de qc** sich e-r Sache *(dat)* in den Weg stellen; *accident* **se ~ contre un arbre** gegen e-n Baum prallen, geschleudert werden; *fam fig* **il y aurait de quoi se ~ la tête contre le mur!** das ist zum Verzweifeln, *fam* Auswachsen!; **se ~ dans une bouche de métro** in e-m U-Bahn-Eingang verschwinden; **se ~ dans un travail** sich in e-e Arbeit stürzen; **se ~ entre les deux adversaires** sich zwischen die (beiden) Streitenden werfen, stellen; **se ~ par la fenêtre** sich aus dem Fenster stürzen; zum Fenster hinausspringen; **se ~ sur qn** *(se précipiter)* auf j-n zuspringen, zustürzen; sich auf j-n stürzen; *(agresser)* über j-n herfallen; sich auf j-n werfen, stürzen; **se ~ sur le lit** sich aufs Bett werfen, fallen lassen; **se ~ sur la nourriture** über die Nahrung herfallen; sich über die Nahrung hermachen **2** *fleuve* **se ~ dans** münden, fließen, *poét* sich ergießen in *(+acc)*
jeteur [ʒ(ə)tœʀ] M **~ de sort** mit dem bösen Blick behafteter Mensch
jeton [ʒ(ə)tõ] M **1** Marke *f*; Münze *f*; *au jeu* Spielmarke *f*; Jeton *m*; **~ de contrôle** Kontrollmarke *f*; **~s (de présence)** Sitzungs-, Tagegeld *n*; **~ de téléphone** Telefonmarke *f*; Jeton *m* **2** *fam fig (personne hypocrite)* **un faux ~** [foʃtõ] *fam* ein falscher Fuffziger **3** *fam (coup)* Schlag *m*; *fam* Macke *f (a. fig)* **4** *fam* **avoir les ~s** *fam* Manschetten, *pop* Schiss haben
jet set *ou* **jet-set** [dʒɛtsɛt] M *ou* F ‹*pl* jet-sets› Jetset *m*
jeu [ʒø] M ‹*pl* **~x**› **1** Spiel *n (a. comme objet, fig)*; Spielen *n*; MOYEN ÂGE Schauspiel *n*; ♦ **~x amoureux, érotiques** Liebesspiel *n*; *fig* **~ parlementaire** parlamentarisches Spiel; **~ à treize, quinze** Dreizehner-, Fünfzehnerrugby *n*; **~x d'action, de** *ou* **en plein air** Bewegungs-, Freiluft-, Rasenspiele *npl*; Spiele im Freien; **~ d'adresse, de balle** Geschicklichkeits-, Ballspiel *n*; **~x de** *ou* **en plein air** Freiluft-, Rasenspiele *npl*; Spiele im Freien; **~ de cartes** Kartenspiel *n*; HIST **~x du cirque** Zirkusspiele *npl*; ÉCON **le ~ de la libre concurrence** der freie Wettbewerb; **~ de construction** Baukasten *m*; **~ de dames, de dés, d'échecs** Dame-, Würfel-, Schachspiel *n*; **~ d'enfant** Kinderspiel *n (a. fig)*; *fig* **c'est un ~ (d'enfant)** das ist ein Kinderspiel, e-e Kleinigkeit, ein Leichtes; **~ d'équipe** Mannschafts-, Zusammenspiel *n*; **~ des sept familles** Quartett *n*; **~ de hasard** Glücksspiel *n*; **~ de mots** Wortspiel *n*; **~ de piste** Schnitzeljagd *f*; **~ de société** Gesellschaftsspiel *n*; ♦ *loc adv*: **au ~** beim Spiel(en); **gagner, perdre au ~** beim Spiel(en) gewinnen, verlieren; SPORTS **°hors ~** abseits; **par ~** aus *ou* zum Vergnügen; → *a.* 6; ♦ *fig* **entrer dans le ~** mitmachen; darauf eingehen; **entrer en ~** ins Spiel kommen; *fig* eingreifen; sich einschalten; in Funktion treten; *facteur* wirksam werden; *fig* **faire entrer en ~** ins Spiel bringen; *fig* **ne pas faire entrer en ~** aus dem Spiel lassen; *fig* **c'est le ~** das ist die (Spiel)Regel; das ist nun einmal so üblich; **ce n'est pas de ~** das ist gegen die Spielregel; das war nicht ab-, ausgemacht; das gilt nicht; das ist unfair; *fig* **être en ~** auf dem Spiel stehen; **votre vie est en ~** *a.* es geht um Ihr Leben; *fig* **faire le ~ de qn** j-m (unbeabsichtigt) in die Hände arbeiten; *fig* **se faire un ~ de qc** **a** etw spielend meistern **b** *péj* sein Vergnügen an etw *(dat)* haben, finden; sich *(dat)* aus etw ein Vergnügen machen; **jouer à un ~** ein Spiel spielen; **jouer le ~** sich an die Spielregeln halten *(a. fig)*; fair spielen; *fig* **jouer un ~ dangereux** ein gefährliches, gewagtes Spiel spielen, treiben; *fig* **jouer (un) double ~** ein doppeltes Spiel spielen, treiben; *fig* **jouer le grand ~** alles aufbieten, einsetzen; *fam* alle Register ziehen; *fig* **jouer le ~ de qn** mit j-m gemeinsame Sache machen; *fig* **mener le ~** Herr der Lage sein; **mettre en ~** *(miser)* setzen; *fig (se servir de)* aufbieten; einsetzen; *(risquer)* aufs Spiel setzen; *ballon* **remettre en ~** einwerfen; **le ~ n'en vaut pas la chandelle** das, es lohnt sich nicht; das ist der *ou* die Mühe nicht wert; *prov* **~(x) de main, ~(x) de vilain** dieses Spiel wird noch böse enden **2** JEUX DE CARTES (Spiel)Karten *fpl*; **~ entier** (Karten)Spiel *n* mit 52 Karten; **abattre son ~** s-e Karten aufdecken, (offen) auf den Tisch legen *(a. fig)*; **avoir (un) beau ~, du ~** gute Karten, ein gutes Blatt haben; **je n'ai pas de ~** ich habe schlechte Karten, ein schlechtes Blatt; *fig* **avoir beau ~** leichtes, gewonnenes Spiel haben; *fig* **jouer franc ~** mit offenen Karten spielen **3** *(mise)* Einsatz *m*; **faites vos ~x!** setzen Sie!; *fig* **les ~x sont faits** die Würfel sind gefallen; **jouer gros ~** (sehr) hoch spielen, setzen; mit (sehr) hohem Einsatz spielen *(a. fig)* **4** *(terrain de jeu)* Spielfeld *n*, -platz *m*, -gelände *n*; **un ~ de boule ombragé** ein schattiger Platz zum Boulespielen; *ballon* **sortir du ~** ins Aus gehen **5**

J

THÉ, CINÉMA, *fig* Spiel *n*; MUS *a.* Vortrag *m*; *fam fig adjt* **vieux ~** altmodisch; unmodern; **~ d'eau** Wasserspiel *n* (*a. l'installation*); SPORTS **~ de jambes** Beinarbeit *f*; **avoir un bon ~ de jambes** gute Beinarbeit leisten; **~ de lumière** Lichterspiel *n*; **~ de physionomie** Mienenspiel *n*; THÉ **~ de scène** Bühnenspiel *n*; **jouer le ~ du désespoir** Verzweiflung mimen; die (den) Verzweifelte(n) spielen; *fig*: **bien jouer son ~** sich gut verstellen können; **percer le ~ de qn, lire, voir clair dans le ~ de qn** j-s Spiel durchschauen; **se prendre au ~** (plötzlich) Gefallen, Geschmack an der Sache finden; nicht lockerlassen, nachgeben; **se laisser prendre au ~ de qn** j-m in die Falle gehen; **être pris à son propre ~** sich in der eigenen Schlinge fangen; → *a.* prendre D 2 **6** (*plaisanterie*) Scherz *m*; Spaß *m*; *loc adv* **par ~** aus *ou* zum Scherz, Spaß; **ce n'est qu'un ~** das ist nur ein Scherz, Spaß **7** TECH (*série*) Satz *m*; Garnitur *f*; **~ de clefs** Satz Schlüssel; MAR **~ de voiles** Satz, Stell *m* Segel **8** TECH (*mouvement*) Spiel *n*; *fig a.* Spielraum *m*; **~ des pistons** Spiel der Kolben; **avoir du ~** Spiel, Luft haben; *fig* **laisser plus de ~ aux négociations** für die Verhandlungen mehr Spielraum lassen **9** **~ d'orgue** MUS Register *n*; THÉ Bühnenlichtregler *m* **10** COMM **~ d'écritures** Buchung(svorgang) *f(m)*; Umbuchung *f*

jeudi [ʒødi] M Donnerstag *m*; REL **~ saint** Gründonnerstag *m*; *fam fig* **la semaine des quatre ~s** der *ou* am Sankt- Nimmerleins-Tag; *loc adv*: **il vient ~** er kommt (am) Donnerstag; **un ~** an e-m Donnerstag; **le ~** donnerstags; am Donnerstag; **tous les ~s** jeden Donnerstag; **~ prochain** (am) nächsten, kommenden Donnerstag; **~ soir** Donnerstag Abend *ou* am Donnerstagabend; **le ~ soir** donnerstagabends; donnerstags abends

jeun [ʒɛ̃, ʒœ̃] LOC ADV **à ~** nüchtern; mit nüchternem Magen; auf nüchternen Magen (*a. fig*); **être à ~** nüchtern sein (*a. alcoolique*); nichts gegessen haben; *médicament* **prendre à ~** nüchtern (ein)nehmen

jeune [ʒœn] **A** ADJ **1** jung; **tout ~** blutjung; ganz jung; **plus ~ que moi de deux ans** zwei Jahre jünger als ich; **le ~ Dubois** der junge Dubois; **~ âge** *m* Jugend(zeit) *f*; Jugendalter *n*; **dans mon ~ âge, temps** in meiner Jugend (-zeit); in jungen Jahren; **dès son plus ~ âge** von früh(e)ster Jugend an; **~ fille** *f* (junges) Mädchen; **~ génération** *f* junge Generation; **~ homme** *m* junger Mann; → *a.* homme 2; **un homme (assez) ~** ein jüngerer Mann; *par ext* **~ industrie** *f* junge Industrie; **~ personne** *f* junges Mädchen; junge Dame; BOT **~ pousse** *f* junger Trieb; THÉ **~ premier** *m* jugendlicher Held, Liebhaber; **~ première** *f* jugendliche Heldin; **~ travailleur** *m* Jungarbeiter *m*; jugendlicher Arbeitnehmer; *par ext* **vin** *m* **~** junger Wein; **nous avons été ~s avant vous!** wir sind schließlich älter und haben mehr Erfahrung!; **on sait ce que c'est que d'être ~** wir sind auch einmal jung gewesen; **se marier ~** jung heiraten **2** (*juvénile*) jugendlich (*a. coiffure*); **être ~ de caractère** ein jugendliches Wesen haben; (im Wesen) jung geblieben sein; **être ~ de visage** jugendlich aussehen; ein jugendliches Aussehen haben; **ils font ~s** *ou advt* **~** sie sehen jung, jugendlich aus; sie haben ein jugendliches Aussehen; **s'habiller ~** sich jugendlich kleiden, anziehen **3** (*nouveau*) **a** **trop ~** zu unerfahren, unreif; **mon Dieu qu'il est ~!** mein Gott, was ist er doch für ein Kind!; mein Gott, wie naiv!; *fam* **être ~ dans le métier** ein Anfänger, Neuling sein **b** **~s mariés** Jungverheiratete(n) *pl*; junges, neuvermähltes Paar **B** M/F Jugendliche(r) *m/f(m)*; **les ~s** die jungen Leute; die Jugendlichen; die Jugend; die Jungen; *dans une entreprise etc* der Nachwuchs; **les ~s d'aujourd'hui** die Jugend, die jungen Leute von heute; **former des ~s** Nachwuchs heranbilden; **place aux ~s!** Platz den Jungen, dem Nachwuchs!; **~s et vieux** Jung und Alt; **nous serons entre ~s** wir Jungen werden unter uns sein; **bande** *f* **de ~s** Jugendbande *f*; ♦ *adjt réduction etc* **~s** für Jugendliche; Jugend...

jeûne [ʒøn] M Fasten *n* (*a.* REL); **jour** *m* **de ~** Fasttag *m*

Jeune-Allemagne [ʒœnalmaɲ] F HIST **la ~** das Junge Deutschland

jeûner [ʒøne] V/I fasten (*a.* REL)

jeunesse [ʒœnɛs] F **1** Jugend(zeit) *f*; Jugendjahre *npl*; **prime, première ~** frühe(ste) Jugend; **dès ma première ~** von früh(e)ster Jugend an; **n'être plus de la première ~** nicht mehr der *ou* die Jüngste sein; die besten Jahre hinter sich (*dat*) haben; über die erste Jugend hinaus sein; **seconde ~** zweite Jugend; Johannistrieb *m*; **rêve** *m* **de ~** Jugendtraum *m*; **au temps de ma ~, dans ma ~** in meiner Jugend (-zeit); *prov* **il faut que ~ se passe** Jugend muss sich austoben (*prov*) **2** (*les jeunes*) Jugend *f*; junge Leute *pl*; **~ agricole, ouvrière** Land-, Arbeiterjugend *f*; HIST **Jeunesse dorée** Jeunesse dorée *f* (*a. fig*); **auberge** *f* **de (la) ~** Jugendherberge *f*; *fam* **ça va, la ~?** na, ihr jungen Leute, wie geht's?; *prov* **si ~ savait, si vieillesse pouvait** Jugend weiß nicht, Alter kann nicht; wenn die Jugend wüsste und das Alter könnte **3** *d'animaux, de plantes, de choses* geringes Alter **4** *qualité* Jugendlichkeit *f*; Frische *f*; **~ d'esprit** geistige Frische; **air** *m* **de ~** jugendliches Aussehen **5** *plais* **une ~** ein junges Ding, Blut

jeunet [ʒœnɛ] *fam* ADJ ⟨~te⟩ sehr, reichlich jung

jeûneur [ʒønœʀ] M, **jeûneuse** F Fastende(r) *m/f(m)*

jeunot [ʒœno] M *fam* **un petit ~** *fam* ein junger Spund; ein Bürschchen *n*

jihad [dʒiad] M → djihad

jingle [dʒingœl] M Jingle *m*

jiu-jitsu [ʒyʒitsy] M Jiu-Jitsu *n*

JO [ʒio] **1** M ABR (*Journal officiel*) Amts-, Gesetzblatt *n*; *correspond à* BGBl. (Bundesgesetzblatt) **2** MPL ABR (*jeux Olympiques*) Olympische Spiele *npl*

joaillerie [ʒɔajʀi] F **a** *art* Juwelierkunst *f* **b** *magasin* Juweliergeschäft *n* **c** *articles* Juwelierwaren *fpl*; Schmuck(waren) *m(fpl)* **d** *commerce* Juwelenhandel *m*

joaillerie-orfèvrerie [ʒɔajʀiɔʀfɛvʀəʀi] F ⟨*pl* joailleries-orfèvreries⟩ Juwelier- und Goldwarengeschäft *n*

joaillier [ʒɔaje] M, **joaillière** F Juwelier *m*; Juwelenhändler(in) *m(f)*

joaillier-orfèvre [ʒɔajeɔʀfɛvʀ] M ⟨*pl* joailliers-orfèvres⟩ Juwelier *m* und Goldschmied *m*

job [dʒɔb] M *fam* Job *m*

Job [ʒɔb] M BIBL Hiob *m*; Job *m*; *loc*: **pauvre comme ~** bettelarm; arm wie e-e Kirchenmaus; **être comme ~ sur son fumier** im tiefsten Elend leben

jobard [ʒɔbaʀ] **A** ADJ einfältig; leichtgläubig **B** SUBST **~(e)** *m(f)* Leichtgläubige(r) *m/f(m)*; Gimpel *m*; *fam* Einfaltspinsel *m*

jobarderie [ʒɔbaʀd(ə)ʀi] F *ou* **jobardise** F Leichtgläubigkeit *f*; Einfalt *f*

JOC [ʒiose] F ABR (Jeunesse ouvrière chrétienne) Christliche Arbeiterjugend

Jocelyne [ʒɔslin] F *Vorname*

jociste [ʒɔsist] M/F Mitglied *n*, Angehörige(r) *m/f(m)* der JOC

jockey [ʒɔkɛ] M Jockei *ou* Jockey *m*; *fam fig* **être au régime ~** e-e Abmagerungs-, Fasten-, Hungerkur machen

Joconde [ʒɔkõd] **la ~** PEINT die Mona Lisa

jodler [ʒɔdle] V/I jodeln

Joël [ʒɔɛl] M *Vorname*

Joëlle [ʒɔɛl] F *Vorname*

joggeur [dʒɔgœʀ] M, **joggeuse** F **1** Jogger(in) *m(f)* **2** M *chaussure* Sport-, Turnschuh *m* (mit dicker Profilsohle)

jogging [dʒɔgiŋ] M **1** *sport* Jogging *n*; **faire du ~** joggen **2** *vêtement* Jogginganzug *m*

joie [ʒwa] F Freude *f*; **~s de l'amour** Liebesfreuden *fpl*; **~s de l'existence** Freuden des Lebens; *iron* **les ~s du mariage** die Freuden des Ehelebens; *iron* **les ~s de la voiture** die Freuden des Autofahrens; **~ d'offrir** Freude am Schenken; **~ de vivre** Lebensfreude *f*, -lust *f*; Daseinsfreude *f*; ♦ *loc adv*: **à ma grande ~** zu meiner großen Freude; **à cœur ~** nach Herzenslust; **s'en donner à cœur ~** mit Leib und Seele dabei sein; **avec ~** mit Freuden; **de ~** vor Freude; **pleurer de ~** vor Freude weinen; Freudentränen vergießen; **sauter de ~** Freudensprünge machen; **pour la plus grande ~ de** zum größten Vergnügen, zum Ergötzen, zur größten Freude (*+gén*); **sans ~** freudlos; ♦ **quand aurai-je la ~ de vous revoir?** wann habe ich das Vergnügen, Sie wiederzusehen?; **avoir le cœur en ~** im Innern jubeln, frohlocken; sich zutiefst freuen; **faire, laisser éclater sa ~** in Jubel ausbrechen; **c'était une fausse ~** er (*ou* sie *etc*) hat sich zu früh gefreut; **être la seule ~, toute la ~ de qn** j-s einzige, ganze Freude sein; **être en ~** fröhlich, vergnügt, ausgelassen sein; **faire la ~ de qn** j-s ganze Freude sein; **il fait ma ~, il est ma ~** *a.* ich freue mich an ihm, über ihn; ich habe meine Freude an ihm; **se faire une ~ de faire qc** sich (*dat*) ein Vergnügen daraus machen, etw zu tun; **mettre en ~** erheitern; fröhlich stimmen, machen

joignable [ʒwaɲabl] ADJ *personne* erreichbar

joindre [ʒwɛ̃dʀ] ⟨je joins [ʒwɛ̃], il joint, nous joignons [ʒwaɲõ]; je joignais; je joignis; je joindrai; que je joigne; joignant; joint⟩ **A** V/T **1** (*mettre ensemble*) aneinanderfügen, -legen, -setzen, -stellen; ineinanderfügen; zusammenfügen, -setzen; miteinander verbinden; *st/s musique etc* **~ les cœurs** die Herzen verbinden, zusammenführen; *fam fig* **~ les deux bouts** (mit s-m Geld) gerade so auskommen, *fam* über die Runden kommen; **~ deux cours d'eau par un canal** zwei Wasserläufe durch e-n Kanal verbinden; **~ ses efforts** gemeinsame Anstrengungen machen; **~ les mains** die Hände falten **2** (*ajouter*) **~ à** hinzufügen (*+dat*); dazulegen, -stellen, -tun zu; *à une lettre etc* beilegen, -fügen; **~ qc à une lettre** *a.* etw in e-m Brief mitschicken; **~ le geste à la parole** s-n Worten die Tat folgen lassen; **~ ses prières à celles de qn** j-s Bitten unterstützen; **~ sa voix à** einstimmen in (*+acc*); ADMIN **en y joignant** unter Hinzufügung, Beifügung (**qc** *gén*) **3** **~ qn** j-n erreichen, treffen; mit j-m zusammentreffen; **~ qn par téléphone** j-n telefonisch, per Telefon erreichen; **où puis-je le ~?** wo kann ich ihn erreichen, treffen?; wo ist er erreichbar?; **vous pouvez me ~ n'importe quand** ich bin jederzeit erreichbar, zu erreichen **B** V/I *planches etc* **~ bien (mal)** (un)genau anliegen; *porte, fenêtre a.* (nicht) dicht sein; gut (schlecht) schließen **C** V/PR **1** **se ~** sich miteinander verbinden; sich vereinigen (**à** mit); sich treffen; zusammenstoßen **2** **se ~ à qn** sich j-m anschließen; sich zu j-m gesellen; mit j-m mitmachen; **se ~ à qc** sich e-r Sache (*dat*) anschließen; bei etw mitmachen; **se ~ à la discussion** an der Diskussion teilnehmen

joint [ʒwɛ̃] A ADJ ⟨jointe [ʒwɛ̃t]⟩ 1 aneinander-, ineinandergefügt; zusammengefügt; verbunden, vereinigt (à mit); *document* beigefügt, beigelegt (à *dat*); *porte, fenêtre* **être bien (mal) ~** gut (schlecht) schließen; (nicht) dicht sein; **les mains ~es** mit gefalteten Händen; ADMIN, COMM **pièces ~es** Anlagen *fpl*; **sauter à pieds ~s** mit geschlossenen Füßen, aus dem Stand springen; SPORTS e-n Schlusssprung machen 2 INFORM **fichier ~, pièce ~e** Attachment *n*; **en fichier ~, pièce ~e** als Attachment B M 1 TECH, ANAT Gelenk *n*; **~ de cardan** Kardangelenk *n*; *fig* **chercher le ~** e-n Weg, ein Mittel, e-e Lösung suchen; **trouver le ~** e-n Weg, ein Mittel, e-e Lösung finden; Mittel und Wege finden; *fam* auf den Dreh kommen 2 TECH *de robinet etc* Dichtung *f*; AUTO **~ de culasse** Zylinderkopfdichtung *f* 3 TECH *(endroit de jonction)* Verbindungsstelle *f*; Stoß(stelle) *m(f)*; SOUDAGE Naht(stelle) *f* 4 CONSTR Fuge *f*; **~ de dilatation** Dehnungsfuge *f* 5 *fam (cigarette de haschisch)* Joint *m*

jointif [ʒwɛ̃tif] ADJ ⟨-ive⟩ CONSTR aneinandergesetzt; fugendicht

jointoyer [ʒwɛ̃twaje] V/T ⟨-oi-⟩ CONSTR aus-, verfugen

jointure [ʒwɛ̃tyʀ] F 1 ANAT Gelenk *n*; *d'un cheval* Fessel(gelenk) *f(n)*; **~ des doigts** Fingergelenk *n*, -knöchel *m*; **~ du genou, du poignet** Knie-, Handgelenk *n* 2 CONSTR, TECH Verbindungsstelle *f*; Fuge *f*

joint venture [dʒɔjntvɛntʃœʀ] M ⟨*pl* joint ventures⟩ ÉCON Joint Venture *n*

jojo [ʒoʒo] *fam* A ADJ ⟨*inv*⟩ **c'est pas très ~** das ist nicht sehr schön, nett B M **un affreux ~** *enfant fam* ein unmögliches Kind; *adulte* ein unangenehmer Kerl; ein Ekel *n*

joker [ʒɔkɛʀ] M *carte à jouer* Joker *m*

joli [ʒɔli] ADJ 1 hübsch; nett; **~e fille** hübsches Mädchen; **~ comme un cœur** bildhübsch; *fig* **faire le ~ cœur** den Charmeur spielen; sich wie ein Geck benehmen 2 *somme, bénéfices fam* (ganz) hübsch, beachtlich; **une ~e somme** *a. fam* ein nettes Sümmchen; **une ~e situation** e-e gute, *fam* prima Stellung; **c'est bien ~, mais ...** das ist alles ganz schön und gut, aber ...; **le plus ~ de l'affaire, de l'histoire, c'est que ...** das Schönste an *ou* bei der Geschichte ist, dass ... 3 *iron* sauber; nett; reizend; **un ~ monsieur** ein übler Bursche, Patron, Kunde; *fam* ein sauberes, nettes Früchtchen; *subst* **c'est du, en voilà du ~!** das ist ja reizend!; das ist e-e schöne Geschichte, *fam* Bescherung!

joliesse [ʒɔljɛs] *litt* F hübsches Aussehen; Anmut *f*

joliment [ʒɔlimɑ̃] ADV 1 hübsch 2 *fam* **je me suis ~ trompé** *fam* da habe ich mich ganz schön getäuscht 3 *iron* **vous voilà ~ arrangé** Sie sehen ja reizend aus

Jonas [ʒɔnas] M BIBL Jonas *m*

Jonathan [ʒɔnatɑ̃] M BIBL Jonathan *m*

jonc [ʒɔ̃] M 1 BOT Binse *f*; **~ marin** Stechginster *m*; **canne *f* de ~** Rohrstock *m* 2 *bague, bracelet* (Finger-, Arm)Reif *m*

jonchée [ʒɔ̃ʃe] F **~ de fleurs** gestreute Blumen *fpl*; *par ext* **~ de papiers** *etc* auf dem Boden herumliegende Papiere *npl etc*

joncher [ʒɔ̃ʃe] V/T a bestreuen, bedecken (**de qc** mit etw); **~ le sol de fleurs** Blumen auf den Boden streuen b *choses* herum-, umherliegen, verstreut liegen (**le sol** auf dem Boden); **des feuilles mortes jonchent le sol** der Boden liegt voller Laub; **jonché de** bedeckt, übersät, besät mit

jonchet [ʒɔ̃ʃɛ] M Mikadostäbchen *n*; **jouer aux ~s** Mikado spielen

jonction [ʒɔ̃ksjɔ̃] F Verbindung *f* (*a.* TECH, ÉLEC); Vereinigung *f*; JUR **~ des causes** Prozessverbindung *f*; ÉLEC **bloc *m* de ~** Lüsterklemme *f*; CH DE FER **gare *f* de ~** Anschluss-, Knotenpunktbahnhof *m*; **(point *m* de) ~ de deux routes** Stelle *f*, wo zwei Straßen zusammenlaufen; *les deux armées* **ont opéré leur ~** haben sich vereinigt

jonglage [ʒɔ̃glaʒ] M Jonglieren *n*

jongler [ʒɔ̃gle] V/I jonglieren (**avec** mit) (*a. fig*); *fig* **~ avec les chiffres** mit Zahlen jonglieren

jongleur [ʒɔ̃glœʀ] M 1 *artiste de cirque* Jongleur *m* 2 *(ménestrel)* fahrender Sänger

jonque [ʒɔ̃k] F MAR Dschunke *f*

jonquille [ʒɔ̃kij] A F BOT Gelbe Narzisse; Osterglocke *f* B ADJ ⟨*inv*⟩ narzissengelb

Jordanie [ʒɔʀdani] **la ~** Jordanien *n*

jordanien [ʒɔʀdanjɛ̃] A ADJ ⟨~ne⟩ jordanisch B SUBST **Jordanien(ne)** *m(f)* Jordanier(in) *m(f)*

Joseph [ʒozɛf] M *Vorname*

joseph [ʒozɛf] ADJ ⟨*inv*⟩ CHIM **papier ~** Filtrier-, Filterpapier *n*

Josette [ʒozɛt] F *Vorname*

Josué [ʒozɥe] M BIBL Josua *m*

jouable [ʒwabl] ADJ spielbar; aufführbar

joubarbe [ʒubaʀb] F BOT Hauswurz *f*

joue [ʒu] F 1 ANAT, ZOOL Backe *f* (*a.* BOUCHERIE); *st/s* Wange *f*; **~s creuses** hohle Wangen; **~s pendantes** Hängebacken *fpl*; *loc adv* **~ à** *ou* **contre ~** Wange an Wange; MIL **en ~!** legt - an!; **coucher, mettre le fusil en ~** das Gewehr anlegen, in Anschlag bringen; **coucher, mettre, tenir qn en ~** auf j-n anlegen, zielen; *fam* **se caler les ~s** tüchtig drauflosessen; *fam* spachteln; reinhauen; *malade* **reprendre des ~s, de bonnes ~s** wieder runde, dicke Backen bekommen; BIBL *et fig* **tendre, présenter l'autre ~** auch die andere Backe hinhalten, darbieten 2 TECH Seitenfläche *f*, -wand *f*

jouer [ʒwe] A V/T 1 spielen; *carte, couleur* ausspielen; *pion* setzen; ziehen (**un pion** mit e-m Stein); *somme* a *(miser)* setzen (**sur** auf *+acc*) b *(perdre)* verspielen; *fig réputation etc* aufs Spiel setzen; riskieren; **~ la belle** um die Entscheidung spielen; **~ un cheval** auf ein Pferd setzen; **~ une partie d'échecs** e-e Partie Schach spielen; **~ un (mauvais) tour à qn** j-m e-n (bösen, üblen) Streich spielen; *fig* **~ le tout pour le tout, son va-tout** alles auf eine Karte setzen; Vabanque spielen; → *a.* **jeu** 1, 3, 5 2 *morceau de musique* spielen; **~ qc à qn** j-m etw vorspielen; **~ qc au violon** etw auf der Geige (vor)spielen; **~ (du) Mozart** Mozart spielen; *fam* **~ un disque à qn** j-m e-e Platte vorspielen 3 THÉ, CINÉMA, *rôle* spielen; *pièce, film a.* aufführen; geben; zur Aufführung bringen; **qu'est-ce qu'on joue au cinéma?** was wird im Kino gespielt, gegeben?; *fig* **~ le désespoir, l'étonnement** Verzweiflung, Erstaunen mimen, heucheln; THÉ **~ les ingénues** die Naive spielen; *fig* **elle joue les innocentes** sie spielt, markiert die Unschuldige; **~ Néron** den Nero spielen; *fam* **se la ~** *fam* angeben; *adjt* **l'auteur le plus joué** der meistgespielte Autor; → *a.* **rôle** 1 4 *st/s* **~ qn** j-n täuschen, narren B V/I *et* V/T INDIR 1 spielen; **à qui de ~?** wer ist dran, an der Reihe?; **~ bien, mal** gut, schlecht spielen; *fig* **bien joué!** gut so!; gut gemacht!; MUS **~ faux** falsch spielen; ♦ *avec prép*: **~ aux cartes, aux échecs** *etc* Karten, Schach *etc* spielen; **~ aux courses** (bei Pferderennen) wetten; **~ au football, au tennis** *etc* Fußball, Tennis *etc* spielen; **~ à la guerre** Krieg spielen; FIN **~ à la hausse, à la baisse** auf Hausse, Baisse spekulieren; **~ aux indiens** Indianer spielen; **~ au loto** im Lotto spielen; **~ aux quilles** kegeln; **~ avec qn, qc** mit j-m, etw spielen; **~ avec une balle** (mit e-m) Ball spielen; *fig* **~ avec les cœurs** mit der Liebe spielen; *fig* **~ avec sa santé** mit s-r Gesundheit spielen; **~ dans un film, une pièce** in e-m Film, (Theater)Stück spielen; **~ de la flûte, du piano, du violon** *etc* Flöte, Klavier, Violine *etc* spielen; **~ du cor** Horn blasen; **~ sur le cours des devises**, *fig* **sur la crédulité des gens** *etc* auf den Devisenkurs, *fig* auf die Leichtgläubigkeit der Leute *etc* spekulieren; **~ sur les mots** Wortspielereien machen 2 *(utiliser)* **~ de qc** etw einsetzen, ausnutzen; **~ de son charme** s-n Charme einsetzen, aufbieten; **~ de son infirmité** s-e Behinderung ausnutzen 3 *(entrer en jeu)* e-e Rolle spielen; zum Tragen kommen; **ça ne joue pas** das ist nicht wichtig; das gilt nicht; *argument, mesure etc* **~ à plein** voll durchschlagen; sich voll auswirken; voll zum Tragen kommen; *circonstances etc* **~ contre qn** gegen j-n sein 4 *(fonctionner)* **faire ~** in Gang bringen; ausprobieren; **faire ~ la clef dans la serrure** (aus)probieren, ob der Schlüssel schließt; **faire ~ ses muscles** s-e Muskeln spielen lassen 5 *bois* sich werfen; verziehen 6 TECH Spiel, Luft haben C V/PR 1 **se ~** THÉ, MUS gespielt werden; *fig drame* sich abspielen; **son avenir se joue aujourd'hui** heute geht es um, entscheidet sich s-e Zukunft; MUS **morceau *m* qui se joue à quatre mains** Stück *n* für vier Hände 2 **se ~ de qn** sein Spiel mit j-m treiben; j-n zum Besten, zum Narren haben *ou* halten; **se ~ des difficultés** die Schwierigkeiten spielend überwinden, meistern; mit den Schwierigkeiten spielend fertig werden

jouet [ʒwɛ] M 1 Spielzeug *n*; **~s** *pl* Spielzeug *n* *(coll)*; Spielsachen *fpl*, COMM -waren *fpl*; **~s éducatifs** Lehrspielzeug *n*; **industrie *f* du ~** Spielzeug-, Spielwarenindustrie *f* 2 *fig* **être le ~ de qn** j-m ausgeliefert sein; *navire* **être le ~ des flots** ein Spielball der Wellen sein; **être le ~ d'une illusion** *etc* das Opfer e-r Illusion *etc* sein; **être le ~ d'une mystification** der Genarrte, Hereingelegte sein; *péj* das Opfer e-r Täuschung sein; irregeführt worden sein

joueur [ʒwœʀ], **joueuse** A M,F Spieler(in) *m(f)*; **~ de boules, de football** Boule-, Fußballspieler *m*; **~ de cartes** Kartenspieler *m*; **~ de cornemuse** Dudelsackpfeifer *m*; **~ de flûte** Flötist *m*; Flötenspieler *m*; **c'est un ~** er ist ein Spieler, Hasardeur; **c'est un, il est beau, mauvais ~** er ist ein guter, schlechter Verlierer (*a. fig*); **se montrer beau ~** gut, mit Anstand verlieren können (*a. fig*) B ADJ 1 *enfant, chat* verspielt; **enfant ~** *a. fam* Spielratte *f*; **avoir un tempérament ~** gern spielen 2 *(qui a la passion du jeu)* **être ~** dem Spiel verfallen sein; ein Spieler sein; spielen

joufflu [ʒufly] ADJ pausbäckig, -backig; **un bébé ~** *a. fam* ein Pausback *m*

joug [ʒu] M 1 AGR Joch *n* 2 *fig et st/s* Joch *n*; *de la loi* Zwang *m*; **~ du mariage** Ehejoch *n*; *mari* **être sous le ~ de sa femme** *fam* unter dem Pantoffel stehen; **mettre qn sous le ~** j-n unterjochen, ins Joch spannen; **secouer le ~** das Joch abschütteln; **tomber sous le ~ de qn** unter j-s Gewalt *(acc)* geraten

jouir [ʒwiʀ] A V/T INDIR **~ de qc** 1 *(tirer plaisir de)* etw genießen, auskosten; **~ de l'embarras de qn** sich an j-s Verwirrung *(dat)* weiden; **~ de sa victoire, de son triomphe** s-n Sieg, Triumph genießen, auskosten 2 *(posséder)* etw genießen, besitzen, haben; sich e-r Sache *(gén)* erfreuen; im Besitz von etw sein; **~ de la considération générale** allgemeines Anse-

J

hen genießen; sich allgemeinen Ansehens erfreuen; **~ d'un droit** ein Recht genießen, haben, besitzen; *région* **~ d'une douce température** ein mildes Klima haben; **cet appartement jouit d'une belle vue** von dieser Wohnung aus hat man, genießt man e-n schönen Blick **3** JUR den Nießbrauch, die Nutzung, die Nutznießung von etw haben **4** VI (*éprouver l'orgasme*) e-n Orgasmus haben; *fam* kommen; fertig werden; *par ext fam* **ça le fait ~** er hat s-n Spaß daran; er genießt es; *iron: on m'a arraché une dent* **ça m'a fait ~** *fam* ich hörte die Engel im Himmel singen

jouissance [ʒwisɑ̃s] F **1** Genuss *m*; Lust *f*; **~s matérielles, de l'esprit** materielle, geistige Genüsse; **~s des sens** Sinnengenuss *m*, -lust *f*; **avoir, éprouver une ~ à faire qc** etw mit Genuss, *plus fort* Wollust tun **2** JUR Nutzung *f*; Nutzungsrecht *n*; Nießbrauch *m*; **avoir la ~ d'un droit** ein Recht genießen, haben, besitzen; **avoir la pleine ~ de ses facultés mentales** voll zurechnungsfähig sein; im Vollbesitz s-r geistigen Kräfte sein **3** *fam* (*orgasme*) Orgasmus *m*

jouisseur [ʒwisœʀ] M, **jouisseuse** F Genießer(in) *m(f)*; Genussmensch *m*

jouissif [ʒwisif] ADJ ⟨-ive⟩ großartig; hervorragend; **être ~** *a.* ein Genuss sein

joujou [ʒuʒu] M ⟨*pl* **~x**⟩ *enf* **1** Spielzeug *n* (*a. fig*); **~x** *pl* Spielsachen *fpl* **2** **faire ~** spielen

joule [ʒul] M (ABR **J**) PHYS Joule *n* (*abr* J); **la loi de Joule** das Joule-Gesetz

jour [ʒuʀ] M **1** Tag *m*; **les beaux ~s** die schönen Tage; die Sommertage *mpl*; **le plus beau ~ de ma vie** der schönste Tag meines Lebens; HIST **les Cent ~s** die Hundert Tage; **~ fixe** fester Tag, Termin; **mauvais ~s** schlechte, schlimme Zeiten *fpl*, Tage; *fam* **il a sa tête des mauvais ~s** er hat heute s-n schlechten Tag; **~ de l'An** Neujahrstag *m*; **~ d'automne, d'été, d'hiver, de printemps** Herbst-, Sommer-, Winter-, Frühlingstag *m*; **~ de classe** Schultag *m*; **~ de départ, d'arrivée** Abreise-, Ankunftstag *m*; **~ de deuil** Trauertag *m*; FIN **~ d'émission** Ausgabetag *m*; **~ d'expiration** Verfall(s)tag *m* (*e-s Gutscheins, Ausweises*); **~ de fermeture** Tag, an dem ein Geschäft, e-e Behörde *etc* geschlossen hat; *fam* **~ de guigne, de déveine** Unglücks-, *fam* Pechtag *m*; BIBL **le ~ du Jugement dernier** der Jüngste Tag; der Tag des Jüngsten Gerichts; **~ de marché** Markttag *m*; **~ de paie** Zahl-, Lohntag *m*; **~ de pluie, de soleil** Regen-, Sonnentag *m*; **~ de réception** *ou litt* **~** Empfangstag *m*; Jour fixe *m*; **~ de repos** Ruhe-, Rasttag *m*; **~ des Rois** Dreikönigstag *m*; Heilige Drei Könige; POL **~ de scrutin** Wahltag *m*; REL **~ du Seigneur** Tag des Herrn; **~ de semaine, de travail** Wochen-, Arbeitstag *m*; **~ de sortie** Tag, an dem man Ausgang hat; LOTERIE **~ de tirage** Ziehungstag *m*; ♦ *loc adj*: **de chaque ~** täglich; **de tous les ~s** alltäglich; Alltags...; *robe, costume* **des grands ~s** Festtags...; **public** *m* **des grands ~s** Premierenpublikum *n*; **bébé** *m* **de huit ~s** acht Tage alter Säugling; **bonheur** *m* **d'un ~** kurzes Glück; **caprice** *m* **d'un ~** Laune *f*; plötzlicher Einfall; **gloire** *f* **d'un ~** vergänglicher Ruhm; **conversation** *f* **du ~** Tagesgespräch *n*; **mode** *f* **du ~** herrschende Mode; Mode von heute; MIL **officier** *m* **de ~** diensthabender Offizier; Offizier *m* vom Dienst; **beau comme le ~** bildschön; **long comme un ~ sans pain** ewig lang; ♦ *loc adv*: **le ~, pendant le ~** tagsüber; am Tag(e); während des Tages; *autrich, suisse* untertags; **le ~ et la nuit, nuit et ~, ~ et nuit** Tag und Nacht; **le ~ d'après, suivant** am nächsten, folgenden Tag; am Tag danach, darauf; tags darauf; anderentags; **le ~ d'avant, précédent** am vorhergehenden Tag; am Vortag; am Tag vorher, zuvor; tags zuvor; **l'autre ~** neulich; unlängst; kürzlich; vor Kurzem; letzthin; **le même ~** am selben, gleichen Tag; **le ~ de ...** am Tag (*+gén*); **le ~ où ...** an dem Tag, an dem *ou fam* wo ...; **un ~** e-s Tages; einmal; **venez donc me voir un ~!** kommen Sie mich doch einmal besuchen!; **un ~ que je ...** als ich einmal, e-s Tages ...; **si un ~ ...** wenn je ...; **un autre ~** an e-m anderen Tag; ein and(e)res Mal; ein andermal; **un beau ~** e-s schönen Tages; **un ~ ou l'autre** früher oder später; über kurz oder lang; **un ~ sur deux, tous les deux ~s** alle zwei Tage; jeden zweiten Tag; **ce ~(-ci)** am heutigen Tag; **ce ~-là** an dem, diesem, jenem Tag; **ces ~s-ci** in diesen Tagen; dieser Tage; **un de ces ~s** demnächst; bald einmal; **chaque ~** jeden Tag; **tout le (long du) ~** den ganzen Tag (lang, über); **tous les ~s** alle Tage; jeden Tag; tagtäglich; **à ~** auf dem Laufenden; auf dem neuesten Stand; **mettre à ~** aufs Laufende, auf den neuesten Stand bringen; aufarbeiten; *courrier* erledigen; **tenir à ~** auf dem Laufenden halten; **au ~ le ~** von Tag zu Tag; regelmäßig; **vivre au ~ le ~** von der Hand in den Mund leben; in den Tag hinein leben; *fam* **au ~ d'aujourd'hui** am heutigen Tag; heute; **au ~ dit** am, zum vereinbarten Tag, Termin; **~ après ~, ~ par ~** Tag für Tag; tagaus, tagein; tagtäglich; **dans quelques ~s** in einigen Tagen; **de ~** am Tag(e); tagsüber; **de ~ en ~** von Tag zu Tag; mit jedem Tag; **de nos ~s** heutzutage; in unseren Tagen; **d'un ~ à l'autre** von e-m Tag zum ander(e)n, auf den ander(e)n; jeden Tag; **du ~ au lendemain** von heute auf morgen; über Nacht; **de ce ~ ...** seit jenem Tag ...; **du ~ où ...** seit dem Tag, da *ou* an dem ...; **en peu de ~s** in wenigen Tagen; **jusqu'à nos ~s** bis in unsere Tage (hinein); **par ~** täglich; pro, am Tag; **~ pour ~** auf den Tag (genau); ♦ **quel ~ sommes-nous?** welchen Tag *ou* den Wievielten haben wir heute?; welcher Tag *ou* der Wievielte ist heute?; **c'est à un ~ de train** man fährt, braucht mit dem Zug e-n Tag bis dorthin; **c'est mon ~** heute habe ich Dienst; ich bin heute an der Reihe; **il est dans un** *ou* **son bon ~** er hat heute s-n guten Tag; **être comme le ~ et la nuit** grundverschieden sein; **c'est le ~ et la nuit** das ist ein Unterschied wie Tag und Nacht, ein himmelweiter Unterschied; **il ne se passe pas un ~ sans que ... ne** (*+subj*) es vergeht kein Tag, ohne dass ...; **un ~ viendra où ...** es wird ein Tag kommen, an dem *ou fam* wo ...; *prov*: **à chaque ~ suffit sa peine** jeder Tag hat s-e Plage (*prov*); **Paris ne s'est pas fait en un ~** Rom wurde auch nicht an einem Tag erbaut (*prov*); gut Ding will Weile haben (*prov*); **les ~s se suivent et ne se ressemblent pas** kein Tag gleicht dem ander(e)n (*prov*) **2** Tageslicht *n*; Licht *n*, Beleuchtung *f* (*a.* PEINT); **~ artificiel** künstliches Licht; künstliche Beleuchtung; **faux ~** schlechtes Licht; ungünstige Beleuchtung; Zwielicht *n*; ♦ *loc adv*: **au ~** bei Tageslicht; **au grand ~** am helllichten Tag(e); mitten am Tag; *fig* vor aller Augen; in aller Öffentlichkeit; **éclater au grand ~** an den Tag, ans Tageslicht kommen; **étaler qc au grand ~** etw offen zur Schau stellen; **avant le ~** vor Tagesanbruch; in aller Herrgottsfrühe; **en plein ~** am helllichten Tag(e); mitten am Tag; **il faisait clair comme en plein ~** es war taghell; *fig*: **montrer qc sous son vrai ~** etw ins rechte Licht stellen; etw im rechten Licht zeigen; **se montrer sous son vrai ~** sein wahres Gesicht zeigen; **il fait ~** es ist Tag, hell; **il fait grand ~** es ist taghell; es ist helllichter Tag; **il commence à faire ~** es wird Tag, hell; *fig* **se faire ~** *idée* zum Durchbruch kommen; *vérité* ans Licht, an den Tag kommen; zutage treten; *fig* **mettre au, à ~** (*révéler*) ans Tageslicht, an den Tag bringen; *fouilles* ausgraben; *fig* **voir le ~** *personne* das Licht der Welt erblicken; zur Welt kommen; *idée, mode* aufkommen; *mouvement politique etc* entstehen; sich bilden **3** (*la vie*) *souvent pl* **les ~s** das (*menschliche*) Leben; **donner le ~ à un enfant** e-m Kind das Leben schenken; ein Kind zur Welt bringen; **finir ses ~s à la campagne** s-n Lebensabend auf dem Land verbringen; **mettre fin à ses ~s** s-m Leben ein Ende machen; sich (*dat*) das Leben nehmen **4** CONSTR Öffnung *f*; **à ~** durchbrochen **5** COUT **~ (à fils tirés)** Hohlsaum *m*; **faire des ~s à qc** etw mit Hohlsaum verzieren

Jourdain [ʒuʀdɛ̃] **le ~** der Jordan

journal [ʒuʀnal] M ⟨*pl* -aux⟩ **1** (Tages)Zeitung *f*; Blatt *n*; (*périodique*) Zeitschrift *f*; **~ local, régional** Lokal-, Provinzzeitung *f*, -blatt *n*; **~ à cancans, à scandales** Klatsch-, Skandal-, Revolverblatt *n*; **~ de droite, de gauche** rechts-, linksgerichtete Zeitung; **~ du dimanche** Sonntagszeitung *f*, -blatt *n*; **~ d'information** Nachrichten-, Informationsblatt *n*; **~ du matin, du soir** Morgen-, Abendzeitung *f*, -blatt *n*; **~ de mode** Mode(n)zeitschrift *f*; Modejournal *n*; *adjt* **papier** *m* **~** Zeitungspapier *n*; **lire qc dans**, *fam* **sur le ~** etw in der Zeitung lesen **2** (*bulletin d'information*) RAD **~ parlé** (Rundfunk)Nachrichten *fpl*; TV **~ télévisé** (Fernseh-)Nachrichten *fpl* **3** Tagebuch *n*; **~ intime** (persönliches) Tagebuch; MAR **~ de bord** Logbuch *n*; Schiffstagebuch *n*; Journal *n*; **~ de voyage** Reisetagebuch *n*; **tenir un ~** ein Tagebuch führen **4** COMM **(livre** *m*) **~** Journal *n*

journalier [ʒuʀnalje] **A** ADJ ⟨-ière⟩ täglich; Tage(s)...; **travail ~** tägliche Arbeit **B** SUBST **~, journalière** *m,f* Tagelöhner(in) *m(f)*

journalisme [ʒuʀnalism] M Journalismus *m*; Journalistik *f*; Publizistik *f*; **faire du ~** sich publizistisch betätigen; (Artikel) für Zeitungen schreiben

journaliste [ʒuʀnalist] M/F Journalist(in) *m(f)*; Publizist(in) *m(f)*

journalistique [ʒuʀnalistik] ADJ journalistisch; publizistisch; Zeitungs...; **style** *m* **~** Zeitungsstil *m*; journalistischer Stil

journée [ʒuʀne] F **1** (*jour*) Tag *m*; **bonne ~!** schönen Tag!; **~ d'été** Sommertag *m*; **la ~ d'hier** der gestrige Tag; **~ de repos** Ruhetag *m*; **il y a deux ~s de voyage, de marche** es sind zwei Tage(s)reisen, -märsche bis dahin; *loc adv*: **à la ~** tageweise; pro Tag; nach Tagen; → *a.* 2; **au cours de la ~** im Laufe des Tages; **à n'importe quel moment de la ~** zu jeder Tageszeit; **toute la ~** den ganzen Tag (lang, über); **je ne l'ai pas vu de toute la ~** ich habe ihn den ganzen Tag über nicht gesehen; **toute la sainte ~** den lieben langen Tag; **des ~s entières** tagelang; **passer des ~s entières à (faire) qc** ganze Tage mit etw verbringen (damit verbringen, etw zu tun); **en fin de ~** am Abend; **pendant la ~** tagsüber; während des Tages; *autrich, suisse* untertags; **par une belle ~** an e-m schönen Tag(e); **perdre sa ~** e-n ganzen Tag verlieren, vertun **2** **~ (de travail)** Arbeitstag *m*; *salaire* Tag(e)lohn *m*; **~ continue** durchgehende Arbeitszeit; **faire, avoir la ~ continue** durcharbeiten; **~ de huit heures** Achtstundentag *m*; **faire des ~s de huit, dix heures** acht, zehn Stunden pro Tag arbeiten; **faire des ~s, travailler à la ~** im Tag(e)lohn arbeiten; *iron* **aujourd'hui j'ai gagné ma ~** heute war ein schwarzer Tag für mich

journellement [ʒuʀnɛlmɑ̃] ADV täglich; alle Tage; tagaus, tagein; Tag für Tag

joute [ʒut] F 1 MOYEN ÂGE Tjost *f ou m* 2 **~ nautique** Fischerstechen *n* 3 *fig* **~ oratoire** Wortgefecht *n*; Rededuell *n*

jouteur [ʒutœʀ] M FÉODALITÉ (Turnier)Kämpfer *m*

jouvence [ʒuvɑ̃s] F **fontaine** *f* **de ~**, *fig a.* **bain** *m* **de ~** Jungbrunnen *m*

jouvenceau [ʒuvɑ̃so] M ⟨*pl* ~x⟩ *plais* Jüngling *m*; **jouvencelle** F *plais* Jungfrau *f*; Maid *f*

jouxter [ʒukste] V/T ADMIN **~ qc** *terrain etc* neben etw (*dat*) liegen

Jouy-en-Josas [ʒwiɑ̃ʒɔzas] *Stadt im Dep. Yvelines*

jovial [ʒɔvjal] ADJ ⟨-aux *od* -als⟩ fröhlich; heiter; frohsinnig; **jovialité** F Fröhlichkeit *f*; Heiterkeit *f*; Frohsinn *m*

joyau [ʒwajo] M ⟨*pl* ~x⟩ Juwel *n ou m* (*a. fig*); Kleinod *n* (*a. fig*); **~x de la couronne** Kronjuwelen *pl*, -schatz *m*; *fam fig en parlant d'une femme* **un petit ~** *fam* ein Juwel, Goldstück *n*

joyeux [ʒwajø] ADJ ⟨-euse⟩ lustig; fröhlich; vergnügt; heiter; *fam* fidel; **nouvelle joyeuse** frohe, erfreuliche Nachricht; **surprise joyeuse** freudige Überraschung; **joyeuse(s) fête(s)**, **~ Noël!** frohes Fest!; frohe Feiertage!; fröhliche *ou* frohe Weihnachten!

joystick [dʒɔjstik] M INFORM Joystick *m*

JT [ʒite] M ABR (journal télévisé) Fernsehnachrichten *fpl*

Juan-les-Pins [ʒɥɑ̃lepɛ̃] *Badeort an der Côte d'Azur*

jubarte [ʒybaʀt] F ZOOL Buckelwal *m*

jubé [ʒybe] M ARCH Lettner *m*

jubilation [ʒybilasjõ] F Jubel *m*; Frohlocken *n*; unbändige Freude

jubilé [ʒybile] M 1 fünfzigjähriges (Dienst)Jubiläum 2 REL *chez les Juifs* Jubel-, Halljahr *n*; ÉGL CATH Jubeljahr *n*; Heiliges Jahr

jubiler [ʒybile] V/I (innerlich) frohlocken; sich unbändig, *fam* mächtig freuen

juché [ʒyʃe] ADJ hoch oben (liegend, sitzend, stehend); *personne* **~ en °haut de l'échelle** hoch oben auf der Leiter (stehend, sitzend); *enfant* **~ sur les épaules de son père** (hoch oben) auf den Schultern s-s Vaters (sitzend); *maison etc* **~ au sommet d'une colline** auf e-r Hügelkuppe (gelegen); *oiseau* **être ~ sur une branche** (hoch oben) auf e-m Zweig sitzen

jucher [ʒyʃe] A V/T (hoch) hinaufstellen, -legen, -setzen, -hängen B V/PR **se ~** *oiseau* sich setzen (**sur** auf *+acc*)

juchoir [ʒyʃwaʀ] M (Sitz)Stange *f*; Hühnerstange *f*

judaïque [ʒydaik] ADJ jüdisch; **la loi ~** das mosaische Gesetz

judaïsme [ʒydaism] M Judentum *n*; Judaismus *m*; jüdische Religion

Judas [ʒyda] M 1 BIBL Judas *m* 2 *fig* Verräter *m*; **baiser** *m* **de ~** Judaskuss *m* 3 **judas** Guckloch *n*, -fenster *n*; Spion *m*

Judée [ʒyde] **la ~** Judäa *n*

judéo-… [ʒydeo] ADJ jüdisch-…; **judéo-allemand** ADJ LING jiddisch; **judéo-chrétien** M Judenchrist *m*; **judéo-christianisme** M Judenchristentum *n*

judiciaire [ʒydisjɛʀ] ADJ gerichtlich; Gerichts…; richterlich; Rechts…; Justiz…; **acte** *m* **~** gerichtliche Urkunde; Gerichtsurkunde *f*; **aide** *f* **~** Prozesskostenhilfe *f*; *autrefois* **assistance** *f* **~** Armenrecht *n*; **conseil** *m* **~** Vormund *m*; **enquête** *f* **~** gerichtliche Untersuchung; **erreur** *f* **~** Justizirrtum *m*; **liquidation** *f* **~** Zwangsliquidation *f*; **police** *f* **~** (*abr* **P.J.**) Kriminalpolizei *f* (*abr* Kripo *f*); **pouvoir** *m* **~** richterliche Gewalt; **vente** *f* **~** Zwangsversteigerung *f*; gerichtlich angeordneter Verkauf; **par voie ~** auf dem Rechtsweg(e)

judiciairement [ʒydisjɛʀmɑ̃] ADV gerichtlich

judicieusement [ʒydisjøzmɑ̃] ADV → judicieux; **il a ~ fait remarquer que …** er bemerkte sehr richtig, dass …

judicieux [ʒydisjø] ADJ ⟨-euse⟩ klug; gescheit; vernünftig; **critique judicieuse** scharfsinnige Kritik; **esprit ~** kluger Kopf; **il serait très ~ de** (*+inf*) es wäre ganz klug, sinnvoll zu (*+inf*)

judo [ʒydo] M Judo *n*; **prise** *f* **de ~** Judogriff *m*

judoka [ʒydɔka] M/F Judoka *m*; Judosportler(in) *m(f)*

juge [ʒyʒ] M/F JUR Richter(in) *m(f)* (*a. fig*); SPORTS Schiedsrichter(in) *m(f)*; **~s** *pl a.* Gericht *n*; **femme** *f* **~** Richterin *f*; **~ administratif, des tribunaux administratifs** Verwaltungsrichter *m*; **~ civil, pénal** Zivil-, Strafrichter *m*; **~ consulaire, du tribunal de commerce** Handelsrichter *m*; *fig* **souverain ~**, **~ suprême** oberster, höchster Richter (*Gott*); **~ suppléant** Stellvertreter *m*; stellvertretender Richter; **~ au tribunal d'instance, au tribunal de grande instance** *correspond à* Richter(in) *m(f)* am Amts-, Landgericht; **~ d'appel** Berufungsrichter *m*; **~ d'un concours** Preisrichter *m*; **~ de la cour d'assises** Richter beim Schwurgericht; SPORTS **~ des courses** Kampfrichter *m*; **~ d'instruction** Untersuchungsrichter *m*; TENNIS **~ de ligne**, FOOTBALL *etc* **~ de touche** Linienrichter *m*; **~ de paix** Friedensrichter *m*; **~ des tutelles** Vormundschaftsrichter *m*; **~ pour enfants** Jugendrichter *m*; **aller devant les ~s** vor Gericht gehen; *fig*: **être (à la fois) ~ et partie** Richter in eigener Sache sein; **être bon, mauvais ~ en la matière** die Sache gut, schlecht beurteilen können; **il est seul ~ de ce qu'il doit faire** er allein kann entscheiden, was er zu tun hat; **faire qn ~**, **prendre qn pour ~ dans une affaire** j-n in e-r Sache als Richter anrufen; **je vous fais ~!** finden Sie nicht auch?; **se faire ~**, **s'ériger en ~** sich zum Richter aufwerfen

jugé [ʒyʒe] M LOC ADV **au ~** ungefähr; nach Augenmaß; *fam* nach Gefühl; **estimer au ~** *a.* über den Daumen peilen; **tirer au ~** ungefähr in der Zielrichtung schießen

jugeable [ʒyʒabl] ADJ aburteilbar

juge-arbitre [ʒyʒaʀbitʀ] M ⟨*pl* juges-arbitres⟩ SPORTS Schiedsrichter *m*

jugement [ʒyʒmɑ̃] M 1 JUR (Gerichts)Urteil *n*; (Urteils)Spruch *m*; richterliche Entscheidung; *autrich* Erkenntnis *n*; *d'un accusé* Aburteilung *f*; Urteilsverkündung *f*; **~ arbitral** Schiedsspruch *m*; **~ civil** Urteil im Zivilprozess; BIBL **Jugement dernier, universel** Jüngstes Gericht; Weltgericht *n*; **~ exécutoire par provision** *ou* **nonobstant appel** vorläufig vollstreckbares Urteil; **~ pénal** Strafurteil *n*; **~ de Dieu** HIST Gottesurteil *n*; *fig* Ratschluss *m* Gottes; MYTH **le ~ de Pâris** das Urteil des Paris; *fig* **~ de Salomon** salomonisches Urteil; **~ du tribunal** Gerichtsurteil *n*; gerichtliches Urteil; **~ en premier, dernier ressort** Urteil in erster, letzter Instanz; **~ par défaut** Versäumnisurteil *n*; **confirmer, prononcer, rendre un ~** ein Urteil bestätigen, verkünden, fällen; **passer en ~** abgeurteilt werden 2 *fig* Urteil *n* (*a.* PHIL); Urteilsvermögen *n*, -kraft *f*, -fähigkeit *f*; *a.* Beurteilung *f*; **~ de valeur** Werturteil *n*; **défaut** *m* **de ~** mangelndes Urteilsvermögen; mangelnde Urteilsfähigkeit, -kraft; **homme** *m* **de ~** urteilsfähiger Mensch; **avoir du ~** ein sicheres Urteil haben; **quel est votre ~ sur lui?** was halten Sie von ihm?; wie beurteilen Sie ihn?; **manquer de ~** kein Urteil haben; unkritisch sein; **soumettre un livre au ~ des lecteurs** die Leser über ein Buch urteilen lassen; **je soumets cela à votre ~** ich überlasse das Ihrem Urteil

jugeote [ʒyʒɔt] F *fam* Grips *m*; Köpfchen *n*

juger [ʒyʒe] ⟨-geons⟩ A V/T 1 JUR richten; zu Gericht sitzen, das Urteil sprechen (**qn** über j-n); aburteilen; entscheiden (**qc** in e-r Sache); befinden (**qc** über etw [*acc*]); *abs*: **le tribunal jugera** das Gericht wird darüber befinden, wird das Urteil sprechen; *fig* **la postérité jugera** die Nachwelt wird das Urteil sprechen; *adjt* **chose jugée** abgeurteilte Sache; **autorité** *f*, **force** *f* **de chose jugée** Rechtskraft *f*; **passer en, acquérir force de chose jugée** Rechtskraft erlangen; rechtskräftig werden 2 *fig* urteilen (*abs ou* **qn, qc** über j-n, etw); beurteilen; ermessen (**qc** etw); **~ un différend** e-n Streit schlichten; **~ (qn, qc) favorablement** (j-n, etw) günstig (be)urteilen; **vous me jugez mal si …** Sie kennen mich schlecht, wenn …; **cela vous permettra de mieux ~** das wird Ihnen die Beurteilung erleichtern; **~ autrui d'après soi-même** von sich auf andere schließen; **~ d'après des** *ou* **sur les critères européens** *etc* mit europäischen *etc* Maßstäben messen 3 *par ext* (*considérer*) meinen; glauben; sich (*dat*) denken, vorstellen; *avec adj* für … halten, erachten; als … ansehen; **vous jugez bien que …** Sie können sich (*dat*) leicht denken, vorstellen, dass …; **jugez combien** *ou* **si j'ai été surpris** stellen Sie sich (*dat*) meine Überraschung vor; Sie können sich (*dat*) denken, wie überrascht ich war; **~ qc bon** etw für gut, richtig halten *ou* erachten; **~ nécessaire de faire qc** es für notwendig halten *ou* erachten, etw zu tun; **~ qu'une demande n'est pas opportune** e-e Bitte für unangebracht halten; **il juge qu'on l'a trompé** er ist der Meinung, er glaubt, dass man ihn betrogen hat B V/T INDIR **~ de** urteilen, entscheiden über (*+acc*); beurteilen, ermessen (*+acc*); *la joie, surprise de qn* sich (*dat*) vorstellen, denken (können); **si j'en juge par sa réaction** *ou* **à en ~ par sa réaction…** nach s-r Reaktion zu urteilen…; **jugez-en par vous-même** überzeugen Sie sich selbst (davon); **autant qu'on puisse en ~** soweit sich das beurteilen lässt; nach menschlichem Ermessen C V/PR a *réfléchi* **se ~ (soi-même)** sich (selbst) beurteilen; **se ~ perdu** sich verloren wähnen, glauben b *réciproque* **ils se jugent faits l'un pour l'autre** sie glauben, füreinander geschaffen zu sein c *sens passif* **se ~** beurteilt, gemessen werden; JUR **se ~** zur Entscheidung, Aburteilung kommen; *procès* **se ~ à l'automne** im Herbst stattfinden D LOC ADV **au ~** → jugé

jugulaire [ʒygylɛʀ] A ADJ ANAT **veines** *fpl* **~s** Drosselvenen *fpl*, -adern *fpl* B F Sturm-, Kinnriemen *m*

juguler [ʒygyle] V/T *inflation etc* eindämmen; *passion* zügeln; bändigen; **~ une épidémie** einer Epidemie Einhalt gebieten; **~ une révolte** einen Aufstand unterdrücken, im Keim ersticken

juif [ʒɥif] A ADJ ⟨juive [ʒɥiv]⟩ jüdisch; Juden…; **année juive** Jahr *n* des jüdischen Kalenders; jüdisches Mondjahr B SUBST 1 **~, juive** *m,f* Jude *m*, Jüdin *f*; **persécutions subies par les ~s** Judenverfolgungen *fpl* 2 ANAT **petit ~** Musikantenknochen *m*

juillet [ʒɥijɛ] M Juli *m*; **le quatorze Juillet** der vierzehnte Juli (*frz Nationalfeiertag*); HIST **journées** *fpl*, **révolution** *f* **de Juillet** Julitage *mpl*, -revolution *f*

juin [ʒɥɛ̃] M Juni *m*

jujube [ʒyʒyb] M 1 BOT Jujube *f*; Brustbeere *f* 2 PHARM Brustbeerensaft *m*; **jujubier** M

BOT Jujube *f*

juke-box [(d)ʒukbɔks] M ⟨*pl* juke-boxes⟩ Musikbox *f*, -automat *m*; Jukebox *f*

Jules [ʒyl] M 1 *Vorname* 2 **jules** a *fam* (*amant*) *fam* Kerl *m*; Galan *m* b *fam* (*mari*) *fam* Gatterich *m* c *fam* (*souteneur*) Zuhälter *m*; *fam* Kerl *m*; Louis *m* 3 **jules** *fam* (*vase de nuit*) *fam* Mitternachtsvase *f*; Pinkelpott *m*

Julie [ʒyli] F *Vorname*

Julien [ʒyljɛ̃] M *Vorname*

julien [ʒyljɛ̃] ADJ ⟨~ne⟩ **calendrier ~** julianischer Kalender

Juliénas [ʒyljena(s)] *Weinort im Beaujolais*

julienne [ʒyljɛn] F 1 BOT Nachtviole *f* 2 CUIS Julienne *f* (*dünne Gemüsestreifen*); *potage* Juliennesuppe *f*

Juliers [ʒylje] Jülich *n*

Juliette [ʒyljɛt] F *Vorname*; **Roméo et ~** Romeo und Julia

jumbo(-jet) [dʒœmbo(dʒɛt)] M ⟨*pl* jumbo--jets⟩ AVIAT Jumbo(-Jet) *m*

jumeau [ʒymo] A ADJ ⟨-elle; *mpl* ~x⟩ Zwillings...; Doppel...; **frère ~, sœur jumelle** Zwillingsbruder *m*, -schwester *f*; **lits ~x** Doppel-, Ehebett *n*; **maisons jumelles** Doppelhaus *n* B SUBST **~, jumelle** *m,f* Zwilling *m*; Zwillingsbruder *m*, -schwester *f*; **~x, jumelles** Zwillinge *mpl*; Zwillingspaar *n*, -pärchen *n*; **vrais, faux ~x** eineiige, zweieiige Zwillinge *mpl*

jumelage [ʒymlaʒ] M 1 TECH Verbindung *f*; Kopp(e)lung *f* 2 *de villes* Städtepartnerschaft *f*

jumelé [ʒymle] ADJ Zwillings...; Doppel...; **billets de loterie ~s** Doppellos *n*; ARCH **colonnes ~es** gekuppelte Säulen *fpl*; Doppelsäule *f*; **pari ~** Sieg- und Platzwette *f*; **roues ~es** Zwillingsreifen *m*; Doppelrad *n*; **villes ~es** Partnerstädte *fpl*

jumeler [ʒymle] V/T ⟨-ll-⟩ 1 TECH miteinander verbinden; koppeln; kuppeln; MAR *mât* durch Mastbacken verstärken 2 *deux villes* zu Partnerstädten erklären; durch e-e Partnerschaft verbinden; **Paris est jumelé à** *ou* **avec Rome** Paris ist mit Rom durch e-e (Städte)Partnerschaft verbunden; Paris und Rom sind Partnerstädte

jumelle [ʒymɛl] F 1 OPT *souvent* PL **~s**, *abus* **paire** *f* **de ~s** Fernglas *n*; Feldstecher *m*; **~ marine** Fernglas *n*; **~s de spectacle, de théâtre** Theaterglas *n*; Opernglas *n*, *fam* -gucker *m*; **regarder avec les ~s** durch das Fernglas sehen, gucken 2 → jumeau B

jument [ʒymɑ̃] F ZOOL Stute *f*

jumping [dʒœmpiŋ] M ÉQUITATION Jagdspringen *n*

jungle [ʒɛ̃gl, ʒœ̃-, ʒɔ̃-] F Dschungel *m* (*a. fig*); **loi** *f* **de la ~** Gesetz *n* des Dschungels, der Wildnis

junior [ʒynjɔʀ] A ADJ ⟨*f inv*⟩ 1 SPORTS Junioren...; **catégorie** *f*, **équipe** *f* **~** Juniorenklasse *f*, -mannschaft *f*; *par ext* **mode** *f* **~** Mode *f* für Junioren, für die Jugend 2 COMM *ou plais* **Durand ~** a der jüngere Durand (*le frère*) b Durand junior (*le fils*) B M/F SPORTS Junior *m*, Juniorin *f*; *pl* **~s** Junioren *mpl*

junker [juŋkɛʀ] M *surtout péj* Junker *m*

junkie [dʒœ̃ki] M/F Junkie *m*; Drogenabhängige(r) *m/f(m)*

junte [ʒɛ̃t, ʒœ̃t] F POL Junta *f*; **~ militaire** Militärjunta *f*

jupe [ʒyp] F Rock *m*; **~ droite, en forme, étroite, large** gerader, ausgestellter, enger, weiter Rock; **~ à plis** Faltenrock *m*; *fig* **être (fourré) dans les ~s de sa mère** sich an Mutters Rockzipfel klammern

jupe-culotte [ʒypkylɔt] F ⟨*pl* jupes-culottes⟩ Hosenrock *m*

jupette [ʒypɛt] F Röckchen *n*; **~ de tennis** Tennisröckchen *n*

Jupiter [ʒypitɛʀ] 1 ASTRON (der) Jupiter; **satellites** *mpl* **de ~** Jupitermonde *mpl* 2 M MYTH Jupiter *m*; → *a.* cuisse 1

jupon [ʒypɔ̃] M 1 Unterrock *m*; **~ de soie, de nylon** Unterrock aus Seide, Nylon; seidener Unterrock, Nylonunterrock *m* 2 *fig* **courir le ~** ein Schürzenjäger sein; *fam* hinter jeder Schürze her sein, herlaufen

Jura [ʒyʀa] **le ~** 1 *montagnes* der Jura 2 *frz Departement* 3 *en Suisse* **le canton du ~** der Kanton Jura

jurançon [ʒyʀɑ̃sɔ̃] M *ein frz Weißwein*

jurassien [ʒyʀasjɛ̃] GÉOG A ADJ ⟨~ne⟩ Jura...; des Jura; jurassisch; GÉOL **relief ~** Jurarelief *n* B SUBST **Jurassien(ne)** *m(f)* Bewohner(in) *m(f)* des Jura; Jurassier(in) *m(f)*

jurassique [ʒyʀasik] GÉOL A ADJ Jura...; **période** *f* **~** Jura *m* B M Jura *m*; Juraformation *f*; **~ supérieur, moyen, inférieur** weißer, brauner, schwarzer Jura

juré [ʒyʀe] A ADJ **ennemi ~** geschworener, erklärter Feind; Tod-, Erzfeind *m* B M JUR Geschworene(r) *m*; Schöffe *m*; Laienrichter *m*

jurer [ʒyʀe] A V/T schwören (*a. abs*); *par ext* (*promettre*) geloben; (*assurer*) versichern; **~ solennellement, devant Dieu** feierlich, vor Gott geloben (**de faire qc** etw zu tun); **~ fidélité, obéissance à qn** j-m Treue, Gehorsam schwören, geloben; **~ par tous les saints, par tout ce qui est le plus sacré** bei allem, was heilig ist, schwören; *fig* **on ne jure plus que par lui** man schwört auf ihn; man hält große Stücke auf ihn; **~ sur la Bible, sur son honneur, sur la tête de qn** auf die Bibel, bei s-r Ehre, bei j-m schwören; **~ de faire qc** schwören, geloben, etw zu tun; **~ de ne pas recommencer** Besserung geloben; **~ de se venger** Rache schwören; **il ne faut ~ de rien** man kann nie wissen (, was dazwischenkommt); man soll nicht zu viel versprechen; **j'en jurerais** ich könnte darauf schwören; *fam* darauf kannst du *ou* können Sie Gift nehmen; **~ ses grands dieux que ...** Stein und Bein schwören, dass ...; **on jurerait que c'est lui** man könnte glauben, meinen, dass er es ist *ou* das ist er; **je jure que non** ich schwöre, dass ich es nicht getan habe; **je vous jure** das kann ich Ihnen sagen, versichern; *fam* **ah, je vous jure!** das ist doch nicht zu fassen, nicht zu glauben! B V/I 1 (*dire des jurons*) fluchen; **~ comme un charretier** fluchen wie ein Droschkenkutscher 2 *objets, couleurs* nicht zueinanderpassen; *couleurs a.* sich beißen; **~ avec qc** nicht zu etw passen; sich nicht mit etw vertragen C V/PR a *réciproque* **se ~ un amour éternel** sich, einander ewige Liebe schwören b *réfléchi* **se ~ de faire qc** sich (*dat*) fest vornehmen, etw zu tun

juridiction [ʒyʀidiksjɔ̃] F Rechtsprechung *f*; Rechtspflege *f*; Gerichtsbarkeit *f*; Jurisdiktion *f*; (*tribunal*) Gericht *n*; **~ administrative, civile, commerciale, pénale** Verwaltungs-, Zivil-, Handels-, Strafgerichtsbarkeit *f*; **~ correctionnelle** Strafgerichtsbarkeit *f* (*für Vergehen*); **~ ecclésiastique, laïque** *ou* **séculière** kirchliche, weltliche Gerichtsbarkeit; **~ de droit commun** ordentliche Gerichtsbarkeit; **~ d'exception** Sonder-, Ausnahmegerichtsbarkeit *f*; **~ d'instance, de jugement** erkennendes Gericht; **avoir recours à la ~ supérieure** die höhere Instanz anrufen; **exercer la ~** die Gerichtsbarkeit ausüben; Recht sprechen

juridictionnel [ʒyʀidiksjɔnɛl] ADJ ⟨~le⟩ richterlich; Gerichts...; **pouvoir ~** richterliche Gewalt

juridique [ʒyʀidik] ADJ 1 (*relatif au droit*) rechtlich; juristisch; Rechts...; **acte** *m* **~** Rechtsgeschäft *n*, -handlung *f*; **études** *fpl* **~s** Jurastudium *n*; juristisches Studium; **formation** *f* **~** juristische Ausbildung; **statut** *m* **~** Rechtsstellung *f*; rechtlicher Status; **vocabulaire** *m*, **langue** *f* **~** Rechtsvokabular *n*, -sprache *f* 2 (*devant la justice*) gerichtlich; **action** *f* **~** gerichtliche Klage; Klage *f* vor Gericht

juridiquement [ʒyʀidikmɑ̃] ADV 1 rechtlich; juristisch; **être ~ dans son tort** vom Standpunkt des Rechts aus gesehen *ou* juristisch gesehen unrecht haben, im Unrecht sein 2 gerichtlich; vor Gericht

jurisconsulte [ʒyʀiskɔ̃sylt] M Jurist *m*; Rechtskundige(r) *m*

jurisprudence [ʒyʀispʀydɑ̃s] F Rechtsprechung *f*; **la ~ de la Cour de cassation** die Spruchpraxis des Kassationshofs; **recueil** *m* **de ~** Sammlung *f* von gerichtlichen Entscheidungen; **faire ~** zum Präzedenzfall werden

juriste [ʒyʀist] M/F Jurist(in) *m(f)*

juron [ʒyʀɔ̃] M Fluch *m*

jury [ʒyʀi] M 1 JUR Geschworene(n) *mpl*; Geschworenenbank *f* 2 *d'un prix littéraire etc*, SPORTS Jury *f*; **~ (d'examen)** Prüfungskommission *f*, -ausschuss *m*; **~ de concours** Preisgericht *n*, -richter *mpl*; *a.* Prüfungsausschuss *m*

jus [ʒy] M 1 Saft *m*; **~ de fruit** Obst-, Fruchtsaft *m*; **~ de pommes, de raisin, de tomates** Apfel-, Trauben-, Tomatensaft *m*; CUIS **~ de rôti** Bratensaft *m*; Jus *f*; CUIS **carottes** *fpl* **au ~** Karotten *fpl* in Fleischsaft; *fam fig* **cuire dans son ~** im eigenen Saft schmoren; *fam fig* **laisser qn cuire, mijoter dans son ~** j-n im eigenen Saft schmoren lassen; *fam fig* **ça valait le ~** es hat sich gelohnt 2 *fam* (*café*) Kaffee *m*; *péj* **~ de chaussette** *fam* Blümchenkaffee *m*; Brühe *f*; *all Nord* Plörre *f* 3 *fam* (*courant électrique*) *fam* Saft *m*; **il n'y a plus de ~!** kein Saft mehr!; **recevoir un coup de ~** e-n elektrischen Schlag kriegen

jusant [ʒyzɑ̃] M MAR Ebbe *f*; Tidenfall *m*; **courant** *m* **de ~** Ebbestrom *m*

jusqu'au-boutisme [ʒyskobutism] M Durchhalten *n* bis zum Ende, um jeden Preis; POL *a.* Durchhaltepolitik *f*; **jusqu'au-boutiste** M POL Durchhaltepolitiker *m*; *par ext* Unentwegte(r) *m*

jusque [ʒysk] A PRÉP ⟨*vor Vokal* jusqu'⟩ 1 **jusqu'à** *lieu* bis nach; bis zu; bis an; *temps* bis; **jusqu'à Paris** bis nach Paris; **rempli jusqu'au bord** bis an den Rand gefüllt; randvoll; **~s et y compris la page vingt** bis einschließlich Seite zwanzig; **jusqu'à aujour-d'hui** *ou* **jusqu'aujourd'hui** bis heute; **jusqu'à demain** bis morgen; **jusqu'à quand?** bis wann?; wie lange noch?; **jusqu'à la mort** bis zum Tod; **jusqu'à ce jour** bis auf diesen, bis auf den heutigen Tag; **jusqu'au 17 décembre inclus** bis einschließlich 17. Dezember; *fig* **jusqu'au dernier (homme)** bis auf den letzten Mann; **s'attendrir jusqu'aux larmes** zu Tränen gerührt sein 2 *avec d'autres prép*: a *lieu*: **accompagner qn ~ chez lui** j-n bis nach Hause begleiten b *temps*: **demeurer jusqu'après Pâques** bis nach, bis über Ostern bleiben; **jusqu'en avril** bis zum April *ou* bis in den April hinein; **attendre ~ vers onze heures** bis gegen elf (Uhr) warten 3 *avec adv*: **jusqu'alors** bisher; bislang; bis jetzt; **jusqu'à présent** bis jetzt; **jusqu'ici** *lieu* bis hier(her); *temps* bis jetzt; bisher; **~-là** *lieu* bis dahin, dorthin; so weit (*a. fig*); *temps* bis dahin; *fam fig* **en avoir ~-là** es satthaben; *fam* es dicke haben; *fam* **j'en ai ~-là** *a. fam* mir steht's bis hierhin; es hängt mir zum Hals raus; **~ minuit passé** bis nach Mitternacht; **~ tard dans la nuit** bis spät in die Nacht (hinein) B ADV sogar; selbst; **il regarda ~ sous le lit** er sah sogar unter dem

Bett nach; **il est allé jusqu'à prétendre que ...** er ging so weit zu behaupten, er verstieg sich zu der Behauptung, dass ... **C** CONJ **jusqu'à ce que ...** *(+subj)* bis; **restez jusqu'à ce que je revienne** bleiben Sie, bis ich zurückkomme

jusquiame [ʒyskjam] F BOT Bilsenkraut *n*

justaucorps [ʒystokɔʀ] M Gymnastikanzug *m*

juste [ʒyst] **A** ADJ **1** *(équitable) personne, punition, colère, note* gerecht; **indemnisation** *f*, **récompense** *f* **~** angemessene Entschädigung, Belohnung; **~ ciel!** gerechter Himmel, Gott!; **par un ~ retour des choses** als gerechte Strafe; als gerechter Ausgleich; als ausgleichende Gerechtigkeit; **être ~ à l'égard de, pour, envers qn** j-m gegenüber gerecht sein; gerecht gegen j-n sein; **soyons ~s!** seien wir gerecht!; **ce n'est que trop ~** das ist nur recht und billig; das ist nicht mehr als recht und billig **2** *(justifié) revendication, reproche, craintes* berechtigt; **doutes** *mpl* **~s** berechtigte, begründete Zweifel *mpl*; **avoir de ~s raisons de s'alarmer** allen Anlass, guten *ou* allen Grund zur Beunruhigung haben; **à ~ titre** mit vollem Recht; zu Recht; mit Fug und Recht **3** *(exact) balance, mesure, heure* genau; *montre* richtig, genau gehend; MUS *note* rein; **expression** *f* **~** passender, treffender Ausdruck; **~ milieu** *m* richtige, goldene Mitte; goldener Mittelweg; **mot** *m* **~** passendes, treffendes Wort; **réponse** *f*, **solution** *f* **~** richtige Antwort, Lösung; **tir** *m* **~** Treffer *m*; **au sens le plus ~ du terme** im wahrsten Sinne des Wortes; **très ~!** sehr richtig!; ganz recht!; **rien de plus ~!** das ist nur zu richtig!; **avoir le coup d'œil, l'oreille ~** ein gutes Auge, Ohr *ou* Gehör haben; **estimer qc à son ~ prix, qn à sa ~ valeur** etw, j-n nach s-m wahren Wert einschätzen, beurteilen; **être ~** *addition, réponse etc* stimmen; **c'est ~** das ist richtig; das stimmt; **c'est assez ~** das stimmt ziemlich genau **4** *(serré)* **trop ~** *vêtement* zu eng, knapp; *quantité* knapp, wenig; **prix le plus ~** knapp, scharf kalkulierter Preis; **c'est un peu ~** *vêtement a.* das spannt; *trois minutes pour changer de train,* **ce sera ~** das wird knapp werden **B** ADV **1** *(exactement)* genau; richtig; **~ autant** ebenso viel; **~ au coin de la rue** genau, direkt an der Straßenecke; **~ l'opposé, le contraire** das genaue Gegenteil; gerade das Gegenteil; **arriver ~ à l'heure** ganz pünktlich (an)kommen; **à six heures ~** genau um, Punkt sechs Uhr; **chanter ~** richtig singen; **c'est ~ ce qu'il faut** das ist genau das, was wir brauchen; **mesurer ~** genau messen; **penser ~** (folge)richtig denken; **tirer, viser ~** richtig, genau zielen; **tomber ~** *calcul, partage* aufgehen; *(deviner)* es erraten; das Richtige treffen; *loc adv*: **au ~** eigentlich; genau; **que veux-tu au ~?** was willst du eigentlich?; **comme de ~** wie nicht anders zu erwarten; **comme de ~, il n'était pas là** er war natürlich wieder nicht da **2** *(de justesse)* gerade *(fam* grade) noch; knapp; nur; **~ à côté** direkt nebenan, daneben; *tir etc* knapp daneben; **arriver ~ pour voir le bus démarrer** g(e)rade noch zurechtkommen, um den Bus abfahren zu sehen; **avoir ~ de quoi vivre** sein knappes Auskommen haben; g(e)rade so aus-, hinkommen; **on a ~ le temps** die Zeit reicht g(e)rade noch; wir schaffen es g(e)rade noch; **compter, prévoir un peu trop ~** ein bisschen zu knapp rechnen, kalkulieren; **rester ~ le temps de faire qc** nur so lange bleiben, bis man etw getan hat; *loc adv*: **au plus ~** ganz knapp; **calculer au plus ~** ganz knapp, *fam* knappstens kalkulieren; **tout ~** g(e)rade noch; ganz knapp; *fam* **il a eu le train tout ~** *fam* er kriegte den Zug mit knapper Not, mit Müh und Not; **c'est tout ~ passable** das geht g(e)rade noch; das geht so eben **C** M **1** Gerechte(r) *m*; **les ~s** die Gerechten *(a.* BIBL) **2** **le sentiment du ~ et de l'injuste** das Gefühl für Recht und Unrecht

justement [ʒystəmɑ̃] ADV **1** *(précisément)* gerade *(fam* grade); eben; **~ le voici!** da kommt er ja g(e)rade!; **c'est ~ ce qu'il ne fallait pas faire** das war g(e)rade das Verkehrte; **il a choisi ~ ce moment** er wählte ausgerechnet diesen Augenblick **2** *(avec justesse)* richtig; **comme on l'a dit si ~** wie ganz richtig gesagt wurde **3** *(à bon droit)* zu, mit Recht; **faire ~ remarquer que ...** mit, zu Recht darauf hinweisen, dass ...

juste-milieu [ʒystəmiljø] M *fig, partic* POL goldene Mitte; goldener Mittelweg

justesse [ʒystɛs] F **1** *d'une montre, balance etc* Genauigkeit *f*; *d'une comparaison, expression etc* Richtigkeit *f*; *d'un son* Reinheit *f*; *de l'oreille, du raisonnement* Schärfe *f*; **~ du coup d'œil** gutes Augenmaß; **~ du tir** Treffsicherheit *f*; **remarque** *f* **d'une grande ~** scharfsinnige Bemerkung **2** LOC ADV **de ~** gerade *(fam* grade) noch; mit knapper Not; **échapper de ~ à la mort** um Haaresbreite, mit knapper Not dem Tod entrinnen; **gagner de ~** knapp, mit e-m knappen Vorsprung gewinnen, siegen

justice [ʒystis] F **1** *(équité)* Gerechtigkeit *f*; Recht *n*; **la Justice** Justitia *f*; die Göttin der Gerechtigkeit; **~ sociale** soziale Gerechtigkeit; **en bonne ~** mit gutem Recht; mit Fug und Recht; **avoir la ~ de son côté, pour soi** das Recht auf s-r Seite haben; **demander, obtenir ~** Gerechtigkeit, sein Recht fordern, erlangen *ou* erhalten; **on lui doit cette ~** das muss man ihm lassen; **c'est ~** das ist gerecht; **ce n'est que ~** das ist nur recht und billig; das ist nicht mehr als recht und billig; **faire ~ de qc** *(récuser)* etw verwerfen; *(réfuter)* etw widerlegen; **faire, rendre ~ à qn** j-m Gerechtigkeit widerfahren lassen **2** *(juridiction)* Justiz *f*; Rechtswesen *n*; Gerichtsbarkeit *f*; *par ext (tribunal)* Gericht *n*; *par ext (police judiciaire)* Kriminalpolizei *f*; **~ administrative, civile** Verwaltungs-, Zivilgerichtsbarkeit *f*; **~ internationale** internationale Rechtsprechung; **~ militaire** Militärgerichtsbarkeit *f*, -justiz *f*; *loc adv* **en ~** vor Gericht; **assigner, citer en ~** vor Gericht laden; vorladen; **passer en ~** vor Gericht kommen; **déférer qn à la ~, traduire qn en ~** j-n gerichtlich belangen, vor Gericht stellen *ou* bringen; **être brouillé avec la ~** mit dem Gesetz in Konflikt geraten sein; **se faire ~ (soi-même)** *(se tuer)* sich selbst richten; *(se venger)* sich *(dat)* selbst Recht verschaffen; **relever de la ~ d'un pays** der Gerichtsbarkeit e-s Landes unterstehen; **rendre la ~** Recht sprechen; Gericht halten

justiciable [ʒystisjabl] ADJ JUR e-r Gerichtsbarkeit, der Zuständigkeit e-s Gerichts unterliegend, unterstehend, unterworfen

justicier [ʒystisje] M, **justicière** F Verfechter(in) *m(f)* der Gerechtigkeit; *personnage de roman etc* für das Recht eintretender Held; Rächer *m*; *iron* Weltverbesserer *m*; **s'ériger en ~** sich zum Richter aufwerfen

justifiable [ʒystifjabl] ADJ vertretbar; zu rechtfertigen(d)

justificateur [ʒystifikatœʀ] ADJ ⟨-trice⟩ rechtfertigend; Rechtfertigungs...

justificatif [ʒystifikatif] ADJ ⟨-ive⟩ **1** rechtfertigend; Rechtfertigungs...; JUR **fait ~** Rechtfertigungsgrund *m* **2** *(qui prouve)* beweiskräftig; Beweis...; COMM Beleg...; **exemplaire ~** *ou subst* **~** *m* Belegexemplar *n*; **pièce justificative** Beweisstück *n*; Beweis *m*; COMM Beleg *m*; (Rechnungs) Unterlage *f*

justification [ʒystifikasjõ] F **1** Rechtfertigung *f*; **qu'avez-vous à dire pour votre ~?** was haben Sie zu Ihrer Rechtfertigung zu sagen? **2** *(preuve)* Nachweis *m*, Beweis *m*, COMM Beleg *m* (**de qc** für etw); **~ d'un paiement** Zahlungsbeleg *m* **3** TYPO **a** *des lignes* Ausschließen *n*; **machine** *f* **à écrire à ~** Schreibmaschine *f* mit Randausgleich **b** *(longueur d'une ligne)* Zeilenlänge *f*; Satzbreite *f*

justifier [ʒystifje] **A** V/T **1** rechtfertigen; *conduite, critiques etc a.* begründen; **~ une affirmation** eine Behauptung beweisen; **~ l'emploi des sommes reçues** über die Verwendung der empfangenen Gelder Rechenschaft ablegen; **il éprouvait une joie que rien ne justifiait** er empfand e-e Freude, die durch nichts begründet war; *adjt reproche, craintes etc* **justifié** berechtigt; begründet; **ne pas être justifié** unbegründet sein **2** *(confirmer)* bestätigen; *cet événement* **justifia ses craintes, son opinion** bestätigte s-e Befürchtungen, s-e Meinung **3** TYPO ausschließen **B** V/T INDIR **~ de qc** für etw den Beweis liefern, den Nachweis erbringen; etw beweisen, nachweisen, belegen; **~ de son identité** sich ausweisen, legitimieren; *reçu* **~ d'un paiement** e-e Zahlung belegen **C** V/PR **se ~** **a** sich rechtfertigen (**auprès de qn** vor j-m) **b** *craintes* sich als begründet, gerechtfertigt erweisen; **se ~ de qc devant qn** sich vor j-m für etw verantworten; **se ~ d'une accusation** sich von e-r Anschuldigung reinwaschen

jute [ʒyt] M TEXT Jute *f*

juteux [ʒytø] **A** ADJ ⟨-euse⟩ **1** *fruit* saftig **2** *fam fig* **affaire juteuse** einbringliches, einträgliches Geschäft; *fam* Bombengeschäft *n* **B** M *arg militaire (adjudant)* Hauptfeldwebel *m*; *fam* Spieß *m*

Jutland [ʒytlɑ̃d] **le ~** Jütland *n*

juvénile [ʒyvenil] ADJ *allure, grâce* jugendlich; JUR **délinquance** *f* **~** Jugendkriminalität *f*

juxtaposable [ʒykstapozabl] ADJ *pour des meubles modulables* **éléments** *mpl* **~s** Anbauelemente *npl*

juxtaposé [ʒykstapoze] ADJ nebeneinandergestellt, -gelegt, -gesetzt; GRAM **propositions ~es** unverbundene Satzreihe; asyndetische Parataxe

juxtaposer [ʒykstapoze] **A** V/T nebeneinanderstellen, -legen, -setzen; **~ des mots** Wörter aneinandersetzen; **~ des phrases** Sätze (aneinander)reihen; **~ des textes** Texte gegenüberstellen **B** V/PR **se ~** nebeneinanderstehen

juxtaposition [ʒykstapozisjõ] F Nebeneinanderstellen *n*; LING Juxtaposition *f*

K

K, k [kɑ] M ⟨*inv*⟩ K, k *n*

K7 [kasɛt] F Kassette *f*

kabbale [kabal] F → cabale

Kaboul [kabul] Kabul *n*

kabuki [kabuki] M *théâtre japonais* Kabuki *n*

kabyle [kabil] **A** ADJ kabylisch **B** SUBST **Kabyle** *m/f* Kabyle *m*, Kabylin *f*

Kabylie [kabili] **la ~** die Kabylei

kafkaïen [kafkajɛ̃] ADJ ⟨~ne⟩ kafkaesk

kahoua [kawa] *fam* M Kaffee *m*

Kairouan [kɛʀwɑ̃] GÉOG Kairuan *n*

kaiser [kajzɛʀ, kɛ-] M HIST (deutscher) Kaiser *(1871-1918)*

kakatoès → cacatoès
kaki[1] [kaki] **A** ADJ ⟨inv⟩ khakibraun, -farben; **chemise** f ~ Khakihemd n **B** M Khaki n; Khakibraun n, -farbe f
kaki[2] [kaki] M *fruit* Kaki f
kalachnikov [kalaʃnikɔf] F MIL Kalaschnikow f
Kalahari [kalaaʀi] **le ~** die Kalahari
kaléidoscope [kaleidɔskɔp] M Kaleidoskop n (a. *fig*)
Kalmouks [kalmuk] MPL Kalmücken *mpl*
kamikaze [kamikaz] M **1** MIL Kamikazeflieger m **2** (*auteur d'un attentat suicide*) Selbstmordattentäter m **3** *fig* verwegener Bursche; Draufgänger m; *adjt* (geradezu) selbstmörderisch
Kanak(e) [kanak] M(F) Kanake m, Kanakin f
kangourou [kɑ̃guʀu] M ZOOL Känguru n
kantien [kɑ̃tjɛ̃] ADJ ⟨~ne⟩ PHIL kantsche(r, -s); von Kant; **kantisme** M PHIL Lehre f, Philosophie f Kants
kaolin [kaɔlɛ̃] M MINÉR Kaolin n ou m; Porzellanerde f
kapok [kapɔk] M TEXT Kapok m; **kapokier** M BOT Kapokbaum m
Karachi [kaʀaʃi] GÉOG Karatschi n
karaoké [kaʀaɔke] M **1** *action* Karaoke n **2** *appareil* Karaokeanlage f
karaté [kaʀate] M Karate n
karité [kaʀite] M BOT Sheabutterbaum m; **beurre** m **de ~** Sheabutter f
Karlovy Vary [kaʀlɔvivaʀi] Karlsbad n
karma [kaʀma] *ou* **karman** [kaʀmɑ̃] M REL Karma n
karst [kaʀst] M GÉOL Karst(landschaft) m(f); **karstique** ADJ GÉOL Karst…
kart [kaʀt] M **1** SPORTS Gokart m **2** *pour enfants* Kettcar® m
karting [kaʀtiŋ] M Gokartsport m; Karting n
kascher [kaʃɛʀ] ADJ ⟨inv⟩ koscher
Katanga [katɑ̃ga] GÉOG **le ~** Katanga n
Katmandou [katmɑ̃du] GÉOG Katmandu n
Katowice [katɔvitse], [katɔvis] GÉOG Kattowitz n
kayak *ou* **kayac** [kajak] M Kajak m; **faire du kayak** *ou* **du kayac** Kajak fahren
kayakiste [kajakist] M/F Kajakfahrer(in) m(f)
kazakh [kazak] **A** ADJ kasachisch **B** SUBST **1** MPL **Kazakhs** Kasachen *mpl* **2** LING **le ~** das Kasachische; Kasachisch n
Kazakhstan [kazakstɑ̃] **le ~** Kasachstan n
K-bis [kabis] M (**extrait** m) **~** Auszug m aus dem (französischen) Handelsregister
kcal ABR (kilocalorie[s]) kcal (Kilokalorie[n])
kebab [kebab] M CUIS Kebab m
kéfir [kefiʀ] M *boisson* Kefir m
kelvin [kɛlvin] M (ABR **K**) PHYS Kelvin n (*abr* K)
kendo [kɛndo] M SPORTS Kendo n
Kenya [kenja] **le ~** Kenia n
kényan [kenjɑ̃] **A** ADJ kenianisch **B** SUBST **Kényan(e)** m(f) Kenianer(in) m(f)
képhir [kefiʀ] M *boisson* Kefir m
képi [kepi] M Schirmmütze f (*der frz Offiziere u. Polizisten*)
kératine [keʀatin] F BIOCHIMIE Keratin n
kératite [keʀatit] F MÉD Hornhautentzündung f; *t/t* Keratitis f
kératoplastie [keʀatɔplasti] F MÉD Hornhautüberpflanzung f; *t/t* Keratoplastik f
Kerguelen [kɛʀgelɛn] **les îles** *fpl* **~** die Kerguelen
kermesse [kɛʀmɛs] F **1** (*fête de charité*) Wohltätigkeitsfest n **2** (*fête foraine*) Kirmes f; Kirchweih(fest) f(n)
kérosène [keʀozɛn] M *carburant* Kerosin n
ketchup [kɛtʃœp] M CUIS Ketschup m ou n
kg ABR (kilogramme[s]) kg (Kilogramm)
khâgne [kaɲ] F *fam Klasse, in der man sich nach dem Baccalauréat zur Aufnahmeprüfung für die „École normale supérieure (lettres)" vorbereitet*
khâgneux [kaɲø] *fam* M, **khâgneuse** *fam* F Student(in), der (die) die „khâgne" besucht
Khartoum [kaʀtum] Khartum n
khmer [kmɛʀ] **A** ADJ ⟨khmère⟩ der Khmer; Khmer… **B** MPL **Khmers** Khmer *mpl*; **les Khmers rouges** die Roten Khmer
khôl [kol] M (*fard à paupières*) Kajal n
Khrouchtchev [kʀutʃɛf] M *homme politique soviétique* Chruschtschow m
kHz ABR (kilohertz) kHz (Kilohertz)
kibboutz [kibuts] M ⟨*pl* ~ *od* ~**im** [-im]⟩ Kibbuz m
kick [kik] M Kickstarter m
kidnapper [kidnape] V/T kidnappen; entführen; **kidnappeur** M, **kidnappeuse** F Kidnapper m; Entführer(in) m(f)
kidnapping [kidnapiŋ] M Kidnapping n; Entführung f
Kiev [kjɛf] Kiew n
kif[1] [kif] M → kif-kif
kif[2] [kif] M Kif m (*nordafrikanisches Rauschgift*)
kif(f)er [kife] *fam* **A** V/I sich amüsieren; Spaß haben; **qn, qc fait ~ qn** j-d, etw gefällt j-m, *fam* törnt j-n an, *pop* macht j-n an; **qc fait ~ qn** a. etw macht j-m Spaß **B** V/T **~ qn, qc** j-n, etw mögen; *fam* auf j-n, etw stehen, abfahren
kif-kif [kifkif] ADJ ⟨inv⟩ *fam* **c'est ~ (bourricot)**, *subst* **c'est du kif** das ist gleich, egal, ein und dasselbe; *fam* das ist Jacke wie Hose; das ist gehupft wie gesprungen
kiki [kiki] M **1** *fam* (*gorge*) Gurgel f; Kehle f; **serrer le ~ à qn** j-m die Gurgel, Kehle zudrücken **2** *fam* **c'est parti, mon ~** *fam* und los geht's; und schon läuft die Sache
Kikouyous *ou* **Kikuyus** [kikuju] MPL *peuple africain* Kikuju *mpl*
kil [kil] *pop* M Liter n ou m; **un ~ de rouge** ein Liter Rotwein
Kilimandjaro [kilimɑ̃dʒaʀo] **le ~** der Kilimandscharo
kilo [kilo] M Kilo n; **cinq ~s** fünf Kilo
kiloampère [kilɔɑ̃pɛʀ] M (ABR **kA**) ÉLEC Kiloampere n (*abr* kA); **kilocalorie** F (ABR **kcal**) Kilokalorie f (*abr* kcal); **kilogramme** M (ABR **kg**) Kilogramm n (*abr* kg); **kilohertz** M (ABR **kHz**) RAD Kilohertz n (*abr* kHz); **kilojoule** M (ABR **kJ**) ÉLEC Kilojoule n (*abr* kJ)
kilométrage [kilɔmetʀaʒ] M **1** *d'une route etc* Kilometrieren n, -ung f **2** (*nombre de km parcourus*) Kilometerzahl f; *d'un compteur* Kilometerstand m
kilomètre [kilɔmɛtʀ] M (ABR **km**) Kilometer m (*abr* km); **~ carré** (*abr* **km²**) Quadratkilometer m (*abr* km² *ou* qkm); **faire des ~s** kilometerweit, viele Kilometer laufen *ou* fahren; **faire 130 ~s à l'heure** mit 130 Stundenkilometern fahren; **kilomètre-heure** M ⟨*pl* kilomètres-heure⟩ (ABR **km/h**) Stundenkilometer m (*abr* km/h)
kilométrique [kilɔmetʀik] ADJ Kilometer…; in Kilometern; kilometrisch; **borne** f **~** Kilometerstein m; AUTO **compteur** m **~** Kilometerzähler m; **distance** f **~** Entfernung f in Kilometern; CH DE FER **point** m **~** Kilometerpunkt m
kilo-octet [kilɔɔktɛ] M ⟨*pl* kilo-octets⟩ (ABR **Ko**) INFORM Kilobyte n (*abr* KB *ou* kByte)
kilotonne [kilɔtɔn] F (ABR **kt**) PHYS NUCL Kilotonne f (*abr* kt); **kilovolt** M (ABR **kV**) ÉLEC Kilovolt n (*abr* kV); **kilovoltampère** M (ABR **kVA**) ÉLEC Kilovoltampere n (*abr* kVA); **kilowatt** M (ABR **kW**) ÉLEC Kilowatt n (*abr* kW); **kilowattheure** M (ABR **kWh**) ÉLEC Kilowattstunde f (*abr* kWh)
kilt [kilt] M Kilt m; Schottenrock m
kimono [kimɔno] M Kimono *ou* Kimono m; *adjt* **manches** *fpl* **~** Kimonoärmel *mpl*
kiné [kine] *fam* ABR → kinésithérapeute, kinésithérapie
kinésithérapeute [kineziteʀapøt] M/F Heil-, Krankengymnast(in) m(f); **kinésithérapie** F Heil-, Krankengymnastik f
kinesthésie [kinɛstezi] F PHYSIOL Kinästhesie f; **kinesthésique** ADJ kinästhetisch
Kinshasa [kinʃasa] Kinshasa n
kiosque [kjɔsk] M **1** Kiosk m; **~ à journaux** Zeitungskiosk m, -stand m **2** (Garten)Pavillon m; **~ à musique** Musikpavillon m **3** MAR *d'un sous-marin* Turm m; **~ de la timonerie** Ruderhaus n
kipper [kipœʀ] M CUIS Räucherhering m
kir [kiʀ] M Kir m; **kir breton** *Aperitif aus Cidre und Johannisbeerlikör*; **~ royal** Kir m royal
kirghiz [kiʀgiz] **A** ADJ kirgisisch **B** MPL **Kirghiz** Kirgisen *mpl*
Kirghizistan [kiʀgizistɑ̃] **le ~** Kirgisien n
kirsch [kiʀʃ] M Kirsch m; Kirschwasser n
kit [kit] M Bausatz m; **en ~** zum Zusammenbauen
kitchenette [kitʃənɛt] F kleine Küche; Kochnische f
kitsch [kitʃ] **A** ADJ ⟨inv⟩ kitschig; Kitsch… **B** M Kitsch m
kiwi [kiwi] M **1** *fruit* Kiwi f **2** *oiseau* Kiwi m
klaxon® [klaksɔn] M Hupe f; **donner un coup de ~** (kurz) hupen
klaxonner [klaksɔne] **A** V/T **~ qn** j-n anhupen **B** V/I hupen; **interdiction** f **de ~** Hupen verboten
Kléber [klebɛʀ] *frz General*
klebs → clebs
Klein [klɛ̃] **Yves ~** *frz Maler*
kleptomane [klɛptɔman] **A** ADJ kleptomanisch **B** M/F Kleptomane, -manin m,f; **kleptomanie** F Kleptomanie f
km ABR (kilomètre[s]) km (Kilometer)
km² ABR (kilomètre[s] carré[s]) km² (Quadratkilometer)
km³ ABR (kilomètre[s] cube[s]) km³ (Kubikkilometer)
km/h ABR (kilomètres-heure) km/h (Stundenkilometer, Kilometer je Stunde)
Knesset [knesɛt] F POL Knesset(h) f
knock-out [(k)nɔkawt, -kut] (ABR **K.-O.**) BOXE **A** ADJ knock-out (*abr* k. o.); **mettre qn ~** j-n knock-out, k. o. schlagen **B** M ⟨inv⟩ Knock-out m (*abr* K. o.); **battu par ~** durch K. o. besiegt
knout [knut] M Knute f
Ko ABR (kilo-octet) KB (Kilobyte)
K.-O. [kao] ABR (knock-out) **A** ADJ ⟨inv⟩ **1** BOXE k. o.; **mettre qn ~** j-n k.o. schlagen **2** *fam fig* **être complètement ~** *fam* völlig k. o. *ou* kaputt sein **B** M BOXE K. o. m
koala [kɔala] M ZOOL Koala m; Beutelbär m
kobold [kɔbɔld] M Kobold m
kola [kɔla] M BOT (**noix** f **de**) **~** Kolanuss f
kolkhoz(e) [kɔlkoz] M Kolchose f; Kolchos m
kolkhozien [kɔlkozjɛ̃] M, **kolkhozienne** F Kolchosbauer m, -bäuerin f
konzern [kõzɛʀn, -tsɛʀn] M ÉCON Konzern m
kopeck [kɔpɛk] M Kopeke f; *fig* **il n'a plus un ~** er hat keinen Pfennig, *fam* keinen roten Heller mehr
korrigan [kɔʀigɑ̃] M, **korrigane** F *dans les légendes bretonnes* Kobold m; Wichtelmännchen n
Kosovar(e) [kɔsɔvaʀ] M(F) Kosovare m, Kosovarin f
Kosovo [kɔsɔvo] **le ~** der *ou* das Kosovo
Koufra [kufʀa] GÉOG Kufra
kouglof [kuglɔf] M CUIS Napf-, Topfkuchen m; *all Sud* Gugelhupf *ou* Gugelhopf m
kouing-amann [kuiɲaman] M ⟨inv⟩ *bretonischer Kuchen aus Brotteig, Butter und Kara-*

mellzucker
Kouriles [kuʀil] **les** ~ *fpl* die Kurilen *pl*
Koweït [kɔwɛjt] **le** ~ Kuwait *n*
koweïtien [kɔwɛjtjɛ̃] A ADJ ⟨~ne⟩ kuwaitisch B SUBST **Koweïtien(ne)** *m(f)* Kuwaiter(in) *m(f)*
krach [kʀak] M ÉCON Börsenkrach *m*
kraft [kʀaft] M *ou* ADJT **papier** *m* ~ Packpapier *n*
Kremlin [kʀɛmlɛ̃] **le** ~ der Kreml
krill [kʀil] M ZOOL Krill *m (e-e Garnele)*
krypton [kʀiptõ] M CHIM Krypton *n*
Kuala Lumpur [kwalalumpuʀ] Kuala Lumpur *n*
kummel [kymɛl] M *alcool* Kümmel *m*
kumquat [kumkwat] M BOT Kumquat *f*
kung-fu [kuŋfu] M ⟨*inv*⟩ SPORTS Kung-Fu *n*
kurde [kyʀd] A ADJ kurdisch B SUBST **Kurde** *m/f* Kurde *m*, Kurdin *f*
Kurdistan [kyʀdistã] **le** ~ Kurdistan *n*
kW ABR (kilowatt[s]) kW (Kilowatt)
kWh ABR (kilowattheure[s]) kWh (Kilowattstunde[n])
kyrie (eleison) [kiʀje(eleisɔn)] M ⟨*inv*⟩ REL, MUS Kyrie(eleison) *n*
kyrielle [kiʀjɛl] F ~ **d'enfants** Schar *f*, Schwarm *m* von Kindern; ~ **de reproches** lange Reihe von Vorwürfen
kyste [kist] M MÉD, BOT Zyste *f*
Kyushu [kjuʃu] GÉOG Kiuschu *n*

L

L, l [ɛl] M ⟨*inv*⟩ L, l *n*
l ABR (litre[s]) l (Liter)
l' [l] → le
la¹ [la] *article et* PR PERS → le
la² [la] M MUS a *ou* A *n*; **donner le** ~ das A angeben; *fig* den Ton angeben
là [la] A ADV 1 *lieu:* da; dort; dahin; dorthin; **ces gens-**~ diese Leute da; *st/s* jene Leute; ~ **où …** da, wo …; **asseyez-vous** ~! setzen Sie sich hier-, da-, dorthin!; ~, **il interrompit son récit** an dieser Stelle unterbrach er s-n Bericht; **qui va** ~? wer da?; **être** ~ da sein; *fam fig* **être un peu** ~ ziemlich groß, gewichtig, auffällig sein; **il est un peu** ~ *a.* mit ihm muss man rechnen; **les faits sont** ~ das sind (nun einmal) Tatsachen; **c'est** ~ **que je voudrais aller** dorthin möchte ich gern fahren, reisen; **c'est bien** ~ **qu'est la difficulté** darin liegt ja gerade die Schwierigkeit; **j'en étais** ~ **de ma lettre lorsque …** bis hierhin, so weit war ich mit meinem Brief gekommen, als …; **rester** ~ dableiben; da, hier stehen bleiben; ♦ **de** ~ von da, dort; von dorther; *causalité* daher; **de** ~ **au village** *il y a deux kilomètres* von da *ou* dort bis zum Dorf; *il est allé à Paris* **et (à partir) de** ~ **en Angleterre** und von da aus nach England; *il n'a pas assez travaillé*, **de** ~ **son échec** daher sein Misserfolg; **mais de** ~ **à prétendre que …** aber deswegen gleich behaupten zu wollen, dass …; **tout près de** ~ ganz in der Nähe; ♦ **par** ~ da, dort (entlang *ou* hindurch *ou* hinein *ou* herein); da-, dorthin; *a.* dort in der Gegend; **montez par** ~! gehen Sie da-, dorthinauf; **sors par** ~! geh dorthinaus!; *fig* **que faut-il entendre par** ~? was soll man darunter verstehen? 2 *temps:* **à quelque temps, à quelques jours de** ~ einige Zeit, Tage danach *ou* darauf; **d'ici** ~, *je serai rentré* bis dahin 3 *marque d'insistance, souvent non traduit:* **c'est** ~ **une chose importante** das ist e-e wichtige Sache; **est-ce** ~ **l'homme qui …?** ist das der Mann, der …?; **elle est** ~ **qui pleure** sie (sitzt *ou* steht da und) weint; **c'est** ~ **votre erreur!** da irren Sie sich!; **qu'allez-vous penser** ~! wie können Sie nur so etwas denken!; **que dites-vous** ~? was sagen Sie da? 4 *fig:* **je n'en suis pas encore (arrivé)** ~ *par rapport à un travail* ich bin noch nicht so weit; *par rapport à la situation* dahin *ou* so weit ist es noch nicht mit mir gekommen; **restons-en** ~, **tenons-nous-en** ~! wir wollen es dabei bewenden lassen! B INT ~, ~, **calmez-vous!** na *ou* nun *ou* schon gut, beruhigen Sie sich!; **°hé** ~! heda!; **oh!** ~ ~! ach je!; oje!
là-bas [laba] LOC ADV da drüben; da; dort; da hinten; dorthin; dahin
label [labɛl] M COMM Warenkennzeichen *n*; ~ **vert** Umweltzeichen *n*; ~ **(de garantie)** Garantiezeichen *n*; ~ **d'origine** Hersteller-, Ursprungszeichen *n*; ~ **de qualité** Gütezeichen *n*, -siegel *n (a. fig)*
labeur [labœʀ] M 1 *st/s (travail pénible)* (langwierige, mühsame) Arbeit 2 TYPO Werkdruck *m*
labiacées [labjase] FPL BOT Lippenblütler *mpl*
labial [labjal] ADJ ⟨-aux⟩ Lippen…; Labial…; PHON **consonne** ~**e** *ou subst* ~**e** *f* Labial(laut) *m*; Lippenlaut *m*; ANAT **muscle** ~ Lippenmuskel *m*
labié [labje] BOT A ADJ lippenförmig; Lippen…; **fleur** ~**e** Lippenblüte *f* B FPL ~**es** → labiacées
labile [labil] ADJ CHIM *combinaison* instabil
labiodental [labjɔdɑ̃tal] ADJ ⟨-aux⟩ PHON **consonne** ~**e** *ou subst* ~**e** *f* Labiodental(laut) *m*
labo [labo] M *fam* ABR (laboratoire) Labor *n*
La Boétie [labɔesi] *frz Schriftsteller*
laborantin [labɔʀɑ̃tɛ̃] M, **laborantine** F Laborant(in) *m(f)*
laboratoire [labɔʀatwaʀ] M Labor(atorium) *n*; ~ **spatial** *ou* **orbital** Raumlabor *n*; ~ **d'analyses médicales** diagnostisches Laboratorium; ~ **de langues** Sprachlabor *n*; **animaux** *mpl* **de** ~ Versuchstiere *npl*; **examen** *m* **de** ~ Laboruntersuchung *f*
laborieux [labɔʀjø] ADJ ⟨-euse⟩ 1 mühsam; mühselig; **négociations laborieuses** schwierige, langwierige Verhandlungen *fpl*; **recherches laborieuses** mühsame, mühselige Nachforschungen *fpl*; **style** ~ umständlicher, schwerfälliger Stil; **c'est** ~! das geht nicht gerade schnell!; das dauert aber lange! 2 *personne* fleißig; arbeitsam; **les classes laborieuses** die arbeitenden Klassen *fpl*; **une vie laborieuse** ein arbeitsreiches Leben
labour [labuʀ] M AGR 1 *(labourage)* Pflügen *n*; Ackern *n*; *par ext* Bodenbearbeitung *f*; Feldbestellung *f*, -arbeit *f*; **cheval** *m* **de** ~ Ackerpferd *n*, *fam* -gaul *m* 2 ~**s** *pl* (bestelltes) Feld; Ackerland *n*
labourable [labuʀabl] ADJ bestellbar; kultivierbar; **terre** *f* ~ Ackerland *n*, -boden *m*
labourage [labuʀaʒ] M (Um)Pflügen *n*; Ackern *n*; *par ext* Feldbestellung *f*; *(agriculture)* Ackerbau *m*; *Sully* ~ **et pâturage sont les deux mamelles de la France** Ackerbau und Viehzucht sind die Mutterbrust Frankreichs
labourer [labuʀe] A V/T 1 *terre* (um)pflügen; *abs* pflügen; ackern; *par ext champ a.* bestellen; ~ **au tracteur** mit dem Traktor pflügen 2 *fig: sabots des chevaux: le terrain* auf-, umwühlen; *visage* ~ **de coups de griffes** zerkratzen; *adjt* **visage labouré de rides** zerfurchtes Gesicht; von Falten, Runzeln durchfurchtes Gesicht B V/PR **se** ~ **le visage avec les ongles** sich *(dat)* das Gesicht mit den Nägeln zerkratzen
laboureur [labuʀœʀ] M Pflüger *m*; *litt* Landmann *m*
Labrador [labʀadɔʀ] 1 **le** ~ Labrador *n* 2 **labrador** *m* ZOOL Labrador(hund) *m*
labyrinthe [labiʀɛ̃t] M Labyrinth *n (a.* ARCH, ANAT *et fig)*; *jardin d'agrément a.* Irrgarten *m*; *fig a.* Gewirr *n*; *fig* **un** ~ **de ruelles** ein Labyrinth, Gewirr von Gassen
labyrinthique [labiʀɛ̃tik] ADJ labyrinthisch; labyrinthartig; *fig a.* verschlungen
lac [lak] M See *m*; ~ **artificiel** künstlicher See; ~ **de cratère** Kratersee *m*; ~ **de retenue** Stausee *m*; *fam fig projet* **tomber dans le** ~ *fam* ins Wasser fallen
laçage [lasaʒ] M Schnüren *n*
lacer [lase, la-] ⟨-ç-⟩ V/T *chaussures* zubinden; zuschnüren; *corset* schnüren
lacération [laseʀasjõ] F Zer-, Abreißen *n*
lacéré [laseʀe] ADJ BOT *feuille, calice d'une fleur* gefranst
lacérer [laseʀe] V/T ⟨-è-⟩ *vêtements etc* zerreißen; zerfetzen; ~ **une affiche** ein Plakat abreißen
lacet [lasɛ, la-] M 1 Schnürsenkel *m*; Schuhband *n*; Schnürband *n (a. pour un vêtement)* 2 *d'une route* ~**s** *pl* Serpentinen *fpl*; Kehren *fpl*; Windungen *fpl*; Schleifen *fpl*; **chemin** *m* **en** ~**(s)** Serpentine *f*; **route** *f* **en** ~**(s)** Serpentinenstraße *f*; **faire des** ~**s** sich schlängeln; **monter en** ~**(s)** in Serpentinen ansteigen 3 CH Schlinge *f*; *pour les oiseaux* Dohne *f*; **prendre au** ~ in *ou* mit der Schlinge fangen 4 *(cordon de passementerie)* (geflochtenes) Band; Lacetband *n*; **broderie** *f* **à** ~ Durchzugarbeit *f*; **dentelle** *f* **au** ~ Bändchenspitze *f* 5 AVIAT Gierbewegung *f*
lâchage [laʃaʒ] M 1 Loslassen *n* 2 *fam fig de qn* Fallenlassen *n*
lâche [laʃ] ADJ 1 *corde, ressort, nœud* locker; schlaff; *nœud a.* lose; **filet** *m* ~ weitmaschiges Netz; **maille** *f* ~ weite Masche 2 *fig style* kraftlos 3 *(couard)* feige; *subst* **le** ~! dieser Feigling! 4 *(méprisable) procédés* gemein; schändlich; niederträchtig
lâcher¹ [laʃe] A V/T 1 *(cesser de tenir) objet, main etc* loslassen; *verre, vaisselle a.* fallen lassen; *animal* (frei) laufen lassen; loslassen; *autrich* auslassen; *pigeons* auflassen; MAR ~ **les amarres** die Haltetaue losmachen; ~ **un ballon** einen Ballon aufsteigen lassen; ~ **une bombe** eine Bombe abwerfen; ~ **son chien sur qn** s-n Hund auf j-n hetzen; *fam fig* **ne pas les** ~ *fam* auf s-m Geld sitzen; knaus(e)rig sein; → *a.* élastique B 1; ~ **pied** → pied 1 2 *fig bêtise, remarque* fallen lassen; äußern; *fam* von sich geben; ~ **un juron** einen Fluch ausstoßen; *fam* ~ **le morceau** *fam* auspacken; **lâchons le mot!** sprechen wir es aus!; sagen wir es!; **voilà le grand mot lâché!** nun ist es heraus! 3 *(laisser partir)* ~ **qn** j-n (nach Hause) gehen lassen; **ne pas** ~ **qn** nicht von j-s Seite weichen; *créanciers* j-m auf den Fersen sein; j-n bedrängen; *par ext migraine etc* nicht weichen, weggehen; → *a.* semelle 1 4 *fam (abandonner) copain* fallen lassen; im Stich lassen; *petite amie* sitzen lassen; *place, poste* aufgeben; *par ext appareil* ~ **qn** j-n im Stich lassen 5 CYCLISME ~ **le peloton** das Feld abhängen 6 *(desserrer)* locker lassen; ~ **la bride** die Zügel lockern, *plus fort* schießen lassen (**à** *dat*) *(a. fig)*; ~ **la ligne** mehr Schnur geben B V/I *corde* reißen; *freins* nachgeben; versagen
lâcher² [laʃe] M *de pigeons* Auflassen *n*; *de ballons* (Auf)Steigenlassen *n*
lâcheté [laʃte] F 1 *(couardise)* Feigheit *f* 2 *(bassesse)* Niedertracht *f*
lâcheur [laʃœʀ] *fam* M, **lâcheuse** *fam* F *fam* treulose Tomate
lacis [lasi, la-] M Lacis *n*; netzartiges Gewebe; *fig* Netz *n*; Gewirr *n*
laconique [lakɔnik] ADJ *réponse* lakonisch;

L

kurz (und bündig); *personne* wortkarg; einsilbig; kurz angebunden; **style** *m* ~ knapper, straffer, gedrängter Stil

laconisme [lakɔnism] M gedrängte Kürze; Knappheit *f*; Bündigkeit *f*

Lacq [lak] *Ort im Dep. Pyrénées-Atlantiques*

lacryma-christi [lakʀimakʀisti] M ⟨*inv*⟩ *vin* Lacrimae Christi *m*

lacrymal [lakʀimal] ADJ ⟨-aux⟩ ANAT Tränen…; **glande ~e** Tränendrüse *f*; **sac ~** Tränensack *m*

lacrymogène [lakʀimɔʒɛn] ADJ **gaz** *m* ~ Tränengas *n*; **grenade** *f* ~ Tränengasgranate *f*

lacs [lɑ, la] M CH Schlinge *f*; *fig et litt* Fallstrick *m*

lactaire [laktɛʀ] M BOT Milchling *m*; Reizker *m*

lactalbumine [laktalbymin] F CHIM Milcheiweiß *n*; *t/t* Laktalbumin *n*

lactation [laktasjõ] F PHYSIOL Milchabsonderung *f*; *t/t* Laktation *f*

lacté [lakte] ADJ Milch…; milchig; *litt* **blanc ~** milchiges Weiß; **farine ~e** Kindermehl *n*; BOT, PHYSIOL **secrétion ~e** Milchabsonderung *f*; ASTRON **Voie ~e** Milchstraße *f*

lactifère [laktifɛʀ] ADJ Milch…; milchhaltig; ANAT **conduits** *mpl* **~s** Milchgänge *mpl*

lactique [laktik] ADJ CHIM **acide** *m* ~ Milchsäure *f*; **fermentation** *f* ~ Milchsäuregärung *f*; **ferments** *mpl* **~s** Milchsäurebakterien *fpl*

lacto(densi)mètre [laktɔ(dɑ̃si)mɛtʀ] M Lakto(densi)meter *n*; Galaktometer *n*; Milchwaage *f*

lactose [laktoz] M CHIM Milchzucker *m*; *t/t* Laktose *f*

lacunaire [lakynɛʀ] ADJ lückenhaft; unvollständig; ANAT, MÉD, BOT lakunär; MINÉR *cristal* mit Fehl-, Leerstellen

lacune [lakyn] F Lücke *f* (*a. en législation*); **sans ~s** lückenlos; **avoir, présenter des ~s** lückenhaft sein; Lücken aufweisen; **combler une ~** e-e Lücke ausfüllen, schließen

lacustre [lakystʀ] ADJ *plantes etc* in Seen vorkommend; **cité** *f*, **village** *m* ~ Pfahlbauten *mpl*; Pfahldorf *n*

lad [lad] M Stallbursche *m*

là-dedans [lad(ə)dɑ̃] LOC ADV darin (*a. fig*); *fam* da drin(nen); *indiquant un mouvement* dahinein; *fam* da rein; *fig*: **il y a du vrai ~** da ist etwas Wahres dran; *fam* **il y en a, ~!** *fam* Köpfchen, Köpfchen!

là-dessous [lad(ə)su] LOC ADV darunter; *fam* da drunter; *fig* **on ne sait pas ce qui se cache ~** man weiß nicht, was sich dahinter verbirgt

là-dessus [lad(ə)sy] LOC ADV darauf; darüber; *fam* da drauf; da drüber; *fig*: **~ il s'en alla** und damit ging er weg; **nous sommes d'accord ~** darüber *ou* darin sind wir (uns) einig

Ladislas [ladislas] M HIST *en Hongrie* Ladislaus *m*; *en Pologne et en Bohême* Wladislaw *m*

ladite [ladit] ADJ → ledit

Ladoga [ladɔga] **le lac ~** der Ladogasee

ladre [lɑdʀ] ADJ 1 *litt* geizig 2 VÉT finnig

ladrerie [lɑdʀəʀi] F 1 *litt* schmutziger Geiz 2 VÉT Finnenkrankheit *f*

La Fayette [lafajɛt] *frz Staatsmann; frz Schriftstellerin*

lagon [lagõ] M Lagune *f*

lagopède [lagɔpɛd] M ZOOL Schneehuhn *n*

Lagos [lagos], [lagɔs] GÉOG Lagos *n*

lagune [lagyn] F Lagune *f*

là-haut [lao] LOC ADV da oben, dort oben (*a. fig: au ciel*); (da) droben; *avec mouvement* dahinauf

Lahore [laɔʀ] GÉOG Lahore *n*

lai [lɛ] M *poème au Moyen Âge* Lai *n*

laïc [laik] M ÉGL Laie *m*

laiche *ou* **laîche** [lɛʃ] F BOT Segge *f*

laïcisation [laisizasjõ] F Befreiung *f* von religiöser, kirchlicher Bindung; **laïciser** V/T *enseignement* entkonfessionalisieren; bekenntnisneutral gestalten; **laïcisme** M Laizismus *m*; **laïcité** F religiöse, bekenntnismäßige Neutralität des Staates; Trennung *f* von Kirche und Staat

laid [lɛ] A ADJ ⟨laide [lɛd]⟩ 1 *personne, visage, ville* hässlich; unschön; **~ comme un pou, comme un singe, comme les sept péchés capitaux, à faire peur** hässlich wie die Nacht, wie die Sünde; abstoßend, furchtbar hässlich 2 *moralement: action* hässlich; *à un enfant* **c'est ~ de mentir** das ist gar nicht schön, wenn man lügt B SUBST **le ~** das Hässliche

laideron [lɛdʀõ] M hässliches Mädchen; hässliche junge Frau; *fam* hässliches Entlein

laideur [lɛdœʀ] F Hässlichkeit *f* (*physique et morale*)

laie [lɛ] F ZOOL Wildsau *f*; Bache *f*

lainage [lɛnaʒ] M 1 (*étoffe de laine*) Wollgewebe *n*, -stoff *m*; **robe** *f* **de ~** Wollkleid *n* 2 *chandail* Pullover *m*; *gilet* Woll-, Strickjacke *f*; **~s** *pl* Wollsachen *fpl*; COMM Wollwaren *fpl* 3 TEXT Rauen *n*

laine [lɛn] F 1 Wolle *f*; COMM **pure ~ vierge** reine Schurwolle; **~ à repriser, à tricoter** Stopf-, Strickwolle *f*; TECH **~ de verre** Glaswolle *f*; *loc adj* **de** *ou* **en ~** wollen; aus Wolle; Woll…; **vêtements** *mpl* **en ~** Woll-, Strickkleidung *f*; *fig* **se laisser manger la ~ sur le dos** sich (*dat*) alles gefallen lassen; alles mit sich machen lassen; *fam* ein gutmütiges Schaf sein 2 *fam* **petite ~** → lainage 2

lainer [lene] V/T TEXT *tissu, drap* rauen

laineux [lɛnø] ADJ ⟨-euse⟩ wollig; wollartig; BOT wollig; behaart

lainier [lɛnje] ADJ ⟨-ière⟩ Woll…; **industrie lainière** Wollindustrie *f*

laïque [laik] A ADJ 1 ÉGL Laien…; weltlich; **état** *m* ~ Laienstand *m*; **habit** *m* ~ weltliche Kleidung 2 bekenntnisneutral, -frei; ohne kirchliche, konfessionelle Bindung; laizistisch; **école primaire ~** konfessionslose, staatliche Volksschule; **enseignement** *m* ~ bekenntnisfreies (staatliches) Unterrichtswesen; **État** *m* ~ bekenntnisneutraler Staat B M/F ⟨*m a.* laïc⟩ ÉGL Laie *m*

laisse [lɛs] F Leine *f*; **mener, tenir en ~** *chien* an der Leine führen, haben, halten; *fig* am Gängelband führen

laissées [lese] FPL CH Losung *f*

laissé-pour-compte *ou* **laissé pour compte** [lesepuʀkõt] 1 M COMM nicht angenommene, nicht abgeholte Ware; **laissés-pour-compte** *ou* **laissés pour compte** *pl a.* Retouren *fpl*; Rückwaren *fpl* 2 *fig* **les laissé(e)s-pour-compte** *ou* **les laissé(e)s pour compte** *mpl* (*fpl*) die Stiefkinder *npl*; die Zu-kurz-Gekommenen *pl*; *fam* die, die nicht mitgekommen sind *ou* die den Anschluss verpasst haben

laisser [lese] A V/T 1 (*ne pas emmener*) *personne, objet* (zurück)lassen; *par ext* (*oublier*) liegen lassen; **~ ses bagages à la consigne** sein Gepäck in der Handgepäckaufbewahrung lassen; **~ ses enfants à la maison** s-e Kinder zu Hause lassen; **~ qn loin derrière soi** j-n weit hinter sich (*dat*) lassen (*a. fig*) 2 (*quitter*) verlassen; **~ un logement** eine Wohnung aufgeben; **elle a laissé son mari** sie hat ihren Mann verlassen; *fam* **je te** *ou* **vous laisse** ich gehe jetzt; ich muss jetzt gehen 3 (*garder*) (übrig) lassen; **laisse un morceau de gâteau à ton frère!** lass deinem Bruder ein Stück Kuchen übrig!; **~ le meilleur pour la fin** das Beste für den Schluss aufheben; **laissez ça pour demain!** lassen Sie das für morgen!; **~ à désirer** zu wünschen übrig lassen 4 (*perdre*) *argent, fortune* verlieren; **y ~ sa vie** sein Leben lassen 5 *traces, dépôt, goût, adresse etc* hinterlassen (*a. en héritage*); zurücklassen 6 **~ qc à qn** j-m etw überlassen; (*céder*) **~ sa place à qn** j-m s-n Platz überlassen; (*confier*) **~ les enfants à la grand-mère** die Kinder der Großmutter überlassen, anvertrauen; **ne rien ~ au hasard** nichts dem Zufall überlassen; (*vendre*) **il lui a laissé sa voiture pour mille euros** er hat ihm s-n Wagen für tausend Euro überlassen, abgelassen 7 **~ qc à qn** (*ne pas enlever*) j-m etw lassen; **~ à qn ses illusions, sa liberté** j-m s-e Illusionen, s-e Freiheit lassen; **~ à qn le temps de réfléchir** j-m Bedenkzeit, Zeit zum Überlegen lassen; *il est courageux*, **il faut lui ~ cela** das muss man ihm lassen 8 (*ne pas s'occuper de*) (unter)lassen; **laissez donc!** lassen Sie (doch)!; bitte nicht!; **laisse ça!** lass das (bleiben, sein)! 9 (*ne pas modifier un état, une situation*) (be)lassen; *fautes dans un texte* stehen lassen; **~ la lumière allumée** das Licht brennen lassen; das Licht anlassen; **~ qn indifférent** j-n gleichgültig lassen; **~ qn pour mort** j-n für tot halten und liegen lassen; **~ la porte ouverte** die Tür offen lassen; **~ une route à droite** e-e Straße rechts liegen lassen; **~ qn à son travail, à ses occupations** j-n bei s-r Arbeit, bei s-n Beschäftigungen lassen; **~ qn dans le doute** j-n im Zweifel lassen; **~ qn dans la misère** j-n in der Not sitzen lassen; **~ qc**, *fig* **qn de côté** etw beiseitelassen; *fig* j-n links liegen lassen; **~ en liberté** auf freiem Fuß lassen; **~ en plan** im Stich lassen B V/AUX **~ aller** gehen lassen; **~ tout aller** alles (so) laufen lassen; **ne pas ~ les choses aller si loin** die Dinge nicht so weit kommen lassen; **~ entrer** herein-, hineinlassen; **~ faire qn** j-n gewähren lassen; **~ faire qc à qn** j-n etw tun lassen; j-m etw überlassen; **laisse-moi faire!** lass mich nur machen!; lass mich das tun!; **~ faire le temps** die Zeit wirken lassen; die Zeit ihre Wirkung tun lassen; **il laisse faire** er lässt alles geschehen; *fig* **~ mûrir** reifen lassen; **~ partir** gehen lassen; fortlassen; **n'en rien ~ voir** sich (*dat*) nichts anmerken lassen C V/PR **se ~ aller** sich gehen lassen; sich vernachlässigen; **se ~ aller à faire qc** sich dazu hinreißen lassen, etw zu tun; **se ~ attendrir** sich rühren lassen; **ce vin se laisse boire** dieser Wein lässt sich trinken, ist nicht übel; **se ~ faire** sich (*dat*) alles gefallen lassen; **laissez-vous faire une douce violence**, *fam* **laissez-vous faire!** lassen Sie sich verführen!; **se ~ gagner de vitesse** SPORTS sich überholen, *fig* sich überrunden lassen; **cela se laisse manger** das schmeckt nicht übel; **se ~ prendre à qc** sich von etw blenden lassen; auf etw (*acc*) herein-, *fam* reinfallen

laisser-aller [leseale] M 1 *péj* (*absence de soin*) Sich-gehen-Lassen *n*; Nachlässigkeit *f*; *dans le travail fam* Schlendrian *m* 2 (*désinvolture*) Ungezwungenheit *f*; Zwanglosigkeit *f*; **laisser-faire** M Gewährenlassen *n*; Laisser-faire *n*

laissez-passer [lesepase] M ⟨*inv*⟩ Passierschein *m*

lait [lɛ] M 1 Milch *f*; **~ de brebis, de chèvre, de vache** Schaf-, Ziegen-, Kuhmilch *f*; CUIS **~ de poule** Eiermilch *f*; **~ en poudre** Milchpulver *n*; Trockenmilch *f*; **frère** *m*, **sœur** *f* **de ~** Milchbruder *m*, -schwester *f* 2 BOT Milch(saft) *f(m)*; **~ d'amandes** Mandelmilch *f*; **~ de coco** Kokosmilch *f*

laitages [lɛtaʒ] MPL Milchprodukte *npl*

laitance [lɛtɑ̃s] F *ou* **laite** [lɛt] F *des poissons* Milch *f*

laité [lete] ADJ ZOOL **poisson ~** Milch(n)er *m*

laiterie [lɛtʀi] F Molkerei *f*

laiteux [lɛtø] ADJ ⟨-euse⟩ *couleur, lumière, peau* milchig; **d'un blanc ~** milchweiß; BOT **suc ~** Milchsaft *m*
laitier [lɛtje] **A** ADJ ⟨-ière⟩ Milch...; Molkerei...; **beurre ~** Molkereibutter *f*; **coopérative laitière** Molkereigenossenschaft *f*; **industrie laitière** Milchwirtschaft *f*; **vache laitière** *ou subst* **laitière** *f* Milchkuh *f* **B** SUBST **1** **~, laitière** *m,f* Milchmann *m*, -frau *f* **2** M MÉTALL (Hochofen)Schlacke *f*
laiton [lɛtõ] M Messing *n*; *loc adj* **de ~** Messing...; messingen; **fil** *m* **de ~** Messingdraht *m*
laitue [lety] F Kopfsalat *m*; grüner Salat; Gartensalat *m*; BOT Lattich *m*; **cœurs de ~ braisés** in Bratensoße gedämpfte Salatherzen *npl*; **(salade** *f* **de) ~** grüner Salat
laïus [lajys] *fam* M (lange, endlose, wortreiche) Rede, Ansprache; **faire un ~** *fam* e-e Rede schwingen
lallation [lalasjõ] F **1** MÉD Lambdazismus *m* **2** *d'un nourrisson* Lallen *n*; Lallstadium *n*
lama¹ [lama] M ZOOL Lama *n*; **en laine de ~** aus Lamawolle
lama² [lama] M REL Lama *m*
lamantin [lamɑ̃tɛ̃] M ZOOL Lamantin *m* (*e-e Seekuh*)
lamaserie [lamazʀi] F REL Lamakloster *n*
lambada [lɑ̃bada] F *danse* Lambada *m ou f*
Lambaréné [lɑ̃baʀene] GÉOG Lambarene *n*
lambda [lɑ̃bda] M **1** *lettre de l'alphabet grec* Lambda *n* **2** ANAT kleine Fontanelle **3** PHYS **point** *m* **~** Lambdapunkt *m*
lambeau [lɑ̃bo] M ⟨*pl* ~x⟩ **1** Fetzen *m*; Stofffetzen *m*; **~ de chair, de papier** Fleisch-, Papierfetzen *m*; **en ~x** in Fetzen; zerfetzt; zerrissen; *vêtements* zerschlissen; abgerissen; **mettre en ~x** zerfetzen; in Fetzen, Stücke reißen; **tomber en ~x** in Fetzen gehen; brüchig werden **2** *fig* **~x** *pl* Fetzen *mpl*; Bruchstücke *npl*; **~x de conversation** Gesprächsfetzen *mpl*
lambic(k) [lɑ̃bik] M *bière belge* Lambic *n*; Krickenbier *n*
lambin [lɑ̃bɛ̃] *fam* ADJ *fam* trödelig; bumm(e)lig; **être ~** *fam* ein Trödelfritze *ou* e-e Trödelliese sein
lambiner [lɑ̃bine] V/I *fam* trödeln; bummeln
lambourde [lɑ̃buʀd] F CONSTR Streif-, Streichbalken *m*; *d'un parquet* Lagerholz *n*
lambrequin [lɑ̃bʀəkɛ̃] M Lambrequin *m*; drapierter Querbehang
lambris [lɑ̃bʀi] M *décorant les murs* Lambris *m*, *autrich f*; Wandverkleidung *f*; *en bois a.* Täfelung *f*; Paneel *n*; *au plafond* Deckentäfelung *f*; **~ de chêne** Eichentäfelung *f*; **~ de marbre** Marmorverkleidung *f*
lambrisser [lɑ̃bʀise] V/T verkleiden (**de marbre** mit Marmor); *avec des boiseries a.* täfeln; paneelieren
lame [lam] F **1** *d'un couteau, d'une épée* Klinge *f*; *d'un rabot, d'un burin* Messer *n*; Schneide *f*; **~ à deux tranchants** zweischneidige Klinge; **~ de rasoir** Rasierklinge *f*; **~ de scie** Sägeblatt *n*; *fig* **visage** *m* **en ~ de couteau** schmales, hageres Gesicht; *d'un escrimeur* **c'est une bonne, fine ~** er schlägt, führt e-e gute Klinge **2** (*bande plate et mince*) Plättchen *n*; dünne Platte; Streifen *m*; *d'une jalousie* Lamelle *f*; **~ de parquet** Parkettstab *m*; Riemen *m*; *autrich* Parkette *f* **3** (*vague forte*) Woge *f*; Welle *f*; MAR See *f*; **~ de fond** Grundsee *f*
lamé [lame] TEXT **A** ADJ mit Metallfäden, mit Lamee durchwirkt; **~ or** golddurchwirkt **B** M Lamee *m*; **robe** *f* **en ~** Lameekleid *n*
lamelle [lamɛl] F dünnes Plättchen, Scheibchen; Lamelle *f* (*a. d'un champignon*); *pour examen microscopique* Deckglas *n*; **~ de mica, de verre** Glimmer-, Glasplättchen *n*; *légumes* **découper en ~s** in (dünne) Scheibchen schneiden
lamellé [lamɛ(l)le] M TECH **~ collé** lamelliertes Holz; Schicht-, Lagenholz *n*
lamellibranches [lamɛ(l)libʀɑ̃ʃ] MPL ZOOL Muscheln *fpl*
lamentable [lamɑ̃tabl] ADJ *état, résultats, échec* jämmerlich; kläglich; erbärmlich; **sort** *m* **~** beklagenswertes, bejammernswertes Schicksal; *litt* **voix** *f* **~** klägliche, wehleidige Stimme; **il a été ~** er hat kläglich, jämmerlich versagt
lamentations [lamɑ̃tasjõ] FPL Jammern *n*; Klagen *n*; *st/s* Wehklage *f*; Wehklagen *n*; *fam* Gejammer *n*; Lamento *n*; BIBL **les Lamentations de Jérémie, le livre des Lamentationss** die Klagelieder *npl* Jeremias; *à Jérusalem* **Mur** *m* **des ~** Klagemauer *f*
lamenter [lamɑ̃te] V/PR **se ~** jammern, klagen (*a. poét: vent*); *st/s* wehklagen, *fam* lamentieren (**sur** über *+acc*)
lamento [lamɛnto] M MUS Lamento *n*
lamier [lamje] M BOT Taubnessel *f*
lamifié [lamifje] M TECH Schichtpressstoff *m*; Laminat *n*
laminage [laminaʒ] M MÉTALL Walzen *n*; **~ à chaud, à froid** Warm-, Kaltwalzen *n*
laminaire¹ [laminɛʀ] F BOT Blatttang *m*
laminaire² [laminɛʀ] ADJ **1** MINÉR plattig; blätt(e)rig **2** PHYS laminar; AVIAT **profil** *m* **~** Laminarprofil *n*
laminé [lamine] **A** ADJ gewalzt; Walz...; **acier ~** Walzstahl *m* **B** M Walz(werk)erzeugnis *n*
laminer [lamine] V/T **1** MÉTALL walzen **2** *fig* niederwalzen; erdrücken
lamineur [laminœʀ] **A** M Walzwerkarbeiter *m* **B** ADJ **cylindre ~** Walzzylinder *m*; Walze *f*
laminoir [laminwaʀ] M MÉTALL Walzwerk *n*; **train** *m* **de ~s** Walzstraße *f*
lampadaire [lɑ̃padɛʀ] M **1** *de voie publique* Laternenpfahl *m*; Lichtmast *m*; (*réverbère*) Straßenlaterne *f* **2** *d'appartement* Stehlampe *f*; Standleuchte *f*
lampant [lɑ̃pɑ̃] ADJ **pétrole ~** Leuchtöl *n*, (-)Petroleum *n*; *suisse a.* Petrol *n*
lamparo [lɑ̃paʀo] M Laterne *f* (*zum Fischfang*); **pêche** *f* **au ~** Fischfang *m* mit Laternen
lampe [lɑ̃p] F **1** Lampe *f*; Leuchte *f*; (*ampoule*) Glühlampe *f*, -birne *f*; **~ tempête** Sturmlaterne *f*; **~ à arc** Bogenlampe *f*; **~ à bronzer** Höhensonne *f*; **~ à halogène** Halogenlampe *f*; **~ à incandescence** Glühlampe *f*; **~ au néon** Neonlampe *f*, -röhre *f*; **~ à pétrole** Petroleumlampe *f*; **~ à rayons infrarouges** Infrarotstrahler *m*; **~ à rayons ultraviolets** Ultraviolettlampe *f*; Höhensonne *f*; LITTÉRATURE **la Lampe d'Aladin** Aladins Wunderlampe *f*; **~ de bureau** Schreibtischlampe *f*, -leuchte *f*; **~ de chevet** Nachttischlampe *f*, -leuchte *f*; MINES **~ de mineur** Grubenlampe *f*, -licht *n*; Geleucht *n*; **~ de poche** Taschenlampe *f*; ÉGL CATH **la ~ du Saint-Sacrement** das ewige Licht; die ewige Lampe; **~ en verre dépoli** Mattglaslampe *f*; *fam fig* **s'en mettre plein la ~** *fam* sich (*dat*) den Bauch vollschlagen **2** TECH **~ à souder** Lötlampe *f* **3** RAD Röhre *f*
lampée [lɑ̃pe] F *fam* tüchtiger Schluck; *boire* **à grandes ~s** in langen Zügen; **d'une seule ~** in einem Zug
lamper [lɑ̃pe] V/T gierig, in langen Zügen trinken
lampion [lɑ̃pjõ] M Lampion *m ou n*; *fig* **demander, réclamer sur l'air des ~s** im Sprechchor fordern
lampiste [lɑ̃pist] M **1** CH DE FER *etc* Lampenwärter *m*; THÉ Beleuchter *m* **2** *fig* kleiner Angestellter, kleiner Mann (*der etw ausbaden muss*)
lamproie [lɑ̃pʀwa] F ZOOL Neunauge *n*; Lamprete *f*; **~ marine** Meerneunauge *n*; Meerpricke *f*
lance [lɑ̃s] F **1** Lanze *f*; **coup** *m* **de ~** Lanzenstoß *m*, -stich *m*; *fig* **rompre une ~, des ~s avec** *ou* **contre qn** ein Wortgefecht, e-n Wortstreit mit j-m haben, austragen; mit j-m e-n Strauß ausfechten; → *a.* fer 3 d) **2** **~ (à eau)** Strahlrohr *n*; Spritzdüse *f*; Schlauchmundstück *n*; *par ext* Spritze *f*; **~ d'arrosage** Spritzdüse *f*; **~ d'incendie** Strahlrohr *n*
lancé [lɑ̃se] ADJ **1** *artiste* arriviert; bekannt **2** (*sur sa lancée*) in Schwung, in Fahrt (*a. fig*); SPORTS **départ ~** fliegender Start; *fam* **le voilà ~**, *il ne s'arrêtera plus fam* jetzt ist er so richtig in Fahrt; *véhicule* **être ~ à toute vitesse** in voller Fahrt sein; *pays* **être ~ à fond dans la course aux armements** mit allen Kräften am Wettrüsten beteiligt sein
lancée [lɑ̃se] F Schwung *m*; **sur sa ~** solange man noch im Schwung ist; **continuer sur sa ~** *coureur* weiterlaufen; *véhicule* weiterrollen; *fig* weitermachen, solange man noch im Schwung ist
lance-flammes [lɑ̃sflam] M ⟨*inv*⟩ MIL Flammenwerfer *m*; **lance-fusées** M ⟨*inv*⟩ MIL Raketenwerfer *m*; **lance-grenades** M ⟨*inv*⟩ MIL Granatwerfer *m*
lancement [lɑ̃smɑ̃] M **1** *d'une pierre, d'une balle etc* Werfen *n*; Schleudern *n*; *d'une fusée* Abschuss *m*; *d'un satellite* Start *m*; *d'une torpille* Ausstoßen *n*; SPORTS **~ du disque** *etc* → lancer² 1 **2** *d'un navire* Stapellauf *m* **3** *d'une campagne publicitaire* Einleitung *f*; Entfesselung *f*; *d'un artiste* Lancierung *f*; Förderung *f*; *d'une nouvelle mode* Aufbringen *n*; *d'un nouveau produit* Einführung *f*; *d'un emprunt* Auflegung *f*; Ausgabe *f*; Begebung *f*
lance-missiles [lɑ̃smisil] M ⟨*inv*⟩ MIL Raketenabschussvorrichtung *f*; *adjt* **sous-marin** *m* **nucléaire ~** mit Atomraketen ausgerüstetes Unterseeboot
lance-pierres [lɑ̃spjɛʀ] M ⟨*inv*⟩ Steinschleuder *f*; *fam fig*: **manger avec un ~** hastig essen; schlingen; **payer qn avec un ~** j-n schlecht bezahlen
lancer¹ [lɑ̃se] ⟨-ç-⟩ **A** V/T **1** *pierre, balle etc* werfen; schleudern; *plus fort* schmettern; *fam* schmeißen; *javelot, disque, marteau* werfen; *poids* stoßen; **~ une bombe** eine Bombe abwerfen; **~ un filet** ein Netz auswerfen; **~ une flèche, une fusée** einen Pfeil, eine Rakete abschießen; **~ un satellite** einen Satelliten starten; *sous-marin* **~ une torpille** einen Torpedo ausstoßen; **~ qc à qn** j-m etw zuwerfen, *balle avec raquette* zuschlagen; **~ des pierres à qn** j-n mit Steinen bewerfen; Steine auf j-n werfen; mit Steinen nach j-m werfen, *fam* schmeißen; **~ qc à la tête de qn** j-m etw an den Kopf werfen (*a. fig*); **~ en l'air** in die Luft werfen; hochwerfen **2** *juron, cri* ausstoßen; *insultes* entgegenschleudern, ins Gesicht schleudern (**à qn** j-m); *gros mots* sagen; *fam* von sich geben; *plaisanterie* machen; *coup de pied, gifle* geben; versetzen; *regard* zuwerfen (**à qn** j-m); *j'en ai horreur*, **lança-t-elle** stieß sie hervor **3** *artiste* lancieren; zum Erfolg verhelfen (*+dat*); fördern; *affaire* in Gang bringen; lancieren; ankurbeln; einfädeln; *projet a.* in Schwung bringen; *nouveau produit* einführen; auf den Markt bringen; *emprunt* auflegen; aus-, begeben; *campagne publicitaire* einleiten; starten; *mode, bruits* aufbringen; *bruits a., nouvelle* in Umlauf bringen, setzen; verbreiten; *proclamation, mandat d'arrêt* erlassen; *appel* ergehen lassen; richten (**à qn** an j-n); *ultimatum* stellen; *invitation* ergehen lassen; ausschicken; **~ l'ordre de grève** e-n Streik ausrufen; **~ son fils dans les affaires** s-n Sohn e-e kaufmännische Laufbahn einschlagen lassen; **~ son pays dans une aventure** sein Land in ein Abenteuer stürzen **4**

moteur anlassen; anwerfen 5 *navire* vom Stapel (laufen) lassen 6 *chiens* hetzen (**sur un lièvre** auf e-n Hasen); **~ les troupes à l'assaut** die Truppen stürmen lassen; *fam* **~ qn sur un sujet** j-n auf ein (Gesprächs)Thema bringen B V/I MAR **~ dans le vent** gegen den Wind fahren C V/PR 1 *emploi réfléchi* a **se ~ à la poursuite de qn** j-s Verfolgung aufnehmen; **se ~ dans le vide** sich in die Tiefe stürzen b *fig* **se ~ dans l'aventure, dans des dépenses** *etc* sich ins Abenteuer, in Ausgaben *etc* stürzen; **se ~ dans des explications confuses** sich in verworrenen Erklärungen ergehen; **se ~ dans la lecture d'un livre difficile** sich an e-e schwierige Lektüre wagen; **se ~ dans la politique** in der Politik sein Glück versuchen; *fam* **tant pis, je me lance!** egal, ich wag's! 2 *emploi réciproque: regards, balle* **se ~** sich zuwerfen

lancer[2] [lɑ̃se] M 1 SPORTS, *de grenades etc* Werfen *n*; Wurf *m*; **~ du disque, du javelot, du marteau** Diskus-, Speer-, Hammerwerfen *n*; **~ du poids** Kugelstoßen *n*; **épreuves** *fpl* **de ~** Wettkämpfe *mpl* in den Wurf- und Stoßdisziplinen 2 (**pêche** *f* **au**) **~** Spinn-, Flugangeln *n*; **canne** *f* **à ~** Spinnrute *f*

lance-roquettes [lɑ̃sʀɔkɛt] M ⟨*inv*⟩ Raketenwerfer *m*; **lance-torpilles** M ⟨*inv*⟩ Ausstoßrohr *n*

lancette [lɑ̃sɛt] F 1 MÉD Lanzette *f* 2 ARCH **arc** *m* **en ~** Lanzettbogen *m*

lanceur [lɑ̃sœʀ] M, **lanceuse** F 1 SPORTS Werfer(in) *m(f)*; **lanceur, lanceuse de disque, de javelot** Diskus-, Speerwerfer(in) *m(f)*; **lanceur de marteau** Hammerwerfer *m*; **lanceur, lanceuse de poids** Kugelstoßer(in) *m(f)* 2 M *fusée* Trägerrakete *f*

lancier [lɑ̃sje] M HIST Lanzenreiter *m*

lancinant [lɑ̃sinɑ̃] ADJ *douleur* stechend; *t/t* lanzinierend; *regrets* schmerzlich; **musique ~e** aufdringliche Musik; **souvenirs ~s** quälende Erinnerungen *fpl*

lanciner [lɑ̃sine] A V/T *fig* quälen B V/I e-n stechenden Schmerz verursachen; MÉD lanzinieren

lançon [lɑ̃sõ] M ZOOL Sandaal *m*

land [lɑ̃d] M ⟨*pl* länder [lɛndɛʀ]⟩ *en Allemagne et en Autriche* (Bundes)Land *n*

landais [lɑ̃dɛ] A ADJ GÉOG der Landes B SUBST **Landais(e)** *m(f)* Bewohner(in) *m(f)* der Landes

landau [lɑ̃do] M Kinderwagen *m*

lande [lɑ̃d] F 1 Heide *f*; Heideland *n* 2 **les Landes** *Landschaft u. Departement in Südwestfrankreich*

Landerneau [lɑ̃dɛʀno] *Stadt im Dep. Finistère*

langage [lɑ̃gaʒ] M Sprache *f*; Rede-, Sprech-, Ausdrucksweise *f*; **~ administratif, technique** Verwaltungs-, Fachsprache *f*; TÉLÉCOMMUNICATIONS **~ chiffré, convenu** chiffrierte Sprache; Chiffreschrift *f*; **~ clair** offene Sprache; Klartext *m*; **~ cru** derbe Sprache, Ausdrucksweise; INFORM **~ machine** Maschinensprache *f*; **~ populaire** (derbe) Volkssprache; Volksmund *m*; **~ secret** Geheimsprache *f*; **~ des animaux** *ou* **~ animal** Tiersprache *f*; **~ du cœur, de la raison** Sprache des Herzens, der Vernunft; **~ des fleurs** Blumensprache *f*; INFORM **~ de programmation** Programmiersprache *f*; **~ des sourds-muets** Taubstummensprache *f*; **~ par gestes, par signes** Zeichensprache *f*; **trouble** *m* **du ~** Sprachstörung *f*; **surveiller son ~** auf s-e Sprache, Ausdrucksweise achten; **tenir un autre ~ à qn** e-e andere Sprache mit j-m sprechen; e-n anderen Ton mit j-m anschlagen; **tenir, adopter un ~ circonspect** sich vorsichtig, zurückhaltend äußern, ausdrücken

langagier [lɑ̃gaʒje] ADJ ⟨-ière⟩ sprachlich

lange [lɑ̃ʒ] M Wickeltuch *n*; (*couche*) Windel *f*

langer [lɑ̃ʒe] V/T ⟨-geons⟩ *bébé* wickeln; **table** *f* **à ~** Wickeltisch *m*

langoureux [lɑ̃guʀø] ADJ ⟨-euse⟩ *air, regard* schmachtend; **musique langoureuse** schmalzige Musik; **prendre une pose langoureuse** e-e verführerische Pose einnehmen

langouste [lɑ̃gust] F ZOOL Languste *f*

langoustier [lɑ̃gustje] M Fischerboot *n* für den Langustenfang; **langoustine** F ZOOL Kaisergranat *m*; COMM Krabbe *f*

langue [lɑ̃g] F 1 ANAT Zunge *f*; CUIS **~ de bœuf, de veau** Rinder- *ou* Ochsen-, Kalbszunge *f*; **tirer la ~** a die Zunge herausstrecken (**à qn** j-m); *au médecin* die Zunge zeigen; *chien* die Zunge heraushängen lassen b *fam fig* (*s'appliquer*) sich anstrengen; sich abmühen; (*être dans le besoin*) *fam* fast blank sein; auf dem letzten Loch pfeifen; *de soif* **il tire la langue** *fam* die Zunge hängt ihm zum Hals heraus 2 *fig* (*personne médisante*) **mauvaise ~, ~ de vipère** böse Zunge; *fam* Lästermaul *n*, -zunge *f*; **elle est mauvaise ~** *ou* **c'est une mauvaise ~, elle a une ~ de vipère** *ou* **c'est une ~ de vipère** *a.* sie hat e-e böse, spitze, scharfe Zunge; ♦ *loc:* **as-tu avalé, perdu ta ~?** *à un enfant* kannst du deinen Mund nicht auftun?; hast du die Sprache verloren?; **avoir la ~ trop longue** den Mund nicht halten können; nicht schweigen, *fam* dichthalten können; **avoir la ~ bien pendue** ein tüchtiges, großes, gutes Mundwerk haben; zungenfertig sein; **ne pas avoir sa ~ dans sa poche** nicht auf den Mund gefallen sein; **délier la ~ à qn** j-n zum Reden, Sprechen bringen; *vin* j-m die Zunge lösen; **donner sa ~ au chat** es (*das Raten*) aufgeben; **se mordre la ~** sich (*dat*) auf die Zunge beißen (*a. fig*); **tenir sa ~** s-e Zunge im Zaum halten; den Mund halten; *prov* **il faut tourner sa ~ sept fois dans sa bouche avant de parler** man muss jedes Wort auf die Goldwaage legen, sich (*dat*) jedes Wort zweimal überlegen, ehe man es ausspricht 3 Sprache *f*; **~s anciennes, modernes, romanes** alte, neuere, romanische Sprachen; **~ nationale, du pays** Landessprache *f*; **~ verte** Gaunersprache *f*; Rotwelsch *n*; **~ de bois** Apparatschiksprache *f*; Funktionärssprache *f*; **connaissance** *f* **des ~s** Sprachkenntnisse *fpl*; **don** *m* **des ~s** Sprachbegabung *f*; **avoir le don des ~s, être doué pour les ~s** sprachbegabt sein 4 GÉOL **~ glaciaire** Gletscherzunge *f*; GÉOG **~ de terre** Landzunge *f*

langue-de-bœuf [lɑ̃gdəbœf] F ⟨*pl* langues-de-bœuf⟩ BOT Leberpilz *m*, -reischling *m*

langue-de-chat [lɑ̃gdəʃa] F ⟨*pl* langues-de-chat⟩ *Gebäck in der Form wie „Katzenzungen"*

Languedoc [lɑ̃gdɔk] **le ~** das *ou* die Languedoc

languedocien [lɑ̃gdɔsjɛ̃] A ADJ ⟨~ne⟩ GÉOG des Languedoc B SUBST 1 **Languedocien(ne)** *m(f)* Bewohner(in) *m(f)* des Languedoc 2 M Dialekte *mpl* des Languedoc

Languedoc-Roussillon [lɑ̃gdɔkʀusijõ] **le ~** *frz Region*

languette [lɑ̃gɛt] F 1 *d'une chaussure* Zunge *f*; Lasche *f*; *d'une balance* Zunge *f*; *de pain etc* schmaler Streifen 2 MENUISERIE Feder *f*

langueur [lɑ̃gœʀ] F 1 (*mélancolie*) Schmachten *n*; leise Wehmut; **~ amoureuse** Liebessehnen *n* 2 (*indolence*) Trägheit *f*; träge Gleichgültigkeit

languir [lɑ̃giʀ] A V/I 1 *personne* schmachten; **~ d'amour pour qn** sich in Liebe nach j-m verzehren; **~ d'ennui** vor Langeweile vergehen; *fam* **faire ~ qn** j-n warten, *fam* schmachten, zappeln lassen 2 *conversation* stocken; ins Stocken geraten; erlahmen; sich dahinschleppen B V/PR *régional* **se ~ de qn** sich nach j-m sehnen; nach j-m schmachten

languissant [lɑ̃gisɑ̃] ADJ 1 *conversation* stockend; schleppend 2 *litt ou plais regard* sehnsüchtig; schmachtend

lanière [lanjɛʀ] F langer, schmaler (Leder)Riemen; **découper en ~s** in Streifen schneiden

lanoline [lanɔlin] F Lanolin *n*

lanterne [lɑ̃tɛʀn] F 1 Laterne *f*; **~ magique** Laterna magica *f*; **~ rouge** Schlussleuchte *f*; Schlusslicht *n* (*a. fig*); *fig a.* rote Laterne; **~ vénitienne** Lampion *m ou n*; *fig* **éclairer la ~ de qn** j-n aufklären 2 ARCH Laterne *f*

lanterneau [lɑ̃tɛʀno] M ⟨*pl* ~x⟩ → lanternon

lanterner [lɑ̃tɛʀne] V/I **faire ~ qn** j-n warten, *fam* zappeln lassen; **on ne lanterne pas!** etwas schneller *ou* rascher, bitte!; *fam* etwas Beeilung, bitte!

lanternon [lɑ̃tɛʀnõ] M ARCH 1 kleine Laterne 2 (*cage vitrée*) Oberlicht *n*

Laon [lɑ̃] *Stadt im Dep. Aisne*

Laonnois [lanwa] **le ~** *Gegend um Laon*

Laos [laɔs] **le ~** Laos *n*

laotien [laɔsjɛ̃] A ADJ ⟨~ne⟩ laotisch B SUBST **Laotien(ne)** *m(f)* Laote *m*, Laotin *f*

Lao-Tseu [laɔtsø] M PHIL Laotse *m*

lapalissade [lapalisad] F Binsenwahrheit *f*, -weisheit *f*

lapement [lapmɑ̃] M *d'un chien, chat* Schlecken *n*; *fam* Schlabbern *n*; **laper** V/T *chien, chat: lait etc* schlecken; *fam* schlabbern

lapereau [lapʀo] M ⟨*pl* ~x⟩ ZOOL junges, kleines Kaninchen, Karnickel

lapidaire[1] [lapidɛʀ] ADJ *style, formule* kurz und bündig; lapidar

lapidaire[2] [lapidɛʀ] A M 1 *artisan* Steinschneider *m*; Edelsteinschleifer *m*, -graveur *m* 2 *commerçant* Edelsteinhändler *m* B ADJ **musée** *m* **~** Glyptothek *f*; Lapidarium *n*

lapidation [lapidasjõ] F Steinigung *f*; **lapider** V/T 1 *tuer* steinigen 2 (*jeter des pierres sur*) mit Steinen bewerfen

lapin [lapɛ̃] M 1 ZOOL, CUIS Kaninchen *n*; Karnickel *n*; **~ domestique** Hauskaninchen *n*; Stallhase *m*; **~ de garenne** Wildkaninchen *n* 2 *fam fig* **chaud ~** *fam* geiler Bock; **mon (petit) ~** *fam* mein Häschen; **courir comme un ~** sausen; *fam* flitzen; **poser un ~ à qn** *fam* j-n versetzen

lapine [lapin] F ZOOL weibliches Kaninchen, Karnickel; Häsin *f*; *fam fig* **mère** *f* **~** kinderreiche Frau

lapis(-lazuli) [lapis(lazyli)] M ⟨*inv*⟩ MINÉR Lapislazuli *m*; Lasurstein *m*

lapon [lapõ] A ADJ ⟨lapone [lapɔn]⟩ lappländisch; lappisch B SUBST 1 **Lapon(e)** *m(f)* Lappländer(in) *m(f)*; Lappe *m*, Lappin *f* 2 LING **le ~** das Lappische; Lappisch *n*

Laponie [lapɔni] **la ~** Lappland *n*

laps [laps] M **~ de temps** (gewisse) Zeit; Zeitraum *m*, -abschnitt *m*; **après un court ~ de temps** nach kurzer Zeit

lapsus [lapsys] M Lapsus *m*; Fehler *m*; **~ linguae** Lapsus Linguae *m*; Sichversprechen *n*; **faire un ~** sich versprechen

laquage [lakaʒ] M Lacken *n*; Lackieren *n*, -ung *f*

laquais [lakɛ] M Lakai *m* (*a. fig*)

laque[1] [lak] F 1 BOT Lack(saft) *m* 2 (echter) Lack; **~ rouge, noire** Rot-, Schwarzlack *m*; **~ de Chine, du Japon** China-, Japanlack *m* 3 CHIM Lack *m*; Lackfarbe *f*; Emaillack *m* 4 *pour*

les cheveux Haarspray *n ou m*
laque² [lak] M *objet d'art* Lackarbeit *f*
laqué [lake] ADJ **1** gelackt; lackiert; Lack...; **table ~e** Lacktisch *m* **2** CUIS **canard ~** Pekingente *f*
Laquedives [lakdiv] **les îles** *fpl* **~** die Lakkadiven *pl*
laquelle → lequel
laquer [lake] V/T lacken; lackieren
larbin [laʀbɛ̃] *péj* M Diener *m*; *péj* Domestik(e) *m*
larcin [laʀsɛ̃] M kleiner Diebstahl; kleine Dieberei; **faire, commettre un ~** e-n kleinen Diebstahl begehen; etwas entwenden, stehlen, verschwinden lassen, mitgehen lassen
lard [laʀ] M Speck *m*; *fam fig* **gros ~** Dickwanst *m*; **~ maigre** magerer, durchwachsener Speck; **~ de poitrine** Bauchspeck *m*; *fam fig* **tête** *f* **de ~** Dickkopf *m*, *fam* -schädel *m*; *fam* **faire du ~** *fam* Speck ansetzen; fett werden; *fam fig* **ne pas savoir, se demander si c'est du ~ ou du cochon** nicht wissen, woran man ist
larder [laʀde] V/T **1** CUIS spicken **2** *fig texte* **~ de citations** mit Zitaten spicken; **~ qn de coups de couteau** j-n mit Messerstichen durchbohren
lardon [laʀdõ] M **1** CUIS **a** *pour larder* Speckstreifen *m* **b** *qu'on fait revenir* ausgelassenes Speckstückchen **2** *fam (petit enfant) fam* Balg *n ou m*; Gör(e) *n(f)*
largable [laʀgabl] ADJ AVIAT abwerfbar; Abwurf...; **réservoir** *m* **~** Abwurftank *m*
largage [laʀgaʒ] M *de bombes* Abwurf *m*; Abwerfen *n*; *de parachutistes* Absetzen *n*
large [laʀʒ] **A** ADJ **1** *avenue, porte, carrure etc* breit; *vêtements* weit; **~ sourire** *m* breites Lächeln; **tranche** *f* **~** dicke Scheibe; **~ de hanches** breit in den Hüften; *terme* **au sens ~** im weiteren Sinn; **décrire un ~ cercle** e-n weiten Kreis beschreiben, ziehen; **être ~ de cent mètres** hundert Meter breit sein **2** *fig (important)* groß; *facilités de paiement, crédit* großzügig; *pouvoirs a.* beachtlich; *part a.* bedeutend; erheblich; *responsabilités, concessions* weitgehend; *entreprise, projet* **de ~ envergure** groß angelegt **3** **avoir l'esprit ~, les** *ou* **des idées ~s, être ~ d'idées** großzügig, liberal, vorurteilsfrei, freisinnig sein; großzügig, liberal denken; großzügige, liberale Anschauungen haben; *péj* **conscience** *f* **~** weites Gewissen **4** *(généreux) personne* freigebig; großzügig **B** ADV **1** weit; **fenêtres ~(s) ouvertes** weit geöffnete Fenster *npl*; **s'habiller ~** weite Kleider tragen; *fig* **ne pas en mener ~** sich in s-r Haut nicht wohlfühlen; ängstlich, besorgt, kleinlaut sein **2** **mesurer, calculer ~** großzügig messen, kalkulieren; **voir ~** große Pläne haben; hoch hinauswollen **C** M **1** Breite *f*; **de dix mètres de ~** zehn Meter breit; von zehn Metern Breite; **avoir dix mètres de ~** zehn Meter breit sein; e-e Breite von zehn Metern haben; *loc adv*: **de long en ~** auf und ab; hin und her; *fig* **en long et en ~** lang und breit; des Langen und Breiten **2** *fam* **du ~!** Platz da!; Platz machen!; **être au ~** viel Platz, Bewegungsfreiheit haben; **être au ~ dans son appartement** *a.* e-e geräumige Wohnung haben **3** MAR hohe, offene See; offenes Meer; **vent** *m* **du ~** Seewind *m*; *loc adv* **au ~** auf hoher See; **au ~ de Cherbourg** vor der Küste, auf der Höhe von Cherbourg; **gagner, prendre le ~** in die offene See, aufs offene Meer hinausfahren; *fam fig* **prendre le ~** das Weite suchen; *fam* ausreißen; Reißaus nehmen; abhauen; türmen
largement [laʀʒəmɑ̃] ADV **1** weit; *fleuve* **~ déborder sur les rives** weit über die Ufer treten; *fenêtre* **~ ouvert** weit geöffnet; weit offen stehend *(a. col)* **2** *(amplement)* reichlich; **avoir ~ de quoi vivre** sein reichliches, gutes Auskommen haben; reichlich zum Leben haben; **il est ~ trois heures** es ist längst drei Uhr (vorbei)
largesse [laʀʒɛs] F **1** *qualité* Freigebigkeit *f*; Großzügigkeit *f* **2** *cadeau* **~s** *pl* großzügige Geschenke *npl*
largeur [laʀʒœʀ] F **1** Breite *f*; **~ de la chaussée** Fahrbahnbreite *f*; CH DE FER **~ de la voie** Spurweite *f*; **étoffe** *f* **en grande ~** Stoff, der 120-140 cm breit liegt; **étoffe** *f* **en petite ~** Stoff, der 60-90 cm breit liegt; *loc adv* **dans le sens de la ~** der Breite nach; *fam fig* **dans les grandes ~s** restlos; gründlich; **tu te trompes dans les grandes ~s** da täuschst du dich gründlich; *fam* da bist du schiefgewickelt **2** *fig* **~ d'esprit, d'idées, de vues** Großzügigkeit *f* im Denken; liberale Gesinnung; Liberalität *f*; Vorurteilslosigkeit *f*; Freisinnigkeit *f*
largo [laʀgo] MUS **A** ADV largo **B** M Largo *n*
larguer [laʀge] V/T **1** *bombes* abwerfen; *parachutistes* absetzen **2** *fam fig*: **~ qn** j-n fallen lassen, *fam* abhängen; j-m den Laufpass geben; **être largué** *fam* nicht mehr mitkommen **3** MAR *amarres* losmachen; *t/t* loswerfen; **larguez!** los!
larme [laʀm] F **1** Träne *f*; **~s de colère, de joie** Tränen des Zorns, der Freude; Freudentränen *fpl*; *fig* **~s de crocodile** Krokodilstränen *fpl*; **crise** *f* **de ~s** Weinkrampf *m*; *visage* **baigné, inondé de ~s** tränenüberströmt; *loc adv* **les ~s aux yeux** mit Tränen in den Augen; **avec des ~s dans la voix** mit tränenerstickter Stimme; **avoir les ~s aux yeux** Tränen in den Augen haben; **elle avait les ~s aux yeux** *a.* die Tränen standen ihr in den Augen; **avoir toujours la ~ à l'œil** leicht zu Tränen gerührt sein; *fam* nah ans Wasser gebaut haben; **être au bord des ~s** den Tränen nahe sein; **être (tout) en ~s** in Tränen aufgelöst sein; **être ému jusqu'aux ~s** zu Tränen gerührt sein; *fumée, émotion* **faire venir des ~s aux yeux** die Tränen in die Augen treiben; *fig* **mêler ses ~s à celles de qn** j-s Schmerz teilen; **pleurer à chaudes ~s** heiße Tränen vergießen; bitterlich weinen; **rire aux ~s** Tränen lachen; *fig* **sécher, essuyer les ~s de qn** j-s Tränen trocknen; j-n trösten; *st/s* **verser, pleurer des ~s de sang** blutige, bittere Tränen weinen; **verser toutes les ~s de son corps, des torrents de ~s** Ströme von Tränen vergießen; *fam* sich *(dat)* die Augen ausweinen **2** *fig* **une ~ de cognac** *etc* ein paar Tropfen, ein ganz klein wenig Kognak *etc*
larmoiement [laʀmwamɑ̃] M **1** *des yeux* Tränen *n* **2** *(pleurnicherie)* Jammern *n*; *fam* Flennen *n*
larmoyant [laʀmwajɑ̃] ADJ **1** *yeux* tränend **2** *voix* weinerlich **3** *histoire, pièce* rührselig; HIST **comédie ~e** Rührstück *n*
larmoyer [laʀmwaje] V/I ⟨-oi-⟩ **1** *yeux* tränen **2** *personne* weinerlich tun; jammern; *fam* flennen
larron [laʀõ] M **1** *autrefois* Dieb *m*; Spitzbube *m*; *fig* **un troisième ~** der lachende Dritte; *fig* **ils s'entendent comme ~s en foire** sie halten zusammen wie Pech und Schwefel; sie stecken unter e-r Decke **2** BIBL Schächer *m*; **le bon et le mauvais ~** die beiden Schächer am Kreuz
Laruns [laʀɛ̃s], [laʀœ̃s] *Ort im Dep. Pyrénées--Atlantiques*
larvaire [laʀvɛʀ] ADJ ZOOL **état** *m* **~** Larvenstadium *n*
larve [laʀv] F **1** ZOOL Larve *f*; **~ d'insecte** Insektenlarve *f* **2** *fig et péj* Jammergestalt *f*
larvé [laʀve] ADJ **1** *conflit etc* latent; verkappt; verborgen; versteckt **2** MÉD larviert
laryngal [laʀɛ̃gal] PHON **A** ADJ ⟨-aux⟩ Kehl(kopf)... **B** F **~e** Kehl(kopf)laut *m*; Laryngal *m*
laryngé [laʀɛ̃ʒe] ADJ ANAT Kehlkopf...; *t/t* laryngeal
laryngite [laʀɛ̃ʒit] F MÉD Kehlkopfentzündung *f*; *t/t* Laryngitis *f*
laryngologie [laʀɛ̃gɔlɔʒi] F Laryngologie *f*; **laryngologue** M/F Laryngologe, -login *m, f*; **laryngoscope** M MÉD Kehlkopfspiegel *m*; *t/t* Laryngoskop *n*; **laryngoscopie** F MÉD Kehlkopfspiegelung *f*; *t/t* Laryngoskopie *f*
laryngotomie [laʀɛ̃gɔtɔmi] F MÉD Kehlkopfschnitt *m*; *t/t* Laryngotomie *f*; **laryngo-trachéite** F VÉT Kehlkopf-Luftröhren-Entzündung *f*
larynx [laʀɛ̃ks] M ANAT Kehlkopf *m*; *t/t* Larynx *m*
las¹ [lɑ] ADJ ⟨lasse [lɑs]⟩ **1** *st/s (fatigué)* müde; abgespannt **2** *fig* **~ de qc** e-r Sache *(gén)* müde, überdrüssig; **être ~ de qc** *a.* etw leid sein; **~ d'attendre** des Wartens müde; *loc adv* **de guerre lasse** um des lieben Friedens willen; nach langem Sträuben
las² [lɑs] INT *litt* **~!** ach!
lasagnes [lazaɲ] FPL CUIS Lasagne *pl*
lascar [laskaʀ] M *fam* **un drôle de ~** ein schlauer, alter Fuchs; ein schlauer Kerl, Bursche
lascif [lasif] ADJ ⟨-ive⟩ lasziv; lüstern; sinnlich
laser [lazɛʀ] M PHYS Laser *m*; **~ à gaz, à rubis** Gas-, Rubinlaser *m*; **imprimante** *f* **à ~** Laserdrucker *m*; ♦ *adjt*: **rayon** *m*, **faisceau** *m* **~** Laserstrahl *m*; **platine** *f* **~** CD-Player *m*; CD-Spieler *m*; **spectacle** *m* **~** Lasershow *f*
lasérothérapie [lazeʀɔteʀapi] F MÉD Behandlung *f* mit Laserstrahlen
lassant [lasɑ̃] ADJ ermüdend; langweilig
lasser [lase] **A** V/T ermüden; langweilen; überstrapazieren; auf die Nerven gehen **(qn** j-m); zermürben; **~ la patience de qn** j-s Geduld überstrapazieren **B** V/PR **se ~ de qc** e-r Sache *(gén)* müde, überdrüssig werden; etw leid werden; **se ~ d'attendre qn** des Wartens auf j-n müde, überdrüssig werden; **ne pas se ~ de faire qc** nicht müde werden, etw zu tun; *loc adv* **sans se ~** unermüdlich; unverdrossen; ohne zu ermüden
lassis [lasi] M TEXT **1** Flockseide *f* **2** Stoff *m* aus Flockseide
lassitude [lasityd] F **1** *(fatigue)* Müdigkeit *f*; Ermüdung *f*; Mattigkeit *f*; Abgespanntheit *f* **2** *(ennui)* Überdruss *m*; *(abattement)* Mutlosigkeit *f*; Niedergeschlagenheit *f*
lasso [laso] M Lasso *n ou m*
lastex® [lastɛks] M Lastex® *n*
latence [latɑ̃s] F MÉD, PSYCH Latenz *f*
latent [latɑ̃] ADJ latent *(a.* MÉD, PSYCH, PHYS*)*; heimlich; verborgen; versteckt; MÉD **à l'état ~** im latenten Stadium; **demeurer à l'état ~** MÉD latent, *fig* verborgen bleiben
latéral [lateʀal] ADJ ⟨-aux⟩ seitlich; Seiten...; Neben...; *t/t* lateral; **airbag ~** Seitenairbag *m*; **chapelle, nef ~e** Seitenkapelle *f*, -schiff *n*; **porte ~e** Seitentür *f*; **rue ~e** Seiten-, Nebenstraße *f*
latérite [lateʀit] F MINÉR Laterit(boden) *m*
latex [latɛks] M BOT Latex *m*
latin [latɛ̃] **A** ADJ **1** lateinisch; **l'alphabet ~** das lateinische Alphabet; **l'Amérique ~e** Lateinamerika *n*; **de l'Amérique ~e** lateinamerikanisch; **Quartier ~** Quartier latin *n (Pariser Studentenviertel)* **2** romanisch; **langues ~es** romanische Sprachen *fpl*; **peuples ~s** romanische Völker *npl* **B** SUBST **1** LING **le ~** das Latein(-ische); Latein(isch) *n*; **bas ~** Spät-, Mittellatein *n*; **~ classique** klassisches Latein; **~ populaire** Vulgärlatein *n*; *péj* **~ de cuisine** Küchen-

L

latein *n*; *fig* **être au bout de son ~, y perdre son ~** mit s-m Latein, mit s-r Weisheit am Ende sein; **c'est à y perdre son ~!** jetzt verstehe ich überhaupt nichts mehr!; **c'est du ~ pour moi** *fam* das ist für mich chinesisch; das sind für mich böhmische Dörfer **2** **Latins** *mpl* Romanen *mpl*

latiniser [latinize] VT latinisieren; **latinisme** M LING Latinismus *m*; **latiniste** M/F Latinist(in) *m(f)*; **latinité** F lateinische Welt, Zivilisation

latino-américain [latinoameʀikɛ̃] ADJ lateinamerikanisch

latitude [latityd] F **1** (geografische) Breite; **50 degrés de ~ nord, sud** 50 Grad nördlicher, südlicher Breite; **sous nos (douces) ~s** in unseren (gemäßigten) Breiten; **sous toutes les ~s** in *ou* auf allen Breiten; überall auf der Welt **2** *fig* **avoir toute ~ de, pour faire qc** völlige Freiheit *ou* völlig freie Hand haben, etw zu tun; **donner, laisser toute ~ à qn** j-m freie Hand lassen

Latium [lasjɔm] GÉOG **le ~** Latium *n*

Latran [latʀɑ̃] M HIST **conciles** *mpl* **du ~** Laterankonzilien *npl*, -synoden *fpl*

latrines [latʀin] FPL Latrine *f*

latte [lat] F Latte *f*; **~ de plancher** Fußboden-, Dielenbrett *n*

latté [late] M Tischlerplatte *f*

latter [late] VT CONSTR verlatten; mit Latten verschlagen; Latten anbringen (**qc** an etw [*dat*])

lattis [lati] M CONSTR Lattenwerk *n*; Latten *fpl*; (Be)Lattung *f*; **~ de plancher** Fußboden-, Dielenbretter *npl*

laudanum [lodanɔm] M PHARM Opiumtinktur *f*; Laudanum *n*

laudatif [lodatif] ADJ ⟨-ive⟩ lobend; Lob…; **discours ~** Lobrede *f*

lauracées [lɔʀase] FPL BOT Lorbeergewächse *npl*

lauréat [lɔʀea] M, **lauréate** F Preisträger(in) *m(f)*; *d'une compétition* Sieger(in) *m(f)*; **lauréat du prix Nobel** Nobelpreisträger *m*

Laurence [lɔʀɑ̃s, lo-] F *Vorname*

Laurent [lɔʀɑ̃, lo-] M *Vorname*

laurier [lɔʀje] M **1** BOT Lorbeer(baum) *m* **2** *fig* **~s** *pl* Lorbeeren *mpl*; Ruhm *m*; **~s de la victoire** Siegeslorbeeren *mpl*; **être chargé, couvert de ~s** mit Lorbeeren überhäuft werden; **s'endormir, se reposer sur ses ~s** sich auf s-n Lorbeeren ausruhen

laurier-cerise [lɔʀjes(ə)ʀiz] M ⟨*pl* lauriers-cerises⟩ BOT Kirschlorbeer *m*; Lorbeerkirsche *f*; **laurier-rose** M ⟨*pl* lauriers-roses⟩ BOT Oleander *m*; **laurier-sauce** M ⟨*pl* lauriers-sauce⟩ BOT Edler Lorbeer; **laurier-tin** M ⟨*pl* lauriers-tins⟩ BOT Laurus Tinus *m* der Gärtner; Steinlorbeer *m*

lavable [lavabl] ADJ waschbar; *tissu a.* waschecht; *peinture etc* abwaschbar; **~ en machine** maschinenwaschbar

lavabo [lavabo] M **1** Waschbecken *n* **2** **~s** *pl* Toilette *f*; Klosett *n* **3** ÉGL CATH Handwaschung *f*; Lavabo *n* (*a. prière*)

lavage [lavaʒ] M **1** *du linge, d'une voiture etc* Waschen *n*; Wäsche *f*; *de carreaux, de peinture* Abwaschen *n*; *du sol* (feuchtes) Aufwischen; *des vitres* Putzen *n*; *d'une plaie, d'une tache* Auswaschen *n*; *fig* **~ de cerveau** Gehirnwäsche *f*; **~ du linge** Wäschewaschen *n*; *couleur, tissu* **ne pas déteindre au ~** waschecht, farbecht sein **2** TECH *d'un minerai, d'un gaz etc* Waschen *n*; Wäsche *f*; *d'un minerai a.* nassmechanische Aufbereitung **3** MÉD Spülung *f*; **~ d'estomac** Magenspülung *f*; **faire un ~ d'estomac** *a.* den Magen auspumpen

lavallière [lavaljɛʀ] F Künstlerschleife *f*; locker gebundene Seidenschleife

lavande [lavɑ̃d] F BOT Lavendel *m*; *parfum* Lavendel(wasser) *n*; *adjt* **bleu ~** ⟨*inv*⟩ lavendelblau

lavandière [lavɑ̃djɛʀ] *poét* F Waschfrau *f*; Wäscherin *f*

lavandin [lavɑ̃dɛ̃] M BOT Lavandinpflanze *f*

lavasse [lavas] F *fam* (*soupe etc*) *fam* (dünne) Brühe; (*mauvais café*) *a.* Blümchenkaffee *m*

lavatory [lavatɔʀi] M ⟨*pl* lavatories⟩ Bedürfnisanstalt *f*

lave [lav] F **1** GÉOL Lava *f*; **champ** *m* **de ~** Lavafeld *n* **2** CONSTR Lavastein *m*

lavé [lave] ADJ **1** *couleur* verwaschen; **bleu ~** verwaschenes Blau **2** PEINT **dessin ~** lavierte Zeichnung

lave-glace [lavglas] M ⟨*pl* lave-glaces⟩ AUTO Scheibenwaschanlage *f*

lave-linge [lavlɛ̃ʒ] M ⟨*inv*⟩ Waschmaschine *f*

lavement [lavmɑ̃] M MÉD Klistier *n*; Einlauf *m*; **faire un ~ à qn** j-m ein Klistier geben; j-m e-n Einlauf machen; j-n klistieren

lave-phares [lavfaʀ] M ⟨*inv*⟩ AUTO Scheinwerferwaschanlage *f*

laver [lave] **A** VT **1** *mains, visage, linge, voiture etc* waschen; *peinture* abwaschen; **~ un chien** einen Hund baden; **~ une plaie, une tache** eine Wunde, einen Fleck auswaschen; **~ le sol** den Boden (feucht) (auf)wischen; **~ la vaisselle** (das Geschirr) spülen; ab-, aufwaschen; den Abwasch, Aufwasch machen; **~ les vitres** die Fenster putzen **2** *fig* reinwaschen; reinigen; **~ les péchés** von den Sünden reinwaschen; *affront, injure* **~ dans le sang** mit Blut abwaschen, rächen; **~ qn d'une accusation, d'un soupçon** j-n von e-r Anklage, von e-m Verdacht reinwaschen **3** TECH *minerai, gaz etc* waschen; *minerai a.* nassmechanisch aufbereiten **4** MÉD *estomac etc* (durch)spülen **5** PEINT *couleur* verwaschen; verwischen **B** V/PR **se ~** **1** sich waschen; **se ~ les dents** sich (*dat*) die Zähne putzen; **se ~ la figure, les mains** sich (*dat*) das Gesicht, die Hände waschen; *fig* **je m'en lave les mains** ich wasche meine Hände in Unschuld **2** *fig* sich reinwaschen (**d'une accusation** von e-r Anklage)

laverie [lavʀi] F **1** **~ (automatique)** Waschsalon *m* **2** TECH Waschanlage *f*

lavette [lavɛt] F **1** Spültuch *n*, -lappen *m*; Abwasch-, Aufwaschlappen *m* **2** *fam fig* (*homme mou*) **une (vraie) ~** *fam* ein (richtiger) Waschlappen

laveur [lavœʀ] M **1** Wäscher *m*; **~ de carreaux, vitres** Fensterputzer *m* **2** TECH *appareil* Wäscher *m* **3** ZOOL *adjt* **raton** *m* **~** Waschbär *m*

laveuse [lavøz] F Wäscherin *f*; Waschfrau *f*

lave-vaisselle [lavvɛsɛl] M ⟨*inv*⟩ Geschirrspülmaschine *f*, -automat *m*; *fam* Geschirrspüler *m*; *adjt vaisselle* spülmaschinenfest

lavis [lavi] M PEINT **1** *procédé* Tuschen *n*; Lavieren *n*; **au ~** getuscht; laviert **2** *dessin* Tuschzeichnung *f*

lavoir [lavwaʀ] M **~ (municipal, public)** öffentlicher Waschplatz; öffentliches Waschhaus

laxatif [laksatif] **A** ADJ ⟨-ive⟩ leicht abführend; **tisane laxative** Abführtee *m* **B** M leichtes Abführmittel; Laxativ(um) *n*; MÉD Laxans *n*

laxisme [laksism] M Laxheit *f*; Prinzipienlosigkeit *f*; zu große Nachgiebigkeit; **laxiste** ADJ *attitude* lax; prinzipienlos

Laxou [laksu], *regional* [laʃu] *Stadt im Dep. Meurthe-et-Moselle*

layette [lɛjɛt] F Babywäsche *f*, -ausstattung *f*

Lazare [lazaʀ] M BIBL Lazarus *m*

lazaret [lazaʀɛ] M Quarantänestation *f*

lazzi [lazi, ladzi] M ⟨*pl* **lazzi(s)**⟩ *st/s surtout* PL **~(s)** Spott *m*; Gespött *n*; Spötteleien *fpl*

le [l(ə)] M, **la** [la] F ⟨*beide vor Vokal u. stummem h* l'⟩, *pl* **les** [le] **A** *article défini* **1** M der (*acc* den), *f* die, *n* das; *pl* die; **le chien** der Hund; **la femme** die Frau; **la maison** das Haus; **l'ami** der Freund; **l'homme** der Mensch, Mann; **les élèves** die Schüler *mpl* **2** *démonstratif*: **de la sorte** auf diese, solche Weise; **l'ingrat!** dieser Undankbare!; **oh, le beau chien!** was für ein schöner Hund!; **approchez, les enfants!** kommt mal her, (ihr) Kinder! **3** *déterminatif*: **le célèbre Lamartine** der berühmte Lamartine; **le Paris du 20ᵉ siècle** das Paris des 20. Jahrhunderts **4** *déterminatif de temps*: **le jour** am Tage; tagsüber; **le premier lundi du mois** am ersten Montag des Monats; **le 20 juillet** am 20. Juli; **les 4 et 5 mai** am 4. und 5. Mai; **le mardi** dienstags **5** *distributif*: **dix euros la pièce** zehn Euro das *ou* pro *ou* je Stück; **quatre euros le mètre** vier Euro das *ou* der Meter **6** *possessif*: **le bras droit me fait mal** mein rechter *ou* der rechte Arm tut mir weh **7** *modal*: **la mine allongée** mit langem Gesicht **8** *non traduit en allemand*: **vive la France!** es lebe Frankreich!; **les Durand viennent ce soir** heute Abend kommen Durands; **la Pentecôte** Pfingsten; **le manger et le boire** Essen und Trinken; **la nature et l'étendue des contrôles** Art und Umfang der Kontrollen; **vers les trois heures** gegen drei (Uhr); **avoir les yeux bleus** blaue Augen haben; **l'or est plus cher que l'argent** Gold ist teurer als Silber; **les deux tiers des députés** zwei Drittel der Abgeordneten; **l'article trois du Code civil** Artikel drei des Code civil **B** PR PERS **1** M ihn, *f* sie, *n* es; *pl* sie; **je le connais** ich kenne ihn *ou* es; **je la vois** ich sehe sie; **je l'entends** ich höre ihn *ou* sie *ou* es; **je les ai rencontré(e)s hier** ich habe sie gestern getroffen; **regardez-les!** seht sie an! **2** *neutre* **le** es **a** *représentant une phrase*: *c'est une idée stupide*, **je le sais** ich weiß es **b** *représentant un subst ou un adj*: **ils sont amis et ils le seront toujours** sie sind Freunde und werden es immer bleiben; *êtes-vous satisfait?* - **je le suis** ich bin es **c** *dans une proposition comparative*: **il n'est pas si pauvre qu'on le pense** er ist nicht so arm, wie man denkt; **il est plus intelligent qu'on ne le croit** er ist klüger, als man glaubt

lé [le] M **1** (*largeur d'une étoffe*) Breite *f* **2** (*panneau, bande*) Bahn *f*

leader [lidœʀ] M **1** POL (Partei)Führer *m*; **~ de l'opposition** Oppositionsführer *m* **2** SPORTS Spitzenreiter *m* (*a.* ÉCON *entreprise*); Erste(r) *m*; **être ~ du classement général** FOOTBALL Tabellenführer *m* sein; die Tabelle anführen; *pour toute compétition* an der Spitze der Gesamtwertung liegen

leadership [lidœʀʃip] M POL Führerschaft *f*; Führung *f*

leasing [liziŋ] M ÉCON Leasing *n*; **société** *f* **de ~** Leasinggesellschaft *f*; **acheter en ~** leasen

léchage [leʃaʒ] M **1** **~ de bottes** Speichelleckerei *f*; Kriecherei *f*; Liebedienerei *f* **2** *d'un dessin* übertrieben sorgfältige Ausarbeitung, -führung; *d'un texte* übertriebenes Feilen

lèche [lɛʃ] F *fam* **faire de la ~ (à qn)** ein Kriecher, Speichellecker sein; (vor j-m) kriechen, liebedienern; j-m um den Bart gehen

lèche-bottes [lɛʃbɔt] M *et* ADJT ⟨*inv*⟩ *fam* **(il est) ~** (er ist ein) Speichellecker *m*, Kriecher *m*

lèche-carreaux [lɛʃkaʀo] *fam* M → lèche-vitrines

lèche-cul [lɛʃky] M *et* ADJT ⟨*inv*⟩ *pop* **(il est) ~** *pop* (er ist ein) Arschkriecher *m*, Schleimscheißer *m*

lèchefrite [lɛʃfʀit] F CUIS Auffangschale *f*; Abtropfpfanne *f*

lécher [leʃe] ⟨-è-⟩ **A** VT **1** lecken; schlecken; *plat* auslecken; *cuillère, assiette* ablecken; *animal: qc du sol* auflecken; *objet* belecken; *fig: flammes* (empor) züngeln (**qc** an etw [*dat*]); *vagues: sable etc* umspülen; bespülen; *poét vagues, mer* **~ la côte** die Küste umspülen, bespülen **2** *fig* **~ les vitrines** → lèche-vitrines **3** *fam fig* **~ les bottes**, *pop* **le cul à qn** vor j-m kriechen, liebedienern; *pop* j-m in den Arsch kriechen **4** ADJT **trop léché** *dessin, tableau* zu sorgfältig ausgearbeitet, ausgeführt; *texte* zu sehr ausgefeilt **B** V/PR *animal* **se ~** sich lecken; **se ~ les doigts** (sich [*dat*]) die Finger ablecken; → *a.* babine 2

léchette [leʃɛt] *fam* F Scheibchen *n*; Stückchen *n*

lécheur [leʃœʀ] M *péj* Speichellecker *m*; Kriecher *m*

lèche-vitrines [lɛʃvitʀin] M ⟨*inv*⟩ **faire du ~** e-n Schaufensterbummel machen; die Schaufenster ansehen, *fam* begucken

lécithine [lesitin] F BIOL Lezithin *n*

leçon [l(ə)sõ] F **1** (Unterrichts-, Lehr)Stunde *f*; *d'un manuel scolaire* Lektion *f*; **~s** *pl* Unterricht *m*; **~s de chant, d'équitation, de français** Gesangs-, Reit-, Französischunterricht *m*, -stunden *fpl*; **~ de choses** Anschauungsunterricht *m*; *dans le primaire* Sachkunde *f*; **donner des ~s à qn** j-m Stunden geben, Unterricht erteilen; **prendre des ~s avec qn** bei j-m Stunden, Unterricht nehmen **2** *à apprendre* Lektion *f*; (mündliche) Aufgabe; → *a.* réciter **3** *fig* Lehre *f*; **je vous dispense de vos ~s de morale** Sie können sich (*dat*) Ihre weisen Lehren, Ratschläge sparen, schenken; **donner, infliger une ~ à qn** j-m e-e heilsame Lehre erteilen, *fam* e-n Denkzettel geben; **cela lui donnera une bonne ~** das wird ihm e-e gute, heilsame Lehre sein; **faire la ~ à qn** j-m e-e Lektion erteilen; j-m die Leviten lesen; j-m den Kopf zurechtrücken, -setzen; **que cela lui serve de ~!** möge ihm das e-e Lehre, Warnung sein!; **tirer la ~ de qc** aus etw e-e Lehre ziehen

Leconte de Lisle [ləkõtdəlil] *frz Dichter*

lecteur[1] [lɛktœʀ] M, **lectrice** F **1** Leser(in) *m(f)*; *d'un dictionnaire* Benutzer *m*; **lecteurs** *mpl* Leser *mpl*; Leserschaft *f*; **lecteur, lectrice de journaux, de romans** Zeitungs-, Romanleser(in) *m(f)* **2** *à l'université, dans une maison d'édition* Lektor *m*, Lektorin *f* **3** (*qui lit à haute voix*) Vorleser(in) *m(f)*

lecteur[2] [lɛktœʀ] M *appareil* Abtastgerät *n*; *pour le son* Abspielgerät *n*; **~ optique** Scanner *m*; **~ de cassettes** Kassettenrekorder *m*; **~ de CD** CD-Player *m*; **~ de CD-ROM** CD-ROM-Laufwerk *n*; **~ de disquettes** Diskettenlaufwerk *n*; **~ de DVD** **a** DVD-Player *m* **b** DVD-Laufwerk *n*

lecture [lɛktyʀ] F **1** (*action de lire*) Lesen *n*; Lektüre *f*; *d'une lettre, d'un texte a.* Durchlesen *n*; ÉCOLE Lesen *n*; **livre** *m* **de ~** Lesebuch *n*; **à la première ~** beim ersten (Durch)Lesen; bei der ersten Lektüre **2** *à haute voix* Vorlesen *n*; *d'un testament, d'un jugement etc* Verlesung *f*; **donner, faire (la) ~ de qc** etw vorlesen, verlesen; **faire la ~ à qn** j-m vorlesen **3** (*texte, livre à lire*) Lektüre *f*; Lesestoff *m*; (*texte d'un manuel scolaire*) *a.* Lesestück *n*; **c'est (d')une ~ facile** das ist e-e leichte Lektüre; das liest sich leicht; **je vous ai apporté de la ~** ich habe Ihnen Lektüre, Lesestoff, etwas zum Lesen, etwas zu lesen mitgebracht **4** *d'un projet de loi* Lesung *f*; **adopté en première, en seconde ~** in erster, zweiter Lesung angenommen **5** (*interprétation*) Lesart *f*; Deutung *f* **6** *d'un appareil de mesure* Ablesen *n*, -ung *f*; *d'un calculateur électronique* **~ magnétique, optique** magnetisches, optisches Zeichenlesen **7** ÉLEC, INFORM Abtasten *n*, -ung *f*; *d'un disque, d'une bande magnétique* Abspielen *n*; **bras** *m* **de ~** Tonarm *m*; **table** *f* **de ~** Plattenspieler *m*; **tête** *f* **de ~** Wiedergabe-, Abtastkopf *m*

LED [ɛløde] F ABR (*light emitting diode; diode électroluminescente*) ÉLEC LED *f*

ledit [lədi] ADJ ⟨*f* ladite [ladit]; *mpl* **lesdits** [ledi], *fpl* **lesdites** [ledit]⟩ JUR besagte(r, -s); der, die, das genannte, vorerwähnte; **le prix dudit terrain** der Preis des besagten Grundstücks; **audit lieu** an besagtem Ort

légal [legal] ADJ ⟨-aux⟩ gesetzlich; legal; rechtmäßig; **âge ~** (gesetzlich) vorgeschriebenes Alter; **dispositions ~es** gesetzliche Bestimmungen *fpl*; **médecine ~e** Gerichtsmedizin *f*; **monnaie ~e** gesetzliches Zahlungsmittel; **moyens légaux** gesetzliche Mittel *npl*; Rechtsmittel *npl*; **pays ~** Gesamtheit *f* der Bürger, die im Genuss der politischen Rechte sind; **tuteur ~** gesetzlicher Vormund

légalement [legalmɑ̃] ADV gesetzlich; legal; auf gesetzlichem, legalem Wege

légalisation [legalizasjõ] F Legalisierung *f*; *d'un document, d'une signature* amtliche Beglaubigung; Legalisation *f*

légaliser [legalize] VT legalisieren; *document, signature* amtlich beglaubigen; legalisieren; **faire ~ sa signature** s-e Unterschrift amtlich beglaubigen lassen

légalisme [legalizm] M Legalismus *m*; **légaliste** M Legalist *m*

légalité [legalite] F Gesetzlichkeit *f*; Legalität *f*; Rechtmäßigkeit *f*; **sortir de la ~** den Boden der Legalität verlassen

légat [lega] M ÉGL CATH päpstlicher Legat

légataire [legatɛʀ] M/F JUR Vermächtnisnehmer(in) *m(f)*; Legatar *m*; **~ universel** Allein-, Universalerbe *m*

légation [legasjõ] F DIPL Gesandtschaft *f* (*a. résidence*); **secrétaire** *m* **de ~** Legations-, Gesandtschaftssekretär *m*

légendaire [leʒɑ̃dɛʀ] ADJ **1** (*fabuleux, mythique*) legendär; Legenden...; sagenhaft; Sagen...; Fabel...; **personnage** *m* **~** Sagengestalt *f* **2** (*célèbre*) *exploit, acteur etc* berühmt; **sa distraction devenue ~** s-e sprichwörtlich gewordene Zerstreutheit

légende [leʒɑ̃d] F **1** Legende *f*; Sage *f*; **~ du Graal, de Roland, de Faust** Grals-, Roland-, Faustsage *f*; **entrer dans la ~** in die Legende eingehen; zur Legende, legendär werden **2** *d'une médaille, monnaie* Beschriftung *f*; *d'un dessin, d'une illustration* Bildunterschrift *f*; Bildtext *m*; *d'une carte, d'un plan* Zeichenerklärung *f*; Legende *f*

légender [leʒɑ̃de] VT mit e-r Legende versehen; **~ une carte, un plan** eine Karte, einen Plan mit einer Legende versehen

léger [leʒe] ADJ ⟨-ère⟩ **1** *objet, poids, bagages etc* leicht; MIL **armes légères** leichte Waffen *fpl*; **cavalerie, infanterie légère** leichte Kavallerie, Infanterie; **huile légère, métal ~** Leichtöl *n*, -metall *n*; *subst* **les plus ~s que l'air** die Luftfahrzeuge *npl* leichter als Luft **2** *vin, parfum etc* leicht; *thé, café a.* dünn; schwach; *plat, repas* leicht (verdaulich) **3** *sommeil, coup, douleur, peine, tristesse, ironie etc* leicht; *contact physique a.* leise; zart; *mouvement, bruit a.* leise; schwach; *vent a.* sanft; *faute, erreur a.* unbedeutend; harmlos; geringfügig; **blessé ~** Leichtverletzte(r) *m*; **différence légère** geringfügiger, feiner, kleiner Unterschied; **~ doute** leichter, leiser Zweifel **4** *couche* dünn; *vêtement, étoffe* leicht; dünn; luftig; **brouillard ~** leichter, dünner Nebel; **légère couche de neige** dünne Schneedecke; **dentelle légère** zarte Spitze; **une légère prise de sel** e-e kleine Prise Salz **5** *pas* leicht; *démarche a.* anmutig; *taille* schlank; dünn; **le cœur ~** leichten Herzens; unbeschwert; **avoir la main légère** e-e leichte Hand haben; **d'un pas, pied ~** leichtfüßig; *tableau* **peint par touches légères** mit leichten (Pinsel)Strichen gemalt; (wie) hingehaucht **6** *personne, caractère* leichtfertig; leichtsinnig; *propos, histoire* schlüpfrig; gewagt; frivol; **femme légère** leichtes Mädchen; **mœurs légères** lockere, lose, freie Sitten *fpl*; **musique légère** leichte Musik; Unterhaltungsmusik *f*; *loc adv* **à la légère** leichtfertig (-erweise); leichtsinnig(erweise); **parler à la légère** leichtfertig, unüberlegt reden; gedankenlos daherreden; **prendre les choses à la légère** die Dinge leichtnehmen, auf die leichte Schulter nehmen; **il a été bien ~** *de lui confier ce dossier* es war sehr leichtsinnig von ihm ... **7** MUS **soprano ~** hoher, beweglicher Sopran; **ténor ~** hoher, lyrischer Tenor

légèrement [leʒɛʀmɑ̃] ADV **1** leicht; **~ vêtu** leicht gekleidet; leicht, dünn angezogen; **manger ~** leichte Kost zu sich nehmen **2** (*un peu*) leicht; ein wenig; ein bisschen; **~ blessé** leicht verletzt; *fam iron* **elle est ~ prétentieuse** sie ist ziemlich eingebildet **3** (*à la légère*) leichtfertig; leichtsinnig; **parler ~ de qc** leichtfertig, gedankenlos über etw (*acc*) reden

légèreté [leʒɛʀte] F **1** *d'un objet* Leichtheit *f*; Leichtigkeit *f*; geringes, kleines Gewicht **2** *d'un plat, repas* Bekömmlichkeit *f*; leichte Verdaulichkeit **3** *d'un coup, d'une punition* Harmlosigkeit *f*; *d'une erreur a.* Geringfügigkeit *f* **4** *d'un vêtement, d'une étoffe* Leichtheit *f*; Leichtigkeit *f*; Luftigkeit *f* **5** *des mouvements* Leichtigkeit *f*; Anmut *f*; **marcher avec ~** leichtfüßig dahinschreiten **6** *d'une personne* Leichtfertigkeit *f*; Leichtsinn *m*; **il a fait preuve de ~ dans ses propos** s-e Worte waren *ou* was er sagte, war unüberlegt, leichtfertig, leichtsinnig

légiférer [leʒifeʀe] VI ⟨-è-⟩ Gesetze erlassen, machen; **pouvoir** *m* **de ~** gesetzgeberische Gewalt

légion [leʒjõ] F **1** MIL, HIST Legion *f*; **Légion (étrangère)** Fremdenlegion *f*; **s'engager dans, entrer à la Légion** in die Fremdenlegion gehen, eintreten **2** *fig* **une ~ de ...** ein Heer, e-e Schar, e-e Unzahl von ...; **être ~** Legion, sehr zahlreich sein **3** **Légion d'honneur** *ordre honorifique* Ehrenlegion *f*; *par ext décoration* Kreuz *n* der Ehrenlegion; **avoir la Légion d'honneur** Mitglied der Ehrenlegion sein

légionellose [leʒjɔneloz] F MÉD Legionärskrankheit *f*

légionnaire [leʒjɔnɛʀ] M **1** MIL Fremdenlegionär *m* **2** HIST (römischer) Legionär

législateur [leʒislatœʀ] M Gesetzgeber *m*; **les intentions du ~** die Absicht des Gesetzgebers

législatif [leʒislatif] ADJ ⟨-ive⟩ **1** gesetzgebend; legislativ; **assemblée législative** gesetzgebende Versammlung; HIST **l'Assemblée législative** *ou subst* **la Législative** die Legislative (*1791-92*); **corps ~** gesetzgebende Körperschaft; **le pouvoir ~** *ou subst* **le ~** die gesetzgebende Gewalt; die Legislative **2** *par ext* **acte ~** gesetzgeberischer Akt **3** **élections législatives** *ou subst* **législatives** *fpl* Parlamentswahlen *fpl*

législation [leʒislasjõ] F Gesetzgebung *f*; Rechtsvorschriften *fpl*; **~ aérienne, maritime** Luft-, Seerecht *n*; **~ civile, criminelle** Zivil-, Strafrecht *n ou* -gesetzgebung *f*; **~ électorale** (*objektives*) Wahlrecht; **~ d'exception** Ausnahmerecht *n*, -gesetze *npl*; **~ du travail** Arbeitsgesetzgebung *f*

législature [leʒislatyʀ] F Legislaturperiode *f*

légiste [leʒist] ADJ **médecin** *m* ~ Gerichtsarzt *m*, -mediziner *m*
légitimation [leʒitimasjõ] F **1** JUR *d'un enfant naturel* Ehelichkeitserklärung *f*; Legitimation *f* **2** *st/s (justification)* Rechtfertigung *f*
légitime [leʒitim] **A** ADJ **1** rechtmäßig; gesetzlich anerkannt; legitim; *enfant, naissance, père* ehelich; **descendants** *mpl* **~s** eheliche Nachkommen *mpl*; **femme** *f* ~ Ehefrau *f*; **union** *f* ~ rechtmäßige Ehe **2** JUR ~ **défense** *f* Notwehr *f*; **être en état de ~ défense** in Notwehr handeln **3** *fig colère, récompense, excuse* gerecht(fertigt); berechtigt; **rien de plus ~ que cette demande** diese Forderung ist nur recht und billig **B** *fam* F Ehefrau *f*; *fam plais* Eheweib *n*; angetrautes Weib
légitimer [leʒitime] V/T **1** JUR *enfant naturel* für ehelich erklären; legitimieren **2** *élection, pouvoir* rechtlich anerkennen; für rechtmäßig erklären; legitimieren **3** *fig conduite* rechtfertigen
légitimistes [leʒitimist] MPL POL, HIST Legitimisten *mpl*
légitimité [leʒitimite] F **1** *d'un pouvoir, d'une mesure* Rechtmäßigkeit *f*; Legitimität *f*; *d'un enfant* Ehelichkeit *f*; eheliche Geburt **2** *fig d'une revendication etc* Berechtigung *f*; Billigkeit *f*
Legnica [legnika, legnitsa] GÉOG Liegnitz *n*
legs [lɛg] M **1** JUR Vermächtnis *n*; Legat *n*; **bénéficiaire** *m* **du ~** Vermächtnisnehmer *m*; **faire un ~** ein Vermächtnis aussetzen **2** *st/s et fig* Erbe *n*
léguer [lege] V/T ⟨-è-⟩ **1** JUR (testamentarisch) vererben; vermachen; hinterlassen **2** *fig* vererben; hinterlassen; ~ **une œuvre à la postérité** der Nachwelt ein Werk hinterlassen; **légué de père en fils** *tradition* vom Vater dem Sohn vererbt, weitergegeben; *réputation* vom Vater auf den Sohn übertragen
légume [legym] **1** M Gemüse *n*; **~s frais, verts** frisches Gemüse; Frischgemüse *n*; **~s secs** Hülsenfrüchte *fpl*; **marché** *m* **aux ~s** Gemüsemarkt *m* **2** *fam fig* **une grosse ~** *fam* ein hohes Tier; ein Bonze *m*; *all Sud a.* ein Großkopfeter *m*; **les grosses ~s du parti** die Parteibonzen *mpl*
légumier [legymje] M Gemüseschüssel *f*
légumineuse [legyminøz] ADJ *et* SUBST F BOT **(plante)** ~ Hülsenfrucht *f*; Hülsenfrüchtler *m*; *t/t* Leguminose *f*
légumineux [legyminø] ADJ ⟨-euse⟩ BOT Hülsen...; hülsentragend
leitmotiv [lajtmɔtif, lɛt-] M ⟨*pl* ~e *ou* ~s⟩ **1** MUS Leitmotiv *n* **2** *fig* ständig wiederkehrende Formel, Idee; Dauerthema *n*
Léman [lemɑ̃] **le lac ~** der Genfer See
lémurien [lemyʀjɛ̃] M ZOOL Lemur(e) *m*; Maki *m*
lendemain [lɑ̃dmɛ̃] M **1** nächster, folgender Tag; **le ~** am nächsten, folgenden Tag; am Tag darauf, danach; tags darauf; **le ~ matin** am anderen, nächsten, folgenden Morgen; am Morgen darauf, danach; **le ~ de son arrivée** am Tage nach s-r Ankunft; **au ~ de la guerre, de son mariage** kurz nach dem Krieg, s-r Heirat; **remettre qc au ~** etw auf den nächsten, folgenden, anderen Tag verschieben; *prov* **il ne faut jamais remettre au ~ ce qu'on peut faire le jour même** verschiebe nicht auf morgen, was du heute kannst besorgen *(prov)* **2** *(avenir)* Morgen *n*; Zukunft *f*; **sans ~** ohne Dauer; **bonheur** *m* **sans ~** flüchtiges Glück; Glück *n* von kurzer Dauer; *st/s* **des ~s qui chantent** e-e glückliche Zukunft **3** **~s** *pl (conséquences)* Folgen *fpl*
lénifiant [lenifjɑ̃] ADJ **1** MÉD (schmerz)lindernd; mildernd **2** *fig et st/s* beruhigend; besänftigend; **lénifier** V/T **1** MÉD lindern; mildern **2** *fig et st/s* beruhigen; besänftigen
léninisme [leninism] M POL Leninismus *m*;
léniniste **A** ADJ leninistisch **B** M/F Leninist(in) *m(f)*
Lens [lɑ̃s] *Stadt im Dep. Pas-de-Calais*
lent [lɑ̃] ADJ ⟨lente [lɑ̃t]⟩ langsam; *esprit* träge; schwerfällig; *poison* schleichend; **véhicule ~** langsam fahrendes Fahrzeug; **voix ~e** schleppende Stimme; **avoir l'esprit ~** schwer von Begriff sein; begriffsstutzig sein; **il est ~ à agir, à se décider** es dauert lange, bis er handelt, bis er sich entscheidet; **être ~ à comprendre** schwer begreifen; schwer von Begriff sein; **marcher à pas ~s** langsam, gemächlich gehen
lente [lɑ̃t] F ZOOL Nisse *f*
lentement [lɑ̃tmɑ̃] ADV langsam
lenteur [lɑ̃tœʀ] F Langsamkeit *f*; *des travaux* langsames Vorangehen; **~s** *pl a.* Umständlichkeit *f*; **~ à comprendre** schweres Begriffsvermögen; **~ d'esprit** geistige Trägheit, Schwerfälligkeit; **~s de l'administration** umständliches, langsames Arbeiten der Verwaltung; *fam* Amtsschimmel *m*; *loc adv* **avec ~** langsam; **agir avec une sage ~** sich *(dat)* bewusst Zeit nehmen
lentigo [lɑ̃tigo] M Leberfleck *m*; *t/t* Lentigo *f*
lentille [lɑ̃tij] F **1** BOT Linse *f*; CUIS **~s** *pl* Linsen *fpl*; **~ d'eau** Wasserlinse *f* **2** OPT Linse *f*; **~ concave** Konkavlinse *f*; konkave Linse; **~s de contact** Kontaktlinsen *fpl*; **~ de verre** gläserne Linse; Linse aus Glas
lentisque [lɑ̃tisk] M BOT Mastixstrauch *m*; Lentiske *f*
lento [lɛnto] MUS **A** ADV lento **B** M Lento *n*
Léon [leõ] M *Vorname*
Léonard [leɔnaʀ] M *Vorname*; **~ de Vinci** [-vɛ̃si] Leonardo da Vinci
léonin [leɔnɛ̃] ADJ **1** löwenartig; Löwen...; *fig* **tête ~e** Löwenkopf *m* **2** *fig* **contrat ~** leoninischer Vertrag
léopard [leɔpaʀ] M ZOOL Leopard *m*; Panther *m*
LEP [lɛp] M ABR (lycée d'enseignement professionnel) Fachoberschule *f*
lépidoptères [lepidɔptɛʀ] MPL ZOOL Schmetterlinge *mpl*; Falter *mpl*
lépiote [lepjɔt] F BOT Schirmpilz *m*
lépisme [lepism] M ZOOL Silberfischchen *n*
lèpre [lɛpʀ] F **1** MÉD Lepra *f*; Aussatz *m* **2** *fig d'un mur* Flecke *mpl*; verwitterte Stellen *fpl* **3** *fig et litt* (um sich greifendes) Übel; Krebsschaden *m*
lépreux [lepʀø] **A** ADJ ⟨-euse⟩ **1** MÉD leprakrank; aussätzig; leprös; lepros **2** *fig mur, façade* fleckig; verwittert; zerfressen **B** SUBST **~, lépreuse** *m,f* Leprakranke(r) *m/f(m)*; Aussätzige(r) *m/f(m)*
léproserie [lepʀozʀi] F Lepraheim *n*, -krankenhaus *n*
lepton [lɛptõ] M PHYS NUCL Lepton *n*
lequel [l(ə)kɛl] ⟨*f* laquelle [lakɛl]; *mpl* lesquels [lekɛl], *fpl* lesquelles⟩ **A** PR REL **1** *suivant une* PRÉP: der, die, das, *pl* die; *st/s* welche(r, -s), *pl* welche; **le milieu dans lequel il vit** das Milieu, in dem, in welchem er lebt; **c'est un point auquel vous n'avez pas pensé** das ist ein Punkt, an den Sie nicht gedacht haben; **le pays à l'avenir duquel je pense** das Land, an dessen Zukunft ich denke; *il rencontra plusieurs parents,* **parmi lesquels son cousin Jean** unter ihnen auch s-n Vetter Jean; **les amis avec le concours desquels il** *a. monté cette affaire* die Freunde, mit deren Hilfe er ... **2** *sujet:* **le portail de la cathédrale, lequel a été restauré** das Portal der Kathedrale, das, welches restauriert wurde; JUR *après un certain temps,* **lequel ne peut jamais excéder trente ans** Letztere darf jedoch niemals dreißig Jahre überschreiten **3** ADJT: **... auquel cas ...** in welchem Fall **B** PR INTERROG **1** *avec* **de**: welche(r, -s)?, *pl* welche?; **lequel de vos enfants?** welches Ihrer Kinder?; welches, wer von Ihren Kindern?; **lequel des deux gagnera?** wer, welcher von (den) beiden wird gewinnen?; **laquelle d'entre vous veut lui écrire?** wer von euch will ihm schreiben?; **dans laquelle de ces deux maisons habite-t-il?** in welchem der beiden Häuser, in welchem von beiden Häusern wohnt er? **2** *sans complément ni verbe: votre ami est venu* - **lequel?** wer, welcher (ist es) denn?; *dans cette phrase il y a une faute* - **laquelle?** was für e-r?; *j'ai rencontré quelques anciens amis* - **lesquels?** wen denn alles?; *nous avons visité un château de la Loire* - **duquel parlez-vous?** von welchem sprechen Sie?
Lérins [leʀɛ̃s] **les îles** *fpl* **de ~** *Inseln vor der Côte d'Azur*
lérot [leʀo] M ZOOL Gartenschläfer *m*
les [le] → le
lesbien [lɛsbjɛ̃] ADJ ⟨~ne⟩ lesbisch
lesbienne [lɛzbjɛn] F Lesbierin *f*; *fam* Lesbe *f*
lèse-majesté [lɛzmaʒɛste] F **crime** *m* **de ~** Majestätsbeleidigung *f (a. fig)*
léser [leze] V/T ⟨-è-⟩ **1** benachteiligen; beeinträchtigen; **~ les droits de qn** j-s Rechte verletzen; j-n in s-n Rechten beeinträchtigen; **être lésé dans un partage** bei e-r Teilung benachteiligt werden **2** MÉD verletzen; schädigen
lésiner [lezine] V/T INDIR **~ sur qc** an etw *(dat)* sparen; mit etw geizen, knausern; **~ sur les repas** am Essen sparen; *abs: le jour du mariage de son fils,* **il n'a pas lésiné ...** hat er nicht gespart, *fam* hat er sich nicht lumpen lassen
lésion [lezjõ] F MÉD Verletzung *f*; Schädigung *f*; **~ cérébrale, du cerveau** Gehirnverletzung *f*, -schädigung *f*; **~ corporelle** Körperverletzung *f*; **~ interne** innere Verletzung; **~ de la moelle épinière** Rückenmarksverletzung *f*
lésionnel [lezjɔnɛl] ADJ ⟨~le⟩ MÉD **signe ~** (An)Zeichen *n* für e-e Verletzung
Lesneven [lɛsnəvɛ̃] *Ort im Dep. Finistère*
Lesotho [lezoto] **le ~** Lesotho *n*
lesquel(le)s [lekɛl] → lequel
Lesseps [lesɛps] **Ferdinand de ~** *Erbauer des Suezkanals*
lessivable [lesivabl] ADJ waschecht, -fest
lessivage [lesivaʒ] M **1** *d'un plancher* Wischen *n*; Scheuern *n*; Schrubben *n*; *de murs* Abwaschen *n*; Abseifen *n* **2** GÉOL Auswaschung *f*; Auslaugung *f*
lessive [lesiv] F **1** *produit* Waschmittel *n*, -pulver *n*; Seifenpulver *n* **2** *(lavage)* Waschen *n*; Wäsche *f*; **eau** *f* **de ~** (Wasch-, Seifen)Lauge *f*; *couleur* **aller à la ~** waschecht sein; **faire la ~** (Wäsche) waschen; große Wäsche haben **3** *(linge)* (gewaschene) Wäsche **4** CHIM Lauge *f*
lessivé [lesive] ADJ **1** *fam* **être ~** *fam* kaputt, völlig erschlagen, völlig erschossen sein **2** GÉOL **sol ~** ausgewaschener, ausgelaugter Boden
lessiver [lesive] V/T **1** *plancher* wischen; scheuern; schrubben; *murs* abwaschen; abseifen **2** CHIM auswaschen; auslaugen **3** *fam* **se faire ~** *au jeu fam* sich ausnehmen lassen; *dans une compétition* ausscheiden müssen
lessiveuse [lesivøz] F Wäsche(koch)topf *m*; Waschkessel *m*
lest [lɛst] M **1** MAR Ballast *m*; *d'un aérostat* (Sand)Ballast *m*; **navire** *m* **sur ~** unbefrachtetes, Ballast führendes Schiff; **lâcher du ~** Ballast abwerfen; *fig* teilweise nachgeben; Konzessionen machen **2** *pour une ligne, un filet de*

L

pêche Senker *m* **3** PHYSIOL **aliment** *m* **de ~** Ballaststoff *m*
lestage [lɛstaʒ] M *d'un bateau, d'un ballon* Beladen *n* mit Ballast
leste [lɛst] ADJ **1** *(agile)* flink; behänd(e); gewandt; beweglich; *d'une personne âgée* **être encore ~** noch recht beweglich sein; **marcher d'un pas ~** mit leichtem, raschem, beschwingtem Schritt gehen; *fig* **avoir la main ~** e-e lockere Hand haben; ein lockeres, loses Handgelenk haben; **il a la main ~** *a.* ihm rutscht die Hand leicht aus **2** *(cavalier) manières* ungehörig; respektlos; frech **3** *(grivois) propos* frivol; pikant; schlüpfrig; anzüglich; lose
lestement [lɛstəmɑ̃] ADV **1** behänd(e); gewandt **2** *fig* **mener ~ une affaire** e-e Sache mit Schwung leiten
lester [lɛste] V/T **1** *navire, aérostat* mit Ballast beladen **2** *filet de pêche, ligne* mit Senkern beschweren
let [lɛt] ADJ ⟨inv⟩ TENNIS *(DE TABLE)* **balle** *f* **~** Netzball *m*; **~!** Netz!
létal [letal] ADJ ⟨-aux⟩ BIOL, MÉD *t/t* letal; Letal...; tödlich; **gène ~** letal wirkendes Gen
letchi [letʃi] → litchi
léthargie [letaʀʒi] F **1** MÉD Lethargie *f*; Erstarrung *f*; Scheintod *m* **2** *fig* Teilnahmslosigkeit *f*; Interesselosigkeit *f*; Gleichgültigkeit *f*; Stumpfheit *f*; Erstarrung *f*; Lethargie *f*; **arracher qn à, tirer qn de sa ~** j-n aus s-r Teilnahmslosigkeit *etc* aufrütteln, herausreißen; **sortir, s'éveiller de sa ~** aus s-r Teilnahmslosigkeit *etc* erwachen; **tomber en ~** teilnahmslos, gleichgültig, stumpf werden
léthargique [letaʀʒik] ADJ **1** MÉD *sommeil* lethargisch **2** *fig personne* teilnahmslos; interesselos; gleichgültig; stumpf; lethargisch
letton [lɛtõ] **A** ADJ ⟨~ne⟩ lettisch **B** SUBST **1** **Letton(ne)** *m(f)* Lette *m*, Lettin *f* **2** LING **le ~** das Lettische; Lettisch *n*
Lettonie [lɛtɔni] **la ~** Lettland *n*
lettre [lɛtʀ] F **1** *(caractère)* Buchstabe *m*; Schriftzeichen *n*; TYPO Letter *f*; Type *f*; TYPO **~ capitale** Großbuchstabe *m*; Versal(-buchstabe) *m*; *fam* **les cinq ~s** (= *merde*) *fam* Scheibenhonig *m*, -kleister *m*; Schiet *m*; TYPO **~s cursives, italiques** Kursivschrift *f*; **~s gothiques** gotische Schrift; *fig* **~ morte** toter Buchstabe; **tous vos conseils sont restés ~ morte** alle Ihre Ratschläge waren umsonst; **~s d'imprimerie** Block-, Druckschrift *f*; *fig* **la ~ et l'esprit d'une loi** (der) Geist und Buchstabe e-s Gesetzes; *loc adv*: **à la ~, au pied de la ~** (wort)wörtlich; im wörtlichen, buchstäblichen Sinn; **il ne faut pas prendre ça à la ~** *a.* das ist nicht so genau zu nehmen; *il était futuriste* **avant la ~** ehe es diesen Begriff überhaupt gab; **en toutes ~s** *mot, date* ausgeschrieben; *chiffre* in Worten, Buchstaben; **écrire qc en toutes ~s** etw ausschreiben; *fig* **dire, écrire qc en toutes ~s** etw deutlich, ganz offen, unmissverständlich, unumwunden sagen, schreiben; **être écrit en ~s d'or** in *ou* mit Goldbuchstaben, *fig* goldenen Lettern geschrieben stehen **2** *(missive)* Brief *m*; COMM, ADMIN Schreiben *n*; **~ exprès** Eilbrief *m*; **~ d'adieux, d'amour, d'affaires** Abschieds-, Liebes-, Geschäftsbrief *m*; COMM **~ de change** Wechsel *m*; **~ de condoléances** Beileids-, Kondolenzbrief *m*, -schreiben *n*; DIPL **~s de créance** Beglaubigungsschreiben *n*; COMM **~ de crédit** Kreditbrief *m*; Akkreditiv *n*; **~ de démission** Rücktrittsgesuch *n*; **~ d'excuse** Entschuldigungsbrief *m*, -schreiben *n*; **~ de licenciement** Kündigungsschreiben *n*; schriftliche Kündigung; **~ de menaces** Drohbrief *m*; **~ de rappel** Mahnschreiben *n*; DIPL **~s de rappel** Abberufungsschreiben *n*; **~ de remerciement(s)** Dankbrief *m*, -schreiben *n*; **lettre de revendication** Bekennerbrief *m*, -schreiben *n*; COMM **~ de transport aérien** Luftfrachtbrief *m*; COMM **~ de voiture** Frachtbrief *m*; **~ par avion** Luftpostbrief *m*; *loc adv* **par ~(s)** brieflich; *fam* **passer comme une ~ à la poste** glattgehen; reibungslos gehen, verlaufen; *excuse* ohne weiteres geglaubt, abgenommen werden **3** **~s** *pl (culture littéraire)* schöne Literatur; Belletristik *f*; **homme** *m*, **femme** *f* **de ~s** Literat(in) *m(f)*; Schriftsteller(in) *m(f)*; Belletrist(in) *m(f)*; **avoir des ~s** gebildet sein **4** **~s** *pl (opposé à « sciences »)* Sprach- und Literaturwissenschaft *f (ou* Philologie *f)* und Philosophie *f*; *par ext* Geisteswissenschaften *fpl*; **~s classiques** Französisch *n* in Verbindung mit klassischer Philologie, mit Altphilologie; **~s modernes** Neuphilologie *f*; **faculté** *f* **des ~s et sciences humaines** philosophische Fakultät; **professeur** *m* **de ~s** Lehrer *m* für Französisch (, Latein und Griechisch); **étudiant** *m* **en ~s** Philologiestudent *m*; Philologe *m*; **docteur** *m* **ès ~s** Doktor *m* der Philosophie
lettré [letʀe] **A** ADJ gebildet **B** M Gebildete(r) *m*
lettrine [letʀin] F TYPO **1** *d'un dictionnaire* lebender Kolumnentitel **2** *au début d'un chapitre* Initiale *f*; Zierbuchstabe *m*
leu[1] [lø] M ⟨*pl* **lei** [lɛ]⟩ *monnaie* Leu *m* (*pl* Lei)
leu[2] [lø] → queue 1
leucémie [løsemi] F MÉD Leukämie *f*; Blutkrebs *m*; **leucémique** **A** ADJ leukämisch **B** M/F an Leukämie Erkrankte(r) *m/f(m)*
leucocytaire [løkɔsitɛʀ] ADJ MÉD **formule** *f* **~** Leukozytenformel *f*
leucocyte [løkɔsit] M BIOL *surtout* PL **~s** weiße Blutkörperchen *npl*; *t/t* Leukozyten *mpl*
leucome [løkom] M MÉD weißer Hornhautfleck; Leukom *n*
leucorrhée [løkɔʀe] F MÉD Weißfluss *m*; *t/t* Leukorrhö(e) *f*
leur [lœʀ] **A** PR PERS ⟨inv⟩ ihnen; **je ne ~ ai pas donné ce livre** ich habe ihnen das Buch nicht gegeben; **je ~ en parlerai** ich werde mit ihnen darüber sprechen; **donnez-~ à manger!** gebt ihnen zu essen!; **prêtez-la-~!** leiht sie ihnen! **B** ADJ POSS ⟨f inv; *pl* **~s**⟩ ihr(e); *pl* ihre; **ils aiment ~ métier** sie lieben ihren Beruf; **ces enfants ont perdu ~ mère** diese Kinder haben ihre Mutter verloren; **elles ont mis ~(s) chapeau(x)** sie haben ihre Hüte aufgesetzt **C** PR POSS ⟨f inv⟩ **1** **le ~, la ~** der, die, das ihr(ig)e *ou* Ihr(ig)e, ihre(r, -s); *pl* **les ~s** die ihr(ig)en *ou* Ihr(ig)en; ihre; *ma maison est bien modeste,* **mais la ~ est magnifique** aber das ihr(ig)e ist prächtig; **mes enfants et les ~s** meine und ihre Kinder; meine Kinder und die ihren *ou* und ihre **2** ADJT **ils ont fait ~s mes revendications** sie haben meine Forderungen zu den ihr(ig)en gemacht; **cette richesse qui était ~** der Reichtum, den sie den ihren nannten **3** SUBST **a** **le ~** das Ihr(ig)e; **ils y ont mis du ~** sie haben das Ihre getan, ihren Teil dazu beigetragen **b** **les ~s** die Ihr(ig)en; ihre Familie; ihre Angehörigen; *par ext* ihre Freunde; **j'étais un des ~s** ich war e-r der Ihren; *par ext* ich war dabei; **j'étais des ~s dimanche dernier à dîner** ich war letzten Sonntag bei ihnen zum Abendessen
leurre [lœʀ] M **1** PÊCHE künstlicher Köder; CH (künstlicher) Lockvogel **2** *fig* Köder *m*; Lockmittel *n*; Augenwischerei *f*
leurrer [lœʀe] **A** V/T ködern (*a.* CH), (an)locken (**par** mit); **se laisser ~** sich täuschen lassen **B** V/PR **se ~** sich *(dat)* Illusionen machen; sich *(dat)* etwas vormachen
levage [l(ə)vaʒ] M TECH Heben *n*; **appareil** *m* **de ~** Hebevorrichtung *f*, -zeug *n*
levain [l(ə)vɛ̃] M **1** CUIS *pour pâte levée* Hefestück *n*; Vorteig *m*; *pour le pain* Sauerteig *m*; **pain** *m* **sans ~** ungesäuertes Brot **2** *fig* Keim *m*
levant [l(ə)vɑ̃] **A** ADJ ⟨m⟩ **soleil ~** aufgehende Sonne **B** M **1** *(orient) st/s* Morgen *m*; **du ~ au couchant** von Morgen bis Abend **2** HIST **le Levant** die Levante; das Morgenland
levantin [l(ə)vɑ̃tɛ̃] **A** ADJ levantinisch; morgenländisch **B** SUBST **Levantin(e)** *m(f)* Levantiner(in) *m(f)*
levé [l(ə)ve] **A** ADJ **1** *bras, tête etc* erhoben; → *a.* main 1, pied 1 **2** *(sorti du lit)* auf(gestanden); **déjà ~?** schon auf(gestanden)? **3** *pain* **bien ~** locker; **pâte ~e** Hefeteig *m* **B** M *de terrain* Aufnahme *f*; *par ext (plan)* (Lage)Plan *m*
levée [l(ə)ve] F **1** *d'un siège, d'une interdiction, d'une punition, d'une séance* Aufhebung *f*; **~ d'écrou** Haftentlassung *f*, -aufhebung *f*; JUR **~ des scellés** Entfernung *f*, Abnahme *f* der Siegel; Entsiegelung *f* **2** *du courrier* Leerung *f*; **heures** *fpl* **des ~s** Leerungszeiten *fpl*; **faire la ~** den Briefkasten leeren **3** *d'un impôt* Erhebung *f* **4** MIL *de troupes* Einziehung *f*; HIST Aushebung *f*; **~ en masse** Massenaushebung *f*, -aufgebot *n* **5** CARTES Stich *m*; **faire une ~** e-n Stich machen **6** *(digue)* Aufschüttung *f*; Damm *m*; Deich *m*; **~ de terre** Erddamm *m*, -wall *m* **7** COMM **~ d'option** Ausübung *f* des Optionsrechtes **8** **~ du corps** *action* Abholung *f* des Toten; *cérémonie* Aussegnung *f* **9** *fig* **~ de boucliers** starke Opposition; starker, heftiger Widerstand; einstimmiger Protest
lève-glaces [lɛvglas] M ⟨inv⟩ AUTO Fensterheber *m*
lever[1] [l(ə)ve] ⟨-è-⟩ **A** V/T **1** *main, poing, jambe, tête* (hoch)heben; in die Höhe heben; *objet st/s* emporheben; *voile* lüften; MAR *ancre* lichten; *fig* **~ les bras au ciel** die Hände über dem Kopf zusammenschlagen; **~ les enfants** die Kinder aus dem Bett holen und anziehen; *en voiture etc* **~ les glaces** die Fenster schließen, *fam* hochmachen, -kurbeln; **~ la main sur qn** die Hand gegen j-n erheben; → *a.* main 1; **~ les pieds** die Füße heben; THÉ **~ le rideau** den Vorhang auf-, hochziehen; **~ son verre à la santé de qn** sein Glas auf j-s Gesundheit erheben; **~ les yeux sur** *ou* **vers qn** j-n anblicken, -sehen; **~ les yeux de son livre** von s-m Buch aufblicken, -sehen; *travailler* **sans ~ les yeux** ohne aufzublicken, aufzusehen **2** JUR **~ les scellés** die Siegel entfernen, abnehmen; entsiegeln (**de qc** etw) **3** *interdiction etc* aufheben; *siège a.* abbrechen; *séance* aufheben; schließen; beenden; → *a.* camp 1 **4** *impôt* erheben **5** *troupes* einziehen; HIST ausheben **6** *plan d'un terrain* aufnehmen **7** CH *gibier* **(faire) ~** aufscheuchen, -jagen; *fam* **~ une femme** *fam* e-e Frau aufgabeln, aufreißen **8** COMM **~ une option** e-e Option ausüben **B** V/I *pâte* gehen; *semis* aufgehen; sprießen **C** V/PR **se ~** **1** *personne* **a** *de son siège* aufstehen; sich erheben; **faire ~ qn** j-n aufstehen heißen; **se ~ de table** vom Tisch, Essen aufstehen **b** *du lit* aufstehen; BIBL **lève-toi et marche!** stehe auf und wandle! **2** *astre* aufgehen; *jour* anbrechen **3** *vent* sich erheben; aufkommen; *tempête* losbrechen **4** *temps* sich aufklären, -hellen; *brouillard* sich auflösen **5** *mains etc,* THÉ *rideau* sich heben; hochgehen; *rideau a.* aufgehen; sich öffnen
lever[2] [l(ə)ve] M **1** **~ du jour** Tagesanbruch *m*; **~ du soleil** Sonnenaufgang *m* **2** *du lit* Aufstehen *n*; HIST *du roi* Lever *n*; **au ~, à son ~** beim Aufstehen **3** THÉ **~ du rideau** Auf-, Hochgehen *n* des Vorhangs **4** TOPOGRAPHIE → levé B

L

lève-tard [lɛvtaʀ] M ⟨inv⟩ Langschläfer *m*; **lève-tôt** M ⟨inv⟩ Frühaufsteher *m*

levier [l(ə)vje] M TECH, PHYS Hebel *m*; AUTO **~ de changement de vitesse** Schalthebel *m*; **~ de commande** Schalt-, Steuerhebel *m*; *fig* **être aux ~s de commande** an den Schalthebeln der Macht sitzen; das Steuer in der Hand haben; *fam* am Drücker sitzen; *fig ambition etc* **être un puissant ~** ein mächtiger, starker Hebel sein

lévitation [levitasjõ] F OCCULTISME Levitation *f*

levraut [ləvʀo] M ZOOL junger Hase

lèvre [lɛvʀ] F 1 Lippe *f*; **~ inférieure, supérieure, pendante** Unter-, Ober-, Hängelippe *f*; *loc adv* **du bout des ~s** gezwungen; widerstrebend; mit Widerwillen; widerwillig; **manger du bout des ~s** mit Widerwillen essen; **sourire du bout des ~s** gezwungen lächeln; **avoir la cigarette aux ~s** die Zigarette im Mund haben; **avoir le sourire aux ~s** ein Lächeln auf den Lippen haben; **lire sur les ~s** vom Mund, von den Lippen ablesen; **porter aux ~s, à ses ~s** zum Mund führen; an die Lippen setzen; → *a.* **mordre** D 2 2 *de la vulve* **grandes, petites ~s** große, kleine Schamlippen *fpl* 3 ZOOL, BOT Lippe *f* 4 MÉD **~s** *pl* Wundränder *mpl*

levrette [ləvʀɛt] F ZOOL 1 Windhündin *f* 2 Italienisches Windspiel

lévrier [levʀije] M ZOOL Windhund *m*; *petit* Windspiel *n*; **~ afghan** Afghane *m*; Afghanischer Windhund; **course** *f* **de ~s** Windhundrennen *n*

levure [l(ə)vyʀ] F CUIS Hefe *f*; BOT Hefepilz *m*; **~ chimique** Backpulver *n*; **~ de bière** Bierhefe *f*

lexème [lɛksɛm] M LING Lexem *n*

lexical [lɛksikal] ADJ ⟨-aux⟩ lexikalisch; **lexicalisation** F lexikografische Erfassung; **lexicaliser** V/T lexikalisieren; lexikografisch erfassen

lexicographe [lɛksikɔgʀaf] M/F Lexikograf(in) *m(f)*; **lexicographie** F Lexikografie *f*; **lexicographique** ADJ lexikografisch

lexicologie [lɛksikɔlɔʒi] F LING Lexikologie *f*; **lexicologique** ADJ lexikologisch; **lexicologue** M/F Lexikologe, -login *m,f*

lexie [lɛksi] F LING lexikologische Einheit

lexique [lɛksik] M 1 *dictionnaire* (kleines) Wörterbuch; Glossar *n* 2 *(vocabulaire)* Wortschatz *m*, -gut *n*; Vokabular *n*

Leyde [lɛd] Leiden *n* *(Stadt in den Niederlanden)*

lézard[1] [lezaʀ] M 1 ZOOL Eidechse *f*; **~ vert** Smaragdeidechse *f*; *fam fig* **faire le ~** sich sonnen; *fam* sich in der Sonne aalen 2 *peau* Eidechsenleder *n*; **en ~** aus Eidechsenleder

lézard[2] [lezaʀ] M *fam* **(il n')y a pas de ~** kein Problem!

lézarde [lezaʀd] F *dans un mur* Riss *m*; Ritze *f*; Ritz *m*

lézardé [lezaʀde] ADJ *mur* rissig; voller Risse

lézarder [lezaʀde] A V/T Risse hervorrufen (**un mur** in e-r Wand) B *fam* V/I sich sonnen; *fam* sich in der Sonne aalen C V/PR **se ~** Risse bekommen; rissig werden

Lhasa [lasa] GÉOG Lhasa *n*

liaison [ljɛzõ] F 1 **~ (amoureuse)** Liebschaft *f*; (Liebes)Verhältnis *n*; Liaison *f*; *Choderlos de Laclos* **Les ~s dangereuses** Die gefährlichen Liebschaften; **avoir une ~** e-e Liebschaft, ein (Liebes)Verhältnis haben 2 *(contact)* Verbindung *f*; **en ~ avec qn** mit j-m zusammen; **être en ~ avec qn** mit j-m in Verbindung stehen; **travailler en ~ étroite avec qn** mit j-m eng zusammenarbeiten 3 *(rapport)* Zusammenhang *m*; Verbindung *f*; **établir, faire la ~ entre deux événements** zwei Ereignisse miteinander in Verbindung, Zusammenhang bringen 4 *(communication)* Verbindung *f*; **~ aérienne, ferroviaire, maritime, postale, radio, routière, téléphonique** Flug-, Bahn-, Schiffs-, Post-,Funk-, Straßen-, Telefonverbindung *f*; **agent** *m*, **officier** *m* **de ~** Verbindungsmann *m*, -offizier *m* 5 GRAM a Bindung *f*; Liaison *f*; **faire la ~** binden b **mots** *mpl* **de ~** Konjunktionen *fpl* und Präpositionen *fpl* 6 CHIM, PHYS, CUIS Bindung *f*; **~ chimique** chemische Bindung 7 MUS Bogen *m*

liane [ljan] F BOT Liane *f*; Kletterpflanze *f*

liant [ljɑ̃] A ADJ *personne* kontaktfreudig; gesellig B M CONSTR, PEINT Bindemittel *n*

liard [ljaʀ] M *alte frz Kupfermünze*

lias [ljɑs] M GÉOL Lias *m ou f*

liasse [ljas] F *de papiers, de documents* Bündel *n*; Pack(en) *m*; Stoß *m*; **~ de billets, de lettres** Bündel Banknoten, Briefe; **mettre en ~** zu e-m Bündel zusammenschnüren, -binden

Liban [libɑ̃] **le ~** der Libanon

libanais [libanɛ] A ADJ libanesisch B SUBST **Libanais(e)** *m(f)* Libanese *m*, Libanesin *f*

libations [libasjõ] FPL ANTIQUITÉ Trankopfer *n*; *fig* **faire des ~** ein Zechgelage veranstalten

libelle [libɛl] M Schmäh-, Spottschrift *f*

libellé [libɛ(l)le] M Wortlaut *m*; Text *m*; Fassung *f*

libeller [libɛ(l)le] V/T *contrat, écrit officiel* aufsetzen; abfassen; ausfertigen; *demande, lettre* abfassen; formulieren; **~ un chèque, un virement** einen Scheck, eine Überweisung ausstellen, -schreiben; *pp* **libellé au nom de …, en dollars** auf den Namen …, auf Dollars lautend; *texte* **ainsi libellé** folgenden Wortlauts

libellule [libɛ(l)lyl] F ZOOL Libelle *f*; Wasserjungfer *f*

liber [libɛʀ] M BOT Bast *m*

libérable [libeʀabl] ADJ **militaire** *m* **~** *(nach Ableistung s-s Wehrdienstes)* zu entlassender Soldat; **permission** *f* **~** dem Soldaten noch zustehender Urlaub, der zu s-r früheren Entlassung führt

libéral [libeʀal] ⟨*mpl* -aux⟩ A ADJ 1 POL liberal; *personne a.* freiheitlich gesinnt; **économie ~e** freie (Markt)Wirtschaft; **parti ~** liberale Partei 2 *(tolérant) personne, attitude* liberal; tolerant; großzügig 3 *médecin etc* freiberuflich; **professions ~es** freie Berufe *mpl* B SUBST **~(e)** *m(f)* POL Liberale(r) *m/f(m)*

libéralement [libeʀalmɑ̃] ADV großzügig

libéralisation [libeʀalizasjõ] F ÉCON, POL Liberalisierung *f*; **libéraliser** V/T liberalisieren

libéralisme [libeʀalism] M 1 POL, ÉCON Liberalismus *m* 2 *(attitude libérale)* Liberalität *f*; Toleranz *f*; Großzügigkeit *f*

libéralité [libeʀalite] F *st/s* 1 Freigebigkeit *f*; Großzügigkeit *f* 2 **~s** *pl* großzügige Geschenke *npl*, Gaben *fpl*, Spenden *fpl*

libérateur [libeʀatœʀ] A ADJ ⟨-trice⟩ befreiend *(a. fig humour etc)*; **guerre libératrice** Befreiungskrieg *m*; **rire ~** befreiendes Lachen B SUBST **~, libératrice** *m,f* Befreier(in) *m(f)*

libération [libeʀasjõ] F 1 *d'un prisonnier*, POL *d'un pays* Befreiung *f*; *des femmes a.* Emanzipation *f*; *d'un détenu (mise en liberté)* Freilassung *f*; Entlassung *f* (aus der Haft); **la Libération** die Befreiung (Frankreichs im 2. Weltkrieg); JUR **~ conditionnelle** bedingte Haftentlassung 2 MIL Entlassung *f* *(nach abgeleistetem Wehrdienst)* 3 *d'une obligation* Entbindung *f*, Entlastung *f*, Befreiung *f* (**de** von) 4 ÉCON Freigabe *f*; **~ des échanges** Liberalisierung *f* des Warenaustausches 5 FIN **~ d'une action** Einzahlung *f* des Aktienbetrages 6 PHYS, CHIM Freisetzung *f*; Abgabe *f*; **~ d'énergie** Freisetzung von Energie; Energieabgabe *f*; **~ de neutrons** Freisetzung von Neutronen 7 ESPACE **vitesse** *f* **de ~** Fluchtgeschwindigkeit *f*

libératoire [libeʀatwaʀ] ADJ FIN **prélèvement** *m* **~** Abgeltungssteuer *f*

libéré [libeʀe] A ADJ *pays* befreit; *femme a.* emanzipiert; *détenu* freigelassen; entlassen; *jeune homme* **~ des obligations militaires** der s-n Wehrdienst abgeleistet hat B M aus der Haft Entlassene(r) *m*

libérer [libeʀe] ⟨-è-⟩ A V/T 1 *pays, prisonnier* befreien; *femmes a.* emanzipieren; *détenu (mettre en liberté)* (aus der Haft) entlassen; freilassen; freigeben; auf freien Fuß setzen 2 MIL *(nach abgeleistetem Wehrdienst)* entlassen 3 *d'une obligation, d'une servitude* entbinden (**de** von); entlasten (von); *de liens a.* befreien (von) 4 ÉCON *prix* freigeben; *échanges* liberalisieren; *montant d'une action* einzahlen 5 *passage* frei machen; freigeben 6 CHIM, PHYS *énergie etc* freisetzen; abgeben 7 *fig sa conscience* entlasten; *ses instincts* freien Lauf lassen *(+dat)* B V/PR **se ~** *de son travail etc* sich freimachen (**de** von); *d'obligations, d'une étreinte a.* sich befreien (**de** von *ou* aus); **se ~ d'une dette** e-e Schuld ab-, bezahlen, tilgen, abtragen; **je peux me ~ lundi** *a.* Montag bin ich frei, habe ich Zeit

Libéria *ou* **Liberia** [libeʀja] **le Libéria** *ou* **le Liberia** Liberia *n*

libérien [libeʀjɛ̃] A ADJ ⟨~ne⟩ liberianisch B SUBST **Libérien(ne)** *m(f)* Liberianer(in) *m(f)*

libéro [libeʀo] M FOOTBALL Libero *m*

libertaire [libɛʀtɛʀ] ADJ POL anarchistisch

liberté [libɛʀte] F Freiheit *f*; **~ civile** staatsbürgerliche Freiheit; **~ économique** Gewerbefreiheit *f*; **~ individuelle** persönliche, individuelle Freiheit; PHIL **~ morale** sittliche, innere Freiheit; **~ politique** politische Freiheit; **~s publiques** Grund-, Freiheitsrechte *npl*; **~ religieuse** Religionsfreiheit *f*; JUR *pour un jeune* **~ surveillée** Freilassung *f* mit Bewährungsaufsicht; **Liberté, Égalité, Fraternité** Freiheit, Gleichheit, Brüderlichkeit; **~ d'action, de mouvement** Handlungs-, Bewegungsfreiheit *f*; **donner, laisser à qn toute ~ d'action** j-m volle Handlungsfreiheit, völlig freie Hand geben, lassen; **~ d'association** Vereinigungs-, Assoziations-, Koalitionsfreiheit *f*; **~ de conscience** Gewissensfreiheit *f*; **~ du commerce et de l'industrie** Handels- und Gewerbefreiheit *f*; **~ du culte** Glaubensfreiheit *f*; **~ des échanges, du commerce** Handelsfreiheit *f*; **~ de l'enseignement** Lehrfreiheit *f*; **~ d'établissement** Niederlassungsfreiheit *f*; **~s de langage** ungehörige, dreiste Redeweise; **~ de mœurs** freie, lockere Sitten *fpl*; **~ d'opinion** Meinungsfreiheit *f*; Recht *n* auf freie Meinungsäußerung; **~ de la presse** Pressefreiheit *f*; **~ de réunion** Versammlungsfreiheit *f*; **~ du travail** Freiheit der Arbeit; **heures** *fpl* **de ~** Freizeit *f*; **moment** *m* **de ~** freier Augenblick; **mise** *f* **en ~** Freilassung *f*; **statue** *f* **de la ~** Freiheitsstatue *f* *(im Hafen von New York)*; *loc adv* **en toute ~** völlig frei, ungehindert; **agir en toute ~, avoir toute ~** volle Handlungsfreiheit, völlig freie Hand haben; in s-n Handlungen völlig frei sein; **être en ~** frei herumlaufen; auf freiem Fuß sein; **s'exprimer avec une grande ~** sich sehr frei, offen ausdrücken; **laisser qn en ~** j-n auf freiem Fuß lassen; **laisser trop de ~ à qn** j-m zu viel Freiheit lassen; **mettre qn en ~** j-n freilassen, freigeben, auf freien Fuß setzen, in Freiheit setzen; **prendre la ~ de faire qc** sich *(dat)* die Freiheit nehmen, etw zu tun; **prendre des ~s avec qn** sich *(dat)* j-m gegenüber Freiheiten herausnehmen; j-m gegenüber frech, dreist, zudringlich werden; **prendre des ~s avec un texte** mit e-m Text sehr frei umgehen

libertin [libɛʀtɛ̃] A ADJ *personne* ausschweifend; liederlich; zügellos; *ouvrage* sehr frei; *propos a.* locker; schlüpfrig **B** M **1** liederlicher, zügelloser Mensch; *litt* Libertin *m* **2** *litt* (*libre penseur*) Freigeist *m*

libertinage [libɛʀtinaʒ] M Ausschweifung *f*; Liederlichkeit *f*; Zügellosigkeit *f*

libidineux [libidinø] ADJ ⟨-euse⟩ lüstern; wollüstig

libido [libido] F PSYCH Libido *f*

libraire [librɛʀ] M/F Buchhändler(in) *m(f)*; *t/t* Sortimentsbuchhändler(in) *m(f)*; **libraire-éditeur** M ⟨*pl* libraires-éditeurs⟩ Verlagsbuchhändler *m*

librairie [libʀɛʀi] F **1** *magasin* Buchhandlung *f*; **~ universitaire** Universitätsbuchhandlung *f*; **~ de gare** Bahnhofsbuchhandlung *f*; **~ d'occasion** modernes Antiquariat **2** *commerce* Buchhandel *m*; Büchermarkt *ou* Buchmarkt *m*; **en ~** im Buchhandel; auf dem Büchermarkt; **on ne trouve plus ce livre en ~** dieses Buch ist im Buchhandel vergriffen, nicht mehr zu haben **3** *profession* Buchhändlerberuf *m*

librairie-papeterie [libʀɛʀipapɛtʀi] F ⟨*pl* librairies-papeteries⟩ Buch- und Schreibwarenhandlung *f*

libre [libʀ] ADJ frei; *personne* (*sans obligation familiale*) *a.* ungebunden; *attitude* allzu, sehr frei; *propos a.* locker; lose; ♦ **accès** *m* **~** freier Zugang; **après-midi** *m* **~** Nachmittag *m* zur freien Verfügung; *à l'université* **auditeur** *m* **~** Gasthörer *m*; **école** *f* **~** (private) Konfessionsschule; (private) katholische Schule; **élections** *fpl* **~s** freie Wahlen *fpl*; **entrée** *f* **~** freier Ein-, Zutritt; GYMNASTIQUE **exercices** *mpl* **~s** Kür (-übungen) *f(pl)*; PATINAGE **figures** *fpl* **~s** Kür (-lauf) *f(m)*; **heures** *fpl* **~s**, **temps** *m* **~** Freizeit *f*; freie Zeit; **avez-vous une chambre ~?** haben Sie ein Zimmer frei?; *pendant la Seconde Guerre mondiale* **la France ~** das freie Frankreich; **vous avez une heure de ~?** haben Sie e-e Stunde Zeit?; POL **monde** *m* **~** freie Welt; ADMIN (*opposé à timbré*) **papier** *m* **~** einfaches, gewöhnliches, stempelfreies Papier; **passage** *m* **~** freie (Durch)Fahrt; **presse** *f* **~** freie Presse; **prix** *m* **~** freier, unverbindlicher, ungebundener Preis; JOURNALISME **~s propos** *mpl* Kommentar *m*; TECH **roue** *f* **~** Freilauf *m*; **union** *f* **~** wilde Ehe; **ville** *f* **~** freie Stadt; **voie** *f* **~** freie Bahn; CH DE FER freies Gleis; *comme signal* freie Fahrt; **zone** *f* **~** freie, unbesetzte Zone (Frankreichs im 2. Weltkrieg); ♦ **~ à vous de** (*+inf*) es steht Ihnen frei, es steht in Ihrem Belieben zu (*+inf*); **~ comme l'air** frei wie der Vogel in der Luft; **à l'air ~** in *ou* an der freien Luft; *médicament* **en vente ~** frei verkäuflich; rezeptfrei; ♦ **avoir les mains ~s** freie Hand haben; **êtes-vous ~ ce soir?** sind Sie heute Abend frei?; **être très ~ avec qn** ungezwungen, in familiärem Ton mit j-m verkehren; ein familiäres Verhältnis zu j-m haben; *st/s* **être ~ de qc** frei von etw sein; **je suis ~ d'agir comme je l'entends** es steht mir frei zu handeln, wie ich will

libre-échange [libʀeʃɑ̃ʒ] M ÉCON Freihandel *m*; **zone** *f* **de ~** Freihandelszone *f*

libre-échangisme [libʀeʃɑ̃ʒism] M Freihandel *m*; Freihandelspolitik *f*; **libre-échangiste** ⟨*pl* libre-échangistes⟩ **A** ADJ Freihandels... **B** M Anhänger *m* des Freihandels, e-r Freihandelspolitik

librement [libʀəmɑ̃] ADV **1** frei; **circuler ~** *personne* sich frei bewegen; *marchandises* frei zirkulieren; **traduire ~** frei übersetzen **2** (*avec franchise*) offen **3** **sacrifice ~ consenti** freiwillig gebrachtes Opfer

libre-penseur [libʀəpɑ̃sœʀ] M ⟨*pl* libres-penseurs⟩ Freidenker *m*; Freigeist *m*

libre-service [libʀəsɛʀvis] M ⟨*pl* libres-services⟩ **1** *principe* Selbstbedienung *f* **2** *magasin* Selbstbedienungsladen *m*, -geschäft *n*

librettiste [libʀe(t)tist] M/F (Opern)Textdichter(in) *m(f)*; Librettist(in) *m(f)*

libretto [libʀe(t)to] M ⟨*pl* libretti [libʀe(t)ti] *od* ~s⟩ Operntext *m*; Textbuch *n*; Libretto *n*

Libye [libi] **la ~** Libyen *n*

libyen [libjɛ̃] **A** ADJ ⟨~ne⟩ libysch **B** SUBST **Libyen(ne)** *m(f)* Libyer(in) *m(f)*

lice [lis] F **1** HIST Turnier-, Kampfplatz *m*; *fig* **entrer en ~** die Arena betreten; auf dem Plan erscheinen **2** → lisse[2]

licence [lisɑ̃s] F **1** *grade universitaire français* Licence *f*; *correspond à* Staatsexamen *n*; **~ en droit, ès lettres, ès sciences** Licence in Rechts-, Geistes-, Naturwissenschaften; **faire une ~ d'allemand** *a.* Germanistik studieren **2** COMM, JUR Lizenz *f*; Konzession *f*; Genehmigung *f*; Bewilligung *f*; Erlaubnis *f*; **~ de débit de boissons** Schankkonzession *f*, -erlaubnis *f*; **~ d'exploitation** Lizenz zur Nutzung e-s Patents; **~ d'importation, d'exportation** Ein-, Ausfuhrbewilligung *f*, -genehmigung *f*, -erlaubnis *f*, -lizenz *f*; Import-, Exportlizenz *f*; **titulaire** *m* **d'une ~** Lizenzinhaber *m* **3** SPORTS Lizenz *f* (**de tennis** die zur Teilnahme an Tenniswettkämpfen berechtigt) **4** (*liberté*) Freiheit *f*; **~ grammaticale, orthographique** eigenwillige Grammatik, Rechtschreibung; **~ poétique** dichterische Freiheit **5** *litt* (*liberté excessive*) Zügellosigkeit *f*; Ausschweifung *f*; **~ des mœurs** Sittenlosigkeit *f*

licencié(e) [lisɑ̃sje] M(F) **1** **~(e) ès lettres, ès sciences** Hochschulabsolvent(in), der (die) die Licence ès lettres, ès sciences besitzt; *adjt* **professeur licencié** Lehrer am Gymnasium, der e-e Licence hat **2** SPORTS Lizenzinhaber(in) *m(f)*

licenciement [lisɑ̃simɑ̃] M Entlassung *f*; **licencier** V/T entlassen

licencieux [lisɑ̃sjø] *litt* ADJ ⟨-euse⟩ unanständig; anstößig; frivol

lichen [likɛn] M **1** BOT Flechte *f* **2** MÉD Knötchenflechte *f*; *t/t* Lichen *m*

licher [liʃe] V/T *fam* süffeln; picheln

lichette [liʃɛt] *fam* F Stückchen *n*; Scheibchen *n*

licite [lisit] ADJ erlaubt; zulässig; statthaft

licorne [likɔʀn] F MYTH Einhorn *n*

licou [liku] M Halfter *m ou n*

lie [li] F **1** **~ de vin** Weinhefe *f*; *adjt* **~ de vin** *ou* **~-de-vin** [-dvɛ̃] ⟨*inv*⟩ dunkelrot; weinrot; *fig* **boire le calice, la coupe jusqu'à la ~** den Kelch bis zur Neige leeren **2** *litt et fig* Abschaum *m*; *st/s* Hefe *f*

Liechtenstein [liʃtɛnstajn] **le ~** Liechtenstein *n*

lied [lid] M ⟨*pl* ~s *ou* ~er [-ɛʀ]⟩ (das deutsche) Lied

liège [ljɛʒ] M BOT Kork *m*; **~ aggloméré** Presskork *m*; **bouchon** *m* **de ~** Korken *m*; Korkpfropfen *m*

Liège [ljɛʒ] Lüttich *n*

liégeois [ljeʒwa] **A** ADJ von Lüttich; Lütticher; CUIS **café ~** Eiskaffee *m* **B** SUBST **Liégeois(e)** *m(f)* Lütticher(in) *m(f)*

lien [ljɛ̃] M **1** Band *n* **2** *fig* Band *n*; Bindung *f*; **~ conjugal** Band der Ehe; **~s de l'amitié, de famille, de parenté** Freundschafts-, Familien-, Verwandtschaftsbande *npl*; **~s du sang** Blutsbande *npl*; **nouer des ~s étroits avec qn** enge Bindungen mit j-m eingehen; **servir de ~ entre deux personnes** das Bindeglied zwischen zwei Menschen sein **3** *entre des faits, des idées* Verbindung *f*; Zusammenhang *m* **4** INFORM Link *m ou n*; **créer un ~ vers qc** auf etw (*acc*) verlinken

lier [lje] **A** V/T **1** binden (**à** an *+acc*); *plusieurs choses* zusammenbinden; *fig contrat, promesse* **~ qn** j-n binden; für j-n verbindlich sein; **~ les mains à qn** j-m die Hände binden, fesseln; *fig* j-m jede Handlungsmöglichkeit nehmen; *fig* **j'ai les mains liées** mir sind die Hände gebunden; *fig* **être fou à ~** *fam* total verrückt sein; reif fürs Irrenhaus sein **2** *lettres en écrivant* (mit e-m Haarstrich) verbinden; *en français: deux mots*, MUS *des notes* binden **3** CUIS *sauce* binden; andicken; sämig machen; legieren **4** *fig intérêts, sentiments: personnes* miteinander verbinden; **~ amitié avec qn** mit j-m Freundschaft schließen; **être lié d'amitié avec** *ou* **à qn** mit j-m befreundet sein; mit j-m in Freundschaft verbunden sein; **~ conversation avec qn** mit j-m ein Gespräch anknüpfen; **avoir partie liée avec qn** mit j-m gemeinsame Interessen haben; **être lié avec, à qn** mit j-m verbunden, befreundet, liiert sein; j-m nahestehen; **ils sont très liés** sie sind eng befreundet, liiert **5** *idées, événements etc* miteinander, untereinander verbinden, verknüpfen; in e-n logischen Zusammenhang bringen; **~ à qc** mit etw verbinden, verknüpfen; **être lié à qc** *a.* in Zusammenhang mit etw stehen; **~ la cause à l'effet** *a.* e-n Kausalzusammenhang herstellen; **ces deux crimes sont étroitement liés** zwischen den beiden Verbrechen besteht ein enger Zusammenhang; diese beiden Verbrechen stehen in e-m engen Zusammenhang **B** V/PR **1** **se ~** (**par un contrat**) sich (vertraglich) binden; *fig* **se ~ les mains** sich (*dat*) selbst die Hände binden **2** **se ~ d'amitié avec qn** mit j-m Freundschaft schließen; sich mit j-m anfreunden; *abs* **il ne se lie pas facilement** er schließt sich nicht so schnell, leicht an

Lierre [ljɛʀ] GÉOG Lier *n*

lierre [ljɛʀ] M BOT Efeu *m*

liesse [ljɛs] F **en ~** jubelnd; **foule** *f* **en ~** jubelnde Menge

lieu[1] [ljø] M ⟨*pl* ~x⟩ **1** Ort *m*; Platz *m*; Stelle *f*; *st/s* Stätte *f*; ♦ *fig* **~ commun** Gemeinplatz *m*; MATH **~ géométrique** geometrischer Ort; **°haut ~** *historiquement célèbre* berühmter Schauplatz; *en art* berühmte Stätte; *par ext* Hochburg *f*; Mittelpunkt *m*; Zentrum *n*; **haut ~ touristique** Hochburg *etc* des Tourismus; *fig* **en haut ~** höheren Orts; an höherer, maßgeblicher Stelle; **mauvais ~** verrufenes Haus, Lokal; **~ public** jedermann zugänglicher Ort; öffentlicher Ort; **~ saint** heiliger Ort; heilige Stätte; **les Lieux saints** die Heiligen Stätten; **~ sûr** sicherer Ort; **mettre en ~ sûr** an e-n sicheren Ort bringen; in Sicherheit bringen; JUR **~ d'exécution** Erfüllungsort *m*; **~ d'expédition** Versand-, Aufgabeort *m*; **~ de naissance** Geburtsort *m*; **~ de pèlerinage** Wallfahrtsort *m*; **~ de travail** Arbeitsort *m*, -stätte *f*, -stelle *f*, -platz *m*; GRAM **adverbe** *m* **de ~** Ortsadverb *n*; ♦ *loc prép*: **au ~ de** anstelle (*+gén*); (an)statt (*+gén, fam +dat*); **au ~ de cela** stattdessen; **au ~ de vous lamenter …** (an)statt zu klagen …; ADMIN **en ~ et place de qn** stellvertretend für j-n; an j-s Stelle, statt; *loc adv*: **en dernier ~** an letzter Stelle; zuletzt; schließlich; **en premier ~** an erster Stelle; in erster Linie; zuerst; zunächst; primär; **en tous ~x** überall; *st/s* allerorts; ♦ **avoir ~** stattfinden; geschehen; sich ereignen; sich zutragen; passieren; *réunion* **ne pas avoir ~** *a.* ausfallen; **avoir ~ de faire qc** Grund, Anlass haben, etw zu tun; **il n'y a pas ~ de s'inquiéter pour le moment** im Moment besteht kein Grund, Anlass zur Beunruhigung; **s'il y a ~** gegebenenfalls; **donner ~ à qc** Anlass, Veranlassung zu etw geben; ADMIN **donner ~ à une demande** e-m Gesuch stattgeben; **tenir ~ de qc** etw er-

L

setzen; an die Stelle von etw treten; die Stelle von etw einnehmen 2 **~x** *pl* Örtlichkeit *f*; *d'un appartement, d'une maison* Räume *mpl*; Räumlichkeiten *fpl*; *par ext* Wohnung *f*; Haus *n*; **dresser, faire l'état des ~x** schriftlich niederlegen, in welchem Zustand sich die Räume befinden; **faire une reconnaissance des ~x** die örtlichen Verhältnisse erkunden; **quitter, vider les ~x** die Wohnung, das Haus räumen; ausziehen 3 JUR **~x** *pl* **du crime** Tatort *m*; *loc adv* **sur les ~x** an Ort und Stelle; JUR *a.* am Tatort; JUR **descente** *f* **sur les ~x** Lokaltermin *m*; Augenscheinseinnahme *f*; **se rendre sur les ~x** sich an Ort und Stelle, JUR an den Tatort begeben

lieu² [ljø] M ZOOL **~ jaune** Pollack *m*; COMM heller Seelachs; **~ noir** Köhler *m*; COMM Seelachs *m*

lieu-dit [ljødi] M ‹*pl* lieux-dits› *ou* **lieudit** M ‹*pl* lieudits› Ort, der e-n Flurnamen trägt; **l'autocar s'arrêta au ~ des «trois chênes»** der Autobus hielt an der Stelle, die „Drei Eichen" heißt

lieue [ljø] F *ancienne mesure* Meile *f* (*etwa 4 km*); Wegstunde *f*; **bottes** *fpl* **de sept ~s** Siebenmeilenstiefel *mpl*; *fig* **j'étais à cent** *ou* **mille ~s de supposer cela** ich war meilenweit davon entfernt, so etwas zu vermuten

lieutenant [ljøtnɑ̃] M 1 MIL Oberleutnant *m*; MAR **~ de vaisseau** Kapitänleutnant *m* 2 HIST **~ général du royaume** Reichsverweser *m*; **lieutenant-colonel** M ‹*pl* lieutenants-colonels› MIL Oberstleutnant *m*

lièvre [ljɛvʀ] M ZOOL, CUIS Hase *m*; **courir comme un ~** laufen wie ein Wiesel; *fig* **courir deux ~s à la fois** zwei Dinge auf einmal betreiben; zwei Ziele auf einmal verfolgen; **être peureux comme un ~** ein Angsthase, Hasenfuß sein; *fig* **(sou)lever un ~** e-e heikle Frage stellen, aufwerfen; ein heikles Thema berühren, anschneiden

lifter [lifte] V/T **se faire ~** sich liften lassen

liftier [liftje] M Liftboy *m*; Fahrstuhlführer *m*

lifting [liftiŋ] M Lifting *n*; **se faire faire un ~** sich liften lassen

ligament [ligamɑ̃] M ANAT Band *n*; *t/t* Ligament(um) *n*; **~ articulaire** Gelenkband *n*

ligamenteux [ligamɑ̃tø] ADJ ‹-euse› ANAT bandartig; bänderartig; mit Bändern versehen

ligature [ligatyʀ] F 1 MÉD Unterbindung *f*; Ligatur *f*; **~ des trompes** Tubenligatur *f* 2 JARD Band *n*; Schnur *f*; Strick *m*

ligaturer [ligatyʀe] V/T MÉD unterbinden

lige [liʒ] ADJ HIST **homme** *m* **~** Lehnsmann *m*; *fig* **être l'homme ~ de qn** j-m blind ergeben, j-m hörig sein

ligne [liɲ] F 1 Linie *f*; Strich *m*; *sur une route* **~ blanche, jaune** weiße, gelbe Markierungslinie; weißer, gelber Markierungsstrich; **~ droite** gerade Linie; gerader Strich; MATH Gerade *f*; **en ~ droite** in gerader Linie; in Luftlinie; geradlinig; SPORTS **~ d'arrivée** Ziellinie *f*; Ziel *n*; **franchir la ~ d'arrivée** durchs Ziel gehen; **~ de but** FOOTBALL *etc* Tor-, RUGBY Malllinie *f*; **~ de cœur, de vie, de la main** Herz-, Lebens-, Handlinie *f*; MAR **~ d'eau** Wasserlinie *f*; MIL **~ de mire, de visée, de tir** Visier-, Ziel-, Schusslinie *f*; GÉOL **~ de partage des eaux** Wasserscheide *f*; TENNIS **~ de service** Aufschlaglinie *f*; FOOTBALL *etc* **~ de touche** Seitenlinie *f*; *fig* **expliquer dans ses grandes ~s** in großen Zügen, Umrissen erklären; umreißen 2 ÉLEC, TÉL Leitung *f*; TÉL **~s groupées** Sammel(ruf)nummer *f*; **~ à °haute tension** Hochspannungsleitung *f*; TÉL: **avoir qn en ~** j-n am Apparat, *fam* an der Strippe haben; **il y a qn sur la ~** es ist j-d in der Leitung; **être en ~** am Telefon, am Apparat sein; **vous êtes en ~, parlez** Sie sind verbunden, sprechen Sie 3 INFORM **en ~** online; Online…; **°hors ~** offline; **achat** *m* **en ~** Onlinekauf *m*; **acheter qc en ligne** etw online kaufen; **banque** *f* **en ~** Onlinebanking *n*; **boutique** *f* **en ~** Onlineshop *m*; Webshop *m*; **publication** *f* **en ~** Onlinepublishing *n*; **shopping** *m* **en ~** Onlineshopping *n*; **vente** *f* **en ~** Onlineverkauf *m*; **vente** *f* **aux enchères en ligne** Onlineauktion *f* 4 TRANSPORTS Linie *f*; Strecke *f*; CH DE FER **grandes ~s** Fernstrecken *fpl*; **~ maritime, de navigation** Schifffahrtslinie *f*; AVIAT, MAR **~ régulière** planmäßig beflogene *ou* befahrene Strecke; CH DE FER: **~ secondaire** Nebenstrecke *f*, -linie *f*, -bahn *f*; **~ à double voie, à voie unique** zweigleisige, eingleisige Strecke; **~ d'autobus, de tramway** Autobus-, Straßenbahnlinie *f*; **~ de banlieue** Vorortstrecke *f*, -linie *f*, -bahn *f*; **~ de chemin de fer** Eisenbahnlinie *f*, -strecke *f*; **~ de métro** U-Bahn-Linie *f*; **vol** *m* **de ~** Linienflug *m* 5 MIL Linie *f*; Front *f*; **~s adverses, ennemies** feindliche Linien, Stellungen; HIST **~ Maginot** Maginotlinie *f*; **~ Siegfried** Westwall *m*; **~s de défense** Abwehrfront *f*; MAR **bâtiment** *m* **de ~** Schlachtschiff *n*; *loc adv* **en ~** im Einsatz; in der vordersten Linie; vorn; **monter en ~** zum Einsatz, an die Front kommen; in die vorderste Linie einrücken; *fig* **sur toute la ~** auf der ganzen Linie 6 *dans un texte*, TV Zeile *f*; *dictée* **à la ~!** neue Zeile!; Absatz!; **aller à la ~** e-e neue Zeile anfangen; **être payé à la ~** pro Zeile bezahlt werden; *fig*: **lire entre les ~s** zwischen den Zeilen lesen; **résumer en deux ~s** kurz zusammenfassen 7 (*suite alignée*) Reihe *f*; **~ d'arbres** Baumzeile *f*, -reihe *f*; FOOTBALL *etc* **~ d'avants** Stürmerreihe *f*; *loc adv* **en ~** in e-r Reihe; MIL in Linie; **mettre en ~** in e-r Reihe aufstellen; in e-e Reihe stellen; MIL **en ~ sur deux rangs** in Linie zu zwei Gliedern; *intelligence, personnalité* **°hors ~** hervorragend; außergewöhnlich; *fig* **entrer en ~ de compte** in Betracht kommen; *arbres* **plantés à la ~** schnurgerade gepflanzt; **être rangés sur deux ~s** in zwei Reihen hintereinander aufgestellt sein 8 MAR Leine *f*; **~ de loch, de sonde** Log-, Lotleine *f* 9 PÊCHE Angelschnur *f*, -leine *f*; *par ext* Angel *f*; **~ de fond** Grundangel *f*; **pêche** *f* **à la ~** Angeln *n* 10 *fig* (*règle*) Linie *f*; **~ directrice** Leitlinie *f*; **~ de conduite** Verhaltensmaßregeln *fpl*; Richtschnur *f*; **~ du parti** Parteilinie *f*; **être dans la ~ du parti** linientreu sein 11 (*contour, tracé*) Linie *f*; *d'une voiture, d'un visage a.* Form *f*; Schnitt *m*; *personne* **avoir la ~** e-e schlanke Figur haben; **garder la** *ou* **sa ~** s-e schlanke Linie bewahren 12 GÉNÉALOGIE Linie *f*; **descendre en ~ directe de qn** in direkter, gerader Linie von j-m abstammen 13 MAR **baptême** *m* **de la ~** Linien-, Äquatortaufe *f*; **passer la ~** die Linie, den Äquator passieren

lignée [liɲe] F Nachkommenschaft *f*; Geschlecht *n*; Stamm *m*; **~ d'ancêtres** Ahnenreihe *f*; *fig* **se situer dans la ~ de qn** in j-s Nachfolge (*dat*) stehen

ligner [liɲe] V/T linieren; liniieren; *adjt* **papier ligné** lin(i)iertes Papier; Linienpapier *n*

ligneux [liɲø] ADJ ‹-euse› holzig; Holz…; **plante ligneuse** Holzgewächs *n*

lignification [liɲifikasjɔ̃] F BOT Verholzung *f*; **lignifier** V/PR **se ~** verholzen

lignite [liɲit] M MINÉR Braunkohle *f*

ligoter [ligɔte] V/T 1 *personne* fesseln 2 *fig* **~ qn** j-n s-r Freiheit (*gén*) berauben

ligue [lig] F 1 Liga *f*; Bund *m*; Bündnis *n*; **Ligue arabe** Arabische Liga; **Sainte Ligue allemande** Katholische Liga; **Ligue des droits de l'homme** Liga für Menschenrechte; **~ contre l'alcoolisme** Liga, Bund zur Bekämpfung des Alkoholismus 2 FOOTBALL **Ligue Europa** Europa League *f*; **Ligue des Champions** Champions League *f*

liguer [lige] A V/T (zu e-m Bund) zusammenschließen; **avoir tout le monde ligué contre soi** alle gegen sich haben B V/PR **se ~** sich verbünden, zusammenschließen (**avec qn** mit j-m); **se ~ contre qn** sich gegen j-n verbünden

ligure [ligyʀ] ADJ HIST ligurisch

Ligurie [ligyʀi] **la ~** Ligurien *n*

lilas¹ [lila] M BOT Flieder *m*; *arbuste* Fliederstrauch *m*

lilas² [lila] A ADJ ‹*inv*› lila; fliederfarben B M *couleur* Lila *n*

liliacées [liljase] FPL BOT Liliengewächse *npl*

Lille [lil] *Stadt im Dep. Nord*

Lillers [lileʀ] *Stadt im Dep. Pas-de-Calais*

lilliputien [lilipysjɛ̃] A ADJ ‹~ne› liliputanisch B SUBST **~(ne)** *m(f)* Liliputaner(in) *m(f)*

lillois [lilwa] ADJ (*et* SUBST **Lillois** Einwohner) von Lille

limace [limas] F 1 ZOOL Nacktschnecke *f*; **~ noire, rouge** Schwarze, Rote Wegschnecke; *fam fig* **quelle ~!** so ein Trödelfritze!; so e-e Trödelliese! 2 *arg* (*chemise*) Hemd *n*

limaçon [limasɔ̃] M 1 ZOOL Schnecke *f* (mit Haus) 2 ANAT Schnecke *f*

limage [limaʒ] M TECH Feilen *n*

limaille [limaj] F Feilspäne *mpl*, -staub *m*; **~ de fer** Eisenfeilspäne *mpl*

limande [limɑ̃d] F ZOOL Kliesche *f*; Scharbe *f*; *fam* **elle est plate comme une ~** *fam* sie ist platt, flach wie e-e Flunder

limande-sole [limɑ̃dsɔl] F ZOOL Rotzunge *f*; Limande *f*

limbe [lɛ̃b] M 1 BOT Blattspreite *f* 2 *d'un sextant etc* Grad-, Teilkreis *m*; Limbus *m* 3 REL CATH **~s** *pl* Vorhölle *f*; Limbus *m*; *fig projet* **être encore dans les ~s** noch keine Gestalt angenommen haben; noch im Werden sein; noch nicht ausgereift sein

Limbourg [lɛ̃buʀ] **le ~** Limburg *n* (*Provinzen in Belgien u. in den Niederlanden*)

lime [lim] F 1 TECH Feile *f*; **~ à ongles** Nagelfeile *f* 2 BOT saure Limette (*fruit*)

limer [lime] V/T TECH feilen (*a. ongles*); *enlever* abfeilen; *barreau* durchfeilen

limette [limɛt] F BOT süße Limette (*fruit*)

limier [limje] M 1 CH Stöberhund *m* 2 *fam fig policier, détective* **un fin ~** ein guter Spürhund

liminaire [liminɛʀ] ADJ einleitend; einführend; Eingangs…; Anfangs…

limitatif [limitatif] ADJ ‹-ive› die Grenzen festlegend; einschränkend; *énumération* erschöpfend

limitation [limitasjɔ̃] F Beschränkung *f*; Einschränkung *f*; Begrenzung *f*; **~ des naissances** Geburtenbeschränkung *f*; **~ de la vitesse** Geschwindigkeitsbeschränkung *f*, -begrenzung *f*; **sans ~ de temps** zeitlich unbegrenzt; ohne zeitliche Beschränkung

limite [limit] F 1 Grenze *f*; *d'un territoire a.* Grenzlinie *f*; *d'une période* Ende *n*; COMM, *d'une quantité* Limit *n*; **~s** *pl souvent* Begrenzung *f*; *d'un terrain de jeu* Begrenzungslinien *fpl*; *dans le temps* **dernière ~** letzter, äußerster Termin (**pour qc** für etw); **~ maximale** Höchstgrenze *f*; oberste Grenze; **~ d'âge** Altersgrenze *f*; *pour des candidats a.* Höchstalter *n*; TECH **~ d'élasticité** Elastizitäts-, Fließgrenze *f*; **~ d'endurance** Ermüdungsgrenze *f*; **~ des neiges éternelles** Schneegrenze *f*; *loc adv* **à la ~** äußerstenfalls; *loc prép* **dans les ~s de** im Rahmen (*+gén*); **dans les ~s de nos moyens** soweit es unsere Mittel erlauben; **dans les ~s du possible** in den Grenzen, im Rahmen des Möglichen; *loc adj* *confiance etc* **sans ~s** grenzenlos; unbegrenzt; uneingeschränkt; **assigner, fixer des ~s à qc** e-r Sache *(dat)* Grenzen setzen; **atteindre ses ~s** s-e Grenzen erreichen; *patience* **avoir des ~s** Grenzen haben; **il y a des ~s, une ~ (à tout)** alles hat s-e Grenzen; BOXE **gagner avant la ~** vor Ablauf der vereinbarten Runden siegen **2** MATH Grenzwert *m; t/t* Limes *m* **3** ADJT Grenz...; Höchst...; **âge** *m* **~** Höchstalter *n;* Altersgrenze *f;* **cas** *m* **~** Grenzfall *m;* **charge** *f* **~** Höchstlast *f;* **date** *f* **~** letzter äußerster Termin; Schlusstermin *m;* **valeur** *f* **~** Grenzwert *m;* **vitesse** *f* **~** zulässige Höchstgeschwindigkeit

limité [limite] ADJ begrenzt, beschränkt (**à** auf *+acc*); eingeschränkt; **~ dans le temps** zeitlich begrenzt; befristet; *fam fig* **il est assez ~** er ist ziemlich beschränkt

limiter [limite] **A** V/T begrenzen, beschränken (**à** auf *+acc*); *quantité, prix a.* limitieren; *frais a.* drosseln; *le pouvoir, la liberté de qn a.* beschneiden; einengen; **~ les dégâts** → dégât **B** V/PR **se ~** sich einschränken; sich beschränken (**à** auf *+acc*); **se ~ à faire qc** sich darauf beschränken, etw zu tun

limiteur [limitœʀ] M TECH Begrenzer *m;* **~ de vitesse** Geschwindigkeitsbegrenzer *m*

limitrophe [limitʀɔf] ADJ angrenzend (**de** an *+acc*); benachbart (**de** *dat*); Grenz...

limogeage [limɔʒaʒ] M *fam* Kaltstellung *f;* Abhalfterung *f;* **limoger** V/T ‹-geons› *haut fonctionnaire, officier fam* kaltstellen; abhalftern; absägen

Limoges [limɔʒ] *Stadt im Dep. Haute-Vienne*

limon [limõ] M **1** Schlamm *m;* Schlick *m* **2** *d'un attelage* Deichselbaum *m,* -stange *f* **3** *d'un escalier* Lichtwange *f*

limonade [limɔnad] F Limonade *f; fam* Limo *f;* **limonadier** M **1** Limonadenhersteller *m* **2** ADMIN *(cafetier)* Schankwirt *m*

limoneux [limɔnø] ADJ ‹-euse› schlammig; schlickig; Schlamm...; Schlick...; **eaux limoneuses** *d'un fleuve* schlammhaltiges Wasser

Limousin [limuzɛ̃] **le ~** das Limousin (*Region in Mittelfrankreich*)

limousin [limuzɛ̃] **A** ADJ aus dem Limousin **B** SUBST **Limousin(e)** *m(f)* Bewohner(in) *m(f)* des Limousin

limousinage [limuzinaʒ] M CONSTR Bruchsteinmauerwerk *n*

limousine [limuzin] F *ancien modèle de voiture* (große) Limousine

limpide [lɛ̃pid] ADJ **1** *eau, ciel, air, cristal* klar; **âme** *f* **~** reine, lautere Seele; **regard** *m* **~** offener Blick **2** *explication etc* klar; **c'est ~** das ist sehr klar (und verständlich); *fam* das ist sonnenklar

limpidité [lɛ̃pidite] F Klarheit *f;* Reinheit *f;* Lauterkeit *f*

lin [lɛ̃] M **1** BOT Flachs *m;* Echter Lein; **~ sauvage** Leinkraut *n; fig* **cheveux** *mpl* **de ~** Flachshaar *n;* flachsblondes Haar; **fibre** *f* **de ~** Flachsfaser *f;* **huile** *f* **de ~** Leinöl *n* **2** TEXT Leinen *n;* Leinwand *f; poét* Linnen *n*

linceul [lɛ̃sœl] M Leichentuch *n*

Line [lin] F *Vorname*

linéaire [lineɛʀ] ADJ **1** linear; Linear...; **dessin** *m* **~** Linearzeichnung *f;* MATH **équation** *f* **~** lineare Gleichung; **mesures** *fpl* **~s** Längenmaße *npl* **2** *fig récit* eindimensional; geradlinig

linéament [lineamɑ̃] *litt* M Grundzug *m,* -linie *f*

linge [lɛ̃ʒ] M **1** Wäsche *f;* Wäschestücke *npl;* **~ blanc** Weißwäsche *f;* **~ fin** feine, zarte Unterwäsche; **~ hygiénique** waschbare Damenbinde; **~ sale** schmutzige Wäsche; *fig* **laver son ~ sale en famille** s-e schmutzige Wäsche nicht in der Öffentlichkeit waschen; **~ (de corps)** Leib-, Unterwäsche *f;* **~ de couleur** Buntwäsche *f;* **~ de maison, de table** Haus(halts)-, Tischwäsche *f;* **(avoir du) ~ de rechange** Wäsche zum Wechseln (haben) **2** *(chiffon)* (saubere) Tuch; (sauberer) Lappen; *fig* **être blanc comme un ~** leichenblass, kreidebleich sein; weiß wie e-e *ou* die Wand sein

lingère [lɛ̃ʒɛʀ] F *dans un hôtel etc* Wäschebeschließerin *f*

lingerie [lɛ̃ʒʀi] F **1** Damen(unter)wäsche *f;* **rayon** *m* **de ~** Abteilung *f* für Damenwäsche **2** *dans un hôtel etc* Wäschekammer *f,* -zimmer *n*

lingette [lɛ̃ʒɛt] F Feuchtreinigungstuch *n*

lingot [lɛ̃go] M MÉTALL (Roh)Block *m; de métaux précieux* Barren *m;* **~ d'or** Goldbarren *m*

lingual [lɛ̃gwal] ADJ ‹-aux› **1** ANAT Zungen...; **muscle ~** Zungenmuskel *m* **2** PHON **consonne ~e** *ou subst* **~e** *f* Zungenlaut *m;* Lingual(laut) *m*

linguiste [lɛ̃gɥist] M/F Sprachwissenschaftler(in) *m(f),* -forscher(in) *m(f);* Linguist(in) *m(f)*

linguistique [lɛ̃gɥistik] **A** ADJ **1** *études, théorie etc* sprachwissenschaftlich; linguistisch **2** *(relatif à la langue)* Sprach(en)...; **atlas** *m* **~** Sprachatlas *m;* **bain** *m* **~** *längerer Auslandsaufenthalt, bei dem man seine Fremdsprachenkenntnisse vertieft;* **séjour** *m* **~** Sprachaufenthalt *m* **B** F Sprachwissenschaft *f,* -forschung *f;* Linguistik *f;* **~ appliquée, descriptive, générale, historique** angewandte, deskriptive, allgemeine, historische Sprachwissenschaft

liniment [linimɑ̃] M PHARM Liniment *n;* Mittel *n* zum Einreiben

lino [lino] M ABR → linoléum

linoléum [linɔleɔm] M Linoleum *n;* **gravure** *f* **sur ~** Linolschnitt *m*

linon [linõ] M TEXT feinstes Leinen(gewebe)

linotte [linɔt] F **1** ZOOL Hänfling *m* **2** *fam fig* **tête** *f* **de ~** vergesslicher, gedankenloser Mensch; *fam* Schussel *m*

linotype [linɔtip] F TYPO Linotype® *f;* Setz- und Zeilengießmaschine *f;* **linotypiste** M TYPO Linotypesetzer *m*

linteau [lɛ̃to] M ‹*pl* ~x› CONSTR Sturz *m;* **~ de fenêtre, de porte** Fenster-, Türsturz *m*

lion [ljõ] M **1** ZOOL Löwe *m;* **~ de mer** Seelöwe *m;* **chasse** *f* **au ~** Löwenjagd *f;* **courageux comme un ~** mutig wie ein Löwe; **il est courageux comme un ~, c'est un (vrai) ~** *a.* er besitzt e-n Löwenmut; **se battre comme un ~** wie ein Löwe kämpfen; *fam fig* **il a bouffé du ~** er hat e-e ungewöhnliche Energie, e-n ungewöhnlichen Schwung **2** ASTRON, ASTROL **Lion** Löwe *m* **3** GÉOG **le golfe du Lion** *Golf zwischen Rhonedelta u. spanischer Grenze*

lionceau [ljõso] M ‹*pl* ~x› ZOOL junger Löwe

Lionel [ljɔnɛl] M *Vorname*

lionne [ljɔn] F ZOOL Löwin *f*

Lipari [lipaʀi] **les îles** *fpl* **~** die Liparischen Inseln *fpl*

lipides [lipid] MPL CHIM Fette *npl; t/t* Lipide *npl*

lipoïde [lipɔid] CHIM **A** ADJ fettähnlich; *t/t* lipoid **B** M Lipoid *n*

lipome [lipom] M MÉD Fettgeschwulst *f; t/t* Lipom *n*

liposuccion [liposy(k)sjõ] F MÉD Fettabsaugung *f*

lippe [lip] F **faire la ~** schmollen; *fam* e-e Schippe machen

lippu [lipy] ADJ *lèvre* wulstig; dick; **bouche ~e** wulstige Lippen *fpl*

liquéfaction [likefaksjõ] F TECH Verflüssigung *f; t/t* Liquefaktion *f*

liquéfiable [likefjabl] ADJ *gaz* das verflüssigt werden kann; **liquéfiant** ADJ die Verflüssigung bewirkend

liquéfier [likefje] **A** V/T *gaz* verflüssigen **B** V/PR **se ~** **1** *glace* schmelzen; flüssig werden *(a. gaz)* **2** *fig fam* schlappmachen; allen Mumm verlieren

liquette [likɛt] *fam* F Hemd *n*

liqueur [likœʀ] F Likör *m*

liquidateur [likidatœʀ] M JUR **~ judiciaire** gerichtlich bestellter Liquidator

liquidatif [likidatif] ADJ ‹-ive› Liquidations...

liquidation [likidasjõ] F **1** JUR *d'une société, d'une succession* Liquidation *f;* Auflösung *f;* **bilan** *m* **de ~** Liquidationsbilanz *f;* **entrer en ~** in Liquidation treten **2** COMM **~ (du stock)** Räumungsverkauf *m;* Ausverkauf *m;* **~ pour cause de cessation de commerce** Total-, Räumungsausverkauf *m* wegen Geschäftsaufgabe **3** *fam d'une personne* Liquidierung *f;* Beseitigung *f* **4** PSYCH **~ d'un transfert** Ablösung *f* e-r Übertragung **5** **~ des dépens, de l'impôt** Kosten-, Steuerfestsetzung *f*

liquide [likid] **A** ADJ **1** *substance, air, état* flüssig; CUIS *sauce* **trop ~** zu dünn; *litt* **l'élément** *m* **~** das nasse, feuchte Element **2** FIN flüssig; bar; liquid; **argent** *m* **~** Bargeld *n;* **avoir** *m* **~** Barvermögen *n* **3** PHON **consonne** *f* **~** *ou subst* **~** *f* Liquida *f* **B** M **1** Flüssigkeit *f;* **~ pour freins** Bremsflüssigkeit *f* **2** PHYSIOL (Körper)Flüssigkeit *f; t/t* Liquor *m;* **~s organiques** *a.* Körpersäfte *mpl* **3** FIN Bargeld *n,* -mittel *npl;* flüssige Mittel *npl;* **payer en ~** bar (be)zahlen

liquider [likide] V/T **1** JUR *société, succession* liquidieren; auflösen **2** FIN *actions etc* verkaufen; liquidieren **3** COMM: *marchandises* ausverkaufen; (billig) abstoßen; *stock a.* abbauen **4** *fam affaire, travail* erledigen; zum Abschluss bringen; abwickeln; **c'est liquidé, n'en parlons plus!** das ist erledigt, sprechen wir nicht mehr darüber! **5** *fam restes d'un repas* aufessen; *fam* wegputzen **6** *fam adversaire* liquidieren; beseitigen; aus dem Weg räumen

liquidité [likidite] F FIN Liquidität *f;* **~s** *pl* flüssige, liquide Mittel *npl;* Barmittel *npl*

liquoreux [likɔʀø] ADJ ‹-euse› **vin ~** Likörwein *m;* Süßwein *m*

lire¹ [liʀ] ‹je lis, il lit, nous lisons; je lisais; je lus; je lirai; que je lise; lisant; lu› **A** V/T lesen; *à voix haute* vorlesen; *jugement etc* verlesen; INFORM (ein)lesen; abtasten; **~ qc à qn** j-m etw vorlesen; **~ tout un auteur** alles von e-m Autor lesen; e-n Autor ganz lesen; **~ tout Gide** *a.* den ganzen Gide lesen; **~ un discours** (e-e Rede) ablesen; TYPO **~ des épreuves** Korrektur lesen; **~ un graphique** e-e Grafik lesen, deuten; ♦ **~ entièrement, d'un bout à l'autre** ganz (durch)lesen; **~ (l'avenir) dans les cartes, les lignes de la main** die Zukunft aus den Karten, Handlinien deuten; aus der Hand lesen; **~ dans le cœur de qn (comme à livre ouvert)** in j-s Herz (wie in e-m aufgeschlagenen Buch) lesen; **~ dans le jeu de qn** j-s Spiel durchschauen; **~ dans les pensées de qn** j-s Gedanken lesen, erraten; **~ la haine dans les yeux de qn** den Hass in j-s Augen *(dat)* lesen, sehen; **~ qc sur le visage de qn** j-m etw an der Miene, am Gesicht ablesen; ♦ **apprendre à ~** lesen lernen; **savoir ~** lesen können; *à la fin d'une lettre* **dans l'espoir de vous ~ ...** in Erwartung Ihrer Nachricht, Ihrer Antwort ...; **en lisant cette lettre** beim Lesen dieses Briefes; **lu et approuvé** (vor)gelesen und genehmigt **B** V/PR **se ~** gelesen werden; sich lesen lassen; **cela se lit facilement** das liest sich leicht; **se ~ sur le visage de qn** j-m auf der Stirn, im Gesicht geschrieben stehen

lire² [liʀ] F HIST *monnaie* Lira *f;* **mille ~s** tausend Lire

lis¹ [lis] M **1** BOT Lilie *f* **2** **fleur** *f* **de ~** Lilie *f* *(Emblem der frz Könige)*

lis² [li] → lire¹
Lisbonne [lizbɔn] Lissabon *n*
Lise [liz] F *Vorname*
liseré [lizʀe] *ou* **lisére** [lizeʀe] M COUT Paspel *f*; Borte *f*; Biese *f*; Litze *f*; **liserer** V/T ⟨-è-⟩ COUT paspelieren; mit e-r Paspel, Borte *etc* einfassen
liseron [lizʀõ] M BOT Winde *f*
liseur [lizœʀ] M, **liseuse**¹ F **c'est un grand liseur, une grande liseuse** er, sie liest viel und gern; *fam* er, sie ist e-e Leseratte
liseuse² [lizøz] F 1 *(couvre-livre)* Buchhülle *f* 2 *vêtement* Bettjäckchen *n*
lisibilité [lizibilite] F Lesbarkeit *f*; Leserlichkeit *f*
lisible [lizibl] ADJ lesbar; leserlich
lisiblement [lizibləmɑ̃] ADV → lisible; **écrire ~** leserlich, deutlich schreiben
lisier [lizje] M AGR Jauche *f*; Gülle *f*
lisière [lizjɛʀ] F 1 TEXT Webkante *f*; Salkante *f*, -leiste *f*, -band *n* 2 **~ d'un bois** Waldrand *m*; *st/s* Waldsaum *m*; **~ d'un champ** Feldrain *m*
lissage [lisaʒ] M TECH Glätten *n*
lisse¹ [lis] ADJ glatt; **cheveux** *mpl* **~s** glatte Haare; ARCH **colonne** *f* **~** Säule *f* mit glattem Schaft; ANAT **muscles** *mpl* **~s** glatte Muskeln *mpl*; **peau** *f*, **surface** *f* **~** glatte Haut, Oberfläche
lisse² [lis] F TEXT Helfe *f*; **métier** *m* **de basse ~** Flachwebstuhl *m*; Basselissestuhl *m*; **métier** *m* **de haute ~** Hochwebstuhl *m*; Hautelissestuhl *m*
lissé [lise] A ADJ 1 geglättet; *cheveux* glatt 2 CUIS *amandes* glasiert; kandiert B M CUIS starke Zuckerlösung, die Fäden zieht
lisser [lise] V/T 1 *cheveux, moustache* glatt streichen; glätten 2 TECH *papier etc* glätten
listage [listaʒ] M → listing
liste [list] F Liste *f*; Verzeichnis *n*; *d'un chef d'État* **~ civile** Zivilliste *f*; **~ électorale, des électeurs** Wählerliste *f*; **~ noire** schwarze Liste; **~ nominative, de noms** Namenliste *f*, -verzeichnis *n*; namentliches Verzeichnis; TÉL **~ rouge** Liste der Teilnehmer, die e-e Geheimnummer haben; **~ des abréviations** Abkürzungsverzeichnis *n*; **~ des absents** Liste der Abwesenden; Abwesenheitsliste *f*; **~ d'attente** Warteliste *f*; POL **~ des candidats** Wahlliste *f*; INFORM **~ de diffusion** Mailingliste *f*; **~ des inscriptions** Melde-, Bewerberliste *f*; **~ des marchandises** Warenliste *f*, -verzeichnis *n*; **~ de mariage** Geschenkliste *f* (e-s Brautpaars); Wunschliste *f* (für Hochzeitsgeschenke); **~ des numéros gagnants** Gewinnliste *f*; **~ de présence** Anwesenheitsliste *f*; POL **scrutin** *m* **de ~** Listenwahl *f*; POL **tête** *f* **de ~** Spitzenkandidat *m*; **être sur une ~** auf e-r Liste stehen; *fig*: **la ~ de ses mérites est longue** er hat e-e ganze Reihe von Vorzügen; **grossir la ~ des mécontents** die Zahl der Unzufriedenen vermehren
listel [listɛl] M 1 ARCH Stab *m* 2 HÉRALDIQUE Spruch-, Devisenbinde *f*
lister [liste] V/T INFORM ausdrucken
listériose [listeʀjoz] F MÉD, VÉT Listeriose *f*
listing [listiŋ] M INFORM (Computer)Ausdruck *m*
lit¹ [li] M 1 Bett *n*; *cadre* Bettstelle *f*; Bettgestell *n*; **~ clos** bretonisches Schrankbett; **~ à baldaquin** Himmelbett *n*; **~ de camp** Feldbett *n*; Campingliege *f*; **~ d'enfant** Kinderbett *n*; **~ de fer** eiserne Bettstelle; **~ de mort** Sterbebett *n*, -lager *n*; Totenbett *n*; **sur son ~ de mort** auf dem Sterbebett; **être sur son ~ de mort** im Sterben liegen; **~ de repos** Ruhebett *n*; **aller, se mettre au ~** ins *ou* zu Bett gehen; schlafen gehen; **être au ~** im *ou* zu Bett liegen; **faire le ~** das Bett machen; **garder le ~** das Bett hüten; bettlägerig sein; *enfant* **mettre au ~** ins Bett bringen; schlafen legen; *prov* **comme on fait son ~ on se couche** wie man sich bettet, so liegt, schläft man *(prov)* 2 *par ext* Lager *n*; **~ de douleur, de paille** Schmerzens-, Strohlager *n* 3 **enfant** *m* **du premier, second ~** Kind *n* aus erster, zweiter Ehe 4 *d'un cours d'eau* Bett *n*; **~ fluvial** Flussbett *n*; *fleuve* **sortir de son ~** über die Ufer treten 5 *(couche)* Lage *f*; Schicht *f*; CUIS *saumon etc* **sur ~ d'épinards** auf Spinat 6 MAR **~ du courant** Stromstrich *m*; **~ du vent** Windrichtung *f* 7 HIST **~ de justice** Thronsessel *m*; *par ext* großer Gerichtstag
lit² [li] → lire¹
litanie [litani] F 1 REL **~s** *pl* Litanei *f*; **~s des saints** Allerheiligenlitanei *f* 2 *fig* **~ de plaintes** Litanei *f* von Klagen; **~ de reproches** lange Reihe von Vorwürfen; **c'est toujours la même ~** das ist immer die alte Leier, das alte Lied, dieselbe Litanei
lit-cage [likaʒ] M ⟨*pl* lits-cages⟩ *(metallenes)* Klappbett
litchi [litʃi] M BOT Litschi(pflaume) *f*
liteau [lito] M ⟨*pl* **~x**⟩ CONSTR Holzleiste *f*
literie [litʀi] F Bettzeug *n*; Bettwäsche *f*; Betten *npl* und Matratzen *fpl*
litharge [litaʀʒ] F CHIM Bleiglätte *f*, -asche *f*
lithiase [litjɑz] F MÉD Steinleiden *n*; *t/t* Lithiasis *f*
lithiné [litine] ADJ **eaux minérales ~es** Lithiumwässer *npl*
lithium [litjɔm] M CHIM Lithium *n*
litho [lito] F ABR → lithographie
lithographe [litɔgʀaf] M TYPO, *artiste* Lithograf *m*; **lithographie** F *procédé, feuille* Lithografie *f*; Steindruck *m*; **lithographier** V/T in Steindruck wiedergeben; lithografieren
lithographique [litɔgʀafik] ADJ lithografisch; **encre** *f* **~** lithografische Tusche; **pierre** *f* **~** Steindruckplatte *f*
lithosphère [litɔsfɛʀ] F GÉOL Erdkruste *f*; *t/t* Lithosphäre *f*
lithotri(p)teur [litɔtʀi(p)tœʀ] M MÉD Lithotripter *m*
litière [litjɛʀ] F 1 Streu *f*; Strohschütte *f* 2 *autrefois* Sänfte *f*
litige [litiʒ] M Streit *m*; JUR *a.* Streitfall *m*; Rechtsstreit *m*; **~s** *pl* Streitigkeiten *fpl*; *loc adj* **en ~** Streit...; strittig; umstritten; **cas** *m* **en ~** Streitfall *m*; **point** *m* **en ~** Streitpunkt *m*
litigieux [litiʒjø] ADJ ⟨-euse⟩ strittig; umstritten; **affaire litigieuse** Streitsache *f*; strittige Angelegenheit
litorne [litɔʀn] F ZOOL Wacholderdrossel *f*; Krammetsvogel *m*
litote [litɔt] F RHÉT Litotes *f*
litre [litʀ] M 1 (ABR l) Liter *n ou m* *(abr* l*)*; **un ~ de lait** ein Liter Milch 2 *récipient* Litermaß *n*; *bouteille* Literflasche *f*
litron [litʀõ] *fam* M Liter *m* Wein
littéraire [liteʀɛʀ] A ADJ *œuvre, milieux, revue* literarisch; Literatur...; *par ext études* geisteswissenschaftlich; **histoire** *f* **~** Literaturgeschichte *f*; **langue** *f* **~** Literatur-, Schriftsprache *f*; **personnage** *m* **~** Gestalt *f* aus der Literatur; **soirée** *f* **~** Vortrags-, Rezitationsabend *m*; **talent** *m* **~** literarisches, schriftstellerisches Talent B M/F literarisch, *par ext* geisteswissenschaftlich interessierter *ou* gebildeter Mensch
littéral [liteʀal] ADJ ⟨-aux⟩ 1 wörtlich; buchstäblich; **traduction ~e** wörtliche, buchstäbliche Übersetzung; **au sens ~ du mot** im wörtlichen, eigentlichen Sinne des Wortes 2 LING **l'arabe ~** die arabische Schriftsprache; das Schriftarabische
littéralement [liteʀalmɑ̃] ADV 1 **traduire ~** wörtlich übersetzen 2 *fam fig* buchstäblich; wirklich; **il était ~ °hors de lui** er war buchstäblich außer sich
littérateur [liteʀatœʀ] *souvent péj* M Literat *m*
littérature [liteʀatyʀ] F 1 Literatur *f*; Schrifttum *n*; **la ~ française** die französische Literatur; **~ spécialisée** Fachliteratur *f*; **~ d'évasion** Unterhaltungsliteratur *f*; **~ pour enfants, pour la jeunesse** Kinder-, Jugendliteratur *f* 2 *(travail d'écrivain)* Schriftstellerei *f* 3 *péj* welt-, wirklichkeitsfremde Ansicht, Theorie; Bücherweisheit *f*
littoral [litɔʀal] A ADJ ⟨-aux⟩ Küsten...; *t/t* litoral; **faune, flore ~e** Litoralfauna *f*, -flora *f* B M Küstenstrich *m*, -streifen *m*; Küste *f*
Lituanie [litɥani] **la ~** Litauen *n*
lituanien [litɥanjɛ̃] A ADJ ⟨~ne⟩ litauisch B SUBST 1 **Lituanien(ne)** *m(f)* Litauer(in) *m(f)* 2 LING **le ~** das Litauische; Litauisch *n*
liturgie [lityʀʒi] F ÉGL Liturgie *f*
liturgique [lityʀʒik] ADJ liturgisch; **calendrier** *m* **~** christlicher Kalender; **fête** *f* **~** kirchliches Fest; **réforme** *f* **~** Liturgiereform *f*
livarot [livaʀo] M *Weißschimmelkäse aus der Normandie*
livèche [livɛʃ] F BOT Liebstöckel *n ou m*
livide [livid] ADJ *teint, visage* (asch)fahl; aschgrau
lividité [lividite] F Fahlheit *f*; (asch)fahle, aschgraue Farbe; MÉD **~ cadavérique** Totenflecke *mpl*
living [liviŋ] M Wohnzimmer *n*
Livourne [livuʀn] Livorno *n*
livrable [livʀabl] ADJ lieferbar
livraison [livʀɛzõ] F 1 (An)Lieferung *f*; Zustellung *f*; **~ à domicile** Lieferung ins Haus; **payable à la ~** zahlbar bei Lieferung; **prendre ~ de qc** etw in Empfang nehmen; etw annehmen, entgegennehmen 2 *d'un ouvrage* Lieferung *f*; **paraître par ~s** in Lieferungen erscheinen
livre¹ [livʀ] M Buch *n*; POL **Livre blanc, bleu** *etc* Weiß-, Blaubuch *n etc*; **~s classiques** Klassiker *mpl*; **livre électronique** E-Book *n*; COMM **grand ~** Hauptbuch *n*; POL **le petit Livre rouge** das Rote Buch; *fam* die Maobibel; **~ scolaire** Schulbuch *n*; **~ spécialisé** Fachbuch *n*; **~ d'arithmétique** Rechenbuch *n*; **~ d'art** Kunstband *m*; MAR **~ de bord, de loch** Logbuch *n*; Schiffstagebuch *n*; Journal *n*; **~ de caisse** Kassen-, *autrich* Kassabuch *n*; **~ de chevet** Lieblingsbuch *n*; **~ de classe** Schulbuch *n*; COMM **~ des commandes** Bestell-, Auftragsbuch *n*; **~s de commerce** (Geschäfts)Bücher *npl*; **~ de comptes** Kontobuch *n*; **~ de cuisine** Kochbuch *n*; REL **~ d'heures** Stundenbuch *n*; **~ d'images** Bilderbuch *n*; **~ de lecture** Lesebuch *n*; **~ de médecine** medizinisches Buch; **~ de messe** Messbuch *n*; **~ d'occasion** antiquarisches Buch; **Livre d'or** Goldenes Buch; **~ de poche** Taschenbuch *n*; **~ de prières** Gebetbuch *n*; COMM **~ des recettes et dépenses** Einnahmen- und Ausgabenbuch *n*; COMM **~ des sorties, des ventes** Warenausgangsbuch *n*; **~ pour les enfants, pour la jeunesse** Kinder-, Jugendbuch *n*; **amateur** *m* **de ~s** Bücherliebhaber *m*, -freund *m*; Bibliophile(r) *m*; **industrie** *f* **du ~** Buchgewerbe *n*; **écrire, faire un ~** ein Buch schreiben; COMM **inscrire aux ~s** *ou* **dans les ~s** in die Bücher eintragen; (ver)buchen; **parler comme un ~** sich gewählt ausdrücken; *péj* geschwollen daherreden; **traduire à ~ ouvert** mühelos, fließend übersetzen
livre² [livʀ] F 1 *(demi-kilo)* Pfund *n*; **une ~ de fruits** ein Pfund Obst 2 *unité monétaire* Pfund *n*; **~ anglaise, turque** *etc* englisches, türkisches *etc* Pfund; **~ sterling** Pfund Sterling
livre-cassette [livʀəkasɛt] M ⟨*pl* livres-cas-

settes› Hörbuch *n*

livrée [livʀe] F 1 *(uniforme)* Livree *f*; **en ~** in Livree; livriert 2 CH (charakteristisches) Haarkleid *ou* Federkleid

livrer [livʀe] A V/T 1 *marchandises, commande* (an-, ab)liefern; *en voiture a.* ausfahren; **~ qc à qn** j-m etw liefern; **~ qn** j-n beliefern; **~ à domicile, en gare** ins Haus, bahnlagernd liefern 2 *coupable, criminel* ausliefern (**à qn** j-m *ou* an j-n; **à la vengeance** der Rache *[dat]*); überantworten (**à qn** j-m); *complice, secret* preisgeben (**à qn** j-m); verraten (an j-n); *pays* **~ à l'anarchie** der Anarchie preisgeben; **~ qn à la police** *(remettre)* j-n der Polizei ausliefern; *(dénoncer)* j-n an die Polizei verraten; **il est livré à lui-même** er ist sich *(dat)* selbst überlassen 3 **~ (une) bataille** e-e Schlacht schlagen, liefern; **~ passage à qn** j-n durch-, vorbeilassen; j-m den Weg frei machen B V/PR 1 *criminel* **se ~** sich stellen (**à la police** der Polizei *[dat]*) 2 **se ~ à qc** sich e-r Sache *(dat)* hingeben, widmen; **se ~ à un commerce illicite** unerlaubten Handel treiben; **se ~ à une enquête, à des essais** Nachforschungen, Versuche anstellen; **se ~ aux excès** Exzesse begehen 3 **se ~** *(se confier)* von sich reden; mitteilsam sein; **se ~ à qn** sich j-m anvertrauen

livresque [livʀɛsk] ADJ *péj* Buch...; Bücher...; **connaissances** *fpl* **~s** Buchwissen *n*; **savoir** *m* **~** Bücherweisheit *f*

livret [livʀɛ] M 1 kleines Buch; Heft *n*; **~ médical** *correspond à* Gesundheitspass *m (der Soldaten)*; **~ militaire** Wehrpass *m*; **~ scolaire** Zeugnis(heft) *n*; **~ de caisse d'épargne** Spar(kassen)buch *n*; **~ de famille** Familienstammbuch *n*; **~ de pension** *en France: Heft mit Quittungsabschnitten für den Empfang des Ruhegehalts* 2 *d'un opéra* Libretto *n*; Textbuch *n*

livreur [livʀœʀ] M (Aus)Fahrer *m*; Auslieferer *m*

Ljubljana [ljublijana] Ljubljana *n*; Laibach *n*

loader [lodœʀ] M TECH Eimerkettenbagger *m* mit Bandausleger

lob [lɔb] M TENNIS Lob *m*; Hochschlag *m (a.* FOOTBALL *etc)*

lobby [lɔbi] M ‹*pl* lobbies› POL Lobby *f*

lobe [lɔb] M 1 ANAT Lappen *m*; **~ du cerveau** (Ge)Hirnlappen *m*; **~ de l'oreille** Ohrläppchen *n*; **~ du poumon** Lungenlappen *m* 2 BOT, ZOOL Lappen *m* 3 ARCH Pass *m*; **... à trois ~s** Dreipass...

lobé [lɔbe] ADJ 1 ANAT, BOT gelappt; lappig 2 ARCH aus Kreisbögen gebildet

lober [lɔbe] A V/T FOOTBALL **~ un adversaire** den Ball über e-n Gegenspieler hinwegheben B V/I TENNIS lobben; e-n Lob schlagen; e-n Hochschlag ausführen

lobotomie [lɔbɔtɔmi] F MÉD *t/t* Lobotomie *f ou* Leukotomie *f*

lobule [lɔbyl] M ANAT Läppchen *n*

local [lɔkal] ‹*mpl* -aux› A ADJ örtlich; Orts...; lokal; Lokal...; einheimisch; MÉD **anesthésie ~e** örtliche Betäubung; Lokalanästhesie *f*; **autorité ~e** örtliche Behörde; Orts-, Lokalbehörde *f*; **averses ~es** örtliche Schauer *mpl*; *d'un journal* **chronique ~e** Lokalnachrichten *fpl*; Lokalteil *m*; Lokale(s) *n*; ADMIN **collectivités ~es** Gebietskörperschaften *fpl*; **couleur ~e** PEINT Lokalfarbe *f*; *fig a.* Lokalkolorit *n*; **faire très couleur ~e** typisch *(bretonisch etc)* sein; **coutumes ~es** örtliche, einheimische Bräuche *mpl*; **produit ~** einheimisches Produkt B M Raum *m*; Lokal *n*; Lokalität *f*; *pl* **locaux** *a.* Räumlichkeiten *fpl*; **locaux administratifs** Büroräume *mpl*; **locaux commerciaux** Geschäftsräume *mpl*; gewerbliche Räume *mpl*

localement [lɔkalmɑ̃] ADV örtlich; **temps ~ brumeux** stellenweise Nebel

localisable [lɔkalizabl] ADJ lokalisierbar

localisation [lɔkalizasjõ] F 1 *d'un bruit etc,* MÉD Lokalisation *f*; Lokalisierung *f*; örtliche Zuordnung; *d'un avion, navire* Orts-, Lagebestimmung *f* 2 *d'un conflit, incendie etc* Lokalisierung *f*; Begrenzung *f* (**dans une région** auf ein Gebiet); Eindämmung *f*

localiser [lɔkalize] A V/T 1 lokalisieren; **~ un bruit, une maladie** ein Geräusch, eine Krankheit lokalisieren 2 *conflit, incendie, épidémie* lokalisieren; eindämmen B V/PR *conflit* **se ~** lokalisiert werden (können)

localité [lɔkalite] F Ort *m*; Ortschaft *f*

locataire [lɔkatɛʀ] M/F Mieter(in) *m(f)*; **être ~** zur Miete wohnen

locatif[1] [lɔkatif] ADJ ‹-ive› Miet...; Mieter...; **charges locatives** Mietnebenkosten *pl*; **logement ~** Mietwohnung *f*; **réparations locatives** zulasten des Mieters gehende Reparaturen *fpl*; **risques ~s** Mieterhaftung *f*; **valeur locative** Mietwert *m*

locatif[2] [lɔkatif] M GRAM Lokativ *m*

location [lɔkasjõ] F 1 *d'une maison, d'un appartement par le locataire* (ADMIN An)Mieten *n*; *par le propriétaire* Vermieten *n*; Vermietung *f*; *de voitures* Mieten *n ou* Vermietung *f*; *de barques, vélos etc* Verleih *m*; *écriteaux*: **~ de skis, de vélos** Ski-, Fahrradverleih *m*; **~ de voitures** Autovermietung *f*; Mietwagen *mpl*; **mettre en ~** vermieten 2 THÉ Vorverkauf *m*; CH DE FER, AVIAT (Platz)Reservierung *f* 3 *pour les vacances* (gemietetes) Ferienhaus *ou* (gemietete) Ferienwohnung

location-vente [lɔkasjõvɑ̃t] F ‹*pl* locations-ventes› Mietkauf *m*

locavore [lɔkavɔʀ] ADJ heimische Produkte bevorzugend

loch [lɔk] M MAR Log *n*; **livre** *m* **de ~** Logbuch *n*; Schiffstagebuch *n*; Schiffsjournal *n*

loche [lɔʃ] F ZOOL **~ de rivière** Steinbeißer *m*

Loches [lɔʃ] *Stadt im Dep. Indre-et-Loire*

lock-out [lɔkawt] M ‹*inv*› Aussperrung *f*; **lever le ~** die Aussperrung beenden

lock-outer [lɔkawte] V/T *ouvriers* aussperren

locomoteur [lɔkɔmɔtœʀ] ADJ ‹-trice› *muscles, organes* der Fortbewegung dienend; *t/t* lokomotorisch

locomotion [lɔkɔmɔsjõ] F Fortbewegung *f*; **moyens** *mpl* **de ~** Fortbewegungsmittel *npl*

locomotive [lɔkɔmɔtiv] F 1 CH DE FER Lokomotive *f*; Lok *f*; **~ électrique** elektrische Lokomotive; E-Lok *f*; **~ (à moteur) diesel** Diesellok(omotive) *f*; **~ à vapeur** Dampflok(omotive) *f*; *fam fig* **fumer comme une ~** *fam* rauchen wie ein Schlot 2 *fig personne* Motor *m*; treibende Kraft; Zugpferd *n*; SPORTS Schrittmacher *m*

locomotrice [lɔkɔmɔtʀis] F CH DE FER Triebwagen *m*; **locotracteur** M CH DE FER kleine Dieselrangierlok *f*

locuteur [lɔkytœʀ] M LING Sprecher *m*

locution [lɔkysjõ] F GRAM Redewendung *f*; Redensart *f*; Wendung *f*

loden [lɔdɛn] M 1 *tissu* Loden *m* 2 *manteau* Lodenmantel *m*

lœss [løs] M GÉOL Löss(-) *ou* Löß(boden) *m*

lof [lɔf] M MAR Luv(seite) *f*; **aller, venir au ~** (an)luven; **virer ~ pour ~** halsen; vor dem Wind wenden

lofer [lɔfe] V/I MAR (an)luven

loft [lɔft] M *logement* Loft *m*

logarithme [lɔgaʀitm] M MATH Logarithmus *m*; **table** *f* **de ~s** Logarithmentafel *f*

logarithmique [lɔgaʀitmik] ADJ logarithmisch

loge [lɔʒ] F 1 **~ du concierge** Pförtner-, Hausmeisterwohnung *f* 2 THÉ Loge *f*; **première ~, ~ de balcon** Balkonloge *f*; Loge im ersten Rang; *fig* **être aux premières ~s** es, etw aus nächster Nähe miterleben, sehen; **~ d'avant-scène** Orchester-, Proszeniumsloge *f*; **~ de corbeille** vordere Seitenloge im ersten Rang; **~ de côté, de face** Seiten-, Mittelloge *f* 3 THÉ *d'un acteur* Garderobe *f* 4 *des francs-maçons* Loge *f*; **Grande Loge de France** Großloge *f* von Frankreich 5 ARCH Loggia *f*

logeable [lɔʒabl] ADJ bewohnbar

logement [lɔʒmɑ̃] M 1 Wohnung *f*; Wohnraum *m*; *pour les vacances etc* Quartier *n*; Unterkunft *f*; **~ meublé** möblierte Wohnung; **~ ouvrier** Arbeiterwohnung *f*; **~ provisoire** Übergangs-, Notwohnung *f*; **~ social** Sozialwohnung *f*; **~ de deux pièces** Zweizimmerwohnung *f*; **~ d'entreprise, de service** Werks-, Dienstwohnung *f*; **~ en copropriété** Eigentumswohnung *f* 2 TECH Lager *n*; Lagerung *f*

loger [lɔʒe] ‹-geons› A V/T 1 *personnes* beherbergen; unterbringen; aufnehmen; *soldats* einquartieren; **être logé et nourri** freie Kost und Logis haben; **être bien, mal logé** gut, schlecht untergebracht sein; e-e gute, schlechte Wohnung haben 2 *par ext des affaires dans un placard etc* unterbringen; **~ la balle dans la cible** die Zielscheibe mit der Kugel treffen; **il lui a logé la balle en plein cœur** er hat ihm die Kugel mitten durchs Herz gejagt; er hat ihn (mit der Kugel) mitten ins Herz getroffen B V/I wohnen; logieren; Wohnung nehmen; *à l'hôtel a.* absteigen; **~ chez qn** bei j-m wohnen; **~ chez l'habitant** *vacancier etc* privat wohnen; MIL im Privatquartier liegen C V/PR 1 **trouver où** *ou* **à se ~** e-e Wohnung, Unterkunft finden 2 **se ~ une balle dans la tête** sich *(dat)* e-e Kugel in den Kopf schießen 3 *balle* **se ~** stecken bleiben (**dans le bras** im Arm)

logeur [lɔʒœʀ] M, **logeuse** F (Zimmer)Vermieter(in) *m(f)*; (Zimmer)Wirt(in) *m(f)*; Quartiergeber(in) *m(f)*

loggia [lɔdʒja] F ARCH Loggia *f*

logiciel [lɔʒisjɛl] M INFORM Software *f*; **~s** *pl* Softwareprogramme *npl*

logicien [lɔʒisjɛ̃] M, **logicienne** F PHIL, *fig* Logiker(in) *m(f)*

logique [lɔʒik] A F Logik *f*; **manquer de ~** der Logik entbehren; nicht logisch, unlogisch sein; *personne a.* nicht logisch denken können B ADJ *argument, conséquence etc* logisch; GRAM **analyse** *f* **~** Satzanalyse *f*; **être, rester ~ avec soi-même** konsequent sein, bleiben

logiquement [lɔʒikmɑ̃] ADV logisch; *en début de phrase ou en incise* logischerweise; **raisonner ~** logisch argumentieren; **~, tu devrais recevoir la lettre demain** du müsstest den Brief logischerweise morgen bekommen

logis [lɔʒi] M 1 *litt* Behausung *f*; **maître** *m* **du ~** Hausherr *m* 2 MIL **maréchal** *m* **des ~** Unteroffizier *m* 3 ARCH **corps** *m* **de ~** Hauptbau *m*, -trakt *m* 4 *fig* **la folle du ~** die Fantasie, Einbildungskraft

logisticien [lɔʒistisjɛ̃] M, **logisticienne** F MIL, ÉCON, PHIL Logistiker(in) *m(f)*

logistique [lɔʒistik] A ADJ MIL, ÉCON logistisch; Versorgungs...; **base** *f* **~** Versorgungsbasis *f*, -stützpunkt *m* B F 1 MIL, ÉCON Logistik *f* 2 PHIL mathematische Logik

logo [logo] M COMM Logo *n ou m*; Firmen-, Markenzeichen *n*

logopédie [lɔgɔpedi] F Sprachheilkunde *f*; *t/t* Logopädie *f*

loi [lwa] F Gesetz *n*; **~ biologique** biologisches Gesetz; **~ civile** Zivilgesetz *n*; **~ économique** ökonomisches Gesetz; **~ fiscale** Steuergesetz *n*; MIL **~ martiale** Standrecht *n*; **~ pénale** Strafgesetz *n*; **~ physique** physikalisches Gesetz; PHYS **~ de la chute des corps** Fallgesetz *n*; **~ d'exception** Ausnahmegesetz *n*; **~ du**

L

plus fort Recht *n* des Stärkeren; Faustrecht *n*; BIOL les ~s de Mendel [mɛ̃dɛl] die mendelschen Gesetze; ~ du milieu, de la pègre Gesetz der Unterwelt; REL la ~ de Moïse, de l'Ancien Testament das mosaische Gesetz; ~ de la nature Naturgesetz *n*; ÉCON ~ de l'offre et de la demande Gesetz von Angebot und Nachfrage; PHYS ~ de la pesanteur Gesetz der Schwerkraft, Schwere; ~ en vigueur geltendes Gesetz, Recht; ~ sur la presse Pressegesetz *n*; force *f* de ~ Gesetzeskraft *f*; ♦ *loc adj*: conforme à la ~ gesetzlich; gesetzmäßig; contraire à la ~ ungesetzlich; gesetz-, rechtswidrig; °hors la ~ vogelfrei; mettre °hors la ~ für vogelfrei erklären; *loc adv*: d'après la ~ nach dem Gesetz; ♦ avoir la ~ pour soi das Recht auf s-r Seite haben; dicter, faire la ~ à qn j-m befehlen, Vorschriften machen, s-n Willen aufzwingen; faire la ~ befehlen; Vorschriften machen; vous ne ferez pas la ~ chez moi! in meinem Hause haben Sie nicht zu befehlen!; nul n'est censé ignorer la ~ Unkenntnis des Gesetzes schützt nicht vor Strafe; tomber sous le coup de la ~ … unter das Gesetz … fallen; *abs* strafbar sein

loi-cadre [lwakadʀ] F ‹*pl* lois-cadres› Rahmen-, Mantelgesetz *n*

loin [lwɛ̃] ADV 1 *distance et fig* weit (weg), fern, weit entfernt (de von); plus ~ weiter; deux kilomètres plus ~ zwei Kilometer weiter; plus ~ dans le texte weiter unten (im Text); aller ~ weit gehen, fahren; *fig événement, scandale* weitreichende Folgen haben; weite Kreise ziehen; *personne* il ira ~ er wird es weit bringen; ne pas aller ~ nicht weit gehen, fahren; *fig* nicht weit kommen (avec qc mit etw); *malade* es nicht mehr lange machen; *fig* il n'ira pas ~ avec cent euros *a.* mit hundert Euro kann er keine großen Sprünge machen; aller plus ~ weiter gehen, fahren; *(fig)* weitergehen; *fig* j'irai même plus ~ (et je dirai que …) ich gehe sogar noch weiter (und sage, dass …); aller trop ~ zu weit gehen *(a. fig)*, fahren; *fig* vous allez trop ~ dans vos reproches Sie gehen zu weit mit Ihren Vorwürfen; il y a ~ d'ici jusqu'à *ou* à la gare es ist weit von hier bis zum Bahnhof; *fig* il y a ~ d'un projet à sa réalisation von e-m Plan bis zu s-r Verwirklichung ist (es) ein weiter Weg; e-n Plan haben und ihn ausführen ist zweierlei; *fig* ne cherchez pas si ~ Sie brauchen *(die Erklärung, Gründe)* nicht so weit zu suchen; est-ce encore ~? ist es noch weit?; vous êtes trop ~, *rapprochez-vous!* Sie sind *ou* stehen zu weit weg …; les fuyards sont déjà ~ die Ausreißer sind längst über alle Berge; *fig* être ~ abwesend sein; mit s-n Gedanken weit weg sein; *fig* il a été trop ~ dans ses critiques er ist mit s-r Kritik zu weit gegangen; remonter ~ dans l'histoire *événement* weit in der Geschichte zurückliegen; *personne dans ses explications* weit in der Geschichte zurückgehen, -greifen; *fig* voir ~ weitblickend *ou* weit blickend, vorausschauend sein; Weitblick haben; *fig* ne pas voir plus ~ que (le bout de) son nez → bout[1] 1 2 *temps* weit; fern; le temps n'est pas ~ où … die Zeit ist nicht mehr fern, wo …; *en évoquant le passé* es ist noch nicht lange her, dass … 3 LOC ADV au ~ in der *ou* in die Ferne; weit weg; au ~, on voyait déjà le bateau in der Ferne sah man schon das Schiff; partir au ~ in die Ferne ziehen; weit weg reisen; de ~ aus der Ferne; von fern; von Weitem; von weit her; *fig* bei Weitem; mit Abstand; c'est de ~ son meilleur livre das ist bei Weitem sein bestes Buch; *personne gravement malade* revenir de ~ noch einmal davongekommen sein; suivre de ~ les événements die Ereignisse aus der Ferne verfolgen; je l'ai vu venir de ~ *prévu* ich habe es längst kommen sehen; *remarqué* ich habe längst gemerkt, worauf er hinauswill; de ~ en ~ ab und zu; von Zeit zu Zeit; hin und wieder; *a. pour localiser* in großen Abständen 4 LOC PRÉP ~ de weit (weg) von; pas ~ de, non ~ de unweit, unfern *(+gén)*; ~ d'ici weit (weg) von hier; *fig* ~ de là! weit davon entfernt!; im Gegenteil!; ~ de moi cette idée! dieser Gedanke liegt mir völlig fern; das sei fern von mir!; *fig* tu en es (bien) ~! weit gefehlt!; *fig* nous en sommes encore ~ davon sind wir noch weit entfernt; so weit sind wir noch lange nicht; être ~ d'être parfait noch lange nicht *ou* alles andere als vollkommen sein; il n'est pas ~ de dix heures es ist kurz vor, es ist fast zehn Uhr; être (bien) ~ de faire qc weit, himmelweit davon entfernt sein, etw zu tun; je suis ~ d'y penser ich denke nicht im Entferntesten daran; je suis ~ de le faire *ou* j'en suis ~! ich denke gar nicht daran, es zu tun!; das fällt mir nicht im Traum ein!; cela ne fait pas ~ de cent euros das macht fast hundert Euro 5 LOC CONJ d'aussi ~ que, du plus ~ que … *(+ind ou subj)* sobald; soweit; d'aussi ~, du plus ~ qu'il nous vit … sobald er uns sah …; d'aussi ~, du plus ~ que je m'en souvienne … so weit ich (zurück)denken kann …

lointain [lwɛ̃tɛ̃] A ADJ fern; époque ~e weit zurückliegende Epoche; pays ~ fernes Land; dans un avenir ~ in ferner Zukunft; *fig* avoir l'air, le regard ~ abwesend aussehen, blicken; *fig* il n'y a qu'un rapport ~ entre ces deux événements diese beiden Ereignisse stehen nur in indirekter, loser Beziehung zueinander B M 1 Ferne *f*; dans le ~ in der Ferne 2 ~s *pl* PEINT Hintergrund *m*

loi-programme [lwapʀɔgʀam] F ‹*pl* lois-programmes› Rahmengesetz *n*

loir [lwaʀ] M ZOOL Siebenschläfer *m*; *fig* dormir comme un ~ schlafen wie ein Murmeltier, wie ein Ratz

Loir [lwaʀ] le ~ *Fluss in Westfrankreich*

Loire [lwaʀ] la ~ *Fluss u. Departement in Frankreich*

Loire-Atlantique [lwaʀatlɑ̃tik] la ~ *frz Departement*

Loiret [lwaʀɛ] le ~ *Fluss u. Departement in Frankreich*

Loir-et-Cher [lwaʀeʃɛʀ] le ~ *frz Departement*

loisible [lwazibl] ADJ il vous est (il m'est, il lui est *etc*) ~ de faire qc es steht Ihnen (mir, ihm *etc*) frei, etw zu tun

loisir [lwaziʀ] M 1 Muße *f*; (freie) Zeit; ~s *pl* Freizeit *f*; civilisation *f* des ~s Freizeitgesellschaft *f*; heures *fpl*, moments *mpl* de ~ Mußestunden *fpl*; *loc adv* (tout) à ~ in (aller) Ruhe; mit Muße; avoir le ~ de faire qc Zeit, Muße haben, etw zu tun; avoir beaucoup de ~s viel Freizeit haben; il aura tout le ~ de réfléchir er wird genügend Zeit, Muße zum Nachdenken haben 2 ~s *pl occupations* Freizeitbeschäftigungen *fpl*

lokoum [lɔkum] M → loukoum

lolo [lolo] M *enf (lait)* Milch *f*

lombago [lɔ̃bago] M → lumbago

lombaire [lɔ̃bɛʀ] ADJ ANAT Lenden…; MÉD ponction *f* ~ Lumbalpunktion *f*; région *f* ~ Lendengegend *f*; vertèbre *f* ~ Lendenwirbel *m*

lombalgie [lɔ̃balʒi] F MÉD Lendenschmerz *m*; *t/t* Lumbalgie *f*

lombard [lɔ̃baʀ] A ADJ lombardisch B SUBST 1 Lombard(e) *m(f)* Lombarde *m*, Lombardin *f* 2 HIST Lombards *mpl* Langobarden *mpl*

Lombardie [lɔ̃baʀdi] la ~ die Lombardei

lombes [lɔ̃b] MPL ANAT Lenden *fpl*; Lendengegend *f*

lombric [lɔ̃bʀik] M ZOOL Regenwurm *m*

l'on [lɔ̃] → on

londonien [lɔ̃dɔnjɛ̃] A ADJ ‹~ne› Londoner B SUBST Londonien(ne) *m(f)* Londoner(in) *m(f)*

Londres [lɔ̃dʀ] London *n*

long [lɔ̃] A ADJ ‹longue [lɔ̃g]› *espace, temps* lang; *détour, intervalle* groß; *voyelle* lang; *visage* länglich; *cri* lang gezogen; moins ~ kürzer; plus ~ länger; chaise longue Liegestuhl *m*; une longue suite de … e-e lange Reihe von …; *loc adj*: MAR au ~ cours auf großer Fahrt; COMM à ~ terme langfristig; de longue date → date 2; *travail* de longue haleine langwierig; *loc adv* à la longue auf die Dauer; mit der Zeit; avoir une longue habitude de qc seit Langem an etw *(acc)* gewöhnt sein; *réunion etc* être ~ lange dauern; être ~ de trois mètres drei Meter lang sein; ce qu'il est ~! *ou* ce qu'elle est longue! braucht der *ou* die aber lang!; so ein Trödelfritze *ou* so e-e Trödelliese!; *d'un orateur* er findet gar kein Ende!; être ~ à faire qc lange brauchen, um etw zu tun; ce serait trop ~ à raconter *a.* es würde zu weit führen, das zu erzählen; *réponse, personne* être ~ à venir lange auf sich *(acc)* warten lassen; lange ausbleiben; *fig* faire ~ feu → feu[1] 3 B ADV *attitude, regard, silence* en dire ~ vielsagend sein; Bände sprechen; en dire ~ sur qn, qc viel über j-n, etw sagen, erzählen; en savoir ~ gut, genau Bescheid wissen (sur über *+acc*); s'habiller ~ lange Kleider *ou* Röcke tragen; lang tragen C M Länge *f*; de dix mètres de ~ von zehn Metern Länge; zehn Meter lang; avoir dix mètres de ~ zehn Meter lang sein; e-e Länge von zehn Metern haben; ♦ *loc adv*: de tout son ~ der Länge nach; étendu de tout son ~ lang, der Länge nach hingestreckt; tomber de tout son ~ der Länge nach hinfallen, -schlagen; de ~ en large auf und ab; hin und her; en ~ in der Länge; der Länge nach; *fig* en ~ et en large lang und breit; des Langen und Breiten; ♦ *loc prép* a *espace* (tout) le ~ de, (tout) au ~ de qc (immer) längs *(+gén)*; (immer) an etw *(dat)* entlang; le ~, au ~ du bois längs des Waldes; am Wald entlang; tout le ~ du chemin auf dem ganzen Weg; *abs*: *en m'accompagnant*, il a chanté tout du ~ … hat er auf dem ganzen Weg, hat er die ganze Zeit über gesungen b *temps* tout au ~ *ou* tout le ~ de l'année das ganze Jahr über, lang, hindurch

long-courrier [lɔ̃kuʀje] M ‹*pl* long-courriers› 1 AVIAT Langstreckenflugzeug *n*; *adjt* vol *m* ~ Langstreckenflug *m* 2 MAR Übersee-, Ozeandampfer *m*

longe [lɔ̃ʒ] F 1 CUIS *de veau, de chevreuil* Lendenstück *n*, -braten *m*; ~ de veau *a.* Kalbsnierenbraten *m* 2 *corde* Longe *f*; Laufleine *f*

longer [lɔ̃ʒe] V/T ‹-geons› ~ qc an etw *(dat)* entlanggehen, -laufen, *en voiture, bateau* -fahren; *voie ferrée, chemin, route* an etw *(dat)* entlangführen, -laufen; *forêt, chaîne montagneuse* sich an etw *(dat)* entlangziehen; sich erstrecken längs *(+gén)*

longeron [lɔ̃ʒʀɔ̃] M TECH Längsträger *m*

longévité [lɔ̃ʒevite] F a *(longue durée de la vie)* Langlebigkeit *f* b *(durée de la vie)* Lebensdauer *f*

longiligne [lɔ̃ʒiliɲ] ADJ langglied(e)rig

longitude [lɔ̃ʒityd] F (geografische) Länge; 40 degrés de ~ est, ouest 40 Grad östlicher, westlicher Länge

longitudinal [lɔ̃ʒitydinal] ADJ ‹-aux› der Länge nach; in der Längsrichtung; Längs…; coupe ~e Längsschnitt *m*

longtemps [lɔ̃tɑ̃] ADV lange (Zeit); vivre ~

lange leben; **~ après sa mort** lange nach s-m Tod; **bien ~ avant leur mariage** schon lange vor ihrer Hochzeit; **ne reste pas trop ~!** bleib nicht zu lange weg!; ♦ **il y a ~** vor langer Zeit; schon lange *ou* längst; **il n'y a pas ~** vor kurzer Zeit; unlängst; **il y a ~ que** ... es ist schon lange her, dass ...; **y a-t-il ~ que vous êtes ici?** sind Sie schon lange hier?; **avant ~** bald; binnen Kurzem; *fam* **dans ~?** bald?; **depuis ~** seit langer Zeit; seit Langem; schon lange; schon längst; **pendant ~** lange Zeit (über, hindurch); **pour ~** für *ou* auf lange Zeit; **il y en a encore pour ~?** dauert es noch lange?; **je n'en ai pas pour ~** ich brauche nicht lange; es dauert nicht lange; **il n'en a plus pour ~** er hat nicht mehr lange zu leben; *fam* er wird es nicht mehr lange machen; ♦ *loc conj* **aussi ~ que** solange; **reste aussi ~ que tu veux** bleib, solange du willst

longue [lõg] → long A

longuement [lõgmã] ADV lange; **s'étendre ~ sur un sujet** sich lang und breit über ein Thema auslassen; **parler ~** lange sprechen

longuet [lõgɛ] *fam* ADJ ⟨~te⟩ etwas, ein bisschen (zu) lang (*dimension ou durée*)

longueur [lõgœʀ] F **1** Länge *f*; *durée a.* lange Dauer; *d'un ouvrage a.* Umfang *m*; *de négociations* Langwierigkeit *f*; PHYS, RAD **~ d'onde** Wellenlänge *f*; *fam fig* **(ne pas) être sur la même ~ d'onde** *fam* (nicht) auf derselben Wellenlänge sein, liegen; **pièce** *f* **tout en ~** langes, schmales Zimmer; *fam* Schlauch *m*; SPORTS **saut** *m* **en ~** Weitsprung *m*; *loc adv* **en ~, dans le sens de la ~** in der Länge; in der Längsrichtung; der Länge nach; **à ~ d'année, de journée, de semaine** das ganze Jahr, den ganzen Tag, die ganze Woche über *ou* hindurch; **avoir la même ~** dieselbe Länge haben; gleich lang sein; **tirer, faire traîner qc en ~** etw in die Länge ziehen; etw verschleppen **2** TURF Länge *f*; **gagner de deux ~s** mit zwei Längen Vorsprung siegen **3** *d'un texte, d'un film* **~s** *pl* Längen *fpl*; **avoir des ~s** Längen haben

longue-vue [lõgvy] F ⟨*pl* longues-vues⟩ OPT Fernrohr *n*; Teleskop *n*

Longvic [lõvi] *Ort im Dep. Côte-d'Or*

Longwy [lõwi] *Stadt im Dep. Meurthe-et-Moselle*

Lons-le-Saunier [lõnl(ə)sonje] *Stadt im Dep. Jura*

look [luk] M Look *m*; Aussehen *n*

looping [lupiŋ] M AVIAT Looping *m ou n*

Loos [los] *Stadt im Dep. Nord*

lopette [lɔpɛt] F *fam péj* Waschlappen *m*

lopin [lɔpɛ̃] M **un ~ de terre** ein kleines Stück Erde, Land

loquace [lɔkas] ADJ redselig; gesprächig; **il n'est pas très ~ aujourd'hui** *a.* er ist heute nicht sehr zum Reden aufgelegt

loquacité [lɔkasite] F Redseligkeit *f*; Gesprächigkeit *f*

loque [lɔk] F **1** **~s** *pl* Lumpen *mpl*; Fetzen *mpl*; **être vêtu de ~s** in Lumpen gekleidet, gehüllt sein; zerlumpt sein; *vêtement* **tomber en ~s** in Fetzen gehen **2** *fig personne* Wrack *n*

loquet [lɔkɛ] M Schnappschloss *n*; Schnäpper *ou* Schnepper *m*

loqueteux [lɔktø] ADJ ⟨-euse⟩ zerlumpt

lord [lɔʀ(d)] M Lord *m*; **~ Chancelier** Lordkanzler *m*; **la Chambre des ~s** das Oberhaus

lord-maire [lɔʀ(d)mɛʀ] M ⟨*pl* lords-maires⟩ Lord Mayor *m*

lorgner [lɔʀɲe] V/T **1** *une femme* anschielen; begehrliche, unverschämte (Seiten)Blicke zuwerfen (**qn** j-m) **2** *fig* **~ qc** nach etw schielen; **~ une place** *a.* mit e-m Posten liebäugeln

lorgnette [lɔʀɲɛt] F kleines Fern-, Opernglas *n*; *fig* **voir les choses par le petit bout de la ~** die Dinge zu einseitig sehen; engstirnig sein; e-n begrenzten, engen Horizont haben

lorgnon [lɔʀɲõ] M **A** (*pince-nez*) Zwicker *m*; Kneifer *m* **B** (*face-à-main*) Stielbrille *f*; Lorgnon *n*; Lorgnette *f* **C** *fam plais* (*lunettes*) Brille *f*

Lorient [lɔʀjã] *Stadt im Dep. Morbihan*

loriot [lɔʀjo] M ZOOL Pirol *m*

lorrain [lɔʀɛ̃] **A** ADJ lothringisch **B** SUBST **Lorrain(e)** *m(f)* Lothringer(in) *m(f)*

Lorraine [lɔʀɛn] **la ~** Lothringen *n*

lors [lɔʀ] ADV **1** **depuis ~** seitdem; seither; seit der Zeit; von der Zeit an; von da an; **depuis ~ je n'ai plus eu de ses nouvelles** ... seitdem *etc* habe ich nichts mehr von ihm *ou* ihr gehört; **dès ~** seitdem; seither; seit der Zeit; von der Zeit an; von da an; (*en conséquence*) folglich; infolgedessen; also; *litt* **pour ~** daher; deshalb **2** LOC PRÉP **~ de** bei; als (*suivi d'une phrase*); zur Zeit (*+gén*); **~ de mon mariage** bei meiner Heirat; als ich heiratete **3** LOC CONJ **dès ~ que** (*dès l'instant où*) sobald; (*puisque*) da ... (ja); *litt* **~ même que** (*+conditionnel*) selbst wenn

lorsque [lɔʀsk] CONJ ⟨*vor Vokal* lorsqu'⟩ **1** *récit au passé* als; **j'allais sortir ~ vous avez téléphoné** ich war gerade im Begriff wegzugehen, als Sie anriefen **2** *avec présent ou futur* wenn; **~ vous y penserez**, *rapportez-moi mon livre* wenn Sie daran denken ...

losange [lɔzãʒ] M MATH Raute *f*; Rhombus *m*; **en ~** rautenförmig

Los Angeles [lɔsãʒlɛs] Los Angeles *n*

lot [lo] M **1** LOTERIE Gewinn *m*; Treffer *m*; **gros ~** Hauptgewinn *m*, -treffer *m*; *fig* **gagner le gros ~** das große Los ziehen; **~ de consolation** Trostpreis *m* **2** JUR Anteil *m*; Teil *m ou n*; **~ de succession** Erbteil *m ou n*; **diviser, morceler, partager en ~s** *bien, terre* aufteilen; *terre a.* parzellieren; in Parzellen aufteilen; *terre* **vendre par ~s** parzellenweise verkaufen **3** COMM Los *n*; Posten *m*; Partie *f*; **~ de marchandises** Warenposten *m*, -partie *f*; **un ~ de chemises** ein Los, ein Posten, e-e Partie Hemden **4** *litt* (*sort*) Los *n*; **la mort est le ~ de l'humanité** der Tod ist das Los der Menschheit, aller Menschen

Lot [lɔt] **le ~** *Fluss u. Departement in Frankreich*

loterie [lɔtʀi] F **1** Lotterie *f*; **~ foraine** Glücksbude *f*; **Loterie nationale** (französische) Staatslotterie **2** *fig* Lotteriespiel *n*; **c'est une ~** das ist ein Lotteriespiel; das ist (reine) Glückssache

Lot-et-Garonne [lɔtegaʀɔn] **le ~** *frz Departement*

Lothaire [lɔtɛʀ] M HIST Lothar *m*

loti [lɔti] ADJ **être bien, mal ~** gut, schlecht dran sein; *iron* **le voilà bien ~!** *a.* da ist er aber gut bedient!

lotion [lɔsjõ] F Gesichtswasser *n*; Lotion *f*; **~ capillaire** Haar-, Kopfwasser *n*; **~ tonique** Gesichtswasser *n*

lotionner [lɔsjɔne] V/T einreiben

lotir [lɔtiʀ] V/T *biens d'une succession etc* aufteilen; *terrain a.* parzellieren; in Parzellen aufteilen

lotissement [lɔtismã] M **1** (*partage*) Aufteilung *f*; *d'un terrain a.* Parzellierung *f* **2** (*terrain morcelé*) (Grundstücks)Parzelle *f*; *ensemble* Siedlung *f*; **~ jardin** Gartenparzelle *f*; *ensemble* Kleingartenanlage *f*

loto [lɔto] M Lotto *n*; **~ sportif** Fußballtoto *n*; **bulletin** *m* **de ~** Lottoschein *m*; **jouer au ~** im Lotto spielen

lotte [lɔt] F ZOOL Quappe *f*; Rutte *f*; **~ de mer** Seeteufel *m*

lotus [lɔtys] M **1** BOT Lotos *m*; Lotosblume *f* **~ bleu** blaue Ägyptische Lotosblume **2** ARCH **fleur** *f* **de ~** Lotosblüte *f*

louable¹ [lwabl] ADJ lobenswert; löblich; rühmlich; anerkennenswert; **peu ~** unrühmlich

louable² [lwabl] ADJ vermietbar; **difficilement ~** schwer zu vermieten(d)

louage [lwaʒ] M JUR Miete *f*; Vermietung *f*; **(contrat** *m* **de) ~ de services** Dienstvertrag *m*; **voiture** *f* **de ~** Mietwagen *m*

louange [lwãʒ] F *souvent* PL **~s** Lob *n*; Belobigung *f*; *poét*, REL Lobpreis *m*; Lobpreisung *f*; **à la ~ de qn** zu j-s Lob, Ehre; **discours** *m* **à la ~ de qn** Rede, die j-s Verdienste würdigt; **chanter les ~s de qn** j-s Lob singen; ein Loblied auf j-n singen, anstimmen

loubar(d) [lubaʀ] *fam* M Rocker *m*; *fam* Halbstarke(r) *m*; **bande** *f* **de loubar(d)s** Rockerbande *f*

louche¹ [luʃ] ADJ *affaire, attitude, milieux, individu etc* undurchsichtig; verdächtig; fragwürdig; zweifelhaft; *manœuvres, histoire a.* anrüchig; *passé a.* dunkel; *subst* **il y a du ~ dans cette histoire** an der Geschichte, Sache ist etwas faul, verdächtig; **c'est ~!** da stimmt etwas nicht!; da ist etwas faul!; **fréquenter des milieux ~s** in fragwürdigen, zweifelhaften Kreisen verkehren

louche² [luʃ] F CUIS Schöpflöffel *m*; Suppenkelle *f*

loucher [luʃe] V/I **1** schielen **2** *fam fig* **~ sur qc, qn** nach etw, j-m schielen; begehrliche Blicke auf etw, j-n werfen

louer¹ [lwe] **A** V/T loben; rühmen; preisen; **~ Dieu** Gott loben, lobpreisen; **~ les efforts, les mérites de qn** j-s Anstrengungen, Verdienste würdigen; **~ qn de** *ou* **pour qc** j-n für etw loben; **Dieu soit loué!** gottlob!; Gott sei (Lob und) Dank! **B** V/PR **se ~ de qc, qn** mit etw, j-m zufrieden sein; sich (*dat*) zu etw, j-m gratulieren können; **se ~ d'avoir fait qc** froh sein, etw getan zu haben

louer² [lwe] **A** V/T **1** *propriétaire: maison, appartement etc* vermieten; **à ~** zu vermieten; **chambre à ~** Zimmer frei **2** *locataire, utilisateur: appartement, garage, voiture, bateau etc* mieten; *locaux* ADMIN *a.* anmieten **3** **~ une place** THÉ e-e Karte vorbestellen; e-e Karte reservieren lassen; CH DE FER e-e Platzkarte bestellen; AVIAT e-n Flug reservieren **B** V/PR **se ~** **1** *appartement etc* vermietet werden **2** *journalier* sich verdingen

loueur [lwœʀ] M, **loueuse** F Vermieter(in) *m(f)*; **loueur de voitures** Autovermieter *m*

loufiat [lufja] M *pop* (*garçon de café*) Kellner *m*

loufoque [lufɔk] *fam* **A** ADJ verrückt; *personne* → *a.* cinglé **B** M/F Verrückte(r) *m/f(m)*

loufoquerie [lufɔkʀi] *fam* F Verrücktheit *f* (*a. acte*)

Louhans [luã] *Stadt im Dep. Saône-et-Loire*

louis [lwi] M *ancienne pièce d'or* Louisdor *m*

Louis [lwi] M **1** *prénom* Ludwig *m*; HIST **saint ~** Ludwig der Heilige **2** ADJT ART **style** *m* **~ XIV, XV, XVI** Louis-quatorze(-), Louis-quinze(-), Louis-seize(-Stil) *n(m)*

Louise [lwiz] F *Vorname*

louise-bonne [lwizbɔn] F ⟨*pl* louises-bonnes⟩ *variété de poire* Gute Luise

Louisiane [lwizjan] **la ~** Louisiana *n*

Louis-Philippe [lwifilip] ADJT **style** *m* **~** *en Allemagne correspond à* Biedermeier *n*

loukoum [lukum] M *confiserie orientale* Rachat Lokum *n*

loulou [lulu] M **1** ZOOL Spitz *m*; **~ de Poméranie** Pommernspitz *m* **2** ⟨*f* louloutte [lulut]⟩ *fam terme d'affection* Liebling *m*; Schatz *m*; Schätzchen *n*; Herzchen *n* **3** (*jeune voyou*) Halbstarke(r) *m*

loup [lu] M **1** ZOOL Wolf *m*; *fig*: **faim** *f* **de ~** *fam* Wolfs-, Bären-, Mordshunger *m*; **enfermer**

le ~ dans la bergerie den Bock zum Gärtner machen; **être connu comme le ~ blanc** bekannt sein wie ein bunter Hund; **°hurler avec les ~s** mit den Wölfen heulen; *prov:* **les ~s ne se mangent pas entre eux** e-e Krähe hackt der andern kein Auge aus *(prov)*; **quand on parle du ~, on en voit la queue** wenn man den Esel nennt, kommt er gerennt; Lupus in fabula 2 *fig* **jeune ~** ehrgeiziger junger Mann 3 *fam* **mon ~** → loulou 2 4 *fam* **~ de mer** *fam* (alter) Seebär 5 *masque* schwarze Halbmaske 6 ZOOL **~ (de mer)** Wolfsbarsch *m*

loupage [lupaʒ] *fam* M *fam* Verpatzen *n*; Verpfuschen *n*; *pop* Versauen *n*

loup-cervier [lusɛʀvje] M ⟨*pl* loups-cerviers⟩ ZOOL (Nord)Luchs *m*

loupe [lup] F 1 OPT Lupe *f*; Vergrößerungsglas *n*; **examiner qc à la ~** etw mit der Lupe, mit dem Vergrößerungsglas prüfen; *fig* **regarder qc à la ~** etw unter die Lupe nehmen 2 *sur le bois d'un arbre* Knorren *m*; *par ext bois* **knorriges Holz** 3 MÉD Grützbeutel *m*; Balggeschwulst *f*

louper [lupe] *fam* A V/T 1 *travail fam* verpfuschen; verpatzen; *pop* versauen; *composition fam* verhauen; **~ son examen** *fam* durchfallen 2 *train, bus, occasion* verpassen; versäumen; *qn à un rendez-vous* verfehlen; verpassen; *fig* **~ le coche** die Gelegenheit verpassen B V/I **ça n'a pas loupé** das musste ja so kommen

loup-garou [lugaʀu] M ⟨*pl* loups-garous⟩ Werwolf *m*

loupiot [lupjo] M, **loupiotte** F *fam (enfant) fam* Gör *n*; Göre *f*; Balg *m ou n*

loupiote [lupjɔt] *fam* F Lämpchen *n*; Lichtlein *n*; *péj* Funzel *f*

lourd [luʀ] A ADJ ⟨lourde [luʀd]⟩ 1 *objet, pas, parfum, vin, charge, responsabilité, tâche* schwer; *charge fiscale* drückend; *nourriture* schwer (verdaulich); *sommeil, jambes* schwer; bleiern; MIL **artillerie ~e** schwere Artillerie; CHIM **eau ~e** schweres Wasser; JUR **faute ~e** grobes, schweres Verschulden; schwere, schwerwiegende Verfehlung; **frais ~s** hohe (Un)Kosten *pl*; **huile ~e** Schweröl *n*; **industrie ~e** Schwerindustrie *f*; **neige ~e** Pappschnee *m*; **poids ~** Last(kraft)wagen *m*; Lkw *m*; *fam* Laster *m*; SPORTS → poids 3; **terrain ~** aufgeweichter, schwerer Boden; *subst* **les plus ~s que l'air** die Flugzeuge *npl*; ♦ *loc adj:* MAR, AVIAT **~ de l'arrière, de l'avant** hecklastig, bug- *ou* kopflastig; *décision etc* **~ de conséquences** folgenschwer; *phrase* **~ de sous-entendus** voller Anspielungen; ♦ **elle a le cœur ~** das Herz ist ihr schwer; ihr ist schwer ums Herz; **en avoir ~ sur le cœur** sich *(dat)* es, etw zu Herzen nehmen; **j'ai l'estomac ~** mir liegt etw schwer im Magen; ich habe Magendrücken; **avoir la main ~e** hart, fest zuschlagen; *fig* hart, schwer bestrafen; **avoir la main ~e en salant la soupe** die Suppe zu stark salzen; **avoir la tête ~e** e-n schweren Kopf haben; e-n Druck im Kopf haben; **il avait les yeux ~s de sommeil** ihm fielen (vor Müdigkeit) die Augen zu 2 *temps, air* schwül; drückend; *chaleur a.* feuchtwarm; *fig silence, atmosphère* beklemmend; bedrückend; dumpf; **il fait ~** es ist schwül, drückend 3 FIN **marché ~** flaue, lustlose, rückläufige Börse 4 *personne, caractère, démarche, style* schwerfällig; unbeholfen; plump; *esprit* schwerfällig; **compliment ~** plumpes Kompliment; **plaisanterie ~e** plumper Scherz B ADV 1 *objet* **peser ~** schwer sein; *fig:* **ne pas peser ~** kein Gewicht haben; **cela ne pèsera pas ~ dans la balance** das wird nicht sehr ins Gewicht, nicht schwer in die Waagschale fallen 2 *fam fig d'une somme* **ça ne fait pas ~** das ist nicht viel; *employé etc* **ne pas en faire ~** nicht viel tun; **ne pas en savoir ~** nicht viel wissen; *des survivants?* - **y en avait pas ~** es gab nicht viele

lourdaud [luʀdo] A ADJ schwerfällig; unbeholfen; ungeschickt; plump; tölpelhaft B M schwerfälliger, unbeholfener, ungeschickter, plumper Mensch; Tölpel *m*; Tollpatsch *m*

lourde [luʀd] F *arg (porte)* Tür *f*

lourdement [luʀdəmɑ̃] ADV 1 schwer; *véhicule* **~ chargé** schwer beladen; *dépenses* **grever ~ le budget** das Budget schwer belasten; *fig* **peser ~ sur** schwere, schlimme Folgen haben für; **tomber ~** wie ein Klotz, Sack fallen; *fig* **se tromper ~** sich schwer täuschen 2 *fig* schwerfällig; unbeholfen; plump

lourder [luʀde] *arg fam* V/T 1 *(licencier) fam* feuern; **se faire ~** *fam* gefeuert werden 2 *par ext fiancé(e) etc* **~ qn** mit j-m Schluss machen; *fam* j-m den Laufpass geben; **elle s'est fait ~ par son petit ami** ihr Freund hat mit ihr Schluss gemacht, *fam* hat ihr den Laufpass gegeben

lourdeur [luʀdœʀ] F 1 *fig d'une charge* Schwere *f*; **~ des impôts** drückende Steuerlast; **~s d'estomac** Magendrücken *n*; **~ de tête** Benommenheit *f* 2 *fig des formes, d'un style* Plumpheit *f*; *de l'esprit, a. d'un style* Schwerfälligkeit *f*; **s'exprimer avec ~** sich ungeschickt, unbeholfen, plump ausdrücken

lourdingue [luʀdɛ̃g] *fam* ADJ *et* SUBST → lourdaud

loustic [lustik] M 1 *(farceur)* Spaßmacher *m*; Witzbold *m* 2 *fam péj (type)* Kerl *m*; *fam* Type *f*; *fam péj* Knilch *m*; **un drôle de ~** ein komischer Knilch

loutre [lutʀ] F ZOOL Fischotter *m*; **~ de mer** Seeotter *m*

Louvain [luvɛ̃] Löwen *n (Stadt in Belgien)*

louve [luv] F ZOOL Wölfin *f*

louveteau [luvto] M ⟨*pl* ~x⟩ 1 ZOOL junger Wolf 2 *(jeune scout)* Wölfling *m*

louvoiement [luvwamɑ̃] M *surtout* PL **~s** Lavieren *n*; Winkelzüge *mpl*

louvoyer [luvwaje] V/I ⟨-oi-⟩ 1 MAR kreuzen 2 *fig* lavieren; ausweichen; Winkelzüge machen

lover [lɔve] A V/T MAR *cordage* aufschießen B V/PR **se ~** *serpent* sich zusammenrollen

loyal [lwajal] ADJ ⟨-aux⟩ 1 *adversaire* anständig; fair; ehrenhaft; **ami ~** treuer, aufrichtiger Freund; **loyaux services** treue Dienste *mpl*; **serviteur ~** loyaler, treuer, redlicher Diener; *loc adv fam* **à la ~e** anständig; fair 2 COMM **concurrence ~e** ehrlicher, lauterer Wettbewerb 3 *au cirque* **Monsieur Loyal** der Conférencier

loyalement [lwajalmɑ̃] ADV anständig; fair; ehrenhaft; **accepter ~ sa défaite** mit Anstand verlieren

loyalisme [lwajalism] M 1 POL Loyalität *f*; Regierungs-, Staatstreue *f* 2 (treue) Ergebenheit (**envers un parti** gegenüber e-r Partei)

loyauté [lwajote] F Anständigkeit *f*; Fairness *f*; Ehrenhaftigkeit *f*; Rechtschaffenheit *f*; Redlichkeit *f*; Loyalität *f*; (Pflicht)Treue *f*; **reconnaître avec ~ son erreur** s-n Irrtum ehrlich, offen zugeben

loyer [lwaje] M 1 Miete *f*; Mietpreis *m*; *autrich, suisse* Mietzins *m* 2 FIN **~ de l'argent** Zins (-satz) *m*

Lozère [lɔzɛʀ] **la ~** *frz Departement*

LSD [ɛlɛsde] M *drogue* LSD *n*

lu [ly] PP → lire[1]

lubie [lybi] F Schrulle *f*; Grille *f*; Marotte *f*; **avoir des ~s** Schrullen, Grillen im Kopf haben; **il lui prend parfois la ~** *de faire qc* er kommt manchmal auf den komischen Einfall …

lubricité [lybʀisite] F Geilheit *f*; Lüsternheit *f*

lubrifiant [lybʀifjɑ̃] TECH A ADJ Schmier… B M Schmiermittel *n*

lubrification [lybʀifikasjõ] F TECH (Ab)Schmieren *n*; Schmierung *f*; **lubrifier** V/T TECH (ab)schmieren

lubrique [lybʀik] ADJ geil; lüstern; lasziv

Luc [lyk] M 1 *Vorname* 2 BIBL Lukas *m*

lucane [lykan] M ZOOL Hirschkäfer *m*

lucarne [lykaʀn] F 1 ARCH Dachfenster *n* 2 *par ext* kleines Fenster; Luke *f*

Lucerne [lysɛʀn] Luzern *n*

lucide [lysid] ADJ *esprit, raisonnement* klar; scharf; *personne* scharfblickend; hellsichtig; **esprit** *m* **~** klarer, heller Kopf; **être ~** scharfblickend, hellsichtig sein; klarsehen; *mourant* **être encore ~** noch bei klarem Verstand, Bewusstsein sein

lucidement [lysidmɑ̃] ADV **envisager ~ qc** e-r Sache *(dat)* mit klarem Blick entgegensehen

lucidité [lysidite] F *de l'esprit, d'une analyse etc* Klarheit *f*; *d'une personne* Scharfblick *m*; Hellsichtigkeit *f*; *malade mental* **avoir des moments de ~** lichte Augenblicke, Momente haben; **garder sa pleine ~** bei klarem Verstand, Bewusstsein bleiben; *dans une situation difficile* e-n kühlen, klaren Kopf bewahren; **juger avec ~** ein klares Urteil haben

Lucien [lysjɛ̃] M *Vorname*

Lucienne [lysjɛn] F *Vorname*

Lucifer [lysifɛʀ] M REL Luzifer *m*; **luciferien** ADJ ⟨~ne⟩ luziferisch

luciole [lysjɔl] F ZOOL Leuchtkäfer *m*; Glühwürmchen *n*

Luçon [lysõ] 1 *île* Luzon *n* 2 *Stadt im Dep. Vendée*

lucratif [lykʀatif] ADJ ⟨-ive⟩ einträglich; einbringlich; gewinnbringend; (finanziell) lohnend; lukrativ; JUR: **association** *f* **à but ~** wirtschaftlicher Verein; **association** *f* **sans but ~** Idealverein *m*

lucre [lykʀ] *st/s et péj* M Gewinn *m*; **passion** *f* **du ~** Gewinnsucht *f*

ludiciel [lydisjɛl] M INFORM Software *f* für Computerspiele

ludique [lydik] ADJ Spiel…; PSYCH **activité** *f* **~** Spielen *n*

ludothèque [lydɔtɛk] F Spielsachenverleih *m*; Spiel(i)othek *f*

Ludovic [lydɔvik] M *Vorname*

luette [lɥɛt] F ANAT Zäpfchen *n*

lueur [lɥœʀ] F 1 *(lumière faible)* (Licht)Schein *m*; (Licht)Schimmer *m*; (schwaches) Licht; **à la ~ du clair de lune** bei Mondlicht; **à la ~ des flambeaux** im Fackelschein; im Schein, Licht der Fackeln 2 *du regard* Aufblitzen *n*; **une ~ de désir illumina ses yeux** s-e Augen funkelten begehrlich; **une ~ de colère passa dans ses yeux** in s-n Augen blitzte es zornig auf 3 *fig* Funke(n) *m*; **~ d'espoir** Funke(n) Hoffnung; Hoffnungsschimmer *m*, -strahl *m*; *chez un fou* **~ de raison** lichter Augenblick

Lugano [lygano] Lugano *n*; **le lac de ~** der Luganer See

luge [lyʒ] F (Rodel)Schlitten *m*; *autrich* Rodel *f*; **piste** *f* **de ~** Rodelbahn *f*; **faire de la ~** Schlitten fahren; rodeln

lugubre [lygybʀ] ADJ *atmosphère, air* düster; traurig; trübselig; **bâtiment** *m* **~** trostloses, düsteres, finster wirkendes Gebäude; **mine** *f* **~** Trauermiene *f*; **pensées** *fpl* **~s** düstere, trübe Gedanken *mpl*

lui [lɥi] PR PERS 1 ⟨*m et f*⟩ a *obj indir* ihm *(m et n)*; ihr *(f)*; **je ~ parlerai de vous** ich werde mit ihm *ou* ihr über Sie sprechen; **remettez-~ ce livre!** geben Sie ihm *ou* ihr dieses Buch zurück! b *avec la fonction d'obj dir* ihn *(m)*; sie *(f)*; es (*n*); **faites-~ recommencer ce travail** lassen Sie ihn *ou* sie *ou* es diese Arbeit noch einmal machen; **je ~ ai laissé lire cette lettre** ich habe ihn *ou* sie *ou* es diesen Brief lesen lassen 2 ⟨m⟩ a *sujet* er; **~ non plus n'a rien compris** auch er hat nichts verstanden; **c'est tout à fait ~** das ist er, wie er leibt und lebt; **toi, tu te reposes et ~, il travaille** du ruhst dich aus, und er arbeitet; **c'est ~ qui sera content de vous voir** gerade er wird sich freuen, Sie zu sehen b *obj dir* ihn; *qui avez-vous choisi?* **~** ihn c *avec prép* ihm (*dat*); ihn (*acc*); **à ~ seul** (er) allein; **il n'y arrivera jamais à ~ tout seul** ganz allein wird er das nie schaffen; *loc adj* **bien à ~** ihm eigen; typisch für ihn; **il a des idées bien à ~** er hat so s-e eigenen Ideen; **chez ~** bei ihm (zu Hause); **de ~** von ihm; **parler de ~** von ihm, über ihn sprechen; **à cause de ~** seinetwegen; **se souvenir de ~** sich an ihn erinnern; *st/s* sich s-r erinnern; *apprendre* **par ~** durch ihn d *réfléchi* sich; **il est content de ~** er ist mit sich zufrieden

lui-même [lɥimɛm] PR PERS 1 *emphatique* (er) selbst; **il l'a dit ~** er hat es selbst gesagt; **~ n'en sait rien** er selbst weiß nichts davon *ou* darüber 2 *réfléchi* sich (selbst); **la bonne opinion qu'il a de ~** die gute Meinung, die er von sich (selbst) hat; **il a agi de ~** er hat von sich aus, aus eigenem Antrieb gehandelt; **il a confiance en ~** er hat Selbstvertrauen; **il se rendra compte de la situation par ~** er wird sich selbst, persönlich, mit eigenen Augen von der Lage überzeugen 3 TÉL **Monsieur X? ~!** am Apparat!

luire [lɥiʀ] V/I ⟨→ conduire; *aber pp* lui⟩ *st/s* 1 *soleil* scheinen; strahlen; *métal* glänzen; blinken; schimmern; leuchten; *poét* gleißen 2 *fig* **un espoir luit encore** es gibt noch e-n Hoffnungsschimmer, -strahl

luisant [lɥizɑ̃] ADJ 1 *métal* blank; glänzend; blinkend; schimmernd; leuchtend; *poét* gleißend; *peau grasse* glänzend 2 ZOOL **ver ~** Glüh-, Johanniswürmchen *n*; Leuchtkäfer *m*

lumbago [lɔ̃bago, lɛ̃-] M MÉD Hexenschuss *m*; *t/t* Lumbago *f*

lumen [lymɛn] M (ABR **lm**) PHYS Lumen *n* (*abr* lm)

lûmes [lym] → lire[1]

lumière [lymjɛʀ] F 1 Licht *n*; **~ électrique** elektrisches Licht; **~ du jour** Tageslicht *n*; AUTO **~ des phares** Scheinwerferlicht *n*; **~ du soleil, solaire** Sonnenlicht *n*; **les ~s de la ville** die Lichter der Stadt; *adjt* **la ville ~** die Lichterstadt an der Seine (*Paris*); **habit** *m* **de ~** bestickte Stierkämpfertracht; **(spectacle** *m*) **son et ~** → son[2] 4; *loc adv* **à la ~ (du jour)** bei (Tages)Licht; **sous la ~ des projecteurs** im Scheinwerferlicht; **faire de la ~** Licht machen; **il y a encore de la ~ chez le voisin** beim Nachbarn brennt, ist noch Licht; **donner, faire de la ~ à qn** j-m leuchten; BIBL **que la ~ soit!** es werde Licht! 2 *fig* (*éclaircissement*) Licht *n*; **faire (toute) la ~ sur une affaire** Licht in e-e Sache bringen; e-e Sache (völlig) aufklären; **la ~ se fit dans son esprit** ihm ging ein Licht auf; **jeter une ~ nouvelle sur qc** ein neues Licht auf etw (*acc*) werfen; **mettre qc en (pleine) ~** auf etw (*acc*) aufmerksam machen, hinweisen 3 *fig* (*personne très intelligente*) Leuchte *f*; *iron* **ce n'est pas une ~** er *ou* sie ist kein großes (Kirchen)Licht, keine große Leuchte 4 LOC PRÉP **à la ~ de** aufgrund (der Ergebnisse) (*+gén*); anhand (*+gén*); wie … gezeigt haben *ou* lehren 5 **~s** *pl* Wissen *n*; Kenntnisse *fpl*; Können *n*; **le siècle des ~s** das Jahrhundert, Zeitalter der Aufklärung; *plais* **j'ai besoin de vos ~s** ich brauche Ihre Hilfe, Ihre guten Einfälle 6 TECH (*ouverture*) Öffnung *f*; (*fente*) Schlitz *m*

lumignon [lymiɲɔ̃] M Lämpchen *n*; Lichtlein *n*; *péj* Funzel *f*

luminaire [lyminɛʀ] M Beleuchtungskörper *m*; Leuchte *f*

luminescence [lyminesɑ̃s] F PHYS Lumineszenz *f*; **luminescent** ADJ PHYS lumineszierend

lumineux [lyminø] ADJ ⟨-euse⟩ 1 Leucht…; Licht…; **affiche lumineuse** Lichtreklame *f*; Leuchtschrift *f*; **enseigne lumineuse** Leuchtschild *n*; **fontaine lumineuse** beleuchteter Springbrunnen; **point ~** Lichtpunkt *m*; **publicité, réclame lumineuse** Lichtreklame *f*, -werbung *f*; Leuchtwerbung *f*; **rayon ~** Lichtstrahl *m*; **regard ~** leuchtender Blick; **source lumineuse** Lichtquelle *f*; **teint ~** schimmernder Teint 2 *fig* klar; einleuchtend; *fam* **c'est une idée lumineuse!** das ist e-e glänzende Idee!

luminosité [lyminozite] F 1 *du ciel* strahlende Helle; Glanz *m*; *poét* **la ~ de son regard** sein strahlender Blick 2 ASTRON *d'un astre* Leuchtkraft *f*; Helligkeit *f*

lump [lɛ̃p, lœ̃p] M ZOOL Seehase *m*; **œufs** *mpl* **de ~** Seehasenrogen *m*; deutscher Kaviar

lunaire [lynɛʀ] ADJ Mond…; ASTRON **année** *f* **~** Mondjahr *n*; *fig* **face** *f* **~** Vollmondgesicht *n*; ASTRON **mois** *m* **~** Mondmonat *m*; **orbite** *m* **~** Mondbahn *f*; *fig* **paysage** *m* **~** Mondlandschaft *f*

lunaison [lynɛzɔ̃] F ASTRON Mondumlaufzeit *f*; *t/t* Lunation *f*

lunatique [lynatik] A ADJ *personne* launisch; launenhaft; *humeur* wechselnd; **être ~** *a.* Launen haben B M/F launischer, launenhafter Mensch

lunch [lœntʃ, lɛ̃ʃ] M kaltes Büfett

lundi [lɛ̃di, lœ̃-] M Montag *m*; **~ de Pâques, de (la) Pentecôte** Oster-, Pfingstmontag *m*; → *a.* jeudi

lune [lyn] F 1 (ASTRON **Lune**) Mond *m*; **~ croissante, décroissante** zunehmender, abnehmender Mond; **nouvelle ~** Neumond *m*; **pleine ~** Vollmond *m*; **à la nouvelle, pleine ~** bei Neu-, Vollmond; **la ~ est nouvelle, pleine** es ist, wir haben Neu-, Vollmond; **~ rousse** Zeit *f* der späten Nachtfröste im April/Mai; **atterrir, se poser sur la Lune** auf dem Mond landen, aufsetzen; *fig*: **aller décrocher la ~ pour qn** Unmögliches für j-n tun; für j-n die Sterne vom Himmel holen; **demander la ~** Unmögliches verlangen; *pop* **être con comme la ~** *pop* saudumm, -blöd sein; **être dans la ~** nicht bei der Sache sein; geistesabwesend sein; mit s-n Gedanken ganz woanders sein; **promettre la ~ à qn** j-m Unmögliches versprechen; **tomber de la ~** *fam* aus allen Wolken fallen 2 **~ de miel** Honigmond *m*, Flitterwochen *fpl* (*a. fig*) 3 *fam* (*derrière*) *fam* (nackter) Hintern, Po 4 ZOOL **~ de mer** *ou* **poisson** *m* **~** Mondfisch *m*

luné [lyne] ADJ **bien, mal ~** gut, schlecht gelaunt; froh gestimmt, missgestimmt; froh gelaunt, missgelaunt; **être bien, mal ~** *a.* (bei) guter, schlechter Laune sein

Lunebourg [lyn(ə)buʀ] Lüneburg *n*; **les landes** *fpl* **de ~** die Lüneburger Heide

lunetier [lyntje], **lunetière** A M,F a Brillen-, Augenoptiker(in) *m(f)* b *fabricant(e)* Brillenfabrikant(in) *m(f)* B ADJ ⟨f⟩ **industrie ~** Brillenindustrie *f*

lunette [lynɛt] F 1 **~s** *pl* Brille *f*; **~s de plongée** Taucherbrille *f*; **~s de protection** Schutzbrille *f*; **~s de soleil** Sonnenbrille *f*; **branche** *f* **de ~s** Brillenbügel *m*; **une nouvelle paire de ~s** e-e neue Brille; *loc adj* **à ~s** mit Brille; bebrillt; **mettre des ~s** e-e Brille aufsetzen; *fam fig* **mets tes ~s!** sieh besser *ou* genauer hin!; **porter des ~s** e-e Brille tragen; Brillenträger sein 2 OPT **~ (d'approche)** Fernrohr *n*; Teleskop *n*; **~ astronomique** astronomisches *ou* keplersches Fernrohr 3 AUTO **~ (arrière)** Rück- *ou* Heckfenster *n*, -scheibe *f* 4 ARCH Stichkappe *f*; runde Öffnung 5 (*siège d'aisances*) (Klosett)Brille *f*

lunetterie [lynɛtʀi] F a *commerce* Brillenhandel *m* b *industrie* Brillenherstellung *f*

lunule [lynyl] F *de l'ongle* (Nagel)Möndchen *n*; *t/t* Lunula *f*

lupanar [lypanaʀ] *litt* M Bordell *n*; Freudenhaus *n*

lupin [lypɛ̃] M BOT Lupine *f*

lupus [lypys] M MÉD Lupus *m*; **~ tuberculeux** Hauttuberkulose *f*

lurent [lyʀ] → lire[1]

lurette [lyʀɛt] F LOC *fam* **il y a belle ~** es ist schon lange, *fam* e-e Ewigkeit her

luron [lyʀɔ̃] M, **luronne** F **un gai, joyeux luron** ein lustiger, fideler Kerl, Geselle, Kumpan; *fam* ein fideles Haus

lus [ly] → lire[1]

Lusace [lyzas] GÉOG **la ~** die Lausitz

Lusaka [luzaka] GÉOG Lusaka *n*

Lusitanie [lyzitani] HIST **la ~** Lusitanien *n*

lusitanien [lyzitanjɛ̃] ADJ ⟨~ne⟩ 1 HIST lusitanisch 2 portugiesisch

lustrage [lystʀaʒ] M Glänzendmachen *n*; TEXT Lüstrieren *n*

lustral [lystʀal] *litt* ADJ ⟨-aux⟩ Reinigungs…

lustre [lystʀ] M 1 *luminaire* Kronleuchter *m*; Lüster *m*; **~ de cristal** Kristalllüster *m*, -leuchter *m* 2 (*éclat*) Glanz *m* (*a. fig*); **donner du ~ à qc** e-r Sache Glanz verleihen, geben; etw glänzend machen; *fig à une ville etc* **redonner du ~** neuen Glanz verleihen 3 *litt* **depuis des ~s** seit langer Zeit; seit Langem

lustré [lystʀe] ADJ 1 *vêtement* blank gescheuert, gewetzt 2 *poil, cheveux, étoffe* glänzend

lustrer [lystʀe] V/T 1 glänzend machen; Glanz geben (*+dat*); TEXT lüstrieren 2 *par l'usure* blank scheuern, wetzen

lustrine [lystʀin] F TEXT Lüster *m*

lut [ly] → lire[1]

Lutèce [lytɛs] HIST (*Paris*) Lutetia *n*

lûtes [lyt] → lire[1]

lutétium [lytesjɔm] M CHIM Lutetium *n*

luth [lyt] M MUS Laute *f*; **joueur** *m* **de ~** Lautenspieler *m*

luthéranisme [lyteʀanism] M REL Luthertum *n*

lutherie [lytʀi] F Geigenbau *m*; Bau *m* von Saiteninstrumenten

luthérien [lyteʀjɛ̃] REL A ADJ ⟨~ne⟩ lutherisch; **Église ~ne** (evangelisch-)lutherische Kirche B SUBST **~(ne)** *m(f)* Lutheraner(in) *m(f)*

luthier [lytje] M Geigenbauer *m*; **luthiste** M/F Lautenspieler(in) *m(f)*

lutin [lytɛ̃] M 1 Kobold *m*; Wichtel-, Heinzelmännchen *n* 2 *fig d'un enfant* Wildfang *m*; Schelm *m*

lutiner [lytine] V/T **~ une femme** mit e-r Frau schäkern

lutrin [lytʀɛ̃] M Noten-, Chorpult *n*

lutte [lyt] F 1 (*combat*) Kampf *m*; Ringen *n*; (*conflit*) Auseinandersetzung *f*; (*action soutenue*) Bekämpfung *f* (**contre** *gén*); **~ finale** Endkampf *m*; **~s religieuses** Religionskämpfe *mpl*; religiöse Auseinandersetzungen; **~ contre l'alcoolisme** Kampf gegen den Alkoholismus; Bekämpfung des Alkoholismus; **~ contre le bruit, le cancer** Lärm-, Krebsbekämpfung *f*; **~ des classes** Klassenkampf *m*; **~ d'intérêts** Interessenkonflikt *m*; **~ pour le pouvoir** Machtkampf *m*; Kampf, Ringen um die Macht; **~ pour la vie, pour l'existence** Kampf ums

Dasein; Existenz-, Daseins-, Lebenskampf *m*; *loc adv* **de haute ~** nach hartem Kampf, Ringen; **mener la ~ contre qc, qn** etw, j-n bekämpfen; den Kampf gegen etw, j-n führen; **sortir vainqueur de la ~** als Sieger aus dem Kampf hervorgehen **2** SPORTS Ringen *n*; Ringkampf *m*; **~ gréco-romaine** griechisch-römisches Ringen; **~ libre** Freistilringen *n*

lutter [lyte] VI kämpfen; ringen (*a.* SPORTS, *fig*); **~ contre qc, qn** gegen etw, j-n kämpfen; etw, j-n bekämpfen; **~ contre la mort** mit dem Tod(e) ringen; **~ contre le sommeil** mit dem Schlaf kämpfen; gegen den Schlaf ankämpfen; **~ contre la tempête** gegen den Sturm ankämpfen; **~ pour qc** für *ou* um etw kämpfen

lutteur [lytœʀ] M, **lutteuse** F **1** ⟨*m*⟩ SPORTS Ringer *m*; Ringkämpfer *m* **2** *fig* Kämpfer(in) *m(f)*

lux [lyks] M PHYS Lux *n*

luxation [lyksasjõ] F MÉD Verrenkung *f*; *t/t* Luxation *f*; **~ de l'épaule, de la hanche** Schulter-, Hüft(gelenk)verrenkung *f*

luxe [lyks] M **1** Luxus *m*; Pracht *f*; Aufwand *m*; Verschwendung *f*; *loc adj* **de ~** Luxus...; **article** *m*, **objet** *m* **de ~** Luxusartikel *m*, -gegenstand *m*; **édition** *f* **de ~** Pracht-, Luxusausgabe *f*; **faire étalage de ~** s-n Reichtum zur Schau stellen; **c'est du ~!** so ein Luxus!; das ist reiner Luxus, reine Verschwendung!; **ce n'est pas du ~!** das ist wirklich kein Luxus!; das ist unerlässlich!; **c'est mon seul ~** das ist der einzige Luxus, den ich mir leiste; *fig* **se payer le ~ de dire, de faire qc** es sich (*dat*) leisten *ou* erlauben, etw zu sagen, zu tun **2** *fig* **un ~ de** (zu) viele; reichlich viele; **raconter une histoire avec un ~ de détails** e-e Geschichte mit e-r Fülle von Einzelheiten erzählen

luxé [lykse] ADJ MÉD ausgerenkt; verrenkt; ausgekugelt

Luxembourg [lyksɑ̃buʀ] *ville* **~**, *pays* **le ~** Luxemburg *n*

luxembourgeois [lyksɑ̃buʀʒwa] **A** ADJ luxemburgisch **B** SUBST **Luxembourgeois(e)** *m(f)* Luxemburger(in) *m(f)*

luxer [lykse] V/PR **se ~ le bras** *etc* sich (*dat*) den Arm *etc* ausrenken, verrenken, auskugeln

luxmètre [lyksmɛtʀ] M PHYS Luxmeter *n*

luxueux [lyksɥø] ADJ ⟨-euse⟩ luxuriös; prunkvoll; *fam* feudal

luxure [lyksyʀ] *litt* F Wollust *f*; Sinnenlust *f*, -genuss *m*; Unkeuschheit *f*; **vie** *f* **de ~** ausschweifendes Leben

luxuriance [lyksyʀjɑ̃s] F **1** *de la végétation* Üppigkeit *f* **2** *fig* Fülle *f*; *dans un poème etc* **~ des images** Fülle von Bildern

luxuriant [lyksyʀjɑ̃] ADJ **1** *végétation* üppig; *plante* **être ~** *a.* üppig wachsen; wuchern **2** *fig imagination* blühend; üppig

luxurieux [lyksyʀjø] *litt* ADJ ⟨-euse⟩ wollüstig; lüstern; unkeusch; BIBL **~ point ne seras** ÉGL PROT du sollst nicht ehebrechen; ÉGL CATH du sollst nicht Unkeuschheit treiben

luzerne [lyzɛʀn] F BOT Luzerne *f*

Lvov [lvɔf] GÉOGR Lemberg *n*

lx ABR (lux) lx (Lux)

Lyautey [ljotɛ] *frz Marschall*

lycaon [likaõ] M ZOOL Hyänenhund *m*

lycée [lise] M Gymnasium *n* (*ab der 10. Klasse*)

lycéen [liseɛ̃] M, **lycéenne** F Oberschüler(in) *m(f)*; Gymnasiast(in) *m(f)*

lychnis [liknis] M BOT Lichtnelke *f*

lycra® [likʀa] M TEXT Lycra® *n*

Lydie [lidi] F *Vorname*

lymphangite [lɛ̃fɑ̃ʒit] F MÉD Lymphgefäßentzündung *f*; *t/t* Lymphangitis *f*

lymphatique [lɛ̃fatik] **A** ADJ **1** ANAT, MÉD Lymph...; lymphatisch; **constitution** *f* **~** lymphatische Konstitution; **ganglion** *m* **~** Lymphknoten *m*; **vaisseaux** *mpl* **~s** Lymphgefäße *npl* **2** *fig personne* träge; phlegmatisch; **tempérament** *m* **~** Trägheit *f*; Phlegma *n* **B** M/F träger, phlegmatischer Mensch

lymphe [lɛ̃f] F PHYSIOL Lymphe *f*

lymphocyte [lɛ̃fɔsit] M *surtout* PL **~s** Lymphozyten *mpl*; **lymphographie** F MÉD Lymphografie *f*

lynchage [lɛ̃ʃaʒ] M Lynchen *n*; Lynchjustiz *f*; **lyncher** V/T lynchen

lynx [lɛ̃ks] M ZOOL Luchs *m*; *fig* **avoir des yeux de ~** Augen wie ein Luchs haben

Lyon [ljõ] *Stadt im Dep. Rhône*

lyonnais [ljɔnɛ] **A** ADJ Lyoner; von, aus Lyon **B** SUBST **Lyonnais(e)** *m(f)* Lyoner(in) *m(f)*

lyophile [ljɔfil] ADJ CHIM lyophil; **lyophilisation** F TECH Gefriertrocknung *f*; Lyophilisation *f*

lyophiliser [ljɔfilize] V/T TECH gefriertrocknen; *adjt* **lyophilisé** gefriergetrocknet

lyre [liʀ] F MUS Lyra *f*; Leier *f*; *fig et litt* **accorder, prendre sa ~** *litt* den Pegasus besteigen

lyrique [liʀik] **A** ADJ **1** lyrisch; **genre** *m*, **poésie** *f* **~** lyrische Dichtung; Lyrik *f*; **poète** *m* **~** Lyriker(in) *m(f)* **2** MUS **artiste** *m/f* **~** Opern-, Operettensänger(in) *m(f)*; **comédie** *f* **~** Operette *f*; komische Oper; **théâtre** *m* **~** Operettentheater *n* **3** *fig* lyrisch; gefühlvoll **B** M Lyriker *m*

lyrisme [liʀism] M **1** (*genre lyrique*) Lyrik *f*; **le ~ romantique** die Lyrik der Romantik **2** (*caractère lyrique*) Lyrik *f*; Lyrismus *m*; **s'exprimer avec ~** sich lyrisch ausdrücken

Lys [lis] **la ~** die Leie (*Fluss in Frankreich u. Belgien*)

lys [lis] M → lis[1]

M

M, m [ɛm] M ⟨*inv*⟩ M, m *n*

m ABR (mètre[s]) m (Meter)

M. ABR (monsieur) Herr

m' [m] → me

m² ABR (mètre[s] carré[s]) m² (Quadratmeter)

m³ ABR (mètre[s] cube[s]) m³ (Kubikmeter)

ma → mon

mA ABR (milliampère[s]) mA (Milliampere)

Maastricht [mastʀik(t)] Maastricht *n*

maboul [mabul] ADJ *fam* meschugge; plemplem; → *a.* cinglé

mac [mak] M *arg* → maquereau 2

macabre [makɑbʀ] ADJ makaber; grausig; unheimlich; PEINT **Danse ~** Totentanz *m*; **humour** *m* **~** **a** schwarzer Humor **b** Galgenhumor *m*

macache [makaʃ] ADV *arg* (*rien du tout*) **~!** *fam* (ja,) Pustekuchen!; ja, Kuchen!

macadam [makadam] M Makadam *m ou n*; Makadamdecke *f*; **macadamiser** V/T makadamisieren

macaque [makak] M **1** ZOOL Makak *m*; **~ rhésus** Rhesusaffe *m* **2** *fam fig* **ce vieux ~** dieser hässliche Kerl

macareux [makaʀø] M ZOOL **~ (moine)** Papageitaucher *m*

macaron [makaʀõ] M **1** *gâteau sec* Makrone *f* **2** *coiffure* Schnecke *f* **3** *fam insigne* (rundes) Abzeichen; Plakette *f*

macaroni [makaʀɔni] M **1** CUIS **~(s)** *pl* Makkaroni *pl* **2** *pop péj* (*Italien*) *pop* Spag(h)ettifresser *m*

macchabée [makabe] M *pop* (*cadavre*) Leiche *f*

macédoine [masedwan] F CUIS **~ de fruits** Frucht-, Obstsalat *m*; **~ de légumes** Mischgemüse *n*; gemischtes Gemüse

Macédoine [masedwan] **la ~** Makedonien *ou* Mazedonien *n*

macédonien [masedɔnjɛ̃] **A** ADJ ⟨~ne⟩ makedonisch *ou* mazedonisch **B** SUBST **Macédonien(ne)** *m(f)* Makedonier(in) *ou* Mazedonier(in) *m(f)*

macérateur [maseʀatœʀ] M BRASSERIE, FABRICATION D'EAU DE VIE Maischbottich *m*; **macération** F **1** PHARM, CHIM Mazeration *f* **2** CUIS Einlegen *n*

macérer [maseʀe] ⟨-è-⟩ V/T *et* V/I PHARM, CHIM mazerieren; CUIS *pp* **macéré dans du cognac** in Kognak eingelegt; **faire, laisser ~** PHARM, CHIM mazerieren, ausziehen lassen; CUIS liegen, (aus)ziehen lassen

Mach [mak] PHYS, AVIAT **nombre** *m* **de ~** Machzahl *f*; **voler à ~ 2** mit (e-r Geschwindigkeit von) Mach 2 fliegen

mâche [mɑʃ] F BOT Feldsalat *m*; Rapunze(l) *f*

mâchefer [mɑʃfɛʀ] M TECH Schlacke *f*

mâcher [mɑʃe] V/T **1** kauen (*a. abs*); zerkauen **2** *fig* **~ qc à qn** *fam* j-m etw vorkauen; **~ la besogne, le travail à qn** schon die halbe Arbeit für j-n machen; **ne pas ~ ses mots, son opinion** kein Blatt vor den Mund nehmen; unverblümt s-e Meinung sagen **3** ADJT **papier mâché** Papp-, Papiermaschee *n*; *fig* **avoir une figure, une mine de papier mâché** sehr schlecht, angegriffen, mitgenommen, elend, *fam* wie Braunbier und Spucke aussehen

machette [maʃɛt] F Buschmesser *n*; Machete *f*

Machiavel [makjavɛl] M HIST Machiavelli *m*

machiavélique [makjavelik] ADJ POL *et fig* machiavellistisch; *par ext* diabolisch; perfide; **machiavélisme** M POL *et fig* Machiavellismus *m*

mâchicoulis [mɑʃikuli] M FORTIFICATIONS Pechnase *f*

machin [maʃɛ̃] *fam* M **1** (*chose*) *fam* Dings *n*; Dingsda *n*; Dingsbums *n*; **~s** *pl fam* Zeug(s) *n* **2** (*personne*) **Machin, Machine** *m,f* der, die Dingsda *ou* Dingsbums; **monsieur Machin** Herr Dingsda, -bums

machinal [maʃinal] ADJ ⟨-aux⟩ *réaction, geste* mechanisch; automatisch; *mouvement a.* unwillkürlich; *sourire a.* gedankenlos

machination [maʃinasjõ] F Ränkespiel *n*; **~s** *pl* Machenschaften *fpl*; Ränke *mpl*; Umtriebe *mpl*

machine [maʃin] F **1** TECH Maschine *f*; **~ à calculer** Rechenmaschine *f*; **~ à coudre, à laver** Näh-, Waschmaschine *f*; **~ à laver la vaisselle** Geschirrspülmaschine *f*, -automat *m*; **~ à sous** Spielautomat *m*; **~ à vapeur** Dampfmaschine *f*; **~ de bureau** Büromaschine *f*; HIST **~s de guerre** Kriegsmaschinen *fpl*; *loc adj* **fait à la ~** maschinell hergestellt **2** MAR **~s** *pl* Maschinen *fpl*; **faire ~ arrière** rückwärtsfahren; *fig* e-n Rückzieher machen; es sich (*dat*) anders überlegen **3** **~ (à écrire)** (Schreib)Maschine *f*; *loc adj* **écrit à la ~** maschinegeschrieben; **écrire une lettre à la ~** e-n Brief mit der Maschine schreiben **4** THÉ **~s** *pl* Bühnenmaschinerie *f* **5** (*locomotive, moto, vélo*) Maschine *f* **6** *fig* Maschinerie *f*; Räderwerk *n*; Getriebe *n*; **~ administrative, économique, politique** Maschinerie, Räderwerk der Verwaltung, Wirtschaft, Politik **7** *fig et péj d'une personne* Maschine *f*; Roboter *m*; **~ à faire des enfants** Gebärmaschine *f* **8** → machin 2

machine-outil [maʃinuti] F ⟨*pl* machines-outils⟩ TECH Werkzeugmaschine *f*

machiner [maʃine] V/T anzetteln

machinerie [maʃinʀi] F **1** *coll* Maschinen *fpl*; Maschinenpark *m* **2** MAR Maschinenraum *m*, -haus *n*
machinisme [maʃinism] M Maschinenbetrieb *m*; maschinelle Arbeitsweise; **machiniste** M/F **1** THÉ Bühnenarbeiter(in) *m(f)* **2** ADMIN (*conducteur, -trice*) Fahrer(in) *m(f)*
machisme [ma(t)ʃism] M *péj* (männlicher) Chauvinismus; Machismo *m*; Männlichkeitskult *m*; **machiste** **A** ADJ chauvinistisch; Chauvi... **B** M Chauvinist *m*; → *a.* macho
macho [matʃo] M *fam péj* Chauvi *m*; Macho *m*
mâchoire [mɑʃwaʀ] F **1** ANAT Kiefer *m*; **~s** *pl a.* Kinnbacken *fpl ou mpl*, -lade *f*; **~ inférieure, supérieure** Unter-, Oberkiefer *m* **2** TECH *d'un étau etc* Backe *f*; AUTO **~ de frein** Bremsbacke *f*
mâchonnement [mɑʃɔnmɑ̃] M **1** (*langsames, ausdauerndes*) Kauen; *péj* Gekaue *n*; *fam* Mümmeln *n* **2** MÉD krankhafte Kaubewegung
mâchonner [mɑʃɔne] V/T **1** (*mâcher*) (lange) kauen; *fam* mümmeln; **~ son crayon** an s-m Bleistift kauen **2** (*marmonner*) murmeln; brummen; *fam* brummeln
mâchouiller [mɑʃuje] V/T *fam* **~ qc** dauernd an etw (*dat*) kauen
mâchurer [mɑʃyʀe] V/T **1** *visage, vêtement* schmutzig, schwarz machen **2** TYPO unsauber abziehen
macis [masi] M CUIS Muskatblüte *f*
Mac-Mahon [makmaɔ̃] *frz Marschall u. Staatspräsident*
maçon [masɔ̃] M **1** Maurer *m* **2** → franc-maçon
maçonner [masɔne] V/T mauern; (*revêtir*) ausmauern
maçonnerie [masɔnʀi] F **1** CONSTR **a** *ouvrage* Mauerwerk *n*; **~ de briques** Ziegelmauerwerk *n* **b** *travail* Mau(r)erarbeit *f*; **grosse ~** Rohbau *m*; **petite ~** Verputz- und Gipsarbeiten *fpl* **2** → franc-maçonnerie
maçonnique [masɔnik] ADJ freimaurerisch; Freimaurer...; **loge** *f* **~** Freimaurerloge *f*
macramé [makʀame] M Makramee *n*
macreuse [makʀøz] F **1** ZOOL **~ brune, noire** Samt-, Trauerente *f* **2** *morceau de bœuf* mageres Schulterstück
macro [makʀo] F INFORM Makro *n*
macrocéphale [makʀɔsefal] ADJ MÉD großköpfig; *t/t* makrozephal
macrocosme [makʀɔkɔsm] M Makrokosmos *m*; **macrocosmique** ADJ makrokosmisch; *par ext* (welt)umfassend; **macroéconomie** F Makroökonomie *f*; **macroéconomique** ADJ makroökonomisch; **macro-instruction** F INFORM Makrobefehl *m*; **macromoléculaire** ADJ CHIM makromolekular; **macromolécule** F CHIM Makromolekül *n*; **macrophotographie** F Makrofotografie *f*; **macroscopique** ADJ mit bloßem Auge sichtbar; *t/t* makroskopisch; **macrostructure** F *de métaux et d'alliages* Makrogefüge *n*
maculature [makylatyʀ] F TYPO **a** Schmutzbogen *mpl*; Makulatur *f* **b** grobes Packpapier **c** → macule 1 a)
macule [makyl] F **1** TYPO **a** Bogen, der zwischen frische Druckbogen gelegt wird **b** Vorlaufbogen *m* **c** grobes Packpapier **2** MÉD roter Fleck (*auf der Haut*) **3** ASTRON Sonnenfleck *m*
maculer [makyle] V/T **1** *st/s* beflecken (**de** mit); *pp: papier* **maculé d'encre** voller Tintenflecke, -kleckse; *vêtement* **maculé de sang** blutbefleckt **2** TYPO verschmutzen; *adjt* **feuille maculée** Schmutzbogen *m*
Madagascar [madagaskaʀ] Madagaskar *n*
madame [madam] F (ABR Mme) ⟨*pl* mesdames [medam] (*abr* Mmes)⟩ **1** **a** *avec un nom* Frau *f*; **~ Une telle** Frau Sowieso, Soundso; **~ X, née Y** *ou* **~ Y, épouse X** Frau X, geborene Y; **Madame votre mère** Ihre Frau Mutter **b** *pour s'adresser à une femme* **Madame** Frau (+ *nom de famille*)!; *très formel* gnädige Frau!; *fam* die Dame!; **Mesdames!** meine Damen!; **Mesdames, (Mesdemoiselles,) Messieurs!** meine Damen und Herren!; *à un public a.* verehrte Anwesende!; *parfois non traduit*: **(bonjour,) Madame!** guten Tag! *ou* guten Tag, Frau (+ *nom de famille*)! **c** *au début d'une lettre* **Madame** Sehr geehrte Frau (+*nom de famille*); **Mesdames, Messieurs** Sehr geehrte Damen und Herren **d** *avec un titre*: **Madame le Maire, la Présidente** die Frau Bürgermeister(in), Präsidentin; *en s'adressant à cette personne* Frau Bürgermeister(in), Präsidentin! **2** *en s'adressant au mari* **comment va Madame Dubois?** wie geht es Ihrer Gattin, *très formel* Ihrer Frau Gemahlin? **3** (*maîtresse de maison*) **Madame** die gnädige Frau (*a. iron*); **Madame est sortie** die gnädige Frau ist ausgegangen
Madeleine [madlɛn] F *Vorname*; *fam fig* **pleurer comme une ~** *fam* heulen wie ein Schlosshund
madeleine [madlɛn] F CUIS e-e Art Sandplätzchen
Madelon [madlɔ̃] F *Vorname*
mademoiselle [madmwazɛl] F (ABR Mlle) ⟨*pl* mesdemoiselles [medmwazɛl] (*abr* Mlles)⟩ **a** *avec un nom* Fräulein *n* (*abr* Frl.); **~ X** Fräulein X; **Mademoiselle votre fille** Ihr Fräulein Tochter **b** *pour s'adresser à une jeune fille/femme* **Mademoiselle** Fräulein (+ *nom de famille ou prénom*)!; *très formel* gnädiges Fräulein!; *parfois non traduit*: **(bonjour,) Mademoiselle!** guten Tag! *ou* guten Tag, Fräulein (+ *nom de famille ou prénom*)!; **Mesdemoiselles!** meine Damen! **c** *au début d'une lettre* **Mademoiselle** Sehr geehrtes Fräulein (+ *nom de famille ou prénom*)! **d** *iron* **Mademoiselle n'est pas contente** das gnädige Fräulein ist nicht zufrieden
Madère [madɛʀ] Madeira *ou* Madera *n*
madère [madɛʀ] M Made(i)ra(wein) *m*; **verre** *m* **à ~** Süßweinglas *n*; *adjt* CUIS **sauce** *f* **~** Made(i)rasoße *f*
madone [madɔn] F **1** PEINT, SCULP Madonna *f*; Madonnenbild *n*, -figur *f*; *Raffael* **Madone de saint Sixte** Sixtinische Madonna; *fig* **visage** *m* **de ~** Madonnengesicht *n* **2** **la Madone** die Jungfrau Maria; die Muttergottes
madras [madʀas] M **1** TEXT Madras *m* **2** *coiffure* Turban *m* (*aus Madrasstoff*)
madré [madʀe] ADJ (bauern)schlau; gerieben; gerissen; pfiffig; durchtrieben
Madrid [madʀid] Madrid *n*
madrier [madʀije] M Bohle *f*; **~ de chêne** Eichenbohle *f*
madrigal [madʀigal] M ⟨*pl* -aux⟩ MUS, POÉSIE Madrigal *n*
madrilène [madʀilɛn] **A** ADJ von Madrid; Madrider **B** M/F **Madrilène** Madrider(in) *m(f)*
maelstrom [ma(ɛ)lstʀɔm] M MAR Mahlstrom *m*
maestria [maɛstʀija] F Meisterschaft *f*; **avec ~** meisterhaft; meisterlich
Maëstricht [mastʀik(t)] Maastricht *n*
Maeterlinck [metɛʀlɛ̃k] **Maurice ~** *belgischer Dichter*
maf(f)ia [mafja] F Mafia *f* (*a. fig*)
maf(f)ieux [mafjø] **A** ADJ ⟨-euse⟩ der Mafia; Mafia...; mafios **B** M Mafioso *m*; *pl* Mafiosi *mpl*
magasin [magazɛ̃] M **1** (*boutique*) Geschäft *n*; Laden *m*; **grand ~** Kauf-, Warenhaus *n*; **~ spécialisé** Fachgeschäft *n*; **~ (à) libre-service** Selbstbedienungsgeschäft *n*, -laden *m*; **~ d'alimentation, de lingerie, de jouets, de sport** Lebensmittel-, Wäsche-, Spielwaren-, Sportgeschäft *n*; **~ d'antiquités et d'objets d'art** Antiquitäten- und Kunsthandlung *f*; **~ de (vente au) détail** Einzelhandelsgeschäft *n*; **~ de (vente en) gros** Großhandlung *f*; **courir, faire les ~s** *fam* die Geschäfte, Läden abklappern; **tenir un ~** ein Geschäft, e-n Laden haben, führen, betreiben **2** (*entrepôt*) Lager *n*; Lagerhaus *n*, -raum *m*; Speicher *m*; Magazin *n* (*a.* THÉ); **avoir en ~** auf Lager, vorrätig haben **3** *d'une arme à feu, d'une caméra* Magazin *n*
magasinage [magazinaʒ] M (Ein)Lagerung *f*; Lagerhaltung *f*; **frais** *mpl* **de ~** Lagerhaltungskosten *pl*
magasiner [magazine] V/I *au Canada* einkaufen gehen
magasinier [magazinje] M Lagerist *m*; Lagerverwalter *m*
magazine [magazin] M **1** *publication* Magazin *n*; Illustrierte *f* **2** TV, RAD Magazin *n*
mage [maʒ] M **1** BIBL **les ~s** *ou adjt* **les Rois** *mpl* **~s** die Heiligen Drei Könige *mpl*; die (drei) Weisen aus dem Morgenland **2** (*magicien*) Magier *m* **3** ASTRON **les Trois Mages** der Jakobsstab; der Gürtel des Orion
Magellan [maʒɛlɑ̃] **le détroit de ~** die Magellanstraße
Maghreb [magʀɛb] **le ~** der Maghreb
maghrébin [magʀebɛ̃] **A** ADJ des Maghreb; maghrebinisch **B** SUBST **Maghrébin(e)** *m(f)* Nordafrikaner(in) *m(f)*
magicien [maʒisjɛ̃] M, **magicienne** F Magier *m*, Zauberer *m*, Zauberin *f* (*a. fig*)
magie [maʒi] F **1** Magie *f*; **~ blanche, noire** weiße, schwarze Magie; **comme par ~** wie durch Hexerei; auf unerklärliche Weise; **c'est de la ~** das ist Hexerei **2** *fig de la musique etc* Zauber *m*; Magie *f*
magique [maʒik] ADJ **1** magisch (*a. fig*); Zauber...; **baguette** *f* **~** Zauberstab *m*; **forces** *fpl* **~s** magische Kräfte *fpl* **2** **lanterne** *f* **~** Laterna magica *f*
magistère [maʒistɛʀ] M (geistige, moralische) Macht, Gewalt, Autorität
magistral [maʒistʀal] ADJ ⟨-aux⟩ **1** meisterlich; meisterhaft; **œuvre ~e** Meisterwerk *n*; **réussir un coup ~** ein Meisterstück vollbringen **2** *fam plais gifle* schallend **3** UNIVERSITÉ **cours ~** Hauptvorlesung *f*
magistralement [maʒistʀalmɑ̃] ADV meisterlich; meisterhaft
magistrat [maʒistʀa] M **1** (*haut fonctionnaire*) (hohe[r]) Beamte(r); **le premier ~ de l'État** der höchste französische Beamte **2** JUR **~ militaire** Militärrichter *m*; **~ du parquet** Staatsanwalt *m*; **~ du siège** Richter *m*
magistrature [maʒistʀatyʀ] F **1** (*charge de magistrat*) hohes Staatsamt; **~ suprême** höchstes, oberstes Amt im Staat; **faire carrière dans la ~** als Richter, Staatsanwalt Karriere machen **2** JUR **~ assise** Richterstand *m*; **~ debout** Staatsanwaltschaft *f*
magma [magma] M **1** GÉOL Magma *n* **2** *fig* (wirres) Durcheinander
magnanerie [maɲanʀi] F Seidenraupenzucht(stätte) *f*
magnanime [maɲanim] ADJ großmütig; hoch-, großherzig; edelmütig; edel; **magnanimité** F Großmut *m*; Hoch-, Großherzigkeit *f*; Edelmut *m*
magnat [magna] M Magnat *m*; **~ de la finance, de l'industrie** Finanz-, Industriemagnat *m*; **~ du pétrole** Ölmagnat *m*; **~ de la presse** Pressezar *m*
magner [maɲe] V/PR *fam* **se ~** sich beeilen; *fam* sich tummeln; sich ranhalten
magnésie [maɲezi] F CHIM Magnesia *f*; **sulfate** *m* **de ~** Magnesiumsulfat *n*; Bittersalz *n*
magnésium [maɲezjɔm] M CHIM Magnesi-

um *n*

magnétique [maɲetik] ADJ magnetisch (*a. fig*); Magnet…; **bande** *f* ~ Magnetband *n*; *sonore* Tonband *n*; PHYS **champ** *m*, **pôle** *m* ~ Magnetfeld *n*, -pol *m*; MÉD **fluide** *m* ~ magnetisches Fluidum; *fig en parlant d'un homme* **avoir un pouvoir ~** magnetische Kräfte besitzen

magnétisation [maɲetizasjõ] F PHYS, MÉD Magnetisieren *n*, -ung *f*; **magnétiser** V/T 1 PHYS, MÉD magnetisieren 2 *fig* in s-n (unwiderstehlichen) Bann ziehen, schlagen; **magnétiseur** M Magnetiseur *m*; Magnetopath *m*

magnétisme [maɲetism] M 1 PHYS Magnetismus *m*; ~ **terrestre** Erdmagnetismus *m* 2 PHYS, MÉD ~ **(animal)** animaler, tierischer Magnetismus 3 *fig* Anziehungskraft *f*; **subir le ~ de qn** in j-s Bann (*dat*) stehen

magnéto [maɲeto] 1 F TECH Magnetzündanlage *f* 2 M *fam* ABR → magnétophone

magnétophone [maɲetɔfɔn] M Tonbandgerät *n*; *t/t* Magnettongerät *n*; ~ **(à cassettes)** Kassettenrekorder *m*

magnétoscope [maɲetɔskɔp] M Videorekorder *m*

magnificat [maɲifikat] M ⟨*inv*⟩ ÉGL CATH, MUS Magnifikat *n*

magnificence [maɲifisɑ̃s] F 1 *st/s* (*splendeur*) Pracht *f*; Prunk *m*; Glanz *m* 2 *litt* (*libéralité*) Großzügigkeit *f*; Freigebigkeit *f*

magnifier [maɲifje] *litt* V/T preisen; verherrlichen

magnifique [maɲifik] ADJ herrlich; prächtig; prachtvoll; großartig; HIST **Soliman le Magnifique** Suleiman der Prächtige; **réception** *f* ~ großartiger, glanzvoller Empfang

magnifiquement [maɲifikmɑ̃] ADV 1 prachtvoll; prächtig 2 großartig; glänzend; **il s'en est ~ tiré** er hat sich großartig, glänzend aus der Affäre gezogen

magnitude [maɲityd] F ASTRON Größe(-nklasse) *f*

magnolia [maɲɔlja] M BOT Magnolie *f*

magnum [magnɔm] M große Champagnerflasche (*etwa 2 l fassend*)

magot [mago] M 1 ZOOL Magot *m*; Berberaffe *m* 2 *figurine* groteske (Porzellan-, Ton-, Jade- *etc*) Figur (*aus China od Japan*) 3 *argent* versteckte Ersparnisse *fpl*; verstecktes Geld

magouillage [magujaʒ] M *ou* **magouille** [maguj] F *fam péj* Mauschelei *f*; Gemauschel *n*; Kungelei *f*; Filz *m*

magouiller [maguje] V/I *fam péj* mauscheln; kungeln

magret [magʀɛ] M CUIS ~ **de canard** Entenbrust(filets) *f(npl)*

magyar [magjaʀ] A ADJ madjarisch *ou* magyarisch B SUBST **Magyar(e)** *m(f)* Madjar(in) *ou* Magyar(in) *m(f)*

mahara(d)jah [maaʀadʒa] M Maharadscha *m*

mahatma [maatma] M Mahatma *m*

mah-jong [maʒõg] M *jeu chinois* Ma(h)-Jongg *n*

Mahomet [maɔmɛ] M Mohammed *m* (*Prophet*)

mahorais [maɔʀɛ] ADJ (*et subst* **Mahorais** Bewohner) der Inselgruppe Mayotte

mahous [maus] → maous

mai [mɛ] M Mai *m*; **le Premier ~** der Erste Mai; der Maifeiertag; **le joli mois de ~** der Wonnemonat (Mai)

maïeutique [majøtik] F PHIL Mäeutik *f*

maigre [mɛgʀ] A ADJ 1 *personne, bras, jambes* mager (*a. animal*); dünn; *joues* dünn; schmal; *visage* *m* ~ schmales, hageres Gesicht 2 *viande, jambon, lard* mager; *viande a.* schier; *lard a.* durchwachsen; **bouillon** *m* ~ magere (Fleisch)Brühe; **fromage** *m* ~ Magerkäse *m*; **un morceau ~** ein mageres, schieres Stück (*Fleisch*) 3 ÉGL CATH **jour** *m* ~ Fast-, Fischtag *m*; *advt* **faire ~** kein Fleisch essen; fleischlos essen 4 TYPO **caractères** *mpl* **~s** magere Schrift; *subst* **imprimé en ~** mager gedruckt 5 *végétation* spärlich; *pâturage* mager; ~ **filet d'eau** kleines Rinnsal 6 *fig résultat etc* mager; dürftig; kümmerlich; kärglich; *bénéfice a.* spärlich; *repas a.* knapp; karg (*a. salaire*); *fam* **c'est un peu ~!** das ist ziemlich wenig, dürftig, kümmerlich! B SUBST 1 M/F Dünne(r) *m/f(m)*; **une fausse ~** e-e Frau, die schlanker wirkt, als sie ist 2 *viande* **le ~** das Magere

maigrelet [mɛgʀəlɛ] ADJ ⟨~te⟩ ein bisschen, etwas zu mager, dünn; schmächtig

maigreur [mɛgʀœʀ] F 1 *d'une personne, d'un animal* Magerkeit *f* 2 *de la végétation* Spärlichkeit *f* 3 *fig de résultats* Dürftigkeit *f*; *de bénéfices, de revenus* geringe Höhe

maigrichon [megʀiʃõ] A ADJ ⟨~ne⟩ → maigrelet B SUBST **un(e) petit(e) ~(ne)** ein mageres, dünnes, schmächtiges Kerlchen, ein kleines Ding

maigriot [megʀijo] ADJ ⟨~te⟩ → maigrelet

maigrir [megʀiʀ] A V/T *vêtements* ~ **qn** j-n schlanker machen, erscheinen lassen B V/I *personne* abnehmen, dünn(er), schlank(er) werden (**des °hanches** um die Hüften); *plus fort* mager werden; abmagern; **le sport l'a fait ~** er ist durch Sport dünner, schlanker geworden; **les privations l'ont fait ~** er ist durch die Entbehrungen abgemagert, mager, dünn geworden; **se faire ~** sein Gewicht verringern

mail[1] [maj] M Promenade *f*; Allee *f*

mail[2] [mɛl] M (*e-mail*) Mail *f*

mailing [mɛliŋ] M COMM Mailing *n*

maille [maj] F 1 *d'un tricot, d'un filet, d'un grillage* Masche *f*; ~ **endroit** *ou* **à l'endroit, envers** *ou* **à l'envers** rechte, linke Masche; **monter des ~s** Maschen aufschlagen (**sur l'aiguille** auf die Nadel); **passer à travers les ~s du filet** *poisson* durch die Maschen des Netzes schlüpfen; *fig* der gestellten Falle wieder entkommen 2 *d'une chaîne* Glied *n*; HIST **cotte** *f* **de ~s** Kettenhemd *n*, -panzer *m* 3 LOC **avoir ~ à partir avec qn** e-n Streit mit j-m haben; mit j-m aneinandergeraten; *fam* mit j-m ein Hühnchen zu rupfen haben

maillechort [majʃɔʀ] M Neusilber *n*

maillet [majɛ] M 1 TECH Holzhammer *m* 2 *de croquet, de polo* Hammer *m*

mailloche [majɔʃ] F 1 TECH schwerer Holzhammer 2 *de grosse caisse* Schlägel *m*

Maillol [majɔl] *frz Bildhauer*

maillon [majõ] M *d'une chaîne* Glied *n*; *fig* **être un ~ de la chaîne** ein Glied in der Kette sein

maillot [majo] M 1 ~ **(de bain)** Badeanzug *m*; ~ **une pièce, deux pièces** einteiliger, zweiteiliger Badeanzug 2 *de danseur, de sportif* Trikot *n*; CYCLISME **le ~ jaune** das Gelbe Trikot; **être ~ jaune, porter le ~ jaune** das Gelbe Trikot tragen 3 ~ **(de corps)** Unterhemd *n*, -jacke *f*

Main [mɛ̃] **le ~** der Main

main [mɛ̃] F 1 ANAT, *fig* Hand *f*; ♦ ~ **artificielle** künstliche Hand; COUT **petite ~** weiblicher Schneiderlehrling; Nähmädchen *n*; COUT **première ~** erste Schneiderin, Näherin; ~ **secourable** hilfreiche Hand; **coup** *m* **de ~** MIL Handstreich *m*; Stoßtruppunternehmen *n*; (*aide*) Handreichung *f*; **donner un coup de ~ à qn** j-m zur Hand *ou* an die Hand gehen; mit Hand anlegen (*abs*); **lignes** *fpl* **de la ~** Handlinien *fpl*; **politique** *f* **de la ~ tendue** Versöhnungspolitik *f*; **revers** *m* **de la ~** Handrücken *m*; ♦ *loc adj et loc adv*: **large comme la ~** handbreit; **à la ~** *écrire, coudre etc* mit der Hand; *avoir, tenir* in der Hand; **écrit à la ~** handgeschrieben; handschriftlich; **fait à la ~**, COMM handgearbeitet; von Hand gemacht; *étiquette* Handarbeit; **à deux ~s** mit beiden Händen; **à ~ levée** *dessiner* freihändig; **dessin** *m* **à ~ levée** Freihandzeichnung *f*; **vote** *m* **à ~ levée** Abstimmung *f* durch Handerheben, durch Handzeichen; **à pleines ~s** *empoigner, prendre* mit beiden Händen; *dépenser* mit vollen Händen; MUS **à quatre ~s** *jouer* vierhändig; **sonate** *f* **à quatre ~s** vierhändige Sonate; Sonate *f* für vier Hände; **tomber aux** *ou* **dans les ~s de qn** j-m in die Hände fallen; **dans la ~** in der *ou* in die Hand; **la ~ dans la ~** Hand in Hand; **avoir, tenir qc dans la ~** etw in der Hand haben, halten; *animal* **manger dans la ~** aus der Hand fressen; **de la ~** mit der Hand; **écrit de la ~ de qn** von j-m handgeschrieben; **écrit de sa ~** eigenhändig geschrieben; **exécuté de la ~ de Rubens** von Rubens gemalt; **recevoir qc de la ~ de qn** etw aus j-s Händen empfangen; **des deux ~s** mit beiden Händen; *fig* **souscrire à un projet des deux ~s** e-m Plan eifrig zustimmen; **de longue ~** seit Langem; *préparer* von langer Hand; *informations* **de première, seconde ~** aus erster, zweiter Hand; **de la ~ à la ~** *payer* ohne Quittung; *donner* direkt; ohne Formalitäten; **de ~ de maître** von Meisterhand; **de ~ en ~** von Hand zu Hand; *photo, document* **passer de ~ en ~** von Hand zu Hand gehen; **en ~** in der Hand; **avoir une affaire bien en ~** e-e Angelegenheit fest in der Hand haben; **avoir sa voiture bien en ~** s-n Wagen in der Gewalt haben; *fig* **prendre qc en ~** etw in die Hand nehmen; **être en (de) bonnes ~s** in guten Händen sein; gut aufgehoben sein; *lettre* **remettre en ~(s) propre(s)** persönlich, zu eigenen Händen übergeben; **entre les ~s de qn** in j-s Händen; **sa vie est entre vos ~s** sein Leben steht, liegt in Ihrer Hand; **ne pas mettre qc entre toutes les ~s** etw nicht jedem in die Hände geben; **°haut les ~s!, ~s en l'air!** Hände hoch!; → *a.* °haut B 1; **par la ~** an *ou* bei der Hand; **mener par la ~** an der Hand führen; **prendre par la ~** bei der Hand *ou* an die Hand nehmen; bei, an der Hand fassen; *fam fig* **se prendre par la ~** *fam* sich (*dat*) e-n Ruck geben; **sous la ~** bei der *ou* zur Hand; griffbereit; **avoir qn sous la ~** j-n an der Hand haben; *il casse tout* **ce qui lui tombe sous la ~** was ihm in die Hände *ou* Finger kommt, gerät; *fig négocier* **(en) sous ~** unter der Hand; heimlich; ♦ **accorder à qn la ~ de sa fille** j-m s-e Tochter zur Frau geben; **ne pas y aller de ~ morte** (*frapper fort*) kräftig zuschlagen; (*exagérer*) übertreiben; **s'en aller, rentrer les ~s vides** mit leeren Händen, unverrichteter Dinge abziehen, zurückkommen; FOOTBALL **il y a ~!** das war Hand!; JEUX DE CARTES **avoir la ~** geben; **avoir la ~ heureuse** *etc* → heureux *etc*; **changer de ~s** in andere Hände übergehen; den Besitzer wechseln; **donner la ~ à qn** j-m die Hand geben, reichen; *fig* (*aider*) sich j-s hilfreich annehmen; j-m unter die Arme greifen; *fam péj* **ils peuvent se donner la ~!** *fam péj* die können sich die Hand reichen!; **être habile de ses ~s** geschickte Hände haben; mit den Händen geschickt sein; **faire les ~s de qn** j-n maniküren; **se faire la ~** (sich) üben; **faire ~ basse sur qc** etw an sich (*acc*) bringen; (*voler*) etw entwenden; *fam* sich (*dat*) etw unter den Nagel reißen; *fig* **je m'en lave les ~s** ich wasche meine Hände in Unschuld; **lever, porter la ~ sur qn** die Hand gegen j-n erheben; sich an j-m vergreifen; Hand an j-n legen; gegen j-n tätlich werden; **lever la ~ pour prêter serment** die Hand zum Schwur erheben; **mettre**

la dernière ~ à qc letzte Hand an etw *(acc)* legen; **j'en mettrais ma** *ou* **la ~ au feu** dafür könnte ich meine Hand ins Feuer legen; *fam* **mettre la ~ à la pâte** Hand ans Werk legen; mit Hand anlegen; mit zupacken; *police* **mettre la ~ sur qn** j-n fassen; JEUX DE CARTES **passer la ~** passen; *fam fig* **passe la ~!** gib es auf!; verzichte!; lass es sein!; *fig* **passer la ~ dans le dos de qn** vor j-m kriechen; **passer la ~ sur qc** mit der Hand über etw *(acc)* streichen, fahren; *objet* **passer par bien des ~s** durch viele Hände gehen; **perdre la ~** aus der Übung kommen; *voleur fam* **être pris la ~ dans le sac** auf frischer Tat ertappt werden; **prêter la ~ à un crime** ein Verbrechen begünstigen; e-m Verbrechen Vorschub leisten; **en venir aux ~s** handgemein werden; → *a.* forcer A 2, lier A 1, tendre[1] A 3; ♦ *prov* **c'est une ~ de fer dans un gant de velours** er wirkt entgegenkommend, setzt aber eisern seinen Willen durch 2 **~ (de toilette)** Waschhandschuh *m* 3 *d'un escalier* **~ courante** Handlauf *m* 4 TYPO **une ~** 25 Bogen

mainate [mɛnat] M ZOOL Beo *m*

main-d'œuvre [mɛ̃dœvʀ] F ‹*pl* mains-d'œuvre› 1 *coll* Arbeitskräfte *fpl*; Arbeiter *mpl*; **~ étrangère** ausländische Arbeitskräfte; Gastarbeiter *mpl* 2 *(travail)* (geleistete) Arbeit; **frais** *mpl* **de ~** Fertigungslöhne *mpl*; Arbeits-, Lohnkosten *pl*

Maine [mɛn] **le ~** *historische Provinz in Westfrankreich*

Maine-et-Loire [mɛnelwaʀ] **le ~** *frz Departement*

main-forte [mɛ̃fɔʀt] LOC **donner, prêter ~ à qn** j-m Beistand, Hilfe leisten

mainlevée [mɛ̃lve] F JUR *d'une saisie* Aufhebung *f*; *d'une hypothèque* Löschung *f*

mainmise [mɛ̃miz] F Aneignung *f*, Inbesitznahme *f* **(sur un territoire** e-s Gebietes); *(domination)* Beherrschung *f* **(sur la presse** der Presse); **~ d'un État sur des territoires étrangers** Aneignung fremder Gebiete durch e-n Staat

maint [mɛ̃] *st/s* ADJ INDÉF ‹mainte [mɛ̃t]› so manche(r, -s); **~e(s) fois** so manches Mal; **~es et ~es fois** immer wieder; soundso oft; **à ~es reprises** zu wiederholten Malen; **en ~s endroits** mancherorts

maintenance [mɛ̃tnɑ̃s] F TECH Wartung *f*

maintenant [mɛ̃tnɑ̃] ADV jetzt; nun; *suivi du futur* **à partir de ~** von jetzt an; von nun an; *st/s* hinfort; *loc conj* **~ que** jetzt *ou* nun, da *ou fam* wo; **~ que la pluie s'est arrêtée,** *nous pouvons partir* jetzt, da *ou fam* wo es zu regnen aufgehört hat …

maintenir [mɛ̃tniʀ] ‹→ tenir› A V/T 1 *ordre, température etc* aufrechterhalten; **~ sa candidature** seine Bewerbung aufrechterhalten; **~ la paix** den Frieden (aufrecht)erhalten, wahren; **~ une tradition** eine Tradition erhalten, beibehalten; an einer Tradition festhalten; *fonctionnaire* **~ dans son poste** in s-m Amt belassen; *machine, objet* **~ en bon état** in gutem Zustand erhalten; instand halten; *loi* **~ en vigueur** in Kraft lassen 2 *(soutenir)* **~ que …** dabei bleiben, dass …; *témoin* **~ sa déposition** bei s-r Aussage bleiben; **je l'ai dit et je le maintiens** ich habe es gesagt, und dabei bleibe ich 3 *(tenir)* halten; *en lutte etc* **~ qn à terre** j-n niederhalten; **~ la tête au-dessus de l'eau** den Kopf über Wasser halten; **~ la foule loin de qc** die Menschenmenge von etw fernhalten B V/PR **se ~** *temps, prix, état d'un malade etc* sich halten; *tradition a.* sich erhalten; fortbestehen; *paix* erhalten bleiben; *fam* **alors, la santé, ça se maintient?** *fam* na, gesundheitlich immer noch auf der Höhe?; POL **se ~ au pouvoir** sich an der Macht halten; *élève, sportif* **se ~ dans la moyenne** sich auf dem Durchschnitt halten

maintien [mɛ̃tjɛ̃] M 1 *de l'ordre, de la paix etc* Aufrechterhaltung *f*; *de la paix a., des libertés individuelles* Erhaltung *f*; Wahrung *f*; *de la tradition a.* Fortbestand *m* 2 *de qn en fonction* Belassung *f*; *d'un locataire* **~ dans les lieux** Fortsetzung *f* des Mietverhältnisses 3 *(attitude)* Haltung *f*; *autrefois* **leçon** *f* **de ~** Anstandsunterricht *m*

maire [mɛʀ] M 1 Bürgermeister *m*; *femme* Bürgermeisterin *f*; *d'un village a.* Gemeindevorsteher *m*; *d'une grande ville a.* Oberbürgermeister *m*; *d'un arrondissement* Bezirksbürgermeister *m* 2 HIST **~ du palais** Hausmeier *m*

mairesse [mɛʀɛs] *litt* F Frau *f* des Bürgermeisters

mairie [mɛʀi] F Rathaus *n*; *d'un village a.* Bürgermeisteramt *n*; Bürgermeisterei *f*; Gemeindeamt *n*; *d'un arrondissement* Bezirksamt *n*

mais [mɛ] A CONJ 1 aber; (je) doch; *après un énoncé négatif* sondern; **ce n'est pas rouge, ~ orange** das ist nicht rot, sondern orange; **non seulement … ~ aussi** *ou* **encore** nicht nur …, sondern auch 2 *transition:* **~ alors** wenn dem so ist; **~, à propos, avez-vous des nouvelles de votre fils?** ach, da Sie gerade von Ihrem Sohn sprechen, haben Sie eigentlich Nachricht von ihm?; **~ j'y pense** *que faites-vous dimanche?* da ich gerade daran denke …; da fällt mir gerade ein … B ADV 1 *pour renforcer* **~ non!** aber nein!; nicht doch!; **~ oui!, ~ si!** aber ja!; ja doch!; **~ bien sûr!, ~ certainement!** aber gewiss!; (ja) freilich!; **~ encore** also *(Ungeduld ausdrückend)*; *impatient* **~ enfin, qu'avez-vous?** also, was haben Sie eigentlich?; *indigné* **ah ~!** also wirklich!; *fam* **non ~, des fois! pour qui te prends-tu?** sag mal, wofür hältst du dich eigentlich?; **c'est d'un drôle, ~ d'un drôle** das ist wirklich urkomisch 2 *litt* **n'en pouvoir ~** nichts dafürkönnen C M Aber *n*; **il n'y a pas de ~ qui tienne!** keine Widerrede!

maïs [mais] M Mais *m*; **épi** *m* **de ~** Maiskolben *m*

maison [mɛzõ, mɛ-] F 1 Haus *n*; POL **la Maison Blanche** das Weiße Haus; **~ close, de tolérance** Bordell *n*; Freudenhaus *n*; ÉGL **~ mère** Mutterhaus *n*; → *a.* 2; **~ de banlieue, de campagne** Vorort-, Landhaus *n*; **~ de Dieu, du Seigneur** Gotteshaus *n*; **Maison des jeunes et de la culture** *(abr* **M.J.C.**) städtisches Jugendklubhaus; **~s de jeu** Spielbanken *fpl*; **~ de poupée** Puppenhaus *n*; **~ de la radio** Funkhaus *n*; **~ de rapport** Rendite-, Mietshaus *n*; **~ de repos** Erholungs-, Genesungsheim *n*; Sanatorium *n*; **~ de retraite** Alten-, Altersheim *n* 2 COMM **~ (de commerce)** (Handels)Haus *n*; Geschäft *n*; Firma *f*; **~ mère** Stammhaus *n*; Hauptgeschäft *n*; Zentrale *f*; **~ de confection** Konfektionsgeschäft *n*; Bekleidungshaus *n*; **~ d'édition** Verlag *m*; Verlagshaus *n*, -anstalt *f*; *employé* **avoir trente ans de ~** dreißig Jahre in der Firma tätig sein 3 JUR **~ centrale** Zentralgefängnis *n*; Zuchthaus *n*; **~ d'arrêt** Haftanstalt *f*; **~ de correction** Gefängnis *n (zur Verbüßung e-r Gefängnisstrafe)* 4 *fig (famille)* Haus *n*; **ami** *m* **de la ~** Freund *m* des Hauses; Hausfreund *m*; **être de la ~** quasi zum Haus, zur Familie gehören; **c'est la ~ du bon Dieu** das ist ein gastfreies, gastfreundliches Haus; **savoir tenir sa ~** e-e gute Hausfrau sein 5 LOC ADV **à la ~** zu *ou* nach Hause; **rentrer à la ~** nach Hause gehen; heimgehen; **rester à la ~** zu Hause, daheimbleiben 6 ADJT CUIS hausgemacht; Hausmacher…; **pâté** *m* **~** hausgemachte Fleischpastete; **tarte** *f* **~** selbst gebackener (Obst)Kuchen 7 *(lignée de nobles)* Haus *n*; **la Maison d'Autriche, de Habsbourg** das Haus Österreich, Habsburg 8 HIST Hofstaat *m*; **~ du roi** königlicher Hofstaat 9 ASTROL (Himmels)Haus *n*

maisonnée [mɛzɔne] F Hausgemeinschaft *f*; Familie *f*; **maisonnette** F Häuschen *n*

Maisons-Alfort [mɛzõalfɔʀ] *Stadt im Dep. Val-de-Marne*

maître [mɛtʀ] A M 1 **~, maîtresse** *m,f d'un serviteur* Herr(in) *m(f) (a. d'un animal)*; Gebieter(in) *m(f)*; *d'un chien a. fam* Herrchen *n*, Frauchen *n*; **les ~s** die Herrschaft; **~, maîtresse de maison** Hausherr(in) *m(f)*; Herr *m*, Dame *f* des Hauses; Hausfrau *f*; *plais* **mon seigneur et ~** mein Herr und Gebieter *ou* Meister; *loc adj animal, bien etc* **sans ~** herrenlos; *loc adv* **en ~** als ob man der Herr wäre; **parler en ~** *a.* in herrischem, gebieterischem Ton sprechen; **être son (propre) ~** sein eigener, freier Herr sein; **c'est moi le ~ ici** ich bin hier der Herr im Hause; **être ~ de qc** Herr e-r Sache *(gén)* sein; etw beherrschen; **être ~ de ses décisions** Herr s-r Entschlüsse sein; **être ~ de la situation** Herr der Lage sein; **être ~, maîtresse de soi** Herr s-r selbst sein; sich in der Gewalt haben; Selbstbeherrschung besitzen; **elle n'était plus maîtresse d'elle-même** *a.* sie war ihrer selbst, ihrer Sinne nicht mehr mächtig; **être ~ de faire qc** frei sein, die Freiheit haben, etw zu tun; **vous êtes ~ de refuser** es steht Ihnen frei abzulehnen; **se rendre ~ de qc** e-r Sache *(gén) ou* über etw *(acc)* Herr werden; **se rendre ~ d'un pays** sich zum Herren e-s Landes machen; sich e-s Landes bemächtigen; MIL **rester ~ du champ de bataille** das Feld behaupten *(a. fig)*; *prov:* **tel ~, tel valet** *ou* **les bons ~s font les bons valets** wie der Herr, sos Gescherr *(prov)*; **nul ne peut servir deux ~s à la fois** niemand kann zwei Herren dienen *(prov)* 2 *(enseignant)* **~, maîtresse** *m,f* Lehrer(in) *m(f)*; *fig* Lehrmeister(in) *m(f)*; Meister *m*; Vorbild *n*; **~ à penser** geistiges Vorbild; **~ d'armes** Fechtmeister *m*; **~, maîtresse d'école** Grundschullehrer(in) *m(f)*; **~, maîtresse d'internat** Aufsichtsperson *f* an e-m Gymnasium mit Internat 3 **~ (artisan)** (Handwerks)Meister *m*; **~ maçon** Maurermeister *m*; *fig:* **coup** *m* **de ~** Meisterstück *n*, -leistung *f*; **de main de ~** von Meisterhand; **être (passé) ~ dans l'art de faire qc** ein Meister in etw *(dat)* sein; **être ~ dans le métier d'orfèvre** ein Meister der Goldschmiedekunst sein; **trouver son ~** s-n Meister finden 4 *désignant une fonction:* **grand ~** Großmeister *m (a. des francs-maçons)*; **~ chanteur** → chanteur 3; *Wagner* **Les ~s chanteurs de Nuremberg** Die Meistersinger von Nürnberg; **~ nageur** *surveillant* Bademeister *m*; *professeur* Schwimmlehrer *m*; **~, maîtresse de ballet** Ballettmeister(in) *m(f)*; HIST **~ des cérémonies** Zeremonienmeister *m*; UNIVERSITÉ **~ de conférences** Lehrbeauftragte(r) *m (ohne Professorentitel)*; **~ d'hôtel** *gastronomie* Oberkellner *m*; *chez un riche particulier* Butler *m*; **~ d'œuvre** (Architekt *m* und) Bauleiter *m*; MOYEN ÂGE Dombaumeister *m*; **~ de l'ouvrage** Bauherr *m* 5 MAR MIL Maat *m*; MAR **~ d'équipage** Bootsmann *m* 6 JUR *(abr* **M**[e]**) Maître Dupont** der Rechtsanwalt *ou* Notar Dupont; **Maître!** Herr Rechtsanwalt! *ou* Herr Notar! 7 *artiste, sculpteur, peintre* Meister *m*; **~ anonyme** unbekannter Meister 8 *dans la fable* **~ Corbeau** der Rabe; **~ Renard** Reineke Fuchs B ADJ ‹maîtresse [mɛtʀɛs]› 1 Haupt…; wichtigste(r, -s); UNIVERSITÉ **~ assistant** *correspond à* Akademischer Rat; Oberassistent *m*; **atout ~** höchster Trumpf; **branche maîtresse** Hauptast *m*; **~ coq** *ou* **~ queux**

sur un bateau (Schiffs)Koch *m*; Smutje *m*; *dans un restaurant* Küchenchef *m*, -meister *m*; **idée maîtresse** Haupt-, Leitgedanke *m*; **œuvre maîtresse** Meisterwerk *n* 2 **c'est une maîtresse femme** das ist e-e energische Frau, die zu kommandieren versteht

maître-autel [mɛtʀotɛl] M ‹*pl* maitres-autels› Hoch-, Hauptaltar *m*

maître-chien [mɛtʀəʃjɛ̃] M ‹*pl* maîtres-chiens› Hundeführer *m*

maîtresse [mɛtʀɛs] F 1 Geliebte *f*; *péj* Mätresse *f* 2 → maître A 1, 2, 4

maîtrisable [mɛtʀizabl] ADJ *colère, peur* **difficilement ~** schwer bezähmbar, bezwingbar

maîtrise [mɛtʀiz] F 1 **~ de soi** Selbstbeherrschung *f*; **perdre sa ~** s-e Selbstbeherrschung verlieren 2 (*domination*) Herrschaft *f* (**de** über +*acc*); MIL **~ de l'air, des mers** Luft-, Seeherrschaft *f* 3 (*virtuosité*) Meisterschaft *f* 4 *dans une entreprise* **agents** *mpl* **de ~** Werk- *ou* Industriemeister *mpl*; Vorarbeiter *mpl*; technische(n) Angestellte(n) *mpl* 5 *diplôme universitaire* Magisterwürde *f ou* -prüfung *f*; **avoir, passer une ~ d'histoire** den Magister in Geschichte haben, machen 6 MUS, REL Domsingschule *f*; Kantorei *f*; *par ext* (*kirchlicher*) Knabenchor

maîtriser [mɛtʀize] A V/T *cheval emballé* bändigen; bezähmen; **~ un agresseur** einen Angreifer überwältigen; **~ sa colère, sa jalousie** seine Wut, seine Eifersucht bezwingen, zügeln, bändigen; **~ une difficulté** eine Schwierigkeit meistern; **~ une épidémie, un incendie** eine Epidemie, einen Brand unter Kontrolle bringen; **~ une révolte** einen Aufstand niederwerfen B V/PR **se ~** sich beherrschen, bezwingen, bezähmen

maïzena® [maizena] F Maizena® *n*

majesté [maʒɛste] F 1 *de la nature, d'un palais etc* Majestät *f*; Erhabenheit *f*; **la ~ divine** die göttliche Majestät; die Herrlichkeit Gottes; GRAM **pluriel** *m* **de ~** Pluralis Majestatis *m*; PEINT, SCULP **Christ** *m* **en ~** thronender Christus; Majestas Domini *f*; **attenter, porter atteinte à la ~ du souverain** Majestätsbeleidigung begehen 2 *titre* **Votre Majesté** Eure Majestät; **Sa Majesté** Seine Majestät; **Sa Majesté la reine d'Angleterre**, HIST **Sa Très Gracieuse Majesté** Ihre Majestät die Königin von England; **Leurs Majestés** die Majestäten

majestueux [maʒɛstɥø] ADJ ‹-euse› majestätisch; erhaben; hoheits-, würdevoll

majeur [maʒœʀ] A ADJ 1 (*important*) wichtig(ste, -r, -s); Haupt...; **force ~e** höhere Gewalt; **intérêt ~** Hauptinteresse *n*; **la ~e partie** der größere, überwiegende Teil; die Mehrzahl; **la ~e partie des Français** *a.* die Mehrheit der Franzosen; **la ~e partie du temps** *a.* die meiste Zeit; *loc adv* **en ~e partie** größtenteils 2 MUS Dur...; ...-Dur; **gamme ~e** Durtonleiter *f*; **intervalle ~** großes Intervall; **tierce ~e** große Terz; **en ré ~** in D-Dur 3 JUR volljährig; mündig; großjährig; *fam* **il est ~**, *il sait ce qu'il fait* er ist alt genug, er ist kein Kind mehr ... 4 **le lac Majeur** der Lago Maggiore 5 REL **saint Jacques le Majeur** Jakobus der Ältere B SUBST 1 ANAT M Mittelfinger *m* 2 JUR **~(e)** *m(f)* Voll-, Großjährige(r) *m/f(m)* 3 MUS *m* Dur *n*; Durtonart *f*; **en ~** in Dur

ma-jong → mah-jong

major [maʒɔʀ] M 1 MIL a **~ de garnison** Erster Standortoffizier b (*médecin militaire*) Stabsarzt *m* c → sergent-major 2 *au concours d'une grande école* **~ de promotion** Beste(r) *m*; Erste(r) *m*

majoration [maʒɔʀasjõ] F Erhöhung *f*; Aufschlag *m*; Heraufsetzung *f*; **~ d'impôt, des prix, des salaires** Steuer-, Preis-, Lohnerhöhung *f*; **~ de retard** Säumniszuschlag *m*; *d'une retraite* **~ pour enfant à charge** Kinderzulage *f*, -zuschlag *m*

majordome [maʒɔʀdɔm] M Butler *m*

majorer [maʒɔʀe] V/T erhöhen, heraufsetzen (**de 10 pour cent** um 10 Prozent); *salaires a.* aufbessern; anheben

majorette [maʒɔʀɛt] F Majorette *f*; Funkenmariechen *n*

majoritaire [maʒɔʀitɛʀ] A ADJ Mehrheits...; **actionnaire** *m* **~** Mehrheitsaktionär *m*; **scrutin** *m*, **vote** *m* **~** Mehrheitswahl *f*; **système** *m* **~** Mehrheitswahlsystem *n* B MPL **~s** Mehrheit *f*

majorité [maʒɔʀite] F 1 Mehrheit *f* (*a.* POL); Majorität *f*; Mehr-, Überzahl *f*; **~ gouvernementale** Regierungsmehrheit *f*; **~ des deux tiers** Zweidrittelmehrheit *f*; **~ des suffrages, des voix** Stimmenmehrheit *f*; **partis** *mpl* **de la ~** Mehrheitsparteien *fpl*; *loc adv*: **à la ~ absolue** mit absoluter Mehrheit; **à une ~ écrasante** mit überwältigender Mehrheit; **dans la ~ des cas** in den meisten Fällen; **dans leur immense ~, les Français ...** die große Mehrheit der Franzosen ...; **en ~** überwiegend; mehrheitlich; **nous sommes en ~ hostiles à ce projet** die Mehrheit von uns ist, die meisten von uns sind gegen diesen Plan; **être en ~** in der Mehr-, Überzahl sein 2 JUR **~ (civile)** Volljährigkeit *f*; Großjährigkeit *f*; **~ électorale** Wahlalter *n*; **~ matrimoniale, pénale** Ehe-, Strafmündigkeit *f*; **atteindre sa ~** volljährig, mündig werden

Majorque [maʒɔʀk] Mallorca *n*

majuscule [maʒyskyl] A ADJ **lettre** *f* **~** → B; **un A ~** ein großes A B F Großbuchstabe *m*; großer Buchstabe; TYPO Majuskel *f*; Versal (-buchstabe) *m*; **ce mot prend une ~** dieses Wort wird großgeschrieben; **écrire en ~s** in Blockschrift schreiben

maki [maki] M ZOOL Maki *m*

mal¹ [mal] A ADV 1 schlecht; übel; ♦ *loc adj*: *moment* **~ choisi** schlecht gewählt; *enfant* **~ élevé** schlecht erzogen; unerzogen; *emploi, personne* **~ payé** schlecht bezahlt; unterbezahlt; ♦ *loc adv* **pas ~** *avec négation* nicht übel; nicht schlecht; ganz gut; *sans négation* ziemlich *ou* sehr *ou* recht (viel); **pas ~ froussard** ziemlich *ou* recht ängstlich; **il a pas ~ voyagé** er ist ziemlich *ou* recht viel gereist; **tu ne ferais pas ~ de** (+*inf*) du tätest ganz gut daran zu (+*inf*); *fam* **je m'en fous pas ~** das ist mir ganz egal, *fam* schnuppe, schnurz, piepe; **pas ~ de** (+*subst*) ziemlich viel(e), e-e (ganze) Menge (+*subst*); **pas ~ de monde** ziemlich viel(e) Leute; **il y aurait pas ~ de choses à dire sur elle** es gäbe e-e ganze Menge über sie zu sagen; **~ à propos** → propos 3; ♦ **aller ~** *affaires* schlecht gehen; *projet etc* schlecht stehen; *personne* **il va ~** es geht ihm schlecht; *vêtements, couleur* **aller ~ à qn** j-m schlecht, nicht gut stehen; **les choses vont de ~ en pis** es geht immer, zunehmend schlechter; die Lage verschlechtert, verschlimmert sich; *malade* **il va de ~ en pis** es geht immer weiter mit ihm bergab; **dormir ~** schlecht schlafen; **être ~ assis** unbequem sitzen; **être ~ vu de qn** → vu A; *malade* **il est au plus ~** es steht sehr schlecht mit ihm; **parler ~** schlecht sprechen; *par ext* (*dire des gros mots*) derb, unflätig daherreden; *enfant* freche Antworten geben; *plaisanterie* **prendre ~** übel nehmen; übel aufnehmen, vermerken; **il l'a ~ pris** *a. fam* er ist eingeschnappt; **respirer ~** schwer atmen; **se sentir ~, ~ en point**, *fam* **~ fichu** sich schlecht, *fam* mies fühlen; **tomber ~** → tomber B 7; **tourner ~** → tourner B 5; **se trouver ~** ohnmächtig werden; → *a. les verbes correspondants* 2 (*incorrectement*) falsch; **~ interpréter** falsch interpretieren; missdeuten; *mot* **~ prononcer** falsch aussprechen; **s'y prendre ~** es falsch, verkehrt anpacken B ADJ ‹*inv*› **dire, faire qc de ~** etw Böses, Schlimmes, Hässliches sagen, tun; **être ~** sich nicht wohlfühlen; **on est ~ dans cette voiture** man sitzt in diesem Wagen nicht bequem; **être ~ avec qn** (sich) mit j-m schlecht stehen; **c'est ~, il est ~ de** (+*inf*) es ist schlecht, hässlich, ungehörig zu (+*inf*); **être pas ~** *chose, résultat* nicht übel, nicht schlecht, ganz gut, ganz ordentlich, *personne* ganz hübsch sein

mal² [mal] M ‹*pl* maux [mo]› 1 Übel *n*; **le ~ est fait** es ist nun (ein)mal geschehen; **de là vient tout le ~** das ist die Wurzel allen Übels; *prov* **de** *ou* **entre deux maux, il faut choisir le moindre** man muss von zwei Übeln das kleinere wählen 2 (*du ~*) Schlimme(s) *n*; Schlechte(s) *n*; Böse(s) *n*; Arge(s) *n*; REL **le ~** das Böse; **quel ~ y a-t-il à lui dire la vérité?** was ist denn dabei, was schadet es schon, wenn man ihm die Wahrheit sagt?; REL **délivre-nous du ~** erlöse uns von dem Übel *ou* Bösen; **dire du ~ de qn** j-m Schlechtes, Böses nachsagen; Schlechtes über j-n sagen; schlecht über j-n reden; **faire du ~ à qn, à qc** (*nuire*) j-m, e-r Sache schaden; (*faire souffrir*) j-m etwas (zuleide) tun; *paroles etc* (*blesser*) j-n verletzen; j-m wehtun; **cela ne lui ferait pas de ~** das könnte ihm nicht(s) schaden; **il ne ferait pas de ~ à une mouche** er könnte keiner Fliege etwas zuleide tun; **penser du ~ de qn** schlecht von j-m denken; **sans penser, sans songer à ~** ohne (sich [*dat*]) Schlimmes, Böses, Arges dabei zu denken; **je n'y vois aucun ~** ich finde nichts Schlimmes dabei; **voir le ~ partout** in allem, überall Schlechtes, Böses sehen; **vouloir du ~ à qn** j-m übelwollen; mit j-m Böses im Sinn haben; **il ne veut de ~ à personne** er wünscht niemandem etwas Böses 3 (*souffrance*) Schmerz *m*; (*maladie*) Krankheit *f*; Leiden *n*; **~ blanc** → panaris; **~ de l'air** Luftkrankheit *f*; **~ d'amour** (Liebes)Sehnsucht *f*; **maux de dents, de tête** Zahn-, Kopfschmerzen *mpl ou* -weh *n*; **avoir des maux de dents** *etc* Zahnschmerzen *etc* haben; **~ des °hauteurs** *ou* **de montagne** Höhen- *ou* Bergkrankheit *f*; **~ de mer** Seekrankheit *f*; **avoir le ~ de mer** seekrank sein; **~ du pays** Heimweh *n*; **~ de la route** Reisekrankheit *f*; **~ du siècle** Weltschmerz *m*; **~ des transports** Reisekrankheit *f*; **où as-tu ~?** wo tut es dir weh?; **j'ai ~ au cœur** mir ist *ou* mir wird schlecht, übel; **avoir ~ aux dents, à la tête** Zahn-, Kopfschmerzen *ou* -weh haben; **j'ai ~ partout** mir tut alles weh; **il n'y a pas de ~!** bitte, (das) macht nichts!; *fig* **être en ~ de qc** etw sehnlich(st) wünschen; *journaliste* **en ~ de copie** dem nichts einfällt; **être en ~ d'enfant** e-n starken Kinderwunsch haben; **faire ~ à qn** j-m wehtun; **son bras lui fait ~** ihm tut der Arm weh; *fig* **cela me ferait ~!** nie und nimmer!; *fam fig* **cela me fait ~ (au cœur) de** (+*inf*) es tut mir leid, *plus fort* es tut mir in der Seele weh, wenn ...; **se faire ~ en tombant** sich (*dat*) beim Hinfallen wehtun; **prendre (du) ~** krank werden; erkranken; *prov* **aux grands maux les grands remèdes** große Übel erfordern starke Mittel 4 (*peine*) Mühe *f*; *loc adv* **sans ~** mühelos; **avoir du ~ à faire qc** Mühe haben, etw zu tun; **j'ai du ~ à** (+*inf*) *a.* es fällt mir schwer zu (+*inf*); **j'aurai du ~ à (en) trouver un autre** *a.* ich werde schwerlich e-n andern finden; **il a eu du ~ à se décider** *a.* er konnte sich nur schwer entscheiden; **donner du ~ à qn** j-m viel Mühe, viel zu schaffen machen; **se donner du ~, un ~ inouï**, *fam* **un ~ de chien** sich (*dat*) Mühe, unsägliche Mühe, alle erdenkliche Mühe geben

M

(**pour qn** mit j-m; **pour faire qc** um etw zu tun); *prov* **on n'a rien sans ~** ohne Fleiß kein Preis *(prov)*

malabar [malabaʀ] *fam* M stämmiger, handfester Kerl

malachite [malakit] F MINÉR Malachit *m*

malade [malad] **A** ADJ **1** krank; **avoir le cœur ~, être ~ du cœur** herzkrank *ou* -leidend sein; **être ~ de l'estomac, du foie** magen-, leberkrank *ou* -leidend sein; *fig* **être ~ de jalousie** krank vor Eifersucht sein; **je suis ~** ich bin krank; *(j'ai mal au cœur)* mir ist schlecht, übel; *fam* **je suis ~ comme un chien, ~ à crever** *fam* mir ist hundeelend; *fam fig* **j'en suis ~, cela me rend ~** *fam* das macht mich (ganz) krank; *fam fig* **t'es pas ~?** *fam* bist du noch zu retten?; du bist wohl übergeschnappt?; **se faire porter ~** sich krankmelden; sich krankschreiben lassen; **tomber ~** krank werden; erkranken **2** *fam objet* beschädigt; *fam* mitgenommen; ramponiert; *entreprise etc* in e-r kritischen Lage; *fam* angeschlagen **B** M/F Kranke(r) *m/f(m)*; *par rapport au médecin* Patient(in) *m(f)*; **grand(e) ~** Schwerkranke(r) *m/f(m)*; **~ mental(e)** Geisteskranke(r) *m/f(m)*

maladie [maladi] F **1** Krankheit *f*; Erkrankung *f*; **~ bleue** Blausucht *f*; **~ cutanée, héréditaire, infantile, infectieuse, professionnelle, vénérienne** Haut-, Erb-, Kinder-, Infektions-, Berufs-, Geschlechtskrankheit *f*; **~s nerveuses** Nervenkrankheiten *fpl*, -leiden *npl*; **~s de cœur** Herzkrankheiten *fpl*, -leiden *npl*; **~s des os** Knochenkrankheiten *fpl*; **~ de Parkinson** [paʀkinsɔn] parkinsonsche Krankheit; Schüttellähmung *f*; *adjt* **assurance** *f* **~** Krankenversicherung *f*; **être en (congé de) longue ~** langfristig krankgeschrieben sein (und Krankengeld beziehen); *fam fig* **il n'y a pas de quoi en faire une ~** das ist doch kein Grund, sich zu ärgern, sich aufzuregen, *fam* ein solches Theater zu machen **2** *des chiens* **la ~** die Staupe **3** *fig* krankhafte Angewohnheit; *plus fort* Sucht *f*; **c'est une ~ chez elle** das ist krankhaft bei ihr

maladif [maladif] ADJ ⟨-ive⟩ **1** *personne* kränklich; **être ~** kränkeln **2** *pâleur, curiosité, peur* krankhaft

maladresse [maladʀɛs] F Ungeschicklichkeit *f*; Ungeschick *n*; Unbeholfenheit *f*; *(manque de tact)* Taktlosigkeit *f*; **commettre une ~** e-e Ungeschicklichkeit, Taktlosigkeit begehen

maladroit [maladʀwa] **A** ADJ *personne* ungeschickt; *enfant* tolpatschig; *dans ses mouvements a.* ungelenk; unbeholfen; plump *(a. mensonge, parole)*; **être ~ de ses mains** ungeschickte, *fam* zwei linke Hände haben **B** SUBST **~(e)** *m(f)* ungeschickter, unbeholfener Mensch; Tollpatsch *m*; Tölpel *m*

malaga [malaga] M Malaga(wein) *m*

mal-aimé [maleme] ADJ ungeliebt

malais [malɛ] **A** ADJ malaiisch **B** SUBST **1** **Malais(e)** *m(f)* Malaie *m*, Malaiin *f* **2** LING **le ~** das Malaiische; Malaiisch *n*

malaise [malɛz] M **1** MÉD Unwohlsein *n* **2** *(mécontentement)* Unbehagen *n*; Missbehagen *n*; Missstimmung *f*; POL *a.* Malaise *f*

malaisé [maleze] *st/s* ADJ *tâche* nicht leicht; schwierig

Malaisie [malezi] **la ~** → Malaysia

malandrin [malɑ̃dʀɛ̃] *litt* M Räuber *m*

malappris [malapʀi] M Flegel *m*; Lümmel *m*; Rüpel *m*; **espèce de ~!** Flegel! *etc*

malaria [malaʀja] F MÉD Malaria *f*

malavisé [malavize] *litt* ADJ unklug; unbesonnen; unüberlegt

Malawi [malawi] **le ~** Malawi *n*

malaxer [malakse] V/T *beurre, argile* (durch)kneten; *farine avec œufs* miteinander verkneten

Malaysia [malezja] **la ~** Malaysia *n*

malaysien [malezjɛ̃] **A** ADJ ⟨~ne⟩ malaysisch **B** SUBST **Malaysien(ne)** *m(f)* Malaysier(in) *m(f)*

malbouffe [malbuf] *fam* F Junkfood *n*; *fam* Fraß *m*

malchance [malʃɑ̃s] F Missgeschick *n*; Unglück *n*; *fam* Pech *n*; **avoir de la ~** kein Glück haben; *fam* Pech haben; **jouer de ~** ein Unglücksrabe, Pechvogel sein

malchanceux [malʃɑ̃sø] ADJ ⟨-euse⟩ *joueur* glücklos; *subst* **un ~** *fam* ein Pechvogel *m*; ein Unglücksrabe *m*

malcommode [malkɔmɔd] ADJ → incommode

Maldives [maldiv] **les îles** *fpl* **~** die Malediven *pl*

maldivien [maldivjɛ̃] **A** ADJ ⟨~ne⟩ maledivisch **B** SUBST **Maldivien(ne)** *m(f)* Malediver(in) *m(f)*

maldonne [maldɔn] F **1** CARTES **~!** (du hast *ou* Sie haben) falsch gegeben! **2** *fam fig* **il y a ~** *fam* so haben wir nicht gewettet!

mâle [mɑl] **A** M **1** ZOOL Männchen *n*; männliches Tier **2** *(homme)* männliches Wesen; Mann *m*; *fam* **un beau ~** ein gut gebauter, sportlicher, vitaler Mann **B** ADJ BIOL, *a. fig voix etc* männlich; TECH **pièce** *f* **~** männliches Teil

malédiction [malediksjõ] F Fluch *m* *(a. malheur)*; Verwünschung *f*; *st/s* Unsegen *m*

maléfice [malefis] M Verhexung *f*; Hexerei *f*; böser Zauber; **jeter des ~s sur qn** j-n be-, verhexen

maléfique [malefik] ADJ unheilvoll; Unheil, Unglück bringend

malencontreusement [malɑ̃kõtʀøzmɑ̃] ADV unglücklich(erweise); **malencontreux** ADJ ⟨-euse⟩ unglücklich; leidig; unangenehm; ärgerlich

malentendant [malɑ̃tɑ̃dɑ̃] M, **malentendante** F Hörgeschädigte(r) *m/f(m)*

malentendu [malɑ̃tɑ̃dy] M Missverständnis *n*; **dissiper, faire cesser un ~** ein Missverständnis aufklären, beseitigen

Malesherbes [malzɛʀb] *frz Politiker*

mal-être [malɛtʀ] M Unbehagen *n*

malfaçon [malfasõ] F schlechte, mangelhafte Ausführung; **~s** *pl* Mängel *mpl*

malfaisance [malfəzɑ̃s] F Bosheit *f*; Bösartigkeit *f*

malfaisant [malfəzɑ̃] ADJ *personne* böse; bösartig; **esprit ~** böser Geist; **influence ~e** schädlicher, verderblicher Einfluss

malfaiteur [malfɛtœʀ] M Übeltäter *m*; Verbrecher *m*; Ganove *m*

malfamé [malfame] ADJ verrufen

malformation [malfɔʀmasjõ] F MÉD Missbildung *f*

malfrat [malfʀa] *fam* M Ganove *m*

malgache [malgaʃ] **A** ADJ madagassisch **B** SUBST **Malgache** *m/f* Madagasse *m*, Madagassin *f*

malgré [malgʀe] **A** PRÉP **1** **~ moi** *(de mauvais gré)* gegen meinen Willen; *(sans le vouloir)* ungewollt **2** *(en dépit de)* trotz *(+gén, a. +dat)*; ungeachtet *(+gén)*; **~ cela** trotzdem; dessen ungeachtet; **~ tout** trotz allem; trotz alledem **B** LOC CONJ **~ que** *(+subj)* obwohl; *fam* trotzdem

malhabile [malabil] ADJ ungeschickt

Malherbe [malɛʀb] *frz Dichter*

malheur [malœʀ] M **1** Unglück *n*; *(ennui)* Missgeschick *n*; **un petit ~** ein kleines Missgeschick, *fam* Malheur; *int*: **~!** ach je!; ach Gott!; o weh!; **~ à …!** wehe … *(+dat)!*; **~ aux vaincus!** wehe den Besiegten!; *loc adv*: **par ~** unglücklicherweise; **pour son ~** zu s-m Unglück; **le ~ c'est que …** unglücklicherweise …; **un ~ est si vite arrivé** es ist so schnell ein Unglück passiert; **il lui arrivera (un) ~** ihm wird noch ein Unglück zustoßen, passieren; **avoir le ~ de** *(+inf)* das Unglück, *fam* das Pech haben zu *(+inf)*; **avoir bien des ~s** viel Unglück haben; **être dans le ~** in e-r unglücklichen, traurigen Lage sein; **faire le ~ de qn** ein Unglück für j-n sein; j-n ins Unglück stürzen; *fam retenez-moi* **ou je fais un ~!** oder es gibt ein Unglück!; *spectacle* **faire un ~** *fam* e-n Riesen-, Bombenerfolg haben; **jouer de ~** Pech haben; ein Pechvogel sein; **ne parlez pas de ~!** man soll den Teufel nicht an die Wand malen!; **porter ~** Unglück bringen; *iron* **raconter ses ~s** s-e ganze Leidensgeschichte erzählen; **le ~ a voulu que …** das Unglück wollte es, dass …; *prov*: **un ~ n'arrive, ne vient jamais seul** ein Unglück kommt selten allein *(prov)*; **à quelque chose ~ est bon** auch das Unglück hat sein Gutes; durch Schaden wird man klug *(prov)*; **le ~ des uns fait le bonheur des autres** des e-n Not ist des andern Brot *(prov)*; des e-n Glück ist des andern Unglück *(prov)* **2** *fam* **cette pluie de ~!** *fam* dieser verdammte Regen!

malheureusement [maløʀøzmɑ̃, -lœ-] ADV leider; unglücklicherweise; bedauerlicherweise

malheureux [maløʀø, -lœ-] **A** ADJ ⟨-euse⟩ **1** *(qui souffre)* unglücklich; *(malchanceux)* glück-, erfolglos; *situation, suites* unglücklich; leidig; bedauerlich, betrüblich; **avoir la main malheureuse** keine glückliche Hand haben; **avoir un mot ~** ein unglückliches, unpassendes Wort gebrauchen; *fam* **être ~ comme les pierres** tod-, *fam* kreuzunglücklich sein; **être ~ au jeu, en amour** kein Glück im Spiel, in der Liebe haben; **il est ~ que …** *(+subj)* es ist schade, bedauerlich, betrüblich, ein Jammer, dass …; *fam* **si c'est pas ~ de voir une chose pareille!** es ist doch traurig *ou* ein Jammer, so etwas mit ansehen zu müssen! **2** *péj (insignifiant)* unbedeutend; **un ~ billet de cinq euros** ein lumpiger Fünf-Euro-Schein **B** SUBST **~, malheureuse** *m,f* *(infortuné)* Unglückliche(r) *m/f(m)*; *(indigent)* Notleidende(r) *m/f(m)*; Arme(r) *m/f(m)*; **~!** *qu'avez-vous fait?* Menschenskind, *fam* Mensch, …!

malhonnête [malɔnɛt] ADJ unehrlich; unredlich

malhonnêteté [malɔnɛtte] F Unehrlichkeit *f*; Unredlichkeit *f*; **~ intellectuelle** Unaufrichtigkeit *f*

Mali [mali] **le ~** Mali *n*

malice [malis] F **1** *(espièglerie)* Schalkhaftigkeit *f*; Spottlust *f*; **plein de ~** schelmisch; schalkhaft; **mettre un grain, une pointe de ~ dans sa réponse** mit leichtem Spott, mit e-m Anflug von Spott antworten **2** *(méchanceté)* **être sans ~** arglos sein **3** **sac** *m* **à ~** *d'un prestidigitateur* Changierbeutel *m*; *fig* gerissener Kerl

malicieux [malisjø] ADJ ⟨-euse⟩ *sourire, personne* schelmisch; schalkhaft; **réponse malicieuse** spitze, leicht boshafte Antwort; **avoir l'esprit ~** den Schalk im Nacken haben

malien [maljɛ̃] **A** ADJ ⟨~ne⟩ malisch; von Mali **B** SUBST **Malien(ne)** *m(f)* Malier(in) *m(f)*

maligne → malin

malignité [maliɲite] F **1** Bösartigkeit *f*; Bosheit *f* **2** MÉD Bösartigkeit *f*

malin [malɛ̃] **A** ADJ ⟨maligne [maliɲ], *fam* maline [malin]⟩ **1** *(rusé, intelligent) personne* schlau; pfiffig; gewitzt; findig; *fam* gewiegt; gewieft; gerissen; *air, sourire* listig; **bien ~ celui qui trouvera la solution** *fam* Köpfchen muss man haben, um die Lösung zu finden; **se croire ~** sich für besonders schlau, klug halten; *fam* das Gras wachsen hören; **être ~** *fam a.* Köpfchen haben; **être ~ comme un singe**

ein schlauer Fuchs, ein Schlaukopf, *fam* Pfiffikus sein; *fam iron* **c'était ~ de l'avoir averti** *iron* das war sehr intelligent, ihn zu warnen; **ce n'est pas (bien) ~** das ist ganz einfach; **ce n'est pas plus ~ que ça** nichts einfacher als das; das ist die ganze Kunst; **jouer au plus ~ avec qn** j-n zu überlisten suchen; schlauer, klüger als j-d sein wollen **2** *(malveillant) plaisir, joie* diebisch; boshaft; *plus fort* hämisch; **joie maligne** *a.* Schadenfreude *f* **3** MÉD *tumeur* bösartig **B** SUBST **1 ~, maligne** *m,f* Schlaukopf *m*; schlauer Fuchs; schlauer, findiger Kopf; *fam* Pfiffikus *m*; *d'un homme a. fam* gewiegter, gewiefter, gerissener Bursche, Kerl; *fam iron* **regardez-moi ce gros ~** *fam* seht euch diesen Schlauberger, Schlaumeier an!; **faire le** *ou* **son ~** angeben; *fam* große Töne, Bogen spucken; *prov* **à ~, ~ et demi** auf e-n Schlauen gehört ein Überschlauer; auf e-n Schelm anderthalbe **2** REL **le ~** der Böse

Malines [malin] Mecheln *n*

malingre [malɛ̃gʀ] ADJ schwächlich; zart

malintentionné [malɛ̃tɑ̃sjɔne] ADJ übel gesinnt

mal-jugé [malʒyʒe] M JUR Fehlurteil *n*

malle [mal] F Übersee-, Kabinenkoffer *m*; **faire sa ~** (s-n Koffer) packen; *fig* sein Bündel schnüren; *fam* **se faire la ~** *fam* abhauen

malléable [maleabl] ADJ **1** *métal* schmiedbar; hämmerbar; streckbar; **cire** *f* **~** modellierfähiges Wachs **2** *fig* bildsam

malléole [maleɔl] F ANAT (Fuß)Knöchel *m*

mallette [malɛt] F (kleiner) Koffer; Köfferchen *n*

malmener [malməne] VT ‹-è-› **1** *personne* grob behandeln; misshandeln; *fig* **~ un auteur, une pièce** einen Autor, ein Stück zerreißen, *fam* heruntermachen **2** SPORTS *l'adversaire* hart bedrängen; hart zusetzen (**qn** j-m)

malnutrition [malnytʀisjõ] F **1** falsche Ernährung(sweise) **2** *(sous-alimentation)* Unterernährung *f*

malodorant [malɔdɔʀɑ̃] ADJ übel riechend

malotru [malɔtʀy] M ungehobelter, ungeschliffener Kerl; Rüpel *m*; Flegel *m*

malouin [malwɛ̃] ADJ *(et subst* **Malouin** Einwohner) von Saint-Malo

Malouines [malwin] **les (îles) ~** *fpl* die Falklandinseln *fpl*

malpropre [malpʀɔpʀ] **A** ADJ **1** *(sale)* unsauber; schmutzig; unreinlich **2** *fig (malhonnête)* gemein; schmutzig **B** M gemeiner Kerl; Lump *m*

malpropreté [malpʀɔpʀəte] F Unsauberkeit *f*; Schmutzigkeit *f*; Unreinlichkeit *f*

malsain [malsɛ̃] ADJ **1** *climat, logement, travail* ungesund; der Gesundheit unzuträglich; gesundheitsschädlich; *fam fig: filons d'ici*, **ça devient ~** das wird gefährlich **2** *fig imagination, curiosité* ungesund; krankhaft; **influence ~e** schädlicher Einfluss; **littérature ~e** sittlichkeitsgefährdende Literatur

malséant [malseɑ̃] *st/s* ADJ ungehörig; anstößig; unschicklich

malstrom [malstʀɔm] M → maelstrom

malt [malt] M Malz *n*

maltais [maltɛ] **A** ADJ maltesisch **B** SUBST **1 Maltais(e)** *m(f)* Malteser(in) *m(f)* **2** LING **le ~** das Maltesische; Maltesisch *n*

Malte [malt] Malta *n*

malter [malte] VT **1** *orge* mälzen **2** ADJT **lait malté** mit Malzextrakt angereicherte Milch

malthusianisme [maltyzjanism] M Malthusianismus *m*; **~ économique** freiwillige Produktionsbeschränkung

malthusien [maltyzjɛ̃] **A** ADJ ‹~ne› malthusianisch **B** M Malthusianer *m*

maltose [maltoz] M CHIM Maltose *f*

maltraitance [maltʀɛtɑ̃s] F Misshandlung *f*; **~ des enfants** Kindesmisshandlung *f*

maltraiter [maltʀete] VT **1** *(brutaliser)* misshandeln; malträtieren; schlecht behandeln **2** *fig (critiquer)* zerreißen; *fam* heruntermachen

malus [malys] M ASSURANCES Malus *m*; Prämienzuschlag *m*

malveillance [malvɛjɑ̃s] F **1** *(hostilité)* Feindseligkeit *f*; Gehässigkeit *f*; Boshaftigkeit *f* **2** *(intention de nuire)* Böswilligkeit *f*; böse Absicht; **incendie dû à la ~** vorsätzliche Brandstiftung

malveillant [malvɛjɑ̃] ADJ boshaft; gehässig; feindselig; INFORM **logiciel malveillant** Schadsoftware *f*

malvenu [malvəny] ADJ **être ~ de** *ou* **à** *(+inf)* kein Recht haben zu *(+inf)*

malversation [malvɛʀsasjõ] F JUR Untreue *f*; Unterschlagung *f*

malvoyant [malvwajɑ̃] M, **malvoyante** F Sehbehinderte(r) *m|f(m)*

maman [mamɑ̃] F Mama *f*; Mutti *f*

mambo [mɑ̃mbo] M *danse* Mambo *m*

mamelle [mamɛl] F ANAT Brust(drüse) *f*

mamelon [mamlõ] M **1** ANAT Brustwarze *f* **2** *(sommet arrondi)* Kuppe *f*; *(colline)* Hügel *m*

mamelonné [mamlɔne] ADJ hügelig; **paysage ~** hügelige Landschaft

mamie [mami] F **1** *enf* Oma *f*; Omi *f* **2** *litt* → mie[2]

mammaire [mamɛʀ] ADJ ANAT Brust…; **glande** *f* **~** Brust-, Milchdrüse *f*

mammifère [mamifɛʀ] M ZOOL Säugetier *n*

mammographie [mamɔgʀafi] F MÉD Mammografie *f*

mammoplastie [mamɔplasti] F MÉD Mammoplastik *f*; plastische Brustoperation

mammouth [mamut] M ZOOL Mammut *n*

mammy [mami] F → mamie

mamours [mamuʀ] MPL *fam* **faire des ~ à qn** j-n liebkosen; *fam* mit j-m schmusen

mam'selle *ou* **mam'zelle** [mamzɛl] F *fam* → mademoiselle

manade [manad] F *en Provence* Stier- *ou* Pferdeherde *f*

management [manaʒmɑ̃] M Management *n*

manager [manadʒɛʀ] M Manager *m*

manant [manɑ̃] M **1** *litt (rustre)* Flegel *m*; Lümmel *m* **2** HIST (Frei)Bauer *m*

manche¹ [mɑ̃ʃ] F **1** *d'un vêtement* Ärmel *m*; *fam a.* Arm *m*; **~ trois-quarts** dreiviertellanger Ärmel; *loc adj*: **à ~s courtes, longues** kurz-, langärm(e)lig; mit kurzen, langen Ärmeln; **sans ~s** ärmellos; *fam fig* **avoir qn dans sa ~** j-n im Hintergrund haben; *fam fig* **c'est une autre paire de ~s** das ist etwas ganz anderes; **retrousser ses ~s** die Ärmel hochkrempeln *(a. fig)* **2** *d'un jeu* Partie *f*; Runde *f* *(a. fig)*; *aux épreuves de ski* Durchgang *m* **3 ~ à air** AVIAT Windsack *m*; MAR Lüfter *m*; **~ à incendie** Feuerwehrschlauch *m* **4** *musiciens des rues* **faire la ~** Geld sammeln; (aufdringlich) betteln

manche² [mɑ̃ʃ] M **1** *d'un marteau, d'un pinceau, d'une fourchette, d'une cuiller, d'une pelle* Stiel *m*; *d'un couteau* Heft *n*; *d'un tournevis, d'une lime* Griff *m*; **~ à balai** Besenstiel *m*; AVIAT Steuerknüppel *m*; *fig* **jeter le ~ après la cognée** die Flinte ins Korn werfen; *fig* **se mettre du côté du ~** sich auf die Seite des Stärkeren stellen; es mit der stärkeren Seite halten **2** *fam fig (maladroit)* **quel ~!** *fam* Ungeschick lässt grüßen!; **se débrouiller comme un ~** sich ungeschickt, tollpatschig anstellen **3** *d'un violon, d'une guitare* Hals *m* **4** *d'une côtelette, d'un gigot* Knochenende *n*; *instrument* **~ à gigot** Zange *f (zum Festhalten e-r Hammelkeule beim Tranchieren)*; **côtelette** *f* **à ~** (Stiel)Kotelett *n*

Manche [mɑ̃ʃ] **la ~ 1** der Ärmelkanal **2** *frz Departement* **3** *en Espagne* die Mancha

manchette [mɑ̃ʃɛt] F **1** *de chemise* Manschette *f*; *de gant* Stulpe *f* **2** *(fausse manche)* Überärmel *m* **3** *d'un journal* Schlagzeile *f*; Balkenüberschrift *f* **4** *en lutte* Schlag *m*, Hieb *m* mit der flachen Hand

manchon [mɑ̃ʃõ] M **1** Muff *m*; **~ de fourrure** Pelzmuff *m* **2** TECH Muffe *f*; **~ à incandescence** Glühstrumpf *m*

manchot [mɑ̃ʃo], **manchote 1** M,F Einarmige(r) *m|f(m)*; Krüppel *m* mit e-r Hand; *fam fig adjt* **ne pas être manchot, manchote** nicht ungeschickt sein **2** M ZOOL Pinguin *m*; **manchot empereur, royal** Kaiser-, Königspinguin *m*

mandale [mɑ̃dal] F *arg (gifle)* Ohrfeige *f*

mandarin [mɑ̃daʀɛ̃] M **1** HIST Mandarin *m* **2** *fig et péj* einflussreiche(r), privilegierte(r) Intellektuelle(r) *m*; *fam* Halbgott *m*; *péj* Bonze *m*

mandarinat [mɑ̃daʀina] M **1** HIST Mandarinenwürde *f*; *coll* Mandarinenkaste *f* **2** *fig et péj* Kaste *f*; Bonzentum *n*; **~ littéraire** Kaste der Literaten; **~ politique** politisches Bonzentum

mandarine [mɑ̃daʀin] **A** F BOT Mandarine *f* **B** ADJ ‹inv› orange(rot); **mandarinier** M BOT Mandarinenbaum *m*

mandat [mɑ̃da] M **1** JUR, POL Mandat *n*; *a.* COMM Auftrag *m*; (Handlungs)Vollmacht *f*; JUR **~ légal** gesetzliche Vertretung; **~ législatif, parlementaire** Abgeordnetenmandat *n*; **donner ~ à qn** j-m ein Mandat, e-n Auftrag, e-e Vollmacht erteilen **2** JUR **~ d'amener** Vorführungsbefehl *m*; **~ d'arrêt, de dépôt** Haftbefehl *m*; **lancer un ~ d'arrêt contre qn** e-n Haftbefehl gegen j-n erlassen; **~ de perquisition** Haussuchungsbefehl *m*; Anordnung *f* e-r Durchsuchung **3 ~ (postal)** Postanweisung *f*; **~ international** Auslandspostanweisung *f*; **~ optique** maschinenlesbare Postanweisung; **un ~ de 100 euros** e-e Anweisung über 100 Euro

mandataire [mɑ̃datɛʀ] **1** M/F JUR, POL Mandatar *m*; *a.* COMM Beauftragte(r) *m/f(m)*; (Handlungs)Bevollmächtigte(r) *m/f(m)*; *adjt* **État** *m* **~** Mandatarstaat *m* **2** M *à Paris* **~ aux °Halles** Kommissionär *m*; Zwischenhändler *m*

mandat-carte [mɑ̃dakaʀt] M ‹*pl* mandats-cartes› Postanweisung *f*

mandater [mɑ̃date] VT **~ qn** j-n beauftragen (**pour qc** mit etw, **pour faire qc** etw zu tun); j-m ein Mandat erteilen (für etw, etw zu tun)

mandat-lettre [mɑ̃dalɛtʀ] M ‹*pl* mandats-lettres› Postanweisung *f (die in e-m Brief geschickt u. bei Vorlage von der Post® eingelöst wird)*;

mandat-poste M ‹*pl* mandats-poste› Postanweisung *f*

mandchou [mɑ̃dʃu] **A** ADJ mandschurisch; Mandschu… **B** MPL **les Mandchous** die Mandschu *mpl*

Mandchourie [mɑ̃dʃuʀi] **la ~** die Mandschurei

mander [mɑ̃de] *litt* VT zu sich bitten; rufen lassen

mandibule [mɑ̃dibyl] F **1** *fam* LOC **jouer des ~s** essen; *fam* futtern **2** ZOOL *des insectes* **~s** *pl* Fresswerkzeuge *npl*; *t/t* Mandibeln *pl*; *des oiseaux* **~ supérieure, inférieure** Ober-, Unterschnabel *m*

mandoline [mɑ̃dɔlin] F MUS Mandoline *f*

mandragore [mɑ̃dʀagɔʀ] F BOT Mandragora *f*; Alraunwurzel *f*

mandrin [mɑ̃dʀɛ̃] M TECH **1** *(support)* (Spann)Futter *n*; *d'une perceuse* Bohrfutter *n* **2** *(poinçon)* Dorn *m*; Durchschlag *m*; Durchschläger *m*

manécanterie [manekɑ̃tʀi] F MUS → maîtrise 6

manège [manɛʒ] M 1 ÉQUITATION **(salle** *f* **de) ~** Reitbahn *f*, -halle *f*, -schule *f*; Tattersall *m* 2 *attraction foraine* Karussell *n*; **~ de chevaux de bois** Pferdekarussell *n*; **faire un tour de ~** Karussell fahren 3 *comportement* Schliche *mpl*; Tricks *mpl*

mânes [mɑn] MPL HIST REL Manen *pl*

manette [manɛt] F TECH (Schalt-, Bedienungs)Hebel *m*

manga [mɑ̃ga] M *bande dessinée* Manga *m ou n*

manganate [mɑ̃ganat] M CHIM Manganat *n*

manganèse [mɑ̃ganɛz] M CHIM Mangan *n*

mangeable [mɑ̃ʒabl] ADJ essbar; genießbar; **pas ~** ungenießbar

mangeaille [mɑ̃ʒaj] F *fam péj* Fraß *m*; *pop* Fressen *n*

mangeoire [mɑ̃ʒwaʀ] F *pour bestiaux* Futtertrog *m*; Futterkrippe *f*; *pour volaille* Futter-, Fressnapf *m*

manger [mɑ̃ʒe] ‹-geons› A VT 1 essen (*a. abs*); *animal* fressen; *fig* **~ ses mots** → mot 1; **~ de tout** alles essen; **tout ~** alles aufessen; **trop ~** zu viel essen; sich überessen; **aller ~ au restaurant, chez qn** ins Restaurant, zu j-m essen gehen; **~ comme un oiseau** wie ein Spatz essen; *fig* **~ qn de baisers, de caresses** j-n mit Küssen, Zärtlichkeiten überschütten; *fig* **~ qn des yeux** j-n mit den Augen verschlingen; **on en mangerait** das sieht lecker, appetitlich aus; *fig* **il ne te mangera pas** er wird dich schon nicht fressen; **qu'y a-t-il à ~?** was gibt es zu essen?; **donner à ~ à qn, à un animal** j-n, ein Tier füttern; j-m zu essen, e-m Tier zu fressen geben; **inviter qn à ~** j-n zum Essen einladen; **rester trois jours sans ~** drei Tage lang nichts essen; *prov* **il faut ~ pour vivre et non pas vivre pour ~** man lebt nicht, um zu essen, sondern man isst, um zu leben 2 *fig chauffage: électricité etc* verschlingen; *fam* fressen; *sa fortune etc* vertun; vergeuden; durchbringen; **~ de l'argent dans une affaire** bei e-m Geschäft Geld einbüßen, verlieren; **son visage est comme mangé par la barbe** sein Gesicht verschwindet fast unter dem Bart 3 ADJT: **mangé des,** *fam* **aux mites** von Motten zerfressen; **mangé par la rouille** von Rost zerfressen B VPR **cela se mange avec du beurre** das wird mit Butter gegessen C M Essen *n*

mange-tout [mɑ̃ʒtu] ADJ *et* SUBST MPL BOT, CUIS 1 **(°haricots** *mpl*) **~** zarte, fadenlose grüne Bohnen *fpl* 2 **(pois** *mpl*) **~** Zuckererbsen *fpl*

mangeur [mɑ̃ʒœʀ] M, **mangeuse** F Esser(in) *m(f)*; **un gros, petit mangeur** ein starker, mäßiger *ou* schlechter Esser; **mangeur de viande** Fleischesser *m*

mangouste [mɑ̃gust] F ZOOL Manguste *f*

mangrove [mɑ̃gʀɔv] F GÉOG Mangrove *f*

mangue [mɑ̃g] F BOT Mango *f*; **manguier** M BOT Mangobaum *m*

Manhattan [manatan] Manhattan *n*

maniabilité [manjabilite] F Handlichkeit *f*; *d'un appareil* leichte Handhabbarkeit; *d'un véhicule* große Manövrierfähigkeit; Wendigkeit *f*

maniable [manjabl] ADJ 1 *outil, format* handlich; *appareil* leicht zu handhaben(d); *véhicule* leicht zu fahren(d); sehr manövrierfähig; wendig 2 *fig personne* fügsam; leicht zu lenken(d); lenkbar

maniaco-dépressif [manjakodepʀesif] ADJ ‹-ive› PSYCH manisch-depressiv

maniaque [manjak] A ADJ 1 PSYCH manisch 2 *fig* eigenbrötlerisch; schrullig; schrullenhaft B M/F 1 PSYCH manisch Kranke(r) *m/f(m)* 2 *fig* Eigenbrötler(in) *m(f)*; Sonderling *m*; komischer Kauz; (*tatillon*) Pedant(in) *m(f)*; **un(e) ~ de l'exactitude** ein(e) Pedant(in) *m(f)*; **être un(e) ~ de l'ordre** ordnungswütig sein; **un vieux ~** ein komischer Kauz

maniaquerie [manjakʀi] F Schrulligkeit *f*

manichéen [manikeɛ̃] A ADJ ‹~ne› 1 REL manichäisch 2 *fig* rigoros; einseitig B M REL Manichäer *m*; **manichéisme** M REL Manichäismus *m*

manie [mani] F 1 PSYCH Manie *f*; **~ de la persécution** Verfolgungswahn *m* 2 *fig* Manie *f*; (krankhafte) Angewohnheit **(de qc** *ou* **de faire qc** etw zu tun); (*habitude bizarre*) Schrulle *f*; **chacun a ses petites ~s** jeder hat s-e kleinen Eigenheiten, Eigenarten; *fam* jeder hat s-n Vogel

maniement [manimɑ̃] M 1 *d'un outil etc* Handhabung *f*; Umgang *m*, Hantieren *n* **(de** mit); *d'une machine* Bedienung *f*; Betätigung *f*; *d'un véhicule* Lenken *n*; Manövrieren *n*; MIL **~ d'armes** (Gewehr)Griffe *mpl* 2 *fig de fonds, d'une foule etc* Umgang *m* **(de** mit)

manier [manje] A VT 1 *outil, arme etc* handhaben; umgehen, hantieren **(qc** mit etw); *épée, pinceau a.* führen; *machine* bedienen; betätigen; *véhicule* lenken; manövrieren; CUIS *beurre etc* bearbeiten; durchkneten 2 *fig fonds, foule, langue etc* umgehen **(qn, qc** mit j-m, etw); *ironie* (geschickt) gebrauchen; **il manie de grosses sommes d'argent** *a.* große Geldsummen gehen durch s-e Hand B VPR *fam* **se ~** → magner

manière [manjɛʀ] F 1 Art *f*; Weise *f*; Art und Weise *f*; BEAUX-ARTS Manier *f*; **~ d'agir** Handlungsweise *f*; **~ d'être** Wesen *n*; Wesensart *f*; **~ de s'exprimer** Ausdrucksweise *f*; **~ de travailler** Arbeitsweise *f*; **~ de vivre** Lebensart *f*, -weise *f*, -führung *f*; GRAM **adverbe** *m* **de ~** Adverb *n* der Art und Weise; ♦ *loc prép* **à la ~ de** nach Art (*+gén*); BEAUX-ARTS in der Manier (*+gén*); **à la ~ paysanne** nach Art der Bauern; wie die Bauern; **à sa ~** auf s-e Weise; *loc adv*: **d'une ~ ou d'une autre** irgendwie; auf die e-e oder andere Weise; so oder so; **d'une certaine ~** in gewisser Weise; **de cette ~** auf diese Art, Weise, Art und Weise; so; **d'une ~ générale** im Großen (und) Ganzen; aufs Ganze gesehen; **de la même ~** auf dieselbe, auf die gleiche Art, Weise, Art und Weise; ebenso; **de quelle ~?** wie?; auf welche Weise?; **de la ~ suivante** folgendermaßen; auf folgende Weise; **de toute ~** auf jeden Fall; auf alle Fälle; jedenfalls; sowieso; **de toutes les ~s possibles** auf alle mögliche Weise; auf jede mögliche Art; **en aucune ~** keineswegs; in keiner Weise; durchaus nicht; ganz und gar nicht; *loc conj* **de ~ à** (*+inf*) um zu (*+inf*); **de telle ~ que ...** so *ou* derart ..., dass ...; **de ~ (à ce) que ...** (*+subj*) sodass; damit; ♦ *personne* **avoir la ~** die richtige Art haben; es verstehen; **il y a la ~!** das ist keine Art, Manier!; **employer la ~ forte** Gewalt, Zwang anwenden; *refusez,* **mais mettez-y la ~** aber auf geschickte Weise, Art 2 **~s** *pl* Manieren *fpl*; Umgangsformen *fpl*; Benehmen *n*; Betragen *n*; *péj* Allüren *fpl*; **~s affectées** affektiertes Benehmen; Ziererei *f*; *fam* Getue *n*; Gehabe *n*; *fam* **sans ~s** ohne große Umstände; in aller Einfachheit; **en voilà des ~s!** was ist das für ein Benehmen!; was sind das für Manieren, Allüren!; so kannst du mir nicht kommen!; **apprendre les belles ~s** feine, vornehme Manieren lernen; **faire des ~s** sich zieren; *fam* sich haben

maniéré [manjeʀe] ADJ 1 *comportement, politesse etc* affektiert; geziert; gesucht; gekünstelt; *fam* affig 2 *style* manieriert; **maniérisme** M Manierismus *m*

manieur [manjœʀ] M **~ d'argent, de fonds** Finanz-, Geschäftsmann *m*

manif [manif] F *fam* ABR (manifestation) *fam* Demo *f* (Demonstration)

manifestant [manifɛstɑ̃] M, **manifestante** F POL Demonstrant(in) *m(f)*

manifestation [manifɛstasjõ] F 1 *d'un sentiment* Äußerung *f*; Bezeigung *f*; Bekundung *f*; Manifestation *f*; **~ de joie** Freudenbezeigung *f*; **~ de mécontentement** Missfallensäußerung *f* 2 POL Demonstration *f*; (Massen)Kundgebung *f*; **~ de soutien** Sympathiekundgebung *f* 3 (*réunion*) Veranstaltung *f*; **~ culturelle** kulturelle Veranstaltung; **~ sportive** Sportveranstaltung *f*

manifeste [manifɛst] A ADJ offenkundig; offenbar; offensichtlich B M Manifest *n*; **le Manifeste communiste** das Kommunistische Manifest

manifestement [manifɛstmɑ̃] ADV offensichtlich

manifester [manifɛste] A VT 1 *opinion, intention, volonté* äußern; kundtun; zum Ausdruck bringen; *surprise, joie, regret, indignation etc* äußern; ausdrücken; Ausdruck geben, verleihen (*+dat*); *sympathie* bekunden **(à qn** j-m); *joie a.* bezeigen 2 (*révéler*) erkennen lassen; offenbaren; zeugen von B VI POL demonstrieren C VPR **se ~** 1 *crise, maladie, sentiment* sich äußern, sich zeigen, sich manifestieren, zum Ausdruck kommen, offenbar werden **(par** durch; in *+dat*) 2 *personne* sich melden; von sich hören lassen 3 *Dieu* sich offenbaren

manigance [manigɑ̃s] F Trick *m*; **~s** *pl a.* Schliche *mpl*

manigancer [manigɑ̃se] VT ‹-ç-› aushecken; anzetteln; einfädeln

Manille [manij] Manila *n*

manille [manij] F a *ein Kartenspiel* b Zehnkarte *f in diesem Spiel*

manillon [manijõ] M Ass *n* (*im Kartenspiel „Manille"*)

manioc [manjɔk] M BOT Maniok *m*

manip [manip] *fam* F → manipulation 2, 4

manipulateur [manipylatœʀ], **manipulatrice** 1 M,F **~ radiographe** Röntgenassistent(in) *m(f)* 2 M TECH Manipulator *m* 3 M TÉLÉCOMMUNICATIONS (Sende)Taste *f*; Taster *m*; Geber *m*

manipulation [manipylasjõ] F 1 (*maniement*) Umgang *m*, Hantieren *n* **(de** mit); Handhabung *f*; Manipulation *f* (*+gén*); *d'une manette* Betätigung *f* 2 ÉCOLE (chemischer *ou* physikalischer) Versuch 3 BIOL **~ génétique** Genmanipulation *f* 4 *péj* Manipulation *f*; **~s électorales** Wahlmanipulationen *fpl*

manipuler [manipyle] VT 1 *substance chimique, appareil, colis* umgehen, hantieren **(qc** mit etw); manipulieren (etw); *appareil a.* handhaben; **~ une manette** einen Hebel betätigen 2 *péj personne* manipulieren; *résultats, données* manipulieren; *fam* frisieren; hindrehen

manique [manik] F *de différents artisans* Handleder *n*

manitou [manitu] M 1 *chez les Indiens* **Manitou** Manitu *m* 2 *fam fig* Boss *m*; Bonze *m*; **le grand ~** *fam* der Allgewaltige

manivelle [manivɛl] F 1 TECH Kurbel *f*; *de vélo* Tretkurbel *f* 2 CINÉMA **premier tour de ~** Beginn *m* der Dreharbeiten; **donner le premier tour de ~** mit den Dreharbeiten beginnen

manne [man] F BIBL, BOT Manna *n ou f*

mannequin [mankɛ̃] M 1 *profession* Mannequin *n*; Vorführdame *f* 2 (*forme humaine*) Puppe *f*; COUT Schneiderpuppe *f*; *dans une vitrine* Schaufensterpuppe *f*; BEAUX-ARTS Gliederpuppe *f*, -mann *m*; *adjt* **taille** *f* **~** Konfektionsgröße *f*

manœuvrabilité [manœvʀabilite] F Manövrierfähigkeit *f*; Wendigkeit *f*; **manœuvra-**

ble ADJ manövrierfähig; wendig
manœuvre[1] [manœvʀ] F **1** *d'un véhicule* Manöver *n*; Manövrieren *n*; Lenken *n*; *d'un bateau a.* Steuern *n*; **faire une fausse ~** beim Manövrieren, Steuern e-n Fehler machen; *fig* falsch handeln **2** MIL **a** (planmäßige) (Gefechts)Bewegung; Manöver *n*; **~ de repli** Absetzbewegung *f* **b** **~s** *pl* Manöver *n*; Truppenübung *f*; **~s navales** Flottenmanöver *n*; **faire des ~s** (ein) Manöver abhalten; **partir en ~s** ins Manöver ziehen **3** MAR **~s** *pl* Tauwerk *n*; **~s courantes, dormantes** laufendes, stehendes Tauwerk, Gut **4** CH DE FER Rangieren *n*; **faire des ~s** rangieren **5** *fig et péj* Manöver *n*; Trick *m*; **~s** *pl a.* Machenschaften *fpl*; Schliche *mpl*; **~s électorales** Wahlmanöver *npl*; **~s frauduleuses** Betrugsmanöver *npl*; betrügerische Machenschaften *fpl*; **déjouer les ~s de qn** j-m auf die Schliche kommen; hinter j-s Schliche (*acc*) kommen
manœuvre[2] [manœvʀ] M ungelernter Arbeiter; Hilfsarbeiter *m*; Handlanger *m*
manœuvrer [manœvʀe] **A** V/T **1** *véhicule* manövrieren; rangieren; lenken; *bateau a.* steuern; *gouvernail* bedienen; betätigen; *volant* drehen **2** *fig* **~ qn** j-n manipulieren, nach s-m Willen lenken, dirigieren **B** V/I **1** MIL (Gefechts)Bewegungen ausführen **2** MAR manövrieren **3** *fig* manövrieren; vorgehen; zu Werke gehen; operieren
manoir [manwaʀ] M Herren-, Landsitz *m*; Herrenhaus *n*
manomètre [manɔmɛtʀ] M TECH Manometer *n*; Druckmesser *m*
manométrie [manɔmetʀi] F TECH Druckmessung *f*; **manométrique** ADJ Manometer...; manometrisch
manouche [manuʃ] *fam* M/F Zigeuner(in) *m(f)*
manquant [mɑ̃kɑ̃] **A** ADJ fehlend **B** MPL **les ~s** die Fehlenden *pl*
manque [mɑ̃k] M **1** Mangel *m* (**de** an *+dat*); Manko *n*; **~ d'amour** fehlende Liebe; **~ d'argent** Geldmangel *m*; **~ de compréhension, d'égards, d'imagination** Verständnis-, Rücksichts-, Fantasielosigkeit *f*; **~ d'intérêt** Interesselosigkeit *f*; Desinteresse *n*; **~ de maturité** Mangel an Reife; Unreife *f*; **~ d'organisation** mangelnde Organisation; **~ de sommeil** Mangel an Schlaf; Schlafdefizit *n*; *loc prép* **par ~ de** aus Mangel an (*+dat*); mangels (*+gén*); **par ~ de place** aus, wegen Platzmangel; → *a.* **pot 2** **2** *fig* **~s** *pl d'une personne* Mängel *mpl*; Unzulänglichkeit(en) *f(pl)*; *de connaissances* Lücken *fpl* **3** COMM **~ à gagner** entgangener Gewinn; Verdienstausfall *m* **4** *d'un drogué* (**état** *m* **de**) **~** Entziehungs-, Entzugserscheinungen *fpl*; **être en ~** unter Entziehungserscheinungen leiden **5** LOC ADJ *fam* **à la ~** schlecht; *fam* mies
manqué [mɑ̃ke] ADJ *occasion, rendez-vous* verpasst; versäumt; *tentative* fehlgeschlagen; misslungen (*a. photo*); missglückt; gescheitert; *photo a.* nichts geworden; *vie* verfehlt; *fam* verpfuscht; verpatzt; *d'une fille fam* **c'est un garçon ~** an ihr ist ein Junge verloren gegangen
manquement [mɑ̃kmɑ̃] M **~ à** Verstoß *m* gegen; Verletzung *f* (*+gén*); **~ au devoir** Pflichtverletzung *f*, -vergessenheit *f*; **~ à la discipline** Verstoß gegen die Disziplin
manquer [mɑ̃ke] **A** V/T **1** *cible* verfehlen (*a. effet, marche*); nicht treffen; *ballon a.* nicht fangen; *fam* nicht kriegen; *personne* verfehlen; *cours, spectacle* versäumen; **~ le bus, le train** den Bus, den Zug verpassen; den Bus, den Zug nicht mehr erreichen, *fam* kriegen, erwischen; FOOTBALL *etc* **~ le but** *a.* vorbeischießen; *fam* **il a manqué son coup** sein Vorhaben ist gescheitert; *fam* das ist schiefgegangen, in die Binsen gegangen; **~ une occasion** eine Gelegenheit verpassen, versäumen; **~ sa vocation** s-n Beruf verfehlen (*a. plais*); **vous n'avez rien manqué!** Sie haben nichts verpasst, versäumt!; *fam* **il n'en manque pas une!** *fam* er muss doch immer ins Fettnäpfchen treten!; *fam* **la prochaine fois je ne te manquerai pas!** das nächste Mal entkommst, entgehst du mir nicht! **2** *photo, sa vie etc* verderben; *fam* verpfuschen; verpatzen **B** V/T INDIR **1** **~ à qn** es j-m gegenüber am schuldigen Respekt fehlen lassen **2** **~ à qc** etw verletzen; gegen etw verstoßen; **~ à ses devoirs** s-e Pflichten verletzen, vernachlässigen, versäumen, nicht erfüllen; s-n Pflichten nicht nachkommen; pflichtvergessen sein; **~ à sa parole** sein Wort nicht halten; sein Wort brechen; wortbrüchig werden **3** **~ de qc** Mangel an etw (*dat*) haben; *plus fort* etw nicht haben, nicht besitzen; *st/s* e-r Sache (*gén*) ermangeln; *fam* **il ne manque pas d'air, de culot** *fam* er ist ganz schön frech, unverschämt; **il manque d'argent** er hat nicht genug Geld; es fehlt, mangelt ihm an Geld; **~ d'expérience, d'imagination** keine Erfahrung, Fantasie haben, besitzen; unerfahren, fantasielos sein **4** **ne pas ~ de faire qc** nicht vergessen, nicht unterlassen, nicht versäumen, etw zu tun; etw (ganz) bestimmt tun; **ne manquez pas de venir me voir!** besuchen Sie mich unbedingt!; **je n'y manquerai pas** ich werde es bestimmt tun; *de lui donner le bonjour* ich werde es ausrichten, bestellen; **ça n'a pas manqué!** das musste ja so kommen!; das konnte nicht ausbleiben! **5** (*faillir*) **elle a manqué (de) se faire écraser** sie wäre beinahe, fast überfahren worden **C** V/I *et* V/IMP **1** *objet, élève, occasion, temps etc* fehlen (**à qn** j-m); **~ à l'appel** beim namentlichen Aufruf, MIL beim Appell fehlen; **~ à l'école** in der Schule fehlen; **les enfants lui manquent** die Kinder fehlen ihr; sie vermisst, entbehrt die Kinder; **ce n'est pas l'envie qui lui manque** Lust hätte er schon; **les mots me manquent** mir fehlen die Worte; **les occasions ne manquent pas** an Gelegenheiten fehlt, mangelt es nicht; **ça ne manque pas!** daran fehlt es nicht!; daran ist kein Mangel!; ♦ **il manque deux pages** es fehlen zwei Seiten; **il ne manquait plus que cela!** das fehlte g(e)rade noch!; auch das noch!; **il ne manquait plus que lui!** *fam* der hat uns g(e)rade noch gefehlt!; **il ne manquerait plus que ...** (*+subj*) es fehlte nur noch, dass ... **2** *tentative* fehlschlagen; misslingen; missglücken; scheitern; *voix, forces* versagen **D** V/PR **1** *réciproque* **se ~** sich verfehlen **2** *réfléchi* **il s'est manqué** sein Selbstmordversuch ist missglückt, fehlgeschlagen
Mans (Le) [lәmɑ̃] ***Stadt im Dep. Sarthe***
mansarde [mɑ̃saʀd] F CONSTR **1** Mansarde *f*; Mansardenzimmer *n*; Dachkammer *f* **2** (**comble** *m* **en**) **~** Mansard(en)dach *n*
mansardé [mɑ̃saʀde] ADJ mit schrägen Wänden; **chambre ~e** Zimmer *n* mit schrägen Wänden
mansuétude [mɑ̃sɥetyd] *st/s* F Milde *f*; Nachsicht *f*; **juger avec ~** milde urteilen
mante [mɑ̃t] F **1** ZOOL **~ (religieuse)** Gottesanbeterin *f* **2** *autrefois* weiter Umhang (*für Frauen*)
manteau [mɑ̃to] M ‹*pl* ~x› **1** Mantel *m*; **~ de fourrure** Pelzmantel *m*; *fig* **sous le ~** heimlich; unter der Hand **2** **~ de cheminée** Mantel *m* und Konsolen *fpl* **3** *pour un chien* Hundedecke *f*, -kleid *n*
mantille [mɑ̃tij] F Mantilla *f*; Schleier-, Spitzentuch *n*
Mantoue [mɑ̃tu] Mantua *n*
manucure [manykyʀ] F Maniküre *f*; Handpflegerin *f*; **manucurer** V/T maniküren
manuel[1] [manɥɛl] **A** ADJ ‹~le› Hand...; manuell; **métier ~** handwerklicher Beruf; **travail ~** Handarbeit *f*; manuelle Arbeit; *matière* **travaux ~s** Werkunterricht *m* **B** SUBST **~(le)** *m(f)* Person, die manuell veranlagt ist
manuel[2] [manɥɛl] M Handbuch *n*, Leitfaden *m*, *scolaire* Lehrbuch *n* (**de physique** der Physik)
manuellement [manɥɛlmɑ̃] ADV mit der Hand; manuell
manufacture [manyfaktyʀ] F Manufaktur *f*; Fabrik *f*; **~ de porcelaine** Porzellanmanufaktur *f*
manufacturé [manyfaktyʀe] ADJ **produits ~s** gewerbliche und industrielle Erzeugnisse *npl*
manu militari [manymilitaʀi] LOC ADV mit Waffengewalt; (*par la force*) mit Gewalt; gewaltsam
manuscrit [manyskʀi] **A** ADJ handgeschrieben; handschriftlich **B** M **1** *ancien* Handschrift *f* **2** TYPO Manuskript *n*
manutention [manytɑ̃sjõ] F **1** *action* (Be)Förderung *f*; Transport *m*; **appareils** *mpl* **de ~** Flurfördermittel *npl*; Förder-, Transportanlagen *fpl* **2** *local* Lager *n*
manutentionnaire [manytɑ̃sjɔnɛʀ] M Lagerist *m*; Lagerarbeiter *m*; **manutentionner** V/T *marchandises* befördern; transportieren
maoïsme [maɔism] M POL Maoismus *m*
maoïste [maɔist] **A** ADJ maoistisch **B** M/F Maoist(in) *m(f)*
maori [maɔʀi] **A** ADJ der Maori; maorisch **B** SUBST **les Maoris** *mpl* die Maori(s) *mpl*
maous [maus] *fam* ADJ ‹~se› riesig; *fam* mächtig
Mao Zedong [maodzedõg] M HIST Mao Tse-tung *m*
mappemonde [mapmõd] F **a** *globe* Globus *m* **b** Welt-, Erdkarte *f*; Planiglob *n*; **~ céleste** Himmelskarte *f*
maquer [make] *pop* V/PR **se ~** zusammenziehen (**avec qn** mit j-m); *adjt* **être maqué** zusammenleben (**avec** mit)
maquereau [makʀo] M ‹*pl* ~x› **1** ZOOL Makrele *f* **2** *pop* (*souteneur*) Zuhälter *m*; *fam* Lude *m*; *autrich* Strizzi *m*
maquerelle [makʀɛl] F *pop* Puffmutter *f*
maquette [makɛt] F **1** (*modèle réduit*) (verkleinertes) Modell; **~ d'avion** Flugzeugmodell *n*; Modellflugzeug *n* **2** SCULP Modell *n* **3** *d'affiche etc* Entwurf *m*; TYPO Lay-out *n*
maquettiste [maketist] M/F **1** Modellbauer(in) *m(f)*, -tischler(in) *m(f)* **2** TYPO Layouter(in) *m(f)*
maquignon [makiɲõ] M **1** Pferdehändler *m*; *péj* Rosstäuscher *m* **2** *fig et péj* Schacherer *m*; gerissener, betrügerischer Geschäftsmann, Vermittler
maquignonnage [makiɲɔnaʒ] M **1** Pferdehandel *m* **2** *péj* **a** (*manœuvres frauduleuses*) Rosstäuschertricks *mpl*; Schwindel *m* **b** (*marchandage honteux*) Schacher *m*; *fam* Kuhhandel *m* (*a.* POL)
maquillage [makijaʒ] M **1** *action* Schminken *n* **2** *résultat* Make-up *n* **3** *d'une voiture volée etc fam* Frisieren *n*; *fam* Umfrisieren *n*
maquiller [makije] **A** V/T **1** schminken; **~ un acteur** einen Schauspieler schminken **2** *bilan, voiture volée, vérité fam* frisieren; *bilan a.* verschleiern; *voiture a. fam* umfrisieren **B** V/PR **se ~** sich schminken
maquilleur [makijœʀ] M, **maquilleuse** F THÉ, CINÉMA, TV Maskenbildner(in) *m(f)*
maquis [maki] M **1** GÉOG Macchia *f*; Buschwald *m* **2** *sous l'occupation allemande* Maquis

m; französische Widerstandsgruppe; **prendre le ~** sich e-r Widerstandsgruppe anschließen 3 *fig (fouillis)* Dickicht *n;* Gestrüpp *n*

maquisard [makizaʀ] M Maquisard *m;* französischer Widerstandskämpfer

marabout [maʀabu] M 1 ZOOL Marabu *m* 2 ISLAM Marabut *m*

maracuja [maʀakyʒa, -kuʒa] M *fruit* Maracuja *f*

maraîcher [maʀeʃe], **maraîchère** A M,F Gemüsegärtner(in) *m(f)* B ADJ Gemüse...; **culture maraîchère** Gemüse(an)bau *m*

marais [maʀɛ] M 1 Sumpf *m;* Moor *n; par ext* Sumpfgebiet *n;* Moorland *n* 2 **~ salant** Salzgarten *m*

marasme [maʀasm] M ÉCON Flaute *f;* Stocken *n;* Stillstand *m*

marasquin [maʀaskɛ̃] M *liqueur* Maraschino *m*

marathon [maʀatõ] M 1 SPORTS Marathon(-lauf) *m;* **coureur** *m* **de ~** Marathonläufer *m* 2 *fig* Marathonveranstaltung *f; fam* Marathon *n;* **~ de danse** Tanzmarathon *n; adjt* **séance** *f* **~** Marathonsitzung *f*

marâtre [maʀɑtʀ] F *péj* Rabenmutter *f*

maraudage [maʀodaʒ] M → maraude 2

maraude [maʀod] F 1 *taxi* **être en ~, faire la ~** langsam durch die Straßen fahren und Kunden suchen 2 JUR Felddiebstahl *m*

marauder [maʀode] V/I 1 *taxi* → maraude 1 2 (Feld-, Gartenfrüchte, Geflügel *etc*) stehlen;

maraudeur M, **maraudeuse** F (Feld-, Garten)Dieb(in) *m(f)*

marbre [maʀbʀ] M 1 Marmor *m;* **~ de Carrare** Carraramarmor *m; loc adj* **de** *ou* **en ~** Marmor...; marmorn; **bloc** *m,* **escalier** *m* **de ~** Marmorblock *m,* -treppe *f; fig* **visage** *m* **de ~** versteinertes, unbewegliches Gesicht; *fig* **être, rester de ~** nicht zu erschüttern sein; ungerührt sein, bleiben 2 *statue* Marmorstatue *f; plaque* Marmorplatte *f* 3 TECH Arbeitsplatte *f (aus Gusseisen);* TYPO **être sur le ~** zum Druck bereit sein; fertig gesetzt sein

marbré [maʀbʀe] ADJ 1 marmoriert; **papier ~** marmoriertes Papier; **reliure ~e** marmorierter Einband 2 CUIS **gâteau ~** Marmorkuchen *m* 3 *peau* **~ par le froid** blau (gefleckt) vor Kälte

marbrerie [maʀbʀəʀi] F 1 *atelier* Marmorwerk *n,* -schleiferei *f* 2 **~ funéraire** Steinmetzgeschäft *n* für Grabsteine

marbrier [maʀbʀije] M 1 *ouvrier* Marmorschleifer *m* 2 **~ (funéraire)** Steinmetz *m* (für Grabsteine)

marbrière [maʀbʀijɛʀ] F Marmorbruch *m*

marbrure [maʀbʀyʀ] F 1 *sur papier* Marmorierung *f* 2 *sur la peau* leichte Flecke(n) *mpl*

marc [maʀ] M 1 *résidu* Trester *mpl;* **~ de pommes, de raisin** Apfel-, Traubentrester *mpl* 2 *eau-de-vie* Tresterbranntwein *m,* -schnaps *m;* Grappa *m ou f* 3 **~ de café** Kaffeesatz *m*

Marc [maʀk] M 1 *Vorname* 2 BIBL Markus *m; à Venise* **place** *f* **Saint-~** [sɛ̃maʀ] Markusplatz *m*

marcassin [maʀkasɛ̃] M ZOOL, CH Frischling *m*

marcassite [maʀkasit] F MINÉR Markasit *m*

Marcel [maʀsɛl] M *Vorname*

Marcelle [maʀsɛl] F *Vorname*

marchand [maʀʃɑ̃] A SUBST 1 **~(e)** *m(f)* Händler(in) *m(f);* **~ de bestiaux** Viehhändler *m; péj* **~ de canons** Waffenhändler *m;* **~ de couleurs** Drogist *m;* **~ de glace** Eisverkäufer *m;* **~ de journaux, de meubles** Zeitungs-, Möbelhändler *m;* **~ des quatre-saisons** Obst- und Gemüsehändler *m (auf der Straße); péj* **~ de sommeil** Vermieter, der Gastarbeiter ausbeutet; Miethai *m; péj* **~ de soupe** schlechter (Gast)Wirt; **~ de tapis** Teppichhändler *m;* **~ de, en gros** Großhändler *m;* Grossist *m;* **jouer à la ~e** mit dem Kaufmannsladen spielen 2 *enf* **~ de sable** Sandmännchen *n;* **le ~ de sable est passé** das Sandmännchen kommt, war da B ADJ Handels...; **marine ~e** Handelsmarine *f;* **navire ~** Handelsschiff *m;* **prix ~** Einkaufs-, Großhandelspreis *m;* **valeur ~e** Handels-, Verkaufs-, Markt-, Verkehrswert *m*

marchandage [maʀʃɑ̃daʒ] M 1 Handeln *n, péj* Feilschen *n,* Schachern *n* (**de qc** um etw) 2 *fig et péj* Feilschen *n;* Schachern *n; fam* Kuhhandel *m*

marchander [maʀʃɑ̃de] V/T 1 handeln, *péj* feilschen, schachern (**qc** um etw) 2 *fig* **ne pas ~ ses éloges à qn** j-m gegenüber mit Lob nicht sparen, geizen, kargen

marchandise [maʀʃɑ̃diz] F Ware *f;* **~s** *pl* Ware(n) *f(pl);* Güter *npl;* **~ vendue au mètre** Meter-, Schnittware *f;* **~ de contrebande** Schmuggelware *f;* **faire valoir sa ~** s-e Ware anpreisen, loben *(a. fig);* **tromper qn sur la ~** *fam* j-m schlechte Ware andrehen

marche¹ [maʀʃ] F CONSTR (Treppen)Stufe *f;* **attention à la ~!** Vorsicht, Stufe!

marche² [maʀʃ] F 1 *mode de locomotion* Gehen *n;* Laufen *n; dans la nature* Wandern *n;* SPORTS Gehen *n;* **chaussures** *fpl* **de ~** Laufschuhe *mpl;* **aimer la ~ (à pied)** gern laufen 2 *(chemin parcouru [en groupe])* Marsch *m (a.* MIL); *(randonnée)* Wanderung *f;* **~ à pied** Fußmarsch *m;* MIL **~ de nuit** Nachtmarsch *m;* POL: **~ de la paix** Friedensmarsch *m;* **~ de protestation** Protestmarsch *m;* **heure** *f* **de ~** Wegstunde *f;* **être situé à une heure de ~** e-e Wegstunde entfernt sein, liegen; *loc adv* **en ~** auf dem (Vor)Marsch (**vers** nach); → *a.* 4; **se mettre en ~** aufbrechen; sich in Marsch setzen; abmarschieren; MIL *a.* ab-, ausrücken; → *a.* 4; **conduire, ouvrir la ~** an der Spitze marschieren; **faire une ~ de dix kilomètres** e-n Marsch von zehn Kilometern machen; zehn Kilometer marschieren; **fermer la ~** am Schluss marschieren 3 MUS Marsch *m;* **~ funèbre, militaire, nuptiale** Trauer-, Militär-, Hochzeitsmarsch *m* 4 *d'un véhicule* Fahrt *f; d'une machine* Gang *m;* AUTO **~ arrière** Rückwärtsgang *m;* **faire ~ arrière** rückwärtsfahren; im Rückwärtsgang fahren; zurücksetzen, -stoßen; *fig* e-n Rückzieher machen; TECH **~ à vide** Leerlauf *m;* **sens** *m* **de la ~** Fahrtrichtung *f; loc adj* **en état de ~** *machine* betriebsbereit, -fähig; *véhicule a.* fahrbereit; *loc adv* **en ~** *véhicule, navire* in Fahrt; fahrend; *machine, moteur* in Gang; in Betrieb; laufend; **mise** *f* **en ~** *d'une machine* Anstellen *n;* Anlassen *n;* In-Gang-Bringen *n;* Inbetriebsetzung *f; d'un moteur* Anlassen *n;* Anwerfen *n; machine, moteur* **être en ~** in Betrieb, in Gang sein; laufen; arbeiten; **mettre en ~** *machine* in Gang bringen, setzen; in Betrieb setzen; anstellen *(a. radio, télé);* anlaufen lassen; *moteur* anlassen; anwerfen; **se mettre en ~** *machine* anlaufen; zu laufen, zu arbeiten beginnen; sich in Gang setzen; *moteur* anspringen; anlaufen; **monter en ~** im Fahren aufspringen; **prendre le train en ~** auf den fahrenden Zug aufspringen *(a. fig)* 5 *(cours)* Gang *m;* Lauf *m; du temps a.* Ablauf *m;* Fortschreiten *n; d'une entreprise* Gang *m; d'un service* Betrieb *m;* **~ à suivre** Vorgehen *n;* einzuschlagender Weg; **l'employé lui indiqua la ~ à suivre** der Angestellte sagte ihm, wie er vorgehen müsse, was er alles zu tun habe; **~ des affaires** Geschäftsgang *m*

marche³ [maʀʃ] F HIST Mark *f;* Grenzland *n*

marché [maʀʃe] M 1 *réunion et lieu* (Wochen)Markt *m;* **~ couvert** überdachter Markt; Markthalle *f;* **~ aux bestiaux, aux fleurs, aux poissons** Vieh-, Blumen-, Fischmarkt *m;* **~ aux puces** Flohmarkt *m;* **jour** *m* **de ~** Markttag *m;* **place** *f* **du ~** Marktplatz *m;* **aller au ~** auf den Markt gehen; **faire son ~** auf dem Markt einkaufen, Einkäufe machen 2 ÉCON Markt *m; par ext d'une grande ville* Handels-, Umschlagplatz *m;* **~ agricole** Agrarmarkt *m;* **le Marché commun** der Gemeinsame Markt; die EG *(Europäische Gemeinschaft);* **le grand ~ européen** *ou* **le ~ unique** der europäische Binnenmarkt; BOURSE **~ libre** freier Markt; **~ noir** schwarzer Markt; Schwarzmarkt *m;* BOURSE **~ officiel** Markt der amtlich notierten Wertpapiere; BOURSE **~ à terme** Terminmarkt *m;* → *a.* 3; **~ des changes, des devises** Devisenmarkt *m;* **~ de l'emploi** Arbeits-, Stellenmarkt *m;* **~ de l'or** Goldmarkt *m;* **~ de valeurs mobilières** Effekten-, Wertpapiermarkt *m; produit* **lancer, mettre sur le ~** auf den Markt werfen, bringen; **ouvrir le ~ à un produit** den Markt für ein Produkt öffnen, freigeben 3 *(transaction)* Geschäft *n;* (Geschäfts)Abschluss *m;* Handel *m;* **~ conclu!** abgemacht!; ADMIN **~s publics** (Vergabe *f*) öffentliche(r) Aufträge *mpl;* **~ à prime** Prämiengeschäft *n;* **~ à terme** Termingeschäft *n; loc adv* **par-dessus le ~** COMM als Zugabe; *fig* obendrein; noch dazu; **conclure, passer un ~** ein Geschäft, e-n Handel abschließen; e-n Abschluss tätigen; **faire un ~** ein Geschäft, e-n Handel machen, tätigen; *fig* **mettre le ~ en main à qn** j-n vor die Wahl stellen, entweder anzunehmen oder abzulehnen; j-m die Pistole auf die Brust setzen 4 a **(à) bon ~** *loc adj* ⟨inv⟩ billig; preiswert, -günstig; *loc adv* billig; **(à) meilleur ~** billiger *etc;* **c'est bon ~** das ist billig; *fig* **faire bon ~ de qc** etw gering achten; wenig auf etw *(acc)* geben; wenig Wert auf etw *(acc)* legen; *fig* **s'en tirer à bon ~** glimpflich davonkommen; gut dabei wegkommen b *subst* **le bon ~** *d'un produit* die Billigkeit, *st/s* Preiswürdigkeit; **elle n'achète que du bon ~** sie kauft nur billige Sachen

marchepied [maʀʃəpje] M 1 *d'un train, d'un bus* Trittbrett *n* 2 *(petite échelle)* Tritt-, Stehleiter *f;* Tritt *m* 3 *fig* **servir de ~ à qn** j-m als Sprungbrett dienen

marcher [maʀʃe] V/I 1 *personne* gehen; laufen *(a. animal, jeune enfant);* marschieren *(a.* MIL); treten (**dans** in *+acc;* **sur** auf *+acc*); ♦ *avec prép:* **~ dans une flaque d'eau** in e-e Pfütze treten; **~ derrière, devant qn** hinter, vor j-m (her)gehen, (-)laufen; **~ en tête** vorangehen; an der Spitze gehen; **~ sur qc** auf etw *(dat)* gehen, laufen; auf etw *(acc)* treten; **~ sur qn** auf j-n losgehen; *acrobate* **~ sur les mains** auf den Händen laufen; *fig* **~ sur les pas, sur les traces de qn** in j-s Fuß(s) tapfen *(acc)* treten; **défense de ~ sur la pelouse!** Betreten des Rasens verboten!; **~ sur les pieds de qn** j-m auf die Füße treten; *fam fig* **il n'aime pas qu'on lui marche sur les pieds** er hat es nicht gern, wenn man ihm ins Gehege, in die Quere kommt; *fam fig* **se laisser ~ sur les pieds** sich *(dat)* alles gefallen, bieten lassen; **ne pas se laisser ~ sur les pieds** *a. fam* sich *(dat)* nicht auf der Nase herumtanzen lassen; nicht auf sich *(dat)* herumtrampeln lassen; sich *(dat)* nicht die Butter vom Brot nehmen lassen; MIL **~ sur une ville** auf e-e Stadt vorrücken, vorstoßen; → *a.* pas¹ 1; ♦ **en marchant** im *ou* beim Gehen, Laufen, Marschieren; MIL **en avant, marche!** im Gleichschritt, marsch!; **j'ai besoin de ~ un peu** ich muss mir ein wenig die Füße vertreten; *enfant* **commencer à ~** anfangen zu laufen 2 *fam (consentir)* mitmachen; mittun; einverstanden sein; **je ne marche pas!** da mache ich nicht mit!; kommt nicht infrage!; darauf lasse ich mich nicht ein! **3** *fam (croire)* **~ (dans qc)** *fam* (auf etw *acc*) reinfallen; **faire ~ qn** j-n reinlegen, an der Nase herumführen, zum Narren haben, halten **4** *(fonctionner) montre* gehen; *radio, chauffage* laufen; gehen; *appareil, machine* in Gang, in Betrieb sein; laufen; funktionieren; arbeiten; **faire ~** *radio, télé, fer à repasser* anstellen; *machine a.* in Betrieb, in Gang setzen **5** *(rouler) auto (-mobiliste)* fahren (**à 100 km à l'heure** mit 100 Stundenkilometern) **6** *(réussir) affaires* gehen; *études, projets* erfolgreich verlaufen; *ruse* wirken; *fam* **comment ça marche?** wie geht das Geschäft?; *fam* wie klappt's?; *fam* **ça marche** *fam* es macht sich; es klappt; **rien ne marche** *fam* nichts klappt

marcheur [maʀʃœʀ], **marcheuse** **1** M,F Marschierer(in) *m(f)*; **être un bon, mauvais marcheur** gut, schlecht zu Fuß sein **2** M SPORTS Geher *m* **3** ADJT ZOOL **oiseaux marcheurs** Laufvögel *mpl*

marcottage [maʀkɔtaʒ] M JARD, VIT Absenken *n*

marcotte [maʀkɔt] F JARD, VIT Ableger *m*; Absenker *m*; **marcotter** V/T JARD, VIT absenken

mardi [maʀdi] M Dienstag *m*; **~ gras** Fastnacht *f*; Karnevals-, Faschingsdienstag *m*; → *a.* jeudi

mare [maʀ] F **1** Tümpel *m*; kleiner Teich; Pfuhl *m*; **~ aux canards** Ententeich *m* **2** **~ de sang** Blutlache *f*; **baigner dans une ~ de sang** in s-m Blut schwimmen

marécage [maʀekaʒ] M Sumpf *m*; Moor *n*; Sumpfgebiet *n*; Moorland *n*; **marécageux** ADJ ⟨-euse⟩ sumpfig; moorig; Sumpf...; Moor...

maréchal [maʀeʃal] M ⟨*pl* -aux⟩ MIL **1** Marschall *m*; **~ de France** Marschall von Frankreich **2** **~ des logis** Unteroffizier *m*; **~ des logis-chef** Feldwebel *m*

maréchale [maʀeʃal] F Frau *f* e-s Marschalls

maréchalerie [maʀeʃalʀi] F **1** Hufschmiede *f* **2** Hufschmiedehandwerk *n*

maréchal-ferrant [maʀeʃalfɛʀɑ̃] M ⟨*pl* maréchaux-ferrants⟩ Hufschmied *m*

maréchaussée [maʀeʃose] F HIST *ou plais* Gendarmerie *f*

marée [maʀe] F **1** MAR Ebbe *f* und Flut *f*; Tide *f*; **~s** *pl a.* Gezeiten *pl*; **~ basse** Niedrigwasser *n*; Ebbe *f (abus)*; **~ descendante** Ebbe *f*; **~ faible** *ou* **~ de morte-eau** Nippflut *f*, -tide *f*; **grande ~** *ou* **~ de vive-eau** Springflut *f*, -tide *f*; **~ °haute** Hochwasser *n*; Flut *f (abus)*; **~ montante** Flut *f*; *loc adv* **à ~ basse, °haute** bei Ebbe, Flut; **la ~ descend, monte** die Flut fällt, steigt; es ist Ebbe, Flut **2** COMM frische Seefische *mpl* **3** **~ noire** Ölpest *f* **4** *fig* **~ humaine** (wogende) Menschenmenge

marégraphe [maʀegʀaf] M (Gezeiten)Registrierpegel *m*

marelle [maʀɛl] F *jeu d'enfants* Himmel und Hölle; **jouer à la ~** Himmel und Hölle spielen

Maremme [maʀɛm] GÉOG **la ~** die Maremmen *pl*

marémoteur [maʀemɔtœʀ] ADJ ⟨-trice⟩ Gezeiten...; **usine marémotrice** Gezeiten-, Flutkraftwerk *n*

marène [maʀɛn] F ZOOL Felchen *m*; Renke *f*; Maräne *f*

marengo [maʀɛ̃go] ADJT ⟨*inv*⟩ CUIS **poulet** *m*, **veau** *m* **~** in Weißwein gedünstetes Huhn, Kalbfleisch mit Tomaten und Zwiebeln

marennes [maʀɛn] F ZOOL, CUIS Auster *f* aus Marennes

mareyeur [maʀɛjœʀ] M, **mareyeuse** F Seefisch-(groß)händler(in) *m(f)*

margarine [maʀgaʀin] F CUIS Margarine *f*

marge [maʀʒ] F **1** *d'un texte* Rand *m*; **à grande ~** mit breitem Rand; **écrire, mettre qc dans la, en ~** etw auf, an den Rand schreiben **2** *fig* Spielraum *m*; **~ d'erreur** (zulässige) Fehlermenge; Fehlergrenze *f*; **~ de manœuvre** Handlungsspielraum *m*; TECH **~ de sécurité** Sicherheitsmarge *f*; TECH **~ de tolérance** Toleranz *f*; **avoir de la ~** genügend Zeit, Spielraum haben **3** COMM Spanne *f*; **~ bénéficiaire** Gewinn-, Verdienstspanne *f*; **~ commerciale** Handelsspanne *f*; Marge *f* **4** *fig loc prép* **en ~ de** am Rand(e) (*+gén*); **en ~ de l'actualité** am Rande des Tagesgeschehens; **vivre en ~ (de la société)** am Rande der (menschlichen) Gesellschaft leben

margelle [maʀʒɛl] F Brunnenrand *m*

margeur [maʀʒœʀ] M **1** TYPO Anlegeapparat *m* **2** *d'une machine à écrire* Randsteller *m*

marginal [maʀʒinal] ⟨*mpl* -aux⟩ **A** ADJ **1** Rand...; **note ~e** Randnotiz *f*, -bemerkung *f*; Marginalie *f* **2** *fig (secondaire)* unwichtig; nebensächlich; marginal; **phénomène ~** Randerscheinung *f* **3** ÉCON Grenz...; **utilité ~e** Grenznutzen *m* **4** SOCIOLOGIE marginal; **groupe ~** Randgruppe *f* **B** M (gesellschaftlicher) Außenseiter; Aussteiger *m*; Randpersönlichkeit *f*; Marginalexistenz *f*; **marginaux** *pl a.* Randgruppen *fpl*

marginaliser [maʀʒinalize] V/T an den Rand der Gesellschaft, ins soziale Abseits drängen; ausgrenzen; **marginalisme** M ÉCON Grenznutzenschule *f*; Marginalismus *m*; **marginalité** F Existenz *f* am Rande der Gesellschaft; Marginalität *f*

Margot [maʀgo] F *Vorname*

margoulette [maʀgulɛt] F *pop* Maul *n*; **se casser la ~** hinfallen

margoulin [maʀgulɛ̃] M *péj* skrupelloser Geschäftemacher; Jobber *m*

margrave [maʀgʀav] M HIST Markgraf *m*

marguerite [maʀgəʀit] F **1** BOT Margerite *f*; **effeuiller la ~** das Blumenorakel befragen **2** *d'une machine à écrire* Typenrad *n*

Marguerite [maʀgəʀit] F *Vorname*

marguillier [maʀgije] *litt* M Küster *m*

mari [maʀi] M Ehemann *m*; Mann *m*; *st/s* Gatte *m*; **mon ~** mein Mann

mariable [maʀjabl] ADJ heiratsfähig

mariage [maʀjaʒ] M **1** *institution* Ehe *f*; *(fait de se marier)* Eheschließung *f*; Heirat *f*; Verheiratung *f*; ADMIN Verehelichung *f*; *st/s* Vermählung *f*; *cérémonie* Trauung *f*; **~ civil** standesamtliche Trauung; Ziviltrauung *f*, -ehe *f*; **~ religieux** kirchliche Trauung; **~ d'amour** Liebesheirat *f*; Neigungsehe *f*; **~ de raison** Vernunftheirat *f*, -ehe *f*; **faire un ~ de raison** e-e Vernunftehe eingehen; **enfant né °hors ~** uneheliches Kind; **demander une jeune fille en ~** um die Hand e-s Mädchens anhalten; **donner sa fille en ~ à qn** j-m s-e Tochter zur Frau geben; **faire un beau ~** e-e gute Partie machen **2** *fête* Hochzeit *f*; **cadeau** *m* **de ~** Hochzeitsgeschenk *n*; ÉGL CATH **messe** *f* **de ~** Brautmesse *f* **3** *situation de couple* Ehe *f*; Ehestand *m*; **fêter ses dix ans de ~** sein zehnjähriges Ehejubiläum feiern **4** *fig de deux couleurs, parfums etc* Zusammenstellung *f*; Verbindung *f*; Vereinigung *f*

marial [maʀjal] ADJ ⟨-als *ou* -aux⟩ ÉGL CATH Marien...; marianisch; **culte ~** Marienverehrung *f*, -kult *m*

Marianne [maʀjan] **1** F *Vorname* **2** F *symbole de la République Française* Marianne *f* **3** ADJT GÉOG **les îles ~s** *fpl* die Marianen *pl*

Marica [maʀika] GÉOG **la ~** die Maritza

Marie [maʀi] F **1** *Vorname* **2** REL Maria *f*

marié [maʀje] **A** ADJ verheiratet; *st/s* vermählt **B** SUBST **~(e)** *m(f)* Bräutigam *m*, Braut *f*; **les ~s** das Brautpaar; **le jeune ~** der junge Ehemann; **la jeune ~e** die junge (Ehe)Frau; **les jeunes ~s** das junge Paar; die jungen Eheleute *pl*; die Jungverheirateten *pl*; *fig* **se plaindre que la ~e est trop belle** klagen, anstatt sich zu freuen; grundlos klagen

Marie-Antoinette [maʀiɑ̃twanɛt] F HIST Marie-Antoinette *f*

Marie-Chantal [maʀiʃɑ̃tal] F *iron* snobistische höhere Tochter

marie-jeanne [maʀiʒan] F *fam* → marijuana

Marie-Madeleine [maʀimadlɛn] F BIBL Maria Magdalena *f*

marier [maʀje] **A** V/T **1** *(unir)* trauen **2** *(donner en mariage)* verheiraten; *st/s* vermählen; **fille** *f* **à ~** heiratsfähige Tochter; **~ sa fille avec** *ou* **à qn** s-e Tochter mit j-m verheiraten; **être marié avec qn** mit j-m verheiratet sein **3** *fig couleurs, styles etc* verbinden, vereinigen, kombinieren (**à** mit) **B** V/PR **1** **se ~** heiraten; sich verheiraten; ADMIN *et plais* sich verehelichen; **se ~ avec qn** j-n heiraten; sich mit j-m verheiraten; **se ~ à l'église** sich kirchlich trauen lassen **2** *fig couleurs* **bien se ~** gut zusammenpassen; miteinander harmonieren

marieur [maʀjœʀ] *fam* M, **marieuse** *fam* F Ehestifter(in) *m(f)*

marihuana [maʀiʀwana] F Marihuana *n*; *fam* Pot *n*

marijuana [maʀiʀwana] F Marihuana *n*; *fam* Pot *n*

marin [maʀɛ̃] **A** ADJ **1** Meer(es) ...; See...; *t/t* marin; **air ~** Seeluft *f*; **mille ~** Seemeile *f*; MYTH **monstre ~** Meerungeheuer *n*; **plante ~e** Meerespflanze *f*; **sel ~** Meersalz *n* **2** MAR *bateau* seetüchtig; *personne* **avoir le pied ~** seefest sein **3** **col, costume ~** Matrosenkragen *m*, -anzug *m* **B** M *(matelot)* Seemann *m*; Matrose *m*; *(navigateur)* Seefahrer *m*; **~s** *pl* Seeleute *pl*; *plais* **~ d'eau douce** *plais* Süßwassermatrose *m*; **peuple** *m* **de ~s** seefahrendes Volk; **vie** *f* **de ~** Seemannsleben *n*

marina [maʀina] F Ferienwohnanlage *f* mit Bootsanlegeplätzen; Marina *f*

marinade [maʀinad] F CUIS Marinade *f*; Beize *f*

marine[1] [maʀin] F **1** Marine *f*; **~ marchande** Handelsmarine *f*; **~ militaire, de guerre** Kriegsmarine *f*; **la Marine nationale** die französische (Kriegs)Marine; *fam* **les gars** *mpl* **de la ~** *fam* die blauen Jungs *mpl*; **ministère** *m*, **ministre** *m* **de la Marine** Marineministerium *n*, -minister *m*; **vocabulaire** *m* **de la ~** Seemannssprache *f* **2** PEINT Seestück *n* **3** ADJT **(bleu) ~** ⟨*inv*⟩ marineblau; *subst* **le ~** das Marineblau

marine[2] [maʀin] M MIL (amerikanischer) Marineinfanterist

mariner [maʀine] **A** V/T CUIS marinieren; einlegen; *adjt* **mariné** mariniert; eingelegt **B** V/I **1** CUIS in Marinade liegen **2** *fam* **laisser qn ~** *fam* j-n schmachten lassen

marinier [maʀinje] **A** ADJ ⟨-ière⟩ MAR MIL **officier ~** Unteroffizier *m* **B** M (Binnen-, Fluss)Schiffer *m*

marinière [maʀinjɛʀ] F **1** *vêtement* Überziehbluse *f*; Jumper *m* **2** **nager (à) la ~** auf der Seite schwimmen **3** CUIS **moules** *fpl* **(à la) ~** Muscheln *fpl* im eigenen Saft mit Zwiebeln gekocht

marin-pêcheur [maʀɛ̃pɛʃœʀ] M ⟨*pl* marins-pêcheurs⟩ ADMIN (Hochsee-, Küsten)Fischer *m*

mariol(le) [maʀjɔl] *fam* M Schlaukopf *m*, *fam* -meier *m*; **faire le mariol(le)** sich wichtigmachen; (sich) wichtigtun

Marion [maʀjõ] F *Vorname*

marionnette [maʀjɔnɛt] F **1** Puppe *f*; **~ à**

fils Marionette *f;* **montreur** *m* **de ~s** Puppen-, Marionettenspieler *m* 2 **~s** *pl* Puppen-, Marionettenspiel *n* 3 *fig* Marionette *f;* willenloses Werkzeug

marital [maʀital] ADJ ‹-aux› JUR *autorisation* des Ehemannes

maritalement [maʀitalmɑ̃] ADV **vivre ~** in eheähnlicher Gemeinschaft, in wilder Ehe leben

maritime [maʀitim] ADJ See…; maritim; **climat** *m* **~** Seeklima *n;* **commerce** *m* **~** Seehandel *m;* **droit** *m* **~** Seerecht *n;* **gare** *f* **~** Hafenbahnhof *m;* **navigation** *f* **~** Seeschifffahrt *f;* **plante** *f* **~** Strandpflanze *f;* **port** *m* **~** Seehafen *m;* **puissance** *f* **~** Seemacht *f;* **signaux** *mpl* **~s** Schifffahrtssignale *npl;* **trafic** *m* **~** See-, Schiffsverkehr *m*

Maritza [maʀitsa] GÉOG **la ~** die Maritza

Marius [maʀjys] M *Vorname*

marivaudage [maʀivodaʒ] M galantes Geplauder; **marivauder** V/I galant plaudern

marjo [maʀʒo] M *fam* ABR → marginal B

marjolaine [maʀʒɔlɛn] F BOT Majoran *m*

mark [maʀk] M HIST *monnaie* Mark *f*

marketing [maʀkətiŋ] M ÉCON Marketing *n*

Marlborough [malbʀu] HIST **le duc de ~** der Herzog von Marlborough

marlou [maʀlu] M *arg (souteneur) fam* Lude *m;* Louis *m*

marmaille [maʀmaj] *fam* F (lärmende) Kinderschar; *fam* Gören *npl;* Bälger *npl ou mpl*

Marmara [maʀmaʀa] **la mer de ~** das Marmarameer

marmelade [maʀməlad] F 1 CUIS Mus *n;* Kompott *n;* **~ d'oranges** Orangenkonfitüre *f;* **~ de pommes, de prunes** Apfel-, Pflaumenmus *n ou* -kompott *n* 2 *fam fig nez etc* **en ~** übel zugerichtet; zu Brei geschlagen

marmite [maʀmit] F 1 CUIS (Koch)Topf *m; très grande* (Koch)Kessel *m;* **une ~ de soupe** ein Topf (voll) Suppe; *fig* **faire bouillir la ~** für den (Lebens)Unterhalt sorgen; die Familie ernähren 2 GÉOL **~ de géants** Strudeltopf *m;* Kolk *m*

marmiton [maʀmitɔ̃] M Küchenjunge *m*

marmonnement [maʀmɔnmɑ̃] M Murmeln *n;* Brummen *n;* Brummeln *n;* **marmonner** V/T (in s-n Bart, vor sich [acc] hin) murmeln, brummen, brummeln

marmoréen [maʀmɔʀeɛ̃] ADJ ‹~ne› 1 GÉOL marmorartig 2 *fig litt* weiß, kalt wie Marmor; *st/s* marmorn

marmot [maʀmo] *fam* M 1 a *fam* Knirps *m;* Kerlchen *n* b **~s** *pl fam* Gören *npl;* Bälger *npl ou mpl;* Krabben *fpl* 2 *fig* **croquer le ~** *fam* sich (dat) die Beine in den Bauch stehen

marmotte [maʀmɔt] F ZOOL Murmeltier *n; fig* **dormir comme une ~** wie ein Murmeltier, wie ein Dachs, wie ein Ratz schlafen

marmotter [maʀmɔte] V/T → marmonner

Marne [maʀn] **la ~** *Fluss u. Departement in Frankreich*

marne [maʀn] F GÉOL Mergel *m*

marner [maʀne] V/I *fam* schuften; sich schinden, abrackern

marneux [maʀnø] ADJ ‹-euse› GÉOL mergelig; Mergel…; **sol ~** Mergelboden *m*

Maroc [maʀɔk] **le ~** Marokko *n*

marocain [maʀɔkɛ̃] A ADJ marokkanisch B SUBST **Marocain(e)** *m(f)* Marokkaner(in) *m(f)*

maroilles [maʀwal] *ou* **marolles** [maʀɔl] M *ein frz Weichkäse*

maronite [maʀɔnit] REL A ADJ maronitisch B M/F Maronit(in) *m(f)*

maronner [maʀɔne] *fam* V/I knurren; murren; **faire ~ qn** *fam* j-n auf die Palme bringen

maroquin [maʀɔkɛ̃] M 1 Maroquin *m;* Saffian (-leder) *m(n)* 2 *fam fig* Ministerposten *m*

maroquinerie [maʀɔkinʀi] F 1 *industrie* Lederwarenindustrie *f* 2 *commerce* Lederwarenhandel *m* 3 *magasin* Lederwarengeschäft *n* 4 *articles* feine Lederwaren *fpl*

maroquinier [maʀɔkinje] M 1 *fabricant* Lederwarenhersteller *m* 2 *commerçant* Lederwarenhändler *m*

marotte [maʀɔt] F Marotte *f;* Schrulle *f*

maroufle [maʀufl] F Malerleim *m;* **maroufler** V/T *toile* aufleimen, aufziehen (**sur** auf +acc)

marquage [maʀkaʒ] M 1 *par un signe distinctif* Kennzeichnung *f;* Markierung *f;* Kenntlichmachung *f;* COMM **~ des prix (sur les marchandises)** Auszeichnung *f* (der Waren) 2 SPORTS *de l'adversaire* Deckung *f*

marquant [maʀkɑ̃] ADJ *événement, fait* bedeutend; hervorstechend; wichtig; *personnage a.* markant; profiliert

marque [maʀk] F 1 *(signe)* (Erkennungs-, Kenn)Zeichen *n;* Markierung *f;* Marke *f; sur une liste, dans un livre* Merkzeichen *n; (cachet)* Stempel *m;* **~ au fer rouge** Brandzeichen *n;* SPORTS **à vos ~s - prêts? - partez!** auf die Plätze, fertig, los!; **faire une ~ à qc** ein Zeichen an *ou* auf etw (acc) machen; etw markieren; **mettre une ~ dans un livre** ein (Lese)-Zeichen in ein Buch legen 2 COMM Marke *f (a. le produit);* **~ déposée** eingetragene Marke; **les grandes ~s d'automobiles** die großen Auto(mobil)marken *fpl;* **~ de commerce** Handelsmarke *f;* **~ de fabrique** Fabrikmarke *f;* **~ d'origine, de producteur** Ursprungs-, Herstellerzeichen *n;* **~ de qualité** Gütezeichen *n;* Qualitätsmarke *f; loc adj* **de ~** Marken…; *fig* hohe(r, -s); **de grande ~** Spitzen…; Qualitäts…; *fig* **hôte** *m,* **personnage** *m* **de ~** hoher Gast, hohe Persönlichkeit; **produit** *m* **de ~** Markenerzeugnis *n,* -artikel *m;* **acheter une ~ bon marché** e-e billige Marke, Sorte kaufen 3 *d'une fonction, d'un grade* (Ab)Zeichen *n;* GRAM **s est la ~ du pluriel** s ist das Zeichen für die Mehrzahl, das Pluralzeichen 4 *(trace de doigts, de pieds, de dents)* Spur *f;* Abdruck *m; sur la peau a.* Mal *n;* CH **~s** *pl* Spuren *fpl; fig et litt* **~ d'infamie** Schandmal *n,* -fleck *m* 5 *fig (témoignage)* Zeichen *n;* Beweis *m;* **~ d'amitié, d'amour** Freundschafts-, Liebesbeweis *m;* **donner des ~s d'estime à qn** j-m s-e Wertschätzung bekunden, bezeigen, beweisen 6 *fig du génie etc* Stempel *m;* Gepräge *n* 7 SPORTS *(score)* **la ~ est de deux à zéro (2-0)** das Spiel steht zwei zu null (2:0); **mener à la ~** (nach Punkten) führen 8 *au jeu* (Spiel)Marke *f*

marqué [maʀke] ADJ 1 *objet* gekennzeichnet; markiert; *linge* gezeichnet; **prix ~** Auszeichnungspreis *m;* angeschriebener Preis 2 *fig: personne* gezeichnet (**par la misère** von der Not); **homme politique ~ à gauche** Politiker, der als Linker abgestempelt ist; **traits ~s** markante, scharfe Gesichtszüge *mpl;* **visage ~** zerfurchtes, faltiges Gesicht; **il vieillit, il est ~** er wird alt, man sieht es ihm an 3 *(accentué) taille* betont; *différence* deutlich; unverkennbar; *préférence* ausgeprägt; ausgesprochen 4 *(écrit)* **il n'y a rien de ~** es ist nichts angegeben, vermerkt (**sur** auf +dat); *fam* es steht nichts da

marquer [maʀke] A V/T 1 *par un signe distinctif* kennzeichnen; markieren; bezeichnen; kenntlich machen; *linge* zeichnen; *viande de boucherie, marchandise à la douane* stempeln; *place* belegen (**avec son gant** mit s-m Handschuh); *passage dans un livre* anstreichen (**au crayon** mit [dem] Bleistift); *bétail* **~ au fer rouge** mit dem Brandeisen zeichnen; **~ d'une croix** ankreuzen; **~ d'un signe** mit e-m Zeichen versehen; anzeichnen; **~ d'un trait** anstreichen 2 *(écrire)* aufschreiben, notieren, vermerken (**sur le carnet** im Notizbuch); **~ les points** *arbitre* die Punkte zählen, *dispositif* anzeigen; *fig* die Plus- und Minuspunkte registrieren; **~ les prix sur la marchandise** die Ware auszeichnen 3 *(laisser des traces)* Spuren hinterlassen (**qc** auf etw [dat]); *fig époque* prägen; das Gepräge geben, den Stempel aufdrücken (+dat); **la maladie l'a marqué** die Krankheit hat ihn gezeichnet, hat ihre Spuren bei ihm hinterlassen, ist nicht spurlos an ihm vorübergegangen 4 *fig événement etc* **~ qc** ein Zeichen für etw sein; etw bedeuten, darstellen, kennzeichnen; **~ un tournant** e-n Wendepunkt, e-e Wende bedeuten (**dans l'histoire** der Geschichte) 5 *instrument de mesure* **~ qc** etw anzeigen, angeben; *montre* **~ cinq heures** auf fünf (Uhr) stehen 6 SPORTS a *abs* e-n Treffer erzielen; FOOTBALL **~ un but** ein Tor schießen, erzielen; RUGBY **~ un essai** e-n Versuch erzielen; BASKET **~ un panier** e-n Korb werfen, erzielen; **~ un point** e-n Punkt erzielen; *fig* e-n Erfolg verbuchen, zu verzeichnen haben b **~ un joueur** e-n Spieler decken 7 *fig événement, date importante* feierlich begehen; feiern; *l'anniversaire du débarquement* **a été marqué par un défilé** wurde mit e-r Parade gefeiert; **~ le coup** *(souligner un événement positif)* das Ereignis feiern; *(réagir à une offense etc)* zeigen, dass man sich getroffen fühlt; Wirkung zeigen; **ne pas ~ le coup** sich (dat) nichts anmerken lassen; nicht darauf reagieren; keine Wirkung zeigen 8 *(souligner)* MUS **~ la mesure** den Takt schlagen, angeben; MIL **~ le pas** auf der Stelle treten; *vêtement* **~ la taille** die Taille betonen, unterstreichen, zur Geltung bringen; **~ un temps d'arrêt** e-e kurze Pause einlegen; kurz innehalten 9 *sentiment, pensée* Ausdruck geben, verleihen (+dat); *joie, intérêt* äußern; zum Ausdruck bringen; *intérêt a.* bekunden; zeigen; an den Tag legen B V/I 1 *coups etc* Spuren hinterlassen; *tampon* **ne plus ~** nicht mehr (richtig) stempeln 2 *fig événement* prägend wirken, bedeutsam *ou* einschneidend sein (**dans la vie de qn** in j-s Leben [dat])

marqueter [maʀkəte] V/T ‹-tt-› *bois* mit Intarsien verzieren

marqueterie [maʀkɛtʀi] F a *ouvrage* Einlegearbeit *f;* Intarsien *fpl;* Marketerie *f* b *art* Intarsien-, Einlegekunst *f*

marqueur [maʀkœʀ] M 1 Person, die etw kennzeichnet, markiert 2 SPORTS a *(qui marque un but)* Torschütze *m* b *(qui compte les points)* Person, die die Punkte zählt, notiert; TIR Anzeiger *m;* **~ automatique** automatischer Treffermelder 3 *(crayon-feutre)* (dicker) Filzschreiber; (Text)Marker *m*

marqueuse [maʀkøz] F Maschine, die das Markenzeichen einprägt

marquis [maʀki] M Marquis *m*

marquise [maʀkiz] F 1 *(femme d'un marquis)* Marquise *f* 2 *auvent* gläsernes Schutz-, Vordach; Glasdach *n* 3 *bague* Fingerring *m* mit e-m langen, schmalen Stein 4 **les îles Marquises** *fpl* die Marquesasinseln *fpl*

marraine [maʀɛn] F 1 *d'un enfant* (Tauf)Patin *f;* Patentante *f; appellatif* Tante (+prénom)! 2 *par ext* a *d'un navire* Frau, die ein Schiff tauft; Taufpatin *f* b **~ de guerre** Briefpartnerin *f* (e-s Frontsoldaten)

Marrakech [maʀakɛʃ] Marrakesch *n*

marrant [maʀɑ̃] ADJ *fam* a *(rigolo)* lustig; spaßig; drollig; *fam* ulkig; zum Piepen; **ce n'est pas ~** das ist gar nicht lustig, zum Lachen; **il est ~** *ou subst* **c'est un ~** *fam* er ist ein ulkiger Typ; **il n'est pas ~** *(ennuyeux) fam* er ist e-e trübe Tasse b *(bizarre)* seltsam; komisch; eigenartig; *fam* ulkig; *iron* heiter; *reproche* **t'es ~, toi,** *je n'ai pas le temps fam* du bist vielleicht gut!; du machst mir (vielleicht) Spaß!

marre [maʀ] ADV *fam* **en avoir ~** *fam* es satthaben; die Nase voll haben; es dick(e) haben; **j'en ai ~** *a. fam* mir langt's; es steht mir bis hier oben, bis zum Hals; **en avoir ~ de qn, qc** j-n, etw satthaben; von j-m, etw die Nase voll haben, **(il) y en a ~!** jetzt langt's, reicht's aber!; *pop* **c'est ~!** *(ça suffit)* jetzt reicht's!; *(c'est tout)* das ist alles

marrer [maʀe] V/PR *fam* **se ~** *fam* sich *(dat)* e-n Ast lachen; sich schieflachen; **tu me fais ~!** dass ich nicht lache!

marri [maʀi] *litt* ADJ betrübt; traurig

marron¹ [maʀõ] M **1** essbare Kastanie; Esskastanie *f*; Marone *f*; CUIS **dinde** *f* **aux ~s** mit Kastanien gefüllte Pute; **crème** *f*, **purée** *f* **de ~s** Kastanienpüree *n*; **marchand** *m* **de ~s** Maronen- *ou autrich* Maroniverkäufer *m*; **chaud les ~s!** heiße Maronen *ou autrich* Maroni!; *fig* **tirer les ~s du feu** die Kastanien aus dem Feuer holen (**pour qn** für j-n) **2** **~ d'Inde** (Ross)Kastanie *f* **3** *fam (coup de poing)* Faustschlag *m*

marron² [maʀõ] **A** ADJ ⟨inv⟩ **1** braun **2** *fam fig* **être ~** der *ou* die Dumme sein; *fam* reingefallen, angeschmiert sein **B** M Braun *n*

marron³ [maʀõ] ADJ ⟨~ne⟩ **avocat ~** Winkeladvokat *m*; **médecin ~** Kurpfuscher *m*

marronnier [maʀɔnje] M BOT **1** **~ (d'Inde)** (Ross)Kastanie *f (Baum)*; Kastanienbaum *m* **2** Marone *f (Baum)*

mars [maʀs] M März *m*; **giboulée** *f* **de ~** Aprilschauer *m*

Mars [maʀs] **1** ASTRON (der) Mars **2** M MYTH Mars *m*; *à Paris* **champ** *m* **de ~** Marsfeld *n*

marseillais [maʀsɛjɛ] **A** ADJ Marseiller; von, aus Marseille **B** SUBST **1** **Marseillais(e)** *m(f)* Marseiller(in) *m(f)* **2** **la Marseillaise** die Marseillaise *(frz Nationalhymne)*

Marseille [maʀsɛj] *Stadt im Dep. Bouches-du-Rhône*

Marshall [maʀʃal] **l'archipel** *m* **~** *ou* **les îles** *fpl* **~** die Marschallinseln *fpl*

marsouin [maʀswɛ̃] M ZOOL Kleiner Tümmler

marsupial [maʀsypjal] ZOOL **A** ADJ ⟨-aux⟩ Beutel…; **poche ~e** Beutel *m* **B** MPL **marsupiaux** Beuteltiere *npl*

marte [maʀt] F ZOOL → martre

marteau [maʀto] M ⟨pl ~x⟩ **1** *outil* Hammer *m (a. d'un piano,* SPORTS, ANAT*)*; *d'horloge* Schlaghammer *m*; *de porte* Klopfer *m*; **~ piqueur** Presslufthammer *m*; **coup** *m* **de ~** Hammerschlag *m*; *fig* **être entre le ~ et l'enclume** zwischen Hammer und Amboss geraten (sein) **2** ZOOL *adjt* **requin** *m* **~** Hammerhai *m* **3** ADJT *fam* **être ~** *fam* bekloppt, behämmert sein; → *a.* cinglé

marteau-pilon [maʀtopilõ] M ⟨pl marteaux-pilons⟩ Fallhammer *m*

martel [maʀtɛl] LOC **se mettre ~ en tête** sich *(dat)* Gedanken, Sorgen machen

martelage [maʀtəlaʒ] M TECH (Be)Hämmern *n*

martèlement *ou* **martellement** [maʀtɛlmɑ̃] M **1** Hämmern *n*; Gehämmer *n* **2** *fig des pas etc* Dröhnen *n*

marteler [maʀtəle] V/T ⟨-è-⟩ **1** *métaux* (be)hämmern; *adjt* **cuivre martelé** gehämmertes Kupfer **2** *fig* **il lui martelait la figure à coups de poing** er hämmerte mit (den) Fäusten auf sein Gesicht ein **3** *vacarme etc* **~ le crâne de qn** j-m im Kopf dröhnen **4** *ses mots* laut und deutlich artikulieren

Marthe [maʀt] F *Vorname*

martial [maʀsjal] ADJ ⟨-aux⟩ **1** *allure* kriegerisch; martialisch; **discours ~** Brandrede *f* **2** JUR **cour ~e** Standgericht *n*; **loi ~e** Standrecht *n* **3** **arts martiaux** asiatische Kampfsportarten *fpl*

martien [maʀsjɛ̃] **A** ADJ ⟨~ne⟩ ASTRON Mars…; des Mars **B** M **Martien** Marsbewohner *m*, -mensch *m*

Martin [maʀtɛ̃] M **1** *Vorname* **2** *plais (ours)* Petz *m*; *(âne)* Langohr *n*; **ours** *m* **~** Meister *m* Petz **3** MÉTALL **acier** *m* **~** Siemens-Martin-Stahl *m*

Martine [maʀtin] F *Vorname*

martinet [maʀtinɛ] M **1** ZOOL Segler *m*; **~ noir** Mauersegler *m* **2** *fouet* (Klopf)Peitsche *f* **3** TECH Maschinenhammer *m*

martingale [maʀtɛ̃gal] F **1** *d'un manteau etc* Rückenspange *f*; Halbgürtel *m* **2** JEU **a** *à la mise* Verdoppelung *f* des Einsatzes **b** *système* Gewinnsystem *n*

martiniquais [maʀtinikɛ] **A** ADJ von, aus Martinique **B** SUBST **Martiniquais(e)** *m(f)* Bewohner(in) *m(f)* von Martinique

Martinique [maʀtinik] **la ~** Martinique *n*

martin-pêcheur [maʀtɛ̃pɛʃœʀ] M ⟨pl martins-pêcheurs⟩ ZOOL Eisvogel *m*

martre [maʀtʀ] F **1** ZOOL Marder *m* **2** *fourrure* Marder(pelz) *m*

martyr(e) [maʀtiʀ] M(F) **1** REL, *pour une cause* Märtyrer(in) *m(f)*; *st/s* Blutzeuge *m*, -zeugin *f*; *fig* **se donner, prendre des airs de martyr** e-e Leidens-, Duldermiene aufsetzen; **jouer les martyrs** den Märtyrer spielen **2** ADJT *enfant* grausam behandelt, gequält; misshandelt

martyre [maʀtiʀ] M **1** REL, *pour une cause* Martyrium *n*; Märtyrertod *m*, -tum *n* **2** *fig (grande souffrance)* Martyrium *n*; Marter *f*; Qual *f*; *maladie* **être un ~ pour qn** ein Martyrium, e-e Qual für j-n sein; **souffrir le ~** ein Martyrium, Qualen erdulden, ausstehen; **faire souffrir le ~ à qn** j-n quälen, peinigen, Qualen ausstehen lassen

martyriser [maʀtiʀize] V/T *personne, animal* quälen; grausam behandeln; *douleurs* **~ qn** j-n quälen, peinigen, martern

marxisme [maʀksism] M POL Marxismus *m*; **marxisme-léninisme** M POL Marxismus-Leninismus *m*

marxiste [maʀksist] POL **A** ADJ marxistisch **B** M/F Marxist(in) *m(f)*; **marxiste-léniniste** POL **A** ADJ marxistisch-leninistisch **B** M/F Marxist(in)-Leninist(in) *m(f)*

Maryse [mariz] F *Vorname*

mas [mɑ(s)] M *en Provence* Land- *ou* Bauernhaus *n*

Masaï [mazaj] M/F Massai *m/f*

mascara® [maskaʀa] M Wimperntusche *f*

mascarade [maskaʀad] F **1** **a** *(déguisement)* Vermummung *f*; Maskerade *f*; Aufzug *m* **b** *divertissement* Maskenfest *n*; *litt* Mummenschanz *m* **2** *fig* Vortäuschung *f*; Maskerade *f*; Farce *f*; **ce procès n'était qu'une ~** dieser Prozess war nur ein Scheinprozess

mascaret [maskaʀɛ] M Sprungwelle *f*

Mascate [maskat] GÉOG Maskat *n*

mascotte [maskɔt] F Maskottchen *n*

masculin [maskylɛ̃] **A** ADJ **1** männlich; Männer…; *péj d'une femme* maskulin; **métier ~** Männerberuf *m*; **mode ~e** Herrenmode *f*; **sexe ~** männliches Geschlecht **2** GRAM männlich; maskulin; **genre, nom ~** männliches Geschlecht, Substantiv; **rime ~e** männlicher, stumpfer Reim **B** M GRAM Maskulinum *n*; männliches Geschlecht *ou* Substantiv; **au ~** in der männlichen Form

masculiniser [maskylinize] V/T vermännlichen

masculinité [maskylinite] F **1** Männlichkeit *f* **2** STATISTIQUE DÉMOGRAPHIQUE **(rapport** *m* **de) ~** Geschlechtsverhältnis *n*; Sexualproportion *f*

maso [mazo] *fam* ABR → masochiste

masochisme [mazɔʃism] M Masochismus *m*; **masochiste** **A** ADJ masochistisch **B** M/F Masochist(in) *m(f)*

masque [mask] M **1** (Gesichts)Maske *f*; *de fête costumée a.* Larve *f*; *de chirurgien* Mundschutz *m*; *d'apiculteur* Bienenhaube *f*; *d'escrime* Fechtmaske *f*, -korb *m*; *de plongée* Tauchermaske *f*; **~ mortuaire** Totenmaske *f*; **~ respiratoire** Atemmaske *f*; **~ à gaz** Gasmaske *f*; **~ de protection** Schutzmaske *f* **2** *fig* Maske *f*; **jeter, lever, ôter le ~** die Maske fallen lassen, von sich werfen **3** *(physionomie)* Gesichtsausdruck *m*; Miene *f*; Gesicht *n* **4** *préparation* (Gesichts)Maske *f*; **~ de beauté** Schönheitsmaske *f*

masqué [maske] ADJ *personne* maskiert; **bal ~** Maskenball *m*

masquer [maske] V/T **1** *vérité* verbergen; verschleiern; maskieren; *faits a.* vernebeln; vertuschen **2** *vue* versperren; verdecken; nehmen; *goût, odeur* überdecken; *lumière* abschirmen; abblenden

Massachusetts [masaʃysɛts] **le ~** Massachusetts *n*

massacrant [masakʀɑ̃] ADJ **être d'une humeur ~e** unausstehlicher, abscheulicher Laune sein; *fam* e-e Stinklaune haben

massacre [masakʀ] M **1** Massaker *n*; Blutbad *n*; Gemetzel *n*; Metzelei *f*; HIST **le ~ de la Saint-Barthélemy** die Pariser Bluthochzeit; die Bartholomäusnacht; *soldats* **envoyer au ~** in den sicheren Tod schicken; *fig match de boxe* **tourner au ~** in e-e brutale Schlägerei ausarten; *travail mal exécuté* **c'est un vrai ~!** das sieht aus wie ein Schlachtfeld! **2** *(défiguration d'une œuvre)* Verschandelung *f*; *fam* Verhunzung *f* **3** **jeu** *m* **de ~** *jeu forain* Wurfspiel *n (bei dem mit Bällen nach Figuren geworfen wird)*; *fig critique* Rundumschlag *m*

massacrer [masakʀe] V/T **1** *personnes* niedermetzeln; niedermachen; hinmorden; hinschlachten; massakrieren; **~ des prisonniers** *a.* ein Blutbad unter den Gefangenen anrichten **2** *fam fig adversaire* übel zurichten; brutal zusammenschlagen; **~ une œuvre, un texte, un paysage** ein Werk, einen Text, eine Landschaft verschandeln, verpfuschen, *fam* verhunzen

massage [masaʒ] M Massage *f*; Massieren *n*; **~ cardiaque, du visage** Herz-, Gesichtsmassage *f*

masse¹ [mas] F **1** *d'une matière* (formlose) Masse; MÉTÉO **~s d'air** Luftmassen *fpl*; **~s d'eau** Wassermassen *fpl*; **tomber comme une ~** schwer zu Boden fallen; zusammensacken **2** SCULP Block *m*; **tailler dans la ~** aus e-m Block (heraus)hauen **3** *(grande quantité)* Masse *f*; Menge *f*; Haufen *m*; **une ~ de pierres** e-e Masse, e-e Menge, ein Haufen Steine; **une ~ énorme de …** e-e Unmasse, Unmenge (von) …; *fam* **des ~s de …** Massen von …; e-e Masse, e-e Menge, *fam* ein Haufen …; *fam* **il n'y en a plus des ~s** es ist nicht mehr viel davon da; **la grande ~ des …** die große Masse, die Mehrzahl, das Gros *(+gén)* **4** *de personnes* (Menschen-, Volks)Masse *f*; *abs* **la ~** die große, breite Masse; **les ~s** die Massen; **civilisation** *f* **de ~** Massengesellschaft *f*; **psychologie** *f* **des ~s** Massenpsychologie *f*; **en ~** **a** *loc adj* Massen… **b** *loc adv* massen-, scharen-, haufenweise; in Massen, Scharen; in großen Haufen **5** PHYS Masse *f*; **~ atomique** Atomgewicht *n*; **~ spécifique** (Massen)Dichte *f* **6** ÉLEC Erde *f*; Masse *f*; **mettre à la ~** erden; mit der Masse verbinden **7** JUR, FIN Masse *f*; **~ active, passive** Aktiv-, Passivmasse *f*; Aktiva *pl*, Passiva *pl*; **~ monétaire** Geldvolumen n, -menge f; ~ **salariale** (gesamtes) Lohn- und Gehaltsaufkommen **B** ARCH **plan** m **de** ~ Übersichts-, Lageplan m

masse² [mas] F **1** (gros maillet) Schlägel m; Fäustel m; fam fig **c'est le coup de** ~ fam hier wird man ganz schön ausgenommen, gerupft **2** HIST ~ **(d'armes)** Streitkolben m; Morgenstern m

massepain [maspɛ̃] M en Belgique Marzipan n

masser [mase] **A** V/T **1** troupes zusammenziehen; massieren; pp: les gens **massés devant la porte** vor der Tür dicht zusammengedrängt **2** MÉD massieren; **se faire** ~ sich massieren lassen **B** V/PR foule **se** ~ sich (in Massen) versammeln; sich drängen

masseur [masœʀ], **masseuse** **1** M,F personne Masseur m, Masseurin f **2** M appareil Massagegerät n

massicot [masiko] M TYPO Papierschneidemaschine f

massif [masif] **A** ADJ ⟨-ive⟩ **1** silhouette massig; klobig; colonne, meuble etc a. wuchtig **2** bois, or, argent massiv; **chêne** ~ massive Eiche **3** fig Massen...; **attaque massive** massiver Angriff; **départs** ~**s** Massenaufbruch m; **dose massive** starke Dosis; **manifestation massive** Massenkundgebung f **B** M **1** GÉOG (Gebirgs)Massiv n; Gebirgsstock m; **le Massif central** das Zentralmassiv **2** ~ **de fleurs** (kunstvoll angelegtes) Blumenbeet; ~ **de rhododendrons** Gruppe f von Rhododendronsträuchern **3** CONSTR massiver Sockel

massification [masifikasjõ] F Vermassung f

massivement [masivmɑ̃] ADV in Massen; massenweise

mass media [masmedja] MPL Massenmedien npl

massue [masy] F **1** Keule f; **coup** m **de** ~ Keulenschlag m; fig schwerer, harter Schlag **2** ADJT **argument** m ~ schlagendes Argument

master [mastɛʀ] M grade universitaire Master m

mastic [mastik] **A** M **1** de vitrier (Fenster)Kitt m **2** TYPO Druckfehler m (bei dem Zeilen vertauscht sind) **B** ADJ ⟨inv⟩ beigefarben (wie Kitt)

masticage [mastikaʒ] M TECH Kitten n

masticateur [mastikatœʀ] ADJ ⟨-trice⟩ ANAT Kau...; **muscles** ~**s** Kaumuskeln mpl

mastication [mastikasjõ] F PHYSIOL Kauen n

mastiquer [mastike] V/T **1** (mâcher) kauen **2** vitres kitten; joints verkitten; zukitten

mastite [mastit] F MÉD Brustdrüsenentzündung f

mastoc [mastɔk] fam ADJ ⟨inv⟩ plump; klobig; massig

mastodonte [mastɔdõt] M **1** personne Koloss m (a. machine); fam Fleischberg m **2** animal fossile Mastodon n

mastoïde [mastɔid] ADJ ANAT F Warzenfortsatz m des Schläfenbeins

mastroquet [mastʀɔkɛ] M fam Kneipe f

masturbation [mastyʀbasjõ] F (geschlechtliche) Selbstbefriedigung; Masturbation f

masturber [mastyʀbe] **A** V/T masturbieren **B** V/PR **se** ~ sich selbst befriedigen; masturbieren; onanieren

m'as-tu-vu(e) [matyvy] M(F) ⟨pl inv⟩ fam Angeber(in) m(f)

masure [mazyʀ] F baufälliges Haus

mat¹ [mat] ÉCHECS **A** ADJ ⟨inv⟩ (schach)matt; **faire** ~ **en trois coups** mit drei Zügen matt setzen **B** M Matt n

mat² [mat] ADJ ⟨mate [mat]⟩ **1** couleur, métal matt; glanzlos; soie a. stumpf; couleur a. tot; **or** ~ Mattgold n; **papier** ~ Mattpapier n; **teint** ~ matter Teint **2** bruit, son dumpf; gedämpft

mât [mɑ] M **1** MAR Mast m; **grand** ~ Großmast m; ~ **de charge** Lademast m, -baum m; ~ **de pavillon** Flaggenstock m **2** d'un drapeau Fahnenmast m, -stange f; SPORTS Kletterstange f; ~ **de cocagne** Klettermast m

matador [matadɔʀ] M Matador m

mataf [mataf] M arg (matelot) fam Mariner m; Blau-, Teerjacke f

mâtage [mɑtaʒ] M MAR Bemastung f

matamore [matamɔʀ] M Prahlhans m; Aufschneider m; fam Maulheld m; **faire le** ~ prahlen; aufschneiden

match [matʃ] M ⟨pl ~s od ~es⟩ SPORTS Spiel n; (Wett)Kampf m; Match n; ~ **aller** Hinspiel n; ~ **amical** Freundschaftsspiel n; ~ **éliminatoire, de sélection** Ausscheidungsspiel n; ~ **retour** Rückspiel n; ~ **de boxe** Boxkampf m; ~ **de football** Fußballspiel n; ~ **de tennis** Tenniswettkampf m

maté [mate] M **1** BOT Matestrauch m **2** boisson Mate(tee) m

matelas [matla] M **1** Matratze f; ~ **pneumatique** Luftmatratze f; ~ **à ressorts** Federkernmatratze f; ~ **de crin, de mousse** Rosshaar-, Schaumgummimatratze f **2** CONSTR ~ **d'air** Luftschicht f, -polster n **3** fam fig **un** ~ **de billets de banque** ein dickes Bündel Banknoten

matelassé [matlase] **A** ADJ COUT doublure, veste etc gesteppt; **manteau** ~ Mantel m mit gestepptem Futter **B** M **1** TEXT Matelassé (-stoff) m **2** COUT Steppmuster n

matelasser [matlase] V/T COUT (wattieren und) steppen

matelassier [matlasje] M Polsterer m

matelot [matlo] M Matrose m

matelote [matlɔt] F CUIS Fischragout n (mit Wein u. Zwiebeln gewürzt); adjt **sauce** f ~ Rotweinsoße f (mit Zwiebeln od Pilzen); **en** ~ in Rotweinsoße

mater¹ [mate] V/T **1** ÉCHECS matt setzen **2** fig révolte niederwerfen, -schlagen; qn d'indiscipliné bändigen; ~ **un adversaire** einen Gegner bezwingen, fam kleinkriegen **3** arg (reluquer) fam schielen nach; abs fam gucken

mater² [mate] V/T **1** or, argent, verre mattieren **2** TECH soudure (ver)stemmen

mâter [mɑte] V/T MAR bemasten

mater dolorosa [matɛʀdɔlɔʀɔza] F ⟨inv⟩ **1** PEINT, SCULP Schmerzensmutter f; Mater dolorosa f **2** fam fig schwermütige, trübsinnige, melancholische Frau

matérialisation [mateʀjalizasjõ] F **1** d'un plan, d'une idée Verwirklichung f; Realisierung f; d'un espoir Erfüllung f **2** PHYS, OCCULTISME Materialisation f

matérialiser [mateʀjalize] **A** V/T **1** plan, idée verwirklichen; in die Tat umsetzen; realisieren; ~ **une promesse** ein Versprechen einlösen **2** PHIL materialisieren; verstofflichen; BEAUX-ARTS gegenständlich darstellen **3** ADJT **route matérialisée** Straße f mit Leitlinien **B** V/PR **se** ~ rêve, projet Wirklichkeit werden; sich verwirklichen; espoir sich erfüllen

matérialisme [mateʀjalism] M PHIL et par ext Materialismus m

matérialiste [mateʀjalist] PHIL et par ext **A** ADJ materialistisch **B** M/F Materialist(in) m(f); **être** ~ ein(e) Materialist(in) sein; materialistisch eingestellt sein

matérialité [mateʀjalite] F **1** PHIL Materialität f; Stofflichkeit f; Körperlichkeit f **2** JUR ~ **des faits** Tatbestand m

matériau [mateʀjo] M ⟨pl ~x⟩ **1** TECH Material n (a. fig); pour construire a. Baustoff m; pour fabriquer qc a. Werkstoff m; ~**x de construction** Baumaterial(ien) n(pl), -stoffe mpl **2** PL ~**x** (documents) Material n

matériel [mateʀjɛl] **A** ADJ ⟨~le⟩ **1** PHIL materiell; stofflich; körperlich; sinnlich; **cause** ~**le** materiale Ursache **2** preuve handgreiflich; obstacle materiell; **dégâts** ~**s** Sachschaden m; **je suis dans l'impossibilité** ~**le** de la joindre es ist mir praktisch, faktisch, fam technisch unmöglich ...; **ne pas avoir le temps** ~ de faire qc nicht die notwendige Zeit haben, einfach nicht die Zeit haben ... **3** avantages, aide materiell; difficultés, problèmes finanziell; Geld... **4** péj personne materialistisch; materiell eingestellt **B** M **1** Material n; Gerät n; Ausrüstung f; ~ **pédagogique** Lehrmittel npl; ~ **publicitaire** Werbematerial n; ~ **de bureau** Büromaterial n, -bedarf m; ~ **de camping** Campingausrüstung f; ~ **de guerre** Kriegsmaterial n; ~ **de pêche** Angelgeräte npl **2** INFORM Hardware f

matériellement [mateʀjɛlmɑ̃] ADV faktisch; praktisch; fam technisch

maternel [matɛʀnɛl] ADJ ⟨~le⟩ **1** Mutter...; **amour** ~ Mutterliebe f; **geste** ~ mütterliche Geste; **lait** ~ Muttermilch f; **langue** ~**le** Muttersprache f; **ton** ~ mütterlicher Ton **2** parenté **du côté** ~ mütterlicherseits **3** **école** ~**le** ou subst ~**le** f (staatliche) Vorschule; correspond à Kindergarten m; Kindertagesstätte f

materner [matɛʀne] V/T bemuttern; umsorgen

maternité [matɛʀnite] F **1** état Mutterschaft f; **carnet** m **de** ~ Mutterpass m **2** établissement Entbindungsklinik f; service Entbindungsstation f

math [mat] fam **1** ~**s** fpl fam Mathe f; **être fort en** ~**s** fam in Mathe gut sein **2** ~ **spé** [matspe], ~ **sup** [matsyp] → mathématique B 2

mathématicien [matematisjɛ̃] M, **mathématicienne** F Mathematiker(in) m(f)

mathématique [matematik] **A** ADJ mathematisch; fam fig **c'est** ~! das steht fest!; das ist (fam bomben)sicher! **B** FPL ~**s** **1** Mathematik f; ~**s pures, appliquées** reine, angewandte Mathematik **2** ~**s spéciales, supérieures** mathematische Vorbereitungsklassen für die „grandes écoles"

mathématiquement [matematikmɑ̃] ADV **1** mathematisch **2** par ext notwendigerweise

matheux [matø] M, **matheuse** F fam **1** Mathematikstudent(in) m(f) **2** fam Ass n in Mathematik

Mathias [matjas] M Vorname

Mathilde [matild] F Vorname

Mathusalem [matyzalɛm] M BIBL Methusalem m

matière [matjɛʀ] F **1** PHIL, PHYS Materie f; Urstoff m; **état** m **de la** ~ Aggregatzustand m **2** (substance) Stoff m; Material n; ~**s grasses** Fett n; ANAT ~ **grise** graue Substanz; fam fig **faire travailler sa** ~ **grise** fam s-n Grips anstrengen; ~ **première** Rohstoff m, -material n; Grund-, Ausgangsstoff m **3** (sujet) Gegenstand m; Thema n; Stoff m; Materie f; **table** f **des** ~**s** Inhaltsverzeichnis n; **entrée** f **en** ~ Einleitung f; Einführung f; **entrer en** ~ zur Sache kommen **4** (~ d'enseignement) (Schul-, Unterrichts)Fach n **5** (domaine) (Sach)Gebiet n; Sache f; **en la** ~ loc adv auf diesem Gebiet; in dieser Sache; loc adj einschlägig; **en** ~ **pénale** in Strafsachen; loc prép **en** ~ **de** in Sachen, in puncto (+subst); auf dem Gebiet, hinsichtlich (+gén); **en cette, en pareille** ~ in diesen, in solchen Dingen, Sachen **6** (motif) **il n'y a pas** ~ **à plaisanterie, à plaisanter** das ist kein Grund zum Lachen; das ist nicht zum Lachen; **donner, être** ~ **à qc** Anlass, Veranlassung zu etw geben, sein

MATIF [matif] M ABR (marché à terme international de France) BOURSE Terminmarkt m

Matignon [matiɲõ] (**l'hôtel** m) ~ *Sitz des frz Premierministers*

matin [matɛ̃] M **1** Morgen *m*; Vormittag *m*; *d'un journal* **édition** *f* **du ~** Morgenausgabe *f*; *loc adv*: **le ~** morgens; vormittags; am Morgen, Vormittag; **un beau ~, un de ces ~s** e-s schönen Morgens; **ce ~** heute früh; heute Morgen; heute Vormittag; **chaque ~, tous les ~s** jeden Morgen; jeden Vormittag; **au ~** morgens; vormittags; am Morgen, Vormittag; **le 21 mars au ~** am Morgen, Vormittag des 21. März; **au petit ~** beim Morgengrauen; in der Morgendämmerung; **de bon, de grand ~** frühmorgens; in aller (Herrgotts)Frühe; am frühen Morgen; **du ~ au soir** von morgens bis abends; vom Morgen bis zum Abend; von früh bis spät; **à sept heures du ~** um sieben Uhr morgens, vormittags, früh; *personne* **être du ~** ein Frühaufsteher, ein Morgenmensch sein **2** ADVT: **~ et soir** morgens und abends; **demain ~** morgen früh; morgen Vormittag; **hier ~** gestern früh; gestern Morgen; gestern Vormittag; **lundi ~** (am) Montag früh, Montagmorgen, -vormittag; **le lundi ~** Montag *ou* montags früh; montags morgens, vormittags; montagmorgens, -vormittags; **tous les lundis ~(s)** jeden Montagmorgen; *litt* **se lever ~** morgens zeitig aufstehen

mâtin [mɑtɛ̃] M großer Wach-, Hofhund

matinal [matinal] ADJ ⟨-aux⟩ **1** morgendlich; Morgen...; **gelée ~e** Nachtfrost *m*; **à une heure ~e** zu früher (Morgen)Stunde **2** *personne* **être ~** früh, zeitig aufstehen; ein Frühaufsteher sein

mâtiné [mɑtine] ADJ **1** *chien* nicht reinrassig; bastardiert; **chien ~** *a. fam* Promenadenmischung *f*; **~ de ...** gekreuzt mit ... **2** *fig* **un français ~ d'espagnol** ein mit Spanisch gemischtes, durchsetztes Französisch

matinée [matine] F **1** Vormittag *m*; Vormittagsstunden *fpl*; Morgen *m*; **une belle ~ d'octobre** ein schöner Oktobermorgen; *loc adv*: **dans la ~** im Laufe des Vormittags; in den Vormittagsstunden; **en début de ~** gleich morgens; am frühen Vormittag; **en fin de ~** gegen Mittag; am späten Vormittag; **faire la grasse ~** bis in den Tag hinein, *fam* bis in die Puppen schlafen **2** *spectacle* Nachmittagsveranstaltung *f*; THÉ, CINÉMA Nachmittagsvorstellung *f*; **~ enfantine** Kindervorstellung *f* (am Nachmittag); **en ~** in der Nachmittagsvorstellung

matines [matin] FPL ÉGL CATH Mette *f*

matois [matwa] *litt* ADJ schlau; pfiffig; gewitzt

maton [matõ] M, **matonne** F *arg* Gefängnisaufseher(in) *m(f)*

matou [matu] M Kater *m*

matraquage [matʀakaʒ] M **1** Niederknüppeln *n* **2** *fig* Berieselung *f*; Einhämmern *n*; **~ publicitaire** Einhämmern von, ständige Berieselung mit Werbeslogans, -schlagwörtern

matraque [matʀak] F Knüppel *m*; Knüttel *m*; *en caoutchouc* Gummiknüppel *m*; **coup** *m* **de ~** Schlag *m*, Hieb *m* mit dem (Gummi)Knüppel

matraquer [matʀake] V/T **1** *police: manifestants etc* niederknüppeln **2** *fig des clients fam* ausnehmen; neppen **3** *publicité: le public* berieseln; bearbeiten; *radio: une chanson* einhämmern

matriarcal [matʀijaʀkal] ADJ ⟨-aux⟩ matriarchalisch; **matriarcat** M Matriarchat *n*; Mutterrecht *n*

matrice [matʀis] F **1** TECH Matrize *f*; TYPO *a.* Mater *f*; *forgeage* Gesenk *n*; *pour médailles* Prägestock *m*, -stempel *m* **2** MATH Matrix *f* **3** FIN Matrikel *f*; Steuerrolle *f*

matriciel [matʀisjɛl] ADJ ⟨~le⟩ MATH **calcul ~** Matrizenrechnung *f*

matricule [matʀikyl] **1** F *(registre)* ADMIN Matrikel *f*; MIL Stammrolle *f*; *adjt* **livret** *m* **~** Wehrstammbuch *n* **2** M *(a.* ADJT **numéro** *m* **~)** Matrikel-, Stammrollen-, Personalnummer *f*; ASSURANCES Versicherungsnummer *f*; MIL Wehrstammnummer *f*; *fam fig* **ça va barder pour ton ~!** *wenn du das tust*, dann kannst du was erleben!

matrimonial [matʀimɔnjal] ADJ ⟨-aux⟩ ehelich; Ehe...; **agence ~e** Eheanbahnungsinstitut *n*; Heiratsvermittlung(sbüro) *f(n)*; JUR **régime ~** Güterstand *m*

matrone [matʀɔn] F Matrone *f*

Matthieu [matjø] M **1** *Vorname* **2** BIBL Matthäus *m*

maturation [matyʀasjõ] F BOT, MÉD Reifen *n*, -ung *f*; Reifwerden *n*; Reifungsprozess *m*; *fig* Heranreifen *n*; *du fromage* **cave** *f* **de ~** Keller *m* zum Reifen

mature [matyʀ] ADJ **1** *poissons* zum Laichen bereit **2** *personne, vin, champagne* reif

mâture [mɑtyʀ] F MAR Bemastung *f*

maturité [matyʀite] F BOT, MÉD, *fig* Reife *f*; BIOL Geschlechtsreife *f*; BOT, BIOL **~ précoce, tardive** Früh-, Spätreife *f*; **~ d'esprit** geistige Reife; **être en pleine ~** *personne* im besten Alter, in den besten Jahren sein; *talent* voll entfaltet, entwickelt sein; **il manque de ~** es fehlt ihm an Reife; er ist noch unreif; *idée etc* **venir à ~** (heran)reifen

maudire [modiʀ] V/T ⟨je maudis, il maudit, nous maudissons; je maudissais; je maudis; je maudirai; que je maudisse; maudissant; maudit⟩ verfluchen; verwünschen; **~ qn** *a. st/s* j-m fluchen; BIBL **être maudit par Dieu** von Gott verdammt, verworfen werden

maudit [modi] **A** ADJ verflucht; verwünscht; verdammt; REL *a.* fluchbeladen; **poète ~** von der Gesellschaft verstoßener Dichter; **~ soit ...!** verflucht, verwünscht sei ...! **B** SUBST **1** **les ~s** *mpl* die Verdammten *mpl* **2** **le Maudit** der Böse; der Teufel

maugréer [mogʀee] V/I murren; (vor sich *[acc]* hin) schimpfen; **~ contre qn** auf j-n schimpfen

Maure [mɔʀ] **A** M/F Maure *m*, Maurin *f* **B** **maure** *adj* maurisch

mauresque [mɔʀɛsk] ADJ ART maurisch

Mauriac [mɔʀjak, mo-] **François ~** *frz Schriftsteller*

Maurice [mɔʀis, mo-] **1** M *Vorname* **2** **l'île** *f* **~** Mauritius *n*

mauricien [mɔʀisjɛ̃] **A** ADJ ⟨~ne⟩ mauritisch **B** SUBST **Mauricien(ne)** *m(f)* Mauritier(in) *m(f)*

Mauritanie [mɔʀitani, mo-] **la ~** Mauretanien *n*

mauritanien [mɔʀitanjɛ̃] **A** ADJ ⟨~ne⟩ mauretanisch **B** SUBST **Mauritanien(ne)** *m(f)* Mauretanier(in) *m(f)*

Maurras [mɔʀas, mo-] **Charles ~** *frz Schriftsteller*

mausolée [mozɔle] M Mausoleum *n*

maussade [mosad] ADJ **1** *personne, mine, humeur* griesgrämig; verdrießlich; verdrossen; mürrisch; übellaunig **2** *temps, ciel* unfreundlich; trist; trostlos; **maussaderie** F Verdrießlichkeit *f*

mauvais [mɔvɛ] **A** ADJ **1** schlecht; *odeur, situation a.* übel; *nouvelle, situation a.* schlimm; **~ acteur** schlechter Schauspieler; **~e affaire** schlechtes Geschäft; **~e excuse** faule Ausrede; **~e gestion** *a.* Misswirtschaft *f*; **~e graisse** überflüssiges Fett; **~e herbe** Unkraut *n*; **~ jours** schlechte, schlimme Zeiten *fpl*, Tage *mpl*; **~e plaisanterie** schlechter, übler Scherz; **~e récolte** schlechte Ernte; Missernte *f*; **~e saison** schlechte, ungünstige Jahreszeit; **~e santé** schlechter Gesundheitszustand; **~ signe** schlechtes Zeichen; **~ temps** schlechtes Wetter; **~e tête** Dickkopf *m*, *fam* -schädel *m*; Querkopf *m*; **faire la ~e tête** eigensinnig, dickköpfig, *fam* querköpfig sein; **~ traitements** Misshandlung(en) *f(pl)*; **~e vie** liederlicher Lebenswandel; **femme** *f* **de ~e vie** liederliches Frauenzimmer; **en ~e compagnie** in schlechter Gesellschaft; **en ~ état** in schlechtem Zustand; **avoir ~e conscience** ein schlechtes Gewissen haben; **avoir (une) ~e haleine** aus dem Mund riechen; e-n schlechten, unangenehmen Mundgeruch haben; **avoir ~e mine** schlecht, krank aussehen; **avoir ~e vue, de ~ yeux** schlechte, schwache Augen haben; **être ~ en français** in Französisch schlecht sein; **c'est ~ pour votre santé** das schadet Ihrer Gesundheit; das ist schlecht, schädlich für Ihre Gesundheit; *fam* **ce n'est pas un ~ bougre, cheval, type** er ist kein schlechter Kerl; *fam* **ce n'est pas ~** das ist nicht schlecht, nicht übel; **il ne serait pas ~ de faire qc** *ou* **que ...** *(+subj)* es wäre ganz gut, ganz angebracht, ganz nützlich, etw zu tun *ou* dass ... *ou* wenn ...; **faire ~ effet** e-n schlechten Eindruck machen; **parler un ~ français** ein schlechtes Französisch sprechen; **prendre tout du ~ côté** alles von der schlechten Seite nehmen, betrachten; *st/s* **ne pas trouver ~ que ...** *(+subj)* es nicht schlecht, es ganz gut finden, dass ...; *fam* **je la trouve ~e** *ou* **je l'ai ~e** das gefällt, das passt mir gar nicht; das finde ich gar nicht schön; *fam* ich bin sauer **2** *(erroné) route, date, moment, méthode, adresse, clé etc* falsch; verkehrt; **~e carte** falsche Karte; **prendre la ~e direction** die falsche, verkehrte Richtung einschlagen **3** *(méchant) personne, instincts, pensées, rêve* böse; *pensées a., blessure* schlimm; **~ augure, présage** böses Omen; **~e étoile** Unstern *m*; **~ garçon** Ganove *m*; *fam* schwerer Junge; **~ génie** böser Geist; **joie ~e** Schadenfreude *f*; hämische Freude; **~ œil** böser Blick; **rire ~** böses, boshaftes, hämisches Lachen; **~ tour** böser, schlimmer, übler Streich; **être ~ comme une teigne** sehr boshaft, *fam* e-e Giftnudel, ein Giftzwerg sein; **il s'est fait une ~e fracture** er hat sich *(dat)* e-n schlimmen Bruch zugezogen **4** MAR **la mer est ~e** die See ist bewegt, unruhig, stürmisch **B** ADV schlecht; übel; **il fait ~** es ist schlechtes Wetter; **sentir ~** schlecht, übel riechen; *fam fig* **ça sent ~** *fam* hier wird es mulmig; die Sache sieht mulmig aus **C** SUBST **le ~** das Schlechte

mauve[1] [mov] F BOT Malve *f*

mauve[2] [mov] **A** ADJ malvenfarben; blasslila; mauve **B** M Mauve *n*

mauviette [movjɛt] F *péj* Schwächling *m*

maux [mo] MPL → mal[2]

max [maks] *fam* ABR (maximum) LOC ADV **un ~** *fam* total; e-e Menge; *fam* **flipper un ~** total durchdrehen

maxi [maksi] **A** ADJ ⟨*inv*⟩ **1** **mode** *f* **~** Maximode *f* **2** *fam abr (maximal)* Höchst...; **prix** *m* **~, vitesse** *f* **~** Höchstpreis *m*, -geschwindigkeit *f*; *advt* **mille euros ~** höchstens tausend Euro **B** M Maximode *f*

maxi... [maksi] *préfixe* Maxi...; *exemples*: **maxibouteille** *f* 1,5-Liter-Flasche *f*; **maximanteau** *m* Maximantel *m*

maxillaire [maksilɛʀ] M ANAT Kiefer(-knochen) *m*; **~ inférieur, supérieur** Unter-, Oberkiefer *m*

maxima [maksima] → maximum

maximal [maksimal] ADJ ⟨-aux⟩ maximal; Maximal...; höchste(r, -s); Höchst...; **température ~e** Höchsttemperatur *f*

maxime [maksim] F Maxime *f*; Leitsatz *m*; Lebensregel *f*

Maxime [maksim] M *Vorname*

maximisation [maksimizasjõ] F ÉCON Maximierung *f*; **maximiser** V/T maximieren

maximum [maksimɔm] **A** ADJ ⟨*f* ~ *od* maxima; *pl m u. f* ~s *od* maxima⟩ maximal; höchste(r, -s); größte(r, -s); Maximal…; Höchst…; °**hauteur** *f* ~ größte Höhe; **poids** *m*, **rendement** *m*, **vitesse** *f* ~ Maximal- *ou* Höchstgewicht *n*, -leistung *f*, -geschwindigkeit *f* **B** M ⟨*pl* ~s *od* maxima⟩ Maximum *n* (*a.* MATH); Höchstmaß *n*; MÉTÉO ~ **barométrique** barometrisches Maximum; **un ~ d'attention** ein Höchstmaß an Aufmerksamkeit; **le ~ de chances, de risques** die meisten Chancen, Risiken; JUR ~ **de la peine** Höchststrafe *f*; höchstes Strafmaß; *abs* **il a eu le ~** er hat die Höchststrafe bekommen; **un ~ de sécurité** ein Höchstmaß an Sicherheit; **les ~s** *ou* **maxima de température du mois d'août** die Höchstwerte der Temperatur im August; *loc adv* **au ~** höchstens; im Höchstfall; maximal; *fam* **au grand ~** allerhöchstens; *température etc* **atteindre son ~** den höchsten Stand erreichen; **faire le ~** alles tun, was irgend möglich ist

maya [maja] **A** ADJ ⟨*f inv*⟩ Maya…; der Maya(s) **B** SUBST **les Maya(s)** *mpl* die Maya(s) *mpl*

Mayence [majɑ̃s] Mainz *n*

Mayenne [majɛn] **la** ~ *Fluss u. Departement in Frankreich*

mayonnaise [majɔnɛz] F CUIS Mayonnaise *f*; *loc adj* **(à la)** ~ mit Mayonnaise

mazout [mazut] M (Heiz)Öl *n*

mazoutage [mazutaʒ] M *des plages* Ölverschmutzung *f*; *des animaux* Verseuchung *f* (durch Öl); **on pleure le ~ des oiseaux de mer** man beklagt die ölverschmutzten Seevögel

mazouter [mazute] **A** V/T *polluer* mit Öl verschmutzen, verseuchen; *adjt* **mazouté** ölverschmutzt; ölverseucht **B** V/I MAR Öl bunkern

Mazurie [mazyʀi] GÉOG **la** ~ Masuren *n*

mazurka [mazyʀka] F DANSE, MUS Masurka *ou* Mazurka *f*

me [m(ə)] PR PERS ⟨*vor Vokal u. stummem h* **m'**⟩ **a** *obj dir* mich; **il ~ voit** er sieht mich; *réfléchi* **je ~ lave** ich wasche mich **b** *obj indir* mir; **il ~ donne un livre** er gibt mir ein Buch; **donnez-m'en!** geben Sie mir etwas davon!; *réfléchi* **je ~ lave les mains** ich wasche mir die Hände; **il veut ~ parler** er will mit mir sprechen; *emphatique* **va ~ fermer cette porte!** mach doch bitte die Tür zu! **c** ~ **voici!** *ou* ~ **voilà!** hier *ou* da bin ich!

Me *ou* **M**e ABR (Maître) Rechtsanwalt *ou* Notar (+Name)

mea-culpa [meakylpa] LOC **faire son ~** ein Schuldbekenntnis ablegen; sich schuldig bekennen

Méandre [meɑ̃dʀ(ə)] GÉOG **le** ~ der Mäander

méandre [meɑ̃dʀ] M **1** *d'un fleuve* Windung *f*; Schleife *f*; Mäander *m*; **décrire des ~s** sich winden; sich (dahin)schlängeln **2** *fig* **les ~s de sa pensée** s-e verschlungenen Gedankengänge *mpl*

méat [mea] M ANAT *(conduit)* Gang *m*; *(orifice)* Mündung *f*; ~ **urinaire** Harnröhrenmündung *f*

Meaulnes [mon] **le Grand** ~ *Romangestalt bei Alain-Fournier*

Meaux [mo] *Stadt im Dep. Seine-et-Marne*

mec [mɛk] *fam* M Kerl *m*; *fam* Typ *m*; **son** ~ *(petit ami) fam* ihr Macker *m*; **les ~s** *(les hommes) fam* die Mannsbilder *npl*

mécanicien [mekanisjɛ̃] M **1** Mechaniker *m*; *dans une usine* Maschinenschlosser *m*; MAR Maschinist *m*; ~ **d'avion** Flugzeugmechaniker *m* **2** CH DE FER Lok(omotiv)führer *m*; **mécanicien-dentiste** M ⟨*pl* mécaniciens-dentistes⟩ Zahntechniker *m*

mécanique [mekanik] **A** ADJ **1** mechanisch (*a.* PHYS); Maschinen…; **construction** *f* ~ Maschinen- und Gerätebau *m*; PHYS **énergie** *f* ~ mechanische Energie; **escalier** *m* ~ Rolltreppe *f*; **piano** *m* ~ mechanisches Klavier; Pianola *n*; **train** *m* ~ Eisenbahn *f* zum Aufziehen; *automobiliste* **avoir des ennuis ~s** Ärger mit dem Motor haben **2** *fig geste etc* mechanisch; automatisch; gewohnheitsmäßig **B** F **1** PHYS Mechanik *f*; ASTRON ~ **céleste** Himmelsmechanik *f*; ~ **des fluides** Strömungslehre *f* **2** TECH *(construction de machines)* Maschinenbau *m*; ~ **de précision** Feinmechanik *f* **3** *d'une horloge etc* Mechanismus *m*; Mechanik *f*; *fam fig* **rouler les** *ou* **des ~s** s-e Muskeln spielen lassen

mécaniquement [mekanikmɑ̃] ADV *fig* mechanisch; automatisch

mécanisation [mekanizasjõ] F Mechanisierung *f*; **mécaniser** V/T mechanisieren

mécanisme [mekanism] M **1** TECH Mechanismus *m*; Getriebe *n* **2** *fig souvent pl* ~s Mechanismen *mpl*; Prozesse *mpl*; Vorgänge *mpl*; ~**s économiques** Wirtschaftsmechanismen *mpl*; ~**s psychologiques** psychologische Prozesse, Vorgänge; ~ **de la parole, de la pensée** Sprach-, Denkmechanismus *m* **3** PHIL Mechanismus *m*

mécano [mekano] *fam* M Mechaniker *m*

mécanographie [mekanɔgʀafi] F maschinelle Datenverarbeitung; **mécanothérapie** F MÉD Mechanotherapie *f*

mécatronique [mekatʀɔnik] F Mechatronik *f*

meccano® [mekano] M Stabilbaukasten *m*

mécénat [mesena] M Mäzenatentum *n*

mécène [mesɛn] M Mäzen *m*

méchamment [meʃamɑ̃] ADV bös(e); boshaft; bösartig

méchanceté [meʃɑ̃ste] F **1** *d'une personne, de propos* Bosheit *f*; Boshaftigkeit *f*; Bösartigkeit *f*; ~ **gratuite, pure** ~ reine, pure Bosheit; *loc adv*: **par pure** ~ aus reiner, purer Bosheit; **sans** ~ ohne böse Absicht **2** *parole ou action* Bosheit *f*; **se dire des ~s** sich *(dat)* Bosheiten sagen

méchant [meʃɑ̃] **A** ADJ **1** *personne, paroles etc* bös(e); boshaft; bösartig; *personne a.* gemein; *enfant (pas gentil)* unartig; ungezogen; *fam* bös(e); *animal* bösartig; bissig; **regard** ~ böser Blick; **attention, chien ~!** Vorsicht, bissiger Hund!; Warnung vor dem Hunde! **2** *(mauvais) humeur* übel; schlecht; **histoire ~e** schlimme, üble Geschichte **3** *litt (médiocre)* schäbig; erbärmlich; **pour un ~ billet de cinq euros** um e-n lumpigen Fünf-Euro-Schein **4** *fam* **pas ~** *blessure etc* ungefährlich; harmlos; **ce n'est pas (bien) ~** das ist nicht (weiter) schlimm, gefährlich; das ist (ganz) harmlos **5** *fam (formidable) succès, moto etc fam* toll **B** SUBST ~**(e)** *m(f)* Böse(r) *m/f(m)*; Bösewicht *m*; *fam* **faire le ~** aufbegehren; sich ereifern

mèche [mɛʃ] F **1** *d'une bougie, d'une lampe à pétrole* Docht *m* **2** *d'une charge explosive* Zündschnur *f*; HIST Lunte *f*; *fig*: **éventer la ~** Lunte, den Braten riechen; **vendre la ~** das Geheimnis verraten, ausplaudern **3** *pour percer* (Spiral)Bohrer *m* **4** ~ **(de cheveux)** (Haar)Strähne *f* **5** MÉD Drain *m* **6** *fam* **être de ~ avec qn** mit j-m unter e-r Decke stecken; mit j-m gemeinsame Sache machen

mécher [meʃe] V/T ⟨-è-⟩ **1** MÉD drainieren *ou* dränieren **2** *tonneaux* (aus)schwefeln

méchoui [meʃwi] M CUIS (arabischer) Hammelspießbraten

Mecklembourg [meklɛ̃buʀ, -klɑ̃-] **le** ~ Mecklenburg *n*

mécompte [mekõt] M Enttäuschung *f*

méconnaissable [mekɔnɛsabl] ADJ unkenntlich; **être ~** *a.* nicht wiederzuerkennen sein; **rendre ~** unkenntlich machen

méconnaissance [mekɔnɛsɑ̃s] *st/s* F **1** Verkennung *f*; Fehleinschätzung *f* **2** *(ignorance)* Unkenntnis *f*

méconnaître [mekɔnɛtʀ] V/T ⟨→ connaître⟩ verkennen; falsch beurteilen, einschätzen; **ne pas ~ qc** etw nicht verkennen; etw sehr wohl erkennen

méconnu [mekɔny] ADJ verkannt; **génie, talent ~** verkanntes Genie, Talent

mécontent [mekõtɑ̃] **A** ADJ **1** *(insatisfait)* unzufrieden (**de** mit); **ne pas être ~ de qc** *a.* mit etw recht zufrieden sein **2** *(contrarié)* ungehalten, ärgerlich (**de** über *+acc*) **B** SUBST ~**(e)** *m(f)* Unzufriedene(r) *m/f(m)*; **un perpétuel ~** ein ewig Unzufriedener

mécontentement [mekõtɑ̃tmɑ̃] M Unzufriedenheit *f*; **exprimer son ~** s-r Unzufriedenheit Ausdruck verleihen

mécontenter [mekõtɑ̃te] V/T unzufrieden machen; verärgern

Mecque (La) [lamɛk] Mekka *n*

mécréant [mekʀeɑ̃] *litt ou plais* **A** ADJ ungläubig **B** SUBST ~**(e)** *m(f)* Ungläubige(r) *m/f(m)*

médaille [medaj] F **1** *en souvenir de qn, qc* (Gedenk-, Schau)Münze *f*; Medaille *f*; ~ **pieuse** religiöse Medaille **2** *décoration* Medaille *f*; ~ **militaire** Tapferkeits-, Verdienstmedaille *f*; SPORTS ~ **d'argent, de bronze, d'or** Silber-, Bronze-, Goldmedaille *f*; *sportif* **être ~ d'or** Goldmedaillengewinner(in) sein; ~ **du travail** Jubiläumsmedaille *f* für Arbeitnehmer

médaillé(e) [medaje] M(F) Inhaber(in) *m(f)* e-r Medaille; SPORTS Medaillengewinner(in) *m(f)*

médaillon [medajõ] M **1** *bijou, ornement* Medaillon *n*; *portrait* Bildnismedaillon *n* **2** CUIS ~ **de veau** Kalbsmedaillon *n*

Médard [medaʀ] M *saint* Medard(us) *m*

médecin [mɛdsɛ̃] M Arzt *m* (*a. fig*); Mediziner *m*; *fam* Doktor *m*; *d'une femme* Ärztin *f*; ~**s** *pl a.* Ärzteschaft *f*; ~ **généraliste, de médecine générale** praktischer Arzt; Allgemeinmediziner *m*; ~ **militaire** Militär-, Stabsarzt *m*; *fig* ~ **des âmes** Seelenarzt *m*; ~ **du bord** Schiffsarzt *m*; ~ **de campagne** Landarzt *m*; ~ **de famille** Hausarzt *m*; ~ **des hôpitaux** Krankenhausarzt *m*; ~ **de quartier** (praktischer) Arzt, der in der Nähe, im selben Stadtviertel s-e Praxis hat; ~ **du travail** Werk(s)-, Betriebsarzt *m*; Arbeitsmediziner *m*; **femme** *f* ~ Ärztin *f*; Medizinerin *f*; **(aller) voir le ~** zum Arzt gehen

médecin-chef [mɛdsɛ̃ʃɛf] M ⟨*pl* médecins-chefs⟩ Chefarzt *m*; leitender Arzt; **médecin-conseil** M ⟨*pl* médecins-conseils⟩ Vertrauensarzt *m*

médecine [mɛdsin] F **1** *science* (Human)Medizin *f*; Heilkunde *f*; ~ **infantile** Kinderheilkunde *f*; ~ **scolaire** Schulgesundheitspflege *f*; ~ **spatiale** Raumfahrtmedizin *f*; ~ **sportive** Sportmedizin *f*; ~ **vétérinaire** Tierheilkunde *f*; Veterinärmedizin *f*; ~ **du travail** Arbeitsmedizin *f*; **faire sa ~, ses études de ~** Medizin studieren **2** *profession* ärztlicher Beruf; Arztberuf *m*; **exercer la ~** den Arztberuf ausüben; als Arzt tätig sein

Médée [mede] F MYTH Medea *f*

Medef [medɛf] M ABR (Mouvement des entreprises de France) *frz Arbeitgeberverband*

média [medja] M Medium *n*; **un nouveau ~** ein neues Medium; **les ~s** die Medien *npl*

médian [medjɑ̃] **A** ADJ mittlere(r, -s); Mittel…; ANAT median; **ligne ~e** Mittellinie *f*; BOT **nervure ~e** Mittelrippe *f*; ANAT **plan ~** Medianebene *f* **B** SUBST ~**e** *f* **1** *d'un triangle* Seitenhalbierende *f* **2** STATISTIQUE Zentral-, Medianwert *m*

médiateur [medjatœʀ] M **1** POL ~, **médiatrice** *m,f* Vermittler(in) *m(f)*; DROIT DU TRAVAIL Schlichter(in) *m(f)*; *adjt* **commission médiatri-**

M

ce Vermittlungs-, Schlichtungskommission *f* **2** BIOCHIMIE ~ **chimique** humoraler Übertragungsstoff; Mediator *m*
médiathèque [medjatɛk] F Mediothek *f*
médiation [medjasjõ] F POL Vermittlung *f*; DROIT DU TRAVAIL Schlichtung *f*
médiatique [medjatik] ADJ **a** Medien…; in den Medien; medial; **événement** *m* ~ Medienereignis *n* **b** **être** ~ medienwirksam sein
médiatiser [medjatize] V/T *événement, film etc* durch die Medien bekannt machen
médiatrice [medjatʀis] F **1** → **médiateur** 1 **2** MATH Mittellot *n*, -senkrechte *f*
médical [medikal] ADJ ‹-aux› medizinisch; ärztlich; **corps** ~ Ärzteschaft *f*; **études** ~**es** medizinische Studien *npl*; **profession** ~**e** Arztberuf *m*; **soins médicaux** ärztliche Behandlung
médicament [medikamɑ̃] M Arznei-, Heilmittel *n*; Medikament *n*; Medizin *f*; Arznei *f*
médicamenteux [medikamɑ̃tø] ADJ ‹-euse› **1** *substance* heilkräftig; Arznei… **2** *traitement* medikamentös
médication [medikasjõ] F MÉD *t/t* Medikation *f*
médicinal [medisinal] ADJ ‹-aux› heilkräftig; Heil…; Arznei…; **plantes** ~**es** Arznei-, Heilpflanzen *fpl*
Médicis [medisis] HIST Medici
médicolégal [medikolegal] ADJ ‹-aux› gerichtsmedizinisch; **expertise** ~**e** gerichtsmedizinisches Gutachten
médicosocial [medikosɔsjal] ADJ ‹-aux› der sozialen Gesundheitsfürsorge
médiéval [medjeval] ADJ ‹-aux› mittelalterlich; des Mittelalters; *t/t* mediäval; **médiéviste** M Mediävist *m*; Kenner *m* des Mittelalters
médina [medina] F *en Afrique du Nord* moslemische Altstadt
Médine [medin] GÉOG Medina *n*
médiocre [medjɔkʀ] **A** ADJ **1** *résultats, salaire, éclairage* unzureichend; unzulänglich; dürftig; **élève** *m/f* ~ schlechte(r), schwache(r) Schüler(in) *m(f)*; **existence** *f* ~ armseliges, kümmerliches Dasein; **intérêt** *m* ~ geringes, mäßiges Interesse; **nourriture** *f* ~ minderwertige Nahrung; **travail** *m* ~ mangelhafte Arbeit; **être** ~ **en français** in Französisch schwach sein, schlecht stehen **2** *personne, esprit* mittelmäßig **B** SUBST **1** **un(e)** ~ ein alltäglicher, mittelmäßiger Mensch; ein Durchschnittsmensch *m* **2** **le** ~ das Mittelmäßige; die Mittelmäßigkeit; **c'est au-dessous du** ~ das ist mehr als dürftig
médiocrement [medjɔkʀəmɑ̃] ADV **1** (*assez peu*) wenig **2** (*assez mal*) ziemlich schlecht
médiocrité [medjɔkʀite] F **1** *de revenus, de résultats* Unzulänglichkeit *f*; Dürftigkeit *f*; *de l'existence* Armseligkeit *f*; *de la nourriture* Minderwertigkeit *f*; *d'un travail* Mangelhaftigkeit *f* **2** *d'une personne, d'une œuvre* Mittelmäßigkeit *f*
médire [mediʀ] V/T INDIR ‹→ dire; *aber* **vous médisez**› ~ **de qn** j-m Schlechtes nachsagen; j-n schlechtmachen, verleumden; über j-n lästern
médisance [medizɑ̃s] F üble Nachrede; Verleumdung *f*
médisant [medizɑ̃] **A** ADJ verleumderisch; **une vieille femme** ~**e** e-e alte Lästerzunge; **propos** ~**s** üble Nachrede; Verleumdungen *fpl* **B** SUBST ~**(e)** *m(f)* Verleumder(in) *m(f)*; Lästerzunge *f*
méditatif [meditatif] ADJ ‹-ive› nachdenklich; versonnen; meditativ
méditation [meditasjõ] F **1** (*réflexion*) Nachsinnen *n*; Nachdenken *n*; (*pensée profonde*) Meditieren *n*; Meditation *f* **2** REL stille Andacht; stilles Gebet
méditer [medite] **A** V/T **1** (*réfléchir*) ~ **qc** über etw (*acc*) nachdenken, nachsinnen **2** *projet* ausdenken; ~ **une revanche** auf Rache sinnen; ~ **de faire qc** vorhaben, im Sinn haben, etw zu tun **B** V/T INDIR ~ **(sur)** nachdenken, nachsinnen, meditieren, Betrachtungen anstellen (über *+acc*)
Méditerranée [mediteʀane] **la** ~ das Mittelmeer
méditerranéen [mediteʀaneɛ̃] **A** ADJ ‹~ne› Mittelmeer…; mittelmeerisch; *t/t* mediterran; **bassin** ~ Mittelmeerraum *m*; **climat** ~ Mittelmeerklima *n*; mediterranes Klima; **pays** ~**s** Mittelmeerländer *npl* **B** SUBST **Méditerranéen(ne)** *m(f)* Südländer(in) *m(f)*
médium [medjɔm] M **1** SPIRITISME Medium *n* **2** MUS Mittelstimme *f*, -lage *f*
médius [medjys] *t/t* M Mittelfinger *m*
médoc [medɔk] M *ein Bordeauxwein*
médullaire [medylɛʀ] ADJ ANAT Knochen-, Rückenmark(s) …; *t/t* medullär
méduse [medyz] F **1** ZOOL Qualle *f*; *t/t* Meduse *f* **2** MYTH **Méduse** Medusa *f*; **tête** *f* **de Méduse** Medusenhaupt *n*
méduser [medyze] V/T betroffen machen; *adjt*: **être médusé** starr sein vor Staunen; bass, höchst erstaunt sein; **en rester médusé** erstarren; wie versteinert dastehen, sein
meeting [mitiŋ] M POL Versammlung *f*; Treffen *n*; Meeting *n*; SPORTS Veranstaltung *f*; ~ **aérien** Flugtag *m*; -schau *f*; ~ **électoral** Wahlversammlung *f*
méfait [mefɛ] M **1** PL ~**s** *de l'alcoolisme etc* schlimme, böse, schädliche, verhängnisvolle Folgen *fpl*, Auswirkungen *fpl* **2** (*délit*) Missetat *f*; Übeltat *f*; *st/s* Freveltat *f*
méfiance [mefjɑ̃s] F Misstrauen *n*; Argwohn *m*; **sans** ~ arglos; **éveiller la** ~ **de qn** j-s Misstrauen, Argwohn wecken, erregen; bei j-m Misstrauen, Argwohn erwecken
méfiant [mefjɑ̃] ADJ misstrauisch, argwöhnisch (**à l'égard de qn** j-m gegenüber)
méfier [mefje] V/PR **se** ~ **de qn, de qc** **1** (*ne pas se fier*) j-m, e-r Sache misstrauen, Misstrauen entgegenbringen **2** (*faire attention*) sich vor j-m, etw hüten, in Acht nehmen; **méfiez-vous!** passen Sie auf!; sehen Sie sich vor!
méforme [mefɔʀm] F SPORTS Formtief *n*; Formkrise *f*
méga [mega] M *fam* ABR → **mégaoctet**
méga… [mega] *préfixe* **1** *t/t* Mega… **2** *arg scolaire fam* Riesen…; ungeheuer; *exemple*: **une méga-boum** e-e Riesenparty
mégahertz [megaɛʀts] M (ABR **MHz**) PHYS Megahertz *n* (*abr* MHz)
mégalithe [megalit] M Megalith *m*; **mégalithique** ADJ megalithisch; Megalith…
mégalo [megalo] *fam* ABR → **mégalomane**
mégalomane [megalɔman] ADJ größenwahnsinnig; *subst* **c'est un(e)** ~ er (sie) ist größenwahnsinnig, ist vom Größenwahn befallen
mégalomanie [megalɔmani] F Größenwahn *m*; PSYCH Megalomanie *f*
mégalopole [megalɔpɔl] F Megalopolis *f*; Riesenstadt *f*
mégaoctet [megaɔktɛ] M ‹*pl* **méga-octets**› (ABR **Mo**) INFORM Megabyte *n* (*abr* MB)
mégaphone [megafɔn] M Megafon *n*; Sprachrohr *n*
mégarde [megaʀd] LOC ADV **par** ~ aus Versehen
mégatonne [megatɔn] F (ABR **Mt**) PHYS NUCL Megatonne *f* (*abr* Mt); **mégawatt** M (ABR **MW**) ÉLEC Megawatt *n* (*abr* MW)
mégère [meʒɛʀ] F Megäre *f*; Xanthippe *f*
Megève [məʒɛv], [meʒɛv] *Ort im Dep. Haute-Savoie*
mégisserie [meʒisʀi] F **1** *technique* Weiß-, Alaungerbung *f* **2** *usine* Weiß-, Glaceegerberei *f* **3** *commerce* Handel *m* mit weißgegerbtem Leder, mit Glaceeleder
mégot [mego] M **a** Zigarettenstummel *m*; *fam* Kippe *f* **b** Zigarrenstummel *m*
mégoter [megɔte] *fam* V/I geizig, kleinlich, *fam* knaus(e)rig sein (**sur** bei; mit)
méhari [meaʀi] M schnellfüßiges Reitdromedar; Mehari *n*
meilleur [mɛjœʀ] **A** ADJ **1** ‹*comp von* **bon**› besser; **un monde** ~ e-e bessere Welt; **une** ~**e place** ein besserer Platz; ~**e santé!** gute Besserung!; (**à**) ~ **marché** ‹*inv*› billiger; preiswerter; **je ne connais rien de** ~ ich kenne nichts Besseres; *advt*: **il fait** ~ **aujourd'hui qu'hier** heute ist das Wetter besser, schöner als gestern; **sentir** ~ besser riechen **2** ‹*sup von* **bon**› **le** ~, **la** ~**e** der, die, das beste; **son** ~ **ami** sein bester Freund; **le** ~ **écrivain de son temps** der beste Schriftsteller s-r Zeit; **le** ~ **des mondes** die beste aller Welten; **mes** *ou* **nos** ~**s remerciements!** besten Dank!; *elliptiquement*: *fam* **ça alors, c'est la** ~**e!** *fam* na so was, das ist doch das Dollste, der Clou!; **j'en passe et des** ~**es** ich übergehe einiges, und nicht das Schlechteste **B** SUBST **1** *personne* **le** ~, **la** ~**e** der, die Beste; **que le** ~ **gagne** der Beste soll gewinnen **2** **le** ~ das Beste; **donner le** ~ **de soi** sein Bestes geben; **être unis pour le** ~ **et pour le pire** auf Gedeih und Verderb miteinander verbunden sein
méiose [mejoz] F BIOL Reduktions-, Reifeteilung *f*; Meiose *f*
Meissen [majsən], [mɛsɛn] Meißen *n*
méjuger [meʒyʒe] V/T INDIR ‹-geons› *st/s* ~ **de qn, de qc** j-n, etw unterschätzen
Mékong [mekõg] **le** ~ der Mekong
mélaminé [melamine] ADJ *panneau* mit Melaminbeschichtung
mélancolie [melɑ̃kɔli] F Schwermut *f*; Melancholie *f*; *d'une personne a.* Trübsinn *m*; tiefe Niedergeschlagenheit; **ne pas engendrer la** ~ ein heiteres Gemüt haben; kein Kind von Traurigkeit sein; **sombrer dans la** ~ in Schwermut *etc* verfallen
mélancolique [melɑ̃kɔlik] **A** ADJ *personne, air, chanson, paysage* schwermütig; melancholisch; *personne a.* trübsinnig **B** M/F Melancholiker(in) *m(f)*
Mélanésie [melanezi] **la** ~ Melanesien *n*
mélanésien [melanezjɛ̃] **A** ADJ ‹~ne› melanesisch **B** SUBST **Mélanésien(ne)** *m(f)* Melanesier(in) *m(f)*
mélange [melɑ̃ʒ] M **1** *opération* (Ver-)Mischung *f*; Vermengung *f*; ~ **de races** Rassenmischung *f*; *loc adj* **sans** ~ unvermischt; rein; *fig bonheur* ungetrübt; *loc adv* **sans** ~ **de** … nicht gemischt, nicht durchsetzt mit … **2** *produit* Mischung *f*; Gemisch *n*; CHIM *a.* Gemenge *n*; ~ **carburant** Treibstoff-, Kraftstoffgemisch *n*; ~ **de tabacs** Tabakmischung *f*; *fig* **un** ~ **d'indulgence et de rigueur** e-e Mischung aus Nachsicht und Strenge; *fam* **se méfier des** ~**s** sich davor hüten, (zu viel) durcheinanderzutrinken
mélangé [melɑ̃ʒe] ADJ *public* gemischt
mélanger [melɑ̃ʒe] V/T ‹-geons› **1** *substances entre elles* (ver)mischen; (ver)mengen (**à** *ou* **avec** mit); mengen (unter *+acc*); *avec qc de liquide a.* verrühren (mit) **2** *fam papiers, noms* durcheinanderbringen, -werfen
mélangeur [melɑ̃ʒœʀ] M **1** Mischer *m*; Mischapparat *m*, -maschine *f* **2** ~ *ou adjt* **robinet** *m* ~ Mischbatterie *f* **3** CINÉMA, RAD, TV ~ **de son** Mischpult *n*

mélanine [melanin] F BIOL Melanin *n*
mélanome [melanom] M MÉD Melanom *n*
mélasse [melas] F 1 Melasse *f* 2 *fam fig* **être dans la ~** *fam* in der Patsche, Tinte sitzen
mélatonine [melatɔnin] F BIOL Melatonin *n*
Melba [mɛlba] ADJ ‹inv› CUIS **pêches** *fpl* **~** Pfirsich *m* Melba
Melbourne [mɛlbuʀn] Melbourne *n*
mêlé [mele] ADJ 1 Misch…; **couleur, race ~e** Mischfarbe *f*, -rasse *f*; **sang ~** Mischblut *n*; Mischling *m* 2 *société, clientèle* gemischt
mêlé-cass(e) [melekas] M *fam* **voix** *f* **de ~(e)** *fam* Säuferstimme *f*
mêlée [mele] F 1 Handgemenge *n*; Schlägerei *f*; Kampfgetümmel *n*; *fig* Streit *m*; Auseinandersetzung *f*; **se jeter dans la ~** sich in das Kampfgetümmel, *fig* in den Kampf stürzen; **rester en dehors, se tenir à l'écart de la ~** dem Handgemenge, der Schlägerei fernbleiben; *fig* sich aus dem Streit heraushalten; *fig* **se tenir au-dessus de la ~** über dem Streit, den Streitenden stehen 2 RUGBY Gedränge *n*
mêler [mele] A V/T 1 *(mélanger)* (ver)mischen, (ver)mengen (**à** *ou* **avec** mit); versetzen, mischen *(a. fig)* (**de** mit); *fig* **plaisir mêlé de crainte** mit Furcht gemischtes, durch Furcht getrübtes Vergnügen 2 *fig (ajouter)* **~ à** *ou* **avec** verbinden, vereinigen, verschmelzen, verquicken mit 3 *(embrouiller)* in Unordnung bringen; durcheinanderbringen, -werfen 4 **~ qn à une affaire, à une querelle** j-n in e-e Sache, in e-n Streit hineinziehen, verwickeln B V/PR **se ~** 1 *odeurs etc* sich (ver)mischen (**à** *ou* **avec** mit); *races* sich vermischen; *fig* **sa colère se mêlait d'amertume** sein Zorn war nicht frei von Bitterkeit 2 *personne* **se ~ à la foule** sich unter die Menge mischen 3 *voix, rires etc* **se ~ à** *ou* **avec** sich vereinigen, verbinden mit 4 *personne* **se ~ de qc** sich um etw kümmern; *péj* sich in etw *(acc)* (ein)mischen; *fam* s-e Nase in etw *(acc)* stecken; **je ne m'en mêle pas** *a.* ich will nichts damit zu tun haben; **quand l'orgueil s'en mêle** wenn der Stolz mit im Spiel ist; **mêlez-vous de vos affaires, de ce qui vous regarde!** kümmern Sie sich um Ihre eigenen Angelegenheiten!; **de quoi se mêle-t-il?** was geht ihn das an? 5 *personne* **se ~ de faire qc** *(s'aviser de)* darauf verfallen, auf den Gedanken kommen, etw zu tun
mélèze [melɛz] M BOT Lärche *f*
méli-mélo [melimelo] *fam* M ‹*pl* **mélis-mélos**› Durcheinander *n*; Wirrwarr *m*
mélisse [melis] F BOT Melisse *f*; **eau** *f* **de ~** Melissengeist *m*
mélo [melo] *fam* ABR → mélodrame, mélodramatique
mélodie [melɔdi] F 1 *(air)* Melodie *f*; Weise *f* 2 *(chant)* (Kunst)Lied *n* (**sur des vers de Verlaine** nach Versen von Verlaine) 3 *fig (harmonie)* Melodik *f*; *d'un texte a.* Wohlklang *m*
mélodieusement [melɔdjøzmɑ̃] ADV **chanter ~** melodisch singen
mélodieux [melɔdjø] ADJ ‹-euse› *air, chant* melodiös; melodisch; wohlklingend; **voix mélodieuse** melodische, wohlklingende, klangvolle Stimme
mélodique [melɔdik] ADJ 1 MUS melodisch 2 *fig* wohlklingend; melodisch
mélodramatique [melɔdʀamatik] ADJ melodramatisch; rührselig
mélodrame [melɔdʀam] M THÉ, CINÉMA, TV Rührstück *n*; Melodram(a) *n*; TV *a.* Seifenoper *f*; **scène** *f* **de ~** melodramatische, rührselige Szene; **tourner au ~** ins Melodramatische, Rührselige umschlagen
mélomane [melɔman] A ADJ Musik liebend; musikbegeistert B M/F begeisterter Musikfreund; begeisterte Musikfreundin
melon [m(ə)lõ] M 1 BOT Melone *f* 2 (**chapeau** *m*) **~** Melone *f*
mélopée [melɔpe] F monotoner Gesang; Singsang *m*
membrane [mɑ̃bʀan] F 1 ANAT, BIOL Membran *f*; Haut *f*; Hülle *f*; **~ cellulaire** Zellmembran *f* 2 TECH, PHYS, CHIM Membran *f*
membraneux [mɑ̃bʀanø] ADJ ‹-euse› BIOL häutig; hautartig
membre [mɑ̃bʀ] M 1 ANAT Glied *n*; **~s** *pl a.* Gliedmaßen *fpl*; Extremitäten *pl*; **~s courts** kurze Gliedmaßen; *chez l'homme* **~s inférieurs, supérieurs** untere, obere Gliedmaßen; **~ (viril)** (männliches) Glied 2 *d'une association* Mitglied *n*; *d'une famille a.* Angehörige(r) *m*; *de l'Église, de la société* Glied *n*; **~ actif** aktives Mitglied; **~ de l'équipage** Besatzungsmitglied *n*; **~ de l'O.N.U.** UNO-Mitglied *n*; **~ du parti** Parteimitglied *n*; **carte** *f* **de ~** Mitgliedskarte *f*; **qualité** *f* **de ~** Mitgliedschaft *f*; *adjt* **État** *m*, **pays** *m* **~** Mitglied(s)staat *m*; Mitgliedsland *n* 3 GRAM **~ de phrase** Satzglied *n*, -teil *m* 4 MATH *d'une équation* Seite *f* 5 ARCH Bauelement *n*
membrure [mɑ̃bʀyʀ] F 1 *d'une personne* Glieder *npl*; Gliedmaßen *fpl* 2 MAR Spant *n*; *coll* Spanten *npl*
même [mɛm] A ADJ INDÉF 1 **le, la ~**, *pl* **les ~s** der-, die-, dasselbe, *pl* dieselben; der, die, das gleiche, *pl* die gleichen; *st/s* der, die, das nämliche, *pl* die nämlichen; **la ~ chose** dasselbe; das Gleiche; **au ~ endroit** am selben, gleichen Ort (**que** wie); **du ~ âge** im gleichen Alter; gleichalt(e)rig; **de la ~ couleur** in *ou* von der gleichen Farbe; gleichfarbig; **de ~ grandeur** *ou* **taille** gleich groß; **du ~ nom** mit dem gleichen Namen; gleichnamig; **pour la ~ raison** aus dem gleichen, demselben Grund; **être dans la ~ classe** in derselben Klasse sein (**que** wie); **je me trouve dans le ~ cas** mir geht es ebenso 2 ‹*nachgestellt*› gerade; selbst; **c'est cela ~** das ist es ja gerade; es ist genau, wie Sie sagen; **par cela ~** gerade dadurch; **être la bonté ~** die Güte selbst sein; **ce sont les paroles ~s de mon chef** das sind meines Chefs eigene Worte 3 **moi-~, nous-~s** *etc* → *pr correspondant* B PR INDÉF **le, la ~** der-, die-, dasselbe; der, die, das Gleiche; **les ~s** dieselben; die Gleichen; **il est toujours le ~** er ist immer (noch) derselbe; **ce sont toujours les ~s qui travaillent** es sind immer dieselben, die Gleichen, die arbeiten; **cela revient au ~** das läuft auf dasselbe, auf eins, aufs Gleiche hinaus; das kommt auf dasselbe, auf eins, aufs Gleiche heraus C ADV 1 *renchérissement* (ja) sogar; selbst; **~ pas** nicht einmal; **avant ~ que** *(+subj)* noch ehe; noch bevor; **sans ~** *(+inf)* ohne überhaupt zu *(+inf)*; **~ si** selbst wenn; wenn auch; *il est réservé* **et ~ timide** ja sogar schüchtern; **~ lui était malade** selbst er, sogar er war krank; **je ne me rappelle ~ plus le nom** ich erinnere mich nicht einmal mehr an den Namen 2 *(précisément)* genau; **aujourd'hui ~** noch heute; heute schon; **ici ~** genau hier; *loc prép* **à ~** direkt auf *(+dat)*; **coucher à ~ le sol** auf der nackten, bloßen Erde schlafen 3 LOC ADV: **de ~** ebenso; genauso; geradeso; **faire de ~** es ebenso, genauso machen; *bon weekend!* - **toi** *ou* **vous de ~!** danke, gleichfalls!; **il en est, il en va de ~ pour moi** mir geht es ebenso, genauso, geradeso; **quand** *ou* **tout de ~** trotzdem; dennoch; doch; → *a.* quand B 2 4 **être à ~ de faire qc** imstande sein, in der Lage sein, etw zu tun; **mettre qn à ~ de faire qc** j-n in die Lage, in den Stand versetzen, etw zu tun 5 LOC CONJ: **de ~ que** ebenso wie; *pop* **~ que** sogar; übrigens
mémé [meme] F *fam enf* Oma *f (a. par ext, péj)*
mémento [memɛ̃to] M 1 *(agenda)* Notiz-, Merkbuch *n* 2 *(aide-mémoire)* Handbuch *n*, Abriss *m* (**de géographie** der Geografie)
mémère [memɛʀ] *fam* F 1 *enf* Oma *f* 2 *péj* **grosse ~** dicke, ältliche Frau; *fam* **chien-chien** *m* **à sa ~** *fam* Hätschelhund *m*; *adjt: vêtement* **faire ~** *fam* muttchenhaft aussehen
mémoire[1] [memwaʀ] F 1 *faculté* Gedächtnis *n*; Erinnerung(svermögen) *f(n)*; **~ des chiffres, des noms** Zahlen-, Namensgedächtnis *n*; **je n'ai pas la ~ des noms** ich habe kein Gedächtnis für Namen; ich habe ein schlechtes Namensgedächtnis; **troubles** *mpl* **de ~** Gedächtnisstörungen *fpl*; *loc adv* **de ~** aus dem Gedächtnis; auswendig; aus dem Kopf; **avoir de la ~** ein gutes Gedächtnis haben; **n'avoir aucune ~** gar kein Gedächtnis haben; sehr vergesslich sein; **si j'ai bonne ~** wenn ich mich recht erinnere; **avoir la ~ courte** ein kurzes Gedächtnis haben; **être encore présent à, vivant dans la ~** in der Erinnerung noch gegenwärtig, lebendig sein; **garder qc en ~, dans la ~** etw im Gedächtnis behalten, bewahren; **perdre la ~** *en vieillissant* vergesslich werden; *à la suite d'un accident* das Gedächtnis verlieren 2 *(souvenir)* Erinnerung *f*, Gedenken *n* (**de an** *+acc*); Andenken *n* (an *ou +gén*); Gedächtnis *n (+gén)*; *loc prép* **à la ~ de**, *st/s* **en ~ de** zur Erinnerung, zum Andenken, zum Gedenken an *(+acc)*; *loc adj* **de sinistre, triste ~** unseligen, traurigen Angedenkens; *loc adv* **de ~ d'homme** seit Menschengedenken; **de ~ de paysan, on n'avait vu une telle sécheresse** die Bauern können sich nicht erinnern, je e-e solche Dürre erlebt zu haben; **réhabiliter la ~ de qn** j-n nachträglich, nach s-m Tode rehabilitieren 3 INFORM Speicher *m*; **~ morte** ROM *n*; Festspeicher *m*; **~ vive** RAM *n*; Arbeitsspeicher *m*; **~ de masse** Massenspeicher *m*; **mise** *f* **en ~** (Ab)Speicherung *f*; **mettre en ~** (ab)speichern 4 COMM **pour ~** (*abr* **p.m.**) erinnerungshalber, (nur) zur Information, Erinnerung
mémoire[2] [memwaʀ] M 1 *(écrit sommaire)* Denkschrift *f*; Memorandum *n* 2 *(requête)* Gesuch *n*; Eingabe *f* 3 *sur un sujet scientifique* Abhandlung *f*; Aufsatz *m*; **~ de maîtrise** *correspond à* Diplomarbeit *f* 4 COMM Kostenaufstellung *f*; Rechnung *f* 5 JUR Prozessschrift *f* 6 **~s** *pl (souvenirs)* (Lebens)Erinnerungen *fpl*; Memoiren *pl*
mémorable [memɔʀabl] ADJ denkwürdig
mémorandum [memɔʀɑ̃dɔm] M DIPL Memorandum *n*; Denkschrift *f*
mémorial [memɔʀjal] M ‹*pl* -aux› Denkmal *n*
mémorisation [memɔʀizasjõ] F 1 Memorieren *n*; Sicheinprägen *n* 2 INFORM Speicherung *f*; **mémoriser** V/T 1 memorieren; sich *(dat)* einprägen 2 INFORM speichern
menaçant [mənasɑ̃] ADJ drohend; **ciel ~** bedrohlicher Himmel; **geste ~** drohende Handbewegung; **propos ~s** drohende Worte *npl*; **ton ~** drohender Ton
menace [mənas] F 1 Drohung *f*; Androhung *f*; **~s de mort** Todesdrohungen *fpl*; **~ de punition** Androhung von Strafe; **~s en l'air** leere Drohungen; **geste** *m* **de ~** drohende Geste; *loc adv* **par la ~** durch Drohung; **sous la ~ de son arme** mit vorgehaltener Waffe; **être sous la ~ de qc** von etw bedroht sein, werden; **mettre ses ~s à exécution** s-e Drohungen wahr machen; **proférer des ~s** Drohungen ausstoßen (**contre qn** gegen j-n); **proférer des ~s de mort contre qn** j-m mit dem Tode drohen 2 *(danger imminent)* Bedrohung *f*; (drohende) Gefahr; **~ de guerre** (drohende)

M

Kriegsgefahr; **constituer une ~ pour qc** e-e Bedrohung, Gefahr für etw darstellen; e-e Gefährdung *(+gén)* sein

menacé [mənase] ADJ bedroht; gefährdet; **ses jours sont ~s** sein Leben ist bedroht, gefährdet, in Gefahr

menacer [mənase] V/T ‹-ç-› **1** *personne abs* drohen; **~ qn de qc** j-m mit etw drohen; j-n mit etw bedrohen; *d'une punition a.* j-m etw androhen; **~ (qn) de faire qc** (j-m) drohen, etw zu tun **2** *orage abs* drohen; *danger, guerre* **~ (qn)** (j-m) drohen; *bâtiment* **~ de tomber** baufällig sein; einzustürzen drohen; **la pluie menace** es droht Regen *ou* zu regnen

ménage [menaʒ] M **1** *(entretien d'un intérieur)* Haushalt *m (a.* ADMIN*)*; Haushaltung *f*; Hauswirtschaft *f*; Hauswesen *n*; **argent** *m* **du ~** Haushalts-, Wirtschaftsgeld *n*; **articles** *mpl* **de ~** Haushaltwaren *fpl*; **tenir le ~ à qn** j-m den Haushalt führen, besorgen **2** *(nettoyage)* Putzen *n* und Aufräumen *n*; **femme** *f* **de ~** Putz-, Aufwarte-, Zugehfrau *f*; Raumpflegerin *f*; **faire le ~** putzen; aufräumen *(a. fig)*; *fig a.* Ordnung schaffen; **faire des ~s** putzen gehen **3** *(objets domestiques)* Hausrat *m*; **monter son ~, se monter en ~** Hausrat anschaffen; sich einrichten; **~ de poupée** Puppengeschirr *n*, -küche *f* **4** *(couple)* Ehepaar *n*; Eheleute *pl*; Ehe *f*; **jeune ~** junges Ehepaar; *fam* **~ à trois** Dreiecksverhältnis *n*; **~ sans enfants** kinderloses Ehepaar; **être heureux en ~** e-e glückliche Ehe führen; **se mettre en ~** zusammenziehen **5** **faire bon, mauvais ~ avec qn** sich mit j-m gut, schlecht verstehen, vertragen **6** **pain** *m* **de ~** selbst gebackenes, hausgebackenes Brot

ménagement [menaʒmɑ̃] M Schonung *f*; Rücksicht *f*; *loc adv*: **avec ~** schonend; rücksichtsvoll; **sans ~** schonungslos; rücksichtslos

M

ménager¹ [menaʒe] ‹-geons› **A** V/T **1** *ses forces, sa santé, adversaire etc* schonen; *personne a.* rücksichtsvoll, schonend behandeln; **ne ~ aucun effort, ne pas ~ sa peine** keine Mühe scheuen (**pour faire qc** um etw zu tun); **ne pas ~ ses éloges** mit Lob nicht sparen; **~ ses expressions** sich im Ausdruck mäßigen; **~ ses forces** *a.* mit s-n Kräften Haus halten; s-e Kräfte einteilen; **~ les sentiments, la susceptibilité de qn** auf j-s Gefühle, j-s Empfindlichkeit Rücksicht nehmen **2** *entretien, rencontre* herbeiführen; zustande bringen; bewerkstelligen; *surprise* bereiten (**à qn** j-m); *place, espace* lassen; **~ un entretien à qn** j-m e-e Unterredung verschaffen; → *a.* **effet** 1 **3** *escalier* anbringen; anlegen; *fenêtre* brechen (**dans le mur** in die Wand) **B** V/PR **1** **se ~** sich schonen **2** **se ~ l'appui de qn** sich *(dat)* j-s Unterstützung sichern

ménager² [menaʒe] ADJ ‹-ère› **1** Haushalt(ung)s...; **appareils ~s** Haushalts- und Küchengeräte *npl*; **arts ~s** Industriezweig, der Hausrat herstellt; **enseignement ~** Hauswirtschaftsunterricht *m*; **travaux ~s** Hausarbeit *f* **2** **eaux ménagères** (Haushalts)Abwässer *npl*; **ordures ménagères** (Küchen)Abfälle *mpl*

ménagère [menaʒɛʀ] F **1** *personne* Hausfrau *f* **2** *(service de couverts)* Besteckgarnitur *f*

ménagerie [menaʒʀi] F Menagerie *f*; *d'un cirque* Tierschau *f*

Mende [mɛ̃d] *Stadt im Dep. Lozère*

Mendès France [mɛ̃dɛsfʀɑ̃s] **Pierre ~** *frz Politiker*

mendiant [mɑ̃djɑ̃] M, **mendiante** F **1** Bettler(in) *m(f)* **2** ADJT ÉGL CATH **ordres mendiants** Bettelorden *mpl*

mendicité [mɑ̃disite] F Betteln *n*; Bettelei *f*; **en être réduit à la ~** an den Bettelstab gekommen sein; zum Bettler geworden sein

mendier [mɑ̃dje] V/T *et* V/I betteln (**qc** um etw) *(a. fig)*

mendigot [mɑ̃digo] *fam* M, **mendigote** *fam* F Bettler(in) *m(f)*

menées [məne] FPL (geheime) Machenschaften *fpl*, Umtriebe *mpl*; **mettre fin aux ~ de qn** j-m das Handwerk legen

mener [məne] ‹-è-› **A** V/T **1** *personne quelque part* bringen *(a. bus etc: transporter)*, führen, geleiten, begleiten (**à la gare** zum Bahnhof); *bêtes* **~ aux champs** auf die Weide treiben, bringen; *enfant* **~ à l'école** in die Schule bringen; zur Schule begleiten; *chien* **~ promener** ausführen; **sa promenade le mena à ...** sein Spaziergang führte ihn zu ...; **cette rue vous mène à ...** auf dieser Straße kommen Sie zu ... **2** *fig* führen; bringen; **où cela peut-il nous ~?** wohin wird uns das führen, bringen?; **cela peut vous ~ plus loin que vous ne pensez** das kann weitreichende Folgen für Sie haben; **cela ne vous mène à rien** das führt zu nichts; das ist sinnlos, zwecklos; *profession* **~ à tout** viele Möglichkeiten eröffnen; *cet acte* **l'a mené en cour d'assises** hat ihn vor das Schwurgericht gebracht **3** *(être en tête de)* anführen; **~ le deuil** *a.* an der Spitze des Trauerzuges gehen **4** *affaire* betreiben; *enquête* durchführen; *vie* führen; **~ la vie dure à qn** j-m das Leben schwer machen; **~ de front** *deux activités* gleichzeitig ausüben; *des affaires* gleichzeitig betreiben **5** *(diriger)* leiten; führen; lenken; *intérêt, argent* **~ le monde** die Welt regieren; **se laisser ~** sich herumkommandieren, gängeln lassen **6** MATH *parallèle* ziehen (**à** zu); *tangente* legen (an *+acc*) **B** V/I **1** *chemin etc* führen (**à** nach, zu) **2** SPORTS führen; in Führung, an der Spitze liegen; **~ par 2 à 0** mit 2 zu 0 (2:0) führen

ménestrel [menɛstʀɛl] M MOYEN ÂGE fahrender Sänger; Spielmann *m*

ménétrier [menetʀije] M *autrefois* Dorfmusikant *m*, -geiger *m*

meneur [mənœʀ] M **1** Anführer *m*; *péj* Rädelsführer *m*; **~s de la grève** Streikführer *mpl*; **~ d'hommes** Führernatur *f* **2** **~ de jeu** RAD, TV Spielleiter *m*; Quizmaster *m*

menhir [meniʀ] M Menhir *m*; Hinkelstein *m*

méninge [menɛ̃ʒ] F **1** ANAT Hirnhaut *f* **2** *fam fig* **ne pas se fatiguer les ~s** *fam* s-n Grips nicht anstrengen

méningé [menɛ̃ʒe] ADJ ANAT der Hirnhaut; MÉD meningeal; meningitisch

méningite [menɛ̃ʒit] F **1** MÉD (Ge)Hirnhautentzündung *f*; *t/t* Meningitis *f* **2** *fam fig* **il ne risque pas d'attraper une ~** *fam* er strengt s-n Grips überhaupt nicht an

méningocoque [menɛ̃gɔkɔk] M MÉD **~s** *pl* Meningokokken *mpl*

ménisque [menisk] M ANAT, OPT Meniskus *m*

ménopause [menɔpoz] F PHYSIOL Menopause *f*; Wechseljahre *npl*

ménopausée [menɔpoze] ADJ *femme* die die Wechseljahre hinter sich *(dat)* hat

menotte [mənɔt] F **1** **~s** *pl* Handschellen *fpl*; **mettre, passer les ~s à qn** j-m Handschellen anlegen **2** *enf* (Patsch)Händchen *n*

mensonge [mɑ̃sɔ̃ʒ] M **1** Lüge *f*; Unwahrheit *f*; **gros ~** grobe Lüge; **pieux ~** fromme Lüge; Notlüge *f*; **pur ~** glatte Lüge; **purs ~s** Lug *m* und Trug *m*; **~ par omission** bewusstes Verschweigen *(e-s Tatbestandes)*; **tissu** *m* **de ~s** Lügengewebe *n*, -gespinst *n*, -netz *n*; **dire un ~, des ~s** e-e Unwahrheit sagen, lügen; **dire des ~s à qn** j-n anlügen, belügen; j-m etw vorlügen; **c'est vrai, ce ~-là?** und das soll ich glauben? **2** *(illusion)* (Be)Trug *m*; Täuschung *f*

mensonger [mɑ̃sɔ̃ʒe] ADJ ‹-ère› erlogen; lügenhaft; lügnerisch; Lügen...; irreführend; unwahr

menstruation [mɑ̃stʀyasjɔ̃] F PHYSIOL Monatsblutung *f*; Periode *f*; *t/t* Menstruation *f*

menstruel [mɑ̃stʀyɛl] ADJ ‹~le› PHYSIOL Menstruations...; *t/t* menstrual; **cycle ~** Zyklus *m*

menstrues [mɑ̃stʀy] FPL *t/t* → menstruation

mensualisation [mɑ̃sɥalizasjɔ̃] F (Umstellung *f* auf) monatliche Bezahlung; **mensualiser** V/T *ouvrier, salaire, impôt* monatlich (be)zahlen

mensualité [mɑ̃sɥalite] F Monatsrate *f*; monatliche Zahlung

mensuel [mɑ̃sɥɛl] ADJ ‹~le› monatlich; Monats...; *revue* monatlich erscheinend; **salaire ~** Monatsgehalt *n*

mensuration [mɑ̃syʀasjɔ̃] F **a** *action* Körpermessung *f* **b** **~s** *pl* Körpermaße *npl*; **prendre les ~s de qn** j-n messen

mental [mɑ̃tal] ADJ ‹-aux› **1** *(de l'esprit)* geistig; Geistes...; PSYCH **âge ~** Intelligenzalter *n*; **état ~** Geisteszustand *m*; **maladie ~e** Geisteskrankheit *f* **2** *(dans l'esprit)* gedanklich; **calcul ~** Kopfrechnen *n*

mentalement [mɑ̃talmɑ̃] ADV **1** geistig; in geistiger Hinsicht **2** in Gedanken; **calculer ~** im Kopf rechnen

mentalité [mɑ̃talite] F **1** *d'une collectivité* Mentalität *f*; Denk-, Anschauungsweise *f* **2** *fam d'un individu* (geistige, moralische) Einstellung; **jolie ~!** *ou* **quelle ~!** das ist e-e Einstellung!

menteur [mɑ̃tœʀ] M, **menteuse** F **1** Lügner(in) *m(f)* **2** ADJT *personne* verlogen

menthe [mɑ̃t] F **1** BOT Minze *f*; **~ poivrée, anglaise** Pfefferminze *f*; **thé** *m* **à la ~** schwarzer Tee mit frischen Pfefferminzblättern; (**infusion** *f*, **tisane** *f* **de**) **~** Pfefferminztee *m* **2** *sirop, essence* Pfefferminzsirup *m*, -essenz *f*; **~ à l'eau** erfrischendes Pfefferminzgetränk; **bonbon** *m*, **pastille** *f* **à la ~** Pfefferminzbonbon *n ou m*, -pastille *f*; Pfefferminz *n*; **cigarette** *f* **à la ~** Zigarette *f* mit Menthol

menthol [mɛ̃tɔl] M PHARM Menthol *n*

mentholé [mɛ̃tɔle] ADJ mit Menthol; **cigarette ~e** Zigarette *f* mit Menthol

mention [mɑ̃sjɔ̃] F **1** *(action de citer)* Erwähnung *f*; **faire ~ de qc** etw erwähnen; **faire l'objet d'une courte ~ dans le journal** in der Zeitung kurz erwähnt werden; → *a.* **honorable** 3 **2** *(indication)* Vermerk *m*; Angabe *f*; **~ du poids, de la qualité** Gewichts-, Qualitätsangabe *f*; ADMIN **rayer, biffer les ~s inutiles** Nichtzutreffendes streichen **3** EXAMEN Note *f*; Prädikatsexamen *n*; **être reçu avec ~** mit besser als „ausreichend" bestanden haben; **être reçu avec (la) ~ « très bien »** mit (der Note) „sehr gut" bestanden haben

mentionner [mɑ̃sjɔne] V/T **1** *(citer)* erwähnen **2** *sur un document etc* vermerken; angeben

mentir [mɑ̃tiʀ] ‹→ partir› **A** V/I lügen; *fam* schwindeln; **~ à qn** j-n anlügen, belügen; *fam* j-n anschwindeln, beschwindeln; **faire ~ qn, le proverbe** j-n, das Sprichwort Lügen strafen; **il ment comme il respire** er lügt wie gedruckt; *loc adv* **sans ~** ungelogen **B** V/PR **se ~ à soi-même** sich selbst betrügen, belügen

menton [mɑ̃tɔ̃] M Kinn *n*; **double ~** Doppelkinn *n*

mentonnière [mɑ̃tɔnjɛʀ] F **1** *d'un casque* breiter Kinnriemen **2** MÉD Kinnverband *m*, -schleuder *f* **3** *d'un violon* Kinnstütze *f*

mentor [mɛ̃tɔʀ] *st/s* M (weiser) Ratgeber; Mentor *m*

menu¹ [məny] **A** ADJ *morceaux* klein; *personne* schmächtig; klein und zart; **~s détails** kleinste Einzelheiten *fpl*; **doigt ~** dünner Finger; **~e**

monnaie kleine Münzen *fpl*; **tige ~e** dünner Stängel; **voix ~e** dünne, feine Stimme; *subst* **par le ~** haarklein; bis in die kleinsten Einzelheiten **B** ADV **couper ~** klein schneiden; in kleine Stücke schneiden; **°hacher ~** fein hacken; wiegen

menu² [məny] M **1** Menü *n*; Speisenfolge *f*; **~ à prix fixe** (Tages)Menü *n* (zu festem Preis) **2** *(carte)* Speisekarte *f* **3** INFORM Menü *n*

menuet [mənɥɛ] M DANSE, MUS Menuett *n*

menuiserie [mənɥizʀi] F **1** **a** *métier* Tischlerei *f*; *all Sud* Schreinerei *f*; **atelier** *m* **de ~** Tischler-, Schreinerwerkstatt *f* **b** *ouvrage(s)* Tischler-, Schreinerarbeit(en) *f(pl)* **2** **~ métallique** *fabrication* Herstellung *f* von Metalltüren und -fenstern; *produits* Metalltüren *fpl* und -fenster *npl*

menuisier [mənɥizje] M Tischler *m*; *all Sud* Schreiner *m*; **~ de bâtiment, en meubles** Bau-, Möbeltischler *m ou* -schreiner *m*

Méphisto(phélès) [mefisto, mefistɔfelɛs] M MYTH Mephisto *m*; Mephistopheles *m*

méphitique [mefitik] ADJ *vapeurs* übel riechend und giftig; mefitisch

méplat [mepla] **A** ADJ flach **B** M flache Stelle; Fläche *f* (a. BEAUX-ARTS)

méprendre [mepʀɑ̃dʀ] V/PR ⟨→ prendre⟩ *st/s* **se ~ sur qn, qc** sich in j-m, in etw täuschen, irren; **se ~ sur les intentions réelles de qn** j-s wahre Absichten verkennen; **ils se ressemblent à s'y ~** sie sehen sich zum Verwechseln ähnlich

mépris [mepʀi] M Geringschätzung *f*; Verachtung *f*; Missachtung *f*; *loc adv* **avec ~** verächtlich; mit Verachtung; *loc prép* **au ~ de** *(sans tenir compte de)* ungeachtet *(+gén)*; unter Missachtung *(+gén)*; *(en dépit de)* *e-r Sache (dat)* zum Hohn, zum Trotz; **avoir un ~ sans bornes pour qc, qn** e-e grenzenlose Verachtung für etw, j-n haben

méprisable [mepʀizabl] ADJ verächtlich; verachtenswert

méprisant [mepʀizɑ̃] ADJ *air, sourire* verächtlich; geringschätzig; *personne* **être ~** verächtlich tun

méprise [mepʀiz] F Irrtum *m*; Versehen *n*; *loc adv* **par ~** irrtümlich(erweise); versehentlich; aus Versehen

mépriser [mepʀize] V/T verachten *(a. danger, mort)*; gering schätzen, achten *(a. argent)*; **~ un conseil** einen Rat in den Wind schlagen

mer [mɛʀ] F **1** Meer *n*; See *f*; **la ~ Baltique** die Ostsee; **la ~ Morte** das Tote Meer; **°haute, pleine ~** offene, hohe See; Hochsee *f*; offenes Meer; **en °haute, pleine ~** auf offener, hoher See; **la ~ est °haute** *ou* **pleine, basse** es ist MAR Hoch-, Niedrigwasser, *abus* Flut, Ebbe; POL **~ territoriale** Hoheits-, Küstengewässer *npl*; **~ d'huile** spiegelglatte See; spiegelglattes Meer; **la ~ du Nord** die Nordsee; **eau** *f* **de ~** Meerwasser *n*; **vent** *m* **de ~** Seewind *m*; *loc adj et loc adv*: **à la ~** am Meer; an der See; **aller à la ~** ans Meer, an die See fahren; **en ~** auf See; auf dem Meer; **navigation** *f* **en ~** Seeschifffahrt *f*; **par ~** See...; zur See; COMM auf dem Seeweg; **sur terre et sur ~** zu Wasser und zu Lande; **un homme à la ~!** Mann über Bord!; MAR **il y a de la ~** es ist hoher Seegang; *fig* **ce n'est pas la ~ à boire** das ist gar nicht so schwierig, so schwer; das ist halb so schlimm; das ist zu schaffen; *fam* das ist nicht die Welt; *bateau* **prendre la ~** in See stechen; auslaufen; *bateau* **bien tenir la ~** seetüchtig, seetauglich, seefest sein **2** *fig* **une ~ de ...** ein Meer von ...; **~ de feu** Flammenmeer *n*

Merano [meʀano] Meran *n*

mercantile [mɛʀkɑ̃til] ADJ *péj* krämerhaft; profitgierig; **esprit** *m* **~** Krämergeist *m*, -seele *f*

mercantilisme [mɛʀkɑ̃tilism] M **1** *péj* Krämergeist *m*; Profitgier *f* **2** ÉCON HIST Merkantilismus *m*

mercatique [mɛʀkatik] F ÉCON Marketing *n*

mercenaire [mɛʀsənɛʀ] **A** ADJ Söldner...; **troupes** *fpl* **~s** Söldnertruppen *fpl* **B** M Söldner *m*

mercerie [mɛʀsəʀi] F **1** **a** *marchandises* Kurzwaren *fpl* **b** *commerce* Kurzwarenhandel *m* **c** *magasin* Kurzwarengeschäft *n*, -handlung *f*

merceriser [mɛʀsəʀize] V/T TEXT merzerisieren; *adjt* **coton mercerisé** merzerisierte Baumwolle

merchandising [mɛʀʃɑ̃dajziŋ, -diziŋ] M COMM Merchandising *n*

merci¹ [mɛʀsi] INT danke!; **~ beaucoup!** vielen Dank!; **~ bien!** schönen Dank!; danke sehr!; danke schön!; **Dieu ~!** Gott sei Dank!; *fam* Gott sei's gedankt!; **~ mille fois!** tausend Dank!; vielen herzlichen Dank!; **non, ~,** *je ne fume pas* nein danke, ...; danke nein, ...; **~ à vous** ich danke Ihnen *ou* euch; **~ de** *ou* **pour votre cadeau** haben Sie Dank für Ihr Geschenk; *iron* **~ du compliment!** ich danke für das Kompliment!; **~ d'être venu** haben Sie Dank, dass Sie gekommen sind; **dire ~** Danke (schön) sagen; danken; **dire ~ à qn** sich bei j-m bedanken; *subst* **dites-lui un grand ~ de ma part** richten Sie ihm meinen besten Dank aus

merci² [mɛʀsi] F *dans les* LOC: **lutte** *f* **sans ~** gnadenloses Ringen; **être à la ~ de qn, de qc** j-m, e-r Sache ausgeliefert, preisgegeben sein; j-s Willkür preisgegeben sein; j-m auf Gnade oder Ungnade ausgeliefert sein; **tenir qn à sa ~** j-n in s-r Gewalt haben

mercier [mɛʀsje] M, **mercière** F Kurzwarenhändler(in) *m(f)*

mercredi [mɛʀkʀədi] M Mittwoch *m*; **~ des Cendres** Aschermittwoch *m*; → *a.* **jeudi**

mercure [mɛʀkyʀ] M CHIM Quecksilber *n*

Mercure [mɛʀkyʀ] **1** ASTRON (der) Merkur **2** M MYTH Merkur *m*

mercuriale [mɛʀkyʀjal] F *st/s* *(réprimande)* Tadel *m*; Rüge *f*; Verweis *m*

mercurochrome® [mɛʀkyʀɔkʀom] M PHARM *Mittel zur Wunddesinfektion (von roter Farbe)*

merde [mɛʀd] *pop* F **1** *pop* Scheiße *f*; Scheißdreck *m*; **~ de chien, d'oiseaux** *pop* Hunde-, Vogelscheiße *f*, *fam* -dreck *m*; *loc adj* **de ~** *pop* Scheiß...; *fam* Mist...; Dreck(s) ...; *fig*: **c'est de la ~** das ist Schund, *fam* Mist, Dreck, *pop* Scheiße; **être dans la ~ (jusqu'au cou)** *pop* in der Scheiße sitzen; **foutre la ~** *fam* ein heilloses Durcheinander anrichten; **il ne se prend pas pour une** *ou* **pour de la ~** *fam* er bildet sich *(dat)* Wunder was ein **2** INT **a** *colère, mépris pop* **~!** *pop* (verdammte) Scheiße!; so e-e Scheiße!; *all Nord* (so ein) Schiet!; *fam* so ein Mist!; verdammter Mist!; verdammt!; **après tout, ~!** *pop* das ist doch alles Scheiße, *fam* Mist!; **~ pour X!** *pop* dieser Scheiß...! **b** *admiration, étonnement fam* **~ alors!** Donnerwetter! **c** *fam* **~ puissance treize!** ich drücke, halte dir die Daumen; Hals- und Beinbruch!; toi, toi, toi!

merder [mɛʀde] *pop* V/I *personne pop* Scheiße bauen; *projet etc fam* in die Hose gehen

merdeux [mɛʀdø] *pop* **A** ADJ ⟨-euse⟩ *pop* beschissen; *fig* **bâton ~** widerlicher Kerl; *pop* Drecks-, Scheißkerl *m* **B** SUBST **~, merdeuse** *m,f fam* (eingebildeter) Schnösel, eingebildete Pute; *pop* Rotzjunge *m*, Rotznase *f*

merdier [mɛʀdje] M *pop* Saustall *m*

merdique [mɛʀdik] ADJ *pop* beschissen

merdoyer [mɛʀdwaje] V/I ⟨-oi-⟩ *fam* ins Schwimmen kommen

mère [mɛʀ] F **1** Mutter *f* *(a. ÉGL CATH et fig)*; *(femelle animale) a.* Muttertier *n*; *fam* **la ~ X** Mutter X; (die) Frau X; *appellatif* REL **ma ~** Mutter *(+Name)*; *fam* **allons, la petite ~, ...** *fam* na, Mütterchen *ou* Mutti, ...; **~ porteuse** Leihmutter *f*; **~ de famille** verheiratete Frau mit Kindern; *comme profession* Hausfrau *f*; **~ de deux enfants** Mutter zweier Kinder; **fête** *f* **des ~s** Muttertag *m* **2** ADJT Haupt...; Grund...; **branche** *f* **~** Hauptast *m*; **idée** *f* **~** Haupt-, Grundgedanke *m*; **maison** *f* **~** COMM Stammhaus *n*; Hauptgeschäft *n*; ÉGL CATH Mutterhaus *n*; **~ patrie** *f* Mutterland *n*; **reine** *f* **~** Königinmutter *f*; ÉCON **société** *f* **~** Muttergesellschaft *f* **3** **~ du vinaigre** Essigmutter *f*

mère-grand [mɛʀgʀɑ̃] F *dans les contes de fées* Großmutter *f*

merguez [mɛʀgɛz] F CUIS scharf gewürzte kleine Bratwurst

méridien [meʀidjɛ̃] **A** ADJ ⟨~ne⟩ ASTRON Meridian...; Mittags...; **°hauteur ~ne** Meridian-, Mittagshöhe *f*; **plan ~** Meridianebene *f* **B** M **1** GÉOG Meridian *m*; Längenkreis *m*; **~ d'origine** Nullmeridian *m* **2** ASTRON **~ (céleste)** Meridian *m*; Mittagskreis *m*

méridional [meʀidjɔnal] ⟨*mpl* -aux⟩ **A** ADJ **1** *(au sud)* südlich; Süd...; **climat ~** südliches Klima; **côte ~e** Südküste *f* **2** *(du Midi)* südfranzösisch; **accent ~** südfranzösischer Akzent **B** SUBST **~(e)** *m(f)* Südfranzose, -französin *m,f*; *par ext* Südländer(in) *m(f)*

meringue [məʀɛ̃g] F *gâteau* Baiser *n*; Meringe *f*; *suisse* Meringel *n*

meringué [məʀɛ̃ge] ADJ CUIS mit Baiserteig überzogen

mérinos [meʀinos] M **1** ZOOL Merino(schaf) *m(n)*; *fam fig* **laisser pisser le ~** die Dinge laufen lassen **2** **a** *laine* Merinowolle *f* **b** *étoffe* Merino *m*

merise [məʀiz] F BOT Süß-, Vogelkirsche *f*

merisier [məʀizje] M **1** BOT Süß-, Vogelkirsche *f (Baum)* **2** **(bois** *m* **de) ~** Kirschbaumholz *n*

méritant [meʀitɑ̃] ADJ *personne* verdienstvoll; verdient

mérite [meʀit] M **1** Verdienst *n*; *loc adj*: **de ~** verdient; **plein de ~, de grand ~** verdienstvoll; sehr verdient; **il a du ~ à travailler dans ces conditions** es ist ihm hoch anzurechnen *ou* er verdient Anerkennung *ou* es ist sehr anerkennenswert, dass er unter diesen Verhältnissen arbeitet; *ils ont réussi, mais* **il n'y a aucun ~ à cela** es ist nicht ihr Verdienst; **se faire un ~ de faire qc** es sich *(dat)* als Verdienst anrechnen, etw zu tun; **tout le ~ lui en revient** das ist alles sein Verdienst **2** *(qualité[s])* Vorzug *m*; **avoir le ~ de la sincérité** den Vorzug haben, aufrichtig zu sein; **ce livre n'est pas sans ~** dieses Buch ist durchaus, recht wertvoll **3** **(ordre** *m* **du) Mérite agricole** Orden *m* für Verdienste um die Landwirtschaft

mériter [meʀite] **A** V/T *estime, récompense, punition, vacances etc* verdienen; *personne, chose* **~ qc** *a.* etw wert sein; *endroit* **~ le détour** den Umweg wert sein, lohnen; **ceci mérite réflexion** das ist überlegenswert; das bedarf der Überlegung; **cela mérite d'être lu** das ist lesenswert; **il ne mérite pas qu'on se fasse du souci pour lui** er verdient es gar nicht, er ist es gar nicht wert, dass man sich um ihn sorgt; **cette lettre mérite une réponse** dieser Brief erfordert e-e, bedarf e-r Antwort; **il l'a bien mérité!** das geschieht ihm recht (so)!; das hat er verdient!; *adjt* **repos bien mérité** wohlverdiente Ruhe **B** V/T INDIR *st/s* **il a bien mérité de la patrie** er hat sich um das Vaterland ver-

M

dient gemacht

méritocratie [meʀitɔkʀasi] F Meritokratie *f*; *par ext* Leistungsgesellschaft *f*

méritoire [meʀitwaʀ] ADJ *action* verdienstlich; verdienstvoll; *efforts* löblich

merlan [mɛʀlɑ̃] M ZOOL Merlan *m*; Wittling *m*; *fam fig* **faire des yeux de ~ frit** *fam* glotzen, stieren (wie ein abgestochenes Kalb)

merle [mɛʀl] M 1 ZOOL Amsel *f*; Schwarzdrossel *f*; *fig* **siffler comme un ~** gut pfeifen können 2 *fig* **~ blanc** weißer Rabe

merlu [mɛʀly] M ZOOL Seehecht *m*; Hechtdorsch *m*

merluche [mɛʀlyʃ] F 1 ZOOL → merlu 2 COMM Stockfisch *m*

Mermoz [mɛʀmoz] *frz Flieger*

mérou [meʀu] M ZOOL Zackenbarsch *m*

mérovingien [meʀɔvɛ̃ʒjɛ̃] HIST A ADJ ⟨~ne⟩ merowingisch B MPL **Mérovingiens** Merowinger *mpl*

Mers el-Kébir [mɛʀsɛlkebiʀ] *Stadt in Algerien*

Mers-les-Bains [mɛʀslebɛ̃] *Badeort im Dep. Somme*

mérule [meʀyl] M *od* F BOT Echter Hausschwamm

merveille [mɛʀvɛj] F Wunder(werk) *n*; **une pure ~** ein wahres Wunder(werk); **les sept ~s du monde** die sieben Weltwunder *npl*; *fig* **la huitième ~ du monde** das achte Weltwunder; *loc adv* **à ~** wunderbar; herrlich; sehr gut; ausgezeichnet; vortrefflich; großartig; **il se porte à ~** es geht ihm sehr gut, ausgezeichnet, glänzend; **être une ~ de précision** *etc* ein Wunder an Präzision (*dat*) *etc* sein; *médicament etc* **faire ~, des ~s** Wunder wirken, vollbringen

merveilleusement [mɛʀvɛjøzmɑ̃] ADV wunderbar; herrlich

M

merveilleux [mɛʀvɛjø] A ADJ ⟨-euse⟩ wunderbar; wundervoll; wunderschön; herrlich; großartig; *conte* **Aladin, ou la Lampe merveilleuse** Aladins Wunderlampe B SUBST 1 **le ~** das Wunderbare 2 HIST **les Merveilleuses** *fpl allzu modisch gekleidete Damen zur Zeit des Directoire*

mes [me] → mon

mésalliance [mezaljɑ̃s] F Missheirat *f*; nicht standesgemäße Heirat; Mesalliance *f*

mésange [mezɑ̃ʒ] F ZOOL Meise *f*

mésaventure [mezavɑ̃tyʀ] F Missgeschick *n*

mescaline [mɛskalin] F Meskalin *n*

mesdames, mesdemoiselles PL → madame, mademoiselle

mésentente [mezɑ̃tɑ̃t] F Misshelligkeit *f*; Unstimmigkeit *f*; *plus fort* Uneinigkeit *f*

mésentère [mezɑ̃tɛʀ] M ANAT Dünndarmgekröse *n*; *t/t* Mesenterium *n*

mésestime [mezɛstim] *litt* F Missachtung *f*; Geringschätzung *f*; **mésestimer** V/T *litt personne, talent* missachten; gering schätzen; *difficultés* unterschätzen

mésintelligence [mezɛ̃teliʒɑ̃s] *litt* F Uneinigkeit *f*; mangelndes Einvernehmen; Unstimmigkeit *f*

mésocarpe [mezɔkaʀp] M BOT mittlere Schicht der Fruchtwand; *t/t* Mesokarp(ium) *n*

mésolithique [mezɔlitik] A ADJ mittelsteinzeitlich; *t/t* mesolithisch B M mittlere Steinzeit; *t/t* Mesolithikum *n*

Mésopotamie [mezɔpɔtami] HIST **la ~** Mesopotamien *n*

mésopotamien [mezɔpɔtamjɛ̃] HIST A ADJ ⟨~ne⟩ mesopotamisch B MPL **les Mésopotamiens** die Mesopotamier *mpl*

mesquin [mɛskɛ̃] ADJ 1 (*étriqué*) kleinlich; engstirnig; engherzig; schäbig; **esprit ~** Kleingeist *m* 2 (*avare*) schäbig; *fam* knaus(e)rig; knick(e)rig

mesquinerie [mɛskinʀi] F 1 (*caractère mesquin*) Kleinlichkeit *f*; Engstirnigkeit *f*; Engherzigkeit *f*; Schäbigkeit *f* 2 (*action, attitude mesquine*) kleinliches, schäbiges Verhalten; kleinliche, schäbige Handlungsweise; Schäbigkeit *f*; **il est incapable d'une telle ~** er ist zu e-r so schäbigen Handlungsweise nicht fähig 3 (*avarice*) Schäbigkeit *f*; *fam* Knaus(e)rigkeit *f*

mess [mɛs] M MIL Kasino *n*

message [mɛsaʒ] M 1 (*information transmise*) Botschaft *f* (*a.* POL, BIBL, *fig*); Nachricht *f*; Mitteilung *f*; Meldung *f* (*a.* INFORM); RAD, TV Durchsage *f*; *fig d'une œuvre d'art* Aussage *f*; *fam* Message *f*; *SMS* **~ court** Kurznachricht *f*; **~ publicitaire** Werbespot *m*, -durchsage *f*, -text *m*; **~ radio** Funkspruch *m*; **~ téléphonique** telefonische *ou* fernmündliche Nachricht, Mitteilung; *fig* **~ de l'au-delà** Botschaft aus dem Jenseits; AVIAT, MAR **~ de détresse** Notruf *m*; INFORM **~ d'erreur** Fehlermeldung *f*; **laisser un ~** e-e Nachricht hinterlassen (**à qn** j-m) 2 (*commission*) Auftrag *m*; Bestellung *f*; **s'acquitter d'un ~** sich e-s Auftrags entledigen

messager [mɛsaʒe] M, **messagère** F Bote *m*, Botin *f* (*a. fig*); *fig* **messager de malheur, de mauvais augure** Unglücksbote *m*; *poét* **messagers du printemps** Vorboten *mpl* des Frühlings

messagerie [mɛsaʒʀi] F 1 PL **~s aériennes, maritimes** Luft-, Seefrachtagentur *f*; **~s de presse** Zeitungsvertriebsgesellschaft *f* 2 INFORM **~ électronique** elektronische Post; Mailbox *f*

messe [mɛs] F 1 ÉGL CATH Messe *f*; **~ basse** stille Messe; *fam fig* **~s basses** Getuschel *n*; *fam fig* **faire des ~s basses** miteinander tuscheln; *fam fig* **pas de ~ basse sans curé!** keine Geheimniskrämerei!; **~ chantée** (Hoch)Amt *n*; **~ noire** schwarze Messe; **~ de minuit** Christmette *f*; **~ des morts** Toten-, Seelenmesse *f*; **aller à la ~** zur Messe gehen; in die Kirche gehen; **dire la ~** die Messe halten *ou* lesen; **faire dire une ~ pour qn** für j-n e-e Messe lesen lassen; **servir la ~** ministrieren 2 MUS Messe *f*; **~ en si mineur** h-Moll-Messe *f*

Messénie [meseni] GÉOG **la ~** Messenien *n*

Messiaen [mesjɑ̃] *frz Komponist*

messianique [mesjanik] ADJ REL *et fig* messianisch; **messianisme** M REL *et fig* Messianismus *m*

messidor [mesidɔʀ] M Messidor *m* (*10. Monat des frz Revolutionskalenders*)

Messie [mesi] REL **le ~** der Messias; *fam fig* **attendre qn comme le ~** j-n sehnlichst erwarten

messieurs PL → monsieur

Messine [mesin] GÉOG Messina *n*

messire [mesiʀ] M *ancien titre* gnädiger Herr

mesurable [məzyʀabl] ADJ messbar; **mesurage** M TECH (Ab-, Aus-, Ver)Messen *n*, -ung *f*

mesure [məzyʀ] F 1 (*action de mesurer*) Messung *f*; **~ de chaleur, de température** Wärme-, Temperaturmessung *f*; **appareil** *m*, **instrument** *m* **de ~** Messgerät *n*, -instrument *n* 2 (*dimension, étalon*) Maß *n* (*a. fig*); *fig* Maßstab *m*; *fig* **la bonne, juste ~** das richtige, rechte Maß; **~s de capacité, de longueur, de superficie, de volume** Hohl-, Längen-, Flächen-, Raummaße *npl*; **système** *m* **de ~** Maßsystem *n*; ♦ *loc adv*: **au fur et à ~** nach und nach; **dans une certaine ~** in gewissem Maße; bis zu e-m gewissen Grad, Umfang; einigermaßen; **dans une large ~** weitgehend; in hohem Maße; **dans quelle ~?** inwieweit?; in welchem Umfang?; **sur ~** nach Maß (*a. fig*); **travail** *m* **sur ~** Maßarbeit *f*; **se faire faire une robe sur ~** sich (*dat*) ein Kleid nach Maß anfertigen lassen; ♦ *loc conj* (**au fur et**) **à ~ que** in dem Maße, wie; **dans la ~ où** so weit; in dem Maße, wie; insoweit *ou* insofern, als; ♦ *loc prép* **à la ~ de qn, qc** j-m, e-r Sache angemessen, entsprechend; auf j-n, etw zugeschnitten; **un adversaire à sa ~** ein Gegner, der es mit ihm aufnehmen kann *ou* der sich mit ihm messen kann; **au fur et à ~ de** je nach; **dans la ~ de** im Rahmen, nach Maßgabe (*+gén*); **dans la ~ du possible** im Rahmen des Möglichen; soweit (es) möglich (ist); nach Möglichkeit; ♦ **il n'y a pas de commune ~ entre … et …** man kann … und … nicht mit demselben Maßstab messen; man kann an (*+acc*) nicht denselben Maßstab anlegen wie an (*+acc*); es gibt keinen gemeinsamen Maßstab für … und …; *ces deux événements* **sont sans commune ~** sind nicht vergleichbar; kann man nicht miteinander vergleichen; stehen in keinem Verhältnis zueinander; **donner la ~ de son talent, donner (toute) sa ~** zeigen, was man kann; **prendre les ~s de qc** etw aus-, abmessen; COUT **prendre les ~s d'un costume** für e-n Anzug Maß nehmen; **je prends vos ~s** ich nehme bei Ihnen Maß 3 (*modération*) Maß *n*; *loc adv*: **avec ~** maßvoll; **outre ~** übermäßig; **sans ~** maßlos; ohne Maß (und Ziel); **ambition** *f* **sans ~** maßloser Ehrgeiz; **il n'a pas le sens de la ~** er kennt kein Maß; er kann nicht maßhalten 4 (*disposition*) Maßnahme *f*, -regel *f*; **~ disciplinaire** Disziplinarmaßnahme *f*; **~ de contrôle** Kontrollmaßnahme *f*; **~ de précaution** Vorsichtsmaßnahme *f*, -maßregel *f*; **~ de protection** Schutzmaßnahme *f*; **~ de sécurité, de sûreté** Sicherheitsmaßnahme *f*, -vorkehrung *f*; *loc prép* **par ~ de** aus Gründen (*+gén*); **par ~ de prudence** vorsichtshalber; **prendre des ~s** Maßnahmen ergreifen; Vorkehrungen treffen (**contre** gegen) 5 MUS Takt (-maß) *m(n)*; **~ à trois, à quatre temps** Dreiviertel-, Viervierteltakt *m*; **barre** *f* **de ~** Taktstrich *m*; *loc adv* **en ~** im Takt; **battre, marquer la ~** den Takt schlagen, angeben; **perdre la ~** aus dem Takt kommen 6 *récipient* Maß *n*; **~ à grains** Kornmaß *n*; **deux ~s d'avoine** zwei Maß Hafer; **faire bonne ~** gut, reichlich messen, wiegen; *fig* **la ~ est comble!** das Maß ist voll! 7 **être en ~ de faire qc** in der Lage, imstande sein, etw zu tun; **mettre qn en ~ de faire qc** j-m die Möglichkeit, Gelegenheit geben, j-n in den Stand setzen, etw zu tun

mesuré [məzyʀe] ADJ *personne* maßvoll; **propos ~s** gemäßigte Worte *npl*; **ton ~** gemäßigter Ton; **à pas ~s** gemessenen Schrittes

mesurer [məzyʀe] A V/T 1 (*prendre les mesures*) (ab-, aus-, ver)messen; *longueur* (ab)messen; *volume* (aus)messen; **~ qn** j-n messen; *fig* **~ ses forces avec qn** s-e Kräfte mit j-m messen; **~ un terrain** ein Gelände vermessen 2 (*avoir pour mesure*) messen; groß sein; **la pièce mesure trois mètres sur cinq** das Zimmer ist drei mal *ou* auf fünf Meter groß 3 *fig* (*évaluer*) *risque etc* ermessen; (richtig) abschätzen, beurteilen 4 *fig* **~ qc à** *ou* **sur qc** etw an etw (*dat*) messen; etw nach etw bemessen, regeln 5 *fig* **~ ses expressions** sich vorsichtig ausdrücken; sich in s-n Ausdrücken mäßigen; **~ ses paroles** s-e Worte abwägen; **notre temps est mesuré** unsere Zeit ist knapp bemessen B V/PR a *réfléchi* **se ~ à** *ou* **avec qn** sich mit j-m messen b *réciproque* **se ~ du regard** sich mit Blicken messen c *sens passif* **se ~ en mètres** in Metern gemessen werden; *fig* **se ~ à qc** an etw (*dat*) gemessen werden

métabolisme [metabɔlism] M PHYSIOL Stoffwechsel *m*; *t/t* Metabolismus *m*; **~ basal,**

de base Grundumsatz *m*

métacarpe [metakaʀp] M ANAT Mittelhand *f*; **métacarpien** ADJ ‹~ne› ANAT Mittelhand…; *t/t* metakarpal

métairie [meteʀi] F AGR (Halb)Pachthof *m*, -gut *n*

métal [metal] M ‹*pl* -aux› Metall *n*; *loc adj* **de, en ~** Metall…; metallen

métalangage [metalɑ̃gaʒ] M *ou* **métalangue** F LING, INFORM Metasprache *f*

métallifère [metalifɛʀ] ADJ metall-, erzhaltig; **gisement** *m* **~** Erzlagerstätte *f*

métallique [metalik] ADJ 1 (*en métal*) Metall…; metallen; **mobilier** *m* **~** Stahlmöbel *npl*; **monnaie** *f* **~** Hart-, Metallgeld *n*; **plaque** *f* **~** Metallplatte *f*; **toile** *f* **~** Drahtgewebe *n*; Metalltuch *n*; **tour** *f* **~** Turm *m* in Eisenkonstruktion 2 *éclat, son* metallisch; **voix** *f* **~** metallische Stimme

métalliser [metalize] V/T TECH 1 (*recouvrir de métal*) metallisieren 2 (*donner un éclat métallique*) Metallglanz geben (+*dat*); *adjt* **métallisé** metallisch glänzend; metallic

métallo [metalo] M *fam* ABR (**métallurgiste 1.**) *fam* Metaller *m*

métallographie [metalɔgʀafi] F Metallkunde *f*; **~ microscopique** Metallografie *f*

métalloïde [metalɔid] M CHIM Halbmetall *n*

métallurgie [metalyʀʒi] F 1 *industrie* Metallindustrie *f*; **~ lourde** Hüttenindustrie *f*; **~ de transformation** Metall verarbeitende Industrie 2 *techniques* Metallbearbeitung *f*; Metallurgie *f*

métallurgique [metalyʀʒik] ADJ Hütten…; Metall…; **industrie** *f* **~** Metallindustrie *f*; **usine** *f* **~** Hütte *f*; Hüttenwerk *n*

métallurgiste [metalyʀʒist] M 1 Metallarbeiter *m* 2 ADJT **ingénieur** *m* **~** Hütteningenieur *m*

métamorphique [metamɔʀfik] ADJ **roche** *f* **~** metamorphes Gestein

métamorphisme [metamɔʀfism] M GÉOL Metamorphose *f*

métamorphose [metamɔʀfoz] F Verwandlung *f*; Umwandlung *f*; Metamorphose *f* (*a.* ZOOL, MYTH)

métamorphoser [metamɔʀfoze] A V/T verwandeln (**en** in +*acc*); umwandeln; völlig verändern; *st/s* metamorphosieren B V/PR **se ~** sich verwandeln (**en** in +*acc*)

métaphore [metafɔʀ] F Metapher *f*; bildlicher Ausdruck; Bild *n*; **métaphorique** ADJ 1 *sens, emploi* bildlich; übertragen; metaphorisch 2 *style* bilderreich

métaphysique [metafizik] A F PHIL Metaphysik *f* B ADJ metaphysisch

métastase [metastɑz] F MÉD Metastase *f*; Tochtergeschwulst *f*

métatarse [metataʀs] M ANAT Mittelfuß *m*

métayage [metɛjaʒ] M AGR Halb-, Teilpacht *f*

métayer [meteje] M, **métayère** F Halb-, Teilpächter(in) *m(f)*

métempsyc(h)ose [metɑ̃psikoz] F REL Seelenwanderung *f*; *t/t* Metempsychose *f*

météo [meteo] A F Wetterbericht *m*, -vorhersage *f* B ADJ ‹*inv*› Wetter…

météore [meteɔʀ] M ASTRON Meteor *m*; Sternschnuppe *f*; *fig* **passer comme un ~** *fam* vorbeiflitzen; *fig* kometenhaft aufsteigen und wieder verschwinden

météorique [meteɔʀik] ADJ ASTRON Meteor…; Meteoriten…; **météorite** M *ou* F Meteorit *m*

météorologie [meteɔʀɔlɔʒi] F 1 *science* Wetterkunde *f*; Meteorologie *f* 2 *service* Wetterdienst *m*, -amt *n*

météorologique [meteɔʀɔlɔʒik] ADJ wetterkundlich; meteorologisch; Wetter…; **bulletin** *m*, **carte** *f* **~** Wetterbericht *m*, -karte *f*

météorologiste [meteɔʀɔlɔʒist] M/F *ou* **météorologue** M/F Meteorologe, -login *m,f*

métèque [metɛk] M *péj* lästiger, unliebsamer Ausländer; *fam* Kanake *m*

méthacrylique [metakʀilik] ADJ CHIM **résines** *fpl* **~s** Polyacrylharze *npl*

méthadone [metadɔn] F MÉD, CHIM Methadon *n*

méthane [metan] M CHIM Methan *n*

méthanier [metanje] M MAR Gastanker *m*

méthanol [metanɔl] M CHIM Methanol *n*

méthode [metɔd] F 1 Methode *f*; Verfahren *n*; Verfahrens-, Vorgehensweise *f*; **~ d'enseignement** Unterrichts-, Lehrmethode *f*; **~ de production** Produktionsverfahren *n ou* -methode *f ou* -weise *f*; **~ de travail** Arbeitsmethode *f*, -weise *f*; *loc adv*: **avec ~** mit Methode; methodisch; planmäßig; systematisch; **sans ~** planlos; unsystematisch 2 *livre* Lehrbuch *n*, Lehrgang *m*, Leitfaden *m* (**de comptabilité** der Buchführung); MUS **~ de piano, de violon** Klavier-, Violinschule *f* 3 *fam fig* (*moyen*) *fam* Masche *f*

méthodique [metɔdik] ADJ methodisch; planmäßig; systematisch

méthodisme [metɔdism] M REL Methodismus *m*; **méthodiste** REL A ADJ methodistisch; Methodisten… B M/F Methodist(in) *m(f)*

méthodologie [metɔdɔlɔʒi] F Methodologie *f*; Methodik *f*; Methodenlehre *f*

méthyle [metil] M CHIM Methyl *n*

méthylène [metilɛn] M 1 CHIM Methylen *n* 2 COMM Methylalkohol *m*; Methanol *n*

méthylique [metilik] ADJ CHIM **alcool** *m* **~** Methylalkohol *m*; Methanol *n*

méticuleux [metikylø] ADJ ‹-euse› *personne* gewissenhaft, peinlich genau, sehr sorgfältig, *fam* pingelig (**dans son travail** in s-r Arbeit); **propreté méticuleuse** peinliche Sauberkeit

métier [metje] M 1 Beruf *m*; Gewerbe *n*; Fach *n*; Handwerk *n* (*fig*); *fam* Metier *n*; **~ manuel, intellectuel** handwerklicher, geistiger Beruf; *fig* **~ des armes** Kriegshandwerk *n*; **~ d'écrivain** Beruf e-s Schriftstellers; Schriftstellerberuf *m*; **argot** *m* **de ~** Berufssprache *f*; Fachjargon *m*; **homme** *m* **de, du ~** Fachmann *m*; **qn du ~** j-d vom Fach; **de son ~** von Beruf; **avoir un ~** e-n Beruf, *fam* ein Metier haben; ein Gewerbe betreiben; **connaître son ~** sein Fach, sein Handwerk, sein Geschäft, *fam* sein Metier verstehen; sich in s-m Fach, Beruf auskennen; **être du ~** vom Fach, *fam* vom Bau sein; von der Sache etwas verstehen; **faire son ~** s-e Arbeit, s-e Pflicht tun; **faire tous les ~s** sich in vielen Berufen versuchen; **parler ~** fachsimpeln; *prov*: **chacun son ~(, les vaches seront bien gardées)** Schuster, bleib bei deinem Leisten! (*prov*); **il n'est point de sot ~(, il n'y a que de sottes gens)** kein Beruf ist schlechter als der andere(, es gibt nur Leute, die ihn schlecht ausüben) 2 *artisanal* Handwerk *n*; **~ de serrurier, de tailleur** Schlosser-, Schneiderhandwerk *n* 3 (*savoir-faire*) (handwerkliches) Können; **avoir du ~** Berufserfahrung besitzen; *artiste etc* das Handwerksmäßige beherrschen; **il a des idées, mais aucun ~** er hat Ideen, aber keinerlei Erfahrung, aber er versteht nichts vom Handwerklichen 4 TEXT **~ (à tisser)** Webstuhl *m*; **~ à filer le coton, la laine** Baumwoll-, Wollspinnmaschine *f*; *fig* **mettre qc sur le ~** (mit) etw beginnen; etw in Angriff nehmen; *Boileau* **vingt fois sur le ~ remettez votre ouvrage** überprüfe deine Arbeit immer wieder 5 **~ (à broder, à tapisserie)** Stickrahmen *m*

métis [metis] A ADJ ‹~se› 1 *population* Mischlings…; BOT durch Kreuzung entstanden; hybrid; **enfant ~** Mischlingskind *n* 2 TEXT **toile ~se** Halbleinen *n* B SUBST 1 **~(se)** *m(f) personne* Mischling *m*; ZOOL, BOT Bastard *m*; ZOOL *a.* Halbblut *n* 2 M TEXT Halbleinen *n*; **drap** *m* **de ~** halbleinenes Betttuch

métissage [metisaʒ] M Rassenmischung *f*; Bastardierung *f*

métissé [metise] ADJ **race ~e** Mischrasse *f*

métonymie [metɔnimi] F LING Metonymie *f*

métrage [metʀaʒ] M 1 COUT Meterzahl *f*; Stoffmenge *f*; **un petit ~** e-e kleine Stoffmenge; wenig Stoff 2 CINÉMA **court ~** Kurzfilm *m*; **long ~** Haupt-, Spielfilm *m*; abendfüllender Film 3 CONSTR (Ver)Messen *n*, -ung *f* (*nach Metern*)

mètre [mɛtʀ] M 1 *unité de mesure* (ABR **m**) Meter *m ou n* (*abr* m); **~ carré, cube** Quadrat-, Kubikmeter *m ou n*; *loc adv*: **au ~** meterweise; **par ~** je Meter; **il mesure un ~ soixante-dix (1,70 m)** er ist eins siebzig (1,70 m) groß; er ist ein(en) Meter siebzig groß 2 *règle ou ruban* Metermaß *n*; **~ pliant** Zollstock *m*; Gliedermaßstab *m*; **~ à ruban** (Stahl)Bandmaß *n*; **~ de couturière** Zentimetermaß *n* 3 SPORTS **cent, °huit cents ~s** Hundert-, Achthundertmeterlauf *m*; 100-m-Lauf *m*, 800-m-Lauf *m*; **courir le cent ~s** am 100-m-Lauf teilnehmen 4 VERSIFICATION Metrum *n*; Versmaß *n*

métrer [metʀe] V/T ‹-è-› CONSTR (*nach Metern*) vermessen; ausmessen

métreur [metʀœʀ] M CONSTR **~ vérificateur** Vermesser, der das Aufmaß feststellt

métrique [metʀik] A ADJ 1 metrisch; **système** *m* **~** metrisches System 2 VERSIFICATION metrisch; **vers** *m* **~** quantitierender Vers B F (*versification*) Metrik *f*; Verslehre *f*

métrite [metʀit] F MÉD Gebärmutterentzündung *f*

métro[1] [metʀo] M U-Bahn *f*; **le ~ de Paris** *a.* die Pariser Metro; **bouche** *f* **de ~** U-Bahn-Ein- *ou* -Ausgang *m*

métro[2] ABR (**métropolitain**) A ADJ des (französischen) Mutterlandes B M/F Bewohner(in) *m(f)* des (französischen) Mutterlandes; Kontinentalfranzose, -französin *m,f*

métronome [metʀɔnɔm] M MUS Metronom *n*; Taktmesser *m*

métropole [metʀɔpɔl] F 1 *ville* Metropole *f*; **~ économique** Wirtschaftsmetropole *f* 2 *d'une colonie, d'un territoire extérieur* Mutterland *n* 3 ÉGL CATH Sitz *m* e-s Metropoliten, e-s Erzbischofs

métropolitain [metʀɔpɔlitɛ̃] A ADJ 1 ADMIN **chemin de fer ~** *ou subst* **~** *m* Untergrundbahn *f* 2 des Mutterlandes; **la France ~e** das französische Mutterland; Kontinentalfrankreich *n* 3 ÉGL CATH **église ~e** Metropolitankirche *f*; **archevêque ~** Metropolit *m* B SUBST 1 **~(e)** *m(f)* Bewohner(in) *m(f)* des Mutterlandes; *en France a.* Kontinentalfranzose, -französin *m,f* 2 M ÉGL CATH Metropolit *m*

métrosexuel [metʀɔsɛksɥɛl] A ADJ ‹~le› metrosexuell B M Metrosexuelle(r) *m*

mets [mɛ] M Gericht *n*; Speise *f*

mettable [metabl] ADJ *vêtements* tragbar; brauchbar; *fam* anständig; **ce manteau n'est plus ~** *a.* diesen Mantel kann man nicht mehr tragen

Metternich [metɛʀnik] M HIST Metternich *m*

metteur [metœʀ] M 1 THÉ, CINÉMA, TV **~ en scène** Regisseur *m*; Spielleiter *m* 2 TYPO **~ en pages** Metteur *m*

mettre [mɛtʀ]

‹je mets, il met, nous mettons; je mettais; je mis; je mettrai; que je mette; mettant; mis›

A verbe transitif   B verbe pronominal

— A verbe transitif —

1 *objet* legen; stellen; setzen; (hinein)stecken, (-)tun (**dans sa poche** in die Tasche); bringen, schaffen (**à la poste** zur *ou* auf die Post®); *pellicule* einlegen (**dans l'appareil photo** in den Fotoapparat); *nappe* aufdecken; auflegen (*a. couverts*); *lit* aufstellen; *du beurre etc* (auf) streichen (**sur** auf *+acc*); *liquide* gießen (**dans** in *+acc*); *bouton* annähen (**à** an *+acc*); *pièce* aufsetzen (**à** auf *+acc*); *fam radio, chauffage* anstellen; RAD, TV einstellen (**[sur] France-Inter** [auf] France-Inter); *gaz etc* legen (**dans une maison** in ein Haus; **chez qn** bei j-m); *verrou* vorlegen; vor-, zuschieben; *tête etc* herausst(r)ecken, *fam* rausst(r)ecken (**à la fenêtre** zum Fenster); *argent* bringen (**à la banque** zur Bank); anlegen (**dans qc** in etw [*dat*]); stecken (**dans une entreprise** in ein Unternehmen); *personne* schicken (**à l'école maternelle** in den Kindergarten); geben (**en pension** in Pension); *sentinelles* aufstellen (**aux portes** vor den Türen); *expressions*: a *avec subst et pr*: *fam* **~ les bouts**, *abs* **les ~** *fam* abhauen; türmen; verduften; SPORTS *fam* **ils leur ont mis cinq buts à zéro** sie haben sie mit fünf zu null (Toren) geschlagen; **~ le couvert, la table** den Tisch decken; **où ai-je mis mes lunettes?** wo habe ich meine Brille hingelegt?; *fam* **qu'est-ce qu'il lui met!** *fam* der verdrischt ihn, der gibt es ihm aber ordentlich!; **y ~ du sien** das Seine dazu beitragen, tun; → *a. les subst correspondants* b *avec adv*: **~ ailleurs** anderswohin legen, stellen, setzen; *animal* **~ bas** (Junge) werfen; **~ bas les armes** die Waffen strecken, niederlegen; **combien voulez-vous y ~?** wie viel wollen Sie dafür anlegen, ausgeben?; **y ~ le prix** es sich etwas kosten lassen c *avec prép et loc adv*: **~ à la boîte aux lettres** in den Briefkasten werfen; einwerfen; **~ à chauffer** aufwärmen; **~ qn à la direction** j-n an die Spitze stellen, setzen; j-m die Leitung übertragen; CUIS **~ au four** in den (Back)Ofen schieben; GRAM **~ au futur, au pluriel** ins Futur, in den Plural setzen; *montre* **~ à l'heure** stellen; **~ à mal** verprügeln; **~ à mort** töten; **~ à la place d'honneur** auf den Ehrenplatz setzen; **~ de l'énergie, du soin à faire qc** Energie, Sorgfalt darauf verwenden, etw zu tun; **~ son orgueil à faire qc** s-n Stolz dareinsetzen, etw zu tun; **~ de la bonne volonté à faire qc** guten Willen bei etw zeigen; **~ une note amusante dans qc** e-e heitere Note in etw (*acc*) bringen; **~ du sel dans le potage** Salz an *ou* in die Suppe tun; **~ la clé dans la serrure** den Schlüssel ins Schloss stecken; **~ de côté** beiseitelegen, auf die Seite legen (*a. argent*); zur Seite legen; **~ ses mains derrière le dos** die Hände auf den Rücken legen; **~ en bouteilles** in Flaschen (ab)füllen; auf Flaschen ziehen; abziehen; *personne* **~ en forme** in Form bringen; fit machen; *texte* **~ en bon français** in gutes Französisch bringen; TYPO **~ en pages** umbrechen; **~ par terre** auf den Boden stellen, legen, setzen; **~ sous clé** ein-, wegschließen; **~ qc l'un sur l'autre** etw aufeinander-, übereinanderlegen; *fig* **~ qn sur le droit chemin** j-n auf den richtigen Weg bringen; **~ sur la table** auf den Tisch legen, stellen setzen; *nourriture* auf den Tisch bringen; auftragen; **~ ses coudes sur la table** die Ellbogen auf den Tisch stützen; → *a. les subst correspondants* 2 *vêtements, chaussures, gants* anziehen; *gants a.* überziehen; *chapeau, lunettes* aufsetzen; *cravate* umbinden; *ceinture* umschnallen; *tablier* umbinden; *fam* vorbinden; *foulard* umwerfen; umnehmen; umtun; *bijoux* anlegen; *bague* anstecken; *collier* umtun; *fam* ummachen; *patins* anschnallen; **il ne met jamais de chapeau** er trägt nie e-n Hut; **~ sur les épaules** *manteau* umhängen; *foulard* über die Schultern nehmen 3 *un certain temps* brauchen; benötigen; **~ deux jours à faire qc** zwei Tage brauchen, um etw zu tun; *plat* **~ longtemps à cuire** lange kochen müssen 4 (*écrire*) schreiben; **mettez cent euros!** schreiben Sie hundert Euro!; **~ une somme au compte de qn** e-e Summe auf j-s Konto (*acc*) überschreiben, übertragen, überweisen; **~ son nom sur une liste** s-n Namen auf e-e Liste setzen, schreiben 5 *fam* (*supposer*) **mettons que ...** (*+subj*) nehmen wir (einmal) an, gesetzt den Fall, angenommen, (dass) ...; **mettons vingt** sagen wir zwanzig

— B verbe pronominal —

se ~ 1 sich setzen (**au piano** ans Klavier; **dans un fauteuil** in e-n Sessel); sich stellen (**à la fenêtre** ans Fenster; **à côté de qn** neben j-n; **derrière qn, qc** hinter j-n, etw); sich legen (**au lit** ins Bett); treten, gehen (**à la fenêtre** ans Fenster); *fam* **s'en ~ partout** *fam* sich völlig bekleckern; *fam fig* **s'en ~ jusque là** *fam* sich (*dat*) den Bauch vollschlagen; *pop* sich vollfressen; *fig* **se ~ bien, mal avec qn** sich gut, schlecht mit j-m stellen; **ne plus savoir où se ~** sich am liebsten in ein Mauseloch verkriechen (mögen); **se ~ à la tête** sich an die Spitze stellen; an die Spitze treten; *fig* **se ~ avec qn** sich mit j-m zusammentun; *poussière* **se ~ dans qc** sich in etw (*acc*) setzen; **se ~ dans une mauvaise posture** sich in e-e üble, schlimme Lage bringen; **se ~ du côté du plus fort** sich auf die Seite des Stärkeren stellen, schlagen; **se ~ en rapport, en relation avec qn** sich mit j-m in Verbindung setzen; mit j-m in Verbindung treten; **se ~ de l'encre sur les doigts** sich (*dat*) die Finger mit Tinte beschmieren; → *a. les subst correspondants* 2 **se ~ à qc** sich an etw (*acc*) machen, begeben; an etw (*acc*) gehen; **se ~ à faire qc** beginnen, anfangen, etw zu tun; **se ~ à l'œuvre, au travail** sich ans Werk, an die Arbeit machen; ans Werk, an die Arbeit gehen; **se ~ à l'anglais** anfangen, Englisch zu lernen; **s'y ~** sich d(a)ranmachen; sich d(a)ransetzen; sich ins Zeug legen; *fam* **c'est le coup de s'y ~** nur am Anfang ist es schwer; **il se met à pleuvoir** es beginnt, es fängt an zu regnen 3 **se ~ une robe de chambre** *etc* sich (*dat*) e-n Morgenmantel *etc* anziehen; → *a.* A 2; **se ~ en civil** Zivilkleidung anlegen, anziehen; **je n'ai rien à me ~** ich habe nichts anzuziehen 4 *temps* **se ~ au beau** schön werden; **le temps se met au froid** es wird kalt 5 *sens passif*: **où se mettent les verres?** wo kommen die Gläser hin?; GRAM **se ~ après qc** hinter etw (*dat*) stehen 6 *réciproque*: *fam fig* **qu'est-ce qu'ils se sont mis!** *fam* die haben sich vielleicht verdroschen!

Metz [mɛs] Metz *n*

meuble [mœbl] A ADJ 1 JUR beweglich; **biens** *mpl* **~s** bewegliche Sachen *fpl*; bewegliches Vermögen; Mobilien *pl*; Fahrnis *f*; bewegliches Gut; bewegliche Habe 2 AGR **sol** *m*, **terre** *f* **~** lockerer, leichter Boden B M Möbelstück *n*; Möbel *n*; **~s** *pl* Möbel *npl*; Mobiliar *n*; (Wohnungs)Einrichtung *f*; **~s de bureau, de cuisine, de jardin** Büro-, Küchen-, Gartenmöbel *npl*; **~s de rangement** Schränke *mpl*; Kastenmöbel *npl*; **~s de style** Stilmöbel *npl*; **~s en rotin** Korb-, Rohrmöbel *npl*; **être dans ses ~s** in eigenen Möbeln wohnen; *fam fig* **sauver les ~s** das Notwendigste retten

meublé [mœble] A ADJ möbliert B M *chambre* möbliertes Zimmer; *appartement* möblierte Wohnung; **être, habiter en ~** möbliert wohnen

meubler [mœble] A V/T 1 *appartement, pièce* möblieren; (mit Möbeln) einrichten; **meublé avec goût** geschmackvoll eingerichtet 2 *abs*: *meubles* der Ausstattung dienen; *rideaux, tapis etc* dekorativ wirken 3 *fig conversation, silence* ausfüllen; **il sait ~ ses loisirs** er weiß sich in s-r Freizeit zu beschäftigen; er versteht es, s-e Freizeit auszufüllen B V/PR **se ~** sich einrichten

meuf [mœf] F *fam* (*femme*) *fam* Tussi *f*

meuglement [møgləmɑ̃] M Muhen *n*; Brüllen *n*; **meugler** V/I muhen; brüllen

meuh! [mø] INT muh!

meule [møl] F 1 **~ (de moulin)** Mühl-, Mahlstein *m* 2 TECH Schleifstein *m*, -scheibe *f* 3 *de fromage* großer, runder Laib; **~ de gruyère** Laib Schweizer Käse 4 AGR Schober *m*; *all Nord* Feim(en) *m*; Feime *f*; Dieme(n) *f(m)*; **~ de paille** Strohschober *m* 5 *fam* (*moto*) *fam* Feuerstuhl *m*; heißer Ofen

meuler [møle] V/T TECH schleifen

meulière [møljɛʀ] F **~** *ou adjt* **pierre** *f* **~** kieseliger Kalkstein; französischer Quarz

meunerie [mønʀi] F 1 *industrie* Müllerei *f* 2 *coll* Müller *mpl*

Meung-sur-Loire [mɛ̃syʀlwaʀ], [mœ̃syʀlwaʀ] *Ort im Dep. Loiret*

meunier [mønje] M Müller *m*

meunière [mønjɛʀ] F 1 Müllerin *f*; CUIS **(à la) ~** nach Müllerinart; **truite** *f* **~** Forelle *f* nach Müllerinart 2 ADJT **industrie ~** Mühlenindustrie *f*

meurs, meurt [mœʀ] → mourir

meurt-de-faim [mœʀdəfɛ̃] M ⟨*inv*⟩ Hungerleider *m*

Meurthe [mœʀt] **la ~** *Fluss in Lothringen*

Meurthe-et-Moselle [mœʀtemɔzɛl] **la ~** *frz Departement*

meurtre [mœʀtʀ] M Totschlag *m* (*a.* JUR); Mord *m* (**de qn** an j-m); **commettre un ~** Totschlag begehen

meurtrier [mœʀtʀije] A ADJ ⟨-ière⟩ *combat* mörderisch; **accident ~** verheerender Unfall; **arme meurtrière** Mordwaffe *f*; **croisement ~** lebensgefährliche, unfallträchtige Kreuzung; **épidémie meurtrière** verheerende Seuche; **folie meurtrière** Amoklauf *m*; **route meurtrière** lebensgefährliche, unfallträchtige Straße B SUBST 1 **~, meurtrière** *m,f* Mörder(in) *m(f)* 2 FORTIFICATIONS **meurtrière** *f* Schießscharte *f*

meurtrir [mœʀtʀiʀ] V/T 1 (zer)quetschen; *pp* **meurtri par les coups** grün und blau geschlagen 2 *surtout* ADJT *fruit* **meurtri** angeschlagen; mit Druckstellen 3 *fig cœur* zerreißen; *âme* verwunden

meurtrissure [mœʀtʀisyʀ] F 1 *sur la peau* blauer Fleck; Striemen *m*; blutunterlaufene Stelle 2 *sur des fruits* Druckstelle *f*; angeschlagene Stelle; Fleck *m* 3 *fig* Wunde *f*

meus, meut [mø] → mouvoir

Meuse [møz] **la ~** 1 *fleuve* die Maas 2 *frz Departement*

meute [møt] F 1 CH Meute *f* 2 *fig* Meute *f*; Bande *f*; Horde *f*

mévente [mevɑ̃t] F COMM schlechter Absatz; Absatzschwierigkeiten *fpl*, -stockung *f*

mexicain [mɛksikɛ̃] A ADJ mexikanisch B SUBST **Mexicain(e)** *m(f)* Mexikaner(in) *m(f)*

Mexico [mɛksiko] Mexiko(-Stadt) *n*

Mexique [mɛksik] **le ~** Mexiko *n* (*Land*)

mézigue [mezig] PR PERS *arg* (*moi*) ich; *avec prép* mich *ou* mir

M

mezzanine [mɛdzanin] F ARCH Zwischen-, Halbgeschoss, *autrich* -geschoß *n*; Mezzanin *n*

mezza-voce [mɛdzavɔtʃe] *litt* LOC ADV MUS halblaut

mezzo-soprano [mɛdzɔsɔpʀano] ‹*pl* mezzo-sopranos› 1 M *voix* Mezzosopran *m* 2 F *cantatrice* Mezzosopranistin *f*; Mezzosopran *m*

mg ABR (milligramme[s]) mg (Milligramm)

Mgr *ou* **M**^gr ABR → monseigneur

MHz ABR (mégahertz) MHz (Megahertz)

mi [mi] M ‹*inv*› MUS e *ou* E *n*

mi-... [mi] *préfixe* 1 *devant noms de mois* Mitte ...; **(à la) ~-janvier** *etc* Mitte Januar *etc*, COMM medio Januar *etc* 2 *étoffe* **~-fil ~-coton** halbleinen; **~-laine ~-coton** halbwollen; **~-soie** halbseiden 3 *suivi d'un adj* halb...; halb; **~-long** halblang; **~-souriant** halb lächelnd 4 *suivi d'un nom* halb; **~-salle à manger, ~-cuisine** halb Esszimmer, halb Küche; *loc adv* **à ~-hauteur** auf halber Höhe; **à ~-distance** in halber Entfernung; → *a. articles ultérieurs*

miam-miam [mjammjam] INT mm!; lecker, lecker!

miaou [mjau] A M Miau(en) *n* B INT **~!** miau!

miasme [mjasm] M Miasma *n*; giftige, übel riechende Ausdünstung

miaulement [mjolmɑ̃] M Miauen *n*; **miauler** V/I miauen

mi-bas [miba] M ‹*pl inv*› Halb-, Kniestrumpf *m*

mica [mika] M MINÉR Glimmer *m*

Mi-Carême [mikaʀɛm] **la ~** Mittfasten *pl* (*in Frankreich Faschingsfest für die Kinder*)

micelle [misɛl] F CHIM Mizell(e) *n(f)*

miche [miʃ] F 1 **~ (de pain)** Brotlaib *m*; Laib *m* Brot 2 **~s** *pl arg (fesses) fam* Hintern *m*; Po *m*

Michel [miʃɛl] M *Vorname*

Michel-Ange [mikɛlɑ̃ʒ] M Michelangelo *m*

Michèle *ou* **Michelle** [miʃɛl] F *Vorname*

Micheline [miʃlin] F *Vorname*

micheline [miʃlin] F CH DE FER Schienen(omni)bus *m*

mi-chemin [miʃmɛ̃] LOC ADV **à ~** auf halbem Wege, auf halber Strecke (**entre ... et ...** zwischen ... und ...); *fig* **s'arrêter à ~** auf halbem Wege stehen, stecken bleiben

micheton [miʃtõ] *arg* M *d'une prostituée* Freier *m*

Mickey [mikɛ] M Mickymaus *f*

mi-clos [miklo] ADJ *yeux, volets* halb geschlossen

micmac [mikmak] *fam* M a (*intrigues*) Machenschaften *fpl*; Umtriebe *mpl* b (*situation confuse*) Durcheinander *n*

micocoulier [mikɔkulje] M BOT Zürgelbaum *m*

mi-corps [mikɔʀ] LOC ADV **à ~** bis zur Taille; bis zu den Hüften

mi-côte [mikot] LOC ADV **à ~** auf halber Höhe

mi-course [mikuʀs] LOC ADV SPORTS **à ~** auf halber Strecke

micro [mikʀo] 1 M ABR (*microphone*) Mikrofon *n*; *pour espionner* **~ (clandestin)** *fam* Wanze *f*; *loc adv* **au ~** am Mikrofon; **devant le ~** vor dem Mikrofon 2 M ABR (*micro-ordinateur*) PC *m* 3 F ABR (*micro-informatique*) PC-Bereich *m*

microampère [mikʀoɑ̃pɛʀ] M (ABR *µA*) ÉLEC Mikroampere *n* (*abr µA*); **microanalyse** F CHIM Mikroanalyse *f*; **microbalance** F CHIM Mikrowaage *f*

microbe [mikʀɔb] M 1 BIOL Mikrobe *f*; Bakterie *f*; Krankheitserreger *m*, -keim *m* 2 *fam fig* Wicht *m*

microbien [mikʀɔbjɛ̃] ADJ ‹**~ne**› BIOL, MÉD Mikroben...; mikrobiell; **maladie ~ne** durch Mikroben verursachte Krankheit

microbiologie [mikʀobjɔlɔʒi] F Mikrobiologie *f*; **microbiologiste** M Mikrobiologe *m*

microcéphale [mikʀɔsefal] ADJ kleinköpfig; *t/t* mikrozephal

microchimie [mikʀoʃimi] F Mikrochemie *f*; **microchirurgie** F Mikrochirurgie *f*; **microclimat** M Klein-, Mikroklima *n*

microcosme [mikʀɔkɔsm] M Mikrokosmos *m*; **microcosmique** ADJ mikrokosmisch

micro-économie [mikʀoekɔnɔmi] F Mikroökonomie *f*; **micro-électronique** F Mikroelektronik *f*; **microfibre** F Mikrofaser *f*; **microfiche** F Mikrofiche *n ou m*; **microfilm** M Mikrofilm *m*; **microfilmer** V/T auf Mikrofilm aufnehmen; **micro-informatique** F (Informatik *f* im) PC-Bereich *m*; Einsatz *m* von Mikroprozessoren

micromètre [mikʀomɛtʀ] M *unité de longueur, instrument* Mikrometer *n*; **micrométrique** ADJ mikrometrisch; **vis** *f* **~** Mikrometerschraube *f*

micron [mikʀõ] M Mikron *n*

Micronésie [mikʀɔnezi] **la ~** Mikronesien *n*

micro-onde [mikʀoõd] F 1 PHYS, TECH Mikrowelle *f* 2 **(four** *m* **à) ~s** *m* Mikrowellenherd *m*, -gerät *n*; **micro-ordinateur** M Mikrocomputer *m*; (*ordinateur personnel*) Personal Computer *m*; *abr* PC *m*; **micro-organisme** M Mikroorganismus *m*; Kleinstlebewesen *n*

microphone [mikʀɔfɔn] M Mikrofon *n*

microphotographie [mikʀofɔtɔgʀafi] F Mikrofotografie *f*; **microphysique** F Mikrophysik *f*; **microprocesseur** M INFORM Mikroprozessor *m*

microscope [mikʀɔskɔp] M Mikroskop *n*; **~ électronique** Elektronenmikroskop *n*; *loc adv* **au ~** *observer* unter dem Mikroskop; *fig examiner* aufs Genau(e)ste; genau(e)stens

microscopie [mikʀɔskɔpi] F Mikroskopie *f*; **microscopique** ADJ 1 *examen etc* mikroskopisch 2 (*minuscule*) verschwindend klein; winzig (klein)

microseconde [mikʀosgõd] F Mikrosekunde *f*; **microsillon** M *disque* Langspielplatte *f*; **micro-trottoir** M ‹*pl* micros-trottoirs› TV, RAD Straßenumfrage *f*

miction [miksjõ] F MÉD Harnlassen *n*; *t/t* Miktion *f*

mi-décembre [midesɑ̃bʀ] F → mi-... 1

midi [midi] M 1 (*milieu du jour*) Mittag *m*; Mittagszeit *f*; *fig* **démon** *m* **de ~** Johannistrieb *m*; *loc adv*: **à ~** mittags; während der *ou* um die Mittagszeit; → *a.* 2; **demain (à) ~** morgen Mittag; **ce ~** heute Mittag; **tous les ~s** jeden Mittag; *prendre un cachet* **matin, ~ et soir** morgens, mittags und abends 2 *heure* zwölf Uhr (mittags); **~ dix** zehn nach zwölf (Uhr); **~ un quart** *ou* **et quart** viertel eins; (ein) Viertel nach zwölf; **il est ~** es ist zwölf Uhr (mittags); **à ~** um zwölf (Uhr) (mittags); **à ~ juste** Punkt, Schlag zwölf (Uhr); **sur le coup de ~, vers ~,** *fam* **vers les ~** gegen, etwa um zwölf Uhr; *fig* **chercher ~ à quatorze heures** Schwierigkeiten sehen, wo keine sind; die Sache unnötig komplizieren; *iron* warum einfach, wenn es auch umständlich geht 3 **le Midi** Südfrankreich *n*; *d'un autre pays* der Süden; **du Midi** südfranzösisch; **accent** *m* **du Midi** südfranzösischer Akzent; **gens** *mpl* **du Midi** Südfranzosen *mpl*; **il est du Midi** er stammt aus Südfrankreich; er ist Südfranzose

midinette [midinɛt] F 1 *autrefois* Pariser Nähmädchen *n* 2 *par ext* naiv-sentimentales junges Mädchen

Midi-Pyrénées [midipiʀene] **le ~** *frz Region*

mie[1] [mi] F *du pain* **la ~** das weiche Innere; die Krume; **pain** *m* **de ~** Toastbrot *n*

mie[2] [mi] F *litt dans les chansons* **ma ~** *litt* mein Lieb(chen) *n*, Feinsliebchen *n*

miel [mjɛl] M 1 Honig *m*; *adjt* **couleur (de) ~** honigfarben, -gelb; *fig* **être (tout sucre) tout ~** übertrieben freundlich, katzenfreundlich, *fam* scheißfreundlich sein 2 *fig* **lune** *f* **de ~** Flitterwochen *fpl*; *plais* Honigmond *m* 3 *fam euphémisme* (*merde*) **~!** *fam* Scheibenhonig!; Scheibenkleister!

miellé [mjele] *litt* ADJ Honig...; **parfum ~** Honigduft *m*

mielleux [mjɛlø] ADJ ‹-euse› *ton, sourire* honigsüß; süßlich; *personne* katzenfreundlich; *fam* scheißfreundlich

mien [mjɛ̃] A PR POSS ‹mienne [mjɛn]› **le ~, la ~ne** der, die, das mein(ig)e; meine(r, -s); *pl* **les ~s, les ~nes** die mein(ig)en; meine; **votre fils et le ~** Ihr und mein Sohn; Ihr Sohn und meiner *ou* und der mein(ig)e; *votre chapeau est gris,* **le ~ est noir** meiner ist schwarz; *attribut* **ce livre n'est pas le ~** dieses Buch gehört mir nicht; das ist nicht mein Buch; **vos idées sont les ~nes** Ihre Gedanken sind auch die mein(ig)en; ich denke genauso (wie Sie); **votre prix sera le ~** ich akzeptiere Ihren Preis B ADJ POSS *litt* **un ~ cousin** ein Vetter von mir; e-r meiner Vettern; *des revendications* **que je fais ~nes** die ich zu den meinen mache; *st/s* **cette maison est ~ne** dieses Haus ist mein Eigentum, *st/s* mein Eigen C SUBST 1 **le ~** das Mein(ig)e; mein Eigentum; **la distinction du tien et du ~** die Unterscheidung von Mein und Dein; **j'y ai mis du ~** ich habe das Mein(ig)e getan, mein(en) Teil dazu beigetragen 2 **les ~s** *mpl* die Mein(ig)en; meine Familie; meine Angehörigen; *par ext* meine Freunde

miette [mjɛt] F 1 *de pain, de gâteau* Krümel *m*; Krümchen *n*; Krume *f*; **~s** *pl a.* Brösel *mpl*; **ne pas en laisser une ~** alles bis auf den letzten Krümel aufessen 2 *verre etc* **mettre, réduire en ~s** in (viele kleine) Stücke schlagen; zerschlagen; zertrümmern 3 *fig d'un héritage* **des ~s** ein paar kümmerliche Brocken *mpl*; *fam* **ne pas perdre une ~ de qc** sich (*dat*) nicht das Geringste von etw entgehen lassen

mieux [mjø] A ADV 1 ‹*comp von* **bien**› besser; ♦ *j'accepte tous vos projets,* **~, je vous soutiendrai** ja ich werde Sie sogar unterstützen; ♦ **je le connais ~ que tu ne crois** ich kenne ihn besser, als du glaubst; **je le sais ~ que personne** ich weiß es besser als irgendjemand sonst; ♦ *loc adv*: **à qui ~ ~** um die Wette; **beaucoup, bien ~** viel besser; **de ~ en ~** immer besser; **on ne peut ~** (aller) bestens; aufs Beste; vortrefflich; vorzüglich; **un peu ~** etwas besser; **tant ~ (pour lui)!** umso, desto besser (für ihn)!; ♦ *avec verbes et pp*: **aimer ~** → aimer A; **aller ~** *malade* sich besser befinden; *affaires etc* besser gehen; **le malade va ~** *a.* dem Kranken geht es besser; **ça ira ~ demain** morgen wird es besser gehen; *fam indigné* **ça ne va pas ~!** das ist doch die Höhe!; das ist unerhört, unverschämt!; **dire ~** mehr bieten; **je ne peux pas vous dire ~** mehr kann ich Ihnen nicht sagen; **pour ~ dire** besser, richtiger gesagt; **faire ~ de** (+*inf*) besser daran tun zu (+*inf*); **être ~ habillé, logé** besser gekleidet, untergebracht sein; **valoir ~** → valoir B 1; ♦ *adjt*: **c'est ~ ainsi** das ist besser so; *mettez-vous dans ce fauteuil,* **vous serez ~** da sitzen Sie bequemer, besser; *malade* **il est ~ qu'hier** es geht ihm besser als gestern; **elle est ~ que sa sœur** sie sieht besser aus, sie ist hübscher als ihre Schwester; **et, qui ~ est ...** und (was) das Schönste ist ...; und was noch besser ist ...; **se sentir ~** sich besser fühlen; **je vous trouve ~ aujourd'hui** ich finde, dass es Ihnen heute besser geht; **il n'y a rien de ~** etwas Besseres gibt es nicht; es gibt nichts Besseres; **c'est ce qu'il y a** *ou* **ce qui se fait** *ou* **ce qu'on fait de ~** das ist das Beste in s-r Art;

ce qu'il y a de ~ dans ce spectacle, c'est ... das Beste an diesem Schauspiel ist ...; *iron* **il n'a rien trouvé de ~ que de** (+*inf*) es ist ihm nichts Besseres eingefallen, er hatte nichts Besseres zu tun, als zu (+*inf*); ♦ *subst* **il y a ~, mais c'est plus cher** es gibt Besseres, aber das ist teurer; **en attendant ~** in Erwartung e-s Besser(e)n; **il a changé en ~** er hat sich zu s-m Vorteil verändert; **je ne demande pas ~** ich wüsste nicht(s), was ich lieber täte; es könnte mir gar nichts Besseres passieren **2** ‹*sup von* bien› **le ~** am besten; ♦ *avec verbes et pp*: **c'est lui que j'aime le ~** ihn liebe ich am meisten; **le plus tôt sera le ~** je eher, desto besser; **il a fait le ~ qu'il a pu** er hat es so gut gemacht, wie er irgend konnte; **la femme la ~ habillée** die bestgekleidete Frau; ♦ *loc adv*: **des ~** (+*pp*) sehr gut; bestens; **ce travail est des ~ réussis** diese Arbeit ist bestens gelungen; **au ~, le ~ du monde, pour le ~** sehr gut; bestens; aufs Beste; zum Besten; **arrangez l'affaire au ~** regeln Sie die Angelegenheit, so gut es irgend geht; **être au ~ avec qn** mit j-m sehr gut stehen; **être au ~ de sa forme** bestens in Form sein; **(en mettant les choses) au ~** bestenfalls; im günstigsten Falle; günstigstenfalls; **tout va pour le ~** es ist alles bestens (in Ordnung); es geht, läuft alles bestens; es steht alles zum Besten; **espérons que tout ira pour le ~** hoffen wir das Beste; **faire pour le ~** sein Bestes tun; das Bestmögliche tun **B** M **1 le ~** das Beste *ou* das Bessere; **le ~ serait de prévenir ses parents** das Beste wäre es *ou* es wäre am besten, s-e Eltern zu benachrichtigen; **faire de son ~** sein Bestes, Möglichstes tun; **je t'aide de mon ~** ich helfe dir, so gut ich kann *ou* nach besten Kräften; *prov* **le ~ est l'ennemi du bien** das Bessere ist des Guten Feind (*prov*) **2** (*amélioration*) Besserung *f*; (*progrès*) Fortschritt *m*; **il y a du ~** es ist e-e Besserung eingetreten; es geht, steht (schon) besser

mieux-être [mjøzɛtʀ] M höherer Wohlstand; höherer Lebensstandard

mièvre [mjɛvʀ] ADJ *beauté, charme* fad(e); *compliments* abgeschmackt; *poésie, genre, roman* geziert, gekünstelt, gewollt manieriert (und langweilig)

mièvrerie [mjɛvʀəʀi] F Fadheit *f*; Abgeschmacktheit *f*; Geziertheit *f*; Künstelei *f*; Manieriertheit *f*

mi-figue, mi-raisin [mifigmiʀɛzɛ̃] LOC ADJ *accueil* lau(warm); *réponse, mine* zweideutig

mi-fin [mifɛ̃] ADJ COMM mittelfein

mignard [miɲaʀ] ADJ geziert; affektiert

mignardise [miɲaʀdiz] F Geziertheit *f*; Affektiertheit *f*

mignon [miɲõ] **A** ADJ ‹~ne› **1** *personne jeune, objet* niedlich; allerliebst; süß; goldig; reizend; herzig; CUIS **filet ~** kleine runde Scheibe von der Filetspitze; *fig* **péché ~** (kleine) Schwäche **2** *fam* (*gentil*) nett; **sois ~, aide-moi** sei so nett, lieb, freundlich und hilf mir **B** SUBST **1 ~(ne)** *m(f)* (*petit garçon*) niedliches Kerlchen; (*petite fille*) *fam* süßes kleines Ding; (*jeune fille*) *fam* süßer Fratz; *appellatif* **mon ~, ma ~ne** mein Süßer, meine Süße; Herzchen *n*; Liebling *m*; *à une jeune fille a. fam* Puppe *f* **2** M HIST Liebling *m*, Günstling *m* (*Heinrichs III.*)

mignonnet [miɲɔnɛ] ADJ ‹~te› ganz niedlich

migraine [migʀɛn] F Migräne *f*; **migraineux** ADJ ‹-euse› Migräne...

migrant [migʀɑ̃] M ADMIN **~s** *pl ou adjt* **travailleurs ~s** Wanderarbeitnehmer *mpl*; Gastarbeiter *mpl*

migrateur [migʀatœʀ] ADJ ‹-trice› wandernd; Wander...; **oiseau ~** *ou subst* **~** *m* Zugvogel *m*

migration [migʀasjõ] F *de populations, d'animaux* Wanderung(sbewegung) *f*; *t/t* Migration *f*; *par ext* **les grandes ~s des vacances** *fam* die Völkerwanderung in den Ferien; REL **~ des âmes** Seelenwanderung *f*; **~ des oiseaux** Vogelzug *m*

migratoire [migʀatwaʀ] ADJ Wanderungs...; **mouvement** *m* **~** Wanderungsbewegung *f*

mi-jambe [miʒɑ̃b] LOC ADV **à ~** bis an die Waden

mijaurée [miʒɔʀe] F *péj* affektiertes Frauenzimmer *n*; *fam* eingebildete Pute

mijoter [miʒɔte] **A** V/T **1** CUIS **a** (*cuire lentement*) bei schwacher Hitze, auf kleiner Flamme schmoren, kochen **b** (*préparer avec soin*) liebevoll zubereiten; **~ des petits plats à qn** *fam* j-n liebevoll bekochen **2** *fam fig mauvais coup etc* ausbrüten; *fam* aushecken; **qu'est-ce qu'il mijote encore?** *a.* was führt er nun wieder im Schilde? **B** V/I CUIS **(faire) ~** bei schwacher Hitze, auf kleiner Flamme schmoren, kochen (lassen)

mikado [mikado] M **1** (*empereur du Japon*) Mikado *m* **2** *jeu* Mikado *n*

mil¹ [mil] NUM *dans une date* tausend; **mil neuf cent quatorze** 1914

mil² [mil] M BOT Hirse *f*

milan [milɑ̃] M ZOOL Milan *m*

Milan [milɑ̃] Mailand *n*

milanais [milanɛ] **A** ADJ **1** GÉOG mailändisch **2** CUIS **à la ~e** Mailänder Art **B** SUBST **Milanais(e)** *m(f)* Mailänder(in) *m(f)*

mildiou [mildju] M VIT Mehltau *m*

Milhaud [mijo] *frz Komponist*

milice [milis] F **1** Miliz *f*; Hilfstruppe *f*, -polizei *f* **2** *1943-1944* **la Milice** die Miliz des Vichyregimes

milicien [milisjɛ̃] M Milizsoldat *m*; Milizionär *m*

milieu [miljø] M ‹*pl* ~x› **1** Mitte *f*; **~ du jour** Tagesmitte *f*; **~ de la route** Straßenmitte *f*; *loc adj* **du ~** mittlere(r, -s); Mittel...; *fam* **doigt** *m* **du ~** Mittelfinger *m*; FOOTBALL **ligne** *f* **de ~** Mittellinie *f*; **la porte du ~** die mittlere Tür; **rang** *m* **du ~** Mittelreihe *f*; *loc adv*: **depuis le ~ du XIXe siècle** seit der Mitte des 19. Jahrhunderts; **par le ~** in der Mitte; *fam* mittendurch; **couper par le ~** in der Mitte durchschneiden; mittendurch schneiden; *loc prép*: **au ~ de** in der Mitte (+*gén*); inmitten (+*gén*); mitten in, auf, unter (+*dat*); **travailler au ~ du bruit** im Lärm, von Lärm umgeben arbeiten; *il a fini son anecdote* **au ~ des rires ...** unter dem Lachen s-r Zuhörer; **au ~ de la semaine prochaine** Mitte kommender Woche; **au beau ~, en plein ~ de** mitten in, auf, unter (+*dat*); **au beau ~ de son discours, de la route** mitten in s-r Rede, mitten auf der Straße **2** *fig* Mittelweg *m*; mittlere Linie; **le juste ~** die richtige, goldene Mitte; der goldene Mittelweg; **garder le juste ~** den goldenen Mittelweg gehen; **il n'y a pas de ~** e-n Mittelweg, e-e dritte Möglichkeit gibt es nicht; entweder - oder **3** (*entourage*) Umwelt *f*; Milieu *n*; Umfeld *n*; Umgebung *f*; **~ naturel** natürliche Umwelt; **~ social** (soziales) Milieu; gesellschaftliches Umfeld; **se sentir dans son ~** sich in s-r gewohnten Umgebung, in s-n Kreisen, in s-m Milieu fühlen **4 ~x** *pl* Kreise *mpl*; **~x diplomatiques** diplomatische Kreise; Diplomatenkreise *mpl*; **~x économiques, gouvernementaux** Wirtschafts-, Regierungskreise *mpl*; **~x des affaires** Geschäftswelt *f*, -kreise *mpl* **5 le ~** *ou* **Milieu** die Unterwelt; *loc adj* **du ~** der Unterwelt; unterweltlich; Ganoven... **6** FOOTBALL **~ de terrain** Mittelfeldspieler *m*

militaire [militɛʀ] **A** ADJ militärisch; soldatisch; Militär...; Wehr...; Kriegs...; **budget** *m* **~** Wehretat *m*; Militärbudget *n*; **coup** *m* **d'État, putsch** *m* **~** Militärputsch *m*; **gouvernement** *m* **~** Militärregierung *f*; **marine** *f* **~** Kriegsmarine *f*; **préparation** *f* **~** vormilitärische Ausbildung; Wehrertüchtigung *f*; **véhicule** *m* **~** Militärfahrzeug *n*; *loc adv* **à l'heure ~** auf die Minute (pünktlich) **B** M Militärperson *f*; Soldat *m*; (*officier supérieur*) Militär *m*; **~ de carrière** Berufssoldat *m*

militairement [militɛʀmɑ̃] ADV militärisch

militant [militɑ̃] **A** ADJ militant; kämpferisch; politisch aktiv **B** SUBST **~(e)** *m(f)* Aktivist(in) *m(f)*; *d'un parti, d'un syndicat* aktives Mitglied

militantisme [militɑ̃tism] M militante, politisch aktive Haltung

militarisation [militaʀizasjõ] F Militarisierung *f*; **militariser** V/T **a** *zone, peuple* militarisieren **b** *police etc* militärisch organisieren; **militarisme** M *péj* Militarismus *m*; **militariste** *péj* **A** ADJ militaristisch **B** M Militarist *m*

militer [milite] V/I **1** *personne* sich aktiv betätigen; (politisch) aktiv sein; **~ en faveur de, pour qc** für etw kämpfen **2** *arguments, raisons* **~ en faveur de** *ou* **pour, contre** sprechen für, gegen

Millau [mijo] *Stadt im Dep. Aveyron*

mille¹ [mil] **A** NUM ‹*inv*› **1** tausend; **~ un** tausend(und)eins; **trois ~** dreitausend; **cent ~** hunderttausend; **~ hommes** tausend Mann; **courir le ~ mètres** am 1000-m-Lauf teilnehmen; **Les Mille et une Nuits** Tausendundeine Nacht; **page ~** Seite tausend; **l'an deux ~** das Jahr zweitausend; **en ~ neuf cent quarante** (im Jahr) neunzehnhundertvierzig **2** *fig*: **~ choses à M. X!** viele, *fam* tausend Grüße an Herrn X!; *loc adv* **~ fois** tausendmal; unzählige Mal(e); **vous avez ~ fois raison** Sie haben völlig, vollkommen recht; **je vous le donne en ~** ich wette hundert zu eins, dass Sie es nicht erraten (werden) **B** M ‹*inv*› **1** *nombre* Tausend *f*; Tausender *m* (*a.* MATH); **cinq pour ~ (‰)** fünf Promille (‰); fünf vom Tausend (*abr* v. T.) **2** *quantité* Tausend *n* (*abr* Tsd.) (*a.* TYPO *d'un tirage*); **un ~ d'aiguilles** ein Tausend Nadeln; *fam* **des ~ et des cents** *fam* Unsummen *fpl*; **ne pas gagner des ~ et des cents** kein Großverdiener sein **3** *d'une cible* Schwarze(s) *n*; **mettre**, *fam* **taper dans le ~** ins Schwarze treffen; *fig a.* den Nagel auf den Kopf treffen

mille² [mil] M Meile *f*; **~ anglais** englische Meile; **~ marin** Seemeile *f*

millefeuille *ou* **mille-feuille** [milfœj] **1** M CUIS Cremeschnitte *f* aus Blätterteig **2** F BOT Schafgarbe *f*

millénaire [mi(l)lenɛʀ] **A** ADJ tausendjährig; *par ext* uralt; **une tradition plusieurs fois ~** e-e mehrere tausend Jahre alte Tradition **B** M **1** *période* Jahrtausend *n*; *st/s* Millennium *n* **2** *anniversaire* Tausendjahrfeier *f*

mille-pattes [milpat] M ‹*inv*› Tausendfüß(l)er *m*

millepertuis *ou* **mille-pertuis** [milpɛʀtɥi] M BOT Johanniskraut *n*

mille-raies [milʀɛ] M ‹*inv*› TEXT fein gestreifter *ou* fein gerippter Stoff; *adjt* **velours** *m* **~** fein gerippter Samt

millésime [milezim] M **1** *d'une monnaie* Jahreszahl *f*; *d'un vin* Jahrgang *m*; **une bouteille au ~ de 1975** e-e Flasche (vom) Jahrgang 1975; e-e Flasche 75er **2** *dans une date* (Zahl *f*) Tausend *f*

millésimé [milezime] ADJ *vin* mit der Jahrgangszahl (versehen)

millésimer [milezime] V/T *pièces de monnaie, vins etc* mit der, mit e-r Jahreszahl versehen

M

Millet [milɛ, mijɛ] *frz Maler*
millet [mijɛ] M BOT Hirse *f*
milliampère [miliɑ̃pɛʀ] M (ABR **mA**) ÉLEC Milliampere *n* (*abr* mA)
milliard [miljaʀ] M Milliarde *f* (*abr* Mrd.); **un ~ de dollars** e-e Milliarde Dollar; **dépenser des ~s** Milliarden, *par ext fam* Unsummen ausgeben
milliardaire [miljaʀdɛʀ] M/F Milliardär(in) *m(f)*
milliardième [miljaʀdjɛm] A NUM milliardste(r, -s) B M Milliardstel *n*
millibar [milibaʀ] M (ABR **mb**) MÉTÉO Millibar *n* (*abr* mb)
millième [miljɛm] A NUM tausendste(r, -s) B SUBST 1 **le, la ~** der, die, das Tausendste 2 M MATH Tausendstel *n*; **un ~ de millimètre** ein tausendstel Millimeter
millier [milje] M Tausend *n*; **des ~s de …** (aber)tausende *ou* (Aber)Tausende von (*ou +gén*); **un ~ d'hommes, d'électeurs** tausend Mann, Wähler; *loc adv* **par ~s** zu tausenden *ou* Tausenden
milligramme [miligʀam] M (ABR **mg**) Milligramm *n* (*abr* mg)
millimètre [milimɛtʀ] M (ABR **mm**) Millimeter *m ou n* (*abr* mm); **~ carré, cube** Quadrat-, Kubikmillimeter *m ou n*
millimétré [milimetʀe] ADJ *ou* **millimétrique** ADJ in Millimeter eingeteilt; **papier millimétré** *ou* **millimétrique** Millimeterpapier *n*
millimicron [milimikʀõ] M Millimikron *n*
million [miljõ] M Million *f* (*abr* Mill. *ou* Mio.); **des ~s de …** millionen (und abermillionen) *ou* Millionen (und Abermillionen) von (*ou +gén*); *fam* Unmengen, e-e Unmenge, e-e Unzahl von (*ou +gén*); **deux ~s d'euros** zwei Millionen Euro; **1,5 ~** (*sg*) 1,5 Millionen; **être riche à ~s** steinreich, *fam* millionenschwer sein
millionième [miljɔnjɛm] A NUM millionste(r, -s); **le ~ visiteur** der millionste Besucher B M Millionstel *n*; **un ~ de millimètre** ein millionstel Millimeter
millionnaire [miljɔnɛʀ] M/F Millionär(in) *m(f)*; **il est plusieurs fois ~** er ist mehrfacher Millionär
mi-lourd [miluʀ] ADJ → poids 3
mi-mai [mimɛ] F, **mi-mars** F → mi-… 1
mime [mim] M 1 *acteur* Pantomime *m* 2 *par ext* **avoir un talent de ~** andere gut nachahmen können
mimer [mime] V/T 1 THÉ pantomimisch darstellen 2 *par ext* (*imiter*) nachahmen, -machen; (*singer*) nachäffen
mimétique [mimetik] ADJ BIOL mimetisch;
mimétisme M 1 BIOL Mimikry *f*; Mimese *f* 2 *fig* Nachahmung *f*
mimi [mimi] M 1 *fam* (*baiser*) Küsschen *n*; *all Sud fam* Bussi *n*; **fais ~ à ta tante** gib deiner Tante ein Küsschen! 2 *enf* (*chat*) Mieze(-kätzchen) *f(n)* 3 *fam terme d'affection* Schätzchen *n*; Herzchen *n*; Mäuschen *n*; *adjt* ⟨*inv*⟩ **il** *ou* **elle est ~** er *ou* sie ist niedlich, *fam* goldig, herzig, süß
mimique [mimik] A ADJ **langage** *m* **~** Gebärdensprache *f* B F Mimik *f* und Gestik *f*; Mienen- und Gebärdenspiel *n*
mimolette [mimɔlɛt] F *holländischer Hartkäse*
mimosa [mimoza] M 1 BOT Mimose *f* 2 ADJT CUIS **œufs** *mpl* **~** *halbierte harte Eier, deren Eigelb mit Mayonnaise vermischt wird*
mi-moyen [mimwajɛ̃] ADJ → poids 3
minable [minabl] *fam* A ADJ miserabel; erbärmlich; kläglich; kümmerlich; jämmerlich B M/F Nichtskönner *m*; Versager *m*; *fam* Flasche *f*
minaret [minaʀɛ] M Minarett *n*
minauder [minode] V/I sich zieren; sich spreizen; *fam* sich haben; *par ext* kokettieren; **minauderies** FPL Ziererei *f*; affektiertes Benehmen; *fam* Gehabe *n*; Getue *n*; Affigkeit *f*; *par ext* Koketterie *f*; **minaudier** ADJ ⟨-ière⟩ affektiert; *fam* affig
mince [mɛ̃s] A ADJ 1 *feuille de papier, tranche, couche etc* **~ comme une feuille de papier** à **cigarettes** hauchdünn 2 *colonne, taille, personne* schmal; schlank; **jambes** *fpl* **~s** schlanke Beine *npl*; **lèvres** *fpl* **~s** schmale Lippen *fpl*; *personne* **~ comme un fil** gertenschlank 3 *fig profit, rôle etc* klein; unbedeutend; **prétexte** *m* **~** nichtiger, fadenscheiniger Vorwand; **savoir** *m* **~** bescheidenes, dürftiges Wissen; **ce n'est pas une ~ affaire** das ist keine Kleinigkeit (**que de** *+inf* zu *+inf*) B INT *fam* **~ (alors)!** *surprise désagréable fam* verdammt (noch mal)!; so ein Mist!; *admiration* Donnerwetter!
minceur [mɛ̃sœʀ] F 1 *d'une feuille etc* Dünne *f*; Dünnheit *f* 2 *de la taille etc* Schmalheit *f*; Schlankheit *f*
mine¹ [min] F 1 a (*physionomie*) Gesichtsausdruck *m*; Gesicht *n*; Miene *f*; **avoir une ~ effrayée, étonnée** ein erschrockenes, erstauntes Gesicht machen; **avoir une ~ éveillée** aufgeweckt aussehen; **faire bonne ~ à qn** freundlich, nett zu j-m sein; j-m freundlich begegnen; **faire grise ~ à qn** j-m ein finsteres, saures Gesicht zeigen; j-m abweisend begegnen; **faire triste ~** ein trauriges Gesicht machen b **~s** *pl* Mienen- und Gebärdenspiel *n*; *péj* **~s affectées** → minauderies; *péj* **faire des ~s** → minauder 2 a (*aspect extérieur*) Äußere(s) *n*; Aussehen *n*; **sous sa ~ tranquille** unter s-m ruhigen Äußeren; **il a la ~ de qn qui …** er sieht aus wie jemand, der …; **faire ~ de** so tun, als ob; **il faisait ~ de lui donner un coup** er tat, als wollte er ihm e-n Schlag versetzen; **juger les gens sur la ~** die Menschen nach ihrem Äußeren beurteilen; **à en juger sur sa ~** s-m Aussehen nach; *fam* **~ de rien** ohne es sich (*dat*) anmerken zu lassen; (so) als ob nichts wäre; → *a.* payer B 2 b *selon l'état de santé* Aussehen *n*; **avoir bonne ~** gut, gesund aussehen; *fam iron* (*être ridicule*) blamiert sein; **avoir mauvaise ~** schlecht, krank aussehen
mine² [min] F 1 *exploitation* Bergwerk *n*; Grube *f*; Zeche *f*; Mine *f*; **~ souterraine** Untertagebau *m*; Grube *f*; **~ à ciel ouvert** Tagebaubetrieb *m*; **~ d'argent, de cuivre** Silber-, Kupferbergwerk *n*, -mine *f*; **~ de diamants** Diamantbergwerk *n*; **~ de fer** Eisen-(erz)bergwerk *n*, -grube *f*; **~ de houille** Steinkohlenbergwerk *n*, -grube *f*, -zeche *f*; **~ d'or** Goldmine *f*; *fig* Goldgrube *f*; **~ de sel** Salzbergwerk *n*; **exploitation** *f* **des ~s** Bergbau *m*; **descendre dans la ~** in das Bergwerk einfahren; **travailler à la ~** im (Kohlen)Bergwerk arbeiten 2 ADMIN **les Mines** die staatliche Bergbehörde; **École** *f* **des Mines** Bergakademie *f*; **service** *m* **des Mines** *correspond à* Technischer Überwachungsverein *m* (*abr* TÜV) 3 *fig* (*source inépuisable*) Fundgrube *f* 4 *d'un crayon* Mine *f*; TECH **~ de plomb** Grafit *m* (*für Bleistifte*); **~ de rechange** Ersatzmine *f*
mine³ [min] F MIL Mine *f*; **champ** *m* **de ~s** Minenfeld *n*; **marcher sur une ~** auf e-e Mine treten; **poser des ~s** Minen legen
miner [mine] A V/T 1 MIL verminen; *adjt* **miné** vermint 2 *mer: falaise etc* aushöhlen; unterspülen 3 *fig santé etc* untergraben; zerrütten; *chagrin, soucis* **~ qn** j-n zermürben; an j-m zehren; (*a. maladie*) B V/PR *fam* **se ~** sich (seelisch) ruinieren, *fam* kaputtmachen
minerai [minʀɛ] M Erz *n*; **~ de fer, d'uranium** Eisen-, Uranerz *n*
minéral [mineʀal] ⟨*mpl* -aux⟩ A ADJ mineralisch; Mineral…; **chimie ~e** anorganische Chemie; **eau ~e** Mineralwasser *n*; Tafelwasser *n*; **huile ~e** Mineralöl *n*; **sel ~** Mineralsalz *n*; **substances ~es** Mineralstoffe *mpl* B M Mineral *n*
minéralier [mineʀalje] M MAR Erzfrachter *m*
minéralisation [mineʀalizasjõ] F Mineralisierung *f*; Mineralisation *f*
minéraliser [mineʀalize] V/T Mineralien zusetzen (**l'eau** dem Wasser); **eau minéralisée** künstliches Mineralwasser
minéralogie [mineʀalɔʒi] F Mineralogie *f*
minéralogique [mineʀalɔʒik] ADJ 1 mineralogisch; **collection** *f* **~** Mineralien-, Gesteinssammlung *f* 2 AUTO **numéro** *m* **~** amtliches Kennzeichen; **plaque** *f* **~** Nummernschild *n*
minéralogiste [mineʀalɔʒist] M/F Mineraloge *m*, -login *f*
Minerve [minɛʀv] F MYTH Minerva *f*
minerve [minɛʀv] F MÉD Halskrause *f*; *t/t* (Gips)Krawatte *f*
Minervois [minɛʀvwa] **le ~** das Minervois (*Landschaft im Languedoc*)
minervois [minɛʀvwa] M *Wein aus dem Minervois*
minestrone [minɛstʀɔn] M CUIS Minestrone *f*; Minestra *f*
minet [minɛ] M, **minette** F 1 *fam* (*chat*) *fam* Miez(e) *f*; Miezchen *n*; Miezekatze *f* 2 *terme d'affection fam* **mon minet, ma minette** (mein) Schätzchen *n*, Herzchen *n*, Mäuschen *n* 3 *jeune homme fam* Schickimicki *m*; Geck *m*; *jeune fille fam* Mieze *f*
mineur¹ [minœʀ] A ADJ 1 (*d'importance secondaire*) zweitrangig; nebensächlich; untergeordnet; *auteur, peintre a.* unbedeutend; **arts ~s** Kunstgewerbe *n*; ÉGL CATH **frères ~s** Minoriten *mpl*; Franziskaner *mpl* 2 MUS Moll…; …-Moll; **gamme ~e** Molltonleiter *f*; **intervalle ~** kleines Intervall; **tierce ~e** kleine Terz; **en ut ~** in c-Moll; **messe** *f* **en si ~** h-Moll-Messe *f* 3 JUR minderjährig; unmündig 4 **l'Asie Mineure** Kleinasien *n* 5 REL **saint Jacques le Mineur** Jakobus der Jüngere B SUBST 1 JUR **~(e)** *m(f)* Minderjährige(r) *m/f(m)*; Unmündige(r) *m/f(m)*; *en matière pénale* Jugendliche(r) *m/f(m)* 2 MUS *m* Moll *n*; Molltonart *f*
mineur² [minœʀ] M *ouvrier* Bergarbeiter *m*, -mann *m*; Kumpel *m*; Knappe *m*; **~ de fond** Untertagearbeiter *m*
mini [mini] A ADJ ⟨*inv*⟩ 1 **mode** *f* **~** Minimode *f*; *advt* **s'habiller ~** Mini tragen 2 *fam* (*très petit*) *fam* Mini…; **réforme** *f* **~** Minireform *f*; *son studio*, **c'est ~** ist winzig B M Minimode *f*
mini… *ou* **mini-…** [mini] *préfixe* Mini…; → *a. articles ultérieurs*
miniature [minjatyʀ] F 1 *image* Miniatur *f* 2 *art* Miniaturmalerei *f*; (*enluminure*) Buchmalerei *f* 3 ADJT **(en) ~** Miniatur…; im kleinen; in verkleinertem Maßstab; **golf** *m* **~** Mini-, Kleingolf *n*
miniaturisation [minjatyʀizasjõ] F TECH Miniaturisierung *f*; Kleinstbauweise *f*; **miniaturiser** V/T TECH miniaturisieren
miniaturiste [minjatyʀist] M/F Miniaturmaler(in) *m(f)*
minibar [minibaʀ] M Minibar *f*
minibus [minibys] M Kleinbus *m*
minichaîne [miniʃɛn] F kleine Stereoanlage; Kompaktanlage *f*
minidosé [minidoze] ADJ **pilule ~e** Minipille *f*
minier [minje] ADJ ⟨-ière⟩ Bergwerks…; Bergbau…; Gruben…; **bassin ~** Bergbaugebiet *n*, -revier *n*; **industrie minière** Bergbau *m*; **ressources minières** Bodenschätze *mpl*
minigolf [minigɔlf] M Mini-, Kleingolf *n*
minijupe *ou* **mini-jupe** [miniʒyp] F Mini-

M

rock *m; fam* Mini *m*
minima [minima] → **minimum**
minimal [minimal] ADJ ‹-aux› minimal; Minimal...; Mindest...; **températures ~es** Tiefsttemperaturen *fpl*
minime [minim] A ADJ gering(fügig); unbedeutend; unwesentlich; verschwindend klein; minimal B M SPORTS Jugendliche(r) *m (zwischen 13 u. 15 Jahren)*
minimisation [minimizasjõ] F ÉCON Minimierung *f*; **minimiser** VT bagatellisieren; herunterspielen; verharmlosen; verniedlichen
minimum [minimɔm] A ADJ ‹*f ~ od* **minima**; *pl m u. f* **~s** *od* **minima**› minimal; Minimal...; Mindest...; **âge ~ requis** erforderliches Mindestalter B M ‹*pl* **~s** *od* **minima**› Minimum *n (a.* MATH); Mindestmaß *n*; *somme* Mindestbetrag *m*; **~ vital** Existenzminimum *n*; **le ~ de chances, de risques** die geringsten Chancen *fpl*, die kleinsten Risiken *npl*; **~ de frais** minimale Unkosten *pl*; **~ de la peine** Mindeststrafe *f*; niedrigstes Strafmaß; *abs* **être condamné au ~** die Mindeststrafe erhalten; **les ~s** *ou* **minima de température d'août** die Tiefstwerte *mpl* der Temperatur im August; **un ~ de travail** ein Minimum, Mindestmaß an Arbeit; *loc adv*: **au ~** mindestens; wenigstens; **dans le ~ de temps** in kürzester Zeit; *température etc* **atteindre son ~** den niedrigsten Stand erreichen; **s'il avait un ~ de savoir-vivre** wenn er den geringsten, ein klein bisschen Anstand besäße
mini-ordinateur [miniɔʀdinatœʀ] M Mini-, Bürocomputer *m*
minipilule [minipilyl] F Mikropille *f*; *fam* Minipille *f*
miniski [miniski] M Kurzski *m*
minispace [minispas] M AUTO Minivan *m*
ministère [ministɛʀ] M 1 POL Ministerium *n (a. bâtiment)*; **~ des Affaires étrangères** Außenministerium *n*; Auswärtiges Amt; Ministerium für auswärtige Angelegenheiten; **~ des Finances** Finanzministerium *n*; Ministerium der Finanzen; **~ de l'Intérieur** Innenministerium *n*; Ministerium des Inner(e)n; **~ de la Justice** Justizministerium *n*; Ministerium der Justiz 2 POL *charge* Ministeramt *n* 3 POL *(cabinet)* Regierung *f*; Kabinett *n*; **le ~ X** die Regierung X; das Kabinett X 4 POL *période* Regierungszeit *f* 5 JUR **~ public** Staatsanwaltschaft *f*; Anklagevertretung *f* 6 REL Priesteramt *n*
ministériel [ministeʀjɛl] ADJ ‹**~le**› 1 *(d'un ministère)* ministeriell; Ministerial...; **département ~** Abteilung *f* e-s Ministeriums; **fonctionnaire ~** Ministerialbeamte(r) *m* 2 *(du gouvernement)* Regierungs...; Kabinetts...; **déclaration ~le** Regierungserklärung *f* 3 *journal* regierungstreu, -freundlich 4 *(de ministre)* ministeriell; **arrêté ~** ministerieller Erlass; **conférence ~le** Ministerkonferenz *f* 5 → **officier**¹ 3
ministrable [ministʀabl] A ADJ ministrabel B M Anwärter *m* auf e-n Ministerposten
ministre [ministʀ] M/F 1 POL Minister(in) *m(f)*; **~ délégué** *correspond à* parlamentarischer Staatssekretär; **Premier ~** Premierminister *m*; Ministerpräsident *m*; **~ des Affaires étrangères, de l'Agriculture, de l'Éducation nationale, des Finances, de l'Intérieur, de la Justice** Außen-, Landwirtschafts-, Erziehungs- *ou* Kultus-, Finanz-, Innen-, Justizminister *m*; **madame X, ~ de la Santé publique** Frau X, Minister(in) für das Gesundheitswesen; **~ d'État** Staatsminister *m*; **~ sans portefeuille** Minister ohne Geschäftsbereich, ohne Portefeuille, für Sonderaufgaben 2 DIPL **~ (plénipotentiaire)** Gesandte(r) *m* 3 ADJT **bureau** *m* **~** Diplomatenschreibtisch *m*; **papier** *m* **~** Kanzleipapier *n (im Format 34 × 44 cm)* 4 ÉGL PROT Pfarrer *m*; Pastor *m*; Geistliche(r) *m*; ÉGL CATH **~ du culte** (die Messe haltender) Priester
minitel® [minitɛl] M Btx(-Gerät) *n*, Bildschirmtext(gerät) *m(n) (von France Télécom)*
minium [minjɔm] M Mennige *f*
minoen [minɔɛ̃] A ADJ ‹-enne [-ɛn]› minoisch B M minoische Kultur
minois [minwa] M frisches, niedliches Gesicht
minoration [minɔʀasjõ] F COMM Unterbewertung *f*; **minorer** VT a *(réduire)* senken; herabsetzen b *(sous-évaluer)* unterbewerten
minoritaire [minɔʀitɛʀ] A ADJ Minderheits...; **groupe** *m* **~** Minderheit *f*; **parti** *m* **~** Minderheitspartei *f* B MPL **~s** Minderheit *f*
minorité [minɔʀite] F 1 *d'une collectivité* Minderheit *f*; Minderzahl *f*; Minorität *f*; **~ ethnique, nationale** ethnische *ou* völkische, nationale Minderheit; **droits** *mpl*, **protection** *f* **des ~s** Minderheitenrechte *npl*, -schutz *m*; **être en ~** in der Minderheit, Minderzahl, Minorität sein; **mettre en ~** überstimmen; majorisieren; **être mis en ~** überstimmt werden 2 *(petit nombre)* **une ~ de** e-e kleine Gruppe, Anzahl von; **dans la ~ des cas** in den seltensten, wenigsten Fällen 3 JUR Minderjährigkeit *f*; Unmündigkeit *f*; **~ pénale** Strafunmündigkeit *f*
Minorque [minɔʀk] Menorca *n*
Minotaure [minɔtɔʀ] M MYTH Minotaurus *m*
minoterie [minɔtʀi] F 1 *usine* Mühle (-nbetrieb) *f(m)* 2 *secteur* Mühlenindustrie *f*;
minotier M Mühlenbesitzer *m*
minou [minu] M *fam enf* → **minet** 1
minuit [minɥi] M Mitternacht *f*; zwölf Uhr nachts; ÉGL CATH **messe** *f* **de ~** Mitternachtsmesse *f*; Christmette *f*; **à ~** um Mitternacht; **à ~ et demi** nachts um halb eins; **vers, sur le (coup de) ~** gegen Mitternacht; gegen zwölf Uhr nachts; **il est ~** es ist Mitternacht
minus [minys] *fam* M Versager *m*; *fam* Null *f*; Niete *f*
minuscule [minyskyl] A ADJ 1 *(très petit)* winzig 2 **lettre** *f* **~** → B; **un a ~** ein kleines a B F Kleinbuchstabe *m*; kleiner Buchstabe; TYPO Minuskel *f*; **écrire avec une ~** kleinschreiben; **prendre une ~** kleingeschrieben werden
minutage [minytaʒ] M genauer Zeitplan; genaue (Zeit)Einteilung
minute¹ [minyt] F 1 *division du temps* Minute *f*; *par ext (instant)* Augenblick *m*; Moment *m*; **une ~!** e-n Augenblick!; e-n Moment!; e-e Minute!; **~ de silence** Schweigeminute *f*; **(c'est) la ~ de vérité** die Stunde der Wahrheit (ist gekommen, hat geschlagen); *loc adv*: **à la ~** in dieser Minute; im Moment; gleich; **à la même où ...** gerade in dem Augenblick, wo *ou* als ...; **dans une ~** sofort; gleich; in e-r Minute; **d'une ~ à l'autre** jeden Augenblick; jede Minute; **de ~ en ~** von Minute zu Minute; **jusqu'à la dernière ~** bis zur letzten Minute; bis zum letzten Augenblick, Moment; **toutes les cinq ~s** alle fünf Minuten; alle (paar) Augenblicke; → *a.* **cinq** A 2 ADJT Schnell...; Sofort...; **clé** *f* **~** Schlüsselschnelldienst *m*; **nettoyage** *m* **~** Schnell-, Expressreinigung *f*; **talon** *m* **~** Schnellreparatur *f* von Schuhen 3 INT *fam* **~!** *ou* **~, papillon!** sachte!; langsam!; nicht so eilig!; Moment mal! 4 GÉOMÉTRIE Minute *f*
minute² [minyt] F JUR Original *n*; Urschrift *f*
minuter [minyte] VT 1 *emploi du temps, spectacle etc* (zeitlich) genau festlegen, einteilen 2 JUR die Urschrift abfassen (**un acte** e-r Urkunde)
minuterie [minytʀi] F automatische Treppen(haus)beleuchtung; **minuteur** M 1 ÉLEC Schaltuhr *f* 2 *avec sonnerie* Küchenwecker *m*
minutie [minysi] F (peinliche) Genauigkeit, Sorgfalt; Gründlichkeit *f*
minutieusement [minysjøzmã] ADV peinlich genau; sehr sorgfältig; gewissenhaft; gründlich
minutieux [minysjø] ADJ ‹-euse› *personne, inspection* peinlich genau; sehr sorgfältig; gründlich; **dessin ~** genaue, sorgfältige Zeichnung; **propreté minutieuse** peinliche Sauberkeit; **récit ~** detaillierter Bericht
mioche [mjɔʃ] *fam* M/F *(petit garçon) fam* Knirps *m*; Stöpsel *m*; Steppke *m*; *(petite fille) fam* Gör *n*; *pl* **~s** *(enfants) fam* Gören *npl*
mirabelle [miʀabɛl] F 1 *fruit* Mirabelle *f* 2 *eau-de-vie* Mirabellenschnaps *m*
mirabellier [miʀabelje] M Mirabelle(nbaum) *f(m)*
miracle [miʀakl] M 1 Wunder *n (a.* REL); **~ économique** Wirtschaftswunder *n*; *loc adv* **(comme) par ~** wie durch ein Wunder; **accomplir, faire des ~s** Wunder vollbringen, wirken, tun; **crier au ~** von e-m Wunder sprechen; **il n'y a pas de quoi crier au ~** das ist nichts Besonderes, Außergewöhnliches; **croire aux ~s** an Wunder glauben; **ce serait (un) ~ si ...** es wäre ein Wunder, wenn ...; **cela tient du ~** das grenzt an ein Wunder, ans Wunderbare 2 *(réalisation étonnante)* Wunder(-werk) *n*; **un ~ d'équilibre** ein Wunder an Ausgewogenheit 3 ADJT Wunder...; **remède** *m* **~** Wundermittel *n*; **solution** *f* **~** Patentlösung *f* 4 *drame médiéval* Mirakel(spiel) *n* 5 HIST *à Paris* **la Cour des Miracles** das Viertel der Bettler und Diebe
miraculé [miʀakyle] ADJ *malade* durch ein Wunder geheilt
miraculeusement [miʀakyløzmã] ADV auf wunderbare Weise; wie durch ein Wunder
miraculeux [miʀakylø] ADJ ‹-euse› 1 *guérison, apparition* wunderbar; Wunder...; *eau* wundertätig; BIBL **la pêche miraculeuse** Petri Fischzug *m*; **remède ~** Wundermittel *n* 2 *(extraordinaire)* außergewöhnlich; **il n'y a rien de ~ dans sa réussite** sein Erfolg ist nichts Außergewöhnliches, Besonderes
mirador [miʀadɔʀ] M Wach(t)turm *m*
mirage [miʀaʒ] M 1 Luftspiegelung *f*; *du désert* Fata Morgana *f* 2 *fig* Trugbild *n*; trügerischer Schein
Miramas [miʀamas] *Stadt im Dep. Bouches-du-Rhône*
miraud [miʀo] ADJ *fam* → **miro**
mire [miʀ] F 1 *d'une arme à feu* **cran** *m* **de ~** Kimme *f*; **ligne** *f* **de ~** Visier-, Ziel-, Schusslinie *f*; **point** *m* **de ~** Ziel(punkt) *n(m)*; *fig* **être le point de ~** die Blicke auf sich ziehen; im Mittelpunkt des Interesses stehen 2 TECH Messlatte *f*, -stab *m* 3 TV Testbild *n*
Mireille [miʀɛj] F *Vorname*
mirent [miʀ] → **mettre**
mirer [miʀe] A VT *œufs* prüfend gegen das Licht halten B V/PR *litt* **se ~** sich spiegeln (**dans l'eau** im Wasser)
mirettes [miʀɛt] *fam* FPL Augen *npl*; *fam* Gucker *mpl*
mirifique [miʀifik] ADJ *fam* → **mirobolant**
mirliton [miʀlitõ] M Mirliton *n (Art Rohrpfeife mit Membranen)*; *fig* **vers** *mpl* **de ~** schlechte Verse *mpl*
miro [miʀo] ADJ ‹*f inv*› *fam (myope)* kurzsichtig; **t'es ~!** du siehst wohl nicht gut!
mirobolant [miʀɔbɔlã] ADJ *fam* fantastisch; sagenhaft
miroir [miʀwaʀ] M 1 Spiegel *m*; *fig* **~ aux alouettes** Lockvogel *m*; Dummenfang *m*; AUTO **~ de courtoisie** Make-up-Spiegel *m (in der Beifahrersonnenblende)*; *fig* **les yeux sont**

le ~ de l'âme die Augen sind der Spiegel der Seele 2 *(surface unie)* spiegelglatte, spiegelnde Fläche

miroitant [miʀwatɑ̃] ADJ spiegelnd; glänzend

miroitement [miʀwatmɑ̃] M Spiegeln *n;* Glänzen *n*

miroiter [miʀwate] V/I 1 *eau, vitre etc* spiegeln; glänzen; schillern; blitzen; funkeln 2 *fig* **faire ~ qc à qn** j-m etw in den verlockendsten, schönsten Farben ausmalen; j-n mit etw locken

miroiterie [miʀwatʀi] F a *fabrication* Spiegelherstellung *f,* -fabrikation *f* b *commerce* Spiegelhandel *m;* **miroitier** M, **miroitière** F a *fabricant* Spiegelfabrikant(in) *m(f)* b *commerçant* Spiegelhändler(in) *m(f)*

mironton [miʀɔ̃tɔ̃] *ou* **miroton** [miʀɔtɔ̃] ADJ/T CUIS **bœuf** *m* **mironton** *ou* **miroton** *in Scheiben geschnittenes, mit Speck, Zwiebeln u. Essig gekochtes Rindfleisch*

mironton, mirontaine [miʀɔ̃tɔ̃, miʀɔ̃tɛn] *refrain* valleri, vallera!

mis [mi] A PP *et* PASSÉ SIMPLE → mettre B ADJ ⟨mise [miz]⟩ 1 *table* gedeckt 2 *personne* **bien, mal ~** gut, schlecht gekleidet, angezogen

misaine [mizɛn] F MAR Fock *f;* Focksegel *n;* **mât** *m* **de ~** Fockmast *m*

misanthrope [mizɑ̃tʀɔp] M/F Menschenfeind *m,* -hasser *m;* Misanthrop *m; par ext (personne peu sociable)* menschenscheuer Mensch; **misanthropie** F Menschenhass *m;* menschenfeindliche Einstellung; Misanthropie *f; par ext* Menschenscheu *f*

mise [miz] F 1 *au jeu* Einsatz *m;* **sauver la ~** wenigstens den Einsatz retten, wieder herausbekommen; *fam fig* **sauver la ~ à qn** j-n vor Ärger bewahren 2 FIN **~ de fonds** Kapitaleinlage *f* 3 *vestimentaire* Art *f* sich zu kleiden; Kleidung *f;* **avoir une ~ négligée** schlampig angezogen sein; **soigner sa ~** sich sorgfältig, gut kleiden 4 *fig* **être de ~** angebracht, passend sein; **ne pas être de ~** *a.* unangebracht, unpassend, unzeitgemäß sein; fehl am Platz sein 5 *avec prép en complément:* **~ au courant** Unterrichtung *f;* Informierung *f; professionnelle* Einarbeitung *f;* **~ à la disposition** Bereitstellung *f;* Zurverfügungstellung *f;* MAR **~ à l'eau** Stapellauf *m;* **~ aux enchères** Versteigerung *f;* Verauktionierung *f;* **~ à exécution** Aus-, Durchführung *f; d'une charge* **~ à feu** Zündung *f;* **~ à jour** Aufarbeitung *f;* auf den neuesten Stand gebrachte Fassung; ÉLEC **~ à la masse** Erdung *f;* **~ à mort** Tötung *f (a. dans une corrida);* **~ au pas** Zur-Ordnung-Rufen *n;* POL Gleichschaltung *f;* **~ à pied** Entlassung *f;* **~ au point** *(réglage)* Einstellung *f; (éclaircissement)* Richtig-, Klarstellung *f; (création)* Entwicklung *f;* **faire une ~ au point** e-e Richtig-, Klarstellung vornehmen; ENCHÈRES **~ à prix** Taxpreis *m,* -wert *m;* Ausrufpreis *m;* **~ à la retraite** Versetzung *f* in den Ruhestand; Pensionierung *f;* ÉLEC **~ à la terre** Erdung *f;* REL, BEAUX-ARTS **la ~ au tombeau** die Grablegung Christi; **~ en action** Einsatz *m;* Aufgebot *n;* **~ en bouteilles** Abfüllung *f* in Flaschen; ÉLEC **~ en circuit** Einschalten *n;* **~ en état** Instandsetzung *f;* **~ en liberté** Freilassung *f;* **~ en marche** In-Gang-Bringen *n;* Inbetriebsetzung *f; d'un moteur a.* Anlassen *n;* Anwerfen *n;* **~ en œuvre** *(emploi)* Anwendung *f;* Gebrauch *m;* Einsatz *m; (réalisation)* Aus-, Durchführung *f;* Verwirklichung *f;* TYPO **~ en pages** Umbruch *m;* **~ en place** *d'une machine* Aufstellung *f; d'un dispositif* Anbringung *f;* Installierung *f;* Einbau *m; de forces de police* Aufstellung *f;* Bereitstellung *f; d'une commission* Einsetzung *f;* **~ en pratique** Umsetzung *f* in die Praxis, in die Tat; Verwirklichung *f;* Realisierung *f;* Durchführung *f;* Ausführung *f;* THÉ, CINÉMA **~ en scène** Inszenierung *f (a. fig);* Regie *f;* **~ en valeur** *d'un terrain* Erschließung *f; du sol* Bewirtschaftung *f;* Bestellung *f; d'un mot etc* Hervorhebung *f;* **~ en vente** (Anbieten *n* zum) Verkauf *m;* **~ sur pied** Schaffung *f;* Bildung *f;* Errichtung *f;* Einrichtung *f;* Aufbau *m;* Aufstellung *f;* → *a. les subst correspondants*

miser [mize] V/T *au jeu* setzen (**sur le rouge** auf Rot); *somme a.* einsetzen; **~ sur un cheval** auf ein Pferd setzen, wetten; *fam fig* **~ sur le mauvais cheval** aufs falsche Pferd setzen; *fam fig* **on ne peut ~ là-dessus** man kann nicht damit rechnen *ou* sich nicht darauf verlassen

misérabiliste [mizeʀabilist] ADJ *auteur etc* der mit Vorliebe das Elend darstellt

misérable [mizeʀabl] A ADJ 1 *(pauvre) personne, région* (sehr, bitter) arm; *cabane, vêtements etc* ärmlich; armselig; erbärmlich; *cabane a.* elend; *vêtements a.* schäbig; dürftig 2 *(qui inspire pitié)* beklagens-, bedauerns-, bejammernswert 3 *(sans valeur)* dürftig; armselig; **pour quelques ~s sous** für ein paar lumpige Euro B M/F 1 *(pauvre)* Arme(r) *m/f(m);* Bedürftige(r) *m/f(m)* 2 *litt ou plais* Schurke *m,* Schurkin *f;* Elende(r) *m/f(m)*

misérablement [mizeʀabləmɑ̃] ADV → misérable A 1

misère [mizɛʀ] F 1 *(dénuement)* Armut *f;* Elend *n;* Not *f;* **~ noire** bittere Armut; größtes, äußerstes Elend; **salaire** *m* **de ~** Hungerlohn *m;* **crier, pleurer ~** s-e Not, sein Elend klagen; jammern; **réduire qn à la ~** j-n in Not, ins Elend, an den Bettelstab bringen; **vivre dans la ~** im Elend leben 2 *(malheur) souvent pl* **~s** Elend *n;* Not *f;* Jammer *m;* Leiden *npl;* Unglück *n;* Misere *f;* Mühsal *f;* Plagen *fpl;* **petites ~s** kleine Nöte; *fam* Wehwehchen *npl;* **quelle ~!** so ein Elend, Jammer!; *int* **~!** o Elend, Jammer!; ach du Schande!; **faire des ~s à qn** j-n quälen, plagen, *fam* piesacken 3 *(bagatelle)* lächerliche, winzige Kleinigkeit 4 BOT Dreimasterblume *f;* Tradeskantie *f*

miséreux [mizeʀø] ADJ ⟨-euse⟩ arm; Not leidend; **quartier ~** Elends-, Armenviertel *n; subst* **les ~** *mpl* die Armen *mpl,* Notleidenden *mpl*

miséricorde [mizeʀikɔʀd] F 1 Barmherzigkeit *f;* Erbarmen *n;* Gnade *f* 2 INT *de surprise* **~!** du liebe Güte!

miséricordieux [mizeʀikɔʀdjø] ADJ ⟨-euse⟩ barmherzig; gnädig

misogyne [mizɔʒin] A ADJ frauenfeindlich B M Frauenfeind *m; plus fort* Frauenhasser *m;* PSYCH Misogyn *m*

misogynie [mizɔʒini] F *plus fort* Frauenhass *m;* PSYCH Misogynie *f*

miss [mis] F ⟨inv⟩ **~ France** Miss *f* Frankreich

missel [misɛl] M ÉGL CATH Messbuch *n;* Missale *n*

missile [misil] M MIL Rakete *f;* Flugkörper *m;* **~ antichar** Panzerabwehrrakete *f;* **~ sol-air** Boden-Luft-Rakete *f;* **~s stratégiques, tactiques** strategische, taktische Raketenwaffen *fpl;* **~ de croisière** Marschflugkörper *m;* Cruise-Missile *n*

mission [misjɔ̃] F 1 *(charge)* Auftrag *m;* Mission *f;* Aufgabe *f; fig et st/s* Sendung *f;* ADMIN Dienstreise *f;* AVIAT MIL **~ aérienne** Einsatz *m;* **~ secrète** geheime Mission; **~ spéciale** Sonderauftrag *m;* MIL **mission à l'étranger** Auslandseinsatz *m;* MIL **~ de reconnaissance** Erkundungsauftrag *m;* **avoir pour ~ de faire qc** den Auftrag *ou* die Aufgabe haben, beauftragt sein, etw zu tun; **charger qn d'une ~** j-n mit e-r Mission, Aufgabe betrauen; **se donner pour ~ de faire qc** es sich *(dat)* zur Aufgabe machen, etw zu tun; **envoyer qn en ~** j-n als Beauftragten, mit e-m Auftrag schicken (**à l'étranger** ins Ausland); *fonctionnaire* **être, partir en ~** auf Dienstreise sein, e-e Dienstreise antreten 2 *groupe* Mission *f;* Abordnung *f;* Vertretung *f;* Delegation *f;* **~ diplomatique** diplomatische Mission; **chef** *m* **de ~** Missionschef *m;* Delegationsleiter *m* 3 REL a *surtout pl* **~s** Mission *f;* **pays** *mpl* **de ~(s)** Missionsländer *npl;* **société** *f* **des ~s (étrangères)** Missionsgesellschaft *f* b *bâtiment* Mission(sgebäude) *f(n);* Missionsstation *f*

missionnaire [misjɔnɛʀ] REL A M/F Missionar(in) *m(f)* B ADJ Missions…; **œuvre** *f* **~** Missionswerk *n;* **sœur** *f* **~** Missionsschwester *f*

missive [misiv] F *litt ou iron* Brief *m*

mistigri [mistigʀi] M *fam* Mieze(katze) *f*

mistoufle [mistufl] F 1 *fam* **faire des ~s à qn** j-n quälen, plagen, *fam* piesacken 2 *arg (misère)* Armut *f;* Elend *n;* Not *f*

mistral [mistʀal] M Mistral *m (kalter Nordwind in der Provence)*

mit [mi] → mettre

mitage [mitaʒ] M *du paysage* Zersiedelung *f*

mitaine [mitɛn] F fingerloser Handschuh; Halbhandschuh *m*

mitard [mitaʀ] M *arg* → cachot

mite [mit] F (Kleider)Motte *f;* **mangé des**, *fam* **aux ~s** von Motten zerfressen

mité [mite] ADJ von Motten zerfressen

mi-temps [mitɑ̃] 1 F SPORTS Halbzeit *f;* **en première, seconde ~** in der ersten, zweiten Halbzeit; **pendant la ~** in der Halbzeit(pause) 2 M *ou* **travail** *m* **à ~** Halbtagsarbeit *f,* -beschäftigung *f,* -stellung *f;* **travailler à ~** halbtags arbeiten

miter [mite] V/PR **se ~** von Motten zerfressen werden

miteux [mitø] A ADJ ⟨-euse⟩ *hôtel, vêtements* schäbig; dürftig; armselig B SUBST *fam* **~, miteuse** *m,f fam* armer Schlucker

mithridatiser [mitʀidatize] V/T durch Gewöhnung gegen Gift immun machen; **mithridatisme** M MÉD Giftfestigkeit *f; t/t* Mithridatismus *m*

mitigé [mitiʒe] ADJ 1 *(relâché)* abgeschwächt; gemäßigt; **zèle ~** erlahmter, mäßiger Eifer 2 *fam (mélangé)* gemischt (**de** mit); **avec des sentiments ~s** mit gemischten Gefühlen

mitigeur [mitiʒœʀ] M *robinet* Einhandmischer *m;* Einlochbatterie *f*

mitonner [mitɔne] V/T *et* V/I → mijoter

mitose [mitoz] F BIOL indirekte Zellkernteilung; Mitose *f*

mitoyen [mitwajɛ̃] ADJ ⟨~ne⟩ **mur ~** gemeinschaftliche Grenzmauer

mitoyenneté [mitwajɛnte] F JUR Grenzeinrichtungs-, Grenzmauergemeinschaft *f*

mitraillage [mitʀajaʒ] M MIL Beschießung *f,* Beschuss *m* mit Maschinengewehr(en); MG-Feuer *n*

mitraille [mitʀaj] F 1 MIL **sous la ~** unter Beschuss; im Geschoss-, Kugelhagel 2 *fam (menue monnaie)* Klein-, Kupfergeld *n;* Münzen *fpl*

mitrailler [mitʀaje] V/T 1 MIL mit Maschinengewehr(en) beschießen; mit MG-Feuer belegen 2 *fig* bombardieren (**de questions** mit Fragen) 3 *fam* PHOT Bilder schießen (**qn, qc** von j-m, etw); **être mitraillé par les photographes** von den Fotografen bedrängt werden; e-m Blitzlichtgewitter ausgesetzt sein

mitraillette [mitʀajɛt] F Maschinenpistole *f*

mitrailleur [mitʀajœʀ] M MIL 1 *soldat* MG-Schütze *m;* AVIAT *a.* Bordschütze *m* 2 ADJ/T **fusil** *m* **~** leichtes Maschinengewehr; **pistolet** *m* **~** *(abr* **P.-M.***)* Maschinenpistole *f (abr* MP, MPi*)*

mitrailleuse [mitʀajøz] F MIL Maschinengewehr *n (abr* MG*)*

mitral [mitʀal] ADJ ⟨-aux⟩ ANAT **valvule ~e** Mitralklappe *f*

M

mitre [mitʀ] F ÉGL CATH Mitra *f*; Inful *f*; ~ **épiscopale** Bischofsmütze *f*

mitron [mitʀõ] M Bäckerjunge *m*, -geselle *m*

Mitterrand [miteʀɑ̃] **François** ~ *frz Staatspräsident*

mi-voix [mivwa] LOC ADV **à** ~ halblaut; **parler à** ~ *a.* mit gesenkter Stimme sprechen

mixage [miksaʒ] M CINÉMA, MUS Mischen *n*; Mixen *n*; Tonmischung *f*; **mixer¹** V/T CINÉMA, MUS mischen; mixen

mixer² [miksɛʀ] M *ou* **mixeur** [miksœʀ] M CUIS Mixer *m*; Handrührgerät *n*

mixité [miksite] F gemischter Charakter; *de l'enseignement* koedukativer Charakter

mixte [mikst] ADJ gemischt; Misch...; **cargo** *m* ~ Frachtschiff *n*, Frachter *m* mit Passagierkabinen; **classe** *f* ~ *(aus Jungen und Mädchen)* gemischte Klasse; **commission** *f* ~ gemischte Kommission; TENNIS **double** *m* ~ gemischtes Doppel; Mixed *n*; **école** *f* ~ Schule *f* für Jungen und Mädchen; **mariage** *m* ~ Mischehe *f*

mixture [mikstyʀ] F *péj: à boire* Gebräu *n*; *à manger* Mischmasch *m*

ml ABR (millilitre[s]) ml (Milliliter)

MLF [ɛmɛlɛf] M ABR (Mouvement de libération des femmes) Frauenbewegung *f*

Mlle *ou* **Mlle** ABR → mademoiselle

mm ABR (millimètre[s]) mm (Millimeter)

MM. ABR (messieurs) → monsieur

Mme *ou* **Mme** ABR → madame

mn ABR (minute[s]) Min. (Minute[n])

mnémotechnique [mnemɔtɛknik] ADJ mnemotechnisch; **moyen** *m* ~ *a.* Gedächtnisstütze *f*; Lernhilfe *f*

Mo ABR (méga-octet[s]) MB (Megabyte)

mob [mɔb] F *fam* ABR → mobylette®

mobile [mɔbil] A ADJ beweglich; mobil; TECH *a.* ortsbeweglich; ÉCON *échelle* gleitend; *main-d'œuvre* mobil; *physionomie* wandlungsfähig; **fêtes** *fpl* ~**s** bewegliche Feste *npl*; **garde** *f* ~ HIST Mobilgarde *f*; *aujourd'hui correspond à* kasernierte Bereitschaftspolizei; **téléphone** *m* ~ Mobiltelefon *n*; **en feuillets** ~**s** Loseblatt... B M 1 *d'une action* Beweggrund *m*; Motiv *n* (*a.* JUR); Triebfeder *f* 2 PHYS in Bewegung befindlicher Körper 3 BEAUX-ARTS Mobile *n* 4 TÉL Mobiltelefon *n*

mobile home [mɔbilom] M ⟨*pl* mobile homes⟩ *wohnwagenähnliche Wohneinheit*

mobilier [mɔbilje] A ADJ ⟨-ière⟩ JUR *propriété, fortune etc* beweglich; Mobiliar...; **biens** ~**s** *a.* Mobilien *pl*; Fahrnis *f*; fahrende, bewegliche Habe; **valeurs mobilières** Wertpapiere *npl*; Effekten *pl* B M 1 *(meubles)* Mobiliar *n*; Möbel *npl*; (Wohnungs)Einrichtung *f*; ~ **de bureau** Büromöbel *npl*, -einrichtung *f* 2 ADMIN ~ **urbain** Stadtmöbel *npl*; dem öffentlichen Nutzen dienende Gegenstände *mpl*

mobilisable [mɔbilizabl] ADJ MIL, *fig* mobilisierbar; *fig a.* verfügbar; einsatzbereit, -fähig

mobilisation [mɔbilizasjõ] F 1 MIL Mobilmachung *f*; Mobilisierung *f*; ~ **générale, partielle** General-, Teilmobilmachung *f* 2 *de capitaux* Mobilisierung *f*; *a. de ressources* Bereitstellung *f*; Aufbringung *f* 3 *fig d'énergies, de militants etc* Mobilisierung *f*; Einsatz *m*

mobiliser [mɔbilize] A V/T 1 MIL mobilisieren; mobil machen (*a. abs*); **être mobilisé dans le génie** zu den Pionieren eingezogen, einberufen werden 2 *capitaux* mobilisieren; flüssigmachen; bereitstellen; aufbringen 3 *fig énergies, militants etc* mobilisieren; einsetzen; *événement* ~ **l'attention du public** die Aufmerksamkeit der Öffentlichkeit auf sich *(acc)* ziehen B V/PR **se** ~ aktiv werden; handeln

mobilité [mɔbilite] F Beweglichkeit *f*; Mobilität *f* (*a. de la main-d'œuvre*); *du visage* Wandlungsfähigkeit *f*; **personne** *f* **à** ~ **réduite** Gehbehinderte(r) *m/f(m)*

mobylette® [mɔbilɛt] F Mofa *n*

mocassin [mɔkasɛ̃] M 1 *des Indiens* Mokassin *m* 2 *par ext* Slipper *m*

moche [mɔʃ] *fam* ADJ 1 *(laid)* hässlich; *fam* scheußlich 2 *(mauvais)* schlecht; übel; *fam* mies; **film** *m* ~ blöder, doofer Film 3 *moralement* gemein, *fam* fies (**avec qn** zu j-m); **c'est** ~ **de ta part** das ist nicht sehr schön, nett von dir

mocheté [mɔʃte] F *fam (femme laide) fam* Vogelscheuche *f*; Nachteule *f*

modal [mɔdal] ADJ ⟨-aux⟩ 1 GRAM modal; **auxiliaire** ~ modales Hilfsverb; Modalverb *n* 2 MUS modal; Modal...; **musique** ~**e** Musik, die die alten Modi wieder anwendet

modalité [mɔdalite] F 1 Art und Weise *f*; ~**s** *pl a.* Modalitäten *fpl*; JUR **les** ~**s** *a.* das Nähere; JUR ~**s d'application** Durchführungsbestimmungen *fpl*; ~**s de paiement** Zahlungsweise *f*, -modalitäten *fpl*, -bedingungen *fpl* 2 GRAM **adverbe** *m* **de** ~ Modaladverb *n* 3 MUS Ton-, Klanggeschlecht *n*; Modalität *f*

mode¹ [mɔd] M 1 Art *f*; Weise *f*; Art und Weise; Form *f*; Modus *m*; ~ **d'emploi** *d'un remède, d'un produit* Gebrauchsanweisung *f*; *d'un appareil* Bedienungsanleitung *f*; ~ **d'existence, de vie** Lebensweise *f*, -art *f*, -form *f*; Art zu leben; ~ **de paiement** Zahlungsweise *f*; ~ **de pensée** Denkart *f*, -weise *f*; Denkungsart *f*; ~ **de scrutin** Abstimmungsverfahren *n*; Wahlmodus *m*; ~ **de transport** Beförderungs-, Transportart *f* 2 GRAM Modus *m*; Aussageweise *f* 3 MUS Tonart *f*; ~ **majeur** Dur(tonart) *n(f)*; ~ **mineur** Moll(tonart) *n(f)*

mode² [mɔd] F 1 Mode *f*; Zeitgeschmack *m*; ~ **rétro** Nostalgiewelle *f*; *loc adj* **à la** ~ Mode...; modisch; modern; in Mode befindlich; **auteur** *m* **à la** ~ Modeschriftsteller *m*; **chanson** *f* **à la** ~ sehr beliebtes, viel gesungenes, oft gehörtes Lied; Schlager *m*; Hit *m*; **à la dernière** ~ nach der neuesten Mode; neumodisch; **être très à la** ~ große Mode sein; sehr in Mode sein; *fam* in sein; *par ext* **à la** ~ **de** nach Art von (*ou* +*gén*); **c'est la** ~ das ist jetzt so Mode, so üblich; **mettre qc à la** ~ etw in Mode bringen; etw aufbringen; **être passé de** ~ altmodisch, unmodern sein; aus der Mode gekommen sein; **suivre la** ~ mit der Mode gehen; die Mode mitmachen; **revenir à la** ~ wieder Mode, modern werden; ♦ *adjt* Mode...; modisch; **couleur** *f* ~ Modefarbe *f*; **tissu** *m* ~ modischer Stoff 2 COUT Mode *f*; *par ext* Modebranche *f*; ~ **féminine, masculine** Damen-, Herrenmode *f*; ~ **parisienne** Pariser Mode; **articles** *mpl* **de** ~ Modeartikel *mpl*, -waren *fpl*; **gravure** *f* **de** ~ (alter) Kostümstich 3 *parents* **à la** ~ **de Bretagne** entfernt; weitläufig verwandt 4 CUIS **bœuf** *m* **(à la)** ~ mit Karotten geschmortes Rindfleisch

modelage [mɔdlaʒ] M Modellieren *n*; Formen *n*

modèle [mɔdɛl] M 1 Muster *n* (*a. fig*); Vorlage *f*; *fig* Vorbild *n*; *pour élèves* Musterlösung *f*; ~ **de conjugaison** Konjugationsmuster *n*, -schema *n*; **dessiner d'après un** ~ nach e-r Vorlage zeichnen; *fig personne* **être un** ~ **de fidélité** *etc* ein Muster an, *iron* ein Ausbund von Treue *etc* sein; **c'est le** ~ **de l'enfant gâté** das ist das Musterbeispiel e-s verzogenen Kindes; **prendre qn pour** ~, **prendre** ~ **sur qn** sich *(dat)* j-n zum Vorbild nehmen; sich *(dat)* an j-m ein Beispiel nehmen; ♦ *adjt (exemplaire)* Muster...; mustergültig; musterhaft; vorbildlich; **élève** *m* ~ Musterschüler *m*; **ferme** *f* ~ landwirtschaftlicher Musterbetrieb 2 BEAUX-ARTS Modell *n*; PHOT Fotomodell *n*; ~ **nu** Aktmodell *n* 3 TECH, COUT Modell *n*; TECH *a.* Ausführung *f*; ~ **courant** Normalausführung *f*; ~ **déposé** Gebrauchsmuster *n*; ~ **réduit** Modell (in verkleinertem Maßstab); AUTO: ~ **sport** Sportmodell *n*; ~ **standard** Standardmodell *n*, -ausführung *f*; ~ **de luxe** Luxusausführung *f* 4 ÉCON, MATH, LING *etc* Modell *n*

modelé [mɔdle] M 1 SCULP Modellierung *f*; Formgebung *f*; PEINT Herausarbeitung *f* der Formen 2 GÉOG Relief *n*; Oberflächengestalt *f*

modeler [mɔdle] ⟨-è-⟩ A V/T 1 SCULP, POTERIE, *terre glaise, cire* modellieren; formen; **pâte** *f* **à** ~ Knetmasse *f*; Plastilin® *n* 2 *par ext (former)* formen; gestalten; Form, Gestalt geben (+*dat*) 3 *fig* ~ **sur** ausrichten nach; anpassen (+*dat*) B V/PR **se** ~ **sur qn, qc** sich nach j-m, etw richten

modeleur [mɔdlœʀ] M 1 SCULP Modellierer *m*; Modelleur *m* 2 TECH Modelltischler *m*

modélisme [mɔdelism] M Modellbau *m*; **modéliste** M/F 1 COUT Modezeichner(in) *m(f)* 2 *de maquettes* Modellbauer(in) *m(f)*

modem [mɔdɛm] M INFORM Modem *n ou m*

Modène [mɔdɛn] GÉOG Modena *n*

modérateur [mɔdeʀatœʀ] A ADJ ⟨-trice⟩ 1 mäßigend; regulierend 2 SÉCURITÉ SOCIALE **ticket** ~ Selbstbeteiligung *f* B SUBST 1 *personne* ~, **modératrice** *m,f* Befürworter(in) *m(f)* des Maßhaltens, der Zurückhaltung; Element *n* der Mäßigung 2 M TECH Regler *m* 3 M NUCL Moderator *m*; Bremssubstanz *f*

modération [mɔdeʀasjõ] F 1 *d'une personne* Mäßigung *f*; Maßhalten *n*; Zurückhaltung *f*; *d'une réponse, de mesures etc* maßvolle Form; maßvoller Charakter 2 JUR ~ **de peine** Strafermäßigung *f*

moderato [mɔdeʀato] MUS A ADV moderato B M Moderato *n*

modéré [mɔdeʀe] A ADJ *vitesse, vent* mäßig; **parti** ~ gemäßigte Partei; **prix** ~**s** maßvolle Preise *mpl*; *personne* **être** ~ **dans ses prétentions** in s-n Ansprüchen maßvoll sein B MPL POL **les** ~**s** die Gemäßigten *mpl*

modérément [mɔdeʀemɑ̃] ADV maßvoll; in, mit Maßen; **boire et manger** ~ *a.* im Essen und Trinken maßhalten

modérer [mɔdeʀe] ⟨-è-⟩ A V/T mäßigen; *prétentions a.* zurückschrauben; *emportement, zèle* zügeln; im Zaum halten; ~ **l'enthousiasme de qn** j-s Begeisterung dämpfen; **modérez vos expressions!** mäßigen Sie sich in Ihren Worten! B V/PR **se** ~ sich mäßigen

moderne [mɔdɛʀn] A ADJ modern (*a. personne*); neuzeitlich; zeitgemäß; **enseignement** *m* ~ (naturwissenschaftlicher und) neusprachlicher Unterricht; **histoire** *f* ~ neuere Geschichte; **langues** *fpl* ~**s** neuere Sprachen *fpl*; **le Paris** ~ das moderne, heutige Paris; **les temps** ~**s** die Neuzeit B SUBST 1 *style* **le** ~ das Moderne 2 *auteurs, créateurs* **les** ~**s** *mpl* die Modernen *mpl*

modernisation [mɔdɛʀnizasjõ] F Modernisierung *f*

moderniser [mɔdɛʀnize] A V/T modernisieren B V/PR **se** ~ sich der neuen Zeit anpassen

modernisme [mɔdɛʀnism] M Modernismus *m* (*a.* BEAUX-ARTS, REL); Bejahung *f* des Modernen; **moderniste** A ADJ modernistisch; modern eingestellt B M/F Modernist(in) *m(f)*; **modernité** F Modernität *f*

modern style [mɔdɛʀnstil] M ARCH, PEINT *etc* Jugendstil *m*; *adjt* im Jugendstil; Jugendstil...

modeste [mɔdɛst] ADJ bescheiden; *personne a.* anspruchslos; *tenue a.* schlicht; einfach; **commerçant** *m* ~ kleiner Kaufmann; *loc adj* **d'origine** ~ aus bescheidenen, einfachen Verhältnissen; *subst* **faire le** ~ den Bescheidenen spielen

M

modestie [mɔdɛsti] F Bescheidenheit *f*; Schlichtheit *f*; Einfachheit *f*; Anspruchslosigkeit *f*; **fausse ~** falsche Bescheidenheit

modicité [mɔdisite] F *de revenus* geringe, bescheidene Höhe; *d'un prix* Niedrigkeit *f*

modifiable [mɔdifjabl] ADJ abänderungsfähig; modifizierbar

modificateur [mɔdifikatœʀ] ADJ ‹-trice› modifizierend; Modifikations…

modification [mɔdifikasjõ] F (Ab-, Ver)Änderung *f*; Abwandlung *f*; Modifizierung *f*; Modifikation *f* (*a.* BIOL); **~ (apportée) à un programme** Programmänderung *f*; **sans ~** ohne (e-e) Änderung; unverändert

modifier [mɔdifje] A V/T (ab-, ver)ändern; abwandeln; modifizieren; GRAM näher bestimmen; **la politique financière n'a pas été modifiée** *a.* in der Finanzpolitik hat sich nichts geändert B V/PR **se ~** sich ändern; sich wandeln

modique [mɔdik] ADJ *somme, prix etc* bescheiden; gering; niedrig; klein; mäßig

modiste [mɔdist] F Modistin *f*; Hutmacherin *f*; **atelier** *m*, **boutique** *f* **de ~** Hutsalon *m*

modulable [mɔdylabl] ADJ 1 TECH **système** *m* **~** Baukastensystem *n* 2 *fig* flexibel; anpassungsfähig

modulation [mɔdylasjõ] F 1 ÉLEC Modulation *f*; **~ d'amplitude** Amplitudenmodulation *f*; **~ de fréquence** PHYS Frequenzmodulation *f*; RAD (*abr* **FM**) Ultrakurzwelle *f* (*abr* UKW); **écouter qc en ~ de fréquence** etw auf UKW hören 2 MUS Modulation *f*

module [mɔdyl] M 1 MATH, PHYS Modul *m*; **~ d'élasticité** Elastizitätsmodul *m* 2 TECH, INFORM Modul *n* 3 ESPACE **~ lunaire** Mond(lande)fähre *f* 4 *par ext (élément) de meubles* Element *n*; Bauteil *n*; *d'apprentissage* Lerneinheit *f*; Baustein *m*; *à l'université* Schein *m*

moduler [mɔdyle] V/T 1 ÉLEC, RAD, MUS modulieren 2 *fig* (den jeweiligen Umständen, dem Einzelfall) anpassen

modus vivendi [mɔdysvivɛ̃di] M ‹inv› Modus Vivendi *m*

moelle [mwal] F 1 ANAT (Knochen)Mark *n*; **~ épinière** Rückenmark *n*; CUIS **os** *m* **à ~** Markknochen *m*; *fig* **jusqu'à la ~ (des os)** bis ins Mark; durch und durch 2 BOT Mark *n*

moelleux [mwalø] ADJ ‹-euse› 1 *étoffe* weich und flauschig, füllig; **coussin ~** weiches, behagliches Kissen; **tapis ~** weicher, behaglicher Teppich 2 *chocolat* sahnig; **vin ~** lieblicher Wein 3 *son* weich; **voix moelleuse** schmelzende Stimme

moellon [mwalõ] M CONSTR Bruchstein *m*

mœurs [mœʀs, mœʀ] FPL 1 (*morale*) Sitten *fpl*; Sittlichkeit *f*; *d'un individu a.* Lebenswandel *m*; **~ austères** strenge Sitten; **bonnes ~** gute Sitten; JUR Sittlichkeit *f*; *loc adj* **contraire aux bonnes ~** sittenwidrig; unsittlich; **porter atteinte aux bonnes ~** gegen die Sittlichkeit verstoßen; **~ corrompues** *ou* **dissolues, légères** verdorbene, lockere Sitten; **affaire** *f* **de ~** Sitten-, Sexskandal *m*; **la police des ~** *ou* **les ~** die Sittenpolizei; *fam* die Sitte 2 (*coutumes*) Sitten *fpl* (und Gebräuche *mpl*); Lebensweise *f*, -gewohnheiten *fpl* (*a. d'animaux*); **étude** *f* **de ~** Sittenstudie *f*; *fig* **peinture** *f* **de ~** Sittengemälde *n*, -bild *n*; **c'est entré, passé dans les ~** das ist Sitte, Brauch, üblich geworden 3 (*manières*) Betragen *n*; Benehmen *n*; Lebensgewohnheiten *fpl*; **drôles de ~!, quelles ~!** ein Benehmen ist das!; *iron* das sind vielleicht komische Sitten!

mohair [mɔɛʀ] M *étoffe* Mohair *ou* Mohär *m*; *adjt* **laine** *f* **~** Mohairwolle *f*

Mohammed [mɔamɛd] M *Vorname*

Mohican [moikɑ̃] M *fig* **le dernier des ~s** der letzte Mohikaner

moi [mwa] A PR PERS a *sujet* ich; **je le savais bien, ~, que …** ich wusste genau, dass …; *toi, tu lis*, **et ~, je travaille** und ich arbeite; **~ parti, que ferez-vous?** was werdet ihr machen wenn ich weg bin?; **~, trahir un ami!** ich und e-n Freund verraten!; **ne faites pas comme ~** machen Sie es nicht (so) wie ich; **c'est comme ~** genau wie bei mir; ich bin in der gleichen Lage; **mon frère et ~ (nous) travaillons** mein Bruder und ich (, wir) arbeiten; **ni lui ni ~** weder er noch ich; **il est plus grand que ~** er ist größer als ich; **c'est ~** ich bin's; **c'est ~ qui …** ich …; **~ aussi** ich auch; **~ non plus** ich auch nicht; **~ seul** ich allein b *obj dir* mich; **il nous a invités, ma femme et ~** er hat meine Frau und mich eingeladen; **c'est ~ que vous cherchez?** suchen Sie mich? c *précédé d'une prép* mir (*dat*); mich (*acc*); **de vous à ~** unter uns gesagt; **c'est un ami à ~** das ist ein Freund von mir; **une photo de ~** ein Foto von mir; **il se souvient de ~** er erinnert sich an mich; *st/s* er erinnert sich meiner; **sans ~** ohne mich; **selon ~, d'après ~, pour ~** meiner Ansicht, Meinung, Auffassung nach; meines Erachtens (*abr* m. E.) d *après un impératif*: *obj dir* mich; *obj indir* mir; **laissez-~ passer!** lassen Sie mich durch, vorbei!; **rendez-le-~!** geben Sie es mir zurück!; *pop* **donne-~-z-en!** gib mir was davon! B M ‹inv› PHIL, PSYCH Ich *n*; Ego *n*; Selbst *n*; **notre vrai ~** unser wahres Ich, Selbst

moignon [mwaɲõ] M 1 *d'un membre amputé* Stumpf *m* (*a. d'une branche*) 2 ZOOL **~s d'ailes** verkümmerte Flügel *mpl*; Stummelflügel *mpl*

moi-même [mwamɛm] PR PERS 1 *emphatique* (ich) selbst; **je l'ai vu ~** ich habe ihn *ou* es selbst gesehen 2 *réfléchi* mich selbst; **je m'étonne ~** ich wundere mich selbst

moindre [mwɛ̃dʀ] ADJ 1 ‹*comp von* **petit**› geringer; kleiner; minder; **à ~ prix** zu e-m niedrigeren Preis; **de ~ importance** von geringerer, von nicht so großer Wichtigkeit; *marchandise* **de ~ qualité** von minderer Güte, Qualität; von weniger guter Qualität 2 ‹*sup von* **petit**› **le ~, la ~** der, die, das geringste, kleinste, mindeste; **au ~ bruit** beim leisesten, geringsten Geräusch; **les ~s détails** die kleinsten Einzelheiten; **il n'y a pas le ~ doute** es besteht nicht der geringste Zweifel (daran); **je n'en ai pas la ~ idée** ich habe nicht die leiseste, geringste Ahnung davon; ♦ **la ~ des choses est de vous excuser** das Mindeste ist, dass Sie sich entschuldigen; **je vous en prie, c'était la ~ des choses** aber bitte, das war doch selbstverständlich; **c'est le ~ de mes soucis** das ist meine geringste Sorge; **certains savants, et non des ~s** manche Gelehrte, und zwar durchaus nicht die unbedeutendsten

moine [mwan] M 1 REL Mönch *m*; **~ bouddhiste** buddhistischer Mönch 2 ZOOL a *phoque* Mönchsrobbe *f* b *papillon de nuit* Nonne *f*

moineau [mwano] M ‹*pl* ~x› 1 ZOOL Sperling *m*; Spatz *m* 2 *fig* **un vilain ~** ein widerlicher, *fam* grässlicher Kerl; **un drôle de ~** ein komischer Kerl

moinillon [mwanijõ] M *iron* Mönchlein *n*

moins [mwɛ̃] A ADV 1 ‹*comp von* **peu**› a weniger; ♦ **~ que**, *suivi d'un numéral* **~ de** weniger als; **il travaille ~ que son frère** er arbeitet weniger als sein Bruder; **~ que jamais** weniger denn je; **c'est ~ que rien** das ist weniger als nichts; das hat überhaupt nichts zu sagen; *subst* **c'est un ~ que rien** er ist ein nichtswürdiger, erbärmlicher Mensch, Kerl; **je touche cent euros de ~ que lui** ich bekomme hundert Euro weniger als er; **avoir ~ de vingt ans** keine zwanzig Jahre alt sein; *subst* **interdit aux ~ de 18 ans** für Jugendliche unter 18 Jahren verboten; **il y a ~ d'une semaine** es ist noch nicht e-e Woche her; **nous n'étions pas ~ de cent personnes** wir waren nicht weniger als hundert Personen; *je ne vous le céderai pas* **à ~ de cent euros** unter hundert Euro; **en ~ de deux heures** in weniger als zwei Stunden; ♦ *loc adv*: **à ~** *prix* für weniger; *fig* bei e-m geringeren Anlass; **il ne l'aura pas à ~** für weniger bekommt er es nicht; *il est furieux*, **on le serait à ~** man wäre es schon bei e-m geringeren Anlass; **beaucoup, bien ~** viel, weit weniger; **de ~ en ~** immer weniger; **en ~** zuwenig; **être en ~** fehlen; **il y a dix euros en ~** es fehlen zehn Euro; **il a un doigt en ~** ihm fehlt ein Finger; *c'est une simple réédition*, **avec les illustrations en ~** ohne Abbildungen; es fehlen nur die Abbildungen; **en ~ bien, en ~ grand** *etc* nur nicht so gut *ou* hübsch, nur nicht so groß *etc*; **en ~ de rien, en ~ de deux** im Nu; im Handumdrehen; **encore ~** noch weniger; **la moitié ~** halb so viel; **un peu ~** etwas, ein bisschen weniger; **on ne peut ~** überhaupt nicht; nicht im Mindesten, Geringsten; nicht ein bisschen; **j'étais on ne peut ~ surpris** ich war überhaupt nicht *etc* erstaunt; **n'en … pas ~** nichtsdestoweniger; dennoch; **il n'en est pas ~ vrai que …** nichtsdestoweniger, und doch ist es wahr, dass …; ♦ *loc conj*: **à ~ que … (ne)** (+*subj*), **à ~ de** (+*inf ou* +*subst*) es sei denn (, dass); wenn nicht; außer wenn; *nous ferons grève* **à ~ que nous (ne) soyons augmentés** *ou* **à ~ d'être augmentés** *ou* **à ~ d'une augmentation** wenn wir keine Lohnerhöhung bekommen; **~ … ~ …** je weniger … desto weniger …; **~ … plus …** je weniger … desto mehr …; **d'autant ~ que …** umso weniger als …; ♦ *avec adj, adv, verbe*: **il est ~ riche** er ist weniger, nicht (mehr) so reich; **parlez ~ vite!** sprechen Sie weniger schnell, langsamer!; **j'ai ~ faim** ich habe nicht mehr so großen Hunger; **j'ai ~ froid** mir ist nicht mehr so kalt; **on ne peut pas faire ~** weniger kann man nicht tun; ♦ *avec subst*: **~ de gâteau que de pain** weniger Kuchen als Brot; **fumez ~ de cigarettes!** rauchen Sie weniger Zigaretten! b *heure*: **cinq heures ~ dix (minutes)** zehn (Minuten) vor fünf; **à ~ le quart** um Viertel vor; **il est ~ cinq** es ist fünf vor c MATH weniger; minus; **sept ~ un égalent, font six** sieben weniger, minus eins ist *ou* gleich sechs; *fig* **il était ~ une, ~ cinq** es hätte nicht mehr viel gefehlt; fast hätte es mich, ihn *etc* erwischt d *température* minus; **il fait ~ dix** es sind zehn Grad minus, zehn Grad unter null, zehn Grad Kälte, minus zehn Grad e COMM abzüglich; **dix euros ~ les frais** zehn Euro abzüglich der Unkosten 2 ‹*sup von* **peu**› **le ~** am wenigsten; ♦ *loc adv*: **pas le ~ du monde** nicht im Geringsten, Mindesten; **au ~** wenigstens; mindestens; **si, au ~, il était arrivé à temps** wenn er wenigstens rechtzeitig gekommen wäre; **il y a au ~ une heure** vor mindestens, wenigstens e-r Stunde; **tout au ~, pour le ~** (aller) mindestens, (-)wenigstens; zumindest; zum Mindesten; **du ~** wenigstens; zumindest; ♦ *avec adj*: **le climat le ~ humide** *du continent* das am wenigsten feuchte Klima …; **un roman des ~ connus** e-r der am wenigsten bekannten Romane; ♦ *avec adv*: **le ~ longtemps possible** so kurz wie möglich; **le ~ souvent possible** so selten wie möglich; ♦ *avec subst*: **faites le ~ de dépenses que vous pourrez!** geben Sie so wenig wie möglich aus! B SUBST 1 **le ~** das Mindeste, Wenigste, Geringste; **c'est le ~ que vous puissiez faire** das ist das Mindes-

te, was Sie tun könnten **2** MATH **le ~** das Minuszeichen
moins-perçu [mwɛ̃pɛʀsy] M ‹*pl* moins-perçus› FIN Mindereinnahme *f*; **moins-value** F ‹*pl* moins-values› COMM Wertminderung *f*, -verlust *m*
moire [mwaʀ] F *tissu* Moiré *m ou n*
moiré [mwaʀe] **A** ADJ **1** moiriert; **papier ~** moiriertes Papier; **tissu ~** moirierter Stoff **2** *litt (chatoyant)* schillernd **B** M TEXT Moiré (-muster) *n*
moirer [mwaʀe] VT *tissu, papier* moirieren
mois [mwa] M **1** Monat *m*; **dix-huit ~** anderthalb Jahre; **six ~** ein halbes Jahr; sechs Monate; **trois ~** ein Vierteljahr *n*; drei Monate; **le ~ de janvier** der Monat Januar; **~ de trente jours** Monat mit dreißig Tagen; **trois ~ de loyer** drei Monatsmieten; **deux ~ de vacances** zwei Monate Ferien; *loc adj*: *traite* **à trois ~ d'échéance** mit dreimonatiger Laufzeit; COMM **de ce ~** dieses Monats (*abr* d. M.); **un bébé de trois ~** ein drei Monate alter Säugling; **(être) enceinte de trois, six ~** im vierten, siebten Monat (sein); *loc adv*: **le ~ dernier, prochain** letzten *ou* vorigen, nächsten *ou* kommenden Monat; im letzten *etc* Monat; COMM per ultimo; **au ~** monatlich; monatsweise; **au ~ d'août** im (Monat) August; **au cours du ~** im Laufe des Monats; COMM **au dernier du ~** (per) ultimo; **dans un ~** in e-m Monat; **des ~ entiers** monatelang; **par ~** monatlich; im, pro Monat; **tous les ~** alle Monate; monatlich; **tous les trois, six ~** viertel-, halbjährlich; alle Vierteljahre, alle halbe(n) Jahre **2** *salaire* Monatslohn *m*, -gehalt *n*; **treizième ~** dreizehntes Monatsgehalt
Moïse [mɔiz] M BIBL Mose(s) *m*
moïse [mɔiz] M Babykorb *m*
moisi [mwazi] **A** ADJ schimm(e)lig; angeschimmelt; verschimmelt **B** M Schimmel *m*; *du vin* **goût** *m* **de ~** Schimmelgeschmack *m*; **tache** *f* **de ~** Stockfleck *m*; *pièce etc* **sentir le ~** muffig, mod(e)rig, nach Schimmel riechen
moisir [mwaziʀ] **A** VT schimm(e)lig werden lassen **B** VI **1** (ver)schimmeln; schimm(e)lig werden; **ce pain a moisi** das Brot ist verschimmelt **2** *fam fig personne* **ne pas ~** nicht lange bleiben; *fam* nicht alt werden; **je ne veux pas ~ ici** *a. fam* ich will hier nicht versauern
moisissure [mwazisyʀ] F *souvent* PL **~s** Schimmel *m*; BOT Schimmelpilze *mpl*
moisson [mwasõ] F **1** AGR (Getreide)Ernte *f*; **faire la ~** ernten **2** *saison* Erntezeit *f* **3** *fig* Ernte *f*, Ausbeute *f* (**de** an *+dat*); **faire (une) ~ de renseignements** viele, zahlreiche Auskünfte einholen
moissonner [mwasɔne] VT **1** ernten; mähen; schneiden; **~ le blé** das Getreide ernten, mähen, schneiden; **~ un champ** ein Feld abernten; *abs* **commencer à ~** mit der Getreideernte beginnen **2** *fig* **~ des lauriers** Lorbeeren ernten
moissonneur [mwasɔnœʀ] M Erntearbeiter *m*; *autrefois* Schnitter *m*
moissonneuse [mwasɔnøz] F **1** *personne* Erntearbeiterin *f*; *autrefois* Schnitterin *f* **2** *machine* Mähmaschine *f*; Mäher *m*; **moissonneuse-batteuse** F ‹*pl* moissonneuses-batteuses› Mähdrescher *m*
moissonneuse-lieuse [mwasɔnøzljøz] F ‹*pl* moissonneuses-lieuses› Mähbinder *m*; Bindemäher *m*
moite [mwat] ADJ feucht
moiteur [mwatœʀ] F **1** *de l'air* Feuchtigkeit *f*; Feuchte *f* **2** *du corps* leichter Schweiß
moitié [mwatje] F Hälfte *f*; **une bonne, grosse ~** die gute, reichliche, *fam* größere Hälfte; *fam fig* **ma ~** (*ma femme*) *fam* meine bessere Hälfte; **la seconde ~ du XXᵉ siècle** die zweite Hälfte des 20. Jahrhunderts; **la ~ de ...** die Hälfte (*+gén*); der, die, das halbe ...; **la ~ de la France** halb Frankreich; ♦ *loc adv*: *fam* **~ plus** um die Hälfte mehr; **la ~ plus cher, plus petit** *etc* um die Hälfte teurer, kleiner *etc*; **la ~ du temps** die Hälfte der Zeit; die meiste Zeit; **à la ~ du chemin** auf halbem Weg; **à ~** halb; zur Hälfte; **faire qc à ~** etw nur zur Hälfte machen; **ne rien faire à ~** nichts halb tun; **remplir à ~** (bis) zur Hälfte, halb füllen; **à ~ plein** halb voll; zur Hälfte voll; **à ~ pourri** halb verfault; **(à) ~ ..., (à) ~ ...** halb ..., halb ...; zur Hälfte ..., zur Hälfte ...; teils ..., teils ...; zum Teil ..., zum Teil ...; *êtes-vous content de votre voyage? -* **~-~!** teils, teils!; halb und halb!; *fam* **faire ~-~** *fam* halbe-halbe *ou* fifty-fifty machen; **à ~ prix** zum halben Preis; **de ~** zur Hälfte; um die Hälfte; **se mettre de ~ avec qn** mit j-m zur Hälfte teilen; mit j-m halbpart machen; **réduire de ~** um die Hälfte *ou* auf die Hälfte reduzieren; **partager en deux ~s** halbieren; in zwei (*fam* gleiche) Hälften, gleiche Teile teilen; **couper par la ~** in der Mitte durchschneiden; **être pour ~ dans qc** zur Hälfte, *par ext* in starkem Maße an etw (*dat*) beteiligt, für etw verantwortlich sein
moka [mɔka] M **1** *café* Mokka *m* **2** *gâteau* (kleine) Mokka-, Schokoladencremetorte
mol [mɔl] → mou
molaire¹ [mɔlɛʀ] F Backen-, Mahlzahn *m*
molaire² [mɔlɛʀ] ADJ CHIM molar; **masse** *f* **~** molare Masse
molasse [mɔlas] F GÉOL Molasse *f*
moldave [mɔldav] ADJ GÉOG moldauisch
Moldavie [mɔldavi] **la ~ 1** Moldawien *n* **2** HIST die Moldau
mole [mɔl] F CHIM Mol *n*
môle [mol] M **a** (*jetée*) Mole *f*; Hafendamm *m* **b** (*quai*) Ladekai *m*
moléculaire [mɔlekylɛʀ] ADJ CHIM molekular; Molekular...; Molekül...; **biologie** *f* **~** Molekularbiologie *f*; **poids** *m* **~** Molekulargewicht *n*
molécule [mɔlekyl] F CHIM Molekül *n*
moleskine [mɔlɛskin] F TEXT Moleskin *m ou n*; Englischleder *n*
molester [mɔlɛste] VT misshandeln; brutal behandeln
moleter [mɔlte] VT ‹-tt-› *tech* rändeln; kordieren; *adjt* **vis moletée** Rändelschraube *f*
molette [mɔlɛt] F **1** *outil* Rändel(eisen, -rad) *n*; *de graveur a.* Molette *f* **2** *sur jumelles etc* Rändelschraube *f*; gerändelte Stellschraube; *d'un briquet* gerändeltes Rädchen; **clé** *f* **à ~** Rollgabelschlüssel *m* **3** *d'un éperon* Spornrad *n* **4** MINES Seilscheibe *f*
mollah [mɔ(l)la] M REL Mullah *m*
mollard [mɔlaʀ] *pop* M Auswurf *m*; Schleim *m*; *all Nord* Qualster *m*
mollasse [mɔlas] ADJ **1** *chairs* wabb(e)lig; *all Nord* quabb(e)lig **2** *fig* energielos; träg(e); lasch; schlaff; schlapp
mollasson [mɔlasõ] M, **mollassonne** F *fam* Schlappschwanz *m*; träge Masse; *fam* Schlaffi *m*
molle [mɔl] → mou
mollement [mɔlmɑ̃] ADV *travailler* lasch; träg(e); *être étendu* lässig
mollesse [mɔlɛs] F **1** *d'une personne* Laschheit *f*; Trägheit *f*; Schlappheit *f*; *loc adv* **avec ~** lasch; träg(e); lahm **2** *d'un matelas, de contours etc* Weichheit *f*; PEINT **~ du pinceau** weiche Pinselführung
mollet¹ [mɔlɛ] ADJ ‹~te› **œuf ~** weich gekochtes, weiches Ei; **petit pain ~** Milchbrötchen *n*
mollet² [mɔlɛ] M ANAT Wade *f*; *iron* **~s de coq** dünne und sehnige Waden
molletière [mɔltjɛʀ] ADJ ‹*nur f*› **bande ~** Wickelgamasche *f*
molleton [mɔltõ] M TEXT Molton *m*
molletonné [mɔltɔne] ADJ mit Molton gefüttert; geraut; **molletonner** VT mit Molton füttern
mollir [mɔliʀ] VI **1** *résistance* nachlassen; schwächer werden; *personne* Angst bekommen; feig(e) zurückweichen; *fam* kneifen; **il sentit ses jambes ~** er fühlte, wie ihm die Knie weich wurden; **sa résolution a molli** er wurde in s-m Entschluss wankend **2** MAR *vent* abflauen
mollo [mɔlo] ADV *fam* **vas-y ~!** *fam* sachte, sachte!
mollusques [mɔlysk] MPL ZOOL Weichtiere *npl*; *t/t* Mollusken *fpl*
molosse [mɔlɔs] M großer massiger Hund; *fam* Fleischerhund *m*
Moluques [mɔlyk] **les ~** *fpl* die Molukken *pl*
molybdène [mɔlibdɛn] M CHIM Molybdän *n*
Mombas(s)a [mɔmbasa] GÉOG Mombasa *n*
môme [mom] *fam* **1** M/F Kind *n*; *fam* Gör *n*; Balg *m ou n*; *adjt* **il est encore tout ~** er ist noch ganz klein **2** F junges Mädchen; junge Frau; **une belle ~** *fam* ein reizender Käfer; ein süßer Fratz
moment [mɔmɑ̃] M **1** (*instant*) Augenblick *m*; Moment *m*; Zeitpunkt *m*; (*laps de temps*) Zeit *f*; **bon ~** richtiger, passender, geeigneter, günstiger Augenblick, Moment, Zeitpunkt; **bons ~s** schöne, nette Stunden *fpl*, Zeiten *fpl*; *mourant: rester lucide* **jusqu'aux derniers ~s** bis zum letzten Augenblick, Atemzug; **mauvais ~** unpassender, falscher Augenblick, Moment, Zeitpunkt; **mauvais ~s** böse, schlimme Stunden *fpl*, Zeiten *fpl*; **c'est un mauvais ~ à passer** das ist nicht angenehm, aber da muss man eben durch; **le ~ présent** dieser, der jetzige Augenblick; **~ de bonheur, de gêne** glücklicher, peinlicher Augenblick, Moment; **dans un ~ de faiblesse** in e-m Augenblick der Schwäche; ♦ *loc adj* **du ~** Augenblicks...; augenblicklich; momentan; **succès** *m* **du ~** Augenblickserfolg *m*; ♦ *loc adv*: **un ~** e-n Augenblick, Moment lang; **un ~!** e-n Augenblick, Moment, bitte!; **un bon ~** ziemlich lange; e-e ganze, geraume Weile; **à aucun ~** niemals; nicht e-n Augenblick lang; **à ce ~-là** damals *ou* dann; zu dem Zeitpunkt; in diesem, dem Augenblick; **à ce ~ de la journée** um diese *ou* zu dieser Tageszeit; **à ce ~ du récit** an dieser Stelle des Berichts; **à certains ~s ..., à d'autres (~s) ...** mitunter..., mitunter ...; **à tout ~, à tous ~s** alle Augenblicke; fortwährend; ständig; andauernd; immerzu; **dans un ~** im Moment; gleich; sofort; **d'un ~ à l'autre** jeden Augenblick, Moment; **dès ce ~-là** von diesem, dem Augenblick, Moment, Zeitpunkt an; **en ce ~** im Augenblick, Moment; zurzeit; gegenwärtig; **par ~s** dann und wann; mitunter; gelegentlich; zeitweise; zuweilen; **pour le ~** vorerst; vorläufig; einstweilen; vorderhand; für den Augenblick; im Augenblick, Moment; **sur le ~** e-n Augenblick, Moment (lang); im ersten Augenblick; ♦ *loc prép* **au ~ de** (*+subst*) im Augenblick (*+gén*); **au ~ de** (*+inf*) in dem Augenblick, Moment, als ich *etc*; gerade als ich *etc*; ♦ *loc conj*: **au ~ où** in dem Augenblick, Moment, als *ou* wo; **au ~ où l'on s'y attend le moins** in dem Augenblick, wo man es am wenigsten erwartet; **à partir du ~ où** von dem Augenblick, Moment, Zeitpunkt an, wo; **du ~ que** (*puisque*) da ja; da doch; ♦ **n'avoir pas un ~ à soi** nicht einen Augenblick für sich haben; **je n'en ai que pour un ~** ich brauche

nicht (mehr) lange; **elle en a pour un bon ~** das dauert noch ziemlich lange bei ihr; sie braucht noch ziemlich viel Zeit; **c'est le ~ ou jamais!** jetzt oder nie!; **c'est le ~ (ou jamais) de faire qc** das ist der Moment, um etw zu tun; **ce n'est pas le ~** das ist nicht der passende Augenblick, Moment; **profiter du ~** den Augenblick nutzen; **ne pas trouver un ~ pour faire qc** nicht einen Augenblick Zeit finden, um etw zu tun **2** PHYS Moment *n*; **~ d'inertie** Trägheitsmoment *n*

momentané [mɔmɑ̃tane] ADJ augenblicklich; momentan; vorübergehend; **momentanément** ADV augenblicklich; momentan; im Augenblick, Moment; zurzeit

momie [mɔmi] F Mumie *f*

momification [mɔmifikasjõ] F Mumifizierung *f*; Mumifikation *f*; **momifier** V/T mumifizieren

mon [mõ] ADJ POSS ⟨*f* ma [ma], *vor Vokal u. stummem h* mon; *pl* mes [me]⟩ mein(e); **mes chers auditeurs!** verehrte Anwesende, Zuhörer!; *fam* **~ bonhomme** *fam* der gute Mann; MIL **~ capitaine!, ~ colonel!** Herr Hauptmann!, Herr Oberst!; **~ cher monsieur!** (mein) lieber Herr X!; **à ~ égard** zu mir; mir gegenüber; *fam* **je gagne mes cent euros par jour** ich verdiene meine hundert Euro pro Tag

monacal [mɔnakal] ADJ ⟨-aux⟩ mönchisch; Mönchs...; monastisch

Monaco [mɔnako] Monaco *n*

monarchie [mɔnaʀʃi] F Monarchie *f*; HIST **la Monarchie de Juillet** die Julimonarchie

monarchique [mɔnaʀʃik] ADJ monarchisch; **monarchisme** M Monarchismus *m*; **monarchiste** **A** ADJ monarchistisch **B** M/F Monarchist(in) *m(f)*

monarque [mɔnaʀk] M Monarch *m*

monastère [mɔnastɛʀ] M Kloster *n*; *au sens restreint* Mönchskloster *n*

monastique [mɔnastik] ADJ klösterlich; Kloster...; mönchisch; monastisch; **discipline** *f* **~** Klosterzucht *f*; **vie** *f* **~** Klosterleben *n*; mönchisches Leben

monceau [mõso] M ⟨*pl* ~x⟩ Haufen *m*; Berg *m*; *fig* **un ~ d'erreurs** ein Haufen, e-e Menge Fehler

mondain [mõdɛ̃] **A** ADJ **1** gesellschaftlich; Gesellschafts...; *dans un journal* **carnet ~, chronique ~e** Gesellschaftschronik *f*; **chroniqueur ~** Redakteur *m* der Gesellschaftschronik; **obligations ~es** gesellschaftliche Verpflichtungen *fpl*; **vie ~e** gesellschaftliches Leben **2** *personne* mondän; **être ~** mondän sein; in der großen Gesellschaft verkehren **3** **police ~e** *ou subst* **~e** *f* Rauschgiftfahnder *mpl*; *service* Rauschgiftdezernat *n* **B** SUBST **~(e)** *m(f)* Weltmann *m*, -dame *f*; Mann *m*, Dame *f* von Welt

mondanité [mõdanite] F **1** **~s** *pl* **a** *(vie mondaine)* gesellschaftliches Leben; gesellschaftliche Veranstaltungen *fpl* **b** *chronique* Gesellschaftschronik *f* **2** *d'une personne* Hang *m* zum mondänen Leben; mondänes Leben

monde [mõd] M **1** *(la Terre, l'univers)* Welt *f*; **l'Ancien Monde** die Alte Welt; **le ~ antique** die antike Welt; die Welt der Antike; **l'autre ~** das Jenseits; **envoyer, expédier qn dans l'autre ~** *fam* j-n ins Jenseits befördern; REL **ce (bas) ~** das Diesseits; die irdische Welt; **les biens** *mpl* **de ce ~** die Güter *npl* dieser Welt; **en ce bas ~** im Diesseits; auf dieser Welt; auf Erden; *poét* hienieden; **il n'est plus de ce ~** er ist nicht mehr unter den Lebenden; **le ~ entier** die ganze Welt; **~ extérieur** Außenwelt *f*; **le Nouveau Monde** die Neue Welt; **~ végétal** Pflanzenwelt *f*; **~ des affaires, des finances** Geschäfts-, Finanzwelt *f*; **~ des lettres** literarische Welt; **~ du travail** Arbeitswelt *f*; Welt der Arbeit; ♦ *loc adv*: **au ~** auf der *ou* die Welt; **être seul au ~** keinen Menschen auf der Welt haben; ganz allein auf dieser Welt stehen, sein; **mettre un enfant au ~** ein Kind zur Welt bringen, *péj* in die Welt setzen; **venir au ~** auf die *ou* zur Welt kommen; **pour rien au ~** um nichts in der Welt; **dans le ~** auf der Welt, Erde; **de par le ~** überall auf der Welt; ♦ **ainsi va le ~** das ist der Lauf der Welt; so geht es nun einmal zu auf der Welt; **il y a un ~ entre le père et le fils** Vater und Sohn trennen Welten; zwischen Vater und Sohn liegen Welten; **être (tout) un ~** e-e Welt für sich sein; *indigné* **c'est un ~!** das hat die Welt noch nicht gesehen!; das ist doch unerhört!; **le ~ est mal fait** es gibt keine Gerechtigkeit auf der Welt!; **(comme) le ~ est petit!** die Welt ist doch klein, ist ein Dorf!; **c'est le ~ à l'envers** das ist e-e verkehrte Welt; **depuis que le ~ est ~** seit die Erde sich dreht; solange die Welt (be)steht; seit Bestehen der Welt; **c'est vieux comme le ~** das ist so alt wie die Welt; das ist uralt; **il faut de tout pour faire un ~** unser Herrgott hat seltsame Kostgänger; es gibt (eben) solche und solche; **se faire un ~ de qc** etw als sehr schwierig ansehen **2** *(gens)* Menschen *mpl*; Leute *pl*; *(foule)* Menschenmenge *f*; viele Menschen, Leute; **un ~ fou** e-e ungeheure Menschenmenge; **le pauvre ~** die einfachen, kleinen Leute; *par ext* **tout mon ~** meine ganze Familie; *loc adv* **devant le ~** vor den Leuten; vor aller Welt; **avoir du ~** Besuch, Gäste haben; **il y avait du ~, beaucoup de ~** es waren viele Menschen, Leute da; **il y a du ~?** ist hier jemand, *fam* wer?; **il y a du ~ chez lui** es ist jemand, *fam* wer bei ihm; er hat Besuch; **il n'y avait pas grand ~** es waren nicht viele Menschen, Leute da; es war nicht sehr voll; **connaître son ~** s-e Leute, *fam* s-e Pappenheimer kennen; **il se moque**, *fam* **se fiche**, *pop* **se fout du ~** *fam* der ist gut!; der hat Nerven! **3** **tout le ~** jeder(mann); alle; alle Welt; **Monsieur Tout le ~** der kleine Mann; **bonjour tout le ~!** guten Tag allerseits!; MAR **tout le ~ sur le pont!** alle Mann an Deck!; *loc adv* **aux yeux de tout le ~** vor aller Welt; vor allen Augen; **ce n'est pas donné à tout le ~** das ist nicht jedermanns Sache; **tout le ~ est d'accord** alle sind einverstanden; **être à tout le ~** allen gehören; **il ne peut jamais rien faire comme tout le ~** *fam* er muss immer e-e Extrawurst (gebraten) haben; **tout le ~ le sait** alle Welt, jeder weiß es; alle wissen es; *prov* **on ne peut contenter tout le ~ et son père** man kann es nicht allen, jedem recht machen *(prov)* **4** *(haute société)* Gesellschaft *f*; Welt *f*; **le beau ~** die vornehme, feine Gesellschaft, Welt; **femme** *f*, **homme** *m* **du ~** Dame *f*, Mann *m* von Welt; Weltdame *f*, -mann *m*; **les gens** *mpl* **du ~** die oberen zehntausend *pl*; **être du même ~** aus derselben Gesellschaftsschicht, denselben Kreisen, demselben Milieu kommen

mondé [mõde] ADJ **orge ~** (Gersten)Graupen *fpl*

mondial [mõdjal] **A** ADJ ⟨-aux⟩ Welt...; weltweit; global; **guerre ~e** Weltkrieg *m*; **marché ~** Weltmarkt *m*; **production ~e** Weltproduktion *f*; **puissance ~e** Weltmacht *f*; **réputation, renommée ~e** Weltruf *m*; **à l'échelle ~e** im Weltmaßstab **B** M **Mondial** **1** FOOTBALL *etc* Weltmeisterschaft *f*; WM *f* **2** *internationale Automobilausstellung in Frankreich*

mondialement [mõdjalmɑ̃] ADV weltweit; in der ganzen Welt; **~ connu** weltbekannt

mondialisation [mõdjalizasjõ] F Globalisierung *f* (*a.* ÉCON); **mondialiser** V/T globalisieren (*a.* ÉCON)

mond(i)ovision [mõd(j)ɔvizjõ] F TV weltweite (Fernseh)Ausstrahlung

monégasque [mɔnegask] **A** ADJ monegassisch **B** SUBST **Monégasque** *m/f* Monegasse *m*, Monegassin *f*

monème [mɔnɛm] M LING Monem *n*

monétaire [mɔnetɛʀ] ADJ Währungs...; Geld...; monetär; geldwirtschaftlich; **circulation** *f* **~** Geldumlauf *m*; **fluctuations** *fpl* **~s** Währungsschwankungen *fpl*; **marché** *m* **~** Geldmarkt *m*; **politique** *f* **~** Währungspolitik *f*; **presse** *f* **~** (Münz)Prägepresse *f*; **système** *m* **~** Währungssystem *n*; **union** *f* **~** Währungsunion *f*

monétique [mɔnetik] F elektronischer Zahlungsverkehr; (Verwendung *f* von) Plastikgeld *n*

mongol [mõgɔl] **A** ADJ mongolisch; Mongolen... **B** SUBST **1** **Mongol(e)** *m(f)* Mongole *m*, Mongolin *f* **2** LING **le ~** das Mongolische; Mongolisch *n*

Mongolie [mõgɔli] **la ~** die Mongolei

mongolien [mõgɔljɛ̃] MÉD **A** ADJ mongoloid; **enfant ~** mongoloides Kind **B** SUBST **~(ne)** *m(f)* mongoloider Mensch

mongolisme [mõgɔlism] M MÉD Mongolismus *m*; **mongoloïde** ADJ mongoloid

Monique [mɔnik] F *Vorname*

moniteur [mɔnitœʀ], **monitrice** **1** M,F **moniteur, monitrice (d'auto-école)** Fahrlehrer(in) *m(f)*; **moniteur, monitrice (d'aviation)** Fluglehrer(in) *m(f)*; **moniteur, monitrice (d'une colonie de vacances)** Betreuer(in) *m(f)* (e-r Ferienkolonie); **moniteur, monitrice (de ski)** Skilehrer(in) *m(f)* **2** M INFORM, MÉD Monitor *m*

monitorat [mɔnitɔʀa] M Funktion *f* e-s Betreuers, Lehrers, Hilfsassistenten

monnaie [mɔnɛ] F **1** *d'un État* Währung *f*; *(argent)* Geld *n*; Zahlungsmittel *n*; **~ électronique** Plastikgeld *n*; **~s étrangères** ausländische, fremde Währungen *fpl*, Zahlungsmittel *npl*, Geldsorten *fpl*; **fausse ~** Falschgeld *n*; **~ forte** harte Währung; **~ nationale** Landeswährung *f*; **~ unique** Einheitswährung *f*; gemeinsame Währung; *fig* **~ d'échange** Tauschobjekt *n*; *fig* **c'est ~ courante** das ist gang und gäbe; das ist so üblich; *fam* **passons la ~!** jetzt geht's ans Zahlen!; *fam* jetzt heißt es berappen!; *fig* **payer qn en ~ de singe** j-n mit leeren Versprechungen abspeisen **2** *pièces* Münzen *fpl*; *coll* Kleingeld *n*; *d'un gros billet* Wechsel-, Kleingeld *n*; **petite, menue ~** kleine Münzen; *à Paris* **l'hôtel des Monnaies** *ou* **la Monnaie** die Münzstätte, -anstalt; die Münze; **je n'ai pas de ~** ich habe kein Kleingeld; **auriez-vous la ~ de dix euros?** können Sie mir zehn Euro wechseln, *fam* klein machen?; **battre, frapper ~** Münzen prägen, schlagen; **faire de la ~** wechseln; **faire la ~ de dix euros** e-n Zehn-Euro-Schein wechseln, *fam* klein machen; **préparez votre ~!** bitte Kleingeld bereithalten! **3** *(somme rendue)* Wechselgeld *n*; **rendre la ~** herausgeben; *fam* rausgeben; **rendre, donner la ~ sur dix euros** auf zehn Euro herausgeben; *fig* **rendre la ~ de sa pièce à qn** j-m mit gleicher Münze heimzahlen

monnaie-du-pape [mɔnɛdypap] F ⟨*pl* monnaies-du-pape⟩ BOT Mondviole *f*

monnayable [mɔnɛjabl] ADJ in Geld umsetzbar

monnayage [mɔnɛjaʒ] M Münzprägung *f*; Ausmünzen *n*, -ung *f*; **faux ~** Falschmünzerei *f*; Münz-, Geldfälschung *f*

monnayer [mɔneje] V/T ⟨-ay- *od* -ai-⟩ **1** TECH *métal* (aus)münzen; *adjt* **or monnayé** gemünztes Gold **2** *(convertir en argent)* zu Geld machen;

M

in klingende Münze umsetzen; *fam* versilbern; *fig* ~ **son talent** aus s-m Talent Kapital schlagen

monnayeur [mɔnɛjœʀ] M 1 **faux** ~ Falschmünzer *m* 2 *appareil* Wechselautomat *m*; Geldwechsler *m*

mono [mɔno] A ADJ ⟨inv⟩ *fam* ABR (*monophonique*) *fam* mono; **disque** *m* ~ Monoplatte *f* B M/F *fam* ABR → moniteur

monoacide [mɔnɔasid] ADJ CHIM einsäurig

monobloc [mɔnɔblɔk] A ADJ ⟨*inv*⟩ TECH in einem Stück, Block gefertigt, gegossen, hergestellt B M AUTO Zylinderblock *m*

monochrome [mɔnɔkʀom] ADJ einfarbig; monochrom

monocle [mɔnɔkl] M Monokel *n*

monocoque [mɔnɔkɔk] ADJ TECH *voiture* mit selbsttragender Karosserie; *voilier, avion* mit nur einem Rumpf

monocorde [mɔnɔkɔʀd] A ADJ 1 MUS einsaitig 2 *fig voix* monoton; einförmig B M MUS Monochord *n*

monocotylédones [mɔnɔkɔtiledɔn] FPL BOT Einkeimblättrige(n) *pl*; *t/t* Monokotyledonen *fpl*

monoculture [mɔnɔkyltyʀ] F AGR Monokultur *f*

monogame [mɔnɔgam] ADJ 1 monogam (*a.* ZOOL) 2 BOT eingeschlechtig; **monogamie** F Monogamie *f*; Einehe *f*

monogramme [mɔnɔgʀam] M Monogramm *n*; Namenszeichen *n*; Signum *n*; *d'un artiste* Künstlermonogramm *n*; Meisterzeichen *n*

monographie [mɔnɔgʀafi] F Monografie *f*; Einzeldarstellung *f*

monokini [mɔnɔkini] M Oben-ohne-Badeanzug *m*

monolingue [mɔnɔlɛ̃g] ADJ einsprachig

monolithe [mɔnɔlit] A ADJ monolithisch B M Monolith *m*; **monolithique** ADJ 1 ARCH monolithisch 2 *fig système, parti* monolithisch; in sich (*dat*) geschlossen; *parti a.* straff organisiert; **monolithisme** M *fig* monolithischer Charakter; Geschlossenheit *f*; straffe Organisation

monologue [mɔnɔlɔg] M Monolog *m* (*a.* THÉ); Selbstgespräch *n*; *dans un roman* ~ **intérieur** innerer Monolog

monologuer [mɔnɔlɔge] V/I Selbstgespräche führen; monologisieren

monôme [mɔnom] M 1 MATH Mo(no)nom *n* 2 *des étudiants* (lärmender) Umzug (*im Gänsemarsch, die Hände auf den Schultern des Vordermannes*)

monomoteur [mɔnɔmɔtœʀ] AVIAT A ADJ ⟨-trice⟩ *avion* einmotorig B M einmotoriges Flugzeug

monoparental [mɔnɔpaʀɑ̃tal] ADJ ⟨-aux⟩ **famille** ~**e** Familie, die nur aus einem Elternteil besteht; Alleinerziehende(r) *m/f(m)*; Einelternfamilie *f*; **foyer** ~ Haushalt *n* e-s Alleinerziehenden

monophasé [mɔnɔfaze] ADJ ÉLEC einphasig; Einphasen…

monophonique [mɔnɔfɔnik] ADJ *disque etc* monofon; monaural

monoplace [mɔnɔplas] ADJ einsitzig; **avion** *m* ~ *ou subst* ~ *m* einsitziges Flugzeug; Einsitzer *m*; **kayak** *m* ~ Einerkajak *m*; Kajakeiner *m*; **voiture** *f* ~ *ou subst* ~ *f* einsitziger Wagen; Einsitzer *m*

monoplan [mɔnɔplɑ̃] M AVIAT ~ *ou adjt* **avion** *m* ~ Eindecker *m*

monopole [mɔnɔpɔl] M 1 ÉCON Monopol *n*; ~ **d'État** staatliches Monopol; Staatsmonopol *n*; ~ **des tabacs** Tabakmonopol *n*; **avoir le** ~ **d'un produit** das Monopol für *ou* auf ein Produkt haben; **détenir un** ~ e-e Monopolstellung innehaben; ein Monopol besitzen 2 *fig* Exklusivrecht *n* (**de** auf *+acc*); **il n'a pas le** ~ **de l'intelligence** *fam* er hat die Klugheit nicht für sich gepachtet

monopolisation [mɔnɔpɔlizasjõ] F Monopolisierung *f*; **monopoliser** V/T 1 ÉCON monopolisieren; zu e-m Monopol ausbauen 2 *fig* für sich in Anspruch nehmen; mit Beschlag belegen; in Beschlag nehmen; vereinnahmen; **monopoliste** A ADJ monopolistisch B M Monopolist *m*; *péj* Monopolkapitalist *m*

monoprix® [mɔnɔpʀi] M *frz Kaufhauskette (mit preiswerten Waren)*

monorail [mɔnɔʀaj] M TECH Einschienenbahn *f*

monospace [mɔnɔspas] M *ou* F Großraumlimousine *f*

monosyllabe [mɔnɔsi(l)lab] A ADJ LING einsilbig; *t/t* monosyllabisch B M 1 LING einsilbiges Wort; *t/t* Monosyllabum *n* 2 *fig* **ne répondre que par** ~**s** nur einsilbige Antworten geben

monosyllabique [mɔnɔsi(l)labik] ADJ → monosyllabe

monothéisme [mɔnɔteism] M REL Monotheismus *m*; **monothéiste** REL A ADJ monotheistisch B M/F Monotheist(in) *m(f)*

monotone [mɔnɔtɔn] ADJ monoton; eintönig; einförmig; gleichförmig; **monotonie** F Monotonie *f*; Eintönigkeit *f*; Einförmigkeit *f*; Gleichförmigkeit *f*

monotype [mɔnɔtip] 1 M MAR Einheitsklassenboot *n* 2 M PEINT Monotypie *f* 3 F TYPO Monotype *f*

monovalent [mɔnɔvalɑ̃] ADJ CHIM einwertig

monoxyde [mɔnɔksid] M CHIM Monoxid *n*; ~ **de carbone** Kohlenmonoxid *n*

Mons [mõs] *Stadt in Belgien*

monseigneur [mõsɛɲœʀ] M 1 (ABR **Mgr**) ⟨*pl* messeigneurs [mesɛɲœʀ]⟩ *titre donné à un évêque* Seine Exzellenz (*abr* Se. Exz.); *à un prince* Seine Durchlaucht; *appellatif* Eure Exzellenz *ou* Euer Durchlaucht 2 ADJT **pince** *f* ~ Brecheisen *n*, -stange *f*

monsieur [məsjø] M (ABR **M.**) ⟨*pl* messieurs [mesjø] (*abr* MM.)⟩ 1 a *avec un nom* Herr *m*; ~ **Durand** Herr Durand; ~ **Un tel** Herr Sowieso, Soundso; **Monsieur votre père** Ihr Herr Vater b *pour s'adresser à un homme* **Monsieur** Herr (*+nom de famille*); *dans un magasin a. fam* der Herr!; *avec irritation* mein Herr!; **Messieurs!** meine Herren!; **mon bon** ~! mein lieber Herr!; *parfois non traduit*: **(bonjour,) Monsieur!** guten Tag! *ou* guten Tag, Herr (*+ nom de famille*)!; **bonjour, Messieurs Dames**, *fam* **m'sieu dames!** guten Tag, die Herrschaften!; **ces messieurs désirent déjeuner?** wünschen die Herren zu speisen? c *au début d'une lettre* **Monsieur** Sehr geehrter Herr (*+nom de famille*); **Cher Monsieur** Lieber Herr (*+nom de famille*); **Messieurs** Sehr geehrte Herren d *avec un titre* **Monsieur le Comte, le Maire, le Ministre** der Herr Graf, Bürgermeister, Minister; *en s'adressant à cette personne* Herr Graf, Bürgermeister, Minister! e *en s'adressant à l'épouse* **comment va Monsieur Durand?** wie geht es Ihrem Gatten, *très formel* Ihrem Herrn Gemahl? f (*maître de maison*) **Monsieur** Herr (*+nom de famille*); der gnädige Herr (*a. iron*); **Monsieur et Madame sont sortis** die Herrschaften sind ausgegangen g *en présence de qn dont on parle*: **Monsieur demande si …** der Herr fragt, ob … h *suivi d'une spécialité*: ~ **Sécurité** der Spezialist für Sicherheit; *fam* Mister *m* Sicherheit 2 (*homme*) Herr *m*; **un vieux** ~ ein alter Herr; *à un enfant* **dis merci au** ~! sag dem Herrn, *enf* dem Onkel Danke schön! 3 *péj* **un joli** ~ ein übler Bursche, Patron, Kunde 4 HIST **Monsieur** *Titel des ältesten Bruders des frz Königs*

monstre [mõstʀ] M 1 (*créature difforme*) Missgeburt *f*; Monstrum *n* 2 MYTH Ungeheuer *n*; Monster *n*; Monstrum *n* 3 *fig* (*personne cruelle*) Ungeheuer *n*; Scheusal *n* (*a. très laide*); *fam* **petit** ~ *fam* kleines Scheusal; **un** ~ **de cruauté** ein wahres Scheusal; ~ **d'ingratitude** entsetzlich undankbares Geschöpf 4 CINÉMA, SPORTS *etc* ~ **sacré** Welt-, Superstar *m*; Kultfigur *f* 5 ADJT Monster…; riesig; ungeheuer; kolossal; **procès** *m* ~ Monsterprozess *m*; **effet** *m*, **succès** *m* ~ Bomben-, Riesenwirkung *f*, -erfolg *m*; **travail** *m* ~ Riesenarbeit *f*; riesige, ungeheure, kolossale Arbeit

monstrueusement [mõstʀyøzmɑ̃] ADV ungeheuer; enorm; kolossal

monstrueux [mõstʀyø] ADJ ⟨-euse⟩ 1 (*gigantesque*) ungeheuer; riesig; enorm; kolossal; monströs; **bruit** ~ ungeheurer, ohrenbetäubender Lärm 2 (*horrible*) *crime, idée etc* scheußlich; abscheulich; ungeheuerlich; grässlich; entsetzlich; grauenhaft; **chose monstrueuse** Ungeheuerlichkeit *f*; **laideur monstrueuse** abstoßende Hässlichkeit

monstruosité [mõstʀyozite] F 1 MÉD Missbildung *f* 2 *d'un crime etc* Scheußlichkeit *f*; Abscheulichkeit *f*; Grässlichkeit *f*; Entsetzlichkeit *f* 3 *parole, action* Ungeheuerlichkeit *f*; Monstrosität *f*

mont [mõ] M 1 GÉOG *avec un nom propre* Berg *m*; **le** ~ **Blanc** der Montblanc; **le** ~ **Rose** der Monte Rosa; **le** ~ **des Oliviers** der Ölberg 2 *litt* (*montagne*) Berg *m*; *loc adv* **par** ~**s et par vaux** über Berg und Tal; **être toujours par** ~**s et par vaux** immer unterwegs, *fam* ständig auf (der) Achse sein; **promettre** ~**s et merveilles** goldene Berge versprechen 3 ANAT ~ **de Vénus** Scham-, Venusberg *m* 4 CHIROMANCIE Berg *m*

montage [mõtaʒ] M 1 TECH Montage *f*; Montieren *n*; *d'une machine a.* Zusammenbau *m*; Zusammensetzen *n*; Einbau *m* (**dans** in *+acc*); *d'un complexe a.* Aufbau *m*; Errichtung *f*; *d'une tente, d'un lit* Aufschlagen *n*; Aufstellen *n*; *d'un échafaudage* Aufstellung *f*; Aufbau *m*; Errichtung *f*; **chaîne** *f* **de** ~ Fließ-, Montageband *n* 2 ÉLEC Schaltung *f* 3 COUT *de manches* Einsetzen *n* 4 *d'un bijou* Fassen *n* 5 CINÉMA *d'un film* Montage *f* (*a. résultat*); Schnitt *m* 6 PHOT ~ **(photo)** Fotomontage *f*

montagnard [mõtaɲaʀ] A ADJ Berg…; Gebirgs… B SUBST ~**(e)** *m(f)* Berg-, Gebirgsbewohner(in) *m(f)*; Gebirgler(in) *m(f)*

montagne [mõtaɲ] F 1 Berg *m*; **au pied de la** ~ am Fuß des Berges; *fig* **il** *ou* **elle ferait battre des** ~**s** er *ou* sie ist e-e Lästerzunge; *fig* **se faire une** ~ **de qc** die Wichtigkeit, die Schwierigkeiten e-r Sache (*gén*) übertreiben; *fam* aus e-r Mücke e-n Elefanten machen; *prov*: **c'est la** ~ **qui accouche d'une souris** der Berg kreißt und gebiert e-e Maus (*prov*); **il n'y a que les** ~**s qui ne se rencontrent pas** Berg und Tal, die Berge, kommen nicht zusammen, wohl aber die Menschen, Leute (*prov*) 2 ~ *ou* ~**s** *pl* Gebirge *n*; Berge *mpl*; °**haute** ~ Hochgebirge *n*; **école** *f* **de haute** ~ Bergsteigerschule *f*; **les** ~**s Rocheuses** die Rocky Mountains *pl*; das Felsengebirge; **faune** *f*, **flore** *f* **des** ~**s** Gebirgsfauna *f*, -flora *f*; **station** *f* **de** ~ Höhen(luft)kurort *m*; *iron* **c'est la** ~ **à vaches** das sind doch nur harmlose Hügel; **passer ses vacances à la** ~ die Ferien im Gebirge, in den Bergen verbringen 3 *fig* Berg *m*; Haufen *m*; **une** ~ **de livres** ein Berg, Haufen Bücher 4 ~**s russes** Berg-und-Tal-Bahn *f*; Achterbahn *f* 5 HIST **la Montagne** die Bergpartei

montagneux [mõtaɲø] ADJ ⟨-euse⟩ bergig;

gebirgig; **région montagneuse** *a.* Gebirgsgegend *f*

Montaigne [mõtɛɲ] *frz Schriftsteller*

montant [mõtɑ̃] **A** ADJ **1** *chemin* ansteigend; MUS *gamme* aufsteigend; **la génération ~e** die kommende, junge Generation; MAR **marée ~e** Flut *f* **2** *corsage, robe* hochgeschlossen; **chaussure ~e** hoher Schuh; Stiefel *m*; **col ~** hoher Kragen **B** M **1** *(somme)* Betrag *m*; Summe *f*; Höhe *f*; C.E.E. **~ compensatoire** Grenzausgleich *m*; **~ de l'assurance** Versicherungssumme *f*; **~ des dépenses** Höhe der Ausgaben; **~ de la facture** Rechnungsbetrag *m*; **d'un ~ de** im Betrag, in Höhe von **2** *d'un lit, d'une fenêtre* Pfosten *m*; *d'une échelle* Holm *m*; Leiterbaum *m* **3** *de la bride* Backenriemen *m*

Montargis [mõtaʀʒi] *Stadt im Dep. Loiret*

Montauban [mõtobɑ̃] *Stadt im Dep. Tarn-et-Garonne*

Mont-Cenis [mõsəni] **le ~** der Mont Cenis

mont-de-piété [mõdpjete] M ⟨*pl* monts-de-piété⟩ Leihhaus *n*; Pfandleihe *f*; **mettre qc au ~** etw zum Leihhaus tragen; etw versetzen

monte [mõt] F **1** ÉLEVAGE Decken *n*; Belegen *n*; Bespringen *n*; *d'une jument a.* Beschälen *n* **2** TURF Ritt *m*

Monte-Carlo [mõtekaʀlo] Monte Carlo *n*

monte-charge [mõtʃaʀʒ] M ⟨*inv*⟩ Lastenaufzug *m*

montée [mõte] F **1** *d'une montagne* Aufstieg *m* (**de** auf *+acc*); Be-, Ersteigen *n* (*+gén*); *d'un escalier* Hinauf- *ou* Herauf-, *fam* Raufgehen *n*, -steigen *n*; *en voiture* Hinauf- *ou* Herauf-, *fam* Rauffahren *n* (auf *+acc*); *en ascenseur* Auffahrt *f*; Hinauffahren *n*; *en téléférique* Bergfahrt *f*; *d'un avion* Steigflug *m*; *d'un ballon* (Auf)Steigen *n*; *des eaux* (An)Steigen *n*; *de la sève* Steigen *n*; PHYSIOL **~ du lait** Einschießen *n* der Milch *(in die Brust)* **2** *fig des prix, de la température* Anstieg *m*; Steigen *n*; *du racisme, de l'indignation a.* Zunahme *f*; **~ des prix** *a.* Preissteigerung *f* **3** *(pente)* Steigung *f* **4** *menant à un bâtiment* Auffahrt *f* **5** ARCH *d'une voûte* Stich(höhe) *m(f)*

monte-en-l'air [mõtɑ̃lɛʀ] *fam* M ⟨*inv*⟩ Fassadenkletterer *m*

monténégrin [mõtenegʀɛ̃] **A** ADJ montenegrinisch **B** SUBST **Monténégrin(e)** *m(f)* Montenegriner(in) *m(f)*

Monténégro [mõtenegʀo] **le ~** Montenegro *n*

monte-plats [mõtpla] M ⟨*inv*⟩ Speisenaufzug *m*

monter [mõte]

A verbe transitif
B verbe intransitif
C verbe pronominal

— **A** verbe transitif —

1 *escalier, marches, côte* hinauf- *ou* herauf- *ou* hoch- *ou fam* raufgehen, -steigen, -kommen; emporsteigen; erklimmen; *côte a.* besteigen; ersteigen; *(à bord d'un) véhicule* hinauf- *ou* herauf- *ou* hoch- *ou fam* rauffahren; MUS *gamme* hinauf singen *ou* spielen; aufwärts singen, spielen; **~ la garde** Wache halten, *fam* schieben; Posten stehen **2** CUIS **~ des blancs en neige** Eiweiß zu Schnee schlagen **3** *(porter) courrier, petit-déjeuner* hinauf- *ou* herauf- *ou* hoch- *ou fam* raufbringen, *objet lourd* -tragen, -schaffen; **~ la valise au grenier** den Koffer auf den Speicher bringen, tragen, schaffen **4** *(chevaucher)* reiten; **~ un cheval** ein Pferd reiten; auf e-m Pferd reiten; **ce cheval est monté par ...** das Pferd wird von ... geritten; **ce cheval n'a jamais été monté** dieses Pferd ist nie geritten worden **5** TECH montieren; *machine a.* zusammenbauen, -setzen *(a. meuble)*; einbauen (**dans** in *+acc*); *complexe a.* aufbauen; errichten; *tente, lit* aufschlagen; aufstellen; ÉLEC schalten; COUT *manche* einsetzen; *mailles* aufschlagen; *film* montieren; schneiden; *bijou* fassen; **~ un diamant sur une bague** e-n Diamanten in e-n Ring einarbeiten; **~ un échafaudage** ein Gerüst aufstellen, aufbauen, errichten **6** *une affaire* aufbauen; einrichten; gründen; *campagne publicitaire* aufziehen; organisieren; *spectacle* zur Aufführung bringen; herausbringen; inszenieren; → *a.* coup 1 **7** *fig* **~ (la tête à) qn (contre qn)** j-n (gegen j-n) aufbringen, aufhetzen; *adjt* **être monté contre qn** gegen j-n aufgebracht sein; auf j-n zornig, wütend sein **8** **~ son ménage** Hausrat anschaffen; sich einrichten; *adjt* **être bien monté en qc** mit etw gut versorgt, ausgestattet, ausgerüstet, eingedeckt sein **9** ÉLEVAGE *femelle* decken; belegen; bespringen; *jument a.* beschälen

— **B** verbe intransitif —

⟨*meist* être, *wenn e-e Person Subjekt ist*⟩ **1** *à pied* steigen (**à, sur** auf *+acc*); emporsteigen (zu); besteigen (*+acc*); hinauf- *ou* herauf- *ou* hoch- *ou fam* raufgehen, -steigen, -kommen, *(à bord d'un) véhicule* -fahren; *dans un moyen de transport* einsteigen (**dans, en** in *+acc*); besteigen (*+acc*); *fig* **les générations qui montent** die kommenden Generationen; **~ se coucher** hinaufgehen und sich schlafen legen; **~ à bicyclette** aufs (Fahr)Rad steigen; das (Fahr)Rad besteigen; **~ à bord** an Bord gehen; **~ au troisième étage** in den dritten Stock hinaufgehen, -steigen *ou* -fahren; **~ à Paris** nach Paris gehen; **~ dans un train, en avion** in e-n Zug, in ein Flugzeug (ein)steigen; e-n Zug, ein Flugzeug besteigen; **~ par l'ascenseur** mit dem Fahrstuhl hinauf-, herauf-, hoch-, *fam* rauffahren; **~ sur une chaise, sur une échelle** auf e-n Stuhl, auf e-e Leiter steigen; *pp* **monté sur une chaise, sur une échelle** auf e-m Stuhl, auf e-r Leiter stehend; **~ sur le trône** den Thron besteigen **2** *route* ansteigen; *avion, ballon, oiseau, soleil, brouillard* aufsteigen; *niveau des eaux, baromètre, température* steigen (**de** um); *fleuve* (an)schwellen; steigen; *sève* steigen; *lait qui bout* hochkommen; *tas* höher, größer werden; *flammes* hochschlagen, auf-, emporlodern (**de** aus); *odeurs, bruit* heraufkommen, -dringen, *odeurs a.* aufsteigen (**de la rue** von der Straße); *fig prix* steigen; anziehen; aufschlagen; *succès, admiration etc* größer werden; zunehmen; *ton dans une discussion* scharf, gereizt, heftig werden; *fam (faire carrière)* aufsteigen; *fam* groß im Kommen sein; *avion* **~ à 3000 mètres** auf 3000 Meter (auf)steigen, (hoch)gehen; **les larmes lui sont montées aux yeux** die Tränen traten, stiegen ihm in die Augen; *vin* **~ à la tête** zu Kopf steigen; *vêtement* **~ (jusqu')à** gehen, reichen bis zu; **faire ~** *prix* in die Höhe treiben; hochtreiben; **faire ~ le sang au visage** das Blut ins Gesicht treiben **3** **~ (à cheval)** reiten; **il monte bien** er reitet gut; *adjt* **police montée** berittene Polizei **4** AGR wachsen; sprießen; *salade* schießen

— **C** verbe pronominal —

1 *dépenses etc* **se ~ à mille euros** sich auf tausend Euro belaufen; tausend Euro betragen, ausmachen **2** *personne* **se ~ en qc** sich mit etw versorgen, eindecken, ausstatten, ausrüsten; **se ~ en ménage** Hausrat anschaffen; sich einrichten **3** *sens passif* **se ~ facilement** *appareil, meuble* leicht zu montieren sein; *côte* leicht zu besteigen sein; *escalier* bequem zu begehen sein; *cheval* sich gut reiten lassen

Montesquieu [mõtɛskjø] *frz Schriftsteller u. Philosoph*

monteur [mõtœʀ] M, **monteuse** F **1** TECH Monteur *m*, Monteurin *f*; **monteur électricien** Elektromonteur *m*; Elektroinstallateur *m* **2** CINÉMA Schnittmeister(in) *m(f)*; Cutter(in) *m(f)*

montgolfière [mõgɔlfjɛʀ] F Heißluftballon *m*; Montgolfiere *f*

Montgomery [mõgɔmʀi] M MIL Montgomery *m*

Montherlant [mõtɛʀlɑ̃] *frz Schriftsteller*

monticule [mõtikyl] M Hügel *m*; Anhöhe *f*; kleiner Berg

Montlhéry [mõleʀi] *Ort im Dep. Essonne*

Montpellier [mõpəlje, -pe-] *Stadt im Dep. Hérault*

montre [mõtʀ] F **1** (Armband-, Taschen)Uhr *f*; **~ à quartz** Quarzuhr *f*; **~ de précision** Präzisionsuhr *f*; **course** *f* **contre la ~** CYCLISME (Einzel)Zeitfahren *n*; *fig* Wettlauf *m* mit der Zeit; *loc adv* **~ en main** (auf die Minute, Sekunde) genau; **ma ~ est arrêtée** meine Uhr ist stehen geblieben; **mettre sa ~ à l'heure** s-e Uhr stellen; **regarder l'heure à sa ~** auf die *ou* nach der Uhr sehen **2** LOC **faire ~ de qc** etw beweisen, zeigen

Montréal [mõʀeal] Montreal *n*

montre-bracelet [mõtʀəbʀaslɛ] F ⟨*pl* montres-bracelets⟩ Armbanduhr *f*

montrer [mõtʀe] **A** V/T zeigen; *papiers a.* vor-, herzeigen; *chemin a.* weisen; *courage, zèle a.* beweisen; an den Tag legen; *émotion, humeur a.* sich (*dat*) anmerken lassen; *peinture, film, livre* **~ qn, qc** j-n, etw darstellen, zeigen; *auteur* etw aufzeigen; *réponse, réalisation* etw erkennen lassen, zeigen, beweisen; **~ qn, qc du doigt** (mit dem Finger) auf j-n, etw zeigen; → *a.* doigt 1; **~ les dents** die Zähne fletschen; *fig* die Zähne zeigen; **~ l'exemple** Vorbild sein; **~ le fonctionnement de qc** zeigen, wie etw funktioniert; **~ la porte à qn** j-m die Tür weisen **B** V/PR **se ~** *personne* sich zeigen; sich sehen, blicken lassen; **se ~ courageux** sich mutig zeigen; sich als mutig erweisen; *mesure* **se ~ efficace** sich als wirksam erweisen; **se ~ d'une fermeté inébranlable** sich von e-r unerschütterlichen Festigkeit zeigen; **se ~ à la hauteur de la situation** sich der Lage gewachsen zeigen

Montreuil [mõtʀœj] *frz Ortsname*

montreur [mõtʀœʀ] M, **montreuse** F **montreur, montreuse de marionnettes** Marionetten-, Puppenspieler(in) *m(f)*; **montreur d'ours** Bärenführer *m*

Montreux [mõtʀø] *Stadt in der Schweiz*

Montrouge [mõʀuʒ] *Stadt im Dep. Hauts-de-Seine*

monture [mõtyʀ] F **1** *animal* Reittier *n*; *cheval* Reitpferd *n*; *prov* **qui veut voyager loin ménage sa ~** eile mit Weile!; wer langsam geht, kommt auch ans Ziel; langsam, aber sicher *(trois prov)* **2** TECH *de parapluie etc* Gestell *n*; *d'un bijou* Fassung *f*; **~ (de lunettes)** Brillengestell *n*

monument [mɔnymɑ̃] M **1** Denkmal *n*, Monument *n (a. fig)*; *d'une ville etc* Baudenkmal *n*; bedeutendes historisches Bauwerk; **~ (commémoratif)** Denkmal *n*; **~ funéraire** Grabmal *n*; **~ classé** unter Denkmalschutz stehendes Bauwerk; **~ aux morts** Krieger-, Gefallenendenkmal *n* **2** *d'une armoire etc fam* **c'est un vrai ~** *fam* das ist ein wahres Monstrum, Ungetüm; *fam* **être un ~ de bêtise** e-e ganz große Dummheit sein

monumental [mɔnymɑ̃tal] ADJ ⟨-aux⟩ **1** *de proportions* monumental; gewaltig; kolossal;

M

œuvre **~e** monumentales Werk; **statue ~e** Kolossalstatue *f* **2** *fam erreur* kapital; grundlegend; **bêtise ~e** grenzenlose, bodenlose Dummheit

moquer [mɔke] V/PR **1** *(tourner en ridicule)* **se ~ de qn, de qc** sich über j-n, über etw lustig machen, mokieren; über j-n, etw spotten; j-n, etw verspotten; j-n auslachen, verlachen; **se faire ~ de soi** sich lächerlich machen **2** *(ne pas se soucier de)* **se ~ de qn, de qc** sich nicht um j-n, um etw kümmern; *fam* **se ~ pas mal de qc** sich überhaupt nicht für etw interessieren; *fam* sich e-n Dreck um etw kümmern; **je m'en moque**, *plus fort* **je m'en moque comme de l'an quarante, comme de ma première chemise** das ist mir *(plus fort* völlig*)* gleichgültig, egal, *fam* schnuppe, Wurscht, piepe; *plus fort fam* das ist mir schnurzpiepe, piepegal; ich pfeife darauf; **je me moque du qu'en-dira-t-on** es ist mir ganz gleichgültig, egal, was die Leute sagen **3** *(berner)* **se ~ de qn** j-n an der Nase herumführen; j-n zum Narren, zum Besten haben, halten

moquerie [mɔkʀi] F Spott *m*

moquette [mɔkɛt] F Teppichboden *m*; COMM *a.* Auslegeware *f*

moqueur [mɔkœʀ] **A** ADJ ⟨-euse⟩ *personne* spottlustig; **regards ~s** spöttische Blicke *mpl*; **sourire ~** spöttisches, mokantes Lächeln; **ton ~** spöttischer Ton; **être ~** gern spotten **B** SUBST **~, moqueuse** *m,f* Spötter(in) *m(f)*

moraine [mɔʀɛn] F GÉOL Moräne *f*

moral [mɔʀal] **A** ADJ ⟨-aux⟩ **1** *conduite, valeur etc* moralisch; sittlich; ethisch; **loi ~e** Sittengesetz *n*; **sens ~** Gefühl *n* für Sittlichkeit, für sittliches Verhalten; **être dans l'obligation ~e de faire qc** die moralische Verpflichtung haben, etw zu tun **2** *(mental)* geistig; *(psychologique)* seelisch; innere(r, -s); moralisch; **certitude ~e** innere, intuitive Gewissheit; **douleur ~e** seelischer Schmerz; **force ~e** seelische, innere, geistige Kraft **3** JUR **dommage ~** immaterieller, ideeller Schaden; **personne ~e** juristische Person **B** M Moral *f (a. des troupes)*; geistige, seelische, innere Verfassung; Stimmung *f*; **avoir bon ~** in guter seelischer Verfassung sein; **ne pas avoir le ~** *ou* **avoir le ~ à zéro** e-n seelischen Tiefstand haben; stimmungsmäßig, seelisch auf dem Nullpunkt (angelangt) sein; *fam* schlecht drauf sein; **le ~ est bas** die Stimmung, die seelische Verfassung, die Moral ist schlecht; **son ~ est bien bas** *a.* er *ou* sie ist ganz niedergeschlagen, deprimiert, *fam* down; **remonter le ~ à qn** j-m wieder Mut machen

morale [mɔʀal] F **1** **a** *(valeurs morales)* Moral *f*; Sittlichkeit *f* **b** *doctrine* Moral-, Sittenlehre *f*; Ethik *f*; **~ chrétienne** christliche Moral, Ethik **2** *(leçon)* Moral *f*; **la ~ de cette histoire est que …** die Moral der Geschichte ist, dass … **3** LOC **faire (de) la ~ à qn** j-m e-e Strafpredigt halten; j-m die Leviten lesen; j-n Mores lehren

moralement [mɔʀalmɑ̃] ADV **1** moralisch; sittlich; in sittlicher, ethischer Hinsicht **2** geistig; innerlich; intuitiv

moralisant [mɔʀalizɑ̃] ADJ moralisierend; **moralisateur** *péj* **A** ADJ ⟨-trice⟩ moralisierend **B** M Moralprediger *m*

moraliser [mɔʀalize] V/I moralisieren; *péj* Moral predigen; **moralisme** M Moralismus *m*; **moraliste** M **1** *auteur* Moralist *m* **2** M/F Moralist(in) *m(f)*; *péj* Moralprediger(in) *m(f)*

moralité [mɔʀalite] F **1** Moral *f*; Sittlichkeit *f*; *(conduite morale) a.* Lebenswandel *m*; **certificat *m* de ~** Leumundszeugnis *n*; **d'une ~ douteuse, irréprochable** von zweifelhafter, einwandfreier Moral; **faire une enquête sur la ~ de qn** Erkundigungen über j-s Lebenswandel *(acc)* einholen **2** *d'une fable, d'un événement* Moral *f*; Nutzanwendung *f*; **~**: *il ne faut pas fumer* Moral: …; *fam* da sieht man es wieder: …

Morat [mɔʀa] GÉOG Murten *n*

moratoire [mɔʀatwaʀ] *jur* **A** ADJ aufschiebend; **intérêts** *mpl* **~s** Verzugszinsen *mpl* **B** M Moratorium *n*; Zahlungsaufschub *m*; Stundung *f*

moratorium [mɔʀatɔʀjɔm] M → moratoire B

morave [mɔʀav] GÉOG ADJ mährisch

Moravie [mɔʀavi] **la ~** Mähren *n*

morbide [mɔʀbid] ADJ **1** krankhaft; *littérature* angekränkelt; morbid; **curiosité *f* ~** krankhafte Neugier(de); **imagination *f* ~** krankhafte Fantasie, Einbildung **2** MÉD Krankheits…; krankhaft; morbid

morbidité [mɔʀbidite] F **1** STATISTIQUE Morbidität *f* **2** MÉD Krankhaftigkeit *f*

Morbihan [mɔʀbijɑ̃] **le ~** *frz Departement*

morbleu [mɔʀblø] *ancien juron* sackerlot!

morceau [mɔʀso] M ⟨*pl* ~x⟩ **1** *(abgetrenntes)* Stück; BOUCHERIE **bas ~x** billige Stücke; Stücke dritter oder vierter Qualität; **~ de bois** Holzstück *n*; Stück Holz; **un ~ d'étoffe, de pain** *etc* ein Stück Stoff, Brot *etc*; **~ de roi** **a** köstlicher Bissen; Leckerbissen *m* **b** *fam fig d'une femme (a.* **beau ~***)* stattliche Frau; *fam* strammes Weibsbild; **sucre *m* en ~x** Würfelzucker *m*; *loc adv* **en (mille) ~x** in (tausend) Stücke; *vase etc* **être en mille ~x** in tausend Stücke zersprungen sein; **mettre en ~x** auseinandernehmen; in (einzelne) Stücke zerlegen; **~ par ~** Stück für Stück; **par ~x** stückweise; *fam fig* **emporter le ~** erreichen, bekommen, was man will; *fam fig d'une personne* **c'est un ~** *fam* er *ou* sie ist ein (schwerer, ganz schöner) Brocken; *fam* **manger un ~** *fam* e-n Happen, e-n Bissen, e-e Kleinigkeit essen; *fam fig* **manger, casser, lâcher le ~** *fam* auspacken **2** MUS (Musik)Stück *n*; **~ de piano** Klavierstück *n* **3** *d'une œuvre littéraire* Stelle *f*; Abschnitt *m*; **~x choisis** ausgewählte Lesestücke *npl*, Texte *mpl*

morceler [mɔʀsəle] V/T ⟨-ll-⟩ *propriété, héritage* aufteilen; zerstückeln

morcellement [mɔʀsɛlmɑ̃] M Aufteilung *f*; Zerstückelung *f*; *fig* **le ~ politique** die politische Zersplitterung

Morcenx [mɔʀsɛ̃s] *Ort im Dep. Landes*

mordant [mɔʀdɑ̃] **A** ADJ *personne, article* bissig; **froid ~** beißende, schneidende Kälte; **ironie ~e** beißende Ironie; **réplique ~e** scharfe Antwort; **ton ~** schneidender Ton **B** M **1** **avoir du ~** *personne, équipe* Schneid haben; angriffslustig sein; *fam* schwer rangehen; *critique, œuvre* bissig, scharf sein; Biss haben **2** *d'une scie* Schärfe *f* **3** *pour métal* Ätzmittel *n*

mordicus [mɔʀdikys] ADV *fam* **soutenir qc ~** etw steif und fest behaupten

mordiller [mɔʀdije] V/T **~ qc** an etw *(dat)* knabbern, herumbeißen

mordoré [mɔʀdɔʀe] ADJ goldbraun

mordre [mɔʀdʀ] ⟨→ rendre⟩ **A** V/T **1** *chien, puce, serpent etc* beißen (**qn à la jambe** j-n ins Bein); *insecte* stechen; *personne* **~ qc** *en mangeant* auf etw *(acc)* beißen; *(ronger)* an etw *(dat)* knabbern, kauen; auf etw *(dat)* herumbeißen; **~ jusqu'au sang** blutig beißen; *plais* **je ne mords pas** ich beiße nicht; **se faire ~ par un chien** von e-m Hund gebissen werden **2** *acide: métal* angreifen; *crampons: roche etc* eingreifen, eindringen (**qc** in etw *[acc]*); **le froid mord (le visage)** die Kälte beißt, schneidet ins Gesicht **B** V/T INDIR **1** *poisson* **~ (à l'appât)** anbeißen; an die Angel gehen; **ça mord** die Fische beißen gut an; *fig* **~ à l'appât, à l'hameçon** sich ködern lassen; *fam* anbeißen **2** *fam fig personne* **~ à qc** an etw *(dat)* Gefallen, Geschmack finden **3** *personne, animal* **~ dans qc** in etw *(acc)* beißen; etw anbeißen **4** SPORTS **~ sur la ligne** übertreten; *automobiliste* **~ (sur) la ligne blanche** die weiße Leitlinie überfahren **5** TECH **~ sur qc** etw angreifen; *acide a.* etw ätzen **C** V/I *mécanisme* (ein)greifen; *vis* fassen; greifen; TEXT *étoffe* die Farbe annehmen **D** V/PR **1** *réciproque* **se ~** sich, einander beißen **2** *fig* **se ~ les doigts de qc, d'avoir fait qc** etw bereuen; es bereuen, etw getan zu haben; **se ~ la langue** sich *(dat)* auf die Zunge beißen *(a. fig)*; **se ~ les lèvres** sich *(dat)* auf die Lippen beißen; **se ~ les lèvres pour s'empêcher de rire** sich *(dat)* das Lachen verbeißen

mordu [mɔʀdy] *fam* **A** ADJ *(amoureux)* **être ~** verliebt, *fam* in j-n verknallt, verschossen sein **B** SUBST **un ~ du football, du jazz** ein begeisterter Anhänger des Fußballs, Liebhaber des Jazz; ein Fußball-, Jazzfan *m*

More [mɔʀ] → Maure

moresque [mɔʀɛsk] → mauresque

Morez [mɔʀe(z)] *Stadt im Dep. Jura*

morfal [mɔʀfal] M *arg (goinfre) fam* Vielfraß *m*; **morfaler** V/I *(et* V/PR*)* **(se) ~** *arg (s'empiffrer) fam* sich *(dat)* den Bauch vollschlagen

morfondre [mɔʀfɔ̃dʀ] V/PR ⟨→ rendre⟩ **se ~** sich langweilen (und Trübsal blasen)

morfondu [mɔʀfɔ̃dy] ADJ bedrückt; *fam* geknickt

morgue[1] [mɔʀg] F **a** *bâtiment* Leichenschauhaus *n* **b** *salle* Leichenhalle *f*

morgue[2] [mɔʀg] F *(orgueil)* Dünkel *m*; Hochmut *m*; Überheblichkeit *f*; Arroganz *f*

moribond [mɔʀibɔ̃] **A** ADJ ⟨-onde [-ɔ̃d]⟩ im Sterben liegend; sterbend; dem Tode nahe; MÉD moribund **B** SUBST **~(e)** *m(f)* Sterbende(r) *m/f(m)*

moricaud [mɔʀiko] *fam péj* **A** ADJ dunkelhäutig **B** SUBST **~(e)** *m(f)* Dunkelhäutige(r) *m/f(m)*

morigéner [mɔʀiʒene] *st/s* V/T ⟨-è-⟩ zurechtweisen; tadeln; rügen

morille [mɔʀij] F BOT Morchel *f*

Morlaix [mɔʀlɛ] *Stadt im Dep. Finistère*

mormon [mɔʀmɔ̃] REL **A** ADJ ⟨-one [-ɔn]⟩ mormonisch; Mormonen… **B** SUBST **~(e)** *m(f)* Mormone *m*, Mormonin *f*

morne[1] [mɔʀn] ADJ *personne, air* trübsinnig; trübselig; niedergeschlagen; bedrückt; *plus fort* schwermütig; **conversation *f* ~** öde, eintönige Unterhaltung; **existence *f* ~** trübseliges, freudloses Dasein; **journée *f* ~** trüb(selig)er, düsterer, trister Tag; **paysage *m*, ville *f* ~** trübselige, triste, trostlose Landschaft, Stadt

morne[2] [mɔʀn] F *autrefois* (Lanzen)Ring *m (der über die Schneiden der Spitze gezogen wurde)*

mornifle [mɔʀnifl] *fam* F Ohrfeige *f*; Backpfeife *f*; → *a.* gifle

morose [mɔʀoz] ADJ missmutig; mürrisch; griesgrämig; grämlich; verdrossen; verdrießlich; *fam* sauertöpfisch; **morosité** F Missmut *m*; Verdrossenheit *f*; Verdrießlichkeit *f*; Grämlichkeit *f*; *fam* Stimmungstief *n*

Morphée [mɔʀfe] M MYTH Morpheus *m*

morphème [mɔʀfɛm] M LING Morphem *n*

morphine [mɔʀfin] F Morphium *n*; *t/t* Morphin *n*; **morphinisme** M MÉD chronische Morphiumvergiftung

morphinomane [mɔʀfinɔman] **A** ADJ morphiumsüchtig **B** M/F Morphinist(in) *m(f)*; Morphiumsüchtige(r) *m/f(m)*; **morphinomanie** F Morphinismus *m*; Morphiumsucht *f*

morphologie [mɔʀfɔlɔʒi] F Morphologie *f*; LING *a.* Formenlehre *f*; **morphologique** ADJ morphologisch

morphopsychologie [mɔʀfɔpsikɔlɔʒi] F Gestaltpsychologie *f*

morpion [mɔʀpjõ] M 1 *fam* ZOOL Filzlaus *f* 2 *fam (petit garçon) fam* Knirps *m*; *péj* Lausbub *m*; Lausebengel *m* 3 *jeu*: *von Schülern zu zweit gespieltes Schreibspiel*

Morris [mɔʀis] N/PR **colonne** *f* **~** Anschlag-, Litfaßsäule *f*

mors [mɔʀ] M 1 *du harnais* Gebiss *n*; **prendre le ~ aux dents** *cheval* durchgehen; scheuen; *(s'emporter)* in Harnisch geraten; sich ereifern; aufbrausen 2 *d'un étau* Backe *f*

morse[1] [mɔʀs] M ZOOL Walross *n*

morse[2] [mɔʀs] M TÉLÉCOMMUNICATIONS **~** *ou adjt* **alphabet** *m* **~** Morsealphabet *n*; **signaux** *mpl* **en ~** Morsezeichen *npl*

morsure [mɔʀsyʀ] F a *action* Biss *m*; **~ d'un chien, d'un serpent** Hunde-, Schlangenbiss *m* b *blessure* Bisswunde *f*

mort[1] [mɔʀ] F 1 Tod *m*; *(décès)* Todesfall *m*; *allégorie*, PEINT **la Mort** der Tod; *poét* Freund Hein *m*; MÉD **~ clinique** klinischer Tod; **~ violente** gewaltsamer Tod; JUR **peine** *f* **de ~** Todesstrafe *f*; **silence** *m* **de ~** Toten-, Grabesstille *f*; *loc adv*: **à ~** tödlich; zu Tode; **combat** *m* **à ~** Kampf *m* auf Leben und Tod; **blessé à ~** tödlich verletzt, verwundet; **être fâché à ~ avec qn** mit j-m tödlich verfeindet sein; *fam* restlos mit j-m verkracht sein; j-m Spinnefeind sein; *fam fig* **freiner à ~** e-e Vollbremsung machen; **à la ~ de son père** beim Tod s-s Vaters; als sein Vater starb; **pour cause de ~** wegen e-s Todesfalles; **aimer mieux souffrir mille ~s que de** *(+inf)* lieber sterben wollen als *(+inf)*; **(avoir) la ~ dans l'âme** tief betrübt, zu Tode betrübt, todunglücklich (sein); **il n'y a pas eu ~ d'homme** es sind keine Menschenleben zu beklagen; es ist niemand umgekommen; **condamner qn à ~** j-n zum Tode verurteilen; **se donner la ~** sich *(dat)* das Leben nehmen; sich (selbst) umbringen; **ce n'est pas la ~ (du petit cheval)** *(pas cher)* das kostet nicht die Welt; *(faisable)* das ist doch zu schaffen; das ist doch e-e Kleinigkeit; *chien* **°hurler à la ~** *(fam* gotts)jämmerlich, unheimlich, schauerlich heulen; **souffrir mille ~s** Höllenqualen ausstehen, leiden 2 INT **à ~!** nieder mit ihm!; bringt ihn um!; **~ au tyran!** Tod dem Tyrannen!; *fam* **~ aux vaches!** *fam* nieder mit der Polente! 3 *(destruction, fin)* Tod *m*; Untergang *m*; Ende *n*; Ruin *m*

mort[2] [mɔʀ] A PP → mourir *et* ADJ ⟨morte [mɔʀt]⟩ tot; *personne a.* gestorben; verstorben; *animal a.* verendet; BOT, MÉD tot; abgestorben; *bois, feuilles* dürr; *yeux* glanzlos; erloschen; *ville* (wie) tot, ausgestorben; *fam moteur etc fam* kaputt; hin; *fam pile* leer; **~ ou vif** tot oder lebendig; lebend oder tot; *de peur* **plus ~ que vif** *fam* mehr tot als lebendig; **~ accidentellement** durch e-n Unfall umgekommen; tödlich verunglückt; *soldat* **~ au champ d'honneur** gefallen (auf dem Felde der Ehre); **angle ~** toter Winkel; **eau ~e** stehendes Wasser; **langue ~e** tote Sprache; PEINT **nature ~e** Stillleben *n*; **poids ~** TECH Eigengewicht *n*; *fig* Hemmschuh *m*; Hemmnis *n*; Last *f*; Ballast *m*; **point ~** TECH Totpunkt *m*; toter Punkt *(a. fig)*; AUTO Leerlauf *m*; *fig affaire* **être au point ~** an e-m toten Punkt angelangt sein; **temps ~** *sans activité* tote, stille Zeit; TECH Totzeit *f*; *non-productif* Ausfallzeit *f*; SPORTS Auszeit *f*; **être ~ d'un cancer** an Krebs gestorben sein; **être ~ (de fatigue)** todmüde, zu Tode erschöpft, *fam* tot sein; **être ~ de peur** vor Angst wie gelähmt, *fam* halb tot sein; **tomber (raide) ~** tot umfallen B SUBST 1 **~(e)** *m(f)* Tote(r) *m/f(m)*; *(victime)* Todesopfer *n*; **les ~s de la guerre** die Kriegstoten *mpl*; die Gefallenen *mpl*; ÉGL CATH **fête** *f*, **jour** *m* **des Morts** Allerseelen *n*; AUTO *plais* **place** *f* **du ~** Beifahrer-, *fam* Todessitz *m*; **il y a eu un ~ et deux blessés** es gab e-n Toten und zwei Verletzte; **c'est un ~ vivant, en sursis** er ist ein Todeskandidat; **faire le ~** sich tot stellen; *fig* sich nicht rühren; nichts von sich hören lassen; **cet accident a fait trois ~s** der Unfall hat drei Todesopfer gefordert, drei Menschenleben gekostet 2 M BRIDGE Strohmann *m*; Dummy *m*

mortadelle [mɔʀtadɛl] F Mortadella *f*

mortaise [mɔʀtɛz] F TECH: *dans du bois* Zapfenloch *n*; *d'une serrure* Öffnung *f*

mortalité [mɔʀtalite] F Sterblichkeit *f*; Mortalität *f*; **~ infantile** Kindersterblichkeit *f*; **(taux** *m* **de) ~** Sterbeziffer *f*

mort-aux-rats [mɔʀoʀa] F ⟨inv⟩ Rattengift *n*

morte-eau [mɔʀto] F ⟨*pl* mortes-eaux⟩ MAR Nipptide *f*; Nippflut *f*

mortel [mɔʀtɛl] A ADJ ⟨~le⟩ 1 *(sujet à la mort)* sterblich; **tous les hommes sont ~s** alle Menschen sind sterblich 2 *blessure, maladie, poison* tödlich; **coup ~** Todesstoß *m*; **danger ~** Lebens-, Todesgefahr *f*; *fam* **~ pour qn, qc** schlimm, verhängnisvoll, *fam* tödlich für j-n, etw 3 *fig* **ennemi ~** Todfeind *m*; **ennui ~** tödliche Langeweile; **froid ~** bittere Kälte; **pâleur ~le** Leichenblässe *f*; REL **péché ~** Todsünde *f*; **silence ~** betretene Stille; betretenes Schweigen 4 *fam (très ennuyeux)* sterbenslangweilig; zum Sterben, tödlich langweilig B SUBST **~(le)** *m(f)* Sterbliche(r) *m/f(m)*; **les heureux ~s qui ...** die Glücklichen, die ...; **un simple ~** ein gewöhnlicher Sterblicher; → *a.* commun B 1

mortellement [mɔʀtɛlmɑ̃] ADV 1 **~ blessé** tödlich verletzt 2 **~ ennuyeux** sterbenslangweilig; tödlich langweilig

morte-saison [mɔʀt(ə)sɛzõ] F ⟨*pl* mortes-saisons⟩ COMM geschäftlich stille Zeit; *fam* Saure-Gurken-Zeit *f*

mortier [mɔʀtje] M 1 CONSTR Mörtel *m* 2 MIL Mörser *m*; INFANTERIE Granatwerfer *m* 3 *récipient* Mörser *m* 4 *(toque de magistrat)* Barett *n*

mortifiant [mɔʀtifjɑ̃] ADJ kränkend; demütigend

mortification [mɔʀtifikasjõ] F 1 Kränkung *f*; Demütigung *f* 2 REL **~s** *pl* Kasteiung *f*

mortifier [mɔʀtifje] A V/T 1 *personne* kränken; demütigen; **être mortifié de qc** sich durch etw gekränkt fühlen 2 REL kasteien; **~ sa chair** das Fleisch abtöten B V/PR REL **se ~** sich kasteien

mortinatalité [mɔʀtinatalite] F **(taux** *m* **de) ~** Zahl *f* der Totgeburten

mort-né [mɔʀne] A ADJ ⟨mort-née⟩ tot geboren; *fig* **c'est un projet ~** dieser Plan ist ein tot geborenes Kind, hat keine Aussicht auf Erfolg B M ⟨*pl* mort-nés⟩ Totgeburt *f*

mortuaire [mɔʀtɥɛʀ] ADJ Toten...; Sterbe...; Leichen...; **chambre** *f* **~** Sterbezimmer *n*; **couronne** *f* **~** Trauer-, Grabkranz *m*; **masque** *m* **~** Totenmaske *f*; **registre** *m* **~** Sterbebuch *n*, -register *n*

morue [mɔʀy] F 1 ZOOL **~ (fraîche)** Kabeljau *m*; *jeune poisson* Dorsch *m*; **~ séchée** Stockfisch *m*; **foie** *m* **de ~** Dorschleber *f*; **huile** *f* **de foie de ~** Lebertran *m* 2 *pop péj* Hure *f*; Nutte *f*

morutier [mɔʀytje] M a *pêcheur* Kabeljau-, Dorschfischer *m* b *bateau* Kabeljau-, Dorschfänger *m*

morve [mɔʀv] F 1 Nasenschleim *m*; *fam* Rotz *m* 2 VÉT Rotz *m*

morveux [mɔʀvø] A ADJ ⟨-euse⟩ *enfant fam* mit e-r Rotznase; *prov* **qui se sent ~, (qu'il) se mouche** wen's juckt, der kratze sich *(prov)* B SUBST *fam* **~, morveuse** *m,f fam* Rotznase *f*; Rotzbengel *m*, -göre *f*

mosaïque[1] [mɔzaik] F 1 ART Mosaik *n*; *loc adj* **en ~** Mosaik...; *adjt* **parquet** *m* **~** Mosaikparkett *n* 2 *fig* Mosaik *n* **(de** aus)

mosaïque[2] [mɔzaik] ADJ REL mosaisch; **loi** *f* **~** mosaisches Gesetz

mosaïsme [mɔzaism] M REL Mosaismus *m*; Judentum *n*

mosaïste [mɔzaist] M *artisan* Mosaikleger *m*; *artiste* Mosaizist *m*

Moscou [mɔsku] Moskau *n*

moscovite [mɔskɔvit] A ADJ Moskauer; moskauisch B SUBST **Moscovite** *m/f* Moskauer(in) *m(f)*; HIST Moskowiter(in) *m(f)*

Moselle [mɔzɛl] **la ~** 1 *rivière* die Mosel 2 *frz Departement*

Moskova [mɔskɔva] GÉOG **la ~** die Moskwa

mosquée [mɔske] F Moschee *f*

Mossoul [mɔsul] GÉOG Mos(s)ul *n*

mot [mo] M 1 Wort *n*; *d'une langue étrangère a.* Vokabel *f*; ♦ **bon ~, ~ d'esprit** Bonmot *n*; Aperçu *n*; geistreiche, witzige Bemerkung; **~ célèbre, historique** berühmtes Zitat; berühmter Ausspruch; berühmtes, geflügeltes Wort; GRAM **~ composé** zusammengesetztes Wort; Kompositum *n*; Zusammensetzung *f*; **~s croisés** Kreuzworträtsel *n(pl)*; **faire des ~s croisés** (ein) Kreuzworträtsel lösen; **deux ~s** einige, ein paar Worte; **j'ai deux ~s à vous dire** ich habe ein Wörtchen mit Ihnen zu reden; **le dernier ~** das letzte Wort; **avoir le dernier ~** das letzte Wort haben; **il n'a pas dit son dernier ~** das ist noch nicht sein letztes Wort; **c'est mon dernier ~** das ist mein letztes Wort; *fig* **le fin ~ de l'histoire** der wahre Sachverhalt; der wahre (Beweg)Grund; des Pudels Kern; **grands ~s** groß(artig)e, hochtrabende, hochtönende Worte; große Töne *mpl*; **le grand ~ est lâché** jetzt ist das Wort endlich gesagt, offen ausgesprochen, *fam* raus; **gros ~** unanständiges, hässliches Wort; **~ nouveau** neues Wort; Neuwort *n*; Neologismus *m*; LING **~ outil** Strukturwort *n*; **quelques ~s** einige, ein paar Worte; **~ d'auteur** Dichterwort *n*; **le ~ de Cambronne** das Wort „merde" (*„Scheiße")*; LING **~ d'emprunt** Lehnwort *n*; **~ d'enfant** Kindermund *m*; *fig* **le ~ de l'énigme** des Rätsels Lösung *f*; **le ~ de la fin** die resümierende Schlussbemerkung; **~ d'ordre** Parole *f*; Losung *f*; **~ de passe** MIL Losung(swort) *f(n)*; Kennwort *n*; Parole *f*; INFORM Passwort *n*; ♦ *loc adv*: **~ à ~** [motamo], **~ pour ~** wörtlich; wortwörtlich; wortgetreu; Wort für Wort; *subst* **le ~ à ~** die wörtliche Übersetzung; **faire du ~ à ~, traduire ~ à ~** wörtlich übersetzen; **au bas ~** mindestens; bei vorsichtiger Schätzung; **à ces ~s, sur ces ~s** mit diesen Worten; auf diese Worte hin; **à ~s couverts** durch die Blume; **en disant ces ~s** mit diesen Worten; **en un ~ (comme en cent, comme en mille)** mit einem Wort; kurz; **pas un ~ de plus!** kein Wort mehr (davon)!; **pas un ~ là-dessus!** lass, lassen Sie kein Wort darüber verlauten!; **sans ~ dire** wortlos; ohne ein Wort zu sagen; ♦ *fam* **avoir des ~s avec qn** e-n Wortwechsel, e-e kleine Auseinandersetzung mit j-m haben; **avoir toujours le ~ pour rire** immer zu Scherzen aufgelegt sein; immer e-n Scherz auf den Lippen haben; **chercher ses ~s** nach Worten suchen; **ne (pas) dire (un) ~** kein Wort sagen, reden, sprechen; keinen Ton von sich geben; **tu as dit le ~** du sagst es; **avoir son ~ à dire** auch noch ein Wort, Wörtchen mitzureden haben; **je n'ai qu'un ~ à dire** ich brauche nur ein Wort zu sagen; **se donner le ~** es vorher ausmachen, abmachen, absprechen; **ce ne sont que des ~s** das sind nur leere, schöne Worte, leere Redensarten; *il est paresseux*, **c'est bien le ~** das ist das richtige Wort; **ne pas mâcher ses ~s** kein Blatt vor den Mund nehmen; **manger ses ~s** die Hälfte der Wörter verschlucken; undeutlich sprechen; *fam* nuscheln; **ne pas placer un ~** nicht zu Wort kommen; **prendre qn au ~** j-n beim Wort nehmen; **ne (pas) souffler ~** kein Sterbenswörtchen sagen (**de qc** von etw); **je ne trouve pas mes ~s** ich finde die richtigen Worte nicht; *prov* **qui ne dit ~ consent** schweigen heißt zustimmen; → *a.* glisser A 2, toucher[1] A 8 2 *(message)* **un ~** ein paar Zeilen *fpl*; ein Briefchen *n*; **~ (d'excuse)** Entschuldigung(szettel *m*, -brief *m*) *f*; **laisser un petit ~ à qn** j-m ein paar Zeilen, e-e Nachricht, e-e Mitteilung hinterlassen

motard [mɔtaʀ] *fam* M, **motarde** *fam* F 1 *(motocycliste)* Motorradfahrer(in) *m(f)* 2 M *de la police* motorisierter (Verkehrs)Polizist

motel [mɔtɛl] M Motel *n*

motet [mɔtɛ] M MUS Motette *f*

moteur [mɔtœʀ] A ADJ ‹-trice› 1 ANAT motorisch; Bewegungs…; **nerfs ~s** motorische Nerven *mpl*; Bewegungsnerven *mpl*; **troubles ~s** Bewegungsstörungen *fpl* 2 TECH Antriebs…; **arbre ~** Antriebswelle *f*; **roue motrice** Antriebs-, Treibrad *n*; *voiture* **à quatre roues motrices** mit Allradantrieb B M 1 TECH Motor *m*; Kraftmaschine *f*; AVIAT *a.* Triebwerk *n*; **~ électrique** Elektromotor *m*; **~ thermique** Wärmekraftmaschine *f*; **~ à l'arrière, à l'avant** Heck-, Frontmotor *m*; **~ à combustion interne** Verbrennungsmotor *m*; **~ à quatre cylindres** Vierzylindermotor *m*; **~ à essence** Benzinmotor *m*; **~ à explosion** Explosions-, Verbrennungsmotor *m*; **~ à injection** Einspritzmotor *m*; AVIAT **~ à réaction** Strahltriebwerk *n*; **~ à deux, à quatre temps** Zwei-, Viertaktmotor *m*; **véhicules** *mpl* **à ~** Motor-, Kraftfahrzeuge *npl*; *adjt*: **bloc** *m*, **frein** *m* **~** Motorblock *m*, -bremse *f*; **huile** *f* **~** Motorenöl *n* 2 INFORM **~ de recherche** Suchmaschine *f* 3 *fig personne, chose* Motor *m*; treibende Kraft

moteur-fusée [mɔtœʀfyze] M ‹*pl* moteurs-fusées› Raketentriebwerk *n*

motif [mɔtif] M 1 *(raison)* Motiv *n*; (Beweg)Grund *m*; Anlass *m*; **pour quel ~?** aus welchem Grund?; **pour ces ~s** aus diesen Gründen; *fam plais* **pour le bon ~** mit der ernsten Absicht zu heiraten; **sans ~** grundlos; unbegründet; ohne Veranlassung 2 PEINT Motiv *n*; Gegenstand *m* 3 MUS Motiv *n* 4 *d'un tissu etc* Motiv *n*; Muster *n*; **~ de fleurs** Blumenmotiv *n*, -muster *n*

motion [mosjõ] F POL Antrag *m*; **~ de censure** Misstrauensantrag *m*

motivation [mɔtivasjõ] F Motivation *f*; Motivierung *f*; ÉCON *a.* Kaufmotive *npl*; **~s** *pl a.* Beweggründe *mpl*; **études** *fpl* **de ~** Motivforschung *f*

motivé [mɔtive] ADJ 1 *personne* motiviert; **très ~** hoch motiviert 2 *refus, plaintes* begründet; motiviert

motiver [mɔtive] V/T 1 *(justifier) démarche etc* begründen; motivieren 2 *(être le motif de)* der Grund, Anlass sein (**qc** für etw) 3 PSYCH **~ qn** j-n motivieren

moto [mɔto] F ABR (motocyclette) Motorrad *n*; **course** *f* **de ~s** Motorradrennen *n*; **faire de la ~** Motorrad fahren

motocross *ou* **moto-cross** [mɔtɔkʀɔs] M ‹*inv*› SPORTS Moto-Cross *n*

motoculteur [mɔtɔkyltœʀ] M AGR Kultivator *m*; Grubber *m*; **motoculture** F AGR mechanisierte, motorisierte Landwirtschaft

motocycle [mɔtɔsikl] M ADMIN Kraftrad *n*; **motocyclette** *vieilli* F → moto; **motocyclisme** M Motorradsport *m*; **motocycliste** M/F Motorradfahrer(in) *m(f)*

motonautisme [mɔtɔnotism] M Motorbootsport *m*; **motoneige** F *au Canada* Motorschlitten *m (mit Kufen u. Raupen)*; **motopompe** F Motorspritze *f*

motorisation [mɔtɔʀizasjõ] F Motorisierung *f*

motoriser [mɔtɔʀize] V/T motorisieren; *adjt*: **troupes motorisées** motorisierte Truppen *fpl*; *fam personne* **être motorisé** motorisiert sein

motrice [mɔtʀis] A ADJ → moteur A B F TECH Triebwagen *m*; *du T.G.V.* Triebkopf *m*

motricité [mɔtʀisite] F PHYSIOL Fähigkeit *f*, Muskelzusammenziehungen zu bewirken; **~ volontaire** Motorik *f*

motte [mɔt] F 1 **~ (de terre)** Scholle *f*; Erdklumpen *m*; **~ de gazon** Rasensode *f*; *all Nord* Plagge *f* 2 **~ de beurre** Butterklumpen *m*; **acheter du beurre à la, en ~** Butter lose, vom Stück kaufen

motus [mɔtys] INT **~ (et bouche cousue)!** (reinen) Mund halten!; nichts verraten!

mot-valise [movaliz] M ‹*pl* mots-valises› LING Wortmischung *f*; Kontamination(sform) *f*

mou [mu] A ADJ ‹*m vor Vokal u. stummem h* mol [mɔl]; *f* molle [mɔl]› 1 *substance, matelas, cheveux, tissu etc* weich; *ondulations de terrain* sanft; weich; *dessin* mit zu weichen Konturen; **bruit ~** dumpfes Geräusch; **chapeau ~** Schlapphut *m*; ANAT **parties molles** Weichteile *pl*; **fromage** *m* **à pâte molle** Weichkäse *m* 2 *fig (sans énergie) personne* willen-, energielos; lasch; schlaff; schlapp; träg(e); *fam* lahm; *gestes, poignée de main* schlaff; matt; **opposition molle** schwache Opposititon; **style ~** kraftloser Stil B ADV *fam* **vas-y ~!** sachte, sachte! C M 1 BOUCHERIE Lunge *f*; **~ de veau** Kalbslunge *f* 2 *pop fig* **bourrer le ~ de qn** j-m etw weismachen wollen; *fam fig* **rentrer dans le ~ de qn** j-n anrempeln; in j-n hineinlaufen, -rennen 3 *fam (homme faible) fam* Schlappschwanz *m*; Waschlappen *m* 4 *corde* **avoir du ~** locker sein; nicht straff genug gespannt sein; **donner du ~** locker lassen (**à** *acc*)

mouchard [muʃaʀ] M, **moucharde** F *fam* 1 *(espion)* Spitzel *m*; *payé par la police* Polizeispitzel *m* 2 ÉCOLE *fam* Petze *f*; *garçon a.* Petzer *m* 3 M *(dispositif de contrôle)* Kontrollgerät *n*; *(tachygraphe)* Fahrt(en)schreiber *m*

mouchardage [muʃaʀdaʒ] *fam* M 1 Bespitzelung *f*; (Herum)Spionieren *n* 2 ÉCOLE *fam* (Ver)Petzen *n*

moucharder [muʃaʀde] *fam* V/T 1 *(espionner)* bespitzeln; ausspionieren; *abs* spitzeln; (herum)spionieren 2 ÉCOLE *fam* verpetzen; verpfeifen; *abs* petzen

mouche [muʃ] F 1 ZOOL Fliege *f*; **~ bleue, de la viande** Schmeißfliege *f*; *fam* Brummer *m*; *fig* **fine ~** *fam* schlaues Weib; schlauer Fuchs; **on aurait entendu une ~ voler** man konnte e-e Stecknadel fallen hören; **il ne ferait pas de mal à une ~** er tut keiner Fliege etwas zuleide; *fig* **faire la ~ du coche** sich wichtigtun, -machen; **mourir, tomber comme des ~s** wie die Fliegen sterben, umfallen; *fig* **quelle ~ le pique?** was ist bloß in ihn gefahren?; *fig* **prendre la ~** gleich böse werden, aufbrausen, *fam* hochgehen; **on ne prend pas les ~s avec du vinaigre** durch Milde erreicht man mehr als durch Strenge; mit Speck fängt man Mäuse *(prov)* 2 PÊCHE **~ artificielle** künstliche Fliege; **pêche** *f* **à la ~** Fliegenfischerei *f*, -fischen *n* 3 TIR **faire ~** ins Schwarze treffen *(a. fig)*; *fig a.* den Nagel auf den Kopf treffen 4 BOXE, LUTTE *adjt* **poids** *m* **~** Fliegengewicht(sklasse) *n(f)*; *sportif* Fliegengewichtler *m* 5 *à Paris adjt* **bateau** *m* **~** Schiff *n* für Rundfahrten auf der Seine 6 *en taffetas* Schönheitspflästerchen *n* 7 *(petite barbe)* Fliege *f* 8 *d'un fleuret* Lederknopf *m*

moucher [muʃe] A V/T 1 die Nase putzen (**qn** j-m); **mouche ton nez!** putz dir, schnäuz dir die Nase! 2 *fam fig* **se faire ~** abgekanzelt, *fam* heruntergeputzt werden; e-e Abreibung bekommen B V/PR **se ~** sich *(dat)* die Nase putzen; sich schnäuzen; *all Nord a.* sich schnauben; *fig et iron* **ne pas se ~ du coude, du pied** Ansprüche stellen; hoch hinauswollen

moucheron [muʃʀõ] M 1 ZOOL (kleine) Mücke 2 *fam* → moustique 2

moucheté [muʃte] ADJ 1 *pelage, plumage* getüpfelt, getupft *(a. tissu)*; gesprenkelt; gefleckt; *laine* bunt genoppt 2 *fleuret* mit e-m Lederknopf geschützt, versehen

moucheter [muʃte] V/T ‹-tt-› tüpfeln; tupfen; mit Tupfen, Tüpfeln versehen

mouchetis [muʃti] M CONSTR Spritzputz *m*

moucheture [muʃtyʀ] F *sur le pelage, plumage* Tüpfel *m ou n*, Tupfen *m (a. sur une étoffe)*; Fleck *m*; Sprenkel *m*

mouchoir [muʃwaʀ] M Taschentuch *n*; **~ en dentelle** Spitzentaschentuch *n*; Spitzentüchlein *n*; **~ en papier** Papiertaschentuch *n*; Tempotaschentuch® *n*; *appartement, jardin* **grand comme un ~ (de poche)** winzig; *fam* ein Handtuch *n*; SPORTS **arriver dans un ~** mit ganz knappem Vorsprung (inmitten e-r dicht gedrängten Spitzengruppe) durchs Ziel gehen

moudjahid [mudʒaid] M ‹*pl* moudjahiddin [-in]› Mudschahed *m*

moudre [mudʀ] V/T ‹je mouds, il moud, nous moulons; je moulais; je moulus; je moudrai; que je moule; moulant; moulu› mahlen; → *a.* moulu

moue [mu] F schiefes Gesicht; **~ (boudeuse)** Schmollmund *m*; **~ de dédain** verächtlich herabgezogene Mundwinkel *mpl*; **faire une ~ de dédain** verächtlich den Mund verziehen; **faire la ~** ein (schiefes) Gesicht, *fam* ein schiefes Maul, e-n Flunsch ziehen

mouette [mwɛt] F ZOOL Möwe *f*

moufeter → moufter

mouffette [mufɛt] F ZOOL Stinktier *n*; Skunk *m*

moufle [mufl] 1 F *gant* Fausthandschuh *m*; Fäustling *m* 2 F *ou* M TECH *(poulies)* Flaschenzug *m* 3 M TECH *four* Muffelofen *m*

mouflet [muflɛ] M, **mouflette** F *fam* Gör *n*; Balg *n ou m*; Fratz *m*

mouflon [muflõ] M ZOOL Mufflon *m*

moufter [mufte] *fam* V/I **ne pas ~** *fam* nicht (auf)mucken; **sans ~** ohne Widerrede; *fam* ohne zu muck(s)en

mouillage [mujaʒ] M 1 MAR a *d'un navire* Ankern *n*; MIL **~ de mines** Minenlegen *n* b *endroit* Ankerplatz *m*; **être au ~** vor Anker liegen 2 *(humidification)* Anfeuchten *n*; Befeuchten *n*; *du linge* Einsprengen *n* 3 *du lait, du vin* Pan(t)schen *n*

mouillant [mujɑ̃] M *ou* ADJT **produit** *m* **~** CHIM Netzmittel *n*; Tensid *n*

mouillé [muje] ADJ 1 *(humide)* nass; feucht 2 **yeux ~s de larmes** (tränen)feuchte, (-)nasse Augen *npl*; *par ext* **voix ~e** tränenerstickte Stimme 3 *fig* **poule ~e** *fam* Angsthase *m*; Hasenfuß *m* 4 PHON mouilliert; erweicht; **l ~** mouilliertes l

mouillement [mujmɑ̃] M PHON Mouillierung *f*; Erweichung *f*

mouiller [muje] A V/T 1 nass machen; *(humidifier)* anfeuchten; befeuchten; feucht machen; *(asperger)* benetzen; *abs fam* **ça mouille** es regnet; man wird nass; **être tout mouillé** völlig durchnässt sein; **se faire ~** nass werden 2 CUIS *sauce* verdünnen (**de** mit); *boisson* mit Wasser verdünnen; *lait, vin frauduleusement* pan(t)schen 3 MAR *ancre* (aus)werfen; MIL ~

des mines Minen legen 4 PHON mouillieren; erweichen 5 *pop* **(les)** ~ *pop* Schiss haben; die Hosen (gestrichen) voll haben B VI *bateau* vor Anker gehen; ankern; Anker werfen C V/PR **se** ~ 1 *personne, objet* nass, feucht werden; *personne a.* sich nass machen; *yeux* sich mit Tränen füllen; feucht werden; **se ~ les pieds** nasse Füße bekommen 2 *fam fig personne* **se ~** sich kompromittieren; ein Risiko eingehen; sich *(dat)* die Hände schmutzig machen; **il s'est mouillé dans cette affaire** *a.* er ist in diese Affäre verwickelt

mouillette [mujɛt] F *(in Streifen geschnittenes)* Stück *n* Brot *(zum Tunken)*

mouilleur [mujœʀ] M 1 MAR MIL **~ de mines** Minenleger *m* 2 *pour coller des timbres etc* Anfeuchter *m*

mouise [mwiz] F *pop (misère)* Not *f;* Elend *n;* **il est dans la ~** *fam* es geht ihm dreckig

moujingue [muʒɛ̃g] *pop* M/F *fam* Gör *n;* Balg *n ou m;* Fratz *m*

moukère [mukɛʀ] F *péj* (arabische) Frau

moulage [mulaʒ] M 1 TECH *procédé* Formguss *m;* Gießen *n* (in Formen); **~ en cire perdue** Wachsausschmelzverfahren *n* 2 SCULP 3 Abformung *f;* Abguss *m;* **prendre un ~ de qc** etw abformen; e-n Abguss von etw machen 5 *objet* Abguss *m*

moulant [mulɑ̃] ADJ *vêtement* eng anliegend; hauteng

moule[1] [mul] M 1 TECH, SCULP (Guss-, Gieß)-Form *f; pour reproduire* Modell *n; fig femme* **être faite au ~** gut gebaut, gut gewachsen sein; e-e tadellose Figur haben 2 CUIS Back-, Kuchenform *f;* **~ à cake** Kastenform *f;* **~ à gaufre** Waffeleisen *n;* **~ à soufflé** Auflaufform *f;* **~ à tarte** rundes Obstkuchenblech 3 *pour pâtés de sable* Sandform *f*, -förmchen *n*

moule[2] [mul] F ZOOL Miesmuschel *f*

moulé [mule] ADJ 1 *statue etc* gegossen 2 **pain ~** in der Form gebackenes Brot; Kastenbrot *n* 3 **écriture ~e** Schrift, die wie gestochen ist; **lettre ~e** Druckbuchstabe *m*

mouler [mule] VT 1 *statue etc* gießen; **~ des briques** Ziegel formen 2 *(reproduire)* abformen; **~ en cire, en plâtre** in Wachs, in Gips abformen 3 *fig* **~ sur qc** nach etw bilden, formen, ausrichten 4 *robe, jeans etc* **~ (le corps)** hauteng sitzen; sich eng an den Körper anschmiegen

mouleur [mulœʀ] M TECH Gießer *m;* MÉTALL *a.* Former *m;* Formgießer *m*

moulin [mulɛ̃] M 1 Mühle *f;* **~ à café** Kaffeemühle *f;* **~ à eau** Wassermühle *f;* **~ à huile** Ölmühle *f;* CUIS **~ à légumes** Passiermaschine *f;* **~ à poivre** Pfeffermühle *f;* REL **~ à prières** Gebetsmühle *f;* **~ à vent** Windmühle *f; jouet* Windrädchen *n; fig* **se battre contre des ~s à vent** gegen Windmühlenflügel kämpfen; *fam fig* **c'est un ~ à paroles** der Mund steht ihm *ou* ihr nie still; *fam* er *ou* sie redet wie ein Buch, wie ein Wasserfall; **on entre dans cette maison comme dans un ~** man kann in diesem Haus ein- und ausgehen, wie man will 2 *fam (moteur)* Motor *m*

mouliner [muline] VT 1 TEXT *soie* zwirnen; moulinieren 2 CUIS *légumes* (durch die Passiermaschine) passieren

moulinet [mulinɛ] M 1 *d'une canne à pêche* Rolle *f* 2 **faire des ~s** im Kreis herumwirbeln, -schwingen (**avec sa canne, avec ses bras** s-n Spazierstock, die Arme)

moulinette® [mulinɛt] F CUIS kleine Mühle zum Zerkleinern von Gemüse *etc*

moult [mult] ADV *iron (beaucoup)* viel(e); *(très)* sehr

moulu [muly] PP → moudre *et* ADJ 1 gemahlen; **acheter du café (tout) ~** gemahlenen Kaffee kaufen 2 *fig* **être ~ (de fatigue)** völlig erschöpft, wie zerschlagen sein

moulure [mulyʀ] F ARCH, MENUISERIE Profilleiste *f*, -stab *m;* Zierleiste *f;* **~ creuse** Hohlkehle *f*

moumoute [mumut] F 1 *plais (perruque)* falsches Haar; Perücke *f* 2 *veste* Schaffelljacke *f*

mouquère [mukɛʀ] F → moukère

mourant [muʀɑ̃] A ADJ 1 *personne* sterbend; im Sterben liegend; **être ~** im Sterben liegen 2 *fig et litt voix, son* ersterbend; *jour* sich neigend; zur Neige gehend; *son* **aller en ~** ersterben; verklingen; verhallen B SUBST **~(e)** *m(f)* Sterbende(r) *m/f(m)*

Mourenx [muʀɛ̃(k)s] *Stadt im Dep. Pyrénées-Atlantiques*

mourir [muʀiʀ] ⟨je meurs, il meurt, nous mourons, ils meurent; je mourais; je mourus; je mourrai; que je meure, que nous mourions; mourant; être mort⟩ A VI *personne* sterben (**de** an *+dat*); *fig* vergehen, umkommen, sterben (vor *+dat*); *plante* absterben; *animal* eingehen (*a. plante*); verenden; *civilisation, pays, langue* untergehen; *bruit, son, voix* verklingen; sich verlieren; immer leiser werden; *st/s* ersterben; *voix, son a.* verhallen; *fig passion* vergehen; *st/s* sterben; ♦ *iron* **tu n'en mourras pas** du wirst nicht gleich daran sterben; **~ assassiné** ermordet werden; **~ centenaire** hundertjährig sterben; **~ empoisonné** vergiftet werden; **~ jeune** jung sterben; **~ à la guerre** (im Krieg) fallen; **~ dans un accident de voiture** bei e-m Autounfall umkommen, ums Leben kommen; **~ dans son lit** in s-m Bett sterben; *fig* **~ d'amour** (un) sterblich verliebt sein; **~ d'un cancer** an Krebs sterben; *fig* **~ de chaleur** vor Hitze umkommen; **~ de sa belle mort** e-s natürlichen Todes sterben; *fig* **~ de peur** sich zu Tode ängstigen; vor Angst fast vergehen; **~ pour une juste cause** für e-e gerechte Sache sterben; → *a.* ennui 2, envie 2, faim 1, soif 1; ♦ **s'ennuyer à ~** sich tödlich, zu Tode langweilen; **être ennuyeux à ~** sterbenslangweilig, zum Sterben langweilig, *fam* stinklangweilig sein; **c'est à ~ de rire** das ist zum Totlachen; *chagrin etc* **faire ~ qn** j-n ins Grab bringen; **faire ~ qn à petit feu** j-n zu Tode quälen, allmählich ins Grab bringen; *vagues* **venir ~ sur la plage** am Strand sanft auslaufen B V/PR *litt* **se ~** im Sterben liegen

Mourmansk [muʀmɑ̃sk] GÉOG Murmansk *n*

mouroir [muʀwaʀ] M *péj* Sterbeanstalt *f*

mouron [muʀɔ̃] M 1 BOT **~ (rouge)** (Acker)Gauchheil *m;* **~ blanc, des oiseaux** Vogelmiere *f* 2 *fam fig* **se faire du ~** sich *(dat)* Sorgen, Gedanken, *fam* Kopfschmerzen machen; **ne pas se faire du ~** *a. fam* sich *(dat)* darüber, deswegen keine grauen Haare wachsen lassen

mouscaille [muskaj] F *pop* **être dans la ~** *fam* im Dreck, *pop* in der Scheiße sitzen *ou* stecken

mousquet [muskɛ] M HIST Muskete *f*

mousquetaire [muskətɛʀ] M 1 HIST Musketier *m* 2 ADJT **poignet** *m* **~** Umlegemanschette *f*

mousqueton [muskətɔ̃] M 1 MIL Karabiner *m* 2 *d'alpiniste* Karabinerhaken *m*

moussaillon [musajɔ̃] *fam* M kleiner Schiffsjunge

moussaka [musaka] F CUIS Moussaka *n ou f*

moussant [musɑ̃] ADJ Schaum...

mousse[1] [mus] F 1 Schaum *m;* **~ de la bière, de savon** Bier-, Seifenschaum *m* 2 CUIS Mousse *f;* **~ au chocolat** Schokoladencremespeise *f;* **~ de foie de volaille** *(schaumige)* Geflügelleberpastete 3 *matière plastique* Schaumstoff *m; adjt* **caoutchouc** *m* **~** Schaumgummi *m* 4 TECH **~ carbonique** Kohlensäureschnee *m* 5 TEXT **~ (de nylon)** Nylonkrepp *m* 6 TRICOT *adjt* **point** *m* **~** Rechts-rechts-Muster *n* 7 *fam fig* **se faire de la ~** sich *(dat)* Sorgen, *fam* Kopfschmerzen machen

mousse[2] [mus] F BOT Moos *n; loc adj* **couvert de ~** moosbedeckt; bemoost; moosig; *adjt* **vert ~** ⟨inv⟩ moosgrün

mousse[3] [mus] M MAR Schiffsjunge *m; plais* Moses *m*

mousseline [muslin] F 1 TEXT Musselin *m* 2 CUIS *adjt* **pommes** *fpl* **~** sahnig geschlagenes Kartoffelpüree; **sauce** *f* **~** holländische Soße mit Schlagsahne

mousser [muse] VI 1 *bière, savon etc* schäumen; *vin a.* moussieren; perlen 2 *fam fig* **faire ~ qn, qc** j-n, etw (über Gebühr) herausstreichen; j-n, etw in zu günstigem Licht darstellen; *fam fig* **se faire ~** sich besonders herausstreichen

mousseron [musʀɔ̃] M BOT Mairitterling *m;* Georgspilz *m*

mousseux [musø] ADJ ⟨-euse⟩ schäumend; **bière mousseuse** schäumendes Bier; **vin ~** *ou subst* **~** *m* Schaumwein *m;* Sekt *m*

mousson [musɔ̃] F Monsun *m*

Moussorgski [musɔʀski] M MUS Mussorgski *m*

moussu [musy] ADJ BOT bemoost; moosbedeckt; moosig

moustache [mustaʃ] F 1 Schnurrbart *m; grosse* Schnauzbart *m; plais d'une femme* Damenbart *m;* **~(s) à la Charlot** kleine Fliege; **~(s) en brosse** englischer Schnurrbart; *fam (trace de lait etc)* **tu t'es fait une ~** du hast dir e-n Bart gemacht; **porter la ~, des ~s** e-n Schnurrbart tragen 2 *d'un animal* **~s** *pl* Schnurrhaare *npl;* Bart *m*

moustachu [mustaʃy] A ADJ schnurrbärtig; schnauzbärtig; mit (e-m) Schnurr-, Schnauzbart B M Schnurr-, Schnauzbärtige(r) *m; fam* Schnauzbart *m*

moustiquaire [mustikɛʀ] F Moskitonetz *n*

moustique [mustik] M 1 ZOOL (Stech)Mücke *f; des pays tropicaux* Moskito *m* 2 *fam fig enfant fam* Wicht *m;* Krümel *m; (petit garçon) fam* Knirps *m;* Dreikäsehoch *m*

moût [mu] M Most *m;* unvergorener Saft; **~ de raisin** Traubenmost *m*

moutard [mutaʀ] M *fam (petit garçon) fam* Knirps *m;* Stöpsel *m;* Steppke *m; pl* **~s** *fam (enfants) fam* Gören *npl;* Bälger *mpl ou npl;* Blagen *npl*

moutarde [mutaʀd] F 1 CUIS Senf *m; all Nord a.* Mostrich *m;* **~ de Dijon** scharfer Senf (aus Dijon); *adjt* **(jaune) ~** ⟨inv⟩ senffarben; **sauce** *f* **~** Senfsoße *f; fig* **la ~ lui monte au nez** er fängt an, ärgerlich, ungehalten, gereizt zu werden; der Zorn steigt in ihm hoch 2 BOT Senf *m*

moutardier [mutaʀdje] M Senftopf *m*

Moutier [mutje] Münster *n (Stadt in der Schweiz)*

mouton [mutɔ̃] M 1 ZOOL Schaf *n; mâle castré* Hammel *m; autrich a.* Schöps *m; fig* **un ~ à cinq pattes** *chose* etwas ganz Seltenes; *personne* ein weißer Rabe; **tonte** *f* **des ~s** Schafschur *f;* **troupeau** *m* **de ~s** Schafherde *f;* **doux comme un ~** lammfromm; sanft, geduldig wie ein Lamm; **être frisé, friser comme un ~** Kraushaar, Lockenhaar haben; kraushaarig, -köpfig sein; *fig* **revenons à nos ~s!** kommen wir wieder zur Sache *ou* zum Thema!; zur Sache! 2 *viande* Hammelfleisch *n;* **ragoût** *m* **de ~** Hammelragout *n* 3 *cuir* Schafleder *n; loc adj* **en ~** Schafleder...; schafledern 4 *fourrure* Schaffell *n*, -pelz *m;* **~ doré** stark gekräuselter Schafpelz; **doublé de ~** mit Schaffell gefüttert

5 *fig et péj d'une personne* **~ de Panurge** Herdenmensch *m*, -tier *n*; **c'est un ~** *(de Panurge)* er *ou* sie ist ein Herdenmensch, Herdentier; *(doux et passif) fam* er *ou* sie ist ein gutmütiges Schaf 6 **~s** *pl poussière* (Staub)Flocken *fpl*; *sur les vagues* Schaumkronen *fpl*, -kämme *mpl*; *nuages* Schäfchen(wolken) *npl(fpl)* 7 *arg (mouchard)* (als) Polizeispitzel *m* (tätiger Zellengenosse) 8 TECH Ramme *f*; (Ramm)Bär *m*

moutonné [mutɔne] ADJ 1 *ciel* mit Schäfchen (-wolken) bedeckt 2 *(frisé)* kraushaarig, -köpfig; **tête ~e** Krauskopf *m*

moutonnement [mutɔnmɑ̃] M *des vagues* Schäumen *n*; Kräuselung *f*

moutonner [mutɔne] V/I *mer* Schaumkronen, -kämme bilden, tragen; schäumen; sich kräuseln; **les nuages moutonnent** es bilden sich Schäfchen(wolken)

moutonneux [mutɔnø] ADJ ⟨-euse⟩ *mer* voller Schaumkronen, -kämme; mit Schaumkronen, -kämmen bedeckt; sich kräuselnd

moutonnier [mutɔnje] ADJ ⟨-ière⟩ *péj* (wie die Schafe) blind den ander(e)n folgend; vom Herdentrieb gelenkt

mouture [mutyʀ] F 1 *du blé etc* Mahlen *n*; *t/t* Vermahlen *n* 2 *café* **~ fine** fein gemahlener Kaffee 3 *péj (reprise)* Aufguss *m*; Abklatsch *m*

mouvance [muvɑ̃s] F 1 HIST Lehnsverhältnis *n* 2 *fig* Einflussbereich *m*; *st/s* Dunstkreis *m*

mouvant [muvɑ̃] ADJ 1 sich ständig wandelnd, bewegend; *blés* wogend; *flammes* unruhig flackernd; *fig situation* sich ständig ändernd; unsicher; unbeständig *(a. idées)* 2 **sables ~s** Treibsand *m*; *fig* **avancer en terrain ~** sich auf unsicheres Gebiet begeben

mouvement [muvmɑ̃] M 1 Bewegung *f*; **~ brusque** plötzliche Bewegung; **faux ~** falsche, ungeschickte Bewegung; PHYS **~ perpétuel** Perpetuum mobile *n*; *des prix, des cours* **~ de baisse** rückläufige Bewegung; Rückgang *m*; **~ de capitaux** Kapitalbewegung *f*, -verkehr *m*; **~s de fonds** Geldverkehr *m*, -umlauf *m*; **~s de foule** Wogen *n* der Menge; *des prix, des cours* **~ de hausse** Anstieg *m*; **~ des marchandises** Warenbewegung *f*, -verkehr *m*, -umschlag *m*, -umlauf *m*; **~s de nage** Schwimmbewegungen *fpl*; **~s de population** Bevölkerungsbewegungen *fpl*; **~s de prix** Preisbewegung *f*; **~ de rotation** rotierende Bewegung; Drehbewegung *f*; **~ de tête, de bras, de jambe** Kopf-, Arm-, Beinbewegung *f*; *loc adv* **en deux temps, trois ~s** blitzschnell; im Handumdrehen; im Nu; *fam* in null Komma nix; *personne* **aimer le ~** Bewegung und Abwechslung lieben; **avoir besoin de ~** Bewegung brauchen; **se donner du ~** sich *(dat)* Bewegung verschaffen, machen; *mécanisme* **mettre en ~** in Bewegung, in Gang setzen; *fig* **suivre le ~** mit dem Strom schwimmen; sich der Allgemeinheit anschließen 2 MIL Bewegung *f*; **~ de repli, de retrait** Absetz-, Rückzugsbewegung *f*; **~ de troupes** Truppenbewegung *f*, -verschiebung *f* 3 MUS a *(degré de vitesse)* Tempo *n*; Zeitmaß *n*; **indication** *f* **de ~** Tempoangabe *f*; **presser, ralentir le ~** das Tempo beschleunigen, verlangsamen *(a. fig)*; *fig* **pressons le ~!** wir müssen uns beeilen, sputen! b *partie d'une œuvre* Satz *m* c *d'une mélodie, d'une voix* Bewegung *f* 4 TECH Räderwerk *n*; **~ d'horlogerie** Uhrwerk *n* 5 POL, *littéraire etc* Bewegung *f*; **~ ouvrier, syndicaliste** Arbeiter-, Gewerkschaftsbewegung *f*; **~ de grève** Streikbewegung *f*; **~s de jeunesse** Jugendbewegungen *fpl*; **~ de libération nationale** nationale Befreiungsbewegung; **~ de protestation, de réforme, de résistance** Protest-, Reform-, Widerstandsbewegung *f* 6 *(impulsion)* Reaktion *f*; (Gefühls)Regung *f*; *de colère, de mauvaise humeur* Anwandlung *f* **(de** von); Aufwallung *f (+gén)*; **bon ~** gute Regung; **un bon ~,** *venez avec nous!* geben Sie sich *(dat)* e-n Ruck und …!; geben Sie Ihrem Herzen e-n Stoß und …!; **son premier ~** *a. été de* s-e erste Reaktion …; **~ d'impatience, d'indignation** plötzlich aufsteigende Ungeduld, Entrüstung; *loc adv* **de son propre ~** aus eigenem Antrieb; aus eigener Initiative 7 *(animation)* reges Leben (und Treiben); *dans un récit, dans une œuvre* Lebendigkeit *f*; Anschaulichkeit *f*; PEINT Ausdruck *m*; Leben *n*; **il y a beaucoup de ~ dans cette rue** dies ist e-e sehr belebte Straße; in dieser Straße herrscht ein reges Leben

mouvementé [muvmɑ̃te] ADJ *séance* erregt; stürmisch; **poursuite ~e** dramatische Verfolgung; **récit ~** lebendiger, anschaulicher Bericht; **vie ~e** bewegtes, abwechslungsreiches Leben

mouvoir [muvwaʀ] ⟨je meus, il meut, nous mouvons, ils meuvent; je mouvais; je mus; je mouvrai; que je meuve, que nous mouvions; mouvant; mû, mue; *bis auf inf, présent ind u. pp selten gebraucht*⟩ A V/T 1 *ses membres* bewegen; *machine* **être mû par l'électricité** elektrisch angetrieben werden 2 *fig personne* **être mû par la passion** von Leidenschaft beseelt sein, getrieben werden B V/PR **se ~** sich bewegen

moyen[1] [mwajɛ̃] ADJ ⟨moyenne [mwajɛn]⟩ 1 *(intermédiaire)* mittlere(r, -s); Mittel…; **Moyen Âge** Mittelalter *n*; **classes ~nes** Mittelstand *m*; *d'un fleuve* **cours ~** Mittellauf *m*; **~ne entreprise** Mittelbetrieb *m*; mittleres Unternehmen; LING: **le ~ français** das Mittelfranzösische; Mittelfranzösisch *n*; **le ~ °haut-allemand** das Mittelhochdeutsche; Mittelhochdeutsch *n*; RAD **ondes ~nes** Mittelwelle(n) *f(pl)*; ANAT **oreille ~ne** Mittelohr *n*; **~ terme** *dans un syllogisme* Mittelbegriff *m*; *fig* Mittelweg *m* 2 *(en moyenne)* durchschnittlich; Durchschnitts… *(a. fig)*; **âge ~** Durchschnittsalter *n*; durchschnittliches Alter; **espérance ~ne de vie** durchschnittliche Lebenserwartung; *fig* **le Français, le lecteur ~** der Durchschnittsfranzose, -leser; MÉTÉO **température ~ne** Durchschnittstemperatur *f*; Temperaturmittel *n* 3 *résultats, élève, qualité* mittelmäßig; **qualité ~ne** *a.* mittelgute, mittlere, durchschnittliche Qualität; *élève* **être ~ en français** in Französisch mittelmäßig sein

moyen[2] [mwajɛ̃] M 1 Mittel *n*; Weg *m*; Möglichkeit *f*; **un bon ~, un ~ efficace, simple, sûr** ein gutes, wirksames, einfaches, sicheres Mittel; **les grands ~s** das äußerste, letzte Mittel; **employer les grands ~s** zum äußersten, letzten Mittel greifen; **~ d'action** Aktionsmöglichkeit *f*; Möglichkeit zum Handeln, Eingreifen; *fig* **~s du bord** verfügbare, vorhandene Mittel; **~s de communication** Kommunikationsmittel *npl*; **~ d'expression** Ausdrucksmittel *n*; **~ de fortune** Behelf(smittel) *m(n)*; **~ de pression** Druck-, Zwangsmittel *n*; **~s de production** Produktionsmittel *npl*; **~ de transport** Beförderungs-, Transport-, Verkehrsmittel *n*; GRAM **complément** *m* **de ~** Instrumentalergänzung *f*; ♦ *loc prép*: **au ~ de** mit *(+dat)*; mithilfe von *(ou +gén)*; mittels *(+gén)*; **par le ~ de** durch *(+acc)*; mithilfe von *(ou + gén)*; *loc adv*: **par tous les ~s** mit allen Mitteln; **par ce ~** hierdurch; **par quel ~?** (aber) wie?; **le ~ de faire tout** *ce qu'il demande!* wie soll man alles tun …!; *fam* **pas ~!** unmöglich!; *fam* geht nicht!; nichts zu machen!; ♦ **il y a ~ de** *(+inf)* es gibt ein Mittel, e-n Weg, e-e Möglichkeit zu *(+inf)*; es ist möglich zu *(+inf)*; **(il n'y a) pas ~ de** *(+inf)* es ist unmöglich, nicht möglich zu *(+inf)*; es gibt kein Mittel zu *(+inf)*; **pas ~ de le joindre au téléphone** es ist unmöglich, ihn telefonisch zu erreichen; **il y a plusieurs ~s de** *(+inf)* es gibt mehrere Mittel, Wege, Möglichkeiten zu *(+inf)*; **s'il en avait le ~** *ou* **les ~s!** wenn er es nur könnte!; **c'est l'unique ~ de le persuader** das ist das einzige Mittel, ihn zu überzeugen; **tous les ~s lui sont bons** ihm ist jedes Mittel recht; **il a essayé tous les ~s** er hat alles versucht; er hat nichts, kein Mittel unversucht gelassen; **trouver (le, un) ~ de, pour** *(+inf)* Mittel und Wege, ein Mittel, e-n Weg finden zu *(+inf)*; *fam iron* **tu as trouvé ~** *de casser le vase fam* du hast es also tatsächlich geschafft … 2 **~s** *pl d'une personne intellectuels* (geistige) Fähigkeiten *fpl*; Anlagen *fpl*; Talent *n*; Begabung *f*; *physiques* (körperliche) Kräfte *fpl*; *loc adv* **par ses propres ~s** aus eigener Kraft; ohne fremde Hilfe; allein; **il est rentré chez lui par ses propres ~s** er ist allein *ou* im eigenen Wagen *ou* zu Fuß nach Hause gekommen; **couper les ~s à qn** j-n entwaffnen *(fig)*; **c'est au-dessus de mes ~s** *physiquement* das geht über, das übersteigt meine Kräfte; *intellectuellement* das übersteigt mein Können; da bin ich überfordert; → *a.* 3; *élève* **manquer de ~s** unbegabt, nicht begabt sein; keine Begabung haben; *à un examen* **perdre ses ~s** (völlig) versagen 3 **~s** *pl (ressources pécuniaires)* Mittel *npl*; **avoir des (petits) gros ~s** (nicht sehr) bemittelt, wohlhabend sein; *fam* **il a les ~s!** er kann es sich *(dat)* leisten!; *fam* er hat es ja!; **avoir les ~s de** *(+inf)* die Mittel haben, es sich *(dat)* leisten können zu *(+inf)*; **c'est au-dessus de mes ~s** das übersteigt meine Mittel, Verhältnisse; das kann ich mir nicht leisten; **vivre au-dessus de ses ~s** über s-e Verhältnisse leben

Moyen-Âge [mwajɛnɑʒ] M Mittelalter *n*

moyenâgeux [mwajɛnɑʒø] ADJ ⟨-euse⟩ mittelalterlich *(a. péj)*; *procédés a.* wie im (finsteren) Mittelalter

moyen-courrier [mwajɛ̃kuʀje] M ⟨*pl* moyen-courriers⟩ AVIAT Mittelstreckenflugzeug *n*; *adjt* **vol** *m* **~** Mittelstreckenflug *m*

moyennant [mwajɛnɑ̃] PRÉP mittels *(+gén)*; durch *(+acc)*; für *(+acc)*; gegen *(+acc)*; **~ un effort soutenu** durch ununterbrochene Bemühung; *rendre un service* **~ récompense** gegen Belohnung; **~ une somme modique** für e-e bescheidene Summe; **~ quoi** wofür; womit; wodurch

moyenne [mwajɛn] F Durchschnitt *m*; MATH, MÉTÉO Mittel *n*; Mittelwert *m*; MATH **~ arithmétique** arithmetisches Mittel; **~ d'âge** Durchschnittsalter *n*; **la ~ d'âge est de …** das Durchschnittsalter liegt bei …; **~ des températures** durchschnittliche Temperatur; *loc adj: dons etc* **au-dessus de la ~** überdurchschnittlich; **être au-dessus, au-dessous de la ~** über, unter dem Durchschnitt liegen; *loc adv* **en ~** durchschnittlich; im Durchschnitt; im Mittel; *fam* im Schnitt; *élève* **avoir la ~** (noch) ausreichend, eine Vier (minus) haben; **calculer, faire la ~** den Durchschnitt, den Mittelwert errechnen, ausrechnen; den Durchschnitt ermitteln; *élève* **être dans la bonne ~** guter Durchschnitt sein; *fam* **cela fait une ~** das gleicht sich aus; das hält sich die Waage; *en voiture* **faire du 70 de ~, rouler à une ~ de 70** durchschnittlich, im Schnitt (mit) 70 fahren

moyennement [mwajɛnmɑ̃] ADV mittelmäßig; *comment va-t-il? -* **~** (mittel)mäßig; *fam* mittelprächtig

moyenner [mwajene] V/I *fam* **il n'y a pas moyen de ~** da ist nichts zu machen

Moyen-Orient [mwajɛnɔʀjɑ̃] **le ~** der Mittlere Osten

moyeu [mwajø] M ⟨pl ~x⟩ Nabe f; *d'une roue a.* Radnabe f
Mozambique [mozɑ̃bik, mɔ-] **le** ~ Mosambik *ou* Moçambique n
Mozart [mɔzaʀ, mo-] M MUS Mozart m
mozzarella [mɔdzaʀela] F CUIS Mozzarella m
MP3 [ɛmpetʀwa] M ABR (moving picture experts group audio layer 3) INFORM MP3; **baladeur** m, **lecteur** m ~ MP3-Player m
M.R.G. [ɛmɛʀʒe] M ABR (Mouvement des radicaux de gauche) Links-Radikalsozialistische Partei *(linke Mitte)*
MST [ɛmɛste] F ABR (maladie sexuellement transmissible) Geschlechtskrankheit f
mû [my] PP → mouvoir
mucilage [mysilaʒ] M BOT Pflanzenschleim m
mucosité [mykozite] F PHYSIOL Schleim m
mucoviscidose [mykovisidoz] F MÉD Mukoviszidose f
mucus [mykys] M PHYSIOL Schleim m
mue [my] F 1 ZOOL a *des oiseaux* Mauser f; Mauserung f; *des serpents* Häutung f; *de mammifères* Sichhaaren n b *période* Zeit f der Mauser, der Häutung, des Sichhaarens c *(peau du serpent)* abgestreifte Haut 2 *de la voix humaine* Stimmbruch m, -wechsel m
muer [mɥe] A V/I 1 *oiseaux* sich mausern; in der Mauser sein; *serpents* sich häuten; *mammifères* sich haaren 2 *jeune homme* im Stimmbruch sein; **sa voix mue** er ist im Stimmbruch B V/PR *litt* **se ~ en** sich verwandeln in *(+acc)*
muet [mɥɛ] A ADJ ⟨~te⟩ *personne* stumm; *fig* sprachlos; PHON **e, h** ~ stummes e, h; GÉOG **carte ~te** stumme Karte; **cinéma, film** ~ Stummfilm m; **joie ~te** stille, innige Freude; **protestation ~te** stummer Protest; **reproche** ~ stummer, stiller, unausgesprochener Vorwurf; THÉ **rôle** ~ stumme Rolle; **~, sourd et ~ de naissance** von Geburt (an) stumm, taubstumm; *fig* **~ d'admiration, d'étonnement** stumm, sprachlos vor Bewunderung, Staunen; *loi, règlement etc* **être ~ sur qc** über etw *(acc)* schweigen, nichts sagen; **être ~ comme une carpe** stumm wie ein Fisch sein; **rester ~ de terreur** vor Entsetzen verstummen, kein Wort herausbringen; *prov* **les grandes douleurs sont ~tes** großer Schmerz macht stumm B SUBST 1 **~(te)** m(f) Stumme(r) m/f(m); HIST **la grande ~te** *zur Zeit der 3. Republik Spitzname für* die französische Armee 2 CINÉMA **le** ~ der Stummfilm
muezzin [mɥedzɛ̃] M REL Muezzin m
mufle [myfl] M 1 *d'un chien, chat, rongeur* Schnauze f; *d'un bovin, lion etc* Maul n 2 *péj (goujat)* Flegel m; Lümmel m; ungehobelter, ungeschliffener Kerl; Rüpel m; **se conduire comme un** ~ a. sich flegel-, lümmel-, rüpelhaft benehmen; *adjt* **être** ~ ein Flegel *etc* sein
muflerie [myfləʀi] F Flegelei f; Lümmelei f; Rüpelei f; Flegel-, Lümmel-, Rüpelhaftigkeit f
muflier [myflije] M BOT Löwenmaul n, -mäulchen n
mufti [myfti] M REL Mufti m
muge [myʒ] M ZOOL Meeräsche f
mugir [myʒiʀ] V/I 1 *bovins* brüllen; muhen 2 *fig mer* brausen; tosen; *vent* brausen; sausen; heulen
mugissement [myʒismɑ̃] M 1 *des bovins* Brüllen n; Gebrüll n; Muhen n 2 *fig de la mer* Brausen n; Tosen n; *du vent* Brausen n; Sausen n; Heulen n
muguet [mygɛ] M 1 BOT Maiglöckchen n 2 MÉD Schwämmchen n; Soor m
mulâtre [mylɑtʀ] A ADJ ⟨a. f⟩ Mulatten… B M/F Mulatte m, Mulattin f; **mulâtresse** F Mulattin f
mule[1] [myl] F ZOOL weibliches Maultier; Mauleselin f; *fam fig de qn* **tête** f **de** ~ Dick-, Starrkopf m; *fam* Dickschädel m; *fam* **avoir une tête de** ~ e-n Dickkopf, -schädel haben; *fam* **têtu comme une** ~ störrisch wie ein Esel; dick-, starrköpfig; *fam* **être chargé comme une** ~ wie ein Packesel beladen sein
mule[2] [myl] F *pantoufle* Pantoffel m
mulet [mylɛ] M ZOOL 1 **(grand)** ~ Maultier n; **(petit)** ~ Maulesel m; *fam fig* **chargé, têtu comme un** ~ → mule[1] 2 *poisson* Meeräsche f
muletier [myltje] A M Maultiertreiber m B ADJ ⟨-ière⟩ **chemin, sentier** ~ Maultier-, Saumpfad m
Mulhouse [myluz] Mülhausen n
mullah [my(l)la] M → mollah
mulot [mylo] M 1 ZOOL Waldmaus f 2 *plais* INFORM Maus f
multicellulaire [myltisɛlylɛʀ] ADJ BIOL vielzellig; aus vielen Zellen bestehend; *t/t* multizellulär
multicolore [myltikɔlɔʀ] ADJ mehr-, vielfarbig; bunt
multiculturel [myltikyltyʀɛl] ADJ multikulturell; **société ~le** multikulturelle Gesellschaft
multidimensionnel [myltidimɑ̃sjɔnɛl] ADJ ⟨~le⟩ mehrdimensional; **multiforme** ADJ vielgestaltig, -förmig
multigrade [myltigʀad] ADJ TECH **huile** f ~ Mehrbereichsöl n
multilatéral [myltilateʀal] ADJ ⟨-aux⟩ POL multilateral; mehrseitig
multimédia [myltimedja] ADJ ⟨f inv⟩ Multimedia…; **produit** m ~ Multimediaprodukt n
multimillionnaire [myltimiljɔnɛʀ] A ADJ viele *ou* mehrere Millionen besitzend; *fam* millionenschwer B M/F Multimillionär(in) m(f);
multinational A ADJ ⟨-aux⟩ POL, ÉCON multinational B F **~e** multinationales Unternehmen; *fam* Multi m
multipartisme [myltipaʀtism] M Mehrparteiensystem n; **multiplace** ADJ mehrsitzig
multiple [myltipl] A ADJ mehrfach; vielfach; *t/t* multipel; *aspects, causes etc* mannigfach; mannigfaltig; verschieden(artig); vielfältig; **grossesse** f ~ Mehrlingsschwangerschaft f; ÉLEC **prise** f ~ Mehrfachsteckdose f; *loc adj* **à usages ~s** Mehrzweck…; *loc adv* **à de ~s reprises** mehrmals; mehrere Male; wiederholt; mehrfach B M MATH Vielfache(s) n; **le plus petit commun** ~ *(abr* **p. p.c.m.**) das kleinste gemeinsame Vielfache; **21 est (un** *ou adjt*) ~ **de 7** 21 ist ein Vielfaches von 7
multiplex [myltiplɛks] M a TÉLÉCOMMUNICATIONS Multiplex(system) n b RAD, TV Konferenzschaltung f
multiplicande [myltiplikɑ̃d] M MATH Multiplikand m
multiplicateur [myltiplikatœʀ] A M MATH, ÉCON Multiplikator m B ADJ ⟨-trice⟩ vervielfachend; *par ext* steigernd; verstärkend
multiplicatif [myltiplikatif] ADJ ⟨-ive⟩ MATH **signe** ~ Malzeichen n; Multiplikationszeichen n
multiplication [myltiplikasjõ] F 1 MATH Malnehmen n, Multiplizieren n, Multiplikation f **(par** mit); **table** f **de** ~ Einmaleins n; **faire une** ~ malnehmen; multiplizieren 2 *(augmentation)* Vermehrung f; Zunahme f 3 BIOL Vermehrung f 4 TECH Übersetzung f
multiplicité [myltiplisite] F 1 *(grand nombre)* Vielzahl f; Menge f 2 *(caractère multiple)* Vielfalt f; Vielfältigkeit f; Mannigfaltigkeit f; Reichhaltigkeit f
multiplier [myltiplije] A V/T 1 MATH malnehmen, multiplizieren **(par** mit) 2 *tentatives, offres* mehrfach wiederholen; *erreurs, difficultés* vermehren; vergrößern; vervielfachen; *besoins a.* steigern; *précautions* verdoppeln; verstärken; *adjt* **des offres multipliées** mehrfaches, wiederholtes Angebot 3 BOT vermehren 4 V/I BIBL **croissez et multipliez** seid fruchtbar und mehret euch C V/PR **se** ~ 1 *cas, incidents etc* sich häufen; sich mehren; zunehmen 2 *êtres vivants* sich vermehren
multiprogrammation [myltipʀɔgʀamasjõ] F INFORM Multiprogramming n; **multipropriété** F Miteigentum n an e-r Ferienwohnung *etc* für e-e festgelegte Zeit des Jahres; Teilzeiteigentum n; Time-Sharing n
multiracial [myltiʀasjal] ADJ ⟨-aux⟩ gemischtrassig, -rassisch; **État** ~ Vielvölkerstaat m
multirisque [myltiʀisk] ADJ **assurance** f ~ kombinierte (Hausrat- und Haftpflicht) Versicherung
multisalles [myltisal] ADJ **cinéma** m ~ Kinocenter n
multitude [myltityd] F 1 Vielzahl f; große Zahl; Menge f; *plus fort* Unmenge f; **une ~ de …** e-e Vielzahl *etc* von *(ou +gén)* 2 *st/s (foule)* (Menschen-, Volks)Menge f; große Masse
muni [myni] → munir
Munich [mynik] München n
munichois [mynikwa] A ADJ Münchner B SUBST **Munichois(e)** m(f) Münchner(in) m(f)
municipal [mynisipal] ADJ ⟨-aux⟩ kommunal; gemeindlich; städtisch; Kommunal…; Gemeinde…; Stadt…; **conseil** ~ Gemeinde-, Stadtrat m; **corps** ~ Gemeinde-, Kommunalbeamte(n) mpl; **élections ~es** *ou subst* **~es** fpl Kommunal-, Gemeindewahlen fpl; **piscine ~e** städtisches Bad; **théâtre** ~ Stadttheater n
municipalité [mynisipalite] F 1 *(corps municipal)* Gemeindevorstand m; Magistrat m 2 *(commune)* Gemeinde f; *(ville)* Stadt f
munificence [mynifisɑ̃s] *litt* F große Freigebigkeit
munir [myniʀ] A V/T ausstatten, versehen **(de** mit); *pp* **muni de qc** mit etw versehen, ausgestattet; **être muni de qc** a. etw (bei sich) haben B V/PR **se ~ de qc** sich mit etw versehen; *(emporter)* etw mitnehmen; **se ~ de patience** sich mit Geduld wappnen
munitions [mynisjõ] FPL Munition f; **entrepôt** m **de** ~ Munitionslager n; **ravitaillement** m **en** ~ Munitionsnachschub m
Munster [mɛ̃stɛʀ, mœ̃-] Münster n *(im Elsass)*
munster [mɛ̃stɛʀ, mœ̃-] M Münsterkäse m
muphti [myfti] M → mufti
muqueuse [mykøz] F ANAT Schleimhaut f; **~ buccale, nasale** Mund-, Nasenschleimhaut f; **~ de l'estomac** Magenschleimhaut f
muqueux [mykø] ADJ ⟨-euse⟩ PHYSIOL schleimig; Schleim…; *t/t* mukös
mur [myʀ] M Mauer f; *d'une habitation a.* Wand f; **~s** *pl a.* Mauerwerk n; **~ antibruit** Lärmschutzwall m; **~ extérieur** Außenmauer f, -wand f; **~ intérieur** Innenwand f; **les quatre ~s: il n'en reste plus que les quatre ~s** es stehen nur noch die nackten, kahlen Wände, Mauern; *rester* **entre ses quatre ~s** in s-n vier Wänden; zu Hause; HIST **le ~ de Berlin** die Berliner Mauer; **~ de brique(s)** Ziegel-, Backsteinmauer f, -wand f; **~ de clôture** Mauereinfriedung f; Umfassungsmauer f; **~ d'enceinte** *d'une ville* Stadtmauer f; FORTIFICATIONS Ringmauer f; Mauerring m; *fig* **un ~ de haine** e-e Mauer des Hasses; *à Jérusalem* **le Mur des lamentations** die Klagemauer; **~ de pierres sèches** Trockenmauer f; *fig* **~ de pluie** Regenwand f; AVIAT **~ du son** Schallmauer f; **~ de terre** Erdwall m; *loc adj* **entouré de ~s** von Mauern umgeben; *loc adv* **dans nos ~s** in (den Mauern) unserer Stadt; *fig* **il y a un ~ d'incompréhension entre eux** e-e Wand (des Nichtverstehens) steht

M

zwischen ihnen; **les ~s ont des oreilles** die Wände haben Ohren; *fig* **se cogner, se heurter à un ~** auf unüberwindliche Schwierigkeiten stoßen; **c'est à se cogner, se taper la tête contre les ~s** *fam* das ist, um an den Wänden hochzugehen; das ist zum Verzweifeln, zum Auswachsen; *fig* **coller qn au ~** j-n an die Wand stellen; **c'est comme si on parlait à un ~** bei ihm redet man wie gegen e-e Wand; **faire le ~** *de la caserne, de l'internat* heimlich, unerlaubt weggehen; *fam* ausreißen; SPORTS e-e Mauer bilden; **mettre au ~** an die Wand hängen; *fig* **mettre qn au pied du ~** j-n in die Enge treiben

mûr [myʀ] ADJ *fruit, blé, abcès, affaire, personne* reif; *personne a.* gereift; *fam étoffe* mürb(e); brüchig; *péj femme* in reiferen Jahren; vorgeschrittenen Alters; **trop ~** überreif; **âge ~** reife(re)s Alter; **après ~e réflexion** nach reiflicher Überlegung; *personne, époque* **être ~ pour qc** für etw reif sein; **être très ~ pour son âge** für sein Alter sehr reif sein

muraille [myʀaj] F (Stadt-, Befestigungs)-Mauer *f*; **la Grande Muraille de Chine** die Chinesische Mauer; *adjt* **couleur (de) ~** grau

mural [myʀal] ADJ ‹-aux› Wand…; **carte ~e** Wandkarte *f*; **journal ~** Wandzeitung *f*; **pendule ~e** Wanduhr *f*

Murcie [myʀsi] GÉOG Murcia *n*

mûre [myʀ] F **1** *(fruit de la ronce)* Brombeere *f* **2** *(fruit du mûrier)* **~ (blanche, noire)** (Weiße, Schwarze) Maulbeere

mûrement [myʀmɑ̃] ADV **réfléchir ~ à qc** etw reiflich überlegen

murène [myʀɛn] F ZOOL Muräne *f*

murer [myʀe] **A** VT **1** *fenêtre, porte* zu-, vermauern; *personne* einmauern; *lieu* mit Mauern umgeben, einschließen **2** *mineurs* **être murés au fond de la mine** in der Grube eingeschlossen sein **B** V/PR *fig* **se ~ dans son silence** sich hinter hartnäckigem Schweigen verschanzen

muret [myʀɛ] M, **murette** F niedrige Mauer; Mäuerchen *n*

mûrier [myʀje] M BOT **~ (blanc, noir)** (Weißer, Schwarzer) Maulbeerbaum

mûrir [myʀiʀ] **A** VT **1** *fruit, blé* reifen lassen; reif werden lassen **2** *fig malheur, épreuves: qn* zu e-m reifen Menschen machen; reifer werden lassen **B** VI **1** *fruit, blé* reifen; reif werden *(a. abcès)* **2** *fig personne* reifen; ein gereifter, reifer Mensch werden; *projet, idée* (heran)reifen (**dans son esprit** in ihm); **laisser ~** *projet, idée* (heran)reifen lassen; *affaire* sich entwickeln lassen

mûrissant [myʀisɑ̃] ADJ **1** *fruit* reifend **2** *fig personne* reiferen Alters; **mûrissement** M **a** *naturel* Reifen *n (a. fig)* **b** *provoqué* Nachreifenlassen *n*; **mûrisserie** F *pour bananes* Lagerhaus *n* zum Nachreifen

murmure [myʀmyʀ] M **1** **a** Murmeln *n*; Gemurmel *n*; **~ d'approbation** Beifallsgemurmel *n* **b** *souvent pl* **~s** *de mécontentement* Murren *n* **2** *poét de l'eau* Murmeln *n*; Plätschern *n*; *du vent, des feuilles* Säuseln *n*

murmurer [myʀmyʀe] **A** VT *mots* murmeln **B** VI **1** **a** murmeln; **~ entre ses dents** in den Bart brummen, murmeln **b** *(grogner)* murren; **obéir sans ~** ohne Murren gehorchen **2** *poét eau, source* murmeln; plätschern; *vent, feuilles* säuseln; leise rauschen

mus [my] → mouvoir

musaraigne [myzaʀɛɲ] F ZOOL Spitzmaus *f*

musarder [myzaʀde] VI die Zeit vertrödeln

musc [mysk] M Moschus *m*

muscade [myskad] F BOT, CUIS **~** *ou adjt* **noix** *f* **~** Muskatnuss *f*; **à la ~** mit Muskat (gewürzt)

muscadet [myskadɛ] M *trockener Weißwein aus der Gegend um Nantes*

muscadier [myskadje] M BOT Muskatnussbaum *m*

muscadin [myskadɛ̃] M HIST stutzerhafter junger Adliger *(zur Zeit der 1. Frz. Republik)*

muscat [myska] ADJ *et* SUBST M **1** **(raisin** *m***) ~** Muskatellertraube *f* **2** **(vin** *m***) ~** Muskateller (-wein) *m*

muscle [myskl] M Muskel *m*; **avoir des ~s**, *fam* **du ~** Muskeln, Kraft haben; **avoir des ~s d'acier** Muskeln hart wie Stahl, wie aus Stahl haben; **être tout en ~(s)** sehr muskulös sein

musclé [myskle] ADJ **1** *personne, jambe etc* muskulös **2** *fig (énergique)* energisch; stark; **critique ~e** starke, handfeste Kritik; **politique ~e** *a.* Politik *f* der starken Hand

muscler [myskle] VT *exercices* die Muskeln stärken (**qn** j-m); **~ le ventre** die Bauchmuskeln stärken

musculaire [myskylɛʀ] ADJ ANAT Muskel…; **force** *f* **~** Muskelkraft *f*

musculation [myskylasjõ] F Muskeltraining *n*; *(culturisme)* Bodybuilding *n*; **salle** *f* **de ~** Fitnessraum *m*

musculature [myskylatyʀ] F ANAT Muskulatur *f*; **~ du bras** Armmuskulatur *f*

musculeux [myskylø] ADJ ‹-euse› **1** *personne, membre* muskulös **2** ANAT Muskel…; **membrane musculeuse** Muskelhaut *f*

muse [myz] F **1** MYTH **Muse** Muse *f* **2** *litt d'un poète* Muse *f*

museau [myzo] M ‹*pl* ~x› **1** *de chien, de chat etc* Schnauze *f*; *de bovins* Maul *n* **2** CUIS **~ de bœuf, de porc** Rinder-, Schweinesülze *f*; **~ (de bœuf) à la vinaigrette** Ochsenmaulsalat *m* **3** *fam (figure)* Gesicht *n*; *(bouche) fam* Schnute *f*

musée [myze] M Museum *n*; **~ des arts décoratifs** Kunstgewerbemuseum *n*; *fam fig* **un ~ des horreurs** e-e (An)Sammlung scheußlicher, hässlicher Dinge; ein Gruselkabinett *n*; **~ du Louvre** Louvremuseum *n*; *adjt* **ville** *f* **~** historische Stadt mit e-r Fülle von Baudenkmälern; *fig* **pièce** *f* **de ~** sehenswertes, seltenes Stück; Museumsstück *n*; **son appartement est un vrai ~** s-e Wohnung ist das reinste Museum

museler [myzle] VT ‹-ll-› **1** **~ un chien** e-m Hund e-n Maulkorb anlegen; *adjt* **muselé** mit e-m Maulkorb **2** *fig presse, opposition* e-n Maulkorb anlegen *(+dat)*; mundtot machen

muselet [myzlɛ] M *sur le bouchon d'une bouteille de champagne* Drahtkorb *m*

muselière [myzəljɛʀ] F Maul-, Beißkorb *m*; **mettre une ~ à un chien** e-m Hund e-n Maulkorb anlegen, aufsetzen

muséologie [myzeɔlɔʒi] F Museumskunde *f*

musette¹ [myzɛt] MUS **1** ADJT **bal** *m* **~** volkstümliches Tanzvergnügen, bei dem nach Akkordeonmusik getanzt wird; **orchestre** *m* **~** Musetteorchester *n*; **valse** *f* **~** Musettewalzer *m* **2** M Musettemusik *f*; *par ext* Tanzmusik *f*

musette² [myzɛt] F *(sac de toile)* Brot-, Tuchbeutel *m*

muséum [myzeɔm] M **~ (d'histoire naturelle)** Naturkundemuseum *n*

musical [myzikal] ADJ ‹-aux› **1** musikalisch; Musik…; **comédie ~e** Musical *n*; **éducation ~e** Musikerziehung *f*; **émission ~e** Musiksendung *f*; **œuvre ~e** Tonwerk *n*; **soirée ~e** Musikabend *m*; musikalischer Abend; **avoir l'oreille ~e** ein musikalisches Gehör haben **2** *voix etc* klangvoll; melodisch; *phrase, vers a.* musikalisch

musicalement [myzikalmɑ̃] ADV **être doué ~** musikalisch begabt sein

musicalité [myzikalite] F *d'une chaîne stéréo etc* Klangreinheit *f*; *d'un texte poétique* Musikalität *f*; Klangfülle *f*, -schönheit *f*

music-hall [myzikol] M ‹*pl* music-halls› Varietee(theater) *n*; **chanteuse** *f* **de ~** Varieteesängerin *f*

musicien [myzisjɛ̃], **musicienne** **A** M,F *(interprète)* Musiker(in) *m(f)*; *(compositeur)* Komponist(in) *m(f)*; *st/s* Tondichter(in) *m(f)*; *de musique folklorique, de bal populaire* Musikant(in) *m(f)*; *d'une fanfare a.* Spielmann *m*; **~ de jazz** Jazzmusiker *m* **B** ADJ *personne* **être ~** musikalisch sein

musicologie [myzikɔlɔʒi] F Musikwissenschaft *f*; **musicologue** M/F Musikwissenschaftler(in) *m(f)*; **musicothérapie** F MÉD Musiktherapie *f*

musique [myzik] F **1** Musik *f*; *st/s* Tonkunst *f*; **~ classique**, *fam* **grande ~** klassische Musik; **~ légère** leichte Musik; Unterhaltungsmusik *f*; **~ militaire** Militärmusik *f*; → *a.* 3; **~ populaire** Volksmusik *f*; **~ sacrée** geistliche Musik; **~ de bal** Tanzmusik *f*; **~ de ballet, de danse** Ballettmusik *f*; **~ de chambre** Kammermusik *f*; **~ de film** Filmmusik *f*; **~ de fond** Hintergrundmusik *f*; **~ de jazz** Jazzmusik *f*; **~ d'orchestre, orchestrale** Orchestermusik *f*; **~ de scène** Bühnenmusik *f*; **~ pour piano** Klaviermusik *f*; **boîte** *f* **à ~** Spieldose *f*, -uhr *f*; **œuvre** *f* **de ~** Musik-, Tonwerk *n*; *travailler, dîner* **en ~** bei, mit Musik; *fam fig* **changer de ~** das Thema wechseln; von etwas anderem reden; **composer, écrire, faire la ~ d'un film** die Musik zu e-m Film komponieren, schreiben, machen; *fam fig* **connaître la ~** *fam* wissen, wie der Hase läuft; *fam fig* **c'est toujours la même ~** das ist immer das alte Lied, *fam* die alte Leier; **faire de la ~** musizieren; Musik machen; *poème etc* **mettre en ~** vertonen; in Musik setzen; *prov* **la ~ adoucit les mœurs** wo man singt, da lass dich ruhig nieder (, böse Menschen haben keine Lieder) *(prov)* **2** *écrite* Noten *fpl*; **papier** *m* **à ~** Notenpapier *n*; *fig* **c'est réglé comme du papier à ~** das geht alles wie nach der Uhr; **cahier** *m* **de ~** Notenheft *n*; **magasin** *m*, **marchand** *m* **de ~** Musikalienhandlung *f*, -geschäft *n*, -händler *m* **3** MIL **~ (militaire)** Militärkapelle *f*; Musikkorps *n*; Spielmannszug *m*; *fam* Musik *f*; **~ d'un régiment** Regimentskapelle *f*, -musik *f*; **chef** *m* **de ~** Kapellmeister *m*; *loc adv* **~ en tête** mit klingendem Spiel; *fam fig* **il va toujours plus vite que la ~** *fam* bei ihm geht's immer a tempo; **je ne peux pas aller plus vite que la ~** *fam* ich bin doch kein D-Zug **4** *fig des oiseaux etc* Konzert *n*; Gesang *m*; *d'un poème* Melodik *f*; Klangschönheit *f*

musiquette [myzikɛt] F *péj* seichte Unterhaltungsmusik

musqué [myske] ADJ **1** ZOOL **bœuf ~** Moschusochse *m*; **rat ~** Bisamratte *f* **2** *parfum etc* nach Moschus duftend

must [mœst] M **être un ~** ein Muss *n* sein

mustang [mystɑ̃g] M Mustang *m*

musulman [myzylmɑ̃] **A** ADJ moslemisch; mohammedanisch; *t/t* muslimisch; **art ~** islamische Kunst **B** SUBST **~(e)** *m(f)* Moslem *m*; Mohammedaner(in) *m(f)*; *t/t* Muslim *m*, Muslime *f*

mutable [mytabl] ADJ BIOL veränderlich; *t/t* mutabel

mutant [mytɑ̃] **A** ADJ BIOL mutiert **B** M **1** BIOL Mutant *m*; Mutante *f* **2** Person, die ihre Tätigkeit, ihren Beruf wechselt

mutation [mytasjõ] F **1** *d'un fonctionnaire* Versetzung *f*; **~ pour raison de service** Versetzung aus dienstlichen Gründen; **demander sa ~** um s-e Versetzung bitten **2** BIOL Mutation *f* **3** *fig* (tief greifende) (Ver)Änderung, Wandlung; *société* **être en pleine ~** sich mitten im Umbruch befinden **4** JUR (Eigentums)-

M

Übertragung f; Veräußerung f; **droits** mpl **de ~** Steuer, die bei e-r Eigentumsübertragung zu zahlen ist (Erbschafts-, Grunderwerbsteuer etc)

muter[1] [myte] V/T versetzen; **~ un fonctionnaire, un militaire** einen Beamten, einen Soldaten versetzen; **~ par mesure disciplinaire** strafversetzen

muter[2] [myte] V/T VINIFICATION die Gärung unterbrechen (**qc** gén)

mutilation [mytilasjõ] F Verstümmelung f (a. fig); **~ volontaire** Selbstverstümmelung f

mutilé [mytile] M Versehrte(r) m; Körperverletzte(r) m; **grand ~** Schwer(kriegs)beschädigte(r) m; **~ de guerre** Kriegsbeschädigte(r) m, -versehrte(r) m; **~ du travail** durch e-n Arbeitsunfall Beschädigte(r), Körperverletzte(r)

mutiler [mytile] A V/T organe, personne, animal verstümmeln (a. fig texte etc); **il a été mutilé du bras gauche** er hat s-n linken Arm verloren; **il fut atrocement mutilé au visage** sein Gesicht wurde furchtbar entstellt; adjt **cadavre mutilé** verstümmelte Leiche B V/PR **se ~ volontairement** sich selbst verstümmeln

mutin[1] [mytɛ̃] ADJ st/s air schelmisch; verschmitzt

mutin[2] [mytɛ̃] M Rebell m; Aufrührer m; Empörer m

mutiné [mytine] A ADJ meuternd B M Meuterer m

mutiner [mytine] V/PR **se ~** meutern, aufsässig werden, sich empören (**contre qn** gegen j-n)

mutinerie [mytinʀi] F Meuterei f; Aufruhr m; Empörung f

mutisme [mytism] M Schweigen n; Stummheit f (a. PSYCH); **s'enfermer dans un ~ obstiné** sich hartnäckig in Schweigen hüllen

mutité [mytite] F MÉD Stummheit f

mutualisme [mytɥalism] M ÉCON Mutualismus m

mutualiste [mytɥalist] A ADJ **société** f ~ → mutuelle B M/F Mitglied n e-s Versicherungsvereins auf Gegenseitigkeit, e-r Zusatzkasse

mutualité [mytɥalite] F Versicherung(-swesen) f(n) auf Gegenseitigkeit

mutuel [mytɥɛl] ADJ ⟨~le⟩ gegenseitig; wechselseitig; **assurance ~le** Versicherung(-sgesellschaft) f auf Gegenseitigkeit; **torts ~s** beiderseitiges Verschulden; → a. pari 2

mutuelle [mytɥɛl] F Versicherungsverein m auf Gegenseitigkeit; d'une catégorie professionnelle Zusatzkasse f, Zusatzversicherung f (zur Kranken- und Sozialversicherung)

mutuellement [mytɥɛlmɑ̃] ADV gegenseitig

MW ABR (mégawatt[s]) MW (Megawatt)

mycélium [miseljɔm] M BOT Myzel(ium) n

Mycènes [misɛn] HIST Mykene n

mycénien [misenjɛ̃] ADJ ⟨~ne⟩ HIST mykenisch

mycologie [mikɔlɔʒi] F BOT Pilzkunde f; t/t Mykologie f

mycose [mikoz] F MÉD Pilzkrankheit f; t/t Mykose f

mygale [migal] F ZOOL Vogelspinne f

myocarde [mjɔkaʀd] M ANAT Herzmuskel m; t/t Myokard n; **infarctus** m **du ~** Herzinfarkt m

myome [mjom] M MÉD Myom n

myopathe [mjɔpat] ADJ MÉD an Muskelschwund leidend; **myopathie** F MÉD Muskelschwund m

myope [mjɔp] A ADJ kurzsichtig (a. fig) B M/F Kurzsichtige(r) m/f(m); **myopie** F Kurzsichtigkeit f (a. fig)

myosotis [mjozɔtis] M BOT Vergissmeinnicht n

myriade [miʀjad] F Myriade f; fig a. Unzahl f

myriapodes [miʀjapɔd] MPL ZOOL Tausendfüß(l)er mpl

myrrhe [miʀ] F Myrr(h)e f

myrte [miʀt] M BOT Myrte f

myrtille [miʀtij] F Heidelbeere f, Blaubeere f (plante et fruit)

mystère [mistɛʀ] M 1 Geheimnis n; loc adj **entouré de ~** lieu geheimnisumwittert, -umwoben; mort etc geheimnisvoll; plais **~ et boule de gomme!** das ist ein großes Geheimnis!; **pas tant de ~s!** was soll die Geheimniskrämerei, fam -tuerei!; **il y a un ~ là-dessous** dahinter verbirgt sich, steckt ein Geheimnis; **éclaircir un ~** ein Geheimnis aufklären, lüften; **entourer qc de ~** etw mit e-m Geheimnis umgeben; **s'entourer de ~** geheimnisvoll tun; **ce n'est un ~ pour personne** das ist ein offenes Geheimnis; **faire (un) ~ de qc** aus etw ein Geheimnis machen; **faire des ~s** geheimnisvoll tun 2 ANTIQUITÉ **~s** pl Mysterien npl 3 REL Mysterium n 4 THÉ au Moyen Âge Mysterienspiel n 5 CUIS Tartuffo n

mystérieusement [misteʀjøzmɑ̃] ADV geheimnisvoll; auf geheimnisvolle Weise

mystérieux [misteʀjø] ADJ ⟨-euse⟩ geheimnisvoll; mysteriös; rätselhaft; subst **faire le ~** geheimnisvoll tun

mysticisme [mistisism] M 1 REL Mystik f; **~ chrétien** christliche Mystik 2 PHIL Mystizismus m

mystificateur [mistifikatœʀ] A ADJ ⟨-trice⟩ **intention mystificatrice** Absicht f, andere hereinzulegen, irrezuführen B SUBST **~, mystificatrice** m,f Spaßvogel m

mystification [mistifikasjõ] F (blague) lustiger Streich, Ulk (wobei j hereingelegt wird); péj Irreführung f; Täuschung f; Schwindel m; **être le jouet d'une ~** a der Genarrte, Hereingelegte sein b péj das Opfer e-r Täuschung sein; irregeführt worden sein

mystifier [mistifje] V/T a un naïf etc hereinlegen; hinters Licht führen; narren; nasführen b péj: le peuple etc irreführen; täuschen

mystique [mistik] A ADJ 1 REL mystisch; geheimnisvoll; **le corps ~ du Christ** der mystische Leib Christi 2 personne **être ~** e-n Hang zur Mystik haben; mystisch veranlagt sein 3 fig amour, patriotisme schwärmerisch; exaltiert B SUBST 1 M/F a REL Mystiker(in) m(f) b fig d'une idéologie überzeugter Anhänger, überzeugte Anhängerin 2 F a REL Mystik f b fig **la ~ de la force, de la paix** der mystische, blinde Glaube an die Gewalt, an den Frieden

mythe [mit] M 1 Mythos m; (Götter-, Helden)Sage f; **le ~ de Prométhée** der Mythos, die Sage von Prometheus 2 par ext (représentation idéalisée) Mythos m; Leitbild n, -idee f 3 péj (opposé à « réalité ») Legende f; Wunschbild n; Fiktion f; Erfindung f 4 fig d'une personne Mythos m; Idol n

mythique [mitik] ADJ 1 mythisch; mythen-, sagenhaft 2 fig (irréel) erfunden

mythologie [mitɔlɔʒi] F 1 Mythologie f 2 fig Legenden fpl; **mythologique** ADJ mythologisch

mythomane [mitɔman] A ADJ zum Fabulieren neigend B M/F Fabulierer(in) m(f); fam Geschichtenerzähler(in) m(f); **mythomanie** F Drang m zum Fabulieren; t/t Mythomanie f

myxomatose [miksɔmatoz] F VÉT Myxomatose f

N

N, n [ɛn] M ⟨inv⟩ 1 lettre N, n n 2 MATH **le nombre n** die Zahl n

N.[1] ABR (nord) N (Nord[en])

N.[2] ou **N*** ou **N**** (personne indéterminée) N.N.

n' [n] → ne

na! [na] INT fam ätsch!

nabab [nabab] M HIST et fig Nabob m

nabot [nabo] M péj Knirps m; Zwerg m

Nabuchodonosor [nabykɔdɔnɔzɔʀ] M HIST Nebukadnezar m

nacelle [nasɛl] F d'un ballon Korb m; Gondel f; d'un aérostat Gondel f

nacre [nakʀ] F Perlmutter f ou n; Perlmutt n; **de ~, en ~** perlmuttern; Perlmutter...; **bouton** m **de ~** Perlmutt(er)knopf m

nacré [nakʀe] ADJ wie Perlmutt(er) glänzend, schimmernd; perlmutterartig; **vernis** m **à ongles ~** Pearllack m

nacrer [nakʀe] V/T fausses perles Perlmutt(er)glanz geben (+dat)

nage [naʒ] F 1 action Schwimmen n; manière Schwimmstil m; **~ libre** Freistilschwimmen n; **quatre ~s** Lagenschwimmen n; **400 mètres quatre ~s** 400 Meter Lagen; **~ sur le dos** Rückenschwimmen n; loc adv **à la ~** schwimmend; rivière **traverser à la ~** durchschwimmen; schwimmend überqueren 2 fig **en ~** schweißgebadet, -triefend; **être en ~** in Schweiß gebadet sein; von Schweiß triefen 3 MAR Rudern n; t/t Pullen n; Rojen n

nageoire [naʒwaʀ] F ZOOL Flosse f; **~ dorsale, ventrale** Rücken-, Bauchflosse f

nager [naʒe] ⟨-geons⟩ A V/T **~ la brasse** brustschwimmen; **~ le crawl** kraulen; **~ le 400 mètres** am Wettkampf über 400 Meter teilnehmen B V/I 1 personne, animal schwimmen; fam **~ comme un fer à repasser** fam wie e-e bleierne Ente schwimmen; **~ comme un poisson** wie ein Fisch schwimmen; **~ contre le courant** gegen den Strom schwimmen; fig **~ dans le bonheur, dans la joie** im Glück, in eitel Wonne schwimmen; **~ sous l'eau** unter Wasser schwimmen; **savoir ~** a schwimmen können b fam fig sich (dat) zu helfen wissen 2 fam fig **il nage dans son costume** der Anzug schlottert ihm um den Leib, um den Körper 3 fam fig (être dans l'embarras) schwimmen; ins Schwimmen geraten 4 MAR (ramer) rudern; t/t pullen; rojen

nageur [naʒœʀ] M, **nageuse** F 1 SPORTS Schwimmer(in) m(f); adjt **maître nageur** professeur Schwimmlehrer m; surveillant Bademeister m 2 ADJT ZOOL **oiseaux nageurs** Schwimmvögel mpl

naguère [nagɛʀ] ADV 1 litt (récemment) unlängst; vor Kurzem 2 abus (jadis) früher

naïade [najad] F 1 MYTH Najade f; Quell-, Wassernymphe f 2 litt ou plais Badenixe f

naïf [naif] ADJ ⟨naïve [naiv]⟩ 1 (ingénu) naiv; ungekünstelt; natürlich; unbefangen; **foi naïve** kindlicher Glaube; PEINT **les peintres ~s** ou subst **les ~s** mpl die Naiven mpl; die Vertreter mpl der naiven Malerei 2 (niais) naiv; einfältig; töricht; subst **un ~, une naïve** fam ein Naivling m

nain [nɛ̃], **naine** [nɛn] A SUBST 1 M,F Zwerg(in) m(f) 2 **nain jaune** ein kombiniertes Karten- und Brettspiel B ADJ Zwerg...; BOT **arbre nain** Zwergbaum m; **°haricot nain** Buschbohne f; ZOOL **poule naine** Zwerghuhn n

Nairobi [najʀɔbi] Nairobi n

naissain [nɛsɛ̃] M Muschel-, Austernlarven fpl

naissance [nɛsɑ̃] F 1 Geburt *f*; **~ avant terme** Frühgeburt *f*; *loc adv* **à sa ~** bei s-r Geburt; **de ~** von Geburt (an); gebürtig; **aveugle de ~** von Geburt an blind; blind geboren; **Français de ~** von Geburt, gebürtiger Franzose; **donner ~ à une fille** e-m Mädchen das Leben schenken 2 *fig du jour* Anbruch *m*; *d'une nation, d'une idée etc* Entstehung *f*; *st/s* Geburt *f*; **donner ~ à qc** zur Bildung *ou* Entstehung von etw führen; **prendre ~** s-n Anfang, Ausgang nehmen; entstehen 3 ANAT, ARCH Ansatz *m*; **~ des cheveux, du cou, des seins** Haar-, Hals-, Brustansatz *m*

naissant [nɛsɑ̃] ADJ *amour* (auf)keimend; erwachend; *jour* anbrechend; *poét* erwachend; *talent* angehend; *barbe* sprießend; CHIM **état ~** Entstehungszustand *m*

naître [nɛtʀ] V/I ⟨je nais, il naît, nous naissons; je naissais; je naquis; je naîtrai; que je naisse; naissant; être né⟩ 1 *personne* geboren werden; zur Welt kommen; **être né aveugle** blind geboren sein *ou* werden; **être né Français** von Geburt Franzose sein; **être né poète** zum Dichter geboren sein; **être né le premier de quatre enfants** als Erstes von vier Kindern geboren sein; **il est né**, *personnage célèbre* **il naquit à Paris** er ist, wurde in Paris geboren; *fig et litt* **~ à l'amour** *st/s* zur Liebe erwachen; **être né de qn** von j-m abstammen; **être né d'un père français et d'une mère allemande** e-n französischen Vater und e-e deutsche Mutter haben; *st/s* **de cette union naquirent deux enfants** dieser Verbindung entsprangen zwei Kinder; aus dieser Verbindung gingen zwei Kinder hervor; *fig* **je ne suis pas né d'hier** ich bin doch nicht von gestern; *fig* **être né pour qc** zu etw geboren sein; für etw geschaffen, bestimmt sein; **être né pour commander** e-e Führernatur sein; *impersonnel* **il naît plus de garçons que de filles** es werden mehr Jungen als Mädchen geboren 2 *fig industrie, amitié etc* entstehen; *idée a.* auftauchen; *st/s* geboren werden; *amour* aufkeimen; *jour* anbrechen; **~ de qc** aus etw entstehen, hervorgehen, entspringen; **un sourire naissait sur ses lèvres** ein Lächeln trat auf ihre Lippen; **faire ~** entstehen lassen; hervorrufen; *sentiment, soupçons a.* aufkommen lassen; **sentir ~ en soi un sentiment de malaise** ein Gefühl des Unbehagens in sich aufsteigen fühlen

naïveté [naivte] F 1 *(ingénuité)* Naivität *f*; Natürlichkeit *f*; Unbefangenheit *f* 2 *(crédulité)* Naivität *f*; Einfalt *f*

naja [naʒa] M ZOOL Kobra *f*; *t/t* Naja *f*

Namibie [namibi] **la ~** Namibia *n*

namibien [namibjɛ̃] A ADJ ⟨~ne⟩ namibisch B SUBST **Namibien(ne)** *m(f)* Namibier(in) *m(f)*

nana [nana] F *fam (jeune fille, femme) fam* Tussi *f*; Puppe *f*; Ische *f*

nanan [nanɑ̃] M *fam* **c'est du ~** das ist etwas Feines, Gutes, Leckeres

Nancy [nɑ̃si] *Stadt im Dep. Meurthe-et-Moselle*

nanisme [nanism] M Zwergwuchs *m*

nanomètre [nanɔmɛtʀ] M Nanometer *m ou n*; **nanoparticule** F Nanopartikel *n ou f*; Nanoteilchen *n*; **nanoseconde** F (ABR **ns**) PHYS Nanosekunde *f (abr* ns*)*; **nanotechnologie** F Nanotechnologie *f*

Nantes [nɑ̃t] *Stadt im Dep. Loire-Atlantique*

nanti [nɑ̃ti] ADJ wohlhabend; vermögend; *subst* **les ~s** *mpl* die Besitzenden *mpl*, Wohlhabenden *mpl*, Reichen *mpl*; → *a.* nantir

nantir [nɑ̃tiʀ] V/T *surtout* PP **être nanti de qc** mit etw versehen, versorgt, ausgestattet sein; im Besitz von etw sein

nantissement [nɑ̃tismɑ̃] M JUR Verpfändung *f*; Sicherungsübereignung *f*; dingliche Sicherung; **prêt** *m* **sur ~** durch Pfand gesichertes Darlehen; *sur titres a.* Lombardkredit *m*

napalm [napalm] M Napalm *m*; **bombe** *f* **au ~** Napalmbombe *f*

naphtaline [naftalin] F CHIM, COMM Naphthalin *n*; **boule** *f* **de ~** Mottenkugel *f*

naphte [naft] M Erdöl *n*; Rohöl *n*; Naphtha *n*

Naples [napl] Neapel *n*

Naplouse [napluz] GÉOG Nablus *n*

Napoléon [napɔleõ] M 1 HIST Napoleon *m* 2 **napoléon** *pièce d'or* Napoleondor *m*

napoléon [napɔleõ] M *ancienne pièce de monnaie* Napoleondor *m*

napoléonien [napɔleɔnjɛ̃] ADJ ⟨~ne⟩ napoleonisch

napolitain [napɔlitɛ̃] A ADJ neapolitanisch; CUIS **tranche ~e** Fürst-Pückler-Eis *n* B SUBST **Napolitain(e)** *m(f)* Neapolitaner(in) *m(f)*

nappe [nap] F 1 Tischtuch *n*, -decke *f*; Tafeltuch *n*; ÉGL **~ d'autel** Altartuch *n*; **~ en papier** Papiertischtuch *n* 2 *(couche)* Schicht *f*; *(étendue)* große Fläche; **~ phréatique** Grundwasser(-spiegel) *n(m)*; **~ de brouillard** Nebelbank *f*; **~ d'eau** große, glatte Wasserfläche; **~ de feu** Flächenbrand *m*; **~ de gaz** Gasschwaden *mpl*; **~ de mazout** Ölteppich *m*; **~ de pétrole** *gisement* Erdölschicht *f*, -vorkommen *n*; *sur la mer* Ölteppich *m*

napper [nape] V/T CUIS übergießen; überziehen (**de** mit)

napperon [napʀõ] M (Zier)Deckchen *n*

naquit [naki] → naître

narcisse [naʀsis] M 1 BOT Narzisse *f* 2 MYTH **Narcisse**, *fig* **~** Narziss *m*; **narcissique** ADJ narzisstisch; **narcissisme** M Narzissmus *m*

narco [naʀko] M *fam* ABR → narcotrafiquant

narcodollar [naʀkodɔlaʀ] M Drogendollar *m*

narcolepsie [naʀkolɛpsi] F MÉD Narkolepsie *f*; **narcomanie** F MÉD Narkomanie *f*

narcose [naʀkoz] F MÉD Narkose *f*

narcotique [naʀkɔtik] MÉD A ADJ narkotisch; betäubend B M Narkotikum *n*; Narkose-, Betäubungsmittel *n*

narcotrafiquant [naʀkotʀafikɑ̃] M Rauschgift-, Drogenhändler *m*

narghilé(h) [naʀgile] M → narguilé

narguer [naʀge] V/T verhöhnen; mit Verachtung entgegentreten (**qn** j-m); **~ le danger** der Gefahr *(gén)* spotten

narguilé [naʀgile] M Wasserpfeife *f*; Nargileh *f ou n*

narine [naʀin] F ANAT Nasenloch *n*; **~s** *pl a. st/s* Nüstern *fpl*

narquois [naʀkwa] ADJ spöttisch; ironisch

narrateur [naʀatœʀ] M, **narratrice** F Erzähler(in) *m(f)*

narratif [naʀatif] ADJ ⟨-ive⟩ erzählend

narration [naʀasjõ] F 1 Erzählung *f*; Bericht *m*; GRAM: **infinitif** *m* **de ~** historischer Infinitiv; **présent** *m* **de ~** Präsens *n* der lebhaften Erzählung 2 *exercice scolaire* (Schul)Aufsatz *m*

narrer [naʀe] *litt* V/T erzählen; berichten (**qc** [über] etw, von etw)

narval [naʀval] M ZOOL Narwal *m*

nasal [nazal] ADJ ⟨-aux⟩ 1 ANAT Nasen...; **fosses ~es** Nasenhöhle *f* 2 PHON nasal; **consonne ~e** Nasalkonsonant *m*; Nasenlaut *m*; **voyelle ~e** Nasalvokal *m*; *subst* **~e** *f* Nasal *m* 3 *voix* näselnd

nasalisation [nazalizasjõ] PHON Nasalierung *f*; **nasaliser** V/T PHON nasalieren; nasal aussprechen

nase [naz] ADJ 1 *fam (foutu) fam* hinüber; kaputt; im Eimer 2 *fam* → cinglé

naseau [nazo] M ⟨*pl* ~x⟩ *d'un cheval, d'un taureau* Nüster *f*

nasillard [nazijaʀ] ADJ näselnd; **ton ~** näselnder Ton; **voix ~e** näselnde Stimme

nasillement [nazijmɑ̃] M Näseln *n*

nasiller [nazije] V/I 1 näseln 2 *fig vieille radio etc* jaulen 3 *canard* schnattern

nasique [nazik] M ZOOL Nasenaffe *m*

nasse [nas] F PÊCHE Reuse *f*

Natal [natal] GÉOG **le ~** Natal *n*

natal [natal] ADJ ⟨-als⟩ Geburts...; Heimat...; heimatlich; **maison ~e** Geburtshaus *n*; **pays ~** Heimat(land) *f(n)*; **terre ~e** Heimaterde *f*; heimatliche Erde; **village ~** Heimatdorf *n*

nataliste [natalist] ADJ Geburten fördernd; **politique** *f* **~** Politik *f* der Geburtenförderung

natalité [natalite] F (**taux** *m* **de**) **~** Geburtenziffer *f*, -zahl *f*; **régression** *f* **de la ~** Geburtenrückgang *m*; *pays* **à faible, forte ~** geburtenschwach, -stark; mit niedriger, hoher Geburtenziffer

natation [natasjõ] F Schwimmsport *m*; Schwimmen *n*; **épreuve** *f* **de ~** Schwimmwettkampf *m*; **faire de la ~** den Schwimmsport betreiben; schwimmen

natatoire [natatwaʀ] ADJ ZOOL **vessie** *f* **~** Schwimmblase *f*

Nathalie [natali] F *Vorname*

Nathan [natɑ̃] M BIBL Nathan *m*

natif [natif] ADJ ⟨-ive⟩ 1 *personne* **~ de** gebürtig aus; **il est ~ de Paris**, *subst* **c'est un ~ de Paris** *a.* er ist gebürtiger Pariser 2 *or etc* gediegen

nation [nasjõ] F Nation *f*; Volk *n*; **~ industrielle** Industrienation *f*; **les Nations Unies** die Vereinten Nationen *fpl*; **~ de marchands** Volk von Kaufleuten; Handelsnation *f*

national [nasjɔnal] A ADJ ⟨-aux⟩ national; National...; Volks...; Landes...; Staats...; überregional; ÉCON Inland(s)...; inländisch; (ein)heimisch; POL, ADMIN einzelstaatlich; innerstaatlich; der einzelnen Länder; **caractère ~** Volks-, Nationalcharakter *m*; **costume ~** National-, Landestracht *f*; **éducation ~e** Volksbildung *f*; SPORTS **équipe ~e** Nationalmannschaft *f*; **fête ~e** Nationalfeiertag *m*; **industrie ~e** (ein)heimische Industrie; **marché ~** Inlands-, Binnenmarkt *m*; (ein)heimischer Markt; **monnaie ~e** Landeswährung *f*; **grand poète ~** großer Dichter des Volkes, der Nation; ÉCON **produit ~ brut** (*abr* **PNB**) Bruttosozialprodukt *n*; **réglementation ~e** innerstaatliche, einzelstaatliche Regelung; **route ~e** Nationalstraße *f*; *correspond à* Bundesstraße *f*; *subst* **la Nationale 7** die Nationalstraße 7; **victoire ~e** Sieg *m* der ganzen Nation, des ganzen Volkes B SUBST JUR **les nationaux** *mpl* die eigenen Staatsangehörigen *pl*; die Inländer *mpl*

nationalisation [nasjɔnalizasjõ] F Verstaatlichung *f*; Nationalisierung *f*

nationaliser [nasjɔnalize] V/T verstaatlichen; nationalisieren; in Staatseigentum überführen; *adjt* **entreprises nationalisées** *a.* staatseigene Betriebe *mpl*; Staatsbetriebe *mpl*

nationalisme [nasjɔnalism] M Nationalismus *m*; **nationaliste** A ADJ nationalistisch B M/F Nationalist(in) *m(f)*

nationalité [nasjɔnalite] F 1 *état d'un individu* Staatsangehörigkeit *f*; Nationalität *f*; Staatsbürgerschaft *f*; Volks-, Staatszugehörigkeit *f*; **double ~** doppelte Staatsbürgerschaft, Staatsangehörigkeit; **acquérir, prendre la ~ française** die französische Staatsangehörigkeit erwerben, annehmen 2 *groupe d'hommes* Volksgruppe *f*; Nationalität *f*

national-socialisme [nasjɔnalsɔsjalism] M HIST Nationalsozialismus *m*; **national-socialiste** HIST ⟨*f inv*; *mpl* nationaux-socialistes⟩ A ADJ nationalsozialistisch B M/F Nationalsozialist(in) *m(f)*

nativité [nativite] F REL, PEINT Geburt *f* Christi

natte [nat] F 1 *tapis* Matte *f*; **~ isolante** Isomatte *f*; **~ de paille** Strohmatte *f* 2 *tresse* (Haar)Zopf *m*, (-)Flechte *f*; **se faire une ~** sich *(dat)* e-n Zopf flechten

natter [nate] VT *ses cheveux* flechten

naturalisation [natyʀalizasjõ] F 1 *d'un étranger* Einbürgerung *f*; Naturalisierung *f ou* Naturalisation *f*; **demande** *f* **de ~** Einbürgerungsgesuch *n* 2 BIOL *(acclimatation)* Einbürgerung *f* 3 *d'un animal mort* Ausstopfen *n*; Präparierung *f ou* Präparation *f*; Naturalisierung *f*; *d'une plante coupée* Haltbarmachung *f*; Präparierung *f*

naturaliser [natyʀalize] VT 1 *étranger, apatride* einbürgern; naturalisieren; **se faire ~ français** die französische Staatsbürgerschaft erwerben, annehmen; *adjt* **un Français naturalisé** ein naturalisierter Franzose 2 *plante, animal (acclimater)* einbürgern; heimisch machen 3 *animal mort* ausstopfen; präparieren; naturalisieren; *plante coupée* haltbar machen; präparieren

naturalisme [natyʀalism] M BEAUX-ARTS, LITTÉRATURE Naturalismus *m*

naturaliste [natyʀalist] A ADJ naturalistisch B M/F 1 *peintre, romancier, -ière* Naturalist(in) *m(f)* 2 *(empailleur, -euse)* Präparator(in) *m(f)* 3 *savant* Naturforscher(in) *m(f)*

nature [natyʀ] F 1 *(monde physique)* Natur *f*; **loi** *f* **de la ~** Naturgesetz *n*; *loc adj et loc adv*: **contre ~** widernatürlich; unnatürlich; naturwidrig; **c'est contre ~** *a.* das ist wider die Natur; das geht gegen die Natur; **d'après ~** nach der Natur; **grandeur ~** lebensgroß; in Lebensgröße; in voller, natürlicher Größe; **plus grand que ~** überlebensgroß; in Überlebensgröße; *fam* **disparaître dans la ~** spurlos, von der Bildfläche verschwinden; **c'est la voix de la ~, c'est la ~ qui parle** das ist die Stimme der Natur 2 *(caractère)* Natur *f (a. personne)*; Wesen *n*; Art *f*; *de qn a.* Wesensart *f*; Naturell *n*; Veranlagung *f*; *de qc a.* Beschaffenheit *f*; **une bonne ~** ein gutmütiges Wesen; ein gutmütiger Mensch; **la ~ humaine, la ~ de l'homme** die menschliche Natur, die Natur des Menschen; **seconde ~** zweite Natur; **la méfiance est sa seconde ~** das Misstrauen ist ihm zur zweiten Natur geworden; **~ du sol, du terrain** Boden-, Geländebeschaffenheit *f*; *loc adj et loc adv*: **de cette ~** dieser Art; derartig; **de toute ~** aller, jeder Art; **de ~ à** *(+inf)* geeignet, dazu angetan zu *(+inf)*; so geartet, beschaffen, dass ...; **il n'est pas de ~ à se rebeller** Rebellieren liegt ihm nicht; **de** *ou* **par ~** von Natur (aus); **être timide par ~** von Natur (aus) schüchtern sein; **quelle est la ~ de ses sentiments?** welcher Art sind s-e Gefühle?; *d'une personne* **c'est une heureuse ~** er *ou* sie ist e-e glückliche Natur, hat ein glückliches Naturell; **c'est une petite ~** er *ou* sie ist e-e schwache Natur; **c'est dans la ~ même de la chose** das liegt in der Natur, im Wesen der Sache; *d'une personne* **ce n'est pas dans sa ~** das ist nicht s-e Art; das ist s-m Wesen fremd, ihm wesensfremd; das liegt nicht in s-r Natur, in s-r Wesensart 3 PEINT **~ morte** Stillleben *n* 4 **en ~** *loc adj* Natural...; *loc adv* in Naturalien; *fam* in natura; **salaire** *m* **en ~** Naturallohn *m*; Deputat *n*; **payer en ~** in Naturalien, in natura (be)zahlen 5 ADJT ⟨*inv*⟩ a CUIS nature; ohne Zutaten; **café** *m* **~** schwarzer Kaffee; **yaourt** *m* **~** Naturjoghurt *m ou n* b *fam personne* **être ~** unbefangen, natürlich sein

naturel [natyʀɛl] A ADJ ⟨**~le**⟩ 1 *(relatif à la nature)* natürlich; Natur...; *(non modifié) couleur, goût etc* natürlich; *(non traité) aliment* naturrein; naturbelassen; Bio...; **droit ~** Naturrecht *n*; **eau minérale ~le** natürliches Mineralwasser; **état ~** Naturzustand *m*; **frontières ~les** natürliche Grenzen *fpl*; **gaz ~** Erd-, Naturgas *n*; **loi ~le** Naturgesetz *n*; **mort ~le** natürlicher Tod; **phénomène ~** Naturerscheinung *f*, -ereignis *n*; **produits ~s** Naturprodukte *npl*; *d'un pays* **richesses ~les** natürliche Reichtümer *mpl*; BIOL **sélection ~le** natürliche Auslese, Zuchtwahl; **soie ~le** Naturseide *f*; echte Seide; **vin ~** naturreiner Wein; Naturwein *m* 2 *(inné) dons, penchants* natürlich; angeboren 3 *personne, geste, style* natürlich; ungekünstelt; ungezwungen; *personne a.* unverbildet; **rester ~** natürlich bleiben 4 *(normal)* natürlich; selbstverständlich; normal; **c'est tout ~!** das ist doch selbstverständlich!; **il est tout ~ que ...** *(+subj)* es ist ganz natürlich, selbstverständlich, normal, dass ...; **trouver tout ~ que ...** *(+subj)* es ganz natürlich *etc* finden, dass ... 5 *enfant* unehelich; außerehelich; *litt* natürlich 6 MUS **note ~le** Note *f* ohne ein Vorzeichen; **son ~** nicht erhöhter oder erniedrigter Ton; *d'un instrument à vent* Naturton *m* B M 1 *(caractère de qn)* Naturell *n*; Wesen *n*; Wesensart *f*; Veranlagung *f*; **être d'un ~ aimable** ein liebenswürdiges Naturell, Wesen haben; **être d'un ~ bavard** schwatzhaft veranlagt sein; von Natur (aus) schwatzhaft sein; **être d'un ~ sensible** e-e empfindsame Natur sein; sensibel sein; *prov* **chassez le ~, il revient au galop** niemand kann aus s-r Haut (heraus); die Katze lässt das Mausen nicht *(prov)* 2 *(simplicité) de qn, d'un geste, du style* Natürlichkeit *f*; Ungezwungenheit *f*; *d'une personne a.* natürliches, ungekünsteltes, ungezwungenes Wesen 3 LOC ADV **au ~** *conserves* ohne besondere Zutaten; *(en réalité)* in natura; in Wirklichkeit; **il est mieux en photo qu'au ~** auf dem Foto sieht er besser aus als in Wirklichkeit

naturellement [natyʀɛlmɑ̃] ADV 1 *(évidemment)* natürlich; selbstverständlich; **il ne l'a ~ pas prévenu** er hat ihn natürlich nicht benachrichtigt; **je n'ai rien dit, ~** ich habe selbstverständlich, natürlich nichts gesagt 2 *(de nature)* von Natur; **être ~ gai** von Natur (aus) fröhlich sein 3 *(normalement)* auf natürliche Weise, Art; natürlicherweise 4 *(avec naturel)* natürlich; ungekünstelt

naturisme [natyʀism] M 1 *(nudisme)* Freikörperkultur *f (abr* FKK*)*; Naturismus *m* 2 MÉD Naturheilkunde *f*, -heilverfahren *n*; **naturiste** A ADJ der Freikörperkultur; naturistisch B M/F Anhänger(in) *m(f)* der Freikörperkultur; Naturist(in) *m(f)*; → *a.* nudiste

naufrage [nofʀaʒ] M 1 Schiffbruch *m*; Untergang *m*; **faire ~** *bateau* untergehen; *personne* e-e Schiffskatastrophe (mit)erleben; **être sauvé d'un ~** bei e-m Schiffbruch gerettet werden 2 *fig* Scheitern *n*; Zunichtewerden *n*

naufragé [nofʀaʒe] A ADJ schiffbrüchig B SUBST **~(e)** *m(f)* Schiffbrüchige(r) *m/f(m)*

nauséabond [nozeabõ] ADJ *odeur* widerlich; ekelhaft; ek(e)lig; ekelerregend

nausée [noze] F 1 *(envie de vomir)* Übelkeit *f*; Brechreiz *m*; **avoir des ~s, la ~** Übelkeit empfinden; Brechreiz haben; würgen; **cette odeur me donne la ~** von diesem Geruch wird mir schlecht 2 *fig* Ekel *m*; Abscheu *m*; **donner la ~** Abscheu, Ekel einflößen; **c'est à donner la ~** das ist widerlich, ekelhaft

nauséeux [nozeø] ADJ ⟨-euse⟩ Übelkeit, Brechreiz hervorrufend

nautile [notil] M ZOOL Nautilus *m*

nautique [notik] ADJ 1 MAR nautisch; **carte** *f* **~** Seekarte *f* 2 SPORTS **joutes** *fpl* **~s** Fischerstechen *n*; **ski** *m* **~** Wasserski *n*; **sports** *mpl* **~s** Wassersport(arten) *m(fpl) (ohne Schwimmen)*

nautisme [notism] M Wassersport *m (ohne Schwimmen)*

naval [naval] ADJ ⟨-als⟩ 1 TECH Schiff(s)...; **chantier ~** (Schiffs)Werft *f*; **constructions ~es** Schiffbau *m* 2 MAR MIL Marine...; See...; **combat ~** Seegefecht *n*; **École ~e** *ou subst* **Navale** *f* Marineakademie *f*; **forces ~es** Seestreitkräfte *fpl*

navarin [navaʀɛ̃] M CUIS Lammragout *n* mit Rüben, Karotten und Zwiebeln

Navarre [navaʀ] **la ~** Navarra *n*

navet [navɛ] M 1 BOT, CUIS Weiße Rübe; Teltower Rübchen *n*; → *a.* sang 2 *fam péj (mauvais film etc) fam* Schmarren *m*; Krampf *m*; Quatsch *m*

navette [navɛt] F 1 *d'un métier à tisser* Web(er)schiffchen *n*; *d'une machine à coudre* Schiffchen *n* 2 *fig* a *service* Pendelverkehr *m* b *bus* Pendelbus *m*; *train* Pendelzug *m*; **faire la ~** *personne, véhicule* pendeln, *dossiers etc* dauernd hin und her gehen **(entre ... et ...** zwischen *[+dat]* und ...*)*; *personne* **prendre la ~** mit dem Bus, Zug *etc* fahren, der im Pendelverkehr eingesetzt ist 3 **~ spatiale** Raumfähre *f*, -transporter *m*

navigabilité [navigabilite] F 1 *d'un cours d'eau* Schiffbarkeit *f* 2 *d'un navire* Seetüchtigkeit *f*; *d'un avion* Flugfähigkeit *f*; **certificat** *m* **de ~** Fahrterlaubnisschein *m (für Frachtschiffe)*; Sicherheitszeugnis *n (für Fahrgastschiffe)*

navigable [navigabl] ADJ *cours d'eau* schiffbar

navigant [navigɑ̃] ADJ **le personnel ~** MAR das zur See fahrende Personal; AVIAT das fliegende Personal, Flugpersonal

navigateur [navigatœʀ] M 1 AVIAT, MAR Navigator *m*; Orter *m* 2 *st/s* Seefahrer *m*; *adjt* **un peuple ~** ein seefahrendes Volk 3 INFORM **~ (Web)** (Web)Browser *m*

navigation [navigasjõ] F 1 MAR Schifffahrt *f*; **~ côtière, fluviale** Küsten-, Flussschifffahrt *f*; **~ marchande** Handelsschifffahrt *f*; **~ au long cours** große Fahrt 2 AVIAT **~ aérienne** Luftfahrt *f*; → *a.* 3; **~ spatiale** Raumfahrt *f* 3 *(détermination de la route)* Navigation *f*; **~ aérienne** Flugnavigation *f*

naviguer [navige] VI 1 *bateau* fahren; *marin* zur See fahren; *voilier* segeln; *passager* (mit dem Schiff) fahren; *bateau* **en état de ~** seetüchtig; **ce navire a beaucoup navigué** dieses Schiff hat viele Fahrten gemacht, hinter sich *(dat)* 2 AVIAT, MAR *(diriger la marche)* navigieren; *par ext* **le pilote navigue à 5000 m d'altitude** der Pilot fliegt in 5000 m Höhe 3 *fam fig personne* viel auf Reisen sein; *fam* ein Reiseonkel, e-e Reisetante sein

navire [naviʀ] M (großes See)Schiff; **~ de commerce, de guerre** Handels-, Kriegsschiff *n*; **~ de pêche** Fischereifahrzeug *n*

navire-citerne [naviʀsitɛʀn] M ⟨*pl* navires-citernes⟩ Tankschiff *n*; **navire-école** M ⟨*pl* navires-écoles⟩ Schulschiff *n*; **navire-usine** M ⟨*pl* navires-usines⟩ Fabrikschiff *n*

navrant [navʀɑ̃] ADJ betrüblich; (sehr) bedauerlich; schmerzlich

navrer [navʀe] VT 1 *st/s* **~ qn** j-n tief betrüben, sehr schmerzlich berühren; *adjt*: **il avait l'air navré** er sah sehr betrübt, traurig aus; **je suis navré d'apprendre que son père est mort** die Nachricht vom Tode s-s Vaters hat mich sehr betrübt 2 *sens affaibli* **je suis navré, mais** *cela nous est impossible* es tut mir sehr leid *ou* ich bedauere, aber ...

nazaréen [nazaʀeɛ̃] ADJ ⟨~ne⟩ nazarenisch

Nazareth [nazaʀɛt] Nazareth *n*

naze [naz] → nase

nazi [nazi] *péj* A ADJ Nazi...; nazistisch B SUBST **~(e)** *m(f)* Nazi *m (a. d'une femme)*

nazisme [nazism] M *péj* Nazismus *m*

N. B. ABR (nota bene) Anm. (Anmerkung); NB

(notabene)
N.-D. ABR (Notre-Dame) Unsere Liebe Frau
N.D.L.R. ABR (note de la rédaction) Anm. d. Red. (Anmerkung der Redaktion)
ne [n(ə)] ADV ⟨*vor Vokal u. stummem h* n'⟩ 1 **~ … pas** nicht; **~ … pas de** *(+subst)* kein(e); **~ … pas du tout** überhaupt nicht; **~ … guère** kaum; **~ … jamais** nie(-mals); **~ … personne** niemand(en) *(acc)*; **personne, nul ~ …** niemand *(nom)*; **~ … plus** nicht mehr; **~ … plus de** *(+subst)* kein(e) … mehr; **~ … que** nur; *temporel* erst; **~ … pas que** nicht nur; **~ … plus que** nur noch; **~ … rien** nichts; **~ … plus rien** nichts mehr; → *a.* pas² 2 *sans „pas" dans un style plus élégant*: **je ~ cesse (pas) de vous le répéter** ich wiederhole es Ihnen immer wieder; **je n'ose (pas) accepter votre offre** ich wage nicht, Ihr Angebot anzunehmen; **il ~ peut (pas) vous aider** er kann Ihnen nicht helfen; **je ~ sais (pas) ce qu'il veut** ich weiß nicht, was er will; **si je ~ me trompe (pas)** wenn ich mich nicht irre; wenn mich nicht alles täuscht; **ce n'est pas que je n'en aie (pas) eu envie** nicht, dass ich keine Lust dazu gehabt hätte; *st/s* **que ~ ferais-je (pas) pour vous aider!** was täte ich nicht (alles), um Ihnen zu helfen!; **il y a longtemps que je ~ vous ai (pas) vu** es ist lange her, dass ich Sie gesehen habe 3 *employé seul*: *st/s* **je n'ai cure de ses plaintes** ich kümmere mich nicht um s-e Klagen; **(il) n'empêche que** *vous auriez pu m'avertir* das hindert nicht, dass …; trotzdem …; *st/s* **il n'est pas de jour qu'il ~ se plaigne** es vergeht kein Tag, ohne dass er sich beklagt 4 *explétif (emploi facultatif): non traduit*; **je crains qu'il ~ lui soit arrivé un malheur** ich fürchte, dass ihm ein Unglück zugestoßen ist; **je ~ nie pas que je ~ me sois trompé** ich leugne nicht, dass ich mich getäuscht habe; **il est plus riche qu'on ~ pense** er ist reicher, als man denkt; *loc conj*: **avant que … ~** *(+subj)* ehe; bevor; **sans que … ~** *(+subj)* ohne dass

N

né [ne] PP → naître *et* ADJ 1 geboren; **madame X ~e Y** Frau X geborene Y 2 *litt* **une âme bien ~e** e-e edle Seele 3 **un orateur-~** *etc* ein geborener Redner *etc*
Néandert(h)alien [neɑ̃dɛʀtaljɛ̃] M Neandertaler *m*
néanmoins [neɑ̃mwɛ̃] ADV dennoch; und doch; trotzdem; gleichwohl; nichtsdestoweniger
néant [neɑ̃] M 1 **le ~** das Nichts *(a.* PHIL*)*; *espoirs, projets* **réduire à ~** zunichtemachen 2 *(importance nulle)* Nichtigkeit *f*; **le sentiment de son ~** das Gefühl der eigenen Nichtigkeit 3 ADMIN *(rien à signaler)* entfällt; **signes particuliers: ~** besondere Kennzeichen: keine
nébuleuse [nebyløz] F ASTRON Nebel *m*
nébuleux [nebylø] ADJ ⟨-euse⟩ 1 *ciel* bewölkt; *air* neb(e)lig 2 *fig explication etc* unklar; verschwommen; diffus; vage; nebulos *ou* nebulös; *idée a.* nebelhaft; undeutlich
nébulisation [nebylizasjõ] F Zerstäubung *f*;
nébuliseur M TECH Zerstäuber *m*
nébulosité [nebylozite] F 1 MÉTÉO Bewölkung *f* 2 *fig d'une théorie etc* mangelnde Klarheit; Verschwommenheit *f*
nécessaire [nesesɛʀ] A ADJ 1 *(indispensable)* nötig; notwendig; erforderlich; MATH **condition ~ et suffisante** notwendige und hinreichende Bedingung; **mal** *m* **~** notwendiges Übel; **il a les qualités ~s pour cet emploi** er bringt die für diese Stelle erforderlichen Eigenschaften mit; **être ~ à qn, qc** für j-n, etw nötig, notwendig sein; **il est ~ de** *(+inf) ou* **que …** *(+subj)* es ist nötig, notwendig zu *(+inf) ou* dass …; man muss *(+inf)*; **il n'est pas ~ de** *(+inf) a.* man braucht nicht zu *(+inf)*; *personne* **se rendre, se sentir ~** sich unentbehrlich machen, vorkommen 2 *(inéluctable) conséquence, résultat* notwendig; zwangsläufig; unvermeidlich; unausbleiblich B M 1 **le ~** das Nötige, Notwendige; **faire le ~** das Nötige, Notwendige, Erforderliche tun, veranlassen 2 *(trousse)* Necessaire *n*; **~ à ongles** Nagelnecessaire *n*; **~ de couture** Nähnecessaire *n*, -etui *n*; **~ de toilette, de voyage** Reisenecessaire *n*
nécessairement [nesesɛʀmɑ̃] ADV notwendigerweise; notgedrungen; zwangsläufig; *il refusera* - **pas ~!** nicht unbedingt!
nécessité [nesesite] F 1 Notwendigkeit *f*; *loc adj* **de première ~** *dépenses etc* unumgänglich notwendig; unbedingt *ou* dringend erforderlich; *objets a.* unentbehrlich; lebensnotwendig; *loc adv*: **par ~** notgedrungen; **sans ~** ohne Not; unnötig(erweise); **être, se trouver, se voir dans la ~ de faire qc** genötigt, gezwungen sein, sich genötigt, gezwungen sehen, etw zu tun; *prov* **~ fait loi** Not kennt kein Gebot *(prov)* 2 **~s** *pl* Erfordernisse *npl*; Anforderungen *fpl*
nécessiter [nesesite] V/T erfordern; erforderlich, notwendig machen; *st/s* erheischen
nécessiteux [nesesitø] A ADJ ⟨-euse⟩ Not leidend; bedürftig; mittellos; unbemittelt B SUBST **~, nécessiteuse** *m,f* Notleidende(r) *m/f(m)*; Bedürftige(r) *m/f(m)*
nec plus ultra [nɛkplysyltʀa] M ⟨*inv*⟩ Nonplusultra *n* (**de luxe** an Luxus)
nécrologie [nekʀɔlɔʒi] F 1 *(notice biographique)* Nachruf *m*; Nekrolog *m* 2 *dans un journal* Todesanzeigen *fpl*
nécrologique [nekʀɔlɔʒik] ADJ **notice** *f* **~** kurzer Nachruf; **rubrique** *f* **~** (Rubrik *f* der) Todesanzeigen *fpl*
nécromancie [nekʀɔmɑ̃si] F Toten-, Geisterbeschwörung *f*; *t/t* Nekromantie *f*
nécrophage [nekʀɔfaʒ] ADJ ZOOL aasfressend
nécropole [nekʀɔpɔl] F 1 ANTIQUITÉ Totenstadt *f*; Nekropole *ou* Nekropolis *f* 2 *litt (vaste cimetière)* Gräberstadt *f*
nécrose [nekʀoz] F MÉD Nekrose *f*; Gewebstod *m*
nécrosé [nekʀoze] ADJ MÉD nekrotisch
nécroser [nekʀoze] MÉD A V/T die Nekrose hervorrufen an *(+dat)*; nekrotisieren B V/PR *tissu* **se ~** absterben
nectar [nɛktaʀ] M 1 BOT Nektar *m* 2 MYTH Nektar *m*; Göttertrank *m* *(a. fig)*
nectarine [nɛktaʀin] F Nektarine *f*
néerlandais [neɛʀlɑ̃dɛ] A ADJ niederländisch B SUBST 1 **Néerlandais(e)** *m(f)* Niederländer(in) *m(f)* 2 LING **le ~** das Niederländische; Niederländisch *n*
nef [nɛf] F 1 ARCH (Kirchen)Schiff *n*; **~ centrale, principale** Mittel-, Hauptschiff *n* 2 *poét* (Segel)Schiff *n*
néfaste [nefast] ADJ verhängnisvoll; unheilvoll; unselig; Unglücks…; **année** *f*, **jour** *m* **~** Unglücksjahr *n*, -tag *m*
Néfertiti [nefɛʀtiti] F HIST Nofretete *f*
nèfle [nɛfl] F 1 BOT Mispel *f (Frucht)* 2 *fam fig* **des ~s!** *fam* (ja) Pustekuchen!
néflier [neflije] M BOT Mispel *f (Baum)*
négateur [negatœʀ] *litt* ADJ ⟨-trice⟩ verneinend
négatif [negatif] A ADJ ⟨-ive⟩ 1 *critique, attitude,* MÉD, ÉLEC, MATH negativ; ÉLEC **charge négative** negative Ladung; MATH **nombre ~** negative Zahl; ÉLEC **pôle ~** Minuspol *m*; **se montrer ~** sich negativ verhalten; e-e negative Haltung einnehmen 2 *signe de tête, réponse* verneinend; *réponse a.* abschlägig; negativ; GRAM verneinend; Verneinungs…; **adverbe ~** Adverb *n* der Verneinung; **particule négative, préfixe ~** Verneinungspartikel *f*, -präfix *n*; **phrase négative** verneinter, verneinender Satz B SUBST 1 M PHOT Negativ *n* 2 LOC ADV **dans la négative** im Falle e-s abschlägigen Bescheides, e-r abschlägigen Antwort, e-r Absage, e-r Ablehnung
négation [negasjõ] F 1 *attitude, action* Verneinung *f*; Negierung *f*; Negation *f* 2 GRAM 3 Verneinung *f*; Negation *f* 4 *mot(s)* Verneinungswort *n*; Negation *f*
négativement [negativmɑ̃] ADV **répondre ~** verneinen; mit Nein antworten; e-e abschlägige Antwort, e-n abschlägigen Bescheid geben
négligé [negliʒe] A ADJ 1 *tenue* nachlässig; salopp; unordentlich; *intérieur* ungepflegt; verwahrlost; *personne* ungepflegt; nachlässig, salopp, unordentlich gekleidet; *fam* schlampig; **barbe ~e** ungepflegter Bart; **travail ~** *fam* schlud(e)rige, schlampige Arbeit 2 *personne par ses amis etc* vernachlässigt B M 1 *tenue* nachlässige, saloppe Kleidung 2 *(déshabillé)* Negligee *n*
négligeable [negliʒabl] ADJ unerheblich; unwesentlich; unbedeutend; belanglos; geringfügig; **qui n'est pas ~** nicht unerheblich, unwesentlich, unbedeutend; **quantité** *f* **~** Quantité négligeable *f (a. fig de qn)*; *loc adj et loc adv* **en quantité ~** in geringfügiger, unerheblicher, unbedeutender, unwesentlicher Menge
négligemment [negliʒamɑ̃] ADV → négligent *foulard* **~ noué autour du cou** lässig, leger um den Hals geschlungen
négligence [negliʒɑ̃s] F 1 *(manque de soin)* Nachlässigkeit *f*; Fahrlässigkeit *f (a.* JUR*)*; mangelnde Sorgfalt; *fam* Schlamperei *f*; *(manque de précautions)* Unachtsamkeit *f*; Achtlosigkeit *f*; **~ professionnelle** Nachlässigkeit *etc* im Beruf, bei der Arbeit 2 *(faute)* Flüchtigkeit(sfehler) *f(m)*; Ungenauigkeit *f*; **~s de style** Stilunebenheiten *fpl*
négligent [negliʒɑ̃] A ADJ 1 *personne* nachlässig; fahrlässig; unachtsam; achtlos; *fam* schlampig 2 *geste* lässig; leger B SUBST **~(e)** *m(f)* nachlässiger, unachtsamer Mensch
négliger [negliʒe] ⟨-geons⟩ A V/T 1 vernachlässigen; **~ ses amis, sa santé, son travail** seine Freunde, seine Gesundheit, seine Arbeit vernachlässigen 2 *occasion* versäumen; ungenutzt lassen; *avis, conseil* nicht beachten; außer Acht, unbeachtet lassen; in den Wind schlagen; **ce n'est pas à ~** das darf man nicht außer Acht lassen; **~ de faire qc** versäumen, es unterlassen, etw zu tun B V/PR **se ~** sich vernachlässigen
négoce [negɔs] M *autrefois* Handel *m*
négociable [negɔsjabl] ADJ COMM *titre* begebbar; übertragbar; **~ en Bourse** börsengängig, -fähig
négociant [negɔsjɑ̃] M (Groß)Händler *m*; **~ en vins** Wein(groß)händler *m*
négociateur [negɔsjatœʀ] M, **négociatrice** F Unterhändler(in) *m(f)*
négociation [negɔsjasjõ] F 1 Verhandlung *f*; POL *a.* Unterhandlung *f*; **~s salariales** Lohnverhandlungen *fpl*; **~s de paix** Friedensverhandlungen *fpl*; **engager, entamer des ~s** Verhandlungen aufnehmen; in Verhandlungen eintreten; **être en ~** in Verhandlung stehen (**avec qn** mit j-m) 2 COMM *d'un titre* Begebung *f*; Übertragung *f*; Weitergabe *f*; Negoziation *f*
négocier [negɔsje] A V/T 1 *accord* aushandeln; **~ un traité** *a.* über den Abschluss e-s Vertrages verhandeln 2 COMM *titre* begeben; übertragen; weitergeben 3 AUTO **~ un virage** e-e Kurve nehmen; in die Kurve gehen B

V/I verhandeln, POL *a.* unterhandeln (**avec qn** mit j-m) **3** V/PR *traité* **se ~** ausgehandelt werden

nègre [nɛgʀ] M, **négresse** [negʀɛs] F **1** *péj* *(Noir)* Neger(in) *m(f)* **2** HIST *(esclave noir)* Negersklave, -sklavin *m,f*; *fig* **travailler comme un nègre** wie ein Pferd arbeiten **3** **petit nègre** primitives Französisch; Kauderwelsch *n*; **parler petit nègre** kauderwelschen; radebrechen **4** ADJT **tête de nègre** ‹inv› dunkel-, schokoladenbraun **5** M *fig* Ghostwriter *m* **6** ADJT **nègre** ‹*m u. f*› Neger...; **art** *m*, **masque** *m*, **musique** *f* **nègre** Negerkunst *f*, -maske *f*, -musik *f*

négrier [negʀije] M **1** *bâtiment, vaisseau* Sklavenschiff *n* **2** HIST Sklavenhändler *m* **3** *péj* *d'un employeur* Ausbeuter *m*

négrillon [negʀijõ] M, **négrillonne** F *péj* (kleines) Negerkind

négritude [negʀityd] F Negritude *f*; Rückbesinnung *f* der Afrikaner auf ihre eigene Kultur

négro [negʀo] M *péj* Nigger *m*

négroïde [negʀɔid] ADJ negroid

negro-spiritual [negʀospiʀitɥol] M ‹*pl* negro-spirituals› (Negro)Spiritual *n ou m*

Néguev [negɛv] GÉOG **le ~** der Negeb *ou* Negev

Nehru [neʀu] M POL Nehru *m*

neige [nɛʒ] F **1** Schnee *m*; **~ artificielle** künstlicher Schnee; **~s éternelles** ewiger Schnee; **~ fondue** Schneeregen *m*; **classe** *f* **de ~** Skilager *n*; **paysage** *m* **de ~** Schnee-, Winterlandschaft *f* (*a.* PEINT); **train** *m* **de ~** Wintersportzug *m*; **village** *m* **sous la ~** verschneites Dorf; *loc adj*: *fig cheveux, barbe* **de ~** schnee-, schlohweiß; **sans ~** schneefrei; **couvert de ~** verschneit; schneebedeckt; **blanc comme ~** weiß wie Schnee; schneeweiß; *par ext* CUIS **battre des blancs (d'œuf) en ~** Eiweiß zu Schnee schlagen; *personne, véhicule* **être bloqué par la ~** eingeschneit sein; *espoir* **fondre comme ~ au soleil** dahinschwinden wie Schnee an der Sonne **2** *arg* *(cocaïne)* *arg* Koks *m*; Schnee *m*

neiger [neʒe] V/IMP ‹-geait› **il neige** es schneit

neigeux [nɛʒø] ADJ ‹-euse› *cime* schneebedeckt; verschneit; Schnee...; *temps* zu Schneefällen neigend

Neisse de Lusace [nɛsdəlyzas] GÉOG **la ~** die (Görlitzer *ou* Lausitzer) Neiße

nem [nɛm] M CUIS (kleine) Frühlingsrolle

néné [nene] M *fam* *(sein)* *pop* Titte *f*

nénette [nenɛt] F *fam* **1** LOC **ne pas se casser la ~** sich *(dat)* nicht den Kopf zerbrechen; *par ext fam* sich *(dat)* kein Bein ausreißen **2** → nana

nenni [nɛ(n)ni] *litt* ADV nein

nénuphar [nenyfaʀ] M BOT Seerose *f*

néo-... [neo] *préfixe* neo...; Neo...; neu...; Neu...; → *les articles suivants*

néo-calédonien [neokaledɔnjɛ̃] **A** ADJ ‹~ne› neukaledonisch **B** SUBST **Néo-Calédonien(ne)** *m(f)* Neukaledonier(in) *m(f)*

néocapitalisme [neokapitalism] M ÉCON moderner Kapitalismus, verbunden mit Staatsinterventionismus; **néocapitaliste** ADJ ÉCON des modernen Kapitalismus; **néoclassicisme** M BEAUX-ARTS Neoklassizismus *m*; LITTÉRATURE Neuklassizismus *m*; Neuklassik *f*; **néoclassique** ADJ neo-, neuklassizistisch; **néocolonialisme** M Neokolonialismus *m*; **néocolonialiste** ADJ neokolonialistisch; **néogothique** ARCH **A** ADJ neugotisch **B** M Neugotik *f*; **néolibéral** neoliberal; **néolibéralisme** M Neoliberalismus *m*

néolithique [neɔlitik] **A** ADJ jungsteinzeitlich; *t/t* neolithisch **B** M Jungsteinzeit *f*; *t/t* Neolithikum *n*

néologisme [neɔlɔʒism] M LING Neologismus *m*; (sprachliche) Neubildung; Neuwort *n*

néon [neõ] M CHIM Neon *n*; **tube** *m* **au ~** Neonröhre *f*

néonatal [neonatal] ADJ ‹-als› Neugeborenen...; des *ou* der Neugeborenen

néonazi [neonazi] **A** ADJ neonazistisch **B** M Neonazi *m*

néonazisme [neonazism] M Neonazismus *m*

néophyte [neɔfit] M/F *d'une doctrine, d'un parti* neuer Anhänger, neue Anhängerin; Neuling *m*

néoprène® [neɔpʀɛn] M Neopren *n*

néoréalisme [neoʀealism] M Neorealismus *m*; CINÉMA *a.* Neoverismus *m*; **néoréaliste** ADJ neorealistisch

néo-zélandais [neozelɑ̃dɛ] **A** ADJ neuseeländisch **B** SUBST **Néo-Zélandais(e)** *m(f)* Neuseeländer(in) *m(f)*

Népal [nepal] **le ~** Nepal *n*

népalais [nepalɛ] **A** ADJ nepalesisch; nepalisch **B** SUBST **Népalais(e)** *m(f)* Nepalese, -lesin *m,f*; Nepaler(in) *m(f)*

népérien [nepeʀjɛ̃] ADJ MATH **logarithme ~** natürlicher Logarithmus

néphélométrie [nefelɔmetʀi] F CHIM Nephelometrie *f*

néphrétique [nefʀetik] ADJ MÉD Nieren...; **colique** *f* **~** Nierenkolik *f*

néphrite [nefʀit] F MÉD Nierenentzündung *f*; *t/t* Nephritis *f*

néphrologie [nefʀɔlɔʒi] F MÉD Nephrologie *f*

népotisme [nepɔtism] M HIST *et fig* Vetternwirtschaft *f*; Nepotismus *m*

Neptune [nɛptyn] **1** ASTRON (der) Neptun **2** M MYTH Neptun *m*

néréide [neʀeid] F MYTH Nereide *f*; Meernymphe *f*

nerf [nɛʀ] M **1** ANAT Nerv *m* **2** PSYCH **~s** *pl* Nerven *mpl*; **avoir ses ~s** gereizt, reizbar sein; **avoir des ~s à toute épreuve** starke, eiserne Nerven haben; *fam* Nerven wie Drahtseile, Stricke haben; **il avait les ~s tendus**, *plus fort* **à vif**, *fam* **en boule, en pelote, à cran** s-e Nerven waren zum Zerreißen gespannt; er war sehr nervös, erregt; **être à bout de ~s** mit den Nerven *ou* nervlich fertig, am Ende, *fam* völlig runter sein; zerrüttete Nerven haben; **être, vivre sur les ~s** nervlich stark angespannt sein; übernervös, übererregt sein; **passer ses ~s sur qn** s-e Nervosität an j-m auslassen, abreagieren; *fam* **taper sur les ~s à qn** j-m auf die Nerven gehen, fallen **3** *(vigueur)* Kraft *f*; Energie *f*; **avoir du ~** *personne* Kraft und Energie haben; Mark, *fam* Mumm in den Knochen haben; *style* markant, kraftvoll sein; *personne* **manquer de ~** kraftlos, schlaff sein; *fam* **allons, du ~!, un peu de ~!** nun streng dich *ou* strengt euch ein bisschen an! **4** **~ de bœuf** Ochsenziemer *m*

Néron [neʀõ] M HIST Nero *m*

nerveux [nɛʀvø] **A** ADJ ‹-euse› **1** ANAT Nerven...; **cellule nerveuse** Nervenzelle *f*; **centres ~** Nervenzentren *npl*; **tissu ~** Nervengewebe *n* **2** *personne, rire, geste, tempérament* nervös; **troubles ~** nervöse Störungen *fpl*; **rendre ~** nervös machen **3** MÉD **grossesse nerveuse** eingebildete Schwangerschaft **4** *mains* nervig; sehnig; **viande nerveuse** sehniges Fleisch **5** *style* kraftvoll; markant; markig; ausdrucksvoll **6** *cheval, voiture* schnell reagierend; *voiture a.* spritzig; mit großem Anzugsvermögen; **il n'est pas très ~ dans son travail** er ist so lahm, langsam bei s-r Arbeit **B** SUBST **~, nerveuse** *m,f* nervöser Mensch

nervi [nɛʀvi] M *(homme de main)* Handlanger *m*; *(tueur)* (gedungener) Mörder

nervosité [nɛʀvozite] F Nervosität *f*; Gereiztheit *f*; Erregtheit *f*

nervure [nɛʀvyʀ] F **1** **a** BOT Rippe *f*; Blattader *f*; **~s** *pl a.* Blattaderung *f*; Nervatur *f* **b** *d'une aile d'insecte* Ader *f*; **~s** *pl a.* Aderung *f*; Nervatur *f* **2** *d'une voûte*, TECH Rippe *f*

nervuré [nɛʀvyʀe] ADJ *feuille, aile d'insecte* geädert; *feuille*, TECH gerippt

Ness [nɛs] GÉOG **le loch** [lɔk] **~** Loch Ness

n'est-ce pas [nɛspa] ADV nicht wahr?; *fam* nicht?; **~ qu'elle est mignonne?** ist sie nicht süß?

Net [nɛt] M INFORM Netz *n*; **(surfer) sur le ~** im Netz (surfen)

net [nɛt] **A** ADJ ‹nette [nɛt]› **1** *(propre)* sauber; rein(lich); ordentlich; **vouloir en avoir le cœur ~** Gewissheit haben wollen; ganz sicher sein wollen; **avoir la conscience ~te** ein reines Gewissen haben; **faire place ~te** *(faire de la place)* alles ausräumen, leer räumen, leer machen; *par ext (jeter)* alles raus-, wegwerfen, *fam* -schmeißen; *subst* **mettre au ~** ins Reine schreiben **2** *(clair)* klar; *(distinct)* deutlich; *réponse, prise de position a.* unzweideutig; eindeutig; unmissverständlich; **cassure ~te** glatter, sauberer Bruch; **contours ~s** scharfe Konturen *fpl*; **photo ~te** scharfes Foto; **j'aime les situations ~tes** bei mir muss immer alles klar sein; **garder des souvenirs très ~s de qc** sich noch sehr deutlich an etw *(acc)* erinnern können; sehr deutliche Erinnerungen an etw *(acc)* haben, bewahren; **il a été très ~** er hat klar und deutlich, unmissverständlich s-e Meinung gesagt **3** COMM Netto...; Rein...; *loc adj* **~ de ...** frei von ...; **bénéfice ~** Rein-, Nettogewinn *m*; **poids ~** Netto-, Eigengewicht *n*; *animaux de boucherie* Schlachtgewicht *n*; **poids ~ à l'emballage** Füllgewicht *n*; Einwaage *f*; **prix ~** Preis *m* einschließlich aller Steuern und Abgaben; Inklusivpreis *m*; **~ d'impôt** steuerfrei **B** ADV ‹inv› **1** *(brusquement)* plötzlich; mit e-m Mal; **la balle l'a tué ~** die Kugel hat ihn auf der Stelle getötet **2** *(carrément)* **(tout) ~** klar und deutlich; unmissverständlich; geradeheraus; unumwunden; **refuser tout ~** rundweg ablehnen **3** COMM netto

nettement [nɛtmɑ̃] ADV **1** *(clairement)* *répondre etc* klar und deutlich; unzweideutig; eindeutig; unmissverständlich; **~ mieux** deutlich, eindeutig besser; **l'emporter ~ sur un adversaire** e-n klaren Sieg über den Gegner davontragen; dem Gegner ganz offenkundig überlegen sein **2** *(distinctement)* deutlich; scharf

netteté [nɛtte] F **1** *(propreté)* Sauberkeit *f*; Reinlichkeit *f* **2** *(clarté)* Klarheit *f*; Deutlichkeit *f*; **avec ~** klar und deutlich; unmissverständlich; **manquer de ~** unklar, undeutlich sein **3** PHOT, TV *de l'image* Schärfe *f*

nettoiement [nɛtwamɑ̃] M Reinigung *f*; Säuberung *f*; **~ des rues** Straßenreinigung *f*; **service** *m* **de ~ (de la ville)** städtische Müllabfuhr und Straßenreinigung

nettoyage [nɛtwajaʒ] M **1** Reinigen *n*, -ung *f*; Säubern *n*, -ung *f*; Saubermachen *n*; *d'un logement a.* Reinemachen *n*; Putzen *n*; **~ à sec** chemische Reinigung; Trockenreinigung *f*; **entreprise** *f* **de ~** (Gebäude)Reinigungsdienst *m*, -firma *f*; *fam fig* **faire le ~ par le vide** alles wegwerfen, *fam* -schmeißen; *fam* ausmisten; *fam fig* **procéder à un ~ général** *fam* ein Großreinemachen veranstalten **2** MIL Säuberung *f* (vom Feind)

nettoyant [nɛtwajɑ̃] M Reinigungsmittel *n*

nettoyer [nɛtwaje] V/T ‹-oi-› **1** reinigen; säubern; sauber machen; **~ son assiette** mit Brot alle Essensreste vom Teller aufnehmen; **~ une étable** einen Stall ausmisten; **~ une fe-**

N

nêtre, **des verres** ein Fenster, Gläser putzen; **~ un logement, une pièce** eine Wohnung, ein Zimmer putzen, sauber machen; **~ une plaie** eine Wunde reinigen, säubern; **faire ~ les vêtements** die Kleider reinigen lassen; **se ~ les mains, la figure** sich *(dat)* die Hände, das Gesicht reinigen, säubern, sauber machen; **se ~ les oreilles** sich *(dat)* die Ohren ausputzen **2** MIL vom Feind säubern; *police* e-e Säuberungsaktion durchführen (**un quartier** in e-m Stadtviertel) **3** *fam fig (vider) frigo, voleurs: maison fam* ausräumen **4** *fam fig au jeu etc* **se faire ~** *fam* tüchtig gerupft werden

nettoyeur [nɛtwajœʀ] M, **nettoyeuse** F **1** *personne* Reinigungskraft *f* **2** M *machine* Reinigungsmaschine *f*

Neuchâtel [nøʃatɛl] GÉOG Neuenburg *n*

neuf[1] [nœf] **A** NUM neun; **chapitre, page ~** Kapitel, Seite neun; **Charles IX** Karl IX. (der Neunte); **le ~ juin** der neunte *ou* am neunten Juni; **à ~** zu neunt, neunen; **une fille de ~ ans** [nœvɑ̃] ein neunjähriges Mädchen; ein Mädchen von neun Jahren; **il est ~ heures** [nœvœʀ] es ist neun (Uhr) **B** M ⟨*inv*⟩ Neun *f*; *all Sud a.* Neuner *m*; **le ~ (du mois)** der Neunte *ou* am Neunten (des Monats); → *a.* **deux B**

neuf[2] [nœf] **A** ADJ ⟨**neuve** [nœv]⟩ **1** *maison, robe, voiture etc* neu; **tout ~,** *fam* **flambant ~** ganz neu; *fam* (funkel)nagelneu; brandneu; **être à l'état ~, comme ~** neuwertig, wie neu sein **2** *(plus récent)* neu; **un pays ~** ein junges Land; **la ville neuve** die Neustadt **3** *idée, thème etc* neu(artig); noch nicht da gewesen; **quoi de ~?** was gibt's Neues?; **rien de ~** nichts Neues; **poser un regard ~ sur qc** etw mit anderen Augen sehen **B** M ⟨*inv*⟩ **1** **le ~** das Neue; **du ~** (etwas) Neues; neue Sachen *fpl*; **ils n'ont que du ~** sie haben nur neue Sachen; **c'est du ~** das ist etwas Neues; **être habillé, vêtu de ~** neu eingekleidet sein; etwas Neues anhaben; **vendre du ~ et de l'occasion** neue und gebrauchte Gegenstände verkaufen **2** LOC ADV **à ~** neu; *pièce* **refaire à ~** ganz neu, anders einrichten, gestalten; **remettre à ~** wieder neu herrichten; *pièce, appartement a.* renovieren; **repeindre à ~** frisch (an)streichen

Neuf-Brisach [nøbʀizak] M GÉOG Neubreisach *n*

Neufchâteau [nøʃato] *frz Ortsname*

Neuilly [nœji] *frz Ortsname*

neurasthénie [nøʀasteni] F Depressionen *fpl*; MÉD Neurasthenie *f*

neurasthénique [nøʀastenik] **A** ADJ depressiv; MÉD neurasthenisch; **troubles** *mpl* **~s** neurasthenische Beschwerden *fpl* **B** M/F an Depressionen Leidende(r) *m/f(m)*; MÉD Neurastheniker(in) *m(f)*

neurobiologie [nøʀɔbjɔlɔʒi] F Neurobiologie *f*; **neurobiologiste** M/F Neurobiologe, -biologin *m,f*; **neurochirurgie** F Neurochirurgie *f*; **neuroleptique** [-lɛptik] PHARM **A** ADJ nervenberuhigend **B** M Neuroleptikum *n*; **neurologie** F MÉD Nervenheilkunde *f*; *t/t* Neurologie *f*; **neurologique** ADJ Nerven...; *t/t* neurologisch; **neurologiste** M/F *ou* **neurologue** M/F MÉD Nervenarzt, -ärztin *m,f*; *t/t* Neurologe, -login *m,f*

neurone [nøʀɔn] M ANAT Neuron *n*

neuropathie [nøʀɔpati] F MÉD Nervenleiden *n*, -krankheit *f*; *t/t* Neuropathie *f*; **neurophysiologie** F MÉD Neurophysiologie *f*

neuroplégique [nøʀɔpleʒik] ADJ PHARM → neuroleptique; **remède** *m* Neuroplegikum *n*

neuropsychiatrie [nøʀɔpsikjatʀi] F MÉD Neuropsychiatrie *f*; **neuropsychologie** F MÉD Neuropsychologie *f*

neurovégétatif [nøʀoveʒetatif] ADJ ⟨-ive⟩ PHYSIOL vegetativ; **système ~** vegetatives Nervensystem

neutralisation [nøtʀalizasjõ] F **1** CHIM, PHYS Neutralisation *f*; PHYS *de forces a.* Aufhebung *f* **2** POL, MIL Neutralisierung *f* **3** *de l'adversaire* Ausschaltung *f*; Unschädlichmachung *f*

neutraliser [nøtʀalize] **A** V/T **1** CHIM, PHYS neutralisieren; PHYS *a.* die Wirkung aufheben (+*gén*) **2** POL, MIL für neutral erklären; neutralisieren **3** *adversaire (a.* MIL*)* ausschalten; neutralisieren; unschädlich machen; SPORTS *a.* kaltstellen; nicht zum Zug kommen lassen; **~ un projet de loi** einen Gesetz(es)entwurf vereiteln, verhindern, zu Fall bringen **B** V/PR **se ~** *forces* sich (gegenseitig) aufheben

neutralisme [nøtʀalism] M POL Neutralismus *m*; Neutralitätspolitik *f*; **neutraliste** **A** ADJ neutralistisch **B** M Neutralist *m*

neutralité [nøtʀalite] F **1** POL *d'un État* Neutralität *f* **2** *d'une personne, d'un rapport* Neutralität *f*; Unparteilichkeit *f*; unparteiische Haltung; **rester dans la ~** neutral bleiben; sich neutral verhalten **3** CHIM, ÉLEC Neutralität *f*

neutre [nøtʀ] **A** ADJ **1** *État, pays* neutral **2** *personne* neutral; unparteiisch; **rester ~** neutral bleiben; sich heraushalten; sich nicht einmischen **3** GRAM sächlich; **genre** *m* **~** sächliches Geschlecht; Neutrum *n* **4** CHIM, ÉLEC neutral; **conducteur** *m* **~** Nullleiter *m* **5** ZOOL geschlechtslos **6** *fig couleur* neutral; **style** *m* **~** trockener, farbloser Stil; **ton** *m* **~** leidenschaftsloser, unbeteiligter Ton **B** M **1** POL **les ~s** *pl* die Neutralen *mpl*; die neutralen Staaten *mpl* **2** GRAM Neutrum *n*; sächliches Geschlecht *ou* Substantiv; sächliche Form

neutron [nøtʀõ] M PHYS NUCL Neutron *n*

neuvaine [nøvɛn] F ÉGL CATH Novene *f*

neuvième [nœvjɛm] **A** NUM neunte(r, -s) **B** SUBST **1** **le, la ~** der, die, das Neunte **2** M MATH Neuntel *n* **3** M *étage* neunter Stock; neunte Etage; **habiter au ~** im neunten Stock wohnen **4** F ÉCOLE dritte Grundschulklasse

neuvièmement [nœvjɛmmɑ̃] ADV neuntens

Neuville [nøvil] *frz Ortsname*

névé [neve] M Firn(schnee) *m*

Nevers [nəvɛʀ] *Stadt im Dep. Nièvre*

neveu [n(ə)vø] M ⟨*pl* ~x⟩ Neffe *m*

névralgie [nevʀalʒi] F **1** MÉD Nervenschmerz *m*; Neuralgie *f* **2** *abus (mal de tête)* Kopfschmerzen *mpl*

névralgique [nevʀalʒik] ADJ **1** MÉD neuralgisch **2** *fig* **centre** *m* **~** Nervenzentrum *n*; **point** *m* **~** neuralgischer, wunder Punkt

névrite [nevʀit] F MÉD Nervenentzündung *f*; *t/t* Neuritis *f*

névropathe [nevʀɔpat] M MÉD Neuropath *m*

névrose [nevʀoz] F MÉD Neurose *f*

névrosé(e) [nevʀoze] M(F) MÉD Neurotiker(in) *m(f)*

névrotique [nevʀɔtik] ADJ MÉD neurotisch

New Delhi [njudeli] Neu-Delhi *n*

new-look [njuluk] M *mode des années 50* New Look *m (a. fig)*

newton [njutɔn] M (ABR **N**) PHYS Newton *n (abr* N*)*

New York [nujɔʀk] New York *n*

new-yorkais [nujɔʀkɛ] **A** ADJ New Yorker **B** SUBST **New-Yorkais(e)** *m(f)* New Yorker(in) *m(f)*

Ney [nɛ] *frz Marschall*

nez [ne] M **1** Nase *f*; ♦ **~ crochu, en bec d'aigle** gebogene Nase; Haken-, Adlernase *f*; **faux ~** Pappnase *f*; **long ~** lange Nase; *fig* **faire un long ~, un ~, un drôle de ~** ein langes Gesicht machen; **~ en pied de marmite** Sattel-, Kartoffelnase *f*; **~ en trompette** Stülp-, *fam* Himmelfahrtsnase *f*; **bout** *m* **du ~** → bout[1] 1; ♦ *loc adv*: **au ~ et à la barbe de qn** vor j-s Augen *(dat)*; **le ~ au vent** CH *chien* mit hoher Nase; *personne* **marcher, se promener le ~ au vent** unbekümmert, vergnügt dahinschlendern; **le ~ en l'air** in die Luft guckend; ♦ *fig* **avoir du ~, le ~ creux, fin** e-e feine, gute, die richtige Nase, *fam* den richtigen Riecher haben; *fam fig* **avoir qn dans le ~** j-n nicht ausstehen, *fam* riechen können; **tu as le ~ dessus** es liegt vor deiner Nase; du stößt gleich mit der Nase darauf; **baisser le ~** den Kopf, das Gesicht senken; **se boucher le ~** sich *(dat)* die Nase zuhalten; **ton ~ bouge, remue** ich sehe es dir an der Nase (-nspitze) an, dass du lügst; **se casser le ~** sich *(dat)* das Nasenbein brechen; *fig* es nicht schaffen; *fig* **se casser le ~ (à la porte de qn)** vor verschlossener Tür stehen; niemanden antreffen; **mon ~ coule** mir läuft die Nase; **faire un pied de ~ à qn** j-m e-e lange Nase machen; **fermer,** *fam* **claquer la porte au ~ de qn** j-m die Tür vor der Nase zumachen, zuschlagen; **lever le ~** den Kopf heben; aufblicken; **il n'a pas levé le ~ de son bouquin** er blickte nicht von s-m Buch auf; *fig* **se manger,** *fam* **se bouffer le ~** → bouffer[2] B; **mettre le ~ à la fenêtre** den Kopf aus dem Fenster strecken; zum Fenster hinaussehen, *fam* -gucken; **ne pas mettre,** *fam* **fourrer le ~ dehors** keinen Fuß vor die Tür setzen; *fig* **mettre,** *fam* **fourrer son ~ dans les affaires d'autrui** *fam* s-e Nase in fremde Angelegenheiten stecken; **mettre,** *fam* **fourrer son ~ partout** *fam* s-e Nase in alles (hinein)stecken; **se mettre,** *fam* **se fourrer les doigts dans le ~** (mit dem Finger) in der Nase bohren; *fam* popeln; **montrer son ~** den Kopf zur Tür hereinstecken; **parler du ~** durch die Nase sprechen; **passer sous le ~ de qn** *occasion, poste fam* j-m durch die Lappen gehen; *bus etc* j-m vor der Nase wegfahren; **cela lui (te, vous** *etc***) pend au ~** das kann nicht ausbleiben; das ist unausbleiblich; **piquer du ~** einnicken; *fam fig* **se piquer le ~** *fam* sich *(dat)* die Nase begießen; einen heben; *fam fig* **si on lui pressait le ~, il en sortirait du lait** *fam* er ist noch nicht trocken hinter den Ohren; **regarder qn sous le ~** j-m frech ins Gesicht sehen; **respirer par le ~** durch die Nase atmen; **rire au ~ de qn** j-m (frech) ins Gesicht lachen; **saigner du ~** aus der Nase bluten; Nasenbluten haben; **ça sent le gaz à plein ~** es riecht stark nach Gas; **se trouver ~ à ~** [neane] **avec qn** j-m unverhofft gegenüberstehen; **cela se voit comme le ~ au milieu de la figure** *fam* das sieht selbst ein Blinder **2** *de navire* Bug *m*; *d'avion* Nase *f*; *avion* **piquer du ~** im Sturzflug niedergehen **3** TECH *de gouttière* Nase *f*

N.F. [ɛnɛf] ABR (norme française) **norme** *f* **~** französisches Normenwerk; französische Normblätter *npl*

Ngwane [ngwan] GÉOG **le ~** Ngwane *n*

ni [ni] CONJ ⟨*in Verbindung mit e-m Verb immer mit* ne⟩ und nicht; noch; ♦ **~ ... ~ ...** weder ... noch ...; **~ aujourd'hui ~ demain** weder heute noch morgen; **ne dire ~ oui ~ non** weder Ja noch Nein sagen; **~ plus ~ moins (que)** nicht mehr und nicht weniger (als); **~ l'un ~ l'autre ne lui plaisent** keines *ou* keiner von beiden gefällt ihm; ♦ **je ne crois pas qu'il vienne, ~ même qu'il puisse venir** ich glaube weder, dass er kommt, noch dass er kommen kann; **il ne veut ~ ne peut refuser** er will (nicht) und kann nicht ablehnen; er will nicht ablehnen und kann es auch nicht; **sans ... ~ ...** ohne ... und ohne ...; **sans crainte ~ faiblesse** ohne Furcht und ohne Schwäche; **~ ... non plus** und ... auch nicht

niable [njabl] ADJ **cela n'est pas ~** das lässt

N

sich nicht leugnen

Niagara [njagaʀa] **les chutes** *fpl* **du ~** die Niagarafälle *mpl*

niais [njɛ] A ADJ dumm; einfältig; kindisch; albern B SUBST **~(e)** *m(f)* Dummkopf *m*, *fam* Einfaltspinsel *m* (*a. d'une femme*)

niaiserie [njɛzʀi] F 1 *caractère* Dummheit *f*; Einfalt *f* 2 **débiter des ~s** dummes, albernes Zeug reden, *fam* verzapfen

nib [nib] ADV *arg* (*rien*) **~ de ~** überhaupt nichts; rein gar nichts

Nicaragua [nikaʀagwa] **le ~** Nicaragua *n*

nicaraguayen [nikaʀagwajɛ̃] A ADJ ⟨~ne⟩ nicaraguanisch B SUBST **Nicaraguayen(ne)** *m(f)* Nicaraguaner(in) *m(f)*

Nice [nis] Nizza *n*

niche¹ [niʃ] F 1 *dans un mur* (Wand-, Mauer-)Nische *f* 2 *de chien* Hundehütte *f*; **à la ~!** geh in deine Hütte!

niche² [niʃ] F (*farce*) Streich *m*; Schabernack *m*; Possen *m*; **faire des ~s à qn** j-m lustige Streiche spielen; mit j-m s-n Schabernack treiben

nichée [niʃe] F 1 *d'oiseaux* Brut *f*; **~ de chiens** Wurf *m* junger Hunde 2 *fam fig d'enfants* fam Küken *npl*

nicher [niʃe] A VI 1 *oiseaux* nisten 2 *fam fig personne* wohnen; *fam* hausen B V/PR 1 *oiseaux* **se ~** nisten; sein Nest bauen 2 *fig* **qc est allé se ~ quelque part** etw steckt irgendwo; **la bille s'est nichée dans le trou** *et on ne peut la sortir* die Kugel steckt im Loch ...; *pp* **maison nichée dans la forêt** im Wald verstecktes Haus; *par ext* **où l'orgueil va-t-il se ~!** solche Formen kann der Stolz annehmen!

nichon [niʃõ] M *fam* (*sein*) *pop* Titte *f*

nickel [nikɛl] M 1 *métal* Nickel *n* 2 ADJT *fam* **c'est ~ chez eux** bei ihnen ist alles blitzblank, blitzsauber, *fam* wie geleckt

nickeler [nikle] VT ⟨-ll-⟩ vernickeln

Nicodème [nikɔdɛm] M BIBL Nikodemus *m*

Nicolas [nikɔla] M *Vorname*

Nicole [nikɔl] F *Vorname*

Nicosie [nikozi, -kɔ-] GÉOG Nikosia *ou* Nicosia *n*

nicotine [nikɔtin] F Nikotin *n*

nid [ni] M 1 *d'oiseau etc* Nest *n* (*a. fig*); *fig d'une habitation* **~ d'aigle** Felsennest *n*; *fig* **~ de brigands** Räuberhöhle *f*; **~ de guêpes** Wespennest *n*; **~ d'hirondelle** Schwalbennest *n* (*a.* CUIS); MIL **~ de mitrailleuses** Maschinengewehrnest *n*; **~ d'oiseau** Vogelnest *n*; MAR **~ de pie** Krähennest *n*; *fig sur les routes* **~ de poule** Schlagloch *n*; **~ de souris** Mäusenest *n* 2 *fig* (*foyer*) Nest *n*; **un ~ douillet** ein warmes, weiches Nest; **~ d'amoureux** Liebesnest *n*

nidation [nidasjõ] F BIOL Einnistung *f*; *t/t* Nidation *f*

nid-d'abeilles [nidabɛj] M ⟨*pl* nids-d'abeilles⟩ 1 COUT **nids-d'abeilles** Smokarbeit *f*; **serviette** *f* **en nid(s)d'abeilles** Handtuch *n* mit Waffelmuster 2 AUTO **radiateur** *m* **à nid(s)-d'abeilles** Wabenkühler *m*

nid-de-poule [nid(ə)pul] M ⟨*pl* nids-de-poule⟩ Schlagloch *n*

nidification [nidifikasjõ] F ZOOL Nestbau *m*; **nidifier** VI ZOOL sein Nest bauen

nièce [njɛs] F Nichte *f*

nielle¹ [njɛl] F AGR **~ du blé** Gicht *f* des Weizens

nielle² [njɛl] M ORFÈVRERIE Niello(arbeit) *n(f)*

nieller [njele] VT TECH niellieren

nième [ɛnjɛm] ADJ 1 MATH n-te(r, -s); **la ~ puissance** die n-te Potenz 2 *fam* x-te(r, -s); **je vous le répète pour la ~ fois** ich wiederhole es Ihnen zum x-ten Mal

Niémen [njemɛn] **le ~** *fleuve* die Memel

nier [nje] VT leugnen (*a. abs*); bestreiten; abstreiten; in Abrede stellen; **persister à ~** hartnäckig leugnen; **~ avoir fait qc** bestreiten, (es) abstreiten, etw getan zu haben; **~ que ...** (*+ind ou subj*) leugnen, bestreiten, dass ...

Nietzsche [nitʃ] M PHIL Nietzsche *m*

nietzschéen [nitʃeɛ̃] ADJ ⟨~ne⟩ von Nietzsche; Nietzsches (*gén*)

Nièvre [njɛvʀ] **la ~** *Fluss u. Departement in Frankreich*

nigaud [nigo] A ADJ dumm; einfältig; albern B SUBST **~(e)** *m(f)* Dummkopf *m*, *fam* Dummerjan *m*, Schafskopf *m*, Einfaltspinsel *m*, Trottel *m*, *all Sud* Depp *m* (*tous a. d'une femme*); *affectueusement* **gros ~** du Dummerchen; **son gros ~ de frère** sein Dummkopf *etc* von Bruder

Niger [niʒɛʀ] **le ~** 1 *fleuve* der Niger 2 *État* Niger *n*

Nigeria [niʒeʀja] **le** *ou* **la ~** Nigeria *n*

nigérian [niʒeʀjɑ̃] A ADJ nigerianisch B SUBST **Nigérian(e)** *m(f)* Nigerianer(in) *m(f)*

nigérien [niʒeʀjɛ̃] A ADJ ⟨~ne⟩ nigrisch B SUBST **Nigérien(ne)** *m(f)* Nigrer(in) *m(f)*

night-club [najtklœb] M ⟨*pl* night-clubs⟩ Nachtlokal *n*, -klub *m*

niguedouille [nigduj] *fam* ADJ *et* SUBST → nigaud

nihilisme [niilism] M Nihilismus *m*; **nihiliste** A ADJ nihilistisch B M/F Nihilist(in) *m(f)*

Nil [nil] **le ~** der Nil

nimbe [nɛ̃b] M PEINT Heiligenschein *m*; Glorie(-nschein) *f(m)*; Gloriole *f*; Nimbus *m*

nimber [nɛ̃be] VT PEINT mit e-m Heiligenschein umgeben; *litt* **nimbé de lumière** lichtumflutet

nimbo-stratus [nɛ̃bostʀatys] M ⟨*inv*⟩ MÉTÉO Nimbostratus *m*; tief hängende Regenwolke

nimbus [nɛ̃bys] M MÉTÉO Regenwolke *f*; *t/t* Nimbus *m*

Nimègue [nimɛg] GÉOG Nimwegen *n*

n'importe ... [nɛ̃pɔʀt] → importer²

ninas [ninas] M Zigarillo *m ou n*

n-i-ni, c'est fini [ɛninisefini] LOC *fam* a (*terminé*) das wäre geschafft b (*trop tard*) das ist (endgültig) vorbei; *fam* der Zug ist abgefahren

niôle [njol] F → gnôle

Niort [njɔʀ] *Stadt im Dep. Deux-Sèvres*

nipper [nipe] *fam* A VT *surtout* ADJT **être bien nippé** *fam* in Schale sein; **être mal nippé** *fam* alte Klamotten anhaben B V/PR **se ~** *fam* sich neu ausstaffieren

nippes [nip] FPL *fam* **(vieilles) ~** *fam* (alte) Klamotten *fpl*

nippon [nipõ] A ADJ ⟨-on(n)e⟩ japanisch B MPL **les Nippons** die Söhne *mpl* Nippons; die Japaner *mpl*

nique [nik] F **faire la ~ à qn** *fam* j-m eine (lange) Nase machen, drehen (*a. fig*); ätsch machen

niquedouille [nikduj] *fam* ADJ *et* SUBST → nigaud

niquer [nike] VT *pop* 1 *pop* ficken 2 (*tromper*) *pop* bescheißen; **il s'est fait ~** *pop* er ist beschissen worden

nirvana [niʀvana] M 1 REL Nirwana *n* 2 *fam fig* sieb(en)ter Himmel

nitouche [nituʃ] F *fam* **sainte ~** Scheinheilige *f*; **prendre des airs de sainte ~** so tun, als ob man kein Wässerchen trüben könnte

nitrate [nitʀat] M CHIM Nitrat *n*; salpetersaures Salz; **~ d'argent** Silbernitrat *n*; MÉD **bâton** *m* **de ~ d'argent** Höllenstein *m*; **~ de potassium** Kaliumnitrat *n*; Kalisalpeter *m*

nitré [nitʀe] ADJ CHIM **dérivés ~s** Nitroverbindungen *fpl*

nitreux [nitʀø] ADJ ⟨-euse⟩ CHIM **acide ~** salpetrige Säure

nitrique [nitʀik] ADJ CHIM **acide** *m* **~** Salpetersäure *f*

nitrite [nitʀit] M CHIM Nitrit *n*

nitrocellulose [nitʀoselyloz] F CHIM Nitrozellulose *f*; **nitroglycérine** F CHIM Nitroglyzerin *n*

nival [nival] ADJ ⟨-aux⟩ **régime ~** durch Schmelzwasser bedingte Wasserführung

niveau [nivo] M ⟨*pl* ~x⟩ 1 *instrument* **~ (à bulle)** Wasser-, Richt-, Setzwaage *f* 2 (*hauteur*) Niveau *n*; Höhe *f*; *d'un liquide* Stand *m*; **~ sonore** Geräusch-, Lärmpegel *m*; *d'un cours d'eau* **~ des eaux** Wasserstand *m*; Pegel(stand *m*, -höhe *f*) *m*; AUTO **~ d'essence, d'huile** Benzin-, Ölstand *m*; **~ de la mer** Meeresspiegel *m*, -höhe *f*; **à 200 m au-dessus du ~ de la mer** 200 m über dem Meeresspiegel (*abr* ü. d. M.); in 200 m Meeres-, Seehöhe; **différence** *f* **de ~** Höhenunterschied *m*; *loc prép* **au ~ de** in Höhe (*+gén*); auf gleicher Höhe mit; → *a.* 3; **l'eau lui arrive au ~ des genoux** das Wasser reicht, geht ihm bis zu den Knien; **mettre de ~** → niveler 1 3 *fig de connaissances, d'évolution etc* Niveau *n*; Stand *m*; Höhe *f*; Stufe *f*; *dans une hiérarchie* Ebene *f*; **~ culturel** Kulturstufe *f*; **~ intellectuel** geistiges Niveau; Bildungsstand *m*, -niveau *n*; PSYCH **~ mental** geistiger Entwicklungsstand; geistige Entwicklungsstufe; **~ social** soziale, gesellschaftliche Stellung; soziale Stufe; **~ des études** Ausbildungsniveau *n*, -stand *m*; LING **~ de langue** Sprachebene *f*; **~ des prix** Preisniveau *n*; **~ de la production** Produktionsstand *m*, -höhe *f*, -niveau *n*; **~ des salaires** Lohnniveau *n*, -höhe *f*; **~ de vie** Lebensstandard *m*; ♦ *loc adj* **de même ~** ebenbürtig; gleichwertig; *loc adv* **à tous les ~x** auf allen Ebenen; ohne Rücksicht auf den Rang; *loc prép* **au ~ de** auf ...ebene; *par ext* (*dans le domaine de*) im ...bereich; im Bereich (*+gén*); (*en ce qui concerne*) in Bezug auf (*+acc*); hinsichtlich (*+gén*); ...mäßig; **au ~ le plus élevé** auf höchster Ebene; **au ~ du consommateur** auf Verbraucherebene; **au ~ de l'intelligence** intelligenzmäßig; **des problèmes au ~ de la production** Probleme *npl* im Produktionsbereich; **la qualité au ~ des couleurs** die Qualität hinsichtlich der Farben; ♦ **atteindre son ~ le plus bas, le plus °haut** s-n tiefsten Stand, Höchststand erreichen; **être au ~ de qn** *livre etc* j-s Niveau (*dat*) entsprechen, angemessen sein; *personne* j-m ebenbürtig sein; mit j-m auf gleicher Stufe stehen; **mettre au même ~** auf die gleiche Stufe stellen; **se mettre au ~ de qn** sich j-s (geistigem) Niveau, Fassungsvermögen anpassen 4 (*étage*) Etage *f*; Stockwerk *n*

nivelage [nivlaʒ] M → nivellement 1, 2

niveler [nivle] VT ⟨-ll-⟩ 1 *sol, terrain* einebnen; planieren; ebnen; abgleichen 2 ARPENTAGE nivellieren 3 *fig* (*égaliser*) (einander) angleichen; gleichmachen; die Unterschiede ausgleichen zwischen (*+dat*); nivellieren; egalisieren

niveleur [nivlœʀ] M AGR Ackerschleife *f*, -schleppe *f*; **niveleuse** F TECH Planiermaschine *f*

nivelle [nivɛl] F Wasser-, Richt-, Setzwaage *f*; Niveau *n*

nivellement [nivɛlmɑ̃] M 1 *d'un terrain* Einebnung *f*; Planierung *f*; Abgleichung *f* 2 ARPENTAGE Nivellieren *n*; Nivellement *n* 3 *fig* Angleichung *f*; Ausgleichen *n* der Unterschiede; Nivellierung *f*; **~ des salaires** Angleichung der Löhne; **~ par la base, par le bas** Angleichung nach unten

n° ou N° ABR (numéro) Nr. (Nummer)

nobiliaire [nɔbiljɛʀ] A ADJ Adels...; **particule** *f* **~** Adelsprädikat *n*; **titre** *m* **~** Adelstitel *m* B M Adelsmatrikel *f*, -buch *n*, -kalender *m*

noble [nɔbl] A ADJ 1 ad(e)lig; **famille** *f* **~**

Adelsfamilie *f*, -geschlecht *n*; **de naissance, de sang ~** von adliger, edler, hoher Geburt; (von) vornehmer Abstammung; **être ~** ad(e)lig sein **2** *fig* edel; vornehm; *sentiments a., style* erhaben; *attitude* würde-, hoheitsvoll; **métaux** *mpl* **~s** Edelmetalle *npl*; THÉ *rôle* **père** *m* **~** Heldenvater *m* **B** M/F Ad(e)lige(r) *m/f(m)*; HIST *a.* Edelmann *m*, -frau *f*, -fräulein *n*; **~s** *pl* Edelleute *pl*

noblement [nɔbləmɑ̃] ADV würdevoll; stolz

noblesse [nɔblɛs] F **1** Adel *m*; **ancienne ~** alter Adel; **°haute ~** hoher Adel; Hochadel *m*; **appartenir à la haute ~, être de haute ~** dem Hochadel angehören; **nouvelle ~** neuer, junger Adel (*nach 1789 in den Adelsstand erhoben*); **petite ~** niederer Adel; **~ d'épée** Schwertadel *m*; militärischer Verdienstadel; **~ de naissance** Geburtsadel *m*; **~ de robe** Amtsadel *m*; **lettres** *fpl* **de ~** Adelsbrief *m*; *fig chose* **ne pas avoir ses lettres de ~** sich noch nicht so recht eingebürgert haben; **titre** *m* **de ~** Adelstitel *m*; *prov* **~ oblige** Adel verpflichtet (*prov*) **2** *fig* Adel *m*; *des sentiments* Erhabenheit *f*; *d'une attitude* Würde *f*; Hoheit *f*; **~ d'âme, de cœur** Seelen-, Herzensadel *m*

nobliau [nɔblijo] M ‹*pl* ~x› *péj* kleine(r) Ad(e)lige(r)

noce [nɔs] F **1** **~s** *pl* Hochzeit *f*; **~** *ou* **~s** Hochzeitsfeier *f*, -fest *n*; **~s d'argent, d'or, de diamant, de platine** silberne, goldene, diamantene, eiserne Hochzeit; **nuit** *f* **de ~s** Hochzeits-, Brautnacht *f*; *loc adv*: *épouser qn* **en premières, secondes ~s** in erster, zweiter Ehe; **le jour de ses ~s** an ihrem *ou* s-m Hochzeitstag; **aller à la ~ de qn** zu *ou* auf j-s Hochzeit (*acc*) gehen; *fam fig* **n'être pas à la ~** übel, schlecht dran sein; **inviter qn à ses ~s** j-n zu s-r *ou* zur Hochzeit einladen **2** (*les invités*) Hochzeitsgesellschaft *f* **3** *fam fig* **faire la ~** in Saus und Braus leben; ein flottes, ausschweifendes Leben führen; prassen

noceur [nɔsœʀ] *fam* M Lebemann *m*; Prasser *m*

nocif [nɔsif] ADJ ‹-ive› schädlich

nocivité [nɔsivite] F Schädlichkeit *f*

noctambule [nɔktɑ̃byl] M/F Nachtschwärmer *m*; **noctambulisme** M Nachtschwärmerei *f*

nocturne [nɔktyʀn] **A** ADJ nächtlich; Nacht…; ZOOL nachtaktiv; **papillon** *m* **~** Nachtfalter *m*; **rapaces** *mpl* **~s** Nachtraubvögel *mpl*; Eulen *fpl*; **en ~** am Abend stattfindend; **match** *m* **en ~** Flutlichtspiel *n* **B** SUBST **1** M MUS Notturno *n* **2** F *ou* M *match* Flutlichtspiel *n*; TURF Abendrennen *n* **3** F *ou* M COMM verlängerte Öffnungszeit am Abend; Dienstleistungsabend *m*

nodosité [nɔdozite] F MÉD Knoten *m*

nodule [nɔdyl] M **1** MÉD Knötchen *n* **2** GÉOL Knolle *f*

Noé [nɔe] M BIBL Noah *m*

Noël¹ [nɔɛl] M **1** ‹*ohne Artikel, im Dialekt a.* **la** ~› Weihnachten *n ou fam fpl*; das Weihnachtsfest; **joyeux ~!** fröhliche Weihnachten!; **arbre** *m* **de ~** Weihnachts-, Christbaum *m*; **nuit** *f* **de ~** Weihnachts-, Christnacht *f*; Heilige Nacht; **père** *m* **~** Weihnachtsmann *m*; Christkind *n*; *fig* **croire au père ~** noch an den Weihnachtsmann glauben; *loc adv* **à ~**, *régional* **à la ~** (zu *ou* an) Weihnachten; *prov* **~ au balcon, Pâques au tison** grüne Weihnachten, weiße Ostern (*prov*) **2** *fam* **(petit) noël** Weihnachtsgeschenk *n*; **je voudrais ce livre pour mon noël** ich wünsche mir dieses Buch zu Weihnachten **3** **noël** *chant* Weihnachtslied *n*

Noël² [nɔɛl] M *Vorname*

Noëlle [nɔɛl] F *Vorname*

nœud [nø] M **1** *pour attacher* Knoten *m*; **~ coulant** Schlinge *f*; **~ de cravate** Krawatten-, Schlipsknoten *m*; *fig* **il avait un ~ dans la gorge** s-e Kehle war wie zugeschnürt; **faire un ~** e-n Knoten machen, knüpfen; *pour se rappeler qc* **faire un ~ à son mouchoir** sich (*dat*) e-n Knoten ins Taschentuch machen **2** (*ruban noué*) Schleife *f*; **~ papillon** Fliege *f*; **faire un ~** e-e Schleife binden; **mettre des ~s dans les cheveux** Schleifen ins Haar binden **3** *fig d'une action dramatique* Verwicklung *f*; Knoten *m* **4** *fig d'une affaire* springender Punkt **5** PL **~s** *litt* (*liens*) Bande *npl* **6** ZOOL **~ de vipères** zu e-m Knäuel verschlungene Vipern *fpl* **7** **~ ferroviaire** (Eisen)Bahnknotenpunkt *m*; **~ routier** (Straßen)Verkehrsknotenpunkt *m* **8** MAR Knoten *m*; *bateau* **filer vingt ~s** mit zwanzig Knoten fahren; zwanzig Knoten laufen, *fam* machen **9** *dans du bois* Ast *m*; **sans ~s** astfrei, -rein **10** BOT Knoten *m* **11** ÉLEC Knoten-, Verzweigungspunkt *m* **12** MATH Knoten *m*

noir [nwaʀ] **A** ADJ **1** *couleur* schwarz; **café ~** schwarzer Kaffee; **cheval ~** Rappe *m*; **cheveux ~s** schwarz(braun)e Haare *npl*; ROULETTE **le huit, six ~** die schwarze Acht, Sechs; PHYS **lumière ~e** Ultraviolettlicht *n*; **lunettes ~es** dunkle, schwarze Brille; **la mer Noire** das Schwarze Meer; **pain ~** Schwarzbrot *n*; **point ~** *sur la peau* Mitesser *m*; *fig* neuralgischer Punkt; **raisin ~** blaue, dunkle (Wein)Traube; *à l'école* **tableau ~** (Wand)Tafel *f*; *fig* **faire un tableau (bien, très) ~ de la situation** die Lage schwarz, grau in grau, in den schwärzesten Farben malen, schildern; **~ comme du jais, comme de l'encre, comme du charbon, comme de l'ébène**, *fam* **comme du cirage** schwarz wie die Nacht, wie ein Rabe, wie Ebenholz; pechschwarz; kohl(raben)-schwarz; CUIS **au beurre ~** in stark gebräunter Butter; *fig* **avoir des idées ~es** trüben, schwarzen Gedanken nachhängen; *fam* Trübsal blasen; **~ de monde** schwarz von Menschen; **être tout ~** (*très bronzé*) ganz braun gebrannt sein **2** (*sale*) schwarz; schmutzig; *fam* **gueules ~es** Kumpel *mpl* (*Bergarbeiter*); **~ de suie** rußgeschwärzt **3** (*sans lumière*) dunkel; finster; **ciel ~** schwarzer, dunkler Himmel; **nuage ~** schwarze, dunkle Wolke; **nuit ~e** dunkle, finst(e)re, schwarze Nacht; **il fait ~ comme dans un four, comme dans la gueule d'un loup** es ist stockdunkel, -finster; es ist pechschwarze Nacht; es ist so dunkel, dass man die Hand nicht vor den Augen sieht **4** *race, personne* schwarz; farbig; **l'Afrique ~e** Schwarzafrika *n*; **enfant ~** Negerkind *n*; **femme ~e** Schwarze *f*; Farbige *f*; **quartier ~** Negerviertel *n* **5** *fig idées* trüb(e); schwarz; **humeur ~e** düstere Stimmung, Laune; **regard ~** finsterer Blick; **être d'humeur ~e** (in) düsterer Stimmung sein; **jeter un regard ~ sur qn, regarder qn d'un œil ~** j-n finster anblicken; j-m finstere Blicke zuwerfen **6** *fig complot, crime etc* schändlich; ruchlos; **colère ~e** maßlose, sinnlose, blinde Wut; **desseins ~s** finstere Pläne *mpl*; **humour ~** schwarzer Humor; **~e ingratitude** schnöder Undank; **magie ~e** schwarze Magie; **roman ~** Schauer-, Gruselroman *m*; → *a.* **série** 1 **7** (*illégal*) **caisse ~e** Geheimkasse *f*, -fonds *m*; **marché ~** schwarzer Markt; Schwarzmarkt *m*; **travail (au) ~** Schwarzarbeit *f*; *loc adv* **travailler au ~** schwarzarbeiten **8** *fam* (*ivre*) *fam* blau; besoffen **B** SUBST **1** M *couleur* Schwarz *n* (*a.* ROULETTE); *loc adv* **~ sur blanc** schwarz auf weiß; **c'est écrit ~ sur blanc** da steht es schwarz auf weiß; **vous me mettez ~ sur blanc vos projets** reichen Sie mir Ihre Pläne schriftlich ein; *loc adj* PHOT, TV **en ~ et blanc** schwarzweiß; **photo** *f* **en ~ et blanc** Schwarzweißaufnahme *f*; **avoir du ~ sur la joue** auf der Backe schwarz sein, etwas Schwarzes haben; sich auf der Backe schwarz gemacht haben; **se mettre du ~ aux yeux** sich (*dat*) e-n schwarzen Lidstrich ziehen; **être en ~, être habillé de** *ou* **en ~, être vêtu de ~** in Schwarz sein, gehen; schwarz gekleidet sein; Schwarz tragen; **teindre en ~** schwarz färben; *fig* **voir tout en ~** alles schwarz, grau in grau sehen; → *a.* **broyer** 2 **2** M (*obscurité*) Dunkel *n*; Dunkelheit *f*; **avoir peur dans le, du ~** im Dunkeln, im Finstern, in *ou* vor der Dunkelheit Angst haben **3** **Noir(e)** *m(f)* Schwarze(r) *m/f(m)*; Neger(in) *m(f)*; Farbige(r) *m/f(m)* **4** MUS **~e** *f* Viertelnote *f* **5** *café fam* **un (petit) ~** e-e Tasse schwarzen Kaffee **6** TECH **~ de fumée, de carbone** technischer Ruß

noirâtre [nwaʀɑtʀ] ADJ schwärzlich

noiraud [nwaʀo] **A** ADJ *personne* dunkel(-häutig und dunkelhaarig) **B** SUBST **~(e)** *m(f)* dunkler Typ

noirceur [nwaʀsœʀ] F **1** *couleur* Schwärze *f* **2** *litt d'une trahison, d'un crime etc* Schändlichkeit *f*; Ruchlosigkeit *f*; **~ d'âme** Niedertracht *f*

noircir [nwaʀsiʀ] **A** V/T **1** (*colorer en noir*) schwarz machen, färben; schwärzen; (*salir*) schwarz, schmutzig machen (**de** mit) **2** *fig*: *situation* in schwarzen, düsteren Farben schildern; *pages* (eng) beschreiben; vollschreiben; *fam péj* **~ du papier** schriftstellern; **~ (la réputation de) qn** j-s (guten) Ruf beflecken; j-n in schlechten Ruf bringen **B** V/I *et* V/PR **1** **(se) ~** schwarz werden; sich schwarz färben; *couleur, objet* nachdunkeln **2** *ciel* **se ~** schwarz, dunkel werden; sich verdunkeln, verfinstern

noircissement [nwaʀsismɑ̃] M Schwärzen *n*, -ung *f*; (*fait de devenir noir*) Schwarzwerden *n*; **noircissure** F schwarzer Fleck

noire [nwaʀ] F **1** MUS Viertelnote *f* **2** **Noire** Schwarze *f*; Farbige *f*

noise [nwaz] LOC **chercher ~** *ou* **des ~s à qn** mit j-m Streit, Händel suchen

noiseraie [nwazʀɛ] F Nussbaum-, Haselstrauchpflanzung *f*; Haselgehölz *n*, -gebüsch *n*, -busch *m*

noisetier [nwaztje] M BOT Hasel(nuss)-strauch *m*

noisette [nwazɛt] F **1** BOT Haselnuss *f*; **chocolat** *m* **aux ~s** Nussschokolade *f*; **beurre** *m* **de ~** Haselnussbutter *f* **2** CUIS **une ~ de beurre** ein haselnussgroßes Stück Butter **3** ADJT ‹*inv*› haselnussbraun; **couleur (de) ~** haselnussbraun; **des yeux** *mpl* **~** haselnussbraune Augen *npl*

noix [nwa] F **1** BOT *du noyer* (Wal)Nuss *f*; **~ fraîche, sèche** frische, getrocknete (Wal)-Nuss; **huile** *f* **de ~** Nussöl *n*; **casser des ~** Nüsse (auf)knacken **2** BOT Nuss(frucht) *f*; **~ muscade** Muskatnuss *f*; **~ du Brésil, de coco** Para-, Kokosnuss *f*; *loc adj fam fig* **à la ~ (de coco)** schlecht; wertlos; *fam* ohne Hand und Fuß **3** CUIS **une ~ de beurre** ein walnussgroßes Stück Butter **4** *d'une côtelette* schieres Fleisch; **~ de veau** Kalbsnuss *f* **5** *fam fig* (*imbécile*) **quelle (vieille) ~!** *fam* so e-e, diese doofe Nuss!; *adjt* **être ~** dumm, *fam* doof sein

nom [nõ] M **1** *d'une personne, d'une chose* Name *m*; (*désignation*) Benennung *f*; Bezeichnung *f*; **~ commercial** Handelsname *m*; JUR **~ déposé** eingetragene Marke; **faux ~** falscher Name; *fam* **petit ~** Vorname *m*; **le ~ de Dupont** der Name Dupont; **~ de baptême** Taufname *m*; **~ d'emprunt** Deckname *m*; Pseudonym *n*; **~ (de famille)** Familien-, Nach-, Zuname *m*; **~ de fille, de garçon** Mädchen-, Jungenname *m*; **~ de jeune fille** Mädchenname *m* (*e-r verheirateten Frau*); **~ de guerre** Deckname *m*; Pseudonym *n*; **~ de lieu** Ortsname *m*; COMM

~ **de marque** Markenname *m*, -bezeichnung *f*; **~s de personnes** Personennamen *mpl*; **~ de plume** Künstler-, Schriftstellername *m*; **~ de rue** Straßenname *m*; **~ de théâtre** Künstlername *m*; INFORM **~ d'utilisateur** Benutzername *m*; ♦ *loc adj*: *une personne* **du ~ de Martin** namens, mit (dem) Namen Martin; **Louis, treizième du ~** Ludwig, der Dreizehnte des Namens; **sans ~** *misère, horreur* namenlos; *bêtise, douleur* unsagbar; unsäglich; *loc adv*: *connaître qn* **de ~** dem Namen nach; *connaître ses collègues* **par leur ~** namentlich; mit Namen; **appeler les choses par leur ~** die Dinge, das Kind beim rechten Namen nennen; *loc prép* **au ~ de** im Namen, im Auftrag, namens (*+gén*); JUR **au ~ de la loi** im Namen des Gesetzes; REL **au ~ du Père, du Fils et du Saint-Esprit** im Namen des Vaters, des Sohnes und des Heiligen Geistes; **au ~ du ciel!** um Himmels willen!; **j'agis en son ~** ich handle in s-m Namen, Auftrag; **en mon ~** in meinem (eigenen) Namen; ♦ **ça n'a pas de ~!** das ist unerhört, unglaublich!; **sa conduite n'a pas de ~** für sein Verhalten gibt es keinen Ausdruck; **changer de ~** den Namen wechseln, ändern; e-n anderen Namen annehmen; *dictature etc* **qui n'ose pas dire son ~** versteckt; verkappt; **donner son ~** s-n Namen angeben; **donner un ~ à qn, à qc** j-m, e-r Sache e-n Namen geben; **donner le ~ de qn à une rue** e-e Straße nach j-m benennen; **quel est le ~ de la rue?** wie heißt die Straße?; **être le dernier du ~** der Letzte s-s Namens, Geschlechts sein; *tolérance, liberté* **n'être qu'un ~** nur ein schöner Name sein; ein bloßer Name, nichts weiter als ein Name sein; **se faire un ~, laisser un ~** sich (*dat*) e-n Namen machen; **comme son ~ l'indique** wie der Name schon sagt; **mêler le ~ de qn à qc** j-s Namen in Zusammenhang mit etw nennen; **mettre son ~ au bas d'une lettre** s-n Namen unter e-n Brief setzen; **ne pas arriver à mettre un ~ sur le visage de qn** sich nicht mehr an j-s Namen (*acc*) erinnern können; **porter le ~ de qn** j-s Namen tragen, führen; **prendre le ~ de qn** j-s Namen annehmen; **prêter son ~ à qc** s-n Namen für etw hergeben; **répondre au ~ de Paul** auf den Namen Paul hören; Paul heißen; **traiter qn de tous les ~s** j-n mit allen möglichen Schimpfnamen belegen **2** GRAM Substantiv *n*; Hauptwort *n*; Dingwort *n*; **~ commun** Gattungsname *m*; **~ composé** zusammengesetztes Substantiv; **~ propre** Eigenname *m*; **complément** *m* **de ~** Ergänzung *f* zum Substantiv **3** INT *fam* **~ de ~!, ~ d'un chien!, ~ d'une pipe!, ~ d'un petit bonhomme!** zum Donnerwetter!; verdammt *ou* verflixt (und zugenäht)!; Himmeldonnerwetter!

nomade [nɔmad] **A** ADJ Nomaden...; nomadisch; nomadenhaft; **peuple** *m*, **tribu** *f* **~** Nomadenvolk *n*, -stamm *m*; *fig* **vie** *f* **~** unstetes Leben; Nomadendasein *n*; Wanderleben *n* **B** M/F **1** *du désert* Nomade *m* **2** ADMIN (*personne sans domicile fixe*) Nichtsesshafte(r) *m/f(m)*; Person *f* ohne festen Wohnsitz

nomadisme [nɔmadism] M Nomadentum *n*; Nomadismus *m*

no man's land [nomanslɑ̃d] M MIL, *fig* Niemandsland *n*

nombre [nõbʀ] M **1** Zahl *f* (*a.* MATH); *de personnes ou d'objets a.* Anzahl *f*; MATH **~ entier** ganze Zahl; **~ total** Gesamtzahl *f*, -ziffer *f*; **~ des chômeurs** Arbeitslosenzahl *f*, -ziffer *f*; **~ d'habitants** *d'une ville* Einwohnerzahl *f*; *d'un pays* Bevölkerungszahl *f*; BEAUX-ARTS **~ d'or** Goldener Schnitt; TECH **~ de tours** Dreh-, Tourenzahl *f*; STATISTIQUE **la loi des grands ~s** das Gesetz der großen Zahl; ♦ *loc adj et loc adv*: *st/s* **~ de ...** viele ...; **depuis ~ d'années** seit vielen Jahren; **(un) bon ~ de spectateurs** ein großer Teil der, nicht wenige, viele Zuschauer; **un grand ~ de ...** e-e große (An)Zahl (von) ...; sehr viele ...; **le plus grand ~ (de ...)** die Mehrheit, Mehrzahl (der ...); die meisten (...); **un petit ~ de ...** e-e kleine, geringe (An)Zahl (von) ...; ein paar ...; wenige ...; **le petit ~ de gens qui ...** die wenigen, die paar Menschen, die ...; **au ~ de trois** zu dritt; drei an der Zahl; *fam* drei Mann hoch; **ils étaient au ~ de trois** *a.* sie waren ihrer drei; **je le compte au ~ de mes amis** ich zähle, rechne ihn zu meinen Freunden; **dans le ~** darunter; **en ~** (*nombreux*) zahlreich; in großer Zahl; *être supérieur* zahlenmäßig; **nous ne sommes pas en ~ suffisant** wir sind (zahlenmäßig) zu wenige; **sans ~** zahllos; unzählig; ohne Zahl; ♦ **être du ~ des invités** unter den Gästen sein; zu den Gästen zählen; **serez-vous du ~?** werden Sie auch dabei sein?; **faire ~** zahlreich sein; **succomber sous le ~** der Überzahl unterliegen **2** GRAM Numerus *m*; Zahl *f*

nombreux [nõbʀø] ADJ ⟨-euse⟩ zahlreich; **famille nombreuse** kinderreiche Familie; **foule nombreuse** große Menschenmenge; **public ~** zahlreiches, großes Publikum; **de ~ spectateurs** zahlreiche, viele Zuschauer; **des visiteurs toujours plus ~** immer mehr Besucher; **dans de ~ cas** in zahlreichen, vielen Fällen; **venir ~** zahlreich, in großer Zahl erscheinen

nombril [nõbʀi(l)] M ANAT Nabel *m*; *fam* Bauchnabel *m*; *plais* **être décolletée jusqu'au ~** bis zum Bauchnabel dekolletiert sein; *fig* **se prendre pour le ~ du monde** sich für den Nabel der Welt halten

nombrilisme [nõbʀilism] M *fam* Nabelschau *f*; **faire du ~** Nabelschau betreiben

nomenclature [nɔmɑ̃klatyʀ] F **1** (*terminologie*) Nomenklatur *f*; **~ chimique** chemische Nomenklatur **2** (*répertoire*) Verzeichnis *n*; Katalog *m*; Aufschlüsselung *f*; MÉD Gebührenordnung *f* **3** *d'un dictionnaire* Stichwörter *npl*; Wortmaterial *n*; Wortgut *n*

nominal [nɔminal] ADJ ⟨-aux⟩ **1** (*des noms*) namentlich; Namen(s)...; **appel ~** namentlicher Aufruf; Namen(s)aufruf *m*; **liste ~e** Namenliste *f*, -verzeichnis *n* **2** (*n'existant que de nom*) nominell; (nur) dem Namen nach; **être le chef ~** der nominelle Chef sein; (nur) dem Namen nach Chef sein **3** ÉCON Nominal...; Nenn...; **salaire ~** Nominallohn *m*, -einkommen *n*; **valeur ~e** Nominal-, Nennwert *m* **4** GRAM nominal; Nominal...; **forme ~e** infinite Form; Nominalform *f*; **phrase ~e** Nominalsatz *m*

nominalement [nɔminalmɑ̃] ADV **1** nominell; (nur) dem Namen nach **2** GRAM als Nomen

nominatif¹ [nɔminatif] M GRAM Nominativ *m*; Werfall *m*; erster Fall

nominatif² [nɔminatif] ADJ ⟨-ive⟩ namentlich; Namen(s)...; ÉCON **titre ~** Namens-, Rektapapier *n*

nomination [nɔminasjõ] F **1** Ernennung *f*; Berufung *f*; **~ au grade de capitaine** Ernennung, Beförderung *f* zum Hauptmann; **sa ~ au poste d'ambassadeur** s-e Ernennung zum Botschafter; s-e Berufung in das Amt des Botschafters **2** *document* Ernennungsurkunde *f*, -schreiben *n* **3** *dans une distribution de prix* Nennung *f* als Preisträger

nominativement [nɔminativmɑ̃] ADV namentlich; mit Namen

nommé [nɔme] ADJ **1** namens; mit (dem) Namen; **un homme ~ Dupont** ein Mann namens Dupont, mit (dem) Namen Dupont; *subst* **un ~ Dupont** ein gewisser Dupont; einer namens Dupont; **le ~ Dupont** besagter Dupont **2** (*cité*) genannt; erwähnt; *subst* **le ci-dessus ~** der Obengenannte, -erwähnte **3** LOC ADV **à point ~** wie gerufen; gerade recht, zur rechten Zeit; sehr gelegen **4** (*opposé: élu*) ernannt

nommément [nɔmemɑ̃] ADV namentlich; mit Namen

nommer [nɔme] **A** V/T **1** (*donner un nom*) nennen; *chose a.* benennen; **ses parents l'ont nommé Paul** s-e Eltern nannten ihn Paul, gaben ihm den Namen Paul; **ce que nous nommons liberté** was wir Freiheit nennen, als Freiheit bezeichnen **2** (*dire le nom*) (mit Namen) nennen; ADMIN namhaft machen; *ses complices a.* angeben; *plais*: *un riche banquier, Rockefeller,* **pour ne pas le ~** um es genau zu sagen **3** *qn à une fonction* ernennen; berufen; **il a été nommé directeur** *ou* **on l'a nommé directeur** er wurde zum Direktor ernannt; **~ qn à un poste** j-n in ein Amt berufen; **~ à vie** auf Lebenszeit ernennen **B** V/PR **se ~ 1** (*s'appeler*) sich nennen; heißen **2** (*dire son nom*) s-n Namen nennen

non [nõ] **A** ADV **1** nein; nicht; *il est venu? -* **~** nein; ♦ *renforcé*: **~, ~ et ~!** *ou* **~, mille fois ~!** nein, nein und nochmals nein!; **ah, ça ~!** ganz bestimmt nicht!; **oh, (que) ~!** o nein!; **ma foi ~!** ach nein!; **vraiment ~!** wirklich, wahrhaftig nicht!; **mais ~!** aber nein!; nicht doch!; **moi ~** ich nicht!; **~, rien à faire** nein, da ist nichts zu machen; ♦ *en phrase avec d'autres adv ou conj*: **et ~ (pas)** und nicht *ou* kein(e); **c'est un conseil et ~ (pas) un ordre** das ist ein Rat und kein Befehl; **ou ~** oder nicht; **que vous le vouliez ou ~** ob Sie wollen oder nicht; **~ plus** auch nicht; *elle ne parlait pas, lui* **~ plus** er auch nicht; **elle ~ plus ne l'a pas vu** auch sie hat ihn nicht gesehen; **~ sans** nicht ohne; **~ sans hésitation** nicht ohne Zögern; **~ sans s'être retourné plusieurs fois** nicht ohne sich mehrmals umgedreht zu haben; **~ (pas) ... mais ...** nicht ..., sondern ...; **~ seulement ... mais aussi** *ou* **encore ...** nicht nur ..., sondern auch ...; ♦ *loc conj* **~ que ...** (*+subj*), *st/s* **~ pas que ...** (*+subj*) nicht (etwa), dass *ou* weil ...; *il ne réussit pas,* **~ qu'il soit paresseux,** *mais parce que ...* nicht (etwa), dass er faul wäre *ou* nicht (etwa), weil er faul ist; ♦ *avec des verbes*: **il dit toujours ~** er sagt immer Nein; **j'espère que ~** ich hoffe nicht; **faire ~ de la tête** (verneinend) den Kopf schütteln; **il prétend que ~** er behauptet Nein; **répondre ~ à toutes les offres** zu allen Angeboten Nein sagen; *slogan* **~ au nucléaire** Atomkraft, nein danke **2** INT *fam* **~!** *ou* **~, mais!** *ou* **~, par exemple!** *fam* nein, so was!; das ist doch nicht zu fassen! **3** *fam en fin de phrase* nicht (wahr)?; ja?; *all Sud* gelt?; gell?; **tu as fini de t'agiter, ~?** du sitzt jetzt schön still, ja *ou* gelt? **B** M ⟨*inv*⟩ **1** Nein *n*; **un ~ catégorique** ein kategorisches Nein **2** POL Neinstimme *f*

non-... *ou* **non ...** [nõ], *vor Vokal u. stummem h* [nɔn] *préfixe* Nicht...; nicht ...; *exemples*: **non-discrimination** *f* Nichtdiskriminierung *f*; **non-gréviste** *m* Nichtstreikende(r) *m*; *devant adj souvent pas de trait d'union*: **non coupable** nicht schuldig; **non terminé** nicht fertig; unfertig; → *a. les articles suivants*

non-acclimatation [nɔnaklimatasjõ] F BIOL Nichtanpassung *f*; Nichtakklimatisation *ou* -akklimatisierung *f*

non-actif [nɔnaktif] M Nichterwerbstätige(r) *m*

non-activité [nɔnaktivite] F MIL, ADMIN **mise** *f* **en ~** Versetzung *f* in den Wartestand, einstweiligen Ruhestand

N

nonagénaire [nɔnaʒenɛʀ] A ADJ neunzigjährig B M/F Neunzigjährige(r) *m/f(m)*; Neunziger(in) *m(f)*

non-agression [nɔnagʀesjõ] F POL **pacte** *m* **de ~** Nichtangriffspakt *m*

non-aligné [nɔnaliɲe] POL A ADJ blockfrei B M blockfreier Staat; **les ~s** *pl a.* die Blockfreien *mpl*; **non-alignement** M POL Blockfreiheit *f*

nonante [nɔnɑ̃t] NUM *en Belgique et en Suisse* neunzig

non-assistance [nɔnasistɑ̃s] F JUR **~ à personne en danger** unterlassene Hilfeleistung

non-belligérance [nõbɛliʒeʀɑ̃s] F Nichtkriegführung *f*; **non-belligérant** ADJ *État* nicht Krieg führend

nonce [nõs] M ÉGL CATH **~ (apostolique)** (Apostolischer) Nuntius

nonchalamment [nõʃalamɑ̃] ADV → nonchalant

nonchalance [nõʃalɑ̃s] F Lässigkeit *f*; Nonchalance *f*; *de qn a.* Unbekümmertheit *f*; **avec ~** lässig; leger

nonchalant [nõʃalɑ̃] ADJ lässig; nonchalant; *personne a.* unbekümmert; *pose, geste a.* leger

nonciature [nõsjatyʀ] F ÉGL CATH Nuntiatur *f*

non-combattant [nõkõbatɑ̃] MIL A ADJ nicht kämpfend B M Nichtkämpfer *m*, -kämpfende(r) *m*; **non-comparution** F JUR Nichterscheinen *n* vor Gericht; **non-conciliation** F JUR Nichtversöhnung *f*; **non-conducteur** ÉLEC A ADJ ⟨-trice⟩ nicht leitend B M Nichtleiter *m*

non-conformisme [nõkõfɔʀmism] M Nonkonformismus *m*; **non-conformiste** A ADJ nonkonformistisch B M/F Nonkonformist(in) *m(f)*; **non-conformité** F Nonkonformität *f*

non-contradiction [nõkõtʀadiksjõ] F PHIL **principe** *m* **de ~** Satz *m* des ausgeschlossenen Widerspruchs

non-dénonciation [nõdenõsjasjõ] F JUR *d'un délit* Nichtanzeige *f*

non-engagé [nɔnɑ̃gaʒe] ADJ POL blockfrei; **non-engagement** M POL Blockfreiheit *f*; **non-exécution** F *d'un contrat* Nichterfüllung *f*; **non-existence** F PHIL Nichtexistenz *f*

non-figuratif [nõfigyʀatif] ADJ ⟨-ive⟩ BEAUX-ARTS ungegenständlich; gegenstandslos; abstrakt; nonfigurativ; *subst* **les ~s** die Vertreter *mpl* der abstrakten Kunst

non-fumeur [nõfymœʀ] M Nichtraucher *m*; **non-gréviste** M Nichtstreikende(r) *m*

non-ingérence [nɔnɛ̃ʒeʀɑ̃s] F POL Nichteinmischung *f*; **non-initié(e)** M(F) Uneingeweihte(r) *m/f(m)*; Nichteingeweihte(r) *m/f(m)*; Laie *m*; **non-inscrit** ADJ *et* SUBST M POL **(député)** ~ fraktionslose(r) Abgeordnete(r)

non-intervention [nɔnɛ̃tɛʀvɑ̃sjõ] F POL Nichteinmischung *f*; **politique** *f* **de ~** Politik *f* der Nichteinmischung

non-lieu [nõljø] M JUR Einstellung *f* des (Straf)Verfahrens; **ordonnance** *f* **de ~** Einstellungsbeschluss *m*; **il y a ~** das Verfahren wird eingestellt; **rendre un ~** die Strafverfolgung, das Verfahren einstellen

non-moi [nõmwa] M PHIL Nicht-Ich *n*

nonne [nɔn] F *plais (religieuse)* Nonne *f*

nonnette [nɔnɛt] F 1 *plais* Nönnchen *n*; junge Nonne 2 CUIS kleiner runder Lebkuchen (mit Marmelade)

nonobstant [nɔnɔpstɑ̃] ADMIN PRÉP ungeachtet, trotz *(+gén)*

non-paiement [nõpɛmɑ̃] M Nicht(be)zahlung *f*

non-prolifération [nõpʀɔlifeʀasjõ] F Nichtverbreitung *f*; Nichtweitergabe *f*; **traité** *m* **de ~ des armes nucléaires** Atom(waffen)sperrvertrag *m*

non-recevoir [nõʀ(ə)səvwaʀ] M **fin** *f* **de ~** strikte Ablehnung; abschlägiger Bescheid; JUR (Antrag *m* auf) Abweisung *f* der Klage; **opposer une, répondre par une fin de ~** e-n abschlägigen Bescheid geben; j-n abschlägig bescheiden; j-s Bitte strikt ablehnen; JUR die Abweisung der Klage beantragen

non-résident [nõʀezidɑ̃] M ÉCON Devisenausländer *m*; **non-respect** M *d'une règle etc* Nichtbeachtung *f*; **non-responsabilité** F Nichtverantwortlichsein *n*; ASSURANCES Nichthaftbarsein *n*; Haftungsausschluss *m*

non-retour [nõʀ(ə)tuʀ] M **point** *m* **de ~** Punkt *m*, an dem es kein Zurück mehr gibt

non-salarié [nõsalaʀje] M selbstständig Erwerbstätige(r) *m*; Selbstständige(r) *m*

non-sens [nõsɑ̃s] M 1 Unsinn *m*; Nonsens *m*; Widersinn *m*; **c'est un ~** das ist unsinnig, widersinnig, absurd 2 *dans une traduction* unverständliche Stelle; **faire un ~** Unsinn, völlig Unverständliches schreiben

non-stop [nɔnstɔp] ADJ ⟨inv⟩ Non-stop...

non-viabilité [nõvjabilite] F *d'un nouveau-né* Nichtlebensfähigkeit *f*

non-violence [nõvjɔlɑ̃s] F POL Gewaltlosigkeit *f*; **non-violent** POL A ADJ gewaltlos B MPL **~s** Anhänger *mpl* der Gewaltlosigkeit

non-voyant [nõvwajɑ̃] M, **non-voyante** F Blinde(r) *m/f(m)*

Norbert [nɔʀbɛʀ] M *Vorname*

nord [nɔʀ] A M 1 *point cardinal* (ABR **N.**) Nord(en) *m* (*abr* N); **vent** *m* **du ~** Nordwind *m*; *loc adv* **au ~** im Norden, nördlich (**de** von *ou +gén*); **au ~ de la Loire** nördlich der Loire; **plus au ~** weiter im Norden, nördlich; **en direction du ~, vers le ~** in nördlicher Richtung; nordwärts; nach, gegen, *poét* gen Norden; *fam fig* **perdre le ~** den Kopf verlieren 2 **le Nord** a *d'une région, d'une ville etc* der Norden; **le Grand Nord** der hohe Norden; **l'Afrique** *f*, **l'Allemagne** *f*, **l'Amérique** *f* **du Nord** Nordafrika *n*, -deutschland *n*, -amerika *n*; **la mer du Nord** die Nordsee; **dans le Nord de Paris** im Norden von Paris; in Paris Nord b *de la France* Nordfrankreich *n*; der Norden (Frankreichs); **canal** *m* **du Nord** Nordkanal *m*; *à Paris* **gare** *f* **du Nord** Nordbahnhof *m*; **les gens** *mpl* **du Nord** die Nordfranzosen *mpl* c *frz Departement* B ADJ ⟨inv⟩ nördlich; Nord...; **la banlieue ~** die nördlichen Vororte *mpl*; GÉOG **cap Nord** Nordkap *n*; **côte** *f* **~** Nordküste *f*; **hémisphère** *m* **~** nördliche Hemisphäre, Halbkugel; Nordhalbkugel *f*; *d'une ville* **partie** *f* **~** Nordteil *m*; nördlicher Teil

nord-africain [nɔʀafʀikɛ̃] A ADJ nordafrikanisch B SUBST **Nord-Africain(e)** *m(f)* Nordafrikaner(in) *m(f)*

nord-américain [nɔʀameʀikɛ̃] A ADJ nordamerikanisch B SUBST **Nord-Américain(e)** *m(f)* Nordamerikaner(in) *m(f)*

nord-coréen [nɔʀkɔʀeɛ̃] A ADJ ⟨~ne⟩ nordkoreanisch B SUBST **Nord-Coréen(ne)** *m(f)* Nordkoreaner(in) *m(f)*

nord-est [nɔʀɛst] A M 1 *direction* Nordost(en) *m*; **vent** *m* **du ~** Nordost(wind) *m* 2 *d'un pays* **le Nord-Est** der Nordosten; *de la France* Nordostfrankreich *n*; der Nordosten Frankreichs B ADJ ⟨inv⟩ nordöstlich; Nordost...

nordique [nɔʀdik] A ADJ nordisch; **langues** *fpl*, **pays** *mpl* **~s** nordische Sprachen *fpl*, Länder *npl*; **marche** *f* **nordique** Nordic Walking *n* B SUBST 1 **Nordique** *m/f* Nordländer(in) *m(f)* 2 LING **le ~** die nordischen Sprachen *fpl*; *matière universitaire* Skandinavistik *f*; *autrefois* Nordistik *f*

nordiste [nɔʀdist] HIST U.S.A. A M/F Nordstaatler(in) *m(f)* B ADJ der Nordstaaten

nord-nord-est [nɔʀnɔʀɛst] M Nordnordost(en) *m*; **nord-nord-ouest** M Nordnordwest(en) *m*

nord-ouest [nɔʀwɛst] A M 1 *direction* Nordwest(en) *m*; **vent** *m* **du ~** Nordwest(wind) *m* 2 *d'un pays* **le Nord-Ouest** der Nordwesten B ADJ ⟨inv⟩ nordwestlich; Nordwest...

Nord-Pas-de-Calais [nɔʀpadkalɛ] **le ~** *frz Region*

nord-vietnamien [nɔʀvjɛtnamjɛ̃] A ADJ ⟨~ne⟩ nordvietnamesisch B SUBST **Nord-Vietnamien(ne)** *m(f)* Nordvietnamese, -vietnamesin *m,f*

noria [nɔʀja] F TECH Becherwerk *n*; Schöpfrad *n*

norique [nɔʀik] HIST A ADJ norisch B SUBST **le Norique** Noricum *n*

normal [nɔʀmal] A ADJ ⟨-aux⟩ 1 normal; Normal...; üblich; *prix a.* regulär; **état ~** Normalzustand; TECH **nombre ~** Norm-, Normungszahl *f*; CHIM **solution ~e** Normallösung *f*; **c'est bien ~** das ist doch ganz normal, natürlich, verständlich; **il n'est pas ~** er ist (geistig *ou* körperlich) nicht ganz normal; **il est ~ de** *(+ inf) ou* **que ...** *(+subj)* es ist (ganz) normal, zu *(+inf) ou* dass ...; *situation etc* **redevenir ~** sich wieder normalisieren; *maladie* **suivre son cours ~** ihren normalen, üblichen Verlauf nehmen; **trouver ~ de** *(+inf) ou* **que ...** *(+subj)* es (ganz) normal finden, zu *(+inf) ou* dass ... 2 **École ~e supérieure** *ou fam subst* **Normale sup** *Elitehochschule zur Ausbildung von Lehrern an höheren Schulen*; **il a fait Normale** er hat die „École normale supérieure" besucht 3 HIST **École ~e** pädagogische Hochschule (*abr* PH) B F 1 **la ~e** das Normale, Übliche; *intelligence etc* **au-dessus de la ~e** überdurchschnittlich; *situation* **revenir à la ~e** sich wieder normalisieren 2 GÉOMÉTRIE **~e** Normale *f*

normalement [nɔʀmalmɑ̃] ADV a *en début de phrase* normaler-, üblicherweise; in der Regel b **tout se passe ~** alles verläuft normal, wie üblich

normalien [nɔʀmaljɛ̃] M, **normalienne** F Absolvent(in) *m(f)*, ehemaliger Schüler, ehemalige Schülerin e-r „École normale" oder der „École normale supérieure"

normalisation [nɔʀmalizasjõ] F 1 *des relations diplomatiques etc* Normalisierung *f* 2 TECH Normung *f*; Normierung *f*; Standardisierung *f*; Vereinheitlichung *f*

normaliser [nɔʀmalize] V/T 1 normalisieren; **~ les relations diplomatiques** die diplomatischen Beziehungen normalisieren 2 TECH normen; normieren; standardisieren; vereinheitlichen; *adjt* **normalisé** genormt

normalité [nɔʀmalite] F Normalität *f*

normand [nɔʀmɑ̃] A ADJ 1 normannisch; der Normandie; **armoire ~e** riesiger, schwerer Schrank; **cheval ~** Normanne *m*; *bovins* **race ~e** normannische Rasse; *fig* **faire le trou ~** zwischen zwei Gängen ein Gläschen Schnaps trinken 2 HIST normannisch B SUBST 1 **Normand(e)** *m(f)* Bewohner(in) *m(f)* der Normandie; *fig* **réponse** *f* **de Normand** zweideutige, ausweichende Antwort; weder Ja noch Nein 2 HIST **les Normands** *mpl* die Normannen *mpl* 3 LING **le ~** das Normannische; Normannisch *n*

Normandie [nɔʀmɑ̃di] **la ~** die Normandie

normatif [nɔʀmatif] ADJ ⟨-ive⟩ normativ

norme [nɔʀm] F 1 Norm *f*; Regel *f*; **s'écarter de la ~** von der Norm, Regel abweichen; **rester dans la ~** nicht von der Norm, Regel abweichen 2 TECH Norm *f*; **~ française** *ou* **~**

N.F. französisches Normenwerk; französische Normblätter *npl*; *produit* **être conforme aux ~s** normgerecht sein

norois *ou* **noroît** [nɔʀwa] M MAR Nordwest(-wind) *m*

Norvège [nɔʀvɛʒ] **la ~** Norwegen *n*

norvégien [nɔʀveʒjɛ̃] A ADJ ⟨~ne⟩ norwegisch; CUIS **marmite ~ne** großer Thermosbehälter B SUBST 1 **Norvégien(ne)** *m(f)* Norweger(in) *m(f)* 2 LING **le ~** das Norwegische; Norwegisch *n*

nos [no] → notre

nosocomial [nozɔkɔmjal] ADJ MÉD im Krankenhaus erfolgend; *t/t* nosokomial; **infection ~e** Krankenhausinfektion *f*; *t/t* nosokomiale Infektion

nostalgie [nɔstalʒi] F Sehnsucht *f*, sehnsüchtiges Verlangen (**de** nach); *du passé* Nostalgie *f*; **avoir la ~ de qc** Sehnsucht nach etw haben; sich nach etw sehnen, *de son enfance etc* zurücksehnen

nostalgique [nɔstalʒik] ADJ *chant, regard* sehnsüchtig; sehnsuchtsvoll; wehmütig; **souvenir** *m* **~** wehmütige Erinnerung; *personne* **(être) ~** wehmütig gestimmt (sein)

nota [nɔta] M *ou* **nota bene** [nɔtabene] M ⟨*inv*⟩ (ABR **N. B.**) Anmerkung *f* (*abr* Anm.); *en bas de page* Fußnote *f*

notabilité [nɔtabilite] F bedeutende, angesehene, bekannte, prominente Persönlichkeit; **les ~s** *pl a.* alles, was Rang und Namen hat; die Prominenz; *d'une petite ville* die Honoratioren *pl*

notable [nɔtabl] A ADJ *différence, progrès etc* beachtlich; beträchtlich; nennenswert; merklich; spürbar; fühlbar; *fait* beachtlich; bemerkenswert; beachtenswert B M → notabilité

notablement [nɔtabləmɑ̃] ADV beträchtlich; merklich; sichtlich; erheblich; spürbar; fühlbar

notaire [nɔtɛʀ] M/F JUR Notar(in) *m(f)*; **cabinet** *m*, **étude** *f* **de ~** Notariat *n*; *acte, contrat* **passé devant ~** notariell beurkundet, beglaubigt

notamment [nɔtamɑ̃] ADV besonders; im Besonderen; namentlich; vor allem

notarial [nɔtaʀjal] ADJ ⟨-aux⟩ notariell; notarisch; Notar...; Notariats...; **notariat** M 1 *fonction* Notariat *n*; Amt *n* e-s Notars 2 *coll* (Gesamtheit *f* der) Notare *mpl*

notarié [nɔtaʀje] ADJ **acte ~** notarielle Urkunde

notation [nɔtasjõ] F 1 (*système de symboles*) Wiedergabe *f* durch Zeichen; Zeichenschrift *f*, -system *n*; *t/t* Notation *f*; **~ chimique** chemische Zeichensprache; **~ musicale** Notenschrift *f*; Notation *f*; Notierung *f*; **~ phonétique** Lautschrift(zeichen) *f(npl)*; **~ sténographique** Kurzschriftzeichen *npl* 2 (*courte remarque*) Notiz *f*; (kurzer) Vermerk; (kurze) Eintragung 3 ÉCOLE Zensierung *f*; Bewertung *f*; Benotung *f*; Notengebung *f*; *d'un fonctionnaire* Beurteilung *f* 4 FIN Rating *n*; **agence** *f* **de notation** Ratingagentur *f*

note [nɔt] F 1 *imprimée* Anmerkung *f*; Vermerk *m*; Bemerkung *f*; *en bas de page* Fußnote *f*; **~ de l'auteur** Vorbemerkung *f* des Autors; **~ du traducteur** Anmerkung des Übersetzers; *loc adv* **en ~** als Anmerkung, Fußnote 2 *par écrit* Notiz *f*; Vermerk *m*; **~s** *pl* Notizen *fpl*; Aufzeichnungen *fpl*; Unterlagen *fpl*; *d'un cours* Nachschrift *f*; Skript *n*; *orateur* **parler sans ~s** frei sprechen; **prendre des ~s** sich (*dat*) Notizen machen; *à un cours* mitschreiben; **prendre ~ de qc** sich (*dat*) etw notieren, aufschreiben; etw vermerken, vormerken; *fig* etw zur Kenntnis nehmen; *fig* **j'en prends bonne ~** das werde, will ich mir gut merken; **prendre qc en ~** etw mitschreiben 3 DIPL **~ (diplomatique)** (diplomatische) Note; **~ de protestation** Protestnote *f* 4 **~ (de service)** (innerbetriebliche) Mitteilung; (*circulaire*) Umlauf *m*; **faire passer une ~ dans tous les services** e-n Umlauf herumgehen lassen; ein (Rund)Schreiben, e-e Mitteilung durch die Abteilungen gehen lassen 5 MUS a *signe* Note *f*; **savoir lire les ~s** Noten lesen können b *son* Ton *m*; **fausse ~** falscher Ton; → *a.* 6; **sauter une ~** e-n Ton weglassen c (*touche d'un clavier*) Taste *f* 6 *fig* Note *f*; Gepräge *n*; Prägung *f*; **fausse ~** störendes Detail; **c'est une ~ juste** das passt gut, fügt sich harmonisch ein; **ne pas être dans la ~** *réflexion* nicht passen; *personne* nicht in diesen Rahmen passen; nicht dazupassen; **forcer la ~** übertreiben; zu weit gehen; *fam* zu viel des Guten tun; **mettre une ~ gaie dans qc** e-r Sache (*dat*) e-e fröhliche, heitere Note, ein fröhliches, heiteres Gepräge verleihen 7 ÉCOLE Note *f*; Zensur *f*; *d'un fonctionnaire* Beurteilung *f*; **avoir une bonne ~ en physique** e-e gute Note, Zensur in Physik haben; *fig* **c'est une mauvaise ~ pour lui** das macht e-n schlechten Eindruck; **mettre une bonne ~ à un élève** e-m Schüler e-e gute Note, Zensur geben 8 (*facture*) Rechnung *f*; **~ d'électricité, de gaz, d'hôtel** Strom-, Gas-, Hotelrechnung *f*; **~ de frais** Spesenrechnung *f*

noter [nɔte] V/T 1 (*marquer*) anstreichen; anzeichnen; anmerken 2 (*écrire*) (sich [*dat*]) notieren, (sich [*dat*]) aufschreiben, vermerken (**sur un agenda** in e-m Taschenkalender) 3 (*remarquer*) bemerken; feststellen; **il faut ~, il est à ~, notons que ...** es muss festgestellt, festgehalten, hervorgehoben werden, dass ...; **ceci mérite d'être noté** das verdient Beachtung; **notez bien que je ne lui ai rien dit** ich habe ihm, wohlgemerkt, nichts gesagt 4 *élève* e-e Note, Zensur geben (**qn** j-m); **~ une copie, un devoir** eine Hausarbeit, eine Schulaufgabe benoten, bewerten; **~ un employé** einen Angestellten beurteilen; **être noté dix sur vingt** *correspond à* mit „ausreichend", mit e-r Vier zensiert werden; *fig* **être mal noté auprès de qn** bei j-m schlecht angeschrieben sein

notice [nɔtis] F 1 (*bref exposé*) Abriss *m*; kurze Darstellung; Hinweise *mpl*; **~ biographique** Kurzbiografie *f*; kurzes Lebensbild; *d'un appareil* **~ explicative** (Bedienungs)Anleitung *f* 2 (*préface*) Vorwort *n*, in dem der Autor und das Werk vorgestellt werden

notification [nɔtifikasjõ] F JUR, ADMIN offizielle, amtliche Benachrichtigung, Mitteilung

notifier [nɔtifje] V/T **~ qc à qn** j-m etw offiziell mitteilen; j-n offiziell von etw benachrichtigen, in Kenntnis setzen

notion [nosjõ] F 1 (*idée*) Begriff *m*; (*connaissance intuitive*) Vorstellung *f*; Gefühl *n* (**de qc** für etw); **~ du bien et du mal** Wissen *n* um Gut und Böse; Kenntnis *f* von Gut und Böse; **~ du temps** Zeitbegriff *m*, -gefühl *n*; **perdre la ~ de la réalité** der Wirklichkeit (*dat*) entrückt sein; **je n'en ai pas la moindre ~** ich habe nicht die geringste Ahnung, Vorstellung davon 2 **~s** *pl* Grund-, Elementarkenntnisse *fpl* (**de français** im Französischen); Anfangsgründe *mpl* (des Französischen)

notionnel [nosjɔnɛl] ADJ ⟨~le⟩ LING **champ ~** Begriffsfeld *n*

notoire [nɔtwaʀ] ADJ *fait* allgemein bekannt; offenkundig; *criminel, tricheur* notorisch; berüchtigt; **être d'une bêtise, paresse ~** strohdumm, stinkfaul sein

notoirement [nɔtwaʀmɑ̃] ADV offenkundig

notoriété [nɔtɔʀjete] F 1 *d'un fait* allgemeine Bekanntheit; Offenkundigkeit *f*; JUR **acte** *m* **de ~** Offenkundigkeitsurkunde *f*; *correspond à* eidesstattliche Versicherung; **il est de ~ publique que ...** es ist allgemein bekannt, dass ... 2 (*célébrité*) Bekanntheit(sgrad) *f(m)*; Ruf *m*; Name *m*; **ses publications lui ont acquis une grande ~** s-e Veröffentlichungen haben ihn berühmt, ihm e-n Namen gemacht

notre [nɔtʀ] ADJ POSS ⟨*pl* nos [no]⟩ unser(e), *pl* uns(e)re; **~ ami** unser Freund; **~ fille** uns(e)re Tochter; **nos enfants** uns(e)re Kinder; *dans un récit* **~ °héros** unser Held; **comment va ~ malade?** wie geht es uns(e)rem Kranken?

nôtre [notʀ] A PR POSS **le ~, la ~** der, die, das uns(e)re *ou* Uns(e)re, unsrige *ou* Unsrige, unsere(r, -s); unsre(r, -s); *pl* **les ~s** die uns(e)ren *ou* Uns(e)ren, unsern *ou* Unsern, unsrigen *ou* Unsrigen; uns(e)re B ADJ POSS *litt* **un ~ cousin** ein Vetter von uns; *st/s* **cette richesse qui était ~** *st/s* der Reichtum, den wir den unser(e)n nannten; *ces revendications* **nous les avons faites ~s** wir haben sie zu den unser(e)n gemacht C SUBST 1 **le ~** das Uns(e)re, Unsrige; **nous y mettrons chacun du ~** jeder von uns wird das Sein(ig)e dazu beitragen 2 **les ~s** *mpl* (*famille, amis etc*) die Unser(e)n, Unsren; **serez-vous des ~s?** kommen Sie auch?; **il était des ~s dimanche dernier** er war letzten Sonntag bei uns

Notre-Dame [nɔtʀədam] F ÉGL CATH 1 (*la Vierge Marie*) Unsere Liebe Frau 2 *nom d'église, correspond à* Marienkirche *f*

nouba [nuba] F LOC *fam* **faire la ~** tüchtig, ordentlich, *fam* feste feiern; *fam* einen draufmachen

nouer [nwe, nue] A V/T 1 *lacets* (zu)schnüren; (zu)binden; *cheveux* (zusammen)knoten; *foulard* knoten, schlingen (**autour du cou** um den Hals); **~ un bouquet** einen Blumenstrauß (zusammen)binden; **~ une cravate** eine Krawatte binden, knoten; **~ un paquet** ein Paket ver-, zuschnüren 2 *fig relations* anknüpfen; THÉ **~ l'action, l'intrigue** den Knoten schürzen; *fig émotion* **~ la gorge à qn** j-m die Kehle zuschnüren, zusammenschnüren; **~ des intrigues** Intrigen spinnen; *adjt* **il avait la gorge nouée** s-e Kehle war wie zugeschnürt B V/PR **se ~** *relations* sich anbahnen; *intrigues* eingefädelt, gesponnen werden

noueux [nuø] ADJ ⟨-euse⟩ *arbre, racine* knorrig; *bois* astreich; astig; *mains* knotig

nougat [nuga] M 1 Art türkischer Honig; N(o)ugat *m ou n* aus Montélimar 2 *fam fig* **c'est du ~** das ist kinderleicht; das ist ein Kinderspiel 3 *arg* **~s** *pl* (*pieds*) *fam* Quanten *pl*

nougatine [nugatin] F Krokant *m*

nouille [nuj] F 1 CUIS **~s** *pl* Nudeln *fpl* 2 *fam fig de qn fam* Flasche *f*; **quelle ~!, quel plat de ~s!**, *adjt* **ce qu'il peut être ~!** so e-e Flasche! 3 *péj* **style** *m* **~** Jugendstil *m*

nounou [nunu] *enf* F 1 *qui allaite* Amme *f* 2 *qui garde* Tagesmutter *f*

nounours [nunuʀs] *enf* M Teddy(bär) *m*

nourri [nuʀi] ADJ 1 *personne* **bien ~** wohlgenährt; gut genährt; **mal ~** schlecht genährt; **être logé et ~** freie Kost und Wohnung *ou* Logis haben 2 *fig applaudissements* anhaltend; **conversation ~e** lebhafte Unterhaltung; MIL **feu ~** anhaltendes Feuer; Dauerfeuer *n*

nourrice [nuʀis] F 1 *qui allaite* Amme *f*; *qui garde* Pflegemutter *f*; Tagesmutter *f*; *enfant* **mettre en ~** a zu e-r Amme geben; e-r Amme übergeben b in Pflege geben 2 **épingle** *f* **de ~** Sicherheitsnadel *f* 3 TECH Reservetank *m*; *bidon* Reservekanister *m*

nourricier [nuʀisje] ADJ ⟨-ière⟩ Nähr...; Pflege...; **père ~** Pflege-, BIBL Nährvater *m*; *fig* **la terre nourricière** die Nährmutter Erde

nourrir [nuʀiʀ] A V/T 1 *personne, famille* (*entretenir*) ernähren; unterhalten; (*alimenter*) bekostigen; verpflegen; *région: ville* mit Nahrungsmitteln versorgen; *fig bois: feu* immer wieder neue Nahrung geben *(+dat)*; in Gang halten; *fig lectures* **~ l'esprit** dem Geist Nahrung geben; *métier* **(ne pas) ~ son homme** s-n Mann (nicht) ernähren; *enfant* **~ au sein** stillen; nähren; *abs* **le sucre nourrit** Zucker nährt, ist nahrhaft **2** *animal* füttern **3** *fig désir, projet etc* hegen; *espoir, illusion a.* sich hingeben *(+dat)*; *haine a.* im Herzen nähren, tragen (**contre qn** gegen j-n) **B** V/PR **1** **se ~** sich ernähren, *st/s* sich nähren (**de** von *ou* mit); leben (von); **bien se ~** sich gut *ou* richtig ernähren **2** *fig* **se ~ d'illusions** sich Illusionen hingeben, machen; in, von Illusionen leben

nourrissant [nuʀisɑ̃] ADJ nahrhaft

nourrisson [nuʀisõ] M Säugling *m*; **service** *m* **de consultation des ~s** Mütterberatungsstelle *f*

nourriture [nuʀityʀ] F **1** *(aliments)* Nahrung *f*; Kost *f*; Essen *n*; *(alimentation)* Ernährung *f*; Beköstigung *f*; Verpflegung *f*; **~ légère, lourde** leichte, schwere Kost, Nahrung; leichtes, schweres Essen; *litt et fig* **~ de l'esprit** geistige Nahrung, Kost; **ne plus absorber, prendre aucune ~** keinerlei Nahrung mehr zu sich nehmen **2** *d'un animal* Futter *n*

nous [nu] PR PERS **1** *sujet* wir; **~ sommes content(e)s** wir sind zufrieden; *pl de majesté* **~, président de …, décidons …** wir, der Präsident von …, bestimmen …; *pl de modestie* **comme ~ le présentons dans ce livre** wie wir es in diesem Buch darbieten; *fam à la place de* tu *ou* vous: **comment allons-~?** *fam* wie geht es uns?; **elle est plus intelligent que ~** sie ist klüger als wir **2** *obj dir ou obj indir* uns *(acc ou dat)*; **il ~ l'a écrit** er hat es uns geschrieben; **il ne ~ voit pas** er sieht uns nicht; **pardonne-~!** verzeih uns!; **présentez-~ à lui!** stellen Sie uns ihm vor!; *réfléchi* **~ ~ sommes acheté une nouvelle voiture** wir haben uns e-n neuen Wagen gekauft; *réciproque* **~ ~ sommes regardé(e)s sans rien dire** wir sahen uns an, ohne etwas zu sagen **3** *emphatique, renforcé*: **c'est ~** wir sind es; *fam* **~, on n'ira pas** wir gehen nicht hin; **~ autres Français** wir Franzosen; **~ autres, ~ sommes persuadés de son innocence** wir sind von s-r Unschuld überzeugt; **cela ~ regarde, ~ et pas eux** das geht uns etwas an und nicht sie **4** *avec prép* uns *(acc et dat)*; **ce livre est à ~** das Buch gehört uns; **à ~ trois, nous y arriverons** wir drei werden es, zu dritt werden wir es schon schaffen; **la plupart d'entre ~** die meisten von uns

nous-mêmes [numɛm] PR PERS **1** *accentué* (wir) selbst; **nous l'ignorons ~** wir wissen es selbst nicht **2** *réfléchi* uns selbst; **nous nous faisons du tort à ~** wir schaden uns selbst

nouveau [nuvo] **A** ADJ ⟨*m vor Vokal u. stummem h* nouvel [nuvɛl]; *f* nouvelle [nuvɛl]; *mpl* ~x⟩ neu; Neu…; *devant le nom a.* andere(r, -s); ♦ **nouvel an** Neujahr(stag) *n(m)*; **art ~** Jugendstil *m*; *adjt* im Jugendstil; **nouvelle édition** Neuauflage *f*; neue Auflage; **le nouvel élu** der Neugewählte; **un homme ~** ein neuer Mann *(in der Politik etc)*; **un nouvel homme** ein neuer, anderer Mensch; **légumes ~x** junges, frisches Gemüse; Frühgemüse *n*; **son ~ mari** ihr neuer Mann; **le Nouveau Monde** die Neue Welt; **mot ~** neues Wort; Neuwort *n*; Neologismus *m*; **pommes de terre nouvelles** neue Kartoffeln *fpl*; Frühkartoffeln *fpl*; **les ~x pauvres** die neuen Armen *pl*; **les ~x pères** die heutigen Väter *mpl*; die Väter von heute; **les ~x riches** die Neureichen *mpl*; *poét* **saison nouvelle** Frühling *m*; **de nouvelles têtes** neue Gesichter *npl*; **vin ~** junger Wein; **nouvelle voiture** neuer *(anderer)* Wagen; **voiture nouvelle** neuer Wagen *(neues Modell)*; ♦ *loc adv*: **à ~** aufs Neue; von Neuem; erneut; *comptabilité* **porter à ~** auf neue Rechnung übertragen, vortragen; **de ~** wieder; nochmals; abermals; noch einmal; **commettre de ~ la même erreur** wieder *etc* den gleichen Fehler begehen; **pour une nouvelle période de trois mois** auf weitere drei Monate; ♦ **qu'y a-t-il de ~?, quoi de ~?** was gibt es, gibt's Neues?; **rien de ~** nichts Neues; **c'est ~ pour moi** das ist neu für mich; das ist mir neu; **mettre une nouvelle robe** ein neues, anderes Kleid anziehen; *prov* **tout ~, tout beau** alles Neue reizt, gefällt **B** SUBST **1** **du ~** etwas Neues; **voilà du ~** das ist etwas Neues; **il y a du ~ dans cette affaire** es gibt etwas Neues in dieser Sache, Angelegenheit **2** **le ~, la nouvelle** der, die Neue *(dans une école, une entreprise etc)*

Nouveau-Brunswick [nuvobʀɛ̃svik, -bʀœ̃-] **le ~** Neubraunschweig *n*

Nouveau-Mexique [nuvomɛksik] **le ~** New Mexico *n*

nouveau-né [nuvone] **A** ADJ ⟨nouveau-née⟩ neugeboren **B** M ⟨*pl* nouveau-nés⟩ **le ~** das Neugeborene

nouveauté [nuvote] F **1** *(originalité)* Neuheit *f*; Neuartigkeit *f* **2** *(du nouveau)* Neue(s) *n*; *tu ne fumes plus?* **c'est une ~** das ist ja ganz neu **3** *(innovation)* Neuerung *f* **4** *(produit récent)* Neuheit *f*; Novität *f*; *en librairie a.* Neuerscheinung *f* **5** *(article de mode)* (Mode)Neuheit *f*; **~s de printemps, d'hiver** Neuheiten der Frühjahrs-, Wintermode; **magasin** *m* **de ~** Modewaren-, Mode(n)geschäft *n*

nouvel(le) [nuvɛl] ADJ → nouveau

nouvelle [nuvɛl] F **1** *d'un événement* Nachricht *f*; Meldung *f*; Neuigkeit *f*; PRESSE, RAD, TV **~s** *pl* Nachrichten *fpl*; Meldungen *fpl*; **bonne, mauvaise ~** gute, schlechte Nachricht; BIBL **la bonne ~** die Frohe Botschaft; **fausse ~** falsche Nachricht; Falschmeldung *f*; **la grande ~** die große Neuigkeit; **première ~!** das ist das Erste, was ich (davon) höre!; **les ~s du jour** Neues, die Nachrichten, die Meldungen vom Tage; Tagesneuigkeiten *fpl*; **aller aux ~s** sich erkundigen, was es Neues gibt; **annoncer, apporter une ~** e-e Nachricht bekannt geben, (über)bringen; **connaissez-vous la ~?** wissen Sie schon das Neueste?; **quelles sont les ~s aujourd'hui?** was gibt es heute Neues in der Welt? **2** **~s** *pl* Nachricht *f (, die j von sich gibt)*; **aux dernières ~s,** *il était encore à Paris* als ich *(ou* wir) das letzte Mal von ihm hörte(n), …; **avoir des ~s de qn** von j-m Nachricht haben *ou* erhalten; **on n'a pas de ses ~s depuis longtemps** *a.* man hat schon lange nichts mehr von ihm gehört; *menace* **vous aurez, entendrez de mes ~s!** Sie werden noch von mir hören!; **quelles ~s avez-vous de votre père?** was für Nachricht haben Sie, was hören Sie von Ihrem Vater?; **demander des ~s de qn** sich nach j-m erkundigen; nach j-m fragen; *goûtez donc cette sauce,* **vous m'en direz des ~s** Sie werden sehen, wie gut das ist *ou* schmeckt; **donner, envoyer de ses ~s** von sich hören lassen; **donner des ~s de sa santé** schreiben, hören lassen, wie es e-m gesundheitlich geht; **être, rester sans ~s de qn** ohne Nachricht von j-m sein, bleiben; nichts von j-m hören; **faire** *ou* **envoyer prendre des ~s de qn** nach j-s Befinden fragen lassen; **recevoir des ~s de qn** von j-m Nachricht erhalten; *prov* **pas de ~s, bonnes ~s** keine Nachricht, gute Nachricht **3** LITTÉRATURE Novelle *f*

Nouvelle-Amsterdam [nuvɛlamstɛʀdam] (**île** *f* **de**) **la ~** Neu-Amsterdam *n*

Nouvelle-Angleterre [nuvɛlɑ̃glətɛʀ] **la ~** Neuengland *n*

Nouvelle-Calédonie [nuvɛlkaledɔni] **la ~** Neukaledonien *n*

Nouvelle-Écosse [nuvɛlekɔs] **la ~** Neuschottland *n*

Nouvelle-Galles-du-Sud [nuvɛlgaldysyd] **la ~** Neusüdwales *n*

Nouvelle-Guinée [nuvɛlgine] **la ~** Neuguinea *n*

nouvellement [nuvɛlmɑ̃] ADV neu; vor Kurzem; **il est ~ arrivé** er ist neu *ou* vor Kurzem angekommen

Nouvelle-Orléans (La) [lanuvɛlɔʀleɑ̃] New Orleans *n*

Nouvelle-Sibérie [nuvɛlsibeʀi] **la ~** die Neusibirischen Inseln *fpl*

Nouvelle-Zélande [nuvɛlzelɑ̃d] **la ~** Neuseeland *n*

Nouvelle-Zemble [nuvɛlzɑ̃bl] GÉOG **la ~** Nowaja Semlja *n*

nouvelliste [nuvelist] M/F Novellist(in) *m(f)*

Novare [nɔvaʀ] GÉOG Novara *n*

novateur [nɔvatœʀ] M, **novatrice** F Neuerer *m*; *adjt* **esprit novateur** auf Neuerungen sinnender Geist

novation [nɔvasjõ] F FIN Schuldumwandlung *f*; Novation *f*

novembre [nɔvɑ̃bʀ] M November *m*

novice [nɔvis] M/F **1** ÉGL CATH Novize *m*; Novizin *f* **2** *(débutant[e])* Neuling *m*; Anfänger(in) *m(f)*; *adjt* **il est encore bien ~ dans son métier** er ist ein blutiger Anfänger in s-m Beruf

noviciat [nɔvisja] M ÉGL CATH Noviziat *n*

novocaïne [nɔvɔkain] F MÉD Novocain® *n*

Novos(s)ibirsk [nɔvɔsibiʀsk] GÉOG Nowosibirsk *n*

noyade [nwajad] F Ertrinken *n*; **sauver qn de la ~** j-n vor dem Ertrinken retten

noyau [nwajo] M ⟨*pl* ~x⟩ **1** BOT Stein *m*; Kern *m*; **~ de cerise, de datte, de pêche** Kirsch-, Dattel-, Pfirsichkern *m*; *fam plais: lit etc* **rembourré avec des ~x de pêche** sehr hart; **fruits** *mpl* **à ~** Steinobst *n*; **enlever le ~** den Stein, Kern entfernen, herausmachen **2** GÉOL, ÉLEC *d'une bobine*, ASTRON *d'une comète etc, a. fig* Kern *m* **3** PHYS NUCL Kern *m*; **~ de l'atome** Atomkern *m* **4** BIOL Zellkern *m*; *t/t* Nukleus *m* **5** *de personnes* kleine Gruppe; **~ d'opposants** kleine Gruppe politischer Gegner*(, die e-e Partei unterwandert)*; **~ de résistance** Widerstandsgruppe *f*

noyautage [nwajotaʒ] M POL Unterwanderung *f*; **noyauter** V/T *parti etc* unterwandern

noyé [nwaje] **A** ADJ **1** ertrunken; → *a.* noyer[1] **2** *regard* verschwommen; **elle avait les yeux ~s de pleurs** ihre Augen schwammen in Tränen **B** SUBST **~(e)** *m(f)* Ertrunkene(r) *m|f(m)*

noyer[1] [nwaje] ⟨-oi-⟩ **A** V/T **1** *personne, animal* ertränken; *animal fam* ersäufen; AUTO **~ le carburateur** *fam* den Motor absaufen lassen; *fig* **~ son chagrin dans l'alcool** s-n Kummer im Alkohol ersäufen; *révolte* **~ dans le sang** im Blut ersticken; blutig niederschlagen; **~ le poisson** e-r klaren Antwort (durch Ablenkungsmanöver) ausweichen; *inondation* **~ une région** ein Gebiet überfluten, unter Wasser setzen **2** *par ext souvent pp*: *personne* **être noyé dans la foule** von der Menge verschluckt worden sein; **être noyé dans la graisse** fettleibig, *fam* ein Fettkloß, Fettwanst sein; *pièce* **être noyée dans l'obscurité** in Dunkel gehüllt, getaucht sein; *cri* **être noyé par le bruit** im Lärm untergehen; vom Lärm übertönt werden **3** TECH einlassen, einbetten (**dans** in *+acc*) **4** *couleurs, contours* zerfließen lassen; verwischen; ineinander verschmelzen lassen **B** V/PR **1** *baigneur etc* **se ~** ertrinken **2** *par ext*

N

se ~ **dans les détails** sich in Einzelheiten verlieren
noyer² [nwaje] M 1 BOT (Wal)Nussbaum *m* 2 *bois* Nussbaum(holz) *m(n)*
Noyon [nwajõ] *Stadt im Dep. Oise*
nu [ny] A ADJ 1 *personne* nackt; unbekleidet; *bras, jambes etc* nackt; bloß; entblößt; **tout ~, ~ comme un ver** splitter(faser)nackt; *fig* **la vérité toute ~e** die nackte, reine, ungeschminkte Wahrheit; **à moitié ~** halb nackt; notdürftig bekleidet; *loc adv*: **les mains ~es** mit bloßen Händen; **se battre les mains ~es** sich mit bloßen Fäusten verteidigen; **(les) pieds ~s** barfuß; mit nackten, bloßen Füßen; **(la) tête ~e** mit bloßem, entblößtem Kopf; ohne Kopfbedeckung; barhäuptig; **(le) torse ~** mit nacktem Oberkörper; **à l'œil ~** mit bloßem Auge; **se mettre ~** sich nackt ausziehen 2 *mur* nackt; kahl; *chambre, arbre* kahl; *pièce a.* nicht möbliert; **épée ~e** blankes Schwert; **fil ~** blanker Draht; **mettre à ~** *fil électrique* freilegen, bloß legen; *fig* entblößen; schonungslos darstellen; offen darlegen B M BEAUX-ARTS 1 *technique* Aktdarstellung *f*, -malerei *f*, -zeichnung *f* 2 *œuvre* Akt *m*; **~ féminin couché** liegender weiblicher Akt; **~ photographique** Aktfoto *n*, -aufnahme *f*
nuage [nɥaʒ] M 1 Wolke *f*; **~s** *pl a.* Bewölkung *f*; Gewölk *n*; **~ de fumée, de grêle, de pluie, de poussière** Rauch-, Hagel-, Regen-, Staubwolke *f*; *loc adj* **sans ~s** *ciel* wolkenlos; *fig bonheur* ungetrübt; *fig*: **il y a des ~s noirs à l'horizon** schwarze Wolken ziehen am Horizont auf; **être dans les ~s** zerstreut, geistesabwesend sein; mit s-n Gedanken ganz woanders, nicht bei der Sache sein 2 *dans le café etc* **un ~ de lait** ein Tröpfchen, ein klein wenig Milch
nuageux [nɥaʒø] ADJ ⟨-euse⟩ *ciel* bewölkt; MÉTÉO **temps ~** wolkig; bewölkt
nuance [nɥɑ̃s] F 1 *d'une couleur* Abstufung *f*; Abtönung *f*; Schattierung *f*; Nuance *f* 2 *(différence subtile)* feiner Unterschied; Nuance *f*; Feinheit *f*; *loc adj* **tout en ~s** *esprit* sehr differenziert; *interprétation, expression* nuancenreich; sehr nuanciert; **il y a des ~s** es gibt feine Unterschiede, Nuancen 3 *fig (soupçon)* (leichte) Spur, Hauch *m*, Anflug *m* **(de regret** *etc* von Bedauern *etc)* 4 MUS **~s** *pl* Tonstärken *fpl*
nuancé [nɥɑ̃se] A ADJ nuanciert; differenziert B M Nuanciertheit *f*; Nuancenreichtum *m*
nuancer [nɥɑ̃se] V/T ⟨-ç-⟩ 1 *pensée, jugement* nuancieren; fein differenzieren 2 *couleur* abstufen; abtönen; schattieren; nuancieren
Nubie [nybi] **la ~** Nubien *n*
nubien [nybjɛ̃] A ADJ ⟨~ne⟩ nubisch B SUBST **Nubien(ne)** *m(f)* Nubier(in) *m(f)*
nubile [nybil] ADJ heiratsfähig; **nubilité** F Heiratsfähigkeit *f*; heiratsfähiges Alter
Nucingen [nysɛ̃ʒɛn, -siŋgɛn] *Romangestalt bei Balzac*
nucléaire [nykleɛʀ] A ADJ 1 Kern...; Atom...; nuklear; Nuklear...; **armes** *fpl* **~s** Kern-, Atom-, Nuklearwaffen *fpl*; **centrale** *f* **~** Kern-, Atomkraftwerk *n*; **énergie** *f* **~** Kern-, Atomenergie *f*; Kern-, Atomkraft *f*; **explosion** *f* **~** Kern-, Atomexplosion *f*; **guerre** *f* **~** Atomkrieg *m*; **médecine** *f* **~** Nuklearmedizin *f*; **physique** *f* **~** Kernphysik *f*; **puissance** *f* **~** Atom-, Nuklearmacht *f*; **réacteur** *m* **~** Kern-, Atomreaktor *m*; **recherche** *f* **~** Kernforschung *f* 2 BIOL (Zell)Kern... B M Kern-, Atomenergie *f*; Kern-, Atomkraft *f*; **sortie** *f* **du ~** Ausstieg *m* aus der Kern-, Atomenergie
nucléique [nykleik] ADJ BIOCHIMIE **acides** *mpl* **~s** Nukleinsäuren *fpl*
nudisme [nydism] M Freikörperkultur *f (abr* FKK); Nacktkultur *f*; Nudismus *m*; **faire du ~** FKK machen
nudiste [nydist] A ADJ FKK-...; der Freikörper-, Nacktkultur; nudistisch B M/F FKK-Anhänger(in) *m(f)*; Anhänger(in) *m(f)* der Freikörperkultur; Nudist(in) *m(f)*; *fam* FKKler(in) *m(f)*; **camp** *m* **de ~s** FKK-Gelände *n*; *en bord de mer* FKK-Strand *m*
nudité [nydite] F 1 *d'une personne* Nacktheit *f*; Blöße *f* 2 *fig d'une cellule etc* Nacktheit *f*; Kahlheit *f*; *vices* **s'étaler** *ou* **se montrer dans toute leur ~** sich in ihrer ganzen Schamlosigkeit zeigen 3 PEINT **~s** *pl* nackte Gestalten *fpl*, Figuren *fpl*
nue [ny] F 1 *litt (nuages)* Wolken *fpl* 2 *fig* **porter qn aux ~s** j-n in den Himmel heben; **tomber des ~s** (wie) aus allen Wolken fallen
nuée [nɥe] F 1 *litt (gros nuage)* große, dicke Wolke; *lors d'une éruption volcanique* **~ ardente** Glutwolke *f* 2 *fig* Schwarm *m*; **~ d'admirateurs** Schwarm von Bewunderern; **~ de sauterelles** Heuschreckenschwarm *m*
nue-propriété [nypʀɔpʀijete] F ⟨*pl* nues-propriétés⟩ JUR mittelbarer Besitz
nuire [nɥiʀ] ⟨→ conduire; *aber pp* nui⟩ A V/T INDIR **~ à qn** j-m schaden, Schaden zufügen; **~ à qc** e-r Sache *(dat)* schaden, schädlich sein, abträglich sein, Abbruch tun; etw schädigen; für etw nachteilig sein; **~ à la santé** der Gesundheit unzuträglich sein, schaden *etc*; **cette affaire lui a beaucoup nui** diese Sache hat ihm sehr geschadet; *abs* **la volonté de ~** der Wille, Schaden zuzufügen, zu stiften, anzurichten B V/PR **se ~** *réfléchi* sich *(dat)* (selbst) schaden; *réciproque* sich (gegenseitig) schaden
nuisance [nɥizɑ̃s] F Umweltbelastung *f*; Beeinträchtigung *f* der Lebensqualität; schädliche Einwirkung; Unzuträglichkeit *f*; *t/t* Immission *f*; **~s sonores** Lärmbelästigung *f*; **~s des avions** Lärmbelästigung *f* durch Flugzeuge
nuisette [nɥizɛt] F kurzes (Damen)Nachthemd; Shorty *n*
nuisible [nɥizibl] ADJ schädlich; abträglich; unzuträglich; **animaux** *mpl* **~s** Schädlinge *mpl*; **~ à la santé** gesundheitsschädlich, -schädigend
nuit [nɥi] F Nacht *f*; **~ blanche** schlaflose Nacht; **bonne ~!** gute Nacht!; **gardien** *m*, **table** *f*, **vol** *m* **de ~** Nachtwächter *m*, -tisch *m*, -flug *m*; ♦ *loc adv*: **la ~** in der Nacht; nachts; bei Nacht; *st/s* des Nachts; nächtlicherweile; *dans les contes* **la ~ venue** nachdem es Nacht, dunkel geworden war; **toute la ~** die ganze Nacht (über, hindurch); **le jour et la ~** *ou* **~ et jour** [nɥite-] *ou* **jour et ~** Tag und Nacht; **dans la ~ des temps** in grauer Vorzeit; **de ~** in der Nacht; nachts; bei Nacht; **être de ~** Nachtschicht, *à l'hôpital* Nachtdienst haben; **en pleine ~** mitten in der Nacht; **(jusqu')à une heure avancée de la ~** (bis) zu vorgerückter (Nacht)Stunde; tief in der Nacht; bis tief in die Nacht (hinein); **par une ~ sans lune** in e-r mondlosen Nacht; **pendant la ~** während der Nacht; in der Nacht; ♦ *enfant* **dormir sa ~** fest (und ohne Unterbrechung) schlafen; **ne pas dormir de (toute) la ~** die ganze Nacht nicht schlafen; *fig* **c'est le jour et la ~** das ist ein Unterschied wie Tag und Nacht; das ist ein himmelweiter Unterschied; **il fait ~** es ist Nacht, dunkel; *bébé* **faire ses nuits** (nachts) durchschlafen; **passer une bonne, mauvaise ~** gut, schlecht schlafen; *malade* e-e gute, schlechte Nacht haben, verbringen; **rentrer avant la ~** vor Einbruch der Nacht, Dunkelheit nach Hause kommen; *prov*: **la ~ porte conseil** guter Rat kommt über Nacht *(prov)*; **la ~, tous les chats sont gris** bei Nacht sind alle Katzen grau *(prov)*
nuitamment [nɥitamɑ̃] ADV *litt* nächtlicherweile; nächtens
nuitée [nɥite] F TOURISME Übernachtung *f*
Nuits-Saint-Georges [nɥisɛ̃ʒɔʀʒ] *Weinort in Burgund*
nul¹ [nyl] ADJ ⟨~le⟩ 1 SPORTS unentschieden; **match ~** unentschiedenes Spiel; **faire match ~** unentschieden spielen; ÉCHECS *remis* spielen 2 *(inexistant) visibilité, bénéfice* gleich null; *résultats, risques* **pratiquement ~** praktisch gleich null; **intelligence ~le** keine Spur von Intelligenz 3 JUR ungültig; nichtig; (rechts)unwirksam; **déclarer ~ et non avenu** für null und nichtig erklären 4 *(sans valeur) travail, devoir* wertlos 5 *personne* **être ~** ein Versager, *fam* e-e Null, e-e Niete sein **(en latin** in Latein)
nul² [nyl] A ADJ INDÉF ⟨~le; *mit* **ne** *vor dem Verb*⟩ 1 *st/s (aucun)* kein(e); **~ autre que lui ne peut le faire** kein anderer als er, keiner außer ihm, nur er kann es tun; **sans ~ doute** ohne (jeden) Zweifel; zweifellos; zweifelsohne 2 LOC ADV **~le part** nirgends; nirgendwo B PR INDÉF ⟨*nur m sg; mit* **ne** *beim Verb*⟩ *st/s (aucun)* keiner; niemand; **~ n'est censé ignorer la loi** Unkenntnis des Gesetzes schützt nicht vor Strafe
nullard [nylaʀ] M *fam (incapable) fam* Null *f*; Niete *f*
nullement [nylmɑ̃] ADV keineswegs; ganz und gar nicht; überhaupt nicht; in keiner Weise; nicht im Geringsten
nullité [nylite] F 1 JUR Ungültigkeit *f*; Nichtigkeit *f*; (Rechts)Unwirksamkeit *f*; **~ de forme** Nichtigkeit wegen Formmangels; *loc adj* **frappé de ~** (für) nichtig, ungültig, unwirksam (erklärt) 2 *d'une personne* Unfähigkeit *f*; *d'un argument etc* Wertlosigkeit *f* 3 *(personne incapable)* Versager *m*; *fam* Null *f*; Niete *f*
numéraire [nymeʀɛʀ] M (Bar)Geld *n*; **payer en ~** in bar zahlen
numéral [nymeʀal] ADJ ⟨-aux⟩ Zahl...; Zahlen...; GRAM **adjectif ~** *ou subst* **~** *m* Zahlwort *n*; Numerale *n*; **(adjectif) ~ cardinal** Grund-, Kardinalzahl *f*; **(adjectif) ~ ordinal** Ordnungs-, Ordinalzahl *f*; **lettres ~es** als Zahlen verwendete Buchstaben *mpl*; **système ~** Zahlensystem *n*
numérateur [nymeʀatœʀ] M MATH Zähler *m*
numération [nymeʀasjõ] F 1 *(dénombrement)* Zählen *n*, -ung *f* 2 *système* Zahlensystem *n*; **~ décimale** Dezimalsystem *n*
numérique [nymeʀik] ADJ 1 mit Zahlen; Zahlen...; MATH *a.* numerisch; **calcul ~** Zahlenrechnen *n*; numerisches Rechnen; **données** *fpl* **~s** gegebene Zahlen *fpl*; Zahlenangaben *fpl*; **tableau** *m* **~** Zahlentabelle *f* 2 *(en nombre)* zahlenmäßig; der Zahl nach; numerisch; **force** *f*, **supériorité** *f* **~** zahlenmäßige Stärke, Überlegenheit 3 TECH digital; Digital...; **appareil** *m* **photo ~** Digitalkamera *f*; **technique** *f*, **télévision** *f* **~** Digitaltechnik *f*, -fernsehen *n*
numériquement [nymeʀikmɑ̃] ADV zahlenmäßig; der Zahl nach; an Zahl
numérisation [nymeʀizasjõ] F INFORM Digitalisierung *f*; **numériser** V/T INFORM digitalisieren
numéro [nymeʀo] M 1 (ABR **n°, N°**) Nummer *f (abr* Nr.); LOTERIE **~ gagnant, sortant** Gewinnzahl *f*; *fig d'une personne* **le ~ un** die Nummer eins; der Spitzenreiter; *loc adj* **~ un** Haupt...; wichtigste(r, -s); **ennemi public ~ un** Staatsfeind *m* Nummer eins; **le problème ~ un** das Hauptproblem; TÉL **~ vert** Service *m* 130; TÉL **~ d'appel** Rufnummer *f*; **~ de compte** Kontonummer *f*; **~ de fax, de télécopieur**

N

Faxnummer *f;* AUTO **~ d'immatriculation, minéralogique** amtliches, polizeiliches Kennzeichen; Zulassungsnummer *f;* **~ d'une maison** Hausnummer *f;* **~ d'ordre** laufende Nummer; **~ de la page** Seitenzahl *f;* **~ de série** Fabrikations-, Seriennummer *f;* **~ de téléphone** Telefon-, Rufnummer *f;* Ruf *m;* **~ d'une voiture** Auto-, Wagennummer *f;* TÉL **composer, faire un ~** e-e Nummer wählen; **habiter au ~ six** (in der) (Haus)Nummer sechs wohnen; *fig:* **tirer le bon ~** das große Los ziehen; **tirer le mauvais ~** Pech haben **2** *d'un journal* Nummer *f;* Ausgabe *f; d'une revue* Nummer *f;* Heft *n;* **~ spécial** Sondernummer *f,* -heft *n* **3** SPECTACLES Nummer *f;* Auftritt *m;* Darbietung *f;* **~ de chant, de cirque, de danse** Gesangs-, Zirkus-, Tanznummer *f; fam fig* **faire son ~ habituel** *fam* das übliche Theater machen; die übliche Komödie aufführen **4** *fam fig d'une personne* **c'est un (drôle de, sacré) ~** er *ou* sie ist e-e komische Nummer, Type

numérotage [nymeʀɔtaʒ] M Nummerieren *n;* **numérotation** F Nummerierung *f*

numéroter [nymeʀɔte] V/T nummerieren; benummern; *adjt* **numéroté** nummeriert

numerus clausus [nymeʀysklozys] M Numerus clausus *m*

numide [nymid] HIST **A** ADJ numidisch **B** MPL **Numides** Numider *mpl*

Numidie [nymidi] **la ~** HIST Numidien *n*

numismate [nymismat] M Numismatiker *m;* **numismatique A** ADJ numismatisch **B** F Münzkunde *f;* Numismatik *f*

nu-pieds [nypje] **A** ADV barfuß **B** MPL (einfache) Sandalen *fpl*

nuptial [nypsjal] ADJ ⟨-aux⟩ Braut...; Hochzeits...; **bénédiction ~e** kirchliche Trauung (ohne Brautmesse); **chambre ~e, lit ~** Brautgemach *n,* -bett *n;* **marche ~e** Hochzeitsmarsch *m; des oiseaux* **robe ~e** Hochzeitskleid *n*

nuptialité [nypsjalite] F STATISTIQUE Zahl *f* der Eheschließungen

nuque [nyk] F Nacken *m;* Genick *n;* **~ épaisse** Stiernacken *m*

Nuremberg [nyʀɛ̃bɛʀ, -ʀɑ̃-] Nürnberg *n*

nurse [nœʀs] F Kindermädchen *n,* -frau *f,* -pflegerin *f*

nursery [nœʀsəʀi] F Kinderzimmer *n*

nu-tête [nytɛt] ADV barhäuptig; ohne Kopfbedeckung

nutritif [nytʀitif] ADJ ⟨-ive⟩ **1** Nähr...; der Ernährung dienend; *t/t* nutritiv; **besoins ~s** Nahrungsbedarf *m;* **solution, valeur nutritive** Nährlösung *f,* -wert *m* **2** *(nourrissant)* nahrhaft

nutrition [nytʀisjõ] F Ernährung *f;* Nahrungsaufnahme *f; t/t* Nutrition *f;* **troubles** *mpl* **de la ~** Ernährungsstörungen *fpl*

nutritionnel [nytrisjɔnɛl] ADJ ⟨~le⟩ Ernährungs...; **nutritionniste** M/F Diätetiker(in) *m(f);* Ernährungswissenschaftler(in) *m(f)*

nylon® [nilõ] M Nylon® *n;* **de** *ou* **en ~** Nylon...; **bas** *mpl* **(en) ~** Nylonstrümpfe *mpl; fam* Nylons *pl*

nymphe [nɛ̃f] F **1** MYTH Nymphe *f* **2** ZOOL Puppe *f*

nymphéa [nɛ̃fea] M BOT Weiße Seerose

nymphette [nɛ̃fɛt] F Lolita(typ) *f(m);* Kindfrau *f*

nympho [nɛ̃fo] F → nymphomane B

nymphomane [nɛ̃fɔman] **A** ADJ nymphoman(isch) **B** F Nymphomanin *f;* **nymphomanie** F Nymphomanie *f*

O

O

O, o [o] M ⟨inv⟩ O, o *n*

ô [o] INT o; **~ ciel!** o Himmel!

O. ABR (ouest) W (West[en])

OACI [ɔasei] F ABR (Organisation de l'aviation civile internationale) ICAO *f* (Internationale Organisation der Zivilluftfahrt)

OAS [oaɛs] F ABR (Organisation de l'armée secrète) *nationalistische frz Untergrundbewegung am Ende des Algerienkrieges*

oasien [ɔazjɛ̃] **A** ADJ ⟨~ne⟩ Oasen... **B** MPL **~s** Oasenbewohner *mpl*

oasis [ɔazis] F, *a.* M **1** GÉOG Oase *f* **2** *fig* **une ~ de calme** e-e Oase der Stille

obédience [ɔbedjɑ̃s] F **1** LOC ADJ **d'~ communiste** *etc* kommunistischer *etc* Prägung, Observanz, Weltanschauung **2** *litt (obéissance)* Gehorsam *m; (soumission)* Unterwerfung *f*

obéir [ɔbeiʀ] V/T INDIR *personne, animal* **~ à qn** j-m gehorchen; j-m folgen *(surtout enfants);* auf j-n hören; *fam* (j-m) parieren; **~ à sa conscience** s-m Gewissen folgen; **~ à un ordre** e-m Befehl gehorchen, Folge leisten; *par ext: chose* **~ à une loi physique** e-m physikalischen Gesetz gehorchen; *abs:* **il faut ~** da heißt es gehorchen, sich fügen; **(savoir) se faire ~** sich *(dat)* Gehorsam (zu) verschaffen (wissen); **refuser d'~** den Gehorsam verweigern; *pp* **être obéi** Gehorsam finden; **il était obéi** *a.* man gehorchte ihm, leistete ihm Gehorsam

obéissance [ɔbeisɑ̃s] F Gehorsam *m* **(à qn** j-m gegenüber); **~ aveugle** blinder Gehorsam; *péj* Kadavergehorsam *m;* MIL **refus** *m* **d'~** Gehorsams-, Befehlsverweigerung *f*

obéissant [ɔbeisɑ̃] ADJ gehorsam; **chien ~** gehorsamer, braver Hund; **enfant ~** gehorsames, braves, artiges Kind; **nature ~e** fügsames, nachgiebiges Wesen

obélisque [ɔbelisk] M Obelisk *m*

obéré [ɔbeʀe] ADJ *st/s* **~ (de dettes)** tief verschuldet; tief in Schulden steckend

Oberland bernois [ɔbɛʀlɑ̃dbɛʀnwa] **l'~** *m* das Berner Oberland

Obernai [ɔbɛʀnɛ] GÉOG Oberehnheim *n*

Obéron [ɔbeʀõ] M MYTH Oberon *m*

obèse [ɔbɛz] **A** ADJ fett-, dickleibig *(a. méd)* **B** M/F Fett-, Dickleibige(r) *m/f(m)*

obésité [ɔbezite] F Fett-, Dickleibigkeit *f (a.* MÉD)

objecter [ɔbʒɛkte] V/T **1** *(opposer)* einwenden, zu bedenken geben **(que** dass); **~ qc à qn** j-m etw entgegenhalten; **~ à qn que ...** j-m entgegenhalten, dass ...; **rien à ~ (à notre projet)?** keine Einwände (gegen unseren Plan)?; **avoir toujours qc à ~** immer etwas einzuwenden, immer Einwände haben **2** *(alléguer)* vorgeben; vorschützen; **~ la fatigue** Müdigkeit vorschützen

objecteur [ɔbʒɛktœʀ] M **~ de conscience** Wehrdienst-, Kriegsdienstverweigerer *m*

objectif [ɔbʒɛktif] **A** ADJ ⟨-ive⟩ objektiv *(a.* PHIL); sachlich **B** M **1** OPT, PHOT Objektiv *n;* **braquer son ~ sur qn** sein Objektiv, s-e Kamera auf j-n richten **2** MIL Ziel *n* **3** *fig (but)* Ziel *n;* **atteindre son ~** sein Ziel erreichen

objection [ɔbʒɛksjõ] F Einwand *m,* Einwendung *f* **(à qc** gegen etw); **~ de conscience** Wehrdienst-, Kriegsdienstverweigerung *f* (aus Gewissensgründen); **il n'y a pas d'~ à cela** es ist nichts dagegen einzuwenden; **faire, formuler une ~** e-n Einwand geltend machen, erheben, vorbringen; *proposition* **ne soulever aucune ~** auf keinen Widerspruch, Protest stoßen; keinen Widerspruch hervorrufen; **si vous n'y voyez pas d'~** wenn Sie nichts dagegen einzuwenden haben

objectivation [ɔbʒɛktivasjõ] F PHIL Objektivierung *f;* Objektivation *f;* Vergegenständlichung *f;* **objectivement** ADV **1** objektiv; sachlich **2** PHIL objektiv; tatsächlich; **objectiver** V/T PHIL objektivieren; vergegenständlichen; zu e-m Objekt machen; **objectivisme** M **1** PHIL Objektivismus *m* **2** Objektivität *f;* Sachlichkeit *f;* **objectiviste** M/F PHIL Objektivist(in) *m(f)*

objectivité [ɔbʒɛktivite] F Objektivität *f (a.* PHIL); Sachlichkeit *f;* **être dénué, manquer d'~** nicht objektiv, sachlich sein

objet [ɔbʒɛ] M **1** *concret* Gegenstand *m;* Ding *n;* Sache *f;* **~ précieux, de valeur** Wertgegenstand *m,* -sache *f;* Kostbarkeit *f;* **~ rare** Rarität *f;* seltenes Stück; **~ volant non identifié** Ufo *ou* UFO *n;* unbekanntes Flugobjekt; **~ d'art** Kunstgegenstand *m;* **~ d'usage courant** Gebrauchsgegenstand *m;* → *a.* trouvé 1 **2** *(sujet, matière)* Gegenstand *m;* COMM, ADMIN *en début de lettre* **~: ...** Betrifft, Betreff, *souvent abr* Betr.: ...; **~ du contrat, du litige** Vertrags-, Streitgegenstand *m;* **avoir pour ~ qc** etw zum Gegenstand, Inhalt haben; etw beinhalten, betreffen; → *a.* 3; *personne, chose* **être un ~ de curiosité pour qn** für j-n ein Gegenstand der Neugier sein; *réclamation etc* **être sans ~** gegenstandslos sein; **être, faire l'~ de qc** Gegenstand von etw sein; **il est l'~ d'une grave accusation** e-e schwere Beschuldigung richtet sich gegen ihn; **faire l'~ d'une surveillance constante** ständig überwacht werden; ständiger Überwachung *(dat)* unterliegen **3** *(but)* Zweck *m;* Ziel *n;* **~ de la visite** Zweck des Besuches; **avoir pour ~ qc** etw bezwecken; etw zum Ziel, zum Zweck, zur Aufgabe haben **4** GRAM **complément** *m* **d'~** Satzergänzung *f;* Objekt *n;* **(complément** *m* **d')~ direct** Akkusativobjekt *n;* Ergänzung *f* im Wenfall, im vierten Fall; **(complément** *m* **d')~ indirect** Präpositionalobjekt *n* **5** PHIL, PSYCH Objekt *n*

objurgations [ɔbʒyʀgasjõ] *litt* FPL inständiges Bitten; Beschwörungen *fpl*

obligataire [ɔbligatɛʀ] FIN **A** ADJ Obligationen... **B** M Inhaber *m* e-r Schuldverschreibung; *suisse* Obligationär *m*

obligation [ɔbligasjõ] F **1** *(engagement)* Verpflichtung *f, (devoir)* Pflicht *f* **(envers qn** j-m gegenüber); COMM Verpflichtung *f;* Verbindlichkeit *f;* JUR **~ alimentaire** Unterhaltspflicht *f;* **~s militaires** Wehr-, Militärpflicht *f;* **~ morale** moralische Pflicht; **~s professionnelles** berufliche Verpflichtungen; JUR **~ de témoigner** Zeugnispflicht *f; st/s* **se faire une ~ de faire qc** es sich *(dat)* zur Pflicht machen, etw zu tun **2** *(nécessité)* Notwendigkeit *f; (contrainte)* Zwang *m;* **sans ~ d'achat** ohne Kaufzwang; **être dans l'~ de faire qc** gezwungen, genötigt sein, etw zu tun; **se voir dans l'~ de faire qc** sich gezwungen, genötigt sehen, etw zu tun **3** FIN Schuldverschreibung *f;* Obligation *f* **4** *litt* **avoir beaucoup d'~(s) à qn** j-m zu großem Dank verpflichtet sein

obligatoire [ɔbligatwaʀ] ADJ **1** obligatorisch; vorgeschrieben; verbindlich; Pflicht...; ...pflicht; **~ pour tous** allgemein verbindlich; **enseignement** *m,* **instruction** *f* **~** Schulpflicht *f; circulation* **sens** *m* **~** vorgeschriebene Fahrtrichtung; **service** *m* **militaire ~** allgemeine Wehrpflicht; **être ~** Pflicht, obligatorisch sein **2** *fam (inévitable)* zwangsläufig; **c'était ~** das konnte nicht ausbleiben; das musste ja so kommen; es musste zwangsläufig dahin kommen

obligatoirement [ɔbligatwaʀmɑ̃] ADV obligatorisch; zwangsläufig

obligé [ɔbliʒe] A ADJ *et* PP 1 → obliger A 2, 3 2 *fam* **c'est ~!** das kann nicht anders sein B SUBST 1 **être l'~(e)** *m(f)* **de qn** j-m zu Dank verpflichtet sein 2 JUR **principal ~** Hauptschuldner *m*

obligeamment [ɔbliʒamɑ̃] ADV entgegenkommenderweise

obligeance [ɔbliʒɑ̃s] F Gefälligkeit *f*; Zuvorkommenheit *f*; Entgegenkommen *n*; Verbindlichkeit *f*; **avoir l'~ de faire qc** so freundlich sein, die Freundlichkeit besitzen, die Güte haben, etw zu tun

obligeant [ɔbliʒɑ̃] ADJ gefällig; entgegenkommend; zuvorkommend; verbindlich

obliger [ɔbliʒe] ⟨-geons⟩ A VT 1 *loi, contrat etc* **~ qn** j-n verpflichten, binden; **~ qn à faire qc** j-n dazu verpflichten, etw zu tun 2 *(forcer)* **~ qn à qc** j-n zu etw zwingen, nötigen; **rien ne vous y oblige** nichts zwingt Sie dazu; **~ qn à faire qc** j-n zwingen, nötigen, etw zu tun; ♦ *pp*: **se croire obligé de faire qc** glauben, etw tun zu müssen; *iron* sich bemüßigt fühlen, etw zu tun; **être obligé de faire qc** gezwungen, genötigt sein, etw zu tun; etw tun müssen; **tu n'es pas obligé de venir** *a.* du brauchst nicht zu kommen; **je suis bien obligé** ich muss (es tun); ich kann (leider) nicht anders; **se voir obligé de faire qc** sich gezwungen, genötig, veranlasst sehen, etw zu tun 3 *(rendre service) surtout pp*: **je vous suis bien obligé de votre aide** ich bin Ihnen für Ihre Hilfe sehr verbunden, dankbar, zu Dank verpflichtet; **je vous serais très obligé de bien vouloir faire qc** ich wäre Ihnen sehr verbunden, dankbar, wenn Sie etw tun würden B V/PR **s'~ à faire qc** *(s'engager)* sich verpflichten, etw zu tun; *(se forcer)* sich zwingen, etw zu tun

oblique [ɔblik] ADJ schräg; schief; MATH **ligne** *f* **~** *ou subst* **~** *f* schräge Linie; **regard** *m* **~** Seitenblick *m*; *loc adv* **en ~** schräg

obliquement [ɔblikmɑ̃] ADV schräg

obliquer [ɔblike] V/I **~ à droite, à gauche** (seitwärts) nach rechts, nach links abbiegen

obliquité [ɔblikɥite] F Schiefe *f*; Schiefheit *f*; Schräge *f*; Schrägheit *f*; Neigung *f* (*a.* MATH)

oblitérateur [ɔbliteʀatœʀ] M *de timbres* Entwerter *m*; Entwertungsstempel *m*; **oblitération** F 1 *de timbres* Entwertung *f*; Abstemp(e)lung *f* 2 MÉD Verstopfung *f*; *t/t* Obliteration *f*

oblitérer [ɔbliteʀe] V/T ⟨-è-⟩ 1 *timbres* entwerten; abstempeln; **timbre oblitéré** *a.* gestempelte Marke 2 MÉD *vaisseau etc* verstopfen

oblong [ɔblɔ̃] ADJ ⟨oblongue [ɔblɔ̃g]⟩ länglich

obnubiler [ɔbnybile] V/T **~ qn** j-s ganzes Denken beherrschen; *surtout pp* **avoir l'esprit obnubilé, être obnubilé par une idée** von e-r Idee beherrscht werden, besessen sein

obole [ɔbɔl] F Obolus *m*; Scherflein *n*

obscène [ɔpsɛn] ADJ obszön; unanständig; schmutzig; *paroles a.* unflätig; zotig; zotenhaft

obscénité [ɔpsenite] F 1 *caractère* Obszönität *f*; Unanständigkeit *f*; Unflätigkeit *f* 2 *propos* Zote *f*; **dire des ~s** Zoten reißen

obscur [ɔpskyʀ] ADJ 1 *(sombre)* dunkel; finster; **salles ~es** Kinos *npl*; Filmtheater *npl* 2 *fig affaire, point* dunkel; *texte, raisons* dunkel; unverständlich; unklar; *sentiment* dunkel; undeutlich 3 *personnage, auteur* unbekannt; unbedeutend; obskur; *existence* bescheiden; unauffällig; unscheinbar

obscurantisme [ɔpskyʀɑ̃tism] M Fortschritts- und Bildungsfeindlichkeit *f*; Obskurantismus *m*; Dunkelmännertum *n*; **obscurantiste** A ADJ aufklärungs-, bildungs- und fortschrittsfeindlich B M Dunkelmann *m*; Finsterling *m*; Feind *m* der Aufklärung, der Bildung und des Fortschritts

obscurcir [ɔpskyʀsiʀ] A V/T 1 *salle* verdunkeln (*a. ciel*); dunkel machen 2 *fig explications, sens etc* unverständlich, unklar, dunkel machen; *yeux* **obscurcis de larmes** von Tränen getrübt B V/PR **s'~** *ciel* sich verdunkeln; sich verfinstern; *temps* sich eintrüben

obscurcissement [ɔpskyʀsismɑ̃] M *du ciel* Verdunk(e)lung *f*; Verfinsterung *f*

obscurément [ɔpskyʀemɑ̃] ADV dunkel; undeutlich

obscurité [ɔpskyʀite] F 1 Dunkelheit *f*; Dunkel *n*; Finsternis *f*; **dans l'~** im Dunkeln, Finstern 2 *fig* a *d'un texte etc* Unverständlichkeit *f*; Unklarheit *f* b *(passage, point obscur)* dunkle, unverständliche, unklare Stelle; Unklarheit *f* 3 *fig* Unbekanntheit *f*; Obskurität *f*; **l'~ des origines de l'homme** der im Dunkeln liegende Ursprung des Menschen; **vivre dans l'~** ein unauffälliges, unscheinbares Leben führen

obsédant [ɔpsedɑ̃] ADJ *souvenir, rythme etc* der, die, das einem nicht aus dem Sinn geht *ou* einen nicht loslässt

obsédé(e) [ɔpsede] M(F) Besessene(r) *m/f(m)*; **~(e) sexuel(le)** Sexbesessene(r) *m/f(m)*

obséder [ɔpsede] V/T ⟨-è-⟩ *idée, crainte, remords, souvenir* **~ qn** j-m nicht aus dem Sinn gehen; j-n verfolgen, nicht loslassen, bedrängen, quälen; **être obsédé par une idée** *a.* von e-r Idee (wie) besessen sein, beherrscht werden

obsèques [ɔpsɛk] FPL Trauerfeier(lichkeiten) *f(pl)*; Beisetzung *f*; Totenfeier *f*; ÉGL CATH Exequien *pl*; **~ nationales** Staatsbegräbnis *n*

obséquieux [ɔpsekjø] ADJ ⟨-euse⟩ unterwürfig; übertrieben ehrerbietig, diensteifrig; *péj* kriecherisch

obséquiosité [ɔpsekjozite] F Unterwürfigkeit *f*; übertriebene Ehrerbietung; *péj* kriecherische Höflichkeit

observable [ɔpsɛʀvabl] ADJ **être rarement ~** selten zu beobachten, zu sehen sein

observance [ɔpsɛʀvɑ̃s] F *d'une règle religieuse* Befolgung *f*; Einhaltung *f*; Beobachtung *f*; Observanz *f*; *monastère, ordre* **de stricte, rigoureuse ~** strenger Observanz

observateur [ɔpsɛʀvatœʀ] M, **observatrice** F 1 Beobachter(in) *m(f)* (*a.* POL, MIL); *loc adv* **en observateur, observatrice** als Beobachter(in) 2 ADJ **être très observateur, observatrice** (sehr) genau beobachten; ein guter, scharfer Beobachter, e-e gute, scharfe Beobachterin sein

observation [ɔpsɛʀvasjɔ̃] F 1 *(examen, surveillance)* Beobachtung *f* (*a.* MIL); aufmerksame Betrachtung; *t/t a.* Observation *f*; *résultat* Beobachtung *f*; Wahrnehmung *f*; **~s astronomiques** astronomische Beobachtungen; **instrument** *m* **d'~** Beobachtungsinstrument *n*; **faire des ~s sur qn, qc** Beobachtungen an j-m, etw anstellen; *loc adv* **en ~** zur Beobachtung; MÉD **mettre qn en ~** j-n zur Beobachtung ins Krankenhaus schicken, einliefern 2 *(remarque)* (kritische) Bemerkung, Anmerkung; **je n'ai pas d'~s à faire (là-dessus)** ich habe nichts dazu zu bemerken *ou* daran auszusetzen 3 *(réprimande)* Ermahnung *f*; Verweis *m*; Tadel *m*; Rüge *f*; **faire des ~s à un élève** e-n Schüler ermahnen, tadeln, rügen; e-m Schüler e-n Verweis *etc* erteilen 4 *d'un règlement* Einhaltung *f* (*a. d'un délai*); Beachtung *f*; Befolgung *f*

observatoire [ɔpsɛʀvatwaʀ] M 1 Observatorium *n*; ASTRON *a.* Sternwarte *f*; MÉTÉO *a.* Wetterwarte *f* 2 MIL Beobachtungspunkt *m*, -stand *m*

observer [ɔpsɛʀve] A V/T 1 *(regarder attentivement)* beobachten (*a.* MIL); **se sentir observé** sich beobachtet fühlen 2 *(remarquer) amélioration, changement* beobachten; wahrnehmen; bemerken; **faire ~ qc à qn** j-n auf etw *(acc)* aufmerksam machen, hinweisen; **faire ~ à qn que ...** j-n darauf aufmerksam machen, hinweisen, dass ... 3 *loi, règlement, coutume* einhalten; befolgen; beachten; sich halten an *(+acc)*; *st/s* beobachten; REL *commandement* halten; **~ un délai** eine Frist einhalten, wahren; **~ une minute de silence** eine Schweigeminute einlegen B V/PR **s'~** 1 *(se surveiller)* sich in Acht nehmen; sich vorsehen 2 *réfléchi ou réciproque* sich beobachten

obsession [ɔpsesjɔ̃] F Zwangsvorstellung *f* (*a.* PSYCH); fixe Idee; quälender Gedanke; quälende Vorstellung; PSYCH *a.* Obsession *f*; **avoir l'~ de l'échec** von der Zwangsvorstellung des Scheiterns beherrscht werden

obsessionnel [ɔpsesjɔnɛl] ADJ ⟨~le⟩ PSYCH Zwangs...; **névrose ~le** Zwangsneurose *f*

obsidienne [ɔpsidjɛn] F MINÉR Obsidian *m*; Lavaglas *n*

obsolète [ɔpsɔlɛt] ADJ veraltet; überholt; obsolet

obstacle [ɔpstakl] M Hindernis *n*; *fig a.* Hemmnis *n*; *fig* **principal ~** Haupthindernis *n*; HIPPISME **course** *f* **d'~s** Hindernisrennen *n*; *fig*: **faire ~ à qc** etw verhindern, vereiteln, durchkreuzen; sich e-r Sache *(dat)* in den Weg stellen; **faire, mettre ~ aux projets de qn** *a.* j-s Plänen *(dat)* entgegenarbeiten

obstétrical [ɔpstetʀikal] ADJ ⟨-aux⟩ MÉD geburtshilflich; **obstétricien** [ɔpstetʀisjɛ̃] M, **obstétricienne** F Geburtshelfer(in) *m(f)*; **obstétrique** F Geburtshilfe *f*; *t/t* Obstetrik *f*

obstination [ɔpstinasjɔ̃] F Hartnäckigkeit *f*; Halsstarrigkeit *f*; Eigensinn *m*; Sturheit *f*; Starrsinn *m*

obstiné [ɔpstine] ADJ *personne, lutte, travail* hartnäckig; *personne a.* halsstarrig; eigensinnig; starrsinnig; stur; **obstinément** ADV → obstiné

obstiner [ɔpstine] V/PR **s'~** halsstarrig, eigensinnig, stur sein; **s'~ à faire qc** hartnäckig etw tun; darauf beharren, sich darauf versteifen, etw zu tun; **s'~ dans son refus** hartnäckig bei s-r Weigerung bleiben; sich hartnäckig weigern

obstruction [ɔpstʀyksjɔ̃] F 1 POL (parlamentarische) Obstruktion; **faire de l'~** Obstruktion (be)treiben 2 SPORTS Behinderung *f* (des Gegners) 3 MÉD *d'une artère etc* Verstopfung *f*

obstructionnisme [ɔpstʀyksjɔnism] M POL Verzögerungs-, Verschleppungs-, Obstruktionstaktik *f*

obstruer [ɔpstʀye] V/T *tuyau* verstopfen; *passage* versperren; blockieren; MÉD **~ une artère** eine Arterie verstopfen

obtempérer [ɔptɑ̃peʀe] V/T INDIR ⟨-è-⟩ ADMIN **~ à un ordre** e-m Befehl Folge leisten, nachkommen; *abs* **~** sich fügen

obtenir [ɔptəniʀ] ⟨→ venir⟩ A V/T erlangen; erhalten; bekommen; erreichen; durchsetzen; JUR erwirken; **~ un prix, un résultat, un succès** einen Preis, ein Ergebnis, einen Erfolg erzielen; **~ de l'avancement** befördert werden; **~ (la permission) de faire qc** die Erlaubnis erhalten, bekommen, erwirken, etw zu tun; **~ qc de qn** etw bei j-m erreichen, durchsetzen; **j'ai obtenu de lui qu'***il se taise sur cette affaire* ich habe bei ihm durchgesetzt, erreicht, dass ...; **faire ~ qc à qn** j-m etw verschaffen, beschaffen; **je lui ai fait ~ un emploi** ich habe ihm e-e Stelle verschafft B V/PR **s'~** zu er-

langen *etc* sein; erlangt *etc* werden
obtention [ɔptɑ̃sjõ] F Erlangung *f*
obturateur [ɔptyʀatœʀ] A ADJ ⟨-trice⟩ Verschluss... B M 1 TECH Absperrventil *n*, -hahn *m* 2 PHOT Verschluss *m*
obturation [ɔptyʀasjõ] F 1 Verschließen *n*; Verstopfen *n* 2 *dentaire* (Zahn)Füllung *f*
obturer [ɔptyʀe] V/T 1 *(boucher)* verschließen; verstopfen 2 *dent* füllen; plombieren
obtus [ɔpty] ADJ ⟨obtuse [ɔptyz]⟩ 1 MATH *angle* stumpf 2 *fig esprit* schwerfällig; *personne* **être ~** schwer von Begriff, begriffsstutzig sein
obus [ɔby] M (Artillerie)Granate *f*
obusier [ɔbyzje] M MIL Haubitze *f*
obvier [ɔbvje] V/T INDIR *litt* **~ à qc** e-r Sache *(dat)* vorbeugen, begegnen
oc [ɔk] **la langue d'~** die süd- und südwestfranzösischen Dialekte *mpl*; das Okzitanische; Okzitanisch *n*
OC ABR (ondes courtes) KW (Kurzwelle[n])
ocarina [ɔkaʀina] M MUS Okarina *f*
Occam [ɔkam] PHIL **Guillaume d'~** (Wilhelm von) Ockham
occase [ɔkaz] F *fam* ABR → occasion 3
occasion [ɔkazjõ] F 1 Gelegenheit *f*; **les grandes ~s** die großen, festlichen, besonderen Gelegenheiten; *loc adv* **à l'~** bei Gelegenheit; gelegentlich; **à cette ~** bei dieser Gelegenheit; **à la première ~** bei der ersten (besten) Gelegenheit; **avoir l'~ de faire qc** (die) Gelegenheit haben, etw zu tun; → *a.* 2; *iron* **tu as perdu une belle ~ de te taire!** du hättest lieber den Mund halten sollen!; *prov* **l'~ fait le larron** Gelegenheit macht Diebe *(prov)* 2 *(cause)* Anlass *m*; Veranlassung *f*; Grund *m*; *loc prép* **à l'~ de** anlässlich, aus Anlass *(+gén)*; **avoir l'~ de faire qc** Anlass, Veranlassung, Grund haben, etw zu tun; **être l'~ de qc** Anlass, Veranlassung zu etw geben, sein; **être l'~ pour qn de faire qc** der Anlass für j-n sein *ou* j-n veranlassen, etw zu tun 3 COMM Gelegenheitskauf *m*; günstiger Kauf; **une belle ~** ein besonders (preis)günstiger Kauf; *fam* ein Schnäppchen *n*; ♦ *loc adj et loc adv* **d'~** gebraucht; Gebraucht...; aus zweiter Hand; *livre* antiquarisch; **voiture** *f* **d'~** Gebrauchtwagen *m*; **acheter qc d'~** etw gebraucht, antiquarisch kaufen; *coll* **le marché de l'~** der Gebrauchtwarenhandel; *commerce* **vendre du neuf et de l'~** neue und gebrauchte Gegenstände verkaufen 4 LOC ADV **en toute ~** in jedem Fall; auf jeden Fall; unter allen Umständen
occasionnel [ɔkazjɔnɛl] ADJ ⟨~le⟩ gelegentlich; Gelegenheits...; *(fortuit)* zufällig; **travail ~** Gelegenheitsarbeit *f*
occasionnellement [ɔkazjɔnɛlmɑ̃] ADV gelegentlich
occasionner [ɔkazjɔne] V/T verursachen; Anlass geben zu; führen zu; bewirken; **~ des soucis à qn** j-m Sorgen bereiten
Occident [ɔksidɑ̃] M 1 **l'~** das Abendland; der Okzident; HIST **l'Empire romain d'~** das Weströmische Reich 2 POL **l'~** der Westen; die westliche Welt
occidental [ɔksidɑ̃tal] A ADJ ⟨-aux⟩ 1 GÉOG, POL westlich; West...; **côte ~e** Westküste *f*; **l'Europe ~e** Westeuropa *n*; **les puissances ~es** die Westmächte *fpl* 2 *civilisation* abendländisch B SUBST **les Occidentaux** *mpl* 1 die abendländischen Völker *npl*; die Abendländer *mpl* 2 POL die westlichen Länder *npl*
occidentaliser [ɔksidɑ̃talize] A V/T dem westlichen Vorbild, Lebensstil anpassen B V/PR **s'~** verwestlichen
occipital [ɔksipital] ADJ ⟨-aux⟩ ANAT Hinterhaupt(s)...; **os ~** *ou subst* **~** *m* Hinterhaupt(s)bein *n*
occiput [ɔksipyt] M ANAT Hinterhaupt *n*, -kopf *m*
occire [ɔksiʀ] V/T ⟨*nur inf u. pp* occis⟩ *plais* umbringen; töten; *fam* kaltmachen
occitan [ɔksitɑ̃] A ADJ 1 LING okzitanisch 2 *par ext* provenzalisch; süd- und südwestfranzösisch B M LING **l'~** das Okzitanische; Okzitanisch *n*
occlure [ɔklyʀ] V/T ⟨→ conclure; *aber pp* occlus⟩ MÉD verschließen
occlusif [ɔklyzif] ADJ ⟨-ive⟩ PHON **consonne occlusive** *ou subst* **occlusive** *f* Verschluss-, Explosivlaut *m*
occlusion [ɔklyzjõ] F 1 MÉD Verschluss *m*; *t/t* Okklusion *f*; **~ intestinale** Darmverschluss *m* 2 PHON Verschluss *m*
occultation [ɔkyltasjõ] F 1 ASTRON Bedeckung *f (durch e-n anderen Himmelskörper)* 2 *fig* Verdeckung *f*; Kaschierung *f*
occulte [ɔkylt] ADJ *forces, puissances* geheim; verborgen; okkult; **sciences** *fpl* **~s** Geheimwissenschaften *fpl*
occulter [ɔkylte] V/T 1 ASTRON bedecken 2 *fig réalité, problème etc* verdecken; kaschieren; verschleiern; vernebeln; vertuschen; **occultisme** M Okkultismus *m*
occupant [ɔkypɑ̃] A ADJ MIL Besatzungs...; Okkupations...; **armée, puissance ~e** Besatzungsarmee *f*, -macht *f* B M 1 *d'un logement* Bewohner *m*; (Wohnungs)Inhaber *m*; *d'une voiture* Insasse *m*; JUR **premier ~** Erstbesitzer *m* 2 MIL Besatzungsangehörige(r) *m*; *fam* Besatzer *m*; **~(s)** Besatzung(smacht) *f*; Okkupant *m*
occupation [ɔkypasjõ] F 1 *(activité)* Beschäftigung *f (a. emploi)*; Tätigkeit *f*; Betätigung *f*; **~ principale, secondaire** Haupt-, Nebenbeschäftigung *f* 2 MIL a Besetzung *f*; Okkupation *f* b HIST *en France* **l'Occupation** die deutsche Besatzungszeit 3 *d'un logement* Bewohnen *n* 4 *d'un terrain etc* Inbesitznahme *f*; *illicite* Besetzung; **grève** *f* **avec ~ des locaux** Streik *m* mit Werksbesetzung
occupé [ɔkype] ADJ 1 *personne* beschäftigt; **un homme très ~** ein viel beschäftigter Mann; **être très ~** sehr beschäftigt, in Anspruch genommen sein; viel zu tun haben; **être ~ à qc** mit etw beschäftigt sein; **être ~ à faire qc** damit beschäftigt sein *ou* dabei sein, etw zu tun 2 MIL *pays* besetzt; HIST *en France* **zone ~e** (von den Deutschen) besetzte Zone 3 *logement* bewohnt; belegt; *place, taxi, téléphone, toilettes* besetzt; *téléphone a.* belegt; *poste* besetzt; vergeben; **avoir l'esprit ~ par des projets de vacances** den Kopf voller Urlaubspläne haben
occuper [ɔkype] A V/T 1 *entreprise: main-d'œuvre* beschäftigen 2 *travail, tâche: qn* beschäftigen; ausfüllen; in Anspruch nehmen; *temps* ausfüllen; **~ ses loisirs à faire qc** s-e Freizeit damit ausfüllen, verbringen, darauf verwenden, etw zu tun 3 *poste, fonction* bekleiden; innehaben; einnehmen; ausfüllen 4 *de la place* einnehmen; **~ trop de place** zu viel Platz einnehmen, wegnehmen 5 *logement* bewohnen; wohnen in *(+dat)*; innehaben; **j'occupe cet appartement depuis dix ans** ich wohne seit zehn Jahren in dieser Wohnung 6 MIL: *ville, pays, grévistes: usine* besetzen; besetzt halten; MIL *a.* okkupieren B V/PR 1 **s'~** sich beschäftigen, betätigen; **il y a de quoi s'~** da ist man voll und ganz beschäftigt, ausgefüllt; **il ne sait à quoi s'~** er weiß sich nicht zu beschäftigen; er weiß nicht, womit er sich beschäftigen soll 2 **s'~ de qn, qc** sich um j-n, etw kümmern; sich mit j-m, etw befassen, beschäftigen, abgeben; *dans un magasin* **on s'occupe de vous, Monsieur?** werden Sie schon bedient?; **je m'en occupe** ich kümmere mich darum; ich erledige das; **ne vous en occupez pas** *a.* lassen Sie das meine Sorge sein; **s'~ de** *(+inf)* sich darum kümmern *ou* dafür Sorge tragen *ou* es sich *(dat)* angelegen sein lassen, dass ...; *fam* **t'occupe (pas)!** das geht doch dich nichts an!; *fam* das kümmert dich e-n Dreck!
occurrence [ɔkyʀɑ̃s] F 1 LOC ADV **en l'~** in diesem (gegebenen) Fall; im vorliegenden Fall 2 LING Vorkommen *n*; *t/t* Okkurrenz *f*
OCDE [osedeə] F ABR (Organisation de coopération et de développement économique) OECD *f*
océan [ɔseɑ̃] M 1 Ozean *m*; Weltmeer *n*; **l'~ Atlantique** *ou* **l'Océan** der Atlantische Ozean; der Atlantik 2 *fig* **un ~ de ...** ein Meer von ...
Océanie [ɔseani] **l'~** *f* Ozeanien *n*
océanien [ɔseanjɛ̃] GÉOG A ADJ ⟨~ne⟩ ozeanisch; Ozeaniens B SUBST **les Océaniens** *mpl* die Ozeanier *mpl*; die ozeanischen Völker *npl*
océanique [ɔseanik] ADJ ozeanisch; Meeres...; **climat** *m* **~** ozeanisches Klima; Meeresklima *n*
océanographe [ɔseanɔgʀaf] M/F Meereskundler(in) *m(f)*; Ozeanograf(in) *m(f)*; **océanographie** F Meereskunde *f*; Ozeanografie *f*; **océanographique** ADJ meereskundlich; ozeanografisch; **Musée** *m* **~** Museum *n* für Meereskunde
océanologie [ɔseanɔlɔʒi] F Ozeanologie *f*
ocelot [ɔslo] M ZOOL Ozelot *m (a. fourrure)*; **manteau** *m* **d'~** Ozelotmantel *m*
ocre [ɔkʀ] F 1 MINÉR, PEINT Ocker *m ou n*; PEINT *a.* Ockerfarbe *f* 2 *couleur* Ockergelb *n* 3 ADJ ⟨*inv*⟩ **(de couleur) ~** ocker(farben, -gelb)
ocré [ɔkʀe] ADJ ockerfarben, -gelb
octaèdre [ɔktaɛdʀ] M MATH Achtflächner *m*; Oktaeder *n*
octane [ɔktan] M CHIM Oktan *n*
octante [ɔktɑ̃t] NUM *en Belgique, en Suisse* achtzig
octave [ɔktav] F 1 MUS Oktave *f*; **jouer à l'~ (supérieure)** e-e Oktave höher spielen 2 ÉGL CATH Oktav *f*
Octave [ɔktav] M 1 *Vorname* 2 HIST Octavius *m*
Octavien [ɔktavjɛ̃] M HIST Oktavian(us) *m*
octet [ɔktɛ] M 1 INFORM Byte *n* 2 CHIM Oktett *n*
octobre [ɔktɔbʀ] M Oktober *m*; HIST *en Russie* **la révolution d'Octobre** die Oktoberrevolution
octogénaire [ɔktɔʒenɛʀ] A ADJ achtzigjährig B M/F Achtzigjährige(r) *m/f(m)*; Achtziger(in) *m(f)*
octogonal [ɔktɔgɔnal] ADJ ⟨-aux⟩ achteckig; *pyramide* achtseitig
octogone [ɔktɔgon, -gɔn] M MATH Achteck *n*; *t/t* Oktogon *n*
octosyllabe [ɔktɔsi(l)lab] A ADJ *vers* achtsilbig B M Achtsilb(n)er *m*
octroi [ɔktʀwa] M 1 *st/s ou* ADMIN Bewilligung *f*; Genehmigung *f*; Gewährung *f* 2 HIST a (Stadt)Zoll *m* b Zollhaus *n*
octroyer [ɔktʀwaje] ⟨-oi-⟩ A V/T *st/s ou* ADMIN bewilligen; genehmigen; zubilligen; gewähren B V/PR *fam* **s'~ qc** sich *(dat)* etw genehmigen, gönnen
oculaire [ɔkylɛʀ] A ADJ Augen...; **globe** *m* **~** Augapfel *m*; **témoin** *m* **~** Augenzeuge *m* B M OPT Okular *n*
oculiste [ɔkylist] M/F Augenarzt, -ärztin *m,f*
odalisque [ɔdalisk] F Odaliske *f*
ode [ɔd] F Ode *f*
odéon [ɔdeõ] M ARCH, THÉ Odeon *n*
Oder [ɔdɛʀ] GÉOG **l' ~** *m* die Oder
Odette [ɔdɛt] F *Vorname*

O

odeur [ɔdœʀ, o-] F Geruch *m*; *(parfum)* Duft *m*; **~ agréable** Wohlgeruch *m*; angenehmer Duft; **~ de brûlé** Brandgeruch *m*; **~ de gaz** Gasgeruch *m*; **~ de jasmin** Jasminduft *m*; **~ de moisi** Modergeruch *m*; *loc adj* **sans ~** geruchlos; **avoir une bonne, mauvaise ~** gut, schlecht riechen; → *a.* sainteté 1

odieux [ɔdjø] ADJ ⟨-euse⟩ 1 *crime, personnage* abscheulich; abscheuerregend; verabscheuenswürdig; scheußlich 2 *personne (insupportable)* unausstehlich; grässlich; **être ~ avec qn** gemein zu j-m sein

Odile [ɔdil] F *Vorname*

Odin [ɔdɛ̃] M MYTH Odin *m*

Odoacre [ɔdɔakʀ] M HIST Odoaker *m*

Odon [ɔdõ] M *saint* Odo *m*

odontologie [ɔdõtɔlɔʒi] F Zahnheilkunde *f*; *t/t* Odontologie *f*

odorant [ɔdɔʀɑ̃] ADJ wohlriechend; duftend

odorat [ɔdɔʀa] M Geruch(ssinn) *m*

odoriférant [ɔdɔʀifeʀɑ̃] ADJ wohlriechend; duftend

odorisant [ɔdɔʀizɑ̃] M CHIM Odoriermittel *n*

odyssée [ɔdise] F *fig* Odyssee *f*; Irrfahrt *f*

OEA [ɔəa] F ABR (Organisation des États américains) OAS *f* (Organisation der amerikanischen Staaten)

œcuménique [ekymenik] ADJ REL ökumenisch; **œcuménisme** M REL ökumenische Bewegung

œdème [edɛm] M MÉD Ödem *n*

Œdipe [edip] M 1 MYTH Ödipus *m* 2 PSYCH **(complexe** *m* **d')~** Ödipuskomplex *m*

œil [œj] M 1 ⟨*pl* yeux [jø]⟩ ANAT Auge *n*; *fig* **mauvais ~** böser Blick; **~ de verre** Glasauge *n*; ♦ **coup** *m* **d'~** a flüchtiger, kurzer Blick b (Aus)Blick *m* (**sur la ville** auf die Stadt); *loc adv* **du premier coup d'~** auf den ersten Blick; **avoir le coup d'~** ein gutes Augenmaß haben; **jeter un coup d'~ (rapide) sur qc, sur le journal** e-n flüchtigen, kurzen Blick auf etw *(acc)*, in die Zeitung werfen; die Zeitung überfliegen; ♦ *loc adj* **aux yeux bleus** blauäugig; *loc adv*: **les yeux fermés** → fermé; **les yeux grand(s) ouverts** mit aufgerissenen Augen; *fam* **mon ~!** ich bin doch nicht so dumm, das zu glauben!; *fam* wer's glaubt, wird selig!; *fam* **à l'~** umsonst; gratis; **aux yeux de qn** *concret* vor j-s Augen *(dat)*; *abstrait* in j-s Augen *(dat)*; **aux yeux de tous** vor aller Augen; **à mes yeux, c'est un escroc** in meinen Augen ist er ein Betrüger; **à vue d'~** zusehends; merklich; **d'un ~ critique** kritisch; mit kritischem Blick, Auge; **de ses (propres) yeux** mit eigenen Augen; **entre quatre yeux**, *fam* **entre quatre-z-yeux** [ɑ̃tʀəkatzjø] unter vier Augen; **pour ses beaux yeux** um s-r schönen Augen willen; BIBL **~ pour ~, dent pour dent** Auge um Auge, Zahn um Zahn; **sous les yeux de qn** vor j-s Augen; **avoir qc sous les yeux** etw vor sich *(dat)*, vor den Augen haben; **mettre qc sous les yeux de qn** j-m etw zeigen, vorlegen; ♦ *locutions verbales avec* **œil**: **avoir l'~ (à tout)** (auf alles) ein aufmerksames, wachsames Auge haben; *fam* **avoir un ~ qui dit merde à l'autre** schielen; *fam* mit dem rechten Auge in die linke Westentasche gucken; **avoir l'~ sur qn**, *fam* **avoir, tenir qn à l'~** ein wachsames Auge, ständig ein Auge auf j-n haben; j-n ständig im Auge behalten; j-n nicht aus den Augen lassen; *fam* **je m'en bats l'~** ich schere mich den Teufel darum; *fam* das kümmert mich e-n Dreck; *fam* **faire de l'~ à qn** j-m Blicke zuwerfen; j-m zuzwinkern; **ne pas fermer l'~ de (toute) la nuit** die ganze Nacht kein Auge zutun; **frapper, tirer l'~** sofort ins Auge fallen; den Blick auf sich *(acc)* ziehen; *couleur a. fam* knallig sein; **ouvrir l'~** *(fam* **et le bon)** auf der Hut, vorsichtig, wachsam sein; die Augen offen halten, aufmachen; *fam fig* **se rincer l'~** Stielaugen machen; sich *(dat)* die Augen ausgucken; den stillen Genießer spielen; *fig* **taper dans l'~ de qn** j-m ins Auge, in die Augen stechen; **tourner de l'~** in Ohnmacht fallen; *fam* umfallen; umkippen; **voir qc d'un bon, mauvais ~** etw gern, ungern sehen; ♦ *locutions verbales avec* **yeux: avoir les yeux bleus** blaue Augen haben; **avoir les yeux perdus dans le vague** ins Leere starren; *fig* **il a les yeux plus grands que le ventre** s-e Augen sind größer als sein Magen; *fam fig* **n'avoir pas les yeux dans sa poche** die Augen überall haben; *fam* vorn und hinten Augen haben; *fam* **t'as donc pas les yeux en face des trous!** du hast wohl keine Augen im Kopf?; wo hast du denn deine Augen?; **il n'avait d'yeux que pour elle** er hatte nur Augen für sie; *fig* **ne pas avoir assez de ses yeux pour pleurer** unaussprechlichen Kummer haben; *fig* **n'avoir plus que les yeux pour pleurer** alles verloren haben; buchstäblich nichts mehr besitzen; **être tout yeux, tout oreilles** ganz Auge und Ohr sein; *fam* **faire les gros yeux à un enfant** ein Kind tadelnd, strafend, streng anblicken; **se faire les yeux** sich *(dat)* die Augen schminken; Augen-Make-up auftragen; **fermer les yeux à un mort** e-m Toten die Augen zudrücken; *fig* **fermer les yeux** ein Auge, *plus fort* beide Augen zudrücken (**sur qc** bei etw); *fig* **fermer les yeux devant qc** die Augen vor etw *(dat)* verschließen; **ouvrez bien vos yeux!** macht eure Augen gut auf!; haltet eure Augen gut offen!; *fig* **ouvrir les yeux à qn (sur qc)** j-m (über etw *[acc]*) die Augen öffnen; *de surprise* **ouvrir de grands yeux** große Augen machen; die Augen aufreißen, aufsperren; *fam* Kulleraugen machen; *fig* **sauter aux yeux** in die Augen *ou* ins Auge springen, fallen; **les yeux lui sortent de la tête** ihm treten die Augen aus dem Kopf; *fam fig* **ça me sort par les yeux** *fam* das hängt mir zum Hals heraus; **brusquement ses yeux tombèrent sur la lettre** plötzlich fiel sein Blick auf den Brief; **s'user les yeux (à lire)** sich *(dat)* die Augen (mit Lesen) verderben; *prov* **loin des yeux, loin du cœur** aus den Augen, aus dem Sinn *(prov)* 2 ⟨*pl* yeux⟩ ÉLEC **~ électrique** Photozelle *f*; lichtelektrische Zelle 3 ⟨*pl* yeux⟩ BOT Auge *n (a. de pomme de terre)* 4 PL **yeux** *de bouillon* Fettaugen *npl* 5 ⟨*pl* œils⟩ TECH *(ouverture)* Loch *n*; Auge *n*; Öse *f*

œil-de-bœuf [œjdəbœf] M ⟨*pl* œils-de-bœuf⟩ ARCH Ochsenauge *n*; Rundfenster *n*; **œil-de-chat** M ⟨*pl* œils-de-chat⟩ MINÉR Katzenauge *n*; **œil-de-perdrix** M ⟨*pl* œils-de-perdrix⟩ MÉD Hühnerauge *n*; **œil-de-tigre** M ⟨*pl* œils-de-tigre⟩ MINÉR Tigerauge *n*

œillade [œjad] F verliebter Blick; kokettes Augenzwinkern; **décocher, jeter, lancer une ~, faire des ~s (à qn)** j-m verliebte Blicke zuwerfen, schöne Augen machen

œillère [œjɛʀ] F 1 *d'un cheval* **~s** *pl* Scheuklappen *fpl*, -leder *npl*; *fig* **avoir des ~s** Scheuklappen tragen 2 MÉD Augenbadewanne *f*

œillet [œjɛ] M 1 BOT Nelke *f*; **~ d'Inde** Tagetes *f* 2 *de chaussure* Schnürloch *n*; *de ceinture* Öse *f*; *de feuille de classeur* Verstärkungsring *m*

œilleton [œjtõ] M 1 BOT Trieb *m*; Schoss *m*; Schössling *m* 2 *d'une arme à feu* rundes Visier; Lochkimme *f* 3 OPT Augenmuschel *f*

œilletonnage [œjtɔnaʒ] M JARD a Abnehmen *n* von Trieben, Schösslingen *(zur Vermehrung)* b Vermehrung *f* durch Triebe; **œilletonner** V/T JARD a e-n Trieb, Schössling abnehmen (**une plante** von e-r Pflanze); die Blattknospen entfernen (**un arbre fruitier** von e-m Obstbaum) b *plante* durch Abnehmen e-s Triebs, Schösslings vermehren

œnologie [enɔlɔʒi] F Wein(bau)kunde *f*; Önologie *f*; **œnologique** ADJ önologisch; **œnologue** M/F Önologe, -login *m,f*; Weinbaukundige(r) *m/f(m)*; **œnométrie** F Bestimmung *f* des Alkoholgehalts des Weins

œsophage [ezɔfaʒ] M ANAT Speiseröhre *f*

œstrogène [ɛstʀɔʒɛn, ø-] M PHYSIOL Östrogen *n*

œuf [œf] M ⟨*pl* ~s [ø]⟩ 1 Ei *n (a. BIOL)*; **~ cru** rohes Ei; **~ dur** hartes, hart gekochtes Ei; **~ frais** frisches Ei; *fam fig (imbécile)* **quel ~!** so ein Dummkopf!; *fam* so ein doofes Ei!; **~ à la coque** weiches, weich gekochtes Ei; **~ à repriser** Stopfei *n*; **~ de cane, de fourmi, d'oiseau, de Pâques, de pigeon** Enten-, Ameisen-, Vogel-, Oster-, Taubenei *n*; **~s de poisson** Fischeier *npl*; Rogen *m*; **~ de poule** Hühnerei *n*; **~s à la neige** → île 3; **~s en neige, ~(s) battu(s) en neige** Eischnee *m*; Eierschaum *m*; **battre des (blancs d')~s en neige** Eiweiß zu Schnee, Schaum schlagen; **~ sur le plat, au plat** Spiegelei *n*; *fig et péj* **tête** *f*, **crâne** *m* **d'~** Eierkopf *m*; *loc adj*: **en forme d'~** eiförmig; oval; *salle etc* **plein comme un ~** gestopft, brechend, zum Brechen, Bersten voll; *loc adv fig* **dans l'~** im Keim; *scandale, affaire* **écraser, étouffer dans l'~** im Keim ersticken; *fam fig* **va te faire cuire un ~!** scher dich zum Kuckuck, Teufel!; **c'est comme l'~ de (Christophe) Colomb, il fallait y penser!** das ist das Ei des Kolumbus!; das ist ganz einfach, man muss nur darauf kommen!; *fig* **marcher sur des ~s** wie auf Eiern gehen; *fig* **mettre tous ses ~s dans le même panier** alles auf e-e Karte setzen; **il tondrait un ~** er ist ein alter Geizkragen, -hals; *prov* **qui vole un ~, vole un bœuf** mit kleinen Dingen fängt es an, mit großen hört es auf *(prov)* 2 SKI Eiform (-haltung) *f*

œuvre[1] [œvʀ] F 1 *(travail)* Werk *n*; Arbeit *f*; *litt* **femme grosse des ~s de X** von X geschwängerte Frau; *loc adv* **à l'~**: **être à l'~** am Werk, bei der Arbeit sein; **juger qn à l'~** j-n nach s-r Arbeit, nach s-r Leistung beurteilen; **se mettre à l'~** sich ans Werk, an die Arbeit machen, begeben; **être l'~ de qn** j-s Werk sein; **il est fils de ses ~s** er ist ein Selfmademan; er hat es aus eigener Kraft zu etwas gebracht; **faire ~ utile** e-e nützliche Arbeit, etwas Nützliches tun; **la mort avait déjà fait son ~** der Tod hatte s-e Arbeit, das Seine schon getan; **mettre en ~** *(employer)* anwenden; gebrauchen; einsetzen; Gebrauch machen von; *(réaliser)* ins Werk setzen; ausführen; durchführen; in die Tat umsetzen; verwirklichen; **mettre tout en ~ pour faire qc** alle Hebel in Bewegung setzen, alles aufbieten, alles einsetzen, nichts unversucht lassen, um etw zu tun 2 *artistique* Werk *n*; *coll a.* Œuvre *n*; **~s choisies, complètes** ausgewählte, sämtliche *ou* gesammelte Werke; **~ maîtresse** Meisterwerk *n*; **~ d'art** Kunstwerk *n*; **~ de jeunesse** Jugendwerk *n* 3 **~ (de bienfaisance)** Wohlfahrts-, Wohltätigkeitseinrichtung *f*; **~s sociales de l'entreprise** betriebliche Sozialeinrichtungen *fpl* 4 REL **bonnes ~s** gute Werke *npl*; **être jugé selon ses ~s** nach s-n Werken, Taten gerichtet werden

œuvre[2] [œvʀ] M 1 CONSTR **gros ~** Rohbau *m*; **maître** *m* **d'~** *au Moyen Âge* Dombaumeister *m*; *aujourd'hui* Bauführer, -leiter *m* 2 *litt d'un artiste* (Gesamt)Werk *n*; **l'~ gravé** die Kupferstiche *mpl*

œuvrer [œvʀe] *litt* V/I wirken, tätig sein, arbeiten (**pour qc** für etw)

OFAJ [ɔfaʒ] M ABR (Office franco-allemand

pour la Jeunesse) Deutsch-Französisches Jugendwerk *n*

off [ɔf] ADJ ⟨inv⟩ 1 CINÉMA **voix** *f* ~ Stimme *f* aus dem Off; Offstimme *f*; **être** ~ off, im Off sein 2 *spectacle, festival* alternativ; parallel

Offenbach [ɔfɛnbak] M MUS Offenbach *m*

offensant [ɔfɑ̃sɑ̃] ADJ beleidigend; kränkend; verletzend

offense [ɔfɑ̃s] F 1 *(affront)* Beleidigung *f*; Kränkung *f*; ~ **envers le chef de l'État** Beleidigung des Staatsoberhaupts 2 REL Sünde *f*; Schuld *f*; **pardonne-nous nos ~s** vergib uns unsere Schuld

offensé [ɔfɑ̃se] A ADJ *air* beleidigt; gekränkt; **se sentir** ~ sich gekränkt, beleidigt, verletzt fühlen B SUBST ~**(e)** *m(f)* Beleidigte(r) *m/f(m)*

offenser [ɔfɑ̃se] A V/T 1 *personne* beleidigen; kränken; verletzen; wehtun (**qn** j-m); *st/s* ~ **la pudeur** das Schamgefühl verletzen; *loc adv* **sans vous** ~ nichts für ungut; ich will Sie nicht kränken, Ihnen nicht zu nahe treten 2 REL ~ **Dieu** sich gegen Gott versündigen B V/PR **s'~ de qc** sich durch etw gekränkt, beleidigt, verletzt fühlen; etw übel nehmen

offenseur [ɔfɑ̃sœʀ] M Beleidiger *m*

offensif [ɔfɑ̃sif] ADJ ⟨-ive⟩ 1 MIL Angriffs...; Offensiv...; offensiv; **armes offensives** Angriffs-, Offensivwaffen *fpl* 2 *fig* **retour ~ du froid** erneuter Kälteeinbruch

offensive [ɔfɑ̃siv] F MIL, *fig* Offensive *f*; Angriff *m*; ~ **diplomatique** diplomatische Offensive; ~ **publicitaire** Werbefeldzug *m*; ~ **de l'hiver** erneutes Einsetzen des Winters; MIL, *fig* **passer à l'~** zur Offensive, zum Angriff übergehen

offert [ɔfɛʀ] PP → offrir

offertoire [ɔfɛʀtwaʀ] M ÉGL CATH Offertorium *n*; Gabenbereitung *f*

office [ɔfis] M 1 LOC **faire ~ de ...** *personne* (stellvertretend, vorübergehend) tätig sein als ...; die Stelle e-s *ou* e-r ... einnehmen; *chose, lieu* als ... dienen; **faire ~ de bureau** als Büro dienen; *choses* **remplir son ~** s-n Zweck, s-e Aufgabe, s-e Funktion erfüllen 2 ~ **(ministériel)** (auf Lebenszeit verliehenes) öffentliches Amt; ~ **de notaire** Notariat *n* 3 *(service, bureau)* Amt *n*; Dienststelle *f*; **Office franco-allemand pour la Jeunesse** *(abr* **OFAJ**) Deutsch-Französisches Jugendwerk; **Office national du Tourisme** staatliches Verkehrsamt; **Office d'échanges universitaires** Akademischer Austauschdienst; ~ **de publicité** Werbeagentur *f* 4 **bons ~s** gute Dienste *mpl (a.* DIPL); Vermittlung *f*; **Monsieur** *m* **Bons ~s** Vermittler *m*; Schlichter *m*; **offrir, proposer ses bons ~s** s-e guten Dienste, s-e Vermittlung anbieten 5 LOC ADV **d'~** *(à titre officiel)* von Amts wegen; *(automatiquement)* zwangsweise; *(sans l'avoir demandé)* ohne lange zu fragen; **commis, nommé d'~** amtlich bestellt; **avocat (commis) d'~** Pflicht-, Offizialverteidiger *m*; **être mis à la retraite d'~** zwangsweise in den Ruhestand versetzt werden 6 ÉGL CATH a *(messe)* ~ **(divin)** Gottesdienst *m*; ~ **des morts** Totenmesse *f* b *prières* Offizium *n*; Stundengebete *npl* 7 ⟨*a. f*⟩ *autrefois* Anrichtezimmer *n (neben der Küche)*

officialisation [ɔfisjalizasjõ] F offizielle, amtliche Bestätigung, Anerkennung; **officialiser** V/T offiziell, amtlich bestätigen, anerkennen; **officialité** F ÉGL CATH a Offizialat *n* b Amt *n* des Offizials

officiant [ɔfisjɑ̃] ADJ *et* SUBST M **(prêtre)** ~ die Messe haltender, lesender Priester; Zelebrant *m*

officiel [ɔfisjɛl] A ADJ ⟨~le⟩ offiziell; amtlich; Amts...; **cachet** ~ Dienst-, Amtsstempel *m*; BOURSE **cote ~le** amtliche Notierung; **fiançailles ~les** offizielle Verlobung; **Journal** ~ *(abr* **JO**) Amts-, Gesetzblatt *n*; *correspond à* Bundesgesetzblatt *n*; **langue ~le** Amtssprache *f*; **personnages ~s** → B 1; **version ~le** offizielle Version; **visite ~le** Staatsbesuch *m*; offizieller Besuch; *loc adv* **de source ~le** von amtlicher Seite; *nouvelle etc* **être** ~ amtlich sein B M 1 *souvent* PL **~s** Vertreter *mpl* von Staat und Behörden; Persönlichkeiten *fpl* des öffentlichen Lebens 2 SPORTS Offizielle(r) *m*; (Sport)Funktionär *m*

officiellement [ɔfisjɛlmɑ̃] ADV offiziell; amtlich

officier[1] [ɔfisje] M 1 MIL Offizier *m* (*a. marine marchande*); ~ **instructeur** Ausbildungsoffizier *m*; **~s supérieurs** höhere Offiziere; Stabsoffiziere *mpl*; ~ **d'active** aktiver Offizier; ~ **de carrière** Berufsoffizier *m*; ~ **de marine** Marine-, Seeoffizier *m*; MAR ~ **de quart** Wachoffizier *m*; ~ **de réserve** Reserveoffizier *m*; **corps** *m* **des ~s** Offizierskorps *n*; **passer** ~ Offizier werden; zum Offizier befördert werden 2 *dans un ordre honorifique* Offizier *m*; ~ **de la Légion d'honneur** Offizier der Ehrenlegion 3 ADMIN, JUR Beamte(r) *m*; ~ **ministériel** Träger *m* e-s öffentlichen Amtes *(Notar, Gerichtsvollzieher, Auktionator)*; ~ **de l'état civil** Standesbeamte(r) *m*; ~ **de police judiciaire** Strafverfolgungsbeamte(r) *m*

officier[2] [ɔfisje] V/I 1 REL den Gottesdienst halten; die Messe zelebrieren 2 *iron d'un cuisinier etc* s-s Amtes walten

officieusement [ɔfisjøzmɑ̃] ADV inoffiziell; von halbamtlicher Seite

officieux [ɔfisjø] ADJ ⟨-euse⟩ offiziös; halbamtlich; inoffiziell; **de source officieuse** von inoffizieller, halbamtlicher Seite

officinal [ɔfisinal] ADJ ⟨-aux⟩ PHARM offizinal; **plantes, herbes ~es** Arznei-, Heilpflanzen *fpl*; Heilkräuter *npl*

officine [ɔfisin] F PHARM Offizin *f*

offrande [ɔfʀɑ̃d] F REL Opfer(gabe) *n(f)*

offrant [ɔfʀɑ̃] M **le plus** ~ der Meistbietende; **vendre au plus** ~ meistbietend verkaufen

offre [ɔfʀ] F Angebot *n*; *st/s* Anerbieten *n*; COMM *a.* Offerte *f*; ÉCON Angebot *n*; ENCHÈRES Gebot *n*; ~ **d'achat** Kaufangebot *n*; FIN ~ **publique d'achat** *(abr* **OPA**) Übernahmeangebot *n*; **~s d'emploi** Stellenangebote *npl* (*a. rubrique de journal*); offene Stellen *fpl*; ~ **de médiation, de négociations, de paix** Vermittlungs-, Verhandlungs-, Friedensangebot *n*; ÉCON **l'~ et la demande** Angebot und Nachfrage; ADMIN **appel** *m* **d'~s** Ausschreibung *f*; ENCHÈRES **faire la première** ~ zuerst, als Erste(r) bieten

offrir [ɔfʀiʀ] ⟨→ couvrir⟩ A V/T 1 *en cadeau* schenken; ~ **qc à qn pour son anniversaire** j-m etw zum Geburtstag schenken, überreichen; *abs* **c'est pour ~?** als Geschenk? 2 *(proposer)* ~ **qc à qn** j-m etw anbieten, offerieren; j-m etw bieten (**pour qc** für etw); ~ **à qn de faire qc** j-m anbieten, etw zu tun; **que puis-je vous ~?** was darf ich Ihnen anbieten?; ~ **son aide** s-e Hilfe anbieten, *st/s* antragen; ~ **son bras à qn** j-m s-n Arm (an)bieten; ~ **des rafraîchissements** Erfrischungen anbieten, herumreichen; ~ **une récompense** e-e Belohnung aussetzen 3 *(présenter) avantages, difficultés* bieten; *spectacle* (dar)bieten; *exemple* darstellen; bilden; **cela n'offre rien de répréhensible** das stellt nichts Verwerfliches dar B V/PR 1 **s'~** *personne* sich anbieten; *occasion* sich bieten; *vue* sich darbieten; **s'~ à faire qc** sich erbieten, etw zu tun 2 *personne* **s'~ qc** *(se payer qc)* sich *(dat)* etw leisten, gönnen

offset [ɔfsɛt] M TYPO Offsetdruck *m*; *adjt* **machine** *f* ~ Offset(druck)maschine *f*

off-shore [ɔfʃɔʀ] A ADJ Offshore... B M Offshorebohranlage *f*

offusquer [ɔfyske] A V/T ~ **qn** bei j-m Anstoß erregen; j-n schockieren; **être offusqué par qc** über etw *(acc)* pikiert, *plus fort* entrüstet, empört sein B V/PR **s'~ de qc** an etw *(dat)* Anstoß nehmen

ogival [ɔʒival] ADJ ⟨-aux⟩ ARCH spitzbogig; *t/t* ogival; **arc** ~ Spitzbogen *m*

ogive [ɔʒiv] F 1 ARCH a Rippe *f (des gotischen Gewölbes)* b **(arc** *m* **en)** ~ Spitzbogen *m* 2 *de projectiles* (Spreng)Kopf *m*; ~ **nucléaire** Atomsprengkopf *m*

OGM [oʒeɛm] M ABR (organisme génétiquement modifié) gentechnisch veränderter Organismus; *t/t* transgener Organismus; **sans OGM** gentechnikfrei; ohne Gentechnik

ogre [ɔgʀ] M Menschenfresser *m (im Märchen)*; *fig* **manger comme un** ~ *fam* essen wie ein Scheunendrescher

ogresse [ɔgʀɛs] F Frau *f* des Menschenfressers

oh [o] INT oh!; ach!; **~! là là!** ach je!; oje!; **~! quelle horreur!** oh, wie schrecklich!; *subst* **pousser des ~! et des ah!** [deoedea] in ein freudiges Oh ausbrechen

ohé [ɔe] INT he(da)!; hallo!; MAR ahoi!; **~! vous là-bas!** he *ou* hallo, Sie da!; MAR **~! du bateau!** Schiff ahoi!

Ohio [ɔjo, ɔajo] **l'~** *m* 1 *rivière* der Ohio 2 *État des États-Unis* Ohio *n*

ohm [om] M ÉLEC Ohm *n*; **la loi d'Ohm** das ohmsche Gesetz; **ohmmètre** M ÉLEC Ohmmeter *n*

oie [wa] F 1 ZOOL Gans *f (espèce et femelle)*; ~ **cendrée, sauvage** Grau-, Wildgans *f*; **graisse** *f* **d'~** Gänsefett *n* 2 **jeu** *m* **de l'~** Gänsespiel *n* 3 *fig* **une ~ blanche** ein Gänschen *n* 4 MIL **pas** *m* **de l'~** Parade-, Stechschritt *m*

oignon [ɔɲõ] M 1 BOT, CUIS Zwiebel *f (plante, bulbe)*; *loc adv fig* **en rang d'~s** in einer Reihe; *fam fig* **après tout, c'étaient ses ~s!** das war schließlich s-e Angelegenheit, *fam* sein Bier!; *fam fig* **occupe-toi de tes ~s!** kümmere dich um deine eigenen Angelegenheiten, *fam* um deinen eigenen Dreck!; *fam fig* **soigner qn aux petits ~s** j-n bestens versorgen 2 BOT (Blumen)Zwiebel *f*; ~ **de tulipe** Tulpenzwiebel *f* 3 MÉD *au pied* Ballen *m* 4 *montre* eiförmige Taschenuhr

oïl [ɔjl] LING HIST **la langue d'~** die (alten) nordfranzösischen Dialekte *mpl*

oindre [wɛ̃dʀ] V/T ⟨→ joindre⟩ REL salben

Oise [waz] **l'~** *f Fluss u. Departement in Frankreich*

oiseau [wazo] M ⟨*pl* ~x⟩ 1 ZOOL Vogel *m*; ~ **de paradis** Paradiesvogel *m*; ~ **de passage** durchziehender Vogel; ~ **de proie** Raubvogel *m*; **chant** *m* **des ~x** Vogelgesang *m*; → *a.* vol[1] 1; *fig*: **donner à qn des noms d'~** j-m Schimpfnamen geben; **être comme l'~ sur la branche** im Ungewissen schweben; in der Ungewissheit leben; *prov* **petit à petit l'~ fait son nid** gut Ding will Weile haben *(prov)*; steter Tropfen höhlt den Stein *(prov)* 2 *fam (individu)* **un drôle d'~** ein komischer Kauz; ein seltsamer Vogel; *iron* **un ~ rare** ein weißer Rabe; ein Unikum *n*; ~ **de mauvais augure, de malheur** Unglücksprophet *m*

oiseau-lyre [wazoliʀ] M ⟨*pl* oiseaux-lyres⟩ ZOOL Leierschwanz *m*; **oiseau-mouche** M ⟨*pl* oiseaux-mouches⟩ ZOOL Kolibri *m*

oiseleur [wazlœʀ] M Vogelfänger *m*, -steller *m*; Vogler *m*; **oiselier** M Vogelzüchter *m*, -händler *m*

oiseux [wazø] ADJ ⟨-euse⟩ *question, discussion* müßig; unnütz; überflüssig; nutzlos

oisif [wazif] A ADJ ⟨-ive⟩ *personne, vie* müßig;

O

untätig; unbeschäftigt **B** SUBST **~, oisive** *m,f* Müßiggänger *m*

oisillon [wazijõ] M kleiner, junger Vogel; Vögelchen *n*

oisiveté [wazivte] F Müßiggang *m*; Untätigkeit *f*; Nichtstun *n*; *prov* **l'~ est mère de tous les vices** Müßiggang ist aller Laster Anfang *(prov)*

oison [wazõ] M Gänseküken *n*; Gänschen *n*; *all Nord a.* Gössel *n*

OIT [oite] F ABR (Organisation internationale du travail) IAO *f* (Internationale Arbeitsorganisation)

O.K. [okɛ] INT *fam* O. K. *ou* o. k.; okay; *adjt* **c'est ~** es ist o. k., in Ordnung

okapi [ɔkapi] M ZOOL Okapi *n*

olé [ɔle] **A** INT CORRIDA olé! **B** ADJ ⟨inv⟩ *fam* **être un peu ~ ~** ein bisschen keck, frei, gewagt sein

oléacées [ɔlease] FPL BOT Ölbaumgewächse *npl*; *t/t* Oleazeen *fpl*

oléagineux [ɔleaʒinø] **A** ADJ ⟨-euse⟩ ölhaltig; Öl...; **graines oléagineuses** Ölsaat *f*; **plantes oléagineuses** Ölpflanzen *fpl* **B** MPL BOT Ölfrüchte *fpl*, -pflanzen *fpl*

oléfines [ɔlefin] MPL CHIM Olefine *npl*

oléique [ɔleik] ADJ CHIM **acide** *m* **~** Ölsäure *f*

oléoduc [ɔleɔdyk] M (Erd)Ölleitung *f*; Pipeline *f*

olfactif [ɔlfaktif] ADJ ⟨-ive⟩ ANAT Geruchs...; Riech...; **appareil ~** Geruchsorgane *npl*; **nerf ~** Riechnerv *m*

olfaction [ɔlfaksjõ] F PHYSIOL Riechen *n*

Olga [ɔlga] F *Vorname*

olibrius [ɔlibrijys] *fam* M Kauz *m*; *fam* Type *f*

olifant [ɔlifã] M HIST Olifant *m*

oligarchie [ɔligaʀʃi] F Oligarchie *f*; **oligarchique** ADJ oligarchisch

oligo-éléments [ɔligoelemã] MPL BIOL Spurenelemente *npl*

oligopole [ɔligɔpɔl] M ÉCON Oligopol *n*

olivaie [ɔlivɛ] F → oliveraie

olivâtre [ɔlivɑtʀ] ADJ *teint* fahl; aschgrau; grünlich

olive [ɔliv] F **1** BOT Olive *f*; **~ noire, verte** schwarze, grüne Olive; **huile** *f* **d'~** Olivenöl *n* **2** ADJT ⟨inv⟩ oliv; olivenfarben, -farbig; **vert ~** olivgrün **3** *interrupteur* Schnur(zwischen)schalter *m*

Olive [ɔliv] F *Vorname*

oliveraie [ɔlivʀɛ] F Olivenpflanzung *f*, -hain *m*

olivette [ɔlivɛt] F Eiertomate *f*

olivier [ɔlivje] M **1** BOT Olivenbaum *m*; Ölbaum *m*; Olive *f*; *symbole* **rameau** *m* **d'~** Ölzweig *m* **2** *bois* Olivenholz *n*; **en ~** aus Olivenholz

Olivier [ɔlivje] M *Vorname*

ollé [ɔle] INT → olé

olographe [ɔlɔgʀaf] ADJ JUR **testament** *m* **~** eigenhändiges Testament

Olomouc [ɔlomuk, -muts] GÉOG Olmütz *n*

OLP [oɛlpe] F ABR (Organisation de libération de la Palestine) PLO *f*

Olympe[1] [ɔlɛ̃p] **l'~** *m* der Olymp

Olympe[2] [ɔlɛ̃p] F *Vorname*

olympiade [ɔlɛ̃pjad] F *surtout* PL **~s** SPORTS Olympiade *f*

olympien [ɔlɛ̃pjɛ̃] ADJ ⟨~ne⟩ **1** MYTH olympisch; des Olymp **2** *fig et st/s* olympisch; **calme ~** olympische Ruhe

olympique [ɔlɛ̃pik] ADJ SPORTS olympisch; Olympia...; **champion** *m* **~** Olympiasieger *m*; **Comité international ~** Internationales Olympisches Komitee *(abr* IOC*)*; **flamme** *f* **~** olympisches Feuer; **Jeux** *mpl* **~s** Olympische Spiele *npl*; Olympiade *f*; *au sens strict* Olympische Sommerspiele *npl*; Sommerolympiade *f*; **Jeux** *mpl* **~s d'hiver** Olympische Winterspiele *npl*; Winterolympiade *f*; **médaille** *f* **~** olympische Medaille; **piscine** *f* **~** Schwimmbecken *n* mit olympischen Maßen; **record** *m* **~** olympischer Rekord; **serment** *m* **~** olympischer Eid; **stade** *m* **~** Olympiastadion *n*; **village** *m* **~** olympisches Dorf

Oman [ɔmã] GÉOG **l'~** *m* Oman *n*; **le golfe d'~** der Golf von Oman; **la mer d'~** das Arabische Meer

ombelle [õbɛl] F BOT Dolde *f*

ombilic [õbilik] M ANAT Nabel *m*

ombilical [õbilikal] ADJ ⟨-aux⟩ ANAT Nabel...; **cordon ~** Nabelschnur *f*; MÉD °**hernie ~e** Nabelbruch *m*

omble [õbl] M ZOOL **~ (chevalier)** Seesaibling *m*

ombrage [õbʀaʒ] M **1** *(feuillage)* Schatten spendendes Laubwerk, Blätterdach **2** *(ombre)* Schatten *m* **3** *st/s* **causer, porter ~ à qn** j-n, j-s Eigenliebe kränken, verletzen; **prendre ~ de qc** sich durch etw verletzt, gekränkt fühlen; etw übel nehmen

ombragé [õbʀaʒe] ADJ schattig; **un coin ~** ein schattiges Plätzchen

ombrager [õbʀaʒe] V/T ⟨-geait⟩ Schatten geben, spenden*(+dat)*

ombrageux [õbʀaʒø] ADJ ⟨-euse⟩ **1** *personne, caractère* leicht verletzlich, verletzbar; sich leicht in s-m Stolz verletzt, gekränkt fühlend; mimosenhaft **2** *cheval* schreckhaft; leicht scheuend

ombre[1] [õbʀ] F **1** Schatten *m* *(a.* PEINT, MYTH*)*; THÉ **~s chinoises** Schattenspiel *n*; *loc adj* **plein d'~** schattig; *loc adv*: **à l'~** im Schatten; **à l'~ d'un arbre** im Schatten e-s Baumes; **trente degrés à l'~** dreißig Grad im Schatten; *fam fig* **mettre qn à l'~** j-n hinter Schloss und Riegel bringen; j-n einsperren, *fam* einlochen, einbuchten; **se mettre à l'~** sich in den Schatten stellen, begeben, setzen; **dans l'~** im Dunkeln; *fig* im Dunkeln, Ungewissen; im Verborgenen, Geheimen; **vivre dans l'~ de qn** in j-s Schatten *(dat)* stehen; *fig* **il y a une ~ au tableau** die Sache hat auch e-e Schattenseite, e-n Nachteil, *fam* e-n Haken; **avoir peur de son ~** Angst vor dem eigenen Schatten haben; *fig* **il n'est plus que l'~ de lui-même** er ist nur noch ein Schatten s-r selbst; *arbre etc* **faire, donner de l'~** Schatten geben, spenden; **tu me fais de l'~** du stehst mir im Licht; **suivre qn comme son ~** j-m wie sein Schatten, auf Schritt und Tritt folgen; j-m nicht von der Seite gehen, weichen **2** *fig* **une ~ de ...** ein Anflug *m*, e-e Spur, ein Schimmer *m*, ein Hauch *m* von ...; **une ~ de moustache** ein Anflug von Bart; **il n'y a pas l'~ d'un doute** es besteht nicht der leiseste, geringste Zweifel (daran) **3** **~ à paupières** Lidschatten *m(pl)* **4** PEINT **(terre** *f* **d')~** Umbra *f*; Umbrabraun *n*; Umber *m*

ombre[2] [õbʀ] M ZOOL Äsche *f*

ombrelle [õbʀɛl] F **1** *de dame* Sonnenschirm *m* **2** ZOOL *d'une méduse* Schirm *m*

ombrer [õbʀe] V/T **1** PEINT schattieren **2** **~ les paupières** den Lidschatten auftragen

ombreux [õbʀø] *litt* ADJ ⟨-euse⟩ schattig

Ombrie [õbʀi] **l'~** *f* Umbrien *n*

OMC [oɛmse] F ABR (Organisation mondiale du commerce) WTO *f* (Welthandelsorganisation)

oméga [ɔmega] M Omega *n*

omelette [ɔmlɛt] F CUIS Omelett *n*; *autrich, suisse* Omelette *f*; **~ norvégienne** mit Eischnee überbackenes und flambiertes Eisdessert; **~ aux champignons** Omelett mit Pilzen; *prov* **on ne fait pas d'~ sans casser d'œufs** wo gehobelt wird, (da) fallen Späne *(prov)*

omerta [ɔmɛʀta] F Omertà *f*; Gesetz *n* des Schweigens

omettre [ɔmɛtʀ] V/T ⟨→ mettre⟩ auslassen; weglassen; **~ de faire qc** (es) unterlassen, etw zu tun

omis [ɔmi] PP → omettre

omission [ɔmisjõ] F **1** *d'un mot, d'un détail etc* Auslassung *f*; Weglassung *f*; ADMIN **sauf erreur ou ~** Irrtum oder Auslassung vorbehalten **2** *dans un texte* Lücke *f*; **~s** *pl a.* Auslassungen *fpl* **3** JUR Unterlassung *f*; **mensonge** *m* **par ~** bewusstes Verschweigen *(e-s Tatbestandes)*; REL *et fig* **pécher par ~** e-e Unterlassungssünde begehen

omnibus [ɔmnibys] M **~** *ou adjt* **train** *m* **~** Zug, der an allen Stationen hält; Personenzug *m*; Nahverkehrszug *m*

omnidirectionnel [ɔmnidiʀɛksjɔnɛl] ADJ ⟨~le⟩ TECH ungerichtet; **antenne ~le** Rundstrahler *m*; Rundstrahlantenne *f*; **radiophare ~** Drehfunkfeuer *n*

omnipotence [ɔmnipɔtãs] F Allmacht *f*; Allgewalt *f*; Omnipotenz *f*; **omnipotent** ADJ allmächtig; allgewaltig; omnipotent; **omnipraticien(ne)** M(F) MÉD praktischer Arzt, praktische Ärztin; **omniprésence** *litt* F Allgegenwart *f*; Omnipräsenz *f*; **omniprésent** *litt* ADJ allgegenwärtig; omnipräsent; **omniscience** *litt* F Allwissenheit *f*; **omniscient** [-sjã] *litt* ADJ allwissend

omnisports [ɔmnispɔʀ] ADJ ⟨inv⟩ für alle Sportarten; **club** *m* **~** Sportverein *m* für alle Sportarten

omnium [ɔmnjɔm] M **1** ÉCON Beteiligungs-, Holdinggesellschaft *f* **2** CYCLISME, TURF Omnium *n*

omnivore [ɔmnivɔʀ] ZOOL **A** ADJ allesfressend; *t/t* omnivor **B** M Allesfresser *m*

omoplate [ɔmɔplat] F ANAT Schulterblatt *n*

OMS [oɛmɛs] F ABR (Organisation mondiale de la santé) Weltgesundheitsorganisation *f*; WHO *f*

on [õ] PR INDÉF ⟨*nach et, ou, où, que, qui, si meist* l'on⟩ **1** man; **~ se demande** man fragt sich; **~ fait ce qu'~ peut** man tut, was man kann; **~ frappe** es klopft; **quand ~ veut, ~ peut** man muss nur wollen, dann kann man auch; wer will, der kann **2** *fonction passive* **~ a barré la route** die Straße ist gesperrt worden; **~ vous demande au téléphone** Sie werden am Telefon verlangt; **~ montrera dans ce livre que ...** in diesem Buch soll gezeigt werden, dass ... **3** *fam* **a** *(nous)* **alors, ~ y va?** also, gehen wir hin?; **lui et moi, ~ s'entend bien** er und ich, wir verstehen uns gut; **nous, ~ n'y peut rien** wir können doch nichts dafür; **~ est rentrés tard** wir sind spät nach Hause gekommen **b** *(tu, vous, il[s], elle[s])* **~ ne dit même pas merci?** sagst du *ou* sagt ihr nicht einmal danke?; *elle ne s'est même pas excusée*, **~ est trop fière pour ça** dazu ist sie zu stolz

onagre [ɔnagʀ] M ZOOL Wildesel *m*

onanisme [ɔnanism] M Onanie *f*

once [õs] F **1** *poids* Unze *f* **2** *fig* Quäntchen *n*

oncle [õkl] M Onkel *m*; *plais* **~ d'Amérique** *(reicher)* Onkel aus Amerika; *fam fig* **~ Sam** [sam] *fam* Onkel Sam

onction [õksjõ] F **1** REL Salbung *f* **2** *litt* **l'~** das Salbungsvolle; *loc adv* **plein d'~** salbungsvoll

onctueux [õktɥø] ADJ ⟨-euse⟩ **1** *savon* mild; cremig; **potage ~** sämige Suppe **2** *fig manières, voix* salbungsvoll; *fam* gesalbt

ondatra [õdatʀa] M **1** ZOOL Bisamratte *f* **2** *fourrure* Bisam *m*

onde [õd] F **1** PHYS, RAD Welle *f*; RAD **~s courtes** Kurzwelle(n) *f(pl)*; *écouter une émission* sur ~s courtes auf (der) Kurzwelle; RAD **grandes ~s** Langwelle(n) *f(pl)*; **~s lumineuses** Lichtwellen *fpl*; RAD **petites ~s** Mittelwelle(n) *f(pl)*; **~ de choc** Stoß-, Druckwelle *f* **2** *par ext* **les ~s** der Rundfunk; das Radio; die Ätherwellen *fpl*; *loc adv* **sur les ~s** über den Rundfunk, das Radio, die Ätherwellen; **passer sur les ~s** im Rundfunk, Radio übertragen, gebracht werden; **par la voie des ~s** durch den Rundfunk, das Radio; **metteur** *m* **en ~s** Spielleiter *m*; Regisseur *m*; **mise** *f* **en ~s** Spielleitung *f*; Regie *f* **3** *poét* (ondulation) Welle *f*; Woge *f* (l'eau de la mer etc) Flut(en) *f(pl)*

ondée [õde] F (Regen)Guss *m*, (-)Schauer *m*; Platzregen *m*

ondine [õdin] F MYTH Undine *f*; Nixe *f*; Wasserjungfrau *f*

on-dit [õdi] M ‹inv› Gerücht *n*; *st/s* On-dit *n*; *pl a.* Gerede *n* der Leute; Klatsch *m*

ondoiement [õdwamã] M **1** *des herbes, du blé* (sanftes) Wogen; *sur l'eau* sanfte Wellenbewegung; leichte Kräuselung **2** REL Nottaufe *f*

ondoyant [õdwajã] ADJ *blés* (sanft) wogend; *démarche* wiegend

ondoyer [õdwaje] ‹-oi-› **A** V/T REL nottaufen; die Nottaufe spenden (+dat) **B** V/I *blés* (sanft) wogen; *surface de l'eau* sich leicht kräuseln

ondulant [õdylã] ADJ *démarche* wiegend

ondulation [õdylasjõ] F **1** → ondoiement 1 **2** *des cheveux* Ondulieren *n*; Wellen *n* **3** **~(s) du sol, du terrain** Bodenwellen *fpl*

ondulatoire [õdylatwaʀ] ADJ PHYS Wellen...; **mécanique** *f*, **mouvement** *m* **~** Wellenmechanik *f*, -bewegung *f*

ondulé [õdyle] ADJ wellig; wellenförmig; **cheveux ~s** welliges, gewelltes Haar; **tôle ~e** Wellblech *n*

onduler [õdyle] **A** V/T *cheveux* ondulieren; wellen **B** V/I sanft wogen; sich wiegen; *surface de l'eau* sich leicht kräuseln; **onduleux** ADJ ‹-euse› wellig; gewellt; wellenförmig

onéreux [ɔneʀø] ADJ ‹-euse› **1** *(coûteux)* kostspielig; teuer; aufwendig **2** JUR **à titre ~** gegen Entgelt

ONG [oɛnʒe] F ABR (organisation non gouvernementale) NGO *f* (Nichtregierungsorganisation)

ongle [õgl] M **1** ANAT Nagel *m*; **~ des mains, des pieds** Finger-, Zehen- *ou* Fußnagel *m*; *fam fig* **avoir les ~s en deuil** *fam* Trauerränder an den Nägeln haben; **avoir les ~s faits** lackierte Fingernägel haben; **se faire les ~s** sich maniküren; sich *(dat)* die Fingernägel maniküren; → *a.* bout'1 **2** ZOOL Kralle *f*; *des rapaces a.* Klaue *f*

onglée [õgle] F LOC **avoir l'~** erstarrte Fingerspitzen haben

onglet [õglɛ] M **1** MENUISERIE Gehre *f*; Gehrung *f* **2** RELIURE Falz *m* **3** *(entaille)* Einkerbung *f*; Kerbe *f*; *d'un livre* Daumeneinschnitt *m* **4** BOUCHERIE Steakfleisch *n* (aus dem Rinderzwerchfell)

onguent [õgã] M PHARM Salbe *f*

ongulés [õgyle] MPL ZOOL Huftiere *npl*

onirique [ɔniʀik] ADJ traumhaft; Traum...

ONISEP [ɔnisɛp] M ABR (Office national d'information sur les enseignements et les professions) *staatliche frz Berufsberatungsbehörde*

onomastique [ɔnɔmastik] LING **A** ADJ Namen... **B** F Namenkunde *f*; *t/t* Onomastik *f*

onomatopée [ɔnɔmatɔpe] F LING Lautmalerei *f*; *t/t* Onomatopöie *f*

ont [õ] → avoir[1]

Ontario [õtaʀjo] **le lac ~** der Ontariosee

ontologie [õtɔlɔʒi] F PHIL Ontologie *f*; **ontologique** ADJ PHIL ontologisch

ONU [ony, oɛny] F ABR (Organisation des Nations Unies) UNO *f*

onusien [ɔnyzjɛ̃] **A** ADJ ‹~ne› UNO-... **B** M UNO-Beamte(r) *m*

onyx [ɔniks] M MINÉR Onyx *m*

onze [õz] *keine Bindung u. selten Elision!* **A** NUM elf; **~ cents** elfhundert; **Louis XI** Ludwig XI. (der Elfte); **le ~ mai** der elfte Mai *ou* am elften Mai; **page ~** Seite elf; *loc adj* **de ~ ans** elfjährig; von elf Jahren; **il est ~ heures** es ist elf (Uhr); *fam fig* **prendre le train ~** zu Fuß gehen; *fam* auf Schusters Rappen reisen **B** M ‹inv› **1** Elf *f*; *all Sud* Elfer *m*; **le ~ (du mois)** der Elfte *ou* am Elften (des Monats); → *a.* deux B **2** FOOTBALL Elf *f*; **le ~ de France** die französische Nationalmannschaft, -elf

onzième [õzjɛm] *keine Elision u. keine Bindung!* **A** NUM elfte(r, -s); *iron* **ce sont les ouvriers de la ~ heure** diese da haben nur kurze Zeit am Schluss mitgearbeitet **B** SUBST **1** **le, la ~** der, die, das Elfte **2** M MATH Elftel *n*; **onzièmement** ADV elftens

OPA [opea] F ABR (offre publique d'achat) (Aktien)Übernahmeangebot *n*

opacifier [ɔpasifje] V/T undurchsichtig machen

opacité [ɔpasite] F Lichtundurchlässigkeit *f*; *t/t* Opazität *f*

opale [ɔpal] F MINÉR Opal *m*

opalin [ɔpalɛ̃] ADJ opalen; opalartig

opaline [ɔpalin] F Opalglas *n*

opaque [ɔpak] ADJ **1** lichtundurchlässig; undurchsichtig; *t/t* opak; **verre** *m* **~** Opakglas *n*; **~ aux rayons X** für Röntgenstrahlen undurchlässig **2** *brouillard, nuit* undurchdringlich

OPEP [ɔpɛp] F ABR (Organisation des pays exportateurs de pétrole) OPEC *f*

opéra [ɔpeʀa] M **1** *œuvre* Oper *f*; **~ de Mozart** Mozartoper *f*; Oper von Mozart **2** *théâtre* **Opéra** Opernhaus *n*; Oper *f*; **l'Opéra de Vienne** die Wiener Oper; **aller à l'Opéra** in die Oper gehen *abs* **l'Opéra** die Pariser Oper **3** *troupe* Opernensemble *n*; Oper *f*

opérable [ɔpeʀabl] ADJ MÉD operabel; operierbar

opéra-comique [ɔpeʀakɔmik] M ‹*pl* opéras-comiques› **1** MUS mit gesprochenen Dialogen durchsetzte (komische) Oper; Opéra comique *f* **2** *théâtre* **l'Opéra-Comique** die Pariser Opéra-Comique

opérant [ɔpeʀã] ADJ **1** wirksam **2** REL **la grâce ~e** die wirkende Gnade

opérateur [ɔpeʀatœʀ] M **1** **~, opératrice** *m, f d'un appareil* Bedienungskraft *f*, -person *f*; INFORM Operator *m*, Operatorin *f* **2** MAR, AVIAT **~ (radio)** Bordfunker *m* **3** CINÉMA Kameramann *m* **4** MATH Operator *m*

opération [ɔpeʀasjõ] F **1** MATH Operation *f*; Rechenvorgang *m*; **les quatre ~s** die vier Grundrechenarten *fpl*; **faire une ~ de tête** im Kopf rechnen; **poser l'~** den Rechenvorgang darlegen, vorstellen **2** **~ (chirurgicale)** Operation *f*; **faire une ~** e-e Operation vornehmen; **subir une ~** operiert werden; sich e-r Operation unterziehen **3** **~ (militaire)** (militärische) Operation; **l'~ X** das Unternehmen X; **prendre l'initiative des ~s** operativ werden **4** *par ext* Aktion *f*; COMM **~ « baisse des prix »** Preissenkungsaktion *f*; Aktion „runter mit den Preisen"; **~ de police, de publicité, de sauvetage** Polizei-, Werbe-, Rettungsaktion *f* **5** COMM, FIN Geschäft *n*; Abschluss *m*; **~s** *pl a.* Verkehr *m*; **~ bancaire, de banque** Bankgeschäft *n*; **~ boursière, de bourse** Börsengeschäft *n*; *pl a.* Börsenmarkt *m*, -handel *m*; **~s de virement** Giro-, Überweisungsverkehr *m*; **faire une ~** ein Geschäft abschließen; e-n Abschluss tätigen **6** TECH Arbeits(vor)gang *m*; (Arbeits)Verrichtung *f*; Operation *f*; ÉLEC **~ de couplage** Schaltvorgang *m*; PHYSIOL **~s de la digestion** Verdauungsvorgänge *mpl*, -prozess *m*; **en une seule ~** in e-m einzigen Arbeitsgang **7** REL Wirken *n*; *fam iron* **par l'~ du Saint-Esprit** auf unerklärliche, rätselhafte Weise

opérationnel [ɔpeʀasjɔnɛl] ADJ ‹~le› **1** MIL operativ; Operations...; **base ~le** Operationsbasis *f* **2** TECH *appareil etc* einsatzfähig (*a. personne*); einsatzbereit **3** ÉCON **recherche ~le** Unternehmensforschung *f*; Operations-Research *f*

opératoire [ɔpeʀatwaʀ] ADJ MÉD operativ; Operations...; **bloc** *m* **~** Operationstrakt *m*

opercule [ɔpɛʀkyl] M BOT, ZOOL Deckel *m*; *des poissons* Kiemendeckel *m*

opéré [ɔpeʀe] MÉD **A** ADJ operiert **B** SUBST **~(e)** *m(f)* Operierte(r) *m/f(m)*; **un grand ~** ein Schweroperierter

opérer [ɔpeʀe] ‹-è-› **A** V/T **1** MÉD **~ qn** j-n operieren (*a. abs*); **~ qn de l'appendicite** j-n am Blinddarm operieren; **~ qn d'une tumeur** j-m e-n Tumor herausoperieren; **~ à qn l'œil droit** j-n am rechten Auge operieren; **se faire ~** sich operieren lassen **2** *(provoquer) changement etc* bewirken; herbeiführen **3** *(effectuer) paiement* vornehmen; **~ un choix** e-e Wahl treffen; **~ une réforme, un sauvetage** eine Reform, eine Rettung durchführen **B** V/I **1** *(procéder)* vorgehen; verfahren; handeln **2** *remède* wirken; s-e Wirkung tun **C** V/PR *changements etc* **s'~** sich vollziehen; vor sich gehen; erfolgen

opérette [ɔpeʀɛt] F **1** MUS, THÉ Operette *f* **2** *fig loc adj* **d'~** *personnage* Operetten...; nicht ernst zu nehmend; *décor* kitschig; billig

Ophélie [ɔfeli] F *chez Shakespeare* Ophelia *f*

ophidiens [ɔfidjɛ̃] MPL ZOOL Schlangen *fpl*

ophtalmie [ɔftalmi] F MÉD Augenentzündung *f*; *t/t* Ophthalmie *f*; **~ des neiges** Schneeblindheit *f*; **ophtalmique** ADJ ANAT, MÉD Augen...; *t/t* ophthalmisch

ophtalmo [ɔftalmo] M/F *fam* ABR → ophtalmologue

ophtalmologie [ɔftalmɔlɔʒi] F MÉD Augenheilkunde *f*; *t/t* Ophthalmologie *f*; **ophtalmologique** ADJ MÉD ophthalmologisch; **clinique** *f* **~** Augenklinik *f*; **ophtalmologiste** M/F MÉD Augenarzt, -ärztin *m,f*; *t/t* Ophthalmologe, -login *m,f*; **ophtalmologue** M/F MÉD Augenarzt, -ärztin *m,f*; *t/t* Ophthalmologe, -login *m,f*; **ophtalmoscope** M MÉD Augenspiegel *m*; *t/t* Ophthalmoskop *n*

opiacé [ɔpjase] PHARM **A** ADJ opiumhaltig **B** M Opiat *n*

opiner [ɔpine] V/I **~ du bonnet, de la tête** zeigen, dass man einverstanden ist; (durch Kopfnicken) zustimmen

opiniâtre [ɔpinjɑtʀ] ADJ *caractère* unbeugsam; unnachgiebig; **lutte** *f*, **résistance** *f* **~** erbitterter, hartnäckiger Kampf, Widerstand; **toux** *f* **~** hartnäckiger Husten; **travail** *m* **~** zähe, beharrliche Arbeit

opiniâtreté [ɔpinjɑtʀəte] F *de qn* Unbeugsamkeit *f*; Unnachgiebigkeit *f*; Hartnäckigkeit *f*; Zähigkeit *f*; *loc adv* **avec ~** *lutter* erbittert; *résister* hartnäckig

opinion [ɔpinjõ] F **1** Meinung *f*; Ansicht *f*; Anschauung *f*; Auffassung *f*; Einstellung *f*; **presse** *f* **d'~** parteigebundene Presse; Tendenzpresse *f*; **ne pas avoir d'~** keine eigene Meinung haben; **avoir (une) bonne, mauvaise ~ de qn, qc** e-e gute, schlechte Meinung von j-m, etw haben; **avoir (une) bonne ~ de soi** e-e hohe Meinung von sich haben; sehr von sich eingenommen sein; **avoir des ~s de gauche** linke Ansichten, Anschauungen haben, vertreten; links eingestellt sein; **c'est une affaire d'~** das ist Ansichtssache;

darüber kann man geteilter, verschiedener Meinung, Ansicht sein; **se faire une ~** sich *(dat)* e-e (eigene) Meinung bilden **2** **l'~ (publique)** die öffentliche Meinung; die Öffentlichkeit; **l'~ française** die öffentliche Meinung Frankreichs; **l'~ mondiale** die Weltmeinung; **alerter, informer l'~** die Öffentlichkeit alarmieren, informieren; **cela a provoqué un mouvement d'~** das hat e-e Reaktion der öffentlichen Meinung hervorgerufen

opiomane [ɔpjɔman] M/F Opiumsüchtige(r) *m/f(m)*; **opiomanie** F Opiumsucht *f*

opium [ɔpjɔm] M Opium *n*

opossum [ɔpɔsɔm] M ZOOL, *fourrure* Opossum *n*

opportun [ɔpɔʀtɛ̃, -tœ̃] ADJ ⟨-tune [-tyn]⟩ günstig; angebracht; geeignet; passend; zweckmäßig; zweckdienlich; opportun; **au moment ~** im geeigneten, passenden, günstigen Augenblick

opportunément [ɔpɔʀtynemɑ̃] *st/s* ADV zur rechten Zeit

opportunisme [ɔpɔʀtynism] M Opportunismus *m*; **opportuniste** **A** ADJ opportunistisch **B** M/F Opportunist(in) *m(f)*

opportunité [ɔpɔʀtynite] F **1** *d'une démarche etc* Zweckmäßigkeit *f*; Opportunität *f* **2** *(occasion)* (günstige, gute) Gelegenheit

opposable [ɔpozabl] ADJ **1** *argument, objection* der, die, das entgegengehalten, JUR geltend gemacht werden kann **2** ANAT *le pouce* **est ~ aux autres doigts** kann den übrigen Fingern gegenübergestellt werden

opposant [ɔpozɑ̃] **A** ADJ **1** JUR **la partie ~e** die Einspruch einlegende Partei **2** *minorité etc* gegnerisch; sich widersetzend; opponierend **B** SUBST **~(e)** *m(f)* **1** *(adversaire)* Gegner(in) *m(f)* **(à un projet, au régime** e-s Projekts, des Regimes); Opponent *m* **2** POL Oppositionsmitglied *n*; Mitglied *n* der Opposition; **les ~s** *a.* die Opposition

opposé [ɔpoze] **A** ADJ **1** gegenüberliegend, -stehend (**à** *dat*); BOT *feuilles* gegenständig; MATH **angles ~s par le sommet** Scheitelwinkel *mpl*; *loc adv* **du côté ~** auf der gegenüberliegenden, anderen Seite; **sur la rive ~e** auf dem gegenüberliegenden, anderen Ufer **2** *direction, bout, point* entgegengesetzt; MATH *nombres* mit umgekehrtem Vorzeichen **3** *fig: goûts, opinions, intérêts* entgegengesetzt; konträr; gegensätzlich; *opinion, avis a.* gegenteilig; **couleurs ~es** Kontrastfarben *fpl*; kontrastierende Farben *fpl* **4** *personne* **être ~ à qc** gegen etw sein; ein Gegner e-r Sache *(gén)* *ou* von etw sein **B** M Gegenteil *n*; Gegensatz *m*; *loc adv* **à l'~** auf der entgegengesetzten, gegenüberliegenden Seite; *loc prép* **à l'~ de** im Gegensatz zu *(+dat)*; **être tout l'~ de qn** ganz das Gegenteil, das genaue Gegenteil von j-m sein

opposer [ɔpoze] **A** V/T **1** *(mettre en face)* gegenüberstellen (**à qn, qc** j-m, e-r Sache); *pour faire obstacle* entgegenstellen (**à** *dat*) **2** *argument* entgegenhalten; *objection* (dagegen) erheben, vorbringen; *veto* einlegen; JUR geltend machen; **~ un refus à qc** auf etw *(acc)* e-e Absage erteilen; etw ablehnen; **~ une (vive) résistance à qc, à qn** e-r Sache, j-m (heftig) Widerstand leisten; **~ le silence à qc** e-r Sache *(dat)* mit Schweigen begegnen; **il n'y a rien à ~ à cela** dagegen ist nichts einzuwenden **3** *conflit, question* **~ deux pays** *etc* zwei Länder *etc* zu Gegnern, Widersachern, Rivalen machen; **ce match opposera l'équipe de R à celle de M** in diesem Spiel werden sich die Mannschaften von R und M gegenüberstehen **4** *(comparer)* gegenüberstellen (**à** *dat*); vergleichen (mit) **B** V/PR **1** *personne* **s'~ à qn, à qc** sich j-m, e-r Sache widersetzen; sich gegen j-n, etw stellen; gegen j-n, etw sein; gegen j-n, etw opponieren; **je m'y oppose formellement** ich bin strikt dagegen **2** *chose, situation* **s'~ à qc** e-r Sache *(dat)* im Wege stehen, entgegenstehen; **qu'est-ce qui s'oppose à votre départ?** was steht Ihrer Abreise im Wege, entgegen?; was hindert Sie daran abzureisen? **3** *opinions, positions* **s'~** auseinandergehen; sich scheiden; **nos points de vue s'opposent sur cette question** *a.* in dieser Frage sind wir entgegengesetzter, gegenteiliger, gegensätzlicher Meinung

opposite [ɔpozit] LOC PRÉP **à l'~ de** gegenüber *(+ dat)*

opposition [ɔpozisjõ] F **1** *(contraste)* Gegensatz *m*; Gegensätzlichkeit *f*; *(contradiction)* Widerspruch *m*; **~ de caractères** Charaktergegensatz *m*; **~ de couleurs** Farbkontrast *m*; *loc prép* **par ~ à** im Gegensatz zu; **sa conduite est en ~ avec ses idées** sein Benehmen steht im Widerspruch zu s-n Ansichten **2** *(résistance)* Widerstand *m*, Opposition *f* (**à qc** gegen etw); **être en ~ avec qn, qc** zu j-m, etw in Opposition stehen; **faire de l'~** Widerstand leisten; opponieren; Opposition treiben, *fam* machen; **faire, former ~ à qc** sich e-r Sache *(dat)* widersetzen; gegen etw opponieren; gegen etw sein; *projet* **rencontrer beaucoup d'~** auf großen Widerstand, Widerspruch stoßen **3** JUR Einspruch *m*; **délai** *m* **d'~** Einspruchsfrist *f*; **faire ~ à qc** Einspruch gegen etw einlegen, erheben **4** FIN Sperrung *f*; **faire ~ à un chèque** e-n Scheck sperren lassen; *abs* **faire ~** sein Konto sperren lassen **5** POL Opposition *f*; **partis** *mpl* **de l'~** Oppositionsparteien *fpl* **6** ASTRON Opposition *f*

oppositionnel [ɔpozisjɔnɛl] POL **A** ADJ ⟨~le⟩ oppositionell **B** SUBST **les ~s** *mpl* die Oppositionellen *mpl*

oppressant [ɔpʀesɑ̃] ADJ **a** *chaleur* drückend **b** *fig ambiance, souvenirs* bedrückend; beklemmend

oppressé [ɔpʀese] ADJ **être ~** an Atemnot leiden; Atembeklemmungen haben; *fig* beklommen sein

oppresser [ɔpʀese] V/T **~ qn** *chaleur, crainte* j-n beklemmen; j-m den Atem benehmen; *fig ambiance, souvenirs* j-n bedrücken, bedrängen; schwer auf j-m lasten

oppresseur [ɔpʀesœʀ] M Unterdrücker *m*; Bedrücker *m*; Bedränger *m*; **oppressif** ADJ ⟨-ive⟩ unterdrückend; Unterdrückungs…

oppression [ɔpʀesjõ] F **1** *du peuple etc* Unterdrückung *f*; Bedrückung *f*; Unterjochung *f*; Knechtung *f*; *état a.* Knechtschaft *f* **2** *(gêne respiratoire)* Atembeklemmung *f*, -not *f*

opprimé [ɔpʀime] **A** ADJ *peuple etc* unterdrückt; unterjocht; geknechtet **B** SUBST **les ~s** *mpl* die Unterdrückten *mpl*, Geknechteten *mpl*

opprimer [ɔpʀime] V/T *les faibles, un peuple* unterdrücken; unterjochen; knechten

opprobre [ɔpʀɔbʀ] M **1** *litt (honte)* Schmach *f*; Schande *f*; **jeter l'~ sur qn** j-m (e-e) Schmach zufügen **2** *st/s personne* Schandfleck *m*

optatif [ɔptatif] ADJ ⟨-ive⟩ GRAM Wunsch…; **mode ~** *ou subst* **~** *m* Optativ *m*

opter [ɔpte] V/I **~ pour qc** sich für etw entscheiden; etw wählen; für etw optieren *(a. pour une nationalité)*

opticien [ɔptisjɛ̃] M, **opticienne** F Optiker(in) *m(f)*; *adjt* **ingénieur** *m* **opticien** staatlich geprüfter Augenoptiker

optimal [ɔptimal] ADJ ⟨-aux⟩ optimal; Optimal…; bestmögliche(r, -s); beste(r, -s); Best…; günstigste(r, -s)

optim(al)isation [ɔptim(al)izasjõ] F ÉCON Optimierung *f*; **optim(al)iser** V/T ÉCON optimieren

optimisme [ɔptimism] M Optimismus *m*; Zuversicht *f*; **optimiste** **A** ADJ optimistisch; zuversichtlich **B** M/F Optimist(in) *m(f)*

optimum [ɔptimɔm] **A** ADJ ⟨*f* **~** *od* **optima**; *pl m u. f* **~s** *od* **optima**⟩ → **optimal** **B** M ⟨*pl* **~s** *od* **optima**⟩ Optimum *n*

option [ɔpsjõ] F **1** *(choix)* Wahl(möglichkeit) *f*; Option *f*; *(décision)* Entscheidung *f*; ENSEIGNEMENT **(matière** *f* **à) ~** Wahlfach *n* **2** JUR Option *f* **(de la nationalité française** für die französische Staatsangehörigkeit) **3** JUR, COMM Option *f*; Optionsrecht *n*; **lever l'~** das Optionsrecht ausüben; **prendre une ~ sur qc** e-e Option auf etw *(acc)* erwerben **4** AUTO **~s** *pl* Extras *npl*; **en ~** als Extra (gegen Aufpreis) **5** POL **~ zéro** Nulllösung *f*

optionnel [ɔpsjɔnɛl] ADJ ⟨~le⟩ zur Wahl gestellt; Wahl…; nach Wahl

optique [ɔptik] **A** ADJ **1** PHYSIOL Seh…; **angle** *m* **~** Seh-, Gesichtswinkel *m*; **nerf** *m* **~** Sehnerv *m* **2** OPT optisch; **verres** *mpl* **~s** optische Gläser *npl* **3** TÉLÉCOMMUNICATIONS **fibre** *f* **~** Glasfaser *f* **B** F **1** *science* Optik *f*; **~ électronique** Elektronenoptik *f*; *loc adj* **d'~** optisch; **instruments** *mpl* **d'~** optische Instrumente *npl* **2** *d'un appareil* Optik *f*; optisches System **3** *fig (façon de voir)* Blickwinkel *m*; Perspektive *f*; Gesichtspunkt *m*; Optik *f*; Betrachtungsweise *f*; *loc adv* **dans une ~ de médecin** aus dem Blickwinkel, aus der Perspektive, aus der Sicht e-s Arztes; **dans cette ~** unter diesem Gesichtspunkt **4** *secteur industriel* optische Industrie

opulence [ɔpylɑ̃s] *st/s* F **1** Überfluss *m*; großer Reichtum; **vivre dans l'~** im Überfluss leben **2** *d'une poitrine* Üppigkeit *f*

opulent [ɔpylɑ̃] ADJ *st/s* **1** *famille, personne* sehr reich; steinreich; **luxe ~** großer Luxus **2** *poitrine* üppig

opus [ɔpys] M MUS Opus *n*

opuscule [ɔpyskyl] M kleines Werk; Werkchen *n*; kleine Schrift

or[1] [ɔʀ] M **1** Gold *n*; **~ fin, pur** reines, gediegenes Gold; Feingold *n*; **~ blanc** Weißgold *n*; **~ massif** massives Gold; Massivgold *n*; *fig* **l'~ noir** *(le pétrole)* das flüssige, schwarze Gold; **~ rouge** Rotgold *n*; **~ en barre, en lingot** Barrengold *n*; *fig* **c'est de l'~ en barre** *d'une affaire* das bringt viel Geld ein; das ist e-e sichere Geldanlage; *d'un commerce* das ist e-e Goldgrube; ♦ *adjt* Gold…; FIN **couverture** *f* **~** Golddeckung *f*; **peinture** *f* **~** Goldfarbe *f*; *loc adj* **d'~, en ~** Gold…; golden; *fig* **une affaire d'~, en ~** ein sehr günstiges, vorteilhaftes Geschäft; *fam* ein Bombengeschäft *n*; *fig* **cœur** *m* **d'~** goldenes Herz, Gemüt; **dent** *f* **en ~** Goldzahn *m*; *fam fig* **un mari en ~** ein Ehemann, der Gold wert ist; *fam fig* **un sujet en ~** ein dankbares Thema; *loc adv*: **à prix d'~** für teures Geld; teuer; **pour tout l'~ du monde** *(+Verneinung)* um keinen Preis der Welt; nicht für Geld und gute Worte; ♦ **être cousu d'~**, *fam* **rouler sur l'~** steinreich sein; *fam* Geld wie Heu haben; im Geld schwimmen; **être franc comme l'~** ohne Falsch, sehr aufrichtig, *fam* goldecht sein **2** *couleur* goldgelbe Farbe; Goldton *m*; *poét* Gold *n*; **cheveux** *mpl* **d'~** goldblondes Haar

or[2] [ɔʀ] CONJ nun (aber)

oracle [ɔʀakl] M **1** Orakel *n*; **l'~ de Delphes** das Orakel von Delphi **2** *fig personne* Prophet *m*; Orakel *n*

orage [ɔʀaʒ] M **1** Gewitter *n*; **le temps est à l'~** es ist gewitt(e)rig; **il fait de l'~** es gewittert **2** *fig* **il y a de l'~ dans l'air** die Zeichen stehen auf Sturm; **sentir venir l'~** das Gewitter kommen sehen

O

orageux [ɔʀaʒø] ADJ ‹-euse› **1** gewitt(e)rig; Gewitter…; **chaleur, pluie orageuse** Gewitterschwüle *f*, -regen *m*; **nuage ~** Gewitterwolke *f* **2** *fig séance, discussion* stürmisch; hitzig; bewegt
oraison [ɔʀɛzõ] F **1** *(prière)* Gebet *n*; ÉGL CATH *a.* Oration *f* **2** **~ funèbre** Grab-, *st/s* Leichenrede *f*
oral [ɔʀal] **A** ADJ ‹-aux› **1** *tradition, promesse, déposition, épreuve* mündlich **2** ANAT, MÉD Mund…; *t/t* oral; PSYCH **stade ~** orale Phase; PHON **voyelle ~e** oraler, nicht nasalierter Vokal; MÉD **par voie ~e** oral; durch den Mund **B** M mündliche Prüfung; Mündliche(s) *n*; mündlicher Teil (e-r Prüfung)
orange[1] [ɔʀɑ̃ʒ] F *fruit* Apfelsine *f*; Orange *f*; **~ amère** Pomeranze *f*; Bitterorange *f*; **~ pressée** frisch ausgepresster Apfelsinen-, Orangensaft
orange[2] [ɔʀɑ̃ʒ] *couleur* **A** ADJ ‹inv› orange; orangefarben, -farbig; **feu** *m* **~** gelbes Licht **B** M Orange *n*; *feu* **passer à l'~** gelb werden; auf Gelb schalten
Orange [ɔʀɑ̃ʒ] **1** *ville en France* Orange *n* **2** *dynastie* Oranien **3** *fleuve d'Afrique* **l'~** *m* der Oranje
orangé [ɔʀɑ̃ʒe] ADJ *et* SUBST M → orange[2]
orangeade [ɔʀɑ̃ʒad] F Orangeade *f*
oranger [ɔʀɑ̃ʒe] M BOT Apfelsinen-, Orangenbaum *m*; **fleur** *f* **d'~** Orangenblüte *f*
orangeraie [ɔʀɑ̃ʒʀɛ] F Apfelsinen-, Orangenplantage *f*; **orangerie** F Orangerie *f*
orang-outan(g) [ɔʀɑ̃utɑ̃] M ‹*pl* orangs-outans› ZOOL Orang-Utan *m*
orateur [ɔʀatœʀ] M Redner(in) *m(f)*; **être un bon ~** ein guter Redner sein
oratoire[1] [ɔʀatwaʀ] ADJ Rede…; rednerisch; oratorisch; *par ext* **précautions** *fpl* **~s** schonende Vorbereitung
oratoire[2] [ɔʀatwaʀ] M **1** *(petite chapelle)* Oratorium *n*; Hauskapelle *f* **2** *nom de congrégation* **Oratoire** Oratorium *n*
oratorien [ɔʀatɔʀjɛ̃] M ÉGL CATH Oratorianer *m*
oratorio [ɔʀatɔʀjo] M MUS Oratorium *n*; **~ de Noël** Weihnachtsoratorium *n*
orbital [ɔʀbital] ADJ ‹-aux› ASTRON, ESPACE Bahn…; Orbital…; **station ~e** Raum-, Orbitalstation *f*; **vitesse ~e** Umlauf-, Orbitalgeschwindigkeit *f*
orbite [ɔʀbit] F **1** ANAT Augenhöhle *f*; **avoir les yeux enfoncés dans les ~s** tief liegende Augen haben **2** ASTRON, ESPACE Umlaufbahn *f*; Bahn(kurve) *f*; ESPACE *a.* Orbit *m*; PHYS NUCL **~s des électrons** Elektronenbahnen *fpl*; *engin spatial* **mettre en** *ou* **sur ~** in e-e Umlaufbahn bringen; **placer sur son ~** in die vorgesehene Umlaufbahn bringen **3** *fig (sphère d'influence)* Einflussbereich *m*; Bannkreis *m*; **attirer, entraîner qn dans son ~** j-n in s-n Bannkreis ziehen
orbiter [ɔʀbite] V/I *engin spatial* sich auf e-r Umlaufbahn bewegen; kreisen
Orcades [ɔʀkad] **les îles** *fpl* **~** *ou* **les ~** *fpl* die Orkneyinseln *fpl*
orchestral [ɔʀkɛstʀal] ADJ ‹-aux› MUS Orchester…; orchestral; **musique ~e** Orchestermusik *f*
orchestrateur [ɔʀkɛstʀatœʀ] M MUS Instrumentator *m*; **orchestration** F **1** MUS Instrumentation *ou* Instrumentierung *f*; Orchestration *ou* Orchestrierung *f* **2** *fig* Inszenierung *f*; Organisierung *f*
orchestre [ɔʀkɛstʀ] M **1** Orchester *n*; Kapelle *f*; *de jazz, rock etc* Band *f*; **~ symphonique** Sinfonieorchester *n*; **~ à cordes** Streichorchester *n*; **~ de chambre** Kammerorchester *n*; **~ de danse** Tanzkapelle *f*; **~ de jazz** Jazzkapelle *f*, -band *f*; **chef** *m* **d'~** *d'un orchestre* Dirigent *m*; *d'un orchestre de danse, de jazz etc* Kapellmeister *m*; **concerto** *m* **pour violon et ~** Konzert *n* für Violine und Orchester; Violinkonzert *n* **2** THÉ **(fosse** *f* **d')~** Orchester(-graben *m*, -raum *m*) *n* **3** *places*: THÉ vorderes Parkett; CINÉMA erstes (und zweites) Parkett; **(fauteuil** *m* **d')~** Platz *m* im vorderen Parkett; Orchestersessel *m*
orchestrer [ɔʀkɛstʀe] V/T **1** MUS instrumentieren; orchestrieren **2** *fig campagne de presse etc* organisieren; inszenieren
orchidée [ɔʀkide] F Orchidee *f*
ordalie [ɔʀdali] F HIST Gottesurteil *n*; Ordal *n*
ordi [ɔʀdi] M ABR *fam* → ordinateur
ordinaire [ɔʀdinɛʀ] **A** ADJ **1** *(habituel)* gewöhnlich; üblich; gewohnt; alltäglich; **une histoire pas ~** e-e nicht alltägliche Geschichte **2** *(normal)* gewöhnlich; alltäglich; normal; *(simple)* einfach; *(moyen)* durchschnittlich; **gens** *mpl* **~s** Durchschnittsmenschen *mpl*; **qualité** *f* **~** Durchschnittsqualität *f*; **vin** *m* **~** einfacher Tischwein **3** *péj personne, manières etc* ordinär; gewöhnlich; unfein **4** JUR **juridiction** *f* **~** ordentliche Gerichtsbarkeit **B** M **1** **sortir de l'~** aus dem Rahmen fallen; vom Üblichen, Gewohnten abweichen; ungewöhnlich sein; *loc adv*: **comme à l'~** *ou* **à son ~** wie üblich; wie gewöhnlich; **d'~** (für) gewöhnlich; im Allgemeinen; sonst; meistens **2** *essence* Normal(-benzin) *n* **3** *nourriture* Alltagsessen *n*, -kost *f*; einfaches Essen; *menu* Stammgericht *n*; MIL Mannschaftsverpflegung *f* **4** ÉGL CATH **~ de la messe** Ordo Missae *m*
ordinairement [ɔʀdinɛʀmɑ̃] ADV (für) gewöhnlich; im Allgemeinen; sonst; meistens
ordinal [ɔʀdinal] ADJ ‹-aux› **(adjectif) numéral ~** *ou subst* **~** *m*, **nombre ~** Ordnungs-, Ordinalzahl *f*
ordinateur [ɔʀdinatœʀ] M Computer *m*; **~ personnel** PC *m*; Personal Computer *m*; **~ portable** Laptop *m*; **~ de bord** Bordcomputer *m*; **travailler sur ~** am Computer arbeiten
ordination [ɔʀdinasjõ] F REL Priesterweihe *f*; Ordination *f*
ordinogramme [ɔʀdinɔgʀam] M INFORM Flussdiagramm *n*
ordonnance [ɔʀdɔnɑ̃s] F **1** MÉD Rezept *n*; Verschreibung *f*; Verordnung *f*; *médicament* **délivré seulement sur ~** rezept-, verschreibungspflichtig **2** *d'un gouvernement* (Rechts-)Verordnung *f* **3** JUR richterliche Verfügung, Anordnung; richterlicher Beschluss; **rendre une ~** e-e Verfügung erlassen **4** MIL **a** **officier** *m* **d'~** Adjutant *m* **b** ‹*a. m*› *autrefois soldat* (Offiziers)Bursche *m* **5** *(disposition)* (An)Ordnung *f*; Reihenfolge *f*; *d'un repas* Ordnung *f*; Speisenfolge *f* **6** PEINT Komposition *f*; künstlerische Gestaltung; ARCH architektonische Gestaltung; Architektonik *f*
ordonnancement [ɔʀdɔnɑ̃smɑ̃] M **1** FIN Zahlungsanweisung *f* **2** ÉCON, TECH Fertigungssteuerung *f* und -kontrolle *f*; Ablauf-, Arbeitsplanung *f*; **ordonnancer** V/T ‹-ç-› FIN zur Zahlung anweisen
ordonnateur [ɔʀdɔnatœʀ] M Ordner *m*; **~ d'une fête** Festordner *m*; **~ des pompes funèbres** Leichenbestatter *m*
ordonné [ɔʀdɔne] ADJ **1** *personne* ordentlich; ordnungsliebend **2** *intérieur etc* wohlgeordnet
ordonnée [ɔʀdɔne] F MATH Ordinate *f*
ordonner [ɔʀdɔne] V/T **1** *éléments, idées* ordnen *(a.* MATH) **2** *(commander)* befehlen; anordnen; verfügen; *st/s* gebieten; *travail* auftragen, befehlen (**à qn** j-m); **~ une expertise** ein Gutachten einholen, in Auftrag geben; **~ qc à qn** j-m etw befehlen, *st/s* gebieten; **~ à qn de faire qc** j-m befehlen, auftragen, *st/s* gebieten, etw zu tun; **~ que** *(+subj)* anordnen, verfügen, befehlen, dass … **3** MÉD *traitement, remède* verschreiben; verordnen *(a. repos)* **4** REL weihen; ordinieren; **être ordonné prêtre** zum Priester geweiht werden; die Priesterweihe empfangen
ordre [ɔʀdʀ] M **1** *(opposé à chaos)* Ordnung *f*; **~ établi** bestehende, herrschende Ordnung; **~ public** öffentliche Ordnung; **maintien** *m* **de l'~** Aufrechterhaltung *f* der *(öffentlichen)* Ordnung; **partisans** *mpl* **de l'~** Anhänger *mpl* der bestehenden Ordnung; *loc adj* **en ~** ordentlich; (wohl)geordnet; in Ordnung; **tout est en ~** alles ist ordentlich, aufgeräumt, in Ordnung; **défiler en ~** in e-m geordneten Zug vorbeimarschieren; **mettre qc en ~** etw in Ordnung bringen; etw ordnen; *personne* **avoir de l'~** ordentlich, ordnungsliebend sein; Ordnung halten (können); Ordnungsliebe besitzen; Ordnungssinn haben; **c'est (dans) l'~ des choses** das ist nun einmal so; das ist der Lauf der Dinge, der Welt; das ist völlig normal; *personne* **manquer d'~** unordentlich sein; keine Ordnung halten können, haben; **mettre de l'~** Ordnung machen, schaffen; **mettre de l'~ dans qc** etw ordnen; in etw *(acc)* Ordnung bringen; **mettre bon ~ à qc** e-r Sache *(dat)* ein Ende machen, Einhalt gebieten; etw abstellen; mit etw aufräumen; **rappeler qn à l'~** j-n zur Ordnung rufen; **tout est rentré dans l'~** alles ist wieder in Ordnung (gekommen); alles läuft wieder normal, in geordneten Bahnen **2** *(succession régulière)* Reihenfolge *f*; Rangfolge *f*; (An)Ordnung *f*; **~ alphabétique** alphabetische Reihenfolge, Ordnung; *loc adv* **par ~ alphabétique** alphabetisch, nach dem Alphabet geordnet; in alphabetischer Reihenfolge; JUR **~ successoral, d'héritiers** Erbfolge *f*; MIL HIST **~ de bataille** Schlachtordnung *f*; **~ de grandeur** Größenordnung *f*; MIL **~ de marche** Marschordnung *f*; → *a.* 5; GRAM **~ des mots** Wortstellung *f*; **numéro** *m* **d'~** laufende Nummer; *loc adj*: **de l'~ de** in der Größenordnung von; **du même ~** gleichrangig; gleichwertig; gleichartig; in der gleichen Größenordnung; **de premier ~** erstrangig; erstklassig; ersten Ranges; **de second ~** zweitrangig; *loc adv*: **avec ~** systematisch; **dans l'~** der Reihe nach; *tiercé* in der richtigen Reihenfolge; *noms des acteurs cités* **dans l'~ d'entrée en scène** in der Reihenfolge ihres Auftritts; **par ~** der Reihe nach; **par ~ d'ancienneté** dem Dienstalter nach; nach Dienstalter; **mettre dans un certain ~** in e-e gewisse Ordnung bringen **3** *(nature, catégorie)* Art *f*; Natur *f*; *loc adj* **d'un autre ~** anderer Art, Natur; *problème* **d'~ économique** wirtschaftlicher Art, Natur; *loc adv* **dans un autre ~ d'idées** in e-m anderen Zusammenhang; **dans le même ~ d'idées** in diesem Zusammenhang **4** **~ du jour** Tagesordnung *f*; → *a.* 5; **être à l'~ du jour** auf der Tagesordnung stehen; *fig* an der Tagesordnung, aktuell sein **5** *(directive)* Befehl *m* *(a.* MIL *et* INFORM); Anordnung *f*; (An)Weisung *f*; **~ de grève** Streikaufruf *m*; MIL **~ du jour** Tagesbefehl *m*; **~ de mission** dienstlicher Auftrag; **~ de route, de marche** Marschbefehl *m*; *loc adv*: **à vos ~s, mon capitaine!** zu Befehl, Herr Hauptmann!; **conformément aux ~s reçus** befehls-, weisungsgemäß; **jusqu'à nouvel ~** bis auf weiteres; bis auf Widerruf; COMM **par ~** *(abr* **p.o.**) im Auftrag *(abr* i. A.); **par ~ de, sur (l')~ de** auf Befehl, Anordnung von *(ou +gén)*; **sous les ~s de** unter dem Befehl von *(ou +gén)*; **avoir qn sous ses ~s** j-n unter sich *(dat)* haben; **être sous les ~s de qn** j-m, j-s Befehlsgewalt unterstehen; j-m unterstellt sein; **mettre, placer sous les ~s de qn** j-m, j-s Befehl

unterstellen; **donner un ~** e-n Befehl erteilen, geben; e-e Anordnung erlassen, geben; **donner l'~ de faire qc** befehlen, den Befehl erteilen *ou* geben, (An)Weisung geben, anordnen, etw zu tun; *plais* **je suis à vos ~s!** ich stehe Ihnen zu Diensten!; ich erwarte Ihre Befehle!; **je n'ai d'~ à recevoir de personne** mir hat keiner etwas zu befehlen, vorzuschreiben, zu sagen; mir hat keiner Vorschriften zu machen **6** COMM **a** FIN Auftrag *m*; Order *f*; **~ d'achat** Kaufauftrag *m*, -order *f*; **~ de Bourse** Börsenauftrag *m*; **~ de virement** Überweisungsauftrag *m*; *loc adv*: **à l'~ de** an die Order von; **payer, payez à l'~ de** zahlbar an die Order von; **d'~ et pour compte de** im Auftrag und für Rechnung von (*ou +gén*) **b** (*commande*) Bestellung *f*; Auftrag *m*; **passer un ~** e-n Auftrag erteilen; e-e Bestellung aufgeben **7** REL *et par ext* Orden *m*; **~ des bénédictins** Benediktinerorden *m*; HIST **~ de chevalerie** Ritterorden *m*; **~ de Malte** Malteserorden *m*; **membre** *m* **d'un ~** Ordensmitglied *n*; **entrer dans les ~s** in e-n Orden eintreten **8** ÉGL CATH Weihe *f*; Weihegrad *m*; **~s majeurs, mineurs** höhere, niedere Weihen **9** *de professions libérales* Verband *m*; Kammer *f*; **~ des avocats, des médecins** Anwalts-, Ärztekammer *f*; **conseil** *m* **de l'~** Kammervorstand *m* **10** BIOL Ordnung *f* **11** ARCH (Säulen)Ordnung *f* **12** HIST (*classe sociale*) Stand *m*

ordure [ɔʀdyʀ] F **1** PL **~s (ménagères)** Abfall *m*; Abfälle *mpl*; Müll *m*; *st/s* Unrat *m*; **tas** *m* **d'~s** Abfall-, Müllhaufen *m*, -berg *m*; **jeter, mettre qc aux ~s** etw in den Abfall, Müll werfen; etw wegwerfen; **c'est bon à mettre aux ~s** das gehört in den, *fam* das ist reif für den Mülleimer **2** *propos* **~s** *pl* gemeine, unflätige Ausdrücke *mpl*; Gemeinheiten *fpl*; Zoten *fpl*; *st/s* Unflat *m* **3** *pop injure pop* Miststück *n*; Mistvieh *n*

ordurier [ɔʀdyʀje] ADJ ⟨-ière⟩ gemein; schmutzig; zotig; *st/s* unflätig

orée [ɔʀe] F *st/s* **à l'~ du bois** *st/s* am Waldessaum

oreille [ɔʀɛj] F **1** ANAT Ohr *n*; *par ext* (*ouïe*) Gehör *n*; *du lapin, du lièvre a.* Löffel *m*; **~s en feuille de chou** große abstehende Ohren; *loc adv*: **de bouche à ~** von Mund zu Mund; **le chapeau sur l'~** den Hut schief aufs Ohr gesetzt; **si cela arrivait, venait à ses ~s** wenn ihm das zu Ohren käme; **avoir de l'~** ein musikalisches Gehör haben; **ne pas avoir d'~, n'avoir aucune ~** kein (musikalisches) Gehör haben; *litt* **avoir l'~ de qn** j-s Vertrauen, Ohr haben, besitzen; **avoir l'~ fine** ein feines, scharfes Ohr, Gehör haben; ein gutes Gehör haben; **casser les ~s à qn** *bruit* j-m in den Ohren wehtun; j-m auf die Nerven gehen; *pour demander qc* j-m in den Ohren liegen; **choquer les ~s chastes, délicates, pudiques** zarte Ohren schockieren; **dire qc à l'~ de qn** *ou* **dire qc à qn dans le creux de l'~** j-m etw ins Ohr flüstern, sagen; j-m etw zuflüstern; *fig* **dormir sur ses deux ~s** ganz ohne Sorge, ganz beruhigt sein; **dresser l'~** die Ohren spitzen (*a. fig*); **chauffer les ~s à qn** j-n wütend machen, in Harnisch bringen; **n'écouter que d'une ~** nur mit halbem Ohr zu-, hinhören; **écouter de toutes ses ~s** sich (*dat*) kein Wort entgehen lassen; konzentriert, gespannt zuhören; aufmerksam lauschen; **entendre mal de l'~ gauche** auf dem linken Ohr schlecht hören; **entendre qc de ses propres ~s** etw mit eigenen Ohren hören; *fig* **il ne l'entend pas de cette ~** davon will er nichts wissen; *fam* auf dem Ohr hört er schlecht, ist er taub; **cela lui entre par une ~ et lui sort par l'autre** das geht ihm zum e-n Ohr hinein und zum anderen wieder hinaus; **être (tout yeux) tout ~s** ganz (Auge und) Ohr sein; **être dur d'~** schwerhörig sein; schwer hören; **faire la sourde ~** sich taub stellen; nichts hören wollen; **ouvrir bien** *ou* **grand ses ~s** aufmerksam, gut zu-, hinhören; die Ohren aufmachen, *fam* aufsperren; **prêter l'~ à qc** e-r Sache (*dat*) Gehör schenken; etw aufmerksam anhören; *abs* aufmerksam hinhören; **rougir jusqu'aux ~s** bis über die, bis über beide Ohren rot werden; **tendre l'~** die Ohren spitzen; **tirer les ~s à qn** j-n an den Ohren ziehen; *fig* **tirer, frotter les ~s à qn** j-m die Ohren lang ziehen; j-n bei den Ohren nehmen; j-m den Kopf waschen; *fig* **se faire tirer l'~** sich lange bitten lassen; **ce n'est pas tombé dans l'~ d'un sourd** das will ich mir gut merken; da hat einer gut aufgepasst **2** *d'une marmite etc* Griff *m* **3** TECH **écrou** *m* **à ~s** Flügelmutter *f* **4** **fauteuil** *m* **à ~s** Ohrensessel *m*

oreiller [ɔʀeje] M Kopfkissen *n*; **taie** *f* **d'~** Kopfkissenbezug *m*; *fig*: **confidences** *fpl* **sur l'~** Bettgeflüster *n*; **se réconcilier sur l'~** sich im Bett wieder versöhnen

oreillette [ɔʀɛjɛt] F **1** *du cœur* Vorhof *m* **2** *d'une toque etc* Ohrenklappe *f* **3** TECH Ohrhörer *m*

oreillons [ɔʀɛjõ] MPL MÉD Ziegenpeter *m*; Mumps *m*

Orenbourg [ɔʀɛ̃buʀ] GÉOG Orenburg *n*

Orénoque [ɔʀenɔk] GÉOG **l'~** *m* der Orinoko

ores [ɔʀ] LOC ADV **d'~ et déjà** [dɔʀzedeʒa] schon jetzt; jetzt schon

Oreste [ɔʀɛst] M MYTH Orest(es) *m*

orfèvre [ɔʀfɛvʀ] M/F Goldschmied(in) *m(f)*; *fig* **être ~ en la matière** auf dem Gebiet ein Fachmann sein; sich bestens auskennen; **orfèvre-bijoutier** M ⟨*pl* orfèvres-bijoutiers⟩ Juwelier *m*

orfèvrerie [ɔʀfɛvʀəʀi] F **1** *art, métier* Goldschmiedekunst *f*, -handwerk *n* **2** *ouvrage* Goldschmiedearbeit *f*

orfraie [ɔʀfʀɛ] F ZOOL Seeadler *m*; *fig* **pousser des cris d'~** gellende Schreie ausstoßen; gellend schreien

organdi [ɔʀgɑ̃di] M TEXT Organdy *m*; **robe** *f* **en ~** Organdykleid *n*

organe [ɔʀgan] M **1** ANAT Organ *n*; **~s (génitaux)** Geschlechtsorgane *npl*; **~s des sens** Sinnesorgane *npl*; **~ de la vue** Sehorgan *n*; **greffe** *f* **d'~** Organverpflanzung *f* **2** (*institution*) Organ *n*; **~ administratif** Verwaltungsorgan *n*; **~s de la justice** Organe der Justiz; **~s du pouvoir** Organe der Staatsgewalt **3** (*journal d'un parti etc*) Organ *n*; Blatt *n*; Sprachrohr *n* **4** *fig* (*instrument*) Werkzeug *n*; Instrument *n*; *personne* Stimme *f*; Sprecher *m*; Interpret *m* **5** TECH Element *n*; Organ *n*; **~s de commande** Antriebsorgane *npl*, -elemente *npl*

organigramme [ɔʀganigʀam] M **1** *d'une entreprise*, ADMIN Organisationsplan *m*, -schema *n*; Organigramm *n* **2** INFORM Flussdiagramm *n*

organique [ɔʀganik] ADJ **1** ANAT, MÉD organisch; **maladie** *f* **~** organische Krankheit **2** *matière* organisch; **chimie** *f* **~** organische Chemie; **déchets** *mpl* **~s** Biomüll *m* **3** POL **loi** *f* **~** grundlegendes Gesetz über Staatsorgane

organisable [ɔʀganizabl] ADJ organisierbar

organisateur [ɔʀganizatœʀ] M, **organisatrice** F Organisator *m*, Organisatorin *f*; *d'une fête, d'un congrès a.* Veranstalter(in) *m(f)*; **talent** *m* **d'organisateur** *ou* **d'organisatrice** Organisationstalent *n*; organisatorisches Talent

organisation [ɔʀganizasjõ] F **1** *action* Organisierung *f*; Organisation *f*; Gestaltung *f*; *d'un congrès etc* Veranstaltung *f*; Abhaltung *f*; Durchführung *f*; **~ des loisirs** Freizeitgestaltung *f*; **~ du travail** Arbeitsorganisation *f*, -gestaltung *f*; **avoir l'esprit d'~** Organisationstalent besitzen **2** (*structure*) Organisation *f*; Aufbau *m*; **~ administrative** Verwaltungsaufbau *m*, -organisation *f*; **~ judiciaire** Gerichtsverfassung *f* **3** (*association*) Organisation *f*; Verband *m*; **~ mondiale** Weltorganisation *f*; **Organisation mondiale du commerce, de la santé** Welthandels-, Weltgesundheitsorganisation *f*; **Organisation des Nations Unies** (*abr* **ONU**) Organisation der Vereinten Nationen (*abr* UNO); → *a.* OCDE, OPEP, OTAN

organisationnel [ɔʀganizasjɔnɛl] ADJ ⟨~le⟩ organisatorisch; Organisations...

organisé [ɔʀganize] ADJ **1** BIOL **être** *m* **~** organisiertes Lebewesen **2** *travail, affaire* **bien ~** gut organisiert; **voyage ~** Gruppen-, Gesellschaftsreise *f*; **partir en voyage ~** mit e-r Reisegesellschaft verreisen; **c'est une personne ~e** er *ou* sie ist ein Mensch, der s-e Zeit, s-e Arbeit richtig einzuteilen versteht; → *a.* vol[2] 2 **3** *au sein d'un parti etc* organisiert (**en** in *+dat*)

organiser [ɔʀganize] **A** V/T organisieren; *travail a.* sinnvoll einteilen; *son temps, une journée* richtig einteilen; *congrès, réception, fête* veranstalten; ausrichten; *fam* aufziehen; *programme* zusammenstellen; **~ une excursion, une rencontre** einen Ausflug, ein Treffen arrangieren; **~ ses loisirs** s-e Freizeit gestalten **B** V/PR **s'~** **1** *personne* mit s-r Zeit richtig umgehen; sich (*dat*) s-e Zeit, s-e Arbeit richtig einteilen; **comment s'~ pour** (*+inf*)? wie muss man es anstellen, einrichten, um zu (*+inf*)? **2** *choses* sich einspielen, regeln

organisme [ɔʀganism] M **1** BIOL Organismus *m* (*a. fig d'une nation etc*); *au sens strict* menschlicher Organismus, Körper **2** (*institution, services*) Organisation *f*; Einrichtung *f*; Institution *f*; Gremium *n*; Organ *n*; **~ compétent** zuständige Stelle; **~ privé** private Organisation, Einrichtung; **~ de contrôle** Kontrollorgan *n*

organiste [ɔʀganist] M/F Organist(in) *m(f)*

orgasme [ɔʀgasm] M Orgasmus *m*

orge [ɔʀʒ] **1** F BOT, AGR Gerste *f* **2** **sucre** *m* **d'~** Lutschstange *f* **3** M **~ mondé** (Gersten)Graupen *fpl*; **~ perlé** Perlgraupen *fpl*

orgeat [ɔʀʒa] M (**sirop** *m* **d'**)**~** Mandelmilchgetränk *n*

orgelet [ɔʀʒəlɛ] M MÉD Gerstenkorn *n*

orgiaque [ɔʀʒjak] *litt* ADJ orgiastisch

orgie [ɔʀʒi] F **1** Orgie *f*; wüstes Gelage; **se livrer à une véritable ~** e-e wahre Orgie feiern **2** *fig* **une ~ de lumières, de fleurs, de couleurs** e-e verschwenderische Fülle von Lichtern, Blumen, Farben

orgue [ɔʀg] M **1** **~** *ou* **~s** *fpl* Orgel *f*; **les grandes ~s** die Orgel (*e-r Kirche*); **~ électronique** Elektronenorgel *f*; elektronische Orgel; **musique** *f* **d'~** Orgelmusik *f*; **jouer de l'~** Orgel spielen **2** **~ de Barbarie** Drehorgel *f*; Leierkasten *m*; *autrich* Werkel *n*; **joueur** *m* **d'~ (de Barbarie)** Leierkastenmann *m*; Drehorgelspieler *m*; *autrich* Werkelmann *m* **3** MUS **point** *m* **d'~** Fermate *f* **4** GÉOL **~s basaltiques** gebündelte Basaltsäulen *fpl*

orgueil [ɔʀgœj] M Stolz *m*; *péj* Hochmut *m*; Dünkel *m*; *st/s* Hoffart *f*; *loc adv* **par ~** aus Stolz; **avoir l'~ de son nom** auf s-n Namen stolz sein; **ne pas en tirer d'~** nicht sonderlich stolz darauf sein; sich (*dat*) nichts darauf einbilden

orgueilleux [ɔʀgœjø] **A** ADJ ⟨-euse⟩ stolz; *péj* hochmütig; eingebildet; dünkelhaft; *st/s* hoffärtig **B** SUBST **~, orgueilleuse** *m,f* stolzer *etc* Mensch

orient [ɔʀjɑ̃] M **1** GÉOG **l'Orient** der Orient; HIST **l'Empire (romain) d'Orient** das Oströmi-

O

sche, Byzantinische Reich **2** *poét* Morgen *m*; Osten *m* **3** *d'une perle* Glanz *m*; Schmelz *m*

orientable [ɔʀjɑ̃tabl] ADJ verstellbar; einstellbar; *antenne, lampe* schwenkbar; drehbar; **bras** *m* **~** Schwenkarm *m*

oriental [ɔʀjɑ̃tal] **A** ADJ ⟨-aux⟩ **1** *(est)* östlich; Ost...; **côte, frontière ~e** Ostküste *f*, -grenze *f*; **les Pyrénées ~es** die Ostpyrenäen *pl* **2** *(de l'Orient)* orientalisch; **langues ~es** orientalische Sprachen *fpl*; Orientalistik *f* **B** SUBST **Oriental(e)** *m(f)* Orientale *m*, Orientalin *f*

orientalisme [ɔʀjɑ̃talism] M **1** *science* Orientalistik *f* **2** *(goût de l'Orient)* Vorliebe *f* für alles Orientalische; **orientaliste** M/F Orientalist(in) *m(f)*

orientation [ɔʀjɑ̃tasjõ] F **1** Orientierung *f*; **sens** *m* **de l'~** Orientierungssinn *m*, -vermögen *n*; Ortssinn *m*; **table** *f* **d'~** Panoramatafel *f* **2** *fig* Lenkung *f*; Steuerung *f*; Ausrichtung *f*; **~ professionnelle** Berufsberatung *f*; **conseiller** *m* **d'~ professionnelle** Berufsberater *m*; ÉCON **~ des besoins, des capitaux** Bedarfs-, Kapitallenkung *f* **3** *d'un journal etc* Einstellung *f*; (Aus)Richtung *f*; Orientierung *f*; Tendenz *f*; POL Kurs *m*; **changement** *m* **d'~** Kurswechsel *m* **4** *d'un édifice etc* Lage *f*

orienté [ɔʀjɑ̃te] ADJ **1** *chambre, appartement* **être ~ à l'est** nach Osten liegen, gehen; **être bien ~** e-e gute Lage haben **2** *fig article etc* tendenziös

orienter [ɔʀjɑ̃te] **A** V/T **1** ausrichten, orientieren (**au sud** nach Süden) **2** *fig élève* beraten; hinlenken (**vers** auf *+acc*); *recherches etc* lenken; steuern; auf ein bestimmtes Ziel ausrichten; e-e bestimmte Richtung geben *(+dat)* **B** V/PR **1** **s'~** sich orientieren; sich zurechtfinden; s-n Weg finden **2** *fig* **s'~ vers qc** sich e-r Sache *(dat)* zuwenden

orienteur [ɔʀjɑ̃tœʀ] M **~ (professionnel)** Berufsberater *m*

Orient-Express [ɔʀjɑ̃tɛkspʀɛs] M CH DE FER Orientexpress *m*

orifice [ɔʀifis] M Öffnung *f*; *d'un puits, d'un tuyau a.* Mündung *f*

oriflamme [ɔʀiflam] F HIST Oriflamme *f*

origami [ɔʀigami] M Origami *n*

origan [ɔʀigɑ̃] M **1** BOT Dost *m* **2** CUIS Oregano *m*; Origano *m*

Origène [ɔʀiʒɛn] M ÉGL Origenes *m*

originaire [ɔʀiʒinɛʀ] ADJ **1** **être ~ de** stammen aus; beheimatet sein in *(+dat)*; *d'une ville a.* gebürtig sein aus; *coutume, produit* kommen aus; **il est ~ du pays** er ist ein Einheimischer **2** *(primitif)* ursprünglich; **originairement** ADV anfangs; ursprünglich

original [ɔʀiʒinal] ⟨*mpl* -aux⟩ **A** ADJ **1** *document etc* original; Original...; Ur...; **copie ~e** Kopie *f* des Originals; **édition ~e** Erstausgabe *f*, -druck *m*; Originalausgabe *f*; **texte ~** Originaltext, Urtext *m* **2** *idée etc* originell; neuartig; *création, artiste a.* eigenständig; schöpferisch **3** *personne (étrange)* sonderbar; eigenartig **B** SUBST **1** M *d'une reproduction* Original *n*; *d'une traduction a.* Urtext *m*; *d'un document a.* Urschrift *f* **2** **~(e)** *m(f) personne* Original *n*; Unikum *n*; Sonderling *m*

originalité [ɔʀiʒinalite] F **1** *d'une idée etc* Originalität *f*; Neuartigkeit *f*; *d'une œuvre, d'un artiste a.* Eigenständigkeit *f*; Ursprünglichkeit *f* **2** *d'une personne (étrangeté)* Sonderbarkeit *f*; sonderbares Wesen, Verhalten **3** *(élément original)* Besonderheit *f*; Neuartige(s) *n*; Neuerung *f*; Neuheit *f*

origine [ɔʀiʒin] F **1** *(commencement)* Anfang *m*; Beginn *m*; *pl* **~s** *de la vie etc* Entstehung *f*; *d'une coutume* Aufkommen *n*; *loc adv* **à l'~** ursprünglich; anfangs; anfänglich; am Anfang; **dès l'~** von Anfang an; von Anbeginn; gleich zu Anfang; **des ~s à nos jours** von den Anfängen bis zur Gegenwart **2** *(provenance)* Ursprung *m*; Herkunft *f*; *d'une personne a.* Abstammung *f*; Abkunft *f*; *loc adj* **d'~** *produit etc* original; Original...; echt; **Allemand, Français** *etc* **d'~** gebürtiger Deutscher, Franzose *etc*; *en parlant de vins* **appellation** *f* **d'~** Herkunfts-, Ursprungsbezeichnung *f*; *pour des marchandises* **certificat** *m* **d'~** Ursprungszeugnis *n*; **emballage** *m* **d'~** Original(ver)packung *f*; **nationalité** *f* **d'~** ursprüngliche, durch die Geburt erworbene Staatsangehörigkeit; **pays** *m* **d'~** *de qn* Geburts-, Heimatland *n*; *d'un produit* Ursprungs-, Herstellungsland *n*; *coutume* **d'~ ancienne** althergebracht; *mot* **d'~ latine** lateinischen Ursprungs; *personne*: **être d'~ française** gebürtiger Franzose, von Geburt Franzose sein; **être d'~ paysanne** bäuerlicher Herkunft, Abstammung sein; **on sent ses ~s paysannes** man merkt ihm s-e bäuerliche Herkunft an **3** *(cause)* Ursache *f*; **à l'~ de cette maladie il y a souvent ...** Ursache dieser Krankheit ist oft ...; **avoir, prendre son ~ dans qc** s-e Ursache in etw *(dat)* haben; **être à l'~ de qc** Ursache e-r Sache *(gén)* sein; etw verursachen, hervorrufen, auslösen **4** MATH Nullpunkt *m*; Ursprung *m*

originel [ɔʀiʒinɛl] ADJ ⟨~le⟩ **1** ursprünglich; **état ~** ursprünglicher Zustand; **sens ~** ursprüngliche Bedeutung **2** REL **péché ~** Erbsünde *f*

originellement [ɔʀiʒinɛlmɑ̃] ADV ursprünglich

orignal [ɔʀiɲal] M ⟨*pl* -aux⟩ ZOOL Amerikanischer Elch

oripeaux [ɔʀipo] MPL zerschlissene, fadenscheinige Kleidung; Lumpen *mpl*

ORL [oɛʀɛl] M/F ABR → oto-rhino-laryngologie, oto-rhino-laryngologiste

Orléans [ɔʀleɑ̃] *Stadt im Dep. Loiret*

orlon® [ɔʀlõ] M TEXT Orlon® *n*

orme [ɔʀm] M **1** BOT Ulme *f*; Rüster *f* **2** *bois* Rüsterholz *n*; **en ~** aus Rüster; Rüster...

ormeau [ɔʀmo] M ⟨*pl* ~x⟩ ZOOL Seeohr *n*

Orne [ɔʀn] **l'~** *f Fluss u. Departement in Frankreich*

ornement [ɔʀnəmɑ̃] M **1** Ornament *n* (*a.* BEAUX-ARTS); Verzierung *f*; Zierrat *m*; Schmuck *m*; **plante** *f* **d'~** Zierpflanze *f*; *loc adj* **sans aucun ~** völlig schmucklos; ganz schlicht **2** MUS Verzierung *f* **3** REL **~s sacerdotaux** priesterlicher Ornat

ornemental [ɔʀnəmɑ̃tal] ADJ ⟨-aux⟩ schmückend; ornamental; Schmuck...; Zier...; **plante ~e** Zierpflanze *f*

ornementation [ɔʀnəmɑ̃tasjõ] F Verzierung *f* (mit Ornamenten); **ornementer** V/T (mit Ornamenten) verzieren

orner [ɔʀne] V/T **a** schmücken, verzieren, ausschmücken (**de** mit) **b** *objet* **~ qc** etw zieren, schmücken; **orné de** geschmückt, verziert, geziert mit

ornière [ɔʀnjɛʀ] F Wagenspur *f*; *fig* **sortir de l'~** sich aus e-r schwierigen Lage herausarbeiten

ornithologie [ɔʀnitɔlɔʒi] F Vogelkunde *f*; *t/t* Ornithologie *f*; **ornithologique** ADJ vogelkundlich; *t/t* ornithologisch; **ornithologiste** *ou* **ornithologue** M/F Ornithologe, -login *m,f*; **ornithorynque** [-ʀɛ̃k] M ZOOL Schnabeltier *n*

oronge [ɔʀõʒ] F BOT **~ (vraie)** Kaiserling *m*; **fausse ~** Fliegenpilz *m*

orpailleur [ɔʀpajœʀ] M HIST Goldwäscher *m*

Orphée [ɔʀfe] M MYTH Orpheus *m*

orphelin [ɔʀfəlɛ̃] M, **orpheline** F **1** Waise *f*; **orphelin, orpheline de père** vaterlose Halbwaise; **orphelin, orpheline de père et de mère** Vollwaise *f* **2** ADJ/T verwaist; **enfant orphelin, orpheline** Waisenkind *n*

orphelinat [ɔʀfəlina] M Waisenhaus *n*

orphéon [ɔʀfeõ] M Blaskapelle *f*

orphique [ɔʀfik] ADJ orphisch; **orphisme** M ANTIQUITÉ Orphik *f*

orque [ɔʀk] M ZOOL Schwertwal *m*

Orsay [ɔʀsɛ] *Stadt im Dep. Essonne*

ORSEC [ɔʀsɛk] ABR (organisation des secours) **plan** *m* **~** (staatlicher) Katastropheneinsatzplan

orteil [ɔʀtɛj] M ANAT Zehe *f*; Zeh *m*; **gros, petit ~** große, kleine Zehe; großer, kleiner Zeh

Orthez [ɔʀtɛs] *Stadt im Dep. Pyrénées-Atlantiques*

orthodontie [ɔʀtɔdõti] F MÉD Zahnregulierung *f*; Kieferorthopädie *f*; *t/t* Orthodontie *f*; **orthodontiste** M/F Kieferorthopäde *m*, -pädin *f*

orthodoxe [ɔʀtɔdɔks] **A** ADJ **1** REL *et par ext* orthodox; streng-, rechtgläubig **2** *fig procédé etc* **peu ~** unorthodox; ungewöhnlich; *péj* nicht ganz koscher **3** ÉGL orthodox; **Église ~ (grecque)** (griechisch)orthodoxe Kirche **B** SUBST **les ~s** *mpl* REL die Orthodoxen *mpl*

orthodoxie [ɔʀtɔdɔksi] F REL *et par ext* Orthodoxie *f*; Rechtgläubigkeit *f*

orthogonal [ɔʀtɔgɔnal] ADJ ⟨-aux⟩ MATH rechtwink(e)lig; orthogonal

orthographe [ɔʀtɔgʀaf] F **1** Rechtschreibung *f*; Orthografie *f*; **~ d'usage** *(festgelegte)* Rechtschreibung; **réforme** *f* **de l'~** Rechtschreibreform *f*; **avoir une mauvaise ~** viele orthografische Fehler machen; in der Rechtschreibung viele Fehler machen; *élève* **être bon en ~** in Rechtschreibung gut sein **2** *d'un mot* Schreibung *f*; Schreibweise *f*

orthographier [ɔʀtɔgʀafje] **A** V/T **correctement, mal ~** richtig, falsch schreiben **B** V/PR **s'~** geschrieben werden

orthographique [ɔʀtɔgʀafik] ADJ orthografisch; INFORM **correcteur** *m* **~** Rechtschreibprogramm *n*; **signes** *mpl* **~s** diakritische Zeichen *npl* und Satzzeichen *npl*

orthopédie [ɔʀtɔpedi] F MÉD Orthopädie *f*; **~ dento-faciale** Kieferorthopädie *f*

orthopédique [ɔʀtɔpedik] ADJ orthopädisch; **appareils** *mpl*, **chaussures** *fpl* **~s** orthopädische Geräte *npl*, Schuhe *mpl*

orthopédiste [ɔʀtɔpedist] M/F **1** MÉD Orthopäde, -pädin *m,f*; Facharzt, -ärztin *m,f* für Orthopädie **2** Orthopädist(in) *m(f)*; Orthopädiemechaniker(in) *m(f)*, -schuhmacher(in) *m(f)*

orthophonie [ɔʀtɔfɔni] F MÉD Sprachheilkunde *f*; Logopädie *f*; **orthophoniste** M/F MÉD Logopäde *m*, Logopädin *f*

orthoptiste [ɔʀtɔptist] M/F MÉD Orthoptist(in) *m(f)*

ortie [ɔʀti] F BOT **1** Brennnessel *f* **2** **~ blanche** Weiße Taubnessel

ortolan [ɔʀtɔlɑ̃] M ZOOL Ortolan *m*; *fig* **manger des ~s** etwas Gutes, Leckeres essen

orvet [ɔʀvɛ] M ZOOL Blindschleiche *f*

os [ɔs], PL [o] M **1** ANAT Knochen *m*; **~ longs** lange Knochen; Röhrenknochen *mpl*; **~ à moelle** Markknochen *m*; **~ du bassin, de la main, de poulet** Becken-, Hand-, Hühnerknochen *m*; *loc adj objet* **en ~** beinern; aus Knochen; Knochen...; *loc adv fam* **jusqu'à l'~** völlig; durch und durch; *fam fig* **il y a un ~** die Sache hat e-n Haken; *fam fig* **l'avoir dans l'~** *fam* übers Ohr gehauen worden sein; reingelegt worden sein; *personne* **avoir de gros, petits ~** e-n kräftigen, zarten Knochenbau haben; *fig* **c'est un sac d'~** [-dɔs] er *ou* sie ist spindel-, klapperdürr; **il ne fera pas de vieux ~** er wird nicht alt werden; *fig* **jeter, donner un ~ à ronger à qn** j-m etwas zukommen lassen, zum Fraß vorwerfen; *plais* **réchauffer ses vieux ~** sich (auf)wärmen; *fam fig* **tomber sur un ~** auf unvorhergesehene Schwierigkeiten stoßen; **être trempé jusqu'aux ~** bis auf die Haut nass sein; *fam* pudel-, patsch-, klatschnass sein 2 ZOOL **~ de seiche** Sepiaschale *f*; Schulp *m*

OS [oɛs] M/F ABR (ouvrier spécialisé) angelernter Arbeiter, angelernte Arbeiterin

oscar [ɔskaʀ] M 1 CINÉMA Oscar *m* 2 *par ext (prix)* Preis *m* (**de** für)

Oscar [ɔskaʀ] M *Vorname*

OSCE [oɛssea] F ABR (Organisation pour la sécurité et la coopération en Europe) OSZE *f* (Organisation für Sicherheit und Zusammenarbeit in Europa)

oscillant [ɔsilɑ̃] ADJ schwingend; PHYS *a.* oszillierend; **circuit ~** Schwingkreis *m*

oscillateur [ɔsilatœʀ] M ÉLEC Oszillator *m*; Schwingungserzeuger *m*; **oscillation** F 1 PHYS, ÉLEC Schwingung *f*; Oszillation *f* 2 *fig (variation)* Schwankung *f*

osciller [ɔsile] V/T 1 *pendule* schwingen; PHYS *a.* oszillieren; *tête etc* (hin und her) schwanken 2 *fig (hésiter)* schwanken (**entre** zwischen *+dat*)

oscillogramme [ɔsilɔgʀam] M Oszillogramm *n*; **oscillographe** M Oszillograf *m*; **oscillomètre** M MÉD Blutdruckmesser *m*

osé [oze] ADJ 1 *tentative, plaisanterie, tenue, scène* gewagt; **entreprise ~e** riskantes Unternehmen 2 *personne* keck; dreist

Osée [oze] M BIBL Hosea *m*

oseille [ozɛj] F 1 BOT Sauerampfer *m* 2 *arg* → fric

oser [oze] V/T wagen; *abs* es wagen; sich trauen; *je voudrais bien*, **mais je n'ose pas** aber ich wage es nicht, ich traue mich nicht; *litt* **~ qc** etw wagen; **~ faire qc** *(avoir le courage)* (es) wagen, sich (ge)trauen, etw zu tun; *(avoir l'audace)* sich unterstehen, sich unterfangen, sich erdreisten, sich erkühnen, etw zu tun; **ose répéter ce que tu viens de dire!** untersteh dich, wage es, das noch einmal zu sagen!; **si j'ose dire** *ou* **si j'ose m'exprimer ainsi** wenn ich so sagen darf; **j'ose espérer que vous accepterez** ich darf doch hoffen, dass Sie annehmen werden?

oseraie [ozʀɛ] F Weidengebüsch *n*, -pflanzung *f*

osier [ozje] M 1 BOT Korbweide *f* 2 VANNERIE Weidenruten *fpl*; **panier** *m* **d'~** Weidenkorb *m*; **fauteuil** *m* **en ~** Korbsessel *m*, -stuhl *m*

Osiris [ɔziʀis] M MYTH Osiris *m*

osmose [ɔsmoz] F 1 BIOL, CHIM Osmose *f* 2 *fig* gegenseitige Durchdringung, Beeinflussung

osmotique [ɔsmɔtik] ADJ BIOL, CHIM **pression** *f* **~** osmotischer Druck

ossature [ɔsatyʀ] F 1 ANAT Knochengerüst *n*, -bau *m*; **avoir une ~ robuste** e-n kräftigen Knochenbau haben 2 CONSTR Skelett *n*; Gerippe *n*; **~ en béton armé** Stahlbetonskelett *n*, -gerippe *n*

osselet [ɔslɛ] M 1 ANAT **~s de l'oreille** Gehörknöchelchen *npl* 2 **~s** *pl Geschicklichkeitsspiel mit kleinen Knochen, die hochgeworfen u. mit dem Handrücken aufgefangen werden*

ossements [ɔsmɑ̃] MPL (Toten)Gebeine *npl*

osseux [ɔsø] ADJ ⟨-euse⟩ 1 ANAT Knochen…; knöchern; **cellule, charpente osseuse** Knochenzelle *f*, -gerüst *n*; ZOOL **poisson ~** Knochenfisch *m*; **tissu ~** Knochengewebe *n* 2 *visage, mains* knochig

ossification [ɔsifikasjõ] F PHYSIOL Verknöcherung *f*; **ossifier** V/PR **s'~** verknöchern

ossuaire [ɔsɥɛʀ] M Beinhaus *n*; *t/t* Ossarium *ou* Ossuarium *n*

ostéite [ɔsteit] F MÉD Knochenentzündung *f*; *t/t* Ostitis *f*

Ostende [ɔstɑ̃d] GÉOG Ostende *n*

ostensible(ment) [ɔstɑ̃sibl(əmɑ̃)] ADJ (et ADV) deutlich; *bâiller* demonstrativ; unüberhörbar

ostensoir [ɔstɑ̃swaʀ] M ÉGL CATH Monstranz *f*

ostentation [ɔstɑ̃tasjõ] F Zurschaustellung *f*; Zur-Schau-Tragen *n*; Großtun *n* (**de** mit); **avec ~** großtuerisch; prahlerisch; **ostentatoire** ADJ großtuerisch

ostéoblaste [ɔsteɔblast] M PHYSIOL Knochenbildungszelle *f*; **ostéopathe** [-pat] M/F MÉD Chiropraktiker(in) *m(f)*; **ostéopathie** [-pati] F MÉD *maladie, thérapie* Osteopathie *f*; **ostéoporose** [-pɔʀoz] F MÉD Osteoporose *f*

Ostie [ɔsti] GÉOG Ostia *n*

ostracisme [ɔstʀasism] M Ächtung *f*; Verfemung *f*; Ausschluss *m*; **être frappé d'~** geächtet, verfemt werden *ou* sein

Ostrava [ɔstʀava] GÉOG Ostrau *n*

ostréicole [ɔstʀeikɔl] ADJ Austern(zucht)…

ostréiculteur [ɔstʀeikyltœʀ] M Austernzüchter *m*; **ostréiculture** F Austernzucht *f*

ostrogot(h) [ɔstʀɔgo] M 1 HIST **Ostrogot(h)s** *pl* Ostgoten *mpl* 2 *fam (malotru)* Grobian *m*; ungehobelter Kerl; Barbar *m* 3 *fam* **un drôle d'ostrogot(h)** *fam* ein komischer Heiliger

otage [ɔtaʒ] M Geisel *f*; **prise** *f* **d'~(s)** Geiselnahme *f*; **prendre qn en** *ou* **comme ~** j-n als Geisel nehmen

OTAN [ɔtɑ̃] F ABR (Organisation du traité de l'Atlantique Nord) NATO *ou* Nato *f*

otarie [ɔtaʀi] F ZOOL Ohrenrobbe *f*

ôter [ote] A V/T 1 *(enlever) objet de sa place* wegnehmen, -legen, -stellen, -setzen; *manteau etc* ablegen; ausziehen *(a. gants)*; *chapeau, lunettes* abnehmen; **~ un noyau, une tache** einen Kern, einen Fleck entfernen 2 MATH abziehen; **~ la moitié de cent** von hundert die Hälfte abziehen, wegnehmen; **3 ôté de 9 égale 6** 9 weniger *ou* minus 3 macht *ou* ist 6 3 **~ qc à qn** j-m etw wegnehmen; **~ à qn ses forces** j-m die Kräfte nehmen, rauben; **cela n'ôte rien à son mérite** das schmälert sein Verdienst nicht; → *a.* idée 2 B V/PR **ôtez-vous de là!** gehen Sie mir aus dem Weg!; machen Sie Platz!; *fam* **ôte-toi de là que je m'y mette!** Platz da, jetzt komme ich!

Othon [ɔtõ] M HIST Otto *m*

otite [ɔtit] F MÉD Ohrenentzündung *f*; *t/t* Otitis *f*; **~ moyenne** Mittelohrentzündung *f*

oto-rhino [ɔtoʀino] M/F *fam* ABR → oto-rhino-laryngologiste

oto-rhino-laryngologie [ɔtoʀinolaʀɛ̃gɔlɔʒi] F MÉD Hals-Nasen-Ohren-Heilkunde *f*; **oto-rhino-laryngologiste** M/F MÉD Hals-Nasen-Ohren-Arzt *m ou* -Ärztin *f*; *abr* HNO-Arzt, -Ärztin *m,f*; *fam* Ohrenarzt, -ärztin *m,f*

Otrante [ɔtʀɑ̃t] GÉOG Otranto *n*; **le canal d'~** die Straße von Otranto

ottoman [ɔtɔmɑ̃] A ADJ HIST osmanisch; **l'Empire ~** das Osmanische Reich B SUBST 1 HIST **Ottomans** *mpl* Osmanen *mpl* 2 M TEXT Ottoman *m* 3 **~e** *f canapé* Ottomane *f*

Otton [ɔtõ] M HIST Otto *m*

ou [u] CONJ 1 oder; **~ bien** oder; **~ (bien) … ~ (bien)** entweder … oder; **~ alors** sonst; wenn nicht; **~ même, ~ plutôt** oder vielmehr; **tôt ~ tard** früher oder später 2 *évaluation* bis; **deux ~ trois fois** zwei- bis dreimal

où [u] ADV 1 *interrogation:* a *directe* wo? *ou* wohin?; **~ est votre frère?** wo ist Ihr Bruder?; **~ vas-tu?** wohin gehst du?; **~ en êtes-vous?** wie weit sind Sie?; **d'~?** woher?; **d'~ vient-il?** woher kommt er?; **jusqu'~?** bis wohin?; wie weit?; **par ~ commencer?** womit *ou* wo soll man beginnen; **par ~ est-il passé?** welche Strecke, *fam* wie ist er gefahren? b *indirecte* wo *ou* wohin; **je ne sais ~ aller** ich weiß nicht, wohin ich gehen soll; **je me demande ~ il est** ich frage mich, wo er steckt c *loc adv* **d'~** daher; darum; **d'~ mon étonnement** daher mein Erstaunen d *loc conj* **~ que** *(+subj)* wo *ou* wohin auch (immer); **~ qu'il soit** wo er auch sein mag 2 *relatif:* a *local:* **le pays ~ il est né** das Land, in dem *ou* wo er geboren wurde; **là ~** da *ou* dort, wo b *temporel:* **l'époque ~ nous vivons** die Zeit, in der wir leben; **à l'époque ~ j'allais à l'école** zu der Zeit, als ich in die Schule ging; **au moment ~ il arriva** in dem Augenblick, als *ou* wo er ankam c *situation:* **dans l'état ~ il est** in dem, in diesem Zustand; **dans le trouble ~ j'étais** in meiner Verwirrung

OUA [oya] F ABR (Organisation de l'unité africaine) OAU *f*

Ouad(d)aï [wadai] GÉOG **l'~** *m* Wadai *n*

Ouagadougou [wagadugu] Wagadugu *n* *(Hauptstadt von Burkina Faso)*

ouailles [waj] FPL REL, *plais* Schäflein *npl*; Herde *f*

ouais [wɛ] *fam* A INT *iron ou sceptique* schau (mal) an!; was du nicht sagst! B ADV ja

ouate [wat] *meist keine Elision!* F Watte *f*

ouaté [wate] ADJ 1 TEXT wattiert 2 *fig bruit, ambiance* gedämpft; **ouater** V/T wattieren; **ouatiné** ADJ mit Steppfutter; wattiert

Oubangui [ubɑ̃gi] GÉOG **l'~** *m* der Ubangi

oubli [ubli] M 1 *d'un nom etc* Vergessen *n*; *collectif* Vergessenheit *f*; **tirer, sortir, sauver de l'~** der Vergessenheit *(dat)* entreißen; **tomber dans l'~** in Vergessenheit geraten 2 *(omission)* Unterlassung *f*; Versäumnis *n*; Versehen *n*; **~ involontaire** Versehen *n*; **commettre un ~** sich *(dat)* e-e Nachlässigkeit, ein Versäumnis zuschulden kommen lassen; e-e Unterlassung begehen; **réparer un ~** sein Versäumnis wiedergutmachen 3 *de ses obligations* Vernachlässigung *f*; *des convenances* Verletzung *f* 4 *d'une injure* Verzeihen *n*; Nichtnachtragen *n* 5 **~ de soi(-même)** Selbstverleugnung *f*, -losigkeit *f*

oublier [ublije] A V/T 1 *nom, date etc* vergessen; *ce qu'on a appris a.* (wieder) verlernen; **~ de faire qc** vergessen, etw zu tun; **~ que …** vergessen, dass …; **il en oublie le boire et le manger** er vergisst Essen und Trinken darüber; *fam* **vous nous oubliez!** haben Sie uns denn ganz vergessen!; **il oublie tout** er vergisst alles; er ist sehr vergesslich; **être oublié** vergessen sein; in Vergessenheit geraten sein; **faire ~ qc** etw vergessen lassen; **se faire ~** dafür sorgen, dass man nicht (gleich wieder) auffällt, dass man erst einmal vergessen wird 2 *(laisser) clés etc* vergessen; liegen lassen; *parapluie a.* stehen lassen 3 *(omettre) mot etc, qn lors d'une distribution* vergessen; auslassen; übersehen *(a. faute)*; **n'oubliez pas que …** vergessen Sie nicht, denken Sie daran, dass … 4 *(négliger) amis, obligations etc* vernachlässigen; *devoirs a.* versäumen; verletzen 5 *injures, vexation* nicht nachtragen; verzeihen B V/PR 1 *sens passif* **s'~** vergessen werden; *ce genre d'affront* **ne s'oublie pas** vergisst man nicht 2 *iron* **il ne s'est pas oublié** er hat sein Schäfchen ins Trockene gebracht; er hat für sich gesorgt 3 **s'~** *(manquer aux égards dus)* sich gehen lassen; sich vergessen 4 **s'~** *(faire ses besoins) enfant* in die Hosen machen; *animal* sein Geschäft verrichten; *fam* sich verewigen

oubliettes [ublijɛt] FPL HIST Verlies *n*; Kerker

m; *fig* **tomber dans les ~** in Vergessenheit geraten; *fam* in der Versenkung verschwinden
oued [wɛd] M GÉOG Wadi *n*
Ouen [wɑ̃] M *saint* Audoenus *m*
ouest [wɛst] A M 1 *point cardinal* (ABR **O.**) West(en) *m* (*abr* W); **vent** *m* **d'~** Westwind *m*; *loc adv* **à l'~** im Westen, westlich (**de** von *ou* +*gén*); **plus à l'~** weiter *ou* mehr im Westen, westlich; **en direction de l'~, vers l'~** in westlicher Richtung; westwärts; nach Westen 2 *d'un pays, d'une ville etc* **l'Ouest** der Westen; *loc adj* **de l'Ouest** West...; HIST **l'Allemagne** *f* **de l'Ouest** Westdeutschland *n* (*Bundesrepublik*); **l'Europe** *f* **de l'Ouest** Westeuropa *n*; **dans l'Ouest de Paris** im Westen von Paris; im Pariser Westen 3 *de la France* **l'Ouest** Westfrankreich *n*; der Westen (Frankreichs) 4 POL **l'Ouest** der Westen B ADJ ⟨*inv*⟩ westlich; West...; **côte** *f* **~** Westküste *f*; **longitude** *f* **~** westliche Länge; **portail** *m* **~** Westportal *n*
ouest-allemand [wɛstalmɑ̃] ADJ westdeutsch
ouest-nord-ouest [wɛstnɔʀwɛst] M Westnordwest(en) *m*; **ouest-sud-ouest** M Westsüdwest(en) *m*
ouf [uf] INT uff!; Gott sei Dank!; *fam* **sans avoir le temps de dire ~, elle avait ...** ehe sie sich's versah, hatte sie ...; *fam* **il n'a pas eu le temps de dire ~** er hatte nicht einmal Zeit zum Luftholen
Ouganda [ugɑ̃da] **l'~** *m* Uganda *n*
ougandais [ugɑ̃dɛ] A ADJ ugandisch B SUBST **Ougandais(e)** *m(f)* Ugander(in) *m(f)*
oui [wi] *keine Bindung!* A ADV ja; *êtes-vous satisfait?* - **~ et non** ja und nein; **~ ou non?** ja oder nein?; *pop tu viens*, **~ ou merde?** *fam* was ist jetzt!; sag was!; *on se demande* **si ~ ou non on partira en vacances** ob wir in Ferien fahren sollen oder nicht; *résigné* **eh! ~** na ja; nun ja; **mon Dieu, ~** Gott, ja!; **~, bien sûr** ja gewiss; ja sicher; ja freilich; ja natürlich; **mais ~** aber ja; ja doch; gewiss doch; allerdings; **(oh) que ~** ja gewiss; ja sicher; natürlich; **je crois que ~** ich glaube ja *ou* schon; **dire ~** Ja sagen; **dire que ~** sagen, dass es so ist; **il semble que ~** es scheint so B M ⟨*inv*⟩ 1 Ja *n*; *loc adv* **pour un ~ ou pour un non** bei der geringsten Kleinigkeit; wegen e-r Lappalie; ohne rechten, ersichtlichen Grund 2 POL Jastimme *f*
ouï [wi] PP → ouïr
oui-da [wida] ADV *litt* ei ja!; aber gewiss!
ouï-dire [widiʀ] M ⟨*inv*⟩ Hörensagen *n*; *loc adv* **par ~** vom Hörensagen; gerüchteweise
ouïe[1] [wi] F 1 Gehör(sinn) *n(m)*; **avoir l'~ fine** ein feines Gehör haben; *fam* **je suis tout ~** ich bin ganz Ohr 2 *des poissons* **~s** *pl* Kiemen *fpl*
ouïe[2] *ou* **ouille** [uj] INT au!
ouïr [wiʀ] V/T ⟨*défect: nur inf u. pp* ouï⟩ 1 *litt ou plais* **j'ai ouï dire que ...** ich habe sagen hören, dass ... 2 JUR **ouï les témoins** nach Anhörung der Zeugen
ouistiti [wistiti] *keine Elision!* M 1 ZOOL Seiden-, Pinseläffchen *n* 2 *fam fig* **un drôle de ~** ein komischer Kerl; *fam* e-e seltsame Type
Ouistreham [wistʀeam] *Ort im Dep. Calvados*
oukase [ukaz] M → ukase
Oulan-Bator [ulɑ̃batɔʀ] GÉOG Ulan-Bator *n*
Oulan-Oude [ulɑ̃ude] GÉOG Ulan-Ude *n*
Oullins [ulɛ̃] *Stadt im Dep. Rhône*
ouragan [uʀagɑ̃] M 1 Orkan *m* 2 *fig* **~ de protestations** Sturm *m* der Entrüstung; **arriver en ~** angestürmt, angebraust kommen; wie ein Wirbelwind daherkommen
Oural [uʀal] **l'~** *m* der Ural
Ouranos [uʀanos, -ɔs] M MYTH Uranos *m*
ourdir [uʀdiʀ] V/T 1 TEXT schären; zetteln 2 *fig complot* anzetteln; schmieden
ourdou [uʀdu] M LING **l'~** das Urdu; Urdu *n*
ourlé [uʀle] ADJ 1 COUT gesäumt 2 *oreilles* **finement ~** mit e-m feinen, zarten Rand
ourler [uʀle] V/T COUT säumen
ourlet [uʀlɛ] M 1 COUT Saum *m*; **faux ~** falscher Saum; **défaire l'~** den Saum auftrennen; **faire un ~ à qc** etw (um-, ein)säumen 2 TECH (umgebogener) Rand
ours [uʀs] M 1 ZOOL Bär *m*; **~ blanc, polaire** Eisbär *m*; **~ brun** Braunbär *m*; **~ savant** Tanzbär *m*; dressierter Bär; **~ en peluche** Teddy (-bär) *m*; **peau** *f* **d'~** Bärenfell *n* 2 GÉOG **le Grand Lac de l'Ours** der Große Bärensee 3 *fig personne* Einzelgänger *m*; Eigenbrötler *m*; **~ mal léché** ungehobelter, ungeschlachter Kerl; Grobian *m*; **vivre en ~, comme un ~** das Leben e-s Eigenbrötlers führen; zurückgezogen leben; *adjt* **être un peu ~** etwas kontakt-, menschenscheu, eigenbrötlerisch sein 4 PRESSE Impressum *n*
ourse [uʀs] F 1 ZOOL Bärin *f* 2 ASTRON **la Grande, Petite Ourse** der Große, Kleine Bär, Wagen
oursin [uʀsɛ̃] M ZOOL Seeigel *m*
ourson [uʀsõ] M ZOOL junger, kleiner Bär
Oussouri [usuʀi] GÉOG **l'~** *m* der Ussuri
oust(e) [ust] INT *fam* 1 *pour chasser qn fam* (nichts wie) raus!; hau ab! 2 (*vite!*) schnell!; *fam* dalli!
out [awt] ADV TENNIS aus; *adjt* **balle** *f* **~** Ausball *m*; **être ~** aus sein; im Aus sein
outarde [utaʀd] F ZOOL Trappe *f*
outil [uti] M 1 Werkzeug *n* (*a. fig de qn*); **~s** *pl a.* Handwerkszeug *n*; **~s de cordonnier, de maçon** Schuster-, Maurerwerkzeuge *npl*; **~s de jardinage** Gartengeräte *npl* 2 *fig* **~ (de travail)** Arbeitsinstrument *n*, -mittel *n*; Hilfsmittel *n*; **~ pédagogique** Lernmittel *n* 3 ADJT LING **mot** *m* **~** Strukturwort *n*
outillage [utijaʒ] M *coll* Handwerkszeug *n*; Werkzeugausrüstung *f*; Arbeitsgerät(e) *n(pl)*; *d'une usine* maschinelle, technische Ausrüstung
outillé [utije] ADJ **bien ~** gut mit Handwerkszeug, Werkzeugen ausgerüstet; *usine* maschinell, technisch gut ausgerüstet; **être ~ pour faire qc** die nötige, passende Ausrüstung haben *ou* entsprechend ausgerüstet sein, um etw zu tun
outilleur [utijœʀ] M Werkzeugmacher *m*
outrage [utʀaʒ] M 1 (grobe, schwere) Beleidigung (*a.* JUR); schwere Kränkung; Schmähung *f*; Beschimpfung *f*; Schimpf *m*; Schmach *f*; JUR: **~ à agent de la force publique** Beleidigung e-s Polizeibeamten; **~ à magistrat** Beamtenbeleidigung *f*; **~ aux bonnes mœurs** Verbreitung *f* unzüchtiger Schriften, Abbildungen oder Darstellungen; **~ public à la pudeur** Erregung *f* öffentlichen Ärgernisses; *iron* **faire subir les derniers ~s à qn** (*violer*) j-m Gewalt antun 2 *litt* (*atteinte*) Verheerung *f*
outragé [utʀaʒe] ADJ beleidigt; gekränkt
outrageant [utʀaʒɑ̃] ADJ beleidigend; kränkend; **outrager** V/T ⟨-geons⟩ (*offenser*) beleidigen; kränken; (*injurier*) schmähen; beschimpfen
outrageusement [utʀaʒøzmɑ̃] ADV zu stark; **~ fardé** *fam* entsetzlich geschminkt
outrance [utʀɑ̃s] F 1 Übertreibung *f*; Überspitztheit *f*; Überspitzung *f*; *loc adv* **à ~** übertrieben; übermäßig; *guerre* bis zum siegreichen *ou* bitteren Ende; *combat* auf Leben und Tod 2 **~ de langage** sprachliche Entgleisung
outrancier [utʀɑ̃sje] ADJ ⟨-ière⟩ *propos* übertrieben; überspitzt; *caractère* zur Übertreibung neigend
outre[1] [utʀ] F *récipient* (Leder)Schlauch *m*; **~ de vin** Weinschlauch *m*; *fam* **être gonflé, plein comme une ~** *fam* voll(gefressen) sein; nicht mehr papp sagen können
outre[2] [utʀ] A PRÉP außer (+*dat*) B ADV 1 **passer ~ à qc** über etw (*acc*) hinweggehen; etw übergehen; sich über etw (*acc*) hinwegsetzen 2 LOC ADV **en ~** außerdem; überdies; darüber hinaus; **~ mesure** über die Maßen; übermäßig; **pas ~ mesure** nicht übermäßig, besonders, sonderlich
outré [utʀe] ADJ 1 (*exagéré*) übertrieben; zu weit getrieben; überspitzt; auf die Spitze getrieben 2 (*indigné*) → outrer
outre-Atlantique [utʀatlɑ̃tik] ADV jenseits des Atlantiks
outrecuidance [utʀəkɥidɑ̃s] *litt* F Überheblichkeit *f*; Anmaßung *f*; Vermessenheit *f*; **outrecuidant** *litt* ADJ überheblich; anmaßend; vermessen
outre-Manche [utʀəmɑ̃ʃ] ADV jenseits des (Ärmel)Kanals
outremer [utʀəmɛʀ] M 1 *couleur* Ultramarin *n*; *adjt* ⟨*inv*⟩ ultramarin 2 MINÉR Lasurstein *m*; Lapislazuli *m*
outre-mer [utʀəmɛʀ] LOC ADJ **d'~** überseeisch; Übersee...; in Übersee; **département** *m* **d'~** überseeisches Departement; Überseedepartement *n*
outrepasser [utʀəpase] V/T *ses droits* überschreiten
outrer [utʀe] V/T *une telle injustice* **m'a outré** hat mich empört; **être outré de, par qc** über etw (*acc*) empört, entrüstet sein
outre-Rhin [utʀəʀɛ̃] ADV jenseits des Rheins (*von Frankreich aus*); auf der rechten Rheinseite; in Deutschland
outre-tombe [utʀətõb] LOC ADJ **d'~** von jenseits des Grabes; **une voix d'~** e-e Stimme aus dem Jenseits
outsider [awtsajdœʀ] M *cheval, fig personne* Außenseiter *m*; Outsider *m*
ouvert [uvɛʀ] PP → ouvrir *et* ADJ ⟨ouverte [uvɛʀt]⟩ *porte, fenêtre, fleur, magasin* offen; geöffnet; auf (*attribut seulement*); *robinet a.* aufgedreht; *main* geöffnet; *yeux, bouche, plaie, chemise, col* offen; *chemise, col, fenêtre, porte a.* offen stehend; *fig personne* offen; freimütig; **air ~, physionomie ~e** offenes Gesicht; ÉLEC **circuit ~** unterbrochener Stromkreis; **esprit ~** aufgeschlossener Geist, Mensch; **famille ~e** gastfreundliche Familie; Familie, die ein offenes Haus hat; **lettre ~e** offener Brief; PHON **syllabe ~e** offene Silbe; MIL **ville ~e** offene Stadt; PHON **voyelle ~e** offener Vokal; ♦ **~ toute l'année, toute la journée** ganzjährig, ganztägig geöffnet; **~ à** *un certain public* geöffnet für; zugänglich für; *route* **~ à la circulation** für den Verkehr freigegeben; *personne* **~ à qc** für etw aufgeschlossen, zugänglich; an etw (*dat*) interessiert; **à bras ~s** mit offenen Armen; **opération** *f* **à cœur ~** Operation *f* am offenen Herzen; **parler à cœur ~** offen, freimütig, frei von der Leber weg reden; ♦ **la chasse est ~e** es ist Jagdzeit; *t/t* die Jagd geht auf; **le gaz est ~** der Gashahn ist offen, auf, aufgedreht; das Gas ist an; **la pêche est ~e** die Angelsaison ist eröffnet; es ist Angelsaison; *commerçant fam* **je suis ~ jusqu'à huit heures** ich habe bis um acht (Uhr) auf, geöffnet; → *a.* grand B b), porte[1] 1
ouvertement [uvɛʀtəmɑ̃] ADV offen; geradeheraus; freimütig
ouverture [uvɛʀtyʀ] F 1 *d'une porte, d'une lettre, d'un magasin etc* Öffnen *n*, -ung *f*; Aufmachen *n*; *d'un parachute* Öffnung *f*; Entfaltung *f*; JUR **~ du testament** Testamentseröffnung *f*; **heures** *fpl* **d'~** Öffnungszeiten *fpl*; *d'un magasin*

a. Geschäfts-, Verkaufszeiten *fpl*; *d'une banque, de la poste a.* Schalterstunden *fpl* **2** *d'une séance, de débats, d'un compte, d'une exposition, d'une partie d'échecs etc* Eröffnung *f*; *d'un spectacle a.* Auftakt *m*; Beginn *m*; *d'une enquête,* JUR *de poursuites* Einleitung *f*; *d'une route* **~ à la circulation** Freigabe *f* für den Verkehr; Verkehrsübergabe *f*; **~ de la chasse** Eröffnung, Beginn, *t/t* Aufgang *m* der Jagd(zeit); Ende *n* der Schonzeit; FIN **~ de crédit** Krediteröffnung *f*, -gewährung *f*; ASSURANCES **~ des droits** Erwerb *m* des Leistungsanspruches; **~ d'un magasin** Geschäftseröffnung *f*; JUR **~ de la succession** Eintritt *m* des Erbfalles; BOURSE **cours** *m* **d'~** Anfangskurs *m*; **séance** *f* **d'~** Eröffnungssitzung *f*; CH **faire l'~** am ersten Tag der Jagdzeit zur Jagd gehen **3** *dans un mur etc* Öffnung *f*; CONSTR **~s** *pl* Fenster-, Türöffnungen *fpl* **4** MUS Ouvertüre *f* **5** PL **(faire des) ~s de négociation, de paix** Verhandlungs-, Friedensvorschläge *mpl* (machen, unterbreiten) **6** *fig* **~ d'esprit** geistige Aufgeschlossenheit **7** POL **~ à droite, à gauche** Öffnung *f* nach rechts, nach links **8** OPT Apertur *f*; Öffnung *f*; **~ du diaphragme** Blende(nöffnung) *f*

ouvrable [uvʀabl] ADJ **jour** *m* **~** Werk-, Wochentag *m*

ouvrage [uvʀaʒ] M **1** *(travail)* Arbeit *f*; Werk *n*; **~ de dames** (weibliche) Handarbeit; **boîte** *f* **à ~** Nähkasten *m*; **se mettre à l'~** sich an die Arbeit, ans Werk machen **2** *résultat, produit* Arbeit *f*; **~ de maçonnerie, d'orfèvrerie** Maurer-, Goldschmiedearbeit *f*; *fam plais* **c'est de la belle ~** das ist e-e saubere Arbeit **3** CONSTR Bau(werk) *m(n)*; **gros ~** Rohbau *m*; **~s d'art** Kunstbauten *mpl*; **maître** *m* **d'~** Bauherr *m* **4** *littéraire, scientifique* Werk *n*; Schrift *f*; Buch *n*; **~ de référence** Nachschlagewerk *n* **5** FORTIFICATIONS Befestigungsanlage *f*, -werk *n*

ouvragé [uvʀaʒe] ADJ kunstvoll, fein gearbeitet

ouvrant [uvʀɑ̃] ADJ AUTO **toit ~** Schiebedach *n*

ouvré [uvʀe] ADJ **1** LINGERIE mit Stickerei, Spitze verziert **2** **produit ~** Fertigprodukt *n*, -erzeugnis *n*, -ware *f* **3** ADMIN **jour ~** Arbeitstag *m*

ouvre-boîtes [uvʀəbwat] M ‹inv› Büchsen-, Dosenöffner *m*; **ouvre-bouteilles** M ‹inv› Flaschenöffner *m*

ouvreur [uvʀœʀ] M, **ouvreuse** F **1** *skieur, -euse* Vorläufer(in) *m(f)* **2** CINÉMA, THÉ Platzanweiser(in) *m(f)*

ouvrier [uvʀije] **A** M **1** (Industrie-, Fabrik)Arbeiter *m*; *coll* **les ~s** die Arbeiter(schaft) *mpl(f)*; **~ agricole** Landarbeiter *m*; **~ qualifié** Facharbeiter *m*; **~ non qualifié, sans qualification professionnelle** ungelernter Arbeiter; Hilfsarbeiter *m*; **~ (travaillant) à la chaîne** Fließbandarbeiter *m*; **~ du bâtiment** Bauarbeiter *m*, -handwerker *m*; **~ du textile** Textilarbeiter *m*; *prov* **les mauvais ~s ont toujours de mauvais outils** der Pfuscher gibt dem Werkzeug die Schuld; wenn der Reiter nichts taugt, ist das Pferd schuld *(prov)* **2** **~ maçon, menuisier** *etc* unselbstständiger Maurer, Tischler *etc*; Maurergeselle *m*; Tischlergeselle *m etc* **B** ADJ ‹-ière› **1** Arbeiter…; **classe ouvrière** Arbeiterklasse *f*; **quartier ~** Arbeiterviertel *n*; **revendications ouvrières** Forderungen *fpl* der Arbeiter(schaft) **2** *fig* **cheville ouvrière** treibende Kraft

ouvrière [uvʀijɛʀ] F **1** (Industrie-, Fabrik)Arbeiterin *f* **2** ZOOL *dans une ruche* Arbeiterin *f*

ouvrir [uvʀiʀ] ‹→ couvrir› **A** V/T **1** *porte, fenêtre, boîte, bouteille, magasin etc* öffnen; aufmachen; *avec une clé* aufschließen; aufsperren; *volets a.* aufstoßen; *bouche a.* auftun; *yeux, livre a.* aufschlagen; *enveloppe a.* aufreißen; *avec un coupe-papier* aufschlitzen; *robinet a.* aufdrehen; *rideaux, tiroir* aufziehen; *canif, couvercle* aufklappen; *parapluie* aufspannen; *journal* aufschlagen; entfalten; *gaz, eau, radio* anstellen; *radio, télé a.* anmachen; andrehen; einschalten *(a. électricité)*; *lumière* anmachen; anknipsen; einschalten; *bras, ailes* ausbreiten; JUR *testament* eröffnen; **~ l'appétit** den Appetit anregen; **il n'a pas ouvert la bouche**, *fam* **il ne l'a pas ouverte de la soirée** er hat den ganzen Abend über den Mund nicht aufgetan, aufgemacht; *fig* **~ son cœur à qn** j-m sein Herz öffnen, ausschütten; *st/s* aufschließen; *fig* **~ l'esprit à qn** j-n geistig aufgeschlossen machen, geistig anregen; **ouvrez bien vos oreilles!** hört gut zu!; macht, *fam* sperrt eure Ohren gut auf!; *magasin* **nous ouvrirons toute la matinée du dimanche** wir haben den ganzen Sonntagvormittag über offen, geöffnet; *route* **~ à la circulation** dem Verkehr übergeben; für den Verkehr freigeben; **~ d'un coup de pied** mit dem Fuß aufstoßen; *abs* **va ~!** geh aufmachen!; *sur une caisse* **côté à ~** hier öffnen **2** *séance, débats, exposition, bal, compte en banque, nouveau magasin,* MIL *feu, hostilités etc* eröffnen; *enquête* einleiten; *crédit a.* bereitstellen; **~ droit aux prestations** e-n Anspruch auf Leistungen begründen; CARTES **~ le jeu** das Spiel eröffnen, beginnen; *abs* **~ à trèfle** Treff ausspielen; *nom* **~ la liste** auf der Liste obenan stehen; als Erster auf der Liste stehen; am Anfang der Liste stehen; **~ la marche** den Zug eröffnen; an der Spitze des Zuges marschieren **3** *(percer) fenêtre etc* brechen **(dans un mur** in e-e Mauer); MIL **~ une brèche** e-e Bresche schlagen **B** V/I *magasin, musée etc* öffnen; aufmachen; geöffnet haben; aufhaben; *fenêtre, porte* **~ sur la rue** auf die *ou* nach der Straße (hinaus)gehen **C** V/PR **1** **s'~** *fenêtre, porte* sich öffnen; sich auftun; aufgehen; geöffnet, aufgemacht werden; *porte a.* aufspringen; *fleur* sich öffnen; sich entfalten; *parachute* sich öffnen; aufgehen; *tiroir, boîte* **s'~ facilement** sich leicht öffnen lassen; *fenêtre, porte* **s'~ sur la rue** →B; *fig* **la foule s'ouvrit sur mon passage** die Menge teilte sich, um mich durchzulassen; die Menge gab mir den Weg frei **2** **s'~ les genoux** sich *(dat)* die Knie aufschlagen; **s'~ les veines** sich *(dat)* die Pulsadern aufschneiden, öffnen **3** *exposition, congrès etc* **s'~** eröffnet werden, beginnen **(par** mit); *perspectives, vie nouvelle* **s'~ devant qn** sich j-m eröffnen; vor j-m liegen **4** *personne* **s'~ à qn** sich j-m mitteilen, anvertrauen, offenbaren, erschließen

ouvroir [uvʀwaʀ] M *dans un couvent* Nähstube *f*

Ouzbékistan [uzbekistɑ̃] **l'~** *m* Usbekistan *n*

ovaire [ɔvɛʀ] M **1** ANAT Eierstock *m*; *t/t* Ovarium *n* **2** BOT Fruchtknoten *m*

ovale [ɔval] **A** ADJ oval; eiförmig; länglich rund; SPORTS **le ballon ~** der Rugbyball; *par ext* das Rugby **B** M Oval *n (a. du visage)*; **en ~** oval

ovalisé [ɔvalize] ADJ TECH unrund

ovariectomie [ɔvaʀjɛktɔmi] F MÉD operative Entfernung e-s Eierstocks *ou* der Eierstöcke; *t/t* Ovariektomie *f*

ovarien [ɔvaʀjɛ̃] ADJ ‹~ne› ANAT Eierstock…; *t/t* Ovarial…

ovation [ɔvasjõ] F Ovation *f*; **faire une ~ à qn** j-m e-e Ovation darbringen

ovationner [ɔvasjɔne] V/T **~ qn** j-m zujubeln

overdose [ɔvœʀdoz] F Überdosis *f*

Ovide [ɔvid] M *poète latin* Ovid *m*

ovidés [ɔvide] MPL ZOOL Schafe *npl*

ovin [ɔvɛ̃] ADJ Schaf…; **race ~e** Schafrasse *f*; *subst* **les ~s** *mpl* die Schafe *npl*

ovipare [ɔvipaʀ] ZOOL **A** ADJ Eier legend; *t/t* ovipar **B** MPL **~s** Eier legende Tiere *npl*

ovni [ɔvni] M ABR (objet volant non identifié) Ufo *ou* UFO *n*

ovoïde [ɔvɔid] ADJ eiförmig

ovulaire [ɔvylɛʀ] ADJ BIOL Ei…

ovulation [ɔvylasjõ] F BIOL Ei-, Follikelsprung *m*; *t/t* Ovulation *f*

ovule [ɔvyl] M **1** BIOL Eizelle *f*; Ei *n* **2** BOT Samenanlage *f* **3** PHARM Vaginalzäpfchen *n*

oxalique [ɔksalik] ADJ CHIM **acide** *m* **~** Oxal-, Kleesäure *f*

oxhydrique [ɔksidʀik] ADJ CHIM **gaz** *m* **~** Knallgas *n*

oxydable [ɔksidabl] ADJ CHIM oxidierbar; **oxydant** CHIM **A** ADJ oxidierend; Oxidations… **B** M Oxidationsmittel *n*; **oxydation** F CHIM Oxidierung *f*; Oxidation *f*

oxyde [ɔksid] M CHIM Oxid *ou* Oxyd *n*; **~ de carbone, de cuivre, de fer** Kohlen-, Kupfer-, Eisenoxid *n*

oxyder [ɔkside] CHIM V/T (*et* V/PR) **(s')~** oxidieren

oxygénation [ɔksiʒenasjõ] F CHIM Anreicherung *f* mit Sauerstoff; Sauerstoffaufnahme *f (a. du sang)*; MÉD Sauerstoffzufuhr *f*

oxygène [ɔksiʒɛn] M CHIM Sauerstoff *m*; **manque** *m* **d'~** Sauerstoffmangel *m*

oxygéné [ɔksiʒene] ADJ **1** CHIM sauerstoffhaltig; **eau ~e** Wasserstoffperoxid *n* **2** **cheveux blonds ~s** wasserstoffblondes Haar; **blonde ~e** *fam* Wasserstoffblondine *f*

oxygéner [ɔksiʒene] ‹-è-› **A** V/T **1** CHIM mit Sauerstoff anreichern **2** *cheveux* mit Wasserstoffperoxid bleichen, blondieren **B** V/PR *fam* **s'~ (les poumons)** *fam* frische Luft tanken; die Lungen mit Sauerstoff vollpumpen

oxygénothérapie [ɔksiʒenɔteʀapi] F MÉD Sauerstofftherapie *f*

oxyure [ɔksjyʀ] M ZOOL Madenwurm *m*

oyez [oje] *litt* ‹*Imperativ von* ouïr› hört!

Oyonnax [ɔjɔna] *Stadt im Dep. Ain*

ozone [ozɔn] M CHIM Ozon *n ou m*; **couche** *f* **d'~** Ozonschicht *f*; **taux** *m* **d'~** Ozonwert *m*; **trou** *m* **dans la couche d'~** Ozonloch *n*

ozoniser [ozɔnize] V/T CHIM, TECH ozonisieren

P

P, p [pe] M ‹inv› P, p *n*

p. ABR **1** *(page[s])* S. (Seite[n]) **2** *(pour)* für

PAC [pak] F ABR (politique agricole commune) gemeinsame Agrarpolitik *(der EU)*

pacage [pakaʒ] M AGR Weide *f*

pacemaker [pɛsmɛkœʀ] M MÉD Herzschrittmacher *m*

pacha [paʃa] M HIST *et fig* Pascha *m*; *fam fig*: **faire le ~** den Pascha spielen; **mener une vie de ~** wie ein Pascha leben

pachyderme [paʃidɛʀm, -ki-] M ZOOL Dickhäuter *m*

pacificateur [pasifikatœʀ], **pacificatrice** **A** M,F Friedensbringer(in) *m(f)*; Frieden(s)stifter(in) *m(f)* **B** ADJ *mesures* der Befriedung dienend; Frieden schaffend

pacification [pasifikasjõ] F Befriedung *f*

pacifier [pasifje] V/T **1** befrieden; den Frieden, *après une émeute* Ruhe und Ordnung wiederherstellen **(un pays** in e-m Land) **2** *fig* **~ les esprits** die Gemüter beruhigen

pacifique [pasifik] ADJ **1** friedlich; *personne,*

peuple a. friedliebend; friedfertig 2 **l'océan** *m* **Pacifique** *ou subst* **le Pacifique** der Pazifische, Stille, Große Ozean; der Pazifik

pacifiquement [pasifikmɑ̃] ADV auf friedlichem Wege

pacifisme [pasifism] M Pazifismus *m*; **pacifiste** A ADJ pazifistisch B M/F Pazifist(in) *m(f)*

pack [pak] M 1 *emballage* Blockpackung *f* 2 RUGBY Stürmer *mpl*

package [pakɛdʒ] M INFORM (Programm)Paket *n*

Pacôme [pakom] M *saint* Pachomius *m*

pacotille [pakɔtij] F *péj* Schund(ware) *m(f)*; *fam* Tinnef *m*; *loc adj* **de ~** wertlos

pacs *ou* **Pacs** [paks] M ABR (pacte civil de solidarité) *vom französischen Staat anerkannte Lebensgemeinschaft zweier nicht verheirateter Personen*

pacser [pakse] V/I (*et* V/PR **se**) ~ *einen „pacs" schließen*

pacson [paksõ] M *arg* (*paquet*) Paket *n*; Packen *m*

pacte [pakt] M Pakt *m*; Abkommen *n*; **conclure un ~** e-n Pakt, Vertrag schließen; *fig* **faire un ~ avec le diable** e-n Pakt mit dem Teufel schließen

pactiser [paktize] V/I **~ avec** paktieren, gemeinsame Sache machen mit

pactole [paktɔl] M **c'est un (vrai) ~** das ist e-e (wahre) Goldgrube

paddock [padɔk] M 1 *pour chevaux* Paddock *m* 2 *arg* → pageot

Padoue [padu] Padua *n*

paella [paɛla] F CUIS Paella *f*

paf [paf] A INT a *bruit de chute* bums!; klatsch!; *d'un enfant a.* bauz! b *bruit de coup, de gifle* klatsch!; **pif! ~!** klitsch, klatsch! B ADJ ⟨inv⟩ *fam* **être ~** *fam* blau, besoffen sein

PAF [paf] M ABR (paysage audiovisuel français) Hörfunk *m* und Fernsehen *n* in Frankreich

pagaie [pagɛ] F Paddel *n*

pagaïe *ou* **pagaille** [pagaj] F *fam* 1 (*désordre*) Durcheinander *n*; Tohuwabohu *n*; Wirrwarr *m*; *fam* Kuddelmuddel *m ou n*; **c'est la pagaïe** *ou* **la pagaille** es herrscht ein heilloses Durcheinander; *chambre* **être en pagaïe** *ou* **en pagaille** unordentlich, unaufgeräumt sein 2 LOC ADV **en pagaïe** *ou* **en pagaille** (*beaucoup*) *fam* in rauen Mengen; en masse; haufenweise

paganisme [paganism] M REL Heidentum *n*

pagaye [pagaj] F → pagaïe

pagayer [pageje] V/I ⟨-ay- *od* -ai-⟩ paddeln

page[1] [paʒ] F 1 (Druck-, Text)Seite *f*; *par ext* **les plus belles ~s d'un auteur** die schönsten Stellen bei e-m Autor; die schönsten Texte e-s Autors; **~ blanche** unbeschriebene, unbedruckte, leere, freie Seite; TÉL **~s jaunes** Gelbe Seiten®; **double ~** Doppelseite *f*; *fig* **une ~ glorieuse de l'histoire de France** ein ruhmreiches Blatt (in) der Geschichte Frankreichs; *d'un journal*: **première ~** Titelseite *f*; erste Seite; **~ des annonces** Anzeigenseite *f*, -teil *m*; **~ de publicité, des sports** Werbe-, Sportseite *f*, -teil *m*; TYPO **~ de garde** Vorsatzblatt *n*; **~ de titre** Titelblatt *n* (*e-s Buchs*); **un livre de deux cents ~s** ein zweihundert Seiten starkes Buch; **à la, en ~ 10** auf Seite 10; *fig* **être à la ~** mit der Zeit, mit der Mode gehen; auf dem Laufenden sein; **au bas, en °haut de la ~** unten, oben auf der Seite; TYPO **mettre en ~s** umbrechen; **être payé à la ~** pro Seite, nach Seiten bezahlt werden; **tourner la ~** die Seite umblättern; *fig* das Vergangene vergessen, hinter sich (*dat*) lassen; ein Kapitel abschließen, als erledigt betrachten 2 INFORM **~ d'accueil** Homepage *f*; Startseite *f*; **~ Web** Webseite *f*

page[2] [paʒ] M HIST Page *m*

pageot [paʒo] *pop* M (*lit*) *fam* Falle *f*; Klappe *f*; Kahn *m*

pageoter [paʒɔte] V/PR *pop* **se ~** (*se coucher*) *pop* sich in die Falle hauen

pagination [paʒinasjõ] F TYPO Paginierung *f*; **paginer** V/T TYPO paginieren; mit Seitenzahlen versehen

pagne [paɲ] M Lendenschurz *m*

pagode [pagɔd] F Pagode *f*

paie [pɛ] F 1 *action* Lohn(aus)zahlung *f*; **jour** *m* **de ~** Lohn-, Zahltag *m* 2 (*salaire*) (Arbeits)Lohn *m*; Löhnung *f* 3 *fam fig* **il y a une ~** *ou* **ça fait une ~ que ...** *fam* es ist e-e Ewigkeit her, dass ...

paiement [pɛmɑ̃] M Zahlung *f* (*a. somme payée*); Bezahlung *f*; Begleichung *f*; *d'une dette* Abzahlung *f*; *de taxes* Entrichtung *f*; ADMIN Abführung *f*; *d'un chèque* Einlösung *f*; *d'une traite* Honorierung *f*; *des salaires* Auszahlung *f*; **~ au comptant, en espèces** Barzahlung *f*; **moyennant ~ de dix euros** gegen Zahlung von zehn Euro; **effectuer, faire un ~** e-e Zahlung leisten, vornehmen

païen [pajɛ̃] A ADJ ⟨~ne⟩ heidnisch B SUBST **~(ne)** *m(f)* Heide *m*, Heidin *f*

paierie [pɛʀi] F ADMIN **~ générale** Oberfinanzdirektion *f* (*e-s Departements*)

paillard [pajaʀ] ADJ *personne* geil; *chanson, histoire* unanständig; anstößig; schlüpfrig

paillardise [pajaʀdiz] F *histoire* unanständige(r), schlüpfrige(r) Geschichte (Witz)

paillasse[1] [pajas] F 1 Strohsack *m* 2 *d'un évier* Abstellfläche *f*

paillasse[2] [pajas] M *litt* (*pitre*) Hanswurst *m*; Bajazzo *m*

paillasson [pajasõ] M Abtreter *m*; Fußmatte *f*

paille [paj, pɑj] F 1 Stroh *n*; *plais* **la ~ humide des cachots** *fam* das Kittchen; Nummer sicher; *fig* **être sur la ~** bettelarm, im Elend sein; *fig* **mettre qn sur la ~** j-n an den Bettelstab, ins Elend bringen; BIBL **voir la ~ dans l'œil du voisin et ne pas voir la poutre dans le sien** den Splitter im Auge s-s Bruders sehen und des Balkens im eigenen nicht gewahr werden 2 (*brin de ~*) Strohhalm *m*; *pour boire* Trinkhalm *m*; **tirer à la courte ~** mit Strohhalmen knobeln; Hälmchen ziehen 3 *fam fig et iron* Kleinigkeit *f*; *fam* Peanuts *pl* 4 **~ de fer** Stahlwolle *f* 5 TECH (*défaut*) fehlerhafte Stelle; Fehler *m*; *d'une pierre précieuse* Fleck *m* 6 ADJT **(jaune) ~** ⟨inv⟩ strohgelb, -farben

paillé [paje] ADJ 1 *chaise* mit Strohsitz 2 TECH fehlerhaft

paillet [pajɛ] M **~** *ou adjt* **vin** *m* **~** (gelblicher) Bleichert

pailleté [pajte] ADJ COUT mit Pailletten besetzt, bestickt

paillette [pajɛt] F 1 COUT Paillette *f* 2 *d'une matière* Plättchen *n*; **~ de mica** Glimmerplättchen *n*; **~ (d'or)** Goldflitterchen *n*, -blättchen *n*; **lessive** *f*, **savon** *m* **en ~s** Seifenflocken *fpl*

paillon [pajõ] M *pour bouteilles* Strohhülse *f*

paillote [pajɔt] F Strohhütte *f*

pain [pɛ̃] M 1 Brot *n*; **~ blanc** Weißbrot *n*; *fig* **manger son ~ blanc le premier** das Angenehme vorweg genießen; **~ complet** Vollkornbrot *n*; **~ frais** frisches Brot; **~ grillé** Röstbrot *n*; Toast *m*; **~ noir** Schwarzbrot *n*; **petit ~** Brötchen *n*; *all Sud* Semmel *f*; *fig* **se vendre comme des petits ~s** reißenden Absatz finden; *fam* weggehen wie warme Semmeln; **le ~ quotidien** das tägliche Brot; **être au ~ sec** nur trockenes Brot bekommen; **~ au chocolat** *correspond à* Schokoladencroissant *n*; **~ aux raisins** Schnecke *f*; **~ de campagne, gros ~** Land-, Bauernbrot *n*; **~ d'épice(s)** Leb-, Honig-, Pfefferkuchen *m*; **~ de fantaisie** Stangenbrot *n* (*Oberbegriff*); **~ de mie, de seigle** Toast-, Roggenbrot *n*; BOT **arbre** *m* **à ~** Brot(frucht)baum *m*; **planche** *f* **à ~** → planche 1; **morceau** *m* **de ~** Stück *n* Brot; *fig*: **avoir du ~ sur la planche** alle Hände voll zu tun haben; **gagner son ~ à la sueur de son front** im Schweiße s-s Angesichts sein Brot verdienen, BIBL sein Brot essen; **je ne mange pas de ce ~-là** da mache ich nicht mit; darauf lasse ich mich nicht ein; **ôter, faire passer à qn le goût du ~** j-n umbringen, *fam* umlegen; **ôter, enlever, retirer à qn le ~ de la bouche** j-n brotlos machen 2 *par ext*: **~ de glace** Stange *f* Eis; **~ de savon** Riegel *m* (Kern)Seife; **~ de sucre** Zuckerhut *m*; *à Rio de Janeiro* **le Pain de Sucre** der Zuckerhut 3 *fam* (*coup*) Fausthieb *m*, -schlag *m*; *fam* (*gifle*) Ohrfeige *f*; **flanquer un ~ à qn** j-m e-n Faustschlag versetzen

pair[1] [pɛʀ] ADJ *nombre* gerade; **jours ~s** gerade Tage *mpl*

pair[2] [pɛʀ] M 1 *st/s* **ses ~s** (*ses égaux*) seinesgleichen; *loc adj* **°hors (de) ~** unerreicht; unvergleichlich; unübertrefflich; einzigartig; **être °hors (de) ~** *a.* nicht seinesgleichen haben; einzig dastehen; *personne a.* ohne Rivalen sein; **aller de ~** Hand in Hand gehen (**avec** mit); nicht voneinander zu trennen sein 2 **jeune fille** *f* **au ~** Au-pair-Mädchen *n*; **être au ~** e-e Au-pair-Stelle haben; gegen Kost und Logis arbeiten 3 FIN *d'un titre boursier* Parikurs *m*, -wert *m*; **~ du change** Wechselparität *f*; **au ~** (al) pari; zum Nennwert 4 a *en Grande-Bretagne* Peer *m*; **Chambre** *f* **des ~s** Oberhaus *n* b HIST *en France* Pair *m*

paire [pɛʀ] F 1 Paar *n*; **une ~ de chaussettes, de gants, de souliers** ein Paar Socken, Handschuhe, Schuhe; *fam plais* **une ~ d'amis** ein Freundespaar *n*; *fam* **avoir une bonne ~ de joues** dicke Backen, *fam* Pausbacken haben; *fig*: **c'est une autre ~ de manches** das ist etwas ganz anderes; **les deux font bien la ~** die beiden passen gut zusammen; → *a.* gifle 1 2 *pour des objets constitués de deux parties symétriques* **une ~ de ...** ein, e-e ...; **une ~ de ciseaux, de lunettes** e-e Schere, Brille; **avoir une bonne ~ de joues** dicke Backen, Pausbacken haben 3 **une ~ de bœufs** ein Joch *n* Ochsen 4 *fam* **se faire la ~** *fam* abhauen; sich auf die Socken machen

paisible [pezibl, pɛ-] ADJ 1 friedlich; *personne, peuple a.* friedfertig; friedliebend; **lieu** *m* **~** ruhiger, stiller Ort; **sommeil** *m* **~** ruhiger Schlaf; **vie** *f* **~** ruhiges Leben 2 JUR **~ possesseur** (in s-m Besitz) ungestörter Besitzer

paître [pɛtʀ] V/I ⟨*défect*: il paît, ils paissent; il paissait; il paîtra; qu'il paisse; paissant⟩ 1 *animaux* weiden; **faire ~** weiden lassen 2 *fam fig* **envoyer ~ qn** *fam* j-n zum Teufel jagen

paix [pɛ] F 1 POL Frieden *m*; **négociations** *fpl*, **pourparlers** *mpl* **de ~** Friedensverhandlungen *fpl*; *loc adv* **en temps de ~** in Friedenszeiten; **conclure la ~** Frieden schließen; e-n Friedensvertrag abschließen; **demander la ~** um Frieden bitten; **faire la ~ avec qn** mit j-m Frieden schließen; **signer la ~** den Frieden(svertrag) unterzeichnen; **traiter la ~** über den Frieden verhandeln 2 *fig* Frieden *m*; Ruhe *f*; REL *a.* Friede *m*; **~ sociale** sozialer Frieden; *int* **la ~!** Ruhe!; ruhig!; still!; *loc adv* **en ~** in Ruhe, Frieden; ÉGL **allez en ~!** gehet hin in Frieden!; **être en ~ avec sa conscience** ein ruhiges Gewissen haben; **laisser qn en ~** j-n in Ruhe, in Frieden lassen; j-n zufriedenlassen; *loc* **il faut laisser les morts en ~** die Toten soll man ruhen lassen; REL **qu'il repose en ~!** er ruhe in Frieden!; **vivre en ~** (**avec**

son voisin) (mit s-m Nachbarn) in Frieden leben; **avoir la ~ chez soi** bei sich zu Hause Ruhe und Frieden haben; **je voudrais bien avoir la ~** ich möchte gern meine Ruhe haben; **pour avoir la ~** *fermer la télé* um s-e Ruhe zu haben; *céder* um des lieben Friedens willen; ÉGL **la ~ soit avec vous!** Friede sei mit euch!; *fam* **fiche-moi**, *pop* **fous-moi la ~!** lass mich in Ruhe, in Frieden, zufrieden!; **troubler la ~ des ménages** den Ehefrieden stören 3 *d'un lieu* Frieden *m*; Ruhe *f*; Stille *f*; *d'une forêt* Schweigen *n*

Pakistan [pakistɑ̃] **le ~** Pakistan *n*

pakistanais [pakistanɛ] A ADJ pakistanisch B SUBST **Pakistanais(e)** *m(f)* Pakistani *m/f*; Pakistaner(in) *m(f)*

pal¹ [pal] M HIST **(supplice** *m* **du) ~** (Hinrichtung *f* durch) Pfählen *n*

pal² [pal] M ABR (phase alternating line) TV **(système** *m*) **~** PAL-System *n*

palabrer [palabʀe] V/I palavern

palabres [palabʀ] FPL ou MPL *péj* Palaver *n*; endlose Diskussionen *fpl*

palace [palas] M Luxus-, Grandhotel *n*

paladin [paladɛ̃] M 1 *de Charlemagne* Paladin *m* 2 *chevalier* fahrender Ritter

palais¹ [palɛ] M 1 Palast *m*; Schloss *n*; Palais *n*; *à Paris*: **le Grand, Petit Palais** das Grand, Petit Palais; **le ~ de l'Élysée** der Elyseepalast (*Sitz des frz Staatspräsidenten*); **le ~ du Louvre** der Louvre; **le ~ du Luxembourg** *Sitz des Senats*; **~ présidentiel** Präsidentenpalast *m*, -palais *n*; **~ des Sports** Sportpalast *m*; **révolution** *f* **de ~** Palastrevolution *f* 2 **~ de justice** Gerichtsgebäude *n*; *dans certaines grandes villes* Justizpalast *m*; **gens** *mpl* **de, du ~** Gerichtspersonen *fpl*; **style** *m* **du ~** Kanzleistil *m*

palais² [palɛ] M 1 ANAT Gaumen *m*; **~ dur, mou** harter, weicher Gaumen 2 *fig* **avoir le ~ fin** e-n feinen Gaumen haben; ein Feinschmecker sein

Palais-Bourbon [palɛbuʀbɔ̃] **le ~** *Sitz der frz Nationalversammlung*

palan [palɑ̃] M TECH Flaschenzug *m*; MAR Talje *f*

palanquin [palɑ̃kɛ̃] M Tragsessel *m*; Sänfte *f*; Palankin *m*

palatal [palatal] PHON A ADJ ⟨-aux⟩ palatal; Gaumen... B F **~e** Gaumen-, Palatallaut *m*; Palatal *m*; **palatalisation** F PHON Palatalisierung *f*

Palatin [palatɛ̃] **le (mont) ~** der Palatin

palatin¹ [palatɛ̃] ADJ HIST **comte ~** Pfalzgraf *m*; **la princesse Palatine** Liselotte *f* von der Pfalz

palatin² [palatɛ̃] ADJ ANAT Gaumen...; **voûte ~e** knöcherner, harter Gaumen

palatinat [palatina] M HIST 1 a Pfalzgrafenwürde *f* b Pfalz(grafschaft) *f*; Palatinat *n* 2 *en Pologne* Woiwodschaft *f*

Palatinat [palatina] **le ~** die Pfalz

pale [pal] F *d'une hélice, d'un aviron* Blatt *n*; *d'un rotor* Rotorblatt *n*

pâle [pɑl] ADJ 1 *teint, peau, personne* blass; bleich; **bleu ~** ⟨inv⟩ blassblau; bleu; **lueur** *f* **~** fahles Licht; **~ comme la** *ou* **un mort** totenblass, -bleich; leichenblass; **~ de colère, de peur** blass, bleich vor Wut, Angst; MIL *fam* **se faire porter ~** sich krankmelden 2 *fig imitation* farblos; nichtssagend; *voyou, truand* erbärmlich; *fam* mies

palefrenier [palfʀənje] M Pferdepfleger *m*; Stallbursche *m*

palefroi [palfʀwa] M HIST Paradepferd *n*; Zelter *m*

paléolithique [paleɔlitik] A ADJ altsteinzeitlich; *t/t* paläolithisch B M Altsteinzeit *f*; *t/t* Paläolithikum *n*

paléontologie [paleɔ̃tɔlɔʒi] F Paläontologie *f*; **~ animale** Paläozoologie *f*; **~ végétale** Paläobotanik *f*

paléontologique [paleɔ̃tɔlɔʒik] ADJ paläontologisch; **paléontologue** M/F Paläontologe, -login *m,f*

Palerme [palɛʀm] Palermo *n*

paleron [palʀɔ̃] M ZOOL, BOUCHERIE Bug *m*

Palestine [palɛstin] **la ~** Palästina *n*

palestinien [palɛstinjɛ̃] A ADJ ⟨~ne⟩ palästinensisch B SUBST **Palestinien(ne)** *m(f)* Palästinenser(in) *m(f)*

palet [palɛ] M 1 HOCKEY SUR GLACE Puck *m*; CURLING Eisstock *m* 2 MARELLE *etc* flacher, runder Stein

paletot [palto] M Paletot *m*; kurzer Mantel; *fam fig* **tomber sur le ~ à qn** über j-n herfallen

palette [palɛt] F 1 PEINT Palette *f*; *fig* (*ensemble des nuances*) Farbenpalette *f*; Farb(en)skala *f* 2 MANUTENTION Palette *f* 3 BOUCHERIE Bug *m*

palettiser [palɛtize] V/T MANUTENTION palettieren

palétuvier [paletyvje] M BOT Mangrove (-nbaum) *f(m)*

pâleur [pɑlœʀ] F Blässe *f*; blasses, bleiches Aussehen; Fahlheit *f* (*a. d'une couleur*)

pâlichon [pɑliʃɔ̃] *fam* ADJ ⟨~ne⟩ blässlich; etwas, ein wenig, leicht blass

palier [palje] M 1 CONSTR Treppenabsatz *m*; **être voisins de ~** auf der gleichen Etage wohnen 2 TECH Lager *n* 3 *entre deux pentes* Absatz *m*; Stufe *f*; *d'une route etc* horizontale, ebene Strecke; AVIAT **vol** *m* **en ~** Normalflug *m* 4 *fig* a (*degré*) Stufe *f*; *loc adv* **par ~s** stufen-, schritt-, etappenweise b (*phase stable*) Phase *f*, Zeit *f* der Stabilität; Atempause *f*

palière [paljɛʀ] ADJ F **porte ~** auf den Treppenabsatz gehende Tür

pâlir [pɑliʀ] V/I 1 *personne* blass werden, bleich werden, erblassen, *st/s* erbleichen (**de colère** *etc* vor Zorn *etc*); fahl (im Gesicht) werden; *succès de qn etc* **faire ~ qn d'envie** j-n vor Neid erblassen lassen 2 *couleurs, étoiles, souvenir* verblassen

palissade [palisad] F Latten-, Bretter-, *autrich* Staketenzaun *m*; Palisade(n) *f(pl)*

palissandre [palisɑ̃dʀ] M Palisander(holz) *m(n)*

palladium [paladjɔm] M CHIM Palladium *n*

palliatif [paljatif] A M Notlösung *f*; (Not)Behelf *m*; vorläufige, halbe Maßnahme B ADJ **centre** *m* **de soins ~s** Sterbeklinik *f*; Hospiz *n*

pallier [palje] V/T (*et abus* V/T INDIR) **~ (à)** (notdürftig) beheben, beseitigen, abstellen; (einigermaßen) abhelfen (+*dat*)

palmarès [palmaʀɛs] M *d'un concours* Liste *f* der Preisträger, Preisgekrönten, Sieger; SPORTS Siegerliste *f*; (*hit-parade*) Hitparade *f*; *par ext* **avoir de nombreux exploits à son ~** viele Erfolge verbuchen können

palme [palm] F 1 BOT Palm(en)zweig *m*, -wedel *m*; **huile** *f*, **vin** *m* **de ~** Palmöl *n*, -wein *m* 2 *fig et litt* Siegespalme *f*; **remporter la ~** die Siegespalme, den Sieg erringen; *iron* den Vogel abschießen 3 **les ~s académiques** *Auszeichnung für Verdienste um das Bildungswesen* 4 SPORTS Schwimmflosse *f* 5 ARCH Palmblatt *n*; Palmette *f*

palmé [palme] ADJ 1 BOT hand-, fächerförmig 2 ZOOL mit Schwimmhäuten versehen; **patte ~e, pied ~** Schwimmfuß *m*

palmer [palmɛʀ] M TECH Mikrometer-, Messschraube *f*

palmeraie [palməʀɛ] F Palmenpflanzung *f*, -hain *m*

palmier [palmje] M 1 BOT Palme *f*; **feuille** *f* **de ~** Palm(en)blatt *n*, -wedel *m*, -zweig *m* 2 *gâteau* Schweinsohr *n*

palmipède [palmipɛd] ADJ *et* SUBST M ZOOL **(oiseau** *m*) **~** Schwimmvogel *m*

palmiste [palmist] ADJT **chou** *m* **~** Palmkohl *m*

palombe [palɔ̃b] F ZOOL Ringeltaube *f*

palonnier [palɔnje] M 1 *attelage* Ortscheit *n* 2 AVIAT Pedale *npl* zur Betätigung des Seitenruders

pâlot [pɑlo] ADJ ⟨~te⟩ 1 *enfant* blässlich; etwas blass 2 *fig* blass; unscheinbar

palourde [paluʀd] F ZOOL Venus-, Teppichmuschel *f*

palpable [palpabl] ADJ 1 tastbar; fühlbar; MÉD *a.* palpabel 2 *fig preuve, avantage etc* handgreiflich; greifbar; konkret; handfest; **palpation** F MÉD Abtasten *n*, -ung *f*; *t/t* Palpation *f*

palper [palpe] V/T 1 abtasten (*a.* MÉD); betasten; befühlen; anfühlen; MÉD *t/t* palpieren 2 *fam fig* **~ (de l'argent)** *fam* Geld kassieren, einstreichen

palpeur [palpœʀ] M TECH (Mess)Fühler *m*

palpitant [palpitɑ̃] A ADJ 1 zuckend; zitternd 2 *fig* spannend; packend; fesselnd; **film, récit ~** spannender, packender, fesselnder Film, Bericht B M *fam* (*cœur*) Herz *n*; *fam* Pumpe *f*

palpitation [palpitasjɔ̃] F 1 PL **~s** *du cœur* (starkes) Herzklopfen; **avoir des ~s** Herzklopfen haben 2 *des paupières etc* Zucken *n*

palpiter [palpite] V/I 1 *paupières, bête blessée* zucken; *narines* zittern 2 *cœur* klopfen; pochen; heftig schlagen; *poitrine* wogen

palplanche [palplɑ̃ʃ] F TECH Spundbohle *f*; **~s** *pl a.* Spundwand *f*

paltoquet [paltɔkɛ] M *litt et péj* eingebildeter Wicht

palu [paly] M *fam* ABR → paludisme

paluche [palyʃ] F *fam* (*main*) *fam* Flosse *f*; Pfote *f*; Patsche *f*

paludéen [palydeɛ̃] A ADJ ⟨~ne⟩ 1 (*des marais*) Sumpf...; **flore ~ne** Sumpfflora *f* 2 MÉD an Malaria erkrankt B SUBST **~(ne)** *m(f)* Malariakranke(r) *m/f(m)*

paludisme [palydism] M MÉD Malaria *f*; Sumpf-, Wechselfieber *n*

Paméla [pamela] F *Vorname*

pâmer [pɑme] V/PR *litt ou plais* **se ~ d'admiration** in Bewunderung erstarren; **se ~ d'amour** vor Liebe vergehen; **se ~ de joie** vor Freude außer sich sein, *fam* ganz aus dem Häuschen sein; **se ~ de rire** sich nicht halten können vor Lachen

pâmoison [pɑmwazɔ̃] F *plais* **tomber en ~** in Ohnmacht fallen; *fam* umkippen

pampa [pɑ̃pa] F GÉOG Pampa *f*; BOT **herbe** *f* **des ~s** Pampasgras *n*

Pampelune [pɑ̃plyn] Pamplona *n*

pamphlet [pɑ̃flɛ] M Pamphlet *n*; Schmäh-, Streitschrift *f*

pamphlétaire [pɑ̃fletɛʀ] M Pamphletist *m*

pamplemousse [pɑ̃pləmus] M BOT Pampelmuse *f*; Grapefruit *f*; **pamplemoussier** M BOT Pampelmuse(nbaum) *f(m)*

pampre [pɑ̃pʀ] M (Wein)Rebe *f* (*a.* ARCH); Weinranke *f*

pan¹ [pɑ̃] M 1 COUT Schoß(teil) *m(n)*; **~ d'habit** Frackschoß *m* 2 **~ de mur** Mauer- *ou* Wandstück *n*, -fläche *f*, -teil *n* 3 MATH, CONSTR, TECH Seite *f*; Seitenfläche *f*; **~ coupé** abgestumpfte Ecke; abgestumpfter Winkel; **~ de comble** Dachfläche *f*, -seite *f* 4 CONSTR **~ de bois** hölzernes Fachwerk

pan² [pɑ̃] INT peng!; bum!; bums!; *d'un coup de feu* **~, ~!** peng, peng!; piff, paff!

Pan [pɑ̃] M MYTH Pan *m*

panacée [panase] F **~ (universelle)** Allheil-,

Universal-, Wundermittel *n*

panachage [panaʃaʒ] M *mode de scrutin* Panaschieren *n*

panache [panaʃ] M 1 *ornement* Federbusch *m; sur un casque a.* Helmbusch *m* 2 *fig* **~ de fumée** Rauchfahne *f* 3 *fig personne* **avoir du ~** ein stolzes, forsches, schneidiges Auftreten haben

panaché [panaʃe] A ADJ 1 BOT andersfarbig gesprenkelt, getüpfelt, gestreift 2 *salade, glace etc* gemischt 3 *bière* mit Limonade gemischt B M *all Sud* Radler *m; all Nord* Alsterwasser *n*

panacher [panaʃe] V/T 1 (bunt) mischen 2 **~ une liste électorale** panaschieren

panade [panad] F 1 CUIS Brotsuppe *f* 2 *fam fig* **être dans la ~** in Not, im Elend sein; **il est dans la ~** *a. fam* es geht ihm dreckig

panafricain [panafʀikɛ̃] ADJ POL panafrikanisch; **panafricanisme** M POL Panafrikanismus *m*

panais [panɛ] M BOT Pastinak *m*

Panam [panam] *arg* Paris *n*

panama [panama] M Panama(hut) *m; par ext* Strohhut *m* mit breiter Krempe

Panama [panama] 1 *État* **(le) ~** Panama *n* 2 *ville* Panama *n*

Paname → Panam

panaméen [panameɛ̃] A ADJ ⟨~ne⟩ panamaisch B SUBST **Panaméen(ne)** *m(f)* Panamaer(in) *m(f)*

panaméricain [panameʀikɛ̃] ADJ POL panamerikanisch; **panaméricanisme** M POL Panamerikanismus *m*; **panaméricaniste** M/F POL Panamerikanist(in) *m(f)*

panarabe [panaʀab] ADJ POL panarabisch; **panarabisme** M POL Panarabismus *m*

panard [panaʀ] *fam* M Fuß *m*; **~s** *pl fam péj* Mauken *fpl*; Quanten *pl*

panaris [panaʀi] M MÉD eit(e)rige Fingerentzündung *f; t/t* Panaritium *n; fam* Umlauf *m*; böser, schlimmer Finger

pancarte [pɑ̃kaʀt] F 1 *(écriteau)* Schild *n* 2 *de manifestants* Transparent *n*; Spruchband *n*

panchromatique [pɑ̃kʀɔmatik] ADJ PHOT panchromatisch

pancréas [pɑ̃kʀeas] M ANAT Bauchspeicheldrüse *f; t/t* Pankreas *n*

pancréatique [pɑ̃kʀeatik] ADJ ANAT, PHYSIOL Bauchspeicheldrüsen…; *t/t* Pankreas…

panda [pɑ̃da] M ZOOL Panda(bär) *m*

pandémie [pɑ̃demi] F MÉD Pandemie *f*; **pandémique** ADJ MÉD pandemisch

pandore [pɑ̃dɔʀ] *iron* M Gendarm *m*

Pandore [pɑ̃dɔʀ] F MYTH Pandora *f*

pané [pane] ADJ CUIS paniert; **escalope ~e** Wiener Schnitzel *n*

panégyrique [paneʒiʀik] M Lobrede *f*; **faire le ~ de qn** j-s Lob singen; ein Loblied auf j-n anstimmen; **panégyriste** M Lobredner *m*

panel [panɛl] M STATISTIQUES Panel *n*

paner [pane] V/T CUIS panieren

paneuropéen [panøʀɔpeɛ̃] ADJ ⟨~ne⟩ gesamteuropäisch

panga [pɑ̃ga] M ZOOL Pangasius *m*

pangermanisme [pɑ̃ʒɛʀmanism] M HIST, POL Pangermanismus *m*; Alldeutschtum *n*; alldeutsche Bestrebungen *fpl*

Panhard [pɑ̃aʀ] *frz Autokonstrukteure*

panier [panje] M 1 (Henkel-, Hand)Korb *m*; **~ à anses** Henkelkorb *m*; **~ à bouteilles** Flaschenkorb *m*; **~ à provisions** Einkaufs-, Marktkorb *m*; **~ à salade** a CUIS Salatkorb *m* b *fam fig (fourgon cellulaire)* grüne Minna; *quantité* **un ~ de …** ein Korb (voll) …; *fig* **c'est un ~ percé** er ist ein maßloser Verschwender *ou* sie ist e-e maßlose Verschwenderin; ihm *ou* ihr rinnt das Geld nur so durch die Finger; *fig* **c'est un ~ de crabes** sie suchen einander zu schaden, wo sie nur können; *fam* sie würden sich am liebsten alle gegenseitig die Augen auskratzen; sie stehen miteinander auf Hauen und Stechen; **jeter, mettre au ~** in den Papierkorb werfen, tun; wegwerfen 2 BASKET Korb *m (a. but marqué)* 3 ÉCON **~ de la ménagère** Warenkorb *m* 4 **robe** *f* **à ~s** Reifrock *m* 5 PÊCHE Reuse *f*, Fangkorb *m (zum Langustenfang)* 6 LOC *pop* **mettre la main au ~ à qn** *pop* j-m den Po betatschen; **panier-repas** M ⟨*pl* paniers-repas⟩ Lunchpaket *n*

panifiable [panifjabl] ADJ **céréales** *fpl* **~s** Brotgetreide *n*; **panification** F Brotbacken *n*; **panifier** V/T zu Brot verbacken

panique [panik] A ADJ *terreur, peur* panisch B F Panik *f*; **surtout, pas de ~!** nur keine Panik!; **être gagné par la ~, être pris de ~** von Panik, von panischer Angst ergriffen, erfasst werden *ou* sein; in Panik geraten; **provoquer la ~** Panik hervorrufen; zu e-r Panik führen; **semer la ~** Panikstimmung verbreiten; Panik hervorrufen

paniquer [panike] *fam* A V/T **~ qn** j-n in Panik versetzen; *adjt* **paniqué** in panischer Angst B V/I *(et* V/PR **se)** **~** in Panik geraten, verfallen

panislamisme [panislamism] M POL Panislamismus *m*

panne[1] [pan] F 1 TECH Panne *f*; Betriebsstörung *f*; Defekt *m*; Schaden *m*; **~ d'électricité** Stromausfall *m*; **~ de moteur** Motorpanne *f*, -schaden *m*; *loc adj* **en ~** defekt; schadhaft; *fam* kaputt; **avoir une ~** *machine, moteur, véhicule* e-e Panne haben *(a. conducteur)*; e-e Betriebsstörung, e-n Defekt, Schaden haben; defekt, kaputt sein; ausfallen; versagen; *bateau a.* e-n Maschinenschaden haben; **il a une ~ d'essence, sèche** *ou* **il est tombé en ~ sèche** er hat kein(en Tropfen) Benzin mehr; ihm ist das Benzin ausgegangen; **être en ~** a *machine, moteur, véhicule* e-e Panne haben *(a. conducteur)*; e-e Betriebsstörung, e-n Defekt, Schaden haben; defekt, kaputt sein; ausfallen; versagen; *bateau a.* e-n Maschinenschaden haben b *fam fig personne* nicht weiterarbeiten, weitermachen können; *fam* aufgeschmissen sein; *fam fig personne* **être en ~ de qc** etw im Augenblick, zurzeit nicht haben; um etw verlegen sein; **rester en ~** *automobiliste* mit e-r Panne, mit e-m Motorschaden liegen bleiben; *fig travaux* stecken bleiben; *personne* nicht mehr weiterkönnen, weiterwissen; **tomber en ~** *machine, moteur, véhicule* e-e Panne haben *(a. conducteur)*; e-e Betriebsstörung, e-n Defekt, Schaden haben; defekt, kaputt sein; ausfallen; versagen; *bateau a.* e-n Maschinenschaden haben 2 MAR **mettre en ~** beidrehen

panne[2] [pan] F 1 *du cochon* Bauchfett *n*; Schmer *m ou n*; *all Nord* Flom(en) *m*; Liesen *pl* 2 TEXT Seidenplüsch *m*; Pelzsamt *m*; Felbel *m* 3 CONSTR (Dach)Pfette *f* 4 *du marteau* Pinne *f*

panneau [pano] M ⟨*pl* ~x⟩ 1 Schild *n*; Tafel *f*; **~ électoral** Plakatwand *f* bei Wahlen; **~ publicitaire** Reklamefläche *f*, -schild *n*, -tafel *f*; **~ d'affichage** *en bois* Plakatwand *f*; Reklamefläche *f*; *électronique* Anzeigetafel *f*; TECH **~ de contrôle** Schalttafel *f*, -brett *n*; **~ de signalisation** Verkehrsschild *n*, -zeichen *n* 2 CONSTR Platte *f*; **~ isolant** Holzfaserdämmplatte *f*; Isolier-, Dämmplatte *f*; **~ de fibres** Faserplatte *f* 3 *d'une porte* (Tür)Füllung *f*; **~ en contre-plaqué** Sperrholzplatte *f* 4 LOC **donner, tomber dans le ~** j-m ins Garn, *fam* auf den Leim gehen; sich anführen, überlisten lassen 5 COUT (Stoff)Bahn *f* 6 PEINT Holztafel *f*

panneau-réclame [panoʀeklam] M ⟨*pl* panneaux-réclame⟩ Reklameschild *n*, -tafel *f*

panonceau [panɔ̃so] M ⟨*pl* ~x⟩ (kleines) Schild; *de notaire etc* Berufs-, Amtsschild *n*; *publicitaire* Empfehlungsschild *n*

panoplie [panɔpli] F 1 *jouet* **~ de cow-boy, d'Indien** (Karton *m* mit e-r) Cowboy-, Indianerausrüstung *f* 2 *fig* Arsenal *n* 3 *d'armes* Waffen(sammlung) *fpl(f)*

panorama [panɔʀama] M 1 Panorama *n*; Rundsicht *f*, -blick *m* 2 *fig* umfassender Überblick (**de** über *+acc*)

panoramer [panɔʀame] V/I CINÉMA, TV panoramieren

panoramique [panɔʀamik] A ADJ Rundsicht…; Rundblick…; Panorama…; CINÉMA **écran** *m* **~** Breitwand *f*; **vue** *f* **~** Rundblick *m*, -sicht *f*; PHOT Panoramaaufnahme *f*; *fig* umfassender Überblick (**de** über *+acc*); **wagon** *m* **~** Aussichtswagen *m* B M CINÉMA, TV (Panorama)Schwenk *m*

panse [pɑ̃s] F 1 ZOOL Pansen *m* 2 *fam (ventre) fam* Wanst *m*; **se remplir la ~** *fam* sich *(dat)* den Bauch vollschlagen 3 *d'une cruche etc* Bauch *m*

pansement [pɑ̃smɑ̃] M 1 MÉD Verband *m*; *adhésif* Pflaster *n*; **boîte** *f* **à ~** Verband(s)kasten *m*; **appliquer, changer, faire un ~** e-n Verband anlegen, wechseln, machen 2 MÉD *action* Verbinden *n*

panser [pɑ̃se] V/T 1 MÉD verbinden 2 *cheval* striegeln; putzen

panslavisme [pɑ̃slavism] M POL Panslawismus *m*

pansu [pɑ̃sy] ADJ *cruche etc* bauchig

pantagruélique [pɑ̃tagʀyelik] ADJ **appétit** *m* **~** gesegneter Appetit; **repas** *m* **~** üppiges, schwelgerisches Mahl; Schlemmermahl *n*

pantalon [pɑ̃talɔ̃] M (lange) Hose; **~ à pattes d'éléphant** Hose mit ausgestelltem Bein; Schlaghose *f*; **~ de pyjama** Schlafanzug-, Pyjamahose *f*; **~ de ski** Skihose *f*; **en ~** in Hosen; **mettre un ~** e-e Hose, Hosen anziehen

Pantalon [pɑ̃talɔ̃] M THÉ Pantalone *m*

pantalonnade [pɑ̃talɔnad] F 1 THÉ derbe Posse 2 *fig et péj* Heuchelei *f*

pantelant [pɑ̃tlɑ̃] ADJ keuchend; schnaufend

panthéisme [pɑ̃teism] M PHIL Pantheismus *m*; **panthéiste** A ADJ pantheistisch B M/F Pantheist(in) *m(f)*

panthéon [pɑ̃teɔ̃] M ARCH, REL Pantheon *n*; *abs* **le Panthéon** das Pantheon in Paris

panthère [pɑ̃tɛʀ] F 1 ZOOL Leopard *m*; Panther *m*; **~ noire** Schwarzer Panther 2 *fourrure* Leopardenfell *n*

pantin [pɑ̃tɛ̃] M *jouet, fig* Hampelmann *m*; **gesticuler comme un ~** *fam* (herum)hampeln; mit Händen und Füßen (herum)zappeln

pantographe [pɑ̃tɔgʀaf] M 1 DESSIN Pantograf *m*; Storchschnabel *m* 2 CH DE FER (Bügel)Stromabnehmer *m*

pantois [pɑ̃twa] ADJ **rester ~** verdutzt, verblüfft, bass erstaunt sein

pantomime [pɑ̃tɔmim] F 1 *art* Pantomimik *f* 2 THÉ Pantomime *f*

pantouflard [pɑ̃tuflaʀ] M, **pantouflarde** F *fam* Stubenhocker(in) *m(f)*; *adjt* **il est pantouflard** er ist ein Stubenhocker

pantoufle [pɑ̃tufl] F Hausschuh *m*; Pantoffel *m*; *autrich* Patschen *m*; **en ~s** in Hausschuhen, Pantoffeln

pantoufler [pɑ̃tufle] V/I **~ (dans le privé)** in die Privatwirtschaft wechseln; **~ dans l'assurance** in die Versicherungsbranche wechseln

panure [panyʀ] F CUIS Paniermehl *n*; *autrich* Semmelbrösel *pl*

PAO [peao] F ABR (publication assistée par ordinateur) Desktop-Publishing *n*

paon [pɑ̃] M ZOOL 1 Pfau *m*; *personne* **être orgueilleux, vaniteux comme un ~** ein eitler Pfau sein; sich spreizen wie ein Pfau 2 *papil-*

lon Pfauenauge *n*
paonne [pan] F ZOOL Pfauhenne *f*; **paonneau** M ‹*pl* ~x› ZOOL junger Pfau
papa [papa] M 1 *enf* Papa *m*; Papi *m*; Vati *m*; *péj* **fils** *m* **à** ~ verwöhnter Sohn reicher Eltern; **jouer au ~ et à la maman** Vater, Mutter und Kind spielen 2 *fam fig: loc adj* **de** ~ *fam* Opas ...; **le cinéma de** ~ *fam* Opas Kintopp *m*; *loc adv* **à la** ~ ganz gemütlich, gemächlich; **conduire à la** ~ ganz gemütlich (durch die Gegend) fahren
papal [papal] ADJ ‹-aux› päpstlich; Papst...
papamobile [papamɔbil] F Papamobil *n*
paparazzi [papaʀadzi] MPL Paparazzi *mpl*
papauté [papote] F 1 *système* Papsttum *n* 2 *dignité* Amt *n*, Würde *f* des Papstes
papaye [papaj] F BOT Papaya *f*; **papayer** M BOT Melonenbaum *m*; Papaya *f*
pape [pap] M ÉGL CATH Papst *m* (*a. fig*); *fam fig* **sérieux comme un** ~ todernst
Papeete [papeete] *Stadt auf Tahiti*
papelard [paplaʀ] *fam* M Stück *n* Papier; (*écrit*) *fam* Wisch *m*
paperasse [papʀas] F 1 *péj* Papier-, Schreibkram *m*; ADMIN Papierkrieg *m* 2 **~s** *pl* (alte) Papiere *npl*, Schriftstücke *npl*, Akten *fpl*; **paperasserie** F *péj* Papierwust *m*; ADMIN Papierkrieg *m*; **paperassier** ADJ ‹-ière› **administration paperassière** Verwaltung, die e-n furchtbaren Papierkrieg führt
papesse [papɛs] F HIST **la ~ Jeanne** die Päpstin Johanna
papeterie [papɛtʀi] F 1 *magasin* Schreibwarengeschäft *n* 2 *fabrication* Papiererzeugung *f*, -fabrikation *f*, -industrie *f* 3 *usine* Papierfabrik *f*
papetier [paptje] M 1 *commerçant* Schreibwarenhändler *m* 2 *fabricant* Papiermacher *m*; **papetier-libraire** M ‹*pl* papetiers-libraires› Buch- und Schreibwarenhändler *m*
papi [papi] M *enf* Opa *m*
papier [papje] M 1 Papier *n*; **~ crépon, crêpé** Krepppapier *n*; **~ journal** Zeitungspapier *n*; **vieux ~s** Altpapier *n*; **~ à calquer, ~ calque** Pauspapier *n*; **~ à cigarettes** Zigarettenpapier *n*; **~ à la cuve** Bütten(papier) *n*; **~ à dessin** Zeichenpapier *n*; **~ à en-tête** Briefpapier *n* mit (gedrucktem) Briefkopf; **~ à lettres** Briefpapier *n*; **~ à musique** Notenpapier *n*; **~ (de) brouillon** Konzeptpapier *n*; **~ d'emballage** Pack-, Einwickelpapier *n*; **~ de verre** Glas-, Sandpapier *n*; **un bout de** ~ ein Stück(chen) *n*, Fetzen *m* Papier; ein Zettel *m*; **un morceau de** ~ ein Stück *n* Papier; *adjt* INFORM **copie** *f* ~ Ausdruck *m*; *loc adj* **en** *ou* **de** ~ Papier...; papier(e)n; **fleur** *f*, **serviette** *f* **en** ~ Papierblume *f*, -serviette *f*; *fig* **sur le** ~ auf dem Papier; **jeter, mettre sur le** ~ zu Papier bringen; aufschreiben; notieren 2 **~ peint** Tapete *f*; **poser du ~ peint** tapezieren 3 **~ d'aluminium** Aluminium-, Alufolie *f*; **~ d'argent** Silberpapier *n*; **~ d'étain** Stanniol(papier) *n*; Zinnfolie *f* 4 *abs* **un** ~ ein Stück *n*, Blatt *n* Papier; ein Zettel *m* 5 (*article de journal*) (Zeitungs)Artikel *m* 6 PL **~s** a (wichtige) Papiere *npl* b **~s (d'identité)** (Ausweis)Papiere *npl*; **faux ~s** falsche Papiere; **~s militaires** Militärpapiere *npl*; MAR **~s de bord** Schiffspapiere *npl*; *fig* **être dans les petits ~s de qn** bei j-m gut angeschrieben sein; bei j-m e-n Stein im Brett haben 7 COMM **~ (de commerce)** Wechsel *m*
papier-monnaie [papjemɔnɛ] M Papiergeld *n*
papille [papij] F ANAT Papille *f*; **~ gustative** Geschmackspapille *f*; **~ de la langue** Zungenwärzchen *n*
papillon [papijõ] M 1 ZOOL Schmetterling *m*; Falter *m*; **~ de jour** Tagfalter *m*; **~ de nuit** Nachtfalter *m*, -schmetterling *m*; *fam* **minute ~!** → minute[1] 3 2 *fam* (*contravention*) *fam* Strafzettel *m*; Knöllchen *n* 3 ADJT **brasse** *f* ~ Delfin-, Schmetterlingsschwimmen *n ou* -stil *m* 4 ADJT **nœud** *m* ~, *fam* **nœud pap** Fliege *f* 5 TECH *écrou* Flügelmutter *f* 6 AUTO Drosselklappe *f*
papillonner [papijɔne] VI 1 *personne* flatterhaft, unstet, unbeständig sein; *en discutant* von e-m Thema zum anderen springen 2 (*être volage*) *femme fam* viele Männer am Bändel haben; *homme* wie ein Schmetterling von Blume zu Blume gaukeln
papillote [papijɔt] F 1 *pour cheveux* Haar-, Lockenwickel *m* (aus Papier) 2 CUIS a *côtelette, poisson etc* **en** ~ in (gefettetem) Papier gebacken; en papillote b *pour gigot* Papier *n*, mit dem die Hammelkeule zum Servieren garniert wird 3 *bonbon* Knallbonbon *n ou m*
papillotement [papijɔtmã] M Flimmern *n*;
papilloter VI 1 (*scintiller*) flimmern 2 *yeux* flackern; *personne* blinzeln; zwinkern
papisme [papism] M *péj* Papismus *m*; **papiste** M/F *péj* Papist(in) *m(f)*
papotage [papɔtaʒ] M Geplauder *n*; Geschwätz *n*; **papoter** VI plaudern; schwatzen
papou [papu] A ADJ papuanisch B SUBST 1 **Papou(e)** *m(f)* Papua(frau) *m(f)* 2 LING **le** ~ die Papuasprache(n) *f(pl)*
Papouasie-Nouvelle-Guinée [papwazinuvɛlgine] **la** ~ Papua-Neuguinea *n*
papouille [papuj] F *fam* **faire des ~s à qn** j-n tätscheln, streicheln, kitzeln
paprika [papʀika] M *condiment* Paprika *m*
papy → papi
papyrus [papiʀys] M 1 *manuscrit, feuille* Papyrus *m* 2 BOT Papyrus(staude) *m(f)*
paquebot [pakbo] M MAR Fahrgast-, Passagierschiff *n*; Ozeandampfer *m*
pâquerette [pakʀɛt] F BOT Gänseblümchen *n*; Maßliebchen *n*; *loc adj fig* **au ras des ~s** niveaulos; banal
Pâques [pɑk] ‹*ohne Artikel m sg, mit adj fpl*› Ostern *n ou pl*; Osterfest *n*; *poét* **~ fleuries** Palmsonntag *m*; **joyeuses ~!** frohe Ostern!; **souhaiter de joyeuses ~ à qn** j-m frohe Ostern, ein frohes Osterfest wünschen; GÉOG **île** *f* **de** ~ Osterinsel *f*; **à** ~ (zu, an) Ostern; *fig* **à ~ ou à la Trinité** wenn Ostern und Pfingsten auf einen Tag fallen; am Sankt-Nimmerleins-Tag; ÉGL CATH **faire ses pâques** in der österlichen Zeit zu den Sakramenten gehen; **~ tombe tôt cette année** Ostern ist dieses Jahr früh
paquet [pakɛ] M 1 Paket *n*; Pack(en) *m*; Bündel *n*; **~ d'actions** Aktienpaket *n*; **~ de billets de banque** Bündel Banknoten; **~ de café, de lessive** *etc* Paket, Packung *f* Kaffee, Waschpulver *etc*; **~ de cigarettes** Päckchen *n*, Schachtel *f* Zigaretten; **~ de linge, de livres** Paket, Packen Wäsche, Bücher; Bündel Wäsche; **~ de neige** Klumpen *m*, *fam* Ladung *f* Schnee; *fig de qn* **~ de nerfs** Nervenbündel *n*; *fig* **c'est un ~ d'os** [-dɔs] er *ou* sie ist spindel-, klapperdürr; bei ihm *ou* ihr kann man die Rippen zählen; **faire un** ~ ein Paket, ein Bündel, e-n Packen machen 2 ADMIN **~ (poste)** Paket *n*; **petit** ~ Päckchen *n* 3 MAR **~ de mer** Brecher *m*; Sturzsee *f*, -welle *f* 4 LOC *fam*: **lâcher le, son ~** *fam* auspacken; **(y) mettre le ~** s-e ganze Kraft (und Energie) einsetzen; **risquer le ~** alles aufs Spiel setzen, d(a)ransetzen; es darauf ankommen lassen; **toucher un joli ~** *fam* ein nettes, hübsches Sümmchen kassieren 5 RUGBY Stürmer *mpl*
paquetage [paktaʒ] M *d'un soldat* Gepäck *n*; **faire son** ~ sich marschfertig machen
par[1] [paʀ] PRÉP 1 *lieu* durch; über (*+acc*); **~ cet itinéraire** auf dieser Route; **aller à Paris ~ Reims** über Reims nach Paris fahren; **passer ~ le couloir** durch, über den Flur gehen; **regarder ~ la fenêtre** aus dem Fenster sehen; zum Fenster hinaussehen; → *a.* terre 1, ici 1, là A 1 2 *temps* an (*+dat*); in (*+dat*); bei; **~ un bel après-midi d'automne** an e-m schönen Herbstnachmittag; **~ un beau clair de lune** bei schönem Mondschein; **~ quinze degrés** bei fünfzehn Grad; **~ mer calme** bei ruhiger See; **~ une nuit noire** in e-r finsteren, dunklen Nacht 3 *moyen* durch; mit; mittels; per; **~ (le) bateau, train** mit dem Schiff, mit der Bahn; per Schiff, Bahn; **~ la douceur** mit, durch Milde; **~ la force** mit Gewalt; gewaltsam; **~ ruse** durch List; **je l'ai appris ~ les voisins** ich habe es durch die, von den Nachbarn erfahren; **faire faire qc ~ qn** etw von j-m machen lassen; **prouver ~ des exemples** durch Beispiele, an Hand von Beispielen beweisen; **je l'ai su ~ le journal** ich habe es durch die, aus der Zeitung erfahren; ♦ *après un verbe passif* von; durch; **il a été élu ~ l'assemblée** er ist von der Versammlung gewählt worden; **être détruit ~ un incendie** durch e-n Brand zerstört werden; ♦ *indiquant l'auteur d'une œuvre* von; *La Peste* **~ Camus** von Camus 4 *manière*: **~ petites bouchées** in kleinen Bissen; **~ centaines** zu hunderten *ou* Hunderten; **~ deux fois** zweimal; **~ petits groupes** in kleinen Gruppen; **~ voie aérienne, maritime** auf dem Luft-, Seeweg; **~ trois voix contre °huit** mit drei gegen acht Stimmen; **diviser ~ quatre** durch vier teilen, dividieren; **il ne fait rien ~ lui-même** er tut nichts von sich aus; **gagner ~ trois à deux (3:2)** (mit) drei zu zwei (3:2) gewinnen; → *a. les subst et verbes correspondants* 5 *cause* aus; **~ amour, curiosité** *etc* aus Liebe, Neugier *etc* 6 *distributif* pro; **~ an** jährlich; im, pro Jahr; **~ jour** täglich; am, pro Tag; **~ personne** pro Person, Mann, Kopf 7 ADMIN für; im Namen (*+gén*) 8 LOC PRÉP **de ~** a *lieu* **de ~ le monde** überall auf der Welt b *cause* **de ~ sa nature** von Natur aus c HIST **de ~ la loi** im Namen des Gesetzes; **de ~ le roi** im Namen, auf Befehl des Königs
par[2] [paʀ] M GOLF Par *n*
para [paʀa] M *fam* ABR (parachutiste) MIL Fallschirmjäger *m*
parabole [paʀabɔl] F 1 BIBL Gleichnis *n*; *fig* **parler par ~s** in Gleichnissen reden 2 MATH Parabel *f*
parabolique [paʀabɔlik] ADJ MATH parabolisch; *par ext* parabelförmig; **antenne** *f* ~ Parabolantenne *f*; *fam* Satellitenschüssel *f*; **miroir** *m* ~ Parabolspiegel *m*; ÉLEC **radiateur** *m* ~ Heizsonne *f*
Paracelse [paʀasɛls] M MÉD Paracelsus *m*
parachèvement [paʀaʃɛvmã] M Vollendung *f*; Beendigung *f*; **parachever** VT ‹-è-› vollenden; abschließen; beenden; fertigstellen
parachutage [paʀaʃytaʒ] M 1 *de vivres etc* Abwurf *m*, *de troupes* Absetzen *n* (mit dem Fallschirm) 2 *fam fig* plötzliche Beorderung auf e-n Posten
parachute [paʀaʃyt] M 1 Fallschirm *m*; **sauter en** ~ mit dem Fallschirm abspringen 2 *d'un ascenseur* Fangvorrichtung *f*
parachuter [paʀaʃyte] VT 1 *troupes* (mit dem Fallschirm) absetzen; *matériel* (mit dem Fallschirm) abwerfen 2 *fam fig* **~ qn à un poste** j-n (unerwartet) auf e-n Posten beordern, setzen, *fam* katapultieren
parachutisme [paʀaʃytism] M Fallschirmsport *m*, -springen *n*
parachutiste [paʀaʃytist] 1 M MIL Fallschirmjäger *m*; *adjt* **division** *f* ~ Fallschirmjä-

P

gerdivision *f* **2** M/F SPORTS Fallschirmspringer(in) *m(f)*; **brevet** *m* **de ~** *Leistungsabzeichen für Fallschirmspringer*

parade [paʀad] F **1** LOC ADJ **de ~** Parade...; Prunk...; **cheval** *m* **de ~** Paradepferd *n*; **tenue** *f* **de ~** Paradeuniform *f*; **faire ~ de qc** mit etw prunken, protzen, prahlen, *fam* angeben **2** MIL (Truppen)Parade *f*; Heerschau *f* **3** SPORTS Parade *f* **4** *fig* Abwehr *f*; *à un argument* Entgegnung *f*; Gegenargument *n*; **trouver la bonne ~** die Angriffe geschickt abwehren, parieren

parader [paʀade] V/I paradieren

paradigmatique [paʀadigmatik] ADJ LING paradigmatisch

paradigme [paʀadigm] M LING, GRAM Paradigma *n*; GRAM *a.* Flexionsmuster *n*

paradis [paʀadi] M **1** REL *et fig* Paradies *n*; *Baudelaire* **~ artificiels** *(durch Narkotika erzeugte)* künstliche Paradiese; *fig* **~ fiscal** Steueroase *f*, -paradies *n*; BIBL **le Paradis terrestre** das Paradies; **le Paradis et l'Enfer** Himmel und Hölle; **aller au, en ~** in den Himmel kommen; *fig* **il ne l'emportera pas au, en ~** das werde ich ihm heimzahlen; das soll er mir (noch) büßen; *fam* dem werde ich's noch zeigen; *fig* **c'est le ~ sur terre** das ist das Paradies, der Himmel auf Erden **2** THÉ *autrefois* Galerie *f*; *fam* Olymp *m*; *titre de film* **les Enfants du Paradis** Die Kinder des Olymp **3** ZOOL **oiseau** *m* **de ~** Paradiesvogel *m*

paradisiaque [paʀadizjak] ADJ paradiesisch; himmlisch; *fam* wonnig; **paradisier** M ZOOL Paradiesvogel *m*

paradoxal [paʀadɔksal] ADJ ⟨-aux⟩ paradox; widersinnig; **paradoxalement** ADV paradoxerweise

paradoxe [paʀadɔks] M Paradox *n*; Paradoxon *n*; Paradoxie *f*; Widersinnigkeit *f*; **soutenir un ~** e-e paradoxe Behauptung verteidigen

parafe [paʀaf] M **1** *(signature abrégée)* Namenszeichen *n*; Paraphe *f* **2** *trait ajouté* Schnörkel *m*; **parafer** V/T JUR, ADMIN abzeichnen; DIPL paraphieren; **parafeur** M Unterschriftenmappe *f*

paraffinage [paʀafinaʒ] M TECH Paraffinierung *f*

paraffine [paʀafin] F CHIM, TECH Paraffin *n*; **huile** *f* **de ~** Paraffinöl *n*

paraffiner [paʀafine] V/T TECH paraffinieren; *adjt* **papier paraffiné** Ölpapier *n*

parafiscal [paʀafiskal] ADJ ⟨-aux⟩ steuerähnlich; **parafiscalité** F zweckgebundene, steuerähnliche Abgaben *fpl*

parages [paʀaʒ] MPL **1** MAR Seegebiet *n* (**de Terre-Neuve** vor Neufundland) **2** *(région)* Gegend *f*; **il doit être dans les ~** er muss hier in der Gegend sein

paragraphe [paʀagʀaf] M **1** **a** *d'un texte* Abschnitt *m*; Absatz *m* **b** JUR Absatz *m*; **article 2, ~ 3** Paragraf 2, Absatz 3 **2** TYPO Paragrafzeichen *n* (§)

paragrêle [paʀagʀɛl] ADJ **fusée** *f* **~** Hagelabwehrrakete *f*

Paraguay [paʀagwɛ] **le ~** Paraguay *n*

paraguayen [paʀagwɛjɛ̃] **A** ADJ ⟨~ne⟩ paraguayisch **B** SUBST **Paraguayen(ne)** *m(f)* Paraguayer(in) *m(f)*

paraître [paʀɛtʀ] ⟨→ connaître⟩ **A** V/I **1** *(se montrer)* erscheinen; sichtbar werden; sich zeigen; sich sehen lassen; zum Vorschein kommen; **~ au balcon** auf dem Balkon erscheinen; sich auf dem Balkon zeigen, sehen lassen; *sentiments* **laisser ~** zeigen; sich *(dat)* anmerken lassen; *personne* **tarder à ~** verspätet erscheinen; *impersonnel:* **sans qu'il y paraisse** ohne dass man etwas (davon) merkt, sieht, spürt; *d'une maladie* **dans quelques jours il n'y paraîtra plus** in ein paar Tagen sieht, merkt man nichts mehr (davon), ist nichts mehr (davon) zu sehen, zu merken **2** *(sembler)* (er)scheinen; aussehen; vorkommen (**à qn** j-m) **a** *avec adj*: **il ne paraît pas très intelligent** er sieht nicht sehr intelligent aus; er macht keinen sehr intelligenten Eindruck; **le voyage me paraît très long** die Reise kommt mir sehr lang vor; **cela me paraît possible** das erscheint mir möglich; das scheint mir möglich zu sein; **aussi étrange que cela paraisse** so merkwürdig dies auch erscheinen mag; **cette robe la fait ~ plus mince** dieses Kleid lässt sie schlanker erscheinen, aussehen **b** *avec subst* **il ne paraît pas son âge** man sieht ihm sein Alter nicht an **c** *avec inf* **il paraît approuver cette idée** er scheint diese Idee gutzuheißen **3** *(être publié)* ⟨*oft* être⟩ erscheinen; herauskommen; herausgegeben werden; **faire ~** herausbringen, -geben; im Druck erscheinen lassen; *journal* **cesser de ~** ihr Erscheinen einstellen; **venir de ~** soeben erschienen, herausgekommen sein; **à ~ prochainement dans cette collection** (erscheint) demnächst in dieser Reihe; **être paru en librairie** im Buchhandel erschienen sein; *impersonnel* **il a** *ou* **est paru une nouvelle édition de cet ouvrage** es ist e-e neue Auflage dieses Werkes erschienen **B** V/IMP **1** **il paraît que ...**, *fam* **paraît que ...** *(on dit que ...)* man sagt, man erzählt sich, man behauptet, es geht das Gerücht, man munkelt, dass ...; es wird gesagt, erzählt, behauptet, gemunkelt, dass ..; es scheint, dass ...; es hat den Anschein, als *(+conditionnel ou subj)*; **il paraît qu'ils sont allés en Italie** *a.* sie sollen nach Italien gefahren sein; *loc adv*: *en fin de phrase* **à ce qu'il paraît** wie es scheint; (so) scheint es; *en incise* **paraît-il** so scheint es; wie es scheint; *fam* scheint's **2** *(sembler)* **il (me, te** *etc***) paraît douteux, important, nécessaire** *etc* **que ...** *(+subj)* es (er)scheint (mir, dir *etc*) zweifelhaft, wichtig, notwendig, dass ...; **il paraît certain que ...** *(+ind)* es scheint sicher, dass ...; **il paraît impossible de revenir sur cette question** es scheint unmöglich (zu sein), auf diese Frage zurückzukommen **C** M PHIL Schein *m*

parallaxe [paʀa(l)laks] F **1** ASTRON Parallaxe *f* **2** OPT Parallaxe *f*; **correction** *f* **de ~** Parallaxenausgleich *m*

parallèle [paʀa(l)lɛl] **A** ADJ **1** MATH *et par ext* parallel (**à** zu); Parallel...; **rues** *fpl* **~s** Parallelstraßen *fpl*; **une rue ~ à la rue X** e-e Parallelstraße zur X-Straße; **être ~ à qc** zu etw parallel sein, verlaufen **2** *fig (comparable)* parallel; gleichlaufend; gleich gerichtet; gleich gelagert **3** SPORTS **barres** *fpl* **~s** Barren *m* **4** *fig (non officiel)* inoffiziell; FIN **cours** *m* **~** außerbörslicher, nicht amtlicher Kurs; COMM **marché** *m* **~** Parallelmarkt *m*; grauer Markt; **médecine** *f*, **presse** *f* **~** alternative Medizin, Presse; **police** *f* **~** Geheimpolizei *f* **B** SUBST **1** F MATH Parallele *f*; ÉLEC **montage** *m* **en ~** Parallel-, Nebeneinanderschaltung *f*; **tirer, tracer une ~ à une droite** e-e Parallele zu e-r Geraden ziehen **2** M GÉOG Breitenkreis *m*, -grad *m*; Parallelkreis *m* **3** M *fig* Parallele *f*; Vergleich *m*; Gegenüberstellung *f*; **établir, faire un ~ entre ...** e-e Parallele ziehen zwischen *(+dat)*; **mettre en ~** *les avantages et les inconvénients ...* gegeneinander abwägen

parallèlement [paʀa(l)lɛlmɑ̃] ADV **~ à** parallel zu

parallélépipède [paʀa(l)lelepipɛd] M MATH Parallelflach *n*; Parallelepiped *n*; **~ rectangle** Quader *m*

parallélisme [paʀa(l)lelism] M **1** MATH Parallelität *f* **2** AUTO Spur *f*; **faire vérifier le ~** die Spur kontrollieren lassen **3** *fig* Parallelismus *m*; Übereinstimmung *f*

parallélogramme [paʀa(l)lelɔgʀam] M MATH Parallelogramm *n*

paralyser [paʀalize] V/T **1** MÉD lähmen; *t/t* paralysieren; **une attaque l'a paralysé du côté droit** er wurde durch e-n Schlaganfall rechtsseitig gelähmt; *adjt* **paralysé** gelähmt **2** *fig personne* lähmen; **~ la circulation, l'économie** den Verkehr, die Wirtschaft lahmlegen; den Verkehr, die Wirtschaft zum Stillstand, zum Erliegen bringen; *la dureté de l'examinateur* **paralysait les candidats ...** lähmte die Prüflinge, legte sich als lähmender Druck auf die Prüflinge; **être paralysé par la terreur** vor Schreck wie gelähmt sein

paralysie [paʀalizi] F **1** MÉD Lähmung *f*; *t/t* Paralyse *f*; **être atteint, frappé de ~** gelähmt sein **2** *fig* Ohnmacht *f*; Machtlosigkeit *f*

paralytique [paʀalitik] **A** ADJ *personne* gelähmt; *t/t* paralytisch **B** SUBST **1** M/F Gelähmte(r) *m/f(m)*; *t/t* Paralytiker(in) *m(f)* **2** M BIBL Gichtbrüchige(r) *m*; *de la fable* Lahme(r) *m*

paramédical [paʀamedikal] ADJ ⟨-aux⟩ **professions ~es** medizinische, ärztliche Hilfsberufe *mpl*

paramètre [paʀamɛtʀ] M MATH *et fig* Parameter *m*

paramilitaire [paʀamilitɛʀ] ADJ para-, halbmilitärisch

parangon [paʀɑ̃gɔ̃] M *litt* **~ de vertu** Muster *n* an, Ausbund *m* von Tugend

parano [paʀano] ABR *fam* → paranoïa, paranoïaque

paranoïa [paʀanɔja] F MÉD Paranoia *f*; Wahnvorstellungen *fpl*

paranoïaque [paʀanɔjak] MÉD **A** ADJ paranoisch **B** M/F Paranoiker(in) *m(f)*; j-d, der an Wahnvorstellungen leidet; *par ext* Wahnsinnige(r) *m/f(m)*; Geistesgestörte(r) *m/f(m)*

parapente [paʀapɑ̃t] M **a** *engin* Gleitschirm *m* **b** *sport* Gleitschirmfliegen *n*; Paragliding *n*

parapentiste [paʀapɑ̃tist] M/F Gleitschirmflieger(in) *m(f)*

parapet [paʀapɛ] M **1** Brüstung *f*; **~ de pont** Brückengeländer *n* **2** FORTIFICATIONS Brustwehr *f*

paraphe → parafe

paraphrase [paʀafʀɑz] F Paraphrase *f*; **paraphraser** V/T paraphrasieren

paraplégie [paʀapleʒi] F MÉD Querschnittslähmung *f*; *t/t* Paraplegie *f*; **paraplégique** MÉD **A** ADJ querschnittsgelähmt **B** M/F Querschnittsgelähmte(r) *m/f(m)*

parapluie [paʀaplɥi] M **1** (Regen)Schirm *m* **2** *fig* **~ nucléaire** atomarer Schirm

parapsychologie [paʀapsikɔlɔʒi] F Parapsychologie *f*

parascolaire [paʀaskɔlɛʀ] ADJ außerhalb des Lehrplans

parasitaire [paʀazitɛʀ] ADJ BIOL *et fig* parasitär; schmarotzerhaft; schmarotzerisch

parasite [paʀazit] **A** M **1** BIOL *et fig* Parasit *m*; Schmarotzer *m* **2** RAD **~s** *pl* Stör-, Nebengeräusch(e) *n(pl)*; Störungen *fpl* **B** ADJ BIOL schmarotzend; Schmarotzer...

parasiter [paʀazite] V/T **1** BIOL *et fig* schmarotzen (**un hôte** in *ou* auf e-m Wirt) **2** RAD stören

parasitisme [paʀazitism(ə)] M BIOL *et fig* Schmarotzertum *n*; Parasitentum *n*; BIOL *a.* Parasitismus *m*

parasol [paʀasɔl] M **1** Sonnen-, Gartenschirm *m* **2** ADJT BOT **pin** *m* **~** Pinie *f*

parasympathique [paʀasɛ̃patik] ADJ *et* SUBST M ANAT (**système** *m*) **~** Parasympathikus *m*

parataxe [paʀataks] F LING Parataxe *f*

paratonnerre [paʀatɔnɛʀ] M Blitzableiter *m*

paravalanche [paʀavalɑ̃ʃ] M Lawinenschutz *m*, -galerie *f*

paravent [paʀavɑ̃] M 1 spanische Wand; Wandschirm *m* 2 *fig* Deckmantel *m*; Tarnung *f*; Vorwand *m*

parbleu [paʀblø] *litt* INT wahrhaftig!; bei Gott!

parc [paʀk] M 1 Park *m*; ~ **national** Nationalpark *m*; ~ **régional** Naturpark *m*; ~ **d'attractions** Erlebnis-, Vergnügungspark *m*; ~ **de loisirs** Freizeitpark *m*; **le ~ de Versailles** der (Schloss)Park von Versailles 2 ~ **de stationnement** Parkplatz *m*; ~ **de dissuasion** Stadtrandparkplatz *m* 3 *pour bébés* Laufgitter *n*, -stall *m* 4 ~ **à huîtres** Austernpark *m* 5 ÉCON (*ensemble*) ~ **de ...** Bestand *m* an (+*dat pl*); ...park *m*; ~ **automobile** Wagen-, Fuhrpark *m*; (Kraft)Fahrzeugbestand *m*; ~ **de machines** Maschinenpark *m*; ~ **d'ordinateurs, de téléviseurs** Bestand an Computern, Fernsehern 6 *pour stockage* Lagerplatz *m*; ~ **à brut** Tanklager *n* für Rohöl 7 *à bestiaux* Pferch *m*

parcellaire [paʀsɛ(l)lɛʀ] ADJ Parzellen...

parcelle [paʀsɛl] F 1 ~ **(de terre)** Parzelle *f*; Stück *n* Land 2 *fig* winziges Stück; Quäntchen *n*

parcellisation [paʀselizasjõ] F 1 ADMIN Parzellierung *f* 2 *fig* Aufsplitterung *f*; **parcelliser** V/T 1 ADMIN *terre* parzellieren 2 *fig* (in kleine Einheiten) aufteilen; aufsplittern

parce que [paʀs(ə)kə] CONJ ‹*vor Vokal* parce qu'› 1 weil; **c'est ... que ...** eben *ou* gerade weil ... 2 *abs: refus d'explication* (eben) darum

parchemin [paʀʃəmɛ̃] M 1 *peau et écrit* Pergament *n*; *loc adj* **en ~** Pergament...; pergamenten 2 *fam fig* Diplom *n*

parcheminé [paʀʃəmine] ADJ pergamentartig; **cuir, papier ~** pergamentartiges Leder, Papier; *fig* **visage ~** ledernes Gesicht

par-ci [paʀsi] LOC ADV **~, par-là** *espace* hier und da; *temps* hin und wieder; *fig* **maman ~, maman par-là** Mama hier und Mama da; *fam* Mama vorn und Mama hinten

parcimonie [paʀsimɔni] F LOC ADV **avec ~** sehr sparsam; **distribuer ses éloges avec ~** mit s-m Lob geizen, sehr sparsam umgehen

parcimonieux [paʀsimɔnjø] ADJ ‹-euse› geizig; *fam* knaus(e)rig; knick(e)rig

parcmètre [paʀkmɛtʀ] M *ou* **parcomètre** [paʀkɔmɛtʀ] M Parkuhr *f*

parcourir [paʀkuʀiʀ] V/T ‹→ courir› 1 *région, ville etc: à pied* durchlaufen; umhergehen, -laufen in (+*dat*); durchstreifen; durchziehen; *en voiture* durchfahren; umherfahren in (+*dat*); kreuz und quer fahren durch; *à la recherche de qc a. fam* abklappern; *un pays* durchreisen; bereisen; *par ext:* ~ **la pièce du regard, des yeux** s-n Blick über das Zimmer schweifen lassen; **son corps fut parcouru par un frisson** ein Schauer durchlief s-n Körper, überlief ihn 2 *trajet, distance* zurücklegen; durchlaufen; durchfahren 3 *texte, lettre* überfliegen; kurz, flüchtig durchlesen

parcours [paʀkuʀ] M Strecke *f*; *d'un autobus* (Fahr)Strecke *f*; *d'un fleuve* (Ver)Lauf *m*; SPORTS (Renn)Strecke *f*; Parcours *m*; ~ **du combattant** MIL Hindernisbahn *f*; *fig* Hindernisrennen *n*; SPORTS ~ **de santé** Trimm-dich-Pfad *m*; SPORTS *et fig* **incident** *m* **de ~** Panne *f*; Missgeschick *n*; Pech *n*; **effectuer un ~** e-e Strecke zurücklegen

par-delà [paʀdəla] LOC PRÉP jenseits (+*gén ou* von); hinter (+*dat*)

par-derrière [paʀdɛʀjɛʀ] a LOC ADV von hinten; hinterrücks (*a. fig*); *fig* **dire du mal de qn ~** hinten(he)rum Schlechtes über j-n sagen; **passez ~!** kommen Sie hinten(he)rum! b *fam loc prép* hinter (+*dat*); **passer ~ la maison** hinter dem Haus herumgehen

par-dessous [paʀdəsu] a LOC ADV: *passer* darunter hindurch; *fam* drunter durch b *loc prép* unter (+*dat*); **il le prit ~ les bras** er fasste ihn unter den Armen

pardessus [paʀdəsy] M Überzieher *m*

par-dessus [paʀdəsy] a LOC ADV d(a)rüber (hinweg); **sautez ~!** springen Sie darüber, *fam* drüber! b *loc prép* über (+*acc*); *fam fig* **j'en ai ~ la tête** ich habe genug davon; *fam* ich habe die Nase voll (davon); **lire le journal ~ l'épaule de qn** die Zeitung über j-s Schulter hinweg lesen; **mettez un pull ~ votre chemise** ziehen Sie e-n Pulli über Ihr Hemd!; **(et) ~ tout** (und) vor allem; (und) vor allen Dingen

par-devant [paʀdəvɑ̃] a LOC ADV vorn (herum); **endommagé ~** vorn beschädigt; **passer ~** vorn herumgehen b *loc prép* JUR **~ notaire** vor dem Notar

par-devers [paʀdəvɛʀ] LOC **garder qc ~ soi** etw für sich behalten

pardi [paʀdi] *litt* INT natürlich; gewiss

pardon [paʀdõ] M 1 Verzeihung *f*; Entschuldigung *f*; REL Vergebung *f*; **accorder son ~ à qn** j-m verzeihen, *st/s* vergeben; **demander ~ à qn** j-n um Entschuldigung, Verzeihung bitten; **obtenir son ~** Verzeihung finden; Vergebung erlangen (*bes* REL); verziehen, vergeben bekommen 2 *formule de politesse* a **(je vous demande) ~!** Verzeihung!; Entschuldigung!; entschuldigen, verzeihen Sie bitte!; Pardon! b *en passant devant qn sans le déranger* **~!** *unübersetzt, da keine deutsche Entsprechung* c *(comment?)* **~?** wie bitte? 3 *formule de protestation: vous n'étiez pas à cette réunion? –* **~, j'y étais** (aber) natürlich war ich da!; doch, ich war da! 4 *fam renforçant un énoncé: fam* ich kann dir *ou* Ihnen sagen!; mein lieber Mann! 5 REL a *fête juive* **le Grand Pardon** das Versöhnungsfest b *en Bretagne: Wallfahrt u. Fest zu Ehren e-s Heiligen*

pardonnable [paʀdɔnabl] ADJ *faute, erreur* verzeihlich; entschuldbar; **cet enfant est ~** das Kind kann nichts dafür

pardonner [paʀdɔne] A V/T *et* V/T INDIR verzeihen; entschuldigen; *st/s ou* REL vergeben; **~ (qc) à qn** j-m (etw) verzeihen, vergeben; **ne pas ~ à qn de** (+*inf*) j-m nicht verzeihen, dass ...; **vous êtes pardonné** Sie sind entschuldigt; **il cherche à se faire ~** er möchte, dass man ihm verzeiht; *fig* **il n'arrivait pas à se faire ~ ses succès** man gönnte, verzieh ihm s-e Erfolge nicht; *les enfants sont bruyants,* **mais on leur pardonne** aber man kann ihnen deswegen nicht böse sein; aber man kann es ihnen nicht übel nehmen, verargen; *formule de politesse* **pardonnez-moi, mais je crois que ...** verzeihen, entschuldigen Sie, aber ich glaube, dass ... B V/I *personne* **~ facilement** nicht nachtragend sein; *maladie grave etc* **cela ne pardonne pas** da gibt es keine Rettung; das ist tödlich C V/PR a *réfléchi:* **je ne me le pardonnerai jamais** das werde ich mir nie verzeihen b *sens passif: cette faute* **ne se pardonne pas** ist unverzeihlich, unentschuldbar

paré [paʀe] ADJ 1 geschmückt, verziert (**de** mit) 2 **~ contre qc** gegen etw geschützt, gefeit, gewappnet; auf etw (*acc*) vorbereitet; für etw gerüstet

pare-avalanches [paʀavalɑ̃ʃ] M ‹*inv*› → paravalanche

pare-balles [paʀbal] M ‹*inv*› MIL Kugelfang *m*; *adjt* **gilet** *m* **~** kugelsichere Weste

pare-boue [paʀbu] M ‹*inv*› AUTO Schmutzfänger *m*; **pare-brise** M ‹*inv*› AUTO Windschutzscheibe *f*; **pare-chocs** M ‹*inv*› AUTO Stoßstange *f*; **pare-feu** M ‹*inv*› 1 Brand-, Feuerschutz(vorrichtung) *m(f)*; *en forêt* Brandschneise *f* 2 INFORM Firewall *f*

pareil [paʀɛj] A ADJ ‹pareille› 1 (*semblable*) gleich; ähnlich; *loc adj* **à nul autre ~** ohnegleichen; *et votre santé? –* **toujours ~!** immer das Gleiche, *fam* dasselbe; *choses, personnes* **être ~(le)s** gleich sein; sich, einander gleichen; **ce n'est pas ~** das ist nicht das Gleiche 2 (*tel*) solche(r, -s); derartige(r, -s); so ein(e); **~le chose, chose ~le** so etwas; *loc adv:* **à une heure ~le, à ~le heure** zu so ungewöhnlicher Stunde, Zeit; **en ~ cas** in e-m solchen, in so e-m Fall 3 *comparaison st/s* **~ à** gleich (+*dat*); **~ au vent qui ...** gleich dem Wind, der ... 4 *fam advt* ‹*inv*› gleich; **faire ~** das Gleiche, *fam* dasselbe tun; **être habillé(e)s ~** gleich angezogen sein B SUBST 1 **~(le)** M(F): **ne pas avoir son ~, sa ~le** nicht seines-, ihresgleichen haben; **elle n'a pas sa ~le pour** (+*inf*) niemand versteht es so gut wie sie zu (+*inf*); *péj* **vous et vos ~s** Sie und Ihresgleichen *ou* ihr und euresgleichen; **sans ~(le)** ohnegleichen; unvergleichlich; **d'une naïveté sans ~le** von e-r Naivität ohnegleichen, die ihresgleichen sucht 2 F **rendre la ~le à qn** es j-m mit gleicher Münze heimzahlen; j-m Gleiches mit Gleichem vergelten 3 M *fam* **c'est du ~ au même** *fam* das ist Jacke wie Hose, gehupft wie gesprungen

pareillement [paʀɛjmɑ̃] ADV ebenfalls; gleichfalls; auch; ebenso; *bonne année! –* **et à vous ~** danke gleichfalls, ebenfalls, Ihnen auch

parement [paʀmɑ̃] M 1 COUT Besatz *m* 2 CONSTR Ansichts-, Sichtfläche *f*; Vorderseite *f*

parenchyme [paʀɑ̃ʃim] M ANAT, BOT Parenchym(gewebe) *n*

parent [paʀɑ̃] A SUBST 1 **~(e)** *m(f)* Verwandte(r) *m/f(m)*; **il est mon ~ par ma mère** er ist ein Verwandter mütterlicherseits; er ist durch meine Mutter, von meiner Mutter her mit mir verwandt; *fig* **traiter qn en ~ pauvre** j-n zurücksetzen, benachteiligen 2 MPL **~s** (*père et mère*) Eltern *pl*; **l'un des ~s** ein Elternteil *m*; **~s d'élèves** (Schüler)Eltern *pl*; **association** *f* **de(s) ~s d'élèves** Elternverband *m*, -vereinigung *f* 3 M BIOL Elter *m ou n* B ADJ 1 verwandt; **être ~ avec qn** mit j-m verwandt sein; **être ~s par alliance** verschwägert sein; **nous sommes ~s** wir sind miteinander verwandt 2 *fig* verwandt; ähnlich

parental [paʀɑ̃tal] ADJ ‹-aux› elterlich; JUR **autorité ~e** elterliche Gewalt

parenté [paʀɑ̃te] F 1 *rapport* Verwandtschaft(-sverhältnis) *f(n)*; **~ directe, en ligne directe** Verwandtschaft in gerader Linie; **~ du côté maternel** Verwandtschaft(sverhältnis) mütterlicherseits, von der Seite der Mutter her; **~ par alliance** Schwägerschaft *f*; **il n'y a entre eux aucune ~** sie sind nicht miteinander verwandt 2 *coll* Verwandtschaft *f*; Verwandte(n) *mpl* 3 *fig* Verwandtschaft *f*; Ähnlichkeit *f*

parenthèse [paʀɑ̃tɛz] F 1 GRAM Einschub *m*; Parenthese *f*; *par ext (digression)* Abschweifung *f*; Exkurs *m*; Zwischenbemerkung *f* 2 *signe* (runde) Klammer; *loc adv* **entre ~s** in Klammern; *fig* nebenbei, beiläufig gesagt, bemerkt; **mettre un mot entre ~s** ein Wort in Klammern setzen, einklammern; **ouvrez, fermez la ~!** Klammer auf, zu!; *fig:* **fermer une ~** zum eigentlichen Thema zurückkehren; **j'ouvre ici une ~** ich möchte hier e-e Zwischenbemerkung einschieben

Parentis-en-Born [paʀɛ̃tisɑ̃bɔʀn] *Ort im Dep. Landes*

paréo [paʀeo] M Pareo *m*; Hüfttuch *n*

parer[1] [paʀe] A V/T 1 *st/s* (*orner*) festlich schmücken, (ver)zieren, dekorieren (**de** mit); *pp femme* **parée de bijoux** mit Juwelen geschmückt 2 (*attribuer*) zuschreiben, nachsa-

P

gen (qn de qc j-m etw); ~ qn de toutes les qualités a. j-n mit allen guten Eigenschaften ausstatten 3 BOUCHERIE ~ la viande Fleischstücke sauber zuschneiden ou von Haut, Fett und Sehnen befreien 4 TEXT schlichten 5 MAR klarmachen B V/PR se ~ sich schmücken (de mit); fig se ~ d'un titre sich (dat) e-n Titel zulegen

parer² [paʀe] A V/T 1 coup, attaque parieren; abwehren; ab-, auffangen 2 MAR abordage vermeiden; cap umfahren; umschiffen B V/T INDIR ~ à qc sich gegen etw schützen; e-r Sache (dat) vorbeugen, begegnen, abhelfen; ~ à un danger a. e-e Gefahr abwenden; ~ à toute éventualité allen Eventualitäten vorbeugen; ~ à un inconvénient, au plus pressé e-m Missstand, dem Dringendsten abhelfen; pp paré contre qc gegen etw geschützt, gefeit, gewappnet

pare-soleil [paʀsɔlɛj] M ⟨inv⟩ AUTO Sonnenblende f

paresse [paʀɛs] F Faulheit f; Trägheit f; Bequemlichkeit f; ~ intellectuelle Denkfaulheit f; geistige Trägheit; MÉD ~ intestinale Darmträgheit f; s'abandonner à la ~ ein Faulenzerleben führen; prov la ~ est mère de tous les vices Müßiggang ist aller Laster Anfang (prov)

paresser [paʀese] V/I faulenzen; fam auf der faulen Haut liegen; ~ dans son lit gemütlich im Bett bleiben

paresseux [paʀesø] A ADJ ⟨-euse⟩ personne faul; träge; bequem; arbeitsscheu; intestin, gestes träge; attitude, solution bequem; être ~ pour se lever morgens schwer, nicht aus dem Bett finden ou kommen B SUBST 1 ~, paresseuse m,f Faulenzer(in) m(f); fam Faulpelz m 2 M ZOOL Faultier n

parfaire [paʀfɛʀ] V/T ⟨nur inf⟩ vollenden; vervollkommnen

parfait [paʀfɛ] A ADJ ⟨-faite [-fɛt]⟩ 1 beauté, travail etc vollendet; perfekt; vollkommen ou vollkommen; (impeccable) tadellos; vorzüglich; le crime ~ das perfekte Verbrechen; exemple ~ typisches Beispiel; CHIM gaz ~ ideales Gas; MATH nombre ~ vollkommene Zahl; le type ~ du petit bourgeois der Prototyp e-s Kleinbürgers; (c'est) ~! also gut!; na schön, gut!; dann ist ja alles in bester Ordnung! (a. iron); elle est ~e an ihr ist nichts auszusetzen; personne n'est ~ niemand, kein Mensch ist vollkommen; compliment vous avez été ~ Sie waren großartig, herrlich 2 iron: goujat etc ausgemacht; un ~ imbécile a. fam ein Vollidiot m 3 (total) völlig; tranquillité vollkommen; ressemblance täuschend; en ~ accord in völliger Übereinstimmung; être dans la plus ~e ignorance de qc von etw nicht die leiseste Ahnung, fam keinen (blassen) Schimmer haben 4 MUS accord ~ Dreiklang m (mit Terzenaufbau) B M 1 GRAM Perfekt n; vollendete Gegenwart 2 glace Parfait n; ~ au café Mokkaparfait n

parfaitement [paʀfɛtmɑ̃] ADV 1 (complètement) vollkommen; völlig; c'est ~ ridicule a. das ist einfach lächerlich 2 (très bien) sehr gut; je comprends ~ que ... ich verstehe sehr gut, dass ...; vous avez ~ le droit de ... selbstverständlich haben Sie das Recht zu ... 3 abs réponse gewiss; sicher; natürlich; jawohl

parfois [paʀfwa] ADV mitunter; gelegentlich; manchmal; bis-, zuweilen

parfum [paʀfɛ̃, -fœ̃] M 1 odeur Duft m; Wohlgeruch m; ~ discret, subtil feiner, zarter Duft 2 substance Parfüm ou Parfum n; se mettre du ~ sich parfümieren 3 BIOL, CHIM Riech-, Duftstoff m 4 d'une glace Geschmack m; voulez-vous une glace? quel ~? was für eins? 5 fam être au ~ Bescheid wissen (de über +acc); fam mettre qn au ~ j-n einweihen, ins Bild setzen

parfumé [paʀfyme] ADJ 1 savon, crème etc duftend (à la lavande nach Lavendel); wohlriechend 2 personne parfümiert 3 glace ~e au citron, à la fraise Zitronen-, Erdbeereis n

parfumer [paʀfyme] A V/T 1 pièce etc mit s-m Duft erfüllen 2 mouchoir etc parfümieren; mit Parfüm betupfen, besprühen 3 CUIS ~ au citron, à la fraise Zitronen-, Erdbeergeschmack geben (+dat) B V/PR personne se ~ sich parfümieren; je ne me parfume pas ich benütze kein Parfüm

parfumerie [paʀfymʀi] F 1 industrie Parfümerie-, Kosmetikindustrie f 2 produits Parfümeriewaren fpl 3 usine, boutique Parfümerie f

parfumeur [paʀfymœʀ] M, **parfumeuse** F 1 fabricant(e) Parfümeur m 2 marchand(e) Inhaber(in) m(f) e-r Parfümerie

pari [paʀi] M 1 Wette f; faire un ~ e-e Wette abschließen, eingehen, machen; tenir le ~ die Wette annehmen 2 ~ mutuel Rennwette f; → a. PMU; fig les ~s sont ouverts die Frage bleibt offen; alles ist noch offen; es gilt abzuwarten 3 fig Herausforderung f; Risiko n; ~ financier finanzielles Risiko; ~ technique technische Herausforderung, Aufgabe; faire un ~ sur qc (s-e feste Zuversicht, sein festes Vertrauen) auf etw (acc) setzen

paria [paʀja] M 1 en Inde Paria m 2 fig Paria m; Ausgestoßene(r) m; Entrechtete(r) m

parier [paʀje] A V/T 1 wetten; abs ~ aux courses Rennwetten abschließen; bei Pferderennen wetten; ~ cent euros sur un cheval hundert Euro auf ein Pferd setzen, wetten; je (te) parie que ... ich wette (darauf), ich möchte ou wollte wetten, dass ...; je l'aurais parié ich hätte darauf wetten können; je parie une bouteille de vin avec toi que ... ich wette um e-e Flasche Wein mit dir, dass ...; je parie tout ce que tu veux que ... ich gehe jede Wette ein, dass ...; tu paries que ...? wetten (wir), wollen wir wetten, dass ...?; qu'est-ce que tu paries? was gilt die Wette?; um was wollen wir wetten?; ~ gros hoch wetten; il y a gros à ~ que ... ich wette zehn gegen eins, es ist so gut wie sicher, dass ... 2 (supposer) vous avez faim, je parie? Sie haben sicher Hunger? B V/T INDIR fig ~ sur qc, qn auf etw, j-n setzen, vertrauen

pariétal [paʀjetal] ADJ ⟨-aux⟩ 1 ANAT os ~ ou subst ~ m Scheitelbein n 2 PRÉHISTOIRE peintures ~es Felsmalereien fpl

parieur [paʀjœʀ] M, **parieuse** F Wetter(in) m(f)

parigot [paʀigo] fam A ADJ pariserisch B SUBST Parigot(e) m(f) Pariser(in) m(f)

Paris [paʀi] GÉOG Paris [-s] n

Pâris [pɑʀis, pa-] M MYTH Paris m

paris-brest [paʀibʀɛst] M ⟨inv⟩ CUIS mit Creme gefüllter u. mit Mandelsplittern bestreuter Kuchen aus Brandteig

parisien [paʀizjɛ̃] A ADJ ⟨~ne⟩ Pariser; pariserisch; la banlieue ~ne die Vororte mpl von Paris B SUBST Parisien(ne) m(f) Pariser(in) m(f)

paritaire [paʀitɛʀ] ADJ paritätisch; commission f ~ paritätisch zusammengesetzter Ausschuss

parité [paʀite] F Parität f (a. ÉCON); ~ des changes Währungsparität f; ~ hommes-femmes Geschlechterparität f; zahlenmäßige Gleichheit zwischen Männern und Frauen

parjure [paʀʒyʀ] 1 M (violation de serment) Eidbruch m; (faux serment) Meineid m 2 M/F personne Eidbrüchige(r) m/f(m); Meineidige(r) m/f(m) 3 ADJT eidbrüchig; meineidig

parka [paʀka] M ou F Parka m ou f

parking [paʀkiŋ] M Parkplatz m; ~ souterrain Tiefgarage f

parkinsonien [paʀkinsɔnjɛ̃] MÉD A ADJ ⟨~ne⟩ der parkinsonschen Krankheit B SUBST ~(ne) m(f) an der parkinsonschen Krankheit Leidende(r) m/f(m)

par-là [paʀla] → par-ci

parlant [paʀlɑ̃] ADJ 1 cinéma, film ~ Tonfilm m; RAD, TÉL horloge ~e Zeitansage f 2 comparaison anschaulich; treffend (a. portrait); preuve sprechend; les chiffres sont ~s die Zahlen sprechen für sich (selbst) 3 LOC ADV économiquement etc ~ vom wirtschaftlichen etc Standpunkt aus betrachtet; wirtschaftlich gesehen; strictement ~ streng genommen

parlé [paʀle] ADJ gesprochen; RAD journal ~ Nachrichten fpl; langue ~e gesprochene Sprache

Parlement [paʀləmɑ̃] M Parlament n; membre m du ~ Parlamentsmitglied n; au ~ im Parlament

parlementaire [paʀləmɑ̃tɛʀ] A ADJ parlamentarisch; Parlaments...; commission f ~ parlamentarischer Ausschuss; Parlamentsausschuss m; groupe m ~ Fraktion f; régime m ~ parlamentarische Regierungsform B SUBST 1 M/F POL Parlamentarier(in) m(f) 2 M à la guerre Parlamentär m

parlementarisme [paʀləmɑ̃taʀism] M POL Parlamentarismus m

parlementer [paʀləmɑ̃te] V/I 1 avec l'ennemi verhandeln; unterhandeln 2 par ext ~ avec qn mit j-m lang und zäh verhandeln

parler¹ [paʀle] A V/T 1 une langue sprechen; ~ (le) français Französisch sprechen; être en train de ~ français französisch sprechen 2 ~ affaires, chiffons etc über Geschäfte, Kleider etc reden; ~ boutique, métier fachsimpeln; ~ politique a. politisieren B V/T INDIR 1 ~ à qn mit j-m sprechen, reden; j-n sprechen; après une brouille ne plus ~ à qn nicht mehr mit j-m sprechen, reden; pour insister moi qui vous parle ich persönlich; à qui croyez-vous ~! in welchem Ton reden Sie eigentlich mit mir!; mit wem sprechen Sie überhaupt!; il demande à vous ~ er möchte Sie sprechen; er wünscht Sie zu sprechen; par ext savoir ~ aux femmes mit Frauen umgehen können 2 ~ de qc von etw, über etw (acc) sprechen, reden; etw besprechen, bereden; fam livre, film von etw handeln; de quoi parlez-vous? worüber, wovon sprechen Sie?; wovon ist die Rede?; toute la ville en parle das ist Stadtgespräch; die ganze Stadt spricht davon, ist voll davon; à force d'en ~, ça va finir par arriver man soll den Teufel nicht an die Wand malen (prov); on vint à en ~ die Rede kam darauf; iron: le menu, l'hôtel? parlons-en! reden wir lieber nicht davon!; n'en parlons plus! reden wir nicht mehr darüber!; sprechen wir nicht mehr davon!; schon gut!; fam Schwamm drüber!; ♦ ~ de qn von j-m, über j-n reden, sprechen; faire ~ de soi von sich reden machen; péj ins Gerede kommen; ♦ ~ de (+inf) davon, darüber reden, sprechen, dass ...; on parle d'abattre ces maisons wie es heißt, sollen die Häuser abgerissen werden; ♦ loc prép sans ~ de ... ganz abgesehen von ...; von ... ganz zu schweigen 3 ~ de qc à qn (mentionner) mit j-m über etw (acc) sprechen, reden; j-m von etw erzählen; ~ de qc avec qn (discuter) mit j-m über etw (acc) sprechen, reden; sich mit j-m über etw unterhalten; on m'a beaucoup parlé de vous ich habe viel von Ihnen gehört; man hat mir viel von Ihnen erzählt; qu'on ne m'en parle plus! ich will davon nichts mehr hören!; fam kommen Sie mir nicht mehr damit!; ne m'en parlez pas! wem sagen Sie das?; ich weiß auch ein Lied davon zu singen! **4** *fam fig:* **tu parles d'un idiot!** *fam* das ist vielleicht ein Idiot!; **parlez-moi d'un chef pareil!** *fam* gehen Sie mir weg mit so e-m Chef!; *lui, généreux?* **tu parles** *ou* **vous parlez!** so siehst du *ou* sehen Sie aus!; von wegen! **C** V/I reden; sprechen; *(avouer)* reden; gestehen; ♦ **parlons bien, parlons peu** kurz und gut; **parlez plus fort!** sprechen Sie lauter!; **~ à la radio** im Rundfunk sprechen; **les faits parlent d'eux-mêmes** die Tatsachen sprechen für sich (selbst); **~ par gestes** sich durch Gebärden verständlich machen; **~ pour ne rien dire** reden, nur um zu reden; ♦ *d'un portrait* **on dirait qu'il va ~** man könnte meinen, er *ou* sie lebt; *enfant* **commencer à ~ à deux ans** mit zwei Jahren zu sprechen beginnen; **c'est une façon de ~** das sagt man halt so; das ist so e-e Redensart; das war nicht so gemeint; **faire ~ qn** j-n zum Reden, Sprechen bringen; j-m ein Geständnis entlocken; **c'est le désespoir qui le fait ~ ainsi** aus ihm, aus s-n Worten spricht die Verzweiflung; **laisser ~ qn** j-n reden, zu Wort kommen lassen **D** V/PR **a** *réfléchi* **se ~ à soi-même** mit sich selbst sprechen **b** *réciproque* **nous ne nous parlons plus** wir reden, sprechen nicht mehr miteinander; **se ~ par signes** sich durch Zeichen verständigen **c** *sens passif: langue* **se ~ (dans le monde entier)** (in der ganzen Welt) gesprochen werden

parler[2] [paʀle] M **1** *individuel* Sprache *f*; Sprechweise *f* **2** **~ (régional)** Mundart *f*; Idiom *n*

parleur [paʀlœʀ] M *péj* **beau ~** Schönredner *m*

parloir [paʀlwaʀ] M Besuchszimmer *n*

parlot(t)e [paʀlɔt] F *fam* Schwatz *m*; *péj* **~s** *pl* Geschwätz *n*; Gerede *n*; **faire la ~ avec qn** mit j-m e-n Schwatz halten

Parme [paʀm] Parma *n*; **jambon** *m* **de ~** Parmaschinken *m*

parme [paʀm] ADJ blassviolett

parmesan [paʀməzɑ̃] M Parmesan(käse) *m*

Parmesan [paʀməzɑ̃] **le ~** PEINT Parmigianino *m*

parmi [paʀmi] PRÉP unter, von, bei *(+dat)*; **~ tant d'autres** unter *ou* von vielen; **provoquer l'étonnement ~ ceux qui …** Erstaunen hervorrufen bei den(jenig)en, die …; **nous souhaitons vous avoir bientôt ~ nous** wir möchten Sie bald unter uns haben, in unserer Mitte haben, als unseren Gast begrüßen dürfen; **être connu ~ les savants** in Gelehrtenkreisen, unter Gelehrten bekannt sein

Parnasse[1] [paʀnas] M *ou* **parnassiens** [paʀnasjɛ̃] MPL *mouvement littéraire* Parnassiens *mpl*

Parnasse[2] [paʀnas] GÉOG **le ~** der Parnass

parodie [paʀɔdi] F **1** *d'une œuvre* Parodie *f*; **~ de western** Parodie auf die Westernfilme **2** *fig* Farce *f*; **c'est une ~ de justice** dieser Prozess ist e-e Farce

parodier [paʀɔdje] V/T parodieren; **parodique** ADJ parodistisch; **parodiste** M/F Parodist(in) *m(f)*

parodontose [paʀɔdɔ̃toz] F MÉD Parodontose *f*; Zahnfleischschwund *m*

paroi [paʀwa] F Wand *f*; *d'un véhicule* (Seiten)Wand *f*; CONSTR (Zwischen)Wand *f*; *d'un récipient* (Innen)Wand *f*; Wandung *f*; **~ (rocheuse)** (Fels)Wand *f*; ANAT **~ abdominale** Bauchwand *f*

paroisse [paʀwas] F (Kirchen-, Pfarr)Gemeinde *f*; Pfarrei *f*; Pfarrbezirk *m*

paroissial [paʀwasjal] ADJ ‹-aux› Pfarr…; Gemeinde…; **église ~e** Pfarrkirche *f*

paroissien [paʀwasjɛ̃] M, **paroissienne** F **1** Gemeinde(mit)glied *n* **2** *fam fig* **un drôle de paroissien** ein komischer Kauz; ein wunderlicher Heiliger **3** M *(missel)* Messbuch *n*

parole [paʀɔl] F **1** *(mot, action de parler)* Wort *n*; **de belles ~s** schöne Worte; Phrasen *fpl*; Redensarten *fpl*; **~s de bienvenue** Begrüßungsworte *npl*; **voilà une bonne ~!** das ist ein Wort!; **temps** *m* **de ~** Redezeit *f*; **accorder, donner la ~ à qn** j-m das Wort erteilen; **adresser la ~ à qn** das Wort an j-n richten; j-n anreden, ansprechen; **vous avez la ~!** Sie haben das Wort!; **avoir la ~ facile** redegewandt, beredt sein; **boire les ~s de qn** wie gebannt an j-s Mund, Lippen hängen; **couper la ~ à qn** j-m das Wort abschneiden; j-m ins Wort fallen; **croire qn sur ~** j-m aufs Wort glauben; **demander la ~** ums Wort bitten; sich zu Wort melden; **la ~ est à monsieur X** das Wort hat Herr X; **ce sont ses propres ~s** das sind s-e eigenen Worte; **obtenir la ~** das Wort erhalten; **prendre la ~** das Wort ergreifen, nehmen; **refuser la ~ à qn** j-m die Redeerlaubnis verweigern; j-n nicht reden lassen; *prov:* **la ~ est d'argent, le silence est d'or** Reden ist Silber, Schweigen ist Gold *(prov)*; **les ~s s'envolent et les écrits restent** was man schwarz auf weiß besitzt, kann man getrost nach Hause tragen *(prov)* **2** *(promesse)* **~ (d'honneur)** (Ehren)Wort *n*; **(ma) ~ (d'honneur)!** (mein) Ehrenwort!; auf (mein) Ehrenwort!; **sur ~** auf Ehrenwort; **vous avez ma ~** Sie haben mein (Ehren)Wort; **n'avoir qu'une ~** sein Wort halten; **n'avoir aucune ~** sein Wort nie halten; immer wortbrüchig werden; **donner sa ~ (d'honneur)** sein (Ehren)Wort geben; **je vous en donne ma ~** ich gebe Ihnen mein (Ehren)Wort darauf; **c'est un homme de ~** er ist ein Mann von Wort; **rendre sa ~ à qn** j-n von s-r Zusage entbinden, aus s-r Verpflichtung entlassen; **reprendre sa ~** sein Wort zurücknehmen; **tenir (sa) ~** (sein) Wort halten **3** *(faculté de parler)* Sprache *f*; **organes** *mpl* **de la ~** Sprechwerkzeuge *npl*; *d'un chien etc* **il ne lui manque que la ~** es fehlt nur noch, dass er spricht; *fig* **perdre, recouvrer la ~** die Sprache verlieren, wiedererlangen **4** *d'une chanson* **~s** *pl* Text *m*; Worte *npl*; *dessin* **histoire** *f* **sans ~s** ohne Worte **5** *(sentence)* Ausspruch *m*; Wort *n*; **~ historique** berühmter Ausspruch; geflügeltes Wort **6** REL **la ~ de Dieu** das Wort Gottes; **prêcher la bonne ~** Gottes Wort, das Evangelium verkünd(ig)en; *fig* **ce n'est pas ~ d'évangile** das ist kein Evangelium **7** LING Sprechakt *m*; Rede *f*

parolier [paʀɔlje] M, **parolière** F Textdichter(in) *m(f)*; *de chansons* Texter(in) *m(f)*

paronyme [paʀɔnim] M LING ähnlich lautendes Wort; Homöonym *n*

parotide [paʀɔtid] F ANAT Ohrspeicheldrüse *f*

paroxysme [paʀɔksism] M **1** MÉD Paroxysmus *m* **2** *fig* Höhepunkt *m*; *loc prép* **au ~ de** auf dem Höhepunkt *(+gén)*; **au ~ de la colère** außer sich, blind vor Zorn; **porter la colère de qn à son ~** *fam* j-n zur Weißglut bringen; *joie, douleur etc* **atteindre son ~** s-n *ou* ihren Höhepunkt erreichen

parpaing [paʀpɛ̃] M CONSTR Bau-, Mauerstein *m*; *t/t* Binder *m*; **~ creux** Hohlblockstein *m*

parquer [paʀke] V/T **1** *bétail* einpferchen **2** *péj personnes* ein-, zusammenpferchen (**dans** in *+dat*); pferchen (in *+acc*) **3** *voiture* parken; abstellen; *suisse* parkieren

Parques [paʀk] FPL MYTH Parzen *fpl*

parquet [paʀkɛ] M **1** CONSTR Parkett(boden) *n(m)*; **~ de chêne** Eichenparkett *n* **2** JUR Staatsanwaltschaft *f* **3** BOURSE Parkett *n*

parqueter [paʀkəte] V/T ‹-tt-› parkettieren; mit Parkett auslegen

parqueteur [paʀkətœʀ] M Parkettleger *m*

parrain [paʀɛ̃] M **1** *d'un enfant* (Tauf)Pate *m*; Patenonkel *m* **2** *d'un navire* männliche Person, die ein Schiff tauft; Taufpate *m* **3** *dans un cercle, club* Fürsprecher *m*; Bürge *m* **4** *de la maffia* Pate *m*

parrainage [paʀɛnaʒ] M **1** *d'un futur membre de club etc* Fürsprache *f*, Bürgschaft *f*, wohlwollende Unterstützung (**de qn** für j-n) **2** *(patronage)* Schirmherrschaft *f*; Patronat *n*; Gönnerschaft *f*

parrainer [paʀene] V/T **1** *futur membre d'un club etc* **~ qn** für j-n bürgen; j-s Aufnahmegesuch wohlwollend unterstützen **2** *œuvre, entreprise* **~ qc** die Schirmherrschaft, das Patronat über etw *(acc)* übernehmen; **être parrainé par qn** unter der Schirmherrschaft, Gönnerschaft von j-m stehen

parricide [paʀisid] **1** M *crime* Vater-, Mutter-, JUR *a.* Verwandtenmord *m* **2** M/F *personne* Vater-, Muttermörder(in) *m(f)*

parsemer [paʀsəme] V/T ‹-è-› *le sol de fleurs etc* bestreuen (**de** mit); **des feuilles mortes parsèment le gazon** der Rasen ist von welkem Laub übersät; *pp: ciel* **parsemé d'étoiles** mit Sternen übersät; *texte* **parsemé de difficultés, de fautes** mit Schwierigkeiten, mit Fehlern gespickt

parsi [paʀsi] REL **A** ADJ parsisch **B** MPL **~s** Parsen *mpl*

part [paʀ] F **1** Anteil *m*; Teil *m ou n*; COMM **~ sociale** Geschäfts-, Gesellschafteranteil *m*; *d'une S.A.R.L.* Stammeinlage *f*; **~ d'héritage** Erbteil *n*; *fig* **~ du lion** Löwenanteil *m*; COMM **~ de marché** Marktanteil *m*; ♦ *loc adj et loc adv* **à ~ entière** vollwertig; vollberechtigt; mit allen Rechten (ausgestattet); *(complètement)* vollständig; ganz; **membre** *m* **à ~ entière** *a.* Vollmitglied *n*; *loc adv:* **à** *ou* **par ~s égales** zu gleichen Teilen; gleichmäßig; **pour ma ~** ich für mein(en) Teil; was mich betrifft, an(be)langt; **pour une ~** teilweise; zum Teil *(abr* z. T.); **pour une bonne, large ~** zum großen, größten Teil; großenteils; **pour une petite ~** zu e-m kleinen Teil; ♦ *fig* **avoir sa ~ du gâteau** ein Stück vom Kuchen abbekommen, *fam* abkriegen; **il y a aussi une ~ de vérité là-dedans** es ist etwas Wahres daran; **diviser qc en six ~s égales** etw in sechs gleiche Teile teilen **2** LOC *avec verbes:* **avoir ~ à qc** an etw *(dat)* teilhaben, beteiligt sein, Anteil haben; **faire ~ de qc à qn** j-m etw mitteilen, bekannt geben; **faire la ~ de qc** etw berücksichtigen, in Betracht ziehen; e-r Sache *(dat)* Rechnung tragen; **faire la ~ des choses** den Dingen Rechnung tragen; *fig* **faire la ~ du feu** etw preisgeben, opfern, um anderes zu retten; **faire une large ~ à qc** e-r Sache *(dat)* breiten Raum einräumen; **prendre ~ à qc** *à une réunion etc* an etw *(dat)* teilnehmen; *à une discussion, mission etc a.* sich an etw *(dat)* beteiligen; *à la douleur de qn* an etw *(dat)* teilnehmen, Anteil nehmen; **prendre ~ à une excursion** *a.* e-n Ausflug mitmachen **3** **à ~** ♦ *loc adj* besondere(r, -s); für sich; **un cas à ~** ein besonderer, spezieller Fall; ein Fall für sich; ein Sonderfall; **c'est un garçon à ~** dieser Junge ist anders als die anderen; ♦ *loc adv* gesondert; für sich; getrennt; beiseite; besonders; *fam* extra; **mettre qc à ~** etw beiseitelegen, -stellen; **mis à ~** … *la morale etc* … ausgenommen; **le mauvais temps mis à ~** abgesehen vom schlechten Wetter; bis auf das schlechte Wetter; **toute plaisanterie (mise) à ~!** Scherz beiseite!; **prendre qn à ~** j-n beiseitenehmen, auf die Seite nehmen; **traiter**

qc à ~ etw gesondert, getrennt, für sich, besonders, *fam* extra behandeln; *penser* **à ~ soi, moi** *etc* insgeheim; ♦ *loc prép* außer (+*dat*); abgesehen von; bis auf (+*acc*); **à ~ cela**, *fam* **ça** abgesehen davon; sonst; **à ~ ça, qu'est-ce que vous devenez?** was machen, treiben Sie sonst so?; ♦ *loc conj fam* **à ~ que** … abgesehen davon, dass … 4 LOC ADV: **autre ~** woanders; anderswo; *fam* sonst wo; *avec verbe de mouvement* woandershin; anderswohin; *fam* sonst wohin; **d'autre ~** außerdem; übrigens; **de ~ et d'autre** *oft* [dəparte-] auf *ou* von *ou* zu beiden Seiten; gegenseitig; **d'une ~ … d'autre ~** einerseits … andererseits; einesteils … anderenteils; **de la ~ de qn** von j-m; vonseiten j-s; *par ext* in j-s Auftrag (*dat*); **donnez-lui le bonjour de ma ~** grüßen Sie ihn von mir; **cela ne me surprend pas de sa ~** bei, von ihm überrascht mich das nicht; **il vient de la ~ du président** er kommt im Auftrag des Präsidenten; **de toute(s) ~(s)** von allen Seiten; von überall (her); *bateau* **faire eau de toutes ~s** überall leck sein; **de ~ en ~** *avec certains verbes* durch…; *projectile* **transpercer le blindage de ~ en ~** die Panzerung durchschlagen; **en bonne, mauvaise ~** im guten, schlechten Sinn; **c'était en bonne ~** das war im guten Sinn gemeint; **prendre une remarque en bonne ~** e-e Bemerkung so nehmen, wie sie gemeint ist; e-e Bemerkung nicht übel nehmen; **prendre qc en mauvaise ~** etw übel nehmen; **nulle ~** nirgends; nirgendwo; **quelque ~** irgendwo; *avec verbe de mouvement* irgendwohin; *fam par euphémisme*: **aller quelque ~** *fam* auf ein gewisses, stilles Örtchen gehen; **donner à qn un coup de pied quelque ~** *fam* j-m e-n Fußtritt in den Hintern, Allerwertesten geben

partage [partaʒ] M 1 (Auf)Teilung *f*; **~ du travail** Jobsharing *n*; *loc adj* **sans ~** *amitié* unbedingt; *autorité* uneingeschränkt; unbestritten 2 (*part d'héritage*) Erbteil *n* (*a. fig*); **en ~** als Erbteil 3 **~ (des voix)** Stimmengleichheit *f*; **s'il y a ~** bei Stimmengleichheit

partagé [partaʒe] ADJ 1 **amour ~** gegenseitige Liebe; **les torts sont ~s** beide (Seiten) haben Schuld, sind schuld; die Schuld liegt bei beiden 2 *personne* **être ~ entre** *deux sentiments* schwanken, hin und her gerissen werden zwischen (+*dat*); **les avis sont ~s** die Meinungen sind geteilt, gehen auseinander; **les spécialistes sont très ~s sur ce point** in diesem Punkt gehen die Ansichten der Spezialisten auseinander, sind die Spezialisten geteilter Meinung

partageable [partaʒabl] ADJ (auf)teilbar

partager [partaʒe] ⟨-geons⟩ A V/T 1 *terrain, biens, gâteau etc* (auf-, ver)teilen; **~ qc avec qn** etw mit j-m teilen; **~ les frais avec qn** *a.* sich (*dat*) mit j-m die Kosten teilen; **~ qc entre plusieurs personnes** etw unter mehrere(n) Personen aufteilen, unter mehrere Personen verteilen; **~ son temps entre plusieurs occupations** s-e Zeit zwischen mehreren Beschäftigungen aufteilen; **~ en deux, par (la) moitié** halbieren; in zwei gleiche Hälften teilen; *abs* **ne pas aimer ~ (avec qn)** nicht gern (mit j-m) teilen 2 *opinion, sentiments de qn* teilen; **je partage votre embarras** ich bin genauso ratlos wie Sie; **~ le lit de qn** das Bett mit j-m teilen; **~ le repas de qn** mit j-m zusammen essen; j-s Tischgast sein; **~ la responsabilité, le pouvoir avec qn** sich (*dat*) mit j-m in die Verantwortung, Macht teilen; *plusieurs personnes* **~ la responsabilité de qc** gemeinsam die Verantwortung für etw tragen; gemeinsam für etw verantwortlich sein B V/PR a *réfléchi* **se ~** sich teilen b *réciproque* **se ~ qc** sich (*dat*) etw teilen

partageur [partaʒœʀ] ADJ ⟨-euse⟩ **(ne pas) être ~** (nicht) gern teilen

partance [partɑ̃s] F LOC ADJ **en ~** *train, bateau* abfahrbereit; *avion* abflugbereit; **en ~ pour** zur Abfahrt *ou* zum Abflug bereit nach

partant[1] [partɑ̃] A M 1 SPORTS Startende(r) *m*; *adjt* startend 2 TURF startendes Pferd; **(cheval déclaré) non ~** Nichtstarter *m* B ADJ *fam* **être ~** dafür sein

partant[2] [partɑ̃] *litt* CONJ mithin; demnach

partenaire [partənɛʀ] M/F Partner(in) *m(f)*; **~s sociaux** Sozial-, Tarifpartner *mpl*

partenariat [partənarja] M Partnerschaft *f*

parterre [partɛʀ] M 1 JARD Blumenbeet *n*; **~ de roses** Rosenbeet *n* 2 THÉ a Parkett *n*; **place f de ~** Parkettsitz *m*, -platz *m* b *coll* (Zuschauer *mpl* im) Parkett *n*

parthénogénèse [partenɔʒenɛz] F BIOL Parthenogenese *f*; Jungfernzeugung *f*

parti[1] [parti] M 1 POL Partei *f*; **~ politique** politische Partei; **~ de droite, de gauche** Rechts-, Linkspartei *f* 2 *par ext*: **le ~ des mécontents** *etc* die Gruppe, Partei der Unzufriedenen *etc*; **prendre ~** Partei ergreifen (**pour, contre** für, gegen); **prendre le ~ des opprimés** für die Unterdrückten eintreten, Partei ergreifen; sich auf die Seite der Unterdrückten stellen 3 *st/s* (*solution*) Lösung *f*; (*décision*) Entschluss *m*; **prendre le ~ de faire qc** den Entschluss fassen, sich entschließen, etw zu tun; **prendre son ~ de qc** sich mit etw abfinden 4 LOC **tirer ~ de qc** etw (aus)nutzen, (aus)nützen; e-n Vorteil, Nutzen aus etw ziehen; Kapital aus etw schlagen; etw verwerten, *fam* ausschlachten 5 **~ pris** Voreingenommenheit *f*; vorgefasste Meinung; *loc adv* **sans ~ pris** ohne voreingenommen zu sein; unbefangen; **être de ~ pris** voreingenommen, befangen, Partei sein 6 LOC **faire un mauvais ~ à qn** j-m übel mitspielen; j-n übel zurichten 7 (*personne à marier*) Partie *f*; **c'est un beau, riche ~** er *ou* sie ist e-e gute Partie

parti[2] [parti] PP → partir[1] *et* ADJ 1 *personne, train, tache, marchandise* **être ~** weg sein; *personne a.* fort sein; *bouton, peinture* ab sein 2 **bien, mal ~** → partir[1] 3 3 *fam* (*ivre*) **être ~** *fam* e-n Schwips haben; beschwipst, angeheitert, angesäuselt sein; einen sitzen haben

partial [parsjal] ADJ ⟨-aux⟩ parteiisch; voreingenommen; unsachlich; befangen; **partialité** F Parteilichkeit *f*; Voreingenommenheit *f*; Unsachlichkeit *f*; Befangenheit *f*

participant [partisipɑ̃] A ADJ teilnehmend B SUBST **~(e)** *m(f)* Teilnehmer(in) *m(f)*; **liste** *f* **des ~s** Teilnehmerliste *f*

participation [partisipasjõ] F 1 Teilnahme *f* (**à** an +*dat*); Beteiligung *f* (an +*dat*); Mitwirkung *f* (bei); **~ électorale, à la grève** Wahl-, Streikbeteiligung *f* 2 FIN (finanzielle) Beteiligung; Partizipation *f*; **~ aux bénéfices, au chiffre d'affaires** Gewinn-, Umsatzbeteiligung *f*; **~ aux frais** Beteiligung an den (Un)Kosten; Unkostenbeitrag *m* 3 (*cogestion*) Mitbestimmung (-srecht) *f(n)*; Mitspracherecht *n*

participe [partisip] M GRAM Partizip *n*; Mittelwort *n*

participer [partisipe] V/T INDIR 1 **~ à** a *débat, vote, voyage etc* teilnehmen an (+*dat*); sich beteiligen an (+*dat*); *activement* mitmachen, mitwirken bei b FIN *bénéfice, chiffre d'affaires* beteiligt sein, partizipieren an (+*dat*); *frais* sich beteiligen an (+*dat*) c *chagrin, joie de qn* teilnehmen, Anteil nehmen an (+*dat*) d *succès de qc* Anteil haben, teilhaben, beteiligt sein an (+*dat*); **~ au jeu** mitspielen; **nous vous prions de ~ aux frais** wir bitten Sie um e-n Unkostenbeitrag 2 *litt* **~ de** teilhaben an (+*dat*); etwas haben von; Merkmale tragen von

participial [partisipjal] ADJ ⟨-aux⟩ GRAM partizipial; Partizipial…; **proposition ~e** *ou subst* **~e** *f* Partizipialsatz *m*

particularisme [partikylarism] M 1 POL Partikularismus *m* 2 (*particularité*) Eigentümlichkeit *f*

particularité [partikylarite] F Eigentümlichkeit *f*; Besonderheit *f*; Eigenart *f*; *d'une personne a.* Eigenheit *f*; **cette horloge a, offre, présente la ~ de** (+*inf*) das Besondere an dieser Uhr ist, dass sie …

particule [partikyl] F 1 Teilchen *n*, Partikel *n ou f* (*a.* PHYS) 2 **~ (nobiliaire)** Adelsprädikat *n*; **avoir un nom à ~** e-n Namen mit „von" haben; ad(e)lig sein 3 GRAM Partikel *f*

particulier [partikylje] A ADJ ⟨-ière⟩ 1 (*privé*) privat; Privat…; **appartement ~** Privatwohnung *f*; *autrefois* **hôtel ~** herrschaftliches Stadthaus; **intérêts ~s** Privatinteressen *npl*; persönliche Interessen *npl*; Eigennutz *m*; **leçons particulières** Privat-, Nachhilfestunden *fpl*; **secrétaire ~** Privatsekretär *m*; **voiture particulière** Privatwagen *m* 2 (*spécifique*) besondere(r, -s); eigentümlich; speziell; *style a.* eigenwillig; **cas ~** Sonderfall *m*; besonderer, spezieller Fall; **signes ~s** besondere Kennzeichen *npl*; ♦ **~ à qn, qc** j-m, e-r Sache eigen; typisch, charakteristisch für j-n, etw; **cela lui est ~** das ist e-e Eigenart, Eigenheit von ihm; ♦ *loc adv*: **en ~** a (*à part*) gesondert; für sich; getrennt; besonders; *fam* extra; *parler à qn* allein; unter vier Augen b → particulièrement; **à titre ~** in diesem, Ihrem *etc* speziellen Fall; **dans des circonstances particulières** unter bestimmten Voraussetzungen, Umständen; **sur ce point ~** in diesem speziellen, bestimmten Punkt; ♦ **avoir qc de ~** etwas Besonderes an sich (*dat*) haben B M 1 *chose* **le ~** das Besondere; **passer du général au ~** vom Allgemeinen zum Besonderen übergehen 2 *personne* Privatmann *m*, -person *f*

particulièrement [partikyljɛʀmɑ̃] ADV besonders; insbesondere; im Besonderen; vor allem; speziell

partie [parti] F 1 *d'un tout* Teil *m*; Bestandteil *m*; *d'un visage, tableau* Partie *f*; **~ centrale** mittlerer Teil; Mittelteil *m*, -stück *n*; *d'un bâtiment* Mitteltrakt *m*; ANAT **les ~s (génitales, sexuelles)** die Geschlechtsteile *pl*; **~ du corps** Körperteil *m*; GRAM **~s du discours** Wortarten *fpl*; GÉOG **les cinq ~s du monde** die fünf Erdteile *mpl*; ♦ *quantité*: **la dixième ~ (de)** der zehnte Teil, ein Zehntel (+*gén*); **une (petite) ~ de** ein (kleiner) Teil (+*gén*); **une grande ~ de** ein großer Teil, ein Großteil (+*gén*); ♦ *loc adv*: **en ~** teilweise; zum Teil (*abr* z. T.); teils; **en ~ … en ~** teils … teils; **en grande ~** zum großen Teil; großenteils; **en majeure ~** zum größten Teil; größtenteils; **en trois ~s** in drei Teilen; *diviser* **en trois ~s** in drei Teile; ♦ **faire ~ de** gehören zu; *d'un club, parti* angehören (+*dat*) 2 (*spécialité*) Fach(gebiet) *n*; Sparte *f*; COMM Branche *f*; **je ne suis pas de la ~** ich bin nicht vom Fach, von der Branche; *quand on lui parle publicité*, **il est dans sa ~** … dann ist er in s-m Element; … da fühlt er sich zu Hause 3 a (*durée d'un jeu*) Spiel *n*; Partie *f*; **~ d'échecs** Schachpartie *f*; Partie *f* Schach; **faire une ~** ein Spiel(chen) machen; spielen; **faire une ~ de cartes** (miteinander) Karten spielen; **faire une ~ de tennis** e-e Partie Tennis spielen b *fig* (*lutte*) Kampf *m*; Rennen *n*; **~ de bras de fer** zähes Ringen; Kraftprobe *f*; **abandonner la ~** (das Rennen, den Kampf) aufgeben; **il a la ~ belle** er hat leichtes Spiel; **gagner, perdre la ~** das Spiel, die Partie gewinnen; *fig* das Rennen machen, verlieren; **la ~ est perdue**

da ist nichts mehr zu machen, zu retten; → a. serré 2 **4** *divertissement* Partie f; Ausflug m; *plais* **~ carrée** Schäferstündchen n zu viert mit Partnertausch; **~ de campagne** Ausflug aufs Land; Landpartie f; **~ de canot(age)** Bootsfahrt f; **~ de chasse** Jagdpartie f, -ausflug m; **faire une ~ de pêche** zusammen zum Angeln, Fischen gehen; *fig*: **ce n'est pas une ~ de plaisir** das ist weiß Gott kein Vergnügen, alles andere als ein Vergnügen; **ce n'est que ~ remise** aufgeschoben ist nicht aufgehoben (*prov*); **se mettre, être de la ~** mit von der Partie sein; mitmachen; **je suis de la ~** a. ich bin (mit) dabei **5** JUR Partei f; Teil m; **~ civile** Nebenkläger m; **se constituer, se porter ~ civile** als Nebenkläger auftreten; **les ~s en présence** die beteiligten Parteien; *fig* **avoir affaire à forte ~** es mit e-m starken Gegner zu tun haben; SPORTS auf e-n ernst zu nehmenden Gegner treffen; *fig* **prendre qn à ~** j-n angreifen; auf j-n losgehen **6** MUS Part m; Stimme f **7** COMM **comptabilité** f **en ~ double** doppelte Buchführung; Doppik f

partiel [paʀsjɛl] ADJ ⟨~le⟩ Teil…; *fam* teilweise; *t/t* partiell; **élection ~le** *ou subst* **~le** f Nach-, Ersatzwahl f; **examen ~** *ou subst* **~** m Teilprüfung f; **informations ~les** unvollständige, lückenhafte Informationen *fpl*; **résultat ~** Teil-, Zwischenergebnis n; **succès ~** Teilerfolg m; **emploi** m, **travail** m **à temps ~** Teilzeitbeschäftigung f, -arbeit f

partiellement [paʀsjɛlmɑ̃] ADV teilweise; zum Teil (*abr* z. T.)

partir¹ [paʀtiʀ] V/I ⟨je pars, il part, nous partons; je partais; je partis; je partirai; que je parte; partant; être parti⟩ **1** (*s'en aller*) (weg)gehen, fortgehen, losgehen, aufbrechen (**de chez soi** von zu Hause); (*se mettre en route*) (ab)reisen, (ab)fahren, aufbrechen (**à** *ou* **pour Paris** nach Paris; **en France** nach Frankreich); fort-, wegfahren; *fam* starten; *train, bus, bateau* (ab)fahren, (ab)gehen, losfahren; *avion* (ab)fliegen; *troupes* abziehen; abrücken; abmarschieren; *coureur* starten; ♦ SPORTS **à vos marques! prêts? partez!** auf die Plätze, fertig, los!; **elle est déjà partie** sie ist schon weg; **il part demain** er reist morgen (ab); *par euphémisme*: **sa femme est partie** s-e Frau hat ihn verlassen; **il est parti jeune** er ist früh von uns, aus dieser Welt gegangen; *prov* **~, c'est mourir un peu** Scheiden tut weh (*prov*); jeder Abschied, jede Trennung ist schmerzlich; ♦ **~ à pied** zu Fuß (los-, weg-, fort)gehen; **le train part dans cinq minutes** der Zug fährt, geht in fünf Minuten (ab); **~ en avion** (mit dem Flugzeug) (ab)fliegen; **~ en bateau** mit dem Schiff fahren; **~ en vacances, en ville** in Urlaub, in die Stadt gehen, fahren; **~ en voiture** im Auto wegfahren; mit dem Auto (weg)fahren; **~ en voyage** verreisen; auf Reisen gehen; e-e Reise antreten; **~ pour la chasse** auf die Jagd gehen; → a. guerre; ♦ **~ faire qc** zu etw aufbrechen, gehen; **~ faire une excursion** zu e-m Ausflug aufbrechen; **aujourd'hui, il est parti travailler plus tôt** heute ist er früher zur Arbeit gegangen, gefahren; ♦ **faire ~** *lettre etc* ab-, wegschicken; absenden; abgehen lassen; *personne* loswerden; wegschicken **2** **~ de** (*provenir de*) ausgehen von; **votre proposition part d'un bon sentiment** Ihr Vorschlag ist gut gemeint; ♦ *loc prép* **en partant de** ausgehend von; *c'est le 4ᵉ* **en partant de la droite** von rechts **3** (*commencer*) anfangen; beginnen; **l'affaire est bien, mal partie** die Sache lässt sich gut, schlecht an; die Sache nimmt e-n guten, schlechten Anfang; die Sache beginnt recht, wenig verheißungsvoll; *personne* **il est mal parti** der Anfang ist für ihn wenig verheißungsvoll; er hat e-n schlechten Start; es geht bergab mit ihm; *fam* **c'est parti(, mon kiki)!** *fam* und los geht's!; *orateur* **une fois qu'il est parti …** *fam* wenn der erst einmal loslegt …; **~ d'un éclat de rire** laut auflachen; in Gelächter ausbrechen; *route* **~ du faubourg nord de la ville** im nördlichen Außenbezirk der Stadt beginnen; **il est parti de rien, de zéro** er hat mit nichts, bei null angefangen **4** (*disparaître*) *bouton, peinture* abgehen; *tache* weggehen; herausgehen; *maladie* weggehen; *douleur* vergehen **5** *coup de feu* fallen; abgefeuert werden; *involontairement* losgehen; sich lösen; *bouchon de champagne* **~ au plafond** an die Decke springen, fliegen; **faire ~** *mine etc* auslösen; *fam* hochgehen lassen; *pétard* werfen **6** LOC PRÉP **à ~ de** ab; von … an, ab; **à ~ d'aujourd'hui** ab heute; von heute an, ab; **à ~ d'ici** ab hier; von hier an; *produit* **obtenu à ~ de la houille** aus Steinkohle gewonnen

partir² [paʀtiʀ] V/T LOC **avoir maille à ~ avec qn** → maille 3

partisan [paʀtizɑ̃] **A** M **1** POL Anhänger m; Parteigänger m; Gefolgsmann m; *d'une théorie, réforme etc* Anhänger m; Verfechter m; Befürworter m **2** MIL Partisan m; **guerre** f **de ~s** Partisanenkrieg m **B** ADJ **1** ⟨f *inv od fam* -ante⟩ **être ~ de qc** für etw sein; etw befürworten; für etw eintreten **2** ⟨f ~e⟩ **esprit ~** Voreingenommenheit f; Parteilichkeit f; **luttes, querelles ~es** Parteikämpfe *mpl*

partitif [paʀtitif] ADJ ⟨-ive⟩ GRAM partitiv; Teilungs…; **article ~** Teilungsartikel m

partition [paʀtisjɔ̃] F MUS Partitur f; **~ de piano** Klavierpartitur f, -auszug m; **jouer sans ~** auswendig spielen

partousard [paʀtuzaʀ] *fam* M, **partousarde** *fam* F Teilnehmer(in) m(f) an e-r Sexparty, -orgie

partouse [paʀtuz] *fam* F Sexparty f, -orgie f; **partouser** V/I an e-r Sexparty, -orgie teilnehmen

partout [paʀtu] ADV **1** überall *ou* überall; *avec verbe de mouvement* überallhin; *st/s* allerorts; allenthalben; **de ~** von überallher; **il a mal ~** es tut ihm überall weh; **on ne peut être ~ à la fois** man kann nicht überall zugleich sein **2** TENNIS **trente ~** dreißig beide; FOOTBALL **deux buts ~** zwei zu zwei (unentschieden) (2:2)

partouzard, partouze, partouzer → partousard, partouse, partouser

paru [paʀy] PP → paraître

parure [paʀyʀ] F **1** *litt* (*ornement*) Zierde f; Schmuck m **2** *de bijoux* Geschmeide n; **~ de diamants** Diamantschmuck m, -geschmeide n **3** *de linge* (Wäsche)Garnitur f

parution [paʀysjɔ̃] F *d'un ouvrage* Erscheinen n

parvenir [paʀvəniʀ] V/T INDIR ⟨→ venir; être⟩ **1** (*atteindre*) **~ à qc, qn** zu etw, j-m gelangen; bei etw, j-m anlangen, ankommen; zu etw, j-m (hin)kommen; j-n, etw erreichen; **~ au bout de son voyage** am Ziel s-r Reise anlangen; *fruit* **~ à maturité** zur Reife kommen; **votre lettre m'est parvenue** Ihr Brief ist bei mir angekommen, hat mich erreicht, ist mir zugegangen; **faire ~ qc à qn** j-m etw zugehen lassen, zukommen lassen, schicken **2** (*réussir*) **~ à faire qc** etw tun können; **il parvient à** (+*inf*) a. es gelingt ihm zu (+*inf*)

parvenu(e) [paʀvəny] M(F) Emporkömmling m; Parvenü m

parvis [paʀvi] M (Kirchen)Vorplatz m

pas¹ [pɑ, pa] M **1** Schritt m; Tritt m; **~** *pl dans la neige etc* Fuß(s)tapfen *fpl ou mpl*; Tritte *mpl*; **faux ~** falscher Tritt; Tritt daneben; *fig* Fauxpas m; Taktlosigkeit f; **faire un faux ~** stolpern; *st/s* fehltreten; straucheln; *fig* e-n Fauxpas, e-e Taktlosigkeit begehen; **~ lourd** schwerer Schritt, Tritt; **premier ~** erster Schritt (a. *fig*); *prov* **il n'y a que, c'est le premier ~ qui coûte** der erste Schritt ist immer der schwerste; aller Anfang ist schwer (*prov*); **faire les premiers ~** *enfant* die ersten Schritte machen, tun; *fig après une dispute* den ersten Schritt (zur Versöhnung) tun; MIL **~ de charge** Sturmschritt m; **~ de course** Lauf-, Eilschritt m; **aller, marcher au ~ de course** im Laufschritt eilen; im Eilschritt gehen; ♦ *loc adv*: **~ à ~** [pɑzapɑ] Schritt für Schritt; schrittweise; **au ~** im (gleichen) Schritt; **aller au ~** im Schritt gehen; MIL **marcher au ~** im Gleichschritt marschieren; **se mettre au ~** Tritt fassen; *fig* **(re)mettre qn au ~** j-n zur Ordnung rufen; *fam* j-n auf Vordermann bringen; POL j-n gleichschalten; *voiture* **rouler au ~** (im) Schritt fahren; **à chaque ~, à tous les ~** bei jedem Schritt; **à ~ comptés, mesurés** gemessenen Schrittes; **à grands ~** mit großen, langen, weit ausgreifenden Schritten; *fig* **avancer à grands ~** rasche, große Fortschritte machen; **marcher à grands ~** große, lange Schritte machen; **à petits ~** mit kleinen, kurzen Schritten; **à ~ de loup** auf leisen Sohlen; **d'un ~** (um) e-n Schritt; **s'avancer, reculer d'un ~** e-n Schritt vor-, zurücktreten; **marcher d'un bon ~** kräftig, tüchtig ausschreiten; *fam* e-n guten Schritt am Leib haben; **j'y vais de ce ~** ich gehe sofort, auf der Stelle hin; ♦ MIL **changer de ~** den Schritt, Tritt wechseln; **faire un ~** e-n Schritt machen; **faire les cent ~** auf und ab gehen; hin und her gehen; **faire un ~ en avant, en arrière** e-n Schritt vor-, zurücktreten; *fig* **c'est un grand ~ de fait** wir sind ein gutes Stück voran-, weitergekommen; **°hâter, presser le ~** s-n Schritt beschleunigen; e-n Schritt zulegen; schneller gehen; *st/s* s-e Schritte beflügeln; *fig* **prendre le ~ sur** überflügeln; hinter sich (*dat*) lassen; ausstechen; **reconnaître qn à son ~** j-n am Schritt erkennen; **retourner, revenir sur ses ~** umkehren; *fig* **sortir, se tirer d'un mauvais ~** den Kopf aus der Schlinge ziehen; sich aus der Klemme ziehen; → a. céder A 1, emboîter A 2 *etc* **2** *distance* **~** *pl* Schritt *mpl*; **à trente ~** in dreißig Schritt Entfernung; *fig* **c'est à deux ~, à quelques ~ d'ici** das ist ganz in der Nähe; das ist nur ein paar Schritte von hier entfernt; *fig*: *de la dénonciation à la trahison* **il n'y a qu'un ~** ist es nur ein kleiner Schritt **3** DANSE (Tanz)Schritt m; *figure(s)* **~ de deux** Pas de deux m; **~ de tango** Tangoschritt m **4** SKI DE FOND Schritt m; **~ du patineur** Schlittschuhschritt m **5** *allure d'un cheval* Schritt m; **aller au ~** im Schritt gehen **6** LOC ADV **sur le ~ de la porte** vor der, in der Haustür **7** COMM **~ de porte** Abstand (-szahlung) m(f) **8** GÉOG **le ~ de Calais** die Straße von Dover **9** TECH **a** *filet* (Gewinde)Gang m; **~ de vis** Schraubengang m **b** *distance* (Gewinde)Steigung f

pas² [pɑ, pa] ADV *de négation* **1** *avec* ne ⟨*in der gesprochenen Sprache meist ohne* ne⟩ **a** *avec verbe* nicht; **il ne vient ~** er kommt nicht; **je ne vous ai ~ vu** ich habe Sie nicht gesehen; **je ne veux ~ le voir** ich will ihn nicht sehen; **je ne peux ~ ne ~ y croire** ich kann nicht umhin, daran zu glauben; **je regrette de ne ~ avoir vu** *ou* **de n'avoir ~ vu la pièce** ich bedauere (es), das Stück nicht gesehen zu haben; ♦ **ne … ~ plus** mehr … nicht; **je n'en dis ~ plus** mehr sage ich nicht darüber; **ne … ~ non plus** auch nicht; **je n'y vais ~ non plus** ich gehe auch nicht hin; **ne … ~ que** nicht nur; nicht bloß; **il n'y a ~ que toi ici!** du bist

P

nicht allein hier!; **ce n'est ~ que ..., mais ...** nicht (etw), dass ..., aber ...; **ne ... ~ seulement ... mais aussi** nicht nur ..., sondern auch; **ce n'est ~ sans ... que** nur mit; **ce n'est ~ sans hésitation qu'il a ...** nur zögernd hat er ... b **ne ... ~ de** (+subst) kein(e); **je n'ai ~ d'argent** ich habe kein Geld; **~ une voiture n'était sur la route** kein, nicht ein Auto fuhr auf der Straße; → a. un A d) 2 *sans* ne: *avez-vous de l'argent? -* **~ beaucoup** nicht viel; *il est rentré? -* **~ encore** noch nicht; *qui l'a. cassé? -* **moi, ~** *ou* **~ moi** ich nicht; **pourquoi ~?** warum nicht?; **sûrement ~** ganz bestimmt nicht, gewiss nicht!; **~ du tout** überhaupt nicht; durchaus nicht; **~ la moindre réaction dans la salle** nicht die geringste Reaktion im Saal; **ceci est à vous ou ~?** gehört das Ihnen oder nicht?; **tombera, tombera ~?** fällt er, fällt er nicht?; wird er fallen oder nicht?; **~ vu!** habe ich nicht gesehen!; ♦ **il a un travail ~ fatigant** er hat keine ermüdende Arbeit; **manger des poires ~ mûres** unreife Birnen essen; **~ mal** → mal[1] A 1

pascal[1] [paskal] ADJ ‹-als *od* -aux› 1 österlich; Oster...; **cierge ~** Osterkerze *f* 2 REL JUIVE Passah...; **agneau ~** Passah-, Osterlamm *n*

pascal[2] [paskal] M ‹*pl* ~s› (ABR **Pa**) PHYS Pascal *n* (*abr* Pa)

Pascal(e) [paskal] M(F) *Vornamen*

Pas-de-Calais [padkalɛ] **le ~** *frz Departement*; → *a.* pas[1] 8

pas-de-géant [padʒeɑ̃] M ‹*inv*› SPORTS Rundlauf *m*

pas-de-porte [padpɔʀt] M ‹*inv*› COMM Abstand(szahlung) *m(f)*

paso doble [pasodɔbl] M ‹*inv*› *danse* Paso doble *m*

passable [pasabl] ADJ 1 (*acceptable*) leidlich; annehmbar; passabel; einigermaßen, halbwegs gut 2 *note scolaire* ausreichend

passablement [pasabləmɑ̃] ADV 1 (*pas trop mal*) leidlich; einigermaßen; ziemlich gut 2 (*assez*) ziemlich viel

passade [pasad] F 1 *amoureuse* flüchtige Liebschaft; kurze Liebesaffäre 2 (*caprice*) Laune *f*; rasch verfliegende Begeisterung; Strohfeuer *n*

passage [pasaʒ] M 1 *action* a *devant qn, qc* Vorbei- *ou* Vorübergehen *n*, -kommen *n*; (*à bord*) *d'un véhicule* Vorbeifahren *n*, -fahrt *f*; Vorüberfahren *n*; *à cheval* Vorbeireiten *n*, -ritt *m*; *d'un oiseau, avion* Vorbeifliegen *n*, -flug *m*; *loc adv*: **au ~** im Vorbei-, Vorübergehen, -fahren *etc*; *les gens se découvraient* **sur le ~ du cortège** als der Trauerzug vorbeikam; **attendre le ~ du facteur** warten, bis der Briefträger kommt; auf den Briefträger warten b *en traversant un lieu* Durchreise *f*; Durchfahrt *f* (*a. de véhicules*); Durchfahren *n*; MIL Durchmarsch *m*; **~ interdit!** Durchfahrt, -gang verboten!; *loc adj* **de ~** durchreisend, -fahrend; auf der Durchreise, -fahrt (befindlich); **être de ~ à Paris** auf der Durchreise in Paris sein; *fig* **pendant son ~ au ministère** in der kurzen Zeit, in der er im Ministerium tätig war; **rue** *f* **où il y a du ~** belebte, verkehrsreiche, stark befahrene Straße c *d'une rivière* Überqueren *n*, -ung *f*; *en bateau* Übersetzen *n*, Überfahrt *f* (**du fleuve** über den Fluss); *d'une montagne* Überqueren *n*, -ung *f*; Übergang *m* (**des Alpes** über die Alpen); *d'une frontière* Überschreiten *n*, -ung *f*; Passieren *n*; Übertritt *m* (**de la frontière** über die Grenze); **~ de la frontière** *a.* Grenzübertritt *m* d *de la mer en bateau* Überfahrt *f*; Passage *f* e *d'un état à un autre* Übergang *m*; *fig* Wandel *m*; **le ~ de la crainte à l'espoir** der Wandel von der Furcht zur Hoffnung f ÉCOLE **examen** *m* **de ~** Versetzungsprüfung *f* g MÉTÉO **~s nuageux** durchziehende Wolken(-felder) *fpl(npl)* h ASTRON Durchgang *m* 2 SPORTS **~ du témoin** Stabübergabe *f* 3 *endroit* Durchgang *m*, -fahrt *f*, -lass *m*; CH DE FER, ROUTE Übergang *m*; *couvert* Passage *f*; ALPINISME **un ~ difficile** e-e schwierige Stelle; *panneau* **~ protégé** Vorfahrt an der nächsten Kreuzung; **~ souterrain** Unterführung *f*; **~ à niveau** schienengleicher Bahnübergang; **~ pour piétons** Fußgängerüberweg *m*, -übergang *m*; **laissez le ~!** lassen Sie den Weg, Durchgang frei!; → *a.* livrer A 3 3 *d'une œuvre* Stelle *f*; Passage *f*; *d'un texte a.* Passus *m* 4 *fig* **~ à vide** *fam* völliges Abschalten (*infolge Übermüdung*); **avoir un ~ à vide** *fam* geistig weggetreten sein; Mattscheibe haben 5 *fam fig* **~ à tabac** (Ver)Prügeln *n* (*durch die Polizei*); Prügel *pl* 6 JUR **droit** *m* **de ~** Wegerecht *n*

passager[1] [pasaʒe] M, **passagère** F MAR Passagier(in) *m(f)*; Fahrgast *m*; AVIAT (Flug)Passagier(in) *m(f)*; Fluggast *m*, -reisende(r) *m/f(m)*; CH DE FER, BUS Fahrgast *m*; Insasse *m*; *d'une voiture* Insasse *m*, Insassin *f*; *à côté du conducteur* Beifahrer(in) *m(f)*; **liste** *f* **des ~s** Passagierliste *f*

passager[2] [pasaʒe] ADJ ‹-ère› 1 (rasch) vorübergehend; von kurzer Dauer; kurz; **beauté passagère** vergängliche Schönheit; **bonheur ~** vergängliches, flüchtiges Glück 2 *rue* → passant A

passant [pasɑ̃] A ADJ *rue* belebt; verkehrsreich; stark befahren; lebhaft B LOC ADV **en ~** (*au passage*) im Vorbei-, Vorübergehen; *fig* beiläufig; nebenbei; am Rande; en passant; **soit dit en ~** beiläufig, nebenbei gesagt C SUBST 1 **~(e)** *m(f) personne* Passant(in) *m(f)*; Vorübergehende(r) *m/f(m)* 2 M *anneau* (Gürtel)Schlaufe *f*

passation [pasasjõ] F 1 **~ d'un contrat** Vertragsabschluss *m* 2 **~ des pouvoirs** Übertragung *f* der Befugnisse 3 COMM **~ d'écriture** Buchung *f*

passe[1] [pɑs, pas] F 1 SPORTS Zuspiel *n*; Ballabgabe *f*; Abspiel *n*; FOOTBALL Pass *m*; **~ en arrière** Rückpass *m*; **faire une ~ à qn** j-m den Ball zuspielen; j-n anspielen 2 TAUROMACHIE Passage *f* 3 *fig* **~ d'armes** Wortgefecht *n*, -streit *m*; Disput *m* 4 **~s (magnétiques)** *pl* magnetische Striche *mpl*; **faire des ~s** strichartige Bewegungen ausführen 5 MIL **mot** *m* **de ~** Losung(swort) *f(n)*; Kennwort *n*; Parole *f* 6 **hôtel** *m*, **maison** *f* **de ~** Stundenhotel *n*; Absteige *f* 7 *fig* **être dans une bonne ~** e-e gute, glückliche Zeit erleben; *fam* e-e Glückssträhne haben; **être dans une mauvaise ~** e-e schwere Zeit durchmachen; *fam* e-e Pechsträhne haben; **être en ~ de** (+*inf*) auf dem besten Wege sein, gute Aussichten haben zu (+*inf*) 8 TYPO (**main** *f* **de**) **~** Zuschuss(-bogen) *m(mpl)*; **volumes** *mpl* **de ~** über die vorgesehene Auflagenziffer hinaus gedruckte Exemplare *npl*

passe[2] [pɑs, pas] M → passe-partout 1

passé [pɑse, pa-] A M 1 Vergangenheit *f*; Vergangene(s) *n*; *loc adv*: **dans le ~** in der Vergangenheit; **dans le lointain ~** in ferner Vergangenheit; in fernen Zeiten; **dans le plus lointain ~** in grauer Vorzeit; einst; **comme par le ~** wie früher; **par le ~** früher; **cela appartient au ~** das gehört der Vergangenheit an; *fam* **tout ça, c'est du ~** das gehört alles der Vergangenheit an; *fam* das ist Schnee von gestern; **oublions le ~!** vergessen wir das Vergangene, was früher war! 2 *de qn* Vergangenheit *f*; Vorleben *n*; **il revoyait les images de son ~** er sah die Bilder s-s (vergangenen) Lebens wieder vor sich (*dat*) 3 GRAM Vergangenheit *f*; **~ antérieur** zweites Plusquamperfekt; **~ composé** Perfekt *n*; zweite Vergangenheit; vollendete Gegenwart; **~ simple** historisches Perfekt; Passé simple *n*; **temps** *m* **du ~** Tempus *n* der Vergangenheit B PRÉP ‹*inv*› nach; **~ dix heures**, *il ne faut pas faire de bruit* nach zehn Uhr ...; **~ le délai** nach Ablauf der Frist C ADJ 1 vergangen; **l'année ~e, l'an ~** a das vergangene, vorige, verflossene, letzte Jahr b *loc adv* vergangenes *etc* Jahr; im vergangenen *etc* Jahr; **il est onze heures ~es** es ist elf (Uhr) durch 2 GRAM **participe ~** Partizip Perfekt *n*; Mittelwort *n* der Vergangenheit; zweites Partizip 3 *couleur* verblichen; verschossen; *fleur* verwelkt;

passe-crassane [pɑskʀasan, pa-] F ‹*inv*› *e-e Art Bergamottebirne*

passe-droit [pɑsdʀwa, pa-] M ‹*pl* passe-droits› ungerechtfertigte Bevorzugung; Schiebung *f*

passéisme [paseism] M nostalgisches Festhalten am Vergangenen; **passéiste** ADJ vergangenheitsbezogen; nostalgisch; traditionalistisch

passe-lacet [pɑslasɛ, pa-] M ‹*pl* passe-lacets› 1 Durchziehnadel *f* 2 *fam fig* **être raide comme un ~** *fam* pleite, abgebrannt, blank sein

passementerie [pasmɑ̃tʀi] F 1 *articles* Posamenten *npl* 2 *industrie, commerce* Posamenterie *f*

passe-montagne [pɑsmõtaɲ, pa-] M ‹*pl* passe-montagnes› Kopfschützer *m*

passe-partout [pɑspaʀtu, pa-] M ‹*inv*› 1 *clé* Hauptschlüssel *m* 2 *cadre* Wechselrahmen *m*; Passepartout *n* 3 ADJT ‹*inv*› für alle Gelegenheiten passend; *fam* Allerwelts...; *péj* Nullachtfuffzehn-...

passe-passe [pɑspɑs, paspas] M ‹*inv*› **tour** *m* **de ~** a Taschenspielerkunststück *n* b *péj* Taschenspielertrick *m*

passe-plat [pɑspla, pa-] M ‹*pl* passe-plats› Durchreiche *f*

passepoil [pɑspwal] M COUT Paspel *f ou autrich* Passepoil *m*; Vorstoß *m*; Biese *f*; **passepoiler** V/T COUT paspelieren; paspeln; *autrich* passepoilieren

passeport [pɑspɔʀ] M (Reise)Pass *m*; **~ diplomatique** Diplomatenpass *m*; **passeport enfant** Kinderreisepass *m*; **délivrer un ~** e-n Pass ausstellen

passer [pɑse, pa-]

A verbe transitif **B** verbe intransitif **C** verbe pronominal

— **A** verbe transitif —

1 *rivière* überqueren; passieren; (*en*) *voiture a.* fahren über (+*acc*); *en bac* übersetzen über (+*acc*); **~ un cap** ein Kap umschiffen, umfahren; **~ la frontière** die Grenze überschreiten, passieren; über die Grenze gehen; SPORTS **~ la ligne d'arrivée** die Ziellinie durchlaufen; **~ un obstacle** ein Hindernis überwinden, nehmen; **quand vous aurez passé la gare** ... wenn Sie am Bahnhof vorbei(gegangen) sind ...; **faire ~ une rivière à qn** j-n über e-n Fluss setzen; j-n übersetzen 2 *fig* (*dépasser*) *limite* (*d'âge*) überschreiten; **~ les bornes, les limites** *a.* zu weit gehen; **il a passé la cinquantaine** er hat die fünfzig überschritten; er ist über die fünfzig hinaus; *malade* **il ne passera pas la nuit** er wird die Nacht nicht überstehen, überleben 3 *temps, hiver, vacances etc* verbringen; *vacances a.* verleben; **~ une bonne nuit** gut schlafen; *malade* e-e gute Nacht haben, verbringen; **~ ses journées, sa vie** *etc* **à faire qc** s-e Tage, sein Leben *etc*

P

damit zubringen, damit verbringen, etw zu tun; **~ ses journées à ne rien faire** s-e Tage mit Nichtstun verbringen; **je lis pour ~ le temps** ich lese, um mir die Zeit zu vertreiben; ich lese zum Zeitvertreib 4 *examen* machen; ablegen; **faire ~ un examen, un test à qn** j-n prüfen, testen (lassen); j-n e-r Prüfung, e-m Test unterziehen 5 *(omettre) ligne, mot* aus-, weglassen; überspringen; übergehen; **j'en passe et des meilleures** ich übergehe einiges, und nicht das Schlechteste; *au jeu* **~ son tour** passen; *abs* **je passe** (ich) passe 6 *(permettre)* **~ qc à qn** j-m etw durchgehen lassen, nachsehen; **passez-moi ce mot, cette expression!** verzeihen Sie dieses Wort, diesen Ausdruck! 7 *(donner)* **~ qc à qn** j-m etw geben; j-m etw (hinüber-, herüber-, *fam* rüber) reichen (*a. à table*); TÉL **je vous passe Monsieur X** ich gebe Ihnen Herrn X; ich verbinde Sie mit Herrn X; SPORTS **~ le ballon à qn** j-m den Ball zuspielen; den Ball an j-n abgeben; COMM **~ une commande à qn** bei j-m e-e Bestellung aufgeben; j-m e-n Auftrag erteilen; TÉL *fam* **~ un coup de fil à qn** j-n anrufen; **~ une maladie à qn** j-n (mit e-r Krankheit) anstecken; **~ la parole à qn** das Wort an j-n weitergeben; **tu me passes ta voiture ce soir?** kann ich heute Abend deinen Wagen haben?; *fam* **qu'est-ce qu'il lui a passé!** *fam* der hat ihn vielleicht runtergeputzt, abgekanzelt! 8 JUR *contrat,* COMM *marché* abschließen 9 *(enfiler) vêtement* (rasch) überziehen, -streifen, anziehen; schlüpfen in *(+acc)* 10 CUIS *soupe, sauce* (durch ein Sieb) passieren; durchpassieren, -seihen; *thé* durch ein Sieb laufen lassen, gießen; *café* filtern 11 *film, vidéo* vorführen; zeigen; *spectacle* aufführen; *disque* auflegen; laufen lassen; *cassette* (ab)spielen 12 AUTO **~ la seconde** in den zweiten (Gang) schalten, gehen; **~ les vitesses** schalten 13 COMM **~ une écriture** e-e Buchung vornehmen; **~ qc au compte des pertes et profits** etw auf dem Gewinn-und-Verlust-Konto verbuchen 14 *(assouvir)* **~ sa colère, ses nerfs sur qn** s-n Zorn, s-e Nervosität an j-m auslassen, abreagieren 15 *furtivement* **~ un faux billet** e-n falschen Geldschein in Zahlung geben, anbringen; **~ en fraude** (ein-, heraus)schmuggeln 16 *(mettre)* **~ une bague au doigt** e-n Ring an den Finger stecken; **~ la main dans les cheveux, sur le front de qn** j-m mit der Hand durch die Haare fahren, über die Stirn streichen, fahren; **faire ~ une annonce dans le journal** e-e Anzeige, Annonce aufgeben, in die Zeitung setzen; *caoutchouc* **~ dans l'ourlet** in den Saum einziehen; *bras etc* **~ par la portière** zum Wagenfenster heraus- *ou* hinausstrecken, -stecken 17 *(traiter)* **~ qc à qc** etw mit etw behandeln; *plaie* **~ à l'alcool** mit Alkohol auswaschen, reinigen; *parquet* **~ à la cire** wachsen; **~ qn par les armes** j-n erschießen 18 *(appliquer)* **~ qc sur qc** etw auf etw *(acc)* auftragen; **~ une couche (deux couches) de peinture sur qc** e-e Farbschicht (zwei Farbschichten) auf etw auftragen; etw (zweimal) streichen 19 MIL **~ en revue** → revue 4; → *a. d'autres subst correspondants*

— **B** verbe intransitif —

<avoir, *häufiger* être> 1 *devant qn, qc* vorbei- *ou* vorübergehen, -kommen, -laufen; *(à bord d'un) véhicule* vorbei- *ou* vorüberfahren; *à cheval* vorbeireiten; *oiseau, avion* vorbei- *ou* vorüberfliegen; *en traversant un lieu* durchgehen, -laufen, -kommen, -reisen, MIL -ziehen, -marschieren; *(à bord d'un) véhicule* durchfahren; *d'un endroit à un autre* gehen; *(à bord d'un) véhicule* fahren; CUIS *café* durchlaufen; ÉLEC *courant* fließen; *fig: loi au Parlement* durchkommen; verabschiedet, angenommen werden; *idées, principe* sich durchsetzen; Boden gewinnen; *circulaire, slogan* herumgehen; **ne pas ~** *objet* nicht durchgehen; *repas* im Magen liegen; THÉ *scène etc* beim Publikum nicht ankommen, kein Echo finden; MIL **l'ennemi ne passera pas** der Feind wird nicht durchkommen; *expressions:* a *abs:* **défense de ~!** Durchgang, -fahrt verboten!; **on ne passe pas!** hier ist kein Durchgang, keine Durchfahrt!; hier können Sie nicht durch!; **passez donc!** bitte, treten Sie ein!; **il n'y a pas moyen de ~** man kommt nicht durch, vorbei; es ist kein Durchkommen; **le boulanger passe tous les mardis** der Bäcker kommt jeden Dienstag (durch, vorbei); **le facteur vient de ~** der Briefträger ist gerade da gewesen b *avec inf:* **il est passé me prendre** er hat mich abgeholt; *fam* er ist mich abholen gekommen; **je passerai voir Paul** ich werde Paul kurz besuchen (gehen) c *avec adj et adv:* **où est passé mon crayon?** wo ist mein Bleistift hingekommen?; **y ~** *économies, fortune fam* draufgehen; *personne fam* dran glauben müssen (*a. mourir*); → *a.* inaperçu, outre[2] B 1 d *avec prép et loc adv:* **~ à autre chose** zu etwas anderem übergehen; **~ à l'ennemi** (zum Feind) überlaufen; **il est passé à Paris** er ist auf der Durchreise, -fahrt in Paris gewesen; **la Seine passe à Paris** die Seine fließt durch Paris; *voiture* **~ au rouge** bei Rot durchfahren; **passons à table!** gehen wir zu Tisch!; MÉD **~ à la visite médicale** ärztlich untersucht werden; *fig* **~ avant qn, qc** vor j-m, etw den Vorrang haben; wichtiger sein als j-d, etw; **~ chez qn** kurz bei j-m vorsprechen; bei j-m hereinschauen, *fam* vorbeikommen; **~ à côté de qn, qc** (seitlich) an j-m, etw vorbeigehen, -fahren; *élève* **~ dans la classe supérieure** versetzt werden; in die nächste Klasse kommen; **un frisson lui passa dans le dos** ein Schauer lief ihm über den Rücken; *mot* **~ dans une langue** in e-e Sprache eindringen; sich in e-r Sprache einbürgern; *mot* **~ dans l'usage** gebräuchlich, üblich werden; **~ de l'autre côté** auf die andere Seite gehen; von der anderen Seite kommen; **~ de mode** aus der Mode kommen; unmodern werden; PHYS **~ de l'état liquide à l'état gazeux** vom flüssigen in den gasförmigen Zustand übergehen; *propriété* **~ du père au fils** vom Vater auf den Sohn übergehen; **~ d'une pièce à** *ou* **dans une autre** von e-m Zimmer in ein anderes (hinüber)gehen; **~ de France en Italie** von Frankreich nach Italien fahren, reisen, gehen; **~ de main en main** von Hand zu Hand gehen; **~ derrière qn, derrière la maison** hinter j-m, hinter dem Haus vorbeigehen, -fahren; *fam* **le camion lui a** *ou* **est passé dessus** der Lastwagen hat ihn überfahren; *une passerelle* **passe au-dessus de la voie ferrée** führt über die Bahnlinie; **~ devant qn, qc** an *ou* vor j-m, etw vorbeigehen, -fahren, -kommen; etw passieren; **passez devant!** gehen Sie voran, voraus!; *dans une queue* **il m'est passé devant** er hat sich vor mich gestellt, gedrängt; **~ devant qn** *pour lui montrer le chemin* vor j-m hergehen ...; **~ devant un tribunal** vor Gericht kommen; *conducteur* **~ en seconde** in den zweiten Gang schalten, gehen; *élève* **~ en cinquième** in die siebte Klasse kommen, versetzt werden; **~ par** *route* führen, verlaufen über *(+acc)*; *personne: rue, lieu* gehen, laufen, fahren, kommen durch; durchfahren, -kommen durch; passieren; *ville, pays a.* (durch)reisen durch; (durch) ziehen durch; *(via)* fahren, reisen, kommen über *(+acc)*; *par ext: école* absolvieren; *services d'une entreprise* durchlaufen; *fam* **~ par chez qn** *fam* bei j-m vorbeikommen, -schauen; *fumée* **~ par la cheminée** durch den Schornstein abziehen; **il faut ~ par la Croix-Rouge (pour ...)** man muss sich an das Rote Kreuz wenden (, um zu ...); nur über *ou* durch das Rote Kreuz kann man ...; *fig* **il faut en ~ par là** darum kommt man nicht herum; das muss durchgestanden werden; in d e n sauren Apfel muss man beißen; **je suis passé par là** das habe ich auch durchgemacht; davon weiß ich ein Lied zu singen; **~ par bien des mains** durch viele Hände gehen; **ça fait du bien par où ça passe** ah, das tut gut!; **~ par la porte** zur *ou* durch die Tür herein- *ou* herauskommen, hinein- *ou* hinausgehen; **~ par la voie hiérarchique** den Dienstweg gehen, beschreiten; **il faut en ~ par ses volontés, par ses caprices** man muss sich s-m Willen, s-n Launen beugen, fügen; **~ sous un pont** unter e-r Brücke durchgehen, -fahren, *nageur* -schwimmen; *fam* **~ sous un train, sous une voiture** unter e-n Zug, unter ein Auto kommen; **~ sur qc** über etw *(acc)* gehen, fahren; *fig (ne pas tenir compte)* über etw *(acc)* hinweggehen; etw übergehen; etw beiseitelassen, weglassen; sich mit etw nicht lange aufhalten; *imperfections, erreurs* etw hinnehmen, in Kauf nehmen; sich mit etw abfinden; *abs: pour abréger* **passons!** weiter!; doch lassen wir das! e *avec verbes:* **faire ~** *personne, véhicule* durchlassen; passieren lassen; *projet de loi* durchbringen; *objet* weiter-, herumreichen; herumgehen lassen; *consigne, mot d'ordre etc* weitersagen; durch-, weitergeben; *médecin etc* **faire ~ qn avant les autres** j-n vor den anderen drannehmen; **ne faire que ~** *chez qn* nicht lange bleiben; *fam* nur kurz, nur auf e-n Sprung vorbeikommen; nur mal schnell hereinschauen, -gucken; *en voyage* nur auf der Durchreise, -fahrt sein; nur durchreisen, -fahren; **laisser ~** *personne, véhicule* vorbei-, durchlassen; passieren lassen; *lumière* durchlassen; *fig: faute* durchgehen lassen; übersehen; *occasion* vorübergehen lassen; versäumen; verpassen; *délai* vergehen, verstreichen lassen; **laissez ~!** geben, machen Sie den Weg frei!; machen Sie Platz!; **laisse-moi ~ le premier!** lass mich vor!; **pouvoir ~** vorbei-, durchkönnen; *fam résultat* leidlich, mittelmäßig, noch ganz annehmbar sein; noch so hin-, angehen mögen; **vouloir ~** vorbei-, durchwollen 2 *(être tolérable)* **passe (encore) de** *(+inf)* es mag noch angehen, hingehen, dass ...; **passe pour cette fois** diesmal mag es noch hingehen; **passe encore, mais ...** das mag noch angehen, aber ... 3 *fam fig: douleur physique* **il l'a senti ~** *fam* das hat ihm verdammt wehgetan; er hat die Engel (im Himmel) singen hören; **il l'a sentie ~, la note** *fam* das war ein teurer Spaß für ihn; er hat tief in die Tasche greifen müssen; *fam* er hat ganz schön blechen müssen 4 *(être promu)* **~ capitaine** *etc* Hauptmann *etc* werden; zum Hauptmann *etc* befördert werden, ernannt werden, aufrücken; *fig* **il est passé maître dans l'art de mentir** er ist ein Meister im Lügen 5 <avoir> *personne* **~ pour** *(+adj ou subst)* gelten als; angesehen werden als, für; gehalten werden für; **faire ~ qn pour** *(+subst)* j-n ausgeben als; *péj* j-n hinstellen als; **se faire ~ pour** *(+subst)* sich ausgeben als, für; **se faire ~ pour un étranger** sich als Ausländer, für e-n Ausländer ausgeben 6 *temps, heures etc* vergehen; dahingehen; verstreichen; verrinnen; verfließen; *douleur, chagrin* vergehen; vorübergehen;

weggehen; *colère* vergehen; verrauchen; sich legen; *couleurs, étoffe* verblassen; verbleichen; verschießen; *douleurs, chagrin* **ça va ~** das ist jetzt bald vorüber, weg; das hört bald auf; *fam fig* **ça lui passera avant que ça me reprenne** *fam* bald wird er die Nase davon voll haben; **maintenant que le plus dur est passé** jetzt, wo das Schlimmste vorüber, vorbei, überstanden ist; **comme le temps passe!** wie die Zeit vergeht!; *prov* **tout passe, tout lasse, tout casse** nichts ist beständig, von Dauer; **faire ~ qc** etw beseitigen, *douleurs* nehmen, vergehen lassen; **faire ~ qc à qn** j-m etw austreiben; **ces cachets m'ont fait ~ mon mal de tête** durch diese Tabletten sind meine Kopfschmerzen weg, verschwunden, vergangen 7 *film* laufen; gespielt, gezeigt werden; *spectacle* aufgeführt, gespielt werden; **~ à la télévision** *acteur etc* im Fernsehen auftreten, zu sehen sein; *émission* im Fernsehen kommen 8 *régional (mourir)* ⟨avoir⟩ sterben; verscheiden; *fam* hinübergehen

— **C** verbe pronominal —

se ~ 1 *événement* sich ereignen; sich zutragen; sich abspielen; vor sich gehen; passieren; vorfallen; geschehen; *st/s* sich begeben; *scène, action* spielen (**à Paris** in Paris); *menace fam* **ça ne se passera pas comme ça!** so geht das nicht!; das kommt nicht infrage!; **comment s'est passé votre voyage?** wie war Ihre Reise?; wie ist Ihre Reise verlaufen?; **tout s'est bien passé** alles ist glattgegangen; alles ist gut verlaufen, gut gegangen, gut (ab)gelaufen; *fam* alles hat geklappt; **cela s'est mal passé** es ist schlecht (ab)gelaufen; *fam* es ist schiefgegangen, hat nicht geklappt; ♦ *impersonnel*: **il ne se passe jamais rien ici** hier passiert nie etwas, ist nie etwas los, tut sich nie etwas; **il s'en passe de belles quand je ne suis pas là** es geht hoch her *ou* der Teufel ist los, wenn ich nicht da bin; **comment cela s'est-il passé?** wie hat sich die Sache zugetragen?; wie ist das passiert?; **que se passe-t-il?** *ou* **qu'est-ce qui se passe?** was ist hier los?; was geht hier vor?; was gibt es hier? 2 *temps, douleurs* → B 6; *impersonnel* **il ne se passe de jour qu'il ne nous écrive** es vergeht kein Tag, an dem er uns nicht schreibt 3 **se ~ de qc** auf etw *(acc)* verzichten; ohne etw auskommen; **se ~ de qn** ohne j-n auskommen; *s'il ne veut pas venir*, **on se passera de lui** dann geht es auch ohne ihn; *si vous n'avez pas de sucre*, **on s'en passera** kommen wir auch ohne aus; geht es auch ohne; **ne plus pouvoir se ~ de qc, qn** etw, j-n nicht mehr entbehren, missen können 4 *réfléchi* **se ~ la main sur le front** sich *(dat)* mit der Hand über die Stirn streichen, fahren

passereaux [pasʀo] MPL ZOOL Sperlingsvögel *mpl*

passerelle [pasʀɛl] F 1 *(pont étroit)* Steg *m*; Fußgängerbrücke *f*, -überführung *f (a.* CH DE FER) 2 AVIAT, MAR Gangway *f*; AVIAT **~ télescopique** Fluggastbrücke *f* 3 MAR **~ (de navigation)** (Kommando)Brücke *f* 4 *fig* Bindeglied *n*; Brücke *f*

passe-temps [pɑstɑ̃, pa-] M ⟨*inv*⟩ Zeitvertreib *m*

passeur [pasœʀ] M 1 *batelier* Fährmann *m* 2 *clandestin* (Menschen)Schmuggler *m*; Fluchthelfer *m*; *fam péj* Schlepper *m*; **~ de drogue** Rauschgiftschmuggler *m*

passible [pasibl] ADJ JUR *crime* **~ de la peine capitale** auf das die Todesstrafe steht; **être ~ d'une amende** mit e-r Geldstrafe rechnen müssen; e-e Geldstrafe zu gewärtigen haben

passif [pasif] A ADJ ⟨-ive⟩ 1 *personne, comportement* passiv; inaktiv; unbeteiligt; **résistance passive** passiver Widerstand; **tabagisme passif** Passivrauchen *n*; **rester ~ devant qc** inaktiv, gleichgültig, teilnahmslos gegenüber etw bleiben 2 GRAM **forme passive** passivische Form; **voix passive** Passiv *n*; Leideform *f* B M 1 COMM Passiva *pl*; Schulden *fpl*; Verbindlichkeiten *fpl*; *d'une faillite* Schuldenmasse *f*; *d'un bilan* Passivseite *f*; **lourd ~** große, schwere Schuldenlast 2 GRAM Passiv *n*; Leideform *f*; **au ~** im Passiv; **mettre au ~** ins Passiv setzen

passiflore [pasiflɔʀ] F BOT Passionsblume *f*

passing-shot [pasiŋʃɔt] M TENNIS Passierschlag *m*

passion [pasjõ] F 1 *amoureuse* Leidenschaft *f*; leidenschaftliche, glühende, unbezwingliche Liebe; heftige Zuneigung; **avouer sa ~ à qn** j-m s-e Leidenschaft *etc* gestehen 2 *(émotion)* Leidenschaft *f*; **~s politiques** politische Leidenschaften; *par ext*: *œuvre* **pleine de ~** mitreißend; erregend; **maîtriser ses ~s** s-e Leidenschaft(en) beherrschen, zügeln 3 *(vive inclination)* Leidenschaft *f*; Passion *f*; **~ de l'argent** Geldgier *f*; Sucht *f* nach Geld; **~ du jeu** Spielleidenschaft *f*; **~ de la lecture** *fam* Lesewut *f*; **~ des voyages** unbezähmbare Reiselust 4 REL **la Passion (du Christ)** die Passion; das Leiden (und Sterben) Christi 5 BEAUX-ARTS, MUS **Passion** Passion *f*; **la Passion selon saint Matthieu** die Matthäuspassion 6 BOT **fleur** *f*, **fruit** *m* **de la passion** Passionsblume *f*, -frucht *f*

passionnant [pasjɔnɑ̃] ADJ spannend; fesselnd; packend; aufregend; begeisternd; mit-, hinreißend

passionné [pasjɔne] ADJ leidenschaftlich; **amour ~** leidenschaftliche, glühende Liebe; **chasseur ~** leidenschaftlicher, passionierter, begeisterter Jäger; **°haine ~e** glühender Hass; **partisan ~** leidenschaftlicher, begeisterter Anhänger; **il est ~**, *subst* **c'est un ~ de la chasse, du jeu** er ist ein leidenschaftlicher, passionierter, begeisterter Jäger, Spieler; **elle est ~e**, *subst* **c'est une ~e de musique** sie liebt die Musik leidenschaftlich

passionnel [pasjɔnɛl] ADJ ⟨~le⟩ **crime ~** im Affekt begangenes Verbrechen; **drame ~** Eifersuchtsdrama *n*

passionnément [pasjɔnemɑ̃] ADV leidenschaftlich; *aimer a.* glühend; heiß

passionner [pasjɔne] A V/T 1 *œuvre, film etc* **~ qn** j-n begeistern, hinreißen, fesseln, packen, leidenschaftlich erregen 2 *débat* emotionalisieren B V/PR **se ~ pour qc** sich für etw begeistern; für etw schwärmen

passivement [pasivmɑ̃] ADV passiv

passivité [pasivite] F Passivität *f*

passoire [paswaʀ] F CUIS Sieb *n*; Durchschlag *m*; **~ (à thé)** Teesieb *n*; *fig* **sa mémoire est une ~** sein Gedächtnis ist wie ein Sieb

pastel¹ [pastɛl] M 1 PEINT a **(crayon** *m* **de) ~** Pastellstift *m*, -farbe *f*; **au ~** *loc adj* Pastell…; *loc adv* mit Pastellfarben; in Pastell; **portrait** *m* **au ~** Pastellbildnis *n* b *œuvre* Pastell *n*; Pastellgemälde *n*, -zeichnung *f*, -bild *n* 2 ADJT ⟨*inv*⟩ **tons** *mpl* **~** Pastelltöne *mpl*

pastel² [pastɛl] M 1 BOT (Färber)Waid *m* 2 ADJT **bleu** *m* **~** ⟨*inv*⟩ Indigoblau *n* (aus Färberwaid)

pastelliste [pastelist] M/F PEINT Pastellmaler(in) *m(f)*, -zeichner(in) *m(f)*

pastèque [pastɛk] F BOT Wassermelone *f*

pasteur [pastœʀ] M 1 ÉGL PROT **~ (protestant)** (evangelischer) Pfarrer, Pastor; **femme** *f* **du ~** Pfarrfrau *f*; *adjt* **femme** *f* **~** Pastorin *f*; Pfarrerin *f* 2 BIBL **le Bon Pasteur** der Gute Hirte 3 *poét (berger)* Hirte *m*

pasteurisation [pastœʀizasjõ] F Pasteurisation *f*; Pasteurisierung *f*; **pasteuriser** V/T pasteurisieren; *adjt* **lait pasteurisé** pasteurisierte Milch; *suisse* Pastmilch *f*

pastiche [pastiʃ] M LITTÉRATURE Nachahmung *f* (des Stils); PEINT, MUS Pasticcio *n*; **pasticher** V/T nachahmen; **pasticheur** M Nachahmer *m*

pastille [pastij] F 1 *confiserie* (Zucker-, Schokoladen)Plätzchen *n*; Pastille *f* 2 PHARM Pastille *f* 3 *tissu* **à ~s** gepunktet; mit großen Punkten 4 TECH Tablette *f* 5 AUTO **~ verte** Umweltplakette *f*

pastis [pastis] M *Aperitif mit Anis*

pastoral [pastɔʀal] ADJ ⟨-aux⟩ 1 LITTÉRATURE Schäfer…; Hirten…; pastoral; **chant ~** Schäfer-, Hirtenlied *n*; **roman ~** Schäferroman *m*; *Beethoven* **la Symphonie ~e** *ou subst* **la Pastorale** die Pastorale 2 REL seelsorgerisch; seelsorg(er)lich; pfarramtlich; pastoral; **lettre ~e** Hirtenbrief *m*

pastorale [pastɔʀal] F 1 LITTÉRATURE Schäfer-, Hirtendichtung *f*; THÉ Schäferspiel *n* 2 PEINT, MUS Pastorale *n ou f*

pastorat [pastɔʀa] M ÉGL PROT Pastorat *n*; Pfarramt *n*

pastoureau [pastuʀo] *litt* M ⟨*pl* ~x⟩ junger Hirt; **pastourelle** *litt* F junge Hirtin

pat [pat] ÉCHECS A ADJ ⟨*inv*⟩ patt; **être ~** patt sein B M Patt *n*

patachon [pataʃõ] M LOC *fam* **mener une vie de ~** ein Lotterleben führen

Patagonie [patagɔni] **la ~** Patagonien *n*

patapouf [patapuf] A INT *chute de qn* plumps!; bums!; *d'un enfant a.* bauz! B M *fam* **gros ~** *fam* Fettkloß *m*; *enfant fam* Pummel *m*; Dickerchen *n*

pataquès [patakɛs] M falsche Bindung *(im Frz)*; **faire un ~** falsch binden

patate [patat] F 1 BOT **~ (douce)** Süßkartoffel *f*; Batate *f* 2 *fam (pomme de terre)* Kartoffel *f*; *partic* MIL **corvée** *f* **de ~s** Kartoffelschälen *n*; *par ext* Küchendienst *m* 3 *fam (imbécile)* Dumm-, Schwachkopf *m*; *fam* Trottel *m* 4 *fam fig* **en avoir gros sur la ~** bedrückt, niedergeschlagen sein

patati [patati] INT *fam* **et ~ et patata!** und so schwatzen, *fam* quasseln sie in einem fort

patatras [patatʀa] INT *bruit fracassant* krach!; *bruit de chute* bums!; bauz!

pataud [pato] A ADJ tollpatschig; täppisch; unbeholfen B SUBST 1 **~(e)** *m(f) personne* Tollpatsch *m* 2 M *jeune chien* tollpatschiger junger Hund

pataugeoire [patoʒwaʀ] F Plan(t)schbecken *n*

patauger [patoʒe] V/I ⟨-geons⟩ 1 *péniblement* waten; *fam* (herum)patschen; *dans l'eau pour s'amuser* plan(t)schen 2 *fam fig en parlant* sich verwirren; *fam* sich verhaspeln; sich verheddern

patchouli [patʃuli] M 1 BOT Patschulipflanze *f* 2 *parfum* Patschuli *n*

patchwork [patʃwœʀk] M COUT Patchwork *n*

pâte [pɑt] F 1 CUIS Teig *m*; **~ à choux, à crêpes, à frire, à nouilles, à pain** Brand-, Eierkuchen-, Ausback-, Nudel-, Brotteig *m*; **~ à tartes** (Mürbe-, Blätter-)Teig für Tortenböden 2 PL **~s (alimentaires)** Teigwaren *fpl*; **~s aux œufs** Eierteigwaren *fpl* 3 *(substance)* (breiige, formbare) Masse; PHARM Paste *f*; **~ dentifrice** Zahnpasta *f*, -creme *f*; **~ à modeler** Knetmasse *f*; Plastilin® *n*; TECH **~ à papier** Papierbrei *m*; CUIS: **~ d'amandes** Marzipan *n*; **~ de coings** Quittenbrot *n*; **~s de fruits** Geleefrüchte *fpl*; **fromage** *m* **à ~ molle** Weichkäse *m*; *péj* **c'est une vraie ~** das ist der reinste Brei, *fam* Pamps 4 *fig d'une personne*: **une bonne ~** ein gutmütiger Mensch; *fam* e-e gute Haut; e-e Seele von Mensch; **une ~ molle** ein nachgiebiger, fügsamer, willfähriger

Mensch

pâté [pɑte] M 1 CUIS Pastete *f*; **~ de campagne** Pastete aus verschiedenen Fleischsorten; **~ de foie** Leberpastete *f*; **~ de foie gras** Gänseleberpastete *f*; **~ en boîte** Pastete in der Dose; Dosenpastete *f*; **~ en croûte** (in e-r Blätterteighülle gebackene) Pastete 2 *(tache d'encre)* Tintenklecks *m*; **faire des ~s** klecksen 3 **~ de maisons** Häuserblock *m*, -komplex *m* 4 *enfants* **faire des ~s (de sable)** mit Sandförmchen spielen; Sandkuchen backen

pâtée [pɑte] F 1 *pour animaux* (breiiges, angemachtes) Futter 2 *fam fig* 3 *(correction) fam* Dresche *f*; Senge *pl*; Wichse *f* 4 *(défaite) fam* Schlappe *f*

patelin¹ [patlɛ̃] M *fam* Nest *n*; Kaff *n*; **il est du même ~ que moi** er stammt aus demselben Ort wie ich

patelin² [patlɛ̃] ADJ *litt personne* katzenfreundlich; **ton ~** honigsüßer Ton

patent [patɑ̃] *litt* ADJ offenkundig, -sichtlich

patente [patɑ̃t] F 1 *impôt jusqu'en 1975* Gewerbesteuer *f* 2 MAR **~ (de santé)** Gesundheitspass *m*

patenté [patɑ̃te] ADJ 1 *commerçant* gewerbesteuerpflichtig 2 *fam fig imbécile, menteur etc* anerkannt

Pater [pateʀ] M ‹inv› REL Vaterunser *n*; Paternoster *n*

patère [pateʀ] F Kleiderhaken *m*; **accrocher son manteau à la ~** s-n Mantel an den Kleiderhaken hängen

paterfamilias [pateʀfamiljas] M ‹inv› 1 *dans la Rome antique* Pater familias *m* 2 *plais* (autoritärer) Familienvater

paternalisme [pateʀnalism] M Bevormundung *f*; Paternalismus *m*

paternaliste [pateʀnalist] ADJ patriarchalisch; paternalistisch; **politique** *f* **~** Politik *f* der Bevormundung

paterne [pateʀn] *litt* ADJ gönnerhaft

paternel [pateʀnɛl] A ADJ ‹~le› 1 Vater…; väterlich; **ligne ~le** väterliche Linie; **maison ~le** Vaterhaus *n* 2 *parenté* **mon grand-père ~** mein Großvater väterlicherseits; **du côté ~** väterlicherseits 3 *ton, conseil etc* väterlich; **être très ~ avec qn** *a.* wie ein Vater zu j-m sein B M *fam* **mon ~** mein Vater; *fam* mein Alter Herr

paternellement [pateʀnɛlmɑ̃] ADV wie ein Vater; väterlich

paternité [pateʀnite] F 1 Vaterschaft *f* (*a.* JUR); **joies** *fpl* **de la ~** Vaterfreuden *fpl*; Freuden *fpl* e-s Vaters 2 *fig d'une idée etc* Urheberschaft *f*; Autorschaft *f*; **il revendique la ~ de ce projet** er nimmt für sich in Anspruch, der geistige Urheber dieses Planes zu sein

pater-noster [pateʀnɔsteʀ] M ‹inv› Paternoster(aufzug) *m*

pâteux [pɑtø] ADJ ‹-euse› 1 *substance* teigig; breiig; *fam* pappig; **encre pâteuse** dickflüssige, klumpige Tinte 2 *fig style* schwerfällig; *il répondit* **d'une voix pâteuse** mit schwerer Zunge; **j'ai la bouche, la langue pâteuse** ich habe e-n trockenen Mund; mir klebt die Zunge am Gaumen

pathétique [patetik] A ADJ bewegend; ergreifend; erschütternd; aufwühlend; zu Herzen gehend; aufrüttelnd; leidenschaftlich B SUBST *litt* **le ~** *d'une scène* das Ergreifende, Erschütternde, Bewegende, Pathetische

pathogène [patɔʒɛn] ADJ MÉD krankheitserregend; *t/t* pathogen

pathologie [patɔlɔʒi] F MÉD Pathologie *f*; Lehre *f* von den Krankheiten; **pathologique** ADJ MÉD *et par ext* krankhaft; pathologisch

pathos [patos] M *litt et péj* Pathos *n*

patibulaire [patibylɛʀ] ADJ **air** *m*, **mine** *f* **~** Galgen-, Verbrechergesicht *n*

patiemment [pasjamɑ̃] ADV → patient

patience [pasjɑ̃s] F 1 Geduld *f*; *st/s* Langmut *f*; *(persévérance)* Ausdauer *f*; Beharrlichkeit *f*; **jeu** *m* **de ~** Geduld(s)spiel *n* (*a. fig*); **ouvrage** *m* **de ~** Arbeit, die Geduld und Ausdauer erfordert; geduldige Kleinarbeit; *int* **~!** (nur) Geduld!; hab(t) ein wenig Geduld!; *menace* **~! je saurai me venger** abwarten! ich werde mich rächen; **ma ~ est à bout** *ou* **je suis à bout de ~** meine Geduld ist erschöpft, zu Ende; mir reißt die Geduld, *fam* der Geduldsfaden; mir geht die Geduld aus; **perdre ~** die Geduld verlieren; ungeduldig werden; **prendre ~** sich in Geduld fassen; **prendre son mal en ~** sein Unglück, *iron* Ungemach geduldig, mit Geduld ertragen; *prov* **~ et longueur de temps font plus que force ni rage** mit Geduld und Zeit kommt man weit *(prov)*; *fam* mit Geduld und Spucke fängt man e-e Mucke *(prov)*; Beharrlichkeit führt zum Ziel; → *a.* épreuve 1 2 *jeu de cartes* Patience *f*; **faire une ~** e-e Patience legen

patient [pasjɑ̃] A ADJ geduldig; *st/s* langmütig; *(persévérant)* ausdauernd; beharrlich; **être ~ avec qn** mit j-m Geduld haben B SUBST **~(e)** *m(f)* MÉD Patient(in) *m(f)*

patienter [pasjɑ̃te] V/I sich gedulden; geduldig warten; **faire ~ qn** j-n warten lassen

patin [patɛ̃] M 1 SPORTS a **~ (à glace)** Schlittschuh *m*; **faire du ~** Schlittschuh laufen, fahren; eislaufen b **~ à roulettes** Rollschuh *m*; **faire du ~ à roulettes** Rollschuh laufen, fahren 2 TECH **~ de frein** Bremsklotz *m*; *fam* **donner un coup de ~** plötzlich bremsen 3 CH DE FER Schienenfuß *m* 4 ÉLEC Schleifkontakt *m* 5 *pour parquet* Filzpantoffel *m*, -fleck *m* 6 *pop baiser* (Zungen)Kuss *m*; **rouler un ~ à qn** j-m e-n Kuss auf den Mund drücken

patinage [patinaʒ] M 1 SPORTS a Eislauf(en) *m(n)*; Schlittschuhlaufen *n*; **~ artistique** Eiskunstlauf *m*; **~ de vitesse** Eisschnelllauf *m* b **~ à roulettes** Rollschuhlaufen *n* 2 *d'un véhicule* Rutschen *n*; *des roues* Durchdrehen *n*

patine [patin] F Patina *f*; *sur métal* Edelrost *m*

patiner¹ [patine] V/I 1 SPORTS eislaufen; Schlittschuh laufen, fahren 2 *(glisser) personne, véhicule* rutschen; *fam* schlittern 3 *roues* durchdrehen; *embrayage* rutschen; **faire ~** die Kupplung schleifen lassen

patiner² [patine] A V/T TECH patinieren B V/PR **se ~** Patina ansetzen

patinette [patinɛt] F (Kinder)Roller *m*

patineur [patinœʀ] M, **patineuse** F Schlittschuhläufer(in) *m(f)*; Eisläufer(in) *m(f)*

patinoire [patinwaʀ] F Eisbahn *f*; Schlittschuhbahn *f*; **~ artificielle** Kunsteisbahn *f*; **~ couverte** (überdachtes) Eisstadion; Eispalast *m*; *fig* **la route est une vraie ~** die Straße ist spiegelglatt, ist die reinste Rutschbahn

patio [pasjo, patjo] M ARCH Innenhof *m*

pâtir [pɑtiʀ] V/I **~ de qc** unter etw *(dat)* leiden

pâtisserie [pɑtisʀi, pa-] F 1 *coll* **~** *ou* **~s** *pl* feine Backwaren *fpl*; Feingebäck *n*; *suisse a.* Patisserie *f*; **aimer les ~s** gern Kuchen essen 2 CUIS Kuchenbacken *n*; **rouleau** *m* **à ~** Nudelholz *n* 3 *magasin* Konditorei *f*; Feinbäckerei *f*; *suisse a.* Patisserie *f* 4 *métier* Konditorhandwerk *n*; Feinbäckerei *f*

pâtissier [pɑtisje, pa-] M Konditor *m*; Fein-, Kuchen-, *autrich a.* Zuckerbäcker *m*

pâtissière [pɑtisjɛʀ, pa-] F 1 Konditorin *f* 2 ADJ F **crème** *f* **~** Vanillecreme *f* (*als Füllung für Backwaren*)

pâtissier-glacier [pɑtisjeglasje, pa-] M ‹*pl* pâtissiers-glaciers› Eiskonditor *m*

pâtisson [pɑtisõ, pa-] M BOT *courge* Bischofsmütze *f*

patois [patwa] A M Mundart *f*; Dialekt *m*; **parler ~** Dialekt, Mundart sprechen B ADJ **mot ~** mundartliches Wort; Dialektwort *n*

patouiller [patuje] V/I *fam* manschen; *dans l'eau a. fam* patschen

patraque [patʀak] ADJ *fam* **être ~** sich nicht (recht) wohlfühlen; nicht (recht) auf der Höhe, *fam* auf dem Posten, auf dem Damm sein

pâtre [pɑtʀ] *litt* M Hirt(e) *m*

patriarcal [patʀijaʀkal] ADJ ‹-aux› patriarchalisch; **patriarcat** M SOCIOLOGIE, ÉGL Patriarchat *n*

patriarche [patʀijaʀʃ] M 1 BIBL Erzvater *m*; Patriarch *m* 2 ÉGL Patriarch *m* 3 *fig* ehrwürdiges Familienoberhaupt; Patriarch *m*

Patrice [patʀis] M *Vorname*

patricien [patʀisjɛ̃], **patricienne** A M,F 1 HIST Patrizier(in) *m(f)* 2 *litt* Aristokrat(in) *m(f)* B ADJ patrizisch

Patrick [patʀik] M 1 *Vorname* 2 *saint* Patrick *m*; Patricius *m*

patrie [patʀi] F 1 *(pays)* Vaterland *n*; Heimat(-land) *f(n)*; **mère** *f* **~** Mutterland *n*; **~ d'adoption** Wahlheimat *f*; **c'est ma seconde ~** das ist meine zweite Heimat; **mourir pour la ~** für das Vaterland sterben 2 *(ville natale)* Vaterstadt *f*; Geburtsort *m*, -stadt *f* 3 *fig des arts etc* Heimat *f*

patrimoine [patʀimwan] M 1 Erbe *n*; Erbgut *n*; ererbtes Vermögen; **~ paternel** väterliches Erbe 2 *fig* Erbe *n*; **~ culturel** Kulturerbe *n*, -gut *n* 3 BIOL **~ génétique, héréditaire** Erbgut *n*, -masse *f* 4 JUR Vermögen *n*

patrimonial [patʀimɔnjal] ADJ ‹-aux› Erb…; patrimonial; Patrimonial…

patriote [patʀijɔt] A M/F Patriot(in) *m(f)* B ADJ *personne* patriotisch; vaterländisch gesinnt; *st/s* vaterlandsliebend; **patriotique** ADJ *sentiments, chants etc* patriotisch; vaterländisch; **patriotisme** M Patriotismus *m*; Vaterlandsliebe *f*; vaterländische Gesinnung

patro [patʀo] *fam* M → patronage 3 b)

Patrocle [patʀɔkl] M MYTH Patroklos *m*

patron¹ [patʀõ] M, **patronne** F 1 *(employeur)* Arbeitgeber(in) *m(f)*; *(chef d'entreprise)* Chef(in) *m(f)*; *fam* Boss *m*; *de restaurant etc* Wirt(in) *m(f)*; **les grands patrons de l'industrie** *fam* die Industriebosse *mpl*; **jeune patron** erfolgreicher, dynamischer junger Unternehmer; **patron de pêche** Schiffseigner *m* (e-s Fischdampfers) 2 REL *du même nom* Namenspatron(in) *m(f)*; *(protecteur, -trice)* Schutzpatron(in) *m(f)*, -heilige(r) *m/f(m)*; Patron(in) *m(f)*; Patrona *f*; *d'une église* Kirchenpatron(in) *m(f)* 3 F *fam (maîtresse de maison)* Hausherrin *f*, -frau *f* 4 M MÉD Chefarzt *m*; **les grands patrons** *fam* die Halbgötter *mpl* in Weiß 5 UNIVERSITÉ **patron de thèse** Doktorvater *m*

patron² [patʀõ] M COUT Schnittmuster *n*

patronage [patʀɔnaʒ] M 1 *d'un personnage influent* Schirmherrschaft *f*; Patronat *n*; Protektorat *n*; **sous le ~ de** unter der Schirmherrschaft (+*gén*) 2 *d'un saint* (Schirm *m* und) Schutz *m* 3 *pour jeunes* a *organisme* Jugendgruppe *f*, -werk *n* b *siège* Jugendheim *n* 4 LOC ADJ *iron spectacle etc* **de ~** erbaulich; naiv; harmlos

patronal [patʀɔnal] ADJ ‹-aux› 1 Arbeitgeber…; **cotisation ~e** Arbeitgeberbeitrag *m* 2 ÉGL CATH Patronats…; **fête ~e** Patronatsfest *m*; Patrozinium *n*

patronat [patʀɔna] M *coll* Arbeitgeber(schaft) *mpl(f)*

patronner [patʀɔne] V/T protegieren; fördern; begünstigen; unterstützen; eintreten für

patronnesse [patʀɔnɛs] ADJ F *iron* **dame ~** (Vorstands)Dame *f* e-s Wohltätigkeitsvereins

patronyme [patʀɔnim] *litt* M Familienname

m; **patronymique** ADJ ADMIN **nom ~** Familienname *m*

patrouille [patʀuj] F 1 a *de police* Streife *f*; **~ de police** Polizeistreife *f*; **voiture** *f* **de ~** Streifenwagen *m* b MIL Patrouille *f*; *de soldats a.* Spähtrupp *m* c **Patrouille de France** *Name e-r frz Kunstflugstaffel* 2 *mission* a *de police* Streifen-, Kontrollgang *m* b MIL Patrouille *f*; Patrouillen-, Erkundungsgang *m*; Spähtruppunternehmen *n*; AVIAT MIL Patrouillen-, Erkundungsflug *m*; MAR MIL Patrouillen-, Erkundungsfahrt *f*; **être de ~** als Spähtrupp unterwegs sein; **être envoyé en ~** als Spähtrupp, Patrouille, zu e-m Patrouillengang, zu e-r Erkundung ausgeschickt werden

patrouiller [patʀuje] V/I patrouillieren

patrouilleur [patʀujœʀ] M 1 MAR MIL Patrouillenboot *n*; AVIAT MIL Jagdflugzeug *n* auf e-m Erkundungsflug 2 **~ scolaire** Schülerlotse *m*

patte [pat] F 1 ZOOL Pfote *f*; *d'un fauve a.* Tatze *f*; Pranke *f*; *d'un oiseau, insecte, cheval* Bein *n*; Fuß *m*; **~ de derrière, de devant** Hinter-, Vorderpfote *f ou* -bein *n*; *fig*: **~s de mouche** Krähenfüße *mpl*; *fam* Gekritzel *n*; Gekrakel *n*; **pantalon** *m* **à ~s d'éléphant** Schlaghose *f*; *chien* **donner la ~** Pfötchen geben; **faire ~ de velours** *chat* Samtpfötchen machen; die Krallen einziehen; *fig personne* katzenfreundlich sein 2 *fam (jambe)* Bein *n*; Fuß *m*; *fam* Hachse *f*; *all Sud* Haxen *m*; *loc adv* **à ~s** zu Fuß; *fam* per pedes; **avoir 20 km dans les ~s** 20 km gelaufen sein; **se casser la ~** sich *(dat)* das Bein brechen; **être bas, court sur ~s** kurzbeinig sein; kurze Beine haben; **marcher à quatre ~s** auf allen vieren kriechen, laufen; *fig* **montrer ~ blanche** sich gebührend ausweisen; *fig* **tirer dans les ~s de qn** j-m in den Rücken fallen 3 *fam (main)* *fam* Pfote *f*; Flosse *f*; **bas les ~s!** Finger, Hände, *fam* Pfoten weg!; *fig* **graisser la ~ à qn** *fam* j-n schmieren 4 PL **~s** *(favoris)* Koteletten *pl* 5 COUT Patte *f*; Klappe *f*; **~ d'épaule** Schulter-, Achselpatte *f*, -klappe *f* 6 MAR *d'une ancre* Flunke *f* 7 TECH *(attache)* Halterung *f* 8 **~ d'oie** → patte-d'oie

patte-d'oie [patdwa] F 1 *carrefour* Straßen-, Wegkreuzung *f* 2 *à l'œil* **pattes-d'oie** *pl* Krähenfüße *mpl*

pattemouille [patmuj] F feuchtes (Bügel)Tuch; **repasser à la ~** mit e-m feuchten Tuch bügeln

pâturage [pɑtyʀaʒ] M (Vieh)Weide *f*; Weidefläche *f*; **~s** *pl a.* Weideland *n*

pâture [pɑtyʀ] F 1 *des animaux* Futter *n*; Nahrung *f* 2 *fig* Nahrung *f*; **donner, jeter, livrer qc en ~ à qn** j-m etw preisgeben, opfern, ausliefern, *fam* zum Fraß vorwerfen; **être donné, offert en ~ à qn, à l'opinion publique** j-m, der öffentlichen Meinung geopfert werden; *cet incident* **a servi de ~ aux journalistes** *fam* ... war ein gefundenes Fressen für die Journalisten

pâturer [pɑtyʀe] V/I weiden

paturon [patyʀõ] *ou* **pâturon** [pɑtyʀõ] M *du cheval* Fessel *f*

Pauillac [pɔjak, po-] *Stadt im Dep. Gironde*

Paul [pɔl] M 1 *Vorname* 2 *apôtre* Paulus *m*

Paule [pol] F *Vorname*

Paulette [polɛt] F *Vorname*

Paulhan [pojɑ̃, -lɑ̃] **Jean ~** *frz Schriftsteller*

Pauline [polin] F *Vorname*

paume [pom] F 1 *de la main* Handfläche *f*, -teller *m* 2 **(jeu** *m* **de) ~** *altes französisches Ballspiel*; HIST **serment** *m* **du Jeu de Paume** Ballhausschwur *m*

paumé [pome] *fam* A ADJ **être complètement ~** völlig ratlos, hilflos, *fam* aufgeschmissen sein B SUBST **~(e)** *m(f)* j-d, der völlig ratlos etc ist

paumelle [pomɛl] F TECH *d'une porte* (Angel)Band *n*

paumer [pome] *fam* A V/T **~ qc** etw verlieren, verlegen, *fam* versaubeuteln B V/PR **se ~** sich verirren, verlaufen; *en voiture a.* sich verfahren

paupérisation [popeʀizasjõ] F ÉCON Verelendung *f*; Verarmung *f*; **paupérisme** M ÉCON Massenelend *n*, -armut *f*; Pauperismus *m*

paupière [popjɛʀ] F (Augen)Lid *n*; **fermer les ~s** die Augen zudrücken (**d'un mort** e-m Toten)

paupiette [popjɛt] F CUIS **~ de veau** Kalbsroulade *f*

pause [poz] F 1 Pause *f*; *en travaillant, marchant a.* Ruhepause *f*; *en marchant a.* Rast *f*; *fam* **~ café** Kaffeepause *f*; **~ de midi** Mittagspause *f*; **cinq minutes de ~** fünf Minuten Pause; **faire une ~** e-e Pause machen, einlegen; pausieren 2 MUS ganze Pause; Ganztaktpause *f*

pauvre [povʀ] A ADJ 1 *personne, pays* arm; *demeure, vêtements* ärmlich; armselig; dürftig; *vêtements a.* schäbig; *demeure a.* kümmerlich; *nourriture* ohne großen Nährwert; *sol* arm; karg; mager; nicht sehr fruchtbar; *gisement* wenig ergiebig; unergiebig; *langue* wortarm; arm an Ausdrucksmitteln; **quartier** *m* **~** Armenviertel *n*; **rime** *f* **~** stumpfer, männlicher Reim; *loc adj* **~ en,** *litt* **de ...** arm an *(+dat)*; ...arm; **~ en vitamines** vitaminarm; arm an Vitaminen; *fam* **~ d'esprit** geistig arm 2 *(malheureux)* arm; bedauernswert; beklagenswert; **la ~ bête** das arme Tier; **~ France!** armes Frankreich!; **un ~ sourire** ein armseliges, schwaches Lächeln; **~ de moi!** ich Arme(r), Ärmste(r)! 3 *en s'adressant à qn* **mon ~ ami** mein Lieber; mein (lieber) Freund; **mon ~ monsieur** lieber *ou* guter Mann B SUBST 1 M Arme(r) *m*; **les ~s** *a.* die armen Leute *pl*; **les nouveaux ~s** die neuen Armen *mpl*; **riches et ~s** Arm und Reich 2 *exprimant la pitié* **le, la ~** der, die Arme, Ärmste; **mon, ma ~** du Arme(r), Ärmste(r)

pauvrement [povʀəmɑ̃] ADV *être vêtu* ärmlich; dürftig; schäbig; *vivre* kümmerlich; ärmlich

pauvresse [povʀɛs] *litt* F Arme *f*; arme Frau

pauvreté [povʀəte] F *d'une personne, d'un pays* Armut *f*; *d'une demeure, de vêtements* Ärmlichkeit *f*; Armseligkeit *f*; Dürftigkeit *f*; *du sol* Kargheit *f*; Unfruchtbarkeit *f*; *d'un gisement* Unergiebigkeit *f*; *d'une langue* Wortarmut *f*; **vivre dans la ~** in Armut leben; *prov* **~ n'est pas vice** Armut ist keine Schande *(prov)*

pauvrette [povʀɛt] **la ~** die Arme, Ärmste; das arme Ding, Geschöpf

pavage [pavaʒ] M 1 *action* Pflastern *n*, -ung *f* 2 *résultat* Pflaster *n*; Pflasterung *f*

pavane [pavan] F DANSE, MUS Pavane *f*

pavaner [pavane] V/PR **se ~** paradieren; einherstolzieren; sich in Szene setzen; posieren

pavé [pave] M 1 *bloc de pierre* Pflasterstein *m*; *fig*: **j'ai un ~ sur l'estomac** das Essen liegt mir wie ein Stein im Magen; **c'est le ~ dans la mare** das, diese Nachricht schlägt wie e-e Bombe ein; die Sache erregt Aufsehen, löst e-n Skandal aus, schlägt Wellen; **c'est le ~ de l'ours** da hat man ihm e-n Bärendienst erwiesen 2 *revêtement* (Straßen)Pflaster *n*; **~ de marbre, de mosaïque** Marmor-, Mosaik(fuß)boden *m*; *fig*: **battre le ~** durch die Straßen bummeln; *fam* in den Straßen herumlungern; **être sur le ~** *fam* auf der Straße sitzen, liegen, stehen; **tenir le haut du ~** zur Oberschicht, zu den oberen zehntausend, *dans une petite ville* zu den Honoratioren gehören 3 *fam fig* a *livre fam* (dicker) Schinken; Wälzer *m* b *publicité* auffallender, eingerahmter (Werbe)Text 4 *de viande* dickes Filetstück

pavement [pavmɑ̃] M Pflaster *n*; Pflasterung *f*; **~ de mosaïque** Mosaik(fuß)boden *m*

paver [pave] V/T *route* pflastern; *suisse* pflästern; *sol de mosaïque etc* auslegen; belegen; *adjt* **pavé** *rue, cour* gepflastert; **paveur** M Pflasterer *m*; Steinsetzer *m*; *suisse* Pflästerer *m*

Pavie [pavi] GÉOG Pavia *n*

pavillon [pavijõ] M 1 ARCH, *dans un jardin, d'une exposition, d'un hôpital etc* Pavillon *m*; **~ de chasse** Jagdhütte *f*; *somptueux* Jagdschlösschen *n* 2 *(maison individuelle)* Einfamilienhaus *n* (**de banlieue** in e-m Vorort) 3 MAR Flagge *f*; COMM **~ de complaisance** Billigflagge *f*; **baisser le ~** die Flagge einholen; *fig* **baisser ~ (devant qn)** (vor j-m) die Flagge, die Segel streichen; sich geschlagen geben; klein beigeben; *navire* **battant ~ britannique** unter britischer Flagge (fahrend); **naviguer sous ~ étranger** unter fremder Flagge fahren 4 *d'une trompette etc* Schalltrichter *m*; Schallbecher *m*; Stürze *f* 5 ANAT **~ (de l'oreille)** Ohrmuschel *f*

pavillonnaire [pavijɔnɛʀ] ADJ *banlieue etc* aus (einfachen, gleichförmigen) Einfamilienhäusern bestehend

pavois [pavwa] M 1 MAR a *de la coque* Schanzkleid *n* b **°hisser le grand ~** über die Toppen flaggen 2 HIST *bouclier* Pavese *f*

pavoiser [pavwaze] V/T beflaggen; *abs* flaggen *(a.* MAR*)*; **~ un édifice, une ville** ein Gebäude, eine Stadt beflaggen; *fam fig* **(il n')y a pas de quoi ~** das ist kein Grund zur Freude, stolz zu sein

pavot [pavo] M BOT Mohn *m*

payable [pɛjabl] ADJ zahlbar (**à échéance** bei Fälligkeit); **~ en dix mensualités** in zehn Monatsraten zahlbar

payant [pɛjɑ̃] ADJ 1 *personne* zahlend; **hôte, spectateur ~** zahlender Gast, Zuschauer 2 **billet ~** Eintrittskarte, (für) die bezahlt werden muss; **parking ~** gebührenpflichtiger Parkplatz 3 *fig (rentable)* lohnend; einträglich; **être ~** sich lohnen; sich auszahlen; sich bezahlt machen

paye [pɛj] → paie

payé [peje] ADJ bezahlt; **tous frais ~s** spesen-, kostenfrei; *personne, travail* **bien, mal ~** gut, schlecht bezahlt

payement [pɛjmɑ̃] M → paiement

payer [peje] ⟨-ay- *od* -ai-⟩ A V/T 1 *personne, travail* bezahlen; *travail a.* honorieren; *ouvrier a.* entlohnen; *somme, cotisation, loyer, impôt etc* (be)zahlen; entrichten; ADMIN abführen; *salaire* (aus)zahlen; *facture, note, dettes* bezahlen; begleichen; *dettes a.* ab(be)zahlen; abtragen; **somme** *f* **à ~** zu zahlender Betrag; **~ son déplacement à qn** j-m die Fahrt-, Reisekosten bezahlen, erstatten, vergüten; **~ qc dix euros** für etw zehn Euro (be)zahlen; **combien l'avez-vous payé?** wie viel haben Sie dafür be-, gezahlt?; **~ qc cher** → cher B; **être payé à l'heure, au mois** stundenweise *ou* pro Stunde, monatlich bezahlt werden; Stunden-, Monatslohn bekommen; *fam fig*: **je ne suis pas payé pour ça** dafür werde ich nicht bezahlt; das ist eigentlich nicht meine Aufgabe; **je suis payé pour le savoir** ich habe es am eigenen Leib erfahren; ich weiß es aus eigener leidvoller Erfahrung; ♦ *abs*: **c'est une maison qui paie bien** diese Firma zahlt gut; **c'est moi qui paie!** ich zahle (es)!; das geht auf meine Rechnung!; **avoir de quoi ~** genug Geld bei sich haben; es bezahlen können; **~ pour qn** für j-n (be)zahlen; → *a.* 3 2 *fam (offrir)* **~ qc à qn** *fam* j-m etw spendieren; **il lui a payé des fleurs** er hat ihr Blumen spendiert 3 *fig (expier)* **~ qc** (für) etw büßen, bezahlen müssen; **il me le paiera!** das soll er mir büßen!; *abs* ~ **pour qn** für j-n büßen, leiden müssen; **il a payé pour tout le monde** *a.* er hat für alle die Zeche bezahlen müssen **4** *fig (récompenser)* ~ **qn de qc** j-n für etw belohnen; j-m etw lohnen; ~ **qn de sa peine** j-m s-e Mühe lohnen; j-n für s-e Mühe belohnen **5** *fig (compenser) mon argent de poche* **ne paie pas mes dépenses** reicht nicht für, deckt nicht meine Ausgaben **B** VI **1** *(rapporter) métier, travail* einträglich, einbringlich sein; etwas einbringen; *efforts, stratégie etc* sich lohnen; sich bezahlt machen; sich auszahlen **2** ~ **d'audace** kühn, dreist auftreten; Kühnheit, Dreistigkeit besitzen; etwas riskieren; ein Wagnis eingehen; **ne pas ~ de mine** *personne* nach nichts aussehen; *restaurant* nicht sehr einladend, vertrauenerweckend aussehen; ~ **de sa personne** s-e ganze Kraft, sich voll und ganz, sich mit s-r ganzen Person einsetzen; sich nicht schonen; s-n Mann stehen **C** V/PR **1** *fam (s'offrir)* **se ~ qc** sich *(dat)* etw leisten **2** **payez-vous** *et rendez-moi la monnaie* ziehen Sie ab, was Sie bekommen *ou* was ich schuldig bin … **3** *sens passif* **se ~** bezahlt, entrichtet, beglichen werden; *fig* **tout se paie** für alles muss man einmal büßen; alles rächt sich einmal

Payerne [pajɛʀn] GÉOG Peterlingen *n*

payeur [pɛjœʀ] M, **payeuse** F **1** Zahler(in) *m(f)*; **mauvais payeur** säumiger Zahler **2** M ADMIN Zahlmeister *m*; *adjt* **service payeur** Zahlstelle *f*

pays[1] [pei] M **1** GÉOG, POL Land *n*; ~ **chauds, froids** heiße, kalte Länder; ~ **industriel** Industrieland *n*; *Lewis Carroll* **Alice au ~ des merveilles** Alice im Wunderland; *fig* **le ~ du soleil, du vin** das Land der Sonne, des Weins; ~ **en voie de développement** Entwicklungsland *n*; **de quel ~ êtes-vous?** aus welchem Land kommen, stammen Sie?; was sind Sie für ein Landsmann? **2** *(région)* Land *n*; Gegend *f*; Landstrich *m*; Gau *m*; ~ **montagneux** gebirgige Gegend; Bergland *n*; *loc adj* **du ~** einheimisch; **les gens** *mpl* **du ~** die Einheimischen *mpl*; **vin** *m* **du** *ou* **de ~** Landwein *m*; **il n'est pas du ~** er ist, stammt nicht von hier, aus dieser Gegend; er ist kein Einheimischer; *fig* **être en ~ de connaissance, en ~ connu** *en parlant de personnes* bekannte, vertraute Gesichter um sich haben, sehen; *dans une matière* darin zu Hause, bewandert sein; sich auskennen; gut Bescheid wissen; **voir du ~** viel reisen; weit in der Welt herumkommen; viel von der Welt sehen **3** *(patrie)* Heimat *f*; Vaterland *n*; **mal** *m* **du ~** Heimweh *n*; **avoir le mal du ~** Heimweh haben **4** *(localité)* kleiner Ort; Kleinstadt *f*; Dorf *n*; **un ~ perdu** ein abgelegenes Nest

pays[2] [pei] M, **payse** [peiz] F *régional (compatriote)* Landsmann *m*, -männin *f*

paysage [peizaʒ] M **1** Landschaft *f*; ~ **méditerranéen** Mittelmeerlandschaft *f*; ~ **urbain** Stadtlandschaft *f*; *fam fig* **cela fait bien dans le ~** das macht sich gut; das nimmt sich gut aus; das wirkt gut **2** PEINT **a** *tableau* Landschaft(sbild) *f(n)* **b** *genre* Landschaftsmalerei *f* **3** *fig* Landschaft *f*; ~ **médiatique** Medienlandschaft *f*; ~ **politique** politische Landschaft; → *a.* PAF

paysager [peizaʒe] ADJ ⟨-ère⟩ Landschafts…; **bureau ~** Bürolandschaft *f*; **jardin ~** Landschaftsgarten *m*

paysagiste [peizaʒist] M/F **1** Garten-, Landschaftsarchitekt(in) *m(f)*; *adjt* **architecte** *m* **~** Garten-, Landschaftsarchitekt *m* **2** PEINT Landschaftsmaler(in) *m(f)*

paysan [peizɑ̃], **paysanne** [peizan] **A** SUBST **1** M,F Bauer *m*, Bäuerin *f*; Bauersfrau *f*; *loc adj* **de ~** bäurisch; **des manières** *fpl* **de ~** bäurisches Benehmen **2** M *péj* ungehobelter, grober Kerl **B** ADJ **1** *mœurs, vie* bäuerlich; **problèmes ~s** Probleme *npl* der Bauern; **revendications ~nes** Forderungen *fpl* der Bauern **2** *péj* bäurisch

paysannat [peizana] M *ou* **paysannerie** F *coll* Bauern *mpl*; Bauernschaft *f*, -stand *m*

Pays-Bas [peiba] **les ~** *mpl* die Niederlande *npl*

Pays-de-la-Loire *ou* **Pays de la Loire** [peidlalwaʀ] **les Pays-de-la-Loire** *ou* **les Pays de la Loire** *mpl frz Region*

Paz (La) [lapas, -paz] GÉOG La Paz *n*

PC [pese] M ABR **1** *(Parti communiste)* KP *f* *(Kommunistische Partei)* **2** *(poste de commandement)* Befehlsstelle *f* **3** INFORM *(personal computer)* PC *m*

p.c.c. ABR (pour copie conforme) für die Richtigkeit der Abschrift

PCF [peseɛf] M ABR (Parti communiste français) KP *f* Frankreichs; französische KP

P.C.V. [peseve] M ABR (paiement contre vérification) TÉL (**communication** *f* **en**) ~ *m* R-Gespräch *n*

P.D.G. [pedeʒe] M ABR (président-directeur général) **1** Generaldirektor *m*; *d'une SA* Vorstandsvorsitzende(r) *m* **2** *par ext fam* Chef *m*

péage [peaʒ] M **1** (Straßen)Benutzungsgebühr *f*; *autrich* Maut(-gebühr) *f*; *pour autoroute* Autobahngebühr *f*; *loc adj* **à ~** gebührenpflichtig; *autrich* Maut…; **route** *f* **à ~** *autrich* Mautstraße *f*; *par ext* **chaîne** *f* **à ~** Pay-TV *n*; Bezahlfernsehen *n* **2** *lieu* Zahlstelle *f*; *autrich* Mautstelle *f*

péagiste [peaʒist] M/F Kassierer(in) *m(f)* in e-r Mautstelle

peau [po] F ⟨*pl* ~x⟩ **1** *de l'homme* Haut *f*; *fam fig* **vieille ~!** *fam* alte Schachtel, Scharteke, *pop* Vettel!; **affection** *f*, **maladie** *f* **de la ~** Hautkrankheit *f*; **couleur** *f* **de la ~** Hautfarbe *f*; *fam* **attraper qn par la ~ du cou, du dos, des fesses** j-n im letzten Moment, gerade noch zu fassen kriegen; **n'avoir que la ~ et les os, la ~ sur les os** nur noch, nichts als Haut und Knochen sein; *fam fig* **j'aurai ta ~,** **je te ferai la ~!** *fam* ich werde dir den Hals umdrehen, dich kaltmachen!; *fam fig* **avoir qn dans la ~** j-m *(fam* mit Haut und Haar) verfallen sein; j-m hörig sein; *fam fig* **je ne voudrais pas être dans sa ~** ich möchte nicht in s-r Haut stecken; *fig* **être bien, mal dans sa ~** sich in s-r Haut wohlfühlen, nicht wohlfühlen; *acteur* **être, entrer, se mettre dans la ~ de son personnage** sich völlig mit der von ihm dargestellten Gestalt identifizieren; ganz in s-r Rolle aufgehen; *fig*: **faire ~ neuve** *personne* sich verändern, (ver)wandeln; ein neuer, ganz anderer Mensch werden; *parti, entreprise etc* ein neues Gesicht zeigen; in e-m völlig neuen Gewand erscheinen; *fam* **y laisser sa ~** sein Leben lassen; **se mettre dans la ~ de qn** sich in j-s Lage versetzen; *fam* **risquer sa ~** sein Leben riskieren, aufs Spiel setzen; *fam* **sauver sa ~** sein Leben, s-e Haut retten; *fam* **tenir à sa ~** am Leben hängen **2** *d'un animal (dépouille)* Balg *m*; Haut *f*; *(fourrure)* Fell *n*; *(cuir souple)* Leder *n*; ~ **d'agneau** Lammfell *n*; *fam fig* ~ **d'âne** Diplom *n*; (Abschluss)Zeugnis *n*; *fam péj* Wisch *m*; ~ **de chamois** Fenster-, Autoleder *n*; ~ **de lapin** **a** Kaninchenbalg *m*, -fell *n*; *t/t* Kanin *n* **b** *fam péj* billiger Pelzmantel; ~ **d'ours** Bärenfell *n*; (**industrie** *f* **des) cuirs et ~x** Ledererzeugende Industrie; *loc adj* **de, en ~** Leder…; **culotte** *f*, **gant** *m* **de ~** Lederhose *f*, -handschuh *m*; **sac** *m* **en ~** Ledertasche *f*; *adjt* (**reliure** *f*) **pleine ~** Ganzleder(einband) *n(m)*; *prov* **il ne faut pas vendre la ~ de l'ours avant de l'avoir tué** man soll die Rechnung nicht ohne den Wirt machen; man soll sich nicht zu früh freuen **3** *de fruits* Schale *f*; *de saucisson* Pelle *f*; Haut *f*; ~ **de banane** Bananenschale *f*; *fig* Schlinge *f*; Falle *f*; ~ **d'orange** Apfelsinen-, Orangenschale *f*; *(cellulite)* Orangenhaut *f* **4** ~ **du lait** Milchhaut *f* **5** PL **~x (autour de l'ongle)** Nagelhaut *f*, -häutchen *n*

peaucier [posje] ADJ *et* SUBST M ANAT **(muscle** *m***) ~** Hautmuskel *m*

peaufiner [pofine] V/T den letzten Schliff geben *(+dat)*; ausfeilen

Peau-Rouge [poʀuʒ] M/F ⟨*pl* Peaux-Rouges⟩ Rothaut *f*

peausserie [posʀi] F **a** *fabrication* Lederherstellung *f* **b** *commerce* Lederhandel *m* **c** *marchandise* Leder *n* (zur Weiterverarbeitung)

pécaïre [pekaiʀ] INT → peuchère

pécari [pekaʀi] M **1** ZOOL Pekari *n*; Nabelschwein *n* **2** *cuir* Pekarileder *n*

peccadille [pekadij] *litt* F kleiner, geringfügiger Fehler; kleines Versehen

pechblende [pɛʃblɛ̃d] F MINÉR Pechblende *f*; Uranpecherz *n*

pêche[1] [pɛʃ] F **1** BOT Pfirsich *m*; *fig*: **peau** *f* **de ~** Pfirsichhaut *f*; **teint** *m* **de ~** rosiger, samtiger Teint; *adjt* **couleur ~** ⟨*inv*⟩ pfirsichfarben **2** *fam coup* Schlag *m* ins Gesicht **3** LOC *fam* **avoir la ~** in Form sein; *fam* Power haben; → *a.* fendre B 3

pêche[2] [pɛʃ] F **1** Fischerei *f*; Fischfang *m*; Fischen *n*; *à la ligne* Angeln *n*; *période* Fangzeit *f*; ~ **côtière, littorale, petite ~** Küstenfischerei *f*; ~ **°hauturière, grande ~, ~ de haute mer,** ~ **au large** Hochseefischerei *f*; ~ **sous-marine** Unterwasserjagd *f*; ~ **à la baleine** Walfang *m*; ~ **au filet** Netzfischerei *f*; ~ **au hareng** Heringsfischerei *f*, -fang *m*; ~ **à la ligne** Angelfischerei *f*; Angeln *n*; ~ **en eau douce** Binnenfischerei *f*; ~ **en mer** Meeresangeln *n*; **articles** *mpl* **de ~** Angelgeräte *npl*; **aller à la ~** angeln, fischen gehen **2** *(poissons pêchés)* Fang *m*; **rapporter une belle ~** e-n guten Fang ein-, zurückbringen **3** *(droit de pêcher)* Fischereirecht *n*, -berechtigung *f* **4** *endroit* Angelplatz *m*

péché [peʃe] M **1** REL Sünde *f*; ~ **de jeunesse** Jugendsünde *f*; **commettre, faire un ~** e-e Sünde begehen; **vivre dans le ~** in (der) Sünde leben; *prov* **à tout ~ miséricorde** jede Sünde findet Vergebung **2** *fig* ~ **mignon** (kleine) Schwäche

pêche-abricot [pɛʃabʀiko] F ⟨*pl* pêches-abricots⟩ BOT gelbfleischiger, gelber Pfirsich

pécher [peʃe] V/I ⟨-è-⟩ **1** REL sündigen; ~ **par orgueil** aus Hochmut sündigen **2** *fig personne* ~ **contre qc** gegen etw verstoßen; sich gegen etw vergehen; *st/s* sich an etw *(acc)* versündigen; ~ **par excès d'optimisme** (all)zu optimistisch sein **3** *projet, article etc* ~ **par** kranken, leiden an *(+dat)*; ~ **sur un point** in e-m Punkt hinken, nicht stimmen

pêcher[1] [pɛʃe] M BOT Pfirsichbaum *m*

pêcher[2] [pɛʃe] V/T **1** *poissons* fangen *(a. grenouilles, crabes)*; fischen *(a. perles, corail)*; ~ **la truite** Forellen fischen, fangen, angeln; *abs*: ~ **à l'asticot,** ~ **au filet** mit dem Wurm, mit dem Netz fangen, fischen; ~ **à la ligne** angeln; ~ **à la mouche** mit der Fliege fischen, angeln; ~ **dans la rivière, en mer** im Fluss, im Meer fischen, angeln **2** *fam (trouver) fam* auftreiben; aufgabeln; aufstöbern; auffischen; ~ **une idée, un mot** eine Idee, ein Wort auffangen, *fam* aufschnappen

pécheresse [peʃʀɛs] F REL Sünderin *f*

pêcherie [pɛʃʀi] F (Fisch)Fanggebiet *n*; **~s** *pl* Fisch-, Fanggründe *mpl*

P

pécheur [peʃœʀ] M REL Sünder *m*

pêcheur [pɛʃœʀ] M Fischer *m*; **~ °hauturier, de haute mer** Hochseefischer *m*; **~ à la ligne** Angler *m*; **~ de corail, de perles** Korallen-, Perlenfischer *m*; *adjt* **marin** *m* ~ → marin-pêcheur

pêcheuse [pɛʃøz] F Fischerin *f*; **~ de perles** Perlenfischerin *f*

pecnot [pɛkno] M → péquenaud

pécore [pekɔʀ] F → pimbêche

pectine [pɛktin] F BIOCHIMIE Pektin *n*

pectoral [pɛktɔʀal] ADJ ⟨-aux⟩ 1 ANAT Brust...; *t/t* pektoral; **muscles pectoraux** *ou subst* **pectoraux** *mpl* Brustmuskeln *mpl*; ZOOL **nageoire ~e** Brustflosse *f* 2 PHARM **fleurs ~es** Brusttee *m*; **sirop ~** Hustensaft *m*, -sirup *m*

pécule [pekyl] M 1 Sparsumme *f*; Rücklage *f*; Notgroschen *m*; **amasser un petit ~** e-e kleine Summe zusammensparen 2 *d'un détenu* Guthaben *n*

pécuniaire [pekynjɛʀ] ADJ finanziell; geldlich; pekuniär; Geld...

pédagogie [pedagɔʒi] F Pädagogik *f*; Erziehungswissenschaft *f*; *personne* **manquer de ~** ein schlechter Pädagoge sein; kein pädagogisches Talent besitzen

pédagogique [pedagɔʒik] ADJ pädagogisch; Erziehungs...; erzieherisch

pédagogue [pedagɔg] M/F Pädagoge *m*, Pädagogin *f*; *adjt* **être ~** ein guter Pädagoge, e-e gute Pädagogin sein

pédale [pedal] F 1 *de vélo, voiture, piano* Pedal *n*; TECH *a.* Fußhebel *m*; AUTO **~ d'accélérateur, d'embrayage, de frein** Gas-, Kupplungs-, Bremspedal *n*; **poubelle** *f* **à ~** Treteimer *m*; *jouet* **voiture** *f* **à ~s** Tretauto *n*; *fam fig* **perdre les ~s** (*s'affoler*) kopflos werden; sich (*dat*) nicht mehr zu helfen wissen; (*perdre le fil*) ins Schwimmen geraten; *fam* sich verheddern 2 *fam péj* → pédé; **être de la ~** *a. fam* andersherum, vom anderen Ufer sein 3 MUS **(note** *f* **de) ~** Orgelpunkt *m*

pédaler [pedale] V/I 1 *cycliste* in die Pedale treten; (*faire du vélo*) Rad fahren; *fam* radeln; **sans ~** ohne zu treten; im Freilauf; *fam fig* **~ dans la choucroute, dans la semoule** nicht vorwärtskommen; *fam* sich vergeblich abstrampeln 2 *fam fig* (*se dépêcher*) *fam* sich ranhalten; sich tummeln

pédalier [pedalje] M 1 *d'un vélo* Tretkurbel *f* 2 *d'un orgue* Pedal(tastatur) *n(f)*

pédalo [pedalo] M Tretboot *n*; Wasservelo *n*; **faire du ~** mit dem Tretboot fahren

pédant [pedɑ̃] *péj* A ADJ schulmeisterlich B M Schulmeister *m*

pédanterie [pedɑ̃tʀi] F *litt* → pédantisme; **pédantesque** *litt* ADJ schulmeisterlich; **pédantisme** M schulmeisterliche Art; schulmeisterliches Gehabe; affektierte Gelehrsamkeit

pédé [pede] M *fam* ABR (pédéraste) *fam* Schwule(r) *m*; Homo *m*; *péj* warmer Bruder

pédéraste [pedeʀast] M Päderast *m*; *par ext* Homosexuelle(r) *m*; **pédérastie** F Päderastie *f*; Knabenliebe *f*; *par ext* Homosexualität *f*

pédestre [pedɛstʀ] ADJ Fuß...; **randonnée** *f* **~** Fußwanderung *f*

pédiatre [pedjatʀ] M/F Kinderarzt *m*, -ärztin *f*

pédiatrie [pedjatʀi] F Kinderheilkunde *f*; *dans un hôpital* **service** *m* **de ~** Kinderstation *f*

pédicule [pedikyl] M 1 ANAT Stiel *m* 2 BOT Stiel *m* (*a. d'un champignon*); Stängel *m*

pédicure [pedikyʀ] M/F Fußpfleger(in) *m(f)*; Pediküre *f*

pedigree [pedigʀe] M *d'un animal* Stammbaum *m*; Pedigree *m*

pédoncule [pedɔ̃kyl] M BOT, ANAT Stiel *m*

pédophile [pedɔfil] ADJ pädophil; **pédophilie** F Pädophilie *f*

pédo-psychiatrie [pedopsikjatʀi] F Kinder- und Jugendpsychiatrie *f*

pedzouille [pɛdzuj] M/F → péquenaud

peeling [piliŋ] M Peeling *n*

peep-show [pipʃo] M ⟨*pl* peep-shows⟩ Peep-Show *f*

Pégase [pegaz] M MYTH, ASTRON Pegasus *m*

P.E.G.C. [peəʒese] M/F ABR (professeur d'enseignement général de collège) *correspond à* Realschullehrer(in) *m(f)*

pègre [pɛgʀ] F *coll* Unterwelt *f*

peignage [pɛɲaʒ] M TEXT *de la laine* Kämmen *n*; *du lin* Hecheln *n*

peigne[1] [pɛɲ] M 1 Kamm *m*; *pour retenir les cheveux* Einsteckkamm *m*; **~ fin** Staubkamm *m*; *fig* **passer au ~ fin** sorgfältig prüfen, durchsuchen; *région* durchkämmen *ou* durchkämmen; **~ de corne, de poche** Horn-, Taschenkamm *m*; **se donner un coup de ~** sich rasch (über)kämmen; (sich [*dat*]) schnell mit dem Kamm über die Haare fahren; **être sale comme un ~** vor Dreck starren; *personne a.* wie ein Schwein aussehen 2 TEXT *pour la laine* Kamm *m*; *pour le lin* Hechel *f*; *sur métier à tisser* Riet *n*; Webeblatt *n* 3 ZOOL Kamm-, Pektenmuschel *f*

peigne[2] [pɛɲ] → peindre

peigné [peɲe] M TEXT Kammgarn(stoff) *n(m)*

peigne-cul [pɛɲky] *pop* M ⟨*pl* peigne-culs⟩ *péj* übler Bursche; *fam* Fiesling *m*

peignée [peɲe] F 1 *fam* (*volée*) Schläge *mpl*; *fam* Haue *f*; Dresche *f*; Keile *f* 2 TEXT Kamm *m* voll Wolle

peigner [peɲe] A V/T 1 *cheveux, personne* kämmen 2 TEXT *laine* kämmen; *lin* hecheln; *adjt* **laine peignée** Kammgarn *n* B V/PR **se ~** sich kämmen

peignoir [pɛɲwaʀ] M 1 *de bain* Bademantel *m* 2 (*robe de chambre*) Morgenrock *m*, -mantel *m*

peinard [pɛnaʀ] *fam* ADJ 1 *personne* ruhig; bequem; **père ~** Mensch, der s-e Bequemlichkeit über alles liebt, der Schwierigkeiten gern aus dem Weg geht; **rester, se tenir ~** sich (ruhig) abseits halten 2 *vie, travail* bequem; gemütlich; **il a un emploi ~** *a.* er schiebt e-e ruhige Kugel

peindre [pɛ̃dʀ] ⟨je peins, il peint, nous peignons; je peignais; je peignis; je peindrai; que je peigne; peignant; peint⟩ A V/T 1 *mur, clôture etc* (an)streichen; *fam* anmalen; anpinseln; **~ une pièce** ein Zimmer streichen; *carrosserie* **~ au pistolet** spritzen; spritzlackieren; **~ en bleu** blau (an)streichen, anmalen 2 *décorer* **~ qc** etw bemalen; **~ qc sur qc** etw auf etw (*acc*) malen; *abs* **~ sur étoffe** *etc* auf Stoff *etc* malen 3 PEINT malen; **~ à l'aquarelle, à l'huile** in *ou* mit Aquarell- *ou* Wasserfarben, in Öl malen; **~ au pinceau** mit dem Pinsel malen 4 *fig* (*décrire*) darstellen; schildern; beschreiben; wiedergeben B V/PR *peur, surprise* **se ~ sur les visages** sich auf den Gesichtern ausdrücken; sich in den Gesichtern widerspiegeln

peine [pɛn] F 1 (*chagrin*) Kummer *m*; (seelischer) Schmerz; Leid *n*; Sorge(n) *f(pl)*; **~s de cœur** Liebeskummer *m*; **avoir de la ~** Kummer, Sorgen haben; Leid tragen; **faire de la ~ à qn** j-m Kummer, Sorgen machen, bereiten; j-m wehtun; **cela me fait de la ~ pour vous** das tut mir leid für Sie; **son air abattu fait ~ à voir** es tut einem (in der Seele) weh, wenn man sein betrübtes Gesicht sieht 2 (*effort*) Mühe *f*; Anstrengung *f*; *autrefois* **homme** *m* **de ~** Hausknecht *m*, -bursche *m*, -diener *m*; *loc adv*: **avec ~** mit Mühe, mühsam; **pour ta ~** zum Lohn für deine Mühe; **sans ~** mühelos; unschwer; leicht; **avoir (de la) ~ à faire qc** Mühe haben, etw zu tun; etw nur mit Mühe tun können; **j'ai (de la) ~ à le croire** ich kann es kaum glauben; es fällt mir schwer, das zu glauben; **il a de la ~ à marcher** *a.* das Gehen kostet ihn Mühe, Anstrengung; **se donner, prendre la ~ de faire qc** sich (*dat*) die Mühe machen, etw zu tun; **veuillez vous donner la ~** *ou* **prenez la ~ de vous asseoir!** würden Sie, wollen Sie, bitte, Platz nehmen!; **se donner beaucoup de ~ pour faire qc** sich (*dat*) große, viel, alle Mühe geben, sich sehr bemühen, etw zu tun; **c'est la ~ de** (*+inf*) *ou* **que ...** (*+subj*) es lohnt sich, es ist der Mühe wert zu (*+inf*); **ce n'est pas la ~** das ist nicht nötig; **ce n'est pas la ~ de me le répéter** du brauchst *ou* Sie brauchen es (mir) nicht noch einmal zu sagen; **ce n'était pas la ~ que vous vous dérangiez** Sie hätten sich nicht persönlich zu bemühen brauchen; *iron* **c'était bien la ~ de tant attendre!** das lange Warten hat sich wirklich nicht gelohnt, war umsonst, *fam* war für die Katz!; **n'être pas au bout de ses ~s** noch nicht über den Berg sein; es noch lange nicht geschafft haben; **en être pour sa ~** sich (*dat*) die ganze Mühe umsonst gemacht haben; sich umsonst, vergeblich bemüht haben; **il n'est pas en ~ pour trouver une excuse** er ist nie um e-e Ausrede verlegen; **ne vous mettez pas en ~!** bemühen Sie sich nicht!; **c'est ~ perdue** das ist verlorene, vergebliche (Liebes)Mühe; **valoir la ~** der Mühe wert sein; sich lohnen, *st/s* sich verlohnen, *fam* sich rentieren (**de faire qc** etw zu tun); **cela vaut, vaudrait la ~ d'essayer, que vous essayiez** ein Versuch lohnt sich, würde sich lohnen; **valoir la ~ d'être lu, vu** lesens-, sehenswert sein; **cela n'en vaut pas la ~** das lohnt sich nicht; das ist nicht der Mühe wert; es lohnt nicht die Mühe; **cela ne vaut pas la ~ d'en parler** das ist nicht der Rede wert; *prov* **toute ~ mérite salaire** jede Arbeit ist ihres Lohnes wert (*prov*) 3 (*punition*) Strafe *f* (*a.* REL); **~ capitale, de mort** Todesstrafe *f*; **~ maximale** Höchststrafe *f*; **~ de prison** Gefängnisstrafe *f*; *loc prép*: *défendu* **sous ~ d'amende** bei (Geld)Strafe; *par ext* **sous ~ de** (*+inf*) sonst; andernfalls; *il ne peut rien dire* **sous ~ d'être renvoyé** sonst wird er entlassen; sonst droht ihm die Entlassung 4 LOC ADV **à ~** kaum; *pièce* **à ~ éclairé** kaum, spärlich beleuchtet; **à ~ dix personnes** kaum, keine zehn Menschen; **j'ai à ~ commencé** ich habe kaum, eben, gerade erst begonnen; **c'est à ~ s'il m'a salué** er hat mich kaum gegrüßt; kaum dass er mich gegrüßt hat; **cela se voit à ~** das sieht man kaum, fast gar nicht; *loc conj* **à ~ étiez-vous parti qu'il arrivait** Sie waren kaum weg, da kam er

peiner [pene] A V/T **~ qn** j-n betrüben, bekümmern, traurig machen; j-m wehtun; **nous sommes peinés d'apprendre que ...** zu unserer tiefen Betrübnis erfahren wir, dass ... B V/I *personne* sich (ab)mühen, sich plagen, sich anstrengen (müssen); *a. moteur* Mühe haben; es schwer haben

peins, peint[1] [pɛ̃] → peindre

peint[2] [pɛ̃] PP → peindre *et* ADJ **papier ~** Tapete *f*

peintre [pɛ̃tʀ] M/F 1 Anstreicher(in) *m(f)*; Maler(in) *m(f)*; **~ en bâtiment** Anstreicher *m*; Maler *m* 2 *artiste* (Kunst)Maler(in) *m(f)* 3 *fig et st/s* Schriftsteller(in), Redner(in), der *ou* die etw schildert; Porträtist(in) *m(f)*; Schilderer *m*

peinture [pɛ̃tyʀ] F 1 *matière* Farbe *f*; *t/t a.* Lack *m*; **~ brillante** glänzende Farbe; Lack-, Glanzfarbe *f*; **~ laquée** Lackfarbe *f*; Emaillelack *m*; **~ mate** matte Farbe; Mattfarbe *f*; **~ à la colle, à**

P

l'eau, à l'huile Leim-, Wasser-, Ölfarbe *f* 2 *couche* Anstrich *m*; Farbe *f*; *d'une voiture* Lack *m*; **attention, ~ fraîche!** Vorsicht, frisch gestrichen!; **~ à l'huile** Ölanstrich *m*; **refaire les ~s d'une pièce** ein Zimmer frisch streichen; den Anstrich e-s Zimmers erneuern 3 *opération* (An)Streichen *n*; *fam* Anmalen *n*; *pour décorer* Bemalen *n*; PEINT Malen *n*; **~ au pistolet** Spritzen *n*; Spritzlackieren *n*, -ung *f*; **~ à la brosse** *ou* **au pinceau, au rouleau** Streichen mit dem Pinsel, mit dem Farbroller; **~ en bâtiment(s)** (An)Streichen *n* (*als Arbeit des Anstreichers*) 4 *œuvre d'art* Gemälde *n*; Bild *n*; Malerei *f*; **~ murale** Wandgemälde *n*, -bild *n*, -malerei *f*; **~ à l'huile** Ölgemälde *n*, -bild *n*; **galerie** *f* **de ~** Gemäldegalerie *f*; *fig* **ne pas pouvoir voir qn en ~** j-n nicht ausstehen, *fam* riechen, verknusen können 5 *art* Malerei *f*; Malkunst *f*; **~ à l'huile** Ölmalerei *f*; **~ de la Renaissance** Renaissancemalerei *f*; **~ sur fond d'or** Malerei auf Goldgrund; **~ sur porcelaine, sur verre** Porzellan-, Glasmalerei *f*; **école** *f* **de ~** Malerschule *f*; **style** *m*, **technique** *f* **de ~** Malstil *m*, -technik *f*; **faire de la ~** malen 6 *fig* (*description*) Schilderung *f*; Darstellung *f*; Bild *n*

peinturlurer [pɛ̃tyʀlyʀe] *fam* A VT mit grellen, schreienden Farben (an)streichen, *fam* anmalen, anpinseln B VPR **se ~ (le visage)** *fam* sich (übertrieben) anmalen

Peïpous [peipus] **le lac ~** der Peipussee

péjoratif [peʒɔʀatif] ADJ ⟨-ive⟩ pejorativ; abschätzig; abfällig; abwertend; verächtlich; herabsetzend

péjorativement [peʒɔʀativmɑ̃] ADV pejorativ; im pejorativen Sinn; in pejorativer Bedeutung

Pékin [pekɛ̃] Peking *n*

pékin [pekɛ̃] *arg* M Zivilist *m*

pékinois [pekinwa] 1 ADJ (*et* SUBST **Pékinois** Einwohner) von Peking 2 M ZOOL Pekinese *m*

pelade [pəlad] F MÉD Haarschwund *m*, -ausfall *m*

pelage [pəlaʒ] M Fell *n*; Haarkleid *n*

Pélage [pelaʒ] M HIST Pelagius *m*

pélagique [pelaʒik] ADJ BIOL, GÉOL pelagisch; Tiefsee…

pelé [pəle] A ADJ 1 *animal* kahl; *fourrure etc* mit vielen kahlen Stellen; abgewetzt 2 *fig colline, paysage* kahl; öde B M *fam fig* **il n'y avait que trois ~s et un tondu** es war so gut wie niemand da; es war fast kein Mensch da; *fam* es waren nur ein paar Männeken da

Pélée [pele] M MYTH Peleus *m*

pêle-mêle [pɛlmɛl] ADV bunt durcheinander; ohne Ordnung; wie es gerade kommt; **jeter qc ~** etw (bunt) durcheinanderwerfen

peler [pəle] ⟨-è-⟩ A VT *fruit, oignon* (ab)schälen; **~ une pomme de terre** eine Kartoffel, (ab)schälen, (ab)pellen B VI *peau, nez etc* sich schälen; *all Nord* sich pellen; *après un coup de soleil* **je pèle** meine Haut schält sich, pellt sich C VPR *fruit* **se ~ facilement** sich leicht schälen lassen

pèlerin [pɛlʀɛ̃] M 1 REL Pilger(in) *m(f)*; Wallfahrer(in) *m(f)* 2 ZOOL *adjt*: **faucon** *m* **~** Wanderfalke *m*; **requin** *m* **~** Riesenhai *m*

pèlerinage [pɛlʀinaʒ] M 1 Pilgerfahrt *f*; Wallfahrt *f* (*a. fig*); **aller en ~, faire un ~** e-e Pilger-, Wallfahrt machen; wallfahr(t)en; pilgern (*a. fig*) 2 *lieu* Wallfahrtsort *m*

pèlerine [pɛlʀin] F Pelerine *f*; Umhang *m*

pélican [pelikɑ̃] M ZOOL Pelikan *m*

pelisse [pəlis] F pelzgefütterter Mantel

pellagre [pe(l)lagʀ] F MÉD Pellagra *n*

pelle [pɛl] F 1 *outil* Schaufel *f*; Schippe *f*; *jouet* (Sand)Schaufel *f*; **~ à charbon** Kohlenschaufel *f*, -schippe *f*; **~ (à ordures)** (Kehricht)Schaufel *f*; *fig* **on en ramasse à la ~** das findet man haufenweise; *fam fig*: **ramasser une ~** hinfallen, *fam* -fliegen, -knallen; **rouler une ~ à qn** j-m e-n Zungenkuss geben 2 CUIS (Braten-, Pfannen)Wender *m*; **~ à gâteau, à tarte** Tortenheber *m*, -schaufel *f* 3 TECH **~ mécanique** (Löffel)Bagger *m* 4 *d'un aviron* (Riemen)Blatt *n*

pelletée [pɛlte] F Schaufel *f* voll; **une ~ de sable** e-e Schaufel voll Sand

pelleter [pɛlte] VT ⟨-tt-⟩ schaufeln; schippen

pelleterie [pɛltʀi] F 1 *préparation* Rauchwarenzurichtung *f* 2 *commerce* Pelz-, Rauchwarenhandel *m* 3 *peau* Pelz-, Rauchware *f*

pelletier [pɛltje] M 1 *commerçant* Pelz-, Rauchwarenhändler *m* 2 *ouvrier* Rauchwarenzurichter *m*

pelliculaire [pelikylɛʀ] ADJ *t/t* häutchenartig

pellicule [pɛlikyl] F 1 *dans les cheveux* **~s** *pl* (Kopf)Schuppen *fpl* 2 PHOT, CINÉMA Film *m*; CINÉMA *a.* Filmstreifen *m*, -material *n* 3 (*couche mince*) Film *m*; **~ lubrifiante** Schmierfilm *m* 4 BIOL Häutchen *n*

Péloponnèse [pelɔpɔnɛz] **le ~** der Peloponnes

pelotage [p(ə)lɔtaʒ] M *fam* Begrapschen *n*; Befummeln *n*; Betatschen *n*

pelote [p(ə)lɔt] F 1 Knäuel *m ou n*; **~ de fil, de laine** Garn-, Wollknäuel *m ou n*; *fam fig* **avoir les nerfs en ~** nervlich stark angespannt, sehr nervös, *fam* genervt sein 2 COUT **~ (d'épingles)** Nadelkissen *n* 3 *balle* Pelotaball *m*; *jeu* **~ basque** Pelota *f*

peloter [p(ə)lɔte] VT *fam* begrapschen; befummeln; betatschen; **peloteur** M, **peloteuse** F *fam* Grapscher(in) *m(f)*; Fummler(in) *m(f)*; *adjt* **gestes peloteurs** *fam* grapschende Handbewegungen *fpl*

peloton [p(ə)lɔtõ] M 1 (*petite pelote*) (kleiner, kleines) Knäuel; Knäulchen *n* 2 SPORTS (Haupt)Feld *n*; **~ de tête** Spitzengruppe *f*; vorderes Feld; *fig* **être dans le ~ de tête** zu den Besten gehören, zählen; unter den Besten sein 3 MIL Zug *m*; **~ d'exécution** Erschießungs-, Exekutionskommando *n*; **chef** *m* **de ~** Zugführer *m*

pelotonner [p(ə)lɔtɔne] A VT *fil, laine* zu e-m Knäuel aufwickeln B VPR *personne, animal* **se ~** sich (zu e-r Kugel) zusammenrollen; **se ~ contre qn** sich eng an j-n (an)schmiegen

pelouse [p(ə)luz] F Rasen(fläche *f*, -platz *m*) *m*

peluche [p(ə)lyʃ] F 1 TEXT Plüsch *m*; **animaux** *mpl* **en ~** Stofftiere *npl*; **ours** *m* **en ~** Teddy(bär) *m* 2 (*flocon de poussière*) Staubflocke *f*; (*petit poil*) Fussel *f ou m* 3 *fam* **~s** *pl* → pluches

peluché [p(ə)lyʃe] ADJ plüschartig; **pelucher** VI *étoffe* fusseln; **pelucheux** ADJ ⟨-euse⟩ 1 *étoffe* fusselig 2 *plante* samtig

pelure [p(ə)lyʀ] F 1 (abgeschälte) Schale; **~ d'oignon** Zwiebelschale *f*; *adjt* **vin** *m* **~ d'oignon** Schillerwein *m*; Bleichert *m* 2 *fam plais* (*manteau*) Mantel *m*; **enlever sa ~** *fam* sich auspellen 3 ADJT **papier** *m* **~** Durchschlagpapier *n*

pelvien [pɛlvjɛ̃] ADJ ⟨~ne⟩ ANAT Becken…

pelvis [pɛlvis] M ANAT Becken *n*

pénal [penal] ADJ ⟨-aux⟩ JUR Straf…; strafrechtlich; *dans un contrat* **clause ~e** Schadensersatz-, Straf-, Vertragsstrafenklausel *f*; **Code ~** Strafgesetzbuch *n* (*abr* StGB); **Code** *m* **de procédure ~e** Strafprozessordnung *f* (*abr* StPO); **droit ~** Strafrecht *n*; **responsabilité ~e** strafrechtliche Verantwortlichkeit, Haftung; **pénalement** ADV strafrechtlich

pénalisant [penalizɑ̃] ADJ nachteilig; ungünstig; **pénalisation** F 1 SPORTS Strafe *f*; Strafpunkte *mpl ou* -minuten *fpl* 2 *par ext* Benachteiligung *f*; Zurücksetzung *f*

pénaliser [penalize] VT 1 SPORTS, JUR bestrafen; mit e-r Strafe belegen; JUR *a.* mit e-m Bußgeld belegen 2 *par ext* benachteiligen; zurücksetzen; bestrafen

pénalité [penalite] F JUR, SPORTS Strafe *f*; JUR *a.* Bußgeld *n*; Geldbuße *f*; RUGBY **coup** *m* **de pied de ~** Straftritt *m*

penalty [penalti] M ⟨*pl* penalties⟩ FOOTBALL Elfmeter *m*; Strafstoß *m*

pénard [penaʀ] ADJ → peinard

pénates [penat] MPL HIST *à Rome* Hausgötter *mpl*; Penaten *pl*; *fig et plais* **regagner, réintégrer ses ~** an den häuslichen Herd, ins traute Heim zurückkehren

penaud [pano] ADJ beschämt; verlegen; betreten; kleinlaut

penchant [pɑ̃ʃɑ̃] M Hang *m*, Neigung *f* (**à** *ou* **pour qc** zu etw); *st/s* **~ pour qn** Zuneigung *f* zu j-m; **son ~ pour la musique** s-e besondere Vorliebe für (die) Musik; **mauvais ~s** schlimme Neigungen; schlechte Anlagen *fpl*; **avoir un ~ à** *ou* **pour qc** e-n Hang, e-e Neigung zu etw haben; zu etw neigen

penché [pɑ̃ʃe] ADJ 1 geneigt; schräg; schief; **écriture ~e** schräge Schrift; **la Tour ~e de Pise** der Schiefe Turm von Pisa 2 *fig* **avoir, prendre des airs ~s** e-e nachdenkliche, träumerische Miene aufsetzen

pencher [pɑ̃ʃe] A VT *objet* neigen; **~ la tête** den Kopf neigen, senken, (nieder)beugen B VI 1 *arbre, mur etc* sich neigen; schief sein, stehen; *balance* sich senken; **~ à gauche** *a.* nach links hängen 2 *personne* **~ pour qc** zu etw (hin)neigen, tendieren C VPR 1 *personne* **se ~** sich nieder-, herabbeugen; **se ~ en avant** sich nach vorn beugen, neigen; sich vornüberbeugen, -neigen; CH DE FER **ne pas se ~ au-dehors** nicht hinauslehnen!; **se ~ par la fenêtre** sich zum Fenster hinauslehnen, -beugen; sich aus dem Fenster lehnen, beugen; *pp* **penché sur un livre** über ein Buch gebeugt 2 *fig* **se ~ sur qc** sich mit etw beschäftigen, befassen, auseinandersetzen; sich in etw (*acc*) vertiefen

pendable [pɑ̃dabl] ADJ **tour** *m* **~** schlimmer, übler, böser Streich

pendaison [pɑ̃dɛzõ] F 1 *supplice* Henken *n*; **exécuter par ~** durch den Strang hinrichten 2 *suicide* Erhängen *n* 3 **~ de crémaillère** Wohnungseinweihung *f*; *fam* Einzugsfete *f*

pendant¹ [pɑ̃dɑ̃] M Gegenstück *n*, Pendant *n*, Entsprechung *f* (**de** zu); **être le ~ de qc, faire ~ à qc** das Gegenstück, Pendant zu etw sein, bilden; *par ext* e-r Sache (*dat*) entsprechen, vergleichbar sein; **se faire ~** sich (*dat*) genau gegenüberstehen, -hängen; *par ext* sich (*dat*) genau entsprechen

pendant² [pɑ̃dɑ̃] A PRÉP während (+*gén*, *fam a.* +*dat*); **~ trois heures** drei Stunden (lang); **~ l'hiver** während des Winters; **~ la nuit** während, in der Nacht; die Nacht über; **~ ce temps** während dieser Zeit; währenddessen; **avant la guerre et ~** vor und während des Krieges B LOC CONJ **~ que** a *simultanéité* während b *opposition* während; wo(hin)gegen c **~ que j'y pense …** da ich gerade daran denke …; *iron* **~ que tu y es, prends tout!** da du nun schon (einmal) dabei bist, nimm alles!

pendant³ [pɑ̃dɑ̃] A ADJ 1 (herab-, herunter)hängend; *d'un animal* **oreilles ~es** Hänge-, *fam* Schlappohren *npl*; *loc adv*: **les bras ~s** mit (herab)hängenden Armen; **les jambes ~es** mit baumelnden Beinen; *chien* **la langue ~e** mit heraushängender Zunge 2 a JUR **procès ~** anhängiges, schwebendes Verfahren b *par ext*: *affaire, question* unentschieden; in der Schwebe (befindlich) B MPL **~s d'oreilles** Ohrgehänge *n*

pendeloque [pɑ̃dlɔk] F *bijou* Gehänge *n*; *d'un*

P

lustre **~s** *pl* Behänge *mpl*
pendentif [pɑ̃dɑ̃tif] M 1 *bijou* Anhänger *m* 2 ARCH Hängezwickel *m*; Pendentif *n*
penderie [pɑ̃dʀi] F a *(placard)* (eingebauter) Kleiderschrank b *pièce* Kleiderkammer *f* c *partie d'une armoire* Kleiderabteil *m*
pendiller [pɑ̃dije] VI *linge* flattern
Pendjab [pɛndʒab] **le ~** der *ou* das Pandschab
pendouiller [pɑ̃duje] VI *fam* (herum)baumeln
pendre [pɑ̃dʀ] ⟨→ rendre⟩ A VT 1 *objet* hängen (**à** an *+acc*); aufhängen (**à** an *+dat*) 2 *condamné* (auf-, er)hängen; henken; *fam* aufknüpfen; *fig* **dire pis que ~ de qn** kein graues Haar, keinen guten Faden an j-m lassen; *fam fig* **qu'il aille se faire ~ ailleurs!** *fam* er soll sich zum Teufel, zum Henker scheren!; *fig* **je veux être pendu si …** *fam* ich fresse e-n Besen *ou* ich will e-n Besen fressen, wenn … B VI 1 hängen (**à** an *+dat*); **~ jusqu'à terre** *branches* bis zur Erde herab-, herunterhängen; bis auf die Erde hängen; *manteau etc* bis zum *ou* auf den Boden reichen; **laisser ~ ses bras** die Arme (herab-, herunter)hängen lassen 2 *robe* **~ d'un côté, par derrière** auf e-r Seite, hinten zu lang sein, *fam* zipfeln C VPR 1 *personne* **se ~ à qc** sich an etw *(acc)* hängen; *fam fig* **se ~ à la sonnette de qn** *fam* bei j-m Sturm läuten 2 *suicidé* **se ~** sich er-, aufhängen
pendu [pɑ̃dy] A PP → pendre; **être ~** aufgehängt sein (**à** an *+dat*); hängen (an *+dat*; *a. fig*); *fam fig* **être toujours ~ au téléphone** *fam* dauernd an der Strippe hängen; → *a.* langue 2 B SUBST **~(e)** *m(f)* Erhängte(r) *m/f(m)* *(a. par suicide)*; Gehängte(r) *m/f(m)*; Gehenkte(r) *m/f(m)*
pendulaire [pɑ̃dylɛʀ] ADJ Pendel…; **mouvement** *m* **~** Pendelbewegung *f*; Pendeln *n*
pendule[1] [pɑ̃dyl] M PHYS, RADIESTHÉSIE Pendel *n*
pendule[2] [pɑ̃dyl] F Pendel-, Wand-, Tisch-, Küchen-, Stutzuhr *f*; *fig* **remettre les ~s à l'heure** Klarheit schaffen; keine Missverständnisse aufkommen lassen
pendulette [pɑ̃dylɛt] F kleine Pendel-, Wanduhr *etc*
pêne [pɛn] M *d'une serrure* Riegel *m*; Falle *f*
Pénélope [penelɔp] F MYTH Penelope *f*
pénéplaine [peneplɛn] F GÉOL Rumpffläche *f*; Fastebene *f*
pénétrable [penetʀabl] ADJ **difficilement ~** *forêt* fast undurchdringlich; *fig: intentions de qn* schwer zu durchschauen(d); *mystère* schwer zu ergründen(d), erforschen(d)
pénétrant [penetʀɑ̃] A ADJ 1 *odeur* penetrant; *pluie* durch alle Kleider (durch)gehend, (-)dringend; **froid ~** durchdringende, scharfe Kälte; **regard, vent ~** durchdringender *ou* scharfer Blick, Wind 2 *fig esprit* durchdringend; scharf; **remarque ~e** scharfsinnige Bemerkung B F **~e** (zum Zentrum führende) Stadtautobahn
pénétration [penetʀasjõ] F 1 Eindringen *n* *(a. fig d'idées nouvelles etc)*; *d'un projectile* **force** *f* **de ~** Durchschlagskraft *f* 2 *fig (sagacité)* Scharfsinn *m*; Geistes-, Verstandesschärfe *f*
pénétré [penetʀe] ADJ *personne* **~ de qc** von etw erfüllt, durchdrungen; **~ de son importance** von s-r Wichtigkeit überzeugt, durchdrungen; **d'un ton ~** im Brustton der Überzeugung
pénétrer [penetʀe] ⟨-è-⟩ A VT 1 *liquide* **~ qc** in etw *(acc)* eindringen; durch etw (durch)dringen; etw durchdringen; *froid* **~ qn jusqu'aux os** j-m durch und durch gehen 2 *fig: intentions de qn* durchschauen; *mystère* ergründen; erforschen; **~ un secret** *a.* hinter ein Geheimnis kommen; in ein Geheimnis eindringen 3 *fig* **~ qn d'admiration, de reconnaissance** j-n mit Bewunderung, Dankbarkeit erfüllen; → *a.* pénétré B VI *eau, fumée, projectile etc, par ext idées, cambrioleur, envahisseur etc* eindringen (**dans** in *+acc*); **~ à travers qc** durch etw (durch)dringen; *vernis* **~ dans le bois** in das Holz (ein)dringen, einziehen; *par ext* **on pénètre dans le bureau** *par un petit couloir* man kommt in das Büro, man betritt das Büro …; **~ dans des milieux fermés** in exklusive Kreise eindringen; sich *(dat)* zu exklusiven Kreisen Zutritt verschaffen; *fig* **~ dans les secrets de la nature** in die Geheimnisse der Natur eindringen; *crème dans la peau* **faire ~ en massant** einmassieren C VPR *personne* **se ~ d'une idée** e-n Gedanken in sich *(dat)* aufnehmen; **se ~ de l'utilité de qc** sich von der Nützlichkeit e-r Sache *(gén)* überzeugen
pénibilité [penibilite] F *d'un travail* Mühseligkeit *f*; Beschwerlichkeit *f*
pénible [penibl] ADJ 1 *travail, existence, voyage etc* mühselig; mühevoll; mühsam; beschwerlich; anstrengend 2 *situation, événement, nouvelle etc* traurig; schmerzlich; betrüblich; *situation a.* misslich; *moments, heures a.* schwer; **maladie** *f* **~** schmerzhafte Krankheit; **il m'est ~ de devoir vous annoncer que …** es ist nicht leicht für mich, Ihnen mitteilen zu müssen, dass … 3 *fam caractère, personne* schwierig
péniblement [peniblәmɑ̃] ADV 1 *(difficilement)* mühsam; mit Mühe (und Not) 2 *(cruellement)* schmerzlich
péniche [peniʃ] F 1 Last-, Frachtkahn *m*; Zille *f*; **~ remorquée** Schleppkahn *m* 2 MAR MIL **~ de débarquement** Landungsboot *n*, -fahrzeug *n*
pénicilline [penisilin] F PHARM Penizillin *ou t/t* Penicillin *n*
péninsulaire [penɛ̃sylɛʀ] ADJ Halbinsel…; *t/t* peninsular(isch)
péninsule [penɛ̃syl] F Halbinsel *f*
pénis [penis] M ANAT Penis *m*; männliches Glied
pénitence [penitɑ̃s] F 1 *(châtiment)* Strafe *f*; **pour (ta, sa** *etc***) ~** zur Strafe 2 REL a *(repentir)* Bußfertigkeit *f* b *(peine imposée)* Buße *f*; Bußübung *f*; **faire ~** Buße tun c **(sacrement** *m* **de) ~** Bußsakrament *n*
pénitencier [penitɑ̃sje] M JUR Strafanstalt *f*
pénitent [penitɑ̃] REL A ADJ bußfertig B SUBST 1 *(qui se confesse)* **~(e)** *m(f)* Beichtkind *n* 2 HIST Büßer(in) *m(f)*
pénitentiaire [penitɑ̃sjɛʀ] ADJ JUR Straf(vollzugs)…; **établissement** *m* **~** Straf(vollzugs)anstalt *f*; HIST **colonie** *f* **~** Strafkolonie *f*
Penmarch [pɛ̃maʀ, pɛn-] *Stadt im Dep. Finistère*
penne [pɛn] F *de l'aile* Schwungfeder *f*; *de la queue* Schwanzfeder *f*
penné [pe(n)ne] ADJ BOT *feuille* gefiedert
Pennine [penin] **la chaîne ~** *ou* **les ~s** *fpl* das Penninische Gebirge
Pennsylvanie [pɛnsilvani] **la ~** Pennsylvanien *n*
pennsylvanien [pɛnsilvanjɛ̃] A ADJ ⟨~ne⟩ pennsylvanisch B SUBST **Pennsylvanien(ne)** *m(f)* Pennsylvanier(in) *m(f)*
pénombre [penõbʀ] F Halbdunkel *n*; Dämmerlicht *n*; PHYS Halbschatten *m*
pensable [pɑ̃sabl] ADJ **ne pas être ~** nicht denkbar, undenkbar sein
pensant [pɑ̃sɑ̃] ADJ 1 denkend; **un être ~** ein denkendes Wesen 2 *personne, presse* **bien ~** konformistisch
pense-bête [pɑ̃sbɛt] M ⟨*pl* pense-bêtes⟩ Merkzeichen *n*
pensée[1] [pɑ̃se] F 1 *(fait de penser)* Denken *n*; *(faculté de penser)* Denkvermögen *n*, -fähigkeit *f*; **~ abstraite** abstraktes Denken 2 *(idée)* Gedanke *m*; **la ~ de qn, qc** der Gedanke an j-n, etw; *loc adv*: **à la seule ~ de** *(+inf)* bei dem bloßen Gedanken, allein schon bei dem Gedanken zu *(+inf)*; **à la ~ qu'il pouvait mourir** bei dem Gedanken, dass er sterben könnte; **par la ~, en ~** im Geiste; in Gedanken; **aller jusqu'au bout de sa ~** e-n Gedanken bis zu Ende denken; **avoir une ~ émue pour qn** in Gedanken bei j-m sein; **deviner la ~, les ~s de qn** j-s Gedanken erraten; *dans une lettre* **recevez nos plus affectueuses ~s** in herzlichem Gedenken 3 *(façon de penser)* Denkweise *f*, -art *f*; *st/s* Denkungsart *f*; *(opinion)* Ansicht *f*; Meinung *f*; Auffassung *f*; *d'un écrivain, philosophe* Gedankenwelt *f*; *(doctrine)* Denken *n*; Gedankengut *n*; *autrefois* **la libre ~** das Freidenkertum; die Freigeisterei
pensée[2] [pɑ̃se] F BOT Stiefmütterchen *n*
penser [pɑ̃se] A VT 1 *(croire)* denken; glauben; meinen; **~ du bien, du mal de qn** gut, schlecht, Gutes, Schlechtes von j-m denken; e-e gute, schlechte Meinung von j-m haben; **contrairement à ce que j'avais pensé** entgegen meiner Vermutung; **dire ce que l'on pense** sagen, was man denkt; **il n'est pas si bête qu'on le pense** er ist nicht so dumm, wie man denkt, glaubt, meint; **qu'est-ce qui vous fait ~ cela?** wie kommen Sie darauf?; ♦ **~ de qc, qn** halten von etw, j-m; **que penses-tu de cette solution?** was hältst du von dieser Lösung?; **qu'en pensez-vous?** was halten Sie davon; wie denken Sie darüber?; **que faut-il ~ de lui?** was soll man von ihm halten?; *il ne dit rien*, **mais il n'en pense pas moins** aber er denkt sich *(dat)* sein Teil; ♦ **~ que …** denken, glauben, meinen, dass …; **vous pensez bien que …** Sie können sich *(dat)* (wohl) denken, dass …; **je ne pense pas que ce soit si difficile** ich glaube nicht, dass das so schwierig ist; **je pense qu'il a raison** ich glaube, er hat recht; **pensez qu'elle n'a que vingt ans!** denken Sie *ou* stellen Sie sich *(dat)* vor, sie ist erst zwanzig Jahre alt!; ♦ **~** *(+inf)* glauben zu *(+inf)*; **il a pensé mourir** er glaubte zu sterben; → *a.* 2 2 *(avoir l'intention de)* **~** *(+inf)* gedenken, beabsichtigen zu *(+inf)*; **je pense partir demain** ich gedenke, beabsichtige, morgen abzureisen 3 *(concevoir) problème, aménagement etc* durchdenken; *adjt* **minutieusement pensé** bis ins Kleinste durchdacht 4 *par euphémisme*: **il a marché dans ce que je pense** er ist in die Sch… getreten; *il lui a. flanqué un coup de pied* **là où je pense** in den Allerwertesten B VT INDIR **~ à qn, qc** an j-n, etw denken; **ne ~ qu'à s'amuser** nur ans Vergnügen denken; **à quoi penses-tu?** woran denkst du?; **n'y pensons plus!** denken wir nicht mehr daran!; vergessen wir es!; **tu n'y penses pas!** das ist doch nicht dein Ernst!; **ah, j'y pense …** *ou* **mais j'y pense …** ach, da fällt mir gerade ein …; ach, dass ich nicht vergesse …; **j'essaierai d'y ~** ich werde versuchen, daran zu denken; *c'est simple*, **mais il fallait y ~** aber man muss erst darauf kommen; ♦ *loc adv* **sans ~ à mal** ohne sich *(dat)* Böses, Schlimmes, Arges dabei zu denken; **sans y ~** ganz in Gedanken; ♦ **~ à faire qc** daran denken, nicht vergessen, etw zu tun; **fais-moi ~ à payer la note** erinnere mich daran, lass mich daran denken, dass ich die Rechnung bezahlen muss; ♦ *photo, musique etc* **faire ~ à qc** an etw *(acc)* erinnern C VI 1 denken; **son maître à ~** sein geistiges Vorbild; **façon** *f* **de ~** Denkweise *f*, -art *f*; **je leur dirai ma façon de ~!** ich werde ihnen meine Meinung sagen!; **~ tout °haut** laut denken; *Descartes*

P

je pense, donc je suis ich denke, also bin ich; **je ne pense pas comme vous sur cette question** in dieser Frage denke ich nicht wie Sie, bin ich anderer Meinung als Sie; ♦ *événement etc* **donner, laisser à ~** zu denken geben; einen bedenklich, nachdenklich machen, stimmen 2 *exclamations: fam* **tu penses!, vous pensez!** *pour insister fam* und ob!; das kannst du dir *ou* können Sie sich (*dat*) denken!; *pour refuser fam* denkste!; **vous pensez si j'avais peur!** und ob ich Angst hatte!; ♦ *fam* **penses-tu!, pensez-vous!** ach wo(her)!; i wo!; i bewahre!; wo denkst du *ou* wo denken Sie hin!

penseur [pɑ̃sœʀ] M Denker *m*; **libre ~** Freidenker *m*; Freigeist *m*

pensif [pɑ̃sif] ADJ ⟨-ive⟩ nachdenklich; gedankenvoll

pension [pɑ̃sjõ] F 1 (*internat*) Internat *n*; Schüler(innen)heim *n*; **être en ~** im Internat sein; **mettre son fils en ~** s-n Sohn ins Internat geben 2 *hôtel* Pension *f*; Fremdenheim *n*; **~ de famille** kleine Pension; Familienpension *f* 3 (*hébergement et nourriture*) Pension *f*; *somme a.* Kostgeld *n*; **~ complète** Vollpension *f*; **chambre** *f* **avec ~ complète** Zimmer *n* mit Vollpension; **être en ~ chez qn** bei j-m in Pension sein (*a. animal*); **prendre qn en ~** j-n in Pension nehmen (*a. animal*); **prendre ~ chez qn, dans un hôtel** Wohnung und Verpflegung, Vollpension bei j-m, in e-m Hotel nehmen 4 *allocation* Rente *f*; **~ alimentaire** Unterhaltsrente *f*; *pour enfant naturel* Alimente *pl*; **~ de guerre** Kriegshinterbliebenenrente *f*; **~ d'invalidité** Invaliden-, Berufsunfähigkeits-, Erwerbsunfähigkeitsrente *f*; **~ de retraite, de vieillesse** Altersrente *f*; Ruhegeld *n*; *pour fonctionnaires* Pension *f*; Ruhegehalt *n*; **~ de réversion** Hinterbliebenenrente *f*

pensionnaire [pɑ̃sjɔnɛʀ] M/F 1 *élève* Internatsschüler(in) *m(f)*; Zögling *m* 2 *d'une pension de famille, d'un hôtel* Pensionsgast *m*; *d'une maison de retraite etc* Insasse *m*, Insassin *f* 3 **~ de la Comédie-Française** befristet angestellter Schauspieler, angestellte Schauspielerin der Comédie Française 4 *artiste* **~ de la Villa Médicis** Stipendiat(in) *m(f)* der Villa Medici

pensionnat [pɑ̃sjɔna] M **~ (de jeunes filles)** (Mädchen)Pensionat *n*

pensionné [pɑ̃sjɔne] ADJ *et* SUBST → **retraité**

pensionner [pɑ̃sjɔne] V/T *rarement* **~ qn** j-m e-e Pension, Rente geben

pensum [pɛ̃sɔm] M ÉCOLE Strafarbeit *f* (*a. fig*)

pentacle [pɛ̃takl] M OCCULTISME Pentagramm *n*; Drudenfuß *m*

pentaèdre [pɛ̃taɛdʀ] M MATH Fünfflächner *m*; *t/t* Pentaeder *n*

pentagonal [pɛ̃tagɔnal] ADJ ⟨-aux⟩ fünfeckig; *t/t* pentagonal

pentagone [pɛ̃tagon, -gɔn] M 1 MATH Fünfeck *n*; *t/t* Pentagon *n* 2 *à Washington* **le Pentagone** das Pentagon

pentathlon [pɛ̃tatlõ] M SPORTS **~ (moderne)** (moderner) Fünfkampf

pente [pɑ̃t] F 1 *d'un terrain, d'une route etc* Gefälle *n* (**de dix pour cent** von zehn Prozent); Neigung *f*; *d'un toit* Dachneigung *f*; *loc adj* **en ~** abfallend; **en ~ raide** abschüssig; **aller, être en ~** abfallen; Gefälle haben; **descendre en ~ douce, raide** sanft, steil abfallen; ein sanftes, steiles Gefälle haben 2 *d'une colline, montagne* (Ab)Hang *m*; *all Sud a.* Lehne *f*; **~ douce** sanfter (Ab)Hang; Flachhang *m*; **~ raide** steiler (Ab-)Hang; Steilhang *m*; *fig personne:* **être sur une ~ glissante** auf e-r gefährlichen Bahn sein; **être sur une** *ou* **la mauvaise ~** auf die schiefe Ebene, Bahn geraten sein; **remonter la ~** wieder auf die Beine kommen; **il a remonté la ~** *a.* es geht wieder bergauf mit ihm; **suivre sa ~** s-r Neigung (*dat*) nachgehen 3 MATH *d'une droite* Steigung *f*

Pentecôte [pɑ̃tkot] **la ~** Pfingsten *n ou pl*; **à la ~** (an, zu) Pfingsten

Penthésilée [pɛ̃tezile] F MYTH Penthesilea *f*

penture [pɑ̃tyʀ] F TECH *d'un volet etc* Band *n*

pénultième [penyltjɛm] F LING Pänultima *f*; vorletzte Silbe

pénurie [penyʀi] F (großer) Mangel (**de** an *+dat*); Knappheit *f*; **~ de devises** Devisenmangel *m*, -knappheit *f*; **~ d'eau** Wasserknappheit *f*; **~ de logements** Wohnungsnot *f*; Wohnraummangel *m*; **~ de main-d'œuvre** Arbeitskräftemangel *m*; Mangel *m* an Arbeitskräften

people [pipœl] A ADJ ⟨*inv*⟩ **magazine** *m* **~** People-Magazin *n* (*Illustrierte, die über Prominente berichtet*); **presse** *f* **~** Regenbogenpresse *f* B MPL Stars *mpl*; Prominente *mpl*

pep [pɛp] M *fam* **avoir du ~** Schwung, Pep haben

pépé [pepe] M *fam enf* Opa *m* (*a. par ext, péj*)

pépée [pepe] F *fam* **une jolie ~** *fam* ein hübscher Käfer; ein Klasseweib *n*

pépère [pepɛʀ] A ADJ *fam vie, travail* gemütlich; bequem, geruhsam; *vie a.* beschaulich; **un petit coin ~** ein ruhiges Fleckchen B M 1 *enf* Opa *m* 2 *fam* **un gros ~** ein gemütlicher Dicker; *enfant* ein Dickerchen *n*; *fam* ein Pummelchen *n*

pépètes [pepɛt] FPL *fam* → **fric**

pépie [pepi] F *fam fig* **avoir la ~** sehr durstig sein; e-e trockene Kehle haben

pépiement [pepimɑ̃] M Piep(s)en *n*; Tschilpen *n*

pépier [pepje] V/I *jeunes oiseaux* piepsen; piepen; *moineaux* tschilpen

pépin [pepɛ̃] M 1 *de certains fruits* Kern *m*; **fruits** *mpl* **à ~s** Kernobst *n*; **sans ~s** kernlos 2 *fam fig personne* **avoir un ~** auf Schwierigkeiten stoßen; Ärger, Scherereien, Pech haben 3 *fam* (*parapluie*) Schirm *m*; *fam* Musspritze *f*

Pépin [pepɛ̃] M HIST Pippin *m*

pépinière [pepinjɛʀ] F 1 Baumschule *f* 2 *fig* Pflanz-, Bildungsstätte *f*

pépiniériste [pepinjeʀist] M/F Baumschulgärtner(in) *m(f)*

pépite [pepit] F (Gold)Klumpen *m*

péplum [peplɔm] M (in der Antike spielender) Monumental-, Kolossalfilm

pepsine [pɛpsin] F BIOCHIMIE Pepsin *n*

peptique [pɛptik] ADJ BIOCHIMIE peptisch

péquenaud [pɛkno] M, **péquenaude** F, **péquenot** [pɛkno] M *fam péj* 1 *péj* Bauernlümmel *m*, -trampel *m ou n*; Bauernweib *n*; *par ext* Hinterwäldler(in) *m(f)* 2 ADJ/T ungehobelt; ungeschliffen; hinterwäldlerisch

péquin [pekɛ̃] M → **pékin**

perçage [pɛʀsaʒ] M TECH (Durch)Bohren *n*; Durchbohren *n*

percale [pɛʀkal] F TEXT Perkal *m*

perçant [pɛʀsɑ̃] ADJ *regard* durchdringend; scharf; **cris ~s** gellende, durchdringende Schreie *mpl*; **froid ~** schneidende, durchdringende Kälte; **voix ~e** schrille Stimme

perce [pɛʀs] F *tonneau* **mettre en ~** anstechen; anzapfen; **mise** *f* **en ~** Anstich *m*; Anzapfen *n*

percée [pɛʀse] F 1 *dans une forêt* Durchhieb *m* 2 TECH (Mauer-, Straßen)Durchbruch *m*; *d'un tunnel* Durchstich *m* 3 MIL, SPORTS *et fig* (*réussite*) Durchbruch *m*; MIL *a.* Durchstoß *m*; **faire, tenter une ~** e-n Durchbruch machen, versuchen

percement [pɛʀsəmɑ̃] M *d'un mur, d'une rue etc* Durchbrechen *n*, -bruch *m*; *d'un tunnel* Durchstechen *n*, -stich *m*; Bohren *n*, -ung *f*

perce-neige [pɛʀsənɛʒ] M *ou* F ⟨*inv*⟩ BOT Schneeglöckchen *n*

perce-oreille [pɛʀsɔʀɛj] M ⟨*pl* perce-oreilles⟩ ZOOL Ohrwurm *m*

percepteur [pɛʀsɛptœʀ] M Finanzbeamte(r) *m*; *par ext* Finanzamt *n*; HIST Steuereinnehmer *m*

perceptibilité [pɛʀsɛptibilite] F PHIL Wahrnehmungsfähigkeit *f*, -vermögen *n*; Wahrnehmbarkeit *f*; *t/t* Perzeptibilität *f*

perceptible [pɛʀsɛptibl] ADJ 1 wahrnehmbar; *t/t* perzeptibel; **~ à l'œil nu** mit bloßem Auge erkennbar, wahrnehmbar; *son* **~ (à l'oreille)** hörbar; vernehmbar 2 *avantage, amélioration* spürbar; merklich 3 *ironie, subtilité etc* fassbar; fasslich; spürbar; begreiflich

perceptif [pɛʀsɛptif] ADJ ⟨-ive⟩ PSYCH perzeptorisch; perzeptiv

perception [pɛʀsɛpsjõ] F 1 (*recouvrement d'impôts*) Erhebung *f*; Einziehung *f*; Beitreibung *f* 2 *bureau* Finanzamt *n* 3 PHIL, PSYCH Wahrnehmung *f*; *t/t* Perzeption *f*; GRAM **verbes** *mpl* **de ~** Verben *npl* der sinnlichen Wahrnehmung

percer [pɛʀse] ⟨-ç-⟩ A V/T 1 *mur, planche* durchbohren *ou* durchbohren; *avec une aiguille* durchstechen; *projectile: mur etc* durchschlagen, -bohren; MIL *front ennemi*, SPORTS *défense* durchbrechen; durchbrechen durch; *avec des chars* durchstoßen; durchstoßen durch; *mur, route* durchbrechen; **~ un abcès** einen Abszess öffnen; **~ une ampoule** eine Blase aufstechen; **~ un chemin dans la forêt** e-n Weg durch den Wald hauen, schlagen; *fig* **~ le cœur** das Herz zerreißen; **~ un coffre-fort** einen Tresor aufbrechen; *fam* knacken; *bébé* **~ ses dents** s-e Zähne bekommen; zahnen; **~ une fenêtre, une porte** ein Fenster, eine Tür durch-, ausbrechen; **~ la foule** sich (*dat*) gewaltsam e-n Weg durch die Menge bahnen; sich durch die Menge durchkämpfen; *soleil* **~ les nuages** durch die Wolken brechen; *lumière* **~ l'obscurité** durch die Dunkelheit dringen; *cris, vacarme* **~ les oreilles** den Ohren wehtun; in den Ohren gellen; *explosion, cris* **~ le silence** die Stille zerreißen; **~ un tonneau** ein Fass anstechen, anzapfen; **~ un trou, un tunnel** ein Loch, einen Tunnel bohren; ♦ *adjt* **percé** *chaussures, poche etc* durchlöchert; **être percé** ein Loch, Löcher haben; durchlöchert sein 2 **~ (à jour)** *intentions de qn* durchschauen; *mystère* ergründen; erforschen; **~ un secret** *a.* hinter ein Geheimnis kommen B V/I 1 *dents* durchkommen, -brechen; *abcès* aufgehen; MIL, SPORTS durchbrechen; *chars a.* durchstoßen; *jour* anbrechen; *soleil* **~ (à travers les nuages)** durchbrechen, -kommen 2 *fig: vraie nature de qn* durchbrechen, -schlagen; zum Vorschein kommen; *ironie dans les paroles de qn* durchklingen; mitschwingen; *personne: sentiments* **laisser ~ (à l'extérieur)** nach außen hin merken lassen, zeigen; **rien n'a percé de leur entretien** von ihrer Unterhaltung ist nichts durchgedrungen, durchgesickert 3 *fig personne* (*réussir*) den Durchbruch schaffen; berühmt werden; Berühmtheit erlangen

perceur [pɛʀsœʀ] M 1 *ouvrier* Bohrer *m* 2 **~ de coffre-fort** Geldschrankknacker *m*

perceuse [pɛʀsøz] F TECH Bohrmaschine *f*; **~ à percussion** Schlagbohrmaschine *f*

percevable [pɛʀsəvabl] ADJ *impôts* einziehbar; erhebbar

Perceval [pɛʀsəval] M MYTH Parzival *m*

percevoir [pɛʀsəvwaʀ] V/T ⟨→ recevoir⟩ 1 *par les sens* wahrnehmen; *acoustiquement a.* vernehmen; *visuellement a.* erkennen; *par l'esprit* erkennen; erfassen 2 *impôts* einnehmen; einziehen; erheben (*a. redevances*); *loyer, somme* einnehmen; vereinnahmen; kassieren; (*recevoir*) bekommen

perche[1] [pɛʀʃ] F ZOOL Barsch *m*; **~ arc-en-ciel**

Sonnenbarsch *m*

perche² [pɛʀʃ] F **1** Stange *f; pour saut à la* ~ Stab *m; pour grimper* Kletterstange *f;* CINÉMA, TV ~ **(à son)** (Mikrofon)Galgen *m;* Giraffe *f;* TECH ~ **(de prise de courant)** Stromabnehmer *m;* SPORTS **saut** *m* **à la** ~ Stabhochsprung *m; fig* **tendre la** ~ **à qn** *(tirer d'embarras)* j-m Hilfestellung leisten; j-m aus der Klemme, *fam* Patsche helfen; *pour faire céder qn* j-m goldene Brücken bauen **2** *fam fig de qn* **grande** ~ lange Latte; Bohnen-, Hopfenstange *f*

Perche [pɛʀʃ] **le** ~ *Landschaft im Südosten der Normandie*

perché [pɛʀʃe] ADJ **1** *oiseau, personne* (erhöht) sitzend (**sur** auf *+dat*); *fig village etc* ~ **dans la montagne** hoch im Gebirge liegend, gelegen; **être** ~ (oben, erhöht) sitzen **2** *fig* **voix** (°**haut**) ~**e** hohe Stimme

percher [pɛʀʃe] **A** VT *fam objet* (hinauf-, hoch)stellen, (-)legen, *fam* hinauftun (**sur l'armoire** auf den Schrank) **B** VI **1** *oiseaux* sich setzen (**sur un arbre** auf e-n Baum); sich niederlassen, *se tenir* sitzen (auf e-m Baum) **2** *fam fig personne* wohnen; *fam* hausen **C** VPR **1** *oiseaux* **se** ~ → B 1 **2** *fam personne* **se** ~ **sur le parapet** sich auf das Geländer setzen

percheron [pɛʀʃəʀõ] M *Kaltblutpferd aus dem Perche*

percheur [pɛʀʃœʀ] ADJ ⟨-euse⟩ ZOOL **oiseaux** ~**s** Vögel *mpl*, die in der Höhe zu sitzen pflegen

perchiste [pɛʀʃist] M/F **1** SPORTS Stabhochspringer(in) *m(f)* **2** CINÉMA, TV Mikrofonassistent(in) *m(f)*

perchman [pɛʀʃman] M ⟨*pl* perchmen [pɛʀʃmɛn]⟩ → perchiste 2

perchoir [pɛʀʃwaʀ] M **1** *pour oiseaux* (Sitz)Stange *f; pour poules* Hühnerstange(n) *f(pl)* **2** *fam fig* erhöhter Sitz **3** *fig* POL Tribüne *f*, *par ext* Amt *n* des Präsidenten der Nationalversammlung

perclus [pɛʀkly] ADJ ⟨-use [-yz]⟩ *personne* **être** ~ **de douleurs** vor Schmerzen wie gelähmt sein; **être** ~ **de rhumatismes** durch Rheuma steif, unbeweglich sein

percolateur [pɛʀkɔlatœʀ] M Kaffeemaschine *f (für Restaurants)*

perçu [pɛʀsy] PP → percevoir

percussion [pɛʀkysjõ] F **1** Schlag *m (a.* TECH); PHYS Stoß *m;* MIL Perkussion *f* **2** MÉD Abklopfen *n; t/t* Perkussion *f* **3** MUS (Gruppe *f* der) Schlaginstrumente *npl;* JAZZ *a.* Percussion *f;* **instrument** *m* **à** *ou* **de** ~ Schlaginstrument *n*

percussionniste [pɛʀkysjɔnist] M/F MUS Schlagzeuger(in) *m(f)*

percutant [pɛʀkytã] ADJ **1** MIL Aufschlag…; **obus** ~ Granate *f* mit Aufschlagzünder **2** *fig argument* schlagend; *article, formule* von durchschlagender Wirkung; frappierend

percuter [pɛʀkyte] **A** VT ~ **qc** auf etw *(acc)* (auf)schlagen, (auf)prallen, PHYS *a.* stoßen; *véhicule* ~ **un arbre** gegen e-n Baum fahren, prallen **B** VI *obus etc* ~ **contre qc** auf etw *(acc)* aufschlagen, auftreffen; *voiture* ~ **contre un arbre** gegen e-n Baum fahren, prallen

percuteur [pɛʀkytœʀ] M *d'une arme à feu* Schlagbolzen *m*

perdant [pɛʀdã] **A** ADJ verlierend; **billet, numéro** ~ Niete *f;* **vous serez** ~ Sie gewinnen nichts dabei; Sie haben nichts davon **B** SUBST ~**(e)** *m(f)* Verlierer(in) *m(f)*

perdition [pɛʀdisjõ] F **1** *navire* **en** ~ in Seenot **2** REL Verderben *n;* Verdammnis *f; iron* **un lieu de** ~ ein Ort *m* des Lasters

perdre [pɛʀdʀ] ⟨→ rendre⟩ **A** VT **1** verlieren; *somme, situation, prestige, droits a.* einbüßen; kommen um; *avantage, droits a.* verlustig gehen *(+gén);* **j'ai perdu qc** *a.* mir ist etw abhandengekommen; ~ **qn** j-n verlieren *(a. par la mort);* ~ **qn, qc de vue** j-n, etw aus den Augen verlieren; ♦ *avec subst:* ~ **son argent** sein Geld verlieren; ~ **son argent au jeu** sein Geld verspielen; ~ **une bataille** e-e Schlacht verlieren; **il a perdu un bras à la guerre** er hat im Krieg e-n Arm verloren, eingebüßt; ~ **confiance** das Vertrauen verlieren; ~ **courage** den Mut verlieren, sinken lassen; ~ **espoir** die Hoffnung verlieren, aufgeben; ~ **l'esprit, la raison, la tête** den Verstand verlieren; *arbre* ~ **ses feuilles** s-e Blätter verlieren, abwerfen; ~ **ses forces** s-e Kräfte verlieren, einbüßen; von Kräften kommen; *couleur* ~ **sa fraîcheur** ihre Frische verlieren, einbüßen; **elle a perdu deux kilos** sie hat zwei Kilo abgenommen; **il a perdu sa mère à cinq ans** *a.* er war fünf, als s-e Mutter starb; ~ **son pantalon** s-e Hose verlieren; ~ **de son prestige** an Prestige verlieren, einbüßen; ~ **un procès** e-n Prozess verlieren; *mot* ~ **son sens** s-e Bedeutung verlieren; *véhicule* ~ **de la vitesse** (an) Geschwindigkeit verlieren; langsamer werden; → *a. les subst correspondants:* ♦ *tu ne le connais pas?* **tu n'y perds rien!** da hast du nichts verpasst, versäumt!; *menace* **tu ne perds rien pour attendre!** du wirst deinen Lohn schon noch bekommen!; ♦ **n'avoir rien à** ~ **mais tout à gagner** nichts zu verlieren, aber alles zu gewinnen haben; **vous n'avez pas un instant à** ~ Sie haben keinen Augenblick zu verlieren; **faire** ~ **sa place, le sommeil** *etc* **à qn** j-n um s-e Stelle, den Schlaf *etc* bringen; **cette recherche m'a fait** ~ **une heure** diese Sucherei hat mich e-e Stunde gekostet **2** *mauvaise habitude* ablegen; aufgeben; → *a.* habitude **3** *occasion* versäumen; verpassen; sich *(dat)* entgehen lassen; **ne** ~ **aucune occasion de** *(+inf)* keine Gelegenheit versäumen *etc* zu *(+inf);* → *a.* occasion 2 **4** *fig* ~ **qn** *(causer sa ruine)* j-n zugrunde richten; j-n ins Verderben bringen, stürzen; j-n ruinieren, verderben; **sa témérité l'a perdu** s-e Tollkühnheit hat ihn zugrunde gerichtet, ins Verderben gestürzt **B** VI **1** *personne* verlieren *(a. dans une compétition);* ~ **au change** e-n schlechten Tausch machen; ~ **au jeu** beim Spiel verlieren; *objet* ~ **de sa valeur** an Wert verlieren, einbüßen; COMM ~ **sur un article** bei e-r Ware draufzahlen, zusetzen; an e-r Ware e-n Verlust haben; **j'y perds** da zahle ich drauf, setze ich zu; **il n'aime pas** ~ er verliert nicht gern **2** *réservoir (fuir)* undicht, leck sein; lecken; ein Loch, Leck haben **C** VPR **se** ~ **1** *(disparaître)* sich verlieren; verloren gehen; *autorité, prestige* schwinden; *métier, tradition, sens d'un mot* untergehen; *fam* **il y a des coups de pied au derrière, des gifles qui se perdent!** *fam* er *ou* sie *etc* hätte e-n Tritt in den Hintern, e-e Ohrfeige verdient!; *cris, conversation* **se** ~ **dans le bruit** im Lärm untergehen; *traces* **se** ~ **dans la forêt** sich im Wald verlieren; *personne* **se** ~ **dans la foule** in der Menge verschwinden, untertauchen; MAR *bateau* **se** ~ **en mer** untergehen; Schiffbruch erleiden **2** *(s'égarer) personne* sich verirren; sich verlaufen; in die Irre gehen; *st/s* irregehen; *en voiture* sich verfahren; *avion* sich verfliegen; *t/t* sich verfranzen; *fig:* **je m'y perds** da komme ich nicht mehr mit; daraus werde ich nicht klug; **se** ~ **dans les détails** sich in Einzelheiten verlieren; sich verzetteln; **se** ~ **en conjectures, explications** sich in Vermutungen, Erklärungen ergehen **3** *denrées alimentaires* verderben; schlecht werden **4** *litt personne* sich zugrunde richten; sich ins Verderben bringen

perdreau [pɛʀdʀo] M ⟨*pl* ~x⟩ ZOOL junges Rebhuhn

perdrix [pɛʀdʀi] F ZOOL Rebhuhn *n*

perdu [pɛʀdy] **A** PP → perdre *et* ADJ **1** *procès, bataille, cause etc* verloren; *objet a.* verloren gegangen; abhandengekommen; *temps a.* vertan; *occasion* verpasst; versäumt; **balle** ~**e** verirrte Kugel; **chien** ~ herrenloser Hund; **fille** ~**e** Dirne *f;* CUIS **pain** ~ arme Ritter *mpl;* **une soirée** ~**e** ein verlorener Abend; ♦ **à tes heures** ~**es, moments** ~**s** in deinen Mußestunden; **à temps** ~ in der freien Zeit; ♦ ~ **dans la foule** in der Menge verschwunden, untergetaucht; von der Menge verschluckt; ~ **dans ses pensées** gedankenversunken, -verloren; ~ **dans ses rêveries** traumverloren; ♦ *malade* **être** ~ verloren, nicht mehr zu retten sein; **rien n'est** ~ noch ist nicht alles aus, verloren; **tout est** ~ alles ist verloren, aus; *iron* **ce n'est pas** ~ **pour tout le monde** irgendjemandem wird es noch nutzen, zugutekommen; *prov* **une de** ~**e, dix de retrouvées** für e-e verlorene Liebe finden sich zehn andere **2** *pays, coin* entlegen; abgelegen **3** **je suis** ~ *(égaré)* ich habe mich verlaufen, verirrt, *en voiture* verfahren; *fig* ich weiß nicht mehr aus noch ein; ich weiß mir nicht mehr zu helfen; *fam* ich bin aufgeschmissen **4** *(abîmé) vêtement, nourriture* verdorben **5** COMM **emballage** ~ Einwegverpackung *f;* Wegwerfpackung *f;* **bouteille** *f* **à verre** ~ Einwegflasche *f* **B** SUBST LOC **crier, courir comme un** ~ schreien, rennen wie ein Verrückter, Besessener; *fam* schreien wie am Spieß

perdurer [pɛʀdyʀe] VI fortdauern; fortbestehen

père [pɛʀ] M **1** Vater *m (a. d'un animal); appellatif st/s* **mon** ~ Vater; **le** ~ **et la mère** Vater und Mutter; **Durand** ~ Durand senior; ~ **de famille** Familien-, Hausvater *m; par ext* **placement** *m,* **valeurs** *fpl* **de** ~ **de famille** mündelsichere Geldanlage *f*, Wertpapiere *npl;* JUR **jouir de qc en bon** ~ **de famille** mit etw sorgfältig, pfleglich umgehen; *loc adv* **de** ~ **en fils** von Generation zu Generation; **une famille où l'on est vigneron de** ~ **en fils** e-e Familie, in der sich der Winzerberuf vom Vater auf den Sohn weitervererbt (hat); **être, devenir** ~ Vater sein, werden; **être (le)** ~ **de deux enfants** Vater von zwei Kindern *ou* zweier Kinder sein; *fig* **être un (vrai)** ~ **pour qn** wie ein Vater zu j-m sein; *prov* **tel** ~**, tel fils** wie der Vater, so der Sohn *(prov);* der Apfel fällt nicht weit vom Stamm *(prov)* **2** *par ext* **nos** ~**s** *(ancêtres)* unsere (Vor)Väter *mpl*, Voreltern *pl*, Vorfahren *mpl* **3** *fig (créateur)* Schöpfer *m;* Begründer *m;* Vater *m* **4** *fam* **le** ~ **X** Vater X; (der) Herr X; *péj* der (alte) X; **le** ~ **Noël** der Weihnachtsmann; *fig* **le coup du** ~ **François** ein heimtückischer, hinterhältiger Streich; *fig* **un gros** ~ ein Dicker *m*, *fam* Dickwanst *m; d'un enfant* ein Dickerchen *n*, *fam* Pummelchen *n; fig* **un** ~ **tranquille** ein ruhiger, friedlicher Mensch; *fam* **alors, mon petit** ~**, comment ça va?** *fam* na, alter Freund *ou* Alterchen, wie geht's? **5** REL **le Père** der Vater; **le Père éternel** der himmlische Vater; der Herrgott; **Dieu le Père** Gottvater *m;* **Notre Père qui es aux cieux** Vater unser(, der du bist) im Himmel; *par ext* **le Notre Père** das Vaterunser **6** ÉGL CATH *(abr* **P.**) Pater *m (abr* P.); **le** ~ **X** (der) Pater X; *appellatif* **mon Père** ehrwürdiger Vater; *ordre* **les Pères Blancs** die Weißen Väter; ~ **dominicain, jésuite** Dominikaner-, Jesuitenpater *m;* **les Pères de l'Église** die Kirchenväter *mpl*

pérégrinations [peʀegʀinasjõ] FPL Umherreisen *n;* vieles Reisen; *fam* Reiserei *f*

péremption [peʀãpsjõ] F **1** JUR Verwirkung *f* **2** COMM **date** *f* **de** ~ Verfallsdatum *n*

péremptoire [peʀãptwaʀ] ADJ **1** *ton, argu-*

P

ment keinen Widerspruch duldend; *ton a.* energisch; entschieden; **il a été ~** er duldete keinen Widerspruch 2 JUR perem(p)torisch; aufhebend

pérennant [peʀɛnɑ̃] ADJ BOT perennierend

pérenne [peʀɛn] ADJ *fleuve, source* perennierend

pérenniser [peʀɛ(n)nize] V/T *institution* zu e-r ständigen Einrichtung machen, werden lassen; *fonctionnaire* in e-e Planstelle einweisen; *état* verewigen

pérennité [peʀɛ(n)nite] *st/s* F Fortbestand *m;* Fortdauer *f;* Weiterbestehen *n*

péréquation [peʀekwasjõ] F 1 *des charges, des impôts* gerechte, gleichmäßige Verteilung; ÉCON (Finanz)Ausgleich *m* 2 *des traitements* Angleichung *f;* Anpassung *f*

perestroïka [peʀɛstʀɔika] F HIST Perestroika *f*

perfectibilité [pɛʀfɛktibilite] F Vervollkommnungsfähigkeit *f;* **perfectible** ADJ vervollkommnungs-, verbesserungsfähig

perfectif [pɛʀfɛktif] ADJ ⟨-ive⟩ LING **aspect ~** perfektive Aktionsart

perfection [pɛʀfɛksjõ] F 1 Vollkommenheit *f* (*a.* PHIL, REL); Vollendung *f;* Perfektion *f; loc adv* **à la ~** vollendet; meisterhaft; hervorragend; **atteindre à, parvenir à la ~** die Vollkommenheit erreichen 2 *st/s* **~s** *pl* Vorzüge *mpl;* gute Eigenschaften *fpl* 3 *de qn* **c'est une ~** sie *ou* er ist unersetzlich, *fam* ein Juwel *n,* e-e Perle

perfectionnement [pɛʀfɛksjɔnmɑ̃] M Vervollkommnung *f;* Perfektionierung *f;* Verbesserung *f;* Weiterentwicklung *f;* **cours** *m,* **stage** *m* **de ~** Fortbildungslehrgang *m,* -kurs *m; appareil* **doté des derniers ~s** mit den letzten technischen Neuerungen, Errungenschaften ausgestattet

perfectionner [pɛʀfɛksjɔne] A V/T vervollkommnen; perfektionieren; verbessern; weiterentwickeln B V/PR **se ~** 1 *personne* sich fort-, weiterbilden; **se ~ en français** sich in Französisch fort-, weiterbilden; s-e Französischkenntnisse verbessern, vervollkommnen 2 *procédé etc* vervollkommnet, perfektioniert, verbessert werden

perfectionnisme [pɛʀfɛksjɔnism] M Perfektionismus *m;* **perfectionniste** A ADJ perfektionistisch B M/F Perfektionist(in) *m(f)*

perfide [pɛʀfid] ADJ heimtückisch; hinterhältig; perfid(e); *st/s* **femme** *f* **~** treulose Frau; **promesse** *f* **~** falsches, trügerisches Versprechen

perfidie [pɛʀfidi] F Heimtücke *f;* Hinterhältigkeit *f;* Perfidie *f; st/s d'une femme* Treulosigkeit *f*

perforage [pɛʀfɔʀaʒ] M → perforation 1

perforant [pɛʀfɔʀɑ̃] ADJ MIL *projectile* panzerbrechend

perforateur [pɛʀfɔʀatœʀ] M 1 *pour des écrits* Locher *m; d'un téléscripteur* Handlocher *m; pour établir des bandes perforées* **~ de bandes** Lochstreifengerät *n* 2 *personne* Locher *m*

perforation [pɛʀfɔʀasjõ] F 1 *action* Durchlochen *n,* -bohren *n;* Perforieren *n;* Perforation *f; de cartes, de bandes* Lochen *n; d'un projectile* Durchschlag(en) *m(n)* 2 *résultat* Loch *n;* Lochung *f; coll* Löcher *npl;* Perforierung *f;* Perforation *f* 3 MÉD Durchbruch *m;* Perforation *f* (*a. accidentelle*)

perforatrice [pɛʀfɔʀatʀis] F 1 *appareil* Locher *m* (*a.* INFORM); *adjt* **pince ~** Knipszange *f* 2 *personne* Locherin *f* 3 MINES (Gesteins)Bohrmaschine *f*

perforé [pɛʀfɔʀe] ADJ INFORM **bande, carte ~e** Lochstreifen *m,* -karte *f*

perforer [pɛʀfɔʀe] V/T TECH durchlochen, -löchern, -bohren; perforieren (*a.* MÉD); *papier,* INFORM *cartes, bandes* lochen; *billet* knipsen; *projectile: blindage etc* durchschlagen, -bohren

perforeuse [pɛʀfɔʀøz] F → perforatrice 1, 2

performance [pɛʀfɔʀmɑ̃s] F 1 Leistung *f* (*a.* SPORTS, TECH); **meilleure ~** Best-, Spitzenleistung *f;* **réaliser une belle ~** e-e gute Leistung erzielen; *iron* **c'est une belle ~** das ist wirklich e-e Leistung; *fam* dazu gehört was 2 LING Performanz *f*

performant [pɛʀfɔʀmɑ̃] ADJ leistungsfähig

perfusion [pɛʀfyzjõ] F MÉD Infusion *f;* **~ de sang** Bluttransfusion *f;* **être sous ~** am Tropf hängen

Pergame [pɛʀgam] HIST Pergamon *n*

pergola [pɛʀgɔla] F Pergola *f*

Pergolèse [pɛʀgɔlɛz] M MUS Pergolesi *m*

périarthrite [peʀiaʀtʀit] F MÉD Periarthritis *f*

péricarde [peʀikaʀd] M ANAT Herzbeutel *m; t/t* Perikard(ium) *n;* **péricardite** F MÉD Herzbeutelentzündung *f; t/t* Perikarditis *f*

péricarpe [peʀikaʀp] M BOT Fruchthülle *f; t/t* Perikarp *n*

Périclès [peʀiklɛs] M HIST Perikles *m*

péricliter [peʀiklite] V/I *entreprise* langsam, allmählich eingehen, zugrunde gehen; *affaires* immer weiter zurückgehen; allmählich zum Erliegen kommen

péridurale [peʀidyʀal] F MÉD Rückenmarks-, *t/t* Periduralanästhesie *f*

périgée [peʀiʒe] M ASTRON Perigäum *n;* Erdnähe *f*

Périgord [peʀigɔʀ] **le ~** *historische Landschaft in Südwestfrankreich*

péril [peʀil] M (große) Gefahr; *loc adv* **au ~ de sa vie** unter Einsatz s-s Lebens; unter, mit Lebensgefahr; *navire* **en ~** in Seenot; **il (n')y a (pas) ~ en la demeure** es ist (keine) Gefahr im Verzug; **mettre en ~** in Gefahr bringen; gefährden

périlleux [peʀijø] ADJ ⟨-euse⟩ gefährlich; gefahrvoll; gewagt; riskant; *sujet a.* heikel; **saut ~** Salto *m*

périmé [peʀime] ADJ 1 *passeport, date etc* abgelaufen; *garantie a.* erloschen; *billet a.* verfallen; ungültig; nicht mehr gültig 2 *théorie etc* überholt; veraltet; nicht mehr zeitgemäß

périmer [peʀime] V/PR 1 ⟨*ohne* „se"⟩ **laisser ~** *billet* verfallen lassen 2 *procédé, théorie etc* **se ~** vite schnell veralten; sich rasch überleben

périmètre [peʀimɛtʀ] M 1 MATH Umfang *m* 2 *fig* a) Umkreis *m;* **dans un ~ de cinq kilomètres** im Umkreis von fünf Kilometern b) (*zone*) Bereich *m*

périnatal [peʀinatal] ADJ ⟨-als⟩ MÉD perinatal

périnée [peʀine] M ANAT Damm *m*

période [peʀjɔd] F 1 Zeit(abschnitt) *f(m);* Zeitraum *m,* -spanne *f;* Periode *f; Picasso* **~ bleue** blaue Periode; **~ électorale** Zeit des Wahlkampfes; *d'une femme* **~ féconde, stérile** fruchtbare, unfruchtbare Tage *mpl;* **~ d'activité** Zeit, Dauer *f* der Berufs-, Erwerbstätigkeit; ÉCON **~ de croissance** Wachstumsperiode *f;* **~ de démarrage** Anlaufzeit *f;* **~ d'essai** Probezeit *f;* **~ d'imposition** Besteuerungszeitraum *m; d'une maladie* **~ d'incubation** Inkubationszeit *f;* **~ de transition** Übergangszeit *f;* **~ des vacances** Ferien-, Urlaubszeit *f; loc adv* **en ~ de** in Zeiten, in e-r Zeit (*+gén*); **en ~ de crise** in Krisenzeiten; **pour la ~ allant jusqu'au** (*+date*) für die Zeit bis zum (*+Datum*) 2 GÉOL Formation *f;* **~ carbonifère** Steinkohlenformation *f;* Karbon *n* 3 PHYS NUCL Halbwertszeit *f* 4 PHYS *d'une onde* Periode *f;* Schwingungsdauer *f* 5 ASTRON Periode *f;* Umlauf(s)zeit *f* 6 MATH, CHIM, RHÉT, MUS Periode *f* 7 MIL **~ (d'instruction)** Wehrübung *f;* **faire une ~** e-e Wehrübung ableisten

périodicité [peʀjɔdisite] F Periodizität *f;* regelmäßige Wiederkehr

périodique [peʀjɔdik] A ADJ 1 periodisch; periodisch, regelmäßig, wiederkehrend, auftretend; *publication* regelmäßig erscheinend; CHIM **classification** *f* **~** periodisches System (der Elemente); MATH **fraction (décimale) ~** periodischer Dezimalbruch; **presse** *f* **~** Periodika *npl* 2 **serviette** *f,* **garniture** *f* **~** (Damen-, Monats)Binde *f* B M Zeitschrift *f;* **~s** *pl t/t a.* Periodika *npl*

périodiquement [peʀjɔdikmɑ̃] ADV periodisch; in regelmäßigen Zeitabständen

périoste [peʀjɔst] M ANAT Knochenhaut *f*

péripatéticienne [peʀipatetisjɛn] F *plais* (*prostituée*) Dame *f* vom ambulanten Gewerbe

péripétie [peʀipesi] F 1 *surtout* PL **~s** unvorhergesehene, unerwartete, überraschende Ereignisse *npl,* Zwischenfälle *mpl; voyage* **plein de ~s** ereignisreich 2 *dans un récit etc* entscheidender Wendepunkt; plötzlicher Umschwung; Peripetie *f*

périph [peʀif] M *fam* ABR → périphérique B 1

périphérie [peʀifeʀi] F 1 *d'une ville* Peripherie *f;* Stadtrand(gebiet) *m(n);* Außenbezirke *mpl;* **à la ~** am Stadtrand; an der Peripherie 2 GÉOMÉTRIE Begrenzungslinie *f;* Peripherie *f*

périphérique [peʀifeʀik] A ADJ 1 (Stadt)Rand...; **boulevard** *m* **~** Umgehungsstraße *f;* Außenring *m;* **quartier** *m* **~** Außenbezirk *m* 2 INFORM, PHYSIOL peripher B M 1 *à Paris* **le ~** die Ringautobahn 2 INFORM peripheres Gerät

périphrase [peʀifʀɑz] F Umschreibung *f;* Periphrase *f*

périple [peʀipl] M 1 (große) (Rund)Reise 2 HIST Seereise *f;* (*circumnavigation*) Umschiffung *f*

périr [peʀiʀ] *litt* V/I 1 *personne* umkommen; ums Leben, zu Tode kommen; den Tod finden; **~ noyé** den Tod in den Wellen finden; *fig* **~ d'ennui** sich zu Tode langweilen; *marin* **péri en mer** den Seemannstod gestorben 2 *civilisation etc* zugrunde gehen; untergehen; *gloire* vergehen

périscolaire [peʀiskɔlɛʀ] ADJ die Schule ergänzend; außerschulisch

périscope [peʀiskɔp] M OPT Periskop *n; d'un sous-marin* Sehrohr *n*

périssable [peʀisabl] ADJ 1 *denrées alimentaires* leicht verderblich 2 *litt sentiments, bonheur etc* vergänglich

périssoire [peʀiswaʀ] F langes, schmales Paddelboot

péristaltique [peʀistaltik] ADJ PHYSIOL **mouvements** *mpl* **~s** peristaltische Bewegungen *fpl;* Peristaltik *f*

péristyle [peʀistil] M ARCH Säulenhalle *f,* -umgang *m; t/t* Peristyl(ium) *n*

péritel [peʀitɛl] ADJ ⟨*inv*⟩ **prise** *f* **~** TV-Anschlussbuchse *f für periphere Geräte*

péritoine [peʀitwan] M ANAT Bauchfell *n*

péritonite [peʀitɔnit] F MÉD Bauchfellentzündung *f*

perle [pɛʀl] F 1 Perle *f;* **~ fine** echte Perle; **~ de culture** Zuchtperle *f; fig* **~s de rosée** Tauperlen *fpl;* **~ en bois, en verre** Holz-, Glasperle *f;* **rideau** *m* **de ~s** Vorhang *m* aus Perlenschnüren; *adjt* **gris ~** ⟨*inv*⟩ perlgrau; *fig* **jeter des ~s aux porceaux, aux cochons** Perlen vor die Säue werfen 2 *fig* Perle *f;* Juwel *n; cette île,* **~ de la Méditerranée** e-e Perle des Mittelmeers; *de qn* **c'est une ~** sie *ou* er ist e-e Perle, ein Juwel 3 *fig* (*ineptie burlesque*) Stilblüte *f;* **recueil** *m* **de ~s** Stilblütensammlung *f* 4 ARCH *ornement* Perle *f*

perlé [pɛʀle] ADJ 1 (*orné de perles*) mit Perlen

P

verziert, bestickt, besetzt; **broderie ~e** Perlenstickerei *f* 2 *(en forme de perle)* perl(en)förmig; perlig; Perl...; *gouttes* wie Perlen; **orge ~** Perlgraupen *fpl*; **riz ~** Perlreis *m*; CUIS **sucre ~** zu kleinen Perlen kristallisierter Zucker 3 **coton ~** Perlgarn *n* 4 *fig* **grève ~e** aufeinanderfolgende Streiks *mpl* einzelner Abteilungen; *st/s* **rire ~** perlendes Lachen

perler [pɛʀle] VI *sueur* perlen; **la sueur lui perlait au front, des gouttes de sueur perlaient sur son front** *a.* Schweißperlen standen ihm auf der Stirn

perlier [pɛʀlje] ADJ ⟨-ière⟩ Perl(en)...; ZOOL **huître perlière** Perlmuschel *f*; **industrie perlière** Perlenindustrie *f*

perlimpinpin [pɛʀlɛ̃pɛ̃pɛ̃] M **poudre** *f* **de ~** (von Quacksalbern angebotenes) Wunderpulver, Allheilmittel *n*

perm [pɛʀm] *fam* F MIL *(permission)* Urlaub *m*; **en ~** auf Urlaub

permanence [pɛʀmanɑ̃s] F 1 Fortdauer *f*; Permanenz *f*; *d'institutions, de traditions* Dauerhaftigkeit *f*; Beständigkeit *f*; *loc adv* **en ~** ständig; dauernd; permanent; in Permanenz; POL **siéger en ~** in Permanenz tagen; **assurer la ~ du pouvoir** den Fortbestand, die Kontinuität der Macht sichern 2 a *service* Bereitschaftsdienst *m*; **assurer, tenir la ~, être de ~** Bereitschaftsdienst haben b *bureau* Dienst-, Geschäftsstelle *f* 3 ÉCOLE Klassenraum *m*, in dem die Schüler in der unterrichtsfreien Zeit beaufsichtigt werden

permanent [pɛʀmanɑ̃] A ADJ 1 *(constant)* beständig; unveränderlich; (stets gleich)bleibend 2 *exposition, comité etc* ständig; *collaboration, contrôle etc a.* dauernd; stetig; permanent; **armée ~e** stehendes Heer; **cinéma ~** Nonstop-Kino *n*; **correspondant ~** ständiger Korrespondent, Berichterstatter; **spectacle ~** pausenlose, ununterbrochene Darbietungen *fpl*; **être en liaison ~e avec qn** mit j-m ständig, laufend in Verbindung stehen B M **~ (d'un syndicat, parti)** (Gewerkschafts-, Partei)Funktionär *m*

permanente [pɛʀmanɑ̃t] F Dauerwelle *f*

permanenté [pɛʀmanɑ̃te] ADJ **cheveux ~s** dauergewelltes Haar

permanganate [pɛʀmɑ̃ganat] M CHIM **~ (de potassium)** (Kalium)Permanganat *n*

perme [pɛʀm] F *fam* ABR → permission 2

perméabilité [pɛʀmeabilite] F Durchlässigkeit *f*; *t/t* Permeabilität *f*

perméable [pɛʀmeabl] ADJ 1 durchlässig; *personne* permeabel; **~ (à l'eau)** wasserdurchlässig; **~ à la lumière** lichtdurchlässig 2 *fig personne* **~ à qc** für etw empfänglich; e-r Sache *(dat)* leicht zugänglich

permettre [pɛʀmɛtʀ] ⟨→ mettre⟩ A VT 1 *(autoriser)* erlauben, gestatten (**que** ... *+subj* dass ...); **~ qc à qn** j-m etw erlauben, gestatten; **~ à qn de faire qc** j-m erlauben, gestatten, etw zu tun; ♦ *formules de politesse*: **vous permettez?** gestatten Sie?; Sie gestatten?; **permettez! je ne suis pas de votre avis** nehmen Sie es mir nicht übel, aber da teile ich Ihre Meinung nicht; **si vous permettez ...** *a.* wenn Sie nichts dagegen haben ...; **permettez-moi de vous présenter monsieur X** darf ich Ihnen Herrn X vorstellen?; ♦ *pp*: **être permis** erlaubt, gestattet sein; **ne pas être permis** *a.* nicht zulässig sein; **il se croit tout permis** er glaubt, er kann *ou* darf sich *(dat)* alles erlauben; ♦ *impersonnel*: **s'il m'est permis de faire une objection** wenn ich mir e-n Einwand erlauben darf; **autant qu'il est permis d'en juger** soweit einem ein Urteil darüber zusteht; **il est permis à tout le monde de se tromper** jeder kann sich mal irren, täuschen; **ça n'est pas permis à tout le monde** *(autorisé)* das darf nicht jeder; *matériellement* das kann (sich *[dat]*) nicht jeder (leisten) 2 *(rendre possible)* ermöglichen; erlauben; zulassen; *texte* **~ plusieurs interprétations** mehrere Deutungen zulassen; *son attitude* **permet tout ce laisser-aller** ermöglicht diesen ganzen Schlendrian; **si le temps le permet** wenn es das Wetter erlaubt; bei günstigem Wetter; **ces lunettes vous permettent de mieux voir** diese Brille ermöglicht es Ihnen, besser zu sehen B V/PR 1 *(prendre la liberté)* **se ~** sich *(dat)* erlauben, sich *(dat)* gestatten, *plus fort* sich *(dat)* herausnehmen (**qc** etw; **de faire qc** etw zu tun); **se ~ des familiarités** sich *(dat)* Vertraulichkeiten erlauben, herausnehmen; **puis-je me ~ une remarque?** darf ich mir e-e Bemerkung erlauben? 2 *(s'offrir)* **se ~ qc** sich *(dat)* etw gönnen, leisten, erlauben

permien [pɛʀmjɛ̃] M GÉOL Perm *n*

permis [pɛʀmi] A M 1 Erlaubnis(schein) *f(m)*; (schriftliche) Genehmigung; **~ de chasse** Jagdschein *m*; **~ de construire** Baugenehmigung *f*; COMM **~ d'entrée, de sortie** Einfuhr-, Ausfuhrgenehmigung *f*; **~ de pêche** Fischereischein *m*; **~ de port d'armes** Waffenschein *m*; **~ de séjour** Aufenthaltserlaubnis *f*, -bewilligung *f*, -genehmigung *f* 2 **~ (de conduire)** Führerschein *m*; **~ à points** Punkteführerschein *m*; *correspond à* Verkehrssünderkartei *f*; **avoir son ~** den Führerschein haben; **passer son ~** den Führerschein, die Fahrprüfung machen; **être reçu au ~** die Fahrprüfung bestehen B PP → permettre

permissif [pɛʀmisif] ADJ ⟨-ive⟩ permissiv; freizügig

permission [pɛʀmisjɔ̃] F 1 Erlaubnis *f*; Genehmigung *f*; **avec, sans la ~ de qn** mit, ohne j-s Erlaubnis, Genehmigung; **avec votre ~** *a.* mit Ihrer Zustimmung, Einwilligung; wenn Sie nichts dagegen haben; **avoir la ~ de faire qc** etw tun dürfen 2 MIL a *(congé)* Urlaub *m*; **~ exceptionnelle** Sonderurlaub *m*; **~ de minuit** Ausgang *m* bis Mitternacht; **en ~** auf Urlaub; beurlaubt; **venir en ~** auf Urlaub kommen b *document* Urlaubsschein *m* 3 *d'un détenu* Hafturlaub *m*

permissionnaire [pɛʀmisjɔnɛʀ] M MIL Urlauber *m*

permutabilité [pɛʀmytabilite] F Aus-, Vertauschbarkeit *f*; Auswechselbarkeit *f*; **permutable** ADJ aus-, vertauschbar; *t/t* permutabel; **permutant** M, **permutante** F ADMIN *de fonctionnaires, d'officiers* Tauschpartner(in) *m(f)* *(beim Stellentausch)*

permutation [pɛʀmytasjɔ̃] F 1 *de lettres etc* Umstellung *f*; Austausch *m*; Vertauschung *f*; *t/t* Permutation *f* (*a.* MATH) 2 ADMIN *de fonctionnaires* Stellentausch *m*

permuter [pɛʀmyte] A VT *lettres, mots, chiffres* umstellen; aus-, vertauschen; *t/t* permutieren (*a.* MATH) B VI *fonctionnaire, officier* **~ avec qn** mit j-m (die Stelle, das Amt, den Posten, *par ext* die Dienststunden) tauschen

pernicieux [pɛʀnisjø] ADJ ⟨-euse⟩ 1 *doctrine, influence, conseil etc* schädlich; verderblich; gefährlich 2 MÉD bösartig; *t/t* perniziös; **anémie pernicieuse** perniziöse Anämie

pernod® [pɛʀno] M Pernod® *m* *(meist als Aperitif getrunkener Anisschnaps)*

péroné [peʀɔne] M ANAT Wadenbein *n*; **fracture** *f* **du ~** Wadenbeinbruch *m*

péronnelle [peʀɔnɛl] *fam* F dumme und schwatzhafte Person

péroraison [peʀɔʀɛzɔ̃] F RHÉT (Rede)Schluss *m*

pérorer [peʀɔʀe] VI *péj* schwadronieren; große Reden führen, *fam* schwingen

Pérou [peʀu] **le ~** Peru *n*; *fam fig*: *ce qu'il gagne,* **ce n'est pas le ~** davon kann man nicht reich, Millionär werden

Pérouse [peʀuz] Perugia *n*

peroxyde [pɛʀɔksid] M CHIM Peroxid *n*; **~ d'hydrogène** Wasserstoffperoxid *n*

perpendiculaire [pɛʀpɑ̃dikylɛʀ] A ADJ *rue etc* rechtwink(e)lig (**à** zu); *(vertical)* senkrecht (**à** zu *ou* auf *+dat*); lotrecht B F MATH Senkrechte *f*; Lot *n*

perpendiculairement [pɛʀpɑ̃dikylɛʀmɑ̃] ADV im rechten Winkel (**à** zu)

perpète [pɛʀpɛt] A LOC ADV *fam* **(jusqu')à ~** *fam* e-e Ewigkeit; ewig (lange); bis in alle Ewigkeit; *plais* ewig und drei Tage B F *arg* lebenslänglich(e Freiheitsstrafe)

perpétration [pɛʀpetʀasjɔ̃] F JUR *d'un crime* Begehung *f*; Verübung *f*; **perpétrer** VT ⟨-è-⟩ JUR *crime* begehen; verüben

perpétuation [pɛʀpetɥasjɔ̃] F *litt* **la ~ de l'espèce** die Erhaltung, das Fortbestehen der Art

perpétuel [pɛʀpetɥɛl] ADJ ⟨~le⟩ dauernd; (be)ständig; fortwährend; immer während; stet; *fam* ewig; *(à vie)* auf Lebenszeit; lebenslang; **calendrier ~** immer währender Kalender; PHYS **mouvement ~** Perpetuum mobile *n*; *de l'Académie française* **secrétaire ~** ständiger Sekretär; **un va-et-vient ~** ein ständiges, dauerndes, *fam* ewiges Kommen und Gehen

perpétuellement [pɛʀpetɥɛlmɑ̃] ADV (an)dauernd; ständig; fortwährend

perpétuer [pɛʀpetɥe] A VT *tradition etc* fortbestehen lassen; *fam* verewigen; *race* fortpflanzen; BIOL *espèce* erhalten; **~ le souvenir de qn** die Erinnerung an j-n für immer wachhalten B V/PR **se ~** *tradition, usage etc* sich halten; fortbestehen; fortleben; BIOL *espèce* sich erhalten; *état* anhalten; kein Ende nehmen; *personne* **se ~ dans son œuvre** in s-m Werk weiter-, fortleben

perpétuité [pɛʀpetɥite] F LOC ADJ *et* LOC ADV **à ~** lebenslänglich; auf Lebenszeit; **être condamné à ~** zu lebenslänglicher Freiheitsstrafe verurteilt werden

Perpignan [pɛʀpiɲɑ̃] *Stadt im Dep. Pyrénées-Orientales*

perplexe [pɛʀplɛks] ADJ ratlos; hilflos; verlegen; unschlüssig; **laisser, rendre qn ~** j-n ratlos *etc* machen

perplexité [pɛʀplɛksite] F Rat-, Hilflosigkeit *f*; Verlegenheit *f*; Unschlüssigkeit *f*

perquisition [pɛʀkizisjɔ̃] F JUR Durchsuchung *f*; *d'un domicile* Haussuchung *f*; **mandat** *m* **de ~** Haussuchungsbefehl *m*; **faire une ~** → perquisitionner

perquisitionner [pɛʀkizisjɔne] VI JUR e-e Haussuchung durchführen; e-e Durchsuchung vornehmen

Perrault [pɛʀo] **Charles ~** *frz Schriftsteller*

Perrette [pɛʀɛt, pe-] F *Vorname*

Perrine [pɛʀin] F *Vorname*

perron [pɛʀɔ̃] M Frei-, Außentreppe *f*

perroquet [pɛʀɔkɛ] M 1 ZOOL Papagei *m*; *fig de qn* **c'est un ~** er *ou* sie plappert alles nach, ohne es zu verstehen; **répéter qc comme un ~** etw (gedankenlos) nachplappern 2 MAR Bramsegel *n*; **~ de fougue** Kreuzmarssegel *n* 3 *fam fig boisson* Pernod *m* mit Pfefferminzsirup

Perros-Guirec [pɛʀosgiʀɛk] *Stadt im Dep. Côtes-d'Armor*

perruche [pɛʀyʃ] F 1 ZOOL Wellensittich *m* 2 *fig (femme bavarde) fam* Schnattergans *f*, -ente *f*, -liese *f*

perruque [pɛʀyk] F Perücke *f*; *euphémisme* Zweitfrisur *f*; **perruquier** M Perückenmacher *m*

pers [pɛʀ] ADJ M st/s **yeux** *mpl* ~ blaugrüne Augen *npl*

persan [pɛʀsɑ̃] A ADJ persisch; ZOOL **chat** ~ Perserkatze *f*; **cheval** ~ Perser *m*; *Montesquieu* **Lettres ~es** Persische Briefe; **tapis** ~ Perserteppich *m*; *fam* Perser *m* B SUBST 1 **Persan(e)** *m(f)* Perser(in) *m(f)* 2 LING **le** ~ das Persische; Persisch *n*

perse [pɛʀs] A ADJ (alt)persisch B SUBST HIST **les Perses** *mpl* die (alten) Perser *mpl*

Perse [pɛʀs] **la** ~ HIST Persien *n*

persécuté(e) [pɛʀsekyte] M(F) 1 Verfolgte(r) *m|f(m)* 2 PSYCH an Verfolgungswahn Leidende(r) *m|f(m)*

persécuter [pɛʀsekyte] V/T 1 *(opprimer)* verfolgen 2 *fig (harceler)* ~ **qn** j-n verfolgen, belästigen, bedrängen

persécuteur [pɛʀsekytœʀ] M, **persécutrice** F Verfolger(in) *m(f)*

persécution [pɛʀsekysjõ] F 1 POL, REL Verfolgung *f*; **~s subies par les chrétiens** Christenverfolgungen *fpl*; **être en butte à des ~s** verfolgt, *par ext a.* bedrängt, belästigt werden 2 PSYCH **délire** *m*, **folie** *f*, **manie** *f* **de la** ~ Verfolgungswahn *m*

Persée [pɛʀse] M MYTH, ASTRON Perseus *m*

persévérance [pɛʀseveʀɑ̃s] F Ausdauer *f*, Beharrlichkeit *f* (**dans** bei, in *+dat*); Unverdrossenheit *f*; Hartnäckigkeit *f*; **persévérant** ADJ ausdauernd; beharrlich

persévérer [pɛʀsevere] V/I ‹-è-› beharren (**dans qc** auf, bei etw [*dat*]); *abs* Ausdauer, Beharrlichkeit zeigen; nicht aufgeben; ~ **dans ses efforts** in s-n Anstrengungen nicht nachlassen; sich beharrlich mühen; ~ **dans son erreur** hartnäckig an s-m Irrtum festhalten; *st/s* in s-m Irrtum verharren; ~ **dans ses recherches** s-e Nachforschungen beharrlich weiterbetreiben

persienne [pɛʀsjɛn] F Klapp-, Faltladen *m*; ~ **à l'italienne** ausstellbarer Klapp-, Faltladen

persiflage [pɛʀsiflaʒ] M Spöttelei *f*; Spott *m*; Persiflage *f*; **persifler** V/T verspotten; persiflieren; spötteln, spotten über *(+acc)*; **persifleur** ADJ ‹-euse› *ton* spöttisch

persil [pɛʀsi] M BOT Petersilie *f*

persillade [pɛʀsijad] F CUIS Salatsauce *f* mit gehackter Petersilie, Kräutern und Knoblauch

persillé [pɛʀsije] ADJ 1 CUIS mit Petersilie (bestreut, zubereitet, angerichtet); **pommes de terre ~es** Petersilienkartoffeln *fpl* 2 **fromage** ~ grün gesprenkelter Edelpilzkäse; **viande ~e** durchwachsenes Fleisch

persique [pɛʀsik] ADJ GÉOG **le golfe Persique** der Persische Golf

persistance [pɛʀsistɑ̃s] F 1 *d'une personne* Be-, Verharren *n* (**dans** in, auf, bei *+dat*); hartnäckiges, beharrliches Festhalten (an *+dat*); **avec** ~ beharrlich; hartnäckig 2 *du mauvais temps, de la fièvre etc* Anhalten *n*; Andauern *n*; Fortdauer *f*; *de coutumes, préjugés etc* Fortbestehen *n*; zähes, hartnäckiges Sichhalten

persistant [pɛʀsistɑ̃] ADJ 1 anhaltend; lange andauernd; (fort)dauernd; (be)ständig; beharrlich; hartnäckig 2 BOT **feuilles ~es** immergrüne Blätter *npl*

persister [pɛʀsiste] V/I 1 *personne* ~ **dans qc** auf etw *(dat)*, bei etw beharren; *st/s* in etw *(dat)*, bei etw verharren; ~ **dans son opinion** *a.* bei s-r Meinung bleiben; zäh, unbeirrt an s-r Meinung festhalten; ~ **dans son refus** *a.* sich beharrlich weigern; **je persiste à croire que ...** ich bleibe dabei, bei der Ansicht, dass ... 2 *douleurs, fièvre, mauvais temps etc* anhalten; an-, fortdauern; nicht nachlassen; *doutes, préjugés etc* fortbestehen; sich zäh, hartnäckig halten

perso [pɛʀso] ADJ ‹inv› *fam* ABR (personnel) privat, persönlich

persona (non) grata [pɛʀsɔna(nɔn)gʀata] F 1 DIPL Persona (non) grata; **déclarer qn persona non grata** j-n zur Persona non grata erklären 2 *fig* **être** ~ willkommen, gern gesehen (unerwünscht) sein

personnage [pɛʀsɔnaʒ] M 1 *(personne importante)* (bedeutende, angesehene) Persönlichkeit; ~ **connu** bekannte Persönlichkeit; **grand** ~ hohe, prominente Persönlichkeit; ~ **historique** bedeutende geschichtliche Persönlichkeit; herausragende Gestalt der Geschichte 2 *(individu)* Mensch *m*; Person *f*; **un curieux** ~ ein merkwürdiger Mensch, Kauz, Kerl; *femme* e-e eigenartige Person 3 THÉ Person *f*; Rolle *f*; *dans un roman* Person *f*; Gestalt *f*; Figur *f*; ~ **principal** Hauptperson *f*, -figur *f*, THÉ *a.* -rolle *f*; **le** ~ **d'Hamlet** die Gestalt, THÉ die Rolle des Hamlet; ~ **de roman** Romanfigur *f*, -gestalt *f*; *fig* **il joue un** ~ er spielt (immer) e-e bestimmte Rolle 4 BEAUX-ARTS (Menschen)Figur *f*, (-)Gestalt *f*; ~ **allégorique** allegorische Figur, Gestalt

personnalisation [pɛʀsɔnalizasjõ] F 1 Verleihen *n*, -ung *f* e-r persönlichen Note; PUBLICITÉ persönliches Ansprechen (der Zielgruppen) 2 ASSURANCES, FISCALITÉ Anpassung *f* an die individuellen Verhältnisse; Subjektivierung *f*

personnaliser [pɛʀsɔnalize] V/T 1 *crédit, primes etc* individuell gestalten; den Verhältnissen des Einzelnen anpassen; *adjt* **personnalisé** auf die persönlichen Verhältnisse, Bedürfnisse zugeschnitten; individuell 2 *appartement, voiture etc* e-e persönliche Note, e-n persönlichen Anstrich geben, verleihen *(+dat)*

personnalité [pɛʀsɔnalite] F 1 *(identité)* Persönlichkeit *f*; *t/t* Personalität *f* (*a.* PSYCH); Eigenart *f*; POL **culte** *m* **de la** ~ Personenkult *m*; PSYCH **troubles** *mpl* **de la** ~ Störungen *fpl* der psychischen Persönlichkeit; *personne* **sans** ~ ohne Originalität, Profil; farblos; nichtssagend; **avoir une forte** ~ e-e starke, ausgeprägte Persönlichkeit sein 2 JUR ~ **civile, juridique, morale** Rechtsfähigkeit *f*; Rechtspersönlichkeit *f* 3 *(personnage important)* bekannte, bedeutende, prominente Persönlichkeit; **~s** *pl a.* Prominente(n) *mpl*; *coll* Prominenz *f*

personne[1] [pɛʀsɔn] F 1 *(être humain)* Person *f* (*a.* PSYCH, PHIL); Mensch *m*; **~s** *pl a.* Leute *pl*; **une ~ âgée** ein alter Mensch; **les ~s concernées** die Betreffenden *pl*; **une grande** ~ ein Erwachsener, Großer; *iron* **ma modeste** ~ *iron* meine Wenigkeit; ADMIN ~ **à charge** Unterhaltsberechtigte(r) *m|f(m)*; **la** ~ **du chef de l'État** die Person des Staatsoberhauptes; **entrée interdite à toute** ~ **étrangère au service** Unbefugten Zutritt verboten; **une famille de douze ~s** e-e zwölfköpfige Familie; *loc adv*: **en** ~ *(soi-même) venir etc* persönlich; selbst; *fam* höchstpersönlich; in *(fam* höchst)eigener Person; *(personnifié)* in Person; selbst; personifiziert; leibhaftig; **c'est le calme en** ~ er *ou* sie ist die Ruhe selbst, in Person; **par** ~ pro Person, Kopf, *fam* Mann; **il est bien (fait) de sa** ~ er ist e-e gute Erscheinung, sieht gut aus, hat e-e gute Figur, *fam* ist gut gebaut; **être content, satisfait de sa** *(iron* **petite**) ~ selbstgefällig, von sich eingenommen sein; → *a.* payer B 2 2 *(jeune fille, femme)* Person *f*; Mädchen *n*; Frau *f*; **une jeune** ~ ein junges Mädchen; e-e junge Dame 3 JUR ~ **morale, civile** juristische Person; ~ **physique** natürliche Person 4 GRAM Person *f*; **première, deuxième, troisième** ~ erste, zweite, dritte Person; **roman écrit à la première** ~ Roman *m* in der Ichform; **parler à la troisième** ~ in der dritten Person sprechen

personne[2] [pɛʀsɔn] PR INDÉF 1 ‹mit **ne** beim Verb› niemand; kein Mensch; keiner; ♦ *qui a appelé?* - ~ niemand; ~ **au monde** niemand, kein Mensch auf der Welt; ~ **d'autre que lui** niemand anders *ou all Sud* anderer als er; keiner außer ihm; nur er; ♦ **il n'y a** ~ **dans la rue** es ist niemand, kein Mensch auf der Straße; **je ne connais** ~ **de plus heureux que lui** ich kenne niemand(en), der glücklicher ist als er; **ne devoir rien à** ~ keinem, niemandem etwas schulden; **ça n'est la faute de** ~ das ist niemandes, keines Menschen Schuld; **je n'y suis pour** ~ ich bin für niemand(en) zu sprechen; ~ **ne le sait** keiner, niemand weiß es; **je ne vois** ~ **qui en soit capable** ich sehe niemand *ou* keinen, der dazu imstande ist *ou* wäre 2 *st/s* ‹ohne **ne**› (irgend)jemand; irgendwer; ♦ **sans avoir vu** ~ ohne jemand(en) gesehen zu haben; **je suis parti sans que** ~ **s'en aperçoive** ich bin weggegangen, ohne dass jemand es bemerkte; ♦ **il le sait mieux que** ~ er weiß es besser als irgendjemand, irgendwer

personnel[1] [pɛʀsɔnɛl] ADJ ‹~le› 1 persönlich; privat; Privat...; eigen; Eigen...; *sur une lettre* ~ persönlich!; **affaire ~le** persönliche Angelegenheit; Privatangelegenheit *f*, -sache *f*; **allusion ~le** persönliche Anspielung; **besoins ~s** persönliche Bedürfnisse *npl*; Eigenbedarf *m*; **fortune ~le** Privatvermögen *n*; **idées ~les** eigene, originelle Ideen *fpl*; **lettre ~le** Privatbrief *m*; persönliches Schreiben; INFORM **page personnelle** Startseite *f*; **raisons ~les** persönliche, private Gründe *mpl* 2 GRAM persönlich; Personal...; *du verbe*: **formes ~les** Personalformen *fpl*; finite Formen *fpl*; **modes ~s** *Indikativ, Konditional, Konjunktiv u. Imperativ*; **pronom** ~ persönliches Fürwort; Personalpronomen *n*

personnel[2] [pɛʀsɔnɛl] M Personal *n*; *d'une entreprise a.* Belegschaft *f*; Betriebsangehörige(n) *mpl*; *(employés de maison)* Haus-, Dienstpersonal *n*; ~ **auxiliaire** Aushilfspersonal *n*, -kräfte *fpl*; AVIAT ~ **au sol** Bodenpersonal *n*; ~ **de bureau** Büropersonal *n*, -angestellte(n) *mpl*, -kräfte *fpl*; **bureau** *m*, **service** *m* **du** ~ Personalbüro *n*, -abteilung *f*; **manque** *m*, **pénurie** *f* **de** ~ Personalmangel *m*, -knappheit *f*

personnellement [pɛʀsɔnɛlmɑ̃] ADV persönlich; **cette lettre lui est adressée** ~ dieser Brief ist an ihn persönlich gerichtet; ~, **je n'approuve pas cette décision** ich persönlich billige diese Entscheidung nicht; **connaître qn** ~ j-n persönlich kennen

personnification [pɛʀsɔnifikasjõ] F Personifizierung *f*; Personifikation *f*; Verkörperung *f*

personnifier [pɛʀsɔnifje] V/T personifizieren; verkörpern; *adjt* **c'est la paresse personnifiée** er *ou* sie ist die Faulheit selbst, in Person

perspectif [pɛʀspɛktif] ADJ ‹-ive› perspektivisch

perspective [pɛʀspɛktiv] F 1 MATH, PEINT Perspektive *f*; *loc adv* **en** ~ perspektivisch; → *a.* 4 2 *(vue)* (Aus)Blick *m*; Aussicht *f* 3 *(point de vue)* Gesichtspunkt *m*; Standpunkt *m*; Blickpunkt *m*, -winkel *m*; Perspektive *f*; Sicht *f* 4 *(éventualité)* Aussicht *f*; Perspektive *f*; **~s** *pl a.* Ausblick *m*; **~s d'avenir** Zukunftsaussichten *fpl*; *loc adv*: **en** ~ in Aussicht; **il a un bel avenir en** ~ er hat e-e schöne Zukunft vor sich *(dat)*; ihm winkt e-e schöne Zukunft; *iron* **c'est une** ~ **réjouissante!** das sind ja schöne Aussichten!; **ouvrir de nouvelles ~s à qn** j-m neue Perspektiven eröffnen

perspicace [pɛʀspikas] ADJ scharfsinnig; scharfsichtig; **perspicacité** F Scharfsinn *m*; Scharfblick *m*; Scharfsichtigkeit *f*

P

persuader [pɛʀsɥade] A V/T 1 (convaincre) ~ qn (de qc) j-n (von etw) überzeugen; ~ qn que … j-n davon überzeugen, dass …; être persuadé de qc von etw überzeugt sein; j'en suis persuadé ich bin überzeugt davon 2 (décider à) ~ qn de faire qc j-n überreden, j-n bereden, j-m zureden, etw zu tun B V/PR 1 se ~ de qc sich von etw überzeugen; se ~ que … sich davon überzeugen, dass … 2 à tort se ~ que … sich (dat) einbilden, einreden, dass …

persuasif [pɛʀsɥazif] ADJ ⟨-ive⟩ überzeugend

persuasion [pɛʀsɥazjõ] F 1 action Überzeugen n, -ung f; d'un argument force f de ~, d'un orateur pouvoir m de ~ Überzeugungskraft f 2 (don m, pouvoir m de) ~ Überredungsgabe f, -kunst f

perte [pɛʀt] F 1 Verlust m (a. d'une personne); d'influence, de prestige a. Einbuße f (de an +dat); de revenus a. Ausfall m; COMM de denrées périssables a. Abgang m; ~ d'argent Geldverlust m, -einbuße f; ~ de chaleur Wärmeverlust m; ~ de cheveux Haarausfall m; ~ de connaissance Ohnmacht f; Bewusstlosigkeit f; JUR ~ des droits civils Verlust der bürgerlichen Ehrenrechte; ~ de poids Gewichtsverlust m; COMM Schwund m; ~ de salaire Lohnausfall m, -einbuße f; ~ de sang, de temps Blut-, Zeitverlust m; AVIAT ~ de vitesse Fahrt-, Geschwindigkeitsverlust m; Abnahme f der Fluggeschwindigkeit; fig être en ~ de vitesse an Einfluss, Bedeutung, Boden verlieren; auf dem absteigenden Ast sein; MIL les ~s en hommes et en matériel die Verluste an Menschen und Material; ♦ loc adv: vendre à ~ mit Verlust; à ~ de vue so weit das Auge reicht; unabsehbar; ins Unendliche; endlos (a. fig); fig discuter à ~ de vue endlos, fam bis ins Unendliche diskutieren; fig avec ~ et fracas → fracas; en pure ~ ganz umsonst; vergeblich; ♦ avoir des ~s de mémoire an Gedächtnisschwund leiden; essuyer, subir des ~s Verluste erleiden, hinnehmen müssen; iron ce n'est pas une grande, grosse ~ das ist kein großer Verlust; MIL infliger des ~s sévères à l'ennemi dem Feind schwere Verluste beibringen, zufügen 2 fig (ruine) Verderben n; Untergang m; Ruin m; causer la ~ de qn j-s Untergang, Ruin herbeiführen; courir à sa ~ in sein Verderben rennen; s-m Ruin, Untergang entgegengehen; jurer la ~ de qn j-m den Untergang, Tod schwören 3 MÉD ~s blanches Weißfluss m

pertinemment [pɛʀtinamɑ̃] ADV savoir ~ qc etw (ganz) genau wissen

pertinence [pɛʀtinɑ̃s] F 1 d'une remarque etc Richtigkeit f; Sachdienlichkeit f; Stichhaltigkeit f 2 JUR Erheblichkeit f 3 LING Relevanz f

pertinent [pɛʀtinɑ̃] ADJ 1 remarque, réflexion (zu)treffend; richtig; passend; angebracht; sachdienlich; analyse, rapport gescheit; klug; scharfsinnig; gut durchdacht; argument ~ treffendes, schlagendes, stichhaltiges Argument; motif ~ triftiger Grund 2 JUR preuve, faits erheblich 3 LING relevant

pertuis [pɛʀtɥi] M GÉOG a (détroit) schmale Durchfahrt, Wasserstraße b régional (col) Pass m

perturbateur [pɛʀtyʀbatœʀ] A ADJ ⟨-trice⟩ (ruhe)störend; Unruhe stiftend B SUBST ~, perturbatrice m,f Ruhestörer(in) m(f); Störenfried m; Unruhestifter(in) m(f)

perturbation [pɛʀtyʀbasjõ] F 1 Unruhe f; du trafic etc Störung f; Beeinträchtigung f; ~s politiques, sociales politische, soziale Unruhen; jeter la ~ dans qc Unruhe in etw (acc) bringen; etw stören 2 MÉTÉO, RAD Störung f; ~s atmosphériques atmosphärische Störungen

perturber [pɛʀtyʀbe] V/T stören; beeinträchtigen; durcheinanderbringen; sich störend auswirken auf (+acc)

péruvien [peʀyvjɛ̃] A ADJ ⟨~ne⟩ peruanisch B SUBST Péruvien(ne) m(f) Peruaner(in) m(f)

pervenche [pɛʀvɑ̃ʃ] F 1 BOT Immergrün n 2 couleur adjt ⟨inv⟩ hellblau; vergissmeinnichtblau; yeux mpl ~ hellblaue Augen npl 3 fam fig (contractuelle) Politesse f

pervers [pɛʀvɛʀ] A ADJ ⟨-verse [-vɛʀs]⟩ 1 litt (méchant) böse; niederträchtig; (dépravé) verderbt; verkommen; verdorben 2 PSYCH, sexuellement pervers; tendances etc a. abartig; widernatürlich; personne a. abartig veranlagt 3 par ext effet ~ unerwünschte, gegenteilige Folge B SUBST ~(e) m(f) PSYCH pervers Veranlagte(r) m/f(m)

perversion [pɛʀvɛʀsjõ] F 1 litt des mœurs Verderbnis f; Verderbtheit f; Verfall m; Verwilderung f 2 PSYCH Perversion f; ~ sexuelle sexuelle Perversion, Abartigkeit

perversité [pɛʀvɛʀsite] F 1 des mœurs Verderbtheit f; Verkommenheit f; Verdorbenheit f 2 d'une personne Bosheit f; Niedertracht f; Gemeinheit f

pervertir [pɛʀvɛʀtiʀ] V/T verderben; pervertieren; **pervertissement** litt M Pervertierung f; de la jeunesse Verführung f (zum Bösen); des mœurs Verfall m

pesage [pəzaʒ] M 1 (Ab)Wiegen n 2 SPORTS Wiegen n 3 endroit Wiegeplatz m

pesamment [pəzamɑ̃] ADV tomber schwer; marcher, sauter schwerfällig

pesant [pəzɑ̃] A ADJ 1 fardeau schwer 2 fig: charge schwer; drückend; présence de qn, silence bedrückend 3 fig: démarche schwer(fällig); plump; édifice ~ plumpes Gebäude; sommeil ~ bleierner Schlaf; style ~ schwerfälliger Stil B M fig valoir son ~ d'or a nicht mit Gold aufzuwiegen, zu bezahlen sein; Gold(es) wert sein b iron unbezahlbar sein

pesanteur [pəzɑ̃tœʀ] F 1 PHYS a abs Schwerkraft f; loi f de la ~ Gesetz n der Schwerkraft, Schwere b d'un corps Schwere f 2 fig Schwerfälligkeit f; Plumpheit f; ~ d'esprit geistige Schwerfälligkeit

pèse [pɛz] M arg → fric

pèse-bébé [pɛzbebe] M ⟨pl pèse-bébé(s)⟩ Baby-, Säuglingswaage f

pesée [pəze] F 1 opération (Ab)Wiegen n 2 (poussée) Druck m (sur auf +acc); de toute la ~ de son corps mit s-m ganzen Körpergewicht

pèse-lettre [pɛzlɛtʀ] M ⟨pl pèse-lettre(s)⟩ Briefwaage f; **pèse-personne** M ⟨pl pèse-personne(s)⟩ Personenwaage f

peser [pəze] ⟨-è-⟩ A V/T 1 objet (ab)wiegen; personne wiegen 2 fig abwägen; ~ bien ses mots s-e Worte genau abwägen, auf die Goldwaage legen; ~ le pour et le contre das Für und Wider abwägen; loc adv tout bien pesé nach reiflicher Überlegung B V/I 1 wiegen, schwer sein (deux kilos zwei Kilo); → a. lourd B 1 2 par ext: fardeau ~ sur les épaules auf den Schultern lasten (a. fig responsabilité); auf die Schultern drücken; repas ~ sur l'estomac (schwer) im Magen liegen; auf den Magen drücken; personne ~ sur un levier, contre la porte auf e-n Hebel, gegen die Tür drücken 3 fig solitude etc ~ à qn j-n bedrücken, belasten; schwer auf j-m lasten 4 fig ~ sur qn soupçons, responsabilité auf j-m lasten; responsabilité a. auf j-m ruhen; schwer auf j-m liegen; accusation gegen j-n erhoben worden sein; remords ~ sur la conscience das Gewissen belasten 5 fig ~ sur la décision de qn j-s Entscheidung beeinflussen; auf j-s Entscheidung (acc) e-n Einfluss ausüben C V/PR personne se ~ sich wiegen

peseta [pezeta] F HIST monnaie Peseta ou Pesete f

peso [pezo] M monnaie Peso m

pessaire [pesɛʀ] M MÉD Pessar n; Mutterring m

pessimisme [pesimism] M Pessimismus m (a. PHIL); Schwarzseherei f; **pessimiste** A ADJ pessimistisch; schwarzseherisch; être ~ sur qc pessimistisch hinsichtlich e-r Sache (gén) sein; für etw schwarzsehen B M/F Pessimist(in) m(f); Schwarzseher(in) m(f)

peste [pɛst] F 1 MÉD Pest f; HIST la ~ noire der Schwarze Tod; fig: fuir qn comme la ~ j-n meiden, fliehen wie die Pest; se méfier de qn comme de la ~ sich vor j-m hüten wie vor e-r ansteckenden Krankheit 2 VÉT ~ aviaire, bovine, porcine Hühner-, Rinder-, Schweinepest f 3 fig et péj d'une femme fam Giftnudel f, -spritze f; c'est une (vraie) ~ a. fam sie ist e-e (richtige) Hexe; d'une fillette quelle petite ~! fam so ein kleines Biest!

pester [pɛste] V/I ~ (contre qn, qc) (auf j-n, etw) schimpfen; fam (gegen j-n, etw) wettern

pesticide [pɛstisid] M AGR Pestizid n; Schädlingsbekämpfungsmittel n

pestiféré [pɛstifeʀe] M Pestkranke(r) m; fig fuir qn comme un ~ j-n meiden, fliehen wie die Pest

pestilence [pɛstilɑ̃s] F abscheulicher, pestilenzialischer Gestank; st/s Pesthauch m

pestilentiel [pɛstilɑ̃sjɛl] ADJ ⟨~le⟩ odeur, miasmes abscheulich; scheußlich; pestilenzialisch

pesto [pɛsto] M CUIS Pesto n ou m

pet [pɛ] M fam 1 pop Furz m; fam Pup m; fam fig avoir toujours un ~ de travers immer irgendein Wehwehchen haben; faire, lâcher un ~ pop e-n Furz lassen; fam einen fahren, streichen, sausen lassen; fig ça ne vaut pas un ~ (de lapin) fam das ist keinen Pfifferling wert 2 LOC fam il va y avoir du ~ fam es wird Krach, Stunk, Zoff geben

pétainiste [petenist] M/F HIST Anhänger(in) m(f) Pétains

pétale [petal] M BOT Blütenblatt n; ~s de rose Rosenblätter npl; fleur perdre ses ~s die Blätter verlieren

pétanque [petɑ̃k] F Boule-, Bocciaspiel n

pétant [petɑ̃] ADJ fam à dix heures ~es Punkt, Schlag zehn (Uhr)

pétarade [petaʀad] F d'une moto etc Geknatter n; d'un feu d'artifice Geknalle n; Knallerei f; **pétarader** V/I moteur, moto etc knattern

pétard [petaʀ] M 1 Knallkörper m, -frosch m, -erbse f; faire claquer, lancer des ~s Knallfrösche, -erbsen werfen 2 fam a (bruit) Lärm m; fam Krach m; Radau m; Spektakel m; faire du ~ fam Krach machen b fig il va y avoir du ~ fam es wird Krach, Stunk, Zoff geben c fig être en ~ (en colère) fam fuchsteufelswild sein; e-e Wut im Bauch haben 3 fam (revolver) fam Kanone f; Ballermann m 4 fam (derrière) fam Po(dex) m; Hintern m 5 fam (großer) Joint

pétaudière [petodjɛʀ] F c'est une véritable ~ d'une maison, entreprise dort herrscht ein heilloses Durcheinander; iron das ist e-e tolle Wirtschaft; d'une assemblée das ist ein einziger lärmender Haufen; fam das ist der reinste Jahrmarkt

Petchora [pɛtʃɔʀa] GÉOG la ~ die Petschora

pet-de-nonne [pɛdnɔn] M ⟨pl pets-de-nonne⟩ CUIS kleiner Krapfen

péter [pete] ⟨-è-⟩ fam A V/T 1 (casser) fam kaputt machen, schlagen; (déchirer) kaputt reißen 2 fig personne ~ le feu, des flammes vor Unternehmungslust sprühen; fam in Fahrt, in Schwung sein; ça va ~ le feu, des flammes *fam* es wird Krach, Stunk, ein Donnerwetter geben **B** *VI* **1** *pop* furzen; *fam* pupen; einen fahren, streichen, sausen lassen; *fig* **~ plus °haut que son cul** zu hoch hinauswollen; *fig* **~ dans la soie** luxuriös gekleidet sein; *par ext* im Luxus leben **2** *coup de feu, pétard* knallen; krachen; *explosif* explodieren; losgehen; platzen; *fig* **l'affaire va lui ~ dans la main** *fam* die Sache wird schiefgehen, danebengehen, platzen **3** *bouton* abplatzen; *ficelle, câble, collants* reißen; *ballon* platzen

pète-sec [pɛtsɛk] *M* ⟨*inv*⟩ *fam* Feldwebel *m*; autoritärer Typ

péteux [petø] *M*, **péteuse** *F* *fam* Angsthase *m*; Hasenfuß *m*

pétillant [petijɑ̃] *ADJ* **1** *eau minérale* sprudelnd; **champagne ~** prickelnder, spritziger, perlender Champagner **2** *fig*: *texte* **~ d'esprit** geistsprühend; spritzig; witzig; *regard* **~ de malice** schelmisch funkelnd, blitzend

pétillement [petijmɑ̃] *M* **1** *d'une boisson* Sprudeln *n*; Prickeln *n* **2** *d'un feu de bois* Knistern *n*; Prasseln *n* **3** *du regard* **~ malicieux** schelmisches Funkeln, Blitzen

pétiller [petije] *VI* **1** *feu de bois* knistern; prasseln **2** *eau minérale* sprudeln; *champagne* prickeln; perlen **3** *fig*: *personne* **~ d'esprit** vor Geist, Witz sprühen; *yeux* **~ de joie** vor Freude funkeln, blitzen; **ses yeux pétillent de malice** der Schelm, Schalk blitzt aus s-n Augen

pétiole [pesjɔl] *M* BOT Blattstiel *m*

petiot [pətjo] *M*, **petiote** *F* *fam* **mon petiot, ma petiote** mein Kleiner, meine Kleine, mein Kleines

petit [p(ə)ti] **A** *ADJ* klein **a** *taille*: **le ~ doigt** der kleine Finger; **un ~ homme** *ou* **un homme ~** ein kleiner Mann; ein Männchen *n*, Männlein *n*; **~e maison** kleines Haus; Häuschen *n*; **~e ville** kleine Stadt; Städtchen *n*; Kleinstadt *f*; ♦ *loc adj* **de ~e taille** klein(-gewachsen); von kleinem Wuchs; *loc adv* **en ~** im Kleinen; in verkleinertem Maßstab; ♦ **couper en ~s morceaux** in Stückchen, in kleine Stücke schneiden; klein schneiden; **se faire tout ~** sich ganz klein machen, *fig* kleinmachen **b** *importance*: **~ bruit** leises, schwaches, leichtes Geräusch; **~e chance** kleine, geringe Chance; ÉCOLE **les ~es classes** die unteren Klassen *fpl*; **encore un ~ effort!** noch e-e kleine, letzte Anstrengung!; **~ fonctionnaire** kleiner Beamter; **les ~es gens** die kleinen Leute *pl*; **une ~e heure** e-e knappe Stunde; ein Stündchen *n*, Stündlein *n*; **~s métiers** kleine Gewerbe *npl*; **~e noblesse** niederer Adel; **~e promenade** kleiner, kurzer Spaziergang; **~e quantité, somme** kleine, geringe, geringfügige, unerhebliche Menge, Summe; ♦ *loc adv*: **~ à ~** allmählich; nach und nach; **au ~ jour** bei Tagesanbruch; im Morgengrauen; ♦ **je vous demande une ~e minute!** gedulden Sie sich bitte noch e-n kleinen, kurzen Augenblick, e-e kleine Weile!; **il fait son ~ Napoléon** *etc* er möchte gern ein kleiner Napoleon *etc* sein; er tut so, als wäre er ein kleiner Napoleon *etc*; **laissons ce ~ homme à ses ~es craintes!** überlassen wir diesen kleinen Geist s-n kleinen, kleinlichen Sorgen! **c** (*jeune*) **un ~ bonhomme de six ans** *fam* ein kleiner Mann von sechs Jahren; **les ~es Durand** die Durandtöchter *fpl*, -mädchen *npl*; **~e fille** kleines Mädchen; **les ~s Français** die französischen Kinder *npl*; **son ~ frère** sein *ou* ihr kleiner Bruder; **~ garçon** kleiner Junge, *all Sud* Bub; **tout ce ~ monde** *fam* all die (lieben) Kleinen *pl*; das ganze kleine Volk; **quand j'étais ~** als ich klein war; **tu es encore trop ~ pour** (+*inf*) du bist noch zu klein, um zu (+*inf*) **d** *affectivement*: *fam* **sa ~e amie** s-e Freundin; **ma ~e Danielle** meine kleine, süße Danielle; **ma ~e dame, vous vous trompez!** liebe, gute, beste Frau, Sie täuschen sich!; **du courage, mon ~ gars!** nur Mut, mein Junge *ou* Freund!; **(espèce de) ~ polisson!** du kleiner Schlingel, *fam* Racker!; **quelle ~e garce!** *fam* so ein kleines Biest, Luder!; ♦ **un ~ coup de blanc, de rouge** ein Schluck *m*, ein Schlückchen *n* Weiß-, Rotwein; **un bon ~ plat** ein leckeres Gericht; *fam* etw Gutes, Leckeres zum Essen; *fam* **comment va cette ~e santé?** wie steht's mit der Gesundheit?; was macht die Gesundheit? **B** *SUBST* **1** *d'enfants* **le ~, la ~e** der, die, das Kleine; ÉCOLE **les ~s** die Kleinen *pl*; *terme d'affection* **mon ~** mein Kind, Kleines, Liebes; **vos ~s** Ihre Kleinen, Kinder *npl*, *fam* Sprösslinge *mpl*; **°hep, ~!** he, Kleiner!; **(les) ~s et (les) grands** Groß und Klein **2** *coll* **les ~s** *physiquement* die kleinen Menschen *mpl*; kleine Menschen; die Kleinen; *socialement* die kleinen Leute *pl*; die Kleinen *mpl*; *prov* **on a souvent besoin d'un plus ~ que soi** der Große braucht oft den (so verachteten) Kleinen **3** (*jeune animal*) **le ~** das Junge; **un ~** ein Junges; *chatte etc* **faire ses** *ou* **des ~s** Junge werfen, bekommen, *fam* kriegen; *fam fig* **son argent a fait des ~s** *fam* sein Geld hat geheckt, hat Junge gekriegt **4** *fam d'une jeune fille* **une jolie ~e** *fam* e-e hübsche Kleine **5** **le ~** das Kleine; MATH **un infiniment ~** e-e unendlich kleine Größe **C** *INT* *pour appeler des volailles* **~, ~, ~!** put, put, put!

petit-beurre [p(ə)tibœʀ] *M* ⟨*pl* petits-beurre⟩ Butterkeks *m*

petit-bourgeois [p(ə)tibuʀʒwa] **A** *ADJ* klein-, *péj* spießbürgerlich; spießig **B** *SUBST* **~, petite-bourgeoise** *m,f* Klein-, *péj* Spießbürger(in) *m(f)*; Spießer(in) *m(f)*

petit-déj' [p(ə)tidɛʒ] *M* *fam* *ABR* → petit-déjeuner[1]

petit-déjeuner[1] [p(ə)tideʒœne] *M* ⟨*pl* petits-déjeuners⟩ Frühstück *n*

petit-déjeuner[2] [p(ə)tideʒœne] *VI* *fam* frühstücken

petite-fille [p(ə)titfij] *F* ⟨*pl* petites-filles⟩ Enkelin *f*; Enkeltochter *f*

petitement [p(ə)titmɑ̃] *ADV* **1** *être logé* eng; beengt **2** *vivre* ärmlich; kärglich; kümmerlich **3** **se venger ~** kleinliche Rache nehmen

petite-nièce [p(ə)titnjɛs] *F* ⟨*pl* petites-nièces⟩ Großnichte *f*

petitesse [p(ə)titɛs] *F* **1** Kleinheit *f*; **la ~ de sa taille** sein kleiner Wuchs **2** *fig* **~ d'esprit** Engstirnigkeit *f*; *fam* Kleinkariertheit *f*

petit-fils [p(ə)tifis] *M* ⟨*pl* petits-fils⟩ Enkel *m*; Enkelsohn *m*

petit-gris [p(ə)tigʀi] *M* ⟨*pl* petits-gris⟩ **1** *fourrure* Feh *n* **2** *escargot* Gesprenkelte Weinbergschnecke

pétition [petisjõ] *F* **1** Petition *f*; Eingabe *f*; (Bitt)Gesuch *n*; **adresser une ~ à** e-e Eingabe machen, e-e Bittschrift, Petition einreichen bei; ein Gesuch richten an (+*acc*) **2** LOGIQUE **~ de principe** Petitio principii *f*

pétitionnaire [petisjɔnɛʀ] *M/F* Unterzeichner(in) *m(f)* e-r Petition; Bittsteller(in) *m(f)*

petit-lait [p(ə)tilɛ] *M* ⟨*pl* petits-laits⟩ Molke *f*; *fig* **il a bu du ~** das ging ihm ein wie Milch und Honig

petit-nègre [p(ə)tinɛgʀ] *M* ⟨*inv*⟩ Kauderwelsch *n*; **parler ~** kauderwelschen

petit-neveu [p(ə)tinvø] *M* ⟨*pl* petits-neveux⟩ Großneffe *m*

petits-enfants [p(ə)tizɑ̃fɑ̃] *MPL* Enkel(kinder) *mpl* (*npl*)

petit-suisse [p(ə)tisɥis] *M* ⟨*pl* petits-suisses⟩ kleiner, runder Doppelrahmfrischkäse

pétochard [petɔʃaʀ] *ADJ et SUBST* *fam* → froussard

pétoche [petɔʃ] *fam* *F* → frousse; **avoir la ~** *fam* Schiss haben; die Hosen (gestrichen) voll haben

pétoire [petwaʀ] *F* *fam* (*mauvais fusil*) *fam* Knarre *f*; Schießeisen *n*, -prügel *m*

peton [patõ] *fam* *M* Füßchen *n*

pétoncle [petõkl] *M* ZOOL Englisches Pastetchen (*Muschel*)

Pétrarque [petʀaʀk] *M* *poète* Petrarca *m*

pétrel [petʀɛl] *M* ZOOL Sturmvogel *m*

pétrification [petʀifikasjõ] *F* GÉOL Versteinerung *f* (*processus et résultat*)

pétrifié [petʀifje] *ADJ* **1** GÉOL versteinert **2** *fig* **~ de terreur** starr, versteinert vor Entsetzen

pétrifier [petʀifje] **A** *VT* **1** GÉOL versteinern (lassen) **2** *fig* *qn* erstarren lassen **B** *V/PR* **se ~** versteinern

pétrin [petʀɛ̃] *M* **1** BOULANGERIE Backtrog *m*; **~ mécanique** Knetmaschine *f* **2** *fam* Patsche *f*; Klemme *f*; Schlamassel *m ou n*; **quel ~!** *fam* so ein Schlamassel!; **être dans le ~** *fam* in der Patsche, Klemme, Tinte, im Schlamassel sitzen, stecken; **se fourrer, se mettre dans le ~** *fam* sich in die Tinte setzen; sich (*dat*) etwas (Schönes) einbrocken; in (des) Teufels Küche kommen, geraten; sich schön, sich selbst hineinreiten; **laisser qn dans le ~** *fam* j-n in der Patsche, Klemme, Tinte sitzen lassen; **mettre qn dans le ~** *fam* j-m etwas (Schönes) einbrocken; j-n schön hineinreiten; **tirer qn du ~** *fam* j-m aus der Patsche, Klemme helfen

pétrir [petʀiʀ] *VT* **1** *pâte, argile* kneten; *masseur* **~ les muscles** die Muskeln (durch)kneten; *par ext* **~ la main de qn** j-s Hand kneten, zusammenpressen, -drücken **2** *fig* **être pétri d'orgueil** hochmütig, hochnäsig, eingebildet sein

pétrissage [petʀisaʒ] *M* **1** *d'une pâte* Kneten *n* **2** MÉD Knetmassage *f*

pétrochimie [petʀɔʃimi] *F* Erdölchemie *f*; Petrochemie *f*; **pétrochimique** *ADJ* petrochemisch

pétrodollars [petʀɔdɔlaʀ] *MPL* Petrodollars *mpl*

pétrographie [petʀɔgʀafi] *F* Gesteinskunde *f*; *t/t* Petrografie *f*

pétrole [petʀɔl] *M* **1** (Erd)Öl *n*; **~ brut** Rohöl *n*; **gisement** *m* **de ~** Erdöllagerstätte *f*, -vorkommen *n*; **raffinerie** *f* **de ~** (Erd)Ölraffinerie *f* **2** COMM Petroleum *n*; *suisse* Petrol *n*; **lampe** *f* **à ~** Petroleumlampe *f* **3** *ADJT* **bleu ~** ⟨*inv*⟩ petrol(farben)

pétrolette [petʀɔlɛt] *F* *fam* (*vélomoteur*) *fam* Mühle *f*; Straßenfloh *m*

pétrolier [petʀɔlje] **A** *ADJ* ⟨-ière⟩ (Erd)Öl...; **industrie pétrolière** Ölindustrie *f*; **produits ~s** Erdölprodukte *npl*; **société pétrolière** Ölgesellschaft *f* **B** *M* **1** MAR (Öl)Tanker *m* **2** *financier* Ölmagnat *m*

pétrolifère [petʀɔlifɛʀ] *ADJ* (Erd)Öl...; **champ** *m* **~** Ölfeld *n*; **gisement** *m* **~** Erdölvorkommen *n*

pétulance [petylɑ̃s] *F* Ungestüm *n*; Heftigkeit *f*; hinreißender Schwung; Übermut *m*; Unbändigkeit *f*; **pétulant** *ADJ* ungestüm; heftig; stürmisch; *joie* überschäumend; unbändig

pétunia [petynja] *M* BOT Petunie *f*

peu [pø] *ADV* wenig **a** *avec verbes*: **il gagne ~** er verdient wenig; **nous sortons ~** wir gehen selten, wenig aus **b** *avec adj*: **il n'était pas ~ fier** er war nicht wenig stolz; **~ nombreux** nicht gerade, sehr zahlreich; **~ recommandable** wenig, nicht sehr empfehlenswert **c** *avec adv*: **~ après** bald *ou* kurz darauf, danach; **~ souvent** selten **d** *loc adv* **~ à ~** nach und nach; allmählich; **à ~ près** ungefähr; etwa;

P

avant ~, d'ici ~, sous ~ bald; in Kürze, Bälde; binnen Kurzem; demnächst; **depuis ~** seit, vor Kurzem; ♦ **de ~** um (ein) weniges; *véhicule* **éviter qn de ~** j-m gerade noch ausweichen können; **je l'ai manqué de ~** ich habe ihn um ein paar Minuten, Sekunden verfehlt **c** *loc conj*: **si ~ que ...** *(+subj)* so wenig ... auch; **pour ~ que ...** *(+subj)* sofern (nur) **d** **~ de** *(+subst)* wenig *(+subst)*; **avec ~ d'argent** mit wenig Geld; **~ de chose** wenig; e-e Kleinigkeit; **avec ~ de chose** mit wenig(em); **c'est ~ de chose** das ist recht wenig; das ist nur e-e Kleinigkeit, nicht der Rede wert, e-e Bagatelle, Lappalie; **à ~ de chose près** beinahe; fast; annähernd; etwa; nahezu; **~ de gens, de monde** wenig(e) Menschen, Leute; **de ~ d'importance** von geringer Bedeutung; **en ~ de mots** mit wenigen, mit ein paar Worten; **en ~ de temps** in kurzer Zeit **e** *employé seul:* ♦ *choses* wenig; **se contenter de ~** sich mit wenig(em) begnügen; **je ne vais pas me décourager pour si ~!** wegen so e-r Kleinigkeit, Bagatelle, Lappalie werde ich doch nicht gleich den Mut verlieren!; **c'est ~** das ist wenig; *fam* **très ~ pour moi!** ich werde mich hüten!; *fam* ich denke nicht daran!; ohne mich!; ♦ *personnes* wenige; **comme il y en a ~** wie es nur wenige gibt; **il en est ~ qui ...** es gibt nur wenige, die ...; nur wenige ...; **bien ~ le suivaient** sehr wenige folgten ihm **h** **un ~**, *st/s* **quelque ~** ein wenig; ein bisschen; etwas; ♦ *avec verbes*: **je le connais un ~** ich kenne ihn ein wenig; ♦ *avec adj, adv*: *iron* **un ~ beaucoup** ein bisschen viel; reichlich viel; **un ~ mieux** etwas, ein bisschen, ein wenig besser; **un ~ moins** etwas weniger; **un ~ partout** fast überall; ♦ **un ~ de** *(+subst)* ein wenig, ein bisschen, etwas *(+subst)*; **un ~ de patience** ein wenig, ein bisschen, etwas Geduld; *fam* **un (tout) petit ~ de sel** ein (ganz) klein wenig, ein klein(es) bisschen Salz; ♦ *loc adv*: **pour un ~ ...** *(+conditionnel)*, **un ~ plus (et) ...** *(+imparfait)* fast; beinahe; bald; um ein Haar; es hätte nicht viel gefehlt und ...; **(un) tant soit ~** ein (ganz) klein wenig; ♦ *pour insister*: **je vous demande un ~!** ich bitte Sie!; **écoute donc un ~ ce que l'on te dit!** nun hör doch mal zu, was man dir sagt!; **viens donc un ~, si tu (l')oses!** na, komm doch, wenn du es wagst!; *tu ferais ça? - fam* **un ~!** und ob!; allerdings!; aber sicher, gewiss!; *fam* **un ~ que c'est vrai!** und ob das wahr ist! **i** *subst*: **le ~ que j'en sais** das wenige, das bisschen, was ich darüber weiß; **le ~ de cheveux qui me reste(nt)** die wenigen Haare, die mir geblieben sind; **son ~ de fortune** sein kleines, bescheidenes Vermögen

peuchère [pøʃɛʀ] INT *régional* der, die Arme, Ärmste!; du, Sie Arme(r), Ärmste(r)!

Peugeot [pøʒo] **1** *frz Autohersteller* **2** *voiture* **une ~** ein Peugeot *m*

peuh [pø] INT bah!; pah!

peuplade [pøplad, pœ-] F Völkerschaft *f*; Volksstamm *m*

peuple [pœpl] M **1** *(nation)* Volk *n*; **~s primitifs** primitive Völker **2** *(opposé aux classes supérieures)* **le ~** das Volk; **le bas, petit ~** das einfache, niedere, gemeine Volk; **un homme du ~** ein Mann aus dem Volk; **souveraineté** *f* **du ~** Volkssouveränität *f* **3** LOC *fam* **il y avait du ~** es waren viele Leute, *fam* es war viel Volk da **4** *litt* **un ~ de ...** e-e Menge ...; ein Heer *n* von ... **5** ADJT ⟨*inv*⟩ *péj* ordinär; gewöhnlich; plebejisch; **faire ~** ordinär *etc* aussehen

peuplé [pøple, pœ-] ADJ **peu ~** dünn *ou* schwach bevölkert, besiedelt; **très ~** dicht bevölkert, besiedelt

peuplement [pøpləmɑ̃, pœ-] M **1** *d'un pays, d'une région* Besied(e)lung *f* **2** *d'un étang* **~ (avec des alevins)** Besetzen *n* mit Fischbrut; CH *d'une chasse* **~ avec du gibier** Besetzen *n* mit Wild **3** ÉCOL Bestand *m*; **~ forestier, végétal** Baum-, Pflanzenbestand *m*

peupler [pøple, pœ-] **A** V/T **1** bevölkern; besiedeln; **~ un pays, une région** ein Land, ein Gebiet bevölkern, besiedeln **2** *(habiter)* bevölkern; bewohnen **3** *fig et litt* bevölkern (**de** mit); mit Leben erfüllen **4** *étang* mit Fischbrut besetzen **B** V/PR **se ~** sich bevölkern

peupleraie [pøpləʀɛ, pœ-] F Pappelpflanzung *f*

peuplier [pøplije, pœ-] M **1** BOT Pappel *f*; **~ blanc** Silberpappel *f* **2** *bois* Pappelholz *n*

peur [pœʀ] F Angst *f*, Furcht *f* (**de qn, qc** vor j-m, etw); Schreck(en) *m*; **la ~ du ridicule** die Angst, Furcht, sich lächerlich zu machen; ♦ *loc prép* **de ~ de, par ~ de** *(+subst) ou (+inf)* aus Angst, Furcht vor *(+dat) ou* zu *(+inf)*; *loc conj* **de ~ que ...** (**[ne]** *+subj*) aus Angst, Furcht, Sorge, dass ...; **de ~ qu'il ne se mette à pleuvoir** aus Angst *etc*, es könne anfangen zu regnen; ♦ **avoir ~ (de qn, qc)** (vor j-m, etw) Angst, Furcht haben; sich (vor j-m, etw) fürchten, ängstigen; *fam* bange sein; Bange haben; *(s'effrayer)* erschrecken; e-n Schreck bekommen, *fam* kriegen; **avoir ~ que ...** (**[ne]** *+subj*) Angst haben, dass ...; **avoir ~ de faire qc** Angst haben, *sens affaibli* sich scheuen, etw zu tun; **j'ai très ~** *a.* mir ist angst und bange; **j'en ai bien ~** ich befürchte es (sehr); **j'ai eu ~** ich bin erschrocken; ich habe e-n Schreck bekommen, *fam* gekriegt; **n'avoir pas ~ des mots, du mot** sich nicht scheuen, es *ou* etwas offen auszusprechen; **n'avoir ~ de rien** vor nichts Angst haben; sich vor nichts fürchten; **il y a eu plus de ~ que de mal** er ist, wir sind *etc* mit dem (bloßen) Schrecken davongekommen; **avoir ~ pour qn** Angst um j-n haben; in Angst, Sorge um j-n sein; sich um j-n ängstigen; für j-n fürchten; *st/s* um j-n bangen; **faire ~ à qn** j-m Angst machen; *(effrayer qn)* j-n erschrecken; j-m e-n Schrecken einjagen; **prendre ~** Angst bekommen, *fam* kriegen; in Angst, Furcht geraten; es mit der Angst zu tun bekommen, *fam* kriegen

peureux [pøʀø, pœ-] **A** ADJ ⟨-euse⟩ ängstlich; furchtsam **B** SUBST **~, peureuse** *m,f* ängstlicher Mensch; *fam* Angsthase *m*

peut [pø] → pouvoir[1]

peut-être [pøtɛtʀ] ADV vielleicht; womöglich; eventuell; **~ bien que oui, ~ bien que non** kann schon sein, kann (aber) auch nicht sein; schon möglich, vielleicht aber auch nicht; vielleicht auch nein; **~ (bien) qu'il fera beau demain** vielleicht wird es morgen (auch, sogar) schön; womöglich wird es morgen (noch) schön; **~ a-t-il oublié le rendez-vous** vielleicht hat er die Verabredung vergessen; *iron* **je ne sais pas conduire, ~?** kann ich vielleicht, etwa nicht fahren?

peuvent [pœv], **peux** [pø] → pouvoir[1]

p. ex. ABR (par exemple) z. B. (zum Beispiel)

Peyrefitte [pɛʀfit] *frz Familienname*

pèze [pɛz] M *arg* → fric

Pézenas [peznas] *Stadt im Dep. Hérault*

pfennig [pfenig] M HIST *monnaie* Pfennig *m* *(abr* Pf*)*

pff(t) [pf(t)] *ou* **pfut** [pfyt] INT bah!; pah!

p.g.c.d. [peʒesede] M ABR (plus grand commun diviseur) MATH größter gemeinsamer Teiler

pH [peaʃ] M CHIM pH-Wert *m*

phacochère [fakɔʃɛʀ] M ZOOL Warzenschwein *n*

phagocyte [fagɔsit] M BIOL Fresszelle *f*; *t/t* Phagozyt *m*; **phagocyter** V/T **1** BIOL *t/t* phagozytieren **2** *fig entreprise: une autre fam* schlucken

phalange [falɑ̃ʒ] F **1** ANAT Finger- *ou* Zehenglied *n*; **faire craquer ses ~s** mit den Fingerknöcheln knacken **2** *litt (armée)* (Heer)Schar *f* **3** HIST **Phalange** *en Espagne* Falange *f*

phalangiste [falɑ̃ʒist] M HIST *en Espagne* Falangist *m*

phalène [falɛn] F *ou* M ZOOL Spanner *m*

phallique [falik] ADJ phallisch (*a.* PSYCH); Phallus...; **symbole** *m* **~** Phallussymbol *n*

phallo [falo] *fam* ABR → phallocrate

phallocrate [falɔkʀat] **A** ADJ chauvinistisch; *t/t* phallokratisch **B** M Chauvinist *m*; *fam* Chauvi *m*; *t/t* Phallokrat *m*

phalloïde [falɔid] ADJ BOT **amanite** *f* **~** Grüner Knollenblätterpilz

phallus [falys] M **1** Phallus *m* **2** BOT **~ impudique** Stinkmorchel *f*

phanérogame [faneʀɔgam] BOT **A** ADJ phanerogam **B** FPL **~s** Blüten-, Samenpflanzen *fpl*; *t/t* Phanerogamen *fpl*

phantasme [fɑ̃tasm] M → fantasme

pharamineux [faʀaminø] ADJ → faramineux

pharaon [faʀaɔ̃] M HIST Pharao *m*; **tombeaux** *mpl* **des ~s** Pharaonengräber *npl*

pharaonien [faʀaɔnjɛ̃] ADJ ⟨~ne⟩ *ou* **pharaonique** ADJ pharaonisch

phare [faʀ] M **1** MAR Leuchtturm *m* **2** AVIAT Leuchtfeuer *n* **3** AUTO **a** *projecteur* Scheinwerfer *m*; **~ de recul** Rückfahrscheinwerfer *m*; **allumer, éteindre ses ~s** die Scheinwerfer, das Licht einschalten, ausschalten **b** *(opposé à codes)* **les ~s** das Fernlicht; **se mettre en ~s** aufblenden; das Fernlicht einschalten; **rouler pleins ~s** mit Fernlicht, mit aufgeblendeten Scheinwerfen, voll aufgeblendet fahren

pharisaïque [faʀizaik] ADJ BIBL *et fig* pharisäisch; *fig et litt a.* pharisäerhaft; selbstgerecht; **pharisaïsme** M BIBL *et fig* Pharisäertum *n*

pharisien [faʀizjɛ̃], **pharisienne** **1** M BIBL Pharisäer *m* **2** M,F *fig et litt* Pharisäer(in) *m(f)*; selbstgerechter Mensch

pharmaceutique [faʀmasøtik] ADJ pharmazeutisch; Arzneimittel...; Pharma...; **industrie** *f* **~** Pharmaindustrie *f*; **produit** *m* **~** pharmazeutisches Erzeugnis; Pharmazeutikum *n*; Pharmakon *n*; Arzneimittel *n*

pharmacie [faʀmasi] F **1** *science* Pharmazie *f*; Pharmazeutik *f*; **étudiant** *m* **en ~** Pharmaziestudent *m* **2** *magasin* Apotheke *f*; **~ de garde** dienstbereite Apotheke; *médicament etc* **vendu en ~** apothekenpflichtig **3** *(armoire à médicaments)* Hausapotheke *f* **4** *(médicaments)* Arzneien *fpl*; Arzneimittel *npl*; Medikamente *npl*

pharmacien [faʀmasjɛ̃] M, **pharmacienne** F **1** Apotheker(in) *m(f)*; **ordre** *m* **des pharmaciens** Apothekerkammer *f* **2** *par ext* Pharmazeut(in) *m(f)*

pharmacodépendance [faʀmakodepɑ̃dɑ̃s] F MÉD Medikamenten-, Tablettensucht *f*

pharmacologie [faʀmakɔlɔʒi] F Pharmakologie *f*; Arzneimittelkunde *f*; **pharmacologique** ADJ pharmakologisch; **pharmacologiste** *ou* **pharmacologue** M/F Pharmakologe, -login *m,f*

pharmacopée [faʀmakɔpe] F amtliches Arzneibuch; Pharmakopöe *f*

pharyngal [faʀɛ̃gal] ADJ ⟨-aux⟩ PHON **consonne ~e** *ou subst* **~e** *f* Rachenlaut *m*

pharyngite [faʀɛ̃ʒit] F MÉD Rachenentzündung *f*; *t/t* Pharyngitis *f*

pharynx [faʀɛ̃ks] M ANAT Rachen *m*; Schlund *m*; *t/t* Pharynx *m*

phase [fɑz] F **1** Phase *f*; Stadium *n*; (Entwicklungs)Stufe *f*; **~s de la croissance** Wachstumsphasen *fpl*, -stadien *npl*, -verlauf *m*; **~s du développement** *a.* Entwicklungsstufen *fpl*; **~s d'une maladie** Krankheitsphasen *fpl*, -stadien *npl*, -verlauf *m*; **~ de travail** Arbeitsphase *f*, -gang *m*; *personne* **être dans une ~ d'activité fébrile** in e-r Phase hektischer Aktivität sein 2 PHYS, ÉLEC Phase *f*; *loc adj* **en ~** in Phase; phasengleich; *fig* im Gleichklang **(avec** mit) 3 CHIM Phase *f* 4 ASTRON Phase *f*; **~s de la Lune** Mondphasen *fpl*

Phébus [febys] M MYTH Phöbus *ou* Phöbos *m*

Phèdre [fɛdʀ] F MYTH Phädra *f*

Phénicie [fenisi] HIST **la ~** Phönizien *n*

phénicien [fenisjɛ̃] HIST A ADJ ⟨~ne⟩ phönizisch; phönikisch B SUBST **les Phéniciens** *mpl* die Phönizier *ou* Phöniker *mpl*

phénix [feniks] M 1 MYTH Phönix *m* 2 *fig et plais* **ce n'est pas un ~** *fam* er *ou* sie ist kein großes (Kirchen)Licht, keine große Leuchte 3 BOT → phœnix

phénol [fenɔl] M CHIM a *antiseptique* Karbol(-säure) *n(f)*; Phenol *n* b **~s** *pl* Phenole *npl*

phénoménal [fenɔmenal] ADJ ⟨-aux⟩ phänomenal; erstaunlich; un-, außergewöhnlich

phénomène [fenɔmɛn] M 1 Erscheinung *f*, Phänomen *n* (*a.* PHIL); **~ naturel** Naturerscheinung *f*, -ereignis *n* 2 *par ext* **un ~** ein (ungewöhnliches) Phänomen; etwas Erstaunliches 3 *fam fig de qn* (komischer) Kauz; *fam* Type *f*; Original *n*

phénoménologie [fenɔmenɔlɔʒi] F PHIL Phänomenologie *f*

phénoplaste [fenɔplast] M CHIM Phenoplast *m*; Phenolharz *n*

Philadelphie [filadɛlfi] GÉOG Philadelphia *n*

philanthrope [filɑ̃tʀɔp] M/F Menschenfreund(in) *m(f)*; Philanthrop(in) *m(f)*; **philanthropie** F Menschenliebe *f*, -freundlichkeit *f*; Philanthropie *f*; **philanthropique** ADJ menschenfreundlich; philanthropisch

philatélie [filateli] F Briefmarkenkunde *f*; Philatelie *f*; **philatélique** ADJ Briefmarken...; philatelistisch; **philatéliste** M/F Briefmarkensammler(in) *m(f)*; Philatelist(in) *m(f)*

Philémon et Baucis [filemɔ̃ebosis] MYTH Philemon *m* und Baucis *f*

philharmonie [filaʀmɔni] F Philharmonie *f* (*Gesellschaft*)

philharmonique [filaʀmɔnik] ADJ philharmonisch; **l'orchestre** *m* **~ de Vienne** die Wiener Philharmoniker *mpl*; **société** *f* **~** philharmonische Gesellschaft

Philippe [filip] M *Vorname*

philippin [filipɛ̃] A ADJ philippinisch B SUBST **Philippin(e)** *m(f)* Philippiner(in) *m(f)*; Filipino *m*, Filipina *f*

Philippines [filipin] **les ~** *fpl* die Philippinen *pl*

philippique [filipik] F *litt* Philippika *f*; Kampfrede *f*

philistin [filistɛ̃] M *litt* Philister *m*; Spießbürger *m*

philo [filo] F *fam* ABR (philosophie) Philosophie *f*; LYCÉE **classe** *f* **de ~** Abschlussklasse *f* (des sprachlichen Zweiges)

philodendron [filɔdɛ̃dʀɔ̃] M BOT Philodendron *m ou n*

philologie [filɔlɔʒi] F Philologie *f*; **~ classique** klassische Philologie; Altphilologie *f*; **~ germanique, romane** *a.* Germanistik *f*, Romanistik *f*

philologique [filɔlɔʒik] ADJ philologisch; **philologue** M/F Philologe, -login *m,f*

philosophale [filɔzɔfal] ADJ F **la pierre ~** der Stein der Weisen

philosophe [filɔzɔf] M/F 1 Philosoph(in) *m(f)* (*a. fig*) 2 ADJ (philosophisch) gelassen, gleichmütig; **rester ~** *a.* (philosophische) Gelassenheit, (philosophischen) Gleichmut bewahren

philosopher [filɔzɔfe] V/I philosophieren (*a. par ext*)

philosophie [filɔzɔfi] F 1 *science* Philosophie *f* 2 LYCÉE a *matière* Philosophie(unterricht) *f(m)* b *classe terminale* Abschlussklasse *f* (des sprachlichen Zweiges) 3 *individuelle* (Lebens)-Philosophie *f*; Lebenseinstellung *f*; **tirer la ~ de qc** aus etw e-e Lehre ziehen, lernen 4 (*sagesse*) (philosophische) Gelassenheit; (philosophischer) Gleichmut

philosophique [filɔzɔfik] ADJ philosophisch; **philosophiquement** ADV 1 philosophisch 2 *accepter etc* gelassen; gleichmütig

philtre [filtʀ] M Zauber-, Liebestrank *m*

phishing [fiʃiŋ] M INFORM Phishing *n*

phlébite [flebit] F MÉD Venenentzündung *f*

phlegmon [flɛgmɔ̃] M MÉD Phlegmone *f*

Phlégréens [flegʀeɛ̃] GÉOG **les champs** *mpl* **~** die Phlegräischen Felder *npl*

phlox [flɔks] M BOT Phlox *m ou f*

Phnom Penh [pnɔmpɛn] Phnom Penh *n*

phobie [fɔbi] F 1 PSYCH krankhafte Angst; *t/t* Phobie *f* 2 *par ext* Abneigung *f*; Aversion *f*; *plus fort* Abscheu *m*; **avoir la ~ de qc** e-e Abneigung, Aversion gegen etw, e-n Abscheu vor etw (*dat*) haben

phobique [fɔbik] ADJ PSYCH *névrose* phobisch; *personne* an krankhafter Angst, an Phobie leidend

phocéen [fɔseɛ̃] A ADJ ⟨~ne⟩ 1 HIST phokäisch 2 auf Marseille bezüglich; **la cité ~ne** Marseille B MPL **Phocéens** HIST Phokäer *mpl*

phœnix [feniks] M BOT Phönixpalme *f*

phonateur [fɔnatœʀ] ADJ ⟨-trice⟩ PHYSIOL, PHON stimm- und lautbildend; **appareil ~** Stimmbildungsorgane *npl*

phonation [fɔnasjɔ̃] F PHYSIOL, PHON Stimm- und Lautbildung *f*; *t/t* Phonation *f*; **phonatoire** ADJ → phonateur

phone [fɔn] M PHYS Phon *n*

phonème [fɔnɛm] M LING Phonem *n*

phonémique [fɔnemik] ADJ LING phonematisch

phonéticien [fɔnetisjɛ̃] M, **phonéticienne** F LING Phonetiker(in) *m(f)*

phonétique [fɔnetik] A ADJ phonetisch; Laut-(schrift)...; **alphabet ~ international** Internationale Lautschrift; **signe** *m* **~** phonetisches Zeichen; Lautschriftzeichen *n* B F Phonetik *f*; Lautlehre *f*; **~ descriptive, expérimentale, normative** beschreibende, experimentelle, normative Phonetik

phonique [fɔnik] ADJ 1 PHON phonisch; Laut... 2 (*relatif aux bruits*) Geräusch...; Lärm...; **isolation** *f* **~** Schalldämmung *f*

phono [fɔno] M ABR → phonographe

phonographe [fɔnɔgʀaf] M *autrefois* Grammofon *n*

phonologie [fɔnɔlɔʒi] F LING Phonologie *f*; **phonologique** ADJ LING phonologisch

phonothèque [fɔnɔtɛk] F Tonarchiv *n*; Phonothek *f*

phoque [fɔk] M 1 ZOOL Seehund *m*; Robbe *f*; *fig* **souffler comme un ~** schnauben wie ein Walross 2 *fourrure* Seehund(s)-, Robbenfell *n*; Seal *m ou n*

phosphatage [fɔsfataʒ] M AGR Phosphatdüngung *f*

phosphate [fɔsfat] M CHIM, AGR Phosphat *n*; *lessive* **sans ~** phosphatfrei

phosphaté [fɔsfate] ADJ phosphathaltig; **engrais ~** Phosphatdünger *m*

phosphater [fɔsfate] V/T AGR mit Phosphat(-dünger) düngen

phosphore [fɔsfɔʀ] M CHIM Phosphor *m*

phosphoré [fɔsfɔʀe] ADJ phosphorhaltig

phosphorer [fɔsfɔʀe] V/I *fam* arbeiten, dass einem der Kopf raucht

phosphorescence [fɔsfɔʀesɑ̃s] F Phosphoreszenz *f*; Nachleuchten *n*; **phosphorescent** ADJ phosphoreszierend

phosphorique [fɔsfɔʀik] ADJ CHIM **acide** *m* **~** Phosphorsäure *f*

photo [fɔto] F 1 *image* Foto *n*; Aufnahme *f*; (Licht)Bild *n*; **~ d'identité** Passbild *n*, -foto *n*; Lichtbild *n*; **~ en couleurs** Farbfoto *n*, -aufnahme *f*, -bild *n*; *loc adv* **en ~** auf dem Foto, Bild; **faire, prendre une ~** ein Foto, e-e Aufnahme machen; **prendre qn en ~** ein Foto, ein Bild, e-e Aufnahme von j-m machen; j-n aufnehmen, *fam* knipsen, ablichten 2 *dans un journal, une revue* Bild *n* 3 *technique, art* **la ~** die Fotografie; das Fotografieren; **appareil** *m* **(de) ~** Fotoapparat *m*; Kamera *f*; *fam* Foto *m*; **aimer la ~** gern fotografieren; **faire de la ~** fotografieren

photocomposeuse [fɔtɔkɔ̃pozøz] F TYPO Lichtsetzmaschine *f*; **photocomposition** F TYPO Licht-, Foto-, Filmsatz *m*; **photocopie** F Fotokopie *f*; Ablichtung *f*; **photocopier** V/T fotokopieren; **photocopieur** M *ou* **photocopieuse** F Fotokopiergerät *n*; *fam* Fotokopierer *m*

photo-électrique [fɔtoelɛktʀik] ADJ fotoelektrisch; lichtelektrisch; **cellule** *f* **~** Fotozelle *f*; lichtelektrische Zelle; **effet** *m* **~** Fotoeffekt *m*

photo-finish [fɔtofiniʃ] F ⟨*pl* photos-finish⟩ SPORTS Zielfoto(grafie) *n(f)*

photogénique [fɔtɔʒenik] ADJ fotogen

photographe [fɔtɔgʀaf] M/F Fotograf(in) *m(f)* (*a. commerçant*); **~ amateur** Amateurfotograf *m*; Fotoamateur *m*; **~ de mode** Modefotograf(in) *m(f)*; **atelier** *m*, **studio** *m* **de ~** Fotoatelier *n*, -studio *n*; *adjt* **reporter** *m* **~** Bildberichterstatter *m*; Pressefotograf *m*

photographie [fɔtɔgʀafi] F Fotografie *f*; **~ en couleurs** Farbfotografie *f*; CINÉMA, TV **directeur** *m* **de la ~** Aufnahmeleiter *m*

photographier [fɔtɔgʀafje] V/T fotografieren; aufnehmen; *fam* knipsen; ablichten

photographique [fɔtɔgʀafik] ADJ fotografisch; Foto...; **appareil** *m* **~** Fotoapparat *m*; Kamera *f*; **laboratoire** *m* **~** Fotolabor *n*; **papier** *m* **~** Fotopapier *n*

photogravure [fɔtɔgʀavyʀ] F TYPO fotomechanische Druckformherstellung

photomaton® [fɔtɔmatɔ̃] M PHOT Photomaton® *n*

photomécanique [fɔtɔmekanik] ADJ TYPO fotomechanisch; **photométrie** F PHYS Lichtmessung *f*; Fotometrie *f*; **photomontage** M Fotomontage *f*

photon [fɔtɔ̃] M PHYS Photon *n*; Licht-, Strahlungsquant *n*

photopile [fɔtɔpil] F TECH Solar-, Sonnenbatterie *f*; **photosensible** ADJ TECH lichtempfindlich; **photosynthèse** F BIOL Fotosynthese *f*

photothèque [fɔtɔtɛk] F Bildarchiv *n*; Fotothek *f*

photovoltaïque [fɔtovɔltaik] ADJ fotovoltaisch; Fotovoltaik...; **panneaux** *mpl* **(solaires) photovoltaïques** Fotovoltaikanlage *f*

phrase [fʀɑz] F 1 GRAM Satz *m*; **~ complexe, simple** zusammengesetzter, ergänzungsloser Satz 2 *péj* **~s** *pl* Phrasen *fpl*; leere Redensarten *fpl*; **faire des ~s** *fam* Phrasen dreschen 3 MUS Phrase *f*

phrasé [fʀɑze] M MUS Phrasierung *f*

phraséologie [fʀazeɔlɔʒi] F 1 LING Phraseologie *f*; Ausdrucksweise *f* 2 *péj* Phrasen *fpl*; Phrasendrescherei *f*

P

phraser [fʀaze] VT MUS phrasieren
phraseur [fʀazœʀ] M, **phraseuse** F *péj* Phrasendrescher(in) *m(f)*
phréatique [fʀeatik] ADJ GÉOL **nappe** *f* ~ Grundwasser(spiegel) *n(m)*; *panneau* Wasserschutzgebiet!
phrygien [fʀiʒjɛ̃] ADJ ⟨~ne⟩ HIST phrygisch; **bonnet** ~ Jakobinermütze *f*
phtisie [ftizi] F MÉD *autrefois* (Lungen)Schwindsucht *f*
phtisiologue [ftizjɔlɔg] M Lungenarzt *m*
phtisique [ftizik] MÉD *autrefois* A ADJ schwindsüchtig B M/F Schwindsüchtige(r) *m/f(m)*
phylactère [filaktɛʀ] M 1 *des juifs* Gebetsriemen *m* 2 BEAUX-ARTS Spruchband *n*
phylloxéra [filɔkseʀa] M 1 ZOOL Reblaus *f* 2 VIT durch die Reblaus verursachte Krankheit der Weinrebe
physalis [fizalis] M BOT Lampionblume *f*; Physalis *f*
physicien [fizisjɛ̃] M, **physicienne** F Physiker(in) *m(f)*
physico-chimique [fizikoʃimik] ADJ physikochemisch
physiologie [fizjɔlɔʒi] F Physiologie *f*; Lehre *f* von den Lebensvorgängen; **physiologique** ADJ 1 physiologisch 2 *(opposé à psychique)* physisch; **physiologiste** M/F Physiologe, -login *m,f*
physionomie [fizjɔnɔmi] F 1 *d'une personne* Physiognomie *f*; Gesichtsausdruck *m*, -züge *mpl*; Gesicht *n* 2 *par ext d'une ville etc* Physiognomie *f*; Gepräge *n*; Gesicht *n*; Charakter *m*; ~ **d'une profession** Berufsbild *n*
physionomiste [fizjɔnɔmist] ADJ **être** ~ ein gutes Personengedächtnis haben
physiothérapie [fizjɔteʀapi] F MÉD Physiotherapie *f*; physikalische Therapie
physique[1] [fizik] F Physik *f (a. matière scolaire)*; ~ **expérimentale** Experimentalphysik *f*; ~ **nucléaire** Kernphysik *f*; ~ **du globe** Geophysik *f*
physique[2] [fizik] M 1 *(aspect de qn)* Äußere(s) *n*; äußere Erscheinung; **avoir un** ~ **agréable** ein angenehmes Äußeres haben; e-e angenehme Erscheinung sein; **avoir un** ~ **de jeune premier** der Typ des jugendlichen Helden, Liebhabers sein; *c'est un instituteur etc* **il a bien le** ~ **de l'emploi** … so sieht er auch aus, er sieht wie ein typischer Vertreter s-s Berufs aus, man sieht ihm sein Gewerbe an 2 *(constitution du corps humain)* Körperbeschaffenheit *f*; Physis *f*; körperliche Beschaffenheit, Verfassung; **le** ~ *a.* das Körperliche; *loc adv* **au** ~ **(et au moral)** körperlich (und seelisch)
physique[3] [fizik] ADJ 1 *(de la nature matérielle)* physikalisch; **géographie** *f* ~ physikalische Geografie; **propriétés** *fpl* ~**s** physikalische Eigenschaften *fpl*; **les sciences** *fpl* ~**s** (die) Physik und (die) Chemie 2 *(du corps humain)* körperlich; physisch; Körper…; Leibes…; **amour** *m* ~ körperliche, sinnliche Liebe; **dégoût** *m* ~ physischer Ekel; **douleur** *f* ~ physischer, körperlicher Schmerz; *matière scolaire* **éducation** *f* ~ Leibeserziehung *f*; Turnen *n*; **effort** *m* ~ körperliche Anstrengung; **état** *m* ~ körperliche Verfassung; **force** *f* ~ Körperkraft *f*; **plaisir** *m* ~ Sinnenlust *f*, -genuss *m*, -freude *f* 3 JUR **personne** *f* ~ natürliche Person
physiquement [fizikmɑ̃] ADV 1 körperlich; physisch; **il est très diminué** ~ er hat körperlich sehr abgebaut 2 was das Äußere anbelangt; **il est bien** ~ er ist e-e hübsche Erscheinung; er sieht gut aus
phytopathologie [fitopatɔlɔʒi] F Lehre *f* von den Pflanzenkrankheiten; *t/t* Phytopathologie *f*
phytoplancton [fitoplɑ̃ktõ] M pflanzliches Plankton; *t/t* Phytoplankton *n*; **phytosociologie** F Pflanzensoziologie *f*; soziologische Pflanzengeografie; Lehre *f* von den Pflanzengesellschaften; **phytothérapie** F MÉD Pflanzenheilkunde *f*; *t/t* Phytotherapie *f*
pi [pi] M *lettre grecque*, MATH Pi *n*
piaf [pjaf] *fam* M Spatz *m*; Sperling *m*
piaffement [pjafmɑ̃] M (ungeduldiges) Scharren, Stampfen
piaffer [pjafe] VI 1 *cheval* ungeduldig mit den Vorderhufen scharren, stampfen 2 *fig personne* ~ **d'impatience** ungeduldig von e-m Fuß auf den anderen treten; *enfant a.* ungeduldig mit den Füßen scharren; *par ext* vor Ungeduld fast vergehen
piaillement [pjajmɑ̃] M 1 *d'oiseaux* Gepiep(s)e *n* 2 *fam fig* Geschrei *n*; Gekreisch(e) *n*; *fam* Geplärr(e) *n*
piailler [pjaje] VI 1 *oiseaux* piep(s)en 2 *fam enfants* (andauernd) schreien, kreischen, *fam* plärren
piaillerie [pjajʀi] F → piaillement
pianissimo [pjanisimo] ADV MUS pianissimo
pianiste [pjanist] M/F Pianist(in) *m(f)*; Klavierspieler(in) *m(f) (a. amateur)*
piano[1] [pjano] M ~ **(droit)** Klavier *n*; ~ **à queue** Flügel *m*; *fam* ~ **à bretelles** *(accordéon)* Schifferklavier *n*; ~ **de concert** Konzertflügel *m*; **jouer**, *fam* **faire du** ~ Klavier spielen
piano[2] [pjano] A ADV 1 MUS piano; leise 2 *fam fig* **allez-y** ~**!** langsam!; nicht so hastig!; *fam* sachte, sachte! B M ⟨*inv*⟩ MUS Piano *n*
piano-forte [pjanofɔʀte] M HIST MUS Hammerklavier *n*, -flügel *m*; Pianoforte *n*; Fortepiano *n*
pianotage [pjanɔtaʒ] M *fam* (Klavier)Geklimper *n*
pianoter [pjanɔte] VT *et* VI 1 *péj* (auf dem Klavier) klimpern 2 *fig* ~ **avec impatience sur la table** ungeduldig (mit den Fingern) auf den Tisch trommeln
piastre [pjastʀ] F *monnaie* Piaster *m*
piaule [pjol] F *fam (chambre) fam* Bude *f*
piaulement [pjolmɑ̃] M 1 *de petits oiseaux* Gepiep(s)e *n* 2 *fam de jeunes enfants fam* Geplärr(e) *n*; Quäken *n*
piauler [pjole] VI 1 *petits oiseaux* piepsen; piepen 2 *fam jeunes enfants* plärren; *fam* quäken; *nordd a.* quarren
PIB [peibe] M ABR (produit intérieur brut) ÉCON Bruttoinlandsprodukt *n*
pic[1] [pik] M 1 *outil* Spitzhacke *f*; Pickel *m*; Picke *f* 2 *montagne* Bergspitze *f*; *avec n/pr* Pik *m* 3 *fig d'une courbe* Spitze(nwert) *f(m)* 4 ZOOL Specht *m*; ~ **épeiche** Buntspecht *m*; → *a.* pivert
pic[2] [pik] LOC ADV **à** ~ 1 senkrecht; steil; schroff; jäh; *bateau, noyé* **couler à** ~ sofort, wie ein Stein untergehen, versinken 2 *fam personne* **arriver**, *argent etc* **tomber à** ~ gerade recht, richtig, gerade zur rechten, richtigen Zeit, *fam* wie gerufen kommen; **ça tombe à** ~ *a.* das trifft sich glänzend, ausgezeichnet, großartig
picador [pikadɔʀ] M *dans une corrida* Picador *ou* Pikador *m*
picaillons [pikajõ] MPL *fam* → fric
picard [pikaʀ] A ADJ pikardisch B SUBST 1 **Picard(e)** *m(f)* Pikarde *m*, Pikardin *f* 2 LING **le** ~ das Pikardische; Pikardisch *n*
Picardie [pikaʀdi] **la** ~ die Pikardie *ou* Picardie
picaresque [pikaʀɛsk] ADJ LITTÉRATURE Schelmen…; pikaresk; **roman** *m* ~ Schelmenroman *m*
piccolo [pikɔlo] M 1 MUS Pikkoloflöte *f* 2 *fam (vin)* Wein *m*
Pic de la Mirandole [pikdəlamiʀɑ̃dɔl] M PHIL Pico della Mirandola *m*
pichenette [piʃnɛt] F → chiquenaude
pichet [piʃɛ] M Krug *m*; Kanne *f*
pickles [pikœls] MPL CUIS Mixpickles *pl*; Mixed Pickles *pl*
pickpocket [pikpɔkɛt] M Taschendieb *m*
pick-up [pikœp] M ⟨*inv*⟩ 1 TECH *(lecteur)* Tonabnehmer(system) *m(n)*; Pick-up *m* 2 *(tourne-disque)* Plattenspieler *m*
picoler [pikɔle] *fam* VI trinken; (ein) Trinker sein; *fam* (gern) picheln; *pop* saufen; **se mettre à** ~ anfangen zu trinken
picoleur [pikɔlœʀ] *fam* M, **picoleuse** *fam* F Trinker(in) *m(f)*; *pop* Säufer(in) *m(f)*; *fam plais* Schluckspecht *m*
picolo → piccolo
picorer [pikɔʀe] VI 1 *oiseaux, poules* picken 2 *fam fig* ohne Appetit, *fam* mit langen Zähnen essen
picot [piko] M 1 *d'une dentelle* Zäckchen *n*; Zähnchen *n*; Picot *m* 2 *outil* spitzer Hammer
picoté [pikɔte] ADJ *visage* ~ **de rougeurs** voller kleiner roter Flecke
picotement [pikɔtmɑ̃] M Prickeln *n*; Kribbeln *n*; **j'ai des** ~**s aux pieds** ich habe ein Kribbeln, es kribbelt mir in den Füßen
picoter [pikɔte] VT 1 prickeln; kribbeln; *plus fort* stechen; *fumée* ~ **les yeux** in den, in die Augen beißen 2 *oiseaux, poules* (an-, auf)picken
picotin [pikɔtɛ̃] M *pour un cheval* Haferration *f*
picouse → piquouse
picrate [pikʀat] M 1 CHIM Pikrat *n* 2 *fam vin* schlechter Rotwein; *fam* Krätzer *m*
pictogramme [piktɔgʀam] M Piktogramm *n*; Bildzeichen *n*; **pictographie** F Bilderschrift *f*; *t/t* Piktografie *f*
pictural [piktyʀal] ADJ ⟨-aux⟩ PEINT Mal…; malerisch; **art** ~ Malkunst *f*; *d'un artiste* **œuvre** ~**e** malerisches Werk; **technique** ~**e** Maltechnik *f*
pic-vert [pivɛʀ] M ⟨*pl* pics-verts⟩ ZOOL Grünspecht *m*
pidgin [pidʒin] M Pidginenglisch *m*
pie[1] [pi] A F 1 ZOOL Elster *f* 2 *fam fig d'une femme* **être bavarde, bavarder comme une** ~**, être une vraie** ~ *fam* e-e alte Schwatzliese, -base sein B ADJ ⟨*inv*⟩ *cheval, bovin* gescheckt; scheckig; **cheval** *m*, **jument** *f*, **vache** *f* ~ Schecke *m/f*; Scheck *m*
pie[2] [pi] ADJ F **œuvre** ~ frommes Werk; mildtätige Stiftung
Pie [pi] M Pius *m*
pièce [pjɛs] F 1 *(unité)* Stück *n*; ~ **de gibier** Stück Wild; ~ **d'orfèvrerie** Goldschmiedearbeit *f*; ♦ *loc adj*: *maillot de bain etc*: **une** ~ einteilig; **deux** ~**s** zweiteilig; → *a.* deux-pièces 1, 2; *objet, meuble* **tout d'une** ~ aus einem Stück (gefertigt, gearbeitet); *fig personne* **être tout d'une** ~ gerade, aufrichtig, unbeugsam sein; ♦ *loc adv*: **à la** ~ stückweise; einzeln; **aux** ~**s** im Akkord; im Stücklohn; Akkord…; Stück…; **ouvrier payé aux** ~**s** Akkordarbeiter *m*; **être aux** ~**s** im Akkord, Stücklohn arbeiten; *fam fig* **on n'est pas aux** ~**s!** wir arbeiten hier doch nicht im Akkord!; ♦ **cela coûte cinq euros (la)** ~ davon kostet das Stück fünf Euro; das kostet fünf Euro pro Stück; *texte, film etc* **être fait de** ~**s et de morceaux** zusammengestückelt, -geflickt, (-)geklittert sein; Flickwerk sein; *fig* **inventer, forger, fabriquer qc de toutes** ~**s** etw völlig frei erfinden, von A bis Z erfinden, völlig aus der Luft greifen; *incident etc* **fabriqué de toutes** ~**s** inszeniert; gemacht; gestellt 2 *d'un tout, a.* TECH Teil *n*; Stück *n*; ~ **de machine** Maschinenteil *n*; ~ **de rechange** Ersatzteil *n*; **service** *m* **de douze** ~**s** zwölfteiliges Service; **mettre en** ~**s** zerreißen;

zerfetzen; in Stücke, Fetzen reißen **3** *d'habitation* (Wohn)Raum *m;* Zimmer *n;* **un appartement de deux ~s** *ou* **un deux-~s** e-e Zweizimmerwohnung **4** *(document)* Akte *f;* Beleg *m;* Unterlage *f;* Schriftstück *n; dans une lettre* **~(s) jointe(s)** *(abr* **P.J.**) Anlage(n) *f(pl);* **~ d'identité** Ausweis(papier) *m(n);* **juger sur ~s** aufgrund der Akten entscheiden **5** **a** THÉ **~ (de théâtre)** (Theater)Stück *n;* **~ radiophonique** Hörspiel *n;* **une ~ de Molière** ein Stück von Molière **b** MUS Stück *n;* **~ instrumentale, vocale** Instrumental-, Gesangsstück *n* **c** **~ de vers** kleines, kurzes Gedicht **6** **~ (de monnaie)** Geldstück *n;* Münze *f;* **~ d'argent, d'or** Silber-, Goldstück *n*, -münze *f;* **~ de deux euros** Zweieurostück *n; fig* **donner la ~ à qn** j-m ein Trinkgeld geben **7** COUT Flicken *m;* **mettre une ~ à un pantalon** e-n Flicken auf e-e Hose aufsetzen, in e-e Hose einsetzen **8** MIL **~ (d'artillerie)** Geschütz *n* **9** **~ d'eau** Bassin *n;* (künstlich angelegtes) Wasserbecken **10** ÉCHECS (Schach)Figur *f* **11** CUIS **~ montée** hohe, aus mehreren Etagen bestehende Torte **12** TEXT **~ d'étoffe** Stoffballen *m* **13** *mesure* Fass *n;* Gebinde *n (um 200 l)*

piécette [pjesɛt] F kleine Münze; kleines Geldstück

pied [pje] M **1** ANAT *chez l'homme* Fuß *m;* **~ plat** Plattfuß *m;* **coup** *m* **de ~** (Fuß)Tritt *m;* → *a.* coup 1; ♦ *loc adj et loc adv:* **~s et poings liés** an Händen und Füßen gefesselt; *fig* wehrlos; ohnmächtig; **à ~** zu Fuß; **aller à ~** zu Fuß gehen; **~ à ~** Schritt für Schritt; **disputer le terrain ~ à ~** jeden Fußbreit Boden verteidigen (**à qn** gegen j-n); *pop fig* **je t'emmerde, à ~, à cheval et en voiture!** *pop* du kannst mich kreuzweise (am Arsch lecken)!; *fig* **au ~ levé** unvorbereitet; ohne Vorbereitung; aus dem Stegreif; auf der Stelle; ohne weiteres; *fig* **au petit ~** im Kleinen; in verkleinertem Maßstab; *fam* **comme un ~** sehr schlecht; miserabel; *fam* unter aller Kanone; **des ~s à la tête, de ~ en cap, de la tête aux ~s** von Kopf bis Fuß; von oben bis unten; vom Scheitel bis zur Sohle; *fig* **de ~ ferme** unerschrocken; furchtlos; **attendre qn, qc de ~ ferme** j-m, e-r Sache ruhig, gelassen entgegensehen; j-n Gewehr bei Fuß erwarten; PEINT, SCULP **en ~** in ganzer Figur; ganzfigürlich; **sur le ~ de guerre** *armée* kampfbereit; für den Krieg (-sfall) gerüstet; *fig* gerüstet; gut vorbereitet; *fig* **être, vivre sur le ~ de guerre avec qn** mit j-m auf Kriegsfuß stehen; → *a.* égalité 1; ♦ *dans l'eau* **avoir ~** Grund haben; stehen können; *personne âgée* **avoir bon ~ bon œil** noch sehr rüstig sein; noch gut auf dem Posten sein; noch gut beieinander sein; *fig* **avoir un ~ dans la tombe** mit e-m Fuß im Grabe stehen; *fig* **avoir les ~s sur terre** mit beiden Beinen (fest) auf der Erde stehen; **avoir froid aux ~s** kalte Füße haben; an den Füßen frieren; **j'ai mal aux ~s** mir tun die Füße weh; **le malade sera sur ~ dans quelques jours** der Kranke wird in einigen Tagen wieder auf den Beinen sein; *flirt* **faire du ~ à qn** j-n mit dem Fuß anstoßen; mit j-m füßeln; *fam fig* **cela lui fera les ~s** das wird ihm e-e Lehre sein; *fam fig* **faire des ~s et des mains** Himmel und Hölle, alle Hebel in Bewegung setzen; alles aufbieten; nichts unversucht lassen; sich *(dat)* alle erdenkliche Mühe geben; *fam* alle Minen springen lassen; **se jeter, tomber aux ~s de qn** sich j-m zu Füßen werfen; j-m zu Füßen fallen; **lâcher ~** MIL zurückweichen; das Feld räumen; *fig* es aufgeben; *fig* **ne pas lâcher ~** standhalten; **je n'y ai jamais mis les ~s** ich bin niemals dorthin gegangen, dort gewesen; **je ne peux plus mettre un ~ devant l'autre** ich kann keinen Schritt mehr gehen; *fam fig* **mettre les ~s dans le plat** e-e Ungeschicklichkeit, e-n Fauxpas begehen; e-n Schnitzer machen; *fam* ins Fettnäpfchen treten; *cavalier* **mettre ~ à terre** vom Pferd (ab)steigen; absitzen; *fig* **mettre à ~** entlassen; freisetzen; *fig* **mettre sur ~** *entreprise etc* aufbauen; ins Leben rufen; schaffen; bilden; *armée* aufstellen; **perdre ~** *dans l'eau* keinen Grund mehr haben; nicht mehr stehen können; *fig* den Boden unter den Füßen, den Halt verlieren; *élève* (in s-n Leistungen) zurückfallen; nicht mehr mitkommen; *fig entreprise etc* **prendre ~** festen Fuß fassen; s-e Stellung sicher begründen; **je ne remettrai plus les ~s chez lui** ich werde den Fuß nie mehr über s-e Schwelle setzen; *fig* **remettre sur ~** wieder auf die Beine bringen; *fig* **ne pas savoir sur quel ~ danser** nicht aus noch ein wissen; nicht wissen, was man tun soll; nicht wissen, woran man ist; *fig* **elle ne sortira plus de sa chambre que les ~s devant** sie wird ihr Zimmer nur noch mit den Füßen voran, nur noch tot verlassen; *fig* **vivre sur un grand ~** auf großem Fuß leben; → *a.* casser A 1, marcher 1 **2** *chez l'animal* Fuß *m;* BOUCHERIE **~s de porc, de veau** Schweins-, Kalbsfüße *mpl; bétail* **vendre sur ~** als Schlachtvieh verkaufen **3** *d'un meuble* Bein *n; d'une lampe, d'un verre etc* Fuß *m;* PHOT Stativ *n;* **~ de lit** Bettfuß *m;* → *a.* 4; **~ de table** Tischbein *n;* **verre** *m* **à ~** Stielglas *n* **4** *(partie basse)* Fuß *m; d'un lit* Fußende *n; loc adv* **au ~ de** am Fuß *(+gén);* **au ~ des Alpes** am Fuß der Alpen; **au ~ du lit** am Fußende des Bettes; *fig* **mettre qn au ~ du mur** j-n in die Enge treiben; CONSTR **à ~ d'œuvre** an der *ou* an die Baustelle; *par ext* **être à ~ d'œuvre** an Ort und Stelle sein *(wo etw zu tun ist)* **5** BOT **a** *d'une plante, d'un arbre* Basis *f;* Teil *m* dicht über dem Boden; *d'un champignon* Stiel *m;* Schaft *m* **b** *(chaque plant)* Stock *m;* (einzelne) Pflanze; **~ de salade, de tabac** Salat-, Tabakpflanze *f;* **~ de vigne** Wein-, Rebstock *m;* **vendre sur ~** *récolte* auf dem Halm, *fruits* am Baum, Strauch, *raisins* am Weinstock verkaufen **6** POÉSIE (Vers)Fuß *m; abus (syllabe)* Silbe *f; vers* **de six ~s** sechsfüßig **7** *(ancienne) mesure* Fuß *m; fig:* **elle aurait voulu être (à) cent ~s sous terre** sie wäre am liebsten (vor Scham) in die Erde versunken; **faire un ~ de nez à qn** j-m e-e lange Nase machen; **faire une mine de dix ~s de long** ein langes Gesicht machen **8** TECH **~ à coulisse** Schieb-, Schublehre *f* **9** MATH Fußpunkt *m* **10** *fam:* **c'est le ~** *fam* das ist einfach klasse, ganz toll; **c'est pas le ~** *fam* das ist nicht das Wahre; **prendre son ~** s-n Spaß daran haben; es genießen; *sexuellement* zum Höhepunkt kommen; *fam* fertig werden; kommen

pied-à-terre [pjetatɛʀ] M ⟨inv⟩ Zweitwohnung *f;* Bleibe *f*

pied-d'alouette [pjedalwɛt] M ⟨pl pieds-d'alouette⟩ BOT Rittersporn *m*

pied-de-biche [pjedbiʃ] M ⟨pl pieds-de-biche⟩ **1** TECH Geißfuß *m* **2** *d'une machine à coudre* Stoffdrücker *m;* (Näh)Fuß *m*

pied-de-poule [pjedpul] M ⟨pl pieds-de-poule⟩ TEXT (Stoff *m* mit) Hahnentritt(muster) *m(n);* Pepita *m ou n*

pied-droit [pjedʀwa] M ⟨pl pieds-droits⟩ M CONSTR Pfeiler *m;* Widerlager *n*

piédestal [pjedɛstal] M ⟨pl -aux⟩ ARCH Postament *n;* Piedestal *n;* Sockel *m; fig* **mettre qn sur un ~** j-n auf ein Podest stellen; j-n bewundern, *fam* anhimmeln; *fig* **tomber de son ~** sein Ansehen einbüßen; von s-m Postament stürzen

pied-noir [pjenwaʀ] **A** M/F ⟨pl pieds-noirs⟩ Algerienfranzose *m*, -französin *f* **B** ADJ ⟨f inv⟩ der, von Algerienfranzosen

piédroit → pied-droit

piège [pjɛʒ] M **1** CH Falle *f;* **~ à rats** Rattenfalle *f;* **dresser, tendre un ~** e-e Falle aufstellen; **prendre au ~** mit der Falle fangen; **être pris au ~** in die Falle gehen **2** *fig* Falle *f;* **tendre un ~ à qn, prendre qn au ~** j-m e-e Falle stellen; j-n in die Falle locken; **tomber, donner dans un ~, se laisser prendre au ~** in e-e *ou* in die Falle gehen; **il a été pris à son propre ~** er hat sich in der eigenen Schlinge gefangen **3** ADJT **question** *f* **~** Fangfrage *f*

piégé [pjeʒe] ADJ **colis ~** Sprengstoffpaket *n;* **lettre ~e** Briefbombe *f;* **voiture ~e** Autobombe *f*

piéger [pjeʒe] V/T ⟨-è-, -geons⟩ **1** *animaux* mit Fallen, mit e-r Falle fangen **2** *fam fig* **~ qn** j-m e-e Falle stellen; **se faire ~** in die Falle gehen; *par ext fam* sich reinlegen lassen **3** *avec des explosifs* e-e versteckte Sprengladung anbringen (**qc** an, in etw *[dat]*); → *a.* piégé

pie-grièche [pigʀijɛʃ] F ⟨pl pies-grièches⟩ ZOOL Würger *m*

pie-mère [pimɛʀ] F ⟨pl pies-mères⟩ ANAT innere Hirnhaut

Piémont [pjemõ] **le ~** Piemont *n*

piémontais [pjemõtɛ] **A** ADJ piemontesisch; piemontisch **B** SUBST **Piémontais(e)** *m(f)* Piemontese, -tesin *m,f*

piercing [piʀsiŋ] M Piercing *n*

piéride [pjeʀid] F ZOOL Kohlweißling *m*

pierraille [pjɛʀɑj] F grober Kies; Schotter *m*

pierre [pjɛʀ] F **1** Stein *m;* **~ artificielle** Kunststein *m;* **la première ~** der Grundstein *(a. fig);* **poser la première ~ d'un édifice** den Grundstein zu e-m Gebäude legen; **~ à aiguiser** Wetz-, Schleifstein *m;* **~ à briquet** Feuerstein *m;* **~ à chaux** Kalkstein *m;* **~ à feu, à fusil** *(silex)* Feuerstein *m;* **~ de taille** Hau-, Werkstein *m;* Quader(stein) *m;* **âge** *m* **de la ~ (polie, taillée)** (Jung-, Alt)Steinzeit *f; loc adj* **de** *ou* **en ~** aus Stein; Stein...; steinern; *fig* **cœur** *m* **de ~** Herz *n* aus Stein; **maison** *f* **en ~** Steinhaus *n;* **dur comme la ~** hart wie Stein; *par ext* **aimer les vieilles ~s** altes Gemäuer lieben; *fig et st/s* **apporter sa ~ à l'édifice** (auch) sein(en) Teil dazu beitragen; (auch) e-n Baustein zum Gelingen des Werkes beitragen; *fig:* **c'est une ~ dans mon jardin** das ist auf mich gemünzt; der Hieb *ou* das gilt mir, geht auf mich; **faire d'une ~ deux coups** zwei Fliegen mit einer Klappe schlagen; **jeter la ~ à qn** sich zum Richter über j-n aufwerfen; j-n verurteilen, verdammen; den Stab über j-n brechen; *jour* **marquer d'une ~ blanche** im Kalender rot anstreichen; *prov* **~ qui roule n'amasse pas mousse** Unstetigkeit führt nicht zu Reichtum **2** **~ (précieuse)** (Edel)Stein *m;* **~ fine** Halbedelstein *m* **3** MINÉR **~ ponce** Bimsstein *m;* **~ de savon** Seifenstein *m;* Saponit *m*

Pierre [pjɛʀ] M **1** *Vorname* **2** *saint* Petrus *m*

pierreries [pjɛʀʀi] FPL (geschliffene) Edelsteine *mpl;* Juwelen *npl*

Pierrette [pjɛʀɛt] F *Vorname*

pierreux [pjɛʀø] ADJ ⟨-euse⟩ **1** steinig; **chemin ~** steiniger Weg **2** *substance* steinartig

pierrot [pjɛʀo] M **1** ZOOL Sperling *m;* Spatz *m* **2** *personnage de pantomime* **Pierrot** Pierrot *m* **3** **Pierrot** *Vorname*

pietà [pjeta] F ⟨inv⟩ PEINT, SCULP Pieta *f;* Vesperbild *n*

piétaille [pjetaj] F *iron* Fußvolk *n*

piété [pjete] F **1** *religieuse* Frömmigkeit *f;* Gottesfurcht *f* **2** *st/s (respect)* Pietät *f;* Ehrfurcht *f;* Achtung *f;* **~ filiale** *st/s* Kindesliebe *f;* **avec**

~ pietätvoll

piètement [pjɛtmɑ̃] M *d'un siège* Beine *npl*; Füße *mpl*

piétinement [pjetinmɑ̃] M 1 Stampfen *n*, Trampeln *n*, Gestampf(e) *n*, Getrampel *n* (*a. bruit*); *de chevaux* (Huf)Getrappel *n* 2 *par ext* Auf-der-Stelle-Treten *n* (*a. fig*); *fig de négociations etc* Stagnieren *n*; Stocken *n*

piétiner [pjetine] A V/T 1 *herbe etc* zertrampeln; zertreten; zerstampfen; niedertrampeln (*a. qn*); herumtrampeln auf (+*dat*) 2 *fig* **~ qn, qc** j-n, etw mit Füßen treten B V/I 1 *personne(s)* stampfen (*a. troupeau*); trampeln; **~ de colère** zornig mit dem Fuß (auf)stampfen, auf den Boden stampfen 2 (*ne pas avancer, a. fig*) nicht, kaum, nur langsam von der Stelle kommen, vom Fleck kommen, vorwärtskommen, voran-, weiterkommen; *fig a.* auf der Stelle treten; *négociations, enquête a.* stocken; festgefahren sein

piétisme [pjetism] M REL Pietismus *m*; **piétiste** REL A ADJ pietistisch B M/F Pietist(in) *m(f)*

piéton [pjetõ] A M Fußgänger *m* B ADJ ⟨~ne⟩ Fußgänger...; **rue(s) ~ne(s)** Fußgängerzone *f*

piétonnier [pjetɔnje] ADJ ⟨-ière⟩ Fußgänger...; **rues piétonnières** Fußgängerzone *f*

piètre [pjɛtʀ] *st/s* ADJ miserabel; armselig; **une ~ consolation** ein schwacher Trost; → *a.* figure 1

pieu [pjø] M ⟨*pl* ~x⟩ 1 Pfahl *m*; Pfosten *m*; Pflock *m* 2 *fam* (*lit*) *fam* Falle *f*; Klappe *f*

pieusement [pjøzmɑ̃] ADV 1 **mourir ~** als frommer Mensch, im Glauben sterben 2 (*avec respect*) pietät-, liebevoll

pieuter [pjøte] V/PR *fam* **se ~** *fam* sich in die Klappe legen; sich in die Falle hauen

pieuvre [pjœvʀ] F ZOOL Krake *m*

pieux [pjø] ADJ ⟨pieuse [pjøz]⟩ 1 *en religion* fromm; gottesfürchtig; *fig* **~ mensonge** fromme Lüge; Notlüge *f*; *fig* **vœux** *mpl* **~** fromme Wünsche *mpl* 2 (*respectueux*) pietät-, liebevoll

piézo-électrique [pjezoelɛktʀik] ADJ PHYS piezoelektrisch

pif[1] [pif] INT **~ paf!** *gifles* klitsch, klatsch!

pif[2] [pif] M *fam* (*nez*) *fam* Gesichtserker *m*; Zinken *m*; Riechkolben *m*; **au ~** → pifomètre

pif(f)er [pife] V/T *fam* **ne pas pouvoir pif(f)er qn** *fam* j-n nicht riechen können

pifomètre [pifɔmɛtʀ] M *fam* LOC ADV **au ~** nach Augenmaß; über den Daumen gepeilt

pige [piʒ] F 1 a *d'un typographe* (Arbeits)Soll *n*, (-)Norm *f*, (-)Pensum *n* b *journaliste etc* **être payé à la ~** nach Zeilen bezahlt werden; ein Zeilenhonorar bekommen 2 *arg* (*année d'âge*) Jahr *n*; **avoir bien cinquante ~s** fünfzig sein; *fam* fünfzig Jahre auf dem Buckel haben 3 *fam fig* **faire la ~ à qn** j-n übertreffen, ausstechen, überbieten, *fam* in die Tasche stecken

pigeon [piʒõ] M 1 ZOOL Taube *f*; **~ mâle** Täuber(ich) *ou* Tauber(ich) *m*; **~ voyageur** Brieftaube *f* 2 *jeu d'enfant* **(jouer à) ~ vole** Alles, was Federn hat, fliegt hoch (spielen) 3 BALL-TRAP **~ d'argile** Ton-, Wurftaube *f* 4 *fig* (*dupe*) **il a été le ~ dans l'affaire** er war der Dumme, Geprellte, Genarrte bei der Sache; → *a.* pigeonner

pigeonnant [piʒɔnɑ̃] ADJ **soutien-gorge ~** Büstenhebe *f*; Dirndlbüstenhalter *m*

pigeonne [piʒɔn] F ZOOL Täubin *f*; **pigeonneau** M ⟨*pl* ~x⟩ ZOOL Täubchen *n*; junge Taube

pigeonner [piʒɔne] V/T *fam* **~ qn** *fam* j-n rupfen, ausnehmen, aufs Kreuz legen; j-m das Fell über die Ohren ziehen; j-m Geld abknöpfen

pigeonnier [piʒɔnje] M 1 Taubenschlag *m*, -haus *n* 2 *plais logement* Dach-, Mansardenwohnung *f*

piger [piʒe] *fam* V/T ⟨-geons⟩ *fam* kapieren; mitkriegen; *pop* fressen; *abs*: **tu piges?** kapiert?; **il a pigé** *fam* der Groschen ist (bei ihm) gefallen; es hat (bei ihm) gefunkt, gezündet, geklingelt

pigiste [piʒist] M/F 1 TYPO Akkordsetzer(in) *m(f)* 2 Journalist(in), Übersetzer(in), der (die) nach Zeilen *ou* Seiten bezahlt wird

pigment [pigmɑ̃] M 1 BIOL Pigment *n*; **~s végétaux** Pflanzenfarbstoffe *mpl* 2 TECH *colorant* Pigment(farbstoff) *n(m)*

pigmentation [pigmɑ̃tasjõ] F BIOL Pigmentierung *f*; Pigmentation *f*

pigmenté [pigmɑ̃te] ADJ *peau* pigmentiert

Pignerol [piɲəʀɔl] GÉOG Pinerolo *n*

pignocher [piɲɔʃe] *fam* V/I ohne Appetit, *fam* mit langen Zähnen essen

pignon [piɲõ] M 1 ARCH Giebel *m*; **maison** *f* **à ~** Giebelhaus *n*; *fig* **avoir ~ sur rue** Hausbesitzer sein; *par ext* wohlhabend, gut situiert und angesehen sein 2 TECH (Getriebe)Zahnrad *n*; *t/t* Ritzel *n* 3 BOT a Pinienkern *m*; Pignol(i)e *ou* Piniole *f* b **pin** *m* **~** Pinie *f*

pignouf [piɲuf] *fam* M Flegel *m*; Lümmel *m*

pilaf [pilaf] M CUIS **~** *ou adjt* **riz** *m* **~** Pilau *ou* Pilaw *m*

pilage [pilaʒ] M Zerstampfen *n*; Zerstoßen *n*; Zerkleinern *n*

pilastre [pilastʀ] M ARCH Pilaster *m*; Wandpfeiler *m*

Pilate [pilat] GÉOG **le mont ~** der Pilatus

pilchard [pilʃaʀ] M ZOOL Pilchard *m*; Sardine *f*

pile[1] [pil] F 1 (*tas*) Stapel *m*; Stoß *m*; **~ d'assiettes** Stapel Teller; **~ de bois** Holzstoß *m*, -stapel *m*; **mettre en ~** (auf)stapeln; zu e-m Stapel schichten; übereinanderlegen, schichten; *bois, tuiles a.* aufsetzen 2 *d'un pont* Brückenpfeiler *m* 3 ÉLEC **~ (électrique)** Batterie *f*; **~ sèche** Trockenelement *n*; **~ solaire** Solar-, Sonnenbatterie *f*; **appareil** *m* **à ~s** Batteriegerät *n* 4 NUCL **~ atomique, nucléaire** Kern-, Atomreaktor *m* 5 *d'une pièce de monnaie* (*a.* **côté** *m* **~**) Rück-, Schriftseite *f*; **jouer à ~ ou face** durch Kopf oder Zahl entscheiden; knobeln 6 *fam* a (*volée de coups*) (Tracht *f*) Prügel *pl*; *fam* Dresche *f*; Senge *pl.*; → *a.* flanquer[2] A 2, recevoir A 2 b SPORTS *fam* Schlappe *f*

pile[2] [pil] ADV *fam* 1 **s'arrêter ~** plötzlich, *fam* mit einem Schlag stehen bleiben, anhalten 2 **ça tombe ~** das kommt wie gerufen, gerade recht 3 **à deux heures ~** Punkt, Schlag zwei Uhr; pünktlich um zwei Uhr

piler [pile] V/T 1 (*broyer*) zerstampfen; zerstoßen; zerkleinern 2 *fam fig* a **~ qn** (*rosser*) *fam* j-n verbläuen, verdreschen, vertrimmen b SPORTS **se faire ~** vernichtend geschlagen werden; *fam* e-e schwere Schlappe einstecken müssen 3 *fam* (*s'arrêter pile*) plötzlich, *fam* mit einem Schlag anhalten

pileux [pilø] ADJ ⟨-euse⟩ ANAT Haar...; **système ~** Behaarung *f*

pilier [pilje] M 1 ARCH Pfeiler *m*; *métallique, en bois a.* Stütze *f*; Säule *f* 2 *péj ou plais de qn* **c'est un ~ de bistrot, de brasserie** er hockt immer in der Kneipe 3 *fig personne, chose* **les ~s d'un régime** *etc* die Stützen *fpl*, Säulen *fpl*, Pfeiler *mpl* e-s Regimes *etc* 4 RUGBY Stürmer *m* der ersten Reihe

pillage [pijaʒ] M Plünderung *f*; **pillard** A ADJ plündernd B M Plünderer *m*

piller [pije] V/T 1 (aus)plündern; **~ un magasin, une ville** ein Geschäft, eine Stadt (aus)plündern 2 *fig ouvrage, auteur* plündern; abschreiben; plagiieren

pilleur [pijœʀ] M Plünderer *m*

pilon [pilõ] M 1 *instrument* Stößel *m*; Stößer *m*; CUIS Stampfer *m*; PHARM Pistill *n*; TYPO **mettre au ~** einstampfen 2 *fam fig* (*jambe de bois*) Holzbein *n* 3 CUIS *d'un poulet etc* Unterschenkel *m*

pilonnage [pilɔnaʒ] M MIL Trommelfeuer *n*; AVIAT pausenloses Bombardement

pilonner [pilɔne] V/T 1 TECH zerstampfen; zerkleinern; zerstoßen 2 MIL unter Trommelfeuer, pausenloses Feuer nehmen; AVIAT pausenlos bombardieren

pilori [pilɔʀi] M HIST Pranger *m*; Schandpfahl *m*; **mettre**, *fig a.* **clouer au ~** an den Pranger stellen; *fig a.* anprangern

pilosité [pilozite] F Behaarung *f*

pilotage [pilɔtaʒ] M 1 MAR Lotsen(dienst) *n(m)* 2 AVIAT, AUTO Führung *f*; Steuerung *f*; **~ sans visibilité** (*abr* **P.S.V.**) Blind-, Instrumentenflug *m*; **poste** *m* **de ~** Cockpit *n*

pilote [pilɔt] M 1 AVIAT Pilot *m*; Flugzeugführer *m*; **~ automatique** Autopilot *m*; **~ de chasse** Jagdflieger *m*; **~ d'essai** Testpilot *m*; **~ de guerre** Luftwaffenpilot *m*; Militärflieger *m*; **~ de ligne** Pilot e-r Verkehrs-, Linienmaschine 2 MAR Lotse *m*; *adjt* **bateau** *m* **~** Lotsenboot *n*; *fig* **servir de ~ à qn** j-m als Führer, Lotse dienen 3 *d'une voiture de course* (Renn)Fahrer *m*; *t/t* Pilot *m* 4 ZOOL **~** *ou adjt* **poisson** *m* **~** Lotsenfisch *m*; Pilot *m* 5 ADJT Modell...; Muster...; Versuchs...; Pilot...; **classe** *f* **~** Modell-, Versuchsklasse *f*; **prix** *m* **~** Richtpreis *m*; **usine** *f* **~** Muster-, Versuchsbetrieb *m*; Pilotanlage *f*

piloter [pilɔte] V/T 1 *avion* fliegen; führen; steuern; lenken; *voiture* fahren; lenken 2 MAR lotsen 3 *fig qn* führen; lotsen

pilotis [pilɔti] M CONSTR Grund-, Rammpfahl *m*; *coll* Pfahlrost *m*, -werk *n*; **maisons** *fpl* **sur ~** Pfahlbauten *mpl*

pilou [pilu] M TEXT einseitig gerautes, weiches Baumwollgewebe

pilule [pilyl] F 1 PHARM a Pille *f*; *fig* **avaler la ~** die bittere Pille schlucken; in den sauren Apfel beißen müssen; *affront* es schlucken, einstecken (müssen) b **~ (contraceptive)** (Antibaby)Pille *f*; **elle prend la ~** sie nimmt die Pille 2 *fam fig* (*défaite*) *fam* Schlappe *f*; **prendre la ~** e-e Schlappe einstecken müssen

pimbêche [pɛ̃bɛʃ] F hochnäsige, eingebildete Person; *fam* eingebildete Pute

piment [pimɑ̃] M 1 BOT, CUIS a **~ (rouge)** Chili *m*; Cayennepfeffer *m*; spanischer Pfeffer; Peperoni *f* b **~ doux** Paprika(schote) *m(f)* 2 *fig* Würze *f*; **mettre du ~ dans la conversation** der Unterhaltung (*dat*) Würze verleihen

pimenter [pimɑ̃te] V/T 1 CUIS kräftig, scharf, stark würzen; *adjt* **pimenté** *sauce* sehr scharf 2 *fig propos* Würze verleihen (+*dat*)

pimpant [pɛ̃pɑ̃] ADJ *jeune fille* adrett; fesch; **ville ~e** schmucke Stadt

pimprenelle [pɛ̃pʀənɛl] F BOT Wiesenknopf *m*

pin [pɛ̃] M BOT Kiefer *f*; **~ maritime** Strandkiefer *f*; **~ parasol** Pinie *f*; **~ sylvestre** Gemeine Kiefer; Föhre *f*

pinacle [pinakl] M 1 ARCH Fiale *f* 2 *fig* **porter qn au ~** j-n überschwänglich, *fam* über den grünen Klee loben

pinailler [pinaje] *fam* V/I kleinlich, *fam* pingelig sein; **~ sur qc** *fam* an etw (*dat*) herumnörgeln

pinailleur [pinajœʀ], **pinailleuse** *fam* A M,F Kleinigkeitskrämer(in) *m(f)* B ADJ *fam* pingelig

pinard [pinaʀ] *fam* M Wein *m*

pinasse [pinas] F *régional* Fischerboot *n* mit flachem Boden

Pinay [pinɛ] **Antoine ~** *frz Politiker*

pince [pɛ̃s] F 1 *outil* Zange *f*; **~ universelle**

P

Kombizange *f*; **~ à épiler** Pinzette *f*; **~ à sucre** Zuckerzange *f* 2 *pour serrer* Klemme *f* (*a.* ÉLEC); Klammer *f*; **~ à cheveux** Haarklemme *f*, -klammer *f*; **~ à cravate** Krawattenhalter *m*; Klipp *m*; **~ à linge** Wäscheklammer *f*; **~ à pantalon, de cycliste** Hosenklammer *f* 3 ZOOL *de certains crustacés* Schere *f* 4 COUT Abnäher *m* 5 *fam* 6 (*main*) *fam* Flosse *f*; Pfote *f*; Patsche *f*; **serrer la ~ à qn** j-m die Flosse schütteln 7 (*pied*) *loc adv* **à ~s** *fam* per pedes; auf Schusters Rappen

pincé [pɛ̃se] ADJ 1 *air* verkniffen; **lèvres ~es** zusammengekniffene Lippen *fpl*; **sourire ~** gezwungenes Lächeln 2 MUS **instrument** *m* **à cordes ~es** Zupfinstrument *n*

pinceau [pɛ̃so] M ⟨*pl* ~x⟩ 1 Pinsel *m*; **~ plat, rond** Flach-, Rundpinsel *m*; **coup** *m* **de ~** Pinselstrich *m* 2 PEINT Pinselführung *f* 3 **~ lumineux** Lichtbündel *n* 4 **~x** *fam* (*pieds*) Füße *mpl*; *fam péj* Mauken *fpl*; Quanten *pl*

pincée [pɛ̃se] F CUIS **une ~ de poivre, de sel** e-e Prise Pfeffer, Salz

pince-fesse(s) [pɛ̃sfɛs] *fam* M ⟨*inv*⟩ Party *f*, wo es locker zugeht, *fam* wo viel gefummelt wird

pincement [pɛ̃smɑ̃] M 1 MUS Zupfen *n* 2 **~ au cœur** Herzstiche *mpl*, -stechen *n*; *fig* Stich *m* ins Herz

pince-monseigneur [pɛ̃smɔ̃sɛɲœʀ] F ⟨*pl* pinces-monseigneur⟩ Brecheisen *n*, -stange *f*; **pince-nez** M ⟨*inv*⟩ Kneifer *m*; *all Sud a.* Zwicker *m*

pincer [pɛ̃se] ⟨-ç-⟩ A VT 1 kneifen, *all Sud a.* zwicken (**qn** j-n); **il lui pinça la joue** er kniff ihn *ou* ihm in die Wange 2 *lèvres* zusammenkneifen, -pressen 3 *doigt, pied* (ein)klemmen 4 MUS *cordes* zupfen 5 *fam fig malfaiteur, voleur* ertappen; *fam* erwischen; schnappen; **se faire ~** erwischt, geschnappt werden 6 *fig froid* beißen; schneiden; *abs fam* **ça pince dur** es ist bitter, grimmig, eisig kalt B VI *fam fig* **en ~ pour qn** *fam* in j-n verknallt sein; sich in j-n vergafft haben C VPR **se ~ le doigt dans la porte** sich (*dat*) den Finger in der Tür (ein)klemmen; **se ~ le nez** sich (*dat*) die Nase zuhalten

pince-sans-rire [pɛ̃ssɑ̃ʀiʀ] M/F ⟨*inv*⟩ **c'est un(e) ~** er *ou* sie hat e-n trockenen Humor

pincette [pɛ̃sɛt] F 1 *pour le feu* **~s** *pl* Feuerzange *f*; *fam fig* **il n'est pas à prendre avec des ~s** (*de mauvaise humeur*) mit ihm ist (heute) nicht gut Kirschen essen; *fam* er ist (heute) mit Vorsicht zu genießen; (*très sale*) den möchte man nicht (ein)mal mit der Zange anfassen 2 TECH Pinzette *f*

pinçon [pɛ̃sõ] M roter Fleck, rotes Mal (*vom Kneifen*)

pineau [pino] M **~ des Charentes** *Aperitif aus Traubenmost u. Cognac*

pinède [pinɛd] F Kiefern-, Pinienwald *m*, -pflanzung *f*

pingouin [pɛ̃gwɛ̃] M ZOOL 1 *oiseau* Alk *m* 2 *abus* (*manchot*) Pinguin *m*

ping-pong [piŋpɔ̃g] M ⟨*inv*⟩ Tischtennis *n*; Pingpong *n*; **joueur** *m* **de ~** Tischtennisspieler *m*; **jouer au ~** Tischtennis spielen

pingre [pɛ̃gʀ] *péj* A ADJ *fam* knaus(e)rig; filzig B M/F Geizhals *m*, *fam* -kragen *m*; Filz *m*; Knauser(in) *m(f)*; Pfennigfuchser(in) *m(f)*

pingrerie [pɛ̃gʀəʀi] F *péj* Knauserei *f*; Knaus(e)rigkeit *f*; Pfennigfuchserei *f*

pinot [pino] M VIT Pinot *m*; Burgunderrebe *f*

pin-pon [pɛ̃pɔ̃] INT **~! ~!** tatütata!

pin's [pins] M (Ansteck)Abzeichen *n*

pinson [pɛ̃sõ] M ZOOL Buchfink *m*; *fig* **être gai comme un ~** *fam* quietschvergnügt, (kreuz)fidel sein

pintade [pɛ̃tad] F ZOOL, CUIS Perlhuhn *n*;

pintadeau M ⟨*pl* ~x⟩ ZOOL junges Perlhuhn

pinte [pɛ̃t] F 1 *ancienne mesure* Pinte *f*; Schoppen *m*; *mesure anglo-saxonne* Pint *n* 2 *fig* **se payer une ~ de bon sang** sich köstlich amüsieren; sich totlachen

pinter [pɛ̃te] *fam* A VI tüchtig zechen, *fam* picheln; *pop* saufen B VPR **se ~** *fam* sich besaufen

pin-up [pinœp] F ⟨*inv*⟩ Pin-up-Girl *n*

pioche [pjɔʃ] F 1 *outil* Hacke *f*; *all Sud a.* Haue *f*; **démolir un mur à coups de ~** e-e Mauer mit der Hacke ab-, nieder-, einreißen 2 *fam fig* **tête** *f* **de ~** Dick-, Starrkopf *m*; *fam* Dickschädel *m* 3 JEUX restliche, auf e-m Haufen liegende Dominosteine *mpl ou* Karten *fpl*

piocher [pjɔʃe] A VT 1 *terre* (auf-, um)hacken 2 *fam fig* (*étudier*) *fam* pauken, büffeln (*a. abs*) B VI 1 JEUX e-n Stein *ou* e-e Karte vom Haufen nehmen 2 *fig* **~ dans le tas** (im Haufen herumwühlen und) aufs Geratewohl eine(n, -s) herausgreifen

piolet [pjɔlɛ] M Eispickel *m*

pion [pjõ] M 1 *fam terme d'écolier* **~(ne)** *m(f)* Aufsichtführende(r) *m/f(m)* 2 ÉCHECS Bauer *m*; *fig* **n'être qu'un ~ sur l'échiquier** nur ein Statist sein; der Bauer im Schachspiel sein 3 DAMES Stein *m*; *fig* **damer le ~ à qn** j-m den Rang ablaufen; j-n ausstechen

pioncer [pjõse] *fam* VI ⟨-ç-⟩ fest schlafen, *fam* pennen

pionne [pjɔn] F → pion 1

pionnier [pjɔnje] M 1 HIST (*colon*) Kolonist *m* 2 *fig* Pionier *m*; Wegbereiter *m*; Bahnbrecher *m* 3 MIL Schanzsoldat *m*; Baupionier *m* 4 HIST *en URSS etc* (Junger) Pionier

pipe [pip] F 1 (Tabaks)Pfeife *f*; **fumer la ~** Pfeife rauchen 2 *fam fig*: **par tête de ~** *fam* pro Nase; **nom d'une ~!** *fam* zum Donnerwetter noch mal!; **casser sa ~** *pop* abkratzen; abschrammen; ins Gras beißen; → *a.* fendre B 3 3 *vulg* (*fellation*) **faire, tailler une ~ à qn** *vulg* j-m einen blasen

pipeau [pipo] M ⟨*pl* ~x⟩ Hirtenflöte *f*

pipelet [piplɛ] M, **pipelette** F *fam* → concierge; *fam fig* **c'est une vraie pipelette** *fam* sie *ou* er ist ein altes Waschweib, e-e Klatschbase

pipeline *ou* **pipe-line** [pajplajn, piplin] M ⟨*pl* pipe-lines⟩ Pipeline *f*

piper [pipe] VT 1 **ne pas ~ (mot)** kein Wort sagen; keinen Ton sagen, von sich geben; *fam* nicht piep sagen 2 *cartes* zinken; *dés* fälschen; *fig* **les dés sont pipés** das ist ein abgekartetes Spiel; hier wird ein falsches Spiel getrieben

piperade [pipeʀad] F CUIS *Omelett mit Paprika u. Tomaten* (*baskisches Gericht*)

pipette [pipɛt] F CHIM Pipette *f*; Stechheber *m*

pipi [pipi] M *enf ou fam* Pipi *n*; *fam* **la dame ~** *fam* die Klofrau; *fig et péj* **c'est du ~ de chat** *boisson fam* das ist ein übles Gesöff; *film, livre fam* das ist ein Quatsch *m*, ein Schmarren *m*; **faire ~** *enf* Pipi, ein Bächlein, klein machen; *par ext fam* pinkeln; **faire ~ au lit** *fam* ins Bett machen; *chien* **faire ~ sur la moquette** *fam* auf den Teppichboden pinkeln

pipi-room [pipiʀum] *plais* M *fam* Klo *n*

piquage [pikaʒ] M COUT Maschinennähen *n*; (Ab)Steppen *n*

piquant [pikɑ̃] A ADJ 1 *plante, barbe* stach(e)lig 2 *froid, air* schneidend 3 CUIS **sauce ~e** pikante Soße 4 *fig critique, remarque* bissig; boshaft; spitz 5 *fig et litt personne, rencontre etc* reizvoll; **anecdote ~e** witzige, geistreiche Anekdote B M 1 *d'un hérisson, d'un chardon etc* Stachel *m* 2 *fig et litt* **le ~** der Reiz; das Reizvolle, Pikante, Witzige (**de l'affaire** an der Sache); **ne pas manquer de ~** e-r gewissen Pikanterie nicht entbehren

pique¹ [pik] F 1 (*hallebarde*) Pike *f*; Spieß *m*; *du picador* Lanze *f* 2 *fig* **envoyer, lancer des ~s à qn** boshafte, bissige, spitze Bemerkungen j-m gegenüber machen; gegen j-n sticheln

pique² [pik] M JEUX DE CARTES Pik *n*; *jeu allemand* Schippen *n*; **dame** *f*, **roi** *m* **de ~** Pikdame *f*, -könig *m*; → *a.* as¹ 1

piqué [pike] A ADJ 1 COUT mit der (Näh)Maschine genäht; (ab)gesteppt (*a. chaussures*) 2 *miroir* fleckig; *vieux livre, tissu* stockfleckig; **~ de rouille** mit Rostflecken; rostfleckig; *visage* **~ de taches de rousseur** sommersprossig; mit Sommersprossen übersät; *meuble, fruit* **~ (des vers)** wurmstichig; *fruit a.* wurmig; *fam fig* **ne pas être ~ des vers, des °hannetons** *histoire, film fam* klasse, gelungen, toll, dufte sein; *froid, chaleur fam* nicht von Pappe, nicht von schlechten Eltern sein 3 *vin* **être ~** e-n Stich haben; umgeschlagen, sauer sein 4 *fam fig personne* **être un peu ~** *fam* e-n kleinen Stich haben; ein bisschen spinnen; *subst* **une vieille ~e** e-e wunderliche, *fam* spinnige Alte 5 *fig* **~ au vif** → vif B 2 6 MUS **note ~e** Note, die staccato gespielt werden muss B M 1 TEXT Pikee *m* 2 AVIAT Sturzflug *m*; **en ~** im Sturzflug; **descendre en ~** im Sturzflug niedergehen

pique-assiette [pikasjɛt] M/F ⟨*inv*⟩ Schmarotzer *m*; *fam* Nassauer *m*; **pique-feu** M ⟨*inv*⟩ Schüreisen *n*, -haken *m*; **pique-fleurs** M ⟨*inv*⟩ Blumenstecker *m*

pique-nique [piknik] M ⟨*pl* pique-niques⟩ Picknick *n*; **pique-niquer** VI picknicken; Picknick machen; **pique-niqueurs** MPL Leute *pl*, die picknicken, Picknick machen

piquer [pike] A VT 1 *avec une aiguille etc* stechen; *all Nord fam a.* pik(s)en; *olives, papillon etc* aufspießen; **~ la viande avec une fourchette** mit e-r Gabel in das Fleisch stechen; das Fleisch mit e-r Gabel aufspießen; *épingles, fleurs etc* **~ dans qc** in etw (*acc*) stecken 2 (*faire une piqûre à*) e-e Spritze geben (**qn** j-m; **le bras droit** in den rechten Arm); spritzen; *fam* **on l'a piqué contre le tétanos** er ist gegen Wundstarrkrampf geimpft worden; *par ext* **faire ~ son chien** s-n Hund einschläfern lassen 3 *guêpe, épines etc*: *qn ou abs* stechen; *all Nord fam a.* pik(s)en; *serpent, puce* beißen; *orties* brennen; *barbe* kratzen; **ça me pique** das sticht, pik(s)t, kratzt, brennt; **se faire ~ par un moustique** von e-r Mücke gestochen werden 4 *par ext*: *fumée* beißen (**les yeux** in die *ou* in den Augen); *moutarde, sauce* beißen, brennen (**la langue** auf der Zunge); *froid* schneiden (**le visage** ins Gesicht); *fam abs boisson pétillante* prickeln; den Gaumen kitzeln 5 COUT mit der (Näh)Maschine nähen; (ab)steppen 6 CUIS spicken; *gigot* **piqué d'ail** mit Knoblauch gespickt 7 *fig curiosité de qn* reizen; wachrufen; wecken 8 *fam en loc*: **~ un cent mètres** *fam* die Beine in die Hand, unter den Arm nehmen; losflitzen, -rasen; **~ une crise** *fam* e-n Tobsuchtsanfall kriegen; → *a.* colère 2, fard 2, roupillon, tête 1 9 *fam fig* (*voler*) *fam* klauen 10 *fam fig voleur etc fam* schnappen; erwischen 11 *picador: taureau* durch Lanzenstiche reizen; *cavalier abs* **~ des deux** s-m Pferd beide Sporen, die Sporen geben 12 MUS **~ une note** e-e Note staccato spielen B VI *avion* **~ (du nez)** im Sturzflug niedergehen; *navire* **~ du nez, de l'avant** kopflastig (getrimmt) sein; *fig personne* **~ du nez** einnicken C VPR **se ~** 1 *personne* sich stechen; **se ~ le doigt** sich (*acc ou dat*) in den Finger stechen 2 *diabétique, drogué* sich spritzen; *drogué a.* fixen; **se ~ à**

l'héroïne sich *(dat)* Heroin spritzen 3 *livres, tissu* (stock)fleckig werden 4 *vin* e-n Stich bekommen; umschlagen; sauer werden 5 *fig* **se ~ au jeu** *(prendre goût à qc)* plötzlich Gefallen, Geschmack an der Sache finden; *(s'obstiner)* nicht lockerlassen, nachgeben 6 *fam fig* **se ~ le nez** *fam* sich *(dat)* die Nase begießen; einen heben 7 *fig personne* **se ~ de qc** sich *(dat)* etwas auf etw *(acc)* einbilden; sich e-r Sache *(gén)* rühmen; **il se pique d'être connaisseur** er rühmt, schmeichelt sich, ein Kenner zu sein; er will als Kenner gelten

piquet [pikɛ] M 1 *(petit pieu)* Pflock *m*; **~ de tente** Hering *m*; Zeltpflock *m*; *animal* **attacher au ~** anpflocken; *personne* **droit, raide comme un ~** stocksteif; steif wie ein Stock 2 **~ de grève** Streikposten *mpl*; MIL **~ d'incendie** Brandwache *f* 3 *élève*: **il est au ~** er muss in der Ecke stehen; **mettre au ~** in die Ecke stellen 4 *ancien jeu de cartes* Pikett *n*

piqueté [pikte] ADJ **~ de** übersät mit, von

piquette [pikɛt] F 1 *fam (vin acide) fam* Rachenputzer *m*; Krätzer *m* 2 *fam (défaite) fam* Schlappe *f*; **prendre une ~** e-e Schlappe einstecken müssen

piqueur [pikœʀ] M 1 CH Pikör *m* 2 MINES Häuer *ou* Hauer *m* 3 TECH Arbeiter *m* am Presslufthammer; *adjt* **marteau ~** Presslufthammer *m*

piqueuse [pikøz] F COUT Stepperin *f*; Näherin *f*

piquouse [pikuz] F *fam (piqûre)* Spritze *f*; *des drogués fam* Schuss *m*

piqûre [pikyʀ] F 1 *petite blessure* Stich *m*; Einstich *m*; **~ d'abeille, d'épingle, de moustique** Bienen-, Nadel-, Mückenstich *m*; **~ d'ortie** Brennen *n* durch Berührung mit Brennnesseln; *abus* **~ de serpent** Schlangenbiss *m* 2 MÉD Spritze *f*; Injektion *f*; **faire une ~ à qn** j-m e-e Spritze geben; j-n spritzen 3 COUT a **(point** *m* **de) ~** Steppstich *m* b *rang* Steppnaht *f*, -muster *n* 4 *(tache d'humidité)* Stockfleck *m*

piranha [piʀana] M ZOOL Piranha *ou* Piraya *m*

piratage [piʀataʒ] M *de logiciels, cassettes etc* Raubkopieren *n*; **piratage de données** Datendiebstahl *m*

pirate [piʀat] M 1 Seeräuber *m*; Pirat *m*; **~ de l'air** Luftpirat *m*; Flugzeugentführer *m* 2 *de logiciels, cassettes etc* Raubkopierer *m*; INFORM Hacker *m* 3 ADJT **édition** *f* **~** Raubdruck *m*; **émetteur** *m*, **radio** *f* **~** Piratensender *m* 4 *(escroc)* Halsabschneider *m*

pirater [piʀate] V/T *logiciel, cassette etc* raubkopieren; Raubkopien, e-e Raubkopie anfertigen von; *édition* raubdrucken; *adjt* **logiciel piraté** raubkopierte Software

piraterie [piʀatʀi] F 1 Seeräuberei *f*; Piraterie *f*; **~ aérienne** Luftpiraterie *f* 2 *fig (escroquerie)* Betrug *m*; *fam* Schwindel *m*

pire [piʀ] A ADJ 1 ‹*comp von* mauvais› schlimmer; ärger; übler; **il n'y a rien de ~ que …** es gibt nichts Schlimmeres als …; **je ne connais pas de ~ situation** ich kenne keine schlimmere, üblere Lage; **c'est bien ~** das ist viel schlimmer, ärger 2 ‹*sup von* mauvais› **le, la ~** der, die, das schlimmste, ärgste, übelste; **la ~ chose qui puisse vous arriver** das Schlimmste, was Ihnen passieren könnte; **son ~ défaut** sein schlimmster, ärgster, größter Fehler; **il commettait les ~s imprudences** er beging die größten Unvorsichtigkeiten; **c'est la ~ de toutes les solutions** das ist die schlechteste aller Lösungen B SUBST **le ~** das Schlimmste, Ärgste; **la politique du ~** e-e verhängnisvolle Politik; **le ~ c'est que …** das Schlimmste ist, dass …; **je m'attends au ~** ich bin auf das Schlimmste gefasst; **le ~ de tout c'est l'ennui** Langeweile ist das Allerschlimmste; **en mettant les choses au ~** schlimmstenfalls; im ungünstigsten, schlimmsten Fall; *fam* wenn alle Stränge, Stricke reißen

Pirée (Le) [lәpiʀe] Piräus *n (a.* der)

pirogue [piʀɔg] F Piroge *f*; Einbaum *m*

pirouette [piʀwɛt] F 1 Drehung *f* um sich selbst; DANSE, SPORTS Pirouette *f*; **faire une ~** sich einmal um sich selbst drehen; sich im Kreis herumdrehen; e-e Pirouette machen, drehen; *fam fig* **répondre, s'en tirer par des ~s** e-r Frage mit ein paar Scherzen ausweichen; Ausflüchte machen 2 *fig (volte-face)* Meinungsumschwung *m*; Kehrtwendung *f*

pirouetter [piʀwɛte] V/I Pirouetten, e-e Pirouette drehen, ausführen; pirouettieren

pis[1] [pi] M ZOOL Euter *n*

pis[2] [pi] ADV 1 ‹*comp von* mal› schlimmer; ärger; übler; **de mal en ~** zunehmend, immer schlechter; **tant ~** → tant A 1; ♦ *adjt st/s* **c'est bien ~** das ist viel schlimmer; *en incise* **et qui ~ est** [-pizɛ] und was noch schlimmer ist 2 ‹*sup von* mal› **au ~ aller** schlimmstenfalls; im ungünstigsten, schlimmsten Fall

pis-aller [pizale] M ‹inv› Notlösung *f*; (Not)Behelf *m*

piscicole [pisikɔl] ADJ Fischzucht…; **entreprise** *f* **~** Fischzuchtbetrieb *m*

pisciculteur [pisikyltœʀ] M Fischzüchter *m*; **pisciculture** F Fischzucht *f*

piscine [pisin] F *publique* Schwimmbad *n*; *(bassin de natation)* Schwimmbecken *n*; *privée* Swimmingpool *m*; **~ couverte** Hallen(schwimm)bad *n*; **~ en plein air** Freibad *n*; **aller à la ~** ins Schwimmbad gehen

piscivore [pisivɔʀ] ADJ ZOOL fischefressend; sich von Fischen ernährend

Pise [piz] Pisa *n*; **la Tour (penchée) de ~** der Schiefe Turm von Pisa

pisé [pize] M CONSTR Stampferde *f*; **(construction** *f* **en) ~** Pisee-, Stampfbau *m*; **maison** *f*, **mur** *m* **en ~** Lehmhaus *n*, -mauer *f*

pissaladière [pisaladjɛʀ] F CUIS *provenzalische Pizza*

pisse [pis] F *pop* Pisse *f*; Schiffe *f*; **pisse-froid** *fam* M ‹inv› → pisse-vinaigre

pissement [pismɑ̃] M MÉD Harnen *n*; **~ de sang** Blutharnen *n*

pissenlit [pisɑ̃li] M BOT Löwenzahn *m*; CUIS **salade** *f* **de ~** Löwenzahnsalat *m*; *fam fig* **manger les ~s par la racine** *fam* (sich ([*dat*]) die Radieschen von unten besehen

pisser [pise] V/T *et* V/I *fam* 1 *(uriner) fam* pinkeln; **~ au lit** ins Bett pinkeln; *chien* **~ contre un arbre** *fam* an e-n Baum pinkeln; **il y a de quoi en ~ dans sa culotte** *fam* das ist zum Totlachen, zum Kringeln; **ça l'a pris comme une envie de ~** das ist einfach so über ihn gekommen 2 **~ du sang** Blut harnen, *fam* pinkeln 3 *fig robinet etc* **~ l'eau** (nach allen Seiten) spritzen 4 *fig journaliste* **~ de la copie** *fam* auf Teufel komm raus (Artikel) schreiben

pisseuse [pisøz] F *fam péj (petite fille) pop* Rotzgöre *f*; *(jeune fille) pop* Pissnelke *f*

pisseux [pisø] ADJ ‹-euse› 1 *fam (sentant l'urine)* nach Urin, *pop* nach Pisse stinkend; *linge pop* voller Pissflecken; verpisst 2 *aspect, couleur* vergilbt

pisse-vinaigre [pisvinɛgʀ] *fam* M ‹inv› Griesgram *m*; *fam* Sauertopf *m*

pissoir [piswaʀ] M *fam ou regional* → pissotière

pissotière [pisɔtjɛʀ] *fam* F Pissoir *n*; *fam* Pinkelbude *f*; *plais* Pinkulatorium *n*

pistache [pistaʃ] F 1 Pistazie *f (Frucht)*; **glace** *f* **à la ~** Pistazieneis *n* 2 ADJT **(vert) ~** ‹inv› pistaziengrün

pistachier [pistaʃje] M BOT Pistazie *f (Baum)*

pistard [pistaʀ] M CYCLISME Bahn(renn)fahrer *m*

piste [pist] F 1 *(trace)* Spur *f*, Fährte *f (a. fig)*; **jeu** *m* **de ~** Schnitzeljagd *f*; *fig* **être sur la bonne, fausse ~** auf der richtigen, falschen Spur, Fährte sein; *fig* **la police est sur sa ~** die Polizei ist ihm auf der Spur; *fig* **cela m'a mis sur la bonne ~** das hat mich auf die richtige Spur, Fährte gebracht, geführt 2 *(chemin)* a *dans le désert* Piste *f*; *dans la jungle* (Trampel)Pfad *m*; *dans la brousse* Buschpfad *m* b **~ cyclable** Rad(fahr)weg *m* 3 AVIAT Rollbahn *f*; Piste *f*; **~ d'atterrissage, ~ d'envol** *ou* **de décollage** Lande-, Startbahn *f* 4 SPORTS (Renn)Bahn *f*; SKI, CYCLISME *a.* Piste *f*; **~ (de ski) de fond** (Langlauf)Loipe *f*; CYCLISME **course** *f* **sur ~** Bahnrennen *n*; *vainqueur* **faire un tour de ~** e-e Runde fahren *ou* laufen 5 **~ de danse, de patinage** Tanz-, Eisfläche *f* 6 CIRQUE Manege *f*; Arena *f*; ÉQUITATION Reitbahn *f*; Manege *f*; *fig* **entrer en ~** die (politische) Arena betreten 7 TECH Spur *f*; *d'une carte bancaire* **~ magnétique** Magnetstreifen *m*; **~ sonore** Tonspur *f*

pister [piste] V/T **~ qn** j-m auf der Spur, Fährte sein; j-s Spur verfolgen

pistil [pistil] M BOT Stempel *m*; Fruchtknoten *m*

pistole [pistɔl] F *ancienne monnaie d'or* Pistole *f*

pistolet [pistɔlɛ] M 1 *arme* Pistole *f*; *jouet* **~ à eau** Wasserpistole *f*; **~ d'alarme** Schreckschuss-, Alarmpistole *f*; SPORTS **~ de starter** Startpistole *f* 2 TECH **~ (à peinture)** Spritzpistole *f*; **peindre au ~** spritzen; spritzlackieren 3 *d'une pompe à essence* Zapfpistole *f*; **pistolet-mitrailleur** M ‹*pl* pistolets-mitrailleurs› ABR **P.-M.)** Maschinenpistole *f (abr* MP, MPi)

piston [pistõ] M 1 TECH Kolben *m* 2 MUS Pumpen-, Kolbenventil *n*; Piston *n*; **jouer du ~** Kornett spielen 3 *fig* Protektion *f*; (gute) Beziehungen *fpl*; *fam* Vitamin B *n*

pistonner [pistɔne] V/T **~ qn** j-n protegieren, empfehlen, unterstützen, *à une place* hineinbringen; **se faire ~** *a.* s-e Beziehungen spielen lassen

pistou [pistu] M CUIS **soupe** *f* **au ~** Gemüsesuppe *f* mit Basilikum

pitance [pitɑ̃s] F *péj* **maigre ~** schmale Kost; **pour toute ~** als ganzes Essen

pitbull [pitbyl, -bul] M ZOOL Pitbull *m*

pitchoun [pitʃun] M/F *régional, terme d'affection* Kleine(r) *m/f(m)*

piteux [pitø] ADJ ‹-euse› *état, aspect* erbärmlich; jämmerlich; beklagens-, bejammernswert; **résultat ~** kümmerliches, klägliches Ergebnis

pithécanthrope [pitekɑ̃tʀɔp] M *fossile humain* Pithekanthropus *m*

pithiviers [pitivje] M CUIS *mit Mandelcreme gefüllter Blätterteigkuchen*

pitié [pitje] F 1 Mitleid *n*; Erbarmen *n*; **~ (pour qn)!** Erbarmen (mit j-m)!; *loc adv*: **par ~** aus Mitleid, Erbarmen; **par ~, laissez-moi tranquille!** ich bitte Sie, lassen Sie mich in Ruhe!; lassen Sie mich um Gottes willen in Ruhe!; **sans ~** mitleids-, erbarmungs-, schonungslos; ohne Erbarmen, Mitleid; **il est sans ~** *a.* er kennt kein Erbarmen; **avoir ~ de qn** Mitleid, Erbarmen mit j-m haben; *st/s* sich j-s erbarmen; REL **ayez ~ de nous!** erbarme dich unser!; **c'est ~ de voir …** es ist ein Jammer, es jammert einen, wenn man sieht …; **faire ~** Mitleid erregen, erwecken; → *a.* 2; **il me fait ~** *a.* er tut mir leid *(a. péj)*; *st/s* er dauert, jammert, erbarmt mich; **prendre qn en ~** j-n bemitleiden 2 *péj*: **quelle ~!** wie erbärmlich, jämmerlich!; **un sourire de ~** ein mitleidiges Lächeln; *loc adv* **à faire ~** erbärmlich; *fam* zum (Gott)Erbarmen; **c'est à faire ~!** *fam* das ist zum (Gott)Erbarmen!

piton [pitõ] M 1 ALPINISME Felshaken *m*; TECH **~ (à vis)** Ringschraube *f*; Schraubhaken *m* 2 *rocheux* Bergspitze *f*

pitoyable [pitwajabl] ADJ 1 *état, spectacle* mitleiderregend; erbarmungswürdig; bemitleidens-, erbarmens-, bejammerns-, beklagenswert 2 *péj résultat etc* erbärmlich; jämmerlich; kläglich

pitre [pitʀ] M Hanswurst *m*; **faire le ~** den Hanswurst spielen, machen

pitreries [pitʀəʀi] FPL Hanswurstiaden *fpl*; dumme Späße *mpl*; Possen *mpl*; **faire des ~** dumme Späße machen; Possen treiben

pittoresque [pitɔʀɛsk] ADJ 1 *site* malerisch; pittoresk; *personnage* originell; *subst* **le ~** das Malerische, Pittoreske 2 *langage* bilderreich; **expression** *f*, **style** *m* **~** bildhafter, plastischer, anschaulicher Ausdruck, Stil

pivert [pivɛʀ] M ZOOL Grünspecht *m*

pivoine [pivwan] F BOT Pfingstrose *f*; Päonie *f*; *personne* **rouge comme une ~** puterrot; rot wie e-e Tomate

pivot [pivo] M 1 TECH Zapfen *m*; *d'une boussole* Pinne *f* 2 *fig* (Dreh- und) Angelpunkt *m*; *personne a.* Mittelpunkt *m*; Seele *f* 3 BOT Pfahlwurzel *f* 4 *d'une dent artificielle* Stift *m* 5 MIL Schwenkungspunkt *m*

pivotant [pivɔtɑ̃] ADJ 1 Dreh...; **chaise ~e, fauteuil ~** Drehstuhl *m*, -sessel *m* 2 BOT **racine ~e** Pfahlwurzel *f*

pivoter [pivɔte] V/I 1 sich (*um e-n Zapfen*) drehen; *fig personne* **~ sur ses talons** sich auf dem Absatz umdrehen; **faire ~ sa chaise** s-n Drehstuhl drehen 2 MIL schwenken; e-e Schwenkung ausführen 3 BOT *plante* e-e Pfahlwurzel treiben

pixel [piksɛl] M PHOT, TV *etc* Bild-, Rasterpunkt *m*; Pixel *n*

pizza [pidza] F CUIS Pizza *f*

pizzeria [pidzeʀja] F Pizzeria *f*

pizzicato [pidzikato] M ‹*pl* **~s** *ou* **pizzicati**› MUS Pizzikato *n*

P.J. 1 [peʒi] F *fam* ABR (*police judiciaire*) Kripo *f* (Kriminalpolizei) 2 (*pièce[s] jointe[s]*) Anl. (Anlage[n])

Pl. ABR (place) Platz

placage [plakaʒ] M 1 TECH Verkleidung *f*; Verblendung *f*; **~ de marbre** Marmorverkleidung *f* 2 *en bois* a *opération* Furnieren *n* b *résultat* Furnier *n*; **~ d'acajou** Mahagonifurnier *n*; **bois** *m* **de ~** Furnierholz *n* 3 RUGBY → plaquage 1

placard [plakaʀ] M 1 *armoire* Wand-, Einbauschrank *m*; **~ à balais** Besenschrank *m* 2 *dans un journal* **~ publicitaire** Großanzeige *f* 3 TYPO Fahnenabzug *m*; (Korrektur)Fahne *f*

placarder [plakaʀde] V/T *affiche, avis* anschlagen; ankleben

place [plas] F 1 (*espace occupé par qn, qc*) Platz *m*; Raum *m*; Stelle *f*; **~ aux jeunes!** Platz den Jungen, dem Nachwuchs!; *fig* **une ~ au soleil** ein Platz an der Sonne; **~ (pour se garer)** Parkplatz *m*; **manque** *m* **de ~** Platz-, Raummangel *m*; ♦ *loc adv*: **à la ~** als *ou* zum Ersatz (dafür); dafür; stattdessen; **à ta, sa, votre ~** an deiner, s-r, Ihrer Stelle; wenn ich du, er, Sie wäre; **je ne voudrais pas être à sa ~** ich möchte nicht an s-r Stelle sein; **de ~ en ~, par ~s** stellenweise; hier und da; **sur ~** an Ort und Stelle; **se rendre sur ~** sich an Ort und Stelle begeben; **rester sur ~** (*immobile*) sich nicht von der Stelle rühren; *subst* **faire du sur ~** → surplace; ♦ *loc prép* **à la ~ de** anstelle von (*ou +gén*); (an)statt (*+gén, fam +dat*); ♦ **il y a juste la ~ de mettre une table** hier ist gerade noch Platz für e-n Tisch; *fig* **je ne donnerais pas ma ~ pour un empire**, *fam* **pour un boulet de canon** nicht um alles in der Welt, um keinen Preis möchte ich tauschen; **sa ~ est au bureau** sein Platz ist im Büro; er gehört ins Büro; **être à sa ~** *objet* an s-m Platz sein, stehen, liegen; *personne* am richtigen Platz sein, stehen; **il n'est pas à sa ~** *a.* er ist (hier) fehl am Platz; *service d'ordre etc* **être en ~** zur Stelle sein; bereitstehen; in Bereitschaft stehen; → *a.* 3; **faire, gagner, laisser de la ~** Platz, Raum schaffen, gewinnen, lassen; **faire de la ~** (*se pousser*) Platz machen; zur Seite rücken; zusammenrücken; **faire ~ à qn** j-m Platz machen; *objet, système etc* **faire ~ à qc** e-r Sache (*dat*) Platz machen, weichen müssen; **mettre en ~** *machine, service d'ordre, plan* aufstellen; *troupes a.* bereitstellen; *comité* einsetzen; *dispositif* anbringen; installieren; einbauen; **se mettre à la ~ de qn** sich in j-s Lage (*acc*), an j-s Stelle (*acc*) versetzen; sich in j-n hineinversetzen; **remettre qc à sa ~** etw wieder an s-n Platz stellen, legen; **tenir, prendre beaucoup de ~** viel Platz, Raum einnehmen, beanspruchen; *fig sport, amitié etc* **tenir beaucoup de ~, une grande ~ dans la vie de qn** in j-s Leben e-n breiten Raum einnehmen, e-e große Rolle spielen; *prov* **(une ~ pour chaque chose et) chaque chose à sa ~!** Ordnung ist das halbe Leben (*prov*) 2 (*siège*) (Sitz)Platz *m*; Sitz *m*; THÉ *a.* Karte *f*; **~ assise, debout** Sitz-, Stehplatz *m*; CH DE FER **~ de première classe** Platz erster Klasse; *à table* **~ d'honneur** Ehrenplatz *m*; ♦ *loc adj*: *véhicule, canapé* **à deux, quatre ~s** zwei-, viersitzig; **une tente à deux ~s** ein Zweimannzelt *n*; **une voiture à deux ~s** *ou subst* **une deux ~s** ein Zweisitzer *m*; **un cinéma de cinq cents ~s** ein Kino mit fünfhundert (Sitz)Plätzen, Sitzen; ♦ **il y a encore deux ~s (de) libres, vides** es sind noch zwei Plätze frei; **laisser sa ~ à qn** j-m s-n Platz überlassen; j-m Platz machen (*a. fig*); **louer, réserver sa ~** THÉ, CINÉMA e-e Karte vorbestellen; e-e Karte reservieren lassen; CH DE FER e-e Platzkarte kaufen; **prendre ~** Platz nehmen; **prendre la ~ de qn** sich auf j-s Platz setzen; j-s Platz einnehmen (*a. fig*); **ne pas rester, tenir en ~** ständig in Bewegung sein; nicht still sitzen können; *fam* kein Sitzfleisch haben; ein unruhiger Geist sein 3 (*emploi*) Stelle *f*; Anstellung *f*; Posten *m*; **avoir une bonne ~** e-n guten Posten, e-e gute Stelle haben; **il y a une ~ à prendre** es wird e-e Stelle frei; **être en ~** fest in s-r Stellung, im Sattel sitzen 4 (*rang*) Platz *m*; Rang *m*; *fig* **remettre qn à sa ~** j-n in die *ou* s-e Schranken (ver)weisen, zurechtweisen; **savoir rester, se tenir à sa ~** sich (*dat*) s-r Stellung bewusst sein; wissen, wo sein Platz ist *ou* wo man hingehört 5 *lieu public* Platz *m*; **~ du marché, du village** Markt-, Dorfplatz *m*; *autrefois* **être exécuté en ~ publique** öffentlich hingerichtet werden 6 MIL a **~ (forte)** fester Platz; Festung *f* b *ville* Garnison *f*; Standort *m* c *fig* **avoir des complices dans la ~** Komplizen, Bundesgenossen im anderen Lager haben; *fig* **être maître de la ~** (der) Herr im Hause sein; frei schalten und walten können 7 COMM Platz *m*; Ort *m*; **c'est le meilleur boulanger sur la ~ de X** er ist der beste Bäcker hier in X, hier am Platz, Ort 8 FIN Börsenplatz *m*

placé [plase] ADJ 1 *objet* **être bien, mal ~** e-n guten, schlechten Standort haben; *fig* **il est bien ~ pour le savoir, pour en parler** er (sitzt an der Quelle und) muss es doch schließlich wissen; **vous êtes mal ~ pour le critiquer** es steht Ihnen nicht zu, ihn zu kritisieren; **personnage °haut ~** hochgestellte Persönlichkeit; *furoncle, bouton* **être mal ~** an e-r ungünstigen, schlechten Stelle sitzen; *fig* **c'est de la fierté mal ~e** Stolz ist hier nicht angebracht, fehl am Platz 2 TURF CHEVAL platziert; *subst* **toucher un ~** den Gewinn e-r Platzwette kassieren

placebo [plasebo] M PHARM Placebo *n*

placement [plasmɑ̃] M 1 FIN (Geld-, Kapital)Anlage *f*; *t/t* Placement *n*; **faire un bon ~** sein Geld, Kapital gut anlegen 2 *de demandeurs d'emploi* Arbeits-, Stellenvermittlung *f*; **agence** *f*, **bureau** *m* **de ~** Arbeitsvermittlungsstelle *f*; Stellenvermittlungsbüro *n*; Arbeitsnachweis *m* 3 COMM *de marchandises* Absatz *m*; Verkauf *m*

placenta [plasɛ̃ta] M 1 PHYSIOL Plazenta *f*; Mutterkuchen *m* 2 BOT Plazenta *f*; Samenleiste *f*

placer[1] [plase] ‹-ç-› A V/T 1 *objet* (hin)stellen, (-)legen, (-)setzen; platzieren; abstellen; *sentinelle* aufstellen; **~ qn** *au cinéma* j-m s-n Platz anweisen; *à table* j-n setzen, platzieren **(à côté de qn** neben j-n); *fig*: **~ mal sa confiance** sein Vertrauen e-m Unwürdigen schenken; *auteur* **~ son roman au Xe siècle** s-n Roman im zehnten Jahrhundert spielen lassen, ins zehnte Jahrhundert verlegen 2 *remarque, anecdote dans une conversation* anbringen; einflechten; **ne pas (pouvoir) ~ un mot**, *fam* **en ~ une** nicht zu Wort kommen (können) 3 (*assigner un rang*) stellen (**au-dessus de tout** über alles; **au premier rang** an die erste Stelle); e-n Platz geben (**qn** j-m), einordnen (j-n) (**parmi** zwischen *+dat*); rechnen, zählen (**parmi** zu) 4 SPORTS *balle*, BOXE *coup* platzieren 5 (*procurer un emploi*) **~ qn** j-m e-e (Arbeits)Stelle, e-e Anstellung, e-n Arbeitsplatz vermitteln, besorgen, verschaffen; j-n unterbringen (*a. par ext élève, malade dans un établissement*) 6 **~ qn à la tête de l'entreprise** j-n an die Spitze des Unternehmens stellen, setzen; **~ qn sous les ordres de qn** j-n j-m unterstellen; j-n j-s Befehl (*dat*) unterstellen; **être placé sous les ordres de qn** j-m unterstellt sein; j-m unterstehen 7 COMM *marchandises* absetzen; verkaufen; *fam* an den Mann bringen 8 FIN *argent* anlegen; platzieren; **~ son argent en actions** sein Geld in Aktien anlegen 9 *chanteur* **~ sa voix** in der natürlichen Stimmlage singen lernen B V/PR 1 **se ~** (*prendre une place*) sich setzen; sich (auf)stellen; Platz nehmen; *fam* sich platzieren; *fig*: **se ~ à un certain point de vue** sich auf e-n bestimmten Standpunkt stellen; **se ~ sous la protection de qn** sich unter j-s Schutz stellen, begeben 2 SPORTS **se ~ deuxième** sich als Zweiter platzieren; *candidat* **se ~ troisième à un concours** bei e-m Wettbewerb Dritter werden 3 **se ~ comme cuisinière, jardinier** e-e Stellung als Köchin, Gärtner annehmen; **chercher à se ~** e-e (An)Stellung suchen

placer[2] [plasɛʀ] M GÉOL (Gold)Seife *f*

placeur [plasœʀ] M 1 THÉ, CINÉMA Platzanweiser *m* 2 Stellenvermittler *m*

placide [plasid] ADJ sanft; ruhig; *personne a.* sanftmütig

placidité [plasidite] F Sanftheit *f*; (innere) Ruhe; Sanftmut *f*; **avec ~** ruhig; mit großer Ruhe

placier [plasje] M COMM Platzvertreter *m*, -agent *m*

placoplâtre [plakɔplɑtʀ] M CONSTR Gipskartonplatte *f*

plafond [plafõ] M 1 *d'une pièce* (Zimmer)Decke *f*; *d'une voiture, d'une caverne* Decke *f*; **faux ~, ~ suspendu** Zwischendecke *f*;

P

MÉTÉO ~ **(nuageux)** Wolkendecke *f* **2** AVIAT Gipfelhöhe *f*; größte Steighöhe; AUTO Höchst-, Spitzengeschwindigkeit *f*; *d'un moteur* maximale Dreh-, Tourenzahl **3** *limite* Höchst-, Obergrenze *f*; Limit *n*; FIN, COMM Plafond *m*; Höchstsatz *m*, -betrag *m*; FIN *a.* Kontingent *n*; *de la Sécurité sociale* Beitragsbemessungsgrenze *f*; **dépasser**, *fam* **crever le ~** die Höchstgrenze überschreiten; ♦ *adjt* Höchst…; **prix** *m* **~** Höchstpreis *m*; **salaire** *m* **~** Höchstlohn *m*; höchste Lohn-, Gehaltsstufe; Endgehalt *n*; **vitesse** *f* **~** Höchstgeschwindigkeit *f* **4** PEINT Deckenmalerei *f*, -gemälde *n*

plafonnage [plafɔnaʒ] M CONSTR Einziehen *n* e-r Decke; **plafonnement** M Erreichung *f ou* Festsetzung *f* e-r Höchstgrenze

plafonner [plafɔne] **A** V/T **1** CONSTR e-e Decke einziehen (**une pièce** in ein Zimmer) **2** *prix etc* e-e Höchstgrenze festsetzen für; *adjt* **salaire plafonné** höchste sozialversicherungs-, beitragspflichtige Lohnsumme, -stufe **B** V/I **1** *avion* die Gipfelhöhe, die größte Steighöhe, *voiture* die Höchst-, Spitzengeschwindigkeit, *moteur* die maximale Dreh-, Tourenzahl erreichen **2** *production, salaires etc* die Höchstgrenze erreichen (**à** bei); nicht weiter ansteigen; *personne* **~ à mille euros** ein Höchst-, Spitzengehalt von tausend Euro erreichen, erreicht haben

plafonnier [plafɔnje] M Deckenlampe *f*, -leuchte *f* (*a. dans une voiture*)

plage [plaʒ] F **1** (*rivage*) (Bade)Strand *m*; **~ de galets, de sable** Kies-, Sandstrand *m*; **aller à la ~** an den Strand gehen **2** (*station balnéaire*) Seebad *n*; Badeort *m*; **les ~s bretonnes** die Seebäder der Bretagne; **~ à la mode** Modebad *n* **3** (*surface plate*) **a** AUTO Ablagefläche *f*; **~ arrière** Ablagefläche hinter dem Rücksitz **b** MAR Deck *n*; **~ arrière, avant** Achter-, Vor(der)deck *n* **c** **~ lumineuse** Lichtfläche *f* **d** *d'un disque* (Gesamtheit *f* der) Tonrillen *fpl* e-r Aufnahme **4** (*durée limitée*) Zeit(spanne) *f*; Block *m* (*a.* RAD); *au travail* **~ fixe, mobile** Kern-, Gleitzeit *f* **5** *fig* Rahmen *m*; Spanne *f*; Bereich *m*

plagiaire [plaʒjɛʀ] M/F Plagiator *m*, Plagiatorin *f*; **plagiat** M Plagiat *n*; **plagier** V/T plagiieren

plagiste [plaʒist] M/F Strandpächter(in) *m(f)*

P

plaid [plɛd] M Plaid *n*; Reisedecke *f*

plaidable [plɛdabl] ADJ JUR **cause** *f* **~** vertretbare Sache

plaidant [plɛdɑ̃] ADJ JUR *avocat* s-e Partei vor Gericht vertretend; **parties ~es** Prozessparteien *fpl*

plaider [plɛde] **A** V/T **~ la cause de qn** *avocat* j-s Sache, j-n vor Gericht vertreten, verteidigen; *fig* sich für j-n einsetzen; für j-n eintreten; *fig* **~ sa propre cause** in eigener Sache, pro domo sprechen; *défenseur* **~ les circonstances atténuantes** auf mildernde Umstände plädieren; *accusé* **~ coupable** sich schuldig bekennen **B** V/I **1** *avocat* **~ pour son client** s-n Klienten vor Gericht vertreten, verteidigen; *fig* **~ pour qn, en faveur de qn** *personne* für j-n eintreten (**auprès de qn** bei j-m); *a. comportement, réactions etc* für j-n, zu j-s Gunsten sprechen; *fig* **~ pour qc** für etw plädieren, eintreten **2** (*faire un procès*) **~ contre qn** gegen j-n e-n Prozess anstrengen, führen; gegen j-n prozessieren

plaideur [plɛdœʀ] M, **plaideuse** F JUR Prozessführende(r) *m/f(m)*; Prozesspartei *f*

plaidoirie [plɛdwaʀi] F JUR *d'un avocat* Plädoyer *n*

plaidoyer [plɛdwaje] M JUR Plädoyer *n*, Verteidigungsrede *f* (*a. fig*)

plaie [plɛ] F **1** Wunde *f* (*a. fig*); **une ~ profonde à la tête** e-e tiefe Kopfwunde; *fig*: **remuer, retourner le couteau, le fer dans la ~** (mit dem Messer) in der Wunde herumwühlen; **ne rêver que ~s et bosses** rauflustig, ein Raufbold sein; **rouvrir une ~** e-e alte Wunde, alte Wunden wieder aufreißen; *prov* **~ d'argent n'est pas mortelle** Geldverlust ist zu verschmerzen **2** *fam fig de qn* **c'est une vraie ~** er *ou* sie ist unausstehlich, *fam* ein altes Ekel; *de qc* **quelle ~!** so e-e Plage! **3** BIBL **les dix ~s d'Égypte** die zehn Plagen Ägyptens

plaignant [plɛɲɑ̃] JUR **A** ADJ **partie ~e** klagende Partei; klagender Teil **B** SUBST **~(e)** *m(f)* Kläger(in) *m(f)*

plain-chant [plɛ̃ʃɑ̃] M ⟨*pl* plains-chants⟩ MUS (gregorianischer) Choral; *t/t* Cantus planus *m*

plaindre [plɛ̃dʀ] ⟨→ craindre⟩ **A** V/T bedauern; bemitleiden; beklagen; **je vous plains** Sie tun mir leid (**de travailler avec lui** weil Sie mit ihm arbeiten müssen); **je ne le plains pas** ich habe nicht im geringsten Mitleid mit ihm; **je la plains d'avoir des enfants si difficiles** sie tut mir leid, weil sie so schwierige Kinder hat; ich bedauere sie wegen ihrer so schwierigen Kinder; **être à ~** zu bedauern, bemitleiden, beklagen sein; *avec ce qu'il gagne*, **il n'est pas à ~** kann er recht zufrieden sein; kann er (sich) nicht (be)klagen; *loc* **ne pas ~ sa peine** keine Mühe scheuen; es sich (*dat*) nicht verdrießen lassen **B** V/PR **1** **se ~** klagen; sich beklagen; *st/s* wehklagen; **elle se plaint sans cesse** sie beklagt sich ständig; **sans se ~** ohne zu klagen; ohne ein Wort der Klage; **se ~ de qc** über etw (*acc*) klagen; sich über etw (*acc*) beklagen; **se ~ de douleurs, de son sort** über Schmerzen, über sein Los klagen; sich über Schmerzen, über sein Los beklagen; **de quoi vous plaignez-vous?** *vous ne manquez de rien!* worüber beklagen Sie sich eigentlich? …; **se ~ de** (*+inf*), **se ~ que** (*+subj ou ind*), **se ~ de ce que …** (*+ind ou subj*) sich (darüber) beklagen, dass … **2** (*protester*) **se ~ de qn, de qc** sich über j-n, über etw beschweren (**à qn** bei j-m)

plaine [plɛn] F Ebene *f*; (*opposé: montagne*) Flachland *n*; **la ~ du Pô** die Poebene

plain-pied [plɛ̃pje] LOC ADV **de ~** auf gleicher Höhe, Ebene (**avec le jardin** mit dem Garten); *fig*: **entrer de ~ dans un sujet** ein Thema direkt angehen; **se sentir de ~ avec qn** sich j-m ebenbürtig fühlen

plainte [plɛ̃t] F **1** (*gémissement*) Klage *f*; Klagelaut *m*, -ruf *m*; *poét du vent* Klagen *n*; Ächzen *n*; **~s** *pl a.* Jammern *n*; *st/s* Wehklage(n) *f(n)* **2** (*grief*) Klage *f*; Beschwerde *f*; **sujet** *m* **de ~** Beschwerdegrund *m* **3** JUR Strafantrag *m*; (Straf)Anzeige *f*; **déposer une ~, porter ~** e-n Strafantrag stellen, (Straf)Anzeige erstatten (**contre qn** gegen j-n)

plaintif [plɛ̃tif] ADJ ⟨-ive⟩ klagend; jammernd; kläglich; jämmerlich

plaire [plɛʀ] ⟨je plais, il plaît, nous plaisons; je plaisais; je plus; je plairai; que je plaise; plaisant; plu (*inv*)⟩ **A** V/T INDIR **~ à qn** j-m gefallen, zusagen; *homme* **~ aux femmes** bei den Frauen Erfolg haben, *fam* gut ankommen; **ce genre de musique ne me plaît pas** *a.* diese Art von Musik mag ich nicht; *abs* **la pièce a plu** das Stück fand Anklang; **elle a tout pour ~** sie hat alles, um zu gefallen (*a. iron*); **il ne fait que ce qui lui plaît** er tut nur, was ihm gefällt, was ihm passt, was er mag **B** V/IMP **ça**, *st/s* **il me, lui** *etc* **plaît de** (*+inf*) es gefällt mir, ihm *etc*, es macht mir, ihm *etc* Freude, Vergnügen, *st/s* es beliebt mir, ihm *etc* zu (*+inf*); **ça**, *st/s* **il ne me plaît pas que …** (*+subj*) es gefällt, behagt mir nicht, ich habe es nicht gern, es missfällt mir, dass …; **il ne travaille que quand ça lui plaît** er arbeitet nur, wenn es ihm gefällt, wenn es ihm passt, wenn er mag; **comme il vous plaira** wie Sie möchten, mögen; wie es Ihnen beliebt; nach Ihrem Belieben; **quand il vous plaira** wann Sie wollen; ♦ **s'il te plaît, s'il vous plaît** (*abr* **S.V.P.**) bitte; *très formel* wenn ich bitten darf; **voulez-vous signer, s'il vous plaît?** würden Sie bitte unterschreiben?; *fam pour insister* **elle a une voiture de luxe, s'il vous plaît!** bitte, sie hat sogar e-n Luxuswagen!; *régional* **plaît-il?** wie bitte?; *litt* **plaise à Dieu, au ciel que …** (*+subj*) gebe Gott, dass … **C** V/PR **1** *à soi-même* **se ~** sich (*dat*) (selbst) gefallen **2** **se ~ à qc** etw gernhaben; Gefallen, Vergnügen an etw (*dat*) finden; **se ~ à faire qc** gern etw tun; Gefallen, Vergnügen daran finden, etw zu tun **3** **se ~ avec qn** gern mit j-m zusammen sein **4** **je me plais à Paris** es gefällt mir (gut) in Paris; ich bin gern in Paris; **se ~ dans un lieu** *plante* an e-m Ort gut gedeihen; *animal* sich an e-m Ort besonders gern aufhalten **5** *réciproquement* **se ~** einander, sich gefallen; Gefallen aneinander (gefunden) haben

plais [plɛ] → plaire

plaisamment [plɛzamɑ̃] ADV → plaisant

Plaisance [plɛzɑ̃s] *ville d'Italie* Piacenza *n*

plaisance [plɛzɑ̃s] F LOC ADJ **de ~: bateau** *m* **de ~** (Segel-, Motor)Jacht *f*; (**navigation** *f* **de**) **~** Jacht-, Segelsport *m*; **port** *m* **de ~** Jacht-, Segelhafen *m*

plaisancier [plɛzɑ̃sje] M Sportsegler *m*

plaisant [plɛzɑ̃] **A** ADJ **1** (*agréable*) gefällig; nett; angenehm **2** (*comique*) lustig; amüsant; drollig; heiter; spaßig **B** M **1** **mauvais ~** Spaßvogel *m*; Witzbold *m* **2** *litt* **le ~ de la chose c'est que …** das Lustige *etc* an der Sache ist, dass …

plaisanter [plɛzɑ̃te] **A** V/T **~ qn** j-n necken, foppen, *fam* aufziehen, uzen (**sur qc** mit etw) **B** V/I scherzen; spaßen; Spaß, Späße, Scherze machen; *loc adv* **pour ~** zum *ou* aus Spaß, Scherz; **je ne plaisante pas!** ich spaße, scherze nicht!; das ist kein Spaß, Scherz!; ich meine es ernst!; **vous plaisantez!** Sie scherzen wohl!; machen Sie keine Witze!; das kann doch nicht Ihr Ernst sein!; **on ne plaisante pas avec cela** damit ist nicht zu spaßen, scherzen; **il ne plaisante pas avec** *ou* **sur la discipline** *etc* in puncto Disziplin *etc* versteht er keinen Spaß, lässt er nicht mit sich spaßen; **il ne plaisante pas là-dessus** darin versteht er keinen Spaß; **n'être pas d'humeur à ~** nicht zu Scherzen, Späßen, zum Scherzen aufgelegt sein

plaisanterie [plɛzɑ̃tʀi] F Scherz *m*; Spaß *m*; *propos a.* Witz *m*; *acte a.* Ulk *m*; *loc adv* **par ~** aus *ou* im *ou* zum Scherz, Spaß; **ne pas comprendre la ~** keinen Spaß verstehen; **c'est une ~!, la bonne ~!** das ist wohl ein Witz!; *loc* **les ~s les plus courtes sont les meilleures** in der Kürze liegt die Würze; **faire des ~s sur qc** s-e Scherze, Späße, s-n Ulk mit etw treiben; **prendre bien la ~** (e-n) Spaß verstehen

plaisantin [plɛzɑ̃tɛ̃] M Witzbold *m*; Spaßvogel *m*

plaisir [plɛziʀ] M **1** Vergnügen *n*; Freude *f*; Spaß *m*; Lust *f*; **~ physique, des sens** Sinnenlust *f*, -freude *f*; **~ d'amour** Liebeslust *f*; **le ~ de vivre** die Lust zu leben; die Lebenslust; **~ des yeux** Augenweide *f*; ♦ *loc adv*: **à ~** grundlos; ohne Grund; aus purem Vergnügen; **au ~ (de vous revoir)!** auf baldiges Wiedersehen!; kommen Sie bald wieder!; **avec ~** mit Vergnügen; gern; mit Freuden; **avec grand ~** mit großem Vergnügen; sehr, herzlich gern;

par ~, pour le ~ (nur so) aus *ou* zum Vergnügen, Spaß; **pour son ~** zu s-m Vergnügen, Spaß; zu s-r Freude; ♦ **avoir le ~ de faire qc** das Vergnügen, die Freude haben, etw zu tun; **M. et Mme X ont le ~ de vous faire part des fiançailles de leur fille ...** Wir beehren uns, die Verlobung unserer Tochter ... bekannt zu geben *(es folgen die Namen der Eltern)*; **j'espère que nous aurons bientôt le ~ de vous revoir** ich hoffe, wir werden bald das Vergnügen haben, Sie wiederzusehen; **donner beaucoup de ~ à qn** j-m viel Vergnügen, Freude, Spaß machen, bereiten; *par ext* **c'est un ~ coûteux** das ist ein teurer Spaß, ein teures Vergnügen; **faire ~ à qn** j-m Vergnügen, Freude machen, bereiten; j-m Spaß machen; j-n (er)freuen; **cela me fait grand ~** *a.* das ist mir ein großes Vergnügen, e-e große Freude; **cela fait ~ à voir** so etwas sieht man gern; es ist ein Vergnügen, e-e Freude, das zu sehen; **faites-moi le ~ de venir me voir!** erfreuen Sie mich mit Ihrem Besuch!; *fam* **fais-moi le ~ de te taire!** tu mir den Gefallen *ou* die Liebe und sei still!; **se faire un ~ de faire qc** sich *(dat)* ein Vergnügen daraus machen, etw zu tun; **je me ferai un ~ de vous raccompagner** es soll mir ein Vergnügen, e-e Freude sein, Sie nach Hause zu bringen; **prendre ~ à qc** Vergnügen, Freude, Spaß an etw *(dat)* haben, finden; **prendre ~, avoir du ~ à faire qc** Vergnügen, Freude, Spaß daran haben, finden, etw zu tun; **chacun prend son ~ où il le trouve** jedem Tierchen sein Pläsierchen *(prov)*; *iron* **je vous** *ou* **te souhaite bien du ~!** na, dann viel Vergnügen *ou* Spaß! 2 PL **~s** *(distractions)* Vergnügungen *fpl*; Freuden *fpl*; *iron* **pour ses menus ~s** für kleine Zerstreuungen, Vergnügungen; **les ~s de l'alpinisme, de la campagne** die Freuden des Bergsteigens, des Landlebens; **les ~s de la table** die Tafelfreuden *fpl*; **mener une vie de ~s** sich vergnügen, amüsieren 3 **le bon ~ de qn** j-s Belieben *n*; HIST *dans les édits royaux* **car tel est notre bon ~** denn solches ist unser gnädigster Wille 4 *abs* **le ~** *(~ sexuel)* die Sinnen-, Fleischeslust

plaît [plɛ] → plaire

plan¹ [plɑ̃] A ADJ *surface* eben; plan; **figure ~e** ebene Figur; Figur *f* in der Ebene; **géométrie ~e** ebene Geometrie B M 1 *(surface plane)* (ebene) Fläche; GÉOMÉTRIE Ebene *f*; *d'une cuisinière* **~ de cuisson** Kochfeld *n*; **~ d'eau** Wasserfläche *f*; **~ de projection, de symétrie** Projektions-, Symmetrieebene *f*; **~ de travail** Arbeitsfläche *f* 2 PEINT, PHOT, THÉ, *fig* **premier ~** Vordergrund *m*; **au premier ~** im Vordergrund; *fig*: **être au premier ~** im Vordergrund, an erster Stelle stehen; **mettre au premier ~** in den Vordergrund stellen, rücken; **passer au premier ~** in den Vordergrund treten, rücken; *loc adj fig* **de premier ~** ersten Ranges; erstrangig; bedeutend; **de tout premier ~** allerersten Ranges; Spitzen...; PEINT **second ~** Mittelgrund *m*; *loc adj fig* **de second ~** zweiten Ranges; zweitrangig; nebensächlich; weniger wichtig; *fig* **mettre, passer au second ~** in den Hintergrund drängen, treten *ou* rücken 3 LOC PRÉP **sur le** *ou* **au ~ de** *(+subst)* hinsichtlich *(+gén)*; in Bezug auf *(+acc)*; *loc adv*: **sur ce ~** in dieser Hinsicht, Beziehung; **sur tous les ~s** in jeder Hinsicht, Beziehung; **sur le ~ politique** *etc* auf politischer *etc* Ebene; in politischer *etc* Hinsicht; politisch *etc* gesehen; **être sur le même ~** auf der gleichen Ebene, Linie *ou* auf einer Ebene, Linie liegen; den gleichen Stand, das gleiche Niveau (erreicht) haben (**que** wie); **mettre sur le même ~** auf die gleiche Stufe stellen 4 CINÉMA Einstellung *f*; Aufnahme *f*; **~ américain** Halbtotale *f*; **~ général** Totale *f*; Gesamtaufnahme *f*; **gros ~** Großaufnahme *f*; **~ rapproché** Nahaufnahme *f*, -einstellung *f*

plan² [plɑ̃] M 1 *(dispositions)* Plan *m* (*a.* ÉCON); *d'une dissertation etc a.* Gliederung *f*; ADMIN **le Plan** die staatliche Wirtschaftsplanung; **~ comptable** Kontenplan *m*, -rahmen *m*; **~ social** Sozialplan *m*; **~ d'action** Aktionsplan *m*; **~ d'amortissement** Tilgungsplan *m*; MIL, *fig* **~ de bataille** Schlachtplan *m*; **avoir son ~** e-n festen Plan haben; *par ext fam* **avoir un bon ~ pour la soirée** e-e Idee, e-n Einfall haben, wie man den Abend verbringen könnte 2 *graphique* Plan *m*; CONSTR Bauplan *m*, -zeichnung *f*; TECH Konstruktionszeichnung *f*; **~ du métro** Netzplan *m* der U-Bahn; **~ d'occupation des sols** *(abr* **POS**) Flächennutzungsplan *m*; **~ de Paris** (Stadt)Plan *m* von Paris 3 *fam* **laisser qn, qc en ~** j-n, etw im Stich lassen; j-n versetzen; **laisser tout en ~** alles stehen und liegen lassen; *projet* **rester en ~** liegen bleiben

planche [plɑ̃ʃ] F 1 Brett *n*; Planke *f*; **~ à dessin** Zeichen-, Reißbrett *n*; **~ à repasser** Bügel-, *all Nord a.* Plättbrett *n*; **~ à pain** Brotbrett *n*, -teller *m*; *fam d'une femme plate* **c'est une ~ à pain** *fam* sie ist das reinste Plätt-, Bügelbrett; **~ à roulettes** Rollbrett *n*; Skateboard *n*; **~ à voile** Surfbrett *n*; **faire de la ~ à voile** surfen; *fig* **~ de salut** letzte Rettung; **cabane** *f* **en ~s** Bretterhütte *f*, -bude *f*; *fig* **être cloué entre quatre ~s** im Sarg liegen; *nageur* **faire la ~** den toten Mann machen 2 THÉ **les ~s** die Bretter, die die Welt bedeuten; die Bühne; das Theater; *acteur* **brûler les ~s** hinreißend spielen; **monter sur les ~s** zur Bühne, zum Theater gehen; Schauspieler(in) werden 3 *fam* **~s** *pl (skis) fam* Bretter *npl*; *autrich* Brettln *npl* 4 TYPO a *plaque* (Stahl-, Kupfer-, Holz)Platte *f*; **~ d'imprimerie** Druckplatte *f*; *fam fig* **faire marcher la ~ à billets** die Notenpresse in Gang setzen b *estampe* (Kupfer-, Stahl)Stich *m*; Holzschnitt *m* c *dans un livre* (Bild)Tafel *f* 5 JARD (längliches) (Gemüse)Beet

planchéier [plɑ̃ʃeje] VT TECH *sol* dielen; *parois* (mit Brettern) verschalen, verkleiden

plancher¹ [plɑ̃ʃe] M 1 *sol* (Holz)Fußboden *m*; **~ de sapin** Fußboden aus Tannenholz; *fam fig* **le ~ des vaches** der feste Boden; das (Fest)Land; *fam fig* **débarrasse-moi le ~!** *fam* scher dich zum Teufel, zum Henker!; hau ab! 2 *entre deux étages* Geschossdecke, *autrich* Geschoßdecke *f*; **~ en béton** Betondecke *f* 3 *d'un véhicule, d'un ascenseur* Boden *m*; *fam fig*: **mettre le pied au ~** das Gaspedal ganz durchtreten; **tenir le pied au ~** mit durchgetretenem Gaspedal, *fam* mit Bleifuß fahren 4 *limite* Unter-, Mindestgrenze *f*; ♦ *adjt* Mindest...; **prix** *m*, **salaire** *m* **~** Mindestpreis *m*, -lohn *m*

plancher² [plɑ̃ʃe] VI *terme d'écolier* a *au tableau* e-e Aufgabe vor der Klasse lösen b *(faire un exposé)* ein Referat halten

planchette [plɑ̃ʃɛt] F Brettchen *n*; kleines Brett

planchiste [plɑ̃ʃist] M/F Surfer(in) *m(f)*

plancton [plɑ̃ktõ] M Plankton *n*

plané [plane] ADJ **vol ~** Gleitflug *m*; *fam fig* **faire un vol ~** in hohem Bogen durch die Luft fliegen

planer [plane] VI 1 *oiseau etc* (in der Luft) schweben 2 *fig personne* a **~ au-dessus de qc** über etw *(dat)* stehen; über etw *(acc)* erhaben sein b *(rêver) abs* in den Wolken, *fam* in höheren Regionen schweben 3 *fig danger* **~ sur qn, sur une ville** j-m, e-r Stadt drohen; *soupçons, mystère* **laisser ~** im Raum stehen lassen; unwidersprochen lassen; **laisser ~ le mystère jusqu'à la fin de la pièce** den Schleier des Geheimnisses erst am Ende des Stückes lüften

planétaire [planetɛʀ] A ADJ 1 ASTRON planetar(isch); Planeten...; **système** *m* **~** Planetensystem *n* 2 *(mondial)* weltweit; global B M TECH *d'un différentiel* Tellerrad *n*

planétarium [planetaʀjɔm] M Planetarium *n*

planète [planɛt] F Planet *m*; Wandelstern *m*; **la ~ Terre** der Planet Erde

planeur [planœʀ] M AVIAT Segelflugzeug *n*; Segler *m*; *t/t* Gleitflugzeug *n*; Gleiter *m*

planificateur [planifikatœʀ], **planificatrice** ÉCON A M,F Planer(in) *m(f)*; Planungsfachmann *m* B ADJ Planungs...; planerisch

planification [planifikasjõ] F ÉCON Planung *f*; Planifikation *f*; **~ du travail** Arbeitsplanung *f*

planifier [planifje] VT planen; *adjt* **économie planifiée** Planwirtschaft *f*

planisphère [planisfɛʀ] M Erdkarte *f*; Planiglob *n*; **~ céleste** Himmelskarte *f*

planning [planiŋ] M 1 *d'une entreprise* Arbeits-, Fertigungsplan(ung) *m(f)* 2 **~ familial** Familienplanung *f*

planque [plɑ̃k] *fam* F 1 *travail fam* Druckposten *m* 2 *(cachette)* Versteck *n*

planqué [plɑ̃ke] M *fam* Drückeberger *m*; MIL *a. fam* Etappenhengst *m*, -schwein *n*

planquer [plɑ̃ke] *fam* VT (*et* VPR **se**) **~** (sich) verstecken; (sich) in Sicherheit bringen; **planquez-vous!** volle Deckung!

plant [plɑ̃] M Pflänzling *m*; Setzling *m*; Jungpflanze *f*; Pflänzchen *n*; **~ de salade** Salatsetzling *m*

Plantagenêt [plɑ̃taʒ(ə)nɛ] HIST *dynastie royale anglaise* Plantagenet

plantain [plɑ̃tɛ̃] M BOT Wegerich *m*

plantaire [plɑ̃tɛʀ] ADJ ANAT Fußsohlen...; *t/t* plantar; **voûte** *f* **~** Fußwölbung *f*

plantation [plɑ̃tasjõ] F 1 *action* (An-, Ein)Pflanzen *n*; *d'un arbre a.* Setzen *n*; *d'un terrain* Bepflanzung *f* 2 *terrain* (An)Pflanzung *f*; *exploitation* Plantage *f*; **~ d'arbres fruitiers** Obstplantage *f*, -anlage *f*; **~ de café, de tabac** Kaffee-, Tabakplantage *f*, -pflanzung *f* 3 AGR **~s** *pl* Kulturen *fpl* 4 **~ des cheveux** Haaransatz *m* 5 THÉ **~ de(s) décors** Aufstellen *n*, -ung *f* der Kulissen

plante¹ [plɑ̃t] F BOT Pflanze *f*; **~s grasses** Fettpflanzen *fpl*; Sukkulenten *fpl*; **~ d'appartement** Zimmerpflanze *f*

plante² [plɑ̃t] F ANAT **~ du pied** Fußsohle *f*; **~ des pieds** Fußsohlen *fpl*

planté [plɑ̃te] ADJ 1 **bien ~** *personne* gut gewachsen; *fam* gut gebaut; *barbe* dicht und regelmäßig gewachsen; **dents bien (mal) ~es** (un)regelmäßig gewachsene, stehende Zähne *mpl*; (un)regelmäßiges Gebiss 2 *personne* **rester ~ devant une vitrine** regungslos, wie angewurzelt vor e-m Schaufenster stehen; **ne reste pas ~ là à me regarder!** *fam* steh nicht da wie ein Ölgötze!; sieh mich nicht so entgeistert an!

planter [plɑ̃te] A VT 1 *plant(e)* (an-, ein)pflanzen; *arbre, salade a.* setzen; *bulbes, graines, pommes de terre a.* stecken; legen; **~ une avenue de platanes** e-e Allee mit Platanen bepflanzen; **~ un champ** ein Feld bepflanzen 2 *piquet, clou* einschlagen; *drapeau* aufpflanzen; *tente* aufschlagen; *décors, échelle* aufstellen; *poignard* stoßen (**dans** in *+acc*); **~ un clou dans le mur** e-n Nagel in die Wand schlagen; *fig* **il lui planta un baiser sur la joue** er drückte ihr e-n herzhaften Kuss auf die Wange 3 **~ là qn, qc** j-n, etw plötzlich stehen lassen, im Stich lassen; **tout ~ là** alles im Stich lassen, *fam* hinschmeißen **B** VPR **1** *sens passif: plante* **se ~** (an-, ein)gepflanzt werden **2** *balle, flèche* **(venir) se ~ au milieu de la cible** in der Mitte der Scheibe auftreffen **3** *personne* **se ~ devant qn** *fam* sich vor j-m aufpflanzen; sich vor j-n hinpflanzen **4** *fam* **se ~** *véhicule* stecken bleiben; (sich) festfahren; *fig (échouer) fam* e-n Reinfall erleben; *ordinateur* abstürzen

planteur [plɑ̃tœʀ] M Pflanzer *m*; Plantagenbesitzer *m*; **~ de tabac** Tabakpflanzer *m*

planteuse [plɑ̃tøz] F AGR Kartoffelsetzmaschine *f*

plantigrades [plɑ̃tigʀad] MPL ZOOL Sohlengänger *mpl*

plantoir [plɑ̃twaʀ] M JARD Pflanzholz *n*

planton [plɑ̃tõ] M **1** MIL **a** *(soldat de service)* Ordonnanz *f* **b** *sentinelle* (Wacht)Posten *m* ohne Gewehr **2** *fam fig* **faire le ~, rester de ~** dastehen und warten; *fam* sich *(dat)* die Beine in den Bauch stehen

plantureux [plɑ̃tyʀø] ADJ ⟨-euse⟩ **1** *repas* reichlich; üppig; lukullisch **2** *femme* vollbusig; üppig; füllig

plaquage [plakaʒ] M **1** RUGBY Fassen *n* (des Gegners); **faire un ~** den Gegner fassen **2** *fam de qn* Verlassen *n*; *fam* Sitzenlassen *n*

plaque [plak] F **1** Platte *f*; CUIS **~ chauffante, de cuisson** Heiz-, Kochplatte *f*; CONSTR **~ isolante, d'isolation** Isolier-, Dämmplatte *f*; PHOT **~ sensible** fotografische Platte; CH DE FER et *fig* **~ tournante** Drehscheibe *f*; *fig a.* Umschlagplatz *m*; **une ~ de beurre** ein halbes Pfund Butter; **~ de cheminée** Kaminplatte *f*; **une ~ de chocolat** e-e Tafel Schokolade; **~ d'égout** Kanaldeckel *m*; CUIS **~ de four** Kuchen-, Backblech *n*; **~ de marbre** Marmorplatte *f*; **~ de propreté** Türbeschlag *m*; *fam fig* **être à côté de la ~** *fam* völlig danebenliegen **2** *avec une inscription* Tafel *f*; Schild *n*; *de certaines fonctions* (Dienst)Abzeichen *n*, (-)Marke *f*; Plakette *f*; **~ commémorative** Gedenktafel *f*; AUTO **~ minéralogique, d'immatriculation** Nummernschild *n*; **~ d'identité** MIL Erkennungsmarke *f*; *d'un chien* Hundemarke *f*; **~ de grand officier de la Légion d'honneur** Bruststern *m* des Großoffiziers der Ehrenlegion **3** *jeton* (rechteckige) Spielmarke **4** *sur la peau* Fleck *m*; MÉD Plaque *f*; **~ dentaire** Zahnbelag *m*; *t/t* Plaque *f*; **~s d'eczéma** Ekzemherde *mpl*; **avoir des ~s rouges sur le visage** (große) rote Flecke im Gesicht haben **5** GÉOL (Kontinental)Scholle *f*

P

plaqué [plake] M Dublee *n*; **~ or** Golddublee *n*; Dubleegold *n*; Goldplattierung *f*; *loc adj* **en ~** aus *ou* in Dublee; Dublee…

plaquer [plake] VT **1** *métal* plattieren; **~ d'or** mit Gold dublieren *ou* doublieren, plattieren; *adjt* **plaqué or** aus *ou* in Golddublee, Dubleegold; *feuille de métal* **~ sur qc** auf etw *(acc)* aufbringen **2** MENUISERIE furnieren; *meuble* **en chêne plaqué** Eiche furniert **3** *(maintenir)* drücken, pressen (**contre, sur** gegen, an *+acc*); **~ qn, se ~ contre le mur** j-n, sich an, gegen die Wand drücken, pressen; **~ ses cheveux sur ses tempes** die Haare fest an die Schläfen andrücken; *fam* die Haare an die Schläfen anklatschen **4** RUGBY *adversaire* fassen **5** MUS **~ un accord** e-n Akkord anschlagen **6** COUT *adjt* **poche plaquée** aufgesetzte Tasche **7** *fam (abandonner)* **~ qn** j-n im Stich lassen, verlassen, *fam* sitzen lassen; **~ qc** etw im Stich lassen, aufgeben, *fam* hinschmeißen

plaquette [plakɛt] F **1** *(petite plaque)* kleine Platte; Plättchen *n*; **une ~ de beurre** ein viertel Pfund *n* Butter *(in Tafelform)* **2** *avec une inscription* Plakette *f*; (kleines) Schild **3** **~ sanguine** Blutplättchen *n* **4** PHARM Blister *m* **5** *petit livre* (dünnes) Büchlein

plasma [plasma] M **1** **~ (sanguin)** (Blut)Plasma *n* **2** PHYS Plasma *n*; **écran** *m* **~** Plasmabildschirm *m*

plastic [plastik] M Plastiksprengstoff *m*; *par ext* Plastikbombe *f*; **plasticage** M Sprengstoffanschlag *m* (mit e-r Plastikbombe)

plasticien [plastisjɛ̃] M MÉD Spezialist *m* der plastischen Chirurgie

plasticité [plastisite] F **1** TECH *d'une matière* (Ver)Formbarkeit *f*; Plastizität *f* **2** PSYCH Plastizität *f*; Formbarkeit *f*; Anpassungsfähigkeit *f*

plastifiant [plastifjɑ̃] M TECH Weichmacher *m*

plastifier [plastifje] VT **1** *substance* (mit e-m Weichmacher) weich und geschmeidig machen; *t/t* plastifizieren **2** *recouvrir* mit Kunststoff beschichten, überziehen, ummanteln; *empaqueter* einschweißen; *adjt* **fil plastifié** Kunststoffkabel *n*

plastiquage [plastikaʒ] M → plasticage

plastique [plastik] **A** ADJ **1** *(malléable)* plastisch; (ver)formbar; bildsam **2** **matière** *f* **~** Kunststoff *m*; Plastik *n* **3** BEAUX-ARTS plastisch; bildhauerisch; **arts** *mpl* **~s** bildende Kunst **4** **chirurgie** *f* **~** plastische Chirurgie **B** SUBST **1** M Kunststoff *m*; Plastik *n*; *loc adj* **en ~** aus Kunststoff, Plastik; Kunststoff…; Plastik…; **seau** *m* **en ~** Plastikeimer *m*; **vaisselle** *f* **en (matière) ~** Plastikgeschirr *n* **2** F *art* Plastik *f*; Bildhauerkunst *f*

plastiquer [plastike] VT mit e-r Plastikbombe, mit Plastiksprengstoff in die Luft sprengen; **plastiqueur** M (Plastik)Bombenleger *m*

plastron [plastʀõ] M **1** *d'escrimeur* Plastron *m ou n* **2** **~ de chemise** Hemdbrust *f*

plastronner [plastʀɔne] VI *(bomber le torse)* sich in die Brust, in Positur werfen; *par ext (poser)* posieren; paradieren

plat¹ [pla] **A** ADJ **1** *surface, région, terrain* flach; eben; platt; GÉOMÉTRIE **angle ~** gestreckter Winkel; **assiette ~e** flacher Teller; **bateau (à fond) ~** plattbodiges, flach gehendes Schiff; MAR **calme ~** Flaute *f (a. fig)*; völlige Windstille; → *a.* calme B 1; **chaussures ~es** flache Schuhe *mpl*; Schuhe mit flachen Absätzen; **cheveux ~s** glatt gekämmtes, glattes Haar; **mer ~e** vollkommen glatte See; **pays ~** Flachland *n*; **pied ~** Plattfuß *m*; **avoir les pieds ~s** Plattfüße haben; COUT **pli ~** einfache Falte; **poisson ~** Plattfisch *m*; **poitrine ~e** flache Brust; **talon ~** flacher Absatz; **toit ~** Flachdach *n*; ♦ *loc adj et loc adv*: **à ~** *batterie* leer; *pneu* platt; **pneu** *m* **à ~** *a. fam* Plattfuß *m*; *fam* **être à ~** *en voiture fam* e-n Platten haben; *fig personne* abgeschlagen, ganz *ou* wie zerschlagen, *fam* fertig, kaputt sein; *fam* völlig ab sein; am Boden zerstört sein; *fam fig* **sa maladie l'a mis à ~** die Krankheit hat ihn an den Rand s-r Kräfte gebracht, *fam* hat ihn völlig fertiggemacht; **mettre, poser qc à ~** etw flach hinlegen; *fig problème* **(re)mettre à ~** (noch einmal) eingehend prüfen; *fam fig proposition etc* **tomber à ~** keinen Anklang finden; *fam* nicht ankommen; → *a.* ventre 1; ♦ *fig* **ma bourse est ~e** *fam* in meiner Kasse ist Ebbe **2** *vin* fad(e); **eau ~e** stilles Wasser; (Mineral)Wasser *n* ohne Kohlensäure **3** *fig: imitation* platt; *style, texte* fad(e); farblos; nichtssagend; *plaisanteries* schal; geistlos; fad(e); **faire de ~es excuses** sich unterwürfig entschuldigen; *iron* **mes plus ~es excuses!** ich bitte untertänigst um Entschuldigung! **4** **rimes ~es** Paarreim *m* **B** M **1** **le ~ de la main** die flache Hand; *loc adv* **du ~ de la main** mit der flachen Hand **2** *d'une route* flache, ebene Strecke; **faux ~** verdeckte Senke; SPORTS **course** *f* **en ~** Flachrennen *n* **3** *(plongeon manqué) fam* Bauchklatscher *m*; **faire un ~** e-n Bauchklatscher machen **4** BOUCHERIE **~ de côtes** Spann-, Querrippe *f* **5** *fam fig* **faire du ~ à une femme** e-r Frau *(dat)* schmeicheln, schöntun **6** *d'un livre* (Buch)Deckel *m*

plat² [pla] M **1** *pièce de vaisselle* Platte *f*; **~ (creux)** Schale *f*; flache Schüssel; **~ (à gratin)** feuerfeste Form; *autrefois* **~ à barbe** Rasierbecken *n*; **~ à poisson** Fischplatte *f*; **œufs** *mpl* **sur le ~** *ou* **au ~** Spiegeleier *npl*; *fig* **apporter qc à qn sur un ~** j-m etw auf dem Präsentierteller überreichen; **finir les ~s** alle Schüsseln leeren, leer machen; *fig* **mettre les petits ~s dans les grands** j-n fürstlich bewirten; sich in Unkosten stürzen (, um j-n zu bewirten) **2** *(mets)* Gericht *n*; Speise *f*; *d'un menu* Gang *m*; **~ national** Nationalgericht *n*; **~ régional** Spezialität *f* e-r Gegend; **~ du jour** Tagesgericht *n*; **~ de poisson, de viande** Fisch-, Fleischgericht *n ou* -gang *m*; **~ de résistance** Hauptgericht *n*; *fam fig* **faire tout un ~ de qc** viel Lärm um etw machen; viel Aufhebens von etw machen

platane [platan] M BOT Platane *f*; **faux ~** Bergahorn *m*; **avenue (plantée) de ~s** Platanenallee *f*; *en voiture fam* **rentrer dans un ~** gegen e-n Baum fahren, prallen

plateau [plato] M ⟨*pl* ~x⟩ **1** *pour servir* Tablett *n*; Servierbrett *n*; **~ d'argent** silbernes Tablett; *fig* **apporter qc à qn sur un ~** j-m etw auf dem Präsentierteller überreichen **2** *à table* Platte *f*; **~ à** *ou* **de fromages** Käseplatte *f*; **~ d'huîtres** Austernplatte *f*, -teller *m* **3** *d'une balance* Waagschale *f* **4** *d'un tourne-disque* Plattenteller *m* **5** THÉ Bühne *f*; CINÉMA, TV Szenenaufbau *m*; *par ext* Atelier-, Studioausstattung *f*; **frais** *mpl* **de ~** Kosten *pl* für die Innenaufnahmen (im Atelier *ou* Studio) **6** GÉOG (Hoch)Plateau *n*; Hochfläche *f*, -ebene *f*; **~ continental** Festlandsockel *m*; Schelf *m ou n*; **(°hauts) ~x** Hochland *n*; **plateau-repas** M ⟨*pl* plateaux-repas⟩ Menüplatte *f*; auf e-m Tablett serviertes Essen

plate-bande [platbɑ̃d] F ⟨*pl* plates-bandes⟩ Rabatte *f*; Beet *n*; *fam fig* **marcher sur les plates-bandes de qn** j-m ins Gehege kommen

platée [plate] F **une ~ de riz** *etc* e-e Schüssel voll Reis *etc*; e-e Platte mit Reis *etc*

plate-forme [platfɔʀm] F ⟨*pl* plates-formes⟩ **1** *d'un autobus, d'un plongeoir etc* Plattform *f* **2** POL Plattform *f*; **~ électorale** Wahlplattform *f* **3** **~ de forage** Bohrinsel *f* **4** CH DE FER Plattform-, Flachwagen *m* **5** GÉOG Plateau *n*; Platte *f*

platine¹ [platin] M **1** *métal* Platin *n*; *loc adj* **en ~** Platin… **2** ADJT **(blond) ~** ⟨*inv*⟩ platinblond

platine² [platin] F **1** *d'un tourne-disque* Plattenteller *m*; *par ext (tourne-disque)* Plattenspieler *m*; **~ laser** CD-Spieler *m*; CD-Player *m* **2** *de microscope* Objekttisch *m* **3** TECH Platine *f*; Platte *f*

platiné [platine] ADJ **1** **cheveux ~s** *ou* **blond ~** platinblondes Haar; **une blonde ~e** e-e Platinblonde **2** AUTO **vis ~es** Unterbrecherkontakte *mpl*

platiner [platine] VT TECH platinieren

platitude [platityd] F **1** *d'une conversation, d'un livre etc* Plattheit *f*; Flachheit *f*; Schalheit *f*; Geistlosigkeit *f*; Trivialität *f*; *d'un style* Fadheit *f*; Farblosigkeit *f* **2** *propos* Gemeinplatz *m*; Plattheit *f*; platte, abgedroschene Redensart; Plattitüde *f*

Platon [platõ] M PHIL Plato(n) *m*

platonicien [platɔnisjɛ̃] PHIL **A** ADJ ⟨~ne⟩ platonisch **B** M Platoniker *m*; **platonique** ADJ **1** *amour* platonisch **2** *protestation etc* rein theoretisch; **platonisme** M PHIL Platonismus *m*

plâtrage [plɑtʀaʒ] M CONSTR (Ver)Gipsen *n*

plâtras [plɑtʀa] MPL Gipsbrocken *mpl*, -schutt

m

plâtre [platʀ] M 1 *matériau* Gips *m*; *loc adj* **en ~** Gips...; gipsern; aus Gips; **buste** *m* **en ~** Gipsbüste *f*; *fig* **battre qn comme ~** *fam* j-n windelweich schlagen 2 CONSTR **~s** *pl* Gips-, Stuckarbeiten *fpl*; *fig* **essuyer les ~s** sich mit den Anfangsschwierigkeiten herumschlagen müssen 3 MÉD Gipsverband *m*; *fam* Gips *m*; **avoir une jambe dans le ~** das Bein in Gips haben; *fam* ein Gipsbein haben; **mettre dans le ~** *jambe, bras* eingipsen; in Gips legen; *fam* gipsen; *personne* e-n Gipsverband anlegen (**qn** j-m); **demain, on lui enlève son ~** morgen nimmt man ihm den Gips(verband) ab; *fam* morgen kommt er aus dem Gips 4 *objet* Gipsfigur *f*, -abguss *m* 5 *fam fig d'un fromage* **c'est du ~** der ist noch nicht reif, zu trocken

plâtrer [platʀe] V/T 1 CONSTR (ver)gipsen 2 MÉD eingipsen; in Gips legen; *adjt* **plâtré** in Gips 3 *fam fig* **~ son visage**, *v/pr* **se ~** das Gesicht, sich zu stark schminken

plâtrerie [platʀəʀi] F *usine* Gipswerk *n*, -brennerei *f*

plâtreux [platʀø] ADJ ⟨-euse⟩ 1 *sol* gipshaltig 2 *teint* kalkweiß 3 *fromage* zu trocken

plâtrier [platʀije] M Gipser *m*

plâtrière [platʀijɛʀ] F 1 *carrière* Gipsbruch *m*, -grube *f* 2 → plâtrerie

plausible [plozibl] ADJ plausibel; einleuchtend; überzeugend; glaubwürdig; glaubhaft

play-back [plɛbak] M ⟨*inv*⟩ Playback (-verfahren) *n*; **chanter en ~** (im) Playback singen

play-boy [plɛbɔj] M ⟨*pl* play-boys⟩ Playboy *m*

plèbe [plɛb] F 1 HIST Plebs *f* 2 *st/s et péj* Plebs *m*; Pöbel *m*

plébéien [plebejɛ̃] A ADJ ⟨~ne⟩ 1 HIST plebejisch; Plebejer... 2 *st/s et péj* plebejisch; gewöhnlich; ordinär B SUBST **~(ne)** *m(f)* Plebejer(in) *m(f)* (HIST *et fig*)

plébiscitaire [plebisitɛʀ] ADJ plebiszitär; **par voie ~** durch ein Plebiszit, e-n Volksentscheid

plébiscite [plebisit] M Plebiszit *n*; Volksabstimmung *f*, -befragung *f*, -entscheid *m*; **plébisciter** V/T durch Plebiszit, in e-r Volksabstimmung *etc*, *par ext* mit großer Mehrheit *qc* billigen, *qn* wählen

pléiade [plejad] F 1 LITTÉRATURE **la Pléiade** die Pléiade (*frz Dichterschule*) 2 *fig* **une ~ de jeunes compositeurs** *etc* e-e Gruppe talentierter junger Komponisten *etc*

plein [plɛ̃] A ADJ ⟨pleine [plɛn]⟩ 1 (*rempli*) voll; **un verre ~** ein volles Glas; ♦ **~ de** (+*subst*) voll(er); voll von; **~ d'admiration** voll(er) Bewunderung; **~ de contradictions** voller Widersprüche; voll von Widersprüchen; **un pré ~ de fleurs** e-e Wiese voll(er), voll von Blumen; **~ de force** kraftvoll, -strotzend; **être ~ d'idées** voller Ideen stecken; **être ~ de monde** voll(er), voll von Menschen sein; ♦ *loc adv*: **à ~es mains** mit vollen Händen (*a. fig*); *verser de l'eau* **à ~s seaux** eimerweise; ganze Eimer voll; ♦ **avoir les mains ~es** beide Hände voll haben; **avoir le nez ~** sich (*dat*) die Nase putzen müssen; *fam fig* **il est ~** (*ivre*) *fam* er ist voll; er hat sich vollaufen lassen; **parler la bouche ~e** mit vollem Mund sprechen 2 (*complet*) voll; völlig; *confiance, satisfaction* **~e et entière** vollste(s); **~ emploi** Vollbeschäftigung *f*; **cinq jours ~s** volle fünf Tage; *d'un instrument* **son ~** voller Klang; **un ~ succès** ein voller Erfolg; → *a.* air[1] 2, lune 1, mer 1; ♦ *loc adv*: *moteur* **tourner à ~ régime** auf vollen Touren laufen; **travailler à ~ temps** ganztägig, ganztags arbeiten; ♦ **en ~** (+*subst*) (*au milieu de*) mitten, genau in, auf (+*dat ou acc*); **en ~ champ** auf freiem, offenem Feld; *balle* **atteindre qn en ~ cœur** j-n mitten ins Herz treffen; **en ~e croissance** mitten im Wachstum; **en ~ désert** mitten in der Wüste; **en ~ été** im Hochsommer; **en ~ hiver** im tiefsten Winter; **en ~ jour** am helllichten Tag(e); mitten am Tag; **en ~e lumière** in vollem Licht; **viser en ~ milieu** genau auf die Mitte zielen; **en ~e nature** in der freien Natur; **chambre** *f* **en ~ nord** reines Nordzimmer; genau nach Norden liegendes Zimmer; **en ~ soleil** in der prallen Sonne; JARD **en ~e terre** im Freiland; **être en ~ travail** mitten in der Arbeit sein, stecken; **en ~ vol** mitten im Flug; → *a. les subst correspondants* 3 *visage, joues* voll; rund 4 *femelle animale* **~e** trächtig 5 **une journée ~e** ein ausgefüllter, inhaltsreicher Tag 6 *matière* massiv; **pneu ~** Vollgummireifen *m*; **porte ~e** Ganzholztür *f*; **roue ~e** Scheibenrad *n* B ADV 1 *sonner* **~** voll, nicht hohl klingen 2 *fam* **tout ~** sehr; *fam* mächtig; **c'est mignon tout ~, ça** das ist wirklich allerliebst 3 LOC ADV *fam* **~ de** (*beaucoup*) viel(e); e-e Menge; *fam* ein Haufen; jede Menge; e-e Masse; massenhaft; massig; **avoir ~ d'argent** viel, e-e Menge, *fam* e-n Haufen *etc* Geld haben; **il y avait ~ de monde dans la rue** es waren viele, e-e Menge *etc* Leute auf der Straße; *abs* **j'en ai ~** ich habe viel(e) (davon) 4 LOC ADV: *argument etc* **porter à ~** den Kern der Sache, ins Schwarze treffen; ♦ *fam* **en ~ dans, sur** genau in, auf (+*dat ou acc*); **viser en ~ dans le mille** genau ins Schwarze zielen C PRÉP ⟨*inv*⟩ *fam* **il a des boutons ~ la figure** er hat das Gesicht voll(er) Pickel; **avoir de l'argent ~ les poches** die Taschen voll(er) Geld haben; **en avoir ~ la bouche** *etc* → bouche 1 D M 1 **faire le ~ (de qc)** (etw) vollmachen, -laden; AUTO **faire le ~ (d'essence)** volltanken; auftanken; *hôtel* **faire le ~ de clients, de réservations** ausgelastet, ausgebucht sein 2 *en écriture* Grund-, Abstrich *m* 3 *mar* (Tide)Hochwasser *n*; *abus* Flut *f* 4 **battre son ~** in vollem Gang(e) sein 5 **la lune est dans son ~** es ist Vollmond

pleinement [plɛnmɑ̃] ADV **~ responsable** voll verantwortlich; **~ satisfait** völlig, voll und ganz, restlos zufrieden; **je vous approuve ~** ich stimme Ihnen völlig, voll und ganz zu

plein-emploi [plɛnɑ̃plwa] M Vollbeschäftigung *f*

plénier [plenje] ADJ ⟨-ière⟩ POL Voll...; Plenar...; **assemblée plénière** Voll-, Plenarversammlung *f*; Plenum *n*; **réunion plénière** Plenarsitzung *f*

plénipotentiaire [plenipɔtɑ̃sjɛʀ] M DIPL Bevollmächtigte(r) *m*; *adjt* **ministre** *m* **~** Gesandte(r) *m*

plénitude [plenityd] F 1 *st/s* Fülle *f* 2 **il a conservé la ~ de ses facultés intellectuelles** er ist noch im Vollbesitz s-r geistigen Kräfte

plénum [plenɔm] M POL Plenum *n*

pléonasme [pleɔnasm] M RHÉT, GRAM Pleonasmus *m*

pléthore [pletɔʀ] F Überfluss *m* (**de** an +*dat*); Überfülle *f* (von); COMM Überangebot *n* (an +*dat*); **il y a ~ de candidats à ce concours** zu diesem Wettbewerb haben sich zu viele Teilnehmer gemeldet, liegen zu viele Anmeldungen vor

pléthorique [pletɔʀik] ADJ zu umfangreich (*a. personnel*); von erdrückender Fülle; *classe* überfüllt

pleurage [plœʀaʒ] M TECH Jaulen *n*

pleural [plœʀal, plø-] ADJ ⟨-aux⟩ ANAT Brustfell...; Rippenfell...

pleurant [plœʀɑ̃] M SCULP Klagegestalt *f*

pleurer [plœʀe] A V/T 1 **~ qn, qc** um j-n, etw trauern; j-n, etw betrauern, beweinen, beklagen; **~ qc** (*regretter*) e-r Sache (*dat*) nachtrauern, nachweinen; **~ misère** sein Los beklagen; jammern; klagen; *fam* **ne pas ~ ses efforts, sa peine** keine Mühe scheuen 2 **~ des larmes de joie** Freudentränen vergießen B V/T INDIR 1 **~ sur qc** etw beklagen, beweinen (*fig*); **~ sur son sort** sein Los beklagen, beweinen, betrauern 2 *fam* **~ après qc** *fam* nach etw schreien C V/I 1 weinen; *fam* heulen; flennen; *bébé* schreien; *fam* **comme une Madeleine** *fam* heulen wie ein Schlosshund; **~ d'attendrissement** vor Rührung weinen; **~ de rage** vor Wut heulen; **~ de rire** *ou* **rire à en ~** Tränen lachen; *par ext* **aller ~ auprès de qn pour obtenir qc** j-n flehentlich, kniefällig um etw bitten; *fam* j-m etwas vorjammern, um etw zu erreichen; **c'est bête à ~** es ist zum Weinen, *fam* Heulen; *histoire* **être triste à ~** sehr traurig, *fam* zum Heulen sein; *loc* **c'est Jean qui pleure et Jean qui rit** (mal ist er) himmelhoch jauchzend, (mal) zu Tode betrübt; **se mettre à ~** zu weinen anfangen; in Tränen ausbrechen 2 *fumée etc* **faire ~** die Tränen in die Augen treiben; **les oignons font ~** beim Zwiebelschneiden tränen einem die Augen

pleurésie [plœʀezi, plø-] F MÉD Rippenfellentzündung *f*; *t/t* Pleuritis *f*

pleureur [plœʀœʀ] ADJ ⟨-euse⟩ BOT **saule ~** Trauerweide *f*

pleureuse [plœʀøz] F Klageweib *n*

pleurnichements [plœʀniʃmɑ̃] MPL → pleurnicheries

pleurnicher [plœʀniʃe] V/I *enfant fam* (immer gleich) heulen, flennen; **pleurnicheries** FPL *fam* Heulerei *f*; Geheule *n*; Flennerei *f*; Geflenne *n*

pleurnicheur [plœʀniʃœʀ] A ADJ ⟨-euse⟩ *ton* weinerlich; **gamin ~** *fam* Heulpeter *m*; **gamine pleurnicheuse** *fam* Heulsuse *f* B SUBST **~, pleurnicheuse** *m,f* *fam* Heulpeter, -suse *m,f*

pleurote [plœʀɔt, plø-] M BOT Seitling *m*; COMM Austernpilz *m*

pleurs [plœʀ] MPL *st/s* (*larmes*) Tränen *fpl*; *poét* Zähren *fpl*; BIBL *et fig* **il y aura des ~ et des grincements de dents** es wird Heulen und Zähneklappern *ou* Zähneknirschen sein, herrschen; **être tout en ~** in Tränen aufgelöst sein, zerfließen

pleut [plø] → pleuvoir

pleutre [pløtʀ] *litt* A M Feigling *m* B ADJ feig(e)

pleutrerie [pløtʀəʀi] *litt* F Feigheit *f*

pleuvasser [pløvase] V/IMP, **pleuviner** [pløvine] V/IMP → pleuvoter

pleuvoir [pløvwaʀ] A V/IMP ⟨il pleut; il pleuvait; il plut; il pleuvra; qu'il pleuve; pleuvant; plu⟩ **il**, *fam* **ça pleut** es regnet; **il va ~** es wird gleich regnen, Regen geben; **il pleut de grosses gouttes** es fallen große, dicke Tropfen; *fam fig* **comme s'il en pleuvait** in (*fam* rauen) Mengen; *fam* in Massen B V/I ⟨ils pleuvent; ils pleuvaient; ils plurent; ils pleuvront; qu'ils pleuvent⟩ **les coups, punitions pleuvaient** es hagelte Schläge, Strafen; die Schläge, Strafen hagelten nur so

pleuvoter [pløvɔte] V/IMP **il pleuvote** es nieselt

Pleven [plevɛn] **René ~** *frz Politiker*

plèvre [plɛvʀ] F ANAT Brust-, Rippenfell *n*; *t/t* Pleura *f*

plexus [plɛksys] M ANAT *t/t* Plexus *m*; **~ solaire** Solarplexus *m*; Sonnengeflecht *n*

pli [pli] M 1 COUT Falte *f* (*a. d'un rideau etc*); (**faux**) **~** Falte (*die nicht sein darf*); Knitterfalte *f*; Knitter *m*; Kniff *m*; **faire des ~s** Falten werfen, machen; *fam fig* **cela ne fait, fera pas un ~** das *ou* so viel steht fest, ist sicher, ist gewiss

P

2 *marque dans du tissu* Bruch *m*; Kniff *m*; *dans du papier* Knick *m*; Kniff *m*; TYPO Falz *m*; **~ de pantalon** Bügelfalte *f* 3 COIFFURE **mise** *f* **en ~s** Wasserwelle *f*; **faites-moi une mise en ~s!** Waschen und Legen, bitte! 4 *fig* **prendre un mauvais ~** e-e schlechte Gewohnheit annehmen; **le ~ est pris** die Sache ist zur festen Gewohnheit geworden, *péj* ist eingerissen 5 *a (enveloppe)* (Brief)Umschlag *m*; **sous ce ~** beiliegend; anbei; als Anlage *b* ADMIN *(lettre)* Brief *m* 6 *sur la peau* (Haut)Falte *f*; Furche *f*; *par ext* **~ de l'aine, du bras** Leisten-, Armbeuge *f*; **~ du cou, du menton** Hals-, Kinnfalte *f* 7 GÉOL Falte *f* 8 *aux cartes* Stich *m*; **faire un ~** e-n Stich machen

pliable [plijabl] ADJ faltbar; **tôle** *f* **~** biegbares, biegsames Blech

pliage [plijaʒ] M *d'un tissu* Zusammenlegen *n*, -falten *n*; *de papier* (Zusammen)Falten *n*; TYPO Falzen *n*; TECH *de tôle* (Ab)Biegen *n*; Abkanten *n*

pliant [plijɑ̃] A ADJ zusammenklappbar, -legbar; Klapp...; Falt...; **boîte ~e** Faltschachtel *f*, -karton *m*; **chaise ~e, siège ~** Klappstuhl *m*; **lit ~** Campingliege *f*; Klappbett *n*; **mètre ~** Zollstock *m*; Gliedermaßstab *m*; **vélo ~** Klapprad *n* B M Feldstuhl *m*

plie [pli] F ZOOL Scholle *f*; Goldbutt *m*

plier [plije] A V/T 1 *tissu, linge* zusammenlegen, -falten; *linge a.* legen; *feuille, journal* (zusammen)falten; *feuille a.* knicken; TYPO falzen; **~ en quatre** zweimal falten; *nappe, drap* vierfach (zusammen)legen 2 *(faire une marque) papier* knicken; *tissu, a. papier* kniffen; **ne pas ~!** nicht knicken! 3 *chaise longue, table pliante etc* zusammenklappen; *triptyque* umklappen; **~ un éventail** einen Fächer zusammenlegen, schließen 4 *branche* biegen; TECH *tôle* (ab)biegen; abkanten; **~ les bras, les genoux** die Arme, die Knie beugen *ou* anwinkeln 5 *fig*: **~ qn à une discipline sévère** j-n e-r strengen Disziplin *(dat)* unterwerfen; *de rire* **être plié en deux** sich biegen vor Lachen; **être plié en deux par l'âge** vom Alter gebeugt sein B V/I 1 *branche* sich biegen 2 *fig personne* sich beugen; **~ devant l'autorité de qn** sich vor j-s Autorität *(dat)* beugen; sich j-s Autorität *(dat)* beugen, unterwerfen; **rien ne le fit ~** nichts brachte ihn zum Nachgeben C V/PR *fig personne* **se ~ à** sich beugen, fügen *(+dat)*; sich schicken in *(+acc)*; sich anpassen *(+dat)*; **se ~ aux caprices de qn** j-s Launen *(dat)* nachgeben; **se ~ aux circonstances** sich in die Umstände, Verhältnisse schicken, fügen; sich den Umständen anpassen; **se ~ à une discipline** sich e-r Disziplin *(dat)* unterwerfen; **se ~ aux ordres de qn** sich j-s Anordnungen *(dat)* fügen, beugen; j-s Anordnungen *(dat)* Folge leisten

plinthe [plɛ̃t] F 1 CONSTR Scheuer-, Fußleiste *f* 2 ARCH *d'une colonne* Plinthe *f*; Fußplatte *f*

plissage [plisaʒ] M COUT Plissieren *n*; Fälteln *n*

plissé [plise] A ADJ 1 COUT plissiert; Plissee...; gefältelt; **jupe ~e** *à plis fins* Plisseerock *m*; *jupe écossaise* Faltenrock *m* 2 GÉOL gefaltet; Falten...; **chaîne ~e** Faltengebirge *n* B M COUT Plissee *n*; Fältelung *f*

plissement [plismɑ̃] M 1 GÉOL Faltung *f*; *par ext* Gebirgsbildung *f* 2 **~ du front** Stirnrunzeln *n*; Krausziehen *n* der Stirn

plisser [plise] A V/T 1 COUT plissieren; in Falten legen; fälteln; *feuille* **~ en accordéon** wie e-e Harmonika falten 2 **~ le front** die Stirn in Falten ziehen, krausziehen, runzeln; **~ les yeux** die Augen zusammenkneifen B V/PR **ses yeux se plissaient** er kniff die Augen zusammen

pliure [plijyʀ] F Kniff *m*; Knick *m*; **~ du genou** Kniekehle *f*

ploc [plɔk] INT platsch!; plumps!

Ploemeur [plømœʀ] *Stadt im Dep. Morbihan*

Ploërmel [plɔɛʀmɛl] *Stadt im Dep. Morbihan*

ploiement [plwamɑ̃] *litt* M Biegen *n*; *des genoux* Beugen *n*

plomb [plɔ̃] M 1 CHIM Blei *n*; *loc adj* **de ~** Blei...; bleiern *(a. fig)*; *fig* **ciel** *m* **de ~** bleierner Himmel; **soldat** *m* **de ~** Bleisoldat *m*; *fig*: **soleil** *m* **de ~** glühende, sengende Sonne; **sommeil** *m* **de ~** bleierner Schlaf; *essence* **sans ~** bleifrei; *fig*: **ne pas avoir de ~ dans la cervelle** leichtsinnig, leichtfertig, gedankenlos sein; **cela lui mettra du ~ dans la cervelle** das wird ihm e-e Lehre sein; das wird ihn von s-m Leichtsinn kurieren; **j'ai du ~ dans l'estomac** mir liegt es, das Essen wie Blei, wie ein Stein im Magen; **j'ai des jambes de ~** meine Beine sind schwer wie Blei 2 ÉLEC (Schmelz)Sicherung *f* 3 *pour sceller* Plombe *f* 4 CH Schrot *m ou n*; **~s** *pl* Schrotkörner *npl*; → *a.* aile 1 5 MAR **~ (de sonde)** Lot *n* 6 CONSTR **fil** *m* **à ~** Lot *n*; Senkblei *n*; *loc adv t/t* **à ~** senkrecht 7 *pour lester une ligne etc* Blei (-kugel) *n(f)* 8 TYPO Bleisatz *m* 9 *d'un vitrail* Bleirute *f*

plombage [plɔ̃baʒ] M 1 *d'une dent a action* Plombieren *n b amalgame* Plombe *f*; Füllung *f*; **se faire faire un ~ chez le dentiste** sich *(dat)* vom Zahnarzt e-n Zahn plombieren, e-e Plombe machen lassen; **mon ~ est parti** mir ist e-e Plombe herausgefallen 2 *(scellage)* Plombierung *f*; Verplombung *f*

plombe [plɔ̃b] F *arg (heure)* Stunde *f*; **à cinq ~s** um fünf Uhr

plombé [plɔ̃be] ADJ 1 *dent* plombiert 2 *camion, colis* plombiert; verplombt 3 *teint, ciel* bleifarben, -grau

plomber [plɔ̃be] V/T 1 *dent* plombieren 2 *(sceller)* plombieren; verplomben 3 *filet, ligne* mit Blei(kugeln) beschweren 4 CONSTR (mit dem Senkblei) (aus)loten

plomberie [plɔ̃bʀi] F 1 *métier, atelier* Klempnerei *f*; *all Sud* Spenglerei *f* 2 *installations* Wasser- und Gasleitungen *fpl*; Sanitäranlagen *fpl*

plombier [plɔ̃bje] M (Gas- und Wasserleitungs)Installateur *m*

plombières [plɔ̃bjɛʀ] F CUIS Fürst-Pückler-Eis *n*

plonge [plɔ̃ʒ] F Tellerwaschen *n*, Geschirrspülen *n (im Restaurant)*; **faire la ~** die Teller waschen; das Geschirr spülen

plongeant [plɔ̃ʒɑ̃] ADJ **décolleté ~** tiefes Dekolletee; **vue ~e** Blick *m* von oben (herab); **avoir une vue ~e sur qc** auf etw *(acc)* hinuntersehen, -blicken

plongée [plɔ̃ʒe] F 1 *d'un plongeur, d'un sous-marin* Tauchen *n*; MIL *a.* Tauchmanöver *n*; **~ sous-marine** Tauchsport *m*; *sous-marin* **en ~** auf Unterwasserfahrt; getaucht; unter Wasser 2 CINÉMA Aufnahme *f* von oben, aus der Vogelperspektive; Draufsicht *f*

plongeoir [plɔ̃ʒwaʀ] M Sprungbrett *n*; *grand* Sprunganlage *f*; Sprungturm *m*

plongeon [plɔ̃ʒɔ̃] M 1 *dans l'eau* Kopf-, Hechtsprung *m*; *acrobatique* Sprung *m*; **~ en arrière, en avant** Kopfsprung rückwärts, vorwärts; **faire un ~** e-n Kopf-, Hechtsprung machen; *fig* **faire le ~** viel Geld verlieren, einbüßen 2 *du gardien de but* Hechten *n* 3 ZOOL Seetaucher *m*

plonger [plɔ̃ʒe] <-geons> A V/T 1 *dans un liquide* (ein)tauchen, (-)tunken (**dans** in *+acc*); untertauchen (in *+dat*); **~ sa tête dans la cuvette** den Kopf in die Waschschüssel tauchen, stecken 2 *par ext*: **~ la main dans la boîte** mit der Hand tief in die Büchse (hinein)greifen; **~ le poignard dans la poitrine de qn** j-m den Dolch tief in die Brust stoßen; **~ son regard dans les yeux de qn** j-m tief in die Augen blicken; *plante* **~ ses racines dans le sol** ihre Wurzeln tief ins Erdreich senken 3 *fig*: **~ qn dans la consternation** j-n in tiefe Bestürzung versetzen; j-n tief betroffen machen, bestürzen; **~ qn dans l'embarras** j-n in große Verlegenheit bringen; **~ qn, qc dans l'obscurité** j-n, etw in völlige Dunkelheit hüllen; ♦ *pp* **plongé dans sa douleur** s-m Schmerz völlig hingegeben; **plongé dans sa lecture** in s-e Lektüre vertieft; **être plongé dans ses pensées** in Gedanken versunken sein; **être plongé dans le sommeil** in tiefen Schlaf versunken sein B V/I 1 *scaphandrier, sous-marin, oiseau etc* tauchen 2 *(faire un plongeon)* e-n Kopf-, Hechtsprung machen; springen (**dans** in *+acc*) 3 *gardien de but* (nach dem Ball) hechten 4 *regard* **~ dans la vallée** ins Tal hinunterschweifen; *fam* **d'ici, on plonge chez les voisins** von hier aus kann man unten zu den Nachbarn hineinsehen C V/PR 1 *personne* **se ~ dans l'eau jusqu'au cou** bis zum Hals ins Wasser (ein)tauchen 2 *fig* **se ~ dans un livre, dans le travail** *etc* sich in ein Buch, in die Arbeit *etc* vertiefen, versenken

plongeur [plɔ̃ʒœʀ] M, **plongeuse** F 1 *faisant une plongée* Taucher(in) *m(f)* 2 *faisant un plongeon* Springer(in) *m(f)* 3 *dans un restaurant* Tellerwäscher(in) *m(f)*

plot [plo] M ÉLEC Kontakt *m*

plouc [pluk] *fam péj* A M 1 *(paysan) péj* Bauernlümmel *m* 2 *(rustre) péj* Bauer *m*; Rüpel *m* B ADJ ⟨*f inv*⟩ ungehobelt; ungeschliffen; hinterwäldlerisch

plouf [pluf] A INT platsch!; plumps! B M Plumps *m*

Ploumanach [plumanak] *Badeort im Dep. Côtes-d'Armor*

ploutocrate [plutɔkʀat] M Plutokrat *m*

ploutocratie [plutɔkʀasi] F Plutokratie *f*

ployer [plwaje] ⟨-oi-⟩ A V/T *litt branche etc* biegen; **~ les genoux** die Knie beugen B V/I 1 *poutre, branche etc* sich biegen; **ses jambes ployèrent sous lui** die Beine versagten ihm den Dienst 2 *fig et litt* **~ sous le joug du vainqueur** sich dem Joch des Siegers beugen

plu [ply] PP → plaire, pleuvoir

plucher [plyʃe] → pelucher

pluches [plyʃ] *fam* FPL Kartoffelschälen *n*; **corvée** *f* **de ~** Kartoffelschäldienst *m*

plucheux [plyʃø] → pelucheux

pluie [plɥi] F 1 Regen *m*; **~s** *pl* Regenfälle *mpl*; ÉCOL **~s acides** saurer Regen; MÉTÉO **des ~s passagères** vorübergehend Regen; *par ext* **~ de cendres** Aschenregen *m*; **~ de mousson** Monsunregen *m*; **~ d'orage** Gewitterregen *m*; **sous la ~** im Regen; **ennuyeux comme la ~** sterbenslangweilig; **nous aurons de la ~** wir werden Regen bekommen; es wird Regen geben; **le temps est à la ~** es sieht nach Regen aus; *fig* **faire la ~ et le beau temps** das Sagen haben; tonangebend, maßgebend sein; **parler de la ~ et du beau temps** von belanglosen, nebensächlichen Dingen reden; Small Talk machen; **recevoir la ~** nass werden; in den Regen kommen; *fam fig* **il n'est pas tombé de la dernière ~** *fam* er ist doch nicht von gestern, auf den Kopf gefallen; *prov* **après la ~, le beau temps** auf Regen folgt Sonnenschein *(prov)* 2 *fig* **une ~ de coups** *etc* ein Hagel *m* von Schlägen *etc*; **~ de projectiles** Geschosshagel *m*

plumage [plymaʒ] M Gefieder *n*; *st/s* Federkleid *n*

plumard [plymaʀ] M *fam (lit) fam* Falle *f*; Klappe *f*; **aller au ~** in die Federn kriechen; *fam* in die Klappe, Falle gehen; sich in die Falle hauen; **au ~** *a.* in den *ou* die Federn

P

plume¹ [plym] F 1 *d'un oiseau* (Vogel)Feder *f*; ~s *pl a.* Gefieder *n*; ~ d'autruche Straußenfeder *f*; ~s de literie Bettfedern *fpl*; ~ d'oie Gänsefeder *f*; HIST *pour écrire* Gänsekiel *m*; *adjt* SPORTS poids *m* ~ → poids 3; *loc adj* léger comme une ~ federleicht; leicht wie e-e Feder; *loc adv* soulever qn, qc comme une ~ j-n, etw spielend, mit Leichtigkeit hoch-, anheben; *fam fig* y laisser des ~s *fam* Federn, Haare lassen (müssen); *fig* se parer des ~s du paon sich mit fremden Federn schmücken; *fam fig* voler dans les ~s de qn sich auf j-n stürzen, werfen; über j-n herfallen 2 *pour écrire, dessiner* (Schreib-, Zeichen)Feder *f*; *litt* un homme de ~ ein Mann *m* der Feder; ein Schriftsteller *m*; prendre la ~ zur Feder greifen; vivre de sa ~ von der Feder *ou* Schriftstellerei, von schriftstellerischen Arbeiten leben

plume² [plym] M *fam* → plumard

plumeau [plymo] M ‹*pl* ~x› Staubwedel *m*; Federwisch *m*; Federbesen *m*

plumer [plyme] V/T 1 *volaille* rupfen 2 *fam fig* ~ qn *fam* j-n ausnehmen, rupfen; se faire ~ tüchtig gerupft, ausgenommen werden

plûmes [plym] → plaire

plumet [plymɛ] M Federbusch *m*

plumetis [plymti] M TEXT Tupfenmull *m*

plumier [plymje] M Federkasten *m*

plumitif [plymitif] M *péj* Schreiberling *m*

plupart [plypaʀ] LOC ADV a la ~ des (*+subst*) die meisten (*+subst*); die Mehrzahl, die Mehrheit, der größte *ou* überwiegende Teil (*+gén*); la ~ d'entre nous die meisten von uns; dans la ~ des cas in den meisten Fällen b *abs* la ~ die meisten; la ~ pensent, *litt* pense que ... die meisten denken, dass ... c pour la ~ zum größten Teil; größtenteils; zumeist; meist(-ens) d la ~ du temps meist(ens); die meiste Zeit; zumeist; meistenteils

pluralisme [plyʀalism] M POL, PHIL Pluralismus *m*; **pluraliste** ADJ pluralistisch; **pluralité** F Vielzahl *f*; große Anzahl; Vielheit *f*; *t/t* Pluralität *f*

pluricellulaire [plyʀiselylɛʀ] ADJ BIOL mehr-, vielzellig; **pluridisciplinaire** ADJ mehrere Fach-, Wissenschaftsgebiete umfassend; interdisziplinär

pluriel [plyʀjɛl] A M Plural *m*; Mehrzahl *f*; ~ de majesté, de modestie Pluralis Majestatis, Modestiae *m*; formation *f* du ~ Pluralbildung *f*; au ~ im Plural; in der Mehrzahl; mettre au ~ in den Plural, in die Mehrzahl setzen B ADJ ‹~le› 1 Plural...; Mehrzahl...; la première personne ~le die erste Person Plural, Mehrzahl 2 POL aus mehreren Parteien bestehend

plurilatéral [plyʀilateʀal] ADJ ‹-aux› JUR mehrseitig; multilateral

plurilingue [plyʀilɛ̃g] ADJ mehrsprachig; **plurilinguisme** [-gɥism] M Mehrsprachigkeit *f*

pluripartisme [plyʀipaʀtism] M POL Mehrparteiensystem *n*

plus¹ *allein stehend* [plys], *mit nachfolgenden* ADJ *u.* ADV [ply], *vor Vokal* [plyz] A ADV 1 ‹*comp von* beaucoup› a mehr; on ne peut pas faire ~ pour lui mehr kann man nicht für ihn tun; ♦ *avec adj et adv*: ~ court kürzer; ~ grand größer; ~ souvent öfter; ~ tard später; ♦ ~ que [ply(s)kə], *avec un chiffre* ~ de [ply(s)də] mehr als; *cette étoffe* me plaît ~ que l'autre gefällt mir besser als der andere; il a deux ans de ~ que moi er ist zwei Jahre älter als ich; il est ~ aimable que de coutume er ist freundlicher als sonst; *fam* j'en ai ~ qu'assez ich habe es mehr als satt; ~ que jamais mehr denn je; *la chambre* est ~ longue que large ist mehr lang als breit; aimer qc ~ que tout etw über alles lieben; ~ de dix mehr als zehn; über zehn; enfants *mpl* de ~ de dix ans Kinder *npl* über zehn Jahre; *subst* les ~ de trente ans die über Dreißigjährigen *pl*; il a ~ de vingt ans er ist über zwanzig, älter als zwanzig; *pour insister* ~ d'un so mancher; il est ~ de midi es ist zwölf durch, nach zwölf; ~ de la moitié mehr als die Hälfte; pour ~ d'une raison aus mehreren Gründen; ♦ *loc adv*: beaucoup, bien ~ [-ply(s)] viel mehr; beaucoup ~ vite viel schneller; *en incise* bien ~ mehr noch; ja noch mehr; de ~ [dəply(s)] mehr; außerdem; noch dazu; zudem, obendrein noch; *il m'a. menti* une fois de ~ wieder (einmal); quelques heures de ~ et ... noch ein paar Stunden (mehr) und ...; que voulez-vous de ~? was wollen Sie mehr?; de ~ en ~ [dəplyzɑ̃ply(s)] immer mehr; aller de ~ en ~ vite immer schneller gehen; en ~ noch dazu; außerdem noch; COMM zuzüglich; extra; cent euros, avec le port en ~ hundert Euro zuzüglich Porto; *loc prép* en ~ de son travail zusätzlich zu s-r Arbeit; neben s-r Arbeit; *la même armoire*, mais en ~ grand, petit nur größer, kleiner; encore ~ noch mehr; ~ ou moins [plyz-] b (*pour ainsi dire*) mehr oder weniger c (*moyennement*) (so) leidlich, ungefähr, halbwegs; c'est du vol, ni ~ ni moins [-ply-] das ist glatter Diebstahl; un peu ~ etwas, ein bisschen, ein wenig mehr; on ne peut ~ überaus; äußerst; ungemein; je suis on ne peut ~ heureux de vous rencontrer ich bin überaus *etc* froh, Sie zu treffen; qui ~ est [-plyz-] und dazu noch; was noch hinzukommt; rien de ~ [-ply(s)] weiter, sonst nichts; *elle est mignonne,* sans ~ [-ply(s)] das ist aber auch alles; sonst nichts; tant et ~ [-ply(s)] noch und noch; in Mengen; ♦ *loc conj*: ~ ... ~ [ply] je (mehr) ... desto *ou* umso (mehr); ~ ... moins je mehr ... desto *ou* umso weniger; ~ je le connais, ~ je l'apprécie je mehr *ou* besser ich ihn kenne, umso *ou* desto mehr schätze ich ihn; ♦ ~ de [plysdə] (*+subst*) mehr (*+subst*); ~ d'enfants mehr Kinder; pour ~ de sécurité [-ply(s)-] zu größerer Sicherheit; un peu ~ de sucre [-ply(s)-] etwas mehr Zucker d [plys] MATH plus; ~ cinq plus fünf; quatre ~ cinq égalent neuf vier plus fünf ist neun; le signe ~ das Pluszeichen; ♦ *par ext* ~ [plys] les frais zuzüglich der Spesen; *j'avais invité mes amis,* ~ le cousin de B. und dazu den Vetter von B. 2 ‹*sup von* beaucoup› le ~ am meisten; ce qui m'étonne, me plaît le ~ was mich am meisten wundert, mir am besten gefällt; ♦ *avec adj*: le ~ grand, la ~ grande der, die, das größte; *pl* les ~ grand(e)s die größten; être le ~ grand am größten, der Größte sein; c'est tout ce qu'il y a de ~ comique! das ist wirklich urkomisch, furchtbar komisch!; les jours les ~ chauds de l'année die heißesten Tage des Jahres; un roman des ~ connus e-r der bekanntesten Romane; la situation était des ~ compliquées die Lage war äußerst, höchst, ungemein kompliziert; ♦ *avec adv*: le ~ souvent meist(ens); au ~ tard spätestens; c'est lui qui court le ~ vite er läuft am schnellsten; ♦ *loc adv* (tout) au ~ [-ply(s)] (aller)höchstens; höchstenfalls; im Höchstfall; ♦ *avec subst* les gens qui ont fait le ~ de mal [-ply(s)-] die Menschen, die das meiste Unheil angerichtet haben B SUBST 1 le ~ das meiste; le ~ que je puisse faire das Äußerste, was ich tun kann 2 M MATH Plus(zeichen) *n* 3 M (*avantage*) Plus(punkt) *n(m)*

plus² [ply] ADV *de négation* ne ... ~ nicht mehr; ne ... ~ de (*+subst*) kein(e) ... mehr; il ne fume ~ er raucht nicht mehr; je n'ai ~ d'argent ich habe kein Geld mehr; ♦ *sans* ne: ~ de guerres! keine Kriege mehr!; ~ un jour à perdre! es ist kein Tag mehr zu verlieren!; une femme ~ très jeune e-e Frau mittleren Alters; ♦ ne ... ~ guère kaum noch; ne ... ~ jamais nie wieder; nie mehr; ne ... ~ personne niemand mehr; ne ... ~ que nur noch; ne ... ~ rien nichts mehr; ♦ non ~ auch nicht; moi non ~ ich auch nicht; comptez non ~ sur les autres, *mais sur vous* verlassen Sie sich nicht mehr auf die anderen ...

plusieurs [plyzjœʀ] ADJ INDÉF *et* PR INDÉF mehrere; verschiedene; etliche; ♦ ~ années mehrere, etliche Jahre; ~ fois öfters; mehrmals; verschiedentlich; verschiedene, etliche Male; il est ~ fois millionnaire er ist mehrfacher Millionär; ♦ à ~ zu mehreren; ~ d'entre eux mehrere *etc* von ihnen; ♦ deux ou ~ enfants *etc* zwei oder mehr Kinder *etc*

plus-que-parfait [plyskəpaʀfɛ] M GRAM Plusquamperfekt *n*; Vorvergangenheit *f*; dritte Vergangenheit

plus-value [plyvaly] F ‹*pl* plus-values› ÉCON Wertzuwachs *m*, -steigerung *f*; Mehrwert *m* (*a. terme marxiste*)

plut [ply] → pleuvoir, plaire

Plutarque [plytaʀk] M Plutarch *m*

Pluton [plytõ] 1 ASTRON (der) Pluto 2 M MYTH Pluto *m*

plutonium [plytɔnjɔm] M CHIM Plutonium *n*; bombe *f* (atomique) au ~ Plutoniumbombe *f*

plutôt [plyto] ADV 1 a lieber; eher; vielmehr; pas méchant, ~ grincheux nicht böse, eher bärbeißig; ~ mourir (que souffrir)! lieber sterben (als leiden)!; il est indifférent ~ que paresseux er ist eher gleichgültig als faul; ce n'est pas lui mais ~ elle qui ... nicht er, sondern vielmehr sie ... b *loc conj* ~ que de (*+inf*) anstatt zu (*+inf*); ~ que de vous obstiner à nier, *vous feriez mieux* ... anstatt hartnäckig zu leugnen ... 2 (*assez*) ziemlich; recht; il est ~ bavard er ist ziemlich geschwätzig; ~ joli ganz hübsch

pluvial [plyvjal] ADJ ‹-aux› Regen...; eau, forêt ~e Regenwasser *n*, -wald *m*

pluvier [plyvje] M ZOOL Regenpfeifer *m*

pluvieux [plyvjø] ADJ ‹-euse› regnerisch; *par ext* climat, pays ~ regenreiches Klima, Land; jour ~ regnerischer Tag; temps ~ regnerisches Wetter; vent ~ Regenwind *m*

pluviner [plyvine] V/IMP → pleuvoter

pluviomètre [plyvjɔmɛtʀ] M Regen-, Niederschlagsmesser *m*; *t/t* Pluviometer *n*; **pluviométrie** F Niederschlagsmessung *f*

pluviosité [plyvjozite] F Regenreichtum *m*; Niederschlags-, Regenmenge *f*

p.m. ABR → mémoire¹ 4

PM [peɛm] F ABR (préparation militaire) vormilitärische Ausbildung

P.-M. [peɛm] M ABR (pistolet-mitrailleur) MP *ou* MPi *f* (Maschinenpistole)

PME [peɛmə] FPL ABR (petites et moyennes entreprises) Klein- und Mittelbetriebe *mpl*; une ~ ein mittelständischer Betrieb

PMI [peɛmi] FPL ABR (petites et moyennes industries) industrielle Klein- und Mittelbetriebe *mpl*

PMU [peɛmy] M ABR (Pari mutuel urbain) Pferdetoto *n*; *par ext agence* Wettannahme *f*, -büro *n*

PNB [peɛnbe] M ABR (produit national brut) Bruttosozialprodukt *n*

pneu [pnø] M 1 Reifen *m*; ~ arrière, avant Hinter-, Vorderreifen *m*; ~ neige Winterreifen *m*; ~ plein Vollgummireifen *m*; ~ à carcasse radiale Gürtel-, Radialreifen *m*; ~s à clous *ou* cloutés Spikes *pl*; Spike(s)reifen *mpl*; ~ à plat *fam* Plattfuß *m*; Platte(r) *m* 2 *lettre* Rohrpostbrief *m*

pneumatique [pnømatik] A ADJ pneuma-

tisch; Druck-, Pressluft...; **bateau** *m*, **canot** *m* ~ Schlauchboot *n*; TECH **marteau** *m* ~ Presslufthammer *m*; **matelas** *m* ~ Luftmatratze *f* **B** M → pneu 1, 2
pneumologie [pnømɔlɔʒi] F MÉD Pneumologie *f*; **pneumologue** M/F MÉD Facharzt, -ärztin *m,f* für Lungenkrankheiten; *t/t* Pneumologe, -login *m,f*
pneumonie [pnømɔni] F MÉD Lungenentzündung *f*
Pô [po] **le** ~ der Po
PO ABR (petites ondes) MW (Mittelwelle[n])
p.o. *ou* **p/o** ABR (par ordre) COMM i. A. *ou* I. A. (im Auftrag)
pochade [pɔʃad] F 1 PEINT Farbskizze *f* 2 LITTÉRATURE (burleske) Skizze
pochard [pɔʃaʀ] M, **pocharde** F *fam* Sauf-, Schnapsbruder *m*; Säufer(in) *m(f)*
poche[1] [pɔʃ] F 1 COUT Tasche *f*; ~ **intérieure** Innentasche *f*; ~ **de manteau, de pantalon, de poitrine** Mantel-, Hosen-, Brusttasche *f*; *loc adj* **de** ~ Taschen...; **argent** *m*, **livre** *m* **de** ~ Taschengeld *n*, -buch *n*; *loc adv* **les mains dans les ~s** mit den Händen in den Taschen; **avoir qc en** ~ etw in der Tasche haben (*a. fam fig*); **connaître qc comme sa** ~ etw wie s-e Westentasche, in- und auswendig kennen; *fam fig* **en être de sa** ~ Geld zusetzen; draufzahlen (müssen); *fam fig* **c'est dans la** ~ das ist (so gut wie) sicher; *fam* das hätten wir; jetzt kann nichts mehr schiefgehen; **faire les ~s à qn** heimlich j-s Taschen durchsuchen; *fam fig* **mettre qn dans sa** ~ *fam* j-n in die Tasche, in den Sack stecken; **payer qc de sa** ~ etw aus der eigenen Tasche (be)zahlen; **se remplir les ~s** sich (*dat*) die Taschen füllen; in die eigene Tasche arbeiten, wirtschaften 2 *d'un sac, cartable etc* (Innen)Fach *n* 3 *déformation* ausgebeulte Stelle; **ce pantalon fait des ~s aux genoux** die Hose hat ausgebeulte Knie, ist an den Knien ausgebeult 4 CUIS ~ **à douille** Teigspritze *f* 5 **~s (sous les yeux)** Tränensäcke *mpl* (unter den Augen) 6 ZOOL *du kangourou* ~ **(ventrale)** Beutel *m* 7 MINES ~ **d'eau, de gaz naturel** Wasser-, Erdgasansammlung *f* 8 MÉD ~ **des eaux** Fruchtblase *f*; ~ **de pus** Eitersack *m* 9 MIL *d'une ligne de défense* Einbruch(stelle) *m(f)*; ~ **de résistance** Kessel *m*
poche[2] [pɔʃ] *fam* M Taschenbuch *n*
poché [pɔʃe] ADJ 1 **œil** ~ blaues Auge 2 CUIS **œufs ~s** verlorene, pochierte Eier *npl*
pocher [pɔʃe] V/T 1 ~ **un œil à qn** j-m ein Auge blau schlagen 2 CUIS *œufs* pochieren 3 PEINT mit dem Pinsel, farbig skizzieren
pochette [pɔʃɛt] F 1 *petit mouchoir* Einstecktuch *n* 2 *sachet* kleine (Papier)Tüte; ~ **surprise** Wundertüte *f*; ~ **de disque** Plattentasche *f*, -hülle *f*; ~ **de timbres** Briefmarkenumschlag *m* 3 *sac à main* (elegante) Unterarmtasche 4 *pour serviette de table* Serviettentasche *f*
pochoir [pɔʃwaʀ] M PEINT Schablone *f*
podcast [pɔdkast] M INFORM Podcast *m*
podium [pɔdjɔm] M SPORTS Siegerpodest *n*; *par ext (estrade)* Podium *n*
podologie [pɔdɔlɔʒi] F MÉD Fußkunde *f*
poêle[1] [pwal] M (Zimmer)Ofen *m*; ~ **à charbon, à mazout** Kohle(n)-, Ölofen *m*
poêle[2] [pwal] F CUIS ~ **(à frire)** (Brat)Pfanne *f*
poêle[3] [pwal] M *recouvrant le cercueil* Sargtuch *n*; **tenir les cordons du** ~ neben dem Sarg schreiten
poêlée [pwale] F CUIS **une** ~ **de** ... e-e Pfanne voll ...
poêler [pwale] V/T CUIS in der Pfanne braten
poêlon [pwalõ] M CUIS Stielkasserolle *f*, -topf *m*; Tiegel *m*
poème [pɔɛm] M 1 Gedicht *n*; ~ **en prose** Prosagedicht *n* 2 MUS ~ **symphonique** sinfonische Dichtung 3 *fam fig* **c'est tout un** ~ das ist etwas ganz Besonderes
poésie [pɔezi] F 1 *art* Dichtung *f* (*a. coll œuvres*); Dichtkunst *f*; Poesie *f*; ~ **épique, lyrique** epische, lyrische Dichtung; Epik *f*, Lyrik *f* 2 (*poème*) Gedicht *n*; **une** ~ **de Verlaine** ein Gedicht von Verlaine; **dire, réciter une** ~ ein Gedicht aufsagen, rezitieren 3 *fig d'un paysage etc* Poesie *f*; Zauber *m*; Romantik *f*; Stimmungsgehalt *m*; **plein de** ~ voller Poesie; stimmungs-, poesievoll; romantisch
poète [pɔɛt] M 1 Dichter(in) *m(f)*; *plais* Poet *m*; *adjt* **femme** *f* ~ Dichterin *f* 2 *fig (personne imaginative)* Poet *m*; *(rêveur)* Fantast *m*
poétesse [pɔetɛs] F *a. iron* Dichterin *f*
poétique [pɔetik] A ADJ 1 dichterisch; poetisch; **langue** *f* ~ Dichtersprache *f*; **œuvre** *f*, **talent** *m* ~ dichterisches, poetisches Werk, Talent; **style** *m* ~ dichterischer, poetischer Stil 2 *paysage, film etc* poetisch; lyrisch; stimmungsvoll; romantisch B F Poetik *f*
poétiser [pɔetize] V/T dichterisch ausgestalten, ausschmücken; poetisieren
pogne [pɔɲ] F *fam (main) fam* Flosse *f*; Pfote *f*
pognon [pɔɲõ] M *fam* → fric
pogrom(e) [pɔgʀɔm] M Pogrom *m ou n*
poids [pwa] M 1 Gewicht *n*; *d'une personne a.* Körpergewicht *n*; *fig des impôts, des soucis etc* Last *f*; *de la responsabilité a.* Schwere *f*; PHYS ~ **atomique** Atomgewicht *n*; **deux kilos, bon** ~ reichlich, gut zwei Kilo; **faire bon** ~ gut, reichlich wiegen; ~ **mort** TECH Eigengewicht *n*; *fig* Hemmschuh *m*; Last *f*; ~ **total, à vide** Gesamt-, Leergewicht *n*; *fig* **avoir un** ~ **sur l'estomac** e-n Druck im Magen haben; **j'ai un** ~ **sur l'estomac** *a.* mir liegt es wie ein Stein im Magen; **être courbé sous le** ~ **des ans** unter der Last der Jahre gebeugt sein; **faire le** ~ etw auswiegen; → *a.* 3; *fig* **faire deux** ~, **deux mesures** mit zweierlei Maß messen; *fig* **cela m'ôte un** ~ **de la conscience** da fällt mir ein Stein vom Herzen; das nimmt mir e-e Last von der Seele; *personne* **perdre, prendre du** ~ abnehmen, zunehmen; **peser de tout son** ~ **sur qc** mit s-m ganzen Gewicht, mit s-r ganzen Schwere auf etw (*dat*) lasten, liegen; *arbre, branche* **plier sous le** ~ **des fruits** sich unter der Last der Früchte biegen; **se laisser tomber de tout son** ~ **sur qc** sich mit voller Wucht auf etw (*acc*) fallen lassen; *marchandise* **vendre au** ~ nach Gewicht verkaufen 2 SPORTS ~ **et haltères** Gewichtheben *n* 3 BOXE, LUTTE *etc* a *catégorie* ~ **coq, légers, lourds** Bantam-, Leicht-, Schwergewicht (-sklasse) *n(f)*; ~ **mi-lourds** Halbschwer-, *en haltérophilie* Leichtschwergewicht(sklasse) *n(f)*; ~ **mi-moyens** Weltergewicht(sklasse) *n(f)*; ~ **mouche, moyens, plume** Fliegen-, Mittel-, Federgewicht(sklasse) *n(f)* b *par ext sportif* ~ **coq, léger, lourd, moyen** *etc* Bantam-, Leicht-, Schwer-, Mittelgewichtler *m etc*; *fig* **c'est un** ~ **plume** er *ou* sie ist (nur) ein Fliegengewicht, ist federleicht; **faire le** ~ (für s-e Gewichtsklasse) das vorgeschriebene Gewicht haben; *fig* **il ne fait pas le** ~ ihm fehlen die nötigen Voraussetzungen 4 *au lancer du poids* Kugel *f*; **lancer le** ~ die Kugel stoßen 5 *d'une balance* Gewicht *n*; Gewichtsstein *m*; ~ **et mesures** Maße und Gewichte; *administration* Eichamt *n*; ~ **d'un kilo** Kilogewicht *n* 6 *d'une horloge* Gewicht *n* 7 ~ **lourd** Lkw *ou* LKW *m*; Last(kraft)wagen *m*; *fam* (Fern)Laster *m* 8 *fig (importance)* Gewicht *n*; Wichtigkeit *f*; Bedeutung *f*; Erheblichkeit *f*; *loc adj* **de** ~ *argument* von Gewicht; gewichtig; *homme* (ge)wichtig; einflussreich; dessen Meinung, Urteil Gewicht hat; **donner du** ~ **à qc** e-r Sache (*dat*) Gewicht, Bedeutung, Wichtigkeit verleihen, beimessen
poignant [pwaɲɑ̃] ADJ *douleur* stechend; bohrend; **adieux ~s** herzzerreißender Abschied; **souvenir** ~ schmerzliche Erinnerung
poignard [pwaɲaʀ] M Dolch *m*; **coup** *m* **de** ~ Dolchstich *m*, -stoß *m*; *fig* **coup** *m* **de** ~ **dans le dos** Dolchstoß *m*
poignarder [pwaɲaʀde] V/T a *tuer* erstechen; *st/s* erdolchen b *blesser* e-n Dolchstoß, *par ext* e-n Messerstich *ou* Messerstiche versetzen (**qn** j-m)
poigne [pwaɲ] F 1 Kraft *f* in den Fäusten; **avoir de la** ~ kräftige Fäuste haben; **avoir une** ~ **de fer** eiserne Fäuste, e-e eiserne Faust haben 2 *fig homme, gouvernement* **à** ~ energisch; der, die nicht viel Federlesens macht; der, die sich energisch durchsetzt
poignée [pwaɲe] F 1 *quantité* Handvoll *f* (*a. fig*); **une** ~ **de gens, de riz** e-e Handvoll Leute, Reis; *loc adv* **à, par ~s** mit vollen Händen; **arracher une** ~ **de cheveux** ein ganzes Büschel Haare ausreißen; *abs* **nous n'étions qu'une** ~ wir waren nur e-e Handvoll Leute, nur ein kleines Häuflein 2 ~ **de main** Händedruck *m*; Handschlag *m*; **donner une** ~ **de main à qn** j-m die Hand drücken 3 *d'une fenêtre, casserole etc* Griff *m*; *d'une porte* Türgriff *m*; Klinke *f*; *d'une épée* Griff *m*; Heft *n*; Gefäß *n*; ~ **de valise** Koffergriff *m* 4 *pour plats chauds* Topflappen *m*
poignet [pwaɲɛ] M 1 ANAT Handgelenk *n*; *fig loc adv* **à la force du** ~ aus eigener Kraft 2 COUT Manschette *f*; (Ärmel)Bündchen *n*; ~ **de chemise** Hemdmanschette *f* 3 ~ **de force** Handgelenkriemen *m*
poil [pwal] M 1 *d'un animal* Haar *n* (*a. coll*); (*pelage*) Haarkleid *n*; Fell *n*; ~ **long, ras** langhaariges, kurzhaariges Fell; langes, kurzes Haar; *loc adj* **à long ~, à** ~ **ras** lang-, kurzhaarig; Langhaar...; Kurzhaar...; *cheveux* ~ **de carotte** ‹*inv*› fuchsrot; fuchsig; **manteau** *m* **en** ~ **de chameau** Kamelhaarmantel *m*; *chat etc* **caresser dans le sens du** ~ mit dem (Haar)Strich streicheln; **perdre ses ~s** *fourrure, animal* die Haare verlieren; haaren; *animal a.* sich haaren 2 *chez l'être humain* (Körper)Haar *n* (*a. coll*); **~s des aisselles, de (la) barbe, du pubis** Achsel-, Bart-, Schamhaar(e) *n(pl)*; *poitrine etc* **couvert de ~s** behaart; haarig; *plais* **avoir du** ~ **au menton** e-n Bart haben; *fam* **ne plus avoir un** ~ **de sec** schweißgebadet sein; *fam* **ne plus avoir un** ~ **sur le caillou** e-e Glatze, *fam* e-e Platte haben 3 LOC *fam*: *gens* **de tout ~, de tous ~s** aller Art; aller Schattierungen; **un** ~ etwas; ein bisschen; ein klein wenig; *fam* e-e Idee; **à un** ~ **près, il s'en est fallu d'un** ~ um ein Haar; um Haaresbreite; **au (quart de)** ~ *fam* haargenau; ♦ **à** ~ (*fam* splitter)nackt; *fam* nackig; im Adams- *ou* Evaskostüm; **se mettre à** ~ sich nackt ausziehen; ♦ **(être) au** ~ *fam* prima, dufte, klasse, in Ordnung (sein); ♦ **avoir un** ~ **dans la main** *fam* stinkfaul sein; keinen Finger krumm machen; die Arbeit nicht erfunden haben; **être de bon** ~ guter Laune, gut gelaunt, aufgeräumt, *fam* aufgekratzt sein; **être de mauvais** ~ schlechter Laune, schlecht gelaunt, *fam* grantig, vergrätzt, ungenießbar sein; **reprendre du** ~ **de la bête** wieder hochkommen; *fam* sich wieder hochrappeln; **tomber sur le** ~ **de qn** über j-n herfallen 4 BOT (Pflanzen)Haar *n* 5 *d'une brosse, d'un pinceau: épais* Borste *f*; *fin* Haar *n* 6 ~ **à gratter** Juckpulver *n* 7 *d'un velours, d'un tapis* Flor *m*; Pol *m*
poilant [pwalɑ̃] *fam* ADJ lustig; spaßig; drollig; ulkig; **poiler** V/PR *fam* **se** ~ schallend lachen; *fam* sich tot-, schieflachen
poilu [pwaly] A ADJ *personne, poitrine etc* behaart; haarig; *fam* **il est** ~ **comme un singe**

er ist stark behaart B M HIST Frontsoldat *m*, -kämpfer *m* (des Ersten Weltkriegs)

poinçon [pwɛ̃sõ] M 1 TECH Durchschläger *m*; Durchschlag *m*; Stempel *m* 2 ORFÈVRERIE *etc* a *instrument* Punze *f*; Prägestempel *m* b *marque* Punze *f*; Stempel *m*; Beschauzeichen *n*; ~ **de titre** Feingehaltsstempel *m*

poinçonnage [pwɛ̃sɔnaʒ] M 1 *d'un billet* Knipsen *n*; Lochen *n* 2 *de tôles* (Loch)Stanzen *n* 3 *de bijoux etc* Punzen *n*; Stempeln *n*

poinçonner [pwɛ̃sɔne] VT 1 *billet* knipsen; lochen 2 *tôles* (loch)stanzen 3 *bijoux etc* punzen; punzieren; stempeln; **poinçonneur** M *autrefois* (Fahrkarten)Knipser *m*; **poinçonneuse** F 1 *autrefois* (Fahrkarten)Knipserin *f* 2 *pince* Knipszange *f* 3 *pour tôles* Lochstanze *f*

poindre [pwɛ̃dʀ] VI ‹*défect*: il point; il poignait; il poindra› *litt herbe, fleurs* sprießen; **l'aube, le jour commence à ~** der Morgen graut; der Tag bricht an

poing [pwɛ̃] M 1 Faust *f*; **coup** *m* **de ~** Faustschlag *m*, -hieb *m*; → *a.* 2; *adjt fig* **titre** *m* **coup de ~** schlagkräftiger, reißerischer Titel; **se battre à coups de ~** mit Fäusten aufeinander einschlagen; **donner un coup de ~ à qn** j-m e-n Faustschlag, -hieb versetzen; **faire le coup de ~** mit Fäusten aufeinander einschlagen; *fig* hart durchgreifen; *loc adv*: **les ~s sur les °hanches** die Arme in die Hüften, Seiten gestemmt; **revolver au ~** mit dem Revolver in der Hand, Faust; *fig* **dormir à ~s fermés** fest, tief, wie ein Murmeltier, *fam* wie ein Ratz schlafen; **frapper du ~** mit der Faust (zu)schlagen; **montrer le ~ à qn** j-m die Faust zeigen, mit der Faust drohen, *fam* e-e Faust machen; *fig* **se ronger les ~s** e-e ohnmächtige Wut haben; *fam* sich schwarzärgern; **taper du ~ sur la table** mit der Faust auf den Tisch schlagen, hauen; → *a.* serrer A 1 2 *arme* **coup** *m* **de ~ (américain)** Schlagring *m*

point[1] [pwɛ̃] M 1 PONCTUATION Punkt *m*; **(les) deux ~s** (der) Doppelpunkt; **~ d'exclamation** Ausrufe- *ou* Ausrufungszeichen *n*; **~ d'interrogation** Fragezeichen *n* (*a. fig*); **~s de suspension** Auslassungspunkte *mpl*; **~ sur le i** i-Punkt *m*; i-Tüpfelchen *n*; *fig* **un ~, c'est tout!** und damit basta, Punktum! 2 (*endroit déterminé*) Punkt *m* (*a. fig*, MATH, ASTRON, PHYS); Stelle *f*; ♦ **les quatre ~s cardinaux** die vier Himmelsrichtungen *fpl*; **~ lumineux** Lichtpunkt *m*; **~ sensible** empfindliche Stelle; *fig a.* wunder Punkt; → *a.* chaud A 4, faible A 1, mort[2] A, noir A 1; ♦ AUTO **~ d'allumage** Zündzeitpunkt *m*; MATH, *fig* **~ de contact** Berührungspunkt *m*; **~ de départ** Ausgangspunkt *m*; *fig a.* Ansatzpunkt *m*; **~ d'eau** Wasserstelle *f*; **~ de repère** Anhalts-, Bezugs-, Orientierungspunkt *m*; COMM **~ de vente** Verkaufsstelle *f*; **~ de vue** → 3; → *a.* appui 1, chute 2, honneur 1, mire 1 *et les autres subst correspondants*; ♦ *loc adj, loc adv, loc conj*: **à ~** CUIS *bifteck* medium; halb, nicht ganz durchgebraten; *fromage* gerade richtig; reif; *fruits* essreif; *rôti* **être (cuit) à ~** fertig (gebraten), gar sein; *dans le temps* **à ~ (nommé)** gerade zur rechten Zeit; gerade richtig, recht; wie gerufen; sehr gelegen; *prov* **tout vient à ~ à qui sait attendre** mit Geduld und Spucke fängt man e-e Mucke (*prov*); **au ~ où nous en sommes, où en sont les choses** so wie die Lage jetzt ist, wie die Dinge stehen; **en être toujours au même ~** immer noch am selben Punkt stehen; *situation* noch immer unverändert, die Gleiche sein; **être au ~** *machine* in Ordnung sein; gut *ou* richtig funktionieren; *procédé, système* entwickelt, ausgearbeitet, ausgereift sein; *spectacle* aufführungsreif sein; **mettre au ~** *appareil photo, jumelles etc* einstellen; *procédé, système etc* entwickeln; ausarbeiten; **mise** *f* **au ~** → mise 5; **au ~ de** (+*inf*), **au ~ que, à tel ~ que** so (sehr), derart(ig), in e-m solchen Maße, Grade, dass; **il ne fait pas froid au ~ de mettre un manteau** es ist nicht so kalt, dass man e-n Mantel anziehen müsste; **j'avais du travail au ~, à tel ~ que …** ich hatte so viel, derart viel Arbeit, dass …; **à ce ~ (que)** so sehr (dass); **à ce ~-là?** steht es so schlimm?; so weit ist es schon gekommen?; **à quel ~** wie sehr; in welchem Maße; *rechercher* **jusqu'à quel ~ il est responsable** (in)wieweit er verantwortlich ist; **jusqu'à un certain ~** bis zu e-m gewissen Grad(e); bis zu e-m bestimmten Punkt; **pousser l'obstination au plus °haut ~** die Halsstarrigkeit auf die Spitze, zum Äußersten treiben; *personne* **être mal en ~** schlecht, übel dran sein; gar nicht auf der Höhe sein; **être sur le ~ de faire qc** gerade im Begriff sein, gerade dabei sein, sich gerade anschicken, etw zu tun; **être sur le ~ de partir** *a.* auf dem Sprung sein; **être sur le ~ de pleurer** den Tränen, dem Weinen nahe sein; *bâtiment* **être sur le ~ de s'écrouler** dem Einsturz nahe sein 3 **~ de vue** *d'un observateur* Standort *m*; *du haut de qc* Aussichtspunkt *m*; *par ext* (*vue*) (Aus-, Rund)Blick *m*; *fig* (*opinion*) Standpunkt *m*; (*aspect*) Gesichtspunkt *m*; **votre ~ de vue sur cette question** Ihr Standpunkt, Ihre Auffassung in dieser Frage; ♦ *loc adv*: **à son ~ de vue** s-r Meinung, Auffassung nach; **au** *ou* **du ~ de vue médical** *etc* vom medizinischen *etc* Standpunkt aus; in medizinischer *etc* Hinsicht; medizinisch *etc* gesehen; **au** *ou* **du ~ de vue des salariés** *etc* vom Standpunkt der Arbeitnehmer *etc* aus; von den Arbeitnehmern *etc* her gesehen; *fam* **au ~ de vue confort** was den Komfort betrifft, an(be)langt, angeht; hinsichtlich des Komforts; in puncto Komfort; **de ce ~ de vue** unter diesem Gesichtspunkt; von diesem Standpunkt aus; **d'un certain ~ de vue** *aspect* unter e-m bestimmten Gesichtspunkt; *manière* in gewisser Hinsicht, Weise 4 (*sujet*) Punkt *m*; **~ litigieux** strittiger Punkt; **~ de détail** nebensächlicher, unwesentlicher Punkt; Nebensache *f*; *loc adv*: **de ~ en ~** genau; exakt; strikt; **en tout ~, en tous ~s** in allen Punkten; voll und ganz; **~ par ~** Punkt für Punkt; **sur ce ~** in diesem Punkt 5 ÉCOLE, SPORTS, JEUX Punkt *m*; **bon ~** ÉCOLE *autrefois* Fleißpunkt *m*; Fleißkärtchen *n*; *fig* Plus(punkt) *n(m)*; *fig* **mauvais ~** Minus(-punkt) *n(m)*; SPORTS **aux ~s** nach Punkten; **vainqueur** *m* **aux ~s** Sieger *m* nach Punkten; **victoire** *f* **aux ~s** *a.* Punktsieg *m*; **battre aux ~s** nach Punkten schlagen; → *a.* marquer A 2, 6 6 a COUT Stich *m*; **~ arrière** Hinterstich *m*; **~ de boutonnière, de croix, de devant, de tapisserie, de tige** Knopfloch-, Kreuz-, Vor-, Stick(erei)-, Stielstich *m*; *loc adv* **à grands, petits ~s** mit großen, kleinen Stichen; **faire un ~ à qc** an etw (*dat*) ein paar Stiche nähen, machen b TRICOT, CROCHET Muster *n*; **~ de crochet, de tricot** Häkel-, Strickmuster *n*; → *a.* jersey 1 7 TYPO Punkt *m* 8 MUS Punkt *m*; **~ d'orgue** Fermate *f*; *fig* Höhepunkt *m* 9 MAR, AVIAT Standort *m*; Position *f*; **faire le ~** den Standort, die Position ermitteln, feststellen; MAR *a.* das Besteck aufmachen, nehmen; *fig* e-e Zwischenbilanz ziehen; sehen, wo man steht; die Lage, den Stand der Dinge überprüfen; e-n Lagebericht abgeben 10 *d'un dé à jouer* Auge *n*; *aux cartes* Punkt *m* 11 *en France* **~ (de retraite)** Punkt *m* zur Berechnung des Rentenanspruchs 12 MÉD **~ de côté** Seitenstechen *n* 13 **le ~ du jour** der Tagesanbruch; **au ~ du jour** bei Tagesanbruch; im Morgengrauen

point[2] [pwɛ̃] ADV *litt, régional, plais* **ne … ~** (durchaus) nicht; keineswegs; **~ de** (+*subst*) kein(e)

pointage [pwɛ̃taʒ] M 1 *de noms sur une liste* Abhaken *n* 2 *du personnel* (Arbeitszeit)Kontrolle *f* (mit Stempeluhren); Stempeln *n*; **appareil** *m* **de ~** Stempel-, Stechuhr *f*; **carte** *f* **de ~** Stempelkarte *f* 3 *d'un canon* Richten *n*

pointe [pwɛ̃t] F 1 (*bout pointu*) Spitze *f*; **~ d'une aiguille** Nadelspitze *f*; **~ d'asperge** Spargelspitze *f*; **~ des cheveux** Haarspitzen *fpl*; **~ d'un clocher, d'un crayon, d'une épée** Kirchturm-, Bleistift-, Degenspitze *f*; **~ des pieds** Fuß-, Zehenspitzen *fpl*; **marcher sur la ~ des pieds** auf Zehenspitzen gehen, laufen; *loc adj et loc adv* **en ~** spitz (zulaufend); Spitz…; **se terminer en ~** spitz zulaufen; in e-r Spitze enden; **s'asseoir sur la ~ des fesses** sich nur auf die Stuhlkante setzen 2 DANSE **~s** *pl* Spitzentanz *m*; **(chaussons** *mpl* **à) ~s** Spitzenschuhe *mpl*; **faire des ~s** Spitzentanz tanzen 3 (*objet pointu*) *d'une grille* Spitze *f*; *de barbelés* Stachel *m*; *d'une boucle de ceinture* Dorn *m*; Stachel *m*; (*clou*) Drahtstift *m*; Tapeziernagel *m*; *d'un tourne-disque* **~ de lecture** Abtaststift *m*, -nadel *f*; HIST **casque** *m* **à ~** Pickelhaube *f*; SPORTS **(chaussures** *fpl* **à) ~s** Rennschuhe *mpl*; Spikes *pl* 4 *du graveur* Radiernadel *f*; **~ sèche** Kaltnadel *f*; kalte Nadel; *gravure* (Kaltnadel)Radierung *f*; **compas** *m* **à ~s sèches** Stechzirkel *m*; TECH **~ à tracer** Reißnadel *f* 5 *fichu* dreieckiges Kopf-, Halstuch; Dreiecktuch *n*; *couche de bébé* dreieckige Windel 6 COUT Keil *m*; **mettre une ~** e-n Keil einsetzen 7 MIL Angriffsspitze *f*; Stoßkeil *m*; **faire, pousser une ~** e-n Vorstoß machen, unternehmen; *fig* e-n Abstecher machen (**jusqu'à Reims** nach Reims) 8 **une ~ de** CUIS e-e Spur; ein klein wenig; *fig* ein Anflug *m*, e-e Spur, ein Hauch *m*, e-e Andeutung von; **une ~ d'ironie** ein Anflug *etc* von Ironie; **il parlait avec une ~ d'accent espagnol** er sprach mit e-m leichten spanischen Akzent 9 *fig* (*allusion ironique*) Spitze *f*; boshafte Bemerkung, Anspielung; **~s** *pl a.* Stichelei *f*; **lancer des ~s à qn** gegen j-n sticheln; boshafte Bemerkungen gegen j-n machen 10 *fig* (*maximum*) Spitze *f*; **~ de trafic** Verkehrsspitze *f*; **pousser une ~ de vitesse** auf Spitzengeschwindigkeit gehen; ♦ *loc adj* **de ~** Spitzen…; an der Spitze des (technischen, sozialen) Fortschritts stehend; **heures** *fpl* **de ~** *de la circulation* Stoßzeiten *fpl*; Spitzen(verkehrs)zeiten *fpl*; Hauptverkehrszeiten *fpl*; *de la consommation de gaz etc* Spitzen(verbrauchs)zeiten *fpl*; **vitesse** *f* **de ~** Spitzengeschwindigkeit *f*; *fam* Spitze *f*; **technologie** *f* **de ~** Spitzentechnologie *f*; ♦ *reporter* **être à la ~ de l'actualité** immer das Aktuellste berichten; **être à la ~ du progrès** im (technischen *ou* sozialen) Fortschritt die Spitze halten 11 MÉD **~s de feu** punktuelle Kauterisation

pointeau [pwɛ̃to] M ‹*pl* ~x› 1 *outil* Körner *m* 2 *d'un carburateur* Schwimmernadel(ventil) *f(n)*

pointer[1] [pwɛ̃te] A VT 1 *noms sur une liste* abhaken; *mots dans un texte* anstreichen 2 *arme, canon* richten; *par ext* **~ l'index vers qn** mit dem Zeigefinger auf j-n weisen 3 *animal* **~ les oreilles** die Ohren spitzen 4 MUS punktieren; *adjt* **note pointée** punktierte Note 5 ÉCOLE *adjt* **zéro pointé** das Durchfallen bedingende Sechs 6 TECH *au pointeau* körnen; mit dem Körner anreißen B VI 1 *personnel d'une entreprise* stempeln 2 *aux boules* die Zielkugel anspielen 3 *tour etc* **~ vers le ciel** steil in den Himmel emporragen; *st/s* s-e Spitze gen Himmel recken 4 *bourgeons, pousses* sprießen C V/PR *fam fig personne* **se ~ chez qn** bei j-m

auftauchen, *fam* aufkreuzen
pointer² [pwɛ̃tœʀ] M ZOOL Pointer *m*
pointeur [pwɛ̃tœʀ] M 1 *artilleur* Richtkanonier *m* 2 *aux boules* Spieler, der die Zielkugel anspielt 3 INFORM **pointeur (de la souris)** Mauszeiger *m*; **pointeur laser** Laserpointer *m*
pointeuse [pwɛ̃tøz] F ~ *ou adjt* **horloge** ~ Stech-, Kontrolluhr *f*
pointillé [pwɛ̃tije] M 1 *(ligne de points)* punktierte Linie; Punktierung *f*; *(perforations)* Perforierung *f*; Perforation *f*; *fig* **en** ~ zwischen den Zeilen 2 *dessin, gravure* **au** ~ in Punktier-, Punzenmanier
pointilleux [pwɛ̃tijø] ADJ ⟨-euse⟩ pedantisch; kleinlich; übergenau; penibel; *fam* pingelig; **être** ~ **sur qc** in etw *(dat)* pedantisch *etc* sein
pointillisme [pwɛ̃tijism] M PEINT Pointillismus *m*; **pointilliste** PEINT A ADJ pointillistisch B M/F Pointillist(in) *m(f)*
pointu [pwɛ̃ty] ADJ 1 spitz; **chapeau** ~ spitzer Hut; **écriture** ~**e** eckige Schrift; **menton** ~ spitzes Kinn; **nez** ~ spitze Nase; **toit** ~ spitzes Dach 2 *voix, ton* schrill; *pour les Méridionaux* **accent** ~ Pariser Akzent 3 **air** ~ verkniffene Miene 4 *fig: raisonnement* subtil; *industrie, expérience, formation* hoch spezialisiert
pointure [pwɛ̃tyʀ] F (Schuh-, Handschuh-, Hut)Nummer *f*, (-)Größe *f*; **quelle** ~ **faites-vous?, quelle est votre** ~**?** welche Größe, Nummer haben Sie?
point-virgule [pwɛ̃viʀgyl] M ⟨*pl* points-virgules⟩ Strichpunkt *m*; Semikolon *n*
poire [pwaʀ] F 1 BOT Birne *f*; *fig:* **entre la** ~ **et le fromage** beim Nachtisch, Dessert; wenn er *ou* sie *etc* gut gegessen hat und guter Laune ist; **couper la** ~ **en deux** sich einigen; sich *(dat)* auf halbem Wege entgegenkommen; **garder une** ~ **pour la soif** e-n Notgroschen zurücklegen 2 *en caoutchouc* Gummiball *m*, -bällchen *n*; ~ **électrique** Druckknopfschalter *m* (am Kabelende); MÉD ~ **à lavement** Klistierspritze *f* 3 *fam fig (figure) fam* Fassade *f*; Visage *f*; **recevoir qc en pleine** ~ etw mitten in die Visage kriegen 4 *fam fig personne* **une (bonne)** ~ *fam* ein gutmütiger Trottel; **vous me prenez pour une** ~**!** Sie halten mich wohl für dumm, blöd!; *adjt* **être** ~ ein gutmütiger Trottel, dumm, blöd sein
poiré [pwaʀe] M Birnenmost *m*
poireau [pwaʀo] M ⟨*pl* ~x⟩ 1 BOT, CUIS Porree *m*; Lauch *m*; **soupe** *f* **aux** ~**x** Porree-, Lauchsuppe *f* 2 *fam fig* **faire le** ~ → poireauter
poireauter [pwaʀɔte] *fam* V/I lange, *fam* ewig warten; *fam* sich *(dat)* die Beine in den Bauch stehen
poirier [pwaʀje] M 1 BOT Birnbaum *m*; Birne *f* 2 *bois* Birnbaum(holz) *m(n)* 3 *fig* **faire le** ~ (e-n) Kopfstand machen
poiroter → poireauter
pois [pwa] M 1 BOT, CUIS Erbse *f*; ~ **cassés** getrocknete Erbsen; Trockenerbsen *fpl*; ~ **chiche** Kichererbse *f*; **petits** ~ grüne, junge Erbsen 2 BOT ~ **de senteur** (Wohlriechende) Wicke; Duftwicke *f* 3 *robe etc* **à** ~ getüpfelt; gepunktet
poison [pwazõ] 1 M Gift *n*; Giftstoff *m*; ~ **végétal** Pflanzengift *n* 2 M/F *fam d'une personne méchante fam* Giftnudel *f*, -kröte *f*; *d'une personne insupportable fam* Nervensäge *f*; **quel(le)** ~**!** so e-e Giftnudel *etc*!; *adjt* **être** ~ e-e Giftnudel *etc* sein; *d'un enfant* **être un petit** ~ unausstehlich, ein kleiner Teufel sein 3 M *fam d'une activité, tâche* Plage *f*
poissarde [pwasaʀd] F *péj* Marktweib *n*; *par ext* ordinäres Weib
poisse [pwas] F *fam* Pech *n*; **quelle** ~**!** so ein Pech!; **c'est la** ~**!** das ist Pech!
poisser [pwase] A V/T 1 *salir* klebrig machen; beschmieren 2 TECH mit Pech behandeln, tränken; *t/t* verpichen B V/I **ça poisse** das klebt, ist klebrig
poisseux [pwasø] ADJ ⟨-euse⟩ klebrig
poisson [pwasõ] M 1 ZOOL, CUIS Fisch *m*; *coll* **du** ~ Fische *mpl*; ~ **blanc** Weißfisch *m*; *fig de qn* **gros** ~ *fam* großer *ou* dicker Fisch; ~ **d'eau douce, de mer, de rivière** Süßwasser-, See-, Flussfisch *m*; *par ext* ~ **en chocolat** Schokoladenfisch *m*; **couvert** *m* **à** ~ Fischbesteck *n*; **soupe** *f* **de** ~ Fischsuppe *f*; *fam fig* **engueuler qn comme du** ~ **pourri** → engueuler A; **être heureux comme un** ~ **dans l'eau** sich wohlfühlen, munter sein wie ein Fisch im Wasser; *prov* **petit** ~ **deviendra grand (pourvu que Dieu lui prête vie)** aus Kindern werden Leute *(prov)*; → *a.* queue 1, engueuler A 2 ~ **d'avril** Aprilscherz *m*; **faire un** ~ **d'avril à qn** j-n in den April schicken 3 ASTRON, ASTROL **les Poissons** die Fische *mpl*; **être Poissons** (ein) Fisch sein 4 *insecte* ~ **d'argent** Silberfischchen *n*
poisson-chat [pwasõʃa] M ⟨*pl* poissons-chats⟩ ZOOL Wels *m*; **poisson-épée** M ⟨*pl* poissons-épées⟩ ZOOL Schwertfisch *m*; **poisson-lune** M ⟨*pl* poissons-lunes⟩ ZOOL Mondfisch *m*
poissonnerie [pwasɔnʀi] F 1 *magasin* Fischhandlung *f*, -geschäft *n*, -halle *f*; *stand* Fischstand *m* 2 *commerce* Fischhandel *m*
poissonneux [pwasɔnø] ADJ ⟨-euse⟩ fischreich; **eaux poissonneuses** *a.* Fischwasser *n*
poissonnier [pwasɔnje] M, **poissonnière** F Fischhändler(in) *m(f)*
poisson-scie [pwasõsi] M ⟨*pl* poissons-scies⟩ ZOOL Sägefisch *m*
poitevin [pwatvɛ̃] A ADJ von Poitiers; des Poitou B SUBST **Poitevin(e)** *m(f)* Bewohner(in) *m(f)* von Poitiers, des Poitou
Poitiers [pwatje] *Stadt im Dep. Vienne*
Poitou [pwatu] **le** ~ *historische Provinz in Westfrankreich*
Poitou-Charentes [pwatuʃaʀɑ̃t] **le** ~ *frz Region*
poitrail [pwatʀaj] M ZOOL Brust *f*
poitrinaire [pwatʀinɛʀ] *autrefois* A ADJ schwindsüchtig B M/F Schwindsüchtige(r) *m/f(m)*
poitrine [pwatʀin] F 1 ANAT Brust *f* 2 *d'une femme* Brust *f*; Busen *m*; **avoir beaucoup de** ~ viel Busen haben; e-n vollen, üppigen Busen haben; vollbusig sein; **n'avoir pas de** ~ keinen Busen haben; flachbrüstig sein 3 BOUCHERIE ~ **de bœuf, de veau** Rinder-, Kalbsbrust *f*; ~ **de porc** Schweinebauch *m*
poivre [pwavʀ] M 1 CUIS Pfeffer *m*; ~ **blanc, noir** *ou* **gris, vert** weißer, schwarzer, grüner Pfeffer; ~ **moulu** gemahlener Pfeffer; ~ **de Cayenne** Cayennepfeffer *m*; ~ **en grains** ganzer Pfeffer; Pfefferkörner *npl*; **mettre du** ~ **dans la sauce** Pfeffer an die Soße tun 2 ADJT ⟨inv⟩ *cheveux, barbe* ~ **et sel** grau meliert
poivrer [pwavʀe] V/T CUIS pfeffern; *adjt* **très poivré** stark gepfeffert; pfeff(e)rig; **poivrier** M 1 BOT Pfeffer(strauch) *m* 2 → poivrière; **poivrière** F CUIS Pfefferstreuer *m*
poivron [pwavʀõ] M BOT, CUIS Paprika (-schote) *m(f)*; ~ **jaune, rouge, vert** gelber, roter, grüner Paprika
poivrot [pwavʀo] *fam* M, **poivrote** *fam* F Trinker(in) *m(f)*; *péj* Trunkenbold *m*; *fam* Säufer(in) *m(f)*
poix [pwa] F Pech *n*
poker [pɔkɛʀ] M 1 a *jeu* Poker(spiel) *n*; *fig* **c'était une partie de** ~ das war das reinste Pokerspiel b *(carré)* Viererpasch *m*, Four *m* (**de rois** *etc* mit vier Königen *etc*) 2 ~ **d'as** Würfelpoker *m*
polaire [pɔlɛʀ] A ADJ 1 GÉOG polar; Polar...; **cercle** *m*, **expédition** *f* ~ Polarkreis *m*, -expedition *f*; *fig* **un froid** ~ sibirische Kälte; **glaces** *fpl* ~**s**, **nuit** *f* ~, **régions** *fpl* ~**s** Polareis *n*, -nacht *f*, -gebiet *n* 2 ASTRON **l'étoile** *f* ~ der Polarstern 3 TEXT **laine** *f* ~ Fleece *n*; **veste** *f* **en laine** ~ Fleecejacke *f* 4 MATH **coordonnées** *fpl* ~**s** Polarkoordinaten *fpl* B SUBST 1 M TEXT a *tissu* Fleece *n* b *vêtement* Fleecejacke *f*, -pullover *m* 2 F MATH Polare *f*
polar [pɔlaʀ] M *fam* Krimi *m*
polarisation [pɔlaʀizasjõ] F 1 OPT, ÉLEC Polarisation *f*; **plan** *m* **de** ~ Polarisationsebene *f* 2 *fig* Konzentrierung *f*, Ausrichtung *f* (**sur** auf +*acc*)
polariser [pɔlaʀize] V/T 1 OPT, ÉLEC polarisieren; *adjt* **lumière polarisée** polarisiertes Licht 2 *fig attention, activité* auf sich *(acc)* konzentrieren, lenken; *fam personne* **être polarisé sur une question** von e-r Frage geistig völlig beansprucht sein; *plus fort* **être complètement polarisé** völlig einseitig interessiert, ausgerichtet sein
polariseur [pɔlaʀizœʀ] M OPT Polarisator *m*
polarité [pɔlaʀite] F *t/t* Polarität *f*
polaroïd® [pɔlaʀɔid] M Polaroidkamera® *f*
polder [pɔldɛʀ] M Polder *m*; Ko(o)g *m*
pôle [pol] M 1 GÉOG, ASTRON, PHYS, ÉLEC Pol *m*; ~ **céleste** Himmelspol *m*; ÉLEC ~ **négatif, positif** Minus-, Pluspol *m*; ~ **Nord, Sud** Nord-, Südpol *m* 2 *fig* a *(point opposé)* Pol *m*; ~**s** *pl* Gegensätze *mpl*; einander entgegengesetzte Standpunkte *mpl*; ~ **contraire** Gegenpol *m* b ~ **d'attraction** Anziehungspunkt *m* c *(centre d'activités)* Schwerpunkt *m*; Zentrum *n*; ~ **de développement, d'expansion** Entwicklungs-, Expansionszentrum *n*, -schwerpunkt *m* d POL, ADMIN **Pôle emploi** *(2008 in Frankreich gegründete) staatliche Agentur für Arbeitsvermittlung*
polémique [pɔlemik] A ADJ polemisch; aggressiv; streitbar; scharf B F Polemik *f*; Fehde *f*; Kontroverse *f*; Auseinandersetzung *f*
polémiquer [pɔlemike] V/I polemisieren; **polémiste** M/F Polemiker(in) *m(f)*
polenta [pɔlɛnta] F CUIS Polenta *f*
pole position [polpozisjõ] F ⟨*pl* pole positions⟩ SPORTS Poleposition *f*
poli¹ [pɔli] ADJ *personne, ton etc* höflich; zuvorkommend; gesittet; **refus** ~ höfliche Absage; **il est trop** ~ **pour être honnête** er ist zu beredt und höflich, um aufrichtig zu sein; **dites donc, soyez** ~**!** na, Sie sind ja nicht gerade sehr höflich!
poli² [pɔli] A ADJ *métal, caillou etc* (glatt und) glänzend; blank; poliert B M (Hoch)Glanz *m*; Politur *f*
police¹ [pɔlis] F Polizei *f*; ~ **judiciaire** *(abr* **P.J.***)* Kriminalpolizei *f (abr* Kripo *f)*; ~ **militaire** Militärpolizei *f*; *en Allemagne* Feldjäger *mpl*; ~ **municipale** *correspond à* Ortspolizei *f*; ~ **nationale** *(dem Innenminister unterstehende)* Sicherheits- und Ordnungspolizei; ~ **privée** privater Sicherheitsdienst; ~ **secours** Überfallkommando *n*; Funkstreife *f*; ~ **secrète** Geheimpolizei *f*; ~ **de l'air et des frontières** Flughafen- und Grenzpolizei *f*; ~ **des mœurs** Sittenpolizei *f*; *fam* Sitte *f*; ~ **de la route** Verkehrspolizei *f*; **contrôle** *m* **de** ~ Polizeikontrolle *f*; **forces** *fpl* **de** ~ Polizeikräfte *fpl*, -einheiten *fpl*; JUR **peine** *f* **de** ~ Strafe *f* für e-e Ordnungswidrigkeit; **voiture** *f* **de** ~ Polizeiauto *n*; **avertir la** ~ die Polizei verständigen, benachrichtigen; **se faire arrêter par la** ~ von der Polizei festgenommen werden; **être dans la** ~ bei der Polizei sein; *fig* **faire la** ~ für Ordnung sorgen

P

police² [pɔlis] F **~ (d'assurance)** (Versicherungs)Police *f;* Versicherungsschein *m*

policé [pɔlise] *litt* ADJ zivilisiert

Polichinelle [pɔliʃinɛl] M 1 *Gestalt des frz Marionettentheaters; fig* **c'est le secret de ~** das ist ein offenes Geheimnis; das pfeifen die Spatzen von den Dächern 2 *fig* **polichinelle** Hampelmann *m;* Hanswurst *m*

policier [pɔlisje] A ADJ ⟨-ière⟩ 1 *mesures, enquête etc* polizeilich; **chien ~** Polizeihund *m; par ext:* **méthodes policières** Polizeimethoden *fpl;* Methoden *fpl* wie bei der Polizei; **régime** *ou* **État ~** Polizeistaat *m* 2 Kriminal...; **film, roman ~** Kriminalfilm *m*, -roman *m* B M 1 Polizeibeamte(r) *m;* Polizist *m* 2 *fam roman, film fam* Krimi *m*

policlinique [pɔliklinik] F städtische (Poli)Klinik

poliment [pɔlimɑ̃] ADV höflich; **parler ~** in e-m höflichen Ton reden

polio [pɔljo] MÉD 1 F Polio *f* 2 M/F → poliomyélitique B

poliomyélite [pɔljɔmjelit] F MÉD (spinale) Kinderlähmung; *t/t* Poliomyelitis *f*

poliomyélitique [pɔljɔmjelitik] A ADJ *personne* an Polio erkrankt B M/F a *personne atteinte* an Polio(myelitis), (spinaler) Kinderlähmung Erkrankte(r) *m/f(m)* b *personne handicapée* Poliogeschädigte(r) *m/f(m)*

polir [pɔliʀ] V/T 1 TECH schleifen; polieren; glätten; schwabbeln 2 *ongles* polieren; blank reiben 3 *fig style, texte* ausfeilen; feilen an (*+dat*); glätten

polissage [pɔlisaʒ] M TECH Schleifen *n;* Polieren *n;* Glätten *n;* Schwabbeln *n*

polisson [pɔlisõ] A ADJ ⟨~ne⟩ *chanson, allusion etc* zweideutig; schlüpfrig; *regards* begehrlich; lüstern B SUBST **~(ne)** *m(f)* (*enfant espiègle*) Schlingel *m;* Range *f; fam* Racker *m; adjt* **elle est ~ne** sie ist ein Racker

polissonnerie [pɔlisɔnʀi] F 1 *enfant* **faire des ~s** Schabernack machen, treiben 2 **dire des ~s** lose Reden führen; schlüpfrige Witze erzählen

politesse [pɔlitɛs] F 1 Höflichkeit *f;* Zuvorkommenheit *f;* **visite** *f* **de ~** Höflichkeitsbesuch *m; loc adv* **par ~** aus Höflichkeit; *fig* **brûler la ~ à qn** j-n einfach stehen lassen; **être d'une extrême ~** überaus höflich, von ausgesuchter, äußerster Höflichkeit sein 2 **~s** *pl* Höflichkeiten *fpl;* Höflichkeitsbezeigungen *fpl;* **c'est la moindre des ~s** das erfordert der geringste Anstand; **se faire des ~s** sich gegenseitig Höflichkeiten erweisen; **rendre une ~ à qn** j-s Höflichkeit (*z. B. e-e Einladung*) erwidern; **la plus élémentaire des ~s veut que ...** die primitivste Anstandsregel erfordert, dass ...

politicard [pɔlitikaʀ] M, **politicarde** F *péj* skrupellose(r), dubiose(r) Politiker(in) *m(f)*

politicien [pɔlitisjɛ̃], **politicienne** *souvent péj* A M,F Politiker(in) *m(f); péj* → politicard B ADJ (rein) politisch

politico-économique [pɔlitikoekɔnɔmik] ADJ wirtschaftspolitisch; **politico-social** ADJ ⟨-aux⟩ sozialpolitisch

politique¹ [pɔlitik] A ADJ 1 politisch; **crise** *f* **~** Staatskrise *f;* **droits** *mpl* **~s** staatsbürgerliche Rechte *npl;* **économie** *f* **~** Volkswirtschaft(-slehre) *f;* Nationalökonomie *f;* **Institut** *m* **d'Études ~s** Hochschule *f* für politische Wissenschaften; **homme** *m* **~** Politiker *m;* **milieux** *mpl* **~s** politische Kreise *mpl;* **opinions** *fpl* **~s** politische Ansichten *fpl;* **pouvoir** *m* **~** politische Macht; **prisonnier** *m* **~** politischer Gefangener; **sciences** *fpl* **~s** (*abr* **sciences po**) politische Wissenschaften *fpl;* Politologie *f* 2 *fig et st/s* (*habile*) diplomatisch B M 1 *st/s personne* Politiker *m;* Staatsmann *m* 2 *secteur* **le ~** das Politische; der politische Bereich

politique² [pɔlitik] F 1 Politik *f; st/s* Staatskunst *f;* **~ agricole, commerciale, économique, européenne** Agrar-, Handels-, Wirtschafts-, Europapolitik *f;* **~ intérieure, monétaire, sociale** Innen-, Währungs-, Sozialpolitik *f;* **~ du logement, des prix, des salaires** Wohnungs-, Preis-, Lohnpolitik *f;* **faire de la ~** *homme politique* Politik machen; sich politisch betätigen; *homme de la rue* sich für Politik interessieren; sich mit Politik beschäftigen, abgeben; **mener une ~ de neutralité** e-e Neutralitätspolitik betreiben; **parler ~** über Politik reden; politisieren 2 *fig* Politik *f;* Taktik *f;* **~ de l'autruche** Vogel-Strauß-Politik *f*

politisation [pɔlitizasjõ] F Politisierung *f;* **politiser** V/T politisieren

politologie [pɔlitɔlɔʒi] F Politologie *f;* **politologue** M/F Politologe, -login *m,f*

polka [pɔlka] F Polka *f;* **~ piquée** Polka-Mazurka *f*

pollen [pɔlɛn] M BOT Pollen *m;* Blütenstaub *m*

pollinisation [pɔ(l)linizasjõ] F BOT Bestäubung *f*

polluant [pɔlɥɑ̃] A ADJ umweltverschmutzend, -schädlich; **non ~** umweltfreundlich, -verträglich; schadstoffarm, -frei B M Schadstoff *m; plus fort* Umweltgift *n*

polluer [pɔlɥe] V/T *environnement* verschmutzen; **~ l'air** die Luft verschmutzen, verunreinigen, verpesten; **~ l'eau** das Wasser verschmutzen, verunreinigen

pollueur [pɔlɥœʀ] M Umweltsünder *m*, -verschmutzer *m*

pollution [pɔlysjõ] F 1 *de l'environnement* Umweltverschmutzung *f;* Umweltbelastung *f;* **~ atmosphérique** *ou* **de l'air** Luftverschmutzung *f*, -verpestung *f;* **~ radioactive** radioaktive Verseuchung *f; par ext* **~ sonore** Lärmbelästigung *f;* **~ des eaux** Gewässerverschmutzung *f*, -verunreinigung *f;* **~ des sols** *a.* Bodenverseuchung *f* 2 PHYSIOL **~ (nocturne)** unwillkürlicher (nächtlicher) Samenerguss; *t/t* Pollution *f*

polo [pɔlo] M 1 SPORTS Polo(spiel) *n* 2 *chemise* Polohemd *n*

polochon [pɔlɔʃõ] *fam* M Schlummer-, Nackenrolle *f*

Pologne [pɔlɔɲ] **la ~** Polen *n*

polonais [pɔlɔnɛ] A ADJ polnisch B SUBST 1 **Polonais(e)** *m(f)* Pole *m*, Polin *f* 2 LING **le ~** das Polnische; Polnisch *n* 3 **~e** *f* Polonaise *ou* -näse *f* (*danse et air*)

polonium [pɔlɔnjɔm] M CHIM Polonium *n*

poltron [pɔltʀõ] M, **poltronne** F Feigling *m; fam* Angsthase *m;* Hasenfuß *m; litt* Memme *f; adjt* **il est poltron** er ist feige, ein Feigling *etc*

poltronnerie [pɔltʀɔnʀi] F Feigheit *f*

poly... [pɔli] *préfixe* poly...; Poly...; viel...; Viel...; mehr...; Mehr...; → *les articles suivants*

polyacrylique [pɔliakʀilik] ADJ CHIM **résines** *fpl* **~s** (Poly)Acrylharze *npl*

polyamide [pɔliamid] M CHIM Polyamid *n*

polyandrie [pɔliɑ̃dʀi] F Vielmännerei *f; t/t* Polyandrie *f*

polyarthrite [pɔliaʀtʀit] F MÉD Polyarthritis *f*

polychrome [pɔlikʀom] ADJ BEAUX-ARTS viel-, mehrfarbig; bunt; polychrom; **polychromie** F Viel-, Mehrfarbigkeit *f;* Buntheit *f;* Polychromie *f*

polyclinique [pɔliklinik] F Allgemeinkrankenhaus *n*

polycopie [pɔlikɔpi] F Vervielfältigung *f;* Hektografie *f;* **polycopier** V/T vervielfältigen; hektografieren; abziehen; *adjt et subst m* **(cours) polycopié** (Vorlesungs)Skript *n*

polyculture [pɔlikyltyʀ] F AGR Mischkultur *f*

polyèdre [pɔliɛdʀ] M MATH Polyeder *n;* Vielflach *n*, -flächner *m*

polyester [pɔliɛstɛʀ] M CHIM Polyester *m;*

polyéthylène M CHIM Polyäthylen *n*

polygame [pɔligam] A ADJ polygam B M/F Polygamist(in) *m(f);* **polygamie** F Polygamie *f;* Mehr-, Vielehe *f; au sens restreint* Vielweiberei *f*

polyglotte [pɔliglɔt] A ADJ mehr-, vielsprachig; polyglott B M/F Polyglotte(r) *m/f(m)*

polygonal [pɔligɔnal] ADJ ⟨-aux⟩ MATH vieleckig; polygonal

polygone [pɔligon, -gɔn] M 1 MATH Vieleck *n;* Polygon *n* 2 MIL **~ de tir** Artillerieschießplatz *m*

polymère [pɔlimɛʀ] CHIM A ADJ polymer B M Polymer(e) *n*

polymérie [pɔlimeʀi] F CHIM, BIOL Polymerie *f;* **polymérisation** F CHIM Polymerisation *f;* Polymerisierung *f;* **polymériser** V/T CHIM polymerisieren

polymorphe [pɔlimɔʀf] ADJ *t/t* viel-, verschiedengestaltig; polymorph; **polymorphisme** M *t/t* Mehr-, Vielgestaltigkeit *f;* Polymorphie *f*, -morphismus *m*

Polynésie [pɔlinezi] **la ~** Polynesien *n;* **la ~ française** Französisch-Polynesien *n*

polynésien [pɔlinezjɛ̃] A ADJ ⟨~ne⟩ polynesisch B SUBST **Polynésien(ne)** *m(f)* Polynesier(in) *m(f)*

polynôme [pɔlinom] M MATH Polynom *n*

polype [pɔlip] M ZOOL, MÉD Polyp *m*

polyphasé [pɔlifaze] ADJ ÉLEC **courant ~** Mehrphasenstrom *m*

polyphonie [pɔlifɔni] F MUS Mehrstimmigkeit *f;* Polyfonie *f;* **polyphonique** ADJ MUS mehrstimmig; polyfon

polysémie [pɔlisemi] F LING Mehrdeutigkeit *f* (von Wörtern); Polysemie *f;* **polysémique** ADJ LING mehrdeutig; polysem

polystyrène [pɔlistiʀɛn] M CHIM Polystyrol *n;* **~ (expansé)** Styropor® *n*

polysyllabe [pɔlisi(l)lab] ADJ *et* SUBST M **(mot** *m*) **~** mehr-, vielsilbiges Wort; *t/t* Polysyllabum *n;* **polysyllabique** ADJ mehr-, vielsilbig

polytechnicien [pɔlitɛknisjɛ̃] M, **polytechnicienne** F (ehemalige[r]) Schüler(in) *m(f)*, Absolvent(in) *m(f)* der École polytechnique

polytechnique [pɔlitɛknik] ADJ **École** *f* **~** *ou subst* **Polytechnique** *f* (*vom Armeeministerium verwaltete*) *Hochschule zur Ausbildung von Ingenieuren in Paris*

polythéisme [pɔliteism] M Vielgötterei *f;* Polytheismus *m;* **polythéiste** A ADJ polytheistisch B M/F Polytheist(in) *m(f)*

polytraumatisé [pɔlitʀomatize] M Schwerverletzte(r) (*der viele innere u. äußere Verletzungen erlitten hat*)

polyvalence [pɔlivalɑ̃s] F Vielseitigkeit *f;* vielseitige Verwendbarkeit

polyvalent [pɔlivalɑ̃] A ADJ 1 *personne* vielseitig; auf mehreren Gebieten einsetzbar; *chose* vielseitig verwendbar; Mehrzweck...; **salle ~e** Mehrzweckhalle *f* 2 CHIM mehrwertig B M FIN Betriebs-, Steuerprüfer *m*

polyvinyle [pɔlivinil] M CHIM **(chlorure** *m* **de) ~** PVC *n* (Polyvinylchlorid *n*)

pomélo [pɔmelo] M *fruit* Pomelo *f*

Poméranie [pɔmeʀani] **la ~** Pommern *n*

poméranien [pɔmeʀanjɛ̃] A ADJ ⟨~ne⟩ pommer(i)sch B SUBST **Poméranien(ne)** *m(f)* Pommer(in) *m(f)*

pommade [pɔmad] F MÉD Salbe *f;* **~ à la pénicilline** Penizillinsalbe *f; fig* **passer de la ~ à qn** j-m schmeicheln, schöntun; *fam* j-m Honig

P

ums Maul, um den Bart schmieren
pommadé [pɔmade] ADJ *cheveux* pomadisiert
pomme [pɔm] F **1** *fruit* Apfel *m*; **~ à cidre, au couteau, à cuire, au four** Most-, Tafel- *ou* Ess-, Koch-, Bratapfel *m*; **~ de reinette** Renette *f*; *adjt* **vert ~** ⟨*inv*⟩ apfelgrün; **être °haut comme trois ~s** *petit garçon fam* ein (kleiner) Knirps, ein Dreikäsehoch sein; *petite fille fam* e-e kleine Krabbe sein; *fam fig* **tomber dans les ~s** in Ohnmacht fallen; *fam* umkippen **2** BOT, CUIS **~ de terre** Kartoffel *f*; **~s de terre frites** Pommes frites *pl*; **~s de terre à l'eau** Salzkartoffeln *fpl*; **~s de terre en robe de chambre** *ou* **en robe des champs** Pellkartoffeln *fpl*; Kartoffeln in der Schale; *elliptiquement* **~s vapeur** gedämpfte Kartoffeln; → *a.* **allumette** 3, **mousseline** 2 **3** ANAT **~ d'Adam** Adamsapfel *m* **4** **~ de pin** Kiefernzapfen *m*; Kienapfel *m*; *par ext de sapin* Tannenzapfen *m* **5** **~ d'arrosoir** (Gießkannen)Brause *f* **6** *fam f* **a** **ma ~** ich; *fam* meine Wenigkeit; **pour ma ~** für mich **b** **c'est aux ~s!** *fam* das ist prima, dufte, schick! **7** *de laitue, de chou* Kopf *m*; *autrich* Häuptel *n* **8** *de rampe d'escalier etc* Knauf *m*
pommé [pɔme] ADJ BOT **chou ~** Kopfkohl *m*; **laitue ~e** Kopf-, *autrich* Häuptelsalat *m*
pommeau [pɔmo] M ⟨*pl* **~x**⟩ *d'une épée, canne* Knauf *m*; *d'une selle* Sattelknopf *m*
pommelé [pɔmle] ADJ **cheval (gris) ~** Apfelschimmel *m*; **ciel ~** mit Schäfchenwolken bedeckter Himmel
pommette [pɔmɛt] F Backenknochen *m*; **avoir des ~s saillantes** hervorstehende Backenknochen haben
pommier [pɔmje] M BOT Apfelbaum *m*; Apfel *m*; **~ de Chine, du Japon** Zierapfel *m* aus Ostasien; **~s en fleur** blühende Apfelbäume *mpl*; *a.* Apfelblüte *f*
pomologique [pɔmɔlɔʒik] ADJ obstkundlich; *t/t* pomologisch
pompage [põpaʒ] M **1** (Ab-, Hoch)Pumpen *n*; **station** *f* **de ~** Pumpstation *f* **2** PHYS **~ optique** optisches Pumpen
pompe[1] [põp] F **1** TECH Pumpe *f*; **~ à bicyclette** Fahrradpumpe *f*; **~ à chaleur** Wärmepumpe *f*; **~ à eau** Wasserpumpe *f*; **~ à essence** *d'une station-service* Tank-, Zapfsäule *f*; AUTO Benzinpumpe *f*; **~ à huile** Ölpumpe *f*; **~ à incendie** Feuerlöschpumpe *f*; Feuerspritze *f* **2** *fam fig loc adv* **à toute ~** in *ou* mit Windeseile; mit höchster, *fam* affenartiger Geschwindigkeit; *fam* mit Karacho; **arriver à toute ~** *a. fam* angerast kommen; **rouler à toute ~** *a. fam* e-n Affenzahn draufhaben **3** *fam fig* **avoir le** *ou* **un coup de ~** *fam* ausgepumpt, völlig fertig, am Boden zerstört, k. o. sein **4** *fam* **~s** *pl* (*chaussures*) *fam* Latschen *mpl ou fpl*; Treter *mpl*; *fam fig* **être à côté de ses ~s** *fam* nicht alle beieinanderhaben; nicht ganz dicht sein; daneben sein **5** *fam* MIL **(soldat** *m* **de) deuxième ~** *m* einfacher Soldat; *fam* Landser *m*; *péj* Muschkote *m* **6** *fam exercice* Liegestütz *m*; **faire des ~s** Liegestütze machen
pompe[2] [põp] F **1** *st/s* (*faste*) Prunk *m*; Pomp *m*; Pracht *f*; Gepränge *n*; Aufwand *m*; Prunk-, Prachtentfaltung *f*; **en grande ~** mit großem Prunk, Pomp *etc* **2** **~s funèbres** Beerdigungs-, Bestattungsinstitut *n*, -dienst *m* **3** REL → **renoncer**
Pompéi [põpei] Pompeji *n*
pomper [põpe] V/T **1** TECH (ab-, hoch)pumpen; **~ de l'eau** Wasser pumpen; *fam fig* **tu me pompes l'air** *fam* du gehst, fällst mir auf den Wecker **2** *sol: eau etc* aufsaugen, -nehmen; *moustiques: sang* saugen **3** *fam (copier)* abschreiben (**sur un livre** von *ou* aus e-m Buch); abgucken (**sur qn** von j-m); *abs fam* spicken **4** *fam fig adjt* **être pompé** → **pompe**[1] 3

pompette [põpɛt] *fam* ADJ angeheitert; *fam* angesäuselt; beschwipst
pompeux [põpø] ADJ ⟨-euse⟩ *péj* schwülstig; hochtrabend; pathetisch; bombastisch
Pompidou [põpidu] **Georges ~** *frz Staatspräsident*
pompier[1] [põpje] M Feuerwehrmann *m*; **~s** *pl* Feuerwehr(leute) *f(pl)*; THÉ **~ de service** Feuerwehrmann vom Dienst; **casque** *m* **de ~** Feuerwehrhelm *m*; **échelle** *f* **de ~s** Feuerwehrleiter *f*; *fam* **fumer comme un ~** rauchen wie ein Schlot
pompier[2] [põpje] ADJ ⟨-ière⟩ *péj discours, style* gespreizt; gestelzt; *peintre* akademisch und manieriert
pompiste [põpist] M/F Tankwart(in) *m(f)*
pompon [põpõ] M **1** Pompon *m*; Troddel *f*; Quaste *f*; *all Nord fam a.* Bommel *f* **2** *fam iron* **avoir, tenir le ~** alle anderen in den Schatten stellen, *fam* in den Sack stecken; *fam* den Vogel abschießen; *fam fig* **c'est le ~!** *fam* das ist die Höhe, der Gipfel! **3** ADJT BOT **rose** *f* **~** *t/t* Pomponrose *f* (*Strauchrose mit kugeligen Blüten*)
pomponner [põpɔne] V/T (*et* V/PR) **(se) ~** (sich) herausputzen, -staffieren; (sich) hübsch machen
ponçage [põsaʒ] M (Ab)Schleifen *n*; *à la pierre ponce* Poncieren *n*; *au papier émeri* (Ab)Schmirgeln *n*
ponce [põs] ADJ **pierre** *f* **~** Bimsstein *m*
Ponce Pilate [põspilat] M HIST Pontius Pilatus *m*
poncer [põse] V/T ⟨-ç-⟩ *parquet, meuble etc* (ab)schleifen; *au papier émeri* (ab)schmirgeln; *à la pierre ponce* poncieren; **ponceuse** F TECH Schleifmaschine *f*
poncho [põʃo] M Poncho *m*
poncif [põsif] M *st/s (lieu commun)* Gemeinplatz *m*; Plattitüde *f*; Klischee *n*
ponction [põksjõ] F **1** MÉD Punktion *f*; **faire, pratiquer une ~ (à qn)** e-e Punktion (bei j-m) machen, vornehmen; (j-n) punktieren **2** FIN (Geld)Entnahme *f*; Liquiditätsentzug *m*
ponctionner [põksjɔne] V/T MÉD punktieren
ponctualité [põktɥalite] F Pünktlichkeit *f*; **avec ~** pünktlich
ponctuation [põktɥasjõ] F Zeichensetzung *f*; Interpunktion *f*; **signes** *mpl* **de ~** Satzzeichen *npl*; Interpunktionszeichen *npl*; **mettre la ~** die Satzzeichen setzen
ponctuel [põktɥɛl] ADJ ⟨~le⟩ **1** *personne* pünktlich **2** *source lumineuse* punktuell; punktförmig **3** *fig intervention, action* punktuell; auf einen Punkt, auf einzelne Punkte beschränkt
ponctuellement [põktɥɛlmã] ADV pünktlich
ponctuer [põktɥe] V/T **1** *texte* mit Satzzeichen versehen; interpunktieren **2** *fig ses phrases etc* **~ d'un geste** *etc* durch e-e Geste *etc* unterstreichen, betonen
pondérable [põdeʀabl] ADJ *t/t* wiegbar; mit bestimmbarem Gewicht; **pondéral** ADJ ⟨-aux⟩ Gewichts…
pondérateur [põdeʀatœʀ] ADJ ⟨-trice⟩ *influence etc* ausgleichend; mäßigend
pondération [põdeʀasjõ] F **1** *d'une personne* Besonnenheit *f*; Bedachtsamkeit *f*; **agir avec ~** besonnen, mit Umsicht, überlegt handeln **2** *de forces* Ausgewogenheit *f* **3** STATISTIQUE Gewichtung *f*
pondéré [põdeʀe] ADJ **1** *personne* besonnen; bedacht(sam); überlegt handelnd; maßvoll **2** STATISTIQUE **indice ~** gewichteter Index
pondérer [põdeʀe] V/T ⟨-è-⟩ STATISTIQUE gewichten; wiegen
pondéreux [põdeʀø] ADJ ⟨-euse⟩ COMM schwer; **marchandises pondéreuses** Schwergut *n*

pondeuse [põdøz] F **1** **~** *ou adjt* **poule ~** Legehenne *f*; **une bonne ~** e-e gute Legehenne **2** *fam péj d'une femme* **une ~ (d'enfants)** *péj* e-e Gebärmaschine
Pondichéry [põdiʃeʀi] GÉOG Pondicherry *n*
pondre [põdʀ] V/T ⟨→ rendre⟩ **1** ZOOL *œufs* legen; *abs: animal* Eier legen; *poule* legen **2** *fam péj femme: enfant fam* kriegen **3** *fam péj article, roman péj* fabrizieren; zusammenschreiben, -schmieren
poney [pɔnɛ] M ZOOL Pony *n*; **~ des îles Shetland** Shetlandpony *n*
pongiste [põʒist] M/F SPORTS Tischtennis-, Pingpongspieler(in) *m(f)*
Pons [põs] **le Cousin ~** *Romanfigur bei Balzac*
pont [põ] M **1** Brücke *f*; AVIAT **~ aérien** Luftbrücke *f*; **~ basculant, à bascule** Klappbrücke *f*; MANUTENTION **~ roulant** Lauf-, Brückenkran *m*; **~ suspendu** Hängebrücke *f*; **~ tournant** Drehbrücke *f*; CH DE FER Drehscheibe *f*; **~ du chemin de fer** Eisenbahnbrücke *f*; AUTO **~ de graissage** Hebebühne *f*; **~ en béton armé, en bois** Stahlbeton-, Holzbrücke *f*; **les ~s sur la Seine** die Seinebrücken *fpl*; MIL **tête** *f* **de ~** Brückenkopf *m*; *fig*: **couper, brûler les ~s** alle Brücken hinter sich (*dat*) abbrechen; **couper les ~s avec qn** den Kontakt, die Beziehungen zu j-m abbrechen; *st/s* **c'est un ~ aux ânes** [-põtozɑ̃] das ist kinderleicht; das kann, weiß jedes Kind; **faire le ~** an e-m Werktag zwischen zwei Feiertagen *ou* arbeitsfreien Tagen nicht arbeiten; → *a.* 7; **faire un ~ d'or à qn** j-m ein finanziell verlockendes Angebot machen **2** ADMIN **Ponts et Chaussées** [põze-] Tiefbauverwaltung *f*, -behörde *f*, -amt *n*; **ingénieur** *m* **des Ponts et Chaussées** beamteter Tiefbauingenieur **3** MAR Deck *n*; **~ arrière** Achterdeck *n*; → *a.* 4; **~ supérieur** Oberdeck *n*; *loc adv* **sur le ~** an Deck; **tout le monde sur le ~!** alle Mann an Deck! **4** AUTO **~ arrière, avant** Hinter-, Vorderachse *f* **5** ÉLEC (Mess)Brücke *f*; Brückenschaltung *f* **6** COUT **pantalon** *m* **à ~** Hose *f* mit Hosenklappe, -latz **7** SPORTS Brücke *f*; **faire le ~** e-e, die Brücke machen **8** TECH **~ thermique** Kältebrücke *f*
pontage [põtaʒ] M **1** TECH Bau *m* e-r Behelfsbrücke **2** MÉD Bypass(operation) *m(f)*
Pont-à-Mousson [põtamusõ] *Stadt im Dep. Meurthe-et-Moselle*
Pontarlier [põtaʀlje] *Stadt im Dep. Doubs*
Pont-Audemer [põtodmɛʀ] *Stadt im Dep. Eure*
Pont-Aven [põtavɛn] *Stadt im Dep. Finistère*
ponte[1] [põt] F **1** ZOOL **a** *action* Eierlegen *n* **b** *œufs* Gelege *n* **2** PHYSIOL **~ ovulaire** → **ovulation**
ponte[2] [põt] M **1** *aux jeux de hasard* Gegenspieler *m* des Bankhalters **2** *fam fig* **un (gros) ~** *fam* ein hohes Tier; *péj* ein Bonze *m*
ponté [põte] ADJ MAR mit e-m Deck; *à plusieurs ponts* Mehrdeck…
ponter [põte] **A** V/T MAR *bateau* mit e-m Deck versehen **B** V/I *aux jeux de hasard* gegen den Bankhalter spielen
pontife [põtif] M **1** ÉGL CATH **souverain ~** Pontifex maximus *m*; Papst *m* **2** *fam fig* hohes Tier; *péj* Bonze *m*; **grand ~ de la littérature** Literaturpapst *m*
pontifical [põtifikal] ADJ ⟨-aux⟩ ÉGL CATH **a** **messe ~e** Pontifikalamt *n* **b** päpstlich; HIST **États pontificaux** Kirchenstaat *m*; **trône ~** päpstlicher Thron
pontificat [põtifika] M ÉGL CATH Pontifikat *n*
pontifier [põtifje] V/I dozieren; sich professoral geben
Pontine [põtin] GÉOG **la plaine ~** die Pontinische Ebene

P

pont-l'évêque [põlevɛk] M ⟨inv⟩ *frz Weichkäse*

pont-levis [põl(ə)vi] M ⟨*pl* ponts-levis⟩ FORTIFICATIONS Zugbrücke *f*

ponton [põtõ] M Anlegeponton *m*; *t/t* Schlengel *m*; **ponton-grue** M ⟨*pl* pontons-grues⟩ Schwimmkran *m*

pontonnier [põtɔnje] M MIL Brückenbaupionier *m*

pool [pul] M **1** ÉCON Pool *m* **2** *dans une entreprise* **~ de dactylos** Schreibsaal *m*, -zentrale *f*

pop [pɔp] ADJ ⟨inv⟩ Pop…; **art** *m* **~** Pop-Art *f*; **musique** *f* **~** Popmusik *f*

pop'art [pɔpaʀ] M Pop-Art *f*

pop-corn [pɔpkɔʀn] M Popcorn *n*

pope [pɔp] M ÉGL Pope *m*

popeline [pɔplin] F TEXT Popelin(e) *m(f)*; **chemise** *f* **en ~** Popelin(e)hemd *n*

popote [pɔpɔt] F **1** *fam* **faire la ~** das Kochen besorgen; kochen; das Essen zubereiten **2** MIL (*mess*) Offizierskasino *n* **3** ADJT ⟨inv⟩ *fam* **être ~** nur Interesse, Sinn für Küche und Haushalt haben; *femme a.* ein Heimchen am Herd sein; *péj* hausbacken sein

popotin [pɔpɔtɛ̃] *fam* M *fam* (dicker) Hintern, Po; **se magner le ~** *fam* sich ranhalten; sich tummeln; **magne-toi le ~!** *a. fam* mach schon!; (ein bisschen) Beeilung!; ein bisschen dalli!

populace [pɔpylas] F *péj* Pöbel *m*; Mob *m*; **populacier** ADJ ⟨-ière⟩ *péj* des Pöbels; pöbelhaft

populaire [pɔpylɛʀ] ADJ **1** (*du peuple*) Volks… (*a.* POL); volkstümlich; **art** *m* **~** Volkskunst *f*; **la Chine ~** Rotchina *n*; **croyance** *f* **~** Volksglaube *m*; POL **démocratie** *f*, **république** *f* **~** Volksdemokratie *f*, -republik *f*; POL **Front** *m* **~** Volksfront *f*; **tradition** *f* **~** Volksbrauch *m* **2** (*plébéien*) (des) einfach(en Volkes); (*ouvrier*) Arbeiter…; **bal** *m* **~** billiges öffentliches Tanzvergnügen (*in Arbeitervierteln*); **les classes** *fpl* **~s** die unteren Volksschichten *fpl*; das einfache Volk; **clientèle** *f*, **quartier** *m* **~** Arbeiterkundschaft *f*, -viertel *n*; **dans les milieux ~s** in (den) einfachen Kreisen; **d'origine ~** einfacher Herkunft **3** (*aimé*) *personnalité, chanson, mesure etc* populär; volkstümlich; beliebt; **devenir, rendre ~** populär werden, machen **4** LING **a** *étymologie, dérivation* volkstümlich; **latin** *m* **~** Vulgärlatein *n* **b** *expression, mot* derb; **langue** *f* **~** Volkssprache *f*

populariser [pɔpylaʀize] V/T popularisieren; verbreiten; der Allgemeinheit nahebringen

popularité [pɔpylaʀite] F Popularität *f*; Beliebtheit *f*; **jouir d'une grande ~ parmi les jeunes** sich bei den Jugendlichen großer Beliebtheit erfreuen; **soigner sa ~** alles tun, um populär, beliebt zu bleiben

population [pɔpylasjõ] F **1** Bevölkerung *f*; **~ civile, rurale, urbaine** Zivil-, Land-, Stadtbevölkerung *f*; **~ ouvrière** Arbeiterbevölkerung *f*, -schaft *f*; ADMIN **la ~ scolaire** die Schüler *mpl* und Studenten *mpl*; **~ du globe** Welt-, Erdbevölkerung *f*; **recensement** *m* **de (la) ~** Volkszählung *f*; *région*: **à ~ dense** dicht bevölkert, besiedelt; mit großer Bevölkerungsdichte; **à ~ faible** schwach bevölkert; dünn besiedelt; → *a.* **actif** A 1 **2** STATISTIQUE statistische Masse; Kollektiv *n* **3** BIOL Population *f*; *d'une ruche* (Bienen)Volk *n*

populeux [pɔpylø] ADJ ⟨-euse⟩ *rue* bevölkert; *quartier* dicht bewohnt, bevölkert

populisme [pɔpylism] M LITTÉRATURE Populismus *m*; **populiste** A ADJ *roman etc* populistisch B M/F *écrivain* Populist(in) *m(f)*

populo [pɔpylo] *fam* M **1** (*peuple*) **le ~** das (einfache) Volk **2** (*foule*) **être plein de ~** voller Leute sein

porc [pɔʀ] M **1** ZOOL Schwein *n*; **manger comme un ~** wie ein Schwein essen **2** *viande* Schwein(efleisch) *n*; **graisse** *f* **de ~** Schweinefett *n ou* -schmalz *n*; **rôti** *m* **de ~** Schweinebraten *m*; **manger du ~** Schweinefleisch essen **3** *cuir* **(peau** *f* **de) ~** Schweinsleder *n*; **en ~** schweinsledern; Schweinsleder… **4** *fig et péj d'un homme* Schwein(igel) *n(m)*

porcelaine [pɔʀsəlɛn] F **1** Porzellan *n*; **~ (à pâte) dure, (à pâte) tendre** Hart-, Weichporzellan *n*; **~ de Limoges** Porzellan aus Limoges; **~ de Saxe** Meiß(e)ner Porzellan; **~ de Sèvres** Sèvresporzellan *n*; *loc adj* **de** *ou* **en ~** Porzellan…; porzellanen; **vaisselle** *f* **de** *ou* **en ~** Porzellangeschirr *n* **2** *objet* Porzellangegenstand *m*; *vaisselle* Porzellangeschirr *n*; **magasin** *m* **de ~** Porzellanwarengeschäft *n* **3** ZOOL Porzellanschnecke *f*

porcelainier [pɔʀsəlenje] A ADJ ⟨-ière⟩ Porzellan… B M Porzellanfabrikant *m*, -hersteller *m*

porcelet [pɔʀsəlɛ] M ZOOL Ferkel *n*

porc-épic [pɔʀkepik] M ⟨*pl* porcs-épics [-ke-]⟩ **1** ZOOL Stachelschwein *n* **2** *fam fig de qn fam* Kratzbürste *f*; Reibeisen *n*

porche [pɔʀʃ] M ARCH Portalvorbau *m*, -vorhalle *f*

porcher [pɔʀʃe] M, **porchère** F Schweinehirt(in) *m(f)*

porcherie [pɔʀʃəʀi] F **1** Schweinestall *m* **2** *fig fam* Saustall *m*

porcin [pɔʀsɛ̃] A ADJ **1** ZOOL Schweine…; **race ~e** Schweinerasse *f* **2** *fig* **yeux ~s** Schweinsäuglein *npl* B MPL **~s** AGR Schweine *npl*

pore [pɔʀ] M Pore *f*; *fig* **suer la vanité par tous les ~s** vor *ou* von Eitelkeit überquellen, strotzen

poreux [pɔʀø] ADJ ⟨-euse⟩ porös

porion [pɔʀjõ] M MINES Steiger *m*

porno [pɔʀno] ADJ *fam* ABR (pornographique) Porno…; **film** *m*, **revue** *f* **~** Pornofilm *m*, -zeitschrift *f*

pornographe [pɔʀnɔgʀaf] M Pornograf *m*; **pornographie** F Pornografie *f*; **pornographique** ADJ pornografisch

porosité [pɔʀozite] F Porosität *f*

porphyre [pɔʀfiʀ] M MINÉR Porphyr *m*

Porrentruy [pɔʀɑ̃tʀɥi] GÉOG Pruntrut *n*

port[1] [pɔʀ] M **1** Hafen *m*; **~ fluvial, maritime** Binnen-, Seehafen *m*; **~ militaire, de guerre** Kriegshafen *m*; **~ pétrolier** Ölhafen *m*; *d'un bateau* **~ d'attache** Heimathafen *m*; **~ de commerce, de guerre, de pêche** Handels-, Kriegs-, Fischereihafen *m*; *fig* **arriver à bon ~** wohlbehalten ankommen, eintreffen (*a. chose*); *bateau* **entrer au, dans le ~** (in den Hafen) einlaufen **2** *ville* Hafenstadt *f* **3** *dans les Pyrénées* Pass *m*

port[2] [pɔʀ] M **1** *d'un uniforme, de décorations, d'une barbe etc* Tragen *n*; *d'un nom a.* Führen *n*; *d'une ceinture en voiture* Anlegen *n*; **~ d'armes** *fait* Tragen von Waffen; *permis* Waffenschein *m*; MIL Präsentieren *n* des Gewehrs; *soldat* **se mettre au ~ d'armes** das Gewehr präsentieren **2** POSTES Porto *n*; **frais** *mpl* **de ~** Portoauslagen *fpl*, -spesen *pl*; *loc adv*: **franc, franco de ~** porto-, frachtfrei; franko; **en ~ dû** unfrei; unfrankiert; **en ~ payé** frei(gemacht); frankiert **3** (*maintien*) (Körper)Haltung *f*; **~ de tête** Kopfhaltung *f* **4** MAR *d'un navire* **~ en lourd** Gesamtzuladungsgewicht *n* **5** BOT *d'un arbre* Wuchs *m* **6** MUS **~ de voix** Portament(o) *n*

portable [pɔʀtabl] A ADJ tragbar; **téléphone** *m* **~** Handy *n* B M **1** INFORM Laptop *m* **2** TÉL Handy *n*

portage [pɔʀtaʒ] M Transport *m* durch Träger

portail [pɔʀtaj] M **1** ARCH Portal *n*; *d'un parc* (großes) Tor; **~ gothique** gotisches Portal **2** INFORM Portal *n*

portance [pɔʀtɑ̃s] F AVIAT (dynamischer) Auftrieb

portant [pɔʀtɑ̃] A ADJ **1** CONSTR tragend; **mur ~** tragende Wand **2** LOC ADV **tirer à bout ~** e-n aufgesetzten Schuss abgeben; aus allernächster Nähe schießen **3** *personne* **être bien (mal) ~** (nicht) gesund, wohlauf sein; **il est bien, mal ~** *a.* es geht ihm gesundheitlich gut, schlecht B M **1** *t/t* (*anse*) (Metall)Griff *m* **2** THÉ *pour décors etc* Stütze *f*; Ständer *m*

portatif [pɔʀtatif] ADJ ⟨-ive⟩ *appareil* tragbar; **machine à écrire portative** Reise-, Kofferschreibmaschine *f*; **téléviseur ~** tragbares Fernsehgerät

Port-au-Prince [pɔʀopʀɛ̃s] *Hauptstadt von Haiti*

porte[1] [pɔʀt] F **1** Tür *f*; *d'une ville, d'un château* Tor *n* (*a. fig*); *fig du Paradis, de l'Enfer* Pforte *f*; ♦ *dans une entreprise etc* **journée** *f* **~s ouvertes** Tag *m* der offenen Tür; *fig* **enfoncer une ~ ouverte, des ~s ouvertes** offene Türen einrennen; *fig* **c'est la ~ ouverte à tous les abus** damit ist jedem Missbrauch Tür und Tor geöffnet; *fig* **laisser la ~ ouverte à des négociations** die Tür für *ou* zu Verhandlungen offen lassen; ♦ **~ à deux battants** Flügeltür *f*; *fig* **la ~ de …** das Tor zu …; **~ d'un appartement, d'une armoire** Wohnungs-, Schranktür *f*; **~ d'entrée** Eingangstür *f*; Haustür *f*; **~ d'un garage** Garagentür *f*, -tor *n*; **~ du jardin** Gartentür *f*, -tor *n*, -pforte *f*; **~ d'une maison** Haustür *f*; **~ de secours** Notausgang *m*; **~ de sortie** Ausgangstür *f*; *fig* **se ménager, se réserver une ~ de sortie** sich (*dat*) e-e Hintertür offen halten; ♦ *loc adv*: **habiter ~ à ~** Tür an Tür, Haus an Haus wohnen; → *a.* porte-à-porte; **à la ~** an, vor der Tür; **à la ~!** hinaus, raus (mit dir, ihm *etc*)!; **être à la ~** vor der Tür stehen (*a. sanction*); **mettre**, *fam* **flanquer**, *pop* **foutre qn à la ~** j-n vor die Tür, *fam* an die Luft setzen; *fam* j-n rausschmeißen, -werfen, -setzen; feuern; *par ext* **à ma, sa** *etc* **~** ganz in meiner, s-r *etc* Nähe; vor meiner, s-r *etc* Tür; **aux ~s de la ville** vor (den Toren) der Stadt; **de ~ en ~** von Tür zu Tür; von Haus zu Haus; **entre deux ~s** zwischen Tür und Angel; ♦ *fig* **entrer par la grande ~** sofort in e-e gehobene Stellung kommen; *fig* **entrer par la petite ~** unten anfangen; sich hocharbeiten; *fig* **toutes les ~s lui sont ouvertes (fermées)** ihm stehen alle Türen offen (ihm sind alle Türen verschlossen); **(fermez) la ~!** (bitte) Tür zu, Tür schließen!; *fig* **fermer, refuser sa ~ à qn** j-m sein Haus verbieten; *fig* **ouvrir sa ~ à qn** j-m sein Haus öffnen; *fig* **ouvrir la ~ à qc** e-r Sache (*dat*) Tür und Tor öffnen; **prendre la ~** zornig hinausgehen, die Tür hinter sich (*dat*) zumachen; *prov* **il faut qu'une ~ soit ouverte ou fermée** man muss sich für etwas entscheiden; entweder - oder; → *a.* forcer A 1, frapper B **2** AVIAT **~ (d'embarquement)** Flugsteig *m* **3** SLALOM Tor *n* **4** GÉOG **les Portes de Fer** das Eiserne Tor

porte[2] [pɔʀt] ADJ ANAT **veine** *f* **~** Pfortader *f*

porté [pɔʀte] ADJ **1** **être ~ à qc** zu etw neigen; **nous sommes ~s à croire que …** wir neigen zu der Annahme, wir möchten annehmen, dass …; **être ~ sur qc** e-e ausgesprochene Vorliebe, e-e Schwäche für etw haben; **être ~ sur la boisson** gern einen über den Durst trinken **2** PEINT **ombre ~e** Schlagschatten *m*

porte-à-faux [pɔʀtafo] M ⟨inv⟩ CONSTR Auskragung *f*; Überhang *m*; freitragender Teil; → *a.* porter[1] B 5

P

porte-à-porte [pɔʀtapɔʀt] M COMM Hausieren *n*; Hausierhandel *m*; *a. par ext* **faire du ~** von Tür zu Tür, von Haus zu Haus gehen; hausieren

porte-avions [pɔʀtavjõ] M ⟨*inv*⟩ MIL Flugzeugträger *m*

porte-bagages [pɔʀt(ə)bagaʒ] M ⟨*inv*⟩ *d'un vélo* Gepäckträger *m*; *dans un train etc* Gepäcknetz *n*; **porte-balais** M ⟨*inv*⟩ ÉLEC Bürstenhalter *m*; **porte-bébé** M ⟨*pl* porte-bébé(s)⟩ Babytragetasche *f*; **porte-bonheur** M ⟨*inv*⟩ Glücksbringer *m*; **porte-bouteilles** M ⟨*inv*⟩ *casier* Flaschenregal *n*, -gestell *n*; *égouttoir* Abtropfgestell *n* für Flaschen; **porte-cartes** M ⟨*inv*⟩ *pour papiers d'identité etc* Ausweistasche *f*, -hülle *f*; *pour cartes routières* Kartentasche *f*; **porte-cigarettes** M ⟨*inv*⟩ Zigarettenetui *n*; **porte-clefs** *ou* **porte-clés** M ⟨*inv*⟩ *anneau* Schlüsselring *m* (mit Anhänger); *étui* Schlüsseletui *n*; *panneau* Schlüsselbrett *n*; **porte-conteneurs** M ⟨*inv*⟩ MAR Containerschiff *n*; **porte-couteau** M ⟨*pl* porte-couteau(x)⟩ Messerbänkchen *n*; **porte-documents** M ⟨*inv*⟩ (Kolleg)Mappe *f*; **porte-drapeau** M ⟨*pl* porte-drapeau(x)⟩ **1** Fahnenträger *m* **2** *fig* Anführer(in) *m(f)*

portée [pɔʀte] F **1** ZOOL Wurf *m*; **une ~ de chiots** ein Wurf junger Hunde **2** *d'une arme* Reich-, Schuss-, Tragweite *f*; *d'un émetteur* Reichweite *f*; Sendebereich *m*; **canon** *m* **à grande, longue ~** weit tragendes Geschütz; **missile** *m* **à courte ~** Kurzstreckenrakete *f*; ♦ *loc adv*: **à ~ de la main** in Reichweite; griffbereit; greifbar; **à ~ du regard, de la vue** in Sichtweite; **à ~ de (la) voix** in Hör-, Rufweite; **à la ~ de qn** **a** in j-s Reichweite; für j-n erreichbar; griffbereit **b** (*accessible*) für j-n zugänglich → *a.* 3; **à la ~ de toutes les bourses** für jeden erschwinglich; **ne pas laisser des médicaments à la ~ des enfants** Medikamente so aufbewahren, dass sie für Kinder nicht zugänglich, unerreichbar sind; **°hors de la ~ de qn** **a** außer j-s Reichweite; für j-n unerreichbar **b** (*inaccessible*) für j-n nicht zugänglich, unzugänglich; **être °hors de la ~ des balles** außer Schussweite sein **3** *fig* (*capacité intellectuelle*) Fassungsvermögen *n*, -kraft *f*; **à la ~ de qn** für j-n verständlich, (er)fassbar, begreiflich; **à la ~ de tous** allgemein verständlich; für jedermann verständlich; **mettre qc à la ~ de qn** j-m etw verständlich, fassbar, begreiflich machen; **se mettre à la ~ de son auditoire** sich für s-e Zuhörer verständlich ausdrücken; sich dem geistigen Niveau s-r Zuhörer anpassen **4** *d'une décision, d'une invention etc* Tragweite *f*; Bedeutung *f*; *d'un argument* Überzeugungs-, Schlagkraft *f*; *de paroles, de critiques etc* Wirkung *f*; *d'un ouvrage a.* Widerhall *m*; **être d'une grande ~** *argument* große Überzeugungs-, Schlagkraft besitzen; sehr überzeugend, schlagkräftig sein; *paroles, livre* große Wirkung ausüben; großen Widerhall finden **5** CONSTR Spannweite *f* **6** MUS Liniensystem *n*; Notenlinien *fpl*

portefaix [pɔʀtəfɛ] M *autrefois* (Last)Träger *m*

porte-fenêtre [pɔʀt(ə)fənɛtʀ] F ⟨*pl* portes-fenêtres⟩ Fenstertür *f*; Terrassen-, Verandatür *f*

portefeuille [pɔʀtəfœj] M **1** *pour papiers etc* Brieftasche *f* **2** *d'un ministre* Geschäftsbereich *m*; Ressort *n*; Portefeuille *n*; **~ des Affaires étrangères** Ressort für auswärtige Angelegenheiten; **ministre** *m* **sans ~** Minister *m* ohne Geschäftsbereich, Portefeuille **3** FIN Portefeuille *n*; Wertpapierbestand *m* **4** LOC **faire un lit en ~** (zum Scherz) das Betttuch wie ein Etui falten **5** ADJT COUT **jupe** *f* **~** Wickelrock *m*

porte-flambeau [pɔʀt(ə)flɑ̃bo] M ⟨*pl* porte-flambeau(x)⟩ Fackelträger *m*; **porte-hélicoptères** M ⟨*inv*⟩ Hubschrauberträger *m*; **porte-jarretelles** M ⟨*inv*⟩ Strumpfhaltergürtel *m*; **porte-journaux** M ⟨*inv*⟩ Zeitungsständer *m*

portemanteau [pɔʀt(ə)mɑ̃to] M ⟨*pl* ~x⟩ Garderobe(nständer) *f(m)*; Kleiderablage *f*, -ständer *m*; *fam* **épaules** *fpl* **en ~** breite, eckige Schultern *fpl*

porte-mine ⟨*pl* porte-mine(s)⟩ *ou* **porte-mine** [pɔʀtəmin] M Druck-, Drehbleistift *m*

porte-monnaie [pɔʀt(ə)mɔnɛ] M ⟨*inv*⟩ Geldbeutel *m*; Portemonnaie *n*; *fig*: **avoir le ~ bien garni** *fam* ein dickes Portemonnaie, e-e dicke Brieftasche haben; **faire appel au ~ de qn** an j-s Freigebigkeit appellieren

porte-objet [pɔʀtɔbʒɛ] M ⟨*pl* porte-objet(s)⟩ OPT *lame* Objektträger *m*; *platine* Objekttisch *m*; **porte-outil** M ⟨*pl* porte-outil(s)⟩ TECH Werkzeughalter *m*

porte-parapluies [pɔʀt(ə)paʀaplɥi] M ⟨*inv*⟩ Schirmständer *m*; **porte-parole** M ⟨*inv*⟩ *personne* Wortführer *m*; Sprecher *m*; *journal* Sprachrohr *n*; **porte-plume** M ⟨*inv*⟩ Federhalter *m*

porter[1] [pɔʀte] **A** V/T **1** *fardeau, personne, fig: responsabilité* tragen; **mes jambes ne me portent plus** die Beine versagen mir den Dienst; meine Beine wollen nicht mehr; **~ à la main** in der Hand tragen; *enfant* **~ dans ses bras** auf dem *ou* im Arm, auf den Armen tragen **2** *vêtements, lunettes, décoration, bague* tragen; *vêtements, gants, chaussures a.* anhaben; *chapeau a.* aufhaben; **~ la barbe** e-n Bart tragen; **~ les cheveux longs** das Haar lang tragen **3** **~ le corps en avant** leicht vornübergeneigt gehen; **~ la tête °haute** den Kopf hochhalten **4** *nom, inscription, date, traces* tragen; *nom a.* führen; **il porte sa méchanceté sur son visage** die Bosheit steht ihm im Gesicht geschrieben; *document* **~ une mention** e-n Vermerk tragen; *personne* **~ un titre** e-n Titel führen **5** **a** (*prendre pour déposer*) (hin)bringen, (-)schaffen (**à** zu); *cuiller etc à la bouche* führen; MIL **portez - arme(s)!** das Gewehr - über!; **va lui ~ cette lettre!** bring, trag ihm diesen Brief hin *ou* diesen Brief zu ihm hin!; *argent* **~ à la banque** auf die *ou* zur Bank bringen, tragen, schaffen; **~ la main à son front** sich (*dat*) mit der Hand an die Stirn fassen, greifen; **~ au pouvoir** an die Macht bringen; *litige* **~ devant les tribunaux** vor Gericht bringen; **~ qc à nettoyer, un film à développer** etw zur Reinigung, e-n Film zum Entwickeln bringen *ou* geben **b** (*élever*) bringen (**à** auf +*acc*); *température* **~ à cent degrés** auf hundert Grad bringen; *somme, honoraires etc* **~ à mille euros** auf tausend Euro heraufsetzen, erhöhen, steigern; **~ le nombre des victimes à dix** die Zahl der Opfer auf zehn erhöhen **c** *jalousie, déboires etc* **~ qn à qc** j-n zu etw bringen, treiben, verleiten, verführen; **tout porte à croire que ...** alles legt die Vermutung nahe, lässt darauf schließen, spricht dafür, dass ...; → *a.* **porté** 1 **6** *en loc avec subst*: **~ bonheur, malheur** Glück, Unglück bringen; **~ un jugement sur qn, qc** ein Urteil über j-n, etw abgeben; → *a.* **atteinte** 2, **plainte** 3, **toast** 1 **7** (*inscrire*) eintragen (**sur** in +*acc*); **~ qn absent** j-n als abwesend, fehlend führen; **se faire ~ malade** sich krankmelden; sich krankschreiben lassen; *somme* **~ à l'actif, à l'avoir, au crédit** gutschreiben; **~ sur une liste** *a.* auf e-e Liste setzen **8** *arbre et fig* **~ des fruits** Früchte tragen **9** *sentiments, intérêt* entgegenbringen (**à qn** j-m); **~ une reconnaissance éternelle à qn** j-m ewig dankbar sein; **malgré le respect que je lui porte** ungeachtet meiner Wertschätzung für ihn **10** (*diriger*) *regard, attention* **~ sur qn, qc** auf j-n, etw richten, lenken; **~ un débat sur le plan politique** e-r Debatte e-e Wendung ins Politische geben; **~ son effort sur qc** s-e Anstrengungen auf etw konzentrieren **11** ZOOL *femelles* tragen (*surtout abs*) **B** V/I **1** *voix* gut, weit tragen; **~ loin** *canon* weit tragen; *fusée* weit reichen; *canon, fusée a.* e-e große Reichweite haben; **aussi loin que porte la vue** so weit das Auge reicht **2** (*avoir de l'effet*) wirken; s-e Wirkung nicht verfehlen; **~ juste** *coup* treffen; sitzen; *remarque* sitzen; **ça a porté!** das saß!; der Hieb hat gesessen! **3** **~ sur** **a** *poids, édifice* ruhen auf (+*dat*) **b** *accent* liegen auf (+*dat*) **c** *litige* gehen um; *rapport etc* zum Inhalt, Gegenstand haben (+*acc*); behandeln (+*acc*); *critiques, remarque* sich beziehen auf, sich richten gegen, betreffen (+*acc*); *remarque a.* abzielen auf (+*acc*); **il a fait ~ sa conférence sur ...** er hat in s-m Vortrag ... behandelt **d** *fam* **~ sur les nerfs** auf die Nerven gehen, fallen (**à qn** j-m) **e** *il est tombé,* **sa tête a porté sur une pierre** und schlug mit dem Kopf auf e-n Stein auf **4** *l'alcool* **lui porte à la tête** steigt ihm zu Kopfe **5** CONSTR *loc adj* **en porte à faux** (*pas d'aplomb*) schief; nicht lotrecht; (*en surplomb*) auskragend; vorspringend; überhängend; freitragend; *fig* **être en porte à faux** in e-r heiklen, peinlichen, schwierigen Situation sein **C** V/PR **1** *personne* **il se porte bien, mal** es geht ihm (gesundheitlich) gut, schlecht; sein Befinden ist gut, schlecht **2** **se ~ acquéreur** als Käufer auftreten; → *a.* **candidat, garant** 3 **3** *st/s* **se ~ à des excès** sich zu Exzessen hinreißen lassen; *st/s* **se ~ à la rencontre de qn** sich zu e-r Zusammenkunft mit j-m begeben **4** *sang* **se ~ à la tête** in den Kopf steigen; **se ~ sur qn** *regard* sich auf j-n richten; zu j-m hingehen; *soupçons* sich gegen j-n richten; *a. choix* auf j-n fallen; *mauvaise grippe* **se ~ sur les bronches** sich auf die Bronchien legen **5** *sens passif: vêtements* **se ~** getragen werden

porter[2] [pɔʀtɛʀ] M *bière* Porter *m ou n*

porte-revues [pɔʀt(ə)ʀəvy] M ⟨*inv*⟩ Zeitschriftenständer *m*; **porte-savon** M ⟨*pl* porte-savon(s)⟩ Seifenschale *f*, -ablage *f*; **porte-serviettes** M ⟨*inv*⟩ Handtuchhalter *m*; **porte-skis** M ⟨*inv*⟩ AUTO Skiträger *m*

porteur [pɔʀtœʀ] **A** M **1** CH DE FER Gepäckträger *m*; Dienstmann *m*; *dans une expédition* (Last)Träger *m*; *autrefois* **~ d'eau** Wasserträger *m*; MÉD **~ de germes** Bazillen-, Keimträger *m* **2** (*messager*) **~, porteuse** *m,f* Bote *m*, Botin *f*; *de nouvelles a.* Überbringer(in) *m(f)*; **~, porteuse** *m, f* **de journaux** Zeitungs(aus)träger(in) *m(f)*; *fam* Zeitungsmann, -frau *m,f*; **~ de télégrammes** Telegrammbote *m* **3** FIN *d'un titre* Inhaber *m*; *d'un chèque a.* Überbringer *m*; *loc adj* **au ~** Inhaber...; auf den Inhaber lautend; **payable au ~** an Überbringer; *par ext* **être ~ de faux papiers** im Besitz falscher Papiere sein **B** ADJ ⟨-euse⟩ **1** TECH Träger...; TÉLÉCOMMUNICATIONS **courant ~** Trägerstrom *m*; **onde porteuse** Trägerwelle *f*, -frequenz *f*; *t/t* Träger *m*; **fusée porteuse** Trägerrakete *f* **2** **avion gros ~** Großraumflugzeug *n* **3** **mère porteuse** Leihmutter *f* **4** ÉCON *secteur, industries* gewinnträchtig; die Konjunktur tragend

porte-vélo [pɔʀtəvelo] M ⟨*pl* porte-vélo(s)⟩ AUTO Fahrradträger *m*

porte-voix [pɔʀtəvwa] M ⟨*inv*⟩ Megafon *n*; Sprachrohr *n*; Schalltrichter *m*; **mettre ses mains en ~** die Hände trichterförmig, als Schalltrichter an den Mund legen

portier [pɔʀtje] M **1** (Hotel)Portier *m*; Pförtner *m* (*a. d'un couvent*); *adjt* **sœur** *f* **portière** Schwester *f* Pförtnerin **2** **~ électronique**

P

elektronisches Türschloss (mit Sprechanlage)

portière [pɔʀtjɛʀ] F **1** CH DE FER, AUTO (Wagen)Tür f; **voiture** f **à deux, quatre ~s** zwei-, viertürige Wagen **2** *tenture* Türvorhang m; Portiere f

portillon [pɔʀtijõ] M *d'un passage à niveau* Seitentürchen n (für Fußgänger); *dans le métro* **~ automatique** automatisch schließende Bahnsteigsperre; *fam fig* **ça se bouscule au ~** er *ou* sie verhaspelt, verheddert sich

portion [pɔʀsjõ] F **1** CUIS Portion f; **une bonne ~ de viande** e-e reichliche, große Fleischportion **2** *d'un tout* (Teil)Stück n; Teil m *ou* n; *dans un partage* Anteil m (**de** an *+dat*); *d'une route etc* Abschnitt m; Teilstrecke f

portique [pɔʀtik] M **1** ARCH Portikus m; Säulenhalle f **2** SPORTS Turngerüst n; **~ de balançoire** Schaukelgerüst n **3** TECH **~ (roulant)** Portal-, Bock-, Torkran m

porto [pɔʀto] M Portwein m; **verre** m **à ~** Südwein-, Süßweinglas n

portoricain [pɔʀtɔʀikɛ̃] **A** ADJ puertoricanisch **B** SUBST **Portoricain(e)** m(f) Puertoricaner(in) m(f)

Porto Rico [pɔʀtoʀiko] Puerto Rico n

Porto-Vecchio [pɔʀtovɛkjo] *Stadt auf Korsika*

portrait [pɔʀtʀɛ] M **1** PEINT, PHOT Porträt n (*a. fig*); *st/s* Bildnis n; **~ de famille** Familienbild n; **~ en pied** ganzfigürliches Bildnis; Ganzfigur f; *fig enfant* **être tout le ~ de son père** das Ebenbild, das getreue Abbild des Vaters sein; ganz der Vater sein; **faire le ~ de qn** **a** PEINT ein Porträt von j-m malen; j-n porträtieren; PHOT ein Porträt von j-m machen, aufnehmen **b** *fig* (*a.* **tracer le ~ de qn**) ein Porträt, Charakterbild von j-m zeichnen, geben; j-n porträtieren; *fam fig* **il s'est fait abîmer, démolir le ~** *fam* man hat ihm die Fassade demoliert; *plais* **se faire tirer le ~** sich fotografieren, *fam* knipsen lassen **2** *genre:* PEINT Porträtmalerei f; PHOT Porträt(fotografie) n(f) **3** **jeu** m **du ~** Personenraten n

portraitiste [pɔʀtʀɛtist] M/F PEINT Porträtist(in) m(f); Porträtmaler(in) m(f)

portrait-robot [pɔʀtʀɛʀɔbo] M ⟨pl portraits-robots⟩ Phantombild n; Fahndungsskizze f

portraiturer [pɔʀtʀɛtyʀe] *iron* VT porträtieren

Port-Saïd [pɔʀsaid] GÉOG Port Said n

port-salut [pɔʀsaly] M ⟨inv⟩ *ein frz Schnittkäse*

Port-Soudan [pɔʀsudɑ̃] GÉOG Port Sudan n

portuaire [pɔʀtɥɛʀ] ADJ Hafen…; **installations** fpl **~s** Hafenanlagen fpl

portugais [pɔʀtygɛ] **A** ADJ portugiesisch **B** SUBST **1** **Portugais(e)** m(f) Portugiese, -giesin m,f **2** LING **le ~** das Portugiesische; Portugiesisch n **3** ZOOL **~e** f Auster f (der Gattung Gryphea) **4** *fam fig* **avoir les ~es ensablées** *fam* auf den Ohren sitzen; *fam* Tomaten auf den Ohren haben; keine Ohren haben

Portugal [pɔʀtygal] **le ~** Portugal n

POS [peoɛs] M ABR (plan d'occupation des sols) Flächennutzungsplan m

pose [poz] F **1** *d'un compteur etc* Anbringung f; Installierung f; Installation f; *d'une serrure a.* Einbau m; *de câbles, de rails, de carrelage, d'une moquette etc* Verlegung f; *de rideaux* Anbringung f; Anmachen n; Aufhängen n; **(cérémonie** f **de la) ~ de la première pierre** (feierliche) Grundsteinlegung (**d'un bâtiment** zu e-m Gebäude); **~ de voies ferrées** Gleisverlegung f **2** (*attitude* [*d'un modèle*]) (Körper)Haltung f; Stellung f; *affectée* Pose f; **garder la ~** in dieser Stellung, Haltung bleiben; so bleiben; **prendre une ~** *fam* sich in Positur setzen, stellen, werfen **3** PHOT Belichtung f; **temps** m **de ~** Belichtungszeit f

posé [poze] ADJ **1** *personne, caractère* gesetzt; ruhig; bedächtig **2** MUS *voix* **bien, mal ~e** mit gutem, schlechtem Registerausgleich

Poséidon [pɔzeidõ] M MYTH Poseidon m

posément [pozemɑ̃] ADV → posé 1

posemètre [pozmɛtʀ] M PHOT Belichtungsmesser m

poser [poze] **A** VT **1** *objet* **a** (*placer*) (hin)stellen, (-)setzen, (-)legen; **~ à** *ou* **par terre** auf die Erde, auf den Boden stellen, setzen; nieder-, absetzen; *échelle* **~ contre le mur** an die Mauer lehnen; **~ sur qc** *objet* auf etw (*acc*) stellen, legen, *main, doigts* legen, *pied* stellen, setzen; **~ son regard sur qn, qc** s-n Blick auf j-n, etw richten **b** (*déposer*) ablegen; abstellen; absetzen; weg-, niederlegen; aus der Hand legen **2** (*installer*) *compteur etc* anbringen; installieren; *serrure a.* einbauen; *tuyaux, rails, câbles, carrelage, moquette etc* (ver)legen; *rideaux* anbringen; anmachen; aufhängen; *bombe,* MIL *mines* legen **3** *principe, équation* aufstellen; *question, condition* stellen; *qc: un problème* aufwerfen; darstellen; bilden; mit sich bringen; **ça me pose des problèmes** das stellt mich vor Probleme; **~ une question à qn** j-m e-e Frage stellen (**sur** über *+acc*); *loc* **ceci posé** dies vorausgesetzt; unter dieser Annahme; → *a.* candidature **4** (*donner du prestige*) **~ qn** j-m Ansehen verschaffen; *une voiture comme ça,* **ça pose!** das sieht nach etwas aus, stellt etwas dar, macht Eindruck! **5** MATH *chiffre* (hin)schreiben; *trente-quatre,* **je pose quatre et je retiens trois** ich schreibe vier hin und merke mir drei **B** VI **a** *pour un portrait etc* Modell stehen *ou* sitzen **b** posieren; schauspielern; **~ pour la galerie** auf Wirkung bedacht sein; nach (billigen) Effekten haschen **C** V/PR **1** **se ~** *personne, oiseau* sich setzen (**sur** auf *+acc*); sich niederlassen (auf *+dat*); *avion* aufsetzen; (*atterrir*) niedergehen; landen; *regard* sich richten (**sur** auf *+acc*); **une main se posa sur son épaule** e-e Hand legte sich ihm auf die Schulter **2** **se ~** *question* sich stellen; sich erheben; auftauchen; *problème* entstehen; auftreten; auftauchen **3** *personne* **se ~ en** sich aufwerfen zu; auftreten als; **se ~ en justicier** sich zum Rächer aufwerfen **4** *fam pour insister* **comme imbécile, il se pose (un peu) là!** *fam* er ist ein ausgemachter Dummkopf!; dümmer geht es nicht mehr!

poseur [pozœʀ] M, **poseuse** F **1** (*prétentieux, -euse*) Angeber(in) m(f); Effekthascher m; Poseur m; *adjt* **être poseur, poseuse** ein(e) Angeber(in), ein Effekthascher sein; affektiert sein; (ganz gut) schauspielern **2** M **poseur de bombes** Bombenleger m; **poseur de parquet** Parkettleger m

positif [pozitif] **A** ADJ ⟨-ive⟩ **1** *réponse, réaction,* MÉD, ÉLEC, MATH positiv; GRAM *phrase* bejahend; ÉLEC **charge positive** positive Ladung; **critique positive** positive, konstruktive Kritik; MATH **nombre ~** positive Zahl; ÉLEC **pôle ~** Pluspol m; **proposition positive** positiver, konstruktiver Vorschlag **2** *personne* **esprit ~** Realist(in) m(f); Tatsachenmensch m; realistisch, nüchtern denkender Mensch **3** (*assuré*) feststehend; unbestreitbar; bewiesen; (*réel*) tatsächlich; effektiv; (*concret*) greifbar; konkret **4** GRAM **adjectif ~** Adjektiv n im Positiv, in der Grundstufe; **degré ~** Positiv m; Grundstufe f **5** JUR **droit ~** positives Recht **B** M **1** PHIL **le ~** das Tatsächliche, Greifbare **2** PHOT Positiv n **3** GRAM Positiv m; Grundstufe f

position [pozisjõ] F **1** *d'une personne* (*posture*) Stellung f; Haltung f; Position f; *d'un levier, d'un verrou etc* Stellung f; **en ~ couchée** in liegender Stellung; **j'étais assis dans une fausse ~** ich habe irgendwie falsch, ungeschickt gesessen; **~ horizontale** Horizontallage f; *fam* **prendre la ~ horizontale** sich hinlegen; sich schlafen legen; **~ inclinée** geneigte Haltung; Schrägstellung f, -lage f; **~ (in)stable** fester (unsicherer) Stand; **~ de départ** Ausgangsstellung f (*a.* SPORTS); **~ des jambes, des mains** Bein-, Handhaltung f, -stellung f **2** *dans l'amour physique* Stellung f **3** *d'une personne* (*situation*) Lage f; Situation f; **être dans une ~ critique** in e-r kritischen Lage, Situation sein **4** AVIAT, MAR Standort m; Position f; **signaler la ~** den Standort, die Position angeben **5** *dans une hiérarchie, une série* Position f; Platz m; Stelle f; SPORTS: **arriver en première ~** als Erster durch das Ziel gehen; **être en troisième ~** in dritter Position, an dritter Stelle, auf dem dritten Platz liegen **6** MIL Stellung f; **~ défensive** Abwehr-, Verteidigungsstellung f; *fig* **avoir une ~ défensive** sich defensiv verhalten; in der Defensive sein; **prendre une ~** e-e Stellung (ein)nehmen; **prendre ~** Stellung beziehen; in Stellung gehen; → *a.* 6 **7** *fig* (*point de vue*) Standpunkt m; Ansicht f (**sur** über *+acc*); Position f; **prise** f **de ~** Stellungnahme f (**sur une question** zu e-r Frage); **prendre ~** Stellung nehmen (**sur** zu; **pour, contre** für, gegen); **rester sur ses ~s** auf s-m Standpunkt beharren; bei s-n Ansichten bleiben **8** (*condition sociale*) (hohe) Position, Stellung; *d'un fonctionnaire* dienstliche Stellung; **~ sociale** soziale Stellung; ÉCON **~ de monopole** Monopolstellung f **9** MUS Lage f **10** *d'un compte bancaire* Kontostand m

positionner [pozisjɔne] VT **1** *compte bancaire* den Kontostand ermitteln (*+gén*) **2** ÉCON *produit* positionieren

positivement [pozitivmɑ̃] ADV **1** (*réellement*) wirklich; faktisch; effektiv **2** (*opposé: négativement*) *se développer etc* positiv **3** ÉLEC **chargé ~** positiv geladen

positiver [pozitive] VI eine positive Sichtweise einnehmen; positiv denken

positivisme [pozitivism] M PHIL Positivismus m; **positiviste** PHIL **A** ADJ positivistisch **B** M/F Positivist(in) m(f)

positivité [pozitivite] F ÉLEC positiv-elektrischer Zustand

posit(r)on [pozit(ʀ)õ] M PHYS NUCL Positron n

posologie [pɔzɔlɔʒi] F PHARM Dosierung f

possédant [pɔsedɑ̃] **A** ADJ **la classe ~e** die besitzende Klasse **B** MPL **les ~s** die Besitzenden mpl

possédé [pɔsede] **A** ADJ *du démon* besessen (**de** von) **B** SUBST **~(e)** m(f) Besessene(r) m/f(m); **se démener comme un ~** wie ein Wahnsinniger toben

posséder [pɔsede] ⟨-è-⟩ **A** VT **1** (*détenir, avoir*) *biens, expérience, qualité etc* besitzen **2** *langue, sujet etc* beherrschen; *métier a.* verstehen; *rôle* können; *auteur* gut, gründlich kennen; **~ une langue** *a.* e-r Sprache (*gén*) mächtig sein **3** *femme* besitzen **4** *jalousie etc* **~ qn** j-n beherrschen **5** *fam fig* (*tromper*) **~ qn** *fam* j-n hereinlegen, reinlegen, hinters Licht führen **B** V/PR *st/s* **ne plus se ~** die Beherrschung verlieren

possesseur [pɔsɛsœʀ] M JUR *d'un bien* Besitzer m; *d'un diplôme, d'un titre* Inhaber m

possessif [pɔsesif] ADJ ⟨-ive⟩ **1** GRAM **adjectif ~** attributives Possessivpronomen; **pronom ~** *ou subst* **~** m (allein stehendes) Possessivpronomen, besitzanzeigendes Fürwort **2** *personne, caractère* Besitz ergreifend

possession [pɔsɛsjõ] F **1** Besitz m (*a.* JUR); **prise** f **de ~** Besitzergreifung f, -nahme f;

avoir qc en sa ~, être en ~ de qc im Besitz e-r Sache (*gén*) sein; etw besitzen; être en (pleine) ~ de toutes ses facultés im Vollbesitz s-r geistigen Kräfte sein; voll zurechnungsfähig sein; être en (pleine) ~ de ses moyens im Vollbesitz s-r Kräfte sein; *sportif, candidat* gut in Form sein; *chose* être en la ~ de qn in j-s Besitz sein; sich in j-s Besitz befinden; prendre ~ de qc von etw Besitz ergreifen; etw in Besitz nehmen; prendre ~ des lieux (sofort) von allem Besitz ergreifen; *chose* tomber en la ~ de qn in j-s Besitz gelangen 2 *d'une femme* Besitzen *n* 3 PSYCH (délire *m* de) ~ Besessenheit *f* 4 HIST les ~s d'outre-mer die überseeischen Besitzungen *fpl*

possibilité [pɔsibilite] F 1 Möglichkeit *f*; ~s d'utilisation Verwendungsmöglichkeiten *fpl*; avoir la ~ de (*+inf*) die Möglichkeit haben zu (*+inf*); si j'en ai la ~ wenn ich die Möglichkeit dazu habe; donner à qn la ~ de (*+inf*) j-m die Möglichkeit geben, bieten zu (*+inf*); je ne vois pas la ~ de (*+inf*) ich sehe keine Möglichkeit zu (*+inf*) 2 ~s *pl* a (finanzielle) Möglichkeiten *fpl* b *intellectuelles* Fähigkeiten *fpl*; Können *n*; Möglichkeiten *fpl*

possible [pɔsibl] A ADJ möglich; le meilleur des mondes ~s die beste aller möglichen Welten; il y a trois solutions ~s à ce problème es gibt drei Lösungsmöglichkeiten für dieses Problem; faire toutes les bêtises ~s alle möglichen Dummheiten machen; ♦ *loc adv*: aussi tôt que ~ so bald wie *ou* als möglich; möglichst bald; autant que ~ so weit wie *ou* als möglich; soweit das möglich ist; aussi bien que ~ *ou* le mieux ~ so gut wie *ou* als möglich; möglichst gut; le moins ~ so wenig wie *ou* als möglich; möglichst wenig; le moins de fautes ~ so wenig Fehler wie *ou* als möglich; möglichst wenig Fehler; le plus ~ so viel wie *ou* als möglich; möglichst viel; il se dépêche le plus ~ er beeilt sich, so sehr es irgend geht; le plus grand nombre ~ de personnes die größtmögliche Personenzahl; le plus souvent, tôt, vite ~ möglichst oft, bald, schnell; so oft, bald, schnell wie *ou* als möglich; ♦ c'est (très, bien) ~ das ist (gut, leicht, schon, wohl) möglich; *elliptiquement* ~! möglich!; si (c'est) ~ wenn (es) möglich (ist); nach Möglichkeit; möglichst; tunlichst; *étonnement* (ce n'est) pas ~!, *plus fort fam* c'est pas Dieu ~! (das ist doch) nicht möglich!; ist das möglich!; ist das (denn) die Möglichkeit!; il est ~ de (*+inf*) *ou* que … (*+subj*) es ist möglich, es kann sein, dass …; möglicherweise …; *fam* ~ que … möglich, dass … B SUBST le ~ das Mögliche; faire (tout) son ~ sein Möglichstes tun (pour *+inf* um zu *+inf*; pour que … *+subj* damit …); ♦ *loc adv*: *aimable, gentil etc* au ~ äußerst …

post… [pɔst] *préfixe* nach…; Nach…; post…; Post…; → *les articles suivants*

postage [pɔstaʒ] M ADMIN Aufgeben *n*

postal [pɔstal] ADJ ⟨-aux⟩ Post…; postalisch; boîte ~e (*abr* BP) Postfach *n*; carte ~e (Ansichts)Postkarte *f*; Ansichtskarte *f*; code ~ Postleitzahl *f*

postbac [pɔstbak] ADJ ⟨*inv*⟩ classes *fpl* ~ Klassen *fpl* im Anschluss an das „baccalauréat"

postclassique [pɔstklasik] ADJ LITTÉRATURE nachklassisch; **postcombustion** F AVIAT Nachverbrennung *f*; **postcure** F MÉD Nachkur *f*; **postdate** F ADMIN späteres, jüngeres Datum

postdater [pɔstdate] V/T vor-, vorausdatieren; *adjt* chèque postdaté vordatierter Scheck

poste¹ [pɔst] F 1 *administration* Post® *f*; bureau *m* de ~ Post® *f*; Postamt *n*; bureau *m* de ~ central Hauptpost(amt) *f(n)*; employé *m* des ~s Postbeamte(r) *m*; par la ~ per Post®; mit der *ou* durch die Post® 2 (*bureau de ~*) Post® *f*; Postamt *n*; ~ restante postlagernd; aller à la ~ auf die *ou* zur Post® gehen; *lettre* mettre à la ~ aufgeben; zur Post® geben; einwerfen 3 HIST Poststation *f*, -halterei *f*; maître *m* de ~ Postmeister *m*, -halter *m*

poste² [pɔst] M 1 MIL Posten *m*; ~ de commandement (*abr* PC) Befehlsstelle *f* (*a. par ext*); Gefechtsstand *m*; ~ d'observation Beobachtungsposten *m*; *par ext* ~ (de police) Polizeiwache *f*; abandonner, quitter son ~ s-n Posten verlassen; *fig* être, rester à son ~ auf s-m Posten sein *ou* stehen, bleiben; da bleiben, wo man ist 2 (*emplacement technique*) Stelle *f*; TÉL Nebenstelle *f*, -anschluss *m*; ~ frontière Grenzübergang *m*; MAR ~ à quai Liegeplatz *m* am Kai; CH DE FER ~ d'aiguillage Stellwerk *n*; ~ d'appel d'urgence Notrufsäule *f*; ~ de contrôle Kontrollstelle *f*; ~ d'essence Tankstelle *f*; ~ d'incendie Feuerlöschanlage *f*; AVIAT ~ de pilotage Cockpit *n*; ~ de secours Unfallstation *f*; Rettungsstelle *f*; TÉL passez-moi le ~ dix! verbinden Sie mich mit Apparat zehn! 3 (*emploi*) Posten *m*; Stelle *f*; Stellung *f*; Position *f*; (*charge*) Amt *n*; ~ vacant offene, freie Stelle; ~ de confiance Vertrauensstellung *f*; ~ de directeur Direktorposten *m*; ~ d'instituteur, de professeur Lehrerstelle *f*; *fam fig* être solide, fidèle au ~ *fam* die Stellung halten; *fonctionnaire* être en ~ à … in … tätig, eingesetzt sein 4 (*équipe*) (Arbeits)Schicht *f*; ~ de nuit Nachtschicht *f* 5 RAD, TV Gerät *n*; Apparat *m*; ~ émetteur-récepteur Funkgerät *n*; ~ de radio, de télévision Radio- *ou* Rundfunk-, Fernsehapparat *m*, -gerät *n*; *par ext* (*émetteur*) ~ (de radio) Rundfunkstation *f*, (-)Sender *m* 6 *d'un budget* Posten *m*

posté [pɔste] ADJ travail ~ Schichtarbeit *f*

poster¹ [pɔste] V/T 1 (*a.* V/PR se) ~ (sich) postieren, aufstellen; ~ des sentinelles *a.* Wachen ausstellen 2 *lettre* aufgeben; einwerfen; zur Post® geben

poster² [pɔstɛʀ] M Poster *n ou m*

postérieur [pɔsteʀjœʀ] A ADJ 1 *dans le temps* später (à qc als etw); être ~ à qc (zeitlich) nach e-r Sache (*dat*) liegen; le document est ~ à l'année 1800 *a.* das Dokument stammt aus e-r Zeit nach dem Jahr 1800 2 ANAT hintere(r, -s); Hinter… 3 PHON a ~ dunkles, velares a; voyelle ~e Hinterzungenvokal *m* B M *fam* Hintern *m*; Hinterteil *n*

postérieurement [pɔsteʀjœʀmɑ̃] ADV ~ à später als

posteriori → a posteriori

postériorité [pɔsteʀjɔʀite] F Spätersein *n*, -liegen *n*

postérité [pɔsteʀite] F *st/s* 1 (*générations futures*) Nachwelt *f*; laisser à la ~ der Nachwelt hinterlassen; passer à la ~ der Nachwelt überliefert werden; in der Nachwelt fortleben 2 (*descendants*) Nachkommen(schaft) *mpl(f)*; Nachfahren *mpl*; *fig d'un auteur etc* geistige Erben *mpl*

postface [pɔstfas] F *rarement* Nachwort *n*

postglaciaire [pɔstglasjɛʀ] ADJ GÉOL nacheiszeitlich; postglazial

posthume [pɔstym] ADJ postum *ou* posthum; *ouvrage a.* nachgelassen; œuvres *fpl* ~s *a.* literarischer Nachlass; à titre ~ post(h)um

postiche [pɔstiʃ] A ADJ *cheveux, barbe* falsch; unecht B M Haarteil *n*; *pour hommes* Toupet *n*

postier [pɔstje] M, **postière** F Postbedienstete(r) *m/f(m)*, -beamte(r), -beamtin *m,f*, -angestellte(r) *m/f(m)*

postillon [pɔstijɔ̃] M 1 *autrefois* Postillion *m* 2 (*gouttelette de salive*) Speicheltröpfchen *n*; envoyer des ~s → postillonner

postillonner [pɔstijɔne] V/I e-e feuchte Aussprache haben; il me postillonnait dans la figure sein Speichel, s-e Spucke sprühte mir ins Gesicht

post-it® [pɔstit] M ⟨*inv*⟩ Haftnotiz *f*

postmoderne [pɔstmɔdɛʀn] ADJ ARCH *etc* postmodern; **postmodernisme** M ARCH *etc* Postmoderne *f*; **postnatal** ADJ nach der Geburt (erfolgend, eintretend); **postopératoire** ADJ MÉD nach der Operation (erfolgend); *t/t* postoperativ; **postposer** V/T GRAM nachstellen; **postposition** F GRAM 1 Postposition *f*; dem Bezugswort nachgestellte Präposition 2 Stellung *f* hinter dem Bezugswort; **postromantique** ADJ auf die Romantik folgend; nachromantisch; **postscolaire** ADJ auf die Schule folgend; weiterbildend

post-scriptum [pɔstskʀiptɔm] M ⟨*inv*⟩ Postskript(um) *n*; Nachschrift *f*

postsynchronisation [pɔstsɛ̃kʀɔnizasjɔ̃] F CINÉMA Nachsynchronisierung *f*

postulant [pɔstylɑ̃] M, **postulante** F Bewerber(in) *m(f)*; Anwärter(in) *m(f)*; REL Postulant(in) *m(f)*; **postulat** M PHIL Postulat *n*

postuler [pɔstyle] V/T 1 ADMIN sich bewerben (un emploi um e-e Stelle) 2 PHIL postulieren

posture [pɔstyʀ] F (Körper)Haltung *f*; Stellung *f*; Positur *f*; *fig* être en bonne (mauvaise) ~ in e-r guten, günstigen (üblen) Lage sein; gut (schlecht) dran sein

pot [po] M 1 Topf *m*; *pour liquides a.* Krug *m*; Kanne *f*; *all Sud a.* Hafen *m*; *all Nord a.* Pott *m*; ~ à eau Wasserkrug *m*; ~ à lait Milchtopf *m*, -kanne *f*; ~ à moutarde Mostrich-, Senftopf *m*; ~ à tabac a Tabakdose *f* b *fam fig d'une femme fam* dicke Nudel; ~ (de chambre) (Nacht)Topf *m*; Nachtgeschirr *n*; mettre un enfant sur le ~ ein Kind auf den Topf setzen; ~ de colle Leimtopf *m*; Klebstoffdose *f*; *fam fig* quel ~ de colle! *fam* er *ou* sie ist die reinste Klette!; ~ de confiture Marmeladentopf *m*, -glas *n*; ~ de crème Cremedose *f*, -tiegel *m*; ~ de fleurs Blumentopf *m*; ~ de peinture Farbtopf *m*; Topf *m* Farbe; *fam fig d'une femme trop maquillée* un vrai ~ de peinture *fam* der reinste Mal-, Tuschkasten; ~ de yaourt Becher *m* Joghurt; Joghurtbecher *m*; *fig* découvrir le ~ aux roses [pɔtoʀoz] hinter das Geheimnis kommen; dahinterkommen; der Sache auf die Spur kommen; être sourd comme un ~ stocktaub, völlig taub sein; *fig* payer les ~s cassés für den Schaden aufkommen, die Zeche bezahlen, für alles geradestehen müssen; *fam* prendre, boire un ~ (mit j-m) etwas trinken gehen; *fam* zusammen einen heben; inviter qn à prendre un ~ j-n zu e-m Drink, zu e-m Glas Wein, zu e-m Bier einladen; *fig* tourner autour du ~ wie die Katze um den heißen Brei (herum)gehen; *fam* herumdrucksen 2 AUTO ~ d'échappement Auspufftopf *m*; ~ catalytique Katalysator *m*; *fam* Kat *m*; *fam* rouler plein ~ mit Vollgas fahren; *fam* auf die Tube drücken 3 *fam* (*chance*) Glück *n*; avoir du ~ *fam* Schwein haben; c'est un coup de ~! *fam* da habe ich, hat er *etc* aber Schwein (gehabt)!; manque *m* de ~! *ou* pas de ~! *fam* Pech (gehabt)! 4 *fam* se magner le ~ → popotin 5 POKER Pott *m*

potable [pɔtabl] ADJ 1 eau *f* ~ Trinkwasser *n*; eau non ~! kein Trinkwasser! 2 *fam* (*passable*) leidlich; passabel; einigermaßen (gut); halbwegs gut; ganz annehmbar

potache [pɔtaʃ] M *fam* Pennäler *m*

potage [pɔtaʒ] M Suppe *f*

potager [pɔtaʒe] ADJ ⟨-ère⟩ Gemüse…; jardin ~ *ou subst* ~ *m* Gemüsegarten *m*; plantes

P

potagères Gemüsepflanzen *fpl*
potasse [pɔtas] F 1 CHIM, AGR Kali *n*; **mine** *f* **de ~** Kaligrube *f*, -bergwerk *n* 2 CHIM, TECH **~ (carbonatée)** Pottasche *f*
potasser [pɔtase] V/T *fam* büffeln, ochsen, pauken (**son droit** Jura; **un examen** für ein Examen)
potassique [pɔtasik] ADJ CHIM Kali...; **engrais** *m* **~** Kalidünger *m*
potassium [pɔtasjɔm] M CHIM Kalium *n*
pot-au-feu [pɔtofø] M ‹inv› 1 CUIS *Eintopf aus Suppenfleisch und verschiedenen Gemüsen* 2 BOUCHERIE (Stück *n*) Suppenfleisch *n* (zum „pot-au-feu") 3 ADJT *fam* → **popote** 3
pot-de-vin [podvɛ̃] M ‹*pl* pots-de-vin› Bestechungs-, Schmiergeld *n*
pote [pɔt] *fam* M Freund *m*; *fam* Kumpel *m*; *devise antiraciste* **ne touche pas à mon ~!** lass meinen Kumpel in Frieden!
poteau [pɔto] M ‹*pl* ~x› Pfosten *m* (*a.* SPORTS); **~ indicateur** Wegweiser *m*; **~ télégraphique** Telegrafenmast *m*, -stange *f*; COURSES **~ d'arrivée, de départ** Ziel-, Startpfosten *m*; *cheval* **rester au ~** den Start verweigern; **~ de béton, de bois, de métal** Beton-, Holz-, Metallpfosten *m*; **~ d'exécution** Erschießungspfahl *m*; **au ~!** stellt ihn an die Wand!; **envoyer, mettre au ~** erschießen; an die Wand stellen; *fig* **avoir (des jambes comme) des ~x** hässliche dicke Beine, *fam* Elefantenbeine haben; → *a.* **coiffer** A 5
potée [pɔte] F CUIS *Eintopf aus Schweinefleisch u. verschiedenen Gemüsen*
potelé [pɔtle] ADJ rundlich; füllig; *fam* gut gepolstert; *femme a.* mollig; drall; *fam* pummelig; *d'un bébé* **main ~e** *fam* Patschhändchen *n*
Potemkine [pɔtɛmkin] M HIST Potemkin *m*
potence [pɔtɑ̃s] F 1 HIST Galgen *m* 2 TECH Galgen *m*; Arm *m*; Strebe *f*; Ausleger *m*
potentat [pɔtɑ̃ta] M Potentat *m*; Machthaber *m*; *fig* **~ de la finance** Finanzmagnat *m*
potentialiser [pɔtɑ̃sjalize] V/T PHARM potenzieren; **potentialité** F Möglichkeit *f*; PHIL *a.* Potenzialität *f*
potentiel [pɔtɑ̃sjɛl] A ADJ ‹~le› potenziell; PHIL, GRAM potenzial; PHYS **énergie ~le** potenzielle Energie B M 1 Potenzial *n*; Leistungsfähigkeit *f*; **~ économique** Wirtschaftspotenzial *n*, -kraft *f*; **~ humain** Menschenpotenzial *n*; **~ industriel, militaire** Industrie-, Militärpotenzial *n*; industrielles, militärisches Potenzial 2 PHYS Potenzial *n*; **~ nucléaire** Kernpotenzial *n*, -kräfte *fpl* 3 GRAM Potentialis *m*
potentiomètre [pɔtɑ̃sjɔmɛtʀ] M ÉLEC Potenziometer *n*; Spannungsteiler *m*
poterie [pɔtʀi] F 1 *fabrication, art* Töpferei *f*; **faire de la ~** töpfern 2 *objet* Töpferei *f*; *pl* **~s** *ou coll* **~** Töpfer-, Tonwaren *fpl*; irdenes Geschirr; Tongeschirr *n*; Steingut *n*, -zeug *n*
poterne [pɔtɛʀn] F FORTIFICATIONS geheime Ausfallpforte; Poterne *f*
potiche [pɔtiʃ] F 1 chinesische *ou* japanische Porzellanvase 2 *fig* Repräsentationsfigur *f*; Staffage *f*; **être là comme une ~** *fam* wie ein Ölgötze dastehen
potier [pɔtje] M, **potière** F Töpfer(in) *m(f)*; **tour** *m* **de ~** Töpferscheibe *f*
potin [pɔtɛ̃] M *fam* 1 *surtout* PL **~s** Klatsch *m*; *fam* Tratsch *m* 2 (*vacarme*) Krach *m*; Lärm *m*; *fam* Radau *m*; Spektakel *m*; **~ du diable** *fam* Heiden-, Höllen-, Mordslärm *m*, -krach *m*, -spektakel *m*; **faire du ~** Radau *etc* machen; lärmen
potiner [pɔtine] *fam* V/I klatschen; *fam* tratschen
potion [posjõ] F PHARM Arznei(trank) *f(m)*; *par ext plais* **~ magique** Zaubertrank *m*
potiron [pɔtiʀõ] M BOT Riesenkürbis *m*
pot-pourri [popuʀi] M ‹*pl* pots-pourris› 1 MUS Potpourri *n* 2 *pour parfumer* Potpourrivase *f*
potron-minet [pɔtʀõminɛ] *plais* LOC ADV **dès ~** seit dem frühen Morgen; seit Tagesanbruch
pou [pu] M ‹*pl* ~x› ZOOL Laus *f*; *chez l'homme a.* Kopflaus *f*; *fam fig* **chercher des ~x dans la tête à qn** mit j-m Streit, Händel suchen; **être couvert de ~x** verlaust sein; *fam* **être fier, orgueilleux comme un ~** *fam* e-e Stange angeben; sich aufblasen wie ein Frosch; → *a.* **laid** A 1
pouah [pwa] *fam* INT puh!; pfui!
poubelle [pubɛl] F Müll-, Abfall-, Kehrichteimer *m*; *d'un immeuble* Mülltonne *f*; *adjt* **sac** *m* **~** Müllbeutel *m*; *plus grand* Müllsack *m*; **mettre, jeter à la ~** in den Mülleimer werfen; **c'est bon à mettre à la ~** das gehört in den Mülleimer; das kannst du *etc* wegwerfen
pouce [pus] M 1 ANAT Daumen *m*; *fig*: **croiser les ~s** j-m *ou* für j-n den *ou* die Daumen halten, drücken; **donner un coup de ~ (à qc)** (bei etw ein bisschen) nachhelfen; **donner un coup de ~ à qn** j-m in den Sattel helfen; **manger sur le ~** *debout* im Stehen essen; *à la hâte* schnell e-e Kleinigkeit, e-n Bissen, *fam* e-n Happen essen; **mettre les ~s** den Widerstand aufgeben; endlich nachgeben; *fam* **se tourner les ~s** *fam* Däumchen drehen 2 *par ext* (*gros orteil*) große Zehe; großer Zeh 3 INT *aux jeux d'enfants* **~!** halt!; **~ cassé!** los!; es geht wieder weiter!; **demander ~** Halt rufen 4 *ancienne mesure* Zoll *m*; **six ~s** sechs Zoll; *fig*: **ne pas avancer d'un ~** nicht e-n Schritt weiterkommen, vorwärtskommen; **ne pas reculer d'un ~** keinen Zollbreit zurückweichen; **ne pas céder un ~ de terrain** keinen Fußbreit Boden preisgeben
Poucet [pusɛ] M *personnage d'un conte de fées* **le petit ~** der Däumling
Pouchkine [puʃkin] M *écrivain russe* Puschkin *m*
pouding M → pudding
poudrage [pudʀaʒ] M AGR Bestäuben *n*
poudre [pudʀ] F 1 Pulver *n* (*a.* PHARM); **~ à éternuer** Niespulver *n*; **~ à récurer** Scheuerpulver *n*, -sand *m*; **~ d'or** Goldstaub *m*; *loc adj* **en ~** ...pulver *n*; Pulver...; in Pulverform; **café** *m* **en ~** Pulverkaffee *m*; **lessive** *f* **en ~** Wasch- *ou* Seifenpulver *n*; **sucre** *m* **en ~** Streuzucker *m*; **réduire en ~** pulverisieren; *fig* **jeter de la ~ aux yeux de qn** j-m Sand in die Augen streuen; j-m blauen Dunst vormachen; **prendre la ~ d'escampette** davonlaufen; ausreißen 2 MAQUILLAGE (Gesichts)Puder *m*; **~ de riz** Reispuder *m*; **se mettre de la ~** sich pudern; Puder auflegen 3 MIL **~ (à canon)** (Schieß)Pulver *n*; *fig*: **faire parler la ~** die Waffen sprechen lassen; **il n'a pas inventé la ~** er hat das Pulver (auch) nicht (gerade) erfunden
poudrer [pudʀe] V/T (*et* V/PR) **(se) ~** (sich) pudern
poudrerie [pudʀəʀi] F Pulverfabrik *f*
poudreux [pudʀø] ADJ ‹-euse› pulv(e)rig; *a. subst f* **(neige) poudreuse** Pulverschnee *m*
poudrier [pudʀije] M Puderdose *f*
poudrière [pudʀijɛʀ] F 1 Pulvermagazin *n* 2 *fig* Pulverfass *n*
poudroyer [pudʀwaje] V/I ‹-oi-› 1 *chemin de terre* stauben 2 *litt* **le soleil poudroie** die Sonnenstäubchen tanzen, flimmern, glitzern
pouf [puf] A INT plumps!; pardauz!; *enf* **faire ~** plumps, e-n Plumps machen B M Puff *m*; Sitzkissen *n*
pouffer [pufe] V/I **~ (de rire)** laut loslachen; in Gelächter ausbrechen; *fam* losplatzen, -prusten
pouffiasse [pufjas] F *pop* 1 (*prostituée*) *fam* Nutte *f* 2 *injure* **(grosse) ~** *péj* ordinäres Weibsstück
Pouilles [puj] **les ~** *fpl* Apulien *n*
pouilleux [pujø] A ADJ ‹-euse› 1 *mendiant* (dreckig und) verlaust 2 *quartier* armselig, schäbig (und schmutzig); **quartier ~** *a.* Elendsviertel *n* 3 GÉOG **la Champagne pouilleuse** die trockene Champagne B SUBST 1 **~, pouilleuse** *m,f fam* armer Schlucker, Teufel; *péj* Habenichts *m*; Hungerleider *m* 2 *jeu de cartes* **le ~** der Schwarze Peter
poujadisme [puʒadism] M POL Poujadismus *m* (*Bewegung zur Verteidigung der Rechte der kleinen Kaufleute*)
poulailler [pulaje] M 1 Hühnerstall *m* 2 *fam* THÉ Olymp *m*; Galerie *f*
poulain [pulɛ̃] M 1 ZOOL Fohlen *n* 2 *fig sportif, écrivain etc* **être le ~ de X** der Schützling von X sein
poulaine [pulɛn] F HIST **souliers** *mpl* **à la ~** Schnabelschuhe *mpl*
poularde [pulaʀd] F CUIS Poularde *f*; junges Masthuhn
poulbot [pulbo] M **les petits ~s** die Straßenkinder *npl* vom Montmartre
poule [pul] F 1 ZOOL Henne *f*; Huhn *n*; *fig* **~ mouillée** *fam* Angsthase *m*; Hasenfuß *m*; **~ au pot** CUIS Suppenhuhn *n*; HIST Sonntagshuhn *n* (für die Bauern); *par ext* Minimum *n* an Wohlstand; CUIS **~ au riz** Huhn mit Reis; **~ d'eau** Teichhuhn *n*; *fig*: **quand les ~s auront des dents** wenn Ostern und Pfingsten auf einen Tag fallen; **avoir l'air d'une ~ qui a trouvé un couteau** dastehen wie der Ochse vor dem Scheunentor, vor dem Berg; **se coucher, se lever comme** *ou* **avec les ~s** mit den Hühnern zu Bett *ou* schlafen gehen, aufstehen; *adjt* **c'est une mère ~** sie wacht wie e-e Glucke über ihre Kinder; **tuer la ~ aux œufs d'or** die Henne schlachten, die goldene Eier legt; den Ast absägen, auf dem man sitzt; sich (*dat*) selbst das Wasser abgraben 2 *fam terme d'affection* **ma ~** *à une femme* (mein) Schatz, Schätzchen; *à une petite fille* (mein) Herzchen, Mäuschen 3 *fam fig* a (*prostituée*) *fam* Nutte *f*; **~ de luxe** *fam* Edelnutte *f* b (*maîtresse*) Mätresse *f* 4 SPORTS Gruppe *f* (*in der jeder gegen den anderen antreten muss*); *épreuve* Turnier *n* 5 TURF a (*total des mises*) (Gesamt)Einsatz *m* mehrerer Wetter b **~ d'essai** Derbyrennen *n*; Leistungsprüfung *f* für Dreijährige
Poulenc [pulɛ̃k] **Francis ~** *frz Komponist*
poulet [pulɛ] M 1 ZOOL, CUIS Hühnchen *n*; Hähnchen *n*; ZOOL *a.* Junghuhn *n*, -henne *f*; COMM *a.* Brathuhn *n*, -hähnchen *n*; **du ~** Hühnerfleisch *n*; Huhn *n*; **~ rôti** Brat- *ou* Backhuhn *n*, -hähnchen *n*, *all Sud* -hendl *n*; *plais* **~ aux hormones** mit Hormonen gefüttertes Huhn, Hähnchen; **~ de grain** mit Korn gemästetes Huhn, Hähnchen; **aile** *f*, **cuisse** *f* **de ~** Hühnerflügel *m*, -keule *f* 2 *fam terme d'affection* **mon (petit) ~** *fam* (mein) Herzchen, Kleines, Schätzchen, Häschen 3 *fam* (*policier*) *fam* Polyp *m*; Bulle *m* 4 *autrefois* (*billet doux*) Liebesbriefchen *n*
poulette [pulɛt] F *fam terme d'affection* **ma ~** *fam* (mein) Mäuschen; → *a.* **poulet** 2
pouliche [puliʃ] F ZOOL junge Stute; Stut(en)fohlen *n*
poulie [puli] F TECH Rolle *f*; Seil-, Riemenscheibe *f*; MAR Block *m*
poulinière [pulinjɛʀ] ADJ *et* SUBST F **(jument** *f*) **~** Zuchtstute *f*
poulpe [pulp] M ZOOL Krake *m*
pouls [pu] M PHYSIOL Puls *m* (*a. point du poignet*); Pulsschlag *m*; **prendre le ~** den Puls messen, zählen; **tâter le ~ (de qn)** (j-m) den

P

Puls fühlen *(a. fig)*

poumon [pumõ] M ANAT Lunge(nflügel) *f(m)*; **~s** *pl* Lunge *f*; MÉD **~ d'acier, artificiel** eiserne Lunge; *loc adv*: **aspirer, respirer à pleins ~s** tief einatmen, Luft holen; **chanter, crier à pleins ~s** aus vollem Hals, aus voller Lunge, lauthals singen, schreien; **avoir de bons ~s** e-e gute, starke Lunge, e-e kräftige Stimme haben; *fam malade des poumons* **cracher ses ~s** *fam* die halbe Lunge ausspucken

poupard [pupaʀ] M pausbäckiges, rundliches Baby; *fam* Pausback *m*

poupe [pup] F MAR Heck *n*; → *a.* vent 1

poupée [pupe] F **1** Puppe *f*; **~ de chiffon, de cire, de porcelaine** Stoff-, Wachs-, Porzellanpuppe *f*; *loc adj* **de ~** Puppen...; *fig* **jardin** *m* **de ~** Puppengärtchen *n*; *fam* puppiges Gärtchen; *fig* **visage** *m* **de ~** Puppengesicht *n*; *fig* **c'est une vraie ~** sie ist ein richtiges Püppchen; **jouer à la ~** mit Puppen spielen **2** *fam fig (jeune femme, fille) fam* (nette, hübsche) Puppe **3** *fam pansement* dick verbundener Finger

poupin [pupɛ̃] ADJ *visage* rundlich *ou* pausbäckig und rosig

poupon [pupõ] M (pausbäckiges) Baby; (pausbäckiger) Säugling

pouponner [pupɔne] V/I Babys, ein Baby hätscheln

pouponnière [pupɔnjɛʀ] F (Kinder)Krippe *f*

pour [puʀ] **A** PRÉP **1** *but, intention* **a** für; ♦ *(destiné à)* **journaux** *mpl* **~ enfants** Zeitschriften *fpl* für Kinder; Kinderzeitschriften *fpl*; **c'est ~ toi** das ist für dich; ♦ *médicament*: **~ la grippe, la toux** gegen Grippe, Husten; *fam* für die Grippe, den Husten; ♦ *(concernant)* **c'est bien fait ~ elle!** das geschieht ihr recht!; **tant mieux ~ lui!** umso, desto besser für ihn!; ♦ *(à l'égard de)* **sa haine ~ elle** sein Hass auf, gegen sie; **sa passion ~ le théâtre** s-e Leidenschaft für das Theater; ♦ *équivalence*: **se faire passer ~ un Français** sich als Franzose, für e-n Franzosen ausgeben; **prendre qn ~ un fou** j-n für e-n Narren halten; ♦ *finalité*: **être ~ qc** zu etw dienen; *fam* **~ quoi faire?** wozu?; wofür?; *fam* **c'est fait, prévu ~!** dazu ist er *(ou* sie, es) doch da!; dafür ist er *(ou* sie, es) ja vorgesehen!; **c'est ~ ton bien** das geschieht zu deinem Besten; ♦ *(en faveur de)* **être ~ qn, qc** für j-n, etw sein; *abs* **être ~** dafür sein; **faites-le ~ moi!** tut es mir zuliebe, um meinetwillen!; **voter ~ qn** für j-n stimmen; ♦ *(à la place de)* **payer ~ qn** für j-n bezahlen; COMM *dans une lettre* **~ le directeur** *(+signature)* Der Direktor i. A. (= im Auftrag) *(+Unterschrift)*; ♦ *prix: acheter, vendre* **~ dix euros** für zehn Euro; ♦ *comparaison*: **il est grand ~ son âge** er ist groß für sein Alter; **~ un étranger, il parle bien français** für e-n Ausländer spricht er gut Französisch; **il fait froid ~ la saison** es ist kalt für die Jahreszeit; ♦ *moment, durée*: **~ après** für später; *partir* **~ six semaines** für sechs Wochen; *je l'ai invité* **~ mardi prochain** für nächsten Dienstag; **c'est ~ quand?** - **~ dans °huit jours** für wann (möchten Sie es *ou* ihn, sie haben)? - (für) in acht Tagen; **ce sera fait ~ samedi** bis Sonnabend ist es *ou* er, sie fertig; **~ toujours** für, auf immer **b** *destination* nach; **le train ~ Lyon** der Zug nach Lyon; **partir ~ la France** nach Frankreich (ab)reisen,(-)fahren **c** *mise en relief*: **~ (ce qui est de) ...** was ... an(be)langt, betrifft; **~ moi, ~ ma part** was mich betrifft; ich für mein(en) Teil; **~ être naïf, il l'est** wenn jemand naiv ist, so (ist) er (es)!; *fam* **vous avez raison, ~ ça vous avez raison!** Sie haben recht, ja nur zu recht!; *iron* **~ me soigner, elle m'a soigné!** was ihre Pflege angeht, die war einmalig! **2** *cause* wegen *(+gén, fam +dat)*; **~ cela** deswegen; deshalb; → *a.* ça 1; **~ cette raison** aus diesem Grund **3** *(comme)* als; zu; **~ tout bagage**, *elle avait un sac* als einziges Gepäck ...; **avoir ~ conséquence** zur Folge haben; **avoir ~ maître** als *ou* zum Lehrer haben **4** *rapport numérique* auf; **dix ~ cent, ~ mille** zehn Prozent, Promille; zehn vom Hundert, vom Tausend **5** *suivi d'un inf* **a** *finalité* um zu *(+inf)*; damit ...; **ce n'est pas (fait) ~** *(+inf)* das ist nicht dazu angetan zu *(+inf)*; *voilà une idée* **qui n'est pas ~ me déplaire** die mir (ganz gut) gefällt; *je te prête ce livre* **~ le lire dans le train** damit du es im Zug lesen kannst; **~ ne pas le rencontrer ...** um ihm nicht zu begegnen ...; ♦ **être ~ faire qc** *(sur le point de)* gerade dabei, im Begriff sein, etw zu tun **b** *cause* weil; *il a été puni* **~ avoir volé** weil er gestohlen hat **6** LOC CONJ **~ le cas où** falls; für den Fall, dass; *loc adv*: **~ de bon** ernstlich; wirklich; **~ ainsi dire** sozusagen; gewissermaßen; *fam* **~ sûr** sicher(lich); bestimmt; ♦ *répétition emphatique*: **coup ~ coup** Schlag um *ou* für Schlag; **il y a un an, jour ~ jour** es ist auf den Tag genau ein Jahr her; **partir ~ partir, que ce soit le plus tôt possible** wenn schon abgereist werden muss, dann so früh wie möglich **B** CONJ **a** *finalité*: **~ que ...** *(+subj)* damit ...; **... ~ que tout le monde soit content ...** damit alle zufrieden sind; *fam il s'est enfermé* **~ ne pas qu'on le dérange** damit man ihn nicht stört **b** *conséquence*: **il est bien trop jeune ~ qu'il puisse comprendre** er ist zu jung, als dass er es verstehen könnte **c** *concession litt* **~ (si) puissants que soient les rois** so mächtig die Könige auch sein mögen; **~ peu que ...** *(+subj)* sofern (nur) **C** SUBST **le ~ et le contre** das Für und Wider

pourboire [puʀbwaʀ] M Trinkgeld *n*; **donner un ~ à qn** j-m ein Trinkgeld geben

pourceau [puʀso] *litt* M ⟨*pl* ~x⟩ Schwein *n*

pourcentage [puʀsɑ̃taʒ] M **1** *rapport* Prozentsatz *m*; Hundertsatz *m* **2** *part* prozentualer Anteil (**sur** an *+dat*); **~ sur les bénéfices** prozentualer Gewinnanteil

pourchasser [puʀʃase] V/T *police: malfaiteur etc* jagen; Jagd machen auf *(+acc)*; verfolgen *(a. créancier: qn)*; hetzen

pourfendeur [puʀfɑ̃dœʀ] M *litt ou plais* scharfer Kritiker

pourfendre [puʀfɑ̃dʀ] V/T ⟨→ rendre⟩ *litt ou plais injustices* (öffentlich) anprangern, geißeln, brandmarken; **~ un adversaire** einen Gegner heftig attackieren

pourlécher [puʀleʃe] V/PR ⟨-è-⟩ **s'en ~ (les babines)** sich *(dat)* (vor Appetit, Verlangen, Genuss) den Mund lecken

pourparlers [puʀpaʀle] MPL POL Gespräche *npl*; Besprechung(en) *f(pl)*; Unterhandlung(en) *f(pl)*; Verhandlung(en) *f(pl)*; **entrer en ~** in Gespräche *etc* eintreten; Gespräche *etc* aufnehmen; **être en ~** in Verhandlung stehen, verhandeln, unterhandeln (**avec** mit)

pourpier [puʀpje] M BOT Portulak *m*

pourpoint [puʀpwɛ̃] M HIST Wams *n*

pourpre[1] [puʀpʀ] F **1** *matière colorante* Purpur *m* **2** *étoffe* Purpur *m*; **manteau** *m* **de ~** Purpurmantel *m* **3** *litt couleur* Purpurröte *f*

pourpre[2] [puʀpʀ] **A** M **1** *rouge foncé* Purpur(-farbe *f*, -rot *n*) *m* **2** ANAT **~ rétinien** Sehpurpur *m* **B** ADJ purpurrot, -farben

pourpré [puʀpʀe] *litt* ADJ purpurn

pourquoi [puʀkwa] **A** ADV warum; weshalb; wieso; **~ dis-tu cela?**, *fam* **~ est-ce que tu dis ça?** warum, weshalb, wieso sagst du das?; **~ ce long discours?** warum, wozu diese lange Diskussion?; **~ pas?** warum nicht?; **demander, dire, expliquer ~** fragen, sagen, erklären warum; ♦ *loc conj* **c'est ~, voici ~, voilà ~** darum; deshalb; deswegen; aus diesem Grund **B** M ⟨*inv*⟩ **1** **le ~ (et le comment)** das Warum (und das Wie) **2** *question* Warumfrage *f*; **les ~ des enfants** die ständigen Fragen *fpl* der Kinder „warum"

pourrai [puʀe] → pouvoir[1]

pourri [puʀi] **A** ADJ **1** *bois, aliments etc* faul(ig); verfault; *feuilles a.* verrottet; mod(e)rig; *par ext pierre etc* brüchig; **œufs ~s** faule Eier *npl*; *fam fig* **être ~ de fric** *fam* stinkreich sein; nach Geld stinken **2** *fig société, régime* verdorben; verderbt; verkommen; korrupt; morsch; faul; **enfant ~** völlig verzogenes, maßlos verwöhntes Kind **3** *été* verregnet; **climat, temps ~** ungutes, miserables, *fam* mieses Klima, Wetter **B** M **1** **le ~** der Moder; *de fruits etc* das Faul(ig)e, Verfaulte; die faule Stelle; **odeur** *f* **de ~** Fäulnis-, Modergeruch *m*; fauliger, mod(e)riger Geruch; **sentir le ~** faulig, mod(e)rig, nach Moder riechen **2** *pop injure* → pourriture 3; **bande de ~s!** *pop* Sau-, Schweinebande!

pourrir [puʀiʀ] **A** V/T **1** *pluie etc* **~ qc** etw (ver)faulen, vermodern, verrotten, in Fäulnis übergehen lassen **2** *fig enfant* völlig verziehen; maßlos verwöhnen; *argent etc* **~ qn** j-n verderben **B** V/I (et V/PR) **(se) ~** **1** *bois, fruits etc* (ver)faulen; faulig werden; *feuilles a.* verrotten; (ver)modern *(a. bois)*; *cadavre* verwesen **2** *fig situation* sich verschlimmern, verschlechtern; immer schlechter werden; *personne* **~ dans la misère** im Elend verkommen, verkümmern, verderben; **laisser ~ une grève** e-n Streik sich totlaufen lassen

pourrissement [puʀismɑ̃] M **1** (Ver)Faulen *n*; Verrottung *f* **2** *fig d'une situation* Verschlechterung *f*; Verschlimmerung *f*

pourriture [puʀityʀ] F **1** Fäulnis *f*; Fäule *f (a.* BOT *maladie)*; Moder *m*; **odeur** *f* **de ~** Fäulnis-, Modergeruch *m* **2** *fig* Verkommenheit *f*; Verderbtheit *f*; Fäulnis *f*; Korruptheit *f*; Morschheit *f* **3** *pop injure: d'un homme pop* Sau-, Schweinehund *m*; Scheiß-, Mistkerl *m*; *d'une femme pop* Miststück *n*, -vieh *n*

poursuite [puʀsɥit] F **1** Verfolgung *f*; Nachstellungen *fpl*; **être à la ~ de qn** j-n verfolgen; j-m nachsetzen, -jagen, -stellen; **se lancer, se mettre à la ~ de qn** j-s Verfolgung aufnehmen **2** CYCLISME **~** *ou adjt* **course** *f* **~** Verfolgungsfahren *n*, -rennen *n* **3** *fig de l'argent, de la vérité* Streben *n*, Suche *f*, *st/s* Trachten *n* (**de** nach) **4** *d'un travail, de négociations etc* Fortsetzung *f*; Fort-, Weiterführung *f* **5** JUR **~ (judiciaire)** gerichtliche Verfolgung, Ahndung; **~ (pénale)** Strafverfolgung *f*; **défense de ... sous peine de ~s judiciaires ...** ist bei Strafe, ist polizeilich verboten, wird gerichtlich verfolgt; **arrêter, cesser les ~s** die Strafverfolgung einstellen; **engager des ~s contre qn** → poursuivre A 5

poursuivant [puʀsɥivɑ̃] M, **poursuivante** F **1** Verfolger(in) *m(f)* **2** JUR *m ou adjt* **partie poursuivante** Kläger *m*; Antragsteller *m*

poursuivre [puʀsɥivʀ] ⟨→ suivre⟩ **A** V/T **1** *malfaiteur, fugitif, animal* verfolgen; nachstellen, -jagen, -setzen (**qn** j-m); **~ qn** *a.* hinter j-m herjagen; **~ une voiture** ein Auto verfolgen **2** *fig* **a** *remords, images* **~ qn** j-n verfolgen, quälen, nicht mehr loslassen **b** *personne* **~ qn de sa haine, de sa jalousie** *etc* j-n mit s-m Hass, mit s-r Eifersucht *etc* verfolgen **3** *fig (chercher à obtenir)* **~ qc** nach etw streben, *st/s* trachten; etw erstreben, anstreben; **~ un but** ein Ziel verfolgen; **~ un rêve impossible** e-m unerfüllbaren Traum nachhängen, -jagen **4** *(continuer) travail, négociations etc* fortsetzen *(a. chemin, voyage)*; fort-, weiterführen; **~ son récit** in s-m Bericht fortfahren; *abs* **poursuivez!** fahren Sie fort! 5 JUR **~ qn (en justice)** j-n gerichtlich belangen, verfolgen (**pour vol** wegen Diebstahls); gegen j-n gerichtlich vorgehen, gerichtliche Schritte unternehmen; **~ qn en justice pour des dommages-intérêts** j-n auf Schadenersatz verklagen **B** V/PR **1** *enfants* **jouer à se ~** Fangen spielen **2** *négociations etc* **se ~** fortgesetzt, -geführt, weitergeführt werden; weitergehen; s-n *ou* ihren Fortgang nehmen; *enquête, recherches* **se ~ depuis des années** seit Jahren laufen, im Gange sein

pourtant [puʀtɑ̃] ADV dennoch; trotzdem; **et ~** und doch, dennoch, trotzdem

pourtour [puʀtuʀ] M *d'une surface* Umfang *m* (*a.* MATH); ARCH **~ du chœur** Chorumgang *m*; **sur le ~ de la place** (rund) um den Platz herum

pourvoi [puʀvwa] M JUR Rekurs *m*; Einlegung *f* e-s Rechtsmittels; **~ en cassation** Revision (-santrag) *f(m)*; **~ en révision** Wiederaufnahmeantrag *m*; Antrag *m* auf Wiederaufnahme (e-s Verfahrens)

pourvoir [puʀvwaʀ] ⟨→ voir; *aber*: je pourvus; je pourvoirai⟩ **A** V/T **~ qn, qc de qc** j-n, etw mit etw versehen, ausstatten, versorgen; ♦ *souvent pp*: **pourvu de toutes les commodités** mit allen Annehmlichkeiten ausgestattet; *personne* **pourvu d'une grande imagination** mit viel Fantasie begabt **B** V/T INDIR **~ à qc** für etw aufkommen, sorgen; **~ à l'entretien de la famille** für den Unterhalt der Familie aufkommen; ♦ **un emploi, siège à ~** ein zu besetzender Arbeitsplatz, (Parlaments)Sitz **C** V/PR **1 se ~ de qc** sich mit etw versehen, ausstatten, versorgen **2** JUR **se ~ en cassation** Revision einlegen, beantragen; **se ~ en révision** die Wiederaufnahme (des Verfahrens) beantragen; e-n Antrag auf Wiederaufnahme stellen

pourvoyeur [puʀvwajœʀ], **pourvoyeuse** **1** *st/s* M,F Lieferant(in) *m(f)*; **pourvoyeur de drogue** Dealer *m*; **la guerre, la grande pourvoyeuse des cimetières** der Krieg, der die Friedhöfe füllt **2** M MIL Munitionsträger *m*, -kanonier *m*

pourvu [puʀvy] **A** PP → pourvoir **B** LOC CONJ **~ que** (*+subj*) **a** (*à condition que*) vorausgesetzt, dass; sofern; **... ~ qu'il fasse beau ...** sofern, falls das Wetter schön ist; *j'accepte les opinions des autres,* **~ qu'ils me laissent faire ce que je veux ...** vorausgesetzt, dass sie mich *od* wenn sie mich nur machen lassen, was ich will **b** *souhait* wenn ... (doch) nur; **~ qu'il ne lui arrive aucun accident!** wenn ihm (doch) nur nichts zustößt!; hoffentlich stößt ihm nichts zu!

poussa [pusa] M **1 un (gros) ~** ein kleiner Dicker, *fam* Fettkloß *m* **2** *jouet* Stehaufmännchen *n*

pousse [pus] F **1** *d'un végétal* Trieb *m*; Spross *m*; Schössling *m*; Schoss *m*; **jeune ~** junger Trieb; CUIS **~s de bambou** Bambusspitzen *fpl*, -sprossen *fpl* **2** (*action de pousser*) Wachsen *n*; Wachstum *n*; *des plantes a.* Sprießen *n* (*a. de la barbe*); Sprossen *n*; Treiben *n*

poussé [puse] ADJ *moteur* hochgezüchtet; *dessin* bis in die kleinsten Feinheiten gehend, ausgeführt; **très ~** *études, discussion* eingehend; ausführlich; *discussion a.* tiefschürfend; *études a.* gründlich

pousse-café [puskafe] M ⟨*inv*⟩ Schnaps *m*, Schnäpschen *n*, Likör *m* nach dem Kaffee; Verdauungsschnaps *m*

poussée [puse] F **1** Stoß *m*; *fam* Puff *m*; Schubs *m*; *d'une foule* Schieben *n*; Stoßen *n*; Drängen *n ou fam* Drängeln *n* **2** PHYS, TECH, ARCH Schub *m*; TECH *a.* Schub-, Vortriebskraft *f*; PHYS **~ (verticale)** Auftrieb *m*; ARCH **~ des voûtes** Gewölbeschub *m* **3** MÉD *d'urticaire etc* plötzliches Auftreten; plötzlicher Ausbruch; **~ de fièvre** plötzlicher Temperatur-, Fieberanstieg **4** *fig* **~ démographique** Bevölkerungsexplosion *f*; **~ révolutionnaire** revolutionäre Welle; **une ~ d'antisémitisme** e-e Welle des Antisemitismus; POL **~ vers la gauche** Linksruck *m*, -rutsch *m*

pousse-pousse [puspus] M ⟨*inv*⟩ Rikscha *f*

pousser [puse] **A** V/T **1** *personne* (an)stoßen; *fam* schubsen; *véhicule, landau, meuble* schieben; *voiture pour démarrer* anschieben; *verrou* vorschieben; *porte* aufstoßen *ou* zustoßen, zuwerfen; *vent: nuages* treiben; jagen; *inscription sur une porte* **poussez!** *ou* **~!** drücken!; *abs* **ne poussez pas!** nicht drängen, *fam* drängeln!; *meuble* **~ contre le mur** an die Wand schieben, rücken; **~ qn du coude, du genou, du pied** j-n mit dem Ellbogen, Knie, Fuß anstoßen; **~ qc du pied** etw mit dem Fuß beiseiteschieben, zur Seite schieben, weg-, fortschieben; **~ qn dehors** j-n hinausstoßen, -schieben, -drängen; **~ devant soi** vor sich (*dat*) herschieben, *troupeau, personne* -treiben; **~ vers** *animal* treiben, *personne* drängen zu (... hin); *vent, courant* **~ la barque vers le large** das Boot auf das offene Meer hinaustreiben; *fam fig* **à la va comme je te pousse** mit der linken Hand; schludrig; schlampig **2 ~ qn à (faire) qc** j-n zu etw (an)treiben, drängen, ermuntern, *péj* verleiten; **~ les gens à la consommation** die Leute zum Konsum anreizen, ermuntern; **~ à la révolte** Aufruhr stiften (**le peuple** unter dem Volk); **~ qn à travailler** j-n zur Arbeit antreiben, anspornen **3** *candidat* unterstützen; *bon élève etc* fördern; vorwärtsbringen; weiterbringen; weiter-, forthelfen (*+dat*) **4** *études, recherches etc* voran-, weitertreiben; vorwärtstreiben; *moteur* hochjagen; *insolence etc* **~ au dernier degré** auf die Spitze treiben; **~ à la perfection** zur höchsten Vollkommenheit führen; **~ le dévouement, la gentillesse jusqu'à** (*+inf*) in s-r Ergebenheit, Höflichkeit so weit gehen zu (*+inf*); **~ un sentiment jusqu'à la passion** ein Gefühl bis zur Leidenschaft steigern; **~ trop loin la plaisanterie** den Spaß zu weit treiben; *abs fam* **faut pas ~** man darf auch nicht übertreiben **5** *cri, soupir etc* ausstoßen; *fam* **en ~ une** ein Lied schmettern; **~ un cri perçant** *a.* gellend aufschreien; **~ des exclamations de joie** in Freudenrufe ausbrechen; **~ des soupirs** *a.* seufzen **B** V/I **1** *végétaux, cheveux, barbe, ongles* wachsen; *plantes a.* sprießen (*a. barbe*); treiben; sprossen; *dents* durchbrechen; (hervor)kommen; *enfant* **~ bien** gedeihen; **faire ~ des légumes** Gemüse ziehen, anbauen; **se laisser** *ou* **se faire ~ la barbe, les cheveux** sich (*dat*) e-n Bart, die Haare wachsen lassen **2** (*continuer son chemin*) **~ jusqu'à ...** weitergehen, -laufen, -fahren, -reisen bis (zu) ... **3** *pour aller à la selle* drücken; *pour accoucher* pressen **C** V/PR **se ~ 1** (*faire de la place*) zur Seite rücken; Platz machen; (*laisser passer qn*) Platz machen; aus dem Weg gehen; zur Seite treten **2** *foule* sich stoßen, drängen, *fam* drängeln, schubsen; **se ~ vers la sortie** zum Ausgang drängen

poussette [pusɛt] F **1 a** *pour enfants* Sportwagen *m*; Buggy *m* **b** *pour les courses* Einkaufswagen *m*, -roller *m* **2** *fam* CYCLISME Schieben *n* **3** *en voiture dans un bouchon fam* (Fahren *n* im) Schneckentempo *n*; **poussette-canne** F ⟨*pl* poussettes-cannes⟩ Schirm(sport)wagen *m*; Klappsportwagen *m*

poussier [pusje] M Kohlenstaub *m*; MINES **coup** *m* **de ~** Kohlenstaubexplosion *f*

poussière [pusjɛʀ] F **1** Staub *m*; **~ de charbon, des routes** Kohlen-, Straßenstaub *m*; **avaler de la ~** Staub schlucken; **faire de la ~** Staub machen, aufwirbeln; *st/s après la mort* **n'être plus que ~** nur noch Staub sein; *fig* **mordre la ~** (*tomber*) der Länge nach hinfallen; (*subir un échec*) e-e Niederlage, *fam* e-e Schlappe erleiden; **faire mordre la ~ à qn** j-m e-e Niederlage beibringen, j-n zur Strecke bringen; *fig espoir, projet* **réduire en ~** zunichtemachen; **tomber en ~** in, zu Staub zerfallen **2** (*grain de ~*) Staubkorn *n*, -teilchen *n*; Stäubchen *n*; **avoir une ~ dans l'œil** ein Staubkörnchen, etwas im Auge haben **3** *coll* **une ~ de** e-e Menge, Fülle, Vielzahl, Unzahl von (*ou +gén*) **4** *fam fig* **cent euros et des ~s** *fam* hundert Euro und ein paar Zerquetschte

poussiéreux [pusjeʀø] ADJ ⟨-euse⟩ staubig; verstaubt (*a. fig*)

poussif [pusif] ADJ ⟨-ive⟩ **1** *personne* kurzatmig **2** *moteur fam* stotternd; asthmatisch **3** VÉT *cheval* dämpfig **4** *fig style* schal; geistlos

poussin [pusɛ̃] M **1** ZOOL Küken *ou autrich* Kücken *n* **2** *terme d'affection fam* **mon ~** (mein) Mäuschen *n*, Häschen *n*

poutre [putʀ] F **1** CONSTR Balken *m*; *t/t* Träger *m*; *d'un toit a.* Binder *m*; **~ métallique** Stahlträger *m* **2** SPORTS Schwebebalken *m*

poutrelle [putʀɛl] F CONSTR kleiner Balken, Eisen-, Stahlträger *m*

pouvoir[1] [puvwaʀ] ⟨je peux *ou st/s* je puis (*aber immer* puis-je?), tu peux, il peut, nous pouvons, ils peuvent; je pouvais; je pus; je pourrai; que je puisse; pouvant; pu (*inv*)⟩ **A** V/T können; ♦ *loc* **qui peut le plus peut le moins** kommt man über den Hund, kommt man auch über den Schwanz (*prov*); ♦ *avec pr*: **qu'y puis-je?** was kann ich dafür?; **on n'y peut rien** da kann man nichts machen; ♦ *avec adv*: *st/s* **il peut beaucoup sur leurs décisions** er hat viel Einfluss auf ihre Entscheidungen; **je n'en peux plus** ich kann nicht mehr; ich halte es nicht mehr aus **B** V/AUX *avec inf* **1** (*être capable de*) können; *st/s* vermögen zu; **ne pas ~**, *st/s* **ne ~ parler** *etc* nicht sprechen *etc* können; *st/s* nicht zu sprechen *etc* vermögen; **on ne peut être plus mal servi** schlechter kann man nicht bedient werden; ♦ *elliptiquement* **j'ai fait ce que j'ai pu** ich habe getan, was ich konnte, vermochte; ♦ *loc adv*: **on ne peut mieux** (aller)bestens; aufs Beste; vortrefflich; vorzüglich; *il est* **on ne peut plus** *aimable* äußerst; außerordentlich; ungemein; überaus **2** (*avoir le droit de*) dürfen; können; **on ne peut pas l'abandonner dans cette situation** in dieser Lage darf man ihn einfach nicht verlassen; **est-ce que je peux**, *st/s* **puis-je vous aider?** darf, kann ich Ihnen helfen?; **on peut dire que ...** man kann, darf sagen, dass ...; **... si l'on peut dire ...** wenn man so sagen darf **3** *possibilité* mögen; können; **quel âge peut-elle bien avoir?** wie alt könnte, mag, wird sie wohl sein?; **je peux me faire des illusions** es ist möglich, dass ich mir Illusionen mache; **il peut dire ce qu'il veut** er kann, mag sagen, was er will; **cela peut durer encore longtemps** das kann noch lange dauern; **cet espoir pourrait bien se réaliser** diese Hoffnung dürfte, könnte sich wohl erfüllen; **il peut bien venir me voir**, *je ne lui raconterai rien* selbst *ou* auch wenn er mich aufsucht ...; ♦ *st/s souhait* **puissiez-vous réussir!** möge Ihnen Erfolg beschieden sein! **C** V/IMP *et* V/PR **il pouvait y avoir deux mille spectateurs** es mochten zweitausend Zuschauer anwesend sein; **il peut arriver, se faire que ...** (*+subj*) es kann sein, geschehen, dass ...; ♦ **il se peut que ...** (*+subj*) es kann sein, es ist möglich, dass ...; **il se peut que je me sois trompé** *a.* möglicherweise habe ich mich getäuscht; **se pourrait-il que vous n'ayez pas été averti?** wäre es möglich, dass man Sie nicht benachrichtigt hat?; sollte man Sie wirklich nicht benachrichtigt haben?; *litt* **il travaille autant que faire se peut** er arbeitet, so viel er irgend kann; *fam* **ça se peut** das ist möglich; das kann sein; *fam* **ça se pourrait bien** das könnte gut, durchaus (möglich) sein; **cela ne se peut pas** *a.* das geht nicht

pouvoir² [puvwaʀ] M 1 Macht *f* (**sur qn** über j-n); Kraft *f*; Gewalt *f*; **~s surnaturels** übernatürliche Kräfte; ÉCON **~ d'achat** Kaufkraft *f*; **~ de l'imagination** Einbildungskraft *f*; **cela n'est pas en mon ~** das steht nicht in meiner Macht; **il n'est pas en mon ~ de** (+*inf*) es steht nicht in meiner Macht zu (+*inf*); **vous êtes en notre ~** Sie sind in unserer Gewalt, Hand 2 POL Macht *f*; **les hommes** *mpl* **au ~** die Machthaber *mpl*; **prise** *f* **de ~** Machtübernahme *f*, -ergreifung *f*; **être au ~** an der Macht sein 3 POL, JUR (Staats)Gewalt *f*; **~ central, disciplinaire** Zentral-, Disziplinargewalt *f*; **~ exécutif, judiciaire, législatif** → exécutif *etc*; **~s publics** Behörden *fpl*; Staatsorgane *npl*; öffentliche Hand; **~ de police** Polizeigewalt *f* 4 JUR a *d'un tuteur, d'un avocat* Vertretungsmacht *f* b (*procuration*) Vollmacht *f* (*a. document*); **pleins ~s** unbeschränkte Vollmacht; **donner ~ à qn de** (+*inf*) j-m die Vollmacht erteilen, j-n ermächtigen zu (+*inf*) c *d'un supérieur hiérarchique* (Macht-, Amts-, Dienst)Befugnis *f*; **dépasser, excéder ses ~s** s-e Befugnisse überschreiten 5 PHYS, TECH Vermögen *n*; Fähigkeit *f*; Kraft *f*; **~ blanchissant** Waschkraft *f*; **~ calorifique** Heizwert *m*; **~ isolant** Isolierfähigkeit *f*

Pouzzoles [puzɔl] GÉOG Pozzuoli *n*

p. p. ABR → procuration

p. p.c.m. [pepeseɛm] M ABR (plus petit commun multiple) MATH kleinstes gemeinschaftliches Vielfaches

P.Q. [peky] M *fam plais* ABR (papier cul) *fam* Klopapier *n*; **rouleau** *m* **de ~** *fam* Rolle *f* Klopapier; *fam* Klopapierrolle *f*

P.R. [peɛʀ] M ABR (Parti républicain) Republikanische Partei (*libéral*)

Praesidium [pʀezidjɔm] M HIST *en URSS* **le ~ du Soviet Suprême** das Präsidium des Obersten Sowjets; **membre** *m* **du ~** Präsidiumsmitglied *n*

pragmatique [pʀagmatik] ADJ pragmatisch

pragmatisme [pʀagmatism] M Pragmatismus *m*; **pragmatiste** M/F Pragmatiker(in) *m(f)*

Prague [pʀag] Prag *n*

praire [pʀɛʀ] F ZOOL (Warzige) Venusmuschel

prairie [pʀeʀi] F 1 Wiese *f* 2 GÉOG **la Prairie** die Prärie

praline [pʀalin] F 1 *bonbon* gebrannte Mandel 2 *en Belgique* (*chocolat*) Praline *f* 3 *fam* → cucul

praliné [pʀaline] A ADJ *chocolat* mit N(o)ugatfüllung; **bonbon ~** Bonbon *n* mit Blätterkrokantfüllung; **glace ~e** Eis *n* mit Krokantsplittern B M N(o)ugat *m ou n*

praticable [pʀatikabl] A ADJ 1 *chemin* begeh-, benutzbar; *route* befahrbar (**en voiture** mit dem Auto); benutzbar; *terrain de sports* bespielbar 2 *plan, opération* aus-, durchführbar; realisierbar; praktikabel B M 1 THÉ Praktikabel *n* 2 CINÉMA, TV Kamera- *ou* Scheinwerferstand *m*

praticien [pʀatisjɛ̃] M, **praticienne** F MÉD (praktizierender) Arzt, (praktizierende) Ärztin

pratiquant [pʀatikɑ̃] REL A ADJ praktizierend; **elle est très ~e** sie ist e-e eifrige Kirchgängerin B SUBST **~(e)** *m(f)* s-e religiösen Pflichten erfüllende(r) Gläubige(r) *m/f(m)*; ÉGL CATH praktizierender Katholik, praktizierende Katholikin

pratique [pʀatik] A ADJ 1 *objet, appareil, conseil, solution etc* praktisch; zweckmäßig, -entsprechend, -dienlich; nützlich; brauchbar; *passez par ici*, **c'est plus ~** das ist praktischer, bequemer 2 *personne* praktisch (veranlagt, denkend); **intelligence** *f* **~** praktische Intelligenz; → *a.* sens 2 a) 3 (*opposé: théorique*) *conséquences, connaissances etc* praktisch; ÉCOLE, UNIVERSITÉ **travaux** *mpl* **~s** → travail 2; **la vie ~** das praktische Leben B F 1 (*opposé: théorie*) Praxis *f*; **dans la ~** *ou* **en ~** in der Praxis; **mettre en ~** in die Praxis, Tat umsetzen; praktisch anwenden, durchführen; praktizieren 2 (*savoir-faire*) Praxis *f*; (praktische, Berufs)Erfahrung; **avoir une longue ~ de la pédagogie** e-e lange *ou* langjährige pädagogische Praxis haben, Erfahrung besitzen; **manquer de ~** (noch) keine Praxis, praktische Erfahrung haben 3 *d'un art, d'un métier, d'un sport* Ausübung *f*; Betreiben *n* 4 *d'une règle morale* Befolgung *f*; REL **les ~s** die Andachtsübungen *fpl*; **~ religieuse** Befolgung religiöser Vorschriften; Erfüllung *f* religiöser Pflichten; Praktizieren *n* des Glaubens 5 (*usage*) Praxis *f*; Gepflogenheit *f*; Brauch *m*; *souvent pl* **~s** Praktiken *fpl*; **~ répandue** verbreitete Praktik, Praxis; **c'est une ~ courante** *a.* das ist so üblich

pratiquement [pʀatikmɑ̃] ADV 1 (*dans la pratique*) praktisch; in der Praxis 2 (*à peu près*) praktisch; so gut wie

pratiquer [pʀatike] A V/T 1 *profession, métier, art* betreiben; ausüben; *sport* (be)treiben; **~ le football** den Fußballsport betreiben; Fußball spielen; **~ la médecine** den Arztberuf ausüben; **~ la photographie** fotografieren 2 *méthode, procédé* (praktisch) anwenden; praktizieren; *une politique* betreiben; verfolgen; *charité, justice* üben; **~ le chantage** sich der Erpressung bedienen; erpressen 3 REL *abs* s-e religiösen Pflichten erfüllen; in die Kirche gehen 4 *ouverture dans un mur* herstellen; machen; *abri* anbringen; *intervention chirurgicale* vornehmen 5 *litt auteur, ouvrage* regelmäßig, gern lesen B V/PR **se ~** üblich sein; geschehen

pré [pʀe] M Wiese *f*

pré... [pʀe] *préfixe* prä...; Prä...; vor...; Vor...; früh...; Früh...; → *les articles suivants*

préado [pʀeado] M/F *fam* ABR → préadolescent

préadolescent [pʀeadɔlesɑ̃] M, **préadolescente** F 10-13-Jährige(r) *m/f(m)*

préalable [pʀealabl] A ADJ 1 vorherig *ou* vorherig; vorhergehend; vorangehend (**à** *dat*); **sans avis ~** *a.* ohne Vorankündigung; **après un examen médical ~** *a.* nach erfolgter ärztlicher Untersuchung 2 **question** *f* **~** PARLEMENT Antrag *m*, e-n Tagesordnungspunkt nicht zu behandeln; JUR Vorfrage *f* B M 1 Vorbedingung *f* 2 LOC ADV **au ~** vorher; zuvor

préalablement [pʀealabləmɑ̃] ADV vorher; zuvor; **~ à** vor (+*dat*)

Préalpes [pʀealp] **les ~** *fpl* die Voralpen *pl*

préalpin [pʀealpɛ̃] ADJ der Voralpen; Alpenrand...

préambule [pʀeɑ̃byl] M 1 *d'une loi* Präambel *f*; *d'un discours etc* Einleitung *f*; Vorrede *f*; *loc adv* **sans ~** unvermittelt; abrupt; ohne Umschweife 2 *fig* **être le ~ de qc** das Vorspiel zu etw sein

préau [pʀeo] M ⟨*pl* ~x⟩ *d'une école* überdachter Teil des Schulhofs; *d'une prison etc* (Innen)Hof *m*

préavis [pʀeavi] M 1 (Vor)Ankündigung *f*; TÉL Voranmeldung *f*; **~ de grève** Streikankündigung *f* 2 *de licenciement* Kündigung *f*; (**délai** *m* **de**) **~** Kündigungsfrist *f* (**de trois mois** von drei Monaten); *renvoyer qn* **sans ~** fristlos; *employé* **donner son ~** (fristgemäß, -gerecht) kündigen

prébende [pʀebɑ̃d] F ÉGL HIST Präbende *f*; Pfründe *f*

précaire [pʀekɛʀ] ADJ 1 *santé, situation* prekär; labil; bedenklich; *situation a.* heikel; brenzlig; schwierig; **bonheur** *m* **~** zerbrechliches Glück; **emploi** *m* **~** unsicherer Arbeitsplatz 2 JUR **détention** *f*, **possession** *f* (**à titre**) **~** Fremdbesitz *m*; unmittelbarer Besitz

précambrien [pʀekɑ̃bʀijɛ̃] M GÉOL Präkambrium *n*

précarisation [pʀekaʀizasjõ] F Zunahme *f* ungeschützter Arbeitsverhältnisse; Prekarisierung *f*

précarité [pʀekaʀite] F Unsicherheit *f*; Labilität *f*

précaution [pʀekosjõ] F (*prudence*) Vorsicht *f*; Behutsamkeit *f*; *disposition prise* Vorsichtsmaßnahme *f*, -maßregel *f*; *loc adv*: **avec (de grandes) ~(s)** (sehr) vorsichtig, behutsam, sorgsam; mit (großer) Behutsamkeit; **par ~** vorsichtshalber; vorsorglich; aus Vorsicht; **s'entourer de ~s** vorsichtig sein; Vorsicht walten lassen; vorsichtig zu Werke gehen; sich (nach allen Seiten) absichern; **prendre des ~s** Vorsichtsmaßnahmen, -maßregeln treffen, ergreifen; Vorsorge treffen; *fam fig* **prendre ses ~s** (*aller aux toilettes*) *fam* vorher noch einmal verschwinden gehen; *prov* **deux ~s valent mieux qu'une** doppelt genäht hält besser (*prov*)

précautionneux [pʀekosjɔnø] ADJ ⟨-euse⟩ vorsichtig; behutsam; sorgsam

précédemment [pʀesedamɑ̃] ADV vorher; vordem; zuvor

précédent [pʀesedɑ̃] A ADJ vorher-, vorangehend; vorig; Vor...; vorangegangen; *loc adv* **l'année ~e** im vorhergehenden, vorigen Jahr; im Vorjahr B M Präzedenzfall *m* (*a.* JUR); *loc adj* **sans ~** beispiellos; noch nie da gewesen; **c'est un fait sans ~** das hat es noch nie gegeben; das ist noch nicht da gewesen; **créer un ~** e-n Präzedenzfall schaffen

précéder [pʀesede] V/T ⟨-è-⟩ 1 *dans le temps* voran-, vorher-, voraus-, voraufgehen (+*dat*); *loc adv* **le jour qui précédait son départ** am Tag vor s-r Abreise; *st/s* **ceux qui nous ont précédés** *a.* die vor uns gelebt haben; **il m'a précédé de dix minutes** er war zehn Minuten eher, früher da als ich; **sa mauvaise réputation l'avait précédé** sein schlechter Ruf war ihm schon vorausgeeilt 2 *dans l'espace* **~ qn** vor j-m hergehen *ou* -fahren; j-m vorangehen *ou* -fahren; *chose* **~ qc** vor etw (*dat*) stehen, kommen; *fig dans une carrière etc* **~ qn** j-m vorangehen; **faire ~ un livre d'une préface** e-m Buch ein Vorwort voranstellen; *pp* **le ministre précédé des journalistes** der Minister, dem die Journalisten vorangingen

précepte [pʀesɛpt] M Gebot *n*; Vorschrift *f*; Lehre *f*; Prinzip *n*; Regel *f*; **donner de bons ~s** gute Lehren erteilen

précepteur [pʀesɛptœʀ] M, **préceptrice** F Haus-, Privatlehrer(in) *m(f)*; Erzieher(in) *m(f)*

précession [pʀesɛsjõ] F PHYS, ASTRON Präzession *f*

préchauffage [pʀeʃofaʒ] M TECH Vorwärmen *n*; Vorerhitzen *n*; *d'un train* Vorheizen *n*; *d'un moteur diesel* Vorglühen *n*

prêche [pʀɛʃ] M 1 REL Predigt *f*; **~ du dimanche** Sonntagspredigt *f* 2 *fig* Moralpredigt *f*

prêcher [pʀeʃe] A V/T predigen; **~ l'Évangile** das Evangelium predigen, verkünd(ig)en; *par ext* **~ le carême** (die) Fastenpredigten halten; *fig* **~ la haine, la patience** Hass, Geduld predigen B VI 1 *curé etc* predigen; die Predigt halten; *fig* ~ **d'exemple** mit gutem Beispiel vorangehen 2 *fig* Moral predigen; moralisieren

prêcheur [pʀɛʃœʀ] M, **prêcheuse** F Moralprediger(in) *m(f)*; Moralist(in) *m(f)*

prêchi-prêcha [pʀɛʃipʀɛʃa] M ⟨inv⟩ *fam péj* (ewige) Moralpredigten *fpl*; moralisierendes Geschwätz

précieusement [pʀesjøzmɑ̃] ADV *garder* sorgfältig; sorgsam

précieuses [pʀesjøz] FPL HIST *literarischer Kreis von Damen, die im Paris des 17. Jahrhunderts e-e verfeinerte Sprache pflegten*; *Molière* **Les Précieuses ridicules** Die lächerlichen Preziösen

précieux [pʀesjø] ADJ ⟨-euse⟩ 1 wertvoll; kostbar; erlesen; **bijoux** *mpl* ~ wertvoller, kostbarer Schmuck; **bois, métaux** ~ Edelhölzer *npl*, -metalle *npl*; **objet** ~ Wertgegenstand *m*, -sache *f*; Kostbarkeit *f*; **pierre précieuse** Edelstein *m* 2 *aide, qualité, collaborateur etc* wertvoll; *temps* kostbar; **perdre de précieuses minutes** kostbare Minuten verlieren 3 a *(affecté, recherché)* preziös; geziert; gesucht; manieriert; affektiert; gekünstelt; gespreizt b HIST *en littérature etc* preziös; der Preziosität

préciosité [pʀesjozite] F 1 *dans le langage, les manières* Geziert-, Gesucht-, Manieriert-, Affektiert-, Gespreiztheit *f* 2 HIST *en littérature etc* Preziosität *f*

précipice [pʀesipis] M Abgrund *m* (*a. fig*)

précipitamment [pʀesipitamɑ̃] ADV in großer Hast, Eile; hastig; schleunigst; überstürzt; übereilt; *partir a.* Hals über Kopf

précipitation [pʀesipitasjõ] F 1 Hast *f*; große Eile; Überstürzung *f*; Übereilung *f*; Überstürztheit *f*; Übereiltheit *f*; *loc adv* **avec** ~ → **précipitamment** 2 MÉTÉO **~s** *pl* **(atmosphériques)** Niederschlag *m*, -schläge *mpl* 3 CHIM (Aus)Fällung *f*; *t/t* Präzipitation *f*

précipité [pʀesipite] A ADJ 1 *pas, rythme* schnell; eilig; hastig 2 *départ* hastig; überstürzt; *démarche, décision* übereilt; **être trop ~ dans ses décisions** in s-n Entscheidungen zu schnell sein; vorschnelle, übereilte Entscheidungen treffen B M CHIM Niederschlag *m*; *t/t* Präzipitat *n*

précipiter [pʀesipite] A VT 1 *(jeter d'en haut)* (in die Tiefe) hinab-, hinunterstürzen; *fig* ~ **un pays dans le chaos** ein Land ins Chaos stürzen 2 *(pousser violemment)* schleudern; ~ **qn à terre** j-n zu Boden schleudern; **être précipité contre un arbre** gegen e-n Baum geschleudert werden 3 *(accélérer) pas* beschleunigen; *(brusquer) départ, décision, les choses* überstürzen; übereilen; **il ne faut rien** ~ man soll nichts überstürzen, übereilen, übers Knie brechen 4 CHIM (aus)fällen; *t/t* präzipitieren B VPR **se** ~ 1 *(se jeter d'en haut)* sich hinab-, hinunterstürzen; **se ~ dans le vide** sich in die Tiefe stürzen 2 *(s'élancer)* stürzen; **se ~ à la porte** an die, zur Tür stürzen; **se ~ au secours de qn** j-m zu Hilfe eilen; **se ~ au-devant de qn** j-m entgegenstürzen; **se ~ dans les bras de qn** sich in j-s Arme stürzen; **se ~ sur qn** sich auf j-n stürzen; auf j-n losstürzen, zustürzen 3 *(se dépêcher)* sich beeilen; **inutile de tant se ~!** nur nichts überstürzen, übereilen! 4 *événements* sich überstürzen

précis [pʀesi] A ADJ 1 präzis(e); genau; exakt; *réponse a.* klar; unzweideutig; *faits* eindeutig; *trait, contours* deutlich; *endroit, point* ganz bestimmt; *personne* präzis(e), exakt, mit Präzision handelnd, vorgehend, arbeitend; **idées, notions ~es** genaue, klare, feste, bestimmte, präzise Vorstellungen *fpl*; **indice** ~ fester Anhaltspunkt; ♦ *loc adv*: **à dix heures ~es** genau um, pünktlich um, Punkt, Schlag zehn Uhr; **à l'instant, au moment ~ où ...** genau, gerade in dem Augenblick, als ...; **de façon ~e** präzis(e); genau; exakt; klar; **sans raison ~e** ohne besonderen, bestimmten Grund; **ne penser à rien de ~** an nichts Bestimmtes denken 2 *résumé, style* präzis(e); klar und knapp; *orateur, auteur* sich präzis(e), treffend, klar und knapp ausdrücken B M Abriss *m* (*a. comme titre*); kurze, gedrängte Übersicht (**de** über *+acc*), Zusammenfassung; Leitfaden *m*; ~ **de géométrie** Leitfaden *m* der Geometrie

précisément [pʀesizemɑ̃] ADV 1 *(de façon précise)* präzis(e); genau; exakt; **plus** ~ genauer gesagt 2 *(justement)* genau; gerade; ~ **à cause de cela** gerade, genau deswegen, darum; **vous êtes ~ l'homme que je cherche** Sie sind genau der Mann, den ich suche; **n'être pas ~ gai** *etc* nicht gerade, unbedingt, eben lustig *etc* sein 3 *réponse* **~!** genau!; allerdings!; so ist es!; ganz recht!

préciser [pʀesize] A VT 1 *idée, point etc* präzisieren; genauer angeben, formulieren, darlegen; *endroit, date* genau, exakt angeben; *abs* **précisez!** drücken Sie sich klarer, deutlicher aus! 2 *(souligner)* klarstellen, deutlich machen (**que** dass) B VPR *danger, situation etc* **se ~** klarer, deutlicher werden; sich klarer abzeichnen

précision [pʀesizjõ] F 1 Präzision *f* (*a.* TECH); Exaktheit *f*; Genauigkeit *f*; *des contours* Deutlichkeit *f*; ~ **mathématique** mathematische Präzision, Genauigkeit, Exaktheit; ~ **du tir** Treff-, Zielsicherheit *f*; **balance** *f*, **travail** *m* **de ~** Präzisionswaage *f*, -arbeit *f*; **mécanique** *f* **de ~** Feinmechanik *f*; **avec** ~ präzis(e); genau; exakt 2 **~s** *pl* genauere, nähere Angaben *fpl*, Hinweise *mpl*, Auskünfte *fpl*; Einzelheiten *fpl*; **j'ai encore une ~ à ajouter** ich habe noch etwas zur Klärung hinzuzufügen; **demander des ~s sur qc** genauere Angaben über etw *(acc)* erbitten; **donner quelques ~s sur qc** einige Einzelheiten über etw *(acc)* mitteilen

préclassique [pʀeklasik] ADJ vorklassisch

précoce [pʀekɔs] ADJ 1 *fruit, végétal* früh; *fruit a.* frühreif; früh reifend; **fruits** *mpl* **~s** Frühobst *n*; **gelées** *fpl* **~s** Frühfrost *m*, -fröste *mpl*; **variété** *f* ~ frühe Sorte 2 *enfant* frühreif 3 *automne, sénilité etc* früh(zeitig); (vor)zeitig; **mariage** *m* ~ Frühehe *f*; **rides** *fpl* **~s** früh(zeitig), vorzeitig auftretende Falten *fpl*; **être atteint d'une calvitie ~** früh, vorzeitig kahl werden, e-e Glatze bekommen; **cette année, l'hiver a été ~** in diesem Jahr hatten wir e-n frühen, zeitigen Winter

précocité [pʀekɔsite] F *d'un fruit, d'un enfant* Frühreife *f*; frühe Reife; *de l'automne etc* Früh(zeitig)er, (vor)zeitiger Beginn

précolombien [pʀekɔlõbjɛ̃] ADJ ⟨~ne⟩ präkolumbisch

préconçu [pʀekõsy] ADJ **idée, opinion ~e** vorgefasste Meinung; Vorurteil *n*

préconiser [pʀekɔnize] VT *méthode, politique, plan etc* befürworten; *remède* (warm) empfehlen; raten zu

précontraint [pʀekõtʀɛ̃] ADJ TECH **béton** ~ *ou subst* ~ *m* Spannbeton *m*

précuit [pʀekɥi] ADJ CUIS vorgekocht

précurseur [pʀekyʀsœʀ] A M Vorläufer *m*; Wegbereiter *m* B ADJ M **signe** ~ Vorzeichen *n*, -bote *m*; Anzeichen *n*

prédateur [pʀedatœʀ] BIOL A ADJ ⟨-trice⟩ räuberisch lebend B M Räuber *m*

prédécesseur [pʀedesesœʀ] M 1 *dans une fonction* Vorgänger(in) *m(f)* 2 **nos ~s** unsere Vorfahren *mpl*, -eltern *pl*, -väter *mpl*

prédélinquant [pʀedelɛ̃kɑ̃] M JUR potenzieller jugendlicher Straftäter

prédestination [pʀedɛstinasjõ] F REL Prädestination *f*; Vorherbestimmung *f*; Gnadenwahl *f*

prédestiné [pʀedɛstine] ADJ **être ~ à qc** für *ou* zu etw prädestiniert, vor(her)bestimmt, für etw wie geschaffen sein; *abs* (zu Großem) auserwählt, auserkoren sein; **prédestiner** VT REL *et fig* prädestinieren, vorherbestimmen (**à qc** für *ou* zu etw)

prédicat [pʀedika] M GRAM, LOGIQUE Prädikat *n*

prédicateur [pʀedikatœʀ] M REL Prediger *m*; Kanzelredner *m*; **prédication** F REL Predigen *n*

prédiction [pʀediksjõ] F Voraussage *f*, -ung *f*; Vorhersage *f*; *d'une voyante etc* Weissagen *n*, -ung *f*; Wahrsagen *n*, -ung *f*; **faire des ~s** Voraussagen machen; weissagen; wahrsagen

prédilection [pʀedilɛksjõ] F Vorliebe *f*; *loc adj* **de ~** Lieblings...; **auteur** *m* **de ~** Lieblingsdichter *m*; **avoir une ~ pour qn, qc** e-e Vorliebe, Schwäche für j-n, etw haben

prédire [pʀediʀ] VT ⟨→ dire; *aber*: vous prédisez⟩ voraus-, vorhersagen; prophezeien; *voyante etc* wahrsagen; weissagen; ~ **l'avenir** die Zukunft voraus-, vorhersagen; wahrsagen; weissagen; ~ **une crise économique** e-e Wirtschaftskrise voraus-, vorhersagen; **je vous l'avais prédit!** ich hab's (Ihnen) ja gesagt!

prédisposer [pʀedispoze] VT ~ **qn à qc** j-n für etw prädisponieren (*a.* MÉD); j-n im Voraus auf etw *(acc)* festlegen; MÉD *a.* j-n für etw besonders anfällig machen; **être prédisposé à qc** e-e Anlage, Veranlagung, Neigung zu etw haben, mitbringen

prédisposition [pʀedispozisjõ] F Veranlagung *f*, Anlage *f* (**à la paresse** zur Faulheit); MÉD Prädisposition *f*, besondere Anfälligkeit (**à une maladie** für e-e Krankheit)

prédominance [pʀedɔminɑ̃s] F Vorherrschen *n*; Überwiegen *n*; Dominieren *n*; Übergewicht *n*; Vorherrschaft *f*; Prädomination *f*

prédominant [pʀedɔminɑ̃] ADJ vorherrschend; dominierend; **souci** ~ Hauptsorge *f*; größte Sorge

prédominer [pʀedɔmine] VI vorherrschen; überwiegen; (prä)dominieren; **son avis a prédominé** s-e Meinung gab den Ausschlag, war ausschlaggebend

préélectoral [pʀeelɛktɔʀal] ADJ ⟨-aux⟩ POL vor den Wahlen; Wahlkampf...; **promesses ~es** Wahlversprechen *npl*, -versprechungen *fpl*

préemballé [pʀeɑ̃bale] ADJ COMM (verkaufsfertig) abgepackt

prééminence [pʀeeminɑ̃s] F Vorrang (-stellung) *m(f)*; herausragende Stellung; **prééminent** ADJ herausragend; hervorstechend

préemption [pʀeɑ̃psjõ] F JUR **droit** *m* **de ~** Vorkaufsrecht *n*

préétabli [pʀeetabli] ADJ vorher festgesetzt, festgelegt

préexistant [pʀeɛgzistɑ̃] ADJ schon vorher da gewesen, existierend

préexister [pʀeɛgziste] VI ~ **à qc** schon vor etw *(dat)* da sein, existieren

préfabrication [pʀefabʀikasjõ] F CONSTR Herstellung *f* von Fertigteilen; Vorfertigung *f* (**de** von *ou +gén*)

préfabriqué [pʀefabʀike] A ADJ 1 CONSTR vorgefertigt; **élément** ~ Fertig(bau)teil *n*; **maison ~e** Fertighaus *n* 2 *fig et péj* vorfabriziert; inszeniert B M CONSTR a *élément* Fertig(bau)teil *n* b *construction* Fertigbau(weise) *m(f)*

préface [pʀefas] F 1 *d'un livre* Vorwort *n*; Geleitwort *n* 2 *fig* Auftakt *m* (**à** zu); **en ~ à** als Auf-

takt zu **3** ÉGL CATH Präfation *f*
préfacer [pʀefase] VT ‹-ç-› *livre* das Vor-, Geleitwort schreiben zu
préfectoral [pʀefɛktɔʀal] ADJ ‹-aux› des Präfekten; der Präfektur; **arrêté ~** Erlass *m*, Verordnung *f* des Präfekten
préfecture [pʀefɛktyʀ] F **1** *bâtiment, services* Präfektur *f*; *correspond à* Regierungspräsidium *n*; Bezirksregierung *f* **2** *ville* Sitz *m* e-r Präfektur **3 ~ de police** Polizeipräsidium *n* in Paris
préférable [pʀefeʀabl] ADJ **être ~ à qc** besser sein als etw; e-r Sache *(dat)* vorzuziehen sein; den Vorzug vor etw *(dat)* verdienen; **il est ~ de** *(+inf)* *ou* **que ...** *(+subj)* es ist besser, ratsamer zu *(+inf)* *ou*, wenn ...
préféré [pʀefeʀe] **A** ADJ bevorzugt; Lieblings...; **disque ~** Lieblingsplatte *f* **B** SUBST **~(e)** *m(f)* Liebling *m* (**de qn** j-s); **c'était elle la ~e de sa mère** sie war der Liebling ihrer Mutter
préférence [pʀefeʀɑ̃s] F Vorzug *m*; Bevorzugung *f*; ÉCON Präferenz *f*; **~ pour qn, qc** Vorliebe *f*, Schwäche *f* für j-n, etw; *loc adv* **de ~** lieber; am besten; vorzugsweise; mit Vorliebe; vornehmlich; meist; **descendez de ~ à cet hôtel!** steigen Sie am besten in diesem Hotel ab!; *loc prép* **de ~ à** lieber als; *loc adv: citez-moi,* **par ordre de ~**, *vos livres favoris* in der Reihenfolge, wie Sie sie am liebsten haben; **accorder, donner la ~ à qn, qc** j-m, e-r Sache den Vorzug geben; j-n, etw bevorzugen, vorziehen; **avoir la ~ sur qn** den Vorzug vor j-m haben; j-m vorgezogen werden; **c'est le plus jeune des candidats qui a eu, a obtenu la ~** der jüngste Bewerber erhielt den Vorzug; **je n'ai pas de, je n'ai aucune ~** das ist mir egal; ich habe keinen besonderen Wunsch; **témoigner une nette ~ à qn** j-n ganz deutlich vorziehen, bevorzugen
préférentiel [pʀefeʀɑ̃sjɛl] ADJ ‹~le› Vorzugs...; Präferenz...; **droits (de douane) ~s** Vorzugs-, Präferenzzölle *mpl*; **traitement ~** Vorzugsbehandlung *f*; **vote ~** Listenwahl, bei der durch Änderung der Reihenfolge e-m Kandidaten der Vorzug gegeben werden kann
préférer [pʀefeʀe] ‹-è-› **A** VT vorziehen (**à** *dat*); lieber haben (als); bevorzugen; den Vorzug geben *(+dat)*; *abs* **faites comme vous préférez!** machen Sie es, wie Sie es gern möchten!; *abs* **si tu préfères**, *nous irons au cinéma* wenn es dir lieber ist ...; **de** *ou* **entre** *ou* **parmi toutes ces cravates, je préfère celle-ci** diese Krawatte ist mir von allen die liebste; **je préfère le train (à la voiture)** ich fahre lieber mit der Bahn (als mit dem Auto); ich nehme lieber den Zug, mir ist der Zug lieber (als das Auto); **~ le vin à la bière** lieber Wein als Bier trinken; **je te préfère sans barbe** du gefällst mir ohne Bart besser; ich mag dich ohne Bart lieber; ♦ **~ faire qc** lieber etw tun; (es) vorziehen, etw zu tun; **je préfère me reposer** ich will, möchte (mich) lieber ausruhen; **~ que ...** *(+subj)* es lieber sehen, wenn ...; lieber mögen, dass ...; **je préfère qu'il parte** es ist mir lieber, wenn er geht; er soll lieber gehen **B** VPR **elle se préfère avec les cheveux longs** sie findet sich mit langem Haar hübscher
préfet [pʀefɛ] M **1** *d'un département* Präfekt *m*; *correspond à* Regierungspräsident *m*; **~ de région** Präfekt (mehrerer zu) e-r Region (zusammengefasster Departements) **2 ~ de police** Polizeipräsident *m* von Paris **3** *en Belgique* (Gymnasial)Direktor *m*
préfète [pʀefɛt] F **1** **madame la ~** die Frau Präfekt **2** *en Belgique* (Gymnasial)Direktorin *f*
préfiguration [pʀefigyʀasjõ] *st/s* F Vorgeschmack *m*; *t/t* Präfiguration *f*; **préfigurer** *st/s* VT e-n Vorgeschmack geben von; ahnen lassen
préfinancement [pʀefinɑ̃smɑ̃] M Vorfinanzierung *f*
préfixal [pʀefiksal] ADJ ‹-aux› LING Präfix...; **préfixation** F LING Präfigierung *f*; Verwendung *f* von Präfixen
préfixe [pʀefiks] M LING Präfix *n*; Vorsilbe *f*; **préfixer** VT **1** LING mit Präfix versehen; präfigieren **2** *délai, lieu etc* vorher vereinbaren, festsetzen, festlegen, bestimmen
préformage [pʀefɔʀmaʒ] M TECH Vorformung *f*; **préformer** VT TECH vorformen
prégnance [pʀegnɑ̃s, -ɲɑ̃s] F PSYCH Prägnanz *f*; **prégnant** ADJ LING, PSYCH prägnant
préhenseur [pʀeɑ̃sœʀ] ADJ M BIOL **organe ~** Greiforgan *n*
préhensile [pʀeɑ̃sil] ADJ BIOL Greif...; zum Greifen dienend
préhension [pʀeɑ̃sjõ] F BIOL Greifen *n*; *loc adj* **de ~** Greif...
préhistoire [pʀeistwaʀ] F Vor-, Urgeschichte *f*; Prähistorie *f*; **préhistorien(ne)** M(F) Vorgeschichtler(in) *m(f)*; Prähistoriker(in) *m(f)*; **préhistorique** ADJ **1** vor-, urgeschichtlich; prähistorisch **2** *fam fig* vorsintflutlich
préjudice [pʀeʒydis] M Schaden *m*; Nachteil *m*; Beeinträchtigung *f*; Benachteiligung *f*; JUR: **~ matériel** materieller Schaden; Vermögensschaden *m*; **~ moral** ideeller, immaterieller Schaden; Nichtvermögensschaden *m*; *loc prép* **au ~ de** zum Nachteil, Schaden von *(ou +gén)*; zuungunsten *(+gén)*; **sans ~ de** unbeschadet *(+gén)*; **causer un ~** *ou* **porter ~ à qn** j-m schaden, Schaden zufügen; nachteilig, von Nachteil für j-n sein; j-m Nachteile bringen; j-n benachteiligen, beeinträchtigen; **subir un ~** Schaden erleiden
préjudiciable [pʀeʒydisjabl] ADJ **~ à** nachteilig, schädlich für; abträglich *(+dat)*
préjugé [pʀeʒyʒe] M Vorurteil *n*; vorgefasste Meinung; **avoir un ~ contre qn, qc** ein Vorurteil gegen j-n, etw haben; gegen j-n, etw voreingenommen sein; **être plein, rempli de ~s** voller Vorurteile stecken; sehr voreingenommen sein; **être sans ~s** vorurteilslos, -frei, unvoreingenommen sein
préjuger [pʀeʒyʒe] VT INDIR ‹-geons› **~ de qc** e-r Sache *(dat)* vorgreifen; etw präjudizieren; *par ext (prévoir)* etw vorhersehen; **sans ~ des résultats des élections** ohne den Wahlergebnissen vorzugreifen
prélasser [pʀelase] VPR **se ~** es sich *(dat)* bequem, behaglich machen; **se ~ au soleil** *fam* sich in der Sonne aalen; **se ~ dans un fauteuil** *fam* sich in e-m Sessel rekeln *ou* räkeln
prélat [pʀela] M ÉGL CATH Prälat *m*
prélavage [pʀelavaʒ] M Vorwäsche *f*; Vorwaschen *n*; **prélaver** VT vorwaschen
prêle *ou* **prèle** [pʀɛl] F BOT Schachtelhalm *m*
prélèvement [pʀelɛvmɑ̃] M *d'une somme, d'un organe etc* Entnahme *f* (**sur** aus); *sur un salaire* Abzug *m* (von); *sur un compte bancaire* Abbuchung *f* (von); *(ce qui est prélevé)* COMM *a.* Probe *f*; Muster *n*; MÉD *a.* Probe *f*; Abstrich *m*; FIN *a.* Umlage *f*; FIN **~s** *pl a.* Abgaben *fpl*; **~ automatique** Einzugsverfahren *n*; Lastschriftverfahren *n*; **~ de sang** Blutabnahme *f*, -probe *f*; **faire un ~ de sang** Blut abnehmen; e-e Blutprobe entnehmen, machen; **~ sur le salaire** Lohnabzug *m*; Abzug, Einbehaltung vom Lohn; FIN **autorisation** *f* **de ~** Einzugsermächtigung *f*; **faire un ~ de tissu** Gewebe, e-e Gewebeprobe entnehmen; **faire, opérer un ~ sur un compte** e-n Betrag von e-m Konto abbuchen
prélever [pʀelve] VT ‹-è-› *somme, organe, échantillon* entnehmen (**sur** *dat ou* aus); nehmen (aus, von); *somme a.* abziehen, einbehalten, erheben (von); *sur un compte bancaire* abbuchen (von); *sang a.* abnehmen; **~ sur le salaire** vom Lohn abziehen, einbehalten
préliminaire [pʀeliminɛʀ] **A** ADJ Vor...; vorbereitend; **entretiens** *mpl* **~s** Vorbesprechungen *fpl*; **phase** *f* **~** Vorbereitungsphase *f*; **travail** *m* **~** Vorarbeit *f* (**à** zu) **B** MPL **~s** Präliminarien *pl* (*a.* DIPL); Vorspiel *n*; Einleitung *f*
prélude [pʀelyd] M **1** MUS **a** *composition* Präludium *n*; Vorspiel *n* **b** *suite de notes* Tonfolge, mit der man sich vor e-m Konzert einspielt, einsingt **2** *fig* Vorspiel *n*, Auftakt *m* (**à** zu)
préluder [pʀelyde] **A** VT INDIR **~ à qc** etw einleiten; den Auftakt zu etw bilden; das Vorspiel zu etw sein **B** VI MUS sich einspielen; *chanteur* sich einsingen
prématuré [pʀematyʀe] ADJ **1** *démarche* verfrüht; voreilig; **il serait ~ de** *(+inf)* es wäre verfrüht, noch zu früh zu *(+inf)* **2** *mort* vorzeitig; (zu) früh; **accouchement ~** Frühgeburt *f*; **enfant ~** *ou subst* **~** *m* Frühgeburt *f*; **prématurément** ADV vor der Zeit; zu früh; vorzeitig
préméditation [pʀemeditasjõ] F JUR Vorsatz *m*; *loc adj et loc adv* **avec ~** vorsätzlich; **meurtre** *m* **avec ~** vorsätzliche Tötung; **agir, tuer avec ~** vorsätzlich, mit Vorbedacht handeln, töten
préméditer [pʀemedite] VT planen; gründlich vorher überlegen, bedenken; in Gedanken vorbereiten; **~ de faire qc** planen, beabsichtigen, darauf sinnen, etw zu tun; *adjt* **prémédité** *crime* geplant; *réponse, réaction* (wohl)überlegt
prémices [pʀemis] *litt* FPL Anfänge *mpl*; Beginn *m*; **les ~ de l'hiver** der Beginn, Anfang des Winters
premier [pʀəmje] **A** ADJ ‹-ière› **1** *dans l'ordre* erste(r, -s); **tout ~, toute première** allererste(r, -s); **~ âge** Säuglingsalter *n*; **~ amour** erste Liebe; **le ~ août** der erste *ou* am ersten August; BOUCHERIE **côte, côtelette première** Filetkotelett *n*; TYPO **première édition** Erstausgabe *f*, -druck *m*; **première enfance** frühe Kindheit; **~ étage** erster Stock; erstes Stockwerk; erste Etage; **François Ier** Franz I. (der Erste); **premières notions** Grundbegriffe *mpl*; *d'un journal* **première page** *a.* Titelseite *f*; **~ plan** Vordergrund *m*; → *a.* plan[1] B 2; ♦ *loc adv:* **les ~s temps** in der ersten Zeit; zuerst; anfangs; anfänglich; **au** *ou* **du ~ coup** auf Anhieb; (gleich) beim ersten Mal; **en ~ lieu** → lieu[1] 1 **2** *dans une hiérarchie* erste(r, -s); oberste(r, -s); höchste(r, -s); Haupt...; HIST **Premier consul** Erster Konsul; **première danseuse** Primaballerina *f*; **les ~s dignitaires de l'Église** die obersten, höchsten, ersten Würdenträger der Kirche; **Premier ministre** Premierminister *m*; Ministerpräsident *m*; **objectif ~** oberstes, höchstes Ziel; Hauptziel *n*; THÉ **~ rôle** Hauptrolle *f*, -darsteller *m*; ♦ *loc adj:* **de ~ ordre** erstrangig, -klassig; ersten Ranges; **de première qualité** erstklassig; → *a.* nécessité 1 **3** *(meilleur)* beste(r, -s); **c'était le ~ coureur de son temps** er war der beste Läufer s-r Zeit **4** *(primitif)* ursprünglich; PHIL **cause première** Erstursache *f*; Ursache *f* s-r selbst; **état ~** ursprünglicher, früherer Zustand; **matière première** Roh-, Grund-, Ausgangsstoff *m*; Rohmaterial *n*; MATH **nombre ~** Primzahl *f* **B** SUBST **1** **le ~, la première** der, die, das Erste; *dans un classement a.* der, die, das Beste; **les trois ~s** die ersten drei; **le ~ de l'an** der Neujahrstag; **le ~, la première de la classe** der, die Beste, Erste der Klasse; der, die Klassenbeste, -erste; der Primus der Klasse; **le ~ du mois** der Monatserste; *loc adv* am Monatsersten; *loc adv* **les ~s du mois** jeweils am Monats-

ersten; **être le ~, un des ~s à** *(+inf)* der Erste sein, der ...; e-r der Ersten sein, die ...; **être reçu ~ à un examen** e-e Prüfung als Bester bestehen; BIBL **les ~s seront les derniers** die Ersten werden die Letzten sein; ♦ *loc adv*: **le ~, la première** als Erste(r, -s); zuerst; **arriver le ~** als Erster ankommen; **passez donc le ~!** gehen Sie doch bitte voran!; **la tête la première** kopfüber; mit dem Kopf voran; vornüber; **en ~** *faire qc* zuerst; als Erstes; *servir qn* zuerst; als Erste(n); ♦ *A et B sont absents,* **le ~** *est malade et* **le second** *est en voyage* Ersterer, der Erstere ... Letzterer, der Letztere **2** M *étage* erster Stock; erstes Stockwerk; erste Etage; **au ~** im ersten Stock *etc; fam* e-e Treppe hoch **3** THÉ **jeune ~** jugendlicher Held, Liebhaber; **avoir un physique de jeune ~** der Typ des jugendlichen Helden, Liebhabers sein; **jeune première** jugendliche Heldin

première [pʀəmjɛʀ] F **1** THÉ, CINÉMA Premiere *f*; Ur-, Erstaufführung *f*; **grande ~** Galapremiere *f*; *fig*: **une grande ~** ein großes Ereignis; **~ mondiale** Weltereignis *n* **2** CH DE FER erste Klasse; *par ext billet* Fahrkarte *f* erster Klasse; **voyager en ~** erster Klasse reisen, fahren **3** ÉCOLE sechste Klasse im Gymnasium; *correspond à* elfte Klasse **4** AUTO erster Gang; **rouler en ~** im ersten (Gang) fahren **5** ALPINISME Erstbesteigung *f* **6** TYPO erster Korrektur-, Fahnenabzug **7** LOC ADJ *et* INT *fam* **de ~** erstklassig; vorzüglich; hervorragend; *int a.* bestens!

premièrement [pʀəmjɛʀmɑ̃] ADV erstens; zuerst

premier-né [pʀəmjene] ADJ *et* SUBST M ‹*pl* premiers-nés›, **première-née** [pʀəmjɛʀne] ADJ *et* SUBST F ‹*pl* premières-nées› erstgeboren; Erstgeborene(r, -s) *f(m,n)*

prémilitaire [pʀemilitɛʀ] ADJ *formation* vormilitärisch

prémisse [pʀemis] F Voraussetzung *f*; Prämisse *f* (*a.* LOGIQUE)

premix [pʀemiks] MPL Alcopops *pl*

prémolaires [pʀemɔlɛʀ] FPL ANAT vordere Backenzähne *mpl*

prémonition [pʀemɔnisjõ] F (schlimme) (Vor)Ahnung; (schlimmes) Vorgefühl

prémonitoire [pʀemɔnitwaʀ] ADJ warnend; PSYCH **rêve** *m* **~** Traum, der Vorbote von Krankheiten ist; **signe** *m* **~** (warnendes) Vorzeichen

prémontré [pʀemõtʀe] M ÉGL CATH Prämonstratenser *m*

prémunir [pʀemyniʀ] **A** V/T *st/s* **~ qn contre qc** j-n vor etw *(dat)* schützen, bewahren **B** V/PR **se ~ contre qc** sich vor etw *(dat)*, gegen etw schützen, sichern

prenable [pʀənabl] ADJ *place forte* **difficilement ~** schwer einnehmbar

prenant [pʀənɑ̃] ADJ **1** *film, livre* packend; fesselnd; mitreißend; *(émouvant)* ergreifend; *voix* fesselnd; erregend **2** *activité* zeitraubend **3** **partie ~e** Interessenten *mpl*

prénatal [pʀenatal] ADJ vorgeburtlich; *t/t* pränatal; **allocations ~es** Schwangerschaftsbeihilfe *f*

prendre [pʀɑ̃dʀ]

‹je prends, il prend, nous prenons, ils prennent; je prenais; je pris; je prendrai; que je prenne, que nous prenions; prenant; pris›

A verbe transitif	**B** verbe intransitif
C verbe impersonnel	**D** verbe pronominal

— **A** verbe transitif —

1 nehmen; *(saisir)* ergreifen; packen; *(toucher à)* (an)fassen; *(enlever)* wegnehmen; *pièce aux échecs* schlagen; *(sortir de)* herausnehmen **(dans, de** aus); entnehmen **(dans, de** *dat*); *(emporter)* mitnehmen; *(accueillir)* aufnehmen; *tissu, cheveux etc: couleur* annehmen; *appartement* nehmen; *bateau: passagers, cargaison* übernehmen; an Bord nehmen; *passagers a.* mitnehmen; ♦ *expressions avec subst:* **~ de l'âge** alt werden; **où veux-tu que je prenne l'argent?** wo soll ich das Geld denn hernehmen?; **~ une assurance** eine Versicherung abschließen; **~ un billet** eine Fahrkarte kaufen; **prenons le cas suivant** nehmen wir einmal folgenden Fall an; *taxi* **~ un client** e-n Fahrgast auf-, mitnehmen, befördern; **~ des commandes** Bestellungen entgegennehmen; **~ un crédit** einen Kredit aufnehmen; *chaussures etc* **~ l'eau** undicht, nicht wasserdicht sein; das Wasser durchlassen; **~ un engagement** eine Verpflichtung übernehmen, eingehen; **~ un exemple** ein Beispiel (heraus)nehmen, herausgreifen; **~ une femme** e-e Frau nehmen *(koitieren)*; **~ ses fonctions** sein Amt antreten, übernehmen; **~ des forces** kräftig(er) werden; an Kräften zunehmen; **~ un foulard** einen Schal umnehmen; **~ froid** sich erkälten; **~ une hypothèque** eine Hypothek aufnehmen; **~ de l'importance** (an) Bedeutung gewinnen; **~ des mesures** Maßnahmen ergreifen, treffen; **~ des ordres** Befehle entgegennehmen; **je prends mon pain toujours chez ...** ich kaufe, hole mein Brot immer bei ...; **~ une photo** e-e Aufnahme, ein Foto machen; **~ du poids** (an Gewicht) zunehmen; **~ le pouvoir** die Macht übernehmen, ergreifen; **~ des précautions** Vorsichtsmaßnahmen ergreifen, treffen; **~ un programme télé** ein Fernsehprogramm einstellen, einschalten; **~ un pseudonyme** ein Pseudonym annehmen; sich *(dat)* ein Pseudonym zulegen; **~ des renseignements** Informationen einziehen, einholen; **ma résolution était prise** mein Entschluss war gefasst, stand fest; **~ un rhume** sich *(dat)* einen Schnupfen holen, zuziehen; einen Schnupfen bekommen; **~ des risques** Risiken eingehen, auf sich *(acc)* nehmen; **~ un titre** sich *(dat)* einen Titel bei-, zulegen; **~ un titre de transport** einen Fahrausweis kaufen, lösen; **~ une ville** eine Stadt einnehmen; → *a. les subst correspondants*; ♦ *avec adv:* **si vous le prenez ainsi** wenn Sie es so nehmen, auffassen; **~ bien** *critique, plaisanterie* nicht übel nehmen; *mauvaise nouvelle* gefasst aufnehmen; **~ mal** übel (auf)nehmen, vermerken; ♦ *prép et loc adv:* **à tout ~** im Grunde (genommen); alles in allem; schließlich; übrigens; **~ qn chez soi** j-n bei sich aufnehmen; j-n zu sich, in sein Haus nehmen; **le ~ de haut** von oben herab tun; **~ qn, qc en aversion** e-e Abneigung gegen j-n, etw bekommen, fassen; **~ qn par son point faible** j-n an s-r schwachen Seite packen; **~ qn pour associé** j-n als Teilhaber aufnehmen, hineinnehmen, ins Geschäft nehmen; *réflexion* **~ pour soi** auf sich *(acc)* beziehen; persönlich nehmen; → *a.* 14; **~ qc sur soi, sur son compte** etw auf sich *(acc)*, *fam* auf s-e Kappe nehmen; → *a. les subst correspondants*; ♦ *avec un verbe:* **c'est à ~ ou à laisser** entweder - oder; eins von beiden; **il faut en ~ et en laisser** man darf nicht alles glauben, was er, sie *etc* erzählt, was so erzählt wird; **passer, venir ~ qn** j-n abholen (kommen); **il est venu la ~ en voiture** er hat sie mit dem Wagen abgeholt; er ist sie mit dem Wagen abholen gekommen; **passer ~ de l'argent à la banque** Geld von der Bank abholen, abheben; *chez le coiffeur etc* **pouvez-vous me ~ à cinq heures?** können Sie mich um fünf Uhr drannehmen?; **savoir ~ qn** mit j-m umzugehen wissen, verstehen; *fam* j-n zu nehmen wissen, verstehen **2** *nourriture* zu sich nehmen; genießen; *boisson a.* trinken; *repas* einnehmen; *médicament* (ein)nehmen; *poison* nehmen; *médicament* **faire ~ à qn** j-m eingeben; **~ son petit-déjeuner à sept heures** *a.* um sieben Uhr frühstücken; **vous prendrez bien quelque chose?** Sie trinken doch etwas, ein Gläschen (Wein, Bier *etc*)?; *au restaurant* **qu'est-ce que tu prends?** was nimmst, isst du? **3** *moyen de transport* nehmen; benutzen (*a. escalier*); fahren mit; **~ l'avion** (mit dem Flugzeug) fliegen; das Flugzeug nehmen **4** *direction, chemin* einschlagen; *chemin, route a.* gehen *ou* fahren; **nous avons pris l'autoroute** wir sind (auf der) Autobahn gefahren; **~ la deuxième rue à gauche** in die zweite Straße links einbiegen **5** *(embaucher)* einstellen; **~ qn à son service** j-n in Dienst, in s-e Dienste nehmen; **~ qn comme secrétaire** j-n als Sekretär(in) einstellen **6** *(capturer) animal* (ein)fangen; *poisson* fangen; *personne en fuite* fassen; er-, aufgreifen; fangen; *fam* schnappen; MIL gefangen nehmen; **être pris au piège** in die Falle gehen; **être pris dans la foule** in der Menge eingekeilt sein; → *a.* embouteillage 1, laisser c **7** *(surprendre)* **~ qn** j-n ertappen, *fam* erwischen; *événement* **~ qn** j-n überraschen; **~ qn sur le fait, en flagrant délit**, *fam* **la main dans le sac** j-n auf frischer Tat, in flagranti ertappen; *fam* **je vous y prends!** jetzt habe ich Sie!; **je vous y prends à dire du mal de moi!** jetzt habe ich Sie dabei erwischt, wie Sie schlecht über mich geredet haben! **8** *(adopter) air* aufsetzen; *ton* anschlagen; *attitude* einnehmen; *habitude* annehmen **9** *(recevoir)* (ab)bekommen; *fam* (ab)kriegen; *ballon etc* **~ en pleine figure** mitten ins Gesicht kriegen; **il a pris toute la pluie** er hat den ganzen Regen abgekriegt; *fam* **~ une raclée** *fam* Prügel beziehen, kriegen; *fig* e-e Schlappe erleiden; → *a.* recevoir A 2; *fam* **qu'est-ce qu'il a pris!** *fam* der hat vielleicht was abgekriegt! **10** *(s'emparer de)* **~ qn** *fatigue, douleurs, sommeil etc* j-n überfallen, übermannen, überwältigen, überkommen; *panique* j-n packen (*a. colère, désespoir*); j-n erfassen, ergreifen; **être pris de l'envie de** *(+inf)* plötzlich Lust bekommen zu *(+inf)*; **la fièvre l'a pris ce matin** heute früh bekam er (ganz) plötzlich Fieber; **être pris de remords** von Gewissensbissen heimgesucht, geplagt werden; *fam* **qu'est-ce qui te prend?**, *iron* **ça te prend souvent?** was fällt dir denn ein?; was ist denn mit dir los?; was ist denn in dich gefahren?; *fam* bist du noch zu retten? **11** *travail, activités* **~ qn** j-n beschäftigen, in Anspruch nehmen; → *a.* pris 1 **12** *(voler)* **~ qc à qn** j-m etw (weg-, ab)nehmen, stehlen; *idées* **~ chez un auteur** (von) e-m Autor entlehnen; von e-m Autor übernehmen; **il lui a pris sa copine** er hat ihm s-e Freundin weggenommen, abspenstig gemacht **13** *(se faire payer)* verlangen; nehmen; **combien prenez-vous de l'heure?** wie viel *ou* was verlangen, nehmen, kriegen Sie für die Stunde?; *abs* **il prend cher** er verlangt, nimmt hohe Preise; er ist teuer **14** **~ pour** *(considérer comme)* halten für; **je l'ai pris pour son frère** ich habe ihn für s-n Bruder gehalten; ich habe ihn mit s-m Bruder verwechselt; **pour qui me prenez-vous?** für wen halten Sie mich eigentlich?

— **B** verbe intransitif —

1 *(devenir consistant) mayonnaise, crème etc* steif, fest werden; dicken; *ciment etc* abbinden; *par ext*

P

~ **au fond de la casserole** am Topfboden anbacken, ansetzen **2** *bouture* anwachsen; Wurzeln schlagen; anwurzeln; *feu* angehen; anbrennen; *incendie* ausbrechen (**au sous-sol** im Untergeschoss); *vaccin* e-e positive Reaktion hervorrufen **3** *(geler) fleuve etc* zufrieren; → *a.* pris 4 **4** *spectacle, canular* (beim Publikum) ankommen, *fam* ziehen; *mode* ankommen; Anklang finden; einschlagen; *menace, excuse* **ne pas ~** nicht wirken, verfangen, *fam* ziehen; **avec moi, ça ne prend plus** bei mir verfängt, zieht das nicht mehr; **ses mensonges ne prennent plus** *fam* s-e Lügen nimmt ihm keiner mehr ab **5** *(se diriger)* **~ à droite, sur la droite** sich nach rechts wenden; rechts einbiegen; **~ à travers champs** querfeldein gehen, laufen, fahren **6** *lors d'un chagrin etc* **~ sur soi** sich zusammennehmen; sich *(dat)* nichts anmerken lassen **7** **~ sur son sommeil** *etc* **pour étudier** *fam* sich *(dat)* die Zeit zum Studium vom Schlaf *etc* abknapsen, abzwacken **8** **l'envie lui prend**, *a. v/imp* **il lui prend (l')envie de** *(+inf)* er bekam plötzlich Lust zu *(+inf)* **9** *aux cartes* stechen

— **C** verbe impersonnel —

bien, mal lui en a pris de *(+inf)* er hat gut, schlecht daran getan zu *(+inf)*; es war sein Glück, Unglück, dass ...; **mal lui en a pris** das ist ihm schlecht bekommen

— **D** verbe pronominal —

1 **se ~ le doigt dans la porte** sich *(dat)* den Finger in der Tür einklemmen; *vêtement* **se ~ dans les ronces**, *insecte* **se ~ dans une toile d'araignée** sich in den Dornen, in e-m Spinnennetz verfangen **2** *fig* **se ~ au jeu** (plötzlich) Gefallen, Geschmack an der Sache finden; der Sache *(dat)* Geschmack abgewinnen; nicht lockerlassen, nachgeben; **se ~ d'amitié pour qn** sich mit j-m anfreunden, befreunden **3** **se ~ à** *(+inf) (commencer)* (plötzlich) anfangen, beginnen zu *(+inf)*; **elle s'est prise à espérer** *a.* sie schöpfte (neue) Hoffnung **4** **s'en ~ à qn, à qc** j-m, e-r Sache die Schuld geben, zuschreiben, zuschieben; die Schuld bei j-m, bei e-r Sache suchen; j-n, etw dafür verantwortlich machen **5** **s'y ~** **a** **il aurait fallu s'y ~ à l'avance, à temps** man hätte sich im Voraus, rechtzeitig darum kümmern, daranmachen müssen **b** *avec adv:* **s'y ~ bien, mal** sich geschickt, ungeschickt *ou* dumm dabei anstellen; es richtig *ou* geschickt, falsch *ou* verkehrt *ou* dumm anstellen, anfangen; geschickt *ou* richtig, ungeschickt *ou* falsch vorgehen; **comment vas-tu t'y ~?** wie wirst du es anstellen?; **je vais te montrer comment on s'y prend** ich werde dir zeigen, wie man es macht **6** **se ~ pour un génie** *etc* sich für ein Genie *etc* halten; **pour qui se prend-il?** für wen hält er sich eigentlich?; was bildet er sich eigentlich ein? **7** *réciproquement* **a** *(se tenir)* **se ~ par la main** sich bei der Hand nehmen, fassen **b** *(s'enlever)* **chercher à se ~ le ballon** sich gegenseitig den Ball wegzunehmen suchen **8** *sens passif* **ce médicament se prend avant les repas** dieses Medikament wird vor den Mahlzeiten eingenommen

preneur [pʀənœʀ] M **1** COMM, JUR Abnehmer *m*; Käufer *m*; Interessent *m*; **trouver ~ pour qc** e-n Abnehmer, Käufer, Interessenten für etw finden **2** **~ d'otage(s)** Geiselnehmer *m* **3** RAD, CINÉMA **~ de son** Tontechniker *m*, -meister *m*

preneuse [pʀənøz] ADJ F TECH **benne ~** Greifer *m*

prénom [pʀenõ] M Vorname *m*; **~ usuel** Rufname *m*

prénommé [pʀenɔme] ADJ ADMIN **le ~ Paul** besagter Paul

prénommer [pʀenɔme] **A** V/T **~ qn ...** j-m den (Vor)Namen ... geben; j-n mit Vornamen ... nennen; **on a prénommé l'enfant comme son grand-père** das Kind wurde nach s-m Großvater benannt, erhielt den Vornamen s-s Großvaters **B** V/PR **se ~ ...** mit Vornamen ... heißen

prénuptial [pʀenypsjal] ADJ ‹-aux› vor der Eheschließung; **examen ~** ärztliche Untersuchung vor der Eheschließung *(für die Ausstellung des Ehetauglichkeitszeugnisses)*

préoccupant [pʀeɔkypɑ̃] ADJ besorgniserregend; beunruhigend; bedenklich

préoccupation [pʀeɔkypasjõ] F Sorge *f*; Besorgnis *f*; **sa ~ majeure** ihre *ou* s-e Hauptsorge, größte Sorge

préoccupé [pʀeɔkype] ADJ besorgt; beunruhigt; *air a.* sorgenvoll; **avoir l'air ~** besorgt, sorgenvoll aussehen; **être ~ de** *ou* **par qc** um etw besorgt sein

préoccuper [pʀeɔkype] **A** V/T **~ qn** *santé, avenir* j-m Sorge(n) machen; j-n mit Besorgnis erfüllen; j-n beunruhigen; *problème, idée, affaire* j-n stark beschäftigen **B** V/PR **se ~ de qc** sich *(dat)* über etw *(acc)* Gedanken machen; sich gedanklich mit etw beschäftigen

prépa [pʀepa] F *fam* ABR (classe préparatoire) → préparatoire

préparateur [pʀepaʀatœʀ] M Laborgehilfe *m*; **~ en pharmacie** Laborant *m* in e-r Apotheke

préparatifs [pʀepaʀatif] MPL Vorbereitung(en) *f(pl)*; **~ de départ** Reisevorbereitungen *fpl*; **faire ses ~** s-e Vorbereitungen treffen

préparation [pʀepaʀasjõ] F **1** *action* Vorbereitung *f*; *d'un repas* Zubereitung *f*; ÉCOLE **~ française** häusliche Vorbereitung e-r Textinterpretation; **~ militaire** vormilitärische Ausbildung; **~ à un examen** Vorbereitung auf ein Examen; Examensvorbereitung *f*; *ouvrage* **en ~** in Vorbereitung; **sans ~** unvorbereitet **2** CHIM, PHARM Präparat *n*; **~ culinaire** kulinarisches Erzeugnis; **~ pour le microscope** mikroskopisches Präparat

préparatoire [pʀepaʀatwaʀ] ADJ vorbereitend; Vorbereitungs...; **classes** *fpl* **~s (aux grandes écoles)** Vorbereitungsklassen *fpl* für die „grandes écoles" (nach dem „baccalauréat"); **cours** *m* **~** erste Grundschulklasse; **travail** *m* **~** Vorarbeit *f*

préparer [pʀepaʀe] **A** V/T **1** *voyage, fête, travail, cours etc* vorbereiten; *repas* zubereiten; *poisson, viande avant cuisson* zurichten; *chambre pour un hôte* herrichten; zurechtmachen; *repas* **~ à l'avance** vorher zubereiten, fertig machen; vorkochen; **~ une grande école** sich auf die Aufnahmeprüfung für e-e „grande école" vorbereiten; **~ un examen** sich auf ein Examen vorbereiten; für ein Examen lernen; *fig* **~ un piège** e-e Falle stellen; **~ sa thèse** s-e *ou* an s-r Dissertation, Doktorarbeit schreiben; *fig* **~ le terrain, la voie** den Boden, den Weg bereiten; ♦ *adjt* CUIS **plat tout préparé** Fertiggericht *n*; ♦ **~ qn à qc** j-n auf etw *(acc)* vorbereiten; **~ qn à un examen, à une mauvaise nouvelle** j-n auf ein Examen, auf e-e schlimme Nachricht vorbereiten; **ne pas être préparé à qc** auf etw *(acc)* nicht vorbereitet, gefasst sein **2** *avenir, événement* **~ qc à qn** j-m etw bringen; für j-n etw bereithalten; **~ une surprise à qn** j-m e-e Überraschung bereiten **3** *produit chimique, médicament* herstellen; CHIM *a.* darstellen **B** V/PR **1** **se ~ à** *un examen etc* sich vorbereiten auf *(+acc)*; *à une situation a.* sich einstellen, einrichten auf *(+acc)*; *à une mauvaise nouvelle* sich gefasst machen auf *(+acc)*; **se ~ à la guerre** *a.* (sich) zum Krieg rüsten; **se ~ à sortir** sich zum Ausgehen fertig machen; **se ~ pour qc** sich für etw fertig machen, zurechtmachen, herrichten; *abs* **préparez-vous!** macht euch fertig, bereit!; fertig machen!; *par ext* **je me préparais à vous le dire** ich wollte es Ihnen gerade sagen **2** **se ~** *orage* heraufziehen; sich zusammenbrauen; im Anzug sein; *événements* sich vorbereiten, abzeichnen, anbahnen; bevorstehen; *v/imp* **il se prépare qc** da ist etwas im Gang(e), im Anzug; da braut sich etwas zusammen; *fam* da tut sich was **3** *sens passif* CUIS **se ~** zubereitet werden

prépondérance [pʀepõdeʀɑ̃s] F Vorherrschaft *f*; Vormacht(stellung) *f*; Vorrangstellung *f*; beherrschende Position

prépondérant [pʀepõdeʀɑ̃] ADJ *rôle, influence* ausschlaggebend; entscheidend; maßgeblich; **place ~e** Vorrang-, Vormachtstellung *f*; **la voix du président est ~e** die Stimme des Vorsitzenden gibt den Ausschlag

préposé(e) [pʀepoze] M(F) ADMIN **1** *(facteur, -trice)* Briefträger(in) *m(f)*; ADMIN Briefzusteller(in) *m(f)* **2** *agent* (subalterne[r]) Bedienstete(r) *m/f(m)*; **~ des douanes, des postes** Zoll-, Postbeamte(r) *m* **3** ‹nur f› **~e au vestiaire** Garderobenfrau *f*

préposer [pʀepoze] V/T **~ qn à qc** j-n mit etw betrauen, beauftragen; j-m etw übertragen; **être préposé au téléphone** mit dem Telefondienst beauftragt sein

prépositif [pʀepozitif] ADJ ‹-ive› GRAM **locution prépositive** Präpositionalgefüge *n*

préposition [pʀepozisjõ] F GRAM Präposition *f*; Verhältniswort *n*

prépuce [pʀepys] M ANAT Vorhaut *f*

prérasage [pʀeʀɑzaʒ] M **lotion** *f* **de ~** Preshave *n*

préretraite [pʀeʀətʀɛt] F **a** Vorruhestand *m* **b** *allocation* vorgezogene Altersrente

prérogative [pʀeʀɔgativ] F Vorrecht *n*

préromantisme [pʀeʀɔmɑ̃tism] M LITTÉRATURE Präromantik *f*

près [pʀɛ] **A** ADV **1** nah(e); in der Nähe; nahebei; **tout ~** ganz nah, in der Nähe; dicht dabei; *fam Londres?* **ce n'est pas tout ~!** das ist ja nicht gerade nah!; ♦ **de ~** von Nahem; aus der Nähe; *suivre* dicht; *raser* glatt; *fig examiner etc* genau; eingehend; **connaître qn de ~** j-n gut, genau kennen; **connaître qn de plus ~** j-n besser, genauer kennen; **il ne faut pas y regarder de trop ~** man darf nicht zu genau hinsehen; **toucher qn de (très) ~** j-n direkt angehen, betreffen; → *a.* serrer A 3 **2** LOC PRÉP **à** *(+subst)* **~** abgesehen von *(+dat)*; bis auf *(+acc)*; **à cela ~** davon abgesehen; sonst; ansonsten; **à cela ~ que ...** abgesehen davon, dass ...; **à un euro ~, le compte y est** bis auf e-n Euro stimmt die Summe; **je ne** *ou* **n'en suis pas à cinq minutes ~** auf fünf Minuten (mehr oder weniger) kommt es mir nicht an; **il n'en est pas à ça ~** darauf kommt es ihm nicht an; das nimmt er nicht so genau; ♦ *st/s* **à beaucoup ~** bei Weitem; weitaus; ♦ **à peu ~, à peu de chose(s) ~** *(environ)* ungefähr; etwa; zirka; in etwa; *(presque)* fast; beinahe; annähernd; **il y a à peu ~ °huit jours que ...** es ist ungefähr *etc* acht Tage her, dass ...; **l'hôtel était à peu ~ vide** das Hotel war fast leer **B** LOC PRÉP **~ de** *dans l'espace* nah(e) bei *(+dat)*; nah(e) an *(+dat ou acc)*; in der Nähe von *(ou +gén)*; bei *(+dat)*; *st/s* nah(e) *(+dat)*; *avec un nombre* fast; beinahe; nahezu; ungefähr; **(tout) ~ d'ici** hier (ganz) in der Nähe; **~ de mille euros** fast, nahezu, an die tausend Euro; **s'asseoir ~ de qn** sich neben j-n setzen; **il est ~ de onze heures** es ist fast, gleich, kurz vor, gegen elf (Uhr); MAR **naviguer ~ du vent, au plus**

~ **(du vent)** hart am Wind segeln; ♦ **être ~ de faire qc** im Begriff, nahe daran sein, etw zu tun; **les négociations étaient ~ d'aboutir** die Verhandlungen standen kurz vor ihrem Abschluss; *la hausse des prix s'est accentuée* **et elle n'est pas ~ de s'arrêter** und es sieht nicht so aus, als werde sie bald zum Stillstand kommen **B** PRÉP ADMIN bei *(+dat)*; *ambassadeur* **~ le Saint-Siège** beim Heiligen Stuhl

présage [pʀezaʒ] M Vorzeichen *n*; Omen *n*; Vorbedeutung *f*; *d'une crise etc* **~s** *pl* Anzeichen *npl*; **heureux, mauvais ~** gutes, schlimmes Vorzeichen; gutes, böses Omen

présager [pʀezaʒe] V/T ‹-geait› **1** (für die Zukunft) bedeuten; **cela ne présage rien de bon** das bedeutet nichts Gutes **2** **laisser ~** vermuten, ahnen, voraussehen lassen

pré-salé [pʀesale] M ‹*pl* **prés-salés**› **a** *Schaf, das auf e-r Wiese geweidet hat, die zeitweilig vom Meer überspült wird* **b** *Fleisch e-s solchen Schafes*

presbyte [pʀɛzbit] MÉD **A** ADJ weitsichtig; *avec l'âge* alters(weit)sichtig **B** M/F Weitsichtige(r) *m/f(m)*; Alters(weit)sichtige(r) *m/f(m)*

presbytère [pʀɛzbitɛʀ] M Pfarrhaus *n*

presbytérien [pʀɛzbiteʀjɛ̃] REL **A** ADJ ‹**~ne**› presbyterianisch **B** SUBST **~(ne)** *m(f)* Presbyterianer(in) *m(f)*

presbytie [pʀɛzbisi] F MÉD Weitsichtigkeit *f*; *avec l'âge* Alters(weit)sichtigkeit *f*

prescience [pʀesjɑ̃s] *litt* F Wissen *n* um die Zukunft

préscolaire [pʀeskɔlɛʀ] ADJ vorschulisch; Vorschul...

prescriptibilité [pʀɛskʀiptibilite] F JUR Verjährbarkeit *f*; **prescriptible** ADJ JUR verjährbar

prescription [pʀɛskʀipsjõ] F **1** **~ médicale, du médecin** ärztliche Verordnung; **conformément aux ~s** vorschrifts-, weisungsgemäß **2** JUR Verjährung *f*; **délai** *m* **de ~** Verjährungsfrist *f*; **il y a ~** es ist Verjährung eingetreten

prescrire [pʀɛskʀiʀ] ‹→ **écrire**› **A** V/T **1** vorschreiben; anordnen; verfügen; festsetzen; *médecin* **~ un médicament** ein Medikament verordnen, verschreiben; *par ext* **les circonstances prescrivent la prudence** die Umstände gebieten, erfordern, verlangen Vorsicht; ♦ *adjt*: **délai prescrit** vorgeschriebene, festgesetzte Frist; MÉD **dose prescrite** verordnete Dosis; **selon les formes prescrites par la loi** in der gesetzlich vorgeschriebenen Form **2** JUR **être prescrit** verjährt sein **B** V/PR JUR **se ~** verjähren (**par cinq ans** in fünf Jahren)

préséance [pʀeseɑ̃s] F Vorrang *m*; Vortritt *m*; **ordre** *m* **de ~** Rangordnung *f*; **avoir la ~ sur qn** den Vortritt, Vorrang vor j-m haben

présélection [pʀesele̩ksjõ] F **1** *de candidats* Vorauswahl *f* **2** TECH Vorwahl *f*

présélectionner [pʀeselɛksjɔne] V/T **1** *candidats* e-e Vorauswahl treffen unter *(+dat)*; in die engere Wahl ziehen, nehmen **2** TECH vorwählen

présence [pʀezɑ̃s] F **1** *d'une personne* Anwesenheit *f*; Gegenwart *f* (*a.* REL *du Christ*); Präsenz *f* (*a.* POL *d'un État à l'étranger*); *d'une catégorie sociale dans un organisme etc* Vertretensein *n*; **la ~ française en Afrique** die französische Präsenz in Afrika; **feuille** *f* **de ~** Anwesenheits-, Präsenzliste *f*; **jetons** *mpl* **de ~** Sitzungs-, Tagegeld *n*; → *a.* **acte** 1; ♦ *loc prép* **en ~ de** *d'une personne* in Anwesenheit, in Gegenwart, im Beisein von (*ou +gén*); *de faits, de problèmes etc* angesichts, im Angesicht *(+gén)*; **en votre ~** in Ihrer Anwesenheit, Gegenwart; in Ihrem Beisein; **se trouver tout à coup en ~ de qn** plötzlich j-m gegenüberstehen; ♦ *loc adv*: *adversaires, armées etc* **être en ~** sich gegenüberstehen; **mettre deux personnes en ~** zwei Personen einander gegenüberstellen, miteinander konfrontieren; *st/s* **honorer qn de sa ~** j-n mit s-r Anwesenheit beehren **2** *de qc* Vorhandensein *n*; *de pétrole etc* Vorkommen *n*; Auftreten *n* **3** **~ d'esprit** Geistesgegenwart *f*; **faire preuve de ~ d'esprit** *a.* geistesgegenwärtig sein **4** *d'un acteur, d'une personnalité* Ausstrahlungskraft *f*; **avoir de la, manquer de ~** e-e große, keine Ausstrahlungskraft besitzen **5** *fig d'un auteur, d'un style etc* Gegenwärtigsein *n*; Lebendigsein *n*

présent[1] [pʀezɑ̃] **A** ADJ **1** *personne* anwesend; *st/s* gegenwärtig; *réponse* **~!** hier!; **personne ~e** Anwesende(r) *m*; **avoir qc ~ à l'esprit** etw präsent, im Kopf haben; **j'ai encore ~ à l'esprit notre entretien** *a.* unser Gespräch ist mir noch ganz gegenwärtig, gut erinnerlich; **être ~ (à qc)** (bei etw) anwesend, zugegen, präsent sein; *fig influence, style etc* **être ~ dans une œuvre** in e-m Werk gegenwärtig, lebendig, spürbar sein **2** *(actuel) situation, époque etc* gegenwärtig; augenblicklich; derzeitig; jetzig; **le temps ~** die jetzige, heutige Zeit; **à la minute ~e** in (eben) dieser Minute **3** ADMIN, COMM vorliegend; **la ~e lettre** das vorliegende Schreiben; *subst* **par la ~e** hierdurch; hiermit; **dans le cas ~** im vorliegenden Fall **4** GRAM (des) Präsens; der Gegenwart; **participe ~** Partizip *n* Präsens; Mittelwort *n* der Gegenwart; erstes Partizip **B** M **1** Gegenwart *f*; **vivre dans le ~** in den Tag hinein leben **2** LOC ADV **à ~** *(actuellement)* zurzeit (*abr* zz.; zzt.); gegenwärtig; augenblicklich; derzeit; *(maintenant)* jetzt; **à ~ que ...** jetzt, da *ou* wo ...; *loc adj* **d'à ~** augenblicklich; gegenwärtig; **jusqu'à ~** bis jetzt; bisher **3** GRAM Präsens *n*; Gegenwart *f*; **~ historique** historisches Präsens; **mettre au ~** ins Präsens setzen **4** **les ~s** *mpl* die Anwesenden *mpl*; **il y avait quinze ~s à la réunion** fünfzehn Personen waren bei der Versammlung anwesend

présent[2] [pʀezɑ̃] *litt* M Geschenk *n*; *st/s* Präsent *n*; **faire ~ de qc à qn** j-m etw schenken

présentable [pʀezɑ̃tabl] ADJ *personne* vorzeigbar; präsentabel; **être ~** sich sehen lassen können; **ce plat n'est pas ~** dieses Essen kann man keinem vorsetzen

présentateur [pʀezɑ̃tatœʀ] M, **présentatrice** F **1** *pour la vente de qc* Vorführer *m*, Vorführdame *f* **2** RAD, TV Moderator *m*, Moderatorin *f*; *dans un spectacle* Ansager(in) *m(f)*; Showmaster *m*; Conférencier *m* **3** COMM *d'un effet de commerce* Präsentant *m*

présentation [pʀezɑ̃tasjõ] F **1** *d'un nouveau modèle, d'une collection etc* Vorführung *f*; *d'un livre* Vorstellung *f*; *st/s* Präsentation *f*; RAD, TV *d'une émission* Moderation *f*; *d'un spectacle* Ansage *f* **2** *(manière de présenter) de marchandises, d'objets d'art* (Art *f* der) Aufstellung *f*, Anordnung *f*, Präsentation *f*; *de tableaux a.* Aufhängung *f*; *d'un texte* Gestaltung *f*; *(conditionnement) d'une marchandise* Aufmachung *f*; Ausstattung *f*; *d'un médicament* Darreichungsform *f* **3** *d'idées, d'une thèse* Darlegung *f*; Darstellung *f* **4** *d'une pièce d'identité, d'un billet etc* Vorzeigen *n*, -ung *f*; Vorweisen *n*, -ung *f*; *d'un reçu, d'un chèque etc* Vorlage *f*; *d'un effet de commerce a.* Präsentation *f*; *d'une facture a.* Überreichung *f*; *d'une requête* Einreichung *f*; **~ du budget** Vorlage des Haushaltsplans; **sur ~ de** bei *ou* gegenVorlage von (*ou +gén*) **5** *d'une personne à une autre* Vorstellung *f*; *dans une réception etc* **faire les ~s** die Gäste einander vorstellen, miteinander *ou* untereinander bekannt machen **6** *(apparence de qn)* äußere Erscheinung; **excellente ~** sehr gute Erscheinung **7** MÉD *du fœtus* Kinds-, Geburtslage *f*; **~ par la tête** Kopflage *f* **8** REL, PEINT **Présentation de Jésus au Temple** Darstellung *f* Jesu im Tempel

présente [pʀezɑ̃t] → **présent**[1] A 3

présentement [pʀezɑ̃tmɑ̃] *litt* ADV zurzeit (*abr* zzt.); derzeit

présenter [pʀezɑ̃te] **A** V/T **1** *plat* reichen; anbieten; vorsetzen; *chaise* anbieten; *fleurs* überreichen; *st/s* präsentieren; *pièce d'identité, titre de transport etc* vorzeigen; vorweisen; *reçu, chèque, facture, devis, plan, rapport etc* vorlegen; *(remettre)* überreichen; *effet de commerce a.* präsentieren; *requête* einreichen; *fig arguments* vorbringen; geltend machen; **~ ses condoléances, ses excuses, ses félicitations à qn** → **condoléances** *etc*; **~ sa démission** s-n Abschied, s-e Entlassung einreichen; **~ ses remerciements à qn** j-m s-n Dank abstatten **2** *appareil, article pour la vente, collection etc* vorführen; zeigen; *(exposer)* ausstellen (**en vitrine** im Schaufenster); *musée: tableaux etc* ausstellen; zeigen; *livre, film etc* (dem Publikum) vorstellen; e-e Einführung geben, schreiben (**qc** zu etw); *numéro de cirque etc* **a** *(exécuter)* vorführen; darbieten **b** *(annoncer)* ansagen; die Ansage machen *(abs)*; RAD, TV **~ une émission** durch e-e Sendung führen; e-e Sendung moderieren **3** **~ qn à qn** j-m j-n vorstellen; j-n mit j-m bekannt machen; **je vous présente monsieur X** darf ich Ihnen Herrn X vorstellen; darf ich Sie mit Herrn X bekannt machen **4** *idées, faits (exposer)* darlegen; darstellen; auseinandersetzen; **~ les choses telles qu'elles sont** die Dinge so darstellen, wie sie sind **5** **~ un candidat à un examen** e-n Kandidaten für e-e Prüfung (an)melden **6** *(avoir) défauts, qualités, symptômes* aufweisen; *avantages, aspect* bieten; **~ des dangers** Gefahren mit sich bringen; *route* **~ de nombreux détours** viele Windungen haben, aufweisen; **~ des difficultés** Schwierigkeiten bereiten, machen; **~ un intérêt particulier** von besonderem Interesse sein **7** MIL **~ les armes** das Gewehr präsentieren; **présentez - arme(s)!** präsentiert das - Gewehr! **B** V/I *personne* **~ bien, mal** e-e gute, keine gute Erscheinung sein **C** V/PR **1** *pour un emploi* **se ~** sich vorstellen; JUR **se ~ à l'audience** zur Verhandlung erscheinen; **se ~ chez qn** bei j-m vorsprechen **2** **se ~ à qn** sich j-m vorstellen; **permettez-moi de me ~** gestatten Sie, dass ich mich vorstelle **3** *(être candidat)* **se ~ aux élections** bei den Wahlen kandidieren; **se ~ à un examen** *(se faire inscrire)* sich zu e-r Prüfung (an)melden; *(subir les épreuves)* sich e-r Prüfung *(dat)* unterziehen; **se ~ pour un poste** sich um e-e Stelle bewerben **4** *difficultés* auftreten; auftauchen (*a. obstacle*); *cas* vorkommen; **l'affaire se présente bien, mal** die Sache lässt sich gut, schlecht an; **si l'occasion se présente** wenn sich die Gelegenheit bietet, ergibt; bei passender, günstiger Gelegenheit

présentoir [pʀezɑ̃twaʀ] M COMM Verkaufsständer *m*; Display *n*

présérie [pʀeseʀi] F TECH Nullserie *f*

préservatif [pʀezɛʀvatif] M Kondom *n*; Präservativ *n*

préservation [pʀezɛʀvasjõ] F Bewahrung *f*; Schutz *m*

préserver [pʀezɛʀve] **A** V/T **~ qn de qc** j-n vor etw *(dat)* bewahren, schützen; j-n gegen etw schützen; **~ qc** etw bewahren, schützen; *patrimoine, libertés a.* erhalten; **~ les intérêts de qn** j-s Interessen wahren; **~ qc du froid, de l'humidité, de la rouille** etw vor *ou* gegen Kälte, Feuchtigkeit, Rost schützen; **Dieu, le ciel m'en préserve!** Gott, der Himmel be-

P

wahre, behüte mich davor! **B** V/PR **se ~ de qc** sich vor etw *(dat)*, gegen etw schützen; sich vor etw *(dat)* bewahren

présidence [prezidɑ̃s] F **1** a *fonction* Amt *n* des Vorsitzenden; JUR Amt *n* des Gerichtspräsidenten **b** *d'une réunion* Vorsitz *m*; Präsidium *n*; *d'un congrès* Leitung *f*; **sous la ~ de** unter dem Vorsitz von *(ou +gén)*; **la ~ de la séance fut assurée par …** den Vorsitz bei der Sitzung führte …; **être nommé à la ~** zum Vorsitzenden, Vorsitzer ernannt werden **2** POL **a** *fonction, dignité* Präsidentschaft *f (a. durée)* Amt *n* des (Staats)Präsidenten; Präsidentenamt *n*; **pendant la ~ de** während der Präsidentschaft von *(ou +gén)* **b** *résidence, bureaux* Amtssitz *m*, -räume *mpl* des (Staats)Präsidenten; Präsidentenpalais *n*

président [prezidɑ̃] M **1** *d'une association, d'un comité etc* Vorsitzende(r) *m*; Vorsitzer *m*; Obmann *m (a. d'un jury)*; *d'une cour de justice, d'une université, de la Croix-Rouge etc* Präsident *m*; *d'une réunion* Leiter *m*; **~-directeur général** *(abr* **P.D.G.**) *d'une entreprise* Generaldirektor *m*; *d'une S.A.* Vorstandsvorsitzende(r) *m*; **~ d'âge** Alterspräsident *m*; **~ du parti** Parteivorsitzende(r) *m* **2** POL (Staats)Präsident *m*; **~ de l'Assemblée nationale** Präsident der Nationalversammlung; HIST *en France* **~ du Conseil** Ministerpräsident *m*; **le ~ des États-Unis** der Präsident der Vereinigten Staaten; **le ~ de la République** der französische Staatspräsident; **~ du Sénat** Senatspräsident *m*

présidente [prezidɑ̃t] F **1** Vorsitzende *f*; Präsidentin *f (a.* POL) **2** *épouse* Frau *f* e-s Präsidenten

présidentiable [prezidɑ̃sjabl] POL ADJ *(et* SUBST) als Präsident infrage kommend(e), zum Präsidenten geeignet(e Persönlichkeit)

présidentiel [prezidɑ̃sjɛl] ADJ ‹~le› präsidial; Präsidial…; Präsidentschafts…; Präsidenten…; **élections ~les** *ou subst* **~les** *fpl* Präsidentschaftswahlen *fpl*; **régime, système ~** Präsidialsystem *n*

présider [prezide] **A** V/T **1** **~ une réunion, un comité** bei e-r Versammlung, in e-m Komitee den Vorsitz führen, haben; e-r Versammlung, e-m Komitee vorsitzen, präsidieren; *réunion* **présidé par** unter dem Vorsitz von *(ou +gén)* **2** **~ un repas** bei e-m Essen, bei Tisch obenan sitzen, den Ehrenplatz einnehmen **B** V/T INDIR **1** *cordialité etc* **~ aux entretiens** bei den Gesprächen herrschen; die Gespräche bestimmen **2** *personne* **~ à qc** etw leiten, lenken, überwachen

Présidium [prezidjɔm] M → Praesidium

présignalisation [presiɲalizasjõ] F AUTO **triangle** *m* **de ~** Warndreieck *n*

présomptif [prezõptif] ADJ ‹-ive› JUR mutmaßlich; *t/t* präsumtiv

présomption [prezõpsjõ] F **1** *(supposition)* Vermutung *f (a.* JUR); Mutmaßung *f*; Annahme *f*; JUR *t/t* Präsumtion *f*; **je n'ai que des ~s** ich habe nur Vermutungen **2** *(suffisance)* Überheblichkeit *f*; Anmaßung *f*; Dünkel *m*

présomptueux [prezõptɥø] ADJ ‹-euse› *personne, air, ton* überheblich; anmaßend; dünkelhaft; hochmütig; eingebildet; **tentative présomptueuse** vermessener Versuch

presque [prɛsk] ADV fast; beinahe; nahezu; **~ jamais** fast nie; **il n'y avait ~ personne** *a.* es war kaum jemand da; **~ sourd** fast *etc* taub; **c'est sûr ou ~** das ist sicher oder fast sicher; *la voiture ralentit* **et s'arrêta ~** und kam fast zum Stehen; **~ dix kilomètres** *a.* annähernd, an die zehn Kilometer; → *a.* totalité

presqu'île [prɛskil] F Halbinsel *f*

pressage [prɛsaʒ] M TECH Pressen *n*, -ung *f*

pressant [prɛsɑ̃] ADJ *désir, demande, travail* dringend; dringlich; *travail a.* eilig; **besoin ~** dringendes Bedürfnis; **d'une manière ~e** nachdrücklich; eindringlich; **avoir un ~ besoin d'argent** dringend Geld brauchen; **se faire ~** nicht lockerlassen

presse [prɛs] F **1** TECH Presse *f* **2** TYPO Druckpresse *f*, -maschine *f*; **~ à bras** Hand-, Abziehpresse *f*; **sous ~** im Druck; **être sous ~** im Druck sein; gedruckt werden; **mettre sous ~** drucken (lassen); mit dem Druck *(+gén)* beginnen; **mise** *f* **sous ~** Drucklegung *f* **3** *(journaux, revues)* Presse *f*; Zeitungswesen *n*; **~ écrite** Presse *f*; Pressemedien *npl*; Zeitungen *fpl* und Zeitschriften *fpl*; **~ féminine** Frauenzeitschriften *fpl*; **la grande ~, la ~ à grand tirage** die großen, auflagenstarken Tageszeitungen *fpl*; **~ parlée, télévisée** Berichterstattung *f* durch den Hörfunk, durch das Fernsehen; **~ quotidienne** Tagespresse *f*; **~ régionale** Regional-, Lokalpresse *f*; **~ spécialisée** Fachpresse *f*, -zeitschriften *fpl*; **~ à sensation** Sensations-, Skandal-, Boulevardpresse *f*; **~ du cœur** Regenbogenpresse *f*; Klatschblätter *npl*; **avoir bonne, mauvaise ~** e-e gute, schlechte Presse haben *(a. fig)* **4** COMM **dans les moments de ~** in Zeiten des Hochbetriebs

pressé [prese] **A** ADJ **1** *travail, lettre* eilig; dringend; **n'avoir rien de plus ~ que de** *(+inf)* nichts Eiligeres zu tun haben, als zu *(+inf)*; **être ~** *personne* es eilig haben; in Eile sein; Eile haben; *travail, lettre* eilen; eilig sein; *all Sud a.* pressieren; **c'est ~** es eilt; *all Sud a.* es pressiert; **être ~ de partir** schnell wegmüssen **2** *fruits* ausgepresst; **citron ~** (frisch ausgepresster) Zitronensaft **B** M **aller, parer au plus ~** das Dringendste zuerst erledigen, machen

presse-agrume [prɛsagʀym] M ‹inv› Zitruspresse *f*; **presse-ail** M ‹inv› Knoblauchpresse *f*

presse-bouton [prɛsbutõ] ADJ ‹inv› vollautomatisch; *fam* per Knopfdruck; **cuisine** *f* **~** vollautomatische Küche; **la guerre ~** der nur noch per Knopfdruck geführte Krieg

presse-citron [prɛssitʀõ] M ‹inv› Zitronenpresse *f*; **presse-fruits** M ‹inv› Fruchtpresse *f*

pressentiment [prɛsɑ̃timɑ̃] M (Vor)Gefühl *n*; (Vor)Ahnung *f*; **avoir le ~ de qc** etw (voraus)ahnen; **j'ai comme le** *ou* **un ~ que …** ich habe das (dunkle) Gefühl, dass …

pressentir [prɛsɑ̃tiʀ] V/T ‹→ sentir› **1** (voraus)ahnen; **laisser ~** vermuten, ahnen, *intentions a.* durchblicken lassen **2** **~ qn** bei j-m vorfühlen (**pour un poste** wegen der Übernahme e-s Postens); **~ qn comme ministre** bei j-m wegen der Übernahme e-s Ministeramtes vorfühlen; *adjt* **les personnalités pressenties** die Personen, mit denen (deswegen) Kontakt aufgenommen wurde

presse-papiers [prɛspapje] M ‹inv› Briefbeschwerer *m*; INFORM Zwischenablage *f*; **presse-purée** M ‹inv› Kartoffelpresse *f*; *fam* Quetsche *f*

presser [prese] **A** V/T **1** *fruits* (aus)pressen; ausquetschen; **~ une éponge** einen Schwamm ausdrücken; **~ des olives** Oliven (aus)pressen; **~ des raisins** Trauben keltern **2** TECH pressen *(a. disques)* **3** *(serrer)* drücken; pressen; **~ qn contre son cœur** j-n an sein Herz, an s-e Brust, an sich *(acc)* drücken, pressen; *gens* **pressés les uns contre les autres** dicht aneinandergedrängt, -gepresst **4** **~ qn** j-n (be)drängen; j-m hart zusetzen; in j-n dringen; **~ qn de questions** j-n mit Fragen bedrängen, bestürmen; **~ qn de faire qc** j-n drängen, etw zu tun; **~ qn de partir** *a.* auf j-s Abreise *(acc)* dringen **5** *(hâter) départ etc* beschleunigen; **rien ne le pressait** nichts trieb ihn zur Eile (an); → *a.* pas[1] 1 **B** V/I *affaire* eilen; drängen; eilig, dringend, dringlich sein; Eile haben; *all Sud a.* pressieren; **le temps presse** die Zeit drängt, eilt; **rien ne presse** es hat keine Eile; es eilt, *all Sud a.* pressiert nicht; nichts drängt uns, mich *etc* **C** V/PR **1** *personne* **se ~** sich beeilen; *fam* sich eilen, sputen; schnell, fix machen; **sans se ~** ohne Eile; *fam* **allons, pressons!** *fam* Beeilung!; ein bisschen dalli, Tempo!; dalli, dalli! **2** *personne* **se ~ contre qn** sich an j-n drücken, pressen **3** *foule* **se ~** sich drängen (**autour de qn** um j-n)

presse-raquette [prɛsʀakɛt] M ‹inv› Spanner *m* für den Tennisschläger

pressing [prɛsiŋ] M *magasin* Reinigung *f*

pression [prɛsjõ] F **1** Druck *m (a.* PHYS, TECH); **~ artérielle** Blutdruck *m*; **~ atmosphérique** Luftdruck *m*; MÉTÉO **basses, °hautes ~s** Tief(-), Hoch(druckgebiet) *n*; Tief-, Hochdruck *m*; **sous ~** unter Druck; → *a.* 2; AVIAT **cabine** *f* **sous ~** Druckkabine *f*; **vérifier la ~ des pneus** den Reifendruck, *fam* die Luft prüfen; ♦ *adjt* **bière** *f* **~** Fassbier *n*; Bier *n* vom Fass **2** *fig* Druck *m*; **~ syndicale** Druck der Gewerkschaften; **sous la ~ des événements** unter dem Druck, Zwang der Ereignisse; *personne* **être sous ~** angespannt, nervös sein; **exercer une, faire ~ sur qn** Druck auf j-n ausüben **3** *(bouton-~)* Druckknopf *m*

pressoir [prɛswaʀ] M (Frucht)Presse *f*; *pour le vin* Kelter *f (a. bâtiment)*; **~ à huile, à olives** Öl-, Olivenpresse *f*

pressurage [prɛsyʀaʒ] M TECH (Aus)Pressen *n*; *de raisins* Keltern *n*

pressurer [prɛsyʀe] V/T **1** *fruits, olives* (aus)pressen; **~ des raisins** Trauben keltern **2** *fig personne* aussaugen; ausbeuten; ausnehmen

pressurisation [prɛsyʀizasjõ] F TECH Aufrechterhaltung *f* von normalen Druckverhältnissen; **pressuriser** V/T TECH normale Druckverhältnisse aufrechterhalten in *(+dat)*; *adjt* **cabine pressurisée** Druckkabine *f*

prestance [prɛstɑ̃s] F *aspect* gutes, stattliches Aussehen; *maintien* gewandtes, sicheres Auftreten; **avoir de la ~** gut, stattlich aussehen; e-e gute, stattliche Erscheinung sein; ein gewandtes, sicheres Auftreten haben

prestataire [prɛstatɛʀ] M Leistungserbringer *m*; ÉCON **~ de services** Dienstleistungsbetrieb *m*, -unternehmen *n*

prestation [prɛstasjõ] F **1** *allocation, service* Leistung *f*; **~ dépendance** Pflegegeld *n*; **~s familiales** Sozialleistungen *fpl* für die Familie; Familienleistungen *fpl*; **~s de la Sécurité sociale** Leistungen der Sozialversicherung; ÉCON **~ de service** Dienstleistung *f*; **bénéficiaire** *m* **d'une ~** Leistungsempfänger *m*; **fournir une ~** e-e Leistung erbringen **2** **~ de serment** Eidesleistung *f*; Eidablegung *f* **3** *(performance)* Leistung *f*

preste [prɛst] ADJ behänd(e); gewandt; flink; **prestesse** *litt* F Behändigkeit *f*

prestidigitateur [prɛstidiʒitatœʀ] M, **prestidigitatrice** F Zauberkünstler(in) *m(f)*; Taschenspieler(in) *m(f)*

prestidigitation [prɛstidiʒitasjõ] F Zauberkunst *f*; **tour** *m* **de ~** Zauberkunststück *n*; Zaubertrick *m*; Taschenspielerkunststück *n*

prestige [prɛstiʒ] M Prestige *n*; Ansehen *n*; *loc adj* **de ~** Prestige…; **politique** *f* **de ~** Prestigepolitik *f*; **jouir d'un grand ~** großes Prestige genießen; in hohem Ansehen stehen; **perdre de son ~** an Prestige, Ansehen verlieren, einbüßen; *a.* etwas von s-m Nimbus verlieren

prestigieux [prɛstiʒjø] ADJ ‹-euse› glän-

zend; hervorragend; bestechend; COMM *marque etc* anspruchsvoll; von Rang
presto [pʀɛsto] ADV 1 MUS presto 2 *fam* → subito presto
présumé [pʀezyme] ADJ vermutlich; mutmaßlich; wahrscheinlich
présumer [pʀezyme] A V/T annehmen; vermuten; mutmaßen; unterstellen; JUR *t/t* präsumieren; **être présumé innocent** als unschuldig gelten; **je présume que …** *a.* ich denke *ou* es ist anzunehmen, dass … B V/T INDIR ~ **(trop) de qn, de qc** j-n, etw überschätzen; e-e zu hohe, gute Meinung von j-m, etw haben; ~ **(trop) de ses forces** s-e Kräfte überschätzen; sich *(dat)* zu viel zutrauen
présupposer [pʀesypoze] V/T voraussetzen (**que** dass)
présure [pʀezyʀ] F Lab(ferment) *n*
prêt[1] [pʀɛ] ADJ ⟨prête [pʀɛt]⟩ **être ~** *personne* bereit, fertig, *st/s* gerüstet sein; *repas* bereit, fertig, angerichtet sein; bereitstehen; *fête* vorbereitet sein; ♦ **~ à qc** bereit zu etw; **~ à tout** zu allem bereit; **~ à partir** zum Aufbruch bereit; startbereit *(a. avion,* SPORTS*)*; reisefertig; ausgehbereit; **être ~ à aider qn** bereit sein, j-m zu helfen; ♦ **être ~ pour un examen** auf ein Examen vorbereitet, für ein Examen gerüstet sein; **tout est ~ pour recevoir les invités** alles ist zum Empfang der Gäste bereit
prêt[2] [pʀɛ] M 1 *de livres etc (action)* Ver-, Ausleihen *n*; **bibliothèque** *f* **de ~** Leihbücherei *f*, -bibliothek *f*; *d'une bibliothèque* **service** *m* **de ~** Ausleihe *f* 2 *(somme prêtée)* Darlehen *n*; **~ gratuit** zinsloses, unverzinsliches Darlehen; **~ à la construction** Baudarlehen *n*; **~ à court, long terme** kurz-, langfristiges Darlehen; **~ à intérêt** verzinsliches Darlehen; **~ d'honneur** zinsloses Darlehen; **~ sur gage** Pfandleihe *f*; **consentir un ~ à qn** j-m ein Darlehen gewähren, geben 3 MIL (Wehr)Sold *m*
pretantaine [pʀətɑ̃tɛn] → prétentaine
prêt-à-porter [pʀɛtapɔʀte] M ⟨*pl* prêts-à-porter⟩ Konfektion(skleidung) *f*; Modellkonfektion *f*
prêt-bail [pʀɛbaj] M HIST **loi** *f* **du ~** Pacht- und Leihgesetz *n*
prêté [pʀete] M LOC **c'est un ~ pour un rendu** e-e Liebe ist der anderen wert; hilfst du mir, so helf ich dir; *péj* wie du mir, so ich dir; Wurst wider Wurst
prétendant [pʀetɑ̃dɑ̃] M 1 *prince* Thron-, Kronprätendent *m* 2 *d'une femme* Freier *m*; Bewerber *m*
prétendre [pʀetɑ̃dʀ] ⟨→ rendre⟩ A V/T 1 *(soutenir)* behaupten; vorgeben; **il prétend m'avoir vu** *a.* er will mich gesehen haben; **il prétend être plus fort que vous** er behauptet, stärker zu sein als Sie; **je ne prétends pas qu'il l'ait dit** ich behaupte nicht, dass er es gesagt hat; **on prétend qu'il est mort** man behauptet, er sei tot; er soll tot sein; **à ce qu'il prétend, il est …** er ist angeblich …; er ist, wie er behauptet, … 2 *(vouloir)* ~ *(+inf)* willens *ou* gewillt sein, gedenken, beabsichtigen, die Absicht haben, vorhaben zu *(+inf)*; **que prétendez-vous faire?** was gedenken Sie zu tun? B V/T INDIR *(aspirer à) st/s* **~ à qc** auf etw *(acc)* Anspruch erheben; nach etw streben C V/PR **se ~ trompé** behaupten, betrogen worden zu sein
prétendu [pʀetɑ̃dy] ADJ angeblich; sogenannt; vorgeblich; **sa ~e maladie** s-e an-, vorgebliche Krankheit
prête-nom [pʀɛtnõ] M ⟨*pl* prête-noms⟩ Strohmann *m*
prétentaine [pʀetɑ̃tɛn] F LOC **courir la ~** auf Liebesabenteuer ausgehen
prétentieux [pʀetɑ̃sjø] A ADJ ⟨-euse⟩ *personne* eingebildet; eitel; dünkelhaft; selbstgefällig; prätentiös; *air, ton, manières* affektiert; gekünstelt; prätentiös; **style ~** protziger Stil B SUBST **~, prétentieuse** *m,f* eingebildeter *etc* Mensch; eingebildete *etc* Person; *fam* Fatzke *m*
prétention [pʀetɑ̃sjõ] F 1 *(revendication)* Anspruch *m*; *pl* **~s** *(salaire exigé)* Gehaltsansprüche *mpl*, -vorstellungen *fpl*; **avoir des ~s sur qc** Ansprüche, Anspruch auf etw *(acc)* erheben 2 *(ambition)* ehrgeizige Absicht; Ambition *f*; Ehrgeiz *m*; **sa ~ à l'élégance** sein Wunsch nach Eleganz; **avoir des ~s** beruflichen Ehrgeiz, (berufliche) Ambitionen haben; **avoir la ~ de** *(+inf)* sich *(dat)* einbilden, anmaßen, schmeicheln zu *(+inf)*; **je n'ai pas la ~ de tout savoir** ich maße mir nicht an, ich bilde mir nicht ein, alles zu wissen; ♦ *loc adj*: *maison, style etc* **sans ~** anspruchslos 3 *(vanité)* Selbstgefälligkeit *f*; Dünkel *m*; Eitelkeit *f*; Einbildung *f*; **être d'une ~ insupportable** von e-r unerträglichen Selbstgefälligkeit *etc* sein; **s'exprimer avec ~** sich prätentiös, affektiert, geziert ausdrücken
prêter [pʀete] A V/T 1 *argent, objet* (aus-, ver)leihen; borgen; *par ext*: **~ son appartement à qn** j-m s-e Wohnung überlassen, zur Verfügung stellen; **~ son nom à qc** s-n Namen für etw hergeben; **~ à intérêt** auf Zinsen leihen 2 LOC: **~ (son) aide, (son) assistance à qn** j-m Hilfe, Beistand leisten; **~ attention à qn, à qc** j-m, e-r Sache Aufmerksamkeit schenken; **~ de l'importance à qc** e-r Sache *(dat)* Bedeutung beimessen; **~ serment** e-n Eid leisten, ablegen; **si Dieu lui prête vie** wenn Gott ihm das Leben lässt; wenn er so lange am Leben bleibt; *chanteur* **~ sa voix** singen; mitwirken; *dans un doublage etc* **X a prêté sa voix à Y** (die Rolle des) Y wurde von X gesprochen; → *a.* flanc, oreille 1, serment 3 *(attribuer)* **~ qc à qn** j-m etw zuschreiben, *propos, intentions* unterstellen, -schieben B V/T INDIR *attitude, remarque etc* **~ à qc** Anlass, Stoff zu etw geben; **~ aux critiques** *a.* die Kritik herausfordern; **~ à équivoque** Anlass zu Missverständnissen geben; unklar, doppel-, zweideutig sein; **~ à rire** Stoff zum Lachen geben; lächerlich sein, wirken C V/I *cuir, tissu* sich dehnen, weiten; nachgeben D V/PR 1 *personne* **se ~ à qc** bei etw mitmachen; an etw *(dat)* teilnehmen; *péj* sich zu etw hergeben 2 *thème, terre etc* **se ~ à qc** sich zu, für etw eignen; für etw geeignet sein
prétérit [pʀeteʀit] M LING Präteritum *n*; Vergangenheit *f*
préteur [pʀetœʀ] M HIST Prätor *m*
prêteur [pʀɛtœʀ], **prêteuse** A M,F Verleiher(in) *m(f)*; *d'un prêt* Darlehensgeber(in) *m(f)*; **prêteur, prêteuse sur gages** Pfandleiher(in) *m(f)* B ADJ **être prêteur, prêteuse** gern leihen
prétexte [pʀetɛkst] M Vorwand *m*; *loc adv*: **sous ~ de** *(+inf) ou* **que …** unter dem Vorwand zu *(+inf) ou*, dass …; **sous aucun ~** auf keinen Fall; **sous un ~ quelconque** unter irgendeinem Vorwand; **donner (un) ~, fournir un ~ à qn** j-m e-n Vorwand liefern; **prendre ~ de qc, prendre qc pour ~** etw zum Vorwand nehmen, als Vorwand benutzen; **servir de ~ à qn** j-m als Vorwand dienen
prétexter [pʀetɛkste] V/T **~ qc** etw vorschützen, zum Vorwand nehmen, als Vorwand benutzen; **~ que …** vorgeben, dass …
pretium doloris [pʀesjɔmdɔlɔʀis] M JUR Schmerzensgeld *n*
prétoire [pʀetwaʀ] *st/s* M Gerichtssaal *m*
prétorien [pʀetɔʀjɛ̃] ADJ ⟨~ne⟩ HIST **garde ~ne** Prätorianer(garde) *mpl(f)*
prétraitement [pʀetʀɛtmɑ̃] M TECH Vorbehandlung *f*
prêtre [pʀɛtʀ] M REL Priester *m*; BIBL **grand ~** Hohe(r)priester *m*; **se faire ~** Priester werden;
prêtre-ouvrier M ⟨*pl* prêtres-ouvriers⟩ ÉGL CATH Arbeiterpriester *m*
prêtresse [pʀɛtʀɛs] F REL Priesterin *f*; **prêtrise** F ÉGL CATH Priesteramt *n*, -würde *f*
preuve [pʀœv] F 1 Beweis *m (a.* JUR, PHIL, MATH*)*; Nachweis *m*; JUR *a.* Beweismittel *n*; **~s** *pl a.* Beweismaterial *n*; **~ matérielle, tangible** materieller, handgreiflicher Beweis; Beweisstück *n*; **~ de la culpabilité** Schuldbeweis *m*; **~ par l'absurde** Beweis durch Aufzeigen der Widersinnigkeit des Gegenteils; *t/t* apagogischer Beweis; **~ par présomption** Beweis durch Vermutung; sich auf Vermutung stützender Beweis; *loc adv fam* **la ~** *ou* **à ~ …** der (beste) Beweis dafür ist, sind …; das beweist, beweisen …; *loc conj fam* **à ~ que …** das beweist, zeigt, dass …; *loc adv* **jusqu'à ~ du contraire** bis zum Beweis des Gegenteils; **avoir des ~s** Beweise haben; *document etc* **constituer une ~** e-n Beweis darstellen; Beweiskraft haben; **démontrer qc ~ en main** etw durch ein Beweisstück, e-n handgreiflichen Beweis beweisen; **être une ~ de qc** für etw ein Beweis sein; **vous êtes la ~ vivante que …** Sie sind der lebende Beweis, das lebende Beispiel dafür, dass …; **c'est la ~ que …** das beweist *ou* zeigt, dass …; **la ~ en est que …** der Beweis dafür ist, dass …; *personne, méthode etc* **faire ses ~s** sich bewähren; *personne* **faire ~ de courage** *etc* Mut *etc* beweisen, zeigen, an den Tag legen; sich mutig *etc* zeigen, verhalten; sich als mutig *etc* erweisen; mutig *etc* sein; **faire la ~ de qc** etw beweisen; den Beweis, Nachweis für etw erbringen; **manquer de ~s** keine Beweise haben 2 *fig* Beweis *m*; Zeichen *n*; **~ d'amitié** Freundschaftsbeweis *m*; Zeichen der Freundschaft; **comme ~ de** als, zum Beweis, Zeichen für *(ou +gén)* 3 MATH *d'une opération* Probe *f*; **~ par neuf** Neunerprobe *f*
preux [pʀø] HIST A ADJ M *chevalier* tapfer; wacker B M Recke *m*
prévaloir [pʀevalwaʀ] ⟨→ valoir; *aber*: que je prévale⟩ A V/I *st/s* **~ contre, sur** den Sieg davontragen, *st/s* obsiegen über *(+acc)*; **ne pas ~ contre, sur** *a.* nichts vermögen gegen, über *(+ acc)*; *opinion* **~ (sur les autres)** den Ausschlag geben; **faire ~ ses droits** sein(e) Recht(e) durchsetzen B V/PR *personne* **se ~ de qc** *(faire valoir)* etw geltend machen; sich *(dat)* etw zunutze machen; *(tirer vanité de)* sich *(dat)* auf e-e Sache etwas zugutehalten, einbilden
prévaricateur [pʀevaʀikatœʀ] JUR A ADJ ⟨-trice⟩ pflichtvergessen; untreu B M pflichtvergessene(r) Beamte(r); **prévarication** F JUR Dienst-, Amtspflichtverletzung *f*; Untreue *f*, Pflichtvergessenheit *f* im Amt
prévenance [pʀevnɑ̃s] F Zuvorkommenheit *f*; Aufmerksamkeit *f (a. acte)*; **se montrer plein de ~s pour qn** j-m gegenüber sehr aufmerksam, sehr zuvorkommend sein
prévenant [pʀevnɑ̃] ADJ *personne* zuvorkommend; aufmerksam; **caractère ~** einnehmendes Wesen
prévenir [pʀevniʀ] V/T ⟨→ venir; *aber v/aux* avoir⟩ 1 *(informer)* **~ qn (de qc)** j-n (von etw) (vorher) benachrichtigen, in Kenntnis setzen, *police* verständigen; **sans ~** ohne vorher etwas verlauten zu lassen 2 *(avertir)* **~ qn (de qc)** j-n (vor etw [*dat*]) warnen; **te voilà prévenu** du bist gewarnt 3 *(empêcher)* **~ qc** e-r Sache *(dat)* vorbeugen, vorbauen; etw verhüten; **~ une objection** e-m Einwand zuvorkommen; *prov* **mieux vaut ~ que guérir** vor-

P

beugen ist besser als heilen *(prov)*; *fam plais* Vorsicht ist besser als Nachsicht **4** ~ **les désirs de qn** j-s Wünschen *(dat)* zuvorkommen

préventif [pʀevɑ̃tif] ADJ ⟨-ive⟩ **1** vorbeugend; Vorbeugungs…; Verhütungs…; präventiv; Präventiv…; **médecine préventive** Präventivmedizin *f*; prophylaktische Medizin; **mesure préventive** vorbeugende, vorsorgliche Maßnahme; Vorbeugungs-, Verhütungs-, Präventivmaßnahme *f*; Vorkehrung *f* **2** JUR **détention préventive** Untersuchungshaft *f*

prévention [pʀevɑ̃sjõ] F **1** *(mesures préventives)* Verhütung *f*; Vorbeugung *f*; ~ **routière** (Maßnahmen *fpl* zur) Verhütung, Bekämpfung *f* von Verkehrsunfällen; Unfallverhütung *f* **2** JUR Untersuchungshaft *f* **3** *(préjugé)* Voreingenommenheit *f*; Vorurteil *n*; **sans** ~ vorurteilslos, -frei; unvoreingenommen; unbefangen; **avoir des ~s contre qn, qc** gegen j-n, etw voreingenommen sein, Vorurteile haben

préventorium [pʀevɑ̃tɔʀjɔm] M Heilstätte *f*, Sanatorium *n* für Tb(c)-Gefährdete

prévenu [pʀevny] **A** ADJ **1** *st/s* **être ~ en faveur de** *ou* **contre qn, qc** für *ou* gegen j-n, etw eingenommen sein; gegen j-n, etw voreingenommen sein **2** JUR **être ~ de qc** e-r Sache *(gén)* beschuldigt werden **B** SUBST JUR **~(e)** *m(f)* Angeschuldigte(r) *m/f(m)*; Beschuldigte(r) *m/f(m)*; Tatverdächtige(r) *m/f(m)*

préverbe [pʀevɛʀb] M LING Verbalpräfix *n*; Präverbium *n*

prévisibilité [pʀevizibilite] F Vorher-, Voraussehbarkeit *f*; **prévisible** ADJ vorher-, voraussehbar

prévision [pʀevizjõ] F Vorher-, Voraussage *f*; Prognose *f*; *surtout pl* **~s** Aussichten *fpl*; Erwartungen *fpl*; ~ **budgétaire** Haushaltsvoranschlag *m*, -ansatz *m*; **~s météorologiques** Wetteraussichten *fpl*, -vorhersage *f*, -prognose *f*; **~s de récolte** Ernteaussichten *fpl*; **contrairement à mes ~s** entgegen meiner Vorher-, Voraussage, meinen Erwartungen; *loc prép* **en ~ de** im Hinblick auf *(+acc)*; in Erwartung *(+gén)*; **faire des ~s** Vorher-, Voraussagen machen; Prognosen aufstellen

prévisionnel [pʀevizjɔnɛl] ADJ ⟨~le⟩ vorausschauend, -planend; **budget ~** Haushaltsvoranschlag *m*, -ansatz *m*; **comptes ~s** Vorkalkulation *f*, -anschlag *m*; **étude ~le du trafic routier** Studie *f* über die Entwicklung des Straßenverkehrs; **mesures ~les** vorausschauende Maßnahmen *fpl*

prévisionniste [pʀevizjɔnist] M ÉCON Prognostiker *m*

prévoir [pʀevwaʀ] V/T ⟨→ voir; *aber*: je prévoirai⟩ **1** *(imaginer à l'avance)* voraus-, vorhersehen; ~ **le pire** mit dem Schlimmsten rechnen **2** *(organiser d'avance)* vorsehen; planen; in Aussicht nehmen; veranschlagen; **il avait tout prévu** er hatte für alles Vorsorge getroffen; er hatte alles bedacht, eingeplant; **être prévu pour dix personnes** für zehn Personen vorgesehen, geplant, gedacht sein; **prévu par la loi** im Gesetz vorgesehen; **comme prévu** wie vorgesehen, geplant

prévôt [pʀevo] M **1** HIST *hoher königlicher Beamter*; **grand ~ de France** *Inhaber der Gerichtsbarkeit im jeweiligen Aufenthaltsbereich des Hofes und über die Mitglieder des Hofstaates*; ~ **des marchands** *Amtsbezeichnung der Bürgermeister von Paris u. Lyon* **2** MIL Befehlshaber *m* e-r Feldgendarmerieabteilung **3** ESCRIME ~ **d'armes** Fechtwart *m*

prévôté [pʀevote] F MIL Feldgendarmerie *f*

prévoyance [pʀevwajɑ̃s] F Vorsorge *f* *(a. dans les assurances)*; Voraussicht *f*; Fürsorge *f*; **faire preuve de ~** vorausschauend, fürsorglich sein

prévoyant [pʀevwajɑ̃] ADJ vorausschauend, -planend; vorsorgend; fürsorglich

prévu [pʀevy] PP *et* ADJ → prévoir

prie-Dieu [pʀidjø] M ⟨inv⟩ Betpult *n*, -stuhl *m*

prier [pʀije] V/T **1** REL beten *(a. abs)*; ~ **Dieu** zu Gott beten; ~ **pour qn** für j-n beten; **aller ~ sur la tombe de qn** an j-s Grab (gehen und dort) beten, ein stilles Gebet sprechen **2** *(demander)* bitten; *plus fort* inständig bitten; ~ **qn de faire qc** j-n bitten, ersuchen, etw zu tun; *formule épistolaire* **je vous prie de croire à l'expression de mes sentiments distingués** mit vorzüglicher Hochachtung; **vous êtes prié d'assister à …** Sie werden gebeten, an *(+dat)* teilzunehmen; **se faire ~** sich bitten, nötigen lassen; **ne pas se faire ~** sich nicht lange bitten, nötigen lassen; ♦ *formules de politesse: prière, injonction* **je te** *ou* **vous prie** bitte; *réponse à une demande* **je vous en prie** bitte sehr!; bitte schön!; *réponse à un remerciement* **mais je vous en prie, c'est bien naturel** aber ich bitte Sie, das ist doch selbstverständlich; *ton énergique*: **tais-toi, je t'en prie!** schweig gefälligst!; **ah non, je t'en prie, ça suffit!** jetzt ist es aber genug, ich bitte dich! **3** *litt* ~ **qn à dîner** j-n zum Abendessen bitten, einladen

prière [pʀijɛʀ] F **1** REL Gebet *n*; **dire, faire sa** *ou* **une ~** sein Gebet verrichten; ein Gebet sprechen; beten; **être en ~** beten; *fam* **faire une petite ~ pour qn** *fam* j-m den *ou* die Daumen halten; *fam* **ne m'oubliez pas dans vos ~s!** denken Sie an mich! **2** *(demande instante)* (inständige) Bitte; **à la ~ de** auf Bitten von *(ou +gén)*; auf die Bitte *(+gén)* (hin); **à ma ~** auf meine Bitte (hin); ♦ **~ de s'essuyer les pieds** bitte Füße abtreten; **~ de répondre par retour du courrier** um postwendende Antwort wird gebeten

prieur(e) [pʀijœʀ] M(F) ÉGL CATH Prior *m*, Priorin *ou* Priorin *f*

prieuré [pʀijœʀe] M **a** *couvent* Priorat *n* **b** *église* Kirche *f* des Priorats

prima donna [pʀimadɔna] F ⟨*pl inv od* prime donne [pʀimedɔne]⟩ Primadonna *f*

primaire [pʀimɛʀ] ADJ **1** **école** *f* ~ Grundschule *f*; **enseignement** *m* ~ *ou subst* ~ *m* Grundschulwesen *n* **2** primär; Primär…; ÉLEC **circuit** *m* ~ Primärkreis *m*; JUR **délinquant** *m* ~ erstmalig Straffällige(r) *m*; POL **élections** *fpl* **~s** Vorwahlen *fpl*; GÉOL **ère** *f* ~ *ou subst* ~ *m* Paläozoikum *n*; Erdaltertum *n*; ÉCON **secteur** *m* ~ *ou subst* ~ *m* Agrar- *ou* Landwirtschaft *f* und Bergbau *m* **3** *péj (simpliste)* primitiv; beschränkt; engstirnig; *subst* **c'est un(e) ~** er (sie) ist ein primitiver *etc* Mensch

primal [pʀimal] ADJ ⟨-aux⟩ PSYCH **cri ~** Urschrei *m*

primat [pʀima] M ÉGL CATH Primas *m*

primates [pʀimat] MPL ZOOL Primaten *mpl*; Herrentiere *npl*

primauté [pʀimote] F Vorrang *m* (**sur** vor *+dat*); Primat *m ou n* (über *+acc*) *(a. du pape)*; **avoir la ~** e-e Vorrangstellung einnehmen, besitzen; den Primat haben

prime[1] [pʀim] ADJ **1** **de ~ abord** auf den ersten Blick; zunächst; **dès sa ~ jeunesse** von frühester Jugend an **2** MATH **a ~ (a')** a Strich (a')

prime[2] [pʀim] F **1** *(indemnité)* Prämie *f*; Zulage *f*; Zuschuss *m*; Bonus *m*; ~ **à la construction** *correspond à* Wohnungsbauprämie *f*; ~ **à l'exportation** Export-, Ausfuhrprämie *f*; ~ **à la productivité, au** *ou* **de rendement** Leistungsprämie *f*, -zulage *f*; ~ **d'ancienneté** Dienstalterszulage *f*; *iron* ~ **d'encouragement à la paresse** Belohnung *f* für die Faulheit; ~ **d'épargne** Sparprämie *f*; ~ **de fin d'année** Weihnachtsgeld *n*, -gratifikation *f*; ~ **de transport** Fahrtkostenzuschuss *m*; ~ **de vacances** Urlaubsgeld *n* **2** ASSURANCES (Versicherungs)Prämie *f*; ~ **annuelle** Jahresprämie *f* **3** BOURSE ~ **d'émission, de remboursement** Emissions-, Rückzahlungsagio *n* **4** COMM *(cadeau)* Werbegeschenk *n*; Zugabe *f*; **avoir qc en ~** etw als Werbegeschenk, Zugabe bekommen **5** *fig* **faire ~** gesucht, gefragt sein

primer[1] [pʀime] V/T *(l'emporter)* den Vorrang haben (**qc** vor etw *[dat]*); vorgehen (e-r Sache *[dat]*)

primer[2] [pʀime] V/T *(récompenser)* prämieren *ou* prämiieren; *adjt* **primé** *a.* preisgekrönt

primerose [pʀimʀoz] F BOT Stockrose *f*, -malve *f*

primesautier [pʀimsotje] ADJ ⟨-ière⟩ impulsiv; spontan

prime time [pʀajmtajm] M TV Primetime *f*

primeur [pʀimœʀ] F **1** **avoir la ~ de qc** als Erste(r) in den Genuss von etw kommen **2** ADJT **vin** *m* ~ junger Rotwein **3** **~s** *pl légumes* Frühgemüse *n*; erstes junges Gemüse; *fruits* Frühobst *n*; erste frische Früchte *fpl*; **marchand** *m* **de ~s** Frühgemüse- und Frühobsthändler *m*

primevère [pʀimvɛʀ] F BOT Schlüsselblume *f*; Primel *f*

primitif [pʀimitif] **A** ADJ ⟨-ive⟩ **1** *(d'origine)* ursprünglich; Ur…; **christianisme ~** Urchristentum *n*; PHYS **couleurs primitives** Grundfarben *fpl* *(des Sonnenspektrums)*; **état ~** Urzustand *m*; ursprünglicher Zustand; MATH **fonction primitive** Stammfunktion *f*; **homme ~** Urmensch *m*; LING **langue primitive** Ursprache *f*; **monde ~** Urwelt *f*; LING: **mot ~** Stamm-, Grundwort *n*; Primitivum *n*; *d'un mot* **sens ~** ursprüngliche Bedeutung; Grundbedeutung *f*; *d'un verbe* **temps ~s** Stammformen *fpl*; **texte ~** Urtext *m* **2** *(non civilisé)* primitiv; der Primitiven; **art ~** primitive Kunst; Kunst *f* der Naturvölker; **société primitive** primitive Gesellschaft **3** *fig (fruste)* primitiv; einfach; *outil etc a.* behelfsmäßig **B** M **1** ETHNOLOGIE **les ~s** *pl* die Primitiven *mpl* **2** PEINT **les ~s italiens** *etc* die italienischen *etc* Maler des ausgehenden Mittelalters

primitivement [pʀimitivmɑ̃] ADV ursprünglich; anfänglich

primo [pʀimo] ADV erstens

primogéniture [pʀimoʒenityʀ] F JUR Erstgeburt(srecht) *f(n)*

primo-infection [pʀimoɛ̃fɛksjõ] F ⟨*pl* primo-infections⟩ MÉD Erstinfektion *f*

primordial [pʀimɔʀdjal] ADJ ⟨-aux⟩ (äußerst) wichtig; wesentlich; ausschlaggebend; entscheidend; fundamental; **jouer un rôle ~** e-e wichtige, wesentliche *etc* Rolle spielen; **offrir un intérêt ~** von fundamentalem, größtem, höchstem Interesse sein

prince [pʀɛ̃s] M **1** *régnant* Fürst *m*; ~ **de l'Église** Kirchenfürst *m*; **le ~ de Monaco** der Fürst von Monaco; *fig*: **fait** *m* **du ~** willkürliche, selbstherrlich getroffene Entscheidung; Willkürmaßnahme *f*, -akt *m*; *loc adv* **comme un ~** fürstlich; prächtig; prunkvoll; **être bon ~** großzügig, tolerant sein **2** *non régnant, titre* Prinz *m*; HIST **le Prince Noir** der Schwarze Prinz; *Saint-Exupéry* **Le Petit Prince** Der kleine Prinz; ~ **de Galles** Prinz von Wales; ~ **du sang** Prinz von Geblüt **3** *fig* Fürst *m*; REL ~ **des apôtres** Apostelfürst *m*

prince-de-galles [pʀɛ̃sdəgal] M ⟨inv⟩ TEXT Glencheck *m*; *adjt* **tailleur** *m* **(en) ~** Glencheckkostüm *n*

princesse [pʀɛ̃sɛs] F **1** *régnante* Fürstin *f* **2** *(fille ou femme d'un prince)* Prinzessin *f*; ~ **royale**

Kronprinzessin *f*; *fig: fam* **aux frais de la ~** auf Staats- *ou* Geschäftskosten; auf Kosten des Staates *ou* der Firma; **se donner des airs de ~** vornehm tun; sich affektiert benehmen 3 ADJT: **°haricots** *mpl* **~(s)** Prinzessbohnen *fpl*; **robe** *f* **~** Prinzesskleid *n*

princier [pʀɛ̃sje] ADJ ⟨-ière⟩ 1 fürstlich; Fürsten...; prinzlich; Prinzen...; **famille, maison princière** Fürstenfamilie *f*, -haus *n*; **titre ~** Fürstentitel *m* 2 *fig réception etc* fürstlich; **luxe ~** *a.* üppiger Luxus

principal [pʀɛ̃sipal] ⟨*mpl* -aux⟩ A ADJ Haupt...; hauptsächliche(r, -s); wichtigste(r, -s); **bâtiment ~** Hauptgebäude *n*; **composant ~** Hauptbestandteil *m*; wichtigster Bestandteil; **entrée ~e, locataire ~** Haupteingang *m*, -mieter *m*; **~ personnage** Hauptperson *f*; wichtigste, maßgebliche Person; **professeur ~** Klassenlehrer *m*; GRAM **proposition ~e** Hauptsatz *m*; **raison ~e** Hauptgrund *m*; **résidence ~e** Hauptwohnsitz *m*; *fig* **rôle ~** Hauptrolle *f*; wichtigste, hauptsächliche Rolle B SUBST 1 **le ~** die Hauptsache; das Wichtigste 2 **~(e)** *m(f) d'un collège* Direktor *m*, Direktorin *f* 3 M *d'un notaire* Bürovorsteher *m* 4 **~e** *f* GRAM Hauptsatz *m*

principalement [pʀɛ̃sipalmɑ̃] ADV hauptsächlich; in der Hauptsache; vor allem; ganz besonders; insbesondere; in erster Linie

principauté [pʀɛ̃sipote] F Fürstentum *n*; **la ~ de Monaco, du Liechtenstein** das Fürstentum Monaco, Liechtenstein

principe [pʀɛ̃sip] M 1 PHIL Ursprung *m*; Urgrund *m*; Prinzip *n* (des Seins); Seinsgrund *m*; erste Ursache; LOGIQUE Prinzip *n*; Satz *m* 2 PHYS Prinzip *n*; **~ d'Archimède** archimedisches Prinzip; **~ d'une machine** Prinzip, nach dem e-e Maschine funktioniert; **reposer sur un ~ très simple** auf e-m sehr einfachen Prinzip beruhen 3 CHIM Bestandteil *m*; Stoff *m*; **~ actif** Wirkstoff *m* 4 *(règle de conduite)* Prinzip *n*; Grundsatz *m*; **~ d'égalité** Gleichheitsprinzip *n*; **~s de morale** Moralprinzipien *npl*; POL **~ des nationalités** Nationalitätsprinzip *n*; *loc adj* **de ~** prinzipiell; grundsätzlich; Prinzipien...; Grundsatz...; *loc adv*: **en ~** im Prinzip; prinzipiell; grundsätzlich; theoretisch; **par ~** aus Prinzip; prinzipiell; grundsätzlich; **pour le ~** um des Prinzips willen; **avoir des ~s** Prinzipien, Grundsätze haben; **j'ai pour ~ de** *(+inf)* es ist mein Prinzip, Grundsatz, ich habe es mir zum Prinzip, Grundsatz gemacht zu *(+ inf)*; **ce n'est pas dans mes ~s** das entspricht nicht meinen Prinzipien, Grundsätzen; das tue ich prinzipiell, grundsätzlich nicht; **partir du ~ que ...** von dem Grundsatz, davon ausgehen, dass ...

printanier [pʀɛ̃tanje] ADJ ⟨-ière⟩ Frühlings...; Frühjahrs...; **températures printanières** frühlingshafte Temperaturen *fpl*; **temps ~** frühlingshaftes Wetter; **tenue printanière** Frühjahrskleidung *f*

printemps [pʀɛ̃tɑ̃] M Frühling *m*; Frühjahr *n*; *poét* Lenz *m*; *fig et litt* **le ~ de la vie** der Frühling, Lenz des Lebens; **matinée** *f* **de ~** Frühlingsmorgen *m*; **au ~** im Frühling, Frühjahr; *fig* **elle avait quinze ~** sie zählte fünfzehn Lenze

priori → a priori

prioritaire [pʀijɔʀitɛʀ] ADJ vorrangig; bevorzugt; mit Vorrang; **mesure** *f* **~** mit Vorrang durchzuführende Maßnahme; **personnes** *fpl* **~s** *ou subst* **~s** *mpl* Personen *fpl*, deren Belange Priorität, Vorrang haben; ADMIN Personen *fpl*, die vorrangig, bevorzugt abgefertigt werden; *handicapés* Personen *fpl* mit Sonderausweis; **route** *f* **~** Vorfahrtsstraße *f*; **véhicule** *m* **~** Fahrzeug *n* mit Sonderrechten; Sonderfahrzeug *n*; **être ~** Priorität, Vorrang, *véhicule* Vorfahrt haben

priorité [pʀijɔʀite] F 1 Priorität *f*, Vorrang *m* (**sur** vor *+dat*); **~ d'emploi** Anspruch *m* auf bevorzugte Anstellung; Vorrang bei der Einstellung; *loc adv* **en, par ~** vorrangig; mit Vorrang; zuerst; als Erste(r, -s); **avoir la ~** Priorität, Vorrang haben, genießen; **laisser la ~ à qn** j-m den Vortritt lassen 2 CIRCULATION Vorfahrt *f*; **~ à droite** Vorfahrt von rechts; *fam* rechts hat Vorfahrt; **route** *f* **à ~** Vorfahrtsstraße *f*; **signal** *m* **de ~** Vorfahrtszeichen *n*; **avoir ~ sur** (die) Vorfahrt haben vor *(+dat)*; **j'ai la ~** ich habe Vorfahrt

pris [pʀi] PP → prendre *et* ADJ ⟨prise [pʀiz]⟩ 1 *place, personne, journée* besetzt; *journée, semaine a.* ausgefüllt; **avoir les mains ~es** die Hände nicht frei haben; **elle est très ~e** sie ist sehr *ou* stark beschäftigt, beansprucht; **si vous n'êtes pas ~ ce soir** wenn Sie heute Abend nichts vorhaben 2 *personne: st/s* **~ de boisson** angetrunken; *plus fort* betrunken; **~ de panique, de peur** von Panik, von Furcht erfasst, ergriffen; → *a.* prendre A 10; **avoir la gorge ~e** heiser sein; e-e raue Kehle haben; **avoir le nez ~** keine Luft durch die Nase bekommen 3 *crème etc* steif; fest 4 *rivière etc* (zu)gefroren; *bateau* **~ dans les glaces** im Eis festsitzend; eingefroren

prise [pʀiz] F 1 *(action de prendre)* Nehmen *n*; MIL Einnahme *f*; Eroberung *f*; HIST **la ~ de la Bastille** die Erstürmung der Bastille; ♦ *dans loc avec subst*: **~ à bord** Übernahme *f* an Bord; An-Bord-Nehmen *n*; MIL **~ d'armes** feierlicher Aufmarsch in Waffen; *fig* **~ de bec** → bec 2; **~ de contact** Kontaktaufnahme *f*; Fühlungnahme *f*; JUR **~ de corps** Festnahme *f*; Verhaftung *f*; **~ d'eau** Wasseranschluss *m*; Zapfstelle *f* für Wasser; **~ de fonction, de poste** Amts-, Dienst-, Arbeitsantritt *m*; ÉGL CATH **~ d'habit, de voile** Einkleidung *f* (der Novizen, Novizinnen); **~ d'otage(s)** Geiselnahme *f*; **~ de position** Stellungnahme *f* (**sur une question** zu e-r Frage); POL **~ de pouvoir** Machtübernahme *f*, -ergreifung *f*; PHOT, CINÉMA, TV **~ de vue(s) (en extérieur, en intérieur)** (Außen-, Innen-)Aufnahme *f*; **~ en charge** TAXI *d'un client* Beförderung *f*; *par ext taxe* Grundgebühr *f*; *par la Sécurité sociale* Kostenübernahme *f*; *par un hôpital* Pflege *f* und Behandlung *f*; **~ en considération** Berücksichtigung *f*; → *a. les subst correspondants*; ♦ *avec verbes*: **avoir ~ sur qn, qc** Einfluss auf j-n, etw haben; **n'avoir aucune ~ sur qn** *a.* sich bei j-m nicht durchsetzen können; in keiner Weise auf j-n einwirken können; *les remontrances* **n'ont pas de ~ sur lui** haben keine Wirkung bei ihm, beeindrucken ihn nicht; **donner ~ à** Anlass geben zu; **être aux ~s avec qn, qc** mit j-m, etw kämpfen, ringen; sich mit j-m, etw auseinandersetzen; **lâcher ~** loslassen; fahren lassen; *fig* aufgeben 2 a LUTTE, JUDO Griff *m*; **faire une ~ à la nuque** im Nacken fassen; den Griff im Nacken ansetzen b ALPINISME Griff *m*; Halt *m*; **avoir ~** Halt haben; **ne pas trouver de ~ sur le rocher** am Fels keinen Halt finden 3 *(capture)* Fang *m*, CH Beute *f* (*a. fig*); *fig* **la police a fait une belle ~** die Polizei hat e-n guten Fang gemacht 4 ÉLEC **~ (de courant)** Steckdose *f*; **~ femelle** Buchse *f*; **~ mâle** Stecker *m*; **~ multiple** Mehrfach-, Tischsteckdose *f*; **~ d'antenne** Antennenanschluss *m*, -buchse *f*; **~ de terre** Erdung *f*; Erdanschluss *m*, -kontakt *m* 5 AUTO **~ directe** direkter, großer Gang; *fig* **être en ~ directe avec** *ou* **sur qc** in direktem Kontakt, in enger Verbindung mit etw stehen 6 **~ (de tabac)** Prise *f* (Schnupftabak) 7 *du ciment etc* Abbinden *n*; **à ~ rapide** schnell abbindend

priser[1] [pʀize] *litt* V/T schätzen; **fort ~, ~ beaucoup** sehr schätzen; *personne* hoch schätzen

priser[2] [pʀize] V/T *tabac* schnupfen (*a. abs*); **tabac** *m* **à ~** Schnupftabak *m*

prismatique [pʀismatik] ADJ prismatisch; Prismen...; **jumelles** *fpl* **~s** Prismenglas *n*

prisme [pʀism] M MATH, OPT Prisma *n*

prison [pʀizõ] F 1 *établissement* Gefängnis *n* (*a. fig*); Haft-, Vollzugsanstalt *f*; *fig a.* Kerker *m*; **~ centrale** → central A; **être en ~** im Gefängnis sein; *fam* (im Gefängnis) sitzen; **mettre qn en ~** j-n ins Gefängnis stecken; **faire mettre qn en ~** j-n ins Gefängnis bringen 2 (**peine** *f* **de**) **~** Gefängnis(strafe) *n(f)*; Freiheits-, Haftstrafe *f*; Freiheitsentzug *m*; **~ ferme** Gefängnis ohne Bewährung; **faire °huit jours de ~ ferme** acht Tage Gefängnis absitzen; **condamner à deux ans de ~, à la ~ à vie** zu zwei Jahren Gefängnis, zu e-r lebenslänglichen Freiheitsstrafe verurteilen; **avoir fait de la ~** (im Gefängnis) *fam* gesessen haben; **faire six mois de ~ préventive** sechs Monate in Untersuchungshaft sitzen

prisonnier [pʀizɔnje], **prisonnière** A M,F Gefangene(r) *m/f(m)*; Häftling *m*; **~ politique** politischer Gefangener; **~ de droit commun** Strafgefangene(r) *m*; **~ de guerre** Kriegsgefangene(r) *m*; **se constituer ~** sich (der Polizei) stellen; **faire qn ~** j-n gefangen nehmen B ADJ 1 gefangen; eingesperrt; **être ~** gefangen, eingesperrt sein; *fig* **être ~ de ses préjugés** *etc* Gefangener s-r Vorurteile *etc* sein 2 **ballon ~** Völkerball *m*

Privas [pʀiva] *Stadt im Dep. Ardèche*

privatif [pʀivatif] ADJ ⟨-ive⟩ 1 GRAM verneinend; privativ; **préfixe ~** *ou subst* **~** *m* Verneinungspräfix *n* 2 JUR **peine privative de liberté** Freiheitsstrafe *f* 3 **jardin ~** zur alleinigen Benutzung überlassener Garten

privation [pʀivasjõ] F 1 Verlust *m*; Entzug *m*; Entziehung *f*; **~ des droits civiques** Verlust, Aberkennung *f* der bürgerlichen Ehrenrechte; **~ de liberté** Freiheitsentziehung *f*, -entzug *m*, -beraubung *f*; **~ de sortie** Stuben-, Hausarrest *m* 2 **~s** *pl* Entbehrungen *fpl*; **une vie de ~s** ein entbehrungsreiches Leben; ein Leben voller Entbehrungen

privatisation [pʀivatizasjõ] F ÉCON Privatisierung *f*; **privatiser** V/T ÉCON privatisieren

privautés [pʀivote] FPL LOC **prendre, se permettre des ~ avec une femme** sich *(dat)* e-r Frau gegenüber plumpe Vertraulichkeiten herausnehmen; e-r Frau gegenüber plumpvertraulich, aufdringlich werden

privé [pʀive] A ADJ privat; Privat...; **chemin ~, voie ~e** Privatweg *m*; ÉGL CATH **communion ~e** *correspond à* Frühkommunion *f*; **correspondance ~e** *ou* **de caractère ~** Privatkorrespondenz *f*, -briefe *mpl*; privater Schriftwechsel; **droit ~** Privatrecht *n*; **école ~e** Privatschule *f*; **entretien ~** private Unterredung; Privatgespräch *n*; **initiative ~e, intérêts ~s** Privatinitiative *f*, -interessen *npl*; **investissements ~s** privat(wirtschaftlich)e Investitionen *fpl*; **jet ~** Privatjet *m*; **propriété ~e** Privatbesitz *m*, JUR -eigentum *n*; **représentation, séance ~e** geschlossene Vorstellung; ÉCON **secteur ~** Privatwirtschaft *f*; **vie ~e** Privatleben *n*; ♦ *loc adv*: **à titre ~** privat; als Privatperson; **de source ~e** von nicht amtlicher, inoffizieller, privater Seite; **en ~** privat; außerdienstlich; *cérémonie* **avoir lieu en ~** in privatem Kreis stattfinden; **est-ce que je peux vous parler en ~?** kann ich Sie privat sprechen? B M LOC ADV **dans le ~** im Privatleben; privat; privatim; außerdienstlich; ÉCON in der Privatwirtschaft

priver [pʀive] A V/T **~ qn de qc** j-m etw entziehen; j-n um etw bringen; *st/s* j-n e-r Sache (*gén*) berauben; *à un enfant* **tu seras privé de dessert** zur Strafe bekommst du keinen Nachtisch; **~ qn de ses droits** j-n entrechten; **~ qn de ses droits civiques** j-m die bürgerlichen Ehrenrechte aberkennen, absprechen; **être privé de sommeil** um s-n Schlaf gebracht werden; **~ un enfant de sortie** e-m Kind Stuben-, Hausarrest geben; **être privé de l'usage de son bras droit** s-n rechten Arm nicht mehr gebrauchen können; *prisonnier* **être privé de visites** keine Besuche(r) empfangen dürfen **B** V/PR **se ~** sich (*dat*) Entbehrungen auferlegen; Entbehrungen auf sich (*acc*) nehmen; Opfer bringen; **se ~ de qc** auf etw (*acc*) verzichten; sich (*dat*) etw versagen; *iron* **il ne se prive pas** er lässt sich (*dat*) nichts abgehen; er leistet, gönnt sich (*dat*) vieles; **se ~ de tout** auf alles verzichten; allem entsagen; **elle ne se prive pas de dire du mal de toi** sie kann nicht anders als dich schlechtzumachen

privilège [pʀivilɛʒ] M Privileg *n*; Vorrecht *n*; *par ext* **le ~ de l'âge** das Vorrecht des Alters; *fig* **il a le ~ de la voir chaque jour** er hat das Glück, ihm ist es vergönnt, sie jeden Tag zu sehen; **concéder, donner des ~s** Privilegien einräumen, verleihen

privilégié [pʀivileʒje] **A** ADJ *personne, position* privilegiert; bevorrechtet; bevorrechtigt (*a.* JUR *créance*); bevorzugt; *lieu, circonstances* besonders günstig; ideal; **les classes ~es** die privilegierten Klassen *fpl*; **être ~** privilegiert *etc* sein; *fig* **nous avons été ~s**, *nous avons eu une bonne place* wir waren vom Glück begünstigt … **B** SUBST **les ~s** *mpl* die Privilegierten *mpl*

privilégier [pʀivileʒje] V/T privilegieren; *chose a.* begünstigen

prix [pʀi] M **1** COMM Preis *m* (*a. fig*); *par ext* (*valeur*) Wert *m*; **~ agricoles** Agrarpreise *mpl*; **~ à la consommation** Verbraucherpreis *m*; **~ au kilo** Kilopreis *m*; Preis pro Kilo; **~ à la production** Herstellungs-, Hersteller-, AGR Erzeugerpreis *m*; **~ d'achat** Kauf-, Einkaufs-, Bezugspreis *m*; **~ d'ami** Freundschaftspreis *m*; **disons trente euros, c'est un ~ d'ami!** *fam* sagen wir, unter Freunden, dreißig Euro!; **~ d'appel** Lockvogelpreis *m*; **~ de détail** Einzelhandelspreis *m*; *fig* **le ~ de la gloire, de la liberté** der Preis für den Ruhm, für die Freiheit; **~ de gros** Großhandelspreis *m*; **~ d'intervention** Interventionspreis *m*; *à l'hôpital* **~ de journée** Tages-, Pflegesatz *m*; **~ de lancement** Einführungspreis *m*; **~ de location** Leihgebühr *f*; Miete *f*; **~ du marché** Marktpreis *m*, -wert *m*; **~ du pain** Brotpreis *m*; **~ des réparations** Reparaturkosten *pl*; **~ du terrain** Grundstücks-, Bodenpreis(e) *m(pl)*; **~ de vente** Verkaufs-, COMM *a.* Ladenpreis *m*; ♦ *loc adj*: **de ~** wertvoll; kostbar; **°hors de ~** unerschwinglich; *fam* maßlos, irrsinnig, sündhaft teuer; *loc adv*: *fig* **à aucun ~** um keinen Preis; keinesfalls; auf keinen Fall; unter gar keinen Umständen; **à bas, vil ~** spottbillig; zu e-m Spottpreis; für ein Spottgeld; zu Schleuderpreisen; **au ~ fort** zum vollen Preis; ziemlich teuer; **à moitié ~** zum halben Preis; *fig* **à tout ~** um jeden Preis; partout; auf jeden Fall; unter allen Umständen; **au ~ du jour** zum Tagespreis; **à ~ d'or** teuer; für teures Geld; für e-e Menge, *fam* Stange Geld; *loc prép* **au ~ de** um den Preis (*+gén*); ♦ **apprécier, estimer qc à son juste ~** (den wahren Wert von) etw ermessen (können); **attacher un grand ~ à qc** großen Wert auf etw (*acc*) legen; e-r Sache (*dat*) großen Wert beimessen, beilegen; *fig* **n'avoir pas de ~, être sans ~** e-n unschätzbaren Wert darstellen; unbezahlbar sein; **quel est votre ~?** welchen Preis *ou* was verlangen, nehmen Sie?; **c'est mon dernier ~** das ist mein äußerstes, letztes Angebot; **faire un ~ à qn** j-m e-n günstigen Preis machen; *aux enchères* **mettre à ~ qc à mille euros** etw auf tausend Euro (*acc*) taxieren; **mettre à ~ la tête de qn** auf j-s Kopf (*acc*) e-n Preis aussetzen; **y mettre le ~** es sich (*dat*) etwas kosten lassen; **faire monter les ~** die Preise in die Höhe treiben, hochtreiben **2** a *distinction* Preis *m*; **~ Goncourt** [gõkuʀ] *jährlich verliehener Literaturpreis*; ART, SPORTS **Grand Prix** Großer Preis, Grand Prix *m* (*a. compétition*); **~ littéraire** Literaturpreis *m*; **~ Nobel de physique** Nobelpreis *m* für Physik; ÉCOLE **~ de géographie** *etc* Preis in Erdkunde *etc*; **avoir, remporter le premier ~** den ersten Preis bekommen, erhalten, gewinnen, erringen b *lauréat* Preisträger(in) *m(f)*; **~ Nobel** Nobelpreisträger *m* c *ouvrage* preisgekröntes Buch, preisgekrönter Film *etc*; **avez-vous lu le dernier ~ Goncourt?** haben Sie das zuletzt mit dem Prix Goncourt ausgezeichnete Buch gelesen?

pro [pʀo] *fam* ABR (**professionnel**) SPORTS *et par ext* **A** M/F *fam* Profi *m* **B** ADJ ⟨*f inv*⟩ Profi…

pro… ou pro-… [pʀɔ, pʀo] *préfixe, souvent* POL pro…; Pro…; …freundlich; *exemples*: **proarabe** *ou* **pro-arabe** araberfreundlich; proarabisch; **progouvernemental** *ou* **pro-gouvernemental** regierungsfreundlich

probabilité [pʀɔbabilite] F Wahrscheinlichkeit *f*; **~ faible, forte** geringe, große Wahrscheinlichkeit; **(calcul** *m* **des) ~s** Wahrscheinlichkeitsrechnung *f*; *loc adv* **selon toute ~** aller Wahrscheinlichkeit nach

probable [pʀɔbabl] ADJ wahrscheinlich; *il est donc parti? - fam* **~** wahrscheinlich; vermutlich; **l'arrivée** *f* **~ de son ami** die eventuelle, mögliche Ankunft s-s Freundes; **il est ~ que le temps va se gâter** das Wetter wird sich wahrscheinlich verschlechtern; **il est peu ~ qu'il vienne** es ist wenig wahrscheinlich, dass er kommt

probablement [pʀɔbabləmɑ̃] ADV wahrscheinlich; vermutlich

probant [pʀɔbɑ̃] ADJ beweiskräftig; überzeugend; *argument a.* zwingend; stichhaltig

probation [pʀɔbasjõ] F **1** ÉGL CATH Probezeit *f*; Noviziat *n* **2** JUR Bewährung(sfrist) *f*; **agent** *m* **de ~** Bewährungshelfer *m*

probatoire [pʀɔbatwaʀ] ADJ **examen** *m* **~** Einstufungsprüfung *f*; **permis** *m* **(de conduire) ~** *correspond à* Führerschein *m* auf Probe; **stage** *m* **~** Probezeit *f*

probe [pʀɔb] *st/s* ADJ rechtschaffen; redlich;

probité F Rechtschaffenheit *f*; Redlichkeit *f*

problématique [pʀɔblematik] **A** ADJ problematisch; fragwürdig; zweifelhaft; **aspect** *m*, **caractère** *m* **~** Problematik *f* **B** F Problematik *f*; Problem-, Fragestellungen *fpl*

problème [pʀɔblɛm] M **1** Problem *n*; Frage *f*; **~ économique** Wirtschaftsproblem *n*; **~ scolaire** Schulproblem *n*; **~ social** soziales Problem; **~ technique** technisches Problem; **~ du chômage, du logement** Arbeitslosen-, Wohnungsproblem *n*, -frage *f*; *loc adj*: **à ~s** problematisch; schwierig; Problem…; **famille** *f* **à ~s** Problemfamilie *f*; **sans ~** problemlos; glatt, reibungslos verlaufend; *personne* **avoir des ~s** Probleme haben; *fam* **(il n'y a) pas de ~!** (das ist) kein Problem!; **faire ~, poser un ~** ein Problem sein, darstellen; problematisch sein **2** MATH Textaufgabe *f*; eingekleidete Aufgabe; **~ d'algèbre** eingekleidete Algebraaufgabe; **faire un ~** e-e Textaufgabe lösen

problème-clé [pʀɔblɛmkle] M ⟨*pl* problèmes-clés⟩ Schlüssel-, Hauptproblem *n*; Kernfrage *f*

procédé [pʀɔsede] M **1** (*méthode*) Verfahren *n* (*a.* TECH); Methode *f*; **~ mnémotechnique** mnemotechnische Methode; MINES **~ d'exploitation** Abbauverfahren *n*; **~ de fabrication** Herstellungs- *ou* Fertigungsverfahren *n*, -technik *f*; **employer un nouveau ~** ein neues Verfahren, e-e neue Technik anwenden **2** (*manière d'agir*) Vorgehens-, Verhaltensweise *f*; **~s** *pl* Vorgehen *n*; Verhalten *n*; **(c'est un) échange de bons ~s** e-e Liebe ist der anderen wert; sie haben sich gegenseitig e-n guten Dienst erwiesen; **user de mauvais ~s à l'égard de qn** j-m unfreundlich begegnen; j-n unfreundlich behandeln; sich j-m gegenüber unfreundlich verhalten

procéder [pʀɔsede] ⟨-è-⟩ **A** V/T INDIR **1** **~ à qc** etw vornehmen, durchführen; zu etw schreiten; **~ à une arrestation** e-e Verhaftung vornehmen; **~ au démontage du moteur** darangehen, sich daranmachen, den Motor auseinanderzunehmen; **~ à une enquête** e-e Untersuchung durchführen, vornehmen, anstellen, einleiten; **faire ~ à une étude** e-e Studie anfertigen lassen; JUR **~ à la levée des scellés** die Siegel abnehmen; **~ au vote** zur Abstimmung schreiten **2** *litt* **~ de** s-n Ursprung haben in (*+dat*); ausgehen von; hervorgehen aus **B** V/I verfahren; vorgehen; zu Werke gehen

procédure [pʀɔsedyʀ] F **1** JUR a (*procès*) (gerichtliches, Gerichts)Verfahren *n*; **~ administrative** Verwaltungsstreitverfahren *n*; **~ civile, pénale** Zivil-, Strafverfahren, -prozess *m*; **~ contentieuse** Streitverfahren *n*; **~ d'appel** Berufungsverfahren *n*; **~ de divorce** Ehescheidungsverfahren *n*, -prozess *m*; **~ de saisie** Pfändung *f*; **engager, intenter une ~** ein Verfahren einleiten b *branche du droit* Prozessvorschriften *fpl*, -recht *n*; Verfahrensrecht *n* **2** *par ext* (*marche à suivre*) Verfahren *n*; Vorgehen *n*; Procedere *ou* Prozedere *n*; Prozedur *f* (*a.* INFORM)

procédurier [pʀɔsedyʀje] ADJ ⟨-ière⟩ *péj* **être ~** prozesswütig sein; mit jeder Kleinigkeit vor Gericht gehen, ziehen

procès [pʀɔsɛ] M **1** JUR Prozess *m*; Rechtsstreit *m*; **~ civil, criminel** *ou* **pénal** Zivil-, Strafprozess *m*; **avoir un ~** e-n Prozess laufen haben; **être en ~ avec qn** mit j-m, gegen j-n prozessieren; gegen j-n e-n Prozess führen; mit j-m in e-m Rechtsstreit liegen; **faire un ~ à qn** j-m den Prozess machen; *fig* **faire le ~ de qn, de qc** mit j-m, etw ins Gericht gehen; den Stab über j-n, etw brechen; → *a.* intenter **2** *fig* **~ d'intention** Unterstellung *f* (von Absichten); **faire un ~ d'intention à qn** j-m irgendwelche Absichten unterstellen **3** LOC ADV **sans autre forme de ~** kurzerhand; kurz entschlossen; *fam* ohne lange zu fackeln; mir nichts, dir nichts

processeur [pʀɔsesœʀ] M INFORM Prozessor *m*

procession [pʀɔsesjõ] F **1** ÉGL CATH Prozession *f*; **~ de la Fête-Dieu** Fronleichnamsprozession *f* **2** *fig* langer Zug; Prozession *f*

processionnel [pʀɔsesjɔnɛl] *litt* ADJ ⟨~le⟩ REL Prozessions…; **cortège ~** Prozessionszug *m*

processus [pʀɔsesys] M Prozess *m*; Vorgang *m*; Ab-, Verlauf *m*; MÉD (Krankheits)Prozess *m*; **~ économique, de croissance, de digestion** Wirtschafts-, Wachstums-, Verdauungsprozess *m*, -vorgang *m*; **~ de fabrication** Fertigungsablauf *m*; **~ de paix** Friedensprozess *m*

procès-verbal [pʀɔsɛvɛʀbal] M ⟨*pl* procès-verbaux⟩ **1** JUR *de contravention* (*fam* ABR **P.-V.**) Strafmandat *n*; gebührenpflichtige Verwarnung; **dresser (un) ~ contre qn** j-n gebührenpflichtig verwarnen (**pour excès de vi-**

tesse wegen überhöhter Geschwindigkeit) 2 JUR *et par ext (compte rendu écrit)* Protokoll *n*; Niederschrift *f*; **~ d'audience** Verhandlungsprotokoll *n*; Sitzungsniederschrift *f*; **~ d'interrogatoire** Vernehmungsprotokoll *n*, -niederschrift *f*; **~ de séance** Sitzungsprotokoll *n*; **dresser, rédiger le ~** (das) Protokoll führen; protokollieren

prochain [pʀɔʃɛ̃] A ADJ nächste(r, -s); kommende(r, -s); **l'année ~e, l'an ~** a das nächste, kommende Jahr b *loc adv* nächstes Jahr; im nächsten, kommenden Jahr; **la ~e fois** das nächste Mal; nächstes Mal; *fam* **à la ~e!** bis zum nächsten Mal!; **dans les ~s jours** in den nächsten Tagen; **à la ~e occasion** bei der nächsten, bei nächster Gelegenheit; *descendre* **à la ~e station**, *fam* **à la ~e** an der nächsten Station B SUBST BIBL **le ~** der Nächste; **amour** *m* **du ~** Nächstenliebe *f*

prochainement [pʀɔʃɛnmɑ̃] ADV demnächst; nächstens; bald; **très ~** sehr bald; in Kürze

proche [pʀɔʃ] A ADJ 1 nah(e); **dans un ~ avenir** in naher Zukunft; GRAM **futur** *m* **~** nahe Zukunft *(mit „aller" gebildet)*; **~ parent** *m* nahe(r) Verwandte(r); **ses plus ~s parents** s-e nächsten Verwandten *mpl*; s-e Angehörigen *mpl*; **l'heure est ~ où ...** die Stunde naht, ist nah(e), da *ou* wo ...; **la nuit est ~** die Nacht wird bald hereinbrechen; es wird bald Nacht werden; **sa maison est ~ de la nôtre** sein Haus ist nicht weit von unserem entfernt; **être ~ de la réussite, de la victoire** kurz vor dem Erfolg, vor dem Sieg stehen 2 *fig* **être ~ de qn, qc** j-m, etw verwandt sein; **le portugais est ~ de l'espagnol** das Portugiesische ist (mit) dem Spanischen verwandt 3 LOC ADV **de ~ en ~** nach und nach; allmählich B MPL **ses ~s** s-e Angehörigen *mpl*; s-e nahen Verwandten *mpl*

Proche-Orient [pʀɔʃɔʀjɑ̃] **le ~** der Nahe Osten; Nahost *n*

proche-oriental [pʀɔʃɔʀjɑ̃tal] ADJ ⟨-aux⟩ nahöstlich

proclamation [pʀɔklamasjõ] F Ausrufung *f*; Proklamierung *f*; Proklamation *f (a. le texte)*; (feierliche) Verkündung; *de résultats* Bekanntgabe *f*; **~ de l'état de siège** Ausrufung des Belagerungszustandes

proclamer [pʀɔklame] V/T 1 *indépendance, république* ausrufen; proklamieren; *droits de l'homme* verkünden; *état de siège* ausrufen; *résultats* bekannt geben; **~ qn empereur** j-n zum Kaiser ausrufen 2 *fig* erklären; verkünden; **~ son innocence** s-e Unschuld beteuern

proconsul [pʀɔkõsyl] M HIST Prokonsul *m*

procréateur [pʀɔkʀeatœʀ] ADJ ⟨-trice⟩ *litt* Zeugungs...; Fortpflanzungs...

procréation [pʀɔkʀeasjõ] F 1 *litt* Zeugung *f*; Fortpflanzung *f* 2 MÉD **~ (médicalement) assistée** reproduktionsmedizinische Verfahren *npl*; künstliche Befruchtung

procréer [pʀɔkʀee] V/I *homme* zeugen; *femme* gebären

procurateur [pʀɔkyʀatœʀ] M HIST Prokurator *m*

procuration [pʀɔkyʀasjõ] F Vollmacht *f (a. document)*; COMM Handlungsvollmacht *f*; *loc adv* **par ~** *(abr* **p. p.***)* als Bevollmächtigte(r); COMM per procura *(abr* ppa. *ou* pp.*)*; *fig* durch andere; **vote** *m* **par ~** Wahl *f* durch e-n beauftragten Stellvertreter, in Vertretung; *fig et st/s* **agir, penser par ~** j-n anders, andere für sich handeln, denken lassen; **donner ~ à qn** j-m (Handlungs)Vollmacht, COMM *a.* Prokura erteilen

procurer [pʀɔkyʀe] A V/T **~ qc à qn** j-m etw verschaffen, beschaffen, besorgen; j-m zu etw verhelfen; **~ à qn l'occasion de** *(+inf)* j-m Gelegenheit geben, bieten zu *(+inf)* B *st/s* V/PR **se ~ qc** sich *(dat)* etw verschaffen, besorgen

procureur [pʀɔkyʀœʀ] M JUR **~ (de la République)** (Ober)Staatsanwalt *m (beim Tribunal de grande instance)*; **~ général** Generalstaatsanwalt *m (bei der Cour de cassation, d'appel, des comptes)*

prodigalité [pʀɔdigalite] F 1 *de qn* Verschwendungssucht *f* 2 **~s** *pl* verschwenderische Ausgaben *fpl*; Verschwendung *f* 3 *fig et st/s* verschwenderische Fülle **(de** von *ou* an *+dat)*

prodige [pʀɔdiʒ] M 1 Wunder *n*; *fig* **un ~ de** *patience etc* ein Wunder an ... *(+dat)*; **accomplir, faire des ~s** wahre Wunder vollbringen; **tenir du ~** an ein Wunder, ans Wunderbare grenzen 2 **petit ~** *ou adjt* **enfant** *m* **~** Wunderkind *n*; *d'un adulte* **c'est un ~** er *ou* sie ist ein Genie

prodigieusement [pʀɔdiʒjøzmɑ̃] ADV überaus; ungemein; außerordentlich; **~ intelligent** *a.* hochintelligent

prodigieux [pʀɔdiʒjø] ADJ ⟨-euse⟩ außergewöhnlich; erstaunlich; beachtlich; **force prodigieuse** ungeheure, gewaltige Kraft; **succès ~** ungeheurer, gewaltiger Erfolg

prodigue [pʀɔdig] A ADJ verschwenderisch; verschwendungssüchtig; BIBL **l'enfant** *m* **~** der verlorene Sohn; *par ext* **ne pas être ~ de qc** mit etw geizen, kargen, sparsam umgehen B M/F Verschwender(in) *m(f)*

prodiguer [pʀɔdige] V/T **~ qc à qn** j-n mit etw überhäufen, überschütten; j-m etw in reichem Maße zuteilwerden lassen; **~ des soins à qn** j-m Pflege angedeihen lassen; j-n umsorgen

pro domo [pʀodɔmo] LOC ADJ *plaidoyer* in eigener Sache

producteur [pʀɔdyktœʀ] A ADJ ⟨-trice⟩ Erzeuger...; Hersteller...; Produktions...; **pays ~ de blé** Weizenerzeugerland *n*; Weizenproduzent *m*; **pays ~ de pétrole** Erdöl produzierendes Land; Erdölförderland *n*; Erdölproduzent *m*; **société productrice de films** (Film)Produktionsgesellschaft *f* B SUBST **~, productrice** *m,f* Erzeuger(in) *m(f)*; Produzent(in) *m(f)*; *(fabricant)* Hersteller(in) *m(f)*; CINÉMA, TV (Film-, Fernseh)Produzent(in) *m(f)*

productible [pʀɔdyktibl] ADJ herstellbar

productif [pʀɔdyktif] ADJ ⟨-ive⟩ *sol* ertragreich; *travail* produktiv; *investissement, impôt* einträglich; einbringlich; *gisement* ergiebig; *d'une entreprise* **capacité productive** Produktionskapazität *f*; Leistungsfähigkeit *f*; *capital* **~ d'intérêts** zinsbringend

production [pʀɔdyksjõ] F 1 Produktion *f (a. résultat)*; Herstellung *f*; Erzeugung *f*; *minière* Gewinnung *f*; Förderung *f*; Ausbeute *f*; *d'une entreprise, d'une machine* (Produktions)Ausstoß *m*; Produktionsleistung *f (a. d'un ouvrier)*; *d'énergie, de chaleur, d'un son* Erzeugung *f*; **~ agricole** landwirtschaftliche Erzeugung, Produktion; Agrarproduktion *f*; **~ industrielle** Industrieproduktion *f*; **~ à la chaîne** Fließfertigung *f*; Fließbandproduktion *f*; **~ d'acier** Stahlproduktion *f*, -erzeugung *f*; **~ d'automobiles, automobile** Auto-, Kraftwagenproduktion *f*, -herstellung *f*; **~ de blé** Weizenproduktion *f*, -erzeugung *f*; **~ de pétrole** Erdölförderung *f*, -gewinnung *f* 2 PL **~s** *(produits)* Erzeugnisse *npl*; Produkte *npl*; *coll* Produktion *f*; Erzeugung *f* 3 CINÉMA, RAD, TV Produktion *f*; **assistant** *m*, **directeur** *m* **de ~** Produktionsassistent *m*, -leiter *m ou* -chef *m* 4 *littéraire, artistique* Werk *n*; *coll* Werke *npl*; Schaffen *n*; **la ~ dramatique du XVIIIe siècle** die Bühnenwerke *npl* des 18. Jahrhunderts 5 ADMIN *d'un document* Vorlage *f*; Vorweisung *f*; Vorzeigung *f*; JUR *d'un témoin* Beibringung *f*; Benennung *f*

productivité [pʀɔdyktivite] F ÉCON Produktivität *f*; Ertragskraft *f*; Leistungsfähigkeit *f*; **~ de l'impôt** Steuerreinertrag *m (nach Abzug der Kosten für die Erhebung)*

produire [pʀɔdɥiʀ] ⟨→ conduire⟩ A V/T 1 *produits industriels* produzieren; herstellen; *produits agricoles, acier, énergie, chaleur, son* erzeugen; *ressources minières* gewinnen; fördern; *arbre: fruits* tragen; *abs: sol* Ertrag, Erträge bringen; *exploitation agricole* Ertrag abwerfen, bringen; **être produit** *a.* anfallen; *pays* **avoir produit beaucoup de grands hommes** viele große Männer hervorgebracht haben; *capital* **~ des intérêts** Zinsen bringen, tragen, abwerfen; sich verzinsen 2 *œuvre artistique* schaffen 3 *(causer) changement* herbeiführen; bewirken; *résultats, succès* zeitigen; führen zu; *désordre* anrichten; *impression, sensation* hervorrufen; erzeugen; verursachen; schaffen; *malaise* zur Folge haben; mit sich bringen; **~ un dépôt** e-n Niederschlag bilden; **~ un effet sur qn, qc** auf j-n, etw wirken, e-e Wirkung haben, ausüben, erzielen; *médicament* **~ des effets secondaires** Nebenwirkungen hervorrufen 4 *film, émission* produzieren 5 ADMIN *document* vorlegen, -zeigen, -weisen; **~ une preuve** einen Beweis erbringen; JUR **~ un témoin** einen Zeugen beibringen, benennen B V/PR **se ~** 1 *accident, événement* sich ereignen *(a. explosion, séisme)*; geschehen; passieren; *changement* eintreten; sich vollziehen; **cela peut se ~** das kann vorkommen, passieren 2 *acteur* auftreten **(sur la scène du théâtre ...** im ... theater)

produit [pʀɔdɥi] M 1 Produkt *n*; Erzeugnis *n*; *industriel a.* Fabrikat *n*; *(substance)* Mittel *n*; **~ agricole** landwirtschaftliches Produkt, Erzeugnis; Agrarprodukt *n*, -erzeugnis *n*; **~ amaigrissant** Schlankheitsmittel *n*; **~ brut** Rohprodukt *n*; → *a.* 2; **~ fini** Fertigprodukt *n*, -ware *f*, -erzeugnis *n*; **~ laitier** Milchprodukt *n*; Molkereiprodukt *n*, -erzeugnis *n*; **~s de beauté** Kosmetika *npl*; Schönheitsmittel *npl*; **~s d'entretien** Putz- und Pflegemittel *npl*; PHYS NUCL **~ de fission** Spaltprodukt *n*; **~s de luxe** Luxuswaren *fpl*, -erzeugnisse *npl*, -güter *npl*; **~s de première nécessité** lebenswichtige Güter *npl*; **~s du pays** Landesprodukte *npl*; **~ du sol, de la terre** Bodenprodukt *n*, -erzeugnis *n*; *pour toxicomanes* **~ de substitution** Ersatzdroge *f*; **~ de transformation, transformé** Verarbeitungserzeugnis *n*; **~ pour la vaisselle** (Geschirr)Spülmittel *n* 2 *(rapport)* Ertrag *m (a. d'une collecte)*; Gewinn *m*; Einnahme *f*; *d'une vente* Erlös *m*; **~ brut** Brutto- *ou* Rohertrag *m*; Bruttoerlös *m*, -einnahme *f*; **~ net** Rein- *ou* Nettoertrag *m*, -gewinn *m*, -erlös *m*; Nettoeinnahme *f*; ÉCON: **~ intérieur brut** *(abr* **PIB***)* Bruttoinlandsprodukt *n*; **~ national brut** *(abr* **PNB***)* Bruttosozialprodukt *n*; **~ de l'épargne** Spareinlagen *fpl*; **~ de l'impôt** Steueraufkommen *n*, -ertrag *m*; **~ de la récolte** Erlös, Einnahmen aus den Ernteerträgen; **~ d'une vente** Verkaufserlös *m* 3 MATH Produkt *n*

proéminence [pʀɔeminɑ̃s] F *st/s* a *état* Vorspringen *n* b *(protubérance)* Vorsprung *m*; Erhebung *f*

proéminent [pʀɔeminɑ̃] ADJ *nez, front* vorspringend

prof [pʀɔf] M/F *fam* ABR (professeur) Lehrer(in) *m(f)*; *fam* Pauker *m*; **notre ~ de maths** unser(e) Mathelehrer(in)

profanateur [pʀɔfanatœʀ] M, **profanatrice** F *st/s* **profanateur, profanatrice d'église, d'une sépulture** Kirchen-, Grabschänder(in) *m(f)*; *adjt* **une main profanatrice** e-e

P

ruchlose Hand

profanation [pʀɔfanasjõ] F REL *et fig* Entweihung *f*; Profanierung *f*; Schändung *f*; *fig a.* Entwürdigung *f*; ~ **d'une église, de sépulture** Kirchen-, Grabschändung *f*

profane [pʀɔfan] **A** ADJ *arg, musique etc* profan; weltlich **B** SUBST **1** **le** ~ das Profane, Weltliche **2** M/F **a** *(non-spécialiste)* Laie *m* (**en peinture** auf dem Gebiet der Malerei); **aux yeux du** ~ in den Augen des Laien; *adjt* **être** ~ **en la matière** auf diesem Gebiet ein Laie sein **b** *(non-initié[e])* Außenstehende(r) *m/f(m)*; Nichteingeweihte(r) *m/f(m)*

profaner [pʀɔfane] V/T REL *et fig* entweihen; entheiligen; profanieren; schänden; *fig a.* entwürdigen

proférer [pʀɔfeʀe] V/T ‹-è-› ausstoßen; laut werden lassen; ~ **des injures, des menaces** Beschimpfungen, Drohungen ausstoßen, laut werden lassen

professer [pʀɔfɛse] V/T *admiration, opinion* (laut) Ausdruck verleihen, geben *(+dat)*; offen bekunden; kundtun; äußern; ~ **la foi chrétienne** sich zum christlichen Glauben bekennen

professeur [pʀɔfɛsœʀ] M/F *dans le secondaire* (Gymnasial)Lehrer(in) *m(f)*; Studienrat, -rätin *m,f*; *à l'université* Professor *m*, Professorin *f*; *par ext* Hochschullehrer(in) *m(f)*; Dozent(in) *m(f)*; ~ **agrégé, certifié, titulaire** → agrégé(e) *etc*; ~ **d'anglais, de dessin, de mathématiques** Englisch-, Zeichen-, Mathematiklehrer(in) *m(f)*; ~ **de danse** Tanz- *ou* Ballettlehrer(in) *m(f)*; ~ **de droit, de médecine** Jura-, Medizinprofessor(in) *m(f)*; ~ **des écoles** Grundschullehrer(in) *m(f)*; ~ **de lycée, de collège** Gymnasial-, Gesamtschul- *ou* Realschullehrer(in) *m(f)*

profession [pʀɔfɛsjõ] F **1** *(métier)* Beruf *m*; Fach *n*; ~**s libérales** freie Berufe; **la** ~ **d'avocat, de médecin** der Anwalts-, Arztberuf; der Beruf e-s Anwalts, Arztes; ADMIN *d'une femme* **sans** ~ Hausfrau *f*; **quelle est votre** ~? was sind Sie von Beruf?; **exercer, pratiquer une** ~ e-n Beruf ausüben **2** *coll* Berufsstand *m*, -gruppe *f*; Fachschaft *f*; ~ **bancaire** Bankgewerbe *n* **3** ~ **de foi** REL Glaubensbekenntnis *n*; *fig* politisches Glaubensbekenntnis; *d'un candidat* (schriftlich niedergelegtes) Wahlprogramm; **faire** ~ **d'athéisme** *etc* sich offen zum Atheismus *etc* bekennen

professionnalisme [pʀɔfɛsjɔnalism] M **1** SPORTS Berufssportlertum *n*; Professionalismus *m* **2** *d'un travail* Professionalität *f*

professionnel [pʀɔfɛsjɔnɛl] **A** ADJ ‹~le› **1** beruflich; Berufs…; fachlich; Fach…; **activité** ~**le** Berufs-, Erwerbstätigkeit *f*; **association** ~**le, groupement** ~ Berufsverband *m*; Fachverband *m*, -gruppe *f*; berufsständische Vereinigung; **bac** ~ Fachabitur *n*; **déformation** ~**le** → déformation 2; **faute** ~**le** → faute 2; **formation** ~**le** Berufs(aus)bildung *f*; berufliche (Aus)Bildung; **frais** ~**s** Werbungskosten *pl*; **locaux** ~**s** gewerbliche Räume *mpl*; **maladie** ~**le** Berufskrankheit *f*; **presse** ~**le** Fachpresse *f* **2** *(opposé à amateur)* professionell; Berufs…; berufsmäßig; **cyclisme** ~ professioneller Radrennsport; **photographe, sportif** ~ Berufsfotograf *m*, -sportler *m* **B** M Fachmann *m*; Professionelle(r) *m*; *fam* Profi *m* (*a.* SPORTS *et iron d'un cambrioleur etc*); SPORTS *a.* Professional *m*; **un travail de** ~ e-e professionelle, gekonnte Arbeit

professionnellement [pʀɔfɛsjɔnɛlmɑ̃] ADV berufs-, gewerbsmäßig

professoral [pʀɔfɛsɔʀal] ADJ ‹-aux› **1** **corps** ~ Studienräte *mpl* und Professoren *mpl* **2** *péj* professoral; schulmeisterlich

professorat [pʀɔfɛsɔʀa] M *dans le secondaire* höheres Lehramt; Lehrberuf *m*; *à l'université* Hochschullehramt *n*; Professur *f*

profil [pʀɔfil] M **1** *d'un visage* Profil *n*; Seitenansicht *f*; ~ **anguleux, grec** kantiges, griechisches *ou* klassisches Profil; *loc adv* **de** ~ im Profil; von der Seite; **portrait** *m* **de** ~ Porträt *n* im Profil; Profilbild(nis) *n*; **tournez-vous un peu de** ~ drehen Sie sich etwas ins Profil **2** *d'un édifice etc* Umrisse *mpl*; Konturen *fpl*; Silhouette *f* **3** GÉOL, CONSTR, TECH Profil *n*; ~ **en long, en travers** Längs-, Querprofil *n ou* -schnitt *m*; ~ **d'une route** Straßenprofil *n* **4** *d'une voiture* äußere Form; ~ **aérodynamique** Stromlinienform *f* **5** *fig d'un individu* typisches, charakteristisches Erscheinungsbild; ~ **psychologique** psychologisches Profil; *par ext: candidat pour un poste* **avoir le bon** ~ die richtigen Voraussetzungen mitbringen; *fam* POL **avoir le** ~ **bas** wenig Profil, Format haben

profilé [pʀɔfile] TECH **A** ADJ Profil…; **acier** ~ Profil-, Formstahl *m* **B** M Profil *n*

profiler [pʀɔfile] **A** V/T **1** TECH profilieren **2** *représenter* im Profil darstellen **B** V/PR **se** ~ **sur** sich (scharf) abzeichnen auf *(+dat) ou* gegen; sich (scharf) abheben von *ou* gegen

profit [pʀɔfi] M **1** ÉCON, COMM Profit *m*; Gewinn *m*; **être à** ~ Gewinn, Profit abwerfen; gewinnbringend sein; **réaliser un** ~ e-n Profit, Gewinn erzielen **2** *(avantage)* Nutzen *m*; Vorteil *m*; Gewinn *m*; *loc prép* **au** ~ **de** zugunsten *(+gén)*; *loc adv* **avec** ~ mit Gewinn; **sans** ~ völlig nutzlos; vergeblich; ohne e-n Gewinn davon zu haben; **être d'un grand** ~ **à qn** j-m sehr nützen, nützlich sein; für j-n ein großer Gewinn sein; **faire (son)** ~, **tirer** ~ **de qc** Nutzen, (s-n) Vorteil aus etw ziehen; sich *(dat)* etw zunutze machen; von etw profitieren; **faire du** ~ *plat* lange reichen, vorhalten; *vêtement* lange halten; **mettre qc à** ~ etw nützen *ou* nutzen, nutzbringend verwenden

profitable [pʀɔfitabl] ADJ nützlich; vorteilhaft; gewinnbringend; **être** ~ **à qn** von Nutzen, von Vorteil, ein Gewinn für j-n sein

profiter [pʀɔfite] **A** V/T INDIR **1** *personne* ~ **de qc** von etw profitieren; etw (aus)nützen *ou* (-)nutzen; sich *(dat)* etw zunutze machen; Nutzen, Vorteil aus etw ziehen; *d'une occasion, d'une chance a.* etw wahrnehmen; ~ **de la première occasion pour s'enfuir** die erstbeste Gelegenheit zur Flucht wahrnehmen, nutzen; **ils ont profité de ce que je n'étais pas là pour** *(+inf)* sie nützten meine Abwesenheit aus, um zu *(+inf)*; *fam* **pour ce qu'on en profite!** *fam* was habe ich, haben wir *etc* schon davon!; **il faut savoir en** ~! das, so etwas muss man einfach ausnützen, wahrnehmen! **2** *expérience etc* ~ **à qn, à qc** j-m, e-r Sache von Nutzen, Vorteil sein; ein Gewinn für j-n, etw sein; j-m, e-r Sache zugutekommen, zustattenkommen, Vorteile bringen, nützlich sein **B** V/I *fam enfant, plante* **bien** ~ (gut) gedeihen; sich gut entwickeln; *fam* sich herausmachen

profiterole [pʀɔfitʀɔl] F CUIS Windbeutel *m* mit Cremefüllung und Schokoladenüberzug

profiteur [pʀɔfitœʀ] M *péj* Profitjäger *m*, -macher *m*; Profiteur *m*; ~ **de guerre** Kriegsgewinnler *m*

profond [pʀɔfõ] **A** ADJ ‹profonde [pʀɔfõd]› **1** *fossé, puits, eaux, fauteuil, révérence etc, a. forêt, tiroir etc, par ext soupir, voix* tief; *plaie* tief (gehend); *racine* (bis) tief (in den Boden reichend); *cave, couche de terrain* tief (liegend); **forage** ~ Tiefbohrung *f*; ~ **de dix mètres** zehn Meter tief **2** *fig sommeil, respect, silence, solitude etc* tief; **un** ~ **besoin de** ein tiefes, inneres Bedürfnis, ein sehnliches Verlangen nach; **bleu, vert** *etc* ~ ‹*inv*› tiefblau, -grün *etc*; **changement** ~ tief gehende, greifende Veränderung; **différence** ~**e** großer, gewaltiger, krasser Unterschied; **erreur** ~**e** großer Fehler; **influence** ~**e** starker, großer Einfluss; **joie** ~**e** tiefe, innige Freude; **mécontentement** ~ große Unzufriedenheit; **nuit** ~**e** tiefe, finstere, (stock)dunkle Nacht; **regard** ~ inniger, ausdrucksvoller Blick **3** *(caché) sens, causes* tiefere(r, -s); *causes a.* tiefer liegend; *aspirations, intentions* geheim; geheimste(r, -s); **la France** ~**e** das innerste, traditionsbewusste, konservative Frankreich **4** *esprit, pensées, réflexions* tiefsinnig, -gründig, -schürfend **B** ADV **creuser** ~ tief graben, bohren **C** M *en* LOC PRÉP: **au plus** ~ **de la forêt** im tiefsten Wald; tief im Inner(e)n des Waldes; **au plus** ~ **de la mer** in der Meerestiefe; tief im Meer; **du plus** ~ **de mon, son** *etc* **âme, être** aus tiefster Seele; aus tiefstem Inner(e)n

profondément [pʀɔfõdemɑ̃] ADV tief; *fig a.* zutiefst; aufs Tiefste; *aimer* heiß; innig; *fig* ~ **ancré** fest verankert; **être** ~ **attaché aux traditions** zäh, eisern am Überkommenen festhalten; ~ **attristé** tief betrübt; tieftraurig; ~ **convaincu** (felsen)fest überzeugt; ~ **déçu** maßlos, zutiefst enttäuscht; **être** ~ **dégoûté de qc** etw gründlich satthaben; ~ **ému** tief bewegt; ~ **malheureux** todunglücklich; ~ **touché** tief gerührt; ~ **vexé** tief, schwer beleidigt

profondeur [pʀɔfõdœʀ] F **1** *d'un fossé, d'un puits, d'une plaie, d'un tiroir etc* Tiefe *f*; *en perspective* (räumliche) Tiefe; Tiefenwirkung *f*; *fig* **les** ~**s insondables de l'âme** die unergründlichen Tiefen der Seele; OPT ~ **de champ** Schärfentiefe *f*; Tiefenschärfe *f*; ~ **de l'eau** Wassertiefe *f*; ~**s de la mer** Meerestiefen *fpl*; *loc adv*: **à mille mètres de** ~ in tausend Meter Tiefe; **en** ~ in der Tiefe; *fig* von Grund auf; gründlich **2** *fig d'un sentiment* Tiefe *f*; Stärke *f* **3** *d'une œuvre, d'un écrivain, d'une remarque* Tiefgründigkeit *f*; Tiefsinn *m*; Gedankentiefe *f*

pro forma [pʀofɔʀma] LOC ADJ **facture** *f* ~ Pro-forma-Rechnung *f*

profus [pʀɔfy] ADJ ‹-use [-yz]› *litt* **lumière** ~**e** verschwenderisches Licht

profusion [pʀɔfyzjõ] F **une** ~ **de** e-e verschwenderische Fülle von; **une** ~ **de couleurs** e-e verschwenderische Farbenpracht; *loc adv* **à** ~ in Hülle und Fülle; *distribuer* in reichem Maße; **il y a des fautes à** ~ **dans ce texte** *a.* es wimmelt nur so von Fehlern in diesem Text

progéniture [pʀɔʒenityʀ] F *plais* Sprösslinge *mpl*

progestérone [pʀɔʒɛsteʀɔn] F BIOCHIMIE Gelbkörperhormon *n*; *t/t* Progesteron *n*

progiciel [pʀɔʒisjɛl] M INFORM Softwarepaket *n*

programmable [pʀɔgʀamabl] ADJ INFORM programmierbar

programmateur [pʀɔgʀamatœʀ] M, **programmatrice** F **1** RAD, TV, CINÉMA Programmplaner(in) *m(f)*, -gestalter(in) *m(f)* **2** M TECH Programmregler *m*

programmation [pʀɔgʀamasjõ] F **1** RAD, TV, CINÉMA Programmplanung *f*, -gestaltung *f*; CINÉMA *a.* Aufstellung *f* des Spielplans **2** INFORM Programmierung *f*; **langage** *m* **de** ~ Programmiersprache *f* **3** *d'une soirée, d'un voyage etc* Planung *f*

programme [pʀɔgʀam] M **1** RAD, TV, CINÉMA, *d'un festival, d'un concert etc* Programm *n*; *de certaines opérations a.* Plan *m*; POL (Partei)Programm *n*; ~ **d'aide** Hilfsprogramm *n* (**à** für); ~ **de fabrication** Fertigungsprogramm *n*; ~ **de réformes** Reformprogramm *n*, -plan *m*; ~ **des réjouissances** Festprogramm *n*; *en vacances etc* (Tages)Programm *n*;

P

iron **annonce-nous le ~ des réjouissances!** was müssen wir heute wieder alles tun?; **~ de télévision** Fernsehprogramm *n;* **c'est tout un ~** da haben Sie sich *(dat) ou* hat er sich *(dat) etc* aber etwas vorgenommen; **jouer un morceau °hors ~** ein Stück spielen, das nicht auf dem Programm steht; ♦ *adjt* **discours** *m* **~** programmatische Rede 2 *imprimé* Programm (-heft) *n*, -zettel *m* 3 *à l'école* Lehrplan *m; à l'université* Studienplan *m; dans une matière* Stoffplan *m;* Lehrstoff *m;* ÉCOLE **~ de français** Lehrplan für (den) Französisch(unterricht) 4 INFORM Programm *n; par ext d'un lave-linge* (Wasch)Programm *n*

programmer [pʀɔgʀame] V/T 1 RAD, TV *émission* auf das Programm setzen; in das Programm aufnehmen; im Programm vorsehen; *cinéma* **~ un film** einen Film auf den Spielplan setzen 2 INFORM programmieren; *adjt:* **enseignement programmé** programmierter Unterricht; **machine programmée** programmgesteuerte Maschine 3 *(prévoir, organiser)* planen

programmeur [pʀɔgʀamœʀ] M, **programmeuse** F INFORM Programmierer(in) *m(f)*

progrès [pʀɔgʀɛ] M 1 *⟨souvent pl⟩ d'un incendie, d'une épidémie etc* Umsichgreifen *n;* Ausbreitung *f; de la criminalité* Zunahme *f;* Ansteigen *n; d'une maladie, de l'inflation* Fortschreiten *n* 2 *(évolution positive)* Fortschritt *m;* **~ social, technique** sozialer, technischer Fortschritt; **un ~ vers** ein Fortschritt in Richtung auf *(+acc); iron* **on n'arrête pas le ~** der Fortschritt ist nicht aufzuhalten; *fam* **(il) y a du ~** es geht besser, bergauf *(a. d'un malade); élève, sportif* **être en ~** s-e Leistungen verbessern; bessere Leistungen zeigen, erbringen; **faire des ~** Fortschritte machen 3 MIL **réaliser un nouveau ~** erneut auf dem Vormarsch sein, vorrücken, vordringen

progresser [pʀɔgʀese] V/I 1 *incendie, épidémie, idées* um sich greifen; sich ausbreiten; *épidémie, idées a.* sich verbreiten; *criminalité* zunehmen; ansteigen; *maladie, inflation* fortschreiten 2 *élève, recherche* Fortschritte machen 3 MIL vorrücken; auf dem Vormarsch sein

progressif [pʀɔgʀesif] ADJ ⟨-ive⟩ 1 fortschreitend, progressiv *(a.* MÉD*); amélioration, développement* allmählich; schrittweise; **de difficulté progressive** mit zunehmendem, steigendem Schwierigkeitsgrad; **impôt ~** Progressivsteuer *f;* MÉD **paralysie progressive** fortschreitende Lähmung; *t/t* progressive Paralyse; **tarif ~** progressiv gestaffelter Tarif 2 GRAM *en anglais* **forme progressive** Verlaufsform *f;* „progressive form" *f*

progression [pʀɔgʀesjõ] F 1 *d'une maladie* Fortschreiten *n; de la fièvre* (An)Steigen *n; de l'économie* Wachstum *n; du commerce* Zunahme *f;* Ausweitung *f; des salaires* Anstieg *m* 2 *(mouvement en avant)* Vorwärts-, Fortbewegung *f; d'un glacier* Vorrücken *n;* MIL Vormarsch *m;* Vorrücken *n* 3 MATH Reihe *f;* **~ arithmétique, géométrique** arithmetische, geometrische Reihe

progressisme [pʀɔgʀesism] M Fortschrittsdenken *n;* Progressismus *m*

progressiste [pʀɔgʀesist] A ADJ fortschrittlich (gesinnt, denkend); progressiv; **parti ~** fortschrittliche Partei; Fortschrittspartei *f* B M/F Fortschrittler(in) *m(f);* Progressist(in) *m(f)*

progressivement [pʀɔgʀesivmɑ̃] ADV stufen-, schrittweise; allmählich; nach und nach

progressivité [pʀɔgʀesivite] F stufenweises Fortschreiten; stufenweise Steigerung; Progression *f; du tarif* Staffelung *f;* **~ de l'enseignement** Fortschreiten des Unterrichts in Lernschritten; **~ de l'impôt** Steuerprogression *f*

prohibé [pʀɔibe] ADJ (gesetzlich) verboten; **armes ~es** unerlaubte Waffen *fpl*

prohiber [pʀɔibe] V/T (gesetzlich) verbieten, untersagen

prohibitif [pʀɔibitif] ADJ ⟨-ive⟩ 1 JUR Verbots…; ÉCON **droits ~s** Prohibitivzölle *mpl;* **régime, système ~** Prohibitivsystem *n* 2 *fig prix* unerschwinglich

prohibition [pʀɔibisjõ] F 1 JUR (gesetzliches) Verbot; ÉCON **mesures** *fpl* **de ~** (zollamtliche) Prohibitivmaßnahmen *fpl* 2 HIST *aux États-Unis* Prohibition *f*

prohibitionnisme [pʀɔibisjɔnism] M Prohibitivsystem *n;* **prohibitionniste** A ADJ prohibitionistisch B M Prohibitionist *m*

proie [pʀwa] F *d'un animal, fig* Beute *f; fig personne a.* Opfer *n; fig: personne* **être la ~ d'hommes d'affaires peu scrupuleux** das Opfer skrupelloser Geschäftsleute werden; *maison, forêt* **être la ~ des flammes** ein Raub der Flammen werden; den Flammen zum Opfer fallen; **être une ~ facile pour qn** e-e leichte Beute für j-n sein; *personne* **être en ~ au désespoir** *etc* von Verzweiflung *etc* heimgesucht, gequält, gepeinigt, geplagt werden; der Verzweiflung *etc (dat)* ausgeliefert, preisgegeben sein; **lâcher la ~ pour l'ombre** e-e sichere Sache für e-e unsichere aufgeben, fahren lassen

projecteur [pʀɔʒɛktœʀ] M 1 *de scène* Scheinwerfer *m* 2 OPT Projektor *m;* Projektionsapparat *m;* Bildwerfer *m; pour diapos a.* Diaprojektor *m; pour films* **~ (de cinéma)** Film-, Kinoprojektor *m*

projectif [pʀɔʒɛktif] ADJ ⟨-ive⟩ MATH projektiv; **géométrie projective** projektive Geometrie

projectile [pʀɔʒɛktil] M *lancé à la main* Wurfgeschoss, *autrich* -geschoß *n; lancé par une arme* Geschoss, *autrich* Geschoß *n;* **~ explosif, fumigène, incendiaire** Explosiv-, Nebel-, Brandgeschoss *n*, *autrich* -geschoß *n*

projection [pʀɔʒɛksjõ] F 1 OPT Projektion *f; d'un film, de diapos* Vorführung *f; d'une ombre* Werfen *n;* **~ d'un film** Filmvorführung *f;* **conférence** *f* **avec ~s** Lichtbildervortrag *m;* Vortrag *m* mit Filmvorführungen; **appareil** *m* **de ~** → projecteur 2; CINÉMA **cabine** *f* **de ~** Vorführkabine *f* 2 MATH Projektion *f* 3 *de projectiles etc* Werfen *n;* Schleudern *n* 4 **~s** *pl de boue, de graisse* Spritzer *mpl;* GÉOL **~s volcaniques** Auswürflinge *mpl* 5 PSYCH Projektion *f*

projectionniste [pʀɔʒɛksjɔnist] M/F CINÉMA Filmvorführer(in) *m(f)*, -operateur *m*

projet [pʀɔʒɛ] M 1 Plan *m;* Vorhaben *n;* Projekt *n;* **~s d'avenir** Zukunftspläne *mpl;* **~ de construction** Bauvorhaben *n*, -projekt *n;* **~ de film** Filmprojekt *n;* **~s de mariage** Heiratspläne *mpl*, -absichten *fpl;* **~s de vacances, de voyage** Ferien-, Reisepläne *mpl;* **chef** *m* **de ~** Projektleiter *m;* **quels sont vos ~s pour cette année?** welche Pläne haben Sie, was planen Sie für dieses Jahr?; was haben Sie für dieses Jahr vor?; **faire des ~s** Pläne machen, schmieden 2 *(ébauche)* Entwurf *m;* **~ de contrat, de loi** Vertrags-, Gesetz(es)entwurf *m;* **à l'état de ~** im Entwurf; im Stadium der Planung 3 CONSTR Bauplan *m*, -zeichnung *f*, -entwurf *m*

projeter [pʀɔʒte, -ʃte] ⟨-tt-⟩ A V/T 1 *voyage, achat etc* planen; vorhaben; *construction, voie ferrée etc* planen; projektieren 2 OPT projizieren; **~ des diapos** Dias vorführen, an die Wand werfen; **~ un film** einen Film vorführen; **~ une ombre** einen Schatten werfen 3 MATH **~ (sur un plan)** (auf e-e Ebene) projizieren 4 PSYCH **~ sur qn, qc** in j-n, etw projizieren; auf j-n, etw übertragen 5 *(lancer)* (in die Luft, hoch)schleudern; *volcan: pluie de pierres etc* auswerfen; *fam* ausspucken; *explosion* **~ qn contre un mur** j-n gegen e-e Mauer schleudern B V/PR *ombre* **se ~ sur qc** auf etw *(acc)* fallen; sich auf etw *(dat)* abzeichnen

Prokofiev [pʀɔkɔfjɛf] M MUS Prokofjew *m*

prolétaire [pʀɔletɛʀ] A M Proletarier *m; devise* **~s de tous les pays, unissez-vous!** Proletarier aller Länder, vereinigt euch! B ADJ Proletarier…; proletarisch

prolétariat [pʀɔletaʀja] M Proletariat *n;* **~ ouvrier, rural, urbain** Industrie-, Land-, Großstadtproletariat *n*

prolétarien [pʀɔletaʀjɛ̃] ADJ ⟨~ne⟩ proletarisch; **prolétarisation** F (Ver)Proletarisierung *f;* **prolétariser** A V/T proletarisieren B V/PR **se ~** verproletarisieren

prolifération [pʀɔlifeʀasjõ] F BIOL *et fig* rasche, starke Vermehrung, Zunahme; BIOL, MÉD *a.* Wucherung *f; t/t* Proliferation *f; fig* **~ des armes nucléaires** Verbreitung *f*, Weitergabe *f* von Atomwaffen

prolifère [pʀɔlifɛʀ] ADJ BOT sprossend; MÉD proliferativ

proliférer [pʀɔlifeʀe] V/I ⟨-è-⟩ BIOL *et fig* sich rasch, stark vermehren; BIOL, MÉD *a.* wuchern; *t/t* proliferieren; *fig a.* rasch, stark zunehmen; *plus fort* überhandnehmen; *fig: en période électorale,* **les affiches prolifèrent …** wimmelt es von Plakaten, nehmen die Plakate überhand; **les petits commerçants avaient proliféré** die Zahl der kleinen Geschäftsleute war rasch gestiegen, hatte rasch zugenommen

prolifique [pʀɔlifik] ADJ *espèce animale, fig auteur* (sehr) fruchtbar; *animaux* **être ~** *a.* sich rasch, stark vermehren

prolixe [pʀɔliks] ADJ *st/s orateur, style* weitschweifig; *style a.* ausladend; **prolixité** *st/s* F Weitschweifigkeit *f*

prolo [pʀɔlo] M *fam péj* ABR (prolétaire) *fam péj* Prolet *m; adjt* **ça fait ~** das ist proletenhaft

prologue [pʀɔlɔg] M 1 THÉ Prolog *m; d'un roman a.* Vorrede *f* 2 *fig* Vorspiel *n;* Auftakt *m*

prolongateur [pʀɔlõgatœʀ] M ÉLEC Verlängerungsschnur *f*

prolongation [pʀɔlõgasjõ] F Verlängerung *f* **(d'un mois** um e-n Monat) *(a.* SPORTS*); d'une soirée, d'une discussion* Ausdehnung *f;* **~ du délai** Fristverlängerung *f;* Nachfrist *f;* SPORTS **jouer les ~s** in die Verlängerung gehen

prolongé [pʀɔlõʒe] ADJ *cri, rire, sécheresse, applaudissements* lang anhaltend; *soirée, discussion* (lang) ausgedehnt; *lutte, guerre* sich lange hinziehend; *plais* **une jeune fille ~e** *plais* ein altes Mädchen

prolongement [pʀɔlõʒmɑ̃] M 1 *dans l'espace* Verlängerung *f; d'une route etc a.* weiterer Ausbau; Weiterführung *f;* **dans le ~ de** in der Verlängerung *(+gén)* 2 *fig* Fortsetzung *f; pl* **~s** *(conséquences)* Auswirkungen *fpl;* Folgen *fpl*

prolonger [pʀɔlõʒe] ⟨-geons⟩ A V/T 1 *dans le temps* verlängern **(d'une semaine** um e-e Woche); **~ une discussion** eine Diskussion ausdehnen, in die Länge ziehen 2 *dans l'espace* verlängern; *route, voie ferrée a.* weiter ausbauen; weiterführen; *(être le prolongement de)* die Verlängerung, Fortsetzung *(+gén)* bilden; **les bâtiments qui prolongent le château** die Gebäude, die sich direkt an das Schloss anschließen, die die Verlängerung, Fortsetzung des Schlosses bilden B V/PR **se ~** 1 *dans le temps* sich ausdehnen; sich hinziehen; sich in die Länge ziehen; *effet d'un médicament* (länger) anhalten (als vorgesehen) 2 *dans l'espace* weiterführen; sich hinziehen; sich fortsetzen

P

promenade [pʀɔmnad] F 1 *à pied* Spaziergang *m* (**en forêt** im Wald); *(excursion)* kleiner Ausflug (**en montagne** in die Berge); *en voiture, en vélo etc* (Spazier)Fahrt *f*; Tour *f*; **~ à cheval** Spazierritt *m*; Ausritt *m*; **faire une ~ à cheval** ausreiten; **au cours d'une longue ~ à travers bois** auf *ou* bei e-m langen Waldspaziergang; **~ en bateau** Boots-, Dampferfahrt *f*, -partie *f*; **~ en mer** kleine Rundfahrt auf dem Meer; **aller en ~, faire une ~** e-n Spaziergang machen; spazieren gehen 2 *lieu* Promenade *f*; *adjt* MAR **pont** *m* **~** Promenadendeck *n*

promener [pʀɔmne] ⟨-è-⟩ A VT 1 *personne, chien* spazieren führen; **~ un bébé** ein Baby ausfahren, spazieren fahren; **~ son chien** *a.* s-n Hund ausführen; *fam* mit dem Hund Gassi gehen; **~ qc dans les rues** etw durch die Straßen tragen; *fig* **~ partout sa tristesse** s-e Traurigkeit überall mit sich herumtragen; **ça te promènera** da machst du gleich e-n kleinen Spaziergang; da kommst du ein bisschen raus 2 **~ ses doigts sur qc** mit der Hand über etw *(acc)* fahren, streichen; die Finger über etw *(acc)* gleiten lassen; **~ son regard sur qc** s-n Blick über etw *(acc)* schweifen lassen 3 *fam fig* **envoyer ~ qn** j-n fort-, wegschicken; *fam* j-n abblitzen, abfahren lassen; *plus fort* j-n fortjagen, *fam* zum Teufel schicken, jagen; **envoyer ~ qc** *fam* etw weg-, fortschmeißen, auf die Erde, in die Ecke schmeißen; **envoyer tout ~** *fam* alles, den ganzen Kram hinschmeißen B VPR 1 (aller) **se ~** *à pied* spazieren gehen; e-n Spaziergang machen; promenieren; *st/s* sich ergehen; *en voiture, en vélo etc* spazieren fahren; **se ~ en bateau** e-e Boots-, Dampferfahrt machen; **se ~ en voiture** *a.* e-e Spazierfahrt machen; *fam* (ins Grüne) rausfahren 2 **se ~ nu-pieds, en peignoir** *etc* barfuß, im Morgenrock *etc* herumlaufen

promeneur [pʀɔmnœʀ] M, **promeneuse** F Spaziergänger(in) *m(f)*; Wanderer *m*, Wand(r)erin *f*; **promenoir** M Wandelgang *m*, -halle *f*; THÉ Gang *m* hinter der letzten Sitzreihe im Parkett

promesse [pʀɔmɛs] F 1 Versprechen *n*; Zusage *f*; *pl* **~s** *a.* Versprechungen *fpl*; **~ solennelle** feierliches Versprechen; Gelöbnis *n*; **~ de Gascon, ~s d'ivrogne, en l'air** leere Versprechungen; **j'ai sa ~** er hat es mir fest versprochen; ich habe sein Wort; **faire une ~** ein Versprechen (ab)geben; e-e Zusage geben, machen; **tenir sa ~** sein Versprechen halten 2 *st/s* Verheißung *f*; *loc adj* **plein de ~s** verheißungsvoll; vielversprechend *(a. personne)* 3 JUR Versprechen *n*; **~ d'achat, de vente** Kauf-, Verkaufsversprechen *n*; Vorvertrag zum Kaufvertrag; **~ de mariage** Ehe-, Heiratsversprechen *n*

Prométhée [pʀɔmete] M MYTH Prometheus *m*

prométhéen [pʀɔmeteɛ̃] ADJ ⟨~ne⟩ 1 des Prometheus 2 *litt* prometheisch

prometteur [pʀɔmɛtœʀ] ADJ ⟨-euse⟩ vielversprechend; verheißungsvoll

promettre [pʀɔmɛtʀ] ⟨→ mettre⟩ A VT 1 versprechen, zusagen (**qc à qn** j-m etw; **de** *+inf* zu *+inf*; **que** dass); *st/s ou iron* verheißen; **~ un poste à qn** j-m e-e Stelle zusagen; *fig* **cela ne nous promet rien de bon** das verspricht, verheißt nichts Gutes (für die Zukunft); *fig* **la nuit promet d'être belle** die Nacht verspricht schön zu werden; *prov* **~ et tenir font** *ou* **ça fait deux** Versprechen und Halten ist zweierlei; *fam iron* **ça promet!** da kann man ja noch auf einiges gefasst sein!; das sind ja schöne Aussichten! 2 *(assurer)* versichern; **je vous promets que** *vous ne le regretterez pas* ich versichere Ihnen, dass ... B VPR 1 *réfléchi* **se ~ de faire qc** sich *(dat)* fest vornehmen, etw zu tun 2 **se ~ qc de qc** sich *(dat)* etw von etw versprechen, erhoffen 3 *réciproque* **se ~ qc** sich (gegenseitig) etw versprechen

promis [pʀɔmi] A PP → promettre *et* ADJ 1 BIBL **la Terre ~e** das Gelobte Land; das Land der Verheißung; *prov* **chose promise, chose due** was man versprochen hat, muss man auch halten *(prov)* 2 *fig* **être ~ à qc** zu etw bestimmt, berufen, ausersehen sein; für etw prädestiniert sein; etw vor sich *(dat)* haben; **~ au succès** Erfolg versprechend B SUBST **~(e)** *m(f) régional (fiancé[e])* Verlobte(r) *m/f(m)*

promiscuité [pʀɔmiskɥite] F enges Zusammenleben; enge Berührung; Zusammengepferchtsein *n*; *fam* Aufeinanderhocken *n*, -sitzen *n*

promission [pʀɔmisjõ] F BIBL **la Terre de ~** das Gelobte Land; das Land der Verheißung

promo [pʀɔmo] F *fam* ABR → promotion 1

promontoire [pʀɔmõtwaʀ] M Kap *n*; Landspitze *f*; Vorgebirge *n*

promoteur [pʀɔmɔtœʀ] M, **promotrice** F 1 **promoteur (immobilier, de construction)** Bauträger *m*; *fam* Baulöwe *m*; *adjt* **société promotrice** Bauträger-, *par ext* Immobiliengesellschaft *f* 2 *st/s* Initiator *m*, Initiatorin *f*

promotion [pʀɔmɔsjõ] F 1 *d'une grande école* Jahrgang *m*; **camarade** *m* **de ~** Jahrgangs-, Studienkollege *m*; **nous sommes de la même ~** er *ou* sie gehört meinem Jahrgang an; wir sind zusammen eingetreten 2 *(avancement)* Beförderung *f* (**au poste de directeur** zum Direktor); **~ sociale** sozialer Aufstieg 3 COMM **~ des ventes** Absatz-, Verkaufsförderung *f*; *article* **en ~** im Sonderangebot; zum Aktionspreis 4 **~ immobilière** Bau-, *par ext* Immobiliengeschäft *n (Tätigkeit)*

promotionnel [pʀɔmɔsjɔnɛl] ADJ ⟨~le⟩ COMM absatz-, verkaufsfördernd

promouvoir [pʀɔmuvwaʀ] VT ⟨→ mouvoir; *aber* promu⟩ 1 *qn à un poste* befördern; ernennen; **il a été promu directeur** er ist zum Direktor befördert, ernannt worden 2 *(encourager)* fördern

prompt [pʀõ] ADJ ⟨prompte [pʀõt]⟩ *st/s personne, réaction, geste etc* rasch; flink; schnell; **~ rétablissement** baldige, rasche Genesung; **~ à l'injure** schnell bei der Hand mit Beleidigungen

promptitude [pʀõtityd] *st/s* F Raschheit *f*; Flinkheit *f*; Schnelligkeit *f*; **la ~ de sa guérison** s-e rasche, schnelle Genesung

promu [pʀɔmy] PP → promouvoir

promulgation [pʀɔmylgasjõ] F *d'une loi* Verkündung *f*

promulguer [pʀɔmylge] VT *loi* verkünden

prôner [pʀone] VT *(louer)* preisen; rühmen; **~ la modération** *etc* Mäßigung *etc* predigen

pronom [pʀɔnõ] M GRAM (allein stehendes, substantivisches) Pronomen, Fürwort; **~ démonstratif** Demonstrativpronomen *n*; hinweisendes Fürwort; **~ interrogatif** Interrogativpronomen *n*; Fragefürwort *n*

pronominal [pʀɔnɔminal] ADJ ⟨-aux⟩ GRAM pronominal; **adjectif ~** attributives, adjektivisches Pronomen; **adverbe ~** Pronominaladverb *n*; **forme, voix ~e** reflexive Form; **verbe ~** reflexives Verb

pronominalement [pʀɔnɔminalmã] ADV **employer ~** *verbe* reflexiv gebrauchen; *adverbe* als Pronomen gebrauchen

prononçable [pʀɔnõsabl] ADJ aussprechbar

prononcé [pʀɔnõse] A ADJ markant; (stark) ausgeprägt; prägnant; *nourriture, plat* **avoir un goût, parfum de vanille ~** (ganz) stark nach Vanille schmecken, duften; *personne* **avoir un goût ~ pour qc** e-e ausgesprochene, entschiedene Vorliebe für etw haben B M JUR **~ (d'un jugement)** (Urteils)Tenor *m*

prononcer [pʀɔnõse] ⟨-ç-⟩ A VT 1 *son, mot, phrase* aussprechen; sprechen; *abs* **il prononce bien** er hat e-e gute Aussprache 2 *(dire) mot* sprechen; **~ un discours** eine Rede halten; REL **~ ses vœux** die Gelübde ablegen; **elle n'a pas pu ~ un seul mot** sie brachte kein Wort heraus, über die Lippen 3 JUR *jugement, arrêt* verkünden; *(lire)* verlesen; *peine, sanction* aussprechen *(a. divorce)*, verhängen (**contre qn** gegen j-n); *clôture des débats* erklären; **~ une condamnation** e-e Verurteilung aussprechen B VI JUR entscheiden (**sur** über *+acc*; **en première instance** in erster Instanz) C VPR 1 **se ~** sich äußern (**sur qc** zu etw); **se ~ contre, pour** *ou* **en faveur de qn, qc** sich gegen, für j-n, etw aussprechen 2 *mot etc* **se ~** (aus)gesprochen werden

prononciation [pʀɔnõsjasjõ] F 1 PHON Aussprache *f*; **défaut** *m* **de ~** Aussprache- *ou* Sprachfehler *m*; **avoir une bonne, mauvaise ~** e-e gute, schlechte Aussprache haben 2 JUR *du jugement* Verkündung *f*; Verlesung *f*

pronostic [pʀɔnɔstik] M Voraussage *f*, -sagung *f*; Vorhersage *f*; Prognose *f* *(a. MÉD)*; **faire des ~s** Voraussagen machen; Prognosen stellen

pronostiquer [pʀɔnɔstike] VT voraus-, vorhersagen; prognostizieren *(a. MÉD)*; **pronostiqueur** M, **pronostiqueuse** F j-d, der Vorher-, Voraussagen macht; TURF j-d, der Tipps gibt

propagande [pʀɔpagãd] F Propaganda *f*; **~ électorale** Wahlpropaganda *f*; **film** *m* **de ~** Propagandafilm *m*; **c'est de la ~!** das ist doch alles (nur) Propaganda!; **faire de la ~** Propaganda machen

propagandiste [pʀɔpagãdist] POL A ADJ propagandistisch B M/F Propagandist(in) *m(f)*

propagateur [pʀɔpagatœʀ] M, **propagatrice** F Verbreiter(in) *m(f)*

propagation [pʀɔpagasjõ] F 1 *d'une épidémie, d'un incendie* Ausbreitung *f*; Umsichgreifen *n*; *d'une nouvelle, de la foi etc* Verbreitung *f*; PHYS Ausbreitung *f*; Fortpflanzung *f* 2 BIOL Vermehrung *f*; Fortpflanzung *f*

propager [pʀɔpaʒe] ⟨-geons⟩ A VT 1 *doctrine, idées, mode* verbreiten; propagieren; **~ une nouvelle, une religion** eine Nachricht, eine Religion verbreiten 2 BIOL vermehren; fortpflanzen B VPR **se ~** 1 *incendie, épidémie* sich ausbreiten; um sich greifen; *nouvelle, idées* sich verbreiten; PHYS *lumière, son* sich ausbreiten; sich fortpflanzen 2 *espèce animale, végétale* sich vermehren; sich fortpflanzen

propane [pʀɔpan] M CHIM Propan(gas) *n*

propédeutique [pʀɔpedøtik] F *jusqu'en 1966* erstes Studienjahr *(an der philosophischen u. naturwissenschaftlichen Fakultät)*

propension [pʀɔpãsjõ] F Hang *m*, Neigung *f* (**à qc** zu etw; **à faire qc** etw zu tun); ÉCON **~ à consommer, à épargner** Konsum-, Sparneigung *f*

propergol [pʀɔpɛʀgɔl] M CHIM Propergol *n*

prophète [pʀɔfɛt] M REL Prophet *m* *(a. fig)*; **le Prophète** der Prophet *(Mohammed)*; *fig*: **je ne suis pas ~!** ich bin doch kein Prophet!; **pas besoin d'être ~ pour** *(+inf)* man braucht kein Prophet zu sein, um zu *(+inf)*; *prov* **nul n'est ~ en son pays** der Prophet gilt nichts in s-m Vaterland *(prov)*

prophétesse [pʀɔfetɛs] F Prophetin *f*

prophétie [pʀɔfesi] F Prophezeiung *f*; REL *a.* Weissagung *f*; **don** *m* **de ~** Propheten-, Sehergabe *f*

prophétique [pʀɔfetik] ADJ prophetisch; **prophétiser** V/T prophezeien; REL *a.* weissagen

prophylactique [pʀɔfilaktik] ADJ MÉD prophylaktisch; vorbeugend

prophylaxie [pʀɔfilaksi] F MÉD Prophylaxe *f*; Vorbeugung *f*

propice [pʀɔpis] ADJ 1 *occasion, vent, moment etc* günstig (à für) 2 *st/s sort, divinité* gnädig

proportion [pʀɔpɔʀsjõ] F 1 Proportion *f*; *(rapport)* Verhältnis *n*; Relation *f*; *(taux)* Prozentsatz *m*; *(équilibre)* richtiges Verhältnis; **~s** *pl* Proportionen *fpl*; Größenverhältnisse *npl*; **~s harmonieuses** *a.* Ebenmaß *n*; **~s du corps** Körperproportionen *fpl*; *loc adj* °**hors de (toute) ~** unverhältnismäßig hoch; in keinem Verhältnis dazu stehend; *loc adv*: **toutes ~s gardées** im Verhältnis; **dans une** *ou* **la ~ de cent contre dix** im Verhältnis hundert zu zehn; **dans la ~ où …** in dem (gleichen) Maße wie …; **en ~** entsprechend (viel, groß *etc*); *loc prép* **en ~ de** entsprechend *(+dat)*; im Verhältnis, im Vergleich zu; **il n'y a aucune ~ entre ses dépenses et son revenu** s-e Ausgaben und s-e Einnahmen stehen in keinem Verhältnis zueinander; **la ~ des élèves reçus à l'examen est faible** der Prozentsatz der Schüler, die das Examen bestanden haben, ist niedrig 2 **~s** *pl* Ausmaß(e) *n(pl)*; *fig a.* Umfang *m*; *fig*: **prendre des ~s considérables** beträchtliche Ausmaße, e-n beträchtlichen Umfang annehmen; **ramener une nouvelle à ses justes ~s** e-e Nachricht auf ihre wahre, wirkliche Bedeutung reduzieren 3 MATH Verhältnisgleichung *f*; Proportion *f*

proportionnalité [pʀɔpɔʀsjɔnalite] F Proportionalität *f*; Verhältnismäßigkeit *f* (**de la peine et du délit** von Strafe und Vergehen)

proportionné [pʀɔpɔʀsjɔne] ADJ **être bien ~** gut proportioniert sein; gute Proportionen haben

proportionnel [pʀɔpɔʀsjɔnɛl] ADJ ⟨~le⟩ proportional (à zu) *(surtout* MATH*)*; im (gleichen) Verhältnis stehend (zu); entsprechend *(+dat)*; anteilig; **impôt ~** Proportionalsteuer *f*; **représentation ~le** *ou subst* **~le** *f*, **scrutin ~** Verhältniswahlrecht *n*, -wahlsystem *n*; *autrich, suisse* Proporz *m*

proportionnellement [pʀɔpɔʀsjɔnɛlmɑ̃] ADV im Verhältnis (à zu); *je travaille plus que lui* **mais ~ je gagne moins** … aber im Verhältnis (zu ihm) verdiene ich weniger

proportionner [pʀɔpɔʀsjɔne] V/T **~ qc à** etw in ein richtiges, vernünftiges Verhältnis bringen, setzen zu

propos [pʀɔpo] M 1 PL *(paroles)* Worte *npl*; Reden *fpl*; Äußerungen *fpl*; **tenir des ~ cyniques** zynische Äußerungen machen; zynische Reden führen 2 *st/s (intention)* Absicht *f*; Vorsatz *m*; *loc adv* **de ~ délibéré** absichtlich; mit Absicht; bewusst; willentlich; **mon ~ n'était pas, il n'était pas de mon ~ de** *(+inf)* es war nicht meine Absicht, es stand nicht in meiner Absicht zu *(+inf)* 3 *(occasion) loc adv*: **arriver, tomber à ~**, *st/s* **fort à ~** (sehr) gelegen, gerade richtig *ou* recht, im richtigen *ou* rechten Augenblick, zur richtigen Zeit, wie gerufen kommen; **juger, trouver à ~ de** *(+inf)* es für angebracht, angezeigt, ratsam halten zu *(+inf)*; **mal à ~** ungelegen; zur Unzeit; zur unrechten Zeit; zu ungelegener Stunde, Zeit; im unpassenden, falschen Augenblick; **à tout ~** bei jeder Gelegenheit; bei jedem Anlass; (be)ständig; dauernd; °**hors de ~** *(à contretemps)* zur Unzeit; im falschen, unpassenden Augenblick; *(sans raison)* ohne (jeden) Grund; (völlig) grundlos; **il serait hors de ~ de** *(+inf)* es wäre unangebracht, nicht an der Zeit, der falsche Augenblick zu *(+inf)* 4 *(sujet) loc prép* **à ~ de** betreffs *(+gén)*; was *(+acc)* anbelangt, betrifft; *(acc)* betreffend; wegen *(+gén ou fam +dat)*; über *(+acc)*; **à ~ de quoi?, à quel ~?** worüber?; aus welchem Grund, Anlass?; weswegen?; **à ~ d'un rien, de tout** wegen e-r, jeder *ou* über e-e, jede Kleinigkeit; **à ~ de tout et de rien** wegen *ou* über nichts und wieder nichts; **à ce ~** darüber; dazu; ♦ *en tête de phrase* **à ~** übrigens; was ich noch sagen, fragen wollte; apropos; da(bei) fällt mir gerade ein; **à ~ voiture** … da wir gerade über Autos sprechen …; ♦ **retourner à son ~** auf sein Thema zurückkommen

proposer [pʀɔpoze] A V/T 1 *projet, thème, solution, candidat etc* vorschlagen; in Vorschlag bringen; *projet a.* vorlegen; unterbreiten; **~ qc à qn** j-m etw vorschlagen; **~ (à qn) de** *(+inf)* (j-m) vorschlagen zu *(+inf)*; **~ qn pour un poste** j-n für e-n Posten vorschlagen; POL **~ une loi** e-e Gesetzesvorlage einbringen 2 *aide, argent, articles etc* anbieten; *articles a.* feilbieten, -halten; *somme* bieten; **~ une récompense** eine Belohnung aussetzen B V/PR 1 **se ~ de faire qc** beabsichtigen, sich *(dat)* vornehmen, vorhaben, etw zu tun; sich *(dat)* etw vornehmen; **se ~ un but** sich *(dat)* ein Ziel setzen 2 **se ~ (comme)** sich anbieten (als); **se ~ pour faire qc** sich bereit erklären, etw zu tun; **se ~ pour assurer la permanence** sich bereit erklären, den Bereitschaftsdienst zu übernehmen; sich für den Bereitschaftsdienst melden

proposition [pʀɔpozisjõ] F 1 *(suggestion)* Vorschlag *m*; POL **~ de loi** Gesetzesvorlage *f*; **sur (la) ~ du ministre** auf Vorschlag des Ministers; **faire une ~ à qn** j-m e-n Vorschlag machen, unterbreiten 2 *(offre)* Angebot *n*; **~s de paix** Friedensangebote *npl*; **faire des ~s à une femme** e-r Frau unzweideutige Angebote machen 3 GRAM Satz *m* 4 LOGIQUE Satz *m*; Propositio *f*; Urteil *n*

propre [pʀɔpʀ] A ADJ 1 *(opposé à sale)* sauber; rein(lich); *fam* proper; *chien, chat* stubenrein; **avoir les mains ~s** saubere Hände haben; *enfant* **être ~** sauber sein; *iron* **nous sommes ~s, nous voilà ~s!** *fam* da sitzen wir schön in der Tinte, Patsche!; das kann ja heiter werden!; das ist e-e schöne Bescherung! 2 *fig (honnête) personne* anständig; *(convenable) travail* ordentlich; anständig; tadellos; sauber; *affaire* **pas très ~** nicht ganz sauber, *fam* koscher; *à propos de qn fam* **ce n'est rien de ~, pas grand-chose de ~** *fam* das ist nichts Rechtes 3 *possession* eigen; *d'un conjoint* **biens** *mpl* **~s** eigenes Vermögen; **nom** *m* **~** Eigenname *m*; **dans son ~ intérêt** in s-m *ou* im eigenen Interesse; *remettre* **en main(s) ~(s)** zu eigenen Händen; persönlich; **par sa ~ faute** durch eigene Schuld, eigenes Verschulden; **je l'ai entendu de mes ~s oreilles** ich habe es mit eigenen Ohren gehört; **ce sont là ses ~s paroles** das sind s-e eigenen Worte; **je l'ai vu de mes ~s yeux** ich habe es mit eigenen Augen gesehen 4 *d'un mot* **sens** *m* **~** eigentlicher Sinn; eigentliche Bedeutung; **employer au sens ~** *ou subst* **au ~** im eigentlichen Sinn, in der eigentlichen Bedeutung gebrauchen 5 *(particulier)* **être ~ à qn, à qc** j-m, e-r Sache eigen(tümlich) sein; für j-n, etw charakteristisch, typisch sein; **faculté ~ à l'homme** dem Menschen eigene *ou* eigentümliche Fähigkeit 6 *(approprié)* **~ à qc** *ou* **à faire qc** für, zu etw geeignet *ou* geeignet, etw zu tun; *eau* **~ à la consommation** zum Trinken geeignet; *lieu* **~ à la rêverie** zum Träumen geeignet 7 **l'expression** *f*, **le mot, le terme ~** der richtige, treffende, passende Ausdruck, das richtige *etc* Wort B M 1 *texte* **mettre au ~** ins Reine schreiben; *vêtement, pièce etc fam* **sentir le ~** (so) sauber riechen; *iron* **c'est du ~!** das ist e-e saubere, feine Geschichte!; das ist ja allerhand!; da hört (sich) doch alles auf!; das ist ja die Höhe! 2 **posséder qc en ~** etw zu eigen haben, besitzen; JUR *a.* etw als Eigentum besitzen 3 *(particularité)* Eigentümlichkeit *f*; Eigenart *f*; Besonderheit *f*; (das) Besondere; **c'est le ~ de l'homme de** *(+inf) a.* es gehört zum Wesen des Menschen zu *(+inf)* 4 *fig de qn* **~ à rien** → propre-à-rien; **propre-à-rien** M/F ⟨*pl* propres-à-rien⟩ Taugenichts *m*; Nichtsnutz *m*

proprement [pʀɔpʀəmɑ̃] ADV 1 *(opposé à salement)* sauber; ordentlich; *travail* **~ exécuté** ordentlich, anständig, sauber gemacht; **manger ~** sauber essen; *appartement* **tenu ~** sauber gehalten; in Ordnung gehalten; **~ vêtu** sauber, ordentlich, adrett gekleidet 2 *(précisément)* eigentlich; an (und für) sich; *loc adj* **~ dit** eigentlich; *loc adv* **à ~ parler** streng, genau genommen 3 *iron* ordentlich; gehörig

propret [pʀɔpʀɛ] ADJ ⟨~te⟩ schmuck und sauber

propreté [pʀɔpʀəte] F Sauberkeit *f*; Reinlichkeit *f*

propriétaire [pʀɔpʀijetɛʀ] M/F Eigentümer(in) *m(f)*; Besitzer(in) *m(f)*; *d'une maison, d'un appartement* Haus- *ou* Wohnungseigentümer(in) *m(f)*, -besitzer(in) *m(f)*; Hauswirt(in) *m(f)*; *de terres* Grundbesitzer(in) *m(f)*, -eigentümer(in) *m(f)*; **~ foncier** Grund(stücks)-, Landbesitzer *m*, -eigentümer *m*; **grand ~** Großgrundbesitzer *m*; **~ d'un fonds de commerce** Geschäftsbesitzer(in) *m(f)*; → *a.* tour² 2

propriété [pʀɔpʀijete] F 1 JUR Eigentum *n* *(droit et chose)*; **~ commerciale** gewerblicher Mieterschutz; **~ foncière** Grundeigentum *n*; Grund-, Landbesitz *m*; Grund *m* und Boden *m*; **~ (im)mobilière** (Im)Mobiliareigentum *n*; Eigentum an (un)beweglichen Sachen; **~ industrielle** gewerblicher Rechtsschutz; **~ littéraire et artistique** geistiges Eigentum; **~ privée** Privateigentum *n*; → *a.* 2; **~ de l'État** staatliches Eigentum; Staatseigentum *n*, -besitz *m* 2 *(terre, maison)* (Grund-, Haus)Besitz *m*; Besitzung *f*; Besitztum *n*; (Land)Gut *n*; *riche* herrschaftliche Besitzung; **grande ~** Großgrundbesitz *m* *(a. coll)*; großes Landgut; **petite ~** kleiner Grundbesitz; kleines Landgut; **~ privée** Privatbesitz *m*; **avoir une ~ à la campagne** ein Landhaus, e-n Landsitz haben 3 PHYS, CHIM Eigenschaft *f* 4 *d'un terme* Angemessenheit *f*

proprio [pʀɔpʀijo] M/F *fam* ABR (propriétaire) Hauswirt(in) *m(f)*

propulser [pʀɔpylse] A V/T 1 TECH antreiben 2 *(projeter)* schleudern 3 *fam* **~ qn à un poste** *fam* j-n auf e-n Posten katapultieren B V/PR *fam* **se ~** sich (fort)bewegen

propulseur [pʀɔpylsœʀ] M TECH Antriebsorgan *n*, -aggregat *n*; Antrieb *m*; AVIAT Triebwerk *n*; ♦ *adjt* **gaz ~** Treibgas *n* *(pour aérosols)*

propulsion [pʀɔpylsjõ] F TECH Antrieb *m*; Vortrieb *m*; **~ nucléaire** Atomantrieb *m*; **~ par fusée, par hélice** Raketen-, Propellerantrieb *m*; **~ par réaction** Strahl-, Düsenantrieb *m*; **force** *f* **de ~** Antriebskraft *f*

propylées [pʀɔpile] MPL ARCH Propyläen *pl*

prorata [pʀɔʀata] LOC PRÉP **au ~ de** im Verhältnis zu; nach Maßgabe *(+gén)*

prorogation [pʀɔʀɔgasjõ] F 1 *d'un contrat etc* Verlängerung *f* 2 POL *d'une assemblée* Vertagung *f*

proroger [pʀɔʀɔʒe] ⟨-geons⟩ A V/T 1 *échéance, contrat etc* verlängern 2 POL *assemblée* vertagen B V/PR **se ~** *parlement* sich vertagen

prosaïque [pʀɔzaik] ADJ prosaisch; poesielos;

nüchtern; *occupations, goûts a.* alltäglich; **prosaïsme** M Poesielosigkeit *f*; Nüchternheit *f*

prosateur [pʀozatœʀ] M Prosaschriftsteller *m*; Prosaist *m*

proscription [pʀɔskʀipsjõ] F 1 *(interdiction)* Verbot *n*; Untersagung *f*; *de plaisirs* Verpönung *f* 2 HIST Verbannung *f*; *à Rome* Ächtung *f*; Proskription *f*

proscrire [pʀɔskʀiʀ] V/T ⟨→ écrire⟩ 1 *(interdire)* verbieten; untersagen; *plaisirs, lectures etc* verpönen; verwerfen 2 HIST verbannen; des Landes verweisen; *à Rome* ächten; proskribieren

proscrit [pʀɔskʀi] A PP → proscrire B M HIST Verbannte(r) *m*; *à Rome* Geächtete(r) *m*

prose [pʀoz] F 1 Prosa *f*; ungebundene Rede; **en ~** Prosa...; in Prosa(form); **poème** *m* **en ~** Prosagedicht *n*; **faire de la ~** in ungebundener Rede sprechen, schreiben 2 *fam iron* 3 (Schreib)Stil *m*; **~ administrative** Kanzleistil *m*; Beamtendeutsch *n* 4 *(lettre) fam* Schrieb *m*; *(texte écrit) plais* Opus *n*

prosélyte [pʀɔzelit] M/F REL *et fig* Proselyt *m*; Neubekehrte(r) *m/f(m)*; *d'une doctrine, d'un parti a.* neuer Anhänger, neue Anhängerin; **faire des ~s** Proselyten machen; neue Anhänger gewinnen

prosélytisme [pʀɔzelitism] M Proselytenmacherei *f*; Bekehrungseifer *m*

Proserpine [pʀɔzɛʀpin] F MYTH Proserpina *f*

prosodie [pʀɔzɔdi] F MÉTRIQUE, MUS, PHON Prosodie *f*

prospect [pʀɔspɛ(kt)] M COMM potenzieller Kunde

prospecter [pʀɔspɛkte] V/T 1 MINES *terrain* nach Lagerstätten durchforschen; prospektieren; schürfen (**une région** in e-r Gegend) 2 *fig* erkunden; durchforschen 3 COMM Kundenwerbung treiben, Kunden akquirieren (**une région** in e-m Gebiet)

prospecteur [pʀɔspɛktœʀ] M, **prospectrice** F 1 M MINES Prospektor *m*; Schürfer *m* 2 COMM Kundenwerber(in) *m(f)*; Werbevertreter(in) *m(f)*; Akquisiteur(in) *m(f)*

prospectif [pʀɔspɛktif] ADJ ⟨-ive⟩ in die Zukunft blickend; zukunftsorientiert

prospection [pʀɔspɛksjõ] F 1 MINES Prospektion *f*; Prospektierung *f*; Schürfung *f* 2 *fig* Erkundung *f*; Durchforschung *f* 3 COMM Kundenwerbung *f*; Akquisition *f*

prospective [pʀɔspɛktiv] F Zukunftsforschung *f*; Futurologie *f*

prospectus [pʀɔspɛktys] M (Werbe)Prospekt *m*

prospère [pʀɔspɛʀ] ADJ *affaires, commerce, pays* blühend; florierend; prosperierend; *affaires a.* gut gehend; **années** *fpl* **~s** geschäftlich, wirtschaftlich gute, erfolgreiche Jahre *npl*; Jahre *npl* wirtschaftlichen, geschäftlichen Aufschwungs; **avoir une santé ~** e-e blühende Gesundheit haben

prospérer [pʀɔspeʀe] V/I ⟨-è-⟩ 1 *affaires, entreprise, commerce, pays* (auf)blühen; florieren; prosperieren; *affaires a.* gut gehen; *affaire, entreprise* **faire ~** (wieder) in Schwung bringen; zu neuer Blüte bringen 2 *animal, plante* gedeihen

prospérité [pʀɔspeʀite] F Wohlstand *m*; Prosperität *f*; *secteur, économie etc* **être en pleine ~** e-n großen Aufschwung, e-e Hochkonjunktur erleben

prostaglandines [pʀɔstaglɑ̃din] FPL BIOCHIMIE Prostaglandine *npl*

prostate [pʀɔstat] F ANAT Prostata *f*; Vorsteherdrüse *f*

prosternation [pʀɔstɛʀnasjõ] F Fußfall *m*; Sichniederwerfen *n*

prosterner [pʀɔstɛʀne] V/PR **se ~** sich niederwerfen; **se ~ devant qn** e-n Fußfall vor j-m machen (*a. fig*); sich j-m zu Füßen werfen; *(s'incliner)* sich tief vor j-m verneigen

prostitué [pʀɔstitɥe] M Prostituierte(r) *m*; *fam* Stricher *m*; Strichjunge *m*

prostituée [pʀɔstitɥe] F Prostituierte *f*; Dirne *f*

prostituer [pʀɔstitɥe] A V/T 1 *personne* der Prostitution preisgeben; zur Prostitution verleiten; *fam* auf den Strich schicken 2 *st/s son talent* prostituieren B V/PR **se ~** 1 *personne* sich prostituieren; der Prostitution nachgehen 2 *st/s artiste* sich prostituieren, herabwürdigen, wegwerfen

prostitution [pʀɔstitysjõ] F 1 Prostitution *f*; gewerbsmäßige Unzucht; **se livrer à la ~** der Prostitution nachgehen 2 *fig et st/s* Entwürdigung *f*

prostration [pʀɔstʀasjõ] F tiefe Niedergeschlagenheit

prostré [pʀɔstʀe] ADJ niedergeschlagen, -gedrückt, -geschmettert; tief deprimiert; **demeurer ~** niedergeschlagen *etc* sein

protagoniste [pʀɔtagɔnist] M Protagonist *m*; zentrale Gestalt

prote [pʀɔt] M TYPO Faktor *m*

protecteur [pʀɔtɛktœʀ], **protectrice** A M,F *des faibles, des opprimés* Beschützer(in) *m(f)*; *des arts* Förderer *m*, Förderin *f*; Schirmherr(in) *m(f)*; *patronnant qn* Gönner(in) *m(f)*; Protektor *m*; *d'une femme* Gönner *m* B ADJ 1 Schutz...; schützend; POL **État protecteur** Schutzmacht *f*; Protektor *m*; ÉCON **régime, système protecteur** Schutzzollsystem *n*; → *a.* société 2 2 *péj air, ton* gönnerhaft; herablassend; gnädig; **air protecteur** *a.* Gönnermiene *f*

protection [pʀɔtɛksjõ] F 1 Schutz *m* (*a.* TECH); Obhut *f*; **~ civile** Luft-, Zivilschutz *m*; **~ maternelle et infantile** (*abr* **PMI**) (Ehe- und) Mütterberatung *f*; Mutterschutz *m*; **~ contre les accidents du travail** Unfallverhütung *f*, -schutz *m*; **~ contre le bruit, l'incendie, les radiations** Lärm-, Brand-, Strahlenschutz *m*; **protection du climat** Klimaschutz; **~ de l'enfance** Kinder-, Jugendschutz *m*; **~ de l'environnement, de la nature, des sites** Umwelt-, Natur-, Landschaftsschutz *m*; **~ des locataires (par la loi)** Mieterschutz *m*; **~ de la propriété industrielle (par la loi)** gewerblicher Rechtsschutz; *loc adj* **de ~** Schutz...; ÉCON **système** *m* **de ~** Schutzzollsystem *n*; **vêtement** *m* **de ~** Schutzkleidung *f*; **prendre qn sous sa ~** j-n in s-e Obhut, unter s-n Schutz nehmen 2 *(patronage)* Protektion *f*; Gönnerschaft *f*; *des arts* Förderung *f*; **par ~** durch Protektion

protectionnisme [pʀɔtɛksjɔnism] M ÉCON Protektionismus *m*; **protectionniste** ÉCON A ADJ protektionistisch B M/F Protektionist(in) *m(f)*; Anhänger(in) *m(f)* des Protektionismus

protectorat [pʀɔtɛktɔʀa] M 1 *régime* Protektorat *n*; Schutzherrschaft *f* 2 *pays* Protektorat *n*; Schutzgebiet *n*

Protée [pʀɔte] M MYTH Proteus *m*

protégé(e) [pʀɔteʒe] M(F) Schützling *m*; Schutzbefohlene(r) *m/f(m)*; *(favorit[e])* Günstling *m*; Protegé *m*; *en parlant d'un enfant* **mon petit ~** mein kleiner Schützling

protège-bas [pʀɔtɛʒba] M ⟨*inv*⟩ Füßling *m*; **protège-cahier** M ⟨*pl* protège-cahiers⟩ Schutzumschlag *m* (für ein Schulheft); **protège-coude** M ⟨*pl* protège-coudes⟩ Ell(en)bogenschützer *m*; **protège-dents** M ⟨*inv*⟩ BOXE Mundschutz *m*

protéger [pʀɔteʒe] ⟨-è-, -geons⟩ A V/T 1 *personne* (be)schützen; *st/s* beschirmen; *objets, mains, libertés etc* schützen (**de** vor *+dat*; **contre** gegen); **~ son visage du soleil** *ou* **contre le soleil** sein Gesicht vor der Sonne schützen; *adjt panneau* **passage protégé** Vorfahrt an der nächsten Kreuzung 2 *favori(te)* protegieren; begünstigen; *arts* fördern 3 ÉCON durch Schutzzölle schützen B V/PR **se ~** sich schützen (**de** vor *+dat*; **contre** gegen)

protège-slip [pʀɔtɛʒslip] M ⟨*pl* protège-slips⟩ Slipeinlage *f*; **protège-tibia** M ⟨*pl* protège-tibias⟩ SPORTS Schienbeinschützer *m*

protéines [pʀɔtein] FPL BIOCHIMIE Proteine *npl*

protéique [pʀɔteik] ADJ BIOCHIMIE **substances** *fpl* **~s** Eiweißstoffe *mpl*, -körper *mpl*

protestant [pʀɔtɛstɑ̃] REL A ADJ protestantisch; evangelisch B SUBST **~(e)** *m(f)* Protestant(in) *m(f)*

protestantisme [pʀɔtɛstɑ̃tism] M REL Protestantismus *m*

protestataire [pʀɔtɛstatɛʀ] A ADJ protestierend B M/F Protestierende(r) *m/f(m)*; Protestler(in) *m(f)*

protestation [pʀɔtɛstasjõ] F 1 Protest *m*; Einspruch *m*; Verwahrung *f*; **geste** *m* **de ~** protestierende Handbewegung, Geste; Geste *f*, Gebärde *f* des Protestes; **élever une énergique ~** scharfen Protest erheben *ou* einlegen, energisch Einspruch erheben, sich energisch verwahren (**contre** gegen); **soulever de nombreuses ~s** zahlreiche Proteste, Protestaktionen auslösen 2 COMM Protestieren *n*, -ung *f* 3 **~s** *pl* Beteuerungen *fpl*; **~s d'amitié** Freundschaftsbeteuerungen *fpl*

protester [pʀɔtɛste] A V/T COMM *traite, chèque* zu Protest gehen lassen; protestieren B V/T INDIR **~ de qc** etw beteuern; **~ de son innocence** s-e Unschuld beteuern C V/I protestieren, Protest *ou* Einspruch erheben, sich verwahren (**contre** gegen)

protêt [pʀɔtɛ] M COMM, JUR (Wechsel)Protest *m*

prothèse [pʀɔtɛz] F (**appareil** *m* **de**) **~** Prothese *f*; **~ dentaire** Zahnersatz *m*, -prothese *f*

prothésiste [pʀɔtezist] M/F Orthopädiemechaniker(in) *m(f)*; **~ dentaire** Zahntechniker(in) *m(f)*

protides [pʀɔtid] MPL BIOCHIMIE Eiweiß *n*; Proteine *npl*

protocolaire [pʀɔtɔkɔlɛʀ] ADJ DIPL protokollarisch

protocole [pʀɔtɔkɔl] M 1 DIPL *(étiquette)* Protokoll *n*; **chef** *m* **du ~** Protokollchef *m*; Chef *m* des Protokolls 2 *d'une conférence internationale* (Entschließungs-, Vereinbarungs)Protokoll *n*; **~ d'accord** Vereinbarungs-, Übereinkommensprotokoll *n*; **~ de clôture, de signature** Schluss-, Unterzeichnungsprotokoll *n*

protohistoire [pʀɔtoistwaʀ] F Frühgeschichte *f*

proton [pʀɔtõ] M PHYS NUCL Proton *n*

protoplasme [pʀɔtɔplasm] M BIOL Protoplasma *n*

prototype [pʀɔtɔtip] M 1 TECH Prototyp *m*; **~ d'avion** Flugzeugprototyp *m* 2 *fig* Prototyp *m*; Urbild *n*; (Ur)Muster *n*

protoxyde [pʀɔtɔksid] M CHIM, MÉD **~ d'azote** Lachgas *n*

protozoaires [pʀɔtɔzɔɛʀ] MPL ZOOL Urtierchen *npl*; *t/t* Protozoen *npl*

protubérance [pʀɔtybeʀɑ̃s] F 1 *(saillie)* Ausbeulung *f*; ANAT Vorsprung *m*; Höcker *m*; *t/t* Protuberanz *f* 2 ASTRON **~s (solaires)** Protuberanzen *fpl*

protubérant [pʀɔtybeʀɑ̃] ADJ (her)vorstehend; vorspringend; *front* gewölbt

prou [pʀu] LOC ADV *litt* **peu ou ~** mehr oder weniger

proue [pʀu] F MAR Bug *m*; **figure** *f* **de ~** Ga-

P

lionsfigur *f* (*a. fig*)
prouesse [pʀuɛs] F Heldentat *f* (*a. iron*); Großtat *f*; **faire des ~s pour** (*+inf*) wahre Wunder vollbringen, um zu (*+inf*)
Proust [pʀust] M *frz Schriftsteller*
proustien [pʀustjɛ̃] ADJ ⟨~ne⟩ von Proust; Prousts
Prout [pʀut] GÉOG **le ~** der Pruth
prout [pʀut] M *fam* (*pet*) Pup *m*; *pop* Furz *m*; **faire un ~** *fam* pupen; einen fahren lassen
prouvable [pʀuvabl] ADJ be-, nachweisbar
prouver [pʀuve] A VT beweisen; nachweisen; erweisen; **~ une affirmation** eine Behauptung beweisen, belegen; **cela ne prouve pas grand-chose** das beweist herzlich wenig; **~ sa reconnaissance à qn** j-m s-e Dankbarkeit beweisen, bezeigen, bezeugen; **~ sa bonne volonté** seinen guten Willen beweisen, unter Beweis stellen; **qu'est-ce que ça prouve?** was beweist, besagt das schon?; **il est prouvé que …** es ist be-, erwiesen, dass …; **cela reste à ~** das muss erst noch bewiesen werden B VPR a **se ~ à soi-même, l'un à l'autre que …** sich (*dat*) selbst, sich gegenseitig beweisen, dass … b *sens passif* **se ~** bewiesen werden
provenance [pʀɔv(ə)nɑ̃s] F Herkunft *f*; Provenienz *f*; **pays** *m* **de ~** Herkunftsland *n*; *loc adj* **de ~ étrangère** ausländischer Herkunft, Provenienz; *loc prép* **en ~ de** *Paris etc* aus …; *train, avion a.* aus Richtung …; aus … kommend (*a. marchandises*); **ignorer la ~ d'une lettre** nicht wissen, woher ein Brief kommt
provençal [pʀɔvɑ̃sal] ⟨*mpl* -aux⟩ A ADJ provenzalisch B SUBST 1 **Provençal(e)** *m(f)* Provenzale, -zalin *m,f* 2 LING **le ~** das Provenzalische; Provenzalisch *n*; **l'ancien ~** das Altprovenzalische; Altprovenzalisch *n* 3 CUIS **tomates** *fpl* **(à la) ~e** gedünstete Tomaten *fpl* mit Knoblauch und Petersilie
Provence [pʀɔvɑ̃s] **la ~** die Provence
Provence-Alpes-Côte d'Azur [pʀɔvɑ̃salpəkotdazyʀ] **(la région) ~** *frz Region*
provenir [pʀɔv(ə)niʀ] VI ⟨→ venir; *pp ungebräuchlich*⟩ **~ de** (her)kommen,(-)stammen von *ou* aus; entstammen (*+dat*); *fatigue, douleurs, tristesse etc* herrühren von; s-n Ursprung haben in (*+dat*); *sentiments, idées a.* entspringen (*+dat*); *race, variété de fleurs etc* hervorgehen, entstehen (**d'un croisement de** aus e-r Kreuzung von)
proverbe [pʀɔvɛʀb] M Sprichwort *n*; **comme dit le ~** wie es im Sprichwort heißt; wie das Sprichwort (so schön) sagt; **passer en ~** ein *ou* zum Sprichwort, sprichwörtlich werden
proverbial [pʀɔvɛʀbjal] ADJ ⟨-aux⟩ sprichwörtlich (*a. fig*); **locution ~e** sprichwörtliche Redensart
providence [pʀɔvidɑ̃s] F (*personnifiée* **la Providence** die) Vorsehung; **divine ~** göttliche Vorsehung; *fig* **vous êtes ma ~** Sie sind mein rettender Engel, Schutzengel; *adjt* **État** *m* **~** Wohlfahrtsstaat *m*
providentialisme [pʀɔvidɑ̃sjalism] M Glaube *m* an die Vorsehung
providentiel [pʀɔvidɑ̃sjɛl] ADJ ⟨~le⟩ unverhofft; unerwartet; durch e-e wunderbare Fügung
province [pʀɔvɛ̃s] F 1 ADMIN, HIST, ÉGL Provinz *f* 2 (*opposé à grande ville*) Provinz *f* (*a. péj*); **ville** *f* **de ~** Provinzstadt *f*; **en ~** *aller* in die Provinz; *vivre* in der Provinz; **il arrive (du fond) de sa ~** er kommt aus der (hintersten) Provinz; ♦ *adjt* **ça fait ~** das riecht nach Provinz; das wirkt recht provinziell, kleinstädtisch; **il fait ~** man merkt, dass er aus der Provinz, Kleinstadt kommt
Provinces-Unies [pʀɔvɛ̃syni] FPL HIST **les ~** die Vereinigten Niederlande *npl*

provincial [pʀɔvɛ̃sjal] ⟨*mpl* -aux⟩ A ADJ 1 Provinz…; provinziell; **vie ~e** Leben *n* in der Provinz 2 *péj* provinziell; *fam* provinzlerisch; *a.* kleinstädtisch B SUBST **~(e)** *m(f)* Provinzbewohner(in) *m(f)*; *péj fam* Provinzler(in) *m(f)*; *a.* Kleinstädter(in) *m(f)*
provincialisme [pʀɔvɛ̃sjalism] M 1 LING Provinzialismus *m*; landschaftlicher Ausdruck 2 *péj* Provinzialismus *m*
Provins [pʀɔvɛ̃] *Stadt im Dep. Seine-et-Marne*
proviseur [pʀɔvizœʀ] M *d'un lycée* Direktor *m*
provision [pʀɔvizjõ] F 1 a Vorrat *m* (**de** an *+dat*); **~ de bois, d'eau** Holz-, Wasservorrat *m*; **~s de bouche** Proviant *m*; Mundvorrat *m*; **~ de vivres** Lebensmittelvorrat *m*; **faire ~ de qc** sich (*dat*) e-n …vorrat anlegen; sich mit etw eindecken b *abs* **~s** *pl* (Lebensmittel)Vorräte *mpl*; **faire des ~s pour l'hiver** Wintervorräte anlegen 2 PL **~s** (*courses*) Einkauf *m*; Einkäufe *mpl*; Besorgungen *fpl*; **faire ses ~s** einkaufen gehen; Einkäufe, Besorgungen machen 3 *d'un chèque* Deckung *f*; **sans ~** ungedeckt 4 JUR (*acompte*) Vorschuss *m*
provisionnel [pʀɔvizjɔnɛl] ADJ ⟨~le⟩ JUR *partage etc* vorläufig; einstweilig; IMPÔTS **acompte ~** Steuervorauszahlung *f*; → *a.* **tiers** B 2
provisionner [pʀɔvizjɔne] VT *compte* aufstocken; mit der nötigen Deckung versehen
provisoire [pʀɔvizwaʀ] A ADJ *accord, domicile etc* vorläufig; einstweilig; *installation, solution etc* provisorisch; behelfsmäßig; Behelfs…; **baraquements** *mpl* **~s** Behelfs-, Notunterkünfte *fpl*, -baracken *fpl*; **bonheur** *m* **~** vorübergehendes, zeitweiliges Glück; POL **gouvernement** *m* **~** provisorische Regierung; JUR **jugement** *m* **~** einstweilige Anordnung; JUR **mise** *f* **en liberté ~** vorläufige Freilassung, Haftentlassung; **solution** *f* **~** *a.* Not-, Zwischen-, Interimslösung *f*; *loc adv* **à titre ~** vorübergehend; vorläufig; provisorisch B M Provisorium *n*
provisoirement [pʀɔvizwaʀmɑ̃] ADV vorläufig; vorübergehend; provisorisch
provisorat [pʀɔvizɔʀa] M LYCÉE Direktoramt *n*; Direktorat *n*; Amtsdauer *f* des Direktors
provitamine [pʀɔvitamin] F BIOCHIMIE Provitamin *n*
provoc [pʀɔvɔk] F *fam* ABR → provocation
provocant [pʀɔvɔkɑ̃] ADJ herausfordernd; provozierend; provokant; provokativ; aufreizend; **femme ~e** aufreizende Frau; **regard ~** aufreizender Blick
provocateur [pʀɔvɔkatœʀ] A ADJ ⟨-trice⟩ provokatorisch; provozierend; **agent ~** Agent provocateur *m*; Lockspitzel *m* B M Provokateur *m*
provocation [pʀɔvɔkasjõ] F Provokation *f*; Provozierung *f*; Herausforderung *f*, Aufreizung *f*, JUR Anstiftung *f* (**à** zu); HIST **~ en duel** Forderung *f*
provoquer [pʀɔvɔke] A VT 1 **~ qn** j-n provozieren; **~ qn à qc** j-n zu etw herausfordern, aufreizen, JUR anstiften; HIST **~ qn en duel** j-n fordern; *femme* **~ les hommes** die Männer aufreizen, erregen 2 **~ qc** (*causer*) etw auslösen, hervorrufen, verursachen, bewirken; der Grund, Anlass für etw sein; *colère, désir sexuel* erregen B VPR **se ~** sich gegenseitig provozieren
proxénète [pʀɔksenɛt] M/F 1 JUR Zuhälter(in) *m(f)* 2 *litt* Kuppler(in) *m(f)*
proxénétisme [pʀɔksenetism] M Zuhälterei *f*
proximité [pʀɔksimite] F Nähe *f*; **~ de la ville** Stadtnähe *f*; *loc adv* **à ~** (ganz) in der Nähe; nahebei; *loc prép* **à ~ de** in der Nähe (*+gén*); nahe bei

prude [pʀyd] A ADJ prüde; zimperlich; *femme a.* spröde B F prüde, zimperliche Person; **faire la ~** prüde, zimperlich tun
prudemment [pʀydamɑ̃] ADV *conduire etc* vorsichtig; umsichtig; *s'abstenir etc* klugerweise; wohlweislich
prudence [pʀydɑ̃s] F (*précaution*) Vorsicht *f*; (*circonspection*) Umsicht *f*; *loc adv* **avec ~** mit Vor-, Umsicht, Bedacht; vor-, umsichtig; **par (mesure de) ~** vorsichtshalber; *prov* **~ est mère de sûreté** Vorsicht ist die Mutter der Weisheit, *fam* der Porzellankiste (*prov*); trau, schau, wem! (*prov*)
prudent [pʀydɑ̃] ADJ (*précautionneux*) vorsichtig; (*circonspect*) umsichtig; (*judicieux*) klug; **il n'est pas ~ de** (*+inf*) es ist unvorsichtig, unklug zu (*+inf*); **c'est plus ~** das ist klüger, ratsamer; **juger ~ de** (*+inf*) es für geraten, ratsam, klüger halten zu (*+inf*)
pruderie [pʀydʀi] F Prüderie *f*; Zimperlichkeit *f*
prud'homal [pʀydɔmal] ADJ ⟨-aux⟩ JUR arbeitsgerichtlich; **procédure ~e** Verfahren *n* vor dem Arbeitsgericht
prud'homme [pʀydɔm] M JUR Arbeitsrichter *m*; **conseil** *m* **de(s) ~s** Arbeitsgericht *n*
prune [pʀyn] F 1 Pflaume *f*; Zwetsche *f*; *all Sud* Zwetschge *f*; *autrich* Zwetschke *f*; **tarte** *f* **aux ~s** Pflaumen-, Zwetsch(g)enkuchen *m* 2 ADJT ⟨*inv*⟩ pflaumenblau 3 *fam fig* **des ~s!** *fam* denkste!; von wegen!; kommt nicht in die Tüte!; *loc adv* **pour des ~s** für nichts und wieder nichts; umsonst; vergeblich
pruneau [pʀyno] M ⟨*pl* ~x⟩ 1 Back-, Dörrpflaume *f* 2 *fam* (*balle de fusil*) *fam* blaue Bohne
prunelle [pʀynɛl] F 1 (*pupille*) Pupille *f*; *poét* Augenstern *m*; **tenir à qc comme à la ~ de ses yeux** etw wie s-n Augapfel hüten; *fig* **jouer de la ~** j-m aufreizende Blicke zuwerfen 2 BOT Schlehe *f*; **(eau-de-vie** *f* **de) ~** Schlehenwasser *n*
prunellier [pʀynɛlje] M BOT Schlehdorn *m*, -busch *m*; Schwarzdorn *m*; Schlehe *f*
prunier [pʀynje] M BOT Pflaumen-, Zwetsch(g)enbaum *m*; Pflaume *f*; Zwetsch(g)e *f*; *fam* **secouer qn comme un ~** j-n kräftig schütteln; *fam* j-n tüchtig beuteln
prurigineux [pʀyʀiʒinø] ADJ ⟨-euse⟩ MÉD juckend
prurit [pʀyʀit] M MÉD Hautjucken *n*; Juckreiz *m*
Prusse [pʀys] **la ~** Preußen *n*
prussien [pʀysjɛ̃] A ADJ ⟨~ne⟩ preußisch B SUBST **Prussien(ne)** *m(f)* Preuße *m*, Preußin *f*
PS [peɛs] M ABR (**Parti socialiste**) Sozialistische Partei
P.-S. [peɛs] ABR (**post-scriptum**) PS (Postskriptum; Nachschrift)
psalmodier [psalmɔdje] VT *et* VI 1 ÉGL psalmodieren 2 *texte, vers* her(unter)leiern; leiern
psaume [psom] M BIBL, MUS Psalm *m*
psautier [psotje] M REL Psalter *m*
pschit(t) [pʃit] *ou* **pscht** [pʃt] INT *d'un fluide qui s'échappe* zisch!; das zischt
pschut [pʃyt] INT pst!; pscht!
pseudo [psødo] M *fam* ABR → pseudonyme
pseudo-… [psødo] *préfixe* Pseudo…; pseudo…; Schein…; schein…; *exemples:* **pseudo-liberté** *f* Scheinfreiheit *f*; **pseudo-scientifique** pseudowissenschaftlich
pseudonyme [psødɔnim] M Pseudonym *n*; Deckname *m*
psi [psi] M *lettre grecque* Psi *n*
psitt [psit] INT he!; pst!; st!
psittacose [psitakoz] F MÉD Papageienkrankheit *f*; *t/t* Psittakose *f*
Pskov [pskɔf] GÉOG Pleskau *n*

P

psoriasis [psɔʀjazis] M MÉD Schuppenflechte *f*
pst [pst] INT → psitt
P.S.V. [peɛsve] M ABR (pilotage sans visibilité) Blind-, Instrumentenflug *m*
psy [psi] M/F *fam* ABR (psychiatre *etc*) Therapeut(in) *m(f)*; *fam* Seelendoktor *m*
psychanalyse [psikanaliz] F Psychoanalyse *f*
psychanalyser [psikanalize] V/T psychoanalysieren; *personne a.* psychoanalytisch behandeln; *par ext* **~ un texte** einen Text auf s-e psychischen Komponenten hin durchleuchten; **se faire ~** sich psychoanalytisch, -therapeutisch behandeln lassen; e-e Therapie machen
psychanalyste [psikanalist] M/F Psychoanalytiker(in) *m(f)*; **psychanalytique** ADJ psychoanalytisch
psyché [psiʃe] F *miroir* großer, beweglicher Standspiegel
Psyché [psiʃe] F MYTH Psyche *f*
psychédélique [psikedelik] ADJ psychedelisch; **psychédélisme** M psychedelischer Zustand; (durch Drogen erreichte) Bewusstseinserweiterung
psychiatre [psikjatʀ] M/F Psychiater(in) *m(f)*; Facharzt, -ärztin *m,f* für Psychiatrie
psychiatrie [psikjatʀi] F Psychiatrie *f*; **psychiatrique** ADJ psychiatrisch; **hôpital** *m* **~** psychiatrische Klinik; *fam* Nervenklinik *f*
psychique [psiʃik] ADJ psychisch; seelisch; Seelen…; **psychisme** M Psyche *f*; Seelenleben *n*
psycho [psiko] F *fam* ABR → psychologie 1
psychodrame [psikɔdʀam] M Psychodrama *n*
psycholinguistique [psikɔlɛ̃gɥistik] F Psycholinguistik *f*
psychologie [psikɔlɔʒi] F 1 Psychologie *f*; **~ expérimentale, sociale** Experimental-, Sozialpsychologie *f*; **~ du comportement, de l'enfant, des profondeurs** Verhaltens-, Kinder-, Tiefenpsychologie *f* 2 *(perspicacité)* Menschenkenntnis *f* 3 *(mentalité)* Psychologie *f*; Mentalität *f*
psychologique [psikɔlɔʒik] ADJ 1 *méthode, analyse etc* psychologisch; **moment** *m* **~** psychologisch günstiger Moment, Augenblick 2 *problème etc* seelisch; psychisch
psychologue [psikɔlɔg] M/F 1 Psychologe, -login *m,f*; **~ scolaire** Schulpsychologe *m* 2 *par ext* Menschenkenner(in) *m(f)*; Psychologe, -login *m,f*; **il n'est pas très ~** er ist ein schlechter Menschenkenner, Psychologe
psychomoteur [psikɔmɔtœʀ] ADJ ⟨-trice⟩ PHYSIOL psychomotorisch
psychopathe [psikɔpat] M/F MÉD Psychopath(in) *m(f)*; **psychopathie** F MÉD Psychopathie *f*
psychopathologie [psikɔpatɔlɔʒi] F Psychopathologie *f*; **psychopharmacologie** F Psychopharmakologie *f*
psychose [psikoz] F Psychose *f*; **~ collective** Massenpsychose *f*; **~ de (la) guerre** Kriegspsychose *f*
psychosomatique [psikosɔmatik] ADJ psychosomatisch; **médecine** *f* **~** Psychosomatik *f*; **psychotechnicien** M, **psychotechnicienne** F Betriebspsychologe, -login *m,f*; **psychotechnique** A F Arbeits- und Wirtschaftspsychologie *f* B ADJ **test** *m* **~** Eignungstest *m*
psychothérapeute [psikoteʀapøt] M/F Psychotherapeut(in) *m(f)*; **psychothérapie** F Psychotherapie *f*; **~ de groupe** Gruppentherapie *f*; **psychothérapique** ADJ psychotherapeutisch
psychotique [psikɔtik] MÉD A ADJ psychotisch; geistes-, gemütskrank; an e-r Psychose leidend B M/F Psychotiker(in) *m(f)*
psychotrope [psikɔtʀɔp] M PHARM Psychopharmakon *n*
ptérodactyle [pteʀɔdaktil] M PALÉONTOLOGIE Pterodaktylus *m*
Ptolémée [ptɔleme] M HIST Ptolemäus *m*
PTT [petete] FPL ABR (Postes, Télécommunications, Télédiffusion) HIST Post- und Fernmeldewesen *n*
pu [py] PP → pouvoir[1]
puant [pɥɑ̃] ADJ 1 stinkend; übel riechend; **boule ~e** Stinkbombe *f* 2 *fig personne* eingebildet; hochnäsig; *fam* aufgeblasen; *plus fort* widerlich; abstoßend
puanteur [pɥɑ̃tœʀ] F Gestank *m* (**de** nach); übler Geruch
pub[1] [pyb] F *fam* ABR → publicité 1
pub[2] [pœb] M *bistro* Pub *n ou m*
pubère [pybɛʀ] ADJ geschlechtsreif; *garçon a.* mannbar
pubertaire [pybɛʀtɛʀ] ADJ Pubertäts…; **âge** *m* **~** Pubertätsalter *n*
puberté [pybɛʀte] F Pubertät(szeit) *f*; (Eintritt *m* der) Geschlechtsreife *f*; **âge** *m* **de la ~** Pubertätsalter *n*
pubien [pybjɛ̃] ADJ ⟨~ne⟩ ANAT Scham…
pubis [pybis] M ANAT a Schamberg *m*; **poils** *mpl* **du ~** Schamhaar(e) *n(pl)* b **~** *ou adjt* **os** *m* **~** Schambein *n*
publiable [pyblijabl] ADJ wert, veröffentlicht zu werden; druckreif
public [pyblik] A ADJ ⟨publique⟩ öffentlich; *(de l'État) a.* staatlich; Staats…; **autorité publique** öffentliche Gewalt; Staatsgewalt *f*; **dette publique** Staatsschuld *f*; **droit ~** öffentliches Recht; **école publique** öffentliche, staatliche Schule; **homme ~** Mann *m* des öffentlichen Lebens; **monuments ~s** in öffentlichem Besitz befindliche Baudenkmäler *npl*; **opinion publique** öffentliche Meinung; Öffentlichkeit *f*; **ordre ~** öffentliche Ordnung; **pouvoirs ~s** Behörden *fpl*; Staatsorgane *npl*; *a.* öffentliche Hand; **santé publique** Gesundheitswesen *n*; **séance publique** öffentliche Sitzung; **travaux ~s** Tiefbau *m*; Bauarbeiten *fpl* der öffentlichen Hand; *d'un conducteur etc* **c'est un danger ~** er ist gemeingefährlich, e-e Gefahr für die Allgemeinheit; **rendre ~** (allgemein, öffentlich) bekannt geben, machen; publik machen B M 1 *(les gens)* Öffentlichkeit *f*; Allgemeinheit *f*; **avis** *m* **au ~** öffentliche Bekanntmachung; *administration* **fermé au ~ l'après-midi** nachmittags kein Publikumsverkehr; **interdit au ~** kein Zutritt; (Unbefugten) Zutritt verboten; **ouvert au ~** der Öffentlichkeit, Allgemeinheit zugänglich; *loc adv* **en ~** öffentlich; in der Öffentlichkeit 2 *(spectateurs, auditeurs, lecteurs)* Publikum *n*; *d'un écrivain a.* Leser(schaft) *mpl(f)*; *d'un spectacle, d'un match etc a.* Besucher *mpl*; **le grand ~** das breite Publikum; *adjt*: **électronique** *f* **grand ~** Unterhaltungselektronik *f*; **presse** *f* **grand ~** Massenblätter *npl*; *par ext personne* **être bon ~** ein dankbarer Zuhörer, Zuschauer sein
publication [pyblikasjõ] F 1 *action* Veröffentlichung *f*; Publikation *f*; *d'une revue, d'un livre a.* Herausgabe *f*; *de résultats a.* Bekanntgabe *f*, -machung *f*; **~ des bans (du mariage)** Aufgebot *n*; → *a.* PAO 2 *ouvrage* Veröffentlichung *f*; Publikation *f*; *d'un éditeur a.* Verlagserscheinung *f*; **~ mensuelle** Monatsschrift *f*; **~ technique** Fachzeitschrift *f*
publiciste [pyblisist] M/F *abus (publicitaire)* Werbefachmann *m*, -frau *f*
publicitaire [pyblisitɛʀ] A ADJ Werbe…; Reklame…; **battage** *m* **~** Reklamerummel *m*; **film** *m* **~** Werbefilm *m*; **panneau** *m* **~** Reklameschild *n*, -tafel *f*; **voiture** *f* **~** Reklameauto *n*, -wagen *m* B M/F Werbefachmann *m*, -frau *f*
publicité [pyblisite] F 1 Werbung *f*; Reklame *f*; **~ clandestine, indirecte** Schleichwerbung *f*; **~ directe** gezielte Werbung; Direktwerbung *f*; **~ mensongère** irreführende Werbung; **~ tapageuse** marktschreierische Reklame; **~ à la radio, à la télévision** *ou* **télévisée** (Hör)Funk-, Fernsehwerbung *f*; **deux pages de ~** zwei Seiten Werbung, Reklame; **faire de la ~ (pour qc)** (für etw) Werbung betreiben, Reklame machen, werben 2 *d'une séance, des débats* Öffentlichkeit *f* 3 *d'une affaire* Publizität *f*; Publicity *f*; **donner trop de ~ à qc** e-r Sache zu viel Publizität geben
public relations [pœblikʀilɛʃəns] a FPL *(relations publiques)* Public Relations *pl* (*abr* PR); Öffentlichkeitsarbeit *f* b *fpl service* PR-Abteilung *f* c *m/f personne* PR-Fachmann *m*, -frau *f*
publier [pyblije] V/T 1 *livre, article etc* veröffentlichen; publizieren; *revue, livre a.* herausgeben, -bringen; **être publié** *a.* herauskommen; erscheinen 2 *affaire* publik machen; an die Öffentlichkeit bringen; → *a.* ban 1
publiphone [pyblifɔn] M öffentlicher Fernsprecher
publipostage [pyblipɔstaʒ] M Mailing *n*
publiquement [pyblikmɑ̃] ADV öffentlich; in der Öffentlichkeit
publireportage [pybliʀ(ə)pɔʀtaʒ] M *dans la presse* PR-Veröffentlichung *f*
puce [pys] F 1 ZOOL Floh *m*; **jeu** *m* **de ~** Flohspiel *n*; **le marché aux ~s** *ou* **les ~s** der Flohmarkt; *fig* **mettre la ~ à l'oreille de qn** j-n hellhörig, misstrauisch, argwöhnisch machen; *fam fig* **secouer les ~s à qn** *fam* j-n zusammenstauchen; j-m den Kopf waschen; j-m den Marsch blasen 2 *fam fig de qn fam* Winzling *m*; *d'une femme, fille fam* kleines Persönchen; *terme d'affection* **ma ~** (mein) Mäuschen *n* 3 INFORM (Mikro)Chip *m*
puceau [pyso] *fam iron* M ⟨*pl* ~x⟩ unberührter junger Mann; *adjt* **être ~** noch unberührt, jungfräulich sein
pucelage [pyslaʒ] *fam iron* M Unberührtheit *f*; Jungfräulichkeit *f*
pucelle [pysɛl] F 1 *fam iron* Jungfrau *f*; *adjt* **être ~** noch Jungfrau sein 2 HIST **la ~ d'Orléans** die Jungfrau von Orleans
puceron [pysʀõ] M ZOOL Blattlaus *f*; **~ du rosier** Rosenblattlaus *f*; **~ de la vigne** Reblaus *f*
pudding [pudiŋ] M CUIS Plumpudding *m*
pudeur [pydœʀ] F Schamgefühl *n*; Scham(-haftigkeit) *f*; *par ext (décence)* Anstand *m*; **attentat** *m* **à la ~** unzüchtige Handlung; Unzucht *f*; **outrage public à la ~** Erregung *f* öffentlichen Ärgernisses; **par ~** aus Scham; schamhaft; **sans ~** schamlos; ohne jede Scham; **blesser, offenser la ~** das Schamgefühl verletzen
pudibond [pydibõ] ADJ ⟨pudibonde [pydibõd]⟩ prüde
pudibonderie [pydibõdʀi] F Prüderie *f*
pudique [pydik] ADJ 1 *personne, attitude* schamhaft; sittsam; züchtig 2 *paroles* diskret; **faire une allusion ~ à qc** *a.* e-e leise, zarte Anspielung auf etw *(acc)* machen
puer [pɥe] V/T *et* V/I **~ (qc)** (nach etw) stinken; **ça pue** es stinkt
puéricultrice [pɥeʀikyltʀis] F Säuglings- und Kinderschwester *f*; **puériculture** F Säuglings- und Kleinkinderpflege *f*
puéril [pɥeʀil] ADJ kindisch; **puérilité** F kindisches Wesen
puerpéral [pɥɛʀpeʀal] ADJ ⟨-aux⟩ MÉD **fièvre ~e** Kindbett-, Wochenbettfieber *n*
pugilat [pyʒila] M Schlägerei *f*; Handgemenge *n*; Rauferei *f*; **pugiliste** *litt* M Boxkämpfer *m*; Boxer *m*

pugnace [pygnas, pyɲas] ADJ *st/s* streitbar; kampfeslustig; **pugnacité** F *st/s* Streitbarkeit *f*; Kampfeslust *f*

puîné [pɥine] *litt* ADJ jünger; nachgeboren

puis¹ [pɥi] ADV dann; danach; darauf; hernach; **et ~** und dann; *(d'ailleurs)* außerdem; zudem; *fam* **et ~ après, et ~ quoi?** was ist denn da schon dabei?; na und?

puis² [pɥi] → pouvoir¹

puisard [pɥizaʀ] M Sickerschacht *m*, -grube *f*

puisatier [pɥizatje] M Brunnenbauer *m*

Puisaye [pɥizɛ] **la ~** *Landschaft in Mittelfrankreich*

puiser [pɥize] V/T **1** *liquide* schöpfen (**à** *ou* **dans** aus) **2** *objet* herausnehmen, -holen, -ziehen (**de** *ou* **dans** aus); *fig exemple etc* entnehmen (**dans un livre** e-m Buch); *abs* **~ aux sources** die Quellen studieren, lesen, auswerten

puisque [pɥisk(ə)] CONJ ⟨*vor Vokal* puisqu'⟩ **1** *cause* da (ja); da nun einmal **2** *exclamation* doch; **~ je vous le dis!** ich sage es Ihnen doch!

puissamment [pɥisamɑ̃] ADV → puissant; *fam iron* **c'est ~ raisonné!** das ist ja überaus, *fam* mächtig scharfsinnig!

puissance [pɥisɑ̃s] F **1** *(pouvoir)* Macht *f*; **avoir une grande ~** e-e große, viel Macht besitzen **2** POL *(État) et par ext* Macht *f*; **les grandes ~s** die Großmächte *fpl*; **les grandes ~s industrielles** die großen Industrienationen *fpl*; **~ mondiale** Weltmacht *f*; *litt* **les ~s des ténèbres** die Mächte der Finsternis **3** *(force)* Stärke *f*; Kraft *f*; Vermögen *n*; *st/s* Potenz *f*; **~ d'imagination** Einbildungskraft *f*; Fantasie *f* **4** *d'une machine, d'un moteur etc* Leistung(sfähigkeit) *f*; Stärke *f*; PHYS, ÉLEC Leistung *f*; OPT Brechkraft *f*, -wert *m*; *d'un moteur* **~ administrative, fiscale** für die Kraftfahrzeugsteuer zugrunde gelegte, in Steuer-PS ausgedrückte Leistung; **~ calorifique** Heizleistung *f*; **~ maximale** Höchst-, Maximalleistung *f*; **~ au frein** Bremsleistung *f*; RAD, TV **~ (du son)** Lautstärke *f* **5** JUR Gewalt *f*; **~ parentale** elterliche Gewalt **6** MATH Potenz *f*; **deux ~ cinq** (2^5) zwei hoch fünf (2^5); **élever à la ~ cinq** in die fünfte Potenz erheben **7** **~ sexuelle** Potenz *f* **8** LOC ADJ **en ~** potenziell; **un criminel en ~** ein potenzieller Verbrecher

puissant [pɥisɑ̃] **A** ADJ **1** *personnage, groupe, État etc* mächtig **2** *armée* stark; schlagkräftig; *moteur, machine, émetteur etc* stark; leistungsfähig; **attention, freins ~s!** Vorsicht, starke Bremsen!; **voiture ~e** Wagen *m* mit e-m starken Motor **3** *remède, antidote, drogue* stark; sehr wirksam; *par ext* **un ~ réconfort** ein starker, großer Trost **4** *personne, muscles* kräftig; *personne a.* kraftvoll; stark; *par ext* **sentiment ~** starkes Gefühl; **voix ~e** kräftige, gewaltige, mächtige Stimme **B** SUBST **les ~s** *mpl* **(de ce monde)** die Mächtigen *mpl* (dieser Welt)

puits [pɥi] M **1** *pour tirer de l'eau* Brunnen *m*; *fig de qn* **un ~ de science** ein hoch-, grundgelehrter Mann *ou* e-e hoch-, grundgelehrte Frau; *fam* ein gelehrtes Haus; ein wandelndes Lexikon **2** MINES Schacht *m*; TECH **~ perdu** Sickerschacht *m*; **~ de pétrole** Erdölbohrloch *n*, -bohrung *f*; *par ext* (Erd)Ölquelle *f* **3** CUIS **~ d'amour** *Blätterteiggebäck mit Cremefüllung*

pull [pyl] M *fam* Pulli *m*

pullmann [pulman] M CH DE FER Pullmanwagen *m*

pull-over [pylɔvɛʀ, -vœʀ] M ⟨*pl* pull-overs⟩ Pullover *m*

pullulement [pylylmɑ̃] M Gewimmel *n*; Wimmeln *n*

pulluler [pylyle] V/I wimmeln; **les erreurs pullulent dans ce texte** der Text wimmelt, strotzt von Fehlern; in dem Text wimmelt es nur so von Fehlern

pulmonaire [pylmɔnɛʀ] ADJ Lungen…; **artère f ~** Lungenarterie *f*

pulpe [pylp] F **1** *de fruits, de certains légumes* Fruchtfleisch *n*; CUIS *a.* Mark *n* **2** ANAT **~ dentaire, des dents** Pulpa *f*; Zahnmark *n*

pulpeux [pylpø] ADJ ⟨-euse⟩ *fruit* fleischig; *fig femme* von sinnlicher Üppigkeit

pulsar [pylsaʀ] M ASTRON Pulsar *m*

pulsation [pylsasjõ] F **1** PHYSIOL Herzschlag *m ou* Puls(schlag) *m*; *t/t* Pulsation *f*; **ralentissement** *m* **des ~s** Pulsverlangsamung *f*; **il avait 120 ~s à la minute** er hatte 120 Puls **2** PHYS Pulsation *f*

pulsé [pylse] ADJ TECH **chauffage** *m* **à air ~** Warmluftheizung *f*, bei der die Luft durch Ventilatoren umgewälzt wird

pulsion [pylsjõ] F PSYCH Trieb *m*; **~ sexuelle** Geschlechts-, Sexualtrieb *m*; **~ de destruction, de mort** Zerstörungs-, Todestrieb *m*

pulvérisateur [pylveʀizatœʀ] M Zerstäuber *m* (*a.* MÉD); *pour liquide a.* Sprühgerät *n*; AGR, JARD *a.* Spritzgerät *n*; Spritze *f*; **pulvérisation** F **1** *(projection)* Zerstäubung *f*; MÉD Sprayen *n*; AGR, JARD Spritzen *n* **2** *(broyage)* Pulverisierung *f*

pulvériser [pylveʀize] V/T **1** *(broyer)* pulverisieren; *par ext (détruire)* zertrümmern; zersplittern **2** *(projeter)* zerstäuben; *liquide a.* versprühen; *arbres fruitiers etc* spritzen **3** *fig: armée ennemie etc* völlig aufreiben; vernichten; **~ un argument** ein Argument gänzlich widerlegen; **~ une objection** einen Einwand völlig entkräften; **~ un record** einen Rekord brechen, weit über- *ou* unterbieten; *immeuble* **pulvérisé par une explosion** durch e-e Explosion völlig zerstört

puma [pyma] M ZOOL Puma *m*; Silberlöwe *m*; Kuguar *m*

pûmes [pym] → pouvoir¹

punaise [pynɛz] F **1** ZOOL Wanze *f* **2** *fam péj* **~ de sacristie** Betschwester *f* **3** *régional* **~!** Donnerwetter! **4** *petit clou* Reißzwecke *f*, -nagel *m*

punaiser [pyneze] V/T mit Reißzwecken anheften

punch¹ [põʃ] M *boisson* Punsch *m*

punch² [pœnʃ] M **1** *d'un boxeur* harter, kraftvoller Schlag; Punch *m*; **avoir du ~** e-n harten Punch haben **2** *fam fig* Schwung *m*; Elan *m*; Dynamik *f*; *fam* Schmiss *m*; **manquer de ~** *fam a.* ohne Saft und Kraft sein

puncheur [pœnʃœʀ] M BOXE Puncher *m*

punching-ball [pœnʃiŋbol] M ⟨*pl* punching-balls⟩ BOXE Punchingball *m*; *fam fig* **servir de ~ à qn** j-s Prügelknabe sein

puni [pyni] ADJ bestraft; *subst* **les ~s** *mpl* die Bestraften *mpl*

punique [pynik] ADJ HIST punisch; **les guerres** *fpl* **~s** die Punischen Kriege *mpl*

punir [pyniʀ] V/T *criminel, enfant etc* (be)strafen (**de** für); *délit etc* bestrafen; ahnden; **être puni de prison** mit Gefängnis bestraft werden; *par ext* **il a été puni de son insolence** er wurde für s-e Unverschämtheit be-, gestraft; **être puni par où l'on a péché** dafür büßen müssen; die Strafe folgt auf dem Fuß; **en être puni** es büßen müssen

punissable [pynisabl] ADJ strafwürdig; sträflich

punitif [pynitif] ADJ ⟨-ive⟩ **expédition punitive** Strafexpedition *f*

punition [pynisjõ] F **1** *action* Bestrafung *f*; *d'un délit etc a.* Ahndung *f* **2** *(châtiment)* Strafe *f* (**de** für); **~ corporelle** körperliche Züchtigung; **~s scolaires** Schulstrafen *fpl*; **en ~ de** zur Strafe für; **donner, infliger une ~ à qn** j-m e-e Strafe geben; über j-n e-e Strafe verhängen; j-n bestrafen; *par ext* **c'est la ~ de sa curiosité** das ist die Strafe für s-e Neugier

punk [pœnk] **A** M/F Punker(in) *m (f)*; Punk *m* **B** ADJ *allures* Punker…; *musique* Punk…

pupille¹ [pypij] M/F Mündel *n*, JUR *m*; **~ de l'État** vom Jugendamt betreutes (Waisen)Kind; **~ de la Nation** Kriegswaise, für die der Staat die Fürsorge übernommen hat

pupille² [pypij] F ANAT Pupille *f*; Sehloch *n*

pupitre [pypitʀ] M (Schreib-, Lese)Pult *n*; *d'un orateur* Rednerpult *n*; *d'un chef d'orchestre* Dirigentenpult *n*; *d'un ordinateur* Bedienungspult *n*; **~ (à musique)** Notenpult *n*, -ständer *m*; TV **~ image** Bildmischpult *n*

pupitreur [pypitʀœʀ] M, **pupitreuse** F INFORM Operator(in) *m(f)*

pur [pyʀ] **A** ADJ **1** *substance*, CHIM, *par ext race* rein; *boisson alcoolique a.* pur; unverdünnt; *métal a.* gediegen; *or a.* pur; lauter; *loc adj: tissu* **~e laine, soie** reinwollen, -seiden; 100 % Wolle, Seide; *cheval* **~ sang** Vollblut…; vollblütig; **étalon** *m* **~ sang** Vollbluthengst *m*; CHIM **à l'état ~** chemisch rein; **boire du vin ~** (den) Wein pur, unverdünnt, ohne Wasser trinken **2** *ton, teinte etc* rein; *profil, formes a.* klar; **ciel ~** wolkenloser, klarer Himmel; **style ~** reiner, unverfälschter Stil; **parler un français ~** ein reines Französisch sprechen; *instrument* **rendre un son ~** klangrein sein; e-n reinen Klang haben **3** *eau, air* rein; sauber **4** *science, recherche, art, poésie* rein; PHIL **la raison ~e** die reine Vernunft **5** *cœur, âme, amour* rein; lauter; *regard, intentions* lauter; ohne Falsch; *jeune fille* rein; unverdorben; *st/s* unbefleckt **6** *hasard, curiosité etc* (*a. loc adj* **~ et simple** ⟨*nachgestellt*⟩) rein; pur; bloß; *mensonge, refus a.* glatt; *accord* uneingeschränkt; **une ~e coïncidence** ein rein zufälliges Zusammentreffen; *loc adj* **de ~e forme** rein formal; *loc adv* **en ~e perte** ganz umsonst; vergeblich; **c'est ~e folie** das ist glatter, heller, der reinste Wahnsinn; **c'est la ~e vérité** das ist die reine, lautere Wahrheit **B** SUBST **les ~s** *mpl* die Verfechter *mpl* der reinen Lehre

purée [pyʀe] F **1** CUIS Püree *n*; Mus *n*; Brei *m*; **~ (de pommes de terre)** Kartoffelpüree *n*, -brei *m*; Quetschkartoffeln *fpl*; *suisse* Kartoffelstock *m*; **~ de pois cassés** Erbs(en)püree *n*, -brei *m*; *fig* **~ de pois** dichter Nebel; *fam* Waschküche *f* **2** *fam fig* **il est dans la ~** *fam* es geht ihm dreckig **3** INT *fam* **~!** *fam* so was Blödes!

purement [pyʀmɑ̃] ADV rein; nur; bloß; lediglich; **~ et simplement** ganz einfach; *refuser* glatt; rundweg

purent [pyʀ] → pouvoir¹

pureté [pyʀte] F **1** CHIM *d'un diamant, d'une race etc* Reinheit *f*; *d'un métal a.* Gediegenheit *f* **2** *d'un ton, du style etc* Reinheit *f*; *d'un profil, de formes a.* Klarheit *f*; *du ciel* Wolkenlosigkeit *f*; Klarheit *f* **3** *de l'eau, de l'air* Reinheit *f*; Sauberkeit *f* **4** *du cœur, de l'âme* Reinheit *f*; Lauterkeit *f* (*a. des intentions*); *(chasteté)* Reinheit *f*; Unverdorbenheit *f*

purgatif [pyʀgatif] PHARM **A** ADJ ⟨-ive⟩ abführend; Abführ… **B** M Abführmittel *n*; *t/t* Purgans *n*; Purgativ *n*

purgation [pyʀgasjõ] F *dans une tragédie* **~ des passions** Katharsis *f*; Reinigung *f*, Läuterung *f* (der Seele) von Leidenschaften

purgatoire [pyʀgatwaʀ] M REL CATH Fegefeuer *n*; Purgatorium *n*

purge [pyʀʒ] F **1** MÉD **a** *action* Abführen *n* **b** *remède* Abführmittel *n* **2** POL Säuberung (-saktion) *f* **3** TECH *d'un liquide* Entlüftung *f*; *d'un gaz* Abscheidung *f* des Kondenswassers; **robinet** *m* **de ~** Ablass- *ou* Entlüftungshahn *m* **4** JUR *d'une hypothèque* Löschung *f*

purger [pyʀʒe] ⟨-geons⟩ **A** V/T **1** MÉD **~ qn**

P

j-m ein Abführmittel (ein)geben, verabreichen **2** TECH das Kondenswasser ablassen (**qc** aus etw); *radiateur, freins* entlüften **3** POL säubern (**de** von) **4** JUR **a** *peine* ver-, abbüßen; *fam* absitzen; abbrummen **b** *hypothèque* löschen **B** V/PR **se** ~ ein Abführmittel (ein)nehmen

purgeur [pyʀʒœʀ] M TECH: *pour l'eau* Wasserabscheider *m*; *pour l'air* Entlüftungsvorrichtung *f*

purificateur [pyʀifikatœʀ] ADJ ⟨-trice⟩ REL reinigend; Reinigungs…

purification [pyʀifikasjõ] F **1** Reinigung *f* (*a.* REL) **2** POL ~ **ethnique** ethnische Säuberung

purificatoire [pyʀifikatwaʀ] *litt*, REL ADJ reinigend; Reinigungs…

purifier [pyʀifje] V/T *eau, air, langue*, REL reinigen; *litt cœur a.* läutern

purin [pyʀɛ̃] M AGR Jauche *f*; *all Sud a. m* Gülle *f*; **fosse** *f*, **pompe** *f* **à** ~ Jauchegrube *f*, -pumpe *f*

purisme [pyʀism] M BEAUX-ARTS, LING Purismus *m*; **puriste** **A** ADJ puristisch **B** M/F Purist(in) *m(f)*; LING *a.* Sprachreiniger(in) *m(f)*

puritain [pyʀitɛ̃] REL *et fig* **A** ADJ puritanisch; *fig a.* sittenstreng **B** SUBST ~**(e)** *m(f)* Puritaner(in) *m(f)*

puritanisme [pyʀitanism] M REL *et fig* Puritanismus *m*; *fig a.* große Sittenstrenge

pur-sang [pyʀsɑ̃] M ⟨*inv*⟩ Vollblut(pferd) *n*

purulence [pyʀylɑ̃s] F MÉD (Ver)Eiterung *f*

purulent [pyʀylɑ̃] ADJ *plaie etc* eitrig; vereitert; eiternd; **foyer** ~ Eiterherd *m*

pus[1] [py] M Eiter *m*

pus[2] [py] → pouvoir[1]

pusillanime [pyzilanim] *litt* ADJ kleinmütig; zaghaft; **pusillanimité** *litt* F Kleinmut *m*; Zaghaftigkeit *f*; *st/s* Zagheit *f*

pustule [pystyl] F Pustel *f*; Eiterbläschen *n*

put [py] → pouvoir[1]

putain [pytɛ̃] F *pop* **1** *(prostituée) péj* Hure *f*; *fam* Nutte *f*; *injure* **enfant** *m*, **fils** *m* **de** ~ *pop* Hurensohn *m*; **faire la** ~ **a** *prostituée fam* anschaffen gehen **b** *fam péj (chercher à plaire)* sich anbiedern; sich (j-m) andienen; sich prostituieren **2** *par ext (femme facile)* Flittchen *n*; liederliches Frauenzimmer; *plus fort* Hure *f* **3** INT *étonnement* ~! *fam* Donnerwetter!; Junge, Junge!; *pop* meine Fresse!; ich werd zur Sau! **4 ce, cette** ~ **de** *(+subst) pop* diese(r, -s) Scheiß…; **cette** ~ **de guerre** dieser Scheißkrieg; **quel** ~ **de temps!** so ein *fam* Mist-, Sau-, *pop* Scheißwetter!

putatif [pytatif] ADJ ⟨-ive⟩ JUR **enfant** ~ vermeintliches Kind; **père** ~ vermeintlicher Vater

pute [pyt] F *pop* → putain 1, 2

pûtes [pyt] → pouvoir[1]

putois [pytwa] M **1** ZOOL Iltis *m*; *fig* **crier comme un** ~ schreien wie am Spieß **2** *fourrure* Iltis(fell *n*, -pelz *m*) *m*

putréfaction [pytʀefaksjõ] F Verwesung *f*; Fäulnis(prozess) *f(m)*; **en** ~ verwesend; (ver)faulend; **tomber en** ~ in Verwesung, Fäulnis übergehen

putréfier [pytʀefje] **A** V/T in Verwesung, Fäulnis übergehen lassen; *adjt* **putréfié** in Verwesung, Fäulnis übergegangen; verwest; verfault; vermodert **B** V/PR **se** ~ verwesen; (ver)faulen; vermodern

putrescible [pytʀesibl] ADJ verweslich

putride [pytʀid] ADJ faul(ig); *exhalation, gaz* übel riechend

putsch [putʃ] M POL Putsch *m*; ~ **militaire** Militärputsch *m*

putschiste [putʃist] M POL Putschist *m*

putt [pœt] M GOLF Putt *m*

putter[1] [pœte] V/T GOLF putten; einlochen

putter[2] [pœtœʀ] M GOLF Putter *m*

puy [pɥi] M *vulkanischer Berg in der Auvergne*

Puy-de-Dôme [pɥidədom] **le** ~ *frz Departement*

puzzle [pœzəl] M Puzzle(spiel) *n* (*a. fig*)

P.-V. [peve] M ⟨*inv*⟩ *fam* ABR (procès-verbal) *fam* Strafzettel *m*; Knöllchen *n*

PVC [pevese] M *matière plastique* PVC *n*

pygmée [pigme] M Pygmäe *m*

pyjama [piʒama] M Schlafanzug *m*; Pyjama *m*; **veste** *f* **de** ~ Schlafanzug-, Pyjamajacke *f*

pylône [pilon] M **1** *électrique* Mast *m*; *d'un pont suspendu* Pylon *m*; *d'un téléphérique* Stütze *f* **2** ARCH Pylon *m*

pylore [pilɔʀ] M ANAT Pförtner *m*

pyramidal [piʀamidal] ADJ ⟨-aux⟩ **1** pyramidenförmig; pyramidal **2** ANAT Pyramiden…; pyramidal

pyramide [piʀamid] F **1** ARCH, MATH Pyramide *f* **2** *fig* **une** ~ **de livres, de melons** *etc* e-e Pyramide von *ou* aus Büchern, Melonen *etc* **3** STATISTIQUE ~ **des âges** Alterspyramide *f*

pyrénéen [piʀeneɛ̃] ADJ ⟨~ne⟩ pyrenäisch; Pyrenäen…; der Pyrenäen

Pyrénées [piʀene] **les** ~ *fpl* die Pyrenäen *pl*

Pyrénées-Atlantiques [piʀenezatlɑ̃tik] **les** ~ *fpl frz Departement*

Pyrénées-Orientales [piʀenezɔʀjɑ̃tal] **les** ~ *fpl frz Departement*

pyrex® [piʀɛks] M Pyrex® *n*; Jenaer Glas® *n*

pyrite [piʀit] F MINÉR Pyrit *m*; Schwefel-, Eisenkies *m*; *fam* Katzengold *n*

pyrograver [piʀɔgʀave] V/T mit Brandmalerei verzieren; **pyrograveur** M, **pyrograveuse** F Künstler(in), der (die) Brandmalerei ausübt; **pyrogravure** F Brandmalerei *f* (*a. œuvre*)

pyrolyse [piʀɔliz] F CHIM Pyrolyse *f*

pyromane [piʀɔman] M/F Pyromane *m*, -manin *f*; **pyromanie** F Pyromanie *f*

pyrotechnicien [piʀɔtɛknisjɛ̃] M Feuerwerker *m*; Pyrotechniker *m*; **pyrotechnie** F Feuerwerkerei *f*; Pyrotechnik *f*; **pyrotechnique** ADJ pyrotechnisch

Pyrrhus [piʀys] M HIST Pyrrhus *m*; *fig* **victoire** *f* **à la** ~ Pyrrhussieg *m*

Pythagore [pitagɔʀ] M PHIL, MATH Pythagoras *m*

Pythie [piti] F HIST (*et fig* **pythie**) Pythia *f*

python [pitõ] M ZOOL Python(schlange) *m(f)*

Q

Q, q [ky] M ⟨*inv*⟩ Q, q *n*

q ABR (quintal ou quintaux) dz (Doppelzentner)

Qatar [kataʀ] **le** ~ Katar *n*

QCM [kyseɛm] M ABR (questionnaire à choix multiple) Multiple-Choice-Fragebogen *m*

QG [kyʒe] M ABR (quartier général) MIL Stabsquartier *n*

QI [kyi] M ABR (quotient intellectuel) IQ *m* (Intelligenzquotient)

qi gong [tʃigõg] M ⟨*inv*⟩ *gymnastique* Qigong *n*

qu' [k] → que

quad [kwad] M AUTO Quad *n*

quadra [kwadʀa] M/F *fam* ABR → quadragénaire

quadragénaire [kwadʀaʒenɛʀ] **A** M/F Vierzigjährige(r) *m/f(m)*; Vierziger(in) *m(f)* **B** ADJ vierzigjährig

quadrangulaire [kwadʀɑ̃gylɛʀ] ADJ MATH viereckig; *solide* vierseitig

quadrant [kadʀɑ̃] M MATH Quadrant *m*; Viertelkreis *m*

quadrature [kwadʀatyʀ] F MATH Quadratur *f*; **la** ~ **du cercle** die Quadratur des Kreises (*a. fig*)

quadriceps [kwadʀisɛps] M ANAT vierköpfiger Schenkelstrecker; *t/t* Musculus quadriceps femoris *m*

quadrichromie [kwadʀikʀɔmi] F TYPO Vierfarbendruck *m*

quadriennal [kwadʀijenal] ADJ ⟨-aux⟩ **a** vierjährig; Vierjahres… **b** vierjährlich; alle vier Jahre (stattfindend)

quadrige [kadʀiʒ, kwa-] M HIST Quadriga *f*; Viergespann *n*

quadrilatéral [kwadʀilateʀal] ADJ ⟨-aux⟩ vierseitig; CONSTR *a.* viereckig; **entente** ~**e** vierseitiges Übereinkommen

quadrilatère [kwadʀilatɛʀ, ka-] M MATH Viereck *n*

quadrillage [kadʀijaʒ] M **1** *du papier* Liniennetz *n*, -gitter *n*; **le** ~ **des rues** das schachbrettartige Straßennetz **2** MIL, POLICE Errichtung *f* e-s Kontrollnetzes; *par ext* Kontrolle *f*; Überwachung *f*

quadrille [kadʀij] M DANSE Quadrille *f*

quadriller [kadʀije] V/T **1** karieren; kästeln; *adjt papier* **quadrillé** kariert; gekästelt **2** MIL, POLICE mit e-m Kontrollnetz überziehen (**un territoire** ein Gebiet); *par ext* kontrollieren; überwachen

quadrimoteur [kwadʀimɔtœʀ, ka-] AVIAT **A** ADJ viermotorig **B** M viermotorige Maschine

quadripartite [kwadʀipaʀtit] ADJ POL Vierer…; Viermächte…; **conférence** *f* ~ Vierer-, Viermächtekonferenz *f*

quadriphonie [kwadʀifɔni] F MUS Quadrofonie *f*

quadriréacteur [kwadʀiʀeaktœʀ, ka-] M AVIAT vierstrahlige Maschine

quadrisyllabe [kwadʀisi(l)lab] M MÉTRIQUE **a** viersilbiges Wort **b** *vers* Viersilb(l)er *m*; **quadrisyllabique** ADJ MÉTRIQUE viersilbig

quadrumane [kwadʀyman, ka-] M ZOOL Vierhänder *m*

quadrupède [kwadʀypɛd, ka-] ZOOL **A** ADJ vierfüßig **B** M Vierfüßer *m*

quadruple [kwadʀypl, ka-] **A** ADJ vierfach **B** SUBST **le** ~ das Vierfache; **le** ~ **du prix** der vierfache Preis

quadrupler [kwadʀyple, ka-] **A** V/T vervierfachen **B** V/I sich vervierfachen

quadruplé(e)s [kwadʀyple, ka-] M(F)PL Vierlinge *mpl*

quai [ke] M **1** *d'un port* Kai *m*; ~ **de débarquement, d'embarquement** Lösch-, (Ver)Ladekai *m*; *pour passagers* Anlegestelle *f* (*zur Ein-, Ausschiffung*); *navire* **être à** ~ am Kai liegen **2** *le long d'un fleuve* Kaimauer *f*; *par ext* Uferstraße *f*, -promenade *f*; *à Paris*: **les** ~**s de la Seine** die Seineufer *npl*; **se promener sur les** ~**s** am Seineufer spazieren gehen; **le Quai des Orfèvres** *Sitz der frz Kriminalpolizei*; **le Quai d'Orsay** *Sitz des frz Außenministeriums* **3** CH DE FER Bahnsteig *m*; ~ **n° 9** Bahnsteig 9; ~ **d'arrivée, de départ** Ankunfts-, Abfahrtsbahnsteig *m*; ~ **du métro** U-Bahnsteig *m*

quaker [kwɛkœʀ] M, **quakeresse** [kwɛkʀɛs] F REL Quäker(in) *m(f)*

qualifiable [kalifjabl] ADJ **1** *péj* **ne pas être** ~ jeder Beschreibung spotten **2** SPORTS teilnahmeberechtigt; ~ **pour la finale** zur Teilnahme am Endlauf, an der Endrunde *etc* berechtigt

qualificatif [kalifikatif] **A** ADJ ⟨-ive⟩ GRAM **adjectif** ~ Adjektiv *n*; Eigenschaftswort *n* **B** M **1** *(terme)* Bezeichnung *f* **2** GRAM Attribut *n;* Beifügung *f*

qualification [kalifikasjõ] F 1 *(appellation)* Bezeichnung *f;* Benennung *f* 2 SPORTS Qualifikation *f;* Qualifizierung *f;* Teilnahmeberechtigung *f;* **épreuves** *fpl* **de ~** Qualifikationswettkämpfe *mpl;* **match** *m* **de ~** Qualifikationsspiel *n* 3 **~ (professionnelle)** (berufliche) Eignung, Qualifikation, Befähigung

qualifié [kalifje] ADJ 1 *(compétent)* geeignet; befähigt; qualifiziert; geschult; °**hautement ~** hoch qualifiziert, befähigt; **ouvrier ~** Facharbeiter *m;* **personnel ~** geschultes Personal; Fachkräfte *fpl;* **être ~ pour qc** *a.* sich für etw eignen 2 *sportif* der sich qualifiziert hat 3 JUR **vol ~** schwerer Diebstahl

qualifier [kalifje] A VT 1 *(nommer)* benennen; kennzeichnen; qualifizieren; charakterisieren; **une conduite qu'on ne saurait ~** ein Benehmen, das jeder Beschreibung spottet; **sont qualifiés grands mutilés de guerre ceux qui ...** unter die Bezeichnung Schwerkriegsbeschädigte fallen alle, die ...; **l'adjectif sert à ~ le nom** das Adjektiv dient der näheren Bestimmung des Substantivs; **~ de** bezeichnen als; nennen *(+acc);* **~ qn d'imbécile** j-n als Dummkopf bezeichnen; j-n (e-n) Dummkopf nennen, schelten 2 *(donner la compétence)* **~ qn** j-n qualifizieren, befähigen (**pour** für, zu) 3 SPORTS die Qualifikation verschaffen (**qn** j-m) B VPR **se ~** 1 SPORTS **se ~** sich qualifizieren (**pour la finale** für das Finale) 2 **se ~ d'expert** *etc* sich Experte *etc* nennen, *iron* schimpfen

qualitatif [kalitatif] ADJ ⟨-ive⟩ qualitativ

qualité [kalite] F 1 *de choses* Beschaffenheit *f;* Eigenschaft *f;* COMM Qualität *f;* Güte *f;* **~ de l'air** Luftbeschaffenheit *f;* **~ de la vie** Lebensqualität *f;* **~ des vins** Weingüte *f;* Qualität der Weine; AVIAT **~s de vol** Flugeigenschaften *fpl;* **garantie** *f* **de ~** Qualitätsgarantie *f; loc adj:* **de ~** Qualitäts...; **produit** *m* **de ~** Qualitätserzeugnis *n,* -produkt *n;* **un spectacle de ~** ein gutes Theaterstück; **de bonne, mauvaise ~** von guter, schlechter Qualität; **de première ~** erstklassig; erster Güte; **produit** *m* **de ~ supérieure** Erzeugnis *n* der Spitzenklasse; Spitzenprodukt *n; label* **vin** *m* **de ~ supérieure** Wein *m* (von) mittlerer Qualität, Güte 2 *de personnes* (gute, positive) Eigenschaft; Fähigkeit *f;* Qualität *f;* Vorzug *m;* **~s d'écrivain** schriftstellerische Fähigkeiten, Qualitäten; **~s d'organisation** Organisationstalent *n* 3 ADMIN, JUR Eigenschaft *f;* **~ d'auteur** Verfasserschaft *f;* **~ de fonctionnaire** Eigenschaft als Beamter; **vos nom, prénom et ~** Ihr Name, Vorname und Beruf; **avoir ~ pour faire qc** berechtigt, befugt sein, etw zu tun; *loc prép* **en ~ de** als; in s-r Eigenschaft als; **en ~ d'observateur** *etc* (in s-r Eigenschaft) als Beobachter *etc;* JUR **ès ~s** in amtlicher Eigenschaft 4 PHIL Qualität *f;* **~s premières, secondes** primäre, sekundäre Qualitäten 5 HIST **homme** *m* **de ~** Mann *m* von (hohem) Stand; Standesperson *f*

quand [kɑ̃], *vor Vokal* [kɑ̃t] A CONJ 1 *temporel* a *(lorsque)* als *(+passé);* wenn *(+présent ou futur):* **~ la nuit fut venue** als, nachdem die Nacht hereingebrochen war; **~ j'y pense** wenn ich daran denke b *(toutes les fois que)* (jedes Mal) wenn; **~ l'un disait oui, l'autre disait non** (jedes Mal) wenn der eine Ja sagte, sagte der andere Nein 2 *opposition (alors que)* da doch; **~ je vous disais qu'elle allait venir!** wenn ich Ihnen doch gesagt habe, dass sie kommen würde!; *pourquoi ne pas avoir la télévision* **~ tout le monde l'a?** ... da es doch jeder hat?; *loc conj* **~ (bien) même** und wenn auch; selbst wenn; **~ bien même il le nierait** und wenn er es auch leugnen sollte B ADV 1 wann?; **~ aurez-vous fini?** *ou* **~ est-ce que vous aurez fini?** wann sind Sie fertig?; **alors, à ~ le mariage?** na, wann findet die Hochzeit statt?; **de ~ est ce pain?** von wann ist dieses Brot?; **depuis ~ êtes-vous ici?** seit wann sind Sie hier?; **jusqu'à ~ restez-vous?** bis wann bleiben Sie?; **c'est pour ~?** wann soll das sein, stattfinden?; **je ne sais pas ~ il viendra** ich weiß nicht, wann er kommt 2 LOC ADV **~ même** a *(malgré tout)* trotzdem; dennoch b *(à vrai dire)* immerhin; doch c *int, indigné* also wirklich!; so was!; **je le ferai ~ même** ich werde es trotzdem, dennoch tun; *on travaillerait ensemble,* **ce serait ~ même plus gai** das wäre doch angenehmer; *fam* **c'est un peu fort ~ même!** *fam* das ist dann doch ein bisschen stark!

quant LOC PRÉP **~ à** [kɑ̃ta] was *(+acc)* angeht, betrifft, an(be)langt; hinsichtlich *(+gén);* ...mäßig; *fam* in puncto *(+nom);* **~ au fond** was den Inhalt betrifft; hinsichtlich des Inhalts; **~ à moi** ich meinerseits; was mich betrifft; **~ au travail,** *je suis content* arbeitsmäßig, in puncto Arbeit ...; **~ à m'excuser, je n'y pense pas** ich denke gar nicht daran, mich zu entschuldigen

quanta [kwɑ̃ta] PL → quantum

quant-à-soi [kɑ̃taswa] M Zurückhaltung *f;* Reserve *f;* Reserviertheit *f;* **rester sur son ~** Zurückhaltung üben; reserviert bleiben; sich reserviert verhalten

quantième [kɑ̃tjɛm] M ADMIN **le ~ du mois** das Monatsdatum; der Soundsovielte des Monats

quantificateur [kɑ̃tifikatœʀ] M LOGIQUE Quantifikator *m;* Quantor *m;* **quantification** F LOGIQUE Quantifikation *f;* Quantifizierung *f;* **quantifier** VT quantifizieren

quantique [kwɑ̃tik, kɑ̃-] ADJ PHYS Quanten...; **mécanique** *f* **~** Quantenmechanik *f;* **nombres** *mpl* **~s** Quantenzahlen *fpl;* **physique** *f* **~** Quantenphysik *f*

quantitatif [kɑ̃titatif] ADJ ⟨-ive⟩ quantitativ; mengenmäßig; der Menge, Anzahl nach

quantité [kɑ̃tite] F 1 Menge *f;* Quantität *f; fam* Unmenge *f;* **des ~s de chocolats** (Un)Mengen von Pralinen; **la ~ de nourriture quotidienne** die tägliche Nahrungsmenge; das tägliche Quantum Nahrung; **de grandes, d'énormes ~s de blé** große, ungeheure Mengen (von) Weizen; **~ de ...** e-e Menge (von) ...; viele ...; GRAM **adverbe** *m* **de ~** Mengenadverb *n; loc adv* **en ~** in Menge; haufenweise 2 MATH Größe *f;* PHYS, TECH Menge *f;* **~ de chaleur, d'électricité, d'énergie** Wärme-, Elektrizitäts-, Energiemenge *f* 3 PHIL Quantität *f*

quantum [kwɑ̃tɔm] M ⟨*pl* quanta⟩ 1 JUR *d'une amende etc* Höhe *f* 2 PHYS Quant *n;* **théorie** *f* **des quanta** Quantentheorie *f*

quarantaine [kaʀɑ̃tɛn] F 1 **une ~** etwa, an die, ungefähr, rund, zirka vierzig (**de personnes** Leute, Personen) 2 *âge* Vierzig *f;* Vierziger (-jahre) *npl;* → *a.* cinquantaine 2 3 MÉD Quarantäne *f;* **mettre en ~** MÉD unter Quarantäne stellen; *fig* isolieren; absondern; schneiden

quarante [kaʀɑ̃t] A NUM vierzig; **~ et un** einundvierzig; **~ et unième** einundvierzigste(r, -s); **les années ~** die Vierzigerjahre *npl;* **~ jours** vierzig Tage; **page ~** Seite vierzig; → *a.* moquer 2 B M ⟨*inv*⟩ 1 Vierzig *f;* → *a.* deux B 2 **les Quarante** die vierzig Mitglieder der Académie française

quarante-cinq [kaʀɑ̃tsɛ̃k] NUM fünfundvierzig; *disque* **un ~ tours** e-e Single

quarante-huit [kaʀɑ̃tɥit] NUM achtundvierzig; HIST **la Révolution de ~** die Revolution von 1848

quarantenaire [kaʀɑ̃tnɛʀ] A ADJ JUR vierzig Jahre dauernd; vierzigjährig B M MÉD Quarantänestation *f*

quarantième [kaʀɑ̃tjɛm] A NUM vierzigste(r, -s) B SUBST 1 **le, la ~** der, die, das Vierzigste 2 M MATH Vierzigstel *n*

quark [kwaʀk] M PHYS Quark *n*

quart [kaʀ] A M 1 Viertel *n; par ext* **un ~ de beurre** ein Viertel *ou* ein viertel Pfund Butter; **un ~ de brie** e-e Ecke Brie(käse); SPORTS **~ de finale** Viertelfinale *n;* MUS **~ de soupir** Sechzehntelpause *f;* MUS **~ de ton** Viertelton *m;* **~ de tour** Vierteldrehung *f; fam fig* **au ~ de tour** sofort; auf der Stelle; *moteur* **démarrer au ~ de tour** sofort anspringen; *par ext* **un ~ de vin** ein Viertel(liter) Wein; **piano** *m* **~ de queue** kleiner Stutzflügel; *par ext* **je n'ai fait que le ~ de ce que je voulais faire** ich habe nur e-n Bruchteil dessen getan, was ich tun wollte 2 **les trois ~s** drei Viertel; *par ext* **les trois ~s du temps** die meiste Zeit (über); fast immer; *adjt* **manteau** *m* **trois ~s** dreiviertellanger Mantel; **portrait** *m* **de trois ~s** Porträt *n* im Halbprofil; **ville détruite aux trois ~s** zu drei Vierteln, fast völlig zerstörte Stadt 3 **~ d'heure** Viertelstunde *f; fig* **~ d'heure américain** Damenwahl *f; fig* **~ d'heure de grâce** (kurze) Galgenfrist; **entretien** *m* **d'un ~ d'heure** viertelstündige Unterredung; Unterredung von e-r Viertelstunde; *loc adv:* **dans trois ~s d'heure** in drei viertel Stunden; in e-r Dreiviertelstunde; **tous les ~s d'heure** viertelstündlich; alle Viertelstunden; **voir son dernier ~ d'heure arriver** sein letztes Stündlein herannahen fühlen; *par ext* **passer un mauvais ~ d'heure** bange, böse, schlimme Minuten, Augenblicke durchmachen, durchleben; ♦ *heure:* **trois heures un ~** *ou* **et ~** Viertel nach drei; viertel vier; **deux heures moins le ~** (ein) Viertel vor zwei; drei viertel zwei; **il est le ~** es ist Viertel (nach); *pendule* **sonner les ~s** alle Viertelstunden schlagen 4 MAR (Schiffs)Wache *f;* **officier** *m* **de ~** Wachoffizier *m;* **être de ~** Wache halten, haben; **prendre le ~** auf Wache gehen 5 MIL Feldbecher *m* B ADJ ⟨quarte [kaʀt]⟩ *litt (quatrième)* vierte(r, -s); MÉD **fièvre ~e** Quartana *f;* Quartanfieber *n;* **le ~ monde** *(le sous-prolétariat)* die sozial Deklassierten, Ausgestoßenen *pl;* die Ärmsten der Armen; *(les pays les plus pauvres)* die Vierte Welt; die ärmsten Entwicklungsländer *npl*

quarte [kaʀt] F MUS Quart(e) *f*

quarté [kaʀte] M TURF Viererwette *f*

quarteron [kaʀtəʀõ] M *péj* **un ~ de conjurés** *etc* e-e kleine Zahl, e-e Handvoll Verschwörer *etc*

quartette [kwaʀtɛt] M MUS Jazzquartett *n;* Viermannband *f*

quartier [kaʀtje] M 1 *d'une ville* (Stadt)Viertel *n;* Stadtteil *m;* Gegend *f; d'habitation* Wohnviertel *n;* ADMIN Bezirk *m;* **Quartier latin** *Pariser Universitätsviertel;* **~ résidentiel** vornehmes Wohnviertel, -gebiet; Villengegend *f;* **~ d'affaires** Geschäftsviertel *n;* **commissariat** *m* **de ~** Polizeirevier *n;* **les gens du ~** die Leute aus dem Viertel, aus der Nachbarschaft 2 MIL **~s** *pl* Quartiere *npl;* **~s d'hiver** Winterquartiere *npl;* **~ général** Stabsquartier *n; fig* Sammel-, Treffpunkt *m;* **grand ~ général** Hauptquartier *n;* **avoir ~ libre** Ausgang haben; *fig* **je vous laisse ~ libre** ich lasse Ihnen freie Hand 3 *portion* Viertel *n;* Stück *n;* Teil *m ou n;* **~ de bœuf** Rinderviertel *n;* **~ d'orange** *all Nord* Apfelsinenstück *n; all Sud* Orangenschnitz *m;* **~ de pomme** Apfelviertel *n;* **~ de viande** Schlachtteil *n* 4 **la Lune est dans son premier**

(**dernier**) ~ der Mond steht im ersten (letzten) Viertel; es ist Halbmond **5** HÉRALDIQUE Schildviertel *n*; *fig* **avoir °huit ~s de noblesse** acht adelige Vorfahren, Ahnen nachweisen können **6** *d'une prison* ~ **de haute sécurité** Hochsicherheitstrakt *m* **7** LOC **ne pas faire de ~** kein(en) Pardon geben; **pas de ~!** Pardon wird nicht gegeben; kein Pardon!

quartier-maître [kaʀtjemɛtʀ] M ‹*pl* quartiers-maîtres› MAR Gefreite(r) *m*

Quart-Monde [kaʀmõd] → quart B

quartz [kwaʀts] M MINÉR Quarz *m*; **montre** *f* **à ~** Quarzuhr *f*

quartzeux [kwaʀtsø] ADJ ‹-euse› quarzig; Quarz...

quasar [kazaʀ] M ASTRON Quasar *m*

quasi[1] [kazi] M CUIS ~ (**de veau**) Kalbskeulenstück *n* aus der Unterschale

quasi[2] [kazi] ADV (*presque*) fast; beinahe; nahezu; (*pour ainsi dire*) sozusagen; gewissermaßen; quasi; ~ **impossible** fast *etc* unmöglich; ~ **jamais** fast nie

quasi-... [kazi] **a** *devant* ADJ fast; beinahe; nahezu; sozusagen; gewissermaßen; gleichsam; quasi; *exemples*: **quasi-normal** fast normal; **quasi-unanime** fast einmütig **b** *devant subst* fast völlig; nahezu total; *exemples*: **avec une quasi-certitude** mit fast hundertprozentiger Sicherheit; mit an Sicherheit grenzender Wahrscheinlichkeit; **quasi-impossibilité** fast völlige Unmöglichkeit; **la quasi-totalité des Français** fast alle Franzosen; so gut wie alle Franzosen; **à la quasi-unanimité** fast einstimmig

quasiment [kazimɑ̃] *fam* ADV → quasi[2]

quaternaire [kwatɛʀnɛʀ] ADJ GÉOL **ère** *f* ~ *ou subst* ~ *m* Quartär *n*; ~ **ancien** Pleistozän *n*; Diluvium *n*; ~ **récent** Holozän *n*; Alluvium *n*

quatorze [katɔʀz] **A** NUM vierzehn; **Louis XIV** Ludwig XIV. (der Vierzehnte); **le ~ mai** der vierzehnte *ou* am vierzehnten Mai; **la guerre de ~** der Erste Weltkrieg; der Krieg 14/18; **de ~ ans** vierzehnjährig; von vierzehn Jahren **B** M ‹*inv*› Vierzehn *f*; **le ~** (**du mois**) der Vierzehnte *ou* am Vierzehnten (des Monats); → *a*. deux B

quatorzième [katɔʀzjɛm] **A** NUM vierzehnte(r, -s); **le ~ siècle** das vierzehnte Jahrhundert **B** SUBST **1 le, la ~** der, die das Vierzehnte **2** M MATH Vierzehntel *n*

quatrain [katʀɛ̃] M Vierzeiler *m*

quatre [katʀ] **A** NUM vier; **le ~ août** der vierte August *ou* am vierten August; **Henri IV** Heinrich IV. (der Vierte); ~ **heures** vier Stunden; *heure* vier Uhr; *par ext enf* **mon ~ heures** mein Vesper-, Nachmittagsbrot *n*; **page ~** Seite vier; *loc adj et loc adv*: **à ~** zu viert; zu vieren; *fig* **se tenir à ~** sich sehr zusammennehmen, *fam* -reißen; **aux ~ coins du monde** überall in, auf der Welt; BOT **trèfle** *m* **à ~ feuilles** vierblätt(e)riges Kleeblatt; MUS **à ~ mains** vierhändig; **enfant** *m* **de ~ ans** vierjähriges Kind; Kind *n* von vier Jahren; *fig* **un de ces ~** (**matins**) demnächst; **entre ~ yeux** [-katzjø] unter vier Augen; **manger comme ~** für drei essen; **marcher à ~ pattes** auf allen vieren kriechen, gehen; *fam fig* **se mettre en ~** sein Möglichstes tun; *fam* sich zerreißen, umbringen (**pour qn** für j-n); **monter, descendre les escaliers ~ à ~** die Treppe in großen Sprüngen hinauf-, hinuntereilen; mit ein paar Sätzen die Treppe hinauf-, hinunterspringen; immer zwei Stufen auf einmal nehmen; *fig* **être tiré à ~ épingles** geschniegelt und gebügelt, wie aus dem Ei gepellt sein **B** SUBST ‹*inv*› **1** M *nombre* Vier *f*; *all Sud a*. Vierer *m*; **le ~** (**du mois**) der Vierte *ou* am Vierten (des Monats); → *a*. deux B **2** M AVIRON Vierer *m* **3** AUTO **une 4 × 4** [katkat(ʀə)] ein Wagen *m* mit Vierrad-, Allradantrieb; *par ext* ein Geländewagen *m*

Quatre-Cantons [katʀəkɑ̃tõ] **le lac des ~** der Vierwaldstätter See

quatre-(cent-)vingt-et-un [kat(sɑ̃)vɛ̃teɛ̃] M ‹*inv*› frz Würfelspiel

quatre-huit [katʀəɥit] M ‹*inv*› MUS Vierachteltakt *m*; 4/8-Takt *m*

quatre-mâts [kat(ʀə)mɑ] M ‹*inv*› MAR Viermaster *m*

quatre-quarts [katkaʀ] M ‹*inv*› CUIS Sandkuchen *m*

quatre-quatre [kat(ʀə)katʀ] F *ou* M ‹*inv*› Fahrzeug n mit Allradantrieb; *par ext* Geländewagen *m*

quatre-saisons [kat(ʀə)sɛzõ] F ‹*inv*› BOT Monatserdbeere *f*; → *a*. marchand A 1

quatre-temps [katʀətɑ̃] MPL ÉGL CATH Quatember *m*

quatre-vingt(s) [katʀəvɛ̃] **A** NUM ‹*bei folgender Zahl sowie als Ordnungszahl ohne s*› achtzig; **quatre-vingts hommes** achtzig Mann; **quatre-vingt mille** achtzigtausend; **quatre-vingts millions** achtzig Millionen; **page quatre-vingt** Seite achtzig; **dans les années quatre-vingt** in den Achtzigerjahren; **âgé de quatre-vingts ans** achtzig Jahre alt; **°huit fois dix font quatre-vingts** acht mal zehn ist achtzig **B** M Achtzig *f*; → *a*. deux B

quatre-vingt-dix [katʀəvɛ̃dis] **A** NUM neunzig; **les années ~** die Neunzigerjahre *npl* **B** M Neunzig *f*; → *a*. deux B

quatre-vingt-dixième [katʀəvɛ̃dizjɛm] **A** NUM neunzigste(r, -s) **B** SUBST **1 le, la ~** der, die, das Neunzigste **2** M MATH Neunzigstel *n*

quatre-vingtième [katʀəvɛ̃tjɛm] **A** NUM achtzigste(r, -s) **B** SUBST **1 le, la ~** der, die, das Achtzigste **2** M MATH Achtzigstel *n*

quatre-vingt-onze [katʀəvɛ̃õz] NUM einundneunzig

quatre-vingt-un [katʀəvɛ̃ɛ̃] NUM einundachtzig; **quatre-vingt-unième** [-ynjɛm] NUM einundachtzigste(r, -s)

quatrième [katʀijɛm] **A** NUM vierte(r, -s) **B** SUBST **1 le, la ~** der, die, das Vierte **2** M vierter Stock; vierte Etage; **habiter au ~** im vierten Stock, *fam* vier Treppen hoch wohnen **3** F ÉCOLE dritte Klasse im Gymnasium; *correspond à* achte Klasse **4** F AUTO vierter Gang; **passer en ~** in den vierten Gang *ou* Vierten gehen, schalten

quatrièmement [katʀijɛmmɑ̃] ADV viertens

quattrocento [kwatʀɔtʃɛnto] M *le quinzième siècle italien* Quattrocento *n*

quatuor [kwatɥɔʀ] M **1** MUS Quartett *n*; ~ **vocal** Gesangs-, Vokalquartett *n*; ~ **à cordes** Streichquartett *n*; ~ **pour piano et cordes** Klavierquartett *n* **2** *fam fig* (Vierer-)Grüppchen *n*

que [kə]

‹*vor Vokal u. stummem h* qu'›

A pronom relatif	B pronom interrogatif
C adverbe	D conjonction

— **A** pronom relatif —

1 *obj dir* den, die, das, *pl* die; *st/s* welche(n, -s), *pl* welche; **un monsieur ~ je ne connais pas** ein Herr, den ich nicht kenne; **les livres qu'il a lus** die Bücher, die er gelesen hat; **le livre ~ voici** dieses Buch hier; **c'est lui ~ j'attends** auf ihn warte ich **2** *neutre* (*obj dir*) **a ce ~** was; **ce ~ tu me dis ne me surprend guère** was du mir da sagst, überrascht mich kaum; **tout ce ~ j'ai vu** alles, was ich gesehen habe **b** *seul*: **il n'est pas malade, ~ je sache** er ist (doch) nicht krank, soviel ich weiß; *fam* ~ **tu dis!** was du nicht sagst! **3** *attribut*: **imbécile ~ tu es!** du Dummkopf!; **tout rusé qu'il est ...** schlau, wie er ist ... **4** *sujet*: **advienne ~ pourra** komme, was da wolle!; **coûte ~ coûte** koste es, was es wolle! **5** *sens temporel*: **un jour ~** e-s Tages, als; **du temps ~** zu der Zeit, als

— **B** pronom interrogatif —

was? **1** *obj dir* ‹*umschriebene Form* qu'est-ce ~ [kɛskə]›: ~ **cherchez-vous?** *ou* **qu'est-ce ~ vous cherchez?** was suchen Sie?; **qu'en pensez-vous?** wie denken Sie darüber?; was halten Sie davon?; ~ **faire?** was tun? **2** *attribut*: **qu'est-ce?** *ou* **qu'est-ce ~ c'est** (~ **ça**)? was ist das?; ~ **deviendrons-nous?** *ou* **qu'est-ce ~ nous deviendrons?** was soll aus uns werden? **3** *sujet devant un v/imp*: ~ **s'est-il passé?** was ist geschehen?; **qu'y a-t-il?** was ist?; was gibt es? **4** *interrogation indirecte* **a** *pr interrog neutre* (*obj dir*) **ce ~** was; **dites-moi ce ~ vous cherchez** sagen Sie mir, was Sie suchen **b** *après « ne savoir »*: **je ne sais ~ faire** ich weiß nicht, was ich tun soll

— **C** adverbe —

exclamatif **1** *avec adj, adv et verbes* ‹*fam* ce ~ *ou* qu'est-ce ~› wie; **qu'il est stupide!**, *fam* **ce qu'il est bête!** wie dumm er ist!; *fam* ist der vielleicht blöd!; *fam* (**qu'est**)-**ce qu'on a bien mangé!** *fam* wir haben vielleicht gut gegessen! **2** *avec subst* ~ **de** wie viel(e); ~ **de monde!** wie viele Leute!; ~ **de fois!** wie viele Male!; wie oft! **3** *litt* (*pourquoi*) warum; ~ **n'es-tu venu plus tôt!** warum bist du nicht früher gekommen! **4** *st/s pour renforcer* ~ **non!** aber nein!; gewiss nicht!; ~ **si!** gewiss doch!; aber natürlich!

— **D** conjonction —

1 a *introduisant une subordonnée complétive* dass *ou pas traduit*; **je crois qu'il reviendra** ich glaube, er wird wiederkommen *ou* dass er wiederkommen wird; **dites-lui qu'il vienne** sagen Sie ihm, er soll kommen; ~ **tu sois sage, j'en suis certain** ich bin sicher, dass du artig bist; **c'est pour vous ~ je le dis** das sage ich für euch; **voilà qu'il pleut depuis deux heures** jetzt regnet es schon seit zwei Stunden; **heureusement qu'il n'a rien vu** zum Glück hat er nichts gesehen **b** *finale* damit; dass; **approchez ~ l'on vous voie** kommt näher, damit man euch sieht **c** *consécutive* dass; **le feu prit si rapidement ~ ...** das Feuer griff so rasch um sich, dass ... **d** *temporelle* als; *il n'eut pas fait vingt pas* **qu'il tomba** als er niederfiel; **attendez qu'il soit revenu** warten Sie, bis er zurück ist **e** *concessive* ob; **qu'on nous prie ou qu'on nous menace ...** ob man uns bittet oder ob man uns droht ... **f** *loc conj* **afin ~, dès ~** *etc* → afin, dès *etc* **g** *avec un verbe d'opinion: pas traduit*; **je crois ~ oui** ich glaube Ja; **je pense ~ non** ich denke Nein **2** *pour éviter la répétition d'une conj*: **puisque vous le dites et ~ nous le croyons ...** da Sie es sagen und (da) wir es glauben ...; **s'il vient et ~ je ne sois pas là ...** wenn er kommt und ich nicht da bin ... **3** *souhait, ordre*: **qu'il entre!** er soll hereinkommen!; ~ **le diable l'emporte!** der Teufel soll ihn holen! **4** *comparaison* **a** *d'égalité* wie; **aussi grand ~** (eben)so groß wie; **elle travaille autant ~ sa sœur** sie arbeitet ebenso viel wie ihre Schwester; **tant ~ tu voudras** so viel *ou* so lange du willst; **tel ~ je le connais** so, wie ich ihn kenne **b** *après comp* als; *abus* wie; **plus grand ~** größer als; **Pierre est moins âgé ~ son frère** Peter ist jünger als sein Bruder; **je dépense plus ~ toi** ich gebe mehr (Geld) aus als du **c** **autrement ~** anders als; **tout autre ~ lui** jeder andere (als er); jeder außer ihm **5** *(seulement)* **ne ... ~** nur; *temporel* erst; **je n'ai qu'une clé** ich habe nur e-n Schlüssel; **il n'est ~ huit heures** es ist erst acht (Uhr); **il ne pense plus qu'à son travail** er denkt nur noch an s-e Arbeit **6** *explétif: pas traduit;* **c'est une belle fleur ~ la rose** die Rose ist e-e schöne Blume

Québec [kebɛk] **1** *ville* Quebec *n* **2** *province* **le ~** Quebec *n*

québécois [kebekwa] ADJ *(et* SUBST **Québécois** Bewohner) von Quebec; Quebecer

quel [kɛl] ⟨~le⟩ **A** ADJ INTERROG **1** **a** *épithète* welche(r, -s); was für ein(e), *pl* was für; **~ âge a-t-il?** wie alt ist er?; **~ film avez-vous vu?** welchen Film *ou* was für e-n Film haben Sie gesehen?; **~le heure est-il?** wie viel Uhr ist es?; wie spät ist es?; **~s pays connaissez-vous?** welche Länder *ou* was für Länder kennen Sie?; **dans ~ volume?** in welchem Band?; im wievielten Band? **b** *attribut* welches; **~le est la capitale de ce pays?** welches ist die Hauptstadt dieses Landes?; **~les sont vos chaussures?** welches sind Ihre Schuhe?; **~le est la hauteur de cette maison?** wie hoch ist dieses Haus?; **~ est le prix?** wie hoch ist der Preis? **2** *exclamatif* **a** *épithète* was für ein(e), *pl* was für; *st/s* welch (+ ein[e] *ou +adj*); **~le chance!** was für ein Glück!; **~ beau temps!** was für ein schönes Wetter!; *st/s* welch schönes Wetter! **b** *attribut* wie groß; **~le ne fut pas ma surprise!** wie groß war meine Überraschung!; wie überrascht war ich! **B** ADJ INDÉF **~ que** *(+subj von „être")* welches *ou* wie groß auch (immer); (ganz) gleich *ou fam* egal, welche(r, -s) *ou* wie groß ...; **~les que soient vos raisons ...** welches, was auch (immer) Ihre Gründe sein mögen ...; was für Gründe Sie auch (immer) haben mögen ...; *il affronte tous les dangers,* **~s qu'ils soient** wie immer geartet sie auch sein mögen; **tel ~** → tel A 1

quelconque [kɛlkõk] **A** ADJ INDÉF **a** *(n'importe lequel)* irgendein(e), *pl* irgendwelche; beliebige(r, -s) *(a.* MATH*); fam* x-beliebige(r, -s); **d'une manière ~** irgendwie; **pour une raison ~** aus irgendeinem Grund; **un sujet ~** ein beliebiges Thema; irgendein Thema; MATH **un triangle ~** ein beliebiges Dreieck **b** *péj* irgend so ein(e); **l'un ~ de ces petits potentats** irgendeiner von diesen kleinen Potentaten **B** ADJ *(médiocre)* mittelmäßig; *(insignifiant)* unbedeutend; banal; nichtssagend; *(ordinaire)* gewöhnlich; **un homme ~** *a.* ein Dutzendmensch *m;* **un restaurant ~** ein mittelmäßiges Restaurant; **elle est très ~** sie ist völlig nichtssagend; **c'était ~** es war nichts Besonderes

quelque [kɛlkə], *vor Vokal* [kɛlk] *keine Elision!* ADJ INDÉF **1** SG **a** *(certain)* einige(r, -s); ein gewisser, e-e gewisse, ein gewisses; **à ~ distance** in einiger Entfernung; in e-r gewissen Entfernung; **(pendant) ~ temps** e-e Zeit lang; **il y a ~ temps** vor einiger Zeit; *loc adv st/s* **~ peu** etwas; ein wenig; ein bisschen **b** *(un)* irgendein(e); **~ chose** etwas; → *a.* chose 2; *st/s* **~ jour** e-s (schönen) Tages; **~ part** irgendwo(hin) **2** PL *(un petit nombre)* **a** **~s** einige; ein paar; manche; **~s jours** einige Tage; ein paar Tage; **avec ~s amis** mit ein paar Freunden; **~s personnes diront peut-être ...** manche (Leute) sagen vielleicht ... **b** **les ~s** *ou* **ces ~s** die paar; die wenigen; **les ~s articles qu'il a écrits** die paar, die wenigen Artikel, die er geschrieben hat **c** *après un chiffre* **... et ~(s)** etwas über ...; etwas mehr als ...; ... und darüber; einige ...; **il a quarante et ~s années,** *fam* **il a quarante ans et ~s** er ist etwas über vierzig Jahre alt **3** ADVT ⟨*inv*⟩ *avant un chiffre (environ)* etwa; ungefähr; an die; **~ trente personnes** etwa, ungefähr, an die dreißig Personen **4** **~ ... que** *(+subj)* **a** *avec subst* was für ein(e), *pl* was für ... auch (immer); welche(r, -s) ... auch (immer); **à ~ prix que ce soit** um welchen Preis auch immer **b** *advt* ⟨*inv*⟩ *avec adj* wie *ou* so ... auch (immer); *st/s* **~ bonnes que soient vos raisons** wie triftig Ihre Gründe auch sein mögen; und wären Ihre Gründe (auch) noch so gut

quelque chose [kɛlkəʃoz] → chose 2

quelquefois [kɛlkəfwa] **A** ADV manchmal; bisweilen; zuweilen; mitunter; hin und wieder; dann und wann **B** CONJ *fam* **~ qu'il ne serait pas là** sollte er nicht da sein

quelqu'un [kɛlkɛ̃, -kœ̃] M, **quelqu'une** [kɛlkyn] F PR INDÉF **1** **a** (irgend)jemand; (irgend)einer; *fam* wer; **y a-t-il quelqu'un?** ist da jemand, *fam* wer?; **quelqu'un demande à vous parler** jemand möchte Sie sprechen; *fam* **je connais quelqu'un qui va être content** ich kenne jemand(en) *ou* einen, der sich freuen wird; **holà, quelqu'un!** hallo!; Bedienung! **b** **quelqu'un d'autre** jemand ander(e)s; *all Sud a.* jemand anderer; **quelqu'un de sûr** jemand Zuverlässiges; **c'est quelqu'un de bien** er ist ein anständiger, achtbarer Mensch **c** *fam* **être quelqu'un** e-e wichtige Persönlichkeit, *fam* jemand, wer sein; **elle se prend pour quelqu'un** *fam* sie meint, sie sei jemand, wer **d** *fam péj (inouï)* **c'est quelqu'un!** *fam* das ist schon toll!; das ist ein starkes Stück! **2** PL **quelques-uns** [kɛlkəzɛ̃, -zœ̃] ⟨*f* quelques-unes⟩ einige; manche; welche; **quelques-uns des enfants** einige der Kinder; *ne mangez pas toutes les poires,* **laissez-m'en quelques-unes** lasst mir noch einige, welche übrig; **quelques-uns prétendent que ...** einige, manche behaupten, dass ...; **être réservé à quelques-uns** nur einigen wenigen vorbehalten sein

quémander [kemɑ̃de] V/T (aufdringlich) betteln, bitten (**qc** um etw); **quémandeur** M, **quémandeuse** F lästiger Bettler *ou* Bittsteller, lästige Bettlerin *ou* Bittstellerin

qu'en-dira-t-on [kɑ̃diʀatõ] M ⟨*inv*⟩ Gerede *n* der Leute

Queneau [kəno] *frz Schriftsteller*

quenelle [kənɛl] F CUIS Klößchen *n;* **~s de brochet** Fischklößchen *npl (vom Hecht)*

quenotte [kənɔt] *enf* F Zähnchen *n; enf* Beißerchen *n*

quenouille [kənuj] F Spinnrocken *m;* Kunkel *f;* **filer sa ~** (mit dem Spinnrocken) spinnen

Quentin [kɑ̃tɛ̃] M **1** *Vorname* **2** *saint* Quintinus *m*

quéquette [kekɛt] F *enf (pénis) enf* Zipfelchen *n*

Quercy [kɛʀsi] **le ~** *Landschaft in Südwestfrankreich*

querelle [kəʀɛl] F Streit *m;* Zwist *m;* Zank *m;* Auseinandersetzung *f;* **~s** *pl* Streitigkeiten *fpl;* Händel *mpl;* Querelen *fpl;* **mauvaise ~** dummer, unnötiger Streit; *litt* **~ d'Allemand** unmotivierter, unbegründeter Streit; Streit um des Kaisers Bart; **~ de famille** Familienstreit *m,* -zwist *m;* **~ de ménage** Ehestreit *m;* eheliche Auseinandersetzung; **chercher ~ à qn** mit j-m Streit, Händel suchen

quereller [kəʀele] **A** V/T *litt* **~ qn** j-n auszanken, (aus)schelten **B** V/PR **se ~** sich streiten, zanken *(réciproque et* **avec qn** mit j-m)

querelleur [kəʀɛlœʀ] **A** ADJ ⟨-euse⟩ zänkisch; zank-, streitsüchtig **B** SUBST **~, querelleuse** *m,f* Zänker(in) *m(f)*

quérir [keʀiʀ] V/T ⟨*nur inf*⟩ *litt* **aller ~** holen

Quesnoy (Le) [ləkenwa] *Stadt im Dep. Nord*

qu'est-ce que [kɛskə] → que B 1, 2 et C 1

qu'est-ce qui [kɛski] → qui A 2

questeur [kɛstœʀ, kwɛ-] M Finanz- und Verwaltungsbeauftragte(r) *m (der frz Nationalversammlung, des Senats)*

question [kɛstjõ] F **1** *(interrogation)* Frage *f;* PARLEMENT **~ écrite, orale** schriftliche, mündliche Anfrage; *iron* **quelle ~!, cette ~!** was für e-e Frage!; dumme Frage!; **~ à choix multiple** Multiple-Choice-Frage *f;* POL **~ de confiance** Vertrauensfrage *f;* **~ d'examen** Examens-, Prüfungsfrage *f;* **poser une ~ (à qn)** (j-m) e-e Frage stellen; **se poser des ~s** sich *(dat)* Fragen stellen; nachdenklich werden **2** *(problème)* Frage *f;* Problem *n; (sujet)* Angelegenheit *f;* Sache *f;* **~ brûlante** heißes Eisen; **~s économiques** Wirtschaftsfragen *fpl;* **~ d'argent** Geldfrage *f;* **~ de compétence** Zuständigkeitsfrage *f;* **~ de forme** Formfrage *f;* **~ de principe** Grundsatz-, Prinzipienfrage *f;* POL **~ du Proche-Orient** Nahostfrage *f;* ♦ *loc prép fam* **~ salaire, travail** *fam* in puncto Gehalt, Arbeit; was das Gehalt, die Arbeit angeht; gehalts-, arbeitsmäßig; *fam* **~ argent, c'est réglé** die finanzielle Seite ist geregelt; *fam* das mit dem Geld geht in Ordnung; ♦ *loc adj* **en ~** fraglich; betreffend; zur Debatte stehend; bewusst; **le livre en ~** das fragliche, betreffende Buch; **la personne en ~** *a.* der *ou* die Betreffende; **remettre qc en ~** etw infrage stellen; ♦ *fam* **(il n')y a pas de ~** das steht außer Frage; **la ~ est de savoir si ...** die Frage ist, ob ...; **la ~ n'est pas là, ce n'est pas la ~** darum geht es (hier) nicht; **là est (toute) la ~, c'est (toute) la ~** das ist hier die Frage; **c'est une autre ~** das ist e-e andere Frage; **c'est une ~ de goût, de tact,** *fam* **~ de goût, de tact** das ist Geschmackssache, das ist e-e Frage des Takts; **c'est une ~ de point de vue** das ist Auffassungs-, Ansichtssache; **c'est une ~ de temps** das ist e-e Frage der Zeit, e-e Zeitfrage; **c'est en dehors, à côté de la ~** das gehört nicht zur Sache; **c'est °hors de ~** das kommt nicht infrage; **il est ~ de qn, de qc** es handelt sich um j-n, um etw; es ist die Rede von j-m, von etw; **il est ~ de construire un tunnel** es ist die Rede davon *ou* man spricht davon, dass ein Tunnel gebaut werden soll; **de quoi est-il ~?** worum *ou* um was geht es (hier), handelt es sich?; **il n'en est pas ~,** *fam* **pas ~!** das kommt nicht infrage; davon kann keine Rede sein; *fam* damit ist es nichts; **il n'est pas ~ de** *(+inf)* *ou* **que ...** es kommt nicht infrage, dass ...; es kann keine Rede davon sein, dass ...; *iron* **il est bien ~ de ça!** kommen Sie mir doch jetzt nicht mit dieser Lappalie!; **qu'il n'en soit plus ~!** davon will ich nichts mehr hören! **3** HIST *(torture)* peinliche Befragung; Folter *f*

questionnaire [kɛstjɔnɛʀ] M Fragebogen *m;* **~ à choix multiple** Multiple-Choice-Fragebogen *m;* **remplir un ~** e-n Fragebogen ausfüllen

questionner [kɛstjɔne] V/T **~ qn** j-n befragen, ausfragen (**sur** über *+acc*); **questionneur** M, **questionneuse** F Frager(in) *m(f);* Fragesteller(in) *m(f)*

quête [kɛt] F **1** *action* (Geld-, Almosen)Sammlung *f; à l'église* Kollekte *f; (argent recueilli)* Ertrag *m;* Ergebnis *n* e-r Geldsammlung, Kollekte; **~ à domicile** Haussammlung *f;* **faire la ~** sammeln (**à l'église, dans la rue** in der Kirche, auf der Straße) **2** *(recherche)* Suche *f;* LITTÉRATURE **~ du Graal** Gralssuche *f;* **en ~ de** auf der Suche nach; **être en ~ de travail** auf Arbeits-, Stellensuche sein; **se mettre en ~ de qn, qc** sich auf die Suche nach j-m, etw be-

Q

geben, machen

quêter [kete] A VT *(solliciter)* erbitten; bitten um B VI *(faire la quête)* sammeln (**pour** für)

quetsche [kwɛtʃ] F 1 Zwetsche *f*; *all Sud* Zwetschge *f*; **tarte** *f* **aux ~s** Zwetsch(g)enkuchen *m* 2 **(eau-de-vie** *f* **de) ~** Zwetsch(g)enwasser *n*

queue [kø] F 1 *d'animaux* Schwanz *m*; Schweif *m*; CH Rute *f*; CH *du lièvre* Blume *f*; **~ de cheval** Pferdeschweif *m*, -schwanz *m*; *coiffure* Pferdeschwanz *m*; **~s d'écrevisse** Krebsschwänze *mpl*; **(habit** *m* **à) ~ de morue, de pie** Schwalbenschwanz *m*; *chauffard* **faire une ~ de poisson à qn** j-n schneiden; *fig* **finir, se terminer en ~ de poisson** enttäuschend enden; ausgehen wie das Hornberger Schießen; im Sand verlaufen; *loc adv*: **à la ~ leu leu** im Gänsemarsch; einer hinter dem andern; **la ~ en trompette** mit aufgerichtetem Schwanz; *fam fig* **s'en aller la ~ basse** *fam* mit hängendem *ou* eingezogenem Schwanz, wie ein begossener Pudel abziehen; *fig* **n'avoir ni ~ ni tête** weder Hand noch Fuß haben 2 *par ext d'un avion, cerf-volant* Schwanz *m*; *d'une comète* Schweif *m*; *d'un fruit, d'une fleur, d'une poêle* Stiel *m*; *de radis* Stängel *m*; **~ de cerise** Kirschenstiel *m*; MUS **~ de note** Notenhals *m*, -stiel *m*; MUS **piano** *m* **à ~** Flügel *m*; *fam* **ne pas en avoir la ~ d'un** keinen Groschen (mehr) in der Tasche haben; keinen Pfennig Geld haben; *fig* **tenir la ~ de la poêle** das Heft in der Hand haben, halten 3 *(dernière partie)* Ende *n*; hinterer Teil; *fam* Schwanz *m*; **la ~ du cortège** das Ende, der hintere Teil des (Fest)Zuges; CH DE FER **wagon** *m* **de ~** letzter, hinterer Wagen; Schlusswagen *m*; **à la ~, en ~** am Ende; hinten; **en ~ du train** am Ende des Zuges; hinten im *ou* am Zug; **être à la ~ de sa classe** unter den Letzten s-r Klasse sein 4 *(file)* Schlange *f*; **une ~ de cent mètres** e-e hundert Meter lange Schlange; **à la ~!** hinten anstellen!; **il y a ~ devant la boulangerie** man steht vor der Bäckerei Schlange; **faire la ~** Schlange stehen; anstehen (**pour qc** nach etw); **faire deux heures de ~** zwei Stunden lang Schlange stehen; **se mettre à la ~** sich hinten anstellen 5 BILLARD Queue *n*; Billardstock *m* 6 *pop (pénis) pop* Schwanz *m*

queue-de-rat [kødʀa] F ‹*pl* queues-de-rat› TECH Rundfeile *f*

queux [kø] M **maître ~** Küchenchef *m*, -meister *m*

Q

qui [ki]

A pronom interrogatif

B pronom relatif

C pronom indéfini

— A pronom interrogatif —

1 a *sujet ou attribut* wer?; **~ est là?** wer ist da?; **~ êtes-vous?** wer sind Sie?; **~ sait?** wer weiß?; MIL **~ va là?** *ou* **~ vive?** wer da?; TÉL **… Pierre ~?** … was für ein Pierre? b *obj dir* wen?; **~ cherchez-vous?** wen suchen Sie? c *obj indir*: **à ~ penses-tu?** an wen denkst du?; **de ~ parlez-vous?** von wem sprechen Sie?; **sur ~ compter?** auf wen kann man (noch) zählen? 2 *interrogatives* a *désignant qn* ♦ *sujet* **~ est-ce ~?** *ou fam* **qu'est-ce ~?** *ou fam* **~ c'est ~?** wer?; **~ est-ce ~ vous a dit cela?** wer hat Ihnen das gesagt?; ♦ *obj dir* **~ est-ce que?** *ou fam* **~ c'est que?** wen?; **~ est-ce que vous attendez?** wen erwarten Sie? b *désignant une chose (sujet)* **qu'est-ce ~?** was?; **qu'est-ce ~ est arrivé?** was ist passiert?; **qu'est-ce ~ vous manque?** was brauchen Sie noch? 3 *interrogation indirecte* a *désignant qn*: **je me demande ~ a téléphoné** ich frage mich, wer angerufen hat; **dites-moi ~ vous cherchez** sagen Sie mir, wen Sie suchen; **je ne sais pas de ~ il s'agit** ich weiß nicht, um wen es sich handelt b *pr interrog neutre (sujet)* **ce ~** was; **dites-moi ce ~ vous plaît** sagen Sie mir, was Ihnen gefällt

— B pronom relatif —

1 a *sujet* der, die, das, *pl* die; *st/s* welche(r, -s), *pl* welche; **l'homme ~ vient d'entrer** der Mann, der gerade hereingekommen ist; **les pommes ~ sont sur la table** die Äpfel, die auf dem Tisch sind; **celui ~** → celui b) b *obj indir désignant qn*: **l'homme à ~ je parle** der Mann, mit dem ich spreche; **celui contre ~ je lutte** der(jenige), gegen den ich kämpfe; **toi, par ~ j'ai été averti du danger** du, durch den *ou* die ich vor der Gefahr gewarnt worden bin c *pr rel neutre (sujet)* **ce ~** was; **ce ~ me fait plaisir …** was mir Spaß macht …; **tout ce ~ s'était passé …** alles, was geschehen war … 2 *sans antécédent* a *sujet* wer; **sauve ~ peut!** rette sich, wer kann!; JUR **~ de droit** zuständige Person, Stelle; ♦ **c'est à ~ …** es geht darum, wer …; **c'était à ~ entrerait le premier** es ging darum, als Erster hineinzukommen; *loc adv* **à ~ mieux mieux** um die Wette; **courir à ~ mieux mieux, à ~ arriverait le premier** um die Wette laufen; ♦ *st/s* **~ …, ~ …** der eine …, der andere …; *pl* die einen …, die ander(e)n …; dieser …, jener …; *pl* diese …, jene …; *on buvait* **~ du vin, ~ de la bière …** die einen Wein, die anderen Bier b *obj dir* wen; den, der …, *pl* die, die …; **j'aime ~ m'aime** ich liebe den, der mich liebt; **~ vous savez** Sie wissen schon, wen ich meine; *loc* **ni ~ ni quoi** überhaupt nichts c *obj indir*: **la tâche est facile pour ~ se donne un peu de peine** die Aufgabe ist für den(jenigen) leicht, der sich etwas Mühe gibt d *pr rel neutre* was; **~ mieux est** was noch besser ist; was das Schönste ist; **~ plus est** was noch dazukommt; und dazu noch; **voilà ~ est fait** das wäre geschafft

— C pronom indéfini —

~ que (+*subj*) a *sujet* wer auch (immer); (ganz) gleich *ou fam* egal, wer; **~ que ce soit ~ ait fait le coup** wer auch immer das getan haben mag; ganz gleich, wer das getan hat; **~ que vous soyez** wer Sie auch (immer) sein mögen; ganz gleich *ou fam* egal, wer Sie sind b *obj dir* wen auch (immer); (ganz) gleich *ou fam* egal, wen; *(quelqu'un)* irgendjemand(en); **~ que vous ayez vu** wen auch immer Sie gesehen haben mögen; (ganz) gleich *ou fam* egal, wen Sie gesehen haben; *j'ai suivi la rue* **sans rencontrer ~ que ce soit** ohne irgendjemandem zu begegnen; ♦ **n'importe ~** → importer[2]

quiche [kiʃ] F CUIS **~ lorraine** Speckkuchen *m*

quiconque [kikɔ̃k] PR INDÉF 1 *(toute personne qui)* jeder, der; wer auch (immer); **~ a lu ce livre …** jeder, der dieses Buch gelesen hat … 2 *(n'importe qui)* jeder (Beliebige); irgendjemand; **je le sais mieux que ~** ich weiß es besser als (sonst) irgendjemand

quidam [kɥidam, ki-] M *péj ou plais* **un ~** ein gewisser Jemand

quiet [kjɛ] *litt* ADJ ‹-ète [-ɛt]› ruhig

quiétisme [kjetism] M REL Quietismus *m*

quiétude [kjetyd] *litt* F Seelenruhe *f*, -frieden *m*; **en toute ~** in aller (Seelen)Ruhe; ruhig; beruhigt

quignon [kiɲɔ̃] M **~ (de pain)** (Brot)Kanten *m*; *all Nord* Knust *m*; *all Sud* Ranken *m* (Brot)

quille[1] [kij] F 1 Kegel *m*; **jeu** *m*, **partie** *f* **de ~s** Kegelspiel *n*, -partie *f*; **jouer aux ~s** kegeln 2 PL **~s** *fam (jambes) fam* Hachsen *fpl*; *all Sud* Haxen *fpl*; **avoir de grandes ~s** *fam* lange Hachsen haben 3 *fam (fille)* Mädchen *n* 4 *arg militaire* Ende *n* des Militärdienstes

quille[2] [kij] F MAR Kiel *m*; *loc adv* **la ~ en l'air** kieloben

Quimper [kɛ̃pɛʀ] *Stadt in der Bretagne*

quincaillerie [kɛ̃kɑjʀi] F 1 *objets* Eisenwaren *fpl*; Eisen- und Haushaltwaren *fpl* 2 *magasin* Eisenwarenhandlung *f*; Haushaltwarengeschäft *n* 3 *fam fig* Flitterkram *m*

quincaillier [kɛ̃kaje] M, **quincaillière** F Eisenwaren-, Haushaltwarenhändler(in) *m(f)*

quinconce [kɛ̃kɔ̃s] M Fünferanordnung *f* (wie auf dem Spielwürfel); *arbres etc* **disposés en ~** gegeneinander versetzt; auf Lücke gesetzt

quinine [kinin] F PHARM Chinin *n*

quinqua [kɛ̃ka] M/F *fam* ABR → quinquagénaire

quinquagénaire [kɛ̃kaʒenɛʀ] A M/F Fünfzigjährige(r) *m/f(m)*; Fünfziger(in) *m(f)* B ADJ fünfzigjährig

quinquennal [kɛ̃kenal] ADJ ‹-aux› a *(qui dure cinq ans)* fünfjährig; **plan ~** Fünfjahresplan *m* b *(tous les cinq ans)* fünfjährlich; alle fünf Jahre stattfindend; **élection ~e** alle fünf Jahre stattfindende Wahl

quinquennat [kɛ̃kena] M fünfjährige Amtszeit *(des französischen Präsidenten seit 2002)*

quinquets [kɛ̃kɛ] MPL *fam (yeux)* Augen *npl*; *fam* Gucker *mpl*

quinquina [kɛ̃kina] M 1 PHARM Chinarinde *f* 2 *Aperitif, der Chinarinde enthält*

Quint [kɛ̃] ADJ HIST **Charles ~** Karl V. (der Fünfte)

quintal [kɛ̃tal] M ‹*pl* -aux› (ABR **q**) Doppelzentner *m* (*abr* dz)

quinte [kɛ̃t] F 1 MÉD **~ (de toux)** Hustenanfall *m* 2 MUS Quint(e) *f* 3 CARTES Sequenz *f* von fünf Karten

quintessence [kɛ̃tesɑ̃s] F Quintessenz *f*; Hauptinhalt *m*; Wesentliche(s) *n*

quintette [kɛ̃tɛt, kɥɛ̃-] M MUS Quintett *n*; **~ de jazz** Jazzquintett *n*; Fünfmannband *f*

quintuple [kɛ̃typl] A ADJ fünffach B SUBST **le ~** das Fünffache; **le ~ du prix** der fünffache Preis

quintupler [kɛ̃typle] A VT verfünffachen B VI sich verfünffachen

quintuplé(e)s [kɛ̃typle] M(F)PL Fünflinge *mpl*

quinzaine [kɛ̃zɛn] F 1 **une ~** etwa, an die, ungefähr, rund, zirka fünfzehn (**d'ouvriers** Arbeiter) 2 *(deux semaines)* vierzehn Tage *mpl*; zwei Wochen *fpl*; **~ commerciale** vierzehntägige, zweiwöchige Promotion; **la grande ~ des prix littéraires** die große Zeit der Literaturpreise (in der ersten Dezemberhälfte); **la première, seconde ~ de mai** die erste, zweite Maihälfte; **dans une ~** in vierzehn Tagen

quinze [kɛ̃z] A NUM 1 fünfzehn; **le ~ avril** der fünfzehnte *ou* am fünfzehnten April; **Louis XV** Ludwig XV. (der Fünfzehnte); **~ minutes** fünfzehn Minuten; **page ~** Seite fünfzehn; **de ~ ans** fünfzehnjährig; von fünfzehn Jahren 2 **~ jours** vierzehn Tage *mpl*; **voyage** *m* **de ~ jours** vierzehntägige Reise; *loc adv*: **dans ~ jours** in vierzehn Tagen; **dans les ~ jours** innerhalb der nächsten vierzehn Tage; **tous les ~ jours** alle vierzehn Tage; vierzehntäglich; **aujourd'hui en ~** heute in vierzehn Tagen B M ‹*inv*› 1 *nombre* Fünfzehn *f*; **le ~ (du mois)** der Fünfzehnte *ou* am Fünfzehnten (des Monats); → *a*. **deux** B 2 SPORTS Rugbymannschaft *f* (von fünfzehn Spielern)

Quinze-Vingts [kɛ̃zvɛ̃] **hospice** *m* **des ~** *Blindenanstalt in Paris*

quinzième [kɛ̃zjɛm] A NUM fünfzehnte(r, -s) B SUBST 1 **le, la ~** der, die, das Fünfzehnte 2

M MATH Fünfzehntel *n*
quiproquo [kipʀɔko] M Verwechslung *f*; Quiproquo *n*
Quirinal [kɥiʀinal] **le mont ~** der Quirinal
quittance [kitɑ̃s] F Quittung *f*; Zahlungsbeleg *m*; **~ de loyer** Mietquittung *f*; Quittung über bezahlte Miete; **établir, faire une ~** e-e Quittung ausstellen, schreiben
quitte [kit] ADJ **1** *d'une dette* nichts schuldig; quitt; frei; JUR **~ de tous droits et taxes** abgaben- und gebührenfrei; **être ~ envers qn** j-m nichts mehr schulden; mit j-m quitt sein; **nous sommes ~s** wir sind quitt **2** *fig* **être ~ de qc** von etw frei, e-r Sache (*gén*) ledig sein; **en être ~ à bon compte** mit e-m blauen Auge davonkommen; **en être ~ pour la peur** mit dem (bloßen) Schrecken davongekommen sein; **tenir qn ~ de qc** j-m etw erlassen **3** LOC PRÉP **~ à** (*+inf*) auf die Gefahr hin, dass ...; wenn auch ...; **~ à être puni** auch auf die Gefahr hin, bestraft zu werden **4** **jouer à ~ ou double** *jeu* weitermachen (und dabei den Einsatz verdoppeln oder verlieren); „Alles oder nichts" spielen; *fig* alles aufs Spiel setzen; alles auf eine Karte setzen
quitter [kite] **A** V/T **1** *lieu* verlassen; *métier* aufgeben; **~ son appartement** (*déménager*) ausziehen; s-e Wohnung aufgeben; **~ ses fonctions** sein Amt niederlegen; den Dienst quittieren; **~ le lycée à treize ans** das Gymnasium mit dreizehn Jahren verlassen; mit dreizehn Jahren vom Gymnasium abgehen; **~ son pays** sein Land verlassen; *navire* **~ le port** (aus dem Hafen) auslaufen; *voiture* **~ la route** von der Fahrbahn abkommen; *abs*: TÉL **ne quittez pas!** bitte, bleiben Sie am Apparat! **2** *personne* verlassen; **~ qn brusquement** j-n plötzlich verlassen; j-n einfach stehen lassen; **cette pensée ne le quitte jamais** dieser Gedanke lässt ihn nie los; **sa photo ne me quitte jamais** ich trage immer sein Foto bei mir; **sur ce, je vous quitte** jetzt muss ich gehen; **ne pas ~ qn d'un pas, d'une semelle** j-m nicht von den Fersen weichen; j-m auf Schritt und Tritt folgen; **ne pas ~ qn, qc des yeux** j-n, etw nicht aus den Augen lassen **3** *vêtement* ablegen; ausziehen; **~ le deuil** die Trauer ablegen; *fig* **~ l'habit religieux** in den Laienstand zurückkehren **B** V/PR **se ~** sich trennen; auseinandergehen; **ils ne se quittent plus** sie sind unzertrennlich; **ils se sont quittés bons amis** sie sind als gute Freunde auseinandergegangen
quitus [kitys] M JUR, COMM Entlastung *f*; **donner ~ à qn** j-m Entlastung erteilen; j-n entlasten
qui-vive [kiviv] **A** INT MIL wer da? **B** M **être, se tenir sur le ~** auf der Hut sein; aufpassen; *fam* auf dem Quivive sein
quoi [kwa] **A** PR INTERROG **1** *obj dir ou seul* was; *j'ai acheté qc*, **devine ~?** rate mal, was?; **~ faire?** was tun?; **en ~ faisant?** wie?; auf welche Weise?; **pour ~ faire?** wozu?; **je ne sais plus ~ dire** ich weiß nicht mehr, was ich sagen soll; ♦ *fam* **~?** *je n'ai pas compris* was? ...; **alors, il se décide ou ~?** entschließt er sich nun oder nicht, *fam* oder was eigentlich?; **~ de neuf?** was gibt's Neues?; **~ de plus facile?** nichts leichter als das!; **~ de plus naturel?** was ist selbstverständlicher? **2** *obj indir* woran, worauf, womit, wozu *etc* (*selon la prép*); **à ~ pensez-vous?** woran denken Sie?; **de ~ est-ce qu'il se nourrit?** wovon ernährt er sich?; **il ne sait pas par ~ commencer** er weiß nicht, womit er anfangen soll; ♦ **à ~ bon?** wozu?; was nützt das (schon)?; *fam menaçant* **de ~?** he, was gibt's?; was fällt euch ein! **3** *exclamatif* **~!** *vous partez?* was! *ou* wie! ...; *fam en fin d'explication* **... une vie monotone, ~ ...** ein eintöniges Dasein also, eben, *all Sud* halt **B** PR REL **1** woran, worauf, womit *etc* (*selon la prép*); **s'il savait ce à ~ je pense** wenn er wüsste, woran ich denke; **c'est en ~ vous vous trompez** hier(in) irren Sie (sich); **voici de ~ payer le loyer** hier ist das Geld, um die Miete zu bezahlen; ♦ *il exposa les faits*, **après ~ il se retira** woraufhin er sich zurückzog; *prêtez-moi un peu d'argent*, **sans ~** *ou* **faute de ~ je ne pourrai payer le taxi** sonst *ou* andernfalls kann ich das Taxi nicht bezahlen; ♦ *fam* **comme ~** **a)** (der *ou* die, das besagt,) dass; **il lui a fait un certificat comme ~ il a bien travaillé** er hat ihm ein Zeugnis ausgestellt, dass *ou* wonach er gute Arbeit geleistet hat **b)** also; *il n'a même pas demandé à le voir*, **comme ~ ce n'était pas très important** es war also nicht sehr wichtig **2** *sans antécédent*: **acheter de ~ écrire** Schreibmaterial kaufen; **avoir de ~ écrire** etwas zum Schreiben haben; **avoir de ~ vivre** sein Auskommen, genug zum Leben haben; *fam* **avoir de ~** Geld haben; *fam* (gut) betucht sein; **il n'y a pas de ~ rire** da gibt es nichts zu lachen; (dies ist) kein Grund zum Lachen; *je vous remercie* - **(il n'y a) pas de ~** (bitte,) keine Ursache; (bitte,) gern geschehen; nichts zu danken **C** PR INDÉF **~ que** (*+subj*) was auch (immer); (ganz) gleich *ou fam* egal, was; **~ qu'il arrive** was auch (immer) geschehen mag; ganz gleich *ou fam* egal, was geschieht; **~ qu'on dise** was man auch (immer) sagen mag; **~ que ce soit** was auch immer (das sein mag); (ganz) gleich *ou fam* egal, was; (*quelque chose*) irgendetwas; **s'il arrive ~ que ce soit** wenn irgendetwas, *fam* irgendwas passiert; **~ qu'il en soit** wie dem auch sei; ♦ **n'importe ~** → importer[2]
quoique [kwak(ə)] ⟨*vor il, elle, un, une, on* quoiqu'⟩ *conj* (*+subj*) obgleich; obwohl; wenn auch; **quoiqu'il ait beaucoup d'amis ...** obwohl er viele Freunde hat ...; *fam* **~ pour ça, on n'a pas de preuves** obwohl - man hat ja eigentlich keine Beweise dafür
quolibet [kɔlibɛ] M Anzüglichkeit *f*; spöttische Bemerkung; **essuyer des ~s** Anzüglichkeiten einstecken müssen, zu hören bekommen
quorum [kɔʀɔm, kwɔ-] M beschlussfähige Anzahl (von Sitzungsteilnehmern); Quorum *n*; **le ~ est atteint** die Versammlung ist beschlussfähig
quota [kɔta, kwɔ-] M ADMIN Quote *f*; **~ d'immigration** Einwanderungsquote *f*; **~ d'importation** Einfuhrquote *f*
quote-part [kɔtpaʀ] F ⟨*pl* quotes-parts⟩ Anteil *m*; anteiliger, anteilmäßiger Betrag; Quote *f*
quotidien [kɔtidjɛ̃] **A** ADJ ⟨~ne⟩ (all)täglich; **le pain ~** das tägliche Brot; **le travail ~** die tägliche Arbeit; **la vie ~ne** der Alltag; das alltägliche Leben **B** M **1** *journal* Tageszeitung *f* **2** (*vie quotidienne*) Alltag *m*; **au ~** im Alltag
quotidiennement [kɔtidjɛnmɑ̃] ADV täglich
quotient [kɔsjɑ̃] M **1** MATH Quotient *m* **2** *par ext*: IMPÔTS **~ familial** Bewertungsziffer *f* entsprechend dem Familienstand; **~ intellectuel** Intelligenzquotient *m*
quotité [kɔtite] F JUR Anteil *m*; Anteilsumme *f*; Quote *f*; **~ disponible** frei verfügbarer Erbanteil

R

R, r [ɛʀ] M ⟨*inv*⟩ R, r *n*
rab [ʀab] M *fam* **1** *de nourriture fam* Nachschlag *m*; **il y a des frites en ~** es sind noch Pommes übrig; **qui veut du ~?** wer will nachfassen? **2** (*temps supplémentaire*) **faire du ~** (unbezahlte) Überstunden machen; MIL nachdienen (müssen)
rabâchage [ʀabaʃaʒ] M endloses Wiederholen; *fam* Wiederkäuen *n*
rabâcher [ʀabaʃe, -bɑ-] V/T *fam* **1** *des histoires* endlos, bis zum Überdruss wiederholen; *fam* wiederkäuen; immer wieder anfangen (**qc** von etw); *abs* immer dasselbe reden, *fam* faseln; *adjt* **rabâché** *sujet etc* abgedroschen **2** *ses leçons* ständig hersagen, *fam* herbeten, runterleiern
rabâcheur [ʀabaʃœʀ] *fam* M, **rabâcheuse** *fam* F langweiliger Schwätzer, langweilige Schwätzerin
rabais [ʀabɛ] M Preisnachlass *m*, -abschlag *m*; Rabatt *m*; *loc adv* **au ~** zu herabgesetzten Preisen; *acheter* preisgünstig; *fam fig* **travailler au ~** gegen schlechte Bezahlung arbeiten; e-e billige Arbeitskraft sein; **vendre au ~** zu stark herabgesetzten Preisen verkaufen; **accorder, consentir, faire un ~ sur (le prix d')une marchandise** auf e-e Ware Rabatt geben; **obtenir un ~** Rabatt erhalten
rabaisser [ʀabese] **A** V/T *les mérites etc de qn* herabsetzen; schmälern; **~ l'orgueil de qn** j-s Stolz (*dat*) e-n Schlag versetzen **B** V/PR **se ~** sich (selbst) schlechtmachen, herabsetzen
rabane [ʀaban] F (Raphia)Bast(gewebe) *m(n)*
Rabat [ʀaba] GÉOG Rabat *n*
rabat [ʀaba] M **1** *plastron* Beffchen *n* **2** *d'un sac, d'une poche, d'une enveloppe* Klappe *f*; *cout a.* Patte *f*; **rabat-joie** M ⟨*inv*⟩ Spielverderber *m*; *fam* Miesmacher *m*
rabattage [ʀabataʒ] M CH (Zu)Treiben *n*; **rabatteur** M **1** CH Treiber *m* **2** *fig et péj* (An)-Werber *m*
rabattre [ʀabatʀ] ⟨→ battre⟩ **A** V/T **1** *couvercle, siège* herunterklappen; TENNIS **~ la balle** den Ball stoppen; **~ les bords de son chapeau** die Hutkrempe in die Stirn drücken, ins Gesicht ziehen; **~ un col, un drap** einen Kragen, ein Betttuch umschlagen; *vent* **~ la fumée** den Rauch herunterdrücken **2** *fig prétentions de qn* herunterdrücken; → *a.* caquet 1 **3** COMM **~ trois euros (du prix)** drei Euro (vom Preis) nachlassen; um drei Euro heruntergehen **4** CH *gibier* treiben; **~ le gibier vers qn** j-m das Wild zutreiben **B** V/I **en ~** zurückstecken; Abstriche machen; s-e Ansprüche herunterschrauben **C** V/PR **1** **se ~** *voiture après avoir doublé* rasch wieder einscheren, nach rechts hinüberziehen; **se ~ sur la gauche** plötzlich nach links ausscheren, fahren; *footballeur etc* **se ~ vers le centre** plötzlich zur Mitte laufen **2** *faute de mieux* **se ~ sur** vorliebnehmen, sich begnügen mit; ausweichen, zurückgreifen auf (*+acc*); sich zuwenden (*+dat*)
rabattu [ʀabaty] ADJ COUT **col ~** Umlege-, Umschlagkragen *m*; **couture ~e** Kappnaht *f*
rabbin [ʀabɛ̃] M REL Rabbiner *m*; **grand ~** Oberrabbiner *m*
rabbinat [ʀabina] M Rabbinat *n*; Rabbinerwürde *f*; **rabbinique** ADJ Rabbiner...; rabbinisch
Rabelais [ʀablɛ] *frz Dichter*
rabelaisien [ʀablɛzjɛ̃] ADJ ⟨~ne⟩ in der Art Rabelais; Rabelais würdig

rabibocher [ʀabibɔʃe] *fam* A V/T (wieder) versöhnen B V/PR **se ~** sich (wieder miteinander) versöhnen

rabiot [ʀabjo] M *fam* → rab

rabioter [ʀabjɔte] *fam* A V/T **~ qc** sich (*dat*) den Nachschlag, den Rest von etw sichern, nehmen B V/I sich (*dat*) kleine zusätzliche Einnahmen verschaffen

rabique [ʀabik] ADJ MÉD Tollwut…

râble [ʀɑbl] M 1 (Kaninchen-, Hasen)Rücken *m* (*a.* CUIS) 2 *fam fig* **tomber sur le ~ de qn** über j-n herfallen

râblé [ʀɑble] ADJ 1 *animal* **bien ~** mit kräftigem Rücken 2 *personne* stämmig; untersetzt; vierschrötig

rabot [ʀabo] M Hobel *m*; **passer le ~, donner un coup de ~** hobeln

rabotage [ʀabɔtaʒ] M (Ab-, Be-, Glatt)Hobeln *n*

raboter [ʀabɔte] V/T 1 hobeln; abhobeln; behobeln; glatt hobeln; **~ le plancher** den Fußboden abschleifen 2 *fam son genou, sa tête etc* aufschürfen

raboteur [ʀabɔtœʀ] M Hobler *m*

raboteux [ʀabɔtø] ADJ ⟨-euse⟩ *chemin, fig: vers* holp(e)rig; **surface raboteuse** unebene, raue Oberfläche

rabougri [ʀabugʀi] ADJ 1 *plante* verkümmert; verkrüppelt 2 *personne* kümmerlich; schmächtig

rabougrir [ʀabugʀiʀ] V/PR **se ~** 1 *plante* verkümmern 2 *personne* zusammenschrumpfen; verhutzeln

rabouter [ʀabute] V/T zusammenfügen, -setzen

rabrouer [ʀabʀue] V/T **~ qn** j-n anfahren, anherrschen; (*repousser*) j-m e-e Abfuhr erteilen; **se faire ~** e-e Abfuhr bekommen

racaille [ʀakaj, -kɑj] F Pack *n*; Gesindel *n*

raccommodable [ʀakɔmɔdabl] ADJ ausbesserungsfähig; **raccommodage** M Ausbesserung *f*; Flicken *n*; Flickarbeit *f*; **raccommodement** *fam* M (Wieder)Versöhnung *f*

raccommoder [ʀakɔmɔde] A V/T 1 *linge, vêtements* flicken (*a. porcelaine, filets*); ausbessern; stopfen; reparieren 2 *fam* (*réconcilier*) (wieder) versöhnen B V/PR *fam* **se ~** sich (wieder miteinander) versöhnen

raccommodeur [ʀakɔmɔdœʀ] M, **raccommodeuse** F Ausbesserer *m*, Ausbesserin *f*; Flicker(in) *m(f)*

raccompagner [ʀakõpaɲe] V/T **~ qn** j-n (zurück)begleiten, zurückbringen; **~ qn chez lui en voiture** j-n mit dem Auto nach Hause bringen, fahren

raccord [ʀakɔʀ] M 1 **faire un ~** a *de peinture, de maçonnerie* (die Farbe, das Mauerwerk) ausbessern b *fam fig* sein Make-up auffrischen 2 TECH Verbindungsstück *n*, -rohr *n*, -schlauch *m*; Anschlussstück *n*; Nippel *m*; Muffe *f*; **~s de tuyauterie, de robinetterie** Fittings *npl* 3 CINÉMA **~ (de plans)** Übergang *m* (zwischen den einzelnen Bildeinstellungen)

raccordement [ʀakɔʀdəmɑ̃] M Verbindung *f*; Anschluss *m*; Übergang *m*

raccorder [ʀakɔʀde] A V/T (miteinander) verbinden; zusammenfügen, -schließen; TV, TÉL anschließen; **~ une ville à l'autoroute** e-e Stadt an die Autobahn anschließen B V/PR 1 **se ~** TECH angeschlossen sein (**à** an +*acc*); (*s'adapter*) zusammenpassen; *dessin de papier peint etc* aneinander anschließen 2 **se ~ à la canalisation** *etc* den Anschluss an die Kanalisation *etc* durchführen

raccourci [ʀakuʀsi] A ADJ ge-, verkürzt; *loc adv*: *fig* **à bras ~s** mit aller, voller Kraft, Gewalt; mit voller Wucht; **en ~** in Kurzform; kurz gefasst; im Abriss B M 1 *chemin* Abkürzung *f*; **prendre un ~** e-e Abkürzung nehmen 2 LITTÉRATURE Raffung *f*

raccourcir [ʀakuʀsiʀ] A V/T *séjour* ab-, verkürzen; **~ une robe** ein Kleid kürzer machen; **~ un texte** einen Text kürzen, raffen; *abs: passons par là,* **ça raccourcit** das ist kürzer B V/I *jours, robe au lavage* kürzer werden; *fam* **les jupes raccourcissent cette année** dieses Jahr trägt man die Röcke kürzer

raccourcissement [ʀakuʀsismɑ̃] M (Ver)kürzung *f*; *des jours* Kürzerwerden *n*

raccroc [ʀakʀo] LOC ADV **par ~** durch e-n glücklichen Zufall

raccrocher [ʀakʀɔʃe] A V/T 1 wieder aufhängen; **~ un rideau, un tableau** einen Vorhang, ein Gemälde wieder aufhängen; **~ un wagon** einen Waggon wieder anhängen 2 *passants* ansprechen; *fam* anhauen B V/I 1 TÉL auflegen 2 SPORTS s-e Karriere beenden; aufhören C V/PR **se ~** sich festklammern (**à** an +*dat*); sich (an)klammern (an +*acc*); *fig* **se ~ à qn, qc** sich an j-n, etw klammern

race [ʀas] F 1 BIOL Rasse *f*; **la ~ blanche, jaune, noire** die weiße, gelbe, schwarze Rasse; **~ de chien** Hunderasse *f*; *loc adj*: **de ~** Rasse…; **chien** *m* **de ~** Rassehund *m*; **de ~ pure** reinrassig; rasserein 2 (*famille*) Geschlecht *n*; Sippe *f*; Familie *f*; Stamm *m*; BIBL **la ~ de David** der Stamm Davids; *loc adj* **fin de ~** dekadent; degeneriert; überfeinert; **être de ~ noble** von edlem Geschlecht, von edler Abstammung sein 3 (*catégorie de personnes*) Rasse *f*; (Menschen)Schlag *m* 4 *péj* Sippschaft *f*; Brut *f*; *fam* **quelle sale ~!** was für ein Gesindel!

racé [ʀase] ADJ 1 *animal* Rasse…; reinrassig 2 *personne* von natürlicher Vornehmheit, Eleganz; apart

rachat [ʀaʃa] M 1 COMM, JUR Rückkauf *m*; Wiederkauf *m*; *d'une rente, servitude* Ablösung *f* 2 *de prisonniers* Loskauf *m*; Freikauf *m*

Rachel [ʀaʃɛl] F *Vorname*

racheter [ʀaʃte] ⟨-è-⟩ A V/T 1 *maison etc* zurück-, wiederkaufen; *rente, servitude* ablösen; **~ du pain** wieder Brot kaufen; **~ qc à qn** j-m etw (wieder) abkaufen 2 *prisonniers* los-, freikaufen; REL *les hommes* erlösen; **~ sa liberté** sich freikaufen 3 *fig faute, crime* sühnen; wiedergutmachen; **~ un inconvénient** einen Nachteil wieder aufwiegen, ausgleichen B V/PR **se ~** sein Ansehen wiederherstellen

rachidien [ʀaʃidjɛ̃] ADJ ⟨~ne⟩ ANAT Rückenmark(s)…; Wirbel(säulen)…; **bulbe ~** verlängertes (Rücken)Mark

rachis [ʀaʃis] M 1 ANAT Wirbelsäule *f*; Rückgrat *n* 2 BOT *d'une inflorescence, d'une feuille pennée* Hauptachse *f*; Spindel *f*; *t/t* Rhachis *f* 3 ZOOL *d'une plume* Schaft *m*; *t/t* Rhachis *f*

rachitique [ʀaʃitik] ADJ 1 MÉD rachitisch 2 *par ext plante* zurückgeblieben; kümmerlich; kümmernd

rachitisme [ʀaʃitism] M MÉD Rachitis *f*; englische Krankheit; **être atteint de ~** Rachitis, die englische Krankheit haben

racial [ʀasjal] ADJ ⟨-aux⟩ rassisch; Rassen…; **émeutes ~es** Rassenunruhen *fpl*

racine [ʀasin] F 1 BOT Wurzel *f*; **~s** *pl a.* Wurzelwerk *n*; *fig et st/s* **~s** *pl* Wurzeln *fpl*; Ursprung *m*; *fig* **avoir de profondes ~s dans un pays** in e-m Land fest verwurzelt sein; *fig* **attaquer, couper le mal à sa, à la ~** das Übel an der Wurzel packen; das Übel mit der Wurzel ausrotten; *fig personne, invité* **prendre ~** Wurzeln schlagen; *fam* hängen bleiben 2 ANAT Wurzel *f*; **~s des cheveux, des poils** Haarwurzeln *fpl*; **~ d'une dent, du nez** Zahn-, Nasenwurzel *f* 3 MATH Wurzel *f* (**de 9** aus 9); **~ carrée** Quadratwurzel *f*; **~ cubique** Kubikwurzel *f*; dritte Wurzel; **extraire une ~** e-e Wurzel ziehen 4 LING Wurzel *f*

racinien [ʀasinjɛ̃] ADJ ⟨~ne⟩ von, bei Racine; racinesche(r, -s)

racisme [ʀasism] M Rassismus *m*; Rassenhass *m*, -hetze *f*, -wahn *m*; übersteigertes Rassenbewusstsein; **raciste** A ADJ rassistisch B M/F Rassist(in) *m(f)*

rack [ʀak] M *pour chaîne hi-fi* Rack *n*

racket [ʀakɛt] M 1 *activité* (Schutzgeld)Erpressung *f* 2 *organisation* Erpresserbande *f*

racketter [ʀakete] V/T **~ qn** von j-m (Schutz)Geld erpressen; **racketteur** M (Schutzgeld)Erpresser *m*

raclage [ʀɑklaʒ] M (Ab)Schaben *n*; (Ab)Kratzen *n*

racle [ʀɑkl] F TYPO Rakel *f*

raclée [ʀɑkle] *fam* F 1 Tracht *f* Prügel *f*; *fam* Keile *f*; Dresche *f*; Senge *pl*; → *a.* flanquer[2] A 2, recevoir A 2 2 *fig* Schlappe *f*; **prendre une ~** e-e Schlappe erleiden

raclement [ʀɑkləmɑ̃] M Kratzen *n*; Schaben *n*; **~ de gorge** Räuspern *n*

racler [ʀɑkle] A V/T 1 (ab)schaben; (ab)kratzen; *all Nord a.* schrappen; *ses pieds* abstreifen; *semelle* abstreichen; **~ une allée** e-n Weg einebnen, harken; **~ (le fond d') une casserole** e-n Topf auskratzen 2 *pneu* **~ le bord du trottoir** am Bordstein entlangscheuern; den Bordstein hart streifen 3 *fam fig vin etc* **~ le gosier** im Hals kratzen 4 *péj* **~ du violon** auf e-r Geige (herum)kratzen B V/PR **se ~ la gorge** sich räuspern

raclette [ʀɑklɛt] F 1 TECH Schaber *m*; Kratzer *m* 2 CUIS Raclette *f ou n* (*Art Käsefondue*)

racloir [ʀɑklwaʀ] M TECH Schabeisen *n*, -messer *n*; Schaber *m*; Kratzer *m*; Schrapper *m*

raclure [ʀɑklyʀ] F 1 *déchets* (Ab)Schabsel *n* 2 *fig injure* Abschaum *m*

racolage [ʀakɔlaʒ] M 1 *péj* Kundenfang *m*; *d'adhérents* (An)Werben *n*; *fam* Keilen *n*; JUR **~ sur la voie publique** öffentliche Aufforderung zur Prostitution; **faire du ~** auf Kundenfang gehen 2 HIST MIL Anwerbung *f*

racoler [ʀakɔle] V/T *péj acheteurs, abonnés* (an)werben; fangen; *adhérents* werben; *fam* keilen; *prostitué(e)s: clients* ansprechen; *fam* anhauen; *abs* auf Kundenfang gehen

racoleur [ʀakɔlœʀ] M 1 *péj* (skrupelloser) Kundenwerber; *pour une boîte de nuit* Schlepper *m* 2 HIST MIL Werber *m*; **racoleuse** F 1 *péj* (skrupellose) Kundenwerberin 2 *prostituée* (Straßen)Dirne *f*; Straßenmädchen *n*

racontars [ʀakõtaʀ] MPL Klatsch *m*; Geschwätz *n*; *fam* Tratsch *m*

raconter [ʀakõte] A V/T 1 erzählen; berichten; **~ qc** (von) etw erzählen, berichten; **~ un film** die Handlung e-s Films, *fam* e-n Film erzählen; **~ une histoire** e-e Geschichte erzählen; **~ un voyage** von e-r Reise erzählen, berichten; *abs* **allez, raconte!** los, erzähl!; lass hören!; **je te raconte pas!** ich kann dir sagen!; **ça vaut la peine d'être raconté** das ist erzählenswert; **on raconte que …** es wird erzählt, berichtet, gesagt, dass …; es heißt, dass … 2 *péj* erzählen; **on raconte beaucoup de choses sur son compte** man erzählt viel über ihn; über ihn wird viel geredet; **c'est du moins ce qu'elle raconte** so erzählt, sagt sie wenigstens; **qu'est-ce que tu me racontes?** was erzählst du mir (denn) da?; **il nous en raconte!** der erzählt uns (vielleicht) Sachen! B V/PR 1 a *réciproquement* **se ~ des blagues** sich (gegenseitig) Witze erzählen b *sens passif: cette histoire* **ne peut se ~ devant les enfants** kann man nicht vor Kindern erzählen 2 *dans un roman etc* **se ~** von sich erzählen; sich selbst darstellen; **il aime se ~** er spricht gern

R

von sich selbst

racorni [ʀakɔʀni] ADJ 1 *viande, cuir* hart; **peau ~e** lederne Haut 2 *fig* **cœur ~** verbittertes Herz; **avoir l'esprit ~** verkalkt, verknöchert sein

racornir [ʀakɔʀniʀ] A V/T *cuir* hart werden lassen B V/PR **se ~** *viande, cuir* hart, *peau* ledern werden; *vieillard* schrump(e)lig werden; zusammenschrumpfen; *fig cœur* sich verhärten; **racornissement** M Hartwerden *n*; Zusammenschrumpfen *n*; *fig* Verhärtung *f*

radar [ʀadaʀ] M Radaranlage *f*, -gerät *n*; Funkmessgerät *n*; **~ routier** Verkehrsradargerät *n*; *adjt* ⟨inv⟩ **antenne** *f*, **contrôle** *m*, **écran** *m*, **station** *f* **~** Radarantenne *f*, -kontrolle *f*, -schirm *m*, -station *f*; **guidé par ~** radargelenkt, -gesteuert

rade [ʀad] F 1 MAR Reede *f*; **être en ~** auf der Reede liegen 2 *fam fig* **laisser en ~** *personne* verlassen; im Stich lassen; *travail* liegen lassen; **rester en ~** *voiture, projet* liegen bleiben; *personne* zurückbleiben

radeau [ʀado] M ⟨pl ~x⟩ Floß *n*; MAR **~ de sauvetage** Rettungsinsel *f*

radial [ʀadjal] ADJ ⟨-aux⟩ 1 radial; Radial...; strahlenförmig; **voie ~e** *ou subst* **~e** *f* von der Stadtmitte zum Stadtrand führende Straße; *autrich* Radiallinie *f* 2 ANAT Speichen...; Radial...

radian [ʀadjɑ̃] M MATH Radiant *m*

radiant [ʀadjɑ̃] ADJ PHYS (aus)strahlend

radiateur [ʀadjatœʀ] M 1 *de chauffage central* Heizkörper *m*; *t/t* Radiator *m*; *électrique, à gaz* Heizofen *m* 2 AUTO Kühler *m*

radiation [ʀadjasjõ] F 1 *sur une liste, un compte* Streichung *f*; JUR **~ d'inscription (hypothécaire)** Löschung *f* e-r Hypothek 2 PHYS Strahlung *f*; *t/t* Radiation *f*; **~s** *pl* Strahlen *mpl*; **~ infrarouge, solaire, ultraviolette** Infrarot-, Sonnen-, Ultraviolettstrahlung *f*; **protection** *f* **contre les ~s** Strahlenschutz *m*

radical [ʀadikal] ⟨mpl -aux⟩ A ADJ 1 radikal; *moyen a.* durchgreifend; *mesure, réforme a.* einschneidend; **guérison ~e** vollständige Genesung 2 POL **parti ~** radikalsozialistische Partei (*bürgerlich-laizistisch*) B M 1 GRAM (Wort)Stamm *m* 2 CHIM Radikal *n* 3 MATH Wurzelzeichen *n* 4 POL Radikalsozialist *m*; **Mouvement** *m* **des radicaux de gauche** Links-Radikalsozialistische Partei (*linke Mitte*)

radicalement [ʀadikalmɑ̃] ADV radikal; von Grund aus; durchgreifend; **~ différent** grundverschieden; **guérir qn ~** j-n völlig, vollständig heilen; *fig d'un vice* j-n gründlich kurieren

radicalisation [ʀadikalizasjõ] F POL Radikalisierung *f*; **radicaliser** A V/T POL radikalisieren B V/PR **se ~** radikal werden

radicalisme [ʀadikalism] M POL *en France* (Bewegung *f* des) Radikalsozialismus *m*

radical-socialisme [ʀadikalsɔsjalism] M POL *en France* (Bewegung *f* des) Radikalsozialismus *m*; **radical-socialiste** ⟨mpl radicaux-socialistes⟩ POL A ADJ radikalsozialistisch B M/F Radikalsozialist(in) *m(f)*

radicelle [ʀadisɛl] F BOT Wurzelfaser *f*

radier [ʀadje] V/T (*rayer*) streichen; JUR löschen

radiesthésie [ʀadjɛstezi] F Radiästhesie *f*; **radiesthésiste** M/F (Wünschel)Rutengänger(in) *m(f)*

radieux [ʀadjø] ADJ ⟨-euse⟩ 1 *soleil, journée* strahlend 2 *air, visage, personne* (glück-, freude)strahlend

radin [ʀadɛ̃] *fam* A ADJ ⟨*f a. inv*⟩ *fam* knick(e)rig; knaus(e)rig B SUBST **~(e)** *m(f)* Geizhals *m*, -kragen *m*; *fam* Knauser(in) *m(f)*; Pfennigfuchser(in) *m(f)*

radiner [ʀadine] V/I (*et* V/PR **se**) **~** *fam* (*arriver*) *fam* antanzen; eintrudeln; **tu te radines!** komm, *fam* mach schon!

radinerie [ʀadinʀi] F *fam* Knaus(e)rigkeit *f*; Knick(e)rigkeit *f*; Pfennigfuchserei *f*

radio¹ [ʀadjo] F 1 (*radiodiffusion*) Radio *n*; Rundfunk *m*; Hörfunk *m*; **programme** *m* **de ~** Hörfunk-, Rundfunk-, Radioprogramm *n*; *loc adv* **à la ~** im Radio; im Hörfunk; **avoir la ~ et la télé** Radio und Fernsehen haben; **passer à la ~** im Radio kommen; **travailler à la ~** beim Rundfunk arbeiten 2 *récepteur* Radio *n*, *all Sud a. m*; **poste** *m* **(de) ~** Radio- *ou* Rundfunkapparat *m*, -gerät *n* 3 *station émettrice* Sender *m*; *suivi d'un n/pr* Radio *n*; **~ libre** Privatsender *m*; **~ pirate** Piratensender *m* 4 (*radiotéléphonie*) Funk *m*; *adjt*: **liaison** *f* **~** Funkverbindung *f*; **message** *m* **~** Funkspruch *m*; *loc adv* **par ~** über Funk 5 (*radiographie*) Röntgenaufnahme *f*, -bild *n*; (*radioscopie*) (Röntgen)Durchleuchtung *f*; **se faire faire une ~** sich röntgen *ou* durchleuchten lassen; **passer à la ~** geröntgt *ou* durchleuchtet werden

radio² [ʀadjo] M Funker *m*; MAR, AVIAT **~ de bord** Bordfunker *m*

radioactif [ʀadjoaktif] ADJ ⟨-ive⟩ radioaktiv; **déchets ~s** radioaktive Abfälle *mpl*; Atommüll *m*

radioactivité [ʀadjoaktivite] F Radioaktivität *f*

radioalignement [ʀadjoaliɲmɑ̃] M MAR, AVIAT Einweisung *f* durch Richtfunkfeuer; **radioamateur** M Funk-, Radioamateur *m*; **radioastronomie** F Radioastronomie *f*; **radiobalise** F MAR, AVIAT Funkfeuer *n*; Funkbake *f*; **radiobiologie** F Strahlenbiologie *f*; Radiobiologie *f*

radiocarbone [ʀadjokaʀbɔn] M Radiokohlenstoff *m*; **méthode** *f* **du ~** Radiokarbonmethode *f*

radiocassette [ʀadjokasɛt] F Radiorekorder *m*; **radiochimie** F Radiochemie *f*; **radiocommande** F Funksteuerung *f*; **radiocommandé** ADJ funkgesteuert; **radiodiagnostic** M MÉD Röntgendiagnose *f*

radiodiffuser [ʀadjodifyze] V/T (im Rundfunk) übertragen, senden; (über den Rundfunk) ausstrahlen; **être radiodiffusé** vom Rundfunk übertragen, gesendet, ausgestrahlt werden

radiodiffusion [ʀadjodifyzjõ] F 1 *transmission* Radio-, Rundfunkübertragung *f*; **station** *f* **de ~** Rundfunkstation *f*, -sender *m* 2 *services* Rundfunk(wesen) *m(n)*; Hörfunk *m*

radioélectricité [ʀadjoelɛktʀisite] F TECH Funk-, Radio-, Hochfrequenztechnik *f*

radioélectrique [ʀadjoelɛktʀik] ADJ Funk...; Radio...; **ondes** *fpl* **~s** Funkwellen *fpl*

radioélément [ʀadjoelemɑ̃] M PHYS NUCL Radioelement *n*; **radiogoniomètre** M MAR, AVIAT Funkpeilgerät *n*

radiographie [ʀadjɔgʀafi] F 1 *procédé* Röntgenuntersuchung *f*; *t/t* Röntgenografie *f*; **appareil** *m* **de ~** Röntgenapparat *m* 2 *cliché* Röntgenaufnahme *f*, -bild *n*

radiographier [ʀadjɔgʀafje] V/T *malade, organe, tableau* röntgen; Röntgenaufnahmen machen (von); **se faire ~** sich röntgen lassen

radiographique [ʀadjɔgʀafik] ADJ Röntgen...; **examen** *m* **~** Röntgenuntersuchung *f*

radioguidage [ʀadjogidaʒ] M 1 TECH Funksteuerung *f*; Lenkung *f* über Funk 2 AUTO Verkehrsfunk *m*; Verkehrsdurchsagen *fpl*; **radioguider** V/T über Funk steuern, lenken

radiologie [ʀadjɔlɔʒi] F MÉD, TECH Röntgenologie *f*; Strahlenkunde *f*; Radiologie *f*; **radiologique** ADJ röntgenologisch; Röntgen...; **diagnostic** *m* **~** Röntgendiagnose *f*

radiologiste [ʀadjɔlɔʒist] *ou* **radiologue** M/F MÉD Röntgenarzt *m*, -ärztin *f*; Facharzt *m*, -ärztin *f* für Röntgenologie; Röntgenologe, -login *m,f*

radionavigant [ʀadjɔnavigɑ̃] M MAR, AVIAT (Bord)Funker *m*; **radionavigation** F Funknavigation *f*; **radiophare** M MAR, AVIAT Funkfeuer *n*

radiophonique [ʀadjɔfɔnik] ADJ Radio...; (Rund)Funk...; **jeu** *m* **~** Quizsendung *f*, Ratespiel *n* (im Rundfunk); **pièce** *f* **~** Hörspiel *n*

radioreportage [ʀadjɔʀ(ə)pɔʀtaʒ] M Rundfunkreportage *f*; **radioreporter** M/F Rundfunkreporter(in) *m(f)*

radio-réveil [ʀadjoʀevɛj] M ⟨pl radios-réveils⟩ Radiowecker *m*

radioscopie [ʀadjɔskɔpi] F MÉD (Röntgen)Durchleuchtung *f*; *t/t* Röntgenoskopie *f*; **radiosonde** F MÉTÉO Radiosonde *f*; **radiosource** F ASTRON Radioquelle *f*

radio-taxi [ʀadjotaksi] M ⟨pl radio-taxis⟩ Funktaxi *n*

radiotéléphone [ʀadjotelefɔn] M Funktelefon *n*; *de voiture* Autotelefon *n*; **radiotéléphonie** F Sprechfunk *m*; *mobile* Mobilfunk *m*; **radiotélescope** M ASTRON Radioteleskop *n*; **radiotélévisé** ADJ von (Hör)Funk und Fernsehen übertragen; (Hör)Funk- und Fernseh...; **radiothérapie** F MÉD Strahlentherapie *f*, -behandlung *f*; *t/t* Radiotherapie *f*

radis [ʀadi] M 1 **~ (rose)** Radieschen *n*; **~ noir** (Schwarzer) Rettich 2 *fam fig* **n'avoir pas un ~** *fam* völlig abgebrannt, blank sein

radium [ʀadjɔm] M CHIM Radium *n*

radius [ʀadjys] M ANAT Speiche *f*

radja [ʀadʒa] M *en Inde* Radscha *m*

radôme [ʀadom] M TECH Radom *n*; Radarkuppel *f*

radon [ʀadõ] M CHIM Radon *n*

radotage [ʀadɔtaʒ] M a *peu sensé* (unsinniges) Gefasel; Faselei *f*; Geschwafel *n*; *fam* Gewäsch *n* b *rabâché* endlose Wiederholungen *fpl*; *fam* Geschwätz *n*; Gequassel *n*

radoter [ʀadɔte] V/I a (*déraisonner*) faseln; schwafeln; unsinniges, kindisches Zeug zusammenreden, *fam* quatschen b (*rabâcher*) sich endlos wiederholen; *fam* schwatzen; quasseln; **radoteur** M, **radoteuse** F Schwätzer(in) *m(f)*; *fam* Quatschkopf *m*; Quasselstrippe *f*

radoub [ʀadu(b)] M MAR Ausbesserung *f*; **navire** *m* **au ~** Schiff *n* im Trockendock; eingedocktes Schiff; **bassin** *m* **de ~** Trockendock *n*

radouber [ʀadube] V/T MAR ausbessern

radoucir [ʀadusiʀ] A V/T 1 mildern; **la pluie a radouci le temps** durch den Regen ist es milder geworden 2 *fig ton etc* mildern; *personne* milder stimmen; besänftigen B V/PR **se ~** 1 *temps* milder werden; sich erwärmen 2 *personne* umgänglicher werden; sich beruhigen

radoucissement [ʀadusismɑ̃] M Milderung *f*; **~ de la température** *a.* Nachlassen *n* der Kälte; **~ du temps** Wettermilderung *f*

rafale [ʀafal] F 1 **~ (de vent)** Bö(e) *f*; Windstoß *m*; **~ de neige** Schneegestöber *n*; **~ de pluie** Regenbö *f*; **le vent souffle par ~s** der Wind weht in Böen; es ist böig 2 MIL Feuerstoß *m* (**de pistolet-mitrailleur** aus e-r Maschinenpistole)

raffermir [ʀafɛʀmiʀ] A V/T 1 *muscles, poitrine* straffen; festigen 2 *fig gouvernement, courage, autorité* stärken; *santé* kräftigen; **~ qn dans sa résolution** j-n in s-m Entschluss bestärken B V/PR **se ~** 1 *poitrine etc* sich straffen; *sol* fest, hart werden 2 *fig santé* sich kräftigen; *cours à la Bourse* sich stabilisieren 3 *litt personne* sich (wieder) fangen

raffermissement [ʀafɛʀmismɑ̃] M 1 *de la*

R

poitrine etc Straffung *f; du sol* Fest-, Hartwerden *n* 2 *fig de l'autorité etc* Stärkung *f;* Sicherung *f; des cours* Stabilisierung *f*

raffinage [ʀafinaʒ] M *du sucre, pétrole* Raffinieren *n;* Raffination *f*

raffiné [ʀafine] ADJ 1 TECH raffiniert; **sucre ~** (Zucker)Raffinade *f* 2 *fig* verfeinert; *goût, élégance* erlesen; ausgesucht *(a. politesse); langue* gewählt; *style* gepflegt; *personne* feinsinnig; mit verwöhntem Geschmack; geistig anspruchsvoll; *péj: art* überfeinert; *supplices* raffiniert; ausgeklügelt; **esprit ~** feinsinniger Mensch; **manières ~es** erlesene Umgangsformen *fpl;* **table ~e** erlesene Gerichte *npl*

raffinement [ʀafinmɑ̃] M 1 *du goût etc* Verfeinerung *f;* Erlesenheit *f;* Ausgesuchtheit *f;* Raffinement *n;* **c'est le suprême ~** das ist das Allerfeinste 2 *(recherche excessive)* Überfeinerung *f;* Raffinesse *f;* Raffinement *n;* **~ de cruauté** ausgeklügelte Grausamkeit

raffiner [ʀafine] A V/T *sucre, pétrole* raffinieren B V/T INDIR **~ sur qc** etw übertreiben

raffinerie [ʀafinʀi] F Raffinerie *f;* **~ de pétrole, de sucre** (Erd)Öl-, Zuckerraffinerie *f*

raffoler [ʀafɔle] V/T INDIR **~ de qn, qc** für j-n, etw schwärmen; **~ de qn** *a.* in j-n vernarrt sein; **~ de qc** *a.* auf etw *(acc)* versessen sein; **~ de chocolat** leidenschaftlich gern Schokolade essen; **elle raffole de musique** es geht ihr nichts über Musik

raffut [ʀafy] *fam* M Krach *m;* Lärm *m; fam* Radau *m;* Spektakel *m*

rafiot [ʀafjo] M *péj* **vieux ~** alter Kahn, *fam* Kasten; *fam* Äppelkahn *m;* MAR Seelenverkäufer *m*

rafistolage [ʀafistɔlaʒ] *fam* M Flickschusterei *f; résultat a.* Flickwerk *n;* **rafistoler** *fam* V/T notdürftig ausbessern, flicken; zurechtflicken, *fam* -schustern

rafle [ʀafl] F 1 *par la police* Razzia *f;* **faire une ~** e-e Razzia machen 2 *fam par des voleurs, des clients* Ausräumen *n;* (Aus)Plünderung *f; voleurs* **faire une ~ dans une bijouterie** e-n Juwelierladen ausplündern 3 *d'une grappe* Kamm *m;* Rapp(e) *m(f); d'un épi de maïs* Spindel *f*

rafler [ʀafle] V/T *fam* **~ qc** *voleurs* etw mitgehen lassen; *clients* etw aufkaufen, an sich *(acc)* raffen; *élève* **~ tous les prix** alle Preise einheimsen

rafraîchir [ʀafʀeʃiʀ] A V/T 1 *boisson* kühlen; kalt stellen; *boisson* **~ qn** j-n erfrischen; **~ son front** seine Stirn kühlen; *ondée* **~ la température** die Temperatur abkühlen, sinken lassen; *abs* **boisson** *f* **qui rafraîchit** erfrischendes Getränk 2 *robe, chapeau* aufarbeiten; *tableau, meubles* auffrischen; *cheveux* nachschneiden 3 *fig* **~ la mémoire à qn** j-s Gedächnis *(dat)* nachhelfen; j-s Gedächtnis *(acc)* auffrischen B V/I *boisson, mets* (sich) abkühlen; kühler werden; **mettre de la bière à ~** Bier kalt stellen C V/PR **se ~** 1 *température, temps* kühler werden; sich abkühlen; *vent* frischer werden; **le temps s'est rafraîchi** es hat sich abgekühlt 2 *personne: avec de l'eau, de l'air* sich abkühlen; sich erfrischen; *en buvant* sich erfrischen; e-e Erfrischung zu sich nehmen

rafraîchissant [ʀafʀeʃisɑ̃] ADJ 1 *brise, pluie, boisson* erfrischend; kühlend; erquickend; **boisson ~e** *a.* Erfrischungsgetränk *n* 2 *fig livre, rires* (herz)erfrischend

rafraîchissement [ʀafʀeʃismɑ̃] M 1 *de la température* Abkühlung *f* 2 *souvent* PL **~s** Erfrischungen *fpl;* **prendre un ~** e-e Erfrischung zu sich nehmen; **servir des ~s** Erfrischungen reichen

rafting [ʀaftiŋ] M Rafting *n;* Wildwassersport *m*

ragaillardir [ʀagajaʀdiʀ] V/T aufmuntern; neuen Schwung, Auftrieb geben *(+dat); fam* aufmöbeln; **se sentir tout ragaillardi** sich wie neugeboren fühlen

rage [ʀaʒ] F 1 MÉD Tollwut *f* 2 *(colère)* Wut *f;* Raserei *f;* Toben *n;* Wüten *n;* **~ de destruction** Zerstörungswut *f; fig:* **~ d'écrire** Schreibwut *f;* **~ de vivre** Lebensgier *f;* **de ~** *loc adj* wütend; Wut...; *loc adv* vor Wut; **cri** *m* **de ~** wütender Schrei; Wutschrei *m;* **fou de ~** außer sich, rasend vor Wut; wutentbrannt; **entrer dans une ~ folle** von blinder Wut gepackt werden; **être en ~** wütend sein (**contre qn** auf j-n); **faire ~** *tempête, feu* wüten; *tempête, bataille* toben; **mettre qn en ~** j-n wütend machen, in Wut bringen 3 **~ de dents** rasende Zahnschmerzen *mpl*

rageant [ʀaʒɑ̃] ADJ *fam* **c'est ~** das ist zu ärgerlich, zu dumm; ich könnte mich schwarzärgern

rager [ʀaʒe] *fam* V/I ‹-geons› sich ärgern; ärgerlich, böse werden; **faire ~ qn** *fam* j-n auf die Palme bringen; **ça me fait ~ de** *(+inf) ou* **que ...** *(+subj)* es macht mich wütend, dass ...

rageur [ʀaʒœʀ] ADJ ‹-euse› *personne* cholerisch; jähzornig; **coup de pied ~** wütender Tritt; **voix rageuse** wütende Stimme

raglan [ʀaglɑ̃] A M Raglan(mantel) *m* B ADJ ‹inv› Raglan...; **imperméable** *m* **~** Regenmantel *m* mit Raglanärmeln; **manches** *fpl* **~** Raglanärmel *mpl*

ragondin [ʀagɔ̃dɛ̃] M 1 ZOOL Nutria *f;* Biberratte *f* 2 *fourrure* Nutria(pelz) *m*

ragot [ʀago] A M ZOOL zwei- bis dreijähriger Keiler B ADJ *litt personne* gedrungen; untersetzt; *cheval* stark und kurz

ragots [ʀago] MPL *fam* Tratsch *m;* Klatsch *m*

ragougnasse [ʀaguɲas] F *fam péj* Fraß *m*

ragoût [ʀagu] M CUIS Ragout *n;* **~ de veau** Kalbsragout *n*

ragoûtant [ʀagutɑ̃] ADJ **peu ~** unappetitlich

ragrafer [ʀagʀafe] V/T *vêtement* wieder zuhaken

Raguse [ʀagyz] GÉOG Ragusa *n*

rai [ʀɛ] *litt* M (Licht-, Sonnen)Strahl *m*

raï [ʀaj] M MUS Raï *m*

raid [ʀɛd] M 1 MIL Überfall *m;* Einfall *m;* (Erkundungs)Vorstoß *m;* Kommandounternehmen *n;* **~ (aérien)** Luftangriff *m* 2 SPORTS **~ (automobile, aérien)** Langstrecken-, Fernfahrt *f ou* Langstrecken-, Fernflug *m*

raide [ʀɛd] A ADJ 1 *membres, personne, maintien, tissu* steif; *personne a.* hölzern; **cheveux** *mpl* **~s** glattes Haar; **être, se tenir ~ comme la justice** stocksteif sein; steif wie ein Brett sein; → *a.* **corde 2** 2 *pente, escalier, chemin* steil 3 *fam (fort) alcool, histoire* stark; *passage d'un texte* gewagt; **c'est un peu ~!** *fam* das ist (ja) ein starkes Stück! 4 *pop (fauché)* **être ~** *fam* pleite, abgebrannt, blank sein 5 *pop (ivre) fam* stockbesoffen; sternhagelvoll; veilchenblau B ADV 1 *chemin* **grimper ~** steil ansteigen 2 **~ mort** auf der Stelle tot; **tomber ~ (mort)** auf der Stelle tot umfallen

raideur [ʀɛdœʀ] F 1 *d'un membre, du linge* Steifheit *f;* Steife *f; du maintien, d'une personne* Steifheit *f; fig des principes* Starrheit *f; loc adv* **avec ~** steif *(a. fig)* 2 *d'une pente, d'un escalier* Steilheit *f*

raidillon [ʀɛdijɔ̃] M steiler Weg, Pfad; Steig *m*

raidir [ʀɛdiʀ] A V/T 1 *étoffe* steif machen; *bras* strecken; *muscles* anspannen; *adjt* **raidi par le froid** durch die Kälte steif geworden 2 *fig sa position* versteifen; verhärten B V/PR **se ~** 1 *muscles* sich (an)spannen; *membres* steif werden; sich versteifen; *personne* sich steif machen 2 *fig personne* trotzen, Trotz bieten (**contre** *dat*)

raidissement [ʀɛdismɑ̃] M 1 *des membres* Steifwerden *n* 2 *fig d'une position,* POL Versteifung *f*

raie¹ [ʀɛ] F 1 *(bande)* Streifen *m; (trait)* Strich *m; (éraflure)* Kratzer *m; (strie)* Rille *f; loc adj* **à ~s** gestreift 2 *de la chevelure* Scheitel *m;* **faire la ~** den Scheitel ziehen; **porter la ~ à gauche, au milieu** den Scheitel links, e-n Mittelscheitel tragen 3 ANAT **~ des fesses** Gesäßspalte *f* 4 PHYS Linie *f;* **~s du spectre** Spektrallinien *fpl*

raie² [ʀɛ] F ZOOL Rochen *m; injure pop* **gueule** *f* **de ~** *pop* widerliche Fresse

raifort [ʀɛfɔʀ] M BOT Meerrettich *m; autrich* Kren *m*

rail [ʀaj] M 1 CH DE FER 1 (Eisenbahn)Schiene *f;* **~ conducteur** Stromschiene *f;* **sortir des, quitter les ~s** entgleisen; *fig entreprise etc* **remettre sur les ~s** wieder in Schwung bringen; wieder hochbringen, flottmachen 2 *par ext (transport ferroviaire)* Schiene *f;* (Eisen)Bahn *f;* **transport** *m* **par ~** Beförderung *f* auf dem Schienenweg, per Schiene; **compétition** *f* **entre le ~ et la route** Wettbewerb *m* zwischen Schiene und Straße 2 TECH Schiene *f*

railler [ʀaje] V/T spotten, sich lustig machen (**qn, qc** über j-n, etw); verspotten

raillerie(s) [ʀajʀi] F(PL) Spott *m;* Stichelei *f;* Gespött *n*

railleur [ʀajœʀ] A ADJ ‹-euse› spöttisch; **esprit ~** Spötter *m* B SUBST **~, railleuse** *m,f* Spötter(in) *m(f)*

rail-route [ʀajʀut] ADJ ‹inv› **transport** *m* **~** Huckepackverkehr *m*

rainette [ʀɛnɛt] F ZOOL Laubfrosch *m*

Rainier [ʀɛnje] M *Vorname*

rainurage [ʀɛnyʀaʒ] M *sur la chaussée* Spurrille *f*

rainure [ʀɛnyʀ] F Rille *f;* TECH Nut(e) *f;* **rainurer** V/T TECH nuten; auskehlen; rillen

raïs [ʀais] M *(chef d'État arabe)* Führer *m;* Staatschef *m;* Rais *m*

raisin [ʀɛzɛ̃] M 1 (Wein)Traube(n) *f(pl);* **~s secs** Rosinen *fpl;* **~s de Corinthe** Korinthen *fpl;* **~s de table** Tafeltrauben *fpl;* **acheter du ~** (Wein)Trauben kaufen; **cueillir le ~** Wein lesen; **manger du ~,** *st/s* **des ~s** (Wein)Trauben essen 2 TYPO (Papier)Format *n* 50 × 65 cm

raisiné [ʀɛzine] M 1 CUIS Traubengelee *n* mit (Birnen-, Quitten- *etc*)Konfitüre 2 *arg (sang) fam* roter Saft

Raismes [ʀɛm] *Stadt im Dep. Nord*

raison [ʀɛzɔ̃] F 1 *(intelligence)* Vernunft *f;* Verstand *m;* PHIL **la ~ pure** die reine Vernunft; POL **~ d'État** Staatsräson *f;* **contraire à la ~** vernunftwidrig; gegen jede Vernunft; unvernünftig; **il n'a plus toute sa ~** er ist nicht mehr ganz bei Verstand; **faire entendre ~ à qn** j-n zur Vernunft, Einsicht, Räson bringen; **ne pas vouloir entendre ~** keine Vernunft annehmen wollen; **(re)mettre qn à la ~** j-n zur Vernunft bringen; j-m den Kopf zurechtsetzen; **parler ~** vernünftig reden, sprechen; **perdre la ~** den Verstand verlieren; **se rendre à la ~** Vernunft annehmen; zur Vernunft kommen 2 *(contraire: tort) loc:* **à plus forte ~** umso eher *ou* mehr; mit umso größerem Recht; **avec ~** mit Recht; **avec juste ~** mit Fug und Recht; **comme de ~** wie üblich; selbstverständlich; natürlich; **plus que de ~** mehr als recht *ou* zuträglich ist; übermäßig; **avoir ~** recht haben; **avoir bien ~ de** *(+inf)* ganz recht haben zu *(+inf) ou,* dass ...; **manie** *f* **de vouloir toujours avoir ~** Rechthaberei *f;* **donner ~ à qn** j-m recht geben; *La Fontaine* **la ~ du plus fort est toujours la meilleure** der Stärkere hat immer recht *(prov)* 3 *(motif, cause)* Grund *m;* Ursache *f;* **les ~s de sa con-**

duite die Gründe s-s Verhaltens, für sein Verhalten; **~ d'être** Existenzberechtigung *f*; **~ de vivre** Lebensinhalt *m*; **~ de plus!** nun erst recht!; **~ de plus pour** *(+inf)* ein Grund mehr, um zu *(+inf)*; umso mehr muss man *(+inf)*; *loc adv*: **pour des ~s politiques** aus politischen Gründen; **pour ~s de famille, de santé** aus familiären, gesundheitlichen Gründen; **pour ~s de sécurité** aus Sicherheitsgründen; sicherheitshalber; **pour cette ~** aus diesem Grund; darum; deshalb; deswegen; **pour quelle ~?** aus welchem Grund?; weshalb?; **pour une ~ ou pour une autre** aus irgendeinem Grund; **pour la seule ~ que …** aus dem einzigen Grund, weil …; bloß, weil …; **sans ~** ohne Grund; grundlos; **non sans ~** nicht ohne Grund; *loc prép* **en ~ de** aufgrund von *ou (+gén)*; in Anbetracht, wegen *(+gén)*; → *a.* 8; **en ~ des circonstances** in Anbetracht, wegen der Umstände; **avoir de bonnes ~s pour faire qc** gute Gründe haben, etw zu tun; **avoir de fortes ~s de croire que …** stichhaltige Gründe haben zu glauben, dass …; **j'ai mes ~s** ich habe meine Gründe (dafür); **il n'y a aucune ~ pour …** es gibt keinen Grund dafür, dass …; **c'est pour une ~ bien simple** das hat e-n ganz einfachen Grund; **ce n'est pas une ~!** das ist kein Grund!; **se faire une ~** sich damit abfinden; sich ins Unvermeidliche fügen **4** *(argument)* **se rendre aux ~s de qn** j-s Argumente *(acc)* anerkennen **5** LOC: **avoir ~ de qn** *(vaincre)* j-n überwältigen; **avoir ~ de qc** etw überwinden, bewältigen, meistern **6** *litt* **demander ~ d'une offense** Genugtuung für e-e Beleidigung fordern **7** JUR **~ sociale** Firmenname *m*, -bezeichnung *f*; Firma *f* **8** MATH Verhältnis *n*; Proportion *f*; **section** *f* **en moyenne et extrême ~** Goldener Schnitt; *loc prép*: **à ~ de** **a** zum Preis von **b** pro; **produire des pièces à ~ de cinquante à l'heure** fünfzig Stück pro Stunde produzieren; **en ~ de** im Verhältnis zu; proportional zu

raisonnable [ʀɛzɔnabl] ADJ **1** *opinion, conduite, conseil etc* vernünftig; *personne* vernünftig; verständig; einsichtig; PHIL vernunftbegabt; **il est ~ de penser que …** vernünftigerweise kann man annehmen, dass …; **être ~ dans ses désirs** vernünftige, genügsame Wünsche haben; **sois donc ~!** sei doch vernünftig!; nimm doch Vernunft an! **2** *prix, intérêts, salaire* angemessen; annehmbar

raisonnablement [ʀɛzɔnabləmɑ̃] ADV **1** *agir, penser, parler* vernünftig; **~,** *je ne peux pas le lui demander* vernünftigerweise … **2** *boire, manger, dépenser* mit Maßen; mäßig; *rétribuer* angemessen

raisonné [ʀɛzɔne] ADJ **1** *(réfléchi)* durchdacht; (wohl) überlegt; **problème bien, mal ~** gut, schlecht durchdachtes Problem; **projet ~** wohlüberlegter Plan **2** *(rationnel)* logisch begründet

raisonnement [ʀɛzɔnmɑ̃] M **1** *(argumentation)* Beweisführung *f*; Argumentation *f*; Überlegung *f*; Gedankengang *m*; *fam* **~ de femme soûle** unsinnige, absurde Überlegung, Argumentation; **~ par analogie** Analogieschluss *m*; *fam* **ce n'est pas un ~!** das ist kein Argument!; **se perdre dans ses ~s** sich in s-n Überlegungen verlieren; **tenir un ~** argumentieren **2** *(réflexion)* logisches Denken; Ratio *f*; **(force *f* de) ~** Urteilskraft *f*, -vermögen *n* **3** PL **~s** *péj (répliques)* Widerrede *f*; Einwände *mpl*

raisonner [ʀɛzɔne] **A** VT **~ qn** j-n zur Vernunft bringen; j-m gut zureden **B** VI **1** *(juger)* (logisch) urteilen; *(argumenter)* argumentieren; *(conclure)* schließen; e-e Schlussfolgerung *ou* Schlussfolgerungen ziehen; *fam* **~ comme un tambour, un manche à balai** dumme Argumente (vor)bringen; völlig unlogisch urteilen **2** **~ avec qn** mit j-m diskutieren **3** *(répliquer)* widersprechen; Einwände machen, vorbringen **C** V/PR **1** *personne* **se ~** Vernunft annehmen **2** *sentiments* **ne pas se ~** nicht der Vernunft *(dat)* gehorchen

raisonneur [ʀɛzɔnœʀ] **A** ADJ ⟨-euse⟩ *péj* zum Widerspruch neigend **B** SUBST **~, raisonneuse** *m,f péj* Nörgler(in) *m(f)*; Widerspruchsgeist *m*; **faire le ~, la raisonneuse** Widerspruchsgeist zeigen

rajah [ʀaʒa] M *en Inde* Radscha *m*

rajeunir [ʀaʒœniʀ] **A** VT **1** *personne* jung *ou* jünger machen; verjüngen; *par ext* **~ qn (de dix ans)** *(le croire plus jeune)* j-n (zehn Jahre) jünger schätzen; **~ le personnel** das Personal verjüngen; **cette robe la rajeunit** dieses Kleid macht sie jung *ou* jünger; *fam* **voilà qui ne me rajeunit pas** das zeigt mir, dass ich nicht mehr jung bin **2** *fig sujet* neu beleben; *équipement etc* erneuern; auffrischen **B** VI ⟨*Vorgang avoir, Ergebnis* être⟩ jünger werden; sich verjüngen; jünger aussehen; **elle est toute rajeunie** sie sieht viel jünger aus; *adjt* **je le trouve rajeuni** ich finde, er ist jünger geworden *ou* er sieht jünger aus **C** V/PR **se ~** **1** *(se donner l'air jeune)* sich *(dat)* ein jugendliches Aussehen geben **2** *(prétendre être plus jeune)* sich für jünger ausgeben(, als man ist); sich jünger machen (**de dix ans** um zehn Jahre)

rajeunissant [ʀaʒœnisɑ̃] ADJ Verjüngungs…

rajeunissement [ʀaʒœnismɑ̃] M **1** *de qn* Verjüngung *f*; **cure** *f* **de ~** Verjüngungskur *f* **2** *fig d'un équipement etc* Erneuerung *f*; *d'un sujet littéraire etc* Neubelebung *f*; Neugestaltung *f*

rajout [ʀaʒu] M Hinzufügung *f*; CONSTR *a.* Anbau *m*

rajouter [ʀaʒute] VT hinzufügen; dazutun; *morceau* anstücke(l)n; **~ du sel, du sucre** Salz, Zucker zugeben; *fam fig* **vous en rajoutez!** *fam* Sie erfinden was dazu!; → *a.* ajouter

rajustement [ʀaʒystəmɑ̃] M *des prix etc* Anpassung *f*; Angleichung *f*; **~ des salaires** Lohnangleichung *f*, -anpassung *f*

rajuster [ʀaʒyste] **A** VT **1** *lunettes, cravate etc* zurechtrücken; *coiffure* (wieder) in Ordnung bringen **2** *salaires, prix* anpassen; angleichen **B** V/PR **se ~** sich wieder zurechtmachen; s-e Kleidung wieder in Ordnung bringen

râlant [ʀɑlɑ̃] ADJ *fam* **c'est ~** das ist ärgerlich, *fam* blöd; *fam* so was Dummes!

râle[1] [ʀɑl] M ZOOL Ralle *f*; **~ des genêts** Wachtelkönig *m*

râle[2] [ʀɑl] M **a** *d'un mourant* Röcheln *n* **b** MÉD Rasseln *n*; Rasselgeräusch *n*

râlement [ʀɑlmɑ̃] M *fam* Gemecker *n*; Geschimpfe *n*

ralenti [ʀalɑ̃ti] **A** ADJ verlangsamt; langsam **B** M **1** *d'un moteur* Leerlauf *m*; Standgas *n*; **régler le ~** den Leerlauf einstellen; **tourner au ~** im Leerlauf laufen; leerlaufen **2** CINÉMA Zeitlupe *f*; **prise** *f* **de vue(s) au ~** Zeitlupenaufnahme *f* **3** LOC ADV *fig* **au ~** in verlangsamtem Tempo; mit verminderter Kraft; **la construction marche au ~** im Baugewerbe geht es mäßig voran

ralentir [ʀalɑ̃tiʀ] **A** VT verlangsamen; langsamer machen; (ab)bremsen; *vitesse a.* herabsetzen; ÉCON *expansion a.* abschwächen; THÉ *action* dehnen; **~ sa marche, le pas** langsamer gehen; den Schritt verlangsamen **B** VI *véhicule, conducteur* langsamer fahren; (ab)bremsen; *véhicule a.* langsamer werden; *panneau* **~!** langsam fahren! **C** V/PR **se ~** langsamer werden; sich verlangsamen; *circulation a.* stocken; ÉCON *production* zurückgehen; *expansion, fig zèle* nachlassen; sich abschwächen; abflauen

ralentissement [ʀalɑ̃tismɑ̃] M Verlangsamung *f*; Langsamerwerden *n*; ÉCON *a.* Rückgang *m*; Abschwächung *f*; CIRCULATION **~s** *pl* zähflüssiger Verkehr; **~ de la production** Produktionsrückgang *m*

ralentisseur [ʀalɑ̃tisœʀ] M **1** *d'un poids lourd* Zusatzbremse *f*; **~ électrique** Wirbelstrombremse *f* **2** NUCL Bremssubstanz *f*; Moderator *m* **3** *sur la chaussée* Boden-, Fahrbahnschwelle *f*; Aufpflasterung *f*

râler [ʀɑle] VI **1** *mourant* röcheln **2** *fam (protester)* nörgeln; schimpfen; *fam* meckern; motzen; brummen; **faire ~ qn** j-n wütend machen

râleur [ʀɑlœʀ] *fam* **A** ADJ ⟨-euse⟩ mürrisch; *fam* brummig **B** SUBST **~, râleuse** *m,f* Nörgler(in) *m(f)*; *fam* Meckerziege *f*; Miesmacher(in) *m(f)*

ralingue [ʀalɛ̃g] F MAR Liek *n*

ralliement [ʀalimɑ̃] M **1** *des troupes etc* Sammeln *n*; **point** *m* **de ~** Sammelpunkt *m*; **signe** *m* **de ~** Erkennungszeichen *n*; MIL **sonner le ~** zum Sammeln blasen **2** *à un parti, à une opinion* Anschluss *m* (**à** an *+acc*)

rallier [ʀalje] **A** VT **1** *troupes dispersées etc* sammeln **2** *(unir)* vereinen; um sich sammeln, scharen; *(gagner)* auf s-e Seite bringen; gewinnen (**qn à qc** j-n für etw); **~ tous les suffrages** alle Stimmen auf sich *(acc)* vereinigen **3** *(rejoindre)* sich anschließen *(+dat)*; zurückkehren zu; **~ la majorité** sich der Mehrheit anschließen; *bateau* **~ son port d'attache** zu s-m Heimathafen zurückkehren **B** V/PR **se ~** **1** *troupes etc* sich wieder sammeln; *Henri IV* **ralliez-vous à mon panache blanc!** sammelt euch um meinen weißen Helmbusch!; *fam fig* folgt mir! **2** *(adhérer)* sich anschließen (**à qn, à qc** j-m, e-r Sache *ou* an j-n, etw); **se ~ à l'avis de qn** *a.* j-m beipflichten

rallonge [ʀalɔ̃ʒ] F **1** Verlängerung(sstück) *f(n)*; *d'une table* Ausziehplatte *f*; ÉLEC Verlängerungsschnur *f*; *fam fig* **nom** *m* **à ~(s)** Name *m* mit vielen „von" und „zu"; **table** *f* **à ~s** Ausziehtisch *m* **2** *fam fig (supplément)* Zugabe *f*; *d'argent* Aufgeld *n*; Zuzahlung *f*; **~ de crédits** zusätzliche Haushaltsmittel *npl*; *obtenir* **une ~ de deux jours** zwei zusätzliche Urlaubstage

rallongement [ʀalɔ̃ʒmɑ̃] M Verlängerung *f*; *des jours* Längerwerden *n*

rallonger [ʀalɔ̃ʒe] ⟨-geons⟩ **A** VT *vêtement* länger machen; *table* ausziehen; *piste, service militaire etc* verlängern; *fam je passerai vous prendre,* **cela ne me rallongera guère** das ist kaum ein Umweg für mich **B** VI *jours* länger werden

rallumer [ʀalyme] **A** VT **1** *feu, cigarette etc* wieder anzünden; *lumière, lampe, radio, télé etc* wieder einschalten; *fam* wieder anmachen; *abs* das Licht wieder anmachen **2** *fig passion, conflit* wieder entfachen **B** V/PR **se ~** *incendie, fig passion etc* sich aufs Neue entzünden; erneut aufflackern *(a. guerre)*

rallye [ʀali] M Rallye *f*; Sternfahrt *f*

ramadan [ʀamadɑ̃] M ISLAM Ramadan *m*

ramage [ʀamaʒ] M **1** *sur papier peint, tissu* **~s** *pl* Rankenmuster *n*; Laub-, Blätter-, Blattwerk *n* **2** *litt des oiseaux* Gezwitscher *n*

Ramakrishna [ʀamakʀiʃna] M REL Ramakris(c)hna *m*

ramassage [ʀamasaʒ] M *de fruits tombés* Auflesen *n*; *de champignons* Sammeln *n*; *des ordures ménagères* Abholung *f*; Abfuhr *f*; **car** *m* **de ~ scolaire** Schulbus *m*; **~ des encombrants** Sperrmüllabfuhr *f*

ramassé [ʀamase] ADJ **1** *personne, animal* zusammengekauert, -gerollt; geduckt **2** *forme* gedrungen; geballt; wuchtig **3** *expression, style* knapp; bündig; gedrängt

ramasse-miettes [ʀamasmjɛt] M ⟨*inv*⟩ Krü-

R

mel-, Tischbesen *m* und Schaufel *f*; **ramasse-poussière** M ⟨*inv*⟩ Kehrichtschaufel *f*

ramasser [ʀamase] A V/T 1 (*réunir*) *feuilles mortes* zusammenharken, -rechen; *cartes au jeu* aufnehmen; *cahiers, copies* einsammeln; *chiffons, vieux papiers* sammeln; *ordures, lait* abholen; *fig ses forces* sammeln; *ses jupes* raffen; *argent* a (*accumuler*) anhäufen; *fam* scheffeln; machen b (*encaisser*) einnehmen; *fam* kassieren; *fam* **~ un fric fou** *fam* e-n Haufen Geld machen; *fam* **la police les a tous ramassés** die Polizei hat sie alle abgeführt, *fam* kassiert 2 (*prendre par terre*) *caillou etc* aufheben; *épis etc* auflesen; *champignons, coquillages, châtaignes* sammeln; *blessés, ivrogne, animal perdu* auflesen; *fam mise en garde: si tu …*, **on pourra te ~ à la petite cuiller** *fam* kann man dich (eines Tages) auf der Kehrichtschaufel wegbringen 3 *fam* (*attraper*) *maladie, volée etc fam* erwischen; (ab)kriegen; → *a.* bûche 2, pelle 1 B V/PR **se ~** 1 (*se pelotonner*) sich zusammenkauern, -rollen 2 *fam* a (*se relever*) wieder aufstehen; *fam* sich wieder aufrappeln b (*tomber*) hinfallen; *fam* hinknallen

ramasseur [ʀamasœʀ] M, **ramasseuse** F Sammler(in) *m(f)*; TENNIS **~ de balles** Balljunge *m*

ramassis [ʀamasi] M *péj* Wust *m*; Sammelsurium *n*; Haufen *m* (*a. de personnes*); **~ de voyous** Gesindel *n*

rambarde [ʀɑ̃baʀd] F Geländer *n*; MAR Reling *f*

Rambouillet [ʀɑ̃bujɛ] *Stadt im Dep. Yvelines*

ramdam [ʀamdam] *fam* M Krach *m*; Lärm *m*; *fam* Spektakel *m*; Radau *m*

rame [ʀam] F 1 (*aviron*) Ruder *n*; *t/t* Riemen *m* 2 (*pieu*) Stange *f*; **°haricots** *mpl* **à ~s** Stangenbohnen *fpl*; *fam fig* **il n'en fiche pas une ~** *fam* er tut keinen Handschlag; er macht keinen Finger krumm 3 CH DE FER (Triebwagen)Zug *m*; **~ de métro** U-Bahn(-Zug) *f(m)* 4 TYPO 500 Blatt

rameau [ʀamo] M ⟨*pl* ~x⟩ 1 BOT Zweig *m*; BIBL *et fig* **~ d'olivier** Ölzweig *m* 2 REL **les Rameaux** *ou* **le dimanche des Rameaux** der Palmsonntag

ramée [ʀame] F *poét* Laubwerk *n*, -dach *n*

ramener [ʀamne] ⟨-è-⟩ A V/T 1 (*amener de nouveau*) wieder her-, mitbringen; (*faire revenir*) zurückbringen, -holen; wiederbringen 2 **~ à** (wieder) bringen auf (+*acc*); *inflation, tension vasculaire etc* (wieder) senken, verringern auf (+*acc*); *incident* **~ à ses justes proportions** auf die ihm gemäße Bedeutung reduzieren; **~ qn à la raison** j-n zur Vernunft bringen; **~ qn à de meilleurs sentiments** j-n versöhnlich stimmen; **~ qn à soi** j-n wieder zu sich bringen; j-n aus s-r Bewusstlosigkeit aufwecken; **~ tout à soi** alles nur von seiner Warte aus sehen; **~ qn à la vie** j-n ins Leben zurückrufen; ♦ **~ sur** wieder bringen, lenken auf (+*acc*); **~ la question sur qc** die Frage wieder auf etw (*acc*) bringen; **~ son regard sur la route** s-n Blick wieder auf die Straße lenken 3 *ordre, paix etc* wiederherstellen 4 (*amener*) *personne, objet* mitbringen; **~ un ami à dîner** e-n Freund zum Abendessen mitbringen 5 *dans une certaine position* ziehen; nehmen; legen; **~ les bras en arrière** die Arme nach hinten nehmen; **~ ses cheveux sur son front** die Haare über die Stirn ziehen; **~ les jambes sous soi** die Beine anziehen 6 *pop* **~ sa fraise, sa gueule** *ou* **la ~** (*s'immiscer*) *fam* s-n Senf dazugeben; immer dazwischenquatschen; (*protester*) *fam* (herum)meckern B V/PR 1 **se ~ à qc** (*se réduire à*) auf etw (*acc*) hinauslaufen; **ça se ramène à une question de gros sous** es geht dabei letztlich ums Geld 2 *fam* **se ~** (*revenir*) *fam* wieder aufkreuzen

ramequin [ʀamkɛ̃] M CUIS kleine Auflaufform

ramer [ʀame] A V/T *haricots* (mit Stangen) stützen; *fam fig* **s'y entendre comme à ~ des choux** keine Bohne davon verstehen B V/I 1 rudern 2 *fam fig* sich abstrampeln; sich ins Zeug legen

ramette [ʀamɛt] F TYPO kleiner (Schließ)Rahmen

rameur [ʀamœʀ] M, **rameuse** F SPORTS Ruderer *m*, Ruderin *f*

rameuter [ʀamøte] V/T *partisans etc* wieder zusammenbringen, -holen

rami [ʀami] M *jeu de cartes* Rommee *n*

ramie [ʀami] F BOT, TEXT Ramie *f*; Chinagras *n*

ramier [ʀamje] M ZOOL **~** *ou adjt* **pigeon** *m* **~** Ringeltaube *f*

ramification [ʀamifikasjõ] F 1 BIOL Verzweigung *f*; Verästelung *f*; **~s nerveuses** Nervenverzweigungen *fpl* 2 *d'une voie ferrée etc* Abzweigung *f*; Gabelung *f* 3 *d'une science* Unterabteilung *f*; *société secrète* **avoir des ~s** weit verzweigt sein; (weite) Verbindungen haben

ramifié [ʀamifje] ADJ verzweigt; verästelt; **ramifier** V/PR **se ~** 1 *branches, nerfs* sich verästeln; sich verzweigen; *voie ferrée* sich gabeln 2 *société secrète* weit verzweigt sein; (weite) Verbindungen haben

ramolli [ʀamɔli] ADJ 1 *bitume, pain etc* aufgeweicht; weich geworden 2 *fam fig personne* schlaff; *fam* schlapp; lahm 3 *fam fig* **il a le cerveau complètement ~** er ist völlig verkalkt

ramollir [ʀamɔliʀ] A V/T *cire, cuir* weich machen; **~ le bitume** den Asphalt aufweichen B V/I (*et* V/PR **se**) **~** weich werden; aufweichen

ramollissement [ʀamɔlismɑ̃] M Auf-, Erweichung *f*; Weichwerden *n*; MÉD **~ cérébral** *ou* **du cerveau** Gehirnerweichung *f*

ramollo [ʀamɔlo] ADJ ⟨*f inv*⟩ *fam* schlapp; lahm

ramonage [ʀamɔnaʒ] M Schornsteinfegen *n*; **ramoner** V/T 1 *cheminée* fegen 2 *abs alpiniste* im Kamin klettern; **ramoneur** M Schornsteinfeger *m*; Kaminkehrer *m*, -feger *m*

rampant [ʀɑ̃pɑ̃] A ADJ 1 kriechend, Kriech… (*a.* BOT, ZOOL); **plante ~e** Kriechpflanze *f* 2 *personne, caractère* kriecherisch; unterwürfig B MPL *fam* AVIAT **les ~s** das Bodenpersonal

rampe [ʀɑ̃p] F 1 *pour véhicules* Auf- *ou* Abfahrt *f*; Rampe *f*; (*montée*) Steigung *f*; **~ d'accès** Auffahrt *f*; **~ de garage** Garagenauffahrt *f*; *pour fusées* **~ de lancement** Start-, Abschussrampe *f* 2 *d'un escalier* (Treppen)Geländer *n*; **~ de bois, de fer** Holz-, Eisengeländer *n*; *fam fig*: **lâcher la ~** *fam* ins Gras beißen; abschnappen; **tenir bon la ~** *fam* sich nicht unterkriegen lassen; die Ohren steifhalten 3 THÉ Rampe *f*; *fig* **passer la ~** (beim Publikum) ankommen 4 *lumières* Lichterkette *f*; AVIAT **~ de balisage** Befeuerung *f* der Rollbahn

ramper [ʀɑ̃pe] V/I 1 *serpent, ver, plante etc* kriechen (*a. personne*); sich schlängeln; *fauve* schleichen; sich anschleichen (**vers** an +*acc*); MIL robben 2 *fig brouillard* langsam (herauf)ziehen 3 *fig devant ses supérieurs etc* kriechen (**devant qn** vor j-m)

rampon(n)eau [ʀɑ̃pɔno] *pop* M ⟨*pl* ~x⟩ Stoß *m*; *fam* Schubs *m*; Puff *m*

Ramsès [ʀamsɛs] M HIST Ramses *m*

ramure [ʀamyʀ] F 1 *d'un arbre* Geäst *n*; Astwerk *n* 2 CH *d'un cerf* Geweih *n*

rancard [ʀɑ̃kaʀ] M 1 *fam* (*rendez-vous*) Verabredung *f*; *amoureux* Rendezvous *n*; **avoir un ~ avec qn** mit j-m verabredet sein; **donner, fixer (un) ~ à qn** sich mit j-m verabreden 2 *arg* (*renseignement*) *fam* Tipp *m*

rancarder [ʀɑ̃kaʀde] *arg* A V/T *fam* e-n Tipp geben (**qn** j-m) B V/PR **se ~** sich umhören; herumhören; *fam* sich (*dat*) Tipps verschaffen

rancart [ʀɑ̃kaʀ] M *fam* **mettre au ~** *objet* ausrangieren; zum alten Eisen werfen; in die Ablage tun; *personne, projet* auf das tote Gleis schieben; beiseiteschieben; *personne a. fam* abservieren

rance [ʀɑ̃s] A ADJ ranzig B M **sentir le ~** ranzig riechen; **avoir un goût de ~** ranzig schmecken

ranch [ʀɑ̃tʃ] M ⟨*pl* ~(e)s⟩ Ranch *f*

ranci [ʀɑ̃si] ADJ *beurre etc* ranzig (geworden); *subst* **sentir le ~** ranzig riechen

rancir [ʀɑ̃siʀ] V/I ranzig werden

rancœur [ʀɑ̃kœʀ] F Groll *m*; Verbitterung *f*; **avoir de la ~ pour** *ou* **contre qn** Groll gegen j-n hegen

rançon [ʀɑ̃sõ] F 1 Lösegeld *n* 2 *fig* Preis *m* (**de la célébrité** für das Berühmtsein)

rançonner [ʀɑ̃sɔne] V/T Lösegeld fordern (**qn** von j-m); erpressen; **rançonneur** M, **rançonneuse** F Erpresser(in) *m(f)*

rancune [ʀɑ̃kyn] F Groll *m*; Rachsucht *f*; **sans ~!** nichts für ungut!; **avoir de la ~ contre qn** j-m grollen; **garder (de la) ~ à qn de qc** j-m etw nachtragen; j-m wegen etw grollen

rancunier [ʀɑ̃kynje] A ADJ ⟨-ière⟩ *personne, caractère* nachtragend B SUBST **~, rancunière** *m,f* nachtragender Mensch

rand [ʀɑ̃d] M *monnaie* Rand *m*

rando [ʀɑ̃do] F *fam* ABR → randonnée

randonnée [ʀɑ̃dɔne] F Ausflug *m*; Tour *f*; Wanderung *f*; **~ à, en vélo** (Fahr)Radtour *f*

randonneur [ʀɑ̃dɔnœʀ] M, **randonneuse** F Wanderer *m*, Wand(r)erin *f*

rang [ʀɑ̃] M 1 (*rangée*) Reihe *f*; THÉ, CINÉMA *a.* Sitzreihe *f*; TRICOT **un ~ à l'endroit, un ~ à l'envers** e-e Reihe rechts, e-e Reihe links; *par ext* **~ de perles** *collier* einreihige Perlenkette; **plusieurs ~s de spectateurs** mehrere Zuschauerreihen *fpl*; *fig* **en ~ d'oignons** in einer Reihe; *fig* **admettre qn dans ses ~s** j-n in s-n Reihen aufnehmen; **être au premier ~** in der ersten Reihe stehen *ou* sitzen (*a. fig*); *fig* **grossir les ~s des mécontents** den Kreis der Unzufriedenen vergrößern; **se mettre au dixième ~** sich in die zehnte Reihe setzen; **se mettre en ~(s) par deux** sich in Zweierreihen aufstellen; *fig* **se mettre sur les ~s** als Bewerber auftreten; sich bewerben; *fig* **mettre, placer au ~ de …** rechnen zu …; *écoliers* **sortir en ~(s)** in Reih und Glied hinausgehen 2 MIL Glied *n*; Reihe *f*; **homme** *m* **du ~** einfacher Soldat; **officiers** *mpl* **et hommes** *mpl* **du ~** Offiziere *mpl* und Mannschaften *fpl*; **en ligne sur quatre ~s** in Linie zu vier Gliedern; **à vos ~s, fixe!** Achtung!; *fig politicien etc* **rentrer dans le ~** wieder von der Bühne abtreten; wieder in den Hintergrund treten; **servir dans le ~** als gemeiner Soldat dienen; **servir dans les ~s d'un régiment** in e-m Regiment dienen; *officier* **sorti du ~** aus dem Mannschaftsstand hervorgegangen 3 (*place*) Platz *m*; Stelle *f*; **dans un bon ~** als einer der Besten; **par ~ d'âge, de taille** dem Alter, der Größe nach; **être (placé) au premier, second ~** an erster, zweiter Stelle stehen 4 (*échelon*) Rang(stufe) *m(f)*; (*condition*) Stellung *f*; Stand *m*; **~ élevé** hohe Stellung; hoher Rang; **~ le plus bas, le plus °haut** niedrigste, höchste Rangstufe *ou* Stellung; **avoir ~ avant, après qn** in der Rangordnung höher, tiefer stehen als j-d; vor, hinter j-m rangieren; **avoir ~ de …** den Rang e-s … einnehmen; **mettre sur le** *ou* **au même ~** auf die gleiche Stufe stellen; **savoir garder, tenir son ~** sich s-s Standes *ou* s-r Stellung

R

würdig erweisen

rangé [ʀɑ̃ʒe] ADJ 1 **bataille ~e** → bataille1 2 *personne, vie* solide; anständig; *vie a.* geregelt; geordnet; *fam* **être ~ des voitures** solide geworden sein

range-CD [ʀɑ̃ʒsede] M ⟨inv⟩ CD-Regal *n*

rangée [ʀɑ̃ʒe] F Reihe *f*; **~ d'arbres** Baumreihe *f*; **~ de maisons** Häuserreihe *f*, -zeile *f*

rangement [ʀɑ̃ʒmɑ̃] M 1 *d'objets, d'une chambre* Aufräumen *n*; *d'objets a.* Unterbringen *n*; **meubles** *mpl* **de ~** Kastenmöbel *npl*; **volume** *m* **de ~** (Ab)Stellraum *m* (*in Schränken, Kommoden etc*); **faire des ~s, du ~ dans une armoire** in e-m Schrank aufräumen *ou* Ordnung machen 2 *automobiliste* **faire un ~** einparken

ranger [ʀɑ̃ʒe] ⟨-geons⟩ A V/T 1 *objets, chambre* aufräumen; in Ordnung bringen; *papiers, livres a.* ordnen; *jouets a.* wegräumen; *objets a.* unterbringen; abstellen; **range tes affaires!** räum (deine Sachen) auf!; mach Ordnung!; *adjt* **chambre bien rangée** gut aufgeräumtes Zimmer; **~ par ordre alphabétique** alphabetisch ordnen 2 (*classer*) einordnen (**parmi** unter *+acc*); **~ sous une même étiquette** der gleichen Richtung zuordnen; **être à ~ parmi ...** gehören zu ... 3 *voiture* (ein)parken B V/PR **se ~** 1 (*se disposer en rangs*) sich einreihen; sich aufstellen; **se ~ autour d'une table** sich um e-n Tisch stellen *ou* setzen; **se ~ par trois** sich in Dreierreihen aufstellen 2 *sens passif* **où ça se range-t-il?** wo gehört das hin? 3 (*s'écarter*) beiseitegehen; zur Seite gehen; *voiture* beiseitefahren; zur Seite fahren; Platz machen; *voiture* **se ~ contre le trottoir** an den Bordstein heranfahren; MAR **se ~ à quai** an den Kai heranfahren 4 *fig*: **se ~ à l'avis de qn** sich j-s Meinung (*dat*) anschließen; j-m beipflichten; **se ~ du côté de qn** sich auf j-s Seite (*acc*) stellen; **se ~ à une décision** e-r Entscheidung zustimmen 5 (*s'assagir*) solide werden; ein ordentliches Leben zu führen beginnen

Rangoon [ʀɑ̃gun, ʀan-] GÉOG Rangun *n*

ranimer [ʀanime] A V/T 1 *qn d'inanimé* wiederbeleben; **il n'a pas pu être ranimé** die Wiederbelebungsversuche waren vergeblich 2 *flamme* wieder an-, entfachen; *fig*: **~ une conversation** eine Unterhaltung neu beleben, wieder in Gang bringen; **~ l'espoir** die Hoffnung wieder aufleben lassen; **~ la rancune** den Groll von Neuem entfachen B V/PR **se ~** 1 *qn d'inanimé* wieder zu sich kommen 2 *incendie* wieder auflodern, -flackern

rantanplan [ʀɑ̃tɑ̃plɑ̃] INT → rataplan

Raoul [ʀaul] M *Vorname*

rap [ʀap] M MUS Rap *m*; *adjt* **musique** *f* **~** Rapmusik *f*

rapace [ʀapas] A ADJ *personne* hab-, raffgierig; hab-, gewinnsüchtig B M ZOOL Raubvogel *m*; **~s diurnes, nocturnes** Tag-, Nachtraubvögel *mpl*

rapacité [ʀapasite] F 1 *d'un fauve* Raubgier *f* 2 *d'une personne* Habsucht *f*, -gier *f*; Raffgier *f*

rapatrié [ʀapatʀije] A ADJ repatriiert; (in sein Land, in die Heimat) zurückgeführt; *prisonnier de guerre a.* (in die Heimat) entlassen B SUBST **~(e)** *m(f)* Rückwanderer, -wand(r)erin *m,f*; Aus-, Um-, Rücksiedler(in) *m(f)*; *prisonnier de guerre, déporté* Heimkehrer(in) *m(f)*

rapatriement [ʀapatʀimɑ̃] M Repatriierung *f*; Rückführung *f*

rapatrier [ʀapatʀije] V/T 1 *personnes* repatriieren; (in die Heimat, in sein Land) zurückführen, -bringen 2 *capitaux* (ins eigene Land) zurückbringen

râpe [ʀɑp] F 1 CUIS Raspel *f*; Reibe *f*; **~ à fromage** Käsereibe *f* 2 TECH Raspel *f*; grobe Feile

râpé [ʀɑpe] A ADJ 1 *vêtement* abgewetzt; abgeschabt; abgetragen 2 *fam fig* **c'est ~** *fam* das hat nicht geklappt, ist schiefgegangen B M CUIS geriebener Käse

râper [ʀɑpe] V/T 1 *fromage, carottes* reiben; raspeln (*a.* TECH) 2 *fig alcool* kratzen (**le gosier** im Hals)

rapetasser [ʀaptase] *fam* V/T (notdürftig) flicken; ausbessern

rapetissement [ʀaptismɑ̃] M Verkleinerung *f*

rapetisser [ʀaptise] A V/T 1 (*diminuer*) kleiner machen; verkleinern 2 (*faire paraître plus petit*) kleiner erscheinen lassen 3 *fig* (*rabaisser*) herabsetzen B V/I *étoffe* eingehen; *jours* abnehmen; kürzer werden; *personne* kleiner werden

râpeux [ʀɑpø] ADJ ⟨-euse⟩ 1 *langue de chat* rau 2 *fig vin* herb

Raphaël [ʀafaɛl] M 1 *Vorname* 2 BIBL Raphael *ou* Rafael *m* 3 PEINT Raffael *m*

raphaélique [ʀafaelik] ADJ PEINT raffaelisch; im Stil Raffaels

Raphaëlle [ʀafaɛl] F *Vorname*

raphia [ʀafja] M *fibre* (Raphia)Bast *m*; **sac** *m* **en ~** Basttasche *f*

rapiat [ʀapja] ADJ ⟨*f inv od* ~e⟩ *fam* knick(e)rig; knaus(e)rig; *subst* **vieux ~** alter Geizkragen

rapide [ʀapid] A ADJ schnell (*a. véhicule*); rasch; *personne a.* flink; *courant* stark; reißend; *descente* steil; **allure** *f* **~** schnelles, rasches, zügiges Tempo; **décision** *f* **~** schneller, rascher, prompter Entschluss; **lecture** *f* **~ d'un texte** Überfliegen *n* e-s Textes; **mouvement** *m* **~** schnelle, lebhafte Bewegung; **pouls** *m* **~** schneller, *plus fort* fliegender, jagender Puls; **voie** *f* **~** Schnellstraße *f*; **mots tracés d'une main ~** schnell, flüchtig hingekritzelte Worte *npl*; **il est ~** *ou subst* **c'est un ~** er ist schnell, flink; **vous êtes bien ~ en besogne!** Sie gehen zu schnell zu Werke! B M 1 *d'un cours d'eau* Stromschnelle *f* 2 CH DE FER (Fern)Schnellzug *m*; D-Zug *m*

rapidement [ʀapidmɑ̃] ADV schnell; zügig; geschwind; rasch; flink; **aller, marcher ~** schnell *etc* gehen; eilen; **lire ~ un texte** e-n Text flüchtig lesen, überfliegen; **mener ~ une affaire** e-e Angelegenheit zügig durchführen

rapidité [ʀapidite] F Schnelligkeit *f* (*a.* SPORTS *d'une piste*); Raschheit *f*; *d'une personne a.* Flinkheit *f*; *d'une action a.* Zügigkeit *f*; *des gestes a.* Lebhaftigkeit *f*; **~ d'esprit** geistige Beweglichkeit; rasche, schnelle Auffassungsgabe; *loc adv* **avec ~** schnell; rasch; geschwind; flink; **avec la ~ de l'éclair** in Blitzesschnelle; schnell wie der Blitz; blitzschnell

rapiécer [ʀapjese] V/T ⟨-è-, -ç-⟩ flicken; e-n Flicken aufsetzen (**qc** auf etw [*acc*]); *adjt* **pantalon rapiécé** geflickte Hose

rapière [ʀapjɛʀ] F HIST Rapier *n*

rapin [ʀapɛ̃] M *péj* (*peintre*) *péj* Farbenkleckser *m*

rapine [ʀapin] *litt* F Raub *m*; Diebstahl *m*

raplapla [ʀaplapla] ADJ ⟨*inv*⟩ *fam* **être tout ~** *objet* flach, platt sein; *personne* müde, *fam* schlapp, abgekämpft sein

rappel [ʀapɛl] M 1 *pour faire revenir* Zurückrufen *n*; DIPL *d'ambassadeur* Abberufung *f*; MIL *de réservistes* Wiedereinberufung *f*; *d'exilés* Erlaubnis *f* zur Rückkehr; *acteur* **avoir de nombreux ~s** viele Vorhänge bekommen; *fig* **battre le ~** Freunde, Anhänger um sich sammeln, um sich scharen, zusammentrommeln 2 (*avertissement*) (Er)Mahnung *f* (**à** zu); **~ à l'ordre** ÉCOLE Ermahnung *f* zur Ordnung; POL Ordnungsruf *m*; **le brusque ~ à la réalité** das plötzliche Zurückgerufenwerden in die Wirklichkeit 3 (*évocation*) Erinnerung *f* (**de** an *+acc*); **~ de souvenirs** Wachrufen *n* von Erinnerungen 4 (*répétition*) Wiederaufnahme *f*; Wiederholung *f*; *panneau routier* **~!** *Wiederholungsschild zur Geschwindigkeitsbeschränkung*; RAD **~ des titres** Wiederholung der Schlagzeilen; MÉD (**vaccination** *f* **de**) **~** Nachimpfung *f*; Auffrischungsimpfung *f* 5 *paiement* Nachzahlung *f* 6 TECH **ressort** *m* **de ~** Rückstell-, Rückholfeder *f* 7 ALPINISME (**descente** *f* **en**) **~** Abseilen *n*; **descendre en ~** sich abseilen 8 MAR *sur un dériveur* Hängen *n* im Trapez 9 COMM Mahnung *f*; Erinnerung *f*

rappelé [ʀaple] M MIL Wiedereinberufene(r) *m*

rappeler [ʀaple] ⟨-ll-⟩ A V/T 1 (*faire revenir*) zurückrufen; *médecin* wieder rufen, holen; DIPL *ambassadeur* abberufen; MIL *réservistes* wieder einberufen; THÉ *acteur* herausrufen; *exilés* die Rückkehr erlauben (**qn** j-m); *ses affaires* **le rappellent à Paris** rufen ihn nach Paris zurück; *fig* **Dieu l'a rappelé à lui** Gott hat ihn zu sich genommen; **~ qn à lui** *ou* **à la vie** j-n wieder zu sich bringen; j-n wiederbeleben; **~ qn à l'ordre** j-n zur Ordnung rufen; **se faire ~ à l'ordre** ermahnt, zurechtgewiesen werden 2 TÉL a *de nouveau* wieder, noch einmal anrufen b *réciproquement* zurückrufen 3 (*remettre en mémoire*) **~ qc à qn** j-n an etw (*acc*) erinnern; j-m etw ins Gedächtnis zurückrufen; j-m etw in Erinnerung rufen; **~ qn à qn** j-n an j-n erinnern; **~ à qn de faire qc** j-n daran erinnern, etw zu tun *ou* dass ...; **il est rappelé que ...** es sei daran erinnert, dass ...; es muss darauf hingewiesen werden, dass ...; **cela me rappelle qc** das erinnert mich an etwas; **cela ne te rappelle rien?** erinnert dich das nicht an etwas?; **rappelez-moi votre nom** nennen Sie mir Ihren Namen noch einmal; **~ le passé** an die Vergangenheit erinnern; **~ des souvenirs à qn** *a.* bei j-m Erinnerungen wachrufen; **~ qc à tout propos** etw bei jeder Gelegenheit erwähnen B V/PR 1 **se ~ qc, qn**, *fam et abus* **de qc, qn** sich an etw, j-n erinnern; **se ~ avoir fait qc** sich (daran) erinnern, dass man etw getan hat; *abus* **je m'en rappelle** ich erinnere mich (daran); *abus*: *un spectacle* **dont on se rappellera longtemps** das man lange nicht vergisst; **rappelez-vous que ...** *a.* denken Sie daran, dass ... 2 **se ~ à qn** sich j-m wieder in Erinnerung bringen

rapper [ʀape] V/I MUS rappen; **rappeur** M MUS Rapper *m*

rappliquer [ʀaplike] V/I (*et* V/PR) *fam* (**se**) **~** *fam* aufkreuzen; antanzen; angetanzt, angeschoben kommen

rapport [ʀapɔʀ] M 1 (*exposé*) Bericht *m*; (*expertise*) Gutachten *n*; *à un supérieur* Rapport *m*; *par ext* MIL Appell *m*; **~ de police** Polizeibericht *m*; **faire un ~** Bericht erstatten; *par écrit a.* e-n Bericht verfassen, abfassen; *oralement a.* e-n Bericht (ab)geben 2 *entre choses* Zusammenhang *m*; Beziehung *f*; Verhältnis *n*; *t/t* Relation *f*; ÉCON **~ qualité-prix** Preis-Leistungs-Verhältnis *n*; **~ des forces** Kräfteverhältnis *n*; MATH **~ de deux grandeurs** Verhältnis zweier Größen; ♦ *loc prép et loc adv*: **dans le ~ de trois à un** im Verhältnis drei zu eins; **en ~ avec** entsprechend (*+dat*); **avoir une situation en ~ avec ses capacités** e-e Stellung entsprechend s-n Fähigkeiten haben; e-e s-n Fähigkeiten entsprechende Stellung haben; **être en ~ avec** im Zusammenhang stehen mit; zusammenhängen mit; **par ~ à** im Verhältnis zu; im Vergleich zu; verglichen mit; **sous le ~ de** was (*+acc*) betrifft, an(be)langt; in Bezug auf (*+acc*); **sous tel ou tel ~** unter diesem oder jenem Gesichtspunkt; in mancher Hinsicht, Beziehung; **sous tous les ~s** in jeder Hinsicht,

Beziehung; ♦ *fam* ~ **à** wegen *(fam +dat)*; ♦ **n'avoir aucun** ~ *ou* **être sans** ~ **avec** in keinem Zusammenhang stehen mit; in keiner Beziehung stehen zu; **cela n'a aucun ~!** das gehört nicht hierher!; das hat damit nichts zu tun!; **il n'y a aucun ~** da besteht kein Zusammenhang; **établir, faire le ~ entre deux choses** den Zusammenhang zwischen zwei Dingen herstellen **3** *entre personnes, pays, surtout pl* **~s** Beziehungen *fpl*; Verhältnis *n*; **~s humains** zwischenmenschliche Beziehungen *fpl*; **~s (sexuels)** (Geschlechts)Verkehr *m*; **~s de parenté** verwandtschaftliche Beziehungen; **~s entre États** Beziehungen zwischen Staaten; **~s entre parents et enfants** Verhältnis zwischen Eltern und Kindern; **avoir des ~s avec qn** (Geschlechts)Verkehr, intime Beziehungen mit j-m haben; **avoir, entretenir de bons ~s avec qn** ein gutes Verhältnis zu j-m haben; gute Beziehungen mit, zu j-m unterhalten; **être en ~ avec qn** in Verbindung mit j-m stehen; **mettre qn en ~ avec qn** Kontakte, Beziehungen zwischen j-m und j-m herstellen; **se mettre, entrer en ~ avec qn** sich mit j-m in Verbindung setzen; mit j-m in Verbindung treten; die Verbindung zu j-m aufnehmen **4** *(rendement)* Ertrag *m*; Einkünfte *fpl*; TURF **~s du tiercé** Gewinnquoten *fpl* bei der Dreierwette; **maison** *f* **de ~** Miets-, Renditehaus *n*; AGR **en plein ~** ertragreich; ertragbringend; voll genutzt; **être d'un bon ~** einträglich, gewinnbringend, ergiebig sein

rapportable [ʀapɔʀtabl] ADJ **1** *décret, arrêté etc* widerrufbar; aufhebbar **2** COUT *poches etc* an-, aufsetzbar **3** MATH *angle* übertragbar **4** **un fait à peine ~** e-e Tatsache, die man kaum berichten kann

rapportage [ʀapɔʀtaʒ] M ÉCOLE *péj* Petzen *n*

rapporter [ʀapɔʀte] **A** V/T **1** *à l'endroit initial* wieder-, zurückbringen **2** *(apporter)* mitbringen; *chien: gibier etc* apportieren; **chien dressé à ~** Apportierhund *m*; *fig* **~ une impression** einen Eindruck erhalten, gewinnen; **~ une réponse** e-e Antwort mitbringen **3** *(faire le récit de)* berichten; *les paroles de qn a.* zitieren; *péj* hinterbringen; zutragen; weitererzählen; ÉCOLE petzen *(abs)*; **~ des bruits** Gerüchte weiterverbreiten; **on lui rapporte ces mots: …** er soll gesagt haben: … **4** *bénéfice* einbringen; abwerfen; *film: somme* einspielen; *abs* einträglich sein; etwas einbringen; **~ gros** viel einbringen; **métier** *m* **qui rapporte** *a.* einträglicher Beruf **5** *(ajouter)* ansetzen; anfügen; *terre* aufschütten; anfahren; COUT **~ une poche** eine Tasche aufsetzen **6** MATH *angle* übertragen **7** JUR *(annuler)* rückgängig machen; zurücknehmen; aufheben **8** *(rattacher)* **~ qc à qc** etw in Beziehung mit etw bringen; etw in Beziehung zu etw setzen; etw im Zusammenhang mit etw sehen **B** V/PR **1** **se ~ à** sich beziehen auf *(+acc)*; in Zusammenhang stehen mit **2** **s'en ~ à qn, qc** sich auf j-n, etw verlassen; **s'en ~ aux faits** sich an (die) Tatsachen halten; **je m'en rapporte à vous** ich verlasse mich auf Sie; ich überlasse es Ihrer Entscheidung

rapporteur [ʀapɔʀtœʀ] M, **rapporteuse** F **1** *péj* Zuträger(in) *m(f)*; ÉCOLE Petze *f*; *adjt* **elle est rapporteuse** sie ist e-e Petze **2** M JUR, ADMIN Referent(in) *m(f)*; Berichterstatter(in) *m(f)* **3** M MATH Winkelmesser *m*

rapprendre [ʀapʀɑ̃dʀ] → réapprendre

rapproché [ʀapʀɔʃe] ADJ **1** *dans l'espace* nah(e), eng, dicht beieinander(-), aneinander (-liegend); Nah…; **protection ~e** Personen- und Objektschutz *m* **2** *dans le temps* nah(e), dicht beieinanderliegend; schnell, dicht aufeinanderfolgend

rapprochement [ʀapʀɔʃmɑ̃] M **1** *d'objets* Heranrücken *n* (**de** an *+acc*); Zusammenrücken *n* **2** *de personnes, de peuples etc* Annäherung *f*; Verständigung *f* **3** *fig (confrontation)* Gegenüber-, Nebeneinanderstellung *f*; *(comparaison)* Vergleich *m*; **faire le ~ entre qc et qc** etw mit etw in Verbindung bringen; etw und etw im Zusammenhang sehen

rapprocher [ʀapʀɔʃe] **A** V/T **1** *un objet* heranrücken, -bringen (**de** an *+acc*); *deux objets* zusammenrücken, -schieben; **rapprochez votre siège** rücken Sie Ihren Stuhl heran; **les jumelles rapprochent les objets** das Fernglas holt die Gegenstände heran; *mon nouveau travail* **me rapproche de chez moi** verkürzt, verringert meinen Nachhauseweg **2** *dans le temps* näher bringen (**de** *dat*); *échéance, paiement* vorverlegen; **chaque jour nous rapproche des vacances** jeder Tag bringt uns den Ferien näher; die Ferien rücken jeden Tag näher **3** *fig l'avion* **rapproche les distances** … verkürzt, verringert die Entfernungen **4** *fig malheur etc: personnes* einander näherbringen **5** *(comparer)* nebeneinanderstellen; gegenüberstellen; vergleichen; **être à ~ de** vergleichbar sein mit **B** V/PR **se ~ 1 a** *(venir plus près)* sich nähern (**de** *dat*); näher kommen; herankommen; näher rücken; **le bruit se rapproche** der Lärm kommt näher **b** *(se serrer)* sich (einander) nähern; zusammenrücken **2** *fig adversaires, partis etc* sich annähern; sich näherkommen; **se ~ de qn** j-m näherkommen; **se ~ des socialistes** sich den Sozialisten annähern **3** *fig (devenir comparable)* näherkommen (**de** *dat*); **se ~ de son idéal, de la vérité** s-m Ideal, der Wahrheit näherkommen

rapprovisionner [ʀapʀɔvizjɔne] → réapprovisionner

rapt [ʀapt] M Entführung *f*; **~ d'enfant** *a.* Kindesraub *m*

raquer [ʀake] V/T *et* V/I *pop (payer) fam* blechen

raquette [ʀakɛt] F **1** SPORTS **a** Schläger *m*; **~ de ping-pong, de tennis, de volant** Tischtennis-, Tennis-, Federballschläger *m* **b** *par ext joueur* Tennisspieler *m* **2** *pour la neige* Schneeschuh *m*, -teller *m*, -reifen *m* **3** BOT Feigenkaktus *m*

rare [ʀaʀ, ʀɑʀ] ADJ **1** selten; *denrées, main-d'œuvre* knapp; rar; *au pl a.* wenige; CHIM **gaz** *mpl* **~s** Edelgase *npl*; **mot** *m* **~** seltenes Wort; **occasion** *f* **~** seltene Gelegenheit; **plante** *f* **~** seltene Pflanze; **à de ~s exceptions près** bis auf wenige Ausnahmen; *subst* **un des ~s … qui** *(+subj)* einer der wenigen …, die …; **il est ~ que …** *(+subj) ou* **de** *(+inf)* es ist selten *ou* es kommt selten vor, dass …; nur selten …; **~s sont ceux qui …** es gibt nur wenige, die …; nur wenige …; **cela arrive, mais c'est ~** das kommt (zwar) vor, aber nur selten; **se faire ~** selten werden; *personne* **se faire ~ (comme les beaux jours), devenir ~** sich selten sehen lassen; *fam* sich rarmachen **2** *(exceptionnel)* selten; un-, außergewöhnlich; erstaunlich; außerordentlich; **des qualités** *fpl* **~s** *ou* **de ~s qualités** ungewöhnliche Vorzüge *mpl*; *fam* **ça n'aurait rien de ~** das wäre nicht erstaunlich, unmöglich **3** *(clairsemé)* spärlich; dünn; *cheveux a.* schütter; **une barbe ~** (ein) spärlicher Bartwuchs; **il n'y pousse qu'une herbe ~** das Gras wächst dort nur spärlich

raréfaction [ʀaʀefaksjõ] F **1** *de l'air* Verdünnung *f* **2** *de denrées* Knappwerden *n*; Verknappung *f*

raréfier [ʀaʀefje] **A** V/T PHYS *air, gaz* verdünnen; *adjt* **atmosphère raréfiée** dünne Atmosphäre, Luft **B** V/PR **se ~ 1** *air* dünner werden **2** *(devenir rare)* selten(er) werden; *denrées* knapp werden

rarement [ʀaʀmɑ̃, ʀɑ-] ADV selten

rareté [ʀaʀte, ʀɑʀte] F **1** *d'objets, d'événements* Seltenheit *f*; *de denrées* Knappheit *f* **2** *(chose rare)* Rarität *f*; Seltenheit *f*; *(chose précieuse)* Kostbarkeit *f*; *cette pièce de monnaie* **est une ~** … ist e-e Kostbarkeit

rarissime [ʀaʀisim, ʀɑ-] ADJ sehr, höchst, äußerst selten

ras [ʀɑ] ADJ ⟨rase [ʀɑz]⟩ **1** *cheveux* kurz (geschnitten, geschoren); *herbe* niedrig; **à poil ~** *animal* kurzhaarig; Kurzhaar…; *tissu* mit kurzem Flor; *advt*: **coupé (à) ~** *cheveux, ongles, gazon* kurz geschnitten; *cheveux, gazon a.* kurz geschoren; **tondu à ~** kahl geschoren **2** *mesure, cuiller* gestrichen voll; *robe etc* **~ du cou** halseng; **pull ~ du cou** Rundhalspulli *m*; *loc adv*: **à ~ bord** bis zum, an den Rand; **plein, rempli à ~ bord** randvoll; bis zum, an den Rand gefüllt; **en ~e campagne** auf dem flachen Land; auf freiem Feld; *loc prép* **à ~ de, au ~ de** dicht, unmittelbar über *ou* an *(+dat ou acc)*; *balle* **envoyer au ~ du filet** knapp übers Netz schlagen, werfen; **voler à ~ de terre, au ~ du sol** dicht über dem Erdboden fliegen; *fam fig* **en avoir ~ le bol** *fam* die Schnauze voll haben; die Nase (gestrichen) voll haben; es satthaben; es satt sein; **j'en ai ~ le bol** *a. fam* mir reicht's, langt's; mir steht's bis hier oben; *fig* **faire table ~e** Tabula rasa machen, reinen Tisch machen (**de qc** mit etw)

rasade [ʀɑzad] F **boire une grande ~** e-n kräftigen Schluck, e-n guten Zug tun; **se verser une ~ de vin** sich *(dat)* das Glas bis zum Rand mit Wein füllen

rasage [ʀɑzaʒ] M Rasur *f*; Rasieren *n*; **lotion** *f* **après ~** Rasierwasser *n*; Aftershave-Lotion *f*; *d'un rasoir électrique* **tête** *f* **de ~** Scherkopf *m*

rasant [ʀɑzɑ̃] ADJ **1** *lumière* flach einfallend; MIL **feu, tir ~** Flachfeuer *n*; *t/t* rasantes Feuer **2** *fam (ennuyeux)* langweilig; geisttötend; *fam* lahm; doof

rascasse [ʀaskas] F *poisson* Drachenkopf *m*

rasé [ʀɑze] ADJ **a** *cheveux, barbe* (kurz) geschoren; (ab)rasiert; **crâne ~** kahl geschorener Schädel **b** *personne* rasiert; **mal ~** schlecht rasiert; stopp(e)lig; **pas ~** unrasiert; **~ de près** glatt rasiert

rase-mottes [ʀɑzmɔt] M ⟨inv⟩ AVIAT (**vol** *m* **en**) **~** Tiefflug *m*; **faire du ~** im Tiefflug fliegen

raser [ʀɑze] **A** V/T **1 a** *personne, menton, jambes* rasieren; *nuque* ausrasieren; *barbe* abrasieren **b** *crâne* kahl scheren **2** *fam (ennuyer)* **~ qn** j-n langweilen, *fam* anöden; *fam* j-m auf die Nerven, auf den Geist gehen; **ça me rase de** *(+inf) a. fam* es stinkt mir zu *(+inf)* **3** *bâtiment, quartier* abreißen; *fortifications* schleifen; *à la guerre* **être rasé** ausradiert, dem Erdboden gleichgemacht werden **4** *(passer près de)* **~ qc** dicht *ou* ganz nah(e) an etw *(dat)* vorbeifahren *ou* -fliegen *ou* -laufen; *balle* **~ le filet** dicht über das Netz fliegen; *personne* **~ les murs** dicht an den Mauern, Hauswänden entlangschleichen; *voiture* **~ un piéton** dicht an e-m Fußgänger vorbeifahren **B** V/PR **se ~ 1** *(se faire la barbe)* sich rasieren **2** *fam (s'ennuyer)* sich langweilen; *fam* sich mopsen

raseur [ʀɑzœʀ], **raseuse** *fam* M,F Langweiler(in) *m(f)*; *fam* Nervensäge *f*

rasibus [ʀɑzibys] *fam* ADV ganz dicht (vorbei); *ongles* **couper ~** ganz kurz (ab)schneiden; *balle* **passer ~** haarscharf, ganz dicht vorbeifliegen

ras-le-bol [ʀɑlbɔl] *fam* M Verdruss *m*; Verdrossenheit *f*; → *a.* ras 2

rasoir [ʀɑzwaʀ] M **1** Rasiermesser *n ou* -apparat *m*; **~ électrique** elektrischer Rasierapparat; Trockenrasierer *m*; **~ mécanique** Rasierapparat *m*; Nassrasierer *m*; **~ à main** Rasiermesser *n*; **coupe** *f* **(de cheveux) au ~** Messer(haar)schnitt *m*; **feu** *m* **du ~** Brennen *n* nach

der Rasur; **lame** *f* **de ~** Rasierklinge *f* 2 *fam fig personne* Langweiler(in) *m(f)*; *fam* Nervensäge *f*; *adjt* ⟨*inv*⟩ geisttötend; zum Einschlafen langweilig
Raspoutine [ʀasputin] M HIST Rasputin *m*
rassasiant [ʀasazjɑ̃] ADJ *nourriture* sättigend
rassasié [ʀasazje] ADJ 1 satt; gesättigt 2 *fig* übersättigt; **être ~ de qc** e-r Sache (*gén*) überdrüssig sein; etw satthaben, satt sein
rassasiement [ʀasazimɑ̃] M 1 Sättigung *f* 2 *fig* Übersättigung *f*; Überdruss *m*
rassasier [ʀasazje] A V/T 1 sättigen (*a. abs: plat*); satt machen 2 *fig curiosité etc* befriedigen; **ne pouvoir ~ sa vue de qc** sich an etw (*dat*) nicht sattsehen können B V/PR **se ~** 1 sich satt essen (**de** an *+dat*); satt werden 2 *fig* **je ne m'en rassasie pas** ich kann davon nicht genug bekommen
rassemblement [ʀasɑ̃bləmɑ̃] M 1 *de personnes* Ansammlung *f*; (Menschen)Auflauf *m*; **disperser un ~** e-n Menschenauflauf auseinandertreiben 2 *de documents* Sammeln *n*; Zusammentragen *n*, -stellen *n* 3 MIL *de troupes* Sammeln *n*; Antreten *n*; **~!** angetreten!; sammeln! 4 POL Sammlungsbewegung *f* (**derrière qn, qc** um j-n, etw)
rassembler [ʀasɑ̃ble] A V/T 1 *élèves, troupes etc* (wieder) (ver)sammeln; **~ tous les mécontents** alle Unzufriedenen sammeln 2 *documents, informations* sammeln; zusammentragen, -stellen 3 *fig* **~ son courage** s-n Mut zusammennehmen; **~ ses esprits** wieder zu sich kommen; **~ ses forces** s-e Kräfte sammeln; **~ ses idées** sich sammeln; s-e Gedanken (wieder) ordnen B V/PR **se ~** sich (wieder) (ver)sammeln
rassembleur [ʀasɑ̃blœʀ] M POL Einiger *m*
rasseoir [ʀaswaʀ] ⟨→ asseoir⟩ A V/T wieder hinsetzen; **~ un enfant, un malade** ein Kind, einen Kranken wieder hinsetzen B V/PR **se ~** sich wieder hinsetzen; **faire (se) ~ qn** j-n auffordern *ou* dazu bringen, sich wieder hinzusetzen
rasséréner [ʀaseʀene] ⟨-è-⟩ A V/T beruhigen B V/PR **se ~** *visage* sich aufhellen; *personne* sich beruhigen
rassir [ʀasiʀ] V/I *pain* trocken, altbacken werden
rassis [ʀasi] ADJ 1 ⟨*f fam* rassie⟩ altbacken; **du pain ~** *ou subst* **du ~** altes *ou* altbackenes, trockenes Brot 2 *fig* gesetzt; ruhig; besonnen; **homme** *m* **à l'esprit ~** besonnener Mensch
rassurant [ʀasyʀɑ̃] ADJ *nouvelles* beruhigend; **individu peu ~** zweifelhaftes Individuum; *situation* **pas ~** beunruhigend
rassuré [ʀasyʀe] ADJ beruhigt; **il n'est pas ~** er fühlt sich nicht sicher; ihm ist bange
rassurer [ʀasyʀe] A V/T *personne* beruhigen B V/PR **se ~** sich beruhigen; **rassurez-vous!** *a.* seien Sie unbesorgt!
rasta¹ [ʀasta] *fam* A M (*rastafari*) Rasta *m* B ADJ ⟨*f inv*⟩ Rasta...; **coiffure** *f* **~** Rastalocken *fpl*
rasta² [ʀasta] M ABR → rastaquouère
rastafari [ʀastafaʀi] M Rastafari *m*
rastaquouère [ʀastakwɛʀ] M zwielichtige Gestalt; Hochstapler *m*
rat¹ [ʀa] M 1 ZOOL Ratte *f*; **~ noir** Hausratte *f*; **~ d'Amérique, musqué** Bisamratte *f*; **~ d'égout, gris** Wanderratte *f*; *La Fontaine* **le ~ des villes et le ~ des champs** die Stadtmaus und die Landmaus; *fig* **être fait comme un ~** in der Falle sitzen; *prov* **les ~s quittent le navire** die Ratten verlassen das sinkende Schiff (*prov*) 2 *fig d'une personne:* **~ de bibliothèque** Bücherwurm *m*; *fam* Leseratte *f*; **~ d'hôtel** Hoteldieb *m*; **petit ~ de l'Opéra** Ballettratte *f*; *terme affectif* **mon (petit) ~** meine kleine Maus; mein Mäuschen; *injure* **face** *f* **de ~** hässliche Fratze 3 *bougie* **~ de cave** Wachslicht *n*
rat² [ʀa] ADJ ⟨*f inv*⟩ *fam péj* → radin
rata [ʀata] M *fam péj* (mieser) Fraß
ratafia [ʀatafja] M *liqueur* Ratafia *m*
ratage [ʀataʒ] M Scheitern *n*; Misslingen *n*; Misserfolg *m*; *fam* Flop *m*
rataplan [ʀataplɑ̃] INT rumtata (*Trommelwirbel*)
ratatiné [ʀatatine] ADJ 1 *pomme, fam visage, personne* zusammengeschrumpft; runz(e)lig; verschrumpelt; verhutzelt; *visage a.* faltig; zerknittert 2 *fam fig véhicule* völlig zusammengedrückt, *fam* zermatscht
ratatiner [ʀatatine] A V/T *fam* (*écraser*) zerquetschen; *fam* zermatschen; *fig* **se faire ~** (*être vaincu*) vernichtend geschlagen, *fam* niedergewalzt werden B V/PR **se ~** *pomme, fam personne* zusammenschrumpfen; runz(e)lig werden; verschrumpeln
ratatouille [ʀatatuj] F CUIS 1 **~ (niçoise)** provenzalischer Gemüseeintopf 2 *fam péj* (zusammengeman[t]schter) Fraß
rate [ʀat] F 1 ANAT Milz *f*; *fam fig*: **se dilater la ~** sich (*dat*) vor Lachen den Bauch, die Seiten halten; **ne pas se fouler la ~** *fam* sich (*dat*) kein Bein ausreißen 2 ZOOL weibliche Ratte
raté [ʀate] 1 M *d'un moteur* Fehlzündung *f* 2 M *d'un coup de feu* Versager *m* 3 M *fig d'une politique etc* Rückschlag *m* 4 **~(e)** *m(f) péj personne* Versager(in) *m(f)*; gescheiterte, *fam* verkrachte Existenz
râteau [ʀɑto] M ⟨*pl* ~x⟩ 1 JARD Rechen *m* (*a. du croupier*); *all Nord* Harke *f* 2 *fam plais* (*peigne*) grober Kamm; *fam* Rechen *m*
râtelier [ʀɑtəlje] M 1 *pour le bétail* (Futter)Raufe *f*; *fam fig* **manger à plusieurs ~s, à tous les ~s** überall s-n Profit suchen; sein Mäntelchen nach dem Wind hängen 2 *à pipes, d'armes* Ständer *m*; Gestell *n* 3 *fam* (*fausses dents*) (künstliches) Gebiss; *plais* dritte Zähne *mpl*
rater [ʀate] A V/T 1 (*manquer*) *but* verfehlen; **~ qn** (*ne pas rencontrer*) j-n verfehlen, verpassen; **raté!** daneben!; vorbei!; **il a raté une bonne place** *fam* ihm ist e-e gute Stellung durch die Lappen gegangen; **~ une occasion, un train** eine Gelegenheit, einen Zug versäumen, verpassen; **~ un virage** *fam* e-e Kurve nicht kriegen; *fam* **je ne le raterai pas** *fam* ich werde ihn schon kriegen; *fam* **il ne l'a pas raté** er hat es ihm heimgezahlt; *fam* der hat's ihm aber gegeben; *iron* **il n'en rate pas une** dem geht auch alles daneben; der macht aber auch alles falsch 2 (*ne pas réussir*) verderben; *fam* verpatzen; verkorksen; *élève* **~ une composition** *fam* e-e Klassenarbeit verhauen; **il a raté son coup** das ist ihm misslungen, danebengegangen; *acteur* **~ son effet** mit s-r Pointe nicht ankommen; **~ un examen** in e-r Prüfung durchfallen; *adjt* **cette photo est ratée** *a.* dieses Foto ist nichts geworden; **j'ai raté la sauce** *a.* die Soße ist mir misslungen, nicht geraten; **~ sa vie** *fam* sein Leben verpfuschen B V/I 1 *coup de feu* nicht losgehen; *arme à feu* versagen 2 (*échouer*) misslingen; missglücken; *fam* schiefgehen; danebengehen; nicht klappen; **faire tout ~** alles zum Scheitern bringen; *fam* **ça n'a pas raté!** das musste ja (so) kommen! C V/PR 1 (*ne pas se rencontrer*) sich verfehlen; sich verpassen 2 **il s'est raté** sein Selbstmordversuch ist misslungen
ratiboiser [ʀatibwaze] V/T *fam* 1 *argent fam* klauen (**à qn** j-m) 2 *personne adjt* **être (complètement) ratiboisé** finanziell, geschäftlich, gesundheitlich (völlig) ruiniert, zugrunde gerichtet, *fam* erledigt sein
ratier [ʀatje] M *ou* ADJT **chien ~** Rattenfänger *m*
ratière [ʀatjɛʀ] F Rattenfalle *f*
ratification [ʀatifikasjɔ̃] F JUR Bestätigung *f*; DIPL, POL Ratifikation *f*; Ratifizierung *f*; **~ du traité de paix** Ratifizierung *f* des Friedensvertrages
ratifier [ʀatifje] V/T JUR bestätigen; genehmigen; billigen; DIPL, POL ratifizieren; *litt paroles* bestätigen; JUR **~ un contrat** e-n Vertrag bestätigen; DIPL **~ un traité** e-n Vertrag ratifizieren
ratine [ʀatin] F TEXT Ratiné *m*
ratio [ʀasjo] M FIN Verhältnis(zahl) *n(f)*
ratiociner [ʀasjɔsine] V/I grübeln; sinnieren
ration [ʀasjɔ̃, ʀɑsjɔ̃] F 1 Ration *f* (*a.* MIL); Zuteilung *f*; tägliche Verpflegungsmenge; *pour un animal* täglicher Futterbedarf; PHYSIOL **~ alimentaire** täglicher Nahrungsbedarf; **maigre ~** geringe, knappe Ration, Verpflegungsmenge; **~ de pain, de tabac** Brot-, Tabakration *f*; **distribuer les ~s** die Rationen verteilen 2 *fig et iron* **sa ~ de ...** s-n Anteil an (*+dat*); **j'ai eu ma ~ de soucis** ich hab meinen Anteil an Sorgen (bekommen *ou* gehabt)
rationalisation [ʀasjɔnalizasjɔ̃] F Rationalisierung *f*; **plan** *m* **de ~** Rationalisierungsplan *m*
rationaliser [ʀasjɔnalize] V/T rationalisieren
rationalisme [ʀasjɔnalism] M PHIL Rationalismus *m*; Vernunftglaube *m*; **rationaliste** PHIL A ADJ rationalistisch B M/F Rationalist(in) *m(f)*; *par ext* Verstandesmensch *m*; **rationalité** F PHIL Vernunftgemäßheit *f*; Vernünftigkeit *f*; Rationalität *f*
rationnel [ʀasjɔnɛl] A ADJ ⟨~le⟩ 1 (*raisonnable*) rational; vernunftgemäß; vernünftig; **esprit ~** Verstandesmensch *m*; **pensée ~le** rationales Denken 2 (*pratique*) rationell; zweckmäßig; **méthode ~le** zweckmäßige Methode; **organisation ~le** rationelle Organisation 3 MATH **nombre ~** rationale Zahl B M PHIL **le ~** das Rationale
rationnellement [ʀasjɔnɛlmɑ̃] ADV 1 rational; vernünftig 2 rationell; zweckmäßig
rationnement [ʀasjɔnmɑ̃] M Rationierung *f*; **~ de l'essence, du pain, de la viande** Benzin-, Brot-, Fleischrationierung *f*; **carte** *f* **de ~** Lebensmittelkarte *f*
rationner [ʀasjɔne] A V/T 1 *vivres etc* rationieren 2 *personnes* auf halbe Ration setzen; *fig* knapphalten B V/PR **se ~** sich (im Essen) zurückhalten; (*se restreindre*) sich einschränken
Ratisbonne [ʀatisbɔn] Regensburg *n*
ratissage [ʀatisaʒ] M 1 JARD *all Nord* Harken *n*; *all Sud* Rechen *n* 2 MIL, POLICE Durchkämmung(saktion) *f*; **opération** *f* **de ~** Durchkämmung(saktion) *f*
ratisser [ʀatise] V/T 1 *terre, gravier, allée etc all Nord* harken; *all Sud* rechen; **~ les feuilles mortes** die dürren Blätter zusammenharken, -rechen 2 *troupes: terrain, police: quartier* durchkämmen *ou* durchkämmen 3 *fam argent fam* einstreichen; einsacken; **~ large** *fam* tüchtig absahnen 4 RUGBY *ballon* hakeln
raton [ʀatɔ̃] M 1 ZOOL junge Ratte; **~ laveur** Waschbär *m* 2 CUIS Käsetörtchen *n* 3 *injure* (*pop* Scheiß)Nordafrikaner *m*, (-)Araber *m*
ratonnade [ʀatɔnad] F Jagd *f* auf, Pogrom *n* gegen Nordafrikaner; *par ext* fremdenfeindliche, rassistische Ausschreitungen *fpl*
RATP [ɛʀatepe] F ABR (Régie autonome des transports parisiens) Pariser Verkehrsbetriebe *mpl*
ratrac® [ʀatʀak] M Schnee-, Pistenraupe *f*
rattachement [ʀataʃmɑ̃] M POL *d'un territoire* Angliederung *f*; Anschluss *m*
rattacher [ʀataʃe] A V/T 1 (*attacher de nouveau*) wieder fest-, anbinden, an-, verknüpfen 2 *à un circuit électrique etc* anschließen (**à** an

+acc); *territoire à un État etc* angliedern, anschließen (an +acc) 3 *fig personne* **~ à son pays** an s-e Heimat binden; mit s-r Heimat verbinden; **~ qn à la vie** j-n ans Leben fesseln 4 *fig question, idée* in Verbindung, in Zusammenhang bringen (à mit) B V/PR **se ~** zusammenhängen (à mit); sich anschließen (an +acc); gehören (zu)

rattrapage [ʀatʀapaʒ] M ÉCOLE **cours** *m* **de ~** Nachholunterricht *m*

rattraper [ʀatʀape] A V/T 1 *(reprendre) animal* wieder einfangen; *fugitif* wieder ergreifen; *fam* (wieder) erwischen; *maille tricotée* wieder aufnehmen; *fam* **si je le rattrape!** *fam* wenn ich den erwische!; wenn mir der zwischen die Finger kommt! 2 *objet, enfant qui tombe* auffangen 3 *(rejoindre) personne, voiture* (wieder) einholen; *fig* **~ les autres élèves** die anderen Schüler wieder einholen 4 *(regagner) retard* (wieder) aufholen; *perte* wieder wettmachen; *heures de travail* (her)einarbeiten; nacharbeiten; nachholen; *fam* CUIS **~ sa mayonnaise** *fam* die Mayonnaise wieder hinkriegen; **~ une parole malheureuse** ein unglücklich gewähltes Wort wiedergutmachen B V/PR **se ~** 1 *en tombant* sich festhalten (**à** an +*dat*) 2 *lors d'un retard* (wieder) aufholen; *après une erreur, une perte* die Sache *ou* den Verlust *etc* wettmachen, wiedergutmachen; ÉCOLE **se ~ avec les maths** mit Mathe ausgleichen; **se ~ sur qc** durch etw ausgleichen; sich an etw (*dat*) schadlos halten

raturage [ʀatyʀaʒ] M (Durch)Streichen *n*

rature [ʀatyʀ] F Streichung *f*; (durch)gestrichene Stelle

raturer [ʀatyʀe] V/T *mot* (aus-, durch)streichen (*a. abs*); *adjt* TYPO **épreuves raturées** Fahnen *fpl* mit Streichungen

raugmenter [ʀɔgmɑ̃te] *fam* V/I wieder teurer werden

rauque [ʀok] ADJ *voix* rau; heiser; **cri** *m*, **toux** *f* **~** heisererer Schrei, Husten

ravage [ʀavaʒ] M ⟨*meist pl* **~s**⟩ 1 Verheerung *f*; Verwüstung *f*; **les ~s de la drogue** die verheerenden Auswirkungen der Drogen; **faire, causer des ~s** *séisme, termites etc* Verheerungen, Verwüstungen, großen Schaden anrichten; *épidémie, drogue* verheerende Folgen haben 2 *fig* **les ~s du temps** die unübersehbaren Spuren *fpl* des Alters; *fam* **faire des ~s (dans les cœurs)** große Verwirrung (in den Herzen) stiften

ravagé [ʀavaʒe] ADJ 1 *pays, jardin etc* verwüstet; verheert; **~ par la grêle** verhagelt 2 *fig* zugrunde gerichtet; *visage: par les épreuves* gezeichnet; *par la débauche* verlebt 3 *fam fig* **il est complètement ~!** *fam* er ist völlig übergeschnappt!; → *a.* cinglé

ravager [ʀavaʒe] V/T ⟨-geons⟩ 1 *pays, champs etc* verheeren; verwüsten; *catastrophe: pays a.* heimsuchen; **~ la récolte** die Ernte vernichten 2 *fig* zugrunde richten; *maladie, épreuve* **~ la vie de qn** j-s Leben zugrunde richten, zerstören

ravageur [ʀavaʒœʀ] ADJ ⟨-euse⟩ 1 AGR **insecte ~** Schädling *m* 2 *fig* zerstörerisch

ravalement [ʀavalmɑ̃] M CONSTR *(nettoyage)* (Fassaden)Reinigung *f*, (-)Säuberung *f*; *(crépissage)* (Neu)Ver-, Abputzen *n*

ravaler [ʀavale] A V/T 1 *bâtiment, mur* (neu) ver-, abputzen; *façade en pierre de taille* reinigen, säubern 2 a *salive* wieder hinunterschlucken b *fig colère, dépit, larmes* hinunter-, *fam* runterschlucken; verbeißen; *fam* **je lui ferai ~ ses paroles!** *fam* den werd ich mir vorknöpfen! 3 *fig (dignité de) qn* herabsetzen, -würdigen B V/PR **se ~** sich erniedrigen; **se ~ au rang de** herabsinken zu (+*dat*)

ravaleur [ʀavalœʀ] M CONSTR Fassadenreiniger *m*

ravauder [ʀavode] V/T ausbessern; flicken

rave[1] [ʀav] F BOT Rübe *f*; *adjt* **céleri** *m* **~** Knollensellerie *m ou f*

rave[2] [ʀɛv] M *fête* Rave *m*; Raveparty *f*

Ravenne [ʀavɛn] Ravenna *n*

ravi [ʀavi] ADJ (hoch)erfreut; entzückt; begeistert; hingerissen; **~ de vous connaître** sehr erfreut, Sie kennenzulernen; **avoir un air ~** ein hocherfreutes Gesicht machen; **je suis ~ de vous revoir** ich bin erfreut, Sie wiederzusehen; **j'en suis ~** es freut mich sehr, ich bin davon entzückt (*a. iron*); **être ~ par** begeistert sein von; erfreut sein über (+*acc*); **être ~ de** (+*inf*) *ou* **que ...** (+*subj*) erfreut (darüber) sein, zu (+*inf*) *ou* dass ...; **je suis ~ qu'il ait réussi** ich bin erfreut darüber, dass er es geschafft hat

ravier [ʀavje] M (kleine, ovale) Schale, Platte; Horsd'oeuvreschale *f*

ravigotant [ʀavigɔtɑ̃] *fam* ADJ stärkend; kräftigend; erquickend

ravigote [ʀavigɔt] CUIS ADJT (**à la**) **~** mit scharfer Kräutersoße und fein gehackten Eiern

ravigoter [ʀavigɔte] *fam* V/T *personne* stärken; wieder auf die Beine bringen; aufmuntern; *fam* aufmöbeln

ravin [ʀavɛ̃] M (Fels)Schlucht *f*; **tomber au fond d'un ~** *ou* **dans un ~** in e-e Schlucht stürzen

ravinement [ʀavinmɑ̃] M *du sol* Auswaschung *f*; *abs* Bodenabschwemmung *f*

raviner [ʀavine] V/T 1 *eaux: sol* auswaschen 2 *fig adjt* **visage raviné** durchfurchtes Gesicht

ravioli [ʀavjɔli] MPL CUIS Ravioli *pl*

ravir [ʀaviʀ] V/T 1 *(charmer)* hin-, mitreißen; bezaubern; entzücken; begeistern; *loc adv* **à ~** bezaubernd; entzückend; hinreißend; wundervoll; **cela vous va à ~** das steht Ihnen ausgezeichnet 2 *litt (enlever)* rauben; *personne* entführen; *par ext* **la mort nous l'a ravi** der Tod hat ihn uns entrissen

raviser [ʀavize] V/PR **se ~** s-e Meinung ändern; sich anders besinnen

ravissant [ʀavisɑ̃] ADJ bezaubernd; entzückend; hinreißend; reizend

ravissement [ʀavismɑ̃] M Entzücken *n*; Verzückung *f* (*a.* REL); *loc adv* **avec ~** hingerissen; ent-, verzückt; **être (plongé) dans le ~** in Entzücken *ou* Verzückung geraten

ravisseur [ʀavisœʀ] M, **ravisseuse** F Entführer(in) *m(f)*

ravitaillement [ʀavitajmɑ̃] M 1 *(approvisionnement)* a *d'une ville, de la population* (Lebensmittel)Versorgung *f*; Verproviantierung *f* b MIL Versorgung *f*; Nachschub *m* (**des troupes** für die Truppen); **~ en munitions, en vivres** Munitions-, Lebensmittelnachschub *m* 2 *fam (provisions)* Lebensmittel *npl*; **aller au ~** Lebensmittel einkaufen (gehen) *ou* besorgen

ravitailler [ʀavitaje] A V/T *armée* mit Nachschub versorgen; *ville etc* mit Lebensmitteln versorgen; verproviantieren; *avion, voiture* **~ (en essence)** mit Benzin versorgen; **~ un avion en vol** ein Flugzeug in der Luft auftanken B V/PR **se ~** *en vivres* sich mit Lebens-, Nahrungsmitteln versorgen; sich verproviantieren; MIL sich mit Nachschub versorgen; **se ~ en carburant** sich mit Treibstoff versorgen

ravitailleur [ʀavitajœʀ] M MIL *navire* Versorgungsschiff *n*, *véhicule* -fahrzeug *n*, *avion* -flugzeug *n*; **~ d'avions** Tankwagen *m* (*auf Flugplätzen*); **~ de sous-marins** U-Boot-Versorgungsschiff *n*; U-Boot-Tender *m*; *adjt* **navire** *m* **~** Versorgungs-, Mutterschiff *n*

raviver [ʀavive] A V/T 1 *feu* anfachen 2 *fig souvenirs, espoir* neu, wieder beleben; wieder lebendig werden lassen; **~ une querelle** einen Streit wieder aufflackern lassen 3 *couleur* auffrischen 4 TECH *métal* beizen 5 MÉD *plaie* anfrischen B V/PR **se ~** *peine, espoir* wieder aufleben

ravoir [ʀavwaʀ] V/T ⟨*nur inf*⟩ 1 *(récupérer)* wiederhaben, -bekommen 2 *fam (nettoyer)* **ne pas pouvoir ~ qc** *fam* etw nicht mehr sauber kriegen

rayé [ʀeje] ADJ 1 *étoffe, pantalon* gestreift; **papier ~** lini(i)ertes Papier; **~ verticalement, de noir** längs, schwarz gestreift 2 *meuble, carrosserie etc* zerkratzt (*a. disque*); verschrammt 3 *canon d'une arme* gezogen

rayer [ʀeje] V/T ⟨-ay- *od* -ai-⟩ 1 *meuble, voiture etc* zerkratzen (*a. disque*); verschrammen 2 *mot, nom* (durch-, aus)streichen; *sur des formulaires* **~ la mention inutile** Nichtzutreffendes streichen; **~ de la liste** von der Liste streichen 3 *fig*: **~ des cadres de l'armée** aus der Armee ausschließen; **~ qc de sa mémoire** etw aus s-m Gedächtnis streichen, auslöschen

Raymond [ʀɛmõ] M *Vorname*

Raymonde [ʀɛmõd] F *Vorname*

rayon [ʀɛjõ] M 1 *de lumière* (Licht)Strahl *m* (*a.* OPT); *fig* **~ d'espérance, d'espoir** Hoffnungsschimmer *m*, -strahl *m*; **mince ~ de lumière** schmaler Lichtstrahl; **~ de, du soleil** Sonnenstrahl *m*; **faisceau** *m* **de ~s** Strahlenbündel *n*; *fig* **être un ~ de soleil** *enfant* ein Sonnenschein sein; *chose* ein Lichtblick sein 2 PHYS **~s** *pl* Strahlen *mpl*; Strahlung *f*; **~s X** Röntgenstrahlen *mpl*; MÉD **séance** *f* **de ~s** Bestrahlung *f* 3 *d'une roue* Speiche *f* 4 a MATH Radius *m*; Halbmesser *m* b *fig*: **~ d'action** AVIAT, MAR Aktionsradius *m*; *par ext* Tätigkeits-, Wirkungs-, Arbeitsbereich *m*; Aktionsradius *m*; Verbreitungsgebiet *n*; AUTO **~ de braquage** Wendekreis *m*; **dans un ~ de cinq kilomètres** in e-m Umkreis von fünf Kilometern; fünf Kilometer im Umkreis 5 *d'une étagère* Fachbrett *n*; *par ext* Fach *n*; **~s de livres** Bücherreihen *fpl*; **sur, dans le premier ~** im ersten Fach 6 *d'un grand magasin* Abteilung *f*; **~ des jouets** Spielzeug-, Spielwarenabteilung *f*; *fam fig*: **en connaître un ~** gut Bescheid wissen; Meister in s-m Fach sein; **c'est (de) votre ~** das ist Ihr Fach, Gebiet 7 *d'une ruche* Wabe *f*; **~ de miel** Honigwabe *f*

rayonnage [ʀɛjɔnaʒ] M Regal *n*

rayonnant [ʀɛjɔnɑ̃] ADJ 1 *personne, sourire, beauté, soleil* strahlend; *visage* **~ de joie** freudestrahlend; *personne*: **~ de santé** vor Gesundheit strotzend; **avoir un air ~** übers ganze Gesicht strahlen; **être (tout) ~** strahlen; strahlender Laune sein 2 *motif etc* strahlenförmig; strahlig; ARCH **gothique ~** Hochgotik *f*

rayonne [ʀɛjɔn] F Kunstseide *f*

rayonnement [ʀɛjɔnmɑ̃] M 1 PHYS Strahlung *f*; **~ thermique** Wärmestrahlung *f* 2 *fig d'une personne, d'une œuvre, d'une civilisation* Ausstrahlung *f*; Wirkung *f*

rayonner [ʀɛjɔne] V/I 1 *chaleur* ausstrahlen; *astre* strahlen; *par ext douleur* ausstrahlen 2 *fig* a *visage* strahlen; **~ de joie, de bonheur** vor Freude, vor Glück strahlen b *civilisation* ausstrahlen; verbreitet sein; wirken 3 a *avenues, réseau* strahlenförmig ausgehen (**de** von), verlaufen b *personne* Fahrten, Ausflüge in die Umgebung machen; **~ dans la région** in der Umgebung umherfahren

rayure [ʀɛjyʀ] F 1 *(bande)* Streifen *m* (**de** *gén ou* in +*dat*); Farbstreifen *m*; *étoffe* **à ~s** gestreift; **à larges ~s** breitgestreift; mit breiten Streifen; **à ~s verticales** längsgestreift; mit Längsstreifen 2 *(éraflure)* Kratzer *m*; Schramme *f* 3 *au ca-*

R

non d'une arme Zug m
raz [ʀɑ] M starke Meeresströmung; **~ de marée** Flutwelle f; fig aux élections etc Erdrutsch m; fig **c'est le ~ de marée** das ist nicht aufzuhalten
Raz [ʀɑ] **la pointe du ~** Kap an der Westspitze der Bretagne
raz-de-marée [ʀɑdmaʀe] M ⟨inv⟩ 1 Flutwelle f 2 fig aux élections etc Erdrutsch m
razzia [ʀa(d)zja] F Raub-, Beutezug m; fam fig: **faire une ~ sur qc** etw völlig ausplündern; über etw (acc) herfallen
razzier [ʀa(d)zje] V/T plündern; (aus)rauben
RDA [ɛʀdea] F ABR (République démocratique allemande) HIST DDR f (Deutsche Demokratische Republik)
re... [ʀ(ə)] préfixe ⟨vor Vokal **ré...**, vor s meist **res...**⟩ wieder; noch einmal; nochmals; von Neuem; erneut; aufs Neue; fam noch mal; → a. les entrées suivantes et les verbes simples
ré [ʀe] M ⟨inv⟩ MUS d ou D n
réa [ʀea] F fam ABR → réanimation
réabonnement [ʀeabɔnmɑ̃] M Abonnementserneuerung f, -verlängerung f
réabonner [ʀeabɔne] V/PR **se ~** wieder abonnieren (**à qc** etw); abs sein Abonnement erneuern ou verlängern; **je me suis réabonné au Monde** ich habe Le Monde wieder abonniert
réabsorber [ʀeapsɔʀbe] V/T wieder aufsaugen; wieder absorbieren
réabsorption [ʀeapsɔʀpsjõ] F erneute Absorption
réac [ʀeak] ADJ et SUBST fam ABR → réactionnaire
réaccoutumer [ʀeakutyme] V/T (et V/PR **se**) ~ (sich) wieder gewöhnen (**à** an +acc)
réacheminement [ʀeaʃəminmɑ̃] M POSTE, CH DE FER a Weiterbeförderung f, -leitung f b Zurücksendung f; **réacheminer** V/T 1 ailleurs weiterbefördern, -leiten 2 au point de départ zurücksenden
réacteur [ʀeaktœʀ] M 1 AVIAT Düsen-, Strahltriebwerk n 2 NUCL Reaktor m; **~ nucléaire** Kernreaktor m
réactif [ʀeaktif] CHIM A ADJ ⟨-ive⟩ **papier ~** Reagenzpapier n B M Reagens ou Reagenz n
réaction [ʀeaksjõ] F 1 Reaktion f (a. PHYSIOL, PSYCH) (**à qc** auf etw [acc]); **~ de défense** Abwehrreaktion f (a. MÉD); **~ de peur** ängstliche Reaktion; **~ du public** Publikumsreaktion f; **~ de qn à une situation nouvelle** j-s Reaktion auf e-e neue Situation; **temps** m **de ~** Reaktionszeit f (a. MÉD); **en** ou **par ~ contre** als Reaktion auf (+acc); voiture **avoir de bonnes ~s** gute Reaktionen zeigen; alcool **diminuer les ~s** die Reaktionsfähigkeit herabsetzen; **être une ~ à, contre qc** e-e Reaktion auf etw sein; **quelle fut sa ~?** wie hat er darauf reagiert?; il a répondu? - **non, aucune ~** nein, er hat überhaupt nicht reagiert 2 AVIAT **avion** m **à ~** Düsen-, Strahlflugzeug n 3 CHIM **~ (chimique)** (chemische) Reaktion, Umsetzung; (chemischer) Prozess, Vorgang 4 PHYS NUCL **~ nucléaire** Kernreaktion f; **~ en chaîne** Kettenreaktion f (a. fig) 5 POL **la ~** die Reaktion
réactionnaire [ʀeaksjɔnɛʀ] péj A ADJ reaktionär; rückschrittlich; fortschrittsfeindlich; fam stockkonservativ B M/F Reaktionär(in) m(f)
réactivation [ʀeaktivasjõ] F Reaktivierung f; Wiederbelebung f; **réactiver** V/T wieder beleben; connaissances wieder auffrischen; CHIM, MÉD reaktivieren; **réactivité** F CHIM, NUCL Reaktivität f
réadaptation [ʀeadaptasjõ] F Wiederanpassung f; MÉD **~ fonctionnelle** Rehabilitation f; Rehabilitierung f
réadapter [ʀeadapte] A V/T 1 wieder anpassen (**à** an +acc) 2 MÉD rehabilitieren; wieder (beruflich, ins Berufsleben) eingliedern B V/PR **se ~** sich wieder anpassen, einleben
réadmettre [ʀeadmɛtʀ] V/T ⟨→ mettre⟩ personne wieder zulassen, aufnehmen; **réadmission** F Wiederzulassung f, -aufnahme f
réaffirmer [ʀeafiʀme] V/T wieder, erneut bestätigen, bekräftigen
réagir [ʀeaʒiʀ] V/T INDIR 1 **~ à** reagieren auf (+acc) (a. CHIM, PHYS, MÉD); organe **~ à une excitation** auf e-n Reiz reagieren; abs **~ mollement** träge reagieren; **comment a-t-il réagi?** wie hat er (darauf) reagiert? 2 PHYSIOL et fig **~ contre** sich wehren gegen; fig **~ violemment contre qc** heftig auf etw (acc) reagieren; abs **il faut ~!** Kopf hoch!; man muss etwas dagegen unternehmen! 3 **~ sur** (se répercuter) einwirken auf (+acc); sich auswirken auf (+acc); en retour zurückwirken auf (+acc)
réajustement [ʀeaʒystəmɑ̃] M → rajustement; **réajuster** → rajuster
réalisable [ʀealizabl] ADJ 1 projet, rêve realisierbar; projet a. ausführbar; **être ~** zu verwirklichen sein; sich verwirklichen lassen 2 FIN realisierbar; in Geld umsetzbar
réalisateur [ʀealizatœʀ] M, **réalisatrice** F CINÉMA (Film)Regisseur(in) m(f); RAD, TV Sendeleiter(in) m(f)
réalisation [ʀealizasjõ] F 1 d'un projet Realisierung f; Verwirklichung f; Durchführung f; d'un but Erreichung f; d'un produit industriel Herstellung f; d'un rêve Erfüllung f 2 JUR d'un contrat Erfüllung f 3 œuvre Leistung f; Errungenschaft f; **~s de l'art** Leistungen fpl der Kunst; **~s sociales** soziale Errungenschaften fpl 4 FIN Realisation f; Realisierung f; Flüssigmachen n 5 d'un film, d'une émission Regie f; (Zusammenstellung f und) Leitung f; Gestaltung f; d'un scénario Verfilmung f
réaliser [ʀealize] A V/T 1 projet, programme realisieren; verwirklichen; durchführen; in die Tat umsetzen; but erreichen; produit industriel herstellen; bénéfice erzielen; rêve erfüllen; exploit vollbringen; économies machen; **~ une menace** eine Drohung wahr machen; SPORTS **~ le meilleur temps** Bestzeit erzielen; SPORTS **~ 13 minutes au 5000 m** (die) 5000 m in 13 Minuten laufen; **~ (en soi) un modèle** ein Vorbild verkörpern 2 JUR achat, vente tätigen; contrat erfüllen 3 CINÉMA film herstellen; aufnehmen; inszenieren; Regie führen (**un film** bei e-m Film); scénario verfilmen; RAD, TV émission (zusammenstellen und) leiten; **l'émission était réalisée par ...** die Leitung der Sendung hatte ... 4 FIN biens, actions etc realisieren; flüssigmachen; verwerten; in Geld umsetzen; zu Geld machen 5 (comprendre) begreifen, erfassen, realisieren (**qc** etw; **que ...** dass ...); fam abs **j'ai réalisé à temps** fam ich habe rechtzeitig geschaltet; **réalisez-vous ce que vous dites?** sind Sie sich (dat) klar, im Klaren darüber, was Sie da sagen? B V/PR **se ~** 1 projet, rêve, prévision sich realisieren; sich verwirklichen; Wirklichkeit werden; rêve, prévision a. in Erfüllung gehen; sich erfüllen; prévision a. eintreffen 2 personne sich selbst verwirklichen
réalisme [ʀealism] M Realismus m (a. BEAUX-ARTS etc); Wirklichkeitsnähe f; de qn a. Wirklichkeitssinn m; d'une description a. Realistik f
réaliste [ʀealist] A ADJ realistisch; description, portrait, film etc a. wirklichkeitsnah; lebensnah, -echt; **elle est ~** a. sie ist Realistin B M/F Realist(in) m(f)
réalité [ʀealite] F Wirklichkeit f; Realität f; d'un fait a. Tatsächlichkeit f; **les ~s de tous les jours** die alltäglichen Realitäten; loc adv **en ~** in Wirklichkeit; tatsächlich; → a. désir 1
réanimateur [ʀeanimatœʀ] M, **réanimatrice** F MÉD Facharzt m, Fachärztin f für Intensivmedizin
réanimation [ʀeanimasjõ] F MÉD Wiederbelebung f; Reanimation f; science Intensivmedizin f; **service** m **de ~** Intensivstation f; **tentative** f **de ~** Wiederbelebungsversuch m; **être en ~** auf der Intensivstation liegen
réanimer [ʀeanime] V/T MÉD wiederbeleben; t/t reanimieren
réapparaître [ʀeapaʀɛtʀ] V/I ⟨→ connaître; avoir od être⟩ wieder erscheinen; soleil, lune wieder hervorkommen, zum Vorschein kommen; maladie wieder auftreten; fam politicien, vedette **~ à l'horizon** fam wieder auftauchen; wieder auf der Bildfläche erscheinen
réapparition [ʀeapaʀisjõ] F Wiedererscheinen n; de qn a. fam Wiederauftauchen n; d'une maladie Wiederauftreten n
réapprendre [ʀeapʀɑ̃dʀ] V/T ⟨→ prendre⟩ von Neuem, noch einmal lernen
réapprovisionnement [ʀeapʀɔvizjɔnmɑ̃] M Wiederbelieferung f, -versorgung f (**en** mit)
réapprovisionner [ʀeapʀɔvizjɔne] A V/T wieder beliefern, versorgen (**en** mit) B V/PR **se ~ (en qc)** sich (mit etw) wieder versorgen, eindecken
réargenter [ʀeaʀʒɑ̃te] V/T neu versilbern
réarmement [ʀeaʀməmɑ̃] M Wiederbewaffnung f; Wiederaufrüstung f
réarmer [ʀeaʀme] A V/T 1 pays wieder bewaffnen; wieder aufrüsten 2 arme à feu wieder durchladen; wieder spannen (a. appareil photo) B V/I pays wieder aufrüsten
réassortiment [ʀeasɔʀtimɑ̃] M COMM Ergänzung f, Auffüllung f (des Warenbestandes); Nachlieferung f
réassortir [ʀeasɔʀtiʀ] A V/T 1 service de table wieder ergänzen; **~ la même laine** die gleiche Wolle nachkaufen 2 commerçant mit neuen Waren beliefern; stock wieder auffüllen B V/PR **se ~** commerçant s-n Warenbestand auffüllen, ergänzen
réassurance [ʀeasyʀɑ̃s] F JUR Rückversicherung f; **réassurer** JUR V/T (et V/PR **se**) ~ (sich) rückversichern
rebaptiser [ʀ(ə)batize] V/T 1 umbenennen; **~ une rue** eine Straße umbenennen 2 REL noch einmal, wieder taufen
rébarbatif [ʀebaʀbatif] ADJ ⟨-ive⟩ 1 mine, personne mürrisch; a. bâtiment etc unfreundlich; abweisend 2 sujet, texte trocken; spröde
rebâtir [ʀ(ə)batiʀ] V/T wieder aufbauen; neu errichten (a. fig)
rebattre [ʀ(ə)batʀ] V/T ⟨→ battre⟩ LOC **~ les oreilles à qn de qc** j-m (von) etw bis zum Überdruss erzählen
rebattu [ʀ(ə)baty] ADJ sujet abgedroschen; abgegriffen; fam abgeleiert; **avoir les oreilles ~es de qc** etw nicht mehr hören können
Rébecca [ʀebeka, -bɛ-] F Vorname
rebelle [ʀəbɛl] A ADJ personne, enfant aufsässig (**à qn** j-m gegenüber); rebellisch; widerspenstig, -borstig; **fièvre** f **~** hartnäckiges Fieber; **mèche** f **~** widerspenstige (Haar)Strähne; **province** f **~** abtrünnige Provinz; fam iron **steak** m **~** zähes Steak; **tache** f **~** hartnäckiger Fleck; **troupes** fpl **~s** aufrührerische, aufständische, rebellierende Truppen fpl; **être ~ à** sich widersetzen (+dat) B M/F Rebell(in) m(f); Aufständische(r) m/f(m); Aufrührer(in) m(f)
rebeller [ʀ(ə)bɛle] V/PR **se ~** sich auflehnen (**contre** gegen); sich empören (gegen); sich widersetzen (+dat); rebellieren (gegen)
rébellion [ʀebɛljõ] F 1 Rebellion f; Aufstand m; Auflehnung f; Aufruhr m; par ext **avoir l'esprit de ~** aufsässig, rebellisch sein 2 coll **la ~** die Rebellen mpl; die Aufständischen mpl
rebelote [ʀ(ə)bəlɔt] LOC ADV fam **et ~** und alles

noch mal von vorn; das Gleiche noch mal
rebiffer [ʀ(ə)bife] V/PR *fam* **se ~** aufbegehren, *fam* aufmucken (**contre** gegen); rebellisch werden
rebiquer [ʀ(ə)bike] *fam* V/I *cheveux, col* abstehen
reblochon [ʀəblɔʃõ] M *ein Weichkäse aus Savoyen*
reboisement [ʀ(ə)bwazmã] M (Wieder)Aufforstung *f*; **reboiser** V/T (wieder) aufforsten
rebond [ʀ(ə)bõ] M *d'une balle* Hochspringen *n*; Ab-, Rückprall *m*
rebondi [ʀ(ə)bõdi] ADJ prall; rund; voll; **joues ~es** Pausbacken *fpl*; **aux joues ~es** pausbackig; **ventre ~** dicker Bauch; **à la panse ~e** dickbäuchig
rebondir [ʀ(ə)bõdiʀ] V/I 1 *balle* hochspringen (**sur le sol** vom Boden); zurück-, *en biais* abprallen (**sur** von); *personne* **~ comme une balle** wie ein Ball hochspringen 2 *fig affaire, conversation* wieder in Gang kommen; *crise politique, question* wieder aktuell werden; **faire ~** wieder in Gang bringen; wieder aufleben lassen
rebondissement [ʀ(ə)bõdismã] M *d'une crise, d'un procès* Wiederaufleben *n*; *d'une affaire* **~s** *pl* plötzlich neu auftretende Entwicklungen *fpl*; *d'une enquête* **~s imprévus** unerwartet auftauchende Fakten *npl*
rebonjour [ʀ(ə)bõʒuʀ] *fam* **~!** nochmals guten Tag!
rebord [ʀ(ə)bɔʀ] M (überstehende) Kante; (überstehender) Rand; *d'un chapeau* hochgestellter Rand der Krempe; **~ d'une fenêtre** Fenstersims *m ou n*, -brett *n*, -bank *f*
reborder [ʀ(ə)bɔʀde] V/T *lit* wieder in Ordnung bringen; **~ un enfant** ein Kind wieder zudecken
reboucher [ʀ(ə)buʃe] A V/T *bouteille* wieder zu-, verkorken; wieder zustöpseln; **~ un trou** ein Loch wieder ver-, zustopfen B V/PR **se ~** *évier, tuyau* sich wieder verstopfen
rebours [ʀ(ə)buʀ] A LOC ADV **à ~** gegen den Strich; von hinten; rückwärts; **compte** *m* **à ~** Count-down *m ou n*; **brosser, caresser à ~** gegen den Strich bürsten, streicheln; *fig* **faire tout à ~** alles verkehrt, falsch machen B LOC PRÉP **à** *ou* **au ~ de** im Gegensatz zu; gegen; **agir à ~ de** sich in Gegensatz stellen zu
rebouteux [ʀ(ə)butø] M Heilkundige(r), der Glieder einrenkt
reboutonner [ʀ(ə)butɔne] A V/T wieder zuknöpfen B V/PR **se ~** sich (*dat*) die Jacke *etc* wieder zuknöpfen
rebrousse-poil [ʀ(ə)bʀuspwal] LOC ADV **à ~** gegen den Strich; **caresser à ~** gegen den Strich streicheln; *fam fig* **prendre qn à ~** j-n vor den Kopf stoßen
rebrousser [ʀ(ə)bʀuse] V/T 1 gegen den Strich streichen; *vent: cheveux* hochblasen; aufstellen 2 *fig* **~ chemin** umkehren; kehrtmachen
rebuffade [ʀ(ə)byfad] F Abfuhr *f*; Zurückweisung *f*; **essuyer une ~** e-e Abfuhr erleiden
rébus [ʀebys] M 1 Bilderrätsel *n*; Rebus *m ou n* 2 *fig* Rätsel *n*; unverständliche Sache
rebut [ʀəby] M 1 Abfall *m*; Ausschuss *m*; *loc adj* **de ~** Ausschuss...; von schlechter Qualität; **marchandise** *f* **de ~** Ausschussware *f*; **jeter, mettre qc**, *fig* **qn au ~** etw, j-n zum alten Eisen werfen; etw ausrangieren 2 *fig* Auswurf *m*; Abschaum *m*; **~ du genre humain** Abschaum der Menschheit 3 POSTE unzustellbare Sendung
rebutant [ʀ(ə)bytã] ADJ abstoßend; widerlich; unangenehm; unsympathisch; (*décourageant*) entmutigend; abschreckend
rebuter [ʀ(ə)byte] V/T (*déplaire*) abstoßen; zuwider sein (**qn** j-m); (*décourager*) entmutigen; abschrecken
recalage [ʀ(ə)kalaʒ] *fam* M EXAMEN Durchfallen *n*; *fam* Durchfall *m*
recalcification [ʀ(ə)kalsifikasjõ] F MÉD Behebung *f* von Kalkmangel
récalcitrant [ʀekalsitʀã] A ADJ *cheval, personne, caractère, fig moteur etc* störrisch; widerspenstig; bockig; **se montrer ~ à** *ou* **contre qc** sich e-r Sache (*dat*) gegenüber ablehnend zeigen B MPL **les ~s** die Widerspenstigen *mpl*
recalculer [ʀ(ə)kalkyle] V/T noch einmal (be)rechnen; nachrechnen
recalé(e) [ʀ(ə)kale] *fam* M(F) EXAMEN Durchgefallene(r) *m/f(m)*; **les ~s du bac** die im Abitur Durchgefallenen *mpl*
recaler [ʀ(ə)kale] *fam* V/T *candidat* durchfallen, *fam* durchrasseln lassen; **se faire ~, être recalé au bac** im Abitur durchfallen, *fam* -rasseln, -segeln; *adjt* **il est recalé** er ist durchgefallen
récapitulatif [ʀekapitylatif] ADJ ‹-ive› zusammenfassend
récapitulation [ʀekapitylasjõ] F Zusammenfassung *f*; zusammenfassende Wiederholung; Rekapitulation *f*; (kurzer) Überblick; **faire la ~ de qc** etw zusammenfassen, rekapitulieren
récapituler [ʀekapityle] V/T zusammenfassen; kurz wiederholen; rekapitulieren; **bon, récapitulons!** fassen wir also (noch einmal) kurz zusammen!
recarder [ʀ(ə)kaʀde] V/T **~ des matelas** Matratzenwolle wieder krempeln
recaser [ʀ(ə)kɑze] *fam* A V/T *personne* wieder unterbringen B V/PR **se ~** wieder unterkommen
recauser [ʀ(ə)koze] V/I wieder reden, sprechen (**à qn** mit j-m; **de** über +*acc*)
recel [ʀəsɛl] M JUR Hehlerei *f*; **~ de malfaiteurs** Begünstigung *f*
recéler [ʀ(ə)sele] *ou* **receler** [ʀəsle, ʀsəle] ‹-è-› V/T 1 *secret, trésor* enthalten; bergen 2 JUR *objets volés* verbergen; hehlen (*abs*); *malfaiteur* verbergen; Unterschlupf gewähren (**qn** j-m)
receleur [ʀəslœʀ, ʀslœʀ] M, **receleuse** F JUR Hehler(in) *m(f)*
récemment [ʀesamã] ADV kürzlich; vor Kurzem; neulich; unlängst; **tout ~ encore** noch kürzlich, vor Kurzem
recensement [ʀ(ə)sãsmã] M Zählung *f*; Erfassung *f* (*a.* MIL); Bestandsaufnahme *f*; *de la population* Volkszählung *f*; MIL **~ du contingent** Erfassung der Wehrpflichtigen e-s Jahrgangs
recenser [ʀ(ə)sãse] V/T *population* zählen; (zahlenmäßig) erfassen
recenseur [ʀ(ə)sãsœʀ] M **~** *ou adjt* **agent** *m* **~** Zähler *m* (*Person*)
recension [ʀ(ə)sãsjõ] *t/t* F Rezension *f*
récent [ʀesã] ADJ *nouvelle, découverte, immeuble, film* neu; neuere(r, -s); *blessure* frisch; *événements* vor Kurzem, kürzlich erfolgt; jüngste(n); neueste(n); **le passé ~** die jüngste, unmittelbare Vergangenheit; **la perte ~e de son père** der Verlust s-s Vaters, der ihn vor Kurzem betroffen hat; **jusqu'à une date, époque ~e** bis vor Kurzem; bis vor kurzer Zeit
recentrage [ʀ(ə)sãtʀaʒ] M POL Politik *f* der Mitte; Orientierung *f* zur Mitte hin
recentrer [ʀ(ə)sãtʀe] V/T FOOTBALL flanken
récépissé [ʀesepise] M Empfangsbescheinigung *f*, -bestätigung *f*; POSTE Einlieferungsschein *m*; *d'un paiement* Zahlungsbeleg *m*; Quittung *f*
réceptacle [ʀesɛptakl] M 1 *bassin* Auffangbecken *n*; Sammelbecken *n* (*a. fig*) 2 BOT Blütenboden *m*
récepteur [ʀesɛptœʀ] A M 1 RAD Empfänger *m*; Empfangsgerät *n*; **~ de radio, de télévision** Rundfunk-, Fernsehempfänger *m* 2 TÉL **~ (de téléphone)** (Telefon)Hörer *m* B ADJ ‹-trice› RAD Empfangs...; **poste ~** Empfangsgerät *n*; Empfänger *m*
réceptif [ʀesɛptif] ADJ ‹-ive› rezeptiv; aufnehmend; empfangend; **~ à** empfänglich für; MÉD anfällig für
réception [ʀesɛpsjõ] F 1 *d'une lettre, d'un hôte etc* Empfang *m* (*a. réunion*); ADMIN, COMM *d'un envoi postal a.* Erhalt *m*; **~ officielle** offizieller Empfang; **salle** *f*, **salon** *m* **de ~** Raum *m* für Empfänge; COMM **accuser ~ d'une lettre** den Empfang e-s Briefes bestätigen; **donner une ~** e-n Empfang geben 2 *d'un hôtel, d'une entreprise* Empfang(sbüro) *m(n)*; *d'un hôtel a.* Rezeption *f*; **chef** *m* **de (la) ~** Empfangschef *m* 3 *dans un club etc* Aufnahme *f*; *cérémonie* Aufnahmefeier *f*; **~ à l'Académie française** Feier (-stunde) *f* bei der Aufnahme in die Académie française; **discours** *m* **de ~** Antrittsrede *f* 4 TÉLÉCOMMUNICATIONS, RAD, TV Empfang *m* 5 COMM *dans une entreprise* Annahme(stelle) *f*; **~ de marchandises** Warenannahme *f* 6 CONSTR **~ de travaux** Abnahme *f* (von Bauarbeiten) 7 SPORTS a *après un saut* Aufsprung *m* b *d'un ballon* (Ball)Annahme *f*
réceptionner [ʀesɛpsjɔne] V/T *marchandises* annehmen (und prüfen); **réceptionniste** M/F *d'un hôtel, d'une entreprise* Angestellte(r) *m/f(m)* der Rezeption; Empfangsdame *f*; Empfangschef *m*
réceptivité [ʀesɛptivite] F 1 Empfänglichkeit *f*; Aufnahmefähigkeit *f*; Rezeptivität *f* 2 MÉD Anfälligkeit *f* (**à** für)
récessif [ʀesesif] ADJ ‹-ive› BIOL rezessiv
récession [ʀesesjõ] F ÉCON Rezession *f*; Rückgang *m* der Konjunktur
recette [ʀ(ə)sɛt] F 1 (*somme perçue*) Einnahme *f*; Erlös *m*; Ertrag *m*; **~ journalière** Tageseinnahme *f*; **garçon** *m* **de ~** Kassenbote *m*; **montant** *m* **de la ~** Einnahmehöhe *f*; **faire ~** *pièce de théâtre, film* volle Kassen machen; ein Kassenerfolg sein; *théâtre* gute Einnahmen erzielen; *fig* ein Erfolg sein; ankommen 2 ADMIN, FIN *bureau* Steueramt *n*; **~ buraliste** Verkaufsstelle *f* für Tabakwaren, Gebühren- und Briefmarken (*Einnahmestelle für indirekte Steuern*) 3 a CUIS **~ (de cuisine)** (Koch)Rezept *n*; **livre** *m* **de ~s** Kochbuch *n*; **selon une ~ de ...** nach e-m Rezept von ... b PHARM *d'un médicament* Zusammensetzung *f* c *fig* Mittel *n* (**de zu**); Rezept *n* (für); Weg *m* (zu); **~ (infaillible) du succès** Erfolgsrezept *n*; unfehlbares Mittel zum Erfolg; **donnez-moi la ~!** wie schaffen Sie das bloß!
recevabilité [ʀ(ə)səvabilite, ʀəs(ə)vabilite] F JUR Zulässigkeit *f*
recevable [ʀ(ə)səvabl, ʀəs(ə)vabl] ADJ 1 JUR *plainte* zulässig; **être déclaré non ~** für unzulässig erklärt werden 2 *excuse etc* annehmbar
receveur [ʀ(ə)səvœʀ, ʀs(ə)vœʀ] M 1 **~ (de bus)** (Bus)Schaffner *m* 2 a FIN **~ municipal** Gemeindefinanzbeamte(r) *m*; **~ des contributions** Finanzbeamte(r) *m* b **~ des postes** Leiter *m*, Vorsteher *m* e-s Postamts 3 MÉD Empfänger *m*; **~ universel** Universalempfänger *m*
receveuse [ʀ(ə)səvøz, ʀəs(ə)vøz] F **~ (de bus)** (Bus)Schaffnerin *f*
recevoir [ʀ(ə)səvwaʀ, ʀəs(ə)vwaʀ] ‹je reçois, il reçoit, nous recevons, ils reçoivent; je recevais; je reçus; je recevrai; que je reçoive, que nous recevions; recevant; reçu› A V/T 1 *lettre, argent, cadeau, ordre, vœux etc* erhalten; bekommen; *fam* kriegen; RAD, TV *émission, chaîne* empfangen; *fam* hereinbekommen, -kriegen; **je vous reçois 5 sur 5** RAD ich kann Sie sehr gut hören; *fig* ich verstehe Sie ganz

genau; **je n'ai pas de leçon à ~ de vous** ich brauche Ihre Belehrungen nicht; Ihre weisen Ratschläge können Sie sich *(dat)* sparen; *pièce* **~ le soleil du matin** Morgensonne haben, bekommen; **reçu** ⟨*inv*⟩ **mille euros** tausend Euro erhalten; *formules en fin de lettre*: **recevez, Monsieur, l'assurance de mon dévouement** mit vorzüglicher Hochachtung (verbleibe ich Ihr) ...; **recevez** *ou* **reçois mes amitiés** herzliche Grüße Euer *ou* Dein ... **2** *(subir) injures* hinnehmen *ou* einstecken müssen; *pluie, averse* abbekommen; *fam* abkriegen; *coups, gifle* erhalten; bekommen; *fam* kriegen; *projet: modifications* erfahren; *matériau: forme* annehmen; *mot: sens* erhalten; *texte* **~ diverses interprétations** verschiedene Auslegungen erfahren; **~ une volée**, *fam* **une raclée** *etc* (e-e Tracht) Prügel beziehen, kriegen; *fam* Keile, Senge, Dresche kriegen; verprügelt, *fam* verhauen, verdroschen, versohlt, vertrimmt, verbimst werden; *fam* **qu'est-ce qu'il a reçu!** *fam* der hat vielleicht was abgekriegt!; → *a.* gifle 1 **3** *personne(s)* empfangen; *(accueillir)* aufnehmen; *(inviter)* einladen; **ne ~ personne** *a.* für niemanden zu sprechen sein; **être bien reçu** **a** *dans une famille* gut aufgenommen werden **b** *iron* fein empfangen werden; **~ froidement, mal** *personne* e-n kühlen Empfang bereiten (**qn** j-m); *proposition* kühl aufnehmen; **être reçu partout** überall Zugang haben; **~ qn à déjeuner, à sa table** j-n zum Mittagessen, zum Essen einladen, *officiellement* empfangen; **~ qn chez soi** j-n zu sich nach Hause einladen; ♦ *abs: directeur etc* zu sprechen sein; *médecin, avocat etc* Sprechstunde haben; *(donner une réception)* e-n Empfang geben; **savoir ~** ein guter Gastgeber *ou* e-e gute Gastgeberin sein; **le jeudi, elle reçoit** donnerstags ist ihr Empfangstag; **l'ambassadeur recevait** der Botschafter gab e-n Empfang; **ils reçoivent beaucoup** sie geben oft Gesellschaften **4** *école: élève, club: membre* aufnehmen; **être reçu à l'Académie** in die Akademie aufgenommen werden **5** **être reçu (à un examen)** (e-e Prüfung) bestehen; durchkommen; **il a été reçu** er hat bestanden; **être reçu au baccalauréat** das Abitur bestehen; *adjt* **candidat reçu** (Prüfungs)Kandidat, der bestanden hat **6** *récipient: liquide etc* (in sich [*dat*]) aufnehmen; fassen **7** *idées, excuses etc* anerkennen; als richtig ansehen **8** JUR *plainte* stattgeben (+*dat*); zulassen **B** V/PR **se ~** **1** *personnes* sich (gegenseitig) einladen **2** SPORTS aufspringen; aufkommen

rechange [ʀ(ə)ʃɑ̃ʒ] LOC ADJ **de ~** Ersatz...; Reserve...; *fig* Ersatz...; **pièce** *f* **de ~** Ersatzteil *m ou n*; **roue** *f* **de ~** Reserverad *n*; *fig* **solution** *f* **de ~** Ersatzlösung *f*; **vêtements** *mpl* **de ~** Kleider *npl* zum Wechseln

rechanger [ʀ(ə)ʃɑ̃ʒe] V/T ⟨-geons⟩ wieder (aus)wechseln

rechanter [ʀ(ə)ʃɑ̃te] V/T noch einmal singen

rechapage [ʀ(ə)ʃapaʒ] M *de pneus* Runderneuerung *f*; **rechaper** V/T *pneu* runderneuern

réchappé(e) [ʀeʃape] *litt* M(F) Überlebende(r) *m/f(m)*

réchapper [ʀeʃape] V/T INDIR ⟨avoir *od* être⟩ **~ à qc** etw (heil, gesund, glücklich) überstehen; **en ~** überleben

recharge [ʀ(ə)ʃaʀʒ] F *d'un stylo etc* Nachfüllung *f*

rechargeable [ʀ(ə)ʃaʀʒabl] ADJ *stylo* mit auswechselbarer Mine; **briquet** *m* **~** Feuerzeug *m* mit auswechselbarer Patrone; *batterie* **être ~** (wieder) aufgeladen werden können

rechargement [ʀ(ə)ʃaʀʒəmɑ̃] M *d'un camion etc* Wiederbeladen *n*

recharger [ʀ(ə)ʃaʀʒe] V/T ⟨-geons⟩ *camion etc* wieder beladen; *accus* wieder (auf)laden; *fusil* wieder laden; **~ un appareil photo** e-n neuen Film in e-n Fotoapparat einlegen

réchaud [ʀeʃo] M Kocher *m*; Kochplatte *f*; **~ électrique** elektrischer Kocher; **~ à alcool** Spirituskocher *m*; Rechaud *m ou n*; **~ à gaz** Gaskocher *m*; **~ de camping** Campingkocher *m*

réchauffage [ʀeʃofaʒ] M **1** Aufwärmen *n*; Wiedererhitzen *n* **2** AGR *d'arbres fruitiers* Reifheizen *n*

réchauffé [ʀeʃofe] M *péj soupe* **avoir un goût de ~** aufgewärmt schmecken; *fig histoire* **c'est du ~** *fam* das ist ja kalter Kaffee; das sind olle Kamellen

réchauffement [ʀeʃofmɑ̃] M *de la température* Erwärmung *f*; **~ de la planète** Erderwärmung *f*

réchauffer [ʀeʃofe] **A** V/T **1** *aliment* aufwärmen; *mains* wärmen; *abs: la marche*, **ça réchauffe** das macht warm **2** *fig cœur* erwärmen **B** V/PR **1** **se ~** *personne* sich aufwärmen; *temps* wärmer werden; **se ~ les mains avec son haleine** sich *(dat)* zum Wärmen in die Hände hauchen; **courir pour se ~** sich warm laufen **2** **ce plat ne se réchauffe pas** dieses Gericht kann man nicht aufwärmen

rechausser [ʀ(ə)ʃose] **A** V/T die Schuhe wieder anziehen (**un enfant** e-m Kind) **B** V/PR **se ~** (sich [*dat*]) die Schuhe wieder anziehen

rêche [ʀɛʃ] ADJ *laine, étoffe* rau; hart; **langue** *f* **~** raue Zunge; **mains** *fpl* **~s** raue, spröde Hände *fpl*; **peau** *f* **~** raue, spröde Haut

recherche [ʀ(ə)ʃɛʀʃ] F **1** Suche *f* (**de** nach) (*a.* INFORM); Nachforschen *n*; **~s** *pl* Nachforschungen *fpl*; Ermittlungen *fpl*; *de la police* Fahndung *f*; **~ d'un emploi** Stellen-, Arbeitssuche *f*; **~ de la vérité** Suche *f* nach der Wahrheit; INFORM **recherche plein texte** Volltextsuche *f*; *loc prép* **à la ~ de** auf der Suche nach; **aller, se mettre à la ~ de qn** sich auf die Suche nach j-m machen, begeben; **être à la ~ d'un appartement** auf Wohnungssuche sein; **abandonner les ~s** die Suche, Nachforschungen einstellen; **faire des ~s** Nachforschungen, Ermittlungen anstellen **2** *scientifique* Forschung *f*; **domaine** *m* **de la ~** Forschungsbereich *m*; **faire de la ~** (wissenschaftliche) Forschung betreiben **3** *de la perfection, des plaisirs etc* Trachten *n* (**de** nach); Streben *n* (nach); **la ~ du bonheur** die Jagd nach dem Glück; **~ du profit** Gewinn-, Profitstreben *n* **4** *(raffinement)* feiner Geschmack; *péj* Gesuchtheit *f*; Geziertheit *f*; Affektiertheit *f*; *loc adv*: **avec ~** *être vêtu* sehr elegant; *s'exprimer* gewählt; *être vêtu* **sans ~** ohne übertriebene Eleganz

recherché [ʀ(ə)ʃɛʀʃe] ADJ **1** *(demandé)* begehrt; gefragt; gesucht; beliebt **2** *(raffiné)* fein; elegant; ausgesucht; gewählt; *péj style* gesucht; gekünstelt; *attitude* affektiert

rechercher [ʀ(ə)ʃɛʀʃe] V/T **1** *(chercher)* suchen; *malfaiteur* fahnden (**qn** nach j-m); **être recherché par la police** von der Polizei, polizeilich gesucht werden; *message* **on recherche ...** gesucht wird ...; *petite annonce* **recherche** *ou* **recherchons ...** suche(n) ...; ... gesucht **2** *cause, conditions* erforschen; forschen nach; zu erforschen suchen **3** *perfection, honneurs etc* streben, trachten nach; **~ le bonheur** dem Glück nachjagen **4** *st/s* **~ (la compagnie de) qn** j-s Gesellschaft *(acc)* suchen **5** **aller, venir ~ qn, qc** j-n wieder abholen; wieder etw holen

rechigner [ʀ(ə)ʃiɲe] V/I *et* V/T INDIR murren; mürrisch sein; **~ à la besogne** sich widerwillig, murrend an die Arbeit machen; *il obéit*, **mais en rechignant** aber murrend, widerwillig; *loc adv* **sans ~** ohne Murren, Widerworte

rechristianiser [ʀ(ə)kʀistjanize] V/T *pays, milieu* wieder dem Christentum zuführen, für das Christentum gewinnen

rechute [ʀ(ə)ʃyt] F MÉD Rückfall *m* (*a. fig*); **faire, avoir une ~** e-n Rückfall haben, bekommen, erleiden

rechuter [ʀ(ə)ʃyte] V/I MÉD e-n Rückfall haben, bekommen, erleiden

récidive [ʀesidiv] F **1** JUR Rückfall *m* (*a. fig*); Wiederholung *f*; **vol** *m* **avec ~** Diebstahl *m* im Rückfall; *fig loc adv* **à la première ~** wenn das noch einmal vorkommt; **en cas de ~** im Wiederholungsfall (*a. fig*) **2** MÉD Rezidiv *n*

récidiver [ʀeside] V/I **1** JUR rückfällig werden (*a. fig*) **2** MÉD *tumeur etc* wieder auftreten; *t/t* rezidivieren

récidiviste [ʀesidivist] M/F JUR Rückfällige(r) *m/f(m)*; Gewohnheitsverbrecher *m*; *adjt* **criminel** *m* **~** rückfälliger Verbrecher

récidivité [ʀesidivite] F MÉD Neigung *f* zu Rückfällen

récif [ʀesif] M Riff *n*; **~ de corail, corallien** Korallenriff *n*

récipiendaire [ʀesipjɑ̃dɛʀ] M *à une académie* neu aufzunehmendes, designiertes Mitglied; *d'un diplôme etc* Kandidat *m*; Auszuzeichnende(r) *m*

récipient [ʀesipjɑ̃] M Behälter *m*; Gefäß *n*; *st/s* Behältnis *n*; **~ en plastique** Plastik-, Kunststoffbehälter *m*

réciprocité [ʀesipʀɔsite] F Gegenseitigkeit *f*; Wechselseitigkeit *f*; Wechselbeziehung *f*; *t/t* Reziprozität *f*; *loc adv* **à charge** *ou* **à titre de ~** auf Gegenseitigkeit

réciproque [ʀesipʀɔk] **A** ADJ **1** *(mutuel)* gegen-, wechsel-, beiderseitig; **être ~** auf Gegenseitigkeit beruhen; **se faire des concessions ~s** sich gegenseitig Zugeständnisse machen **2** GRAM, MATH reziprok; **pronom** *m* **~** reziprokes Pronomen; **verbe (pronominal) ~** reziprokes Verb **B** SUBST **la ~ n'est pas vraie** das Umgekehrte gilt nicht; **rendre la ~ à qn** (es) j-m mit gleicher Münze heimzahlen

réciproquement [ʀesipʀɔkmɑ̃] ADV gegen-, wechselseitig; **et ~** und umgekehrt

récit [ʀesi] M Erzählung *f*; Bericht *m*; Geschichte *f*; **~ d'aventures** Abenteuergeschichte *f*; **faire le ~ de qc** (von) etw erzählen; über etw *(acc)* berichten

récital [ʀesital] M ⟨*pl* -als⟩ Konzert *n*; *par ext* **~ de chant, de danse** Lieder-, Ballettabend *m*; **~ de piano, de violon** Klavier-, Violinkonzert *n*; *artiste* **donner des ~s** auftreten; Konzerte *ou* Vorstellungen geben

récitant [ʀesitɑ̃] **A** ADJ MUS Solo... **B** SUBST **~(e)** *m(f)* THÉ, CINÉMA Ansager(in) *m(f)*; Sprecher(in) *m(f)*

récitatif [ʀesitatif] M MUS Rezitativ *n*; Sprechgesang *m*

récitation [ʀesitasjõ] F **1** *d'une leçon* Her-, Aufsagen *n*; *d'une poésie* Vortragen *n*; Rezitation *f* **2** ÉCOLE auswendig gelernter *ou* zu lernender Text; **cahier** *m* **de ~s** Heft *n* für Texte zum Auswendiglernen; **apprendre une ~** ein Gedicht, e-e Fabel *etc* auswendig lernen; **savoir sa ~** den auswendig gelernten Text können

réciter [ʀesite] V/T *vers* vortragen; rezitieren; *a. leçon* auf-, hersagen; *prière* sprechen; beten; *péj* herleiern; herbeten; herunterleiern; **~ des prières, sa prière** beten *(abs)*; *fig* **bien ~ sa leçon** sein Sprüchlein gut hersagen, aufsagen; **faire ~ ses leçons à qn** j-n abhören, abfragen; **récite-moi ton poème** sag dein Gedicht auf

réclamation [ʀeklamasjõ] F Reklamation *f*; Beanstandung *f*; Beschwerde *f*; Einspruch *m* (*a.* SPORTS); COMM *a.* Mängelrüge *f*; **(bureau**

m **des) ~s** Beschwerdestelle *f*; JUR **délai** *m* **de ~** Einspruchsfrist *f*; **lettre** *f* **de ~** Beschwerdebrief *m*; **faire**, JUR **présenter une ~** e-e Beschwerde *etc* vorbringen; JUR Einspruch erheben

réclame [ʀeklam] F Reklame *f*; Werbung *f*; **~ pour les cigarettes** Zigarettenreklame *f*; Reklame für Zigaretten; *adjt* **prix** *m* **~** Reklame-, Werbepreis *m*; COMM *article* **être en ~** im Sonderangebot sein; **faire de la ~** Reklame machen, werben (**pour** für); *fig* **cela ne lui fait pas de ~** das ist keine gute Reklame für ihn; das spricht nicht für ihn

réclamer [ʀeklame] A V/T 1 *(demander avec insistance)* dringend bitten (**qc de qn** j-n um etw); erbitten, verlangen (etw von j-m); **~ qn** nach j-m verlangen; **~ l'assistance de qn** j-n dringend um Beistand bitten 2 *(revendiquer)* fordern, verlangen (**qc à qn** etw von j-m); reklamieren (**qc** etw); **~ des dommages-intérêts** Schadenersatz verlangen, beanspruchen; **~ son dû, sa part** fordern, was e-m zusteht; s-n rechtmäßigen Anteil verlangen 3 *(nécessiter)* erfordern; verlangen; *plante, malade* **~ beaucoup de soins** viel Pflege verlangen; **les circonstances réclament que …** *(+subj)* die Umstände erfordern, dass … B V/I *(protester)* Einspruch erheben, reklamieren *(a.* SPORTS) C V/PR **se ~ de qn, qc** sich auf j-n, etw berufen

reclassement [ʀ(ə)klasmɑ̃] M 1 *de chômeurs etc* Wiedereingliederung *f*; anderweitige Verwendung, Unterbringung 2 *de fonctionnaires* Neueinstufung *f*; Besoldungsneuregelung *f*; **~ de la fonction publique** Besoldungsneuregelung *f* im öffentlichen Dienst

reclasser [ʀ(ə)klase] V/T 1 *chômeurs etc* wieder eingliedern; anderweitig unterbringen; e-n neuen Arbeitsplatz beschaffen für 2 *fonctionnaires* (gehaltlich) neu einstufen; *(augmenter)* (gehaltlich) höherstufen

reclus [ʀ(ə)kly] ADJ ‹-use [-yz]› zurückgezogen; abgeschieden; *subst* **vivre en ~(e)** völlig zurückgezogen leben

réclusion [ʀeklyzjõ] F JUR **~ (criminelle)** Zuchthaus(strafe) *n(f)*; Freiheitsstrafe *f* *(seit 1969)*; **neuf ans de ~ (criminelle)** neun Jahre Zuchthaus; *être condamné* **à la ~ à perpétuité** zu lebenslänglichem Zuchthaus; zu e-r lebenslangen Freiheitsstrafe

recoiffer [ʀ(ə)kwafe] A V/T wieder kämmen *ou* frisieren B V/PR **se ~** sich noch einmal frisieren; (sich [*dat*]) die Haare wieder in Ordnung bringen; *fam* sich überkämmen

recoin [ʀəkwɛ̃] M 1 *d'un grenier etc* (verborgener) Winkel; Schlupfwinkel *m*; **explorer les coins et les ~s** alle Winkel und Ecken durchsuchen 2 *fig du cœur* geheimster Winkel

reçois, reçoive *etc* [ʀ(ə)swa, ʀ(ə)swav] → recevoir

recoller [ʀ(ə)kɔle] A V/T *papier peint* wieder ankleben; **~ une assiette** einen Teller wieder zusammenkleben, kitten; **~ une enveloppe** einen Briefumschlag wieder zukleben; **~ un timbre** eine Briefmarke wieder aufkleben B V/PR *pop* **ils se sont recollés** sie leben wieder (in wilder Ehe) zusammen

récoltable [ʀekɔltabl] ADJ *fruits, légumes etc* zu ernten(d)

récoltant [ʀekɔltɑ̃] M (landwirtschaftlicher) Erzeuger

récolte [ʀekɔlt] F 1 Ernte *f* *(action et produit)*; **bonne ~** gute Ernte; **mauvaise ~** Missernte *f*; **~ du miel, des olives, des pommes de terre** Honig-, Oliven-, Kartoffelernte *f*; **faire la ~ de qc** etw ernten; **faire sa ~** ernten; die Ernte einbringen 2 *fig* Ernte *f*, Ausbeute *f* (**de** an *+dat*)

récolter [ʀekɔlte] V/T 1 *fruits, légumes etc* ernten; *loc* **~ ce qu'on a semé** ernten, was man gesät hat; wie die Saat, so die Ernte *(prov)* 2 *fig haine, ingratitude* ernten; *désagréments* bekommen; *fam coups, mauvaises notes etc* abbekommen; *fam* abkriegen 3 *fam argent, signatures* sammeln

récolteur [ʀekɔltœʀ] M Erntearbeiter *m* auf e-r Kautschukplantage

recommandable [ʀ(ə)kɔmɑ̃dabl] ADJ empfehlenswert; **individu** *m* **peu ~** verdächtiges Individuum

recommandation [ʀ(ə)kɔmɑ̃dasjõ] F 1 *(appui)* Empfehlung *f*; **lettre** *f* **de ~** Empfehlungsbrief *m*; **sur (la) ~ de** auf Empfehlung von *(ou +gén)* 2 *(conseil)* Ermahnung *f*; **~s paternelles** väterliche Ermahnungen; **faire ses ~s à qn** j-n ermahnen

recommandé [ʀ(ə)kɔmɑ̃de] ADJ 1 **lettre ~e** eingeschriebener Brief; Einschreib(e)brief *m*; Einschreiben *n*; *subst* **envoi** *m* **en ~** eingeschriebene Sendung; *inscription* **~** Einschreiben 2 *fam* **ce n'est pas très ~** das ist nicht sehr ratsam

recommander [ʀ(ə)kɔmɑ̃de] A V/T 1 *restaurant, produit, personne etc* empfehlen (**qc, qn à** *ou* **auprès de qn** j-m etw, j-n) 2 *avec insistance* (dringend) empfehlen, raten, nahelegen, ans Herz legen (**qc à qn** j-m etw; **à qn de faire qc** j-m, etw zu tun); **~ la modération** dringend zur Mäßigung raten; **~ à qn le repos** j-m Ruhe empfehlen 3 *mérites, expérience* **~ qn** j-n empfehlenswert erscheinen lassen 4 REL **~ son âme à Dieu** *st/s* s-e Seele Gott befehlen; **~ qn aux prières des fidèles** *st/s* j-n der Fürbitte der Gläubigen empfehlen 5 *envoi postal* einschreiben lassen B V/PR 1 *(se réclamer)* **se ~ de qn, qc** sich auf j-n, etw berufen; j-n als Empfehlung, Referenz angeben 2 **se ~ à Dieu** sein Schicksal in Gottes Hände legen

recommencement [ʀ(ə)kɔmɑ̃smɑ̃] M Wiederbeginn *m*; Neubeginn *m*, -anfang *m*

recommencer [ʀ(ə)kɔmɑ̃se] ‹-ç-› A V/T wieder anfangen, wieder beginnen, (noch einmal) von vorn(e) anfangen (**qc** [mit] etw; **à, de** *+inf* **zu** *+inf*); *(refaire)* noch einmal machen; *abs* noch einmal von vorn(e) anfangen; es wieder, noch einmal tun; *larmes* **~ à couler** wieder zu fließen anfangen; **tout est à ~** alles muss noch einmal gemacht werden; **si c'était à ~!** wenn man noch einmal von vorn(e) anfangen könnte! B V/I wieder beginnen, anfangen C V/IMP **il recommence à pleuvoir** es fängt wieder an zu regnen

récompense [ʀekõpɑ̃s] F Belohnung *f*; Lohn *m* *(a. iron)*; *(prix)* Auszeichnung *f*; Preis *m*; **en ~, pour sa ~** als Belohnung; **en ~ de** als, zur Belohnung für; zum Lohn für *(a. iron)*; **obtenir, recevoir sa ~** s-e Belohnung erhalten

récompenser [ʀekõpɑ̃se] V/T belohnen (**qn de** *ou* **pour qc** j-n für etw); **~ qn par de l'argent** *ou* **en lui donnant de l'argent** j-n mit Geld belohnen; **~ le travail** *etc* **de qn** j-s Arbeit *etc* belohnen

recomposé [ʀ(ə)kõpoze] ADJ **famille ~e** Patchworkfamilie *f*

recompter [ʀ(ə)kõte] V/T *argent* nachzählen, *addition* nachrechnen *(a. abs)*

réconciliateur [ʀekõsiljatœʀ] *st/s* M Versöhner *m*

réconciliation [ʀekõsiljasjõ] F Ver-, Aussöhnung *f*

réconcilier [ʀekõsilje] A V/T 1 (wieder) versöhnen (**qn avec qn** j-n mit j-m) 2 *fig* (wieder) in Einklang bringen; versöhnen (**qn avec qc** j-n mit etw) B V/PR **se ~** sich (wieder) ver-, aussöhnen (**avec qn** mit j-m); *fig* **se ~ avec soi-même** wieder mit sich selbst ins Reine kommen

recondamner [ʀ(ə)kõdane] V/T wieder verurteilen

reconductible [ʀ(ə)kõdyktibl] ADJ JUR verlängerbar

reconduction [ʀ(ə)kõdyksjõ] F 1 JUR *d'un contrat* Verlängerung *f*; Erneuerung *f*; JUR **~ expresse, tacite ~** ausdrückliche, stillschweigende Erneuerung *ou* Verlängerung; FIN **~ du budget** Verlängerung *f* des Jahreshaushalt(s)planes *(wenn der neue nicht rechtzeitig verabschiedet werden kann)* 2 *par ext d'une politique, grève* Weiterführung *f*; Fortsetzung *f*

reconduire [ʀ(ə)kõdɥiʀ] V/T ‹→ conduire› 1 *(raccompagner)* (zurück)begleiten, (-)bringen; **~ qn à la frontière** j-n über die Grenze abschieben; **~ qn jusqu'à la porte** j-n zur Tür begleiten 2 JUR *contrat, bail* verlängern; erneuern 3 *par ext politique, grève* fortsetzen; weiterführen; **~ qn dans ses fonctions** j-n in s-m Amt bestätigen

reconduite [ʀ(ə)kõdɥit] F POL **~ à la frontière** Ausweisung *f*

réconfort [ʀekõfɔʀ] M Trost *m*; Stärkung *f*; Zuspruch *m*; **maigre ~** schwacher Trost

réconfortant [ʀekõfɔʀtɑ̃] ADJ 1 *idée, nouvelle* tröstlich; ermutigend; **paroles ~es** aufmunternde Worte *npl* 2 *aliment* kräftigend; stärkend

réconforter [ʀekõfɔʀte] A V/T 1 *(consoler)* trösten; aufrichten 2 *aliment* stärken; neue Kraft geben *(+dat)*; kräftigen B V/PR **se ~** sich stärken

reconnaissable [ʀ(ə)kɔnɛsabl] ADJ wiederzuerkennen(d), zu erkennen(d), kenntlich (**à** an *+dat*); **être à peine ~** kaum wiederzuerkennen sein

reconnaissance [ʀ(ə)kɔnɛsɑ̃s] F 1 *d'un État, gouvernement, droit, fait etc* Anerkennung *f* 2 JUR Anerkenntnis *n*; **~ de dette** Schuldschein *m*; **~ d'enfant** Anerkennung *f* e-s (unehelichen) Kindes; **~ du mont-de-piété** Pfand-, Leihschein *m* 3 *(gratitude)* Dankbarkeit *f*; Erkenntlichkeit *f*; *fam* **la ~ du ventre** Dankbarkeit gegenüber s-m Ernährer; **avec ~** dankbar; **en, par ~** aus Dankbarkeit; **en ~ de ses mérites** *etc* in Anerkennung s-r Verdienste *etc*; **avoir, éprouver de la ~ (pour, envers qn)** (j-m gegenüber) Dankbarkeit empfinden; **manifester, témoigner de la ~** sich dankbar erweisen 4 *d'un lieu, territoire* Erkundung *f*; Auskundschaftung *f*; MIL Aufklärung *f*; Erkundung *f*; MIL: **avion** *m* **de ~** Aufklärungsflugzeug *n*; Aufklärer *m*; **vol** *m* **de ~** Aufklärungs-, Erkundungsflug *m*; **envoyer un détachement en ~** e-n Aufklärungstrupp ausschicken; *fam* **partir en ~** auf Erkundung ausgehen; e-n Erkundungsgang machen; die Gegend auskundschaften 5 *(action de reconnaître)* (Wieder)Erkennen *n*, -ung *f*; **signe** *m* **de ~** Erkennungszeichen *n*

reconnaissant [ʀ(ə)kɔnɛsɑ̃] ADJ dankbar; erkenntlich; **être ~ à qn de qc** j-m für etw dankbar sein; **se montrer ~ envers qn** sich j-m gegenüber dankbar erweisen, erkenntlich zeigen; *dans une lettre* **je vous serais ~ de bien vouloir me répondre au plus tôt** für e-e umgehende Antwort wäre ich Ihnen sehr dankbar

reconnaître [ʀ(ə)kɔnɛtʀ] ‹→ connaître› A V/T 1 *(identifier)* (wieder)erkennen (**à** an *+dat*); **~ qn à sa démarche, sous un déguisement** j-n an s-m Gang, trotz e-r Verkleidung (wieder)erkennen; **on ne le reconnaît plus** er ist nicht mehr wiederzuerkennen; *st/s* **je le reconnais bien là** das sieht ihm ähnlich; daran erkenne ich ihn; **se faire ~** sich zu erkennen geben 2 *torts, faute* erkennen, einsehen (müssen); (ein)gestehen; zugeben; *qualité, droit* zugestehen (**à qn** j-m); *droit a.* einräumen (j-m); *innocence* feststellen; **je lui reconnais du courage** ich gebe zu, dass er Mut hat; **~ les faits** die Tatsachen zugeben; **~ la supériorité de qn** j-s Überlegenheit zugeben (müssen), anerkennen; **il reconnaît s'être trompé** er gibt zu, sich geirrt zu haben; **reconnaissant que …** in der Erkenntnis (dessen), dass … 3 *gouvernement, signature, dette, enfant* anerkennen; **~ qn pour chef** j-n als Chef anerkennen; **je reconnais avoir reçu …** ich bescheinige hiermit, … erhalten zu haben 4 *lieux, territoire* erkunden (*a.* MIL); auskundschaften; erforschen B V/PR **se ~** 1 *sens réciproque* sich wiedererkennen; **ils se sont reconnus** sie haben sich wiedererkannt 2 *sens réfléchi* **se ~ dans, en qn** sich in j-m wiedererkennen 3 (*se retrouver*) sich auskennen; sich zurechtfinden; **ne plus s'y ~** sich nicht mehr (darin) auskennen, zurechtfinden 4 *sens passif* zu erkennen sein, sich erkennen lassen (**à** an *+dat*) 5 **se ~ coupable** sich schuldig bekennen

reconnu [ʀ(ə)kɔny] PP → reconnaître *et* ADJ anerkannt; **c'est un fait ~** das ist e-e (allgemein) anerkannte Tatsache

reconquérir [ʀ(ə)kõkeʀiʀ] V/T ⟨→ acquérir⟩ 1 *pays, ville etc* zurück-, wiedererobern 2 *fig liberté, estime etc* wiedergewinnen, -erlangen; **~ une femme** eine Frau zurückerobern, wiedergewinnen

reconquête [ʀ(ə)kõkɛt] F 1 MIL Zurück-, Wiedereroberung *f* 2 *fig* Wiedererlangung *f*, -gewinnung *f*

reconsidérer [ʀ(ə)kõsideʀe] V/T ⟨-è-⟩ nochmals erwägen, überdenken; **~ un problème** ein Problem noch einmal durchdenken; **~ une question** *a.* auf e-e Frage zurückkommen

reconstituant [ʀ(ə)kõstitɥɑ̃] A ADJ *régime, aliment* kräftigend; stärkend B M Kräftigungs-, Stärkungsmittel *n*

reconstituer [ʀ(ə)kõstitɥe] A V/T 1 *fortune* wiederherstellen; *dossier* wieder zusammenstellen; *association* neu bilden, gründen, konstituieren 2 JUR *crime, accident etc* rekonstruieren 3 *vieux quartier etc* in s-m ursprünglichen Zustand wiederherstellen; originalgetreu wiederaufbauen; *d'après une description* nachbilden; rekonstruieren; *fig la vie de qn* nachzeichnen B V/PR *parti etc* **se ~** sich neu bilden (*a. tissu organique*); sich neu konstituieren

reconstitution [ʀ(ə)kõstitysjõ] F Wiederherstellung *f*; *d'un parti etc* Neubildung *f*; Neukonstituierung *f*; JUR *d'un crime* Rekonstruktion *f*; Rekonstruierung *f*; *d'un lieu, édifice historique* Wiederherstellung *f* im ursprünglichen Zustand; originalgetreuer Wiederaufbau; *a. d'une espèce disparue* Rekonstruktion *f*; CINÉMA, THÉ **~ historique** historisch getreue Nachstellung

reconstruction [ʀ(ə)kõstʀyksjõ] F Wiederaufbau *m*; Neubau *m* (*a. fig*)

reconstruire [ʀ(ə)kõstʀɥiʀ] V/T ⟨→ conduire⟩ 1 *ville, maison détruite* wiederaufbauen; neu bauen 2 *fig sa fortune, la société* neu aufbauen

reconversion [ʀ(ə)kõvɛʀsjõ] F ÉCON Umstellung *f*; *de personnel* Umsetzung *f*; (*recyclage*) Umschulung *f*

reconvertir [ʀ(ə)kõvɛʀtiʀ] A V/T *usine, production* umstellen (**en** auf *+acc*); *personnel* umsetzen; (*recycler*) umschulen; *bâtiment* für andere Zwecke verwenden; **~ une école en mairie** aus e-r Schule ein Bürgermeisteramt machen B V/PR **se ~** *personne* den Beruf, die Branche, s-e Tätigkeit wechseln; sich umschulen lassen; **se ~ dans l'informatique** *fam* auf Informatik umsatteln

recopier [ʀ(ə)kɔpje] V/T 1 (noch einmal) abschreiben 2 *au propre* ins Reine schreiben

record [ʀ(ə)kɔʀ] M 1 SPORTS Rekord *m*; Höchst-, Bestleistung *f* (**de** in *+dat*); **~ féminin, masculin** Rekord *m* der Frauen, der Männer; **~ de natation, de vitesse** Schwimm-, Geschwindigkeitsrekord *m*; **~ de France, d'Europe, du monde** französischer Rekord, Europa-, Weltrekord *m*; **améliorer, battre, détenir, égaler, établir un ~** e-n Rekord verbessern, brechen, halten, einstellen, aufstellen; → *a.* 2; **faire tomber, pulvériser un ~** e-n Rekord brechen, weit überbieten 2 *fig* Rekord *m*; **~ d'affluence** Besucherrekord *m*; *iron:* **battre tous les ~s** den Vogel abschießen; **pour la flatterie, il bat tous les ~s** im Schmeicheln ist er unübertroffen; **détenir le ~ de la bêtise** an Dummheit alle übertreffen; ♦ *adjt* Rekord…; Höchst…; Spitzen…; **chiffre** *m*, **production** *f*, **vitesse** *f* **~** Rekordzahl *f*, -produktion *f*, -geschwindigkeit *f*; **en un temps ~** in Rekordzeit

recordman [ʀ(ə)kɔʀdman] M ⟨*pl* recordmen [-mɛn]⟩ Rekordhalter *m*; *fam* Rekordler *m*; **~ du monde** Weltrekordler *m*

recordwoman [ʀ(ə)kɔʀdwɔman] F ⟨*pl* recordwomen [-wɔmɛn]⟩ Rekordhalterin *f*; *fam* Rekordlerin *f*

recoucher [ʀ(ə)kuʃe] A V/T *enfant* wieder ins Bett bringen B V/PR **se ~** wieder ins Bett gehen; wieder schlafen gehen; sich wieder hinlegen

recoudre [ʀ(ə)kudʀ] V/T ⟨→ coudre⟩ *couture* wieder zu-, zusammennähen; **~ un bouton** einen Knopf wieder annähen; MÉD **~ une plaie** eine Wunde nähen

recoupement [ʀ(ə)kupmɑ̃] M *d'informations* Vergleich *m*; *de témoignages a.* (teilweise) Übereinstimmung; **faire un ~** e-n Vergleich anstellen

recouper [ʀ(ə)kupe] A V/T 1 noch einmal (ab-, zer-, durch)schneiden; *robe* noch einmal, anders zuschneiden 2 *témoignage: un autre* (teilweise) übereinstimmen mit; sich (teilweise) decken mit 3 *abs aux cartes* noch einmal abheben B V/PR **se ~** 1 *témoignages etc* (teilweise) übereinstimmen; sich (teilweise) decken 2 MATH *cercles* sich überschneiden

recourbé [ʀ(ə)kuʀbe] ADJ gekrümmt; gebogen; krumm; **recourber** A V/T (um)biegen B V/PR **se ~** sich krümmen

recourir [ʀ(ə)kuʀiʀ] ⟨→ courir⟩ A V/T *un cent mètres etc* noch einmal laufen B V/T INDIR 1 **~ à qn** sich (Hilfe suchend) an j-n wenden 2 **~ à qc** zu etw greifen; sich e-r Sache (*gén*) bedienen; etw in Anspruch nehmen; **~ à la violence** Gewalt anwenden C V/I 1 (*courir de nouveau*) noch einmal, wieder laufen 2 *au point de départ* zurücklaufen, -rennen

recours [ʀ(ə)kuʀ] M 1 Ausweg *m*; (Hilfs)Mittel *n*; Zuflucht *f*; *action* Anwendung *f*; Inanspruchnahme *f*; **~ à la violence** Anwendung *f* von Gewalt; Gewaltanwendung *f*; **en dernier ~** als letztes Mittel; **avoir ~ à qc** zu etw greifen; etw in Anspruch nehmen; etw anwenden; sich e-r Sache (*gén*) bedienen; **avoir ~ à la force** Gewalt, Zwang anwenden; **avoir ~ à qn** sich (Hilfe suchend) an j-n wenden; j-n hinzuziehen; **avoir ~ à la justice** gerichtliche Schritte unternehmen; **il n'y a aucun ~ contre cela** es gibt da kein Gegenmittel; dagegen kann man nichts machen; **être le seul ~ de qn** j-s einzige Zuflucht, Hilfe sein; **c'est notre dernier ~** das ist unser letzter Ausweg, unsere letzte Rettung; **c'est sans ~** das ist ausweglos 2 JUR Einspruch *m*; Beschwerde *f*; Berufung *f*; Rekurs *m*; **~ en cassation** Revision(-santrag) *f(m)*; **~ en grâce** Gnadengesuch *n*; **voies** *fpl* **de ~** Rechtsmittel *npl*; **sans ~ possible** ohne Berufungsmöglichkeit 3 JUR COMM **~ (en garantie)** Regress *m*, Rückgriff *m* (**contre qn** gegen j-n)

recouvrable [ʀ(ə)kuvʀabl] ADJ *somme* eintreibbar

recouvrement [ʀ(ə)kuvʀəmɑ̃] M 1 *de sommes dues* Einziehung *f*; Inkasso *n*; JUR Ein-, Beitreibung *f* 2 *st/s des forces, de la santé* Wiedererlangung *f*

recouvrer [ʀ(ə)kuvʀe] V/T 1 *sommes dues, impôts, créances* einziehen, -kassieren; JUR ein-, beitreiben 2 *liberté etc* wiedererlangen, -gewinnen; **~ ses forces** wieder zu Kräften kommen; **~ la raison** wieder Vernunft annehmen; **~ la santé** wieder gesund werden; **~ la vue** sein Sehvermögen wiedererlangen; wieder sehen (können)

recouvrir [ʀ(ə)kuvʀiʀ] ⟨→ couvrir⟩ A V/T 1 *de nouveau* wieder bedecken; **~ un enfant, un malade** ein Kind, einen Kranken wieder zudecken; **~ un siège** einen Stuhl neu beziehen; **~ un toit** ein Dach neu decken 2 *entièrement* bedecken, überdecken, überziehen (**de** mit); *livre* einschlagen; *sol* **~ d'une moquette** mit (e-m) Teppichboden auslegen; ♦ *pp* **recouvert de …** bedeckt mit …; …bedeckt; **recouvert de lierre** efeuumrankt, -bewachsen; **toit recouvert de tuiles** Ziegeldach *n*; **recouvert par les eaux** von Wasser überflutet 3 *fig* (*cacher*) verdecken; verschleiern; verbergen 4 *fig* (*englober*) umfassen; enthalten B V/PR **le ciel s'est recouvert** der Himmel ist wieder bewölkt; es hat sich wieder bezogen

recracher [ʀ(ə)kʀaʃe] V/T (wieder) ausspucken

récré [ʀekʀe] F *fam* ABR → récréation 1

récréatif [ʀekʀeatif] ADJ ⟨-ive⟩ erheiternd; unterhaltend; *st/s* ergötzlich; **soirée récréative** Unterhaltungsabend *m*

récréation [ʀekʀeasjõ] F 1 ÉCOLE (große) Pause; **à la, en ~** in der Pause; **aller, être en ~** Pause haben; **la ~ a sonné** es hat zur Pause geläutet 2 (*détente*) Entspannung *f*; Zerstreuung *f*; Zeitvertreib *m*

recréer [ʀ(ə)kʀee] V/T wieder, neu (er)schaffen

récréer [ʀekʀee] V/PR *st/s* **se ~** sich zerstreuen, entspannen

récrier [ʀekʀije] V/PR **se ~** laut aufschreien; lauthals protestieren; **se ~ d'admiration** in Ausrufe der Bewunderung ausbrechen

récriminations [ʀekʀiminasjõ] FPL Klagen *fpl*; Protest *m*

récriminer [ʀekʀimine] V/I sich beklagen, sich beschweren (**contre qn, qc** über j-n, etw)

récrire [ʀekʀiʀ] ⟨→ écrire⟩ A V/T 1 *nom, lettre etc* noch einmal, neu schreiben 2 *livre etc en modifiant* umschreiben; umarbeiten B V/I 1 *de nouveau* noch einmal schreiben (**à qn** j-m) 2 (*répondre*) zurückschreiben, (brieflich) antworten (**à qn** j-m)

recroqueviller [ʀ(ə)kʀɔkvije] V/PR 1 *feuilles etc* **se ~** zusammenschrumpfen; *fam* schrump(e)lig werden 2 *personne* **se ~ (sur soi-même)** sich (zusammen)krümmen; sich zusammenrollen; *adjt* **recroquevillé** zusammengekrümmt

recru [ʀ(ə)kʀy] ADJ *st/s* **~ de fatigue** (völlig) erschöpft; zum Umfallen müde

recrudescence [ʀ(ə)kʀydesɑ̃s] F *d'un incendie, d'une épidémie, des combats* Wiederausbruch *m*; *de la fièvre* Wiederansteigen *n*; *de la criminalité* erneutes Ansteigen, Anwachsen; *a. du froid etc* Zunahme *f*; **recrudescent** ADJ *criminalité* zunehmend

recrue [ʀ(ə)kʀy] F MIL Rekrut *m*; *fig* **faire une nouvelle ~** ein neues Mitglied gewinnen

recrutement [ʀ(ə)kʀytmɑ̃] M 1 MIL Rekrutierung *f*; **service** *m* **de ~** Wehrersatzbehörde *f* 2 *de personnel* Rekrutierung *f*; Einstellung *f*

R

recruter [ʀ(ə)kʀyte] A V/T 1 MIL rekrutieren 2 *personnel* rekrutieren; *adhérents a.* werben; *personnel a.* einstellen; *équipe* aufstellen; **~ sur titres** auf Grund von Diplomen einstellen B V/PR **se ~** sich rekrutieren (**dans, parmi** aus)

recruteur [ʀ(ə)kʀytœʀ] M 1 HIST MIL Werber *m* 2 *fig* ~ *ou adjt* **agent** *m* ~ (Mitglieder)Werber *m*; Propagandist *m*

recta [ʀɛkta] *fam* ADV *payer* pünktlich; sofort; *à chaque fois qu'on veut piqueniquer,* **c'est ~, il pleut …** regnet es prompt

rectal [ʀɛktal] ADJ ⟨-aux⟩ MÉD rektal; Mastdarm…; **température ~e** Rektaltemperatur *f*

rectangle [ʀɛktɑ̃gl] MATH A ADJ rechtwinklig; **triangle ~** rechtwinkliges Dreieck B M Rechteck *n*

rectangulaire [ʀɛktɑ̃gylɛʀ] ADJ rechteckig

recteur [ʀɛktœʀ] M 1 Rektor *m* (der Universität und Präsident *m* des Schulaufsichtsbezirks [*académie*]) 2 ÉGL CATH a Rektor *m* b *en Bretagne* Pfarrer *m*

rectifiable [ʀɛktifjabl] ADJ zu berichtigen(d); korrigierbar

rectificatif [ʀɛktifikatif] A ADJ ⟨-ive⟩ berichtigend; richtigstellend; Berichtigungs… B M Berichtigung *f*; Richtigstellung *f*

rectification [ʀɛktifikasjõ] F 1 *d'une erreur, d'un calcul* Berichtigung *f*; Richtigstellung *f*; Korrektur *f* 2 MATH, CHIM Rektifikation *f* 3 TECH Schleifen *n*

rectifier [ʀɛktifje] V/T 1 *erreur, calcul* berichtigen; richtigstellen; korrigieren; MIL **~ la position** Haltung annehmen; *fig* **~ le tir** s-e Taktik ändern 2 *tracé de route, ligne de front* begradigen 3 MATH, CHIM rektifizieren 4 TECH *pièce* (ab-, nach)schleifen

rectiligne [ʀɛktiliɲ] ADJ geradlinig

rection [ʀɛksjõ] F LING Rektion *f*

rectitude [ʀɛktityd] F *d'un jugement* Richtigkeit *f*

recto [ʀɛkto] M *d'une feuille* Vorderseite *f*; **au ~** *être* auf der Vorderseite; *écrire* auf die Vorderseite

rectoscopie [ʀɛktɔskɔpi] F MÉD Rektoskopie *f*

rectum [ʀɛktɔm] M ANAT Mastdarm *m*; *t/t* Rektum *n*

reçu [ʀ(ə)sy] A PP → recevoir *et* ADJ *idées, usages* überkommen; üblich; anerkannt; gültig; herkömmlich; hergebracht B M Quittung *f*; Empfangsbestätigung *f*, -bescheinigung *f*

recueil [ʀ(ə)kœj] M Sammlung *f*; **~ de chansons, de poèmes** Lieder-, Gedichtsammlung *f*

recueillement [ʀ(ə)kœjmɑ̃] M innere Sammlung; Andacht *f*; **avec ~** andächtig; mit, voller Andacht

recueilli [ʀ(ə)kœji] ADJ andächtig; innerlich gesammelt

recueillir [ʀ(ə)kœjiʀ] ⟨→ cueillir⟩ A V/T 1 *dons, signatures, preuves, abeille: pollen* sammeln; *renseignements* einziehen; einholen; *notes pour un livre a.* zusammentragen; *témoignages* protokollieren; *fig* **~ le fruit de ses travaux** die Früchte s-r Arbeit ernten 2 *approbation* erhalten; finden; *à une élection: voix* auf sich (*acc*) vereinigen; erhalten 3 *liquide dans un récipient* auffangen 4 *héritage* antreten 5 *réfugiés, orphelins* (bei sich) aufnehmen; *animal* auflesen B V/PR **se ~** sich innerlich sammeln; **se ~ sur la tombe de qn** vor j-s Grab (*dat*) andächtig, in Andacht, in stillem Gedenken verharren

recuire [ʀ(ə)kɥiʀ] ⟨→ conduire⟩ V/T **(faire) ~** noch einmal kochen *ou* backen *ou* braten

recuit [ʀ(ə)kɥi] M MÉTALL Glühen *n*

recul [ʀ(ə)kyl] M 1 *d'une arme à feu* Rückstoß *m* 2 *d'une foule, d'une armée* Zurückweichen *n*; *fig d'une maladie, du chômage, de la production* Rückgang *m* 3 *d'une personne* Zurücktreten *n*, -gehen *n*; **avoir un mouvement de ~** zurückschrecken; **prendre du ~** *pour mieux voir* zurücktreten …; → *a.* 4 4 *fig* Abstand *m*; **avoir, prendre du ~ pour mieux juger qc** Abstand haben, gewinnen, um etw besser beurteilen zu können 5 TENNIS Auslauf *m*; Platz *m* zum Zurücklaufen

reculade [ʀ(ə)kylad] F *péj* Zurückweichen *n*; Rückzug *m*; *fam* Rückzieher *m*

reculé [ʀ(ə)kyle] ADJ 1 *village, vallée* abgelegen; (weit) entfernt 2 *dans le temps* alt; früh; lang zurückliegend; **dans les temps les plus ~s** in grauer Vorzeit

reculer [ʀ(ə)kyle] A V/T 1 *chaise etc* zurückschieben, -rücken, -ziehen, -setzen, -stellen; *voiture* zurückfahren, -setzen; *par ext: montre* zurückstellen; *mur* nach hinten versetzen; zurückversetzen; *frontières* erweitern 2 (*reporter à plus tard*) auf-, hinausschieben; (*retarder*) verzögern B V/I 1 *personne* zurückweichen (*a. foule*); zurückgehen, -treten; *voiture* zurückfahren, -rollen; rückwärtsfahren; **~ d'un pas** e-n Schritt zurückgehen, -treten; **~ devant l'ennemi** vor dem Feind zurückweichen; **faire ~ qn** j-n zurückdrängen, -treiben; *fig* **c'est ~ pour mieux sauter** durch ein Aufschieben wird es nur schlimmer 2 *maladie, incendie, chômage* zurückgehen; im Rückgang begriffen sein 3 *fig* (*hésiter*) zurückschrecken, -scheuen (**devant qc** vor etw [*dat*]); scheuen (etw); **ne ~ devant rien** vor nichts zurückschrecken; *il s'est trop avancé* **pour ~** um noch zurückzukönnen; **~ au dernier moment** *fam* im letzten Moment kneifen C V/PR **se ~** zurücktreten; (einige Schritte) zurückgehen

reculons [ʀ(ə)kylõ] LOC ADV **à ~** rückwärts; **aller, marcher à ~** rückwärtsgehen; *iron* **faire des progrès à ~** Rückschritte machen

récupérable [ʀekypeʀabl] ADJ *ferraille, déchets* (wieder)verwertbar; noch brauchbar; wiederverwendbar; *heures de travail* nachzuholen(d); *drogué, accidenté* (wieder) eingliederungsfähig; resozialisierbar; **il n'est pas ~** er ist ein hoffnungsloser Fall

récupérateur [ʀekypeʀatœʀ] M *personne, entreprise* Wiederverwerter *m*

récupération [ʀekypeʀasjõ] F 1 Wiedererlangung *f*; *d'heures de travail* Nachholen *n*; Einarbeitung *f*; *d'argent* Ein-, Beitreibung *f*; *d'un engin spatial* Bergung *f* 2 TECH Rückgewinnung *f*; (Wieder)Verwertung *f*; Wiederverwendung *f*; Nutzung *f* 3 POL Vereinnahmung *f*; Einspannung *f* für s-e Zwecke 4 *de l'organisme* Erholung *f*

récupérer [ʀekypeʀe] ⟨-è-⟩ A V/T 1 wiedererlangen, -bekommen; sich (*dat*) wiederholen; zurückholen; *argent a.* ein-, beitreiben; *mise* wieder herausbekommen; *heures de travail, jours de congé* nachholen, -arbeiten; einarbeiten; *engin spatial* bergen; **~ ses forces** wieder zu Kräften kommen 2 *ferraille, vieux papiers etc* (wieder)verwerten; wiederverwenden; (*ramasser*) sammeln; TECH *chaleur, énergie* zurückgewinnen; *par ext fam* **où es-tu allé ~ cette antiquité?** *fam* wo hast du diese Antiquität aufgetrieben, aufgegabelt? 3 *fam* (*aller chercher*) **~ qn** j-n (ab)holen 4 *délinquants, drogués* wieder eingliedern (*a. accidentés*); resozialisieren 5 POL **~ qn** j-n (politisch, ideologisch) vereinnahmen; j-n für s-e Zwecke einspannen B V/I *sportif, malade, organisme* sich erholen; wieder zu Kräften kommen

récurage [ʀekyʀaʒ] M Scheuern *n*

récurer [ʀekyʀe] V/T *casserole etc* scheuern; **poudre** *f* **à ~** Scheuerpulver *n*

récurrence [ʀekyʀɑ̃s] F MATH, LOGIQUE Rückläufigkeit *f*

récurrent [ʀekyʀɑ̃] ADJ *phénomène* wiederholt auftretend; *t/t* rekursiv; rekurrent; MÉD **fièvre ~e** Rückfall-, Rekurrensfieber *n*; PSYCH **image ~e** Nachbild *n*

récusable [ʀekyzabl] ADJ a *juge etc* ablehnbar b *témoignage* bestreitbar; anfechtbar; unglaubwürdig; **récusation** F JUR Ablehnung *f* (wegen Befangenheit)

récuser [ʀekyze] A V/T 1 JUR *juré, témoin etc* (wegen Befangenheit) ablehnen 2 *par ext* zurückweisen; ablehnen; verwerfen B V/PR **se ~** sich für nicht zuständig, sich für befangen erklären

recyclable [ʀ(ə)siklabl] ADJ recycelbar; wiederverwertbar, -verwendbar

recyclage [ʀ(ə)siklaʒ] M 1 a *d'élèves* Weiter-, Fortbildung *f* b *de main-d'œuvre* Umschulung *f* 2 TECH Recycling *n*; Wiederverwertung *f*, -verwendung *f*

recycler [ʀ(ə)sikle] A V/T 1 a *élèves* weiter-, fortbilden b *main-d'œuvre* umschulen 2 TECH recyceln; wiederverwerten, -verwenden; *adjt* **papier recyclé** Recyclingpapier *n* B V/PR **se ~** *élèves* sich weiterbilden; *main-d'œuvre* sich umschulen lassen

rédacteur [ʀedaktœʀ] M, **rédactrice** F Redakteur(in) *m(f)*; *suisse* Redaktor *m*; **~ en chef** Chefredakteur *m*

rédaction [ʀedaksjõ] F 1 *d'un texte* Verfassen *n*; Aufsetzen *n*; Abfassung *f* 2 *coll* Redaktion *f*; Schriftleitung *f*; **salle** *f*, **bureau** *m* **de ~** Redaktionsbüro *n*, -raum *m* 3 ÉCOLE Aufsatz *m*

rédactionnel [ʀedaksjɔnɛl] ADJ ⟨~le⟩ redaktionell; Redaktions…

reddition [ʀɛdisjõ] F MIL Übergabe *f*

redécoupage [ʀ(ə)dekupaʒ] M **~ électoral** Neueinteilung *f* der Wahlkreise

redécouvrir [ʀ(ə)dekuvʀiʀ] V/T ⟨→ couvrir⟩ wiederentdecken

redéfaire [ʀ(ə)defɛʀ] V/T ⟨→ faire⟩ *du tricot, une couture* wieder auftrennen; **~ un nœud, un paquet** einen Knoten, ein Paket wieder aufmachen

redéfinir [ʀ(ə)definiʀ] V/T neu bestimmen, festlegen, definieren

redemander [ʀədmɑ̃de, ʀdəmɑ̃de] V/T *et* V/I 1 *de nouveau* noch einmal verlangen (**qc à qn** etw von j-m), bitten (j-n um etw), fragen (j-n nach etw); *davantage* nach mehr verlangen; mehr haben wollen (**de qc** von etw) 2 *chose prêtée, donnée* zurückverlangen, -fordern (**qc à qn** etw von j-m)

redémarrage [ʀ(ə)demaʀaʒ] M 1 ÉCON Wiederbelebung *f*; neuer Aufschwung 2 INFORM **~ à chaud, à froid** Warm-, Kaltstart *m*

redémarrer [ʀ(ə)demaʀe] A V/T INFORM neu starten B V/I 1 *véhicule* wieder anfahren 2 ÉCON wieder in Gang kommen; e-n neuen Aufschwung nehmen

rédempteur [ʀedɑ̃ptœʀ] A ADJ ⟨-trice⟩ erlösend; Erlösungs… B M REL **le Rédempteur** der Erlöser; **Rédemption** F REL Erlösung *f*

redéploiement [ʀ(ə)deplwamɑ̃] M 1 ÉCON Umstrukturierung *f*; Um-, Neugestaltung *f*; Reorganisation *f* 2 MIL Umgruppierung *f*

redescendre [ʀ(ə)desɑ̃dʀ] ⟨→ rendre⟩ A V/T 1 *escalier etc* wieder, noch einmal hinunter-, hinab- *ou* herunter-, herabgehen, -steigen, -kommen; *fam* wieder, noch mal runtergehen, -steigen, -kommen; *fleuve,* (*dans un*) *véhicule: rue, skieur: pente* wieder hinunter- *ou* herunter-, *fam* runterfahren 2 *meubles du grenier etc* wieder herunter- *ou* hinunterschaffen, -bringen; herunterholen B V/I ⟨être⟩ 1 *personne* wieder, noch einmal hinunter-, hinab *ou* herunter-, herabgehen, -kommen, -steigen (**de** von); *fam* wieder, noch mal runtergehen, -kommen, -steigen (von); *skieur* abfahren; (*dans un*) *véhicule* wieder hinunter- *ou* herunter-, *fam*

R

runterfahren; *avion* heruntergehen (**à 5000 mètres** auf 5000 Meter); tiefer gehen; *fig personne* **~ dans l'échelle sociale** auf der sozialen Stufenleiter absteigen 2 *mer* (wieder) zurückgehen; *baromètre, température* wieder fallen; *chemin, route* wieder bergab gehen, führen, abwärtsgehen, -führen

redevable [ʀədvabl, ʀdəvabl] ADJ **être ~ de qc à qn** FIN j-m etw schuldig sein *ou* schulden; *fig (être obligé)* j-m für etw zu Dank verpflichtet sein; *(devoir)* j-m etw verdanken; **il lui est ~ de l'avoir averti** er ist ihm zu Dank verpflichtet, weil er ihn verständigt hat

redevance [ʀədvɑ̃s, ʀdəvɑ̃s] F RAD, TV Gebühr *f*

redevenir [ʀədvəniʀ, ʀdəvniʀ] V/I ⟨→ venir⟩ wieder werden

redevoir [ʀədvwaʀ, ʀdəvwaʀ] V/T ⟨→ devoir⟩ noch schulden, schuldig sein *ou* bleiben (**qc à qn** j-m etw)

rédhibitoire [ʀedibitwaʀ] ADJ 1 JUR **vice** *m* **~** (die Wandelung begründender) Sachmangel 2 *fig* **ce n'est pas ~** das ist nicht unbedingt ein Hindernis

rediffuser [ʀədifyze] V/T RAD, TV wiederholen; wieder ausstrahlen; noch einmal senden;

rediffusion [ʀədifyzjõ] F RAD, TV Wiederholung *f*; Wiederausstrahlung *f*

rédiger [ʀediʒe] V/T ⟨-geons⟩ verfassen; abfassen; *contrat* aufsetzen; *procès-verbal* anfertigen; *article de journal a.* redigieren

redingote [ʀ(ə)dɛ̃gɔt] F 1 *autrefois* Gehrock *m* 2 ADJT **manteau** *m* **~** (taillierter) Damenmantel

redire [ʀ(ə)diʀ] ⟨→ dire⟩ A V/T 1 *(répéter)* noch einmal sagen; wiederholen; **~ toujours la même chose** immer das Gleiche sagen; sich immer wiederholen; **~ après qn** j-m nachsprechen; **ne pas se le faire ~** es sich *(dat)* nicht zweimal sagen lassen 2 *(rapporter)* weitersagen (**qc à qn** j-m etw); ausplaudern B V/T INDIR **trouver à ~ à qc** etwas an etw *(dat)* auszusetzen haben; **trouver à ~ à tout** an allem etwas auszusetzen, zu beanstanden, zu kritisieren haben; **il n'y a rien à ~ à cela** dagegen ist nichts einzuwenden

rediscuter [ʀ(ə)diskyte] V/T noch einmal diskutieren

redistribuer [ʀ(ə)distʀibɥe] V/T 1 *cahiers, cartes* noch einmal austeilen 2 *terres, tâches* neu auf-, verteilen; *revenus, richesses* umverteilen

redistribution [ʀ(ə)distʀibysjõ] F Neuverteilung *f*; FIN Umverteilung *f*

redite [ʀ(ə)dit] F unnötige Wiederholung

redondance [ʀ(ə)dõdɑ̃s] F 1 *du style* Weitschweifigkeit *f*; Überladenheit *f*; Schwulst *m*; **le texte comporte des ~s** der Text ist weitschweifig, schwülstig geschrieben 2 INFORM, LING Redundanz *f*

redondant [ʀ(ə)dõdɑ̃] ADJ 1 *style* wortreich; überladen; weitschweifig; schwülstig 2 INFORM, LING redundant

redonner [ʀ(ə)dɔne] A V/T 1 *(donner de nouveau)* wieder, noch einmal geben; → *a.* donner 2 *(rendre)* (wieder) zurückgeben; **~ confiance** wieder Vertrauen einflößen; **~ du courage** wieder Mut machen B V/I **~ dans** zurückfallen in *(+acc)*; wieder verfallen in *(+acc)*; wieder anfangen mit

redorer [ʀ(ə)dɔʀe] V/T wieder vergolden; → *a.* blason

redormir [ʀ(ə)dɔʀmiʀ] V/I ⟨→ partir⟩ a wieder schlafen b wieder einschlafen

redoublant [ʀ(ə)dublɑ̃] M, **redoublante** F ÉCOLE *fam* Sitzenbleiber(in) *m(f)*

redoublé [ʀ(ə)duble] ADJ verdoppelt; Doppel...; *par ext* vermehrt; verstärkt; **rime ~e** Doppelreim *m*; **frapper à la porte à coups ~s** heftig gegen die Tür schlagen; **marcher d'un pas ~** im Eilschritt gehen

redoublement [ʀ(ə)dubləmɑ̃] M 1 Verdopp(e)lung *f*; LING Reduplikation *f* 2 *d'attention, de prudence etc* Verstärkung *f*; Steigerung *f*; Zunahme *f*

redoubler [ʀ(ə)duble] A V/T 1 *(rendre double)* verdoppeln 2 ÉCOLE **~ (une classe)** e-e Klasse wiederholen; *fam* sitzen, hängen bleiben 3 *véhicule* wieder überholen 4 *joie, terreur etc* verstärken; vermehren; steigern; **~ ses efforts** s-e Anstrengungen verdoppeln B V/T INDIR **~ de patience, vigilance** *etc* s-e Geduld, Wachsamkeit *etc* verdoppeln, verstärken; **~ d'amabilité à l'égard de qn** j-m gegenüber noch zuvorkommender sein; **~ d'efforts** s-e Anstrengungen verdoppeln C V/I *peur, tempête etc* sich verstärken; noch stärker werden; sich steigern; zunehmen; *larmes* noch stärker fließen; *surprise, joie a.* noch größer werden *ou* sein

redoutable [ʀ(ə)dutabl] ADJ furchterregend; fürchterlich; furchtbar; **adversaire** *m*, **concurrent** *m* **~** (sehr) gefährlicher Gegner, Konkurrent

redoute [ʀ(ə)dut] F HIST Redoute *f*

redouter [ʀ(ə)dute] V/T fürchten; sich fürchten vor *(+dat)*; **~ que ... (ne)** *(+subj)* (be)fürchten, dass ...; **~ de** *(+inf)* (be)fürchten zu *(+inf)*

redoux [ʀ(ə)du] M Frostmilderung *f*; Wärmeeinbruch *m*

redresse [ʀ(ə)dʀɛs] LOC ADJ *pop* **un mec à la ~** *fam* ein Kerl *m*, mit dem nicht zu spaßen ist

redressement [ʀ(ə)dʀɛsmɑ̃] M 1 *d'un pays* Wiedererstarken *n*, -ung *f*; *de l'économie* Wiederankurbelung *f*; (Wieder)Aufschwung *m*; *des finances* Sanierung *f* 2 *autrefois* **maison** *f* **de ~** Erziehungsanstalt *f* 3 ÉLEC Gleichrichtung *f* 4 **~ fiscal** Steuerberichtigung *f*

redresser [ʀ(ə)dʀese] A V/T 1 *chose penchée* gerade richten; *chose tordue* gerade biegen; *fam* gerade machen; *chose tombée* wieder aufstellen, aufrichten; *roues avant* gerade stellen; **~ un malade** einen Kranken (wieder) aufsetzen; **~ la tête** den Kopf heben; *fig (se croire)* den Kopf hoch tragen 2 *fig économie* wieder beleben, ankurbeln; *finances* sanieren; *situation* wieder in Ordnung bringen 3 ÉLEC *courant* gleichrichten B V/PR **se ~** 1 sich (wieder) aufrichten; **redresse-toi!** halt dich gerade!; setz dich gerade hin! *ou* geh gerade! 2 *fig (se croire)* den Kopf hoch tragen; hochnäsig werden 3 *fig pays* wieder hochkommen; wieder erstarken

redresseur [ʀ(ə)dʀesœʀ] A ADJ ⟨-euse⟩ ÉLEC Gleichrichter... B M 1 *iron* **~ de torts** Weltverbesserer *m* 2 ÉLEC Gleichrichter *m*

réduc [ʀedyk] F *fam* ABR → réduction 2

réducteur [ʀedyktœʀ] A ADJ ⟨-trice⟩ CHIM reduzierend; Reduktions... B M 1 CHIM Reduktionsmittel *n* 2 TECH **~ (de vitesse)** Untersetzungsgetriebe *n*

réductibilité [ʀedyktibilite] F Reduzierbarkeit *f*

réductible [ʀedyktibl] ADJ 1 *quantité* reduzierbar (**à** auf *+acc*); herabsetzbar 2 CHIM reduzierbar 3 MATH **fraction** *f* **~** Bruch, der sich kürzen lässt

réduction [ʀedyksjõ] F 1 Reduzierung *f* (**à** auf *+acc*); *des dépenses, de la production a.* Einschränkung *f*; *de taxes a.* Senkung *f*; Herabsetzung *f*; *de personnel a.* Abbau *m*; *d'un format* Verkleinerung *f*; *de salaire* Kürzung *f*; *d'un délai* Verkürzung *f*; **~ des heures de travail** Arbeitszeitverkürzung *f*; **~ d'impôt** Steuersenkung *f*, -ermäßigung *f*; JUR **~ de peine** Herabsetzung *f* des Strafmaßes; *loc adv* **en ~** im Kleinen 2 *sur un prix* Preisnachlass *m*; (Preis)Ermäßigung *f*; **carte** *f* **de ~** Ausweis, der zu Preisermäßigungen berechtigt; **faire une ~ à qn** j-m e-n Preisnachlass gewähren; **il m'a fait une ~ de cinq pour cent** er hat mir fünf Prozent nachgelassen 3 CHIM, BIOL Reduktion *f* 4 MATH *de fractions* Kürzung *f*; **~ au même dénominateur** Gleichnamigmachen *n* 5 MÉD Reposition *f*; Wiedereinrichtung *f*

réduire [ʀedɥiʀ] ⟨→ conduire⟩ A V/T 1 *(diminuer)* reduzieren; *dépenses, production, consommation a.* einschränken; drosseln; *impôts, température a.* senken; herabsetzen *(a. peine)*; *personnel a.* abbauen; *nombre a.* verringern; *format* verkleinern; *temps de travail* verkürzen; *salaires* kürzen; *vitesse* drosseln; herabsetzen; *fam* heruntergehen mit; *par ext: résistance* brechen; *soulèvement* niederschlagen; *catastrophe* **~ la population de moitié** die Bevölkerung um die Hälfte zusammenschrumpfen lassen 2 *(contraindre)* **~ qn à, en qc** j-n zu etw bringen, zwingen; **~ qn au désespoir** j-n in Verzweiflung stürzen; *peuple* **~ en esclavage** versklaven; *maladie* **~ qn à l'inaction** j-n zur Untätigkeit verdammen; **~ qn au silence** j-n zum Schweigen bringen; **en être réduit à qc** zu etw gezwungen, genötigt sein; auf etw *(acc)* angewiesen sein 3 *(ramener)* **~ qc à qc** etw auf etw *(acc)* einschränken, beschränken, einengen, bringen; **~ à sa plus simple expression** → expression 3; *projet, illusions* **~ à rien, à néant** zunichtemachen; zerstören; **~ au même dénominateur** auf den gleichen Nenner bringen; gleichnamig machen 4 *(transformer)* **~ en qc** zu etw werden lassen, machen; **~ en cendres** *ville etc* in Schutt und Asche legen; *a. édifice* einäschern; niederbrennen; *vase etc* **~ en morceaux** in Stücke schlagen; **être réduit en morceaux** (in Stücke) zersprungen sein 5 CHIM reduzieren 6 MÉD *fracture, luxation, hernie* einrichten; *t/t* reponieren 7 ⟨*a. v/i*⟩ CUIS *sauce, jus* eindicken; reduzieren; *v/i a.* einkochen; **faire, laisser ~** ein-, verkochen (lassen); eindicken; reduzieren B V/PR 1 **se ~ à qc** sich auf etw *(acc)* beschränken (lassen); *problème* **se ~ à la question suivante** sich auf die folgende Frage beschränken lassen; *économies, incident* **se ~ à peu de chose** sehr begrenzt, gering sein 2 **se ~ en qc** sich in etw *(acc)* verwandeln; zu etw werden; **se ~ en cendres** zu Asche werden; niederbrennen

réduit [ʀedɥi] A ADJ 1 *prix, tarif* ermäßigt; herabgesetzt; **billet** *m* **à prix ~** ermäßigte Fahrkarte 2 *(restreint) débouchés etc* begrenzt; beschränkt; gering; **à vitesse ~e** mit herabgesetzter Geschwindigkeit 3 *format, taille, modèle* verkleinert; ETHNOLOGIE **têtes ~es** Schrumpfköpfe *mpl* B M kleiner Raum; kleine Kammer; *fam* Kabuff *n*; *péj* finsteres Loch

rééchelonnement [ʀeeʃlɔnmɑ̃] M FIN Verlängerung *f*, Streckung *f* der Rückzahlung; Umschuldung *f*

réécouter [ʀeekute] V/T wieder, noch einmal (an)hören

réécrire [ʀeekʀiʀ] → récrire

réédifier [ʀeedifje] V/T wieder aufbauen

rééditer [ʀeedite] V/T 1 *livre* wieder, neu auflegen; *auteur* neu herausgeben 2 *fam fig* e-e Neuauflage sein von *(ou +gén)*; **réédition** F 1 Neuauflage *f*, -ausgabe *f (action et ouvrage)* 2 *fam fig* Neuauflage *f*

rééducation [ʀeedykasjõ] F 1 MÉD *des handicapés* Rehabilitation *f*; *d'un membre* Wiederherstellung *f* der Bewegungsfähigkeit; *exercices* Krankengymnastik *f*; **~ (musculaire)** Heilgymnastik *f*; **centre** *m* **de ~** Rehabilitationszentrum *n* 2 JUR *de délinquants* soziale Wiedereingliederung 3 POL Umerziehung *f*

R

rééduquer [ReedykeI] VT 1 *un blessé, paralysé* rehabilitieren; krankengymnastisch, mit Krankengymnastik behandeln; *membre* die Bewegungsfähigkeit *(+gén)* wiederherstellen 2 *délinquant* sozial wieder eingliedern 3 POL umerziehen

réel [Reɛl] A ADJ ‹~le› 1 wirklich; real; tatsächlich; **faits ~s** Tatsachen *fpl*; *dans un roman* **personnage ~** der Wirklichkeit entnommene Gestalt; *par ext* **un ~ plaisir** ein wirkliches, wahres, echtes Vergnügen; **dans la vie ~le** im wirklichen, realen Leben; **être ~** wirklich, real existieren 2 COMM **prix ~** effektiver Preis; Effektivpreis *m*; **salaire ~** Reallohn *m*; **taux** *m* **d'intérêt ~** Effektivzins *m*; **valeur ~le** Real-, Sachwert *m* 3 JUR dinglich 4 MATH **nombre ~** reelle Zahl B SUBST **le ~** das Wirkliche, Reale; die Wirklichkeit

réélection [Reelɛksjõ] F Wiederwahl *f*

rééligibilité [Reeliʒibilite] F Wiederwählbarkeit *f*; **rééligible** ADJ wieder wählbar

réélire [ReeliR] VT ‹→ lire› wiederwählen; *adjt* **le président réélu** der wiedergewählte Präsident

réellement [Reɛlmã] ADV wirklich; tatsächlich; in der Tat

réembaucher [Reãboʃe] VT *main-d'œuvre* wieder einstellen

réemploi [Reãplwa] M 1 *de choses* Wiederverwendung *f* 2 *de personnel* Wiederbeschäftigung *f* 3 *de fonds* Wieder-, Neuanlage *f*

réemployer [Reãplwaje] VT ‹-oi-› 1 *choses* wieder verwenden; **~ une méthode** eine Methode wieder anwenden 2 *personnel* wieder beschäftigen, anstellen; *autre part* anderweitig beschäftigen 3 *fonds* wieder anlegen

réentendre [Reãtãdʀ] VT ‹→ rendre› wieder, noch einmal (an)hören

rééquilibrer [ReekilibRe] VT wieder ins Gleichgewicht bringen; wieder ausgleichen

réessayage [Reesɛjaʒ] M *d'une robe* Wiederanprobe *f*; **réessayer** VT ‹-ay- *od* -ai-› *robe* wieder anprobieren; *recette etc* noch einmal ausprobieren; *abs* es noch einmal versuchen, probieren

réévaluation [Reevalɥasjõ] F *d'une monnaie* Aufwertung *f*; *de bilans etc* Wertberichtigung *f*; Neubewertung *f*

réévaluer [Reevalɥe] VT *monnaie* aufwerten; **~ un bilan** eine Bilanz neu bewerten

réexaminer [Reɛgzamine] VT *problème* noch einmal überprüfen

réexpédier [Reɛkspedje] VT 1 *(retourner)* zurücksenden, -befördern 2 *(faire suivre)* weiterbefördern; *courrier* nachsenden

réexpédition [Reɛkspedisjõ] F 1 *à l'expéditeur* (Zu)Rücksendung *f*, -beförderung *f* 2 *au destinataire* Weiterbeförderung *f*; Nachsendung *f*; **ordre** *m* **de ~ du courrier** Nachsendungsantrag *m*

réexportation [Reɛkspɔʀtasjõ] F Wiederausfuhr *f*; Reexport *m*; **réexporter** VT wieder ausführen; reexportieren

réf. ABR → référence 4

refaire [R(ə)fɛR] ‹→ faire› A VT 1 *(faire de nouveau)* noch einmal, wieder machen; *trajet* noch einmal zurücklegen; **~ du ski** wieder Ski laufen, fahren; → *a.* **faire** 2 *(recommencer)* noch einmal, wieder von vorn(e) anfangen, beginnen ([mit] etw); neu, noch einmal machen; *fig* **~ sa vie** wieder heiraten; **tout est à ~** alles muss noch einmal gemacht werden; **si c'était à ~!** wenn man noch einmal von vorn(e) anfangen könnte! 3 *(remettre en état)* ausbessern; (wieder) instand setzen; reparieren; wieder in Ordnung bringen; **~ son maquillage** sich wieder schminken; *par ext* **~ ses forces** wieder zu Kräften kommen 4 *fam (rouler)* **~ qn** *fam* j-n übers Ohr hauen; j-n hereinlegen; **je suis refait** *fam* ich bin ganz schön hereingelegt worden; ich sitz ganz schön in der Klemme B VPR 1 **on ne se refait pas** man kann sich nicht ändern 2 **se ~ (une santé)** sich erholen; wieder zu Kräften kommen 3 *au jeu* **se ~** wieder gewinnen 4 *fam* **se ~ une beauté** → beauté 1

réfection [Refɛksjõ] F (Wieder)Instandsetzung *f*; Ausbesserung *f*; Reparatur *f*; **travaux** *mpl* **de ~** (Wieder)Instandsetzungs-, Ausbesserungs-, Renovierungsarbeiten *fpl*

réfectoire [RefɛktwaR] M Speisesaal *m*; *d'un couvent* Refektorium *n*

refend [R(ə)fã] LOC ADJ CONSTR **mur** *m* **de ~** tragende Innenmauer, Zwischenwand

référé [RefeRe] M JUR **(ordonnance** *f* **de) ~** einstweilige Verfügung; **juge** *m* **des ~s** Richter *m* im summarischen Verfahren; **plaider en ~** e-e einstweilige Verfügung beantragen

référence [RefeRãs] F 1 **~s** *pl (recommandations)* Referenzen *fpl*; Empfehlungen *fpl*; **fournir des ~s** Referenzen beibringen; *fig* **ce n'est pas une ~** das ist nicht gerade e-e Empfehlung 2 *(rapport)* Bezugnahme *f*; MATH, PHYS **système** *m* **de ~** Bezugssystem *n*; *loc prép* **par ~ à** entsprechend, gemäß *(+dat)*; **faire ~ à** sich beziehen auf *(+acc)* 3 *d'une citation etc* (Angabe *f* e-r, Verweis *m* auf e-e) Belegstelle; Beleg *m*; **ouvrage** *m* **de ~** Nachschlagewerk *n* 4 COMM, ADMIN *en tête d'une lettre* Zeichen *n*; *dans un catalogue* Bestell-, Artikelnummer *f*; *d'un dossier* Aktenzeichen *n*; *dans les petites annonces* **~ … Chiffre** *f* **…**; **notre** *ou* **votre ~** *(abr* **N/Réf.** *ou* **V/Réf.**) unser *ou* Ihr Zeichen; **votre lettre citée en ~** Ihr oben angeführtes *(abr* o. a.) Schreiben

référendaire [RefeRãdɛR] A M **~** *ou adjt* **conseiller** *m* **~** Rat *m* beim Rechnungshof B ADJ auf ein, das Referendum bezüglich

référendum *ou* **referendum** [RefeRɛ̃dɔm] M Volksabstimmung *f*; Volksentscheid *m*; Referendum *n*

référentiel [RefeRãsjɛl] M PHYS Bezugssystem *n*

référer [RefeRe] ‹-è-› A VT INDIR **en ~ à qn** j-m den Fall, die Sache unterbreiten, vorlegen; j-m Bericht erstatten B VPR **se ~ à qc** sich auf etw *(acc)* beziehen, berufen; **se ~ à qn** sich auf j-n berufen; *formule épistolaire* **(en) nous référant à …** unter Bezugnahme auf *(+acc)*

refermer [R(ə)fɛRme] A VT wieder schließen, *fam* zumachen B VPR **se ~** sich wieder schließen

refiler [R(ə)file] VT *fam* **~ qc à qn** *fam* j-m etw andrehen, unterjubeln; *fig* **~ son rhume à qn** j-m s-n Schnupfen anhängen

réfléchi [Refleʃi] ADJ 1 *décision, action* (gut) durchdacht; (wohl) überlegt; *personne* besonnen; bedächtig; umsichtig; **esprit ~** kühler Kopf; **c'est tout ~** das ist schon entschieden; **tout bien ~**, *je* … wenn ich es mir richtig *ou* recht überlege … 2 GRAM **pronom ~** rückbezügliches Fürwort; Reflexivpronomen *n*; **verbe (pronominal) ~** reflexives Verb 3 PHYS reflektiert; zurückgeworfen

réfléchir [RefleʃiR] A VT 1 *lumière, rayons, ondes* reflektieren; zurückwerfen; *eau: image* widerspiegeln 2 *personne* **~ que …** überlegen, dass … B VT INDIR **~ à, sur qc** etw überlegen, erwägen; über etw *(acc)* nachdenken; sich *(dat)* etw durch den Kopf gehen lassen; **réfléchis à ce que tu dis** überlege, was du sagst; **j'ai réfléchi à l'affaire** ich habe es mir überlegt C VI überlegen; nachdenken; **~ avant de parler** erst denken, dann sprechen; **faire ~, donner à ~** einen nachdenklich, bedenklich stimmen, machen; **demander à ~** um Bedenkzeit bitten; **sans ~** unüberlegt; unbedacht; **après avoir mûrement réfléchi** nach reiflicher Überlegung D VPR **se ~** sich (wider)spiegeln (**dans** in *+dat*)

réfléchissant [Refleʃisã] ADJ *surface* reflektierend

réflecteur [ReflɛktœR] M TECH Reflektor *m*

réflectorisé [ReflɛktɔRise] ADJ *panneau etc* reflektierend

reflet [R(ə)flɛ] M 1 *de lumière* Reflex *m*; **~s** *pl* Glanz *m*; Schimmer *m*; **~s métalliques** Metallglanz *m*; *cheveux* **à ~s roux** rötlich schimmernd; *étoffe* **avoir des ~s changeants** schillern 2 *(image réfléchie)* Spiegelbild *n*; Spiegelung *f*; *d'une bougie* Widerschein *m* 3 *fig* Abbild *n*; Abglanz *m*; *pej* **être le pâle ~ de …** der blasse Abglanz sein von …

refléter [R(ə)flete] ‹-è-› A VT 1 *miroir: objet etc* (wider)spiegeln; *lumière a.* zurückstrahlen, -werfen 2 *fig* widerspiegeln; **son visage reflète la bonté** sein Gesicht drückt, strahlt Güte aus B VPR **se ~** 1 sich (wider)spiegeln (**dans** in *+dat*) 2 *fig* sich widerspiegeln (**dans, sur** in *+dat*)

refleurir [R(ə)flœRiR] A VT wieder mit Blumen schmücken B VI 1 wieder, zum zweiten Mal blühen 2 *fig* wieder aufblühen

reflex [Reflɛks] ADJ ‹inv› PHOT **appareil** *m* **~** *ou subst* **~** *m* Spiegelreflexkamera *f*

réflexe [Reflɛks] A M 1 PHYSIOL Reflex *m* 2 *(réaction)* (rasche, schnelle) Reaktion; (gutes) Reaktionsvermögen; **avoir de bons ~s** schnell, rasch, sofort reagieren; gute Reflexe, ein gutes Reaktionsvermögen haben; **avoir le ~ de freiner à temps** schnell, sofort reagieren und rechtzeitig bremsen; **il a eu le ~ de se jeter de côté** er reagierte sofort und sprang zur Seite; **manquer de ~** zu langsam reagieren B ADJ **mouvement** *m* **~** Reflexbewegung *f*; reflexartige Bewegung

réflexion [Reflɛksjõ] F 1 *(pensée)* Überlegung *f*; Nachdenken *n* (**sur** über *+acc*); Reflexion *f*; **~ faite** wenn ich's recht bedenke; **mais à la ~**, *je* … aber wenn ich genau überlege, so …; **s'absorber dans ses ~s** ganz in Gedanken versinken *ou* vertieft sein; **demander un temps de ~** um Bedenkzeit bitten; **donner matière à ~** Stoff zum Nachdenken geben; **ceci mérite ~** das wäre zu überlegen 2 *(remarque)* Bemerkung *f*; Äußerung *f*; **faire des ~s** spitze Bemerkungen machen 3 PHYS Reflexion *f*

refluer [R(ə)flye] VI 1 *eau, sang* zurückfließen, -strömen; *eau a.* zurückfluten 2 *foule* zurückweichen

reflux [R(ə)fly] M 1 *(marée descendante)* Ebbe *f* 2 *de la foule* Zurückweichen *n*

refondre [R(ə)fõdR] ‹→ rendre› A VT 1 *métal* (wieder) einschmelzen 2 *fig texte, ouvrage* überarbeiten; *plus fort* umarbeiten; umgestalten B VI *glace* wieder schmelzen

refonte [R(ə)fõt] F 1 *de métal* Einschmelzen *n* 2 *d'un texte, ouvrage* Überarbeitung *f*; *plus fort* Umarbeitung *f*; Umgestaltung *f*

réformable [RefɔRmabl] ADJ reformierbar; verbesserungsfähig

réformateur [RefɔRmatœR], **réformatrice** A M,F 1 Reformer(in) *m(f)*; Erneuerer *m*, Erneuerin *f* 2 M REL Reformator *m* B ADJ reformerisch; reformatorisch; **réformation** F JUR *d'une décision de justice* Abänderung *f*

réforme [RefɔRm] F 1 Reform *f*; Neu-, Umgestaltung *f*; Umwandlung *f*; Erneuerung *f*; Verbesserung *f*; **~ agraire, monétaire** Boden-, Währungsreform *f*; **~ de l'orthographe** Rechtschreibreform *f* 2 HIST REL **la Réforme** die Reformation 3 MIL Ausmusterung *f*; Ent-

R

lassung *f* wegen Dienstunfähigkeit; **commission** *f* **de ~** Ausschuss, der die Dienstunfähigkeit feststellt

réformé [ʀefɔʀme] A ADJ 1 REL reformiert; **Église ~e** reformierte Kirche 2 MIL dienstunfähig; wegen Dienstunfähigkeit entlassen B SUBST 1 **~(e)** *m(f)* REL Reformierte(r) *m/f(m)* 2 M MIL wegen Dienstunfähigkeit entlassener Soldat

reformer [ʀ(ə)fɔʀme] V/T (*et* V/PR **se**) **~** (sich) neu bilden; *groupe a.* (sich) neu formieren

réformer [ʀefɔʀme] V/T 1 reformieren; erneuern; umgestalten; verbessern 2 MIL *soldat* als dienstunfähig entlassen; ausmustern

réformette [ʀefɔʀmɛt] F *plais* Reförmchen *n*

réformisme [ʀefɔʀmism(e)] M POL Reformismus *m*; **réformiste** POL A ADJ reformistisch B M/F Reformist(in) *m(f)*

refoulé [ʀ(ə)fule] PSYCH A ADJ *désirs, pulsions* verdrängt; *personne* verklemmt B SUBST **~(e)** *m(f)* verklemmter Mensch

refoulement [ʀ(ə)fulmɑ̃] M 1 *d'envahisseurs* Zurückdrängung *f*; *d'étrangers* Abschiebung *f* 2 PSYCH Verdrängung *f*

refouler [ʀ(ə)fule] V/T 1 *envahisseurs* zurückdrängen; **~ des étrangers** Ausländer an der Grenze ab-, zurückweisen; Ausländern die Einreise verwehren; Ausländer abschieben 2 *colère, dépit, désirs* unterdrücken; *larmes* zurückhalten 3 PSYCH verdrängen 4 TECH *pompe: liquide* fördern; drücken

réfractaire [ʀefʀaktɛʀ] ADJ 1 *à la loi, à l'autorité* widerspenstig; aufsässig (**à** gegenüber); *à une influence, à un conseil* unzugänglich (+*dat*); unempfänglich (für); *par ext fam* **moi, je suis ~ à la grippe** die Grippe kann mir nichts anhaben; **être ~ aux maths** *fam* keinen Sinn für Mathe haben 2 TECH *brique, terre* feuerfest; *métal* hitzebeständig

réfracter [ʀefʀakte] V/T PHYS *rayon* brechen

réfraction [ʀefʀaksjõ] F PHYS Brechung *f*; Refraktion *f*; **~ de la lumière** Lichtbrechung *f*

refrain [ʀ(ə)fʀɛ̃] M 1 MUS Refrain *m*; Kehrreim *m* 2 *fam fig* ständige Redensart; **change de ~!** *fam* leg e-e andere Platte auf!; **c'est toujours le même ~** *fam* es ist immer die alte Leier, das alte Lied

refréner *ou* **réfréner** [ʀefʀene] V/T ⟨-è-⟩ *passion, impatience, désir* zügeln; dämpfen; mäßigen; Einhalt gebieten (+*dat*)

réfrigérant [ʀefʀiʒeʀɑ̃] ADJ 1 PHYS, TECH Kühl...; Kälte... 2 *fam fig accueil* kühl; frostig; *personne* kalt; eisig; abweisend

réfrigérateur [ʀefʀiʒeʀatœʀ] M Kühlschrank *m*; *fig* **mettre au ~** auf Eis legen

réfrigération [ʀefʀiʒeʀasjõ] F *d'aliments* Kühlen *n*, -ung *f*

réfrigérer [ʀefʀiʒeʀe] V/T ⟨-è-⟩ 1 TECH kühlen 2 *fam personne* **être réfrigéré** ganz durchgefroren *ou* durchfroren sein 3 *fam fig* **~ qn** j-n abschrecken, entmutigen, ernüchtern

réfringence [ʀefʀɛ̃ʒɑ̃s] F PHYS Brechungsvermögen *n*; **réfringent** ADJ PHYS (licht-, strahlen)brechend

refroidir [ʀ(ə)fʀwadiʀ] A V/T 1 *mets etc* kühlen; kühl werden lassen; abkühlen lassen 2 *fig* **~ qn** j-n abschrecken, entmutigen, ernüchtern 3 *fig zèle, enthousiasme etc* abkühlen; dämpfen 4 *pop (assassiner) fam* kaltmachen B V/I ⟨*Zustand* être⟩ *mets, moteur* kalt werden; abkühlen; **laisser ~** abkühlen lassen C V/PR **se ~** 1 *temps, air* kälter, kühler werden; sich abkühlen; **le temps s'est refroidi** es ist kälter geworden; es hat sich abgekühlt 2 *fig zèle, enthousiasme etc* sich abkühlen; erkalten; nachlassen 3 *personne* sich erkälten

refroidissement [ʀ(ə)fʀwadismɑ̃] M 1 *de l'air etc* Abkühlung *f*; Erkaltung *f*; *d'un moteur* Kühlung *f*; TECH **~ par air, par eau** Luft-, Wasserkühlung *f*; **à ~ par air** luftgekühlt; **eau** *f* **de ~** Kühlwasser *n* 2 MÉD Erkältung *f*; **prendre un ~** sich erkälten; sich (*dat*) e-e Erkältung zuziehen 3 *fig d'un sentiment* Abkühlung *f*; **il y a du ~ entre eux** ihre Beziehungen haben sich abgekühlt

refuge [ʀ(ə)fyʒ] M 1 Zuflucht *f*; Zufluchtsort *m*, *st/s* -stätte *f*; Unterschlupf *m*; **chercher ~** Zuflucht suchen (**auprès de qn** bei j-m); *fig* **chercher un ~ dans le travail** sich in die Arbeit flüchten; **demander ~ à qn** j-n um e-n Unterschlupf bitten 2 *en montagne* (Schutz)Hütte *f* 3 *pour piétons* Verkehrsinsel *f* 4 ADJ/T FIN **valeur** *f* **~** Fluchtwert *m*

réfugié [ʀefyʒje] A ADJ geflüchtet B SUBST **~(e)** *m(f)* Flüchtling *m*; Vertriebene(r) *m/f(m)*; **~ économique** Wirtschaftsflüchtling *m*; **~ politique** politischer Flüchtling

réfugier [ʀefyʒje] V/PR **se ~** sich flüchten (**chez qn, auprès de qn** zu j-m; *fig* **dans qc** in etw [*acc*]); Schutz, Zuflucht suchen (bei j-m); **se ~ à l'étranger** ins Ausland flüchten; **se ~ sous un arbre** unter e-m Baum Schutz suchen

refus [ʀ(ə)fy] M Ablehnung *f*; Weigerung *f* (*abs*); *d'une autorisation etc a.* Verweigerung *f*; *d'une offre etc a.* Zurückweisung *f*; Ausschlagung *f*; *d'une prière a.* Abschlagung *f*; Versagung *f*; (*réponse négative*) Absage *f*; abschlägige Antwort; abschlägiger Bescheid; JUR **~ de comparaître** Weigerung, vor Gericht zu erscheinen; MIL **~ d'obéissance** Befehls-, Gehorsamsverweigerung *f*; AUTO **~ de priorité** Nichtbeachtung *f* der Vorfahrt; **~ de travailler** Arbeitsverweigerung *f*; **essuyer un ~, se heurter à un ~** e-e abschlägige Antwort, e-e Absage bekommen; *de la part d'une femme* e-n Korb bekommen; sich (*dat*) e-n Korb holen; *fam* **ce n'est pas de ~!** da kann ich nicht Nein sagen!; mit Vergnügen!; **opposer un ~ à qn** j-m e-e Absage erteilen

refuser [ʀ(ə)fyze] A V/T 1 ablehnen (*a. abs*); *prière* abschlagen; *réponse, renseignement, autorisation* verweigern; *autorisation a.* versagen; *offre, cadeau, pourboire, invitation* ablehnen; zurückweisen; ausschlagen; SPORTS *but* nicht anerkennen; *point* nicht geben; **~ l'accès à qn** j-m den Zugang verwehren; MIL **~ le combat** dem Kampf ausweichen; **~ à qn toute compétence** j-m jegliche Kompetenz absprechen; **~ à qn la main de sa fille** j-m die Hand s-r Tochter verweigern; **~ une marchandise** die Annahme e-r Ware verweigern; *cheval* **~ (l'obstacle)** (das Hindernis) verweigern; **~ sa porte à qn** j-m sein Haus verbieten; **~ le risque** dem Risiko ausweichen; **vous ne pouvez pas me ~ cela** Sie dürfen mir das nicht abschlagen; **~ de faire qc** sich weigern *ou* es ablehnen, etw zu tun 2 **~ qn** j-n ab-, zurückweisen; *candidat à un examen* durchfallen lassen; *au théâtre, restaurant* **~ du monde** viele (Leute) abweisen, nicht einlassen B V/PR 1 **se ~ qc** sich (*dat*) etw versagen; sich (*dat*) etw nicht gönnen; **il ne se refuse rien** er gönnt sich (*dat*) alles; **il se refuse tout plaisir** er gönnt sich (*dat*) nicht das geringste Vergnügen 2 **se ~ à qc** etw verweigern; etw ablehnen; **se ~ à faire qc** sich weigern *ou* es ablehnen, etw zu tun; **je m'y refuse** das lehne ich (strikt) ab; *femme* **se ~ à un homme** sich e-m Mann verweigern 3 *sens passif* **un petit verre ne se refuse pas** ein Gläschen kann man nicht ausschlagen

réfutable [ʀefytabl] ADJ widerlegbar; **réfutation** F Widerlegung *f*; **réfuter** V/T widerlegen

regagner [ʀ(ə)gaɲe] V/T 1 *l'amitié de qn, argent, terrain* zurück-, wiedergewinnen; *temps perdu* wieder einholen 2 *un endroit* zurückkehren an, in (+*acc*); wieder erreichen; **~ son domicile, sa place** nach Hause, an s-n Platz zurückkehren

regain [ʀ(ə)gɛ̃] M 1 AGR Grum(me)t *n*; *all Sud* Öhmd *n* 2 *fig* **~ de jeunesse** zweite Jugend; **avoir un ~ de vie** wieder aufleben; COMM **connaître un ~ d'activité** e-e Neubelebung erfahren

régal [ʀegal] M Leckerbissen *m*; **quel ~!** was für ein Genuss!; **c'est un ~** das schmeckt ausgezeichnet; **son grand ~ est ...** er isst ... für sein Leben gern; *fig* **être un ~ pour les yeux** e-e Augenweide sein

régalade [ʀegalad] LOC **boire à la ~** aus der Flasche trinken, ohne sie anzusetzen; am Strahl trinken

régaler [ʀegale] A V/T gut, reichlich bewirten (**qn de, avec qc** j-n mit etw); *fam abs* die anderen freihalten; *fam* **c'est moi qui régale** ich zahle (die Zeche) B V/PR **se ~** mit Genuss essen (**de, avec qc** etw); es sich (*dat*) schmecken lassen; **se ~ de, avec qc** *a.* sich (*dat*) etw schmecken lassen; sich an etw (*dat*) gütlich tun; **je me suis régalé** es hat mir sehr gut geschmeckt; ich habe es sehr genossen (*a. fig*)

régalien [ʀegaljɛ̃] ADJ ⟨~ne⟩ HIST **droits ~s** Regalien *npl*

regard [ʀ(ə)gaʀ] M 1 Blick *m*; **~ du connaisseur** Kennerblick *m*; **~ en arrière** Blick zurück, nach hinten; *fig* Rückblick *m*; **~ en coin** Seitenblick *m*; *fig* **avoir un ~ en dessous** keinen offenen Blick haben; **désigner, montrer qc du ~** mit Blicken auf etw (*acc*) aufmerksam machen; **fouiller l'obscurité du ~** die Dunkelheit mit Blicken zu durchdringen versuchen; **jeter un ~ sur qc** e-n Blick auf etw (*acc*) werfen; **jeter, lancer un ~ furieux à qn** j-m e-n wütenden Blick zuwerfen; **menacer qn du ~** j-m e-n drohenden Blick zuwerfen; *journal etc* **parcourir du ~** (mit e-m Blick) überfliegen; **promener son ~ autour de soi** s-n Blick in die Runde schweifen lassen; *certains élèves,* **suivez mon ~**, *ont triché* ... ihr wisst schon, wen ich meine, ...; **son ~ tomba, se posa sur ...** sein Blick fiel auf (+*acc*) 2 JUR **avoir droit de ~ sur ...** das Aufsichts-, Kontrollrecht haben über (+*acc*) 3 LOC PRÉP **au ~ de** im Hinblick auf (+*acc*); **au ~ de la loi** im Sinne des Gesetzes; *loc adv* **en ~** gegenüberstehend; *texte* **avec la traduction en ~** mit gegenüberstehender Übersetzung; *loc prép* **en ~ de** im Vergleich zu; verglichen mit 4 TECH *d'un égout* Einsteigöffnung *f*, -schacht *m*; Einstieg *m*

regardant [ʀ(ə)gaʀdɑ̃] ADJ (*près de ses sous*) zu genau; zu sparsam; kleinlich

regarder [ʀ(ə)gaʀde] A V/T 1 **~ qn, qc** j-n, etw ansehen, anschauen, betrachten, anblicken, *fam* angucken; *fam* **regarde-moi ce gâchis!** *fam* sieh dir mal diese Verschwendung an!; **ne ~ que son intérêt** nur s-e eigenen Interessen verfolgen; **~ sa montre** auf die Uhr sehen; **~ un mot dans le dictionnaire** ein Wort im Wörterbuch nachsehen, nachschauen, nachschlagen; **~ la télévision** fernsehen; *fam fig* **vous ne m'avez pas regardé!** *fam* das glauben Sie ja wohl selbst nicht!; so sehen Sie aus!; ♦ *avec loc adv*: **~ qn bouche bée** j-n mit offenem Mund anstarren; **~ qn dans les yeux** j-m in die Augen sehen; **~ qn de haut en bas** j-n von oben bis unten mustern; *fig* **~ qn d'un bon, d'un mauvais œil** j-m wohlwollend, feindlich gesinnt sein; *fig* **~ le danger en face** der Gefahr ins Auge sehen; ♦ *avec inf*: **regardez-moi faire!** sehen Sie mir zu!; **~ passer les gens** *ou* **les gens passer** zusehen, schauen, wie die Leute vorbeigehen; *fam* **regardez**

R

voir! *fam* sehen Sie mal! **2** *(considérer)* **~ comme … ansehen**, betrachten als …; halten für …; **~ qc comme une bonne affaire** etw für ein gutes Geschäft halten **3** *(concerner)* **~ qn** j-n (etwas) angehen; **cela ne me regarde pas** das geht mich nichts an; damit habe ich nichts zu tun; **cela ne regarde que moi** das geht nur mich etwas an; das ist meine Angelegenheit **4** *maison, fenêtre* **~ le midi** nach Süden liegen *ou* gehen **B** V/T INDIR *(faire attention)* **~ à qc** genau achten auf etw *(acc)*; sich *(dat)* etw genau überlegen; **~ à la dépense** sich *(dat)* (Geld)Ausgaben genau überlegen; sparsam sein; **ne pas ~ à la dépense** nicht auf den Preis sehen; es sich etwas kosten lassen; keine Kosten scheuen; Geld spielt keine Rolle *(loc)*; **y ~ à deux fois avant de …** es sich *(dat)* zweimal, genau, sehr gut überlegen, bevor man …; **à y ~ de près** aus der Nähe betrachtet; wenn man näher hinsieht; **il ne faut pas y ~ de trop près** da soll man lieber nicht so genau hinsehen **C** V/I **1** sehen; schauen; *fam* gucken; *comme spectateur* zusehen; zuschauen; *fam* zugucken; *dans une direction* hin- *ou* hersehen, -schauen, -blicken; *(contrôler)* nachsehen, -schauen, *fam* -gucken; **regarde!** sieh, schau, *fam* guck mal!; **~ en arrière** zurückschauen, -blicken *(a. fig)*; nach hinten blicken; **~ par la fenêtre** aus dem Fenster sehen; zum Fenster hinaussehen, -schauen, -blicken; **regarde par ici!** sieh mal her!; **~ partout** überall nachsehen; **attends, je vais ~** warte, ich sehe nach; **se contenter de ~** sich auf das Zuschauen beschränken; **traverser sans ~** über die Straße gehen, ohne sich umzusehen, *fam* ohne zu gucken **2** *maison, fenêtre* **~ vers le midi** nach Süden liegen *ou* gehen **D** V/PR **1** **a** *sens réfléchi: dans un miroir* **se ~** sich ansehen, anschauen, betrachten, *fam* angucken; *fig* **il ne s'est pas regardé** er sollte lieber bei sich selbst anfangen **b** *réciproquement* **se ~ (l'un l'autre)** einander *ou* sich (gegenseitig) ansehen, anschauen, anblicken, *fam* angucken; **se ~ dans les yeux** sich (gegenseitig) in die Augen sehen **c** *sens passif: tableau* **dans quel sens ça se regarde?** von welcher Seite muss man das ansehen? **2** *maisons* **se ~** einander gegenüberliegen, -stehen

regarnir [ʀ(ə)gaʀniʀ] V/T wieder, von Neuem versehen (**de** mit); *rayons d'un magasin* mit neuen Waren auffüllen

régate [ʀegat] F SPORTS *souvent* PL **~s** Regatta *f*

regel [ʀ(ə)ʒɛl] M wieder, erneut einsetzender Frost

regeler [ʀəʒle, ʀʒəle] V/IMP ‹-è-› **il regèle** es friert wieder

régence [ʀeʒɑ̃s] F **1** POL Regentschaft *f* **2** HIST **la Régence** die Regentschaft Philipps von Orléans; *adjt* **lit** *m* **Régence** Bett *n* im Régencestil

régénérateur [ʀeʒeneʀatœʀ] ADJ ‹-trice› erneuernd; wieder belebend; regenerierend

régénération [ʀeʒeneʀasjõ] F **1** BIOL Regeneration *f*; Neubildung *f* **2** *fig* Erneuerung *f*; Wiedergeburt *f (a.* REL); Regeneration *f*

régénérer [ʀeʒeneʀe] V/T ‹-è-› **1** BIOL regenerieren **2** *fig* wieder beleben *(a.* REL); *mœurs etc* erneuern

régent [ʀeʒɑ̃] M, **régente** F **1** Regent(in) *m(f)*; *adjt* **prince régent** Prinzregent *m* **2** HIST **le Régent** der Regent Philipp von Orléans

régenter [ʀeʒɑ̃te] V/T schulmeistern; bevormunden; **vouloir tout ~** alles bestimmen wollen

reggae [ʀege] M MUS Reggae *m*

régicide [ʀeʒisid] M **1** *meurtrier* Königsmörder *m*; *adjt* **révolution** *f* **~** Revolution, bei der der König ermordet wird **2** *meurtre* Königsmord *m*

régie [ʀeʒi] F **1** JUR, ADMIN Regiebetrieb *m*; staatliches Unternehmen; Regie *f*; **Régie française des tabacs** französische Tabakregie; **la ~ Renault** die staatlichen Renaultwerke *npl* **2** **a** THÉ, CINÉMA, TV Regieassistenz *f* **b** RAD, TV *local* Regieraum *m*

regimber [ʀ(ə)ʒɛ̃be] V/I *personne* sich sträuben; sich widersetzen; aufmucken; rebellisch werden

régime¹ [ʀeʒim] M **1** POL Regierungsform *f*, -system *n*; Staatsform *f*, -ordnung *f*; *péj* Regime *n*; HIST **l'Ancien Régime** das Ancien Régime; die absolutistische Monarchie in Frankreich vor 1789 **2** JUR **a** Rechtsvorschriften *fpl*; gesetzliche Regelung; Ordnung *f*; System *n*; **~ fiscal** Steuersystem *n*; **~ général de la Sécurité sociale** Grundversicherung *f* aller Arbeitnehmer im Rahmen der Sozialversicherung; **~ pénitentiaire, des prisons** Strafvollzug (-sordnung) *m(f)* **b** **~ matrimonial** Güterstand *m*; **~ de la communauté** Gütergemeinschaft *f* **3** **~ (alimentaire)** Ernährung(sweise) *f*; Kost *f*; *d'un malade* Diät *f*; Kranken-, Schonkost *f*; **~ dissocié** Trennkost *f*; *par ext* **à ce ~-là** *il ne tiendra pas longtemps* bei dieser Lebensweise; *fam* wenn er so weitermacht; **être au ~** Diät leben (müssen); **il est au ~ sec** er darf keinen Alkohol trinken; **mettre au ~** auf Diät setzen; **se mettre au ~** sich auf Diät umstellen; e-e Diät beginnen; **suivre un ~ (sévère, strict)** (strenge) Diät halten **4** TECH *d'un moteur* Drehzahl *f*; **~ au ralenti, de croisière** Leerlauf-, Betriebsdrehzahl *f*; **marcher à plein ~** auf vollen Touren laufen *(a. fig)* **5** GÉOG *d'un cours d'eau* Wasserführung *f*; MÉTÉO **~ des pluies** jährliche Niederschlagsverteilung **6** LING Rektion *f*; *adjt* **cas** *m* **~** Casus obliquus *m*; abhängiger Fall **7** CH DE FER **~ accéléré** *(abr* **R.A.**) Eilgut *n*; **~ ordinaire** *(abr* **R.O.**) Frachtgut *n*

régime² [ʀeʒim] M *de bananes, de dattes* Büschel *n*; Traube *f*; Fruchtstand *m*

régiment [ʀeʒimɑ̃] M **1** MIL Regiment *n*; **~ d'infanterie** Infanterieregiment *n* **2** *fam (service militaire)* Militär(dienst) *n(m)*; *fam* Kommiss *m*; **aller au ~** zum Militär, *fam a.* zum Bund gehen; **être au ~** beim Militär, *fam a.* beim Bund sein; **faire son ~** s-n Militärdienst machen **3** *fig (grand nombre)* Schar *f*, Heer *n* (**de** von); **il y en a pour tout un ~** das reicht für e-e ganze Armee

Régine [ʀeʒin] F *Vorname*

région [ʀeʒjõ] F **1** GÉOG Gegend *f*; Gebiet *n*; Raum *m*; Region *f*; **~ désertique** Wüstengebiet *n*; **la ~ parisienne** der Großraum Paris; *par ext* **dans nos ~s** in unseren Breiten; **dans la ~ de Nice** in der Gegend von Nizza; **parcourir la ~** in der Gegend herumfahren **2** ADMIN (mehrere Departements umfassende) Region; Wirtschaftsregion *f*; **~ (militaire)** Wehrbereich *m* **3** *fig* Region *f*; **les °hautes ~s de la philosophie** die höheren Regionen der Philosophie **4** ANAT (Körper)Gegend *f*; **dans la ~ du cœur** in der Herzgegend

régional [ʀeʒjɔnal] ADJ ‹-aux› regional, Regional… *(a.* POL, ADMIN); landschaftlich; ADMIN **conseil ~** Regionalrat *m*; **costume ~** (Volks)Tracht *f*; **la cuisine ~e** die Küche der verschiedenen Gegenden (e-s Landes); **élections ~es** *ou subst* **~es** *fpl* Regionalwahlen *fpl*; **mot ~** regional gebrauchtes Wort

régionalisation [ʀeʒjɔnalizasjõ] F ADMIN Förderung *f* der regionalen Eigenständigkeit; Regionalisierung *f*; Dezentralisierung *f*

régionaliser [ʀeʒjɔnalize] V/T ADMIN die Eigenständigkeit der Regionen fördern (**la France** in Frankreich); auf regionale Ebene verlegen; den regionalen Bedürfnissen *(dat)* anpassen; auf regionaler Ebene durchführen; dezentralisieren; **régionalisme** M **1** POL Regionalismus *m* **2** LING landschaftlich gebundene Ausdrucksweise; Regionalismus *m* **3** literarischer Regionalismus; Regionalliteratur *f*; Heimatdichtung *f*

régionaliste [ʀeʒjɔnalist] **A** ADJ **1** regionalistisch **2** **écrivain** *m* **~** Heimatdichter *m* **B** M/F Regionalist(in) *m(f)*

régir [ʀeʒiʀ] V/T **1** *(déterminer)* regeln; bestimmen **2** LING regieren; stehen mit

Régis [ʀeʒis] M *Vorname*

régisseur [ʀeʒisœʀ] M, **régisseuse** F **1** THÉ, CINÉMA, TV Regieassistent(in) *m(f)*; Aufnahmeleiter(in) *m(f)*; **~ de plateau** Regieassistent *m*; Aufnahmeleiter *m* **2** *d'une propriété* Verwalter(in) *m(f)*

registre [ʀəʒistʀ] M **1** Register *n*; Verzeichnis *n*; **~ du commerce** Handelsregister *n*; **~ d'état civil** Standesregister *n*; Personenstandsbuch *n* **2** MUS *d'un instrument, de la voix* Register *n* **3** *fig d'un discours etc* Ton *m*; Tenor *m* **4** INFORM Register *n*

réglable [ʀeglabl] ADJ **1** TECH regulierbar; einstellbar; **~ en °hauteur** höhenverstellbar; AUTO **siège** *m* **~** verstellbarer Sitz **2** *facture* zahlbar (**en dix mensualités** in zehn Monatsraten)

réglage [ʀeglaʒ] M TECH Einstellung *f*; Regulierung *f*; Justierung *f*; **mauvais ~ du carburateur** falsche Vergasereinstellung; **bouton** *m* **de ~** Einstell-, Regulierknopf *m*

règle [ʀɛgl] F **1** *instrument* Lineal *n*; **~ à calcul** Rechenschieber *m* **2** *(principe)* Regel *f*; Vorschrift *f*; **~ de grammaire** Grammatikregel *f*; **~s du jeu** Spielregeln *fpl (a. fig)*; **~s de la politesse, bienséance** Anstandsregeln *fpl*; **exception** *f* **à la ~** Ausnahme *f* von der Regel; ♦ *loc adv et loc adj*: **dans les ~s (de l'art), selon les ~s** **a** vorschriftsmäßig; ordnungsgemäß **b** *iron* nach allen Regeln der Kunst; **de ~** üblich; gebührend; wie es sich gehört; **être de ~** üblich, Sitte sein; sich gehören; **il est de ~ que …** *(+subj)* es ist üblich *etc*, dass …; **en ~** vorschriftsmäßig; ordnungsgemäß; in Ordnung; *(véritable)* regelrecht; **en ~ générale** in der Regel; im Allgemeinen; gewöhnlich; meist(ens); **bataille** *f* **en ~** regelrechte Schlägerei; **papiers** *mpl* **en ~** vorschriftsmäßige, ordnungsgemäße Papiere *npl*; **avoir ses papiers en ~** s-e Papiere in Ordnung haben; **être en ~** *(avoir payé)* ordnungsgemäß bezahlt haben; *(avoir ses papiers)* vorschriftsmäßige Papiere haben; *papiers* in Ordnung sein; *étrangers* **ne pas être en ~** sich illegal aufhalten; **se mettre en ~** s-e Papiere, s-e Verhältnisse in Ordnung, ins Reine bringen; **se mettre en ~ avec les autorités** die Angelegenheit bei den Behörden in Ordnung bringen; ♦ **adopter comme ~ de conduite** *ou* **se faire une ~ de** *(+inf)* es sich *(dat)* zur Regel machen zu *(+inf)*; **avoir pour ~ de** *(+inf)* als Lebensregel haben zu *(+inf)*; **enfreindre** *ou* **violer les ~s de la morale** Sitte und Anstand verletzen; **c'est la ~** das ist die Regel, üblich; **être conforme, contraire aux ~s** den Regeln entsprechen, regelwidrig sein; **se plier à une ~** sich e-r Regel unterwerfen; **prescrire une ~** e-e Verhaltensweise vorschreiben; e-e Vorschrift machen; **suivre les ~s** die Regeln befolgen; *prov* **il n'y a pas de ~ sans exception** keine Regel ohne Ausnahme *(prov)* **3** PHYSIOL **~s** *pl* Periode *f*; Regel *f*; **~s abondantes, irrégulières** starke, unregelmäßige Regel; **avoir ses ~s** ihre Periode, Regel, *fam* Tage haben **4** MATH **~ de trois** Dreisatzrechnung *f* **5** REL

R

(Ordens)Regel *f*; ~ **d'un couvent** Klosterregel *f*

réglé [ʀegle] ADJ **1** *(organisé)* geregelt; ordentlich; **mener une vie ~e** ein geregeltes Leben führen; **c'est ~ comme du papier à musique** das geht alles wie nach der Uhr **2** *(terminé)* erledigt; abgeschlossen; *facture* **non ~** unbezahlt; unbeglichen; offenstehend **3** TECH eingestellt; **carburateur mal ~** falsch eingestellter Vergaser **4** *papier* liniert *ou* liniiert **5** PHYSIOL *jeune fille* **être ~e** ihre Periode haben

règlement [ʀɛgləmɑ̃] M **1** *(règles)* Vorschrift(en) *f(pl)*; Reglement *n*; *pour fonctionnaires* Dienstvorschrift(en) *f(pl)*; *dans un établissement* Hausordnung *f*; ~ **intérieur** *d'un organisme* Geschäftsordnung *f*; *d'une entreprise* Betriebsordnung *f*; ~ **du concours** Wettbewerbsbedingungen *fpl*; **c'est le ~!** das ist Vorschrift! **2** *d'une affaire, question* Regelung *f*; Erledigung *f*; *d'un conflit* Beilegung *f*; Bereinigung *f*; ~ **(à l')amiable** gütliche Beilegung; JUR ~ **judiciaire** Vergleichsverfahren *n* **3** COMM *d'une facture, d'une dette* Begleichung *f*; Zahlung *f*; *fig* ~ **de compte(s)** Abrechnung *f* **4** JUR, ADMIN (Rechts)Verordnung *f*; Bestimmung *f*; Verfügung *f*; ~ **de police** Polizeiverordnung *f*, -vorschrift *f*

réglementaire [ʀɛgləmɑ̃tɛʀ, ʀe-] ADJ vorschriftsmäßig; ordnungsgemäß; *d'un soldat* **tenue** *f* ~ vorschriftsmäßiger Anzug

réglementation [ʀɛgləmɑ̃tasjõ, ʀe-] F **1** *action* Regelung *f* (durch Vorschriften, auf dem Verordnungsweg); gesetzliche Regelung, Festsetzung; *péj* Reglementierung *f*; ~ **des loyers, des prix** gesetzliche Festsetzung der Mieten, der Preise; Preisregelung *f* **2** *(règlements)* Bestimmungen *fpl*; Vorschriften *fpl*; Ordnung *f*

réglementer [ʀɛgləmɑ̃te, ʀe-] V/T (durch Vorschriften, durch Verordnungen, gesetzlich) regeln; *péj* reglementieren

régler [ʀegle] ⟨-è-⟩ **A** V/T **1** ~ **sur** richten nach; ~ **sa conduite sur les circonstances** sein Verhalten nach den Umständen richten **2** *endroit, heure, conditions etc* festlegen, -setzen; bestimmen; ~ **le sort de qn** über j-s Schicksal *(acc)* entscheiden, bestimmen **3** *affaire, question* regeln; erledigen; ~ **la circulation** den Verkehr regeln; ~ **un conflit** einen Konflikt beilegen, bereinigen **4** *facture, dettes* begleichen; bezahlen; *abs* zahlen; ~ **le boulanger** *etc* den Bäcker, die Rechnung beim Bäcker *etc* bezahlen; → *a.* **compte** 1 **5** TECH *appareil, allumage etc* einstellen; regulieren; justieren; ~ **une montre** e-e Uhr einstellen, regulieren; MIL ~ **le tir** sich einschießen **B** V/PR **1** **se ~ sur qn** sich nach j-m richten **2** **leur différend s'est réglé à l'amiable** ihre Meinungsverschiedenheiten haben sich gütlich bereinigen lassen **3** TECH **se ~** sich einstellen, regulieren lassen

réglisse [ʀeglis] **1** F BOT ~ **(officinale)** Süßholzstrauch *m* **2** M *ou* F **a** *pâte* Lakritze *f*; *all Sud a.* Bärendreck *m* **b** *racine* Süßholz *n*

réglo [ʀeglo] ADJ ⟨inv⟩ *fam personne* korrekt

régnant [ʀeɲɑ̃] ADJ regierend; herrschend; **prince ~** regierender Fürst

règne [ʀɛɲ] M **1** *d'un souverain* Regierung (-szeit) *f*; Herrschaft *f*; Regentschaft *f*; **le ~ de Louis XIV** die Herrschaft Ludwigs XIV.; **sous le ~ de** unter der Herrschaft *(+gén)*; während der Regierungszeit *(+gén)*; REL **que ton ~ arrive** dein Reich komme **2** *fig d'une classe sociale, d'une personne* Vormachtstellung *f*; Vorherrschaft *f*; *d'une mode, de l'argent etc* Herrschaft *f* **3** ~ **animal, végétal** Tier-, Pflanzenreich *n*

régner [ʀeɲe] V/I ⟨-è-⟩ **1** *souverain* herrschen; regieren; ~ **(pendant) dix ans** zehn Jahre lang herrschen, regieren **2** *par ext personne* herrschen (**sur** über *+acc*); das Regiment führen **3** *désordre, paix, confiance, silence etc* herrschen; **le calme régnait dans la maison** es herrschte Stille im Haus; *iron* **la confiance règne!** Vertrauen ist gut, Kontrolle ist besser!; **faire ~ l'ordre** Ordnung schaffen; **faire ~ la paix** Frieden stiften; **faire ~ la terreur** Entsetzen, Schrecken verbreiten; Terror ausüben

regonfler [ʀ(ə)gõfle] V/T **1** *ballon* wieder aufblasen; ~ **un pneu** einen Reifen wieder aufpumpen **2** *fam fig* ~ **(le moral de) qn** j-m (wieder) Mut machen; j-m neuen Auftrieb geben

regorger [ʀ(ə)gɔʀʒe] V/T INDIR ⟨-geons⟩ ~ **de qc** etw in Hülle und Fülle, im Überfluss haben, besitzen, bieten; voll von etw sein

régresser [ʀegʀese] V/I *maladie, délinquance, production etc* zurückgehen; *enfant, malade* Rückschritte machen

régressif [ʀegʀesif] ADJ ⟨-ive⟩ rückläufig; *t/t* regressiv *(a.* PSYCH*)*

régression [ʀegʀɛsjõ] F **1** *de la natalité, production etc* Rückgang *m*; Zurückgehen *n*; rückläufige Entwicklung; ÉCON Abschwung *m*; **être en (voie de) ~** allmählich zurückgehen; im Rückgang begriffen sein **2** *fig* Rückschritt *m* **3** PSYCH Regression *f*

regret [ʀ(ə)gʀɛ] M **1** *(chagrin)* Trauer *f*, Leid *n*, Schmerz *m* (**de qc** um etw); *(nostalgie)* Sehnsucht *f*, Sehnen *n* (nach etw); *épitaphe* **~s éternels** in tiefer Trauer **2** *(remords)* Reue *f*, *(déplaisir)* Bedauern *n* (**de** über *+acc*); **~s tardifs** späte Reue; ~ **d'avoir offensé qn** Reue, Bedauern darüber, dass man j-n beleidigt hat; *fam c'est votre dernier mot,* **sans ~?** und Sie bleiben wirklich dabei?; **je n'ai qu'un ~, c'est de** *(+inf)* ich bereue, bedauere nur (eines), dass ...; es tut mir nur leid, dass ... **3** *formules de politesse*: **à notre grand ~ ...** zu unserem größten Bedauern ...; **j'ai le ~** *ou* **je suis au ~ de vous informer ...** zu meinem Bedauern muss ich Ihnen mitteilen ...; **exprimer ses ~s** sein Bedauern ausdrücken **4** LOC ADV **à ~** ungern; wider Willen; schweren Herzens

regrettable [ʀ(ə)gʀetabl] ADJ *incident, erreur etc* bedauerlich; beklagenswert; **il est ~ que ...** *(+subj)* es ist bedauerlich, dass ...

regretter [ʀ(ə)gʀete] V/T **1** *(être triste au souvenir de)* nachtrauern (**qn, qc** j-m, e-r Sache); ~ **un absent** e-n Abwesenden (schmerzlich) vermissen; sich nach e-m Abwesenden sehnen; **je regrette l'argent que** *j'ai mis dans ...* es ist schade um das Geld, das ...; ~ **un mort** um e-n Toten trauern; ~ **le temps où ...** sich nach der Zeit zurücksehnen, da ...; *adjt* **notre regretté collègue** unser viel zu früh verstorbener Kollege; unser von allen betrauerter Kollege **2** *(déplorer) retard, incident, décision etc* bedauern; ~ **de** *(+inf)*, ~ **que ...** *(+subj)* bedauern, dass ...; **je regrette de vous avoir fait attendre** ich bedauere *ou* es tut mir leid, dass ich Sie habe warten lassen; **il regrette que vous ne soyez pas venu** er bedauert, dass Sie nicht gekommen sind; *st/s* **il est à ~ que ...** *(+subj)* es ist sehr bedauerlich *ou* zu bedauern, dass ...; *excuse* **je regrette** bedaure; (es) tut mir leid **3** *plus fort (se repentir) faute, erreur* bereuen; **vous le regretterez!** das werden Sie noch bereuen!; **vous ne le regretterez pas!** Sie werden es nicht bereuen!; **je regrette d'être venu** ich bereue, dass ich gekommen bin; ich bereue mein Kommen

regrimper [ʀ(ə)gʀɛ̃pe] V/I **1** wieder (hinauf)klettern, -steigen (**à, sur** auf *+acc*); ~ **à, sur l'échelle** wieder auf die Leiter klettern, steigen; die Leiter wieder hinaufklettern, -steigen **2** *fam fig prix* wieder in die Höhe klettern; **la température regrimpe** das Thermometer klettert wieder in die Höhe

regrossir [ʀ(ə)gʀosiʀ] V/I wieder zunehmen, dicker werden

regroupement [ʀ(ə)gʀupmɑ̃] M Zusammenfassung *f*, -legung *f*, -schluss *m*

regrouper [ʀ(ə)gʀupe] **A** V/T **1** *(grouper de nouveau)* neu gliedern; umgruppieren; umstellen **2** *(réunir)* zusammenfassen, -legen, -schließen **B** V/PR **se ~** sich zusammenschließen (**autour de qn, derrière qn** um j-n)

régularisation [ʀegylaʀizasjõ] F *d'une situation* Regelung *f*

régulariser [ʀegylaʀize] V/T **1** *sa situation financière etc* in Ordnung bringen *(a. ses papiers)*; regeln; *par ext* ~ **sa situation** e-e wilde Ehe durch e-e Eheschließung legalisieren **2** TECH, *fleuve* regulieren

régularité [ʀegylaʀite] F **1** *des formes, des habitudes etc* Regelmäßigkeit *f*; *d'un mouvement, du pouls a.* Gleichmäßigkeit *f*; *des traits du visage a.* Ebenmäßigkeit *f*; *(ponctualité)* Pünktlichkeit *f*; **faire preuve de ~** sehr pünktlich sein **2** *de l'élection, de la procédure* Ordnungsmäßigkeit *f*; Vorschriftsmäßigkeit *f*; Korrektheit *f*

régulateur [ʀegylatœʀ] **A** ADJ ⟨-trice⟩ regulierend; regelnd; steuernd; Regel...; Steuerungs... **B** M TECH Regler *m*

régulation [ʀegylasjõ] F **1** TECH, ÉCON Regelung *f*; Regulierung *f*; Steuerung *f*; ~ **des naissances** Geburtenregelung *f* **2** PHYSIOL ~ **thermique** Wärmeregulation *f*

réguler [ʀegyle] V/T MÉTALL mit Lagermetall ausgießen

régulier [ʀegylje] ADJ ⟨-ière⟩ **1** *(égal, constant)* regelmäßig; *mouvement, vitesse, respiration, pouls a.* gleichmäßig; *traits du visage a.* ebenmäßig; *train, bus* fahrplanmäßig; *avion* planmäßig; *de cars etc* **service ~** Linienverkehr *m*; regelmäßige Verkehrsverbindung; GRAM **verbe ~** regelmäßiges Verb; **visites régulières** regelmäßige Besuche *mpl*; **vol ~** Linienflug *m*; **à intervalles ~s** in regelmäßigen Abständen **2** *(légal)* ordnungsgemäß; vorschriftsmäßig; regulär; BOXE **coup ~** erlaubter, vorschriftsmäßiger Schlag; **troupes régulières** reguläre Truppen *pl* **3** *personne (exact)* pünktlich; ordentlich; *d'un élève* **il est ~ dans son travail** s-e Leistungen sind gleichmäßig **4** *fam personne (honnête)* korrekt; *fam* **être ~ en affaires** sich in geschäftlichen Angelegenheiten korrekt verhalten **5** ÉGL CATH Ordens...; **clergé ~** Ordensgeistlichkeit *f*

régulière [ʀegyljɛʀ] F *pop (épouse, maîtresse) pop* Olle *f*

régulièrement [ʀegyljɛʀmɑ̃] ADV **1** *(avec régularité)* regelmäßig; gleichmäßig; **payer ~ son loyer** pünktlich s-e Miete bezahlen; **se rencontrer ~** sich regelmäßig treffen; *moteur* **tourner ~** gleichmäßig laufen **2** *en tête de phrase* in der Regel; normalerweise **3** *(légalement)* ordnungsgemäß

régurgitation [ʀegyʀʒitasjõ] F MÉD Regurgitation *f*; **régurgiter** V/T *nourriture* in den Mund zurückbefördern

réhabilitable [ʀeabilitabl] ADJ rehabilitierbar

réhabilitation [ʀeabilitasjõ] F **1** JUR *et fig* Rehabilitierung *f*; Rehabilitation *f*; *fig a.* Wiederanerkanntwerden *n*; Ehrenrettung *f*; ~ **judiciaire** *correspond à* Beseitigung *f* des Strafmakels **2** *d'un quartier, immeuble* Sanierung *f*

réhabiliter [ʀeabilite] **A** V/T **1** JUR *et fig* rehabilitieren **2** *(rénover)* sanieren **B** V/PR **se ~** sich rehabilitieren; s-n guten Ruf wiederherstellen

réhabituer [ʀeabitɥe] V/T *(et* V/PR **se)** ~ (sich) wieder gewöhnen (**à** an *+acc*)

rehausser [ʀəose] V/T 1 *mur etc* höher machen; erhöhen 2 *fig* steigern; hervorheben; unterstreichen; zur Geltung bringen; *pp* **rehaussé de, par qc** in der Wirkung durch etw verstärkt
Reichshoffen [ʀɛʃɔfɛn] *Ort im Dep. Bas-Rhin*
réimplantation [ʀeɛ̃plɑ̃tasjõ] F MÉD Reimplantation *f*
réimportation [ʀeɛ̃pɔʀtasjõ] F Wiedereinfuhr *f*; Reimport *m*; **réimporter** V/T wieder einführen; reimportieren
réimpression [ʀeɛ̃pʀesjõ] F TYPO Nachdruck *m*; unveränderte Neuauflage; Neudruck *m*
réimprimer [ʀeɛ̃pʀime] V/T nachdrucken
Reims [ʀɛ̃s] Reims *n*
rein [ʀɛ̃] M 1 **~s** *pl* Kreuz *n*; Nieren-, Hüftgegend *f*; *st/s* Lenden *fpl*; **une belle chute de ~s** → chute 7; **douleurs** *fpl* **dans les ~s** Schmerzen *mpl* im Kreuz; Kreuzschmerzen *mpl*; **avoir mal aux ~s** Kreuzschmerzen haben; *fam* es im Kreuz haben; **avoir un tour de ~s** sich *(dat)* das Kreuz verrenkt haben; **se donner un tour de ~s** sich *(dat)* das Kreuz verrenken; *fig*: **avoir les ~s solides** gut bemittelt, zahlungskräftig sein; **casser les ~s à qn** j-n beruflich ruinieren; j-s Karriere verderben 2 ANAT Niere *f*; **~ artificiel** künstliche Niere
réincarcération [ʀeɛ̃kaʀseʀasjõ] F Wiedereinkerkerung *f*; **réincarcérer** V/T ‹-è-› wieder einkerkern
réincarnation [ʀeɛ̃kaʀnasjõ] F REL *et fig* Reinkarnation *f*; Wiederverkörperung *f*; **réincarner** V/PR **se ~** wieder Fleisch werden
reine [ʀɛn] F 1 Königin *f*; **~ mère** Königinmutter *f*; *fig* **la petite ~** das Fahrrad; **la ~ d'Angleterre** die Königin von England; *par ext* **~ du bal, de beauté** Ball-, Schönheitskönigin *f*; **avoir un port de ~** e-e majestätische, königliche Haltung haben 2 ZOOL Königin *f*; **~ des abeilles** Bienenkönigin *f* 3 ÉCHECS Dame *f*
Reine [ʀɛn] F *Vorname*
reine-claude [ʀɛnklod] F ‹*pl* reines-claudes› Reneklode *f*; Reineclaude *f*; *autrich* Ringlotte *f*; **reine-des-prés** F ‹*pl* reines-des-prés› BOT Mädesüß *n*; **reine-marguerite** F ‹*pl* reines-marguerites› BOT Garten-, Sommeraster *f*
reinette [ʀɛnɛt] F *pomme* Renette *f*
réinfecter [ʀeɛ̃fɛkte] V/PR MÉD **se ~** sich wieder infizieren; *t/t* sich reinfizieren
Reinhardt [ʀɛnaʀ(t)] **Django** [dʒɑ̃go] **~** *frz Jazzmusiker*
réinscription [ʀeɛ̃skʀipsjõ] F Wiedereinschreibung *f*
réinscrire [ʀeɛ̃skʀiʀ] ‹→ écrire› V/T (*et* V/PR **se**) **~** (sich) wieder einschreiben, anmelden
réinsérer [ʀeɛ̃seʀe] ‹-è-› V/T *handicapé* wieder eingliedern; **~ un délinquant, un drogué** einen Straftäter, einen Drogensüchtigen resozialisieren
réinsertion [ʀeɛ̃sɛʀsjõ] F *des handicapés* Wiedereingliederung *f*; *des délinquants* Resozialisierung *f*
réinstaller [ʀeɛ̃stale] V/PR **se ~** sich wieder niederlassen, einrichten; **se ~ dans son ancien appartement** wieder in die alte Wohnung (ein)ziehen
réintégrable [ʀeɛ̃tegʀabl] ADJ wieder einsetzbar; **réintégration** F Wiedereingliederung *f*; *dans une fonction* Wiedereinsetzung *f*
réintégrer [ʀeɛ̃tegʀe] V/T ‹-è-› 1 *enfant* **~ dans sa classe** wieder in die gleiche Schule geben; **~ qn dans ses droits, dans ses fonctions** j-n wieder in s-e Rechte, in sein Amt einsetzen 2 *lieu* zurückkehren in *(+acc)*; **~ le domicile conjugal** in die eheliche Wohnung zurückkehren
réintroduction [ʀeɛ̃tʀɔdyksjõ] F Wiedereinführung *f*
réintroduire [ʀeɛ̃tʀɔdɥiʀ] V/T ‹→ conduire› wieder, von Neuem einführen
réinventer [ʀeɛ̃vɑ̃te] V/T noch einmal, von Neuem erfinden
réinvestir [ʀeɛ̃vɛstiʀ] V/T ÉCON reinvestieren
réinviter [ʀeɛ̃vite] V/T wieder, noch einmal einladen
réitération [ʀeiteʀasjõ] *litt* F Wiederholung *f*
réitéré [ʀeiteʀe] ADJ wiederholt; **réitérer** V/T ‹-è-› wiederholen
reître [ʀɛtʀ] *litt* M Haudegen *m*
rejaillir [ʀ(ə)ʒajiʀ] V/I 1 *liquide* (auf-, hoch)spritzen 2 *fig gloire, honte* **~ sur qn** auf j-n zurückfallen; **rejaillissement** M *fig* Zurückfallen *n*, Auswirkung *f* (**sur** auf *+acc*)
Réjane [ʀeʒan] F *Vorname*
rejet [ʀ(ə)ʒɛ] M 1 MÉD *d'organe greffé* Abstoßung *f* 2 ÉCOL Schadstoffausstoß *m*, -abgabe *f*; *dans l'eau* (Schadstoff)Einleitung *f*; *dans l'air a.* Immission *f* 3 *d'une proposition, requête etc* Verwerfung *f*; Ablehnung *f*; Zurückweisung *f* 4 VERSIFICATION auf die folgende Zeile verwiesene(s) Wörter (Wort) 5 BOT Schössling *m*; Trieb *m*; *de la souche* Wurzelschössling *m*, -spross *m*
rejeter [ʀəʃte, ʀʒəte] ‹-tt-› A V/T 1 *(relancer)* zurückwerfen; *par ext (jeter)* werfen; *mer: épaves etc* an Land spülen; *intestin: matières fécales* ausscheiden; *estomac, malade: nourriture* wieder von sich geben; *organe greffé* abstoßen; *volcan: lave* ausstoßen; *usine: polluants* abgeben; **~ l'envahisseur** den Aggressor zurückwerfen; *mot* **~ à la fin de la phrase** ans Satzende stellen; **~ la tête en arrière** den Kopf zurückwerfen 2 *faute, responsabilité* **~ sur qn** j-m zuschieben; auf j-n abwälzen; **~ la responsabilité de qc sur qn** *a.* j-n für etw verantwortlich machen 3 *proposition, candidature etc* verwerfen; ablehnen; zurückweisen; **~ l'idée que …** nicht gelten lassen, nicht anerkennen, dass … 4 *personne* ver-, ausstoßen; *pp* **rejeté par la société** aus der Gesellschaft ausgestoßen B V/PR **se ~ sur qc** sich mit etw begnügen; mit etw vorliebnehmen
rejeton [ʀəʃtõ, ʀʒətõ] M 1 BOT → rejet 5 2 *fam (enfant) fam* Sprössling *m*
rejoindre [ʀ(ə)ʒwɛ̃dʀ] ‹→ joindre› A V/T 1 *personne* **~ un endroit** wieder an e-n Ort gelangen, kommen, gehen, sich begeben; **~ qn** *(aller retrouver)* zu j-m zurückkehren; (wieder) zu j-m gehen, kommen; j-n (wieder) treffen; SPORTS *(rattraper)* zu j-m aufschließen; j-n einholen; **~ qn à un endroit** j-n an e-m Ort treffen; *fig* **~ qn dans ses opinions** mit j-s Ansichten übereinstimmen; COURSE CYCLISTE **~ le peloton** zum Hauptfeld aufschließen; das Hauptfeld einholen; MIL **~ son régiment** zu s-m Regiment zurückkehren; **je te rejoindrai** ich komme nach 2 *rue* **~ le boulevard** *etc* auf den Boulevard *etc* stoßen, treffen B V/PR **se ~** 1 *personnes* sich (wieder) treffen 2 *rues* (wieder) zusammenkommen; sich (wieder) treffen 3 *fig opinions* übereinstimmen
rejouer [ʀ(ə)ʒwe] V/T *et* V/I wieder, noch einmal spielen
réjoui [ʀeʒwi] ADJ vergnügt; heiter; erfreut; fröhlich
réjouir [ʀeʒwiʀ] A V/T erfreuen *(a. cœur)*; erheitern; fröhlich, heiter stimmen B V/PR **se ~** sich freuen; fröhlicher, heiterer Stimmung sein; **se ~ à la pensée que …** sich freuen, wenn man daran denkt *ou* bei dem Gedanken, dass …; **se ~ de qc** sich über, *à l'avance* auf etw *(acc)* freuen; **se ~ du malheur des autres** Schadenfreude empfinden; **se ~ de faire qc** sich darüber, *à l'avance* darauf freuen, etw zu tun; **se ~ que …** *(+subj)* sich (darüber) freuen, dass …
réjouissance [ʀeʒwisɑ̃s] F 1 Fröhlichkeit *f*; Freude *f*; frohe, fröhliche, heitere Stimmung; **en signe de ~** zum Zeichen der Freude 2 PL **~s** (Freuden)Fest *n*; Festlichkeiten *fpl*; **~s publiques** Volksfest *n*
réjouissant [ʀeʒwisɑ̃] ADJ erfreulich *(a. iron)*; *histoire* erheiternd; *nouvelle* **n'avoir rien de ~** alles andere als erfreulich sein; *iron* **c'est ~!** das ist ja heiter!
relâche[1] [ʀ(ə)lɑʃ] M *ou* F 1 THÉ **aujourd'hui ~** heute keine Vorstellung; **jour** *m* **de ~** vorstellungsfreier Tag; **faire ~** keine Vorstellung haben, geben 2 LOC ADV **sans ~** ununterbrochen; unablässig; pausenlos
relâche[2] [ʀ(ə)lɑʃ] F MAR **port** *m* **de ~** (Not)Hafen *m*; **faire ~ dans un port** e-n Hafen anlaufen
relâché [ʀ(ə)lɑʃe] ADJ *mœurs, discipline* locker; lax; **muscles ~s** erschlaffte Muskeln *mpl*; **style ~** nachlässiger Stil
relâchement [ʀ(ə)lɑʃmɑ̃] M *de la discipline, des mœurs* Lockerung *f*; *du zèle, de l'attention* Nachlassen *n*; Erlahmen *n*; **~ des mœurs** *a.* Sittenverfall *m*
relâcher [ʀ(ə)lɑʃe] A V/T 1 *corde, rênes, muscles etc* lockern; *muscles a.* entspannen; **~ l'intestin** den Stuhlgang erleichtern 2 *fig attention, zèle* erlahmen lassen; *discipline* lockern 3 *détenu* freilassen B V/I *bateau* **~ dans un port** e-n Hafen anlaufen C V/PR **se ~** 1 *liens, étreinte* sich lockern; *muscles* erschlaffen 2 *fig discipline, mœurs* sich lockern; *zèle, attention* nachlassen; erlahmen; *personne* **se ~ (dans son travail)** (in der Arbeit) nachlässig werden
relais [ʀ(ə)lɛ] M 1 SPORTS Staffel(lauf) *f(m)*; **le ~ 4 x 100 mètres (… quatre fois cent …)** die 4 × 100-m-Staffel (… vier mal hundert Meter …); **coureur** *m* **de ~** Staffelläufer *m*; **course** *f* **de ~** Staffellauf *m*; *fig*: **prendre le ~** die Nachfolge antreten; **prendre le ~ de qn, de qc** j-n, etw ersetzen; j-s Aufgabe *(acc)* übernehmen; **je prends le ~** *a.* ich löse dich *ou* Sie *etc* ab 2 ÉLEC Relais *n*; RAD Relaisstation *f* 3 **~ (routier)** Raststätte *f*; HIST **~ de poste** Relais (-station) *n(f)*; Umspannstelle *f* für Postkutschpferde
relance [ʀ(ə)lɑ̃s] F *de l'économie* Wiederankurbelung *f*; Wiederbelebung *f*; Aufschwung *m*
relancer [ʀ(ə)lɑ̃se] V/T ‹-ç-› 1 *balle (renvoyer)* zurückwerfen; *(lancer de nouveau)* noch einmal werfen 2 *économie* wieder ankurbeln; wieder beleben; wieder in Schwung bringen; **~ une idée, un projet** eine Idee, ein Projekt wieder aufnehmen 3 *moteur* wieder anlassen, anwerfen 4 **~ qn** j-m zusetzen; j-n bedrängen; *fam* j-m auf der Pelle liegen 5 *abs au jeu* höher setzen
relaps [ʀ(ə)laps] ADJ *hérétique* rückfällig
relater [ʀ(ə)late] V/T (genau, ausführlich) berichten, erzählen
relatif [ʀ(ə)latif] ADJ ‹-ive› 1 relativ; verhältnismäßig; *connaissance a.* bedingt; *pol* **majorité relative** relative Mehrheit; **valeur relative** relativer, bedingter, abhängiger Wert; **tout est ~** alles ist relativ; **vivre dans une aisance relative** relativ wohlhabend sein 2 **~ à qc** auf etw *(acc)* bezüglich; sich auf etw *(acc)* beziehend; etw betreffend; **les entretiens ~s à cette question** *a.* die Gespräche über diese Frage 3 GRAM Relativ…; bezüglich; **adjectif ~** attributives Relativpronomen; **pronom ~** *ou subst* **~** *m* Relativpronomen *n*; bezügliches Fürwort; Relativ *n*; **proposition relative** *ou subst* **relative** *f* Relativsatz *m*

relation [ʀ(ə)lasjõ] F 1 *entre choses* Beziehung *f*; Verhältnis *n*; *t/t* Relation *f*; **~ de cause à effet** Kausalzusammenhang *m*, -nexus *m*; ursächlicher Zusammenhang; **être en étroite ~** in enger Beziehung (zueinander) stehen; **être sans ~ avec ...** keine Beziehung haben zu ... 2 *entre personnes, pays, surtout pl* **~s** Beziehungen *fpl*; Verhältnis *n*; Verbindung(en) *f(pl)*; **~s cordiales** herzliche Beziehungen; herzliches Verhältnis; **~s culturelles, diplomatiques, internationales** kulturelle, diplomatische, internationale Beziehungen; **~s humaines, mondaines, professionnelles** (zwischen)menschliche, gesellschaftliche, berufliche Beziehungen; **~s publiques** Public Relations *pl* (*abr* PR); Öffentlichkeitsarbeit *f*; **~s d'amitié** freundschaftliche Beziehungen; freundschaftliches Verhältnis; **~s de confiance** Vertrauensverhältnis *n*; **avoir des ~s avec une femme** (intime) Beziehungen mit e-r Frau haben; **cesser, interrompre ses ~s** s-e Beziehungen abbrechen, lösen; **entretenir des ~s amicales avec qn** freundschaftliche Beziehungen zu j-m unterhalten; mit j-m auf freundschaftlichem Fuß stehen; **être en ~(s) avec qn** mit j-m in Verbindung stehen; zu j-m Beziehungen haben; **se mettre, entrer en ~(s) avec qn** zu j-m Beziehungen aufnehmen; mit j-m in Verbindung treten; **mettre qn en ~(s) avec qn** Beziehungen, Kontakte, die Verbindung zwischen j-m und j-m herstellen 3 *personne* Bekannte(r) *m/f(m)*; **~s** *pl a.* Beziehungen *fpl*; **~s d'affaires** Geschäftsfreunde *mpl*; *obtenir un emploi* **par ~s** durch Beziehungen; **avoir des ~s** Beziehungen haben; **se faire des ~s pendant les vacances** Ferienbekanntschaften schließen 4 (*récit*) Bericht *m*

relationnel [ʀ(ə)lasjɔnɛl] ADJ ⟨~le⟩ PSYCH *troubles etc* Beziehungs...; zwischenmenschlich

relativement [ʀ(ə)lativmɑ̃] ADV 1 verhältnismäßig; relativ; vergleichsweise 2 **~ à** im Verhältnis zu; im Vergleich mit

relativiser [ʀ(ə)lativize] V/T relativieren

relativisme [ʀ(ə)lativism] M PHIL Relativismus *m*

relativité [ʀ(ə)lativite] F 1 Relativität *f*; *de la connaissance a.* Bedingtheit *f* 2 PHYS **(théorie *f* de la) ~** Relativitätstheorie *f*

relaver [ʀ(ə)lave] V/T noch einmal waschen

relax [ʀ(ə)laks] ADJ *fam* → relaxe A

relaxant [ʀ(ə)laksɑ̃] ADJ entspannend

relaxation [ʀ(ə)laksasjõ] F Entspannung *f*; Entkrampfung *f*; PSYCH Entspannungstherapie *f*

relaxe [ʀ(ə)laks] *fam* A ADJ *personne, ambiance* ungezwungen; locker; gelöst; *ambiance a.* zwanglos; **fauteuil** *m*, **siège** *m* **~** Ruhesitz *m*; Gesundheitsliege *f*; Relaxsessel *m*; **tenue** *f* **~** saloppe, bequeme Kleidung B F Entspannung *f*; **faire une cure de ~** (einmal) richtig ausspannen

relaxer [ʀ(ə)lakse] A V/T *prévenu* freilassen B V/PR **se ~** sich entspannen; relaxen

relayer [ʀ(ə)leje] ⟨-ay- *od* -ai-⟩ A V/T 1 **~ qn** j-n ablösen 2 TÉLÉCOMMUNICATIONS übertragen B V/PR **se ~** sich ablösen; (sich) abwechseln; **se ~ au volant** sich am Steuer ablösen, abwechseln; abwechselnd fahren

relayeur [ʀ(ə)lɛjœʀ] M, **relayeuse** F SPORTS Staffelläufer(in) *m(f)*

relecture [ʀ(ə)lɛktyʀ] F nochmaliges, erneutes Lesen; nochmalige, erneute Lektüre

relégation [ʀ(ə)legasjõ] F 1 HIST Verbannung *f* 2 SPORTS Abstieg *m* (in e-e niederere Spielklasse)

reléguer [ʀ(ə)lege] V/T ⟨-è-⟩ *personne* abschieben, verbannen (**à la campagne** aufs Land); *chose* abstellen (**au grenier** auf dem Speicher); *fig* **~ qn au second plan** j-m e-e unbedeutende Rolle zuweisen; j-n in den Hintergrund drängen

relent [ʀ(ə)lɑ̃] M schlechter, übler Geruch (**de friture** nach verbranntem Fett); **~s de cuisine** Küchengeruch *m*; **il y a ici un ~ de ...** hier ist ein schlechter Geruch von ... geblieben; *fig* **avoir des ~s de ...** e-n üblen Beigeschmack von ... haben

relevable [ʀəlvabl, ʀləvabl] ADJ auf-, hochklappbar; **siège** *m* **~** Klappsitz *m*

relève [ʀ(ə)lɛv] F Ablösung *f* (*action et personnes*); **~ d'une équipe** Schichtwechsel *m*; **~ de la garde** Wachablösung *f*; **prendre la ~ (de qn)** j-n ablösen

relevé [ʀəlve, ʀləve] A ADJ 1 *bord* hochgebogen; *col* hochgeschlagen, -gestellt; *manches* hochgezogen, -gestreift; *virage* überhöht 2 *expression* gehoben; gewählt 3 CUIS pikant B M a *action* Aufstellung *f*; *d'un compteur* Ablesung *f*; *d'un terrain* Aufnahme *f* b (*liste*) Aufstellung *f*; Verzeichnis *n*; **~ de compte** Kontoauszug *m*; **~ d'identité bancaire** (Nachweis *m*, Angabe *f* der) Bankverbindung *f*; **faire le ~ de** verzeichnen; e-e Aufstellung machen von; *compteur électrique etc* ablesen; *terrain etc* aufnehmen

relèvement [ʀ(ə)lɛvmɑ̃] M 1 *de l'économie, du pays* Wiederaufschwung *m*; Wiedererstarkung *f*; Erholung *f* 2 *des impôts, loyers etc* Anhebung *f*; Erhöhung *f*; *du niveau de vie* Hebung *f*; Verbesserung *f*; Erhöhung *f*; **~ des salaires** Lohnerhöhung *f*; Gehaltsanhebung *f*, -aufbesserung *f*; gehaltliche Besserstellung 3 AVIAT, MAR Peilung *f*

relever [ʀəlve, ʀləve] ⟨-è-⟩ A V/T 1 a *enfant* (wieder) aufheben; *adulte* (wieder) aufhelfen (**qn** j-m); *poteau, colonne* wieder aufrichten; *chaise, véhicule* wieder aufstellen; *par ext* **~ les cahiers, les copies** die Hefte, die Arbeiten einsammeln; → *a.* gant1 b *fig économie, entreprise* wieder hochbringen; **~ le moral de qn** j-m wieder Mut machen 2 a *siège* hochklappen; *vitre de voiture* hochkurbeln; *ses jupes* raffen; schürzen; *col* hochschlagen, -stellen; *voile* hochschlagen; *cheveux* auf-, hochstecken; *manches* hochstreifen, -ziehen; hoch-, aufkrempeln; *plafond* höher legen; anheben; erhöhen; *niveau d'eau* erhöhen; *virage* überhöhen; **~ la tête** den Kopf heben; *fig* (*être fier*) den Kopf hoch tragen b *fig salaires, impôts etc* anheben; erhöhen; heraufsetzen; *niveau de vie* heben; verbessern; erhöhen; CUIS *mets, goût* pikanter machen; **cela le relève à mes yeux** das hebt ihn in meinen Augen 3 (*constater*) *erreur, traces etc* feststellen; aufdecken; *traces a.* sichern; *faute a.* anstreichen; *allusion, accusation* aufgreifen; eingehen auf (*+acc*); JUR *charges* zusammentragen; *par écrit: adresse, noms etc* (schriftlich) festhalten; notieren; aufschreiben; *plan* anfertigen; aufnehmen; *compteur* ablesen; *fam* **~ l'électricité, le gaz** den Strom, das Gas ablesen; *police* **~ son identité** s-e Personalien aufschreiben 4 (*remplacer*) *sentinelle, équipe* ablösen; **~ qn de ses vœux** j-n von s-m Gelübde entbinden; **~ qn de ses fonctions** j-n s-s Amtes entheben B V/T INDIR 1 **~ d'une grippe** gerade e-e Grippe gehabt, überstanden, hinter sich (*dat*) haben; **~ de maladie** gerade krank gewesen sein 2 (*dépendre*) **~ de** unterstehen (*+dat*); abhängig sein von; in die Zuständigkeit (*+gén*) fallen; der Zuständigkeit (*+gén*) unterliegen; **~ de la linguistique** *etc* in den Bereich, in das Gebiet der Linguistik *etc* fallen; *affaire* **~ du tribunal de commerce** der Zuständigkeit des Handelsgerichts unterliegen C V/I *manteau, jupe* nicht gleichmäßig, richtig fallen; hochgezogen, hochgerutscht sein; zipfeln D V/PR **se ~** 1 a (*se remettre debout*) wieder aufstehen (*a. malade*); sich wieder erheben; **faire (se) ~ qn** j-m aufhelfen b *fig* (*se remettre*) sich erholen (**de** von); *pays a.* wieder erstehen, erstarken; **se ~ de ses ruines** aus den Ruinen wieder erstehen; **il ne s'en est pas relevé** davon hat er sich nicht wieder erholt 2 *coin, bord* sich hochbiegen 3 *sens passif: col etc* hochgestellt werden (können)

releveur [ʀəlvœʀ, ʀlvœʀ] A ADJ ⟨-euse⟩ ANAT **muscle ~** Hebemuskel *m*; *t/t* Levator *m* B M **~ des compteurs** (Strom-, Gas-, Wasser)Ableser *m*; *fam a.* Gasmann *m*

relief [ʀəljɛf] M 1 *d'une paroi etc* Erhabenheiten *fpl*; *loc adj* **en ~** erhaben; hervortretend; hervorstehend; plastisch; **carte** *f* **en ~** Reliefkarte *f*; **motifs** *mpl* **en ~** plastisch herausgearbeitete Motive *npl*; **être, paraître en ~** plastisch hervortreten 2 BEAUX-ARTS Relief *n* 3 (*profondeur*) Tiefenwirkung *f*; *par ext* **~ acoustique** räumliches Hören; *film* **en ~** dreidimensional; plastisch 4 GÉOG Relief *n*; Oberflächengestalt *f* 5 *fig du style* Anschaulichkeit *f*; plastische Wirkung; **donner du ~ à qc** etw anschaulich, plastisch gestalten; **mettre en ~** hervorheben; klar herausstellen 6 *litt* **~s** *pl* Reste *mpl*

relier [ʀəlje] V/T 1 *livre* (ein)binden; *adjt*: **relié en cuir** in Leder gebunden; **relié pleine peau, pleine toile** in Ganzleder, Ganzleinen gebunden 2 *lieux, idées etc* (miteinander) verbinden; **~ qc à qc** etw mit etw verbinden, verknüpfen

relieur [ʀəljœʀ] M, **relieuse** F Buchbinder(in) *m(f)*

religieusement [ʀ(ə)liʒjøzmɑ̃] ADV 1 (*à l'église*) kirchlich; **être enterré ~** kirchlich bestattet werden 2 (*scrupuleusement*) gewissenhaft 3 (*avec recueillement*) andächtig; voller Andacht

religieux [ʀ(ə)liʒjø] A ADJ ⟨-euse⟩ 1 religiös; kirchlich; Glaubens...; **chant ~** Kirchenlied *n*; **édifice ~** Kultgebäude *n*; **esprit ~** religiöser, frommer, gläubiger Mensch; **fête religieuse** kirchlicher Feiertag; **mariage ~** kirchliche Trauung; **opinions religieuses** religiöse Überzeugungen *fpl*; Glaubensüberzeugungen *fpl* 2 (*monastique*) Ordens...; Kloster...; **habit ~** Ordenstracht *f*, -kleid *n*; **ordre ~** geistlicher Orden 3 *fig* (*scrupuleux*) gewissenhaft; **respect ~ de qc** gewissenhafte Beachtung e-r Sache (*gén*) 4 *fig* (*recueilli*) andächtig; **silence ~** *a.* feierliche Stille B SUBST 1 **~, religieuse** *m,f* Ordensmitglied *n*; *pl* Ordensleute *pl*; (*moine*) Ordensgeistliche(r) *m*; Mönch *m*; (*sœur*) Ordensschwester *f*; Nonne *f* 2 *pâtisserie* **religieuse** *f* (mit Mokka- oder Schokoladencreme gefüllter) Windbeutel

religion [ʀ(ə)liʒjõ] F Religion *f*; Glaube(n) *m*; **~ catholique** katholischer Glaube; **~ chrétienne, musulmane** christliche, moslemische Religion; **~ d'État** Staatsreligion *f*; **guerre** *f* **de ~** Religions-, Glaubenskrieg *m*; ADMIN **sans ~** ohne Bekenntnis; **entrer en ~** ins Kloster gehen

religiosité [ʀ(ə)liʒjozite] F Religiosität *f*; Gläubigkeit *f*; Frömmigkeit *f*

reliquaire [ʀ(ə)likɛʀ] M Reliquienschrein *m*, -kästchen *n*, -behälter *m*; Reliquiar *n*

reliquat [ʀ(ə)lika] M Rest(summe) *m(f)*; Restbetrag *m*

relique [ʀ(ə)lik] F 1 REL Reliquie *f*; **garder qc comme une ~** etw sehr sorgfältig aufbewahren 2 *fig* Erinnerungsstück *n*

relire [ʀ(ə)liʀ] ⟨→ lire⟩ A V/T noch einmal, wieder lesen; *pour corriger* noch einmal durchlesen; **lire et ~** immer wieder lesen B V/PR **se ~** noch einmal durchlesen, was man geschrieben hat

reliure [ʀəljyʀ] F 1 *action* Binden *n*; *métier* Buchbinderei *f*; **(atelier** *m* **de)** ~ Buchbinderei *f* 2 *couverture* (Buch)Einband *m*; Einbanddecke *f*

relogement [ʀ(ə)lɔʒmɑ̃] M *de réfugiés etc* (Wieder)Unterbringen *n*, -ung *f*; **reloger** V/T ‹-geons› wieder, anderweitig unterbringen

relooker [ʀ(ə)luke] *fam* A V/T *personne* einen neuen Look, ein neues Aussehen geben (+ *dat*); *produit* eine neue Aufmachung geben (+ *dat*) B V/PR **se** ~ sich (*dat*) einen neuen Look, ein neues Aussehen geben; sich neu stylen

relouer [ʀəlwe] V/T wieder vermieten

reluire [ʀ(ə)lɥiʀ] V/I ‹→ conduire; *aber pp* relui› glänzen; schimmern; **brosse** *f* **à** ~ Glanzbürste *f*; → *a.* brosse 1; **faire** ~ blank reiben, putzen; polieren

reluisant [ʀ(ə)lɥizɑ̃] ADJ 1 glänzend; schimmernd; (blitz)blank; **être** ~ **de propreté** vor Sauberkeit blitzen 2 *fig* **peu** ~ *métier, situation* wenig erfreulich; nicht gerade glänzend; *gens* alles andere als honorig

reluquer [ʀ(ə)lyke] *fam* V/T begehrliche Blicke werfen auf (+*acc*); schielen nach (*a. fig*); *fig* ~ **le magot de qn** mit j-s Ersparnissen liebäugeln; (neidisch) nach j-s Ersparnissen schielen

rem [ʀɛm] M PHYS NUCL Rem *n*

Rem. ABR (remarque) Anm. (Anmerkung); Bem. (Bemerkung)

remâcher [ʀ(ə)mɑʃe] V/T *son dépit etc* nicht loskommen von

remaigrir [ʀ(ə)megʀiʀ] V/I wieder abnehmen; wieder dünner, schlanker werden

remake [ʀimɛk] M CINÉMA Neuverfilmung *f*; Remake *n*

rémanent [ʀemanɑ̃] ADJ *t/t* remanent

remanger [ʀ(ə)mɑ̃ʒe] V/T ‹-geons› noch einmal, wieder essen (*a. abs*)

remaniement [ʀ(ə)manimɑ̃] M *d'une équipe* Umbildung *f*; Umbesetzung *f*; POL *a.* Revirement *n*; ~ **ministériel** Regierungs-, Kabinettsumbildung *f*

remanier [ʀ(ə)manje] V/T 1 *texte, ouvrage* neu bearbeiten; umarbeiten; überarbeiten 2 POL *ministère*, SPORTS *équipe* umbilden; umbesetzen

remaquiller [ʀ(ə)makije] V/T (*et* V/PR **se**) ~ (sich) neu, wieder schminken

remariage [ʀ(ə)maʀjaʒ] M Wiederverheiratung *f*; **remarier** V/PR **se** ~ sich wieder verheiraten; wieder heiraten

remarquable [ʀ(ə)maʀkabl] ADJ 1 (*important*) bemerkenswert; **exploit** *m* ~ beachtliche Leistung; **réussite** *f* ~ beachtlicher Erfolg; *personne* ~ **par sa taille** auffällig durch s-e Größe; **il est** ~ **que** … (+*subj*) es ist bemerkenswert, dass …; **mais, chose** ~, … aber merkwürdigerweise … 2 (*excellent*) hervorragend; vorzüglich; ausgezeichnet

remarquablement [ʀ(ə)maʀkabləmɑ̃] ADV außerordentlich; bemerkenswert

remarque [ʀ(ə)maʀk] F 1 (*réflexion*) Bemerkung *f*; ~ **judicieuse** kluge Bemerkung 2 (*critique*) vorwurfsvolle Bemerkung; Vorhaltung *f*; **faire la** ~ **à qn que** … j-m vorhalten, vorwerfen, dass …; **je lui en ai fait la** ~ *a.* ich habe ihn darauf hingewiesen 3 (*annotation*) Anmerkung *f*; Bemerkung *f*; Vermerk *m*; *en bas d'une page* Fußnote *f*

remarqué [ʀ(ə)maʀke] ADJ auffällig; beachtet; **très** ~ viel beachtet

remarquer [ʀ(ə)maʀke] A V/T 1 bemerken; wahrnehmen; feststellen; aufmerksam werden auf (+*acc*); beachten; **je l'ai remarqué dans la foule** ich habe ihn in der Menge bemerkt; er ist mir in der Menge aufgefallen; ~ **que** … bemerken, dass …; **on remarquera que** … *a.* es sei darauf hingewiesen, dass …; **remarquez (bien) que** … wohlgemerkt …; beachten Sie, dass …; vergessen Sie nicht, dass …; **je ne l'avais**, *fam* **j'avais pas remarqué** ich habe es nicht be-, gemerkt; es ist mir nicht aufgefallen; **sans être remarqué** unbemerkt; ♦ **faire** ~ **qc (à qn)** (j-n) auf etw (*acc*) hinweisen, aufmerksam machen; **faire** ~ **que** … darauf aufmerksam machen, darauf hinweisen, dass …; **se faire** ~ auffallen, auf sich (*acc*) aufmerksam machen (**par** durch); **sans se faire** ~ unauffällig 2 *en incise* **remarqua-t-elle** bemerkte sie B V/PR **se** ~ *choses* bemerkt, wahrgenommen werden; auffallen

remballage [ʀɑ̃balaʒ] M Wiedereinpacken *n*; Neuverpacken *n*

remballer [ʀɑ̃bale] V/T wieder einpacken; neu verpacken; *fam fig*: **remballe tes boniments!** spar dir deine Worte!; ~ **sa marchandise** *fam* auf s-r Ware sitzen bleiben; nichts loskriegen

rembarquement [ʀɑ̃baʀkəmɑ̃] M Wiedereinschiffung *f*

rembarquer [ʀɑ̃baʀke] A V/T wieder einschiffen, verschiffen B V/I (*et* V/PR **se**) ~ sich wieder einschiffen; wieder an Bord gehen; *fig* **se** ~ **dans une affaire louche** sich wieder in e-e undurchsichtige Sache einlassen

rembarrer [ʀɑ̃baʀe] *fam* V/T ~ **qn** j-n (grob) abweisen; j-m e-e Abfuhr erteilen; **se faire** ~ sich (*dat*) e-e Abfuhr holen

remblai [ʀɑ̃blɛ] M 1 Aufschüttung *f*; (Erd-, Straßen-, Bahn)Damm *m*; Erdwall *m* 2 *action* Aufschütten *n*, -ung *f*; Auffüllen *n*, -ung *f*; **remblaiement** M GÉOL Absetzen *n*, -ung *f* (des Flussgeschiebes)

remblayage [ʀɑ̃blɛjaʒ] M → remblai; **remblayer** V/T ‹-ay- *od* -ai-› (*hausser*) aufschütten; (*combler*) auffüllen; **remblayeuse** F TECH Versatzmaschine *f*

rembobiner [ʀɑ̃bɔbine] V/T *fil* aufspulen; ~ **un film** einen Film zurückspulen

remboîtage [ʀɑ̃bwataʒ] M Wiedereinhängen *n* des Buchblocks in die Einbanddecke; **remboîtement** M Wiedereinfügen *n*, -einpassen *n*; *d'une articulation* Wiedereinrenken *n*; **remboîter** V/T *articulation* wieder einrenken; *pièces déboîtées* wieder einfügen, einpassen

rembourrage [ʀɑ̃buʀaʒ] M Polstern *n*; Polsterung *f* (*a. matière*)

rembourrer [ʀɑ̃buʀe] V/T *fauteuil* polstern; ~ **un coussin, un matelas** ein Kissen, eine Matratze füllen; *adjt*: **siège rembourré** Polstersitz *m*; *fam fig* **elle est bien rembourrée** sie ist gut gepolstert

remboursable [ʀɑ̃buʀsabl] ADJ (zu)rückzahlbar

remboursement [ʀɑ̃buʀsəmɑ̃] M 1 *d'un emprunt* Rückzahlung *f*; *de frais* (Rück)Erstattung *f*; Rückvergütung *f*; *de bons du Trésor etc* Einlösung *f*; *d'une dette a.* Tilgung *f*; **date** *f* **de** ~ Einlösungstermin *m*; **délai** *m* **de** ~ Tilgungsfrist *f* 2 *à la poste* Nachnahme *f*; **contre** ~ gegen, per Nachnahme; **envoi** *m* **contre** ~ Nachnahmesendung *f*

rembourser [ʀɑ̃buʀse] V/T *emprunt, avance* zurückzahlen; *frais, dépenses* (zurück)erstatten; (rück)vergüten; ersetzen; *bons du Trésor etc* einlösen; *dettes a.* tilgen; abtragen; ~ **ses frais à qn** *ou* ~ **qn de ses frais** j-m die Kosten, Spesen erstatten, vergüten, ersetzen; ~ **qn** j-m das Geld zurückzahlen, -geben; **je vous rembourserai demain** Sie bekommen das Geld morgen wieder, zurück; **se faire** ~ sich (*dat*) das Geld zurückzahlen lassen; sich (*dat*) die Auslagen erstatten lassen; THÉ **remboursez!** wir wollen unser Geld zurück!

Rembrandt [ʀɑ̃bʀɑ̃] M PEINT Rembrandt *m*

rembrunir [ʀɑ̃bʀyniʀ] V/PR **se** ~ *visage* sich verfinstern; sich verdüstern; *personne* ein finsteres Gesicht machen

remède [ʀ(ə)mɛd] M 1 (*médicament*) (Heil)Mittel *n*; Arznei *f*; ~ **efficace** wirksames (Heil)Mittel; ~ **universel** Allheilmittel *n*; ~ **de bonne femme** Hausmittel *n*; *prov* **le** ~ **est pire que le mal** die Arznei ist oft schlimmer als die Krankheit; das hieße den Teufel mit Beelzebub austreiben (*prov*) 2 *fig* (Gegen)Mittel *n*; Abhilfe *f*; ~ **contre l'inflation** Mittel gegen die Inflation; *loc adj* **sans** ~ unabänderlich; **c'est sans** ~ da(gegen) kann man gar nichts tun, machen; da hilft nichts; **apporter un** ~, **porter** ~ **à un mal** e-m Übel abhelfen; **y porter** ~ Abhilfe schaffen

remédier [ʀ(ə)medje] V/T INDIR ~ **à** *un mal etc* abhelfen, begegnen, steuern (+*dat*); ~ **à des abus** *a.* Missstände abstellen, beheben; **pour y** ~ als Abhilfe

remembrement [ʀ(ə)mɑ̃bʀəmɑ̃] M Flurbereinigung *f*

remémoration [ʀ(ə)memɔʀasjɔ̃] F PSYCH (beabsichtigtes) Sicherinnern

remémorer [ʀ(ə)memɔʀe] V/PR **se** ~ **qc** sich (*dat*) etw ins Gedächtnis zurückrufen; sich an etw (*acc*) erinnern; sich (*dat*) etw vergegenwärtigen

remerciement [ʀ(ə)mɛʀsimɑ̃] M Dank *m*; **lettre** *f* **de** ~ Dankschreiben *n*; Dank(es)brief *m*; *loc adv*: **avec tous mes** ~**s** mit bestem, verbindlichstem Dank (zurück); **en** ~ zum Dank

remercier [ʀ(ə)mɛʀsje] V/T 1 danken (**qn de, pour qc** j-m für etw); sich bedanken (bei j-m für etw); ~ **par lettre** sich brieflich bedanken; ~ **qn d'être venu** j-m für sein Kommen danken; ~ **d'un sourire** (sich) mit e-m Lächeln (be)danken; *refus poli* **je vous remercie** danke (nein); **je ne sais comment vous** ~ ich weiß nicht, wie ich Ihnen danken soll; *péj* **c'est comme ça qu'il me remercie!** das ist also der Dank (dafür)! 2 (*congédier*) ~ **qn** j-m kündigen; j-n entlassen; **il a été remercié** ihm ist gekündigt worden; *fam* er ist gekündigt worden

remettre [ʀ(ə)mɛtʀ] ‹→ mettre› A V/T 1 *vêtements, chaussures, gants* wieder anziehen; *chapeau* wieder aufsetzen; *articulation* wieder einrenken; *un objet en place* wieder hinstellen, -setzen, -legen, -hängen; *le courant* wieder einschalten; *de l'eau etc* nachfüllen (**dans** in +*acc*); ~ **qc debout, droit** etw wieder aufstellen, aufrichten, gerade *ou* senkrecht hinstellen; *fam fig* **en** ~ (*en rajouter*) etwas dazudichten, dazuerfinden; ♦ *avec prép et loc adv*: *pendule* ~ **à l'heure** stellen; ~ **qc à la mode** etw wieder in Mode bringen; ~ **qc dans sa poche** etw wieder in die Tasche stecken; *enfant* ~ **dans son lit** wieder ins Bett bringen, *fam* stecken; *fig* ~ **qc dans l'esprit, en esprit, en mémoire** etw wieder ins Gedächtnis rufen; wieder an etw (*acc*) erinnern; ~ **du sel dans un plat** ein Gericht nachsalzen; *fig* ~ **qn dans, sur la bonne voie** j-n wieder auf den rechten Weg bringen; ~ **de l'ordre dans qc** (wieder) in etw (*dat*) Ordnung schaffen; *argent* ~ **en circulation** wieder in Umlauf bringen; ~ **qn en confiance** j-s Vertrauen wiedergewinnen; ~ **qc en état** etw (wieder) instand setzen; ~ **qc en honneur** etw wieder zu Ehren bringen; *détenu* ~ **en liberté** wieder freilassen, auf freien Fuß setzen; ~ **en marche** *moteur* wieder anlassen, anwerfen; *machine* wieder in Gang setzen; ~ **en prison** wieder ins Gefängnis stecken; ~ **qc en question** etw infrage stellen; *question* ~ **sur le tapis** wieder zur Sprache, aufs Tapet bringen 2 (*donner*) ~ **qc à qn** j-m etw aushändigen, übergeben, überreichen;

etw bei j-m abgeben, abliefern; *lettre etc a.* j-m überbringen, zustellen; *décoration, prix* j-m überreichen; *écoliers* ~ **les cahiers** die Hefte abgeben; *coupable* ~ **à la justice** der Justiz, dem Gericht übergeben, *st/s* überantworten; *pouvoirs* ~ **à son successeur** s-m Nachfolger übertragen; ~ **son sort entre les mains de qn** sein Schicksal in j-s Hände *(acc)* legen **3** *(faire grâce de) dette* erlassen **(à qn** j-m**)**; *péchés* vergeben **(à qn** j-m**)** **4** *(repousser) décision, projet etc* auf-, verschieben; ~ **un jugement, un procès** ein Urteil, einen Prozess vertagen; ~ **qc à plus tard** etw auf später verschieben; *fig* **ce n'est que partie remise** aufgeschoben ist nicht aufgehoben *(prov)*; *prov* **il ne faut jamais ~ à demain** *ou* **au lendemain ce que l'on peut faire le jour même** verschiebe nicht auf morgen, was du heute kannst besorgen *(prov)* **5** *(rétablir la santé)* ~ **qn** j-n wiederherstellen; j-n wieder zu Kräften kommen lassen; *adjt* **il est bien remis** es geht ihm wieder gut **6** *fam (reconnaître)* ~ **qn** j-n wiedererkennen **7** *fam (recommencer)* ~ **ça** wieder anfangen; *au café* **on remet ça?** das Gleiche noch mal? **B** V/PR **1 le temps se remet (au beau)** es wird wieder besser, schöner **2 se ~ debout** wieder aufstehen; **se ~ au lit** sich wieder ins Bett legen; **se ~ à table** sich wieder zu Tisch setzen; **se ~ en route** sich wieder auf den Weg machen; wieder aufbrechen; *fig* **se ~ entre les mains de Dieu** sein Schicksal in Gottes Hand legen **3** *(recommencer)* **se ~ à qc** sich wieder mit etw beschäftigen; wieder mit etw anfangen, beginnen; *fam* sich wieder an etw *(acc)* machen; **il s'est remis au tennis** er spielt wieder Tennis; **se ~ au travail** sich wieder an die Arbeit begeben, machen; wieder mit der Arbeit beginnen; die Arbeit wieder aufnehmen; **se ~ à faire qc** wieder etw tun; wieder anfangen, etw zu tun; **se ~ à fumer** wieder mit dem Rauchen anfangen; *impersonnel* **il se remet à pleuvoir** es fängt wieder an zu regnen **4 se ~** *(se réconcilier)* sich wieder versöhnen; **se ~ avec qn** *(reprendre la vie commune)* wieder mit j-m zusammenleben; **se ~ ensemble** wieder zusammenleben **5** *(aller mieux)* **se ~ de qc** sich (wieder) von etw erholen; **se ~ de ses émotions** sich von s-r Aufregung erholen; *d'un coup du sort* **je ne m'en suis pas encore remis** davon habe ich mich noch nicht wieder erholt; *abs: malade* **il se remet** es geht ihm (wieder) besser; **allons, remettez-vous!** beruhigen Sie sich doch!; fassen Sie sich doch! **6** *(se fier)* **s'en ~ à qn** sich auf j-n verlassen; es j-m überlassen; **s'en ~ au jugement de qn** sich auf j-s Urteil verlassen; **remettez-vous-en à moi** lassen Sie das meine Sorge sein

remeubler [ʀ(ə)mœble] **A** V/T neu möblieren, einrichten **B** V/PR **se ~** sich neu einrichten

Remi [ʀəmi, ʀɑmi] M **1** *Vorname* **2** *saint* Remigius *m*

rémige [ʀemiʒ] F ZOOL Schwungfeder *f*

remilitarisation [ʀ(ə)militaʀizasjõ] F Remilitarisierung *f*; Wiederbewaffnung *f*; Wiederaufrüstung *f*; **remilitariser** V/T remilitarisieren; wieder bewaffnen, aufrüsten

réminiscence [ʀeminisɑ̃s] F Reminiszenz *f*; (vage) Erinnerung; *dans une œuvre* Anklang *m* **(de** an *+acc)*

remis [ʀ(ə)mi] → remettre

remise [ʀ(ə)miz] F **1** *local* (Wagen-, Geräte)-Schuppen *m* **2** COMM *(réduction)* Rabatt *m*; Nachlass *m*; Ermäßigung *f*; Abschlag *m*; *t/t* Skonto *n*; **faire une ~ de 10 pour cent sur qc** 10 Prozent Rabatt auf etw *(acc)* geben **3** *(grâce)* Erlass *m*; REL *des péchés* Vergebung *f*; ~ **de dette** Schuldenerlass *m*; ~ **de peine** Straferlass *m* **4** JUR ~ **(de cause)** Vertagung *f*, Verlegung *f* (der Verhandlung); ~ **à °huitaine** Verlegung um acht Tage **5** *(action de donner)* Aushändigung *f*; Übergabe *f*; *d'une lettre a.* Überbringung *f*; *d'une décoration, d'un prix* Überreichung *f*; ~ **des clefs** Schlüsselübergabe *f* **6** ~ **à neuf** Wiederherrichtung *f*; Renovierung *f*; ~ **à niveau** Auffrischungskurs *m*; ~ **en état** (Wieder)Instandsetzung *f*; ~ **en forme** Fitnesstraining *n*; SPORTS ~ **en jeu** Einwurf *m*; ~ **en marche** Wiederingangsetzung *f*; ~ **en ordre** Wieder-in-Ordnung-Bringen *n*; ~ **en question** Infragestellung *f*; ~ **en service** Wiederindienststellung *f*; Wiederinbetriebnahme *f*; ~ **en vigueur** Wiederinkraftsetzung *f*

remiser [ʀ(ə)mize] V/T *véhicule* ein-, unterstellen; *objet* abstellen

rémission [ʀemisjõ] F **1** REL *des péchés* Vergebung *f*; Nachlass *m* **2** LOC ADV **sans ~** *poursuivre* unerbittlich; unnachsichtig; *par ext: travailler* unablässig; pausenlos; **c'est sans ~!** das ist endgültig, unabänderlich! **3** MÉD vorübergehendes Nachlassen, Zurückgehen; *t/t* Remission *f*

remmailler [ʀɑ̃maje] V/T Laufmaschen aufnehmen **(un bas** an e-m Strumpf**)**; TEXT ketteln

remmener [ʀɑ̃mne] V/T ‹-è-› zurückbringen; *personne a.* zurückbegleiten

remodeler [ʀ(ə)mɔdle] V/T ‹-è-› **1** *visage* liften **2** ADMIN umgestalten; umstrukturieren; neu gestalten, gliedern

remontage [ʀ(ə)mõtaʒ] M **1** TECH erneute, nochmalige Montage; Wiederzusammensetzen *n*, -bauen *n*; Wiedereinbau(en) *m(n)* **(dans** in *+acc)* **2** *d'une pendule etc* Aufziehen *n*

remontant [ʀ(ə)mõtɑ̃] M Stärkungsmittel *n*; *boisson* Stärkungstrunk *m*

remontée [ʀ(ə)mõte] F **1** Wiederaufstieg *m*; MINES Ausfahrt *f*; **la ~ du fleuve, du Rhin** die Fahrt flussaufwärts, rheinaufwärts **2** *de l'eau, du baromètre, des prix etc* Wiederanstieg *m*; erneutes Ansteigen **3** SPORTS Aufholen *n*; **il a fait une belle ~** er hat gut aufgeholt **4** **~s mécaniques** Seilbahnen *fpl* und (Ski)Lifte *mpl*

remonte-pente [ʀ(ə)mõtpɑ̃t] M ‹*pl* remonte-pentes› Schlepplift *m*

remonter [ʀ(ə)mõte] **A** V/T **1** *(monter) rue etc* hinauf- *ou* herauf- *ou* hoch- *ou fam* raufgehen, -kommen, *(dans un) véhicule* -fahren; *cours d'eau* hinauf- *ou* herauffahren, *à la nage* -schwimmen; *par ext:* ~ **une colonne de voitures** eine Autokolonne überholen; ~ **un fleuve** *a.* fluss-, stromaufwärts fahren *ou* schwimmen; *coureur* ~ **le peloton** das Hauptfeld überholen **2** *(monter de nouveau) escalier, pente etc* wieder, noch einmal hinauf- *ou* herauf- *ou* hoch- *ou fam* raufgehen, -steigen; → *a.* pente 2 **3** *objet* wieder hinauf- *ou* herauf- *ou* hoch- *ou fam* rauftragen, -bringen, -schaffen; *tableau* höher hängen; *col* hochschlagen; *pantalon, chaussettes* hochziehen; *vitre d'une voiture* hochkurbeln; ÉCOLE *note* heraufsetzen **4** *fig* ~ **qn** j-n stärken, aufmuntern; j-m wieder Kraft geben; **ce cognac te remontera** dieser Kognak wird dich wieder auf die Beine bringen; *fam fig* **il est remonté** *fam* er ist in Fahrt, auf Touren **5** *pendule, réveil, jouet* aufziehen **6** TECH *moteur etc* wieder montieren; wieder zusammensetzen, -bauen; wieder einbauen **(dans** in *+acc)* **7** *(regarnir)* ~ **qc** etw mit der nötigen Ausstattung, Einrichtung versehen; ~ **sa cave** s-n Weinkeller auffüllen; ~ **sa garde-robe** sich mit neuen Kleidern versehen **8** *pièce de théâtre* neu inszenieren **B** V/I ‹*meist* être, *wenn e-e Person Subjekt ist*› **1** *personne* wieder hinauf- *ou* herauf- *ou* hoch- *ou fam* raufgehen, -kommen, -steigen, *(dans un) véhicule* -fahren, *oiseau* -fliegen; *bateau* flussaufwärts fahren; *mineurs* ausfahren; ~ **à bord** wieder an Bord gehen; ~ **à cheval** wieder aufsitzen, aufs Pferd steigen; ~ **au sixième étage** wieder in den sechsten Stock hinaufgehen, -steigen, *avec l'ascenseur* -fahren; *souvenirs* ~ **à la mémoire** aufsteigen; wiederkehren; *élève* ~ **à la seconde place** wieder auf den zweiten Platz (hinauf)rücken; MAR ~ **au vent** hart am Wind kreuzen; ~ **dans la voiture** wieder in das Auto (ein)steigen; ~ **vers le nord, en direction du nord** nach Norden gehen, fahren, ziehen **2** *prix, cours, baromètre, fièvre, mer etc* wieder, erneut (an)steigen; *route* wieder ansteigen; *fig* **ses actions remontent** s-e Aktien steigen wieder; *robe* ~ **par-devant** vorn hochrutschen; sich vorn hochziehen **3** *dans le passé* zurückgehen (à auf *+acc*; bis); ~ **loin** *famille* weit zurückreichen; sich weit zurückverfolgen lassen; *événement* weit zurückliegen; *dans ses explications* weit zurückgehen, -greifen; ~ **plus °haut (dans le temps)** weiter ausholen; ~ **à la plus °haute antiquité** auf uralte Zeiten zurückgehen; bis in uralte Zeiten zurückreichen; *construction* aus uralter Zeit stammen; ~ **dans le temps (par l'esprit)** auf e-e frühere Zeit zurückblicken; sich in e-e frühere Zeit (zurück)versetzen; ~ **de l'effet à la cause** von den Auswirkungen bis zur Ursache zurückgehen; **aussi loin que remontent mes souvenirs ...** so weit (wie) meine Erinnerung reicht ... **C** V/PR **1** *physiquement* **se ~** wieder zu Kräften kommen **2 se ~ en qc** sich wieder mit etw eindecken

remontoir [ʀ(ə)mõtwaʀ] M TECH Aufziehvorrichtung *f*

remontrance [ʀ(ə)mõtʀɑ̃s] F Verweis *m*; Zurechtweisung *f*; **~s** *pl a.* Vorhaltungen *fpl*

remontrer [ʀ(ə)mõtʀe] **A** V/T wieder, noch einmal zeigen **B** V/I **en ~ à qn** j-m s-e Überlegenheit beweisen; **il en remontrerait à son professeur** er könnte s-m Lehrer etwas vormachen

remords [ʀ(ə)mɔʀ] M Schuldgefühl *n*, -bewusstsein *n*; *pl* Gewissensbisse *mpl*; **avoir des ~ (d'avoir fait qc)** Gewissensbisse haben, sich *(dat)* Gewissensbisse machen (, weil man etw getan hat); **étouffer ses ~** s-e Gewissensbisse unterdrücken

remorquage [ʀ(ə)mɔʀkaʒ] M **1** MAR Schleppen *n* **2** AUTO Abschleppen *n*; **barre** *f* **de ~** Abschleppstange *f*

remorque [ʀ(ə)mɔʀk] F **1** *d'un véhicule* Anhänger *m* **2** MAR **(câble** *m* **de)** ~ Schlepptau *n*; *fig* **être, se mettre à la ~ de qn** j-m blindlings folgen; sich von j-m ins Schlepptau nehmen lassen; *fig* **il est toujours à la ~** er hängt immer nach; er ist immer der Letzte; **prendre en ~** *bateau* ins Schlepptau nehmen; in Schlepp nehmen *(a. voiture)*; *voiture* abschleppen

remorquer [ʀ(ə)mɔʀke] V/T **1** MAR schleppen; ins Schlepptau nehmen; bugsieren **2** *véhicule* abschleppen **3** *fam fig qn* mit-, herumschleppen

remorqueur [ʀ(ə)mɔʀkœʀ] M MAR Schlepper *m*

rémoulade [ʀemulad] F CUIS Remoulade (-nsoße) *f*; *adjt* **céleri** *m* ~ Sellerie *m ou f* mit Remouladensoße

rémouleur [ʀemulœʀ] M Scherenschleifer *m*

remous [ʀ(ə)mu] M **1** *dans un cours d'eau* Strudel *m*; Wirbel *m* *(a. dans l'atmosphère)*; Sog *m*; MAR *d'un bateau* Kielwasser *n* **2** *fig pl* Wirbel *m*; Unruhe *f*; Aufruhr *m*; **causer des ~** für Wirbel, Unruhe sorgen; *affaire* viel Staub aufwirbeln

rempaillage [ʀɑ̃pajaʒ] M Neubespannung *f* (mit Stroh); **rempailler** V/T *chaise* neu mit

R

Stroh, mit e-m neuen Strohgeflecht bespannen; **rempailleur** M, **rempailleuse** F Stuhlflechter(in) *m(f)*

rempaqueter [ʀɑ̃pakte] VT ⟨-tt-⟩ wieder einpacken

rempart [ʀɑ̃paʀ] M FORTIFICATIONS (Festungs-, Schutz)Wall *m*; Befestigungsmauer *f*, -anlage *f*; Bollwerk *n* (*a. fig*); *d'une ville a.* Stadtmauer *f*; *fig* **se faire un ~ du corps de qn** hinter j-s Körper (*dat*) Schutz suchen, in Deckung gehen

rempiler [ʀɑ̃pile] *arg militaire* VI sich weiterverpflichten; länger dienen

remplaçable [ʀɑ̃plasabl] ADJ ersetzbar; auswechselbar

remplaçant [ʀɑ̃plasɑ̃] M, **remplaçante** F (Stell)Vertreter(in) *m(f)*; *instituteur, -trice* Hilfslehrer(in) *m(f)*; SPORTS Ersatzmann *m*, -spieler(in) *m(f)*; Auswechselspieler(in) *m(f)*

remplacement [ʀɑ̃plasmɑ̃] M 1 *de choses* Ersetzung *f*; Ersatz *m*; *loc adj* **de ~** Ersatz...; **produit** *m* **de ~** Ersatzmittel *n*; **en ~ de qc** als Ersatz für etw 2 *d'un absent* Vertretung *f*; **en ~ de** in Vertretung, an Stelle von (*ou +gén*); als Vertretung für; **faire des ~s** Vertretungen machen, übernehmen

remplacer [ʀɑ̃plase] ⟨-ç-⟩ VT 1 *chose* ersetzen (**par** durch); auswechseln, austauschen (gegen); **~ une vitre cassée** e-e zerbrochene Scheibe ersetzen, auswechseln, austauschen; **le robot remplace l'homme** der Roboter ersetzt den Menschen 2 **~ qn** *provisoirement* j-n vertreten; (*succéder à*) j-n ersetzen; **~ qn par qn** *a.* j-n an j-s Stelle (*acc*) setzen; **je vous remplacerai** ich werde Sie vertreten; ich werde für Sie einspringen; **se faire ~** sich vertreten lassen

rempli¹ [ʀɑ̃pli] ADJ *théâtre* voll, gut besetzt; *journée, vie* **bien ~** ausgefüllt; **~ de** voll(er); *récipient a.* gefüllt mit; *texte* **~ d'erreurs** voller Fehler; **~ de monde** voller Leute; voll mit Leuten; *fig* **être (tout) ~ de son importance, de soi-même** von sich (völlig) überzeugt, eingenommen sein

rempli² [ʀɑ̃pli] M COUT Einschlag *m*

remplir [ʀɑ̃pliʀ] A VT 1 *récipient, poche etc* füllen (**de** mit); vollmachen; *verre a.* vollgießen, schenken; *baignoire a.* volllaufen lassen; *événement: journaux, gens: salle* füllen; *espace, vide* ausfüllen; **~ une page d'écriture** e-e Seite vollschreiben; *activité* **~ une vie** ein Leben ausfüllen 2 *fig* **~ qn d'admiration, de joie, de chagrin** *etc* j-n mit Bewunderung, Freude, Trauer *etc* erfüllen 3 *fiche, questionnaire* ausfüllen 4 *conditions, devoir, mission* erfüllen; **~ ses engagements** *a.* s-n Verpflichtungen nachkommen 5 *fonction, emploi* ausüben; *charge a.* bekleiden; **~ son rôle** s-e Rolle gut spielen B V/PR **se ~** sich füllen (**de** mit); *de liquide a.* volllaufen; **se ~ les poches** sich (*dat*) die Taschen füllen; *fig a.* in die eigene Tasche arbeiten, wirtschaften; *salle* **commencer à se ~** sich zu füllen, voll zu werden beginnen

remplissage [ʀɑ̃plisaʒ] M 1 *action* (Auf)Füllen *n* 2 *péj d'un texte* Füllsel *n*; Füllwerk *n*; **faire du ~** Unwesentliches schreiben

remplumer [ʀɑ̃plyme] V/PR *fam* **se ~** 1 *financièrement* wieder zu Geld kommen 2 *physiquement* wieder rundlicher werden; wieder zunehmen

rempocher [ʀɑ̃pɔʃe] VT wieder einstecken; wieder in die Tasche stecken

remporter [ʀɑ̃pɔʀte] VT 1 *objet* wieder mitnehmen; wieder wegbringen, -tragen; *mets* wieder abtragen 2 *victoire, succès, titre, prix* erringen; *victoire a.* davontragen; *combat* gewinnen

rempotage [ʀɑ̃pɔtaʒ] M Umtopfen *n*; **rempoter** VT umtopfen

remuant [ʀəmɥɑ̃] ADJ 1 *enfant* lebhaft; zapp(e)lig; unruhig 2 *adulte* rührig

remue-ménage [ʀ(ə)mymenaʒ] M ⟨*inv*⟩ geräuschvolles, lärmendes Durcheinander; Krach *m*; *fam* Radau *m*; (*agitation*) Trubel *m*; **faire du ~** Krach, Radau machen; **il y a du ~** es herrscht großer Trubel

remuer [ʀəmɥe] A VT 1 *lèvres, doigts etc* bewegen; *meuble* (weg)rücken; *terre* umgraben; *café, sauce, salade* umrühren; *salade a.* mischen; *fig* **~ beaucoup d'argent, des millions** große (Geld)Geschäfte machen; viel Geld umsetzen; *pop fig* **~ de la merde** im Schmutz wühlen; (den) Schmutz aufwühlen; *chien* **~ la queue** mit dem Schwanz wedeln; schwänzeln; **~ de vieux souvenirs** Erinnerungen heraufbeschwören, zurückrufen 2 *fig* (*émouvoir*) aufrütteln; bewegen; rühren; ergreifen B VI 1 (*bouger*) sich bewegen; sich regen; *dent* wackeln; *animal blessé* **~ encore** sich noch bewegen; *herbes etc* **~ dans le vent** sich im Wind bewegen; im Wind schwanken; *femme enceinte* **sentir son enfant ~** spüren, wie sich ihr Kind bewegt; *enfant* **ne pas pouvoir rester sans ~** nicht still sitzen können 2 *fig* (*se révolter*) in Unruhe geraten; unruhig werden; aufbegehren C V/PR **se ~** 1 (*bouger*) sich bewegen 2 *fig* (*se démener*) sich einsetzen (**pour qc** bei, für etw); sich (*dat*) Mühe geben; **allez, remue-toi!** (*agis!*) los, unternimm *ou* tu was!; (*dépêche-toi!*) los, beeil dich!

rémunérateur [ʀemyneʀatœʀ] ADJ ⟨-trice⟩ einträglich; lohnend; gewinnbringend; **rémunération** F Entlohnung *f*; Vergütung *f*; Honorierung *f*; Lohn *m*; (Arbeits)Entgelt *n*; *du capital* Verzinsung *f*

rémunérer [ʀemyneʀe] VT ⟨-è-⟩ *personne* entlohnen; bezahlen; *travail* vergüten; bezahlen; honorieren; *capital* verzinsen; *adjt* **poste bien rémunéré** gut bezahlte, gut dotierte Stelle

renâcler [ʀ(ə)nɑkle] VI 1 *cheval etc* schnauben 2 *personne* sich sträuben; **~ à la besogne** sich gegen die Arbeit sträuben; **sans ~** ohne Widerrede

renaissance [ʀ(ə)nɛsɑ̃s] F 1 Wiedergeburt *f*; Wiederaufleben *n*; Wiedererstehen *n*; *des arts a.* Wiederaufblühen *n*; Renaissance *f* 2 HIST **la Renaissance** die Renaissance 3 ADJT ⟨*inv*⟩ **Renaissance** Renaissance...; **château** *m* **Renaissance** Renaissanceschloss *n*

renaissant [ʀənɛsɑ̃] ADJ wieder auflebend, aufkommend, erstehend; *art a.* wieder aufblühend

renaître [ʀ(ə)nɛtʀ] VI ⟨→ naître⟩ wiedergeboren werden (*a.* REL); *fig: conflit, difficultés* wieder aufleben; *arts* wieder aufblühen; *industrie etc* wieder erstehen; neu entstehen; *espoir, désir, sentiment* wieder erwachen; *poét: jour* wieder anbrechen; *plantes au printemps* zu neuem Leben erwachen; **~ à l'espérance** wieder zu hoffen beginnen; neue Hoffnung schöpfen; **~ à la vie** wieder aufleben; das Leben wieder genießen können; **faire ~ le passé** die Vergangenheit wieder lebendig werden lassen; **se sentir ~** sich wie neugeboren fühlen

Renaix [ʀənɛ] GÉOG Ronse *n*

rénal [ʀenal] ADJ ⟨-aux⟩ ANAT Nieren...

renard [ʀ(ə)naʀ] M 1 ZOOL Fuchs *m*; **~ argenté, commun** Silber-, Rotfuchs *m*; **~ du désert** Wüstenfuchs *m* 2 *fourrure* Fuchs(pelz) *m*; *manteau* **à col de ~** mit e-m Fuchs(pelz)kragen 3 *fig* **un fin ~** ein schlauer Fuchs; **c'est un vieux ~** das ist ein alter Fuchs; der ist mit allen Wassern gewaschen 4 LITTÉRATURE **maître Renard** Reineke Fuchs *m*

renarde [ʀ(ə)naʀd] F ZOOL Füchsin *f*; CH *a.* Fähe *f*; **renardeau** M ⟨*pl* ~x⟩ ZOOL junger Fuchs; (Fuchs)Welpe *m*; **renardière** F Fuchsbau *m*

Renaud [ʀəno] M *Vorname*

Renault [ʀəno] 1 *frz Autohersteller* 2 *voiture* **une ~** ein Renault *m*

rencard [ʀɑ̃kaʀ] M → rancard

renchérir [ʀɑ̃ʃeʀiʀ] A V/T INDIR **~ sur qc** etw (noch) übertreffen B VI 1 (*augmenter*) teurer werden; sich verteuern; im Preis steigen 2 *en paroles* **renchérit-il** fügte er bekräftigend hinzu

renchérissement [ʀɑ̃ʃeʀismɑ̃] M Verteuerung *f*; Preissteigerung *f*; Kosten-, Preisanstieg *m*

rencontre [ʀɑ̃kɔ̃tʀ] F 1 Begegnung *f*; (Zusammen)Treffen *n*; Zusammenkunft *f*; **heureuse ~** glückliches Zusammentreffen; glücklicher Zufall; **~ internationale (d'étudiants)** internationales (Studenten)Treffen; POL **~ au sommet** Gipfeltreffen *n*; **~ entre deux chefs d'État** Treffen zweier Staatspräsidenten; *loc adj* **de ~** zufällig; **ami(e)** *m(f)* **de ~** Zufallsbekanntschaft *f*; **aller, venir à la ~ de qn** j-m entgegengehen, -kommen; **je suis allé à sa ~** ich bin ihm *ou* ihr entgegengegangen; **ma ~ lui fut désagréable** die Begegnung mit mir war ihm peinlich; **faire la ~ de qn** j-s Bekanntschaft machen; **faire une mauvaise ~** e-e verhängnisvolle Begegnung haben; **faire de mauvaises ~s** in schlechte Gesellschaft geraten; *fig* **partir à la ~ du Sahara** auf Entdeckungsreise in die Sahara fahren 2 SPORTS Begegnung *f*; Wettkampf *m*; Spiel *n*; **~ de boxe** Boxkampf *m* 3 *de rivières, lignes, voyelles* Zusammentreffen *n*; *de véhicules* (*collision*) Zusammenstoß *m*

rencontrer [ʀɑ̃kɔ̃tʀe] A VT 1 begegnen (*+dat*); treffen; **~ qn** *par hasard* j-m begegnen; j-n (an)treffen; *exprès* mit j-m zusammentreffen, -kommen; j-n treffen; SPORT auf j-n treffen; (*faire la connaissance de*) j-n kennenlernen; j-s Bekanntschaft machen; *dans un texte* **~ plusieurs fois la même expression** mehrere Male dem gleichen Ausdruck begegnen; *gens* **comme on n'en rencontre plus** wie man sie nicht mehr findet; **~ les yeux de qn** j-s Blick begegnen 2 (*se heurter à*) **~ qc** auf etw (*acc*) stoßen (*a. fig*); *fig* **~ de grandes difficultés** auf große Schwierigkeiten stoßen; **~ le mur, un obstacle** an *ou* gegen die Mauer, auf ein Hindernis stoßen B V/PR **se ~** 1 *réciproquement: personnes, regards* sich begegnen; sich treffen; (*avoir une entrevue*) zusammenkommen, -treffen; *deux rivières etc* zusammentreffen; *véhicules* zusammenstoßen; **faire se ~ plusieurs personnes** mehrere Personen miteinander bekannt machen 2 *sens passif: choses, coutumes* anzutreffen sein; *une de ces longues phrases* **comme il s'en rencontre chez Proust** wie man sie bei Proust findet; **cela se rencontre quelquefois** so etwas kommt vor; **comme cela se rencontre!** das trifft sich gut!

rendement [ʀɑ̃dmɑ̃] M 1 ÉCON, FIN Rendite *f*; Ertrag *m* 2 *du travail* (Arbeits)Leistung *f*; *de la production pétrolière etc* Ausbeute *f*; Ergiebigkeit *f*; AGR Ertrag *m*; PHYS *d'une machine* Wirkungsgrad *m*; Nutzeffekt *m*; **~ à l'hectare** Hektarertrag *m*; *loc adj* **d'un mauvais ~** unwirtschaftlich; **travailler à plein ~** mit voller Leistung arbeiten

rendez-vous [ʀɑ̃devu] M 1 Verabredung *f*; **~ (amoureux)** Rendezvous *n*; Stelldichein *n*; **~ social** Treffen *n* der Tarifpartner; Tarifverhandlungen *fpl*; **~ d'affaires** geschäftliche Verabredung; *péj* **maison** *f* **de ~** exklusives Freudenhaus; Luxusbordell *n*; **avoir (un) ~ avec qn** e-e Verabredung mit j-m haben; mit j-m verabredet sein; sich mit j-m treffen;

fig **avoir ~ avec la chance** dem Glück begegnen; **avoir un ~ chez le médecin** e-n Termin beim Arzt haben; beim Arzt bestellt, angemeldet sein; **donner ~ à qn** sich mit j-m verabreden; j-n bestellen; **il m'a donné ~ à cinq heures** er hat mich auf *ou* für fünf Uhr bestellt; **se donner ~** sich verabreden; *fig* **(ne pas) être au ~** (nicht) eingetroffen, eingetreten sein; *client* **prendre ~** sich anmelden **(avec le médecin** beim Arzt); **avez-vous pris ~?** sind Sie angemeldet?; *médecin etc* **recevoir sur ~** Sprechstunde nach Vereinbarung halten **2** *lieu* Treffpunkt *m*; *par ext* **~ de chasse** Jagdhütte *f*; *café* **être le ~ des artistes** (der) Treffpunkt der Künstler sein **3** **~ spatial** Rendezvous(manöver) *n* im Weltraum

rendormir [ʀɑ̃dɔʀmiʀ] ⟨→ dormir⟩ V/PR **se ~** wieder einschlafen

rendosser [ʀɑ̃dose] V/T *manteau etc* wieder an-, überziehen; *lors du Tour de France* **~ le maillot jaune** sich *(dat)* das Gelbe Trikot wieder zurückholen

rendre [ʀɑ̃dʀ]

⟨je rends, il rend, nous rendons; je rendais; je rendis; je rendrai; que je rende; rendant; rendu⟩

A verbe transitif B verbe intransitif C verbe pronominal

— A verbe transitif —

1 *(restituer)* (wieder) zurückgeben; *(redonner)* wiedergeben; *monnaie* herausgeben; *élève: copie* abgeben; **~ un article défectueux** e-e schadhafte Ware zurückgeben; **~ un bâtiment à sa destination primitive** ein Gebäude s-r ursprünglichen Bestimmung zurückgeben; **~ un cadeau** ein Geschenk zurückgeben; **~ à qn confiance en soi** j-m wieder Selbstvertrauen geben; **~ un coup** zurückschlagen; *nouvelle* **~ l'espoir à qn** j-m wieder, neue Hoffnung geben, machen; j-m die Hoffnung wiedergeben; *médicament* **~ des forces à qn** j-m neue Kräfte geben, verleihen; j-n wieder zu Kräften kommen lassen; **~ une invitation** e-e Gegeneinladung aussprechen; e-e Einladung erwidern; **~ la liberté à qn** j-m die Freiheit wiedergeben; **~ la vue à un aveugle** e-m Blinden die Sehkraft, das Augenlicht zurück-, wiedergeben; ♦ *abs:* **pouvez-vous me ~ sur dix euros?** können Sie mir auf zehn Euro herausgeben?; **emprunter et ne pas ~** ausleihen und nicht zurückgeben; BIBL **rendez à César ce qui est à César** gebet dem Kaiser, was des Kaisers ist **2** *(faire payer)* vergelten, *péj* heimzahlen **(qc à qn** j-m etw); **~ le bien pour le mal** Böses mit Gutem vergelten; **~ injure pour injure** Beschimpfungen mit Beschimpfungen beantworten; **je le lui rendrai** ich werde es ihm (ordentlich) heimzahlen; *elle le déteste,* **mais il le lui rend bien** aber er kann sie ebenso wenig leiden **3** **a** *(laisser échapper)* **b** *(vomir)* von sich geben; erbrechen; *abs* sich übergeben **b** *instrument* **~ des sons aigus** hohe Töne von sich geben **c** *fig* **~ l'âme, l'esprit** den Geist aufgeben *(a. fig)*; die Seele aushauchen **4** *par le langage, par l'art* wiedergeben; *copie* **~ bien l'original** originalgetreu sein; **bien ~ la pensée de l'auteur** die Gedanken des Autors gut wiedergeben, klar zum Ausdruck bringen **5** MIL *ville, place* übergeben; **~ les armes** die Waffen strecken *(a. fig)*, niederlegen **6** SPORTS vorgeben; **~ de la distance, du poids à ses concurrents** s-n Konkurrenten Distanz, Gewicht vorgeben **7** *avec adj* machen; **~ qn célèbre, fou, malade, orgueilleux** *etc* j-n berühmt, verrückt, krank, hochmütig *etc* machen; **~ une rivière navigable** e-n Fluss schiffbar machen; **~ qn triste** j-n traurig machen, stimmen **8** *avec subst:* **~ un arrêt, un jugement** ein Urteil fällen; → *a.* compte 3, justice 1, 2, service 1, visite 1

— B verbe intransitif —

1 *terres, arbres fruitiers* **~ peu, bien** wenig, viel abwerfen, einbringen; *produit* **~ bien** ergiebig sein; ausgeben **2** *par ext: photo etc fam* **ça n'a pas rendu** das ist nichts geworden; *personne* **bien ~ à l'écran** sich auf dem Bildschirm gut machen

— C verbe pronominal —

se ~ **1** **a** MIL sich ergeben; *criminel* **se ~ à la justice** sich der Justiz stellen **b** *par ext (céder):* **se ~ à l'appel de qn** j-s Aufruf *(dat)* folgen, Folge leisten; **se ~ à l'avis de qn** sich j-s Ansicht *(dat)* anschließen; **se ~ aux ordres de qn** j-s Befehlen *(dat)* gehorchen; **se ~ aux prières de qn** j-s Bitte *(dat)* nachkommen; → *a.* raison 1, 4 **2** *(aller)* sich begeben **(chez qn** zu j-m); **se ~ à l'étranger, à Paris** sich ins Ausland, nach Paris begeben; **se ~ à une invitation** e-r Einladung *(dat)* Folge leisten; **se ~ au théâtre** ins Theater gehen; **se ~ à son travail, à son poste** an die Arbeit gehen; sich an die Arbeit, auf s-n Posten begeben **3** **a** *avec adj* sich ... machen; **se ~ insupportable** unerträglich werden *ou* sein; **se ~ malade, utile** *etc* sich krank, nützlich *etc* machen **b** *avec subst* **se ~ acquéreur de qc** etw erwerben; **se ~ maître de qc** e-r Sache *(gén)* *ou* über etw *(acc)* Herr werden **4** **se ~ compte de qc** → compte 3 **5** *sens passif: expression* **ne pouvoir se ~ en français** sich im Französischen nicht wiedergeben lassen

rendu [ʀɑ̃dy] **A** PP → rendre *et* ADJ **1** *portrait* **bien ~** gut getroffen **2** *(arrivé)* angekommen; **nous voilà rendus** wir sind da **3** *(exténué)* erschöpft; ermattet **B** M **1** ART Wiedergabe *f* **2** COMM zurückgehende, zurückgegebene Ware; **~s** *pl a.* Retouren *fpl*

rêne [ʀɛn] F Zügel *m*; *fig:* **lâcher les ~s** die Zügel locker lassen, *plus fort* schießen lassen; **prendre, tenir les ~s** die Zügel fest in die Hand nehmen, in der Hand haben

René [ʀəne] M *Vorname*

Renée [ʀəne] F *Vorname*

renégat [ʀənega] M, **renégate** F REL *et fig* Renegat *m*; Abtrünnige(r) *m/f(m)*

reneiger [ʀ(ə)neʒe] V/IMP ⟨-geait⟩ **il reneige** es schneit wieder

renettoyer [ʀ(ə)netwaje] V/T ⟨-oi-⟩ wieder reinigen, säubern, sauber machen

renfermé [ʀɑ̃fɛʀme] **A** ADJ *air, personne* verschlossen; *personne a.* in sich *(acc)* gekehrt; **avoir un** *ou* **être de caractère ~** verschlossen sein **B** M **odeur** *f* **de ~** dumpfer, muffiger Geruch; **sentir le ~** dumpf(ig), muffig riechen

renfermer [ʀɑ̃fɛʀme] **A** V/T enthalten; umfassen; in sich *(dat)* schließen; **~ un sens profond** e-n tieferen Sinn haben **B** V/PR **se ~ en soi-même** sich in sich *(acc)* selbst zurückziehen

renflé [ʀɑ̃fle] ADJ *forme, vase etc* bauchig; (aus)gebaucht

renflement [ʀɑ̃fləmɑ̃] M Ausbauchung *f*; Verdickung *f*; (An)Schwellung *f*; Wulst *m*

renfler [ʀɑ̃fle] **A** V/T ausbauchen; anschwellen lassen; wölben **B** V/PR **se ~** sich ausbauchen; anschwellen; sich wölben

renflouage [ʀɑ̃fluaʒ] M *ou* **renflouement** M MAR *et fig* Wiederflottmachen *n*

renflouer [ʀɑ̃flue] V/T *bateau, fig économie, entreprise* wieder flottmachen; *fig* **~ qn** j-m unter die Arme greifen

renfoncement [ʀɑ̃fõsmɑ̃] M *d'une porte etc* Vertiefung *f*

renfoncer [ʀɑ̃fõse] ⟨-ç-⟩ V/T **~ son chapeau sur sa tête** sich *(dat)* den Hut tiefer ins Gesicht ziehen, drücken

renforçateur [ʀɑ̃fɔʀsatœʀ] M *ou* ADJT **bain** *m* **~** PHOT Verstärker *m*

renforcement [ʀɑ̃fɔʀsəmɑ̃] M TECH, MIL, GRAM, *d'une équipe etc* Verstärkung *f*; *d'un régime politique* Stärkung *f*

renforcer [ʀɑ̃fɔʀse] V/T ⟨-ç-⟩ **1** *mur, troupe, équipe, expression etc* verstärken; *par ext* **~ un régime politique** ein politisches Regime stärken; *adjt: bas* **à talon renforcé** mit verstärkter Ferse; **renforcé nylon** nylonverstärkt **2** **~ qn dans son opinion** j-n in s-r Meinung bestärken; **~ la méfiance, les soupçons de qn** j-n in s-m Misstrauen, in s-m Verdacht bestärken

renfort [ʀɑ̃fɔʀ] M **1** MIL *et par ext* Verstärkung *f*; *de personnel a.* Zugang *m*; **demander du ~** *ou* **des ~s** Verstärkung erbitten **2** LOC PRÉP **à grand ~ de** mit (Hilfe von) viel; unter reichlicher Zuhilfenahme von

renfrogné [ʀɑ̃fʀɔɲe] ADJ verdrießlich; mürrisch; griesgrämig; verärgert; sauer; **renfrogner** V/PR **se ~** ein saures, mürrisches Gesicht machen; sein Gesicht verziehen

rengager [ʀɑ̃gaʒe] ⟨-geons⟩ **A** V/T **1** *personnel* wieder einstellen **2** *combat, discussion* wieder aufnehmen **B** V/I *et* V/PR MIL **(se) ~** freiwillig länger dienen; sich weiterverpflichten; *adjt* **soldat rengagé** *ou subst* **rengagé** *m* länger dienende(r) Freiwillige(r)

rengaine [ʀɑ̃gɛn] F **1** *chanson* Schlager *m*; Gassenhauer *m* **2** *fig* **c'est toujours la même ~** es ist immer die alte Leier, dieselbe Platte

rengainer [ʀɑ̃gene] V/T **1** *épée* wieder in die Scheide stecken **2** *fam fig compliment* für sich behalten; unterdrücken; *fam* runterschlucken

rengorger [ʀɑ̃gɔʀʒe] V/PR ⟨-geons⟩ **se ~** **1** *pigeon, paon* sich aufplustern **2** *fig personne* sich in die Brust werfen; *fam* sich aufplustern

reniement [ʀ(ə)nimɑ̃] M **1** *de qn, de ses opinions* Verleugnung *f*; BIBL **le ~ de saint Pierre** die Verleugnung des Petrus **2** REL Lossagung *f* **(de** von)

renier [ʀ(ə)nje] **A** V/T **1** *ami, opinions, origines etc* verleugnen; *promesse, signature* leugnen **2** **~ Dieu, sa foi** sich von Gott, von s-m Glauben lossagen; Gott, s-m Glauben abtrünnig werden **B** V/PR **se ~** s-e Ansichten verleugnen

reniflement [ʀ(ə)nifləmɑ̃] M Schnüffeln *n*

renifler [ʀ(ə)nifle] **A** V/T **1** schnüffeln *(a. odeur)*, schnuppern **(qc** an etw *[dat]*) **2** *fam fig mauvais coup etc* wittern **B** V/I *qn d'enrhumé* (die Nase) hochziehen

renne [ʀɛn] M ZOOL Ren(tier) *n*

renom [ʀ(ə)nõ] M (guter) Ruf; Name *m*; Ansehen *n*; **artiste** *m* **de ~ international** Künstler *m* von internationalem Ruf; *école etc* **de grand ~, en ~** mit e-m (sehr) guten Ruf; **acquérir, avoir du ~** e-n guten Ruf erlangen, haben; **jouir d'un grand ~** e-n sehr guten Ruf genießen

renommé [ʀ(ə)nɔme] ADJ (wohl)bekannt; angesehen; renommiert; berühmt; *personnage a.* namhaft; **être ~ pour ...** bekannt, berühmt sein für ...

renommée [ʀ(ə)nɔme] F guter Ruf; Ansehen *n*; Renommee *n*; **~ mondiale** Weltruf *m*; **sa ~ s'étend jusqu'à ...** sein (guter) Ruf reicht bis nach ...; **jouir d'une grande ~** großes Ansehen, e-n sehr guten Ruf genießen

renommer [ʀ(ə)nɔme] V/T wieder ernennen

renoncement [ʀ(ə)nõsmɑ̃] M Verzicht *m* **(à** auf *+acc*); Entsagung *f*; **~ à soi-même** Selbstverleugnung *f*

renoncer [ʀ(ə)nõse] V/T INDIR ⟨-ç-⟩ **~ à** ver-

R

zichten auf *(+acc)*; absehen, Abstand nehmen von; aufgeben *(+acc)*; entsagen *(+dat)*; *st/s* sich begeben *(+gén)*; **~ à une espérance, à une habitude** e-e Hoffnung, e-e Gewohnheit aufgeben; **~ au mariage** von e-r Heirat absehen; REL **~ au monde** der Welt entsagen; **~ à un projet** auf ein Projekt verzichten; ein Projekt aufgeben; REL **~ à Satan, à ses pompes et à ses œuvres** dem bösen Feinde und aller s-r Hoffart und allen s-n Werken widersagen; **~ à une succession** e-e Erbschaft ausschlagen; auf e-e Erbschaft verzichten; ♦ **~ à faire qc** darauf verzichten, etw zu tun; **~ à boire, à fumer** das Rauchen, das Trinken aufgeben, *fam* sein lassen; **~ à fréquenter qn** vom Umgang mit j-m Abstand nehmen; den Umgang, Verkehr mit j-m einstellen; **~ à poursuivre ses études** sein Studium aufgeben; ♦ **j'y renonce** ich geb's auf; *abs* **je renonce** ich verzichte

renonciation [ʀ(ə)nõsjasjõ] F Verzicht *m* (à auf *+acc*); JUR *a.* Verzichtleistung *f*; **~ à une succession** Erbverzicht *m*; Ausschlagung *f* e-r Erbschaft

renoncule [ʀ(ə)nõkyl] F BOT Hahnenfuß *m*; **~ (des fleuristes)** Ranunkel *f*

renouer [ʀ(ə)nwe] A V/T 1 *lacets* wieder (zu)binden, (zu)schnüren; **~ une cravate** eine Krawatte wieder binden; **~ un ruban** ein Band wieder verknoten 2 *fig pourparlers, conversation* wieder aufnehmen, anknüpfen; *amitié* erneuern B V/T INDIR 1 **~ avec qc** an etw *(acc)* (wieder) anknüpfen; **~ avec une mode, avec un usage** an e-e Mode, an e-n Brauch (wieder) anknüpfen; *poésie, théâtre* **~ avec les traditions populaires** Volkstraditionen wieder aufnehmen; an Volkstraditionen anknüpfen 2 **~ avec un ami** die Beziehungen zu e-m Freund wieder aufnehmen; die alte Freundschaft erneuern

renouveau [ʀ(ə)nuvo] M ⟨*pl* ~x⟩ 1 *poét* Lenz *m* 2 *fig en art* neuer Frühling; neue Blüte; **connaître un ~ de succès** e-n neuen Erfolg zu verzeichnen haben

renouvelable [ʀ(ə)nuvlabl] ADJ 1 erneuerbar; *contrat, passeport* verlängerbar; *expérience* wiederholbar; *partic* POL *assemblée* **être ~ tous les trois ans** alle drei Jahre neu gewählt werden 2 ÉCOL *énergie* erneuerbar; regenerativ; *matière première* nachwachsend

renouveler [ʀ(ə)nuvle] ⟨-ll-⟩ A V/T erneuern; *contrat, passeport, abonnement a.* verlängern; *offre, promesse, exploit a.* wiederholen; *offre a.* erneut machen; *promesse a.* erneut geben; *exploit a.* erneut vollbringen; *stocks a.* auffüllen; ergänzen; **~ une assemblée** ein Gremium neu wählen; *députés* **~ leur confiance au gouvernement** der Regierung erneut ihr Vertrauen aussprechen; **~ ses efforts** sich von Neuem anstrengen; neue Anstrengungen unternehmen; **~ une erreur** e-n Irrtum wiederholen, erneut begehen; **~ sa garde-robe** s-e Garderobe erneuern; sich *(dat)* neue Kleider anschaffen; **~ le personnel** das Personal erneuern, auswechseln, ablösen; **~ sa question** s-e Frage wiederholen, erneut stellen; REL CATH **~ les vœux du baptême** die Taufgelübde erneuern; **faire ~ son passeport** s-n Pass erneuern *ou* verlängern lassen B V/I REL CATH die Erstkommunion nach e-m Jahr wiederholen, erneuern C V/PR **se ~** 1 *sang, techniques etc* sich erneuern; *peintre, écrivain etc* sich wandeln; anderes, Neues gestalten 2 *scène, incident etc* sich wiederholen; wieder vorkommen; **et que ça ne se renouvelle pas!** das darf nicht wieder vorkommen!; dass mir das nicht wieder vorkommt!

renouvellement [ʀ(ə)nuvɛlmã] M Erneuerung *f*; *d'un contrat, passeport a.* Verlängerung *f*; **~ d'un mandat** Wiederwahl *f* in ein Amt; **demande** *f* **de ~ de passeport** Antrag *m* auf Passverlängerung

rénovateur [ʀenɔvatœʀ], **rénovatrice** A M,F Erneuerer *m*, Erneuerin *f* B ADJ erneuernd

rénovation [ʀenɔvasjõ] F CONSTR Renovierung *f*; Instandsetzung *f*; **travaux** *mpl* **de ~** Renovierungsarbeiten *fpl*

rénover [ʀenɔve] V/T 1 *bâtiment* renovieren; instand setzen 2 *fig enseignement etc* erneuern

renseignement [ʀãsɛɲmã] M 1 Auskunft *f*; Information *f*; *fam* **~s** *pl* Auskunft(sstelle *f*, -sdienst *m*) *f*; Information *f*; **bureau** *m* **de(s) ~(s)** Auskunftsbüro *n*; Auskunftei *f*; **guichet** *m* **de(s) ~(s)** Auskunftsschalter *m*; **pour tout ~, pour plus amples ~s s'adresser à …** Auskunft, nähere Auskünfte bei …; **aller aux ~s** a sich erkundigen b zur Auskunft, Information gehen; **donner, fournir des ~s à qn sur qc** j-m über etw *(acc)* Auskunft geben, erteilen; **prendre des ~s sur qn, qc** Erkundigungen über j-n, etw einziehen, einholen 2 *de candidats à un poste* Empfehlung *f*; Referenz *f* 3 MIL, POL (geheime) Nachricht; **~s généraux** polizeilicher Überwachungsdienst; *correspond à* Verfassungsschutz *m*; **agent** *m* **de ~s** (Geheim)Agent *m*; **service** *m* **de ~s** Nachrichtendienst *m*

renseigner [ʀãseɲe] A V/T Auskunft geben, erteilen (**qn sur qc, qn** j-m über etw, j-n); informieren, unterrichten (j-n über etw, j-n); *adjt* **être bien, mal renseigné** gut, schlecht unterrichtet sein, informiert sein, Bescheid wissen B V/PR **se ~** sich erkundigen, informieren (**auprès de qn** bei j-m; **sur qn, qc** über j-n, etw); **se ~ sur qn** *a.* über j-n Erkundigungen einholen, einziehen; **je vais me ~** *a.* ich werde (an)fragen

rentabiliser [ʀãtabilize] V/T ÉCON rentabel machen, gestalten; einträglich machen; **rentabilité** F Rentabilität *f*; Einträglichkeit *f*; Wirtschaftlichkeit *f*

rentable [ʀãtabl] ADJ rentabel; lohnend; gewinnbringend; einträglich; **être ~** *a.* sich lohnen; sich rentieren

rente [ʀãt] F 1 *d'un capital, bien* Rente *f*; **~ viagère** Leibrente *f*; **~ d'invalidité** Invalidenrente *f* *(für Beamte)*; *fig* **~ de situation** Vorteil, der bei e-r Stellung herausspringt; **avoir des ~s** Einkünfte aus Kapitalvermögen und Besitz haben; **vivre de ses ~s** von s-m Vermögen leben; privatisieren 2 *fam iron (dépense régulière)* Fass *n* ohne Boden; *fam* kostspielige Angelegenheit 3 FIN *(emprunt d'État)* Staatsanleihe *f*

rentier [ʀãtje] M, **rentière** F Rentier *m*; Privatier *m*; *fig* **mener une vie de rentier** *fam* e-e ruhige Kugel schieben

rentrant [ʀãtʀã] ADJ MATH *angle* überstumpf; einspringend

rentré [ʀãtʀe] A ADJ 1 *colère* unterdrückt 2 *joues* eingefallen; hohl B M COUT Umschlag *m*

rentrée [ʀãtʀe] F 1 *(retour)* Rückkehr *f*; Rückkunft *f*; Heimkehr *f* 2 *après les vacances* Wiederbeginn *m* (der Arbeit, der Schule, der Universität *etc*); **la ~ parlementaire** das Wiederzusammentreten des Parlaments; **la ~ (des classes)** der Schulbeginn, -anfang (nach den Ferien); **à la ~** bei(m) Schulbeginn; **c'est la ~ des classes** die Schule fängt wieder an 3 *(réapparition)* Wiederkehr *f*; *de qn a.* Rückkehr *f*; **~ politique** Rückkehr in die Politik; politisches Come-back; **faire sa ~** *artiste* (s)ein Come-back feiern; *acteur a.* wieder auf e-r Bühne auftreten; *acteur* **faire sa ~ sur scène, dans un certain rôle** wieder auf e-r Bühne, in e-r bestimmten Rolle auftreten 4 COMM *d'argent* Eingang *m*; **~s** *pl* Eingänge *mpl*; eingehende Gelder *npl*; **~s fiscales** Steuereingänge *mpl*, -einnahmen *fpl*, -aufkommen *n*; **avoir de bonnes ~s** gute Einnahmen haben 5 ESPACE **~ dans l'atmosphère** Wiedereintritt *m* in die Atmosphäre 6 AGR *de la récolte* Einbringen *n*; Einfahren *n* 7 SPORTS **~ en touche** Einwurf *m*

rentrer [ʀãtʀe] A V/T *objet* (wieder) hinein- *ou* herein-, *fam* reinbringen, -schaffen, -nehmen, -tragen, -schieben, -stecken; *ventre* einziehen; *avion: train d'atterrissage* einziehen, -fahren; *récolte* einbringen, -fahren; *bétail* in den Stall treiben; TYPO *ligne* einrücken; *fig colère* unterdrücken; verbeißen; hinunterschlucken; **~ qc à la cave, dans la maison** etw (wieder) in den Keller, ins Haus bringen, schaffen; **~ sa chemise dans son pantalon** sein Hemd (wieder) in die Hose stecken; *par ext* **~ les coudes dans les côtes de ses voisins** s-e Nachbarn mit den Ellenbogen in die Rippen stoßen; **~ sa voiture (au garage)** s-n Wagen einstellen, in die Garage fahren *ou* bringen B V/I ⟨être⟩ 1 *(revenir)* zurückkehren, -kommen, -gehen; **~ (chez soi)** heimkehren, -kommen; nach Hause kommen, gehen; *avion* **~ à sa base** zu s-m Stützpunkt zurückkehren, -fliegen; **~ à Paris** nach Paris zurückkehren; **~ dans sa chambre** in sein Zimmer zurückgehen; *fleuve* **~ dans son lit** in sein Bett zurücktreten; **~ du travail** von der Arbeit zurückkommen, nach Hause kommen; **~ de vacances, d'un voyage** vom Urlaub, von e-r Reise zurükkehren, -kommen; **~ en voiture** mit dem Auto zurückfahren, -kommen; *fig et st/s* **~ en soi-même** in sich *(acc)* gehen; **~ (pour) dîner** zum Abendessen nach Hause gehen, kommen; **~ prendre son parapluie** zurückkehren, um s-n Regenschirm zu holen; **faire ~ les enfants** die Kinder nach Hause holen *ou* schicken; **ne pas trouver le chemin pour ~** nicht mehr nach Hause finden; **il fait froid, rentrons!** es ist kalt, gehen wir nach Hause!; **en rentrant** bei meiner *ou* s-r *etc* Rückkehr; als ich *ou* er *etc* zurückkam, -kehrte 2 *(retrouver)* **~ dans qc** etw wiedererlangen; **~ dans le calme** wieder zur Ruhe kommen; **~ dans le droit chemin** wieder auf den rechten Weg kommen; **~ dans ses dépenses, dans ses frais** s-e Ausgaben, s-e Auslagen wieder hereinbekommen; auf s-e Kosten kommen; ohne Verlust, mit plus minus null abschließen; **~ dans ses droits** wieder zu s-m Recht gelangen; **~ dans ses fonctions** sein Amt wieder antreten; **~ dans les bonnes grâces de qn** j-s Gunst, Wohlwollen wiedergewinnen 3 *après les vacances (reprendre le travail)* die Arbeit wieder aufnehmen; *écoles* wieder anfangen, beginnen 4 *(entrer)* hineingehen; hereinkommen; eintreten; **~ à l'hôpital** ins Krankenhaus kommen; **~ dans l'Administration, dans la police** in den Verwaltungsdienst, zur Polizei gehen; bei der Verwaltung, bei der Polizei eintreten; **~ dans une boutique** in e-n Laden (hinein)gehen; e-n Laden betreten; **faire ~ qn** j-n eintreten lassen; *fig:* **(vouloir) ~ sous terre** vor Scham am liebsten im Boden versinken; **faire ~ qn sous terre** *fam* j-n am Boden zerstören; j-n fertigmachen 5 *fam (heurter) automobiliste* **~ dans un arbre** gegen e-n Baum fahren; → *a.* dedans A 1 6 *objet dans qc* hineingehen, -passen (**dans** in *+acc*); *éléments télescopiques* **~ les uns dans les autres** sich ineinanderschieben lassen; *fam fig* **les jambes lui rentraient dans le corps** er konnte sich kaum noch auf den Beinen halten; *fam* er ging auf dem Zahnfleisch; *tête* **~ dans les épaules** tief auf den Schultern sitzen; *clé* **bien ~ dans la**

R

serrure gut ins Schloss passen; *fig* **faire ~ qc dans la tête de qn** j-m etw beibringen, *plus fort* eintrichtern, einbläuen 7 *(faire partie de)* **~ dans** enthalten sein in *(+dat)*; fallen unter *(+acc)*; gehören zu; **~ dans une catégorie** unter e-e Kategorie fallen; **cela rentre dans les frais de …** das ist in den Kosten *(+gén)* (e)inbegriffen, enthalten 8 COMM *de l'argent* eingehen; **faire ~ des fonds** Gelder bei-, eintreiben

renversant [ʀɑ̃vɛʀsɑ̃] ADJ *nouvelle* unglaublich; unfassbar; verblüffend; *fam* umwerfend; **c'est ~** *a. fam* das haut einen um

renverse [ʀɑ̃vɛʀs] LOC **tomber à la ~** auf den Rücken, hintenüberfallen; *fig* **il y a de quoi tomber à la ~** das kann einen umwerfen

renversé [ʀɑ̃vɛʀse] ADJ 1 *(à l'envers)* umgekehrt; auf dem Kopf stehend; CUIS **crème ~e** gestürzter Pudding mit Karamellüberzug; *fig* **c'est le monde ~** das ist e-e verkehrte Welt 2 *chaise, vase etc* umgekippt; umgestoßen; umgefallen; *liquide* verschüttet; *tête* nach hinten geneigt; zurückgeworfen 3 *fig (stupéfait)* völlig verblüfft; fassungslos; verstört

renversement [ʀɑ̃vɛʀsəmɑ̃] M 1 *d'un gouvernement, régime* Sturz *m* 2 *(inversion)* Umkehrung *f*; *fig des alliances, des opinions* Verkehrung *f* ins Gegenteil

renverser [ʀɑ̃vɛʀse] A VT 1 a *chaise, récipient etc* umwerfen; umstoßen; umkippen; *tempête* **~ les arbres** die Bäume umdrücken, umreißen; *auto(mobiliste)* **~ un piéton** einen Fußgänger umfahren; **~ qn en courant** j-n umrennen; **se faire ~ par une voiture** von e-m Auto umgefahren werden b *par ext vin, café etc* verschütten; vergießen; **~ du café sur sa robe** sich *(dat)* Kaffee auf das Kleid gießen c *fam fig (stupéfier)* **cela me renverse** *fam* das haut mich um; da bleibt mir die Spucke weg; **il m'a renversé** er hat mich völlig verblüfft, aus der Fassung gebracht 2 *gouvernement, ministre, régime* stürzen; *ordre établi* umstoßen; zerstören 3 *(inverser)* umkehren *(a.* MATH*)*; *image a.* verkehrt wiedergeben; auf den Kopf stellen; *termes d'un rapport, d'une proposition* umstellen; ÉLEC *courant* umpolen; *fig* **~ les rôles** die Rollen vertauschen; → *a.* vapeur[1] 1 4 **~ la tête (en arrière)** den Kopf nach hinten neigen, beugen, legen, werfen; den Kopf zurückbeugen, -legen, -werfen B VPR **se ~** 1 umfallen; *barque, voiture* umkippen; *arbre, camion* umstürzen; *barque a.* kentern; *voiture* **se ~ dans le fossé** in den Graben kippen, stürzen 2 *personne (s'adosser)* sich zurücklehnen; sich nach hinten lehnen 3 *situation* **se ~ (complètement)** sich völlig ändern; sich ins Gegenteil verkehren

renvoi [ʀɑ̃vwa] M 1 *de personnel* Entlassung *f*; *d'un élève* Verweisung *f* **(du lycée** vom Gymnasium); *d'un étudiant a.* Relegation *f* 2 *d'une lettre etc* Zurückschicken *n*; Rücksendung *f*; *d'une demande* Abweisung *f*; Zurückweisung *f* 3 *dans un texte* Verweis *m* **(à** auf *+acc)* 4 *à une autorité compétente* Verweisung *f* **(devant un tribunal** an ein Gericht; **à une commission** an e-n Ausschuss); **demande** *f* **de ~** Verweisungsantrag *m* 5 *(ajournement)* Vertagung *f*, Verschiebung *f*, Verlegung *f* **(à °huitaine** um acht Tage) 6 PHYSIOL Aufstoßen *n*; *fam* Rülpser *m*; **avoir des ~s** aufstoßen; *fam* rülpsen

renvoyer [ʀɑ̃vwaje] ⟨→ envoyer⟩ A VT 1 *personnel* entlassen; *élève* verweisen **(de l'école** von der Schule); *étudiant de l'université a.* relegieren; *visiteur gênant* wegschicken; abweisen; *fam* abwimmeln; **~ qn avec des promesses** j-n mit Versprechungen vertrösten, abspeisen; **~ qn de la pièce** j-n aus dem Zimmer schicken 2 *(faire retourner)* zurückschicken *(a. lettre, marchandise)*; *cadeau a.* zurückweisen; **~ un enfant à ses parents** ein Kind zu s-n Eltern zurückschicken, nach Hause schicken 3 *balle* zurückwerfen, -schlagen; *image, son, lumière* zurückwerfen; *lumière a.* reflektieren; *aux cartes* **~ trèfle** noch einmal Kreuz spielen; → *a.* balle 1 4 *à une autorité compétente* **~ qn à qn** j-n an j-n verweisen; *dans un texte* **~ à qc** auf etw *(acc)* verweisen; **~ une affaire devant la cour d'assises** e-n Fall an das Schwurgericht verweisen 5 *(reporter)* verschieben; verlegen; vertagen; **~ à plus tard** auf später verschieben; *projet a.* zurückstellen B VPR **se ~ qc** sich gegenseitig etw zuschieben; **se ~ la faute** sich gegenseitig die Schuld zuschieben

réoccuper [ʀeɔkype] VT wieder besetzen

réorchestration [ʀeɔʀkɛstʀasjõ] F MUS Neuorchestrierung *f*; **réorchestrer** VT MUS neu orchestrieren

réorganisation [ʀeɔʀganizasjõ] F Umorganisierung *f*; Reorganisation *f*; Neu-, Umgestaltung *f*; Neuordnung *f*; Umstellung *f*; **réorganiser** A VT umorganisieren; reorganisieren; neu gestalten, ordnen; umgestalten; umstellen B VPR **se ~** sich reorganisieren

réorientation [ʀeɔʀjɑ̃tasjõ] F Neuorientierung *f*; **réorienter** VT *politique etc* neu orientieren; anders ausrichten; in e-e neue, andere Richtung lenken; *élève a.* umschulen

réouverture [ʀeuvɛʀtyʀ] F Wiedereröffnung *f*; JUR **~ des débats** Wiedereröffnung der Verhandlung; **jour** *m* **de la ~** Wiedereröffnungstag *m*

repaire [ʀ(ə)pɛʀ] M 1 *d'animaux* Höhle *f* 2 *fig* Schlupfwinkel *m*; **~ de brigands** *a.* Räuberhöhle *f*

repaître [ʀəpɛtʀ] ⟨→ connaître⟩ A VT *st/s* **~ ses yeux de qc** s-e Augen an etw *(dat)* weiden B VPR **se ~** 1 *animal* sich satt fressen 2 *fig* sich weiden, sich berauschen **(de** an *+dat)*

répandre [ʀepɑ̃dʀ] ⟨→ rendre⟩ A VT 1 *liquide par accident* verschütten **(sur** auf *+dat)*; *sable etc* streuen (auf *+acc)*; **~ des larmes** Tränen vergießen; **~ le sang** Blut vergießen; **~ du vin sur la nappe** Wein auf dem Tischtuch verschütten 2 *odeur, lumière, nouvelle, effroi, allégresse* verbreiten; *bienfaits* austeilen B VPR **se ~** 1 *liquide* sich ergießen **(sur** über *ou* auf *+acc)*; auslaufen; sich verteilen; *fig foule* **se ~ dans les rues** die Straßen überfluten 2 *odeur, chaleur, fumée, nouvelle, mode, épidémie* sich verbreiten; sich ausbreiten; *épidémie a.* um sich greifen 3 **se ~ en injures, en lamentations** *etc* sich in Beleidigungen, Klagen *etc* ergehen

répandu [ʀepɑ̃dy] ADJ 1 *liquide* verschüttet; *ordures, papiers* **~ sur le sol, par terre** auf dem Boden verstreut 2 *opinion, préjugé* verbreitet; gängig; üblich; **très ~** *a.* weitverbreitet

réparable [ʀepaʀabl] ADJ 1 *objet* zu reparieren(d); *dommage* reparabel; zu beheben(d) 2 *faute* wiedergutzumachen(d); *perte* ersetzbar

reparaître [ʀ(ə)paʀɛtʀ] VI ⟨→ connaître⟩ wieder erscheinen; sich wieder zeigen; **ne reparais pas devant mes yeux!** lass dich nicht wieder bei mir blicken!; → *a.* réapparaître

réparateur [ʀepaʀatœʀ] A ADJ ⟨-trice⟩ 1 *sommeil* stärkend; erquickend; wohltuend 2 **chirurgie réparatrice** plastische Chirurgie B M Handwerker, Arbeiter, der Reparaturen ausführt; Reparateur *m*

réparation [ʀepaʀasjõ] F 1 TECH Reparatur *f*; *de bâtiments a.* Instandsetzung *f*; **atelier** *m* **de ~s** Reparaturwerkstatt *f*; **frais** *mpl* **de ~** Reparaturkosten *pl*; **être en ~** repariert werden; **faire de grosses ~s** große Reparaturen durchführen 2 *(indemnité)* Entschädigung *f*; Schadenersatz *m*; Ersatzleistung *f*; *après une guerre* **~s** *pl* Reparationen *fpl*; Wiedergutmachung *f* 3 FOOTBALL **coup** *m* **de pied de ~** Strafstoß *m*; Elfmeter *m*; **surface** *f* **de ~** Strafraum *m* 4 *(satisfaction)* Genugtuung *f* **(de** für); **en ~ du mal qu'il a fait** als Sühne für das Böse, das er getan hat

réparer [ʀepaʀe] VT 1 *appareil, véhicule, toit, chaussures, fuite etc* reparieren; **~ un bâtiment** ein Gebäude reparieren, instand setzen; **~ une panne** eine Panne beheben; *par ext* **~ ses forces, sa santé** wieder zu Kräften kommen 2 *faute, oubli, maladresse etc* wiedergutmachen; *dommages causés, perte a.* ersetzen

reparler [ʀ(ə)paʀle] A VT INDIR *et* VI wieder, noch einmal sprechen **(à qn** mit j-m; **de** über *+acc*; von); zurückkommen **(de qc** auf etw [*acc*]); **nous en reparlerons** wir werden sehen B VPR **se ~** wieder, noch einmal miteinander sprechen

repartie [ʀepaʀti] F (schnelle, lebhafte) Erwiderung, Entgegnung; **avoir la ~ facile** *ou* **avoir de la ~** nie um e-e Antwort verlegen sein; schlagfertig sein

repartir[1] [ʀəpaʀtiʀ] *litt* VT ⟨→ partir; *aber* avoir⟩ entgegnen; erwidern; versetzen

repartir[2] [ʀ(ə)paʀtiʀ] VI ⟨→ partir⟩ 1 *de nouveau* wieder weggehen, abreisen, abfahren; weiterfahren, -gehen; (wieder) aufbrechen; *moteur* wieder anspringen; *fig*: **~ à zéro** wieder ganz von vorne, bei null anfangen; *fam* **c'est reparti!** nun geht's wieder los!; → *a.* partir[1] 2 *d'où l'on vient* wieder zurückgehen, -fahren

répartir [ʀepaʀtiʀ] A VT 1 *(partager)* verteilen, aufteilen **(entre** unter *+dat)*; *bénéfices* ausschütten; *frais, impôts* umlegen; **~ les sinistrés dans divers villages** die (Katastrophen)Geschädigten auf verschiedene Dörfer verteilen; *adjt* **chargement mal réparti** schlecht verteilte Ladung 2 *(classer)* einteilen, (auf)gliedern **(en** in *+acc)* B VPR 1 *réciproquement* **se ~ un travail** sich *(dat)* e-e Arbeit aufteilen; sich in e-e Arbeit teilen 2 *sens passif*: *frais* **se ~** sich verteilen

répartition [ʀepaʀtisjõ] F 1 *(partage)* Verteilung *f*; Aufteilung *f*; *des bénéfices* Ausschüttung *f*; *de frais, d'impôts* Umlegung *f*; ÉCON **~ des biens** Güterverteilung *f*; PARLEMENT **~ des sièges** Sitzverteilung *f*; **~ des vivres** Lebensmittelzuteilung *f* 2 BIOL *d'une espèce* Verbreitung *f* 3 *(classement)* Einteilung *f*; (Auf)Gliederung *f*

repas [ʀ(ə)pa] M Mahlzeit *f*; Essen *n*; *st/s* Mahl *n*; *au zoo* **le ~ des fauves** die Fütterung der Raubtiere; **~ de midi, du soir** Mittag-, Abendessen *n*; Mittags-, Abendmahlzeit *f*; Abendbrot *n*; **~ de noces** Hochzeitsessen *n*, *st/s* -mahl *n*, *plais* -schmaus *m*; **après le ~** nach Tisch; **à l'heure des ~** zu den Essenszeiten; **aimer les bons ~** gern gut essen; **n'avoir pour tout ~ que …** nur … als Mahlzeit haben; **boire aux ~, en dehors des ~, entre les ~** zum Essen, außerhalb der Mahlzeiten, zwischen den Mahlzeiten trinken; **faire trois ~ par jour** dreimal täglich essen; täglich drei Mahlzeiten zu sich nehmen; **inviter qn à un ~** j-n zum Essen einladen; **prendre ses ~ chez soi** s-e Mahlzeiten zu Hause einnehmen; **préparer le ~** das Essen zubereiten

repassage [ʀ(ə)pasaʒ] M *du linge* Bügeln *n*; *all Nord a.* Plätten *n*

repasser [ʀ(ə)pase] A VT 1 *fleuve* wieder überqueren; *frontière* wieder überschreiten; *film* noch einmal zeigen; *pain, plat à table* noch einmal (herüber)reichen; *examen* noch einmal machen, ablegen; *fig* **~ les événements dans son esprit** die Ereignisse im Geist wieder an sich *(dat)* vorüberziehen lassen; **~ un plat au four** ein Gericht noch einmal in den Ofen schieben; → *a.* passer A 2 *fam (donner) travail* *etc* **~ à qn** j-m überlassen, übergeben; an j-n weitergeben; **~ son amie à qn** *fam* j-m s-e Freundin überlassen, vererben; **~ sa grippe à qn** j-n mit Grippe anstecken; *fam* j-m s-e Grippe anhängen **3** *du linge* (auf)bügeln; *all Nord a.* plätten; *abs* **~** (Wäsche) bügeln; **fer** *m* **à ~** Bügel-, Plätteisen *n* **4** *(relire) leçons, rôle* noch einmal durchgehen; wiederholen **5** *(aiguiser) couteaux, ciseaux* schleifen; abziehen **B** V/I ⟨être⟩ noch einmal, wieder vorbeikommen, -gehen, -fahren; **repassez demain** kommen Sie morgen wieder vorbei; *fam fig* **il peut toujours ~** darauf kann er lange warten; *fig* **~ derrière qn** j-m (scharf) auf die Finger sehen; **passer et ~ devant une maison** vor e-m Haus auf und ab gehen; **~ par le même chemin** *au point de départ* auf dem gleichen Weg zurückgehen, -fahren, -kommen; *une seconde fois* noch einmal den gleichen Weg gehen, fahren; → *a.* passer B **C** V/PR *linge* **se ~** gebügelt werden (können); sich bügeln lassen

repasseuse [R(ə)pasøz] F Büglerin *f*; *all Nord a.* Plätterin *f*

repayer [R(ə)peje] V/T *et* V/I ⟨-ay- *od* -ai-⟩ noch einmal bezahlen

repêchage [R(ə)pɛʃaʒ] M **1** Herausfischen *n*, -ziehen *n* (aus dem Wasser); Bergung *f* **2** *fig* **a** *d'un candidat fam* Durchziehen *n* **b** *examen* Wiederholungsprüfung *f*

repêcher [R(ə)pɛʃe] V/T **1** *objet, personne* aus dem Wasser ziehen; *fam* herausfischen; **~ qn dans la Seine** j-n aus der Seine ziehen, bergen **2** *fam fig* **a** *à un examen* **~ un candidat** e-n Kandidaten gerade noch durchkommen lassen; *fam* e-n Kandidaten durchziehen; bei e-m Kandidaten ein Auge zudrücken **b** SPORTS e-e zusätzliche Qualifikationschance geben (**qn** j-m)

repeindre [R(ə)pɛ̃dR] V/T ⟨→ peindre⟩ neu, wieder (an)streichen; **~ en bleu** blau anstreichen *ou* übermalen

repeint [R(ə)pɛ̃] M PEINT Übermalung *f*

repenser [R(ə)pɑ̃se] **A** V/T *problème* (noch einmal) überdenken **B** V/T INDIR **~ à** wieder denken an (+*acc*); *plus fort* noch einmal nachdenken über (+*acc*); **j'y repenserai** ich werde es mir noch überlegen

repentant [R(ə)pɑ̃tɑ̃] ADJ reumütig; reuig; reuevoll

repenti [R(ə)pɑ̃ti] **A** ADJ *pécheur* reuig; **prostituée ~e** Prostituierte, die sich von ihrem bisherigen Leben abgekehrt hat **B** M JUR Kronzeuge *m*

repentir [R(ə)pɑ̃tiR] **A** V/PR ⟨→ partir⟩ **se ~ de qc** etw bereuen; **il s'en repentira** er wird es noch bereuen **B** M Reue *f* (**de qc** über etw [*acc*]); **témoigner du ~** Reue zeigen

repérage [R(ə)peRaʒ] M **1** AVIAT, MIL Ortung *f*; Standortbestimmung *f* **2** CINÉMA Erkundung *f* geeigneter Drehorte

répercussion [RepɛRkysjõ] F **1** **~ du son** Widerhall *m* **2** *fig* Auswirkung *f*; Nachwirkung *f*; **avoir des ~s sur qc** Auswirkungen auf etw (*acc*) haben; sich auf etw (*acc*) auswirken

répercuter [RepɛRkyte] **A** V/T **1** *onde, son* zurückwerfen **2** *augmentation des salaires etc* abwälzen, überwälzen (**sur** auf +*acc*) **3** *directives* weitergeben (**sur** an +*acc*) **B** V/PR **1** **se ~** *bruit* widerhallen; *sons, cris* zurückschallen **2** *fig* **se ~ sur qc** sich auf etw (*acc*) auswirken; sich in etw (*dat*) niederschlagen

repère [R(ə)pɛR] M Markierung *f*; Zeichen *n*; Marke *f*; **point** *m* **de ~** Anhaltspunkt *m*; Bezugs-, Orientierungspunkt *m*; **n'avoir aucun point de ~** keinen Anhaltspunkt haben; **poser des ~s** Zeichen, Markierungen anbringen

repérer [R(ə)peRe] ⟨-è-⟩ **A** V/T **1** *(découvrir)* ausfindig machen; auffinden; ausmachen; *fam* **se faire ~** die Aufmerksamkeit auf sich (*acc*) lenken; sich verraten **2** AVIAT, MIL orten; ausmachen **B** V/PR **se ~** sich zurechtfinden

répertoire [RepɛRtwaR] M **1** (Sach)Register *n*; Verzeichnis *n*; Nachschlagewerk *n*; **~ d'adresses** Adressbuch *n*, -heft *n*; **~ de droit** juristisches Nachschlagewerk **2** THÉ Repertoire *n* (*a. d'un artiste*); Spielplan *m*; **faire partie du ~** zum Repertoire gehören **3** *fig* **tout un ~ d'injures** ein ganzes Repertoire von Schimpfwörtern

répertorier [RepɛRtɔRje] V/T in ein Register, Verzeichnis aufnehmen; erfassen

repeser [R(ə)pəze] V/T ⟨-è-⟩ nachwiegen

répéter [Repete] ⟨-è-⟩ **A** V/T **1** *(redire)* wiederholen; noch einmal sagen; **~ une nouvelle, un secret** eine Nachricht, ein Geheimnis weitersagen, -erzählen; *pourquoi pas?* **répéta-t-il** wiederholte er; **répète après moi** sprich mir nach; **ne pas se le faire ~** es sich (*dat*) nicht zweimal sagen lassen **2** *(refaire)* wiederholen; noch einmal machen; *adjt* **des tentatives répétées** wiederholte Versuche *mpl* **3** *rôle, pièce etc* proben; einstudieren; *leçon* wiederholen; *abs* **les acteurs sont en train de ~** die Schauspieler sind beim Proben **B** V/PR **se ~** **1** *sens réfléchi* sich wiederholen; **il avait beau se ~ que ...** er konnte sich (*dat*) noch so oft sagen, dass ... **2** *sens passif* wiederholt werden; sich wiederholen; wieder(holt) vorkommen; **que cela ne se répète pas!** dass das nicht wieder vorkommt!

répétiteur [RepetitœR] M, **répétitrice** F Repetitor *m*, Repetitorin *f*; *fam* Einpauker(in) *m(f)*

répétitif [Repetitif] ADJ ⟨-ive⟩ sich wiederholend; *par ext* monoton

répétition [Repetisjõ] F **1** Wiederholung *f*; MIL **fusil** *m* **à ~** Repetiergewehr *n*; Mehrlader *m* **2** THÉ *etc* Probe *f*; Einstudierung *f*; **~ générale** Generalprobe *f* (*a. fig*); Hauptprobe *f*

repeuplement [R(ə)pœpləmɑ̃] M **1** *d'une région par des personnes* Wiederbevölkern *n*, -ung *f* **2** *d'un étang en poissons, d'une chasse en gibier* Wiederbesetzen *n*, -ung *f*; *d'une forêt* Wiederaufforsten *n*, -ung *f*

repeupler [R(ə)pœple] **A** V/T **1** *région* wieder bevölkern **2** *étang* wieder mit Fischen, *chasse* wieder mit Wild besetzen; **~ une forêt** einen Wald wieder aufforsten **B** V/PR **se ~** sich wieder bevölkern

repiquage [R(ə)pikaʒ] M **1** JARD Pikieren *n*; Verpflanzen *n* **2** *d'une cassette etc* Überspielung *f*

repiquer [R(ə)pike] **A** V/T **1** JARD pikieren; auspflanzen; (ver)pflanzen (*a. riz*) **2** *disque, cassette* überspielen **3** *fam (surprendre)* **se faire ~** *fam* wieder geschnappt werden **B** V/I *fam* **~ au truc** *fam* es noch mal machen

répit [Repi] M Ruhe *f*; Atempause *f*; *loc adv* **sans ~** pausenlos; unablässig; unaufhörlich; **s'accorder un peu de ~** sich (*dat*) ein wenig Ruhe, e-e kleine Atempause gönnen; **cela ne lui laisse pas un moment de ~** das lässt ihn keinen Moment in Ruhe

replacer [R(ə)plase] ⟨-ç-⟩ **A** V/T **1** wieder hinstellen, -setzen, -legen; **~ qc à un endroit** etw wieder an e-n Ort stellen; *par ext* **~ une phrase dans son contexte** e-n Satz wieder in s-n Zusammenhang stellen **2** **~ qn** j-m e-e andere, neue Stelle verschaffen, vermitteln **B** V/PR **se ~** *personne* e-e andere *ou* neue Stelle bekommen

replanter [R(ə)plɑ̃te] V/T **a** *plantes* wieder einpflanzen; umpflanzen; verpflanzen; versetzen **b** *terrain* neu bepflanzen (**en** mit); *forêt a.* wieder aufforsten

replat [Rəpla] M GÉOL Terrasse *f*

replâtrage [R(ə)plɑtRaʒ] M *fam péj* Flickschusterei *f*; **replâtrer** V/T **1** *mur etc* neu vergipsen; mit Gips verschmieren; *abs* den Gips ausbessern **2** *fam fig devoirs etc* oberflächlich verbessern; *fam* zurechtschustern

replet [Rəplɛ] ADJ ⟨-ète [-ɛt]⟩ dick; rundlich; füllig; beleibt

repleuvoir [R(ə)plœvwaR] V/IMP ⟨→ pleuvoir⟩ **il repleut** es regnet wieder

repli [R(ə)pli] M **1** *de la peau, d'un drapé* Falte *f* **2** *d'une rivière, de l'intestin* Windung *f* **3** COUT Umschlag *m* **4** MIL (geordneter) Rückzug; Zurücknahme *f*; Absetzbewegung *f* **5** *fig du cœur, de l'âme* verborgener, geheimer Winkel

repliement [R(ə)plimɑ̃] M **~ (sur soi-même)** Zurückgezogenheit *f*; Abkapselung *f*

replier [R(ə)plije] **A** V/T **1** *journal, carte, vêtement* wieder *ou* noch einmal zusammenfalten, -legen; *papier* noch einmal falten, kniffen, umknicken; **~ les ailes** die Flügel anlegen; **~ le bord** den Rand umschlagen; **~ les bras** die Arme anwinkeln; **~ une chaise, un couteau, une table** einen Stuhl, ein Messer, einen Tisch zusammenklappen; **~ les jambes** die Beine anziehen, anwinkeln **2** MIL **faire ~ les troupes** die Truppen zurücknehmen **B** V/PR **se ~** **1** MIL sich (geordnet) zurückziehen (**sur** auf +*acc*); sich absetzen **2** **se ~ sur soi-même** sich von der Außenwelt abschließen; sich abkapseln; sich zurückziehen

réplique [Replik] F **1** *(riposte)* Erwiderung *f*; Entgegnung *f*; Antwort *f*; **argument** *m* **sans ~** unwiderlegbares Argument **2** *(objection)* Widerrede *f*; **pas de ~!** keine Widerrede!; **sans ~** *loc adj ton* der jede Widerrede ausschließt; *loc adv* ohne Widerrede, Widerspruch; widerspruchslos **3** THÉ Antwort *f*; Gegenrede *f*; **donner la ~ à un acteur** e-m Schauspieler das Stichwort geben; *fig deux personnes* **se donner la ~** den anderen nicht zu Wort kommen lassen **4** ART Replik *f*; Nachbildung *f* **5** *fig (double) de qc* Pendant *n*; *de qn* **(vivante) ~** Doppelgänger *m*

répliquer [Replike] V/T **1** *(répondre)* entgegnen, erwidern (**qc à qn** j-m etw); **... répliqua-t-il ...** erwiderte, entgegnete er **2** *abs (protester)* widersprechen; **et ne réplique pas!** und widersprich nicht!

replonger [R(ə)plõʒe] ⟨-geons⟩ **A** V/T **1** *rame etc* wieder (ein)tauchen (**dans** in +*acc*) **2** *fig* **~ qn dans l'inquiétude** *etc* j-n wieder in Unruhe *etc* versetzen **B** V/I *et* V/PR **1** **(se) ~ dans l'eau** wieder ins Wasser springen **2** *fig* **se ~ dans sa lecture** sich wieder in s-e Lektüre vertiefen

répondant [Repõdɑ̃] M, **répondante** F Bürge *m*; Gewährsmann *m*; **servir de répondant, répondante à qn** für j-n Bürge sein; *fam fig* **avoir du répondant** *fam* Geld im Rücken haben

répondeur [RepõdœR] M TÉL **~ (automatique)** (automatischer) Anrufbeantworter

répondre [RepõdR] ⟨→ rendre⟩ **A** V/T antworten, erwidern, entgegnen (**qc à qn** j-m etw); **il m'a répondu une impertinence** er hat mir mit e-r Frechheit geantwortet; ÉGL **~ la messe** bei der Messe antworten; **~ présent à l'appel** beim Namensaufruf mit Hier antworten; **il m'a répondu de** (+*inf*) er antwortete (mir), ich solle (+*inf*) *ou* dass ich (+*inf*) solle; **~ que ...** antworten, dass ...; *st/s* **il me fut répondu que ...** ich erhielt den Bescheid, dass ...; **~ (que) oui, non** mit Ja, Nein antworten; **... répondit-il ...** antwortete er **B** V/T INDIR *et* V/I **1** antworten, Antwort geben, entgegnen, erwidern (**à qn** j-m; **à qc** auf etw [*acc*]); beantworten (**à qc** etw); *écho* widerhallen; ♦ **~ à l'amour de qn** j-s Liebe erwidern; ~ **à l'appel** dem Aufruf Folge leisten; ~ **aux avances de qn** auf j-s Annäherungsversuche *(acc)* eingehen; GRAM ~ **au datif** mit dem Dativ stehen; ~ **à une invitation** e-r Einladung Folge leisten; ~ **à une lettre** e-n Brief beantworten; auf e-n Brief antworten; ~ **au nom de ...** auf den Namen ... hören; ~ **à une question** auf e-e Frage antworten; e-e Frage beantworten; ~ **à un salut, à un sourire** e-n Gruß, ein Lächeln erwidern; ~ **au téléphone** ans Telefon gehen; TÉL **ça ne répond pas** es meldet sich niemand; ♦ *avec adv et loc adv: fam* **bien répondu!** das war e-e gute Antwort; ~ **par oui ou par non** mit Ja oder (mit) Nein antworten; ~ **par un refus** abschlägig antworten; ~ **par retour du courrier** postwendend antworten; ~ **par un sourire** mit e-m Lächeln antworten **2** *(correspondre)* ~ **à qc** e-r Sache *(dat)* entsprechen; ~ **à l'attente de qn** j-s Erwartungen entsprechen; ~ **à un besoin** e-m Bedürfnis entsprechen, entgegen-, nachkommen; ~ **à une description** e-r Beschreibung entsprechen; ~ **aux exigences** den Anforderungen genügen, *personne a.* gewachsen sein; **tout répond à nos vœux** alles entspricht unseren Wünschen **3** *(répliquer) surtout enfant* widersprechen (**à qn** j-m); *abs* **il répond** er gibt freche Antworten **4** *mécanisme, organisme* ansprechen, reagieren (**à** auf *+acc*); **les freins répondent bien** die Bremsen reagieren gut **5** ~ **de qc, de qn** für etw, für j-n bürgen, sich verbürgen, haften, einstehen, geradestehen, die Verantwortung übernehmen *ou* tragen; ~ **de ses crimes** für s-e Verbrechen zur Verantwortung gezogen werden; ~ **des dettes de qn** für j-s Schulden haften, aufkommen; ~ **de l'honnêteté de qn** für j-s Ehrlichkeit bürgen; *médecin* ~ **(de la vie) d'un malade** versichern, dass der Kranke außer (Lebens)Gefahr ist; **je t'en réponds** du kannst dich auf mich verlassen; *fam* darauf kannst du Gift nehmen; **je ne réponds de rien** ich garantiere für nichts **C** V/PR **se** ~ **1** *instruments, oiseaux* sich gegenseitig antworten; *instruments a.* abwechselnd spielen **2** *bâtiments etc* sich entsprechen

répons [ʀepõ] M REL Responsorium *n*

réponse [ʀepõs] F **1** Antwort *f*, Erwiderung *f*, Entgegnung *f* (**à** auf *+acc*); *lettre a.* Antwortbrief *m*, -schreiben *n*; POSTE ~ **payée** Telegramm *n* mit bezahlter Rückantwort; *fig* ~ **à un problème** Antwort auf ein Problem; JUR **droit** *m* **de** ~ Anspruch *m* auf Gegendarstellung; COMM, ADMIN **en** ~ **à votre lettre** in Beantwortung Ihres Schreibens; *j'ai essayé plusieurs fois -* **pas de** ~ keine Antwort; TÉL es meldet(e) sich niemand; **pour toute** ~, **il se mit à rire** als Antwort *ou* statt e-r Antwort lachte er nur; ein Lachen war die (ganze) Antwort; **avoir** ~ **à tout** auf alles e-e Antwort haben, wissen; nie um e-e Antwort verlegen sein; *par ext* jeder Lage gewachsen sein; **donner, obtenir une** ~ e-e Antwort geben, erhalten; *lettre, question* **laisser, rester sans** ~ unbeantwortet lassen, bleiben **2** PHYSIOL Reizbeantwortung *f*; Reaktion *f*

report [ʀ(ə)pɔʀ] M **1** *(ajournement)* Verschiebung *f*; Vertagung *f* **2** COMPTABILITÉ Übertrag *m*; *t/t* Vortrag *m* **3** *d'un dessin* Übertragung *f* **4** POL ~ **des voix** Stimmenübertragung *f* (auf e-n anderen Kandidaten)

reportage [ʀ(ə)pɔʀtaʒ] M Reportage *f*; Berichterstattung *f*; (Presse)Bericht *m*; RAD, TV *a.* Übertragung *f*; ~ **filmé, télévisé** Film-, Fernsehreportage *f*; *par ext* **débuter dans le** ~ als Reporter anfangen; **faire un** ~ **sur ...** e-e Reportage über *(+acc)* machen

reporter¹ [ʀ(ə)pɔʀte] **A** V/T **1** *au point de départ* zurücktragen, -bringen; wiederbringen **2** *fig dans le passé* zurückversetzen (**à** in *+acc*) **3** *(transcrire)* übertragen *(a. dessin)*; COMM *somme a.* vortragen; *somme* ~ **en °haut de la page suivante** oben auf die folgende Seite übertragen **4** *(ajourner)* ver-, aufschieben; vertagen **5** ~ **qc sur qn** etw auf j-n übertragen; ~ **son affection sur qn** s-e Zuneigung auf j-n übertragen; ~ **tout son espoir sur qn** s-e ganze Hoffnung auf j-n setzen **B** V/PR **1** *(se référer)* **se** ~ **à qc** sich auf etw *(acc)* beziehen; *(consulter)* in etw *(dat)* nachsehen, nachlesen; **se** ~ **page 16** siehe Seite 16 **2** **se** ~ **à son enfance** *etc* sich in s-e Kindheit *etc* zurückversetzen **3** *colère etc* **se** ~ **sur qn** sich auf j-n übertragen

reporter² [ʀ(ə)pɔʀtɛʀ] M Reporter *m*; Berichterstatter *m*; ~ **photographe** Pressefotograf *m*; Bildberichterstatter *m*; *adjt* **femme** *f* ~ Reporterin *f*; Berichterstatterin *f*

repos [ʀ(ə)po] M **1** Ruhe *f*; Ruhepause *f*, -zeit *f*; Erholung *f*; Schonung *f*; *au travail* (Arbeits)Pause *f*; REL **le** ~ **éternel** die ewige Ruhe; **animal** *m* **au** ~ Tier *n* in Ruhestellung; **un moment de** ~ ein Moment Ruhe; *loc adj* **de tout** ~ *placement, situation* (ganz, absolut) sicher; risikolos; *travail* ruhig; **avoir la conscience en** ~ ein ruhiges Gewissen haben; **ôter tout** ~ **à qn** j-m alle Ruhe rauben; **prendre du** ~ ausspannen **2** MIL ~! rührt euch!

reposant [ʀ(ə)pozɑ̃] ADJ erholsam

reposé [ʀ(ə)poze] ADJ erholt; ausgeruht; *loc adv* **à tête** ~**e** in (aller) Ruhe; in e-m ruhigen Augenblick

repose-pied(s) [ʀ(ə)pozpje] M ⟨*pl* repose-pieds⟩ *d'une moto* Fußraste *f*; *d'un fauteuil* Fußstütze *f*

reposer [ʀ(ə)poze] **A** V/T **1** *objet* wieder hinstellen, -setzen, -legen; *question* wieder, noch einmal stellen; MIL **reposez - arme(s) !** Gewehr ab!; → *a.* poser **2** *corps, esprit* ausruhen; **le vert repose la vue** Grün ist für das Auge erholsam; **cela te reposera** das wird dich erfrischen; du wirst dich dabei entspannen **B** V/I **1** *st/s (dormir) st/s* ruhen **2** *(être enterré)* ruhen; begraben liegen; **ici repose ...** hier ruht ...; **qu'il repose en paix** er ruhe in Frieden **3** **laisser** ~ *vin* ablagern lassen; *liquide* sich absetzen lassen; *pâte* ruhen lassen; *champ* brachliegen lassen **4** ~ **sur** **a** *maison, colonne etc* stehen, ruhen auf *(+dat)* **b** *fig théorie etc* (be)ruhen auf *(+dat)*; sich gründen, gegründet sein auf *(+acc)*; **toute la responsabilité repose sur lui** die ganze Verantwortung ruht auf ihm **C** V/PR **1** **se** ~ sich erholen; (sich) ausruhen; *st/s* ruhen; **reposez-vous bien!** angenehme Ruhe!; **aller se** ~ sich hinlegen (, um auszuruhen) **2** **se** ~ **sur qn** sich auf j-n verlassen

repose-tête [ʀ(ə)poztɛt] M ⟨*inv*⟩ Kopfstütze *f*

reposoir [ʀ(ə)pozwaʀ] M ÉGL CATH Stationsaltar *m* zur Aufstellung des Allerheiligsten

repoussant [ʀ(ə)pusɑ̃] ADJ abstoßend; abscheulich; widerlich; **d'une laideur** ~**e** abstoßend hässlich; **être d'une saleté** ~**e** vor Schmutz starren

repousse [ʀ(ə)pus] F *des cheveux etc* (Nach)Wachsen *n*; **pour la** ~ **des cheveux** für den Haarwuchs

repoussé [ʀ(ə)puse] ADJ *métal* getrieben; gepunzt *(a. cuir)*

repousser [ʀ(ə)puse] **A** V/T **1** *(faire reculer)* weg-, zurückstoßen; zurück-, wegdrängen; *ennemi* zurückwerfen; *par ext attaque* zurück-, abschlagen; abwehren **2** *(éconduire)* abweisen; von sich weisen; feindlich begegnen (**qn** j-m) **3** *(dégoûter)* abstoßen; **tout me repousse en lui** mich stößt alles an ihm ab **4** *(rejeter) offre, conseil, demande, hypothèse etc* ablehnen; zurückweisen; *offre a.* ausschlagen; *demande* abschlagen; *pensées* verdrängen; *tentation* widerstehen *(+dat)*; ~ **un projet de loi** e-n Gesetzentwurf ablehnen **5** *objets gênants, meuble* weg-, zurückschieben; (ver)rücken; ~ **la table contre le mur** den Tisch an die Wand rücken **6** PHYS *électron etc* abstoßen **7** TECH *métal* treiben; punzen *(a. cuir)* **8** *(différer)* hinausschieben; verschieben **B** V/I *cheveux, gazon etc* wieder wachsen; nachwachsen; **laisser** ~ **sa barbe** s-n Bart wieder wachsen lassen

repoussoir [ʀ(ə)puswaʀ] M Kontrast(figur) *m(f)*; **servir de** ~ **à qn** dazu dienen, (durch Kontrastwirkung) j-s Vorzüge zur Geltung zu bringen; *femme laide* **c'est un** ~ sie ist e-e Vogelscheuche

répréhensible [ʀepʀeɑ̃sibl] ADJ tadelnswert; verwerflich; sträflich

reprendre [ʀ(ə)pʀɑ̃dʀ] ⟨→ prendre⟩ **A** V/T **1** *objet* wieder, noch einmal nehmen; wieder weg-, fortnehmen; zurücknehmen; *personne, voiture etc (aller chercher)* wieder abholen; *personnel* wieder einstellen, *fam* nehmen; *fugitif* wieder fassen, ergreifen; MIL *ville etc* wiedereinnehmen; zurückerobern; *sa place* wieder einnehmen; *habitude* wieder annehmen; *chemin* wieder einschlagen; ~ **les armes** wieder zu den Waffen greifen; ~ **l'avantage** wieder in Führung gehen; wieder e-n Vorsprung erzielen; ~ **confiance** wieder Vertrauen fassen; ~ **contact avec qn** wieder Kontakt, Verbindung mit j-m aufnehmen; ~ **son cours** wieder s-n Lauf nehmen; wieder s-n Gang gehen; ~ **le dessus** → dessus C 6; ~ **espoir** wieder Hoffnung schöpfen; ~ **des forces** wieder zu Kräften kommen; neue Kraft schöpfen; (wieder) neue Kräfte sammeln; ~ **de l'influence** wieder Einfluss gewinnen; *à table* ~ **du pain, de la viande** noch einmal (vom) Brot, (vom) Fleisch nehmen; ~ **possession de qc** von etw wieder Besitz ergreifen; ~ **sa route** sich wieder auf den Weg machen; ~ **son souffle, sa respiration** wieder Atem schöpfen, Luft holen; *théorie etc* ~ **à son compte** übernehmen; sich *(dat)* zu eigen machen; → *a.* prendre *et les subst correspondants* **2** *fatigue, sommeil* ~ **qn** j-n wieder überkommen, überfallen; **ses douleurs l'ont repris** er hat wieder s-e Schmerzen (bekommen); **voilà que ça le reprend!** jetzt fängt er wieder davon an!; jetzt überkommt es ihn wieder! **3** COMM *article* zurücknehmen; *vieille voiture, télé etc* in Zahlung nehmen **4** **a** *(continuer) travail, conversation, lutte etc* wieder aufnehmen; fortsetzen; fort-, weiterführen **b** *(répéter) argument, refrain* wiederholen; wieder aufnehmen; *histoire* noch einmal erzählen **c** *entreprise, commerce, programme* übernehmen **5** *(améliorer) texte* überarbeiten; *vêtement* enger machen; ändern **6** *(réprimander) élève, enfant* tadeln; zurechtweisen; ~ **qn vertement** j-n scharf zurechtweisen **7** **on ne m'y reprendra plus** das wird mir nicht noch einmal passieren; darauf falle ich nicht mehr herein; **que je ne t'y reprenne plus!** lass dich nicht noch einmal dabei erwischen! **B** V/I **1** *(dire)* wieder, von Neuem (zu reden) beginnen; *en incise* **reprit-il** sagte er (nach e-r Pause) **2** **a** *plante* wieder Wurzeln schlagen; wieder anwachsen **b** *par ext: mode* wieder aufkommen; **les affaires reprennent** das Geschäft belebt sich wieder, kommt wieder in Gang **3** *(recommencer)* wieder beginnen, anfangen; *travail, lutte, pourparlers, cours a.* wieder aufgenommen werden; fortgesetzt, fort-, weitergeführt werden; *froid, douleurs a.* wieder einsetzen; *hostilités a.* wieder aufleben **C** V/PR **1** **se** ~ *(se ressaisir)* sich fangen; sich wieder in die Gewalt bekommen; *(rectifier)* sich verbessern; *ce gros mot à peine prononcé,* **il se reprit**

aussitôt hat er sich sofort verbessert 2 *(recommencer)* **s'y ~ à deux fois** zweimal beginnen, anfangen (**pour faire qc** etw zu tun; [mit] etw); **tout le monde se reprend à espérer** alle beginnen wieder zu hoffen

repreneur [R(ə)pRənœR] M ÉCON Firmenaufkäufer *m*

représailles [R(ə)pRezaj] FPL POL *et par ext* Repressalien *fpl*; Vergeltungsmaßnahmen *fpl*; **exercer des ~, user de ~** Repressalien ergreifen; *par ext* Vergeltung üben

représentable [R(ə)pRezɑ̃tabl] ADJ darstellbar

représentant [R(ə)pRezɑ̃tɑ̃] M, **représentante** F 1 POL, DIPL Vertreter(in) *m(f)*; Repräsentant(in) *m(f)*; *(remplaçant[e])* Stellvertreter(in) *m(f)*; JUR **~ légal** gesetzlicher Vertreter; **~ des forces de l'ordre** Polizeibeamte(r) *m*; *iron* Ordnungshüter *m*; **les ~s du peuple** die Volksvertreter *mpl*; *U.S.A.* **Chambre** *f* **des ~s** Repräsentantenhaus *n* 2 COMM Vertreter(in) *m(f)*; **représentant, représentante de commerce** Handelsvertreter(in) *m(f)* 3 *d'une catégorie* (typischer) Vertreter; (typische) Vertreterin

représentatif [R(ə)pRezɑ̃tatif] ADJ ⟨-ive⟩ 1 POL repräsentativ; stellvertretend; **assemblée représentative** gewählte Volksvertretung; **régime ~** Repräsentativsystem *n* 2 *(typique)* typisch, charakteristisch, repräsentativ (**de** für)

représentation [R(ə)pRezɑ̃tasjõ] F 1 Darstellung *f* *(a. résultat)*; Veranschaulichung *f*; ART, MATH *a.* Abbildung *f* 2 THÉ Aufführung *f*; Vorstellung *f*; **~ en plein air** Freilichtaufführung *f*; **~ en matinée, en soirée** Nachmittags-, Abendvorstellung *f* 3 POL, DIPL, JUR Vertretung *f*; POL *a.* Repräsentation *f*; **~ proportionnelle** Verhältnis-, *autrich, suisse* Proportionalwahlrecht *n*, -wahlsystem *n*; **~ du peuple, nationale** Volksvertretung *f* 4 COMM Vertretung *f*; **~ exclusive** Alleinvertretung *f*; **faire de la ~** Vertreter sein 5 *(train de vie)* Repräsentation *f*; (gesellschaftlicher) Aufwand; **frais** *mpl* **de ~** Repräsentationskosten *pl*, -gelder *npl*; *indemnités* Aufwandsentschädigung *f* 6 PSYCH Vorstellung *f*; *t/t* Repräsentation *f*

représentativité [R(ə)pRezɑ̃tativite] F repräsentativer Charakter

représenter [R(ə)pRezɑ̃te] A V/T 1 darstellen; veranschaulichen; **~ qc** *image, photo a.* etw abbilden, wiedergeben; *en littérature a.* etw schildern; **~ qn comme un tricheur** j-n als Schwindler hinstellen; THÉ *scène* **~ un jardin** e-n Garten darstellen 2 THÉ *pièce* aufführen 3 POL, DIPL, JUR vertreten; *par ext* **~ une tendance** e-e Richtung vertreten, repräsentieren; **~ en justice** vor Gericht vertreten; **se faire ~** sich vertreten lassen 4 COMM *firme, marque* vertreten 5 *litt (faire observer)* vor Augen führen; vorhalten 6 *(constituer)* darstellen; bedeuten; **cela représente beaucoup pour moi** das bedeutet viel für mich; **l'électricité représente une véritable conquête** die Elektrizität stellt eine wirkliche Errungenschaft dar B V/I *personne* repräsentieren C V/PR 1 *(s'imaginer)* **se ~ qc** sich *(dat)* etw vorstellen, denken, vergegenwärtigen; **représentez-vous ma joie lorsque …** stellen Sie sich *(dat)* meine Freude vor, als …; **je me représentais autrement la chose** ich dachte mir die Sache anders 2 **se ~ aux élections** sich wieder, erneut zur Wahl stellen; bei Wahlen erneut kandidieren; **se ~ à un examen** sich wieder, noch einmal zu e-r Prüfung melden 3 *occasion etc* **se ~** sich noch einmal bieten

répressible [RepResibl] ADJ *délit* strafbar

répressif [RepResif] ADJ ⟨-ive⟩ repressiv; be-, einschränkend; unterdrückend; **justice répressive** Strafrechtspflege *f*

répression [RepResjõ] F 1 *d'un crime* Strafverfolgung *f*; Ahndung *f*; Bestrafung *f* 2 *d'une révolte* Niederschlagung *f*, -werfung *f*; Unterdrückung *f*; *t/t* Repression *f*; **mesures** *fpl* **de ~** repressive Maßnahmen *fpl*

réprimande [RepRimɑ̃d] F Verweis *m*; Tadel *m*; Rüge *f*; Zurechtweisung *f*; **faire des ~s** e-n Verweis erteilen

réprimander [RepRimɑ̃de] V/T e-n Verweis, e-e Rüge erteilen (**qn** j-m); tadeln; zurechtweisen; rügen

réprimer [RepRime] V/T 1 *colère etc* unterdrücken *(a. larmes)*; in Schranken, im Zaum halten; zügeln; **~ une envie de rire** sich *(dat)* das Lachen verbeißen 2 *révolte* niederschlagen, -werfen; unterdrücken; *des abus* abstellen

repris [R(ə)pRi] M **~ de justice** Vorbestrafte(r) *m*

reprisage [R(ə)pRizaʒ] M COUT Stopfen *n*

reprise [R(ə)pRiz] F 1 *du travail, de la lutte etc* Wiederaufnahme *f*; Fortsetzung *f*; Fort-, Weiterführung *f*; *d'un fonds de commerce* Übernahme *f*; THÉ *d'une pièce* Reprise *f*; Wiederaufnahme *f* in den Spielplan; *du froid* Wiederbeginn *m*; Wiedereinsetzen *n*; *des hostilités a.* Wiederaufleben *n*; *des affaires* Wieder-in-Gang-Kommen *n*; *de la conjoncture* Aufschwung *m*; *à la Bourse* Erholung *f*; **~ économique** Wiederbelebung *f*, Wiederaufschwung *m* der Wirtschaft; SPORTS **à la ~** nach der Pause 2 MIL *d'une ville etc* Wiedereinnahme *f*; Zurückeroberung *f* 3 COMM *d'un article* Zurücknahme *f*; *d'une vieille voiture, télé* Inzahlungnahme *f* 4 TECH *moteur* **avoir de bonnes ~s** ein gutes Anzugsvermögen haben; gut beschleunigen; spritzig sein 5 BOXE Runde *f* 6 *lors d'un emménagement* Ablösung *f* *(für übernommene Einrichtungsgegenstände)* 7 COUT gestopfte Stelle; **faire une ~ à qc** etw stopfen 8 MUS Reprise *f*; **signe** *m* **de ~** Wiederholungszeichen *n* 9 LOC ADV **à deux, trois ~s** zwei-, dreimal hintereinander; **à plusieurs, différentes ~s** mehrmals; mehrfach; wiederholt; zu wiederholten Malen

repriser [R(ə)pRize] V/T stopfen; **coton** *m* **à ~** Stopfgarn *n*

réprobateur [RepRɔbatœR] ADJ ⟨-trice⟩ vorwurfsvoll; missbilligend; tadelnd

réprobation [RepRɔbasjõ] F Missbilligung *f*; Ablehnung *f*; Missfallen *n*; **soulever la ~ générale** allgemeines Missfallen erregen

reproche [R(ə)pRɔʃ] M Vorwurf *m*; Tadel *m*; Vorhaltung *f*; **grave ~** schwerer Vorwurf; **ton** *m*, **regard** *m* **de ~** vorwurfsvoller Ton, Blick; *loc adv* **soit dit sans ~** ohne (Ihnen) e-n Vorwurf machen zu wollen; *fig* **être un vivant ~ pour qn** ein wandelnder Vorwurf für j-n sein; **faire des ~s à qn** j-m Vorwürfe machen; **faire ~ à qn de sa conduite** j-m wegen s-s Verhaltens Vorhaltungen machen; j-m sein Verhalten vorwerfen

reprocher [R(ə)pRɔʃe] A V/T vorwerfen, vorhalten, zur Last legen (**qc à qn** j-m etw); tadeln (j-n wegen e-r Sache); **on n'a rien à lui ~** man kann ihm nichts vorwerfen; **je ne vous reproche rien** das soll kein Vorwurf sein B V/PR **se ~ qc** sich *(dat)* etw vorwerfen; sich *(dat)* wegen e-r Sache Vorwürfe machen; **n'avoir rien à se ~** sich *(dat)* nichts vorzuwerfen haben

reproducteur [R(ə)pRɔdyktœR] ADJ ⟨-trice⟩ 1 BIOL Fortpflanzungs…; **organes ~s** Fortpflanzungsorgane *npl* 2 Zucht…

reproduction [R(ə)pRɔdyksjõ] F 1 BIOL Fortpflanzung *f*; *t/t* Reproduktion *f*; **organes** *mpl* **de ~** Fortpflanzungsorgane *npl* 2 *(copie)* Nachbildung *f*; Wiedergabe *f*; TECH, TYPO Reproduktion *f*; Vervielfältigung *f*; *d'un texte a.* Ab-, Nach-, Neudruck *m*; Reprint *m*; **~ interdite** Nachdruck verboten; **une excellente ~ d'un tableau** e-e hervorragende Reproduktion e-s Gemäldes

reproduire [R(ə)pRɔdɥiR] ⟨→ conduire⟩ A V/T 1 *réalité, nature* nachbilden; wiedergeben *(a. des sons)* 2 *texte* ab-, nachdrucken; *a. tableau, dessin* reproduzieren; vervielfältigen B V/PR **se ~** 1 *(recommencer)* sich wiederholen; wieder vorkommen; **cela ne se reproduira plus** das wird nicht wieder vorkommen 2 BIOL sich fortpflanzen

reprographie [R(ə)pRɔgRafi] F TYPO Reprografie *f*

réprouvé(e) [RepRuve] M(F) 1 *par la société* Ausgestoßene(r) *m/f(m)*; Geächtete(r) *m/f(m)* 2 REL Verdammte(r) *m/f(m)*; Verworfene(r) *m/f(m)*

réprouver [RepRuve] V/T 1 *(blâmer)* missbilligen; verurteilen 2 REL verwerfen; verdammen

reps [Rɛps] M TEXT Rips *m*

reptation [Rɛptasjõ] F Kriechen *n*

reptile [Rɛptil] M ZOOL Reptil *n*; Kriechtier *n*; **reptilien** ADJ ⟨~ne⟩ Reptilien…; reptilienartig

repu [Rəpy] ADJ satt; gesättigt

républicain [Repyblikɛ̃] A ADJ republikanisch; **calendrier ~** Kalender *m* der Französischen Revolution B SUBST **~(e)** *m(f)* Republikaner(in) *m(f)*

républicanisme [Repyblikanism] M republikanische Gesinnung

république [Repyblik] F Republik *f*; Freistaat *m*; **~ démocratique, socialiste** demokratische, sozialistische Republik; HIST **la République démocratique allemande** die Deutsche Demokratische Republik; **la République fédérale d'Allemagne** die Bundesrepublik Deutschland; **la République française** die Französische Republik; **la République populaire de Chine** die Volksrepublik China; **la République de Berlin, de Bonn** die Berliner, Bonner Republik; *fam* **on est en ~!** wir leben doch in e-r Demokratie!

répudiation [Repydjasjõ] F *d'une épouse* Verstoßung *f*

répudier [Repydje] V/T 1 *épouse* verstoßen 2 *litt engagements, sentiment etc* von sich weisen; *idée, principe a.* aufgeben

répugnance [Repyɲɑ̃s] F Widerwille *m*, (starke) Abneigung (**pour** gegen); Abscheu *m*, Ekel *m* (vor *+dat*); **avoir une grande ~ pour qc, à faire qc** e-n großen Widerwillen gegen etw haben; **faire qc avec ~** etw widerwillig, widerstrebend, mit Widerwillen tun; **inspirer de la ~ à qn** j-m Widerwillen *etc* einflößen; j-n anwidern

répugnant [Repyɲɑ̃] ADJ widerlich; widerwärtig; abstoßend; ekelhaft

répugner [Repyɲe] A V/T INDIR 1 *personne* **~ à qc** Widerwillen, Abneigung, Abscheu gegen etw empfinden; sich vor etw *(dat)* ekeln; etw verabscheuen; **~ à faire qc** widerwillig, widerstrebend etw tun 2 *chose* **~ à qn** j-n anwidern, anekeln; j-m widerstreben; *pp* **répugné par qc** von etw angewidert, angeekelt B V/IMP *st/s* **il me répugne de** *(+inf)* es ist mir zuwider, es widerstrebt mir zu *(+inf)*

répulsif [Repylsif] ADJ ⟨-ive⟩ 1 PHYS abstoßend; Abstoßungs…; *t/t* repulsiv 2 *litt* → répugnant

répulsion [Repylsjõ] F Widerwille *m*, (heftige) Abneigung (**pour** gegen); Abscheu *m*, Ekel *m* (vor *+dat*)

réputation [Repytasjõ] F (guter) Ruf; Leumund *m*; Ansehen *n*; Name *m*; Reputation *f*; *loc adj* **de ~ mondiale** von Weltruf; **avoir (une) mauvaise ~** in e-m schlechten Ruf stehen; verrufen sein; **avoir la ~ d'être avare** in dem Ruf stehen, geizig zu sein; **connaître qc, qn de ~** etw, j-n vom Hörensagen kennen; **faire une mauvaise ~ à qn** j-n in üblen Ruf, in Verruf bringen; **sa ~ n'est plus à faire** er ist als solcher allgemein anerkannt; **jouir d'une bonne ~** sich e-s guten Rufes erfreuen; e-n guten Ruf, großes Ansehen genießen

réputé [ʀepyte] ADJ **1** *(célèbre)* berühmt **(pour** wegen, für); geschätzt (wegen) **2** **être ~** *(+adj)* gelten als *(+adj)*; angesehen, gehalten werden für *(+adj)*; *cette plante* **est ~e guérir certaines maladies** ist dafür bekannt, dass sie bestimmte Krankheiten heilt

requérant [ʀəkeʀɑ̃] M, **requérantante** F JUR Antragsteller(in) *m(f)*

requérir [ʀəkeʀiʀ] V/T ⟨→ acquérir⟩ **1** *troupes* anfordern; verlangen **2** JUR *peine* beantragen; fordern **3** *st/s attention, soins* erfordern

requête [ʀəkɛt] F Gesuch *n*; (schriftlicher) Antrag; Ansuchen *n*; Eingabe *f*; JUR **~ civile** Restitutionsklage *f*; **à, sur la ~ de** auf Antrag, Betreiben, Ersuchen von *(ou +gén)*; **adresser une ~ à qn** ein Gesuch an j-n richten, bei j-m einreichen; **faire, présenter une ~** ein Gesuch einreichen; e-e Eingabe machen; **satisfaire à une ~** e-m Gesuch stattgeben

requiem [ʀekɥijɛm] M ⟨inv⟩ Requiem *n*

requiert [ʀəkjɛʀ] → requérir

requin [ʀ(ə)kɛ̃] M **1** ZOOL Hai(fisch) *m*; **~ bleu** Blau-, Menschenhai *m* **2** *fig* **~ (de la finance)** Finanzhai *m*; Halsabschneider *m*

requinquer [ʀ(ə)kɛ̃ke] *fam* **A** V/T wieder auf die Beine bringen; *fam* aufmöbeln **B** V/PR **se ~** wieder munter werden

requis [ʀəki] **A** ADJ erforderlich; **l'âge ~** das erforderliche Alter; **satisfaire aux conditions ~es** die Voraussetzungen erfüllen **B** M HIST **~ du travail obligatoire** Zwangsarbeiter *m*

réquisition [ʀekizisjõ] F ADMIN, MIL **1** *de choses* Beschlagnahme *f*; Beschlagnahmung *f*; Requisition *f* **2** *de personnes* Dienstverpflichtung *f*

réquisitionner [ʀekizisjɔne] V/T **1** *véhicules, locaux etc* beschlagnahmen; requirieren **2** *personnes* dienstverpflichten **3** *fam plais* **~ qn pour faire qc** j-n zu etw heranziehen; *fam* j-n für etw einspannen

réquisitoire [ʀekizitwaʀ] M **1** JUR Plädoyer *n* (des Staatsanwaltes) **2** *fig* Anklage(rede) *f*

requitter [ʀ(ə)kite] V/T (*et* V/PR) **(se) ~** (einander) wieder verlassen

RER [ɛʀəɛʀ] M ABR (réseau express régional) *correspond à* S-Bahn *f*

resaler [ʀ(ə)sale] V/T nachsalzen

resalir [ʀ(ə)saliʀ] V/T (*et* V/PR **se**) **~** (sich) wieder schmutzig machen; (sich) wieder beschmutzen

rescapé(e) [ʀɛskape] M(F) Überlebende(r) *m/f(m)*

rescousse [ʀɛskus] LOC ADV **à la ~** zu Hilfe; **venir à la ~ (de qn)** j-m zu Hilfe kommen

réseau [ʀezo] M **a** ⟨pl ~x⟩ Netz *n*; ANAT *a.* Geflecht *n*; AVIAT **~ aériens** Flugnetz *n*; MINÉR **~ cristallin** Kristallgitter *n*; **~ ferroviaire, de chemin de fer** Schienen-, (Eisen)Bahnnetz *n*; **~ routier** Straßennetz *n*; **~ téléphonique** Fernsprech-, Telefonnetz *n*; **~ urbain** Ortsnetz *n*; **~ de communications** Verkehrsnetz *n*; **~ de distribution** Verteilernetz *n*; **~ d'espionnage** Spionagenetz *n*, -ring *m*, -organisation *f*; **~ de (fils de fer) barbelés** Stacheldrahtverhau *m*; **~ d'information, de renseignement** Netz des Nachrichtendienstes; INFORM **~ d'ordinateurs** vernetzte Computer *mpl*; POL **~ de résistance** Widerstandsgruppe *f*, -organisation *f*; **~ de succursales** Filialnetz *n*; **~ de télévision** Fernsehnetz *n*; **~ de vente** Vertriebsnetz *n* **b** ⟨sans pl⟩ *(Internet)* Netz *n*; **réseau social** soziales Netzwerk; **(surfer) sur le réseau** im Netz (surfen)

réseautage [ʀezotaʒ] M Networking *n*; Aufbau *m*, Ausbau *m*, Pflege *f* von Kontakten, Netzwerken; **réseauter** V/I Kontakte aufbauen und pflegen; *fam* netzwerken

résection [ʀesɛksjõ] F MÉD operative Entfernung; *t/t* Resektion *f*

réséda [ʀezeda] M BOT Reseda *f*

réservation [ʀezɛʀvasjõ] F Reservierung *f*; Vorbestellung *f*; *d'un voyage, d'un billet d'avion* Buchung *f*; CH DE FER Platzkarte *f*; **~ des places** Platzreservierung *f*; **bureau** *m* **de ~** Büro *n* *(e-r Fluggesellschaft etc)*; **faire une ~** e-n Platz, ein Zimmer *etc* reservieren (lassen), vorbestellen

réserve [ʀezɛʀv] F **1** *(provision)* Reserve *f*; Vorrat *m*; *d'argent a.* Rücklage *f*; **~ mondiale** Weltvorrat *m* **(de pétrole** an Erdöl); FIN **~s monétaires** Währungsreserven *fpl*; *fig* **~ d'énergie** Kraftreserve *f*; PHYSIOL **~s de graisse** Fettreserven *fpl*; **~s d'or** Goldreserven *fpl*; **~s de vivres** Lebensmittelvorräte *mpl*; *loc adj* **de ~** Reserve…; *loc adv* **en ~** in Reserve; vorrätig; **avoir, tenir qc en ~** etw vorrätig haben; etw aufbewahren; **mettre qc en ~** etw zurücklegen, beiseitelegen, auf die Seite, auf die hohe Kante legen; **avoir des ~s** Reserven haben **2** *local: d'un commerce* (Waren)Lager *n*; *d'un musée* Depot *n*; Magazin *n* **3** JUR *d'un héritier* **~ (légale)** Pflichtteil *m ou n* **4** MIL Reserve *f*; **officier** *m* **de ~** Reserveoffizier *m* **5** **a** *territoire* **~ (naturelle)** Naturschutzgebiet *n*; Reservat *n*; **~ de chasse, de pêche** Gebiet *n*, in dem nicht gejagt, gefischt werden darf **b** *d'Indiens* Reservat *n*; Reservation *f* **6** *qualité de qn* Reserviertheit *f*; Reserve *f*; Zurückhaltung *f*; **être, demeurer, se tenir sur la ~** zurückhaltend, reserviert sein, bleiben **7** *(restriction)* Vorbehalt *m*; *loc adv*: **sans ~** ohne Vorbehalt; *a. loc adj* vorbehalt-, bedingungs-, rückhaltlos; **sous toutes ~s** mit, unter Vorbehalt; ohne jede Gewähr; *loc prép* **sous ~ de …** vorbehaltlich *(+gén)*; **sous ~ d'erreur** Irrtum vorbehalten; *loc conj* **sous ~ que …** *(+subj)* unter dem Vorbehalt, dass …; **faire des ~s** Vorbehalte machen; Bedenken anmelden, äußern **(sur** gegen)

réservé [ʀezɛʀve] ADJ **1** *personne, caractère, attitude* zurückhaltend; reserviert **2** *place, table etc* reserviert **(à qn** für j-n); **chasse ~e** privates Jagdrevier; **salle ~e aux réunions** Saal, der nur für Versammlungen bestimmt ist; **~ au service** nur für den Dienstgebrauch **3** JUR **tous droits ~s** alle Rechte vorbehalten

réserver [ʀezɛʀve] **A** V/T **1** *(garder)* zurücklegen; zurück(be)halten; aufheben; aufbewahren; aufsparen; **~ le meilleur pour la fin** sich *(dat)* das Beste bis zuletzt aufsparen; **~ son opinion** mit s-r Meinung zurückhalten **2** *chambre, place de théâtre ou de train, table etc* reservieren; vorbestellen; *voyage, billet d'avion, a. chambre d'hôtel* buchen; *place (marquer)* belegen; **pouvez-vous me ~ trois places?** können Sie für mich drei Plätze reservieren?; **je voudrais ~ une chambre** ich möchte ein Zimmer reservieren (lassen), vorbestellen **3** *(destiner)* **~ qc à qn** j-m etw vorbehalten; etw für j-n bestimmen; *accueil, surprise, déception* j-m bereiten; **nous ne savons pas ce que l'avenir nous réserve** wir wissen nicht, was die Zukunft uns noch bringt; **le sort qui nous est réservé** das Schicksal, das uns bestimmt ist; **quel sort réservez-vous à …?** was soll nach Ihrer Meinung mit … geschehen?; was haben Sie mit … vor?; *impersonnel* **il lui était réservé** *(+inf)* es war ihm vorbehalten zu *(+inf)* **B** V/PR **1** **se ~ qc** sich *(dat)* etw *ou* etw für sich reservieren, zurückbehalten, -legen; etw aufsparen; **se ~ de** *(+inf)* sich *(dat)* vorbehalten zu *(+inf)* **2** **se ~ (pour qc)** sich, s-e Kräfte (für etw) schonen; **se ~ pour le dessert** sich wegen des Desserts zurückhalten; **se ~ pour une meilleure occasion** e-e günstigere Gelegenheit abwarten, abpassen

réserviste [ʀezɛʀvist] M MIL Reservist *m*

réservoir [ʀezɛʀvwaʀ] M Reservoir *n* *(a. fig)*; *(récipient)* Behälter *m*; *(bassin)* Becken *n*; *d'essence, d'huile* Tank *m*; **~ d'eau** Wasserreservoir *n*, -behälter *m*, -speicher *m*; **~ d'essence** Benzintank *m*

résidant [ʀezidɑ̃] ADJ **~ à** wohnhaft, ansässig in *(+dat)*

résidence [ʀezidɑ̃s] F **1** *(domicile)* Wohnsitz *m*; Wohnort *m*; JUR Aufenthaltsort *m*; **~ principale** Hauptwohnsitz *m*; **~ secondaire** **a** ADMIN zweiter Wohnsitz **b** Zweitwohnung *f*; *pour les vacances* Ferienwohnung *f ou* -haus *n*; **certificat** *m* **de ~** Anmeldebestätigung *f*; **avoir sa ~ à …** s-n Wohnsitz in … haben **2** *immeuble(s)* Wohnanlage *f*; **~ universitaire** Studentenwohnheim *n* **3** JUR **~ forcée** Zwangsaufenthalt *m*, -wohnsitz *m*; → *a.* **surveillé** **4** *d'un chef d'État etc* Residenz *f*; **~ officielle** Amtssitz *m*

résident [ʀezidɑ̃] M **1** *(ressortissant)* **les ~s français en Allemagne** die in Deutschland ansässigen Franzosen *mpl* **2** *(habitant d'une résidence)* Bewohner *m*

résidentiel [ʀezidɑ̃sjɛl] ADJ ⟨~le⟩ **quartier ~** vornehmes Wohnviertel, -gebiet; Villengegend *f*

résider [ʀezide] V/I **1** ADMIN s-n (ständigen) Wohnsitz haben, wohnhaft sein, ansässig sein, *chef d'État etc* residieren **(à, en, dans** in *+dat)* **2** *fig* **~ dans qc** in etw *(dat)* liegen, bestehen; auf etw *(dat)* beruhen; **la difficulté réside en ceci** die Schwierigkeit liegt darin

résidu [ʀezidy] M Rest *m*; Überbleibsel *n*; *péj* Abfall *m*; CHIM, TECH Rückstand *m*

résiduel [ʀezidɥɛl] ADJ ⟨~le⟩ Rest…; zurückbleibend; *t/t* residual

résignation [ʀeziɲasjõ] F Resignation *f*; (Schicksals)Ergebenheit *f*; *st/s* Ergebung *f*; **avec ~** ergeben; resigniert

résigné [ʀeziɲe] ADJ resigniert; (in sein Schicksal) ergeben; **être ~ d'avance** von vornherein resigniert haben

résigner [ʀeziɲe] V/PR **se ~** resignieren *(abs)*; sich ergeben, sich schicken, sich fügen **(à** in *+acc)*; sich abfinden (mit); **se ~ à son sort** sich in sein Schicksal ergeben; **s'y ~** sich damit abfinden; *abs* **il faut se ~** *a.* man muss sich bescheiden

résiliable [ʀeziljabl] ADJ JUR kündbar; auflösbar; aufhebbar; **résiliation** F *d'un contrat* Kündigung *f*; Auflösung *f*; Aufhebung *f*

résilier [ʀezilje] V/T *contrat* kündigen; auflösen; aufheben

résille [ʀezij] F **1** Haarnetz *n* **2** ADJT **bas** *mpl* **~** Netzstrümpfe *mpl*

résine [ʀezin] F Harz *n*; **~ synthétique** Kunstharz *n*

résiné [ʀezine] ADJ *vin* geharzt; **résineux** **A** ADJ ⟨-euse⟩ harzig; Harz… **B** MPL BOT Nadelhölzer *npl*

résistance [ʀezistɑ̃s] F **1** *(opposition)* Widerstand *m* **(à** gegen); Gegen-, Abwehr *f*; **~ armée, passive** bewaffneter, passiver Widerstand; *loc adv* **sans ~** widerstands-, kampflos; **cela ne se fera pas sans ~** das wird nicht ohne Widerstand, nicht kampflos abgehen; **faire de la ~** Widerstand leisten; **n'opposer aucune ~** keinerlei Widerstand leisten; widerstandslos, kampflos hinnehmen **(à qc** etw);

rencontrer, trouver de la ~ auf Widerstand stoßen 2 HIST **la Résistance** die Résistance (*frz Widerstandsbewegung 1940-1944*); **entrer dans la Résistance** der Résistance beitreten 3 PHYS, TECH Widerstand *m*; *de matériaux* Festigkeit *f*; Haltbarkeit *f*; Beständigkeit *f*; Widerstandsfähigkeit *f*; *de vêtements* Strapazierfähigkeit *f*; *de la glace* Tragfähigkeit *f*; **~ électrique** elektrischer Widerstand; **~ aux acides, à la rupture** Säure, Bruch- *ou* Zerreißfestigkeit *f*; **~ de l'air, de frottement** Luft-, Reibungswiderstand *m* 4 (*endurance*) a *d'une personne* Widerstandskraft *f*, -fähigkeit *f*; Ausdauer *f* b BIOL Widerstandsfähigkeit *f* (**aux maladies** gegen Krankheiten); *t/t* Resistenz *f* 5 CUIS **plat** *m* **de ~** Hauptgericht *n*

résistant [ʀezistɑ̃] A ADJ 1 *être vivant* widerstandsfähig; ausdauernd; zäh; BIOL resistent 2 *matière* haltbar; fest; widerstandsfähig; *vêtement* strapazierfähig; *couleur* farbecht; **~ à la chaleur, au froid, aux intempéries** hitze-, kälte-, wetterbeständig; **~ à la corrosion** korrosionsfest B SUBST **~(e)** *m(f)* POL Widerstandskämpfer(in) *m(f)*

résister [ʀeziste] V/T INDIR *et* V/I 1 (*s'opposer*) Widerstand leisten (**à** *dat*); sich widersetzen (*+dat*); *abs a.* sich wehren; **~ à l'oppression** sich der Unterdrückung widersetzen; **~ à ses parents** sich gegen s-e Eltern auflehnen 2 (*supporter*) aushalten (**à qc** etw); standhalten (*+dat*); **ne pas ~ (à qc)** *a.* es (etw) nicht überstehen; **~ à une analyse sérieuse** e-r ernsthaften Analyse standhalten 3 (*ne pas céder*) widerstehen (**à qn, à qc** j-m, e-r Sache); **~ à la tentation** der Versuchung widerstehen

résistivité [ʀezistivite] F ÉLEC spezifischer Widerstand

Resnais [ʀenɛ] **Alain ~** *frz Filmregisseur*

résolu [ʀezɔly] PP → résoudre *et* ADJ 1 *personne, attitude* (fest) entschlossen; bestimmt; resolut 2 **être ~ à faire qc** entschlossen sein, etw zu tun; **j'y suis ~** ich bin dazu entschlossen

résolument [ʀezɔlymɑ̃] ADV *s'opposer* entschlossen; *être pour, contre* entschieden

résolution [ʀezɔlysjõ] F 1 (*décision*) Entschluss *m*; Vorsatz *m*; **prendre une ~** e-n Entschluss fassen; sich entschließen; **prendre de bonnes ~s** gute Vorsätze fassen 2 POL *d'une assemblée* Entschließung *f*; Resolution *f*; **adopter, approuver une ~** e-e Entschließung annehmen 3 *st/s* (*détermination*) Entschlossenheit *f*; Entschiedenheit *f*; **montrer de la ~** Entschlossenheit zeigen 4 MATH (Auf)Lösung *f*

résolutoire [ʀezɔlytwaʀ] ADJ JUR aufhebend; auflösend

résolvais [ʀezɔlvɛ] → résoudre

résonance [ʀezɔnɑ̃s] F PHYS, MUS Resonanz *f*; Mitschwingen *n*, -tönen *n*; MÉD **~ magnétique nucléaire** (*abr* **RMN**) Kernspintomografie *f*; *adjt* **appareil** *m* **R.M.N.** Kernspintomograf *m*; **caisse** *f* **de ~** Resonanzkörper *m*; *st/s et fig* **éveiller des ~s profondes en qn** in j-m tiefe Saiten erklingen lassen

résonner [ʀezɔne] V/I *pas, voix etc* (wider)hallen; *maison, rue* **~ de cris, de rires** von Geschrei, von Lachen erfüllt sein

résorber [ʀezɔʀbe] A V/T 1 PHYSIOL resorbieren; aufsaugen; aufnehmen 2 *fig chômage, déficit etc* beseitigen; beheben; *excédent* abschöpfen B V/PR **se ~** PHYSIOL resorbiert werden

résorption [ʀezɔʀpsjõ] F 1 PHYSIOL Resorption *f* 2 *fig du chômage etc* Beseitigung *f*; Behebung *f*

résoudre [ʀezudʀ] ⟨je résous, il résout, nous résolvons; je résolvais; je résolus; je résoudrai; que je résolve; résolvant; résolu⟩ A V/T 1 *problème, énigme* lösen; **~ des difficultés** Schwierigkeiten meistern; **~ une équation** eine Gleichung (auf)lösen; **~ une question** eine Frage entscheiden 2 **~ de** (*+inf*) beschließen, sich entschließen zu (*+inf*) B V/PR **se ~ à** (*+inf*) sich entschließen zu (*+inf*)

respect [ʀɛspɛ] M 1 Respekt *m*; (Hoch)Achtung *f*; *st/s* Ehrerbietung *f*; (*vénération*) Ehrfurcht *f*; **~ humain** Furcht *f* vor der Meinung der anderen; **~ de soi** Selbstachtung *f*; **~ pour les morts** Ehrfurcht vor den Toten; **manque** *m* **de ~** Respektlosigkeit *f*; **marque** *f* **de ~** Zeichen *n* der Ehrerbietung; **avec ~** respektvoll; *plus fort* ehrfurchtsvoll; **par ~ pour** aus Achtung vor (*+dat*); **plein de ~** voller Hochachtung; MIL **mes ~s, mon capitaine!** guten Tag, Herr Hauptmann!; *en incise* **sauf votre ~, sauf le ~ que je vous dois** mit Verlaub zu sagen; **avoir du ~ pour qn** Respekt, Achtung vor j-m haben; **commander** *ou* **imposer le, inspirer du ~** Respekt, Achtung einflößen; **devoir le ~ à qn** j-m Respekt schulden; **manquer de ~ à, envers qn** es j-m gegenüber am notwendigen Respekt fehlen lassen; sich j-m gegenüber respektlos benehmen; **manquer de ~ à une femme** sich e-r Frau gegenüber ungebührlich benehmen; **présenter ses ~s à qn** sich j-m empfehlen; **témoigner du ~ à, envers qn** j-m Respekt, Achtung erweisen, entgegenbringen, zollen; **tenir qn en ~** j-n in Schach halten 2 *de la loi, de la vérité* Achtung *f* (**de** vor *+dat*); *des formes, de l'étiquette* Wahrung *f*, Einhaltung *f*, Beachtung *f* (*+gén*); **le ~ de la tradition** die Wahrung der Tradition; **le ~ de la vie** die Achtung vor dem Leben; **sans ~ de** *a.* ohne Rücksicht auf (*+acc*)

respectabilité [ʀɛspɛktabilite] F Ehrwürdigkeit *f*; Achtbarkeit *f*; Ehrenhaftigkeit *f*

respectable [ʀɛspɛktabl] ADJ 1 *personne, institution* ehrwürdig; achtbar; achtenswert; respektabel; *conduite, scrupules* ehrenwert; ehrenhaft; *iron* **une ~ matrone** e-e würdige Matrone 2 (*important*) *somme etc* beachtlich; ansehnlich

respecter [ʀɛspɛkte] A V/T 1 *personne* respektieren; achten; ehren; anerkennen 2 *loi, propriété, droits de qn* achten; respektieren; *priorité, limitation de vitesse etc* beachten; *règlement, date, engagements* einhalten; *traditions, formes* wahren; *souvenir* in Ehren halten; **~ le sommeil de qn** auf j-s Schlaf Rücksicht nehmen; **faire ~ la loi** dem Gesetz Achtung verschaffen B V/PR 1 **se ~** Selbstachtung haben; **... qui se respecte ...** der *ou* die etwas auf sich (*acc*) hält 2 **se faire ~** sich (*dat*) Achtung, Respekt verschaffen; sich durchsetzen

respectif [ʀɛspɛktif] ADJ ⟨-ive⟩ jeweilig; **les droits ~s des époux** die jeweiligen, beiderseitigen Rechte der Ehegatten

respectivement [ʀɛspɛktivmɑ̃] ADV 1 (*dans l'ordre*) beziehungsweise (*abr* bzw.); **deux enfants âgés ~ de cinq et huit ans** zwei Kinder im Alter von fünf beziehungsweise acht Jahren 2 (*chacun en particulier*) jeweils; jede(r, -s); **ils ont présenté ~ leur demande** sie haben jeweils ihr Gesuch, jeder sein Gesuch eingereicht

respectueux [ʀɛspɛktɥø] A ADJ ⟨-euse⟩ 1 respektvoll; *st/s* ehrerbietig; **à une distance respectueuse** in respektvoller Entfernung; **se montrer ~ envers qn** sich j-m gegenüber respektvoll zeigen; **présenter ses respectueuses salutations, ses hommages** *ou* **ses sentiments ~ à qn** sich j-m empfehlen 2 **~ des formes** die Formen wahrend; **~ de la loi** das Gesetz achtend B F *fam* **une respectueuse** e-e Dirne; *fam* e-e Nutte

respirable [ʀɛspiʀabl] ADJ **air** *m* **pas ~** nicht atembare Luft; *fig* **l'atmosphère n'est pas ~ ici** die Stimmung hier ist nicht zu ertragen

respirateur [ʀɛspiʀatœʀ] M MÉD Beatmungs-, Atemgerät *n*; Respirator *m*

respiration [ʀɛspiʀasjõ] F Atmung *f*; (*inhalation*) Einatmen *n*; (*inspiration*) Atemholen *n*; *t/t* Respiration *f*; MÉD **~ artificielle** künstliche (Be)Atmung; **exercice** *m* **de ~** Atemübung *f*; **avoir la ~ bruyante, difficile** laut *ou* geräuschvoll, schwer atmen; **couper la ~ à qn** j-m den Atem nehmen, verschlagen; **essayer de retrouver sa ~** nach Atem ringen; nach Luft schnappen; **perdre la ~** außer Atem kommen

respiratoire [ʀɛspiʀatwaʀ] ADJ Atem...; *t/t* respiratorisch; ANAT **voies** *fpl* **~s** Atemwege *mpl*; **faire des mouvements ~s** Atembewegungen machen

respirer [ʀɛspiʀe] A V/T 1 (ein)atmen; **~ le grand air** frische Luft schöpfen 2 *fig le calme, l'intelligence etc* ausstrahlen; verströmen; *st/s* atmen; **~ la santé** vor Gesundheit strotzen B V/I 1 atmen; (*inspirer*) Luft, Atem holen, schöpfen; **~ encore** noch atmen; **~ bruyamment, profondément** geräuschvoll, tief Atem, Luft holen; **~ par la bouche, par le nez** durch den Mund, durch die Nase atmen; *par ext* **laissez-moi ~** lassen Sie mich verschnaufen 2 *fig* (*être soulagé*) aufatmen

resplendir [ʀɛsplɑ̃diʀ] V/I glänzen; schimmern; funkeln; *fig visage* **~ de joie** vor Freude strahlen

resplendissant [ʀɛsplɑ̃disɑ̃] ADJ glänzend; schimmernd; funkelnd; *fig* **beauté ~e** strahlende Schönheit; *visage* **~ de bonheur, de joie** glück-, freudestrahlend; **il a une mine ~e** er sieht glänzend aus

responsabiliser [ʀɛspõsabilize] V/T **~ qn** j-s Verantwortungsgefühl wecken

responsabilité [ʀɛspõsabilite] F Verantwortung *f* (**de** für); Verantwortlichkeit *f*; JUR *a.* Haftung *f*; Haftbarkeit *f*; JUR **~ civile** Haftpflicht *f*; zivilrechtliche Haftung; **~s familiales** Familienpflichten *fpl*; **une lourde ~, de lourdes ~s** e-e schwere Verantwortung; **~ morale** moralische Verantwortung; **~ pénale** strafrechtliche Haftung, Verantwortlichkeit; **~ pleine et entière** volle Haftung, Verantwortung; **poste** *m* **à ~s** verantwortungsvolle Position; **accepter, assumer la ~** die Verantwortung übernehmen; **avoir la ~ de qn** die Verantwortung für j-n haben; **engager sa ~ dans une affaire** die Verantwortung, Haftung für e-e Angelegenheit übernehmen; **porter la ~ de qc** die Verantwortung für etw tragen; **prendre (sur soi) la ~** die Verantwortung übernehmen, auf sich (*acc*) nehmen; **prendre ses ~s** verantwortungsbewusst sein; Verantwortungsgefühl besitzen, zeigen; *par ext* **être promu à une °haute ~** e-e sehr verantwortungsvolle Stellung übertragen bekommen

responsable [ʀɛspõsabl] A ADJ 1 verantwortlich, JUR *a.* haftbar, -pflichtig (**de** für; **devant qn** j-m gegenüber); **être ~ de qn, qc** JUR *a.* für j-n, etw haften; **rendre qn ~ de qc** j-n für etw verantwortlich, JUR *a.* haftbar machen; j-n für etw zur Verantwortung ziehen 2 (*réfléchi*) verantwortungsbewusst B M Verantwortliche(r) *m*; **~ syndical** Gewerkschaftsfunktionär *m*; *fam* **qui est le ~ de cette plaisanterie?** wer hat diesen Spaß ausgeheckt?

resquillage [ʀɛskijaʒ] M *ou* **resquille** [ʀɛskij] F *dans une queue* Vordrängen *n*; *au cinéma, stade etc* Sichhereinschmuggeln *n* (*ohne Eintrittskarte*); *dans les transports publics* Schwarzfahren *n*

resquiller [ʀɛskije] V/I *dans une queue* sich vordrängen; *au cinéma etc* sich hereinschmuggeln;

dans le métro etc schwarzfahren; **resquilleur** M j-d, der sich vordrängt, hereinschmuggelt; *du métro etc* Schwarzfahrer *m*

ressac [ʀəsak] M Brandung *f*

ressaisir [ʀ(ə)seziʀ] A VT *fig* **la crainte la ressaisit** wieder ergriff sie Furcht B VPR **se ~** sich (wieder) fassen, fangen; sich wieder in die Gewalt bekommen

ressasser [ʀ(ə)sase] VT 1 *souvenirs, pensées* immer wieder an sich (*dat*) vorüberziehen lassen; immer wieder durchgehen 2 *histoires, phrases* bis zum Überdruss wiederholen; *fam* wiederkäuen

ressaut [ʀ(ə)so] M Vorsprung *m*

ressayer [ʀeseje] VT → réessayer

ressemblance [ʀ(ə)sɑ̃blɑ̃s] F Ähnlichkeit *f*; **~ lointaine** entfernte Ähnlichkeit; **~ de, entre deux objets, d'un objet avec un autre** Ähnlichkeit zwischen zwei Gegenständen; **toute ~ avec des personnages réels ne peut être que fortuite** jede Ähnlichkeit mit lebenden Personen ist rein zufällig; **je lui trouve une ~ avec son frère** ich finde, dass er s-m Bruder ähnelt, gleicht

ressemblant [ʀ(ə)sɑ̃blɑ̃] ADJ s-m Vorbild ähnlich, getreu

ressembler [ʀ(ə)sɑ̃ble] A VT INDIR **~ à** ähneln, gleichen (*+dat*); ähnlich sein, sehen (*+dat*); Ähnlichkeit haben mit; *enfant* **~ à son père** s-m Vater ähnlich sehen, ähneln; *fig:* **cela lui ressemble tout à fait** das sieht ihm ähnlich; **cela ne lui ressemble pas** das sieht ihm nicht ähnlich; das sieht nicht nach ihm aus; das passt nicht zu ihm; **à quoi ça ressemble!** was soll das eigentlich!; *fam* **à quoi ressemble-t-il?** wie sieht er aus?; **regarde à quoi tu ressembles!** sieh doch nur, wie du aussiehst!; *péj mode, idée etc* **ne ~ à rien** ohne Sinn und Verstand sein; nichts taugen; nichts wert sein B VPR **se ~** 1 *réciproquement* sich ähneln; sich ähnlich sehen, sein; sich gleichen; einander gleichen, ähneln 2 *sens réfléchi* sich (*dat*) gleich bleiben; der Gleiche bleiben, sein; *prov* **qui se ressemble s'assemble** Gleich und Gleich gesellt sich gern (*prov*)

ressemelage [ʀ(ə)səmlaʒ] M Neubesohlung *f*; **ressemeler** VT ‹-ll-› (neu) besohlen

ressemer [ʀəsme, ʀsəme] ‹-è-› A VT *graines* wieder aussäen B VPR **se ~** *plante* sich aussamen

ressenti [ʀ(ə)sɑ̃ti] ADJ *température* **~e** gefühlte Temperatur; *description* **bien ~** gut nachempfunden

ressentiment [ʀ(ə)sɑ̃timɑ̃] M Ressentiment *n*; Gefühl *n* der Verbitterung, des Grolls; **éprouver, garder du ~ pour qn** j-m gegenüber Ressentiments haben, hegen

ressentir [ʀ(ə)sɑ̃tiʀ] ‹→ sentir› A VT *privations, effets de qc* spüren; merken; *douleur* verspüren; *colère, pitié etc* empfinden; *amitié, sympathie a.* hegen; **ne pas montrer ce qu'on ressent** nicht zeigen, was man fühlt, empfindet B VPR 1 **se ~ de qc** die Folgen, Nachwirkungen von etw *ou* e-r Sache (*gén*) spüren 2 *fam* **(ne pas) s'en ~ pour qc** *ou* **pour** (*+inf*) (keine) Lust haben zu etw *ou* zu (*+inf*)

resserre [ʀ(ə)sɛʀ] F Abstellraum *m*; Verschlag *m*

resserré [ʀ(ə)seʀe] ADJ eingezwängt (**entre** zwischen *+dat*)

resserrement [ʀ(ə)sɛʀmɑ̃] M 1 *des liens d'amitié* Festigung *f* 2 FIN **~ de crédit** Kreditrestriktion *f*

resserrer [ʀ(ə)seʀe] A VT 1 *nœud* fester ziehen, binden; *vis* fester anziehen; *ceinture* enger machen; *étreinte* verstärken; *verres, livres* (enger) zusammenrücken; *froid: pores* zusammenziehen 2 *fig liens* enger gestalten; enger knüpfen; festigen B VPR **se ~** 1 *vallée* sich verengen; *pores, filet* sich zusammenziehen 2 *fig liens* enger werden

resservir [ʀ(ə)sɛʀviʀ] ‹→ partir› A VT 1 *mets* noch einmal servieren 2 *fig les mêmes histoires, reproches* wieder auftischen; *fam* **je saurai le lui ~** *fam* ich werde es ihm heimzahlen B VI *vêtement, ustensile* noch einmal, wieder gebraucht werden C VPR **se ~ de qc** etw wieder benutzen; → *a.* servir

ressort¹ [ʀ(ə)sɔʀ] M 1 TECH Feder *f*; **~ à boudin, à lames** Schrauben-, Blattfeder *f*; **~ de sommier** Sprungfeder *f*; *fig* **le ~ est cassé** er *ou* sie ist innerlich zerbrochen; **faire ~** zurückschnellen; federn; **comme mû par un ~** wie von e-r Feder geschnellt 2 *fig* (*mobile*) Triebkraft *f*, -feder *f* 3 *fig d'une personne* Tat-, Spannkraft *f*; Schwung *m*; **manquer de ~** keine Tatkraft haben; schlaff sein

ressort² [ʀ(ə)sɔʀ] M 1 ADMIN, JUR Zuständigkeits-, Amtsbereich *m*; Aufgabenkreis *m*; Ressort *n*; **être du ~ d'un tribunal** in die Zuständigkeit e-s Gerichts fallen; der Zuständigkeit (*dat*) e-s Gerichts unterliegen; *par ext* **cela n'est pas de mon ~** dafür bin ich nicht zuständig 2 JUR Instanz *f*; *loc adv* **en dernier ~** *juger* in letzter Instanz; *fig* (*finalement*) schließlich; letztlich; letzten Endes

ressortir¹ [ʀ(ə)sɔʀtiʀ] ‹→ partir› A VT *vieux vêtements, disques etc* wieder hervor-, herausholen; *fam fig les mêmes histoires fam* wieder auftischen, verzapfen B VI ‹être› 1 *personne* wieder hinaus-, *fam* rausgehen; wieder heraus-, *fam* rauskommen; (*dans un*) *véhicule* wieder hinaus- *ou* heraus-, *fam* rausfahren; *balle* **~ par le dos** im Rücken wieder austreten; → *a.* sortir 2 *relief* hervortreten; herausragen; *couleur, qualité* sich abheben; hervorstechen; **faire ~** herausstellen; hervorheben; zur Geltung bringen; **~ sur le fond** sich vom Hintergrund abheben C V/IMP ‹être› hervorgehen (**de** aus); **il ressort de là que …** daraus geht hervor, ergibt sich, wird deutlich, wird ersichtlich, dass …

ressortir² [ʀ(ə)sɔʀtiʀ] VT INDIR JUR in die Zuständigkeit fallen, der Zuständigkeit (*dat*) unterliegen (**à un tribunal** e-s Gerichtes); *par ext* gehören (**à qc** zu etw)

ressortissant [ʀ(ə)sɔʀtisɑ̃] M, **ressortissante** F Staatsangehörige(r) *m/f(m)*

ressouder [ʀ(ə)sude] A VT TECH wieder zusammenschweißen *ou* -löten B VPR **se ~** BIOL wieder zusammenwachsen

ressource [ʀ(ə)suʀs] F 1 (*recours*) (Hilfs)Mittel *n*; **un homme de ~(s)** ein Mensch, der sich (*dat*) zu helfen weiß; ein findiger Kopf; **en dernière ~** als letztes Mittel; **n'avoir d'autre ~ que …** keine Andere Möglichkeit haben als …; nichts anderes können als …; darauf angewiesen sein zu …; **il a de la ~** er weiß sich (*dat*) zu helfen 2 **~s** *pl* a (*réserves*) Mittel *npl*; Ressourcen *fpl*; Hilfs-, Lebens-, Versorgungsquellen *fpl*; Reserven *fpl*; **~s minières** Bodenschätze *pl*; ÉCOL **~s naturelles** natürliche Ressourcen, Lebensgrundlagen *fpl*; **~s en énergie** Energiequellen *fpl*; **~s en matériel** materielle Mittel b (*argent*) (Geld)Mittel *npl*; Einnahmequellen *fpl*; Gelder *npl*; **les ~s de l'État** die Einnahmequellen des Staates; **être sans ~s** mittellos sein, dastehen c *d'une entreprise* **~s humaines** Personal *n*; **directeur** *m* **des ~s humaines** Personalchef *m*, -leiter *m* 3 *fig* (*possibilités*) *d'un artiste, de la technique etc* **~s** *pl* Mittel *npl*; Möglichkeiten *fpl*; **déployer toutes les ~s de son talent** sein Talent voll entfalten

ressourcer [ʀ(ə)suʀse] VPR ‹-ç-› **se ~** neue Energie tanken

ressouvenir [ʀ(ə)suvniʀ] VPR ‹→ venir› **se ~ de qc** sich wieder e-r Sache (*gén*) *ou* an etw (*acc*) erinnern

ressurgir [ʀ(ə)syʀʒiʀ] → resurgir

ressusciter [ʀesysite] A VT 1 *mort* auferwecken; *par ext: un café* **à ~ un mort** der e-n Toten wieder lebendig machen könnte 2 *fig mode, coutume* wieder aufleben lassen; zu neuem Leben erwecken B VI ‹être› 1 REL (wieder) auferstehen; *adjt* **le Christ ressuscité** der auferstandene Christus; der Auferstandene 2 *fig d'une maladie* wieder aufkommen, genesen; *plais* wieder auferstehen 3 *fig nature* zu neuem Leben erwachen; *pays* wieder aufleben; *par des souvenirs* wieder lebendig werden

restant [ʀɛstɑ̃] A ADJ 1 übrig geblieben; noch vorhanden; restlich; **les dix euros ~s** die restlichen zehn Euro; **il est la seule personne ~e de cette famille** er ist der Einzige, der von dieser Familie noch übrig geblieben ist 2 **poste ~e** postlagernd B M Rest *m*

restau [ʀɛsto] M *fam* ABR → restaurant

restaurant [ʀɛstɔʀɑ̃] M Restaurant *n*; Gaststätte *f*; Gastwirtschaft *f*; (Speise)Lokal *n*; **~ chinois** chinesisches Restaurant; **~ gastronomique** Schlemmerlokal *n*; **~ universitaire** Mensa *f*; **~ du cœur** Speiselokal für Bedürftige; **manger au ~** im Restaurant essen

restaurateur [ʀɛstɔʀatœʀ] M, **restauratrice** F 1 *d'un restaurant* (Gast)Wirt(in) *m(f)*; Gastronom *m* 2 *d'art* Restaurator *m*, Restauratorin *f*

restauration [ʀɛstɔʀasjõ] F 1 *d'art* Restaurierung *f*; Restauration *f* 2 POL Restauration *f*; HIST **la Restauration** die Restauration (*der Bourbonen 1814-1830*); die Restaurationszeit; *adjt* **style** *m* **Restauration** Stilepoche *f* der Restauration 3 *métier, secteur* Gaststättengewerbe *n*; Gastronomie *f*; **la ~ et l'hôtellerie** das Gaststätten- und Hotelgewerbe; **~ rapide** Fast Food *n*; Fast-Food-Gastronomie *f*

restaurer [ʀɛstɔʀe] A VT 1 *objet d'art, monument* restaurieren 2 *ordre etc* wiederherstellen B VPR **se ~** sich (wieder) stärken

reste [ʀɛst] M Rest *m*; Überrest *m*; Überbleibsel *n*; Übriggebliebene(s) *n*; COMM Restbetrag *m*; MATH *d'une soustraction* Ergebnis *n*; Resultat *n*; *d'une division* Rest *m*; *d'un mort* **les ~s** die sterblichen (Über)Reste; **un ~ d'espoir** e-e Spur von Hoffnung; **le ~ des hommes** die übrigen Menschen; **~s d'un repas** Reste e-r Mahlzeit; Speisereste *mpl*; ♦ *loc adj* **de ~** übrig; mehr als nötig; **avoir de l'argent, du temps de ~** Geld, Zeit übrig haben; *loc adv*: **le ~ du temps** während der übrigen Zeit; **et (tout) le ~** und so weiter; und so fort; **du ~**, *st/s* **au ~** übrigens; außerdem; zudem; darüber hinaus; überdies; **pour le ~** sonst; ansonsten; **pour ce qui est du ~, quant au ~** was alles Übrige betrifft, angeht; ♦ *plais: femme* **avoir de beaux ~s** noch ganz gut erhalten sein; *fig* **ne pas demander son ~ et partir** sich sang- und klanglos aus dem Staub machen; **deviner le ~** den Rest, das Übrige, das Weitere erraten; **être, demeurer en ~ (avec qn)** (j-m) etw schuldig sein, bleiben; **pour ne pas être en ~** um nicht nachzustehen; *fam* **fichez-vous du ~** das Übrige, das Weitere, der Rest kann Ihnen egal sein; **s'occuper du ~** sich um alles Weitere, um alles Übrige kümmern; **sans parler du ~** von allem Übrigen ganz zu schweigen; *iron* **il sait faire ça comme le ~** davon versteht er so wenig wie von allem Übrigen; **vivre isolé du ~ du monde** von der übrigen Welt isoliert, von der Außenwelt abgeschnitten leben

rester [ʀɛste] ‹être› A VI 1 bleiben; ♦ *avec adj*: **~ jeune** jung bleiben; **~ malade pendant plusieurs mois** mehrere Monate lang krank sein; **~ toujours le même** immer der Gleiche bleiben; *magasin* ~ **ouvert jusqu'à 20 heures** bis 20 Uhr geöffnet, offen bleiben, sein; ~ **tranquille** ruhig bleiben; Ruhe bewahren; ♦ *avec prép et loc adv*: ~ **des heures entières à bavarder** stundenlang schwatzen; **il est resté une heure à** *faire cette lettre* er hat e-e Stunde gebraucht, um …; **je suis resté seul à attendre** ich blieb allein zurück und wartete; ~ **(à) déjeuner** zum Mittagessen bleiben; ~ **au lit** im Bett bleiben; ~ **à table** bei Tisch, beim Essen sitzen (bleiben); ~ **chez soi** zu Hause, daheimbleiben; ~ **dans l'ignorance** unwissend bleiben; ~ **dans la mémoire, dans le souvenir des hommes** den Menschen im Gedächtnis, in Erinnerung bleiben; ~ **en arrière** zurückbleiben; ~ **en bonne santé** gesund bleiben; **cela doit** ~ **entre nous** das muss unter uns bleiben; ~ **(pour) faire qc** dableiben, um etw zu tun; ~ **tout un mois sans écrire** einen ganzen Monat (lang) nicht schreiben; ~ **sur une impression** noch unter e-m Eindruck stehen; **tu ne vas pas** ~ **des heures sur ce travail** du wirst nicht stundenlang über dieser Arbeit sitzen; → *a. les subst correspondants* 2 *fam* **y** ~ dabei umkommen; **il a failli y** ~ er wäre beinahe umgekommen 3 **en** ~ **à qc** bei etw stehen bleiben; es bei etw bewenden lassen; es mit etw genug sein lassen; **où en sommes-nous restés?** wo sind wir stehen geblieben?; **où en est-il resté de ses projets?** was ist aus s-n Plänen geworden?; wie weit sind s-e Pläne gediehen?; **restons-en là pour aujourd'hui** lassen wir es für heute dabei bewenden, damit genug sein; **il n'en restera pas là** er wird es damit nicht genug sein lassen 4 *fam (habiter)* wohnen; **il reste en banlieue** er wohnt in e-m Vorort 5 *(durer) œuvre, artiste* sich halten; die Zeit überdauern; bleiben 6 *(subsister)* (übrig) bleiben; **les ruines qui restent de qc** die Ruinen, die von etw übrig geblieben sind; **le temps qui me reste** die Zeit, die mir (übrig) bleibt; die restliche Zeit; **c'est tout ce qui reste** das ist alles, was (noch) übrig ist 7 *(continuer d'être sien)* ~ **à qn** j-m bleiben; **le nom lui est resté** der Name ist ihm geblieben; **le souvenir qui m'en est resté** die Erinnerung, die mir davon geblieben ist **B** V/IMP **il ne reste plus de pain** es ist kein Brot mehr da; *fam* das Brot ist alle; **il ne lui en reste rien** *en mémoire* er hat nichts davon behalten; es ist ihm nichts im Gedächtnis geblieben; *d'un accident* er spürt nichts mehr davon; **il reste vrai, entendu que …** es ist klar, selbstverständlich, dass …; **(il) reste que …** immerhin …; jedenfalls …; **il n'en reste pas moins que …** nichtsdestoweniger …; ♦ **il reste beaucoup à faire** es bleibt noch viel zu tun; **je sais ce qu'il** (*ou* **ce qui**) **me reste à faire** ich weiß, was ich noch tun muss; **il ne me reste plus qu'à partir, payer** es bleibt mir nichts anderes übrig als zu gehen, zahlen; **il reste 100 euros à payer** es müssen noch 100 Euro gezahlt werden; **reste à prouver …** bleibt noch zu beweisen …; **il ne me reste plus qu'à vous remercier** mir bleibt nur noch, Ihnen zu danken; **il ne vous reste qu'à signer** Sie brauchen nur noch zu unterschreiben

restituable [ʀɛstitɥabl] ADJ zurückzuerstatten(d); zurückzugeben(d); zu ersetzen(d)

restituer [ʀɛstitɥe] V/T 1 *(rendre)* zurück-, herausgeben; (zurück)erstatten 2 *(rétablir) texte etc* rekonstruieren; wiederherstellen 3 *énergie emmagasinée* abgeben; freisetzen; *son enregistré* wiedergeben

restitution [ʀɛstitysjõ] F 1 *(action de rendre)* Rückgabe *f*, -erstattung *f*; Herausgabe *f*; Restitution *f* 2 *(rétablissement)* Rekonstruktion *f*; Wiederherstellung *f*

resto [ʀɛsto] M → restau; **resto U** *abr (restaurant universitaire)* Mensa *f*; **resto du cœur** Suppenküche *f* (*karitative Einrichtung, die Bedürftigen warme Mahlzeiten anbietet*)

restoroute® [ʀɛstoʀut] M Raststätte *f*, -haus *n*

restreindre [ʀɛstʀɛ̃dʀ] ⟨→ peindre⟩ **A** V/T be-, einschränken; *nombre* beschränken; *champ d'activité* einengen **B** V/PR **se** ~ sich einschränken; **il va falloir nous** ~ wir werden uns einschränken müssen

restreint [ʀɛstʀɛ̃] ADJ ⟨-einte [-ɛ̃t]⟩ *vocabulaire, moyens etc* beschränkt; **auditoire, personnel** ~ beschränkte Anzahl von Zuhörern, Personal; *d'un mot* **sens** ~ engere Bedeutung; ~ **à** beschränkt auf *(+acc)*; **occuper un espace** ~ geringen, wenig Raum einnehmen; **prendre un mot dans son sens** ~ ein Wort in s-r engeren Bedeutung nehmen

restrictif [ʀɛstʀiktif] ADJ ⟨-ive⟩ einschränkend; einengend; restriktiv; GRAM **proposition restrictive** Restriktivsatz *m*

restriction [ʀɛstʀiksjõ] F 1 Ein-, Beschränkung *f*; Restriktion *f*; *(réserve)* Einschränkung *f*; Vorbehalt *m*; ~ **mentale** geheimer Vorbehalt; JUR Mentalreservation *f*; *loc adv* **sans** ~ uneingeschränkt; vorbehaltlos; bedingungslos; ohne Einschränkung; **faire des ~s** Vorbehalte, Einschränkungen machen; **être soumis à des ~s** Beschränkungen *(dat)* unterliegen 2 PL ~**s** *(rationnement)* Rationierungsmaßnahmen *fpl*; *(privations)* Entbehrungen *fpl*; *époque* schlechte Zeit

restructuration [ʀəstʀyktyʀasjõ] F Umstrukturierung *f*; Umgestaltung *f*; **restructurer** V/T umstrukturieren; umgestalten

resucée [ʀ(ə)syse] F 1 *fam (petit verre) fam* noch ein Gläschen *n* 2 *péj (reprise)* (zweiter, schlechter) Aufguss

résultante [ʀezyltɑ̃t] F 1 Folge *f*; Ergebnis *n* 2 PHYS Resultierende *f*; Resultante *f*

résultat [ʀezylta] M 1 Ergebnis *n*, Resultat *n* (*a.* MATH); Fazit *n*; Erfolg *m*; **sans** ~ ergebnislos; ohne Erfolg; erfolglos; **aboutir à un** ~ zu e-m Ergebnis führen; **avoir pour** ~ **que …** zur Folge haben, dass …; **avoir, obtenir de bons ~s** gute Erfolge erzielen, aufweisen; *iron* **voilà le ~!** *fam* da haben wir die Bescherung!; *fam elle est restée trop longtemps au soleil*, **~: elle a un coup de soleil** (der) Erfolg: sie hat e-n Sonnenbrand 2 **~s** *pl* SPORTS Ergebnisse *npl*; *d'un examen* Prüfungsergebnisse *npl*; *d'une élection* Wahlergebnisse *npl*; **~s définitifs** *ou* **finals** Endergebnisse *npl*; **~s scolaires** schulische Leistungen *fpl*; LOTERIE **~s du tirage** Ziehungsliste *f*

résulter [ʀezylte] ⟨avoir *od* être⟩ **A** V/I ~ **de qc** sich aus etw ergeben; aus etw hervorgehen, resultieren, folgen; bei etw herauskommen; **ce qui en a** *ou* **est résulté** was daraus hervorgegangen ist; was sich daraus ergeben hat; was dabei herausgekommen ist **B** V/IMP **il résulte de ceci que, il en résulte que …** daraus geht hervor, folgt, ergibt sich, *st/s* erhellt, dass …

résumé [ʀezyme] M Zusammenfassung *f*; Resümee *n*; (zusammenfassender) Überblick; *loc adv* **en** ~ zusammenfassend lässt sich sagen; *(en bref)* kurz (gesagt); *(en somme)* alles in allem; **donner un ~ des faits** e-n Überblick über die Geschehnisse, das Geschehene geben; **faire un** ~ e-e Zusammenfassung geben, *par écrit a.* machen

résumer [ʀezyme] **A** V/T zusammenfassen; resümieren; kurz wiedergeben; ~ **en peu de mots** in wenigen Worten zusammenfassen **B** V/PR **se** ~ 1 *ce qu'on a dit* zusammenfassen *(abs)* 2 *sens passif* zusammengefasst werden (können); sich zusammenfassen lassen; **en lui se résume tout un siècle** in ihm findet sich ein ganzes Jahrhundert vereinigt

résurgence [ʀezyʀʒɑ̃s] F 1 GÉOL wieder zutage tretender Wasserlauf 2 *fig* Wiederauftreten *n*; Wiedererscheinen *n*

resurgir [ʀ(ə)syʀʒiʀ] V/I wieder auftauchen; wieder zutage treten

résurrection [ʀezyʀɛksjõ] F 1 REL a Auferstehung *f*; **la ~ de la chair, du Christ, des morts** die Auferstehung des Fleisches, Christi, der Toten b **la ~ de Lazare** die Auferweckung des Lazarus 2 *fig d'un malade* unverhoffte Genesung; *st/s du passé etc* Wiederaufleben *n*

retable [ʀətabl] M Altaraufsatz *m*; *t/t* Retabel *n*; *tableau* Altarbild *n*

rétabli [ʀetabli] ADJ 1 *personne* wieder genesen; wiederhergestellt 2 *contact etc* wiederhergestellt

rétablir [ʀetabliʀ] **A** V/T 1 *ordre, communications, équilibre etc* wiederherstellen; *relations diplomatiques* wieder aufnehmen; *faits* rekonstruieren; *courant* wieder einschalten; ~ **la paix** Frieden stiften; ~ **le téléphone** die Telefonverbindung wiederherstellen 2 ~ **qn dans ses droits, dans ses fonctions** j-n wieder in s-e Rechte, in sein Amt einsetzen 3 *malade* wieder auf die Beine bringen; (wieder) gesund machen; ~ **ses forces** wieder zu Kräften kommen **B** V/PR **se** ~ 1 *malade* (wieder) gesund werden; wieder auf die Beine kommen 2 *calme etc* wieder eintreten, einkehren; sich wieder einstellen; *temps* sich wieder beruhigen

rétablissement [ʀetablismɑ̃] M 1 *de l'ordre, des communications etc* Wiederherstellung *f*; *des relations diplomatiques* Wiederaufnahme *f* 2 *d'un malade* Genesung *f*; Gesundung *f*; **je vous souhaite un bon, prompt** ~ ich wünsche Ihnen gute Besserung, e-e baldige Genesung 3 SPORTS Aufschwung *m*

retaille [ʀ(ə)taj] F 1 (Stoff-, Leder)Rest *m*, (-)Abfall *m* 2 *d'un diamant* Neuschleifen *n*

retailler [ʀ(ə)taje] V/T *bois, verre etc* neu, wieder schneiden; *crayon* wieder, neu spitzen; *lime* nachhauen; *costume, robe etc* umändern

rétamé [ʀetame] ADJ 1 *fam (épuisé) fam* fertig; kaputt 2 *fam (ivre) fam* besoffen; blau

rétamer [ʀetame] **A** V/T 1 *casserole* neu verzinnen 2 *fam personne fam* fertigmachen; kaputtmachen; *chose* kaputt machen; *à un examen* **se faire** ~ *fam* durchfliegen, -rasseln, -sausen; **se faire ~ au jeu** sein ganzes Geld beim Spiel verlieren **B** V/PR **se** ~ *fam (tomber) fam* hinschlagen; hinknallen

rétameur [ʀetamœʀ] M Kesselflicker *m*

retape [ʀ(ə)tap] *fam* **faire la** ~ *prostituée fam* auf den Strich gehen; *camelot* die Werbetrommel rühren

retaper [ʀ(ə)tape] **A** V/T 1 *fam* a *lit* notdürftig machen; ~ **une couverture** eine Decke glatt streichen; ~ **un oreiller** ein Kopfkissen aufschütteln b *vieille maison* wieder herrichten; *fam* aufpolieren c *médicament* ~ **qn** j-n wieder auf die Beine bringen, hochbringen 2 *à la machine* noch einmal (ab)tippen **B** V/PR *fam* **se** ~ *fam* sich aufrappeln

retapisser [ʀ(ə)tapise] V/T *pièce* neu tapezieren

retard [ʀ(ə)taʀ] M 1 Verspätung *f*; Zu-spät-Kommen *n* (**au travail** zur Arbeit); **un ~ d'une heure, une heure de** ~ eine Stunde Verspätung; e-e einstündige Verspätung; e-e Verspätung von einer Stunde; *en France* **billet** *m* **de** ~ Bescheinigung *f* über die Verspätung e-s öffentlichen Verkehrsmittels (*die den Fahrgästen* *auf Verlangen ausgestellt wird); loc adv*: **avec ~** verspätet; mit Verspätung; **en ~** verspätet; zu spät; mit Verspätung; **arriver en ~** zu spät kommen; **être en ~** sich verspäten; zu spät kommen; *fam* zu spät dran sein; *train etc* Verspätung haben; → *a.* 2; **se mettre en ~** sich verspäten; **il m'a mis en ~** seinetwegen bin ich verspätet; **sans ~** unverzüglich; umgehend; sofort; auf der Stelle; sogleich; **avoir du ~** Verspätung haben; *fam fig* **il a toujours un métro de ~** *fam* er ist ein Spätzünder; *montre* **prendre du ~** (immer) nachgehen; *affaire* **ne pas souffrir de ~** keinen Aufschub dulden **2** *dans le travail, un paiement, un développement* Rückstand *m*; Zurückbleiben *n*; Verzögerung *f*; Verzug *m*; **loyer** *m* **en ~** rückständige Miete; Mietrückstand *m*; **travail** *m* **en ~** liegen gebliebene Arbeit; **avoir du courrier en ~** Briefschulden haben; **avoir du ~, être en ~** zurückgeblieben, im Rückstand, im Verzug sein (**sur qn, qc** gegenüber j-m, etw); *enfant* **être en ~ pour son âge** für sein Alter zurückgeblieben sein; **être en ~ pour payer son loyer** mit s-r Miete im Rückstand sein **3** TECH Verzögerung *f*; **~ à l'allumage** Spätzündung *f* **4** ADJT PHARM Depot...; **insuline** *f* **~** Depotinsulin *n*

retardataire [ʀ(ə)taʀdatɛʀ] **A** ADJ **1** *(en retard)* verspätet; zu spät kommend; zu spät gekommen **2** *(archaïque)* rückständig **B** M/F Zuspätkommende(r) *m/f(m)*; Nachzügler(in) *m(f)*

retardé [ʀ(ə)taʀde] **A** ADJ *enfant: mentalement* zurückgeblieben; *t/t* retardiert; *à l'école* **être ~** im Rückstand, *fam* zurück sein **B** SUBST **~(e)** *m(f)* geistig zurückgebliebenes Kind

retardement [ʀ(ə)taʀdəmɑ̃] LOC ADV **à ~** mit Verzögerung; nachträglich; *loc adj* **bombe** *f* **à ~** Bombe *f* mit Zeitzünder; Zeitbombe *f*; *fig* **comprendre à ~** erst hinterher begreifen

retarder [ʀ(ə)taʀde] **A** V/T **1** *personne, train etc* aufhalten; **~ qn dans son travail** j-n bei s-r Arbeit aufhalten **2** *montre* zurückstellen **3** *départ etc* hinaus-, auf-, verschieben **4** *pluie: récolte etc* verzögern **B** V/I **1** *montre* nachgehen; **ma montre**, *fam a.* **je retarde de cinq minutes** meine Uhr geht fünf Minuten nach **2** *fig* **~ sur son temps, sur son siècle** hinter s-r Zeit zurück sein **3** *fam (n'être pas au courant) fam* hinter dem Mond leben

reteindre [ʀ(ə)tɛ̃dʀ] V/T ⟨→ peindre⟩ nach-, umfärben

retéléphoner [ʀ(ə)telefɔne] V/I wieder, noch einmal telefonieren (**à qn** mit j-m), anrufen (j-n)

retendre [ʀ(ə)tɑ̃dʀ] V/T ⟨→ rendre⟩ *cordes d'un instrument de musique etc* wieder, neu spannen; nachspannen

retenir [ʀətniʀ, ʀtəniʀ] ⟨→ venir⟩ **A** V/T **1** *personne* zurück-, fest-, auf-, abhalten; dabehalten; *chose* (zurück-, ein)behalten; *argent* abziehen (**de, sur** von); *barrage: eau* stauen; *ruban: cheveux* zusammenhalten; **~ l'attention de qn** j-s Aufmerksamkeit auf sich *(acc)* lenken, ziehen; j-s Interesse wecken, erregen; **votre candidature a retenu mon attention** *a.* ich habe Ihre Bewerbung aufmerksam geprüft; **~ sa colère, un sourire** s-e Wut, ein Lächeln unterdrücken; **~ ses larmes** die Tränen zurückhalten, unterdrücken; **~ son souffle, sa respiration** den Atem, die Luft anhalten; **~ qn prisonnier** j-n gefangen halten; *maladie* **~ qn à la chambre** j-n zwingen, im Zimmer zu bleiben; **~ qn à dîner** j-n zum Abendessen dabehalten; *maladie* **~ qn au lit** j-n ans Bett fesseln; **je ne sais pas ce qui me retient** ich weiß nicht, was mich davon abhält *ou* was mich daran hindert; **~ qn par le bras** j-n am Arm festhalten; **je ne veux pas vous ~ plus longtemps** ich möchte Sie nicht länger aufhalten **2** *dans sa mémoire* sich *(dat)* merken; (im Gedächtnis) behalten; **retenez bien ce que je vais vous dire** merken Sie sich *(dat)* gut, was ich Ihnen sagen werde; *fam* **je le retiens, celui-là!** den merke ich mir!; der hört noch von mir!; MATH **je pose sept et retiens deux** ich schreibe sieben und merke mir, behalte zwei **3** *(considérer) proposition, projet, candidature* in Betracht ziehen; berücksichtigen; JUR *chef d'accusation* aufrechterhalten (**contre qn** gegen j-n); *adjt* **la solution retenue** die gewählte Lösung **4** *(réserver) chambre, table, place de théâtre ou de train* vorbestellen; reservieren; *place (marquer)* belegen; *guide* im Voraus engagieren **B** V/PR **se ~** **1** *(se rattraper)* sich festhalten (**à** an *+dat*) **2** *(s'empêcher)* sich zurückhalten; sich beherrschen; sich zusammennehmen; **ne pouvoir se ~ de** *(+inf)* nicht umhinkönnen zu *(+inf)*; **se ~ de manger** sich beim Essen zurückhalten; **se ~ de pleurer** sich zusammennehmen, um nicht zu weinen; *besoin naturel* **retiens-toi!** halt es zurück!; verhalt es!

retenter [ʀ(ə)tɑ̃te] V/T wieder, noch einmal versuchen

rétention [ʀetɑ̃sjõ] F **1** MÉD Verhaltung *f*; *t/t* Retention *f*; **~ d'urine** Harnverhaltung *f* **2** JUR **droit** *m* **de ~** Zurückbehaltungsrecht *n*

retentir [ʀ(ə)tɑ̃tiʀ] V/I **1** *cri, sonnerie etc* (er)tönen; (er)schallen; (wider)hallen; *chants* (er)klingen; *coup de feu* krachen; *endroit* **~ de** erfüllt sein von **2** *fig* **~ sur** sich auswirken auf *(+acc)*

retentissant [ʀ(ə)tɑ̃tisɑ̃] ADJ **1** *choc* geräuschvoll; **gifle ~e** schallende Ohrfeige; **voix ~e** durchdringende, dröhnende Stimme **2** *fig réussite, échec* aufsehenerregend

retentissement [ʀ(ə)tɑ̃tismɑ̃] M Widerhall *m (fig)*; Resonanz *f (fig)*; (Aus-, Nach)Wirkung *f* (**sur** auf *+acc*); **avoir un grand ~** großes Aufsehen erregen

retenu [ʀətny, ʀtəny] ADJ **1** *(réservé)* vorbestellt; reserviert; *place a.* belegt **2** *personne* verhindert **3** *voix* gedämpft; verhalten

retenue [ʀətny, ʀtəny] F **1** ÉCOLE Nachsitzen *n*; Arrest *m*; **être en ~** nachsitzen; **mettre un élève en ~** e-n Schüler nachsitzen lassen **2** *prélèvement* Abzug *m* (**sur** von); Einbehaltung *f*; *somme* Abzug *m*; einbehaltener Betrag; **~ à la source** Steuerabzug *m* an der Quelle; **~ sur le salaire** Lohn-, Gehaltsabzug *m* **3** *(réserve)* Zurückhaltung *f*; Mäßigung *f*; **sans ~** unbeherrscht; *manger* unmäßig; *pleurer* hemmungslos; *embrasser qn* stürmisch; **manquer de ~** es an Zurückhaltung fehlen lassen **4** MATH behaltene Zahl **5** *d'eau* Stauen *n*; *de voitures* Stau *m*; **bassin** *m* **de ~** Stau-, Speicherbecken *n*

réticence [ʀetisɑ̃s] F **1** *(hésitation)* Reserve *f*; Zögern *n*; **sans aucune ~** ohne das geringste Zögern **2** *(omission)* Verschweigen *n*; (absichtliches) Übergehen; Auslassung *f*; **parler sans ~** offen, frei sprechen

réticent [ʀetisɑ̃] ADJ **1** *(hésitant)* reserviert; zögernd **2** *(peu loquace)* verschwiegen

réticule [ʀetikyl] M **1** OPT Fadenkreuz *n* **2** *sac* Handtäschchen *n*

réticulé [ʀetikyle] ADJ netzartig, -förmig; ANAT retikulär; retikular

rétif [ʀetif] ADJ ⟨-ive⟩ störrisch; widerspenstig

rétine [ʀetin] F ANAT Netzhaut *f*; *t/t* Retina *f*

rétinien [ʀetinjɛ̃] ADJ ⟨~ne⟩ Netzhaut...

retirage [ʀ(ə)tiʀaʒ] M TYPO Neuauflage *f*

retiré [ʀ(ə)tiʀe] ADJ **1** *(solitaire)* zurückgezogen; **~ du monde** weltabgewandt; **vivre ~, mener une vie ~e** zurückgezogen leben; ein zurückgezogenes Leben führen **2** *(à la retraite)* im Ruhestand **3** *village etc* abgelegen; abgeschieden; einsam

retirer [ʀ(ə)tiʀe] **A** V/T **1** *(faire sortir)* herausnehmen, -ziehen, -holen (**de** aus); *argent de la banque* abheben; *mise* zurückziehen; *courrier, bagages de la consigne, billets réservés* abholen; *huile de certaines graines* gewinnen; *minerai* fördern; *pièce de théâtre* **~ de l'affiche** vom Spielplan absetzen; *noyé etc* **~ de l'eau** aus dem Wasser ziehen, bergen, *fam* fischen; *enfant* **~ de l'école** aus, von der Schule nehmen; *casserole* **~ du feu** vom Herd, Feuer nehmen; **~ de sa poche** aus der Tasche ziehen; *clef* **~ de la serrure** abziehen **2** *main* weg-, zurückziehen; *tête* einziehen; *fig: candidature, plainte, offre* zurückziehen; *offre a., paroles* zurücknehmen; **~ ce qu'on a dit** zurücknehmen, was man gesagt hat **3** *chapeau, lunettes, selle, housse* abnehmen; *vêtement, bottes, gants* ausziehen; **~ ses vêtements à un enfant** e-m Kind die Kleider ausziehen **4** *confiance, amitié, garde des enfants, permission, permis de conduire* **~ à qn** j-m entziehen; **je vous retire la parole** ich entziehe Ihnen das Wort **5** *bénéfice, avantages* herausholen, -schlagen; *fig* **~ un grand profit d'une lecture** großen Nutzen aus e-r Lektüre ziehen **B** V/PR **se ~** **1** *(partir)* sich zurückziehen; **se ~ dans sa chambre** sich in sein Zimmer zurückziehen; **se ~ des affaires, du monde** sich von den Geschäften, von der Welt zurückziehen; *fam* **retire-toi de là!** geh weg!; *fam* weg da! **2** *(prendre sa retraite)* sich zur Ruhe setzen; in den Ruhestand treten **3** *mer, eaux* zurückgehen

retombée [ʀ(ə)tõbe] F ARCH Anfänger *m*; Anfangsstein *m*; Anwölber *m*

retombées [ʀ(ə)tõbe] FPL **1** NUCL **~ radioactives** radioaktiver Niederschlag; Fall-out *m* **2** *fig (conséquences)* Auswirkungen *fpl*; Niederschlag *m*

retomber [ʀ(ə)tõbe] V/I ⟨être⟩ **1** *balle, fusée etc* wieder (herunter- *ou* hinunter-, hinab- *ou* herab-, *fam* runter)fallen; zurückfallen; *personne après s'être relevée* wieder hinfallen; **se laisser ~ sur ses coussins** sich in die Kissen zurücksinken lassen; *pluie fam* **ça retombe de plus belle** *fam* es schüttet wieder stärker **2** *après un saut* (wieder) aufkommen; *chat* **~ sur ses pattes** wieder auf den *ou* die Pfoten aufkommen; *fig* **~ sur ses pieds**, *fam* **pattes** wieder auf die Füße fallen **3** *fig* **~ sur qc** auf etw *(acc)* zurückkommen; **~ sur un article intéressant** wieder auf e-n interessanten Artikel stoßen **4** *fig* **~ dans qc** wieder in etw *(acc)* verfallen, geraten; **~ dans les mêmes fautes** wieder in die gleichen Fehler verfallen; **~ dans l'oubli** wieder in Vergessenheit geraten **5** **~ malade** wieder krank werden; wieder erkranken **6** *rideau, cheveux* fallen; (herunter-, herab)hängen; *cheveux* **~ sur les épaules, sur le front** bis auf die Schultern, in die Stirn fallen **7** *responsabilité* **~ sur qn** auf j-n zurückfallen; auf j-m lasten; **faire ~ la faute de qc sur qn** die Schuld an etw *(dat)* auf j-n schieben, abwälzen; *fam* **ça lui est retombé sur le nez** da hat er sich (in bester Absicht eingemischt und) nur Ärger eingehandelt **8** *fam* **~ sur qn** j-n zufällig wieder treffen; → *a.* tomber

retondre [ʀ(ə)tõdʀ] V/T ⟨→ rendre⟩ wieder scheren, *gazon* mähen

retordre [ʀ(ə)tɔʀdʀ] V/T ⟨→ rendre⟩ *fils* zwirnen; *fig* **donner du fil à ~ à qn** j-m viel zu schaffen machen; j-m Kummer, Sorgen bereiten, machen

rétorquer [ʀetɔʀke] V/T **~ que ...** erwidern, entgegnen, dass ...

retors [ʀətɔʀ] ADJ ⟨-orse [-ɔʀs]⟩ **1** gezwirnt **2**

R

fig personne ausgekocht; durchtrieben; gerissen; mit allen Wassern gewaschen

rétorsion [ʀetɔʀsjõ] F JUR Vergeltung *f*; Retorsion *f*; **mesure** *f* **de ~** Gegen-, Vergeltungsmaßnahme *f*

retouche [ʀ(ə)tuʃ] F 1 PHOT Retusche *f* 2 *d'une œuvre* Überarbeitung *f*; Verbesserung *f*; Nachbesserung *f*; Änderung *f*; **faire quelques ~s** einige Verbesserungen, Änderungen vornehmen, anbringen (**à** an *+dat*) 3 COUT Änderung *f*

retoucher [ʀ(ə)tuʃe] V/T 1 PHOT retuschieren 2 *œuvre* überarbeiten; verbessern; nachbessern 3 COUT ändern

retoucheur [ʀ(ə)tuʃœʀ] M, **retoucheuse** F 1 **retoucheur, retoucheuse (photographe)** Retuscheur *m* 2 **retoucheur, retoucheuse en confection** Änderungsschneider(in) *m(f)*

retour [ʀ(ə)tuʀ] M 1 *au point de départ* Rückkehr *f*; *chez soi* Heimkehr *f*; **bon ~!** kommen Sie *ou* komm gut nach Hause!; **le ~ au calme** das Wiedereintreten der Ruhe; **~ à la nature** Rückkehr zur Natur; zurück zur Natur!; **~ à la normale** Normalisierung *f*; **~ au pouvoir** Rückkehr zur Macht; **~ en arrière** *(régression)* Rückschritt *m*; *dans une narration* Rückblick *m*; CINÉMA, TV Rückblende *f*; *loc adv*: **sur le chemin du ~** auf dem Heim-, Rückweg; **sans espoir de ~** ohne Hoffnung auf (e-e) Rückkehr; → *a.* 6; **sans esprit de ~** ohne die Absicht zurückzukehren; **à mon ~** bei meiner Rückkehr; **(au) ~ de** bei der Rückkehr von; **de ~ chez moi** nach Hause zurückgekehrt; bei meiner Rückkehr nach Hause; **être de ~** zurück sein; *fig* **faire un ~ sur soi-même** sich auf sich *(acc)* selbst besinnen 2 *(voyage de retour)* Rückfahrt *f*, -reise *f*; *en avion* Rückflug *m*; *par ext* **les ~s de vacances** der Ferienrückreiseverkehr 3 *(réexpédition)* Rücksendung *f*; *d'une marchandise a.* Rückgabe *f*; **~ à l'expéditeur** zurück an Absender; **par ~ du courrier** postwendend; umgehend 4 *du printemps, du froid etc* Wiederkehr *f*; *de l'hiver a.* Rückkehr *f*; *de la fièvre* Wiederauftreten *n*; *loc adv* **sans ~** auf, für immer; unwiederbringlich 5 *(changement soudain)* Umschlag *m*; Umschlagen *n*; Wechsel *m*; PHYSIOL **~ d'âge** Wechseljahre *npl*; *fam fig* **~ de bâton** Rückwirkung *f* auf den Urheber; Bumerang *m*; **par un juste ~ des choses** als gerechte Strafe; als gerechter Ausgleich; als ausgleichende Gerechtigkeit; **être sur le ~ (d'âge)** *femme* in den Wechseljahren sein; *(commencer à vieillir)* allmählich alt werden 6 *(échange) loc adv* **en ~** als Gegenleistung; dafür; **aimer qn sans espoir de ~** j-n ohne Hoffnung auf Erwiderung lieben; **payer son amour de ~** s-e Liebe erwidern 7 TECH Rücklauf *m*; **~ de flamme** Flammenrückschlag *m*; *fig contre son auteur* (negative, fatale) Rückwirkung; Bumerang *m*; *(regain d'activité)* Wiederaufleben *n*; **~ de manivelle** Rückschlag *m* der Kurbel; *fig* plötzlicher Umschwung; Umschlag(en) *m(n)* 8 ADJT SPORTS **match** *m* **~** Rückspiel *n*

retournement [ʀ(ə)tuʀnəmã] M *d'une situation* grundlegende Wandlung; Umkehrung *f*; Umschwung *m*; *de qn, d'opinion* Meinungsumschwung *m*; Kehrtwendung *f*

retourner [ʀ(ə)tuʀne] A V/T 1 *matelas, tableau etc* umdrehen; *vêtement, foin etc* wenden; *terre* umgraben; *salade* umrühren; mischen; *phrase, poche* umkehren; *tête* drehen; wenden; *carte à jouer* aufdecken; *fig* **~ une situation** eine Situation grundlegend ändern; *fam fig* **~ qn** j-n umstimmen, *fam* herumkriegen; → *a.* 2; *arme* **~ contre qn** auf j-n richten; *viande* **~ sur le gril** auf dem Grill drehen 2 *fam (mettre en désordre) maison etc fam* auf den Kopf stellen; *fam fig (bouleverser) nouvelle etc* **~ qn** j-n aufwühlen, *fam* durcheinanderbringen 3 **tourner et ~** *objet* hin und her drehen; *fig idée etc* hin und her überlegen; von allen Seiten beleuchten 4 *(renvoyer)* a) *lettre, paquet, marchandise* zurückschicken, -senden; zurückgehen lassen; **prière de ~ à l'expéditeur** bitte zurück an Absender b) *fam fig gifle* zurückgeben; **~ à qn son compliment** j-m das Kompliment zurückgeben *(a. iron)* B V/I ⟨être⟩ 1 *(aller de nouveau)* wieder gehen, fahren, reisen; **~ à la mer** wieder ans Meer fahren; **~ chez le médecin** wieder zum Arzt gehen 2 *au point de départ* zurückkehren, -gehen, -reisen, -fahren, *en avion* -fliegen; **~ chez soi** nach Hause gehen; heimgehen, -kehren; **~ dans son pays natal** in s-e Heimat zurückgehen; *par ext* **~ à ses affaires, à son travail** die Geschäfte, die Arbeit wieder aufnehmen 3 *maison, terrain etc* **~ à qn** an j-n zurückfallen C V/IMP **savoir de quoi il retourne** wissen, was los ist, worum es sich dreht *ou* handelt, woran man ist D V/PR 1 **se ~** *personne* sich umdrehen, umwenden; *voiture* sich überschlagen; **se ~ sur le dos** sich auf den Rücken drehen; **se ~ vers qn** sich nach j-m umdrehen; **se tourner et se ~ dans son lit** sich im Bett hin und her wälzen; *fig*: **laisser à qn le temps de se ~** j-m Zeit lassen; **savoir se ~** wendig sein; sich *(dat)* zu helfen wissen 2 **s'en ~** wieder umkehren, fortgehen; **s'en ~ comme on est venu** unverrichteter Dinge wieder abziehen 3 **se ~ contre qn** *personne* sich gegen j-n wenden; *mesures etc* ungünstige Rückwirkungen auf j-n haben

retracer [ʀ(ə)tʀase] V/T ⟨-ç-⟩ *(raconter)* (bildhaft) schildern, erzählen; vergegenwärtigen; vor Augen führen

rétractation [ʀetʀaktasjõ] F Widerruf *m*; Widerrufung *f*; Zurücknahme *f*

rétracter [ʀetʀakte] A V/T 1 *escargot: cornes etc* zurück-, einziehen 2 *aveux etc* widerrufen; zurücknehmen B V/PR **se ~** 1 *pupille, muscle* sich zusammenziehen 2 *(se dédire)* widerrufen; das Gesagte zurücknehmen

rétractile [ʀetʀaktil] ADJ *griffes* einziehbar; *muscle* zusammenziehbar; **rétraction** F BIOL Zusammenziehung *f*; Verkürzung *f*; *t/t* Retraktion *f*

retraduction [ʀ(ə)tʀadyksjõ] F 1 *(nouvelle traduction)* Neuübersetzung *f* 2 *dans la langue de départ* Rückübersetzung *f*

retraduire [ʀ(ə)tʀadɥiʀ] V/T ⟨→ conduire⟩ a) neu, noch einmal übersetzen b) rückübersetzen c) *traduction* in e-e weitere (Fremd)Sprache übersetzen

retrait [ʀ(ə)tʀɛ] M 1 *du permis de conduire* Entzug *m*; *d'un projet de loi, d'une plainte, d'une candidature* Zurückziehung *f*; *d'argent d'un compte* Abhebung *f*; *de bagages de la consigne etc* Abholung *f* 2 *de troupes* Abzug *m*; *de la compétition* Rücktritt *m* 3 LOC ADJ **en ~** *bâtiment* zurückgesetzt, -springend; *fig personne* **être, rester en ~** im Hintergrund stehen, bleiben; **se mettre en ~** sich abseits stellen; **se tenir en ~** sich abseits halten

retraite [ʀ(ə)tʀɛt] F 1 MIL Rückzug *m*; **battre en ~** den Rückzug antreten; *fig* e-n Rückzieher machen 2 **~ aux flambeaux** Fackelzug *m* 3 *d'un travailleur* Ruhestand *m*; **~ à la carte** flexible Altersgrenze; **mise** *f* **à la ~** Versetzung *f* in den Ruhestand; *de fonctionnaires* Pensionierung *f*; **âge** *m* **de la ~** Altersgrenze *f*; Renten-, Pensionsalter *n*; **maison** *f* **de ~** Alten-, Altersheim *n*; **à la ~, en ~** im Ruhestand *(abr* i. R.*)*; *fonctionnaire* pensioniert; außer Dienst *(abr* a. D.*)*; **mettre qn à la ~** j-n in den Ruhestand versetzen; j-n pensionieren; **prendre sa ~** in den Ruhestand treten, gehen; sich pensionieren lassen 4 *pension* (Alters)Rente *f*; Ruhegeld *n*; *d'un fonctionnaire* Pension *f*; Ruhegehalt *n*; **régime** *m* **des ~s complémentaires** zusätzliche Altersversorgung; **avoir droit à une ~** renten-, pensionsberechtigt sein; **toucher une petite ~** e-e kleine Rente beziehen, bekommen, haben 5 REL CATH Exerzitien *pl*; **faire, suivre une ~** an Exerzitien teilnehmen 6 *litt (refuge)* Zufluchtsort *m*; Schlupfwinkel *m*

retraité [ʀ(ə)tʀete] A ADJ im Ruhestand *(abr* i. R.*)*; *fonctionnaire* pensioniert; außer Dienst *(abr* a. D.*)* B SUBST **~(e)** *m(f)* Rentner(in) *m(f)*; Ruheständler(in) *m(f)*; *fonctionnaire* Pensionär(in) *m(f)*; *autrich* Pensionist(in) *m(f)*; **les petits ~s** die Kleinrentner *mpl*

retraitement [ʀ(ə)tʀɛtmã] M NUCL Wiederaufbereitung *f*; **retraiter** V/T NUCL wiederaufbereiten

retranchement [ʀ(ə)tʀãʃmã] M MIL Verschanzung *f*; *fig* **forcer, pousser qn dans ses derniers ~s** j-n in die Enge treiben

retrancher [ʀ(ə)tʀãʃe] A V/T 1 *passage, mot* (weg)streichen; weglassen; wegfallen lassen; **sans rien ajouter ni ~** ohne etwas hinzuzufügen oder wegzustreichen 2 *(déduire)* abziehen (**de, sur** von) 3 MIL *adjt* **camp retranché** befestigtes Lager B V/PR 1 MIL **se ~** sich verschanzen 2 *fig* **se ~ derrière qc, derrière l'autorité de qn** sich hinter etw, hinter j-m verschanzen; **se ~ dans le silence** sich in Schweigen hüllen

retranscription [ʀ(ə)tʀãskʀipsjõ] F erneute Abschrift, Eintragung

retranscrire [ʀ(ə)tʀãskʀiʀ] V/T ⟨→ écrire⟩ wieder abschreiben, eintragen

retransmettre [ʀ(ə)tʀãsmɛtʀ] V/T ⟨→ mettre⟩ RAD, TV, *émission* übertragen; **retransmission** F RAD, TV Übertragung *f*

retravailler [ʀ(ə)tʀavaje] A V/T *discours etc* wieder bearbeiten; *(modifier)* umarbeiten B V/I wieder arbeiten; die Arbeit wieder aufnehmen

rétréci [ʀetʀesi] ADJ 1 verengt; **chaussée ~e** verengte Fahrbahn 2 *fig idées, esprit* engstirnig

rétrécir [ʀetʀesiʀ] A V/T 1 *vêtement* enger machen; verengern 2 *fig horizon etc* einengen B V/I *étoffe au lavage* einlaufen; eingehen C V/PR **se ~** 1 *chaussée, passage* sich verengen; enger werden 2 *fig cercle d'amis etc* sich verkleinern; schrumpfen

rétrécissement [ʀetʀesismã] M 1 *d'une chaussée etc* Verengung *f* 2 MÉD Verengerung *f* 3 *d'une étoffe* Einlaufen *n*, -gehen *n*

retremper [ʀ(ə)tʀãpe] V/PR **se ~ dans un milieu** wieder in e-e Umgebung eintauchen

rétribuer [ʀetʀibɥe] V/T *personne* bezahlen; entlohnen; **~ un travail** eine Arbeit bezahlen, vergüten; **~ à l'heure, au mois** nach Stunden, monatlich vergüten, bezahlen

rétribution [ʀetʀibysjõ] F Bezahlung *f*; Vergütung *f*; Entgelt *n*; Entlohnung *f*

rétro [ʀetʀo] A ADJ ⟨inv⟩ Nostalgie...; nostalgisch; **mode** *f* **~** Nostalgiewelle *f* B M *fam* ABR → rétroviseur

rétroactif [ʀetʀoaktif] ADJ ⟨-ive⟩ JUR rückwirkend; **avoir un effet ~** rückwirkende Kraft haben

rétroactivité [ʀetʀoaktivite] F JUR Rückwirkung *f*; rückwirkende Kraft

rétrocéder [ʀetʀosede] V/T ⟨-è-⟩ JUR wieder abtreten; zurückübertragen

rétrofusée [ʀetʀofyze] F Bremsrakete *f*

rétrogradation [ʀetʀɔgʀadasjõ] F MIL Degradierung *f*; *de fonctionnaire* Zurückstufung *f*

rétrograde [ʀetʀɔgʀad] ADJ 1 *mouvement* rückläufig; *t/t* retrograd 2 *fig politique, idées* fortschrittsfeindlich; rückschrittlich; rückständig

rétrograder [ʀetʀɔgʀade] A VT MIL degradieren; **~ un fonctionnaire** einen Beamten zurückstufen B VI 1 *(reculer)* zurückgehen, -weichen 2 *fig (régresser)* zurückbleiben, -fallen; Rückschritte machen 3 *automobiliste* zurück-, herunterschalten (**de troisième en deuxième** aus dem dritten in den zweiten Gang)

rétropédalage [ʀetʀopedalaʒ] M VÉLO **frein** *m* **à ~** Rücktrittbremse *f*

rétroprojecteur [ʀetʀopʀɔʒɛktœʀ] M Overheadprojektor *m*; Tageslichtprojektor *m*

rétrospectif [ʀetʀɔspɛktif] ADJ ⟨-ive⟩ 1 rückblickend; rückschauend; retrospektiv; **jeter un coup d'œil ~ sur** zurückblicken auf *(+acc)* 2 *peur, jalousie* nachträglich

rétrospective [ʀetʀɔspɛktiv] F Rückblick *m*; Rückschau *f*; Rückblende *f*; *exposition* Retrospektive *f*; **rétrospectivement** ADV 1 rückschauend; im Rückblick 2 *(après coup)* nachträglich

retroussé [ʀ(ə)tʀuse] ADJ *manches* hoch-, aufgekrempelt; *jupe* geschürzt; (hoch)gerafft; **nez ~** Stupsnase *f*

retrousser [ʀ(ə)tʀuse] A VT *manches* hoch-, aufkrempeln *(a. fig)*; hochstreifen; *jupe* (hoch)raffen; schürzen; *babines* hochziehen; *moustaches* zwirbeln B VPR **se ~** das Kleid, den Rock (hoch)raffen, schürzen

retrouvailles [ʀ(ə)tʀuvaj] *fam* FPL (großes) Wiedersehen

retrouver [ʀ(ə)tʀuve] A VT 1 *(recouvrer)* wiederfinden; **~ qn vivant** j-n lebend wiederfinden; **~ son chemin** den Weg wiederfinden; auf den Weg zurückfinden; **~ ses forces** wieder zu Kräften kommen; **~ un nom** wieder auf e-n Namen kommen; **~ la parole** die Sprache wiederfinden; **~ son portefeuille** s-e Brieftasche wiederfinden; **~ la santé** wieder gesund werden; **~ les traces de qn** j-s Spuren wiederfinden; *prov* **une chienne n'y retrouverait pas ses petits** da kann kein Mensch mehr was finden 2 *(rencontrer de nouveau) travail, occasion* wieder finden; *personne* wieder vorfinden, antreffen; **~ le sommeil** wieder Schlaf finden; **elle le retrouva grandi** als sie ihn wieder sah, war er größer (geworden); **gare à toi si je te retrouve ici!** wehe dir, wenn ich dich hier wieder antreffe! 3 *(rejoindre)* wieder treffen; **~ sa famille** wieder zu s-r Familie zurückkehren *ou* bei s-r Familie sein; **aller ~ qn** j-m folgen, nachreisen; *menace* **je saurai vous ~!** Sie entgehen mir nicht!; ich erwische Sie noch!; wir sprechen uns noch!; **je viens te ~ dans une heure** in e-r Stunde bin ich wieder da *ou* treffe ich dich wieder B VPR **se ~** 1 *sens passif: occasion, avantage* sich wieder finden *(a. faute, expression)*; sich wieder ergeben; **si ça se retrouve** wenn sich die Gelegenheit ergibt 2 *réciproquement* sich wieder treffen; **tiens! comme on se retrouve!** wo man sich nicht überall wieder trifft!; *menace* **on se retrouvera!** wir sprechen uns noch! 3 *sens réfléchi* sich (wieder) befinden; **se ~ seul et sans ressources** (wieder) allein und mittellos dastehen; **se ~ au chômage** (wieder) arbeitslos sein *ou* werden; **se ~ dans son élément** wieder in s-m Element sein; **se ~ devant les mêmes difficultés** wieder vor den gleichen Schwierigkeiten stehen; **il s'est retrouvé en prison** *fam* er ist (wieder) im Gefängnis gelandet 4 **s'y ~** *(s'y reconnaître)* sich zurechtfinden; **se ~ dans ses calculs, dans un quartier** sich in s-n Berechnungen, in e-m Stadtviertel zurechtfinden; **on ne s'y retrouve plus** *a.* man kennt sich hier nicht mehr aus 5 *fam* **s'y ~** *(faire un bénéfice)* auf s-e Kosten kommen 6 *st/s* **se ~ (soi-même)** wieder zu sich selbst kommen; → *a.* trouver

rétroversion [ʀetʀɔvɛʀsjõ] F MÉD *de l'utérus* Rückwärtsneigung *f*; *t/t* Retroversion *f*; **rétrovirus** M BIOL Retrovirus *n*

rétroviseur [ʀetʀovizœʀ] M AUTO Rückspiegel *m*; **~ extérieur, intérieur** Außen-, Innenspiegel *m*

rets [ʀɛ] *litt* M Netz *n*; *fig* **prendre qn dans ses ~** j-n in s-n Netzen fangen

Retz [ʀɛ] **le cardinal de ~** *frz Politiker u. Schriftsteller*

réuni [ʀeyni] ADJ vereinigt *(a.* COMM*)*; versammelt; **les Français et les Allemands ~s** die Franzosen und die Deutschen zusammen

réunification [ʀeynifikasjõ] F Wiedervereinigung *f*; **réunifier** VT wiedervereinigen

réunion [ʀeynjõ] F 1 *de personnes* Versammlung *f*; Zusammenkunft *f*; *(rencontre)* Treffen *n*; *(séance)* Sitzung *f*; **~ électorale** Wahlversammlung *f*; **~ syndicale** Gewerkschaftsversammlung *f*; **~ de famille** Familientreffen *n*; **~ de parents d'élèves** Elternabend *m* 2 POL *d'une province* Angliederung *f*, Anschluss *m* (**à an** *+acc*) 3 *d'entreprises, de partis* Zusammenschluss *m*; Zusammenlegung *f*; Vereinigung *f* 4 *de preuves, faits, pièces de dossier* Zusammenstellung *f*

Réunion [ʀeynjõ] **(l'île** *f* **de) la ~** Reunion *n*

réunionite [ʀeynjɔnit] *fam* F ständiges Abhalten von Versammlungen, Sitzungen; *fam* Versammlungs-, Sitzungswut *f*

réunionnais [ʀeynjɔnɛ] ADJ *(et* SUBST **Réunionnais** Bewohner) von Reunion

réunir [ʀeyniʀ] A VT 1 *choses séparées* (miteinander) verbinden; zusammenfügen, -fassen, -nehmen; *papiers, documents* zusammenstellen; *renseignements, preuves, faits* zusammentragen *(a. collection)*; sammeln; *intérêts divers etc* vereinigen; **~ toutes les conditions** alle Bedingungen erfüllen; **~ des fonds** Geld, Mittel auf-, zusammenbringen; **~ le peu d'espagnol qu'on sait** *fam* das wenige Spanisch, das man kann, zusammenkratzen; **il réunit en lui toutes les qualités** er vereint sämtliche Vorzüge in sich *(dat)* *ou* in s-r Person; *candidat* **~ toutes les voix** alle Stimmen auf sich *(dat)* vereinigen 2 **~ qc à qc** etw mit etw vereinigen, verbinden; **~ une province à un État** e-e Provinz e-m Staat angliedern 3 *personnes* vereinigen; zusammenführen; *en un même lieu* versammeln; *assemblée* einberufen; **~ des amis chez soi** Freunde bei sich versammeln; **le travail les a réunis** die Arbeit hat sie zusammengeführt B VPR **se ~** 1 sich versammeln; sich treffen; zusammenkommen, -treten; **se ~ avec des, entre amis** sich mit Freunden treffen; unter Freunden zusammenkommen 2 *États* **se ~ en une fédération** sich zu e-m Bund zusammenschließen

Reuss [ʀøs] GÉOG **la ~** die Reuß

réussi [ʀeysi] ADJ gelungen *(a. iron)*; geglückt

réussir [ʀeysiʀ] A VT *travail, affaire* erfolgreich durchführen; zustande, zuwege bringen; *examen* bestehen; *sauce etc* gut machen, *fam* hinkriegen; SPORTS *but* erzielen; schießen; **qn réussit qc** *a.* etw gelingt j-m (gut); **il a réussi son coup** die Sache ist ihm gelungen, geglückt; **elle a réussi son gâteau** der Kuchen ist ihr gut gelungen B VI *et* VT INDIR 1 *personne* Erfolg haben; erfolgreich sein; es schaffen; reüssieren; **~ (à un examen)** (e-e Prüfung) bestehen; *fam* durchkommen; **~ dans sa carrière** in s-r beruflichen Laufbahn Erfolg haben; **~ du premier coup** auf Anhieb Erfolg haben; **~ en tout** mit allem Erfolg haben; **ses enfants ont tous réussi** s-e Kinder haben es alle zu etwas gebracht; ♦ **je réussis à faire qc** es gelingt mir *ou* ich schaffe es *ou* ich bringe es fertig, etw zu tun; **il a réussi à nous convaincre** es ist ihm gelungen, uns zu überzeugen; **~ à s'échapper** *a.* entwischen können; **~ à se remettre debout** *a.* wieder auf die Füße zu stehen kommen; *fam iron*: **il a réussi à se ruiner** er hat es fertiggebracht *ou* geschafft, sich zu ruinieren; **voilà à quoi vous avez réussi!** sehen Sie, was Sie angerichtet haben! 2 *projet, expérience* gelingen; glücken; erfolgreich verlaufen; Erfolg haben; *affaire, film* Erfolg haben; erfolgreich sein; *plante* gedeihen; **~ à qn** j-m gelingen, glücken; **rien ne lui réussit** nichts gelingt ihm; **faire ~** zum Erfolg führen; zum Erfolg verhelfen *(+dat)* 3 *(faire du bien)* **~ à qn** j-m guttun, gut bekommen; **l'air de la mer lui a réussi** die Meeresluft hat ihm gutgetan, ist ihm gut bekommen

réussite [ʀeysit] F 1 *(succès)* Erfolg *m*; *de qc a.* Gelingen *n*; **~ sociale** sozialer Aufstieg; **~ d'une affaire** geschäftlicher Erfolg; *film, roman* **être une ~** ein Erfolg sein 2 *jeu de cartes* Patience *f*; **faire une ~** e-e Patience legen

réutilisable [ʀeytilizabl] ADJ wiederverwendbar; **réutiliser** VT wiederverwenden

revacciner [ʀ(ə)vaksine] VT MÉD wieder, zum zweiten Mal impfen; nachimpfen; *t/t* revakzinieren

revaloir [ʀ(ə)valwaʀ] VT ⟨→ valoir⟩ **~ qc à qn** *en bien* sich bei j-m für etw revanchieren, erkenntlich zeigen; *en mal* j-m etw heimzahlen; **je lui revaudrai ça** *a.* das soll er mir büßen!

revalorisation [ʀ(ə)valɔʀizasjõ] F *d'une monnaie* Revalorisierung *f*; *des salaires, retraites* Aufbesserung *f*; Erhöhung *f*; Anpassung *f*; *du travail manuel etc* Aufwertung *f*; **revaloriser** VT *monnaie* revalorisieren; *salaires, retraites* aufbessern; erhöhen; anpassen; *travail manuel etc* aufwerten

revanchard [ʀ(ə)vɑ̃ʃaʀ] A ADJ revanchistisch B M Revanchist *m*

revanche [ʀ(ə)vɑ̃ʃ] F Vergeltung *f*; Revanche *f* *(a.* SPORTS, JEU*)*; SPORTS **donner sa ~ à l'adversaire** dem Gegner die Möglichkeit zur Revanche geben; **prendre sa ~** *(se venger)* Vergeltung üben, Rache nehmen (**sur qn** an j-m); *(reprendre l'avantage)* die Niederlage, Schlappe wettmachen; SPORTS sich revanchieren; *loc adv*: **à charge de ~** bei entsprechender Gegenleistung (meinerseits); unter der Bedingung, dass ich mich revanchieren darf; dafür; **en ~** dafür; dagegen

rêvasser [ʀɛvase] VI (vor sich *[acc]* hin) dösen; s-e Gedanken schweifen lassen

rêvasserie [ʀɛvasʀi] F 1 Dösen *n* 2 *péj* **~s** *pl* Hirngespinste *npl*

rêve [ʀɛv] M Traum *m*; *fig a.* Wunschtraum *m*; **~s de jeunesse** Jugendträume *mpl*; **le ~ de leur vie** der Traum ihres Lebens; **le ~ et la réalité** Traum und Wirklichkeit *f*; **la femme de ses ~s** die Frau s-r Träume; **une voiture de ~** ein Traumwagen *m*; *loc adv*: **comme dans un ~** wie in e-m Traum; **en ~** im Traum; *st/s* **caresser un ~** e-m (Wunsch)Traum nachhängen; *fam* **c'est le ~** das ist wirklich ideal; **s'évanouir, disparaître comme un ~** wie ein Traum(bild) zerrinnen, verschwinden; **faire un (mauvais) ~** e-n (bösen, schlechten) Traum haben; (schlecht) träumen; **faites de beaux ~s!** träumen Sie was Schönes!; **réaliser son ~** s-n Wunschtraum verwirklichen

rêvé [ʀɛve] ADJ erträumt; Traum...; wirklich ideal

revêche [ʀəvɛʃ] ADJ barsch; unwirsch; kratzbürstig; spröd(e); finster

réveil [ʀevɛj] M 1 Auf-, Erwachen *n*; MIL Wecken *n*; **au ~** beim Auf-, Erwachen 2 *fig de la nature, d'un volcan, de l'opposition* (Wieder)Erwachen *n*; *après des illusions* **le ~ fut pénible** es

R

gab ein böses Erwachen **3** *(réveille-matin)* Wecker *m*; **~ de voyage** Reisewecker *m*; **mettre le ~ à six heures** den Wecker auf sechs Uhr stellen

réveille-matin [ʀevɛjmatɛ̃] M ⟨inv⟩ Wecker *m*; Weckuhr *f*

réveiller [ʀeveje] **A** V/T **1** (auf)wecken; *adjt*: **être réveillé** wach sein; **être mal réveillé** noch verschlafen sein; *fam* **un bruit à ~ les morts** ein Lärm, der Tote erwecken könnte **2** *fig curiosité etc* (wieder) (er)wecken, hervorrufen; **~ l'appétit** den Appetit (wieder) anregen; **~ une querelle** einen Streit wieder aufleben lassen; **~ des souvenirs** Erinnerungen (wieder) wachrufen **B** V/PR **se ~** **1** auf-, erwachen; wach werden; **se ~ fatigué** beim Aufwachen noch müde sein; **se ~ de bonne heure** früh aufwachen **2** *fig sentiment* wieder wach werden, aufleben

réveillon [ʀevɛjõ] M Festessen *n* am Heiligabend *ou* zu Silvester

réveillonner [ʀevɛjɔne] V/I Heiligabend *ou* Silvester (mit e-m Festessen) feiern

révélateur [ʀevelatœʀ] **A** ADJ ⟨-trice⟩ aufschlussreich (**de** für); **c'est tout à fait ~** *a.* das lässt tief blicken **B** M PHOT Entwickler *m*

révélation [ʀevelasjõ] F **1** *d'un crime, d'un secret etc* Aufdeckung *f*; **~s** *pl* Enthüllungen *fpl*; **faire des ~s sur qc** über etw *(acc)* Enthüllungen machen; etw aufdecken **2** REL Offenbarung *f* **3** *fig (découverte)* plötzliche Erkenntnis; Offenbarung *f*; **avoir une ~** e-e plötzliche Erkenntnis haben; **ce fut pour moi une ~** das war e-e Offenbarung für mich; da ging mir ein Licht auf **4** *personne* Entdeckung *f*; **il a été la ~ de l'année** er war die Entdeckung des Jahres

révéler [ʀevele] ⟨-è-⟩ **A** V/T **1** *secret, projets etc* aufdecken; enthüllen; an den Tag, ans Licht bringen; *secret a.* preisgeben; verraten; **~ qn à lui-même** j-m zeigen, wie er wirklich ist **2** REL offenbaren; *adjt* **religion révélée** Offenbarungsreligion *f* **3** *qualité, don, attitude etc* erkennen lassen; (an)zeigen; verraten; **l'analyse révèle ...** die Analyse ergibt ... **B** V/PR **se ~** sich erweisen, sich entpuppen, sich herausstellen (**qc** als etw); zutage treten; **se ~ facile** sich als leicht erweisen; *impersonnel* **il se révéla que ...** es stellte sich heraus, es erwies sich, dass ...

revenant [ʀəvnɑ̃, ʀvənɑ̃] M Gespenst *n*; Geist *m*; **il y a des ~s** es spukt; *fam fig* **tiens, voilà un ~!** ich sehe wohl e-n Geist vor mir!

revendeur [ʀ(ə)vɑ̃dœʀ] M, **revendeuse** F COMM Wiederverkäufer(in) *m(f)*; Zwischenhändler(in) *m(f)*

revendicateur [ʀ(ə)vɑ̃dikatœʀ] ADJ ⟨-trice⟩ fordernd

revendicatif [ʀ(ə)vɑ̃dikatif] ADJ ⟨-ive⟩ der Geltendmachung von (sozialen) Forderungen dienend; **journée revendicative** Aktionstag *m* (, an dem Forderungen geltend gemacht werden)

revendication [ʀ(ə)vɑ̃dikasjõ] F Forderung *f*; Anspruch *m* (**de** auf *+acc*); *action* Geltendmachung *f* von Forderungen, Ansprüchen; **~s salariales** Lohn-, Gehaltsforderungen *fpl*

revendiquer [ʀ(ə)vɑ̃dike] V/T **1** *(exiger)* fordern; beanspruchen; verlangen; Anspruch erheben auf *(+acc)*; (den Anspruch auf *+acc*) geltend machen **2** *responsabilité* übernehmen; **~ un attentat** sich zu e-m Anschlag bekennen; die Verantwortung für ein Attentat übernehmen

revendre [ʀ(ə)vɑ̃dʀ] V/T ⟨→ rendre⟩ weiterverkaufen; wieder verkaufen; *fig*: **avoir de qc à ~** etw im Überfluss haben; (von) etw reichlich, mehr als genug haben; **avoir de l'esprit à ~** vor Geist sprühen

revenez-y [ʀəvnezi, ʀvənezi] LOC *fam* **avoir un goût de ~** nach mehr schmecken

revenir [ʀəvniʀ, ʀvəniʀ] ⟨→ venir; être⟩ **A** V/I **1** *de nouveau: personne* wieder, noch einmal kommen; *mode, saison, calme, thème etc* wiederkehren; *fête* **~ à date fixe** zu e-m festen Datum wiederkehren; **il n'est pas revenu nous voir** er hat uns nicht mehr besucht **2** *au point de départ* (wieder) zurückkommen, -kehren; wiederkommen; **je reviens tout de suite** ich bin gleich wieder da, zurück; **~ à la maison, chez soi** nach Hause zurückkommen, -kehren; **~ de l'école** aus der Schule zurückkommen; **~ de la guerre** aus dem Krieg zurück-, heimkehren; **~ d'une promenade, du travail** von e-m Spaziergang, von der Arbeit zurückkommen; **~ en arrière** umkehren; *dans le temps* zurückgehen, -greifen; **on ne peut pas ~ en arrière** man kann jetzt nicht mehr zurück; **~ en France** nach Frankreich zurückkommen; *par ext* **son mari lui est revenu** ihr Mann ist wieder zurückgekehrt **3** *fig (reprendre)* **~ à, sur qc** auf etw *(acc)* (wieder) zurückkommen; zu etw (wieder) zurückkehren; **à quoi bon ~ là-dessus?** wozu wieder darauf zurückkommen?; **n'y reviens pas!** lass das künftig bleiben!; *en paroles* du brauchst nicht wieder davon anzufangen; **(en) ~ aux anciennes méthodes** zu den alten Methoden zurückkehren; **~ à de meilleurs sentiments (à l'égard de qn)** (j-m gegenüber) versöhnlicher gestimmt werden; **~ à soi** wieder zu sich kommen; **~ à la vie** wieder aufleben; **~ à, sur un sujet** auf ein Thema zurückkommen; **ne revenons pas sur cette affaire** wir wollen nicht mehr auf diese Angelegenheit zu sprechen kommen; **il n'y a pas à y ~** die Sache ist erledigt **4** *(annuler)* **~ sur qc** etw zurücknehmen, rückgängig machen; **~ sur sa décision** s-e Entscheidung rückgängig machen; **~ sur sa parole** sein Wort zurücknehmen, widerrufen **5** **dix euros me reviennent** *ou impersonnel* **il me revient dix euros** ich bekomme zehn Euro heraus, zurück **6** *mot, nom etc* **~ à qn (à la mémoire, à l'esprit)** j-m wieder einfallen; **ça me revient** das fällt mir wieder ein; ich komme wieder darauf **7** *appétit, courage, faculté etc*: **qc revient à qn** j-d bekommt, erlangt etw wieder; **la mémoire lui est revenue** jetzt weiß er es wieder; jetzt erinnert er sich wieder daran; **les forces lui sont revenues** er ist wieder zu Kräften gekommen **8** *(échoir) droit, honneur, titre etc* **~ à qn** j-m zustehen, zukommen; **~ de droit à qn** j-m rechtmäßig zustehen; **c'est à lui que revient le mérite** es ist sein Verdienst; *impersonnel* **c'est à lui qu'il revient de faire qc** ihm kommt es zu, etw zu tun **9** *(plaire)* **~ à qn** j-m gefallen, zusagen; **sa tête ne me revient pas** sein Gesicht gefällt mir nicht **10** *(équivaloir)* **~ à** hinauslaufen auf *(+acc)*; **cela revient à dire que ...** das heißt so viel wie ...; das heißt mit anderen Worten, dass ...; → *a.* **même** B **11** *(se remettre)* **~ de qc** sich von etw erholen; **~ d'un évanouissement** aus e-r Ohnmacht erwachen; **~ de sa surprise** sich von s-r Überraschung erholen; **il revient de loin** er ist noch einmal davongekommen; *on se demande* **s'il en reviendra** ob er es überleben wird; *fam* **je n'en reviens pas** ich kann es gar nicht fassen **12** *(se débarrasser)* **~ de qc** von etw los-, abkommen; sich von etw befreien; **~ d'une erreur** e-n Fehler, Irrtum einsehen; **~ d'une illusion, de ses prétentions** e-e Illusion, s-e Ansprüche aufgeben; **il est revenu de tout** er ist vollkommen ernüchtert, abgestumpft, gleichgültig; **j'en suis bien revenu** davon bin ich längst abgekommen **13** *(coûter)* kosten; **~ cher** teuer sein; *a. fig* teuer zu stehen kommen (**à qn** j-n); *le déjeuner* **m'est revenu à 100 euros** hat mich 100 Euro gekostet **14** CUIS **faire ~** *viande* anbraten; *oignons* bräunen; in Fett dünsten **15** *radis etc* **~ à qn** j-m aufstoßen **16** *fam (se réconcilier)* sich wieder versöhnen; *fam* wieder gut sein **17** *étoffe fam* **bien ~ au lavage** nach dem Waschen wieder tadellos aussehen **B** V/PR *litt* **s'en ~** zurückkommen, -kehren

revente [ʀ(ə)vɑ̃t] F COMM Wieder-, Weiterverkauf *m*

revenu [ʀəvny, ʀvəny] M Einkommen *n*; **~s** *pl* Einkünfte *pl*; Bezüge *pl*; **~ annuel, brut, net** Jahres-, Brutto-, Nettoeinkommen *n*; **~ imposable** steuerpflichtiges Einkommen; **~ minimum, moyen** Mindest-, Durchschnittseinkommen *n*; **~ minimum d'insertion** (ein Mindesteinkommen gewährleistende) staatliche Beihilfe zur beruflichen Eingliederung; *correspond à* Arbeitslosengeld *n* II; **~ national** Volkseinkommen *n*; **~s publics, de l'État** Staatseinkünfte *pl*; **déclaration** *f* **des ~s** Einkommensteuererklärung *f*; **sources** *fpl* **de ~** Einnahmequellen *fpl*; *valeurs* **à ~ fixe** festverzinslich; **avoir de gros ~s** große Einkünfte haben

rêver [ʀeve] **A** V/T **1** *en dormant* träumen; **j'ai rêvé que ...** ich, *st/s* mir träumte, (dass) ... **2** *fig (imaginer)* träumen (von); sich *(dat)* erträumen; **~ fortune, mariage** von Reichtum, vom Heiraten träumen; **ce n'est pas la situation qu'il avait rêvée** das ist nicht die Stellung, die er sich *(dat)* erträumt hatte **B** V/T INDIR **1** **~ de qn, de qc** von j-m, von etw träumen; **il en rêve la nuit** er träumt (schon) nachts davon **2** *fig (souhaiter)* **~ de qc** von etw träumen; sich *(dat)* etw erträumen; **~ de** *(+inf)* davon träumen zu *(+inf)* **3** *(songer)* **~ à qc** über etw *(acc)* nachdenken, -sinnen **C** V/I **1** *en dormant* träumen; **on croit ~** man glaubt zu träumen **2** *fig (rêvasser)* vor sich *(acc)* hin träumen; s-e Gedanken schweifen lassen; *(divaguer)* träumen; fantasieren

réverbération [ʀevɛʀbeʀasjõ] F *de lumière, chaleur* Rückstrahlung *f*; *de lumière a.* Widerschein *m*; Spiegelung *f*

réverbère [ʀevɛʀbɛʀ] M Straßenlaterne *f*

réverbérer [ʀevɛʀbeʀe] ⟨-è-⟩ V/T *lumière, chaleur* zurückstrahlen

reverdir [ʀ(ə)vɛʀdiʀ] V/I *arbres* wieder grün werden

révérence [ʀeveʀɑ̃s] F **1** (Hof)Knicks *m*; **faire une ~** e-n Knicks machen; *fam fig* **tirer sa ~ à qn** sich empfehlen **2** *st/s (respect)* Ehrfurcht *f*; *loc adv fam* **~ parler** mit Verlaub (gesagt, zu sagen)

révérencieux [ʀeveʀɑ̃sjø] ADJ ⟨-euse⟩ **peu ~** wenig, nicht gerade ehrerbietig, ehrfurchtsvoll

révérend [ʀeveʀɑ̃] ÉGL **A** ADJ ⟨-ende [-ɑ̃d]⟩ **Révérende Mère** ehrwürdige Mutter; **Révérend Père** ehrwürdiger Vater **B** M **1** Hoch-, Ehrwürden *m* **2** *(pasteur anglican)* Reverend *m*

révérendissime [ʀeveʀɑ̃disim] ADJ ÉGL CATH hochwürdigste(r)

révérer [ʀeveʀe] V/T ⟨-è-⟩ (ver)ehren

rêverie [ʀɛvʀi] F **1** Träumerei *f*; **s'abandonner, se laisser aller à la ~** sich Träumereien hingeben **2** *péj* Hirngespinst *n*; Fantasterei *f*

revernir [ʀ(ə)vɛʀniʀ] V/T wieder, neu firnissen, lackieren

revers [ʀ(ə)vɛʀ] M **1** *d'une feuille, médaille, monnaie* Rückseite *f*; *fig* **le ~ de la médaille** die Kehrseite der Medaille; die Schattenseite; *loc adv* **d'un ~ de main** mit dem Handrücken; **balayer d'un ~ de main** *papiers* (vom Tisch) herunterfegen; *fig objections* vom Tisch wischen;

R

prov **toute médaille a son ~** jedes Ding hat zwei Seiten 2 *d'un veston* Revers *n*, *autrich m*; *d'un pantalon, d'une manche* Auf-, Umschlag *m*; **bottes** *fpl* **à ~** Stulpenstiefel *mpl* 3 *fig (échec)* Rückschlag *m*; Fehlschlag *m*; Misserfolg *m*; harter Schlag *m*; MIL Niederlage *f*; **~ (de fortune)** Schicksalsschlag *m*; **essuyer un ~, des ~** e-n Schicksalsschlag, Schicksalsschläge erleiden 4 TENNIS Rückhand(schlag) *f(m)*; **jouer en ~** Rückhand spielen 5 MIL **prendre à, de ~** im Rücken *ou* von der Flanke fassen

reversement [ʀ(ə)vɛʀsəmɑ̃] M FIN Übertragung *f*

reverser [ʀ(ə)vɛʀse] V/T 1 *à boire* wieder einschenken; nachgießen 2 *dans le récipient d'origine* zurückgießen 3 *argent* übertragen

réversibilité [ʀevɛʀsibilite] F 1 PHYS, CHIM Umkehrbarkeit *f*; *t/t* Reversibilität *f* 2 JUR *d'une retraite etc* Übertragbarkeit *f*; *d'un bien a.* Heim-, Rückfälligkeit *f*

réversible [ʀevɛʀsibl] ADJ 1 umkehrbar; rückgängig zu machen(d); PHYS, CHIM *a.* reversibel 2 JUR *retraite* übertragbar 3 *étoffe* beidseitig tragbar; **manteau** *m* **~** Wendemantel *m*

réversion [ʀevɛʀsjõ] F **pension** *f* **de ~** Hinterbliebenenrente *f*

revêtement [ʀ(ə)vɛtmɑ̃] M 1 TECH Aus-, Verkleidung *f*; Verblendung *f*; Mantel *m*; Überzug *m*; Beschichtung *f*; **~ mural** Wandverkleidung *f* 2 *d'une route* Straßendecke *f*, -belag *m*; **~ de sol** Fußbodenbelag *m*

revêtir [ʀ(ə)vetiʀ] ⟨→ vêtir⟩ V/T 1 *habits* anlegen; anziehen; *fig* **~ l'uniforme** zum Militär gehen; **~ qn de qc** j-m etw anlegen 2 *par ext* **~ qn d'une dignité, d'un pouvoir** j-m e-e Würde, e-e Vollmacht verleihen; *pp* **être revêtu d'une charge** ein Amt bekleiden 3 *fig aspect, caractère, forme* annehmen; *par ext (avoir)* aufweisen; haben; **~ une importance particulière** e-e besondere Bedeutung haben 4 *(pourvoir)* **~ qc de qc** etw mit etw versehen; **~ un passeport d'un visa** e-n Pass mit e-m Visum versehen 5 TECH *mur* verkleiden, *pièce* auskleiden, *sol* belegen (**de** mit)

rêveur [ʀɛvœʀ] A ADJ ⟨-euse⟩ 1 träumerisch; verträumt 2 *(pensif)* nachdenklich; **cela me laisse ~** das stimmt mich nachdenklich B SUBST **~, rêveuse** *m,f* Träumer(in) *m(f)*

revient [ʀ(ə)vjɛ̃] COMM **prix** *m* **de ~** Selbstkostenpreis *m*; Gestehungskosten *pl*

revigorer [ʀ(ə)vigɔʀe] V/T wieder kräftigen, beleben, stärken

revirement [ʀ(ə)viʀmɑ̃] M Umschwung *m*; Umschlag(en) *m(n)*; Schwenkung *f*; **~ d'opinion** Meinungsumschwung *m*

réviser [ʀevize] V/T 1 *texte, comptes* revidieren; überprüfen; ändern; **~ son jugement** sein Urteil revidieren; **~ un procès** einen Prozess wieder aufnehmen 2 TECH *moteur etc* überholen; **faire ~ sa voiture** s-n Wagen zur Inspektion bringen 3 *leçon, matière d'examen* wiederholen *(a. abs)*

réviseur [ʀevizœʀ] M Überprüfer *m*; TYPO Revisor *m*

révision [ʀevizjõ] F 1 *d'un texte, règlement etc* Überprüfung *f*; Revision *f*; Änderung *f*; Neufestsetzung *f*; Anpassung *f*; **~ de la constitution** Verfassungsänderung *f*; **~ des pensions** Rentenanpassung *f* 2 JUR Wiederaufnahme (-verfahren) *f(n)*; **pourvoi** *m* **en ~** Wiederaufnahmeantrag *m* 3 TECH Überholung *f*; Inspektion *f*; **faire une ~ complète** (etw) gründlich überholen 4 *d'une matière, d'un programme* Wiederholung *f* 5 MIL **conseil** *m* **de ~** Musterungsausschuss *m*; **passer (devant) le conseil de ~** gemustert werden

révisionnisme [ʀevizjɔnism] M POL Revisionismus *m*; **révisionniste** POL A ADJ revisionistisch B M/F Revisionist(in) *m(f)*

revisiter [ʀəvizite] V/T *fig* neu interpretieren

revisser [ʀ(ə)vise] V/T wieder fest-, anschrauben; *abs* e-e Schraube nachziehen

revitalisant [ʀ(ə)vitalizɑ̃] ADJ kräftigend; wachstumsfördernd

revivifier [ʀ(ə)vivifje] *st/s* V/T wieder beleben; neu beleben

revivre [ʀ(ə)vivʀ] ⟨→ vivre⟩ A V/T *épreuve* noch einmal, wieder erleben, durchmachen; **~ son passé** seine Vergangenheit an sich *(dat)* vorbei-, vorüberziehen lassen B V/I 1 weiter-, fortleben (**dans qn** in j-m); **~ dans la mémoire de qn** in j-s Erinnerung *(dat)* weiterleben 2 *fig (reprendre courage)* wieder aufleben; **faire ~ qn** j-n wieder aufleben lassen 3 *fig* **faire ~** *époque, personnage historique* zu neuem Leben erwecken; wieder lebendig werden lassen; *souvenirs* wieder aufleben lassen; wieder lebendig machen; *mode, coutume* wieder zu Ehren bringen

révocable [ʀevɔkabl] ADJ *contrat* widerruflich; *fonctionnaire* absetzbar

révocation [ʀevɔkasjõ] F 1 HIST **la ~ de l'édit de Nantes** die Aufhebung des Edikts von Nantes 2 *d'un fonctionnaire* Absetzung *f*; Amtsenthebung *f*

revoici [ʀ(ə)vwasi] PRÉP *fam* **me ~** hier bin ich wieder

revoilà [ʀ(ə)vwala] PRÉP *fam* **nous ~** da sind, *fam* wären wir wieder

revoir[1] [ʀ(ə)vwaʀ] ⟨→ voir⟩ A V/T 1 wiedersehen; *personne a.* wieder treffen; wieder begegnen (**qn** j-m); **aller ~ qn** j-n wieder aufsuchen; **on ne l'a jamais revu** er wurde nie mehr gesehen; **file et que je ne te revoie plus!** verschwinde und lass dich nicht wieder blicken! 2 *film, pièce de théâtre* sich *(dat)* wieder, noch einmal ansehen; wieder, noch einmal sehen 3 *texte* noch einmal durchsehen, überprüfen; **à ~** zur nochmaligen Überprüfung, Durchsicht; *adjt* **édition revue et corrigée** durchgesehene und verbesserte Auflage 4 *matière, programme* wiederholen; **faire ~ sa leçon à un enfant** ein Kind s-e Lektion wiederholen lassen 5 *en esprit* (im Geist noch) vor sich *(dat)* sehen; **je vous revois encore, le jour ...** ich sehe Sie noch vor mir an dem Tag ... B V/PR **se ~** 1 *sens réfléchi* sich (im Geist noch) sehen 2 *réciproquement* sich wiedersehen

revoir[2] [ʀ(ə)vwaʀ] LOC **au ~** auf Wiedersehen; **(se) dire au ~** (sich *[dat]*) Auf Wiedersehen sagen; sich verabschieden; *subst* **ce n'est qu'un au ~** wir sehen uns bestimmt wieder

revoler [ʀ(ə)vɔle] A V/T wieder stehlen B V/I 1 *pilote* wieder fliegen 2 *fig personne* zurückeilen

révoltant [ʀevɔltɑ̃] ADJ empörend; **injustice ~e** empörende, himmelschreiende Ungerechtigkeit

révolte [ʀevɔlt] F 1 *(rébellion)* Aufstand *m*; Revolte *f*; Aufruhr *m*; Empörung *f*; **~ armée** bewaffneter Aufstand; **être en ~** in Aufruhr sein 2 *(indignation)* Auflehnung *f*; Empörung *f*; *péj* Aufsässigkeit *f*; **cri** *m* **de ~** Schrei *m* der Empörung; **être en ~ contre tout** sich gegen alles auflehnen

révolté [ʀevɔlte] A ADJ 1 *(rebelle)* aufständisch; aufrührerisch 2 *(indigné)* empört; aufgebracht B M Aufständische(r) *m*; Aufrührer *m*; Empörer *m*

révolter [ʀevɔlte] A V/T in Empörung, Aufruhr versetzen; empören; aufbringen; **être révolté par les propos de qn** über j-s Äußerungen *(acc)* empört, aufgebracht sein B V/PR **se ~** 1 *(se rebeller)* sich auflehnen, sich erheben, revoltieren (**contre qn, qc** gegen j-n, etw); *fig* **se ~ contre le destin** sich gegen das Schicksal auflehnen 2 *(s'indigner)* sich empören (**contre** über *+acc*)

révolu [ʀevɔly] ADJ *époque, jours* vergangen; abgelaufen; *st/s* verstrichen; **à dix-huit ans ~s** mit (der) *ou* nach Vollendung des achtzehnten Lebensjahres; **avoir trente ans ~s** volle dreißig Jahre alt sein; das dreißigste Lebensjahr vollendet haben; *époque* **être ~** vorbei sein; *fam* um sein; herum sein

révolution [ʀevɔlysjõ] F 1 POL Revolution *f*; Umsturz *m*; **la Révolution (française)** die Französische Revolution; **la ~ culturelle** die Kulturrevolution; *fam fig* **toute la famille est en ~** die ganze Familie ist in heller Aufregung, in Aufruhr 2 *artistique, technique etc* Umwälzung *f*; umwälzende Veränderung(en) *f(pl)*; Revolution *f*; **la ~ industrielle** die industrielle Revolution 3 ASTRON, ESPACE Umlauf *m* 4 MATH (Um)Drehung *f*; Rotation *f*

révolutionnaire [ʀevɔlysjɔnɛʀ] A ADJ 1 Revolutions...; revolutionär; umstürzlerisch; *au sens restreint* der Französischen Revolution 2 *méthode, théorie etc* revolutionär; umwälzend B M/F Revolutionär(in) *m(f)*

révolutionner [ʀevɔlysjɔne] V/T 1 *quartier, esprits* in helle Aufregung, in Aufruhr versetzen 2 *industrie, science etc* revolutionieren

revolver [ʀevɔlvɛʀ] M 1 Revolver *m*; **coup** *m* **de ~** Revolverschuss *m* 2 ADJT a COUT **poche** *f* **~** Gesäßtasche *f* b TECH **tour** *m* **~** Revolverdrehbank *f*

révoquer [ʀevɔke] V/T 1 *fonctionnaire* absetzen; s-s Amtes entheben 2 JUR *testament etc* widerrufen

revoter [ʀ(ə)vɔte] A V/T noch einmal abstimmen über *(+acc)* B V/I noch einmal wählen

revouloir [ʀ(ə)vulwaʀ] *fam* V/T ⟨→ vouloir⟩ wieder, *fam* noch mal wollen; **j'en reveux** *fam* ich will noch was (davon)

revoyure [ʀ(ə)vwajyʀ] *fam* LOC **à la ~** auf Wiedersehen

revue [ʀ(ə)vy] F 1 *(magazine)* Zeitschrift *f*; Revue *f*; **~ hebdomadaire, mensuelle** Wochen-, Monatsschrift *f*; **fonder, diriger une ~** e-e Zeitschrift gründen, herausgeben; **~ littéraire, scientifique** literarische, wissenschaftliche Zeitschrift 2 THÉ a Revue *f*; **~ à grand spectacle** Ausstattungsrevue *f*; **la ~ des Folies-Bergère** die Revue der Folies-Bergère b **~ de chansonniers** Kabarettprogramm *n* 3 *(examen)* Durchsicht *f*; **~ de (la) presse** Presse(rund)schau *f*; Pressespiegel *m*; Blick *m* in die Presse; **faire la ~ de qc** etw durchsehen, -gehen 4 MIL a *(défilé)* (Truppen)Parade *f*; Truppenschau *f*; **passer en ~** *troupes défilant* die Parade abnehmen (**les troupes** der Truppen); *troupes formant la haie* die Front abschreiten (**les troupes** der Truppen); *fig problèmes, garde-robe etc* durchgehen; überprüfen; an sich *(dat)* vorüberziehen lassen; Revue passieren lassen b **~ de détail** Sachenappell *m* 5 *fam fig* **être de la ~** *(être frustré)* das Nachsehen haben; *fam* der Dumme sein; dumm gucken 6 *fam* **être de ~** *(se revoir)* sich wiedersehen; **on sera de ~** wir sehen uns ja wieder

révulsé [ʀevylse] ADJ *yeux* verdreht; **visage ~** verzerrtes Gesicht; **avoir les yeux ~s** die Augen verdrehen

révulser [ʀevylse] A V/T anwidern B V/PR **se ~** *visage, traits* sich verzerren; **ses yeux se révulsèrent** er verdrehte die Augen

révulsif [ʀevylsif] M PHARM ableitendes Mittel; **révulsion** F MÉD Ableitung *f*

rewriting [ʀəʀajtiŋ] M Umschreiben *n*; Umredigieren *n*

rez-de-chaussée [ʀedʃose] M ⟨*inv*⟩ Erdge-

R

schoss, *autrich* -geschoß *n*; Parterre *n*; **appartement** *m* **au ~** Erdgeschoss-, Parterrewohnung *f*; **habiter au ~** parterre, im Erdgeschoss wohnen

RF ABR (République française) Französische Republik

RFA [ɛʀɛfa] F ABR (République fédérale d'Allemagne) BRD *f* (Bundesrepublik Deutschland)

RG [ɛʀʒe] MPL ABR (renseignements généraux) HIST polizeilicher Überwachungsdienst; *correspond à* Verfassungsschutz *m*

rhabillage [ʀabijaʒ] M Wiederanziehen *n*, -ankleiden *n*

rhabiller [ʀabije] V/T (*et* V/PR **se**) **~** (sich) wieder anziehen, ankleiden; *fam fig* **va te ~!** geh nach Hause!

rhapsodie [ʀapsɔdi] F MUS Rhapsodie *f*

rhénan [ʀenɑ̃] **A** ADJ rhein(länd)isch; Rhein...; **le Massif schisteux ~** das Rheinische Schiefergebirge **B** SUBST **Rhénan(e)** *m(f)* Rheinländer(in) *m(f)*

Rhénanie [ʀenani] **la ~** das Rheinland; **Rhénanie-(-du Nord)-Westphalie la Rhénanie(-du Nord)-Westphalie** Nordrhein-Westfalen *n*; **Rhénanie-Palatinat la ~** Rheinland-Pfalz *n*

rhéostat [ʀeɔsta] M ÉLEC regelbarer Widerstand; Rheostat *m*

rhésus [ʀezys] M **1** ZOOL Rhesusaffe *m* **2** ADJT MÉD **facteur** *m* **~** Rhesusfaktor *m*; *t/t* Rh-Faktor *m*; **~ négatif, positif** ⟨inv⟩ rhesus-negativ, rhesus-positiv

rhéteur [ʀetœʀ] M HIST Rhetor *m*

rhétique [ʀetik] ADJ GÉOG rätisch

rhétoricien [ʀetɔʀisjɛ̃] M Rhetoriker *m*

rhétorique [ʀetɔʀik] **A** F **1** Rhetorik *f*; Redekunst *f*; **figure** *f* **de ~** rhetorische Figur; Redefigur *f* **2** *péj* Phrasendrescherei *f*; Wortgeklingel *n* **B** ADJ rhetorisch

rhéto-roman [ʀetoʀɔmɑ̃] LING **le ~** das Rätoromanische; Rätoromanisch *n*

Rhin [ʀɛ̃] **le ~** der Rhein

rhinite [ʀinit] F MÉD Nasenschleimhautentzündung *f*; *t/t* Rhinitis *f*

rhinocéros [ʀinɔseʀɔs] M ZOOL Nashorn *n*; Rhinozeros *n*; **rhinopharyngite** F MÉD Entzündung *f* der Nasen- und Rachenschleimhaut; *t/t* Rhinopharyngitis *f*

rhizome [ʀizom] M BOT Wurzelstock *m*; *t/t* Rhizom *n*

rhodanien [ʀɔdanjɛ̃] ADJ ⟨~ne⟩ GÉOG Rhone...; **sillon ~** Rhonefurche *f*

Rhodes [ʀɔd] Rhodos *n*

Rhodésie [ʀɔdezi] **la ~** HIST Rhodesien *n*

rhodium [ʀɔdjɔm] M CHIM Rhodium *n*

rhododendron [ʀɔdɔdɛ̃dʀɔ̃] M BOT Rhododendron *n ou m*; Alpenrose *f*

Rhodope [ʀɔdɔp] **le ~** das Rhodopegebirge; die Rhodopen *pl*

rhombique [ʀɔ̃bik] ADJ rhombisch; rautenförmig

Rhône [ʀon] **le ~** **1** *fleuve* die Rhone **2** *frz Departement*

Rhône-Alpes [ʀonalp] **(la région) ~** *frz Region*

rhubarbe [ʀybaʀb] F BOT Rhabarber *m*; **compote** *f* **de ~, tarte** *f* **à la ~** Rhabarberkompott *n*, -kuchen *m*

rhum [ʀɔm] M Rum *m*; **baba** *m* **au ~** Rumtörtchen *n*

rhumatisant [ʀymatizɑ̃] MÉD **A** ADJ an Rheuma leidend **B** SUBST **~(e)** *m(f)* Rheumatiker(in) *m(f)*

rhumatismal [ʀymatismal] ADJ ⟨-aux⟩ rheumatisch; **douleur ~e** rheumatischer Schmerz

rhumatisme [ʀymatism] M Rheuma *n*; Rheumatismus *m*; **~ articulaire** Gelenkrheumatismus *m*; **~ déformant** chronische Polyarthritis *f*; **être sujet aux ~s** zu Rheuma(tismus) neigen

rhumatologie [ʀymatɔlɔʒi] F Rheumatologie *f*; **rhumatologue** M/F Rheumatologe *m*, -login *f*

rhume [ʀym] M Schnupfen *m*; Katarr(h) *m*; (*refroidissement*) Erkältung *f*; **~ de cerveau** Schnupfen *m*; Nasenkatarr(h) *m*; **~ des foins** Heuschnupfen *m*; *fam* **attraper un ~** Schnupfen bekommen, *fam* kriegen; sich (*dat*) e-n Schnupfen, e-e Erkältung holen

ri [ʀi] PP → rire

riant [ʀijɑ̃, ʀjɑ̃] ADJ *air* heiter; *paysage* lieblich; anmutig

RIB [ʀib] M ABR (relevé d'identité bancaire) (Nachweis *m*, Angabe *f* der) Bankverbindung *f*

ribambelle [ʀibɑ̃bɛl] *fam* F ganze Reihe, *fam* (ganzer) Haufen (**de** von *ou +gén*); **~ d'enfants** Schar *f*, *fam* Haufen *m* Kinder; Kinderschar *f*; *fam* Stall *m* voll Kinder

Ribeauvillé [ʀibovile] GÉOG Rappoltsweiler *n*

ribonucléique [ʀibonykleik] ADJ BIOL **acide** *m* **~** (*abr* **ARN**) Ribonukleinsäure *f* (*abr* RNS)

ribosome [ʀibozom] M BIOL Ribosom *n*

ribote [ʀibɔt] F *fam* Sauferei *f*; Besäufnis *n ou f*; **être en ~** *fam* besoffen sein; **faire ~** *fam* sich besaufen

ribouis [ʀibwi] M *pop* (*soulier*) *pop* Latsche *f*

ribouldingue [ʀibuldɛ̃g] *fam* F wüstes Gelage; **faire la ~** ein wüstes Gelage veranstalten

Ricain [ʀikɛ̃] M *fam* (*Américain*) *fam* Ami *m*; *péj* Yankee *m*

ricanement [ʀikanmɑ̃] M **1** *méprisant* Hohngelächter *n*; höhnisches, hämisches Grinsen; *fam* Feixen *n* **2** *bête* Gekicher *n*; albernes Grinsen

ricaner [ʀikane] V/I **1** *de façon méprisante* höhnisch, hämisch lachen, grinsen; *fam* feixen **2** *bêtement* kichern; albern grinsen

ricaneur [ʀikanœʀ] **A** ADJ ⟨-euse⟩ höhnisch *ou* albern grinsend **B** SUBST **~, ricaneuse** *m,f* hämischer *ou* alberner Kerl, hämisches *ou* albernes Frauenzimmer

Richard [ʀiʃaʀ] M *Vorname*; HIST **~ Cœur de Lion** Richard Löwenherz

richard [ʀiʃaʀ] M, **richarde** F *fam péj fam* schwerreicher, *péj* stinkreicher Mann, schwerreiche, *péj* stinkreiche Frau

riche [ʀiʃ] **A** ADJ **1** *personne* reich; vermögend; wohlhabend; **être ~ à millions** steinreich, *fam* millionenschwer sein; **être ~ comme Crésus** ein Krösus sein; *par ext* **être ~ en pull-overs** *etc* viele Pullover *etc* haben; **faire un ~ mariage** reich heiraten; *fam* **ça fait ~** das sieht nach viel Geld aus **2** *sol, terre* ergiebig; fruchtbar; *région, année* **~ en fruits** obstreich; *pays* **~ en minerais** reich an Erzen **3** *nourriture* reichhaltig; gehaltvoll; nahrhaft; TECH **mélange** *m* **~** fettes Gemisch; *fruit* **~ en vitamines** vitaminreich **4** *ameublement, tapis, bijoux etc* kostbar; prächtig; wertvoll **5** *fig sujet, coloris etc* vielfältig; **langue** *f* **~** wortreiche Sprache; **rime** *f* **~** reicher Reim; *livre* **~ d'enseignements** reich an Lehren; *fam* **ça c'est une ~ idée** das ist e-e großartige, *fam* tolle Idee **B** M Reiche(r) *m*; **nouveau ~** Neureiche(r) *m*; **~s et pauvres** Arm und Reich; *péj* **gosse** *m* **de ~(s)** Kind *n* reicher Eltern; *prov* **on ne prête qu'aux ~s** man muss schon selber reich sein, damit einem jemand Geld leiht

Richelieu [ʀiʃəljø] HIST *frz Staatsmann*

richement [ʀiʃmɑ̃] ADV reich; sehr gut; **~ orné** reich geschmückt; **~ vêtu** sehr gut gekleidet

richesse [ʀiʃɛs] F **1** *d'une personne, d'un pays* Reichtum *m*; Wohlstand *m*; **~s** *pl* Reichtümer *mpl*; *d'une collection* Schätze *mpl*; ÉCON Güter *npl*; **~s du (sous-)sol** Bodenschätze *mpl*; **~ en pétrole** Reichtum an Erdöl; Ölreichtum *m*; **faire la ~ d'un pays** den Reichtum e-s Landes ausmachen; **ce n'est pas la ~** das ist *ou* bringt nicht gerade ein Vermögen **2** *du sol, d'une région* Fruchtbarkeit *f* **3** *d'un aliment, minerai, fig d'un texte, musée* Reichhaltigkeit *f*; *fig de l'imagination, du vocabulaire* Reichtum *m* **4** *de l'ameublement, d'une parure etc* Kostbarkeit *f*; Pracht *f*

richissime [ʀiʃisim] ADJ sehr reich; steinreich; *fam* schwerreich

ricin [ʀisɛ̃] M BOT Rizinus *m*; **huile** *f* **de ~** Rizinusöl *n*

ricocher [ʀikɔʃe] V/I *projectile* abprallen (**sur** von, an *+dat*)

ricochet [ʀikɔʃɛ] M **1** Abprall *m*; *par ext* MIL Prellschuss *m*; *projectile* **faire un ~** abprallen; *caillou* **faire des ~s sur l'eau** auf dem Wasser springen, hüpfen **2** *fig loc adv* **par ~** indirekt; auf Umwegen

ric-rac [ʀikʀak] *fam* LOC ADV ganz genau; (*tout juste*) knapp

rictus [ʀiktys] M verzerrter Mund; verzerrtes, verkniffenes Gesicht

ride [ʀid] F **1** *de la peau* Falte *f*; Runzel *f*; Furche *f*; **~s du front** Stirnfalten *fpl* **2** PL **~s** *de l'eau* Kräuselung *f*; *sur le sable, la neige* Rippelmarken *fpl*; Rippeln *pl*

ridé [ʀide] ADJ *peau, visage* faltig; runzelig *ou* runzlig; welk; zerfurcht; *pomme* schrumpelig; *surface de l'eau* gekräuselt

rideau [ʀido] M ⟨*pl* ~x⟩ **1** Vorhang *m* (*a.* THÉ); *de fenêtre a.* Gardine *f*; THÉ **~!** aufhören!; **doubles ~x** Übergardinen *fpl*; **~ de douche** Duschvorhang *m*; **~ de fer** THÉ eiserner Vorhang; HIST Eiserner Vorhang; *d'un magasin* Eisengitter *n*; Rollladen *m* aus Stahlblech; **~ de lit** Bettvorhang *m*; **fermer, ouvrir les ~x** die Vorhänge zu-, aufziehen; THÉ **lever le ~** den Vorhang auf-, hochziehen; **mettre des ~x à une fenêtre** Vorhänge an ein Fenster machen; **tirer les ~x** die Vorhänge auf- *ou* zuziehen; *fig* **tirer le ~ sur qc** etw auf sich (*dat*) beruhen lassen; von etw nicht (mehr) reden; THÉ **le ~ tomba** der Vorhang fiel **2** *fig* Schleier *m*; Wand *f*; **~ d'arbres** Wand von Bäumen; dichte Baumreihe; **~ de feu** Feuerwand *f*; **~ de fumée** dicke Rauchschwaden *fpl*

ridelle [ʀidɛl] F *d'une charrette* Rüstleiter *f*

rider [ʀide] **A** V/T *âge: visage* zerfurchen; *vent: eau* kräuseln **B** V/PR **se ~** *visage, peau* faltig, runz(e)lig werden; Runzeln bekommen

ridicule [ʀidikyl] **A** ADJ **1** lächerlich; *chose a. fam* lachhaft; **vous êtes ~ (de** *+inf*) Sie machen sich lächerlich (, wenn Sie ...); **(se) rendre ~** (sich) lächerlich machen; (sich) blamieren **2** *somme, quantité* lächerlich (klein, gering) **B** M Lächerlichkeit *f*; Lächerliche(s) *n*; **la peur du ~** die Angst, sich lächerlich zu machen; **se couvrir de ~, se donner en ~, tomber dans le ~** sich lächerlich machen; sich blamieren; **cela est d'un ~ achevé, parfait** das ist wirklich lächerlich; **tourner qn, qc en ~** j-n, etw lächerlich machen; etw ins Lächerliche ziehen; *fam* j-n durch den Kakao ziehen; *loc* **le ~ (ne) tue (pas)** Lächerlichkeit tötet (nicht)

ridiculement [ʀidikylmɑ̃] ADV lächerlich; **un salaire ~ bas** ein lächerlich niedriges Gehalt

ridiculiser [ʀidikylize] V/T (*et* V/PR **se**) **~** (sich) lächerlich machen; (sich) blamieren

rien [ʀjɛ̃] **A** PR INDÉF **1** ⟨*mit* **ne** *beim Verb*⟩ nichts; ♦ *renforcé*: **~ du tout** gar nichts; **~ à ~, ~ de ~, moins que ~** rein gar nichts; überhaupt nichts; absolut nichts; ♦ *avec* **de** *+adj ou adv*: **~ d'autre** nichts anderes; weiter nichts; **~**

d'étonnant si … es ist nicht erstaunlich, verwunderlich, wenn …; **cela n'a ~ d'impossible** das ist durchaus möglich; **~ de plus juste** nichts ist zutreffender; **il n'y a ~ de mieux** es gibt nichts Besseres; **~ de nouveau, de neuf** nichts Neues; *elle ne disait que le nécessaire,* **~ de plus, ~ de moins** kein Wort mehr, kein Wort weniger; **il n'est ~ de moins qu'un escroc** er ist wirklich, tatsächlich ein Betrüger; ♦ *avec verbes: au jeu* **~ ne va plus** rien ne va plus; nichts geht mehr; **n'avoir plus ~ à dire** nichts mehr zu sagen, einzuwenden haben; **n'avoir ~ contre qn** nichts gegen j-n haben; **il n'a ~ d'un menteur** er hat nichts von e-m Lügner; **ce n'est ~** es ist nicht schlimm; halb so schlimm; macht nichts; es hat nichts zu sagen, zu bedeuten; *réponse à une excuse* bitte!; *fam* **ce n'est pas ~** das will schon was heißen!; das ist keine Kleinigkeit; **il n'en est ~** das ist nicht der Fall; es ist nichts daran; dem ist nicht so; das stimmt nicht; weit gefehlt!; *fam* **il n'est ~ dans la boîte** er ist ein Nichts in der Firma; **n'être ~ à** *ou* **pour qn** j-m nichts bedeuten; **~ n'est trop beau pour lui** nichts ist ihm gut genug; *à quoi penses-tu?* - **à ~** an nichts; **il ne reste plus ~** es ist nichts mehr da; **je ne sais ~** ich weiß nichts; → *a.* faire A 1 d); ♦ *loc adj* **de ~** einfach; unbedeutend; **un petit bobo de ~** ein kleines, unbedeutendes Wehwehchen; **une fille de ~** ein unsolides Mädchen; **une petite robe de ~ du tout** ein schlichtes, einfaches Kleidchen; ♦ *loc adv:* **c'est deux fois, trois fois ~** das ist doch gar nichts, überhaupt nichts; das ist nicht der Rede wert; **c'est tout ou ~** alles oder nichts!; **c'est cela ou ~** entweder das oder nichts; **ce que nous pouvons faire ou ~, c'est la même chose** was wir tun können, ist so gut wie gar nichts; *fam* **comme ~** *fam* wie nichts; *je vous remercie* - **de ~** keine Ursache; **comme si de ~ n'était** als ob nichts gewesen wäre; **en ~** in keiner Weise; in nichts; **sans me gêner en ~** ohne mich im Geringsten zu stören; **cela ne nous touche en ~** wir sind davon überhaupt nicht, in keiner Weise betroffen; **en moins de ~** im Nu; im Handumdrehen; **pour ~** umsonst; für nichts (und wieder nichts); **je l'ai eu pour ~** ich habe es (fast) umsonst bekommen; **on n'a ~ pour ~** man bekommt nichts umsonst, geschenkt; **se déranger pour ~** sich umsonst, für nichts und wieder nichts bemühen; **c'est pour ~** das ist geschenkt; **n'être pour ~ dans qc** mit etw nichts zu tun, zu schaffen haben; **pour ~ au monde** um nichts in der Welt; **~ que …** nur …; *iron: il en exige le double* - **~ que ça?** so wenig?; nicht mehr?; *jurez de dire toute la vérité,* **~ que la vérité** und nichts als die Wahrheit; **~ que des artistes** lauter Künstler; **c'est à moi, ~ qu'à moi** das gehört mir, mir allein; **~ que d'y penser** allein *ou* schon der Gedanke daran; der bloße Gedanke daran 2 *sens positif* ⟨*ohne* ne⟩ etwas; **sans ~ dire, faire** ohne etwas zu sagen, tun; **sans avoir l'air de ~,** *il …* ohne dass man ihm etwas ansieht …; **impossible de ~ apprendre** unmöglich, etwas zu erfahren; **a-t-on jamais ~ vu de pareil?** hat man schon jemals so etwas gesehen? B *fam* ADV ziemlich; **il fait ~ froid** es ist ziemlich kalt C SUBST 1 M Kleinigkeit *f;* Nichtigkeit *f;* Bagatelle *f;* Lappalie *f;* **un ~ de sel** ein (ganz) klein wenig Salz; *fam* **comme un ~** *fam* wie nichts; **en un ~ de temps** im Nu; im Handumdrehen; **pour un ~, des ~s** wegen e-r Kleinigkeit, Lappalie; wegen Kleinigkeiten, Lappalien; **il s'en est fallu d'un ~** um ein Haar; **perdre son temps à des ~s** s-e Zeit mit Nichtigkeiten vergeuden, verschwenden; ♦ *advt robe* **un ~ trop grand** ein wenig zu groß; um ein weniges zu groß 2 **un(e) ~ du tout** *ou* **un(e) rien-du-tout** ein Hergelaufener, e-e Hergelaufene; ein Taugenichts *m;* ein Nichtsnutz *m*

riesling [ʀisliŋ] M *vin* Riesling *m*

rieur [ʀijœʀ, ʀjœʀ] A ADJ ⟨-euse⟩ 1 *personne* lustig; fröhlich; *yeux, air* lachend 2 ZOOL **mouette rieuse** Lachmöwe *f* B M Lacher *m;* **avoir, mettre les ~s de son côté, avec soi** die Lacher auf s-r Seite haben, auf s-e Seite bringen

Riez [ʀje] *Ort im Dep. Alpes-de-Haute-Provence*

Rif [ʀif] GÉOG **le ~** das Rif

rififi [ʀififi] *arg* M Schlägerei *f*

riflard [ʀiflaʀ] M *fam (parapluie) fam* Musspritze *f*

rifle [ʀifl] ADJT **carabine** *f* **22 long ~** 5,58-mm-Karabiner *m (Sport- und Jagdgewehr)*

rigaudon [ʀigodõ] M MUS, *danse* Rigaudon *m*

Rig(h)i [ʀigi] GÉOG **le ~** der *ou* die Rigi

rigide [ʀiʒid] ADJ 1 steif; starr; **carton** *m* **~** harter Karton 2 *fig principes, personne* starr; streng

rigidité [ʀiʒidite] F 1 Steifheit *f;* Starrheit *f;* Steife *f;* Steifigkeit *f;* Starre *f;* **~ cadavérique** Leichen-, Totenstarre *f* 2 *fig* Starrheit *f;* (unbeugsame) Strenge

rigolade [ʀigɔlad] *fam* F Spaß *m;* Ulk *m;* Scherz *m; fam* Jux *m;* **c'est de la ~, une vaste ~** das ist ein (großer) Spaß, Ulk, Jux; *examen, procès* das ist ein Witz, e-e Farce; *(pas difficile)* das ist e-e Kleinigkeit; **pour lui c'est de la ~** *de soulever une caisse de 100 kg* für ihn ist es e-e Kleinigkeit …; **prendre qc à la ~** etw als (e-n) Spaß *etc* auffassen

rigolard [ʀigɔlaʀ] *fam* ADJ *(gai)* lustig; fröhlich; *(moqueur)* spöttisch

rigole [ʀigɔl] F 1 *d'écoulement* (Abfluss)Rinne *f;* **~ d'irrigation** Bewässerungsgraben *m* 2 *(filet d'eau)* Rinnsal *n*

rigoler [ʀigɔle] *fam* VI Spaß, Späße, Jux, Ulk machen; *(rire)* lachen; **on a bien rigolé** es war sehr lustig; *fam* was haben wir gelacht!; **tu rigoles!** du machst (wohl) Witze!; das ist doch nicht dein Ernst!; **il n'y a pas de quoi ~** da gibt es nichts zu lachen; **j'ai dit ça pour ~** ich habe das aus Spaß gesagt; **il ne faut pas ~ avec ça** damit ist nicht zu spaßen

rigolo [ʀigɔlo] A *fam* ADJ ⟨-ote⟩ 1 *(amusant)* lustig; drollig; spaßig; ulkig 2 *(étrange)* komisch; eigenartig B SUBST *fam* **~(te)** *m(f)* Spaßvogel *m;* lustiger Kerl, Kumpan; *péj* Witzbold *m*

rigorisme [ʀigɔʀism] M Rigorismus *m;* übertriebene Strenge, Härte; Unerbittlichkeit *f;* **rigoriste** A ADJ (übertrieben) streng; unerbittlich; rigoristisch B M/F Rigorist(in) *m(f)*

rigoureusement [ʀiguʀøzmɑ̃] ADV streng; **~ interdit** streng verboten; **c'est ~ exact** das ist absolut richtig

rigoureux [ʀiguʀø] ADJ ⟨-euse⟩ *personne, morale etc* streng; rigoros; unerbittlich; unnachsichtig; *observation de règles* streng; peinlich genau; gewissenhaft; **climat ~** raues Klima; **esprit ~** scharfer Denker; **froid ~** grimmige, bittere Kälte; **hiver ~** strenger Winter; **logique rigoureuse** strenge, unwiderlegbare Logik; **peine rigoureuse** harte Strafe

rigueur [ʀigœʀ] F *d'une personne, mesure etc* Strenge *f;* Unerbittlichkeit *f;* Unnachsichtigkeit *f;* Rigorosität *f; d'une punition* Härte *f; de l'hiver* Strenge *f; du climat* Rauheit *f; d'une analyse, du style* Genauigkeit *f;* **~ d'un raisonnement** Schärfe *f,* strenge Logik e-r Beweisführung; ♦ *loc adv* **à la ~** notfalls; zur Not; im Notfall; allenfalls; schlimmstenfalls; im äußersten Fall; **(être) de ~** erforderlich, unerlässlich, unbedingt notwendig (sein); **habit de ~** Frackzwang!; **mesures** *fpl,* **politique** *f* **de ~** Sparmaßnahmen *fpl,* -politik *f;* **optimisme** *m,* **pessimisme** *m* **de ~** Zweckoptimismus *m,* -pessimismus *m;* **tenue de soirée de ~** Abendtoilette erforderlich, vorgeschrieben; **tenir ~ à qn de qc** j-m etw übel nehmen; j-m etw nachtragen

rikiki [ʀikiki] ADJ → riquiqui

rillettes [ʀijɛt] FPL CUIS *fein gehacktes, gekochtes und im eigenen Fett konserviertes Schweinefleisch*

rillons [ʀijõ] MPL CUIS Grieben *fpl*

rimailleur [ʀimajœʀ] M *péj* Reimschmied *m;* Versemacher *m,* -schmied *m;* Dichterling *m*

rime [ʀim] F Reim *m;* **~s alternées, croisées** Kreuzreim *m;* **~s plates** Paarreim *m;* **~ riche** reicher Reim; **~ en -age** Reim auf -age; *fig:* **sans ~ ni raison** ohne Sinn und Verstand; vollkommen unbegründet; **n'avoir ni ~ ni raison** weder Hand noch Fuß haben; ohne Sinn und Verstand sein; glatter, barer Unsinn sein

rimer [ʀime] A VT in Verse bringen; reimen B VI 1 *personne* Verse machen; reimen; dichten 2 *mots* **~ (ensemble)** sich reimen; **mot qui rime avec un autre** Wort, das sich auf ein anderes reimt 3 *fig* **~ avec qc** mit etw gleichbedeutend sein; **ne ~ à rien** völlig zwecklos, sinnlos sein; keinen Sinn haben; **à quoi ça rime?** was soll das heißen?; was hat das für e-n Sinn?

rimeur [ʀimœʀ] M → rimailleur

rimmel® [ʀimɛl] M Wimperntusche *f*

Rimski-Korsakov [ʀimskikɔʀsakɔf] M MUS Rimski(j-d)-Korsakow *m*

rinçage [ʀɛ̃saʒ] M 1 (Nach)Spülen *n* 2 *coiffeur* **faire un ~** (das Haar) tönen

rinceau [ʀɛ̃so] M ⟨*pl* ~x⟩ ARCH Laubwerk *n;* Rankenornament *n*

rince-doigts [ʀɛ̃sdwa] M ⟨*inv*⟩ Wasserschale *f* zum Fingerreinigen

rincée [ʀɛ̃se] *fam* F Schauer *m;* Regenguss *m; fam* Nassauer *m*

rincer [ʀɛ̃se] ⟨-ç-⟩ A VT *linge* spülen; *vaisselle, cheveux* nachspülen; **~ une bouteille, des verres** eine Flasche, Gläser ausspülen; *fam fig* **se faire ~** (vom Regen) durchweicht, durchnässt werden B VPR **se ~ la bouche** sich *(dat)* den Mund ausspülen; → *a.* dalle 2, œil 1

rincette [ʀɛ̃sɛt] *fam* F Schluck Schnaps nach dem Kaffee *(den man in die Tasse eingießt)*

rinçure [ʀɛ̃syʀ] F Spülwasser *n*

ring [ʀiŋ] M SPORTS (Box)Ring *m;* **monter sur le ~** in den Ring steigen

ringard [ʀɛ̃gaʀ] *fam* ADJ altmodisch; überholt; überlebt

Rio (de Janeiro) [ʀjo(dəʒaneʀo)] Rio (de Janeiro) *n*

Riom [ʀjõ] *Stadt im Dep. Puy-de-Dôme*

ripaille [ʀipaj] *fam* F Schlemmerei *f;* **faire ~** schlemmen

ripailler [ʀipaje] VI schlemmen

ripaton [ʀipatõ] *fam* M Fuß *m; pl* **~s** *fam péj* Mauken *fpl;* Quanten *pl*

riper [ʀipe] VI 1 *(déraper)* rutschen 2 *arg (se sauver) fam* abhauen; verduften; sich verkrümeln

ripolin® [ʀipɔlɛ̃] M Lackfarbe *f;* Emaillack *m*

ripoliner [ʀipɔline] VT mit Lackfarbe streichen

riposte [ʀipɔst] F 1 schnelle, schlagfertige Antwort; **être prompt à la ~** schlagfertig sein; nicht auf den Mund gefallen sein; sofort e-e Antwort parat haben 2 MIL *et fig* Gegenstoß *m,* -schlag *m,* -angriff *m* 3 ESCRIME Riposte *f*

riposter [ʀipɔste] VI 1 schnell, schlagfertig

R

antworten (**à qc** auf etw *[acc]*; **à qn** j-m) **2** MIL *et fig* e-n Gegenstoß, -schlag, -angriff führen; MIL *a.* das Feuer erwidern

ripou [ʀipu] *fam* M ⟨*pl* ~x⟩ korrupter (Polizei)Beamter

riquiqui [ʀikiki] *fam* ADJ ⟨*inv*⟩ winzig; *fam* klitzeklein; *péj* armselig; dürftig; kümmerlich; **ça fait ~** das sieht armselig, kümmerlich aus

rire [ʀiʀ] ⟨je ris, il rit, nous rions; je riais; je ris; je rirai; que je rie; riant; ri⟩ **A** V/I **1** lachen (**de qn, qc** über j-n, etw); **et tout le monde de ~** allgemeines Gelächter; **il n'y a pas de quoi ~** da gibt es nichts zu lachen; **être malade de ~** sich kranklachen; **faire ~ qn** j-n zum Lachen bringen; **vous me faites ~, laissez-moi ~** dass ich nicht lache!; **mourir de ~** sich totlachen; *par ext* **il ne pense qu'à ~** er will nur s-n Spaß; **il vaut mieux en ~ qu'en pleurer** man muss es auf die leichte Schulter nehmen; *st/s* **ses yeux riaient, sa bouche riait** in s-n Augen, um s-n Mund lag ein Lächeln; *prov* **rira bien qui rira le dernier** wer zuletzt lacht, lacht am besten *(prov)* **2** *(plaisanter)* spaßen; es nicht im Ernst meinen; **pour ~**, *fam* **histoire de ~** aus, zum, im Spaß, Scherz; **c'était pour ~** das war nur Spaß; **sans ~** Spaß, Scherz beiseite; **c'est fini de ~** jetzt wird's ernst; **vous voulez ~** das ist doch nicht Ihr Ernst **3** *(se moquer)* **~ de qn, qc** j-n auslachen; j-n, etw verspotten; sich über j-n, etw lustig machen; **faire ~ de soi** Anlass zu Gespött geben **B** V/PR *st/s* **se ~ des difficultés** die Schwierigkeiten spielend meistern; *st/s* der Schwierigkeiten spotten **C** M Lachen *n*; Gelächter *n*; **(crise** *f* **de) fou ~** Lachkrampf *m*; **avoir le fou ~, être pris d'un fou ~** unbändig, furchtbar lachen müssen; nicht mehr können vor Lachen; **déclencher les ~s** Gelächter auslösen

ris[1] [ʀi] M CUIS Bries(chen) *n*; Bröschen *n*; Briesel *n*; **~ de veau** Kalbsbries *n*; Kalbsmilch *f*

ris[2] [ʀi] M MAR Reff *n*

risée[1] [ʀize] F Spott *m*; Gespött *n*; **il est la ~ de tout le monde** alles macht sich über ihn lustig; er macht sich zum Gespött der Leute

risette [ʀizɛt] F *enfant* **faire (une) ~, des ~s à qn** j-n anlächeln, anlachen; *à un enfant* **fais ~** lach doch (mal); *fam fig* **faire des ~s à qn** j-m um den Bart gehen

risible [ʀizibl] ADJ lächerlich; zum Lachen reizend

Risle [ʀil] **la ~** *Fluss in der Normandie*

Ris-Orangis [ʀisɔʀɑ̃ʒis] *Stadt im Dep. Essonne*

risotto [ʀizɔto] M CUIS Risotto *m*

risque [ʀisk] M Risiko *n* (*a.* COMM, ASSURANCES); Gefahr *f*; Wagnis *n*; **~ d'accident** Unfallgefahr *f*, -risiko *n*; **~ d'aggravation** Gefahr der Verschlimmerung; **les ~s du métier** das Berufsrisiko; **goût** *m* **du ~** Risikofreudigkeit *f*, -bereitschaft *f*; Wagemut *m*; *adjt* AUTO **assurance** *f* **tous ~s** Vollkaskoversicherung *f*; *loc adv*: **à mes, tes** *etc* **~s et périls** auf eigene Gefahr; **sans aucun ~** ohne irgendein Risiko; risikolos; *loc adj*: **à ~(s)** Risiko…; **grossesse** *f*, **population** *f* **à ~(s)** Risikoschwangerschaft *f*, -gruppe *f*; **à haut ~, plein de ~s** voller Risiken; risikoreich; *loc prép* **au ~ de** *(+inf)* auf die Gefahr hin zu *(+inf)*; **au ~ d'être mal compris** auf die Gefahr hin, missverstanden zu werden; **s'assurer contre le ~ d'incendie** e-e Feuerversicherung abschließen; **il n'y a pas grand ~ à agir ainsi** es besteht kein großes Risiko, wenn man so handelt; **comporter des ~s** mit Risiken verbunden sein; **courir un ~, s'exposer à un ~** sich e-r Gefahr aussetzen; ein Risiko eingehen; **courir le ~ de** *(+inf)* Gefahr laufen, riskieren zu *(+inf)*; **c'est un ~ à courir** das Risiko muss man auf sich *(acc)* nehmen; **prendre un ~, des ~s, ses ~s** ein Risiko, Risiken eingehen, auf sich *(acc)* nehmen

risqué [ʀiske] ADJ gewagt; riskant

risquer [ʀiske] **A** V/T **1** *vie, argent, renommée etc* riskieren; aufs Spiel setzen; *vie a.* einsetzen; wagen; **~ une comparaison, une plaisanterie, un regard** einen Vergleich, einen Scherz, einen Blick riskieren *ou* wagen; **~ le coup** es riskieren; *fam* **~ un œil, sa tête à la fenêtre** es wagen, aus dem Fenster zu sehen, ans Fenster zu treten; **~ le tout pour le tout** alles aufs Spiel, auf e-e Karte setzen; **~ gros** viel riskieren, aufs Spiel setzen; *marchandises bien emballées* **qui ne risquent rien** bei denen kein Risiko, keine Gefahr besteht; **qu'est-ce qu'on risque?** was riskiert man schon?; *prov* **qui ne risque rien n'a rien** frisch gewagt ist halb gewonnen *(prov)*; wer wagt, gewinnt *(prov)* **2** *(s'exposer à) amende, renvoi etc* riskieren; **~ des ennuis** Gefahr laufen, Ärger zu bekommen; sich Scherereien aussetzen; **~ la mort** sich in Lebensgefahr begeben; **~ la prison** e-e Gefängnisstrafe riskieren; **il risque la prison** *a.* ihm droht e-e Gefängnisstrafe; **~ que …** *(+subj)* Gefahr laufen, riskieren, dass …; **~ de** *(+inf) personne* Gefahr laufen zu *(+inf)*; drohen zu *(+inf)*; **il risquait de s'étouffer** er drohte zu ersticken **3** *chose* **~ de** *(+inf)* drohen zu *(+inf)*; *la maison* **risque de s'écrouler** droht einzustürzen; *impersonnel* **il risque de pleuvoir** es droht Regen; *par ext* **le temps risque de changer** das Wetter könnte sich ändern **4** *(avoir une chance de)* **ce cheval risque de gagner** dieses Pferd könnte gewinnen, gewinnt vielleicht **B** V/PR **se ~ dans une affaire** sich auf ein Geschäft einlassen; ein Geschäft riskieren; **ne pas se ~ dans la rue** sich nicht auf die Straße wagen, trauen; **se ~ à faire des observations** es wagen, sich trauen, etwas daran auszusetzen; **ne t'y risque pas!** lass die Finger davon!; lass dich nicht darauf ein!

risque-tout [ʀiskətu] M ⟨*inv*⟩ Draufgänger *m*; *adjt* **être ~** draufgängerisch, waghalsig sein

rissole [ʀisɔl] F CUIS Fleischpastete *f*

rissoler [ʀisɔle] V/T **(faire) ~** goldbraun braten, backen; bräunen; *adjt* **rissolé** goldbraun

ristourne [ʀistuʀn] F COMM Rückvergütung *f*; *en achetant* Preisnachlass *m*; **faire une ~ à qn** j-m e-e Rückvergütung, e-n Preisnachlass gewähren

ristourner [ʀistuʀne] V/T COMM rückvergüten

Rital [ʀital] M ⟨*pl* -als⟩ *fam péj* Itaker *m*; Spag(h)ettifresser *m*

rite [ʀit] M **1** REL Ritus *m*; Kulthandlung *f*; ETHNOLOGIE **~s d'initiation** Initiationsriten *mpl* **2** *fig* Brauch *m*; Gepflogenheit *f*

ritournelle [ʀituʀnɛl] F **1** MUS Ritornell *n* **2** *fig* **c'est toujours la même ~** es ist immer die alte Leier

ritualisme [ʀitɥalism] M REL Ritualismus *m*; **ritualiste** M REL Ritualist *m*

rituel [ʀitɥɛl] **A** ADJ ⟨~le⟩ **1** REL rituell; **danse ~le** ritueller, kultischer Tanz; **meurtre ~** Ritualmord *m* **2** *fig promenade etc* gewohnheitsmäßig **B** M REL *et fig* Ritual *n*

rivage [ʀivaʒ] M Küstenstrich *m*, -streifen *m*; Küste *f*; (Meeres)Ufer *n*; *poét* Gestade *n*; JUR (Meeres)Strand *m*

rival [ʀival] ⟨*pl* -aux⟩, **rivale** **A** M,F Rivale *m*, Rivalin *f*; *en amour a.* Nebenbuhler(in) *m(f)*; *loc adj* **sans ~** unübertroffen; konkurrenzlos **B** ADJ rivalisierend

rivaliser [ʀivalize] V/I rivalisieren, wetteifern (**avec qn de qc** mit j-m in etw *[dat]*); **~ d'élégance avec qn** mit j-m in der Eleganz wetteifern

rivalité [ʀivalite] F Rivalität *f*; Wettstreit *m*; Wetteifer *m*

rive [ʀiv] F Ufer *n*; *à Paris*: **~ droite, gauche** rechtes, linkes Seineufer; *par ext adjt* **~ gauche** studentisch-intellektuell

Rive-de-Gier [ʀivdəʒje] *Stadt im Dep. Loire*

river [ʀive] V/T **1** *clou* umschlagen; breit schlagen; *tôles* (ver)nieten; → *a.* clou 1 **2** *fig* **~ (l'un à l'autre)** unlösbar (miteinander) verbinden; (aneinander) fesseln; *pp*: **il est rivé à son travail** er ist an s-e Arbeit gefesselt; *regard* **être rivé sur qc** auf etw *(acc)* geheftet sein; **rester rivé sur place** wie angewurzelt dastehen

riverain [ʀivʀɛ̃] M, **riveraine** F Anlieger(in) *m(f)*; Anrainer(in) *m(f)*; Anwohner(in) *m(f)*; **réservé aux ~s** nur für Anlieger; *adjt* **État ~** Anlieger-, Anrainerstaat *m*

rivet [ʀivɛ] M TECH Niete *f*; *t/t a.* Niet *m ou n*

riveter [ʀivte] V/T ⟨-tt-⟩ TECH (ver)nieten

Riviera [ʀivjeʀa] **la ~** die (italienische) Riviera

rivière [ʀivjɛʀ] F **1** Fluss *m*; **poisson** *m* **de ~** Flussfisch *m* **2** STEEPLE Wassergraben *m* **3** **~ de diamants** Diamantenhalsband *n*, -halskette *f*

rixe [ʀiks] F Schlägerei *f*; Prügelei *f*

riz [ʀi] M Reis *m* *(plante et grain)*; CUIS: **~ au lait** Milchreis *m*; Reisbrei *m*; **poule** *f* **au ~** Huhn *n* mit Reis

riziculture [ʀizikyltyʀ] F Reis(an)bau *m*

rizière [ʀizjɛʀ] F Reisfeld *n*

RMI [ɛʀɛmi] M ABR (revenu minimum d'insertion) (ein Mindesteinkommen gewährleistende) staatliche Beihilfe zur beruflichen Eingliederung; *correspond à* Arbeitslosengeld *n* II

RMiste [ɛʀɛmist] M/F CORRESPOND À Empfänger(in) *m(f)* von Arbeitslosengeld II

RMN [ɛʀɛmɛn] F → résonance

RN ABR (route nationale) *correspond à* B (Bundesstraße)

RNIS [ɛʀɛnis] M ABR (réseau numérique à intégration de services) ISDN *n* (Integrated Services Digital Network)

Robbe-Grillet [ʀɔbgʀijɛ] **Alain ~** *frz Schriftsteller*

robe [ʀɔb] F **1** Kleid *n*; **~ manteau, tablier** Mantel-, Kittel- *ou* Schürzenkleid *n*; **~ d'après-midi, de bal, de baptême** Nachmittags-, Ball-, Taufkleid *n*; **~ de chambre** Schlaf-, Morgenrock *m*; **être en ~ de chambre** e-n Schlafrock anhaben; → *a.* pomme 2; **~ d'été, de fillette, de mariée, du soir** Sommer-, Kinder-, Braut-, Abendkleid *n* **2** *des juges, avocats, universitaires* Robe *f*; Talar *m* (*a. des ecclésiastiques*); HIST **la ~** der Richterstand; **gens** *pl* **de ~** Richter *mpl* und Anwälte *mpl*; **noblesse** *f* **de ~** Amtsadel *m* **3** *d'un animal* Fell *n* **4** *d'un cigare* Deckblatt *n* **5** *du vin* Farbe *f*

Robert [ʀɔbɛʀ] M *Vorname*

roberts [ʀɔbɛʀ] MPL *pop (seins) pop* Titten *fpl*

Robespierre [ʀɔbɛspjɛʀ] HIST *frz Revolutionär*

Robin des Bois [ʀɔbɛ̃debwa] M HIST Robin Hood *m*

robinet [ʀɔbinɛ] M Hahn *m*; *t/t a.* Ventil *n*; **~ mélangeur** Mischbatterie *f*; **~ à, du gaz** Gashahn *m*; **~ d'arrêt** Abstell-, Absperrhahn *m*; **~ d'eau froide, d'eau chaude** Kalt-, Warmwasserhahn *m*; ÉCOLE **problèmes** *mpl* **de ~s** Rechenaufgaben, die Volumen und Durchfluss e-r Flüssigkeit behandeln; **tourner le ~** den Hahn ab-, zudrehen *ou* aufdrehen

robinetterie [ʀɔbinɛtʀi] F Armaturen *fpl*

robinier [ʀɔbinje] M BOT Robinie *f*; Falsche Akazie

Robinson Crusoé [ʀɔbɛ̃sɔ̃kʀyzɔe] M Robinson Crusoe *m*

roboratif [ʀɔbɔʀatif] *litt* ADJ ⟨-ive⟩ stärkend;

kräftigend

robot [ʀɔbo] M 1 TECH Roboter *m*; Vollautomat *m* 2 *par ext* CUIS Küchenmaschine *f* 3 *fig d'une personne* Roboter *m*; Automat *m*

robotique [ʀɔbɔtik] F Robotertechnik *f*; Robotik *f*

robotisation [ʀɔbɔtizasjõ] F 1 TECH Vollautomatisierung *f*; Robotereinsatz *m* 2 *fig et péj* Verwandlung *f* in e-n Roboter, in e-n seelenlosen Automaten; **robotiser** V/T 1 TECH vollautomatisieren 2 *fig et péj* zum Roboter machen

robuste [ʀɔbyst] ADJ *homme, plante* robust; widerstandsfähig; stark; kräftig; **foi** *f* ~ unerschütterlicher Glaube (*a. iron*); **moteur** *m* ~ robuster, stabil gebauter Motor; **santé** *f* ~ robuste, eiserne Gesundheit; **voiture** *f* ~ robustes, stabil gebautes Auto

robustesse [ʀɔbystɛs] F Robustheit *f*; Widerstandsfähigkeit *f*

roc [ʀɔk] M Fels *m* (*a. fig*); *fig* **dur comme un** ~ hart wie ein Stein; *personne* **solide comme un** ~ robust; *fig* **bâtir sur le** ~ auf Felsen bauen; **tailler dans le** ~ in den Felsen hauen

rocade [ʀɔkad] F Umgehungsstraße *f*

rocaille [ʀɔkaj] F 1 *terrain* steiniger Boden, Grund 2 ARCH Muschelwerk *n*; Rocaille *n ou f*; **fontaine** *f* **en** ~ Springbrunnen *m* mit eingelegten Muscheln, Kieselsteinen 3 ADJT **style** *m* ~ Rokoko(stil) *n(m)*

rocailleux [ʀɔkajø] ADJ ⟨-euse⟩ 1 steinig; **chemin, sol** ~ steiniger Weg, Boden 2 *fig style* holp(e)rig; *voix* rau

rocambolesque [ʀɔkɑ̃bɔlɛsk] ADJ fantastisch; abenteuerlich; unglaublich

Roch [ʀɔk] M *saint* Rochus *m*

roche [ʀɔʃ] F 1 Fels(en) *m*; **eau** *f* **de** ~ klares Quellwasser; *fig* **clair comme de l'eau de** ~ sonnenklar 2 GÉOL Gestein *n*; **~s calcaires, volcaniques** Kalk-, Vulkangesteine *npl*; ~ **dure, tendre** hartes, weiches Gestein; ~ **mère** Muttergestein *n*

rocher [ʀɔʃe] M 1 Fels(en) *m*; Felsblock *m*; (*écueil*) Klippe *f*; **le** ~ **de Gibraltar** der Felsen von Gibraltar; **creusé dans le** ~ in den Felsen gehauen; ALPINISME **faire du** ~ (fels)klettern 2 ANAT Felsenbein *n* 3 CUIS a *confiserie* ~ (**au chocolat**) nugatgefüllte Praline b *pâtisserie* Kokoshäufchen *n*

rochet [ʀɔʃɛ] M 1 ÉGL Rochett *n*; Chorhemd *n* 2 TEXT Spule *f* 3 TECH **roue** *f* **à** ~ Sperrrad *n*

rocheux [ʀɔʃø] ADJ ⟨-euse⟩ Fels(en)...; felsig; **côte rocheuse** Felsenküste *f*; **les (montagnes) Rocheuses** die Rocky Mountains *pl*; **paroi rocheuse** Felswand *f*

rock [ʀɔk] MUS A M Rock *m*; Rockmusik *f*; **chanteur** *m* **de** ~ Rocksänger *m*; **disque** *m* **de** ~ Rock(musik)platte *f* B ADJ ⟨inv⟩ Rock...; **opéra** *m* ~ Rockoper *f*

rock (and roll) [ʀɔk(ɛnʀɔl)] M *danse* Rock and Roll *m*; Rock 'n' Roll *m*

rocker [ʀɔkœʀ] M, **rockeuse** F 1 Rocksänger(in) *m(f)* 2 Rockfan *m*

rocking-chair [ʀɔkiŋ(t)ʃɛʀ] M ⟨*pl* rocking-chairs⟩ Schaukelstuhl *m*

rococo [ʀokoko, ʀɔkɔko] A ADJ ⟨inv⟩ 1 Rokoko...; **style** *m* ~ Rokokostil *m* 2 (*démodé*) altmodisch; verschnörkelt; absonderlich B M Rokoko *n*

rodage [ʀɔdaʒ] M 1 TECH a *d'une voiture* Einfahren *n*; *pancarte* **en** ~ wird eingefahren b ~ **de soupape** Ventileinschleifung *f* 2 *fig d'un service etc* Anlaufzeit *f*; *de qn* Einarbeitung *f*

rodéo [ʀɔdeo] M 1 Rodeo *m ou n* 2 *fam fig* wilde Verfolgungsjagd

roder [ʀɔde] V/T 1 TECH *voiture* einfahren; *soupape* einschleifen 2 *fig spectacle etc* (entwickeln und) vervollkommnen; anpassen; ausbauen; *adjt personne* **rodé** eingearbeitet (**à** in +*acc*); geschult, erfahren (in +*dat*); *fam* eingefuchst

rôder [ʀode] V/I herum-, umherstreifen, -streichen, sich herumtreiben, herumstreunen (**dans** in +*dat*); ~ **autour de qn, qc** j-n, etw umschleichen; um j-n, etw herumschleichen

rôdeur [ʀodœʀ] M, **rôdeuse** F Herumtreiber(in) *m(f)*

Rodez [ʀɔdɛz] *Stadt im Dep. Aveyron*

rodomontade [ʀɔdɔmõtad] F Prahlerei *f*; Aufschneiderei *f*; Großsprecherei *f*

Rodrigue [ʀɔdʀig] M HIST Roderich *m*; (*Cid*) Rodrigo *m*

rogations [ʀɔgasjõ] FPL ÉGL CATH Bittprozessionen *fpl* (an den Bitttagen)

rogatoire [ʀɔgatwaʀ] ADJ JUR **commission** *f* ~ Rechtshilfeersuchen *n*; **entendre qn en commission** ~ j-n kommissarisch vernehmen

rogatons [ʀɔgatõ] *fam* MPL (Speise-, Essens)-Reste *mpl*

Roger [ʀɔʒe] M *Vorname*

rogne [ʀɔɲ] *fam* F Gereiztheit *f*; *fam* Stinklaune *f*; **être en** ~ murren; gereizt sein; *fam* e-e Stinklaune haben; **mettre qn en** ~ j-n reizen; *fam* j-n in Stinklaune versetzen

rogner [ʀɔɲe] A V/T 1 *papier* beschneiden; *griffes* schneiden; *fig* ~ **les ailes à qn** j-m die Flügel beschneiden, stutzen 2 *fig économies etc* angreifen; beschneiden; *fam* etwas abzwacken von B V/T INDIR ~ **sur qc** an etw (*dat*) sparen C *fam* V/I murren; gereizt sein; *fam* e-e Stinklaune haben

rognon [ʀɔɲõ] M CUIS Niere *f*; ~ **de porc** Schweineniere *f*

rognonnade [ʀɔɲɔnad] F CUIS Kalbsnierenbraten *m*

rognure [ʀɔɲyʀ] F *de papier etc* Schnipsel *m ou n*; Schnitzel *n ou m*; *fam* Schnippel *m ou n*; *de viande* **~s** *pl* (abgeschnittene) Fleischreste *mpl*; **~s d'ongles** abgeschnittene Fingernägel *mpl*

rogomme [ʀɔgɔm] *fam* **voix** *f* **de** ~ Säuferstimme *f*

rogue [ʀɔg] ADJ überheblich; hochmütig; eingebildet

Rohan [ʀɔɑ̃] *frz Adelsgeschlecht*

roi [ʀwa] M König *m* (*a.* ÉCHECS, CARTES, *fig*); *poét* **le** ~ **des animaux** der König der Tiere; *carte* ~ **de carreau** Karokönig *m*; *fig* **les ~s du pétrole** die Ölmagnaten *mpl*; *fam* **le** ~ **des imbéciles** der größte aller Schwachköpfe; **fête** *f*, **jour** *m* **des Rois** Dreikönigstag *m*; Heilige Drei Könige; **être heureux comme un** ~ überglücklich sein; **tirer les ~s** den Dreikönigskuchen essen (*wer dabei auf das Christkindfigürchen stößt, wird König*); *fig* **travailler pour le** ~ **de Prusse** für nichts und wieder nichts arbeiten; *loc*: **le** ~ **n'est pas son cousin** er ist ziemlich eingebildet; *fam* was der sich (*dat*) bloß einbildet!; *fam* **là où le** ~ **va à pied, va seul** da, wo der Kaiser zu Fuß hingeht; → *a.* morceau 1; ♦ *adjt* **bleu** ~ ⟨inv⟩ königsblau

roide [ʀwad] ADJ *litt* → raide

Roi-Soleil [ʀwasɔlɛj] M HIST **le** ~ der Sonnenkönig

roitelet [ʀwatlɛ] M 1 ZOOL a Goldhähnchen *n* b *abus* (*troglodyte*) Zaunkönig *m* 2 *plais* Duodezfürst *m*

Roland [ʀɔlɑ̃] M *Vorname*

rôle [ʀol] M 1 THÉ Rolle *f* (*a. fig*); **petit** ~ Nebenrolle *f*; kleine Rolle; **premier** ~ Hauptrolle *f*; *par ext acteur* Hauptdarsteller(in) *m(f)*; *fig* **le** ~ **de la presse** die Rolle, die Funktion der Presse; PSYCH, PÉDAGOGIE **jeu** *m* **de ~s** Rollenspiel *n*; **apprendre, savoir son** ~ s-e Rolle lernen, können; *fig* **avoir le beau** ~ gut dastehen; *fam* fein heraus sein; **avoir, remplir un** ~ **important dans une affaire** in, bei e-r Sache e-e wichtige Rolle spielen; **avoir toujours un** ~ **de premier plan** immer e-e wichtige Rolle, die erste Geige spielen; THÉ **entrer dans un** ~ sich in e-e Rolle hineindenken, -versetzen; *fig* **ce n'est pas mon** ~ **de le lui dire** es ist nicht meine Aufgabe *ou* Sache, es ihm zu sagen; **jouer un** ~ e-e Rolle spielen (*a. fig*); (**savoir**) **bien jouer son** ~ s-e Rolle gut spielen (*a. fig*); *fig* **jouer un grand** ~ **dans qc** e-e große Rolle bei etw spielen 2 ADMIN Liste *f*; Verzeichnis *n*; Register *n*; Rolle *f*; *loc adv* **à tour de** ~ abwechselnd; der Reihe nach; turnusmäßig

roller [ʀɔlœʀ] M Inlineskate *m*; **faire du roller** inlineskaten; **rolleur** M, **rolleuse** F Inlineskater(in) *m(f)*

rollmops [ʀɔlmɔps] M CUIS Rollmops *m*

romain [ʀɔmɛ̃] A ADJ 1 römisch; **histoire ~e** römische Geschichte; **chiffre** ~ römische Zahl, Ziffer 2 REL römisch(-katholisch) 3 TYPO **caractères ~s** Antiqua *f*; lateinische Schrift B SUBST 1 **Romain(e)** *m(f)* Römer(in) *m(f)*; *fam fig* **un travail de Romain** *fam* e-e Riesen-, Mordsarbeit 2 **~e** *f* BOT römischer Salat; Romana *f*; *fam fig* **être bon comme la ~e** *fam* zu gutmütig sein; sich (*dat*) alles gefallen lassen (müssen)

Romain [ʀɔmɛ̃] M *Vorname*

roman [ʀɔmɑ̃] A ADJ 1 ART romanisch 2 LING **langues ~es** romanische Sprachen *fpl* B M 1 Roman *m*; ~ **courtois** höfisches Epos; ~ **noir** Schauer-, Gruselroman *m*; **le nouveau** ~ der Nouveau Roman; ~ **policier** Kriminalroman *m*; *fam* Krimi *m*; ~ **d'amour** Liebesroman *m*; *fig* **ils ont vécu un beau** ~ **d'amour** sie haben e-e wunderbare Liebesromanze erlebt; *récit* **avoir l'air d'un** ~ unwahrscheinlich, unglaublich klingen; **cela n'arrive que dans les ~s** das gibt es nur in Romanen; **c'est tout un** ~ das ist ein ganzer Roman; **sa vie est un vrai** ~ sein Leben ist wie ein Roman 2 ARCH Romanik *f* 3 LING romanische Volkssprache; Vulgärlatein *n*; Galloromanisch *n*

romance [ʀɔmɑ̃s] F 1 Liebeslied *n* 2 LITTÉRATURE, MUS Romanze *f*

romancer [ʀɔmɑ̃se] V/T ⟨-ç-⟩ in Romanform, als (e-n) Roman schreiben, gestalten; *adjt* **biographie romancée** Biografie *f* in Romanform; romanhafte Biografie

romanche [ʀɔmɑ̃ʃ] M *en Suisse* Romantsch *n*; Rätoromanisch *n*

romancier [ʀɔmɑ̃sje] M, **romancière** F Romancier *m*; Romanschriftsteller(in) *m(f)*; Romanautor(in) *m(f)*

romand [ʀɔmɑ̃] ADJ **la Suisse ~e** die französische Schweiz

romanesque [ʀɔmanɛsk] ADJ 1 *aventure etc* romanhaft, -artig; wie in e-m Roman; *personne* romantisch; schwärmerisch; *subst* **le** ~ das Romantische, Schwärmerische 2 Roman...; **œuvre** *f* ~ Romanwerk *n*

roman-feuilleton [ʀɔmɑ̃fœjtõ] M ⟨*pl* romans-feuilletons⟩ Fortsetzungs-, Zeitungsroman *m*; **roman-fleuve** M ⟨*pl* romans-fleuves⟩ langer Roman; *fam* Wälzer *m*

romanichel(le) [ʀɔmaniʃɛl] M(F) *péj* Zigeuner(in) *m(f)*

romanisant [ʀɔmanizɑ̃] ADJ 1 LING romanistisch 2 REL der römisch-katholischen Kirche nahekommend

romanisation [ʀɔmanizasjõ] F HIST, LING Romanisierung *f*

romaniser [ʀɔmanize] A V/T 1 HIST *pays, peuple* romanisieren 2 *texte écrit avec d'autres caractères* in lateinischer Schrift wiedergeben 3 REL der römisch-katholischen Kirche zuführen B V/I REL römisch-katholisch eingestellt sein

romaniste [ʀɔmanist] M/F LING Romanist(in) *m(f)*

romano [ʀɔmano] M/F *fam* → romanichel(le)

roman-photo [ʀɔmɑ̃fɔto] M ⟨*pl* romans-photos⟩ Fotoroman *m*

romantique [ʀɔmɑ̃tik] A ADJ *poésie, art, paysage, personne* romantisch B M Romantiker *m*

romantisme [ʀɔmɑ̃tism] M Romantik *f* (*mouvement et caractère*)

romarin [ʀɔmaʀɛ̃] M BOT Rosmarin *m*

Rombas [ʀɔ̃bɑ] *Stadt im Dep. Moselle*

rombière [ʀɔ̃bjɛʀ] F *fam* **(vieille) ~** *fam* alte Schachtel

Rome [ʀɔm] Rom *n*

rompre [ʀɔ̃pʀ] ⟨je romps, il rompt, nous rompons; je rompais; je rompis; je romprai; que je rompe; rompant; rompu⟩ A V/T *traité, contrat* brechen; *relations, entretien, jeûne* abbrechen; *monotonie* unterbrechen; *équilibre* stören; *fiançailles, charme* lösen; → *a.* charme¹ 1; *fig* **~ ses chaînes** s-e Ketten zerbrechen; die Fesseln sprengen; *fleuve* **~ les digues** die Deiche durchbrechen; **~ les os à qn** j-m die Knochen brechen (*a. par exagération*); **~ le pain** das Brot brechen; MIL **~ les rangs** wegtreten; MIL **rompez!** weggetreten!; **~ le silence** die Stille unterbrechen; (*parler*) sein Schweigen brechen; **applaudir à tout ~** tosenden Beifall spenden B V/I **~ avec qn** mit j-m brechen, *fam* Schluss machen; **~ avec une tradition** mit e-r Tradition brechen; **ils ont rompu** sie haben miteinander gebrochen; *fam* sie haben Schluss gemacht C V/PR *st/s* **se ~** *amarres etc* (zer)reißen; *glace* brechen; *branche* (ab)brechen; **se ~ les os** sich (*dat*) die Knochen brechen

rompu [ʀɔ̃py] ADJ 1 **être ~ (de fatigue)** wie gerädert, wie zerschlagen, mitgenommen sein 2 (*habile*) **être ~ à qc** in etw (*dat*) bewandert, erfahren sein; mit etw vertraut sein; **être ~ aux affaires** geschäftstüchtig sein 3 → bâton 1

romsteck [ʀɔmstɛk] M CUIS Rumpsteak *n*

ronce [ʀɔ̃s] F 1 BOT Brombeerstrauch *m*; **~s** *pl a.* Brombeerranken *fpl*, -gestrüpp *n* 2 *de noyer etc* Maserung *f*

ronceraie [ʀɔ̃sʀɛ] F mit Brombeergestrüpp bewachsenes Gelände

Roncevaux [ʀɔ̃səvo] GÉOG Roncesvalles *n*

ronchon [ʀɔ̃ʃɔ̃] *fam* A ADJ ⟨~ne *od inv*⟩ brummig; knurrig B M **(vieux) ~** *fam* (alter) Brummbär

ronchonnement [ʀɔ̃ʃɔnmɑ̃] *fam* M Nörgelei *f*; Gemecker *n*; Gebrumme *n*

ronchonner [ʀɔ̃ʃɔne] *fam* V/I nörgeln; brummen; brummig sein; knurren; *fam* meckern;

R

ronchonneur, ronchonneuse A *fam* M,F Nörgler(in) *m(f)*; *fam* Meckerer *m*, Meckerziege *f* B *fam* ADJ brummig; knurrig

rond [ʀɔ̃] A ADJ ⟨ronde [ʀɔ̃d]⟩ 1 *objet* rund (*a. chiffre, somme*); *personne, partie du corps* rund(lich); dick; **ballon ~** Fußball *m* (*a. sport*); *fam* **une petite femme toute ~e** e-e kleine mollige Frau; **faire des yeux ~s** große Augen machen; *par ext* **gagner une somme assez ~e** e-e anständige Summe Geld verdienen 2 *personne* **~ en affaires** offen und großzügig 3 *fam* (*ivre*) *fam* besoffen; voll; blau; **il est complètement ~** *fam* er ist völlig *ou* total besoffen, sternhagelvoll, blau wie ein Veilchen B ADV **avaler qc tout ~** etw als Ganzes, unzerkaut schlucken; **dire les choses tout ~** die Dinge beim rechten Namen nennen; **tourner ~** *moteur* gut laufen; *fig* gut gehen; *fam* klappen; *fam fig*: **ça ne tourne pas ~ chez toi** *fam* bei dir ist wohl e-e Schraube, ein Rädchen locker; **qu'est-ce qui ne tourne pas ~?** was ist denn los?; was hast du denn? C M 1 Kreis *m*; Ring *m*; **~ de fourneau** Herdring *m*; **~ de serviette** Serviettenring *m*; *loc adv* **en ~** im Kreis; **s'asseoir, danser en ~** sich im Kreis setzen, im Kreis tanzen; **tourner en ~** sich im Kreis drehen (*a. fig*); *fam fig* **en baver des ~s de chapeau** *d'admiration* vor Bewunderung vergehen; *de peine fam* viel durchmachen (müssen); *fam fig* **en rester comme deux ~s de flan** *fam* vor Staunen den Mund nicht mehr zukriegen; ganz platt, baff sein; **faire, tracer des ~s** Kreise ziehen; **faire des ~s de fumée** beim Rauchen Ringe blasen 2 *fam* (*sou*) **avoir des ~s** Geld (wie Heu) haben; **il n'a pas le ~** *fam* er ist blank 3 *de bras, de jambe* kreisende Bewegung; *fig* **faire des ~s de jambe** herumschwänzeln; katzbuckeln

rond-de-cuir [ʀɔ̃dkɥiʀ] M ⟨*pl* ronds-de-cuir⟩ *péj* Bürokrat *m*; Büromensch *m*

ronde [ʀɔ̃d] F 1 *d'un gardien*, MIL Runde *f*; Rund-, Kontrollgang *m*; *de police* Streife *f*; **faire sa, une ~** s-e, e-e Runde machen; ♦ *loc adv* **à la ~** (*alentour*) im Umkreis; in der Runde; (*tour à tour*) im Kreis (herum); reihum; von Hand zu Hand; **à dix lieues à la ~** im Umkreis von zehn Meilen; **faire passer qc à la ~** etw reihum gehen lassen 2 *danse* Rundtanz *m*; Reigen *m*; **~ enfantine** Ringelreihen *m*; *enfants* **faire la ~** Ringelreihen spielen, tanzen 3 *écriture* Rundschrift *f*; *t/t* Ronde *f* 4 MUS ganze Note

rondeau [ʀɔ̃do] M ⟨*pl* ~x⟩ *poème* Rondeau *n*

ronde-bosse [ʀɔ̃dbɔs] F ⟨*pl* rondes-bosses⟩ SCULP Hochrelief *n*

rondelet [ʀɔ̃dlɛ] ADJ ⟨~te⟩ 1 *personne* rundlich; dicklich; füllig; *femme a.* mollig; *jeune fille a.* pummelig 2 *bourse* prall gefüllt; **une somme ~te** ein nettes, hübsches, stattliches Sümmchen

rondelle [ʀɔ̃dɛl] F 1 Scheibe *f*; **~ de citron, de saucisson** Zitronen-, Wurstscheibe *f*; **couper en ~s** in Scheiben schneiden 2 TECH *d'un écrou* Unterlegscheibe *f*; **~ de** *ou* **en caoutchouc** Gummiring *m*, -scheibe *f*

rondement [ʀɔ̃dmɑ̃] ADV 1 (*rapidement*) zügig; prompt; schnell; mit Schwung, Nachdruck; **mener une affaire ~** e-e Angelegenheit zügig *etc* betreiben, abwickeln 2 (*franchement*) ohne Umschweife; geradeheraus; **y aller ~** unbeirrt, gerade auf sein Ziel lossteuern, losgehen

rondeur [ʀɔ̃dœʀ] F 1 *du corps* Rundung *f*; *fam* **~s** *pl* (weibliche) Rundungen 2 (*franchise*) Geradheit *f*; Ungezwungenheit *f*; Freimut *m*; **avec ~** freimütig; ungezwungen

rondin [ʀɔ̃dɛ̃] M 1 CONSTR Rundstamm *m*, -holz *n*; **cabane** *f* **en ~s** Blockhütte *f*, -haus *n* 2 *pour brûler* Knüppelholz *n*

rondo [ʀɔ̃do] M MUS Rondo *n*

rondouillard [ʀɔ̃dujaʀ] *fam* ADJ wohlbeleibt; füllig; feist

rond-point [ʀɔ̃pwɛ̃] M ⟨*pl* ronds-points⟩ 1 *carrefour* Kreisverkehr *m*; (Verkehrs)Kreisel *m* 2 *place* runder Platz; Stern *m*

ronéo® [ʀɔneo] F Vervielfältigungsapparat *m*

ronéotyper [ʀɔneɔtipe] V/T (mittels Matrize) vervielfältigen

ronflant [ʀɔ̃flɑ̃] ADJ *titre, phrases etc* hochtrabend, -tönend; großspurig; *fam* großkotzig

ronflement [ʀɔ̃fləmɑ̃] M 1 *d'une personne* Schnarchen *n* 2 *d'un moteur* Brummen *n*; *d'un poêle* Bullern *n*

ronfler [ʀɔ̃fle] V/I 1 *personne* schnarchen 2 *moteur* brummen; *poêle, feu* bullern

ronflette [ʀɔ̃flɛt] F *fam* **faire une ~** ein Schläfchen machen

ronfleur [ʀɔ̃flœʀ] M, **ronfleuse** F Schnarcher(in) *m(f)*

ronger [ʀɔ̃ʒe] ⟨-geons⟩ A V/T 1 nagen (**qc** an etw [*dat*]); an-, be-, zernagen; *vers* **~ le bois** das Holz zerfressen; *fig personne* **~ son frein** s-n Ärger verbeißen, hinunterschlucken; s-e Ungeduld nicht merken lassen; *chien* **~ un os** an e-m Knochen nagen; e-n Knochen abnagen; *pp bois* **rongé par les vers** wurmstichig 2 *par ext rouille: fer etc* zerfressen; angreifen; *acide: métal a.* ätzen; **la mer ronge les falaises** das Meer nagt an der Steilküste; *pp: fer* **rongé par la rouille** rostzerfressen; verrostet; durchgerostet; *statue etc* **rongé par le temps** verwittert 3 *fig chagrin etc* **~ qn** an j-m nagen, fressen; j-n quälen, peinigen; j-m keine Ruhe lassen B V/PR 1 **se ~ les ongles** an den Nägeln kauen 2 *fig* **se ~ d'inquiétude** vor Unruhe vergehen

rongeur [ʀɔ̃ʒœʀ] A ADJ ⟨-euse⟩ nagend (*a. fig*) B M ZOOL Nager *m*; Nagetier *n*

ronron [ʀɔ̃ʀɔ̃] M 1 *du chat* Schnurren *n*; **faire ~** schnurren 2 *d'un moteur etc* Surren *n*; Brummen *n*; Summen *n*; Schnurren *n* 3 *fig* Eintönigkeit *f*

ronronnement [ʀɔ̃ʀɔnmɑ̃] M → ronron

ronronner [ʀɔ̃ʀɔne] V/I 1 *chat* schnurren 2 *moteur etc* surren; brummen; summen; schnurren

röntgen [ʀœntgɛn] M PHYS Röntgen *n*

roque [ʀɔk] M ÉCHECS Rochade *f*

roquefort [ʀɔkfɔʀ] M Roquefort(käse) *m*

roquer [ʀɔke] V/I ÉCHECS rochieren

roquet [ʀɔkɛ] M Kläffer *m* (*a. fig*)

roquette¹ [ʀɔkɛt] F MIL Rakete(ngeschoss) *f(n)*

roquette² [ʀɔkɛt] F 1 BOT Rucola *f* 2 CUIS Rucola *m*

rorqual [ʀɔʀkal] M ZOOL Finnwal *m*

rosace [ʀozas] F *ornement* Rosette *f*; *vitrail a.* Fensterrose *f*

rosacé [ʀozase] A ADJ BOT rosenartig B SUBST 1 BOT **~es** *fpl* Rosengewächse *npl*; Rosazeen *fpl* 2 MÉD **~e** *f* Kupfer-, Rotfinnen *pl*; *t/t* Rosazea *f*

rosaire [ʀozɛʀ] M REL Rosenkranz *m* (*mit 150 Ave-Maria-Perlen*); **dire, réciter son ~** den Rosenkranz beten

rosat [ʀoza] ADJ ⟨*inv*⟩ Rosen…; **pommade** *f* **~** Lippenpomade, der ein Rosenextrakt zugesetzt wurde

rosâtre [ʀozɑtʀ] ADJ schmutzig rosa

rosbif [ʀɔzbif] M CUIS Roastbeef *n*

rose¹ [ʀoz] F 1 BOT Rose *f*; **~ de Jéricho** Jerichorose *f*; **~ de Noël** Christ-, Schneerose *f*; **bois** *m* **de ~** Rosenholz *n*; **confiture** *f* **de ~** Rosenkonfitüre *f* (*aus Rosenblättern*); **eau** *f* **de ~** Rosenwasser *n*; *fig roman* **à l'eau de ~** kitschig; sentimental; *fam* **envoyer qn sur les ~s** j-n weg-, fortschicken; j-n (schroff) abweisen; j-m e-n Korb geben; **être frais comme une ~** frisch wie der junge Morgen aussehen; taufrisch sein; **ne pas sentir la ~** nicht gerade gut riechen; *prov* **pas de ~s sans épines** keine Rose ohne Dornen (*prov*) 2 ARCH Fensterrose *f*; Rosette *f* 3 MÉTÉO **~ des vents** Wind-, Kompassrose *f* 4 MINÉR **~ des sables** Sandrose *f*

rose² [ʀoz] A ADJ 1 rosa; rosa-, blass-, zartrot; rosafarben, -farbig; rosig; **~ clair, pâle** ⟨*inv*⟩ hell-, blassrosa 2 *fig* (*réjouissant*) rosig; **ce n'est pas (tout) ~** das ist nicht gerade rosig 3 *fig* Sex…; **minitel** *m* **~** Sex-Btx *n* B M Rosa *n*; **~ bonbon** Bonbonrosa *n*; **~ tendre, vif** zartes, lebhaftes Rosa; **vieux ~** Altrosa *n*; *fig* **voir la vie en ~, voir tout en ~** das Leben, alles durch e-e rosarote Brille, in rosigem Licht, in rosigen Farben sehen

Rose [ʀoz] F *Vorname*

rosé [ʀoze] ADJ zartrosa; rosé; **beige ~** ins Zartrosa gehendes Beige; **vin ~** *ou subst* **~** *m* Rosé(wein) *m*

roseau [ʀozo] M ⟨*pl* ~x⟩ BOT Schilf(rohr) *n*; *personne* **frêle comme un ~** zerbrechlich wie e-e

Porzellanfigur
rosée [ROZE] F Tau *m;* **~ du matin** Morgentau *m; légumes* **tendre comme la ~** sehr zart
Roseline [ROZLIN] F *Vorname*
roséole [ROZEɔl] F MÉD Roseole *f*
roseraie [ROZRE] F Rosengarten *m;* Rosarium *n*
rosette [ROZɛt] F **1** *nœud* Schleife *f* **2** *insigne* Ordensbandschleife *f;* Rosette *f;* **avoir la ~** Offizier *m* der Ehrenlegion sein **3** **~ de Lyon** Salami *f* aus Lyon
rosier [ROZJE] M BOT Rosenstrauch *m*, -stock *m;* Rose *f;* **~ grimpant** Kletterrose *f;* **~ sur tige** Hochstammrose *f*
rosière [ROZJɛR] F HIST Mädchen, dem wegen s-r Tugendhaftigkeit ein Kranz aus Rosen aufgesetzt wurde; *fam plais* **la ~ du pays** die Tugend in Person
rosir [ROZIR] **A** VT *froid: joues* röten; *soleil: nuages* in ein rosa Licht tauchen **B** VI *visage* (zart, leicht) erröten
Rosny [ROni] *frz Ortsname*
rossard [ROSAR], **rossarde** *fam* M,F *et* ADJ → rosse A 2 et B
rosse [ROS] **A** F **1** *litt (mauvais cheval)* Schindmähre *f;* Klepper *m* **2** *(personne méchante)* gemeine Person; Schuft *m;* Leuteschinder *m* **B** ADJ gemein; hart; streng; scharf; *fam* hundsgemein; **être ~ avec qn** zu j-m gemein sein
rossée [ROSE] *fam* F (Tracht *f*) Prügel *pl; fam* Keile *f;* Haue *f;* Dresche *f;* Senge *pl;* → *a.* flanquer[2] A 2, recevoir A 2
rosser [ROSE] VT verprügeln; *fam* verhauen; verdreschen; durchbläuen; *fam lors d'un match* **il se sont fait joliment ~** sie haben ordentlich Keile, Prügel gekriegt
rosserie [ROSRI] F Gemeinheit *f;* übler Streich; **dire des ~s à qn** j-m Gemeinheiten sagen; **faire une ~ à qn** j-m e-n üblen Streich spielen
rossignol [ROSIɲɔl] M **1** ZOOL Nachtigall *f;* **chanter comme un ~** wie e-e Nachtigall singen **2** *(passe-partout)* Dietrich *m* **3** *fam* COMM Ladenhüter *m*
rossinante [ROSINɑ̃t] *litt* F Schindmähre *f;* Klepper *m*
rostre [ROSTR] M **1** HIST Schiffsschnabel *m* **2** ZOOL Rostrum *n*
rot [RO] M *fam* Rülpser *m; bébé* **faire son ~** (ein) Bäuerchen machen
rôt [RO] *litt* M Braten *m*
rotarien [ROTARJɛ̃] M Rotarier *m;* Mitglied *n* des Rotary Clubs
rotatif [ROTATIF] ADJ ⟨-ive⟩ Dreh...; Rotations...; drehend; rotierend; **mouvement ~** Drehbewegung *f;* TECH **moteur** *m* **à piston ~** Drehkolben-, Kreiskolben-, Rotationskolbenmotor *m;* Wankelmotor *m*
rotation [ROTASJÕ] F **1** (Um)Drehung *f;* Rotation *f;* Drehbewegung *f;* **~ de la Terre** Erdumdrehung *f;* **axe** *m* **de ~** Drehachse *f;* **exécuter une ~** e-e Drehung (um die eigene Achse) ausführen **2** *fig (roulement)* turnusmäßiger Wechsel; Rotation *f;* ÉCON Umschlag *m;* Umsatz *m; d'un moyen de transport* Frequenz *f;* Zug- *ou* Busfolge *f;* AGR Fruchtfolge *f;* Rotation *f;* **~ des capitaux** Kapitalumsatz *m;* **~ du personnel** Fluktuation *f* der Belegschaft; Personalwechsel *m;* **~ des stocks** Lagerumschlag *m*
rotative [ROTATIV] F TYPO Rotationsmaschine *f*, -presse *f*
rotatoire [ROTATWAR] ADJ Dreh...; Rotations...; Kreis...
roter [ROTE] VI **1** *fam* rülpsen **2** *pop fig* **il lui en a fait ~** er hat ihm *ou* ihr das Leben schwer gemacht
rôti [ROTI, RO-] **A** M Braten *m;* **~ de bœuf, de porc, de veau** Rinder-, Schweine-, Kalbsbraten *m* **B** ADJ gebraten; Brat...; *fam fig* **tomber à qn tout ~ dans le bec** j-m in den Schoß fallen
rôtie [ROTI, RO-] F geröstete Brotschnitte; Röstbrot *n*
rotin [ROTɛ̃] M Rattan *n;* Peddigrohr *n;* **fauteuil** *m* **de, en ~** Korbsessel *m*
rôtir [ROTIR, RO-] **A** VT *viande* **(faire) ~** braten; **~ à la broche** am Spieß braten **B** VI braten *(a. fam fig personne);* **mettre un poulet à ~** ein Hühnchen zum Braten aufsetzen **C** V/PR **se ~ (au soleil)** sich (in der Sonne) braten lassen
rôtisserie [ROTISRI, RO-] F Rotisserie *f;* Grillrestaurant *n;* **rôtisseur** M, **rôtisseuse** F Grillkoch *m*, -köchin *f;* **rôtissoire** F Grill (-gerät) *m(n)*
roto [ROTO] F *fam* ABR → rotative
rotonde [ROTÕD] F ARCH Rundbau *m;* Rotunde *f*
rotondité [ROTÕDITE] F **1** *de la Terre etc* Rundheit *f;* runde Form, Gestalt **2** *fig de qn* Rundlichkeit *f;* Korpulenz *f*
rotor [ROTOR] M **1** AVIAT Rotor *m* **2** ÉLEC Läufer *m;* Rotor *m*
Rotterdam [ROTɛRDAM] Rotterdam *n*
rottweiler [ROTVAJLŒR] M ZOOL Rottweiler *m*
rotule [ROTYL] F **1** ANAT Kniescheibe *f; fam fig* **être sur les ~s** ganz erschöpft, *fam* fertig, kaputt, geschafft, wie gerädert sein **2** TECH Kugelgelenk *n*
rotulien [ROTYLJɛ̃] ADJ ⟨~ne⟩ **réflexe ~** Kniesehnenreflex *m*
roture [ROTYR] F HIST Nichtadelige(n) *mpl;* Bürgerstand *m*
roturier [ROTYRJE] HIST **A** ADJ ⟨-ière⟩ nicht adelig; bürgerlich **B** SUBST **~, roturière** *m,f* Nichtadelige(r) *m/f(m);* Bürgerliche(r) *m/f(m)*
rouage [RWAʒ] M TECH Rädchen *n;* **~s** *pl* Räderwerk *n (a. fig); fig* **n'être qu'un simple ~** nur ein Rädchen im Getriebe sein
Rouault [RWO, RUO] **Georges ~** *frz Maler*
Roubaix [RUBɛ] *Stadt im Dep. Nord*
roublard [RUBLAR] *fam* **A** ADJ durchtrieben; gerissen **B** SUBST **~(e)** *m(f)* gerissener, durchtriebener Bursche, Kerl; *femme fam* schlaues Luder
roublardise [RUBLARDIZ] *fam* F Gerissenheit *f;* Durchtriebenheit *f*
rouble [RUBL] M *monnaie* Rubel *m*
roucoulade [RUKULAD] F *ou* **roucoulement** M Gurren *n*, Girren *n (a. fig d'amoureux)*
roucouler [RUKULE] VI **1** *pigeon* gurren, girren *(a. fig amoureux);* rucksen; *fig a.* turteln **2** *fig ⟨a. v/t⟩ chanteur* schmalzig singen
roue [RU] **1** F Rad *n;* **~ arrière, avant** Hinter-, Vorderrad *n;* FÊTE FORAINE **grande ~** Riesenrad *n;* VÉLO **~ libre** Freilauf *m;* **~ à eau** Wasserrad *n;* MAR **~ de gouvernail** Steuerrad *n;* **~ de loterie** Lostrommel *f;* Glücksrad *n;* AUTO **~ de secours, de rechange** Reserve-, Ersatzrad *n;* **véhicule** *m* **à deux, à quatre ~s** zwei-, vierräd(e)riges Fahrzeug; HIST **supplice** *m* **de la ~** Hinrichtung *f* durch das Rad; *fig* **être la cinquième ~ du carrosse** das fünfte Rad am Wagen sein; **faire la ~** SPORTS Rad schlagen; *paon* ein Rad schlagen; *fig* **pousser à la ~** nachhelfen; die Hand im Spiel haben; *fig* **la ~ tourne** die Zeit steht nicht still **2** M **deux ~s** Zweirad *n*
roué [RWE] **A** ADJ gerissen; verschlagen **B** SUBST **~(e)** *m(f)* gerissener Bursche, Kerl; gerissene Person
rouelle [RWɛL] F **~ (de veau)** Fleischscheibe *f* aus der Kalbskeule
Rouen [RWɑ̃] *Stadt im Dep. Seine-Maritime*
rouer [RWE] VT **1** HIST rädern; aufs Rad flechten **2** *fig* **~ qn de coups** j-n durchprügeln, *fam* durchbläuen, windelweich schlagen
rouerie [RURI] F Gerissenheit *f;* Verschlagenheit *f*
rouet [RWɛ] M Spinnrad *n*
rouf [RUF] M MAR Deckshaus *n*
rouflaquettes [RUFLAKɛT] *fam* FPL Koteletten *pl*
rouge [RUʒ] **A** ADJ rot *(a.* POL*); yeux* gerötet; *fer* (rot) glühend; **~ brique** ⟨*inv*⟩ ziegelrot; **l'Armée** *f* **~** die Rote Armee; **chou** *m* **~** Rotkohl *m;* Blau-, Rotkraut *n;* **la mer Rouge** das Rote Meer; **poisson** *m* **~** Goldfisch *m;* **vin** *m* **~** Rotwein *m;* **être, devenir ~ de colère** vor Wut rot sein, werden *ou* anlaufen; **être ~ comme une tomate** rot wie e-e Tomate sein **B** ADV **se fâcher tout ~** *fam* sich schwarzärgern; vor Wut, Ärger platzen; fuchsteufelswild werden; **voir ~** *fam* rotsehen **C** M **1** Rot *n (couleur et colorant);* **~ bordeaux, sang** Bordeaux-, Blutrot *n;* **peindre, teindre en ~** rot (an)streichen, färben **2** *de la peau, du visage* Röte *f;* **le ~ de la honte lui monte au visage** die Schamröte steigt ihm ins Gesicht **3** *signalisation* Rot *n; feux* **être au ~** rot sein; auf Rot sein; Rot, rotes Licht zeigen; **passer au ~** *feux* auf Rot schalten; *voiture* bei Rot durchfahren **4** *fard* rote Schminke; **~ à joues** Rouge *n;* **(se) mettre du ~ à joues** Rouge auflegen, auftragen; **(bâton** *m*, **tube** *m* **de) ~ à lèvres** Lippenstift *m;* **(se) mettre du ~ à lèvres** sich *(dat)* die Lippen schminken, *fam* anmalen **5** MÉTALL Rotglut *f;* **chauffer au ~** bis zur Rotglut erhitzen; **porter au ~** glühend machen; zur Rotglut bringen **6** *vin* Rotwein *m; fam* Rote(r) *m; par ext* **un petit coup de ~** ein Gläschen *n* Rotwein
rougeâtre [RUʒATR] ADJ rötlich
rougeaud [RUʒO] ADJ mit rotem Gesicht
rouge-gorge [RUʒGɔRʒ] M ⟨*pl* rouges-gorges⟩ ZOOL Rotkehlchen *n*
rougeoiement [RUʒWAMɑ̃] M roter, rötlicher Schimmer, Widerschein; Röte *f*
rougeole [RUʒɔl] F MÉD Masern *pl*
rougeoyant [RUʒWAJɑ̃] ADJ ins Rötliche gehend, spielend; rot, rötlich schimmernd; **rougeoyer** VI ⟨-oi-⟩ rot, rötlich schimmern; rot (er-, auf)glühen
rouget [RUʒɛ] M ZOOL **~ (barbet)** Meerbarbe *f;* **~ (grondin)** Knurrhahn *m*
Rouget de Lisle [RUʒɛdəlil] *Komponist der Marseillaise*
rougeur [RUʒŒR] F **1** *sur la peau* Rötung *f;* **~s** *pl* rote Stellen *fpl*, Flecken *mpl* **2** *st/s de qn* Erröten *n*
rougi [RUʒI] ADJ *yeux* gerötet; **eau ~e** Wasser *n* mit e-m Schuss Rotwein
rougir [RUʒIR] **A** VT *st/s* röten; *fer* glühend machen; **~ son eau** dem Wasser e-n Schuss Rotwein zusetzen **B** VI **1** rot werden; *peau, feuilles a.* sich röten; *crustacés* **~ à la cuisson** beim Kochen rot werden; *métal* **~ au feu** im Feuer glühend werden **2** *personne* rot werden; erröten; **~ de colère, de honte** vor Zorn, vor Scham rot werden, erröten; schamrot werden; **~ jusqu'aux oreilles, jusqu'à la racine des cheveux** bis über die *ou* beide Ohren rot werden; bis in die Haarwurzeln erröten; *fig* **ne ~ de rien** abgebrüht sein; *fig* **je n'ai pas à ~ de cela** dessen brauche ich mich nicht zu schämen; **faire ~ qn** j-n zum Erröten bringen
rougissant [RUʒISɑ̃] ADJ *personne* (leicht) errötend; **rougissement** M Erröten *n;* Rotwerden *n*
rouille [RUJ] F **1** *du fer* Rost *m;* **tache** *f* **de ~** Rostfleck *m* **2** AGR Rost(krankheit) *m(f)* **3** CUIS scharfe, mit Peperoni gewürzte Knoblauchsoße **4** ADJT ⟨*inv*⟩ rostbraun, -farben
rouillé [RUJE] ADJ **1** *fer, clé etc* verrostet; rostig **2** *fig personne, mémoire, membres* eingerostet; **il**

R

est un peu ~ en anglais sein Englisch ist etwas eingerostet
rouiller [ruje] A VT 1 rosten lassen; rostig machen 2 fig einrosten, verkümmern lassen B VI (ver)rosten C VPR se ~ 1 (ver)rosten; rostig werden 2 fig personne einrosten; ungelenkig, unbeweglich werden
rouir [rwir] VT lin, chanvre rösten
roulade [rulad] F 1 MUS Roulade f 2 CUIS (Fleisch)Roulade f 3 (galipette) Purzelbaum m; SPORTS Rolle f
roulage [rulaʒ] M entreprise f de ~ Transportunternehmen n; manutention f par ~ Transport m mit Roll-on-roll-off-Schiffen
roulant [rulɑ̃] A ADJ 1 rollend; Roll...; fahrbar; fahrend; Fahr...; escalier ~ Rolltreppe f; fauteuil ~ Rollstuhl m; MIL feu ~ Trommelfeuer n; fig un feu ~ de questions ein Kreuzfeuer von Fragen; CH DE FER matériel ~ rollendes Material; personnel ~ fahrendes Personal; Fahrpersonal n; table ~e Servier-, Teewagen m; tapis ~ → tapis 3 2 fam (très drôle) urkomisch; fam zum Kugeln, Piepen, Schreien, Schießen B SUBST 1 CH DE FER fam les ~s mpl das fahrende Personal 2 MIL fam ~e f Feldküche f; fam Gulaschkanone f
roulé [rule] ADJ 1 gerollt; Roll...; col ~ Rollkragen m; CUIS épaule ~e Rollbraten m; gâteau ~ Biskuitrolle f; PHON r ~ gerolltes r 2 fam femme être bien ~e fam gut gebaut sein; tolle Kurven haben
rouleau [rulo] M ‹pl ~x› 1 Rolle f; (bigoudi) Lockenwickler m; ~ de papier hygiénique, de papier peint Klopapier-, Tapetenrolle f; ~ de pièces, de réglisse Geld-, Lakritzenrolle f; fig il est au bout de son, du ~ er ist am Ende s-r Kraft; fam er pfeift aus ou auf dem letzten Loch 2 TECH Walze f (a. de la machine à écrire); AGR Ackerwalze f; ~ compresseur Straßen-, fam Dampfwalze f; CUIS ~ à pâtisserie Nudelholz n; ~ de peintre Farbroller m, -walze f; passer au ~ walzen 3 (grosse vague) Brandungswelle f 4 SPORTS Roller m; Rollsprung m 5 coiffure Innenrolle f
roulé-boulé [rulebule] M ‹pl roulés-boulés› SPORTS Rolle f; faire un ~ abrollen
roulement [rulmɑ̃] M 1 mouvement Rollen n; de véhicules a. Fahren n; des hanches Wiegen n; ~ d'yeux Augenrollen n; marcher avec des ~s de hanches sich beim Gehen in den Hüften wiegen 2 bruit: de voiture Dröhnen n; du tonnerre Rollen n; Grollen n; ~ de tambour Trommelwirbel m 3 TECH Wälzlager n; ~ à billes Kugellager n 4 (alternance) Turnus m; regelmäßiger Wechsel; par ~ im Turnus; turnusmäßig; travail m par ~ Schichtarbeit f; travailler par ~ schichtweise, in Schichten arbeiten 5 ÉCON fonds mpl de ~ Betriebskapital n; Umlaufvermögen n
rouler [rule] A VT 1 tonneau, meuble à roulettes etc rollen; objet lourd, mer: galets wälzen; invalide fahren; rollen; les yeux rollen; (enrouler) tapis, crêpe etc zusammenrollen; ~ une cigarette (sich ([dat]) e-e Zigarette drehen; ~ les r das r rollen; CUIS ~ dans la farine in Mehl wälzen; st/s ~ dans sa tête de sombres pensées düstere Gedanken hegen 2 fam (tromper) ~ qn fam j-n reinlegen, anschmieren, übers Ohr hauen; se faire ~ fam sich reinlegen lassen; reingelegt werden; reinfallen (par qn auf j-n); se faire ~ par qn a. fam j-m aufsitzen B VI 1 balle etc, fig argent rollen; bateau schlingern; rotative etc rotieren; laufen; ~ des épaules en marchant e-n wiegenden Gang haben; mit wiegenden Schritten gehen; ~ des °hanches sich in den Hüften wiegen; ~ de haut en bas de l'escalier die Treppe hinunter-, herunterfallen, fam -purzeln; des larmes roulaient sur ses joues Tränen rollten über ihre Wangen 2 véhicule rollen; fahren (a. personne); nous avons roulé toute la journée wir sind den ganzen Tag gefahren; roulez à droite! rechts fahren!; ~ à cent à l'heure (mit) hundert (Stundenkilometern) fahren; ~ en Fiat etc e-n Fiat etc fahren; ♦ fam fig: ~ pour qn für j-n arbeiten; sich für j-n einsetzen; (allez!) roulez! na, dann mal los!; nur zu!; tun Sie das!; ça roule fam es klappt; alles in Butter! 3 péj (se déplacer) herumziehen, -kommen; sich herumtreiben 4 tonnerre rollen; grollen 5 conversation ~ sur qc sich um etw drehen C VPR se ~ 1 sich (hin und her) wälzen; se ~ par terre sich auf dem Boden wälzen; fig une scène drôle à se ~ par terre e-e zum Kugeln komische Szene 2 sich zusammenrollen; se ~ en boule sur soi-même sich zu e-r Kugel zusammenrollen 3 fig se ~ les pouces, fam se les ~ fam Däumchen drehen 4 tapis etc sich zusammenrollen lassen
roulette [rulɛt] F 1 de meubles etc Rolle f; fauteuil m à ~s Sessel m mit Rollen; sifflet m à ~ Trillerpfeife f; fam fig aller, marcher comme sur des ~s fam wie geschmiert, wie am Schnürchen gehen; glatt über die Bühne gehen 2 outil Rad n; Rädchen n; de dentiste Bohrer m; ~ de couturière Kopierrad n; ~ de pâtissier Teigrädchen n; dentiste passer la ~ bohren 3 jeu Roulett(e) n; ~ russe russisches Roulett(e)
rouleur [rulœr] M SPORTS guter Radrennfahrer m (mit großer Ausdauer)
roulis [ruli] M MAR Schlingern n; il y a du ~ das Schiff schlingert; fam dans le train es schwankt
roulotte [rulɔt] F Wohnwagen m; → a. vol² 1
roulotté [rulɔte] ADJ COUT mit Rollsaum
roulottier [rulɔtje] M fam Autoknacker m, -marder m
roulure [rulyr] F pop (prostituée) péj Nutte f; Hure f
roumain [rumɛ̃] A ADJ rumänisch B SUBST 1 Roumain(e) m(f) Rumäne m, Rumänin f 2 LING le ~ das Rumänische; Rumänisch n
Roumanie [rumani] la ~ Rumänien n
roumi [rumi] M pour les musulmans Christ m; Europäer m
round [rawnd, rund] M BOXE Runde f; match m en dix ~s Kampf m über zehn Runden
roupie¹ [rupi] F fam ce n'est pas de la ~ de sansonnet das ist etwas ganz Besonderes, fam kein Tinnef
roupie² [rupi] F monnaie Rupie f
roupiller [rupije] VI fam pennen
roupillon [rupijõ] M fam Nickerchen n; faire, piquer un ~ ein Nickerchen machen, halten; einnicken
rouquin [rukɛ̃] fam A ADJ rothaarig B SUBST ~(e) m(f) Rothaarige(r) m/f(m)
rouscailler [ruskaje] VI fam meckern
rouspétance [ruspetɑ̃s] F fam Geschimpfe n; Gemecker n
rouspéter [ruspete] fam VI ‹-è-› schimpfen; fam meckern; **rouspéteur** M, **rouspéteuse** F fam Meckerfritze m, Meckerziege f; adjt il est rouspéteur er schimpft, meckert dauernd, gern
roussâtre [rusatr] ADJ rötlich
rousse [rus] F arg (police) fam Polente f
rousserolle [rusrɔl] F ZOOL Rohrsänger m
roussette [rusɛt] F 1 poisson Katzenhai m 2 chauve-souris Flughund m
rousseur [rusœr] F gelbrote Farbe; taches fpl de ~ Sommersprossen fpl
roussi [rusi] M Brandgeruch m; sentir le ~ versengt, angesengt riechen; fig situation brenzlig werden
Roussillon [rusijõ] le ~ historische Provinz in Südfrankreich
roussir [rusir] A VT linge en repassant an-, versengen B VI CUIS oignons faire ~ dans du beurre leicht in Butter bräunen
roussissement [rusismɑ̃] M du linge An-, Versengen n; des oignons etc Bräunen n
routage [rutaʒ] M d'imprimés, journaux Sortierung f und Versand m (nach Leitgebieten)
routard [rutar] M Rucksacktourist m
route [rut] F 1 (Auto-, Land)Straße f; Chaussee f; ~ côtière Küstenstraße f; ~ glissante! Schleudergefahr!; grande ~ Landstraße f; ~ à grande circulation Hauptverkehrsstraße f; ~ de montagne Gebirgs-, Bergstraße f; ~ de Paris Straße nach ou von Paris; HIST ~ de la soie Seidenstraße f; sur la ~ auf der Straße; arriver par la ~ auf der Straße, mit dem Auto ankommen; voiture tenir bien la ~, avoir une bonne tenue de ~ gut auf der Straße liegen; e-e gute Straßenlage haben; fig tenir la ~ produit, article sich gut halten, behaupten, verkaufen; argument stichhaltig sein 2 (itinéraire) Weg m; Route f; Strecke f; MAR, AVIAT a. Kurs m; ~ aérienne Flugroute f; Luftverkehrsweg m; ~ maritime Schifffahrtsweg m, -straße f; Seeweg m; loc adv en (cours de) ~ unterwegs; auf dem Weg(e); s'arrêter en ~ unterwegs anhalten, haltmachen; fam bébé être en ~ fam unterwegs sein; se mettre en ~ sich auf den Weg machen; aufbrechen; (allons!) en ~! (los!) auf geht's!; marsch!; vorwärts!; demander la ~ nach dem Weg fragen; être sur la bonne ~ auf dem rechten Weg sein (a. fig); la ~ est longue der Weg ist weit; fig la ~ est toute tracée der Weg ist genau vorgezeichnet; fig faire fausse ~ sich irren; auf dem falschen Weg, Holzweg sein; den falschen Weg einschlagen; faire ~ vers auf dem Weg sein nach; MAR a. Kurs nehmen auf (+acc); fig mettre qn sur la bonne ~ j-n auf den rechten Weg bringen 3 (voyage) Reise f; Fahrt f; bonne ~! gute Reise, Fahrt!; il y a dix heures de ~ man fährt zehn Stunden; es sind zehn Stunden Fahrzeit; faire de la ~ viel (herum)fahren, (-)reisen; oft unterwegs sein; faire ~ avec qn mit j-m reisen, fahren, à pied wandern 4 mise f en ~ d'un moteur, d'une voiture Ingangsetzung f; fig d'une affaire Inangriffnahme f; Einleitung f; mettre en ~ in Gang setzen (a. fig); fig in Angriff nehmen
routier [rutje] A ADJ ‹-ière› Straßen...; carte routière Straßen-, Autokarte f; gare routière Omnibusbahnhof m; pour des camions Autohof m; réseau ~ Straßennetz n; transport ~ Straßentransport m; Beförderung f per Achse B SUBST 1 M a (camionneur) Fernfahrer m b (restaurant m de) ~(s) (gutes und billiges) Restaurant für Fernfahrer 2 M CYCLISME Straßenfahrer m 3 vieux ~ (alter) Routinier 4 routière f Tourenwagen m
routine [rutin] F Routine f; (eingefahrene) Gewohnheit; loc adj de ~ routinemäßig; Routine...; üblich; être esclave de la ~ Sklave s-r Gewohnheiten sein; faire qc par ~ etw aus Routine, gewohnheitsmäßig tun
routinier [rutinje] ADJ ‹-ière› routine-, gewohnheitsmäßig; esprit ~ Gewohnheitsmensch m
rouvre [ruvr] M et ADJT BOT (chêne m) ~ Trauben-, Stein-, Wintereiche f
rouvrir [ruvrir] ‹→ couvrir› A VT wieder öffnen, aufmachen; ~ un débat eine Debatte wieder eröffnen; ~ un livre ein Buch wieder aufschlagen; ~ un magasin ein Geschäft wieder öffnen, aufmachen, eröffnen; ~ les yeux die Augen wieder aufschlagen; → a. ouvrir B VI magasin etc wieder geöffnet haben, offen

R

sein **C** VPR **se ~** sich wieder öffnen; wieder aufgehen; **la plaie s'est rouverte** die Wunde ist aufgegangen; *fig* die (alte) Wunde ist wieder aufgerissen

roux [ʀu] **A** ADJ ⟨rousse [ʀus]⟩ gelb-, fuchsrot; *cheveux* rot; fuchsig; *personne* rothaarig; fuchsig; *par ext* **lune rousse** Zeit *f* der späten Nachtfröste *(April/Mai)* **B** SUBST **1** M *couleur* Gelbrot *n*; *des cheveux* Rot *n* **2** *personne* **~, rousse** *m,f* Rothaarige(r) *m/f(m)* **3** M CUIS Mehlschwitze *f*; Einbrenne *f*

royal [ʀwajal] ADJ ⟨-aux⟩ **1** königlich; Königs...; **la famille ~e** die Königsfamilie; die königliche Familie; **palais ~** Königspalast *m*; **prince ~** Kronprinz *m* **2** *fig cadeau, salaire* fürstlich; großzügig **3** *fam fig indifférence, mépris* völlig **4** ZOOL **tigre ~** Königstiger *m*

royalement [ʀwajalmɑ̃] ADV **1** fürstlich; großzügig; **traiter qn ~** j-n fürstlich bewirten **2** *fam* **s'en moquer ~** sich völlig darüber hinwegsetzen

royalisme [ʀwajalism] M Königstreue *f*; Royalismus *m*

royaliste [ʀwajalist] **A** ADJ royalistisch; königstreu; *fig* **être plus ~ que le roi** päpstlicher sein als der Papst **B** M/F Royalist(in) *m(f)*

royalties [ʀwajalti] FPL COMM Tantiemen *fpl*; Lizenzgebühren *fpl*

Royan [ʀwajɑ̃] *Stadt im Dep. Charente-Maritime*

royaume [ʀwajom] M **1** Königreich *n*; *fig* **pas pour un ~** um nichts in der Welt **2** REL *et fig* Reich *n*; **le ~ des cieux** das Himmelreich; **le ~ de Dieu** das Reich Gottes; **le ~ des morts** das Totenreich; *prov* **au ~ des aveugles, les borgnes sont rois** unter Blinden ist der Einäugige König *(prov)*

Royaume-Uni [ʀwajomyni] **le ~** das Vereinigte Königreich

royauté [ʀwajote] F Königtum *n*; Krone *f*

RPR [ɛʀpeɛʀ] M ABR (Rassemblement pour la République) HIST (Partei *f* der) Neogaullisten *mpl*

R.S.V.P. ABR (répondez, s'il vous plaît) u. A. w. g. (um Antwort wird gebeten)

RTL [ɛʀteɛl] ABR (Radio-Télé-Luxembourg) RTL *n*

RTT [ɛʀtete] F ABR (réduction du temps de travail) Übergang *m* zur 35-Stunden-Woche; *elliptiquement* 35-Stunden-Woche *f*

ru [ʀy] M *mot régional* Bach *m*

ruade [ʀyad] F *d'un cheval etc* Ausschlagen *n*; **lancer une ~** ausschlagen

Ruanda [ʀwɑ̃da] **le ~** Ruanda *n*

ruandais [ʀwɑ̃dɛ] **A** ADJ ruandisch **B** SUBST **Ruandais(e)** *m(f)* Ruander(in) *m(f)*

ruban [ʀybɑ̃] M **1** Band *n*; Streifen *m*; **~ adhésif** Klebeband *n*, -streifen *m*; *d'une machine à écrire* **~ (encreur)** Farbband *n*; **~ d'acier** Stahlband *n*; **~ de chapeau** Hutband *n*; *poét* **le ~ de la route** das Band der Straße; **~ de soie, de velours** Seiden-, Samtband *n*; **mètre** *m* **à ~** Bandmaß *n* **2** *décoration* (Ordens)Band *n*; MAR **le ~ bleu** das Blaue Band; **le ~ rouge** *ou* **le ~ de la Légion d'honneur** das Ordensband der Ehrenlegion

Rubens [ʀybɛ̃s] M PEINT Rubens *m*

rubéole [ʀybeɔl] F MÉD Röteln *pl*

Rubicon [ʀybikɔ̃] *fig* **franchir le ~** den Rubikon überschreiten

rubicond [ʀybikɔ̃] ADJ ⟨-onde [-ɔ̃d]⟩ *visage* hochrot

rubis [ʀybi] M **1** *pierre précieuse* Rubin *m* **2** *d'une montre* Stein *m* **3** LOC **payer ~ sur l'ongle** das Geld sofort bar auf den Tisch legen

rubrique [ʀybʀik] F *d'un journal* Rubrik *f (a. fig)*; Sparte *f*; Teil *m*; **~ littéraire, sportive** Literatur-, Sportteil *m*; **sous la ~ des faits divers** unter der Rubrik Vermischtes; *fig* **classer à, sous la même ~** der gleichen Kategorie, Rubrik zuordnen; **tenir la ~ sportive** für den Sportteil verantwortlich sein

ruche [ʀyʃ] F **1** Bienenstock *m*, -korb *m*; *par ext colonie* Bienenvolk *n* **2** *fig* Ameisenhaufen *m* **3** COUT Rüsche *f*

ruché [ʀyʃe] M COUT Rüsche *f*

rucher [ʀyʃe] M Bienenhaus *n*, -stand *m*

rude [ʀyd] ADJ **1** *personne, manières* roh; derb; grob; rüde; **adversaire** *m* **~** gefährlicher Gegner; **climat** *m* **~** raues Klima; **combat** *m* **~** harter, schwerer Kampf; **étoffe** *f* **~** rauer Stoff; *fam* **un ~ gaillard** ein harter Bursche; **hiver** *m* **~** strenger Winter; **travail** *m* **~** harte, schwere Arbeit; **vie** *f* **~** hartes, schweres Leben; **voix** *f* **~** raue Stimme; *subst* **en voir de ~s** Schlimmes erleben **2** *fam (fort)* kräftig; tüchtig; *fam* Mords...; Riesen...; **un ~ culot** *fam* e-e Riesen-, Mordsfrechheit

rudement [ʀydmɑ̃] ADV **1** *(sans ménagement)* roh; grob; rüde; rücksichtslos **2** *(durement)* **tomber ~** schwer stürzen **3** *fam (beaucoup, très) fam* unheimlich; ungeheuer; enorm; **c'est ~ bon** *fam* das schmeckt fantastisch

rudesse [ʀydɛs] F *de qn, des manières* Rohheit *f*; Derbheit *f*; Grobheit *f*; *du climat* Rauheit *f*; **traiter qn avec ~** j-n grob behandeln

rudiment [ʀydimɑ̃] M **1** PL **~s** *d'une science, d'un art* Anfangsgründe *mpl*; Grundbegriffe *mpl*; Grundzüge *mpl* **2** BIOL Rudiment *n*

rudimentaire [ʀydimɑ̃tɛʀ] ADJ **1** *(sommaire)* unzureichend; (not)dürftig; behelfsmäßig; oberflächlich; **avoir des connaissances ~s en anglais** nur einige Grundkenntnisse im Englischen haben **2** *(peu développé)* **noch** in den Anfängen steckend **3** BIOL *organe* rudimentär; verkümmert

rudoiement [ʀydwamɑ̃] M grobe Behandlung

rudoyer [ʀydwaje] V/T ⟨-oi-⟩ (grob) anfahren; grob behandeln

rue [ʀy] F Straße *f*; *all Sud a.* Gasse *f (a.* THÉ*)*; **grande ~** Hauptstraße *f*; *par ext* **toute la ~** *en parle* die ganze Straße ...; **~ à sens unique** Einbahnstraße *f*; **~ sans issue** Sackgasse *f*, -straße *f*; *loc adv*: **dans la ~** auf der Straße; **en pleine ~** auf offener Straße; *fig* **courir les ~s** überall verbreitet sein; alltäglich sein; *fam* **ça ne court pas les ~s** das ist selten; *fam* das trifft man nicht alle Tage; *fig* **descendre dans la ~** auf die Straße gehen *(demonstrieren)*; *fig* **être à la ~** auf der Straße sitzen, stehen; *fig* **jeter qn à la ~** j-n auf die Straße setzen; **marcher, se promener dans,** *st/s* **par les ~s** durch die Straßen gehen, in den Straßen spazieren gehen; *fig* **soulever la ~** die Masse, den Pöbel, die Straße aufwiegeln

ruée [ʀɥe] F Ansturm *m* **(vers** auf *+acc)*; Andrang *m* (an *+dat*; zu); **~ vers l'or** Goldrausch *m*, -fieber *n*; Run *m* nach dem Gold

Rueil-Malmaison [ʀɥɛjmalmɛzɔ̃] *Stadt im Dep. Hauts-de-Seine*

ruelle [ʀɥɛl] F **1** *(rue étroite)* (enge) Gasse; Gässchen *n* **2** *dans une chambre* Gang *m* zwischen Bett und Wand

ruer [ʀɥe] **A** V/I *cheval etc* ausschlagen **B** V/PR **se ~** sich stürzen **(sur qn, qc** auf j-n, etw); herfallen (über j-n, etw); **se ~ vers la sortie** zum Ausgang stürzen; auf den Ausgang zustürzen

ruf(f)ian [ʀyfjɑ̃] *litt* M Strolch *m*; Gauner *m*

rugby [ʀygbi] M SPORTS Rugby *n*; **~ à quinze, à treize** Rugby mit fünfzehn, mit dreizehn Spielern; **match** *m* **de ~** Rugbyspiel *n*

rugbyman [ʀygbiman] M ⟨*pl* rugbymen [-mɛn]⟩ Rugbyspieler *m*

rugir [ʀyʒiʀ] **A** V/T *injures* ausstoßen **B** V/I **1** *fauve* brüllen **2** *vent* toben; heulen; *personne* **~ de fureur** vor Wut brüllen, toben

rugissement [ʀyʒismɑ̃] M **1** *du lion* Brüllen *n*; Gebrüll *n* **2** *du vent* Heulen *n*; Toben *n*; *d'un moteur* Aufheulen *n*; *personne* **pousser des ~s de colère** ein Wutgebrüll ausstoßen

rugosité [ʀygozite] F Rauheit *f*; Unebenheit *f*

rugueux [ʀygø] ADJ ⟨-euse⟩ rau; uneben; *peau a.* runz(e)lig

Ruhr [ʀuʀ] **la ~** das Ruhrgebiet

ruine [ʀɥin] F **1** **~s** *pl* Ruinen *fpl*; Trümmer *pl*; **~s romaines** römische Ruinen; **être enseveli sous les ~s** unter den Trümmern begraben werden *ou* sein **2** *fig personne* Ruine *f*; Wrack *n* **3** *d'un bâtiment* Verfall *m*; **château** *m* **en ~** verfallene Burg; Burgruine *f*; **être en ~** verfallen sein; **menacer ~** baufällig sein; einzustürzen drohen; **tomber en ~** verfallen **4** *(destruction)* Untergang *m*; Zusammenbruch *m*; *des espoirs* Vernichtung *f*; *de la santé* Zerrüttung *f*; ÉCON Ruin *m*; **aller, courir à sa ~** sich zugrunde richten; s-m Untergang, s-m Ruin entgegengehen; **causer la ~ de qn, qc** j-n, etw zugrunde richten; **être au bord de la ~** am Rande des Ruins stehen; **précipiter sa propre ~** s-n eigenen Untergang beschleunigen **5** *(cause de ruine)* **être une ~** sehr kostspielig, *fam* ein Fass ohne Boden sein; viel Geld kosten

ruiné [ʀɥine] ADJ ruiniert

ruiner [ʀɥine] **A** V/T **1** *financièrement* ruinieren; zugrunde richten; *plais* **ce n'est pas ça qui nous ruinera** das wird uns nicht an den Bettelstab bringen **2** *fig réputation, espoirs, carrière* zunichtemachen; zuschanden machen; vernichten; zerstören; *santé* ruinieren; zerrütten **B** V/PR **se ~** sich ruinieren; sich zugrunde richten; **se ~ la santé** s-e Gesundheit ruinieren; mit s-r Gesundheit Raubbau treiben; **se ~ en fourrures** *etc* sein ganzes Geld für Pelze *etc* ausgeben

ruineux [ʀɥinø] ADJ ⟨-euse⟩ **1** *dépenses* zum Ruin führend; ruinös **2** *(coûteux)* (sehr) kostspielig; (äußerst) verschwenderisch; **avoir des goûts ~** äußerst verschwenderisch sein

ruisseau [ʀɥiso] M ⟨*pl* ~x⟩ **1** *cours d'eau* Bach *m*; *prov* **les petits ~x font les grandes rivières** viele Wenig geben ein Viel *(prov)* **2** *(caniveau)* Gosse *f (a. fig)*; Rinnstein *m*; *fig*: **ramasser qn dans le ~** j-n aus der Gosse auflesen; **tirer qn du ~** j-n aus der Gosse ziehen **3** *fig* **~x de larmes** Tränenbäche *mpl*; **~x de sang** Ströme von Blut

ruisselant [ʀɥislɑ̃] ADJ **~ d'eau** triefend; **~ de sueur** schweißtriefend

ruisseler [ʀɥisle] V/I ⟨-ll-⟩ **1** *eau, pluie, larmes* rinnen, rieseln, laufen **(sur** über *+acc)* **2** **~ de** triefen von; *visage* **~ de sueur** von Schweiß triefen; *fig salle* **~ de lumière** im Lichterglanz strahlen

ruisselet [ʀɥislɛ] M Bächlein *n*; Rinnsal *n*

ruissellement [ʀɥisɛlmɑ̃] M **1** *de l'eau* Rinnen *n*; Rieseln *n*; GÉOL **eaux** *fpl* **de ~** (an der Erdoberfläche) abfließendes Wasser **2** *fig de pierreries* Funkeln *n*; *de lumière* Glänzen *n*; Fluten *n*

rumba [ʀumba] F *danse* Rumba *f ou m*

rumeur [ʀymœʀ] F **1** *(bruit sourd)* (dumpfer) Lärm; dumpfes Geräusch; *de personnes, voix* allgemeine Unruhe; Murren *n*; Gemurmel *n*; **~ de mécontentement** Murren der Unzufriedenheit **2** *(on-dit)* Gerücht *n*; **la ~ publique** die Fama; **selon certaines ~s ...** gerüchtweise verlautet, dass ...; man munkelt, dass ...

Rumilly [ʀymiji] *Stadt im Dep. Haute-Savoie*

ruminant [ʀyminɑ̃] M ZOOL Wiederkäuer *m*

ruminer [ʀymine] V/T **1** *vache etc* wiederkäuen *(a. abs)* **2** *fig passé, projet etc* nachgrübeln, -sin-

R

nen über (+acc); brüten über (+dat); **~ sa vengeance** auf Rache sinnen; **qu'as-tu à ~?** worüber grübelst du nach?
rumsteck [ʀɔmstɛk] → romsteck
rune [ʀyn] F Rune *f*
Rungis [ʀɛ̃ʒis, ʀœ̃-] *Ort im Dep. Val-de-Marne*
runique [ʀynik] ADJ Runen...; runisch; **alphabet** *m* **~** Runenalphabet *n*
rupestre [ʀypɛstʀ] ADJ **1** BOT auf Felsen wachsend **2 peintures** *fpl* **~s** Felszeichnungen *fpl*, -malereien *fpl*
rupin [ʀypɛ̃] *fam* **A** ADJ ⟨*f inv*⟩ *personne fam* betucht; stinkreich; **logement** *m* **~** *fam* stinkvornehme Wohnung; **quartier** *m* **~** *fam* stinkvornehmes Viertel **B** M Krösus *m*; **~s** *pl fam* stinkreiche Leute *pl*
rupteur [ʀyptœʀ] M ÉLEC Unterbrecher *m*
rupture [ʀyptyʀ] F **1** TECH Bruch *m*; (Zer)Reißen *n*; **~ d'un câble, d'une digue, d'essieu** Kabel-, Damm-, Achsenbruch *m* **2** MÉD Zerreißung *f*; Riss *m*; *t/t* Ruptur *f*; **~ d'un muscle, du périnée, d'un tendon** Muskel-, Damm-, Sehnenriss *m* **3** *entre personnes* Bruch *m*; **scène** *f* **de ~** Szene, bei der es zum Bruch kommt; *par ext* **être en ~ avec la société** im Gegensatz zur Gesellschaft stehen; → *a.* ban 3 **4** *des relations diplomatiques, des négociations* Abbruch *m*; *d'un contrat* Bruch *m*; Aufhebung *f*; **~ des fiançailles** Entlobung *f* **5** *fig* (*discontinuité*) **~ de charge** Umladung *f*; **~ d'équilibre** Verlust *m* des Gleichgewichts (*a. fig*); **~ du rythme** Diskontinuität *f* im Rhythmus; **~ du style** Stilbruch *m*; **~ entre le passé et le présent** Bruch zwischen Vergangenheit und Gegenwart; **nous sommes en ~ de stock** die Vorräte sind ausgegangen
rural [ʀyʀal] **A** ADJ ⟨-aux⟩ ländlich; Land...; (*agricole*) landwirtschaftlich; **commune ~e** ländliche Gemeinde; Landgemeinde *f*; **exploitation ~e** landwirtschaftlicher Betrieb; **habitat ~** Wohnverhältnisse *npl* auf dem Lande; **vie ~e** Landleben *n* **B** MPL **ruraux** Landbewohner *mpl*, -bevölkerung *f*
ruse [ʀyz] F **1** (*artifice*) List *f*; Trick *m*; Kunstgriff *m*; **~ de guerre** Kriegslist *f* (*a. fig*); **recourir à la ~** zu e-r List greifen **2** (*rouerie*) List(igkeit) *f*; Schlauheit *f*; Schläue *f*; Durchtriebenheit *f*; Pfiffigkeit *f*
rusé [ʀyze] **A** ADJ listig; schlau; durchtrieben; pfiffig; **il est ~ comme un renard** er ist ein schlauer Fuchs **B** SUBST **~(e)** *m(f)* schlauer Fuchs; gerissener Bursche; schlaue, gerissene Person; *plais* Pfiffikus *m*
ruser [ʀyze] V/I (e-e) List anwenden; Tricks gebrauchen
rush [ʀœʃ] M → ruée
russe [ʀys] **A** ADJ russisch; **l'Église** *f* **orthodoxe ~** die russisch-orthodoxe Kirche; **montagnes** *fpl* **~s** → montagne 4; CUIS **salade** *f* **~** russischer Salat **B** SUBST **1 Russe** *m/f* Russe *m*, Russin *f*; **Russe blanc** Weißrusse *m* **2** LING **le ~** das Russische; Russisch *n*
Russie [ʀysi] **la ~** Russland *n*
russification [ʀysifikasjõ] F Russifizierung *f*; **russifier** V/T russifizieren
russo-... [ʀyso] ADJ russisch-...; *exemple*: **russo-japonais** russisch-japanisch
russophile [ʀysɔfil] **A** ADJ russen-, russlandfreundlich **B** M Freund *m* der Russen; Russenfreund *m*
russule [ʀysyl] F BOT Täubling *m*
rustaud [ʀysto] **A** ADJ plump; bäu(e)risch **B** M (Bauern)Trampel *m ou n*; Tölpel *m*
rusticité [ʀystisite] F **1** *st/s des mœurs* bäuerliche Einfachheit **2** *d'une plante, d'un animal* Widerstandsfähigkeit *f*
rustine® [ʀystin] F **1** (Gummi)Fleck *m*, (-)Flicken *m*; **mettre une ~** e-n (Fahrrad)Schlauch flicken **2** INFORM Patch *n*
rustique [ʀystik] ADJ **1** *style* Bauern...; rustikal; **armoire** *f* **~** Bauernschrank *m*; *subst* **se meubler en ~** sich im Bauernstil, rustikal einrichten **2** *st/s mœurs, vie* bäuerlich einfach; rustikal; **le caractère ~** das Rustikale **3** *plante, animal* widerstandsfähig
rustre [ʀystʀ] M *péj* Bauer *m*; Bauernlümmel *m*; Rüpel *m*; Klotz *m*
rut [ʀyt] M ZOOL Brunst *f*; *des cervidés* Brunft *f*; **être en ~** brünstig *ou* brunftig sein
rutabaga [ʀytabaga] M BOT Kohl-, Steckrübe *f*
ruthénium [ʀytenjɔm] M CHIM Ruthenium *n*
rutilant [ʀytilɑ̃] ADJ glänzend; blitzend; glitzernd; funkelnd
Ruy Blas [ʀɥiblɑs] *Dramengestalt bei Victor Hugo*
R.-V. ABR → rendez-vous 1
Rwanda → Ruanda
rythme [ʀitm] M Rhythmus *m* (*a.* MUS, MÉTRIQUE); *par ext* (*cadence*) Takt *m*; (*vitesse*) Tempo *n*; PHYSIOL **~ cardiaque** Herzrhythmus *m*; THÉ, FILM **~ de l'action** Tempo der Handlung; **~ des saisons** Rhythmus der Jahreszeiten; **au ~ de** im Rhythmus von (*ou* +*gén*); **marquer le ~** den Takt schlagen; **se mettre au ~ de qn** sich j-s Rhythmus, Tempo (*dat*) anpassen
rythmé [ʀitme] ADJ rhythmisch; **musique, prose ~e** rhythmische Musik, Prosa
rythmer [ʀitme] V/T **1 ~ sa marche au son du tambour** s-n Schritt nach dem Rhythmus der Trommel richten **2** (*scander*) **~ un air** den Takt zu e-r Melodie schlagen
rythmique [ʀitmik] **A** ADJ rhythmisch; **gymnastique** *f* **~** rhythmische Gymnastik; **versification** *f* **~** aktzentuierende Metrik **B** F **1** *science* Rhythmik *f* **2** rhythmischer Tanz

S

S, s [ɛs] M ⟨*inv*⟩ S, s *n*; **virage** *m* **en S** S-Kurve *f*
s ABR (seconde[s]) s *ou* Sek. (Sekunde[n])
S. ABR (sud) S (Süd[en])
s' [s] **1** → se **2** ⟨*vor il(s)*⟩ → si[2]
sa [sa] → son[1]
SA [ɛsa] F ABR (société anonyme) AG *f* (Aktiengesellschaft)
sabayon [sabajõ] M CUIS Zabaione *f*
sabbat [saba] M **1** REL Sabbat *m* **2** *de sorcières* Hexensabbat *m*
sabbatique [sabatik] ADJ Sabbat...; **année** *f* **~** *d'un professeur d'université* vorlesungsfreies Jahr; *d'un employé* Sabbatjahr *n*
sabin [sabɛ̃] HIST **A** ADJ sabinisch; GÉOG **les monts** *mpl* **Sabins** die Sabiner Berge *mpl*; das Sabinergebirge **B** SUBST **Sabin(e)** *m(f)* Sabiner(in) *m(f)*
sabir [sabiʀ] M **1** HIST Lingua franca *f* **2** *par ext* Mischsprache *f*; Kauderwelsch *n*
sablage [sablaʒ] M (Sand)Streuen *n*
sable [sɑbl, sa-] M **1** Sand *m*; **~s mouvants** Treibsand *m*; **grain** *m* **de ~** Sandkorn *n*; *fig* **bâtir sur le ~** auf Sand bauen; *fam fig* **être sur le ~** mittellos auf der Straße sitzen **2** ADJT ⟨*inv*⟩ sandfarben
sablé [sable] CUIS **A** ADJ **pâte ~e** Mürb(e)-, Knet-, Butterteig *m* **B** M Sandplätzchen *n*; **~s** *pl a.* Sandgebäck *n*
sabler [sable] V/T **1** mit Sand bestreuen; Sand streuen (**une route** auf e-e Straße) **2 ~ le champagne** Champagner trinken; mit Champagner feiern
sablerie [sɑbləʀi, sa-] F *d'une fonderie* Sandformerei *f*; **sableur** M **1** *dans une fonderie* Arbeiter, der den Formsand herstellt **2** Arbeiter *m* am Sandstrahlgebläse; **sableuse** F TECH Sandstrahlgebläse *n*; **sableux** ADJ ⟨-euse⟩ sandhaltig; sandig; Sand...
sablier [sablije] M **1** Sanduhr *f* **2** CUIS Eieruhr *f*
sablière [sablijɛʀ] F Sandgrube *f*
sablonneux [sablɔnø] ADJ ⟨-euse⟩ sandig; Sand...
sabord [sabɔʀ] M MAR Pforte *f*
sabordage [sabɔʀdaʒ] M MAR Selbstversenkung *f*
saborder [sabɔʀde] **A** V/T **1** *navire* versenken **2** *par ext entreprise etc* freiwillig einstellen, aufgeben **B** V/PR **se ~ 1** MAR sich selbst versenken **2** *fig* s-n Betrieb freiwillig einstellen, aufgeben; *journal* ihr Erscheinen freiwillig einstellen; *parti* sich selbst auflösen
sabot [sabo] M **1** Holzschuh *m*; *fig*: **ne pas avoir les deux pieds dans le même ~** sich (*dat*) zu helfen wissen; **je te vois venir avec tes gros ~s** *fam* Nachtigall, ick hör dir trapsen **2** ZOOL Huf *m* **3** TECH **~ de Denver** [dɑ̃vɛʀ] Parkkralle *f*; **~ de frein** Bremsklotz *m* **4** ADJT **baignoire** *f* **~** Sitzbadewanne *f* **5** *fam péj* **faire qc comme un ~** bei etw pfuschen, schludern, stümpern
sabotage [sabɔtaʒ] M Sabotage *f*
saboter [sabɔte] V/T **1** *politique, négociations etc* sabotieren; *installation, avion etc* Sabotage, e-n Sabotageakt verüben (**qc** an etw [*dat*]) **2** *travail* hinschludern, -pfuschen
saboterie [sabɔtʀi] F Holzschuhherstellung *f ou* -fabrik *f*
saboteur [sabɔtœʀ] M, **saboteuse** F Saboteur(in) *m(f)*
sabotier [sabɔtje] M Holzschuhmacher *m*
sabre [sɑbʀ] M Säbel *m*; *par ext* **le ~ et le goupillon** die Armee und die Kirche; **escrime** *f* **au ~** Säbelfechten *n*
sabrer [sɑbʀe] V/T **1** niedersäbeln **2** *fam fig article de journal etc* zusammenstreichen; stark kürzen; **~ qn** → sacquer 1
sac[1] [sak] M **1** *de grande taille, en jute etc* Sack *m*; ANAT **~ lacrymal** Tränensack *m*; **~ postal** Postsack *m*; **~ à dos** Rucksack *m*; MIL Tornister *m*; *fig* **~ à vin** Säufer *m*; Trunkenbold *m*; **~ de ciment** Sack Zement; **~ de couchage**, *fam* **~ à viande** Schlafsack *m*; **~ de marin** Seesack *m*; **~ de sable** Sandsack *m* (*a.* BOXE); **toile** *f* **à ~** Sackleinwand *f*; **gens** *pl* **de ~ et de corde** Galgenvögel *mpl*; Halunken *mpl*; ♦ *adjt* **robe** *f* **~** Sackkleid *n*; ♦ *fig*: **avoir plus d'un tour dans son ~** die verschiedensten Kniffe kennen; mit allen Wassern gewaschen sein; **être fagoté, ficelé comme un ~** sehr schlecht angezogen sein; **l'affaire est dans le ~** die Sache ist unter Dach und Fach; die Sache klappt; **mettre dans le même ~** in einen Topf werfen; **prendre qn la main dans le ~** j-n auf frischer Tat ertappen; *fam* **vider son ~** sich offen aussprechen; *fam* auspacken **2** *travaillé et qu'on porte à la main* Tasche *f*; **~ (à main)** Handtasche *f*; **~ à provisions** Einkaufstasche *f*; **~ de plage** Badetasche *f*; **~ de sport** Sporttasche *f*; **~ de, en toile** Leinentasche *f*; **~ de voyage** Reisetasche *f*; **~ en croco** Krokotasche *f* **3** *de petite taille, en papier ou en plastique* Tüte *f*; Beutel *m*; **~ de, en papier** Papiertüte *f*; **~ en plastique** Plastiktüte *f*, -beutel *m*; → *a.* malice 3 **4** *fam* (*argent*) *fam* Kies *m*; Moos *n*; (*1000 anciens francs*) tausend (alte) Franc; **avoir le ~** Kies haben; **il a épousé le ~** er ist durch Heirat zu Geld gekommen
sac[2] [sak] M LOC **mettre à ~** plündern; **mise** *f* **à ~** Plünderung *f*

saccade [sakad] F Ruck *m*; Stoß *m*; *loc adv* **par ~s** stoß-, ruckweise

saccadé [sakade] ADJ *gestes, démarche* ruckartig; **style ~** abgehackter Stil; **voix ~e** abgehackte Stimme

saccage [sakaʒ] M Plünderung *f*; Verwüstung *f*

saccager [sakaʒe] VT ‹-geons› 1 *ville etc* plündern 2 *champs etc* verwüsten 3 *maison, logement* auf den Kopf stellen; in große Unordnung bringen; **saccageur** M j-d, der alles verwüstet; Vandale *m*

saccharification [sakaʀifikasjõ] F CHIM Zuckerbildung *f*; Verzuckerung *f*

saccharine [sakaʀin] F CHIM Sa(c)charin *n*; Süßstoff *m*

saccharose [sakaʀoz] M CHIM Rohr- *ou* Rübenzucker *m*; Sa(c)charose *f*

SACEM [sasɛm] F ABR (Société des auteurs, compositeurs et éditeurs de musique) *correspond à* GEMA *f*

sacerdoce [sasɛʀdɔs] M 1 Priestertum *n* 2 *fig d'un artiste etc* heiliges Amt

sacerdotal [sasɛʀdɔtal] ADJ ‹-aux› priesterlich; Priester...; **vêtements sacerdotaux** Priestergewänder *npl*

sachant [saʃɑ̃] PPR → savoir[1]

sache [saʃ] → savoir[1]

sachem [saʃɛm] M weiser Indianerhäuptling

sachet [saʃɛ] M Beutel(chen) *m(n)*; Tütchen *n*; Säckchen *n*; **~ de lavande** Lavendelkissen *n*; **~ de sucre vanillé** Päckchen *n* Vanillezucker; **~ de thé** Tee(aufguss)beutel *m*; **en ~** im Beutel; **riz** *m* **en ~** Reis *m* im Kochbeutel

sacoche [sakɔʃ] F (Leder)Tasche *f* (mit Schulterriemen); Umhängetasche *f*; *d'un facteur* Posttasche *f*; Briefträgertasche *f*; *à outils* Werkzeugtasche *f*; *de vélo, de moto* Packtasche *f*

sacquer [sake] VT *fam* 1 EXAMEN **~ qn** *(noter sévèrement)* j-n zu schlecht benoten; j-s Note herunterdrücken; *(recaler)* j-n durchfallen, *fam* -rasseln lassen 2 *(renvoyer)* **~ qn** j-n entlassen, *fam* feuern 3 **ne pas pouvoir ~ qn** *fam* j-n nicht riechen können

sacral [sakʀal] ADJ ‹-aux› *rarement* → sacré[1] A 1; **sacralisation** F Verleihung *f* e-s sakralen Charakters; Verehrung *f* als heilig; **sacraliser** VT e-n sakralen Charakter verleihen *(+dat)*; als heilig verehren

sacramentaire [sakʀamɑ̃tɛʀ] M HIST REL 1 *livre de messe* Sakramentar(ium) *n* 2 *sectaire au XVI*[ème] *siècle* Sakramentierer *m*; **sacramentaux** MPL ÉGL CATH Sakramentalien *npl*

sacramentel [sakʀamɑ̃tɛl] ADJ ‹~le› REL sakramental

sacre [sakʀ] M 1 *d'un souverain* Salbung *f*; *(couronnement)* Krönung *f* 2 ÉGL CATH Bischofsweihe *f* 3 *fig* Weihe *f*

sacré[1] [sakʀe] A ADJ 1 REL heilig; sakral; geheiligt; geweiht; geistlich; **art ~** sakrale Kunst; **livres ~s** heilige Bücher *npl*; **musique ~e** geistliche Musik; Kirchenmusik *f*; **vases ~s** liturgische Gefäße *npl*; Kultgefäße *npl* 2 *par ext droit etc* heilig; unantastbar; unverletzlich; *fam* **son sommeil** *etc*, **c'est ~** sein Schlaf *etc* ist ihm heilig 3 *fam* verflucht; verdammt; verflixt; *all Sud a.* sakrisch; **~ menteur** verdammter Lügner; *pop* **~ nom d'un chien!** *fam* (Himmel)Kreuzdonnerwetter!; *pop* Himmel, Arsch und Zwirn!; **avoir une ~e chance** (ein) verdammtes Glück haben B SUBST **le ~** das Sakrale, Heilige

sacré[2] [sakʀe] ADJ ANAT **vertèbres ~es** Kreuzbeinwirbel *mpl*

sacrebleu [sakʀəblø] INT *fam* zum Donnerwetter!; verdammt noch mal!

Sacré-Cœur [sakʀekœʀ] M ÉGL CATH (Heiligstes) Herz Jesu

sacrement [sakʀəmɑ̃] M REL Sakrament *n*; **les derniers ~s** die Sterbesakramente *npl*; **le saint ~** das Allerheiligste; das Altarsakrament; **les sept ~s** die sieben Sakramente; **mourir muni des ~s de l'Église** mit den Sakramenten der Kirche versehen sterben

sacrément [sakʀemɑ̃] ADV *fam* verdammt; verflucht; verflixt; *all Sud a.* sakrisch; **c'est ~ bon** das ist verdammt, verteufelt gut

sacrer [sakʀe] VT 1 REL **~ qn roi, évêque** j-n zum König salben, zum Bischof weihen 2 *fig* **être sacré le plus grand peintre de son époque** zum größten Maler s-r Zeit erhoben werden

sacrificateur [sakʀifikatœʀ] M REL Opferpriester *m*; *chez les Juifs* **le grand ~** der Hohepriester

sacrifice [sakʀifis] M 1 REL Opfer *n*; *action a.* Opferung *f*; **~s humains** Menschenopfer *npl*; **le ~ du Christ** der Opfertod Christi; **faire un ~** ein Opfer darbringen 2 *fig* Opfer *n*; **~ (d'argent)** finanzielles Opfer; MIL **~ d'hommes, de vies humaines** Menschenopfer *n*; **faire de grands ~s pour qc** für etw große Opfer bringen; **faire le ~ de qc à qn** j-m etw opfern; **ne reculer devant aucun ~** kein Opfer scheuen

sacrifié [sakʀifje] A ADJ 1 geopfert 2 *par ext soldats etc* dem Tode geweiht 3 COMM *articles* zu Spott-, Schleuderpreisen; spottbillig; **prix ~** Schleuderpreis *m* B SUBST **~(e)** *m(f)* *(victime)* Opfer *n*

sacrifier [sakʀifje] A VT 1 REL opfern; *abs* **~ à une divinité** e-r Gottheit *(dat)* opfern, Opfer darbringen 2 *fig* opfern; auf-, hingeben; *fam* **~ une bonne bouteille** e-n guten Tropfen opfern; **~ sa famille à son travail** s-e Familie s-r Arbeit *(dat)* opfern; **~ tout pour sa famille** für s-e Familie alles opfern 3 *marchandises* verschleudern; verramschen B VT INDIR **~ à la mode** *etc* sich der Mode *etc (dat)* unterwerfen; der Mode *etc (dat)* huldigen C VPR **se ~** 1 *(mourir)* sich opfern, sein Leben (hin)geben **(pour sauver un enfant** um ein Kind zu retten) 2 *(se dévouer)* sich aufopfern **(à une noble cause** für e-e gute Sache; **pour qn** für j-n)

sacrilège [sakʀilɛʒ] A M REL *et fig* Frevel(tat) *m(f)*; Sakrileg *n*; Ruchlosigkeit *f*; **c'est un ~ de** *(+inf)* a. es ist jammerschade, dass ou wenn ... B ADJ frevelhaft; gott-, ruchlos

sacripant [sakʀipɑ̃] M Taugenichts *m*; Nichtsnutz *m*

sacristain [sakʀistɛ̃] M Kirchendiener *m*; Küster *m*; Mesner *ou* Messner *m*; Sakristan *m*

sacristie [sakʀisti] F Sakristei *f*

sacro-saint [sakʀosɛ̃] ADJ ‹-sainte [-sɛ̃t]› *iron* sakrosankt; hochheilig; geheiligt; unantastbar

sacrum [sakʀɔm] M ANAT Kreuzbein *n*

Sadate [sadat] M POL Sadat *m*

sadique [sadik] A ADJ sadistisch; **plaisir** *m* **~** sadistisches Vergnügen B M/F 1 Sadist(in) *m(f)* (a. PSYCH) 2 JUR Triebtäter *m*; **crime** *m* **de ~** Triebverbrechen *n*

sadisme [sadism] M Sadismus *m*

sadomasochisme [sadɔmazɔʃism] M PSYCH Sadomasochismus *m*; **sadomasochiste** A ADJ sadomasochistisch B M/F Sadomasochist(in) *m(f)*

safari [safaʀi] M Safari *f*; **safari-photo** M ‹*pl* safaris-photos› Fotosafari *f*

safran [safʀɑ̃] M 1 CUIS, *colorant* Safran *m* 2 **(jaune** *m*) **~** Safrangelb *n*; *adjt* ‹*inv*› safrangelb

saga [saga] F Saga *f*

sagace [sagas] ADJ scharf blickend; scharfsinnig, -sichtig; **sagacité** F Scharfsinn *m*, -blick *m*, -sichtigkeit *f*

sagaie [sagɛ] F *javelot* Assagai *m*

sage [saʒ] A ADJ 1 *personne, conseil etc* weise; klug; vernünftig; besonnen; einsichtig; **il serait plus ~ d'y renoncer** es wäre vernünftiger *ou* klüger, darauf zu verzichten 2 *enfant* artig; brav *(a. robe etc)*; folgsam; lieb; *jeune fille* sittsam; *enfant* **~ comme une image** sehr artig, brav; *fam* kreuzbrav B M Weise(r) *m*

sage-femme [saʒfam] F ‹*pl* sages-femmes› Hebamme *f*

sagesse [saʒɛs] F 1 Weisheit *f*; *(intelligence)* Klugheit *f*; *(bon sens)* Vernunft *f*; *(circonspection)* Besonnenheit *f*; **la ~ des nations** die Volksweisheit; **la voix de la ~** die Stimme der Vernunft; **avoir la ~ de** *(+inf)* so klug sein und *(+inf)* 2 *d'un enfant* Artigkeit *f*; Bravheit *f*; Folgsamkeit *f*; *d'une jeune fille* Sittsamkeit *f*; **d'une ~ exemplaire** von mustergültiger Artigkeit

Sagittaire [saʒitɛʀ] M ASTRON, ASTROL Schütze *m*

sagouin [sagwɛ̃] M *fam* Dreck-, Schmutzfink *m*

Sahara [saaʀa] **le ~** die Sahara *ou* Sahara

saharien [saaʀjɛ̃] A ADJ ‹~ne› (in, aus) der Sahara B F **~ne** *veste* Safarijacke *f*

Sahel [saɛl] **le ~** der Sahel; die Sahelzone

saignant [sɛɲɑ̃] ADJ *viande* nicht durchgebraten; *steak* englisch

saignée [sɛɲe] F 1 MÉD *et fig* Aderlass *m* 2 ANAT **~ (du bras)** Arm-, Ellenbeuge *f* 3 TECH Rille *f*; Einschnitt *m*

saignement [sɛɲmɑ̃] M Bluten *n*; **~ de nez** Nasenbluten *n*

saigner [sɛɲe] A VT 1 HIST MÉD **~ qn** j-n zur Ader lassen 2 *fig* **~ qn (à blanc)** j-n (gehörig) schröpfen, ausnehmen; *adjt* **saigné à blanc** *a.* (völlig) ausgeblutet 3 *animal* abstechen B VI bluten *(a. fig cœur)*; **~ comme un bœuf** wie ein Schwein bluten; **~ du nez** Nasenbluten haben; aus der Nase bluten; **votre main saigne** Sie bluten an der Hand C VPR *fig* **se ~ aux quatre veines** große finanzielle Opfer bringen; *fam* (für j-n) bluten

Saigon [saigõ] Saigon *ou* Saigon *n*

saillant [sajɑ̃] ADJ 1 vorspringend; vortretend; hervorstehend; ARCH *a.* vor-, auskragend 2 *fig fait, trait* hervorstechend

saillie [saji] F 1 ARCH Vorsprung *m*; Auskragung *f*; Erker *m*; *loc adj* **en ~** vorspringend; **faire, former ~** vorspringen; e-n Vorsprung bilden; aus-, vorkragen 2 *litt (trait d'esprit)* witziger Einfall; Geistesblitz *m* 3 *d'un animal femelle* Decken *n*; Belegen *n*; Bespringen *n*; *d'une jument* Beschälen *n*

saillir [sajiʀ] A VT ‹regelmäßig› *animal femelle* decken; belegen; bespringen; **~ une jument** eine Stute beschälen B VI ‹→ assaillir; *aber* il saillera› *muscles, veines* hervortreten

sain [sɛ̃] ADJ ‹saine [sɛn]› 1 *dents etc, climat, nourriture* gesund; *constitution* kräftig; **~ de corps et d'esprit** körperlich und geistig gesund; gesund an Leib und Seele; **~ et sauf** wohlbehalten; unversehrt; unverletzt; heil 2 *occupation, idée, lecture* vernünftig; **jugement ~** vernünftiges, gesundes Urteil 3 *affaire* unverdächtig; sauber

saindoux [sɛ̃du] M Schweineschmalz *n*

sainfoin [sɛ̃fwɛ̃] M BOT Esparsette *f*

Sains-en-Gohelle [sɛ̃ɑ̃gɔɛl] *Stadt im Dep. Pas-de-Calais*

saint [sɛ̃] A ADJ ‹sainte [sɛ̃t]› 1 REL heilig; **l'Écriture ~e, les Saintes Écritures** die Heilige Schrift; **la Sainte Famille** die Heilige Familie; **la guerre ~e** der Heilige Krieg; **l'histoire ~e** die Biblische Geschichte; **image ~e** Heiligenbild *n*; **jeudi ~** Gründonnerstag *m*; **les Lieux ~s** die heiligen Stätten *fpl*; **la semaine ~e** die Karwoche; **la Terre ~e** das Heilige Land; **vendredi ~** Karfreitag *m*; **la Ville ~e** die Heilige Stadt; ♦ *dans les noms de saints (abr* **St** *ou* **Ste**):

S

~e Geneviève die heilige Genoveva; Sankt (*abr* St.) Genoveva; ~ **Martin** der heilige Martin; Sankt (*abr* St.) Martin; *dans les fêtes religieuses* → Saint-Jean, Saint-Martin *etc* 2 *par ext personne, vie* heilig(mäßig); fromm; vorbildlich; untadelig; **toute la ~e journée** den lieben langen Tag B SUBST 1 **~(e)** *m(f)* Heilige(r) *m|f(m)*; **les ~s de glace** die Eisheiligen *mpl*; *fig*: **ce n'est pas un (petit)** ~ er ist (doch) kein Heiliger, kein Unschuldslamm; **prêcher pour son** ~ in eigener Sache reden, sprechen; **ne (plus) savoir à quel ~ se vouer** nicht ein noch aus wissen; *prov*: **il vaut mieux s'adresser à Dieu qu'à ses ~s** man muss gleich an die oberste Stelle gehen; **comme on connaît ses ~s on les adore** *fam* man kennt doch s-e Pappenheimer 2 M SCULP Heiligenfigur *f*, -darstellung *f* 3 **le ~ des ~s** das Allerheiligste

Saint-Acheul [sɛ̃taʃœl] *Vorort von Amiens*

Saint-Ange [sɛ̃tɑ̃ʒ] *à Rome* **le château ~** die Engelsburg

Saint-Avold [sɛ̃tavɔl], *regional* [sɛ̃tavo] *Stadt im Dep. Moselle*

Saint-Barthélemy [sɛ̃baʀtelemi] HIST **la ~** die Bartholomäusnacht

saint-bernard [sɛ̃bɛʀnaʀ] M ⟨*inv*⟩ ZOOL Bernhardiner *m*; *fig* **c'est un vrai ~** das ist ein aufopferungsvoller Mensch

Saint-Brieuc [sɛ̃bʀijø] *Stadt im Dep. Côtes--d'Armor*

Saint-Cloud [sɛ̃klu] *Stadt im Dep. Hauts-de--Seine*

Saint-Cyr [sɛ̃siʀ] *frz Ortsname*

saint-cyrien [sɛ̃siʀjɛ̃] M ⟨*pl* saint-cyriens⟩ Schüler *m* der Militärschule von Saint-Cyr

Saint-Denis [sɛ̃dni] *Stadt im Dep. Seine--Saint-Denis*

Saint-Domingue [sɛ̃dɔmɛ̃g] GÉOG Santo Domingo *n*

Sainte-Beuve [sɛ̃tbœv] *frz Schriftsteller*

Sainte-Hélène [sɛ̃telɛn] Sankt Helena *n*

Sainte-Marie-aux-Mines [sɛ̃tmaʀiomin] GÉOG Markirch *n*

Sainte-Menehould [sɛ̃tmənu] *Stadt im Dep. Marne*

saint-émilion [sɛ̃temiljõ] M ⟨*pl* saint--émilion(s)⟩ *Wein aus Saint-Émilion (Gironde)*

Saint-Esprit [sɛ̃tɛspʀi] REL **le ~** der Heilige Geist

sainteté [sɛ̃tte] F 1 Heiligkeit *f*; *fig* **n'être pas en odeur de ~ auprès de qn** bei j-m nicht gut angeschrieben sein, nicht gern gesehen sein, in schlechtem Ruf stehen; **mourir en odeur de ~** im Geruch der Heiligkeit sterben 2 *titre du Pape* **Sa, Votre Sainteté** Seine, Eure Heiligkeit

Saint-Étienne [sɛ̃tetjɛn] *Stadt im Dep. Loire*

Sainte-Trinité [sɛ̃ttʀinite] REL **la ~** die Heilige Dreifaltigkeit

Saint-Exupéry [sɛ̃tɛgzypeʀi] *frz Schriftsteller*

saint-frusquin [sɛ̃fʀyskɛ̃] M *fam* Siebensachen *fpl*; Krempel *m*; Kram *m*; **et tout le ~** und was sonst noch so dazugehört; *fam* und der ganze Kram, Krempel, Schwindel

Saint-Gall [sɛ̃gal] GÉOG Sankt Gallen *n*

Saint-Gaudens [sɛ̃godɛ̃s] *Stadt im Dep. Haute-Garonne*

Saint George [sɛ̃ʒɔʀʒ] **le canal ~** der Sankt--Georgs-Kanal

Saint-Germain-en-Laye [sɛ̃ʒɛʀmɛ̃ɑ̃lɛ] *Stadt im Dep. Yvelines*

saint-glinglin [sɛ̃glɛ̃glɛ̃] LOC ADV *fam* **à la ~** am Sankt-Nimmerleins-Tag

Saint-Gothard [sɛ̃gɔtaʀ] GÉOG **le ~** der Sankt Gotthard

Saint-Guy [sɛ̃gi] N/PR MÉD **danse** *f* **de ~** Veitstanz *m*

Saint-Hélier [sɛ̃telje] *Stadt auf Jersey*

saint-honoré [sɛ̃tɔnɔʀe] M ⟨*inv*⟩ CUIS Brandteigkuchen *m* mit Schlagsahne

Saint-Jacques-de-Compostelle [sɛ̃ʒakdəkõpɔstɛl] GÉOG Santiago de Compostela *n*

Saint-Jean [sɛ̃ʒɑ̃] **la ~** der Johannistag; Johanni *n*; **feu** *m* **de la ~** Johannisfeuer *n*

Saint-Jean-de-Luz [sɛ̃ʒɑ̃d(ə)lyz] *Stadt im Dep. Pyrénées-Atlantiques*

Saint-John Perse [sɛ̃dʒɔnpɛʀs] *frz Dichter*

Saint-Just [sɛ̃ʒyst] *frz Politiker*

Saint-Just-en-Chaussée [sɛ̃ʒyɑ̃ʃose] *Stadt im Dep. Oise*

Saint-Laurent [sɛ̃lɔʀɑ̃] **le ~** der Sankt-Lorenz-Strom

Saint-Marin [sɛ̃maʀɛ̃] GÉOG San Marino *n*

Saint-Martin [sɛ̃maʀtɛ̃] **la ~** der Martinstag; Martini *n*; **été** *m* **de la ~** Nach-, Spät-, Altweibersommer *m*

Saint-Médard [sɛ̃medaʀ] *prov* **quand il pleut à la ~, il pleut quarante jours plus tard** *correspond à* regnet es an Siebenschläfer, regnet es noch sieben Wochen

Saint-Mihiel [sɛ̃mijɛl] *Stadt im Dep. Meuse*

Saint-Moritz [sɛ̃mɔʀits] GÉOG Sankt Moritz *n*

saint-nectaire [sɛ̃nɛktɛʀ] M ⟨*inv*⟩ *Schnittkäse aus der Auvergne*

Saint-Nicolas [sɛ̃nikɔla] **la ~** der Nikolaustag

Saint-Office [sɛ̃tɔfis] ÉGL CATH HIST **le ~** das Heilige Offizium

Saint-Omer [sɛ̃tɔmɛʀ] *Stadt im Dep. Pas-de--Calais*

Saintonge [sɛ̃tõʒ] **la ~** *Landschaft in Westfrankreich*

Saint-Ouen [sɛ̃twɛ̃] *nördlicher Vorort von Paris*

saint-paulin [sɛ̃polɛ̃] M ⟨*inv*⟩ *frz Schnittkäse*

Saint-Père [sɛ̃pɛʀ] ÉGL CATH **le ~** der Heilige Vater

Saint-Pétersbourg [sɛ̃petɛʀsbuʀ] (Sankt) Petersburg *n*

Saint-Pierre [sɛ̃pjɛʀ] **~ (de Rome)** die Peterskirche (in Rom); **la place ~** der Petersplatz

saint-pierre [sɛ̃pjɛʀ] M ⟨*pl* saint-pierre(s)⟩ ZOOL Heringskönig *m*; Petersfisch *m*

Saint-Pierre-et-Miquelon [sɛ̃pjɛʀemiklõ] *frz Inselgruppe südlich von Neufundland*

Saint-Priest [sɛ̃pʀi] *Stadt im Dep. Rhône*

Saint-Quentin [sɛ̃kɑ̃tɛ̃] *Stadt im Dep. Aisne*

Saint-Rémy [sɛ̃ʀemi] *frz Ortsname*

Saint-Sacrement [sɛ̃sakʀəmɑ̃] ÉGL CATH **le ~** das Allerheiligste

Saint-Saëns [sɛ̃sɑ̃s] *frz Komponist*

Saint-Sébastien [sɛ̃sebastjɛ̃] GÉOG San Sebastián *n*

Saint-Sépulcre [sɛ̃sepylkʀ] REL **le ~** das Heilige Grab

Saint-Siège [sɛ̃sjɛʒ] ÉGL CATH **le ~** der Heilige Stuhl

Saint-Sylvestre [sɛ̃silvɛstʀ] **la ~** Silvester *m ou n*

Saint-Tropez [sɛ̃tʀɔpe] *Badeort im Dep. Var*

Saint-Yrieix-la-Perche [sɛ̃tiʀjelapɛʀʃ] *Stadt im Dep. Haute-Vienne*

sais [sɛ] → savoir[1]

saisi [sezi] A ADJ 1 betroffen; überrascht; → *a.* saisir 2 JUR gepfändet B M JUR gepfändeter Schuldner; Pfandschuldner *m*

saisie [sezi] F 1 INFORM Erfassung *f*; **~ des données** Datenerfassung *f* 2 JUR Pfändung *f*; **~ mobilière** Zwangsvollstreckung *f* in das bewegliche Vermögen 3 *d'un journal, de drogue* Beschlagnahme *f*

saisie-arrêt [seziaʀɛ] F ⟨*pl* saisies-arrêts⟩ JUR Pfändung *f* beim Drittschuldner; **~ sur le salaire** Lohnpfändung *f*

saisir [seziʀ] A V/T 1 *objet, personne* ergreifen; fassen; packen; **~ un ballon** einen Ball (auf)fangen 2 *fig occasion* ergreifen; **~ une chance** eine Chance wahrnehmen; **~ un prétexte** zu e-m Vorwand greifen 3 *sens, explication, intention* begreifen; erfassen; verstehen; *fam* mitbekommen, -kriegen; **~ la situation d'un coup d'œil** die Situation mit e-m Blick erfassen; **vous saisissez?** kommen Sie mit?; begreifen Sie? 4 *malaise, sensation, émotion* **~ qn** j-n befallen, überkommen; **la crainte me saisit** Furcht ergriff mich; **le froid la saisit** die Kälte ließ sie erschauern; **être saisi de qc** von etw erfasst, ergriffen, betroffen werden *ou* sein; **être saisi d'horreur** von Grauen gepackt werden *ou* sein 5 CUIS *viande* anbraten 6 JUR *biens de qn* pfänden; *par ext journal, drogue* beschlagnahmen; *armes* sicherstellen; **~ qn** j-n pfänden 7 **~ un tribunal d'une affaire** ein Gericht mit e-r Sache befassen, wegen e-r Sache anrufen; e-e Sache vor Gericht bringen, bei Gericht anhängig machen; **le Conseil de Sécurité fut saisi de la question** die Frage wurde vor den Sicherheitsrat gebracht 8 INFORM *données, texte* erfassen B V/PR **se ~ de qc** sich e-r Sache (*gén*) bemächtigen; **se ~ du voleur** den Dieb fassen, ergreifen

saisissable [sezisabl] ADJ 1 JUR pfändbar 2 (*perceptible*) erfassbar; wahrnehmbar

saisissant [sezisɑ̃] A ADJ 1 *froid* durchdringend; schneidend 2 *spectacle, reportage* erschütternd; ergreifend; **contraste ~** auffallender Gegensatz; **ressemblance ~e** erstaunliche Ähnlichkeit B M JUR Pfandgläubiger *m*

saisissement [sezismɑ̃] M 1 *frisson* Kälteschauer *m*; Erschauern *n* 2 *émotion* (plötzliche) Ergriffenheit; heftige Gemütsbewegung

saison [sɛzõ] F 1 Jahreszeit *f*; **la belle, la mauvaise ~** die warme, die kalte Jahreszeit; **les quatre ~s** die vier Jahreszeiten; **marchand** *m* **de(s) quatre ~s** Obst- und Gemüsehändler *m* (*auf der Straße*); **~ des pluies** Regenzeit *f*; **fruits** *mpl* **de ~** Früchte *fpl* der Saison; **temps** *m* **de ~** der Jahreszeit entsprechendes Wetter; **en cette, en toute ~** zu dieser, zu jeder Jahreszeit 2 (*époque*) Zeit *f*; ZOOL **la ~ des amours** die Paarungszeit *f*; **la ~ des fraises** die Erdbeerzeit; **la ~ de la moisson, des récoltes** die Erntezeit; **la ~ des vendanges** die Zeit der Weinlese 3 TOURISME, COMM *etc* Saison *f*; COMM *a.* Hauptbetriebs-, Hauptgeschäftszeit *f*; **~ théâtrale** Spielzeit *f*; Theatersaison *f*; MODE **les nouveautés de la ~** die neuen Modelle der Saison; **en pleine ~** in, während der Hochsaison; **°hors ~** außerhalb der (Hoch)Saison; **la ~ bat son plein** es ist Hochsaison; **faire la ~** in der Saison arbeiten; → *a.* morte-saison 4 *fig réponse, conseil etc* **être de ~** angebracht, passend sein

saisonnier [sɛzɔnje] A ADJ ⟨-ière⟩ der Jahreszeit entsprechend; jahreszeitlich; COMM saisonbedingt; saisonal; Saison…; **ouvrier ~** Saisonarbeiter *m*; **service ~** saisonbedingter Bus- *ou* Zug- *ou* Flugverkehr; **travail ~** Saisonarbeit *f* B M Saisonarbeiter *m*

sait [sɛ] → savoir[1]

saké [sake] M Sake *m*; Reiswein *m*

Sakhaline [sakalin] GÉOG Sachalin *n*

salace [salas] *st/s* ADJ geil; **salacité** *st/s* F Geilheit *f*

salade [salad] F 1 CUIS Salat *m*; **~ braisée, cuite** gedünsteter Salat; **~ niçoise** gemischter Salat aus Tomaten, Oliven, Anschovis *etc*; **~ de concombres, de tomates** Gurken-, Tomatensalat *m*; **~ de fruits** Obstsalat *m*; **en ~** als Salat (zubereitet); **concombres** *mpl*, **tomates** *fpl* **en ~** Gurken-, Tomatensalat *m* 2 *plante* Salat *m*; **deux ~s** zwei Salatköpfe *mpl*; zwei Köpfe *mpl* Salat; **feuille** *f* **de ~** Salatblatt

S

n 3 fam fig (confusion) Durcheinander n; fam Kuddelmuddel m ou n; Salat m 4 fam fig **débiter, raconter des ~s** Ammenmärchen erzählen; bonimenteur **vendre sa ~** fam s-n Kram verkaufen

saladier [saladje] M 1 Salatschüssel f; par ext Schüssel f; **~ en verre** Glasschüssel f 2 contenu Schüssel f (voll)

salage [salaʒ] M 1 Salzen n 2 **~ d'une route** Salzstreuen n auf e-r Straße

salaire [salɛʀ] M 1 d'un ouvrier (Arbeits)Lohn m; d'un employé Gehalt n; suisse Salär n; par ext Arbeitsentgelt n, -verdienst m, -einkommen n; **~ élevé** hoher Lohn; hohes Gehalt; **~ mensuel** Monatslohn m, -gehalt n; **~ de base** Grundlohn m, -gehalt n; **~ de famine, de misère** Hungerlohn m; **(allocation f de) ~ unique** Beihilfe f, Zulage f für die nicht berufstätige Ehefrau; **échelle f des ~s** Lohnskala f; **toucher son ~** s-n Lohn ou sein Gehalt erhalten; entlohnt werden 2 fig Lohn m; **le ~ de son crime** der Lohn für sein Verbrechen

salaison [salɛzõ] F 1 pour conserver Einsalzen n; (Ein)Pökeln n 2 **~s** pl Eingesalzene(s) n; Eingepökelte(s) n

salamalecs [salamalɛk] fam MPL übertriebene, schmierige Höflichkeit; **faire des ~** übertrieben verbindlich, höflich sein; dienern; katzbuckeln

salamandre [salamɑ̃dʀ] F 1 ZOOL Salamander m 2 poêle Dauerbrandofen m

Salamanque [salamɑ̃k] GÉOG Salamanca n

salami [salami] M Salami(wurst) f

salant [salɑ̃] ADJ **marais ~s** Salzgärten mpl

salarial [salaʀjal] ADJ ⟨-aux⟩ Lohn...; gehaltlich; **charge ~e** Lohnkosten pl; **politique ~e** Lohnpolitik f

salariat [salaʀja] M 1 (salariés) (Gesamtheit f der) Arbeitnehmer mpl; Arbeitnehmerschaft f 2 (condition de salarié) Arbeitnehmereigenschaft f; Tätigkeit f als Arbeitnehmer

salarié [salaʀje] A ADJ travail, travailleur unselbstständig; lohnabhängig; **travail ~** a. Lohnarbeit f B M Arbeitnehmer m; Lohn- ou Gehaltsempfänger m; unselbstständig Beschäftigte(r) m; abhängige(r) Erwerbstätige(r)

salaud [salo] pop M gemeiner Kerl; Lump m; pop Scheiß-, Drecks-, Mist-, Saukerl m; Drecksack m; Schweinehund m; gemeiner ou krummer Hund; fam Fiesling m; fam **mon ~!** fam alter Freund!; **tas** m **de ~s!** pop Saubande!; (ihr) Dreckskerle!

sale [sal] A ADJ 1 (malpropre) schmutzig; dreckig; ver-, beschmutzt; verdreckt; unreinlich; unsauber; fam schmuddelig; **blanc, gris ~** schmutzig weiß, grau; **avoir les mains ~s** schmutzige Hände haben 2 (ordurier) schmutzig; unanständig; fam schweinisch 3 (vilain) übel; unerfreulich; unerquicklich; fam mies; **une ~ affaire, histoire** e-e üble etc Angelegenheit, Geschichte; **un ~ tour** ein übler, gemeiner Streich; **un ~ travail** a. e-e undankbare Arbeit; **il fait un ~ temps** fam das ist ein Sauwetter 4 terme d'injure widerlich; widerwärtig; gemein; grässlich; fam fies; **~ bête!** gemeiner Kerl!; du bist gemein!; **~ gosse** fam elender Lausebengel; Rotzbengel m; **~ type** widerlicher etc Kerl; übler Kunde; pop **avoir une ~ gueule** fam e-e widerliche Visage, pop Fresse haben; fam **faire une ~ gueule** ein saures, verdrießliches Gesicht machen B M/F fam Schmutz-, Dreckfink m; Ferkel n; **petit ~** fam Dreckspatz m

salé [sale] A ADJ 1 mets gesalzen; eau de mer, goût salzig; **eau ~e** Salzwasser n; Sole f; **lac ~** Salzsee m; **morue ~e** Salzfisch m 2 fig (grivois) gewagt; derb; schlüpfrig; fam gesalzen; gepfeffert 3 fam fig addition fam gesalzen; gepfeffert B M CUIS gepökeltes Schweinefleisch; **petit ~** frisch eingesalzenes Schweinefleisch

salement [salmɑ̃] ADV 1 **manger ~** unsauber, unappetitlich essen 2 par ext **se conduire ~** sich übel, gemein, niederträchtig benehmen 3 fam (rudement) fam verdammt; wahnsinnig

saler [sale] V/T 1 mets salzen; **~ trop** versalzen; abs zu stark salzen 2 pour conserver einsalzen; (ein)pökeln 3 **~ une route** auf e-r Straße Salz streuen 4 fam fig **~ la note, l'addition** fam e-e gesalzene, gepfefferte Rechnung machen

Salerne [salɛʀn] GÉOG Salerno n

saleté [salte] F 1 Schmutz m; Dreck m (a. excrément); (ordure) Unrat m; **faire des ~s sur le tapis** den Teppich verunreinigen; **vivre dans la ~** im Schmutz, Dreck leben 2 (malpropreté) Schmutzigkeit f; Unsauberkeit f; Unreinlichkeit f; **être d'une ~ repoussante** vor Schmutz starren 3 fig (grossièreté) Unanständigkeit f; fam Schweinerei f; Schweinigelei f 4 fam (bassesse) Gemeinheit f; **faire une ~, des ~s à qn** j-m gegenüber gemein, niederträchtig sein 5 fam (chose sans valeur) Schund m; fam Dreck m; Gelump(e) n; iron **pas mauvais, cette petite ~!** nicht schlecht, dieser kleine Happen! 6 fam homme gemeiner Kerl; pop Mistkerl m; surtout femme pop Miststück n

saleuse [saløz] F Streufahrzeug n

salicylique [salisilik] ADJ CHIM **acide** m **~** Salizylsäure f

salière [saljɛʀ] F 1 Salzfass n, -fässchen n, -streuer m 2 fam fig d'une personne maigre fam Salzfässchen n

saligaud [saligo] M fam 1 → sale B 2 → salaud

salin [salɛ̃] ADJ salzig; salzhaltig; Salz...

saline [salin] F Saline f; Salzwerk n

salinité [salinite] F Salzgehalt m

salique [salik] ADJ HIST **la loi ~** das Salische Gesetz

salir [saliʀ] A V/T 1 schmutzig, dreckig machen; be-, verschmutzen; verunreinigen; **cet enfant salit tout** dieses Kind macht alles schmutzig 2 fig (la réputation de) qn in den Schmutz ziehen; beschmutzen; besudeln B V/PR 1 **se ~** sich schmutzig machen; sich beschmutzen; **il s'est sali les mains** er hat sich (dat) die Hände schmutzig gemacht 2 robe, couleur **se ~ facilement** leicht schmutzen; leicht schmutzig werden

salissant [salisɑ̃] ADJ 1 tissu leicht schmutzend 2 travail, métier schmutzig; **salissure** F Schmutz(stelle) m(f)

salivaire [salivɛʀ] ADJ PHYSIOL Speichel...; **glandes** fpl **~s** Speicheldrüsen fpl

salivation [salivasjõ] F PHYSIOL Speichelfluss m

salive [saliv] F Speichel m; fig: **(r)avaler sa ~** unterdrücken, was man sagen wollte; **dépenser sa ~ pour rien** ou **perdre sa ~** sich (dat) den Mund (vergeblich) fusselig reden

saliver [salive] V/I Speichel absondern; odeur, spectacle **faire ~ qn** j-m den Mund wässerig machen

salle [sal] F 1 Saal m; Halle f; (pièce) Raum m; d'un appartement, d'une maison Zimmer n; THÉ, CINÉMA Zuschauerraum m; **~ commune** Gemeinschaftsraum m; **~ à manger** Ess-, Speisezimmer n; dans un hôtel etc Speisesaal m; **~ d'armes** Fechtsaal m, -boden m; **~ d'attente** CH DE FER Wartesaal m; d'un médecin Wartezimmer n; **~ d'audience** Gerichtssaal m; **~ de bains** Bad(ezimmer) n; **~ des coffres(-forts)** Tresorraum m; **~ de classe** Klasse(nzimmer n, -nraum m) f; **~ de concert** Konzertsaal m; **~ de conférences** pour un public Vortragssaal m; pour une réunion Konferenzraum m; Sitzungssaal m; TECH **~ de contrôle** Schalt-, Kontrollraum m; **~ de cours, de dessin** Hör-, Zeichensaal m; **~ d'eau** Bad(ezimmer) n; Waschraum m; d'une aérogare **~ d'embarquement** Warteraum m; **~ des fêtes** Festsaal m, -halle f; **~ de gymnastique** Turnhalle f, -saal m; **~ de jeu, de lecture** Spiel-, Lesesaal m; TECH **~ des machines** Maschinenraum m, -saal m; **~ d'opération** Operationssaal m (abr OP); **~ des pas perdus** Bahnhofsvorhalle f; a. Schalterhalle f; **~ des professeurs** Lehrerzimmer n; **~ de projection** (Film)Vorführraum m; Filmsaal m; **~ de réunion** Versammlungsraum m; **~ de séjour** Wohnzimmer n; **~ de spectacle** Theater(saal) n(m); **~ du trône** Thronsaal m; **~ des ventes** Auktionslokal n; loc adj SPORTS **en ~** Hallen...; **championnat** m, **football** m, **record** m **en ~** Hallenmeisterschaft f, -fußball m, -rekord m; THÉ **jouer devant une ~ vide** vor e-m leeren, vor leerem Haus spielen; → a. comble[1] 2 2 **~ (de cinéma)** Kino n; Filmtheater n; **les ~s obscures** die Kinos; **~ d'exclusivité** großes Erstaufführungskino; **~ de quartier** kleines (Vorstadt)Kino 3 par ext Publikum n (im Saal); **la ~ est enthousiaste** das Publikum ist begeistert

salmigondis [salmigõdi] litt M Sammelsurium n

salmis [salmi] M CUIS Ragout n aus gebratenem Wildgeflügel

salmonelles [salmɔnɛl] FPL MÉD Salmonellen fpl fam; **salmonellose** F MÉD Salmonelleninfektion f; t/t Salmonellose f

saloir [salwaʀ] M Salz-, Pökelfass n

Salomon [salɔmõ] 1 **les îles** fpl **~** die Salomoninseln fpl 2 BIBL Salomo(n) m

salon [salõ] M 1 Wohnzimmer n; (pièce de réception) Empfangs-, Besuchszimmer n; Salon m 2 meubles Sitzgruppe f; Couch-, Polstergarnitur f; **~ de jardin** Gartenmöbel pl 3 HIST **~ (littéraire)** (literarischer) Salon 4 COMM **~ de coiffure** Frisiersalon m; **~ de thé** Café n 5 (exposition) a industriel Ausstellung f; Messe f; Schau f; **Salon de l'automobile** Automobilausstellung f, -salon m; **Salon des arts ménagers** Hausratsmesse f b d'art **Salon** Kunstausstellung f (lebender Künstler) 6 INFORM **~ de conversation** Chatroom m

Salonique [salɔnik] GÉOG Saloniki n

saloon [salun] M (Western)Saloon m

salopard [salɔpaʀ] M pop → salaud

salope [salɔp] pop F 1 injure pop Miststück n, -vieh n; gemeines Stück 2 (femme méprisable) fam Schlampe f

saloper [salɔpe] fam V/T hinschludern; schludern, pfuschen, fam murksen, schlampen (**qc** bei etw)

saloperie [salɔpʀi] F pop 1 (saleté) Dreck m; Schmutz m 2 (chose sans valeur) Schund m; fam Gelump(e) n; Dreck m, Mist m (a. par ext maladie, nourriture); **ne vendre que de la ~** nur Schund etc verkaufen 3 (bassesse) Gemeinheit f; **faire des ~s à qn** gemein zu j-m sein; j-m übel mitspielen 4 (grossièreté) Zote f; fam Schweinerei f; Schweinigelei f; pop Sauerei f; **dire des ~s** Zoten reißen; fam schweinigeln; pop Sauereien verzapfen

salopette [salɔpɛt] F à bretelles et bavette Latzhose f; (combinaison) Overall m

salopiaud [salɔpjo] pop M → salaud

salpêtre [salpɛtʀ] M CHIM Salpeter m

salpicon [salpikõ] M CUIS Ragoût fin n

salpingite [salpɛ̃ʒit] F MÉD Eileiterentzündung f; t/t Salpingitis f

salsa [salsa] F danse Salsa m

salsifis [salsifi] M BOT, CUIS Schwarzwurzel f

saltimbanque [saltɛ̃bɑ̃k] M/F Gaukler(in) m(f)

salubre [salybʀ] ADJ gesund; der Gesundheit zuträglich; gesundheitsfördernd; heilsam

salubrité [salybʀite] F **1** *du climat* gesundheitsfördernde, heilsame Wirkung; *d'un logement* gesundheitliche Zuträglichkeit **2** ADMIN **mesures** *fpl* **de ~ publique** Maßnahmen *fpl* der Gesundheitspflege

Saluces [salys] GÉOG Saluzzo *n*

saluer [salɥe] **A** V/T **1** grüßen; *(accueillir)* begrüßen; MIL *a.* salutieren (**qn, qc** vor j-m, etw); *acteur* **~ le public** sich vor dem Publikum verneigen; **~ qn d'un geste de la main** j-m zuwinken; **~ qn en ôtant son chapeau** vor j-m den Hut ziehen; **saluez-le de ma part!** grüßen Sie ihn von mir!; REL CATH **Je vous salue, Marie** Gegrüßet seist du, Maria; *iron* **j'ai bien l'honneur de vous ~** ich empfehle mich; **son arrivée fut saluée par des applaudissements** er wurde bei s-r Ankunft mit Applaus begrüßt **2** *fig événement, mesure etc* (freudig) begrüßen **3** **~ en qn … ou ~ qn comme …** j-n anerkennen, ehren als … **B** V/PR **se ~** sich (be)grüßen

salut [saly] M **1** *geste* Gruß *m*; Begrüßung *f*; **~ fasciste, scout** Gruß der Faschisten, der Pfadfinder; **~ militaire** militärischer Gruß; militärische Ehrenbezeigung; **rendre son ~ à qn** *ou* **répondre au ~ de qn** j-s Gruß erwidern **2** *fam int* **a** *pour dire bonjour fam* Tag!; grüß dich!; *autrich* servus! **b** *pour dire au revoir* adieu!; *fam* ade!; tschüs(s)!; *autrich* servus!; *suisse* tschau!; **~, les gars** Tag zusammen *ou* allerseits!; *all Sud* grüß Gott, *autrich* servus miteinander!; *loc* **à bon entendeur, ~** → entendeur **3** *d'un peuple, d'un pays* Wohl *n*; Wohlfahrt *f*; **le ~ public** das Allgemeinwohl **4** *(vie sauve)* Heil *n*; Rettung *f*; REL (Seelen)Heil *n*; ewige Seligkeit; **Armée** *f* **du Salut** Heilsarmee *f*; *fig* **planche** *f* **de ~** letzte Rettung; **chercher son ~ dans la fuite** sein Heil in der Flucht suchen

salutaire [salytɛʀ] ADJ **1** *air, remède* heilsam; heilkräftig; wohltuend **2** *par ext conseil, lecture* nützlich; heilsam

salutation [salytasjõ] F **1** *à la fin d'une lettre* **veuillez agréer, Monsieur, mes ~s distinguées** *ou* **dévouées** *ou* **respectueuses** *ou* **mes sincères ~s** mit vorzüglicher Hochachtung; mit (den) besten Grüßen; **recevez, Monsieur, mes cordiales ~s** mit freundlichen Grüßen **2** *gestes exagérés* (übertriebene, feierliche) Begrüßung **3** REL **la ~ angélique** der Englische Gruß

salutiste [salytist] M/F Mitglied *n*, Angehörige(r) *m/f(m)* der Heilsarmee

Salvador [salvadɔʀ] **le ~** El Salvador *n*

salvadorien [salvadɔʀjɛ̃] **A** ADJ ‹~ne› salvadorianisch **B** SUBST **Salvadorien(ne)** *m(f)* Salvadorianer(in) *m(f)*

salvateur [salvatœʀ] *litt* ADJ ‹-trice› heilbringend

salve [salv] F **1** MIL Salve *f* **2** *fig* **~ d'applaudissements** Beifallssturm *m*

Salzbourg [salzbuʀ] Salzburg *n*

Samaritain [samaʀitɛ̃] M BIBL **le bon ~** der barmherzige Samariter; *fig et iron* **faire, jouer le bon ~** den barmherzigen Samariter spielen

samba [sɑ̃mba] F *danse* Samba *f ou m*

Sambre [sɑ̃bʀ] **la ~** *Fluss in Frankreich u. Belgien*

samedi [samdi] M *all Nord* Sonnabend *m*; *all Sud* Samstag *m*; **~ saint** Karsamstag *m*; Ostersonnabend *ou* -samstag *m*; *loc adv* **le ~** samstags; → *a.* jeudi

Samoa [samɔa] **les îles** *fpl* **~** die Samoainseln *fpl*

Samoëns [samɔɛ̃s] *Wintersportort im Dep. Haute-Savoie*

Samothrace [samɔtʀas] GÉOG Samothrake *n*

samouraï [samuʀaj] M Samurai *m*

samovar [samɔvaʀ] M Samowar *m*

sampan [sɑ̃pɑ̃] M Sampan *m*; (chinesisches) Hausboot

SAMU [samy] M ABR (service d'aide médicale d'urgence) Notarzt *m*; Rettungsdienst *m*

sana [sana] M *fam* → sanatorium

sanatorium [sanatɔʀjɔm] M (Lungen)Heilstätte *f*; Sanatorium *n* für Lungenkranke

Sancho Pança [sɑ̃ʃopɑ̃sa] M *personnage de roman* Sancho Pansa *m*

sanctifiant [sɑ̃ktifjɑ̃] ADJ REL **grâce ~e** heilig machende Gnade

sanctification [sɑ̃ktifikasjõ] ADJ ‹-trice› F REL Heiligung *f*

sanctifier [sɑ̃ktifje] V/T REL heiligen; *dans le Notre Père* **que ton nom soit sanctifié** geheiligt werde dein Name

sanction [sɑ̃ksjõ] F **1** JUR **~ (pénale)** Strafmaßnahme *f*; Strafe *f*; Bestrafung *f*; *par ext* **~ scolaire** schulische Strafmaßnahme **2** POL Sanktion *f*; Zwangsmaßnahme *f*; **~s économiques** wirtschaftliche Sanktionen; Wirtschaftssanktionen *fpl*; **~s militaires** militärische Sanktionen; **prendre des ~s contre un État** Sanktionen gegen e-n Staat verhängen **3** *(approbation)* Sanktion *f*; Sanktionierung *f*; Billigung *f*

sanctionner [sɑ̃ksjɔne] V/T **1** JUR Gesetzeskraft verleihen *(+dat)*; sanktionieren **2** *(confirmer)* sanktionieren; billigen; gutheißen; bestätigen; *adjt* **études sanctionnées par un diplôme** abgeschlossenes Studium **3** *(punir)* bestrafen; ahnden

sanctuaire [sɑ̃ktɥɛʀ] M **1** *(lieu saint)* Heiligtum *n*; heilige Stätte **2** *d'une église* Sanktuar(-ium) *n*; Altarraum *m*; *d'un temple* Allerheiligste(s) *n* **3** *fig et* POL unantastbares Gebiet; Tabuzone *f*

sanctus [sɑ̃ktys] M ÉGL CATH, MUS Sanctus *n*

Sand [sɑ̃d] **George ~** *frz Schriftstellerin*

sandale [sɑ̃dal] F Sandale *f*; **sandalette** F Sandalette *f*; leichte Sandale

sandiniste [sɑ̃dinist] POL **A** ADJ sandinistisch **B** M/F Sandinist(in) *m(f)*

sandow® [sɑ̃do] M (elastischer) Gepäckriemen; Spanngurt *m*

sandre [sɑ̃dʀ] M *ou* F ZOOL Zander *m*

sandwich [sɑ̃dwi(t)ʃ] M ‹*pl* sandwich(e)s› Sandwich *n ou m*; belegtes Brötchen; belegte Semmel; **~ au jambon** Schinkenbrötchen *n*, -semmel *f*; *fam fig* **être (pris) en ~** eingequetscht, eingezwängt sein

San Francisco [sɑ̃fʀɑ̃sisko] San Francisco *n*

sang [sɑ̃] M Blut *n* (*a. fig*); *int fam* **bon ~ (de bon ~** *ou* **de bonsoir)!** *fam* verflixt (noch mal)!; verflixt und zugenäht!; *fig* **apport** *m* **de ~ frais** Zufuhr *f* frischen Blutes; **coup** *m* **de ~** Schlaganfall *m*; *fig* (heftiger) Wutanfall, -ausbruch; *fam fig* **piquer un coup de ~** e-n Wutanfall bekommen; *fam* rotsehen; *fig* **prince** *m* **du ~, de ~ royal** Prinz *m* von Geblüt, von königlichem Geblüt; **prise** *f* **de ~** Blutentnahme *f*, -abnahme *f*; *lors de l'alcootest* Blutprobe *f*; **faire une prise de ~ (à qn)** (j-m) Blut abnehmen, entnehmen; (bei j-m) e-e Blutprobe machen; ♦ *loc adj* ZOOL **à ~ chaud, froid** warm-, kaltblütig; **animal** *m* **à ~ chaud, froid** Warm-, Kaltblüter *m*; *loc adv*: *frapper, se gratter* **jusqu'au ~** blutig; **pincer qn jusqu'au ~** j-n so kneifen, dass er rote Flecke bekommt; ♦ *fig* **avoir du ~ bleu** blaues Blut haben; *fig* **avoir le ~ chaud** heißes, feuriges Blut haben; heißblütig sein; leicht aufbrausen; *fig* **n'avoir pas de ~ dans les veines** keinen Unternehmungsgeist haben; *fam* keinen Mumm in den Knochen haben; *fig* **il a ça dans le ~** das liegt ihm im Blut; *fam fig* **avoir du ~ de navet** *fam* keinen Mumm in den Knochen haben; ein Schlappschwanz, Waschlappen sein; *fig* **il a du ~ sur les mains** an s-n Händen klebt Blut; **le ~ a coulé** es ist Blut geflossen; **faire couler le ~** Blut vergießen; *st/s* **donner, verser son ~ pour la patrie** sein Leben für das Vaterland hingeben; für sein Vaterland sterben; **être (tout) en ~** blutüberströmt sein; *fig* **se faire du mauvais ~** sich *(dat)* Sorgen machen; *fam* **tout mon ~ n'a fait qu'un tour** das Blut stockte mir in den Adern, erstarrte in meinen Adern; **fouetter le ~** die Blutzirkulation anregen; **le ~ lui est monté à la tête** das Blut schoss, stieg ihm in den Kopf; **noyer une révolte dans le ~** e-n Aufstand in Blut ersticken, blutig niederschlagen; **perdre du ~** Blut verlieren; *fig* **se ronger les ~s** vor Sorgen umkommen; sich vor Angst, Unruhe, Sorge verzehren; *fig* **suer ~ et eau** sich mächtig anstrengen, ins Zeug legen; *fam fig* **un spectacle à vous tourner les ~s** ein grauenerregender, grauenvoller, entsetzlicher Anblick; *prov* **bon ~ ne peut mentir** der Apfel fällt nicht weit vom Stamm *(prov)*

sang-froid [sɑ̃fʀwa] M **1** *(calme)* Gelassenheit *f*; Ruhe *f*; Gleichmut *m*; *(maîtrise de soi)* Beherrschung *f*; Beherrschtheit *f*; **conserver, garder son ~** e-n kühlen Kopf, kaltes Blut, Ruhe bewahren; gelassen bleiben; **perdre son ~** s-e Beherrschung verlieren; aufgeregt, nervös werden **2** *(impassibilité)* Kaltblütigkeit *f*; **faire qc avec** *ou* **de ~** etw kaltblütig tun

sanglant [sɑ̃glɑ̃] ADJ **1** *mains, visage, arme* blutbefleckt, -beschmiert; blutig **2** *guerre, défaite* blutig **3** *st/s (rouge)* blutrot **4** *fig reproches* zutiefst verletzend, beleidigend

sangle [sɑ̃gl] F Gurt *m*; (Trag)Riemen *m*; **lit** *m* **de ~** Gurtbett *n*

sangler [sɑ̃gle] V/T **1** **~ un cheval** e-m Pferd e-n Gurt anlegen **2** *(serrer)* einschnüren; *pp* **être sanglé dans un uniforme** in e-e Uniform eingeschnürt, gezwängt sein

sanglier [sɑ̃glije] M ZOOL Wildschwein *n*; **~ (mâle)** Keiler *m*; **chasse** *f* **au ~** Wildschwein-, Saujagd *f*; Sauhatz *f*

sanglot [sɑ̃glo] M Schluchzer *m*; **~s** *pl* Schluchzen *n*; **avec des ~s dans la voix** mit schluchzender Stimme; **éclater en ~s** in Schluchzen ausbrechen; aufschluchzen

sangloter [sɑ̃glɔte] V/I schluchzen

sang-mêlé [sɑ̃mele] M/F ‹*inv*› Mischling *m*; Mischblut *n*

sangria [sɑ̃gʀija] F CUIS Sangria *f*

sangsue [sɑ̃sy] F **1** ZOOL Blutegel *m*; **appliquer des ~s** Blutegel ansetzen **2** *fam fig de qn fam* Klette *f*

sanguin [sɑ̃gɛ̃] **A** ADJ **1** Blut…; **circulation ~e** Blutkreislauf *m*, -zirkulation *f*; **groupe ~** Blutgruppe *f*; **vaisseaux ~s** Blutgefäße *npl* **2** *tempérament* sanguinisch **3** **orange ~e** → sanguine 3 **B** M Sanguiniker *m*

sanguinaire [sɑ̃ginɛʀ] ADJ blutdürstig, -gierig, -rünstig; mordgierig

sanguine [sɑ̃gin] F **1** MINÉR Rötel *m*; rote Kreide **2** PEINT **a** *crayon* Rötel(stift) *m* **b** *dessin* Rötelzeichnung *f* **3** BOT Blutorange *f*, -apfelsine *f*

sanguinolent [sɑ̃ginɔlɑ̃] ADJ MÉD mit Blut vermischt; blutig

sanisette® [sanizɛt] F (vollhygienisches) Toilettenhäuschen

sanitaire [sanitɛʀ] **A** ADJ **1** MÉD Gesundheits…; gesundheitspolizeilich; sanitär; **avion** *m* **~** Sanitätsflugzeug *n*; **mesure** *f* **~** gesundheitspolizeiliche Maßnahme; **service** *m* **~** Sanitätsdienst *m*; → *a.* cordon 4 **2** TECH sanitär; **appareils** *mpl*, **installations** *fpl* **~s** *et subst* **~s** *mpl* sanitäre Einrichtungen *fpl*, Anlagen *fpl*

S

B SUBST le ~ der Sanitärbereich

sans [sɑ̃] A PRÉP 1 ohne *(+acc)*; *dans des loc adj et loc adv souvent* ...los; ~ **aucun confort** ohne jeden Komfort; ~ **exception** ohne Ausnahme; ausnahmslos; ~ **manches** ärmellos; *essence* ~ **plomb** bleifrei; ~ **réponse** ohne Antwort; *lettre* unbeantwortet; ~ **ressources** mittellos; ~ **valeur** ohne Wert; wertlos; ♦ *loc adv* ~ **cela**, *fam* ~ **ça**, ~ **quoi** sonst; andernfalls; ♦ *loc prép* **non ~** nicht ohne; **il y parvint non ~ peine** er erreichte es nicht ohne Mühe 2 *avec inf* ohne zu; ~ **plus attendre** ohne länger zu warten; ~ **comprendre** ohne zu verstehen; verständnislos; ~ **mot dire**, ~ **rien dire** ohne ein Wort zu sagen; wortlos; ohne etwas zu sagen; **cela va ~ dire** das ist selbstverständlich; (das) versteht sich (von selbst) 3 *(si qn, qc n'était pas intervenu)* wenn nicht ... (gewesen) wäre; ~ **cet accident, il aurait pu venir** wenn dieser Unfall nicht gewesen wäre, hätte er kommen können; ~ **toi, j'étais mort** wenn du nicht gewesen wärst, wäre ich tot B CONJ ~ **que ... (ne)** *(+subj)* ohne dass ...; ~ **que personne le sache** ohne dass es jemand weiß *ou* wusste; **non ~ que ...** *(+subj)* nicht ohne dass ... C *fam* ADV ohne; *as-tu pris ton manteau?* - **non, je suis venu ~** nein, ich bin ohne (Mantel) gekommen

sans-abri [sɑ̃zabʀi] M/F ‹inv› Obdachlose(r) *m/f(m)*

sans-cœur [sɑ̃kœʀ] A ADJ ‹inv› herzlos; gefühllos B M/F ‹inv› herzloser, gefühlloser Mensch; *femme a.* herzlose Person

sanscrit → sanskrit

sans-culotte [sɑ̃kylɔt] M ‹pl sans-culottes› *frz Revolutionär von 1789 (der „pantalon" statt „culotte" trug)*

sans-emploi [sɑ̃zɑ̃plwa] M/F ‹inv› Stellungs-, Arbeitslose(r) *m/f(m)*

sans-façon [sɑ̃fasõ] M ‹inv› Ungezwungenheit *f*; Zwanglosigkeit *f*

sans-faute [sɑ̃fot] M ‹inv› ÉQUITATION Nullfehlerritt *m*; *fig* **faire un ~** e-e fehlerfreie Leistung bieten; keinen Fehler machen

sans-fil [sɑ̃fil] 1 F drahtlose Telegrafie; Funk *m* 2 M Funkspruch *m*; **sans-filiste** M ‹pl sans-filistes› M Amateurfunker *m*

sans-gêne [sɑ̃ʒɛn] 1 M ‹inv› Ungeniertheit *f*; *(culot)* Frechheit *f*; Dreistigkeit *f*; Unverfrorenheit *f*; **quel ~!** so e-e Frechheit *etc*!; *adjt* → gêne 4 2 M/F ‹inv› frecher, dreister Kerl; Frechling *m*; freche, dreiste Person

sanskrit [sɑ̃skʀi] LING A M Sanskrit *n* B ADJ Sanskrit...

sans-le-sou [sɑ̃lsu] *fam* M/F ‹inv› Habenichts *m*; *fam* armer Schlucker

sans-logis [sɑ̃lɔʒi] M/F ‹inv› Obdachlose(r) *m/f(m)*

sansonnet [sɑ̃sɔnɛ] M ZOOL Star *m*

sans-papiers [sɑ̃papje] MPL illegale Einwanderer *mpl* (ohne Papiere)

sans-patrie [sɑ̃patʀi] M/F ‹inv› Staatenlose(r) *m/f(m)*

sans-plomb [sɑ̃plõ] M ‹inv› bleifreies Benzin

sans-soin [sɑ̃swɛ̃] *fam* M/F ‹inv› nachlässiger, unordentlicher Mensch; *fam* Schlamper *m*

sans-souci [sɑ̃susi] ADJ ‹inv› sorglos; unbekümmert

sans-travail [sɑ̃tʀavaj] M/F ‹inv› Arbeitslose(r) *m/f(m)*

santal [sɑ̃tal] M BOT Sandel(holz)baum *m*; **bois** *m* **de ~** Sandelholz *n*

santé [sɑ̃te] F Gesundheit *f*; **la ~ publique** das Gesundheitswesen; **~ de l'esprit, de l'âme** geistige, seelische Gesundheit; **état** *m* **de ~** Gesundheitszustand *m*; Befinden *n*; **maison** *f* **de ~** (privates) Erholungsheim, Sanatorium; *pour maladies mentales* Nervenheilanstalt *f*; **Organisation mondiale de la ~** *(abr* **OMS**) Weltgesundheitsorganisation *f (abr* WHO); **service** *m* **de ~** Sanitätsdienst *m*, -wesen *n*; **à votre ~!** auf Ihr Wohl!; zum Wohl!; auf Ihre Gesundheit!; prosit!; *fam* prost!; **bonne année, bonne ~!** ein glückliches und gesundes neues Jahr!; **meilleure ~!** gute Besserung!; **comment va la ~?** wie geht es gesundheitlich?; **avoir la ~** gesund sein; **n'avoir pas de ~**, *fam* **avoir une petite ~** von zarter, schwacher Gesundheit sein; anfällig sein; **avoir une ~ de fer** e-e eiserne Gesundheit haben; **boire à la ~ de qn** auf j-s Wohl, Gesundheit *(acc)* trinken; **ce n'est pas bon pour la ~** das ist nicht gut für die Gesundheit; das schadet der Gesundheit; **être en bonne ~** gesund, bei guter Gesundheit sein; **être en mauvaise ~** nicht gesund, bei schlechter Gesundheit sein; **être en parfaite ~** bei bester Gesundheit sein; **être plein de ~, respirer la ~** vor Gesundheit strotzen; **sa ~ inspire de l'inquiétude au médecin** sein Gesundheitszustand gibt dem Arzt Anlass zur Besorgnis

santiag [sɑ̃tjag] F Cowboystiefel *m*

Santiago [sɑ̃tjago, san-] GÉOG Santiago (de Chile) *n*

santon [sɑ̃tõ] M (provenzalische) Krippenfigur

Saône [son] **la ~** *Fluss in Frankreich*

Saône-et-Loire [sonelwaʀ] **la ~** *frz Departement*

São Paulo [saopolo] GÉOG São Paulo *n*

saoudien [saudjɛ̃] A ADJ ‹~ne› saudi-arabisch B SUBST **Saoudien(ne)** *m(f)* Saudi-Araber(in) *m(f)*; Saudi *m*

Saoudite [saudit] ADJ **l'Arabie** *f* **~** Saudi-Arabien *n*

saoul [su] ADJ → soûl

sapajou [sapaʒu] M ZOOL Kapuzineraffe *m*

sape [sap] F 1 HIST MIL Laufgraben *m*; Sappe *f* 2 *fig* Untergrabung *f*; Unterminierung *f* 3 **~s** *pl fam* Klamotten *fpl*

saper [sape] A V/T 1 CONSTR unterhöhlen; *par ext eau: rive etc* unterspülen 2 *fig autorité, moral, régime* untergraben, -höhlen, -minieren B V/PR *fam* **se ~** sich anziehen; *adjt* **être bien sapé** gut angezogen sein; *fam* in Schale sein

saperlipopette [sapɛʀlipɔpɛt] INT *fam* zum Donnerwetter!

sapeur [sapœʀ] M MIL Pionier *m*; *fig* **fumer comme un ~** wie ein Schlot rauchen

sapeur-pompier [sapœʀpõpje] M ADMIN Feuerwehrmann *m*; **sapeurs-pompiers** *pl a.* Feuerwehr *f*

saphique [safik] ADJ sapphisch

saphir [safiʀ] M Saphir *m (a. d'un électrophone)*; *st/s* **de ~** saphirfarben

saphisme [safism] M Sapphismus *m*

sapidité [sapidite] *litt* F Schmackhaftigkeit *f*

sapience [sapjɑ̃s] *litt* F Weisheit *f*

sapin [sapɛ̃] M 1 BOT Tanne *f (a. abus pour épicéa)*; **~ de Noël** Weihnachts-, Christbaum *m*; **forêt** *f* **de ~s** Tannenwald *m* 2 *bois* Tannenholz *n*; *fam fig* **ça sent le ~** *fam* der machts nicht mehr lang

sapinière [sapinjɛʀ] F Tannenwald *m*

saponacé [sapɔnase] ADJ seifenartig

saponaire [sapɔnɛʀ] F BOT Seifenkraut *n*

saponification [sapɔnifikasjõ] F CHIM Verseifung *f*

sapristi [sapʀisti] INT *fam* (zum) Donnerwetter!; verdammt, verflixt noch mal!

saquer → sacquer

sarabande [saʀabɑ̃d] F MUS, *danse* Sarabande *f*; *fig* **danser, faire la ~** Krach, Lärm, Radau machen

Saragosse [saʀagɔs] GÉOG Saragossa *n*

Sarajevo [saʀajevo, -ʒe-] GÉOG Sarajevo *n*

sarbacane [saʀbakan] F Blasrohr *n*

sarcasme [saʀkasm] M 1 *raillerie* Sarkasmus *m*; beißender Spott; bitterer Hohn 2 *remarque* Sarkasmus *m*; sarkastische Bemerkung, Äußerung

sarcastique [saʀkastik] ADJ *rire, ton, air* sarkastisch *(a. personne)*; höhnisch; spöttisch

sarcelle [saʀsɛl] F ZOOL **~ d'été, d'hiver** Knäk-, Krickente *f*

sarclage [saʀklaʒ] M JARD Jäten *n*; **sarcler** V/T JARD (aus)jäten; **sarcloir** M Jäthacke *f*

sarcome [saʀkom] M MÉD Sarkom *n*

sarcophage [saʀkɔfaʒ] M Sarkophag *m*; (prunkvoller) Steinsarg

Sardaigne [saʀdɛɲ] **la ~** Sardinien *n*

sardane [saʀdan] F *danse* Sardana *f*

sarde [saʀd] A ADJ sardinisch; sardisch B SUBST 1 **Sarde** *m/f* Sardinier(in) *m(f)*; Sarde *m*, Sardin *f* 2 LING **le ~** das Sardische; Sardisch *n*

sardine [saʀdin] F 1 ZOOL Sardine *f*; **~s à l'huile** Ölsardinen *fpl*; *fam* **être serrés comme des ~s** *fam* (dicht gedrängt) wie die Heringe stehen *ou* sitzen 2 *fam d'un sous-officier* Tresse *f*; *fam* Pommes *pl*

sardinerie [saʀdinʀi] F Sardinenkonservenfabrik *f*

sardinier [saʀdinje] A ADJ ‹-ière› Sardinen... B M Fischerboot *n* für den Sardinenfang

sardonique [saʀdɔnik] ADJ *rire* hämisch; höhnisch; sardonisch

sari [saʀi] M *en Inde* Sari *m*

sarigue [saʀig] F ZOOL Beutelratte *f*

Sarine [saʀin] GÉOG **la ~** die Saane

SARL [ɛsaɛʀɛl] F ABR (société à responsabilité limitée) GmbH *f* (Gesellschaft mit beschränkter Haftung)

sarment [saʀmɑ̃] M (Wein)Rebe *f*; Weinranke *f*

sarrasin[1] [saʀazɛ̃] HIST A ADJ sarazenisch B SUBST **Sarrasin(e)** *m(f)* Sarazene *m*, Sarazenin *f*

sarrasin[2] [saʀazɛ̃] M BOT Buchweizen *m*

sarrau [saʀo] M Bauernkittel *m*

Sarre [saʀ] **la ~** das Saarland; HIST das Saargebiet

Sarrebruck [saʀbʀyk] Saarbrücken *n*

Sarreguemines [saʀgəmin] GÉOG Saargemünd *n*

sarriette [saʀjɛt] F BOT Bohnenkraut *n*

sarrois [saʀwa] A ADJ saarländisch B SUBST **Sarrois(e)** *m(f)* Saarländer(in) *m(f)*

Sarthe [saʀt] **la ~** *Fluss u. Departement in Frankreich*

sas [sa(s)] M 1 *(compartiment étanche)* Luftschleuse *f* 2 *d'une écluse* Schleusenkammer *f* 3 *(tamis)* Haarsieb *n*

sasser [sase] V/T 1 *farine* (durch)sieben 2 *bateau* durchschleusen

Satan [satɑ̃] M REL (der) Satan

satané [satane] ADJ *fam* verteufelt; verdammt; verflixt; **satanique** ADJ satanisch; teuflisch; **satanisme** M Satanismus *m*; Satans-, Teufelskult *m*

satellisation [satelizasjõ] F 1 ASTRONAUTIQUE In-die-Umlaufbahn-Bringen *n*; Satellitisierung *f* 2 POL Unterwerfung *f* zum, Verwandlung *f* in e-n Satelliten(staat)

satelliser [satelize] V/T 1 *engin spatial* in e-e Umlaufbahn bringen; satellitisieren; *adjt* **satellisé** in e-r Umlaufbahn befindlich 2 POL zu e-m Satelliten(staat) machen

satellite [satelit] M 1 ASTRON Satellit *m*; Trabant *m*; Mond *m*; **~s de Jupiter** Jupitermonde *mpl*; **la Lune est le ~ de la Terre** der Mond ist der Trabant der Erde 2 **~ (artificiel)** (künstlicher) Satellit; **~ géostationnaire** geostationärer Satellit; **~ météorologique** Wettersatellit *m*; **~ de télécommunications** Fern-

S

melde-, Nachrichtensatellit *m*; **lancement** *m* **d'un ~** Satellitenstart *m*; *adjt* **photo** *f* **~** Satellitenfoto *n* 3 POL Satellit *m*; *adjt* **pays** *m* **~** Satelliten-, Vasallenstaat *m* 4 ADJT **ville** *f* **~** Trabantenstadt *f* 5 AUTO *d'un différentiel* **~** *ou adjt* **pignon** *m* **~** Ausgleichskegelrad *n*

satiété [sasjete] F (völlige) Sättigung; *par ext* Übersättigung *f*; Überdruss *m*; *loc adv* **à ~** *manger, boire* bis man genug hat; *répéter qc* bis zum Überdruss; **manger à ~** *a.* sich satt essen

satin [satɛ̃] M TEXT Satin *m*; Atlas *m* (*surtout de soie*); **~ de coton** Baumwollsatin *m*; *fig* **avoir une peau de ~** e-e seidenweiche Haut haben

satiné [satine] A ADJ 1 *étoffe* atlasartig glänzend; **papier ~** satiniertes Papier 2 *peau* seidenweich B M atlasartiger Glanz

satiner [satine] V/T TECH satinieren

satire [satiʀ] F Satire *f*; *poème a.* Spottgedicht *n*; **une ~ violente, virulente contre qn** e-e beißende Satire auf j-n

satirique [satiʀik] ADJ satirisch; **chanson** *f*, **poème** *m* **~** satirisches Lied, Gedicht; **dessin** *m* **~** satirische Zeichnung; **écrivain** *m* **~** Satiriker *m*; **avoir l'esprit ~** ein Satiriker, Spötter sein

satisfaction [satisfaksjõ] F 1 (*contentement*) Zufriedenheit *f*; Befriedigung *f*; Genugtuung *f*; **la ~ du devoir accompli** die Zufriedenheit nach erfüllter Pflicht; **à la ~ générale** zur allgemeinen Zufriedenheit; **avec ~** befriedigt; mit Genugtuung, Befriedigung; **donner (toute) ~ à qn** j-n (ganz, vollständig) zufriedenstellen; **éprouver de la ~** Zufriedenheit, Genugtuung empfinden; **exprimer sa ~** sich befriedigt äußern 2 *d'un besoin, d'un désir* Befriedigung *f* 3 *pour une offense* Genugtuung *f*; **donner, obtenir ~** Genugtuung geben *ou* leisten, erhalten

satisfaire [satisfɛʀ] ⟨→ faire⟩ A V/T 1 *personne, chose* **~ qn** j-n zufriedenstellen; *travail, réponse, solution* **~ qn** *a.* j-n befriedigen; COMM **~ ses créanciers** s-e Gläubiger befriedigen; **on ne peut ~ tout le monde** man kann es nicht jedem recht machen 2 *besoin, curiosité, ambition, vanité* befriedigen; *attente, désir* erfüllen; *faim, soif* stillen; **~ un besoin naturel** s-e Notdurft verrichten B V/T INDIR **~ à qc** e-r Sache (*dat*) genügen, Genüge tun, gerecht werden; **~ à une condition, à une norme** e-r Bedingung, e-r Norm genügen; e-e Bedingung, e-e Norm erfüllen; COMM **~ à la demande** die Nachfrage befriedigen; **~ à un engagement** e-r Verpflichtung nachkommen; e-e Verpflichtung einhalten, erfüllen; **~ aux revendications** die Forderungen erfüllen C V/PR 1 **se ~** *sexuellement* sich befriedigen 2 **se ~ de peu** sich mit wenig(em) zufriedengeben

satisfaisant [satisfəzɑ̃] ADJ befriedigend; zufriedenstellend; *plus fort* erfreulich

satisfait [satisfɛ] ADJ ⟨-faite [-fɛt]⟩ 1 *personne, air* zufrieden; befriedigt; **être ~ de qn, de qc** mit j-m, etw zufrieden sein 2 *besoin, désir, curiosité* befriedigt

satisfecit [satisfesit] M ⟨*inv*⟩ Anerkennung *f*; Lob *n*

satrape [satʀap] M HIST Satrap *m*

Satu Mare [satymaʀ] GÉOG Sathmar *n*

saturabilité [satyʀabilite] F PHYS Sättigungsfähigkeit *f*; **saturable** ADJ PHYS sättigungsfähig; **saturant** ADJ PHYS sättigend; Sättigungs...; *vapeur* gesättigt; **saturateur** M *à un radiateur* Luftbefeuchter *m*

saturation [satyʀasjõ] F 1 PHYS, CHIM Sättigung *f* 2 *par ext du marché* Sättigung *f*; TÉL Überlastung *f* 3 *fig* Übersättigung *f*

saturé [satyʀe] ADJ 1 CHIM, PHYS gesättigt; **air ~ de vapeur d'eau** mit Wasserdampf gesättigte Luft 2 *par ext* **terre ~e d'eau** völlig durchtränkte Erde; ÉCON **marché ~ (de produits)** (mit Waren) gesättigter Markt; TÉL **réseau ~** überlastetes Netz 3 *fig personne* **être ~ de qc** e-r Sache (*gén*) überdrüssig sein; von etw übersättigt sein

saturer [satyʀe] V/T 1 PHYS, CHIM sättigen (**de** mit) 2 *fig personne* übersättigen (**de** mit)

Saturne [satyʀn] ASTRON (der) Saturn

saturnie [satyʀni] F ZOOL Nachtpfauenauge *n*

saturnien [satyʀnjɛ̃] ADJ ⟨~ne⟩ *rarement* saturnisch (*a.* MÉTRIQUE)

saturnisme [satyʀnism] M MÉD Bleivergiftung *f*

satyre [satiʀ] M 1 MYTH Satyr *m* 2 *fig* Lüstling *m*; *plus fort* Sittenstrolch *m*; Unhold *m*

satyrique [satiʀik] ADJ *dans le théâtre grec* **drame** *m* **~** Satyrspiel *n*

sauce [sos] F 1 CUIS Soße *f*; Tunke *f*; *a.* Sauce *f*; **~ blanche** weiße, helle Soße; **~ tomate** Tomatensoße *f*; *adjt* **langue** *f* **~ madère** Zunge *f* in Made(i)rasoße; **allonger la ~** die Soße verlängern, strecken, verdünnen; *fig* e-e Erzählung *etc* in die Länge ziehen; *fig* **à quelle ~ sera-t-il mangé?** auf welche Art und Weise wird er wohl dran glauben müssen?; *fig* **mettre à toutes les ~s** *personne* zu allen möglichen Arbeiten heranziehen; *mot* bei jeder Gelegenheit verwenden; *fig* **la ~ fait passer le poisson** wie man e-e unangenehme Sache schmackhaft macht *ou* wie man die bittere Pille versüßt, darauf kommt es an; *fig* **varier la ~** die Sache variieren 2 *fam* → saucée

saucée [sose] *fam* F (Regen)Guss *m*; *fam* Dusche *f*; **recevoir une ~** *fam* e-n Guss, e-e Dusche abkriegen

saucer [sose] V/T ⟨-ç-⟩ 1 *son assiette avec du pain* austunken; auswischen 2 *fam fig* **se faire ~** *fam* patschnass werden

saucier [sosje] M Soßenkoch *m*; **saucière** F Sauciere *f*; Soßenschüssel *f*

sauciflard [sosiflaʀ] M *fam* → saucisson 1

saucisse [sosis] F 1 CUIS Wurst *f*, Würstchen *n* (*zum Braten od Heißmachen*); **~ plate** Netzkotelett *n* (*von Netz umhüllte Frikadelle aus Schweinefleisch*); **~ sèche** Salami *f* (*aus der Auvergne*); **~ de Francfort** Frankfurter Würstchen; **chair** *f* **à ~** gewürztes Hackfleisch; *fig* **ne pas attacher son chien** *ou* **ses chiens avec des ~s** auf s-m Geld sitzen; jeden Pfennig dreimal umdrehen 2 AVIAT Fesselballon *m*

saucisson [sosisõ] M 1 Wurst *f*; **~ sec** Dauer-, Hartwurst *f*; Salami *f*; **~ à l'ail** Knoblauchwurst *f*; **sandwich** *m* **au ~** Wurstbrötchen *n*, -semmel *f*; *fig personne* **être ficelé comme un ~** *ligoté* am ganzen Körper gefesselt sein; *serré* in viel zu engen Kleidern stecken; in zu enge Kleider (ein)gezwängt sein 2 *pain* langes rundes Weißbrot

saucissonné [sosisɔne] *fam* ADJ (eng) eingeschnürt; **saucissonner** *fam* V/I kalt essen; *fam* Brotzeit machen; *a.* picknicken

sauf [sof] A ADJ ⟨sauve [sov]⟩ **sain et ~** wohlbehalten; unversehrt; unverletzt; heil; **avoir la vie sauve** mit dem Leben davonkommen; **laisser la vie sauve à qn** j-s Leben (ver)schonen; *fig* **l'honneur est ~** die Ehre ist unangetastet B PRÉP 1 außer (*+dat*); ausgenommen (*+cas régi par le verbe précédent*); abgesehen von (*+dat*); bis auf (*+acc*); *je les connais tous*, **~ lui** außer ihm *ou* ausgenommen ihn *ou* bis auf ihn; ♦ *loc conj*: **~ que ...** außer dass ...; abgesehen davon, dass ...; **~ si ...** außer (wenn) ...; es sei denn, dass ...; wenn nicht ... 2 vorbehaltlich (*+gén*); → *a.* avis 2, erreur 3 *en incise* **~ votre respect** *ou* **~ le respect que je vous dois** mit Verlaub zu sagen

sauf-conduit [sofkõdɥi] M ⟨*pl* sauf-conduits⟩ Passierschein *m*; HIST Geleitbrief *m*

sauge [soʒ] F BOT Salbei *m ou f*

saugrenu [sogʀəny] ADJ ausgefallen; skurril; ungereimt; albern; unsinnig

Saül [sayl] M BIBL Saul *m*

saule [sol] M BOT Weide *f*; **~ pleureur** Trauerweide *f*

Saulxures-sur-Moselotte [sosyʀsyʀmozlɔt] *Ort im Dep. Vosges*

saumâtre [somɑtʀ] ADJ 1 brackig; **eau** *f* **~** Brackwasser *n* 2 *fam fig* **la trouver ~** es bitter, unangenehm, unerfreulich finden

saumon [somõ] M 1 ZOOL Lachs *m*; Salm *m*; **~ fumé** Räucherlachs *m* 2 ADJT **(rose) ~** ⟨*inv*⟩ lachsfarben, -rosa

saumoné [somɔne] ADJ lachsfarben; **truite ~e** Lachsforelle *f*

saumurage [somyʀaʒ] M Einlegen *n* in (Salz)Lake; *de la viande a.* Pökeln *n*

saumure [somyʀ] F (Salz)Lake *f*

saumuré [somyʀe] ADJ *hareng etc* in (Salz)Lake (eingelegt)

sauna [sona] M Sauna *f*

saupoudrage [sopudʀaʒ] M 1 Bestreuen *n* (**de** mit) 2 *fig* (Verteilung *f* nach dem) Gießkannenprinzip *n*

saupoudrer [sopudʀe] V/T bestreuen (**de sucre** *etc* mit Zucker *etc*)

saupoudreuse [sopudʀøz] F Streudose *f*, -büchse *f*; Streuer *m*

saur [sɔʀ] ADJ **°hareng** *m* **~** Bückling *m*; *fam* **être maigre comme un hareng ~** ein Hering, klapper-, spindeldürr sein

saurai, saura(s) [sɔʀe, sɔʀa] → savoir[1]

sauriens [sɔʀjɛ̃] MPL ZOOL Echsen *fpl*

saut [so] M 1 Sprung *m* (*a.* SPORTS); Satz *m*; Hüpfer *m*; *fam* Hopser *m*; **~ périlleux** Salto *m*; **triple ~** Dreisprung *m*; **~ à la corde** Seilhüpfen *n*, -springen *n*; **~ à l'élastique** Bungeejumping *n*; **~ à la perche** Stabhochsprung *m*; **~ à skis** Skispringen *n*; **~ de l'ange** *plongeon* Kopfsprung *m* (vorwärts gestreckt); **~ de carpe** Hechtsprung *m*; **~ de la mort** Todessprung *m*; Salto mortale *m*; **~ en ciseaux, en rouleau** Scheren-, Rollsprung *m*; **~ en °hauteur, en longueur** Hoch-, Weitsprung *m*; **~ en parachute** Fallschirmabsprung *m*; *fig* **il n'y a qu'un ~** *fam* es ist nur ein (Katzen)Sprung bis dahin; *fig* **faire le ~** den Sprung (ins Ungewisse) wagen; *fig* **faire le grand ~** sterben; aus dem Leben scheiden; *fig* **faire un ~ chez qn** auf e-n Sprung bei j-m vorbeikommen, -schauen; *fig* **faire un ~ d'un siècle** e-n Sprung von e-m Jahrhundert machen; **se lever d'un ~** aufspringen 2 (*chute*) Sturz *m*; Fall *m*; *voiture* **faire un ~ dans le ravin** in e-e Schlucht stürzen 3 **au ~ du lit** beim Aufstehen; *iron* noch vor dem Aufstehen 4 (*chute d'eau*) Wasserfall *m* 5 INFORM Sprung *m*

saut-de-lit [sodli] M ⟨*pl* sauts-de-lit⟩ leichter Morgenrock

saut-de-mouton [sodmutõ] M ⟨*pl* sauts-de-mouton⟩ (Gleis-, Straßen)Überführung *f*

saute [sot] F **~ de vent** Umspringen *n*, Umschlagen *n* des Windes; **~ de température** plötzlicher Wechsel der Temperatur; Temperatursturz *m*; *fig* **~ d'humeur** plötzlicher Stimmungswechsel; Stimmungsumschwung *m*; TV **~s d'image** Bildschwankungen *fpl*; zuckende Bilder *npl*

sauté [sote] CUIS A ADJ gebraten; **pommes de terre ~es** Bratkartoffeln *fpl* B M **~ de veau** Kalbsragout *n*

saute-mouton [sotmutõ] M Bockspringen *n*; **jouer à ~** Bockspringen spielen

sauter [sote] A V/T 1 *fossé, obstacle etc* überspringen; springen, setzen über (*+acc*); *obstacle* *a.* nehmen; *fig* ~ **le pas** *(se décider)* zu e-m Entschluss kommen; *(mourir)* sterben **2** *mot, ligne etc* auslassen; überspringen; *qc d'écrit a.* überlesen; *écolier* ~ **une classe** e-e Klasse überspringen; ~ **un repas** e-e Mahlzeit auslassen **3** *fam* **la** ~ *(avoir faim) fam* Kohldampf schieben **4** *pop* ~ **une fille** *pop* ein Mädchen umlegen **B** V/I **1** springen; hüpfen; e-n Sprung, e-n Satz machen; *fam* hopsen; ~ **à bas du lit** aus dem Bett springen; ~ **à la corde** seilspringen, -hüpfen; SPORTS ~ **à la perche** e-n Stabhochsprung machen; *fig* ~ **au plafond** *fam* an die Decke gehen; hochgehen; *fig* ~ **aux yeux** ins Auge, in die Augen fallen, springen; ~ **dans l'eau** ins Wasser springen; ~ **de joie** Freudensprünge machen; ~ **de son siège** von s-m Sitz aufspringen; *fig* ~ **d'un sujet à l'autre** von e-m Thema zum anderen springen; ~ **en l'air** in die Luft springen; e-n Luftsprung *ou* Luftsprünge machen; SPORTS ~ **en °hauteur, en longueur** hoch-, weitspringen; ~ **en parachute** mit dem Fallschirm abspringen; ~ **en selle** sich in den Sattel schwingen; ~ **par la fenêtre** aus dem Fenster springen; zum Fenster hinausspringen **2** *(se précipiter)* sich stürzen (**sur qn, qc** auf j-n, etw); ~ **au cou de qn** j-m um den Hals fallen; ~ **à la gorge de qn** j-m an die Gurgel springen, fahren; *fig* ~ **sur l'occasion** die Gelegenheit beim Schopf packen; ~ **sur sa proie** sich auf s-e Beute stürzen **3** *bouton* abspringen; *chaîne de vélo* herausspringen; *vitre* zerspringen; *bouchon* knallen; **les plombs ont sauté** die Sicherung ist durchgebrannt; **attention, tu vas faire ~ les plombs!** *fam* pass auf, sonst fliegt die Sicherung raus! **4** *(exploser) bâtiment* in die Luft fliegen; *explosif* hochgehen; explodieren; ~ **sur une mine** *char* auf e-e Mine fahren; *navire* auf e-e Mine laufen; **faire** ~ sprengen; *fam* in die Luft jagen; hochgehen lassen; *kamikaze* **se faire** ~ sich in die Luft sprengen; *au jeu* **faire ~ la banque** die Bank sprengen; **faire ~ une serrure** ein Schloss aufbrechen **5** *fam fig avantage* wegfallen; ÉCOLE *cours* ausfallen; **faire** ~ *amende* aufheben; rückgängig machen **6** *fam* **et que ça saute!** hopp, hopp!; *fam* aber ein bisschen dalli, Trab, plötzlich! **7** CUIS **faire** ~ *(faire revenir)* (in heißem Fett, in der Pfanne) braten; *crêpe* (beim Wenden) in die Luft werfen **8** *fig* **faire ~ qn** j-n aus s-r Stellung drängen; *fam* j-n absägen **9** *par ext paupière,* TV *image* zucken

sauterelle [sotʀɛl] F **1** ZOOL Heuschrecke *f*; **nuée** *f* **de ~s** Heuschreckenschwarm *m* **2** *fig de qn* **grande** ~ *fam* Bohnen-, Hopfenstange *f*

sauterie [sotʀi] F Tanzparty *f*; *fam* Tanzerei *f*

sauternes [sotɛʀn] M Sauternes *m (edelsüßer Weißwein aus der Region Bordeaux)*

sauteur [sotœʀ], **sauteuse** **A** SUBST **1** M,F SPORTS Springer(in) *m(f)*; **sauteur à la perche, à skis** Stabhoch-, Skispringer *m*; **sauteur, sauteuse en °hauteur, en longueur** Hoch-, Weitspringer(in) *m(f)* **2** M *cheval* Springpferd *n* **3** F CUIS Bratpfanne *f* **B** ADJ **1** ZOOL Spring... **2** TECH **scie sauteuse** Stichsäge *f*

sautillant [sotijɑ̃] ADJ **1** *démarche* hüpfend **2** *musique* rhythmisch schnell und deutlich skandiert

sautillement [sotijmɑ̃] M Hüpfen *n*

sautiller [sotije] V/I (umher)hüpfen; *fam* hopsen

sautoir [sotwaʀ] M **1** *collier* lange Halskette; **porter en** ~ um den Hals gehängt, an e-r Halskette tragen **2** SPORTS Sprunganlage *f*

sauvage [sovaʒ] **A** ADJ **1** wild; *animal a.* wild lebend; ungezähmt; *plante, fruit a.* wild wachsend; *région a.* unberührt; **canard** *m*, **cheval** *m* ~ Wildente *f*, -pferd *n*; *plante* **pousser à l'état** ~ wild wachsen; *animal, plante* **retourner à l'état** ~ verwildern **2** *peuplade* primitiv; unzivilisiert; urtümlich; natürlich **3** *air, cri etc* wild; barbarisch; bestialisch **4** *(farouche) personne* menschenscheu; ungesellig; *enfant* scheu *(a. animal)*; schüchtern **5** *(illégal)* wild; unerlaubt; **camping** *m* ~ wildes Zelten; **grève** *f* ~ wilder Streik **B** M/F **1** *(misanthrope)* Einzelgänger(in) *m(f)*; Eigenbrötler(in) *m(f)* **2** *(non-civilisé)* Wilde(r) *m/f(m)*; **les ~s** die Wilden **3** *(brute)* Rohling *m*; Barbar(in) *m(f)*; **mœurs** *fpl* **de** ~ raue, barbarische, grausame Sitten *fpl*; **ce sont de(s) vrais ~s** das sind richtige Barbaren

sauvagement [sovaʒmɑ̃] ADV auf rohe, grausame, bestialische Weise

sauvageon [sovaʒõ] M **1** JARD Wildling *m* **2** *enfant* ⟨*f* **sauvageonne**⟩ Naturkind *n*

sauvagerie [sovaʒʀi] F **1** *d'un misanthrope* Menschenscheu *f*; Ungeselligkeit *f* **2** *(cruauté)* Rohheit *f*; Grausamkeit *f*; Bestialität *f*

sauvagine [sovaʒin] F *coll* CH Wasser- und Sumpfvögel *mpl*

sauvegarde [sovgaʀd] F **1** Schutz *m*; *de droits, d'intérêts a.* Wahrung *f*; **se mettre sous la ~ de la justice** sich unter den Schutz der Justiz stellen **2** INFORM **a** *action* Sichern *n*, -ung *f* **b** *copie* Sicherheitskopie *f*

sauvegarder [sovgaʀde] V/T **1** schützen; wahren; ~ **des droits, des libertés** Rechte, Freiheiten schützen *ou* wahren **2** INFORM sichern

sauve-qui-peut [sovkipø] M ⟨inv⟩ **1** *cri* Rette-sich-wer-kann *n* **2** *(débandade)* allgemeine Verwirrung; allgemeines Durcheinander; Panik *f*; wilde Flucht

sauver [sove] **A** V/T **1** retten (**de la détresse** aus Not; **de la noyade** vor dem Ertrinken); *personne a.* erretten; *accidentés* bergen; *fam* ~ **les meubles** das Notwendigste retten; *au jeu* ~ **la mise** wenigstens den Einsatz retten, wieder herausbekommen; *fam* ~ **sa peau** sein Leben, s-e Haut retten; ~ **la vie à qn** j-m das Leben retten; **ce qui sauve ce film, c'est la couleur** was diesen Film rettet, ist die Farbe **2** *par ext* ~ **les apparences, la face** den Schein, das Gesicht wahren **3** REL erlösen; retten **B** V/PR **se** ~ **1** *(s'enfuir)* davon-, weg-, fortlaufen, -rennen; sich davonmachen; **se ~ à toutes jambes** Hals über Kopf davonlaufen *etc* **2** *fam (s'en aller)* (weg)gehen; *fam* sich verziehen; machen, dass man wegkommt **3** *fam lait* überlaufen, -kochen **4** *elliptiquement* **sauve qui peut!** rette sich, wer kann!

sauvetage [sovtaʒ] M Rettung *f (a. fig)*; Errettung *f*; Bergung *f*; **brevet** *m* **de** ~ Rettungsschwimmer(ausweis) *m*; **canot** *m* **de** ~ Rettungsboot *n*; **gilet** *m* **de** ~ Schwimmweste *f*; **opération** *f* **de** ~ Rettungsaktion *f*

sauveteur [sovtœʀ] M Retter *m*; Angehörige(r) *m* e-r Rettungsmanschaft; **~s** *pl* Rettungsmannschaft *f*

sauvette [sovɛt] LOC ADV **à la** ~ **1** *(en secret)* heimlich; COMM **marchand** *m* **à la** ~ Schwarzhändler *m*; **vendre à la** ~ schwarz verkaufen **2** *(à la hâte)* voreilig; mit verdächtiger Eile; **décision prise à la** ~ voreilig getroffene Entscheidung

sauveur [sovœʀ] **A** M **1** (Er)Retter *m*; *ce médecin* **a été mon** ~ war mein Retter **2** REL **le Sauveur** der Erlöser, Heiland **B** ADJ ⟨*litt f* salvatrice⟩ rettend

savamment [savamɑ̃] ADV **1** gelehrt; mit Sachkenntnis; *par ext* **j'en parle** ~ ich spreche aus Erfahrung **2** *(habilement)* geschickt

savane [savan] F GÉOG Savanne *f*

savant [savɑ̃] **A** ADJ **1** *(érudit)* gelehrt; *(versé)* sachkundig; sehr bewandert, sehr beschlagen, firm (**en histoire** in Geschichte); LING **mot** ~ gelehrtes Wort; Fremdwort *n*; **c'est trop ~ pour moi** das ist mir zu gelehrt **2** *(scientifique)* wissenschaftlich; **société ~e** wissenschaftliche, gelehrte Gesellschaft **3** *(fait avec art)* geschickt; kunstvoll *(a. coiffure)*; gekonnt **4** *animal* dressiert **B** M Gelehrte(r) *m*; Wissenschaftler *m*

savarin [savaʀɛ̃] M CUIS mit Rum getränkter Napfkuchen

savate [savat] F **1** alter, abgetragener Schuh *ou* Pantoffel; **~s** *pl a. fam* Latschen *mpl*; Schlappen *mpl*; **être en ~s** Latschen, Schlappen anhaben; **traîner ses ~s** *fam* (herum)latschen, (-)schlurfen; *fam fig* **traîner la** ~ am Hungertuch nagen **2** *fam fig (maladroit)* Tollpatsch *m*; *fam* Niete *f*; Flasche *f*; **s'y prendre comme une** ~ sich tollpatschig anstellen **3** SPORT HIST Boxen *n*, bei dem Fußtritte zulässig sind

Saverne [savɛʀn] GÉOG Zabern *n*; **le col de** ~ die Zaberner Steige

savetier [savtje] M *litt* Flickschuster *m*

saveur [savœʀ] F **1** Geschmack *m*; Schmackhaftigkeit *f*; **sans** ~ fad(e); ohne Geschmack **2** *fig* Reiz *m*; Würze *f*

Savoie [savwa] **la** ~ **1** Savoyen *n* **2** *frz Departement*

savoir¹ [savwaʀ] ⟨je sais, il sait, nous savons; je savais; je sus; je saurai; que je sache, que nous sachions; sachant; su⟩ **A** V/T **1** *(connaître)* wissen; *(apprendre)* erfahren; *expressions:* **a** *abs:* **vous savez** ... *ou* **tu sais** ... wissen Sie ... *ou* weißt du ...; **si je savais, je partirais** wenn ich wüsste, (so) würde ich abreisen **b** *avec subst: tout le monde* **sut la catastrophe** *en peu de temps* erfuhr von der Katastrophe; *fam* **il en sait des choses!** was der alles weiß!; **nous vous saurions gré de** *(+inf)* wir wären Ihnen zu Dank verpflichtet, wenn Sie ...; **je ne sais pas votre nom** ich weiß Ihren Namen nicht; **est-ce que vous savez déjà la nouvelle?** wissen Sie schon das Neueste? **c** *avec pr:* **il le sait** er weiß es; **qui sait?** wer weiß?; **ne dites rien à qui vous savez** sagen Sie ihm nichts, Sie wissen schon, wen ich meine; **j'en sais quelque chose** ich kann ein Lied davon singen; **un je ne sais quoi** ein gewisses Etwas; **je n'en sais rien** ich weiß nichts davon *ou* darüber; **il sait tout** er weiß alles **d** *avec adj:* **je ne le savais pas si méchant** ich wusste nicht, dass er so böse ist; **je les sais en bonne santé** ich weiß, dass sie gesund sind **e** *avec adv:* **à ce que je sais** soviel ich weiß; **comme vous savez** wie Sie wissen; **sait-on jamais?** *ou* **on ne sait jamais** man kann nie wissen; **je ne sais comment** (*ou* **où, pourquoi, qui**) ich weiß nicht wie (*ou* wo, warum, wer); *notre départ est remis* **à je ne sais quand** auf unbestimmte Zeit; **je ne sais pas** *fam* [ʃsepa], *fam* [ʃepa] ich weiß (es) nicht; *fam* **weiß ich nicht** **f** *avec proposition complétive:* **je sais à quoi m'en tenir** ich weiß, woran ich mich zu halten habe; **ne pas ~ ce qu'on dit, fait, veut** nicht wissen, was man sagt, tut, will; **ne pas ~ où se mettre** sich am liebsten in ein Mauseloch verkriechen (mögen); ~ **que** ... wissen, dass ...; **quand il a su que** ... als er erfuhr, dass ...; **Dieu sait qu'il n'est pas pauvre** er ist weiß Gott kein armer Mann; **je sais bien que** ... ich weiß genau *ou* sehr wohl, dass ...; **on sait que** ... *a.* bekanntlich ...; es ist bekannt, dass ...; **ne pas ~ que** *ou* **quoi faire** nicht wissen, was man tun soll; keinen Rat wissen **g** *avec verbes: fam* **allez ~!** *ou* **va ~!** wer kann das schon wissen; **nous croyons ~ que** ... wir glauben zu wissen, dass ...; **vous n'êtes pas sans ~ que** ... Sie wissen sehr wohl, dass ...; **c'est bon à ~** gut, dass ich es weiß; das ist gut zu wissen; **faire ~** mittei-

S

len (**qc à qn** j-m etw); **peut-on ~ …?** darf man fragen …?; **reste à ~ si …** es fragt sich noch *ou* es ist noch die Frage *ou* es ist noch fraglich *ou* es bleibt dahingestellt, ob …; **il ne veut rien ~** er will nichts wissen; **je voudrais en ~ davantage** ich möchte gern mehr darüber wissen b *formes au subj*: **(autant) que je sache** soviel ich weiß; meines Wissens; **pas que je sache** nicht, dass ich wüsste; **sachez que …** Sie müssen wissen, dass …; nehmen Sie zur Kenntnis, dass … c *loc conj* **(à) ~ que …** weil nämlich …; *dans une énumération* **à ~ …** und zwar …; nämlich …; **il s'agit de ~ si** (*ou* **comment, qui** *etc*) … es handelt sich darum, ob (*ou* wie, wer *etc*) …; **la question est de ~ s'il va réussir** die Frage ist, ob es ihm gelingt; *fam* **~ si …** (+*futur*) wer weiß, ob …; *fam* **~ quel temps il fera demain** man müsste wissen, wie das Wetter morgen wird 2 (*être capable, avoir appris*) können; *avec inf a.* es verstehen zu; wissen zu a *avec subst*: **~ l'anglais** Englisch können; **il sait trois langues** er kann drei Sprachen; **~ sa leçon, son rôle** s-e Lektion, s-e Rolle können; **il ne sait pas l'orthographe** er kann keine Rechtschreibung; er kennt die Rechtschreibung nicht; **~ qc par cœur** etw auswendig können b *avec inf*: **~ écouter, écrire, lire, nager, faire du ski, jouer au tennis** zuhören, schreiben, lesen, schwimmen, Ski fahren, Tennis spielen können; **il faut ~ attendre** man muss (ab)warten können; **il sait se débrouiller** er weiß sich (*dat*) zu helfen; **il saura se défendre** er wird sich zu verteidigen wissen; *fam* **~ y faire** sich darauf verstehen; **il sait plaire** er weiß zu gefallen; er versteht es zu gefallen; **il ne sait pas s'y prendre** er weiß nicht, wie er es anstellen muss; **il ne sait pas refuser** er kann nicht Nein sagen; **elle a su rester jeune** sie verstand es, jung zu bleiben; **~ se taire** schweigen können; ♦ *conditionnel*: **je ne saurais vous le dire** ich kann es Ihnen (leider) nicht sagen; **il ne saurait être question de …** es kann keine Rede davon sein zu … c *fam loc adv* **(il pleurait) tout ce qu'il savait** (er weinte,) so sehr er konnte *ou* was er konnte B V/PR **se ~** 1 *sens passif* bekannt sein; an den Tag kommen; *fam* herauskommen; **ça se saurait** das wäre bekannt; **tout se sait, tout finit par se ~** es kommt alles an den Tag; es bleibt nichts verborgen 2 *sens réfléchi* **il se sait incurable** er weiß, dass er unheilbar krank ist

savoir[2] [savwaʀ] M Wissen *n*; Kenntnisse *fpl*; Gelehrsamkeit *f*; **l'étendue de son ~** der Umfang s-s Wissens

savoir-faire [savwaʀfɛʀ] M ⟨inv⟩ Können *n*; Know-how *n*; **savoir-vivre** M ⟨inv⟩ Anstand *m*; Lebensart *f*; Manieren *pl*

savon [savõ] M 1 Seife *f* (*a.* CHIM); **deux ~s** zwei Stück Seife; **~ liquide** flüssige Seife; **~ noir** Schmierseife *f*; **~ à barbe** Rasierseife *f*; **~ de Marseille** Kernseife *f*; **~ de toilette** Toilettenseife *f*; **~ en paillettes** Seifenflocken *fpl*; **bulle** *f* **de ~** Seifenblase *f*; **un morceau de ~** ein Stück *n* Seife; MINÉR **pierre** *f* **de ~** Seifenstein *m*; Saponit *m* 2 *fam fig* Rüffel *m*; Anschnauzer *m*; Anranzer *m*; Anpfiff *m*; **passer un ~ à qn** *fam* j-n anschnauzen; j-m den Kopf waschen; j-m e-e Standpauke halten

savonnage [savɔnaʒ] M Waschen *n*, Wäsche *f* (mit Seife); Einseifen *n*

savonner [savɔne] A V/T *linge* mit Seife waschen; einseifen B V/PR **se ~** sich einseifen; **se ~ les mains** sich (*dat*) die Hände einseifen

savonnerie [savɔnʀi] F Seifenfabrik *f*

savonnette [savɔnɛt] F Toilettenseife *f*

savonneux [savɔnø] ADJ ⟨-euse⟩ Seifen…; seifig; **eau savonneuse** Seifenwasser *n*

savourer [savuʀe] V/T 1 *mets, boisson* (in Ruhe) genießen 2 *fig* auskosten; genießen; **~ son bonheur** sein Glück auskosten, genießen

savoureux [savuʀø] ADJ ⟨-euse⟩ 1 *mets, boisson* wohlschmeckend; schmackhaft; köstlich; lecker; delikat 2 *fig anecdote etc* köstlich; amüsant; pikant

savoyard [savwajaʀ] A ADJ savoyisch B SUBST **Savoyard(e)** *m(f)* Savoyer(in) *m(f)*; Savoyarde *m*, Savoyardin *f*

Saxe [saks] **la ~** Sachsen *n*

saxe [saks] M Meiß(e)ner Porzellan *n*; **collection** *f* **de vieux ~s** Sammlung *f* von altem Meißener Porzellan

saxhorn [saksɔʀn] M MUS Saxhorn *n*

saxifrage [saksifʀaʒ] F BOT Steinbrech *m*

saxo [sakso] M *fam* ABR → saxophone, saxophoniste

saxon [saksõ] A ADJ ⟨~ne⟩ sächsisch B SUBST 1 **Saxon(ne)** *m(f)* Sachse *m*, Sächsin *f* 2 LING **le ~** das Sächsische; Sächsisch *n*; **le bas, le haut ~** das Nieder-, Obersächsische

saxophone [saksɔfɔn] M MUS Saxofon *n*; **saxophoniste** M/F Saxofonist(in) *m(f)*

saynète [sɛnɛt] F THÉ 1 HIST Sainete *m* 2 Sket(s)ch *m*

sbire [zbiʀ] M *péj* Handlanger *m*; Scherge *m*; Büttel *m*

scabieuse [skabjøz] F BOT Skabiose *f*

scabreux [skabʀø] ADJ ⟨-euse⟩ 1 *entreprise, question* heikel; bedenklich; riskant 2 *histoire etc* anstößig; schlüpfrig

scalaire [skalɛʀ] ADJ MATH skalar

scalène [skalɛn] ADJ MATH **triangle** *m* **~** ungleichseitiges Dreieck

scalp [skalp] M 1 (*chevelure*) Skalp *m* 2 *action* Skalpieren *n*

scalpel [skalpɛl] M Skalpell *n*; Seziermesser *n*

scalper [skalpe] V/T skalpieren

scampi [skɑ̃pi] MPL CUIS Scampi *pl*

scandale [skɑ̃dal] M 1 Skandal *m*; Ärgernis *n* (*a.* BIBL); **~ financier** Finanzskandal *m*; **~ public** öffentlicher Skandal; **presse** *f* **à ~** Skandalpresse *f*; **causer un ~, faire ~** e-n Skandal verursachen; Ärgernis erregen; **c'est un ~** es ist ein Skandal, e-e Schande; BIBL **malheur à l'homme par qui le ~ arrive** weh dem Menschen, durch welchen Ärgernis kommt! 2 (*indignation*) Entrüstung *f*; **au grand ~ de sa famille** zur großen Entrüstung s-r Familie 3 (*bruit*) Krach *m*; *fam* Radau *m*; **faire un ~ sur la voie publique** auf der Straße Krach machen, randalieren; *fig*: *si on me renvoie*, **je ferai du ~** (dann) schlage ich Krach

scandaleux [skɑ̃dalø] ADJ ⟨-euse⟩ skandalös; unerhört; empörend; schändlich; **c'est ~** das ist skandalös, unerhört

scandaliser [skɑ̃dalize] A V/T Anstoß, Ärgernis erregen (**qn** bei j-m); Entrüstung hervorrufen (bei j-m) B V/PR **se ~** Anstoß nehmen (**de** an +*dat*); sich entrüsten (über +*acc*)

scander [skɑ̃de] V/T skandieren

scandinave [skɑ̃dinav] A ADJ skandinavisch; **langues** *fpl* **~s** skandinavische Sprachen *fpl* B SUBST **Scandinave** *m/f* Skandinavier(in) *m(f)*

Scandinavie [skɑ̃dinavi] **la ~** Skandinavien *n*

Scanie [skani] GÉOG **la ~** Schonen *n*

scanner[1] [skanɛʀ] M 1 TECH Scanner *m*; **scanner corporel** Körperscanner *m* 2 MÉD Computertomograf *m*

scanner[2] [skane] V/T (ein)scannen

scanographie [skanɔgʀafi] F MÉD Computertomografie *f*

scaphandre [skafɑ̃dʀ] M a *des plongeurs* Taucheranzug *m* b *des astronautes* Raumanzug *m*

scaphandrier [skafɑ̃dʀije] M Taucher *m*

scapulaire [skapylɛʀ] M ÉGL CATH Skapulier *n*

scarabée [skaʀabe] M ZOOL Skarabäus *m* (*a.* HIST *en Égypte*); Pillendreher *m*

scarification [skaʀifikasjõ] F MÉD Skarifikation *f*; Hautritzung *f*

scarifier [skaʀifje] V/T MÉD (ein)ritzen; *t/t* skarifizieren

scarlatine [skaʀlatin] F MÉD Scharlach *m*

scarole [skaʀɔl] F BOT Eskariol *m*; Winterendivie *f*

scatologique [skatɔlɔʒik] ADJ skatologisch; auf die Exkremente bezüglich, anspielend

sceau [so] M ⟨*pl* ~x⟩ 1 Siegel *n*; **~ de l'État** Staatssiegel *n*; **garde** *m* **des Sceaux** Justizminister *m*; HIST Siegelbewahrer *m*; **apposer, mettre son ~** sein Siegel aufdrücken; **briser un ~** ein Siegel erbrechen 2 *fig* Zeichen *n*; Stempel *m*; **sous le ~ du secret** unter dem Siegel der Verschwiegenheit; *ouvrage* **porter le ~ du génie** den Stempel des Genies tragen

Sceaux [so] *Stadt im Dep. Hauts-de-Seine*

scélérat [seleʀa] *litt* A ADJ ruchlos; niederträchtig; schändlich B M Schurke *m*; Bösewicht *m*

scélératesse [seleʀatɛs] *litt* F Ruchlosigkeit *f*; Niedertracht *f*; Schändlichkeit *f*

scellage [sɛlaʒ] M → scellement a)

scellé [sele] M JUR Amtssiegel *n*; gerichtliches Siegel; **apposer les ~s** die Siegel anbringen; gerichtlich, amtlich versiegeln (**sur qc** etw)

scellement [sɛlmɑ̃] M TECH a Eingipsen *n*; Einzementieren *n* b Einlasstiefe *f*

sceller [sele] V/T 1 *acte* siegeln 2 (*apposer les scellés*) versiegeln 3 *fig amitié, pacte* besiegeln 4 (*fixer avec du plâtre*) eingipsen; *avec du ciment* einzementieren 5 *caveau etc* zumauern; (ver)schließen

scénario [senaʀjo] M 1 CINÉMA Drehbuch *n* 2 *par ext* Szenario *n*; Handlungsablauf *m*, -schema *n*; **scénariste** M/F CINÉMA Drehbuchautor(in) *m(f)*

scène [sɛn] F 1 THÉ Bühne *f* (*a. fig*); *fig* **la ~ politique** die politische Bühne; **~ tournante** Drehbühne *f*; **entrée** *f* **en ~** Auftritt *m*; **metteur** *m* **en ~** THÉ, CINÉMA Regisseur *m*; THÉ *a.* Spielleiter *m*; **mise** *f* **en ~** THÉ Inszenierung *f* (*a. fig*); Spielleitung *f*; CINÉMA Regie *f*; **faire, régler la mise en ~** THÉ die Inszenierung machen; Regie führen (*a.* CINÉMA); **à la, sur ~** auf der Bühne; **adapter pour la ~** für die Bühne bearbeiten; **entrer, paraître en ~, paraître sur (la) ~** auftreten; **être sur ~** auf der Bühne stehen; **mettre en ~** THÉ inszenieren; Regie führen (**qc** bei etw) (*a.* CINÉMA); *fig* **occuper le devant de la ~** im Rampenlicht stehen; **porter à, sur la ~** auf die Bühne bringen; **sortir de ~** (von der Bühne) abgehen, abtreten 2 *par ext* a (*décor*) Bühnenbild *n*, -dekoration *f*; Szenerie *f*; **la ~ représente un palais** die Szene, das Bühnenbild stellt e-n Palast dar b *lieu* Schauplatz *m*; Ort *m* der Handlung; **la ~ est à Londres** der Schauplatz, der Ort der Handlung ist London; das Stück spielt in London c *action* Handlung *f*; **la ~ se passe au Moyen-Âge** die Handlung, das Stück spielt im Mittelalter d (*théâtre*) Bühnenkunst *f*; Bühne *f*; **vedette** *f* **de la ~ et de l'écran** Star *m* von Bühne und Film 3 THÉ (*partie d'un acte*) Auftritt *m*; Szene *f*; *d'un film* Szene *f*; **~ première** erste Szene; **acte III, ~ II** 3. Akt, 2. Szene; **~ d'amour** Liebesszene *f* 4 *par ext* (*tableau*) Szene *f* (*a.* PEINT); (*événement*) Ereignis *n*; Begebenheit *f*; PEINT **~ de genre** Genrebild *n*; **être témoin d'une ~ bouleversante** Zeuge e-r erschütternden Szene sein 5 (*dispute*) Krach *m*; Szene *f*; **~ de ménage** Ehekrach *m*; **avoir une ~ avec qn** mit j-m e-n heftigen Wortwechsel haben; **faire une ~ à qn** j-m e-e Szene machen

S

scénique [senik] ADJ szenisch; Bühnen…; Theater…; **art** *m* ~ Inszenierung(skunst) *f*

scepticisme [sɛptisism] M 1 Skepsis *f*; skeptische Einstellung; **accueillir une information avec** ~ e-e Information mit Skepsis aufnehmen 2 PHIL Skeptizismus *m*

sceptique [sɛptik] A ADJ skeptisch; misstrauisch; ungläubig; **être ~ sur l'issue de qc** in Bezug auf den Ausgang e-r Sache skeptisch sein; *nouvelle etc* **laisser qn** ~ j-n skeptisch machen B M/F Skeptiker(in) *m(f)*

sceptre [sɛptʀ] M Zepter *n*

Schaffhouse [ʃafuz] GÉOG Schaffhausen *n*

schah → chah

scheik → cheik(h)

schéma [ʃema] M schematische Darstellung; Schema *n*; Plan *m*; **dessiner, faire un ~** eine schematische Darstellung zeichnen, anfertigen

schématique [ʃematik] ADJ 1 *dessin* schematisch 2 *péj* (zu, rein) schematisch; **schématisation** F Schematisierung *f*

schématiser [ʃematize] V/T 1 schematisch darstellen; in ein Schema bringen; schematisieren 2 *péj* schematisieren; (zu) schematisch behandeln; (zu sehr) vereinfachen; **schématisme** M *souvent péj* Schematismus *m*

schème [ʃɛm] M *partic* PHIL Schema *n*

scherzo [skɛʀdzo, -tso] M MUS Scherzo *n*

schilling [ʃiliŋ] M HIST *monnaie* Schilling *m*

schismatique [ʃismatik] ADJ REL schismatisch

schisme [ʃism] M 1 REL Schisma *n*; Kirchenspaltung *f*; **le ~ d'Orient** das morgenländische Schisma 2 *par ext d'un parti etc* Spaltung *f*

schiste [ʃist] M MINÉR Schiefer *m*

schisteux [ʃistø] ADJ ⟨-euse⟩ MINÉR Schiefer…; schief(e)rig

schizophrène [skizɔfʀɛn] MÉD A ADJ schizophren B M/F Schizophrene(r) *m/f(m)*

schizophrénie [skizɔfʀeni] F MÉD Schizophrenie *f*

schlague [ʃlag] F HIST MIL Stockschläge *mpl*; *fig* **mener qn à la ~** j-n streng an die Kandare nehmen

schlass [ʃlɑs] A *pop* ADJ ⟨inv⟩ *fam* besoffen; total blau B M *pop (couteau)* Messer *n*

Schleu(h) [ʃlø] M → Chleuh

schlinguer [ʃlɛ̃ge] *pop* V/I stinken (wie die Pest); *fam* miefen

schlittage [ʃlitaʒ] M Holztransport *m* ins Tal mit Schlitten

schlitte [ʃlit] F Holzschlitten *m*

schnaps [ʃnaps] M Schnaps *m*

schnock *ou* **schnoque** [ʃnɔk] M *fam* **vieux schnock** *ou* **schnoque** *fam* alter Knacker

schtroumpf [ʃtʀumpf] M Schlumpf *m*

Schubert [ʃubɛʀ] M MUS Schubert *m*

Schuman [ʃuman] **Robert** ~ *frz Politiker*

schuss [ʃus] M SKI Schussfahrt *f*; **descendre (tout) ~** *ou* **en ~** Schuss fahren

Schweitzer [ʃvɛdzɛʀ] **Albert ~** *ou* **le docteur ~** Albert Schweitzer

sciage [sjaʒ] M Sägen *n*

scialytique® [sjalitik] M MÉD Operationslampe *f*

sciatique [sjatik] A ADJ ANAT **grand nerf ~** Hüft-, Ischiasnerv *m* B F MÉD Ischias *m ou n ou t/t f*

scie [si] F 1 TECH Säge *f*; **~ circulaire** Kreissäge *f*; **~ à bois, à chantourner, à main, à métaux, à ruban** Holz-, Schweif- *ou* Dekupier-, Hand-, Metall-, Bandsäge *f*; **dents** *fpl* **de ~** Sägezähne *mpl*; ÉLEC Sägezahnverlauf *m* (der Spannung); *fig* **en dents de ~** gezackt, gezahnt, gezähnt (wie e-e Säge); sägeförmig; säge(zahn)ähnlich; *par ext* in e-m ständigen Auf und Ab 2 MUS **~ musicale** Singende Säge 3 ZOOL **~** *ou adjt* **poisson** *m* **~** Sägefisch *m* 4 *fig chanson* abgedroschener Schlager; Gassenhauer *m* 5 *fam fig de qn fam* Nervensäge *f*

sciemment [sjamɑ̃] ADV wissentlich

science [sjɑ̃s] F 1 Wissenschaft *f*; Lehre *f* (von …); …kunde *f*; **la ~** die Wissenschaft (*coll*); **les ~s** *le plus souvent* die Naturwissenschaften *fpl* (*einschließlich Mathematik*); **~s appliquées** angewandte Wissenschaften; **~s économiques** Wirtschaftswissenschaften *fpl*; **~s exactes** exakte Wissenschaften; **~s expérimentales** experimentelle Wissenschaften; LYCÉE (*abr* **~s ex**) naturwissenschaftlicher Zweig; **~s humaines** Humanwissenschaften *fpl*; **~s naturelles** Naturwissenschaften *fpl* (*im engeren Sinne: Zoologie, Botanik, Geologie*); **~s occultes** Geheimwissenschaften *fpl*; okkulte Wissenschaften; **~s politiques** (*abr* **~s po**) politische Wissenschaften; Politologie *f*; **~s sociales** Sozialwissenschaften *fpl*; Gesellschaftswissenschaft(en) *f(pl)*, -lehre *f*; **~s et techniques** Naturwissenschaft und Technik; **faculté** *f* **des ~s** naturwissenschaftliche Fakultät 2 (*savoir*) Wissen *n*; (Er)Kenntnis *f*; BIBL **l'arbre de la ~ du bien et du mal** der Baum der Erkenntnis; **avec une ~ consommée** mit vollendetem Können; *iron* **avoir la ~ infuse** → infuse

science-fiction [sjɑ̃sfiksjɔ̃] F Science-Fiction *f*; **film** *m* **de ~** Science-Fiction-Film *m*

scientifique [sjɑ̃tifik] A ADJ wissenschaftlich; Wissenschafts…; **recherche** *f*, **revue** *f*, **travail** *m* **~** wissenschaftliche Forschung, Zeitschrift, Arbeit B M/F 1 Wissenschaftler(in) *m(f)*; *au sens restreint* Naturwissenschaftler(in) *m(f)* 2 *par ext* naturwissenschaftlich interessierter Mensch

scientisme [sjɑ̃tism] M PHIL Wissenschaftsgläubigkeit *f*; **scientiste** PHIL A ADJ wissenschaftsgläubig B M Wissenschaftsgläubige(r) *m*

scier [sje] V/T 1 *bois, pierre, métal* (zer)sägen; **~ une branche** einen Ast absägen 2 *par ext courroie etc* **~ les épaules** in die Schultern einschneiden 3 *fam fig (stupéfier) fam* (glatt) umhauen, umwerfen 4 *fam fig (ennuyer) fam* anöden

scierie [siʀi] F Sägewerk *n*, -mühle *f*

scinder [sɛ̃de] A V/T *parti etc* (auf)spalten; *question complexe* zerlegen B V/PR **se ~** sich (auf)spalten (**en deux groupes** in zwei Gruppen [*acc*])

scintillant [sɛ̃tijɑ̃] ADJ glitzernd; flimmernd; funkelnd; schimmernd

scintillement [sɛ̃tijmɑ̃] M 1 *d'étoiles etc* Funkeln *n*; Glitzern *n*; Flimmern *n*; Schimmern *n* 2 TV Flimmern *n*

scintiller [sɛ̃tije] V/I *étoiles, diamants etc* funkeln; glitzern; schimmern; *étoiles a.* flimmern

scion [sjɔ̃] M 1 BOT Schössling *m*; Schoss *m* 2 *d'une canne à pêche* Spitze *f*

Scipion [sipjɔ̃] M HIST Scipio *m*; **~ l'Africain** Scipio Africanus

scission [sisjɔ̃] F 1 *d'un parti etc* Spaltung *f*; **faire ~** sich abspalten 2 PHYS, CHIM Spaltung *f*; BIOL Teilung *f*

scissiparité [sisipaʀite] F BIOL Fortpflanzung *f* durch Teilung

sciure [sjyʀ] F **~ (de bois)** Sägemehl *n*

sclérose [skleʀoz] F 1 MÉD Sklerose *f*; **~ artérielle** Arteriosklerose *f*; **~ en plaques** multiple Sklerose 2 *fig d'une institution etc* Verknöcherung *f*; Verkalkung *f*; Erstarrung *f*

sclérosé [skleʀoze] ADJ 1 MÉD sklerotisch; verhärtet 2 *fig* verknöchert; verkalkt; erstarrt

scléroser [skleʀoze] V/PR **se ~** 1 *tissu, organe* sklerotisch werden; verhärten 2 *fig* verknöchern; verkalken; erstarren

sclérotique [skleʀɔtik] F ANAT Lederhaut *f* (des Auges); *t/t* Sklera *f*

scolaire [skɔlɛʀ] ADJ 1 Schul…; schulisch; **âge** *m* **~** schulpflichtiges Alter; **année** *f* **~** Schuljahr *n*; **carnet** *m*, **livret** *m* **~** Zeugnis(heft) *n*; **enseignement** *m* **~** Schulunterricht *m*; **fournitures** *fpl* **~s** Schulbedarf *m*; Lernmittel *npl*; **groupe** *m* **~** Schulzentrum *m*; **obligation** *f* **~** Schulpflicht *f*; **programme** *m* **~** Lehrplan *m* 2 *péj* zu schulmäßig; schülerhaft; unoriginell

scolarisable [skɔlaʀizabl] ADJ *enfant* im Einschulungsalter

scolarisation [skɔlaʀizasjɔ̃] F Einschulung *f*; **taux** *m* **de ~** Schulbesuchsquote *f*

scolariser [skɔlaʀize] V/T *enfants* einschulen

scolarité [skɔlaʀite] F 1 Schulbesuch *m*; **années** *fpl* **de ~** Schulzeit *f*; **certificat** *m* **de ~** Bescheinigung *f* über den regelmäßigen Schulbesuch; **taux** *m* **de ~** Schulbesuchsquote *f* 2 *durée* Schulzeit *f*; **~ obligatoire** Pflichtschulzeit *f*; **prolongation** *f* **de la ~** Verlängerung *f* der Pflichtschulzeit

scolastique [skɔlastik] A ADJ 1 PHIL scholastisch 2 *péj* schulmäßig; schulmeisterlich; spitzfindig B SUBST 1 F PHIL Scholastik *f* 2 M Scholastiker *m*

scoliose [skɔljoz] F MÉD Skoliose *f*; (seitliche) Rückgratverkrümmung

scolopendre [skɔlɔpɑ̃dʀ] F 1 BOT Hirschzunge *f* 2 ZOOL Skolopender *m*

sconse [skɔ̃s] M *fourrure* Skunk *m*

scoop [skup] M (sensationeller) Exklusivbericht; *fam* Knüller *m*; *t/t* Scoop *m*

scooter [skutœʀ, -tɛʀ] M (Motor)Roller *m*

scootériste [skuteʀist] M/F (Motor)Rollerfahrer(in) *m(f)*

scorbut [skɔʀbyt] M MÉD Skorbut *m*

scorbutique [skɔʀbytik] A ADJ Skorbut…; skorbutisch B M/F Skorbutkranke(r) *m/f(m)*

score [skɔʀ] M 1 SPORTS (Spiel)Stand *m*; **~ final** Endstand *m*, -ergebnis *n* 2 POL *d'un parti, d'un candidat* Zahl *f* der erhaltenen Stimmen; Wahlergebnis *n*

scories [skɔʀi] FPL TECH, GÉOL Schlacke *f*

scorpion [skɔʀpjɔ̃] M 1 ZOOL Skorpion *m* 2 ASTRON, ASTROL **Scorpion** Skorpion *m*

scorsonère [skɔʀsɔnɛʀ] F BOT Schwarzwurzel *f*

scotch[1] [skɔtʃ] M ⟨*pl* ~es⟩ *whisky* Scotch *m*

scotch®[2] [skɔtʃ] M *ruban adhésif* Tesafilm® *m*; **scotcher** V/T mit Tesafilm kleben

scout [skut] A M Pfadfinder *m* B ADJ ⟨scoute [skut]⟩ Pfadfinder…; **camp, mouvement ~** Pfadfinderlager *n*, -bewegung *f*

scoutisme [skutism] M Pfadfinderbewegung *f*

scrabble® [skʀabœl] M Scrabble® *n*

scribe [skʀib] M 1 HIST Schreiber *m* 2 BIBL Schriftgelehrte(r) *m*

scribouillard [skʀibujaʀ] M *péj* Schreiberling *m*; Federfuchser *m*

script [skʀipt] M 1 Blockschrift *f*; **écrire en ~** in Blockschrift schreiben 2 (*scénario*) Dreh-, Regiebuch *n*

scripte [skʀipt] F CINÉMA Skriptgirl *n*

scripteur [skʀiptœʀ] M LING Schreiber *m*

scriptural [skʀiptyʀal] ADJ ⟨-aux⟩ ÉCON **monnaie ~e** Buchgeld *n*

scrofuleux [skʀɔfylø] ADJ ⟨-euse⟩ MÉD skrofulös

scrogneugneu [skʀɔɲøɲø] INT zum Donnerwetter!; verdammt noch mal!

scrotum [skʀɔtɔm] M ANAT Hodensack *m*; *t/t* Skrotum *n*

scrupule [skʀypyl] M Skrupel *m*; **~s** *pl a.* Bedenken *npl*; Gewissensbisse *mpl*; (*conscience professionnelle*) Gewissenhaftigkeit *f*; peinliche Sorgfalt; **par ~ d'honnêteté** weil j-d peinlich

S

auf Ehrlichkeit bedacht ist; **sans ~(s)** skrupel-, bedenken-, gewissenlos; **avoir des ~s** Skrupel, Bedenken haben; **être dénué de (tous) ~s** keine Skrupel haben, kennen; sich über alle Bedenken hinwegsetzen; **ce ne sont pas les ~s qui l'étouffent** er wird nicht gerade von Gewissensbissen geplagt; **se faire ~ de qc** wegen etw Bedenken tragen; **vaincre ses ~s** s-e Skrupel überwinden

scrupuleux [skʀypylø] ADJ ⟨-euse⟩ gewissenhaft; peinlich genau; **peu ~** ziemlich skrupellos

scrutateur [skʀytatœʀ] **A** ADJ ⟨-trice⟩ *regard* forschend **B** M Wahlhelfer *m*; Stimmenauszähler *m*

scruter [skʀyte] V/T **1** *(sonder)* genau, eingehend untersuchen, erforschen, prüfen; *fam* unter die Lupe nehmen **2** *l'horizon* (mit den Augen) absuchen

scrutin [skʀytɛ̃] M Abstimmung *f*, Wahl *f* (durch Stimmzettel); **~ majoritaire, proportionnel** Mehrheits-, Verhältniswahl *f*; **~ à deux tours** Wahl mit zwei Wahlgängen, mit (e-r) Stichwahl; **~ de liste** Listenwahl *f*; **dépouillement** *m* **du ~** Stimmenauszählung *f*; **mode** *m* **de ~** Wahlmodus *m*; Abstimmverfahren *n*; **résultat** *m* **du ~** Wahlergebnis *n*; **tour** *m* **de ~** Wahlgang *m*; **par voie de ~** durch Abgabe von Stimmzetteln

sculpté [skylte] ADJ **1** *(décoré de sculptures)* mit Skulpturen, Reliefen verziert; *meuble etc* mit Schnitzereien verziert **2** *statue* in Stein gehauen; *sur bois, ivoire* geschnitzt

sculpter [skylte] V/T **a** *statue etc* in Stein *ou* Marmor hauen; aushauen; (aus)meißeln; *sur bois, ivoire* schnitzen **b** *bloc de pierre* behauen; *meuble etc* mit Schnitzereien verzieren **c** *abs* sich als Bildhauer betätigen; *fam* bildhauern

sculpteur [skyltœʀ] M Bildhauer *m*; **femme** *f* **~** Bildhauerin *f*; **~ sur bois** (Holz)Schnitzer *m*; Holzbildhauer *m*

sculptural [skyltyʀal] ADJ ⟨-aux⟩ **1** bildhauerisch; Bildhauer…; **art ~** Bildhauerkunst *f*; Bildhauerei *f* **2** *fig* von klassischer Schönheit; **beauté ~e** makellose, vollendete Schönheit

sculpture [skyltyʀ] F **1** *art* Bildhauerei *f*; Bildhauerkunst *f*; Skulptur *f*; **~ en bas-relief, en °haut-relief** Bildhauerei in Flach-, Hochrelief; **~ sur bois** Holzschnitzerei *f*; **~ sur ivoire** Elfenbeinschnitzerei *f*; **chef-d'œuvre** *m* **de la ~** Meisterwerk *n* der Bildhauerkunst **2** *œuvre* Skulptur *f*; Plastik *f*; Bildhauerarbeit *f*; *st/s* Bildwerk *n*; **~ (sur bois)** Schnitzarbeit *f*, -werk *n*; Schnitzerei *f*; **une ~ grecque** e-e griechische Skulptur; **tailler une ~** e-e Skulptur in Stein hauen **3** *d'un pneu* **~s** *pl* Profil *n*

scythe [sit] HIST **A** ADJ skythisch **B** MPL **Scythes** Skythen *mpl*

SDF [ɛsdeɛf] M/F ABR (sans domicile fixe) Obdachlose(r) *m/f(m)*; Nichtsesshafte(r) *m/f(m)*

SDN [ɛsdeɛn] F ABR (Société des Nations) HIST Völkerbund *m*

se [s(ə)] PR PERS ⟨*vor Vokal und stummem h* s'⟩ **1** *réfléchi* sich *(acc et dat)*; **~ blesser au doigt** sich am Finger verletzen; **il ne ~ l'est pas fait dire deux fois** er hat es sich *(dat)* nicht zweimal sagen lassen; **il ~ lave les mains** er wäscht sich *(dat)* die Hände **2** *réciproque* sich (gegenseitig); einander; **s'entraider** sich gegenseitig helfen; einander helfen; **~ regarder** sich ansehen **3** *passif*: **cela ne ~ fait pas** das tut man nicht; **ce plat ~ mange froid** dieses Gericht wird kalt gegessen **4** *non traduit*: **s'en aller** weggehen; **s'évanouir** in Ohnmacht fallen

séance [seɑ̃s] F **1** *d'un corps constitué* Sitzung *f*; **~ extraordinaire** Sondersitzung *f*; **~ plénière** Plenarsitzung *f*; **~ du conseil municipal, du Parlement** Stadtrats-, Parlamentssitzung *f*; **~ de travail** Arbeitssitzung *f*; *loc adv fig* **~ tenante** auf der Stelle; sofort; **être en ~, tenir ~** e-e Sitzung abhalten; tagen; **ouvrir, clore** *ou* **lever, suspendre une ~** e-e Sitzung eröffnen, schließen *ou* aufheben, unterbrechen; **la ~ est ouverte** *ou* **je déclare la ~ ouverte** die Sitzung ist eröffnet; ich eröffne (hiermit) die Sitzung; ich erkläre die Sitzung für eröffnet; **la ~ est levée** die Sitzung ist geschlossen **2** *chez un peintre* Sitzung *f*; **faire un portrait en trois ~s** ein Porträt in drei Sitzungen malen **3** *par ext*: **~ d'autographes, d'entraînement, de gymnastique** Autogramm-, Übungs-, Gymnastikstunde *f*; COUT **~ d'essayage** Anprobe *f*; MÉD **~ de rayons** Bestrahlung *f* **4** *au cinéma etc* Vorstellung *f*; *fam fig* **il nous a fait une de ces ~s** er hat mal wieder e-e Szene, *fam* ein Theater gemacht

séant [seɑ̃] **A** M LOC **se dresser** *ou* **se mettre sur son ~** sich aufsetzen, aufrichten; sich aufrecht setzen **B** ADJ *litt* → bienséant

seau [so] M ⟨*pl* ~x⟩ Eimer *m*; Kübel *m*; **~ à champagne** Sektkübel *m*; **~ à ordures** Abfalleimer *m*; **un ~ d'eau** ein Eimer (voll) Wasser; **~ d'enfant** Spiel-, Sandeimer(chen) *m(n)*; **~ en plastique** Plastikeimer *m*; *fig* **il pleut à ~x** es regnet, gießt in Strömen, *fam* wie mit *ou* aus Kübeln, Eimern

sébacé [sebase] ADJ PHYSIOL Talg…; **glande ~e** Talgdrüse *f*; MÉD **kyste ~** Grützbeutel *m*; Balggeschwulst *f*

sébaste [sebast] M ZOOL Rot-, Goldbarsch *m*

Sébastien [sebastjɛ̃] M *Vorname*

Sébastopol [sebastɔpɔl] GÉOG Sewastopol *n*

sébile [sebil] F Schale *f*; *mendiant* **tendre sa ~** s-e Almosenschale hinhalten

séborrhée [sebɔʀe] F MÉD Seborrhö(e) *f*

sébum [sebɔm] M PHYSIOL (Haut)Talg *m*

sec [sɛk] **A** ADJ ⟨sèche [sɛʃ]⟩ **1** trocken; *peau, cheveux a.* spröde; *branche, feuille* dürr; *aliments* getrocknet; *fruits a.* gedörrt; **froid ~** trockene Kälte; **fruits ~s** *a.* Back-, Dörr-, Trockenobst *n*; **gâteaux ~s** Teegebäck *n*; **légumes ~s** Hülsenfrüchte *fpl*; **panne sèche** → panne[1] 1; **raisins ~s** Rosinen *fpl*; **toux sèche** trockener Husten; **viande sèche** Dörr-, Trockenfleisch *n*; ♦ *loc adj* **à ~** Trocken…; *torrent, puits* ausgetrocknet; **nettoyage** *m* **à ~** chemische Reinigung; Trockenreinigung *f*; *fam fig* **être, se trouver à ~** *fam* auf dem Trock(e)nen sitzen; blank sein; *marécage* **mettre à ~** trockenlegen; **nettoyer à ~** chemisch, trocken reinigen; *loc adv* **à pied ~** trockenen Fußes; ♦ **j'ai la gorge sèche** mir klebt die Zunge am Gaumen; **avoir le gosier ~** e-e trockene, ausgetrocknete Kehle haben; **avoir les mains sèches** trockene Hände haben; *fig* **être au régime ~** keinen Alkohol trinken dürfen; **il fait ~** es ist trocken; **mettre qn au pain ~** j-n auf trocken Brot setzen **2** *fig style* trocken; ledern; *vin* trocken; herb; *bruit, coup* kurz (und heftig); JEU **partie sèche** Partie *f* ohne Revanche; **perte sèche** reiner, glatter Verlust; *fam* **en cinq ~** im Handumdrehen; im Nu; *fam* **l'avoir ~** enttäuscht, niedergeschlagen, betroffen sein; JEUX DE CARTES **avoir l'as ~** das Ass blank haben **3** *fig personne* dürr; hager; mager **4** *fig réponse etc* schroff; barsch; **un cœur ~** ein hartes Herz; ein Herz von Stein; **parler à qn sur un ton ~** zu j-m in e-m schroffen, barschen, scharfen Ton sprechen; **regarder qc d'un œil ~** etw ohne Rührung mit ansehen **B** ADV kräftig; heftig; *freiner, conduire* scharf; **boire ~** viel (Alkohol) vertragen (können); *fam* e-e ausgepichte Kehle haben; **démarrer ~** mit e-m Ruck an-, losfahren; **frapper ~** kräftig zuschlagen; *fam* **aussi ~** gleich (anschließend); sofort; auf der Stelle **C** M **au ~** im Trock(e)nen; **tenir qc au ~** etw trocken *ou* im Trock(e)nen aufbewahren

sécable [sekabl] ADJ *comprimé* teilbar

secam [sekam] M ABR (séquentiel à mémoire) TV **(système** *m***) ~** SECAM-System *n*

sécant [sekɑ̃] MATH **A** ADJ schneidend **B** SUBST **~e** *f* Sekante *f*

sécateur [sekatœʀ] M Gartenschere *f*

seccotine® [sekɔtin] F Alleskleber *m*

sécession [sesesjõ] F POL Spaltung *f*; (Ab)Trennung *f*; Loslösung *f*; Abfall *m*; Sezession *f*; HIST **la guerre** *f* **de Sécession** der Sezessionskrieg; **faire ~** sich abtrennen, abspalten; abfallen

sécessionniste [sesesjɔnist] POL **A** ADJ sezessionistisch **B** M Sezessionist *m*

séchage [seʃaʒ] M Trocknen *n*; TECH *a.* Trocknung *f*

sèche [sɛʃ] **A** ADJ → sec **B** F *fam* Glimmstängel *m*

sèche-cheveux [sɛʃʃəvø] M ⟨*inv*⟩ Föhn *m*; Haartrockner *m*; **sèche-linge** M ⟨*inv*⟩ Wäschetrockner *m*; **sèche-mains** M ⟨*inv*⟩ (Hände)Trockner m

sèchement [sɛʃmɑ̃] ADV *répondre etc* schroff; barsch; kalt; unfreundlich

sécher [seʃe] ⟨-è-⟩ **A** V/T **1** *cheveux, vêtements etc* trocknen; *larmes* abwischen; *froid* **~ la peau** die Haut austrocknen **2** *fruits, viande* dörren; trocknen; *adjt*: **fleurs séchées** gepresste *ou* getrocknete Blumen *fpl*; **poisson séché** getrockneter Fisch; Trockenfisch *m* **3** *fam élève* **~ un cours** e-e Stunde schwänzen **B** V/I **1** *linge, peinture etc* trocknen; trocken werden; *sol, bâtiment* austrocknen; *route mouillée* abtrocknen; *encre, tache* eintrocknen; **faire ~, mettre à ~ du linge** Wäsche trocknen lassen, zum Trocknen aufhängen **2** *récolte* **~ sur pied** verdorren; vertrocknen **3** *fam élève* die Antwort nicht wissen; nichts wissen **C** V/PR **se ~** sich (ab)trocknen; **se ~ avec une serviette** sich mit e-m Handtuch abtrocknen; **se ~ devant le feu** sich am Feuer trocknen

sécheresse [sɛʃʀɛs] F **1** Trockenheit *f* (*a. fig du style etc*); Dürre *f*; **période** *f* **de ~** Dürreperiode *f* **2** *fig (dureté)* Schroffheit *f*; Barschheit *f*; Unfreundlichkeit *f*; *(froideur)* (Gefühls)Kälte *f*; Gefühllosigkeit *f*

séchoir [seʃwaʀ] M **1** *à fils* Wäschetrockner *m*; Trockengestell *n* **2** *pièce* Trockenraum *m* **3** **~ à cheveux** Trockenhaube *f*

second [s(ə)gõ] **A** NUM ⟨seconde [s(ə)gõd]⟩ zweite(r, -s); **état ~** → état 1; **la Seconde Guerre mondiale** der Zweite Weltkrieg; **la ~e moitié** die zweite Hälfte; MUS **~ violon** zweite Geige; *loc adj*: *article* **de ~ choix** zweiter Wahl, Güte; zweitklassig; *billet* **de ~e classe** zweiter Klasse; **de ~e main** aus zweiter Hand (*a. loc adv*); **de ~ ordre** zweitrangig; *loc adv* **en ~ lieu** an zweiter Stelle; in zweiter Linie; sekundär **B** SUBST **1** **le ~, la ~e** der, die, das Zweite; *(dernier)* der, die, das Letztere; Letztere(r, -s); **en ~** als Zweiter; **être le ~ de sa classe** der Zweit(best)e s-r Klasse sein **2** M *étage* zweiter Stock; zweites Stockwerk; zweite Etage; **habiter au ~** im zweiten Stock, *fam* zwei Treppen hoch wohnen **3** M *(adjoint)* Stellvertreter *m* *(des Chefs)*; Assistent *m*; MAR **le ~** der Erste Offizier **4** F **~e** ÉCOLE fünfte Klasse im Gymnasium; *correspond à* zehnte Klasse **5** F **~e** CH DE FER zweite Klasse; **billet** *m* **de ~e** Fahrkarte *f* zweiter Klasse; **voyager en ~e** zweiter Klasse reisen, fahren **6** F **~e** AUTO zweiter Gang; **passer en ~e** in den zweiten (Gang) schalten; → *a.* seconde

secondaire [s(ə)gõdɛʀ] ADJ **1** Neben…; nebensächlich; sekundär, Sekundär… (*a. t/t*, TECH); zweitrangig; untergeordnet; **effets** *mpl* **~s** Nebenwirkungen *fpl*; **rôle** *m* **~** Neben-

S

rolle *f*; **c'est ~** das ist Nebensache *ou* nebensächlich **2** **écoles** *fpl* **~s** höhere Schulen *fpl*; Gymnasien *npl*; **enseignement** *m* **~** *ou subst* **~** *m* höheres Schulwesen; **études** *fpl* **~s** → étude 1 c); **professeur** *m* **du ~** Studienrat *m* **3** ÉCON **secteur** *m* **~** *ou subst* **~** *m* industrieller Sektor **4** GÉOL **ère** *f* **~** *ou subst* **~** *m* Mesozoikum *n*; Erdmittelalter *n*

seconde [s(ə)gõd] F **1** *unité de temps* Sekunde *f*; **aiguille** *f* **des ~s** Sekundenzeiger *m*; **vitesse** *f* **par ~** Geschwindigkeit *f* pro Sekunde; **à la ~** in der, pro Sekunde; **en une fraction de ~** im Bruchteil e-r Sekunde **2** *par ext* Augenblick *m*; Moment *m*; Sekunde *f*; **une ~!** e-e Sekunde, e-n Augenblick, Moment (noch)!; **dans, en une ~** gleich; in e-r Sekunde **3** GÉOMÉTRIE Sekunde *f* **4** MUS Sekunde *f*; → *a.* second B 4-6

secondement [s(ə)gõdmã] ADV zweitens

seconder [s(ə)gõde] V/T **1** **~ qn** j-n unterstützen; j-m helfen, zur Hand gehen; MÉD j-m assistieren **2** *fig projet etc* unterstützen; begünstigen; fördern

secouer [s(ə)kwe] **A** V/T **1** *tête, arbre* schütteln; *tapis, chiffon* ausschütteln; *poussière, neige* abschütteln; *personne* schütteln; rütteln; *explosion: ville* erschüttern; **~ la porte** an der Tür rütteln; **~ la salade** den Salat (zum Abtropfen) schütteln; **~ qn pour le réveiller** j-n wach rütteln; **être secoué dans une voiture** in e-m Auto hin und her geschüttelt, durchgerüttelt, durchgeschüttelt werden **2** *fig joug* abschütteln; abwerfen; *indolence* abstreifen **3** *fam* **~ qn** j-n antreiben, *fam* auf Trab bringen; *fam fig* **~ les puces à qn** → puce 1 **4** *État, société* erschüttern; *maladie etc* **~ qn** j-n angreifen, mitnehmen; *mauvaise nouvelle a.* j-n erschüttern **B** V/PR **se ~** **1** *chien etc* sich schütteln **2** *fam personne* sich rühren; **secoue-toi!** rühr dich!; tu was!

secourable [s(ə)kuʀabl] ADJ hilfreich; hilfsbereit; **tendre à qn une main ~** j-m e-e hilfreiche Hand bieten, reichen

secourir [s(ə)kuʀiʀ] V/T ⟨→ courir⟩ zu Hilfe kommen, helfen, Hilfe leisten (**qn** j-m); *miséreux a.* unterstützen

secourisme [s(ə)kuʀism] M Erste Hilfe; **secouriste** M/F Helfer(in) *m(f)*; Mitglied *n* e-r Hilfsorganisation; in Erster Hilfe Ausgebildete(r) *m/f(m)*

secours [s(ə)kuʀ] M **1** Hilfe *f*; Hilfeleistung *f*; *pl a.* Hilfsdienst *m*, -mannschaft(en) *f(pl)*; **premiers ~** Erste Hilfe (**aux blessés** für Verletzte); **~ d'urgence** Hilfe in Notfällen; **~ en montagne** Bergwacht *f*; **boîte** *f*, **trousse** *f* **de ~** Verband(s)kasten *m*; **éclairage** *m* **de ~** Notbeleuchtung *f*; **équipe** *f* **de ~** Hilfs-, Rettungsmannschaft *f*; **issue** *f*, **porte** *f*, **sortie** *f* **de ~** Notausgang *m*; **poste** *m* **de ~** Unfallstation *f*; Rettungsstelle *f*; AUTO **roue** *f* **de ~** Reserve-, Ersatzrad *n*; **au ~!** Hilfe!; **aller, (ac)courir, se porter, venir au ~ de qn** j-m zu Hilfe eilen, kommen; **appeler au ~** um Hilfe rufen; **appeler qn à son ~** j-n zu Hilfe rufen; **être d'un grand ~ (pour qn)** (j-m) e-e große Hilfe sein; *chose a.* sehr hilfreich sein; **laisser qn sans ~** j-m keine Hilfe bringen, leisten **2** *matériel, financier* Unterstützung *f*; Hilfe *f*; *pl* Hilfsgüter *npl* **3** MIL Entsatz *m*; *par ext* Entsatz-, Hilfstruppe *f* **4** REL Beistand *m* **5** **Secours catholique** Caritas *f*; **Secours populaire** *frz Hilfsorganisation für Bedürftige*

secousse [s(ə)kus] F **1** Stoß *m*; Ruck *m*; **~ sismique, tellurique** Erdstoß *m*; **par ~s** ruckweise, -artig **2** *fig* Schlag *m*; Schock *m*; **ça a été pour lui une terrible ~** das war ein harter Schlag, ein furchtbarer Schock für ihn **3** *fam fig* **il n'en fiche pas une ~** *fam* er tut keinen Handschlag; er macht keinen Finger krumm

secret¹ [səkʀɛ] ADJ ⟨secrète [səkʀɛt]⟩ **1** *(caché)* geheim; Geheim…; verborgen; **agent ~** Geheimagent *m*; **arme, association, diplomatie, police, porte secrète** Geheimwaffe *f*, -bund *m*, -diplomatie *f*, -polizei *f*, -tür *f*; **une secrète envie** ein geheimes Verlangen; FIN **fonds ~s** Geheim-, Reptilienfonds *m*; **service ~** Geheimdienst *m*; **garder, tenir une chose secrète** e-e Sache geheim halten **2** *personne (renfermé)* verschlossen

secret² [səkʀɛ] M **1** Geheimnis *n*; *(discrétion)* Geheimhaltung *f*; **~ professionnel** Berufsgeheimnis *n*; Schweigepflicht *f*; **~ de la confession, d'État, de fabrication** Beicht-, Staats-, Fabrikationsgeheimnis *n*; *par ext* **le ~ de son succès** das Geheimnis s-s Erfolgs; *loc adv*: **dans le plus grand ~** unter strengster Geheimhaltung; in größter Heimlichkeit; **en ~** *(en cachette)* heimlich; *(intérieurement)* insgeheim; **avoir le ~ de qc** etw sicher beherrschen; sich ausgezeichnet auf etw *(acc)* verstehen; **ne pas avoir de ~s pour qn** vor j-m keine Geheimnisse haben; **confier un ~ à qn** j-m ein Geheimnis anvertrauen; **connaître le ~ d'un coffre-fort** die Zahlenkombination e-s Tresors kennen; **ce n'est un ~ pour personne** das ist ein offenes Geheimnis; das pfeifen die Spatzen von den Dächern; **c'est là (qu'est) tout le ~** darin liegt das ganze Geheimnis; **être dans le ~** (in das Geheimnis) eingeweiht sein; **ne pas être dans le ~ des dieux** nicht zu den Eingeweihten gehören; **exiger le ~** Geheimhaltung fordern; **faire un ~ de qc** aus etw ein Geheimnis machen; **garder un ~** ein Geheimnis (be)wahren, hüten, für sich behalten; **garder le ~ sur qc** etw geheim halten; **jurer de garder un ~, jurer le ~** Verschwiegenheit geloben; **mettre qn dans le ~** j-n (in das Geheimnis) einweihen **2** JUR **mise** *f* **au ~** strenge Isolierung

secrétaire [s(ə)kʀetɛʀ] **1** M/F Sekretär(in) *m(f)*; **~ commerciale** Handelskorrespondentin *f*; **~ comptable** Buchhalterin *f*; **~ médicale** Arzthelferin *f*; Sprechstundenhilfe *f*; **~ particulier** Privatsekretär *m*; **~ f de direction** Chef-, Direktionssekretärin *f* **2** M POL Sekretär *m*; **~ général** Generalsekretär *m*; **~ d'État** Staatssekretär *m*; *aux USA* Außenminister *m*; *en Grande-Bretagne* **~ d'État aux Affaires étrangères** Außenminister *m*; **premier ~ du parti** erster Parteisekretär **3** M *d'une assemblée* Schrift-, Protokollführer *m* **4** M DIPL **~ d'ambassade** *correspond à* Legationsrat *m*; ADMIN **~ de mairie** *correspond à* Stadtdirektor *m* **5** M **~ de rédaction** Assistent *m* des Chefredakteurs **6** M *meuble* Sekretär *m*; Schreibschrank *m*

secrétariat [s(ə)kʀetaʀja] M **1** *service* Sekretariat *n*; Kanzlei *f*; Geschäftsstelle *f*; **~ d'État** Staatssekretariat *n*; *inscription* **s'adresser au ~** nähere Auskünfte erteilt das Sekretariat **2** **a)** *fonction* Amt *n*, *temps* Amtszeit *f* e-s Sekretärs **b)** *métier* Beruf *m* e-r Sekretärin; Tätigkeit *f* als Sekretärin; **~ médical** Beruf *m* der Arzthelferin; **école** *f* **de ~** Sekretärinnenschule *f*

secrète [səkʀɛt] F *fam (police ~)* Geheimpolizei *f*

secrètement [səkʀɛtmã] ADV **a)** *(en cachette)* heimlich **b)** *(intérieurement)* insgeheim; im Stillen

sécréter [sekʀete] V/T ⟨-è-⟩ **1** PHYSIOL absondern **2** *fig ennui* verbreiten

sécrétion [sekʀesjõ] F PHYSIOL **1** *phénomène* Sekretion *f*; Absonderung *f* **2** *substance* Sekret *n*

sectaire [sɛktɛʀ] **A** M/F **1** REL Sektierer(in) *m(f)* **2** *fig* engstirnige(r) Fanatiker(in) *m(f)* **B** ADJ **1** REL sektiererisch **2** *fig* fanatisch; intolerant; engstirnig

sectarisme [sɛktaʀism] M REL *et fig* Sektierertum *n*

secte [sɛkt] F **1** REL Sekte *f* **2** *fig et péj* Clique *f*; Klüngel *m*

secteur [sɛktœʀ] M **1** MATH Sektor *m*; Ausschnitt *m*; **~ de cercle** Kreisausschnitt *m* **2** ADMIN Bezirk *m*; HIST *à Berlin* Sektor *m*; *par ext* Gegend *f* (*a. fam*); Gebiet *n*; *d'un terrain* Abschnitt *m*; **qu'est-ce que tu viens faire dans ce ~?** was machst du in dieser Gegend? **3** MIL Frontabschnitt *m*; **~ postal** Feldpostnummer *f* **4** ÉCON (Wirtschafts)Sektor *m*, (-)Bereich *m*; **~ primaire** Agrar- *ou* Landwirtschaft *f* und Bergbau *m*; **~ privé, public** Privat-, Staatswirtschaft *f*; privater, öffentlicher Sektor; **~ secondaire** industrieller Sektor; **~ tertiaire** Dienstleistungssektor *m*; tertiärer Sektor; **~ de la production** Produktionsbereich *m*, -sektor *m* **5** ÉLEC (Strom)Netz *n*; **panne** *f* **de ~** Netzstörung *f*, -ausfall *m*; **brancher sur le ~** ans Netz anschließen **6** MÉTÉO Sektor *m*

section [sɛksjõ] F **1** MATH Schnitt *m*; **~ conique** Kegelschnitt *m*; **point** *m* **de ~** Schnittpunkt *m* **2** TECH Querschnitt *m* **3** CH DE FER, *d'une route* Streckenabschnitt *m*; *d'une ligne de bus* Teilstrecke *f* **4** ADMIN *d'une institution, d'une organisation* Abteilung *f*; Sektion *f*; ÉCOLE Fachrichtung *f*; Zug *m*; **~ électorale** Wahlbezirk *m*; *d'un parti, d'une association* **~ locale** Ortsgruppe *f* **5** MIL Zug *m*; **chef** *m* **de ~** Zugführer *m* **6** MUS **~ mélodique, rythmique** Melodie-, Rhythmusgruppe *f*

sectionnement [sɛksjɔnmã] M **1** Durchschneiden *n*, -trennen *n* **2** *fig* Aufteilung *f*; Unterteilung *f*

sectionner [sɛksjɔne] **A** V/T **1** durchschneiden, -trennen; **il a eu deux doigts sectionnés** ihm wurden zwei Finger abgetrennt **2** *fig* aufteilen, unterteilen (**en** in *+acc*) **B** V/PR *câble etc* **se ~** durch-, ab-, zerreißen

sectoriel [sɛktɔʀjɛl] ADJ ⟨~le⟩ ÉCON sektoral; der einzelnen Wirtschaftssektoren

sectorisation [sɛktɔʀizasjõ] F ADMIN Aufteilung *f* in Bezirke

sécu [seky] F *fam* ABR (Sécurité sociale) **a)** (französische) Sozialversicherung **b)** *(caisse maladie)* Krankenkasse *f* (der sozialen Krankenversicherung)

séculaire [sekylɛʀ] ADJ jahrhundertealt; **trois fois ~** drei Jahrhunderte alt

sécularisation [sekylaʀizasjõ] F REL Säkularisation *f*; Säkularisierung *f*

séculariser [sekylaʀize] V/T REL säkularisieren

séculier [sekylje] ADJ ⟨-ière⟩ REL weltlich; Welt…; **clergé ~** Welt-, Säkularklerus *m*; **prêtre ~** *ou subst* **~** *m* Weltgeistliche(r) *m*, -priester *m*

secundo [s(ə)gõdo] ADV zweitens

sécurisant [sekyʀizã] ADJ ein Gefühl der Sicherheit, Geborgenheit verleihend

sécuriser [sekyʀize] V/T **~ qn** j-m ein Gefühl der Sicherheit, Geborgenheit geben, verleihen

sécurité [sekyʀite] F **1** Sicherheit *f*; **~ routière** Verkehrssicherheit *f*; **~ du travail** Arbeitsschutz *m*; AUTO, AVIAT **ceinture** *f* **de ~** Sicherheitsgurt *m*; *ONU* **Conseil** *m* **de Sécurité** (Welt)Sicherheitsrat *m*; **contrôle** *m* **de ~** Sicherheitskontrolle *f*; *sur les routes* **glissière** *f* **de ~** Leitplanke *f*; **impression** *f*, **sentiment** *m* **de ~** Gefühl *n* der Sicherheit; **mesures** *fpl* **de ~** Sicherheitsmaßnahmen *fpl*; *loc adv* **en toute ~** (ganz) beruhigt; **être en ~** in Sicherheit sein 2 **Sécurité sociale** (französische) Sozialversicherung; *(caisse maladie)* Krankenkasse *f* (der sozialen Krankenversicherung); **prestations** *fpl* **de la Sécurité sociale** Sozialversicherungsleistungen *fpl* 3 TECH Sicherung *f* 4 Sicherung(swesen) *f(n)*; Sicherheitsdienst *m*; **~ aérienne** Flugsicherung *f*

Sedan [sədɑ̃] *Stadt im Dep. Ardennes*

sédatif [sedatif] M PHARM Beruhigungsmittel *n*; *t/t* Sedativ(um) *n*

sédentaire [sedɑ̃tɛʀ] ADJ 1 *population* sesshaft; *activité* immer am selben Ort ausgeübt; ohne Ortsveränderung; **vie** *f* **~** sesshafte Lebensweise 2 *(casanier)* häuslich; gern zu Hause bleibend

sédentariser [sedɑ̃taʀize] V/T sesshaft machen

sédiment [sedimɑ̃] M 1 GÉOL Sediment *n*; Ablagerung *f* 2 MÉD Sediment *n*; Bodensatz *m*; Niederschlag *m*

sédimentaire [sedimɑ̃tɛʀ] ADJ GÉOL Sediment…; sedimentär; **roches** *fpl* **~s** Sediment-, Schichtgesteine *npl*; Sedimente *npl*

sédimentation [sedimɑ̃tasjõ] F 1 MÉD **~ sanguine** Blutsenkung *f*; **vitesse** *f* **de ~** Blutsenkungsgeschwindigkeit *f* 2 GÉOL Sedimentation *f*; Ablagerung

séditieux [sedisjø] A ADJ ⟨-euse⟩ aufrührerisch; **attroupement ~** Zusammenrottung *f* in aufrührerischer Absicht B SUBST **~, séditieuse** *m,f* Aufrührer(in) *m(f)*

sédition [sedisjõ] F Aufruhr *m*; Aufstand *m*

séducteur [sedyktœʀ], **séductrice** A M,F Verführer(in) *m(f)* B ADJ verführerisch; Verführungs…

séduction [sedyksjõ] F 1 *d'une femme* Verführung *f* (*a.* JUR) 2 *fig* Verlockung *f*; Verführung *f*; Reiz *m*; *d'un acteur* **pouvoir** *m* **de ~** Fähigkeit *f*, sein Publikum zu bezaubern

séduire [sedɥiʀ] V/T ⟨→ conduire⟩ 1 verführen; **~ une femme** eine Frau verführen 2 *fig (attirer)* verlocken; verleiten; verführen; reizen; *(charmer)* bezaubern; hinreißen

séduisant [sedɥizɑ̃] ADJ verführerisch; *beauté a.* bezaubernd; hinreißend; betörend; *idée a.* verlockend; bestechend

segment [sɛgmɑ̃] M 1 MATH, BIOL Segment *n*; Abschnitt *m*; **~ de cercle** Kreisabschnitt *m*; **~ de droite** Strecke *f* 2 TECH **~ de frein** Bremsbacke *f*; **~ de piston** Kolbenring *m*

segmentation [sɛgmɑ̃tasjõ] F BIOL Segmentierung *f*; *de l'ovule* Furchung

segmenter [sɛgmɑ̃te] A V/T in Segmente, Abschnitte gliedern B V/PR **se ~** BIOL sich teilen

Ségolène [segɔlɛn] F *Vorname*

Ségovie [segɔvi] GÉOG Segovia *n*

ségrégatif [segʀegatif] ADJ ⟨-ive⟩ trennend wirkend; e-e Absonderung, (scharfe) Trennung, Segregation bewirkend, herbeiführend

ségrégation [segʀegasjõ] F Absonderung *f*; (scharfe) Trennung; Segregation *f*; **~ raciale** Rassentrennung *f*

ségrégationnisme [segʀegasjɔnism] M Politik *f* der Rassentrennung; **ségrégationniste** A ADJ Rassentrennungs…; *personne* die Rassentrennung befürwortend B M/F Anhänger(in) *m(f)*, Verfechter(in) *m(f)* der Rassentrennung

séguedille [segədij] F *danse* Seguidilla *f*

seiche [sɛʃ] F ZOOL Tintenfisch *m*

séide [seid] M fanatischer Anhänger; Gefolgsmann *m*

seigle [sɛgl] M AGR Roggen *m*; **pain** *m* **de ~** Roggenbrot *n*

seigneur [sɛɲœʀ] M 1 (ad[e]liger, vornehmer) Herr; *plais* **mon ~ et maître** mein Herr und Gebieter; **faire le grand ~** groß auftreten; **vivre en grand ~** wie ein großer Herr leben; *prov* **à tout ~ tout honneur** Ehre, wem Ehre gebührt *(prov)* 2 HIST Lehns-, Grundherr *m* 3 REL **le Seigneur** der Herr; **Notre Seigneur (Jésus-Christ)** unser Herr (Jesus Christus); **le jour du Seigneur** der Tag des Herrn; *int* **Seigneur!** mein Gott!

seigneurial [sɛɲœʀjal] ADJ ⟨-aux⟩ 1 *demeure etc* herrschaftlich; Herren… 2 HIST **droit ~** Recht *n* des Lehns-, Grundherrn

seigneurie [sɛɲœʀi] F HIST 1 Lehns-, Grundherrschaft *f* 2 **Sa, Votre Seigneurie** Seine, Eure Herrlichkeit

sein [sɛ̃] M 1 *d'une femme* Brust *f*; **~s** *pl* Busen *m*; **le ~ droit** die rechte Brust; **faux ~s** falscher Busen; **bout** *m*, **pointe** *f* **du ~** Brustwarze *f*; *loc adj* **~s nus** *fam* oben ohne; **donner le ~ à un enfant** e-m Kind die Brust geben; **nourrir au ~** stillen; nähren; *st/s* **serrer, presser qn sur son ~** j-n an s-e Brust drücken 2 *fig* Schoß *m*; Innerste(s) *n*; *st/s* **le ~ de l'Église, de la terre** der Schoß der Kirche, der Erde; *loc prép* **au ~ de** innerhalb *(+gén)*; **au ~ de la Communauté européenne** innerhalb, im Rahmen der Europäischen Gemeinschaft; **vivre au ~ de sa famille** im Kreise s-r Familie leben; *st/s* **porter un enfant dans son ~** *st/s* ein Kind unter dem Herzen tragen

seine [sɛn] F PÊCHE Schleppnetz *n*

Seine [sɛn] **la ~** die Seine

Seine-et-Marne [sɛnemaʀn] **la ~** *frz Departement*

Seine-Maritime [sɛnmaʀitim] **la ~** *frz Departement*

Seine-Saint-Denis [sɛnsɛ̃dni] **la ~** *frz Departement*

seing [sɛ̃] M JUR **~ privé** nicht notariell beurkundete Unterschrift; **acte** *m* **sous ~ privé** Privaturkunde *f*

séisme [seism] M Erdbeben *n*; **~ sous-marin** Seebeben *n*

séismique [seismik] → sismique

séismographe [seismɔgʀaf] → sismographe

SEITA [seta] F ABR (Société nationale d'exploitation industrielle des tabacs et allumettes) *frz Tabakkonzern*

seize [sɛz] A NUM sechzehn; **Louis ~ (XVI)** Ludwig der Sechzehnte (XVI.); **le ~ mai** der sechzehnte Mai *ou* am sechzehnten Mai; **page ~** Seite sechzehn; **à ~ heures** um sechzehn Uhr; **fille** *f* **de ~ ans** sechzehnjähriges Mädchen; Mädchen *n* von sechzehn Jahren B M Sechzehn *f*; **le ~ (du mois)** der Sechzehnte *ou* am Sechzehnten (des Monats); → *a.* deux B

seizième [sɛzjɛm] A NUM sechzehnte(r, -s) B SUBST 1 **le, la ~** der, die, das Sechzehnte 2 M MATH Sechzehntel *n* 3 *dans Paris* **le ~** das sechzehnte Arrondissement 4 *siècle* **le ~** das sechzehnte Jahrhundert

seizièmement [sɛzjɛmmɑ̃] ADV sechzehntens

séjour [seʒuʀ] M 1 Aufenthalt *m*; *à l'hôpital a.* Verweildauer *f*; **~ à la campagne** Aufenthalt auf dem Land; Landaufenthalt *m*; **~ en prison** Gefängnisaufenthalt *m*; Haftzeit *f*; **carte** *f* **de ~** *en France* Ausländerausweis *m*; *à l'hôpital* **frais** *mpl* **de ~** Pflegekosten *pl*; **permis** *m* **de ~** Aufenthaltserlaubnis *f*, -genehmigung *f*, -bewilligung *f*, -bescheinigung *f*; **taxe** *f* **de ~** Kurtaxe *f*; **faire un long, bref ~ dans une ville** sich in e-r Stadt lang(e), kurz aufhalten 2 **(salle** *f* **de) ~** Wohnzimmer *n*

séjourner [seʒuʀne] V/I 1 *personne* sich aufhalten; bleiben; verweilen 2 *eau* stehen bleiben; *cadavre* **~ trois mois dans la neige** drei Monate im Schnee (begraben) liegen

sel [sɛl] M 1 Salz *n* (*a.* CHIM); *(chlorure de sodium)* Kochsalz *n*; *pl* **~s** *(sel volatil)* Riechsalz *n*; CUIS **~ fin, gros ~** feines, grobes Salz; Fein-, Grobsalz *n*; **~ marin** Meersalz *n*; **~s de bain** Badesalz *n*; **~ de cuisine** Speisesalz *n*; **~ de table** Tafelsalz *n*; **grain** *m* **de ~** Salzkorn *n*, -körnchen *n*; **régime** *m* **sans ~** salzlose Kost; **mettre du ~** salzen (**dans qc** etw *[acc]*) 2 *fig* (feiner) Witz; Würze *f*; Salz *n*; **cela ne manque pas de ~** das ist wirklich witzig

sélect [selɛkt] ADJ exklusiv; vornehm; *fam* piekfein

sélecteur [selɛktœʀ] M *de l'embrayage automatique* Wählhebel *m*; *d'une motocyclette* Fußschalthebel *m*; ÉLEC Wählschalter *m*; *d'un lave-linge* Programm-, Wähltaste *f*; TÉL Wähler *m*

sélectif [selɛktif] ADJ ⟨-ive⟩ 1 selektiv; auswählend; Auswahl… 2 RAD trennscharf; selektiv

sélection [selɛksjõ] F 1 *action* Auswahl *f*; Auslese *f*; SPORTS **épreuve** *f*, **match** *m* **de ~** Ausscheidungskampf *m*, -spiel *n*; **faire une ~** e-e Auswahl treffen (**parmi les candidats** unter den Bewerbern) 2 BIOL, ÉLEVAGE Auslese *f*; Zuchtwahl *f*; Selektion *f*; **~ naturelle** natürliche Auslese 3 SPORTS *équipe* Auswahl (-mannschaft) *f* 4 *de produits, de poèmes etc* Auswahl *f*; Auslese *f*

sélectionner [selɛksjɔne] V/T auswählen; *adjt:* SPORTS **équipe sélectionnée** Auswahlmannschaft *f*; COMM **fruits sélectionnés** Qualitätsobst *n*

sélectionneur [selɛksjɔnœʀ] M SPORTS Funktionär, Trainer, der die Sportler *ou* Mannschaften auswählt; Nationaltrainer *m*

sélectivité [selɛktivite] F RAD Trennschärfe *f*; Selektivität *f*

sélénium [selenjɔm] M CHIM Selen *n*

Sélestat [selɛsta] GÉOG Schlettstadt *n*

self [sɛlf] M *fam* ABR (self-service) Selbstbedienungsrestaurant *n*

self-control [sɛlfkõtʀol] M Selbstbeherrschung *f*

selfie [sɛlfi] M Selfie *n*; Selbstportrait *n*

self-induction F ÉLEC Selbstinduktion *f*

self-made-man [sɛlfmɛdman] M ⟨*pl* self-made-men [-mɛn]⟩ Selfmademan *m*

self-service [sɛlfsɛʀvis] M ⟨*pl* self-services⟩ a *restaurant* Selbstbedienungsrestaurant *n* b *magasin* Selbstbedienungsladen *m*

selle [sɛl] F 1 Sattel *m* (*a. d'un vélo etc*); **~ de femme** Damensattel *m*; **cheval** *m* **de ~** Reitpferd *n*; **être bien en ~** fest im Sattel sitzen (*a. fig*); **se mettre en ~** aufsitzen; **remettre qn en ~** j-m wieder in den Sattel helfen, j-n wieder in den Sattel heben (*a. fig*) 2 CUIS Rücken *m*; **~ d'agneau, de chevreuil** Lamm-, Rehrücken *m* 3 PHYSIOL **~s** *pl* Stuhlgang *m*; **aller à la ~** Stuhlgang haben

seller [sele] V/T *cheval* satteln

sellerie [sɛlʀi] F 1 *métier* Sattlerei *f* 2 *(selles et harnais)* Sattelzeug *n*

sellette [sɛlɛt] F 1 LOC **être sur la ~** im Blickpunkt stehen; im Gespräch sein; **mettre qn sur la ~** j-n ausfragen, *fam* ausquetschen; j-n ins Gebet nehmen 2 *petit meuble* (Pflanzen)Ständer *m*

sellier [sɛlje] M Sattler *m*

selon [s(ə)lõ] PRÉP gemäß, entsprechend, nach, zufolge *(+dat)*; **~ toute apparence** allem Anschein nach; anscheinend; **~ le(s) cas** je nach Fall; *décider a.* von Fall zu Fall; **~ les circonstances** je nach (den) Umständen; **~ vos désirs** wunschgemäß; **~ les journaux** den Zeitungen zufolge; **~ moi** meines Erachtens (*abr* m. E.); meiner Auffassung, Meinung, Ansicht nach; **~ ses propres paroles, termes** nach s-n eigenen Worten; **~ les règles** den

S

Vorschriften entsprechend, gemäß; ordnungs-, vorschriftsmäßig; **~ toute vraisemblance** aller Wahrscheinlichkeit nach; **Évangile** *m* **~ saint Jean** Johannesevangelium *n*; Evangelium *n* nach Johannes; *fam* **c'est ~** das kommt (ganz) darauf an; je nachdem; *loc conj* **~ que** je nachdem

Seltz [sɛls] **eau** *f* **de ~** Soda-, Selterswasser *n*

semailles [s(ə)maj] FPL 1 *action* (Aus)Saat *f*; Säen *n* 2 *époque* Saatzeit *f*

semaine [s(ə)mɛn] F 1 Woche *f*; REL **la ~ sainte** die Karwoche; COMM **~ de, du blanc** Weiße Woche; **~ de trente-cinq heures** Fünfunddreißigstundenwoche *f*; *fam fig* **la ~ des quatre jeudis** → jeudi; **la ~ de Pâques** die Osterwoche; die Woche nach Ostern; **un congé de trois ~s** ein dreiwöchiger Urlaub; **fin** *f* **de ~** Wochenende *n*; ♦ *loc adv*: **la ~ passée** *ou* **dernière, prochaine** vergangene *ou* vorige *ou* letzte, nächste *ou* kommende Woche; in der vergangenen *etc* Woche; **des ~s (entières)** wochenlang; **au début, au milieu, à la fin de la ~ prochaine** Anfang, Mitte, Ende nächster Woche; **à la ~** wöchentlich; wochenweise; **à la petite ~** *politique etc* kurzsichtig; ohne klares Konzept; **prêter à la petite ~** auf kurze Zeit zu hohen Zinsen verleihen; **vivre à la petite ~** von der Hand in den Mund leben; **en ~** unter der Woche; wochentags; **une fois par ~** *ou* **la ~** einmal wöchentlich, pro Woche, in der Woche; ♦ **avoir quatre ~s de congé** vier Wochen Urlaub haben; *fam fig* **c'est ma ~ de bonté** *fam* ich habe (heute) meinen sozialen Tag; **faire la ~ anglaise** samstags nicht arbeiten 2 LOC ADJ **de ~** (in dieser Woche) diensthabend; **être de ~** Dienst haben 3 TV, PRESSE **~ politique** politische Wochenchronik 4 *paie* Wochenlohn *m*

semainier [s(ə)menje] M Terminkalender *m* (*mit wochenweiser Einteilung*)

sémantème [semɑ̃tɛm] M LING Semantem *n*

sémanticien [semɑ̃tisjɛ̃] M LING Semantiker *m*

sémantique [semɑ̃tik] LING A ADJ semantisch; **champ** *m* **~** Wortfeld *n* B F Semantik *f*; Wortbedeutungslehre *f*

sémaphore [semafɔʀ] M 1 MAR Semaphor *n ou m* 2 CH DE FER Flügelsignal *n*

sémasiologie [semazjɔlɔʒi] F LING Semasiologie *f*; Wortbedeutungslehre *f*; **sémasiologique** ADJ LING semasiologisch

semblable [sɑ̃blabl] A ADJ 1 (*analogue*) ähnlich (**à** *dat*); **une maison ~ à celle d'en face** ein Haus ähnlich dem gegenüberliegenden; MATH **triangles** *mpl* **~s** ähnliche Dreiecke *npl*; **qc de ~** etwas Ähnliches 2 (*tel*) derartige(r, -s); solche(r, -s); so ein(e, -r); **que faire dans un cas ~?** was soll man in e-m solchen *ou* in so e-m Fall tun? B SUBST 1 **mon ~** meinesgleichen; **vous et vos ~s** Sie und Ihresgleichen *ou* ihr und euresgleichen 2 (*prochain*) Mitmensch *m*; **aider ses ~s** s-n Mitmenschen helfen

semblant [sɑ̃blɑ̃] M (An)Schein *m*; *litt* **faux ~** falscher Schein; Verstellung *f*; **un ~ de …** ein Anschein von …; so etwas wie (ein[e]) …; **un ~ de légalité** ein Anschein von Legalität; **faire ~ de** (*+inf*) so tun, als ob …; **faire ~ de dormir** so tun, als ob man schlafe *ou* schliefe *ou* schläft; sich schlafend stellen; **il fait ~** er tut nur so; **ne faire ~ de rien** so tun, als ob man nichts wüsste *ou* sehen würde *ou* hören würde; sich (*dat*) nichts anmerken lassen

sembler [sɑ̃ble] A VI scheinen; **vous me semblez fatigué** Sie scheinen müde zu sein; mir scheint, Sie sind müde; **cela semble (être) suffisant** das scheint ausreichend zu sein; **le temps m'a semblé long** die Zeit kam mir lang vor B V/IMP ♦ *avec* ADJ: **il me semble inutile de** (*+inf*) es scheint mir unnötig zu (*+inf*); **comme, quand, si bon lui semble** wie, wann, falls er es für gut *ou* richtig hält, erachtet; nach (s-m) Gutdünken; ♦ *avec inf* **il me semble voir son père** *quand je le vois* mir scheint, ich sehe s-n Vater …; ♦ **il (me) semble que** (*+ind ou +subj*) es scheint *ou* mir scheint, (dass) …; *st/s* mir *ou* mich dünkt, (dass) …; **il me semble qu'il fait plus chaud aujourd'hui qu'hier** mir scheint, heute ist es wärmer als gestern; **il ne me semble pas qu'on puisse agir autrement** mir scheint, dass man nicht anders handeln kann; ♦ **à ce qu'il me semble**, *en incise a.* **ce me semble, me semble-t-il** wie mir scheint; so scheint es mir; anscheinend; *litt* **que vous en semble?** was halten Sie davon?

sème [sɛm] M LING Semem *n*

semelle [s(ə)mɛl] F 1 Sohle *f* (*a. d'un bas*); Schuhsohle *f*; *pour mettre à l'intérieur* Einlegesohle *f*; **~ de caoutchouc, de crêpe, de cuir** Gummi-, Krepp-, Ledersohle *f*; *fig* **ne pas avancer d'une ~** keinen Schritt vorwärts-, vorankommen; **battre la ~** die Füße gegeneinanderschlagen *ou* mit den Füßen auf den Boden stampfen (*um sich aufzuwärmen*); *plais: viande coriace* **c'est de la ~** das ist zäh wie e-e Schuhsohle; **ne pas quitter, lâcher qn d'une ~** j-m nicht von den Fersen weichen; j-m auf Schritt und Tritt folgen; keinen Schritt von j-m weichen; **ne pas reculer d'une ~** keinen Fußbreit zurückweichen 2 TECH Auflage-, Grund-, Fußplatte *f*

semence [s(ə)mɑ̃s] F 1 BOT, AGR Samen *m*; AGR *a.* Saat *f*; Saatgut *n*; **~s** *pl a.* Sämereien *fpl* 2 TECH kleiner Flachkopfnagel; Blauzwecke *f*

semer [s(ə)me] V/T ⟨-è-⟩ 1 AGR (aus-, an)säen 2 (*répandre*) (aus)streuen 3 *fig peur, faux bruits, mort* verbreiten; *consternation* hervorrufen; *discorde* säen 4 *fam* **~ qn** j-n hinter sich (*dat*) lassen; *fam* j-n abhängen

semestre [s(ə)mɛstʀ] M Halbjahr *n*; UNIVERSITÉ Semester *n*; **par ~** halbjährlich

semestriel [səmɛstʀijɛl] ADJ ⟨~le⟩ halbjährlich; **revue ~le** halbjährlich erscheinende Zeitschrift; Halbjahreszeitschrift *f*

semeur [s(ə)mœʀ] M, **semeuse** F 1 Sämann *m*, Säerin *f* 2 *fig* **semeur, semeuse de discorde** j-d, der Zwietracht sät

semi-automatique [səmiɔtɔmatik] ADJ TECH halb automatisch; **arme** *f* **~** halb automatische Waffe; Selbstladewaffe *f*; *fam* Selbstlader *m*

semi-auxiliaire [səmiɔksiljɛʀ] M GRAM modales Hilfsverb; modifizierendes Verb

semi-circulaire [səmisiʀkylɛʀ] ADJ halbrund; halbkreisförmig; *de l'oreille* **canaux** *mpl* **~s** Bogengänge *mpl*

semi-conducteur [səmikɔ̃dyktœʀ] M TECH Halbleiter *m*

semi-consonne [səmikɔ̃sɔn] F PHON Halbkonsonant *m*

semi-fini [səmifini] ADJ **produit ~** Halbfabrikat *n*, -erzeugnis *n*, -fertigware *f*

sémillant [semijɑ̃] *st/s* ADJ lebhaft; temperamentvoll; lebensprühend

séminaire [seminɛʀ] M 1 ÉGL CATH **(grand) ~** (Priester)Seminar *n*; **petit ~** von Geistlichen geleitete Internatsschule 2 UNIVERSITÉ Seminar *n*; Studien-, Arbeitsgruppe *f* 3 (*colloque*) Seminar *n*; Arbeitstagung *f*; **participer à un ~ de sociologie** an e-m Seminar über Soziologie teilnehmen

séminal [seminal] ADJ ⟨-aux⟩ ANAT Samen…; **vésicules ~es** Samenblasen *fpl*

séminariste [seminaʀist] M Seminarist *m*

sémiologie [semjɔlɔʒi] F LING, MÉD Semiologie *f*; **sémiotique** F Semiotik *f*

semi-perméable [səmipɛʀmeabl] ADJ PHYS halbdurchlässig; semipermeabel

semi-remorque [səmiʀ(ə)mɔʀk] M *ou* F Sattelschlepper *m*; Sattelzug *m*

semis [s(ə)mi] M 1 *action* (Aus)Säen *n*; Aussaat *f* 2 *plantes* Sämlinge *mpl* 3 *terrain* eingesätes Beet 4 *décor* Streumuster *n*

sémite [semit] A ADJ semitisch; **peuples** *mpl* **~s** semitische Völker *npl* B SUBST **Sémite** *m/f* Semit(in) *m(f)*; *abus* Jude *m*, Jüdin *f*; **les Sémites** die Semiten

sémitique [semitik] ADJ LING semitisch; **langues** *fpl* **~s** semitische Sprachen *fpl*

semi-voyelle [səmivwajɛl] F PHON Halbvokal *m*

semoir [səmwaʀ] M AGR Sämaschine *f*; **~ à engrais** Düngerstreumaschine *f*

semonce [səmɔ̃s] F 1 (*réprimande*) Rüge *f*; Tadel *m*; Schelte *f* 2 MAR *et fig* **coup** *m* **de ~** Warnschuss *m*

semoule [s(ə)mul] F Grieß *m*; **~ de maïs** Maisgrieß *m*; *adjt* **sucre** *m* **~** Streuzucker *m*

sempiternel [sɑ̃pitɛʀnɛl, sɛ̃-] ADJ ⟨~le⟩ immer während; fortwährend; *fam* ewig; dauernd

Sénat [sena] M POL, HIST Senat *m*; **président** *m* **du ~** Senatspräsident *m*

sénateur [senatœʀ] M POL, HIST Senator *m*; *fig* **un train de ~** ein gravitätischer, gemessener Gang

sénatorial [senatɔʀjal] ADJ ⟨-aux⟩ a Senats…; **élections ~es** Senatswahlen *fpl* b Senatoren…

sénatus-consulte [senatyskɔ̃sylt] M HIST Senatsbeschluss *m*

séné [sene] M 1 BOT Sennesstrauch *m* 2 PHARM Sennesblätter *npl*

sénéchal [seneʃal] M ⟨-aux⟩ HIST Seneschall *m*

séneçon [sɛnsɔ̃] M BOT Kreuzkraut *n*

Sénégal [senegal] **le ~** *État* Senegal *n ou* der Senegal

sénégalais [senegalɛ] A ADJ senegalesisch; senegalisch B SUBST **Sénégalais(e)** *m(f)* Senegalese *m*, Senegalesin *f*; Senegaler(in) *m(f)*

Sénèque [senɛk] M PHIL Seneca *m*

sénescence [senesɑ̃s] F Altern *n*; Altwerden *n*; Alterserscheinungen *fpl*

sénevé [sɛnve] M BOT 1 *plante* Senf *m* 2 *graine* Senfsamen *m*

Senghor [sɑ̃gɔʀ] M *senegalesischer Staatsmann u. Dichter*

sénile [senil] ADJ senil; altersschwach; greisenhaft

sénilité [senilite] F Senilität *f*; Altersschwäche *f*; Greisenhaftigkeit *f*; **~ précoce** a MÉD vorzeitiger Eintritt des Greisenalters b *fam* vorzeitige Verkalkung

senior [senjɔʀ] M SPORTS Senior *m*; *adjt* **catégorie** *f* **~** Seniorenklasse *f*

Senlis [sɑ̃lis] *Stadt im Dep. Oise*

sens [sɑ̃s] M 1 a PHYSIOL Sinn *m*; **les cinq ~** die fünf Sinne; *fig* **le sixième ~** der sechste Sinn; *st/s* **reprendre ses ~** wieder zur Besinnung kommen; **cela tombe sous le ~** das liegt auf der Hand; das versteht sich von selbst b (*sensualité*) **les ~** *pl* die Sinne *mpl*; **plaisirs** *mpl* **des ~** Sinnengenuss *m*; Sinnenfreuden *fpl* 2 a (*instinct*) **~ artistique** Kunstverständnis *n*, -verstand *m*; **~ esthétique** ästhetisches Empfinden; Schönheitssinn *m*; Sinn *m* für Ästhetik, Schönheit; **~ pratique** praktische Veranlagung; **avoir le ~ pratique** praktisch veranlagt sein; praktisch denken; **~ du devoir** Pflichtbewusstsein *n*, -gefühl *n*; **~ de l'orientation** Orientierungssinn *m*, -vermögen *n*; Ortssinn *m*; **avoir le ~ des affaires** Geschäftssinn besitzen; geschäftstüchtig sein; **avoir le ~ de l'humour** Sinn für Humor haben; **avoir le ~ des réalités** Sinn für Realitäten haben; **ne pas avoir le ~ du ridicule** nicht merken, wann etwas lächerlich wirkt b **le bon ~, le ~ commun** der gesunde Menschenverstand; **remarque pleine de bon ~** sehr vernünftige Bemerkung; **cela n'a pas le ~ commun, cela n'a pas de bon ~** das ist gegen den gesunden Menschenverstand; **posséder un solide bon ~** viel gesunden Menschenverstand besitzen c **à mon ~** meines Erachtens (*abr* m. E.); meiner Meinung, Ansicht nach; nach meinem Dafürhalten 3 (*signification*) Sinn *m*; Bedeutung *f*; **~ figuré, propre** übertragene, eigentliche Bedeutung; **au ~ strict, large du terme** im engeren, weiteren Sinn (des Wortes); **à double ~** doppel-, zweideutig; doppelsinnig; **dénué, dépourvu de ~** sinnlos; **dans quel ~?** in welchem Sinne?; **en un ~, dans un certain ~** in gewissem Sinne; in gewisser Weise, Hinsicht; **en ce ~ que** insofern, als; **ne pas avoir de ~** keinen Sinn haben; sinnlos sein; **donner un ~ à qc** e-r Sache e-n Sinn geben 4 (*direction*) Richtung *f*; **le mauvais ~** die falsche Richtung; *panneau routier* **~ interdit** Verbot *n* der Einfahrt; **(rue** *f* **à) ~ unique** Einbahnstraße *f*; **dans tous les ~** kreuz und quer; durcheinander; nach allen Seiten; **dans le ~ des aiguilles d'une montre** im Uhrzeigersinn; **dans le, en ~ inverse des aiguilles d'une montre** gegen den Uhrzeigersinn; **dans le ~ de la longueur** der Länge nach; in (der) Längsrichtung; **dans le ~ de la marche** in Fahrtrichtung; **dans le, en ~ inverse** in entgegengesetzter Richtung; in der Gegenrichtung; **venir en ~ inverse** aus der entgegengesetzten Richtung kommen; entgegenkommen; **en tous ~** in alle(n) Richtungen; **~ dessus dessous** [sɑ̃dsydsu] völlig durcheinander (*a. intérieurement*); **tout est ~ dessus dessous** *a.* es geht alles drunter und drüber; **mettre tout ~ dessus dessous** alles auf den Kopf stellen; das Unterste zuoberst kehren; **mettre une pièce ~ dessus dessous** in e-m Zimmer alles durcheinanderbringen, -werfen; **~ devant derrière** [sɑ̃dvɑ̃dɛʀjɛʀ] verkehrt (herum)

Sens [sɑ̃s] *Stadt im Dep. Yonne*

sensass [sɑ̃sas] ADJ ⟨*inv*⟩ *fam* ABR → sensationnel 2

sensation [sɑ̃sasjõ] F 1 (*perception*) Empfindung *f*; (*émotion*) Gefühl *n*; **~ auditive, visuelle** Gehörs-, Gesichtsempfindung *f*; **~ (dés)agréable** (un)angenehmes Gefühl; **~ de bien-être** Gefühl des Wohlbehagens; Wohlgefühl *n*; wohliges Gefühl; **~ de vertige** Schwindelgefühl *n*; **aimer les ~s fortes** den Nervenkitzel mögen; **j'avais la ~ d'étouffer** ich glaubte zu ersticken; **éprouver une ~ de fatigue** Müdigkeit verspüren, empfinden 2 (*grosse impression*) Sensation *f*; **faire ~** Aufsehen erregen; e-e Sensation sein; *loc adj* **à ~** Sensations...; **presse** *f* **à ~** Sensations-, Boulevard-, Revolverpresse *f*

sensationnalisme [sɑ̃sasjɔnalism] M Sensationsgier *f*, -hascherei *f*, -lust *f*

sensationnel [sɑ̃sasjɔnɛl] ADJ ⟨~le⟩ 1 aufsehenerregend; sensationell; *subst*: **goût** *m* **du ~** Sensationslust *f*; **être à l'affût du ~** auf Sensationen aus sein 2 *fam* toll; klasse ⟨*inv*⟩; fantastisch; prima ⟨*inv*⟩; **n'avoir rien de ~** *fam* nicht besonders sein

sensé [sɑ̃se] ADJ vernünftig; **remarque ~e** vernünftige, sinnvolle Bemerkung

sensibilisation [sɑ̃sibilizasjõ] F 1 PHOT, BIOL Sensibilisierung *f* 2 *fig* **~ de l'opinion** Sensibilisierung *f* der Öffentlichkeit (**à qc** für etw)

sensibiliser [sɑ̃sibilize] V/T 1 PHOT sensibilisieren; lichtempfindlich machen 2 BIOL sensibilisieren 3 *fig* **~ l'opinion (publique)** die öffentliche Meinung, die Öffentlichkeit empfänglich, aufnahmebereit, aufgeschlossen machen, sensibilisieren (**à un problème** für ein Problem); die Öffentlichkeit ansprechen, interessieren

sensibilité [sɑ̃sibilite] F 1 PHYSIOL Empfindungsvermögen *n*; Sensibilität *f* 2 *d'une personne* a Feinfühligkeit *f*; Sensibilität *f*; Empfindsamkeit *f* b (*cœur*) weiches Gemüt; Mitgefühl *n*; Weichherzigkeit *f*; **dépourvu de ~** gefühllos 3 *d'une balance etc* Empfindlichkeit *f*; PHOT Lichtempfindlichkeit *f*; Sensibilität *f*

sensible [sɑ̃sibl] ADJ 1 PHYSIOL empfindlich; **nerfs** *mpl* **~s** empfindliche Nerven *mpl*; **point** *m* **~** empfindliche Stelle; *fig a.* wunder Punkt; **~ au bruit, à la douleur, au froid** lärm-, schmerz-, kälteempfindlich; empfindlich gegen Lärm, Schmerz, Kälte; **être ~ de la gorge** leicht Halsweh bekommen 2 *personne* (*impressionnable*) feinfühlend; sensibel; empfindsam; (*réceptif*) empfänglich; empfindlich; **~ à la beauté, à la flatterie** empfänglich für das Schöne, für Schmeicheleien; **~ à la critique, à la raillerie** empfindlich gegen Kritik, Spott; **avoir le cœur ~** ein weiches, mitfühlendes Herz, ein weiches Gemüt haben; weichherzig sein; **être ~ au qu'en dira-t-on** auf das Gerede der Leute hören; **faire vibrer, toucher la corde ~ de qn** → corde 5 3 *balance etc* empfindlich; PHOT lichtempfindlich 4 MUS **note** *f* **~** *ou subst* **~** *f* Septime *f* 5 a (*perceptible*) wahrnehmbar; empfindbar; **monde** *m* **~** Sinnenwelt *f*; **à peine ~** kaum wahrnehmbar b *progrès, baisse etc* fühlbar; spürbar; merklich; deutlich 6 (*délicat*) *dossier* heikel; **quartier** *m* **~** Problemviertel *n*

sensiblement [sɑ̃sibləmɑ̃] ADV 1 (*notablement*) fühlbar; spürbar; merklich; deutlich; **la température a ~ baissé** die Temperatur ist merklich zurückgegangen 2 (*à peu près*) etwa; ungefähr; **ils sont ~ de la même taille** sie sind etwa gleich groß

sensiblerie [sɑ̃sibləʀi] F Überempfindsamkeit *f*; Rührseligkeit *f*; *fam* Gefühlsduselei *f*

sensitif [sɑ̃sitif] ADJ ⟨-ive⟩ ANAT Empfindungs...; **nerfs** *mpl* **~s** Empfindungsnerven *mpl*; sensible, sensorische Nerven *mpl*

sensitive [sɑ̃sitiv] F BOT Mimose *f*; Sinnpflanze *f*

sensoriel [sɑ̃sɔʀjɛl] ADJ ⟨~le⟩ PHYSIOL, PSYCH Sinnes...; sensorisch

sensualisme [sɑ̃sɥalism] M PHIL Sensualismus *m*

sensualité [sɑ̃sɥalite] F Sinnlichkeit *f*

sensuel [sɑ̃sɥɛl] ADJ ⟨~le⟩ sinnlich; **bouche ~le** sinnlicher Mund

sentence [sɑ̃tɑ̃s] F 1 JUR Urteil *n*; Urteilsspruch *m* (*a. fig*); **prononcer, exécuter une ~** ein Urteil fällen, vollstrecken 2 (*maxime*) Sinn-, Denkspruch *m*; Sentenz *f*

sentencieux [sɑ̃tɑ̃sjø] ADJ ⟨-euse⟩ schulmeisterlich; belehrend; lehrhaft; dozierend

senteur [sɑ̃tœʀ] F 1 *litt* Duft *m*; Wohlgeruch *m* 2 BOT **pois** *m* **de ~** Wohlriechende Wicke

senti [sɑ̃ti] ADJ *remarque* **bien ~** treffend; treffsicher; wohlgezielt

sentier [sɑ̃tje] M Fußweg *m*; Pfad *m*; **~ de montagne** Gebirgspfad *m*; Steig *m*; **~ de grande randonnée** Fernwanderweg *m*; *les Indiens et fig* **être sur le ~ de (la) guerre** auf dem Kriegspfad sein

sentiment [sɑ̃timɑ̃] M 1 Gefühl *n*; Empfindung *f*; **~s patriotiques** patriotische Gefühle; **le ~ du devoir accompli** das Bewusstsein, s-e Pflicht getan zu haben; **~ de haine** Hassgefühl *n*; Gefühl des Hasses; **~ d'infériorité** Minderwertigkeitsgefühl *n*; **~ de pitié** Gefühl des Mitleids; **~ de tendresse** zärtliches Gefühl; **avoir le ~ de sa force** sich (*dat*) s-r Stärke bewusst sein; **j'ai le ~ que je me trompe** ich habe das Gefühl, dass ich mich täusche; *fam* **ça n'empêche pas les ~s** das tut der Liebe keinen Abbruch; *fam* **la faire** *ou* **faire ça au ~** *fam* es auf die weiche Tour versuchen; *fam* **(ne faites) pas de ~!** bloß nicht sentimental werden!; bitte jetzt keine Sentimentalitäten!; **manifester ses ~s** s-e Gefühle zeigen; **partager les ~s de qn** j-s Gefühle teilen; **prendre qn par les ~s** j-n von der Gefühlsseite her nehmen, packen; *à la fin d'une lettre* **veuillez agréer l'expression de mes ~s distingués, respectueux** hochachtungsvoll; mit vorzüglicher Hochachtung 2 *st/s* (*opinion*) Meinung *f*; Ansicht *f*; **nous voudrions connaître votre ~ au sujet de ...** wir möchten Ihre Ansicht über (*+acc*) ... kennenlernen

sentimental [sɑ̃timɑ̃tal] ADJ ⟨-aux⟩ 1 (*affectif*) Gefühls...; *personne* gefühlsbetont; gefühlvoll; **attachement ~** gefühlsmäßige Bindung; **personne ~e** *a.* Gefühlsmensch *m* 2 *péj film, chanson, personne* sentimental; übertrieben gefühlvoll; gefühlsselig; *film etc a.* rührselig; *personne a. fam* gefühlsdus(e)lig 3 (*amoureux*) Liebes...; **aventure ~e** Liebesabenteuer *n*; **déception ~e** Liebesenttäuschung *f*

sentimentalisme [sɑ̃timɑ̃talism] M Hang *m* zur Sentimentalität

sentimentalité [sɑ̃timɑ̃talite] F Sentimentalität *f*; Gefühlsseligkeit *f*; **~ excessive** Gefühlsüberschwang *m*; Gefühlsschwelgerei *f*; *péj* Rührseligkeit *f*; *fam* Gefühlsduselei *f*

sentine [sɑ̃tin] F 1 MAR Bilge *f*; Pumpensumpf *m* 2 *litt* Kloake *f*

sentinelle [sɑ̃tinɛl] F 1 MIL (Wach-, Wacht-)Posten *m*; **être en ~** Posten, Wache stehen 2 *pop* (*excréments*) Kothaufen *m*; *fam* Kaktus *m*

sentir [sɑ̃tiʀ] ⟨je sens, il sent, nous sentons; je sentais; je sentis; je sentirai; que je sente; sentant; senti⟩ A V/T 1 fühlen; (ver)spüren; empfinden; (be)merken; **~ la beauté de qc** die Schönheit von etw empfinden; *fam* **ne plus ~ ses bras, ses jambes** (*vor Müdigkeit*) seine Arme, Beine nicht mehr spüren; **~ la chaleur** die Wärme spüren; **~ son cœur battre** Herzklopfen verspüren; **il sentit la colère le gagner** er fühlte, wie ihn der Zorn überkam; **~ la mort venir** den Tod (heran)nahen fühlen; **vous sentez bien qu'il ment** Sie merken doch, dass er lügt; **faire ~ qc à qn** j-n etw spüren lassen; *douleur, manque etc* **se faire ~** sich bemerkbar machen; spürbar, fühlbar werden 2 (*flairer*) riechen; **~ un fromage** an e-m Käse riechen; **~ le parfum des lilas** den Fliederduft riechen; *fam* **ne pas pouvoir ~ qn** *fam* j-n nicht riechen können 3 a (*répandre une odeur*) **~ qc** nach etw riechen, duften; *abs* **cette viande sent** dieses Fleisch riecht; **~ bon** gut riechen; duften; **~ mauvais, fort** schlecht *ou* übel, stark riechen; stinken; **~ le café** nach Kaffee riechen, duften; **~ de la bouche** aus dem Mund riechen; **il sent des pieds** s-e Füße riechen b *vin* **~ le bouchon** nach dem Korken schmecken c *fig* **une plaisanterie qui sent la caserne** ein Witz, wie er unter Soldaten üblich ist; **ça sent la neige** es sieht nach Schnee aus; **il sent son paresseux** man merkt ihm s-e Faulheit an B V/PR a *sens réfléchi* **se ~ bien** sich wohlfühlen; **se ~ mal** sich schlecht, elend fühlen; **je me sens mal** *a.* mir ist schlecht; **je ne me sens pas bien** ich fühle mich nicht wohl; ich fühle mich unwohl; **se ~ jeune, libre** sich jung, frei fühlen; **je ne m'en sens pas le courage** ich

S

kann mich nicht dazu aufraffen; ich bringe es nicht übers Herz; **se ~ la force de faire qc** sich stark genug fühlen, etw zu tun; **je me sens revivre** ich fühle *ou* spüre, wie ich wieder auflebe; *fam fig* **tu ne te sens plus?** *fam* du bist wohl nicht recht bei Trost?; **ne pas** *ou* **plus se ~ de joie** sich vor Freude nicht zu lassen wissen; vor Freude außer sich sein b *sens réciproque fam* **ils ne peuvent pas se ~** *fam* sie können sich nicht riechen c *sens passif* **cela se sent** das merkt, spürt, fühlt man

seoir [swaʀ] ⟨*défect*: il sied; il seyait; il siérait; seyant⟩ A V/I *litt* **cette robe lui sied** dieses Kleid steht ihr (gut) B V/IMP *litt* **il sied à qn de faire qc** *litt* es geziemt sich für j-n *ou* es steht j-m wohl an, etw zu tun; *iron* **il vous sied bien de me donner des conseils!** gerade Sie sind berufen, mir Ratschläge zu erteilen!

Séoudite [seudit] → Saoudite

Séoul [seul] GÉOG Seoul *n*

sépale [sepal] M BOT Kelchblatt *n*

séparable [sepaʀabl] ADJ (ab)trennbar

séparateur [sepaʀatœʀ] A ADJ ⟨-trice⟩ trennend; OPT **pouvoir ~** Auflösungsvermögen *n* B M TECH **~ d'huile** Ölabscheider *m*

séparation [sepaʀasjõ] F 1 Trennung *f*; Abtrennung *f*; *st/s* Scheidung *f*; *de personnes a.* Getrenntsein *n* (*état*); **~ difficile à supporter** schwer zu ertragende Trennung; **la ~ de l'Allemagne** die deutsche Teilung; JUR **~ de biens** Gütertrennung *f*; JUR **~ de corps** Trennung von Tisch und Bett; POL **~ de l'Église et de l'État** Trennung von Kirche und Staat; JUR **~ de fait** Getrenntleben *n*; PHYS NUCL **~ des isotopes** Isotopentrennung *f*; POL **~ des pouvoirs** Gewaltenteilung *f* 2 (*cloison*) Trennwand *f*; *ligne* Trennungslinie *f*

séparatisme [sepaʀatism] M POL Separatismus *m*; **séparatiste** A ADJ separatistisch B M/F Separatist(in) *m(f)*

séparé [sepaʀe] ADJ getrennt; separat; *époux* getrennt lebend; **séparément** ADV getrennt; gesondert

séparer [sepaʀe] A V/T trennen, *chose a.* abtrennen, *st/s* (ab)sondern, scheiden (**de** von); *deux personnes a.* auseinanderbringen; **la mort les a séparés** der Tod hat sie getrennt; **~ ses cheveux par une raie** s-e Haare durch e-n Scheitel teilen; **~ les combattants** die Kämpfenden trennen; **~ la mère de ses enfants** die Mutter von ihren Kindern trennen; **~ la théorie et la pratique** Theorie und Praxis unterscheiden, auseinanderhalten, trennen B V/PR **se ~** sich trennen; auseinandergehen; **se ~ de qn, de qc** sich von j-m, von etw trennen

sépia [sepja] F 1 ZOOL, *matière colorante* Sepia *f* 2 PEINT Sepiazeichnung *f*

sept [sɛt] A NUM sieben; **le ~ août** der sieb(en)te August *ou* am sieb(en)ten August; **Charles VII** Karl VII. (der Sieb[en]te); **page ~** Seite sieben; **à ~** zu siebt, sieben(t); **de ~ ans** siebenjährig; von sieben Jahren; **il est ~ heures** es ist sieben (Uhr) B M ⟨*inv*⟩ Sieben *f*; *all Sud a.* Siebener *m*; **le ~ de carreau** die Karosieben; **le ~ (du mois)** der Sieb(en)te *ou* am Sieb(en)ten (des Monats); → *a.* **deux** B

septante [sɛptɑ̃t] NUM 1 *en Belgique et en Suisse* siebzig 2 BIBL **la version des Septante** die Septuaginta

septembre [sɛptɑ̃bʀ] M September *m*

septennal [sɛptɛ(n)nal] ADJ ⟨-aux⟩ siebenjährig *ou* -jährlich; **mandat ~** Mandat *n* auf sieben Jahre; *a.* siebenjährige Amtszeit

septennat [sɛptena] M siebenjährige Amtszeit (*des französischen Präsidenten bis 2002*)

septentrional [sɛptɑ̃tʀijɔnal] ADJ ⟨-aux⟩ nördlich; Nord...; **l'Europe ~e** Nordeuropa *n*

septicémie [sɛptisemi] F MÉD Blutvergiftung *f*; *t/t* Sepsis *f*

septième [sɛtjɛm] A NUM siebente(r, -s) *ou* siebte(r, -s); **le ~ art** die Filmkunst; **être au ~ ciel** im siebenten Himmel sein B SUBST 1 **le, la ~** der, die, das Sieb(en)te 2 M MATH Sieb(en)tel *n* 3 M *étage* sieb(en)ter Stock; sieb(en)tes Stockwerk; sieb(en)te Etage 4 F ÉCOLE fünfte Grundschulklasse (*in Frankreich Klasse vor dem Übergang in die höhere Schule*) 5 F MUS Septime *f*

septièmement [sɛtjɛmmɑ̃] ADV siebtens *ou* siebentens

septique [sɛptik] ADJ 1 MÉD septisch 2 **fosse** *f* **~** Klärgrube *f*

septuagénaire [sɛptɥaʒenɛʀ] A M/F Siebzigjährige(r) *m/f(m)*; Siebziger(in) *m(f)* B ADJ siebzigjährig

septuor [sɛptɥɔʀ] M MUS Septett *n*

septuple [sɛptypl] A ADJ siebenfach B SUBST **le ~** das Siebenfache

septupler [sɛptyple] A V/T versiebenfachen B V/I sich versiebenfachen

sépulcral [sepylkʀal] ADJ ⟨-aux⟩ **voix ~e** Grabesstimme *f*

sépulcre [sepylkʀ] M → Saint-Sépulcre

sépulture [sepyltyʀ] F *litt* 1 (*inhumation*) Bestattung *f* 2 (*tombe*) Grab(stätte) *n(f)*

séquelles [sekɛl] FPL Folgen *fpl*; Folgeerscheinungen *fpl*; Nachwirkungen *fpl*; Nachwehen *pl*; Spätfolgen *fpl*

séquence [sekɑ̃s] F Folge *f*; Sequenz *f* (*a. cartes à jouer*, REL, CINÉMA, INFORM); *d'un film a.* Bildfolge *f*; Filmausschnitt *m*

séquentiel [sekɑ̃sjɛl] ADJ ⟨~le⟩ INFORM sequenziell; fortlaufend, nacheinander zu verarbeiten(d)

séquestration [sekɛstʀasjõ] F JUR Freiheitsberaubung *f*

séquestre [sekɛstʀ] M JUR Zwangsverwaltung *f*; Sequestration *f*; Beschlagnahme *f*; **mettre, placer sous ~** unter Zwangsverwaltung stellen

séquestrer [sekɛstʀe] V/T **~ qn** j-n (widerrechtlich) einsperren; j-n der Freiheit berauben

sequin [səkɛ̃] M HIST *monnaie* Zechine *f*

séquoia [sekɔja] M BOT Mammutbaum *m*; *t/t* Sequoia *f*

séracs [seʀak] MPL *d'un glacier* Eiszacken *fpl*, -türme *mpl*; *t/t* Séracs *mpl*

serai [s(ə)ʀɛ], **sera(s)** [s(ə)ʀa] *etc* → être[1]

sérail [seʀaj] M Serail *n*; *fig* **être du ~** zum engsten Kreis (um j-n) gehören

séraphin [seʀafɛ̃] M BIBL Seraph *m*; **les ~s** die Seraphim

séraphique [seʀafik] ADJ REL *et fig* seraphisch

serbe [sɛʀb] A ADJ serbisch B SUBST 1 **Serbe** *m/f* Serbe *m*, Serbin *f* 2 LING **le ~** das Serbische; Serbisch *n*

Serbie [sɛʀbi] **la ~** Serbien *n*

serbo-croate [sɛʀbokʀɔat] A ADJ serbo-kroatisch B SUBST LING **le ~** das Serbokroatische; Serbokroatisch *n*

serein [səʀɛ̃] ADJ ⟨-eine [-ɛn]⟩ 1 (*calme*) ruhig; beschaulich; ausgeglichen; gelassen; heiter; **jugement ~** leidenschaftsloses Urteil 2 *st/s temps, ciel* heiter

sérénade [seʀenad] F 1 (nächtliches) Ständchen; **donner une ~ à qn** j-m ein Ständchen bringen 2 MUS Serenade *f* 3 *fam fig* Krach *m*; Spektakel *m*; **faire une ~** e-n Spektakel veranstalten

sérénissime [seʀenisim] ADJ **Altesse** *f* **~** Durchlaucht *f*

sérénité [seʀenite] F Ruhe *f*; Ausgeglichenheit *f*; innere Heiterkeit

séreux [seʀø] ADJ ⟨-euse⟩ PHYSIOL serös

serf [sɛʀ(f)] M, **serve** [sɛʀv] F HIST Leibeigene(r) *m/f(m)*; Hörige(r) *m/f(m)*

serfouette [sɛʀfwɛt] F Kreuz-, Gartenhacke *f*

Serge [sɛʀʒ] M *Vorname*

serge [sɛʀʒ] F TEXT (Kammgarn)Serge *f*, *autrich a. m*

sergé [sɛʀʒe] M TEXT Köper *m*

sergent [sɛʀʒɑ̃] M 1 MIL (Stabs)Unteroffizier *m* 2 **~ de ville** Schutzmann *m*; Polizist *m*

sergent-chef [sɛʀʒɑ̃ʃɛf] M ⟨*pl* sergents-chefs⟩ MIL (Ober)Feldwebel *m*; **sergent-major** M ⟨*pl* sergents-majors⟩ MIL Ober- *ou* Hauptfeldwebel *m*; *chargé de la comptabilité* Rechnungsführer *m*

serial killer [seʀjalkilœʀ] M ⟨*pl* serial killers⟩ Serienmörder *m*

séricicultre [seʀisikyltyʀ] F Seidenraupenzucht *f*

série [seʀi] F 1 Reihe *f*; Serie *f*; Folge *f*; *de choses semblables a.* Satz *m*; **~ noire** Reihe, Serie von Katastrophen, Unfällen, Verbrechen; *de malchance* Pechsträhne *f*; *de romans policiers fam* Krimireihe *f*; **une atmosphère de ~ noire** e-e Atmosphäre wie in e-m Krimi; **une ~ d'accidents** e-e Reihe von Unfällen; e-e Unfallserie; **une ~ de casseroles, de timbres** ein Satz Kochtöpfe, Briefmarken; **article** *m*, **voiture** *f* **de ~** Serienartikel *m*, -wagen *m*; **fins** *fpl* **de ~** auslaufende Serie; Restposten *mpl*; *loc adj et loc adv* **en ~** serienmäßig, -weise; in Serie(n); Serien...; Massen...; **accidents** *mpl* **en ~** Unfallserie *f*; **carambolages** *mpl* **en ~** Massenkarambolage *f*; **fabrication** *f* **en ~** Serienfertigung *f*; **fabrication** *f* **en grande ~** Massenproduktion *f*; **fabriquer en ~** serienmäßig, in Serie herstellen; **article fabriqué en grande ~** Massenartikel *m*; **°hors ~** in Sonderanfertigung hergestellt; *fig* außergewöhnlich; **modèle** *m* **°hors ~** Sonderanfertigung *f* 2 MATH, CHIM, MUS Reihe *f* 3 ÉLEC **montage** *m* **en ~** Hintereinander-, Reihen-, Serienschaltung *f* 4 SPORTS Leistungsgruppe *f*, -klasse *f*

sériel [seʀjɛl] ADJ ⟨~le⟩ **musique ~le** serielle Musik

sérier [seʀje] V/T systematisch aufgliedern

sérieusement [seʀjøzmɑ̃] ADV 1 (*sans plaisanter*) im Ernst; **~?** im Ernst? 2 (*gravement*) **~ malade** ernstlich krank 3 (*consciencieusement*) **s'occuper ~ de qc** sich ernstlich, ernsthaft mit etw befassen; **travailler ~** fleißig, gewissenhaft arbeiten 4 (*vraiment*) **avoir ~ besoin de qc** etw wirklich nötig haben

sérieux [seʀjø] A ADJ ⟨-euse⟩ 1 (*grave*) *personne, visage, lecture, situation* ernst; *menace, promesse* ernst; ernsthaft; *doute, obstacle* ernst; ernstlich; **offre sérieuse** ernsthaftes, ernst gemeintes Angebot; *petites annonces* **pas ~ s'abstenir** nur ernst gemeinte Zuschriften; **je suis ~** es ist mein Ernst; **ce n'est pas ~?** das ist doch nicht Ihr Ernst?; **c'est tout ce qu'il y a de plus ~** es ist wirklich ernst; es ist mein völliger, blutiger, bitterer Ernst 2 (*important*) bedeutend; groß; **de ~ bénéfices** bedeutende Gewinne *mpl*; **de sérieuses raisons** gewichtige Gründe *mpl* 3 *personne* a (*réfléchi*) gesetzt; besonnen; *dans sa conduite* solid(e) b (*consciencieux*) zuverlässig; gewissenhaft; **élève ~** fleißiger Schüler; **maison sérieuse** seriöse Firma; **travail ~** sorgfältige, gewissenhafte Arbeit B M Ernst *m*; Ernsthaftigkeit *f*; *fam* **c'est du ~** die Sache ist ernst (zu nehmen); damit ist nicht zu spaßen; **garder son ~** ernst bleiben; **il manque de ~** er ist nicht gewissenhaft, zuverlässig, seriös genug; es fehlt ihm am nötigen Ernst; **perdre son ~** nicht mehr ernst bleiben können; **prendre qn, qc au ~** j-n, etw ernst nehmen; **se prendre au**

S

~ sich wichtig nehmen

sérigraphie [seʀigʀafi] F TECH Siebdruck *m;* Serigrafie *f*

serin [s(ə)ʀɛ̃] M 1 ZOOL Kanarienvogel *m; adjt* **jaune ~** ⟨*inv*⟩ kanariengelb 2 *fig (nigaud)* Einfaltspinsel *m;* Gimpel *m*

seriner [s(ə)ʀine] V/T *péj* eintrichtern, einpauken, einhämmern (**qc à qn** j-m etw)

seringa [s(ə)ʀɛ̃ga] M BOT Falscher Jasmin; Pfeifenstrauch *m*

seringue [s(ə)ʀɛ̃g] F MÉD Spritze *f*

serment [sɛʀmɑ̃] M Eid *m (a. JUR);* Schwur *m;* **faux ~** *par négligence* Falscheid *m; délibéré* Meineid *m;* **faire un faux ~** e-n Falscheid, Meineid schwören, leisten; **~ professionnel** Amts-, Diensteid *m;* **~ d'amour** Liebesschwur *m;* MÉD **le ~ d'Hippocrate** der Eid des Hippokrates; *fig* **~ d'ivrogne** leere Versprechungen *fpl;* HIST **le ~ du Jeu de Paume** der Ballhausschwur; *loc adj et loc adv* **sous (la foi du) ~** unter Eid; eidlich; **déposition** *f* **sous ~** eidliche Aussage; **déclarer, déposer, témoigner sous ~** unter Eid erklären, aussagen, bezeugen; beeid(ig)en; **faire (le) ~ de** (*+inf*) schwören zu (*+inf*); **je vous en fais le ~** ich schwöre es Ihnen; **prêter ~** e-n, den Eid leisten, ablegen; **faire prêter ~ à qn** j-n vereidigen; j-m den Eid abnehmen; **refuser de prêter ~** den Eid verweigern; **violer le ~** den Eid brechen; eidbrüchig werden

sermon [sɛʀmõ] M 1 ÉGL Predigt *f* 2 *péj* Straf-, Moralpredigt *f;* Sermon *m;* **faire un ~ à qn** j-m e-e Strafpredigt, *fam* Standpauke halten; j-n abkanzeln

sermonner [sɛʀmɔne] V/T abkanzeln; **sermonneur** M Moralprediger *m*

sérologie [seʀɔlɔʒi] F MÉD Serologie *f*

séropo [seʀopo] ADJ *et* M/F *fam* ABR → séropositif

séropositif [seʀopozitif] MÉD A ADJ ⟨-ive⟩ HIV-positiv; aidsinfiziert B SUBST **~, séropositive** *m,f* HIV-Positive(r) *m/f(m);* Aidsinfizierte(r) *m/f(m)*

sérosité [seʀozite] F PHYSIOL seröse Flüssigkeit

serpe [sɛʀp] F JARD Hippe *f; fig visage* **taillé à coups de ~** grob(schlächtig); klobig

serpent [sɛʀpɑ̃] M 1 ZOOL Schlange *f;* **~ venimeux** Giftschlange *f;* **~ à lunettes** Brillenschlange *f;* **~ à sonnettes** Klapperschlange *f;* MYTH **~ de mer** Seeschlange *f; fig* **réchauffer un ~ dans son sein** e-e Schlange am Busen nähren 2 ÉCON **~ monétaire** Währungsschlange *f*

serpenter [sɛʀpɑ̃te] V/I *fleuve, route* sich schlängeln; sich winden; in Windungen, in e-r Schlangenlinie verlaufen

serpentin [sɛʀpɑ̃tɛ̃] M 1 Papierschlange *f* 2 TECH (Rohr)Schlange *f*

serpette [sɛʀpɛt] F JARD Gartenhippe *f,* -messer *n;* VIT Rebmesser *n*

serpillière [sɛʀpijɛʀ] F Scheuertuch *n,* -lappen *m*

serpolet [sɛʀpɔlɛ] M BOT Feldthymian *m*

serrage [seʀaʒ] M TECH (Fest)Klemmen *n;* (Fest)Spannen *n; d'une vis, d'un frein* Anziehen *n*

serre [sɛʀ] F 1 Gewächs-, Treibhaus *n;* ÉCOL **effet** *m* **de ~** Treibhauseffekt *m* 2 ZOOL *des rapaces* **~s** *pl* Fänge *mpl;* Klauen *fpl*

serré [seʀe] ADJ 1 *vêtement* eng (anliegend); knapp; **écriture ~e** enge Schrift; **étoffe ~e** dichter, fester Stoff; **mailles ~es** dichte, feste Maschen *fpl;* **nœud ~** fester Knoten; **pluie ~e** dichter Regen; **en rangs ~s** in geschlossenen, dichten Reihen; *gens* **être ~s** dicht gedrängt, zusammengedrängt, -gepresst sein *ou* stehen *ou* sitzen; *fig:* **avoir le cœur ~** bedrückt, beklommen sein; **il avait la gorge ~e** er brachte kein Wort heraus; s-e Kehle war wie zugeschnürt 2 *concurrence* scharf; **argumentation ~e** strenge Beweisführung; **discussion ~e** harte Diskussion; **négociations ~es** harte Verhandlungen *fpl;* **partie ~e** harte, schwierige Partie; Kopf-an-Kopf-Rennen *n;* SPORTS **score ~** knappes Ergebnis; *advt* **jouer ~** vorsichtig spielen; sich (*dat*) keine Blöße geben (*a. fig*); **il joue ~** *a.* ihm ist nicht beizukommen

serre-fils [sɛʀfil] M ⟨*inv*⟩ ÉLEC Leitungs-, Verbindungsklemme *f;* **serre-joint(s)** M ⟨*inv*⟩ TECH Schraubzwinge *f;* **serre-livres** M ⟨*inv*⟩ Bücherstütze *f*

serrement [sɛʀmɑ̃] M **~ de main** Händedruck *m;* **~ de cœur** Bedrücktheit *f;* Beklemmung *f*

serrer [seʀe] A V/T 1 (zusammen)drücken, (-)pressen, (-)drängen; *vêtement* **~ qn** j-m zu eng sein; spannen; **cette chaussure me serre** mein Schuh drückt; dieser Schuh drückt (mich); *spectacle* **~ le cœur** das Herz zusammenschnüren, bedrücken; **~ les dents** die Zähne zusammenbeißen; **~ les lèvres** die Lippen zusammenkneifen, -pressen; **~ la main à qn** j-m die Hand geben, drücken; **~ les poings** die Fäuste ballen; *fig* alle Energie aufbieten; **~ la queue** den Schwanz einziehen; **~ les rangs** auf-, zusammenrücken; aufschließen; *fig* (fest) zusammenhalten; **serrez!** aufrücken!; anschließen!; **~ son stylo en écrivant** s-n Füller beim Schreiben krampfhaft festhalten; *vêtement* **~ la taille** in *ou* an der Taille eng anliegen; ♦ **~ qn à la gorge** j-m die Kehle zudrücken, *peur* zuschnüren; **~ qn, qc contre soi** j-n, etw an sich (*acc*) drücken; **~ un cycliste contre le trottoir** e-n Radfahrer gegen den Gehweg drängen; **~ qn dans ses bras** j-n in die Arme schließen; **~ qc dans un étau** etw in e-n Schraubstock spannen; **~ sa pipe entre ses dents** s-e Pfeife mit den Zähnen festhalten; **~ qc sous son bras** etw unter den Arm geklemmt halten 2 *nœud* fest-, zuziehen; fester binden; *ceinture* enger machen, schnallen (**d'un cran** um ein Loch); *vis, frein* anziehen 3 **~ l'ennemi de près** den Feind bedrängen; dem Feind hart zusetzen; *fam* **~ une femme de près** sich an e-e Frau heranmachen; (e-r Frau gegenüber) zudringlich werden; **~ un problème de près** ein Problem scharf, genau erfassen; *la voiture suivante* **le serra de trop près** fuhr zu dicht auf 4 MAR **~ le vent** hart, dicht, scharf am Wind segeln B V/I **~ à droite** sich rechts einordnen; sich (nach) rechts halten C V/PR a *sens réfléchi* **se ~** sich in ein enges Kleid zwängen; sich einschnüren; *cœur* **se ~** sich zusammenschnüren; **se ~ la taille** sich (*dat*) die Taille, in der Taille schnüren; **se ~ contre qn** sich an j-n anschmiegen; **se ~ contre un mur** sich an e-e Mauer pressen b *réciproquement* **se ~ (les uns contre les autres)** sich (zusammen)drängen; zusammenrücken

serre-tête [sɛʀtɛt] M ⟨*inv*⟩ a *bandeau* Stirnband *n* b *en métal* Haarreif *m*

serrure [seʀyʀ] F Schloss *n;* **~ de sûreté** Sicherheitsschloss *n;* **trou** *m* **de (la) ~** Schlüsselloch *n;* **laisser la clef dans la ~** den Schüssel stecken lassen

serrurerie [seʀyʀʀi] F Schlosserei *f;* **~ d'art** Kunstschlosserei *f*

serrurier [seʀyʀje] M Schlosser *m;* **~ en bâtiment** Bauschlosser *m*

sers, sert [sɛʀ, sɛʀ] → servir

sertir [sɛʀtiʀ] V/T 1 *pierre précieuse* fassen 2 TECH falzen

sertissage [sɛʀtisaʒ] M 1 *de pierres précieuses* Fassen *n* 2 TECH Falzen *n*

sérum [seʀɔm] M PHYSIOL, MÉD (Blut-, Heil-)Serum *n;* **~ antitétanique** Tetanusserum *n;* **~ artificiel, physiologique** physiologische Kochsalzlösung; **~ de vérité** Wahrheitsdroge *f*

servage [sɛʀvaʒ] M HIST Leibeigenschaft *f*

serval [sɛʀval] M ZOOL Serval *m*

servant [sɛʀvɑ̃] A M 1 ÉGL CATH Messdiener *m;* Ministrant *m* 2 MIL Kanonier *m* 3 TENNIS Aufschläger *m* B ADJ → chevalier 1

servante [sɛʀvɑ̃t] F Dienstmädchen *n;* Magd *f;* Dienerin *f (a. fig et st/s)*

serveur [sɛʀvœʀ] M 1 (*garçon*) Kellner *m;* Bedienung *f* 2 TENNIS Aufschläger *m* 3 INFORM Anbieter *m* (von Datenbanken); *ordinateur* Server *m;* **~ de messagerie** Mailserver *m; adjt* **centre ~** EDV-Dienstleistungszentrum *n*

serveuse [sɛʀvøz] F Kellnerin *f;* Bedienung *f;* Serviererin *f; suisse* Servier-, Saaltochter *f*

serviabilité [sɛʀvjabilite] F Hilfsbereitschaft *f;* Gefälligkeit *f;* **serviable** ADJ hilfsbereit; gefällig

service [sɛʀvis] M 1 Dienst *m;* ÉCON **~s** *pl* Dienstleistungen *fpl; secteur* Dienstleistungsgewerbe *n;* **~ après-vente** Kundendienst *m;* **~ secret** Geheimdienst *m;* **~ d'entretien** Wartungsdienst *m;* **~ de nuit** Nachtdienst *m;* **~ d'ordre** Ordnungsdienst *m;* **~ en ligne** Onlinedienst *m;* **années** *fpl* **de ~** Dienstjahre *npl;* **avoir vingt ans de ~** zwanzig Jahre im Dienst sein; **femme** *f* **de ~** *dans les écoles* weibliche Hilfskraft; *dans un hôpital* Stationshilfe *f;* *loc adj* **de ~** diensthabend, -tuend; **être de ~** Dienst haben; im Dienst sein; **ne pas être de ~** *a.* freihaben; **j'ai un ~ à vous demander** ich möchte Sie um e-e Gefälligkeit, um e-n Gefallen bitten; *fam* **qu'y a-t-il pour votre ~?** womit kann ich Ihnen dienen?; **entrer au ~ de qn** in j-s Dienst(e) treten; **je suis à votre ~** ich stehe zu Ihren Diensten; **à votre ~!** bitte sehr!; **être au ~ de qn** in j-s Dienst(en) stehen; **être au ~ d'une cause** im Dienst e-r Sache stehen; **être en ~ commandé** unter dienstlichem Befehl stehen; in Ausführung e-s Befehls handeln; **être en ~ chez qn** bei j-m im Dienst stehen; **se mettre au ~ de qn** in j-s Dienst(e) treten; **se mettre au ~ d'une cause** sich in den Dienst e-r Sache stellen; **se passer, se priver des ~s de qn** auf j-s Dienste verzichten (*j-n entlassen*); **prendre son ~** s-n Dienst antreten; **reprendre du ~** s-n Dienst wieder aufnehmen; **prendre qn à son ~** j-n in Dienst, in s-e Dienste nehmen; **rendre (un) ~ à qn** j-m e-n Dienst, e-e Gefälligkeit erweisen; j-m e-n Gefallen tun; *chose* **rendre des ~s, de bons, grands ~s à qn** j-m gute Dienste leisten, tun; j-m (viel) nützen; **rendre un mauvais ~ à qn** j-m e-n schlechten Dienst, e-n Bärendienst erweisen; *fam* **cela peut toujours rendre ~** das kann immer noch zu etw gut sein, zu etw nützen; **aimer (à) rendre ~** gern gefällig sein 2 **~ (militaire)** *ou* **~ national** Wehr-, Militärdienst *m;* **faire son ~ (militaire)** s-n Militär-, Wehrdienst ableisten 3 **~ (religieux)** Gottesdienst *m;* **~ funèbre** Trauergottesdienst *m* 4 (*fonctionnement d'un transport*) (Verkehrs)Verbindung *f;* **~ régulier** Linienverkehr *m;* **~ régulier entre …** regelmäßige Verkehrsverbindung zwischen …; **~ d'autocar** Busverbindung *f;* **~ d'été** Sommerfahrplan *m;* **être en ~** verkehren 5 *dans un café etc* Bedienung *f;* Service *m;* (*pourboire*) Bedienungsgeld *n;* **~ compris** einschließlich Bedienung; **premier, second ~** *dans un wagon-restaurant* erster, zweiter Durchgang; *dans une cantine* erste, zweite Schicht; **~ de la table** Tischdecken *n* und Auftragen *n* der Speisen 6 (*état de marche*) **en ~** in Betrieb; **mettre en ~** in Betrieb nehmen; *véhicule, machine a.* in Dienst stellen; **mise** *f* **en ~** Indienststellung *f;* Inbetriebnahme *f;* °**hors**

S

~ außer Betrieb; ausgedient; **mettre °hors, retirer du ~** außer Betrieb setzen **7** *vaisselle* Service *n; verres* Garnitur *f;* **~ à café** Kaffeeservice *n;* **~ de table** Tafel-, Speiseservice *n; linge* Tischtuch *n* mit Servietten; Tafelgedeck *n* **8** *d'une entreprise* Abteilung *f;* ADMIN Dienststelle *f;* Behörde *f;* Amt *n; d'un hôpital* Station *f;* **~ administratif** Verwaltungsabteilung *f ou* -behörde *f;* **~ compétent** zuständige Stelle; **~ public** öffentlicher Betrieb; öffentliche Einrichtung; **~ de presse** Pressedienst *m,* -stelle *f;* → *a.* 10; **~ de publicité** Werbeabteilung *f;* MIL **~ de santé** Sanitätswesen *n,* -dienst *m;* **~ des ventes** Verkaufs-, Vertriebsabteilung *f;* **chef** *m* **de ~** Abteilungsleiter *m* **9** TENNIS Aufschlag *m;* Service *m ou n;* VOLLEY-BALL An-, Aufgabe *f* **10** *(spécimens)* **~ de presse** Besprechungs-, Rezensionsexemplare *npl*

serviette [sɛʀvjɛt] F **1** **~ (de toilette)** Handtuch *n;* **~ éponge** Frottier-, Frotteetuch *n;* **~ de bain** Badetuch *n* **2** **~ (de table)** Serviette *f;* **~ en papier** Papierserviette *f;* **rond** *m* **de ~** Serviettenring *m* **3** **~ hygiénique, périodique** (Damen-, Monats)Binde *f* **4** *sac en cuir* (Akten)Mappe *f;* Aktentasche *f*

servile [sɛʀvil] ADJ sklavisch; unterwürfig; servil; *st/s* knechtisch; **servilité** F Unterwürfigkeit *f;* sklavisches Wesen; Servilität *f*

servir [sɛʀviʀ] ⟨je sers, il sert, nous servons; je servais; je servis; je servirai; que je serve; servant; servi⟩ **A** V/T **1** dienen *(+dat);* **~ la cause de la paix** der Sache des Friedens dienen; **~ les intérêts de qn** j-s Interessen dienen; *abs* **~ dans la marine** bei der Marine dienen **2** **~ qn** j-n bedienen; *st/s* j-m aufwarten; **~ à table** bei Tisch aufwarten; **~ un client** e-n Kunden bedienen; **on vous sert, Madame?** werden Sie schon bedient?; *abs* **il sert dans un café** er arbeitet als Kellner, *fam* er kellnert in e-m Lokal; *par ext* **~ une pièce d'artillerie** ein Geschütz bedienen; **se faire ~** sich bedienen lassen; *fig* **être bien servi par les circonstances** von den Umständen begünstigt werden; *iron* **en fait d'embêtements nous sommes servis** in puncto Scherereien sind wir bedient; *prov* **on n'est jamais si bien servi que par soi-même** selbst ist der Mann *(prov)* **3** *repas, plat* servieren; reichen; auf den Tisch bringen; *st/s* auftragen; aufwarten mit; *dans l'assiette* aufgeben; *fam* auftun; **~ qc à qn** j-m etw servieren, vorsetzen, *st/s* vorlegen; **~ des rafraîchissements** Erfrischungen reichen; *fam fig* **~ toujours les mêmes histoires** immer dieselben Geschichten auftischen; **~ à boire** Getränke servieren; **qu'est-ce que je vous sers?** was darf ich Ihnen servieren, *boisson* einschenken?; **c'est servi!** das Essen steht auf dem Tisch!; **Madame est servie!** es ist angerichtet, aufgetragen! **4** JEU **~ des cartes** Karten geben **5** **~ (la balle)** TENNIS (den Ball) aufschlagen **6** *rente* auszahlen **B** V/T INDIR **1** **~ à qn** j-m nützen; **ses diplômes lui ont servi** s-e Diplome haben ihm genützt; **~ (à qc)** (etwas) nützen; nützlich, brauchbar sein; *abs* **cela peut encore ~** das kann man noch (ge)brauchen; **ses conseils ne m'ont pas servi à grand-chose** s-e Ratschläge haben mir nicht viel genützt; **ne ~ à rien** nichts nützen; zu nichts gut sein; **cela ne sert à rien (de** *+inf*) es nützt nichts, es hat keinen Wert *ou* Zweck, es ist zwecklos (zu *+inf*); **à quoi cela sert(-il) de** *(+inf)*? was nützt es, welchen Zweck hat es zu *(+inf)*? **2** **~ à (faire) qc** zu etw dienen; **à quoi sert cette machine?** wozu dient diese Maschine?; **ces livres m'ont servi à préparer mon examen** diese Bücher haben mir zur Examensvorbereitung gedient **3** **~ de** dienen als; **~ de bouc émissaire** als Sündenbock herhalten müssen; den Sündenbock abgeben müssen; **~ d'interprète** dolmetschen; *fam* den Dolmetscher machen; **~ de père à qn** bei j-m Vaterstelle vertreten; **~ de prétexte** als Vorwand dienen **C** V/PR **1** **se ~** sich bedienen; **servez-vous!** (bitte) bedienen Sie sich!; (bitte) langen *ou* greifen Sie zu!; **se ~ de rôti** von dem Braten nehmen; *par ext* **se ~ chez un marchand** (gewöhnlich) bei e-m Händler kaufen **2** **se ~ de qc** etw benutzen *ou* benützen, gebrauchen, verwenden; etw (dazu) nehmen; *st/s* sich e-r Sache *(gén)* bedienen; **se ~ de l'ascenseur** den Lift benutzen; **se ~ d'une expression** e-n Ausdruck gebrauchen; **se ~ de qn** sich j-s bedienen; **il se sert de lui comme conseiller** er bedient sich seiner als Ratgeber **3** *sens passif* **ce vin doit se ~ frais** dieser Wein muss kühl serviert werden

serviteur [sɛʀvitœʀ] M Diener *m;* **le premier ~ de l'État** der erste Diener des Staates; *iron:* **votre ~** meine Wenigkeit; **votre humble ~** Ihr ergebener Diener

servitude [sɛʀvityd] F **1** *(asservissement)* Knechtschaft *f; (contrainte)* Zwang *m;* **les ~s d'une profession** der mit e-m Beruf verbundene Zwang; **tenir qn dans la ~** j-n in Knechtschaft halten **2** JUR (Grund)Dienstbarkeit *f*

servocommande [sɛʀvokɔmɑ̃d] F TECH Servosteuerung *f;* **servodirection** F AUTO Servolenkung *f;* Lenkhilfe *f;* **servofrein** M AUTO Bremskraftverstärker *m;* Servobremse *f*

ses [se] → son[1]

sésame [sezam] M **1** BOT Sesam *m* **2** LOC **Sésame, ouvre-toi!** Sesam, öffne dich!

session [sesjõ] F **1** *d'une assemblée* Sitzungsperiode *f;* Session *f;* **~ (extra)ordinaire** (außer)ordentliche Sitzungsperiode **2** *d'un examen* Prüfungszeitraum *m;* **~ de juin** Prüfungen *fpl* im Juni; Junitermin *m* **3** INFORM Sitzung *f*

sesterce [sɛstɛʀs] M HIST Sesterz *m*

set [sɛt] M **1** TENNIS Satz *m* **2** **~ (de table)** Set *n*

setter [setɛʀ] M *chien* Setter *m*

seuil [sœj] M **1** (Tür)Schwelle *f; fig* **au ~ d'une ère nouvelle** an der Schwelle e-r neuen Zeit; *fig* **au ~ de l'hiver** zu Beginn des Winters; **franchir, passer le ~** über die Schwelle treten; die Schwelle überschreiten; den Fuß über die Schwelle setzen **2** *par ext* Schwelle *f;* PHYSIOL **~ d'audibilité** Hörschwelle *f;* **~ d'excitation** Reizschwelle *f;* ÉCON **~ de rentabilité** Gewinn-, Nutzschwelle *f; fig* **~ de tolérance** Toleranzschwelle *f*

seul [sœl] **A** ADJ **1** *(solitaire)* allein *(seulement attribut);* alleinstehend; einsam; **une vieille dame ~e** e-e alleinstehende alte Dame; **employé ~, ce mot signifie ...** allein gebraucht, bedeutet dieses Wort ...; **être ~** allein sein (**avec qn** mit j-m); *dans la vie* allein dastehen; **être tout ~** *a.* mutterseelenallein sein; **laisser qn ~** j-n allein lassen; **parler tout ~** mit sich selbst sprechen; Selbstgespräche führen; **rire tout ~** vor sich *(acc)* hin lachen; **se sentir ~** sich einsam, allein fühlen; **ils se sont trouvés bien ~s** sie standen ganz allein da; **vivre ~** allein leben; **~ contre tous** allein gegen alle; **j'aimerais vous voir ~ à ~** ich möchte Sie allein, unter vier Augen sprechen **2** *(unique)* einzig; bloß; *st/s* alleinig; **une ~e et même chose** ein und dieselbe Sache; **une ~e fois** ein einziges Mal; **un ~ mot et je m'en vais** noch ein Wort und ich gehe; **à la ~e pensée** *ou* **idée de partir** bei dem bloßen Gedanken, (allein) schon beim Gedanken an die Abreise; **dans la ~e intention de** *(+inf)* in der einzigen Absicht zu *(+inf);* **d'un ~ coup** mit einem Schlag; *vider un verre* auf einen Zug; **du ~ fait que** allein aufgrund der Tatsache, dass; **d'une ~e pièce** aus einem Stück; **par sa ~e présence** durch s-e bloße Anwesenheit; **c'est le ~ homme qui puisse vous aider** er ist der einzige Mensch, der Ihnen helfen kann; **être ~ de son espèce, ~ dans son genre** einzig in s-r Art sein; nur einmal vorkommen **B** ADVT allein; nur; **~ le hasard** nur, allein der Zufall; **~ compte ...** es zählt nur, allein ...; **à elle ~e** sie allein; nur sie; **que peut-il faire à lui ~?** was kann er allein schon ausrichten?; **faire qc tout ~** etw ganz allein machen; **il s'est fait ~** er hat sich aus eigener Kraft hochgearbeitet; **cela va tout ~** das geht (ganz) von selbst, von allein(e) **C** SUBST **un ~, une ~e** ein Einziger, e-e Einzige, ein Einziges; **pas un ~** kein Einziger; nicht ein Einziger; **une ~e de ses œuvres** ein einziges s-r Werke; eines s-r Werke; **le ~, la ~e** der, die, das Einzige; **il est le ~ à travailler** er ist der Einzige, der arbeitet; **c'est un des ~s qui ...** er ist einer der wenigen, die ...

seulement [sœlmɑ̃] ADV **1** nur; bloß; lediglich; **nous étions trois ~** *ou* **~ trois** wir waren nur, bloß drei; **non ~ ... mais aussi, encore ...** nicht nur ..., sondern auch ...; **si ~ il travaillait** wenn er nur, bloß, wenigstens arbeiten würde **2** *temporel* erst; **~ ce soir** erst heute Abend; **il vient ~ d'arriver** er ist gerade erst angekommen **3** **(ne ...) pas ~** nicht einmal; **il n'a pas ~ de quoi payer** er kann nicht einmal bezahlen; *il est parti* **sans ~** *dire au revoir* ohne auch nur **4** *en tête de phrase* aber; *st/s* allein; **allez le voir, ~ ne restez pas trop longtemps** gehen Sie zu ihm, aber bleiben Sie nicht zu lange

seulet [sœlɛ] ADJ ⟨~te⟩ *plais* (mutterseelen)allein

sève [sɛv] F **1** BOT Saft *m* **2** *fig* Kraft *f;* Schwung *m;* Temperament *n*

sévère [sevɛʀ] ADJ **1** *(dur) personne, air, mesures, mœurs* streng; *critique* hart; schonungslos; *lutte, verdict* hart; *peine a.* schwer; *avertissement a.* scharf; MÉD **régime** *m* **~** strenge Diät; **être, se montrer ~ pour, envers qn** streng gegen j-n sein **2** *(grave)* schwer; **subir des pertes ~s** schwere Verluste erleiden **3** *(austère)* streng; schlicht; nüchtern

sévèrement [sevɛʀmɑ̃] ADV **1** streng; hart; **critiquer ~** hart kritisieren; **punir ~** streng bestrafen **2** *(gravement)* schwer; ernstlich; **~ atteint** schwer, ernstlich betroffen *ou* krank

sévérité [seveʀite] F Strenge *f; d'un verdict, d'une critique* Härte *f; d'un avertissement a.* Schärfe *f; (austérité) a.* Schlichtheit *f;* Nüchternheit *f*

Severnaïa Zemlia [sevɛʀnajazɛmlija] GÉOG **la ~** Sewernaja Semlja *n*

sévices [sevis] MPL Misshandlungen *fpl;* **exercer des ~ sur qn** j-n misshandeln

Séville [sevil, -vij] GÉOG Sevilla *n*

sévir [seviʀ] V/I **1** **a** **~ contre** streng, mit aller Strenge vorgehen gegen **b** *abs* durchgreifen **2** *épidémie* grassieren; *tempête, voyous* wüten; *crise* herrschen

sevrage [səvʀaʒ] M *d'un enfant* Entwöhnung *f;* Abstillen *n; d'un drogué* Entziehung *f* (von Rauschgiften)

sevrer [səvʀe] V/T ⟨-è-⟩ **1** *enfant* entwöhnen *(a. drogué);* abstillen; *animal* absetzen **2** *fig et st/s* **~ qn de qc** j-n e-r Sache *(gén)* berauben

sèvres [sɛvʀ] M Sèvresporzellan *n*

sexagénaire [sɛgzaʒenɛʀ, sɛksa-] **A** M/F Sechzigjährige(r) *m/f(m);* Sechziger(in) *m(f)* **B** ADJ sechzigjährig

sexagésimal [sɛgzaʒezimal] ADJ ⟨-aux⟩ MATH Sexagesimal...

sex-appeal [sɛksapil] M Sex-Appeal *m*

sexe [sɛks] M **1** Geschlecht *n;* **le beau ~** das

schöne Geschlecht; *S. de Beauvoir* **Le deuxième ~** Das andere Geschlecht; **le ~ fort** das starke Geschlecht; **des deux ~s** beiderlei Geschlechts; *personne, enfant* **du ~ masculin, féminin** männlichen, weiblichen Geschlechts; *fig* **discuter sur le ~ des anges** fruchtlose Diskussionen führen; sich um des Kaisers Bart streiten 2 *(parties sexuelles)* Geschlechtsteile *pl* 3 *(sexualité)* Sex *m*

sexisme [sɛksism] M Sexismus *m*; **sexiste** A ADJ sexistisch B M(F) Sexist(in) *m(f)*

sexologie [sɛksɔlɔʒi] F Sexologie *f*; Sexualforschung *f*, -wissenschaft *f*; **sexologue** M/F Sexologe, -login *m,f*; Sexualforscher(in) *m(f)*

sex-shop [sɛksʃɔp] F *ou* M ‹*pl* sex-shops› Sexshop *m*

sextant [sɛkstɑ̃] M MAR, ASTRON Sextant *m*

sex-toy [sɛkstɔj] M ‹*pl* sex-toys› Sexspielzeug *n*

sextuor [sɛkstɥɔʀ] M MUS Sextett *n*

sextuple [sɛkstypl] A ADJ sechsfach B SUBST **le ~** das Sechsfache

sextuplé(e)s [sɛkstyple] M(F)PL Sechslinge *mpl*

sextupler [sɛkstyple] A V/T versechsfachen B V/I sich versechsfachen

sexualité [sɛksɥalite] F Sexualität *f*; Geschlechtlichkeit *f*

sexué [sɛksɥe] ADJ BIOL geschlechtlich differenziert; **reproduction ~e** geschlechtliche Fortpflanzung

sexuel [sɛksɥɛl] ADJ ‹~le› geschlechtlich; Geschlechts...; sexuell; Sexual...; **acte ~** Geschlechtsakt *m*; **bombe ~le** Sexbombe *f*; **caractères ~s** Geschlechtsmerkmale *npl*; **chromosome ~** Geschlechtschromosom *n*; **comportement ~** sexuelles Verhalten; Sexualverhalten *n*; **obsédé ~** Sexbesessene(r) *m*; **parties ~les** Geschlechtsteile *pl*; **plaisir ~** Geschlechtslust *f*; **rapports ~s, relations ~les** Geschlechtsverkehr *m*; **avoir des rapports ~s avec qn** mit j-m e-e sexuelle Beziehung haben

sexy [sɛksi] ADJ ‹*inv*› sexy

seyant [sɛjɑ̃] ADJ *vêtement, coiffure* passend; gut sitzend; kleidsam

Seychelles [sɛʃɛl] **les ~** *fpl* die Seychellen *pl*

S.G.D.G. [ɛsʒedeʒe] ABR (sans garantie du gouvernement) **brevet délivré ~** Patent, das ohne Garantie des Staates erteilt wurde

SGML [ɛsʒeɛmɛl] M ABR (standard generalized markup language) INFORM SGML *f*

shah → chah

shaker [ʃɛkœʀ] M Shaker *m*; Mixbecher *m*

shakespearien [ʃɛkspiʀjɛ̃] ADJ ‹~ne› shakespearisch, Shakespeare...

shako [ʃako] M MIL Tschako *m*

shampooiner [ʃɑ̃pwine] V/T → shampouiner

shampo(o)ing [ʃɑ̃pwɛ̃] M 1 *produit* Shampoo(n) *n*; Schampon *n*; **shampo(o)ing colorant** Waschtönung *f*; Tönungsshampoo *n* 2 *lavage* Haarwäsche *f*; Waschen *n*; **se faire faire un shampo(o)ing** sich *(dat)* die Haare waschen lassen

shampouiner [ʃɑ̃pwine] V/T die Haare waschen (**qn** j-m); schamponieren; **shampouineuse** F Friseuse, die die Haare wäscht

Shanghai [ʃɑ̃gaj] Schanghai *n*

shant(o)ung [ʃɑ̃tuŋ] M TEXT Schantungseide *f*; *t/t* Shantung *m*

shareware [ʃɛʀwɛʀ] M INFORM Shareware *f*

shekel [ʃekɛl] M *monnaie* Schekel *m*

shérif [ʃeʀif] M Sheriff *m*

sherry [ʃeʀi] M *vin* Sherry *m*

Shetland [ʃɛtlɑ̃d] **les (îles** *fpl***) ~** die Shetlandinseln *fpl*

shetland [ʃɛtlɑ̃d] M TEXT Shetland *m*; **(pull** *m* **en) ~** Shetlandpullover *m*; *adjt* **laine** *f* **~** Shetlandwolle *f*

shetlandais [ʃɛtlɑ̃dɛ] ADJ ZOOL **poney ~** Shetlandpony *n*

shiatsu [ʃjatsy] M Shiatsu *n*

Shikoku [ʃikɔku] GÉOG S(c)hikoku *n*

shilling [ʃiliŋ] M *monnaie* Shilling *m*

shintoïsme [ʃintɔism, ʃɛ̃-] M REL Schintoismus *m*

shintoïste [ʃintɔist, ʃɛ̃-] REL A ADJ schintoistisch B M/F Schintoist(in) *m(f)*

shit [ʃit] M *fam (haschisch)* Shit *m ou n*

Shiva [ʃiva] M REL Schiwa *m*

Shkodër [ʃkɔdɛʀ] GÉOG Skutari *n*

Shoah [ʃoa] F HIST S(c)hoah *f*

shog(o)un [ʃɔgun] M HIST S(c)hogun *m*

shoot [ʃut] M 1 FOOTBALL Schuss *m* 2 *d'une drogue* Schuss *m*

shooter [ʃute] A V/I FOOTBALL schießen B V/PR *drogué* **se ~** sich *(dat)* e-n Schuss setzen, drücken, machen

shopping [ʃɔpiŋ] M Einkaufen *n*; Einkaufsbummel *m*; Shopping *n*; **faire du ~** e-n Einkaufsbummel machen

short [ʃɔʀt] M Shorts *pl*; kurze Hose

show [ʃo] M Show *f*

showbiz [ʃobiz] *fam* M *ou* **show-business** [ʃobiznɛs] M Schaugeschäft *n*; Showbusiness *n*

show-room [ʃoʀum] M ‹*pl* show-rooms› Showroom *m*

si¹ [si] ADV 1 *affirmation* doch; *vous ne viendrez pas? - ~!* doch!; **mais ~** aber doch; **que ~** aber doch; doch, ganz bestimmt; gewiss doch 2 *(tellement, aussi)* so; **ne parlez pas ~ fort!** sprechen Sie nicht so laut!; **il n'est pas ~ intelligent qu'il le paraît** er ist nicht so klug, wie er scheint; *st/s* **~ intelligent qu'il soit** *ou* **~ intelligent soit-il** *st/s* so klug er auch sein mag; *loc conj* **~ bien que** sodass

si² [si] A CONJ ‹*vor il, ils* s'› 1 *hypothétique* wenn; falls; sofern; **~ vous continuez ainsi vous êtes** *ou* **serez perdu** wenn, falls Sie so weitermachen, ist es aus (mit Ihnen); **et ~ elle se fâche?** und wenn sie böse wird?; **s'il travaille c'est qu'il a besoin d'argent** wenn er arbeitet, so *ou* dann deshalb, weil er Geld braucht; **~ jamais vous allez en France ...** sollten Sie je nach Frankreich kommen, (so) ...; **~ possible** wenn, falls möglich; nach Möglichkeit; möglichst; tunlichst; **~ j'ose dire** wenn ich so sagen darf; **~ on peut dire** wenn man so sagen kann; **s'il vous plaît** bitte; **~ on veut** wenn man so will; **tant mieux ~ ...** umso besser, wenn ...; ♦ *avec imparfait*: **~ je le savais, je vous le dirais** wenn ich es wüsste, würde ich es Ihnen sagen; wüsste ich es, würde ich es Ihnen sagen; **~ (seulement) j'osais!** wenn ich mich (bloß) trauen würde!; **~ seulement il était venu plus tôt!** wäre er doch früher gekommen!; wenn er doch bloß früher gekommen wäre!; **~ nous allions nous promener?** wie wärs mit e-m Spaziergang?; **même ~** selbst wenn; wenn auch; ♦ *loc prép* **~ ce n'est** *(excepté)* außer *(+dat)*; *(sinon)* wenn nicht; **il ne reste rien ~ ce n'est quelques ruines** es bleibt nichts übrig außer einigen Ruinen; **un des meilleurs, ~ ce n'est le meilleur** e-r der Besten, wenn nicht der Beste; *st/s* **~ ce n'était la peur de se rendre ridicule, il ...** müsste er nicht fürchten, sich zu blamieren, so ...; *loc conj* **~ ce n'est que** außer dass 2 *(que, parce que)* dass; **c'est un miracle ~ nous sommes sauvés** es ist ein Wunder, dass wir davongekommen sind; **c'est à peine ~ ...** kaum dass ... 3 *(chaque fois que)* (jedesmal) wenn; **s'il se trompait on corrigeait ses erreurs** (jedes Mal) wenn er sich irrte, verbesserte man s-e Fehler 4 *interrogation indirecte* ob; **je me demande s'il ne pourrait pas le faire** ich frage mich, ob er es nicht tun könnte; **je ne sais pas s'il viendra** ich weiß nicht, ob er kommt; ♦ **comme ~** als ob; *fam* als wenn; **il parle comme s'il était le maître** er spricht, als ob er der Herr wäre *ou* als wäre er der Herr; ♦ **vous pensez s'il a été content!** Sie können sich *(dat)* denken, wie er sich gefreut hat!; und ob er sich gefreut hat!; **~ je m'en souviens!** und ob ich mich (daran) erinnere! B M ‹*inv*› Wenn *n*; **avec lui, il y a toujours des ~ et des mais** bei ihm gibt es immer ein Wenn und ein Aber; *prov* **avec des ~ on mettrait Paris dans une bouteille** wenn das Wörtchen „wenn" nicht wär, wär mein Vater Millionär *(prov)*

si³ [si] M ‹*inv*› MUS h *ou* H *n*

siamois [sjamwa] ADJ siamesisch; ZOOL **chat ~** Siamkatze *f*; **frères** *mpl* **~** *ou* **sœurs ~es** siamesische Zwillinge *mpl*

Sibérie [sibeʀi] **la ~** Sibirien *n*

sibérien [sibeʀjɛ̃] ADJ ‹~ne› sibirisch

Sibiu [sibjy, -bju] GÉOG Hermannstadt *n*

sibylle [sibil] F Sibylle *f*

Sibylle [sibil] F *Vorname*

sibyllin [sibi(l)lɛ̃] ADJ *paroles* sibyllinisch; geheimnisvoll; rätselhaft

sic [sik] ADV *(textuellement)* sic

sicav [sikav] F ‹*inv*› ABR (société d'investissement à capital variable) 1 *société* Investmentgesellschaft *f* 2 *action* Investmentzertifikat *n*, -papier *n*

siccatif [sikatif] M PEINT Sikkativ *n*; Trockenmittel *n*

Sicile [sisil] **la ~** Sizilien *n*

sicilien [sisiljɛ̃] A ADJ ‹~ne› sizilianisch B SUBST **Sicilien(ne)** *m(f)* Sizilianer(in) *m(f)*

sida [sida] M ABR (syndrome immuno-déficitaire acquis) MÉD Aids *n*

side-car [sidkaʀ] M ‹*pl* side-cars› a Motorrad *n* mit Seitenwagen b *habitacle* Seiten-, Beiwagen *m*

sidéen [sideɛ̃] A ADJ aidskrank B SUBST **~(ne)** *m(f)* Aidskranke(r) *m/f(m)*

sidéral [sideʀal] ADJ ‹-aux› ASTRON **année ~e** siderisches Jahr; Sternjahr *n*; **révolution ~e** siderische Umlaufzeit

sidérant [sideʀɑ̃] *fam* ADJ verblüffend

sidérer [sideʀe] *fam* V/T ‹-è-› verblüffen; verdutzen; *adjt* **être, rester sidéré** verblüfft, verdutzt, sprachlos, wie vom Donner gerührt sein, dastehen; *fam* baff, platt sein

sidérurgie [sideʀyʀʒi] F Eisenhüttenwesen *n*

sidérurgique [sideʀyʀʒik] ADJ **industrie** *f* **~** Eisen schaffende Industrie; Eisen- und Stahlindustrie *f*; **produit** *m* **~** Erzeugnis *n* der Eisen- und Stahlindustrie; **usine** *f* **~** Eisenhütte *f*

sidérurgiste [sideʀyʀʒist] M Eisenhütten-, Stahlwerker *m*

siècle [sjɛkl] M 1 Jahrhundert *n*; *(époque)* Zeitalter *n*; **le grand ~** das 17. Jahrhundert *(in Frankreich)*; **le ~ de Louis XIV** das Zeitalter Ludwigs XIV.; **le Siècle des lumières** das Jahrhundert, Zeitalter der Aufklärung; **fin** *f* **de ~** a Jahrhundertwende *f* b *loc adj* dekadent; (des) Fin de Siècle; ROMANTISME **mal** *m* **du ~** Weltschmerz *m*; **au ~ dernier** im letzten Jahrhundert; **au vingtième (XXe) ~** im zwanzigsten (20.) Jahrhundert; **depuis des ~s** seit Jahrhunderten; **jusqu'à la fin des ~s** bis zum *ou* an das Ende der Zeiten; *fam* **il y a des ~s que je ne t'ai pas vu** *fam* ich habe dich ewig nicht mehr gesehen; **être de son ~** mit der Zeit gehen 2 REL **le ~** die Welt

sied [sje] → seoir

siège [sjɛʒ] M 1 Sitz *m*; Sitzgelegenheit *f*; *(chaise)* Stuhl *m*; *(fauteuil)* Sessel *m*; AUTO **~ avant, arrière** Vorder-, Rücksitz *m*; AVIAT **~ éjectable** Schleudersitz *m*; **~ (d'un cabinet**

d'aisances) Klosettsitz *m*; **donner, offrir un ~** e-n Stuhl anbieten; **prendre un ~** sich setzen; Platz nehmen **2** *à une assemblée* Sitz *m*; **~ de député** Abgeordnetensitz *m* **3** *d'une administration, d'une entreprise* Sitz *m*; *d'un parti* Zentrale *f*; **~ social** Firmensitz *m*; **~ du gouvernement** Regierungssitz *m*; *par ext* **~ d'une douleur** Sitz e-s Schmerzes **4** ÉGL Stuhl *m*; **~ épiscopal** Bischofsstuhl *m*, -würde *f* **5** MIL Belagerung *f*; **état** *m* **de ~** Belagerungszustand *m*; **lever le ~** die Belagerung aufheben; *fig* aufbrechen; *fam* abziehen; **mettre le ~ devant une ville** e-e Stadt belagern **6** JUR **magistrature** *f* **du ~** Richter *mpl*; Richterstand *m* **7** MÉD **bain** *m* **de ~** Sitzbad *n*; *naissance* **présentation** *f* **par le ~** Steißlage *f*

siéger [sjeʒe] VI ⟨-è-; -geons⟩ **1** *assemblée, tribunal* tagen; e-e Sitzung abhalten **2** *député* e-n Sitz haben, sitzen (**à l'Assemblée** in der Nationalversammlung) **3** *gouvernement, administration* s-n Sitz haben (**à** in *+dat*)

sien [sjɛ̃] **A** PR POSS ⟨sienne [sjɛn]⟩ **le ~, la ~ne** der, die, das sein(ig)e; seine(r, -s); *se rapportant à un possesseur féminin* der, die, das ihr(ig)e; ihre(r, -s); *pl* **les ~s, les ~nes** die sein(ig)en *ou* ihr(ig)en; seine *ou* ihre; **mon fils et le ~** mein und sein *ou* ihr Sohn; mein Sohn und seiner *ou* ihrer; *j'avais perdu ma clef,* **elle m'a prêté la ~ne** sie hat mir ihren geliehen **B** ADJ POSS *litt* **un ~ cousin** ein Vetter von ihm *ou* ihr; e-r seiner *ou* ihrer Vettern; *emphatique fam* **la ~ne de maison est plus grande** sein *ou* ihr Haus ist größer; **considérer, regarder comme ~** als das seine *ou* ihre, als sein *ou* ihr Eigentum betrachten, ansehen; **faire ~nes les idées, les revendications de qn** sich *(dat)* j-s Ideen zu eigen machen; j-s Forderungen zu den sein(ig)en *ou* ihr(ig)en machen **C** SUBST **1** **y mettre du ~** das Sein(ig)e *ou* Ihr(ig)e tun, dazu beitragen; sein(en) *ou* ihr(en) Teil dazu beitragen **2** **les ~s** die Sein(ig)en *ou* Ihr(ig)en; seine *ou* ihre Familie *f*, Angehörigen *mpl*, *par ext* Freunde *mpl*, Anhänger *mpl* **3** **faire des ~nes** Dummheiten, dumme Streiche machen; **il a encore fait des ~nes** *a. fam* er hat sich *(dat)* wieder was geleistet

Sienne [sjɛn] GÉOG Siena *n*

Sierra Leone [sjɛʀaleɔn] GÉOG **la ~** Sierra Leone *n*

sierra-léonien [sjɛʀaleɔnjɛ̃] **A** ADJ ⟨~ne⟩ sierra-leonisch **B** SUBST **Sierra-Léonien(-ne)** *m(f)* Sierra Leoner(in) *m(f)*

Sierre [sjɛʀ] GÉOG Siders *n*

sieste [sjɛst] F Mittagsschlaf *m*, -schläfchen *n*, -ruhe *f*; Siesta *f*; **faire la ~** ein Mittagsschläfchen halten, machen; Siesta halten

sieur [sjœʀ] M JUR *ou péj* **le ~ X** Herr X

Sieyès [sjejɛs] **l'abbé ~** *frz Revolutionär*

sifflant [siflɑ̃] ADJ pfeifend; zischend; **respiration ~e** pfeifender Atem; PHON **consonne ~e** Zischlaut *m*; Sibilant *m*

sifflement [sifləmɑ̃] M **1** *action* Pfeifen *n* (*a. du vent*); RAD *a.* Pfeifgeräusch *n*; *de la vapeur* Zischen *n*; **~ d'oreilles** Ohrenklingen *n* **2** *résultat* Pfiff *m*; **un ~ d'admiration** ein bewundernder Pfiff

siffler [sifle] **A** VT **1** pfeifen; **~ un air, une chanson** eine Melodie, ein Lied pfeifen; **~ son chien** s-m Hund pfeifen; *arbitre:* **~ le coup d'envoi** das Spiel anpfeifen; **~ une faute** ein Foul pfeifen; **~ la mi-temps** zur Halbzeit pfeifen **2** *orateur, acteur, pièce* auspfeifen; auszischen; **se faire ~** ausgepfiffen werden **3** *fam (boire) fam* runterkippen; **~ un verre** *a. fam* einen zischen **B** VI pfeifen (*a. oiseau, vent, balle, train*); *vent, balle a.* sausen; *balle, flèche a.* schwirren; *merle* flöten; *serpent, oie, vapeur, air* zischen; **les balles sifflaient à nos oreilles** die Kugeln pfiffen uns um die Ohren; **le vent siffle dans les arbres** der Wind pfeift in den Bäumen; **~ en respirant** e-n pfeifenden Atem haben

sifflet [siflɛ] M **1** *instrument* Pfeife *f*; **coup** *m* **de ~** Pfiff *m* **2** PL **~s** *(huées)* (Missfallens)Pfiffe *mpl*; Pfeifkonzert *n*; Zischen *n*; **accueillir par des ~s** auspfeifen; *a.* auszischen **3** *fam* **ça lui a coupé le ~** das verschlug ihm die Sprache; *fam* da blieb ihm die Spucke weg

siffleur [siflœʀ] **A** ADJ ⟨-euse⟩ (gern, viel) pfeifend; *merle* flötend **B** M j-d, der pfeift; Pfeifer *m*

sifflotement [siflɔtmɑ̃] M halblautes, leises Pfeifen; **siffloter** VT *et* VI (leise) vor sich *(acc)* hin pfeifen

sigle [sigl] M (aus den Initialen bestehende) Abkürzung; Sigel *n*; Kürzel *n*

signal [siɲal] M ⟨*pl* -aux⟩ Signal *n* (*a.* CH DE FER, PSYCH); Zeichen *n*; *fig a.* Fanal *n*; CH DE FER **~ automatique** Signalanlage *f*; Blinklicht *n*; **~ lumineux** Lichtsignal *n*; **~ optique** optisches Signal; **signaux routiers** Verkehrszeichen *npl*; **~ sonore** akustisches Signal; **~ d'alarme** CH DE FER Notbremse *f*; *contre le vol* Alarmanlage *f*; **déclencher le ~ d'alarme** die Alarmanlage auslösen; **tirer le ~ d'alarme** die Notbremse ziehen; **~ de détresse** Notsignal *n*; **donner le ~ du départ** das Zeichen zum Aufbruch, CH DE FER zur Abfahrt geben; **être le ~ d'une révolte** das Fanal für e-n Aufstand sein

signalé [siɲale] *litt* ADJ bemerkenswert; bedeutend

signalement [siɲalmɑ̃] M Personenbeschreibung *f*; Signalement *n*; *d'un fugitif* Steckbrief *m*

signaler [siɲale] **A** VT **1** *changement de direction etc* anzeigen; signalisieren; angeben; *piste, danger* bezeichnen; kennzeichnen **2** **~ qc à qn** j-n auf etw *(acc)* aufmerksam machen, hinweisen; j-m etw mitteilen; **permettez-moi de vous ~ que ...** darf ich Sie darauf aufmerksam machen *ou* hinweisen, dass ...; **~ qn à la police** j-n der Polizei melden; **les journaux signalent sa présence à Paris** die Zeitungen melden, erwähnen, verzeichnen s-e Anwesenheit in Paris; **rien à ~** keine besonderen Vorkommnisse **B** VPR **se ~** sich hervortun, sich auszeichnen (**par son courage** durch s-n Mut); **se ~ à l'attention de qn** j-s Aufmerksamkeit erregen; j-n auf sich *(acc)* aufmerksam machen; j-m auffallen

signalétique [siɲaletik] ADJ ADMIN **fiche** *f* **~** Erkennungsbogen *m*

signalisation [siɲalizasjõ] F **1** *routière* Be-, Ausschilderung *f*; **feux** *mpl* **de ~** Verkehrsampel *f*; **panneau** *m* **de ~** Verkehrsschild *n*, -zeichen *n* **2** *(signaux)* Signalsystem *n*, -wesen *n*; Signale *npl* **3** *action* Signalgebung *f*; Signalisieren *n*

signaliser [siɲalize] VT *route* be-, ausschildern

signataire [siɲatɛʀ] M Unterzeichner *m*; *État* Unterzeichner-, Signatarstaat *m*

signature [siɲatyʀ] F **1** Unterschrift *f*; Namenszug *m*; *d'un artiste* Signatur *f*; *fig* Handschrift *f*; Stempel *m*; **apposer sa ~** s-e Unterschrift daruntersetzen; **apposer sa ~ au bas d'un document** s-e Unterschrift unter ein Dokument setzen **2** *action* Unterzeichnung *f*

signe [siɲ] M **1** Zeichen *n*; MATH *a.* Vorzeichen *n*; MÉD *a.* Symptom *n*; ASTROL *a.* Sternzeichen *n*, -bild *n*; **~ caractéristique, distinctif** Kennzeichen *n*; Merkmal *n*; **~s particuliers** besondere Kennzeichen *npl*; **~ d'amélioration** (An)Zeichen *n* der Besserung; **~ de ponctuation** Satzzeichen *n*; Interpunktionszeichen *n*; **~ des temps** Zeichen der Zeit; **~ du zodiaque** Tierkreiszeichen *n*; **impôt** *m* **sur les ~s extérieurs de richesse** Aufwandsteuer *f*; *loc prép:* **en ~ de** zum Zeichen *(+gén)*; als Zeichen, Ausdruck *(+gén)*; **en ~ d'amitié** zum, als Zeichen der Freundschaft; **sous le ~ de** im Zeichen *(+gén)*; **être né sous le ~ de la Balance** im Zeichen der Waage geboren sein; *fig* **être (placé) sous le ~ de la réconciliation** im Zeichen der Versöhnung stehen; **ne plus donner ~ de vie** kein Lebenszeichen mehr von sich geben; *fig* **il ne m'a pas donné ~ de vie depuis longtemps** ich habe schon lange kein Lebenszeichen von ihm erhalten; er hat seit Langem nichts von sich hören lassen; **donner des ~s de fatigue** Zeichen der Ermüdung erkennen lassen; **c'est bon, mauvais ~** das ist ein gutes, schlechtes Zeichen; **c'est ~ de pluie** das ist ein Zeichen für Regen; das bedeutet Regen; **c'est ~ que ...** das ist ein Zeichen dafür, dass ...; **faire le ~ de (la) croix** ein Kreuz schlagen; sich bekreuzigen; ein Kreuzzeichen machen; **se parler par ~s** sich durch Zeichen verständigen **2** *(geste)* Wink *m*; **~ de tête (affirmatif, négatif)** Kopfnicken *n ou* -schütteln *n*; **faire un ~ de (la) tête** (mit dem Kopf) nicken *ou* den Kopf schütteln; **faire un ~ de la main** ein Handzeichen geben; winken; **faire ~ à qn** j-m winken; *pour dire bonjour* j-m zuwinken; **faire ~ à qn de venir** j-n heranwinken; j-n zu sich winken; **faire ~ à qn de s'asseoir** j-n durch e-e Handbewegung zum Sitzen auffordern; **faire ~ à qn de se taire** *a.* den Finger auf den Mund legen; **faire ~ que non** den Kopf schütteln; *avec la main* abwinken; *par ext:* **dès mon retour je vous ferai ~** sobald ich zurück bin, werde ich von mir hören lassen *ou* werde ich mich (bei Ihnen) melden; *si vous avez besoin de moi,* **faites-moi ~** lassen Sie es mich wissen

signer [siɲe] **A** VT unterschreiben, unterzeichnen (*a. abs*); *artiste, auteur: son œuvre* signieren; *par ext* **~ la paix** den Frieden(svertrag) unterzeichnen; **~ d'un faux nom** mit e-m falschen Namen unterschreiben; **~ d'un pseudonyme** mit e-m Pseudonym unterschreiben; *fig* **c'est signé** das trägt s-n Stempel, s-e Handschrift **B** VPR REL **se ~** sich bekreuzigen; ein Kreuz schlagen

signet [siɲɛ] M **1** Buch-, Lesezeichen *n* **2** INFORM Bookmark *n ou f*

signifiant [siɲifjɑ̃] M LING Signifikant *m*; Schrift- *ou* Lautbild *n*

significatif [siɲifikatif] ADJ ⟨-ive⟩ **1** *(expressif)* bedeutsam; bedeutungsvoll; *sourire* vielsagend **2** *(révélateur)* bezeichnend (**de qc** für etw); **il est ~ que ...** *(+subj)* es ist bezeichnend, dass ...

signification [siɲifikasjõ] F **1** *(sens)* Bedeutung *f*; Sinn *m* **2** JUR Zustellung *f*

signifié [siɲifje] M LING Signifikat *n*; Begriff *m*

signifier [siɲifje] VT **1** *(vouloir dire)* bedeuten; heißen; besagen; **ça ne signifie pas grand-chose** das hat nicht viel zu bedeuten; **que signifie ce regard?** was soll dieser Blick heißen?; **ce mot signifie en français ...** dieses Wort bedeutet im Französischen ... **2** *(indiquer)* **~ ses intentions à qn** j-m s-e Absichten mitteilen, bekannt geben, *st/s* kundtun; **~ à qn de sortir** j-m bedeuten hinauszugehen **3** JUR zustellen

Sikkim [sikim] GÉOG **le ~** Sikkim *n*

silence [silɑ̃s] M **1** *de qn* Schweigen *n* (*a. poét de choses*); Stillschweigen *n*; *d'un endroit* Stille *f*; Ruhe *f*; **~ absolu** absolute, vollkommene Stille; absolutes (Still)Schweigen; **~ éloquent** beredtes Schweigen; **~ profond** tiefe Stille; **~ de**

mort Toten-, Grabesstille *f*; **le ~ de la nuit** die Stille der Nacht; **le ~ de la presse** das Schweigen der Presse; **la loi du ~** *dans le Milieu* das Gesetz des Schweigens; **minute** *f* **de ~** Schweigeminute *f*; **en ~** schweigend; **souffrir en ~** leiden, ohne zu klagen; **~!** Ruhe!; ruhig!; still (da)!; CINÉMA **~, on tourne!** Achtung, Aufnahme!; **être condamné au ~** zum Schweigen verurteilt sein; *il n'écrit plus,* **je ne m'explique pas son ~** ich kann mir sein Schweigen nicht erklären; **faire ~** still werden; **le ~ se fit dans la salle** es wurde still im Saal; im Saal trat Stille ein; **garder le ~** Stillschweigen bewahren, sich ausschweigen (**sur qc** über etw *(acc)*); **imposer (le) ~ à qn** j-n zum Schweigen bringen *(a. fig détracteur etc)*; **passer sous ~** verschweigen; mit Stillschweigen übergehen; **réduire au ~** zum Schweigen bringen *(a. opposition)*; **rompre le ~** das Schweigen brechen 2 MUS Pause *f*

silencieux [silɑ̃sjø] A ADJ ⟨-euse⟩ *personne momentanément* still; stumm; ruhig; *de nature* schweigsam; *pas, geste* laut-, geräuschlos; **forêt silencieuse** stiller Wald; **majorité silencieuse** schweigende Mehrheit; **marche silencieuse** Schweigemarsch *m*; **rue silencieuse** stille Straße; *moteur* **être ~** ruhig laufen; geräuscharm sein; **rester, demeurer ~** stillschweigen; in Schweigen verharren B M TECH Schalldämpfer *m*

Silésie [silezi] **la ~** Schlesien *n*

silésien [silezjɛ̃] ADJ ⟨~ne⟩ schlesisch

silex [silɛks] M MINÉR Feuerstein *m*

silhouette [silwɛt] F 1 *(ombre, contours)* Silhouette *f*; Schattenbild *n*; Umrisse *mpl* 2 *(aspect d'une personne)* Gestalt *f*; Figur *f*

silicate [silikat] M CHIM Silikat *ou* Silicat *n*

silice [silis] F CHIM Kieselerde *f*; Siliciumdioxid *n*; **verre** *m* **de ~** Quarzglas *n*

siliceux [silisø] ADJ ⟨-euse⟩ MINÉR kieselartig, -haltig; Kiesel...

silicium [silisjɔm] M CHIM Silicium *ou* Silizium *n*

silicone [silikon] F CHIM Silikon *n*

silicose [silikoz] F MÉD Silikose *f*; Staublunge *f*

sillage [sijaʒ] M 1 MAR Kielwasser *n*; *fig* **marcher dans le, suivre le ~ de qn** in j-s Fuß(s)tapfen *(acc)* treten; *péj* in j-s Kielwasser *(dat)* segeln, treiben 2 PHYS, AVIAT Luftstrom *m*, -wirbel *mpl* 3 *fig* Spur *f*; **~ d'un parfum** Duftwolke *f*

sillon [sijõ] M 1 *d'un champ* Furche *f*; **tracer, creuser un ~** e-e Furche ziehen 2 *d'un disque* Rille *f* 3 ANAT **~s du cerveau** Gehirnfurchen *fpl*

sillonner [sijɔne] V/T 1 *bateau: mer* durchpflügen; *éclair: ciel* durchzucken; *routes: pays* durchziehen; *avion* **~ le ciel** (am Himmel) dahinfliegen; umherfliegen; *pp visage* **sillonné de rides** von Runzeln durchfurcht 2 **~ une région en voiture** in e-r Gegend umher-, herumfahren

silo [silo] M 1 Silo *m ou n*; **~ à céréales** Getreidesilo *m* 2 MIL Raketensilo *m ou n*

silure [silyʀ] M ZOOL Wels *m*

simagrées [simagʀe] FPL Ziererei *f*; Gehabe *n*; Getue *n*; *fam* Mätzchen *npl*; **faire des ~** sich zieren; *fam* sich haben; sich anstellen; Mätzchen machen

Simenon [sim(ə)nõ] **Georges ~** *belgischer Schriftsteller*

simiesque [simjɛsk] ADJ affenähnlich

similaire [similɛʀ] ADJ gleichartig; ähnlich; entsprechend

similarité [similaʀite] F Gleichartigkeit *f*

simili [simili] 1 M Imitation *f*; Nachahmung *f*; *t/t* Simili *n ou m*; **en ~** unecht; nachgemacht 2 F ABR → similigravure

similicuir [similikɥiʀ] M Kunstleder *n*; **similigravure** F TYPO Autotypie *f*

similitude [similityd] F Ähnlichkeit *f* *(a.* MATH)

Simon [simõ] M *Vorname*

Simone [simɔn] F *Vorname*

simoun [simun] M *vent* Samum *m*

simple [sɛ̃pl] A ADJ 1 einfach; *moyen, méthode a.* simpel; *style, robe etc a.* schmucklos; schlicht; CHIM **corps** *m* **~** (chemisches) Element; Grundstoff *m*; **gens** *mpl* **~s** einfache Leute *pl*; GRAM **passé** *m* **~** historisches Perfekt; Passé simple *n*; GRAM **temps** *m* **~** einfache Zeit; **rien de plus ~!** nichts einfacher als das!; **avoir des goûts ~s** e-e einfache Lebensweise bevorzugen; **c'est (bien) ~**, *tu restes ici* das ist ganz einfach ...; *subst: prix* **varier du ~ au double** bis doppelt so hoch sein 2 *(pur, seul)* einfach; bloß; rein; **~ employé** *m* einfache(r) Angestellte(r); **une ~ mesure de précaution** e-e einfache, bloße Vorsichtsmaßnahme; **un ~ geste suffit** e-e einfache, bloße Geste genügt; **le ~ bon sens ...** schon der gesunde Menschenverstand ...; → *a.* pur A 6 3 *(simplet)* einfältig; **être ~ d'esprit** geistig beschränkt sein; ein einfaches Gemüt haben, sein; *subst* **un ~ d'esprit** ein geistig Beschränkter; **il faudrait être bien ~ pour** *(+inf)* man müsste schon sehr einfältig sein, um zu *(+inf)* B M 1 TENNIS Einzel *n*; **~ dames, messieurs** Damen-, Herreneinzel *n* 2 PHARM **~s** *pl* Heilkräuter *npl*, -pflanzen *fpl*

simplement [sɛ̃pləmɑ̃] ADV einfach; **tout ~** ganz einfach; **s'exprimer ~** sich einfach ausdrücken; **être habillé ~** einfach, schlicht gekleidet sein; **voir les choses trop ~** die Dinge zu einfach sehen; **il a ~ voulu vous faire peur** er wollte Sie einfach, bloß, nur erschrecken

simplet [sɛ̃plɛ] ADJ ⟨~te⟩ etwas einfältig; simpel; naiv

simplicité [sɛ̃plisite] F 1 Einfachheit *f*; *du mode de vie, du style a.* Schlichtheit *f*; *du style, d'un vêtement a.* Schmucklosigkeit *f*; *d'une personne a. (naturel)* Natürlichkeit *f*; Unkompliziertheit *f*; *(modestie)* Anspruchslosigkeit *f*; **en toute ~** einfach; schlicht; ohne Umstände (zu machen) 2 *(naïveté)* Einfalt *f*; Einfältigkeit *f*

simplifiable [sɛ̃plifjabl] ADJ vereinfachbar; MATH *fraction a.* kürzbar

simplificateur [sɛ̃plifikatœʀ] ADJ ⟨-trice⟩ vereinfachend; **simplification** F Vereinfachung *f*; MATH *d'une fraction a.* Kürzung *f*

simplifier [sɛ̃plifje] A V/T vereinfachen; MATH **~ une fraction** einen Bruch kürzen B V/PR **se ~** einfacher werden

simplisme [sɛ̃plism] M übermäßige Vereinfachung *f*; Einseitigkeit *f*

simpliste [sɛ̃plist] ADJ *raisonnement* zu einfach; *morale, jugement* einseitig; **esprit** *m* **~** j-d, der die Dinge zu einseitig sieht, zu sehr vereinfacht

Simplon [sɛ̃plõ] GÉOG **le ~** der Simplon(pass)

simulacre [simylakʀ] M Scheinhandlung *f*; **~ de ...** Schein...; fingiert; **~ de combat** Scheingefecht *n*

simulateur [simylatœʀ] M, **simulatrice** F 1 Simulant(in) *m(f)* 2 M TECH Simulator *m*; **simulateur de vol** Flugsimulator *m*

simulation [simylasjõ] F 1 Verstellung *f* *(abs)*; Vortäuschung *f*; Simulieren *n*; Simulation *f* 2 JUR Scheingeschäft *n* 3 TECH Simulierung *f*; Simulation *f*; **~ sur ordinateur** Computersimulation *f*

simulé [simyle] ADJ vorgetäuscht; fingiert; Schein...; **attaque ~e** Scheinangriff *m*; **maladie ~e** vorgetäuschte, simulierte Krankheit

simuler [simyle] V/T 1 vortäuschen; heucheln; fingieren; **~ une maladie** eine Krankheit vortäuschen, simulieren 2 TECH simulieren

simultané [simyltane] ADJ gleichzeitig; simultan; ÉCHECS **partie ~e** *ou subst* **~e** *f* Simultanspiel *n*, -schach *n*; **traduction ~e** Simultanübersetzung *f*

simultanéité [simyltaneite] F Gleichzeitigkeit *f*

simultanément [simyltanemɑ̃] ADV gleichzeitig; zur gleichen Zeit

Sinaï [sinai] **le ~** der Sinai

sinapisé [sinapize] ADJ MÉD **cataplasme ~** Senfpackung *f*

sinapisme [sinapism] M MÉD Senfpflaster *n*, -packung *f*

sincère [sɛ̃sɛʀ] ADJ aufrichtig; ehrlich; offen; **admiration** *f* **~** ehrliche, aufrichtige, echte Bewunderung; **~s condoléances** *fpl* herzliches Beileid; aufrichtige Teilnahme; **opinion** *f* **~** ehrliche Meinung; **veuillez agréer mes ~s salutations** mit vorzüglicher Hochachtung; mit (den) besten Grüßen; **être ~ avec soi-même** sich *(dat)* selbst gegenüber ehrlich sein

sincèrement [sɛ̃sɛʀmɑ̃] ADV → sincère; **regretter ~** aufrichtig bedauern; **~, je ne le crois pas** ehrlich gesagt *ou* offen gestanden, ich glaube ihm nicht; **~, vous ne voulez pas venir?** Sie wollen also wirklich, wahrhaftig nicht kommen?

sincérité [sɛ̃seʀite] F Aufrichtigkeit *f*; Ehrlichkeit *f*; Offenheit *f*; **en toute ~** in aller Offenheit

sinécure [sinekyʀ] F geruhsames Pöstchen; *fam* Druckposten *m*; *fam* **ce n'est pas une ~** das ist keine leichte Aufgabe

sine die [sinedje] LOC ADV **renvoyer un débat ~** e-e Debatte auf unbestimmte Zeit vertagen

sine qua non [sinekwanɔn] LOC ADJ **condition** *f* **~** unerlässliche Bedingung, Voraussetzung; Conditio sine qua non *f*

Singapour [sɛ̃gapuʀ] Singapur *n*

singe [sɛ̃ʒ] M 1 ZOOL Affe *m*; **les grands ~s** die Menschenaffen *mpl*; **agile comme un ~** flink wie ein Affe; **être malin comme un ~** ein schlauer Fuchs, *fam* ein gewiefter Bursche sein; **faire le ~** den Hanswurst machen, spielen; *fam* Faxen machen; *prov* **on n'apprend pas à un vieux ~ à faire la grimace** e-m alten Hasen macht man nichts vor 2 *arg (corned-beef)* Corned Beef *n*; Büchsenfleisch *n* 3 *arg (patron)* **le ~** *fam* der Alte

singer [sɛ̃ʒe] V/T ⟨-geons⟩ nachäffen; nachmachen

singeries [sɛ̃ʒʀi] FPL Grimassen *fpl*; *fam* Faxen *fpl*; **faire des ~** Faxen machen; Grimassen schneiden

singulariser [sɛ̃gylaʀize] A V/T *vêtements etc* **~ qn** j-n auffällig erscheinen lassen; j-n aus der Masse herausheben B V/PR **se ~** auffallen; von den andern abstechen; *fam* aus der Reihe tanzen

singularité [sɛ̃gylaʀite] F 1 *(étrangeté)* Eigentümlichkeit *f*; Eigenartigkeit *f*; Sonderbarkeit *f*; **avoir le goût de la ~** das Eigenartige, Ausgefallene, Besondere lieben 2 *(particularité)* Eigenart *f*; Eigenheit *f*

singulier [sɛ̃gylje] A ADJ ⟨-ière⟩ 1 eigenartig; eigentümlich; sonderbar; seltsam; merkwürdig; *idée a.* ausgefallen; abseitig; **singulière aventure** eigenartiges *etc* Erlebnis; **une singulière façon de raconter les choses** e-e merkwürdige Art, die Dinge zu erzählen; **un ~ personnage** e-e eigenartige *etc* Gestalt; **ce qu'il y a de ~, c'est que ...** das Eigenartige, Merkwürdige ist, dass ...; eigenartigerweise, merkwürdigerweise ... 2 *litt* **combat**

S

~ Einzelkampf *m* **B** M GRAM Singular *m;* Einzahl *f*

singulièrement [sɛ̃gyljɛʀmɑ̃] ADV **1** *(très)* sehr; ungemein; ganz besonders; *avant un adj a.* überaus; ausnehmend **2** *(bizarrement)* eigenartig; eigentümlich **3** *litt (surtout)* im Besonderen; insbesondere

sinistre [sinistʀ] **A** ADJ **1** *bruit, endroit, personne* unheimlich; *atmosphère, regard a.* düster; *présage* Unheil verkündend **2 une ~ crapule** ein erbärmlicher, elender, ausgemachter Lump; **un ~ imbécile** ein Vollidiot *m* **B** M **1** (Brand-, Flut-, Erdbeben)Katastrophe *f; pompiers* **maîtriser le ~** den Brand eindämmen **2** ASSURANCES Schaden(sfall) *m*

sinistré [sinistʀe] **A** ADJ von e-r Katastrophe betroffen, heimgesucht; geschädigt; *(bombardé)* zerbombt; ausgebombt; **région ~e** Katastrophengebiet *n* **B** M Opfer *n* (e-r Katastrophe); (Katastrophen)Geschädigte(r) *m*

sinistrose [sinistʀoz] F Katastrophenstimmung *f*

sino-... [sino] ADJ chinesisch-...; *exemple:* **sino-japonais** chinesisch-japanisch

sinologie [sinɔlɔʒi] F Sinologie *f;* Chinakunde *f;* **sinologue** M/F Sinologe, -login *m,f*

sinon [sinõ] CONJ **1** *(autrement)* sonst; ander(e)nfalls; **travaille, ~ tu ne réussiras pas** arbeite, sonst schaffst du es nicht **2** *(sauf)* außer; **que faire ~ attendre?** was kann man schon tun außer abzuwarten?; was kann man schon anderes tun als ab(zu)warten?; *loc conj* **~ que** außer dass; **je ne sais rien ~ qu'il est très occupé** ich weiß nichts, als *ou* außer dass er sehr beschäftigt ist **3** *(si ce n'est)* wenn nicht (gar); **une force indifférente, ~ ennemie** e-e gleichgültige, wenn nicht gar feindliche Macht; **faites-le, ~ aujourd'hui, du moins demain** tun Sie es, wenn nicht heute, so doch morgen

sinoque [sinɔk] ADJ *fam* plemplem; → *a.* cinglé

sinueux [sinɥø] ADJ ⟨-euse⟩ **1** *ligne, rivière* gewunden; **route sinueuse** kurvenreiche Straße **2** *fig pensées* verschlungen; gewunden

sinuosités [sinɥozite] FPL Windungen *fpl;* Krümmungen *fpl;* Biegungen *fpl*

sinus [sinys] M **1** ANAT **a** Nasennebenhöhle *f;* **~ frontal** Stirnhöhle *f;* **~ maxillaire** Kieferhöhle *f* **b** *de vaisseaux sanguins* Erweiterung *f; t/t* Sinus *m* **2** MATH Sinus *m*

sinusite [sinyzit] F MÉD Stirnhöhlenkatarr(h) *m*

sinusoïdal [sinyzɔidal] ADJ ⟨-aux⟩ MATH Sinus...; **fonction ~e** Sinusfunktion *f;* PHYS **mouvement ~** Sinusschwingung *f*

sinusoïde [sinyzɔid] F MATH Sinuskurve *f*

Sion [sjõ] *ville de Suisse* Sitten *n*

sionisme [sjɔnism] M Zionismus *m;* **sioniste** **A** ADJ zionistisch **B** M/F Zionist(in) *m(f)*

Sioux [sju] MPL Sioux *mpl; adjt* **tribu** *f* **~** Siouxstamm *m; fam fig* **ruses** *fpl* **de ~** geschickte Tricks *mpl*

siphon [sifõ] M **1** *d'un évier etc* Geruchsverschluss *m;* Siphon *m* **2 ~ (d'eau de Seltz)** Sodawasserflasche *f;* Siphon *m* **3** PHYS Saugheber *m*

siphonné [sifɔne] ADJ *fam* behämmert; meschugge; → *a.* cinglé

sire [siʀ] M **1** *titre d'un souverain* **Sire** Majestät **2 un triste ~** ein elendes, verkommenes Subjekt

sirène [siʀɛn] F **1** MYTH Sirene *f* **2** Sirene *f;* **~ d'alerte, d'alarme** Alarmsirene *f;* **~ d'usine** Fabriksirene *f*

sirocco [siʀɔko] M *vent* Schirokko *m*

sirop [siʀo] M Sirup *m;* PHARM **~ contre la toux** Hustensaft *m;* **~ de framboises** Himbeersirup *m;* **fruits** *mpl* **au ~** eingemachte Früchte *fpl*

siroter [siʀɔte] *fam* V/T (langsam und) mit Genuss schlürfen

sirtaki [siʀtaki] M *danse* Sirtaki *m*

sirupeux [siʀypø] ADJ ⟨-euse⟩ **1** sirupartig **2** *fig et péj musique* schmalzig

sis [si] ADJ ⟨sise [siz]⟩ JUR gelegen; befindlich; sich befindend

sisal [sizal] M *fibre* Sisal *m*

sismicité [sismisite] F Seismizität *f;* Erdbebentätigkeit *f*

sismique [sismik] ADJ Erdbeben...; seismisch; **onde** *f* **~** Erdbebenwelle *f;* **secousse** *f* **~** Erdstoß *m*

sismogramme [sismɔgʀam] M Seismogramm *n;* **sismographe** M Seismograf *m,* -meter *n;* **sismologie** F Seismologie *f;* **sismologue** M/F Seismologe, -login *m,f*

Sisyphe [sizif] M MYTH Sisyphus *m; fig* **travail** *m* **de ~** Sisyphusarbeit *f*

site [sit] M **1** *(paysage)* Landschaft *f;* Gegend *f;* *(endroit)* Stätte *f; d'une ville* Lage *f; d'une usine* Standort *m;* **~s** *pl a.* landschaftliche Schönheiten *fpl;* **~ historique** historische Stätte; **~ protégé, classé** → classer A 4 **2** INFORM **~ (Web, Internet)** Website *f*

sit-in [sitin] M ⟨inv⟩ Sit-in *n*

sitôt [sito] **A** ADV **~ après le petit-déjeuner ...** sogleich, sofort nach dem Frühstück ...; **pas de ~** nicht so bald; nicht so schnell; **~ arrivé, il s'endormit** sobald *ou* gleich nachdem er angekommen war, schlief er ein; *loc* **~ dit, ~ fait** gesagt, getan **B** LOC CONJ **~ que** sobald

situation [sitɥasjõ] F **1** *d'une ville, d'une maison* Lage *f* **2** *(circonstances)* Lage *f;* Situation *f (a.* THÉ); Verhältnisse *npl;* Zustände *mpl;* Umstände *mpl;* **~ délicate, désespérée** heikle, verzweifelte Lage, Situation; **~ économique** Wirtschaftslage *f;* wirtschaftliche Lage; **~ politique** politische Lage; politische Verhältnisse, Zustände; ADMIN **~ de famille** Familien-, Personenstand *m;* **~ sans issue** ausweglose Lage, Situation; THÉ **comique** *m* **de ~** Situationskomik *f;* **être en ~ de** *(+inf)* in der Lage sein zu *(+inf);* **exposer la ~** e-n Lagebericht geben; **mettre qn en ~** j-m kurz die Situation erklären **3** *(emploi)* (berufliche) Stellung *f;* Position *f;* **~ stable** gesicherte Position, Stellung; Dauerstellung *f;* **être sans ~** stellungslos sein; **se faire une ~** sich *(dat)* e-e Position schaffen

situé [sitɥe] ADJ gelegen; **être bien ~** *maison* schön, *boutique* günstig gelegen sein, liegen; **être ~ au nord de Paris** nördlich, im Norden von Paris liegen

situer [sitɥe] **A** V/T einordnen; **où situez-vous Nice?** wo liegt für Sie Nizza?; **~ un événement à une époque donnée** ein Ereignis in e-e bestimmte Epoche verlegen, e-r bestimmten Epoche zuordnen; **l'auteur a situé cette scène à Lyon** der Verfasser lässt diese Szene in Lyon spielen; **~ un texte** e-n Text einordnen **B** V/PR **se ~** *chose* liegen; s-n Platz haben; *action d'un roman* spielen (à in *+dat*); *personne* sich einordnen; e-e Position einnehmen; **se ~ politiquement à gauche** politisch links stehen, angesiedelt sein; **se ~ aux alentours de dix pour cent** bei zehn Prozent liegen; **cette expérience se situe dans le cadre d'un programme de recherches** dieses Experiment findet im Rahmen e-s Forschungsprogramms statt

six [sis], *vor Konsonant* [si], *vor Vokal* [siz] **A** NUM sechs; **le ~ août** der sechste August *ou* am sechsten August; **chapitre** *m* **~** Kapitel sechs; **Charles VI** Karl VI. (der Sechste); CYCLISME **~ jours** *mpl* Sechstagerennen *n;* **à ~** zu sechst, sechs(en); **de ~ ans** sechsjährig; von sechs Jahren; **il est ~ heures** es ist sechs (Uhr) **B** M Sechs *f; all Sud a.* Sechser *m;* **le ~ (du mois)** der Sechste *ou* am Sechsten (des Monats); → *a.* deux B

six-huit [sisɥit] M MUS **(mesure** *f* **à) ~** Sechsachteltakt *m*

sixième [sizjɛm] **A** NUM sechste(r, -s) **B** SUBST **1 le, la ~** der, die, das Sechste **2** M MATH Sechstel *n* **3** M *étage* sechster Stock; sechstes Stockwerk; sechste Etage **4** F ÉCOLE erste Klasse im Gymnasium; *correspond à* sechste Klasse; **élève** *m/f* **de ~** Sechstklässler(in) *m(f)*

sixièmement [sizjɛmmɑ̃] ADV sechstens

six-quatre-deux [siskatdø] LOC ADV *fam travail* **fait à la ~** flüchtig, *fam* schluderig gemacht

sixte [sikst] F MUS Sexte *f*

Sixtine [sikstin] ADJ *à Rome* **chapelle** *f* **~** Sixtinische Kapelle

Sjælland [sjɛlɑ̃d] GÉOG Seeland *n*

skaï® [skaj] M Skai® *n*

skate(-board) [skɛt(bɔʀd)] M Skateboard *n;* Rollbrett *n*

sketch [skɛtʃ] M ⟨*pl* sketches⟩ Sketch *ou* Sketsch *m*

ski [ski] M **1** Ski *ou* Schi *m;* **~ court** Kurzski *m;* **à, en ~s** auf Skiern; **mettre, attacher ses ~s** s-e Skier anschnallen **2** *sport* Skilauf(en) *m(n);* Skifahren *n;* Skisport *m;* **faire du ~** Ski laufen, fahren; **~ nautique** Wasserski *n;* **faire du ~ nautique** Wasserski fahren; **~ de fond** (Ski)Langlauf *m;* **faire du ~ de fond** Langlauf machen, betreiben; **~ de randonnée** Skiwandern *n;* **bâton** *m* **de ~** Skistock *m;* **championnat** *m* **de ~** Skimeisterschaft *f*

skiable [skjabl] ADJ *piste* (mit Skiern) befahrbar; *neige* zum Skifahren geeignet; geführig

ski-bob [skibɔb] M ⟨*pl* skis-bobs⟩ Skibob *m*

skier [skje] V/I Ski laufen, fahren

skieur [skjœʀ] M, **skieuse** F Skiläufer(in) *m(f);* Skifahrer(in) *m(f);* **skieur, skieuse de fond** (Ski)Langläufer(in) *m(f)*

skif(f) [skif] M SPORTS Skiff *n*

skinhead [skinɛd] M Skinhead *m*

skipper [skipœʀ] M MAR Skipper *m;* Kapitän *m* (e-r Segeljacht)

slalom [slalɔm] M SPORTS Slalom *m;* Torlauf *m;* **~ géant, spécial** Riesen-, Spezialslalom *m; fig* **faire du ~** Slalom fahren; im Zickzack fahren *ou* gehen; sich durchwinden **(entre les tables** zwischen den Tischen)

slalomer [slalɔme] V/I Slalom fahren; im Zickzack fahren *ou* gehen; sich durchwinden

slalomeur [slalɔmœʀ] M, **slalomeuse** F Slalomläufer(in) *m(f)*

slash [slaʃ] M TYPO Slash *m*

slave [slav] **A** ADJ slawisch **B** SUBST **Slave** *m/f* Slawe *m,* Slawin *f*

slavisant [slavizɑ̃] M → slaviste; **slaviser** V/T slawisieren

slaviste [slavist] M/F Slawist(in) *m(f);* **slavistique** F Slawistik *f*

slavophile [slavɔfil] **A** ADJ slawophil **B** M Slawophile(r) *m*

slip [slip] M **1** Slip *m; pour femme a.* (Damen-)Höschen *n;* **~ de bain** Badehose *f* **2** MAR Schlipp *ou* Slip *m;* Aufschleppe *f*

slogan [slɔgɑ̃] M Parole *f;* Schlagwort *n;* Slogan *m;* **~ électoral** Wahlparole *f;* **~ publicitaire** Werbeslogan *m,* -spruch *m*

slovaque [slɔvak] **A** ADJ slowakisch **B** SUBST **1 Slovaque** *m/f* Slowake *m,* Slowakin *f* **2** LING **le ~** das Slowakische; Slowakisch *n*

Slovaquie [slɔvaki] **la ~** die Slowakei

slovène [slɔvɛn] **A** ADJ slowenisch **B** SUBST **1 Slovène** *m/f* Slowene *m,* Slowenin *f* **2** LING **le ~** das Slowenische; Slowenisch *n*

Slovénie [slɔveni] **la ~** Slowenien *n*

slow [slo] M *danse* Slowfox *m*
smala(h) [smala] F *fam plais* (ganze) Familie; *péj* Sippschaft *f*; **avec toute sa smala(h)** mit Kind und Kegel
smartphone [smaʀtfɔn] M TÉL Smartphone *n*
smash [smaʃ] M TENNIS *etc* Schmetterball *m*, -schlag *m*; **smasher** V/I schmettern
SME [ɛsɛmə] M ABR (Système monétaire européen) EWS *n* (Europäisches Währungssystem)
SMIC [smik] M ABR (salaire minimum interprofessionnel de croissance) (dynamischer) Mindestlohn (für alle Berufssparten)
smicard [smikaʀ] M, **smicarde** F Mindestlohnempfänger(in) *m(f)*
smiley [smajli] M ‹*pl* smileys *ou* smilies› INFORM Smiley *n ou m*
smocks [smɔk] MPL COUT Smokarbeit *f*
smog [smɔg] M Smog *m*
smoking [smɔkiŋ] M Smoking *m*
SMS [ɛsɛmɛs] M ABR (short message service) TÉL *service* SMS *m*; *message* SMS(-Nachricht) *f*; **envoyer un (message) ~ à qn** j-m e-e SMS schicken
smurf [smœʀf] M Breakdance *m*
snack(-bar) [snak(baʀ)] M Schnellgaststätte *f*; Snackbar *f*; Imbissstube *f*
SNCF [ɛsɛnseɛf] F ABR (Société nationale des chemins de fer français) Französische Staatsbahn
SNES [snɛs] M ABR (Syndicat national de l'enseignement secondaire) (*linksorientierte*) *Gewerkschaft der Gymnasiallehrer*
sniffer [snife] V/T *drogue* schnüffeln; sniffen
snob [snɔb] A ADJ ‹*f inv*› snobistisch B M/F Snob *m*
snober [snɔbe] V/T *fam* **~ qn** j-n von oben herab behandeln; j-n hochmütig übersehen
snobinard [snɔbinaʀ] M, **snobinarde** F *fam péj* kleiner Snob
snobisme [snɔbism] M Snobismus *m*
snowboard [snobɔʀd] M Snowboard *n*; **snowboardeur** M, **snowboardeuse** F Snowboarder(in) *m(f)*
sobre [sɔbʀ] ADJ 1 *personne* mäßig, maßvoll, enthaltsam, zurückhaltend im Trinken; *fam* **~ comme un chameau** äußerst mäßig im Trinken 2 *fig* **~ en paroles** wortkarg; **être ~ de compliments** mit Komplimenten zurückhaltend, sparsam sein 3 *style, tenue* nüchtern; schmucklos
sobriété [sɔbʀijete] F 1 *d'une personne* Mäßigkeit *f*, Enthaltsamkeit *f*, Zurückhaltung *f* im Trinken 2 *du style etc* Nüchternheit *f*; Schmucklosigkeit *f*
sobriquet [sɔbʀikɛ] M Spitzname *m*
soc [sɔk] M AGR Pflugschar *f*
sociabilité [sɔsjabilite] F Umgänglichkeit *f*; Geselligkeit *f*
sociable [sɔsjabl] ADJ umgänglich; gesellig; **caractère** *m* **~** umgänglicher Charakter
social [sɔsjal] A ADJ ‹-aux› 1 (*relatif à la justice sociale*) sozial; Sozial...; **affaires ~es** soziale Angelegenheiten *fpl*; Soziale(s) *n*; **assistante ~e** Fürsorgerin *f*; Sozialarbeiterin *f*; **assurances ~es** Sozialversicherung *f*; **charges ~es** Soziallasten *fpl*; **climat ~** soziales Klima; **conflit ~** sozialer Konflikt; **(in)justice ~e** soziale (Un)Gerechtigkeit *f*; **mesures ~es** soziale Maßnahmen *fpl*; **politique ~e** Sozialpolitik *f*; **problèmes sociaux** soziale Probleme *npl*; **la question ~e** die soziale Frage; **réforme ~e** Sozialreform *f* 2 (*de la société*) Gesellschafts...; gesellschaftlich; sozial; Sozial...; ZOOL **animaux sociaux** soziale, Staaten bildende Tiere *npl*; **classe ~e** Gesellschaftsklasse *f*; soziale Klasse; **couche ~e** Gesellschaftsschicht *f*; soziale Schicht; **sciences ~es** Gesellschafts-, Sozialwissenschaften *fpl* 3 COMM Firmen...; Gesellschafts...; **capital ~** Gesellschaftskapital *n*; *d'une S.A.R.L.* Stammkapital *n*; *d'une S.A.* Grundkapital *n*; **raison ~e** Firmenname *m*, -bezeichnung *f*; Firma *f*; **siège ~** Firmensitz *m* B M Sozialbereich *m*
social-démocrate [sɔsjaldemɔkʀat] POL A ADJ ‹sociale-démocrate; sociaux-démocrates› sozialdemokratisch B M/F Sozialdemokrat(in) *m(f)*; *péj* Sozi *m*; **social-démocratie** F Sozialdemokratie *f*
socialisant [sɔsjalizɑ̃] ADJ zum Sozialismus tendierend; **socialisation** F Sozialisierung *f*; **socialiser** V/T sozialisieren
socialisme [sɔsjalism] M Sozialismus *m*; **~ réformiste** Reformsozialismus *m*; **~ révolutionnaire** revolutionärer Sozialismus
socialiste [sɔsjalist] A ADJ sozialistisch B M/F Sozialist(in) *m(f)*
sociétaire [sɔsjetɛʀ] M Mitglied *n*; **~ de la Comédie-Française** ständiges Mitglied der Comédie Française
société [sɔsjete] F 1 (*communauté*) Gesellschaft *f*; **~ animale** Tiergesellschaft *f*, -staat *m*; **~ industrielle** Industriegesellschaft *f*; **~ de consommation** Konsumgesellschaft *f*; **jeux** *mpl* **de ~** Gesellschaftsspiele *npl*; **dans la ~ de** in Gesellschaft von (*ou+gén*); **en ~** in Gesellschaft; **vie** *f* **en ~** Leben *n* in der Gesellschaft; **rechercher la ~ de qn** j-s Gesellschaft suchen 2 (*association*) Gesellschaft *f*; Verein *m*; Bund *m*; **~ protectrice des animaux** (*abr* **SPA**) Tierschutzverein *m*; **~ savante** gelehrte, wissenschaftliche Gesellschaft; **~ secrète** Geheimbund *m*; **~ d'auteurs** Autorenverband *m*; HIST **la Société des Nations** (*abr* **SDN**) der Völkerbund 3 ÉCON Gesellschaft *f*; Firma *f*; **~ anonyme** (*abr* **SA**), **par actions** Aktiengesellschaft *f* (*abr* AG); **~ (commerciale)** Handelsgesellschaft *f*; **~ immobilière** Grundstücks-, Immobiliengesellschaft *f*; **~ à responsabilité limitée** (*abr* **SARL**) Gesellschaft mit beschränkter Haftung (*abr* GmbH); **~ en nom collectif** offene Handelsgesellschaft (*abr* OHG); **contrat** *m* **de ~** Gesellschaftsvertrag *m* 4 GÉOG **les îles** *fpl* **de la Société** die Gesellschaftsinseln *fpl*
socio [sɔsjo] F *fam* ABR → sociologie
socioculturel [sɔsjokyltyʀɛl] ADJ ‹~le› soziokulturell; kultursoziologisch; **socio-économique** ADJ sozioökonomisch; wirtschaftssoziologisch; **socio-éducatif** ADJ ‹-ive› sozialpädagogisch; **sociolinguistique** F Soziolinguistik *f*
sociologie [sɔsjɔlɔʒi] F Soziologie *f*; **sociologique** ADJ soziologisch; **sociologue** M/F Soziologe, -login *m,f*
socioprofessionnel [sɔsjɔpʀɔfɛsjɔnɛl] ADJ ‹~le› berufssoziologisch; **catégorie ~le** Berufsgruppe *f*, -klasse *f*
socle [sɔkl] M 1 *d'une statue etc* Sockel *m* 2 GÉOG **~ continental** Festlandsockel *m*; Schelf *m ou n*
socquette [sɔkɛt] F *pour femme et enfant* Söckchen *n*; *pour homme* Socke *f*
Socrate [sɔkʀat] M PHIL Sokrates *m*
socratique [sɔkʀatik] ADJ sokratisch
soda [sɔda] M Sodawasser *n* (mit Fruchtsirup)
sodium [sɔdjɔm] M CHIM Natrium *n*
Sodome [sɔdɔm] BIBL Sodom *n*
sodomie [sɔdɔmi] F Analverkehr *m*; **sodomiser** V/T anal koitieren mit; sodomisieren
sœur [sœʀ] F 1 Schwester *f*; **petite ~** kleine Schwester; Schwesterchen *n*; *fam fig* **et ta ~?** was geht dich das an!; *fam* so siehst du aus! 2 REL (*fam* **bonne**) **~** Schwester *f*; *appellatif* **ma ~** Schwester (*+prénom*); **elle a été élevée chez les ~s** sie ist in e-r Klosterschule erzogen worden 3 *fig et st/s* Schwester *f*; *adjt* verschwistert; *adjt* **âme** *f* **~** verwandte, gleich gestimmte Seele
sœurette [sœʀɛt] F Schwesterchen *n*
sofa [sɔfa] M Sofa *n*
SOFRES [sɔfʀɛs] F ABR (Société française d'enquête par sondage) *größtes frz Meinungsforschungsinstitut*
software [sɔftwɛʀ] M INFORM Software *f*
soi [swa] A PR PERS ‹*meist in Bezug auf ein unbestimmtes Subjekt*› 1 *comme obj dir* sich (selbst); **n'aimer que ~** nur sich (selbst) lieben; *prov* **on a souvent besoin d'un plus petit que ~** der Große braucht oft den Kleinen 2 *avec prép* sich (*acc et dat*); **ne penser qu'à ~** nur an sich (*acc*) denken; **chez ~** zu Hause; daheim; **sûr de ~** selbstsicher, -bewusst; **cela va de ~** das ist selbstverständlich; das versteht sich von selbst; **en ~** an sich (*a.* PHIL); **chacun pour ~** jeder für sich B M PSYCH Es *n*
soi-disant [swadizɑ̃] A ADJ ‹*inv*› angeblich; sogenannt; **des ~ philosophes** *mpl* angebliche, sogenannte Philosophen *mpl* B ADV angeblich; **un travail ~ difficile** e-e angeblich schwierige Arbeit; **~ pour affaires** angeblich geschäftlich; *fam loc conj*: *on l'a. arrêté*, **~ qu'il a volé** angeblich soll er gestohlen haben
soie [swa] F 1 Seide *f*; **~ naturelle** echte Seide; Naturseide *f*; **~ sauvage** wilde Seide; Wildseide *f*; **ver** *m* **à ~** Seidenraupe *f*; **industrie** *f* **de la ~** Seidenindustrie *f*; *par ext* **papier** *m* **de ~** Seidenpapier *n*; *adjt* **pure ~** reinseiden; *loc adj* **en ~**, **de ~** seiden; aus Seide; Seiden... 2 (*poil*) Borste *f*; **~ de porc** Schweinsborste *f*
soient [swa] → être[1]
soierie [swaʀi] F 1 *tissu* Seidenstoff *m* 2 a *industrie* Seidenindustrie *f* b *commerce* Seidenhandel *m*
soif [swaf] F 1 Durst *m*; **avoir ~** Durst haben (*a. fig plante*); durstig sein; **avoir très ~** großen, starken Durst haben; sehr durstig sein; **cela donne ~** das macht Durst, durstig; davon *ou* dabei bekommt, *fam* kriegt man Durst; **étancher sa ~** s-n Durst löschen, stillen; *fam* **il fait ~** es ist sehr heiß (, man kriegt Durst); **mourir**, *fam* **crever de ~** a verdursten b *fam fig* am Verdursten sein; vor Durst umkommen, vergehen; *fam* **jusqu'à plus ~** *boire* (mehr als) genug; *fig* bis zum Überdruss; *fam* bis zum Gehtnichtmehr 2 *fig et st/s* Durst *m*, Hunger *m* (**de** nach); **~ de connaître** Wissensdurst *m*; **~ de vengeance** Rachedurst *m*; **avoir ~ de** *st/s* dürsten nach
soiffard(e) [swafaʀ(d)] M(F) *fam* → soûlard, soûlarde
soignant [swaɲɑ̃] ADJ **aide ~e** Schwesternhelferin *f*; Hilfskrankenschwester *f*; **personnel ~** Pflegepersonal *n*
soigné [swaɲe] ADJ 1 gepflegt; *travail* sorgfältig; **cuisine ~e** gepflegte Küche; **mains ~es** gepflegte Hände *fpl*; **être ~ de sa personne** ein gepflegtes Aussehen haben; gepflegt sein 2 *fam iron* ordentlich; anständig; gehörig
soigner [swaɲe] A V/T 1 (*s'occuper de*) *malade, enfant, animal* pflegen; versorgen; *jardin, fleurs, ongles, style* pflegen; *outil, vêtement* sorgfältig, pfleglich behandeln; sorgfältig umgehen mit; **~ sa mise, sa tenue** in s-r Kleidung gepflegt sein; *fam iron* **ils nous ont soignés** *fam* die haben uns ganz schön geschröpft, ausgenommen, geneppt 2 (*traiter*) *maladie, malade* behandeln; **se faire ~** sich (ärztlich) behandeln lassen; *fam fig* **il faut te faire ~** *fam* aber sonst bist du gesund?; **se faire ~ les dents** sich (*dat*) die Zähne richten lassen, in Ordnung bringen lassen B V/PR **se ~** 1 a *qn de bien portant* auf s-e Gesundheit achtgeben, achten; sich pflegen b *malade* etwas dagegen tun; **il ne veut pas se ~** er will nichts dage-

S

gen, nichts gegen s-e Krankheit tun **2** *maladie* behandelt werden (können); **se ~ difficilement** schwer zu behandeln sein

soigneur [swaɲœʀ] M SPORTS Masseur *m*; Betreuer *m*; Helfer *m*

soigneux [swaɲø] ADJ ⟨-euse⟩ sorgfältig; **être ~ de ses affaires** mit s-n Sachen sorgfältig umgehen; s-e Sachen sorgfältig, pfleglich behandeln

soi-même [swamɛm] PR PERS **1** *emphatique* selbst; *vous êtes Monsieur Untel?* - **~!** in eigener Person!; **de ~** von selbst **2** *réfléchi* sich selbst; BIBL **aimer son prochain comme ~** s-n Nächsten lieben wie sich selbst; **se louer ~** sich selbst loben; *prov* **on n'est jamais si bien servi que par ~** selbst ist der Mann *(prov)* **3** SUBST **un autre ~** ein anderes Selbst

soin [swɛ̃] M **1** *(sérieux, minutie)* Sorgfalt *f*; **travail fait avec ~** sorgfältige Arbeit; **sans ~** ohne Sorgfalt; **être sans ~** keine Sorgfalt kennen; unordentlich, *fam* schlampig sein; **apporter, mettre du ~ à (faire) qc** Sorgfalt auf etw *(acc)* verwenden; Sorgfalt darauf verwenden, etw zu tun **2** *(préoccupation)* Sorge *f*; **avoir, prendre ~ de qn, qc** sich um j-n, etw kümmern; **avoir, prendre ~ de ses affaires, de sa santé** *a.* auf s-e Sachen, auf s-e Gesundheit achten; **avoir, prendre ~ de** *(+inf)* dafür Sorge tragen, darauf achten, dass ...; **confier à qn le ~ de qc** j-n bitten, sich um etw zu kümmern, nach etw zu sehen; **laisser à qn le ~ de faire qc** es j-m überlassen, etw zu tun **3** *(produit cosmétique)* Kosmetikartikel *m* **4** **~s** *pl* Pflege *f*; **~s corporels, de toilette** Körperpflege *f*; **~s à domicile** Hauspflege *f*; **~s de beauté** Schönheitspflege *f*; Kosmetik *f*; **~s du visage** Gesichtspflege *f*; *sur une lettre* **aux bons ~s de** bei; per Adresse *(abr* p. A.); **donner des ~s à qn** j-n pflegen; **entourer qn de (ses) ~s** j-n umsorgen, *st/s* umhegen; **être aux petits ~s pour, avec qn** j-m jede Aufmerksamkeit erweisen; j-m jeden Wunsch von den Augen ablesen **5** MÉD **~s** *pl* Behandlung *f*; **~s dentaires, médicaux** zahnärztliche, ärztliche Behandlung, Bemühungen *fpl*; **premiers ~s** Erste Hilfe

soir [swaʀ] M **1** Abend *m*; *poét* **le ~ de la vie** *poét* der Abend des Lebens; **presse** *f* **du ~** Abendpresse *f*; **repas** *m* **du ~** Abendessen *n*, -brot *n*, -mahlzeit *f*; *loc adv*: **le ~** abends; am Abend; **un ~** e-s Abends; **ce ~** heute Abend; **à ce ~!** bis heute Abend!; **chaque ~, tous les ~s** jeden Abend; allabendlich; **le 6 mai au ~** am Abend des 6. Mai; **la veille au ~** am Abend vorher; **cinq heures du ~** fünf Uhr nachmittags, abends; **vers, sur le ~** gegen Abend; **le ~ descend, tombe** es wird Abend; *personne* **être du ~** ein Abendmensch sein; erst am Abend richtig munter werden **2** ADVT Abend; **demain ~** morgen Abend; **hier ~** gestern Abend; **le lendemain ~** am nächsten, andern Abend; am Abend darauf, danach; **lundi ~** (am) Montagabend; **le lundi ~** montagabends, montags abends; **tous les lundis ~(s)** jeden Montagabend

soirée [swaʀe] F **1** Abend *m*; Abendstunden *fpl*; **bonne ~!** (ich wünsche Ihnen) e-n schönen Abend!; **les longues ~s d'hiver** die langen Winterabende *mpl*; *loc adv* **dans la ~** im Laufe des Abends; in den Abendstunden; **en début, en fin de ~** am frühen, späten Abend; **passer ses ~s à lire, devant la télévision** s-e Abende mit Lesen, vor dem Fernseher zubringen **2** *réunion* Abendgesellschaft *f*; **~ dansante** Tanzabend *m*; **tenue** *f* **de ~** → tenue 5; **aller à une ~** zu e-r Abendgesellschaft gehen **3** THÉ, CINÉMA **en ~** in der Abendvorstellung; abends

sois [swa] → être[1]

soit [swa] **A** CONJ **1** **~ ..., ~ ...** entweder ... oder ...; *st/s* sei es ..., sei es ...; **~ les uns, ~ les autres** entweder die einen oder die andern; **~ ... ou ...** (entweder) ... oder ...; sei es ... oder ...; **~ aujourd'hui ou demain** (entweder *ou* sei es) heute oder morgen; **~ que ...** *(+subj)*, **~ que ...** *(+subj)* sei es dass ... oder dass ...; ob ... oder ...; **~ qu'il ne comprenne pas, ~ qu'il ne veuille pas comprendre** sei es, dass er nicht versteht oder dass er nicht verstehen will **2** MATH **~ un triangle ABC** gegeben ein Dreieck ABC **3** *(à savoir)* das heißt; nämlich; also; sprich; **trois articles à dix euros, ~ trente euros** drei Artikel zu je zehn Euro, das heißt dreißig Euro **B** ADV **~!** [swat] meinetwegen!; von mir aus!; (also) gut!

soixantaine [swasɑ̃tɛn] F **1** **une ~** etwa, ungefähr, rund, zirka, an die sechzig **(de personnes** Leute, Personen) **2** *âge* Sechzig *f*; Sechziger(jahre) *npl*; → *a.* cinquantaine 2

soixante [swasɑ̃t] **A** NUM sechzig; **~ et un** einundsechzig; **~ et unième** einundsechzigste(r, -s); **~ et onze** einundsiebzig; **~ et onzième** einundsiebzigste(r, -s); **~ ans** sechzig Jahre *npl*; **de ~ ans** sechzigjährig; von sechzig Jahren; **les années** *fpl* **~** die Sechzigerjahre *npl*; **page ~** Seite sechzig **B** M ⟨inv⟩ Sechzig *f*; → *a.* deux B

soixante-deux [swasɑ̃tdø] NUM zweiundsechzig

soixante-dix [swasɑ̃tdis] **A** NUM siebzig; **les années** *fpl* **~** die Siebzigerjahre *npl* **B** M ⟨inv⟩ Siebzig *f*; → *a.* deux B

soixante-dixième [swasɑ̃tdizjɛm] **A** NUM siebzigste(r, -s) **B** SUBST **1** **le, la ~** der, die, das Siebzigste **2** M MATH Siebzigstel *n*

soixante-douze [swasɑ̃tduz] NUM zweiundsiebzig

soixante-huitard [swasɑ̃tɥitaʀ] *fam* **A** ADJ die Studentenunruhen vom Mai 1968 betreffend; *fam* Achtundsechziger ... **B** SUBST **~(e)** *m(f) fam* Achtundsechziger(in) *m(f)*

soixantième [swasɑ̃tjɛm] **A** NUM sechzigste(r, -s) **B** SUBST **1** **le, la ~** der, die, das Sechzigste **2** M MATH Sechzigstel *n*

soja [sɔʒa] M BOT Soja(bohne) *f*; **germes** *mpl* **de ~** Sojakeime *mpl*, -sprossen *mpl*; **sauce** *f* **de ~** Sojasoße *f*

sol[1] [sɔl] M Boden *m* (*a.* GÉOL); Erdboden *m*; Erde *f*; **~ argileux, calcaire, sablonneux** Lehm-, Kalk-, Sandboden *m*; **~ carrelé** Fliesenboden *m*; **~ français** französischer Boden; **~ natal** Heimatboden *m*, -erde *f*; heimatliche Erde; **exploitation** *f* **du ~** Bodenbewirtschaftung *f*, -nutzung *f*; *loc adv*: **au ~** am Boden; **à même le ~** auf der bloßen, blanken Erde; **à** *ou* **au ras du ~** dicht über dem Boden; **sur le ~** auf dem Boden; ♦ *adjt* MIL **missile** *m* **~-air** Boden-Luft-Rakete *f*; **missile** *m* **~-~** Boden-Boden-Rakete *f*

sol[2] [sɔl] M ⟨inv⟩ MUS g ou G *n*

sol-air [sɔlɛʀ] → sol[1]

solaire [sɔlɛʀ] **A** ADJ Sonnen...; Solar...; **année** *f*, **cadran** *m* **~** Sonnenjahr *n*, -uhr *f*; **chauffage** *m* **~** Solarheizung *f*; **crème** *f* **~** Sonnen(schutz)creme *f*; **énergie** *f* **~** Sonnenenergie *f*; **rayonnement** *m* **~** Sonnen(ein)strahlung *f*; ASTRON **système** *m* **~** Sonnensystem *n* **B** M Solartechnik *f*

solan(ac)ées [sɔlan(as)e] FPL BOT Nachtschattengewächse *npl*

Solange [sɔlɑ̃ʒ] F *Vorname*

solarium [sɔlaʀjɔm] M Solarium *n*

soldat [sɔlda] M **1** Soldat *m*; **simple ~** einfacher Soldat; **~ de métier** Berufssoldat *m*; **~ de plomb** Blei-, Zinnsoldat *m*; **~ de deuxième, de première classe** Grenadier *m*; *jusqu'en 1945* Schütze *m*, Oberschütze *m*; **la tombe** *ou* **le tombeau du Soldat inconnu** das Grab(mal) des Unbekannten Soldaten **2** ADJT **enfant** *m* **~** Kindersoldat *m*; **femme** *f* **~** Soldatin *f*

soldatesque [sɔldatɛsk] **A** ADJ Soldaten...; rau; grob **B** F *péj* Soldateska *f*

solde[1] [sɔld] F MIL (Wehr)Sold *m*; Löhnung *f*; *fig et péj* **être à la ~ de qn** in j-s Sold stehen; von j-m gedungen sein; **avoir qn à sa ~** j-n in s-m Sold, in s-n Diensten haben

solde[2] [sɔld] M COMM **1** **a** *à la clôture d'un compte* Saldo *m*; **~ créditeur, débiteur** Aktiv- *ou* Haben-, Passiv- *ou* Debet- *ou* Sollsaldo *m*; **établir le ~** den Saldo feststellen, ermitteln, aufstellen **b** *(reste à payer)* Restbetrag *m*, -summe *f*; **pour ~ de tout compte** zum Ausgleich des Kontos **2** **~s** *pl (abus fpl) marchandises* Restposten *mpl*; Ausverkaufsware *f*; *ventes* (Sommer- *ou* Winter)Schlussverkauf *m*; (Saison)Ausverkauf *m*; **article** *m* **en ~** Schlussverkaufs-, Ausverkaufsware *f*; **acheter en ~** im Schlussverkauf, Ausverkauf kaufen

solder [sɔlde] **A** V/T COMM **1** *compte* saldieren **2** *marchandises* im Preis herabsetzen; (als Restposten, im Schlussverkauf) billiger verkaufen; *fam* **je vous le solde à cinq euros** ich gebe es Ihnen für nur fünf Euro **B** V/PR **se ~ par** (ab)schließen mit; **se ~ par un déficit** mit e-m Defizit (ab)schließen; *fig* **se ~ par un échec, succès** mit e-m Misserfolg, Erfolg enden

sole [sɔl] F ZOOL Seezunge *f*

solécisme [sɔlesism] M syntaktischer, *par ext* sprachlicher Fehler

soleil [sɔlɛj] M **1** Sonne *f*; *(lumière du ~)* Sonnenlicht *n*; *(temps ensoleillé)* Sonnenschein *m*; ASTRON **le Soleil** die Sonne; **~ de minuit** Mitternachtssonne *f*; **~ de plomb** glühende, sengende Sonne; bleierne, drückende Hitze; **bain** *m* **de ~** Sonnenbad *n*; **prendre un bain de ~** ein Sonnenbad nehmen; **coucher** *m* **du ~** Sonnenuntergang *m*; **coup** *m* **de ~** Sonnenbrand *m*; **dieu** *m* **du Soleil** Sonnengott *m*; **lever** *m* **du ~** Sonnenaufgang *m*; **les pays** *mpl* **du ~** die südlichen Länder *npl*; *loc adv*: **au ~** in der *ou* in die Sonne; **être allongé au ~** in der Sonne liegen; *fig* **avoir du bien au ~** Grundbesitz haben; **s'exposer au ~** sich der Sonne aussetzen; *fig* **se faire une place au ~** sich *(dat)* e-n Platz an der Sonne erkämpfen; **se mettre au ~** sich in die Sonne legen *ou* setzen; **en plein ~** in der prallen Sonne; **rien de nouveau sous le ~** es gibt nichts Neues unter der Sonne; **il y a du ~** *ou* **il fait (du) ~** die Sonne scheint; **le ~ se lève, se couche** die Sonne geht auf, unter; *prov* **le ~ brille pour tout le monde** die Sonne geht auf über Gute und Böse, über Gerechte und Ungerechte **2** BOT Sonnenblume *f* **3** FEU D'ARTIFICE Feuerrad *n* **4** SPORTS Riesenschwung *m*, -welle *f* **5** ADJT COUT **plissé** *m* **~** Sonnenplissee *n*

solennel [sɔlanɛl] ADJ ⟨~le⟩ feierlich; würdevoll; **air ~** feierliche, würdevolle Miene; **communion ~le** Erstkommunion *f*; **serment ~** feierlicher Eid, Schwur

solenniser [sɔlanize] V/T *rarement* feierlich begehen

solennité [sɔlanite] F **1** Feierlichkeit *f*; **parler avec ~** in feierlichem Ton sprechen **2** **~s** *pl* Feierlichkeiten *fpl*

solénoïde [sɔlenɔid] M ÉLEC Solenoid *n*; Zylinderspule *f*

Solesmes [sɔlɛm] *frz Ortsname*

Soleure [sɔlœʀ] Solothurn *n*

solfatare [sɔlfataʀ] F GÉOL Solfatare *f*

solfège [sɔlfɛʒ] M Musiklehre *f*; **étudier le ~** die Grundbegriffe der Musik lernen

solfier [sɔlfje] V/T die Noten *(+gén)* singen; sol-

feggieren
solidaire [sɔlidɛʀ] ADJ 1 *personnes* solidarisch; einig; innerlich verbunden; **se déclarer ~** sich solidarisch erklären (**de** mit); **être ~s** *a.* füreinander einstehen; zusammenhalten; **se sentir ~ de qn** sich mit j-m solidarisch, sich j-m verbunden fühlen 2 JUR gesamtschuldnerisch; solidarisch; **débiteurs** *mpl* **~s** Gesamtschuldner *mpl* 3 *choses* **être ~s** miteinander zusammenhängen; sich gegenseitig bedingen 4 TECH (kraftschlüssig) verbunden (**de** mit)
solidariser [sɔlidaʀize] V/PR **se ~** sich solidarisch erklären, sich solidarisieren (**avec** mit)
solidarité [sɔlidaʀite] F 1 Solidarität *f*, Verbundenheit *f* (**avec qn** mit j-m); Gemeinschaftsgeist *m*; Zusammenhalt *m*; **grève** *f* **de ~** Sympathiestreik *m*; **sentiment** *m* **de ~** Solidaritäts-, Zusammengehörigkeitsgefühl *n* 2 JUR Solidarhaftung *f*
solide [sɔlid] A ADJ 1 fest; *vêtement, matériau a.* solid(e); haltbar; dauerhaft; *vêtement a.* strapazierfähig; *maison* fest, solid gebaut; *couleur* echt; **nœud** *m* **~** fester Knoten; *subst fam* **c'est du ~** *fam* das ist was Solides 2 *amitié* fest; unverbrüchlich; **argument** *m* **~** stichhaltiges Argument; **connaissances** *fpl* **~s** solide, gründliche, fundierte Kenntnisse *fpl*; **éducation** *f* **~** gediegene, sorgfältige, gründliche Erziehung; **raisonnement** *m* **~** stichhaltige Argumentation 3 *personne* robust; kräftig; **~ gaillard** *m* kräftiger, handfester Kerl, Bursche; **avoir le cœur ~** ein gesundes, kräftiges Herz haben; *fig* **avoir les reins ~s** gut bemittelt, zahlungskräftig sein; **ne plus être très ~ sur ses jambes** keine Kraft mehr in den Beinen haben 4 *nourriture* fest; PHYS: **corps** *m* **~** fester Körper; **état** *m* **~** fester (Aggregat)Zustand B M 1 MATH (geometrischer) Körper 2 PHYS fester Körper
solidification [sɔlidifikasjõ] F PHYS, CHIM Verfestigung *f*; Erstarrung *f*
solidifier [sɔlidifje] A V/T verfestigen; *adjt* **lave solidifiée** erstarrte Lava B V/PR **se ~** sich verfestigen; erstarren
solidité [sɔlidite] F 1 Festigkeit *f*; solide Beschaffenheit; *d'un matériau a.* Haltbarkeit *f*; Dauerhaftigkeit *f*; *d'un vêtement a.* Strapazierfähigkeit *f* 2 *d'un raisonnement* Stichhaltigkeit *f*; *de connaissances* Gründlichkeit *f*; Fundiertheit *f*; Gediegenheit *f*; Solidität *f*
soliloque [sɔlilɔk] M Selbstgespräch *n*; **soliloquer** V/I Selbstgespräche führen
soliste [sɔlist] A M/F Solist(in) *m(f)* B ADJ Solo...
solitaire [sɔlitɛʀ] A ADJ 1 *personne, vie* einsam; zurückgezogen (lebend); ungesellig; einsiedlerisch; **vie** *f* **~** *a.* Einsiedlerleben *n* 2 *endroit* einsam; abgelegen; abgeschieden 3 MAR **course** *f* **transatlantique en ~** Transatlantik-Einhandsegelregatta *f*; **navigateur** *m* **~** Einhandsegler *m* 4 ZOOL, MÉD **ver** *m* **~** Bandwurm *m* 5 BOT allein stehend; Einzel... B SUBST 1 M/F ungeselliger Mensch; Einzelgänger(in) *m(f)*; (*ermite*) Einsiedler *m*; **vivre en ~** allein leben 2 SPORTS **en ~** im Alleingang; **transat** *f* **en ~** Transatlantik-Einhandsegelregatta *f* 3 M *diamant* Solitär *m* 4 M CH alter Keiler
solitude [sɔlityd] F 1 *de qn* Einsamkeit *f*; Zurückgezogenheit *f*; Abgeschiedenheit *f*; Vereinsamung *f*; Alleinsein *n*; **~ à deux** Zweisamkeit *f*; **troubler la ~ de qn** in j-s Einsamkeit (*acc*) eindringen; **vivre dans la ~** einsam, zurückgezogen leben 2 *d'un endroit* Abgeschiedenheit *f*; Einsamkeit *f*; Abgelegenheit *f*
solive [sɔliv] F CONSTR (Decken)Balken *m*
Soljenitsyne [sɔlʒenitsin] M *écrivain russe* Solschenizyn *m*
sollicitation [sɔ(l)lisitasjõ] F 1 (*demande*) Ersuchen *n*; (*dringende*) Bitte; *lettre* Gesuch *n*; ADMIN Ansuchen *n*; **céder aux ~s de qn** j-s Bitten nachgeben 2 TECH Impuls *m*; *d'un pilote* Steuer-, Lenkbewegung *f*
solliciter [sɔ(l)lisite] V/T 1 (*demander*) a **~ qc** um etw nach-, er-, ansuchen, bitten; **~ l'aide de qn** j-n um Unterstützung angehen, ersuchen, bitten; **~ une audience** um e-e Audienz nachsuchen (**auprès de qn** bei j-m); **~ un emploi** sich um e-e Stelle bewerben b **~ qn** j-n ersuchen, bitten (**de** *+inf zu +inf*); *par ext* **~ un sportif, un élève** e-n Sportler, e-n Schüler fordern; *adjt* **être sollicité** gefragt, umworben sein 2 (*stimuler*) *attention, curiosité* erregen; auf sich (*acc*) ziehen; *personne* **être sollicité par qc** sich von etw angesprochen fühlen; von etw angelockt werden
solliciteur [sɔ(l)lisitœʀ] M, **solliciteuse** F Bittsteller(in) *m(f)*
sollicitude [sɔ(l)lisityd] F (liebevolle) Fürsorge; **~ toute maternelle** mütterliche, liebevolle Fürsorge; **avec ~** fürsorglich; (*avec bienveillance*) wohlwollend
solo [sɔlo] M MUS Solo *n*; **~ de violon** Violinsolo *n*; *loc adv* **en ~** solo
sol-sol [sɔlsɔl] → sol[1]
solstice [sɔlstis] M ASTRON Sonnenwende *f*; **~ d'été, d'hiver** Sommer-, Wintersonnenwende *f*
solsticial [sɔlstisjal] ADJ ⟨-aux⟩ ASTRON **point** *m* **~** Solstitialpunkt *m*
solubiliser [sɔlybilize] V/T löslich machen
solubilité [sɔlybilite] F Löslichkeit *f*; **~ dans l'eau** Wasserlöslichkeit *f*
soluble [sɔlybl] ADJ 1 *dans un liquide* löslich; **peu ~** schwer löslich; **~ dans l'eau** wasserlöslich; in Wasser löslich 2 **problème** *m* **aisément ~** leicht lösbare Aufgabe
soluté [sɔlyte] M PHARM Lösung *f*
solution [sɔlysjõ] F 1 *d'un problème*, MATH Lösung *f*; *d'une énigme* (Auf)Lösung *f*; *dans un manuel scolaire a.* Schlüssel *m*; **~ de facilité** bequem(st)e Lösung; Weg *m* des geringsten Widerstandes; **chercher, trouver une ~** e-e Lösung suchen, finden; **ce n'est pas une ~** das ist keine Lösung 2 CHIM a *mélange* Lösung *f* b *processus* Auflösung *f* 3 *st/s* **~ de continuité** Unterbrechung *f*; **sans ~ de continuité** ohne Unterbrechung; lückenlos
solutionner [sɔlysjɔne] V/T (*résoudre*) lösen
solvabilité [sɔlvabilite] F COMM Zahlungsfähigkeit *f*; Solvenz *f*; Kreditwürdigkeit *f*; Bonität *f*; **solvable** ADJ zahlungsfähig; solvent; kreditwürdig
solvant [sɔlvɑ̃] M CHIM Lösungsmittel *n*
somali [sɔmali] A ADJ somalisch B SUBST 1 **Somali(e)** *m(f)* Somalier(in) *m(f)* 2 LING **le ~** das Somali; Somali *n*
Somalie [sɔmali] **la ~** Somalia *n*
somalien [sɔmaljɛ̃] ⟨~ne⟩ → somali
somatique [sɔmatik] ADJ MÉD, PSYCH somatisch; **somatiser** V/T in körperliche Symptome umsetzen
sombre [sõbʀ] ADJ 1 *pièce, ciel* finster; dunkel; düster; *teinte* dunkel; **il fait ~** es ist dunkel, finster 2 *fig personne, air, avenir* finster; düster; **heures** *fpl* **~s** düstere Stunden *fpl*; *fam* **une ~ histoire** e-e finstere Geschichte; **humeur** *f* **~** düstere Stimmung; **pensées** *fpl* **~s** düstere, trübe Gedanken *mpl* 3 *fam* **~ brute** *f* völlig verrohter Mensch; **~ idiot** *m fam* Vollidiot *m* 4 *fig* **coupes** *fpl* **~s** einschneidende Reduzierungen *fpl*, Kürzungen *fpl*
sombrer [sõbʀe] V/I 1 *bateau* (ver)sinken; untergehen; wegsacken 2 *fig* **~ dans la boisson, dans la folie** dem Trunk, dem Wahnsinn *ou* in Wahnsinn (*acc*) verfallen; **~ dans le désespoir** in Verzweiflung versinken; **~ dans le sommeil** in Schlaf sinken; **sa raison a sombré** er hat den Verstand verloren
sombrero [sõbʀeʀo] M Sombrero *m*
sommaire [sɔ(m)mɛʀ] A ADJ 1 *explication, exposé* kurz gefasst; kurz zusammengefasst; summarisch (*a. péj*); **examen** *m* **~** kurze, summarische Untersuchung 2 *connaissances, tenue, repas, installation* dürftig; einfach 3 JUR **exécution** *f* **~** Hinrichtung *f* ohne Gerichtsverfahren; **procédure** *f* **~** Schnellverfahren *n*; beschleunigtes, abgekürztes, summarisches Verfahren B M Inhaltsübersicht *f*; kurze Inhaltsangabe; kurze Zusammenfassung
sommation [sɔ(m)masjõ] F JUR Aufforderung *f* (*a.* MIL); *de payer* Mahnbescheid *m*; Zahlungsbefehl *m*; **faire ~ à qn** e-e Aufforderung an j-n ergehen lassen
somme[1] [sɔm] F 1 MATH Summe *f*; **faire la ~ de** zusammenzählen, -rechnen 2 **~ (d'argent)** (Geld)Summe *f*, (-)Betrag *m*; **une ~ de 200 euros** e-e Summe, ein Betrag von 200 Euro; **dépenser des ~s folles** ungeheure, horrende Summen ausgeben; **c'est une ~!** das ist e-e ganz hübsche Summe! 3 *par ext* Menge *f*; Höhe *f*; **une ~ énorme de travail** e-e ungeheure Menge Arbeit; *loc adv* **en ~, ~ toute** alles in allem; alles zusammengenommen; im Ganzen genommen; aufs Ganze gesehen; summa summarum; (*en résumé*) kurz gesagt; (*au fond*) im Grunde; eigentlich; (*finalement*) schließlich; **c'est la même chose, en ~** schließlich ist es dasselbe
somme[2] [sɔm] F **bête** *f* **de ~** Lasttier *n*; *fig* **travailler comme une bête de ~** wie ein Pferd arbeiten
somme[3] [sɔm] M Schläfchen *n*; *fam* Nickerchen *n*; **faire un (petit) ~** ein Schläfchen, Nickerchen machen; **ne faire qu'un ~** die ganze Nacht durchschlafen
Somme [sɔm] **la ~** *Fluss u. Departement in Frankreich*
sommeil [sɔmɛj] M 1 Schlaf *m*; *poét* **~ éternel** *poét* ewiger Schlaf; **~ de plomb** bleierner Schlaf; **cure** *f* **de ~** Schlafkur *f*; MÉD **maladie** *f* **du ~** Schlafkrankheit *f*; **nuit** *f* **sans ~** schlaflose Nacht; **en plein ~** mitten im Schlaf; **s'arracher du ~ (avec peine)** mühsam den Schlaf abschütteln; nur schwer wach werden; **avoir le ~ léger** e-n leichten Schlaf haben; **avoir besoin de dix heures de ~** zehn Stunden Schlaf brauchen; **dormir du ~ du juste** den Schlaf des Gerechten schlafen; **il sentit le ~ le gagner** er fühlte, wie ihn der Schlaf übermannte; **tirer qn de son ~** j-n aus dem Schlaf reißen; **je n'arrive pas à trouver le ~** ich kann keinen Schlaf finden 2 (*envie de dormir*) Müdigkeit *f*; Schläfrigkeit *f*; **avoir ~** müde, schläfrig sein; *all Sud a.* Schlaf haben; **il avait les yeux lourds de ~** ihm fielen (vor Müdigkeit) die Augen zu; **tomber de ~** vor Müdigkeit fast umfallen; zum Umfallen müde sein 3 *fig projet, affaire* **être en ~** ruhen; *fam* auf Eis liegen; **mettre en ~** *projet etc* auf Eis legen; *entreprise* stilllegen
sommeiller [sɔmeje] V/I schlummern (*a. fig*)
sommelier [sɔməlje] M a *dans un restaurant* Weinkellner *m* b (*caviste*) Kellermeister *m*
sommer [sɔme] V/T **~ qn de faire qc** j-n auffordern, etw zu tun; **~ les rebelles de se rendre** die Rebellen zur Übergabe auffordern
sommes [sɔm] → être[1]
sommet [sɔmɛ] M 1 *d'une montagne* Gipfel *m*; *d'un arbre* Wipfel *m*; *d'une tour, d'un rocher* Spitze *f*; *d'un toit* First *m*; **~ arrondi** Kuppe *f*; **le ~ d'une côte** der höchste Punkt e-r Steigung; **l'air pur des ~s** die reine Luft der Berge; **au ~** auf dem Gipfel 2 *fig* Gipfel *m*; Höhepunkt *m*; **avoir**

atteint le ~ de la gloire den Gipfel des Ruhms erreicht haben **3** POL **(conférence** *f* **au) ~** Gipfel(konferenz) *m(f)* **4** ANAT **~ de la tête** Scheitel *m* **5** MATH Scheitel *m; d'un solide a.* Spitze *f*

sommier [sɔmje] M **1** **~ (à ressorts)** Sprungfederrahmen *m;* **~ à lattes** Lattenrost *m* **2** **~s (judiciaires)** *pl* Erkennungsdienstkartei *f*

sommité [sɔ(m)mite] F Kapazität *f;* Größe *f;* hervorragender Könner

somnambule [sɔmnɑ̃byl] **A** M/F Nacht-, Schlafwandler(in) *m(f);* Mondsüchtige(r) *m/f(m); fig* **gestes** *mpl* **de ~** unbewusste, mechanische, nachtwandlerische Gesten *fpl* **B** ADJ nacht-, schlafwandelnd; mondsüchtig

somnambulisme [sɔmnɑ̃bylism] M Nacht-, Schlafwandeln *n;* Mondsüchtigkeit *f; t/t* Somnambulismus *m*

somnifère [sɔmnifɛʀ] M Schlafmittel *n;* **prendre des ~s** Schlafmittel nehmen

somnolence [sɔmnɔlɑ̃s] F Schläfrigkeit *f;* Halbschlaf *m;* Dämmerzustand *m; fam* Dösen *n;* **somnolent** ADJ schläfrig; *fam* dösig

somnoler [sɔmnɔle] V/I halb schlafen; vor sich *(acc)* hin dämmern; *fam* (vor sich *[acc]* hin) dösen

somptuaire [sɔ̃ptɥɛʀ] ADJ **dépenses** *fpl* **~s** übertriebener Aufwand

somptueux [sɔ̃ptɥø] ADJ ⟨-euse⟩ prächtig; prunkvoll; prachtvoll; Prunk…; Pracht…

somptuosité [sɔ̃ptɥozite] F Pracht *f;* Prunk *m*

son¹ [sɔ̃] ADJ POSS ⟨*f* **sa** [sa], *vor Vokal u. stummem h* **son**; *pl* **ses** [se]⟩ sein(e); *se rapportant à un possesseur féminin* ihr(e); *fam* **avoir ~ dimanche** s-n *ou* ihren freien Sonntag haben; **sa rencontre nous fut désagréable** die Begegnung mit ihm *ou* mit ihr war uns unangenehm; *fam* **il gagne ses trente euros de l'heure** er verdient s-e dreißig Euro pro Stunde; **mettre ses mains dans ses poches** die Hände in die Taschen stecken; **je suis venu à ~ aide** ich bin ihm *ou* ihr zu Hilfe gekommen; *fam* **~ imbécile de chef** *fam* sein *ou* ihr blöder Chef

son² [sɔ̃] M **1** Ton *m; d'un instrument, de la voix* Klang *m;* **~ audible** hörbarer Ton; **~s discordants** Missklang *m;* **~ de cloche(s)** Glockenklang *m*, -geläut *n; fig* **des ~s de cloche très différents** sehr verschiedene Versionen *fpl;* RAD, TV, CINÉMA **ingénieur** *m* **du ~** Toningenieur *m*, -meister *m;* **prise** *f* **de ~** Tonaufnahme *f;* **au ~ des cloches** unter Glockengeläut; **danser au ~ de l'accordéon** zu den Klängen des Akkordeons tanzen; **produire un ~** e-n Ton hervorbringen, erzeugen **2** PHON Laut *m;* **~ (in)articulé** (un)artikulierter Laut; **~ nasal** Nasallaut *m* **3** PHYS Schall *m;* AVIAT **mur** *m*, **vitesse** *f* **du ~** Schallmauer *f*, -geschwindigkeit *f* **4** **(spectacle** *m*) **~ et lumière** Licht- und Tonschau *f*

son³ [sɔ̃] M **1** *du blé* Kleie *f* **2** *fig* **taches** *fpl* **de ~** Sommersprossen *fpl* **3** **poupée** *f* **de ~** mit Sägemehl gefüllte Puppe

sonar [sɔnaʀ] M MAR Sonar(gerät) *n*

sonate [sɔnat] F MUS Sonate *f;* **~ en fa majeur** F-Dur-Sonate *f;* **~ pour piano** Klaviersonate *f*

sonatine [sɔnatin] F MUS Sonatine *f*

sondage [sɔ̃daʒ] M **1** MAR (Aus)Loten *n* **2** TECH Sondierung *f;* Untersuchung *f;* Erforschung *f; forage* Probebohrung *f* **3** MÉD Sondierung *f;* Katheterisierung *f* **4** *fig* **~ d'opinion** *(enquête)* Meinungsumfrage *f;* demoskopische Umfrage, Befragung; *science* Meinungsforschung *f;* Demoskopie *f;* **faire, effectuer un ~ (d'opinion)** e-e Meinungsumfrage durchführen

Sonde [sɔ̃d] **les îles** *fpl* **de la ~** die Sundainseln *fpl;* **le détroit de la ~** die Sundastraße

sonde [sɔ̃d] F **1** MAR Senkblei *n;* Lot *n* **2** MÉD Sonde *f;* **~ (urinaire)** Katheter *m* **3** TECH Sonde *f;* **~ spatiale** Raumsonde *f*

sonder [sɔ̃de] V/T **1** MAR (aus)loten **2** TECH sondieren; untersuchen; erforschen; *sol* durch Probebohrungen untersuchen; **~ le terrain** den Boden untersuchen, erforschen **3** MÉD *plaie, cavité naturelle* sondieren; **~ un malade** einen Kranken katheterisieren **4** *fig* sondieren; zu ergründen suchen; **~ qn** j-n aushorchen, -forschen; *fam* bei j-m auf den Busch klopfen; **~ l'opinion (publique)** die öffentliche Meinung erforschen

sondeur [sɔ̃dœʀ] M **1** *d'opinion* Interviewer *m;* Meinungsbefrager *m* **2** MAR **~ à ultrasons** Ultraschallecholot *n*

songe [sɔ̃ʒ] *litt* M Traum *m; Shakespeare* **Le ~ d'une nuit d'été** Ein Sommernachtstraum; **clé** *f* **des ~s** Traumdeutung *f;* **en ~** im Traum; **faire un ~** e-n Traum haben

songer [sɔ̃ʒe] ⟨-geons⟩ V/T INDIR **a** **~ à** denken an *(+acc);* **~ au mariage** an e-e Heirat denken; **j'y songerai** ich werde es mir überlegen; ich werde darüber nachdenken; **vous n'y songez pas!** wo denken Sie hin!; das ist doch nicht Ihr Ernst! **b** **~ à faire qc** daran denken, etw zu tun; **~ à prendre sa retraite** daran denken, sich zur Ruhe zu setzen **c** **~ que …** daran denken, dass … **d** *en incise* **songeait-il** dachte er

songerie [sɔ̃ʒʀi] *litt* F Träumerei *f*

songeur [sɔ̃ʒœʀ] ADJ ⟨-euse⟩ **a** *(pensif)* nachdenklich; versonnen; träumerisch; gedankenvoll **b** *(préoccupé)* nachdenklich; besorgt; *nouvelle* **laisser qn ~** j-n nachdenklich, besorgt stimmen

sonnaille [sɔnaj] F Kuhglocke *f*

sonnant [sɔnɑ̃] ADJ **espèces ~es et trébuchantes** klingende Münze; **à cinq heures ~es** Schlag, auf den Glockenschlag fünf Uhr; **horloge ~e** Schlaguhr *f*

sonné [sɔne] ADJ **1** **il est midi ~** es hat gerade zwölf (Uhr) geschlagen; *fam fig* **avoir soixante ans bien ~s** gut sechzig Jahre alt sein; *fam* gut sechzig Jahre auf dem Buckel haben **2** *fam fig (fou) fam* bekloppt; behämmert; → *a.* cinglé **3** *fam boxeur* angeschlagen; groggy

sonner [sɔne] **A** V/T **1** *cloches* läuten; → *a.* cloche 1; **~ les matines, la messe** zur Mette, zur Messe läuten **2** *l'heure* schlagen; **l'horloge sonne onze heures** die Uhr schlägt elf **3** MIL **~ l'alarme** Alarm blasen; **~ le réveil** zum Wecken blasen **4** **~ qn** j-m läuten, klingeln; *fam* **on ne vous a pas sonné** man hat Sie nicht um Ihre Meinung gefragt **5** *fam* **se faire ~** *(être assommé)* e-n heftigen Schlag versetzt bekommen; *fig* abgekanzelt, *fam* zusammengestaucht werden; *fam* eins auf den Deckel kriegen **B** V/T INDIR **~ de la trompette** *etc* Trompete *etc* blasen; **~ du cor** *a.* ins Horn stoßen **C** V/I **1** *cloche* läuten; *sonnette, téléphone, réveil* klingeln; läuten; *fam* schellen; *réveil a.* rasseln; *horloge* schlagen; *clairon, trompette* ertönen; erschallen; **trois heures sonnent** es schlägt drei (Uhr); *fig* **sa dernière heure a sonné** sein letztes Stündlein, s-e letzte Stunde hat geschlagen; *instrument de musique, fig nom* **~ bien, mal** gut *ou* schön, schlecht klingen; **~ creux** hohl klingen *(a. fig);* **~ faux** falsch, *fig a.* unecht klingen **2** *personne* **~ chez qn, à la porte de qn** bei j-m, an j-s Tür klingeln, läuten, *fam* schellen; **on a sonné, ça a sonné** es hat geklingelt, geläutet, geschellt

sonnerie [sɔnʀi] F **1** *(son) du téléphone, de la sonnette* Klingeln *n;* Läuten *n;* Klingelton *m; d'un réveil a.* Rasseln *n; de cloches* Läuten *n;* Geläut(e) *n;* MIL, CH (Horn-, Trompeten)Signal *n* **2** *mécanisme* Klingel(anlage) *f;* TÉL Wecker *m; d'une horloge* Schlagwerk *n; d'un réveil* Läut(e)werk *n*

sonnet [sɔnɛ] M *poème* Sonett *n*

sonnette [sɔnɛt] F **1** Klingel *f (a. d'un vélo);* Glocke *f;* **~ d'alarme** Alarmglocke *f; fig* **tirer la ~ d'alarme** Alarm schlagen; *d'une pharmacie* **~ de nuit** Nachtglocke *f;* **~ du président** Glocke des Präsidenten; **coup** *m* **de ~** Klingeln *n;* Klingelzeichen *n; fig* **tirer toutes les ~s** hausieren (gehen); *fam* Klingeln putzen **2** ZOOL **serpent** *m* **à ~s** Klapperschlange *f*

sonneur [sɔnœʀ] M Glöckner *m; fig* **dormir comme un ~** schlafen wie ein Murmeltier, *fam* Ratz

sono [sɔno] F *fam* ABR → sonorisation 1 b)

sonore [sɔnɔʀ] ADJ **1** tönend; **bâillement** *m* **~** lautes Gähnen; **logement** *m* **~** hellhörige Wohnung; **rire** *m* **~** schallendes Gelächter; **une salle ~** ein Saal, in dem es hallt; **voix** *f* **~** volltönende, klangvolle, sonore Stimme **2** PHYS Schall…; **onde** *f* **~** Schallwelle *f* **3** CINÉMA Ton…; **bande** *f*, **film** *m* **~** Tonstreifen *m*, -film *m;* THÉ, CINÉMA, RAD, TV **fond** *m* **~** Geräuschkulisse *f;* musikalische, akustische Untermalung *f;* akustischer Hintergrund **4** TECH **bip** *m* **~** *d'un répondeur* Signalton *m;* **signal** *m* **~** akustisches Signal **5** PHON **consonne** *f* **~** *ou subst* **~** *f* stimmhafter Konsonant

sonorisation [sɔnɔʀizasjɔ̃] F **1** *d'une salle* **a** *action* Beschallung *f* **b** *appareils* Verstärker-, Lautsprecheranlage *f* **2** *d'un film* Vertonung *f* **3** PHON Stimmhaftwerden *n*

sonoriser [sɔnɔʀize] **A** V/T **1** *salle* beschallen **2** *film* vertonen **B** V/PR **se ~** PHON stimmhaft werden

sonorité [sɔnɔʀite] F **1** *d'un violon, d'une radio, d'une voix* Klang *m;* Klangfülle *f; d'un instrument a.* Klangwirkung *f* **2** *d'une salle* Akustik *f* **3** PHON Stimmhaftigkeit *f*

sonothèque [sɔnɔtɛk] F Geräuscharchiv *n*

sonotone® [sɔnɔtɔn] M Hörgerät *n*

sont [sɔ̃] → être¹

Sophie [sɔfi] F *Vorname*

sophisme [sɔfism] M Sophismus *m;* Scheinbeweis *m;* Trugschluss *m;* **sophiste** M PHIL *et fig* Sophist *m*

sophistication [sɔfistikasjɔ̃] F **1** *(affectation)* Künstelei *f;* Unnatürlichkeit *f* **2** *(complexité)* hoher Entwicklungsstand; Kompliziertheit *f;* Subtilität *f*

sophistiqué [sɔfistike] ADJ **1** *(affecté)* gekünstelt; unnatürlich; *(recherché)* exquisit; *péj* hochgestochen; versnobt **2** *(complexe, perfectionné)* hoch entwickelt; kompliziert; ausgeklügelt; subtil; raffiniert

sophistiquer [sɔfistike] V/PR **se ~** sich verfeinern; immer raffinierter, komplizierter werden

Sophocle [sɔfɔkl] M *poète tragique grec* Sophokles *m*

soporifique [sɔpɔʀifik] **A** ADJ einschläfernd; Schlaf… **B** M Schlafmittel *n*

Sopot [sɔpɔt] GÉOG Zoppot *n*

soprano [sɔpʀano] MUS **1** M *voix* Sopran *m* **2** M/F Sopranist(in) *m(f)*

Sopron [sɔpʀɔ̃] GÉOG Ödenburg *n*

sorbe [sɔʀb] F BOT Vogelbeere *f*

sorbet [sɔʀbɛ] M Fruchteis *n;* Sorbet(t) *m ou n*

sorbetière [sɔʀbətjɛʀ] F Eismaschine *f*

sorbier [sɔʀbje] M BOT Eberesche *f*

sorbique [sɔʀbik] ADJ CHIM **acide** *m* **~** Sorbinsäure *f*

sorbitol [sɔʀbitɔl] M CHIM Sorbit *m*

sorbonnard [sɔʀbɔnaʀ] M, **sorbonnarde** F *vieilli et péj* Student(in) *m(f) ou* Professor(in)

S

m(f) an der Sorbonne

sorcellerie [sɔʀsɛlʀi] F Hexerei *f*; Zauberei *f*; Hexenkunst *f*; *fig* **cela tient de la ~** das grenzt an Hexerei

sorcier [sɔʀsje] M **1** Zauberer *m*; Hexenmeister *m*; **apprenti ~** Zauberlehrling *m*; **il ne faut pas être ~ pour** *(+inf)* es ist kein Kunststück, es gehört nicht viel dazu zu *(+inf)*; *adjt* **ce n'est pas bien ~** das ist kein Kunststück, keine Hexerei; dazu gehört nicht viel **2** *en Afrique* Medizinmann *m*

sorcière [sɔʀsjɛʀ] F Hexe *f*; *fig et péj* **vieille ~** alte Hexe; POL **chasse** *f* **aux ~s** Hexenjagd *f*

sordide [sɔʀdid] ADJ **1** *maison, quartier* schmutzig *ou fam* dreckig und ärmlich **2** *fig avarice, affaire* schmutzig; **crime** *m* **~** gemeines Verbrechen; **égoïsme** *m* **~** krasser Egoismus

sorgho [sɔʀgo] M BOT Sorgho *m*; Sorghum *n*; Mohrenhirse *f*

sornettes [sɔʀnɛt] FPL leeres, albernes Gerede; **débiter des ~** Albernheiten, ungereimtes Zeug von sich geben

Sorrente [sɔʀɑ̃t] GÉOG Sorrent *n*

sort [sɔʀ] M **1** *(destin)* Schicksal *n*; *st/s* Geschick *n*; **coup** *m* **du ~** Schicksalsschlag *m*; **par une ironie du ~** durch e-e Ironie des Schicksals; **conjurer le mauvais ~** Unglück abwenden **2** *(destinée)* Los *n*; Schicksal *n*; *(situation)* Lage *f*; **abandonner qn à son (triste) ~** j-n s-m (traurigen) Schicksal überlassen; **améliorer le ~ des travailleurs** die Lage der Arbeiter verbessern; **ce projet a connu le ~ de beaucoup d'autres** diesem Vorhaben widerfuhr das Schicksal vieler anderer; **décider du ~ de qn, de qc** über j-s Schicksal *(acc)*, über das Schicksal e-r Sache entscheiden; **c'est le ~ de la vieillesse** das ist das Los des Alters; **être satisfait de son ~** mit s-m Los, Schicksal zufrieden sein; *fam fig* **faire un ~ à** *mets* aufessen; *fam* verspachteln; verdrücken; *bouteille* austrinken; leeren; **faire un ~ à une bouteille** *a.* e-r Flasche den Hals brechen; → *a.* réserver A 3 **3** *(hasard)* **tirage** *m* **au ~** Auslosung *f*; **tirer au ~** aus-, verlosen; durch das Los bestimmen, ermitteln; *abs* losen; *fig* **le ~ en est jeté** die Würfel sind gefallen **4** *(maléfice)* **jeter un ~ à qn** j-n be-, verhexen

sortable [sɔʀtabl] ADJ **il n'est pas ~** mit ihm kann man sich nicht sehen lassen; er ist nicht vorzeigbar

sortant [sɔʀtɑ̃] ADJ **1** (aus)scheidend; bisherig; **le député ~** der bisherige Abgeordnete **2** LOTERIE **numéros ~s** Gewinnzahlen *fpl*

sorte [sɔʀt] F **1** *(espèce)* Art *f*; Sorte *f* *(a.* COMM*)*; **cette ~ de gens** diese Art *ou* Sorte Leute, von Leuten; **deux ~s de …, … de deux ~s** zweierlei …; zwei Arten von …; **différentes ~s de …, … de différentes ~s** verschiedenerlei …; … von verschiedenen Arten, Sorten; **la même ~ de papier** dieselbe Art (von) Papier; **de même ~** von derselben Art, Sorte; **quelle ~ de …?** was für ein(e), *pl* was für …?; **toutes ~s de …, … de toute(s) ~(s)** allerlei …; alle möglichen …; allerhand …; … aller Art(en); **des gens** *pl* **de toutes ~s** Leute *pl* aller Art; allerlei, alle möglichen Leute *pl*; **une ~ de** e-e Art (von); **une ~ de manteau** (so) e-e Art Mantel **2** *(façon)* Art *f*; Weise *f*; Art und Weise; *loc adv*: **de la ~** so; auf diese (Art und) Weise; in dieser Weise; **vous n'avez pas le droit d'agir de la ~** Sie haben kein Recht, so zu handeln; **en quelque ~** gewissermaßen; *loc conj* **de (telle) ~ que** *(conséquence +ind, finalité +subj)* sodass; so …, dass; derart …, dass; **parlez de telle ~ qu'on puisse vous comprendre** sprechen Sie so, dass man Sie verstehen kann; **faites en ~ que tout soit prêt** richten Sie es so ein, dass *ou* veranlassen Sie das Nötige, damit alles bereit ist

sortie [sɔʀti] F **1** *endroit* Ausgang *m*; *pour voitures* Ausfahrt *f*; *d'un bus* Ausstieg *m*; *pancarte* **~ de garage, de voiture** Ausfahrt frei halten; **~ de métro** U-Bahn-Ausgang *m*; **~ de secours** Notausgang *m ou* -ausstieg *m*; **à la ~ du village** am Dorfausgang; **par ici la ~!** hier hinaus, bitte!; **les ~s de Paris sont embouteillées** die Ausfallstraßen von Paris sind verstopft **2** *action* Hinausgehen *n*; Verlassen *n*; *d'un pays* Ausreise *f*; *d'un gardien de but* Herauslaufen *n*; **la ~ des élèves, de l'école** der Schul-, Unterrichtsschluss; **sa ~ de l'hôpital** s-e Entlassung aus dem Krankenhaus; **examen** *m* **de ~** Abschluss-, Abgangsprüfung *f*; **porte** *f* **de ~** Ausgangstür *f*; **à la ~ des bureaux, des usines** bei Büro-, Fabrikschluss; nach Feierabend; **à la ~ de l'école, du théâtre** nach der Schule, nach dem Theater; **attendre qn à la ~** nach der Schule *ou* nach dem Theater *etc* auf j-n warten; **faire une ~ discrète** unauffällig hinausgehen **3** *(promenade)* Spaziergang *m*; Ausflug *m*; **la première ~ d'un convalescent** der erste Ausgang e-s Genesenden; **~ (à cheval)** Ausritt *m*; **~ dans l'espace** Spaziergang im All; **~ du personnel** Betriebsausflug *m*; **~ (en voiture)** Spazierfahrt *f*; Ausfahrt *f*; **jour** *m* **de ~** Tag, an dem man Ausgang hat; **(ne pas) aimer les ~s** (nicht) gern ausgehen; *fam* **nous sommes de ~** wir gehen aus **4** **a** MIL Ausbruch *m*; HIST Ausfall *m*; **tenter une ~** e-n Ausbruchsversuch machen **b** AVIAT, *de la police, des pompiers* Einsatz *m* **5** *d'un acteur, d'un gymnaste* Abgang *m* **6** *fig* *(attaque verbale)* Ausfall *m* (**contre** gegen); **faire une ~ contre qn** j-n hart anfahren; *(insulter)* gegen j-n ausfallend, ausfällig werden **7** *d'un nouveau produit* Herausbringen *n*; *d'un livre* Erscheinen *n*; *d'un film* Uraufführung *f* **8** COMM **a** *d'un pays* Ausfuhr *f*; *d'une usine* Ausgang *m*; *d'un entrepôt* Abgang *m*; *d'argent* Abfluss *m*; Abzug *m*; **~ de devises** Devisenabfluss *m* **b** *pl* **~s (d'argent)** Ausgaben *fpl*; Ausgänge *mpl* **9** INFORM Ausgabe *f*; Output *m ou n* **10** *de fluides* Austritt *m*; Ausströmen *n* **11** **~ de bain** Bademantel *m*

sortilège [sɔʀtilɛʒ] M Zauber *m*; *fig* Bann *m*

sortir [sɔʀtiʀ] ⟨→ partir⟩ **A** VT **1** *visiteur, femme* ausführen; *malade, enfant* spazieren führen; *en voiture* ausfahren; **~ son chien** s-n Hund ausführen, spazieren führen **2** *fam* *(expulser)* **~ qn** *fam* j-n rauswerfen, -schmeißen; *fam* **~ qn de la salle** j-n aus dem Saal werfen **3** *qc de qc* heraus-, *fam* rausholen, -nehmen, -ziehen; *qc de lourd* heraus- *ou* hinaus- *ou fam* rausschaffen; *plante, chaise de jardin* hinaus-, *fam* rausstellen, -tragen; *véhicule* heraus-, *fam* rausfahren; *avion: train d'atterrissage* ausfahren; **~ son mouchoir** sein Taschentuch herausziehen, hervorholen; **~ son portefeuille** *fam* s-e Brieftasche zücken; **~ un blessé des décombres** e-n Verletzten aus den Trümmern bergen; **~ le lait du réfrigérateur** die Milch aus dem Kühlschrank nehmen; **~ sa voiture du garage** s-n Wagen aus der Garage holen, fahren; *par ext* **il faut le ~ de là** wir müssen ihm heraushelfen **4** *nouveau produit* herausbringen; auf den Markt bringen **5** *fam sottises* von sich geben; *fam* verzapfen **B** VI ⟨être⟩ **1** *personne (quitter un endroit)* hinaus-, *fam* rausgehen; heraus-, *fam* rauskommen; THÉ *acteur* abgehen; abtreten; *(qn en) voiture* hinaus- *ou* heraus- *ou fam* rausfahren; *oiseau* hinaus- *ou* herausfliegen; *ver* herauskriechen; *produit d'une machine, fumée, liquide etc* herauskommen; *fumée, odeur a.* herausdringen; *liquide, gaz a.* austreten; *liquide a.* heraus-, hervorquellen; *gaz a.* ausströmen; *pousses* (hervor)sprießen; *dents* kommen; *bras, jambes, objet (dépasser)* hervor-, herausragen; ♦ *abs*: **sortez!** hinaus!; *fam* raus!; **que personne ne sorte!** keiner verlässt den Saal!; ♦ *impersonnel*: **il en sort une épaisse fumée** es dringt dicker Rauch heraus, hervor; *fig* **que va-t-il en ~?** was wird wohl dabei herauskommen?; ♦ **en sortant d'un restaurant** beim Verlassen e-s Lokals; ♦ **~ vainqueur d'un combat** als Sieger aus e-m Kampf hervorgehen; ♦ *avec prép et loc adv*: **~ à cinq heures** *ouvrier* um fünf (Uhr) Feierabend haben; *élève* um fünf (Uhr) aushaben; **je sors de chez lui** ich war gerade bei ihm; ich komme gerade von ihm; **~ de chez soi** aus dem Haus gehen, kommen; **~ de derrière qc** hinter etw *(dat)* hervorkommen; *fumée* **~ de la cheminée** aus dem Kamin aufsteigen; **~ de l'école, du bureau** aus der Schule, aus dem Büro kommen; **~ d'un entretien** von *ou* aus e-r Besprechung kommen; **ça ne sort pas de la famille** das bleibt in der Familie; *train* **~ de la gare** ausfahren; aus dem Bahnhof fahren; **~ de l'hôpital** aus dem Krankenhaus entlassen werden; *rivière* **~ de son lit** über die Ufer treten; **~ du lycée** vom Gymnasium abgehen; das Gymnasium verlassen; *poussin* **~ de l'œuf** ausschlüpfen, -kriechen; aus dem Ei schlüpfen; **~ d'un pays** ein Land verlassen; aus e-m Land ausreisen; *difficilement* aus e-m Land herauskommen; *bateau* **~ du port** auslaufen; **~ de prison** aus dem Gefängnis herauskommen, entlassen werden; **~ de table** vom Tisch, vom Essen aufstehen; SPORTS *balle* **~ du terrain** ins Aus gehen; *plantes* **~ de terre** aus der Erde sprießen; **les yeux lui sortent de la tête** ihm treten die Augen aus dem Kopf; **~ sur le balcon** auf den Balkon (hinaus)treten; ♦ *avec verbes*: **faire ~** *qn* auffordern hinauszugehen; *arbitre: joueur* hinausstellen; *animal* hinausjagen, -scheuchen; *épine* herausdrücken; *jus d'un citron* herausdrücken, -pressen; *poussière* herausklopfen, -schütteln; *air* herauslassen; **arriver à faire ~** herausbringen, -bekommen, *fam* -kriegen; *fam* **se faire ~** hinaus-, *fam* rausgeworfen, -geschmissen werden; **laisser ~** hinaus- *ou* heraus- *ou fam* rauslassen; **oser ~** sich hinauswagen; **ne pas pouvoir ~** nicht hinaus- *ou* heraus- *ou fam* rauskönnen; **vouloir ~** hinaus- *ou* herausou *fam* rauswollen **2** *en soirée ou pour se promener* ausgehen; **~ (en voiture)** ausfahren; spazieren fahren; *par ext d'amoureux* **~ avec qn** mit j-m gehen **3** *nouveau produit* herauskommen *(a. livre)*; auf den Markt kommen; *film* anlaufen; COMM **venir de ~** neu auf dem Markt sein **4** LOTERIE *numéro* gezogen werden; *sujet d'examen* drankommen **5** *fig*: **être sorti de l'enfance** den Kinderschuhen entwachsen sein; **~ de sa léthargie** aus s-r Lethargie erwachen; **~ de maladie** e-e Krankheit überstanden, hinter sich *(dat)* haben; **~ de la misère** aus dem Elend herauskommen; **~ de sa réserve** aus s-r Reserve herausgehen; **ça m'est sorti de la tête, de la mémoire** das ist mir entfallen **6** **~ de** *(s'écarter de)* abweichen von; **~ du sujet** vom Thema abweichen, abschweifen, abkommen **7** **~ de** *(venir de)* kommen, stammen von; hervorgehen aus; *robe* **~ de chez Dior** von Dior kommen, stammen; **~ du peuple** aus dem Volk kommen, stammen; **il sort de Polytechnique** er kommt von der École polytechnique; er ist aus der … hervorgegangen; **d'où est-ce qu'il sort, celui-là?** wo kommt der bloß her? **8** **ne pas en ~** es nicht schaffen; nicht damit fertig werden; zu keinem Ende kommen **9** *fam* **~ de faire qc** gerade, (so)eben etw getan haben; **~ de manger, de travailler** gerade vom Essen, von der Arbeit kommen; *fig* **je sors d'en prendre** mir reicht's, langt's C V/PR **se ~ d'une situation difficile** sich aus e-r schwierigen Lage befreien; **s'en ~** damit fertig werden, zurande kommen D M *poét* **au ~ de l'hiver** gegen Ende des Winters

SOS [ɛsoɛs] M 1 SOS *n*; SOS-Ruf *m* (*a. fig*); **lancer un ~** SOS-Rufe aussenden; SOS senden 2 *par ext* **~ médecins** Notarzt *m*

sosie [sɔzi] M Doppelgänger(in) *m(f)*

sot [so] A ADJ ⟨sotte [sɔt]⟩ töricht; dumm B SUBST **~(te)** *m(f)* Tor *m*, Törin *f*; Narr *m*, Närrin *f*; *fam* **petite ~te!** *fam* du Dummerchen, Gänschen!

sottise [sɔtiz] F Dummheit *f*; Torheit *f*; **avoir la ~ de faire qc** so dumm sein, etw zu tun; **dire, faire des ~s** Dummheiten, Torheiten sagen, machen *ou* begehen

sottisier [sɔtizje] M Stilblütensammlung *f*

sou [su] M 1 HIST *monnaie* Sou *m* 2 *fam fig* **~s** *pl* (*argent*) Geld *n*; *fam* Moneten *pl*; → *a.* **fric**; **machine *f* à ~s** Spielautomat *m*; ♦ **~ à ~, ~ par ~** Cent für Cent; **propre comme un ~ neuf** blitzsauber; *bijou etc* **de quatre ~s** billig; wertlos; *Brecht* **L'Opéra *m* de quat' ~s** Die Dreigroschenoper; *dépenser* **jusqu'au dernier ~** bis auf den letzten Cent; *fam* **pas compliqué pour un ~** überhaupt, gar nicht kompliziert; *personne* völlig unkompliziert; ♦ *fam* **il n'a pas pour deux ~s de jugeote** *fam* er hat keine Grütze im Kopf; *fam* **s'embêter**, *pop* **s'emmerder à cent ~s de l'heure** sich schrecklich, zu Tode langweilen; **être sans le ~, n'avoir pas le ~** kein Geld haben; *fam* keinen (roten) Heller haben; **être près de ses ~s, compter ses ~s** *fam* ein Pfennigfuchser sein; *fam* **c'est une affaire de gros ~** hier spielt das Geld, der Profit die Hauptrolle; *fam* **ça en fait des ~s** *fam* das ist ein schöner Batzen Geld; *fam* **ne parler que gros ~s** nur vom Geld reden

souabe [swab] A ADJ schwäbisch B SUBST 1 **Souabe** *m/f* Schwabe *m*, Schwäbin *f* 2 *région* **la Souabe** Schwaben *n*

souahéli [swaeli] A ADJ Suaheli... B SUBST LING **le ~** (das) (Ki)Suaheli

soubassement [subasmɑ̃] M CONSTR Sockel *m*

soubresaut [subʀəso] M (heftiges) Zusammenzucken, -fahren *n*; Auffahren *n*; **faire, avoir un ~** zusammenzucken, -fahren; auffahren

soubrette [subʀɛt] F THÉ Kammerzofe *f*, -mädchen *n*

souche [suʃ] F 1 *d'un arbre* Baumstumpf *m*; *all Nord a.* Stubben *m*; *all Sud a.* Stumpen *m*; **dormir comme une ~** schlafen wie ein Ratz, Murmeltier; **rester (planté) là comme une ~** dastehen wie ein Klotz 2 *fig* **être de vieille ~** aus e-r alten Familie stammen; **faire ~** ein Geschlecht begründen 3 LING **mot *m* de ~ latine** Wort *n* lateinischen Ursprungs; *adjt* **mot** *m* **~** Stammwort *n* 4 BIOL **~ bactérienne** Bakterienstamm *m* 5 *d'un chéquier etc* Stamm-, Kontrollabschnitt *m*

souchet [suʃɛ] M ZOOL Löffelente *f*

souci[1] [susi] M 1 (*inquiétude*) Sorge *f*; Besorgnis *f*; **~s financiers** Geldsorgen *fpl*; **sans ~** (*insouciant*) sorglos; unbekümmert; (*sans problèmes*) sorgenfrei; **vivre sans ~** ein sorgloses Leben führen; **vieillesse *f* sans ~** sorgenfreies Alter; **il est accablé de ~s** schwere Sorgen drücken ihn, lasten auf ihm; **donner bien du ~ à qn** j-m große Sorgen machen, bereiten; **cela vous épargnerait bien des ~s** das würde Ihnen e-e Menge Kummer ersparen; **c'est le dernier, le moindre de mes ~s** das ist meine geringste Sorge; *par ext* **cet enfant est un ~ perpétuel pour ses parents** dieses Kind ist für s-e Eltern ein Gegenstand ständiger Sorge; **se faire du ~** sich (*dat*) Sorgen machen, sich sorgen (**pour qn** um j-n) 2 (*intérêt*) Bedachtsein *n* (**de** auf *+acc*); Bemühen *n* (um); **par ~ d'équité** im Bestreben, gerecht zu sein; **avoir le ~ de l'exactitude** auf Genauigkeit bedacht sein; um Genauigkeit bemüht sein; **avoir le ~ de plaire** darauf bedacht sein zu gefallen

souci[2] [susi] M BOT Ringelblume *f*; **~ d'eau** Sumpfdotterblume *f*

soucier [susje] V/PR **ne pas se ~** *ou* **se ~ peu de qc, qn** sich nicht *ou* wenig um etw, j-n kümmern, scheren; **personne ne s'en soucie** *a.* danach kräht kein Hahn

soucieux [susjø] ADJ ⟨-euse⟩ 1 (*inquiet*) besorgt; sorgenvoll; **air ~** besorgte, sorgenvolle Miene 2 **~ de** bedacht auf (*+acc*); bemüht um; **être ~ de** (*+inf*) darauf bedacht sein zu (*+inf*); bestrebt sein zu (*+inf*)

soucoupe [sukup] F 1 Untertasse *f*; *fam* **ouvrir des yeux (grands) comme des ~s** große Augen, *fam* Kulleraugen machen; die Augen aufreißen, aufsperren 2 *fig* **~ volante** fliegende Untertasse

soudain [sudɛ̃] A ADJ plötzlich; jäh; schlagartig B ADV plötzlich; schlagartig; unvermittelt; unversehens

soudainement [sudɛnmɑ̃] ADV → soudain B

soudaineté [sudɛnte] F Plötzlichkeit *f*; Schlagartigkeit *f*

Soudan [sudɑ̃] **le ~** der Sudan

soudanais [sudanɛ] A ADJ sudanesisch B SUBST **Soudanais(e)** *m(f)* Sudanese *m*, Sudanesin *f*; Sudaner(in) *m(f)*

soudard [sudaʀ] *péj* M alter Haudegen

soude [sud] F CHIM a Soda *f ou n*; **cristaux *mpl* de ~** Kristallsoda *f* b **~ (caustique)** Ätznatron *n*; kaustische Soda; **lessive *f* de ~** Natronlauge *f* c **bicarbonate *m* de ~** Natron *n*; Natriumbikarbonat *n*; doppeltkohlensaures Natrium

soudé [sude] ADJ 1 BIOL zusammengewachsen; verwachsen 2 *fig* fest verbunden; (wie) zusammengeschweißt

souder [sude] A V/T TECH a *par fusion* (zusammen-, ver)schweißen b *par métal d'apport* (zusammen-, ver)löten; **fer *m*, lampe *f* à ~** Lötkolben *m*, -lampe *f* B V/PR **se ~** BIOL zusammen-, verwachsen

soudeur [sudœʀ] M, **soudeuse** F Schweißer(in) *m(f)*; Löter(in) *m(f)*

soudoyer [sudwaje] V/T ⟨-oi-⟩ **~ qn** j-n dingen, bestechen

soudure [sudyʀ] F 1 TECH a *opération* Schweißen *n*; *par métal d'apport* Löten *n* b (*partie soudée*) Schweißnaht *f*, -stelle *f*; Lötstelle *f*, -naht *f*, -fuge *f*; **sans ~** nahtlos c (*alliage pour souder*) Lot *n*; Lötmetall *n* 2 BIOL Zusammen-, Verwachsen *n* 3 ÉCON **faire la ~** die Zeit (*bis zur nächsten Ernte, Lieferung*) überbrücken

souffert [sufɛʀ] PP → souffrir

soufflage [suflaʒ] M *du verre* Blasen *n*

soufflant [suflɑ̃] ADJ *fam* **c'est ~** *fam* da bleibt einem die Spucke weg

souffle [sufl] M 1 (*expiration*) Hauch *m*; *bougie* **éteindre d'un (seul) ~** (auf einmal) ausblasen; **renverser d'un ~** umpusten 2 (*respiration*) Atem *m*; Luft *f*; *fam* Puste *f*; **avoir du ~** genügend Luft haben; *fig* Ausdauer haben; **avoir le ~ court** kurzatmig sein; **la course m'a coupé le ~** ich bin durch das Laufen ganz außer Atem (geraten, gekommen); **on a le ~ coupé** es verschlägt, benimmt einem den Atem; *fam fig* **il en a eu le ~ coupé** *fam* da blieb ihm die Luft, die Spucke weg; *fam fig* **c'est à vous couper le ~** *fam* da bleibt einem die Luft, die Spucke weg; **être à bout de ~** außer Atem sein; *fig* nicht mehr können; **manquer de ~** nicht genügend Luft bekommen; *fam* keine Puste (mehr) haben; **il manque de ~** *a.* ihm geht die Luft, *fam* die Puste aus; **rendre son dernier ~** den letzten Atemzug, *fam* Schnaufer tun; **retenir son ~** den Atem, die Luft anhalten 3 *fig* **second ~** neuer Anlauf, Aufschwung; **(re)trouver un second ~** e-n neuen Anlauf nehmen; e-n neuen Aufschwung erleben; *artiste etc* wieder kreativ werden 4 *fig et poét* **~ créateur** schöpferischer Hauch, Funke 5 *d'air* Lufthauch *m*; **il n'y a pas un ~** es weht kein Lüftchen 6 *d'un réacteur etc* Luftstrom *m*; *d'un incendie* Sog *m*; *d'une explosion* Luftdruck *m*; Druckwelle *f* 7 MÉD Geräusch *n*; **avoir un ~ au cœur** e-n Herz(klappen)fehler haben

soufflé [sufle] A ADJ 1 *visage* (auf)gedunsen; aufgeschwemmt 2 *fam* (*stupéfait*) **être ~** sprachlos, *fam* baff, platt sein 3 CUIS **omelette ~e** Eierauflauf *m* B M CUIS Auflauf *m*; Soufflee *n*; **~ au fromage** Käseauflauf *m*

souffler [sufle] A V/T 1 blasen; *fam* pusten; **~ de la fumée au visage de qn** j-m Rauch ins Gesicht blasen 2 *bougie* ausblasen; *fam* auspusten 3 *bâtiment par une explosion* **être soufflé** vom Luftdruck zerstört, *fam* weggefegt werden 4 a *au jeu: un pion* wegnehmen; **~ n'est pas jouer!** e-n Stein wegnehmen gilt nicht als Zug! (*nachdem der Gegner vergessen hat, e-n Stein wegzunehmen*) b *fam* **~ qc à qn** *fam* j-m etw (vor der Nase) wegschnappen; **~ sa petite amie à qn** j-m s-e Freundin wegschnappen, ausspannen 5 (*dire*) **~ qc à qn** j-m etw ein-, vorsagen, ÉCOLE *a.* einblasen, THÉ soufflieren (*a. abs*); **~ qc à (l'oreille de) qn** j-m etw ins Ohr flüstern; j-m etw zuflüstern; → *a.* **mot** 1; *en incise* **souffla-t-il** flüsterte er 6 TECH **~ le verre** Glas blasen B V/I 1 *vent* wehen; *plus fort* blasen; *fam* pusten; **le vent souffle du nord** der Wind weht von Norden 2 *personne* blasen *ou* hauchen; *fam* pusten; **~ dans, sur ses doigts** in die Hände hauchen; **~ dans une trompette** in e-e Trompete blasen; **~ sur le feu** das Feuer anblasen; **~ sur le potage** auf die Suppe blasen; **~ sur la vitre** an, auf die Scheibe hauchen 3 (*respirer difficilement*) schwer atmen; schnaufen; keuchen; **~ comme un bœuf** schnaufen wie e-e Lokomotive, wie ein Walross 4 (*reprendre haleine*) Atem, Luft holen; *fam* verschnaufen; e-e Verschnaufpause machen; **laissez-nous le temps de ~** lassen Sie uns Zeit zum Verschnaufen

soufflerie [sufləʀi] F 1 *d'une forge, d'un orgue* Gebläse *n* 2 **~ (aérodynamique)** Windkanal *m*

soufflet [suflɛ] M 1 TECH Blasebalg *m* 2 *entre deux wagons* Faltenbalg *m*; *fam* Ziehharmonika *f*; *d'un appareil photo* Balg *m* 3 *litt* (*gifle*) Ohrfeige *f*; *st/s* Backenstreich *m*

souffleter [sufləte] V/T ⟨-tt-⟩ *litt* **~ qn** j-m e-n Backenstreich geben

souffleur [suflœʀ] M 1 *de verre* Glasbläser *m* 2 THÉ Souffleur *m*; **trou *m* du ~** Souffleurkasten *m*

souffleuse [sufløz] F THÉ Souffleuse *f*

souffrance [sufʀɑ̃s] F 1 Leiden *n*; Schmerz *m*; Leid *n*; **endurer de grandes ~s** große Leiden, viel Leid ertragen 2 LOC ADJ **en ~** *dossier, affaire* unerledigt; *marchandises, colis* nicht abgeholt; unzustellbar; **rester en ~** unerledigt bleiben; nicht abgeholt werden

souffrant [sufʀɑ̃] ADJ (leicht, vorübergehend) erkrankt

souffre-douleur [sufʀədulœʀ] M ⟨inv⟩ Opfer *n* (von Quälereien, der Grausamkeit); Prügelknabe *m*; **être le ~ de ses camarades** von s-n Kameraden gequält, gepeinigt, geplagt

S

werden

souffreteux [sufʀətø] ADJ ⟨-euse⟩ leidend; kränklich

souffrir [sufʀiʀ] ⟨→ couvrir⟩ **A** VT **1** *(supporter) martyre* erleiden; erdulden; **ne pas pouvoir ~ qn, qc** j-n, etw nicht leiden, ausstehen können; *litt* **~ que ...** *(+subj)* dulden, leiden, dass ...; **il ne souffre pas qu'on le contredise** er duldet keinen Widerspruch **2** *litt (permettre)* **souffrez que ...** *(+subj)* gestatten *ou* erlauben Sie, dass ...; *st/s* **cette affaire ne peut ~ aucun retard** die Sache leidet, duldet keinen Aufschub **B** VI leiden (**de** an *+dat*, unter *+dat*, durch); **sa réputation en a souffert** sein Ruf hat darunter, dadurch gelitten; **où souffrez-vous?** wo haben Sie Schmerzen?; **~ d'allergie, de rhumatismes** an e-r Allergie, an Rheuma(tismus) leiden; **la ville a souffert des bombardements** die Stadt hat durch die Bombenangriffe gelitten; *pays* **~ d'une crise économique** unter e-r Wirtschaftskrise leiden; **~ de l'estomac, de la tête** magenleidend sein; an Kopfschmerzen leiden; **~ de la faim** Hunger leiden; **~ du froid, de la solitude** unter der Kälte, unter der Einsamkeit leiden, zu leiden haben; *plantes* **~ de la sécheresse** durch die Trockenheit leiden; **~ pour qc** für etw leiden; **faire ~ qn** j-m Leiden, Leid zufügen; j-m ein Leid antun; j-n quälen, peinigen *(a. maladie)* **C** VPR **ne pas pouvoir se ~** sich nicht leiden, ausstehen können

soufisme [sufism] M ISLAM Sufismus *m*

soufre [sufʀ] M **1** CHIM Schwefel *m*; **ça sent le ~** da ist der Teufel im Spiel **2** ADJT **jaune ~** ⟨*inv*⟩ schwefelgelb

soufré [sufʀe] ADJ **1** *vin* geschwefelt; *allumettes* Schwefel... **2** *couleur* schwefelgelb; **soufrer** VT TECH, VIT schwefeln

souhait [swɛ] M **1** Wunsch *m*; **~s de bonne année** Neujahrswünsche *mpl*; **~s de bonheur** Glückwünsche *mpl*; *quand qn éternue* **à vos ~s!** Gesundheit!; **exprimer, formuler, former un ~** e-n Wunsch zum Ausdruck bringen, aussprechen; **mon souhait s'est réalisé** mein Wunsch ist in Erfüllung gegangen **2** LOC ADV **à ~** *(parfaitement)* nach Wunsch; *(très)* sehr; äußerst; *affaire* **marcher à ~** nach Wunsch gehen; **joli à ~** bildhübsch

souhaitable [swɛtabl] ADJ wünschenswert; **avoir toutes les qualités ~s** alle guten Eigenschaften haben, die man sich *(dat)* nur wünschen kann; **il serait ~ que ...** *(+subj)* es wäre wünschenswert, wenn ...

souhaiter [swete] **A** VT wünschen; **~ la bonne année à qn** j-m ein gutes neues Jahr wünschen; *fam* **je vous la souhaite bonne et heureuse!** *fam* guten Rutsch ins neue Jahr!; **~ la bienvenue à qn** j-n willkommen heißen; **~ la santé, le succès à qn** j-m Gesundheit, Erfolg wünschen; **~ bon voyage à qn** j-m(e-e) gute Reise wünschen; **je souhaiterais faire mieux** ich wünschte, ich könnte es besser machen; **je souhaite le revoir** ich habe den Wunsch *ou* ich wünsche, ihn wieder zu sehen; **je lui souhaite de réussir** ich wünsche ihm Erfolg; **je souhaite qu'il vienne** ich wünsche, dass er kommt; **il est à ~ que ...** *(+subj)* es ist zu wünschen, dass ... **B** VPR **se ~ la bonne année** sich gegenseitig ein gutes neues Jahr wünschen

souiller [suje] *st/s* VT besudeln, beflecken, beschmutzen *(a. fig réputation)*; *pp* **souillé de sang** blutbefleckt

souillon [sujõ] F *fam* Schmutzliese *f*, -fink *m*

souillure [sujyʀ] F *st/s* Befleckung *f*; Makel *m*

souk [suk] M Basar *m*; Suk *ou* Souk *m*

soul [sul] **A** ADJ ⟨*inv*⟩ **musique** *f* **~** Soulmusik *f* **B** M Soul *m*

soûl [su] **A** *fam* ADJ ⟨soûle [sul]⟩ betrunken; *fam* besoffen; **~ comme une bourrique, une grive, un Polonais** *fam* sternhagelvoll; voll wie e-e Strandhaubitze **B** LOC ADV **tout mon** *(ou* **ton, son** *etc)* **~** nach Herzenslust; **boire tout son ~** trinken, bis man genug hat; nach Herzenslust trinken; **dormir tout son ~** richtig, gründlich ausschlafen

soulagement [sulaʒmɑ̃] M Erleichterung *f*; *pour un malade a.* Linderung *f*; **éprouver du ~** Erleichterung verspüren; **pousser un soupir de ~** e-n Seufzer der Erleichterung ausstoßen; **procurer, donner, apporter du ~** Erleichterung, Linderung bringen, verschaffen

soulager [sulaʒe] ⟨-geons⟩ **A** VT **1** *moralement* erleichtern; **cela soulage de pleurer** es erleichtert (einen), wenn man weint; *adjt*: **être, se sentir soulagé** erleichtert sein, sich erleichtert fühlen; **il a été soulagé d'apprendre que ...** er war erleichtert, als er erfuhr, dass ...; *loc adv* **le cœur soulagé** erleichterten Herzens **2** *douleur, misère* lindern; **~ un malade** e-m Kranken Erleichterung bringen **3 ~ qn** *d'un fardeau* j-m e-n Teil s-r Last abnehmen; *au travail* j-n entlasten **4** *fam iron* **~ qn de son portefeuille, de son argent** *fam* j-n um s-e Brieftasche, um sein Geld erleichtern **5** CONSTR entlasten **B** VPR *fam fig* **se ~** s-e Notdurft verrichten; *fam* sich erleichtern; austreten

soûlant [sulɑ̃] *fam* ADJ *personne* ermüdend

soûlard [sulaʀ] *fam* M Trunkenbold *m*; *fam* Säufer *m*; **soûlarde** F *fam* Säuferin *f*; Schnapsdrossel *f*; **soûlaud** M *fam* → soûlard

soûler [sule] *fam* **A** VT **1 ~ qn** j-n betrunken, *fam* besoffen machen **2** *fig (fatiguer)* **~ qn** j-n ermüden; j-n ganz benommen machen; *de paroles fam* j-n dumm und dusslig reden; **je suis soûlé** *a.* mir brummt der Kopf **B** VPR **se ~** sich betrinken; *fam* sich besaufen

soûlerie [sulʀi] F *fam* Sauferei *f*; Saufgelage *n*; Besäufnis *n*

soulèvement [sulɛvmɑ̃] M **1** *(révolte)* Aufstand *m*; Erhebung *f*; Empörung *f* **2** GÉOL Hebung *f*

soulever [sulve] ⟨-è-⟩ **A** VT **1** *objet* hochheben; *un peu* anheben; *poids, charge* heben; *chapeau, voile* lüften; *st/s* emporheben; *fam* hochnehmen; *poussière* aufwirbeln; *tempête* **~ les flots** das Meer aufwühlen; **~ les paupières** die Augen halb aufschlagen; **~ la tête d'un malade** e-m Kranken den Kopf hochheben; → *a.* cœur 3 **2** *enthousiasme etc* hervorrufen; erregen; **~ des critiques** Kritik hervorrufen, herausfordern; **~ un débat, une discussion** eine Debatte, eine Diskussion hervorrufen *ou* auslösen; **~ des difficultés** Schwierigkeiten verursachen; **~ l'indignation** Entrüstung hervorrufen; **~ l'opinion publique contre soi** die öffentliche Meinung, die Öffentlichkeit gegen sich einnehmen, *plus fort* aufbringen; **~ un problème** ein Problem aufwerfen, zur Sprache bringen; **~ des protestations** Protest(e) hervorrufen, auslösen **3** *élan de générosité etc* **~ qn** j-n hinreißen, überwältigen **4** *fam fig (voler) objet* stibitzen; klauen; *personne* ausspannen **B** VPR **se ~ 1** *personne* sich aufrichten **2** *peuple* sich erheben, sich empören, sich auflehnen, aufstehen (**contre** gegen) **3** *vagues* hochgehen, -schlagen; aufbranden

soulier [sulje] M Schuh *m*; *Claudel* **Le Soulier de satin** Der seidene Schuh; *fam fig* **être dans ses petits ~s** verlegen, befangen, betreten sein

soulignage [suliɲaʒ] M *ou* **soulignement** M Unterstreichen *n*, -ung *f*

souligner [suliɲe] VT **1** unterstreichen; **~ en rouge** rot unterstreichen **2** *fig* unterstreichen; hervorheben; betonen; **~ l'importance de qc** die Bedeutung e-r Sache unterstreichen, hervorheben

soûlographe [sulɔgʀaf] M *fam* → soûlard; **soûlographie** F *fam* Suff *m*; Saufen *n*

soulte [sult] F JUR Ausgleichsbetrag *m*

soumettre [sumɛtʀ] ⟨→ mettre⟩ **A** VT **1** *pays, rebelles* unterwerfen **2** ADMIN unterwerfen (**à des formalités** Formalitäten *[dat]*); **être soumis à** unterliegen *(+dat)*; **soumis à une autorisation, à l'impôt** genehmigungs-, steuerpflichtig **3** *(faire subir)* unterziehen, unterwerfen (**à une analyse, à un examen** e-r Analyse, e-r Prüfung *[dat]*); TECH **~ à des efforts** beanspruchen (**de traction** auf Zug); **~ qn à un interrogatoire** j-n e-m Verhör unterziehen, unterwerfen; j-n verhören, vernehmen; **être soumis à un entraînement** sich e-m Training unterziehen müssen **4** *projet, question, cas* unterbreiten, vorlegen (**à qn** j-m); **~ qc à l'approbation de qn** j-m etw zur Genehmigung vorlegen; j-s Zustimmung zu etw einholen **B** VPR **se ~ 1** *(obéir)* sich unterwerfen, sich fügen (**à une décision** e-r Entscheidung *[dat]*); *prov* **se ~ ou se démettre** entweder nachgeben oder aufgeben **2** *(subir)* sich unterziehen (**à un entraînement** e-m Training)

soumis [sumi] PP → soumettre *et* ADJ gefügig; fügsam; folgsam; gehorsam; ergeben

soumission [sumisjõ] F **1** *(capitulation)* Unterwerfung *f* (**à** unter *+acc*); **faire sa ~** sich unterwerfen **2** *(obéissance)* Gefügig-, Fügsam-, Folgsamkeit *f*; Gehorsam *m*; Ergebenheit *f* **3** JUR (An)Gebot *n* (bei e-r Ausschreibung)

soumissionner [sumisjɔne] VT sich (bei e-r Ausschreibung) bewerben um; *abs* submittieren; ein Angebot machen

soupape [supap] F TECH Ventil *n*; **~ de sûreté** Sicherheitsventil *n* *(a. fig)*

soupçon [supsõ] M **1** Verdacht *m*; Argwohn *m*; Verdächtigung *f*; **exempt de (tout) ~** (völlig) unverdächtig; **dissiper les ~s** den Verdacht zerstreuen; **être au-dessus de tout ~** über jeden Verdacht erhaben sein; **éveiller les ~s de qn** j-s Verdacht erregen; **les ~s se sont portés sur lui** der Verdacht ist auf ihn gefallen **2** *(un peu)* Quäntchen *n*; Spur *f*; Anflug *m*; Hauch *m*; **un ~ de cannelle** e-e Messerspitze Zimt; **un ~ de moustache** ein Anflug von Schnurrbart; **un ~ de rouge** ein Hauch Rouge; **un ~ de vérité** ein Körnchen, Quäntchen Wahrheit; *un peu de lait?* - **juste un ~** nur ein Tröpfchen

soupçonner [supsɔne] VT **1 ~ qn** j-n verdächtigen (**de vol** des Diebstahls); j-n im Verdacht haben (**de** wegen); j-n beargwöhnen; gegen j-n Argwohn hegen; **~ qn d'avoir fait qc** j-n im Verdacht haben, etw getan zu haben; **être soupçonné de vol** im Verdacht des Diebstahls stehen; des Diebstahls verdächtig sein **2** *(pressentir)* vermuten; argwöhnen; ahnen; **~ un piège** e-e Falle vermuten

soupçonneux [supsɔnø] ADJ ⟨-euse⟩ argwöhnisch; misstrauisch

soupe [sup] F **1** Suppe *f*; *fam* MIL *a.* Essen *n*; *par ext* **~ populaire** Suppenküche *f*; **~ à l'oignon** Zwiebelsuppe *f*; *fam fig* **un gros plein de ~** *fam* ein Fettkloß *m*, -sack *m*; ein Dick-, Fettwanst *m*; *fam* **à la ~!** zum Essen kommen!; auf gehts zum Essen!; *fam fig* **par ici la bonne ~!** *fam* immer her damit!; *fig* **être ~ au lait** ein Hitz-, Brausekopf sein; leicht aufbrausen, *fam* hochgehen; *fam fig* **être trempé comme une ~** *fam* pudel-, klatsch-, pitsch-, patschnass sein **2** *fam (neige fondante)* Matsch *m*

soupente [supɑ̃t] F ARCH **1** *dans la hauteur d'une pièce* Hängeboden *m* **2** *sous un escalier*

Verschlag *m*
souper [supe] A *VI* a *après le spectacle* essen; *st/s* soupieren b *régional* zu Abend essen; *fam fig* **j'en ai soupé** *fam* davon habe ich die Nase voll; das hängt mir zum Hals heraus B *M* a Essen *n*, Mahlzeit *f* (nach e-r Abendveranstaltung); *st/s* Souper *n* b *régional* Abendessen *n*
soupeser [supəze] *VT* ‹-è-› 1 mit der Hand abwiegen 2 *fig* abwägen; **~ des arguments** Argumente gegeneinander abwägen
soupière [supjɛʀ] *F* Suppenschüssel *f*; (Suppen)Terrine *f*
soupir [supiʀ] *M* 1 Seufzer *m*; **~ de soulagement** Seufzer der Erleichterung; *à Venise* **le pont des Soupirs** die Seufzerbrücke; **pousser un ~** e-n Seufzer ausstoßen; aufseufzen; **rendre le dernier ~** den letzten Atemzug tun 2 MUS Viertelpause *f*; **quart** *m* **de ~** Sechzehntelpause *f*
soupirail [supiʀaj] *M* ‹*pl* -aux› Kellerfenster *n*, -loch *n*
soupirant [supiʀɑ̃] *M plais* Verehrer *m*
soupirer [supiʀe] *VT et VI* 1 seufzen; **... soupira-t-elle ...** seufzte sie 2 *litt* **~ après, pour qn** nach j-m schmachten
souple [supl] *ADJ* 1 *corps, démarche* geschmeidig; *sportif, corps a., membres* gelenkig; *corps, membres a., branche, lame* biegsam; *cheveux, col, cuir, lentilles de contact* weich; *matière* schmiegsam; flexibel; **horaires** *mpl* **~s** flexible Arbeitszeiten *fpl* 2 *fig personne, caractère* geschmeidig; schmiegsam; wendig; flexibel; anpassungsfähig 3 *fam (accommodant)* entgegenkommend; kulant
souplesse [suplɛs] *F* 1 *du corps etc* Geschmeidigkeit *f*; Gelenkigkeit *f*; Biegsamkeit *f*; *du cuir* Weichheit; *d'une matière* Flexibilität *f*; **démarrer en ~** sanft starten; SPORTS **se recevoir en ~** weich aufspringen 2 *fig de qn, du caractère* Geschmeidigkeit *f*; Schmiegsamkeit *f*; Wendigkeit *f*; Flexibilität *f*; Anpassungsfähigkeit *f*; **avec ~** geschmeidig; flexibel
souquer [suke] *VI* MAR **~ ferme** sich in die Riemen legen
sourate [suʀat] *F du Coran* Sure *f*
source [suʀs] *F* 1 Quelle *f*; **~ thermale** Thermalquelle *f*; Therme *f*; **eau** *f* **de ~** Quellwasser *n*; *fig* **cela coule de ~** das ergibt sich zwangsläufig, von selbst; das ist die logische, notwendige Folge; *fleuve* **prendre sa ~** entspringen 2 *fig*, PHYS, HIST, LITTÉRATURE Quelle *f*; *fig a.* Ursprung *m*; *st/s* Quell *m*; *poét* Born *m*; **~ lumineuse** Lichtquelle *f*; **~ de chaleur, d'énergie** Wärme-, Energiequelle *f*; **~ de danger, d'erreurs, d'informations** Gefahren-, Fehler-, Informationsquelle *f*; **une ~ de joie** ein Quell, Born der Freude; **la ~ de tous les maux** die Quelle, Wurzel allen Übels; **~ de revenus** Einnahmequelle *f*; **de ~ officielle** von amtlicher Seite; **remonter à la ~** (bis) zu den Ursprüngen zurückgehen; **tenir, savoir qc de ~ autorisée, de bonne ~, de ~ sûre** etw aus maßgeblicher, guter, sicherer Quelle haben, wissen; ♦ *adjt* LING **langue** *f* **~** Ausgangssprache *f*
sourcier [suʀsje] *M* (Wünschel)Rutengänger *m*
sourcil [suʀsi] *M* Augenbraue *f*; **s'épiler les ~s** sich (*dat*) die Augenbrauen zupfen; **froncer les ~s** die Stirn runzeln; **lever les ~s** die Augenbrauen hochziehen
sourcilier [suʀsilje] *ADJ* ‹-ière› ANAT Augenbrauen...; → *a.* arcade 2
sourciller [suʀsije] *VI* **ne pas ~** nicht mit der Wimper zucken; keine Miene verziehen; **sans ~** ohne mit der Wimper zu zucken
sourcilleux [suʀsijø] *ADJ* ‹-euse› *litt* a *(sévère) litt* gestreng b *(pointilleux)* kleinlich; pedantisch
sourd [suʀ] A *ADJ* ‹sourde [suʀd]› 1 *personne* schwerhörig; *plus fort* taub; gehörlos; **~ d'une oreille** auf e-m Ohr schwerhörig, taub; **devenir ~** schwerhörig, taub werden; ertauben; *fig* **être, rester ~ aux appels, aux prières de qn** gegen j-s Appelle, Bitten taub bleiben; → *a.* oreille 1 2 *bruit, voix, douleur, colère* dumpf; *couleur* stumpf 3 *rivalité, lutte* versteckt; geheim; heimlich 4 PHON stimmlos; **consonne ~e** *ou subst* **~e** *f* stimmloser Konsonant 5 **lanterne ~e** Blendlaterne *f* B *SUBST* **~(e)** *m(f)* Schwerhörige(r) *m/f(m)*; *plus fort* Taube(r) *m/f(m)*; Gehörlose(r) *m/f(m)*; **crier comme un ~** schreien, als ob die anderen taub wären; **frapper comme un ~** wild, blind drauflosschlagen; **c'est un dialogue de ~s** sie reden aneinander vorbei; *prov* **il n'est pire ~ que celui qui ne veut pas entendre** wenn einer nicht hören will, ist alles Reden umsonst; ich habe *ou* er hat *etc* tauben Ohren gepredigt
sourdine [suʀdin] *F* MUS Dämpfer *m*; **jouer en ~** leise spielen; *radio* **mettre en ~** leise(r), auf Zimmerlautstärke stellen; *fig* **mettre une ~ à** *enthousiasme, revendication* dämpfen, mäßigen (*+acc*); e-n Dämpfer aufsetzen (*+dat*)
sourdingue [suʀdɛ̃g] *ADJ fam* → sourd A 1
sourd-muet [suʀmɥɛ], **sourde-muette** [suʀdəmɥɛt] A *M,F* Taubstumme(r) *m/f(m)*; **langage** *m* **des sourds-muets** Taubstummensprache *f* B *ADJ* taubstumm
sourdre [suʀdʀ] *VI* ‹*défect: inf u. 3. Person Präsens* **il sourd, ils sourdent**› *litt* hervorquellen
souriant [suʀjɑ̃] *ADJ* freundlich; fröhlich; vergnügt; heiter
souriceau [suʀiso] *M* ‹*pl* ~x› junge Maus; Mäuschen *n*; **souricière** *F* 1 Mausefalle *f* 2 *fig de la police* Falle *f*
sourire [suʀiʀ] A *VI* ‹→ rire› 1 lächeln; **~ à qn** j-m zulächeln; j-n anlächeln; **en souriant** lächelnd; **faire ~** ein Lächeln hervorrufen (**qn** bei j-m); **aujourd'hui cela vous fait ~** heute lächelt man darüber 2 *fig* a **la chance lui sourit** ihm lacht das Glück; das Glück ist ihm hold; **la vie lui sourit** er hat Glück im Leben; das Leben meint es gut mit ihm b **ce projet ne me sourit pas** dieses Vorhaben sagt mir nicht zu, passt mir nicht B *M* Lächeln *n*; **~ aimable, léger, moqueur** liebenswürdiges, leichtes *ou* leises, spöttisches Lächeln; **avoir le ~** ein freundliches, fröhliches, vergnügtes Gesicht machen; **faire, adresser un ~ à qn** j-n anlächeln; j-m zulächeln; **garder le ~** fröhlich, heiter, guter Dinge bleiben
souris [suʀi] *F* 1 ZOOL Maus *f*; **~ blanche** weiße Maus; **trou** *m* **de ~** Mause-, Mäuseloch *n* 2 *fam fig (jeune fille, femme) fam* Kleine *f*; Hübsche *f*; Süße *f* 3 INFORM Maus *f* 4 *du gigot* Maus *f* 5 *ADJT* **gris ~** ‹*inv*› mausgrau
sournois [suʀnwa] A *ADJ* hinterhältig; hinterlistig; heimtückisch; lauernd; duckmäuserisch B *SUBST* **~(e)** *m(f)* Duckmäuser(in) *m(f)*; Schleicher *m*; Leisetreter *m*; **une petite ~e** ein hinterlistiges Ding
sournoiserie [suʀnwazʀi] *F* Hinterhältigkeit *f*; Hinterlist *f*; Heimtücke *f*; lauerndes Wesen; Duckmäuserei *f*
sous [su] *PRÉP* 1 *lieu* unter (*+dat question wo?; +acc question wohin?*); unterhalb (*+gén*); **~ nos fenêtres** unter *ou* vor unseren Fenstern; **~ la main** bei der, zur Hand; griffbereit; **~ la pluie** im Regen; **~ (la) terre** unter der Erde; **~ mes yeux** vor meinen Augen; **s'abriter ~ un arbre** sich unter e-n Baum stellen; unter e-m Baum Schutz suchen; **inscrire ~ le numéro ...** unter der Nummer ... eintragen; **mettre qc ~ son bras** etw unter den Arm nehmen, klemmen; **nager ~ l'eau** unter Wasser schwimmen 2 *temps* unter (*+dat*); **~ Napoléon** unter Napoleon; **~ la IVᵉ République** unter der Vierten Republik; **~ la Révolution** während, zur Zeit der (Französischen) Revolution; **~ peu** in Kürze, Bälde; bald; demnächst 3 *dépendance* unter (*+dat ou acc*); **~ la pression de l'opinion publique** unter dem Druck der öffentlichen Meinung; *malade* **être ~ antibiotiques** unter Antibiotika stehen; **se mettre ~ sa protection** sich in s-n Schutz begeben; **placer ~ sa direction** s-r Leitung (*dat*) unterstellen 4 *manière*: **~ cet angle, aspect** unter diesem Gesichts- *ou* Blickwinkel, -punkt, Aspekt; **~ le nom, titre de ...** unter dem Namen, Titel ...; **~ peine d'amende** bei (Geld)Strafe; **~ tous les rapports** in jeder Hinsicht, Beziehung; → *a. subst* correspondants
sous-... [su] *préfixe* unter...; Unter...; → *les articles suivants*
sous-alimentation [suzalimɑ̃tasjõ] *F* Unterernährung *f*; **sous-alimenté** *ADJ* unterernährt
sous-bois [subwa] *M* Unterholz *n*
sous-calibré [sukalibʀe] *ADJ* MIL **projectile ~** Unterkalibergeschoss *n*
sous-cape [sukap] *F d'un cigare* Umblatt *n*;
sous-chef *M/F* stellvertretender Chef, stellvertretende Chefin; **sous-commission** *F* Unterausschuss *m*; **sous-consommation** *F* ÉCON Unterverbrauch *m*; **sous-continent** *M* GÉOG Subkontinent *m*
souscripteur [suskʀiptœʀ] *M* a *d'une publication* Subskribent *m* b *d'un emprunt* Zeichner *m* c *d'un effet de commerce* Aussteller *m*
souscription [suskʀipsjõ] *F* 1 *action* a Subskription *f* (**à une publication** e-s Werkes *ou* auf ein Werk) b FIN Zeichnung *f* (**à un emprunt** e-r Anleihe) c *(quête)* Spendenaktion *f* 2 *somme versée* Subskriptions-, Zeichnungsbetrag *m*; *par ext (don)* (Geld)Spende *f*
souscrire [suskʀiʀ] ‹→ écrire› A *VT* (*signer*) unterschreiben, -zeichnen; **~ un abonnement** ein Abonnement abschließen; **~ un engagement** e-e Verpflichtung eingehen B *VT INDIR* 1 a subskribieren (**à une publication** [auf] ein Werk) b FIN zeichnen (**à un emprunt** e-e Anleihe) c (*donner de l'argent*) Geld spenden, e-n finanziellen Beitrag leisten (**à qc** für etw) 2 *fig* **~ à un arrangement** *etc* e-r Vereinbarung *etc* zustimmen, beipflichten
souscrit [suskʀi] *PP* → souscrire *et ADJ* FIN gezeichnet
sous-cutané [sukytane] *ADJ* ANAT, MÉD subkutan; unter der *ou* die Haut; **injection ~e** subkutane Injektion
sous-développé [sudevlɔpe] *ADJ* (wirtschaftlich) unterentwickelt; **pays ~** unterentwickeltes Land; Entwicklungsland *n*
sous-développement [sudevlɔpmɑ̃] *M* (wirtschaftliche) Unterentwicklung
sous-diacre [sudjakʀ] *M* ÉGL CATH Subdiakon *m*
sous-directeur [sudiʀɛktœʀ] *M*, **sous-directrice** *F* stellvertretender Direktor, stellvertretende Direktorin
sous-emploi [suzɑ̃plwa] *M* ÉCON Unterbeschäftigung *f*
sous-ensemble [suzɑ̃sɑ̃bl] *M* MATH Untermenge *f*
sous-entendre [suzɑ̃tɑ̃dʀ] *VT* ‹→ rendre› mit darunter verstehen; stillschweigend annehmen; als selbstverständlich voraussetzen
sous-entendu [suzɑ̃tɑ̃dy] A *ADJ* unausgesprochen; ungesagt; nicht ausdrücklich gesagt, vermerkt; **il est ~ que ...** es wird (stillschweigend, als selbstverständlich) vorausgesetzt, dass ... B *M* Andeutung *f*; Anspielung *f*; **par ~s** andeutungsweise; in ver-

S

hüllenden Worten

sous-équipé [suzekipe] ADJ ÉCON unzureichend ausgestattet; **sous-équipement** M unzureichende (industrielle) Ausstattung

sous-espèce [suzɛspɛs] F BIOL *systématique* Unterart *f*

sous-estimation [suzɛstimasjõ] F Unterschätzung *f*; **sous-estimer** V/T unterschätzen

sous-évaluer [suzevalɥe] V/T unterbewerten; zu niedrig bewerten

sous-exploité [suzɛksplwate] ADJ *espace* nicht genügend, unzureichend genutzt

sous-exposé [suzɛkspoze] ADJ PHOT unterbelichtet; **sous-exposition** F PHOT Unterbelichtung *f*

sous-fifre [sufifʀ] *fam* M kleine(r) Angestellte(r); *fam* kleines Würstchen

sous-groupe [sugʀup] M Untergruppe *f*

sous-homme [suzɔm] M *péj* Untermensch *m*

sous-jacent [suʒasɑ̃] ADJ **1** *couche* darunterliegend **2** *problème* latent, unsichtbar vorhanden; tiefer liegend

Sous-le-Vent [sul(ə)vɑ̃] **les îles** *fpl* ~ die Inseln *fpl* unter dem Winde

sous-lieutenant [suljøtnɑ̃] M MIL Leutnant *m*

sous-locataire [sulɔkatɛʀ] M/F Untermieter(in) *m(f)*

sous-location [sulɔkasjõ] F Untermiete *f*; Untervermietung *f*; **prendre un appartement en ~** e-e Wohnung als Untermieter nehmen, mieten

sous-louer [sulwe] V/T **1** *locataire principal* untervermieten; abvermieten **2** *sous-locataire* als Untermieter nehmen, mieten

sous-main [sumɛ̃] **1** M ⟨*inv*⟩ Schreibunterlage *f* **2** LOC ADV **en ~** unter der Hand; heimlich

sous-marin [sumaʀɛ̃] **A** ADJ Unterwasser…; unterseeisch; untermeerisch; *t/t* submarin; **câble ~** Unterwasser-, Seekabel *n*; **pêche ~e** Unterwasserjagd *f* **B** M U-Boot *n*; Unterseeboot *n*; **~ atomique** Atom-U-Boot *n*; **~ de poche** Kleinst-U-Boot *n*

sous-multiple [sumyltipl] ADJ *et* SUBST M (**nombre** *m*) **~ d'un autre** in e-r anderen aufgehende Zahl; **4 est un ~ de 20** 4 geht in 20 auf

sous-œuvre [suzœvʀ] LOC ADV CONSTR **reprendre en ~** unterfangen

sous-off [suzɔf] M *fam* ABR → sous-officier

sous-officier [suzɔfisje] M MIL Unteroffizier *m*

sous-ordre [suzɔʀdʀ] M kleine(r) Angestellte(r)

sous-payé [supeje] ADJ unterbezahlt; **sous-peuplé** ADJ unterbevölkert; **sous-pied** M *d'un pantalon fuseau* Steg *m*

sous-préfecture [supʀefɛktyʀ] F **a** *ville* Sitz *m* e-r Unterpräfektur; *correspond à* Kreisstadt *f* **b** *bâtiment* Unterpräfektur *f*; *correspond à* Landratsamt *n*; **sous-préfet** M Unterpräfekt *m*; *correspond à* Landrat *m*

sous-préfète [supʀefɛt] F **1** *vieilli* Frau *f* des Unterpräfekten; *correspond à* Frau *f* des Landrats **2** *femme sous-préfet* Unterpräfektin *f*; *correspond à* Landrätin *f*

sous-production [supʀɔdyksjõ] F ÉCON Unterproduktion *f*; **sous-produit** M Nebenprodukt *n*, -erzeugnis *n*; **sous-programme** M INFORM Unterprogramm *n*; **sous-prolétariat** M Lumpen-, Subproletariat *n*; **sous-pull** M *fam* (Unterzieh)Rolli *m*; **sous-qualifié** ADJ *personnel* nicht genügend geschult, qualifiziert

sous-secrétaire [suskʀetɛʀ] M **~ d'État** Unterstaatssekretär *m*; *correspond à* Staatssekretär *m*

sous-secrétariat [suskʀetaʀja] M Unterstaatssekretariat *n*

soussigné [susiɲe] JUR **A** ADJ unterzeichnet; **je ~ X déclare** (Endes)Unterzeichneter erklärt; ich erkläre **B** SUBST **~(e)** *m(f)* (Endes)Unterzeichnete(r) *m/f(m)*

sous-sol [susɔl] M **1** *d'une maison* Unter-, Kellergeschoss, *autrich* -geschoß *n*; Souterrain *n* **2** GÉOL Untergrund *m*

sous-tendre [sutɑ̃dʀ] V/T ⟨→ rendre⟩ **1** MATH **~ un arc** die Sehne e-s Kreisbogens bilden **2** *fig* **~ qc** e-r Sache (*dat*) zugrunde liegen; die Grundlage für etw bilden

sous-tension [sutɑ̃sjõ] F ÉLEC Unterspannung *f*; **sous-titrage** M CINÉMA, TV Untertiteln *n*; **sous-titre** M Untertitel *m*

sous-titrer [sutitʀe] V/T *film* mit Untertiteln versehen; untertiteln; *adjt* **version originale sous-titrée** Originalfassung *f* mit (französischen *etc*) Untertiteln

soustraction [sustʀaksjõ] F **1** MATH Abziehen *n*; Subtrahieren *n*; Subtraktion *f*; **faire une ~** abziehen; e-e Subtraktion durchführen **2** JUR Unterschlagung *f*

soustraire [sustʀɛʀ] ⟨→ traire⟩ **A** V/T **1** MATH abziehen, subtrahieren (**de** von) **2** (*voler*) entwenden (**qc à qn** j-m etw); unterschlagen (**qc** etw) **3** **~ qn à un danger** j-n vor e-r Gefahr bewahren, schützen; **~ aux regards de qn** j-s Blicken (*dat*) entziehen **B** V/PR **se ~ à qc** sich e-r Sache (*dat*) entziehen; e-r Sache (*dat*) entgehen; **se ~ à une obligation** sich e-r Verpflichtung entziehen

sous-traitance [sutʀɛtɑ̃s] F ÉCON Zulieferindustrie *f*; **entreprise** *f* **de ~** Zulieferbetrieb *m*

sous-traitant [sutʀɛtɑ̃] M ÉCON Zulieferer *m*; Zulieferfirma *f*; **sous-traiter** V/T *et* V/I **a** (Industrieaufträge) als Zulieferer ausführen **b** (Aufträge) an Zulieferer vergeben

sous-ventrière [suvɑ̃tʀijɛʀ] F *d'un harnais* Bauchgurt *m*; *pop fig* **manger à s'en faire péter la ~** *fam* sich (*dat*) den Bauch vollschlagen

sous-verre [suvɛʀ] M ⟨*inv*⟩ Passepartout *n*

sous-vêtement [suvɛtmɑ̃] M Unterbekleidungs-, Wäschestück *n*; **~s** *pl* Unter(be)kleidung *f*; Unter-, Leibwäsche *f*

sous-virer [suviʀe] V/I AUTO untersteuern

soutache [sutaʃ] F COUT Soutache *f*; feine Besatzlitze

soutane [sutan] F ÉGL CATH Soutane *f*; Talar *m*; *fig* **prendre la ~** Priester werden

soute [sut] F *d'un bateau* Bunker *m*; Laderaum *m* (*a. d'un avion*); AVIAT **~ à bagages** Gepäckraum *m*; MAR **~ à charbon** Kohlenbunker *m*

soutenable [sutnabl] ADJ **1** *opinion* vertretbar; *thèse* haltbar **2** (*supportable*) erträglich; auszuhalten(d)

soutenance [sutnɑ̃s] F UNIVERSITÉ **~ d'une thèse** Verteidigung *f* e-r, Disputation *f* über e-e (Doktor)Dissertation *ou* Habilitationsschrift; *correspond à* Rigorosum *n*

soutènement [sutɛnmɑ̃] M CONSTR **mur** *m* **de ~** Stützmauer *f*

souteneur [sutnœʀ] M Zuhälter *m*

soutenir [sutniʀ] ⟨→ venir⟩ **A** V/T **1** stützen; TECH *a.* abstützen; abfangen; absteifen; *colonnes: voûte a.* tragen; **~ un malade** e-n Kranken stützen; **soutenu par des colonnes** *a.* auf Säulen ruhend **2** *nourriture, médicament, par ext amitié* **~ qn** j-n stärken; j-m Kraft geben; **une piqûre pour ~ le cœur** e-e herzstärkende Spritze **3** *gouvernement, candidat, politique* unterstützen; *monnaie, prix* stützen; **~ qn** *a.* j-m beistehen; *dans une dispute* zu j-m halten, stehen **4** *choc, attaque* standhalten (*+dat*); aushalten; **~ la comparaison avec qn, qc** den, jeden Vergleich mit j-m, etw aushalten; **~ le regard de qn** j-s Blick (*dat*) standhalten; j-s Blick (*acc*) aushalten **5** *attention* nicht erlahmen lassen; *plus fort* fesseln; **~ une conversation** ein Gespräch in Gang halten, aufrechterhalten; **~ son effort** in s-n Anstrengungen nicht nachlassen **6** (*prétendre*) behaupten; **~ le contraire** das Gegenteil behaupten; **il soutient que ce n'est pas possible** er behauptet, das sei *ou* wäre nicht möglich **7** *point de vue, thèse* aufrechterhalten; bleiben bei; verfechten; vertreten; *polémique* betreiben; austragen; UNIVERSITÉ **~ une thèse** e-e Dissertation *ou* Habilitationsschrift vorlegen, verteidigen **B** V/PR **1** **se ~ (les uns les autres)** sich (gegenseitig), einander unterstützen, beistehen **2** *sens passif: point de vue* **se ~** sich vertreten lassen **3** *attention* **se ~** nicht erlahmen; nicht nachlassen

soutenu [sutny] ADJ **1** *effort, attention* nicht *ou* nie erlahmend, nachlassend; anhaltend; gleichbleibend; beständig; *attention a.* gespannt **2** *couleur* kräftig; intensiv; tief **3** **style ~** gehobener Stil

souterrain [sutɛʀɛ̃] **A** ADJ unterirdisch; **eau(x) ~e(s)** Grundwasser *n*; **galerie ~e** unterirdischer Gang; Stollen *m*; **passage ~** Unterführung *f* **B** M **a** *naturel ou primitif* unterirdischer Gang **b** TECH Stollen *m*; **creuser un ~** e-n Stollen vortreiben **c** *pour piétons, voitures* Unterführung *f*; *pour piétons a.* Fußgängertunnel *m*

soutien [sutjɛ̃] M **1** (*aide*) Unterstützung *f*; Hilfe *f*; Beistand *m*; **apporter son ~ à qn** j-n unterstützen; j-m s-e Unterstützung gewähren **2** *personne, chose* Stütze *f*; Halt *m*; Rückhalt *m*; **~ moral** moralischer Rückhalt; **~ de famille** Ernährer *m* der Familie

soutien-gorge [sutjɛ̃gɔʀʒ] M ⟨*pl* soutiens-gorge⟩ Büstenhalter *m*; BH *m*

soutier [sutje] M MAR HIST Kohlentrimmer *m*

soutif [sutif] M *fam* BH *m*

soutirage [sutiʀaʒ] M *du vin* Abstich *m*

soutirer [sutiʀe] V/T **1** *vin* abstechen; abziehen **2** **~ à qn** *argent* j-m aus der Tasche ziehen; von j-m erschwindeln; *fam* j-m abknöpfen; *information* j-m entlocken

souvenance [suvnɑ̃s] F *litt* **avoir, garder ~ de qc** etw in der Erinnerung haben, behalten

souvenir[1] [suvniʀ] ⟨→ venir⟩ **A** V/IMP *litt*: **il me souvient de qc** ich entsinne mich e-r Sache (*gén*); **autant qu'il m'en souvienne** soweit ich mich (dessen) entsinne(n kann) **B** V/PR **1** **se ~ de qn, qc** sich an j-n, etw erinnern; sich j-s, e-r Sache entsinnen; sich auf j-n, etw besinnen; *st/s* sich j-s, e-r Sache erinnern; **je m'en souviens** ich erinnere, entsinne mich (daran); **se ~ d'avoir fait qc** sich (daran) erinnern *ou* sich entsinnen, etw getan zu haben; **je me souviens qu'il est venu (je ne me souviens pas qu'il soit venu)** ich erinnere mich (nicht), dass er gekommen ist; **faire ~ qn de qc** j-n an etw (*acc*) erinnern **2** (*penser*) **se ~ de** denken an (*+acc*); **souvenez-vous de votre promesse!** denken Sie an Ihr Versprechen!; **je m'en souviendrai** *menaçant* er wird noch an mich denken; *reconnaissant* ich werde es nie vergessen

souvenir[2] [suvniʀ] M **1** Erinnerung *f* (**de** an *+acc*); **~ vague** vage, dunkle Erinnerung; **~s d'enfance** Kindheitserinnerungen *fpl*; *adjt* **photo** *f* **~** Erinnerungsfoto *n*; **en ~** zur Erinnerung, zum Andenken (**de** an *+acc*); **le ~ que j'ai de cette époque** meine Erinnerung an diese Zeit; **si mes ~s sont bons, exacts …** wenn ich mich recht entsinne, erinnere …; **ce n'est plus qu'un mauvais ~** es kommt mir heute wie ein böser Traum vor; **éveiller des ~s** Erinnerungen wach werden lassen, wachrufen; **j'en garde un mauvais ~** ich habe es in unangenehmer, schlechter, schlimmer Erinnerung; **laisser de bons ~s à qn** j-m in guter, angenehmer Erinnerung bleiben 2 *formules de politesse*: **meilleurs ~s** viele, herzliche Grüße (**de Paris** aus Paris); **mon bon ~ à votre mère** grüßen Sie bitte Ihre Mutter von mir; **veuillez me rappeler au bon ~ de Madame votre mère** bitte empfehlen Sie mich Ihrer Frau Mutter 3 *objet* Andenken *n* (*a. iron*); Erinnerung(sstück) *f(n)*; *de voyage a.* Mitbringsel *n*; *pour touristes* Souvenir *n*; Reiseandenken *n*; **boutique** *f* **de ~s** Souvenirladen *m*; **rapporter un ~ à qn** j-m ein Andenken, Souvenir mitbringen

souvent [suvɑ̃] ADV oft; häufig; oftmals; **moins ~** nicht mehr so oft; seltener; **pas ~** nicht oft; **plus ~** öfter; häufiger; **plus ~ qu'à mon tour** öfter als normal wäre; öfter, als ich eigentlich sollte; **le plus ~** meistens; **très, bien ~** sehr oft, häufig

souverain [suvʀɛ̃] A ADJ 1 POL souverän; **État ~** souveräner Staat 2 höchste(r, -s); PHIL **le ~ bien** das höchste Gut; **~e indifférence** völlige Gleichgültigkeit; **~ mépris** tiefste Verachtung; **remède ~** unfehlbares Mittel (*a. fig*) B SUBST **~(e)** *m(f)* Herrscher(in) *m(f)*; Souverän *m*; **~s** *pl a.* Herrscherpaar *n*

souverainement [suvʀɛnmɑ̃] ADV **~ intelligent** von überlegener Intelligenz; hochintelligent; **décider ~** souverän entscheiden; **déplaire ~** im höchsten Grad missfallen

souveraineté [suvʀɛnte] F 1 *d'un État* Souveränität *f*; Hoheit(sgewalt) *f*; Hoheitsrechte *npl* 2 *d'un souverain* Herrschafts-, Herrschergewalt *f*; höchste Gewalt; **~ du peuple** Volkssouveränität *f*

soviet [sɔvjɛt] M HIST *en URSS* Sowjet *m*; **le Soviet suprême** der Oberste Sowjet; **les Soviets** die Sowjets *mpl*

soviétique [sɔvjetik] HIST A ADJ sowjetisch; Sowjet…; **l'Union** *f* **~** die Sowjetunion B **Soviétique** *m/f* Sowjetbürger(in) *m(f)*; Sowjetmensch *m*

soviétisation [sɔvjetizasjõ] F HIST Sowjetisierung *f*; **soviétiser** V/T HIST sowjetisieren

sovkhoze [sɔvkoz] M HIST *en URSS* Sowchose *f*; Sowchos *m*

soyeux [swajø] A ADJ ⟨-euse⟩ seidig; seidenartig, -weich; **cheveux** *mpl* **~** seidiges, seidenweiches Haar B M *à Lyon* Seidenfabrikant *m ou* -händler *m*

soyez, soyons [swaje, swajõ] → **être**[1]

spa [spa] M 1 Wellnesscenter *n* 2 (*bain à remous*) Whirlpool *m*

SPA [ɛspea] F ABR (Société protectrice des animaux) Tierschutzverein *m*

spacieux [spasjø] ADJ ⟨-euse⟩ geräumig

spadassin [spadasɛ̃] M *litt* gedungener Mörder

spaghettis [spageti] MPL CUIS Spag(h)etti *pl*

spahi [spai] M HIST MIL Spahi *m*

spam [spam] M INFORM Spam *n*

sparadrap [spaʀadʀa] M Heftpflaster *n*; Leukoplast® *n*

Spartacus [spaʀtakys] M HIST Spartakus *m*

spartakiste [spaʀtakist] HIST *en Allemagne* A M/F Spartakist(in) *m(f)* B ADJ spartakistisch

Sparte [spaʀt] HIST Sparta *n*

sparterie [spaʀt(ə)ʀi] F (Herstellung *f* von) Sparterie(waren) *f(pl)*

spartiate [spaʀsjat] A ADJ spartanisch (*a. fig*) B SUBST **~s** *fpl sandales* Römersandalen *fpl*, -sandaletten *fpl*

spasme [spasm] M Krampf *m*; *t/t* Spasmus *m*

spasmodique [spasmɔdik] ADJ krampfartig; *t/t* spasmodisch

spasmophilie [spasmɔfili] F MÉD Spasmophilie *f*

spath [spat] M MINÉR Spat *m*

spatial [spasjal] ADJ ⟨-aux⟩ 1 (Welt)Raum…; **centre spatial** Raumfahrtzentrum *n*; **port spatial** Weltraumbahnhof *m*; **vaisseau ~** Raumschiff *n*; **vol ~** Raumflug *m* 2 PHIL, PSYCH räumlich

spatialité [spasjalite] F PHIL Räumlichkeit *f*

spationaute [spasjonot] M/F Raumfahrer(in) *m(f)*

spationef [spasjɔnɛf] M Raumschiff *n*

spatio-temporel [spasjotɑ̃pɔʀɛl] ADJ ⟨~le⟩ *t/t* raumzeitlich

spatule [spatyl] F 1 *outil* Spachtel *m ou f*; Spatel *m* (*a.* MÉD); CUIS flacher Rührlöffel; Teigschaber *m* 2 *d'un ski* Spitze *f*

speaker [spikœʀ] M, **speakerine** [spikʀin] F RAD, TV a Ansager(in) *m(f)*; **speakerine de la télévision** Fernsehansagerin *f* b *des informations* (Nachrichten)Sprecher(in) *m(f)*

spécial [spesjal] ADJ ⟨-aux⟩ besondere(r, -s); speziell; Sonder…; Spezial…; Extra…; **autorisation ~e** Sondergenehmigung *f*; **cas ~** Sonderfall *m*; besonderer, spezieller Fall; **connaissances ~es** Spezial-, Fachkenntnisse *fpl*; **envoyé ~** Sonderkorrespondent *m*, -berichterstatter *m*; **offre ~e** Sonderangebot *n*; **train ~** Sonderzug *m*; **rien de ~** nichts Besonderes, Spezielles; **~ à qn** für j-n kennzeichnend, typisch, charakteristisch; j-m eigen; *euphémisme* **avoir des mœurs ~es** *fam* andersherum sein; *fam* **c'est un peu ~** das ist etwas eigenartig, sonderbar, *fam* komisch

spécialement [spesjalmɑ̃] ADV besonders; speziell; eigens; *fam* **pas ~** nicht besonders

spécialisation [spesjalizasjõ] F Spezialisierung *f*

spécialisé [spesjalize] ADJ spezialisiert; Fach…; **ouvrier ~** angelernter Arbeiter; **être ~ dans qc** auf etw (*acc*) spezialisiert sein

spécialiser [spesjalize] V/PR **se ~** sich spezialisieren (**dans** auf *+acc*)

spécialiste [spesjalist] M/F 1 Spezialist(in) *m(f)*, Fachmann *m*, Fachfrau *f* (**de** für) 2 *médecin* Facharzt, -ärztin *m,f*; **consulter un ~** e-n Facharzt aufsuchen 3 *fig et iron* **pour ça il est ~** darin ist er Meister, *fam* ganz groß

spécialité [spesjalite] F 1 (*domaine*) (Spezial)Fach *n*; Fachgebiet *n*; Spezialgebiet *n*; **il en a fait sa ~** er hat sich darauf spezialisiert 2 *fam de qn* Spezialität *f* (*a. iron*); Besonderheit *f*; Eigenart *f*; **c'est sa ~** das ist e-e Spezialität, Eigenart von ihm 3 CUIS *d'une région etc* Spezialität *f*; **~ de la maison** Spezialität des Hauses

spécieux [spesjø] ADJ ⟨-euse⟩ Schein…; **argument ~** Scheinargument *n*

spécification [spesifikasjõ] F Spezifizierung *f*; Spezifikation *f*

spécificité [spesifisite] F Spezifität *f*; Eigentümlichkeit *f*; Eigenart *f*

spécifier [spesifje] V/T genau, detailliert angeben, bezeichnen; einzeln an-, aufführen; spezifizieren; **il a bien spécifié que …** er hat ausdrücklich gesagt, dass …

spécifique [spesifik] ADJ 1 spezifisch; kennzeichnend; arteigen; eigen(tümlich) (*+dat*) 2 BIOL **caractère** *m* **~** Artmerkmal *n*; PHYS: **chaleur** *f* **~** spezifische Wärme; **poids** *m* **~** spezifisches Gewicht; MÉD **remède** *m* **~** Spezifikum *n*

spécimen [spesimɛn] M 1 (*représentant*) Exemplar *n*; Stück *n*; **un ~ rare** ein seltenes Exemplar 2 *d'un livre* Werbe-, Freiexemplar *n*; Frei-, Prüfstück *n*; Muster *n*; *d'une revue* **~** *ou adjt* **numéro** *m* **~** Probenummer *f*, -heft *n*

spectacle [spɛktakl] M 1 Anblick *m*; Bild *n*; *lié à une action a.* Schauspiel *n*; **un ~ horrible, magnifique** ein entsetzlicher, herrlicher Anblick; **~ de la nature** Naturschauspiel *n*; **à ce ~** bei diesem Anblick; *péj* **se donner en ~** den Leuten ein Schauspiel bieten; sich zur Schau stellen; **offrir un ~ de désolation** ein Bild der Verzweiflung bieten 2 (*représentation*) (Theater-, Kino-, Zirkus- *etc*) Vorstellung *f*; THÉ *a.* Schauspiel *n*; **~ de ballet** Ballettaufführung *f*, -vorstellung *f*, -abend *m*; **~ de music-hall** Varietévorstellung *f*; **~ donné en matinée, soirée** Nachmittags-, Abendvorstellung *f*; **revue** *f* **à grand ~** Ausstattungsrevue *f*; **industrie** *f* **du ~** Unterhaltungsindustrie *f*; Showgeschäft *n*; **salle** *f* **de ~** Theater(saal) *n(m)*; **aller au ~** ins Theater gehen

spectaculaire [spɛktakylɛʀ] ADJ aufsehenerregend; spektakulär

spectateur [spɛktatœʀ] M, **spectatrice** F Zuschauer(in) *m(f)*

spectral [spɛktʀal] ADJ ⟨-aux⟩ 1 gespenstisch 2 PHYS Spektral…

spectre [spɛktʀ] M 1 (*fantôme*) Gespenst *n*; *fig a.* Schreckgespenst *n*; Schreckbild *n*; **le ~ de la guerre** das (Schreck)Gespenst des Krieges; **agiter le ~ de l'inflation** das Gespenst der Inflation heraufbeschwören, an die Wand malen 2 PHYS Spektrum *n*; **~ solaire** Sonnenspektrum *n*

spectroscope [spɛktʀɔskɔp] M PHYS Spektroskop *n*

spéculaire [spekylɛʀ] ADJ Spiegel…

spéculateur [spekylatœʀ] M, **spéculatrice** F FIN Spekulant(in) *m(f)*; **spéculateur en Bourse** Börsenspekulant *m*

spéculatif [spekylatif] ADJ ⟨-ive⟩ FIN Spekulations…; spekulativ (*a. par ext*); **manœuvres spéculatives** spekulative Machenschaften *fpl*; **valeurs spéculatives** Spekulationspapiere *npl*

spéculation [spekylasjõ] F 1 FIN Spekulation *f*; **~ sur les terrains à bâtir** Bodenspekulation *f*; Spekulation mit Baugrundstücken; **perdre sa fortune dans des ~s** sein Vermögen verspekulieren 2 *fig et* PHIL Spekulation *f* (**sur** über *+acc*); **vaines ~s** nutzlose Spekulationen; **se livrer à des ~s** sich in Spekulationen ergehen

spéculer [spekyle] V/I 1 FIN spekulieren; **~ en Bourse** an der Börse spekulieren; **~ à la hausse, baisse** auf Hausse, Baisse, auf das Steigen, Fallen der Kurse spekulieren 2 *fig* **~ sur qc** auf etw (*acc*) spekulieren; **~ sur la bêtise humaine** auf die Dummheit der Leute spekulieren; mit der Dummheit der Leute rechnen 3 PHIL spekulieren; theoretisieren

spéculo(o)s [spekylos] M CUIS Spekulatius *m*

spéculum [spekylɔm] M MÉD Spekulum *n*; Spiegel *m*

speech [spitʃ] M ⟨*pl* ~es⟩ (kurze) Rede; Ansprache *f*; *fam* Speech *m*

speeder [spide] V/I *fam* (*faire vite*) *fam* schnell machen; sich ranhalten

spéléo [speleo] M/F *fam* ABR → **spéléologue**

spéléologie [speleɔlɔʒi] F Höhlenkunde *f*, -forschung *f*; *t/t* Speläologie *f*; **spéléologique** ADJ höhlenkundlich; *t/t* speläologisch; **spéléologue** M/F Höhlenforscher(in) *m(f)*; *t/t* Speläologe, -login *m,f*

spermaticide [spɛʀmatisid] M MÉD Spermizid *n*; samenabtötendes Mittel

spermatique [spɛʀmatik] ADJ ANAT **cordon** *m* **~** Samenstrang *m*

spermatogenèse [spɛʀmatɔʒənɛz] F BIOL Spermiogenese *f*; Spermatogenese *f*

spermatozoïde [spɛʀmatɔzɔid] M BIOL Samenfaden *m*, -zelle *f*; Spermium *n*; Spermatozoon *n*

sperme [spɛʀm] M BIOL (männlicher) Samen; Sperma *n*

spermicide [spɛʀmisid] M MÉD Spermizid *n;* Samen abtötendes Mittel
spermophile [spɛʀmɔfil] M ZOOL Ziesel *m*
sphénoïde [sfenɔid] M ANAT Keilbein *n*
sphère [sfɛʀ] F 1 GÉOMÉTRIE Kugel *f;* **~ céleste, terrestre** Himmels-, Erdkugel *f* 2 *fig* Sphäre *f;* Bereich *m;* Kreis *m;* **les °hautes ~s de la politique, de la finance** die führenden politischen Kreise, Finanzkreise *mpl;* PHYS **~ d'action** Wirkungsbereich *m; d'une personne* **~ d'activité** Wirkungskreis *m*, -bereich *m;* Betätigungs-, Tätigkeitsfeld *n;* **~ d'influence** Einflussbereich *m*, -sphäre *f;* Interessensphäre *f*
sphéricité [sfeʀisite] F Kugelgestalt *f*
sphérique [sfeʀik] ADJ 1 *(rond)* kugelförmig; kug(e)lig; kugelrund 2 GÉOMÉTRIE Kugel...; sphärisch; **calotte** *f* **~** Kugelkappe *f;* Kalotte *f*
sphincter [sfɛ̃ktɛʀ] M ANAT Schließmuskel *m; t/t* Sphinkter *m;* **~ de l'anus** Afterschließmuskel *m*
sphinx [sfɛ̃ks] M 1 ART ÉGYPTIEN, MYTH Sphinx *f* 2 *fig* rätselhafter, undurchschaubarer Mensch 3 ZOOL **~ (tête-de-mort)** Totenkopfschwärmer *m*
spi [spi] M ABR → spinnaker
spinal [spinal] ADJ ⟨-aux⟩ ANAT spinal
spinalien [spinaljɛ̃] ADJ ⟨~ne⟩ *(et* SUBST **Spinalien** Einwohner) von Épinal
spinnaker [spinakɛʀ] M MAR Spinnaker *m*
spinosisme *ou* **spinozisme** [spinozism] M PHIL Spinozismus *m*
spirale [spiʀal] F Spirale *f (a. fig);* Spirallinie *f; fig* **~ des prix et des salaires** Lohn-Preis-Spirale *f;* **cahier** *m* **à ~** Spiralheft *n;* **ressort** *m* **en ~** Spiralfeder *f;* **monter en ~** *fumée* spiralförmig aufsteigen; *avion* sich empor-, hochschrauben
spirante [spiʀɑ̃t] F PHON **~** *ou adjt* **consonne** *f* **~** Spirans *f;* Spirant *m;* Reibelaut *m*
spire [spiʀ] F TECH Windung *f*
Spire [spiʀ] Speyer *n*
spirite [spiʀit] A ADJ spiritistisch B M/F Spiritist(in) *m(f);* **spiritisme** M Spiritismus *m*
spiritualisation [spiʀitɥalizasjõ] F Vergeistigung *f;* **spiritualiser** V/T vergeistigen; **spiritualisme** M PHIL Spiritualismus *m;* **spiritualiste** PHIL A ADJ spiritualistisch B M/F Spiritualist(in) *m(f)*
spiritualité [spiʀitɥalite] F 1 *de l'âme etc* Geistigkeit *f;* geistige Natur; Spiritualität *f* 2 REL (religiöse) Innerlichkeit, Verinnerlichung, Spiritualität
spirituel [spiʀitɥɛl] ADJ ⟨~le⟩ 1 *(moral)* geistig; **père ~** geistiger Vater; **valeurs ~les** geistige Werte *mpl* 2 REL geistlich; **exercices ~s** geistliche Übungen *fpl;* Exerzitien *pl;* **pouvoir ~** geistliche Gewalt 3 *(plein d'esprit)* geistreich, -voll; witzig; **repartie ~le** geistreiche, witzige Antwort
spiritueux [spiʀitɥø] MPL Spirituosen *pl;* geistige, (stark) alkoholische Getränke *npl*
spleen [splin] *litt* M Schwermut *f;* Lebensüberdruss *m*
splendeur [splɑ̃dœʀ] F 1 Glanz *m;* Pracht *f;* Herrlichkeit *f;* **au temps de sa ~** in s-r Glanzzeit; *iron* **dans toute sa ~** in s-r ganzen Pracht 2 **une ~** etwas Herrliches, Prächtiges; **une véritable ~** e-e wahre Pracht; **les ~s de l'art grec** die Herrlichkeiten *fpl* der griechischen Kunst
splendide [splɑ̃did] ADJ *temps, paysage, fille etc* prächtig; prachtvoll; herrlich; wunderschön; **époque** *f* **~** glanzvolle, glänzende Epoche; **fête** *f* **~** glanzvolles, glänzendes Fest
Spolète [spɔlɛt] GÉOG Spoleto *n*
spoliateur [spɔljatœʀ] *litt* A ADJ ⟨-trice⟩ räuberisch B M Räuber *m;* **spoliation** *litt* F Beraubung *f;* Raub *m*
spolier [spɔlje] V/T *st/s* **~ qn de qc** j-n e-r Sache *(gén)* berauben; j-n um etw bringen
spongiaires [spõʒjɛʀ] MPL ZOOL Schwämme *mpl;* Spongien *fpl*
spongieux [spõʒjø] ADJ ⟨-euse⟩ schwammig; schwammartig; MÉD spongiös
spongiosité [spõʒjozite] F *rarement* Schwammigkeit *f*
sponsor [spõsɔʀ] M Sponsor *m;* **sponsoriser** V/T sponsern
spontané [spõtane] ADJ 1 *action, geste, réponse, réaction* spontan; von selbst erfolgend; **aveu ~** spontanes, freiwilliges Geständnis; **candidature spontanée** Initiativ-, Blindbewerbung *f;* BIOL **génération ~e** Urzeugung *f;* **dans un élan ~** aus e-r plötzlichen Eingebung heraus 2 *personne, caractère* natürlich; unbefangen; offen; s-r ersten Eingebung folgend; *caractère a.* ursprünglich
spontanéité [spõtaneite] F Spontaneität *ou* Spontanität *f; de qn, d'un caractère a.* Natürlichkeit *f;* Unbefangenheit *f;* Offenheit *f;* Ursprünglichkeit *f*
spontanément [spõtanemɑ̃] ADV spontan; aus eigenem Antrieb; aus freien Stücken; von sich aus; von selbst
Sporades [spɔʀad] GÉOG **les ~** *fpl* die Sporaden *pl*
sporadicité [spɔʀadisite] F vereinzeltes Auftreten
sporadique [spɔʀadik] ADJ vereinzelt (auftretend); sporadisch
sporange [spɔʀɑ̃ʒ] M BOT Sporenkapsel *f*, -behälter *m; t/t* Sporangium *n*
spore [spɔʀ] F BIOL Spore *f*
sport [spɔʀ] A M 1 a Sport *m;* **~ amateur, professionnel** Amateur-, Berufssport *m;* **~ de compétition** Leistungssport *m;* **pratique** *f* **du ~** Sportausübung *f;* sportliche Betätigung; **voiture** *f* **(de) ~** Sportwagen *m;* **faire du ~** Sport treiben; *fam* sporteln b *(forme de sport)* Sportart *f;* **~s individuels** Einzelsport (-arten) *m(fpl);* **~s de combat, d'équipe** Kampf-, Mannschaftssport(arten) *m(fpl);* **~s d'hiver** Wintersport *m;* **pratiquer un ~, plusieurs ~s** e-n Sport *ou* e-e Sportart, mehrere Sportarten betreiben 2 *fam fig:* **il va y avoir du ~** *fam* da wird's was geben, absetzen; **c'est du ~** das ist schon e-e Leistung; *fam* da gehört schon was dazu B ADJ ⟨*inv*⟩ 1 *vêtement* Sport...; sportlich; **chaussures** *fpl* **~** Sportschuhe *mpl;* **ce costume fait ~** dieser Anzug wirkt sportlich 2 *personne* **être ~** fair sein
sportif [spɔʀtif] A ADJ ⟨-ive⟩ 1 Sport...; sportlich; **association sportive** Sportverein *m;* **épreuves sportives** Sportwettkämpfe *mpl;* **pêche sportive** Sportfischerei *f;* **résultats ~s** Sportergebnisse *npl; d'un journal* **rubrique sportive** Sportteil *m* 2 *personne, allure* sportlich; *personne a.* Sport treibend *ou* sportliebend, -begeistert; AUTO **conduite sportive** sportliche Fahrweise 3 *(beau joueur)* sportlich; fair; **esprit ~** Sportsgeist *m;* sportlicher Geist; **un public ~** ein sportliches Publikum B SUBST **~, sportive** *m,f* Sportler(in) *m(f)*
sportivement [spɔʀtivmɑ̃] ADV sportlich; fair; **accepter ~ sa défaite** mit Anstand verlieren können
sportivité [spɔʀtivite] F Sportlichkeit *f;* Fairness *f;* sportliche Haltung
spot [spɔt] M 1 *(point lumineux)* Lichtpunkt *m;* Lichtmarke *f* 2 *lampe* Strahler *m;* Spot *m;* Spotlight *n* 3 RAD, TV **~ (publicitaire)** (Werbe)Spot *m*
spoutnik [sputnik] M *satellite artificiel russe* Sputnik *m*
sprat [spʀat] M ZOOL Sprotte *f*
spray [spʀɛ] M Spray *m ou n*
Sprée [spʀe] GÉOG **la ~** die Spree
springbok [spʀiŋbɔk] M ZOOL Springbock *m*
sprint [spʀint] M SPORTS 1 Spurt *m; en fin de course* Endspurt *m; en milieu de course* Zwischenspurt *m;* **battre qn au ~** j-n im Endspurt besiegen; **piquer un ~** zum (End)Spurt ansetzen 2 *(course de vitesse)* Sprint *m*
sprinter[1] [spʀintœʀ] M SPORTS Sprinter *m*
sprinter[2] [spʀinte] V/I SPORTS spurten; zum Endspurt ansetzen
squale [skwal] M ZOOL Hai(fisch) *m*
squame [skwam] F MÉD (Haut)Schuppe *f;* **squameux** ADJ ⟨-euse⟩ *t/t* schuppig
square [skwaʀ] M kleine Grünanlage
squash [skwaʃ] M SPORTS Squash *n*
squat [skwat] *fam* M besetztes Haus
squatter [skwate] *ou* **squattériser** [skwateʀize] V/T *immeuble inoccupé* besetzen
squatteur [skwatœʀ] M Hausbesetzer *m*
squelette [skəlɛt] M 1 ANAT Skelett *n;* Knochengerüst *n;* Gerippe *n; fam fig* **il est devenu un vrai ~** er ist zum Gerippe, Skelett abgemagert 2 TECH Gerippe *n;* Skelett *n*
squelettique [skəletik] ADJ 1 skelett-, gerippeartig; **d'une maigreur ~** spindel-, klapperdürr 2 *fig* dürftig; mager
SRAS *ou* **sras** [sʀas] M ABR (syndrome respiratoire aigu sévère) MÉD SARS *n;* Sars *n*
Sri Lanka [sʀilɑ̃ka] **(le) ~** Sri Lanka *n*
SS [ɛsɛs] HIST **un ~** ein SS-Mann *m;* **les ~** *mpl* die SS *sg*
st ABR (stère) rm (Raummeter)
S[t] ABR (saint) hl. (heiliger) *ou* St. (Sankt)
stabilisant [stabilizɑ̃] M CHIM Stabilisator *m*
stabilisateur [stabilizatœʀ] A ADJ ⟨-trice⟩ stabilisierend; Stabilisierungs... B M 1 AUTO, MAR Stabilisator *m;* AVIAT Stabilisierungsfläche *f* 2 CHIM Stabilisator *m*
stabilisation [stabilizasjõ] F 1 *de la situation, d'un régime* Festigung *f; de la monnaie, des prix* Stabilisierung *f;* ÉCON **plan** *m* **de ~** Stabilisierungsplan *m* 2 TECH, CHIM Stabilisierung *f; du sol* Befestigung *f*
stabiliser [stabilize] A V/T 1 *situation, institution* festigen; *monnaie, prix* stabilisieren 2 TECH *véhicule, avion* stabilisieren 3 *sol* befestigen; *panneau* **accotements non stabilisés** Randstreifen nicht befestigt 4 CHIM stabilisieren B V/PR **se ~** *situation* sich festigen; *prix* sich stabilisieren; sich einpendeln
stabilité [stabilite] F 1 *de la situation, d'un régime* Beständigkeit *f;* Festigkeit *f;* Stabilität *f (a. de la monnaie);* **~ des prix** Preisstabilität *f* 2 *d'une construction* Standfestigkeit *f*, -sicherheit *f* 3 PHYS, CHIM, MAR, AVIAT Stabilität *f;* CHIM *a.* Beständigkeit *f*
stable [stabl] ADJ 1 *situation, institution* beständig; fest; stabil; *monnaie, prix* stabil; **situation** *f* **~** gesicherte Position, Stellung; Dauerstellung *f; or etc* **être une valeur ~** wertbeständig sein 2 *construction, échelle* standfest, -sicher 3 PHYS stabil; **équilibre** *m* **~** stabiles Gleichgewicht 4 CHIM beständig; stabil
stabulation [stabylasjõ] F AGR Stallhaltung *f*
staccato [stakato] M MUS Stakkato *n*
stade [stad] M 1 SPORTS Stadion *n;* Sportanlage *f;* **~ olympique** Olympiastadion *n;* **sur le ~** im Stadion; auf dem Sportplatz 2 *(phase)* Stadium *n;* Phase *f;* (Entwicklungs)Stufe *f*, (-)Abschnitt *m;* Stand *m;* PSYCH **~ oral** orale Phase; **avoir dépassé un certain ~** ein gewisses Stadium überschritten haben; **(en) être au ~ expérimental** im Versuchsstadium sein
Staël [stal] **Madame de ~** *frz Schriftstellerin*
staff [staf] M 1 *matériau* Baustoff *m* aus Gips und Fasern 2 *(équipe de direction)* (Führungs)Stab *m*
stage [staʒ] M 1 *(période de formation)* Prakti-

S

kum *n; pour avocat, professeur débutant* Referendarzeit *f*; Vorbereitungsdienst *m; dans une entreprise a.* Volontärzeit *f*; ~ **de formation professionnelle** Berufspraktikum *m*; **faire un** ~ ein Praktikum absolvieren (**dans une usine** in e-r Fabrik); *dans une école a.* hospitieren; *dans une entreprise a.* volontieren **2** *(cours de perfectionnement)* (Fortbildungs)Lehrgang *m*, (-)Kurs *m*

stagflation [stagflasjõ] F ÉCON Stagflation *f*

stagiaire [staʒjɛʀ] **A** M/F Praktikant(in) *m(f)*; *dans une entreprise a.* Volontär(in) *m(f)*; *(professeur ou avocat débutant)* Referendar(in) *m(f)* **B** ADJ als Praktikant(in), Volontär(in) tätig; **avocat** *m*, **professeur** *m* ~ Gerichts-, Studienreferendar *m*

stagnant [stagnɑ̃] ADJ **1** **eaux ~es** stehende Gewässer *npl* **2** *fig commerce* stagnierend; stockend; flau

stagnation [stagnasjõ] F **1** *de l'eau* Stehen *n* **2** ÉCON Stagnieren *n*; Stagnation *f*; Stockung *f*; Flaute *f*; Stillstand *m*

stagner [stagne] V/I **1** *liquide* stehen **2** *fig affaires* stagnieren; stocken; flau sein

Stains [stɛ̃] *Stadt im Dep. Seine-Saint-Denis*

stakhanovisme [stakanɔvism] M HIST *en URSS* Stachanowsystem *n*; **stakhanoviste** M HIST *en URSS* Stachanowarbeiter *m*

stalactite [stalaktit] F GÉOL (herabhängender) Tropfstein; Stalaktit *m*

stalag [stalag] M HIST Kriegsgefangenenlager *n*

stalagmite [stalagmit] F GÉOL (vom Boden aufsteigender) Tropfstein; Stalagmit *m*

Staline [stalin] M HIST Stalin *m*

stalinien [stalinjɛ̃] **A** ADJ ⟨~ne⟩ stalinistisch **B** SUBST **~(ne)** *m(f)* Stalinist(in) *m(f)*; **stalinisme** M Stalinismus *m*

stalle [stal] F **1** ÉGL **~s** *pl* Chorgestühl *n* **2** *dans une écurie* Stand *m*; Box *f*; Bucht *f*

stances [stɑ̃s] FPL *poème* Stanzen *fpl*

stand [stɑ̃d] M **1** *d'exposition* (Ausstellungs-, Messe)Stand *m* **2** ~ **de ravitaillement** *pour voitures de course* Boxen *fpl*; *pour coureurs* Verpflegungsstelle *f* **3** ~ **(de tir)** Schießstand *m*, -bahn *f*, -anlage *f*

standard [stɑ̃daʀ] M **1** INDUSTRIE Standard *m*; ♦ *adjt* ⟨*inv*⟩ Standard…; AUTO **échange** *m* ~ Baugruppenaustausch *m*; **modèle** *m* ~ Standardmodell *n*, -ausführung *f*; **prix** *m* ~ Standardpreis *m*; fester Verrechnungspreis; *fig* **sourire** *m* ~ stereotypes Lächeln **2** ~ **de vie** Lebensstandard *m* **3** TÉL (Telefon-)Zentrale *f*; (Fernsprech)Vermittlung(sstelle) *f*

standardisation [stɑ̃daʀdizasjõ] F INDUSTRIE Standardisierung *f*; **standardiser** V/T standardisieren; vereinheitlichen, normen *(a. fig)*; typisieren; **standardiste** M/F Telefonist(in) *m(f)*

standing [stɑ̃diŋ] M (soziale und wirtschaftliche) Stellung; (sozialer, wirtschaftlicher, materieller) Status; *par ext (grand confort)* gehobene Lebenshaltung; **appartement** *m* **de grand** ~ Komfort-, *plus fort* Luxuswohnung *f*; **immeuble** *m* **de grand** ~ Wohngebäude *n* für höchste Ansprüche; **voiture** *f* **de grand** ~ Wagen *m* der Luxusklasse

Stanislas [stanislas] M *saint*, HIST Stanislaus *m*

staphylocoque [stafilɔkɔk] M BIOL, MÉD Staphylokokkus *m*; **~s** *pl* Staphylokokken *pl*

star [staʀ] F Filmstar *m*

starlette [staʀlɛt] F Starlet(t) *n*; Filmsternchen *n*

starter [staʀtɛʀ] M **1** SPORTS Starter *m* **2** AUTO Starterklappe *f*; Choke *m*; ~ **automatique** Startautomatik *f*

starting-block [staʀtiŋblɔk] M ⟨*pl* starting-blocks⟩ SPORTS Startblock *m*; **starting-gate** [-gɛt] M ⟨*pl* starting-gates⟩ TURF Startmaschine *f*

start-up [staʀtœp] F ⟨*inv*⟩ ÉCON Start-up (-Unternehmen) *n*; neu gegründetes Unternehmen

stat [stat] F *fam* ABR (statistique) Statistik *f*

station [stasjõ] F **1** CH DE FER *etc* Station *f*; *bus a.* Haltestelle *f*; ~ **de métro** U-Bahn-Station *f*; U-Bahnhof *m*; ~ **de taxis** Taxistand *m*; ADMIN *a.* Droschkenplatz *m*; **descendre à la prochaine** ~ an der nächsten Station aussteigen **2** *(ville)* Kur-, Ferien-, Urlaubsort *m*; ~ **thermale** Thermal-, Heilbad *n*; Bade-, Kurort *m*; ~ **d'altitude, de montagne** Höhen(luft)-kurort *m*; ~ **de sports d'hiver** Wintersportplatz *m*, -ort *m* **3** TECH Station *f*; ~ **émettrice** Sendestation *f*; ~ **météorologique** Wetterwarte *f*, -station *f*; ~ **orbitale, spatiale** Raum-, Orbitalstation *f*; ~ **d'épuration** Kläranlage *f*; ~ **de pompage** Pumpstation *f*; ~ **de radio** Radio-, Rundfunkstation *f*; ÉLEC ~ **de transformation** Umspannwerk *n*; INFORM ~ **de travail** Workstation *f* **4** REL CATH ~ **(du chemin de la croix)** (Kreuzweg)Station *f* **5** *(halte)* (Aufent)Halt *m*; **faire de nombreuses ~s** oft Station machen, haltmachen; zahlreiche Aufenthalte einlegen **6** ~ **debout** (Aufrecht)Stehen *n*; Stand *m*; **ne pas supporter la** ~ **debout** das Stehen nicht vertragen; ~ **verticale** aufrechte Haltung

stationnaire [stasjɔnɛʀ] ADJ **1** *état d'un malade etc* gleichbleibend; unverändert; stationär; *négociations etc* **rester** ~ nicht vorankommen; auf der Stelle treten **2** PHYS **ondes** *fpl* **~s** stehende Wellen *fpl*

stationné [stasjɔne] ADJ **1** *véhicule* geparkt; parkend; **être ~ dans la rue X** in der X-Straße geparkt sein, *personne* haben **2** MIL *troupes* stationiert

stationnement [stasjɔnmɑ̃] M **1** Parken *n*; ADMIN ~ **gênant** Parken mit Verkehrsbehinderung; ~ **interdit** Parken verboten; *panneau* eingeschränktes Halt(e)verbot; *voiture* **en** ~ parkend **2** MIL *de troupes* Stationierung *f*

stationner [stasjɔne] V/I *véhicule, conducteur* parken; **interdiction** *f* **de** ~ Parkverbot *n*

station-service [stasjõsɛʀvis] F ⟨*pl* stations-service⟩ Tankstelle *f*

statique [statik] **A** ADJ **1** PHYS statisch; **électricité** *f* ~ statische Elektrizität **2** *fig art, société etc* statisch; ruhend; unbewegt **B** F PHYS Statik *f*

statisticien [statistisjɛ̃] M, **statisticienne** F Statistiker(in) *m(f)*

statistique [statistik] **A** ADJ statistisch **B** F Statistik *f (science et données)*; **~s démographiques** Bevölkerungsstatistik(en) *f(pl)*; **établir une** ~ e-e Statistik aufstellen

statuaire [statɥɛʀ] F Bildhauerkunst *f*

statue [staty] F Statue *f*; Standbild *n*; Skulptur *f*; Bildwerk *n*; Figur *f*; ~ **de** *ou* **en bronze** Bronzestatue *f*; **la ~ de la Liberté** die Freiheitsstatue; *fig* **immobile, droit comme une** ~ völlig regungslos; **élever, ériger une** ~ ein Standbild errichten **(à qn** j-m**)**

statuer [statɥe] V/T INDIR ~ **sur qc** über etw *(acc)* entscheiden, befinden; ~ **en dernier ressort** in letzter Instanz entscheiden

statuette [statɥɛt] F kleine Statue; Statuette *f*; Figur *f*; ~ **de** *ou* **en plâtre** Gipsfigur *f*

statufier [statyfje] V/T *plais* ~ **qn** *fam* j-n durch e-e Statue verewigen

statu quo [statykwo] M Status quo *m*; gegenwärtiger Zustand; **maintenir le** ~ den Status quo aufrechterhalten

stature [statyʀ] F **1** *(taille)* Statur *f*; Gestalt *f*; Wuchs *m*; **une** ~ **imposante** e-e imposante Statur **2** *fig de qn* Format *n*

statut [staty] M **1** *(règlement)* Statut *n*; **~s** *pl* Satzung *f*; Statuten *npl*; ~ **des fonctionnaires** beamtenrechtliche Bestimmungen *fpl*; Beamtenrecht *n*; **modifier les ~s** die Satzung ändern **2** *(position)* (rechtliche, Rechts)Stellung; (rechtlicher) Status; ~ **social** soziale Stellung; sozialer Status; **le ~ de la femme mariée** die (Rechts)Stellung der verheirateten Frau

statutaire [statytɛʀ] ADJ satzungs-, statutengemäß

S^te^ ABR (sainte) hl. (heilige) *ou* St.(Sankt)

Sté ABR (Société) Gesellschaft *f*; Fa. (Firma)

steak [stɛk] M Steak *n*; ~ **au poivre** Pfeffersteak *n*

stéarine [steaʀin] F Stearin *n*; **bougie** *f* **en** ~ Stearinkerze *f*

stéarique [steaʀik] ADJ CHIM **acide** *m* ~ Stearinsäure *f*

stéatite [steatit] F MINÉR Speckstein *m*; Steatit *m*

steeple(-chase) [stipəl(t)ʃɛz] M ⟨*pl* steeple-chases⟩ **1** ATHLÉTISME **(3000 m) steeple** 3000-m-Hindernislauf *m* **2** TURF Steeplechase *f*; Jagdrennen *n*

stèle [stɛl] F Stele *f*; ~ **funéraire** Grabstele *f*

stellaire [stelɛʀ] ADJ Stern…

stencil [stɛnsil] M POLYCOPIE Matrize *f*

Stendhal [stɛ̃dal] *frz Schriftsteller*

sténo [steno] F **1** *(sténographie)* Stenografie *f*; Kurzschrift *f*; *abr* Steno *f*; **prendre qc en** ~ etw (mit)stenografieren; ein Stenogramm von etw aufnehmen **2** → sténodactylo

sténodactylo [stenɔdaktilo] F Stenotypistin *f*; *suisse* Stenodaktylo *f*; **sténogramme** M **1** Stenogramm *n* **2** stenografierte Silbe; stenografiertes Wort

sténographe [stenɔgʀaf] M/F Stenograf(in) *m(f)*; **sténographie** F Stenografie *f*; Kurzschrift *f*

sténographier [stenɔgʀafje] V/T (mit)stenografieren; *abs a.* ein Stenogramm aufnehmen; *adjt* **discours sténographié** Stenogramm *n* e-r Rede

sténographique [stenɔgʀafik] ADJ stenografisch; Kurzschrift…

sténotype [stenɔtip] F Stenografiermaschine *f*; **sténotypie** F Maschinenstenografie *f*; **sténotypiste** M/F Maschinenstenograf(in) *m(f)*

stent [stɛnt] M MÉD Stent *m ou n*

stentor [stɑ̃tɔʀ] M **voix** *f* **de** ~ Stentor-, Donnerstimme *f*

stéphanois [stefanwa] ADJ *(et* SUBST **Stéphanois** Einwohner) von Saint-Étienne

steppe [stɛp] F Steppe *f*; **steppique** ADJ Steppen…

stère [stɛʀ] M (ABR st) Raummeter *m ou n (abr* rm); Ster *m*

stéréo [steʀeo] **A** F Stereo *n*; **en** ~ *loc adv* in Stereo; stereo; *loc adj* Stereo…; **émission** *f* **en** ~ Stereosendung *f* **B** ADJ ⟨*inv*⟩ Stereo …; **chaîne** *f* ~ Stereoanlage *f*; **disque** *m* ~ Stereoplatte *f*

stéréométrie [steʀeɔmetʀi] F Stereometrie *f*; Geometrie *f* der räumlichen Gebilde; **stéréométrique** ADJ stereometrisch

stéréophonie [steʀeɔfɔni] F Stereofonie *f*; *par ext* Raumklang *m*, -ton *m*; → *a.* stéréo A

stéréophonique [steʀeɔfɔnik] ADJ stereofon; → *a.* stéréo B

stéréoscope [steʀeɔskɔp] M OPT Stereoskop *n*; **stéréoscopie** F Stereoskopie *f*; *par ext* Raumbild *n*; **stéréoscopique** ADJ stereoskopisch; Stereo…

stéréotype [steʀeɔtip] M PSYCH Stereotyp *n*

stéréotypé [steʀeɔtipe] ADJ *réponse etc* stereotyp; ständig wiederkehrend; **sourire** ~ stereo-

S

types Lächeln
stéréotypie [steʀeɔtipi] F PSYCH, MÉD, TYPO Stereotypie *f*
stérer [steʀe] V/T ‹-è-› *bois* nach Raummetern vermessen *ou* aufstapeln
stérile [steʀil] ADJ 1 *sol, être vivant* unfruchtbar; steril; *homme a.* zeugungsunfähig 2 *pansement etc* steril; keimfrei 3 *fig* unschöpferisch; unproduktiv; steril; **discussion** *f* ~ unergiebige, fruchtlose Diskussion; **efforts** *mpl* **~s** vergebliche Bemühungen *fpl*
stérilet [steʀilɛ] M *contraceptif* Spirale *f*
stérilisateur [steʀilizatœʀ] M Sterilisator *m*; Sterilisationsapparat *m*
stérilisation [steʀilizasjõ] F 1 *d'instruments de chirurgie etc* Sterilisation *f*; Sterilisierung *f* (*a. du lait*); Entkeimung *f*; Keimfreimachung *f* 2 MÉD *d'une personne* Sterilisierung *f*; Sterilisation *f*; Unfruchtbarmachung *f*
stériliser [steʀilize] V/T 1 *instruments chirurgicaux etc* sterilisieren; keimfrei machen; entkeimen; *adjt* **lait stérilisé** sterilisierte, keimfrei gemachte Milch 2 MÉD *personne* sterilisieren; unfruchtbar machen
stérilité [steʀilite] F 1 *du sol, d'un être vivant* Unfruchtbarkeit *f*; Sterilität *f*; *d'un homme a.* Zeugungsunfähigkeit *f* 2 *d'instruments chirurgicaux etc* Sterilität *f*; keimfreier, steriler Zustand 3 *fig d'une discussion* Unergiebigkeit *f*; Unproduktivität *f*
sterling [stɛʀliŋ] ADJ ‹inv› *monnaie* **livre** *f* ~ Pfund *n* Sterling
sterne [stɛʀn] F ZOOL Seeschwalbe *f*
sternum [stɛʀnɔm] M ANAT Brustbein *n*
sternutatoire [stɛʀnytatwaʀ] *t/t* ADJ Nies...
stéthoscope [stetɔskɔp] M MÉD Stethoskop *n*; Hörrohr *n*
steward [stiwaʀd, stju-] M MAR, AVIAT Steward *m*; AVIAT *a.* Flugbegleiter *m*
stick [stik] M *produit de beauté* Stift *m*; Stick *m*; **~ labial** Lippenpflegestift *m*; Labello® *m*
stigmate [stigmat] M 1 REL **~s** *pl* Stigmen *npl*; Wundmale *npl* Christi 2 MÉD Narbe *f* 3 *fig et péj* Stigma *n*; Schandmal *n*; Brandmal *n*; Kainszeichen *n* 4 BOT Narbe *f* 5 *des insectes* Atemöffnung *f*; *t/t* Stigma *n*
stigmatisation [stigmatizasjõ] F 1 REL Stigmatisation *f* 2 *fig et st/s* Brandmarkung *f*; Stigmatisierung *f*
stigmatisé(e) [stigmatize] M(F) REL Stigmatisierte(r) *m/f(m)*
stigmatiser [stigmatize] V/T *vices, comportement* brandmarken; anprangern; *st/s* stigmatisieren
stimulant [stimylã] A ADJ stimulierend; anregend; belebend; **être** ~ stimulierend *etc* wirken B M 1 Anreiz *m*; Ansporn *m*; Antrieb *m*; Stimulans *n* 2 PHARM Anregungs-, Reizmittel *n*; Stimulans *n*
stimulateur [stimylatœʀ] M MÉD **~ cardiaque** Herzschrittmacher *m*
stimulation [stimylasjõ] F 1 Anstachelung *f*; Belebung *f*; *concrète* Ansporn *m*; Anreiz *m*; Antrieb *m*; **avoir besoin de ~** e-s Ansporns *etc* bedürfen 2 *de l'appétit etc* Anregung *f*; Stimulation *f*; Stimulierung *f* 3 PHYSIOL, PSYCH Reizung *f*
stimuler [stimyle] V/T 1 *personne, zèle etc* anspornen; anstacheln; *personne a.* (an)treiben; *affaires* beleben; *réussite etc* **~ qn** j-n anspornen, anstacheln 2 *digestion etc* anregen; anregend wirken auf (+*acc*); stimulieren; **~ l'appétit** den Appetit anregen
stimulus [stimylys] M ‹*pl meist* stimuli› PHYSIOL, PSYCH Reiz *m*; Stimulus *m*
stipendier [stipãdje] V/T *litt et péj* dingen; *adjt* **stipendié** gedungen
stipulation [stipylasjõ] F JUR (vertragliche) Bestimmung, Vereinbarung, Bedingung; Klausel *f*
stipulé [stipyle] ADJ BOT mit Nebenblättern versehen
stipuler [stipyle] V/T 1 JUR (vertraglich) festlegen, festsetzen, bestimmen, vereinbaren; **le contrat stipule que ...** der Vertrag bestimmt, sieht vor, dass ...; im Vertrag ist festgelegt, dass ... 2 (*spécifier*) ausdrücklich sagen, mitteilen, darlegen; **il est stipulé que ...** es wird ausdrücklich gesagt, dass ...
STO [ɛsteo] M ABR (Service du travail obligatoire) HIST Zwangsverpflichtung *f* zum Arbeitseinsatz (in Deutschland)
stock [stɔk] M 1 COMM (Lager-, Waren)Bestand *m*, (-)Vorrat *m*; **~s** *pl a.* Warenlager *n*; **gestion** *f* **des ~s** Lagerhaltung *f*; *loc adv*: **en ~** vorrätig; auf Lager; **jusqu'à épuisement du ~, des ~s** solange der Vorrat reicht; **constituer un ~** e-n (Waren)Vorrat anlegen; **écouler un ~** e-n Warenbestand absetzen; **renouveler les ~s** die Bestände erneuern 2 *fam* (*réserve*) Vorrat *m*; Menge *f*; **un petit ~ de cigarettes** ein kleiner Zigarettenvorrat, Vorrat an Zigaretten; **j'en ai tout un ~** ich habe e-e ganze Menge davon
stockage [stɔkaʒ] M a *de marchandises, de déchets radioactifs* (Ein)Lagerung *f*; *de gaz* Speicherung *f* b *pour spéculer* Hortung *f*
stock-car [stɔkkaʀ] M ‹*pl* stock-cars› Stock-Car *m*; **course** *f* **de ~s** Stock-Car-Rennen *n*
stocker [stɔke] V/T 1 a COMM (ein)lagern; *gaz* speichern b *pour spéculer* horten 2 INFORM speichern
stoïcien [stɔisjɛ̃] PHIL A ADJ ‹~ne› stoisch B M Stoiker *m*
stoïcisme [stɔisism] M 1 PHIL Stoizismus *m* 2 *fig* Standhaftigkeit *f*; Unerschütterlichkeit *f*; stoischer Gleichmut
stoïque [stɔik] ADJ standhaft; unerschütterlich; (von) stoisch(em Gleichmut)
stolon [stɔlõ] M BOT Ausläufer *m*
stomacal [stɔmakal] ADJ ‹-aux› ANAT, MÉD Magen...; *t/t* stomachal
stomachique [stɔmaʃik] ADJ MÉD magenstärkend; verdauungsfördernd
stomatite [stɔmatit] F MÉD Entzündung *f* der Mundschleimhaut; *t/t* Stomatitis *f*
stomatologie [stɔmatɔlɔʒi] F MÉD Stomatologie *f*; **stomatologiste** M/F MÉD Stomatologe, -login *m,f*
stop [stɔp] A INT 1 stop(p)!; halt! 2 *dans les télégrammes* stop B M 1 *panneau routier* Stoppschild *n*; **marquer le ~** am Stoppschild anhalten 2 AUTO Bremslicht *n*; **les ~s s'allument** die Bremslichter leuchten auf 3 *fam* (*auto-stop*) Per-Anhalter-Fahren *n*; Trampen *n*; Autostopp *m*; *loc adv* **en ~** per Anhalter; **aller en ~ à Paris** nach Paris trampen; **faire du ~** per Anhalter fahren, reisen; trampen
stoppage [stɔpaʒ] M COUT Kunststopfen *n*
stopper[1] [stɔpe] A V/T 1 *véhicule* (ab)stoppen; anhalten; zum Stehen bringen; *machine* abstellen 2 *fig* stoppen; *st/s* Einhalt gebieten (+*dat*) B V/I *véhicule, conducteur* (ab)stoppen; anhalten
stopper[2] [stɔpe] V/T COUT kunststopfen
stoppeur [stɔpœʀ], **stoppeuse** 1 M,F (*auto-~*) Anhalter(in) *m(f)*; Tramper(in) *m(f)* 2 M FOOTBALL Stopper *m*
store [stɔʀ] M 1 *léger, horizontal* Rollo *n*; Rouleau *n* 2 *à lamelles* **~ (vénitien)** Jalousie *f* 3 *en biais* Markise *f*; Sonnendach *n* 4 (*voilage*) Store *m*
strabisme [stʀabism] M MÉD Schielen *n*; *t/t* Strabismus *m*; **~ convergent, divergent** Einwärts-, Auswärtsschielen *n*
stradivarius [stʀadivaʀjys] M *violon* Stradivari *f*
strangulation [stʀɑ̃gylasjõ] F Erwürgen *n*; Erdrosseln *n*; Strangulation *f*; **stranguler** V/T erwürgen; erdrosseln; strangulieren
strapontin [stʀapõtɛ̃] M 1 Klappsitz *m*; Notsitz *m* 2 *fig* zweitrangiger Platz; *fam* Platz *m* am Katzentisch
Strasbourg [stʀazbuʀ] Straßburg *n*
strass [stʀas] M Strass *m*
stratagème [stʀataʒɛm] M (Kriegs)List *f*; **recourir à un ~** zu e-r (Kriegs)List greifen
strate [stʀat] F GÉOL Schicht *f*
stratège [stʀatɛʒ] M MIL *et fig* Stratege *m*
stratégie [stʀateʒi] F MIL Strategie *f* (*a. fig*); Feldherrnkunst *f*; *fig* **~ électorale** Wahlstrategie *f*
stratégique [stʀateʒik] ADJ strategisch; strategisch wichtig; *par ext* kriegswichtig; **objectif** *m* **~** strategisches Ziel; **point** *m* **~** strategisch wichtiger Punkt
stratification [stʀatifikasjõ] F GÉOL Schichtung *f*; *t/t* Stratifikation *f*
stratifié [stʀatifje] ADJ 1 GÉOL geschichtet; Schicht...; **roches ~es** Schichtgesteine *npl* 2 TECH **matière ~e** *ou subst* **~** *m* Schichtpressstoff *m*; Laminat *n*
stratifier [stʀatifje] V/T *rarement* 1 GÉOL in Schichten ablagern; stratifizieren 2 AGR stratifizieren; vorkeimen
stratigraphie [stʀatigʀafi] F GÉOL Stratigrafie *f*; Formationskunde *f*; **stratigraphique** ADJ stratigrafisch
strato-cumulus [stʀatokymylys] M MÉTÉO Haufenschichtwolke *f*; Stratokumulus *m*;
stratosphère F Stratosphäre *f*; **stratosphérique** ADJ Stratosphären...; stratosphärisch
stratus [stʀatys] M MÉTÉO Schichtwolke *f*; Stratus *m*
Stravinski [stʀavɛ̃ski] M MUS Strawinsky *m*
streptocoque [stʀɛptɔkɔk] M BIOL, MÉD Streptokokkus *m*; **~s** *pl* Streptokokken *pl*;
streptomycine [-misin] F PHARM Streptomycin *ou* -zin *n*
stress [stʀɛs] M Stress *m*
stressant [stʀɛsɑ̃] ADJ Stress...; Stress bewirkend; *fam* stressig; **situation ~e** Stresssituation *f*
stresser [stʀese] A V/T stressen; **être stressé** gestresst sein; im Stress sein; unter Stress stehen B *fam* V/I sich gestresst, überfordert fühlen
stretch [stʀɛtʃ] M *tissu* Stretch *m*; **pantalon** *m* **(en) ~** Stretchhose *f*
stretching [stʀɛtʃiŋ] M SPORTS Stretching *n*
striation [stʀijasjõ] F 1 Riefelung *f*; Riffelung *f*; Streifung *f* 2 OPT Schlieren *fpl*
strict [stʀikt] ADJ 1 streng; strikt; (peinlich) genau; **~e observation du règlement** strikte Einhaltung der Vorschriften; **principes ~s** strenge Grundsätze *mpl*; **tenue ~e** korrekte Kleidung; **c'est la ~e vérité** das ist die exakte Wahrheit; **être ~ sur la discipline** *etc* es mit der Disziplin *etc* sehr genau nehmen 2 *par ext*: **le ~ nécessaire, minimum** das (Aller)Nötigste, (Aller)Notwendigste; das Lebensnotwendige; *mot* **au sens ~** im engeren Sinn; **c'est son droit le plus ~** das ist sein gutes Recht; → *a.* intimité 3
strictement [stʀiktəmɑ̃] ADV **~ confidentiel** streng vertraulich; **affaire ~ personnelle** rein persönliche Angelegenheit; **~ réservé au personnel** ausschließlich dem Personal vorbehalten; *je ne vois* **~ rien** rein gar nichts; **~ semblable** genau gleich
stricto sensu [stʀiktosɛ̃sy] LOC ADV im engeren Sinn
strident [stʀidɑ̃] ADJ schrill; *cri a.* gellend
stridulation [stʀidylasjõ] *litt* F Zirpen *n*

S

strie [stʀi] F *surtout* PL **~s** Rillen *fpl*; Riffeln *fpl*; Riefen *fpl*; *(rayures)* Streifen *mpl*

strié [stʀije] ADJ 1 gerillt; geriffelt 2 ANAT **muscles ~s** quer gestreifte Muskeln *mpl*

strier [stʀije] V/T riefe(l)n; riffeln

string [stʀiŋ] M COUT String *m*

strip-tease [stʀiptiz] M Striptease *m ou n*

strip-teaseuse [stʀiptizøz] F Stripteasetänzerin *f*; *fam* Stripperin *f*

striure [stʀijyʀ] F Riffelung *f*; Riefelung *f*

stroboscope [stʀɔbɔskɔp] M TECH Stroboskop *n*

strombolien [stʀõbɔljɛ̃] ADJ ⟨~ne⟩ GÉOL **volcan** *m* **du type ~** Vulkan *m* des Strombolityps

strontium [stʀõsjɔm] M CHIM Strontium *n*

strophe [stʀɔf] F Strophe *f*

structural [stʀyktyʀal] ADJ ⟨-aux⟩ Struktur…; strukturell; struktural *(a.* LING*)*; **structuralisme** M LING, PHIL Strukturalismus *m*; **structuraliste** M/F LING, PHIL Strukturalist(in) *m(f)*

structuration [stʀyktyʀasjõ] F Strukturierung *f*

structure [stʀyktyʀ] F Struktur *f (a.* CHIM, PHYS, ÉCON, LING *etc)*; Bau *m*; Aufbau *m*; Gefüge *n*; Gliederung *f*; **~s administratives** Verwaltungsaufbau *m*; **~ gonflable** Traglufthalle *f*; LING **~ profonde, superficielle** *ou* **de surface** Tiefen-, Oberflächenstruktur *f*; **~s sociales** Gesellschaftsstruktur *f*; soziale Schichtung; soziales Gefüge; **~(s) d'accueil** Aufnahmestelle(n) *f(pl)*; (touristische *etc)* Infrastruktur; **~ de l'atome** Bau des Atoms; **~ d'une pièce de théâtre** (Auf)Bau, Gliederung e-s Theaterstücks; **réforme** *f* **de ~** Strukturreform *f*

structurel [stʀyktyʀɛl] ADJ ⟨~le⟩ → structural; ÉCON **chômage ~** strukturelle Arbeitslosigkeit

structurer [stʀyktyʀe] V/T strukturieren; gliedern; *adjt* **structuré** strukturiert; gegliedert

strudel [ʃtʀudœl] M CUIS **~ (aux pommes)** Apfelstrudel *m*

strychnine [stʀiknin] F PHARM Strychnin *n*

Stuart [stɥaʀ] *dynastie écossaise* Stuart

stuc [styk] M a *de plâtre* (Gips)Stuck *m*; **décoration** *f* **en ~** Stuckverzierung *f* b *de marbre* Stuckmarmor *m* c *décoration* Stuckarbeit *f*; Stukkatur *f*

stucateur [stykatœʀ] M Stuckateur *m*; Stuckarbeiter *m*

studieux [stydjø] ADJ ⟨-euse⟩ *élève* fleißig; eifrig; strebsam; der geistigen Arbeit zugetan; *vacances* der geistigen Arbeit gewidmet; mit geistiger Arbeit ausgefüllt

studio [stydjo] M 1 *logement* Einzimmerappartement *n* 2 RAD, TV Studio *n*; Senderaum *m*; **~ de télévision** Fernsehstudio *n* 3 CINÉMA, PHOT, *d'un artiste* Atelier *n*; Studio *n*; **tourner en ~** im Atelier drehen 4 **~ (d'art et d'essai)** Filmkunsttheater *n*; Studio *n*

stupéfaction [stypefaksjõ] F Verblüffung *f*; sprachloses Erstaunen; (völlige) Verdutztheit; → *a.* stupeur 1

stupéfait [stypefɛ] ADJ ⟨-faite [-fɛt]⟩ verblüfft; sprachlos; (völlig) verdutzt; **il a été ~ d'apprendre que …** er war verblüfft, als er erfuhr, dass …

stupéfiant [stypefjã] A ADJ verblüffend B M Rauschgift *n*, -mittel *n*; Suchtmittel *n*; PHARM Betäubungsmittel *n*; **trafic** *m* **de ~s** Rauschgifthandel *m*

stupéfier [stypefje] V/T *(étonner)* verblüffen; in sprachloses Erstaunen versetzen; verdutzen; *(consterner)* betroffen machen; bestürzen

stupeur [stypœʀ] F 1 *(étonnement)* Verblüffung *f*; Verdutztheit *f*; *(consternation)* Betroffenheit *f*; Bestürzung *f*; **à sa grande ~** zu s-r großen Verblüffung; **être frappé de ~** wie vor den Kopf geschlagen sein; betroffen, bestürzt sein 2 MÉD Stupor *m*

stupide [stypid] ADJ a *(bête) personne, réponse* dumm; stupid(e); **un travail ~** e-e stupide, stumpfsinnige Arbeit; **il n'est pas assez ~ pour** *(+inf)* er ist nicht so dumm zu *(+inf)* b *(absurde)* sinnlos; **accident** *m* **~** sinnloser Unfall

stupidité [stypidite] F 1 Dummheit *f*; Stupidität *f*; Stumpfsinn(igkeit) *m(f)* 2 **~s** *pl* Dummheiten *fpl*; dummes, stupides Zeug

stupre [stypʀ] *litt* M Schamlosigkeit *f*; Ausschweifung *f*

stuquer [styke] V/T stuckieren

style [stil] M 1 *langue* (Sprach-, Schreib)Stil *m*; Ausdrucksweise *f*; Schreibart *f*; *fam* Schreibe *f*; **~ familier** familiäre Ausdrucksweise; **~ soutenu** gehobener Stil; **le ~ de Voltaire** der Stil Voltaires; **en ~ télégraphique** im Telegrammstil; **manquer de ~, ne pas avoir de ~** keinen guten Stil haben; *par ext* kein eigenes, besonderes Gepräge aufweisen; keinen ausgeprägten Charakter haben; *personne* ein schlechter Stilist sein; e-n schlechten Stil haben, schreiben 2 GRAM **~ (in)direct** (in)direkte Rede; **~ indirect libre** erlebte Rede 3 ART (Kunst)Stil *m*; **~ Empire** Empire *n*; Empirestil *m*; **~ gothique, roman** gotischer, romanischer (Bau)Stil; **~ 1900** Jugendstil *m*; **meubles** *mpl* **de ~** Stilmöbel *npl*; **dans le ~ de** im Stil *(+gén)* 4 *par ext* Stil *m*; Art *f*; SPORTS **~ d'un coureur** Stil e-s Läufers; **~ de vie** Lebensstil *m*; *loc adj* **de grand ~** großen Stils, Zuschnitts; MIL *et fig* **opération** *f* **de grand ~** Operation *f* großen Stils; *sportif* **avoir du ~** e-n guten, gefälligen, eleganten Stil haben; **c'est bien là son ~** das ist ganz s-e Art 5 BOT Griffel *m*

stylé [stile] ADJ *personnel* perfekt

stylet [stilɛ] M 1 *poignard* Stilett *n* 2 ZOOL (Stech-, Saug)Rüssel *m*

styliser [stilize] V/T stilisieren; *adjt* **stylisé** stilisiert

stylisme [stilism] M 1 COUT *etc* Styling *n*; INDUSTRIE Design *n* 2 *litt* überspitzte Stilpflege;

styliste M/F 1 COUT *etc* Stylist(in) *m(f)*; INDUSTRIE Designer(in) *m(f)*; Formgestalter(in) *m(f)* 2 *écrivain* gute(r) Stilist(in) *m(f)*

stylistique [stilistik] A ADJ stilistisch; Stil… B F Stilistik *f*; Stilkunde *f*, -lehre *f*

stylo [stilo] M a **~ (à encre, à plume)** Füller *m*; Füll(feder)halter *m*; **~ à recharge, à cartouche** Patronenfüllhalter *m*, -füller *m* b **~ (à) bille** Kugelschreiber *m* c **~ feutre** Filzschreiber *m*, -stift *m*; Faserschreiber *m*

stylomine® [stilɔmin] M Druckbleistift *m*

Styrie [stiʀi] **la ~** die Steiermark

su [sy] A PP → savoir[1] *et* ADJ **une leçon bien ~e** e-e Lektion, die man gut kann *ou* die die Schüler gut können B M **au vu et au ~ de tout le monde** vor aller Augen

suaire [sɥɛʀ] *litt* M Grab-, Leichentuch *n*; **le saint ~** das Grabtuch Christi

suant [sɥã] ADJ 1 schwitzend 2 *fam fig* lästig; unausstehlich; auf die Nerven, *fam* auf den Wecker fallend

suave [sɥav] ADJ *musique, voix, odeur* lieblich; einschmeichelnd; sanft

suavité [sɥavite] *litt* F Lieblichkeit *f*

subalpin [sybalpɛ̃] ADJ GÉOG, BOT subalpin

subalterne [sybaltɛʀn] A ADJ *employé, emploi* untergeordnet; unselbstständig; subaltern; *par ext* **rôle** *m* **~** untergeordnete Rolle B M Untergebene(r) *m*; Subalterne(r) *m*

subatlantique [sybatlãtik] ADJ GÉOL **période** *f* **~** Subatlantikum *n*

subboréal [sybbɔʀeal] ADJ ⟨-aux⟩ GÉOL **période ~e** Subboreal *n*

subconscient [sypkõsjã] PSYCH A ADJ unterbewusst B M Unterbewusstsein *n*; Unterbewusste(s) *n*

subculture [sybkyltyʀ] F SOCIOLOGIE Subkultur *f*

subdiviser [sybdivize] A V/T unterteilen; untergliedern B V/PR **se ~** sich unterteilen lassen, sich gliedern, zerfallen (**en** in *+acc*)

subdivision [sybdivizjõ] F 1 *action* Unterteilung *f*, -gliederung *f* (**en** in *+acc*) 2 *partie* Unterabteilung *f*; Unterteilung *f*

subir [sybiʀ] V/T 1 *passivement: défaite, pertes* erleiden; hinnehmen müssen; *sciemment* ertragen; hinnehmen; **~ les conséquences de qc** die Folgen von etw zu spüren bekommen; **~ des dégâts** Schaden erleiden, nehmen; **~ un examen** sich e-r Prüfung *(dat)* unterziehen; e-e Prüfung ablegen, machen; **~ l'influence de** unter dem Einfluss *(+gén)* stehen; beeinflusst werden von; **~ un interrogatoire** verhört, vernommen werden; **faire ~ un interrogatoire à qn** j-n e-m Verhör unterziehen; j-n ins Verhör nehmen; j-n verhören, vernehmen; **~ une opération** sich e-r Operation *(dat)* unterziehen; operiert werden; **~ des reproches** Vorwürfe über sich *(acc)* ergehen lassen; **~ un triste sort** ein trauriges Schicksal erleiden, erleben; **~ des violences** tätlich angegriffen werden 2 **~ qn** j-n ertragen 3 *chose: modification etc* erfahren; *prix* **~ une majoration** e-e Erhöhung erfahren

subit [sybi] ADJ plötzlich; jäh; unvermittelt; schlagartig; **inspiration ~e** plötzliche Eingebung; **mort ~e** plötzlicher, jäher Tod

subitement [sybitmã] ADV → subit; **s'arrêter ~** plötzlich, unversehens stehen bleiben; **mourir ~** plötzlich, überraschend, unerwartet sterben

subito presto [sybitopʀɛsto] *fam* LOC ADV auf der Stelle; schnell; rasch; flink; *fam* husch(, husch); zack, zack; **il est parti ~** *fam* und husch, weg war er

subjacent [sybʒasã] ADJ 1 *couche* darunter liegend 2 *problème* latent, unsichtbar vorhanden; tiefer liegend

subjectif [sybʒɛktif] ADJ ⟨-ive⟩ subjektiv *(a.* GRAM *et* PHIL*)*; persönlich; ichbezogen; *péj (partial)* unsachlich

subjectivisme [sybʒɛktivism] M Subjektivismus *m (a.* PHIL*)*; Ichbezogenheit *f*; *péj a.* Unsachlichkeit *f*; **subjectiviste** ADJ subjektivistisch; **subjectivité** F Subjektivität *f (a.* PHIL*)*

subjonctif [sybʒõktif] M GRAM Konjunktiv *m*; Möglichkeitsform *f*; **~ présent** Konjunktiv Präsens; **imparfait** *m* **du ~** Konjunktiv Imperfekt; **être au ~** im Konjunktiv stehen; **mettre au ~** in den Konjunktiv setzen

subjuguer [sybʒyge] V/T *orateur: auditoire etc* fesseln; packen; in s-n Bann schlagen

sublimation [syblimasjõ] F CHIM, PSYCH Sublimierung *f*; Sublimation *f*

sublime [syblim] A ADJ 1 *beauté, spectacle etc* erhaben; erhebend 2 *personne* überragend; bewunderungswürdig B SUBST **le ~** das Erhabene; *prov* **du ~ au ridicule il n'y a qu'un pas** vom Erhabenen zum Lächerlichen ist nur ein Schritt *(prov)*

sublimé [syblime] M CHIM Sublimat *n*

sublimer [syblime] V/T CHIM, PSYCH sublimieren

subliminal [sybliminal] ADJ ⟨-aux⟩ PSYCH unterschwellig; *t/t a.* subliminal

sublimité [syblimite] *litt* F Erhabenheit *f*

sublingual [syblɛ̃gwal] ADJ ⟨-aux⟩ a ANAT sublingual; unter der Zunge liegend b PHARM *comprimé* unter der Zunge zergehen zu lassen(d)

submerger [sybmɛʀʒe] V/T ⟨-geons⟩ 1 *fleuve:*

S

pays etc unter Wasser setzen; überschwemmen, -fluten; *adjt* **récif submergé** unter Wasser liegendes Riff **2** *fig sentiment* **~ qn** j-n überwältigen; **être submergé de travail** mit Arbeit überhäuft, überlastet sein; *police* **être submergé par les manifestants** von den Demonstranten überrannt werden

submersible [sybmɛʀsibl] **A** ADJ überflutbar; Unterwasser... **B** M MAR Untersee-, Tauchboot *n*

submersion [sybmɛʀsjõ] F **1** Überflutung *f* **2** **mort** *f* **par ~** Tod *m* durch Ertrinken

subodorer [sybɔdɔʀe] V/T *plais* wittern; (voraus)ahnen

subordination [sybɔʀdinasjõ] F **1** Unterordnung *f*, *d'une personne a.* Unterstellung *f* (**à qn, qc** unter j-n, etw) **2** GRAM Unterordnung *f*; Hypotaxe *f*; **conjonction** *f* **de ~** unterordnende Konjunktion

subordonné [sybɔʀdɔne] M Untergebene(r) *m*

subordonnée [sybɔʀdɔne] F GRAM (*a.* ADJT **proposition ~**) Nebensatz *m*; **~ circonstancielle** Umstands-, Adverbialsatz *m*

subordonner [sybɔʀdɔne] V/T unterordnen, *qn a.* unterstellen (**à** *dat*); *décision, action* abhängig machen (von); *personne* **être subordonné à qn** j-m unterstehen; j-m unterstellt, untergeordnet sein; *chose* **être subordonné à qc** von etw abhängen; an etw (*acc*) geknüpft sein

subornation [sybɔʀnasjõ] F JUR **~ de témoins** Zeugenbeeinflussung *f*, -bestechung *f*

suborner [sybɔʀne] V/T **1** JUR *témoins* beeinflussen; bestechen **2** *litt jeune fille* verführen;

suborneur M *plais* Verführer *m*

subreptice [sybʀɛptis] ADJ heimlich; versteckt; **manœuvres** *fpl* **~s** geheime Machenschaften *fpl*

subrepticement [sybʀɛptismã] ADV auf Schleichwegen; heimlich; verstohlen

subrogateur [sybʀɔgatœʀ] M JUR zweiter Referent, Berichterstatter; **subrogation** F JUR Surrogation *f*; Einsetzung *f*, Eintreten *n* e-s neuen Berechtigten an die Stelle des alten; *partic* Forderungsabtretung *f*

subrogé [sybʀɔʒe] ADJ JUR **~ tuteur** ‹*f* **subrogée tutrice**› Gegenvormund *m*

subroger [sybʀɔʒe] V/T ‹-geons› **~ qn à qn** j-n in j-s Rechte einsetzen; j-m j-s Rechte übertragen

subséquemment [sypsekamã] *plais* ADV daraufhin; infolgedessen

subséquent [sypsekã] ADJ (nach)folgend

subsides [sybzid, -psid] MPL finanzielle Unterstützung; Zuschüsse *mpl*; Hilfsgelder *npl*; *en Belgique* Subventionen *fpl*; **accorder des ~ à qn** j-m Zuschüsse gewähren

subsidiaire [sybzidjɛʀ, -psi-] ADJ zusätzlich; Zusatz...; Hilfs...; **question** *f* **~** Stichfrage *f*

subsidiarité [sybzidjaʀite, -psi-] F Subsidiarität *f*

subsistance [sybzistãs] F **1** (Lebens)Unterhalt *m*; **moyens** *mpl* **de ~** Mittel *npl* zur Bestreitung des Lebensunterhalts; **contribuer à la ~ de la famille** zum Unterhalt der Familie beitragen; **pourvoir à la ~ de qn** für j-s (Lebens)Unterhalt aufkommen, sorgen **2** MIL **service** *m* **des ~s** Verpflegungs-, Proviantwesen *n*, -amt *n*

subsister [sybziste] V/I **1** *chose* weiter bestehen; fortbestehen; (noch) bestehen, existieren, vorhanden sein; **erreur** *f* **qui subsiste** Irrtum, der weiter besteht; *impersonnel* **il ne subsiste plus que quelques ruines** es bestehen *etc* nur noch einige Ruinen **2** *personne* s-n Lebensunterhalt bestreiten; sein Auskommen finden; existieren

subsonique [sypsɔnik] ADJ TECH, AVIAT Unterschall...

substance [sypstãs] F **1** (*matière*) Substanz *f*; Stoff *m*; ANAT **~ grise** graue Substanz; **~ organique** organische Substanz **2** *d'un livre, discours* wesentlicher Inhalt; Wesentliche(s) *n*; Substanz *f*; Kern *m*; Gehalt *m*; *loc adv* **en ~** im Wesentlichen; in der Hauptsache; **voici, en ~, ce qu'il a dit** er hat im Wesentlichen Folgendes gesagt; *notion* **vider de sa ~** aushöhlen **3** PHIL Substanz *f*

substantialité [sypstãsjalite] F PHIL Substantialität *f*

substantiel [sypstãsjɛl] ADJ ‹~le› **1** (*nourrissant*) nahrhaft; kräftig; substanziell **2** (*important*) wesentlich; bedeutend **3** PHIL substanziell; wesenhaft

substantif [sypstãtif] M GRAM Substantiv *n*; Haupt-, Dingwort *n*; **~ verbal** Verbalsubstantiv *n*

substantifique [sypstãtifik] ADJ *plais* **la ~ moelle** der geistige Gehalt, *plais* Nährwert

substantivation [sypstãtivasjõ] F LING Substantivierung *f*

substantivement [sypstãtivmã] ADV *adjectif etc* **pris ~** substantivisch, hauptwörtlich gebraucht; in substantivischer, hauptwörtlicher Verwendung

substantiver [sypstãtive] V/T LING substantivieren; *adjt* **adjectif substantivé** substantiviertes Adjektiv

substituer [sypstitɥe] **A** V/T an die Stelle setzen (**à** von); ersetzen; **~ A à B** A an die Stelle von B setzen; B durch A ersetzen; B gegen A austauschen **B** V/PR **se ~ à** an die Stelle (*+gén*) treten; ersetzen (*+acc*); *frauduleusement* sich an die Stelle (*+gén*) setzen

substitut [sypstity] M **1** JUR (Stell)Vertreter *m* des Staatsanwaltes **2** (*succédané*) Ersatz (-stoff) *m*

substitution [sypstitysjõ] F **1** Ersetzung *f*, Ersatz *m* (**de A à B** von B durch A); Vertauschung *f*; Austausch *m*; JUR **~ d'enfant** Kindesunterschiebung *f* **2** CHIM, MATH Substitution *f*

substrat [sypstʀa] M **1** Substrat *n* (*a.* PHIL *et* LING); Grundlage *f* **2** GÉOL darunter liegende Schicht

subterfuge [syptɛʀfyʒ] M List *f*; Trick *m*; **user d'un ~** zu e-r List greifen

subtil [syptil] ADJ **1** *personne, remarque, raisonnement* scharf-, feinsinnig; *a. péj* subtil; ausgeklügelt; *péj* spitzfindig; **esprit ~** subtiler Geist; **intelligence ~e** scharfer, durchdringender Verstand; **interprétation ~e** feinsinnige Deutung; **question ~e** subtile Frage; **c'est trop ~ pour moi** das ist mir zu spitzfindig **2** *différence, nuance* fein; subtil; *odeur* fein; zart; einschmeichelnd

subtiliser [syptilize] **A** V/T (geschickt) entwenden, *fam* stibitzen (**qc à qn** j-m etw); verschwinden lassen (**qc** etw) **B** V/I *st/s et péj* sich in Spitzfindigkeiten ergehen; Haarspalterei betreiben

subtilité [syptilite] F **1** *d'une personne* Scharfsinn *m*; *d'un raisonnement* Subtilität *f*; *péj* Spitzfindigkeit *f*; *d'une nuance* Feinheit *f*; Subtilität *f*; **avec ~** mit Scharfsinn; scharfsinnig; subtil; *péj* spitzfindig **2** **~s** *pl* Feinheiten *fpl*; Subtilitäten *fpl*; *péj* Spitzfindigkeiten *fpl*; **~s de langage** sprachliche Feinheiten

subtropical [sybtʀɔpikal, syp-] ADJ ‹-aux› subtropisch; **zone ~e** Subtropen *pl*

suburbain [sybyʀbɛ̃] ADJ vorstädtisch; Vorstadt...; Vorort...; **commune ~e** Vorortgemeinde *f*

subvenir [sybvəniʀ] V/T INDIR ‹→ venir; *aber:* avoir› **~ aux besoins de qn** für j-s Unterhalt aufkommen, sorgen; **~ aux dépenses, aux frais** für die Ausgaben, Unkosten aufkommen; die Ausgaben, Unkosten bestreiten

subvention [sybvãsjõ] F Subvention *f*; Zuschuss *m* (aus öffentlichen Mitteln); **~s à l'exportation** Ausfuhrsubventionen *fpl*; **accorder des ~s à qn** j-m Subventionen gewähren

subventionnel [sybvãsjɔnɛl] ADJ ‹~le› ADMIN Subventions...

subventionner [sybvãsjɔne] V/T subventionieren; (aus öffentlichen Mitteln) unterstützen; bezuschussen; *adjt* **théâtre subventionné** subventioniertes Theater

subversif [sybvɛʀsif] ADJ ‹-ive› umstürzlerisch; subversiv; staatsgefährdend; zersetzend; **guerre subversive** subversive Aktivitäten *fpl*; **menées subversives** subversive Umtriebe *mpl*; Wühlarbeit *f*

subversion [sybvɛʀsjõ] F Umsturz *m*; Subversion *f*; Zersetzung *f*; **tentative** *f* **de ~** Umsturzversuch *m*

suc [syk] M **1** PHYSIOL, BOT Saft *m*; **~s digestifs** Verdauungssäfte *mpl*; **~ gastrique** Magensaft *m* **2** *litt* Substanz *f*; Gehalt *m*

succédané [syksedane] M Surrogat *n*, Ersatz *m* (*a. fig*) (**de** für); Ersatzmittel *n*; **~ de café** Kaffee-Ersatz *m*

succéder [syksede] ‹-è-› **A** V/T INDIR **1** (*venir après*) **~ à qc, qn** auf etw, j-n folgen; **des prairies succèdent aux champs** auf Felder folgen Wiesen; **la déception a succédé à l'espoir** auf Hoffnung folgte Enttäuschung; **Louis XIII succéda à Henri IV** Ludwig XIII. folgte auf Heinrich IV. **2** (*remplacer*) **~ à qn** j-s Nachfolge antreten; j-m im Amt nachfolgen; j-s Stelle einnehmen; **~ à son père à la direction de l'entreprise** s-m Vater in der Leitung des Betriebes folgen **3** JUR *abs* erben; **~ à qn** j-n beerben **B** V/PR *gouvernements, événements etc* **se** (*obj indir*) **~** aufeinanderfolgen; **dans ce commerce ils se succèdent de père en fils depuis toujours** dieses Geschäft ist schon immer im Familienbesitz; **les crises se succèdent sans interruption** *a.* e-e Krise löst die andere ab

succès [syksɛ] M Erfolg *m*; Gelingen *n*; **brillant ~** glänzender Erfolg; **~ électoral** Wahlerfolg *m*; *fam* **~ fou, monstre** *fam* toller Erfolg; Riesen-, Bombenerfolg *m*; **~ d'estime** Achtungserfolg *m*; **~ en affaires** geschäftlicher Erfolg; **~ en amour** Erfolg in der Liebe; *loc adj*: **à ~** Erfolgs...; **film** *m* **à ~** Erfolgsfilm *m*; **couronné de ~** von Erfolg gekrönt; *loc adv*: **avec ~** erfolgreich; mit Erfolg; **sans ~** erfolglos; ohne Erfolg; **assurer le ~ d'une entreprise** für das Gelingen e-r Unternehmung sorgen; **avoir du ~** *auteur, film, livre* Erfolg haben; erfolgreich sein; *proposition* Anklang, Beifall finden; **avoir beaucoup de ~** großen Erfolg haben; sehr erfolgreich sein; **avoir du ~ auprès des femmes** bei den Frauen Erfolg haben; *pièce de théâtre etc* **être un ~** ein Erfolg sein; **être sur le chemin du ~** auf dem Weg zum Erfolg sein; **obtenir, remporter des ~** Erfolge erzielen, erringen

successeur [syksesœʀ] M **1** Nachfolger(in) *m(f)* **2** (*héritier*) Erbe *m*, Erbin *f*

successif [syksesif] ADJ ‹-ive› aufeinanderfolgend; fortwährend; laufend; wiederholt

succession [syksesjõ] F **1** (*suite*) (Aufeinander)Folge *f*; **~ ininterrompue** ununterbrochene Folge; **la ~ rapide des détonations** die rasche Aufeinanderfolge der Detonationen; **une ~ d'incidents** e-e Folge von Zwischenfällen **2** *dans une fonction* Nachfolge *f*; **prendre la ~ de qn** j-s Nachfolge antreten **3** JUR (*transmission de biens*) Erbfolge *f*; **droit** *m* **à la ~** Erbanspruch *m*; HIST **la guerre de la Succession d'Espagne** der Spanische Erbfolgekrieg; **ouverture** *f* **de la ~** Eintritt *m* des Erbfalls; **par voie de ~** auf dem Erbwege **4** JUR *(biens transmis)* Nachlass *m*; Erbschaft *f*; Hinterlassenschaft *f*; **droits** *mpl* **de ~** Erbschaftssteuer *f*; **part** *f* **de (la) ~** Erbteil *n ou m*; Erbanteil *m*; **recueillir, répudier une ~** e-e Erbschaft antreten, ausschlagen

successivement [syksesivmɑ̃] ADV nacheinander; **passer ~ de la joie à la tristesse** erst fröhlich, dann traurig sein

successoral [syksesɔʀal] ADJ ⟨-aux⟩ JUR Erb(folge)…; **biens successoraux** Nachlassvermögen *n*; **droits successoraux** Erbschaftssteuer *f*

succinct [syksɛ̃] ADJ ⟨-cincte [-sɛ̃t]⟩ knapp; kurz; *exposé, résumé a.* gedrängt

succinctement [syksɛ̃tmɑ̃] ADV kurz und bündig; knapp; in, mit wenigen Worten

succion [sysjõ, syksjõ] F Saugen *n*; *d'une plaie* Aussaugen *n*

succomber [sykõbe] VI **1** *(mourir)* sterben; *animal* verenden; **~ (à ses blessures)** s-n Verletzungen erliegen; **~ à la suite d'une fracture du crâne** e-m Schädelbruch erliegen **2** *(céder)* **~ à** erliegen *(+dat)*; **~ au charme de qn** j-s Zauber *(dat)* erliegen; **~ à la fatigue** von Müdigkeit übermannt, überwältigt werden; **~ à la tentation** der Versuchung erliegen; *fig* **~ sous le poids de** unter der Last *(+gén)* zusammenbrechen **3** *st/s dans une lutte* unterliegen

succulence [sykylɑ̃s] *litt* F köstlicher Geschmack; Schmackhaftigkeit *f*; **succulent** ADJ *mets, repas* köstlich *(a. histoire)*; schmackhaft; lecker

succursale [sykyʀsal] F COMM Filiale *f*; Zweigniederlassung *f*, -geschäft *n*, -betrieb *m*; *d'une banque* Zweigstelle *f*; **magasin** *m* **à ~s multiples** Ladenkette *f*

sucer [syse] ⟨-ç-⟩ **A** VT **1** *(aspirer)* saugen; *insecte: nectar* einsaugen; **~ la moelle d'un os** das Mark aus e-m Knochen saugen; **~ une orange, une plaie** eine Orange, eine Wunde aussaugen; *moustique* **~ le sang** Blut saugen **2** *bonbon* lutschen; *comprimé a.* im Mund zergehen lassen; **~ son pouce** am Daumen lutschen **3** *fam fig économies* aufbrauchen **B** VPR *pop fig* **se ~ la pomme** *fam* sich abknutschen

sucette [sysɛt] F **1** *en sucre* (Dauer)Lutscher *m* **2** *en caoutchouc* Schnuller *m*; Sauger *m*

suceur [sysœʀ] M **~** *ou adjt* **insecte ~** ZOOL Sauger *m*

suçoir [syswaʀ] M ZOOL Saugrüssel *m*

suçon [sysõ] M *fam* Knutschfleck *m*

suçoter [sysɔte] VT *bonbon* lutschen

sucrage [sykʀaʒ] M *du vin* Zuckern *n*

sucrant [sykʀɑ̃] ADJ Süß…; **pouvoir ~** Süßkraft *f*

sucre [sykʀ] M Zucker *m*; **un ~** ein Stück *n* Zucker; CHIM **~s** *pl* Zuckerarten *fpl*; **~ candi** Kandis(zucker) *m*; **~ cristallisé** (grober) Kristallzucker *m*; **~ glace** Staub-, Puderzucker *m*; **~ vanillé** Vanillezucker *m*; **~ de betterave, de canne** Rüben-, Rohrzucker *m*; **(bâton** *m* **de) ~ d'orge** Zuckerstange *f*; **~ en morceaux, en poudre** Würfel-, Streuzucker *m*; *fam fig* **mon petit lapin en ~!** mein süßes Häschen, Mäuschen!; *adjt* **confiture** *f* **pur ~** mit reinem Zucker hergestellte Marmelade; *fig*: **casser du ~ sur le dos de qn** über j-n herziehen; *fam* **tu n'es pas en ~!** sei nicht so zimperlich!; → *a.* miel 1

sucré [sykʀe] ADJ **1** süß; **un fruit bien ~** e-e sehr süße Frucht; *subst* **préférer le ~ au salé** lieber Süßes als Gesalzenes essen **2** *(additionné de sucre)* gezuckert; (mit Zucker) gesüßt; **non ~** ungezuckert; **eau ~e** Zuckerwasser *n* **3** *fig et péj air etc* zucker-, honigsüß; süßlich

sucrer [sykʀe] **A** VT **1** zuckern; (mit Zucker) süßen; **~ au miel** mit Honig süßen **2** *abs saccharine etc* süßen **3** *fam (supprimer)* streichen **B** VPR *fam* **se ~** **1** Zucker nehmen; **sucrez-vous!** nehmen Sie (doch) Zucker! **2** *fig (se servir) fam* sich gesundstoßen; sich *(dat)* die Taschen füllen; *fam* absahnen

sucrerie [sykʀəʀi] F **1** **~s** *pl* Süßigkeiten *fpl* **2** Zuckerfabrik *f*

sucrette [sykʀɛt] F Süßstoff *m*

sucrier [sykʀije] **A** ADJ ⟨-ière⟩ Zucker…; **betterave sucrière** Zuckerrübe *f*; **industrie sucrière** Zuckerindustrie *f* **B** M Zuckerdose *f*

sud [syd] **A** M **1** *point cardinal* (ABR **S.**) Süd(en) *m (abr S)*; **vent** *m* **du ~** Südwind *m*; *loc adv* **au ~** im Süden, südlich **(de** von *ou +gén)*; **au ~ de la Loire** südlich der Loire; **plus au ~** weiter im Süden, südlich; **en direction du ~, vers le ~** in südlicher Richtung; südwärts; nach, gegen, *poét* gen Süden **2** *d'un pays, d'une ville etc* **le Sud** der Süden; **l'Afrique** *f*, **l'Amérique du Sud** Südafrika *n*, -amerika *n*; **les mers** *fpl* **du Sud** die Südsee; **dans le Sud de l'Europe** im Süden Europas; in Südeuropa; **dans le ~ de Paris** im Süden von Paris; in Paris Süd **B** ADJ ⟨inv⟩ südlich; Süd…; **la banlieue ~** die südlichen Vororte *mpl*; **côte** *f* **~** Südküste *f*

sud-africain [sydafʀikɛ̃] **A** ADJ südafrikanisch **B** SUBST **Sud-Africain(e)** *m(f)* Südafrikaner(in) *m(f)*

sud-américain [sydameʀikɛ̃] **A** ADJ südamerikanisch **B** SUBST **Sud-Américain(e)** *m(f)* Südamerikaner(in) *m(f)*

sudation [sydasjõ] F (starkes) Schwitzen

sud-coréen [sydkɔʀeɛ̃] ADJ ⟨~ne⟩ südkoreanisch

sud-est [sydɛst] **A** M **1** *direction* Südost(en) *m*; **vent** *m* **du ~** Südost(wind) *m* **2** *d'un pays* **le Sud-Est** der Südosten; GÉOG **le Sud-Est asiatique** Südostasien *n* **B** ADJ ⟨inv⟩ südöstlich; Südost…

Sudètes [sydɛt] GÉOG **les ~** *mpl* die Sudeten *pl*

sudiste [sydist] HIST U.S.A. **A** **Sudiste** *m/f* Südstaatler(in) *m(f)* **B** ADJ der Südstaaten

sudoku [sudoku] M Sudoku *n*; **jouer au ~** Sudokus *ou* ein Sudoku lösen

sudorifique [sydɔʀifik] ADJ PHARM schweißtreibend

sudoripare [sydɔʀipaʀ] ADJ **glandes** *fpl* **~s** Schweißdrüsen *fpl*

sud-ouest [sydwɛst] **A** M **1** *direction* Südwest(en) *m*; **vent** *m* **du ~** Südwest(wind) *m* **2** *d'un pays* **le Sud-Ouest** der Südwesten; *en France* Südwestfrankreich *n*; der Südwesten Frankreichs **B** ADJ ⟨inv⟩ südwestlich; Südwest…

sud-sud-est [sydsydɛst] M Südsüdost(en) *m*;

sud-sud-ouest M Südsüdwest(en) *m*

sud-vietnamien [sydvjɛtnamjɛ̃] ADJ ⟨~ne⟩ südvietnamesisch

Sue [sy] **Eugène ~** *frz Romanschriftsteller*

suède [sɥɛd] M Chairleder *n*

Suède [sɥɛd] **la ~** Schweden *n*

suédé [sɥede] ADJ chairlederartig; **suédine** F TEXT Wildlederimitation *f*

suédois [sɥedwa] **A** ADJ schwedisch **B** SUBST **1** **Suédois(e)** *m(f)* Schwede *m*, Schwedin *f* **2** LING **le ~** das Schwedische; Schwedisch *n*

suée [sɥe] *fam* F Schweißausbruch *m*; **ça m'a donné une ~** mir brach der Angstschweiß aus; **piquer une ~** *fam* ganz schön ins Schwitzen kommen

suer [sɥe] **A** VT **1** *mur: humidité* ausschwitzen; **~ du sang** Blut schwitzen; *fig* **~ sang et eau** sich mächtig anstrengen, ins Zeug legen **2** *st/s (respirer)* **~ l'ennui** Langeweile verbreiten; **~ l'orgueil** von Hochmut erfüllt sein **B** VI **1** *(transpirer)* schwitzen; → *a.* goutte[1] A 1 **2** *fam fig* **faire ~ qn** j-m auf die Nerven, *fam* auf den Geist gehen, auf den Wecker fallen; **ça me fait ~** *fam a.* das stinkt mir; **se faire ~** *fam* sich entsetzlich langweilen; sich mopsen **3** *plâtres etc* schwitzen

sueur [sɥœʀ] F Schweiß *m*; **~s abondantes** Schweißausbrüche *mpl*; **~ froide** Angstschweiß *m*; kalter Schweiß; **cela vous donne des ~s froides** dabei bricht einem der Angstschweiß aus; **goutte** *f* **de ~** Schweißtropfen *m*; *loc adj* **en ~, trempé, baigné, ruisselant, couvert de ~** in Schweiß gebadet; schweißgebadet, -triefend, -bedeckt; *fig* **s'engraisser de la ~ du peuple** sich auf Kosten des Volkes bereichern; das Volk aussaugen

Suez [sɥɛz] GÉOG Suez *ou* Sues *n*; **le canal de ~** der Suezkanal

suffire [syfiʀ] ⟨je suffis, il suffit, nous suffisons; je suffisais; je suffis; je suffirai; que je suffise; suffisant; suffi⟩ **A** VI *et* VT INDIR **1** genügen, (aus-, hin-, zu)reichen, *fam* langen (**à qn** j-m; **pour qc** für etw; **à, pour** *+inf* um zu *+inf*); **cela suffit** das genügt, reicht; *fam* **ça suffit comme ça** *fam* so reichts; so ists genug; **merci, cela me suffit** danke, es reicht, es genügt; **sa famille lui suffit** er geht in s-r Familie auf; s-e Familie füllt ihn aus; **son salaire ne lui suffit pas** sein Gehalt reicht nicht aus; er kommt mit s-m Gehalt nicht aus; **cela suffit à mon bonheur** ich bin damit zufrieden; mehr brauche ich nicht (*fam* zu meinem Glück); **un seul peut ~** einer reicht, genügt wohl, ist wohl genug **2** *personne* **~ à ses besoins** für s-e Bedürfnisse aufkommen; s-n Unterhalt bestreiten **B** V/IMP **il suffit de** *(+inf) ou* **que …** *(+subj)* es genügt, reicht, zu *(+inf) ou* dass … *ou* wenn …; **il vous suffira de le lui dire** Sie brauchen es ihm nur zu sagen; **il suffit d'une fois** einmal genügt; **il suffit d'un rien** es genügt e-e Kleinigkeit **C** VPR **se ~ à soi-même** sich *(dat)* selbst genügen; niemand(en) brauchen; auf eigenen Füßen stehen

suffisamment [syfizamɑ̃] ADV aus-, hinreichend; genügend; genug; hinlänglich; *plus fort* zur Genüge; sattsam; **~ d'argent** genügend, ausreichend Geld; **avoir ~ à manger** ausreichend, genügend, genug zu essen haben

suffisance [syfizɑ̃s] F Selbstgefälligkeit *f*; Dünkel *m*; Süffisanz *f*

suffisant [syfizɑ̃] ADJ **1** aus-, hinreichend, genügend (**pour qc** für etw; **pour** *+inf* um zu *+inf*; **pour que …** *+subj* damit …); **en quantité ~e** in ausreichender Menge; **c'est amplement, largement ~** das ist völlig ausreichend; das reicht vollauf; **c'est plus que ~** das ist mehr als genug **2** *personne, air, ton* selbstgefällig; dünkelhaft; eingebildet; süffisant

suffixal [syfiksal] ADJ ⟨-aux⟩ GRAM Suffix…;

suffixation F GRAM Ableitung *f* durch Suffixe

suffixe [syfiks] M GRAM Suffix *n*; Nachsilbe *f*;

suffixer VT GRAM mit e-m Suffix versehen; suffigieren

suffocant [syfɔkɑ̃] ADJ **1** *atmosphère, chaleur* zum Ersticken; stickig; erstickend **2** *fig (étonnant)* verblüffend; höchst erstaunlich;

suffocation F Atemnot *f*; Ersticken *n*

suffoquer [syfɔke] **A** VT **~ qn** j-m den Atem nehmen, *fig* verschlagen **B** VI **1** keine Luft mehr bekommen; fast ersticken **2** *fig* **~ de colère, d'indignation** vor Zorn, vor Empörung fast ersticken

suffrage [syfʀaʒ] M **1** *(scrutin)* Wahl *f*; Stimmabgabe *f*; **~ restreint, universel** beschränk-

S

tes, allgemeines Wahlrecht; **élire au ~ direct** in direkter Wahl wählen **2** *(voix)* (Wahl)Stimme *f*; **~s exprimés** abgegebene Stimmen *fpl*; **à la majorité des ~s** mit Stimmenmehrheit; **obtenir, recueillir la majorité des ~s** die Mehrheit der Stimmen erhalten, auf sich *(acc)* vereinigen **3** *fig* **~s** *pl* Beifall *m*; **remporter tous les ~s** allgemein Beifall finden

suffragette [syfʀaʒɛt] F HIST Suffragette *f*; Frauenrechtlerin *f*

suggérer [sygʒeʀe] V/T ‹-è-› **1** *(proposer)* **~ qc à qn** j-m etw nahelegen, vorschlagen; **~ qc** *a.* etw anregen; **~ une idée à qn** j-m e-n Gedanken eingeben; j-n auf e-n Gedanken bringen **2** *sentiment, idée* hervorrufen; denken lassen an *(+acc)* **3** *en influençant* **~ qc à qn** j-m etw (ein)suggerieren, einflüstern, einreden

suggestibilité [sygʒɛstibilite] F PSYCH Suggestibilität *f*; Beeinflussbarkeit *f*; **suggestible** ADJ PSYCH suggestibel; beeinflussbar

suggestif [sygʒɛstif] ADJ ‹-ive› **1** *paroles, musique* suggestiv; von suggestiver Wirkung **2** *déshabillé, pose* (sinnlich) aufreizend

suggestion [sygʒɛstjõ] F **1** *(proposition)* Anregung *f*; Vorschlag *m*; Empfehlung *f* **2** PSYCH Suggestion *f*

suggestionner [sygʒɛstjɔne] V/T **~ qn** e-e suggestive Wirkung auf j-n ausüben

suicidaire [sɥisidɛʀ] ADJ *comportement* selbstmörderisch *(a. fig entreprise)*; *personne* suizidgefährdet

suicide [sɥisid] M **1** Selbstmord *m*; Freitod *m*; ADMIN Selbsttötung *f*; *t/t* Suizid *m ou n*; *fig* **~ moral** Selbstaufgabe *f*; **tentative** *f* **de ~** Selbstmordversuch *m*; *rouler à cette vitesse*, **c'est un vrai ~** das ist glatter Selbstmord **2** ADJT *fig* Selbstmord...; selbstmörderisch; **commando** *m ou* **mission** *f* **~** Selbstmord-, *fam* Himmelfahrtskommando *n*

suicidé(e) [sɥiside] M(F) Selbstmörder(in) *m(f)*

suicider [sɥiside] V/PR **se ~** Selbstmord begehen, verüben; sich *(dat)* das Leben nehmen

suie [sɥi] F Ruß *m*

suif [sɥif] M Talg *m*

sui generis [sɥiʒeneʀis] LOC ADJ von eigener, besonderer Art; sui generis

suint [sɥɛ̃] M Wollfett *n*; Wollschweiß *m*

suintement [sɥɛ̃tmɑ̃] M **1** **a** *d'un liquide* (Aus)Sickern *n* **b** *liquide* aus-, durchgesickerte Flüssigkeit **2** *d'un mur* Schwitzen *n*; *d'une plaie* Nässen *n*

suinter [sɥɛ̃te] V/I **1** *liquide* (aus-, durch)sickern **2** *mur* schwitzen; *plaie* nässen

suis[1] [sɥi] → être[1]

suis[2] [sɥi] → suivre

Suisse [sɥis] **la ~** die Schweiz

suisse [sɥis] **A** ADJ schweizerisch; Schweizer; **franc** *m* **~** Schweizer Franken *m*; *au Vatican* **garde** *f* **~** Schweizergarde *f* **B** SUBST **1** **Suisse** *m/f* Schweizer(in) *m(f)* **2** M ÉGL CATH Kirchendiener *m*; Küster *m*; Schweizer *m* **3** *fam* **manger, boire en ~** für sich allein essen, trinken **4** **petit ~** kleiner, runder Doppelrahmfrischkäse

Suissesse [sɥisɛs] *iron* F Schweizerin *f*

suite [sɥit] F **1** Folge *f*; **avoir des ~s fâcheuses** unangenehme, fatale Folgen haben; **ce projet n'a pas eu de ~s** dieses Vorhaben ist nicht verwirklicht, realisiert worden; **avoir de la ~ dans les idées** konsequent, beharrlich, hartnäckig sein Ziel verfolgen; ADMIN **donner ~ à une demande** e-m Antrag stattgeben; **faire ~ à qc** auf etw *(acc)* folgen; e-r Sache *(dat)* folgen; **faisant ~ à** im Anschluss an *(+acc)*; **mourir des ~s d'un accident** an den Folgen e-s Unfalls sterben; **prendre la ~ de qn** j-s Nachfolge antreten; **tenir des propos sans ~** unzusammenhängende, zusammenhang(s)lose Reden führen; zusammenhang(s)los (daher)reden; ♦ *loc adv*: **à la ~, de ~** nach-, hintereinander; **trois fois de ~** dreimal hinter-, nacheinander; **tout de ~**, *fam* **de ~** sofort; gleich; *st/s* sogleich; alsbald; **par la ~** in der Folge; nachher; später; im weiteren Verlauf; ♦ *loc prép*: **à la ~ de** **a** *relatif au temps* nach *(+dat)*; im Anschluss an *(+acc)* **b** *(derrière)* hinter *(+dat)* **c** *(à cause de)* infolge *(+gén)*; aufgrund von *(ou +gén)*; auf *(+acc)* hin; COMM **~ à votre lettre** in Beantwortung Ihres Schreibens; auf Ihr Schreiben hin; **~ à votre commande** in Erledigung Ihres Auftrags; **par ~ de** infolge *(+gén)*; aufgrund von *(ou +gén)*; durch; wegen *(+gén, fam +dat)* **2** *d'un roman, d'une affaire etc* Fortsetzung *f*; *au restaurant* **la ~** der folgende Gang; **la ~ au prochain numéro** Fortsetzung folgt *(a. fig)*; Fortsetzung im nächsten Heft; COMM **article** *m* **sans ~** Artikel, der nicht nachgeliefert wird; *loc adv* **et ainsi de ~** und so weiter *(abr* usw.*)*; und so fort *(abr* usf.*)*; und dergleichen mehr *(abr* u. dgl. m.*)*; **attendons la ~** warten wir ab, wie es weitergeht; warten wir das Weitere ab **3** *(série)* (Aufeinander)Folge *f*; Reihe *f*; **une ~ d'incidents** e-e Folge, Reihe von Zwischenfällen **4** *(escorte)* Gefolge *n*; Suite *f* **5** MUS Suite *f* **6** MATH Folge *f* **7** *dans un hôtel* Suite *f*; Zimmerflucht *f*

suivant [sɥivɑ̃] **A** ADJ folgende(r, -s); nach-, nächstfolgende(r, -s); nächste(r, -s); *dans un texte a.* nachstehende(r, -s); **le dimanche ~** **a** der (darauf)folgende Sonntag **b** *loc adv* am darauf folgenden Sonntag; am Sonntag darauf; *loc adv* **la fois ~e** beim folgenden, nächsten Mal; *subst: chez le médecin etc* **au ~!** der Nächste, bitte!; **je descends à la ~e** ich steige an der nächsten (Station) aus; **dans ces pages et dans les ~es** auf diesen und den folgenden Seiten **B** PRÉP **1** *(conformément à)* nach, gemäß, entsprechend *(+dat)*; **~ son habitude** nach s-r Gewohnheit; s-r Gewohnheit nach, gemäß, entsprechend; **~ un plan, programme établi** planmäßig, programmgemäß **2** *(selon)* je nach *(+dat)*; **~ le(s) cas** je nach Fall; *décider a.* von Fall zu Fall; **~ les circonstances, le temps** je nach den Umständen, dem Wetter **C** LOC CONJ **~ que ...** je nachdem, ob ...

suivante [sɥivɑ̃t] F *autrefois* Dienerin *f*; Zofe *f*; Begleiterin *f*; THÉ *a.* Vertraute *f*

suiveur [sɥivœʀ] M TOUR DE FRANCE Begleiter *m*

suivi [sɥivi] **A** ADJ **1** *effort, travail* fortgesetzt; fortlaufend; beständig; anhaltend; *conversation* intensiv; *correspondance, relations* regelmäßig; **très ~** *procès, émission* viel beachtet; *exemple, mode* viel befolgt; COMM: **article ~** Artikel, der dauernd hergestellt *ou* verkauft wird; **qualité ~e** gleichbleibend gute Qualität **2** *raisonnement* zusammenhängend; folgerichtig **B** M Weiterverfolgung *f*; *d'un malade* (weitere) Betreuung; TECH Folgeüberwachung *f*; **~ de la clientèle** Kundenbetreuung *f*; **assurer le ~** *d'une affaire* weiterverfolgen; *d'un produit* weiterhin herstellen *ou* verkaufen

suivisme [sɥivism] M unkritische Nachahmung; Mitläufertum *n*; **suiviste** M/F unkritischer Nachahmer, unkritische Nachahmerin; Mitläufer(in) *m(f)*

suivre [sɥivʀ] ‹je suis, il suit, nous suivons; je suivais; je suivis; je suivrai; que je suive; suivant; suivi› **A** V/T **1** *(aller derrière)* **~ qn** j-m folgen; *à pied a.* hinter j-m hergehen, -laufen; j-m nachgehen; *en voiture a.* hinter j-m herfahren; j-m nachfahren; **suivez le guide!** folgen Sie dem Führer!; **je vous suis** ich komme (gleich) nach; **vos bagages vous suivront** Ihr Gepäck kommt nach; **~ qn de près, de loin** j-m dicht, von Weitem folgen; dicht, von Weitem hinter j-m hergehen *ou* -fahren; *par ext* **~ qn, qc (du regard, des yeux)** j-n, etw mit den Blicken verfolgen; j-m, e-r Sache nachblicken, -schauen; *marche moins vite,* **je n'arrive pas à te ~** ich komme nicht mit; *courrier* **faire ~** nachsenden, -schicken; *pp* **suivi de ses amis** gefolgt von s-n Freunden; *loc* **qui m'aime me suive!** wer mich lieb hat, folge mir! **2** *(accompagner)* **~ qn** j-n begleiten; (mit j-m) mitkommen; **~ un cortège** in e-m Zug mitgehen; **~ qn jusqu'au bout du monde** mit j-m bis ans Ende der Welt gehen; **~ qn par la pensée** im Geiste, in Gedanken bei j-m sein; **si vous voulez bien me ~!** wenn Sie bitte mitkommen wollen! **3** *(filer)* **~ qn** j-n beschatten; **faire ~ qn par un détective** j-n von e-m Detektiv beschatten lassen **4** *relatif au temps, dans un ordre donné* **a** *abs* folgen; **suivait une longue explication** es folgte e-e lange Erklärung; **comme suit** wie folgt; **dans les jours qui suivirent** an den folgenden Tagen **b** **~ qc** auf etw *(acc)* folgen; e-r Sache *(dat)* folgen; sich e-r Sache *(dat)* anschließen; **les pages qui suivent l'introduction** die auf die Einleitung *ou* die der Einleitung folgenden Seiten; **le concert fut suivi d'un bal** auf das Konzert folgte ein Ball **5** *(prendre) un chemin, une route* folgen *(+dat)*; gehen *ou* fahren; **la route suit le canal** die Straße folgt dem Kanal, führt am Kanal entlang; **en suivant cette direction ...** wenn Sie dieser Richtung folgen, in dieser Richtung (weiter)gehen ...; *par ext* **~ son idée** s-n Gedanken verfolgen; an s-m Gedanken festhalten; *police* **~ une piste** e-e Spur verfolgen; e-r Spur *(dat)* nachgehen; *fig* **~ une politique** e-e Politik verfolgen **6** *(obéir à)* folgen *(+dat)*; Folge leisten *(+dat)*; befolgen; sich richten nach; sich halten an *(+acc)*; **~ qn** sich j-m anschließen; mitmachen *(abs)*; *verbe* **~ la première conjugaison** nach der ersten Konjugation gehen; **~ un conseil** e-m Rat folgen; e-n Rat befolgen, beherzigen; **~ l'exemple de qn** j-s Beispiel folgen; **exemple** *m* **à ~** nachahmenswertes Beispiel; **~ l'impulsion du moment** e-m Impuls folgen; **~ la mode** mit der Mode gehen; **~ ses penchants** s-n Neigungen folgen; **~ un régime** Diät halten; **~ un traitement** sich behandeln lassen; sich e-r Behandlung unterziehen; **~ la voix de la raison** der Stimme der Vernunft folgen **7** *(être attentif à) une émission, une conversation* (aufmerksam, genau) verfolgen; *en lisant* mitlesen; **~ l'actualité** das Zeitgeschehen verfolgen; *maître* **~ un élève** e-n Schüler im Auge behalten; sich e-m Schüler widmen; *médecin* **~ un malade** e-n Patienten überwachen, nachbehandeln, (nach)betreuen; **suivez-moi bien!** passen Sie gut auf!; **c'est une affaire à ~** das ist e-e Sache, die man im Auge behalten sollte; **à ~** Fortsetzung folgt **8** *(comprendre)* mitkommen; folgen können; **je ne suis pas votre raisonnement** ich kann Ihrer Überlegung nicht folgen; ich komme bei Ihrer Überlegung nicht mit; **vous me suivez?** kommen Sie mit?; können Sie mir folgen?; *abs* **cet élève suit bien** dieser Schüler kommt gut mit **9** *(assister à)* **~ un, des cours** an e-m Kurs teilnehmen; e-n Kurs besuchen; Unterricht, Stunden nehmen; UNIVERSITÉ Vorlesungen hören, besuchen **10** COMM *article* dauernd herstellen, verkaufen, führen **B** V/IMP **il s'en suit que ...** → ensuivre **C** V/PR **se ~** **1** einander folgen; hintereinandergehen *ou* -fahren *ou* -fliegen; hintereinander hergehen *ou* herfahren *ou* herfliegen; *voitures* **se ~ de trop près** zu dicht auffahren **2** *relatif au temps, dans un ordre donné* aufeinanderfolgen;

lettres **se ~ de près** kurz hintereinanderkommen; unmittelbar aufeinanderfolgen

sujet [syʒɛ] A ADJ ⟨~te⟩ 1 ~ **à qc** für *ou* gegen etw anfällig; zu etw neigend; **un homme ~ à de violentes colères** ein zu heftigen Zornausbrüchen neigender Mensch; **il est ~ au mal de mer** er wird leicht seekrank; **elle est ~te aux migraines** sie ist anfällig für Migräne 2 *information* ~ **à caution** nicht verbürgt; unzuverlässig; *vérité* ~ **à discussion** umstritten; nicht bewiesen B M 1 Thema *n*; Gegenstand *m*; *d'une œuvre littéraire a.* Stoff *m*; Vorwurf *m*; *d'une œuvre artistique a.* Sujet *n*; **un bon ~, un ~ en or** ein dankbares Thema; **~ de conversation** Gesprächsgegenstand *m*, -thema *n*; **~ de discussion, de dissertation** Diskussions-, Aufsatzthema *n*; **~ de dispute** Thema des Streites; **~ de méditation** Thema zum Nachdenken; *loc prép*: **au ~ de** hinsichtlich (+*gén*); über (+*acc*); wegen (+*gén, fam dat*); **une discussion au ~ de l'art moderne** e-e Diskussion über moderne Kunst; **des reproches au ~ de sa conduite** Vorwürfe wegen, hinsichtlich s-s Verhaltens; *loc adv*: **à ce ~** diesbezüglich; darüber; hierüber; deswegen; **c'est à quel ~?** worum geht es?; **sur ce ~** über dieses Thema; **aborder un ~** ein Thema anschneiden, zur Sprache bringen; **changer de ~** das Thema wechseln; **entrer dans le vif du ~** zum Kern der Sache kommen, vorstoßen; *st/s* in medias res gehen; **passer d'un ~ à l'autre** von e-m Thema zum andern springen; **traiter un ~** ein Thema behandeln 2 MUS Thema *n* 3 GRAM Subjekt *n*; Satzgegenstand *m*; **inversion** *f* **du ~** Inversion *f*; *adjt* **pronom** *m* **~** als Subjekt stehendes Pronomen 4 PHIL Subjekt *n* 5 (*motif*) Anlass *m*; Grund *m*; Ursache *f*; **~ de mécontentement** Anlass, Grund zur Unzufriedenheit 6 (*individu*) Person *f*; *péj* Subjekt *n*; **brillant ~** hervorragender, glänzender Schüler; *enfant* **mauvais ~** Taugenichts *m*; Schlingel *m*; LING **~ parlant** Sprechende(r) *m*; BIOL, MÉD **~ (d'expérience)** Versuchsperson *f ou* -tier *n* 7 *d'un souverain* Untertan *m*; **un ~ britannique** ein britischer Staatsangehöriger

sujétion [syʒesjõ] F 1 *st/s d'un pays, d'un peuple* Unterwerfung *f*; Abhängigkeit *f* 2 *fig* (*contrainte*) Last *f*; lästiger Zwang

sulfamide [sylfamid] M PHARM Sulfonamid *n*

sulfatage [sylfataʒ] M VIT, AGR Spritzen *n*, Spritzung *f* mit Kupferkalkbrühe

sulfate [sylfat] M CHIM Sulfat *n*; **~ de cuivre** Kupfersulfat *n*, -vitriol *n*

sulfater [sylfate] V/T VIT mit Kupferkalkbrühe spritzen; **sulfateuse** F 1 VIT (Vitriol)Spritze *f* 2 *arg militaire* (*mitraillette*) *fam* Kugelspritze *f*

sulfurage [sylfyʀaʒ] M VIT Bodenentseuchung *f* mit Schwefelkohlenstoff; **sulfuration** F CHIM Verbindung *f* mit Schwefel; Umwandlung *f* in e-e Schwefelverbindung

sulfure [sylfyʀ] M CHIM Sulfid *n*; Schwefelverbindung *f*; **~ de carbone** Schwefelkohlenstoff *m*

sulfuré [sylfyʀe] ADJ CHIM Schwefel...; **hydrogène ~** Schwefelwasserstoff *m*

sulfurer [sylfyʀe] V/T VIT mit Schwefelkohlenstoff behandeln

sulfureux [sylfyʀø] ADJ ⟨-euse⟩ 1 CHIM **anhydride, gaz ~** Schwefeldioxid *n* 2 *fig* dämonisch; unheimlich

sulfurique [sylfyʀik] ADJ CHIM **acide** *m* **~** Schwefelsäure *f*

sulfurisé [sylfyʀize] ADJ **papier ~** Pergament-, Butterbrotpapier *n*

sulky [sylki] M TURF Sulky *n*

Sully [sy(l)li] *Minister Heinrichs IV.*

Sulpice [sylpis] M *saint* Sulpicius *m*

sultan [syltɑ̃] M Sultan *m*

sultanat [syltana] M Sultanat *n*

sumérien [symeʀjɛ̃] ADJ ⟨~ne⟩ HIST sumerisch

summum [sɔ(m)mɔm] M Höhepunkt *m*; Gipfel *m*; höchster Grad; **le ~ de la perfection** die höchste Vollendung; **être au ~ de la gloire** auf dem Gipfel, Höhepunkt des Ruhms angelangt sein

sumo [symo] M 1 *sport* Sumo *n*; **lutteur** *m* **de ~** Sumoringer *m* 2 *personne* Sumoringer *m*

sumotori [symɔtɔʀi] M Sumoringer *m*

sunlight [sœnlajt] M CINÉMA Jupiterlampe *f*

sunnite [synit] REL A ADJ sunnitisch B MPL **~s** Sunniten *mpl*

sup [syp] ADJ ⟨*inv*⟩ *fam* ABR (supplémentaire) **heures** *fpl* **~** Überstunden *fpl*

super [sypɛʀ] A M ABR (*supercarburant*) Super *n*; **prendre vingt litres de ~** zwanzig Liter Super tanken B ADJ ⟨*inv*⟩ *fam* super (*inv*); spitze

super... [sypɛʀ] *préfixe* super..., Super... (*a. fam*); über...; Über...; → *les articles suivants*

superbe [sypɛʀb] A ADJ prächtig; prachtvoll; herrlich; strahlend schön; *iron* **~ d'indifférence** von einmaliger Gleichgültigkeit; **avoir une mine ~** blendend aussehen; **il fait un temps ~** es ist herrliches, strahlendes Wetter B *litt* F Hochmut *m*; *litt* Hoffart *f*

supercarburant [sypɛʀkaʀbyʀɑ̃] M Superbenzin *n*; **superchampion** M SPORTS vielfacher Meister

supercherie [sypɛʀʃəʀi] F Betrug *m*; Täuschung *f*; Vortäuschung *f*, Vorspiegelung *f* falscher Tatsachen

supérette [sypeʀɛt] F (kleinerer) Supermarkt

superfétatoire [sypɛʀfetatwaʀ] *litt* ADJ überflüssig; unnütz

superficialité [sypɛʀfisjalite] F *rarement* Oberflächlichkeit *f*

superficie [sypɛʀfisi] F Fläche *f*; (*aire*) Flächeninhalt *m*; *d'un solide* Oberfläche *f* (*a. fig*); **la ~ d'un pays** die Fläche e-s Landes; **mesurer la ~ d'un champ** die Fläche e-s Feldes (ver)messen

superficiel [sypɛʀfisjɛl] ADJ ⟨~le⟩ 1 *brûlure, blessure* oberflächlich 2 *personne, travail, connaissances* oberflächlich; *personne a.* seicht; *de qn* **esprit ~** Oberflächlichkeit *f*

superflu [sypɛʀfly] A ADJ überflüssig; unnötig; **dépense ~e** unnötige Ausgabe; *par ext* **poils ~s** unerwünschte Haare *npl* B SUBST **le ~** das Überflüssige

supergrand [sypɛʀgʀɑ̃] M POL Supermacht *f*

super-huit [sypɛʀɥit] M ⟨*inv*⟩ PHOT Super-acht-Film *ou* Super-8-Film *m*

supérieur [sypeʀjœʀ] A ADJ 1 *localement* obere(r, -s); Ober...; *d'un fleuve* **cours ~** Oberlauf *m*; **les étages ~s** die oberen Stockwerke *npl*; **lèvre, mâchoire ~e** Oberlippe *f*, -kiefer *m* 2 *dans un ordre donné* a höhere(r, -s); **animaux ~s** höhere Tiere *npl*; **autorité ~e** vorgesetzte Behörde; **cadres ~s** leitende Angestellte *mpl*; **classes ~es de la société** höhere, obere Gesellschaftsklassen *fpl*; **l'échelon ~** die nächsthöhere Stufe; **enseignement ~** *ou subst* **~** *m* Hochschulwesen *n*; Hochschulen *fpl*; **intérêt ~** höheres Interesse; **considérations** *fpl* **d'ordre ~** übergeordnete Erwägungen *fpl* b **~ à qc** höher als etw; **note ~e à la moyenne** über dem Durchschnitt liegende, überdurchschnittliche Note; **température ~e à la normale** höhere als die Normaltemperatur; **être ~ à** *dans une hiérarchie* stehen über (+*dat*); höher stehen als; *température etc* liegen über (+*dat*) 3 (*dominant*) a überlegen; **air, ton ~** überlegene Miene, überlegener Ton; **intelligence ~e** überlegene, überragende Intelligenz; **qualité ~e** Spitzenqualität *f*; **être ~ en nombre** zahlenmäßig überlegen sein; in der Überzahl, *adversaire a.* in der Übermacht sein; **être ~ en tout** in allem überlegen sein b **~ à qn, à qc** j-m, e-r Sache überlegen (**par son intelligence** an Intelligenz); **être ~ à qn, à qc** *a.* j-n, etw übertreffen, überragen; **se croire ~ aux autres** sich den anderen überlegen dünken 4 MATH **~ à** größer als B SUBST 1 **~(e)** *m(f)* Vorgesetzte(r) *m/f(m)*; **~ hiérarchique** Dienstvorgesetzte(r) *m* 2 REL **~(e)** *m(f) ou adjt* **père ~, mère ~e** Superior *m*, Superiorin *f*; Oberin *f*

supérieurement [sypeʀjœʀmɑ̃] ADV **~ intelligent, doué** hochintelligent; hochbegabt

supériorité [sypeʀjɔʀite] F Überlegenheit *f*, Übergewicht *n*, Superiorität *f* (**sur** über +*acc*); MIL **~ aérienne** Luftüberlegenheit *f*; **~ écrasante** haushohe Überlegenheit; *d'un ennemi a.* erdrückende Übermacht; **~ intellectuelle** geistige Überlegenheit; **~ numérique** zahlenmäßige Überlegenheit; Überzahl *f*; *d'un adversaire a.* Übermacht *f*; **air** *m* **de ~** überlegene Miene; GRAM **comparatif** *m* **de ~** Komparativ *m* des höheren Grades; mit „plus" gebildeter Komparativ; **sentiment** *m* **de ~** Überlegenheitsgefühl *n*; **avoir le sentiment de sa ~** sich überlegen fühlen

superlatif [sypɛʀlatif] GRAM A M Superlativ *m*; zweite Steigerungsstufe; Höchst-, Meiststufe *f*; **~ absolu** absoluter Superlativ; Elativ *m*; **~ relatif** (relativer) Superlativ; **~ relatif d'infériorité, de supériorité** Superlativ des niedrigsten, höchsten Grades; **adjectif** *m* **au ~** im Superlativ stehendes Adjektiv B ADJ ⟨-ive⟩ superlativisch

superman [sypɛʀman] M ⟨*pl* -men [-mɛn]⟩ 1 *de bandes dessinées* Superman *m* 2 *fig* Supermann *m*; Übermensch *m*

supermarché [sypɛʀmaʀʃe] M *moins de 1000* m^2 Supermarkt *m*; *plus de 1000* m^2 Verbrauchermarkt *m*; **supernova** F ASTRON Supernova *f*; **superpétrolier** M Supertanker *m*; **superphosphate** M CHIM, AGR Superphosphat *n*

superposable [sypɛʀpozabl] ADJ MATH deckungsgleich; kongruent

superposé [sypɛʀpoze] ADJ übereinander-, aufeinanderliegend; **lits ~s** Etagenbett *n*; **être ~** übereinander-, aufeinanderliegen

superposer [sypɛʀpoze] A V/T übereinander-, aufeinanderlegen, -setzen, -stellen; (auf)stapeln B V/PR a *réciproquement* **se ~** sich überlagern (*a. fig influences etc*) b (**venir**) **se ~ à qc** etw überlagern

superposition [sypɛʀpozisjõ] F 1 *action* Übereinander-, Aufeinanderlegen *n*, -stellen *n*, -setzen *n* 2 *état* Überlagerung *f* (*a. fig*); Übereinanderliegen *n*, -lagern *n*

superproduction [sypɛʀpʀɔdyksjõ] F CINÉMA Monumentalfilm *m*; **superpuissance** F POL Supermacht *f*

supersonique [sypɛʀsɔnik] ADJ Überschall...; **avion** *m* **~** *ou subst* **~** *m* Überschallflugzeug *n*; **vitesse** *f* **~** Überschallgeschwindigkeit *f*

superstar [sypɛʀstaʀ] F Superstar *m*

superstitieux [sypɛʀstisjø] ADJ ⟨-euse⟩ abergläubisch; **superstition** F Aberglaube *m*

superstructure [sypɛʀstʀyktyʀ] F 1 a CONSTR Ober-, Überbau *m* b MAR Aufbauten *mpl* 2 MARXISME Überbau *m*

superviser [sypɛʀvize] V/T überwachen; **superviseur** M INFORM Überwachungsprogramm *n*; Supervisor *m*; **supervision** F Überprüfung *f*; Durchsicht *f*; *a.* Überwachung *f*

supplanter [syplɑ̃te] V/T verdrängen; *personne*

a. ausstechen
suppléance [sypleɑ̃s] F (Stell)Vertretung *f*
suppléant [sypleɑ̃] A ADJ stellvertretend; Ersatz... B SUBST **~(e)** *m(f)* (Stell)Vertreter(in) *m(f)*; Ersatzmann *m*
suppléer [syplee] A *litt* V/T ergänzen B V/T INDIR **~ à qc** etw ersetzen, aufwiegen; für etw Ersatz bieten; e-r Sache *(dat)* abhelfen; **~ au manque de main-d'œuvre** dem Mangel an Arbeitskräften abhelfen
supplément [syplemɑ̃] M 1 Zusatz *m*; Ergänzung *f*; *financier* Zulage *f*; **un ~ d'information** zusätzliche, weitere, ergänzende Informationen *fpl*; **exiger un ~ de travail** Mehrarbeit erfordern 2 *d'un livre* Nachtrag *m*; Supplement *n*; Supplement-, Ergänzungsband *m*; *d'un journal, magazine* Beilage *f* 3 CH DE FER Zuschlag *m*; *par ext* Zuschlagkarte *f*; COMM *de prix* (Preis)Aufschlag *m*; Aufpreis *m*; Mehrpreis *m*; *au restaurant* **vin** *m* **en ~** Wein wird extra, gesondert berechnet; **c'est en ~** das geht extra; **payer un ~** *a.* nach-, zuzahlen 4 GÉOMÉTRIE Supplement *n*
supplémentaire [syplemɑ̃tɛʀ] ADJ zusätzlich; Zusatz...; ergänzend; Ergänzungs...; Extra...; MATH **angles** *mpl* **~s** Supplement-, Ergänzungswinkel *mpl* (zu 180°); **délai** *m* **~** zusätzliche Frist; Zusatzfrist *f*; **dépenses** *fpl* **~s** zusätzliche Ausgaben *fpl*; Mehrausgaben *fpl*; **heure** *f* **~** Überstunde *f*; **faire des heures ~s** Überstunden machen; MUS **lignes** *fpl* **~s** Hilfslinien *fpl*; **train** *m* **~** Entlastungszug *m*; Vor- *ou* Nachzug *m*
supplétif [sypletif] MIL A ADJ ⟨-ive⟩ Hilfs... B MPL **~s** Hilfstruppen *fpl*
suppliant [syplijɑ̃] ADJ flehend; **regard ~** flehender Blick; **voix ~e** flehende Stimme
supplication [syplikasjõ] F inständige, flehentliche, demütige Bitte; **~s** *pl a.* Flehen *n*
supplice [syplis] M 1 *(peine corporelle)* Marter *f*; Folter *f*; *(peine capitale)* Hinrichtung(sart) *f*; **~ chinois** ausgeklügelte Marter, Folter 2 *(souffrance)* Qual(en) *f(pl)*; Pein *f*; *st/s* Marter(n) *f(pl)*; **~ de Tantale** Tantalusqualen *fpl*; **être un ~ pour qn** für j-n e-e Qual sein; **être au ~** wie auf glühenden Kohlen sitzen; **mettre au ~** quälen; peinigen
supplicier [syplisje] V/T (zu Tode) martern, foltern; *subst* **un supplicié** ein (zu Tode) Gemarterter *m*
supplier [syplije] V/T **~ qn de** *(+inf)* j-n inständig, flehentlich bitten, j-n anflehen zu *(+inf)*; **~ qn à genoux** j-n kniefällig bitten; **je vous en supplie** ich bitte Sie inständig darum; *fam* ich flehe Sie an
supplique [syplik] *litt* F Bittgesuch *n*
support [sypɔʀ] M 1 TECH Stütze *f*; Ständer *m*; *(tréteau)* Gestell *n*; Bock *m*; *au mur etc* Halter *m*; Halterung *f* 2 *fig* Träger *m*; **~ publicitaire** Werbeträger *m*; *un signe est* **le ~ d'une idée** der Träger e-r Idee; INFORM **~ d'information** Datenträger *m*
supportable [sypɔʀtabl] ADJ erträglich; auszuhalten(d)
supporter[1] [sypɔʀte] A V/T 1 TECH, ARCH tragen; stützen 2 *conséquences, frais* tragen 3 *douleurs, épreuve, maladie* ertragen; erdulden; *douleurs a.* aushalten; leiden; *impertinence, critique, conduite de qn* sich *(dat)* gefallen lassen; hinnehmen; dulden; **des douleurs** *fpl* **difficiles à ~** schwer zu ertragende Schmerzen *mpl*; **il ne supporte pas la contradiction, qu'on le contredise** er (v)erträgt keinen Widerspruch 4 *chaleur, froid, alcool* vertragen; **bien ~ la chaleur** Hitze gut vertragen *(a. animal, plante)*; *il ne fait pas chaud,* **on supporte facilement un manteau** man kann durchaus e-n Mantel vertragen; **avoir bien supporté l'opération, le voyage** die Operation, die Reise gut überstanden haben 5 **~ qn** j-n ertragen; mit j-m auszukommen (ver)suchen; **ne pas pouvoir ~ qn** j-n nicht ausstehen können B V/PR **se ~** sich gegenseitig ertragen; miteinander auszukommen (ver)suchen
supporter[2] [sypɔʀtɛʀ, -tœʀ] M SPORTS Anhänger *m (a.* POL*)*; Fan *m*; *d'une équipe jouant en déplacement* Schlachtenbummler *m*
supposé [sypoze] ADJ mutmaßlich; vermutlich
supposer [sypoze] V/T 1 *(présumer)* annehmen; vermuten; mutmaßen; **je suppose qu'il est là** ich nehme an, ich vermute, dass er da ist; **supposons qu'il vienne** nehmen wir an, er käme *ou* er kommt; **la température étant supposée constante** wobei e-e konstante Temperatur angenommen wird; **il est à ~ que ...** es ist, es steht zu vermuten, dass ...; es ist anzunehmen, dass ...; vermutlich ...; *chose* **laisser ~ que ...** zu der Vermutung Anlass geben, dass ...; **il est permis de ~ que ...** man darf annehmen, dass ...; **je ne peux que le ~** ich kann es nur vermuten; ♦ *loc conj* **à ~** *ou* **en supposant que ...** *(+subj)* angenommen, ...; gesetzt den Fall, (dass) ...; **à ~ qu'il fasse beau** gesetzt den Fall *ou* angenommen, es wäre schönes Wetter 2 *(impliquer)* voraussetzen; zur Voraussetzung haben; bedingen; **des droits supposent des devoirs** Rechte bedingen Pflichten; **cela suppose du courage** das setzt Mut voraus; **cela suppose que ...** das setzt voraus, dass ...
supposition [sypozisjõ] F 1 Vermutung *f*; Annahme *f*; Mutmaßung *f*; **c'est une pure, simple ~** das ist e-e reine, bloße Vermutung; **faire des ~s** Vermutungen, Mutmaßungen anstellen 2 JUR **~ d'enfant** Kindesunterschiebung *f*
suppositoire [sypozitwaʀ] M PHARM Zäpfchen *n*; *t/t* Suppositorium *n*
suppôt [sypo] M *litt* **~ de Satan** Ausgeburt *f* der Hölle
suppression [sypʀesjõ] F Beseitigung *f (a. d'une personne)*; *de difficultés a.* Behebung *f*; *d'institutions, de lois* Aufhebung *f*; Abschaffung *f*; Wegfall *m*; *de subventions* Streichung *f*; Wegfall *m*; *d'un passage dans un texte* Streichung *f*; Weglassung *f*; *d'emplois* Abbau *m*
supprimer [sypʀime] A V/T beseitigen; *obstacle a.* aus dem Weg räumen; *difficulté a.* beheben; *institution, loi, peine de mort, censure, libertés* aufheben; abschaffen; *arrêt de bus* aufheben; *subventions, trains, permission* streichen; *scène d'un film, passsage d'un texte, graisses dans l'alimentation* streichen; weglassen; wegfallen lassen; *emplois* abbauen; **être supprimé** *souvent* wegfallen; **~ qc à qn** j-m etw entziehen, streichen; **~ qn** j-n umbringen, beseitigen, aus dem Weg räumen B V/PR **se ~** sich umbringen
suppuration [sypyʀasjõ] F MÉD Eiterung *f*;
suppurer V/I eitern
supputation [sypytasjõ] *st/s* F Berechnung *f*; Schätzung *f*
supputer [sypyte] V/T *st/s* a *(calculer)* berechnen; ermitteln b *(évaluer)* (ab)schätzen; überschlagen; **~ ses chances de succès** s-e Erfolgsaussichten abschätzen
supra [sypʀa] ADV **voir ~** siehe oben *(abr* s. o.*)*
supraconducteur [sypʀakõdyktœʀ] M ÉLEC Supraleiter *m*; **supraconduction** F ÉLEC Supraleitung *f*; **supraconductivité** F ÉLEC Supraleitfähigkeit *f*
supranational [sypʀanasjɔnal] ADJ ⟨-aux⟩ supranational; übernational; überstaatlich; **supranationalité** F Supranationalität *f*; Überstaatlichkeit *f*
supraterrestre [sypʀatɛʀɛstʀ] ADJ überirdisch
suprématie [sypʀemasi] F 1 POL, JUR Oberhoheit *f*; Oberherrschaft *f*; Supremat *m ou n*; Suprematie *f* 2 *(hégémonie)* Vorherrschaft *f*; Vormachtstellung *f*; **~ économique** wirtschaftliche Vormachtstellung
suprême [sypʀɛm] A ADJ 1 *(supérieur)* oberste(r, -s); höchste(r, -s); **autorité** *f*, **pouvoir** *m* **~** oberste Gewalt; **la Cour ~** der Oberste Gerichtshof; **l'Être** *m* **~** das höchste Wesen; HIST **le Soviet ~** der Oberste Sowjet 2 *st/s (immense)* höchste(r, -s); **bonheur** *m* **~** höchstes Glück; **au ~ degré** im höchsten Maße, Grade 3 *st/s (dernier)* äußerste(r, -s); letzte(r, -s); **heure** *f*, **instant** *m* **~** Todesstunde *f*; **dans un ~ effort** mit äußerster, letzter Kraft 4 CUIS **sauce** *f* **~** Geflügelrahmsoße *f* B M CUIS **~ de volaille** Geflügelbrust *f* mit Soße
sur[1] [syʀ] PRÉP 1 *lieu:* a auf *(+dat question wo?; +acc question wohin?)*; *fam* **~ le journal** in der Zeitung; **~ quelle longueur d'onde?** auf welcher Wellenlänge?; **~ la Lune, ~ la Terre** auf dem Mond, auf der Erde; **s'asseoir ~ une chaise** sich auf e-n Stuhl setzen; **être assis ~ une chaise** auf e-m Stuhl sitzen; **boire du vin ~ de la bière** Wein auf Bier trinken; **porter qc ~ son dos** etw auf dem Rücken tragen; **retirer qc de ~ la table** etw vom Tisch (weg-, herunter)nehmen; **vivre les uns ~ les autres** dicht, eng aufeinander, beieinander leben, wohnen b *(au-dessus de)* über *(+acc)*; **les ponts** *mpl* **~ le Rhin** die Rheinbrücken *fpl*; **passer ~ le pont** über die Brücke gehen *ou* fahren; **il pleut ~ Paris** es regnet über Paris c *(vers)* auf *(+acc)*; nach *(+dat)*; **deux fenêtres ~ la rue** zwei Fenster nach der Straße zu, zur Straße hin; **diriger son regard ~ qn, qc** s-n Blick auf j-n, etw richten; **fermer la porte ~ soi** die Tür hinter sich *(dat)* zumachen; **tirer ~ qn** auf j-n schießen; j-n beschießen d *endroit* **être situé ~ un fleuve** an e-m Fluss liegen; **Châlons-~-Marne** Châlons an der Marne e *personne* **avoir qc ~ soi** etw bei sich haben; **je n'ai pas d'argent ~ moi** ich habe kein Geld bei mir 2 *temps:* a auf *(+acc)*; gegen *(+acc)*; **~ ce** und damit; und nun; darauf(hin); **~ ce il est parti** und damit, darauf(hin) ging er; **~ le coup** auf der Stelle; sofort; **~ l'heure** sofort; sogleich; auf der Stelle; unverzüglich; **~ les dix heures** etwa um, gegen zehn (Uhr); **~ ses vieux jours** auf s-e alten Tage; **~ le soir** gegen Abend; *fam* **aller ~ la cinquantaine** auf die fünfzig zugehen; sich den Fünfzigern nähern; **être ~ le point de** *(+inf)* gerade dabei *ou* im Begriff sein zu *(+inf)*; sich gerade anschicken zu *(+inf)*; **être ~ un travail** bei, an e-r Arbeit sein b *suite rapide:* **coup ~ coup** Schlag auf Schlag; **faire bêtise ~ bêtise** e-e Dummheit nach der andern machen; Dummheit auf Dummheit begehen 3 *fig* a auf *(+acc ou dat)*; auf Grund *ou* aufgrund von *(ou +gén)*; **~ mesure** nach Maß; **~ présentation de** gegen Vorlage *(+gén)*; **~ (la) recommandation de** auf Empfehlung *(+gén)*; **~ un signe du chef d'orchestre** auf ein Zeichen des Dirigenten (hin); **impôt** *m* **~ le revenu** Einkommensteuer *f*; **croire qn ~ parole** j-m aufs Wort glauben; **prendre exemple ~ qn** sich *(dat)* ein Beispiel an j-m nehmen; **rester ~ la défensive** in der Defensive bleiben; **retenir ~ le salaire** vom Gehalt abziehen, einbehalten b *direction* auf *(+acc)*; **avoir de l'ascendant ~ qn** auf j-n Einfluss haben; **avoir des droits ~ qn** Rechte über j-n haben; **être ~ un appartement** e-e Wohnung in Aussicht haben 4 *(au sujet de)* über *(+acc)*; **un cours ~ Racine** e-e Vorlesung über Racine; **apprendre qc ~ qn** etw über j-n

erfahren; **gémir ~ ses malheurs** über sein Unglück jammern; **se tromper ~ un point** sich in e-m Punkt täuschen 5 *rapport numérique* auf (+acc); von (+dat); **un cas ~ cent** e-r von hundert Fällen; **un Français ~ deux** jeder zweite Franzose; **un jour ~ trois** jeden dritten *ou* jeder dritte Tag; **ça arrive une fois ~ mille** das kommt unter tausend Fällen einmal vor; *pièce* **avoir trois mètres ~ cinq (mètres)** drei mal fünf *ou* drei auf fünf Meter (3 × 5 m) haben, groß sein; *élève* **avoir douze ~ vingt** zwölf von zwanzig möglichen Punkten haben; *correspond à* die Note Drei haben; **~ cent candidats soixante ont été reçus** von hundert Prüflingen haben sechzig bestanden

sur² [syʀ] ADJ *pomme, laitage* sauer

sûr [syʀ] ADJ 1 *(incontestable)* sicher; gewiss; bestimmt; feststehend; **une chose est ~e ...** eines ist sicher, ist gewiss, steht fest ...; **ce qui est ~ c'est que ...** sicher ist, dass ...; fest steht, dass ...; *fam* **ça c'est ~!** so viel ist sicher!; **c'est ~ et certain** das ist ganz sicher, *fam* bombensicher; **ce n'est pas si ~ (que ça)** das ist gar nicht so sicher; **il n'est pas ~ que ...** (+subj) es ist nicht sicher, ob ...; **rien n'est plus (moins) ~** nichts ist so (un)sicher (wie das); ♦ *loc adv*: **bien ~!** sicher(lich)!; gewiss!; bestimmt!; freilich!; natürlich!; selbstverständlich!; **bien ~ que oui!** ja natürlich!; aber natürlich, gewiss!; **bien ~ que non!** natürlich, selbstverständlich nicht!; *fam* **pour ~ (que ...)** sicher(lich), bestimmt (...); **à coup ~** mit Sicherheit; ganz gewiss, bestimmt 2 *personne* **être ~ de qc** e-r Sache (gén) sicher, gewiss sein; sich auf etw (acc) verlassen können; **être ~ de qn** sich auf j-n verlassen können; **être ~ de son fait** s-r Sache sicher sein; **être ~ de ses réflexes** reaktionssicher sein; **être ~ de soi** selbstsicher, selbstbewusst sein; **il est trop ~ de lui** er ist zu selbstsicher, -bewusst; **je suis ~ de le rencontrer** ich bin sicher, ihn zu treffen; **j'en suis ~ et certain** ich bin (mir) ganz, völlig, *fam* hundertprozentig sicher; ich weiß es ganz bestimmt, gewiss; *ça y est*, **j'en étais ~** ich hab's ja gewusst; **être ~ que ...** sicher sein, dass ...; **ne pas être ~ que ...** (+subj) nicht sicher sein, ob ...; **vous pouvez être ~ que ...** Sie können sicher sein, Sie können sich darauf verlassen, dass ... 3 *(fiable) renseignement, diagnostic etc* sicher; zuverlässig; *personne* zuverlässig; **un ami ~** ein zuverlässiger Freund; **un placement ~** e-e sichere Geldanlage; **d'une main ~e** mit sicherer Hand; **avoir un goût très ~** e-n sehr sicheren Geschmack haben 4 *endroit, quartier* sicher; **c'est** *ou* **ce sera plus ~** das ist sicherer; **mettre en lieu ~** an e-n sicheren Ort, in Sicherheit bringen; *subst* **le plus ~ est de** (+inf) das Sicherste ist zu (+inf)

sur... [syʀ] *préfixe* über...; Über...; → *les articles suivants*

surabondamment [syʀabɔ̃damɑ̃] *adv* überreichlich; übermäßig; **surabondance** F Überfülle *f*, großer Überfluss (**de** an +dat); **surabondant** ADJ überreichlich; übermäßig; **surabonder** VI überreichlich, im Überfluss vorhanden sein

suractivé [syʀaktive] ADJ CHIM hochaktiv; **suractivité** F PHYSIOL übermäßige Aktivität

suraigu [syʀegy] ADJ ⟨-uë⟩ *cri, son* schrill; *voix a.* kreischend; **surajouter** VT zusätzlich, nachträglich hinzufügen

suralimentation [syʀalimɑ̃tasjɔ̃] F 1 Überernährung *f* 2 *d'un moteur* Aufladung *f*; **suralimenter** VT 1 überernähren 2 *moteur* aufladen

suranné [syʀane] ADJ überlebt; überholt; veraltet; altmodisch; antiquiert; **surarmement** M Überrüstung *f*

surbaissé [syʀbese] ADJ 1 ARCH **arc ~, voûte ~e** Flachbogen *m*, -tonne *f* 2 *voiture, carrosserie* tief liegend

surbaissement [syʀbɛsmɑ̃] M ARCH Drückung *f*

surbaisser [syʀbese] VT ARCH drücken

surbooké [syʀbuke] ADJ überbucht; **surbooking** M Überbuchung *f*

surboum [syʀbum] *fam* F Party *f*; **surcapacité** F ÉCON Überkapazität *f*

surcharge [syʀʃaʀʒ] F 1 *d'un véhicule* Überlastung *f*; Überladung *f*; **prendre des voyageurs en ~** mehr als die zulässige Zahl von Fahrgästen befördern 2 *dans un texte* darüber geschriebenes Wort; *sur un timbre-poste* Auf-, Überdruck *m*

surcharger [syʀʃaʀʒe] VT ⟨-geons⟩ 1 *véhicule, ascenseur* überlasten; überbelasten; *véhicule a.* überladen; *adjt* **surchargé** *voiture* überladen; *par ext camping etc* überlastet; überfüllt 2 *fig personne, mémoire, programme* überlasten; **être surchargé de travail** (mit Arbeit) überlastet, überbürdet sein 3 TYPO überdrucken

surchauffe [syʀʃof] F 1 TECH Überhitzung *f* 2 ÉCON (Konjunktur)Überhitzung *f*

surchauffé [syʀʃofe] ADJ 1 *pièce* überheizt; TECH überhitzt; **vapeur ~e** *a.* Heißdampf *m* 2 *fig* überhitzt

surchauffer [syʀʃofe] VT 1 *pièce* überheizen 2 TECH überhitzen; **surchauffeur** M TECH *pour la vapeur* Überhitzer *m*

surchoix [syʀʃwa] ADJ ⟨inv⟩ **produit** *m* ~ Erzeugnis *n* erster Wahl, erster Güte

surclasser [syʀklase] VT SPORTS *et fig* deklassieren; weit überlegen sein (**qn** j-m); weit übertreffen; weit hinter sich (dat) lassen

surcomposé [syʀkɔ̃poze] ADJ GRAM **passé, temps ~** Perfekt *n*, Tempus *n* mit doppeltem Hilfsverb *(exemple: quand il a eu terminé)*

surcompression [syʀkɔ̃pʀesjɔ̃] F TECH Vorverdichtung *f*; Vorkompression *f*; **surconsommation** F übermäßig hoher Verbrauch, Konsum

surcouper [syʀkupe] VT *aux cartes* überstechen; übertrumpfen

surcroît [syʀkʀwa] M **~ de ...** zusätzliche(r, -s) ...; Mehr...; **~ de travail** Mehrarbeit *f*; *loc adv* **par, de ~** überdies; obendrein

surdi-mutité [syʀdimytite] F MÉD Taubstummheit *f*

surdité [syʀdite] F Taubheit *f*; Gehörlosigkeit *f*; *incomplète* Schwerhörigkeit *f*

surdoué [syʀdwe] A ADJ hochbegabt B SUBST ~(e) *m(f)* Hochbegabte(r) *m/f(m)*

Sûre [syʀ] GÉOG **la ~** die Sauer

sureau [syʀo] M ⟨pl ~x⟩ BOT Holunder *m*

surélévation [syʀelevasjɔ̃] F CONSTR Erhöhung *f*; *d'une maison* Aufstockung *f*

surélever [syʀelve] VT ⟨-è-⟩ CONSTR erhöhen; höher machen; *maison* **~ d'un étage** aufstocken; *adjt* **rez-de-chaussée surélevé** Hochparterre *n*

suremballage [syʀɑ̃balaʒ] M Umverpackung *f*

sûrement [syʀmɑ̃] ADV sicher(lich); bestimmt; gewiss; *prov* **qui va lentement va ~** langsam, aber sicher

suremploi [syʀɑ̃plwa] M ÉCON Überbeschäftigung *f*

surenchère [syʀɑ̃ʃɛʀ] F 1 höheres Angebot; Mehrgebot *n* 2 *par ext* (gegenseitige) Überbietung (**électorale** in Wahlversprechungen); **~ de violences** Zunahme *f*, Steigerung *f* der Gewalt; **faire de la ~** die andern, s-e Rivalen zu überbieten, übertreffen, übertrumpfen (ver)suchen; noch e-n Schritt weitergehen

surenchérir [syʀɑ̃ʃeʀiʀ] VI 1 JUR mehr, höher bieten 2 *fig* noch e-n Schritt weitergehen; **~ sur qn** j-n überbieten

surenchérissement [syʀɑ̃ʃeʀismɑ̃] M *des prix* weiterer Preisanstieg; **surenchérisseur** M JUR Überbietende(r) *m*; Höherbietende(r) *m*

surendetté [syʀɑ̃dete] ADJ überschuldet; **surendettement** M Überschuldung *f*

surent [syʀ] → savoir¹

surentraîné [syʀɑ̃tʀene] ADJ *sportif* übertrainiert; **surentraînement** M SPORTS Übertraining *n*; **surentraîner** VT SPORTS übertrainieren

suréquipement [syʀekipmɑ̃] M übermäßige Ausstattung; TECH Übermechanisierung *f*

Suresnes [syʀɛn] *Stadt im Dep. Hauts-de-Seine*

surestimation [syʀɛstimasjɔ̃] F Überschätzung *f*; Überbewertung *f*; **surestimer** VT *ses forces, un adversaire etc* überschätzen; überbewerten *(a. œuvre d'art etc)*

suret [syʀɛ] ADJ ⟨~te⟩ säuerlich

sûreté [syʀte] F 1 Sicherheit *f* *(a. d'un geste, du jugement etc)*; JUR **délit** *m* **contre la ~ de l'État** Staatsschutzdelikt *n*; *loc adj* **de ~** Sicherheits...; **épingle** *f*, **soupape** *f* **de ~** Sicherheitsnadel *f*, -ventil *n*; *loc adv*: **en ~** in Sicherheit; sicher; **mettre en ~** in Sicherheit bringen; **pour plus de ~** sicherheitshalber; um sicherzugehen 2 *en France* **Sûreté (nationale)** Sicherheitspolizei *f* 3 *d'une arme, d'un bijou* Sicherung *f*; *arme* **mettre à la ~** sichern; **enlever la ~ de** entsichern

surévaluer [syʀevalɥe] VT überbewerten; zu hoch bewerten, taxieren

surexcitable [syʀɛksitabl] ADJ übererregbar; **surexcitation** F Übererregtheit *f*; übergroße Erregung; Überreiztheit *f*

surexciter [syʀɛksite] VT überreizen; sehr stark erregen; *adjt* **surexcité** übererregt; überreizt

surexploiter [syʀɛksplwate] VT *ouvriers* gnadenlos ausbeuten

surexposer [syʀɛkspoze] VT PHOT überbelichten; *adjt* **photo surexposée** überbelichtetes Foto, Bild; **surexposition** F PHOT Überbelichtung *f*

surf [sœʀf] M SPORTS 1 Wellen-, Brandungsreiten *n*; Surfing *n*; Surfen *n* 2 **~ (des neiges)** Snowboard(fahren) *n*

surface [syʀfas] F 1 *(partie apparente)* Oberfläche *f*; **~ de l'eau, de la mer, de la Terre** Wasser-, Meeres-, Erdoberfläche *f*; *sous-marin* **faire ~** auftauchen; *fig* **refaire ~** wieder auftauchen; **nager en ~** an der Oberfläche schwimmen; **remonter à la ~** wieder an die Oberfläche kommen; wieder auftauchen, hochkommen; *fig souvenirs* wieder aufsteigen 2 *(superficie)* Fläche *f* (a. MATH); ADMIN **~ corrigée** durch Bewertungsziffern korrigierte Wohnfläche *(zur Mietberechnung)*; **une ~ de dix mètres carrés** e-e Fläche von zehn Quadratmetern; SPORTS **~ de but, de réparation** Tor-, Strafraum *m*; **calculer la ~ d'un rectangle** den Flächeninhalt e-s Rechtecks berechnen 3 COMM **grande ~** *moins de 1000* m^2 Supermarkt *m*; *plus de 1000* m^2 Verbrauchermarkt *m*

surfait [syʀfɛ] ADJ ⟨-faite [-fɛt]⟩ zu hoch eingeschätzt; schlechter als sein Ruf; **réputation ~e** übertrieben guter Ruf

surfer [sœʀfe] VI SPORTS surfen; *fig* **~ sur Internet** im Internet surfen

surfeur M, **surfeuse** F Surfer(in) *m(f)*

surfil [syʀfil] M COUT Umstich *m*; Überkantstich *m*; **surfilage** M TEXT Überdrehen *n*; **surfiler** VT COUT umstechen

surfin [syʀfɛ̃] ADJ COMM extrafein

surgélation [syʀʒelasjɔ̃] F *d'aliments* Tiefge-

S

frieren *n*, -ung *f*; Tiefkühlen *n*, -ung *f*

surgelé [syʀʒəle] A ADJ *aliments* tiefgekühlt; tiefgefroren B MPL **~s** Tiefkühlkost *f*; Gefriergut *n*

surgénérateur [syʀʒeneʀatœʀ] M NUCL Brutreaktor *m*; schneller Brüter

surgir [syʀʒiʀ] V/I 1 *personne, obstacle etc* plötzlich auftauchen; **~ de qc** plötzlich aus etw hervorkommen 2 *problème, difficultés* sich erheben; aufkommen; auftauchen; entstehen

surhomme [syʀɔm] M Übermensch *m*

surhumain [syʀymɛ̃] ADJ übermenschlich; **effort ~** übermenschliche Anstrengung

surimi [syʀimi] M *gepresstes Fischfleisch mit Krabbengeschmack*

surimposer [syʀɛ̃poze] V/T zusätzlich *ou* zu hoch, übermäßig besteuern; **surimposition** F 1 zusätzliche *ou* zu hohe, übermäßige Besteuerung 2 GÉOL Epigenese *f*

surimpression [syʀɛ̃pʀesjõ] F PHOT Doppelbelichtung *f*; **en ~** darüber kopiert; eingeblendet

surin [syʀɛ̃] M *arg (couteau)* Messer *n*

Surinam [syʀinam] **le ~** Surinam *n*

surindustrialisé [syʀɛ̃dystʀijalize] ADJ überindustrialisiert; **surinfection** F MÉD zusätzliche Infektion

surintendant [syʀɛ̃tɑ̃dɑ̃] M HIST *en France* **~ (des finances)** Finanzminister *m*

surintendante [syʀɛ̃tɑ̃dɑ̃t] F 1 HIST *en France* Oberhofmeisterin *f* 2 *en France* Direktorin *f* e-s Mädcheninternates der Ehrenlegion

surir [syʀiʀ] V/I sauer werden

surjet [syʀʒɛ] M COUT überwendliche Naht; **(point** *m* **de) ~** überwendlicher Stich

surjeter [syʀʒ(ə)te] V/T ‹-tt-› COUT überwendlich nähen

sur-le-champ [syʀləʃɑ̃] ADV auf der Stelle; sofort; sogleich

surlendemain [syʀlɑ̃dmɛ̃] M übernächster Tag; *loc adv* **le ~** am übernächsten Tag

surligner [syʀliɲe] V/T mit Leuchtstift markieren, unterlegen; **surligneur** M Leuchtstift *m*; Textmarker *m*

surmenage [syʀmənaʒ] M Überarbeitung *f*; Überbeanspruchung *f*; Überanstrengung *f*; **~ intellectuel** geistige Überbeanspruchung; **~ scolaire** Schulstress *m*

surmener [syʀməne] ‹-è-› A V/T überbeanspruchen; überanstrengen; strapazieren; *adjt* **surmené** überarbeitet; überbeansprucht B V/PR **se ~** sich überarbeiten; sich überanstrengen; *fam* sich übernehmen

sur-moi [syʀmwa] M PSYCH Über-Ich *n*

surmontable [syʀmõtabl] ADJ überwindbar

surmonter [syʀmõte] A V/T 1 sich erheben über (*+dat*); überragen; *pp* **surmonté d'une coupole** von e-r Kuppel überragt, überwölbt 2 *difficulté, obstacle etc* überwinden; bezwingen; meistern; *crise a.* überstehen; **~ son chagrin** s-n Schmerz überwinden; **~ sa peur, sa timidité** s-e Angst, s-e Schüchternheit überwinden, bezwingen B V/PR **se ~** *personne* sich überwinden

surmulet [syʀmylɛ] M ZOOL Streifenbarbe *f*; **surmulot** M ZOOL Wanderratte *f*

surmultiplié [syʀmyltiplije] ADJ AUTO **vitesse ~e** Schnell-, Schongang *m*; Overdrive *m*

surnager [syʀnaʒe] V/I ‹-geons› 1 *(flotter)* oben(auf) schwimmen; an der Oberfläche schwimmen, bleiben 2 *fig souvenirs* bleiben; fortbestehen

surnaturel [syʀnatyʀɛl] A ADJ ‹~le› übernatürlich B SUBST **le ~** das Übernatürliche

surnom [syʀnõ] M Beiname *m* (*a. d'un souverain*); *(sobriquet)* Spitzname *m*; **donner à qn le ~ de …** j-m den Beinamen, Spitznamen … geben

surnombre [syʀnõbʀ] LOC ADJ **en ~** überzählig; zu viele; zu viel

surnommer [syʀnɔme] V/T **~ qn** j-m e-n Beinamen geben; **être surnommé …** den Beinamen … erhalten *ou* haben; *adjt* **surnommé …** mit dem Beinamen …

surnuméraire [syʀnymeʀɛʀ] ADJ überzählig

suroît [syʀwa] M 1 *chapeau* Südwester *m* 2 MAR Südwest(wind) *m*

surpasser [syʀpase] A V/T **~ qn** j-n übertreffen, überragen **(en courage** an Mut**)** B V/PR **se ~** sich selbst übertreffen; über sich (*acc*) selbst hinauswachsen

surpêche [syʀpɛʃ] F Überfischung *f*, -fischen *n*

surpeuplé [syʀpœple] ADJ *pays, région* übervölkert; überbevölkert; **surpeuplement** M Übervölkerung *f*

surpiqûre [syʀpikyʀ] F COUT Ziernaht *f*

surplace [syʀplas] M *en voiture* **faire du ~** nicht vorankommen; fast stehen bleiben; *fam* im Schneckentempo fahren (müssen)

surplis [syʀpli] M ÉGL CATH Chorhemd *n*

surplomb [syʀplõ] M 1 LOC ADJ **en ~** *balcon etc* auskragend; vorspringend; *mur, rocher* überhängend 2 ARCH Auskragung *f*; Überhang *m* (*a.* ALPINISME)

surplomber [syʀplõbe] A V/T **~ qc** in etw (*acc*) hineinragen; etw überragen; **les falaises surplombent la mer** die Steilküste überragt das Meer B V/I *mur* überhängen

surplus [syʀply] M 1 *(excédent)* Überschuss *m*; *(invendus)* Überhang *m*; **~ agricoles** landwirtschaftliche Überschüsse; **~ américains** überzähliges Heeresgut der amerikanischen Streitkräfte *(das verkauft wird)* 2 LOC ADV **au ~** im Übrigen

surpopulation [syʀpɔpylasjõ] F a *d'un pays* Überbevölkerung *f* b *des prisons* Überbelegung *f*; Überfüllung *f*

surprenant [syʀpʀənɑ̃] ADJ überraschend; erstaunlich; verwunderlich; **il est ~ que …** (*+subj*) es ist überraschend, dass …

surprendre [syʀpʀɑ̃dʀ] ‹→ prendre› A V/T 1 *(étonner)* überraschen; erstaunen; **voilà qui surprendra bien des gens** da wird sich mancher wundern; ♦ **être surpris** überrascht sein, sich wundern (**que …** *+subj* dass …; **de** *+inf* zu *+inf*); **être agréablement surpris** angenehm überrascht sein; **j'ai été surpris de** *ou* **par ce résultat** dieses Ergebnis hat mich überrascht; *st/s ou iron* **vous m'en voyez surpris** Sie sehen mich überrascht 2 *voleur etc* überraschen; (auf frischer Tat) ertappen; erwischen; *l'irritation etc de qn* bemerken; wahrnehmen; **~ un secret** (zufällig) hinter ein Geheimnis kommen; **~ un élève en train de copier** e-n Schüler beim Abschreiben ertappen, erwischen 3 *ennemi* überrumpeln; überfallen; **~ qn (chez lui)** j-n (mit s-m Besuch) überraschen; j-n überraschend, unangemeldet besuchen; *fam* j-n überfallen; j-m ins Haus fallen; bei j-m hereinplatzen; **être surpris par la pluie** vom Regen überrascht werden B V/PR **se ~ à faire qc** sich dabei ertappen, dass man etw tut

surpression [syʀpʀesjõ] F TECH Überdruck *m*

surpris [syʀpʀi] PP → surprendre

surprise [syʀpʀiz] F 1 *(étonnement)* Überraschung *f*; Verwunderung *f*; Befremden *n*; **exclamation** *f* **de ~** Ausruf *m* der Überraschung; *loc adv*: **à ma grande ~** zu meiner großen Überraschung; **à la ~ de tous** zur allgemeinen Überraschung; **avec ~** überrascht; mit Verwunderung, Befremden; **avoir la ~ de** (*+inf*) überrascht sein zu (*+inf*); **rester muet de ~** vor Überraschung stumm bleiben 2 *(chose inattendue)* Überraschung *f* (*a. cadeau*); **~ (dés)agréable** (un)angenehme Überraschung; **bonne, mauvaise ~** freudige, böse Überraschung; *loc adv* **par ~** überraschend; **attaquer qn par ~** j-n überfallen, überrumpeln; *voyage, discours* **sans ~** ohne Überraschungen; **aller de ~ en ~** aus dem Staunen nicht herauskommen; **je t'ai apporté une petite ~** ich habe e-e kleine Überraschung für dich; **c'est une ~** das soll e-e Überraschung sein; **faire une ~ à qn** j-n (mit e-m Geschenk *etc*) überraschen 3 ADJT ‹*pl* **~s** *od inv*› *visite, voyage* überraschend; unerwartet; **attaque** *f* **~** Überraschungsangriff *m*; **grève** *f* **~** nicht angekündigter Streik; **pochette** *f* **~** Wundertüte *f*

surprise-partie [syʀpʀizpaʀti] F ‹*pl* surprises-parties› Party *f*

surproduction [syʀpʀɔdyksjõ] F ÉCON Überproduktion *f*; **surproduire** V/T ‹→ conduire› ÉCON überproduzieren; zuviel produzieren; **surpuissant** ADJ *moteur* superstark

surréalisme [sy(ʀ)ʀealism] M Surrealismus *m*; **surréaliste** A ADJ surrealistisch B M/F Surrealist(in) *m(f)*

surrégénérateur [sy(ʀ)ʀeʒeneʀatœʀ] M → surgénérateur

surrénal [sy(ʀ)ʀenal] ADJ ‹-aux› ANAT **glandes** *ou* **capsules ~es** Nebennieren *fpl*

sursaturé [syʀsatyʀe] ADJ PHYS, CHIM übersättigt (*fig* **de** mit); **sursaturer** V/T PHYS, CHIM übersättigen

sursaut [syʀso] M 1 *d'une personne* Zusammenzucken *n*; Aufschrecken *n*; **avoir, faire un ~** → sursauter; *fig* **avoir un ~ d'énergie** sich noch einmal zusammenreißen, e-n Ruck geben; **se réveiller en ~** aus dem Schlaf auf-, hoch-, emporfahren 2 *de colère* Ausbruch *m*; *a. de fierté* Auflodern *n*

sursauter [syʀsote] V/I zusammenfahren, -schrecken, -zucken; auf-, hochfahren, -schrecken; **faire ~ qn** j-n zusammenfahren *etc* lassen

surseoir [syʀswaʀ] V/T INDIR ‹je sursois, il sursoit, nous sursoyons; je sursoyais; je sursis; je surseoirai; que je sursoie; sursoyant; sursis› JUR **~ à** aufschieben; aussetzen; **~ à l'exécution** die Vollstreckung aufschieben, aussetzen

sursis [syʀsi] M 1 JUR **~ (à l'exécution des peines)** Strafaussetzung *f* zur Bewährung; **six mois de prison avec ~** sechs Monate Gefängnis mit Bewährung 2 MIL **~ (d'incorporation)** Zurückstellung *f* (vom Wehrdienst) 3 *(répit)* Aufschub *m*; Gnaden-, Galgenfrist *f*; **un mort en ~** ein Todeskandidat *m*

sursitaire [syʀsitɛʀ] M MIL (vom Wehrdienst) Zurückgestellte(r) *m*

surtaxe [syʀtaks] F ADMIN (Steuer- *ou* Gebühren)Zuschlag *m*; *d'une lettre* Nachgebühr *f*; *fam* Strafporto *n*; **surtaxer** V/T ADMIN mit e-m Steuer- *ou* Gebührenzuschlag belegen

surtension [syʀtɑ̃sjõ] F ÉLEC Überspannung *f*

surtout [syʀtu] A ADV vor allem; vor allen Dingen; besonders; **~ ne fais pas ça!** tu das bloß, ja nicht!; *loc conj fam* **~ que** besonders da; zumal B M Tafelaufsatz *m*

surveillance [syʀvɛjɑ̃s] F 1 Aufsicht *f*; Überwachung *f*; Beaufsichtigung *f*; **~ électronique** elektronische Überwachung; **la ~ d'un groupe** die Aufsicht über e-e Gruppe; die Beaufsichtigung e-r Gruppe; *loc adv*: **sans ~** unbeaufsichtigt; ohne Aufsicht; **sous la ~ de qn** unter j-s Aufsicht (*dat*); **sous ~ médicale** unter ärztlicher Aufsicht, Überwachung, Kontrolle; **être placé sous la ~ de la police** unter Polizeiaufsicht stehen; **échapper à la ~ de qn** j-s Wachsamkeit (*dat*) entgehen; **exercer une ~**

discrète sur qn j-n diskret überwachen; **tromper la ~ de qn** j-n täuschen, obwohl er aufpasst; j-n überlisten **2** *en France* **Direction** *f* **de la ~ du territoire** (*abr* **DST**) Spionageabwehrdienst *m*; Geheimdienst *m*

surveillant [syʀvɛjɑ̃], **surveillante** **1** M,F Aufseher(in) *m(f)*; Aufsichtsperson *f*, *fonctionnaire* -beamte(r) *m*, -beamtin *f*; Aufsicht *f*; *péj* Aufpasser(in) *m(f)* **2** M,F *d'un collège* Beauftragte(r) *m/f(m)*, Verantwortliche(r) *m/f(m)* für Ordnung und Disziplin; *jusqu'en 1970* **surveillant, surveillante général(e)** Vorgesetzte(r) *m/f(m)* der „Surveillants" mit zusätzlichen Verwaltungsaufgaben **3** F MÉD Stations-, Oberschwester *f*

surveillé [syʀveje] ADJ JUR: **éducation ~e** Fürsorgeerziehung *f*; **liberté ~e** Freilassung *f* mit Bewährungsaufsicht; **être, mettre** *ou* **placer en résidence ~e** unter Hausarrest stehen, stellen

surveiller [syʀveje] **A** V/T überwachen; beaufsichtigen; die Aufsicht führen über (*+acc*); SPORTS *adversaire* bewachen; **~ un enfant** ein Kind beaufsichtigen; **~ son langage, sa ligne, sa santé** auf s-e Sprache, Linie, Gesundheit achten; **~ des travaux** Arbeiten überwachen, beaufsichtigen; **~ de près** streng, scharf überwachen **B** V/PR **se ~** *son langage, ses manières* sich in Acht nehmen; *son poids* auf s-e Linie achten

survenir [syʀvəniʀ] V/I (→ venir) *personne* (unerwartet, unvermutet) kommen, erscheinen, *fam* auftauchen; *incident* sich (unerwartet, plötzlich) ereignen; *changement* (unerwartet, plötzlich) eintreten; **quand survint la mort de son père** als sein Vater starb

survêtement [syʀvɛtmɑ̃] M Trainingsanzug *m*

survie [syʀvi] F **1** Überleben *n* **2** REL Fort-, Weiterleben *n* nach dem Tode

survirer [syʀviʀe] V/I AUTO übersteuern

survivance [syʀvivɑ̃s] F Relikt *n*; Überbleibsel *n*

survivant [syʀvivɑ̃] **A** ADJ überlebend; JUR **l'époux ~** der überlebende Ehegatte; der Hinterbliebene **B** SUBST **~(e)** *m(f)* Überlebende(r) *m/f(m)*

survivre [syʀvivʀ] (→ vivre) **A** V/T INDIR *et* V/I überleben; **~ à qn, à qc** j-n, etw überleben, überdauern; **~ à un accident** e-n Unfall überleben, lebend überstehen; *coutume* **~ jusqu'à nos jours** bis heute überdauern **B** V/PR **se ~** **1** weiterleben (**dans ses enfants** in s-n Kindern) **2** *péj* sich (selbst) überleben

survol [syʀvɔl] M Überfliegen *n*

survoler [syʀvɔle] V/T **1** überfliegen; fliegen über (*+acc*) **2** *fig texte* überfliegen; *question* flüchtig streifen

survoltage [syʀvɔltaʒ] M ÉLEC Überspannung *f*

survolté [syʀvɔlte] ADJ *fig* übererregt; fieberhaft erregt; **atmosphère, ville ~e** hektische Atmosphäre, Stadt

survolter [syʀvɔlte] V/T ÉLEC die Spannung erhöhen (*+gén*); hinauftransformieren

sus[1] [sy] → savoir[1]

sus[2] [sy(s)] ADV *st/s* **courir ~ à l'ennemi** auf den Feind losgehen; *loc adv litt* **en ~** obendrein; *loc prép* ADMIN **en ~ de** zusätzlich zu (*+dat*)

susceptibilité [syseptibilite] F Empfindlichkeit *f*; **être d'une grande ~** sehr empfindlich sein

susceptible [sysɛptibl] ADJ **1** *personne* empfindlich; leicht verletzbar, gekränkt **2** **être ~ de** (*+inf*) fähig, imstande, *chose a.* geeignet sein zu (*+inf*); **~ d'être amélioré** verbesserungsfähig; **une proposition ~ de vous intéresser** ein Vorschlag, der Sie interessieren könnte; **il est ~ de vous aider** er kann Ihnen eventuell, wahrscheinlich helfen

susciter [sysite] V/T *admiration, intérêt, scandale, ennuis* hervorrufen; erregen; auslösen; *litt ennemis* schaffen

suscription [syskʀipsjõ] F ADMIN Aufschrift *f*

susdit [sy(s)di] JUR **A** ADJ oben genannt **B** SUBST **~(e)** *m(f)* Obengenannte(r) *m/f(m)*

sushi [suʃi] M CUIS Sushi *n*

susmentionné [sy(s)mɑ̃sjɔne] ADJ ADMIN oben erwähnt; **susnommé** ADMIN **A** ADJ oben genannt **B** SUBST **~(e)** *m(f)* Obengenannte(r) *m/f(m)*

suspect [syspɛ(kt)] **A** ADJ (suspecte [-pɛkt]) verdächtig (**de qc** e-r Sache [*gén*]); suspekt; **être ~ à qn** j-m verdächtig vorkommen, erscheinen; **se rendre ~** sich verdächtig machen **B** SUBST **~(e)** *m(f)* Verdächtige(r) *m/f(m)*

suspecter [syspɛkte] V/T *personne* verdächtigen; im Verdacht haben; *l'honnêteté de qn* anzweifeln; in Zweifel ziehen; **~ qn à tort** j-n zu Unrecht verdächtigen; **être suspecté de** (*+inf*) verdächtigt werden, im Verdacht stehen zu (*+inf*)

suspendre [syspɑ̃dʀ] V/T (→ rendre) **1** (*accrocher*) aufhängen; **~ une lampe au plafond** e-e Lampe an die Decke hängen, an der Decke aufhängen; **~ qc à, par un crochet** etw an e-n Haken hängen, an e-m Haken aufhängen; **être suspendu à une branche** an e-m Ast hängen; *fig* **être suspendu aux lèvres de qn** an j-s Lippen, Mund (*dat*) hängen **2** (*interrompre*) *séance, travaux* unterbrechen; *négociations a.* aussetzen; *hostilités, paiements* (vorübergehend) einstellen **3** **a** *fonctionnaire* (vom Dienst) suspendieren; (einstweilen, vorläufig) s-s Amtes entheben; beurlauben **b** *journal* (vorläufig) verbieten; *droits* (vorläufig) außer Kraft setzen, aufheben; *permis de conduire* (vorläufig) einziehen

suspendu [syspɑ̃dy] ADJ **1** hängend, aufgehängt (**à, par** an *+dat*); **les jardins ~s de Babylone** die Hängenden Gärten der Semiramis, zu Babylon; **lampe ~e au plafond** an, von der Decke hängende Lampe; **pont ~** Hängebrücke *f*; **~ dans le vide** über dem Abgrund hängend, schwebend **2** TECH **voiture bien, mal ~e** gut, schlecht gefederter Wagen

suspens [syspɑ̃] LOC ADJ **en ~** *affaire, question* in der Schwebe; unentschieden; offen; *travail* nicht abgeschlossen; unerledigt; **être, rester en ~** in der Schwebe sein, bleiben; offen sein; offenbleiben; **laisser en ~** in der Schwebe lassen; offenlassen; *question a.* im Raum stehen lassen; *projet* zurückstellen

suspense[1] [syspɛns] M *dans un film etc* Spannung *f*; **film** *m* **à ~** Thriller *m*

suspense[2] [syspɑ̃s] F ÉGL CATH Suspension *f*

suspenseur [syspɑ̃sœʀ] M BOT Embryoträger *m*

suspension [syspɑ̃sjõ] F **1** TECH Aufhängung *f*; *d'un véhicule a.* Federung *f*; **~ à roues indépendantes** Einzelradaufhängung *f* **2** CHIM Suspension *f*; Aufschwemmung *f*; **en ~** CHIM suspendiert; *par ext poussière* schwebend **3** (*lustre*) Hängelampe *f* **4** *d'une séance, d'un travail* Unterbrechung *f*; Aussetzung *f*; *des paiements* Einstellung *f*; MIL **~ d'armes** Waffenruhe *f*; JUR **~ d'audience** Unterbrechung, Aussetzung der Verhandlung **5** **a** *d'un fonctionnaire, maire* Suspendierung *f*; vorläufige Dienstenthebung **b** **~ du permis de conduire** Führerscheinentzug *m* **6** GRAM **points** *mpl* **de ~** Auslassungspunkte *mpl*

suspentes [syspɑ̃t] FPL *d'un ballon* Auslaufleinen *fpl*; *d'un parachute* Fangleinen *fpl*

suspicieux [syspisjø] *litt* ADJ (-euse) argwöhnisch

suspicion [syspisjõ] *st/s* F Argwohn *m*; **avoir de la ~ à l'égard de qn** j-n beargwöhnen, verdächtigen

Susten [systɛn] GÉOG **le col du ~** der Sustenpass

sustentation [systɑ̃tasjõ] F AVIAT Auftrieb *m*; **plan** *m* **de ~** Tragfläche *f*; **train** *m* **à ~ magnétique** Magnet(schwebe)bahn *f*; Transrapid *m*

sustenter [systɑ̃te] V/PR *plais* **se ~** sich stärken; sich nähren

susurrer [sysyʀe] V/T *et* V/I flüstern; wispern

sut, sût [sy] → savoir[1]

suture [sytyʀ] F MÉD Naht *f*; **point** *m* **de ~** Stich *m*; Einzelnaht *f*

suturer [sytyʀe] V/T MÉD *plaie* (ver)nähen; *bords d'une plaie* zusammennähen

Suzanne [syzan] F *Vorname*

suzerain [suzʀɛ̃] M, **suzeraine** F HIST Lehnsherr(in) *m(f)*

suzeraineté [syzʀɛnte] F **1** HIST Lehnsherrlichkeit *f* **2** POL Suzeränität *f*

svastika [svastika] M Swastika *f*; (*croix gammée*) Hakenkreuz *n*

svelte [svɛlt] ADJ schlank; **sveltesse** F Schlankheit *f*

S.V.P. ABR (s'il vous plaît) bitte

SVT [ɛsvete] FPL ABR (sciences de la vie et de la Terre) ÉCOLE *correspond à* Biologie *f* und Erdkunde *f*

Swaziland [swazilɑ̃d] **le ~** Swasiland *n*

sweater [switœʀ] M Strickjacke *f*

sweat-shirt [switʃœʀt] M (*pl* **sweat-shirts**) Sweatshirt *n*

sweepstake [swipstɛk] M mit e-m Pferderennen kombinierte Lotterie

swing [swiŋ] M **1** MUS Swing *m* **2** BOXE Schwinger *m*; GOLF Schwung *m*

swinguer [swiŋge] V/I **1** MUS swingen **2** *fam fig* **ça swingue** *fam* es herrscht e-e Bombenstimmung

sybarite [sibaʀit] *litt* M Genießer *m*; *litt* Sybarit *m*

sycomore [sikɔmɔʀ] M BOT **a** *figuier* Sykomore *f* **b** *érable* Bergahorn *m*

Sydney [sidnɛ] GÉOG Sydney *n*

syllabe [si(l)lab] F Silbe *f*; **mot** *m* **de deux ~s** zweisilbiges Wort; **par ~s** silbenweise

syllabique [si(l)labik] ADJ Silben...; silbisch; syllabisch; **écriture** *f* **~** Silbenschrift *f*; **vers** *m* **~** durch die Zahl der Silben bestimmter Vers

syllabisme [si(l)labism] M LING Silbenschrift (-system) *f(n)*

syllogisme [si(l)lɔʒism] M PHIL Syllogismus *m*

sylphe [silf] M MYTH Sylphe *m*; Luftgeist *m*; **sylphide** F *litt* Sylphide *f*; Sylphe *f*

Sylvain [silvɛ̃] M *Vorname*

sylvestre [silvɛstʀ] ADJ Wald...

sylvicole [silvikɔl] ADJ Forst...; forstwirtschaftlich

sylviculteur [silvikyltœʀ] M *correspond à* Forstwirt *m*; **sylviculture** F Forstwirtschaft *f*

Sylvie [silvi] F *Vorname*

symbiose [sɛ̃bjoz] F BIOL, *fig* Symbiose *f*; **vivre en ~** in Symbiose leben

symbole [sɛ̃bɔl] M **1** Symbol *n* (*a. personne*); Sinnbild *n*; **la colombe est le ~ de la paix** die Taube ist das Symbol des Friedens **2** MATH, CHIM Symbol *n*; Zeichen *n* **3** REL Glaubensbekenntnis *n*; **le Symbole des apôtres** das Apostolische Glaubensbekenntnis

symbolique [sɛ̃bɔlik] **A** ADJ **1** symbolisch; sinnbildlich; **signification** *f* **~** symbolische Be-

S

deutung 2 *(sans valeur réelle)* symbolisch; **un geste purement ~** e-e rein symbolische Geste B F Symbolik *f*

symboliser [sɛ̃bɔlize] V/T 1 *(représenter par un symbole)* sinnbildlich, symbolisch darstellen (**par** durch) 2 *(être le symbole de)* versinnbildlichen; symbolisieren

symbolisme [sɛ̃bɔlism] M 1 Symbolik *f*; symbolische Bedeutung 2 LITTÉRATURE Symbolismus *m*; **symboliste** LITTÉRATURE A ADJ symbolistisch B M/F Symbolist(in) *m(f)*

symétrie [simetʀi] F Symmetrie *f* (*a.* MATH); Gleichmaß *n*; symmetrische Anordnung; *de deux situations* Gleichheit *f*

symétrique [simetʀik] ADJ symmetrisch (**de** zu)

sympa [sɛ̃pa] ADJ ⟨inv⟩ *fam* ABR → sympathique A 1

sympathie [sɛ̃pati] F Sympathie *f*; Zuneigung *f*; **témoignage** *m* **de ~** *dans le malheur* (Beweis *m* der) Anteilnahme *f*; *dans la joie* Glückwunsch *m*; *projet* **accueillir avec ~** günstig aufnehmen; **avoir la ~ de qn** j-s Sympathie(n) haben; **avoir, ressentir de la ~ pour qn** für j-n Sympathie, Zuneigung empfinden; *condoléances* **croyez à toute ma ~** seien Sie meiner herzlichen Anteilnahme versichert; **inspirer la ~** sympathisch sein; **montrer, témoigner de la ~ à qn** j-m Zuneigung, Anteilnahme entgegenbringen

sympathique [sɛ̃patik] A ADJ 1 *personne, visage* sympathisch; **accueil** *m* **~** freundlicher Empfang; **ambiance** *f* **~** gemütliche, nette Stimmung; **geste** *m* **~** freundliche Geste; **soirée** *f* **~** gemütlicher, netter Abend; **avoir l'air ~** sympathisch aussehen; **être ~ à qn** j-m sympathisch sein 2 **encre** *f* **~** sympathetische, unsichtbare Tinte 3 ANAT sympathisch B M ANAT (**grand**) **~** Sympathikus *m*

sympathisant [sɛ̃patizɑ̃] POL A ADJ sympathisierend B SUBST **~(e)** *m(f)* Sympathisant(in) *m(f)*; **~ communiste** Sympathisant der Kommunisten

sympathiser [sɛ̃patize] V/I sympathisieren (**avec qn** mit j-m); **ils ont tout de suite sympathisé** sie waren sich gleich sympathisch

symphonie [sɛ̃fɔni] F 1 MUS Sinfonie *ou* Symphonie *f* 2 *fig et litt* **~ de couleurs** Farbensinfonie *f*

symphonique [sɛ̃fɔnik] ADJ sinfonisch *ou* symphonisch; Sinfonie… *ou* Symphonie…; **concert** *m* **~** Sinfoniekonzert *n*; **orchestre** *m* **~** Sinfonieorchester *n*; **poème** *m* **~** sinfonische Dichtung

symphoniste [sɛ̃fɔnist] M/F Sinfoniker(in) *ou* Symphoniker(in) *m(f)*

symposium [sɛ̃pozjɔm] M Symposion *n*; Symposium *n*

symptomatique [sɛ̃ptɔmatik] ADJ MÉD, *fig* symptomatisch (**de** für)

symptomatologie [sɛ̃ptɔmatɔlɔʒi] F MÉD Symptomatologie *f*

symptôme [sɛ̃ptom] M 1 MÉD Symptom *n* 2 *fig* Anzeichen *n*; Symptom *n*

synagogue [sinagɔg] F Synagoge *f*

synapse [sinaps] F ANAT, BIOL Synapse *f*

synchro [sɛ̃kʀo] F → synchronisation

synchrone [sɛ̃kʀon] ADJ synchron; gleichlaufend; ÉLEC **moteur** *m* **~** Synchronmotor *m*

synchronie [sɛ̃kʀɔni] F LING Synchronie *f*

synchronique [sɛ̃kʀɔnik] ADJ 1 synchronistisch; **tableau** *m* **~** synchronoptische Tabelle 2 LING synchronisch

synchronisation [sɛ̃kʀɔnizasjõ] F Synchronisierung *f*, Synchronisation *f* (*a.* TECH)

synchronisé [sɛ̃kʀɔnize] ADJ synchronisiert; AUTO (**boîte** *f* **de**) **vitesses ~es** Synchrongetriebe *n*; **feux de signalisation ~s** grüne Welle

synchroniser [sɛ̃kʀɔnize] V/T synchronisieren (*a.* TECH, *son et images d'un film*); zeitlich aufeinander abstimmen; **synchroniseur** M 1 ÉLEC Synchronisiervorrichtung *f*; Taktgeber *m* 2 AUTO Gleichlauf *m* *(Vorrichtung)*;

synchronisme M Synchronismus *m*; zeitliches Zusammentreffen; TECH *a.* Gleichlauf *m*

synclinal [sɛ̃klinal] M ⟨*pl* -aux⟩ GÉOL Synkline *ou* Synklinale *f*; Mulde *f*

syncopal [sɛ̃kɔpal] ADJ ⟨-aux⟩ synkopisch

syncope [sɛ̃kɔp] F 1 MÉD Synkope *f* (*t/t*); **avoir une ~** ohnmächtig, bewusstlos werden; **tomber en ~** in Ohnmacht fallen 2 MUS Synkope *f*

syncopé [sɛ̃kɔpe] ADJ MUS synkopiert; **syncoper** V/T MUS synkopieren

syncrétisme [sɛ̃kʀetism] M REL, PHIL Synkretismus *m*

syndic [sɛ̃dik] M 1 *de copropriété* Verwalter *m* 2 JUR *de faillite* Konkursverwalter *m*

syndical [sɛ̃dikal] ADJ ⟨-aux⟩ 1 gewerkschaftlich; Gewerkschafts…; **action ~e** gewerkschaftliche Aktion; **délégué ~** Gewerkschaftsvertreter *m* *(in Betrieben)*; **leader ~** Gewerkschaftsführer *m*; **revendications ~es** gewerkschaftliche Forderungen *fpl*; **tarif ~** Verbandstarif *m* 2 **chambre ~e** Arbeitgeberverband *m*

syndicalisation [sɛ̃dikalizasjõ] F gewerkschaftliche Organisierung; **taux** *m* **de ~** Quote *f*, Zahl *f* der gewerkschaftlich Organisierten

syndicaliser [sɛ̃dikalize] V/T gewerkschaftlich organisieren

syndicalisme [sɛ̃dikalism] M 1 *mouvement* Gewerkschaftsbewegung *f*; Syndikalismus *m* 2 *activité* gewerkschaftliche Betätigung; **faire du ~** aktives Mitglied e-r Gewerkschaft sein

syndicaliste [sɛ̃dikalist] A ADJ gewerkschaftlich; **mouvement** *m* **~** Gewerkschaftsbewegung *f* B M/F Gewerkschaft(l)er(in) *m(f)*

syndicat [sɛ̃dika] M 1 *de salariés* Gewerkschaft *f*; *par ext (association)* Verband *m*; Syndikat *n*; **~ agricole** Bauernverband *m*; **~ ouvrier** Arbeitergewerkschaft *f*; **~ patronal** Arbeitgeberverband *m*; **~ du crime** Verbrechersyndikat *n* 2 COMM **~ financier** Finanzkonsortium *n*; ADMIN **~ intercommunal** Zweckverband *m* von Gemeinden 3 **~ d'initiative** Fremdenverkehrsamt *n*; Verkehrsverein *m*

syndiqué [sɛ̃dike] A ADJ gewerkschaftlich organisiert B SUBST **~(e)** *m(f)* Gewerkschaftsmitglied *n*; Gewerkschaft(l)er(in) *m(f)*

syndiquer [sɛ̃dike] A V/T gewerkschaftlich organisieren B V/PR **se ~** 1 *salariés* sich gewerkschaftlich organisieren, zusammenschließen 2 *adhérer* e-r Gewerkschaft *(dat)* beitreten

syndrome [sɛ̃dʀom] M MÉD Syndrom *n*

synecdoque [sinɛkdɔk] F RHÉT Synekdoche *f*

synergie [sinɛʀʒi] F Synergie *f*; Zusammenwirken *n*; **synergique** ADJ synergetisch

synesthésie [sinɛstezi] F Synästhesie *f*

synode [sinɔd] M ÉGL Synode *f*

synonyme [sinɔnim] A ADJ synonym; sinnverwandt; **être ~ de** ein Synonym sein von; sinnverwandt sein mit; *fig* gleichbedeutend sein mit; als ein Synonym gelten für B M Synonym *n*

synonymie [sinɔnimi] F Synonymie *f*; Sinnverwandtschaft *f*; **synonymique** ADJ synonymisch; Synonym…

synopsis [sinɔpsis] M *ou* F CINÉMA Exposee *n*

synoptique [sinɔptik] ADJ synoptisch; übersichtlich zusammengestellt; **tableau** *m* **~** Übersichtstafel *f*; Tabelle *f*

synovie [sinɔvi] F ANAT Gelenkschmiere *f*; MÉD **épanchement** *m* **de ~** (seröser) Gelenkerguss

syntagmatique [sɛ̃tagmatik] ADJ LING syntagmatisch

syntagme [sɛ̃tagm] M LING Syntagma *n*

syntaxe [sɛ̃taks] F GRAM Syntax *f*; Satzlehre *f*

syntaxique [sɛ̃taksik] ADJ GRAM syntaktisch

synthèse [sɛ̃tɛz] F 1 Synthese *f* (*a.* PHIL); Zusammenfassung *f*; Gesamtschau *f*; **avoir l'esprit de ~** in Zusammenhängen denken 2 CHIM Synthese *f*; **produit** *m* **de ~** Syntheseprodukt *n*; **faire la ~ de** synthetisch her-, darstellen

synthétique [sɛ̃tetik] ADJ 1 synthetisch; **méthode** *f* **~** synthetische Methode 2 CHIM synthetisch; Synthese…; Kunst…; künstlich hergestellt; **fibres** *fpl* **~s** Kunst-, Chemiefasern *fpl*; synthetische Fasern *fpl*; **résine** *f* **~** Kunstharz *n*

synthétiser [sɛ̃tetize] V/T zu e-r Synthese zusammenfassen

synthétiseur [sɛ̃tetizœʀ] M MUS Synthesizer *m*; **~ de parole** Sprachsynthesizer *m*

syphilis [sifilis] F MÉD Syphilis *f*

syphilitique [sifilitik] A ADJ syphilitisch; *personne* syphiliskrank B M/F Syphilitiker(in) *m(f)*

Syracuse [siʀakyz] GÉOG Syrakus *n*

syriaque [siʀjak] ADJ HIST, LING **langue** *f* **~** syrische Sprache

Syrie [siʀi] **la ~** Syrien *n*

syrien [siʀjɛ̃] A ADJ ⟨~ne⟩ syrisch B SUBST **Syrien(ne)** *m(f)* Syrer(in) *m(f)*

systématique [sistematik] ADJ 1 *(méthodique)* systematisch; **avoir l'esprit ~** systematisch denken 2 *péj (constant)* systematisch; beharrlich; hartnäckig; **refus** *m* **~** hartnäckige Weigerung; **apporter un soutien ~ à qn, qc** j-n, etw bedingungslos unterstützen; **faire de l'opposition ~** systematisch Opposition treiben, opponieren

systématiquement [sistematikmɑ̃] ADV systematisch; **procéder ~** systematisch vorgehen; **refuser ~** hartnäckig ablehnen

systématisation [sistematizasjõ] F Systematisierung *f*; **systématiser** A V/T systematisieren; in ein System bringen B V/I *péj* alles nach Systemen (ein)ordnen wollen

système [sistɛm] M 1 *(doctrine)* System *n*; Lehrgebäude *n*; **~ philosophique** philosophisches System; *péj* **esprit** *m* **de ~** Systemdenken *n*; Dogmatismus *m* 2 MATH, PHYS, ASTRON System *n*; **~ métrique** metrisches System; **~ planétaire, solaire** Planeten-, Sonnensystem *n*; **~ de coordonnées** Koordinatensystem *n* 3 *(organisation)* System *n*; Form *f*; POL *a.* Regime *n*; **~ économique** Wirtschaftssystem *n*, -form *f*; **~ électoral** Wahlsystem *n*; **~ politique** politisches System; Regime *n*; **~ social** Gesellschaftssystem *n*; **~ d'enseignement, de gouvernement** Unterrichts-, Regierungssystem *n*; **à bas le ~!** nieder mit der Regierung! 4 *(méthode) fam* **le ~ D** → D; *d'un avocat* **~ de défense** Verteidigungskonzept *n*; **un bon ~ pour faire fortune** ein gutes System, um reich zu werden; *fam* **je connais le ~** ich weiß Bescheid; *fam* ich hab den Dreh raus 5 ANAT System *n*; **~ nerveux** Nervensystem *n*; *fam* **taper sur le ~ à qn** j-m auf die Nerven, *fam* auf den Geist gehen; *fam* j-m auf den Wecker fallen 6 TECH System *n*; Anlage *f*; Vorrichtung *f*; **~ d'alarme, d'alerte** Alarmanlage *f*; Warnsystem *n*; **~ d'éclairage** Beleuchtungsanlage *f*; **~ de fermeture** Schließvorrichtung *f*; **~ de navigation** Navigationssystem *n*

systémique [sistemik] ADJ systemisch (*a. fig*); *fig a.* systemrelevant

systole [sistɔl] F PHYSIOL Systole *ou* Systole *f*

Szczecin [ʃtʃetsin] GÉOG Stettin *n*

Szeged [segɛd] GÉOG Szegedin *n*

Szombathely [sɔmbateli] GÉOG Steinamanger *n*

T

T, t [te] M ‹*inv*› T, t *n*; TECH **fer** *m* **en T** T-Eisen *n*
t ABR (tonne[s]) t (Tonne[n])
t' [t] → te
ta → ton¹
tabac [taba] M 1 Tabak *m* (*a. plante*); **~ blond, brun** heller, dunkler *ou* schwarzer Tabak; **~ à chiquer, à priser** Kau-, Schnupftabak *m*; (**bureau** *m*, **débit** *m* **de**) **~** Tabakladen *m*; *autrich* (Tabak)Trafik *f*; **bar** *m*, **café** *m* **~** Stehkneipe *f*, Café *n* mit Tabakladen; **paquet** *m* **de ~** Päckchen *n* Tabak; *son médecin* **lui a permis le ~** hat ihm das Rauchen erlaubt 2 *fam* **passage** *m* **à ~** Prügel *pl*; **passer qn à ~** j-n verprügeln; *fam* auf j-n eindreschen 3 *fam* **faire un ~** *fam* e-n Riesen-, Bombenerfolg haben 4 MAR **coup** *m* **de ~** Sturm *m* 5 ADJT ‹*inv*› tabakfarben
tabagie [tabaʒi] F verräucherte Bude; **tabagique** ADJ MÉD Nikotin...; **tabagisme** M Nikotinsucht *f*; *t/t* Nikotinismus *m*
tabasco® [tabasko] M CUIS Tabasco® *m*; Tabascosoße *f*
tabassée [tabase] F *fam* Tracht *f* Prügel; Dresche *f*; **tabasser** *fam* A V/T verprügeln; *fam* verdreschen B V/PR **se ~** sich prügeln
tabatière [tabatjɛʀ] F 1 Tabaksdose *f* 2 CONSTR **châssis** *m* **à ~** liegendes Dachfenster
tabellion [tabeljõ] *iron* M Notar *m*
tabernacle [tabɛʀnakl] M 1 ÉGL CATH Tabernakel *m ou n* 2 REL JUIVE **Fête** *f* **des Tabernacles** Laubhüttenfest *n*
tablature [tablatyʀ] F MUS Tabulatur *f*
table [tabl] F 1 *meuble* Tisch *m*; **~ basse** Couchtisch *m*; **~ pliante** Klapptisch *m*; **~ à dessin, à ouvrage, à rallonges, à repasser** Zeichen-, Näh-, Ausziehтisch, Bügeltisch *m*; **~ de billard, de camping** Billard-, Campingtisch *m*; **~ de cuisine, de jardin, de jeu** Küchen-, Garten-, Spieltisch *m*; **~ de nuit, de chevet** Nachttisch *m*, -schränkchen *n*; **~ d'opération** Operationstisch *m*; **~ de ping-pong** Tischtennisplatte *f*; **~ de travail** Arbeitstisch *m*; *fig* **faire ~ rase** Tabula rasa, reinen Tisch machen 2 *destinée aux repas* (Ess)Tisch *m*; Tafel *f*; **linge** *m* **de ~** Tischwäsche *f*; **à ~!** bitte zu Tisch!; **être à ~** bei Tisch sitzen; **dresser la ~** den Tisch festlich decken; **se lever de ~, quitter la ~, sortir de ~** vom Tisch, vom Essen aufstehen; **mettre la ~** den Tisch decken; **se mettre à ~** a sich zu Tisch setzen b *fam fig* (*avouer*) *fam* auspacken; singen; **passer à ~** zu Tisch gehen 3 (*chère*) Essen *n*; **plaisirs** *mpl* **de la ~** Tafelfreuden *fpl* 4 (*tablée*) Tischgesellschaft *f*; Tafelrunde *f*; *fig* **~ ronde** runder Tisch; Gespräch *n*, Konferenz *f* am runden Tisch; Diskussions-, Gesprächsrunde *f*; **Chevaliers** *mpl* **de la ~ ronde** Tafelrunde des Königs Artus 5 (*surface plane*) Tafel *f*; Platte *f*; CUIS **~ de cuisson** Kochmulde *f*, -feld *n*; MUS **~ d'harmonie** Decke *f* (*e-s Saiteninstruments*); BIBL **Tables de la Loi** Gesetzestafeln *fpl*; **~ d'orientation** Panoramatafel *f* 6 (*tableau*) Tafel *f*; Tabelle *f*; **~ de conversion** Umrechnungstabelle *f*; MATH **~ de logarithmes** Logarithmentafel *f*; **~ des matières** Inhaltsverzeichnis *n*; MATH **~ de multiplication** Einmaleins *n*; *fam* **il sait sa ~ par cœur** er kann das Einmaleins auswendig 7 ÉGL CATH **s'approcher de la sainte ~** zum Tisch des Herrn, zur Kommunion gehen 8 SPIRITISME **~s tournantes** Tischrücken *n*
tableau [tablo] M ‹*pl* ~x› 1 (*peinture*) Gemälde *n*; Bild *n*; **~ (peint) à l'huile** Ölgemälde *n*; **~ de maître** Meistergemälde *n*; **marchand** *m* **de ~x** Bilderhändler *m*; Galerist *m* 2 THÉ **~x vivants** lebende Bilder *npl* 3 *fam fig et péj* **vieux ~** *fam* stark geschminkte alte Schachtel 4 (*spectacle*) Bild *n* (*a.* THÉ); Anblick *m*; **~ idyllique** idyllisches Bild; *fam* **vous voyez d'ici le ~** stellt euch das mal vor; *fam* **pour achever le ~** um das Maß vollzumachen 5 (*description*) Bild *n*; Schilderung *f*; Überblick *m*; **brosser un ~ (rapide) de la situation** e-n kurzen Überblick über die Lage geben 6 (*panneau*) Tafel *f*; Brett *n*; **~ d'affichage** Anschlagtafel *f*; Schwarzes Brett; *dans une gare, un stade etc* Anzeigetafel *f*; AVIAT, AUTO **~ de bord** Armaturen-, Instrumentenbrett *n*; *dans un hôtel* **~ des clés** Schlüsselbrett *n*; ÉLEC **~ de commande** Schalttafel *f*, -brett *n*; CH DE FER: **~ de composition des trains** Wagenstandanzeiger *m*; **~ des départs** *ou* **des arrivées** Anschlagtafel *f* mit den Abfahrts- *ou* Ankunftszeiten 7 ÉCOLE **~ (noir)** (Wand)Tafel *f*; **aller, passer au ~** an die Tafel gerufen werden; abgefragt werden; **passez au ~!** gehen Sie an die Tafel!; **écrire qc au ~** etw an die Tafel schreiben 8 (*table*) Tabelle *f*; Tafel *f*; Übersicht *f*; **~ récapitulatif** zusammenfassende Übersicht; **~ des conjugaisons** Konjugationstabelle *f*; **~ de service** Dienstplan *m*; **sous forme de ~** tabellarisch 9 (*liste*) Liste *f*; **~ d'avancement** Beförderungsliste *f*; ÉCOLE **~ d'honneur** Lob *n* für gute Leistungen (*am Trimesterende*); **~ (de l'ordre) des avocats** Mitgliederliste *f* der Anwaltskammer; **être rayé du ~** aus der Kammer ausgeschlossen werden 10 **~ de chasse** a CH Strecke *f* b *fam fig* Erfolge *mpl* (bei Frauen); *fam* Eroberungen *fpl* 11 *fig* **gagner sur tous les ~x** überall Erfolge verbuchen können; **jouer, miser sur les deux ~x** es mit beiden Seiten halten; es mit keinem verderben wollen
tablée [table] F Tischgesellschaft *f*
tabler [table] V/T INDIR **~ sur qc** auf etw (*acc*) setzen; mit etw rechnen
tablette [tablɛt] F 1 (Schreib)Tafel *f*; **~ de cire** Wachstäfelchen *n*; *fig*: **écrire, inscrire, mettre, noter qc sur ses ~s** sich (*dat*) etw merken; *fam* **rayez cela de vos ~s!** rechnen Sie nicht damit!; *fam* das können Sie abschreiben! 2 INFORM **~ (PC)** Tablet *n*, Tablet PC *m* 3 **~ de chewing-gum** Kaugummistreifen *m*; **~ de chocolat** Tafel *f* Schokolade; Schokoladentafel *f* 4 *au-dessus d'un lavabo etc* (Ablage)Platte *f*; **~ de cheminée** Kaminsims *n ou m* 5 PHARM Pastille *f*, Tablette *f* zum Lutschen
tableur [tablœʀ] M INFORM Tabellen(kalkulations)programm *n*
tablier [tablije] M 1 Schürze *f*; (*blouse*) Kittelschürze *f*; **~ à bavette** Latzschürze *f*; **~ de cuisine** Küchenschürze *f*; **~ d'écolier** Schulkittel *m*; *fam* **ça lui va comme un ~ à une vache** das steht ihm überhaupt nicht; *fig* **rendre son ~** (s-e Stelle) aufgeben 2 *d'un pont* Fahrbahn *f* 3 *d'une cheminée* Verschlussblech *n*; *d'une boutique* **~ de fer** Rollladen *m* aus Stahlblech
tabloïd(e)® [tablɔid] M Zeitung *f* in Kleinformat
tabou [tabu] A ADJ tabu; **un sujet ~** ein Gegenstand, der tabu ist B M Tabu *n*
taboulé [tabule] M *syrisch-libanesisches Couscous-Gericht mit Petersilie, Pfefferminze, Zwiebeln und Tomaten*
tabouret [tabuʀɛ] M Hocker *m*; Schemel *m*; **~ de bar, de cuisine, de piano** Bar-, Küchen-, Klavierhocker *m*
Tabriz [tabʀiz] GÉOG Täbris *n*
tabulaire [tabylɛʀ] ADJ 1 tabellarisch; Tabellen... 2 tafelförmig, -artig
tabulateur [tabylatœʀ] M TECH Tabulator *m*
tabulation [tabylasjõ] **touche** *f* **de ~** Tabulatortaste *f*
tabulatrice [tabylatʀis] F TECH Tabelliermaschine *f*
tac [tak] A INT tack! B M LOC **répondre du ~ au ~** schlagfertig antworten *ou* sein
tache [taʃ] F 1 Fleck *m*; Flecken *m*; **~ d'encre, de graisse, d'humidité, de rouille, de sang** Tinten-, Fett-, Stock-, Rost-, Blutfleck *m*; **avoir, enlever une ~** e-n Fleck(en) haben, entfernen; **faire une ~ à son manteau** sich (*dat*) e-n Fleck(en) in den Mantel machen; *fig*: **faire ~** nicht passen (**dans** in *+acc*); deplatziert wirken; die Harmonie stören; **faire ~ d'huile** sich verbreiten; sich durchsetzen 2 (*tare*) Makel *m*; Schandfleck *m*; REL **~ originelle** Erbsünde *f*; **réputation** *f* **sans ~** makelloser Ruf 3 PEINT Farbfleck *m* 4 *sur le plumage, le poil, la peau* Fleck *m*; **~s de rousseur, de son** Sommersprossen *fpl*; MÉD **~ de vin** Feuermal *n* 5 ANAT **~ jaune** gelber Fleck 6 ASTRON **~s solaires** Sonnenflecken *mpl*
tâche [tɑʃ] F 1 (*devoir*) Aufgabe *f*; *st/s* Obliegenheit *f*; (*travail*) Arbeit *f*; Tätigkeit *f*; Beschäftigung *f*; **accomplir sa ~, s'acquitter d'une ~, remplir une ~** s-e *ou* e-e Aufgabe erfüllen; **il n'a pas la ~ facile** er hat keine leichte Aufgabe 2 LOC ADJ *et* LOC ADV **ouvrier, travail (payé) à la ~** Akkordarbeiter *m*, -arbeit *f*; *fam* **je ne suis pas à la ~** ich lass mich nicht hetzen; *fam* immer mit der Ruhe!; **travailler à la ~** im Akkord, im Stücklohn arbeiten
taché [taʃe] ADJ fleckig; befleckt
tacher [taʃe] A V/T fleckig machen; beflecken; Flecken machen in (*+acc*) *ou* auf (*+acc*); *abs* **le vin rouge tache** Rotwein macht Flecken B V/PR **se ~** 1 *personne* sich fleckig machen; sich (*dat*) die Kleidung beflecken 2 *chose* fleckig werden; Flecken bekommen
tâcher [tɑʃe] V/T **~ de** (*+inf*) sich bemühen zu (*+inf*); versuchen zu (*+inf*); **tâchez de faire mieux** versuchen Sie, mehr *ou* Besseres zu leisten; sehen Sie zu, dass Sie es besser machen; **~ que ...** (*+subj*) zusehen, dass ...
tâcheron [tɑʃʀõ] M 1 *péj* Kuli *m*; Handlanger *m* 2 (*sous-entrepreneur*) kleiner Zwischenunternehmer
tacheté [taʃte] ADJ gefleckt; gesprenkelt; **~ de brun** braun gefleckt, gesprenkelt
tachisme [taʃism] M PEINT Tachismus *m*
Tachkent [taʃkɛnt, -kɛ̃t] GÉOG Taschkent *n*
tachycardie [takikaʀdi] F MÉD Herzjagen *n*; *t/t* Tachykardie *f*; **tachygraphe** M TECH Fahrt(en)schreiber *m*; Tachograf *m*; **tachymètre** M TECH Drehzahlmesser *m*; Tachometer *m ou n*
tacite [tasit] ADJ stillschweigend; **~ reconduction** stillschweigende Verlängerung (*e-s Vertrags*)
taciturne [tasityʀn] ADJ schweigsam; verschlossen; wortkarg; zugeknöpft
tacle [takl] M FOOTBALL Tackling *n*; **~ glissé** Sliding Tackling *n*
tacot [tako] M *fam* (**vieux**) **~** (*vieille voiture*) *fam* Klapperkasten *m*; alte Kiste, Karre
tact [takt] M 1 PHYSIOL Tastsinn *m*; Gefühl *n* 2 *fig* Takt *m*; Feingefühl *n*; **manque** *m* **de ~** Taktlosigkeit *f*; **sans ~** taktlos; **agir avec ~** taktvoll handeln; **avoir du ~** taktvoll sein; Takt, Feingefühl besitzen; **faire preuve de ~** sich taktvoll verhalten; **manquer de ~** den Takt verletzen; taktlos sein
tacticien [taktisjɛ̃] M, **tacticienne** F Taktiker(in) *m(f)*

tactile [taktil] ADJ 1 PHYSIOL Tast… 2 INFORM **écran** *m* ~ Touchscreen *m*; Berührungsbildschirm *m*
tactique [taktik] A ADJ MIL taktisch B F MIL *et par ext* Taktik *f*; POL ~ **électorale** Wahlkampftaktik *f*; **changer de** ~ s-e Taktik ändern
tadjik [tadʒik] A ADJ tadschikisch B MPL **Tadjiks** Tadschiken *mpl*
Tadjikistan [tadʒikistã] **le** ~ Tadschikistan *n*
tadorne [tadɔʀn] M ZOOL Brandente *f*
taekwondo [tekwõdo] M SPORTS Taekwondo *n*
tænia → ténia
taffe [taf] F *fam (bouffée de cigarette)* Zug *m*; **tirer une** ~ (mal) ziehen
taffetas [tafta] M 1 TEXT Taft *m*; **robe** *f* **en** ~ Taftkleid *n* 2 PHARM ~ **gommé** Mullpflaster *n*
tag [tag] M (aufgesprühte) Graffiti *pl*
tagada [tagada] INT → tsoin-tsoin
Tage [taʒ] GÉOG **le** ~ der Tajo
tagète [taʒɛt] M BOT Tagetes *f*
tagliatelles [taljatɛl] FPL CUIS Tagliatelle *pl*
taguer [tage] A V/I Graffiti sprühen B V/T *mur etc* mit Graffiti besprühen; **tagueur** M Sprayer *m*
Tahiti [taiti] Tahiti *n*
tahitien [taisjɛ̃] A ADJ ⟨~ne⟩ von, aus, auf Tahiti B SUBST **Tahitien(ne)** *m(f)* Bewohner(in) *m(f)* von Tahiti
taï chi [tajʃi] M SPORTS Tai-Chi *n*
taie [tɛ] F 1 ~ **(d'oreiller)** Kopfkissenbezug *m* 2 *à l'œil* weißer Hornhautfleck
taïga [taiga] F GÉOG Taiga *f*
taillable [tajabl] ADJ HIST zinspflichtig; *fig* **être** ~ **et corvéable à merci** alles Unangenehme machen müssen; sich *(dat)* alles aufhalsen lassen müssen
taillader [tajade] V/T Schnitte machen in *(+acc)*; *adjt* **avoir le visage tout tailladé** Schnitte im Gesicht, ein zerschnittenes Gesicht haben
taillage [tajaʒ] M TECH 1 *de roues dentées etc* Schneiden *n*; *de limes* Hauen *n* 2 FABRICATION DE TUILES Schneiden *n (in Tonrasplern)*
taillandier [tajãdje] M Werkzeugschmied *m*
taille[1] [taj, tɑj] F 1 *d'une personne* (Körper)Größe *f*; Gestalt *f*; Wuchs *m*; Figur *f*; Statur *f*; *loc adj*: **de haute** ~ groß; hochgewachsen; von hohem Wuchs; **de** ~ **moyenne** mittelgroß; **homme** *m* **de petite, grande** ~ kleiner, großer Mann; **avoir la** ~ **bien prise** e-e gute Figur haben; **avoir la** ~ **requise pour être qc** die erforderliche (Mindest)Größe für etw haben; **être de la même** ~ gleich groß sein; **se redresser de toute sa** ~ sich zu s-r vollen Größe aufrichten 2 *d'une chose* Größe *f*; *a. fig* Bedeutung *f*; *loc adj*: *fam* **de** ~ *fam* gewaltig; Riesen…; *fam* **il est de** ~**, son chapeau** ihr Hut ist ja riesengroß; **de grande, belle** ~ groß; **de la** ~ **de** so groß wie; **de la** ~ **d'une carte postale** in Postkartengröße; **une erreur de cette** ~ ein so großer Fehler *ou* Irrtum 3 *fig* Größe *f*; Format *n*; Fähigkeit *f*; **un stratège de la** ~ **de Napoléon** ein Stratege vom Format Napoleons; **un rôle à sa** ~ e-e ihm entsprechende Rolle; **à la** ~ **de son talent** s-m Talent, s-n Fähigkeiten entsprechend; **il n'est pas de** ~ er ist der Sache nicht gewachsen; dazu ist er nicht fähig; **être de** ~ **à** *(+inf)* imstande, fähig sein zu *(+inf)*; Manns genug sein, um zu *(+inf)* 4 ANAT Taille *f*; ~ **courte, longue** kurzer, langer Oberkörper; **tour** *m* **de** ~ Taillenweite *f*; *loc adj*: *vêtement* **à** ~ **ajustée** auf Taille gearbeitet; tailliert; in der Taille anliegend; **à** ~ **basse** mit tiefer Taille; **avoir la** ~ **fine** e-e schlanke Taille haben; **prendre qn par la** ~**, prendre la** ~ **de qn** j-n um die Taille, um die Hüfte fassen; j-s Taille umfassen; **se tenir par la** ~ sich (gegenseitig) um die Hüfte fassen 5 (Konfektions)Größe *f*; **grande** ~ große Größe; große Weite; ~ **40** *correspond en Allemagne à* Größe 38; **la** ~ **au-dessus** e-e Nummer größer; die nächste Größe; **la** ~ **en dessous** e-e Nummer kleiner; **être à la** ~ **de qn** j-m passen; die richtige Größe für j-n sein
taille[2] [taj, tɑj] F 1 *de la pierre* Behauen *n*; *sculpture* Hauen *n*; *de diamants* Schleifen *n*; Schliff *m*; *du graveur* Stich *m*; Schnitt *m* 2 *d'arbres etc* Beschneiden *n*; Schnitt *m* 3 *d'une épée* Schneide *f* 4 HIST Steuer *f* (der Leibeigenen *ou* der Nichtadligen)
taillé [taje] ADJ 1 *personne* ~ **en athlète** athletisch gebaut; *fig* **être** ~ **pour faire un centenaire** so aussehen, als ob man hundert Jahre alt werden könnte 2 *choses* geschnitten; *pierre* behauen; *diamant* geschliffen; *fig rôle etc* **être** ~ **à la mesure de qn** auf j-n zugeschnitten sein
taille-crayon(s) [tajkʀɛjõ] M ⟨*pl* taille-crayons⟩ Bleistiftspitzer *m*
taille-douce [tajdus] F ⟨*pl* tailles-douces⟩ Kupferstich *m*
tailler [taje] A V/T 1 *étoffe, vêtement* (zu)schneiden; ~ **un crayon** einen Stift spitzen; ~ **des diamants** Diamanten schleifen; ~ **des marches dans la glace** Stufen in das Eis schlagen; ~ **une pierre** einen Stein behauen; ~ **au ciseau** ausmeißeln, -stemmen; ~ **en biseau** schräg schneiden *ou* schleifen; ~ **en pointe** (an-, zu)spitzen 2 *haie etc* beschneiden; stutzen *(a. barbe)* 3 *fig* ~ **une armée en pièces** e-e Armee zerschlagen 4 *fam fig* ~ **une bavette** → bavette 3 B V/I 1 schneiden 2 *vêtement* ~ **grand, petit** groß, klein ausfallen 3 MAR ~ **de l'avant** schnell fahren C V/PR 1 *fig* **se** ~ **la part du lion** sich *(dat)* den Löwenanteil nehmen; **se** ~ **un succès** e-n Erfolg verbuchen 2 *fam* **se** ~ *fam* abhauen; verduften
tailleur [tajœʀ] M 1 (Herren)Schneider *m*; ~ **pour dames** Damenschneider *m*; **être assis en** ~ im Schneidersitz sitzen 2 *costume* (Schneider)Kostüm *n*; Jackenkleid *n*; *suisse* Tailleur *n*; ~ **sport** Sportkostüm *n* 3 ~ **de pierre(s)** Steinhauer *m*; Steinmetz *m*
tailleur-pantalon [tajœʀpãtalõ] M ⟨*pl* tailleurs-pantalons⟩ Hosenanzug *m*
taillis [taji] M Dickicht *n*; Unterholz *n*; Niederwald *m*
tain [tɛ̃] M Spiegelbelag *m*; **glace** *f* **sans** ~ Einwegspiegel *m*
Taipei [taipe] GÉOG Taipeh *n*
taire [tɛʀ] ⟨→ plaire; *aber* il se tait⟩ A *st/s* V/T verschweigen B V/PR **se** ~ *(être silencieux)* schweigen; still sein; *(cesser)* verstummen *(a. choses)*; **se** ~ **sur qc** über etw *(acc)* schweigen; etw für sich behalten; **tais-toi!** halt den Mund!; sei still!; **allez-vous vous taire!** wollt ihr wohl still sein!; **savoir se** ~ schweigen können; *fam* **il a perdu une belle occasion de se** ~ er hätte lieber schweigen, den Mund halten sollen; ♦ **faire** ~ **qn** j-n zum Schweigen bringen; j-n auffordern, ruhig zu sein; j-m Ruhe gebieten; **faites-les** ~ sorgen Sie dafür, dass sie still sind; *fig*: **faire** ~ **l'opposition** die Opposition unterdrücken, mundtot machen; **faire** ~ **les bruits** die Gerüchte zum Verstummen bringen
Taïwan [tajwan] Taiwan *n*
talc [talk] M 1 PHARM (Körper)Puder *m* 2 MINÉR Talkum *n*
talé [tale] ADJ *fruit* angeschlagen; mit Druckstellen
talent [talã] M 1 Talent *n*; *(don)* Gabe *f*; Begabung *f*; ~ **d'organisateur** Organisationstalent *n*; **un écrivain de (grand)** ~ ein (sehr) begabter Schriftsteller; **avoir du** ~ talentvoll, talentiert, begabt sein; *iron* **il a le** ~ **de** *(+inf)* er hat ein Talent zu *(+inf)*; *fam plais* **montrez-nous vos** ~**s** zeigen Sie, was Sie können 2 *(personne douée)* Talent *n*; talentvoller Mensch; **encourager les jeunes** ~**s** die jungen Talente fördern
talentueux [talãtɥø] ADJ ⟨-euse⟩ talentiert; begabt; fähig
taler [tale] V/T *fruit* anschlagen; *faites attention* **de ne pas** ~ **les fruits** dass das Obst keine Druckstellen bekommt
talibans [talibã] MPL POL Taliban *pl*
talion [taljõ] M HIST JUR Talion *f*; *fig* **la loi du** ~ das Gesetz der Wiedervergeltung
talisman [talismã] M Talisman *m*
talkie-walkie [tokiwoki] M ⟨*pl* talkies-walkies⟩ tragbares Funksprechgerät; Walkie-Talkie *n*
talk-show [tɔ(l)kʃo] M ⟨*pl* talk-shows⟩ Talkshow *f*
Talleyrand [talɛʀã, talʀã] *frz Politiker*
Tallinn [talin] GÉOG Tallinn *n*; Reval *n*
Talmud [talmyd] M REL Talmud *m*; **talmudique** ADJ talmudisch
taloche [talɔʃ] F 1 *fam (gifle)* Ohrfeige *f*; → *a.* gifle 1 2 CONSTR Reibebrett *n*
talon [talõ] M 1 ANAT, *d'un bas* Ferse *f*; *all Nord* Hacke *f*; *fig* ~ **d'Achille** Achillesferse *f*; **être sur les** ~**s de qn** j-m auf den Fersen sein; **marcher sur les** ~**s de qn** *(piétiner)* j-m auf die Fersen treten; *(suivre)* j-m auf den Fersen folgen; **montrer, tourner les** ~**s** Fersengeld geben; **dès que je tourne les** ~**s** sobald ich den Rücken wende 2 *de la chaussure* Absatz *m*; *all Nord* Hacke *f*; ~**s aiguilles** Pfennigabsätze *mpl*; **à** ~**s °hauts, plats** mit hohen, flachen Absätzen; *elliptiquement* **°hauts** ~**s** Schuhe *mpl* mit hohen Absätzen; Stöckelschuhe *mpl* 3 *(contraire: entame)* Endstück *n* 4 *d'un chèque etc* Stammabschnitt *m*; Kupon *m* 5 CARTES Talon *m*; Kartenstock *m*
talonnade [talɔnad] F FOOTBALL Absatzkick *m*; **talonnage** M RUGBY Hakeln *n*
talonner [talɔne] V/T 1 ~ **qn** *(poursuivre)* j-m auf den Fersen sein; *fig (harceler)* j-n (be)drängen; j-m zusetzen 2 RUGBY ~ **(le ballon)** hakeln 3 ~ **un cheval** e-m Pferd die Sporen geben *ou* die Fersen in die Weichen stoßen
talonnette [talɔnɛt] F 1 *pour chaussure* Ferseneinlage *f* 2 *du pantalon* Stoßband *n*; **talonneur** M RUGBY Hakler *m*
talquer [talke] V/T mit Talkum einpudern
talus [taly] M Böschung *f*
tamagotchi [tamagɔtʃi] M Tamagotchi *n ou m*
tamanoir [tamanwaʀ] M ZOOL Großer Ameisenbär
tamarin [tamaʀɛ̃] M BOT 1 (Frucht *f* der) Tamarinde *f* 2 Tamariske *f*
tamarinier [tamaʀinje] M BOT Tamarinde *f*
tamaris [tamaʀis] M BOT Tamariske *f*
tambouille [tãbuj] *fam* F Essen *n*; *péj* Fraß *m*; **faire la** ~ kochen
tambour [tãbuʀ] M 1 MUS Trommel *f*; **battre le, du** ~ trommeln; die Trommel schlagen; *fig* **mener l'affaire** ~ **battant** die Sache im Eiltempo erledigen, flink *ou* prompt abwickeln; *fig* **partir sans** ~ **ni trompette** sang- und klanglos verschwinden; heimlich, still und leise verschwinden; *fam fig* **raisonner comme un** ~ ungereimtes Zeug reden 2 *personne* Trommler *m* 3 CONSTR Windfang *m*; **(porte** *f* **à)** ~ Drehtür *f* 4 TECH *d'un lave-linge etc* Trommel *f*; INFORM ~ **magnétique** Magnettrommel *f*; **freins** *mpl* **à** ~ Trommelbremsen *fpl* 5 *pour broder* Stickrahmen *m*
tambourin [tãbuʀɛ̃] M MUS Tamburin *n*; ~ **provençal** lange, schmale Trommel
tambouriner [tãbuʀine] V/T *et* V/I trommeln

(*a. fig pluie etc*); **~ à la porte** an die Tür trommeln

tambour-major [tãburmaʒɔʀ] M ‹*pl* tambours-majors› Tambourmajor *m*

tamil [tamil] → tamoul

tamis [tami] M Sieb *n*

tamisage [tamizaʒ] M (Durch-, Aus)Sieben *n*

Tamise [tamiz] **la ~** die Themse

tamiser [tamize] V/T 1 (aus-, durch)sieben 2 *fig lumière* dämpfen; *adjt* **lumière tamisée** gedämpftes Licht

tamoul [tamul] A ADJ tamilisch B MPL **Tamouls** Tamilen *mpl*

tampon [tãpõ] M 1 Bausch *m*; MÉD Tampon *m*; Tupfer *m*; **~ hygiénique, périodique** Tampon *m*; CUIS **~ (à récurer)** Putzkissen *n*; **~ d'ouate** Wattebausch *m*, -tupfer *m* 2 CH DE FER *et fig* Puffer *m*; *fig*: *adjt* **État** *m* **~** Pufferstaat *m*; *personne* **servir de ~** als Puffer dazwischenstehen 3 (*cachet*) Stempel *m*; **~ de la poste** Poststempel *m*; *fam* **coup** *m* **de ~** Stempeln *n* 4 **~ buvard** Löscher *m*; Löschwiege *f*; **~ encreur** Stempelkissen *n* 5 (*bouchon*) Stopfen *m*; Pfropfen *m*; Stöpsel *m*; Spund *m*

tamponnement [tãpɔnmã] M 1 CH DE FER Aufeinanderprallen *n* der Puffer; *par ext, a. de voitures* Zusammenstoß *m* 2 MÉD Tamponade *f*; Tamponieren *n*

tamponner [tãpɔne] A V/T 1 (*essuyer*) be-, abtupfen; abwischen 2 CH DE FER, AUTO auffahren auf (*+acc*); (auf)prallen auf (*+acc*); rammen 3 (*apposer un cachet*) (ab)stempeln 4 MÉD tamponieren B V/PR 1 **se ~** CH DE FER, AUTO zusammenstoßen; aufeinanderprallen 2 *fam* **s'en ~ (le coquillard)** sich keinen Deut darum scheren; *fam* darauf pfeifen

tamponneuse [tãpɔnøz] ADJ ‹*f*› **auto ~** (Auto)Skooter *m*

tam-tam [tamtam] M ‹*pl* tam-tams› 1 MUS afrikanische Trommel 2 *fig* **faire du ~** ein Theater machen; Krach schlagen; ein Tamtam machen (**autour de qc** um etw)

tan [tã] M Gerberlohe *f*

tancer [tãse] ‹-ç-› *litt* V/T rügen; tadeln; schelten

tanche [tãʃ] F ZOOL Schleie *f*; Schlei *m*

tandem [tãdɛm] M 1 *vélo* Tandem *n* 2 *fam fig personnes* Gespann *n*; Tandem *n*

tandis que [tãdik(ə)] LOC CONJ 1 *simultanément* während; solange (wie) 2 *par opposition* während; wo(hin)gegen

tanga [tãŋga] M Tanga *m*

tangage [tãgaʒ] M MAR Stampfen *n* (*a. d'un avion*); **il y a du ~** das Schiff stampft

Tanganyika [tãganika] **le lac ~** der Tanganjikasee

tangence [tãʒãs] F MATH Berührung *f*

tangent [tãʒã] ADJ 1 MATH berührend; **droite ~e à un cercle** Gerade, die e-n Kreis berührt 2 (*de justesse*) knapp

tangente [tãʒãt] F 1 GÉOMÉTRIE Tangente *f* 2 TRIGONOMÉTRIE Tangens *m* 3 *fam fig* **prendre la ~** *fam* sich aus dem Staub machen

tangentiel [tãʒãsjɛl] ADJ ‹~le› MATH tangential; Tangential…

Tanger [tãʒe] GÉOG Tanger *n*

tangerine [tãʒ(ə)ʀin] F *fruit* Tangerine *f*

tangible [tãʒibl] ADJ 1 fühlbar; berührbar 2 *fig preuve, fait* greifbar; handgreiflich; offenkundig

tango [tãgo] A M MUS Tango *m* B ADJ ‹*inv*› orange(rot, -farben)

tanguer [tãge] V/I 1 MAR stampfen; **ça tangue** das Schiff stampft 2 *par ext* schwanken

tanière [tanjɛʀ] F 1 *d'un animal* Höhle *f* 2 *fig* Schlupfloch *n*, -winkel *m*

tanin [tanɛ̃] M CHIM Tannin *n*; Gerbstoff *m* (*a. du vin*)

tanisage [tanizaʒ] 1 *pour le vin* Zusetzen *n* von Gerbstoff 2 Zusetzen *n* von Gerberlohe; **taniser** V/T 1 *vin, moût* Gerbstoff zusetzen (*+dat*) 2 Gerberlohe zusetzen (*+dat*)

tank [tãk] M 1 (*réservoir*) Tank *m* 2 MIL Tank *m*; Panzer *m* 3 *fam* (*grosse voiture*) Straßenkreuzer *m*

tanker [tãkɛʀ] M MAR Tanker *m*

tannage [tanaʒ] M Gerben *n*, -ung *f*

tannant [tanã] ADJ *fam* (*assommant*) unerträglich; ermüdend; **il est ~ avec ses questions** *fam* er fällt e-m auf den Wecker mit s-n Fragen

tanné [tane] ADJ gegerbt (*a. fig visage*)

tannée [tane] *fam* F (Tracht *f*) Prügel *pl*; *fam* Keile *f*; Dresche *f*

tanner [tane] V/T 1 *peaux* gerben 2 *par ext soleil: visage* gerben; *fam* **~ (le cuir à) qn** *fam* j-m das Fell gerben 3 *fam fig* **tu me tannes** du gehst mir auf die Nerven; *fam* du fällst mir auf den Wecker

tannerie [tanʀi] F 1 *atelier* (Loh)Gerberei *f* 2 *technique* (Loh)Gerben *n*; **tanneur** M (Loh)Gerber *m*

tannin → tanin

tan-sad [tãsad] M ‹*pl* tan-sads› Soziussitz *m*

tant [tã] A ADV 1 so; so viel(e); so sehr; dermaßen; **~ de fois** so oft; *fam* **(pas) ~ que ça** (nicht) so viel; (nicht) so sehr; **celui-là et ~ d'autres** der und so viele andere; **ce livre ~ vanté** dieses so viel gepriesene Buch; **une maison comme il y en a ~** ein Haus, wie es deren viele gibt; **il vous aime ~** er liebt Sie so sehr; **il a ~ de livres que …** er hat so viele Bücher, dass …; **ce n'est pas ~ l'intelligence que le courage qui lui manque** ihm fehlt weniger, nicht so sehr (die) Intelligenz als (der) Mut; **il a ~ travaillé qu'***il est tombé malade* er hat so viel gearbeitet, dass …; ♦ *loc*: **~ il est vrai que …** da sieht man wieder, dass …; das bestätigt (wieder), dass …; **tous ~ que nous sommes, vous êtes** wir, ihr alle (ohne Ausnahme); **~ et plus** reichlich; **il a de l'argent ~ et plus** er hat Geld noch und noch, in Mengen; **~ bien que mal** recht und schlecht; so gut es (eben) geht; so leidlich; so einigermaßen; mit Ach und Krach; **~ mieux** umso *ou* desto besser; **~ pis** da kann man nichts machen; schade; *vous ne voulez pas?* **~ pis pour vous** na, dann eben nicht; dann sind Sie selbst daran schuld 2 *quantité indéfinie* soundso viel; *subst* **le ~** am Soundsovielten (*des Monats*); **(à) ~ pour cent** (zu) soundso viel Prozent; **~ de kilos** soundso viel Kilo B LOC CONJ 1 **~ que …** solange …; **~ qu'il vivra** solange er lebt; **~ que vous y êtes** wenn Sie es schon tun, machen; wenn Sie schon dabei sind; *iron* **pourquoi pas la lune, ~ que tu y es** warum nicht gleich den Mond; **~ qu'à faire!** wennschon, dennschon!; **~ qu'à faire, faites-le bien** wenn Sie es schon machen, (dann) machen Sie es auch ordentlich 2 **~ et si bien que …** so weit, dass …; so lange, bis …; sodass schließlich …; **il fit ~ et si bien qu'on le renvoya** er trieb es so weit, dass er entlassen wurde 3 **si ~ est que** (*+subj*) falls; sofern; wenn überhaupt; **si ~ est qu'il dise la vérité** wenn er überhaupt die Wahrheit sagt 4 **en ~ que** als; **en ~ que Français** als Franzose; **engager qn en ~ qu'ingénieur** j-n als Ingenieur einstellen 5 **~ … que** sowohl … als auch; **le personnel, ~ ouvriers qu'employés** das Personal, sowohl Arbeiter als auch Angestellte

Tantale [tãtal] M MYTH Tantalus *m*

tante [tãt] F 1 Tante *f* 2 *fam* (*homosexuel*) *fam* Schwule(r) *m*; Homo *m*; *péj* warmer Bruder; Tunte *f* 3 *fam plais* (*mont-de-piété*) **ma ~** das Leihhaus

tantième [tãtjɛm] M Anteil *m*; COMM Tantieme *f*; Gewinnanteil *m*

tantine [tãtin] F *enf* (liebe) Tante

tantinet [tãtinɛ] LOC ADV **un ~** ein wenig; ein bisschen

tantôt [tãto] ADV 1 heute Nachmittag; **à ~!** bis heut(e) Nachmittag! 2 **~ …, ~ …** bald …, bald …; (ein)mal …, (ein)mal …; **~ bien, ~ mal** bald gut, bald schlecht; **il est ~ gai, ~ triste** mal ist er fröhlich, mal traurig

tantouse [tãtuz] *fam* F → tante 2

Tanzanie [tãzani] **la ~** Tansania *n*

tanzanien [tãzanjɛ̃] A ADJ ‹~ne› tansanisch B SUBST **Tanzanien(ne)** *m(f)* Tansanier(in) *m(f)*

taoïsme [taɔism] M REL Taoismus *m*

taoïste [taɔist] A M/F Taoist(in) *m(f)* B ADJ taoistisch

taon [tã] M ZOOL Bremse *f*

tapage [tapaʒ] M 1 (*bruit*) Lärm *m*; Krach *m*; *fam* Radau *m*; Spektakel *m*; **~ infernal** Höllenlärm *m*; JUR **~ nocturne** nächtliche Ruhestörung 2 *fig* Wirbel *m*; Aufsehen *n*; **on a fait beaucoup de ~ autour de cette affaire** man hat viel Wirbel um diese Sache gemacht; **cette affaire a fait beaucoup de ~** diese Sache hat großes Aufsehen erregt

tapageur [tapaʒœʀ] ADJ ‹-euse› auffällig; auffallend; **publicité tapageuse** marktschreierische Reklame

tapant [tapã] ADJ **à midi ~** Schlag zwölf (Uhr); **il est sept heures ~es** *ou ppr* **~** es ist Schlag sieben (Uhr)

tape [tap] F Klaps *m*; **~ amicale** freundschaftlicher Klaps; **il lui donna une grande ~ dans le dos** er gab ihm e-n kräftigen Klaps auf den Rücken

tapé [tape] ADJ *fam* → cinglé

tape-à-l'œil [tapalœj] ADJ ‹*inv*› protzig; übertrieben prunkvoll; kitschig; *subst* **c'est du ~** das ist Schaumschlägerei, Kitsch

tapecul *ou* **tape-cul** [tapky] *fam* M ‹*pl* tape-culs› 1 *voiture fam* schlecht gefederte Karre 2 *balançoire* Wippe *f*

tapée [tape] *fam* F Menge *f*; Schwarm *m*; *fam* Haufen *m*; **une ~ d'enfants** ein Haufen Kinder

tapenade [tapnad] F *Olivenpaste mit Kapern und Sardellen*

taper [tape] A V/T 1 e-n Klaps geben (**qn** j-m); (*frapper*) schlagen; klopfen; **~ trois coups à la porte** dreimal an die Tür klopfen 2 *à la machine à écrire fam* tippen; *sur ordinateur, minitel* eingeben; eintippen; **~ une lettre** e-n Brief tippen 3 *fam* (*emprunter*) **~ qn** *fam* j-n anpumpen; **je l'ai tapé de cent euros** ich habe (mir) hundert Euro von ihm gepumpt B V/I 1 (*frapper*) schlagen; **~ à la porte** an die Tür schlagen; **~ dans un ballon** e-n Ball herumkicken; **~ dans les mains** *ou* **des mains** in die Hände klatschen; **~ dans le tas** blindlings drauflosschlagen; → *a.* B 4; **~ des pieds** mit den Füßen trampeln; **~ sur qn** a j-n schlagen; auf j-n einschlagen b *fam fig* (*médire*) von j-m schlecht reden; über j-n herziehen; **~ sur l'épaule de qn** j-m auf die Schulter klopfen, *plus fort* schlagen 2 *fam fig*: **~ dans l'œil de qn** j-m ins Auge, in die Augen stechen; **~ sur les nerfs, sur le système à qn** j-m auf die Nerven gehen; *fam* j-m auf den Wecker fallen; **~ sur le ventre à qn** j-m gegenüber allzu vertraulich sein; sich bei j-m anbiedern 3 **~ (à la machine)** *fam* tippen 4 *fam* (*se servir*) **~ dans** sich hermachen über (*+acc*); **~ dans le tas** wahllos aus der Menge herausnehmen; kräftig zulangen 5 *soleil* **~ (dur)** (heiß) brennen C V/PR **se ~** 1 (*se frapper*) sich (gegenseitig) schlagen 2 *fam fig*: **il y a de quoi se ~ le derrière par terre** *fam* das ist ja zum Piepen, zum Schießen; **c'est à se ~ la tête contre les murs** *fam*

T

das ist, um an den Wänden hochzugehen; das ist zum Auswachsen **3** *fam à manger, à boire* sich *(dat)* gönnen; *fam* sich *(dat)* einverleiben; sich *(dat)* genehmigen; sich *(dat)* reinziehen; *pop* **se ~ une fille** *pop* ein Mädchen umlegen, aufs Kreuz legen **4** *fam*: **il s'est tapé tout le trajet à pied** *fam* er musste den ganzen Weg tippeln; **se ~ tout le travail** *fam* die ganze Arbeit auf dem Buckel haben **5** *fam* **il peut toujours se ~** *fam* da kann er lange warten **6** *fam* **moi, je m'en tape** *fam* ich pfeif drauf

tapette [tapɛt] F **1** **a** *pour tapis* Teppichklopfer *m* **b** *pour mouches* Fliegenklappe *f*, -klatsche *f* **2** *fam* (gutes) Mundwerk; **elle a une de ces ~s** ihr Mundwerk steht nicht still **3** *(souricière)* Mausefalle *f* **4** *arg* → tante 2

tapeur [tapœʀ] M *fam* Pumpgenie *n*

tapi [tapi] ADJ *(blotti)* zusammengekauert; *(caché)* versteckt

tapin [tapɛ̃] M *pop* **faire le ~** *fam* auf den Strich gehen

tapinois [tapinwa] LOC ADV **en ~** heimlich; verstohlen

tapioca [tapjɔka] M Tapioka *f*; **(potage** *m* **au) ~** Tapioka-, Sagosuppe *f*

tapir[1] [tapiʀ] V/PR **se ~** sich verkriechen

tapir[2] [tapiʀ] M ZOOL Tapir *m*

tapis [tapi] M **1** Teppich *m*; *d'escalier* Läufer *m*; **~ mécanique, tissé** Maschinen-, Webteppich *m*; **~ persan** Perserteppich *m*; *fam* Perser *m*; DIPL **~ rouge** roter Teppich; *du conte* **~ volant** fliegender Teppich; *fig* **~ de mousse** Moosteppich *m*; **~ d'Orient** Orientteppich *m*; **~ de prière** Gebetsteppich *m* **2** *par ext* Decke *f*; SPORTS Matte *f*; *d'un billard, d'une table de jeu* Tuch *n*; **~ de bain** Bademattte *f*; *d'une tente* **~ de sol** Bodendecke *f*; INFORM **~ de souris** Mauspad *n*; **~ de table** Tischdecke *f*; BOXE: **aller au ~** zu Boden gehen; **envoyer son adversaire au ~** s-n Gegner auf die Bretter schicken; *fig*: **mettre une question sur le ~** e-e Frage aufs Tapet, zur Sprache bringen; **revenir sur le ~** wieder zur Sprache kommen; **se réunir autour du ~ vert** sich zu e-r Sitzung versammeln **3** TECH **~ roulant** Förderband *n*; *pour piétons* Roll-, Fahrsteig *m*

tapis-brosse [tapibʀɔs] M ⟨*pl* tapis-brosses⟩ Fußmatte *f*; Abtreter *m*

tapisser [tapise] V/T **1** tapezieren; **~ des murs, une pièce** Wände, ein Zimmer tapezieren **2** *par ext* bedecken, schmücken (**de** mit); *mur* **~ de photos** mit Fotos tapezieren

tapisserie [tapisʀi] F **1** *ouvrage d'art* Wandbehang *m*; Wandteppich *m*; Gobelin *m*; **~ des Gobelins** echter Gobelin; *fig* **faire ~** ein Mauerblümchen sein; sitzen bleiben *(beim Tanz)* **2** *d'un appartement* Tapete *f* **3** *(canevas)* Kanevasstickerei *f*

tapissier [tapisje] M **1** **~ (décorateur)** Tapezierer *m* **2** **~ (d'ameublement)** (Möbel)Polsterer *m*

tapotement [tapɔtmɑ̃] M leichtes Klopfen; *de la joue* Tätscheln *n*; *du masseur* Klopfen *n*

tapoter [tapɔte] V/T leicht klopfen; klopfen auf *(+acc)*; tätscheln; **~ une cigarette pour faire tomber la cendre** die Asche e-r Zigarette abklopfen; **~ la joue d'un enfant** e-m Kind die Wange tätscheln

taquet [takɛ] M TECH Knagge *f*; Keil *m*; Pflock *m*

taquin [takɛ̃] ADJ schalkhaft; schelmisch; **être ~** gern andere necken, hänseln

taquiner [takine] **A** V/T **1** necken; hänseln **2** *fam fig*: **~ le goujon** angeln; **~ la muse** Verse schmieden; **j'ai une dent qui me taquine** e-r meiner Zähne, *fam* mein einer Zahn rührt sich, macht sich bemerkbar; **cette histoire me taquine** diese Geschichte lässt mir keine Ruhe **B** V/PR **se ~** sich (gegenseitig) necken, hänseln

taquinerie [takinʀi] F Neckerei *f*; Hänselei *f*

tarabiscoté [taʀabiskɔte] ADJ *décor, meuble* überladen; übermäßig verziert; **style ~** schwülstiger, geschraubter, geschwollener Stil

tarabuster [taʀabyste] V/T **~ qn** j-m zusetzen; j-m keine Ruhe lassen

taratata [taʀatata] INT na, na!

taraudage [taʀodaʒ] M **a** Gewindebohren *n* **b** Innengewinde *n*; **tarauder** V/T (TECH ein Gewinde) bohren in *(+acc)*

tard [taʀ] **A** ADV spät; **plus ~** später; *je l'ai vu* **pas plus ~ qu'hier** gestern erst ...; **au plus ~** spätestens; **trop ~** zu spät; **attendre trop ~** zu lange warten; **~ le soir, le soir très ~** spätabends; **~ dans la nuit** spät in der Nacht; **travailler jusque ~ dans la nuit** bis spät in die Nacht (hinein)arbeiten; **~ dans la soirée** am späten Abend; spät am Abend; **il est, se fait ~** es ist, wird spät; **ce sera, c'est pour plus ~** das lassen wir *ou* lasse ich für später; **se lever ~** spät aufstehen; **il s'est mis très ~ à l'anglais** er hat sehr spät mit Englisch angefangen; **rentrer ~** spät nach Hause kommen, gehen; *prov* **mieux vaut ~ que jamais** besser spät als nie *(prov)*; **il n'est jamais trop ~ pour bien faire** es ist niemals zu spät *(um etw zu tun)* **B** M **sur le ~** in vorgerückten Jahren; in vorgerücktem Alter; spät(er)

tarder [taʀde] **A** V/I *personne*: *à agir* zögern; zaudern; *à venir* spät kommen; auf sich *(acc)* warten lassen; *chose* dauern; auf sich *(acc)* warten lassen; **ne tardez pas**, *décidez-vous* zögern, warten Sie nicht ...; **ça ne va pas ~** das, es wird bald kommen; das, es wird nicht mehr lange dauern; *loc adv*: **sans ~** unverzüglich; **sans plus ~** ohne weiter zu warten, zögern; ♦ **~ à** *(+inf)* zögern zu *(+inf)*; **ne pas ~ à faire qc** bald etw tun; **il ne va pas ~ à pleuvoir** es wird bald regnen; **il tarde bien à venir** er lässt lange auf sich *(acc)* warten; er bleibt sehr lange; **ne tardez pas à donner votre réponse** geben Sie bald Antwort **B** V/IMP **il me tarde de** *(+inf)* ich kann es kaum erwarten zu *(+inf)*; **il me tarde que ...** *(+subj)* ich warte ungeduldig darauf, dass ...; **il me tarde de le revoir** ich sehne mich danach, ihn wiederzusehen

tardif [taʀdif] ADJ ⟨-ive⟩ spät; *événement* spät eintretend; **fruits ~s** Spätobst *n*; **gelées tardives** Spätfröste *mpl*; **à une heure tardive** zu später Stunde; **remords ~s** späte Reue

tare [taʀ] F **1** *(défaut)* (schwerer) Mangel; Fehler *m*; Makel *m*; **~ héréditaire** erbliche Belastung; **avoir une ~ héréditaire** erblich belastet sein **2** COMM Tara *f*; Verpackungsgewicht *n*

taré [taʀe] ADJ **1** *(dégénéré)* mit e-m Fehler behaftet; erblich belastet **2** *fam (débile)* schwachsinnig

Tarente [taʀɑ̃t] GÉOG Tarent *n*

tarentelle [taʀɑ̃tɛl] F MUS Tarantella *f*

tarentule [taʀɑ̃tyl] F ZOOL Tarantel *f*

tarer [taʀe] V/T COMM tarieren

targette [taʀʒɛt] F Schubriegel *m*

targuer [taʀge] V/PR *st/s* **se ~ de qc** sich brüsten mit etw; *st/s* sich rühmen *(+gén)*; **se ~ de** *(+inf)* sich damit brüsten, dass ...

Targui [taʀgi] M ⟨*sg von* Touareg⟩ Targi *m*

tari [taʀi] ADJ *source etc* versiegt

tarière [taʀjɛʀ] F **1** CONSTR Stangenbohrer *m* **2** ZOOL Legestachel *m*

tarif [taʀif] M **1** Tarif *m*; Preisliste *f*; *des médecins, avocats* Gebührenordnung *f*; **~s postaux** Postgebühren *fpl*; **~ réduit** ermäßigter Tarif; CH DE FER Fahrpreisermäßigung *f*; **billet** *m* **à ~ réduit** ermäßigte Fahrkarte; **~ syndical** Verbandstarif *m*; TÉL **~ de base** Grundgebühr *f*; *au café* **~ des consommations** Preise *mpl* der Speisen und Getränke; **~ de nuit** ÉLEC Nachttarif *m*; TÉL Nachtgebühr *f*; **payer plein ~** den vollen Tarif, Fahrpreis zahlen **2** *(prix usuel)* (üblicher) Preis; Tarif *m*; *fam fig*: *on lui a. retiré son permis*, **c'est le ~** das ist das Übliche

tarifaire [taʀifɛʀ] ADJ Tarif...; tariflich; tarifmäßig

tarifer [taʀife] V/T den Preis *ou* ADMIN den Tarif festsetzen für; tarifieren

tarification [taʀifikasjõ] F Tarifgestaltung *f*; Festsetzung *f* der Preise *ou* ADMIN der Tarife; Tarifierung *f*

Tarim [taʀim] GÉOG **le ~** der Tarim

tarin [taʀɛ̃] M **1** ZOOL Zeisig *m* **2** *arg (nez) fam* Gesichtserker *m*; Zinken *m*

tarir [taʀiʀ] **A** V/T **1** *chaleur: source* versiegen lassen **2** *fig imagination* erschöpfen **B** V/I **1** *source, par ext larmes* versiegen **2** *fig conversation* stocken; *personne* **ne pas ~ de, sur qc** nicht loskommen von etw; immer wieder zu sprechen kommen auf etw *(acc)*; → *a.* éloge 1 **C** V/PR **se ~** *source, fig inspiration etc* versiegen; erschöpft sein; sich erschöpfen

tarissable [taʀisabl] ADJ versiegbar; **tarissement** M Versiegen *n (a. fig)*

Tarn [taʀn] **le ~** *Fluss u. Departement in Frankreich*

Tarn-et-Garonne [taʀnegaʀɔn] **le ~** *frz Departement*

tarot [taʀo] M Tarock *n ou m*; **~s** *pl* Tarockkarten *fpl*; **jouer au(x) ~(s)** Tarock spielen

Tarquinies [taʀkini] GÉOG Tarquinia *n*

Tarragone [taʀagɔn] GÉOG Tarragona *n*

tarse [taʀs] M ANAT Fußwurzel *f*

tartan[1] [taʀtɑ̃] M TEXT Tartan *m*

tartan®[2] [taʀtɑ̃] M *matériau* Tartan® *m*; SPORTS **piste** *f* **en ~** Tartanbahn *f*

tartane [taʀtan] F MAR Tartane *f*

tartare [taʀtaʀ] **A** ADJ CUIS **sauce** *f* **~** Mayonnaise *f* mit Senf und gehackten Kräutern; **steak** *m* **~** *ou subst* **~** *m* rohes Rinderhackfleisch mit „Sauce tartare" **B** ADJ *et* SUBST → tatar

tarte [taʀt] **A** F **1** Obstkuchen *m*, -torte *f*; **~ à la crème** Sahnetorte *f*; CINÉMA Tortenschlacht *f*; *fig* abgedroschenes Thema; **~ aux pommes** Apfelkuchen *m*; *fam fig* **c'est pas de la ~** *fam* das hat es in sich *(dat)* **2** *fam (gifle)* Ohrfeige *f*; → *a.* gifle 1 **B** ADJ *fam (moche)* reizlos; hässlich; *(sot) fam* dämlich; *(ridicule)* lächerlich

tartelette [taʀtəlɛt] F Törtchen *n*

Tartempion [taʀtɑ̃pjõ] M *fam* irgendein (Herr) Müller oder Meier

tartignolle [taʀtiɲɔl] *fam* ADJ → tarte B

tartine [taʀtin] F **1** (bestrichene Brot)Schnitte; *all Nord* Stulle *f*; **~ de beurre, de pain beurré** Butterbrot *n*; **faire des ~s** (Butter-, Marmeladen)Brote streichen **2** *fam (laïus)* Tirade *f*; Sermon *m*; **il a écrit là-dessus toute une ~** er hat darüber e-n langen Sermon verzapft

tartiner [taʀtine] V/T *du beurre etc* auf e-e Brotschnitte streichen; *tranche de pain* (be)streichen; **fromage** *m* **à ~** Streichkäse *m*

tartre [taʀtʀ] M **1** *d'une bouilloire etc* Kesselstein *m* **2** *des dents* Zahnstein *m* **3** CHIM Weinstein *m*

tartrique [taʀtʀik] ADJ CHIM **acide** *m* **~** Weinsäure *f*

tartuf(f)e [taʀtyf] M Heuchler *m*; Scheinheilige(r) *m*

tartuf(f)erie [taʀtyfʀi] F Heuchelei *f*; Scheinheiligkeit *f*

tas [tɑ, ta] M **1** *(amas)* Haufen *m*; **~ de gravats, de pierres, de sable** Schutt-, Stein-, Sandhau-

T

fen *m;* **mettre en ~** aufhäufen; *linge etc* auf e-n Haufen legen; *terre etc* aufschütten; auf e-n Haufen schütten 2 *(grande quantité)* Menge *f; fam* Haufen *m;* Masse *f;* **un ~ de détails** e-e Menge Einzelheiten; *fam* **un ~ de trucs** *fam* ein Haufen Zeugs; *fam* **il y en a des ~ et des ~** *fam* davon gibt's jede Menge; **s'intéresser à des ~ de choses** sich für e-e Menge Dinge interessieren 3 *péj ou fam de personnes* Menge *f; fam* Haufen *m;* **un ~ de gens** e-e Menge, *fam* ein Haufen Leute; **~ d'imbéciles!** ihr Dummköpfe!; *pop* **~ de salauds!** *pop* Saubande!; ihr Dreckskerle!; *loc adv* **dans le ~**, *il y en aura bien un qui vous aidera* in der großen Menge …; unter den vielen …; **foncer dans le ~** sich ins Kampfgewühl stürzen; **tirer dans le ~** in, auf die Menge schießen; → *a.* **taper** B 1, 4 4 LOC ADV **sur le ~** bei der Arbeit; am Arbeitsplatz; **grève** *f* **sur le ~** Sitzstreik *m*

t'as [ta] *fam* = **tu as**

Tasmanie [tasmani] **la ~** Tasmanien *n*

tassage [tasaʒ] M SPORTS Abdrängen *n*

tasse [tɑs, tas] F Tasse *f;* **~ à café** Kaffeetasse *f; fig* **boire la** *ou* **une ~** Wasser schlucken *(beim Baden); fam fig* **ce n'est pas ma ~ de thé** das ist nicht nach meinem Geschmack; das gefällt mir nicht; *fam* das ist nicht mein Fall; **prendre une ~ de café** e-e Tasse Kaffee trinken

tassé [tɑse] ADJ 1 *fam* **bien ~** *verre* randvoll; *café* sehr stark; **pastis bien ~** Pastis *m* mit wenig Wasser; **40 ans bien ~s** gut 40 Jahre 2 *personne* vom Alter gebeugt

tasseau [taso] M ⟨*pl* ~x⟩ TECH Knagge *f;* (Trag)Leiste *f*

tassement [tɑsmɑ̃] M 1 CONSTR Sichsetzen *n;* Sichsenken *n* 2 MÉD **~ de vertèbres** Zusammensinken *n* der Wirbelkörper

tasser [tɑse] A V/T 1 *sol* feststampfen; *qc de volumineux* zusammenpressen, -drücken 2 *personnes* zusammenpferchen; **être tassés** zusammengepfercht sein B V/PR **se ~** 1 *sol,* CONSTR sich senken; sich setzen 2 *personne* (mit zunehmendem Alter) gebeugt *ou* kleiner werden 3 *fam affaire* wieder in Ordnung kommen; *fam* sich wieder einrenken; **ça se tassera** *a.* das gibt sich (wieder); das legt sich

taste-vin [tastəvɛ̃] M ⟨*inv*⟩ (silberner) Probierbecher (der Weinprüfer); *(pipette)* Stechheber *m*

tata [tata] *enf* F Tante *f;* Tantchen *n*

tatane [tatan] *fam* F Schuh *m;* **~s** *pl fam* Treter *mpl;* Latschen *mpl*

tatar [tataʀ] A ADJ tatarisch B SUBST **Tatar(e)** *m(f)* Tatar(in) *m(f)*

tâter [tɑte] A V/T be-, anfühlen; be-, abtasten; **~ le pouls** den Puls fühlen (**de qn** j-m; *a. fig*) → *a.* **terrain** 1 B V/T INDIR **~ de qc** etw versuchen, probieren; etw ausprobieren; es mit etw versuchen; *fam* in etw *(acc)* hineinriechen; **~ de tous les métiers** es mit allen Berufen versuchen; **il a déjà tâté de la prison** *fam* er hat schon mal gesessen C V/PR **se ~** mit sich zurate gehen; **je me tâte** ich muss es mir noch überlegen

tati(e) [tati] F *enf* Tante *f*

tatillon [tatijõ] ADJ ⟨~ne *od f inv*⟩ pedantisch; übertrieben gewissenhaft, genau; **être ~** *a.* ein Pedant, Kleinigkeitskrämer sein

tâtonnement [tɑtɔnmɑ̃] M 1 (Herum)Tasten *n,* (-)Tappen *n* 2 *fig surtout pl* **~s** (tastende) Versuche *mpl*

tâtonner [tɑtɔne] V/I 1 (herum)tasten, (-)tappen; **avancer en tâtonnant** sich vorwärtstasten 2 *fig* tastende Versuche machen

tâtons [tɑtõ] LOC ADV **à ~** tastend; tappend; **chercher à ~ l'interrupteur** nach dem Schalter tasten; **chercher la sortie à ~** sich zum Ausgang tasten; **avancer, marcher à ~** umhertappen

tatou [tatu] M ZOOL Gürteltier *n*

tatouage [tatwaʒ] M a *action* Tätowieren *n* b *dessin* Tätowierung *f*

tatouer [tatwe] V/T *personne, partie du corps* tätowieren; *dessin* (ein)tätowieren; **se faire ~** sich tätowieren lassen

tatoueur [tatwœʀ] M Tätowierer *m*

taudis [todi] M Elendsquartier *n; fam* Höhle *f;* Loch *n; par ext* **c'est un vrai ~!** *fam* das ist ja ein Saustall!

taulard [tolaʀ] M *arg* Knastbruder *m*

taule [tol] F 1 *arg (prison) fam* Kittchen *n;* Knast *m;* **aller en ~** *fam* ins Kittchen kommen; **faire de la ~** *fam* Knast schieben; **mettre en ~** *fam* einbuchten 2 *fam (chambre, maison) fam* Bude *f; fam (entreprise) fam* Laden *m*

taulier [tolje] *fam* M, **taulière** *fam* F Wirt(in) *m(f)*

Taunus [tonys] GÉOG **le ~** der Taunus

taupe [top] F 1 ZOOL Maulwurf *m; fourrure* Maulwurfsfell *n; fig* **myope comme une ~** sehr kurzsichtig 2 *fig et péj* **vieille ~** alte Hexe, Schachtel 3 *arg des écoles* mathematische Vorbereitungsklasse *nach dem Baccalauréat* für die „Grandes écoles" 4 *fam (espion)* Maulwurf *m* 5 TECH Maulwurf *m*

taupin [topɛ̃] M Schüler *m* e-r mathematischen Vorbereitungsklasse für die „Grandes écoles"

taupinière [topinjɛʀ] F Maulwurfshügel *m,* -haufen *m*

taureau [tɔʀo] M ⟨*pl* ~x⟩ 1 ZOOL Stier *m;* Bulle *m;* **~ de combat** Kampfstier *m;* **course** *f* **de ~x** Stierkampf *m;* **avoir une force de ~** stark wie ein Bär sein; Bärenkräfte haben; *fig* **prendre le ~ par les cornes** den Stier bei den Hörnern packen 2 ASTRON **le Taureau** der Stier

taurillon [tɔʀijõ] M ZOOL Jungstier *m;* **taurin** ADJ (Kampf)Stier…

tauromachie [tɔʀɔmaʃi] F Stierkampf *m;* **tauromachique** ADJ Stierkampf…; des Stierkampfs

Taurus [tɔʀys, tɔ-] GÉOG **le ~** der Taurus

tautologie [totɔlɔʒi] F RHÉT, LOGIQUE Tautologie *f;* **tautologique** ADJ tautologisch

taux [to] M 1 **~ (d'intérêt** *ou* **de l'intérêt)** Zinssatz *m,* -fuß *m;* **~ directeurs** Leitzinsen *mpl;* **au ~ de 4%** zu 4% Zinsen; zu e-m Zinssatz von 4% 2 *(montant fixé)* Satz *m;* **~ du** *ou* **de change** Wechselkurs *m;* **~ d'escompte** Diskontsatz *m;* **~ d'imposition** Steuersatz *m* 3 *(pourcentage)* (Prozent)Satz *m;* Rate *f;* Quote *f;* Ziffer *f;* STATISTIQUE **~ d'accroissement de la population** Bevölkerungszuwachsrate *f;* **~ d'alcool (dans le sang)** Blutalkoholgehalt *m;* **~ de chômage** Arbeitslosenquote *f;* ÉCON **~ de croissance** Wachstumsrate *f;* **~ de glucose dans le sang** Blutzuckerspiegel *m;* **~ d'inflation** Inflationsrate *f;* **~ d'invalidité de 60%** 60% Minderung *f* der Erwerbsfähigkeit; **~ de mortalité** Sterbeziffer *f;* Sterblichkeitsrate *f;* **~ de remboursement** Erstattungssatz *m;* **~ de scolarisation** Schulbesuchsquote *f*

tavelé [tavle] ADJ *visage, fruit* fleckig; **taveler** V/PR ⟨-ll-⟩ **se ~** *peau, fruit* fleckig werden; **tavelures** FPL Flecken *mpl (e-r Frucht, der Haut)*

taverne [tavɛʀn] F *autrefois* Taverne *f; aujourd'hui* Restaurant *n* in rustikalem Stil; *au Canada* Schänke *f;* Ausschank *m*

taxable [taksabl] ADJ besteuerbar

taxation [taksasjõ] F 1 ADMIN Festsetzung *f* von Preisen, Gebühren; (behördliche) Preisbindung *f,* -regelung *f* 2 *(imposition)* Besteuerung *f*

taxe [taks] F 1 *(prix fixé)* (amtlich) festgesetzter Preis 2 *(redevance)* Gebühr(en) *f(pl);* **~ téléphonique** Fernsprechgebühr(en) *f(pl);* **~ d'enlèvement des ordures ménagères** Müllabfuhrgebühr *f;* TÉL **~ de raccordement** Anschlussgebühr *f;* **~ de stationnement** Parkgebühr *f;* **~ sur les postes récepteurs de radiodiffusion, de télévision** Rundfunk-, Fernsehgebühr *f* 3 *(impôt)* Steuer *f;* Abgabe *f;* **~ compensatoire (à l'importation)** (Einfuhr)Ausgleichsabgabe *f;* **~ foncière** Grundsteuer *f;* **~ locale** örtliche Steuer; **~s municipales** Gemeindesteuern *fpl;* Kommunalabgaben *fpl;* **~ professionnelle** Gewerbesteuer *f;* **~s de consommation** Verbrauchssteuern *fpl;* **~ d'habitation** Wohnsteuer *f; correspond à* Grundstücksgebühren *fpl;* **~ de séjour** Kurtaxe *f;* **~ sur** Steuer auf *(+acc);* **~ sur le chiffre d'affaires** Umsatzsteuer *f;* **~ sur la valeur ajoutée** *(abr* **TVA***)* Mehrwertsteuer *f; loc adj* **°hors ~** ohne Steuern und Abgaben; *marchandise importée* zollfrei; **toutes ~s comprises** *(abr* **TTC***)* einschließlich aller Steuern und Abgaben

taxer [takse] V/T 1 ADMIN: *prix, coût* (behördlich, amtlich) festsetzen (**à** auf *+acc*); *marchandises* den Preis, die Kosten festsetzen für 2 *(imposer)* **~ qn, qc** j-n, etw mit e-r Steuer belegen, besteuern 3 *fig* **~ qn, qc de** j-n, etw bezeichnen als, erklären für

taxi [taksi] M Taxi *n;* Taxe *f;* **chauffeur** *m* **de ~** Taxifahrer *m,* -chauffeur *m;* **hep! ~!** hallo, Taxi!; *fam* **il fait le ~** *ou* **il est ~** er ist Taxichauffeur; **héler, appeler un ~** ein Taxi herbeirufen; **prendre un ~** ein Taxi nehmen

taxi-brousse [taksibʀus] M ⟨*pl* taxis-brousse⟩ *en Afrique* Buschtaxi *n*

taxidermie [taksidɛʀmi] F *t/t* Taxidermie *f*

taxi-girl [taksigœʀl] F ⟨*pl* taxi-girls⟩ Taxigirl *n*

taximètre [taksimɛtʀ] M Taxameter *m ou n;* Fahrpreisanzeiger *m*

taxinomie [taksinɔmi] → **taxonomie**

taxiphone [taksifɔn] M Münzfernsprecher *m*

taxonomie [taksɔnɔmi] F 1 BIOL Taxonomie *f;* biologische Systematik 2 *par ext* (Wissenschaft *f* von der) Systematik *f,* Klassifikation *f;* **taxonomique** ADJ *t/t* taxonom(-isch)

Taygète [tɛʒɛt] GÉOG **le ~** der Taygetos

taylorisation [tɛlɔʀizasjõ] F ÉCON Taylorisierung *f;* **tayloriser** V/T ÉCON taylorisieren; **taylorisme** M ÉCON Taylorismus *m;* Taylorsystem *n*

Tbilissi [tbilisi] Tiflis *n*

Tchad [tʃad] **le ~** der Tschad; Tschad *n;* **le lac ~** der Tschadsee

tchadien [tʃadjɛ̃] A ADJ ⟨~ne⟩ tschadisch B SUBST **Tchadien(ne)** *m(f)* Tschader(in) *m(f)*

Tchaïkovski [tʃajkɔfski, tʃai-] M Tschaikowski *m*

Tchang Kaï-chek [tʃɑ̃gkajʃɛk, -kai-] M HIST Tschiangkaischek *ou* Tschiang Kai-schek *m*

tchao [tʃao] INT *fam* tschüs(s)!; ciao!

tchatche [tʃatʃ] F *fam* **avoir de la ~** *fam* ein flinkes, gutes Mundwerk haben

tchatcher [tʃatʃe] *fam* V/I schwatzen; *fam* quatschen

tchécoslovaque [tʃekɔslɔvak] ADJ HIST tschechoslowakisch

Tchécoslovaquie [tʃekɔslɔvaki] HIST **la ~** die Tschechoslowakei

Tchekhov [tʃekɔf] M *écrivain russe* Tschechow *m*

Tcheliabinsk [tʃeljabinsk, -bɛ̃sk] GÉOG Tscheljabinsk *n*

tchèque [tʃɛk] A ADJ tschechisch; **la République ~** die Tschechische Republik B SUBST 1 **Tchèque** *m/f* Tscheche *m,* Tschechin *f* 2 LING **le ~** das Tschechische; Tschechisch *n*

Tchéquie [tʃeki] *fam* **la ~** Tschechien *n*

tchétchène [tʃetʃɛn] A ADJ tschetschenisch B SUBST **Tchétchène** *m/f* Tschetschene, -tsche-

T

nin *m,f*

Tchétchénie [tʃetʃeni] **la ~** Tschetschenien *n*

tchin-tchin [tʃintʃin] INT prosit!; prost!

T.D. [tede] MPL ABR (travaux dirigés) → travail 2

te [tə] PR PERS ⟨*vor Vokal u. stummem h* t'⟩ **a** *obj dir* dich; **elle ~ trompe** sie betrügt dich; **je ~ remercie** ich danke dir; *sens réfléchi*: **tu t'es lavé(e)?** hast du dich gewaschen?; **ne ~ gêne pas!** genier dich nicht!; **va-t'en!** geh schon! **b** *obj indir* dir; **je ~ le dirai** ich werde es dir sagen; **cela peut t'être utile** das kann dir, für dich nützlich sein; *sens réfléchi* **tu t'es lavé les pieds?** hast du dir die Füße gewaschen? **c** *fam* **et je ~ frotte, et je ~ nettoie ...** und die reibt und reibt und putzt und putzt ...; *fam si c'était mon fils*, **je ~ le dresserais** den würde ich aber erziehen **d** **~ voilà, enfin!** da bist du ja endlich!

té¹ [te] M *règle* Reißschiene *f*

té² [te] INT *provençale* (= *tiens*) → tenir A 8

Tech [tɛʃ] **le ~** *Fluss im Dep. Pyrénées-Orientales*

technicien [tɛknisjɛ̃] M, **technicienne** F **1** (*spécialiste*) Fachmann *m*, Fachfrau *f*; Fachkraft *f*; **les techniciens** die Fachleute; **technicien de la publicité** Werbefachmann *m* **2** (*spécialiste des sciences appliquées*) Techniker(in) *m(f)*; **techniciens** *pl a.* technisches Personal; **technicien supérieur** graduierter Ingenieur; **technicien de la radio** Rundfunktechniker *m*

technicité [tɛknisite] F fachlicher Charakter; Fachlichkeit *f*; **d'une °haute ~** sehr fachspezifisch

technico-commercial [tɛknikokɔmɛrsjal] ADJ ⟨-aux⟩ kaufmännisch-technisch; **ingénieur ~** Vertriebs-, Verkaufsingenieur *m*

technicolor® [tɛknikɔlɔr] M Technicolorverfahren® *n*; **film** *m* **en ~** Film *m* in Technicolor®

technique [tɛknik] **A** ADJ **1** (*spécialisé*) fachlich; Fach...; **baccalauréat** *m* **~** *correspond à* Fachabitur *n*; **conseiller** *m* **~** Fachberater *m*; **enseignement** *m* **~** *ou subst* **~** *m* Fachschulwesen *n*, -unterricht *m*; **lycée** *m* **~** *correspond à* Fachoberschule *f*; **revue** *f* **~** Fachzeitschrift *f*; **terme** *m* **~** Fachausdruck *m*, -wort *n*; Terminus technicus *m* **2** (*mécanique*) technisch; MAR, AVIAT **escale** *f* **~** technische Zwischenlandung *f*; **incident** *m* **~** technische Störung; **progrès** *m* **~** technischer Fortschritt; **un pays très évolué au point de vue ~** ein technisch hoch entwickeltes Land **B** F **1** (*procédés*) Technik *f*; **~ de la fresque** Freskotechnik *f*; Technik der Freskomalerei; *fam* **avoir la (bonne) ~** *fam* den Dreh heraushaben **2** (*applications des sciences*) Technik *f*; **sciences** *fpl* **et ~s** Naturwissenschaft *f* und Technik

techno [tɛkno] ADJ *et* SUBST F **(musique** *f***) ~** Techno(musik) *m(f)*

technocrate [tɛknɔkrat] M/F Technokrat(in) *m(f)*

technocratie [tɛknɔkrasi] F Technokratie *f*

technocratique [tɛknɔkratik] ADJ technokratisch

technologie [tɛknɔlɔʒi] F Technologie *f*; Technik *f*; **technologique** ADJ technologisch; technisch

teck [tɛk] M Teakholz *n*

teckel [tekɛl] M ZOOL Dackel *m*; Dachshund *m*; Teckel *m*

tectonique [tɛktɔnik] GÉOL **A** ADJ tektonisch **B** F (Geo)Tektonik *f*

tectrice [tɛktris] ADJ *et* SUBST F ZOOL **(plume** *f***) ~** Deckfeder *f*

Te Deum [tedeɔm] M ⟨*inv*⟩ REL, MUS Tedeum *n*

tee [ti] M GOLF Abschlagstelle *f*

teenager [tinɛdʒœr] M/F Teenager *m*

tee-shirt [tiʃœrt] M ⟨*pl* tee-shirts⟩ T-Shirt *n*

tégument [tegymɑ̃] M ANAT, BOT Integument *n*

Téhéran [teerɑ̃] Teheran *n*

teigne [tɛɲ] F **1** ZOOL Motte *f* **2** MÉD (Erb)-Grind *m*; *fig* **il est mauvais, méchant comme une ~, c'est une vraie ~** *fam* er ist e-e Giftnudel, ein Giftzwerg

teigneux [tɛɲø] ADJ ⟨-euse⟩ MÉD grindig

Teilhard de Chardin [tɛjardəʃardɛ̃] *frz Philosoph*

teindre [tɛ̃dr] ⟨→ peindre⟩ **A** V/T *étoffe, cheveux* färben; **~ en rouge** rot färben **B** V/PR **se ~ (les cheveux)** sich (*dat*) die Haare färben

teint [tɛ̃] **A** M **1** Teint *m*; Gesichtsfarbe *f*; **fond** *m* **de ~** Make-up *n*; **avoir le ~ frais** e-n frischen Teint, e-e frische Gesichtsfarbe haben; **elle a un ~ de blonde** sie hat den (typischen) Teint der Blonden; **avoir un ~ de lis et de rose** wie Milch und Blut aussehen **2** ADJT ⟨*inv*⟩ **tissu** *m* **bon, grand ~** farbechter Stoff; *fig et plais* **catholique** *m* **bon ~** überzeugter, *fam* in der Wolle gefärbter Katholik **B** ADJ ⟨teinte [tɛ̃t]⟩ *étoffe, cheveux* gefärbt; *fam* **elle est ~e** sie hat gefärbtes Haar

teinte [tɛ̃t] F **1** Färbung *f*; Farbton *m*; (Farb)-Schattierung *f*; **robe** *f* **aux ~s vives** Kleid *n* mit leuchtenden Farben; *les feuilles* **ont pris une ~ roussâtre** nahmen e-e rostbraune Färbung an **2** *fig* Färbung *f*; **remarque empreinte d'une légère ~ d'ironie** leicht ironisch gefärbte Bemerkung

teinté [tɛ̃te] ADJ **1** getönt; **lunettes** *fpl* **à verres ~s** getönte Brille **2** *fig* **remarque ~e d'ironie** ironisch gefärbte Bemerkung

teinter [tɛ̃te] **A** V/T tönen; *bois* beizen; *par ext* **~ son eau d'un peu de vin** etwas Wein in sein Wasser gießen **B** V/PR **1** **se ~ de rouge** *etc* sich rot *etc* färben **2** *fig* **se ~ d'ironie** *etc* e-e ironische *etc* Färbung, e-n ironischen *etc* Beiklang annehmen

teinture [tɛ̃tyr] F **1** *action* Färben *n* **2** (*colorant*) Färbemittel *n*; Farblösung *f* **3** *fig* (*connaissance superficielle*) **avoir une ~ de français** oberflächliche Französischkenntnisse haben; ein bisschen Französisch können **4** PHARM Tinktur *f*; **~ d'iode** Jodtinktur *f*

teinturerie [tɛ̃tyrri] F *boutique* chemische Reinigung (und Färberei); **donner un pantalon à la ~** e-e Hose in die (chemische) Reinigung geben

teinturier [tɛ̃tyrje] M, **teinturière** F Färber(in) *m(f)* und Chemischreiniger(in) *m(f)*; **porter une robe chez le teinturier** ein Kleid in die (chemische) Reinigung bringen

tek → teck

teknival [tɛknival] M MUS Technoparty *f*; Technofestival *n*

tel [tɛl] **A** ADJ ⟨~le⟩ **1** (*semblable*) solche(r, -s); so(lch) ein(e); derartige(r, -s); **une ~le conduite** ein solches, ein derartiges Verhalten; **on n'a jamais rien vu de ~** so etwas hat man noch nie gesehen; **~le est mon opinion** das ist meine Meinung; *il n'est pas riche*, **mais passe pour ~** wird aber dafür gehalten; ♦ **comme ~** *ou* **en tant que ~** als solcher; **la société en tant que ~le** die Gesellschaft als solche; ♦ *dans une comparaison*: *st/s* **~ un éclair** *st/s* gleich e-m Blitz; **~ que** (so)wie; **un ami ~ que lui** ein Freund wie er; **dans une affaire ~le que celle-ci** in e-r Angelegenheit wie dieser; in e-r solchen Angelegenheit; **il faut l'accepter ~ qu'il est** man muss ihn nehmen, wie er ist; ♦ *devant un exemple, une énumération* **~(le)s que** wie zum Beispiel; *st/s* als da sind; **des fleuves ~s que le Rhône, la Loire, etc.** Flüsse wie zum Beispiel die Rhone, die Loire usw.; ♦ **~ quel** unverändert; **laisser les choses ~les quelles** *ou fam* **~les que** die Dinge unverändert, in demselben Zustand lassen; die Dinge lassen, wie sie sind **2** (*si grand*) solche(r, -s); so groß; derartig; **je n'ai jamais eu une ~le peur** ich habe niemals solche, so große Angst gehabt; **~le est la force des préjugés que ...** so groß ist die Macht der Vorurteile, dass ...; **rien de ~ que ...** es gibt nichts Besseres als (+*acc*); es geht nichts über (+*acc*); ♦ *loc conj* **de ~le sorte, façon, manière que ...** so *ou* dergestalt, dass ...; **la situation est très grave, à ~ point que ...** die Lage ist so ernst, dass ...; → *a.* point¹ 2 **3** *indéfini* irgendein; der oder der; dieser oder jener; **~ ou ~ numéro** die oder die Nummer; diese oder jene Nummer; **~ jour, à ~le heure** an dem und dem Tag, um soundso viel Uhr; **l'homme en général et non ~ homme** der Mensch im Allgemeinen und nicht (irgend)ein bestimmter Mensch; **~le quantité de ...** soundso viel von ... **B** PR INDÉF **1** **Monsieur Un ~** Herr Sowieso, Sonundso; **Madame Une ~le** Frau Sowieso, Sonundso **2** *prov* **~ est pris qui croyait prendre** wer andern eine Grube gräbt, fällt selbst hinein (*prov*)

tél. ABR (téléphone) Tel. (Telefon)

Tel-Aviv [tɛlaviv] Tel Aviv *n*

télé [tele] F *fam* **1** Fernsehen *n*; **qu'est-ce qu'il y a à la ~?** was kommt im Fernsehen?; **regarder la ~** fernsehen **2** (*téléviseur*) Fernseher *m*; *fam* **la ~ est foutue** *fam* der Fernseher ist kaputt

télé... [tele] *préfixe* **1** (*à distance*) Fern...; fern...; Tele...; tele... **2** (*de télévision*) Fernseh...

téléachat [teleaʃa] M Teleshopping *n*

télé-affichage [teleafiʃaʒ] M CH DE FER *etc* Fernanzeige *f*

télébenne [telebɛn] F *ou* **télécabine** F Kabinenseilbahn *f*

télécarte [telekart] F TÉL Telefonkarte *f*

téléchargeable [teleʃarʒabl] ADJ INFORM **1** *vers l'internaute* herunterladbar; downloadbar **2** *vers le serveur* uploadbar

téléchargement [teleʃarʒəmɑ̃] M INFORM **1** *vers l'internaute* Herunterladen *n*; Download(en) *m(n)* **2** *vers le serveur* Upload(en) *m(n)*

télécharger [teleʃarʒe] V/T ⟨-geons⟩ INFORM **1** *vers l'internaute* herunterladen; downloaden **2** *vers le serveur* uploaden

télécommande [telekɔmɑ̃d] F TECH Fernsteuerung *f*, -bedienung *f*

télécommander [telekɔmɑ̃de] V/T fernsteuern (*a. fig*); fernbedienen; **~ la mise à feu d'une fusée** e-e Rakete fernzünden; *adjt* **télécommandé** ferngesteuert

télécommunication [telekɔmynikasjõ] F Fernmeldetechnik *f*; **~s** *pl* Telekommunikation *f*; Fernmeldewesen *n*

téléconférence [telekõferɑ̃s] F (*audioconférence*) Telefonkonferenz *f*; (*vidéoconférence*) Videokonferenz *f*

télécopie [telekɔpi] F TÉLÉCOMMUNICATIONS (Tele)Fax *n*

télécopieur [telekɔpjœr] M Faxgerät *n*

télécran [telekrɑ̃] M TV Projektionsschirm *m* (*für Großprojektion*)

télédiffusion [teledifyzjõ] F Fernsehübertragung *f*

télédistribution [teledistribysjõ] F Kabelfernsehen *n*

téléenseignement [teleɑ̃sɛɲmɑ̃] M Fernunterricht *m*

téléférique → téléphérique

téléfilm [telefilm] M TV Fernsehfilm *m*

télégénique [teleʒenik] ADJ telegen

télégramme [telegram] M Telegramm *n*; **~ de condoléances, de félicitations** Beileids-,

Glückwunschtelegramm *n;* **envoyer, expédier un ~** ein Telegramm schicken, aufgeben

télégraphe [telegʀaf] M Telegraf *m*

télégraphie [telegʀafi] F Telegrafie *f*

télégraphier [telegʀafje] V/T telegrafieren *(a. abs)*

télégraphique [telegʀafik] ADJ **1** TECH Telegrafen…; **poteau** *m* **~** Telegrafenmast *m* **2** *(par télégramme)* telegrafisch; Telegramm…; **mandat** *m* **~** telegrafische Postanweisung **3** *par ext* **style** *m* **~** Telegrammstil *m*

télégraphiste [telegʀafist] M/F Telegrammbote *m*, -botin *f*

téléguidage [telegidaʒ] M TECH Fernlenkung *f*

téléguider [telegide] V/T fernlenken; *adjt* **téléguidé** ferngelenkt *(a. fig)*

téléinformatique [teleɛ̃fɔʀmatik] F Datenfernverarbeitung *f*

télékinésie [telekinezi] F Telekinese *f*

télémanipulateur [telemanipylatœʀ] M TECH Manipulator *m*

Télémaque [telemak] M MYTH Telemach *ou* Telemachos *m*

télématique [telematik] F INFORM Telematik *f;* Verbindung *f* von Informatik und Fernmeldetechnik

télémédecine [telemed(ə)sin] F Telemedizin *f*

télémètre [telemɛtʀ] M TECH Entfernungsmesser *m;* Telemeter *n*

téléobjectif [teleɔbʒɛktif] M PHOT Teleobjektiv *n;* **pris au ~** mit (dem) Teleobjektiv aufgenommen

téléologie [teleɔlɔʒi] F PHIL Teleologie *f;* **téléologique** ADJ teleologisch

télépathe [telepat] M/F Telepath(in) *m(f);* **télépathie** F Telepathie *f;* **télépathique** ADJ telepathisch

télépéage [telepeaʒ] M *vollautomatisches System zur Erhebung und Zahlung der Autobahngebühr*

téléphage [telefaʒ] M/F Couchpotato *f* *(Person, die am liebsten auf dem Sofa sitzt und fernsieht)*

téléphérique [telefeʀik] M Drahtseilbahn *f;* Seil(schwebe)bahn *f*

téléphone [telefɔn] M **1** Telefon *n;* ADMIN Fernsprecher *m; avec l'adresse a.* (Fern)Ruf *m;* **~ fixe** Festnetztelefon *n;* **~ mobile** Mobiltelefon *n;* **~ public** öffentlicher Fernsprecher; POL **le ~ rouge** der heiße Draht; **~ à cartes (magnétiques)** Kartentelefon *n;* **~ de voiture** Autotelefon *n;* **~ sans fil** schnurloses Telefon; **coup** *m* **de ~** (Telefon)Anruf *m;* **recevoir un coup de ~ (de qn)** e-n (Telefon)Anruf (von j-m) bekommen; **numéro** *m* **de ~** Telefon-, Fernsprechnummer *f;* Ruf(nummer) *m(f);* **par ~** telefonisch; fernmündlich; **avoir le ~** Telefon (im Hause) haben; **avoir qn au ~** *à l'instant* mit j-m (gerade) telefonieren; *fam* j-n an der Strippe haben; *(joindre)* j-n telefonisch erreichen **2** *fam fig* **~ arabe** *fam* Buschtrommel *f*

téléphoner [telefɔne] **A** V/T (durch)telefonieren, telefonisch mitteilen, durchgeben (**qc à qn** j-m etw); **téléphone-lui de venir** telefonier ihm, er soll kommen; ruf ihn an und sag ihm, er soll kommen **B** V/I telefonieren; anrufen; **~ à qn** j-n anrufen; mit j-m telefonieren; **~ chez qn** bei j-m anrufen; **téléphone-moi demain** ruf mich morgen an **C** V/PR **se ~** miteinander telefonieren

téléphonie [telefɔni] F Telefonie *f*

téléphonique [telefɔnik] ADJ telefonisch; Telefon…; Fernsprech…; **appel** *m* **~** (telefonischer) Anruf; **cabine** *f* **~** Telefon-, Fernsprechzelle *f;* **conversation** *f* **~** Telefongespräch *n;* Telefonat *n;* **ligne** *f* **~** Telefon-, Fernsprechleitung *f*

téléphoniste [telefɔnist] M/F Telefonist(in) *m(f)*

téléprompteur [telepʀõptœʀ] M TV Teleprompter® *m*

téléreportage [teleʀ(ə)pɔʀtaʒ] M Fernsehreportage *f*

télescopage [teleskɔpaʒ] M AUTO Zusammenstoß *m;* Auffahren *n;* Auffahrunfall *m*

télescope [teleskɔp] M ASTRON, OPT Fernrohr *n;* Teleskop *n*

télescoper [teleskɔpe] AUTO **A** V/T zusammenstoßen mit; auffahren auf *(+acc)* **B** V/PR **se ~** zusammenstoßen; aufeinanderprallen

télescopique [teleskɔpik] ADJ TECH ausziehbar; Teleskop…; **antenne** *f* **~** Teleskopantenne *f*

téléscripteur [teleskʀiptœʀ] M Fernschreiber *m*

télésiège [telesjɛʒ] M Sessellift *m*

téléski [teleski] M Schilift *m;* Schlepplift *m*

téléspectateur [telespɛktatœʀ] M, **téléspectatrice** F Fernsehzuschauer(in) *m(f)*

télésurveillance [telesyʀvɛjɑ̃s] F Bildschirmüberwachung *f*

téléthon® [teletõ] M Fernsehmarathon *m* für e-n wohltätigen Zweck

télétraitement [teletʀɛtmɑ̃] M INFORM Datenfernverarbeitung *f*

télétravail [teletʀavaj] M Telearbeit *f*

télévisé [televize] ADJ im Fernsehen übertragen; Fernseh…; **jeu ~** Ratespiel *n*, Quizsendung *f* (im Fernsehen); **journal ~** (Fernseh)Nachrichten *fpl*

téléviser [televize] V/T im Fernsehen übertragen

téléviseur [televizœʀ] M Fernsehapparat *m*, -empfänger *m*, -gerät *n;* Fernseher *m;* **~ couleur** Farbfernseher *m*

télévision [televizjõ] F **1** Fernsehen *n;* **~ scolaire** Schulfernsehen *n;* **~ en couleurs** Farbfernsehen *n;* **~ par câble, par satellite** Kabel-, Satellitenfernsehen *n;* **programme** *m* **de ~** Fernsehprogramm *n* **2** → **téléviseur**

télévisuel [televizɥɛl] ADJ ⟨~le⟩ Fernseh…

télex [telɛks] M **1** *réseau* Telex *n;* Fernschreibnetz *n* **2** *message* Fernschreiben *n;* Telex *n;* **par ~** fernschriftlich

tellement [tɛlmɑ̃] ADV dermaßen; derartig; so; so sehr; so viel; *vous aimez le champagne?* - **pas ~!** nicht besonders!; nicht sehr!; **il a ~ changé!** er hat sich so sehr, so stark verändert!; *il exaspère tout le monde,* **~ il est bavard** so schwatzhaft ist er; **ce serait ~ mieux!** das wäre viel, viel besser!; **ce serait ~ plus agréable si …** es wäre (so) viel angenehmer, wenn …; **il est ~ plus intelligent que** *son frère* er ist um so viel intelligenter als …; ♦ **j'ai ~ de soucis** ich habe so viele Sorgen; **il dépense ~ d'argent** er gibt so viel Geld aus (**que …** dass …); ♦ **cette maison est ~ grande que …** dieses Haus ist so groß, dass …; **il a ~ peur que …** er hat (e-e) solche Angst, dass …; **elle va ~ vite que …** sie geht so schnell, dass …

tellurique [telyʀik] ADJ *t/t* Erd…; tellurisch; **secousse** *f* **~** Erdstoß *m*

télomère [telɔmɛʀ] M BIOL Endabschnitt *m* e-s Chromosoms; *t/t* Telomer *n*

téméraire [temeʀɛʀ] ADJ *personne* verwegen; kühn; waghalsig; *entreprise, jugement* kühn; gewagt; vermessen; HIST **Charles le Téméraire** Karl der Kühne

témérité [temeʀite] F Kühnheit *f;* Verwegenheit *f;* Waghalsigkeit *f;* Vermessenheit *f;* **folle ~** Tollkühnheit *f;* **avec ~** waghalsig; kühn; verwegen

témoignage [temwaɲaʒ] M **1** *(déclaration)* Aussage *f* *(a.* JUR*);* Augenzeugenbericht *m;* *st/s* Zeugnis *n;* JUR *a.* Zeugenaussage *f;* **faux ~** Falschaussage *f; par ext* Meineid *m;* **d'après, selon le ~ de** nach, laut Aussage von *(ou +gén);* **condamner qn sur le ~ de** j-n aufgrund der Aussage *(+gén)* verurteilen; **recevoir un ~** e-e Aussage entgegennehmen **2** *(signe)* Beweis *m*, Zeichen *n* (**de qc** für etw); Bekundung *f;* **en ~ de** als Beweis, Zeichen *(+gén);* **acceptez ce ~ de ma reconnaissance** nehmen Sie bitte diesen Beweis meiner Dankbarkeit an; **donner à qn des ~s d'affection** j-m (s-e) Zuneigung bekunden; j-m Beweise s-r Zuneigung geben; **remercier des, pour les ~s de sympathie** für die erwiesene Anteilnahme danken

témoigner [temwaɲe] **A** V/T **~ qc** *personne* etw zeigen, bekunden, zu erkennen geben; *chose* etw erkennen lassen, ausdrücken, verraten; **~ de la froideur à qn** sich j-m gegenüber kühl verhalten; **son attitude témoignait une vive surprise** sein Verhalten verriet lebhafte Überraschung **B** V/T INDIR **~ de qc** *personne* etw bezeugen; *chose* etw beweisen; von etw zeugen; **~ de l'innocence de qn** j-s Unschuld bezeugen; **cela témoigne d'une vive imagination** das zeugt von e-r lebhaften Fantasie; **je peux en ~** ich kann es bezeugen **C** V/I JUR (als Zeuge) aussagen; **~ en justice** vor Gericht aussagen; **~ en faveur de qn, contre qn** zu j-s Gunsten, gegen j-n aussagen

témoin [temwɛ̃] M **1** JUR Zeuge *m*, Zeugin *f;* *d'un mariage* Trauzeuge *m;* **~ oculaire** Augenzeuge *m;* **~ à charge, à décharge** Belastungs-, Entlastungszeuge *m;* **servir de ~** Zeuge sein **2** *par ext* Zeuge *m;* Zuhörer *m;* Zuschauer *m;* **être ~ de qc** bei etw anwesend, zugegen sein; Zeuge e-r Sache *(gen)* sein *ou* werden; etw mit ansehen *ou* mit anhören; **j'ai été ~ de l'accident** ich war Zeuge des Unfalls; ich war bei dem Unfall zugegen, dabei; **elle en a été ~** sie hat es mit angesehen *ou* selbst gehört; **tu es ~ qu'***il a refusé* du bist mein Zeuge, dass …; du kannst bezeugen, dass …; **Dieu m'est ~ que …** Gott ist mein Zeuge, dass …; **parler devant ~s, sans ~s** vor Zeugen, ohne Zeugen sprechen; **prendre qn pour ~** j-n als Zeugen nehmen; **je vous prends à ~** ⟨*inv*⟩ Sie sind mein(e) Zeuge(n) (**que … dass …**); ich berufe mich auf Sie **3** *dans un duel* Sekundant *m* **4** *fig* Zeuge *m;* *(preuve)* Beweis *m; il est très habile,* **~ ses réussites** das beweisen s-e Erfolge **5** REL **~s de Jéhova** Zeugen *mpl* Jehovas **6** SPORTS Staffelstab *m;* **passage** *m* **du ~** Stabübergabe *f* **7** ADJT Kontroll…; Test…; BIOL **animal** *m*, **individu** *m* **~** Kontrolltier *n*, -person *f;* **appartement** *m* **~** Musterwohnung *f;* **lampe** *f* **~** *ou subst* **~** *m* Kontrolllampe *f*

tempe [tɑ̃p] F ANAT Schläfe *f*

tempérament [tɑ̃peʀamɑ̃] M **1** *(constitution)* Konstitution *f* **2** *(caractère)* Temperament *n;* Anlage *f;* Veranlagung *f;* Gemütsart *f;* **~ nerveux** nervöse Veranlagung; **~ sanguin** sanguinisches Temperament; **avoir un, être de ~ combatif** kämpferisch veranlagt, e-e Kämpfernatur sein; **être actif de ~** von Natur aus aktiv sein **3** **avoir du ~** sinnlich, heißblütig sein **4** COMM **vente** *f* **à ~** Raten-, Teilzahlungskauf *m;* **acheter à ~** auf Raten, Teil-, Abzahlung, *fam* Stottern kaufen **5** MUS Temperatur *f*

tempérance [tɑ̃peʀɑ̃s] F Enthaltsamkeit *f;* Mäßigkeit *f* *(im Essen, Trinken);* **tempérant** ADJ *personne* enthaltsam; mäßig

température [tɑ̃peʀatyʀ] F **1** MÉTÉO Temperatur *f;* **~ ambiante** (herrschende) Raumtemperatur; **~ basse, élevée** niedrige, hohe Temperatur; **~ extérieure** Außentemperatur *f*; ~ **au sol** Bodentemperatur *f*; ~ **de l'eau** Wassertemperatur *f*; ~ **en baisse, en °hausse** fallende, steigende Temperatur **2** *corporelle* (Körper)Temperatur *f*; **animaux** *mpl* **à ~ constante, variable** gleichwarme, wechselwarme Tiere *npl*; **courbe** *f* **de ~** Fieberkurve *f*; **avoir, faire de la ~** Fieber *ou* (erhöhte) Temperatur haben; **prendre sa ~** s-e Temperatur messen; *fig* **prendre la ~ d'une assemblée** die Stimmung e-r Versammlung erforschen **3** PHYS Temperatur *f*; ~ **absolue** absolute Temperatur; ~ **d'ébullition, de fusion** Siede-, Schmelztemperatur *f*

tempéré [tɑ̃peʀe] ADJ **1** GÉOG gemäßigt; **climat ~** gemäßigtes Klima; **pays ~** Land *n* mit gemäßigtem Klima; **zone ~e** gemäßigte Zone **2** MUS temperiert

tempérer [tɑ̃peʀe] V/T ⟨-è-⟩ mäßigen; mildern; ~ **l'agressivité de qn** j-s Aggressivität dämpfen

tempête [tɑ̃pɛt] F **1** MÉTÉO Sturm *m*; Unwetter *n*; ~ **de neige, de sable** Schnee-, Sandsturm *m*; **la ~ fait rage** der Sturm tobt, wütet **2** *fig*: ~ **dans un verre d'eau** Sturm *m* im Wasserglas; ~ **d'applaudissements** Beifallssturm *m*; ~ **d'injures** Hagel *m*, Flut *f* von Schimpfworten; **déchaîner une ~ de protestations** e-n Proteststurm entfesseln

tempêter [tɑ̃pete] V/I *personne* toben; wettern

temple [tɑ̃pl] M **1** Tempel *m*; ~ **grec** griechischer Tempel; ~ **de Vénus** Venustempel *m* **2** REL PROT (protestantische) Kirche **3** *fig et plais* **un ~ de la gastronomie** ein Feinschmeckerlokal *n* **4** HIST *in Paris* **le Temple** *Hauptniederlassung des Templerordens; Staatsgefängnis während der Frz Revolution*

templier [tɑ̃plije] M REL HIST Templer *m*; Tempelritter *m*, -herr *m*; **ordre** *m* **des Templiers** Templerorden *m*

tempo [tɛmpo, tɛ̃po] M MUS Tempo *n*; Zeitmaß *n*

temporaire [tɑ̃pɔʀɛʀ] ADJ vorübergehend; zeitlich begrenzt; vorläufig; zeitweilig; **travail** *m* ~ Zeitarbeit *f*; **à titre ~** vorläufig; vorübergehend; zeitweilig; provisorisch

temporal [tɑ̃pɔʀal] ADJ ⟨-aux⟩ ANAT Schläfen…; **temporalité** F PHIL Zeitlichkeit *f*

temporel [tɑ̃pɔʀɛl] ADJ ⟨~le⟩ **1** REL zeitlich; vergänglich; irdisch; **pouvoir ~ (du pape)** weltliche Macht (des Papstes) **2** GRAM temporal; zeitlich; **subordonnée ~le** Temporalsatz *m*

temporisateur [tɑ̃pɔʀizatœʀ] ADJ ⟨-trice⟩ abwartend; hinhaltend; **temporiser** V/I (e-n günstigeren Zeitpunkt) abwarten; Zeit gewinnen (wollen)

temps¹ [tɑ̃] M **1** Zeit *f*; (*époque*) Zeitalter *n*; (*moment*) Zeitpunkt *m*; (*période*) Zeitabschnitt *m*; **le bon vieux ~** die gute alte Zeit; ~ **mort** → mort² A; **les ~ modernes** die Neuzeit; CUIS ~ **de cuisson** Koch-, Gar-, Back-, Bratzeit *f*; RAD, TV, POL ~ **de parole, d'antenne** Sendezeit *f*; PHOT ~ **de pose** Belichtungszeit *f*; ~ **de réflexion** Bedenkzeit *f*; ~ **de repos** Ruhepause *f*, -zeit *f*; ~ **des vacances** Ferienzeit *f*; ~ **des vendanges** Zeit der Weinlese; **un bon bout de ~** geraume Zeit; eine ganze Weile; ♦ *loc adv*: **un certain ~** e-e Zeit lang; einige Zeit; **ces derniers ~, ces ~ derniers** in letzter Zeit; *elle est un peu fatiguée* **ces ~-ci** zurzeit …; **peu de ~ après** kurze Zeit später; kurz darauf; **peu de ~ après que …** kurz nachdem …; **peu de ~ avant** kurz vorher; **peu de ~ avant que …** (+*subj*) kurz bevor …; **quelque ~** einige Zeit; e-e Zeit lang; **tout le ~** ständig; immer; andauernd; die ganze Zeit (über); **à ~** rechtzeitig; beizeiten; **au bout d'un certain ~** nach einiger, e-r gewissen Zeit; *fam* **au ~ pour moi!** *fam plais* ich nehme alles zurück und behaupte das Gegenteil; **avec le ~** mit der Zeit; im Laufe der Zeit; **dans le ~** seinerzeit; ehemals; früher; **limité dans le ~** zeitlich begrenzt; befristet; **dans les derniers ~ du règne de Louis XIV** gegen Ende der Herrschaft Ludwigs XIV.; **dans mon jeune ~** in meiner Jugend(-zeit); **dans peu de ~** bald; in kurzer Zeit; **dans les premiers ~** in der ersten Zeit; am Anfang; **dans un premier ~ …, dans un second ~ …** zuerst …, dann …; **de mon ~** zu meiner Zeit; *loc adj* **les hommes de notre ~** die Menschen unserer Zeit; **de tout ~** seit jeher; seit eh und je; schon immer; zu allen Zeiten; **du** *ou* **au ~ des diligences** im Zeitalter der Postkutsche; **du ~ de Napoléon** zur Zeit Napoleons; **de ~ en ~, de ~ à autre** von Zeit zu Zeit; dann und wann; ab und zu; hin und wieder; zuweilen; **depuis ce ~-là** seit damals; **depuis quelque ~** seit einiger Zeit; **en ~ normal, ordinaire** in normalen Zeiten; unter normalen Umständen; **en tout ~** zu jeder Zeit; immer; **en ~ et lieu** zu gegebener Zeit; bei passender Gelegenheit; **chaque chose en son ~** alles zu s-r Zeit; **en ce ~-là** in, zu jener Zeit; damals; **en même ~** zur gleichen Zeit; gleichzeitig; (*à la fois*) zugleich; **pas tous en même ~** nicht alle zugleich; immer schön, hübsch der Reihe nach; **en peu de ~** innerhalb kurzer Zeit; **en un rien de ~** *ou* **en deux ~, trois mouvements** *ou* **en moins de ~ qu'il n'en faut pour le dire** im Handumdrehen; im Nu; *fam* in null Komma nix; blitzschnell; **en un ~ record** in Rekordzeit; **en ~ de paix** in Friedenszeiten; im Frieden; **entre ~** → entre-temps; **par les ~ qui courent** heutzutage; in heutiger Zeit; **pendant quelque ~** e-e Zeit lang; **pendant tout ce ~** diese ganze Zeit über; während dieser ganzen Zeit; **pour un (certain) ~** für, auf einige Zeit; vorübergehend; ♦ *loc conj*: **au** *ou* **du ~ où …, du ~ que …** (zu der Zeit,) als …; **depuis le ~ que …** seit(dem) …; seit der Zeit, da …; **le ~ de me retourner, il était déjà parti** ich drehte mich nur (e-n Augenblick) um, da war er fort; ♦ SPORTS **améliorer son ~** s-e Zeit verbessern (**de deux dixièmes de seconde** um zwei Zehntelsekunden); **avoir le ~** Zeit haben (**de** +*inf* zu +*inf*); **n'avoir pas le ~** keine Zeit haben; **avoir du ~ (de) libre** freie Zeit haben; **avoir encore du ~ (de reste)** noch Zeit (übrig) haben; **j'ai eu juste le ~ de me mettre à l'abri** ich hatte gerade noch Zeit, mich unterzustellen; **vous avez tout le** *ou* **votre ~** Sie haben noch reichlich Zeit, Zeit genug; **il y a beau ~ que …** es ist (schon) lange her, dass …; seit Langem …; **il y a peu de ~ (que …)** seit Kurzem (…); **cela n'aura qu'un ~** das geht vorbei; das wird nicht lange dauern; **la jeunesse n'a qu'un ~** man ist nur einmal jung; **il y a un ~ pour tout** alles zu s-r Zeit; **se donner, se payer, prendre du bon ~** sich (*dat*) schöne Tage machen; sich's (*dat*) gut gehen, sich's (*dat*) wohl sein lassen; **il est ~** es ist Zeit (**de partir** aufzubrechen); **il est ~ que …** (+*subj*) es ist Zeit, dass …; **il était ~!** es war (aber auch) Zeit!; **il est grand ~** es ist höchste Zeit; *fam* höchste Eisenbahn!; **il n'est plus ~ de** (+*inf*) jetzt ist es zu spät zu (+*inf*); **c'était le bon ~!** das waren noch Zeiten!; **il fut un ~ où …** es gab einmal e-e Zeit, da *ou* als …; **ce n'est ni le ~ ni le lieu de** *ou* **pour faire qc** das ist weder der richtige Zeitpunkt noch der passende Ort, etw zu tun; **les ~ sont durs** die Zeiten sind schwer; **être de son ~** mit der Zeit gehen; **avoir fait son ~** *robe, voiture etc* ausgedient haben; *prisonnier* s-e Strafe abgesessen haben; *fig* **la libre concurrence a fait son ~** die Zeit des freien Wettbewerbs ist vorbei; *soldat* **il a fait, fini son ~ (de service)** er hat s-n Wehrdienst abgeleistet; **il faut du ~ pour cela** das braucht, erfordert Zeit; **gagner du ~** Zeit gewinnen; **un métier qui laisse beaucoup de ~ libre** ein Beruf, der einem viel Freizeit lässt; **mettre un certain ~ à** (+*inf*) einige Zeit, e-e gewisse Zeit brauchen, um zu (+*inf*); **passer son ~ à (faire) qc** s-e Zeit mit etw verbringen; **pour passer le ~** zum Zeitvertreib; **payer de son ~** s-e Zeit opfern; **perdre son ~** die, s-e Zeit vertun, verschwenden, vertrödeln; **perdre du ~** Zeit verlieren; **sans perdre de ~** unverzüglich; ohne Zeit zu verlieren; **il n'y a pas de ~ à perdre** es ist keine Zeit zu verlieren; **faire perdre son ~ à qn** *personne* j-m die Zeit stehlen; *chose* j-m viel Zeit rauben; **prendre le ~ de** (+*inf*) sich (*dat*) die Zeit nehmen zu (+*inf*); **prendre (tout) son ~** sich (*dat*) Zeit lassen, nehmen; **cela prendrait trop de ~** das würde zu viel Zeit kosten, beanspruchen, in Anspruch nehmen; das wäre zu zeitraubend; **travailler à plein ~** *ou* **à ~ complet** ganztags, ganztägig arbeiten; **trouver le ~ de** (+*inf*) die Zeit finden zu (+*inf*); dazu kommen zu (+*inf*); **je trouve le ~ long** die Zeit wird mir lang; **tuer le ~** die Zeit totschlagen; **le ~ est venu de** (+*inf*) jetzt ist es Zeit zu (+*inf*); die Zeit ist gekommen zu (+*inf*); ♦ *prov*: **autres ~, autres mœurs** andere Zeiten, andere Sitten (*prov*); **le ~, c'est de l'argent** Zeit ist Geld (*prov*) **2** ASTRON ~ **universel** Weltzeit *f* **3** GRAM Zeit(-form) *f*; Tempus *n*; ~ **composé, simple** zusammengesetzte, einfache Zeit; **adverbe** *m* **de ~** Zeitadverb *n* **4** MUS Zählzeit *f* (*des Taktes*); Taktzeit *f*; **mesure** *f* **à trois ~** Dreivierteltakt *m* **5** TECH Takt *m*; **moteur** *m* **à deux, à quatre ~** Zwei-, Viertaktmotor *m* **6** INFORM ~ **partagé** Time-Sharing *n*; ~ **réel** Echt-, Realzeit *f* **7** PÉDAGOGIE **tiers ~ pédagogique** ausgewogene Aufteilung der Wochenstundenzahl an Volksschulen auf die drei Bereiche Grundfächer (Französisch, Rechnen), übrige Fächer und Sport

temps² [tɑ̃] M MÉTÉO Wetter *n*; Witterung *f*; MAR **gros ~** stürmisches Wetter; Sturm *m*; ~ **lourd** schwüles Wetter; ~ **pluvieux** Regenwetter *n*; ~ **de saison** der Jahreszeit entsprechendes Wetter; *loc adv*: **par beau ~** bei schönem Wetter; **par tous les ~** bei jedem Wetter; bei Wind und Wetter; **selon le ~ qu'il fera** je nach Wetter; **le ~ est orageux** es sieht gewitt(e)rig aus; **quel ~ fait-il?** wie ist das Wetter?; **il fait un ~ splendide** es ist herrliches, prächtiges, schönstes Wetter; **le ~ se met au beau, au froid** das Wetter *ou* es wird schön, kalt; **le beau ~ revient** das Wetter *ou* es wird wieder schön

tenable [t(ə)nabl] ADJ **ce n'est plus ~ ici** das ist hier nicht mehr auszuhalten; das wird hier unerträglich

tenace [tənas] ADJ **1** *odeur* lang anhaltend; **tache** *f* ~ schwer zu entfernender Fleck **2** *fig préjugé, rhume etc* hartnäckig; *personne* ausdauernd; beharrlich; hartnäckig; **résistance** *f* ~ hartnäckiger, zäher Widerstand; **volonté** *f* ~ zäher, beharrlicher Wille

ténacité [tenasite] F *de préjugés etc* Hartnäckigkeit *f*; *de personnes* Beharrlichkeit *f*; Ausdauer *f*; Hartnäckigkeit *f*; **être doué d'une ~ à toute épreuve** von e-r durch nichts zu erschütternden Hartnäckigkeit sein

tenaille [t(ə)naj] F **1** ~**s** Zange *f* **2** MIL **prendre en ~** in die Zange nehmen

tenailler [tənaje] V/T *faim etc* ~ **qn** j-n quälen, peinigen; **être tenaillé par le(s) remords** von Gewissensbissen gequält, gepeinigt werden

tenancier [tənɑ̃sje] M, **tenancière** F ADMIN *ou péj* Inhaber(in) *m(f)*; Wirt(in) *m(f)*

tenant [tənɑ̃] **A** ADJ **séance ~e** auf der Stelle; sofort **B** SUBST **1** SPORTS **~(e)** *m(f)* **du titre** Titelhalter(in) *m(f)* **2** MPL **les ~s et aboutissants** die näheren Umstände *mpl*; *fam* das Drum und Dran; *loc adj* **d'un seul ~** zusammenhängend; in einem Stück

tendance [tɑ̃dɑ̃s] F **1** Tendenz *f*; *(inclination)* Neigung *f*; *(penchant)* Hang *m*; **avoir ~ à** *(+inf)* dazu neigen zu *(+inf)*; die Tendenz haben zu *(+inf)*; dazu tendieren zu *(+inf)*; **avoir ~ à croire, à penser que ...** zu der Anschauung neigen, dass ...; **avoir ~ à exagérer, à grossir** zu Übertreibungen, zum Dickwerden neigen **2** POL, ART Tendenz *f*; Trend *m*; Richtung *f*; Orientierung *f*; **faire un procès de ~ à qn** j-m etw unterstellen **3** FIN Tendenz *f*; Trend *m*; BOURSE *a.* Stimmung *f*; **~ à la baisse, à la hausse** fallende *ou* rückläufige, steigende Tendenz; **~ à la hausse (des prix)** Preisauftrieb *m*; **les prix ont ~ à monter** die Preise weisen steigende Tendenz auf, ziehen an

tendanciel [tɑ̃dɑ̃sjɛl] ADJ ⟨~le⟩ *t/t* tendenziell

tendancieux [tɑ̃dɑ̃sjø] ADJ ⟨-euse⟩ *péj* tendenziös

tender [tɑ̃dɛʀ] M CH DE FER Tender *m*

tendeur [tɑ̃dœʀ] M **1** TECH Spanner *m*; Spannvorrichtung *f*; *de chaîne de vélo* Kettenspanner *m* **2** *(câble pour fixer)* (elastischer) Gepäckriemen; Spanngurt *m*

tendineux [tɑ̃dinø] ADJ ⟨-euse⟩ ANAT Sehnen...; *viande* sehnig; **tendinite** F MÉD Sehnenentzündung *f*

tendon [tɑ̃dõ] M ANAT Sehne *f*; **~ d'Achille** Achillessehne *f*

tendre[1] [tɑ̃dʀ] ⟨→ rendre⟩ **A** V/T **1** *corde* (an)spannen; fest-, anziehen; *muscle* (an)spannen; *chaîne, ressort, arc, filet* spannen; **~ un piège** e-e Falle aufstellen; *fig* **~ un piège à qn** j-m e-e Falle stellen **2** *mur* bespannen **(de** mit); *coffret* **tendu de soie** mit Seide ausgeschlagen **3** *(avancer)* ausstrecken; **~ qc à qn** j-m etw hinhalten, reichen; **~ le bras** den Arm ausstrecken; → *a.* bras 1; **~ le cou** den Hals recken; **~ la joue** die Wange hinhalten; **~ la main** die Hand ausstrecken *(a. pour mendier ou se réconcilier)*; **~ la main à qn** j-m die Hand entgegenstrecken, bieten, reichen; *fig (aider)* j-m helfen; **~ l'oreille** die Ohren spitzen **B** V/T INDIR **1** *personne* **~ à, vers qc** etw anstreben; nach etw streben; **~ à, vers la perfection** nach Vollkommenheit streben; **~ vers un idéal** ein Ideal anstreben **2** *activité, décision, paroles* **~ à qc** auf etw *(acc)* abzielen, gerichtet sein; **~ à** *(+inf)* darauf abzielen *ou* dahin gehen zu *(+inf)*; *situation, évolution* dazu tendieren zu *(+inf)*; **mesures tendant à apaiser les esprits** Maßnahmen zur Beruhigung der Gemüter; **ce qui tendrait à prouver que ...** was zum Beweis (dafür) dienen könnte, dass ... **3** MATH **~ vers zéro, vers l'infini** gegen null, gegen unendlich streben **C** V/PR **se ~** *fig rapports* gespannt werden

tendre[2] [tɑ̃dʀ] ADJ **1** zart; **bois** *m* **~** Weichholz *n*; weiches Holz; **herbe** *f*, **pain** *m* **~** weiches Gras, Brot; **légumes** *mpl* **~s** zartes Gemüse; **peau** *f* **~** zarte Haut; **viande** *f* **~** zartes, mürbes Fleisch **2** *fig* **âge** *m* **~** Kindheit *f* (und frühe Jugend); **depuis, dès ma plus ~ enfance** seit meiner frühesten Kindheit; von frühester Kindheit an; von Kindesbeinen an **3** *(affectueux)* zärtlich; liebevoll; innig; *cœur* weich; **une ~ amitié** e-e innige Freundschaft; **mot** *m* **~** Kosewort *n*; **regard** *m* **~** zärtlicher, liebevoller Blick; *subst* **c'est un ~** er hat ein weiches Herz, Gemüt; *les critiques* **n'ont pas été ~s pour l'auteur** gingen mit dem Autor nicht gerade sanft um; **devenir, se faire ~ avec qn** zu j-m zärtlich werden **4** *couleur* zart; **vert ~** ⟨*inv*⟩ zartgrün **5** *chanson* lieblich; einschmeichelnd

tendrement [tɑ̃dʀəmɑ̃] ADV liebevoll; zärtlich

tendresse [tɑ̃dʀɛs] F zärtliche, innige Liebe; Zärtlichkeit *f*; *pour finir une lettre* **mille ~s** in inniger Liebe; **élan** *m* **de ~** Aufwallung *f* von Zärtlichkeit; **avoir, éprouver de la ~ pour qn** innige, zärtliche Liebe für j-n empfinden; *par ext* **n'avoir aucune ~ pour ...** nichts übrighaben für ...

tendreté [tɑ̃dʀəte] F *de la viande etc* Zartheit *f*

tendron [tɑ̃dʀõ] M **1** CUIS **~ de veau** Kalbsbrust *f* **2** *fam (très jeune fille) fam* junges Ding

tendu [tɑ̃dy] ADJ **1** *corde, muscle etc* gespannt; **(fortement, bien) ~** stramm; straff **2** *fig atmosphère, rapports* gespannt **3** *volonté, visage* angespannt; **avoir l'esprit ~** angestrengt nachdenken; sich scharf konzentrieren **4** *fig* **politique** *f* **de la main ~e** Versöhnungspolitik *f*

ténèbres [tenɛbʀ] FPL **1** Finsternis *f*; Dunkelheit *f*; Dunkel *n*; **marcher à tâtons dans les ~** im Finstern, in der Dunkelheit umhertappen **2** *fig et litt* **les ~ de l'inconscient** das Dunkel des Unbewussten; REL **l'empire** *m*, **le prince des ~** das Reich, der Fürst der Finsternis

ténébreux [tenebʀø] **A** ADJ ⟨-euse⟩ *fig (obscur)* dunkel; finster; düster; *(mystérieux)* mysteriös; undurchsichtig; rätselhaft **B** SUBST *plais* **un beau ~** ein finster blickender schöner Mann

Ténériffe [teneʀif] Teneriffa *n*

teneur [tənœʀ] F **1** *d'un écrit* Wortlaut *m*; Inhalt *m*; Tenor *m* **2** CHIM Gehalt *m*; **~ en alcool** Alkoholgehalt *m*; Gehalt an Alkohol; **~ du sang en hémoglobine** Hämoglobingehalt *m* des Blutes

ténia [tenja] M ZOOL Bandwurm *m*

tenir [t(ə)niʀ]

⟨→ venir⟩

A verbe transitif	B verbe transitif indirect
C verbe intransitif	D verbe pronominal

— A verbe transitif —

1 halten; festhalten **a** *locutions avec subst*: **~ compte de qc** etw berücksichtigen; e-r Sache *(dat)* Rechnung tragen; etw bedenken; **~ le coup** aus-, durch-, standhalten; *chose* (sich) halten; MUS **~ une note** e-e Note, e-n Ton aushalten; MIL **~ une position** e-e Stellung halten; **~ tête à qn** j-m Widerstand leisten; sich j-m widersetzen; j-m standhalten; j-m die Stirn bieten; es mit j-m aufnehmen; → *a. subst correspondants* **b** *avec adj*: **~ les yeux baissés, fermés** die Augen gesenkt, geschlossen halten; **le café me tient éveillé** Kaffee hält mich wach; **~ une porte ouverte** e-e Tür offen halten; **~ sa maison propre** sein Haus sauber halten; **elle tenait l'enfant serré contre elle** sie hielt das Kind an sich *(acc)* gedrückt **c** *avec prép*: **~ qc à la main** etw in der Hand halten; **~ qn dans ses bras** j-n in den Armen halten; **~ qn en échec, en éveil, en haleine** → échec *etc*; **~ qc entre ses mains** etw in den Händen halten; **~ qn par le bras** j-n am Arm (fest)halten; **~ un cheval par la bride** ein Pferd am Zügel halten, führen; **~ un enfant par la main** ein Kind an der Hand halten, führen; **il m'a tenu pendant deux heures** er hat mich zwei Stunden aufgehalten; ♦ *prov* **mieux vaut ~ que courir** *ou* **un tiens vaut mieux que deux tu l'auras** besser ein Spatz in der Hand als e-e Taube auf dem Dach *(prov)* **2** *(avoir)* haben; *(posséder)* besitzen; *voleur etc* (gefasst) haben; **~ la preuve** den Beweis (in Händen) haben; *fam* **je tiens un de ces rhumes** *fam* ich hab vielleicht e-n Schnupfen; **si je le tenais!** wenn ich den hier hätte! *(der könnte was erleben)*; **~ qn par le chantage** j-n (durch Erpressung) in der Hand haben; **quand la colère le tient ...** wenn ihn der Zorn gepackt hat ...; ♦ **~ qc de qn** etw von j-m haben; **~ une nouvelle de qn** e-e Nachricht von j-m haben; *fig* **il tient cela de son père** das *(diese Eigenschaft)* hat er von s-m Vater; ♦ *fam* **en ~ pour qn** in j-n verliebt, *fam* verknallt sein; *fam* **il en tient une** *fam* er ist besoffen; er hat einen sitzen **3** *journal, registre, caisse, compte*, COMM *article* führen; *restaurant, hôtel* führen; bewirtschaften; **~ boutique** e-n (kleinen) Laden haben, besitzen, führen; **~ la comptabilité, les livres** die Buchhaltung, die Bücher führen **4** *promesse, pari* halten; *promesse a.* einlösen; **~ ses engagements** s-n Verpflichtungen nachkommen; s-e Verpflichtungen einhalten; **~ (sa) parole** (sein) Wort halten **5** *réunion, conférence etc* abhalten; *discours* halten; MUS **~ sa partie** s-e Stimme spielen *ou* singen; **~ des propos insensés** Unsinn reden; **~ bien son rôle** s-e Rolle gut spielen **6** **~ pour** ansehen als; halten für; **~ qc pour acquis, pour certain, pour probable** etw für erwiesen, für sicher, für wahrscheinlich halten **7** *de la place* einnehmen; brauchen; beanspruchen; **~ beaucoup, moins de place** viel, weniger Platz einnehmen; **~ toute la largeur d'une pièce** die ganze Breite e-s Zimmers einnehmen; *fig* **~ une place éminente dans la société** e-n hohen Rang in der Gesellschaft innehaben **8** *abs, int* **tiens!** *(prends)* da!; da, nimm!; *étonné* ach!; so (et) was!; sieh mal (einer) an!; da schau her!; **tenez!** da!; nehmen Sie!; *pour attirer l'attention* hören Sie!; sehen Sie!; **tiens, voilà ton argent** da! hier ist dein Geld; **tiens, le voilà** sieh an, da ist er (ja)!; **tiens, tiens! comme c'est étrange** schau, schau! das ist aber seltsam; **tenez, je vous propose une affaire** (hören Sie,) ich schlage Ihnen ein Geschäft vor

— B verbe transitif indirect —

1 **~ à qn, qc** *(être attaché à)* an j-m, etw hängen; auf j-n, etw Wert legen; **~ à un ami** an e-m Freund hängen; **~ à un collaborateur** auf e-n Mitarbeiter Wert legen; **je tiens à ma liberté, ma réputation** ich lege Wert auf meine Freiheit, meinen Ruf; **~ à la vie** am Leben hängen; **j'y tiens beaucoup** mir liegt viel daran; ich lege großen Wert darauf; das ist mir sehr wichtig; **il a tenu à vous inviter** ihm lag daran *ou* er legte Wert darauf, Sie einzuladen; **il tient à ce que tout le monde le sache** er legt Wert darauf, dass alle es wissen; **si vous y tenez** wenn Sie unbedingt wollen, darauf bestehen; wenn Ihnen sehr daran liegt; **je n'y tiens pas** ich lege keinen Wert darauf; mir liegt nichts daran; ♦ **cela me** *(obj indir)* **tient à cœur** das liegt mir sehr am Herzen; das ist mir sehr wichtig **2** **~ à** *(résulter, dépendre de)* liegen an *(+dat)*; kommen von; s-n Grund haben in *(+dat)*; herrühren von; abhängen von; **cela tient à ce** *ou* **au fait qu'***il a été malade* das liegt daran, dass ...; der Grund dafür ist, dass ...; **cela tient à la situation actuelle** das liegt an, hat s-n Grund in der augenblicklichen Lage; **cela ne tient qu'à toi** das hängt nur von dir ab; es kommt nur auf dich an; ♦ *impersonnel* **il ne tient qu'à toi d'y prendre part** es hängt nur von dir ab, ob du daran teilnimmst; **il ne tient qu'à vous que**

T

… (+*subj*) es liegt nur an Ihnen, es hängt nur von Ihnen ab, ob …; **s'il ne tenait qu'à moi** wenn es nur von mir abhinge, (nur) nach mir ginge; **qu'à cela ne tienne!** das soll kein Hindernis sein; daran soll es nicht liegen; darauf soll es nicht ankommen; davon soll es nicht abhängen **3** *concrètement* **~ à qc** an etw (*dat*) halten *ou* hängen; mit etw verbunden sein **4** **~ de qn** j-m gleichen, ähneln, nachschlagen; **il tient de son père** er gleicht, ähnelt s-m Vater; er schlägt s-m Vater nach; **il a de qui ~** er ist nicht aus der Art geschlagen; **cela tient du miracle** das grenzt an ein Wunder, ans Wunderbare

— **C** verbe intransitif —

1 *clou, pansement etc* halten; Halt haben; festsitzen, fest sein; *coiffure, pli, couleur, tableau au mur, nœud, union* halten; *neige* liegen bleiben; *union, projet, accord* bestehen bleiben; **ne pas ~** *a.* locker, lose sein; *chapeau, lunettes, foulard* rutschen; *vase etc* **~ debout** stehen bleiben; THÉ **cette pièce n'a pas tenu longtemps** dieses Stück hat sich nicht lange gehalten; *fam rendez-vous* **ça tient toujours pour jeudi?** bleibt es also bei Donnerstag?; *fam* **il n'y a pas de mais qui tienne** da gibt es kein Aber; keine Widerrede! **2** *personne* (*résister*) aus-, standhalten; **~ bon, ferme** widerstehen; nicht nachgeben; standhalten; standhaft, hart bleiben; *armée, grévistes* **~ dix jours** zehn Tage standhalten, aushalten, sich halten, durchhalten; **tu ne tiendras pas** du wirst nicht durchhalten (können); **ne plus pouvoir (y) ~** es nicht mehr aushalten; sich nicht mehr beherrschen, zurückhalten können; *il fait trop chaud,* **on ne peut pas ~ ici** das ist hier nicht auszuhalten **3** (*être contenu*) Platz haben, finden; *tous mes livres* **tiennent dans cette armoire** haben Platz in diesem Schrank; gehen in diesen Schrank hinein; **nous ne tiendrons pas tous dans cette voiture** wir haben nicht alle Platz in diesem Wagen; **cela tient en peu de mots** das ist in wenigen Worten gesagt; das lässt sich mit wenigen Worten sagen

— **D** verbe pronominal —

se ~ **1** *sens réfléchi* sich halten, sich festhalten (**à** an +*dat*); *fig*: **tenez-vous bien** halten Sie sich fest; machen Sie sich auf etw gefasst; **ils n'ont qu'à bien se ~** sie müssen sich auf einiges gefasst machen **2** *réciproquement* einander halten; **se ~ par le bras** eingehakt gehen; **se ~ par la main** einander, sich an der Hand halten **3** *dans une certaine position* sich halten; (da)stehen; sein; **se ~ assis, debout près de la fenêtre** am, beim Fenster sitzen, stehen; **se ~ les bras croisés** mit verschränkten Armen dastehen; **se ~ caché** sich versteckt halten; **tiens-toi droit!** halt dich gerade!; **se ~ immobile** sich nicht rühren; **se ~ tranquille** sich ruhig verhalten; sich nicht bewegen; still sein; **se ~ à genoux** knien; **il se tenait au milieu de la pièce** er stand mitten im Zimmer; **se ~ près de qn** bei j-m stehen, sein **4** **se ~ pour** sich betrachten als; sich halten für; **se ~ pour battu** sich geschlagen geben **5** **tenez-vous-le pour dit** lassen Sie sich (*dat*) das gesagt sein; schreiben Sie sich (*dat*) das hinter die Ohren **6** (*se comporter*) sich benehmen; sich verhalten; **se ~ bien, mal** sich gut, schlecht benehmen; **tiens-toi bien!** benimm dich!; **se ~ bien à table** gute Tischmanieren haben; **savoir se ~ en société** sich in Gesellschaft zu benehmen wissen **7** **s'en ~ à qc** sich an etw (*acc*) halten; **je m'en tiens à ce que vous m'avez dit** ich halte mich an das, was Sie mir gesagt haben; **tenons-nous-en aux faits** halten wir uns an die Tatsachen; bleiben wir auf dem Boden der Tatsachen; **tenons-nous-en là** wir wollen es dabei bewenden lassen; **savoir à quoi s'en ~** wissen, woran man ist **8** *congrès, réunion etc* stattfinden; *jour* **où se tient le marché** an dem der Markt stattfindet, abgehalten wird **9** *arguments* logisch aufeinanderfolgen; **une histoire qui se tient** e-e Geschichte mit logischem Zusammenhang; **tout se tient dans ce roman** alles in diesem Roman passt zusammen

tennis [tenis] M **1** *sport* Tennis *n*; **~ de table** Tischtennis *n*; **chaussures** *fpl* **de ~** *ou elliptiquement* **~** *mpl* Tennisschuhe *mpl*; *par ext* Turnschuhe *mpl*; **joueur** *m*, **joueuse** *f* **de ~** Tennisspieler(in) *m(f)* **2** *terrain* Tennisplatz *m*

tenon [tənõ] M TECH Zapfen *m*

ténor [tenɔʀ] M **1** MUS Tenor *m*; **voix** *f* **de ~** Tenorstimme *f* **2** *fig* **les grands ~s du barreau** die Staranwälte *mpl*; **les grands ~s de la politique** die führenden Köpfe *mpl* (in) der Politik

tenseur [tɑ̃sœʀ] M **1** ANAT **~** *ou adjt* **muscle** *m* **~** Spanner *m* **2** TECH Spanner *m* **3** MATH Tensor *m*

tensio-actif [tɑ̃sjoaktif] CHIM **A** ADJ ⟨-ive⟩ ober-, grenzflächenaktiv **B** M Tensid *n*; **tensiomètre** M MÉD Blutdruckmessgerät *n*

tension [tɑ̃sjõ] F **1** *d'un câble etc* Spannung *f*; PHYS **~ superficielle** Oberflächenspannung *f* **2** MÉD **~ artérielle** Blutdruck *m*; **avoir, faire de la ~** hohen Blutdruck haben; **prendre la ~ de qn** j-s Blutdruck messen **3** ÉLEC Spannung *f*; **basse, °haute ~** Nieder-, Hochspannung *f*; *fil, ligne* **sous ~** unter Spannung stehend; Strom führend **4** **~ d'esprit** geistige Anspannung **5** *des relations, d'une situation* Spannung *f* **6** PSYCH Spannung *f*; **~ nerveuse** nervöse Spannung, Erregung

tentaculaire [tɑ̃takylɛʀ] ADJ **1** ZOOL Tentakel… **2** *fig* **ville** *f* **~** Stadt, die sich nach allen Richtungen ausbreitet

tentacule [tɑ̃takyl] M ZOOL Tentakel *m ou n*; Fangarm *m*

tentant [tɑ̃tɑ̃] ADJ verführerisch; verlockend; reizvoll; **proposition ~e** verlockendes Angebot

tentateur [tɑ̃tatœʀ] **A** ADJ ⟨-trice⟩ *litt* verführerisch; REL **esprit ~** *ou subst* **Tentateur** *m* Versucher *m* **B** SUBST **~, tentatrice** *m,f* Verführer(in) *m(f)*

tentation [tɑ̃tasjõ] F Versuchung *f*; (Ver)Lockung *f*; *st/s* Anfechtung *f*; REL: **les ~s de la chair** die Versuchungen des Fleisches; **la ~ du Christ** Jesu Versuchung; **la ~ de saint Antoine** die Versuchung des heiligen Antonius; **céder à la ~** der Versuchung nachgeben

tentative [tɑ̃tativ] F Versuch *m*; **~ d'assassinat** Mordversuch *m*; **~ de conciliation** Schlichtungsversuch *m*; DROIT MATRIMONIAL Sühneversuch *m*; **~ d'escroquerie** versuchter Betrug; **~ d'évasion** Fluchtversuch *m*; **~ d'homicide** versuchter Totschlag; **~ de suicide** Selbstmordversuch *m*

tente [tɑ̃t] F Zelt *n*; **~ canadienne** einfaches Zweimannzelt; MÉD **~ à oxygène** Sauerstoffzelt *n*; **piquet** *m* **de ~** Hering *m*; Zeltpflock *m*; **coucher, vivre sous la ~** im Zelt schlafen, leben; **démonter une ~** ein Zelt abbrechen; **monter, dresser, planter une ~** ein Zelt aufschlagen

tente-abri [tɑ̃tabʀi] F ⟨*pl* tentes-abris [tɑ̃tabʀi]⟩ kleines Zelt; Einmannzelt *n*

tenter [tɑ̃te] V/T **1** **~ qn** *personne* j-n in Versuchung führen; j-n versuchen; *chose* j-n in Versuchung bringen; **il ne faut pas ~ le diable** man sollte diese Schwäche nicht auch noch unterstützen; man sollte nicht noch dazu ermuntern **2** *par ext* (*séduire*) reizen; (ver)locken; **être tenté de** (+*inf*) in Versuchung kommen, geraten zu (+*inf*); **je suis tenté de croire que …** ich bin *ou* fühle mich versucht zu glauben, dass …; ich möchte meinen, dass …; **ça ne me tente pas tellement** das lockt, reizt mich nicht besonders; dazu habe ich keine große Lust; *à table* **laissez-vous ~** lassen Sie sich verführen **3** (*essayer*) versuchen; *essai* machen; wagen; *expérience* machen; versuchen; **~ sa chance** sein Glück versuchen; **~ le coup** e-n Versuch unternehmen, wagen; **~ l'impossible** alles, was nur möglich ist, versuchen; **~ de** (+*inf*) versuchen zu (+*inf*); **~ de se suicider** versuchen, sich (*dat*) das Leben zu nehmen; **il a tout tenté pour le sauver** er hat alles versucht, um ihn zu retten

tenture [tɑ̃tyʀ] F Behang *m*; *des murs* (Wand)Behänge *mpl*; Wandbespannung *f*; **~s funèbres** Trauerbehänge *mpl*

tenu [t(ə)ny] PP → tenir *et* ADJ **1** **être ~ à qc** zu etw verpflichtet sein; **être ~ au secret professionnel** an die Schweigepflicht, das Berufsgeheimnis gebunden sein; **être ~ de faire qc** verpflichtet, gehalten sein, etw zu tun **2** **bien ~** *maison, jardin* gepflegt; ordentlich aussehend; *enfant* sauber, ordentlich gekleidet; **mal ~** ungepflegt; verwahrlost (*a. enfant*); *fille* **très ~e** sehr behütet

ténu [teny] ADJ fein; dünn; **fil ~** feiner, dünner Faden; **nuance ~e** winzige Nuance; **son ~** dünner Ton

tenue [t(ə)ny] F **1** *du ménage, des livres de compte* Führung *f*; **veiller à la bonne ~ du pensionnat** dafür sorgen, dass das Pensionat gut, ordentlich geführt wird **2** (*conduite*) Betragen *n*; Benehmen *n*; (*savoir-vivre*) Anstand *m*; Manieren *fpl*; **manquer de ~** keinen Anstand, kein Benehmen haben; **un peu de ~, voyons!** bitte benimm dich!; **un peu de ~ (, je vous prie)!** benehmen Sie sich gefälligst! **3** *d'un journal etc* Niveau *n*; **manquer de ~** ein sehr niedriges Niveau haben **4** *du corps* (Körper)Haltung *f*; **mauvaise ~** schlechte Haltung; *en faisant du cheval* **avoir une bonne ~** e-n guten Sitz, e-e gute Haltung haben **5** (*vêtements*) Kleidung *f*; Anzug *m*; MIL Uniform *f*; MIL **~ de combat** Kampfanzug *m*; **~ de soirée** Abendtoilette *f*; Gesellschafts-, Abendkleidung *f*; *pour hommes* Gesellschafts-, Abendanzug *m*; **~ de sport** Sportkleidung *f*; **~ de travail** Arbeitskleidung *f*, -anzug *m*; **~ de ville** Straßenkleid *n ou* -anzug *m*; *sur une invitation* dunkler Anzug; MIL **en ~** in Uniform; uniformiert; MIL **en grande ~** in Paradeuniform; **avoir une ~ impeccable, soignée** tadellos, sorgfältig gekleidet sein; **changer de ~** sich umziehen; *fam* **être en ~ légère, en petite ~** sehr wenig anhaben; in der Unterwäsche sein; **se mettre en ~** sich (der Gelegenheit, der Arbeit) entsprechend anziehen **6** AUTO **~ de route** Straßenlage *f* **7** ÉCON Festigkeit *f* (*der Kurse*)

ténuité [tenɥite] *litt* F Feinheit *f*

ter [tɛʀ] ADV **1** *accolé à un numéro* b; **habiter au 18 ~** Nummer 18 b wohnen **2** MUS zweimal zu wiederholen

TER® [teøɛʀ] M ABR (train express régional) Regionalzug *m*

tératogène [teʀatɔʒɛn] ADJ MÉD teratogen; Missbildungen fördernd

tercet [tɛʀsɛ] M Terzine *f*; dreizeilige Strophe

térébenthine [teʀebɑ̃tin] F CHIM Terpentin *n*; **essence** *f* **de ~** Terpentinöl *n*

térébinthe [teʀebɛ̃t] M BOT Terebinthe *f*; Terpentinpistazie *f*

térébrant [teʀebʀɑ̃] ADJ MÉD **douleur ~e** bohrender Schmerz

tergal® [tɛʀgal] M TEXT Trevira® *n*; Diolen® *n*; Tergal® *n*

tergiversations [tɛʀʒivɛʀsasjõ] FPL (*hésitation*) Unentschlossenheit *f*; (*faux-fuyants*) Ausflüchte *fpl*; (*détours*) Winkelzüge *mpl*; **assez de ~!** jetzt wird endlich ein Entschluss gefasst!

tergiverser [tɛʀʒivɛʀse] V/I Ausflüchte, Winkelzüge machen; (der Entscheidung) ausweichen; **sans ~** ohne zu zögern, schwanken; **cessez de ~!** entschließen Sie sich endlich!

terme [tɛʀm] M 1 (*fin*) Ende *n*; (*conclusion*) Abschluss *m*; (*date*) Termin *m*; (*délai*) Frist *f*; (*moment*) Zeit(punkt) *f*(*m*); *loc adj et loc adv*: **à ~** Termin...; **marché** *m* **à ~** Terminmarkt *m*, -geschäft *n*; **à court, à moyen, à long ~** kurz-, mittel-, langfristig; **emprunt** *m* **à court ~** kurzfristige Anleihe; **prévision** *f* **à long ~** *a.* Langzeitprognose *f*; **à ~ échu, au ~ de l'échéance** nach Ablauf der Frist; nach dem Fälligkeitstermin; nachträglich; *délai* **arriver à ~** ablaufen; **arriver, toucher à son ~** zu Ende gehen; sich dem, s-m Ende nähern; **nous sommes arrivés au ~ de notre voyage** wir sind am Ende unserer Reise angelangt; **mener qc à ~** etw abschließen, vollenden, zum Abschluss bringen, zu Ende führen; **mettre un ~ à qc** e-r Sache (*dat*) ein Ende setzen, machen; **passé ce ~**, *les billets ne sont plus valables* nach diesem Termin, Zeitpunkt ... 2 *pour les loyers* (*date du paiement*) Zahlungstermin *m*; (*somme due*) fällige Zahlung; *par ext* fällige (Vierteljahres)Miete; **avoir un ~ de retard** mit e-r Vierteljahresmiete im Rückstand sein; **payer son ~** s-e Miete zahlen 3 MÉD **accouchement** *m* **avant ~** Frühgeburt *f*; **accoucher à ~** zum errechneten Zeitpunkt, Termin entbinden; **accoucher avant ~** vorzeitig, zu früh entbinden; **naître avant ~** vorzeitig, zu früh geboren werden; *enfant* **né à ~** ausgetragen 4 **être en bons ~s avec qn** mit j-m gut, auf gutem Fuß stehen; sich mit j-m vertragen; mit j-m gut auskommen; **ils sont en mauvais ~s avec leurs voisins** sie stehen mit ihren Nachbarn auf gespanntem Fuß; sie vertragen sich nicht mit ihren Nachbarn; sie kommen mit ihren Nachbarn nicht aus; **rester en bons ~s avec qn** weiter gut, auf gutem Fuß mit j-m stehen 5 (*mot*) Wort *n*; (*expression*) Ausdruck *m*; **~ juridique** Ausdruck der Rechtssprache; **~ scientifique** wissenschaftlicher Ausdruck; **~ technique** Fachausdruck *m*, -wort *n*; Terminus technicus *m*; **~ de chasse** Ausdruck der Jägersprache; **~s d'un contrat** Wortlaut *m* e-s Vertrages; **aux ~s du contrat** laut, gemäß Vertrag; nach dem Wortlaut des Vertrages; **en d'autres ~s** mit anderen Worten; anders ausgedrückt; **en ~s de médecine** in der medizinischen Fachsprache; in der Fachsprache der Medizin; **il s'est exprimé en ces ~s: ...** er sagte Folgendes: ...; er drückte sich folgendermaßen aus: ...; **s'exprimer en ~s choisis** sich gewählt ausdrücken 6 LOGIQUE **moyen ~** Mittelbegriff *m*; *fig* Mittelweg *m* 7 GRAM, MATH Glied *n*

terminaison [tɛʀminɛzõ] F 1 GRAM Endung *f* 2 ANAT **~ nerveuse** Nervenendigung *f*

terminal [tɛʀminal] ⟨*mpl* -aux⟩ A ADJ letzte(r, -s); End...; Schluss...; LYCÉE **classe ~e** *ou subst* **~e** *f* letzte Klasse; Abiturklasse *f*; **être en ~e** in der Abiturklasse sein; **phase ~e** Endphase *f*, -stadium *n* B M 1 INFORM Terminal *n*; Datenendgerät *n*; Datenendstation *f* 2 AVIAT a Endstation *f* der Flughafenlinie in der Stadt b (*aérogare*) Terminal *m ou n* 3 **~ pétrolier** Ölterminal *m ou n*

terminer [tɛʀmine] A V/T 1 beenden; beendigen; abschließen; zum Abschluss bringen; *travail a.* fertigstellen; vollenden; *lettre* schließen; **nous avons terminé la journée au cinéma** zum Abschluss des Tages gingen wir ins Kino; **~ ses jours à la campagne** den Rest s-s Lebens auf dem Land verbringen; **~ qc par qc** etw mit etw beenden; **~ un repas par une glace** e-e Mahlzeit mit e-m Eis beenden; zum Abschluss e-r Mahlzeit (ein) Eis essen; ♦ *abs*: **j'ai terminé** ich bin fertig (damit); **en avoir terminé avec qc** etw abgeschlossen, beendet haben; mit etw fertig sein; **pour ~** zum Abschluss; zum Schluss; abschließend; ♦ *adjt*: *chose* **être terminé** fertig, beendet, erledigt sein; zu Ende sein; **maintenant c'est terminé** *a.* damit ist es jetzt vorbei; *amitié, amour* es ist aus (zwischen uns) 2 *chose* **~ qc** a *dans le temps* etw beenden, abschließen, beschließen; den Abschluss von etw bilden b *dans l'espace* etw abschließen, begrenzen; den Abschluss von etw bilden; **un débat animé termina la soirée** *a.* der Abend endete mit e-r lebhaften Debatte; **être terminé par qc** mit etw endigen, abschließen; in etw (*acc*) auslaufen B V/PR **se ~** enden; aufhören; zu Ende gehen *ou* sein; *film, roman* **se ~ bien, mal** gut, schlecht ausgehen; **tout s'est bien terminé** alles ist gut gegangen; alles hat ein gutes Ende genommen; **le repas se termine** die Mahlzeit geht zu Ende, nähert sich ihrem Ende; **la séance s'est terminée à cinq heures** die Sitzung endete um fünf Uhr, war um fünf Uhr zu Ende; **se ~ en** enden mit; *mot* enden, ausgehen auf (+*acc*); **se ~ en** (*a.* **par un**) **drame** mit e-m Drama enden; **verbes qui se terminent en -er** auf -er endende, ausgehende Verben; Verben mit der Endung -er; **se ~ par qc** mit etw enden; **le match s'est terminé par la victoire de X** das Spiel endete mit dem Sieg von X; **mots qui se terminent par un x** mit *ou* auf x endende Wörter; Wörter, die mit *ou* auf x enden; **la soirée s'est terminée par un bal** der Abend schloss mit e-m Ball; den Abschluss des Abends bildete ein Ball

terminologie [tɛʀminɔlɔʒi] F Terminologie *f*; Fachsprache *f*; **terminologique** ADJ terminologisch

terminus [tɛʀminys] M Endstation *f*, -bahnhof *m*, -haltestelle *f*; **aller jusqu'au ~** bis zur Endstation fahren; **~! tout le monde descend** Endstation! alles aussteigen!

termite [tɛʀmit] M ZOOL Termite *f*; **termitière** F Termitenhügel *m*

ternaire [tɛʀnɛʀ] ADJ aus drei Einheiten bestehend; CHIM ternär

terne [tɛʀn] ADJ 1 *couleur* glanzlos; matt; *teint* farblos; *œil, regard* trüb; glanzlos 2 *style* monoton; farblos; blass; *conversation, journée* uninteressant; eintönig; einförmig; *Bourse* lustlos; flau; *personne* farblos; unscheinbar; unbedeutend

ternir [tɛʀniʀ] A V/T 1 *miroir, métal* trüben; trüb, matt machen; *adjt* **terni** *vitre* trüb; angelaufen; *meuble* glanzlos; matt; *miroir, métal* angelaufen; **~ l'éclat de qc** den Glanz e-r Sache (*gén*) trüben; e-r Sache (*dat*) den Glanz nehmen 2 *fig la réputation de qn* trüben; schmälern; **~ la mémoire de qn** j-s Andenken trüben B V/PR **se ~** s-n Glanz verlieren; *miroir* trüb werden; *meuble, couleur* matt werden; *miroir, métal* anlaufen

Terpsichore [tɛʀpsikɔʀ] F MYTH Terpsichore *f*

terrain [tɛʀɛ̃] M 1 Gelände *n*; Terrain *n*; (*terres*) Grund *m* (und Boden *m*); (*parcelle*) Grundstück *n*; Platz *m*; *fig* (*domaine*) Gebiet *n*; Bereich *m*; **~ accidenté** unebenes, hügeliges Gelände; **~ militaire** militärisches Gelände; Militärgelände *n*; **~ plat** flaches Gelände; **~ vague** unbebautes Gelände, Grundstück; **~ à bâtir** Bauland *n*; (*parcelle*) Bauplatz *m*; AVIAT **~ d'atterrissage** Landeplatz *m*; **~ d'aviation** Flugplatz *m*; **~ de camping** Camping-, Zeltplatz *m*; **~ de golf** Golfplatz *m*; **~ de jeu(x)** Spielplatz *m*; **~ de sport(s)** Sportplatz *m*; SPORTS **état** *m* **du ~** Boden(zustand) *m*; *loc adj* **véhicule** *m* **tout ~** Geländefahrzeug *n*; geländegängiges Fahrzeug; *loc adv fig* **sur le ~** an Ort und Stelle; **acheter, vendre un ~** ein Grundstück kaufen, verkaufen; **aménager un ~** ein Gelände herrichten *ou* erschließen; **céder du ~** MIL Gelände auf-, preisgeben; *fig* Zugeständnisse machen; *épidémie* zurückgehen; *fig* **chercher un ~ d'entente** e-e Verständigungsgrundlage suchen; *fig* **se conduire comme en ~ conquis** sich aufführen *ou* sich benehmen, als ob man der Herr sei; *fig* **déblayer le ~** → déblayer 3; **se faire battre sur son ~** SPORTS auf dem eigenen Platz, *fig* auf s-m eigenen (Fach)Gebiet geschlagen werden; **perdre du ~** SPORTS zurückfallen; *analphabétisme, épidémie* zurückgehen; abnehmen; *idée* an Boden verlieren; MIL Geländeverluste erleiden; *fig* ins Hintertreffen geraten, kommen; *fig* **préparer le ~** den Boden bereiten; MIL **reconnaître le ~** das Gelände erkunden; *fig* **je ne vous suivrai pas sur ce ~** a darauf möchte ich lieber nicht weiter eingehen; das möchte ich lieber nicht näher mit Ihnen erörtern b auf diesem Weg folge ich Ihnen nicht; hier mache ich nicht mit; *fig* **tâter, sonder le ~** das Terrain sondieren; vorfühlen; auf den Busch klopfen; *idées etc* **trouver un ~ favorable** e-n günstigen Nährboden vorfinden; → *a.* gagner A 4 2 (*sol*) Boden *m*; Bodenart *f*; AGR **bon ~** guter Boden; **~ volcanique** vulkanischer Boden

terrasse [tɛʀas] F Terrasse *f* (*a.* GÉOG); *loc adj et loc adv* **en ~s** terrassenförmig; Terrassen...; **cultures** *fpl* **en ~s** Terrassenbau *m*; **toit** *m* **en ~** Flachdach *n*; *au café* **s'asseoir à la ~** sich draußen hinsetzen

terrassement [tɛʀasmɑ̃] M (**travaux** *mpl* **de**) **~** Erdarbeiten *fpl*, -bewegungen *fpl*

terrasser [tɛʀase] A V/T 1 *adversaire* zu Boden werfen, schlagen, strecken; niederstrecken, -schlagen 2 *maladie* **~ qn** j-n niederwerfen, -strecken; **terrassé par la fatigue** von Müdigkeit übermannt, überwältigt; **l'annonce de cette mort l'a terrassé** diese Todesnachricht erschütterte ihn tief, schmetterte ihn nieder B V/I TECH Erdarbeiten machen

terrassier [tɛʀasje] M Erdarbeiter *m*

terre [tɛʀ] F 1 (*sol*) Boden *m*; Erdboden *m*; Erde *f*; ♦ *loc adj fig* **~ à ~** *personne* prosaisch; ungeistig; nüchtern; *pensées, préoccupations* wenig erhaben; prosaisch; alltäglich; ♦ *loc adv*: **à ~, par ~** auf dem *ou* den Boden; auf der *ou* die Erde; **être assis par ~** auf dem Boden sitzen; **se coucher par ~** sich auf den Boden legen; *fam fig* **cela fiche tous nos projets par ~** *fam* das wirft, schmeißt alle unsere Pläne über den Haufen; **jeter à, par ~**, *chose a.* **lancer à ~, par ~** niederwerfen; zu Boden werfen; umstoßen; *personne a.* niederstrecken; zu Boden strecken; **mettre, poser qc par ~** etw auf den Boden stellen, legen, setzen; etw niederstellen, absetzen; *liquide* **se répandre par ~** sich auf, über den Boden ergießen; sich auf dem Boden ausbreiten; **sauter à ~** auf den Boden springen; *de vélo, de cheval* abspringen; **tomber par ~** hinunter- *ou* herabfallen; *personne debout* hinfallen; **sous (la) ~** unter der Erde; → *a.* rentrer B 4; *fig* **revenir sur ~** wieder zur Realität zurückkehren; aus s-n Träumereien erwachen 2 *matière* Erde *f*; Erdreich *n*; Boden *m*; Land *n*; **une bonne ~** ein guter Boden; **~s cultivées** bebautes, bestelltes Land; **~ à blé** für den

Weizenanbau geeigneter Boden; ~ **en friche** brachliegendes Land; MIL **politique** *f* **de la ~ brûlée** Politik *f* der verbrannten Erde; **sol** *m* **de ~ battue** gestampfter Boden; *loc adv* **en pleine ~** im Freiland; **mettre, porter qn en ~** j-n begraben, zu Grabe tragen; *fig* **mettre qn plus bas que ~** j-n schlechtmachen; kein gutes Haar an j-m lassen; **travailler la ~** die Erde, den Boden bearbeiten **3** *(terrain)* Grund *m*; Stück *n* Land; *(domaine)* Grundbesitz *m*; Gut *n*; **~s** *pl a.* Ländereien *fpl*; **partage** *m* **des ~s** Verteilung *f*, Aufteilung *f* des Bodens; **se retirer sur, dans ses ~s** sich auf s-e Güter zurückziehen **4** *planète* **Terre** Erde *f*; *(monde)* Welt *f*; **noyau** *m* **de la Terre** Erdkern *m*; *loc adv* **sur (la) ~** auf der *ou* die Erde; **nous ne sommes pas sur ~ pour ...** wir sind nicht auf der Welt, um zu ...; **parcourir la ~ entière** die ganze Welt bereisen **5** *(territoire)* Gebiet *n*; *(pays)* Land *n*; **~s arctiques, boréales** Nordpolargebiet *n*, -länder *npl*; **la Terre sainte** das Heilige Land; **~ d'accueil** Aufnahmeland *n*; **~ d'élection** bevorzugtes Gebiet; **en ~ ennemie** in Feindesland; **en ~ étrangère** in der Fremde; **revoir sa ~ natale** s-e Heimat wiedersehen **6** *(opposé à mer et air)* Land *n*; MAR **~!** Land (in Sicht)!; **~ ferme** Festland *n*; **armée** *f* **de ~** Landstreitkräfte *fpl*; Heer *n*; **dans les ~s** landeinwärts gelegen; **par voie de ~** auf dem Landwege; **sur ~ et sur mer** zu Wasser und zu Lande; **aller, descendre à ~** an Land gehen; *bateau* **toucher ~** landen; anlegen **7** ÉLEC Erde *f*; **prise** *f* **de ~** Erdung *f*; Erdanschluss *m*, -kontakt *m*; **mettre à la ~** erden **8** TECH Erde *f*; **~ cuite** Terrakotta *f (a. objet)*; CHIM **~s rares** seltene Erden *fpl*; **~ réfractaire** Schamotte *f*; feuerfester Ton; **~ vernissée** glasierter Ton; PEINT **~ de Sienne** Siena *n*; Sienaerde *f*; **de, en ~** Ton...; aus Ton; irden; tönern; **objets** *mpl* **de, en ~ (cuite)** Tonwaren *fpl*

terreau [tɛʀo] M ⟨*pl* ~x⟩ Garten-, Blumen-, Humuserde *f*

Terre de Feu [tɛʀdəfø] **la ~** Feuerland *n*

terre-neuvas [tɛʀnœva] M ⟨*inv*⟩ Neufundlandfischer *m*

Terre-Neuve [tɛʀnœv] F Neufundland *n*

terre-neuve [tɛʀnœv] M ⟨*inv*⟩ ZOOL Neufundländer *m*

terre-neuvien [tɛʀnœvjɛ̃] **A** ADJ ⟨~ne⟩ neufundländisch **B** SUBST **Terre-Neuvien(ne)** *m(f)* Neufundländer(in) *m(f)*

terre-plein [tɛʀplɛ̃] M ⟨*pl* terre-pleins⟩ **1** (durch e-e Mauer gestützte) Erdaufschüttung **2** *d'une autoroute* **~ central** Mittel-, Grünstreifen *m*

terrer [tɛʀe] V/PR **se ~** *animal* sich in s-m Bau verkriechen; *animal, homme* sich verkriechen; sich verbergen; *fig* **se ~ chez soi** nicht mehr unter Menschen kommen; nicht mehr ausgehen; *adjt* **rester terré dans une cave** sich in e-m Keller verborgen halten

terrestre [tɛʀɛstʀ] ADJ **1** *surtout* REL irdisch; weltlich; **vie** *f* **~** Erdenleben *n*; irdisches Leben **2** *de la planète* Erd...; *t/t* terrestrisch; **atmosphère** *f* **~** Erdatmosphäre *f*; **croûte** *f* **~** Erdrinde *f*, -kruste *f*; *pour satellites* **station** *f* **~** Bodenstation *f* **3** *opposé à mer ou air* Land...; Erd...; *t/t* terrestrisch; **animaux** *mpl* **~s** Landtiere *npl*; auf dem Land lebende Tiere *npl*; MIL **forces** *fpl* **~s** Landstreitkräfte *fpl*; **par voie ~** auf dem Landwege

terreur [tɛʀœʀ] F **1** *(épouvante)* Entsetzen *n*; (Angst *f* und) Schrecken *m*; Grauen *n*; Grausen *n*; **~ panique** panisches Entsetzen; panischer Schrecken; panische Angst; **être glacé de ~** vor Entsetzen starr sein; **inspirer de la ~ à qn** j-m Entsetzen, Grauen einflößen; **semer la ~** Schrecken, Entsetzen verbreiten; **vivre dans la ~ d'être assassiné** in panischer Angst leben, ermordet zu werden **2** POL Terror *m*; Schreckensherrschaft *f*; HIST **la Terreur** die Schreckensherrschaft *(1793/94)*; **régime** *m* **de ~** Terrorregime *n*; **gouverner, régner par la ~** ein Terrorregime, e-e Schreckensherrschaft ausüben **3** *fam fig personne* **la ~ du quartier** der Schrecken der Nachbarschaft; **Jojo la ~** Möchtegernganove *m*; **jouer les ~s** sich als Ganove aufspielen **4** *chose* **c'est sa (grande) ~** davor hat er *ou* sie am meisten Angst

terreux [tɛʀø] ADJ ⟨-euse⟩ **1** *(boueux)* erdig; mit Erde beschmutzt **2** *teint* fahl **3** *goût* erdig

terri [tɛʀi] → terril

terrible [tɛʀibl] ADJ **1** *(effrayant)* furchtbar; schrecklich; entsetzlich; *air* furchterregend; **un ~ accident** *ou* **un accident ~** ein schrecklicher Unfall; **une ~ catastrophe** e-e entsetzliche, furchtbare, schreckliche Katastrophe; **enfant** *m* **~** unausstehliches, *fam* schreckliches Kind; *fig* Außenseiter *m*; POL Enfant terrible *n*; HIST **Ivan le Terrible** Iwan der Schreckliche; *subst* **le plus ~, c'est que ...** das Schlimmste (daran) ist, dass ...; **c'est ~ d'en arriver là** es ist furchtbar, wenn es mit j-m so weit kommt; **tu es ~, à la fin,** *avec ta manie de m'interrompre* du bist wirklich grässlich, unerträglich ...; **il fait un froid ~** es ist furchtbar, entsetzlich kalt **2** *fam (énorme)* gewaltig; außerordentlich; **un appétit ~** ein gewaltiger Appetit; **c'est ~ ce qu'il peut travailler** *fam* er kann enorm viel arbeiten **3** *fam (sensationnel)* großartig; *fam* fantastisch; toll; **une fille ~** *fam* ein tolles Mädchen; *film etc* **ça n'a rien de ~** das ist nichts Besonderes; *fam* das ist nicht gerade e-e Offenbarung

terriblement [tɛʀibləmɑ̃] ADV furchtbar; schrecklich; entsetzlich; außerordentlich; **il fait ~ chaud** es ist furchtbar, entsetzlich heiß; **il me fait ~ penser à ...** er erinnert mich außerordentlich an *(+acc)*

terrien [tɛʀjɛ̃] **A** ADJ ⟨~ne⟩ Grund besitzend; Land...; **propriétaire ~** Guts-, Grundbesitzer *m*; **il a une vieille ascendance ~ne** alle s-e Vorfahren waren Bauern **B** SUBST **Terrien(ne)** *m(f)* Erdbewohner(in) *m(f)*

terrier [tɛʀje] M **1** *d'un animal* Bau *m*; **~ de lapin** Kaninchenbau *m* **2** *chien* Terrier *m*

terrifiant [tɛʀifjɑ̃] ADJ erschreckend; entsetzen-, grauenerregend; grauenhaft; **cris ~s** grauenhafte, entsetzenerregende Schreie *mpl*

terrifier [tɛʀifje] V/T **~ qn** j-m Entsetzen einjagen; **je suis terrifié à l'idée de** *(+inf)* die Vorstellung zu *(+inf)* entsetzt mich, macht mir große Angst; bei der Vorstellung zu *(+inf)* packt mich das Entsetzen

terril [tɛʀi(l)] M MINES (Abraum)Halde *f*

terrine [tɛʀin] F CUIS **1** *récipient* tiefe glasierte Tonschüssel mit Deckel; Römertopf *m* **2** **~ du chef** nach hauseigenem Rezept zubereitete Fleischpastete; **~ de foie gras** Gänse- *ou* Entenleberpastete *f*

territoire [tɛʀitwaʀ] M **1** (Hoheits)Gebiet *n*; Territorium *n*; **~ français** französisches (Hoheits-, Staats)Gebiet; **~ national** Staats-, Hoheitsgebiet *n*; *a.* Inland *n*; **le Territoire de Belfort** *frz Departement*; HIST **~s d'outre-mer** überseeische Gebiete *npl*; ADMIN **aménagement** *m* **du ~** Raumordnung *f*; MIL **défense** *f* **du ~** territoriale Verteidigung; Territorialverteidigung *f* **2** *d'un animal* abgegrenzter Lebensraum; Revier *n*

territorial [tɛʀitɔʀjal] ADJ ⟨-aux⟩ territorial; **eaux ~es** Hoheitsgewässer *npl*; **intégrité ~e** territoriale Integrität; Unverletzlichkeit *f* des Staatsgebietes

territorialité [tɛʀitɔʀjalite] F JUR Territorialität *f*; **~ des lois** Territorialitätsprinzip *n*

terroir [tɛʀwaʀ] M **1** (besonders für den Weinbau geeigneter) Boden *m*; *d'un vin* **il a un goût de ~** *ou* **il sent le, son ~** an s-m Geschmack lässt sich s-e Herkunft erkennen **2** Region *f*; Gegend *f* (in der Dialekt und Bräuche noch erhalten sind); **accent** *m* **du ~** mundartlich gefärbte Aussprache; regionaler Akzent; **poète** *m* **du ~** Heimatdichter *m*

terroriser [tɛʀɔʀize] V/T terrorisieren; in Furcht und Schrecken versetzen *ou* halten; *adjt* **population terrorisée** terrorisierte, verängstigte Bevölkerung

terrorisme [tɛʀɔʀism] M Terrorismus *m*; (Ausübung *f* von) Terror *m*; **se livrer à des actes de ~** Terrorakte begehen

terroriste [tɛʀɔʀist] **A** ADJ terroristisch; Terror...; Terroristen...; **attentat** *m* **~** Terroranschlag *m*; **groupe** *m*, **organisation** *f* **~** Terroristengruppe *f*, -organisation *f* **B** M/F Terrorist(in) *m(f)*

tertiaire [tɛʀsjɛʀ] ADJ **1** GÉOL **ère** *f* **~** *ou subst* **~** *m* Tertiär *n* **2** ÉCON **secteur** *m* **~** *ou subst* **~** *m* Dienstleistungssektor *m*; tertiärer Bereich, Sektor

tertiairisation [tɛʀsjɛʀizasjɔ̃] F ÉCON Ausweitung *f* des Dienstleistungssektors

tertio [tɛʀsjo] ADV drittens

tertre [tɛʀtʀ] M kleiner allein stehender Hügel; kleine Anhöhe

tes [te] → ton[1]

t'es [tɛ] *fam* = **tu es**

Tessin [tesɛ̃] **le ~** **1** *canton* das Tessin **2** *rivière* der Tessin

tessiture [tesityʀ] F MUS Stimmlage *f*

tesson [tesɔ̃] M Scherbe *f*; **~s de bouteille** Flaschenscherben *fpl*

test [tɛst] M **1** PSYCH Test *m (a. fig)*; **~ d'intelligence** Intelligenztest *m*; **~ d'orientation professionnelle** Test in der Berufsberatung; **passer des ~s** getestet werden; Tests machen; **faire passer des ~s à qn** j-n testen (lassen); j-n Tests *(dat)* unterziehen **2** MÉD Test *m*; **~ de dépistage du sida** Aidstest *m*; **~ de grossesse** Schwangerschaftstest *m* **3** ADJT Test...; **élection** *f* **~** Testwahl *f*

testament [tɛstamɑ̃] M **1** BIBL **l'Ancien, le Nouveau Testament** das Alte, das Neue Testament **2** JUR Testament *n*; letztwillige Verfügung; **coucher, mettre qn sur son ~** j-n in s-m Testament bedenken; **faire un ~** ein Testament errichten; **faire son ~** sein Testament machen; *fam fig* **il peut faire son ~** *fam* er kann sein Testament machen; **léguer qc par ~** etw testamentarisch, letztwillig hinterlassen, vermachen **3** *par ext* **~ politique** politisches Testament **4** *d'un artiste* letztes und vollendetstes Werk

testamentaire [tɛstamɑ̃tɛʀ] ADJ JUR testamentarisch; Testaments...; letztwillig; **dispositions** *fpl* **~s** testamentarische Bestimmungen *fpl*

testateur [tɛstatœʀ] M, **testatrice** F JUR Testator *m*

tester[1] [tɛste] V/I JUR ein Testament errichten; testieren

tester[2] [tɛste] V/T testen; prüfen; **testeur** M Testgerät *n*

testicule [tɛstikyl] M ANAT Hoden *m*; *t/t* Testikel *m*

testimonial [tɛstimɔnjal] ADJ ⟨-aux⟩ JUR **preuve ~e** Zeugenbeweis *m*

testostérone [tɛstɔsteʀɔn] F BIOL Testosteron *n*

Têt [tɛt] **la ~** *Fluss im Dep. Pyrénées-Orientales*

têt [tɛ] M CHIM **~ à gaz** durchlöcherter Bügel; **~ à rôtir** Kupelle *ou* Kapelle *f*

tétanie [tetani] F MÉD Tetanie *f*; **tétanique**

ADJ MÉD tetanisch; Tetanus...; Wundstarrkrampf...; **tétaniser** VT 1 PHYSIOL Muskeltetanus hervorrufen (**un membre** an e-m Glied) 2 *fig* lähmen

tétanos [tetanos] M MÉD Wundstarrkrampf *m;* Tetanus *m*

têtard [tɛtaʀ] M ZOOL Kaulquappe *f*

tête [tɛt] F 1 Kopf *m; st/s* Haupt *n;* ♦ **~ blonde** Blondschopf *m; fig* **~ brûlée** Hitz-, Feuerkopf *m; fig* **~ couronnée** gekröntes Haupt; *fig* **forte ~** Rebell *m;* aufsässiger Mensch; **~ frisée** Lockenkopf *m; fam fig* **grosse ~** *fam* gelehrtes Haus; *fig* **mauvaise ~** Dickkopf *m, fam* -schädel *m;* Querkopf *m; fig* **petite ~!** du Dummchen!; **~ de cheval** Pferdekopf *m; fam fig* **~ de cochon** *fig* Dickkopf *m, fam* -schädel *m; fig* **une ~ de linotte, sans cervelle** ein Schussel *m,* ein Mensch *m* mit kurzem Gedächtnis (**avoir, être** sein); **~ de mort** Totenkopf *m,* -schädel *m;* CUIS **~ de veau** Kalbskopf *m;* **coup** *m* **de ~** Kopfstoß *m; fig* unüberlegte Handlung, Tat; Kurzschlusshandlung *f;* **partir sur un coup de ~** aus e-r plötzlichen Anwandlung heraus weggehen; *fig* **femme** *f* **de ~** zielbewusste, -strebige Frau; **signe** *m* **de ~** → signe 2; ♦ *loc adj:* **à plusieurs ~s** mehrköpfig; mit mehreren Köpfen; **sans ~** ohne Kopf; kopflos; *loc adv:* **foncer ~ baissée sur qc** mit gesenktem Kopf gegen etw rennen; *fig:* **donner, foncer ~ baissée dans le panneau** blindlings in die Falle tappen, rennen; **y aller ~ baissée** kopflos, überstürzt handeln; sich Hals über Kopf hineinstürzen; **la ~ basse** mit gesenktem Kopf; *fig* mit hängendem Kopf; kleinlaut; betreten; **il est passé la ~ °haute** er ging stolz erhobenen Hauptes vorbei; **vous pouvez aller, marcher la ~ haute** Sie haben sich *(dat)* nichts vorzuwerfen; **la ~ la première** mit dem Kopf voran; kopfüber; vornüber; **de ~** im Kopf; **calculer de ~** im Kopf (aus)rechnen; **de la ~ aux pieds** von Kopf bis Fuß; von oben bis unten; vom Scheitel bis zur Sohle; *fig* **en ~ à ~** unter vier Augen; zu zweit; allein; im Tête-à-tête; **amoureux** *mpl* **en ~ à ~** Liebespaar *n* im Tête-à-tête; **laisser deux personnes (en) ~ à ~** zwei Personen allein lassen; → *a.* tête-à-tête; **la ~ en bas** mit dem Kopf nach unten; **tableau accroché la ~ en bas** verkehrt (herum) aufgehängtes Bild; ♦ *fam fig* **ça ne va pas, la** *ou* **ta ~?** *fam* du bist wohl nicht (recht) bei Trost!; bei dir ist wohl e-e Schraube locker!; **acquiescer de la ~** (zustimmend) nicken; *fig* **il n'a pas de ~** er vergisst alles; *fig* **avoir la ~ dure** *(ne pas comprendre) fam* schwer von Begriff sein; *(être têtu)* eigensinnig sein; ein Dickkopf, *fam* -schädel sein; *fam fig* **avoir la** *ou* **une ~ grosse** *(être surmené) fam* e-n Brummschädel haben; *(avoir des prétentions) fam* hoch hinauswollen; **avoir la ~ propre, sale** sauberes, schmutziges Haar haben; **avoir la ~ ailleurs** mit s-n Gedanken anderswo sein, nicht dabei sein; **avoir la ~ à son travail** mit den Gedanken bei der Arbeit sein; *fig* **avoir la ~ à l'envers** völlig durcheinander, verwirrt sein; **avoir encore toute sa ~** geistig noch rüstig, frisch sein; **n'avoir plus sa ~** verkalkt sein; **il n'a que cela en ~** er hat nichts anderes im Kopf; er hat nur e-n Gedanken (im Kopf); **je n'ai pas les chiffres en ~** ich habe die Zahlen nicht im Kopf; *je me demande* **ce qu'il a dans la ~** ob er überhaupt etwas im Kopf hat; **avoir une idée dans la ~** sich *(dat)* etwas in den Kopf gesetzt haben; **il a une idée derrière la ~** (d)er hat etwas vor, plant etwas; *fam* **j'en ai par-dessus la ~** ich habe genug davon; ich habe, bin es satt; *fam* ich habe die Nase voll (davon); **avoir un chapeau sur la ~** e-n Hut aufhaben, auf dem Kopf haben; **baisser la ~** den Kopf senken; *fam fig* **casser la ~ à qn** *fam* j-m auf die Nerven gehen, fallen; *fig* **se casser la ~** sich *(dat)* den Kopf zerbrechen (**à trouver une solution** um e-e Lösung zu finden); **chercher dans sa ~** hin und her überlegen; **couper, trancher la ~ à qn** j-n köpfen; j-n enthaupten; j-m den Kopf abschlagen; *fig* **je donnerais ma ~ à couper** ich wette meinen Kopf (**que** dass); FOOTBALL **faire une ~** köpfen; *fig* **n'en faire qu'à sa ~** nur nach seinem Kopf handeln; nur tun, was man will; **faire non de la ~** (verneinend) den Kopf schütteln; **faire oui de la ~** (mit dem Kopf) nicken; **laver la ~ à qn** j-m den Kopf, die Haare waschen; **mettre, passer la ~ à la fenêtre** den Kopf zum Fenster hinaus- *ou* herausst(r)ecken; *fig:* **se mettre qc dans la ~** *ou* **en ~** sich *(dat)* etw in den Kopf setzen; sich in etw *(acc)* verrennen; **mets-toi bien cela dans la ~!** merk dir das!; lass dir das gesagt sein!; **il s'était mis en ~ que vous viendriez** er war felsenfest davon überzeugt, dass Sie kämen; **qui est-ce qui t'a mis cela dans la ~?** wer hat dich denn darauf gebracht?; **monter la ~ à qn** j-n aufhetzen; *vin, réussite* **monter à la ~ à qn** j-m zu Kopf steigen; **se monter la ~** sich *(dat)* etwas vormachen; sich *(dat)* Illusionen machen; *idées* **passer par la ~ de qn** j-m durch den Kopf gehen, in den Sinn kommen; *fig* **se payer la ~ de qn** j-n zum Besten haben; *fam* j-n auf den Arm nehmen; *fig* **perdre la ~** *(s'affoler)* den Kopf verlieren; *(devenir fou)* den Verstand verlieren; **piquer une ~ (dans la rivière)** e-n Kopfsprung (in den Fluss) machen; kopfüber (in den Fluss) springen; *involontairement* kopfüber (in den Fluss) fallen; **prendre, tenir sa ~ entre, dans ses mains** den Kopf aufstützen; *fig:* **réclamer, demander la ~ de qn** j-s Kopf verlangen, fordern; **faire (r)entrer qc dans la ~ à qn** j-m etw beibringen, *plus fort* eintrichtern, einbläuen; **cela ne veut pas lui (r)entrer dans la ~** das will ihm nicht in den Kopf; **il risque sa ~** ihm droht die Todesstrafe; **sauver sa ~** a *meurtrier* der Todesstrafe entgehen b *avocat* ihn vor der Todesstrafe retten, bewahren; **ne plus savoir où donner de la ~** nicht mehr wissen, wo einem der Kopf steht; **tomber sur la ~** auf den Kopf fallen; *fig* **tu es tombé sur la ~, non?** du hast wohl den Verstand verloren?; *fam* bei dir ist wohl e-e Schraube locker?; → *a.* jeter A 1, B 1, taper C 2, tenir *I 1a.),* tourner A 1, B 3 2 *comme mesure* Kopf *m;* **avoir une ~ de plus que qn, dépasser qn d'une ~** e-n Kopf größer sein als j-d; j-n um Haupteslänge überragen; *cheval* **gagner d'une (courte) ~** mit e-r (knappen) Nasenlänge gewinnen 3 *(individu)* Person *f;* Kopf *m; (animal)* Stück *n;* **troupeau** *m* **de cent ~s** Herde *f* von hundert Stück (Vieh); **par ~,** *fam* **par ~ de pipe** pro Kopf; pro Person; *fam* pro (Mann und) Nase 4 *(visage)* Gesicht *n;* Aussehen *n;* **sale ~** gemeines Gesicht; *fig* **il a une sale ~** *en ce moment* er sieht sehr schlecht (= *krank*) aus; sein Aussehen gefällt mir nicht; **faire une sale ~** ein saures Gesicht machen; **~ sympathique** sympathisches Gesicht; **avoir une bonne ~** gutmütig aussehen; **avoir, être une ~ à claques** *fam* ein Ohrfeigen-, Backpfeifengesicht haben; *prix* **c'est à la ~ du client** das hängt davon ab, wie der Kunde eingeschätzt wird; **faire la ~** schmollen (**à qn** mit j-m); **faire une drôle de ~** das Gesicht verziehen; ein komisches Gesicht machen; **il va en faire une ~** der wird ein Gesicht machen; **faire une ~ d'enterrement** e-e Leichenbittermiene aufsetzen; **il fait sa mauvaise ~** er ist schlecht aufgelegt, übel gelaunt 5 *d'un train* vorderes Ende; Spitze *f; d'un chapitre, d'une liste* Anfang *m; d'un lit* Kopfende *n; d'un clou, d'une fusée, d'un chou, fig d'une conjuration* Kopf *m; d'un cortège,* MIL *d'une troupe, fig* Spitze *f;* TECH **~ chercheuse** Suchkopf *m;* **~ nucléaire** Nuklearsprengkopf *m; fig* **~ d'affiche** THÉ Hauptdarsteller(in) *m(f);* CIRQUE Hauptattraktion *f (Person);* **~ d'épingle** Stecknadelkopf *m;* ANAT **~ du fémur** Oberschenkelknochenkopf *m;* TECH **~ de lecture** Wiedergabe-, Abtastkopf *m;* CH DE FER, MÉTRO, BUS **~ de ligne** Endstation *f (wo das Verkehrsmittel eingesetzt wird);* POL **~ de liste** Spitzenkandidat *m;* Listenführer *m;* **~ de pipe** Pfeifenkopf *m;* MIL **~ de pont** Brückenkopf *m;* **~ de rasoir** Scherkopf *m;* CH DE FER **wagon** *m* **de ~** vorderer Waggon; Wagen *m* an der Spitze des Zuges; ♦ *loc adv:* **en ~** an der *ou* an die Spitze; am *ou* an den Anfang; vorn(e); *fam fig* **bille en ~** *fam* wie ein geölter Blitz; wie e-e Rakete; **musique en ~** mit klingendem Spiel; **eux en ~** sie als Erste; **en ~ de liste** obenan auf der Liste; SPORTS **être en ~** in Führung liegen; CYCLISME **être en ~ du peloton** das Feld anführen; CH DE FER **monter en ~** vorn(e) einsteigen; SPORTS **passer en ~** in Führung gehen; **mot placé en ~ de phrase** Wort *n* am Anfang des Satzes; **venir en ~** *chose* das Wichtigste sein; in erster Linie kommen; *a. personne* an erster Stelle stehen; ♦ *écolier* **être à la ~ de sa classe** Klassenbester sein; **être à la ~ d'une entreprise** ein Unternehmen leiten; **se trouver à la ~ d'une immense fortune** über ein unermessliches Vermögen verfügen; ♦ **prendre la ~ du cortège** sich an die Spitze des Zuges setzen; **prendre la ~ d'un mouvement** die Führung e-r Bewegung übernehmen

tête-à-queue [tɛtakø] M ⟨inv⟩ AUTO **faire un ~** sich um s-e eigene Achse drehen

tête-à-tête [tɛtatɛt] M ⟨inv⟩ Gespräch *n* unter vier Augen; vertrauliche Unterredung; **~ (amoureux)** Tête-à-tête *ou* Tete-a-tete *n;* **avoir un ~ (avec qn)** (mit j-m) e-e Unterredung unter vier Augen haben; (mit j-m) ein Gespräch unter vier Augen führen; mit j-m unter vier Augen, allein sprechen; *loc adv* **en ~** → tête 1

tête-bêche [tɛtbɛʃ] ADV **être couchés ~** entgegengesetzt liegen *(der Kopf des einen bei den Füßen des anderen); bouteilles etc* **disposer, ranger ~** entgegengesetzt legen

tête-de-loup [tɛtdəlu] F ⟨*pl* têtes-de-loup⟩ langer Besen mit runder Bürste; *all Nord* Eule *f*

tête-de-nègre [tɛtdənɛgʀ] A ADJ ⟨inv⟩ dunkelbraun B M ⟨*pl* têtes-de-nègre⟩ *gâteau* Mohrenkopf *m*

tétée [tete] F *d'un nourrisson* Mahlzeit *f;* **donner la ~ à un enfant** ein Kind stillen; e-m Kind die Brust geben; **donner six ~s par jour à un enfant** ein Kind sechsmal täglich stillen

téter [tete] ⟨-è-⟩ A VT **~ le lait** Milch saugen; **~ sa mère** *animal* gesäugt werden; *nourrisson* gestillt werden; an der Mutterbrust trinken B VI *enfant, animal* saugen; **donner à ~ à un enfant** ein Kind stillen; e-m Kind die Brust geben

tétine [tetin] F 1 a *du biberon* Sauger *m* b *jouet* Schnuller *m;* Sauger *m* 2 *de la vache* Euter *n; de la truie* Zitze *f*

téton [tetõ] *fam* M Brust *f; pop* Titte *f*

Tétouan [tetwɑ̃] GÉOG Tétouan *ou* Tetuán *n*

tétrachlorure [tetʀaklɔʀyʀ] M CHIM Tetrachlorid *n;* **~ de carbone** Tetrachlorkohlenstoff *m*

tétracorde [tetʀakɔʀd] M MUS Tetrachord *m ou n*

tétraèdre [tetʀaɛdʀ] M MATH Tetraeder *n;* Vierflächner *m*

tétragonal [tetʀagɔnal] ADJ ⟨-aux⟩ MINÉR te-

tragonal
tétragone [tetʀagɔn] A ADJ MATH tetragonal; viereckig B F BOT Neuseeländer Spinat *m*
tétralogie [tetʀalɔʒi] F Tetralogie *f*; *Wagner* **la Tétralogie** der Ring des Nibelungen
tétraplégie [tetʀapleʒi] F MÉD Lähmung *f* aller vier Gliedmaßen; *t/t* Tetraplegie *f*; **tétraplégique** MÉD A ADJ *personne* an allen vier Gliedmaßen gelähmt; *t/t* tetraplegisch B M/F an allen vier Gliedmaßen gelähmte Person; *t/t* Tetraplegiker(in) *m(f)*
tétras [tetʀa] M ZOOL **grand ~** Auerhahn *m*
tétras-lyre [tetʀaliʀ] M ⟨*pl* tétras-lyres⟩ Birkhahn *m*
tétrasyllabe [tetʀasi(l)lab] MÉTRIQUE A ADJ viersilbig B M viersilbiger Vers; Viersilber *m*; **tétrasyllabique** ADJ viersilbig
têtu [tety] ADJ eigensinnig; dick-, starrköpfig; halsstarrig; störrisch
teuf [tœf] *fam* F Party *f*; *fam* Fete *f*; **faire la ~** *fam* einen draufmachen; ordentlich feiern
teuf-teuf [tœftœf] A INT töff, töff! B *fam* M ⟨*inv*⟩ altes Auto; *fam* Töfftöff *n*
teuton [tøtõ] *péj ou plais* A ADJ ⟨~ne⟩ teutonisch B SUBST **Teuton(ne)** *m(f)* Teutone *m*, Teutonin *f*; typische(r) Deutsche(r) *m/f(m)*
teutonique [tøtɔnik] ADJ HIST **l'Ordre des chevaliers ~s** der Deutsche (Ritter)Orden
texan [tɛksɑ̃] A ADJ texanisch B SUBST **Texan(e)** *m(f)* Texaner(in) *m(f)*
Texas [tɛksas] **le ~** Texas *n*
texte [tɛkst] M 1 Text *m* (*a.* TYPO); Wortlaut *m*; REL **~s sacrés** heilige Bücher *npl*; *de la religion chrétienne* Heilige Schrift; **~ d'une chanson, d'une loi** Lied-, Gesetzestext *m*; THÉ **apprendre son ~** s-e Rolle, s-n Text (auswendig) lernen; **lire Goethe dans le ~** Goethe im Original, im Urtext lesen; **reportez-vous au ~** lesen Sie im Original nach; ich verweise Sie auf den entsprechenden Text, auf das Original 2 *fragment* Text(stelle) *m(f)*; **recueil** *m* **de ~s choisis** ausgewählte Texte *mpl*; **explication** *f* **de ~** Textinterpretation *f*; **citer un ~** e-e Textstelle zitieren 3 *d'un devoir etc* Thema *n*; ÉCOLE **cahier** *m* **de ~s** Aufgabenheft *n* 4 Manuskript *n*; Werk *n*; **~ bien écrit** gut geschriebenes Werk
textile [tɛkstil] A ADJ Textil...; textil; **fibre** *f*, **industrie** *f* **~** Textilfaser *f*, -industrie *f*; **matière** *f* **~** Spinn-, Faserstoff *m*; **plante** *f* **~** Faserpflanze *f* B M 1 a *matière* Spinn-, Faserstoff *m*; **~s artificiels** Kunstfaser-, Chemiefaserstoffe *mpl* b *produit* Textilerzeugnis *n*, -ware *f*; **~s** *pl a.* Textilien *pl* 2 Textilindustrie *f*; **travailler dans le ~** in der Textilindustrie arbeiten
texto® [tɛksto] M SMS *f*
textuel [tɛkstɥɛl] ADJ ⟨~le⟩ wörtlich
textuellement [tɛkstɥɛlmɑ̃] ADV (wort)wörtlich; Wort für Wort; **il m'a dit ~ ceci** er hat mir wörtlich Folgendes gesagt
texture [tɛkstyʀ] F *de la peau etc* Struktur *f*; *d'une roche, d'un roman* Textur *f*
texturer [tɛkstyʀe] V/T TEXT texturieren
TF 1 [teɛfɛ̃, -œ̃] ABR (Télévision française première chaîne) *erstes Programm des französischen Fernsehens*
TGV [teʒeve] M ABR (train à grande vitesse) Hochgeschwindigkeitszug *m*, -bahn *f*; *correspond à* ICE *m*
thaï [taj] A ADJ Thai...; **langues ~es** Thaisprachen *fpl* B SUBST **Thaï(s)** *mpl* Thai(s) *mpl*
thaïlandais [tajlɑ̃dɛ] A ADJ thailändisch B SUBST **Thaïlandais(e)** *m(f)* Thailänder(in) *m(f)*
Thaïlande [tajlɑ̃d] **la ~** Thailand *n*
thalamus [talamys] M ANAT Sehhügel *m*; *t/t* Thalamus *m*
thalassothérapie [talasɔteʀapi] F MÉD Thalassotherapie *f*
thalidomide [talidɔmid] F PHARM Contergan® *n*
thallophytes [talɔfit] FPL BOT Lagerpflanzen *fpl*; *t/t* Thallophyten *mpl*
Thaon-les-Vosges [tɑ̃levoʒ] *Stadt im Dep. Vosges*
thaumaturge [tomatyʀʒ] *litt* M Wundertäter *m*
thé [te] M 1 *feuilles* Tee *m*; **~ noir, vert** schwarzer, grüner Tee; **~ de Ceylan** Ceylontee *m*; **culture** *f* **du ~** Teeanbau *m* 2 *boisson* (schwarzer) Tee *m*; **~ nature** Tee nature; **~ au citron, au lait** Tee mit Zitrone, mit Milch; **salon** *m* **de ~** Café *n*; **faire, préparer du ~** Tee machen, zubereiten, kochen; **prendre le, du ~** Tee trinken; **venez prendre le ~** kommen Sie zum Tee (zu uns *ou* zu mir) 3 *par ext* **~ dansant** Tanztee *m* 4 ADJT BOT **rose** *f* **~** Teerose *f*
théâtral [teatʀal] ADJ ⟨-aux⟩ 1 Theater...; Bühnen...; **œuvre ~e** Bühnenwerk *n*; **représentation ~e** Theatervorstellung *f*, -aufführung *f* 2 *fig attitude, air* theatralisch; pathetisch
théâtralement [teatʀalmɑ̃] ADV *fig* theatralisch; **théâtraliser** V/T bühnenwirksam gestalten; **théâtralité** F Bühnenwirksamkeit *f*
théâtre [teatʀ] M 1 Theater *n* (*a. bâtiment*); *comme nom propre a.* Schauspielhaus *n*; **~ d'amateurs** Laien-, Liebhabertheater *n*; **~ de marionnettes** Puppen-, Marionettentheater *n*; **~ d'ombres** Schattenspiele *npl*; **~ de verdure** Gartentheater *n*; **~ en plein air** Freilichttheater *n*, -bühne *f*; **aller au ~** ins Theater gehen 2 *art* Theater *n*; Bühne *f*; Schauspielkunst *f*; **acteur** *m* **de ~** Theaterschauspieler *m*; *fig* **coup** *m* **de ~** Theatercoup *m*; Knalleffekt *m*; **homme** *m* **de ~** Theatermann *m*; **pièce** *f* **de ~** Theaterstück *n*; **troupe** *f* **de ~** Theatertruppe *f*; Ensemble *n*; **écrire pour le ~** Theaterstücke schreiben; **faire du ~** Theaterschauspieler(in) sein; **quitter le ~** sich von der Bühne zurückziehen 3 *ensemble des œuvres* Theater *n*; *d'un auteur, d'une époque* dramatische Werke *npl*; **le ~ grec** das griechische Drama; **~ de boulevard** Boulevardtheater *n*; **le ~ de Corneille** Corneilles Dramen *npl* 4 *fig* Schauplatz *m*; MIL **~ des opérations** Kriegsschauplatz *m*; *notre ville* **a été le ~ d'événements bizarres** war Schauplatz seltsamer Ereignisse
Thèbes [tɛb] Theben *n*
théier [teje] M BOT Teestrauch *m*; **théière** F Teekanne *f*; **théine** F CHIM T(h)ein *n*
théisme [teism] M PHIL, REL Theismus *m*
thématique [tematik] ADJ thematisch (*a.* MUS, LING); LING **voyelle** *f* **~** Themavokal *m*
thème [tɛm] M 1 (*sujet*) Thema *n*; Gegenstand *m*; *artistique a.* Sujet *n*; Motiv *n*; **un ~ de réflexion** Stoff *m* zum Nachdenken 2 MUS Thema *n* 3 ÉCOLE Übersetzung *f* in die Fremdsprache; Hinübersetzung *f*; **~ anglais** Übersetzung ins Englische; *iron ou péj* **un fort en ~** ein Musterschüler *m* 4 ASTROL **~ astral** Geburtshoroskop *n*
théocratie [teɔkʀasi] F POL Theokratie *f*
théocratique [teɔkʀatik] ADJ POL theokratisch
théodolite [teɔdɔlit] M Theodolit *m*
théologal [teɔlɔgal] ADJ REL CATH **vertus ~es** göttliche, theologische Tugenden *fpl*
théologie [teɔlɔʒi] F Theologie *f*; **études** *fpl* **de ~** Theologiestudium *n*; **faculté** *f* **de ~** theologische Fakultät
théologien [teɔlɔʒjɛ̃] M, **théologienne** F Theologe, -login *m,f*; **théologique** ADJ theologisch
théorème [teɔʀɛm] M MATH, PHIL Theorem *n*; Lehrsatz *m*; **le ~ de Pythagore** der pythagoreische Lehrsatz
théoricien [teɔʀisjɛ̃] M, **théoricienne** F Theoretiker(in) *m(f)*
théorie [teɔʀi] F 1 Theorie *f*; Lehre *f*; Lehrmeinung *f*; Lehrgebäude *n*; **~ musicale** Musiktheorie *f*; MATH **~ des ensembles** Mengenlehre *f*; PHYS **~ de la relativité** Relativitätstheorie *f*; **mettre une ~ en pratique** eine Theorie in die Praxis umsetzen; **appliquer une ~** e-e Theorie anwenden 2 (*opposé à pratique*) Theorie *f*; **la ~ et la pratique** Theorie und Praxis; **en ~** theoretisch; in der Theorie; *péj* **c'est de la ~, tout cela** das alles ist reine Theorie
théorique [teɔʀik] ADJ theoretisch
théoriquement [teɔʀikmɑ̃] ADV theoretisch; in der Theorie; **~, ça devrait marcher** theoretisch müsste es klappen
théoriser [teɔʀize] A V/T theoretisch untermauern; e-e Theorie aufstellen für B V/I Theorien *ou* e-e Theorie aufstellen; theoretisieren
théosophe [teɔzɔf] M/F REL Theosoph(in) *m(f)*; **théosophie** F REL Theosophie *f*
thérapeute [teʀapøt] M/F Therapeut(in) *m(f)*
thérapeutique [teʀapøtik] MÉD A ADJ therapeutisch; Heil...; **action** *f* **~** therapeutische Wirkung B F 1 (*traitement*) Therapie *f*; Heil-, Krankenbehandlung *f* 2 *science* Therapeutik *f*
thérapie [teʀapi] F MÉD, PSYCH Therapie *f*; **~ de groupe** Gruppentherapie *f*
Thérèse [teʀɛz] F *Vorname*
thermal [tɛʀmal] ADJ ⟨-aux⟩ thermal; Thermal...; **cure ~e** Bade- *ou* Trinkkur *f*; **eaux ~es** warme Quellen *fpl*; Thermalquellen *fpl*; Thermen *fpl*
thermalisme [tɛʀmalism] M Bäderwesen *n*
thermes [tɛʀm] MPL 1 HIST Thermen *fpl* 2 Kuranstalt *f*, -haus *n*
thermidor [tɛʀmidɔʀ] M Thermidor *m* (*11. Monat des frz Revolutionskalenders*)
thermie [tɛʀmi] F PHYS Megakalorie *f*
thermique [tɛʀmik] ADJ PHYS thermisch; Wärme...
thermochimie [tɛʀmɔʃimi] F Thermochemie *f*; **thermochimique** ADJ thermochemisch; **thermocouple** M PHYS Thermoelement *n*; **thermodynamique** F Thermodynamik *f*
thermoélectrique [tɛʀmoelɛktʀik] ADJ thermoelektrisch; **couple** *m* **~** → thermocouple; **effet** *m* **~** Thermoeffekt *m*
thermomètre [tɛʀmomɛtʀ] M 1 Thermometer *n*; **~ médical** Fieberthermometer *n*; **~ à alcool, à mercure** Alkohol-, Quecksilberthermometer *n*; **~ de bain** Badethermometer *n*; **le ~ descend, monte** das Thermometer fällt, steigt 2 *fig* Gradmesser *m*; Barometer *n*
thermométrie [tɛʀmometʀi] F Thermometrie *f*; Temperaturmessung *f*; **thermométrique** ADJ thermometrisch; Thermometer...; **échelle** *f* **~** Thermometerskala *f*
thermonucléaire [tɛʀmonykleɛʀ] ADJ PHYS thermonuklear; **thermoplongeur** M Tauchsieder *m*; **thermopropulsion** F TECH Staustrahlantrieb *m*; **thermorégulation** F BIOL Wärmeregulation *f*, -regulierung *f*
thermos® [tɛʀmos] M *ou* F **~** *ou adjt* **bouteille** *f* **~** Thermosflasche® *f*
thermosiphon [tɛʀmɔsifõ] M TECH Schwerkraftheizungssystem *n*
thermostat [tɛʀmosta] M TECH Thermostat *m*
thésaurisation [tezɔʀizasjõ] F ÉCON Horten *n*, -ung *f* (von Geld); *t/t* Thesaurierung *f*; **thésauriser** V/T *et* V/I horten; *t/t* thesaurieren
thèse [tɛz] F 1 These *f*; Behauptung *f*; **avancer une ~** e-e These, Behauptung vorbringen 2 **pièce** *f*, **roman** *m* **à ~** Tendenzstück *n*, -ro-

T

man *m* **3** UNIVERSITÉ Doktorarbeit *f*, Dissertation *f* **4** PHIL These *f*
Thésée [teze] M MYTH Theseus *m*
Thessalie [tesali] GÉOG **la ~** Thessalien *n*
Thessalonique [tesalɔnik] GÉOG Saloniki *n*; Thessaloniki *n*
Thibaud [tibo] M *Vorname*
thibaude [tibod] F Teppichunterlage *f*
Thièle [tjɛl] GÉOG **la ~** die Zihl
Thierry [tjɛʀi] M *Vorname*
Thiers [tjɛʀ] *frz Staatsmann u. Historiker*
Thionville [tjõvil] Diedenhofen *n*
Thomas [tɔma] M *Vorname*
thon [tõ] M ZOOL T(h)unfisch *m*; **~ à l'huile** T(h)unfisch in Öl
thonier [tɔnje] M Kutter *m*, Schiff *n* für den T(h)unfischfang
thora [tɔʀa] F REL Thora *f*
thoracique [tɔʀasik] ADJ ANAT Brust(korb)...; *t/t* Thorax...; **cage** *f* **~** Brustkorb *m*
thorax [tɔʀaks] M **1** ANAT Brust(korb) *f(m)*; *fam* Brustkasten *m*; *t/t* Thorax *m* **2** *des insectes* Brust *f*; Thorax *m*
Thorez [tɔʀɛs, -ɛz] **Maurice ~** *frz Politiker*
thorium [tɔʀjɔm] M CHIM Thorium *n*
Thoune [tun] Thun *n*; **le lac de ~** der Thuner See
thrombose [tʀõboz] F MÉD Thrombose *f*
thune [tyn] *fam* F kleine Münze; altes Fünffrancstück; *par ext* **ne plus avoir une ~** *fam* völlig blank, abgebrannt sein
Thurgovie [tyʀgɔvi] **le canton de ~** der Kanton Thurgau
thuriféraire [tyʀifeʀɛʀ] *litt* M Beweihräucherer *m*; Schmeichler *m*
Thuringe [tyʀɛ̃ʒ] **la ~** Thüringen *n*
thuya [tyja] M BOT Thuja *f*; Lebensbaum *m*; *autrich* Thuje *f*
thym [tɛ̃] M BOT, CUIS Thymian *m*
thymique [timik] ADJ ANAT Thymus(drüsen)...
thymus [timys] M ANAT Thymus(drüse) *m(f)*
thyroïde [tiʀɔid] ADJ ANAT **glande** *f* **~** *ou subst* **~** *f* Schilddrüse *f*
thyroïdien [tiʀɔidjɛ̃] ADJ ⟨~ne⟩ ANAT Schilddrüsen...; **insuffisance ~ne** Schilddrüsenunterfunktion *f*
ti [ti] *particule interrogative fam* **j'y va-ti, j'y va-ti pas?** geh ich hin, oder geh ich nicht hin? *ou* soll ich es wagen, oder soll ich es nicht wagen?
tiare [tjaʀ] F *du pape* Tiara *f*
Tibériade [tibeʀjad] **le lac de ~** der See Genezareth
Tibet [tibɛ] **le ~** Tibet *n*
tibétain [tibetɛ̃] **A** ADJ tibetisch; tibetanisch **B** *subs* **Tibétain(e)** *m(f)* Tibeter(in) *m(f)*; Tibetaner(in) *m(f)*
tibia [tibja] M ANAT Schienbein *n*; **coup** *m* **de pied dans les ~s** Tritt *m* ans Schienbein; **fracture** *f* **du ~** Schienbeinbruch *m*
Tibre [tibʀ] **le ~** der Tiber
tic [tik] M **1** MÉD Zucken *n*; Tic *m*; Tick *m*; **~ nerveux** nervöser Tic; **il a un visage plein de ~s** er zuckt dauernd mit dem Gesicht; **être bourré de ~s** ständig (mit dem Gesicht *ou* mit dem Kopf, mit den Schultern, mit den Händen) zucken **2** *fig* Tick *m*; Schrulle *f*; Manie *f*; **c'est un ~ chez lui** das ist ein Tick bei, von ihm
ticket [tikɛ] M **1** *de transport* Fahrschein *m*, -karte *f*; *d'entrée* Eintritts-, Einlasskarte *f*; **~ (de cantine)** *ou* **~ repas, restaurant** Essen(s)marke *f*; **~ d'autobus** Busfahrschein *m*; **~ de caisse** Kassenzettel *m*, -bon *m*; **~ de métro** U-Bahn-Fahrschein *m*; **~ de quai** Bahnsteigkarte *f* **2** SÉCURITÉ SOCIALE **~ modérateur** Selbstbeteiligung *f* **3** *arg* zehn Franc **4** *fam* **avoir le** *ou* **un ~** e-e Eroberung gemacht haben
tickson [tiksõ] *fam* M → ticket 1
tic-tac *ou* **tic tac** [tiktak] **A** INT ticktack!; **faire tic-tac** *ou* **tic tac** ticken **B** M ⟨*inv*⟩ Ticken *n*; Ticktack *n*
tiédasse [tjedas] ADJ *péj* lauwarm
tiède [tjɛd] ADJ **1** lauwarm; **air** *m* **~** laue, milde Luft; **bain** *m*, **eau** *f* **~** lauwarmes Bad, Wasser; **café** *m* **~** lauwarmer Kaffee; **vent** *m* **~** lauer Wind; *advt* **boire ~** lauwarm trinken; **il fait ~** es herrscht mildes Wetter **2** *fig* lau; schwankend; unentschlossen; **chrétien** *m* **~** lauer Christ; **conviction** *f* **~** schwache Überzeugung; *amour, amitié* **devenu ~ avec le temps** mit der Zeit abgekühlt
tiédeur [tjedœʀ] F **1** *de l'eau etc* Lauheit *f*; lauwarme Temperatur; *du climat* Milde *f*; *du lit* mollige Wärme; *poét* **les premières ~s du printemps** *poét* die ersten linden Lüfte des Frühlings **2** *fig de l'amour, d'une conviction* Lauheit *f*
tiédir [tjediʀ] **A** V/T *surtout* PP **de l'eau tiédie par le soleil** von der Sonne angewärmtes Wasser **B** V/I *liquide* lauwarm werden; **laisser ~** abkühlen lassen
tien [tjɛ̃] **A** PR POSS ⟨tienne [tjɛn]⟩ **le ~, la ~ne** der, die, das dein(ig)e; deine(r, -s); *pl* **les ~s, les ~nes** die dein(ig)en; deine; **mon fils et le ~** mein und dein Sohn; mein Sohn und deiner *ou* und der dein(ig)e; *fam* **à la ~ne!**, *plais* **à la ~ne, Étienne!** prost!; auf dein Wohl!; auf deine Gesundheit!; *iron* **à la ~ne!** viel Vergnügen!; **ce livre n'est pas le ~** dieses Buch gehört dir nicht; das ist nicht dein Buch **B** SUBST **1** **le ~** das Dein(ig)e; dein Eigentum; **il faut y mettre du ~** du musst auch etwas dazu tun, dein(en) Teil dazu beitragen **2** **les ~s** die Dein(ig)en; deine Familie; deine Angehörigen **3** **tu as encore fait des ~nes** du hast wieder Dummheiten gemacht; *fam* du hast dir wieder was geleistet
tiens [tjɛ̃] → tenir
tierce [tjɛʀs] **A** ADJ F → tiers **B** F **1** MUS Terz *f* **2** *cartes* Sequenz *f* von drei Karten **3** TYPO Revision *f*
tiercé [tjɛʀse] **A** ADJ **rime ~e** Terzine *f* **B** M Dreierwette *f*; **~ dans l'ordre, dans le désordre** *ou* **dans un ordre différent** Dreierwette in der richtigen, in beliebiger Reihenfolge; **gagner au ~** bei der Dreierwette gewinnen; *par ext* **toucher un beau ~** bei der Dreierwette hoch gewinnen; **jouer au ~** Dreierwetten *ou* e-e Dreierwette abschließen
tiers [tjɛʀ] **A** ADJ ⟨tierce [tjɛʀs]⟩ dritte(r, -s); JUR **~ arbitre** Oberschiedsrichter *m*; HIST **le ~ état** der dritte Stand; POL **le ~ monde** die Dritte Welt; POL **pays** *mpl* **~** Drittländer *npl*; **une tierce personne** JUR ein Dritter; *par ext* ein Außenstehender **B** M **1** **un ~** ein Dritter (*a.* JUR); *par ext* (*un étranger*) ein Außenstehender; JUR **~ payant** Zahlung *f* der Arzt-, Arznei- und Krankenhauskosten direkt durch den Versicherungsträger; **apprendre qc par un ~** etw von e-m Dritten erfahren; *fam fig* **je me moque, me fiche du ~ comme du quart** *fam* mir ist alles schnurz-, piepegal **2** MATH **un ~** ein Drittel *n*; der dritte Teil; **les deux ~** zwei Drittel; **le premier ~ du siècle** das erste Drittel des Jahrhunderts; IMPÔTS **le ~ provisionnel** die im Februar und Mai zu leistende Steuervorauszahlung (*ein Drittel der im Vorjahr gezahlten Einkommensteuer*); *d'un livre, d'un travail* **j'en suis au ~** ich habe ein Drittel
Tiers-Monde [tjɛʀmõd] M Dritte Welt
tiers-mondiste [tjɛʀmõdist] ADJ POL sich mit der Dritten Welt solidarisierend
tif *ou* **tiffe** [tif] *fam* M *surtout* PL **tifs** *ou* **tiffes** Haar(e) *n(pl)*
tige [tiʒ] F **1** BOT Stängel *m*; Stiel *m*; *des céréales* Halm *m*; **(arbre** *m* **à** *ou* **de) basse, haute ~** Nieder-, Hochstamm *m* **2** *d'une botte, d'une colonne* Schaft *m* **3** TECH Stange *f*; Stift *m*; Bolzen *m*; **~s** *pl a.* Gestänge *n*; **~ de fer** (dünne) Eisenstange; Eisenstift *m*
tignasse [tiɲas] F *d'une personne* (wirrer) Haarschopf; dichte Mähne
tigre [tigʀ] M ZOOL Tiger *m*; **~ royal** *ou* **du Bengale** Königstiger *m*; Bengalischer Tiger
Tigre [tigʀ] **le ~** der Tigris
tigré [tigʀe] ADJ getigert; (*tacheté*) gefleckt; (*rayé*) mit unregelmäßigen Streifen; geflammt; **chat ~** getigerte Katze
tigresse [tigʀɛs] F **1** ZOOL Tigerin *f* **2** *fig femme* Furie *f*
tilbury [tilbyʀi] M Tilbury *m*
tilde [tild] M LING Tilde *f*
tillac [tijak] M MAR Oberdeck *n*
tilleul [tijœl] M **1** BOT Linde(nbaum) *f(m)* **2** *tisane* Lindenblütentee *m* **3** *bois* Linde(nholz) *f(n)* **4** ADJT **(vert) ~** ⟨*inv*⟩ lindgrün
tilt [tilt] LOC *fam* **ça a fait ~** *fam* es hat bei ihm (*ou* bei mir *etc*) geklingelt; da kam die Erleuchtung
timbale [tɛ̃bal] F **1** MUS (Kessel)Pauke *f* **2** (*gobelet*) (Trink)Becher *m* (*aus Metall*); *fam fig* **décrocher la ~** sein Ziel erreichen; es schaffen **3** CUIS **a** (Teig)Pastete *f* **b** *moule* Pastetenform *f*
timbrage [tɛ̃bʀaʒ] M (Ab)Stempeln *n*; Abstempelung *f*; **dispensé de ~** gebührenfrei
timbre [tɛ̃bʀ] M **1** (*timbre-poste*) Briefmarke *f*; ADMIN Postwertzeichen *n*; **un ~ à** *ou* **de quarante-six cents** e-e 46-Cent-(Brief)Marke; **~ de bienfaisance, de collection** Wohlfahrts-, Sondermarke *f*; **collection** *f* **de ~s** Briefmarkensammlung *f* **2** COMM, ADMIN (*tampon*) Stempel *m* (*instrument et marque*); *de la Poste* Poststempel *m* **3** ADMIN, JUR **~ fiscal** Gebühren-, Stempel-, Steuermarke *f*; **~ de quittance** → timbre-quittance; **droit** *m* **de ~** Stempelgebühr *f*, -abgabe *f* **4** *d'une sonnette* Glocke *f* **5** MUS *d'un instrument, de la voix* Klangfarbe *f*; *de la voix a.* Timbre *n*; **voix** *f* **au ~ argentin** silberhelle Stimme; **voix sans ~** tonlose Stimme
timbré [tɛ̃bʀe] ADJ **1** *fam* **il est ~** *fam* er ist übergeschnappt, bekloppt; → *a.* cinglé **2** *voix* **bien ~e** klangvoll **3** *enveloppe etc* frankiert; freigemacht; **enveloppe ~e** *a.* Freiumschlag *m*; **lettre ~e de Paris** Brief *m* mit dem Poststempel von Paris **4** **papier ~** Papier *n* mit Stempelmarke
timbre-poste [tɛ̃bʀəpɔst] M ⟨*pl* timbres-poste⟩ → timbre 1
timbre-quittance [tɛ̃bʀəkitɑ̃s] M ⟨*pl* timbres-quittance⟩ Quittungsmarke *f*
timbrer [tɛ̃bʀe] V/T **1** *lettre* (*affranchir*) frankieren; freimachen **2** ADMIN (*tamponner*) (ab)stempeln **3** ADMIN *avec un timbre fiscal* mit e-r Gebührenmarke versehen
time-sharing [tajmʃɛʀiŋ] M INFORM Time-Sharing *n*
timide [timid] ADJ *personne* schüchtern; zaghaft; befangen; gehemmt; **critique** *f*, **réponse** *f*, **voix** *f* **~** zaghafte *ou* schüchterne Kritik, Antwort, Stimme; *subst* **c'est un ~** er ist ein schüchterner, gehemmter Mensch
timidité [timidite] F *d'une personne* Schüchternheit *f*; Zaghaftigkeit *f*; Befangenheit *f*; Gehemmtheit *f*, -sein *n*; **la ~ du projet de réforme** der zaghafte Reformversuch
timing [tajmiŋ] M Timing *n*
timon [timõ] M (Wagen)Deichsel *f*
timonerie [timɔnʀi] F **1** MAR Ruderhaus *n* **2** AUTO Lenk- und Bremsgestänge *n*; **timonier** M MAR Rudergänger *m*; Steuermann *m*
Timor [timɔʀ] **le ~ (oriental)** (Ost)Timor *n*

timoré [timɔʀe] ADJ ängstlich; zaghaft; verschüchtert; kleinmütig; übervorsichtig

tinctorial [tɛ̃ktɔʀjal] ADJ ‹-aux› ADJ Färbe(r)...

tint [tɛ̃] → tenir

tintamarre [tɛ̃tamaʀ] M Getöse *n*; *fam* Spektakel *m*; Radau *m*; **le ~ des klaxons** das Gellen der Hupen

tintement [tɛ̃tmɑ̃] M 1 *d'une sonnette* Läuten *n*; *des cloches a. fam* Bimmeln *n*; Gebimmel *n* 2 *de verres etc* Klingen *n*; Klirren *n* 3 **~ d'oreilles** Ohrensausen *n*

tinter [tɛ̃te] V/I 1 *cloches* läuten; *fam* bimmeln 2 *verres* klingen (*a. objet métallique*); klirren 3 *fig* **les oreilles ont dû vous ~** die Ohren müssen Ihnen geklungen haben

Tintin [tɛ̃tɛ̃] M *Comicfigur*

tintin [tɛ̃tɛ̃] LOC *fam* **j'ai fait ~** *fam* ich hab in die Röhre, in den Mond geguckt; **mais nous, ~, on n'a rien eu** *fam* aber wir, Neese *ou* denkste, nichts haben wir gekriegt

tintinnabuler [tɛ̃tinabyle] *litt* V/I leise klirren; *clochettes* klingeln

Tintoret [tɛ̃tɔʀɛ] **le ~** PEINT Tintoretto *m*

tintouin [tɛ̃twɛ̃] M *fam (travail)* Plackerei *f*; *fam (embêtements) fam* Scherereien *fpl*; **se donner du ~** sich plagen, abmühen

tique [tik] F ZOOL Zecke *f*

tiquer [tike] V/I zurückzucken; **ma proposition l'a fait ~** man sah ihm an, dass ihm mein Vorschlag nicht passte; **sans ~** ohne mit der Wimper zu zucken

tiqueté [tikte] ADJ gesprenkelt

tir [tiʀ] M 1 Schießen *n*; Schuss *m*; MIL *a.* Feuer *n*; Beschuss *m*; **~ direct** direkter Beschuss; **~ précis** Treffer *m*; **~ à l'arc** Bogenschießen *n*; **~ à blanc** Schießen mit Übungsmunition, mit Platzpatronen; **~ au fusil, au pistolet** Gewehr-, Pistolenschießen *n ou* -schuss *m*; **~ au(x) pigeon(s)** Tauben- *ou* Ton-, Wurftaubenschießen *n*; **~ d'artillerie** Geschütz-, Artilleriefeuer *n*; **~ de mitrailleuse** Maschinengewehrfeuer *n*; **~ de réglage** Einschießen *n*; **armes** *fpl* **à ~ automatique** automatische Schusswaffen *fpl*; **canon** *m* **à ~ rapide** Schnellfeuergeschütz *n*; **en position de ~** in schussbereiter Stellung; *canon* in Feuerstellung; **diriger son ~ sur** das Feuer richten auf (*+acc*); **faire du ~** schießen; Schießübungen machen 2 a BOULES Anspielen *n* der Kugel des Mitspielers(, um sie wegzustoßen) b FOOTBALL *etc* Schuss *m*; **~ au but** Torschuss *m*; Schuss aufs Tor; FOOTBALL *pour départager pl* **~s au but** Elfmeterschießen *n* 3 **~ (forain)** Schießbude *f*

tirade [tiʀad] F 1 THÉ Tirade *f*; langer, ununterbrochener Monolog 2 *péj* Wort-, Redeschwall *m*; Tirade *f*; Suada *f*; **débiter une ~** e-n Wortschwall, e-e Tirade loslassen; **il m'a fait toute une ~** er hielt mir e-n ganzen Vortrag (**sur** über *+acc*)

tirage [tiʀaʒ] M 1 TYPO a *(impression)* Druck *m*; Abdruck *m*; Drucken *n*; **être en cours de ~** in Druck sein b *(édition)* Auflage *f*; Ausgabe *f*; **~ limité** begrenzte Auflage; **premier ~** Erstauflage *f ou* -ausgabe *f*; **journal** *m* **à grand ~** auflagenstarke Zeitung; Zeitung *f* mit hoher Auflage 2 PHOT Abziehen *n*; Kopieren *n* 3 LOTERIE Ziehung *f*; **~ au sort** Auslosen *n*, -ung *f*; Losen *n* 4 *d'un chèque* Ausstellung *f*; *d'une lettre de change* Ziehung *f*; Begebung *f*; Ausstellung *f*; FIN **droits de ~ spéciaux** (*abr* **D.T.S.**) Sonderziehungsrechte *npl* 5 *action* Ziehen *n* (*a.* TECH) 6 *d'une cheminée* Zug *m*; **il n'y a pas de ~** der Ofen, der Kamin hat keinen Zug, zieht schlecht 7 *du vin* Abziehen *n* 8 *fam fig (difficultés)* Reibereien *fpl*; Schwierigkeiten *fpl*; **il y a du ~** es gibt Reibereien

tiraillement [tiʀajmɑ̃] M 1 Hin-und-her-Ziehen *n*, -Zerren *n* 2 **~s** *pl (douleurs)* ziehende Schmerzen *mpl*; Ziehen *n*; *j'ai tellement faim,* **j'en ai des ~s d'estomac ...** dass sich mein Magen zusammenzieht 3 *fig* **~s** *pl (difficultés)* Reibereien *fpl*; Reibungen *fpl*

tirailler [tiʀaje] A V/T 1 hin und her ziehen, zerren; **~ qn par le bras** j-n am Arm zerren 2 *fig pp* **être tiraillé par des sentiments contradictoires** *etc* von widersprüchlichen Gefühlen *etc* hin und her gerissen werden B V/I *fam* (in der Gegend) herumknallen, -ballern

tirailleur [tiʀajœʀ] M 1 MIL Einzelschütze *m*; **se déployer en ~s** ausschwärmen 2 HIST MIL (einheimischer) Infanterist

tiramisu [tiʀamisu] M CUIS Tiramisu *n*

tirant [tiʀɑ̃] M MAR **~ d'eau** Tiefgang *m*

tire [tiʀ] F 1 **vol** *m* **à la ~** Taschendiebstahl *m*; **voleur** *m* **à la ~** Taschendieb *m* 2 *arg (auto) fam* fahrbarer Untersatz; Vehikel *n*; Schlitten *m*; Karre *f* 3 *au Canada* (Bonbon *m ou n* aus) Ahornsirup *m*

tiré [tiʀe] A ADJ **cheveux bien ~s** straff zurückgekämmtes Haar; **avoir les traits ~s** abgespannt, angegriffen, schlecht aussehen; → *a.* épingle B M 1 COMM Bezogene(r) *m*; Trassat *m* 2 TYPO **~ à part** Sonderdruck *m*

tire-au-cul [tiʀoky] *fam* M ‹*inv*›, **tire-au-flanc** *fam* M ‹*inv*› Drückeberger *m*; Faulenzer *m*

tire-botte [tiʀbɔt] M ‹*pl* tire-bottes› Stiefelknecht *m*

tire-bouchon [tiʀbuʃõ] M ‹*pl* tire-bouchons› 1 Korkenzieher *m* 2 LOC ADJ **en ~** Ringel...; geringelt; **queue** *f* **en ~** Ringelschwänzchen *n*

tire-bouchonné *ou* **tirebouchonné** [tiʀbuʃɔne] ADJ **pantalons tire-bouchonnés** *ou* **tirebouchonnés** Korkenzieherhose *f*

tire-bouchonner *ou* **tirebouchonner** V/PR *fam fig* **se tire-bouchonner** *ou* **se tirebouchonner** *fam* sich (vor Lachen) kringeln

tire-d'aile(s) [tiʀdɛl] LOC ADV **à ~(s)** pfeilschnell, -geschwind

tirée [tiʀe] F *fam (longue distance)* **ça fait une ~** *fam* das ist ein ganz schönes Stück

tire-fesse(s) [tiʀfɛs] M ‹*inv*› *fam* → téléski

tire-jus [tiʀʒy] M ‹*inv*› *pop (mouchoir) pop* Rotzfahne *f*, -lappen *m*

tire-lait [tiʀlɛ] M ‹*inv*› MÉD Milchpumpe *f*

tire-larigot [tiʀlaʀigo] LOC ADV **à ~** reichlich; sehr viel

tire-ligne [tiʀliɲ] M ‹*pl* tire-lignes› Reißfeder *f*

tirelire [tiʀliʀ] F 1 Sparbüchse *f*, -schwein *n*; **casser sa ~** sein Sparschwein schlachten 2 *fam fig (tête) fam* Dez *m*; Birne *f*; Rübe *f*

tirer [tiʀe] A V/T 1 ziehen; *avec force a.* zerren (**qc** an etw [*dat*]); *rideau* zu- *ou* aufziehen; *verrou* vorschieben; *tiroir* herausziehen; *vin* abziehen; auf Flaschen ziehen a *loc avec subst*: *plais* **~ l'aiguille** nähen; **~ les cartes** die Karten legen; **se faire ~ les cartes** sich (*dat*) die Karten legen lassen; **~ une charrette** e-n Karren ziehen; **~ les cheveux à qn** j-n an den Haaren ziehen; **~ les fils des marionnettes** die Fäden der Marionetten (an)ziehen; **~ un numéro** e-e Nummer ziehen; → *a.* numéro 1; *fig couleur, spectacle* **~ l'œil** ins Auge fallen; *pansement* **~ la peau** die Haut spannen; **~ le signal d'alarme** die Notbremse ziehen b *avec prép*: **~ qc à soi** etw zu sich heranziehen; **~ qc au sort** etw aus- *ou* verlosen, durch das Los ermitteln, bestimmen; **~ qn d'affaire, d'embarras** j-m aus e-r Verlegenheit, aus e-r schwierigen Lage helfen; *adjt* **être tiré d'affaire** aus den Schwierigkeiten heraus sein; *blessé* **~ des décombres** aus den Trümmern bergen; **~ qn du lit** j-n aus dem Bett holen, zerren; **~ un mouchoir de sa poche** ein Taschentuch aus der *ou* s-r Tasche ziehen; **~ qn de prison** j-n aus dem Gefängnis (heraus)holen; **~ qn du sommeil** j-n aus dem Schlaf reißen; **~ qn par le bras, par la manche** j-n am Arm, am Ärmel ziehen, zupfen; **~ une porte sur soi** e-e Tür hinter sich (*dat*) zuziehen; **~ qc vers soi** etw zu sich heranziehen; **~ sa jupe vers le bas** s-n Rock nach unten ziehen, hinunterziehen 2 *fig* ziehen; her-, ableiten; *argent, bénéfice* herausholen; herauswirtschaften; CHIM *produit* gewinnen (**de** aus); **~ de l'argent d'une affaire** bei e-r Sache Geld verdienen, herausschlagen; **~ des conclusions de qc** Folgerungen, Schlüsse aus etw ziehen; **~ sa force de qc** s-e Macht, Stärke von etw herleiten; **c'est de là que l'événement tire son importance** dadurch erhält das Ereignis s-e Bedeutung; **~ des larmes à qn** j-m Tränen entlocken; **~ la leçon de qc** aus etw e-e Lehre ziehen; *adjt* **mot tiré du latin** dem Lateinischen entlehntes Wort; **~ son nom de qc** s-n Namen von etw herleiten; **l'opium est tiré du pavot** Opium wird aus Mohn gewonnen; **~ son origine de qc** sich von etw herleiten; s-e Herkunft von etw ableiten; **~ des renseignements de qn** aus j-m Informationen herausbekommen, *fam* -kriegen, -holen; **~ un revenu de qc** ein Einkommen aus etw beziehen; **on ne peut rien en ~** (*il reste muet*) aus ihm ist nichts herauszubringen, -kriegen; (*c'est un incapable*) bei ihm ist Hopfen und Malz verloren; aus ihm wird nie etwas werden; **~ des sons d'un instrument** e-m Instrument Töne entlocken 3 *balle, flèche* (ab)schießen; *coup de feu* abgeben; *avec une arme à feu a.* abfeuern; **~ cinq balles de revolver sur qn** fünf Revolverkugeln auf j-n abfeuern; **~ un coup de revolver** e-n Revolverschuss abgeben; s-n Revolver abfeuern; **~ un coup de feu sur qn** e-n Schuss auf j-n abgeben; *pop fig* **~ un coup** *pop* e-e Nummer machen; bumsen; **~ un feu d'artifice** ein Feuerwerk abbrennen; **~ un lièvre** e-n Hasen schießen; *par ext* FOOTBALL **~ un penalty** e-n Elfmeter schießen 4 *ligne, trait* ziehen; **~ une allée au cordeau** e-n Gartenweg mit der Schnur abstecken; *par ext* **~ l'horoscope de qn** j-m das Horoskop stellen 5 *chèque* ausstellen; **~ une lettre de change** e-n Wechsel ziehen, trassieren (**sur qn** auf j-n) 6 TYPO abziehen; e-n Abzug machen, herstellen von; **~ un livre à dix mille exemplaires** von e-m Buch zehntausend Exemplare drucken; **~ une photo** ein Negativ abziehen, kopieren; e-n Abzug herstellen 7 *fam fig laps de temps* durch-, aushalten; **avoir encore un an à ~** MIL, PRISON *fam* noch ein Jahr abzureißen haben; PRISON *a.* noch ein Jahr abzusitzen haben; ÉCOLE es noch ein Jahr (in der Schule) aushalten müssen; *fam* noch ein Jahr die Schulbank drücken müssen; **encore une semaine de tirée** wieder e-e Woche überstanden, geschafft B V/T INDIR 1 *faute etc* **ne pas ~ à conséquence** weiter keine Konsequenzen, keine Folgen haben; (weiter) nichts auf sich (*acc*) haben; nichts zu bedeuten haben; ganz harmlos sein; **~ à sa fin** zu Ende gehen; → *a.* fin[1] 1 2 *couleur* **~ sur le bleu** ins Blaue (hinüber)spielen; bläulich sein C V/I 1 ziehen (*a. poêle, cheminée*); *inscription sur une porte* **tirez!** *ou* **~!** ziehen!; **ça tire** das zieht, spannt; **la peau me tire** meine Haut spannt; **~ au sort** losen; **~ sur sa cigarette** an s-r Zigarette ziehen; **~ sur une corde** an e-m Strick ziehen; e-n Strick anziehen, spannen 2 *avec une arme* schießen; feuern; **~ à l'arc** mit Pfeil und Bogen schießen; **~ à balles** scharf schie-

T

ßen; ~ **à blanc** mit Platzpatronen, Übungsmunition schießen; *par ext* SPORTS ~ **au but** aufs Tor schießen; ~ **sur qn, qc** auf j-n, etw schießen, feuern; j-n, etw beschießen; **il lui a tiré dessus** er hat auf ihn *ou* nach ihm geschossen; er hat ihn beschossen 8 PÉTANQUE die Kugel des Mitspielers anspielen, um sie wegzustoßen 9 TYPO **bon à ~** imprimatur; *subst* **bons** *mpl* **à ~** druckreife Korrekturbogen *mpl*; **journal qui tire à trente mille** Zeitung mit e-r Auflage von dreißigtausend 10 MAR *bateau* ~ **six mètres (d'eau)** e-n Tiefgang von sechs Metern haben; sechs Meter Tiefgang haben D V/PR 1 **se ~ d'affaire**, *fam* **du pétrin** sich aus der Affäre, *fam* aus der Klemme ziehen; ♦ *fam* **s'en ~** *d'un accident* es lebend überstehen; sich aus der Affäre ziehen (**par une ruse** durch e-e List); *(se débrouiller)* sich (so) durchschlagen; **j'ai tout juste de quoi m'en ~** es reicht gerade noch zum Leben; **il s'en est bien tiré** *d'un travail, d'un problème* das hat er wirklich gut gemacht; er hat s-e Sache recht ordentlich gemacht; *d'une condamnation etc* er ist noch ganz gut dabei weggekommen; **il s'en est tiré avec trois mois de prison, avec quelques égratignures** er ist mit drei Monaten Gefängnis, mit ein paar Kratzern davongekommen 2 *fam (se terminer)* **ça se tire!** es geht allmählich dem Ende zu 3 *fam (s'en aller)* **se ~** *fam* abhauen; verduften; sich verdrücken, verziehen, verdünnisieren; **tire-toi!** *fam* hau ab!; verdufte!; **tire-toi de là!** weg da!; mach Platz! 4 **se ~ dessus** aufeinander schießen; sich gegenseitig beschießen

tiret [tiʀɛ] M a Gedankenstrich *m* b *en fin de ligne* Trennungsstrich *m*

tirette [tiʀɛt] F 1 *d'un meuble* Ausziehplatte *f* 2 *en Belgique* Reißverschluss *m*

tireur [tiʀœʀ] M 1 Schütze *m*; ~ **d'élite** Scharfschütze *m* 2 COMM *d'un chèque* Aussteller *m*; *d'une lettre de change* Aussteller *m*; Trassant *m* 3 PÉTANQUE Spieler, der mit s-r Kugel diejenige des Mitspielers treffen soll

tireuse [tiʀøz] F 1 Schützin *f* 2 ~ **de cartes** Kartenlegerin *f* 3 TECH Flaschenabfüllmaschine *f* 4 PHOT Kopierapparat *m*

Tirlemont [tiʀləmõ] GÉOG Tienen *n*

tiroir [tiʀwaʀ] M 1 Schublade *f*, -kasten *m*, -fach *n*; ~ **(à) secret** Geheimfach *n*; *fig* **racler les fonds de ~** sein letztes Geld zusammenkratzen 2 TECH Schieber *m* 3 **pièce** *f* **à ~s** (Theater)Stück *n* mit eingeschobenen, von der Haupthandlung unabhängigen Szenen; **roman** *m* **à ~s** Roman *m* mit zahlreichen Einschüben

tiroir-caisse [tiʀwaʀkɛs] M ‹*pl* tiroirs-caisses› Registrierkasse *f*

tisane [tizan] F (Kräuter)Tee *m*; Aufguss *m*

tison [tizõ] M glimmendes Holzstück

tisonner [tizɔne] V/T *feu* schüren; *abs* im Feuer herumstochern; das Feuer schüren; **tisonnier** M Schürhaken *m*, -eisen *n*

tissage [tisaʒ] M 1 Weben *n*; Weberei *f*; ~ **à la main** Handweberei *f* 2 *atelier* Weberei *f*

tisser [tise] V/T 1 weben; *coton etc* verweben; *adjt* **tissé de fils d'or** mit Goldfäden durchwirkt; **métier** *m* **à ~** Webstuhl *m* 2 *fig* ‹*meist pp* tissé *od litt* tissu› *intrigues etc* spinnen; anzetteln; **récit tissé de mensonges** Lügengewebe *n*

tisserand [tisʀɑ̃] M (Hand)Weber *m*; Leineweber *m*

tisserin [tisʀɛ̃] M ZOOL Webervogel *m*

tisseur [tisœʀ] M, **tisseuse** F Weber(in) *m(f)*

tissu [tisy] A M 1 TEXT Stoff *m*; Gewebe *n*; ~ **de coton, de laine, de soie** Baumwoll-, Woll-, Seidenstoff *m*, -gewebe *n*; ~ **pour robes** Kleiderstoff *m*; *loc adj* **en ~** Stoff... 2 BIOL Gewebe *n* 3 *fig* Gewebe *n*; Gefüge *n*; Netz *n*; ~ **social** soziales Gefüge; **un ~ d'absurdités** e-e Folge von Ungereimtheiten; ~ **de mensonges** Lügengewebe *n*, -gespinst *n*, -netz *n* B PP *litt* → tisser

tissu-éponge [tisyepõʒ] M ‹*pl* tissus-éponges› TEXT Frottee *n ou m*; **serviette** *f* **en ~** Frottee-, Frottier(hand)tuch *n*

tissulaire [tisylɛʀ] ADJ BIOL Gewebe...; Gewebs...

titan [titɑ̃] M MYTH Titan *m*; *fig a.* Riese *m*; *fig* **œuvre** *f* **de ~** gigantisches Werk

titane [titan] M CHIM Titan *n*

titanesque [titanɛsk] *litt* ADJ gewaltig; gigantisch; titanisch

Tite-Live [titliv] M HIST Livius *m*

titi [titi] M ~ **parisien** Pariser Straßenjunge *m*

Titicaca [titikaka] **le lac ~** der Titicacasee

Titien [tisjɛ̃] M PEINT Tizian *m*

titiller [titije, titi(l)le] V/T (sanft) kitzeln

titrage [titʀaʒ] M CHIM Maßanalyse *f*; Titration *f*

titre [titʀ] M 1 Titel *m*; *de fonction* (Amts)Bezeichnung *f*; *(nom honorifique)* (Ehren)Name *m*; ~ **nobiliaire** Adelstitel *m*; ~ **universitaire** akademischer Titel; ~ **de comte, de docteur** Grafen-, Doktortitel *m*; *loc adj* **en ~** fest angestellt; *fonctionnaire* verbeamtet; **fonctionnaire** *m* **en ~** *a.* Inhaber *m* e-r Planstelle; **fournisseur** *m* **en ~ d'une maison** ständiger (und ausschließlicher) Lieferant e-s Hauses; **maîtresse** *f* **en ~** anerkannte Mätresse; **donner à qn le ~ de ...** j-n (mit) ... titulieren; j-n ... nennen; j-n mit ... ansprechen; **porter un ~** e-n Titel führen; **prendre un ~** sich *(dat)* e-n Titel beilegen 2 SPORTS Titel *m*; ~ **de champion du monde** Weltmeistertitel *m* 3 *d'un livre, d'un film etc* Titel *m*; *d'un chapitre* Überschrift *f*; *dans un journal* Titel *m*; Überschrift *f*; *d'un journal* **gros ~s** Schlagzeilen *fpl*; **en gros ~s** als Schlagzeile; mit fetter Überschrift; *par ext* RAD, TV **les grands ~s de l'actualité** Meldungen *fpl* in Schlagzeilen 4 a *(droit)* Anspruch *m*; (An)Recht *n*; Rechtsanspruch *m*; Rechtstitel *m* b *(document)* Urkunde *f*; Titel *m*; Ausweis *m*; JUR ~ **de propriété** Eigentumsurkunde *f*; ~ **de transport** Fahr(t)ausweis *m*; *être admis* **sur ~s** aufgrund von Befähigungsnachweisen, Zeugnissen; ♦ *loc adj et loc adv*: **à ~ amical** aus Freundschaft; **à aucun ~** auf keinen Fall; unter keinen Umständen; in keiner Weise; **à ~ bénévole** *(non payé)* unentgeltlich; ehrenamtlich; *(sans obligation)* freiwillig; **à ce ~** *de choses* aus diesem Grund; daher; als solche(r, -s); *de personnes* als solche(r); in dieser Eigenschaft; **à ~ définitif** endgültig; definitiv; **à ~ exceptionnel** ausnahmsweise; **à juste ~** mit vollem Recht; zu Recht; mit Fug und Recht; **au même ~** gleichermaßen; gleicherweise; ebenso; genauso; *loc conj* **au même ~ que ...** ebenso, genauso wie ...; **à ~ officiel** offiziell; in amtlicher Eigenschaft; **à ~ personnel** persönlich; **à plus d'un ~, à plusieurs ~s** in mehr als e-r, in mehrfacher Hinsicht; **à ~ professionnel** hauptamtlich; hauptberuflich; gewerblich; **à quel ~?** mit welchem Recht?; mit welcher Begründung?; aus welchem Grund?; *de personnes a.* in welcher Eigenschaft?; **à quelque ~ que ce soit** mit welcher Begründung auch immer; aus welchem Grunde auch immer; ♦ *loc prép*: **à ~ de** *personne* (in der Eigenschaft) als; *chose* als; zu; **à ~ d'ami** als Freund; weil ich dein Freund bin; **à ~ de compensation** zum Ausgleich; **à ~ de curiosité** der Kuriosität halber; **à ~ d'essai** probe-, versuchsweise; auf, zur Probe; **à ~ d'exemple** als Beispiel; **à ~ d'indemnité** als Entschädigung; **à ~ d'information** als Hinweis; zur Information, Kenntnisnahme, Unterrichtung; *je vous signale*, **à ~ d'information** zu Ihrer Information; **à ~ de réciprocité** auf (der Grundlage der) Gegenseitigkeit 5 FIN (Wert)Papier *n*; Stück *n*; **~s** *pl* Wertpapiere *npl*; Effekten *pl*; ~ **au porteur** Inhaberpapier *n*; ~ **de rente** Rentenpapier *n*, -wert *m* 6 JUR *(subdivision d'un recueil)* Abschnitt *m*; Titel *m* 7 CHIM *d'une solution* Titer *m*; *d'un métal précieux* Feingehalt *m*

titrer [titʀe] V/T 1 ~ **qn** j-m e-n Adelstitel verleihen; j-n adeln; *adjt* **titré** ad(e)lig 2 a *journal* ~ **sur cinq colonnes ...** die fünfspaltige Überschrift, Schlagzeile bringen ... b *livre etc* betiteln 3 CHIM *solution* titrieren; **liqueur titrée** Reagenzlösung *f*; **solution** *f* **qui titre 15 degrés** Lösung *f* mit 15 Volumprozent

titubant [titybɑ̃] ADJ schwankend; taumelnd;

tituber V/I schwanken; taumeln; *ivrogne* torkeln

titulaire [titylɛʀ] A ADJ 1 fest angestellt; *fonctionnaire* ins Beamtenverhältnis übernommen; verbeamtet; **professeur** *m* ~ UNIVERSITÉ ordentlicher Professor; ÉCOLE ins Beamtenverhältnis übernommener Lehrer 2 JUR **personne** *f* ~ Inhaber *m* B M/F *d'une fonction, d'un titre, d'un droit, d'un diplôme* Inhaber(in) *m(f)*; ~ **d'une chaire** Lehrstuhlinhaber *m*; ~ **d'un compte** Kontoinhaber *m*; ~ **d'une fonction** *a.* Amtsträger *m*; ~ **du permis de conduire** Führerscheininhaber *m*; Inhaber e-s Führerscheins

titularisation [titylaʀizasjõ] F feste Anstellung; *d'un fonctionnaire* Übernahme *f* ins Beamtenverhältnis; Verbeamtung *f*; **titulariser** V/T fest anstellen; *fonctionnaire* ins Beamtenverhältnis übernehmen; verbeamten

Tlemcen [tlɛmsɛn] *Stadt in Algerien*

TNT[1] [teɛnte] M CHIM ABR (trinitrotoluène) TNT *n* (Trinitrotoluol)

TNT[2] [teɛnte] F ABR (télévision numérique terrestre) TV, RAD DVB-T *n*; **avoir la TNT** DVB-T empfangen (können)

toast [tost] M 1 Toast *m*; Trinkspruch *m*; **porter un ~** e-n Toast ausbringen (**à qn** auf j-n); **porter un ~ de bienvenue à qn** j-n mit e-m Trinkspruch begrüßen, willkommen heißen 2 *(pain grillé)* Toast *m*; Röstbrot *n*, -schnitte *f*

toasteur [tostœʀ] M Toaster *m*

toboggan [tɔbɔgɑ̃] M 1 *d'un parc d'attractions* Rutschbahn *f*; AVIAT Notrutsche *f*; TECH Rutsche *f*; Schurre *f* 2 *au Canada (traîneau)* Toboggan *m*; Indianerschlitten *m* 3 *sur une route* (provisorische) Stahlbrücke, Überführung

Tobrouk [tɔbʀuk] GÉOG Tobruk *n*

toc [tɔk] A INT ~, ~, ~! - **qui est là?** ein Klopfen - wer ist da?; *riposte* **et ~!** gut gegeben!; das hat gesessen! B ADJ ‹inv› *fam* **il est ~ ~** *fam* er ist plemplem, bekloppt; → *a.* cinglé C M Talmi *n*; **bijou** *m* **en ~** Imitation *f*; Talmi *n*; **c'est du ~** *ou* **ça fait ~** das ist Talmi, Imitation; *par ext* das ist Kitsch

tocade → toquade

tocante [tɔkɑ̃t] *fam* F Uhr *f*; *fam* Zwiebel *f*

tocard [tɔkaʀ] A ADJ *fam (laid)* hässlich; *fam* scheußlich (aussehend); *(sans goût)* kitschig B M *cheval de course* schlechtes Pferd

toccata [tɔkata] F MUS Tokkata *f*

tocsin [tɔksɛ̃] M Sturmläuten *n*; **sonner le ~** Sturm läuten

tofu [tɔfu] M CUIS Tofu *m*

toge [tɔʒ] F 1 HIST Toga *f* 2 *des avocats etc* Robe *f*; Talar *m*

Togo [tɔgo] **le ~** Togo *n*

togolais [tɔgɔlɛ] A ADJ togolesisch; togoisch B SUBST **Togolais(e)** *m(f)* Togolese, -lesin *m,f*; Togoer(in) *m(f)*

tohu-bohu [tɔybɔy] M Tumult *m*; Trubel *m*;

T

lärmendes Durcheinander; Getümmel *n*; Tohuwabohu *n*

toi [twa] **A** PR PERS **a** *sujet* du; **et ~, viens avec moi** und du komm mit mir; **et ~, tu ne veux pas?** und du willst nicht?; **~ et moi (, nous) irons** du und ich (, wir) gehen; **si j'étais ~** wenn ich du wäre; **il est plus petit que ~** er ist kleiner als du; **~ qui n'as jamais travaillé** du, der du nie gearbeitet hast; du, der nie gearbeitet hat; **c'est ~?** bist du es?; **c'est ~ qui l'as voulu** du hast es (ja) gewollt **b** *obj dir* dich; *je vous inviterai*, **tes parents et ~** deine Eltern und dich; **c'est ~ que j'ai aimé** dich habe ich geliebt **c** *avec prép* dir *(dat)*; dich *(acc)*; **malheur à ~!** wehe dir!; **je ne le dis qu'à ~** ich sage es nur dir; **c'est ton idée à ~** das ist deine Idee; **d'après ~, selon ~** deiner Ansicht, Meinung nach; **on parle de ~** man spricht von dir, über dich **d** *après un impératif: obj dir* dich; *obj indir* dir; **sers-~** bedien dich; **figure-~ …** stell dir vor … **B** M **le ~** das Du

toile [twal] F **1** TEXT Leinen *n*; Leinwand *f*; *par ext* Stoff *m*; Tuch *n*; **~ cirée** Wachstuch *n*; **grosse ~** grobe Leinwand; grobes Leinen; **~ métallique** Drahtgewebe *n*; Metalltuch *n*; **~ à matelas** Matratzendrell *m*; **~ à sac** Sackleinwand *f*; **~ à voile** Segeltuch *n*; **~ de coton** Baumwollleinen *n*; Kattun *m*; **~ de tente** Zeltbahn *f*; *loc adj* **de** *ou* **en ~** aus Leinen; Leinen…; leinen; **robe** *f* **de ~** Leinenkleid *n*; **village** *m* **de ~** Zeltstadt *f* **2** *tableau* (Öl)Gemälde *n*; **~ de maître** Meistergemälde *n* **3** **~ de fond** THÉ Prospekt *m*; *fig* Hintergrund *m* **4** MAR Segel *npl*; Segelwerk *n* **5** **~ d'araignée** Spinnwebe *f*; Spinnennetz *n*; **l'araignée file, tisse sa ~** die Spinne spinnt, webt ihr Netz **6** INFORM **la Toile** das Web; **(naviguer) sur la Toile** im Web (surfen)

toilettage [twalɛtaʒ] M *pour chiens* Trimmen *n*; **boutique** *f* **de ~** Hundesalon *m*

toilette [twalɛt] F **1** Waschen *n*; **armoire** *f* **de ~** Badezimmer-, Toilettenschrank *m*; **gant** *m* **de ~** Waschlappen *m*; **produits** *mpl*, **articles** *mpl* **de ~** Toilettenartikel *mpl*; **serviette** *f* **de ~** Handtuch *n*; **table** *f* **de ~** Waschtisch *m*; **faire sa ~** sich waschen; *chat* sich putzen; **faire une ~ de chat** Katzenwäsche machen; **faire une grande ~** sich gründlich waschen; **faire la ~ d'un mort** e-n Toten waschen (und ankleiden) **2** *(habits)* Kleidung *f*; Toilette *f*; Aufmachung *f*; **~ de bal** Balltoilette *f*; **~ de mariée** Brautstaat *m*; **en ~ d'été** sommerlich gekleidet; in Sommerkleidung; **avoir toujours de nouvelles ~s** immer etw Neues zum Anziehen haben; **avoir le goût de la ~** gern gut gekleidet sein; Wert auf gute Kleidung legen; **être en grande ~** in großer Toilette sein; **elle porte bien la ~** sie versteht es, elegante Kleidung zu tragen **3** **~s** *pl* Toilette *f*; WC *n*; Klosett *n*; **aller aux ~s** auf die Toilette gehen

toi-même [twamɛm] PR PERS **1** *emphatique* (du) selbst; **c'est ~ qui l'as dit** du selbst hast es gesagt; du hast es selbst gesagt **2** *réfléchi* dich selbst; **connais-toi ~** erkenne dich selbst

toise [twaz] F **1** Messstab *m*; **passer à la ~** gemessen werden; **passer qn à la ~** j-s Größe messen **2** *ancienne mesure correspond à* Klafter *m*

toiser [twaze] **A** V/T **~ qn** j-n mustern, mit dem Blick messen **B** V/PR **se ~** sich gegenseitig mit Blicken messen

toison [twazõ] F **1** *du mouton* Wolle *f*; Vlies *n*; *par ext* Schafpelz *m*, -fell *n*; MYTH **la Toison d'or** das Goldene Vlies **2** *fig (chevelure)* dichtes Haar; *(poils)* dichte Behaarung *(auf Brust od Rücken)*

toit [twa] M **1** Dach *n*; AUTO **~ ouvrant** Schiebedach *n*; **~ plat** Flachdach *n*; **~ d'ardoises, de chaume, de tuiles** Schiefer-, Stroh-, Ziegeldach *n*; **~ en tôle** Blechdach *n*; *fig* **crier qc sur les ~s** etw ausposaunen; etw an die große Glocke hängen; **habiter sous les ~s** unter dem Dach wohnen **2** *par ext (logement)* Wohnung *f*; Dach *n*; **avoir un ~** ein Dach über dem Kopf haben; **habiter, vivre sous le même ~** unter einem Dach wohnen; **recevoir qn sous son ~** j-n bei sich, in s-m Haus empfangen; **vivre sous le ~ paternel** im Elternhaus, bei s-n Eltern wohnen

toiture [twatyʀ] F Bedachung *f*; Dach *n*

Tokyo [tɔkjo] Tokio *n*

tôle [tol] F **1** Blech *n*; AUTO **~ froissée** Blechschaden *m*; **~ ondulée** Wellblech *n*; **~ à pâtisserie** Back-, Kuchenblech *n* **2** → taule

tôlé [tole] ADJ **neige ~e** Harsch *m*; verharschter Schnee

Tolède [tɔlɛd] Toledo *n*

tolérable [tɔleʀabl] ADJ **1** *(admissible)* tolerierbar **2** *(supportable)* erträglich; zu ertragen(d)

tolérance [tɔleʀɑ̃s] F **1** Toleranz *f*; Nachsicht *f*; Duldsamkeit *f*; Duldung *f (a. JUR)*; *autrefois* **maison** *f* **de ~** Freudenhaus *n*; Bordell *n*; **faire preuve de ~** tolerant *ou* nachsichtig sein, Toleranz üben **(à l'égard de, envers qn** j-m gegenüber) **2** TECH Toleranz *f*; zulässige Abweichung; Spielraum *m*; Spanne *f* **3** GRAM **~ grammaticale** *ou* **orthographique** zulässige grammatikalische *ou* orthografische Abweichung **4** MÉD Toleranz *f*

tolérant [tɔleʀɑ̃] ADJ tolerant; duldsam; nachsichtig; weitherzig; liberal

tolérer [tɔleʀe] V/T ‹-è-› **1** *chose* dulden; gestatten; zulassen; geschehen lassen; tolerieren; *personne* ertragen; dulden; **~ que …** *(+subj)* dulden, zulassen, gestatten, dass … **2** *médicament, traitement* vertragen

tôlerie [tolʀi] F **1** *atelier* Blechfabrik *f*, -walzwerk *n* **2** *coll* Blechteile *npl*

tolet [tɔlɛ] M MAR (Ruder)Dolle *f*

tôlier [tolje] M **1** **a** *ouvrier* Blecharbeiter *m*, -schlosser *m*; **~ en voitures** Karosserieklempner *m*; *all Sud* Autospengler *m* **b** *commerçant* Blechwarenhändler *m* **2** → taulier

tollé [tɔ(l)le] M Zeter-, Protestgeschrei *n*; Aufbegehren *n*; **provoquer, soulever un ~ général** allgemeines Protestgeschrei hervorrufen

toluène [tɔlɥɛn] M CHIM Toluol *n*

TOM [tɔm] M ABR (territoire d'outre-mer) HIST (französisches) Überseeterritorium

tomahawk [tɔmaok, tɔmawak] M Tomahawk *m*

tomate [tɔmat] F BOT, CUIS Tomate *f*; *autrich* Paradeiser *m*; **jus** *m*, **salade** *f* **de ~s** Tomatensaft *m*, -salat *m*; *adjt* **sauce** *f* **~** Tomatensoße *f*; **devenir rouge comme une ~** rot wie e-e Tomate, puterrot, knallrot werden; **recevoir des ~s** mit Tomaten beworfen werden

tombal [tõbal] ADJ ‹-als› Grab…; **inscription ~e** Grabinschrift *f*; **pierre ~e** *dalle* Grabplatte *f*; *stèle* Grabstein *m*

tombant [tõbɑ̃] ADJ fallend; *moustaches, paupières* herabhängend; **cheveux ~s** langes, offenes Haar; **épaules ~es** abfallende Schultern *fpl*; Hängeschultern *fpl*; **poitrine ~e** Hängebrust *f*, -busen *m*; *fig* **à la nuit ~e** bei Einbruch der Dunkelheit, Nacht

tombe [tõb] F Grab *n*; Grabstätte *f*; **la ~ du Soldat inconnu** das Grab(mal) des Unbekannten Soldaten; **aller sur la ~ de qn** j-s Grab besuchen; **descendre un cercueil dans une ~** e-n Sarg in ein Grab senken; *fig* **être muet comme une ~** stumm, verschwiegen wie ein Grab sein; *fig* **il doit se retourner, il se retournerait dans sa ~** er würde sich im Grabe umdrehen; *fig* **suivre qn dans la ~** j-m ins Grab folgen

tombeau [tõbo] M ‹*pl* ~x› Grabmal *n*; Grabstätte *f*; *poét* Gruft *f*; *fig* Grab *n*; Ende *n*; Untergang *m*; REL, ART **mise** *f* **au ~** Grablegung *f* Christi; *fig* **rouler à ~ ouvert** mit halsbrecherischer Geschwindigkeit fahren, rasen

tombée [tõbe] F **à la ~ du jour, de la nuit, du soir** bei *ou* mit Einbruch, Anbruch der Dunkelheit, Nacht; bei ein-, anbrechender Nacht, Dunkelheit; bei Eintritt der Dämmerung

tomber [tõbe] **A** V/T **1** *lutteur: l'adversaire* auf die Schulter legen **2** *fam fig* **~ une femme** e-e Frau verführen **3** *fam* **~ la veste** die Jacke ausziehen **B** V/I ‹être› **1** fallen; stürzen; *(se renverser)* umfallen; *personne a.* hinfallen; *st/s* zu Fall kommen; *du haut de qc* hinab- *ou* herab-, hinunter- *ou* herunterfallen; *alpiniste, avion* abstürzen; *feuilles, fruits* abfallen; *pluie, brouillard, neige, grêle* fallen; *brouillard a.* sich senken; sinken; *foudre* einschlagen; ♦ *loc avec prép:* **~ à** *ou* **dans l'eau** ins Wasser fallen *(a. fig projet)*; **~ à genoux** auf die Knie fallen; **~ à la mer** ins Meer fallen, stürzen; **~ dans l'escalier, dans un gouffre** auf der Treppe, in e-n Abgrund stürzen, fallen; *feuilles, fruits* **~ des arbres** von den Bäumen fallen; **~ de cheval** vom Pferd fallen, stürzen; **~ du troisième étage** aus dem dritten Stock fallen, stürzen; *le stylo* **m'est tombé des mains** ist mir aus der Hand gefallen; **~ en chute libre** in freiem Fall stürzen, fallen; **~ par la fenêtre** aus dem Fenster fallen, stürzen; **~ par terre** hinunter- *ou* herabfallen; *personne debout* hinfallen; **~ sur** fallen auf *(+acc)*; → *a.* B 5, 6, 7, 10; *la foudre* **est tombée sur une maison** hat in ein Haus eingeschlagen; ♦ *avec verbe:* **il s'est cassé le bras en tombant** er hat sich *(dat)* bei e-m Sturz den Arm gebrochen; er ist gefallen und hat sich *(dat)* den Arm gebrochen; **faire ~ qc** *(renverser)* etw umwerfen, umstürzen; *du haut de qc* etw herunterwerfen, *d'un arbre a.* herunterschütteln; **faire ~ qn** j-n nieder-, umwerfen; → *a.* B 4, 9; **laisser ~ qc** etw fallen lassen; → *a.* B 4; **se laisser ~ dans un fauteuil** sich in e-n Sessel fallen lassen **2** *fig paroles etc* fallen; **la nuit tombe** die Nacht, Dunkelheit bricht herein; es wird Nacht, dunkel; die Nacht bricht an, *st/s* sinkt herab, zieht herauf; **le soir tombe** es wird Abend; *paroles* **~ des lèvres de qn** von j-s Lippen kommen **3** *cheveux, dents* ausfallen; **ses cheveux tombent** die Haare gehen, fallen ihm aus **4** *soldat, ville* fallen; *obstacle, difficulté* wegfallen; *gouvernement etc* stürzen; **faire ~** *gouvernement etc* stürzen; zu Fall bringen; **laisser ~** *projet* fallen lassen; aufgeben *(a. hobby)*; **laisser ~ qn** j-n fallen lassen; j-n im Stich lassen; j-n verlassen; *fam abs* **laisse ~!** lass doch sein!; gib's auf!; *fam* steck's auf! **5** **~ sur qn** sich auf j-n stürzen; über j-n herfallen; j-n überfallen, anfallen; **ils nous sont tombés dessus** sie sind über uns hergefallen; sie haben uns überfallen, überrascht **6** *(devenir)* werden; *dans un endroit, une situation* geraten; kommen; **~ amoureux** sich verlieben **(de qn** in j-n); *fam* **~ enceinte** schwanger werden; **~ malade** krank werden; erkranken; **~ aux** *ou* **dans les mains de qn** j-m in die, in j-s Hände fallen, geraten; **~ dans la misère** in Not, ins Elend geraten; **~ dans un piège** in e-e Falle geraten; **il est tombé dans le piège** er ist in die Falle gegangen; **~ en panne** e-e Panne haben; **~ en ruine** verfallen; *refroidissement* **~ sur la poitrine** sich auf die Brust legen **7** *(arriver)* (unerwartet *ou* zufällig) kommen; erscheinen; **~ bien** *(venir à propos)* gerade recht, zur richtigen Zeit, gelegen, *fam* wie gerufen kommen; **ça tombe bien** das trifft sich gut, günstig; **il est bien tombé** *(il a eu de la* chance) er hat es gut getroffen; ~ juste calcul aufgehen; (deviner) es erraten; das Richtige treffen; ~ mal (venir mal à propos) ungelegen, zu ungelegener Zeit, im unpassenden Augenblick kommen; rendez-vous etc schlecht passen; ça tombe mal das trifft sich schlecht, ungünstig; il est mal tombé (il a eu de la malchance) er hat es schlecht getroffen; je suis tombé en pleine réunion fam ich platzte mitten in die Versammlung hinein; cet article m'est tombé sous les yeux ist mir zufällig unter die Augen gekommen; ~ sur qc auf etw (acc) stoßen, treffen; etw zufällig finden; prenez cette rue, et vous tombez sur la cathédrale und Sie kommen zur Kathedrale; ~ sur qn auf j-n stoßen; j-n zufällig treffen; j-m zufällig begegnen; la conversation est tombée sur ce film man kam auf diesen Film zu sprechen; le sort est tombé sur lui das Los hat ihn getroffen; es ist ihm zugefallen 8 à un moment fallen; son anniversaire tombe un dimanche fällt auf e-n Sonntag; ~ le même jour auf den gleichen Tag fallen; fêtes etc a. am gleichen Tag stattfinden 9 (baisser) prix, cours, température fallen; sinken; zurückgehen; nachlassen; fièvre a. nachlassen; vent, enthousiasme nachlassen; sich legen; jour sich neigen; zur Neige, zu Ende gehen; sa colère est tombée sein Zorn hat sich gelegt, ist abgekühlt, verraucht; ~ à zéro auf null (ab)sinken, fallen; température ~ de cinq degrés um fünf Grad zurückgehen, sinken; faire ~ cours, prix drücken 10 (descendre, pendre) (herab)hängen; fallen; vêtement ~ bien gut fallen; épaules fpl qui tombent abfallende Schultern fpl; Hängeschultern fpl; tenture f qui tombe en larges plis in breiten Falten fallender, herabhängender Behang; cape f qui tombe jusqu'aux pieds bis zu den Füßen, an die Knöchel reichender Umhang; une mèche de cheveux lui tombe sur les yeux hängt, fällt ihr über die Augen 11 le journal tombe à cinq heures kommt um fünf Uhr heraus; un télex vient de ~ ist eben eingegangen C V/IMP il tombe de la grêle, de la neige, de la pluie es fällt Hagel, Schnee, Regen; es hagelt, schneit, regnet; fam qu'est-ce qu'il va ~! fam das wird ganz schön gießen!

tombereau [tõbʀo] M ⟨pl ~x⟩ 1 a (zweirädriger) Kippkarren b contenu Karrenladung f 2 TECH Kipper m

tombeur [tõbœʀ] M 1 fam (séducteur) Frauenheld m 2 fam ~ d'un ministre etc j-d, der e-n Minister etc zu Fall bringt

tombola [tõbɔla] F Tombola f; tirage m de la ~ Ziehung f der Lose bei der Tombola

Tombouctou [tõbuktu] Timbuktu n

tome [tɔm] M a (partie d'un ouvrage) Band m; Buch n; Teil m b (volume) Band m

tomette [tɔmɛt] F Terrakottafliese f

tomme [tɔm] F *Hartkäse aus Savoyen*

tomographie [tɔmɔɡʀafi] F MÉD a Tomografie f; Röntgenschichtverfahren n b cliché Schichtaufnahme f

tom-pouce® [tɔmpus] M Taschenschirm m

ton¹ [tõ] ADJ POSS ⟨f ta [ta], vor Vokal u. stummem h ton; pl tes [te]⟩ dein(e); ~ ami(e) m(f) dein(e) Freund(in) m(f); à ~ égard zu dir; dir gegenüber; en ~ honneur dir zu Ehren; c'est ça, ta petite plage tranquille? was, das ist dein kleiner, stiller Strand?; ferme ta porte! mach (gefälligst) die Tür hinter dir zu!; fam tu gagnes tes cent euros par jour du verdienst deine hundert Euro pro Tag

ton² [tõ] M 1 de la voix Ton m; Tonhöhe f; ~ aigu hoher, schriller Ton 2 fig Ton m (a. d'une lettre); Umgangston m; Redeweise f; ~ brusque barscher ou schroffer Ton; loc adv: d'un ~ ferme in festem Ton; sur le ~ de la conversation im Plauderton; (wie) beiläufig; dire qc d'un, sur un ~ convaincu etw in überzeugtem Ton sagen; je ne vous permets pas de me parler sur ce ~ ich verbitte mir diesen Ton, diese Redeweise; si vous le prenez sur ce ~ ... wenn Sie diesen Ton anschlagen ...; wenn Sie in diesem Ton mit mir reden ...; répéter, chanter sur tous les ~s in allen Tonarten wiederholen; faire baisser le ~ à qn j-n in die Schranken weisen; changer de ~ e-n anderen Ton anschlagen; °hausser le ~ die Stimme heben; (être exigeant) arrogant werden; fordernd auftreten; (se fâcher) energisch, wütend werden 3 LOC ADJ de bon ~ zum guten Ton gehörend; comportement gut; élégance geschmackvoll; il est de bon ~ de (+inf) es gehört zum guten Ton, es gehört sich zu (+inf) 4 MUS a (note) Ton m b (intervalle) Tonschritt m, -stufe f; par ext Ganzton m c (tonalité) Tonart f; ~ de si bémol majeur B-Dur-Tonart f; fig donner le ~ den Ton angeben; tonangebend sein 5 LING Ton m; langues fpl à ~ Tonsprachen fpl 6 (couleur) (Farb)Ton m; ~ chaud, criard warmer, greller Farbton; ~ dans les roses rosafarbener Ton; ~ sur ~ Ton in Ton; être dans le ~ den gleichen Farbton haben; ça n'est pas (dans) le même ~ a. die(se) Farben beißen sich

tonal [tɔnal] ADJ ⟨-als⟩ MUS a °hauteur ~e Tonhöhe f b musique ~e tonale Musik

tonalité [tɔnalite] F 1 MUS Tonalität f; Tonart f 2 d'une voix, d'une radio etc Klang m; Klangfarbe f; réglage m de (la) ~ Höhen- und Tiefenregelung f 3 TÉL Wählton m; Amtszeichen n; attendre la ~ den Wählton abwarten 4 (couleur) Farbton m

tondeur [tõdœʀ] M ~ de chiens, de moutons Hunde-, Schafscherer m

tondeuse [tõdøz] F 1 du coiffeur Haarschneidemaschine f 2 ~ (à gazon) Rasenmäher m

tondre [tõdʀ] V/T ⟨→ rendre⟩ 1 mouton, caniche scheren; cheveux (ab)scheren; (zu) kurz schneiden 2 gazon mähen 3 fig ~ qn j-n ausnehmen, fam rupfen

tondu [tõdy] ADJ geschoren

Tonga [tõɡa] les îles fpl ~ die Tongainseln fpl

Tongres [tõɡʀ] GÉOG Tongern n

tongs [tõɡ] FPL Zehensandalen fpl

tonicité [tɔnisite] F 1 PHYSIOL Tonus m 2 d'un climat etc stärkende, kräftigende Wirkung

tonifiant [tɔnifjɑ̃] A ADJ stärkend; kräftigend; fig lecture ~e belebende Lektüre B M Tonikum n; Stärkungsmittel n

tonifier [tɔnifje] V/T organisme, personne stärken; kräftigen; peau et fig beleben; ~ qn a. j-m Spannkraft verleihen

tonique [tɔnik] A ADJ 1 kräftigend; stärkend; tonisch; remède m ~ ou subst ~ m Tonikum n; Stärkungsmittel n; stärkendes, kräftigendes Mittel 2 lotion f ~ ou subst ~ m Gesichtswasser n 3 fig froid, douche, lecture belebend 4 PHON, GRAM betont B F MUS Tonika f; Grundton m

tonitruant [tɔnitʀyɑ̃] ADJ voix ~e dröhnende Stimme; Donnerstimme f

tonitruer [tɔnitʀye] V/I mit dröhnender Stimme sprechen ou schreien

tonka [tõka] M BOT Tonka(bohnen)baum m

Tonkin [tõkɛ̃] le ~ Tongking n

tonkinois [tõkinwa] ADJ von, aus Tongking

tonnage [tɔnaʒ] M MAR 1 Tonnage f; bâtiment m de gros ~ großes Schiff 2 d'un pays, port Gesamttonnage f

tonnant [tɔnɑ̃] ADJ donnernd; voix ~e dröhnende Stimme; Donnerstimme f

tonne [tɔn] F 1 a ~ (métrique) (abr t) Tonne f (abr t); fam fig des ~s de ... fam Riesenmengen fpl von ...; un camion de sept ~s ou un sept ~s ein Siebentonner m 2 MAR Tonne f (Wasserverdrängung) 3 AGR Tonne f; großes Fass

tonneau [tɔno] M ⟨pl ~x⟩ 1 Fass n; ~ de vin Weinfass n; Fass Wein; fond m de ~ Bodensatz m (im Fass); fig (mauvais vin) Rachenputzer m; Krätzer m; schlechter Wein; fam fig c'est du même ~ das taugt genauso wenig; mettre du vin en ~ Wein in Fässer (ab)füllen 2 MAR ~ (de jauge) Registertonne f (abr RT); navire de mille quatre cents ~x von tausendvierhundert Registertonnen 3 AVIAT Rolle f; AUTO faire un ~ sich überschlagen; faire plusieurs ~x sich mehrmals überschlagen

Tonneins [tɔnɛ̃s] *Stadt im Dep. Lot-et-Garonne*

tonnelet [tɔnlɛ] M Fässchen n; Tönnchen n

tonnelier [tɔnəlje] M Böttcher m; autrich Fassbinder m; suisse Küfer m; en Bavière Schäffler m

tonnelle [tɔnɛl] F (Garten)Laube f; s'asseoir sous la ~ sich in die Laube setzen

tonner [tɔne] A V/IMP il tonne es donnert B V/I 1 canons etc donnern 2 personne ~ contre wettern gegen

tonnerre [tɔnɛʀ] M 1 Donner m; fig ~ d'applaudissements tosender, brausender Beifall; donnernder Applaus; coup m de ~ Donnerschlag m; fig schwerer Schlag; la déclaration de guerre fut un coup de ~ dans un ciel bleu kam wie ein Blitz aus heiterem Himmel; grondement m de ~ Donnergrollen n; Grollen n, Rollen n des Donners; avec ou en faisant un bruit de ~ mit Donnergepolter, -getöse 2 fam fig loc adj du ~ großartig; fam toll; fantastisch; une fille du ~ fam ein tolles Mädchen; un soleil du ~ herrlicher, prachtvoller Sonnenschein 3 juron ~ (de Dieu)!, ~ de Brest!, mille ~s! zum Donnerwetter!; Himmeldonnerwetter!

tonsure [tõsyʀ] F 1 ÉGL CATH Tonsur f 2 fam plais Glatze f

tonte [tõt] F 1 Scheren n; Schur f; ~ des moutons Schafschur f 2 (laine) Schurwolle f 3 du gazon Mähen n

tonton [tõtõ] M 1 enf Onkel(chen) m(n) 2 à Haïti Tontons Macoutes pl Schergentruppe des Diktators Duvalier

tonus [tɔnys] M 1 PHYSIOL ~ musculaire (Muskel)Tonus m 2 d'une personne Energie f; Dynamik f; Spannkraft f; manquer de ~ keine Energie haben

top [tɔp] M Zeitzeichen n; ~ de départ Startzeichen n; RAD au quatrième ~ il sera exactement six heures beim vierten Ton des Zeitzeichens, beim Gongschlag ist es ...

topaze [tɔpaz] F 1 MINÉR Topas m 2 ADJT ⟨inv⟩ (couleur) ~ topasfarben

tope [tɔp] INT topp!; einverstanden!; es gilt!

toper [tɔpe] V/I einschlagen; mit Handschlag bekräftigen, besiegeln; tope là!, topez là! schlag ein!, schlagen Sie ein!; deine, Ihre Hand drauf!; einverstanden?

topette [tɔpɛt] fam F Fläschchen n

topinambour [tɔpinɑ̃buʀ] M BOT Topinambur f ou m

topique [tɔpik] M 1 MÉD topisches, örtlich wirkendes Medikament, Heilmittel 2 RHÉT Topos m

top modèle ou **top-modèle** [tɔpmɔdɛl] M OU F ⟨pl top-modèles⟩ Topmodel n

topo [tɔpo] fam M (kurze) Darstellung; faire un petit ~ sur une question e-e Frage kurz darstellen, skizzieren; c'est toujours le même ~ fam es ist immer die alte Leier

topographe [tɔpɔɡʀaf] M/F Topograf(in) m(f); Vermessungstechniker(in) m(f)

topographie [tɔpɔɡʀafi] F Topografie f; topografische Darstellung; décrire la ~ des

lieux die Örtlichkeiten beschreiben
topographique [tɔpɔɡʀafik] ADJ topografisch
topoguide [tɔpɔɡid] M Wanderkarte *f*
topologie [tɔpɔlɔʒi] F MATH Topologie *f*; **topologique** ADJ MATH topologisch
toponyme [tɔpɔnim] M LING Ortsname *m*; **toponymie** F LING Ortsnamenkunde *f*; **toponymique** ADJ LING Ortsnamen...; der Ortsnamenkunde
toquade [tɔkad] *fam* F (vorübergehende) Marotte; *fam* Fimmel *m*; **avoir une ~ pour qn, qc** in j-n, etw vernarrt sein; *fam* in j-n verknallt, verschossen sein
toquante → tocante
toquard → tocard
toque [tɔk] F Mütze *f*; Toque *f*; **~ (de cuisinier)** Kochmütze *f*; **~ de fourrure** Pelzmütze *f*; **~ (de magistrat)** Barett *n*
toqué [tɔke] *fam* A ADJ 1 ein bisschen verrückt; *fam* verdreht; bekloppt; → *a.* cinglé 2 **être ~ de qn** *fam* in j-n verknallt, verschossen sein; an j-m e-n Narren gefressen haben B SUBST **~(e)** *m(f)* Verrückte(r) *m/f(m)*; *fam* Spinner(in) *m(f)*
toquer [tɔke] A V/I leise pochen (**à la porte** an die Tür) B V/PR *fam* **se ~ de qn** *fam* sich in j-n verknallen, vergaffen
torah → thora
torche [tɔʀʃ] F 1 Fackel *f*; *personne* **transformé en ~ vivante** als lebende Fackel 2 **~ électrique** Stablampe *f* 3 *parachute* **se mettre en ~** e-e Fahne, Fackel haben
torché [tɔʀʃe] ADJ *fam* 1 **bien ~** schwungvoll; spritzig; geistreich; *fam* gekonnt 2 *péj travail fam* hingehauen; hingepfuscht; gehudelt
torchée [tɔʀʃe] F *fam* Keile *f*; Senge *f*
torcher [tɔʀʃe] *fam* A V/T 1 **~ (le derrière d')un enfant** *fam* e-m Kind den Popo, den Hintern (ab)wischen, putzen 2 *travail fam* hinhauen; hinpfuschen; hinschmieren B V/PR **se ~ (le derrière)** *fam* sich *(dat)* den Hintern (ab)wischen, putzen
torchère [tɔʀʃɛʀ] F 1 *d'une raffinerie* Fackel *f* 2 großer Kandelaber; *applique* mehrarmiger Wandleuchter
torchis [tɔʀʃi] M CONSTR Strohlehm *m*; **mur** *m* **en ~** Lehmbauwand *f*
torchon [tɔʀʃõ] M 1 *pour la vaisselle* Geschirrtuch *n*; *fam fig* POL **coup** *m* **de ~** Säuberung *f*; *fam* Großreinemachen *n*; **donner un coup de ~ sur la table** den Tisch abwischen; *fig* **le ~ brûle** die haben Krach miteinander; *en famille* der Haussegen hängt schief; *fam fig* **il ne faut pas mélanger les ~s et les serviettes** man muss Unterschiede machen; alles *ou* jeder, wohin es *ou* er gehört; man darf nicht alle(s) in e-n Topf werfen 2 *fam fig* Geschmiere *n*; Wisch *m* 3 *en Belgique (serpillière)* Scheuertuch *n*
torchonner [tɔʀʃɔne] V/T *fam* → torcher A 2
torcol [tɔʀkɔl] M ZOOL Wendehals *m*
tordant [tɔʀdɑ̃] ADJ *fam* zum Totlachen; zum Piepen; zum Schießen; **une histoire ~e** e-e urkomische Geschichte; **c'est ~** *fam* das ist ja zum Piepen *etc*
tord-boyaux [tɔʀbwajo] M ⟨inv⟩ *fam* Fusel *m*; Rachenputzer *m*
tordre [tɔʀdʀ] ⟨→ rendre⟩ A V/T 1 *par torsion* drehen; verdrehen; umdrehen; *linge* auswringen; auswinden; TECH verwinden; verdrehen; **~ le bras à qn** j-m den Arm verdrehen; **~ le cou à un animal**, *fam* **à qn** e-m Tier, j-m den Hals umdrehen; **la peur lui tord l'estomac** vor Angst krampft sich ihm der Magen zusammen 2 *(plier)* (ver)biegen; (ver)krümmen; **~ une barre de fer** e-e Eisenstange verbiegen; *vent* **~ les branches** die Äste biegen 3 *bouche, visage* verzerren; **la colère, la peur lui tord le visage** sein Gesicht ist wut-, angstverzerrt; Zorn, Angst verzerrt sein Gesicht B V/PR 1 **se ~ la cheville** sich *(dat)* den Knöchel verstauchen, verrenken; **se ~ les mains de désespoir** vor Verzweiflung die Hände ringen; **se ~ le pied** mit dem Fuß umknicken 2 **se ~** *(se plier)* sich winden, sich krümmen (**de douleur** vor Schmerzen); **se ~ (de rire)** sich krümmen, sich biegen, *fam* sich kugeln, sich kringeln, sich wälzen vor Lachen; *fam* sich schieflachen; **il y a de quoi, c'est à se ~ (de rire)** das ist zum Totlachen, *fam* zum Piepen, zum Schießen 3 **se ~** *racines, branches* sich winden; sich krümmen; *barre de fer etc* sich (ver)biegen
tordu [tɔʀdy] ADJ 1 *fil de fer, barre* verbogen; *personne par l'âge* verkrümmt; **bouche ~e** verzerrter Mund; **jambes ~es** krumme Beine *npl*; **nez ~** krumme Nase; **tronc d'arbre ~** krummer, gekrümmter Baumstamm; **visage ~** verzerrtes Gesicht; *subst injure pop* **va donc, eh, ~(e)!** *pop* du Missgeburt! 2 *fig* **avoir l'esprit ~** auf sonderbare, ausgefallene, komische Gedanken kommen 3 *fam* **il est complètement ~** *fam* er ist total übergeschnappt; → *a.* cinglé
tore [tɔʀ] M 1 ARCH Torus *m*; Wulst *m* 2 MATH Torus *m*; Kreiswulst *m* 3 INFORM **~ magnétique** Magnetkern *m*
toréador [tɔʀeadɔʀ] M → torero
toréer [tɔʀee] V/I als Stierkämpfer auftreten; mit Stieren kämpfen
torero [tɔʀeʀo] M Torero *m*; Stierkämpfer *m*; Matador *m*
torgnole [tɔʀɲɔl] *fam* F (saftige) Ohrfeige; → *a.* gifle 1
toril [tɔʀil] M Stierzwinger *m*
tornade [tɔʀnad] F Tornado *m*; Wirbelsturm *m*; *fig* **entrer, faire irruption comme une ~** hereinstürmen, -stürzen
toron [tɔʀõ] M TECH Litze *f*; Drahtseil *n*
Toronto [tɔʀõto] GÉOG Toronto *n*
torpeur [tɔʀpœʀ] F Benommenheit *f*; Betäubung *f*; Erstarrung *f*; Lethargie *f*; **être plongé dans la ~** benommen, betäubt sein; **faire sortir, tirer qn de sa ~** j-n aus s-r Benommenheit *etc* reißen
torpillage [tɔʀpijaʒ] M MIL Torpedieren *n*; Torpedierung *f (a. fig)*
torpille [tɔʀpij] F 1 MAR MIL Torpedo *m* 2 ZOOL *adjt* **poisson** *m* **~** Zitterrochen *m*
torpiller [tɔʀpije] V/T 1 MAR MIL torpedieren 2 *fig projet, négociations* torpedieren; zu Fall bringen; **torpillerie** F MAR MIL Torpedoraum *m*
torpilleur [tɔʀpijœʀ] M MAR MIL Torpedoboot *n*; *adjt* **avion ~** Torpedoflugzeug *n*
torréfacteur [tɔʀefaktœʀ] M *appareil, commerçant* (Kaffee)Röster *m*
torréfaction [tɔʀefaksjõ] F (Kaffee)Rösten *n*; **usine** *f* **de ~** (Kaffee)Rösterei *f*; Kaffeebrennerei *f*
torréfier [tɔʀefje] V/T *café* rösten
torrent [tɔʀɑ̃] M 1 Sturz-, Wild-, Gießbach *m*; Wildwasser *n*; Gebirgsbach *m*; **des ~s d'eau** e-e Wasserflut; **~ de lave** Lavastrom *m*; **il pleut à ~s** es regnet in Strömen; *fam* es gießt 2 *fig* Strom *m*; Flut *f*; **~ d'injures** Flut, Schwall von Schimpfworten; **des ~s de larmes** ein Strom von Tränen, Tränenstrom *m*
torrentiel [tɔʀɑ̃sjɛl] ADJ ⟨~le⟩ **pluie ~le** Wolkenbruch *m*; strömender Regen
Torres [tɔʀɛs] GÉOG **le détroit de ~** die Torresstraße
torride [tɔʀid] ADJ 1 *climat, journée* heiß; *chaleur* glühend 2 *fig (sensuel)* heiß; erregend; aufreizend
tors [tɔʀ] ADJ ⟨torse [tɔʀs]⟩ gedreht; gewunden; spiral-, schraubenförmig; *jambes* krumm; gekrümmt; ARCH **colonne ~e** Schlangensäule *f*
torsade [tɔʀsad] F 1 **~ de cheveux** gedrehter Zopf; *pull* **à ~s** mit Zopfmuster 2 *de fils* gedrehte Franse; Kordel *f* 3 ARCH Spirale *f*
torsader [tɔʀsade] V/T *cheveux* (zusammen)drehen
torse [tɔʀs] M 1 Oberkörper *m*; *loc adv* **(le) ~ nu** mit nacktem Oberkörper; **se mettre ~ nu** den Oberkörper entblößen, *chez le médecin* frei machen 2 SCULP Torso *m*
torsion [tɔʀsjõ] F TECH Torsion *f*; Verwindung *f*; Verdrehung *f*; (Ver)Drillung *f*; **résistance** *f* **à la ~** Torsions-, Drehfestigkeit *f*
tort [tɔʀ] M 1 Unrecht *n*; *(faute)* Verschulden *n*; Fehler *m*; ♦ *loc adv*: **à ~** zu Unrecht; **condamner, soupçonner qn à ~** j-n zu Unrecht verurteilen, verdächtigen; **c'est à ~ que l'on prétend cela** das wird zu Unrecht behauptet; **divorce prononcé aux ~s réciproques** Scheidung *f* aus beiderseitigem Verschulden; **à ~ ou à raison** zu Recht oder zu Unrecht; **à ~ et à travers** drauflos; unüberlegt; ins Blaue hinein; **dépenser à ~ et à travers** mit Geld um sich werfen; **dans son** *ou* **en ~** im Unrecht; **c'est le conducteur qui est dans son, en ~** der Fahrer ist schuld, im Unrecht; die Schuld liegt beim Fahrer; **se mettre dans son ~** sich ins Unrecht setzen; **ils se sentent dans leur ~** sie fühlen sich schuldig; ♦ **avoir ~** unrecht haben; im Unrecht sein; sich irren; **il a ~ de** *(+inf)* es ist falsch, nicht richtig von ihm zu *(+inf)*; **il a le ~ de trop parler** sein Fehler ist, dass er zu viel redet; **on aurait ~ de croire que ...** es wäre falsch, irrig, verfehlt, ein Irrtum anzunehmen, dass ...; **j'aurais ~ de ne pas en profiter** es wäre falsch (von mir) *ou* ein Fehler, das nicht auszunützen; **vous avez ~ de vous fâcher** Sie haben keinen Grund, keinen Anlass, sich zu ärgern; **il a ~ de tant fumer** es ist nicht gut, dass er so viel raucht; er sollte lieber nicht so viel rauchen; **il n'a aucun ~** ihn trifft keine Schuld, keinerlei Verschulden; **avoir des ~s envers qn** j-m gegenüber, an j-m unrecht handeln; **chercher des ~s à qn** versuchen, j-m Fehler nachzuweisen; *personne* **donner ~ à qn** j-m unrecht, nicht recht geben; **les faits vous donnent ~** die Tatsachen widerlegen Sie *ou* beweisen, dass Sie unrecht haben; **c'est un ~** das ist ein Fehler; das ist falsch, verkehrt, nicht richtig; **c'est un ~ de** *(+inf)* es ist falsch, verkehrt zu *(+inf)*; **reconnaître ses ~s** sein Unrecht einsehen 2 *(préjudice)* Schaden *m*; Nachteil *m*; **demander réparation d'un ~** Wiedergutmachung verlangen; **faire du ~ à qn** j-m schaden; j-m Schaden zufügen; j-n schädigen; **ça ne fait de ~ à personne** damit schadet man niemandem; das schadet niemandem; das tut niemandem weh; **il s'est fait du ~** er hat sich *(dat)* selbst geschadet
torticolis [tɔʀtikɔli] M MÉD steifer Hals, Nacken; **avoir, attraper le, un ~** e-n steifen Hals haben, bekommen
tortillard [tɔʀtijaʀ] M Bummelzug *m*; Bimmelbahn *f*
tortillart [tɔʀtijaʀ] ADJ BOT krumm wachsend, gewachsen
tortillement [tɔʀtijmɑ̃] M **~ des °hanches** Wiegen *n* der Hüften
tortiller [tɔʀtije] A V/T zusammendrehen; winden; *mouchoir* (zu e-r Wurst) zusammendrehen; *moustache* zwirbeln; **~ ses cheveux** mit s-n Haaren spielen B V/I *fam fig* **il n'y a pas à ~** da hilft (alles) nichts; da hilft keine Ausrede; das muss nun mal sein C V/PR **se ~** *de douleur* sich krümmen; sich winden; *d'impatience* zappeln; *en marchant* sich in den Hüften

wiegen

tortillon [tɔʀtijõ] M ~ **de papier** zusammengedrehtes Papier

tortionnaire [tɔʀsjɔnɛʀ] M Folterknecht *m*; Folterer *m*

tortu [tɔʀty] ADJ *litt* → tordu

tortue [tɔʀty] F 1 ZOOL Schildkröte *f*; **~ luth, marine, terrestre, d'eau douce** Leder-, See-, Land-, Süßwasserschildkröte *f* 2 *fig d'une personne* **quelle ~!** *fam* ist das e-e Transuse, Trantüte, lahme Ente!; **avancer, marcher comme une ~** im Schneckentempo vorankommen; sich im Schneckentempo bewegen

tortueux [tɔʀtɥø] ADJ ⟨-euse⟩ 1 *chemin* gewunden; **ruelle tortueuse** krumme Gasse 2 *fig* **manœuvres tortueuses** verborgene Umtriebe *mpl*, Machenschaften *fpl*

torturant [tɔʀtyʀɑ̃] ADJ *pensée, remords* quälend; qualvoll; peinigend

torture [tɔʀtyʀ] F Folter *f*; *action a.* Folterung *f*; *fig* (Folter)Qual *f*; Pein *f*; Tortur *f*; *st/s* Marter *f*; **~s de la faim, de la soif** Folterqualen des Hungers, des Durstes; **~s de la jalousie** Qualen der Eifersucht; **chambre** *f* **de ~** Folterkammer *f*; **infliger des ~s à qn** j-n foltern, *st/s* martern; *fig* **mettre qn à la ~** j-n auf die Folter spannen; **parler sous la ~** unter der Folter gestehen; **être soumis à la ~, subir des ~s** gefoltert werden; *fig* Qualen ausstehen

torturer [tɔʀtyʀe] V/T 1 foltern 2 *fig* quälen; peinigen; *st/s* martern; *faim, soif, jalousie, doute* **~ qn** j-n quälen, peinigen; **se ~ l'esprit** sich *(dat)* den Kopf, das Hirn zermartern; **~ qn de questions, par ses questions** j-n mit Fragen, mit s-n Fragen quälen; **être torturé par la jalousie** von Eifersucht gequält, geplagt werden; **un visage torturé par la douleur** ein schmerzgepeinigtes, -gequältes Gesicht

torve [tɔʀv] ADJ **regarder qn d'un œil ~** j-n finster (von der Seite) ansehen; j-m e-n drohenden Seitenblick zuwerfen

tory [tɔʀi] M ⟨*pl* tories⟩ POL *en Angleterre* Tory *m*; *adjt* Tory...; **parti** *m* **~** Tories *mpl*

toscan [tɔskɑ̃] ADJ toskanisch

Toscane [tɔskan] **la ~** die Toskana

tôt [to] ADV früh; (früh)zeitig; bald; **~ ou tard** früher oder später; über kurz oder lang; **assez ~** ziemlich früh; früh genug; **un peu ~** ein wenig (zu) früh (**pour** *+inf* um zu *+inf*); **plus ~** früher (**que** als); eher; **beaucoup plus ~** viel früher; **un peu plus ~, un peu plus tard, de toute façon il faudra le faire** früher oder später muss es ja doch gemacht werden; **il est venu plus ~ que je ne pensais** er kam früher, als ich dachte; **le plus ~ possible** so bald wie möglich; möglichst bald; **le plus ~ que vous pourrez** sobald Sie können; **le plus ~ sera le mieux** je früher, desto besser; **au plus ~** a *(pas avant)* frühestens; ehestens b so bald wie möglich; möglichst bald; *j'aurai terminé* **dans quinze jours au plus ~** frühestens in vierzehn Tagen; *loc conj* **ne ... pas plus ~ ... que ...** kaum ..., (als) ...; **il n'eut pas plus ~ dit cela que la porte s'ouvrit** kaum hatte er das gesagt, (da) ging die Tür auf *ou* als die Tür aufging; **pas si ~** nicht so früh; **pas de si ~** nicht so bald; **très ~** sehr früh; **trop ~** zu früh; **il est trop ~ pour manger** es ist noch zu früh zum Essen; **ce n'est pas trop ~!** es war *ou* wird (aber auch) Zeit!; endlich!; **se coucher ~** früh schlafen, zu Bett gehen; **il a eu ~ fait de disparaître** er ist schnell verschwunden

total [tɔtal] ⟨*mpl* -aux⟩ A ADJ 1 *(complet)* völlig; vollkommen; vollständig; total; Total...; **confiance ~e** volles Vertrauen; **destruction ~e** vollständige Zerstörung; **guerre ~e** totaler Krieg; **liberté ~e** *ou* **~e liberté** völlige, vollkommene Freiheit 2 *(global)* gesamt; Gesamt...; °**hauteur, longueur ~e** Gesamthöhe *f*, -länge *f*; **somme ~e** Gesamtbetrag *m*; (Gesamt)Summe *f* B *fam* ADV kurz (und gut); das Ende vom Lied; *fam* der Erfolg; **~, c'est moi qui ai tout fait** das Ende vom Lied war, dass ich alles gemacht habe C SUBST 1 M Gesamtzahl *f*; *d'une addition* Summe *f*; *d'une somme d'argent* Gesamtbetrag *m*; (Gesamt)Summe *f*; **~ du bilan** Bilanzsumme *f*, -volumen *n*; **~ des ventes** Gesamtabsatz *m*; *loc adv* **au ~** *(en tout)* insgesamt; *(tout compte fait)* alles in allem (genommen); im Großen und Ganzen; im großen Ganzen; summa summarum; **... se monte à dix mille euros au ~** ... beläuft sich auf, beträgt insgesamt zehntausend Euro; **au ~, c'est une bonne affaire** alles in allem *etc* ist es ein gutes Geschäft; **faire le ~** zusammenzählen, -rechnen, addieren (**de qc** etw) 2 **~e** *f fam* Totaloperation *f* *(Hysterektomie)*

totalement [tɔtalmɑ̃] ADV vollkommen; vollständig; völlig; ganz; restlos; total; gänzlich

totalisateur [tɔtalizatœʀ] M P.M.U. Totalisator *m*; **totalisation** F Zusammenzählen *n*, -rechnen *n*; Addieren *n*; Summenbildung *f*

totaliser [tɔtalize] V/T 1 *(avoir au total)* (insgesamt) erreichen, erzielen; *candidat* **~ cent voix** hundert Stimmen erhalten, auf sich *(acc)* vereinigen; *sportif* **~ le plus grand nombre de points** die meisten Punkte erzielen; **la population de la ville totalise dix mille personnes** die Stadt zählt, hat (insgesamt) zehntausend Einwohner 2 *(faire le total)* zusammenzählen, -rechnen; addieren

totaliseur [tɔtalizœʀ] M → totalisateur

totalitaire [tɔtalitɛʀ] ADJ POL totalitär

totalitarisme [tɔtalitaʀism] M POL Totalitarismus *m*

totalité [tɔtalite] F Gesamtheit *f*; Totalität *f*; **la presque ~ des hommes** fast alle Menschen; **la presque ~ de son salaire** fast sein gesamtes, ganzes Gehalt; **la population dans sa ~** die Bevölkerung in ihrer Gesamtheit; *loc adv* **en ~** vollständig; vollkommen; ganz; gänzlich; **léguer la ~ de ses biens à qn** j-m sein gesamtes, ganzes Vermögen vermachen

totem [tɔtɛm] M a *poteau* Totempfahl *m* b ETHNOLOGIE Totem *n*

totémique [tɔtemik] ADJ totemistisch; Totem...; **totémisme** M Totemismus *m*

toto [toto] M *arg (pou)* Laus *f*

toton [tɔtõ] M kleiner Kreisel

touareg [twaʀɛg] A ADJ ⟨inv⟩ Tuareg... B SUBST **Touareg(s)** *mpl* Tuareg *mpl*

toubib [tubib] M *fam (médecin)* Arzt *m*; *fam* Doktor *m*; *plais* Onkel *m* Doktor

toucan [tukɑ̃] M ZOOL Tukan *m*; Pfefferfresser *m*

touchant [tuʃɑ̃] A ADJ 1 *(émouvant)* rührend; (herz)ergreifend; zu Herzen gehend; **paroles ~es** rührende, ergreifende Worte *npl* 2 *iron* rührend; **il est ~ de maladresse** er ist von e-r rührenden Ungeschicklichkeit, rührend in s-r Ungeschicklichkeit B PRÉP *litt* *(concernant)* in Bezug auf *(+acc)*; bezüglich *(+gén)*

touche [tuʃ] F 1 *d'un appareil, d'un piano* Taste *f*; *d'un instrument à cordes* Griffbrett *n*; INFORM: **~ échappe, entrée, majuscule** Escape-, Enter-, Umschalttaste *f*; **~ de fonction, d'insertion, (de) tabulation** Funktions-, Einfüge-, Tabulatortaste *f* 2 **pierre** *f* **de ~** *de l'orfèvre* Probierstein *m*; *fig* Prüfstein *m* (**de qc** für etw) 3 PÊCHE Anbeißen *n*; **je n'ai pas eu, fait une ~** kein, nicht ein einziger Fisch hat angebissen; *fam fig* **avoir une, la ~** e-e Eroberung gemacht haben; *fam fig* **faire une ~** e-e Eroberung machen 4 PEINT Pinselstrich *m*; *fig* Note *f*; PEINT **~ de lumière** aufgesetztes Licht; *fig* **mettre une ~ de gaieté dans, parmi qc** e-r Sache *(dat)* e-e heitere Note verleihen 5 *fam fig d'une personne* Aufmachung *f*; lächerlicher, auffallender Aufzug; **quelle ~!** was für ein Aufzug!; **avoir une drôle de ~** wunderlich, lächerlich, komisch aussehen 6 FOOTBALL, RUGBY a (**rentrée** *f* **en**) **~** Einwurf *m* b (**ligne** *f* **de**) **~** Seitenlinie *f*; **juge** *m* **de ~** Linienrichter *m*; **il y a ~** der Ball ist im Seitenaus; **jouer la ~** auf Zeit spielen; *remplaçant* **rester sur la ~** nicht eingesetzt werden; *fam fig* **rester, être mis sur la ~** *fam* ausgebootet, kaltgestellt, abgehalftert werden; *ballon* **sortir en ~** ins Seitenaus gehen 7 *fam* **la sainte ~** der Lohn-, Zahltag

touche-à-tout [tuʃatu] M/F ⟨inv⟩ 1 Kind, das alles anfasst; **quel ~!** dies Kind muss aber auch alles anfassen! 2 *fig* **c'est un ~** er tut tausend Dinge (*péj* und alle nur halb)

toucher¹ [tuʃe] A V/T 1 berühren; *de la main a.* anfassen; anrühren; *d'une maison, d'une propriété* (an)grenzen, stoßen an *(+acc)*; **~ du bout des doigts** mit den Fingerspitzen berühren, befühlen, anrühren; **~ l'épaule de qn** j-n an der Schulter, j-s Schulter berühren, anfassen; **~ le plafond** die Decke berühren (können); bis zur Decke reichen; *bateau* **~ le port, Marseille** den Hafen, Marseille anlaufen; *avion* **~ le sol** aufsetzen; *lutteur* **~ le sol des deux épaules** mit beiden Schultern den Boden berühren; *bateau* **~ terre** anlegen; *ils allaient si vite* **qu'ils semblaient ne pas ~ terre** dass sie den Boden nicht zu berühren schienen; **il n'a jamais touché une arme** er hat noch nie e-e Waffe angerührt, in der Hand gehabt 2 *(atteindre)* treffen; *boxeur* **~ son adversaire au menton** s-n Gegner am Kinn treffen; **~ la cible** das Ziel treffen; **~ qn à l'épaule, à la jambe, dans le dos** j-n an der *ou* in die Schulter, ins *ou* am Bein, in den *ou* am Rücken treffen; **être touché par une balle** von e-r Kugel getroffen werden; **tout le quartier a été touché par l'explosion** das ganze Viertel wurde durch die Explosion in Mitleidenschaft gezogen 3 *(joindre)* erreichen; **à quelle adresse, à quel numéro de téléphone peut-on vous ~?** unter welcher Adresse, Telefonnummer sind Sie zu, kann man Sie erreichen? 4 *fig* **~ qn** *(émouvoir)* j-n bewegen, ergreifen, rühren; j-m zu Herzen gehen; j-m nahegehen; *(blesser)* j-n treffen; **nous avons été très touchés de votre sympathie** Ihre Anteilnahme hat uns sehr, tief bewegt, sehr wohlgetan; **être touché par qc** von etw ergriffen, gerührt werden; **il était touché par le sort du condamné** das Schicksal des Verurteilten ging ihm zu Herzen; **il était touché par ses paroles** ihre Worte rührten, ergriffen ihn; **il s'est laissé ~ par ses larmes** er ließ sich durch ihre, von ihren Tränen rühren; **elle s'est laissée ~ par ses prières** sie ließ sich durch s-e Bitten erweichen 5 *argent* bekommen; erhalten; in Empfang nehmen; *fam* kassieren; *salaire, pension* beziehen; *chèque* einlösen; *soldat: ration* bekommen; erhalten 6 *(concerner)* betreffen; angehen; **~ qn de (très) près** j-n direkt angehen, betreffen 7 *question, problème* anschneiden; berühren; erwähnen; zu sprechen kommen auf *(+acc)* 8 **~ un mot, deux mots de qc à qn** j-m etw (kurz) mitteilen; **je vais lui en ~ un mot** ich werde es ihm sagen; ich werde ihm davon erzählen, ihm davon Mitteilung machen B V/T INDIR 1 **~ à qc** etw anfassen, berühren, anrühren; **ne touchez à rien!** rühren Sie nichts an!; **~ à tout** alles anfassen; *fig* sich mit tausend Dingen befassen; sich verzetteln; **ne touche pas à mon frère** rühr meinen Bruder nicht an; **il n'a jamais touché à un livre** er hat nie ein Buch angerührt; **qui a touché à la télé?** *fam* wer hat am Fernseher rumgemacht?; **n'y touche pas!** rühr *ou* fass das nicht an!; *fam* **pas touche!** *fam* Finger *ou* Hände weg!; weg da!; **prière de ne pas ~!** bitte nicht berühren!; *fam fig* **sans avoir l'air d'y ~** *ou* **avec son, un air de ne pas y ~** mit e-r Miene, als ob er kein Wässerchen trüben könnte **2** **~ à** *provisions* angreifen; *économies* anrühren; antasten; angreifen; *institution, coutume* antasten; rühren an *(+acc)*; **~ à l'ordre établi** *a.* an der bestehenden Ordnung rütteln; **~ aux biens d'autrui** sich an fremdem Eigentum vergreifen; **il n'a pas touché à son déjeuner** er hat sein Mittagessen nicht angerührt, unberührt gelassen **3** **~ à** *question, sujet* anschneiden; zur Sprache bringen; **~ à un problème délicat** an ein heikles Problem rühren **4** **~ au but** kurz vor dem Ziel sein; dem Ziel nahe sein; sich dem Ziel nähern; **~ à sa fin** zu Ende gehen; → *a.* fin¹ 1 **5** **~ à qc** *(être voisin)* an etw *(acc)* stoßen, (an)grenzen; *fig* an etw *(acc)* grenzen; e-r Sache *(dat)* nahekommen; **~ à l'héroïsme** an Heroismus grenzen; schon fast Heroismus sein; *sa maison* **touche à la mienne** stößt an meines; grenzt an meines (an) **6** *litt* **elle touchait agréablement du piano** sie spielte recht hübsch, *litt* artig Klavier **C** V/PR **se ~** sich berühren; *terrains, bâtiments* aneinanderstoßen, -grenzen

toucher² [tuʃe] M **1** *sens* Tastsinn *m*; Gefühl (-ssinn) *n(m)* **2** **au ~** beim An-, Befühlen; **être doux, rude au ~** sich weich, rau anfühlen **3** MUS Anschlag *m* **4** MÉD Austasten *n*, -ung *f*; Touchieren *n*

touer [twe] V/T MAR verholen; tauen

touffe [tuf] F Büschel *n*; **~ de cheveux, de poils** Büschel Haare; Haarbüschel *n*; **~ d'herbe** Grasbüschel *n*; **par** *ou* **en ~s** in Büscheln; büschelweise

touffu [tufy] ADJ **1** *haie, bois* dicht **2** *fig* unübersichtlich

touiller [tuje] V/T *fam (remuer)* umrühren

toujours [tuʒuʀ] ADV **1** *(constamment)* immer; stets; jederzeit; **~ moins** immer weniger; **~ et partout** immer und überall; **~ quand** immer (dann,) wenn; **comme ~** wie immer, stets; *loc adj* **de ~** *mode* zeitlos; **c'est un ami de ~** er war schon immer mein Freund; **le public de ~** das gleiche Publikum (wie immer); das Stammpublikum; **depuis ~** von jeher; schon immer; **pour ~** für, auf immer; **presque ~** fast immer; **il l'a ~ détesté** er hat ihn (schon) immer verabscheut; **il est ~ à l'heure** er ist immer, stets, jederzeit pünktlich **2** *(encore)* immer noch; noch immer; **il l'aime ~** er liebt sie noch immer, immer noch; **il est ~ le même** er ist immer noch der Gleiche **3** *(en tout cas)* jedenfalls; immerhin; wenigstens; nur; **pas rouge, ~** jedenfalls *ou* nur nicht rot; auf keinen Fall rot; *fam* **cause ~!** red du nur!; *fam* **c'est ~ ça (de pris, de gagné)** das ist immerhin, wenigstens, auch schon etwas; **ce n'est pas moi, ~** ich war es jedenfalls nicht; **on peut ~ essayer** man kann es jedenfalls, immerhin, wenigstens versuchen; ♦ *loc conj* **~ est-il que …** jedenfalls …; immerhin …; sicher ist *ou* fest steht, dass …

Toula [tula] GÉOG Tula *n*

Toulouse [tuluz] *Stadt im Dep. Haute-Garonne*

Toulouse-Lautrec [tuluzlotʀɛk] *frz Maler*

toundra [tundʀa] F GÉOG Tundra *f*

toupet [tupɛ] M **1** *fam (effronterie)* Frechheit *f*; Unverschämtheit *f*; Unverfrorenheit *f*; Dreistigkeit *f*; **avoir du ~** frech, unverschämt, unverfroren sein; **vous avez un certain ~** *fam* Sie sind ganz schön frech, unverschämt; **il a eu le ~ de** *(+inf)* er hat die Frechheit *etc* besessen zu *(+inf)*; er war so frech, unverfroren, unverschämt zu *(+inf)*; **il ne manque pas de ~** *fam* der ist ganz schön frech **2** **a** *(cheveux bouffants)* Tolle *f* **b** **faux ~** Toupet *n*

toupie [tupi] F **1** Kreisel *m*; **jouer à la ~** mit dem Kreisel spielen; kreiseln; **lancer, faire tourner une ~** e-n Kreisel drehen, tanzen lassen; **tourner sur soi-même comme une ~** sich wie ein Kreisel drehen **2** *fam fig* **quelle vieille ~!** *fam* diese alte Schachtel, Ziege!

tour¹ [tuʀ] F Turm *m* (*a.* ÉCHECS); *immeuble* turmartiges Hochhaus; Wohnturm *m*; **la ~ Eiffel** der Eiffelturm; **la ~ de Babel** der Babylonische Turm; *fig* **c'est une véritable ~ de Babel** da herrscht ein babylonisches Sprachengewirr; AVIAT **~ de contrôle** Kontrollturm *m*; *d'une fusée* **~ de lancement** Montageturm *m*; **la Tour de Londres** der Tower; TECH **~ de refroidissement** Kühlturm *m*; *fig* **s'enfermer, se retirer dans sa ~ d'ivoire** sich in s-n Elfenbeinturm zurückziehen; *fam fig d'une personne* **c'est une vraie ~** *fam* er *ou* sie ist ein richtiges Fass

tour² [tuʀ] M **1** *(circonférence)* Umfang *m*; COUT *a.* Weite *f*; **~ de poitrine** Brustumfang *m*, -weite *f*; Oberweite *f*; *par ext* **~ des yeux** Augenränder *mpl*; **avoir soixante centimètres de ~ de taille** e-n Taillenumfang, e-e Taillenweite von sechzig Zentimeter(n) haben; **prendre son ~ de hanches** s-e Hüftweite messen **2** *(promenade)* Rundgang *m*, -fahrt *f*; Runde *f*; Spaziergang *m*; *(excursion)* Tour *f*; Ausflug *m*; *(voyage)* Fahrt *f*; Reise *f*; CYCLISME **le Tour de France** *ou fam* **le Tour** die Tour de France; HIST *des compagnons* **faire son ~ de France** auf die Walz(e), Wanderschaft gehen; SPORTS **~ d'honneur** Ehrenrunde *f*; **~ de piste** *d'un coureur* Runde *f*; AVIAT Platzrunde *f*; **~ en vélo, en voiture** Rad-, Autotour *f*; ♦ **faire le grand ~** den längeren, weiteren Weg nehmen; **faire un petit ~** e-n kleinen Spaziergang machen; *corde qui* **fait plusieurs ~s autour de qc, plusieurs fois le ~ de qc** mehrmals um etw gewickelt, geschlungen ist, *fam* herumgeht; **(aller) faire un ~ à la campagne** e-n Ausflug aufs Land machen; **faire le ~ de qc** um etw herumgehen, -fahren; *fig* **faire le ~ du cadran** zwölf Stunden hintereinander schlafen, durchschlafen; **faire le ~ des invités** bei s-n Gästen die Runde machen; von e-m Gast zum anderen gehen; **faire le ~ du jardin** e-n (Rund)Gang durch den Garten machen; **faire le ~ du lac** *personne* um den See herumgehen, -fahren, -wandern; *en bateau* e-e Rundfahrt auf dem See machen; *route* um den See herumführen; **faire le ~ des magasins** in alle Geschäfte gehen; *fam* alle Geschäfte abklappern; **faire un ~ dans les magasins** e-n Bummel durch die Geschäfte machen; **faire le ~ du monde** *personne* e-e Reise um die Welt, e-e Weltreise machen; *en voilier* die Welt umsegeln; *chose* in der ganzen Welt bekannt werden; *chanson* um die Welt gehen; *Verne* **Le ~ du monde en quatre-vingt jours** In achtzig Tagen um die Welt; **faire le ~ du propriétaire** e-n Rundgang durch s-n Besitz, sein Haus machen; **faire faire le ~ du propriétaire à qn** j-n auf s-m Besitz, in s-m Haus herumführen; *fig* **faire le ~ de la situation** die Lage durchgehen, -sprechen; **aller faire un ~ en Suisse** e-e Fahrt, e-n Ausflug in die Schweiz machen; **faire le ~ de la ville** *personne* e-n Rundgang, e-e Rundfahrt durch die Stadt machen; in der ganzen Stadt herumlaufen; *nouvelle* in der ganzen Stadt die Runde machen; sich in der ganzen Stadt herumsprechen; **il est allé faire un ~ en ville** er ist in die Stadt gegangen, gefahren; *par ext* **procéder à un ~ de table** reihum Stellung nehmen **3** *(rotation)* Drehung *f*; *d'une roue, d'un moteur* Umdrehung *f*; *d'un moteur a.* Tour *f*; *par ext disque* **un quarante-cinq ~s** e-e Single; **un trente-trois ~s** e-e Langspielplatte; *fig* **~ de main** (Kunst)Fertigkeit *f*; Geschicklichkeit *f*; **acquérir un, le ~ de main** Kunstfertigkeit, Geschicklichkeit erwerben; **avoir le ~ de main** kunstfertig, geschickt sein; *loc adv* **en un ~ de main** im Handumdrehen; im Nu; **~ de manivelle** Kurbeldrehung *f*; → *a.* manivelle 2; TECH **nombre** *m* **de ~s** Dreh-, Tourenzahl *f*; *loc adv* **à ~ de bras** mit aller, ganzer Kraft; **donner un ~ de clef** den Schlüssel (einmal) herumdrehen; abschließen; **donner un ~ de vis** die Schraube drehen, *(serrer)* anziehen; **s'enfermer à double ~** von innen zweimal abschließen, den Schlüssel zweimal herumdrehen; **faire un ~ sur soi-même** sich (einmal) um sich selbst drehen; *moteur* **faire cinq cents ~s à la minute** fünfhundert Umdrehungen, Touren in der Minute machen; **fermer (la porte) à double ~** den Schlüssel zweimal herumdrehen; (die Tür) zweimal abschließen **4** **~ d'adresse** Kunststück *n*; **~ de cartes** Kartenkunststück *n*; **~ de force** Kunststück *n*; Glanzleistung *f*; **avoir plus d'un ~ dans son sac** die verschiedensten Kniffe kennen; mit allen Wassern gewaschen sein; **et voilà, le ~ est joué** (und damit ist die Sache) schon in Ordnung, erledigt, *fam* geritzt **5** *(farce)* Streich *m*; **faire, jouer un (mauvais) ~ à qn** j-m e-n (bösen, üblen) Streich spielen; *méfiez-vous*, **cela vous jouera des ~s** das kann *ou* wird schlecht, schlimm enden, ausgehen; *fam* das könnte ins Auge gehen; **jouer un bon ~ à qn** j-m e-n Schabernack, Possen spielen; **il lui a joué un ~ à sa façon** er hat ihm e-n s-r Streiche gespielt; **je m'en vais lui jouer un ~ à ma façon!** das werde ich ihm heimzahlen! **6** *(tournure)* Wendung *f*; **~ d'esprit** → tournure 4; **~ de phrase** Ausdrucks-, Darstellungsweise *f*; Diktion *f*; → *a.* tournure 1; **donner un ~ solennel à un entretien** e-r Unterhaltung e-e feierliche Note geben; *conversation* **prendre un ~ déplaisant** e-e unangenehme Wendung nehmen; *scandale* **prendre un ~ politique** e-e politische Note bekommen; e-e Wendung ins Politische nehmen; *discussion* **prendre un ~ assez vif** ziemlich heftig, hitzig werden; **cela dépend du ~ que prendront les événements** das hängt davon ab, wie sich die Dinge entwickeln **7** *dans un certain ordre* Reihe *f*; MUS **~ de chant** Repertoire *n*; **~ de scrutin** Wahlgang *m*; **au premier ~ de scrutin** im ersten Wahlgang; **chacun son ~!** immer (schön) der Reihe nach!; *fig* jeder kommt einmal dran; jeden trifft es einmal; heute mir, morgen dir; **à qui le ~?** wer ist dran, an der Reihe?; ♦ *loc adv*: **à mon, ton** *etc* **~: il se mit à l'accuser à son ~** er begann seinerseits, ihn anzuklagen; **chacun parlera à son ~** alle sprechen der Reihe nach, nacheinander; jeder spricht, wenn die Reihe an ihm ist, an ihn kommt; *fam* **plus souvent qu'à mon,** *etc* **~** übertrieben oft; **~ à ~** *ou* **à ~ de rôle** (immer) abwechselnd; der Reihe nach; nacheinander; **à ~ de rôle** *a.* turnusmäßig; im Turnus; **rire et pleurer ~ à ~** abwechselnd lachen und weinen; bald lachen, bald weinen; ♦ **attendre son ~** warten, bis man an der Reihe ist *ou* bis man drankommt; **c'est mon, ton** *etc* **~** ich bin, du bist *etc* dran, an der Reihe; **c'est (à) ton ~ de t'en occuper** jetzt musst du dich darum kümmern; **c'est au ~ de X de** *(+inf)* X ist dran mit *(+dat)*; X ist an der Reihe zu *(+inf)*; **faire un ~ de faveur à qn** j-n bevorzugt, außer der Reihe abfertigen; *aux cartes* **passer son ~** passen; **prendre son ~ de semaine** s-n (Wochen)Dienst antreten; *soyez patient*, **votre ~ viendra** Sie kommen schon, auch dran, an die Reihe

tour[3] [tuʀ] M 1 TECH Drehbank *f* 2 *du potier* Töpferscheibe *f*

Touraine [tuʀɛn] **la ~** *Landschaft im westlichen Mittelfrankreich*

tourangeau [tuʀɑ̃ʒo] A ADJ ⟨tourangelle [tuʀɑ̃ʒɛl]; *mpl* ~x⟩ aus der Touraine *ou* aus Tours B SUBST **Tourangeau, Tourangelle** *m,f* Einwohner(in) *m(f)* der Touraine *ou* von Tours

tourbe[1] [tuʀb] *litt* F Rotte *f*; Meute *f*; Pöbel *m*

tourbe[2] [tuʀb] F Torf *m*; **gisement** *m* **de ~** Torfvorkommen *n*; **extraire la ~** Torf stechen

tourbeux [tuʀbø] ADJ ⟨-euse⟩ a torfartig, -haltig; Torf... b auf Torf wachsend; **tourbier** A ADJ ⟨-ière⟩ Torf... B M a Torfstecher *m* b Torfgrubenbesitzer *m*; **tourbière** F a *marais* Torfmoor *n* b *gisement* Torfvorkommen *n*

tourbillon [tuʀbijõ] M 1 Luftwirbel *m*; **~ de neige** Schneegestöber *n*; **~ de poussière** Staubwirbel *m*; (wirbelnde) Staubwolke; **~ de vent** Wirbelwind *m*; **emporté dans un ~ rapide** umherwirbelnd; **un ~ de sable se souleva** Sand wurde hochgewirbelt 2 *dans l'eau* Strudel *m* 3 *fig* Wirbel *m*; Strudel *m*; Trubel *m*; **~ de plaisirs** Strudel, Wirbel von Vergnügungen; **le ~ de la vie moderne** die Hektik, Hetze des heutigen Lebens

tourbillonnant [tuʀbijɔnɑ̃] ADJ (umher)wirbelnd; **tourbillonnement** M Wirbeln *n*; Strudeln *n*

tourbillonner [tuʀbijɔne] V/I 1 *feuilles, poussière, neige* (auf-, empor-, umher)wirbeln; *vent* wirbeln; *eau* strudeln; *danseurs* umherwirbeln 2 *fig* **tout tourbillonnait dans sa tête** der Kopf wirbelte, schwirrte ihm; er war ganz wirr im Kopf

Tourcoing [tuʀkwɛ̃] *Stadt im Dep. Nord*

tourelle [tuʀɛl] F 1 ARCH Türmchen *n*; Erkertürmchen *n* 2 MIL *d'un char* Drehturm *m*; *d'un cuirassé* Geschützturm *m* 3 TECH Revolverkopf *m*

Tourguéniev [tuʀgenjɛf] *ou* **Tourgueniev** [tuʀgənjɛf] M *écrivain russe* Turgenjew *m*

tourillon [tuʀijõ] M TECH Drehzapfen *m*

tourisme [tuʀism] M Fremdenverkehr *m*; Tourismus *m*; Fremdenverkehrswesen *n*; Touristik *f*; **~ sexuel** Sextourismus *m*; **~ de masse** Massentourismus *m*; **agence** *f* **de ~** Reiseagentur *f*, -büro *n*; **avion** *m* **de ~** Privatflugzeug *n*; **car** *m* **de ~** Reisebus *m*; **industrie** *f* **du ~** Fremdenverkehrsgewerbe *n*; **voiture** *f* **de ~** Personenwagen *m*; *abr* Pkw *m*; **faire du ~** als Tourist, zum Vergnügen reisen

tourista [tuʀista] F *fam (diarrhée) fam plais* Montezumas Rache *f*

touriste [tuʀist] M/F Tourist(in) *m(f)*; Urlaubsreisende(r) *m/f(m)*; **~ étranger** Auslandstourist *m*; ausländischer Tourist; **afflux** *m* **de(s) ~s** Zustrom *m* von Touristen; Fremdenverkehrsstrom *m*; **groupe** *m* **de ~s** Touristengruppe *f*; Reisegesellschaft *f*; *adjt bateau, avion* **classe** *f* **~** Touristenklasse *f*; *loc adv* **en ~** als Tourist

touristique [tuʀistik] ADJ Fremdenverkehrs...; Touristen...; Touristik...; touristisch; Reise...; **activités** *fpl* **~s** Fremdenverkehrsgewerbe *n*; CH DE FER **billet** *m* **~** ermäßigte Fernrückfahrkarte; **guide** *m* **~** Reiseführer *m*; **menu** *m* **~** preiswertes Menü für Touristen; **région** *f* **~** Fremdenverkehrsgebiet *n*; **route** *f* **~** durch e-e reizvolle Landschaft führende Straße; **ville** *f* **~** Fremdenverkehrsstadt *f*; **voyage** *m* **~** Vergnügungs-, Urlaubs-, Ferienreise *f*

tourment [tuʀmɑ̃] *litt* M Qual *f*; Pein *f*; große Sorge; quälende Frage (**de qc** nach etw); **donner bien du ~ à qn** j-m viel Sorge bereiten

tourmente [tuʀmɑ̃t] F 1 *litt (tempête)* Sturm *m*; Unwetter *n* 2 *fig* Sturm *m*; Wirren *pl*; Unruhen *fpl*; **la ~ révolutionnaire** die Wirren der Revolution

tourmenté [tuʀmɑ̃te] ADJ 1 *visage* gramzerfurcht; **expression ~e** gequälter Ausdruck 2 *âme, époque* unruhig; **ciel ~** Himmel *m* mit sturmzerrissenen Wolken; **mer ~e** aufgewühlte See; **paysage ~** wilde, zerklüftete Landschaft; **vie ~e** bewegtes Leben; **aux formes ~es** seltsam, bizarr geformt

tourmenter [tuʀmɑ̃te] A V/T **~ qn** j-n quälen, peinigen; j-m Kummer, Sorgen machen; *soucis, repentir, jalousie, faim* j-n quälen, peinigen; *scrupules* j-n plagen; **il est tourmenté par l'idée de** *(+inf)* der Gedanke zu *(+inf)* lässt ihm keine Ruhe, lässt ihn nicht los B V/PR **se ~** sich *(dat)* Sorgen machen; sich grämen; **ne vous tourmentez pas pour si peu** lassen Sie sich *(dat)* wegen e-r solchen Kleinigkeit keine grauen Haare wachsen

tournage [tuʀnaʒ] M CINÉMA Dreharbeiten *fpl*

tournailler [tuʀnaje] *fam* V/I herumstreichen, -schleichen

tournant [tuʀnɑ̃] A ADJ Dreh...; drehbar; schwenkbar; *d'un phare* **feu ~** Drehfeuer *n*; **grève ~e** wechselnder Schwerpunktstreik; MIL **mouvement ~** Umgehungsbewegung *f*; CH DE FER *et fig* **plaque ~e** Drehscheibe *f*; *fig a.* Umschlagplatz *m*; THÉ **scène ~e** Drehbühne *f*; SPIRITISME **tables ~es** Tischrücken *n* B M 1 *d'une route* a *(virage)* Kurve *f*; Kehre *f* b *(coude)* Bogen *m*; *a. d'une rivière* Krümmung *f*; Biegung *f*; **route pleine de ~s** kurvenreiche Straße; *fam fig* **je l'attends, l'aurai, le rattraperai au ~** *fam* den kriege, erwische ich noch; der kann was erleben; **prendre bien, mal son ~** die Kurve gut *ou* richtig, falsch nehmen; → *a.* 2 2 *fig* Wende *f*; Wendepunkt *m*; **il est à un ~ de sa vie** er steht an e-m Wendepunkt s-s Lebens; er ist an e-m Wendepunkt s-s Lebens angelangt; *événement* **marquer un ~** e-n Wendepunkt, e-e Wende bedeuten; *chose* **prendre un ~ (décisif)** e-e (entscheidende) Wende nehmen; *personne* **prendre le ~** e-e Wende erreichen; e-n Durchbruch erzielen

tourné [tuʀne] ADJ 1 *lait* geronnen 2 **bien ~** *lettre* gut formuliert *(a. compliments)*; *vers* gelungen; **avoir l'esprit mal ~** immer gleich Schlechtes denken, auf schlechte Gedanken kommen 3 **politique ~e vers ...** auf *(+acc)* gerichtete Politik

tournebouler [tuʀnəbule] V/T *fam* **~ qn** j-n durcheinanderbringen; **elle était toute tourneboulée** sie war ganz durcheinander

tournebroche [tuʀnəbʀɔʃ] M CUIS Drehspieß *m*

tourne-disque [tuʀnədisk] M ⟨*pl* tourne-disques⟩ Plattenspieler *m*

tournedos [tuʀnədo] M CUIS (Rinder)Filetschnitte *f*; Tournedos *n*

tournée [tuʀne] F 1 *d'un gardien* Rundgang *m*; *d'un fonctionnaire* Dienstreise *f*; *d'un représentant* (Geschäfts)Reise *f*; **~ électorale** Wahlkampftournee *f*; **~ théâtrale** Tournee *f*; Gastspielreise *f*; **~ d'inspection** Inspektionsreise *f*; *dans une entreprise* Inspektionsrundgang *m*; Kontrollgang *m*; THÉ **être, partir en ~** auf Tournee, auf e-r Gastspielreise sein; auf Tournee, auf e-e Gastspielreise gehen; *facteur, livreur* **faire sa ~** s-n (täglichen) Gang, s-e Runde machen; **faire une ~ de conférences en province** e-e Vortragsreise durch die Provinz machen; **faire la ~ des cafés** e-n Zechbummel machen; von e-m Café ins andere ziehen; *fam* **faire la ~ des grands-ducs** *fam* die vornehmen Lokale abklappern; ganz groß ausgehen; **faire la ~ des grands magasins** durch die Kaufhäuser bummeln; *fam* die Kaufhäuser abklappern 2 *fam au café* Runde *f*; Lage *f*; **c'est ma ~** *fam* diese Runde geht auf meine Rechnung; *fam* jetzt geb ich einen aus; **c'est la ~ du patron** *fam* diese Runde spendiert der Wirt; **offrir, payer une ~** *fam* e-e Runde zahlen, spendieren, ausgeben; einen ausgeben 3 *fam (raclée) fam* Keile *f*; Dresche *f*; Senge *pl*

tournemain [tuʀnəmɛ̃] LOC ADV **en un ~** im Handumdrehen; im Nu

tourner [tuʀne] A V/T 1 drehen; wenden; *page* umblättern; umwenden; umschlagen; *clef* (her)umdrehen; *robinet* drehen; *(ouvrir)* aufdrehen; *(fermer)* zudrehen; *salade, sauce* umrühren; *salade a.* mischen; *abs* **tournez, s'il vous plaît** *(abr* **t.s.v.p.***)* bitte wenden *(abr* b. w.*)*; **~ et retourner** → retourner A 3; *fig* **~ le cœur, l'estomac à qn** j-m den Magen umdrehen; **~ la manivelle** die, an der Kurbel drehen; kurbeln; **~ la tête** den Kopf wenden, drehen; sich umsehen; *dès qu'il m'a. vu,* **il a tourné la tête** wandte er den Kopf ab; *fig* **~ la tête à qn** *vin, réussite* j-m zu Kopf steigen; *personne* j-m den Kopf verdrehen; **~ la tête à gauche, à droite** den Kopf nach links, nach rechts wenden, drehen; **~ qc de l'autre côté** etw nach der, zur anderen Seite drehen; *fig* **~ qc en dérision, qc, qn en ridicule** etw ins Lächerliche ziehen; etw, j-n lächerlich machen; *fig* **~ en plaisanterie** *une chose* e-e Wendung ins Scherzhafte geben *(+dat)*; *une attaque* als Scherz behandeln, nehmen; **~ son effort vers qc** s-e Bemühungen auf etw *(acc)* richten; *plante* **~ ses feuilles vers la lumière** die Blätter dem Licht zuwenden; **~ les yeux, son regard vers qn** s-e Augen, s-n Blick auf j-n richten, j-m zuwenden; *fig* **~ ses pensées vers qc** s-e Gedanken auf etw *(acc)* richten; → *a.* dos 1, sang 2 *(contourner)* **~ qc** um etw gehen *ou* fahren; etw umgehen *(surtout fig)*; **~ le coin de la rue** um die Ecke biegen, gehen *ou* fahren; *fig* **~ la difficulté** die Schwierigkeit umgehen; der Schwierigkeit *(dat)* ausweichen, aus dem Wege gehen; *fig* **~ la loi, le règlement** das Gesetz, die Vorschriften umgehen 3 TECH a *métal* (ab)drehen b *bois* drechseln 4 CINÉMA *film, scène* (ab)drehen; **~ les extérieurs** die Außenaufnahmen drehen 5 *phrase, compliment* formulieren; *vers* verfassen B V/I 1 sich drehen; kreisen; TECH rotieren; umlaufen; *moteur* laufen; *fig entreprise, usine* in Betrieb sein; **l'heure tourne** die Zeit vergeht; **la tête me tourne** mir dreht sich alles im Kopf; TECH **~ à plein régime** auf vollen Touren laufen; *fam fig* **~ de l'œil** in Ohnmacht fallen; *fam* umfallen; umkippen; **~ en rond** sich im Kreise drehen *(a. fig)*; → *a.* rond B; *porte* **~ sur ses gonds** sich in den Angeln drehen; **~ sur soi-même** sich um sich selbst drehen; *représentant* **~ sur une région** e-e Gegend bereisen; **avoir un œil qui tourne** auswärtsschielen; **faire ~** drehen; *fig entreprise, usine* in Betrieb, Gang halten; SPIRITISME **faire ~ les tables** Tische rücken; **faire ~ la tête** schwind(e)lig machen; **ça me fait ~ la tête** davon wird mir, werde ich schwind(e)lig 2 **~ autour de qc** sich um etw drehen; um etw kreisen; etw umkreisen; um etw herumgehen *ou* -laufen *ou* -fahren; **~ autour de qn, qc** *enfant* um j-n, etw herumlaufen, -hüpfen; *insectes* um j-n, etw herumschwirren; j-n, etw umschwirren;

T

~ autour d'un axe sich um e-e Achse drehen; *fig* **~ autour d'une femme** e-r Frau den Hof machen; *fig et péj* **il tourne sans cesse autour du ministre** *fam péj* er scharwenzelt um den Minister herum; **la Terre tourne autour du Soleil** die Erde dreht sich um die Sonne; *fig* **j'ai vu tout ~, tout s'est mis à ~ autour de moi** mir drehte sich alles vor den Augen; alles drehte sich um mich **3** *fig* **~ autour de qc** *conversation* sich um etw drehen; um etw kreisen (*a. pensées*); **toute l'affaire tourne autour de cette question** bei der ganzen Angelegenheit dreht es sich, geht es um diese Frage; *l'enquête* **tourne autour de deux suspects** konzentriert sich auf zwei Verdächtige; **sa vie tourne autour de cet enfant** sein Leben ist ganz diesem Kind gewidmet; dieses Kind ist sein Lebensinhalt **4** (*changer de direction*) abbiegen; *vent* sich drehen; umspringen; *fig* **la chance a tourné** das Blatt hat sich gewendet; **le vent a tourné** der Wind hat sich gedreht; *fig* jetzt weht ein anderer Wind; **~ à droite, à gauche** (nach) rechts, links abbiegen; **~ dans une rue** in e-e Straße einbiegen **5** (*se terminer*) ablaufen; ausgehen; (*évoluer*) sich entwickeln; werden; **~ court** fehlschlagen; scheitern; **~ bien** gut ablaufen; sich gut entwickeln; **~ mal** e-e schlechte, schlimme Wendung nehmen; *fam* schiefgehen; *personne* auf die schiefe Bahn geraten; **la plaisanterie a mal tourné** der Scherz hat ein böses Ende genommen; **si les choses avaient tourné autrement** wenn die Dinge anders gelaufen wären; *la discussion* **tourne à son avantage** nimmt e-e Wende zu s-n Gunsten; **le temps tourne au beau** das Wetter *ou* es heitert sich auf; **~ au drame** sich zu e-m Drama entwickeln, auswachsen; *temps* **~ à la pluie** regnerisch werden; **sa grippe a tourné à la pneumonie** aus s-r Grippe ist e-e Lungenentzündung geworden; **~ au tragique** e-e tragische Wendung nehmen **6** *lait* gerinnen; zusammenlaufen; *soupe* sauer werden **7** CINÉMA, *a. acteur* filmen; **silence, on tourne!** Achtung, Aufnahme!; **il a tourné dans de nombreux films** er hat in vielen Filmen gespielt **C** V/PR **1** **se ~** sich umwenden; sich umdrehen; **se ~ et se retourner dans son lit** sich im Bett hin und her wälzen; **se ~ du côté de qn, qc** *ou* **vers qn, qc** sich j-m, e-r Sache zuwenden; sich zu j-m, etw (um)wenden; **se ~ de l'autre côté** sich nach der anderen Seite drehen, wenden; *allongé* sich auf die andere Seite drehen; (*se détourner*) sich abwenden; **se ~ tout d'une pièce** sich (ganz) herumdrehen **2** *fig* **se ~ vers qn pour lui demander son aide** sich an j-n um Hilfe wenden; **se ~ vers l'avenir** sich der Zukunft zuwenden; den Blick auf die Zukunft richten; **se ~ vers la politique** sich der Politik zuwenden; in die Politik gehen; **se ~ vers une profession** sich e-m Beruf zuwenden

tournesol [tuʀnəsɔl] M **1** BOT Sonnenblume *f*; **huile** *f* **de ~** Sonnenblumenöl *n* **2** CHIM Lackmus *n ou m*; **papier** *m* **de ~** Lackmuspapier *n*

tourneur [tuʀnœʀ] **A** M **~ (sur métaux)** Dreher *m*; **~ sur bois** (Holz)Drechsler *m* **B** ADJ REL **derviche** *m* **~** tanzender Derwisch

tournevis [tuʀnəvis] M Schraubenzieher *m*; *t/t* Schraubendreher *m*

tournicoter [tuʀnikɔte] *ou* **tourniquer** [tuʀnike] V/I *fam* → tournailler

tourniquet [tuʀnikɛ] M **1** *pour passer un à un* Drehkreuz *n* **2** *pour arroser* Rasensprenger *m*; Kreisregner *m* **3** *pour cartes postales etc* Drehständer *m*

tournis [tuʀni] M **1** VÉT Drehkrankheit *f* **2** *fam fig: arrête de bouger comme ça,* **tu me donnes le ~** *fam* ich krieg ja den Drehwurm

tournoi [tuʀnwa] M Turnier *n* (*a.* HIST); **~ d'échecs, de tennis** Schach-, Tennisturnier *n*; RUGBY **~ des Cinq Nations** *internationale Meisterschaftsspiele mit Mannschaften aus England, Schottland, Wales, Irland u. Frankreich*

tournoiement [tuʀnwamɑ̃] M (Sich)Drehen *n*; Kreisen *n*

tournoyer [tuʀnwaje] V/I ‹-oi-› kreisen; sich im Kreise drehen; **faire ~** *canne, lasso* schwingen; *fumée* **s'élever en tournoyant** in e-r Spirale hochsteigen

tournure [tuʀnyʀ] F **1** **~ (de phrase)** (Rede)Wendung *f*; Redensart *f*; Formulierung *f* **2** (*apparence*) Aussehen *n*; Gestalt *f*; **cela a tout de suite une autre ~** das sieht gleich anders aus; das bekommt gleich ein anderes Gesicht, Aussehen; **commencer à prendre ~** beginnen, (feste) Gestalt *ou* feste Formen anzunehmen; sich allmählich abzeichnen **3** (*évolution*) Wendung *f*; *affaire* **prendre une bonne, mauvaise ~** e-e gute *ou* glückliche, schlimme *ou* schlechte Wendung nehmen; **cela dépend de la ~ que prendront les événements** das hängt davon ab, wie sich die Dinge entwickeln **4** **~ d'esprit** Geisteshaltung *f*; Denkart *f*, -weise *f*; Denkungsart *f*

Tournus [tuʀny] *Stadt im Dep. Saône-et-Loire*

tour-opérateur [tuʀɔpeʀatœʀ] M ‹*pl* tour-opérateurs› Reiseveranstalter *m*

Tours [tuʀ] *Stadt im Dep. Indre-et-Loire*

tourte [tuʀt] **A** F **1** CUIS flache, mit Fleisch, Obst *ou* Gemüse gefüllte Pastete **2** *fam péj* **une grosse ~** *fam péj* ein Trampel *m ou n* **B** ADJ *fam* blöd; doof; dämlich

tourteau [tuʀto] M ‹*pl* ~x› **1** AGR Ölkuchen *m* **2** ZOOL Taschenkrebs *m*

tourtereaux [tuʀtəʀo] MPL *fig* Turteltäubchen *npl*; Liebespärchen *n*; **tourterelle** F ZOOL Turteltaube *f*

tourtière [tuʀtjɛʀ] F CUIS Kuchenform *f*, -blech *n*

tous → tout

toussailler [tusaje] V/I hüsteln

Toussaint [tusɛ̃] F REL **la ~** Allerheiligen *n*; **à la ~** (an, zu) Allerheiligen; *fig* **un temps de ~** (ein) nasskaltes (und nebliges) Wetter

tousser [tuse] V/I **1** husten **2** *pour s'éclaircir la voix ou avertir* sich räuspern; hüsteln **3** *fam fig moteur fam* spucken; stottern

toussotement [tusɔtmɑ̃] M Hüsteln *n*; **toussoter** V/I hüsteln

tout [tu], *vor Vokal u. stummem h* [tut]

‹*f* toute [tut], *mpl* tous [tu], *allein stehend u. als pr indéf* [tus], *fpl* toutes [tut]›

A adjectif	**B** pronom indéfini
C adverbe	**D** substantif

— **A** adjectif —

1 *sg* **~(e)** jede(r, -s); alle(r, -s); *avec article* ganze(r, -s); gesamte(r, -s); **~ Français** jeder Franzose; **~e la France** ganz Frankreich; **~ le monde** → monde 3; **~ Paris** ganz Paris; → *a.* Tout-Paris; **~ un peuple** ein ganzes Volk; **~ le reste** der ganze, gesamte Rest; alles Übrige; **~ le village** das ganze Dorf; ♦ *loc adv*: **(pendant) ~e l'année** das ganze Jahr (hindurch, über); ganzjährig; **~ un hiver** e-n ganzen Winter (lang, hindurch); **~e la nuit** die ganze Nacht (über, hindurch); **ne pas dormir de ~e la nuit** die ganze Nacht nicht schlafen; *avec prép*: **à ~ âge** in jedem (Lebens)Alter; **à ~e force** unbedingt; mit aller Gewalt; **à ~ point de vue** in jeder Hinsicht; **de ~e beauté** wunderschön; zauberhaft (schön); **de ~e espèce** verschiedenster Art; allerlei …; **en ~e franchise** in aller Offenheit; **il n'a pour ~ bagage que …** sein ganzes Gepäck besteht aus …; ♦ **~ autre que lui** jeder andere (als er); jeder außer ihm; **~ ceci, cela,** *fam* **ça** dies, das alles; **~ ce qui** *ou* **que** alles, was; **~ ce que la ville a de notables était réuni** alle Honoratioren der Stadt waren versammelt; *fam* **des gens ~ ce qu'il y a de plus respectable(s)** höchst achtbare Leute; *c'est sérieux?* - **~ ce qu'il y a de plus sérieux** das ist mein vollster Ernst; ♦ **avoir ~e liberté pour agir** volle Handlungsfreiheit haben; **vous avez ~ intérêt à** (+*inf*) es liegt in Ihrem ureigensten Interesse zu (+*inf*); **c'est là ~ le problème** das ist, darin liegt das ganze Problem; **~e la question est de savoir si …** die entscheidende Frage ist, ob …; **c'est ~ un roman** das ist ein ganzer Roman; **j'ai lu ~ Balzac** ich habe den ganzen Balzac gelesen; **faire ~ son possible** sein Möglichstes tun **2** *pl* **tous, ~es** alle; **tous nos amis** alle unsere Freunde; **tous les autres** alle anderen; **tous les deux, trois** alle beide, drei; *st/s*: *le courage la lucidité …,* **~es qualités nécessaires pour une telle entreprise** alles für ein solches Unternehmen notwendige Eigenschaften; *cesser* **~es relations** alle Beziehungen; ♦ *loc adv*: **tous les ans** alle Jahre; jedes Jahr; alljährlich; **tous les deux ans** alle zwei Jahre; jedes zweite Jahr; **tous les matins** jeden Morgen; **tous les dix mètres** alle zehn Meter; **tous les premiers samedis du mois** jeden ersten Samstag im Monat; *avec prép*: **à tous les coins de rue** an jeder Straßenecke; **dans tous les cas** in allen Fällen; auf jeden Fall; **tous les élèves ne sont pas doués** nicht alle Schüler sind begabt; **toutes les questions ne sont pas réglées** nicht alle Fragen sind geregelt

— **B** pronom indéfini —

1 *sg* **~** alles; *fam* **et ~** und so weiter; **belle, riche et ~ (et ~)** schön, reich usw. (usw.); ♦ *loc adj* **à ~ va** ungehemmt; ungezügelt; unkontrolliert; *loc adv*: **après ~, à ~ prendre, ~ bien considéré** im Grunde (genommen); alles in allem; schließlich; übrigens; **avant ~** vor allem; vor allen Dingen; *fam* **comme ~** äußerst; höchst; überaus; *fam* unglaublich; unwahrscheinlich; **facile comme ~** *a.* kinderleicht; **en ~** insgesamt; **il n'y en a que trois en ~ et pour ~** es sind alles in allem, insgesamt nicht mehr als drei; **par-dessus ~** *ou* **au-dessus de ~** über alles; vor allen Dingen; vor allem; ♦ **~ va bien** alles geht gut; *personnellement* es geht mir *ou* ihm, ihr *ou* allen gut; **il a ~ d'un artiste** er ist ein richtiger Künstler; **~ ce qu'il dit n'est pas parole d'évangile** nicht alles, was er sagt, ist ein Evangelium; **~ est là** darin liegt das ganze Problem; **c'est ~?** ist das alles?; weiter nichts?; **et c'est ~!** *ou* **un point, c'est ~!** (und damit) Punktum!, basta!; **ce n'est pas ~** das ist (noch) nicht alles; **ce n'est pas ~ de** (+*inf*) es genügt nicht zu (+*inf*); *fam* **c'est pas ~ de s'amuser** *ou* **c'est pas ~ ça** ich vertrödle meine Zeit; ich muss jetzt aufhören; ich habe auch noch etwas anderes zu tun; **c'est ~ ou rien** alles oder nichts; *en achetant, à l'école* **ce sera ~ pour aujourd'hui** das wär's (für heute); *son fils* **est ~ pour elle** ist ihr Ein und Alles; **on se fait, s'habitue à ~** man gewöhnt sich an alles; **il ignore ~ de cette affaire** er weiß überhaupt nichts von dieser Sache; **prendre un peu de ~** von allem ein wenig, etwas nehmen; *prov* **~ est bien qui finit bien** Ende gut, alles gut (*prov*) **2** *pl* **tous, ~es** alle;

nous tous wir alle; **le premier de tous** der Erste von allen; der Allererste; **écoutez tous attentivement!** hören Sie *ou* hört alle gut zu!; **je parle en leur nom à tous** ich spreche in ihrer aller Namen

— **C** adverbe —

⟨vor mit Konsonant od h aspiré beginnendem adj f **~e** *bzw.* **~es**⟩ ganz; gänzlich; ganz und gar; völlig; vollständig; vollkommen; ♦ *avec adj: c'est* **une ~ autre affaire** e-e ganz andere Sache; *elle est* **~e contente** völlig, vollständig zufrieden; **les ~ derniers chapitres** die allerletzten Kapitel; **~ gosse déjà, il a …** schon als Kind hat er …; **la ville ~ entière** die ganze Stadt; *il est* **~ fou** außer Rand und Band; **se coucher ~ habillé** sich vollständig angekleidet, angezogen niederlegen; **une ~e jeune fille** ein blutjunges, ganz junges Mädchen; **une ~e petite maison** ein winziges Häuschen; **les ~ petits** → tout-petit; **la ~e première fois** das allererste, zum, beim allerersten Mal; **plat ~ préparé** Fertiggericht *n*; ♦ *loc conj* **~ … que** wenn auch …; sosehr auch …; obgleich …; obwohl …; **~ enfant que j'étais** obwohl ich noch ein Kind war; **~ malin qu'il est** *ou st/s* **soit …** so schlau er auch ist …; bei all s-r Schläue …; ♦ *avec adv:* **~ aussi peu** ebenso wenig; genauso wenig; **~ autant** ebenso viel; genauso viel; ebenso sehr; **~ autrement** ganz anders; *parler* **~ bas** ganz leise; **~ comme** genau, gerade, ebenso wie; **~ droit** geradeaus; *parler* **~ °haut** laut; mit normaler Lautstärke; *avec prép:* **~ au bout** ganz am Ende; **~ à côté** gleich nebenan; **~ à coup** plötzlich; auf einmal; **~ à fait** a ganz (und gar); völlig; vollständig; vollkommen b *fam* genau!; richtig!; **~ au loin** ganz in der Ferne; **~ au moins** zumindest; allermindestens; **~ au plus** allerhöchstens; im Höchstfall; *elle est* **~ à son travail** ganz bei ihrer Arbeit, in ihre Arbeit versunken, vertieft; **~ dans le fond du sac** ganz unten in der Tasche; **~ d'abord** zu(aller)erst; **~ d'un coup** mit e-m Schlag; auf einmal; plötzlich; **~ de même** dennoch; doch; trotzdem; **existence (faite) ~e de travail** ganz, nur, einzig der Arbeit gewidmetes Leben; **~ de travers** ganz schief; **~ en fleurs** in voller Blüte; **~ en °haut** ganz oben; ♦ *avec verbe: fam* **il s'est ~ brûlé la main** *fam* er hat sich *(dat)* die Hand ganz verbrannt; *avec subst:* **étoffe** *f* **~ laine** reinwollener Stoff; **être ~ yeux, ~ oreilles** ganz Auge und Ohr sein; **c'est ~ son père** er ist ganz der Vater; ♦ *avec gérondif* a **~ en marchant**, *il me racontait* … im Gehen …; während wir weitergingen … b *st/s* **~ en étant très riche**, *il vit simplement* obwohl er sehr reich ist …

— **D** substantif —

1 Ganze(s) *n*; Gesamtheit *f*; **un ~ homogène** ein einheitliches Ganzes; ♦ *loc adv:* **pas du ~** keineswegs; überhaupt, durchaus nicht; **il ne fait pas froid du ~** es ist überhaupt nicht kalt; **plus du ~** überhaupt nicht mehr; **je n'en ai plus du ~** ich habe gar nichts, überhaupt nichts mehr (davon); **rien du ~** überhaupt nichts; **du ~ au ~** vollständig; völlig; vollkommen; **en ~ ou en partie** ganz oder teilweise; ♦ **le ~ est de** *(+inf)* die Hauptsache, das Wichtigste, Entscheidende ist zu *(+inf)*; **ce n'est pas le ~** *ou fam* **c'est pas le ~ de rigoler** es gibt auch noch anderes zu tun; ich vertrödle meine Zeit; **former un ~** ein Ganzes, e-e Einheit bilden; **risquer le ~ pour le ~** alles aufs Spiel, auf e-e Karte setzen 2 MAR **en avant ~e!** volle Kraft voraus!

tout-à-l'égout [tutalegu] M ⟨*inv*⟩ (Abwasser)Kanalisation *f*; *d'une maison* Kanalanschluss *m*

Toutankhamon [tutɑ̃kamɔ̃] M HIST Tutanchamun *ou* Tutenchamun *m*

toutefois [tutfwa] ADV jedoch; indessen; gleichwohl; nichtsdestoweniger; **à condition ~ que …** jedoch unter der Bedingung, dass …; **excepté ~** ausgenommen jedoch; *avec ironie,* **mais sans méchanceté, ~** jedoch, indessen ohne Bosheit; **si ~ vous le permettez** wenn Sie (es) gestatten; *il viendra plus tard* **si ~ il vient** wenn er überhaupt kommt

toute-puissance [tutpɥisɑ̃s] F Allmacht *f*

toutim(e) [tutim] *arg* **le ~(e)** alles Übrige; das Ganze

toutou [tutu] M *enf* Wauwau *m*; **suivre qn comme un ~** j-m wie ein Hündchen (überallhin) folgen

Tout-Paris [tupaʀi] **le ~** die Prominenz von Paris; alles, was in Paris Rang und Namen hat

tout-petit [tup(ə)ti] M ⟨*pl* tout-petits⟩ Kleinkind *n*

tout-puissant [tupɥisɑ̃] A ADJ ⟨*f* toute-puissante; *mpl* tout-puissants⟩ allmächtig; REL **le Père ~** der allmächtige Vater B M REL **le Tout-Puissant** der Allmächtige

tout-terrain [tutɛʀɛ̃] M **faire du ~** e-e Geländefahrt machen; durch das Gelände, querfeldein fahren; *véhicule a.* geländegängig sein; → *a.* terrain 1

tout-venant [tuvnɑ̃] M 1 COMM unsortierte Ware 2 *de personnes* **le ~** die große Masse

toux [tu] F Husten *m*; **petite ~** Hüsteln *n*; **quinte** *f* **de ~** Hustenanfall *m*

township [tɔnʃip, taon-] F *ou* M Township *f*

toxicité [tɔksisite] F MÉD Giftigkeit *f*; *t/t* Toxizität *f*

toxico [tɔksiko] *fam* ABR → toxicomane

toxicologie [tɔksikɔlɔʒi] F MÉD Toxikologie *f*; **toxicologique** ADJ MÉD toxikologisch; **toxicologue** M/F MÉD Toxikologe, -login *m,f*

toxicomane [tɔksikɔman] A ADJ (rauschgift)süchtig; drogenabhängig B M/F (Rauschgift)Süchtige(r) *m/f(m)*; Drogenabhängige(r) *m/f(m)*; **toxicomanie** F Rauschgiftsucht *f*

toxine [tɔksin] F MÉD Toxin *n*

toxique [tɔksik] ADJ giftig; Gift…; *t/t* toxisch; **gaz** *m* **~** Giftgas *n*

toxoplasmose [tɔksɔplasmoz] F MÉD Toxoplasmose *f*

T.P. [tepe] MPL ABR (travaux pratiques) → travail 2

trac [tʀak] M 1 Lampenfieber *n*; *fam* Bammel *m*; **avoir le ~** Lampenfieber haben; **donner le ~ à qn** j-m Bange, Angst machen 2 LOC ADV **tout à ~** völlig unerwartet; **dire qc tout à ~** mit etw herausplatzen

traçage [tʀasaʒ] M TECH Anreißen *n*

traçant [tʀasɑ̃] ADJ 1 MIL **balle ~e** Leuchtspurgeschoss, *autrich* -geschoß *n* 2 BOT *racine* flach streichend

tracas [tʀaka] M *souvent* PL *(soucis)* Sorgen *fpl*; Kummer *m*; *(ennuis)* Ärger *m*; Widrigkeiten *fpl*; **les petits ~ de la vie quotidienne** die kleinen Misshelligkeiten *fpl* des Alltags; **cela m'a donné bien du ~** das hat mir viel Kummer, Ärger gemacht

tracasser [tʀakase] A V/T bekümmern; beunruhigen; plagen B V/PR **se ~** beunruhigt sein; **ne vous tracassez pas** machen Sie sich *(dat)* keine Sorgen

tracasseries [tʀakasʀi] FPL Schikanen *fpl*; **~ administratives** Schikanen der Behörden

tracassier [tʀakasje] ADJ ⟨-ière⟩ schikanös

trace [tʀas] F Spur *f (a. fig)*; CH *a.* Fährte *f*; *fig a.* Hinweis *m* (**de** auf *+acc*); (An)Zeichen *n* (von); **~s de civilisations anciennes** Spuren alter Kulturen; **~s de fatigue** Spuren, Zeichen *npl* von Müdigkeit (**sur son visage** in s-m Gesicht); **~s de freinage** Bremsspur(en) *f(pl)*; **~s de pas, de sang** Fuß-, Blutspuren *fpl*; *fig* **aucune ~ de remords** keine Spur von, kein Anzeichen von, keinerlei Reue; **déceler des ~s de poison** Spuren von Gift, Giftspuren feststellen; **être sur la ~ des criminels** den Verbrechern auf der Spur sein; **il a disparu sans laisser de ~s** er ist spurlos verschwunden; **perdre la ~ de qn** j-s Spur verlieren; **il n'en reste plus ~** davon ist nichts mehr übrig geblieben, zu sehen, zu finden; *fig* **suivre les ~s, marcher sur les ~s de qn** in j-s Fuß(s)tapfen *(acc)* treten; **suivre qn à la ~** j-s Spur verfolgen; CH **suivre un animal à la ~** der Fährte e-s Tieres folgen; **on n'a trouvé aucune ~ d'effraction** man fand keinerlei Anzeichen von, Hinweis auf e-n Einbruch

tracé [tʀase] M 1 *d'une autoroute, d'une côte etc* Verlauf *m* 2 *d'un dessin* Umrisse *mpl*; **tracement** M 1 *d'une autoroute, d'une côte etc* Trassierung *f* 2 *d'une ligne* Ziehen *n*

tracer [tʀase] ⟨-ç-⟩ A V/T 1 *ligne, cercle,* AGR *sillons* ziehen; *plan* (auf)zeichnen; skizzieren; TECH anreißen; *fig* **~ un tableau sommaire** e-n kurzen Überblick geben 2 *route etc* trassieren; *fig* **~ le chemin, la voie à qn** j-m s-n Weg vorzeichnen; j-m Richtlinien geben B V/I *fam (courir) fam* rasen; sausen; flitzen

traceur [tʀasœʀ] A M 1 CHIM, MÉD **~ radioactif** Radioindikator *m* 2 INFORM **~ de courbes** Kurvenschreiber *m*; Plotter *m* B ADJ ⟨-euse⟩ MIL **balle traceuse** Leuchtspurgeschoss, *autrich* -geschoß *n*

trachéal [tʀakeal] ADJ ⟨-aux⟩ ANAT Luftröhren…

trachée [tʀaʃe] F *ou* **trachée-artère** F ⟨*pl* trachées-artères⟩ ANAT Luftröhre *f*

trachéen [tʀakeɛ̃] ADJ ⟨~ne⟩ ZOOL Tracheen…; **trachéite** F MÉD Luftröhrenentzündung *f*

trachéotomie [tʀakeɔtɔmi] F MÉD Luftröhrenschnitt *m*

traçoir [tʀaswaʀ] M TECH Reißnadel *f*

tract [tʀakt] M *feuille* Flugblatt *n*; *brochure* Flugschrift *f*; **distribuer, lancer des ~s** Flugblätter verteilen, verbreiten

tractations [tʀaktasjɔ̃] FPL *péj* Machenschaften *fpl*; geheime Verhandlungen *fpl*; **se livrer à, mener des ~ avec qn** mit j-m gemeinsame Sache machen

tracter [tʀakte] V/T (mit Motorkraft) ziehen, schleppen

tracteur [tʀaktœʀ] M Traktor *m*; Schlepper *m*; Trecker *m*; Zugmaschine *f*

traction [tʀaksjɔ̃] F 1 TECH Zug *m*; Ziehen *n*; *par ext* Antrieb *m*; AUTO: **~ arrière** Hinterrad-, Heckantrieb *m*; **~ avant** Vorderrad-, Frontantrieb *m*; *par ext* **~ (avant)** Wagen *m* mit Frontantrieb; **~ électrique** elektrischer Antrieb; CH DE FER elektrischer (Fahr)Betrieb; **résistance** *f* **à la ~** Zugfestigkeit *f* 2 SPORTS a *suspendu* Klimmzug *m* b *(pompe)* Liegestütz *m*

tradition [tʀadisjɔ̃] F Tradition *f*; Überlieferung *f*; *(coutume)* Brauch *m*; Sitte *f*; **~ populaire** Volksbrauch *m*, -sitte *f*; **c'est devenu une ~** das ist (zur) Tradition geworden; es hat sich so eingebürgert; **être dans la ~ française** zur französischen Tradition gehören; **il est de ~ dans certaines familles de** *(+inf)* in einigen Familien ist es Brauch, Sitte, Tradition zu *(+inf)*

traditionalisme [tʀadisjɔnalism] M Traditionsbewusstsein *n*; Traditionalismus *m* (*a.* REL); **traditionaliste** A ADJ traditionsbewusst; traditionalistisch B M/F traditionsgebundener Mensch; Traditionalist(in) *m(f)*

traditionnel [tʀadisjɔnɛl] ADJ ⟨~le⟩ traditionell; überliefert; althergebracht; herkömmlich

traditionnellement [tʀadisjɔnɛlmɑ̃] ADV nach altem Brauch; nach alter Tradition, Sitte

traduc [tʀadyk] *argot scolaire* F Übersetzung *f*

traducteur [tʀadyktœʀ] M, **traductrice** F Übersetzer(in) *m(f)*; **traducteur-interprète** M ‹*pl* traducteurs-interprètes› Übersetzer und Dolmetscher *m*

traduction [tʀadyksjõ] F Übersetzung *f*; Übertragung *f*; *action a.* Übersetzen *n*; Übertragen *n*; Wiedergabe *f*; **la ~ anglaise de ...** die englische Übersetzung von ...; **~ assistée par ordinateur** computergestützte Übersetzung; **~ libre, littérale** freie, wörtliche Übersetzung, Wiedergabe; **~ de l'allemand, en allemand** Übersetzung aus dem Deutschen, ins Deutsche; **~ de Faust** Faustübersetzung *f*; Übersetzung des Faust; **l'art** *m* **de la ~** die Kunst des Übersetzens

traduire [tʀadɥiʀ] ‹→ conduire› A V/T 1 übersetzen; übertragen; wiedergeben; *conversation a.* dolmetschen; **~ un auteur** e-n Autor übersetzen; **~ un texte en français** e-n Text ins Französische übersetzen; **~ de l'allemand en français** aus dem Deutschen ins Französische übersetzen 2 *fig pensées etc* Ausdruck verleihen, geben (+*dat*); in Worte kleiden; ausdrücken; *sentiments* zum Ausdruck bringen; verraten; **la statistique traduit ...** die Statistik weist ... auf, gibt ... wieder; aus der Statistik geht ... hervor 3 JUR **~ qn en justice** j-n vor Gericht stellen B V/PR **se ~** zum Ausdruck kommen, sich äußern, sich kundtun (**par** in +*dat*)

traduisible [tʀadɥizibl] ADJ übersetzbar

trafic [tʀafik] M 1 *péj* Schleich-, Schwarzhandel *m*; **~ d'armes** Waffenschmuggel *m*; illegaler Waffenhandel; **~ de devises** Devisenschmuggel *m*; **~ de (la) drogue, de stupéfiants** Rauschgifthandel *m*; JUR **~ d'influence** passive Bestechung; **faire le ~ des stupéfiants** mit Rauschgift handeln; dealen 2 (*circulation*) Verkehr *m*; **~ aérien** Luft-, Flugverkehr *m*; **~ ferroviaire** Eisenbahn-, Schienen-, Zugverkehr *m*; **~ routier** Straßenverkehr *m*; **~ (des) marchandises** Waren-, Güterverkehr *m*; **~ (des) voyageurs** Personen-, Reiseverkehr *m*

traficoter [tʀafikɔte] V/I *fam péj* unsaubere Geschäfte machen

trafiquant [tʀafikɑ̃] M *péj* Schwarz-, Schleichhändler *m*; Schieber *m*; **~ de drogue(s)** Rauschgifthändler *m*; Dealer *m*

trafiquer [tʀafike] A V/T 1 COMM *péj* Schleich-, Schwarzhandel treiben mit 2 *fam denrées* verfälschen; *vin, lait fam* pan(t)schen; **~ un chèque, un passeport** einen Scheck, einen Pass fälschen; **~ un compteur** einen Zähler manipulieren; **~ un moteur** *fam* einen Motor frisieren 3 *fam* (*faire*) tun; machen; *fam* treiben; **qu'est-ce que tu trafiques là?** *fam* was treibst du denn da? B V/I COMM *péj* schieben; Schleich-, Schwarzhandel treiben C V/T INDIR **~ de qc** aus etw Gewinn schlagen

tragédie [tʀaʒedi] F 1 THÉ Tragödie *f*; Trauerspiel *n*; **les ~s de Corneille** die Tragödien Corneilles *ou* von Corneille 2 *fig* Tragödie *f*; **finir par une ~** mit e-r Tragödie, tragisch enden; e-n tragischen Ausgang nehmen

tragédien [tʀaʒedjɛ̃] M, **tragédienne** F Tragöde *m*, Tragödin *f*

tragi-comédie [tʀaʒikɔmedi] F ‹*pl* tragi-comédies› THÉ *et fig* Tragikomödie *f*; **tragi-comique** ADJ THÉ *et fig* tragikomisch

tragique [tʀaʒik] A ADJ 1 THÉ tragisch; **auteur** *m*, **poète** *m* **~** Tragiker *m*; Tragödiendichter *m*; **personnage ~** tragische Figur, Rolle; **pièce** *f* **~** tragisches Stück; Tragödie *f*; Trauerspiel *n* 2 *fig* tragisch; **accident** *m* **~** tragischer Unfall; *fam* **ce n'est pas ~** *fam* das ist nicht tragisch; **il a eu une fin, une mort ~** er fand ein tragisches Ende; er kam auf tragische Weise ums Leben B M 1 THÉ **le ~** das Tragische; die Tragik 2 *fig* Tragik *f*; Tragische(s) *n*; *il ne se rend pas compte* **du ~ de la situation ...** über die Tragik der Lage; **prendre qc au ~** etw tragisch nehmen; **tourner au ~** e-e tragische Wendung nehmen

tragiquement [tʀaʒikmɑ̃] ADV tragisch; **mourir ~** auf tragische Weise ums Leben kommen; **se terminer ~** tragisch enden

trahir [tʀaiʀ] A V/T 1 *secret, patrie* verraten; Verrat begehen, üben (*abs ou* an +*dat*); **~ qn** j-n verraten; j-m die Treue brechen; **~ la confiance de qn** j-s Vertrauen missbrauchen, enttäuschen; *les événements* **ont trahi ses espérances** haben s-e Erwartungen enttäuscht; **~ les intérêts de qn** j-m schaden; gegen j-s Interessen handeln 2 (*montrer*) verraten; erkennen lassen; **son regard trahissait sa peur** sein Blick verriet s-e Furcht, ließ s-e Furcht erkennen 3 (*lâcher*) verlassen; **ses forces, ses nerfs l'ont trahi** s-e Kräfte, s-e Nerven ließen ihn im Stich, verließen ihn 4 *fig* **~ la pensée de qn** j-s Gedanken falsch, nicht richtig wiedergeben B V/PR **se ~** 1 *personne* sich verraten (**par un regard** durch e-n Blick) 2 *chose* sich verraten; sich zeigen; zu erkennen sein

trahison [tʀaizõ] F 1 Verrat *m*; POL Landesverrat *m*; POL **°haute ~** Hochverrat *m*; **commettre une ~** Verrat begehen, üben 2 *par ext* Treubruch *m*; Treulosigkeit *f*; Verrat *m*; *st/s en amour* Untreue *f*

train [tʀɛ̃] M 1 CH DE FER Zug *m*; Eisenbahn *f* (*a. jouet*); **~ direct** *correspond à* Eilzug *m*; *jouet* **~ électrique** elektrische Eisenbahn; **~ express** Schnellzug *m*; D-Zug *m*; **~ omnibus** Personenzug *m*; **~ rapide** (Fern)Schnellzug *m*; **~ spécial** Sonderzug *m*; **~ supplémentaire** Entlastungszug *m*; Vor- *ou* Nachzug *m*; **le ~ de X** (*qui vient de X*) der Zug von X; (*qui va à X*) der Zug nach X; **~ de banlieue** Nahverkehrs-, Vorortzug *m*; **~ de grande ligne** Fernzug *m*; **~ de marchandises** Güterzug *m*; MIL **~ de permissionnaires** Urlauberzug *m*; **~ de voyageurs** Reise-, Personenzug *m*; **chef** *m* **de ~** Zugführer *m*; **avoir le, son ~** den Zug noch bekommen, *fam* kriegen, erwischen; **manquer, rater, louper le, son ~** den Zug verpassen, versäumen; **prendre le ~ de 8 h 15** den Zug um 8 Uhr 15 nehmen; **prendre le ~, voyager par le** *ou* **en ~** mit dem Zug, der (Eisen)Bahn fahren; *fig* **prendre le, monter dans le ~ en marche** sich im letzten Moment anschließen; nachziehen 2 (*allure*) Gang *m*; (*vitesse*) Tempo *n*; SPORTS **~ rapide, soutenu** scharfes, gleichbleibend hohes Tempo; *loc adv* **à fond de ~** im Eiltempo; blitzschnell; **aller** *ou* **rouler à fond de ~, à un ~ d'enfer** (dahin)rasen; mit e-m Höllentempo fahren; ♦ **être en ~** *personne* in Form *ou* in Fahrt sein; *travail* im Gange sein; **il n'est pas en ~** er ist nicht in Form; er fühlt sich schlapp; **mettre en ~** *personne* in Schwung, Stimmung bringen; *travail* in Angriff nehmen; beginnen; SPORTS **faire de la mise en ~** sich aufwärmen; Auflockerungsübungen machen; ♦ **être en ~ de faire qc** gerade etw tun; (gerade) dabei sein, etw zu tun; **être en ~ de lire, travailler** *etc* gerade lesen, arbeiten *etc*; **maison** *f* **en ~ de brûler** brennendes Haus; ♦ **aller son petit ~** *personne* gemächlich arbeiten; *chose* im alten Trott weitergehen; s-n alten Gang gehen; **aller, marcher bon ~** *personne* flott gehen; tüchtig ausschreiten; *travail* gut vorankommen; *la conversation* **va bon ~** ist lebhaft; **les conversations vont bon ~** *a.* der Klatsch verstummt nicht; **au, du ~ où vont les choses** wenn es, die Entwicklung so weitergeht; so wie die Dinge laufen, vorwärtsgehen; bei dem jetzigen Tempo 3 AUTO **~ arrière, avant** Hinter-, Vorderachse *f*; AVIAT **~ d'atterrissage** Fahrgestell *n*, -werk *n*; MAR **~ de péniches** Schleppzug *m*; AUTO **~ de pneus** Bereifung *f*; Satz *m* Reifen 4 *fig* Reihe *f*; (Aufeinander)Folge *f*; Kette *f*; **un ~ de mesures** e-e Reihe von Maßnahmen 5 **~ de vie** Lebensstil *m*, -standard *m*; **avoir un grand ~ de maison** ein großes Haus führen; **mener grand ~** auf großem Fuß leben 6 *d'un cheval, d'un chien* **~ de derrière, de devant** Hinter-, Vorderteil *n*; *fam* **botter le ~ à qn** *fam* j-m e-n Tritt in den Hintern geben; j-n in den Hintern treten 7 MIL Nachschubtruppe *f*

traînailler [tʀenaje] *fam* V/I 1 (*lambiner*) (herum)trödeln; bummeln 2 (*rôder*) herumlungern; sich herumtreiben

traînant [tʀenɑ̃] ADJ **parler d'une voix ~e** gedehnt, in schleppendem Ton(fall) sprechen

traînard [tʀenaʀ] M 1 (*retardataire*) Nachzügler *m* 2 (*lambin*) *fam* Trödel-, Bummelfritze *m*

traînasser [tʀenase] V/I → traînailler

traîne [tʀɛn] F 1 Schleppe *f*; **robe** *f* **à ~** Kleid *n* mit Schleppe 2 LOC ADV **être, rester à la ~** zurückbleiben; hinterherhinken; **tout est à la ~ chez elle** *ou* **elle laisse tout à la ~** sie lässt alles herumliegen 3 Schleppnetz *n*; **pêche** *f* **à la ~** Schleppnetzfischerei *f*

traîneau [tʀeno] M ‹*pl* ~x› Schlitten *m*; **~ tiré par des chevaux** Pferdeschlitten *m*; **aller en ~** mit dem Schlitten fahren

traînée [tʀene] F 1 Spur *f*; Streifen *m*; **~ de brume** Nebelstreifen *m*; AVIAT **~ de condensation** Kondensstreifen *m*; **~ de sang** Blutspur *f*; *fig nouvelle* **se répandre, se propager comme une ~ de poudre** sich wie ein Lauffeuer verbreiten 2 *pop* (*prostituée*) *pop* Nutte *f*; Hure *f*

traîne-misère [tʀɛnmizɛʀ] M ‹*inv*› Hungerleider *m*; armer Teufel

traîner [tʀene] A V/T 1 (hinter sich [*dat*] her)ziehen; nachziehen; nachschleppen; schleifen; **~ les pieds** (mit den Füßen) schlurfen; *fig* **~ qn, qc dans la boue** j-n, etw in den Schmutz ziehen, zerren 2 (*amener avec soi*) (mit sich) (herum)schleppen; **~ ses enfants partout** s-e Kinder überallhin mitnehmen, mit sich schleppen 3 *fig maladie, soucis* mit sich herumschleppen; *fam* **qu'est-ce qu'il** *ou* **elle traîne!** *fam* so was von Dummheit!; ist der *ou* die aber dumm! B V/I 1 (*balayer le sol*) **~ par terre** auf dem Boden schleifen 2 (*n'être pas rangé*) herumliegen; **laisser ~ ses affaires** s-e Sachen herumliegen lassen; *fig: cette histoire-là?* **elle traîne partout, dans tous les livres** sie ist in aller Munde; sie ist in jedem Buch zu finden 3 *procès, discussion* **~ (en longueur)** sich in die Länge ziehen; *a. maladie* sich hinziehen; *fam* **ça n'a pas traîné** *fam* das hat nicht lange auf sich (*acc*) warten lassen; **faire ~ les choses** die Dinge in die Länge ziehen; **faire ~ qc en longueur** *a.* etw verschleppen 4 (*lambiner*) trödeln; bummeln; (*rester en arrière*) zurückbleiben; *fam* nachzotteln; *péj* **~ dans les rues** (*fam a. v/t* **~ les rues**) auf den Straßen herumlungern; sich auf den Straßen herumtreiben 5 **~ sur les mots** gedehnt, in schleppendem Tonfall sprechen C V/PR **se ~** 1 sich fort-, dahinschleppen; sich vorwärtsschleppen; **se ~ par terre** auf dem (Erd)Boden herumkriechen; **il s'est traîné à cette réunion** *malade* er hat sich zu dieser Versammlung (hin)geschleppt; *à contrecœur* er ist sehr widerwillig zu dieser Versammlung gegangen 2 *conversation, action d'un film* sich hinschleppen; *jours* sich endlos hinziehen

traîneur [tʀɛnœʀ] M, **traîneuse** F 1 *péj* **traîneur, traîneuse (de rues)** Herumtreiber(in) *m(f)* 2 **traîneur** *m* **de sabre** alter Haudegen *(iron)*
trainglot [tʀɛ̃glo] *arg militaire* M Soldat *m* der Nachschubtruppe
training [tʀɛniŋ] M 1 PSYCH, SPORTS Training *n* 2 *(survêtement)* Trainingsanzug *m*
train-train *ou* **traintrain** [tʀɛ̃tʀɛ̃] M *fam* Trott *m*; **le train-train** *ou* **traintrain de la vie quotidienne** das tägliche Einerlei; der graue Alltag; der Alltagstrott; **suivre son petit train-train** *ou* **traintrain** *vie* im alten Trott weitergehen, *personne* weitermachen
traire [tʀɛʀ] ⟨je trais, il trait, nous trayons, ils traient; je trayais; *kein Passé simple*; je trairai; que je traie; trayant; trait⟩ V/T melken; **machine** *f* **à ~** Melkmaschine *f*
trait[1] [tʀɛ] M 1 Strich *m*; **~ d'union** Bindestrich *m*; *fig* **servir de ~ d'union entre …** das Bindeglied, e-e Brücke sein zwischen *(+dat)*; **barrer un mot d'un ~** ein Wort durchstreichen; *fig* **décrire, peindre qc à grands ~s** etw in großen Zügen, Umrissen schildern, beschreiben; **faire, tirer, tracer un ~** e-n Strich ziehen; *fig* **tirer un ~ sur qc** e-n Schlussstrich unter etw *(acc)* ziehen, machen; **supprimer qc d'un ~ de plume** etw mit e-m Federstrich abschaffen 2 *(caractéristique)* Merkmal *n*; (hervorstechende) Eigenschaft; Zug *m*; **~ distinctif** Unterscheidungsmerkmal *n*; **~ essentiel** wesentliches Merkmal; **~ de caractère** Charakter-, Wesenszug *m*; **avoir de nombreux ~s de ressemblance avec qn** j-m in vielem ähnlich sein; **ressembler à qn ~ pour ~** j-m vollkommen gleichen; j-s Ebenbild sein 3 PL **~s (du visage)** Gesichtszüge *mpl*; **~s délicats, fins** feine Gesichtszüge; **~s grossiers, gros ~s** grobe (Gesichts)Züge *mpl*; *loc adv* **sous les ~s de** in Gestalt von *(ou +gén)*; **als** 4 *(remarque)* Bemerkung *f*; **~ d'esprit** geistreiche Bemerkung; Aperçu *n* 5 *(idée)* Einfall *m*; *(action)* Handlung *f*; Tat *f*; **~ de générosité** edelmütiges Handeln; **~ de génie** Geistesblitz *m*; genialer Einfall; glänzender Gedanke 6 **avoir ~ à** sich beziehen auf *(+acc)*; Bezug haben auf *(+acc)*; im Zusammenhang stehen mit 7 *en buvant* Zug *m*; **boire à longs ~s** in langen Zügen trinken; **boire d'un (seul) ~** in einem Zug(e) (aus)trinken; **vider son verre d'un ~** sein Glas in einem Zug(e) leeren 8 **bête** *f*, **cheval** *m* **de ~** Zugtier *n*, -pferd *n* 9 *litt (flèche)* Pfeil *m*; *fig et st/s* **décocher un ~ à qn** j-n tief verletzen; e-n Pfeil auf j-n abschießen; *fig* **filer, partir comme un ~** wie ein Pfeil davonschießen 10 ÉCHECS erster Zug; Anzug *m*
trait[2] [tʀɛ] PP → traire *et* ADJ ⟨traite [tʀɛt]⟩ gemolken
traitable [tʀɛtabl] ADJ *rarement* entgegenkommend; um-, zugänglich
traitant [tʀɛtɑ̃] ADJ 1 **médecin ~** behandelnder Arzt 2 *shampoing, etc* Pflege…
traite [tʀɛt] F 1 COMM a) Tratte *f*; gezogener Wechsel; **accepter, honorer une ~** e-n Wechsel akzeptieren, honorieren *ou* einlösen; **tirer une ~ sur qn** e-n Wechsel auf j-n ziehen, ausstellen, trassieren b) *dans une vente à tempérament* Rate *f*; **payer le reste par ~s** den Rest in Raten bezahlen; *fam* den Rest abstottern 2 LOC ADV **d'une seule ~** in einem Zug(e); hintereinander; **faire un trajet d'une seule ~** e-e Strecke ohne Aufenthalt fahren; durchfahren; **lire un livre d'une seule ~** ein Buch in einem Zug(e) lesen 3 **~ des blanches, des noirs** Mädchen-, Sklavenhandel *m* 4 *des vaches* Melken *n*; **~ mécanique, à la main** Maschinen-, Handmelken *n*
traité [tʀete] M 1 POL Vertrag *m*; **~ de paix** Friedensvertrag *m*; **conclure, signer un ~** e-n Vertrag schließen, unterzeichnen 2 *ouvrage* Abhandlung *f*; *(manuel)* Lehrbuch *n*
traitement [tʀɛtmɑ̃] M 1 Behandlung *f*; **mauvais ~s** Misshandlung(en) *f(pl)*; **faire subir un mauvais ~ à qn** j-n schlecht behandeln; **infliger des mauvais ~s à qn** j-n misshandeln; → *a.* faveur 1 2 MÉD Behandlung *f*; **~ de choc** Schockbehandlung *f*, -therapie *f* *(a. fig)*; **être en ~ (chez tel médecin)** (bei dem und dem Arzt) in Behandlung sein; **ordonner, prescrire un ~** e-e Behandlung verordnen; **suivre un ~** sich behandeln lassen; sich e-r Behandlung unterziehen 3 *d'un fonctionnaire etc* Gehalt *n* 4 TECH Behandlung *f*; *de matières premières* Verarbeitung *f*; *du minerai* Aufbereitung *f*; *de l'acier* Vergütung *f*; **~ des eaux** Trinkwasseraufbereitung *f*; **~ des eaux usées** Abwasserbehandlung *f*, -reinigung *f* 5 INFORM **~ de l'information, des données** Datenverarbeitung *f*; **~ de texte** Textverarbeitung *f*
traiter [tʀete] A V/T 1 **~ qn** j-n behandeln *(a. MÉD)*; mit j-m umgehen; **~ qn durement, humainement** j-n hart, menschlich behandeln; **~ qn en ami, comme un chien** j-n als Freund, wie e-n Hund behandeln 2 **~ qn de menteur** *etc* j-n e-n Lügner *etc* nennen, schimpfen, heißen; **~ qn de tous les noms** j-n mit allen möglichen Schimpfnamen belegen; j-n alles heißen 3 *question, problème* behandeln; ÉCOLE **il n'a pas traité le sujet** er hat das Thema verfehlt 4 *affaire* verhandeln über *(+acc)* 5 TECH behandeln; *matières premières* verarbeiten; *minerai* aufbereiten; *acier* vergüten; *fruits* spritzen 6 INFORM *données* verarbeiten 7 ADJT BOURSE **valeurs traitées** gehandelte Werte *mpl* 8 *litt* **~ qn** *(offrir un repas)* j-n bewirten B V/T INDIR **~ de qc** *ouvrage, exposé* von etw handeln; *auteur* etw be-, abhandeln; *orateur* über etw *(acc)* sprechen C V/I **~ avec qn sur qc** mit j-m über etw *(acc)* verhandeln
traiteur [tʀɛtœʀ] M Lieferant *m* von Fertigmenüs; Partyservice *m*
traître [tʀɛtʀ], **traîtresse** [tʀɛtʀɛs] A M,F Verräter(in) *m(f)*; *par ext, a. plais* Schurke *m*; Schuft *m*; **prendre qn en traître** j-m in den Rücken fallen B ADJ *personne* verräterisch; *a. chose* heimtückisch; gefährlich; **il n'a pas dit un traître mot** er hat kein einziges Wort, kein Sterbenswörtchen gesagt; **être traître à sa patrie** ein Vaterlandsverräter sein
traîtreusement [tʀɛtʀøzmɑ̃] ADV verräterisch; heimtückisch
traîtrise [tʀɛtʀiz] F Verrat *m*; Verräterei *f*; (Heim)Tücke *f* *(a. de qc)*
trajectoire [tʀaʒɛktwaʀ] F *d'un projectile, d'une fusée* Flugbahn *f*
trajet [tʀaʒɛ] M 1 Strecke *f*; Weg *m*; Fahrt *f*; *il est mort* **durant le ~ à l'hôpital** auf dem Weg ins Krankenhaus; **j'ai une demi-heure de ~** *pour aller à mon travail* ich brauche e-e halbe Stunde; **effectuer, faire le ~ en trois heures** die Strecke, den Weg in drei Stunden zurücklegen 2 ANAT *d'un nerf etc* Verlauf *m*
tralala [tʀalala] A INT 1 *en chantant* trallala! 2 *enf* ätsch! B *fam* M Pomp *m*; Aufwand *m*; *fam* Tamtam *n*; Klimbim *m*; **inutile de faire tant de ~s!** *fam* so viel Tamtam ist nicht nötig!; *fam* wozu der ganze Klimbim?
tram [tʀam] M → tramway
trame [tʀam] F 1 TEXT Schuss *m*; **fil** *m* **de ~** Schussfaden *m*; *tapis* **usé jusqu'à la ~** ganz abgewetzt, abgetreten, fadenscheinig 2 TYPO, TV Raster *m* 3 *fig* Hintergrund *m*; Grundlage *f*
tramer [tʀame] A V/T *complot* anzetteln; anstiften; schmieden B V/PR **il se trame qc** da braut sich etw zusammen; da wird etw ausgeheckt
traminot [tʀamino] M Straßenbahner *m*
tramontane [tʀamɔ̃tan] F Nordwind *m*; *fig* **perdre la ~** den Kopf verlieren
trampoline [tʀɑ̃pɔlin] M SPORTS Trampolin *n*
tramway [tʀamwɛ] M Straßenbahn *f*; *all Sud* Trambahn *f*; *fam* Tram *f*
tranchage [tʀɑ̃ʃaʒ] M 1 *du bois* Schneiden *n* 2 *des métaux* Abschroten *n*
tranchant [tʀɑ̃ʃɑ̃] A ADJ 1 schneidend; scharf; Schneid…; **instrument ~** Schneidwerkzeug *n* 2 *fig* **d'un ton ~** in nachdrücklichem, entschiedenem Ton B M 1 *d'un couteau etc* Schneide *f*; *fig* **mesure** *f* **à double ~** Maßnahme, mit der man sich *(acc ou dat)* ins eigene Fleisch schneiden kann; *fig* **c'est (une arme) à double ~** das ist ein zweischneidiges Schwert 2 *fig* Schärfe *f*
tranche [tʀɑ̃ʃ] F 1 Scheibe *f*; Schnitte *f*; **~ napolitaine** *correspond à* Fürst-Pückler-Eis *n*; **~ de jambon, de pain** Scheibe, Schnitte Schinken, Brot; Brotscheibe *f*, -schnitte *f*; **~ de viande** Scheibe Fleisch; **couper en ~s** in Scheiben schneiden; *fam fig* **s'en payer une ~** sich biegen vor Lachen; sich köstlich amüsieren 2 *par ext* Abschnitt *m*; Stufe *f*; Stück *n*; Teil *m ou n*; **~ d'âge** Altersstufe *f*; **~ des revenus imposables** Progressionsstufe *f*; **~ de salaires** Gehaltsstufe *f*; **première ~ des travaux** erster Bauabschnitt 3 *d'un livre* Schnitt *m*; **doré sur ~(s)** mit Goldschnitt 4 BOUCHERIE Unterschale *f* 5 MATH (Zahlen-, Ziffern)Gruppe *f* 6 LOTERIE **~ spéciale** Sonderausspielung *f* 7 *d'un emprunt* Tranche *f*
tranché [tʀɑ̃ʃe] ADJ 1 **couleurs bien ~es** scharf gegeneinander abgegrenzte, sich voneinander abhebende Farben *fpl* 2 *fig* klar (abgegrenzt); **opinion ~e** feste Meinung
tranchée [tʀɑ̃ʃe] F Graben *m*; MIL Schützengraben *m*; **guerre** *f* **de(s) ~s** Grabenkrieg *m*; **creuser une ~** e-n Graben ausheben
tranchefile [tʀɑ̃ʃfil] F RELIURE Kapitalband *n*
trancher [tʀɑ̃ʃe] A V/T 1 durchschneiden; zerschneiden; *adjt*: *on l'a. retrouvé,* **la gorge tranchée** mit durchschnittener Kehle; **~ la tête à qn** j-m den Kopf abschlagen; j-n enthaupten, köpfen 2 *question, querelle* entscheiden; **~ une difficulté** eine Schwierigkeit ausräumen, endgültig lösen B V/I 1 schneiden; **~ dans le vif** MÉD tief ins gesunde Gewebe, Fleisch schneiden; *fig* strenge, energische Maßnahmen ergreifen; zum letzten, äußersten Mittel greifen 2 *(décider)* sich entscheiden; **il faut ~** wir müssen uns jetzt entscheiden 3 *couleur, fig* **~ sur** sich abheben von; abstechen gegen, von; *fig* **son calme tranchait avec** *l'agitation des autres* … s-e Ruhe stach gegen *ou* von … ab, hob sich von … ab
trancheuse [tʀɑ̃ʃøz] F 1 Furniermessermaschine *f* 2 CUIS (Alles)Schneider *m*
tranquille [tʀɑ̃kil] A ADJ *mer, eau, endroit* ruhig; still; *sommeil, personne* ruhig; *personne a. (paisible)* friedlich; *(rassuré)* unbesorgt; **un coin bien ~** ein stiller Winkel; **courage** *m* **~** schlichte, stille Tapferkeit; **avoir la conscience, l'esprit ~** ein ruhiges Gewissen haben; **soyez ~!** seien Sie unbesorgt!; keine Sorge!; nur keine Angst!; **vous pouvez être ~** Sie können beruhigt, unbesorgt sein; **laisse-moi ~!** lass mich in Ruhe **(avec** mit)!; *fam* **laisse ça ~!** lass das stehen!; rühr das nicht an!; **marcher d'un pas ~** mit ruhigen, bedächtigen Schritten gehen; **mener une (petite) vie ~, vivre bien ~** ein stilles, friedliches, ruhiges Leben führen; friedlich leben; **vous pouvez partir ~** Sie können getrost, ruhig, unbesorgt fahren B ADV *fam (facilement)* leicht; problemlos

T

tranquillement [tʀɑ̃kilmɑ̃] ADV ruhig; friedlich; ungestört; *(sans inquiétude)* unbesorgt; getrost; *(sans émotion)* in (aller) Ruhe; *(facilement)* leicht; problemlos; **on peut y aller ~ en dix minutes** man kommt da leicht in zehn Minuten hin; **nous étions ~ installés** wir saßen ruhig, friedlich da; **répondre ~** ruhig, ohne Erregung antworten

tranquillisant [tʀɑ̃kilizɑ̃] A ADJ beruhigend B M PHARM Beruhigungsmittel *n;* Tranquilizer *m*

tranquilliser [tʀɑ̃kilize] A V/T *personne* beruhigen; **~ la conscience de qn** j-s Gewissen beruhigen, beschwichtigen B V/PR **se ~** sich beruhigen; ruhig(er) werden; **tranquillisez-vous** beruhigen Sie sich; seien Sie unbesorgt

tranquillité [tʀɑ̃kilite] F Ruhe *f;* Stille *f; d'une personne* (innere) Ruhe; Frieden *m;* **~ d'esprit** Seelenfrieden *m*, -ruhe *f;* JUR **atteinte** *f* **à la ~ publique** (öffentliche) Ruhestörung; *loc adv* **en toute ~** völlig ungestört; in (aller) Ruhe; **retrouver sa ~** s-e Ruhe, s-n Frieden wiederfinden

transaction [tʀɑ̃zaksjõ] F 1 COMM, FIN Geschäft *n;* Abschluss *m;* Transaktion *f;* **~s** *pl a.* Verkehr *m;* **~s bancaires** Bankverkehr *m* 2 JUR Vergleich *m; par ext* Kompromiss *m;* **conclure une ~** e-n Vergleich, Kompromiss schließen

transactionnel [tʀɑ̃zaksjɔnɛl] ADJ ⟨~le⟩ JUR Vergleichs...; Kompromiss...

transalpin [tʀɑ̃zalpɛ̃] ADJ HIST **la Gaule ~e** Gallia transalpina *f*

transat [tʀɑ̃zat] 1 M Liegestuhl *m* 2 F ABR *(course transatlantique)* Transatlantikregatta *f*

transatlantique [tʀɑ̃zatlɑ̃tik] A ADJ transatlantisch; **vol** *m* **~** Transatlantikflug *m;* Flug *m* über den Atlantik B SUBST 1 M *paquebot* Übersee-, Ozeandampfer *m* 2 M/F → transat 1, 2

transbahuter [tʀɑ̃zbayte] *fam* A V/T (anderswohin) schleppen, schaffen B V/PR **se ~** *personne* sich schleppen

transbordement [tʀɑ̃zbɔʀdəmɑ̃] M Umladen *n;* COMM Umschlag *m;* **transborder** V/T *marchandises* umladen; MAR umschiffen; COMM umschlagen; MAR *passagers* umschiffen

transbordeur [tʀɑ̃zbɔʀdœʀ] ADJ *et* SUBST M **(pont) ~** Schwebefähre *f;* **(navire) ~** Autofähre *f*

Transcaucasie [tʀɑ̃skokazi] GÉOG **la ~** Transkaukasien *n*

transcaucasien [tʀɑ̃skokazjɛ̃] ADJ ⟨~ne⟩ transkaukasisch

transcendance [tʀɑ̃sɑ̃dɑ̃s] F PHIL Transzendenz *f*

transcendant [tʀɑ̃sɑ̃dɑ̃] ADJ 1 PHIL transzendent; übersinnlich 2 *(remarquable)* überlegen; hervorragend; *fam d'un film, d'une idée* **ça n'a rien de ~** *fam* das ist nicht gerade e-e Offenbarung

transcendantal [tʀɑ̃sɑ̃dɑ̃tal] ADJ ⟨-aux⟩ PHIL transzendental; **transcendantalisme** M PHIL Transzendentalismus *m*

transcender [tʀɑ̃sɑ̃de] V/T PHIL transzendieren

transcodage [tʀɑ̃skɔdaʒ] M INFORM Umkodierung *f;* **transcoder** V/T INFORM umkodieren; **transcodeur** M INFORM Compiler *m*

transcontinental [tʀɑ̃skõtinɑ̃tal] ADJ ⟨-aux⟩ transkontinental

transcription [tʀɑ̃skʀipsjõ] F 1 *d'un texte,* JUR Übertragung *f; (copie)* Abschrift *f; (enregistrement)* Eintragung *f* 2 LING Transkription *f;* **~ phonétique** phonetische Umschrift, Transkription; Lautschrift *f* 3 MUS Transkription *f;* Bearbeitung *f*

transcrire [tʀɑ̃skʀiʀ] V/T ⟨→ écrire⟩ 1 *texte,* JUR übertragen; *(copier)* abschreiben; *(enregistrer)* eintragen; **~ en clair** in Klartext übertragen 2 LING transkribieren; in e-e andere Schrift übertragen; **~ en écriture phonétique** phonetisch umschreiben 3 MUS transkribieren; bearbeiten

transe [tʀɑ̃s] F 1 SPIRITISME Trance *f;* **entrer, être en ~** in Trance kommen, sein; *par ext de colère, d'énervement* außer sich geraten, sein; *d'enthousiasme* in Ekstase geraten, sein 2 **être dans les ~s, dans des ~s mortelles** in Todesängsten schweben; Todesängste ausstehen

transept [tʀɑ̃sɛpt] M ARCH Querschiff *n;* Transept *m ou n*

transférable [tʀɑ̃sfeʀabl] ADJ übertragbar; *fonds* transferierbar

transfèrement [tʀɑ̃sfɛʀmɑ̃] M *d'un prisonnier* Überstellung *f*

transférer [tʀɑ̃sfeʀe] V/T ⟨-è-⟩ 1 *propriété, droits etc, fig sentiments* übertragen (**à** auf *+acc*); *argent* überweisen; *capitaux, fonds* transferieren; *à un autre compte* umbuchen 2 *dépouille mortelle* überführen; *prisonnier* überstellen; *siège d'une firme etc* verlegen 3 INFORM weiterleiten; forwarden

transfert [tʀɑ̃sfɛʀ] M 1 *de propriété, droits etc* Übertragung *f; de fonds, capitaux* Transfer *m;* Transferierung *f; d'argent a.* Überweisung *f; à un autre compte* Umbuchung *f;* **~ de technologie** Technologietransfer *m* 2 *d'une dépouille mortelle* Überführung *f; d'un prisonnier* Überstellung *f; du siège d'une firme etc* Verlegung *f;* **~ de populations** Umsiedlung *f* 3 PSYCH Übertragung *f;* Transfer *m* 4 *d'un sportif* Transfer *m*

transfiguration [tʀɑ̃sfigyʀasjõ] F REL Verklärung *f (a. fig);* Transfiguration *f*

transfigurer [tʀɑ̃sfigyʀe] A V/T REL *et fig* verklären; *joie* **~ qn** j-s Gesicht verklären B V/PR **se ~** REL verklärt werden

transfo [tʀɑ̃sfo] M ABR *(transformateur)* ÉLEC Trafo *m*

transformable [tʀɑ̃sfɔʀmabl] ADJ verwandelbar; umwandelbar; **fauteuil** *m*, **siège** *m* **~** in e-e Liege umwandelbarer Sessel

transformateur [tʀɑ̃sfɔʀmatœʀ] A M ÉLEC Transformator *m;* Umspanner *m* B ADJ ⟨-trice⟩ Verwandlungs...; Umwandlungs...; TECH verarbeitend; Verarbeitungs...

transformation [tʀɑ̃sfɔʀmasjõ] F 1 *(action de transformer)* (Ver)Änderung *f;* Umformung *f;* Umgestaltung *f; de matières premières* (Weiter)Verarbeitung *f;* Veredelung *f;* CONSTR **~s** *pl* Umbau *m;* Renovierung *f;* RUGBY **~ d'un essai** Verwandlung *f* e-s Versuchs in e-n Treffer; **industrie** *f* **de ~** (weiter)verarbeitende Industrie; Veredelungsindustrie *f; dans une maison* **faire des ~s** umbauen; renovieren; Veränderungen durchführen 2 *(fait de se transformer)* Umwandlung *f;* Verwandlung *f;* Veränderung *f;* Wandel *m;* BIOL *a.* Entwicklung *f;* **~ profonde** Umwälzung *f;* PHYS **~ de mouvement en chaleur** Umwandlung von Bewegung in Wärme 3 ÉLEC Transformierung *f;* Umspannung *f;* Umformung *f;* **station** *f* **de ~** Umspannwerk *n*

transformationnel [tʀɑ̃sfɔʀmasjɔnɛl] ADJ ⟨~le⟩ LING **grammaire ~le** Transformationsgrammatik *f*

transformer [tʀɑ̃sfɔʀme] A V/T 1 verändern; verwandeln, umwandeln (**en** in *+acc*); *choses a.* umformen; umgestalten; *vêtement* umarbeiten; (um)ändern; *matières premières* (weiter)verarbeiten; veredeln; **~ une maison** ein Haus umbauen, renovieren; **~ un château en hôtel** ein Schloss zu e-m Hotel umbauen; aus e-m Schloss ein Hotel machen; RUGBY **~ un essai** e-n Versuch in e-n Treffer verwandeln; **ce séjour à la mer l'a transformé** durch den Aufenthalt am Meer sieht er ganz anders aus, hat sich sein Aussehen geändert 2 ÉLEC transformieren; umspannen; umformen B V/PR **se ~** sich (ver)ändern; sich verwandeln (**en** in *+acc*); **leur amitié s'est transformée en amour** aus ihrer Freundschaft wurde Liebe; ihre Freundschaft verwandelte sich in Liebe

transformisme [tʀɑ̃sfɔʀmism] M BIOL Abstammungslehre *f;* Transformismus *m;* **transformiste** M/F Anhänger(in) *m(f)* der Abstammungslehre

transfuge [tʀɑ̃sfyʒ] M Überläufer *m*

transfusé(e) [tʀɑ̃sfyze] M(F) MÉD Person *f*, der Blut übertragen wurde; **transfuser** V/T MÉD *sang* übertragen; **transfuseur** M MÉD Person, die e-e Blutübertragung vornimmt

transfusion [tʀɑ̃sfyzjõ] F MÉD **~ (sanguine** *ou* **de sang)** Blutübertragung *f;* (Blut)Transfusion *f*

transgénique [tʀɑ̃sʒenik] ADJ gentechnisch verändert; *t/t* transgen; **maïs** *m* **~** Genmais *m*

transgresser [tʀɑ̃sgʀese] V/T *loi, règlement* übertreten; verstoßen gegen; *ordre* zuwiderhandeln *(+dat)*

transgression [tʀɑ̃sgʀesjõ] F *d'une loi, d'un règlement* Übertretung *f;* Verstoß *m* (**de qc** gegen etw); *abs a.* Zuwiderhandlung *f*

Transhimalaya [tʀɑ̃simalaja] GÉOG **le ~** der Transhimalaja

transhumance [tʀɑ̃zymɑ̃s] F AGR Transhumanz *f; en été* Almauftrieb *m; en automne* Almabtrieb *m*

transhumant [tʀɑ̃zymɑ̃] ADJ **troupeaux ~s** *ou subst* **~s** *mpl* Vieh, das im Sommer auf die Alm(en) getrieben wird

transhumer [tʀɑ̃zyme] V/I auf die Alm(en) ziehen

transi [tʀɑ̃zi] ADJ 1 **être ~ de froid** starr, steif, erstarrt vor Kälte sein 2 **un amoureux ~** ein zaghafter, aber beharrlicher Verehrer

transiger [tʀɑ̃ziʒe] V/I ⟨-geons⟩ e-n Kompromiss schließen (**avec** mit); *fig:* **~ avec sa conscience** ein weites Gewissen haben; **ne pas ~ sur l'honneur** es mit der Ehre sehr genau nehmen

transir [tʀɑ̃ziʀ] *litt* V/T erstarren lassen

transistor [tʀɑ̃zistɔʀ] M 1 ÉLEC Transistor *m* 2 RAD Transistorgerät *n*, -radio *n;* Kofferradio *n*

transistorisé [tʀɑ̃zistɔʀize] ADJ ÉLEC transistorisiert; mit Transistoren

transit [tʀɑ̃zit] M Transit *m; de marchandises a.* Durchfuhr *f;* AVIAT **salle** *f* **de ~** Transitraum *m;* **en ~** *loc adv* im Transit(verkehr); *loc adj* Transit...; **passagers** *mpl* **en ~** Transitreisende(n) *mpl*

transitaire [tʀɑ̃zitɛʀ] A ADJ Transit...; Durchfuhr... B M Transitspediteur *m*

transiter [tʀɑ̃zite] A V/T *marchandises* im Transitverkehr befördern B V/I *marchandises* im Transit(-verkehr) durchgehen, befördert werden (**par** durch); *voyageurs* **~ par ...** über ... kommen, reisen, *en avion* fliegen

transitif [tʀɑ̃zitif] ADJ ⟨-ive⟩ GRAM transitiv; zielend; **verbe ~ (direct)** transitives Verb; **verbe ~ indirect** Verb *n* mit Präpositionalobjekt

transition [tʀɑ̃zisjõ] F Übergang *m;* LITTÉRATURE, MUS *a.* Überleitung *f;* PEINT *a.* Abstufung *f;* Schattierung *f; loc adj* **de ~** Übergangs...; vorübergehend; vorläufig; provisorisch; *loc adv* **sans ~** ohne Übergang; übergangslos

transitivement [tʀɑ̃zitivmɑ̃] ADV **verbe employé ~** transitiv gebrauchtes Verb

transitivité [tʀɑ̃zitivite] F GRAM, MATH Transitivität *f;* transitiver Charakter

transitoire [tʀɑ̃zitwaʀ] ADJ Übergangs…; vorläufig; vorübergehend; provisorisch; **période** *f* ~ Übergangszeit *f*
translation [tʀɑ̃slasjõ] F 1 JUR Übertragung *f* 2 *litt d'une dépouille mortelle* Überführung *f* 3 MATH, PHYS (**mouvement** *m* **de**) ~ Translation *f*; Parallelverschiebung *f*
translucide [tʀɑ̃slysid] ADJ durchscheinend; lichtdurchlässig; **translucidité** F Lichtdurchlässigkeit *f*
transmetteur [tʀɑ̃smɛtœʀ] M MAR ~ **d'ordres** Maschinentelegraf *m*
transmettre [tʀɑ̃smɛtʀ] ⟨→ mettre⟩ A V/T 1 weitergeben, -leiten; *message, information* übermitteln; zuleiten; *tradition, nom,* BIOL *caractères* weitergeben; vererben; ~ **qc à qn** j-m etw übermitteln, zuleiten; etw an j-n weiterleiten, -geben; j-m etw vererben; ~ **qc à la postérité** etw der Nachwelt überliefern; **transmettez mes amitiés à M. X** übermitteln Sie Herrn X meine Grüße; grüßen Sie Herrn X von mir; ~ **ses pouvoirs à qn** s-e Vollmacht, Befugnisse j-m, auf j-n übertragen; RAD, TV ~ **en direct** direkt übertragen; live senden; ~ **par téléphone** telefonisch durchgeben 2 PHYS *mouvement* übertragen; *son, lumière* weiterleiten; *électricité* weiterführen; leiten; PHYSIOL (weiter)leiten 3 MÉD *insecte: maladie* übertragen; *personne* ~ **une maladie à qn** j-n mit e-r Krankheit anstecken; e-e Krankheit auf j-n übertragen; *génétiquement* j-m e-e Krankheit vererben B V/PR **se** ~ PHYS *mouvement* übertragen werden; *son* sich fortpflanzen; *électricité* weitergeleitet werden; *maladie* **se** ~ **héréditairement** sich vererben; vererbt werden; erblich sein; *secret etc* **se** ~ **de père en fils** von Generation zu Generation weitergegeben werden
transmigration [tʀɑ̃smigʀasjõ] F REL ~ **des âmes** Seelenwanderung *f*
transmigrer [tʀɑ̃smigʀe] V/I REL *âme* wandern
transmissibilité [tʀɑ̃smisibilite] F Übertragbarkeit *f*; BIOL Vererblichkeit *f*; **transmissible** ADJ übertragbar (*a. maladie*); BIOL vererblich
transmission [tʀɑ̃smisjõ] F 1 *de pouvoirs* Übertragung *f*; Übergabe *f*; *de maladies* Übertragung *f*; *de privilèges etc,* BIOL *de caractères* Vererbung *f* 2 *d'un message* Übermittlung *f*; Weiter-, Zuleitung *f*; *d'idées, de connaissances* Vermittlung *f*; Übermittlung *f*; Weitergabe *f*; ~ **de pensée** Gedankenübertragung *f* 3 INFORM ~ **de(s) données** Datenübertragung *f* 4 PHYS Übertragung *f*; *de son, lumière* Weiterleitung *f*; Fortpflanzung *f* 5 TECH Transmission *f*; Antrieb *m*; **courroie** *f* **de** ~ Treibriemen *m* 6 MIL ~**s** *pl* Nachrichtenapparat *m*, -wesen *n*; (**service** *m* **des**) ~**s** Fernmeldetruppe *f*
transmuable [tʀɑ̃smɥabl] *litt* ADJ um-, verwandelbar; **transmuer** *litt* A V/T um-, verwandeln; umgestalten B V/PR **se** ~ sich verwandeln (**en** in +*acc*)
transmutation [tʀɑ̃smytasjõ] F Um-, Verwandlung *f*; **transmuter** V/T → transmuer
transocéanien [tʀɑ̃zɔseanjɛ̃] ADJ ⟨~ne⟩, **transocéanique** ADJ Transozean…; transozeanisch
transparaître [tʀɑ̃spaʀɛtʀ] *st/s* V/I ⟨→ connaître⟩ 1 durchscheinen; ~ **à travers qc** durch etw scheinen 2 *fig* sichtbar werden; durchschimmern; zum Vorschein kommen; **laisser** ~ verraten; erkennen lassen
transparence [tʀɑ̃spaʀɑ̃s] F 1 Durchsichtigkeit *f*; Transparenz *f*; *de l'eau, de l'air a.* Klarheit *f*; (*translucidité*) Lichtdurchlässigkeit *f*; **lire qc par** ~ etw lesen, indem man es gegen das Licht hält; **on voit les formes par** ~ die Formen scheinen durch 2 *du teint* Zartheit *f*; Reinheit *f* 3 ÉCON *du marché* Transparenz *f*
transparent [tʀɑ̃spaʀɑ̃] A ADJ 1 *eau, verre, tissu, papier* durchsichtig; transparent; (*translucide*) durchscheinend (*a. porcelaine*); lichtdurchlässig; **eau** ~**e** glas-, kristallklares Wasser; **teint** ~ zarter, reiner Teint 2 *fig intentions etc* durchsichtig; leicht durchschaubar; **allusion** ~**e** klare, eindeutige Anspielung B M PÉDAGOGIE Folie *f* (für Tageslichtprojektor)
transpercer [tʀɑ̃spɛʀse] V/T ⟨-ç-⟩ 1 ~ **qc, qn** etw, j-n durchbohren, -stechen; *balle* ~ **qn** j-n durchbohren; ~ **qc** *a.* etw durchschlagen 2 *froid* ~ **qn** j-n durchdringen; *pluie* ~ **les vêtements** durch die Kleidung dringen; die Kleidung durchnässen 3 *fig douleur* ~ **le cœur** das Herz zerreißen
transpiration [tʀɑ̃spiʀasjõ] F a Schwitzen *n*; Transpirieren *n* b (*sueur*) Schweiß *m*
transpirer [tʀɑ̃spiʀe] V/I 1 schwitzen; transpirieren; ~ **des mains** an den Händen schwitzen; ~ **des pieds** Schweißfüße haben; *fam fig* ~ **sur un travail** über e-r Arbeit schwitzen 2 *fig secret, nouvelle* durchsickern; ruchbar werden
transplant [tʀɑ̃splɑ̃] M MÉD Transplantat *n*
transplantable [tʀɑ̃splɑ̃tabl] ADJ um-, verpflanzbar
transplantation [tʀɑ̃splɑ̃tasjõ] F 1 MÉD Transplantation *f*; ~ **cardiaque, d'un rein** Herz-, Nierentransplantation *f*, -verpflanzung *f* 2 *de personnes* Umsiedlung *f*; Übersiedlung *f*; Verpflanzung *f*
transplanter [tʀɑ̃splɑ̃te] A V/T 1 *plantes* um-, verpflanzen; versetzen 2 MÉD *organe* transplantieren; verpflanzen 3 *personnes* umsiedeln; verpflanzen B V/PR **se** ~ umsiedeln, übersiedeln (**en France** nach Frankreich)
transport [tʀɑ̃spɔʀ] M 1 Transport *m*; Beförderung *f*; ~ **d'un blessé** Transport e-s Verletzten; ~ **de marchandises** Güterbeförderung *f*, -transport *m*; ~ **de personnes, de voyageurs** Personenbeförderung *f*, -transport *m*, -verkehr *m*; ~ **par chemin de fer** Transport mit der Bahn; ~ **par conteneurs** Beförderung durch Container; Containerverkehr *m*; ~ **par (voie de) terre, par voie d'eau** Beförderung auf dem Land-, Wasserweg; **frais** *mpl* **de** ~ Beförderungs-, Transportkosten *pl*; *marchandises a.* Frachtkosten *pl*; *personnes a.* Fahrtkosten *pl*; **moyen** *m* **de** ~ Transport-, Beförderungs-, Verkehrsmittel *n*; **mourir durant son** ~ **à l'hôpital** auf dem Transport ins Krankenhaus sterben 2 ~**s** *pl* Verkehrsmittel *npl*; *par ext* Verkehr *m*; Verkehrswesen *n*, -gewerbe *n*; ~**s aériens, maritimes** Luft- *ou* Flug-, Seeverkehr *m*; ~**s publics** öffentliche Verkehrsmittel; ~**s routiers** Lkw-Verkehr *m*; ~**s en commun** öffentliche Verkehrsmittel; Massenverkehrsmittel *npl*; **entreprise** *f* **de** ~**s** Transport-, Verkehrsunternehmen *n*; *pour marchandises a.* Speditionsfirma *f*; **industrie** *f* **des** ~**s** Verkehrsgewerbe *n*; **mal** *m* **des** ~**s** Reisekrankheit *f* 3 MAR MIL Transportschiff *n*; ~ **de troupes** Truppentransporter *m* 4 *st/s* ~**s** *pl* Anfall *m*; Aufwallung *f*; Ausbruch *m*; *litt ou plais* ~**s amoureux** Leidenschaft *f*; ~**s de colère, d'enthousiasme** Zornes-, Begeisterungsausbruch *m*; ~**s de joie, d'allégresse** Freudentaumel *m* 5 MÉD HIST ~ **au cerveau** Schlaganfall *m*; Gehirnschlag *m*
transportable [tʀɑ̃spɔʀtabl] ADJ transportabel; transportierbar; *malade* transportfähig
transporté [tʀɑ̃spɔʀte] ADJ verzückt; ~ **d'admiration** hingerissen; **être, se sentir** ~ **de joie** sich vor Freude nicht zu lassen *ou* fassen wissen; vor Freude außer sich sein
transporter [tʀɑ̃spɔʀte] A V/T 1 befördern; transportieren (*a. malade*); ~ **en camion, en avion** mit Lkw, mit dem Flugzeug befördern; ~ **qc dans un autre lieu** etw an e-n anderen Ort bringen, schaffen *ou* fahren *ou* fliegen 2 TECH *énergie* transportieren; *électricité a.* (fort)leiten; übertragen; *avec un dispositif* (be)fördern 3 *fig* ~ **à une autre époque, en un autre lieu** in e-e andere Zeit, an e-n Ort verlegen, versetzen 4 ~ **qn de joie, d'enthousiasme** j-n in e-n Freudentaumel versetzen, j-n hinreißen; → *a.* transporté B V/PR **se** ~ 1 sich begeben; **se** ~ **sur les lieux** sich an Ort und Stelle begeben; JUR e-n Lokaltermin abhalten; e-e Augenscheinseinnahme vornehmen 2 *fig* **se** ~ **par la pensée, par l'imagination en un autre lieu, à une autre époque** sich in Gedanken, in der Vorstellung an e-n anderen Ort, in e-e andere Zeit versetzen
transporteur [tʀɑ̃spɔʀtœʀ] M 1 a ~ **routier** Spediteur *m* b *entrepreneur* Transportunternehmer *m*; Frachtführer *m* 2 TECH Förderer *m*; Fördermittel *n*, -anlage *f*
transposable [tʀɑ̃spozabl] ADJ umstellbar; umsetzbar
transposer [tʀɑ̃spoze] V/T 1 MUS transponieren; umsetzen 2 (*présenter sous une autre forme*) umsetzen (**en** in +*acc*); ~ **la réalité au théâtre** die Wirklichkeit dramatisch gestalten, umformen
transposition [tʀɑ̃spozisjõ] F 1 (*permutation*) Umstellung *f* 2 MUS Transponieren *n*; Transposition *f* (*a. résultat*) 3 *fig de la réalité dans la littérature etc* Umsetzung *f*
transsaharien [tʀɑ̃ssaaʀjɛ̃] ADJ ⟨~ne⟩ die Sahara über- *ou* durchquerend
transsexualisme [tʀɑ̃ssɛksɥalism] M PSYCH Transsexualismus *m*; Gefühl *n* der Zugehörigkeit zum anderen Geschlecht; **transsexuel** ADJ ⟨~le⟩ transsexuell
transsibérien [tʀɑ̃ssibeʀjɛ̃] ADJ ⟨~ne⟩ transsibirisch; **chemin** *m* **de fer** ~ *ou subst* ~ *m* Transsibirische Eisenbahn
Transvaal [tʀɑ̃sval, tʀɑ̃z-] GÉOG **le** ~ Transvaal *n*
transvasement [tʀɑ̃svazmɑ̃, tʀɑ̃z-] M Umfüllen *n*, -gießen *n*; **transvaser** V/T umfüllen, -gießen
transversal [tʀɑ̃svɛʀsal] A ADJ ⟨-aux⟩ Quer…; quer liegend; quer verlaufend; transversal; **coupe** ~**e** Querschnitt *m*; **rue** ~**e** Quer-, Seitenstraße *f* B F ~**e** SPORTS a *du but* Querlatte *f* b *passe* Querpass *m*; **transversalement** ADV quer
transverse [tʀɑ̃svɛʀs] ADJ ANAT Quer…
transvider [tʀɑ̃svide] V/T umfüllen
Transylvanie [tʀɑ̃silvani] **la** ~ Siebenbürgen *n*
trapèze [tʀapɛz] M 1 MATH Trapez *n*; **en (forme de)** ~ trapezförmig 2 SPORTS Trapez *n*; ~ **volant** fliegendes Trapez; **faire du** ~ Übungen am Trapez machen 3 ANAT ~ *ou adjt* **muscle** *m* ~ Trapezmuskel *m*
trapéziste [tʀapezist] M/F Trapezkünstler(in) *m(f)*
trapézoïdal [tʀapezɔidal] ADJ ⟨-aux⟩ trapezförmig; TECH **courroie** ~**e** Keilriemen *m*
trappe [tʀap] F 1 *dans un plafond ou plancher* Falltür *f*; Klappe *f* 2 CH Fallgrube *f* 3 THÉ Versenkung *f*
Trappe [tʀap] F REL 1 **la** ~ der Trappistenorden 2 **trappe** *monastère* Trappistenkloster *n*
trappeur [tʀapœʀ] M Trapper *m*
trappiste [tʀapist] M REL Trappist *m*
trapu [tʀapy] ADJ 1 *personne* untersetzt; gedrungen; stämmig 2 *bâtiment etc* massig; wuchtig 3 *problème* schwierig; verzwickt
traque [tʀak] F CH Treibjagd *f*; Treiben *n*
traquenard [tʀaknaʀ] M CH *et fig* Falle *f*
traquer [tʀake] V/T 1 CH *animal* treiben; um-

stellen; *fig* **avec un air de bête traquée** verängstigt; wie ein umstelltes, gehetztes Wild **2** **~ qn** j-n hetzen, verfolgen, jagen

traquet [tʀakɛ] M ZOOL Schmätzer *m*

traqueur [tʀakœʀ] M CH Treiber *m*

Trasimène [tʀazimɛn] **le lac ~** der Trasimenische See

trattoria [tʀatɔʀja] F *en Italie* Trattoria *f*

trauma [tʀoma] M MÉD, PSYCH Trauma *n*

traumatique [tʀomatik] ADJ MÉD traumatisch (*a.* PSYCH); Wund…

traumatisant [tʀomatizɑ̃] ADJ e-n Schock, e-e seelische Erschütterung, ein Trauma hervorrufend

traumatiser [tʀomatize] V/T schocken; **cette chute l'a traumatisé** bei diesem Sturz erlitt er e-n Schock; **être traumatisé par** e-n Schock, ein Trauma erleiden bei, durch; *adjt* **traumatisé** geschockt

traumatisme [tʀomatism] M **1** MÉD Trauma *n*; Verletzung *f*; **~ crânien** Schädelverletzung *f* **2** PSYCH (seelischer) Schock; seelische Erschütterung; (psychisches) Trauma

traumatologie [tʀomatɔlɔʒi] F Unfallchirurgie *f*; **service** *m* **de ~** Unfallstation *f*

traumatologique [tʀomatɔlɔʒik] ADJ Unfall…

travail [tʀavaj] M ‹*pl* -aux› **1** SG Arbeit *f*; Arbeiten *n*; *résultat* Arbeit *f*; Werk *n*; (*emploi*) Arbeitsplatz *m*; Arbeitsverhältnis *n*; **~ scolaire** (Schul)Unterricht *m* und Hausaufgaben *fpl*; *d'un élève* Leistungen *fpl* (in der Schule); **~ à la chaîne** Fließbandarbeit *f*; **~ à domicile** Heimarbeit *f*; **~ à mi-temps, à plein temps** Halbtags-, Ganztagsarbeit *f*, -beschäftigung *f*, -stellung *f*; **~ au noir** Schwarzarbeit *f*; **~ aux pièces, à la tâche** Stück-, Akkordarbeit *f*; **~ de bureau, de nuit, de précision** Büro-, Nacht-, Präzisionsarbeit *f*; **~ des enfants** Kinderarbeit *f*; **~ en équipe** *ou* **d'équipe** Teamarbeit *f*; **~ en** *ou* **par équipes** Schichtarbeit *f*; **~ sur écran** Bildschirmarbeit *f*; **droit** *m* **au ~** Recht *n* auf Arbeit; **droit** *m* **du ~** Arbeitsrecht *n*; *loc* **à ~ égal, salaire égal** gleiche Arbeit, gleicher Lohn; **pendant le ~, les heures de ~** während der Arbeitszeit; **aimer le ~** gern arbeiten; **aimer son ~** s-e Arbeit lieben; **aller au ~** zur Arbeit gehen; **avoir du ~** zu tun haben; Arbeit haben; **demander, exiger beaucoup de ~** viel Arbeit, Mühe, Anstrengung erfordern, kosten; **être au ~** bei der Arbeit sein; **être sans ~** arbeitslos sein; *iron* **c'est du beau ~!** *ou* **regardez-moi ce ~!** das ist ja e-e schöne Bescherung!; da haben Sie was Schönes angerichtet!; **se mettre au ~** sich an die Arbeit machen, begeben; an die Arbeit gehen **2** PL **travaux** Arbeiten *fpl* (*a.* *t/t*; CONSTR →3); **travaux domestiques, ménagers** Hausarbeit *f*; **les douze travaux d'Hercule** die zwölf Arbeiten des Herkules; **gros travaux** grobe Arbeiten; **travaux pratiques** (*abr* **T.P.**) ÉCOLE praktische Übungen *fpl*; UNIVERSITÉ (*a.* **travaux dirigés** [*abr* **T.D.**]) *correspond à* (Seminar)Übungen *fpl*; **travaux d'aiguille** Hand-, Nadelarbeiten *fpl*; **travaux des champs** Feldarbeit(en) *f(pl)* **3** CONSTR **travaux** *pl* Bauarbeiten *fpl*; *panneau* **(ralentir,) travaux!** (Achtung!) Bauarbeiten! *ou* Baustelle!; **travaux publics** Tiefbau *m*; Bauarbeiten der öffentlichen Hand; *fig* **travaux d'approche** Annäherungsversuche *mpl*; **travaux d'assainissement, d'entretien** Sanierungs-, Unterhaltungsarbeiten *fpl*; **pendant la durée des travaux** während der Bauarbeiten **4** JUR *jusqu'en 1960* **travaux forcés** Zuchthaus(strafe) *n(f)*; Zwangsarbeit *f* **5** (*déformation*) *du bois etc* Arbeiten *n* **6** *d'une machine, d'un moteur* Arbeit *f*; Leistung *f*; PHYSIOL **~ musculaire** Muskelarbeit *f*; **~ utile** Nutzleistung *f* **7** PHYS Arbeit *f* **8** *de l'or, du verre etc* Bearbeiten *n*, -ung *f*; *de la pâte* Kneten *n*; **~ du bois** Holzbearbeitung *f* **9** MÉD **salle** *f* **de ~** Kreißsaal *m*; **femme** *f* **en ~** Gebärende *f*; Kreißende *f*; **être en ~** in den Wehen liegen

travailler [tʀavaje] **A** V/T **1** *matériau* be-, verarbeiten; *pâte* (durch)kneten; AGR **~ la terre** den Boden bearbeiten; *adjt bijou etc* **très travaillé** kunstvoll gearbeitet **2** *exposé etc* durch-, ausarbeiten; *style* durch-, ausfeilen; *adjt style* **trop travaillé** gekünstelt **3** MUS *morceau* (ein)üben; *élève* **~ ses mathématiques** Mathematik lernen, *fam* pauken, büffeln; **~ son piano** (auf dem) Klavier üben; **~ sa voix** Stimmübungen machen **4** **~ qn** *personne* j-n bearbeiten; j-n zu beeinflussen, zu gewinnen (ver)suchen; *personne, maladie, idée, peur, jalousie* j-n plagen, quälen; j-m keine Ruhe lassen; *pensée a.* j-n umtreiben, verfolgen; **~ l'opinion (publique)** die öffentliche Meinung zu beeinflussen (ver)suchen **5** SPORTS **a** trainieren; **~ son revers** s-e Rückhand trainieren **b** BOXE **~ son adversaire au corps** s-n Gegner mit Körperschlägen bearbeiten **c** TENNIS *balle* anschneiden *ou* lobben **B** V/T INDIR **1** **~ à qc** an etw (*dat*) arbeiten; **~ à un exposé, roman** an e-m Exposee, Roman arbeiten; **~ sur un auteur** e-e Arbeit über e-n Autor verfassen **2** **~ à qc** auf etw (*acc*) hinarbeiten; sich um etw bemühen; **~ à la perte de qn** auf j-s Ruin hinarbeiten; **~ au succès d'une entreprise** sich um den Erfolg e-s Unternehmens bemühen **C** V/I **1** arbeiten; tätig sein; (*exercer un métier*) berufstätig sein; beschäftigt sein (**chez** bei); **il travaille bien** er arbeitet gut; *élève* er lernt gut; **~ dur** hart arbeiten; **~ aux champs** auf dem Feld arbeiten; Feldarbeit verrichten; **~ à domicile** Heimarbeit machen; **~ comme un nègre, un bœuf** wie ein Pferd arbeiten; *fam* schuften; sich abrackern; **~ dans un bureau** in e-m Büro arbeiten, beschäftigt sein; **~ en usine** in der Fabrik arbeiten; **~ pour qn** für j-n arbeiten; **le temps travaille pour nous** die Zeit arbeitet für uns; **faire ~ qn** j-n (für sich) arbeiten lassen **2** *argent* arbeiten; Zinsen tragen; **faire ~ l'argent** das Geld arbeiten lassen **3** *bois* arbeiten; sich verziehen; sich werfen; *vin* arbeiten; gären; *fig imagination, esprit* arbeiten

travailleur [tʀavajœʀ] **A** M Arbeiter *m*; Erwerbs-, Berufs-, Werktätige(r) *m*; Erwerbsperson *f*; **~s** *pl a.* Arbeitskräfte *fpl*; **~ étranger** *ou* **immigré** Gastarbeiter *m*; ausländischer Arbeitnehmer; **~ frontalier** Grenzgänger *m*; **un grand ~** ein unermüdlicher Arbeiter; **~ indépendant** selbstständige(r) Erwerbstätige(r), Gewerbetreibende(r); Selbstständige(r) *m*; **~ intellectuel, manuel** Kopf- *ou* Geistes-, Handarbeiter *m*; **~ salarié** Arbeitnehmer *m*; **~ social** Sozialarbeiter *m*; **~ à domicile, de force** Heim-, Schwerarbeiter *m* **B** ADJ ‹-euse› fleißig; arbeitsam

travailleuse [tʀavajøz] F **1** Arbeiterin *f* **2** COUT Nähtisch *m*

travailliste [tʀavajist] POL **A** ADJ Labour…; **gouvernement** *m* **~** Labourregierung *f*; **parti** *m* **~** Labour Party *f* **B** M/F Mitglied *n* der Labour Party

travailloter [tʀavajɔte] V/I lässig arbeiten

travée [tʀave] F **1** CONSTR Feld *n*; ARCH Gewölbefeld *n*; Joch *n*; Travée *f* **2** (*rangée*) Reihe *f*

traveller's chèque [tʀavlœʀ(s)ʃɛk] M Reisescheck *m*; Travellerscheck *m*

travelling [tʀavliŋ] M CINÉMA Fahraufnahme *f*; Kamerafahrt *f*

travelo [tʀavlo] *fam* M Transvestit *m*

travers [tʀavɛʀ] **A** LOC PRÉP *et* LOC ADV **1** **à ~ qc** *ou* **au ~ de qc** durch etw (hindurch); **à ~ les âges** durch alle Zeiten hindurch; im Wandel der Zeiten; **à ~ bois** quer durch den Wald; **à ~ champs** querfeldein; **juger qn, qc à ~ ses préjugés** j-n, etw nach e-r vorgefassten Meinung beurteilen; *encre, colle* **passer à ~** durchschlagen; *lumière* **passer à ~ les, au ~ des rideaux** durch die Vorhänge dringen; *fig* **il est passé au ~** es ist ihm erspart geblieben; er ist entkommen, davongekommen; **regarder à ~ la vitre** durch die Scheibe (hindurch) sehen **2** **de ~** schräg; schief; verkehrt (*a. fig*); **tout va de ~** alles geht schief; **avaler de ~** sich verschlucken; **avoir le nez de ~** e-e schiefe Nase haben; **comprendre de ~** falsch, verkehrt verstehen; **faire qc de ~** etw falsch, verkehrt machen; **marcher de ~** schwanken; (hin und her) torkeln; im Zickzack gehen; **mettre son chapeau de ~** den Hut schief, schräg *ou* verkehrt aufsetzen; *fig* **prendre qc de ~** etw krummnehmen, in die falsche Kehle bekommen; **regarder qn de ~** j-n schief, scheel, von der Seite, *plus fort* finster, böse ansehen; **répondre de ~** falsch, verkehrt antworten **3** **en ~** quer; **en ~ de qc** quer über etw (*dat ou acc*); **arbre tombé en ~ du chemin** quer über den Weg gefallener Baum; **être allongé en ~ du lit** quer auf, über dem Bett liegen; **se mettre en ~** sich quer stellen; *fig* **se mettre en ~ des projets de qn** j-s Pläne durchkreuzen; sich j-s Plänen in den Weg stellen **4** MAR **par le ~** dwars; quer; **vent** *m* **de ~** Dwarswind *m* **B** SUBST **1** M *d'une personne* kleiner Fehler, Mangel; Schwäche *f* **2** MPL BOUCHERIE **~ de porc** Spareribs *pl*; Schälrippchen *npl*

traversable [tʀavɛʀsabl] ADJ über-, durchquerbar

traverse [tʀavɛʀs] F **1** CH DE FER Schwelle *f* **2** CONSTR Querbalken *m*; Querholz *n*; Riegel *m* **3** **chemin** *m* **de ~** direkter Weg; Abkürzung *f*

traversée [tʀavɛʀse] F Überqueren *n*, -ung *f*; Durchqueren *n*, -ung *f*; *en véhicule a.* (Durch)Fahrt *f* (**de** durch); *en bateau a.* (Über)Fahrt *f* (**de** über +*acc*); *en avion a.* Flug *m* (**de** über +*acc*); Überfliegen *n*; **~ à la nage** Durchschwimmen *n* (**d'une rivière** e-s Flusses); **~ du désert** Durchquerung der Wüste; *fig d'un politicien* vorübergehendes Verschwinden von der Bildfläche, in der Versenkung; *par ext* Durststrecke *f*

traverser [tʀavɛʀse] V/T **1** überqueren; durchqueren; *à pied a.* gehen über (+*acc*) *ou* durch; über-, durchschreiten; *véhicule ou personne dans un véhicule a.* fahren über (+*acc*) *ou* durch; durchfahren; *avion ou personne dans un avion a.* fliegen über (+*acc*); überfliegen; *personne a.* reisen durch; **~ l'Atlantique** den Atlantik überqueren; über den Atlantik fahren *ou* fliegen; **~ un carrefour** e-e Kreuzung überqueren; über e-e Kreuzung gehen *ou* fahren; **~ la foule** sich durch die Menge drängen; **~ une montagne** e-n Berg überqueren; über e-n Berg fahren, *route* führen; *tunnel* durch e-n Berg führen, gehen; **~ une plaine** e-e Ebene durchqueren; *fleuve a.* durch e-e Ebene fließen; e-e Ebene durchfließen; **~ un pont** e-e Brücke überqueren; über e-e Brücke fahren *ou* gehen, *route* führen; **~ une rivière** e-n Fluss überqueren; über e-n Fluss fahren *ou* gehen; *en bac a.* übersetzen (*abs*); **~ une rivière à la nage** e-n Fluss durchschwimmen; über, durch e-n Fluss schwimmen; **~ la rue** *ou abs* **~** die Straße überqueren; über die Straße gehen, laufen; hinübergehen (*abs*); **~ une ville** e-e Stadt durchqueren; durch e-e Stadt fahren, *fleuve* fließen; *route* **~ la voie ferrée** das

T

Bahngleis überqueren, kreuzen **2** *(transpercer)* durchdringen; dringen durch; *une balle* **lui a traversé le bras** drang ihm durch den Arm; durchschlug, durchbohrte ihm den Arm; *clou* **~ une planche** durch ein Brett hindurchgehen, dringen; *pluie* **~ les vêtements** durch die Kleidung (durch)dringen **3** *fig: une douleur* **lui traversa l'épaule** fuhr ihm durch die Schulter; *une idée* **lui traversa l'esprit** ging, fuhr, schoss ihm durch den Kopf; *un cri* **traversa la nuit** gellte durch die Nacht **4** *crise etc* durchmachen

traversier [tʀavɛʀsje] **A** ADJ ⟨-ière⟩ **flûte traversière** Querflöte *f* **B** M *au Canada* Fähre *f*

traversin [tʀavɛʀsɛ̃] M große Schlummer-, Nackenrolle

travesti [tʀavɛsti] **A** ADJ verkleidet; THÉ **acteur ~** Schauspieler *m* in e-r Frauenrolle; **bal ~** Kostüm-, Maskenball *m* **B** M Transvestit *m*

travestir [tʀavɛstiʀ] **A** V/T **1** *la pensée de qn* entstellt, verzerrt wiedergeben; **~ la vérité** die Wahrheit entstellen, verzerren, verdrehen **2** *st/s* **~ qn** j-n verkleiden, kostümieren **(en als) B** V/PR **se ~ 1** sich verkleiden, kostümieren **(en als) 2** PSYCH transvestieren

travestisme [tʀavɛstism] M PSYCH Transvestismus *m*; Transvestitentum *n*; **travestissement** M **1** Verkleidung *f*; Kostümierung *f*; Vermummung *f* **2** *de la vérité* Entstellung *f*; Verzerrung *f*; Verdrehung *f*

traviole [tʀavjɔl] LOC ADV *fam* **de ~** schief

trayeuse [tʀɛjøz] F Melkmaschine *f*

trayons [tʀɛjõ] → traire

Trébie [tʀebi] GÉOG **la ~** die Trebbia

trébuchant [tʀebyʃɑ̃] ADJ **1** stolpernd; **démarche ~e** taumelnder, torkelnder, schwankender Gang **2 espèces sonnantes et ~es** klingende Münze

trébucher [tʀebyʃe] V/I **1** stolpern; straucheln; **~ contre une marche, sur** *ou* **contre une pierre** über e-e Stufe, über e-n Stein stolpern **2** *fig* **~ sur un mot** über ein Wort stolpern

trébuchet [tʀebyʃɛ] M **1** Präzisions-, Feinwaage *f* **2** *piège* Vogelfalle *f*

tréfilage [tʀefilaʒ] M TECH Drahtziehen *n*; **tréfiler** V/T TECH (zu Draht) ziehen; **tréfilerie** F Drahtzieherei *f*

trèfle [tʀɛfl] M **1** BOT Klee *m*; **~ à quatre feuilles** vierblätt(e)riges Kleeblatt **2** ARCH Dreipass *m* **3** JEUX DE CARTES Treff *n*; Kreuz *n*; *jeu allemand* Eichel *f*; **roi** *m*, **valet** *m* **de ~** Treffkönig *m*, -bube *m* **4** *(échangeur)* **(croisement** *m* **en) ~** Kleeblatt(kreuzung) *n(f)*

tréflé [tʀefle] ADJ kleeblattförmig; HÉRALDIQUE **croix ~e** Kleeblattkreuz *n*; Brabanter Kreuz *n*

tréfonds [tʀefõ] M *poét* **le ~ de l'âme, du cœur** das Innerste der Seele

treillage [tʀɛjaʒ] M Gitter-, Lattenwerk *n*; **~ métallique** Drahtgitter *n*

treillager [tʀɛjaʒe] V/T ⟨-geons⟩ *fenêtre* vergittern; mit e-m Gitter versehen; *mur* mit e-m Spalier versehen

treille [tʀɛj] F Weinspalier *n*; Weinlaube *f*; **le jus de la ~** der Rebensaft

treillis [tʀɛji] M **1** TEXT Drillich *m*; Drell *m*; *vêtement* Drillichanzug *m*, -zeug *n* **2** Gitter(werk) *n*; **~ (métallique)** Drahtgewebe *n*, -gitter *n*; Maschendraht *m*; Drahtnetz *n*

treize [tʀɛz] **A** NUM dreizehn; **le ~ avril** der dreizehnte *ou* am dreizehnten April; **Louis XIII** Ludwig XIII. (der Dreizehnte); **numéro, page ~** Nummer, Seite dreizehn; **vendredi ~** Freitag der Dreizehnte *ou* am Freitag dem Dreizehnten; COMM *huîtres* **~ à la douzaine** dreizehn Stück für den Preis von zwölf; **à ~ heures** um dreizehn Uhr; **garçon** *m* **de ~ ans** dreizehnjähriger Junge; Junge *m* von dreizehn Jahren; **être ~ à table** dreizehn bei Tisch sein **B** M ⟨inv⟩ *nombre* Dreizehn *f*; **le ~ (du mois)** der Dreizehnte *ou* am Dreizehnten (des Monats); → *a.* **deux B**

treizième [tʀɛzjɛm] **A** NUM dreizehnte(r, -s) **B** SUBST **1 le, la ~** der, die, das Dreizehnte **2** M MATH Dreizehntel *n*

treizièmement [tʀɛzjɛmmɑ̃] ADV dreizehntens

tréma [tʀema] M Trema *n*; **i ~** i mit Trema (ï)

tremblant [tʀɑ̃blɑ̃] **A** ADJ zitternd; *st/s* bebend; **lumière ~e** flackerndes Licht; **voix ~e** zitternde, bebende Stimme; *loc adv* **les jambes, mains ~es** mit zitternden Beinen, Händen; **être tout ~ de froid, de peur** vor Kälte, vor Angst schlottern, zittern **B** SUBST **~e** *f* VÉT Scrapie-, Traberkrankheit *f*

tremble [tʀɑ̃bl] M BOT Espe *f*; Zitterpappel *f*

tremblé [tʀɑ̃ble] ADJ zitt(e)rig; **écriture, voix ~e** zitt(e)rige Schrift, Stimme; TYPO **filet ~** *ou subst* **~** *m* Wellenlinie *f*

tremblement [tʀɑ̃bləmɑ̃] M **1** *de voix, de mains* Zittern *n*; *st/s* Beben *n*; *de jambes* Zittern *n*; Schlottern *n*; *du sol, des feuilles, des vitres* Zittern *n*; *des vitres a.* Klirren *n*; *d'une flamme* Flackern *n*; **~ convulsif** krampfhafte Zuckungen *fpl*; **~ léger, violent** leichtes, starkes Zittern, Beben; **~ de peur** Angstzittern *n*; **~ de terre** Erdbeben *n*; *parler* **avec des ~s dans la voix** mit zitternder, bebender Stimme; **être agité, pris, saisi d'un ~ nerveux** von nervösem Zittern befallen sein **2** *fam* **… et tout le ~ …** und alles Übrige; … und so weiter

trembler [tʀɑ̃ble] V/I **1** *personne, voix, lèvres, mains* zittern; *st/s* beben; *jambes* zittern; schlottern *(a. personne)*; *feuilles* zittern; *terre, vitres* beben; (er)zittern; *vitres a.* klirren; *lumière, flamme* flackern; **~ de tout son corps** am ganzen Leib zittern; **~ de fatigue** vor Müdigkeit zittern; **~ de froid, de peur** vor Kälte, vor Angst zittern, schlottern; **la terre a tremblé cette nuit** heute Nacht war ein Erdbeben; *explosion, camion* **faire ~ les vitres, le sol** die Scheiben, den Boden erzittern lassen **2** *fig* zittern; bangen; **~ à l'idée, à la pensée de** *(+inf) ou* **que …** bei dem Gedanken zu *(+inf) ou* dass … (er)zittern; **il tremble de la perdre** er zittert davor, sie zu verlieren; **~ devant qn** vor j-m zittern; **~ pour qn** um j-n bangen, zittern

tremblotant [tʀɑ̃blɔtɑ̃] ADJ *voix* etwas zitternd; **lumière ~e** flackerndes Licht; **vieillard tout ~** zitternder Greis

tremblote [tʀɑ̃blɔt] F *fam* **avoir la ~** zittern; *fam* den Tatterich haben

tremblotement [tʀɑ̃blɔtmɑ̃] M Zittern *n*; **trembloter** V/I zittern

trémie [tʀemi] F TECH Trichter *m*

trémière [tʀemjɛʀ] ADJ BOT **rose** *f* **~** Stockrose *f*, -malve *f*; Roter Eibisch

trémolo [tʀemɔlo] M MUS Tremolo *n*; *iron* **avoir des, parler avec des ~s dans la voix** mit tremolierender Stimme sprechen

trémoussement [tʀemusmɑ̃] M zuckende *ou* schaukelnde Bewegung; Wiegen *n* der Hüften

trémousser [tʀemuse] V/PR **se ~** *danseurs* sich in den Hüften wiegen; **marcher en se trémoussant** (beim Gehen) sich in den Hüften wiegen, *fam* mit den Hüften wackeln

trempage [tʀɑ̃paʒ] M *du linge* Einweichen *n*; *de légumes secs* Wässern *n*; Einweichen *n*

trempe [tʀɑ̃p] F **1** *de l'acier* **a** *action* Härten *n*, -ung *f* **b** *(dureté)* Härte *f*; **de bonne ~** gut gehärtet **2** *fig* Art *f*; Schlag *m*; Kaliber *n*; **de cette ~** von solchem Schlag, Kaliber; **de sa ~** s-s Schlags, Kalibers; **être de la même ~** von gleichem Kaliber, Schlag sein **3** *fam (volée de coups) fam* Keile *f*; Dresche *f*; Senge *pl*

trempé [tʀɑ̃pe] ADJ **1** *vêtement, personne* durchnässt; **herbe ~e** nasses Gras; **sol ~** aufgeweichter Boden; **complètement, tout ~** durch und durch, triefend nass; vollkommen durchnässt; *fam* patsch-, pudelnass; **~ de sueur** *vêtement* verschwitzt; durchgeschwitzt; *personne* schweißtriefend, -gebadet **2** TECH *acier* gehärtet; **verre ~** vorgespanntes (Sicherheits)Glas **3** *fig et st/s* **caractère bien ~** sehr fester Charakter

tremper [tʀɑ̃pe] **A** V/T **1** *pluie, sueur: vêtements* durchnässen; *éponge, chiffon* tränken; eintauchen **(dans in** *+acc*); CUIS einlegen; ziehen lassen; **~ dans l'eau** ins Wasser tauchen, tunken; mit Wasser tränken; *éponge* sich (mit Wasser) vollsaugen lassen; **~ ses lèvres dans le vin** am Wein nippen; **~ son pain dans la sauce** das Brot in die Soße tunken; **~ sa plume dans l'encre, dans l'encrier** die Feder in die Tinte, ins Tintenfass tauchen; **~ la soupe** die Suppe über das Brot gießen; **~ son vin** den Wein verdünnen, mit Wasser vermischen **2** TECH *acier* härten; *verre* vorspannen; abschrecken **B** V/I **1** *linge* weichen; *légumes secs* weichen; quellen; **faire ~** *légumes secs* wässern; quellen lassen; *a. pain* einweichen; **faire ~ le linge, mettre le linge à ~** die Wäsche einweichen **2** *fig personne* **~ dans une affaire de drogue, dans un crime** in e-e Rauschgiftaffäre, in ein Verbrechen verwickelt sein; **il a trempé dans cette affaire** er hat bei dieser Sache die Hand im Spiel **C** V/PR **se ~** ein kurzes Bad nehmen; **se ~ la tête dans l'eau** den Kopf ins Wasser tauchen, stecken; **se faire ~** nass werden

trempette [tʀɑ̃pɛt] F **1 faire ~, une petite ~** ein kurzes Bad nehmen; kurz ins Wasser gehen **2 faire ~** Brot eintunken

tremplin [tʀɑ̃plɛ̃] M **1** SPORTS Sprungbrett *n*; SKI Sprungschanze *f* **2** *fig* Sprungbrett *n*; **servir de ~ à qn** j-m als Sprungbrett dienen

trémulation [tʀemylasjõ] F Zittern *n*; MÉD Tremor *m*

trench-coat [tʀɛnʃkot] M ⟨*pl* trench-coats⟩ Trenchcoat *m*

Trenet [tʀənɛ] **Charles ~** *frz Sänger*

trentaine [tʀɑ̃tɛn] F **1 une ~** etwa, an die, ungefähr, rund, zirka dreißig **(de personnes** Leute, Personen) **2** *âge* Dreißig *f*; → *a.* **cinquantaine 2**

trente [tʀɑ̃t] **A** NUM dreißig; **~ et un** einunddreißig; **~ et unième** einunddreißigste(r, -s); **le ~ mai** der dreißigste *ou* am dreißigsten Mai; **page ~** Seite dreißig; **de ~ ans** dreißigjährig; von dreißig Jahren; **mois** *m* **de ~ jours** Monat *m* mit, von dreißig Tagen; **dans les années ~** in den Dreißigerjahren **B** M ⟨inv⟩ *nombre* Dreißig *f*; **le ~ (du mois)** der Dreißigste *ou* am Dreißigsten (des Monats); *fam fig* **être sur son ~ et un** *fam* in Schale sein; wie aus dem Ei gepellt aussehen; **se mettre sur son ~ et un** *fam* sich in Schale werfen; → *a.* **deux B**

Trente [tʀɑ̃t] Trient *n*

trente-deux [tʀɑ̃tdø] NUM zweiunddreißig

trentenaire [tʀɑ̃tnɛʀ] ADJ JUR dreißigjährig; dreißig Jahre während

trente-six [tʀɑ̃tsi(s)] **A** NUM **1** sechsunddreißig **2** *fam (grande quantité)* hundert(erlei); Dutzende (von); *fam* zig; x; **il n'y a pas ~ façons de** *(+inf)* schließlich gibt es ja nicht Dutzende von Möglichkeiten zu *(+inf)* **B** M *fig* **tous les ~ du mois** alle Jubeljahre

trente-trois [tʀɑ̃ttʀwa] NUM dreiunddreißig; *subst* **un ~ tours** e-e Langspielplatte; e-e LP

trentième [tʀɑ̃tjɛm] **A** NUM dreißigste(r, -s) **B** SUBST **1 le, la ~** der, die, das Dreißigste **2** M MATH Dreißigstel *n*

Trentin-Haut-Adige [tʀɑ̃tɛ̃otadiʒ] **le ~** das Trentino-Südtirol

trépan [tʀepɑ̃] M 1 MÉD Trepan *m* *(Schädelbohrer)* 2 TECH Bohrkopf *m*, -meißel *m*

trépanation [tʀepanasjõ] F MÉD Trepanation *f*

trépaner [tʀepane] VT MÉD trepanieren; *subst* **trépané** *m* Person, an der e-e Trepanation vorgenommen wurde

trépas [tʀepɑ] M *litt* Hinscheiden *n*; Verscheiden *n*

trépasser [tʀepɑse] VI *litt* verscheiden; entschlafen; *subst* **les trépassés** *mpl* die Verstorbenen *pl*; **la fête des Trépassés** Allerseelen *n*

trépidant [tʀepidɑ̃] ADJ 1 *(rapide)* lebhaft; schnell; wirbelnd; **rythme ~** stark synkopierter Rhythmus 2 *fig* fieberhaft; hektisch; **la vie ~e des grandes villes** das hektische Leben, die Hektik der Großstädte

trépidation [tʀepidasjõ] F *souvent* PL **~s** 1 *d'un véhicule, d'un moteur* Vibrieren *n*; Zittern *n*; Erschütterungen *fpl* 2 *fig* Hektik *f*; **trépider** VI vibrieren; zittern; beben

trépied [tʀepje] M Dreifuß *m*, -bein *n*; PHOT Stativ *n*

trépignement [tʀepiɲmɑ̃] M Trampeln *n*; Stampfen *n*; **trépigner** VI trampeln; mit den Füßen stampfen

très [tʀɛ] ADV sehr; höchst; stark; weit; hoch...; überaus; *moins fort* recht; ♦ *abs: vous êtes satisfait?* —**(pas) ~!** (nicht) sehr!; ♦ *avec adj*: **il est ~, ~ content** er ist sehr, höchst, überaus zufrieden, hochzufrieden; **~ ému** sehr, stark erschüttert; **il n'est pas ~ intelligent** er ist nicht sehr intelligent; **~ intéressant** sehr interessant; hochinteressant; **~ répandu** weit, sehr verbreitet; **d'une qualité ~ supérieure** von weit besserer Qualität (à als); ♦ *avec adv et loc adv*: **~ bien, mal** sehr gut, schlecht; *fam* **à ~ bientôt** auf bald(iges Wiedersehen); *fam* **c'est pour ~ bientôt** das wird sehr bald sein; **il est ~ au courant** er ist bestens informiert, im Bilde; **une intelligence ~ au-dessus de la moyenne** e-e weit über dem Durchschnitt stehende, sehr überdurchschnittliche Intelligenz; **des gens ~ comme il faut** hochanständige Leute; **être ~ en avance sur son temps** s-r Zeit weit voraus sein; ♦ *avec subst*: **faire ~ attention** gut, sehr aufpassen; **avoir ~ faim, soif, peur** starken, großen Hunger, Durst, große Angst haben; sehr hungrig, durstig, ängstlich sein; **il fait ~ gentleman anglais** er wirkt ganz wie ein englischer Gentleman

Très-Haut [tʀɛo] M REL **le ~** der Allerhöchste

trésor [tʀezɔʀ] M 1 Schatz *m* (a. JUR *et fig*); *d'une église* Kirchenschatz *m*; *d'un musée* Schatzkammer *f*; **~s artistiques** Kunstschätze *mpl*; *Stevenson* **L'île au ~** Die Schatzinsel 2 *fig* **~ de tendresse** unerschöpfliche Liebe; **il faut des ~s de patience** e-e gehörige Portion Geduld ist nötig 3 *terme d'affection* **mon ~** (mein) Schatz 4 FIN **Trésor (public)** Staatskasse *f*; Schatzamt *n*; Fiskus *m*; Finanzverwaltung *f*; öffentliche Hand; **bons** *mpl* **du Trésor** Schatzanweisungen *fpl* 5 LING Thesaurus *m*

trésorerie [tʀezɔʀʀi] F 1 ADMIN Finanzverwaltung *f*, -behörde *f* 2 *d'une société* Barmittel *npl*; flüssiges Kapital; flüssige, verfügbare Gelder *npl*; *(état des fonds)* Kassenlage *f*; **avoir des difficultés de ~** nicht über genügend flüssiges Kapital verfügen

trésorier [tʀezɔʀje] M, **trésorière** F Kassierer(in) *m(f)*; Kassen-, Rechnungsführer(in) *m(f)*; *d'un club* Kassenwart *m*; *d'un parti* Schatzmeister *m*

trésorier-payeur [tʀezɔʀjepɛjœʀ] M **~ général** Leiter *m* der Finanzverwaltung in e-m Departement

tressage [tʀɛsaʒ] M Flechten *n*

tressaillement [tʀesajmɑ̃] M Zusammenzucken *n*; Erzittern *n*; Erbeben *n*; Schauder *m*; **~ de joie** Freudenschauer *m*

tressaillir [tʀesajiʀ] VI ⟨→ assaillir⟩ zusammenzucken, -fahren; (er)zittern; (er)beben, erschauern (**de joie** vor Freude); *muscle* zucken

tressauter [tʀesote] VI 1 *(sursauter)* zusammenzucken, -fahren; auffahren; *bruit* **faire ~ qn** j-n zusammenzucken lassen 2 *(être secoué)* hin und her geschüttelt werden

tresse [tʀɛs] F 1 *(natte)* Zopf *m*; Flechte *f* 2 *galon* Tresse *f*; Litze *f* 3 ARCH Flechtband *n*

tresser [tʀese] VT flechten; **~ ses cheveux** seine Haare flechten; **~ une corbeille, une guirlande** einen Korb, eine Girlande flechten; **~ une couronne** einen Kranz flechten, winden; *fig* **~ des couronnes à qn** j-n rühmen, preisen

tréteau [tʀeto] M ⟨*pl* ~x⟩ 1 TECH Bock *m* 2 THÉ HIST **~x** *pl* Gerüstbühne *f*

treuil [tʀœj] M TECH (Seil)Winde *f*

treuillage [tʀœjaʒ] M Rettungsaktion *f* mit Hilfe e-r Winde

trêve [tʀɛv] F 1 MIL Waffenruhe *f*; POL Burgfriede(n) *m*; *fig* Waffenstillstand *m*; POL **~ des confiseurs** Ruhen *n* der politischen und diplomatischen Tätigkeit zu Weihnachten und Neujahr; HIST **~ de Dieu** Gottesfriede *m* 2 *fig* Rast *f*; Ruhe(pause) *f*; Erholung *f*; *loc prép* **~ de ...** Schluss mit ...; genug (+*gén*); **~ de discussions** genug der vielen Worte; genug geredet; **~ de plaisanteries** Scherz beiseite; *loc adv* **sans ~ (ni repos)** rastlos; ununterbrochen; ständig; pausenlos; ohne Rast und Ruh; **s'accorder une ~** sich *(dat)* Erholung, Entspannung, e-e Ruhepause gönnen; **ne pas laisser de ~ à qn** *soucis* j-n nicht zur Ruhe kommen lassen; *maladie* j-n ununterbrochen, ständig plagen, quälen

Trèves [tʀɛv] Trier *n*

Trévise [tʀeviz] GÉOG Treviso *n*

trévise [tʀeviz] F *salade* Radicchio *m*

tri [tʀi] M (Aus)Sortieren *n*; Sichten *n*; **~ des lettres** Sortieren der Briefe; **centre** *m* **de ~ postal** Briefverteilanlage *f*; **faire un ~** e-e Auswahl treffen, auswählen (**parmi** unter +*dat*); sieben (+*acc*); **faire le ~ de qc** etw (aus)sortieren

triage [tʀijaʒ] M 1 Sortieren *n*; Sichten *n*; Verlesen *n*; Auslesen *n*; Aussortieren *n*; Aussondern *n* 2 CH DE FER Rangieren *n*; **gare** *f* **de ~** Rangier-, Verschiebebahnhof *m*

triangle [tʀijɑ̃gl] M 1 MATH *et par ext* Dreieck *n*; GÉOG **le ~ des Bermudes** das Bermudadreieck; AUTO **~ de présignalisation** Warndreieck *n*; *loc adv et loc adj* **en ~** dreieckig; Dreieck(s) ... 2 MUS Triangel *m*

triangulaire [tʀijɑ̃gylɛʀ] ADJ 1 dreieckig; Dreieck(s) ...; **base** *f* **~** dreieckige Grundfläche; **prisme** *m* **~** dreiseitiges Prisma; **pyramide** *f* **~** dreiseitige Pyramide; MAR **voile** *f* **~** Dreiecksegel *n* 2 *fig* **accord** *m* **~** Dreierabkommen *n*; **élection** *f* **~** Wahl *f* mit drei Kandidaten

triangulation [tʀijɑ̃gylasjõ] F GÉODÉSIE Triangulation *f*

trias [tʀijɑs] M GÉOL Trias(formation) *f*

triathlon [tʀiatlõ] M SPORTS Triathlon *n*; ATHLÉTISME Dreikampf *m*

triatomique [tʀiatɔmik] ADJ CHIM dreiatomig

tribal [tʀibal] ADJ ⟨-aux⟩ Stammes...; **tribalisme** M Tribalismus *m*

tribo-électricité [tʀiboelɛktʀisite] F PHYS Reibungselektrizität *f*

tribord [tʀibɔʀ] M MAR Steuerbord *n*; **à ~** steuerbord(s)

tribu [tʀiby] F 1 (Volks)Stamm *m*; **~ nomade** Nomadenstamm *m*; **les douze ~s d'Israël** die zwölf Stämme Israels; **chef** *m* **de ~** (Stammes)Häuptling *m*; **membre** *m* **d'une ~** Stammesangehörige(r) *m* 2 *fig et iron ou péj* Sippe *f*; Sippschaft *f*; Anhang *m*

tribulations [tʀibylasjõ] FPL *souvent iron* Leiden *npl*; Widerwärtigkeiten *fpl*; Missgeschicke *npl*; *st/s* Drangsal *f*

tribun [tʀibɛ̃, -bœ̃] M HIST *et fig* (Volks)Tribun *m*

tribunal [tʀibynal] M ⟨*pl* -aux⟩ JUR Gericht *n*; **~ administratif** Verwaltungsgericht *n*; **~ correctionnel** *correspond à* Landgericht *n* Abteilung Strafsachen; **~ judiciaire** ordentliches Gericht *(im Gegensatz zum Verwaltungsgericht)*; Zivil- *ou* Strafgericht *n*; **~ maritime, militaire** See-, Militärgericht *n*; **Tribunal pénal international** Kriegsverbrechertribunal *n*; *à Paris en 1793* **~ révolutionnaire** Revolutionstribunal *n*; MIL **~ de cassation** *correspond à* Revisions- *ou* Berufungsgericht *n*; **~ de commerce** Handelsgericht *n*; **~ d'exception** Sondergericht *n*; **~ d'instance** *correspond à* Amtsgericht *n* Abteilung Zivilsachen; **~ de grande instance** *correspond à* Landgericht *n*; **~ de police** *correspond à* Amtsgericht *n* Abteilung Strafsachen; **séance** *f* **d'un ~** Gerichtssitzung *f*; **~ pour enfants** Jugendgericht *n*; *fig* **comparaître devant le ~ suprême** vor Gottes Richterstuhl treten

tribune [tʀibyn] F 1 Tribüne *f*; Rednertribüne *f*; *à l'Assemblée nationale etc* Zuhörertribüne *f*; *dans un stade etc* Zuschauertribüne *f*; *par ext* Tribünenplatz *m*; *fam* **les ~s** *pl* die Zuschauer *mpl*; das Publikum; die Tribüne; **~ de (la) presse** Pressetribüne *f*; *orateur* **monter à la ~** die Tribüne besteigen 2 *d'une église* Empore *f*; **~ d'orgue** Orgelempore *f* 3 *fig* Forum *n*; Podiumsgespräch *n*, -diskussion *f*; MÉDIAS **~ libre** *correspond à* Kommentare *mpl*

tribut [tʀiby] M 1 HIST Tribut *m*; Zins *m*; *litt* *(impôt)* Abgabe *f*; Steuer *f*; **payer ~ à qn** j-m Tribut zahlen, entrichten 2 *fig et st/s* Tribut *m*; Zoll *m*; **c'est un lourd ~ à la liberté** das ist ein hoher Tribut für die Freiheit; *litt* **payer (le) ~ à la nature** sterben

tributaire [tʀibytɛʀ] ADJ 1 HIST tribut-, zinspflichtig 2 **~ de** angewiesen auf (+*acc*); abhängig von; **pays ~ d'un autre pour certaines matières premières** bezüglich gewisser Rohstoffe von e-m anderen abhängiges, auf ein anderes angewiesenes Land 3 *cours d'eau* **~ d'un autre fleuve** in e-n anderen Fluss fließend, mündend, sich ergießend

tricentenaire [tʀisɑ̃tnɛʀ] M dreihundertster Jahrestag; *de qn* dreihundertster Todes- *ou* Geburtstag

tricéphale [tʀisefal] ADJ dreiköpfig; mit drei Köpfen

triceps [tʀisɛps] M ANAT **~** *ou adjt* **muscle** *m* **~** Trizeps *m*

triche [tʀiʃ] *fam* F Falschspielen *n*; *fam* Mogelei *f*; Mogeln *n*; Schiebung *f*; **c'est de la ~** *fam* das ist Schiebung; da ist gemogelt worden

tricher [tʀiʃe] A VI *au jeu et par ext* betrügen; *fam* mogeln; schummeln; *au jeu a.* falschspielen B VT INDIR **~ sur son âge** ein falsches Alter angeben; **~ sur le poids** ein höheres als das tatsächliche Gewicht angeben; *fam* beim Wiegen mogeln, schummeln; **~ sur le prix** e-n zu hohen Preis nennen *ou* verlangen; **~ sur la qualité** über die Qualität falsche Angaben machen

tricherie [tʀiʃʀi] F *au jeu et par ext* Betrug *m*; *fam* Mogeln *n*; Mogelei *f*; Schummelei *f*; *au jeu a.* Falschspielen *n*; **tricheur** M, **tri-**

cheuse F Betrüger(in) *m(f)*; *fam* Mogler(in) *m(f)*; Schummler(in) *m(f)*; *au jeu a.* Falschspieler(in) *m(f)*

trichine [tʀiʃin, -k-] F ZOOL Trichine *f*

trichloréthylène [tʀiklɔʀetilɛn] M CHIM Trichloräth(yl)en *n*

trichromie [tʀikʀomi] F PHOT Dreifarbenverfahren *n*, -system *n*; TYPO Dreifarbendruck *m*

tricolore [tʀikɔlɔʀ] ADJ 1 *couleurs nationales françaises* blauweißrot; **cocarde** *f* ~ blauweißrote Kokarde; Kokarde *f* in den Farben der Trikolore; **drapeau** *m* ~ Trikolore *f*; SPORTS **l'équipe** *f* ~ *ou subst* **les ~s** *mpl* die französische Nationalmannschaft 2 *(de trois couleurs)* dreifarbig; **feux** *mpl* **~s** (Verkehrs)Ampel *f*

tricorne [tʀikɔʀn] M Dreispitz *m*

tricostéril® [tʀikɔsteʀil] M Hansaplast® *n*

tricot [tʀiko] M 1 a *tissu* Gestrick *n*; *confectionné avec une machine* Trikot *m*; *loc adj* **de, en ~** Strick...; **veste** *f* **de, en ~** Strickjacke *f*; **point** *m* **de ~** Strickmuster *n* b *vêtement* Strickjacke *f*; Pullover *m*; **~ de peau, de corps** (Herren)Unterhemd *n* 2 *action* Stricken *n*; **faire du ~** stricken 3 *ouvrage* Strickzeug *n*, -arbeit *f*

tricotage [tʀikɔtaʒ] M Stricken *n*; *avec des aiguilles spéciales* Wirken *n*; **~ mécanique** *ou* **à la machine** Maschinenstricken *n*

tricoté [tʀikɔte] ADJ Strick...; gestrickt; **robe ~e** Strickkleid *n*; **~ à la main** handgestrickt

tricoter [tʀikɔte] A V/T *pull etc* stricken; *avec des aiguilles spéciales* wirken; *maille* (ab)stricken B V/I 1 stricken; wirken; **~ à la main, à la machine** hand-, maschinenstricken; **aiguilles** *fpl*, **machine** *f* **à ~** Stricknadeln *fpl*, -maschine *f* 2 *fam fig* **~ (des gambettes)** *fam* sich aus dem Staub machen; abhauen; verduften

tricoteur [tʀikɔtœʀ] M Stricker *m*; Wirker *m*; **tricoteuse** F 1 *personne* Strickerin *f*; Wirkerin *f* 2 TECH Strickmaschine *f*

trictrac [tʀiktʀak] M Tricktrack *n*; Puffspiel *n*

tricycle [tʀisikl] M Dreirad *n*

tridactyle [tʀidaktil] ADJ ZOOL dreizehig

trident [tʀidɑ̃] M 1 Dreizack *m* 2 PÊCHE Fischspeer *m* mit drei Spitzen

tridenté [tʀidɑ̃te] ADJ BOT mit drei Spitzen

tridimensionnel [tʀidimɑ̃sjɔnɛl] ADJ ⟨~le⟩ dreidimensional

trièdre [tʀi(j)ɛdʀ] ADJ MATH dreiflächig

triennal [tʀijenal] ADJ ⟨-aux⟩ 1 *(tous les trois ans)* dreijährlich; alle drei Jahre, jedes dritte Jahr stattfindend, erfolgend; AGR **assolement ~** Dreifelderwirtschaft *f* 2 *(pour trois ans)* dreijährig; *personne* für drei Jahre ernannt, gewählt; **plan ~** Dreijahresplan *m*

triennat [tʀijena] M dreijährige Amtszeit

trier [tʀije] V/T 1 sortieren; sichten; *(extraire)* auslesen; aussortieren; aussondern; *lentilles etc* aus-, verlesen; *courrier* sortieren; *fig candidats* sieben; aussuchen; **~ ses papiers** s-e Papiere sortieren, sichten 2 CH DE FER rangieren

trière [tʀi(j)ɛʀ] F HIST Triere *f*; Dreiruderer *m*

Trieste [tʀijɛst] GÉOG Triest *n*

trieur [tʀijœʀ] M, **trieuse** F 1 *personne* Sortierer(in) *m(f)* 2 *appareil* Sortierer *m*; Sortiermaschine *f*

trifoliolé [tʀifɔlj(ɔl)e] ADJ BOT dreiblätt(e)rig

trifouiller [tʀifuje] *fam* V/I kramen; wühlen; stöbern; **~ dans les affaires de qn** in j-s Sachen *(dat)* stöbern, wühlen, *fam* herumkramen, -fummeln; j-s Sachen durchstöbern, -wühlen

trigo [tʀigo] F *fam* ABR → trigonométrie

trigonométrie [tʀigɔnɔmetʀi] F Trigonometrie *f*

trigonométrique [tʀigɔnɔmetʀik] ADJ trigonometrisch; **fonction** *f* **~** trigonometrische Funktion; Winkelfunktion *f*; **table** *f* **~** trigonometrische Tafel

trijumeau [tʀiʒymo] M ANAT **~** *ou adjt* **nerf** *m* **~** Trigeminus *m*; MÉD **névralgie** *f* **du ~** Trigeminusneuralgie *f*

trilingue [tʀilɛ̃g] ADJ dreisprachig

trille [tʀij] M MUS Triller *m*

trillion [tʀiljɔ̃] M Trillion *f*

trilobé [tʀilɔbe] ADJ 1 BOT dreilappig 2 ARCH **arc ~** Kleeblattbogen *m*

trilogie [tʀilɔʒi] F Trilogie *f*

trimaran [tʀimaʀɑ̃] M MAR Trimaran *m*

trimbal(l)age [tʀɛ̃balaʒ] *fam* M *ou* **trimbal(l)ement** [tʀɛ̃balmɑ̃] *fam* M Schleppen *n*; *fam* Schlepperei *f*

trimbal(l)er [tʀɛ̃bale] *fam* A V/T schleppen; *fam* mitschleppen; mit sich herumschleppen; *fig* **qu'est-ce qu'il trimballe!** *fam* der ist vielleicht blöd, dämlich! B V/PR **se trimbal(l)er** gehen; *fam* trippeln; tigern; **se trimbal(l)er en bagnole** *fam* herumkutschieren

trimer [tʀime] V/I *fam* schuften; sich schinden, abrackern, placken

trimestre [tʀimɛstʀ] M 1 Vierteljahr *n*; Quartal *n*; ÉCOLE Trimester *n*; **par ~** vierteljährlich; pro Quartal 2 *pour le loyer etc* vierteljährliche Zahlung

trimestriel [tʀimɛstʀijɛl] ADJ ⟨~le⟩ 1 *(tous les trois mois)* Vierteljahres...; vierteljährlich, alle drei Monate, dreimonatlich stattfindend, *publication* erscheinend; ÉCOLE **bulletin ~** Trimester-, Vierteljahreszeugnis *n*; **revue ~le** Vierteljahresschrift *f* 2 *(de trois mois)* dreimonatig

trimoteur [tʀimɔtœʀ] M AVIAT dreimotorige Maschine

tringle [tʀɛ̃gl] F (Metall)Stange *f (a.* TECH); *dans une armoire* Kleiderstange *f*; **~ à rideaux** Gardinenstange *f*

tringlot [tʀɛ̃glo] M → trainglot

trinité [tʀinite] F 1 REL **(Sainte) Trinité** Dreifaltigkeit *f*; Dreieinigkeit *f*; Trinität *f* 2 **(le dimanche** *m* **de) la Trinité** der Sonntag Trinitatis; das Trinitatis-, Dreifaltigkeitsfest 3 *(groupe de trois)* Dreizahl *f*; Dreiheit *f*; Triade *f*

Trinité et Tobago [tʀiniteetɔbago] Trinidad und Tobago *n*

trinôme [tʀinom] M MATH Trinom *n*

trinquer [tʀɛ̃ke] V/I 1 (mit den Gläsern) anstoßen (**à** auf *+acc*); **trinquons gaiement!** stoßen wir an! 2 *fam fig (écoper) fam* es ausbaden müssen; die Zeche bezahlen müssen

trio [tʀijo] M 1 MUS Trio *n (instruments)*; Terzett *n (chant)*; **~ à cordes** Streichtrio *n*; **~ pour piano, violon et violoncelle** Klaviertrio *n* 2 *personnes* Trio *n*; **un joyeux ~** ein fideles Trio; *iron ou péj* **ils forment un joli ~** sie sind, bilden ein sauberes Kleeblatt

triolet [tʀijɔlɛ] M 1 MUS Triole *f* 2 *poème* Triolett *n*

triomphal [tʀijɔ̃fal] ADJ ⟨-aux⟩ triumphal; **accueil ~** triumphaler, jubelnder, begeisterter Empfang; **élection ~e** großer Wahlerfolg; **marche ~e** Siegesmarsch *m*; **succès ~** triumphaler Erfolg; **faire une entrée ~e** im Triumph einziehen

triomphalement [tʀijɔ̃falmɑ̃] ADV im Triumph; triumphierend; jubelnd; **annoncer qc ~** etw triumphierend verkünden; **être accueilli ~** jubelnd, mit großem, stürmischem Jubel empfangen werden

triomphalisme [tʀijɔ̃falism] M übertriebene Siegessicherheit; **triomphaliste** ADJ übertrieben siegessicher

triomphant [tʀijɔ̃fɑ̃] ADJ triumphierend; siegreich; frohlockend; **air ~** Siegermiene *f*; triumphierende Miene; **rire ~** triumphierendes Lachen

triomphateur [tʀijɔ̃fatœʀ] M HIST *et fig* Triumphator *m*

triomphe [tʀijɔ̃f] M Triumph *m*; glänzender Sieg; **~ de la justice, de la violence** Sieg, Triumph der Gerechtigkeit, der Gewalt; **arc** *m* **de ~** Triumphbogen *m*; **cri** *m* **de ~** Jubelschrei *m*; *pl* Triumphgeschrei *n*; **d'un air de ~** mit triumphierender Miene; mit Siegermiene; **ne pas avoir le ~ modeste** s-n Triumph auskosten; *élection, spectacle* **c'est un véritable ~** das ist ein einzigartiger Erfolg; **faire un ~ à qn, qc** j-m e-n triumphalen, jubelnden, begeisterten Empfang bereiten; etw *(spectacle etc)* mit Begeisterung aufnehmen; **porter qn en ~** j-n (im Triumph) auf den Schultern tragen; **remporter, avoir un (vrai) ~** e-n (wahren) Triumph erringen, erleben; durchschlagenden Erfolg haben; **remporter un ~ sur son adversaire** über s-n Gegner e-n glänzenden Sieg erringen

triompher [tʀijɔ̃fe] A V/T INDIR **~ de** besiegen, bezwingen, überwinden *(+acc)*; triumphieren, siegen über *(+acc)* B V/I 1 siegen; die Oberhand gewinnen; sich durchsetzen; **faire ~ qc, qn** e-r Sache, j-m zum Siege verhelfen 2 *acteur, chanteur* Triumphe feiern 3 *(jubiler)* triumphieren; frohlocken; jubeln; jubilieren

trip [tʀip] *fam* M *des drogués arg* Trip *m*

tripaille [tʀipaj] *fam* F Eingeweide *npl*

tripartisme [tʀipaʀtism] M POL Dreiparteiensystem *n*

tripartite [tʀipaʀtit] ADJ POL Dreier...; Dreimächte...; Dreiparteien...; **accord** *m*, **conférence** *f* **~** Dreier-, Dreimächteabkommen *n*, -konferenz *f*; **gouvernement** *m* **~** Dreiparteienregierung *f*

tripatouillages [tʀipatujaʒ] *fam* MPL Manipulationen *fpl*; Machenschaften *fpl*; *fam* krumme Touren *fpl*; **~ électoraux** Wahlmanipulationen *fpl*

tripatouiller [tʀipatuje] *fam* V/T 1 *(tripoter)* **~ qc** an etw *(dat)* herumspielen, *fam* -fummeln 2 *texte* eigenmächtig umändern, verfälschen; *fam* herumpfuschen an *(+dat)*; *comptabilité fam* frisieren; **tripatouilleur** *fam* M → tripoteur 2

tripe [tʀip] F 1 PL **~s** ZOOL Eingeweide *npl*; Gedärm(e) *n(pl)*; Gekröse *n*; CUIS Kaldaunen *fpl*; *all Sud* Kutteln *fpl*; **~s à la mode de Caen** *Kaldaunen mit Zwiebeln, Karotten etc gekocht* 2 *fam fig*: **avoir des ~s** mutig sein; Mut, *fam* Mumm haben; **avoir la ~ républicaine** *fam* Republikaner bis in die Knochen sein; **prendre, saisir qn aux ~s** j-n im Innersten ergreifen, erschüttern; **rendre ~s et boyaux** sich heftig erbrechen; *pop* kotzen wie ein Reiher; *fam* reihern

triperie [tʀipʀi] F Geschäft *n*, in dem Kaldaunen, Innereien verkauft werden

tripette [tʀipɛt] LOC *fam* **ça ne vaut pas ~** das ist keinen Pfifferling, Heller wert

triphasé [tʀifaze] ADJ ÉLEC Dreiphasen...; **courant ~** Drehstrom *m*; Dreiphasenstrom *m*

tripier [tʀipje] M, **tripière** F Kaldaunen-, Innereienhändler(in) *m(f)*, -geschäft *n*

triplace [tʀiplas] ADJ **avion** *m* **~** Dreisitzer *m*

triplan [tʀiplɑ̃] M *autrefois* AVIAT Dreidecker *m*

triple [tʀipl] A ADJ dreifach; Drei...; MUS **~ croche** *f* Zweiunddreißigstelnote *f*; HIST **la Triple Entente** die Tripelentente; *fam* **~ idiot** *m*, **sot** *m fam* Erzdummkopf *m*; Erztrottel *m*; **~ menton** *m* dreifaches Kinn; **naissance** *f* **~** Drillingsgeburt *f*; PHYS **point** *m* **~** Tripelpunkt *m*; **un ~ rang de perles** e-e dreifache Perlenreihe; SPORTS **~ saut** *m* Dreisprung *m*; *loc adv fam* **au ~ galop** *fam* im Schweinsgalopp; wie ein geölter Blitz **B** SUBST **le ~** das Dreifache; dreimal so viel *ou* so groß; **le ~ du prix** der dreifache Preis; das Dreifache des Preises; *sa maison* **est le ~ de celle-ci** ist dreimal so groß wie dieses; **faire, fournir le ~ de travail** das Dreifache an Arbeit, dreimal so viel Arbeit erledigen; dreimal so viel arbeiten

triplé [tʀiple] M **1** SPORTS dreifacher Sieg; Hattrick *m*; **réussir un beau ~** dreimal hintereinander gewinnen; den Hattrick schaffen **2** TURF Dreierwette *f*

Triple-Alliance [tʀiplaljɑ̃s] F HIST Dreibund *m*; Tripelallianz *f*

triplement [tʀipləmɑ̃] **A** ADV dreifach **B** M Verdreifachung *f*

tripler [tʀiple] **A** V/T verdreifachen; ÉCOLE **il a triplé sa, une classe** e-r ist zweimal in e-r Klasse sitzen, *fam* hängen, kleben geblieben; **~ la dose** die Dosis verdreifachen, auf das Dreifache erhöhen; die dreifache Dosis nehmen *ou* geben **B** V/I sich verdreifachen; auf das Dreifache steigen

triplé(e)s [tʀiple] M(F)PL Drillinge *mpl*; **triplet** M OPT Triplett *n*; **triplette** F BOULES Gruppe *f* von drei Spielern

tripolaire [tʀipɔlɛʀ] ADJ ÉLEC dreipolig

Tripoli [tʀipɔli] **1** *en Libye* Tripolis *n* **2** *au Liban* Tripoli *n*

triporteur [tʀipɔʀtœʀ] M (Liefer)Dreirad *n*

tripot [tʀipo] M *péj* Spielhölle *f*

tripotage [tʀipɔtaʒ] *fam* M *souvent* PL **~s** Schwindel *m*; Machenschaften *fpl*; *fam* krumme Touren *fpl*, Sachen *fpl*; faule Geschäfte *npl*; **~s électoraux** Wahlmanöver *npl*, -manipulationen *fpl*

tripotée [tʀipɔte] *fam* F **1** große Menge; *fam* Haufen *m*; **une ~ d'enfants** *fam* ein Haufen Kinder; ein Stall voll Kinder **2** *fam (raclée) fam* Dresche *f*; Keile *f*; Senge *pl*

tripoter [tʀipɔte] *fam* **A** V/T **~ qc** mit etw herumspielen; *fam* etw befummeln; an etw (*dat*) herumfummeln; **~ une femme** *fam* e-e Frau begrapschen, befummeln, betatschen; **~ des fruits** Obst betasten **B** V/I **1** *(farfouiller)* herumkramen, -stöbern, -wühlen (**dans** in *+dat*); **~ dans l'eau** (im Wasser) pan(t)schen **2** *(magouiller)* unsaubere Geschäfte, *fam* krumme Sachen machen

tripoteur [tʀipɔtœʀ] M *fam* **1** *(peloteur) fam* Grapscher *m* **2** *(magouilleur)* Schieber *m*; dunkle, fragwürdige Existenz

tripous *ou* **tripoux** [tʀipu] MPL CUIS *Auvergne* Kutteln *fpl* mit Lammfüßen

triptyque [tʀiptik] M **1** PEINT, SCULP Triptychon *n*; LITTÉRATURE Werk *n* in drei Teilen **2** ADMIN Triptyk *n*; Triptik *n*

trique [tʀik] F Knüppel *m*; Knüttel *m*; **coup** *m* **de ~** Knüppelhieb *m*; *fig*: **sec comme un coup de ~** spindel-, klapperdürr; *fam* ein Klappergestell *n*; **faire marcher, mener qn à coups de ~** mit j-m brutal, despotisch verfahren, umspringen

triréacteur [tʀiʀeaktœʀ] M AVIAT dreistrahlige Maschine

trisaïeul(e) [tʀizajœl] M(F) Ururgroßvater *m*, -mutter *f*; **trisaïeux** *ou* **trisaïeuls** *mpl* Ururgroßeltern *pl*

trisannuel [tʀizanɥɛl] ADJ ⟨~le⟩ alle drei Jahre stattfindend; dreijährlich; BOT dreijährig

triskèle [tʀiskɛl] M *keltisches Symbol in Form einer Dreierspirale*

trisomie [tʀizɔmi] F BIOL, MÉD Trisomie *f*; **trisomique** MÉD **A** ADJ *personne* mit Down-Syndrom **B** M/F Mensch *m* mit Down--Syndrom

trisser [tʀise] V/PR **se ~** *fam* abhauen; verduften

triste [tʀist] ADJ **1** *personne, visage* traurig; trübselig; tief betrübt; niedergeschlagen; **mélodie** *f* **~** traurige, schwermütige Melodie; **regard** *m* **~** trauriger, trübseliger Blick; **sourire** *m* **~** trauriges, trübseliges Lächeln; **~ à mourir** todunglücklich; **avoir l'air ~** traurig aussehen; **être tout ~** tieftraurig, sehr traurig sein; **faire ~ mine, figure** ein trauriges Gesicht machen; **rendre ~** traurig machen, stimmen **2** *temps, couleur* trist; trübselig; **une ~ affaire** e-e traurige, tragische Sache; **film** *m* **~** trauriger Film; **jour** *m* **~** trauriger, schwerer Tag; **maison** *f* **~** düsteres Haus; **nouvelle** *f* **~** traurige Nachricht; **paysage** *m*, **rue** *f* **~** trostlose *ou* triste Landschaft, Straße; **c'est bien ~** das ist sehr traurig; **avoir ~ mine, être dans un ~ état** *personne* in e-m bedauernswürdigen Zustand sein; *objet* sich in e-m traurigen, beklagenswerten Zustand befinden **3** *(lamentable)* erbärmlich; armselig; traurig; **~ consolation** *f* schwacher Trost; **~ personnage** *m* erbärmliche Kreatur; **~ réputation** *f* schlechter, trauriger Ruf; **avoir une ~ fin** ein armseliges, klägliches Ende nehmen; **c'est la ~ vérité** das ist die traurige Wahrheit

tristement [tʀistəmɑ̃] ADV **1** traurig; trübselig; trüb(e) **2** **il s'est rendu ~ célèbre** er hat e-e traurige Berühmtheit erlangt

tristesse [tʀistɛs] F **1** Traurigkeit *f*; Trauer *f*; Betrübnis *f*; Trübsinn *m*; **profonde ~** tiefe Traurigkeit; **être enclin à la ~** zu Schwermut neigen; **sourire avec ~** traurig, trübe lächeln **2** *de qc* Düsterkeit *f*; Trostlosigkeit *f*

tristounet [tʀistunɛ] *fam* ADJ ⟨~te⟩ (etwas) traurig, trübselig; *chose a.* freudlos; trist

trisyllabe [tʀisi(l)lab] ADJ *et* SUBST M (**mot** *m*) **~** dreisilbiges Wort

trisyllabique [tʀisi(l)labik] ADJ MÉTRIQUE dreisilbig

trithérapie [tʀiteʀapi] F MÉD Kombinationstherapie *f*

tritium [tʀitjɔm] M CHIM Tritium *n*

triton [tʀitõ] M **1** ZOOL Molch *m* **2** MYTH **Triton** Triton *m*

trituration [tʀityʀasjõ] F Zerstoßen *n*; Zerreiben *n*; Zermalmen *n*; *des aliments par les dents* Zerkleinern *n*

triturer [tʀityʀe] V/T zerstoßen; zerreiben; zermalmen; *dents: aliments* zerkleinern; *masseur: muscles* (durch)kneten; *mouchoir* kneten; zusammenknüllen; zerknüllen; *fam fig* **se ~ la cervelle, les méninges** *fam* sich (*dat*) das Hirn zermartern

triumvir [tʀijɔmviʀ] M HIST Triumvir *m*; **triumvirat** M HIST *et fig* Triumvirat *n*

trivalence [tʀivalɑ̃s] F CHIM Dreiwertigkeit *f*; **trivalent** ADJ CHIM dreiwertig

trivial [tʀivjal] ADJ ⟨-aux⟩ **1** vulgär; ordinär; zotig; unanständig; anstößig; unschicklich; **plaisanterie ~e** unanständiger, *fam* nicht salonfähiger Witz; Zote *f*; **avoir un langage ~** sich ordinär, vulgär ausdrücken **2** *litt (commun)* trivial; platt; banal

trivialité [tʀivjalite] F **1** **a** *d'une plaisanterie etc* Vulgarität *f*; Unanständigkeit *f*; Unschicklichkeit *f* **b** *parole(s)* Zote *f*; unanständiges Wort; Kraftausdruck *m* **2** *litt (banalité)* Trivialität *f*; Plattheit *f*; Banalität *f*

tr/mn ABR (tours par minute) U/min (Umdrehungen pro Minute)

troc [tʀɔk] M Tausch *m*; Tauschgeschäft *n*; (**économie** *f* **de**) **~** Tauschhandel *m*; Naturaltausch *m*; **faire du ~** Tauschhandel treiben

troène [tʀɔɛn] M BOT Liguster *m*

troglodyte [tʀɔglɔdit] M **1** Höhlenbewohner *m*; Bewohner *m* e-r Felsenwohnung **2** ZOOL Zaunkönig *m*; **troglodytique** ADJ Höhlen(bewohner)...; Troglodyten...

trogne [tʀɔɲ] *fam* F Gesicht *n*; **avoir une bonne ~** ein sympathisches Gesicht haben

trognon [tʀɔɲõ] **1** M Kerngehäuse *n*; *régional* Griebs *m*; Butzen *m*; *de chou, de salade* Strunk *m*; **~ de pomme** Apfelgriebs *m*, -butzen *m*; *fam fig* **ils nous ont eus jusqu'au ~** *fam* sie haben uns gewaltig hereingelegt **2** ADJT *fam* **ce qu'il est ~!** *fam* ist der aber süß!

Troie [tʀwa] HIST Troja *n*; **cheval** *m* **de ~** Trojanisches Pferd; INFORM Trojaner *m*; **la guerre de ~** der Trojanische Krieg

troïka [tʀɔika] F Troika *f*, Dreigespann *n* (*a. fig*)

trois [tʀwa] **A** NUM drei; **Henri III** Heinrich III. (der Dritte); **le ~ mai** der dritte *ou* am dritten Mai; **~ mois** drei Monate; *souvent* ein Vierteljahr *n*; **page ~** Seite drei; **~ quarts** → quart A 2; *loc adj et loc adv*: **à ~** zu dritt; zu dreien; MATH **règle** *f* **de ~** Dreisatzrechnung *f*; **enfant** *m* **de ~ ans** dreijähriges Kind; Kind *n* von drei Jahren; **séjour** *m* **de ~ mois** dreimonatiger Aufenthalt **B** M Drei *f*; *all Sud a.* Dreier *m*; **le ~ (du mois)** der Dritte *ou* am Dritten (des Monats); → *a.* deux B

trois-deux [tʀwadø] M ⟨*inv*⟩ MUS 3/2-Takt *m* (Dreihalbetakt)

trois-huit [tʀwaɥit] **1** M ⟨*inv*⟩ MUS Dreiachteltakt *m*; 3/8-Takt *m* **2** MPL *en usine* Arbeit *f* in drei Schichten (zu je acht Stunden)

troisième [tʀwazjɛm] **A** NUM dritte(r, -s); **la ~ fois** das dritte *ou* zum dritten Mal **B** SUBST **1** **le, la ~** der, die, das Dritte **2** M dritter Stock; dritte Etage **3** F ÉCOLE vierte Klasse im Gymnasium (*führt in Frankreich zur mittleren Reife*); *correspond à* neunte Klasse **4** F AUTO dritter Gang; **passer en ~** in den dritten (Gang) gehen, schalten

troisièmement [tʀwazjɛmmɑ̃] ADV drittens

trois-mâts [tʀwamɑ] M ⟨*inv*⟩ MAR Dreimaster *m*

trois-quarts [tʀwakaʀ] M ⟨*inv*⟩ **1** **~** *ou adjt* **manteau** *m* **~** dreiviertellanger Mantel **2** MUS Dreiviertelgeige *f* **3** RUGBY Dreiviertelspieler *m*; **~ centre** Innendreiviertel *m*

trois-quatre [tʀwakatʀ] M ⟨*inv*⟩ MUS Dreivierteltakt *m*; 3/4-Takt *m*

troll [tʀɔl] M MYTH Troll *m*

trolley [tʀɔlɛ] M **1** TECH Stangen-, Rollenstromabnehmer *m* **2** *fam* Obus *m*

trolleybus [tʀɔlɛbys] M Oberleitungsomnibus *m*; Trolleybus *m*; *fam* Obus *m*

trombe [tʀõb] F MÉTÉO Windhose *f*; Trombe *f*; **~ d'eau** Wolkenbruch *m*; *loc adv fig* **en ~** wie ein Wirbelwind; wie der Blitz; **arriver en ~** angesaust kommen; **entrer en ~** hereinstürmen; **passer en ~** vorbeirasen

trombine [tʀõbin] *fam* F Gesicht *n*; **faire une drôle de ~** ein saures Gesicht ziehen

tromblon [tʀõblõ] M HIST Büchse *f*, Flinte *f* mit trichterförmigem Lauf

trombone [tʀõbɔn] M **1** MUS **a** Posaune *f*; **~ à coulisse, à pistons** Zug-, Ventilposaune *f* **b** *joueur* Posaunist *m*; Posaunenbläser *m* **2** *agrafe* Büroklammer *f*

tromboniste [tʀõbɔnist] M Posaunist *m*; Posaunenbläser *m*

trommel [tʀɔmɛl] M TECH Zylindersieb *n*

trompe [tʀõp] F **1** MUS Horn *n*; MAR **~ de brume** Nebelhorn *n*; **~ de chasse** Jagdhorn *n* **2** ZOOL Rüssel *m*; *des insectes* Saugrüssel *m* **3** ANAT **~ d'Eustache** Ohrtrompete *f*; eustachische Röhre; **~ de Fallope, ~ utérine** Eileiter *m*; Tube *f* **4** ARCH Trompe *f*; Trichternische *f*

trompe-la-mort [tʀõplamɔʀ] M ⟨*inv*⟩ dem Tod Entronnene(r) *m*

trompe-l'œil [tʀõplœj] M ⟨*inv*⟩ **1** PEINT Trompe-l'œil *n ou m*; **décor** *m* **en ~** perspektivisch gemalte Kulisse **2** *fig* trügerischer Schein

tromper [tʀõpe] A V/T 1 täuschen; betrügen (*a. son conjoint*); hintergehen; anführen; hinters Licht führen; irreführen; *vigilance de qn* überlisten; *adjt* **mari trompé** betrogener Ehemann; *abs* **ça trompe** das täuscht, ist e-e Täuschung; **ça ne trompe pas** das ist ein untrügliches, sicheres Zeichen; **ça ne trompe personne** davon lässt sich niemand täuschen; das glaubt keiner; **c'est ce qui vous trompe** da(rin) täuschen, irren Sie sich, sind Sie im Irrtum; **~ l'attente, la confiance, les espoirs de qn** j-s Erwartungen, Vertrauen, Hoffnungen enttäuschen 2 *par ext:* **~ l'attente en lisant** sich (*dat*) die Wartezeit mit Lesen verkürzen; **~ la** *ou* **sa faim** das Hungergefühl betäuben; den ärgsten Hunger stillen; **~ la soif** den Durst vorübergehend etwas mildern B V/PR **se ~** sich täuschen; (sich) irren; **si je ne me trompe** wenn ich (mich) nicht irre, mich nicht täusche; **à moins que je ne me trompe** wenn ich (mich) nicht sehr irre; wenn mich nicht alles täuscht; **tout le monde peut se ~** jeder kann sich mal irren; Irren *ou* irren ist menschlich (*prov*); ♦ **se ~ dans ses calculs** sich verrechnen; sich verkalkulieren; **se ~ d'adresse** sich in der Adresse irren; *fig* an die falsche Adresse geraten; **se ~ de chemin, de route** den Weg verfehlen; sich verlaufen; *en voiture* sich verfahren; **se ~ de date** sich im Datum irren; **se ~ de direction** sich in der Richtung irren; die falsche Richtung einschlagen; **se ~ de vingt euros** sich um zwanzig Euro verrechnen *ou* verzählen; **se ~ de ligne, de page** sich in der Zeile, Seite irren; **se ~ de numéro** sich in der Nummer irren; TÉL sich verwählen; **c'est en quoi il se trompe** da(rin) täuscht er sich, irrt er (sich); **se ~ sur qn** sich in j-m täuschen, irren; **se ~ sur les intentions de qn** sich über j-s Absichten (*acc*) täuschen; **ne vous y trompez pas** täuschen Sie sich (ja) nicht; geben Sie sich keiner Täuschung hin; **elle lui ressemble à s'y ~** sie sieht ihr täuschend ähnlich

tromperie [tʀõpʀi] F Betrug *m*; Täuschung *f*

trompeter [tʀõpete] V/T ⟨-tt-⟩ *nouvelle* hinausposaunen

trompette [tʀõpɛt] A F 1 MUS Trompete *f*; BIBL **les ~s de Jéricho, du Jugement dernier** die Posaunen *fpl* von Jericho, des Jüngsten Gerichts; *fig* **nez** *m* **en ~** Stülpnase *f*; Himmelfahrtsnase *f*; **jouer, sonner de la ~** (auf der) Trompete blasen; trompeten 2 *coquillage* trompetenförmige Muschel 3 BOT **~ de la mort, des morts** Herbst-, Totentrompete *f* B M MUS Trompeter *m*

trompettiste [tʀõpetist] M/F Trompeter(in) *m(f)*

trompeur [tʀõpœʀ] ADJ ⟨-euse⟩ trügerisch; täuschend; **calme ~** trügerische Ruhe, Stille; **les apparences sont trompeuses** der Schein trügt

tronc [tʀõ] M 1 BOT **~ (d'arbre)** (Baum)Stamm *m* 2 ANAT a *partie du corps* Rumpf *m* b *des vaisseaux, nerfs* Stamm *m* 3 MATH **~ de cône** Kegelstumpf *m* 4 ÉGL Opferstock *m*; **~ des pauvres** Almosenstock *m* 5 ARCH **~ de colonne** unterer Teil des Säulenschaftes 6 **~ commun** CH DE FER *etc* gemeinsame Streckenführung; Stammstrecke *f*; ÉCOLE gemeinsamer Grundlehrplan, Bildungsweg für die unteren Klassen

tronche [tʀõʃ] F *fam* (*figure*) *fam* Visage *f*; *pop* Fresse *f*

tronçon [tʀõsõ] M 1 CH DE FER, *de route* (Strecken)Abschnitt *m*; Teilstrecke *f*, -stück *n*; **~ d'autoroute** Autobahnabschnitt *m*, -teilstück *n*; **par ~s** streckenweise, abschnitt(s)weise 2 *de qc de cylindrique* (abgeschnittenes *ou* abgebrochenes) Stück; (abgeschnittener *ou* abgebrochener) Teil

tronconique [tʀõkɔnik] ADJ MATH kegelstumpfförmig

tronçonnage [tʀõsɔnaʒ] M *ou* **tronçonnement** M Zersägen *n*

tronçonner [tʀõsɔne] V/T in (längliche) Stücke schneiden; **~ un tronc d'arbre** einen Baumstamm (in Stücke) zersägen

tronçonneuse [tʀõsɔnøz] F Kettensäge *f*

trône [tʀon] M 1 Thron *m*; Thronsessel *m*; **succession** *f* **au ~** Thronfolge *f*; **discours** *m* **du ~** Thronrede *f*; **mettre, placer qn sur le ~** j-n auf den Thron setzen, erheben; **monter sur le ~** den Thron besteigen 2 *fam plais* (*siège des W.-C.*) *fam* Thron *m*

trôner [tʀone] V/I thronen (*a. iron*); *objet a.* prangen

tronqué [tʀõke] ADJ 1 ARCH **colonne ~e** Säulenstumpf *m*; MATH **cône ~** Kegelstumpf *m* 2 *fig* verstümmelt

tronquer [tʀõke] V/T verstümmeln; **~ une citation, un texte** ein Zitat, einen Text verstümmeln

trop [tʀo] ADV 1 (*excessivement*) zu viel; *avec adj et adv* zu; *avec verbe* zu sehr; zu viel; allzu sehr; allzu viel; **~ de** (*+subst*) zuviel (*+sg*); zu viele (*+pl*); ♦ **~ bon** zu gut; zu gutmütig; **bien, beaucoup ~ difficile** viel zu schwierig; **~ peu** zu wenig; **sans ~ de peine** ohne allzu viel Mühe; **il aime ~ son confort** er liebt s-e Bequemlichkeit zu sehr; **ça ne va pas ~ bien** es geht, steht nicht zum Besten, allzu gut; **j'ai ~ chaud** es ist mir zu heiß; **nous n'avons pas ~ de place** wir haben nicht (gerade) allzu viel Platz; **je n'ai eu que ~ de patience** ich habe schon, nur allzu viel Geduld gehabt; **boire ~** zu viel trinken; **cela n'a que ~ duré** das hat nur, schon allzu lange gedauert; **c'est ~** das ist zu viel; **cette fois, c'est ~!** *ou* **c'en est ~!** *ou* **ça alors, c'est ~ fort!** das ist doch die Höhe!; das schlägt dem Fass den Boden aus!; was zu viel ist, ist zu viel!; das geht zu weit!; *un peu, c'est bien,* **mais ~, c'est ~** aber allzu viel ist ungesund; **mettre ~ de sel, de sucre dans qc** etw versalzen; zu viel Zucker in etw (*acc*) geben, tun; **il est ~ énervé pour pouvoir dormir** er ist zu erregt, um schlafen zu können; **il a ~ menti pour qu'on puisse le croire maintenant** er hat zu viel gelogen, als dass man ihm jetzt glauben könnte; ♦ **de, en ~** zu viel; **il n'y a rien de ~** es kommt gerade so hin; es ist (auch) kein bisschen zu viel; **avoir des bagages en ~** zu viel Gepäck haben; **avoir des kilos en ~** überflüssige Pfunde haben; **avoir du tissu en ~** noch Stoff übrig haben; **boire un coup de ~, un verre de ~** eins, ein Glas über den Durst trinken; *restez,* **vous ne serez pas de ~** Sie sind durchaus erwünscht, keineswegs überflüssig; **ça ne sera pas de ~** das wird gerade reichen, *fam* so hinkommen; **deux personnes sont en ~** es sind zwei Personen zu viel; *fam* **manger de ~** zu viel essen; **on m'a rendu cinq euros de, en ~** man hat mir fünf Euro zu viel zurückgegeben; ♦ *litt* **par ~** *avec verbe* allzu sehr; allzu viel; *avec adj et adv* gar zu; **il est par ~ vaniteux** er ist gar zu eitel 2 (*très*) sehr; (*bien*) recht; *il répète ce qu'on lui dit* **sans ~ comprendre** ohne es recht zu verstehen; **ça ne me dit ~ rien, pas ~** das reizt, lockt mich nicht besonders, sonderlich, (allzu)sehr; **vous êtes ~ aimable** das ist sehr, äußerst liebenswürdig, sehr freundlich von Ihnen; **il n'est pas ~ content** er ist nicht sehr, nicht besonders zufrieden; **je ne sais pas ~** ich weiß nicht recht

trope [tʀɔp] M RHÉT Trope *f*; Tropus *m*

trophée [tʀɔfe] M Trophäe *f*; **~ de chasse** Jagdtrophäe *f*

trophique [tʀɔfik] ADJ PHYSIOL trophisch; Ernährungs...; MÉD **troubles** *mpl* **~s** Ernährungsstörungen *fpl*

tropical [tʀɔpikal] ADJ ⟨-aux⟩ tropisch; Tropen...; **climat ~** Tropenklima *n*; tropisches Klima; **forêt ~e** tropischer Regenwald; **pays tropicaux** Tropenländer *npl*; **plante ~e** Tropenpflanze *f*; tropische Pflanze

tropicaliser [tʀɔpikalize] V/T tropenfest machen; *adjt* **tropicalisé** tropenfest

tropique [tʀɔpik] A M GÉOG 1 **~s** *pl* Tropen *pl*; **vivre sous les ~s** in den Tropen leben 2 Wendekreis *m*; **~ du Cancer, du Capricorne** Wendekreis des Krebses, des Steinbocks B ADJ ASTRON **année** *f* **~** tropisches Jahr

tropisme [tʀɔpizm] M BIOL Tropismus *m*

troposphère [tʀɔpɔsfɛʀ] F MÉTÉO Troposphäre *f*

trop-perçu [tʀopɛʀsy] M ⟨*pl* trop-perçus⟩ zu viel erhobener Betrag

trop-plein [tʀoplɛ̃] M ⟨*pl* trop-pleins⟩ 1 **le ~ d'un récipient** die Flüssigkeit, die ein Gefäß nicht (mehr) fassen kann; **le ~ des eaux** das überschüssige Wasser 2 TECH Überlauf *m* 3 *fig* **~ d'énergie, de vie** überschäumende Kraft; überschäumendes Temperament; ungestümer Tatendrang; **épancher le ~ de son cœur** sein übervolles Herz ausschütten

troquer [tʀɔke] V/T 1 COMM **~ qc contre qc** etw für etw in Tausch geben; etw gegen etw tauschen; **~ du maïs contre du blé** Mais gegen Weizen tauschen; Weizen für Mais eintauschen 2 (*remplacer*) **~ qc contre qc** etw durch etw ersetzen; etw mit etw vertauschen

troquet [tʀɔkɛ] M *fam* Kneipe *f*

trot [tʀo] M Trab *m*; Traben *n*; **petit ~** leichter Trab; **cheval** *m* **au ~** trabendes Pferd; **course** *f* **de** *ou* **au ~ attelé** Trabrennen *n*; **course de ~ monté** unter dem Reiter gelaufenes Trabrennen; **aller au ~** *cheval* traben; *cavalier* (im) Trab reiten; *fam fig* **allez, au ~, plus vite que ça!** *fam* nun aber fix! *ou* dalli, dalli!; **mettre son cheval au ~** sein Pferd in Trab setzen; **partir au ~, prendre le ~** sich in Trab setzen

Trotski [tʀɔtski] M *hist* Trotzki *m*

trotskisme [tʀɔtskism] M POL Trotzkismus *m*; **trotskiste** POL A ADJ trotzkistisch; Trotzkisten... B M/F Trotzkist(in) *m(f)*

trotte [tʀɔt] F *fam* **ça fait une (bonne) ~ jusque ...** *fam* bis ... ist es ein gutes, ganz schönes Ende (zu laufen)

trotte-bébé [tʀɔtbebe] M ⟨*inv*⟩ Lauflerngerät *n*; **trotte-menu** ADJ ⟨*inv*⟩ → gent

trotter [tʀɔte] A V/I 1 *cheval* traben 2 *par ext souris* huschen; *personne* traben; herumlaufen; **j'ai trotté toute la matinée** den ganzen Vormittag bin ich herumgelaufen, -gerannt, -getrabt, *fam* war ich auf Trab 3 *fig: une idée, une mélodie* **lui trotte dans la tête** geht ihm im Kopf herum; geht ihm nicht aus dem Kopf; **faire ~ l'imagination** die Fantasie anregen B V/PR *fam* **se ~** *fam* verduften; sich verziehen

trotteur [tʀɔtœʀ] M 1 *cheval* Traber *m* 2 *chaussure* Trotteur(schuh) *m*; **trotteuse** F *de montre* Sekundenzeiger *m*

trottinement [tʀɔtinmɑ̃] M Trippeln *n*; Trappeln *n*; Getrippel *n*; Getrappel *n*; **trottiner** V/I trippeln; trappeln (*a. âne etc*); **trottinette** F (Kinder)Roller *m*; *suisse* Trottinett *n*

trottoir [tʀɔtwaʀ] M Geh-, Bürgersteig *m*; Trottoir *n*; **~ roulant** Roll-, Fahrsteig *m*; *prostituée* **faire le ~** *fam* auf den Strich gehen

trou [tʀu] M 1 Loch *n*; *d'une aiguille* (Nadel)Öhr *n*; *fam* (*tombe*) Grab *n*; ASTRON **~ noir** schwarzes Loch; AVIAT **~ d'air** Luftloch *n*; *pop* **~ de balle** (*anus*) *pop* Arschloch *n*; *pop* **~ du cul** (*anus*) *pop* Arschloch *n*; *injure fam* Blödmann

T

m; Dämlack *m*; TECH **~ d'homme** Mannloch *n*; *fam* **~s de nez** Nasenlöcher *npl*; **~ d'obus** Granattrichter *m*; THÉ **~ du souffleur** Souffleurkasten *m*; **~ de souris** Maus(e)loch *n*; **criblé de ~s** durchlöchert; löcherig; **avoir un ~ à son manteau** ein Loch im Mantel haben; **boire comme un ~** sehr viel trinken; *fam* saufen wie ein Loch; *fam fig* **être au ~** *fam* im Kittchen sein; (im Loch) sitzen; *fam fig* **faire son ~** es zu etwas bringen; sich (*dat*) e-e gesicherte Position schaffen; SPORTS **faire le ~** sich vom Feld lösen; **se faire un ~ dans, à la tête** sich (*dat*) ein Loch in den Kopf stoßen *ou* fallen; **percer un ~ dans le mur** ein Loch in die Wand bohren *ou* schlagen; **regarder par le ~ de la serrure** durchs Schlüsselloch gucken; → *a.* normand A 1 2 *fig* Lücke *f*; Loch *n*; *dans la caisse, comptabilité* Fehlbetrag *m*; **~ de mémoire** Gedächtnislücke *f*; **j'ai un ~ dans mon emploi du temps** ich habe zwischendurch *ou* zwischen meinen Terminen, Unterrichtsstunden etwas freie Zeit; *dans un alibi* **il y a un ~ dans son emploi du temps** für e-n bestimmten Zeitabschnitt hat er kein Alibi; **boucher un ~** e-e Lücke ausfüllen; ein Loch zustopfen 3 *fam* **~ (perdu)** *fam* gottverlassenes Nest; Kaff *n*; **il n'est jamais sorti de son ~** er ist nie fortgekommen

troubadour [tʀubaduʀ] M Troubadour *m*

troublant [tʀublɑ̃] ADJ 1 beunruhigend; verwirrend; **détail ~** störendes Detail; **ressemblance ~e** verblüffende Ähnlichkeit 2 (*sensuel*) verführerisch; betörend; aufregend

trouble[1] [tʀubl] ADJ 1 *liquide* trüb(e); **regard** *m* **~** glasiger Blick; **j'ai la vue ~**, *advt* **je vois ~** mir verschwimmt alles vor den Augen; *fig* **pêcher en eau ~** im Trüben fischen 2 *fig* dunkel; zweifelhaft; *désirs* uneingestanden

trouble[2] [tʀubl] M 1 (*affolement*) Aufregung *f*; Erregung *f*; (*inquiétude*) Unruhe *f*; (*désarroi*) Verwirrung *f*; Bestürzung *f*; **se remettre de son ~** sich fassen; sich von s-r Aufregung erholen 2 (*confusion*) Verwirrung *f*; Aufregung *f*; (*désordre*) Durcheinander *n*; **semer le ~** Verwirrung stiften 3 POL **~s** *pl* Unruhen *fpl*; **~s sociaux** soziale Unruhen 4 MÉD Störung *f*; **~s** *pl a.* Beschwerden *fpl*; **trouble déficitaire de l'attention** Aufmerksamkeitsdefizit-Syndrom *n*; **~s digestifs** Verdauungsstörungen *fpl*, -beschwerden *fpl*; **~s mentaux** (Anfälle *mpl* von) Geistesgestörtheit *f*; **atteint de ~s mentaux** geistesgestört; geistig gestört; **~s respiratoires** Atembeschwerden *fpl*; **~s de la circulation, de la parole, de la vue** Kreislauf-, Sprach-, Sehstörungen *fpl*

troublé [tʀuble] ADJ 1 *personne, esprit* verwirrt; durcheinander; (*affolé*) erregt; aufgeregt 2 **époque, période ~e** unruhige, wirre Zeit

trouble-fête [tʀubləfɛt] M ⟨*inv*⟩ Störenfried *m*; Spielverderber *m*; **jouer les ~** ein Spielverderber sein

troubler [tʀuble] A VT 1 *eau* trüben; trüb(e) machen; *larmes: regard* verschleiern; trüben 2 *calme, sommeil, entretien, ordre public* stören; *conscience* beunruhigen; *raison* trüben; *personne* in Verwirrung bringen; verwirren; durcheinanderbringen; verunsichern; (*inquiéter*) beunruhigen; (*émouvoir*) bewegen; erregen; *un seul détail* **me trouble** stört mich; **~ l'esprit de qn** j-n (völlig) verwirren, aus dem Gleichgewicht bringen 3 *sensuellement* verwirren; betören B VPR **se ~** 1 *liquide* trüb(e) werden; sich trüben; **ma vue se trouble** ich sehe (plötzlich) alles verschwommen, verschleiert 2 *personne* unsicher, verlegen werden; in Verwirrung geraten

trou-du-cul [tʀudyky] M *injure fam* Blödmann *m*; Doofmann *m*

troué [tʀue] ADJ *vêtement* **être ~** ein Loch *ou* Löcher haben; durchlöchert, löcherig sein

trouée [tʀue] F 1 (*ouverture*) Lücke *f* 2 GÉOG **la ~ de Belfort** die Burgundische Pforte;

trouer [tʀue] A VT *vêtement* durchlöchern; ein Loch *ou* Löcher machen in (+*acc*); *avec une cigarette a.* ein Loch brennen in (+*acc*); *fig soleil* **~ les nuages** die Wolken durchdringen; *fam* **se faire ~ la peau** von Kugeln durchlöchert, durchsiebt werden B VPR **se ~** Löcher bekommen

troufignon [tʀufiɲɔ̃] M *arg* (*anus*) *pop* Loch *n*

troufion [tʀufjɔ̃] *fam* M einfacher Soldat

trouillard [tʀujaʀ] *fam* A ADJ ängstlich B SUBST **~(e)** *m(f)* *fam* Hasenfuß *m*; Angsthase *m*; Jammerlappen *m*

trouille [tʀuj] *fam* F **avoir la ~** Angst, *fam* Bammel, *pop* Schiss haben; **il n'a pas la ~!** *fam* der hat Schneid!; der hat Nerven!; **flanquer la ~ à qn** j-m Angst einjagen, machen

trouillomètre [tʀujɔmɛtʀ] M *fam* **avoir le ~ à zéro** *fam* e-e Heidenangst, *pop* Mordsschiss haben; *pop* die Hosen gestrichen voll haben

troupe [tʀup] F 1 Gruppe *f*; Schar *f*; Schwarm *m*; Trupp *m*; **en ~** im Trupp; im Schwarm 2 THÉ **~ (de théâtre), ~ de comédiens** Theatertruppe *f*; Ensemble *n*; **~ de danseurs** Tanztruppe *f* 3 MIL Truppe *f*; **~s** *pl* Truppen *pl*; **(hommes** *mpl* **de) ~** Mannschaften *fpl*; Soldaten *mpl*; **enfant** *m* **de ~** Kind, das in e-m „Prytanée militaire" erzogen wird; *fam fig* **en route, mauvaise ~!** los!; vorwärts!; **mobiliser des ~s** Truppen mobilisieren; *plais* **rejoindre le gros de la ~** sich der Gruppe, *fam* der Herde wieder anschließen

troupeau [tʀupo] M ⟨*pl* ~x⟩ 1 Herde *f*; **~ de moutons** Schafherde *f* 2 *fig et péj de personnes* (Hammel)Herde *f*; Haufen *m*

trousse [tʀus] F 1 **~ (d'écolier)** Federmäppchen *n*; Schüleretui *n*; **~ à couture** Nähetui *n*; **~ de médecin** Bestecktasche *f*; **~ de toilette, de voyage** Kulturbeutel *m*; Reisenecessaire *n* 2 **être aux ~s de qn** j-m auf den Fersen sein; hinter j-m her sein

trousseau [tʀuso] M ⟨*pl* ~x⟩ 1 **~ de clefs** Schlüsselbund *m ou n* 2 a *d'une mariée* Aussteuer *f* b *pour un internat etc* Wäscheausstattung *f*

trousser [tʀuse] VT 1 CUIS *volaille* umbinden 2 **~ les femmes, le jupon** ein Schürzenjäger sein 3 *discours* schnell und leicht verfassen; *compliment* drechseln; *travail* schnell erledigen

trousseur [tʀusœʀ] M **~ de jupons** Schürzenjäger *m*

trou-trou [tʀutʀu] M ⟨*pl* trou-trous⟩ COUT Hohlsaum *m* mit durchgezogenem Bändchen

trouvaille [tʀuvaj, -vɑj] F 1 glücklicher Fund 2 (*idée originale*) treffende, geniale Formulierung; Geistesblitz *m*; *fam* Volltreffer *m*; *iron* **c'est sa dernière ~** das ist s-e neueste Schöpfung, Erfindung

trouvé [tʀuve] ADJ 1 **enfant ~** Findelkind *n*; **objet ~** Fundsache *f*, -gegenstand *m*; **(bureau** *m* **des) objets ~s** Fundbüro *n* 2 **formule bien ~e** treffende Formulierung; **la solution est toute ~e** die Lösung bietet sich von selbst an

trouver [tʀuve] A VT 1 finden; auffinden; entdecken; ausfindig machen; *abs* **j'ai trouvé!** ich hab's (gefunden)!; **~ la force de** (+*inf*) die Kraft finden zu (+*inf*); **~ l'occasion de** (+*inf*) (e-e) Gelegenheit finden zu (+*inf*); **~ refuge chez qn** bei j-m Zuflucht finden; **je n'ai pas encore trouvé le temps de** (+*inf*) ich habe noch keine Zeit gefunden, ich bin noch nicht dazu gekommen zu (+*inf*); **~ du travail** Arbeit finden; **~ un visage connu dans la foule** in der Menge ein bekanntes Gesicht entdecken; *fam* **où est-ce que tu as trouvé ça?** *fam* wo hast du das denn her?; ♦ **aller ~ qn** j-n auf-, besuchen; zu j-m gehen; **venir ~ qn** j-n auf-, besuchen; zu j-m kommen; bei j-m vorsprechen; ♦ **~ à** (+*inf*): **il n'a pas encore trouvé à se loger** er hat noch keine Bleibe gefunden 2 (*rencontrer*) finden; (an)treffen; vorfinden; begegnen (+*dat*); **~ la mort** den Tod finden, umkommen, ums Leben kommen (**dans un accident** bei e-m Unfall); **~ l'appartement en désordre** die Wohnung in Unordnung vorfinden; **~ un compatriote à l'étranger** im Ausland e-m Landsmann begegnen, e-n Landsmann treffen; **~ la maison vide** das Haus leer (vor)finden; **~ la porte fermée** vor verschlossener Tür stehen; **je l'ai trouvé endormi** ich fand ihn schlafend; als ich kam, schlief er; **je l'ai trouvé fouillant, qui fouillait dans mes affaires** ich überraschte, ertappte ihn, wie er meine Sachen durchwühlte; *fam* **~ à qui parler** (gerade) an den Richtigen, an die richtige Adresse kommen, geraten; s-n Meister finden 3 (*parvenir à avoir*) finden; bekommen; sich (*dat*) verschaffen; auftreiben; **~ du plaisir à** (+*inf*) Freude daran finden, haben zu (+*inf*); **c'est un modèle qu'on ne trouve plus** dieses Modell gibt es nicht mehr, ist nicht mehr zu haben, zu bekommen; **il faut absolument que je trouve de l'argent** ich muss unbedingt Geld auftreiben; **où peut-on ~ ...?** wo bekommt man, gibt es ...? 4 (*juger, estimer*) **~** (+*adj*) finden (+*adj*); halten für (+*adj*); **~ que ...** finden, dass ...; der Ansicht, Meinung sein, dass ...; meinen, glauben, dass ...; **comment trouvez-vous cela?** wie finden Sie das?; wie gefällt *ou* schmeckt Ihnen das?; **je ne trouve pas cela très bien de sa part** ich finde das nicht sehr schön von ihm; *st/s* **je trouve bon que ...** (+*subj*) ich halte, erachte es für gut, richtig, dass *ou* wenn ...; **je la trouve un peu fatiguée** ich finde, sie sieht etwas müde aus; sie sieht mir ein wenig müde aus; **je trouve cela injuste, que c'est injuste** ich finde das ungerecht; ich halte das für, empfinde das als ungerecht; **~ un film intéressant** e-n Film interessant finden; **vous trouvez que c'est**, *st/s* **trouvez-vous que ce soit la peine de** (+*inf*)? finden Sie, dass es sich lohnt zu (+*inf*)?; ♦ **je lui trouve une certaine froideur** ich halte ihn für, finde ihn etwas kalt; ich finde, er ist etwas kalt; **je ne lui trouve pas bonne mine** ich finde, er sieht nicht gesund aus B VPR **se ~** 1 (*être*) sich befinden; sein; **dans les circonstances où je me trouve** in meiner jetzigen, augenblicklichen Lage; **je me trouve dans l'impossibilité de** (+*inf*) ich kann unmöglich (+*inf*); es ist mir unmöglich zu (+*inf*); **elle se trouve dans une situation difficile** sie befindet sich in e-r schwierigen Lage; **se ~ devant un problème insurmontable** vor e-m unlösbaren Problem stehen; **le café se trouve en face de l'église** das Wirtshaus befindet sich, liegt der Kirche gegenüber 2 (*exister*) zu finden sein; sich finden; vorkommen; vorhanden sein; **c'est là que se trouve la difficulté** darin liegt die Schwierigkeit; *ce tronçon de route* **ne se trouve pas encore sur la carte** ist noch nicht auf der Karte zu finden; *votre nom* **ne se trouve pas sur cette liste** steht nicht auf dieser Liste; *impersonnel* **il se trouve toujours des gens qui ...** es finden sich, es gibt immer Leute, die ... 3 (*se sentir*) sich fühlen; **se ~ bien** sich wohlfühlen; **... et je m'en trouve très bien** ... und ich fühle mich sehr wohl dabei; ... und ich habe gut daran getan, *fam* bin gut dabei gefahren; **se ~ dépaysé** sich (*dat*) fremd vorkommen; sich nicht zu Hause fühlen; **se ~ embarrassé** in Verlegenheit kommen, geraten; **se ~ mal** ohnmächtig werden **4** *(arriver)* sich ergeben; sich fügen; *(s'avérer)* sich herausstellen, erweisen **(être als)**; **ça se trouve bien** das trifft sich gut; *fam* **si ça se trouve** möglich, dass; *fam* kann sein, dass; **la nouvelle se trouva être fausse** die Nachricht stellte sich als falsch heraus, erwies sich als falsch; *impersonnel* **il se trouve que c'est lui qui ...** **a** es fügt sich, es trifft sich, der Zufall will es, dass er ... **b** es zeigt sich, stellt sich heraus, dass er ... **5** *(se croire)* **se ~** *(+adj)* sich halten für *(+adj)*; sich *(+adj)* finden; **se ~ laid** sich für hässlich halten; sich hässlich finden **6** **se ~** *(+pp)* werden; **se ~ puni** bestraft werden; **se ~ attrapé** hereinfallen; **se ~ pris dans un embouteillage** in e-n Stau geraten

trouvère [tʀuvɛʀ] M nordfranzösischer Minnesänger

troyen [tʀwajɛ̃] **A** ADJ ⟨**~ne**⟩ **1** HIST trojanisch **2** aus, von Troyes **B** SUBST **Troyen(ne)** *m(f)* **1** HIST Trojaner(in) *m(f)* **2** Einwohner(in) *m(f)* von Troyes

Troyes [tʀwa] *Stadt im Dep. Aube*

truand [tʀyɑ̃] M Ganove *m*; Gangster *m*

truander [tʀyɑ̃de] *fam* **A** VT *fam* begaunern; übers Ohr hauen; **se faire ~** sich übers Ohr hauen lassen **B** VI *fam* mogeln

trublion [tʀyblijõ] M Unruhestifter *m*

truc [tʀyk] M **1** *fam (procédé habile)* Kniff *m*; Trick *m (a. d'un prestidigitateur)*; *fam* Dreh *m*; Pfiff *m*; **connaître tous les ~s du métier** sein Handwerk verstehen; *fam* alle Kniffe kennen; ein alter Hase sein; **maintenant, je connais le ~** *fam* jetzt hab ich den Kniff, Dreh heraus; **trouver un, le ~ pour** *(+inf) fam* e-n, den Kniff, Trick, Dreh finden, um zu *(+inf)* **2** CINÉMA Trick *m* **3** *fam (chose)* Sache *f*; Ding *n*; *fam* Dings *n*; Dingsda *n*; Dingsbums *n*; Zeug(s) *n*; *personne fam* Dingsda *m*, -bums *m*; **un drôle de ~** e-e seltsame, komische, verrückte Sache; **qu'est-ce que c'est que ce ~-là?** was soll das denn sein?; *fam* was isn das fürn Ding?; **il a raconté tout un tas de ~s idiots** *fam* er hat e-e Menge Quatsch, blödes Zeug erzählt; **j'ai rencontré ~** *fam* ich hab den Dingsda, -bums getroffen **4** *fam (domaine)* **ce n'est pas mon ~** das mag ich nicht; *fam* das ist nicht mein Fall; darauf steh' ich nicht

trucage → truquage

truchement [tʀyʃmɑ̃] M **par le ~ de qn** über, durch j-n; durch j-s Vermittlung

trucider [tʀyside] *iron* VT umbringen; *fam* um die Ecke bringen

trucmuche [tʀykmyʃ] M *fam* Dingsda *n*, -bums *n*

truculence [tʀykylɑ̃s] F Urwüchsigkeit *f*; **truculent** ADJ *personne, langue* urwüchsig; *langue a.* saftig

truelle [tʀyɛl] F **1** *outil de maçon* (Maurer)Kelle *f* **2** CUIS Vorlegemesser *n* für Fisch

truffe [tʀyf] F **1** BOT, CUIS Trüffel *f* **2** **~ (en chocolat)** (Schokolade)Trüffel *f* **3** *du chien* Nase *f*

truffé [tʀyfe] ADJ **1** CUIS getrüffelt; **foie gras ~** Trüffelleber *f*, -pastete *f* **2** *fig* gespickt **(de** mit**)**

truffer [tʀyfe] VT **1** CUIS trüffeln **2** *fig texte de citations, de fautes* spicken **(de** mit**)**

trufficulture [tʀyfikyltyʀ] F AGR Trüffelzucht *f*

truffier [tʀyfje] ADJ ⟨-ière⟩ Trüffel...; **chêne ~** Eiche *f*, in deren unmittelbarer Nähe Trüffeln wachsen; **chien ~** für die Trüffelsuche abgerichteter Hund

truffière [tʀyfjɛʀ] F Gelände *n*, auf dem Trüffeln wachsen

truie [tʀɥi] F ZOOL (Zucht)Sau *f*; Mutterschwein *n*

truisme [tʀyism] M *(lapalissade)* Binsenwahrheit *f*; *(banalité)* Gemeinplatz *m*; Trivialität *f*

truite [tʀɥit] F ZOOL Forelle *f*; **~ aux amandes** gebackene Forelle mit Mandeln; **pêche *f* à la ~** Forellenfang *m*, -fischerei *f*

trumeau [tʀymo] M ⟨*pl* ~x⟩ **1** ARCH Mittelpfosten *m* **2** *d'une cheminée* Kaminspiegel *m* **3** *fam fig* **vieux ~** *fam* alte Schachtel

truquage [tʀykaʒ] M **1** CINÉMA Trickaufnahme *f* **2** **~ des élections** Wahlschwindel *m*, -fälschung *f*

truqué [tʀyke] ADJ **1** CINÉMA, PHOT Trick...; **photo, scène ~e** Trickaufnahme *f*, -szene *f* **2** *(falsifié)* gefälscht; *cartes* gezinkt; **élections ~es** verfälschte, manipulierte Wahlen *fpl*; Scheinwahlen *fpl*; **match ~** Wettkampf *m ou* Spiel *n*, bei dem geschoben wurde

truquer [tʀyke] VT fälschen; SPORTS **~ un combat** das Ergebnis e-s Wettkampfs absprechen; **~ des élections, des résultats** Wahlen, Ergebnisse fälschen

truqueur [tʀykœʀ] M CINÉMA Tricktechniker *m*, -spezialist *m*

truquiste [tʀykist] M/F CINÉMA Tricktechniker(in) *m(f)*, -spezialist(in) *m(f)*

trusquin [tʀyskɛ̃] M TRAVAIL DES MÉTAUX Höhen-, Parallelreißer *m*

trust [tʀœst] M ÉCON Trust *m*; **truster** VT ÉCON vertrusten; monopolisieren

Truyère [tʀyjɛʀ] **la ~** *Fluss im frz Zentralmassiv*

tsar [dzaʀ, tsaʀ] M Zar *m*

tsarévitch [dzaʀevitʃ, tsa-] M Zarewitsch *m*; **tsarine** F Zarin *f*; **tsarisme** M Zarismus *m*; **tsariste** ADJ zaristisch

tsé-tsé [tsetse] ADJ/F ZOOL **mouche *f* ~** Tsetsefliege *f*

TSF [teɛsɛf] F ABR **(télégraphie sans fil)** *autrefois* **1** drahtlose Telegrafie **2** *(radiodiffusion)* Rundfunk *m*

T-shirt [tiʃœʀt] M → tee-shirt

tsigane [dzigan, tsi-] **A** ADJ Zigeuner...; **musique *f* ~** Zigeunermusik *f* **B** SUBST **Tsigane** *m/f* Zigeuner(in) *m(f)*

tsoin-tsoin [tswɛ̃tswɛ̃] *fam à la fin d'une chanson, a.* **tagada ~!** schrumm, schrumm!; schrummfidebumm!

tsunami [tsynami] M GÉOG Tsunami *m*; Flutwelle *f*

T.S.V.P. ABR **(tournez, s'il vous plaît)** b.w. (bitte wenden)

TTC ABR **(toutes taxes comprises)** einschließlich aller Gebühren und Steuern

tu[1] [ty] PR PERS ⟨*vor Vokal u. stummem h fam* **t'**⟩ du; *fam* **qu'est-ce que t'as dit?** was hast du, *fam* haste gesagt?; **dire ~ à qn** Du zu j-m sagen; j-n mit Du anreden; **être à ~ et à toi avec qn** mit j-m auf Du und Du stehen; j-s Duzfreund(in) sein

tu[2] [ty] PP → taire

tuant [tɥɑ̃] *fam* ADJ *chose* ermüdend; anstrengend; *fam* strapaziös; *personne fam* anstrengend; **c'est ~** *fam a.* das bringt einen fast um; **il est ~** *fam* er ist äußerst anstrengend; er tötet einem den Nerv

tub [tœb] M Duschwanne *f*

tuba [tyba] M **1** MUS Tuba *f* **2** SPORTS Schnorchel *m*

tubage [tybaʒ] M MÉD **~ gastrique** Einführung *f* e-r Magensonde, e-s Magenschlauchs; **~ du larynx** Intubation *f*

tubaire [tybɛʀ] ADJ MÉD **grossesse *f* ~** Eileiter-, Tubenschwangerschaft *f*

tubard [tybaʀ] *fam* **A** ADJ **il est ~** *fam* er hat die Motten **B** SUBST **~(e)** *m(f)* Tuberkulosekranke(r) *m/f(m)*

tube [tyb] M **1** Rohr *n*; Röhre *f*; CHIM **~ à essai** Reagenz-, Probierglas *n*; *loc adv*: **en forme de ~** röhrenförmig; *fam* **à pleins ~s** mit voller Kraft; *fam* **foncer à pleins ~s** *fam* mit Karacho fahren; rasen; *en voiture a.* Vollgas geben; *fam* auf die Tube drücken **2** ÉLEC Röhre *f*; **~ cathodique** braunsche Röhre; Kathodenstrahlröhre *f*; **~ électronique** Elektronenröhre *f*; **~ fluorescent** Leuchtstofflampe *f*, -röhre *f*; **~ à décharge électrique, au néon** Gasentladungs-, Neonröhre *f* **3** Tube *f*; **~ de colle** Tube Klebstoff; **~ de dentifrice** Tube Zahnpasta; Zahnpastatube *f*; **~ de peinture** Farbtube *f*; *loc adj* **en ~** Tuben...; in der Tube **4** *pour médicaments etc* Röhrchen *n*; **~ d'aspirine** Röhrchen Aspirin; **~ de vanille** Röhrchen (mit) Vanille **5** MÉD, OPT Tubus *m* **6** ANAT Kanal *m*; **~ digestif** **a** Verdauungskanal *m*, -trakt *m* **b** *fam (œsophage)* Speiseröhre *f* **7** *fam* MUS Hit *m*; Schlager *m*

tubeless [tyblɛs] ADJ ⟨*inv*⟩ *pneu* schlauchlos

tubéracées [tybeʀase] FPL BOT Schlauchpilze *mpl*

tubercule [tybɛʀkyl] M **1** BOT Knolle *f* **2** ANAT Höcker *m* **3** MÉD **a** Knoten *m*; Knötchen *n* **b** *dans la tuberculose* Tuberkel *m*

tuberculeux [tybɛʀkylø] **A** ADJ ⟨-euse⟩ tuberkulös; Tuberkulose...; **bacilles** *mpl* **~** Tuberkelbakterien *fpl*, -bazillen *mpl*; **être ~** Tuberkulose haben **B** SUBST **~, tuberculeuse** *m,f* Tuberkulosekranke(r) *m/f(m)*; Tbc-Kranke(r) *m/f(m)*

tuberculination [tybɛʀkylinasjõ] F VÉT Tuberkulininjektion *f*

tuberculine [tybɛʀkylin] F MÉD Tuberkulin *n*

tuberculinique [tybɛʀkylinik] ADJ MÉD Tuberkulin...; **réaction *f* ~** Tuberkulinreaktion *f*

tuberculinisation [tybɛʀkylinizasjõ] F VÉT Tuberkulininjektion *f*

tuberculisation [tybɛʀkylizasjõ] F MÉD Tuberkelbildung *f*; **tuberculiser** V/PR **se ~** tuberkulös werden

tuberculose [tybɛʀkyloz] F MÉD Tuberkulose *f*; *abr* Tb(c) *f*; **~ osseuse, pulmonaire** Knochen-, Lungentuberkulose *f*; **~ des bovins** Rindertuberkulose *f*

tubéreuse [tybeʀøz] F BOT Tuberose *f*; Nachthyazinthe *f*

tubéreux [tybeʀø] ADJ ⟨-euse⟩ BOT Knollen...; **racine tubéreuse** knollige Speicherwurzel

tubériforme [tybeʀifɔʀm] ADJ BOT *champignon* trüffelförmig, -artig

tubérosité [tybeʀozite] F ANAT Höcker *m*

tubiste [tybist] M Caissonarbeiter *m*

tubulaire [tybylɛʀ] ADJ **1** röhrenförmig; Röhren... **2** *(en tubes métalliques)* Stahlrohr...; **échafaudage *m* ~** Stahlrohrgerüst *n*

tubulé [tybyle] ADJ **1** BIOL röhrenförmig; röhrig **2** TECH mit Stutzen (versehen)

tubulure [tybylyʀ] F TECH **1** *orifice* Stutzen *m*; Rohransatz *m* **2** *coll* Röhren *fpl*; Rohre *npl*; AUTO **~ d'admission** Ansaugrohr *n*

TUC *ou* **T.U.C.** [tyk] MPL ABR **(travaux d'utilité collective)** Beschäftigungs- und Eingliederungsprogramm *n* für arbeitslose Jugendliche

tuciste [tysist] M/F arbeitslose(r) Jugendliche(r), die (der) an den TUC teilnimmt

tudesque [tydɛsk] ADJ *litt, a. péj* deutsch; germanisch

tué [tɥe] **A** ADJ getötet; MIL gefallen; **trois personnes ~es dans une explosion** drei Tote bei e-r Explosion; → *a.* **tuer** A 4 **B** M Getötete(r) *m*; Tote(r) *m*; *dans un accident* tödlich Verunglückte(r) *m*; MIL Gefallene(r) *m*

tue-mouche [tymuʃ] **A** ADJ **papier *m* ~(s)** Fliegenfänger *m* **B** M ⟨*inv*⟩ BOT Fliegenpilz *m*

tuer [tɥe] **A** VT **1** *être vivant* töten *(a. abs)*; *per-*

sonne a. umbringen; *(assommer)* totschlagen; erschlagen; BOUCHERIE *animal* schlachten; CH erlegen; schießen; *bactéries* abtöten; *mauvaise herbe, vermine* vertilgen; **~ qn d'un coup de fusil** j-n erschießen; **~ qn de plusieurs coups de couteau** j-n (mit dem Messer) erstechen; j-n durch mehrere Messerstiche töten, umbringen; BIBL **tu ne tueras point** du sollst nicht töten; ♦ **la voiture**, *en quittant la chaussée,* **a tué un passant** ein Fußgänger wurde von dem Wagen ... tödlich verletzt; **le cancer tue des milliers de personnes par an** jährlich sterben Tausende an Krebs, fallen Tausende dem Krebs zum Opfer; ♦ **être tué** getötet werden; umkommen; ums Leben kommen; *à la guerre a.* fallen; **être tué dans un accident (de voiture)** bei e-m (Verkehrs)Unfall umkommen, ums Leben kommen, getötet werden; tödlich verunglücken; **il s'est fait ~** er ist umgekommen, ums Leben gekommen, MIL gefallen **2** *fig sentiments* (ab)töten; völlig abstumpfen; zerstören; *initiative a.* abwürgen; **l'habitude tue l'amour** die Gewohnheit ist der Tod der Liebe; **~ le temps** die Zeit totschlagen **3** *fig petit commerce etc* ruinieren; zugrunde richten; der Ruin sein für; den Garaus machen *(+dat)* **4** *fam fig (épuiser) fam* fertigmachen; krank machen; umbringen; **ça me tue, ce bruit** *fam* dieser Lärm bringt mich noch um, macht mich ganz krank, wahnsinnig; **je suis tué!** *fam* ich bin fix und fertig; ich bin total erledigt, kaputt, hin, fertig; ich bin völlig erschlagen **B** V/PR **se ~** **1** *(se suicider)* sich töten, umbringen; Selbstmord begehen; sich *(dat)* das Leben nehmen **2** *(mourir)* umkommen; ums Leben kommen; **se ~ en voiture, au volant de sa voiture** mit dem, s-m Wagen tödlich verunglücken; **au risque de se ~** auf die Gefahr hin, dabei umzukommen, ums Leben zu kommen; unter Lebensgefahr **3** *fig* **se ~ au travail** sich totarbeiten; sich zu Tode arbeiten, *fam* schinden; *fam* **je me tue à lui répéter que ...** ich sage es ihm tausendmal, dass ...

tuerie [tyʀi] F Blutbad *n*; Metzelei *f*; Gemetzel *n*; Massaker *n*

tue-tête [tytɛt] LOC ADV **à ~** *crier* aus Leibeskräften; *chanter* aus vollem Hals; lauthals; mit schallender Stimme

tueur [tɥœʀ] **A** M **1** (Massen)Mörder *m*; **~ (à gages)** Killer *m*; gedungener Mörder **2** *dans un abattoir* Schlächter *m* **B** ADJ ⟨-euse⟩ **abeilles tueuses** Killerbienen *fpl*; **satellite** *m* **~** Killersatellit *m*

tuf [tyf] M MINÉR Tuff(stein) *m*; **~ calcaire** Kalktuff *m*, -sinter *m*

tufté [tyfte] ADJ **tapis ~** Tuftingteppich *m*

tuile [tɥil] F **1** (Dach)Ziegel *m*; **~ mécanique** Falzziegel *m*; **~ plate** Flachziegel *m*; **~ romaine, ronde** Hohlziegel *m* **2** *fam fig* **quelle ~!, il m'est arrivé une ~!** *fam* so ein Pech!; das ist, war vielleicht ein Schlag ins Kontor! **3** CUIS Mandelplätzchen *n*

tuilé [tɥile] ADJ **vin ~** durch Alterung oder Oxidation orangefarben gewordener Wein

tuilerie [tɥilʀi] F **1** Ziegelei *f*; Ziegelbrennerei *f* **2** *à Paris* **les Tuileries** die Tuilerien *pl*

tuilette [tɥilɛt] F kleiner Ziegel; **tuilier** M Ziegelbrenner *m*; Ziegeleiarbeiter *m*

tulipe [tylip] F **1** BOT Tulpe *f*; **champ** *m* **de ~s** Tulpenfeld *n* **2** *objet en verre* Tulpe *f*; Glocke *f*

tulipier [tylipje] M BOT Tulpenbaum *m*

tulle [tyl] M **1** TEXT Tüll *m* **2** PHARM **~ gras** mit Salbe getränkter Mullverband

tullerie [tylʀi] F **a** Tüllindustrie *f* **b** Tüllhandel *m* **c** Tüllfabrik *f*

tuméfaction [tymefaksjõ] F MÉD **a** *(gonflement)* Anschwellen *n* **b** *(enflure)* Schwellung *f*

tuméfié [tymefje] ADJ (an)geschwollen; verschwollen; *œil a.* zugeschwollen; **avoir le visage tout ~** ein ganz ver-, geschwollenes Gesicht haben

tuméfier [tymefje] **A** V/T anschwellen lassen **B** V/PR **se ~** anschwellen

tumescence [tymesɑ̃s] F PHYSIOL, MÉD Anschwellen *n*; **tumescent** ADJ anschwellend

tumeur [tymœʀ] F MÉD Geschwulst *f*; Tumor *m*; **~ bénigne** gutartige Geschwulst; **~ maligne** bösartiger Tumor; **~ au cerveau** (Ge)Hirntumor *m*

tumoral [tymɔʀal] ADJ ⟨-aux⟩ MÉD Geschwulst...

tumulte [tymylt] M **1** Tumult *m*; Getöse *n*; lärmendes Getümmel; **~ de la rue** Straßenlärm *m*; **un ~ d'acclamations s'éleva** donnernder Applaus erhob sich; *la réunion* **s'est terminée dans le ~** endete im allgemeinen Tumult **2** *fig* **~ des affaires** Hektik *f*, Trubel *m* des Geschäftslebens, der Geschäfte; **~ des passions** Aufruhr *m*, Sturm *m* der Leidenschaften

tumultueusement [tymyltɥøzmɑ̃] ADV mit Getöse

tumultueux [tymyltɥø] ADJ ⟨-euse⟩ **1** stürmisch; turbulent; tumultuös; *réunion a.* lärmend **2** *litt flots* tosend; tobend; brausend **3** *fig vie* bewegt; **jeunesse tumultueuse** stürmische Jugend; **passion tumultueuse** stürmische, wilde, heftige Leidenschaft

tumulus [tymylys] M Tumulus *m*; Hügelgrab *n*

tune → thune

tuner [tjunœʀ, tynɛʀ] M RAD, STÉRÉO Tuner *m*

tungstène [tɛ̃kstɛn, tœ̃-] M CHIM Wolfram *n*

tunique [tynik] F **1** ANTIQUITÉ Tunika *f* **2** *corsage long* Kasack(bluse) *m(f)* **3** MIL Waffenrock *m* **4** ANAT Tunica *f*; Haut *f*

Tunis [tynis] Tunis *n*

Tunisie [tynizi] **la ~** Tunesien *n*

tunisien [tynizjɛ̃] **A** ADJ ⟨~ne⟩ tunesisch **B** SUBST **Tunisien(ne)** *m(f)* Tunesier(in) *m(f)*

tunnel [tynɛl] M **1** Tunnel *m*; **~ ferroviaire, routier** Eisenbahn-, Straßentunnel *m*; **~ du métro** U-Bahn-Tunnel *m*; **~ sous la Manche** Kanaltunnel *m*; **~ sous le mont Blanc** Montblanctunnel *m*; *fig et plais* **un combat de nègres dans un ~** ein dunkles, undeutliches Bild; *fig* **arriver, être au bout du ~** die schwierigste Zeit, das Schlimmste hinter sich *(dat)* haben; **faire passer un ~ sous** *la Manche etc* untertunneln *(+acc)*; **percer, creuser un ~** e-n Tunnel bohren, bauen **2** ADJ/T PHYS **effet** *m* **~** Tunneleffekt *m*

turban [tyʀbɑ̃] M **1** Turban *m*; *foulard etc* **enroulé en ~** als Turban; in Turbanform **2** ADJ/T BOT **lis** *m* **~** Türkenbund(lilie) *m(f)*

turbin [tyʀbɛ̃] *arg* M Arbeit *f*

turbinage [tyʀbinaʒ] M FABRICATION DU SUCRE Schleudern *n*; Zentrifugieren *n*

turbine [tyʀbin] F **1** Turbine *f*; **~ hydraulique, à gaz, à vapeur** Wasser-, Gas-, Dampfturbine *f* **2** Turbomotor *m*; Turbine *f*

turbiner [tyʀbine] V/I *arg (travailler) fam* schuften; sich abrackern

turbo [tyʀbo] **1** M ABR *(turbocompresseur)* Turbo *m*; *adjt* **moteur** *m* **~** Turbomotor *m* **2** F *voiture* Turbo *m*

turbo-alternateur [tyʀboaltɛʀnatœʀ] M ⟨*pl* turbo-alternateurs⟩ TECH Turbogenerator *m*

turbocompresseur [tyʀbokõpʀesœʀ] M TECH Turbokompressor *m*; Kreiselverdichter *m*; AUTO Turbolader *m*; **turbomachine** F TECH Strömungsmaschine *f*; **turbomoteur** M TECH Turbomotor *m*; **turbopropulseur** M AVIAT Turbo-Prop-Triebwerk *n*; **turboréacteur** M AVIAT Turboluftstrahltriebwerk *n*; **turbosoufflante** F TECH Turbogebläse *n*

turbot [tyʀbo] M ZOOL Steinbutt *m*

turbotière [tyʀbɔtjɛʀ] F CUIS rautenförmige Fischpfanne

turbotrain [tyʀbotʀɛ̃] M CH DE FER Turbinenzug *m*

turbulence [tyʀbylɑ̃s] F **1** *d'un enfant* Wildheit *f*; Lebhaftigkeit *f* **2** PHYS, MÉTÉO Turbulenz *f*

turbulent [tyʀbylɑ̃] ADJ **1** *enfant* wild; sehr lebhaft; ausgelassen; **enfant ~** *a.* Wildfang *m*; **être ~** *a.* herumtoben **2** PHYS turbulent

turc[1] [tyʀk] **A** ADJ ⟨turque⟩ türkisch; **bain ~** Dampfbad *n*; türkisches Bad; **café ~** türkischer Kaffee; **cabinets** *mpl* **à la turque** Hockabort *m*; Stehklosett *n*; **assis à la turque** im Schneidersitz **B** SUBST **1** **Turc, Turque** *m,f* Türke *m*, Türkin *f*; POL **jeunes Turcs** Jungtürken *mpl*; *fig* **être la tête de Turc de qn** *ridiculisé* die Zielscheibe von j-s Spott sein; *victime* j-s Prügelknabe sein; **être fort comme un Turc** bären-, bullenstark sein; Bärenkräfte haben **2** LING **le ~** das Türkische; Türkisch *n*

turc[2] [tyʀk] M ZOOL Engerling *m*

turf [tyʀf, tœʀf] M Pferderennsport *m*; Turf *m*; **turfiste** M/F **a** *amateur* Liebhaber(in) *m(f)* von Pferderennen **b** *parieur* Wetter(in) *m(f)* bei Pferderennen

turgescence [tyʀʒesɑ̃s] F PHYSIOL Schwellung(szustand) *f(m)*; **turgescent** ADJ *tissu* geschwollen

Turin [tyʀɛ̃] GÉOG Turin *n*

turista [tuʀista] F *fam (diarrhée) fam plais* Montezumas Rache *f*

turkmène [tyʀkmɛn] **A** ADJ turkmenisch **B** SUBST **1** **Turkmènes** *mpl* Turkmenen *mpl* **2** LING **le ~** das Turkmenische; Turkmenisch *n*

Turkménistan [tyʀkmenistɑ̃] GÉOG **le ~** Turkmenien *n*

turlupiner [tyʀlypine] V/T *fam* **ça me turlupine** das lässt mir keine Ruhe, verfolgt mich, quält mich

turlututu [tyʀlytyty] INT **~ (chapeau pointu)!** papperlapapp!

turne [tyʀn] F *fam* Bude *f*

turpitude [tyʀpityd] F *st/s* **a** *caractère* Schändlichkeit *f*; Verworfenheit *f* **b** *action* Schandtat *f*; Schändlichkeit *f*

turque [tyʀk] → turc[1]

Turquie [tyʀki] **la ~** die Türkei

turquoise [tyʀkwaz] **A** SUBST **1** F MINÉR Türkis *m* **2** M *couleur* Türkis *n* **B** ADJ ⟨inv⟩ türkis(-farben)

tussah [tysa] M TEXT Tussahseide *f*

tussilage [tysilaʒ] M BOT Huflattich *m*

tussor [tysɔʀ] M TEXT → tussah

tutélaire [tytelɛʀ] *litt* ADJ Schutz...; schützend

tutelle [tytɛl] F **1** JUR **a** DROIT CIVIL Vormundschaft *f*; **être en ~** unter Vormundschaft stehen **b** O.N.U. **régime** *m* **de ~** Treuhandschaft *f*; **territoire** *m* **sous ~** Treuhandgebiet *n* **c** **~ administrative** Staatsaufsicht *f* **d** **~ pénale** *correspond à* Sicherungsverwahrung *f* **2** *(dépendance)* Bevormundung *f*; **(main)tenir qn en, sous ~** j-n bevormunden, gängeln, am Gängelband führen **3** *st/s* **être sous la ~ des lois** unter dem Schutz der Gesetze stehen

tuteur [tytœʀ] M **1** JUR Vormund *m*; **désigner, nommer un ~** e-n Vormund bestellen, benennen, berufen **2** JARD Stütze *f*

tuteurer [tytœʀe] V/T JARD (ab)stützen

tutoiement [tytwamɑ̃] M Duzen *n*

tutoyer [tytwaje] ⟨-oi-⟩ **A** V/T duzen **B** V/PR **se ~** sich duzen; Du zueinander sagen; *fam* miteinander auf dem Duzfuß stehen, per

Du sein
tutrice [tytʀis] F (weiblicher) Vormund
tutti [tu(t)ti] M ⟨inv⟩ MUS Tutti *n*
tutti frutti [tutifʀuti] M ⟨inv⟩ *glace* Tuttifrutti *n*
tutti quanti [tutikwɑ̃ti] LOC ADV **... et ~ ...** und so weiter; ... und dergleichen mehr
tutu [tyty] M **1** Ballettröckchen *n*; Tu-tu *n* **2** *enf (derrière)* Popo *m*
tuyau [tɥijo] M ⟨*pl* ~x⟩ **1** *rigide* Rohr *n*; Röhre *f*; *souple, flexible* Schlauch *m*; **~ d'arrosage** Gartenschlauch *m*; **~ de caoutchouc** Gummischlauch *m*; **~ de cheminée** Rauchabzugsrohr *n*; *par ext* Schornstein *m*; AUTO **~ d'échappement** Auspuffrohr *n*; **~ de pipe** Pfeifenrohr *n*, -stiel *m*; **~ de plomb** Bleirohr *n*; **~ de poêle** Ofenrohr *n*; *fam fig* **il m'a glissé ça dans le ~ de l'oreille** er hat mir das im Vertrauen gesagt **2** *fam (renseignement)* Tipp *m*; **~ crevé** falscher Tipp **3** **~ d'orgue** Orgelpfeife *f* **4** *d'une plume d'oiseau* (Feder)Kiel *m* **5** BOT **~ (de tige)** (Getreide)Halm *m*
tuyautage [tɥijotaʒ] M TECH Rohrleitung *f*, -netz *n*
tuyauter [tɥijote] V/T **1** *fam (renseigner)* **~ qn** j-m Tipps geben; j-n mit Tipps versorgen **2** *du linge amidonné* mit Tollfalten versehen
tuyauterie [tɥijotʀi] F **1** Röhren *fpl*; Rohre *npl*; Rohrleitung(en) *f(pl)* **2** *d'un orgue* Pfeifen *fpl*
tuyère [tɥijɛʀ] F TECH (Schub)Düse *f*
TVA [tevea] F ABR (taxe sur, à la valeur ajoutée) Mehrwertsteuer *f* (*abr* MwSt.)
tweed [twid] M TEXT Tweed *m*
twin-set [twinsɛt] M ⟨*pl* twin-sets⟩ MODE Twinset *n ou m*
twist [twist] M *danse* Twist *m*
tympan [tɛ̃pɑ̃] M **1** ANAT Trommelfell *n*; **un bruit à crever, déchirer le ~** (ein) ohrenbetäubender Lärm **2** ARCH Tympanon *n*; Giebel-, Bogenfeld *n*
tympanon [tɛ̃panɔ̃] M MUS Hackbrett *n*
type [tip] M **1** Typ(us) *m* (*a.* PHIL, BIOL, LITTÉRATURE); Urbild *n*; Ur-, Grundform *f*; BOT, ZOOL *a.* typischer Vertreter; **du ~ américain** *etc* amerikanischer *etc* Prägung; nach amerikanischem *etc* Muster, Modell; **c'est le ~ du provincial** er ist der Typ des Provinzlers, der typische Provinzler **2** *se rapportant à l'extérieur d'une personne* Typ *m*; **un certain ~ de beauté** ein bestimmter Schönheitstyp; **elle a le ~ nordique** sie ist ein nordischer Typ; **ce n'est pas mon ~** er *ou* sie ist nicht mein Typ, ist nicht der Typ, der mir gefällt **3** *fam (gars) fam* Kerl *m*; Typ *m*; Macker *m*; Mannsbild *n*; **un chic ~** ein feiner, prima Kerl; ein Prachtkerl; ein dufter Typ; **un pauvre ~** ein armer, bedauernswerter Kerl; **un sale ~** ein widerlicher, grässlicher Kerl; ein übler Kunde; **un drôle de ~** ein seltsamer Kauz; **c'est un ~ marrant** der ist vielleicht ne Type, Marke!; **elle est venue avec son ~** sie ist mit ihrem Typen, Kerl gekommen **4** TECH Modell *n*; Typ *m*; Bauart *f*; Ausführung *f* **5** ADJT **a** typisch; charakteristisch; **erreur *f* ~** typischer, charakteristischer Fehler, Irrtum; **l'intellectuel *m* ~** der Typ des Intellektuellen; der typische Intellektuelle **b** ADMIN Muster...; Standard...; **contrat *m* ~** Muster-, Standardvertrag *m* **6** TYPO Letter *f*; (Druck)Type *f*
typé [tipe] ADJ **bien, très, fortement ~** ganz typisch; mit typischen Zügen; THÉ **personnage très ~** ausgeprägter Typ; typisierte Figur; **il est très ~** er ist ein sehr ausgeprägter Typ
typer [tipe] V/T *création artistique* typisieren
typesse [tipɛs] F *fam péj* Frauenzimmer *n*; Weibsbild *n*
typhique [tifik] MÉD **A** ADJ **1** *(du typhus)* Fleckfieber... **2** *(de la typhoïde)* Typhus... **B** M/F **1** an Fleckfieber Erkrankte(r) *m/f(m)* **2** Typhuskranke(r) *m/f(m)*
typhoïde [tifɔid] F MÉD **~** *ou adj* **fièvre *f* ~** Typhus *m*
typhoïdique [tifɔidik] ADJ MÉD Typhus...
typhon [tifɔ̃] M Taifun *m*
typhus [tifys] M MÉD **~ (exanthématique)** Fleckfieber *n*, -typhus *m*
typique [tipik] ADJ typisch, charakteristisch (**de** für); **cas *m* ~** typischer Fall; **typiquement** ADV typisch
typo [tipo] **1** M/F ABR → typographe **2** F ABR → typographie
typographe [tipɔgʀaf] M/F Schriftsetzer(in) *m(f)*; *(compositeur à la main)* (Hand)Setzer(in) *m(f)*; **typographie** F Typografie *f* (*a. manière*); Buchdruckerkunst *f*; Druck *m*; **typographique** ADJ typografisch; Buchdruck...
typologie [tipɔlɔʒi] F Typologie *f*
tyran [tiʀɑ̃] M HIST *et fig* Tyrann *m*; **~ domestique** Haustyrann *m*; **c'est un véritable, vrai ~** er ist ein richtiger Tyrann
tyrannie [tiʀani] F POL *et fig* Tyrannei *f*; Gewalt-, Willkürherrschaft *f*; HIST Tyrannis *f*; *fig*: **~ de la mode** Diktatur *f* der Mode; **~ d'un père** Tyrannei e-s Vaters; **exercer sa ~ sur qn** j-n tyrannisieren
tyrannique [tiʀanik] ADJ tyrannisch; *fig mode etc* diktatorisch; despotisch; **femme *f* ~** tyrannische Frau; Tyrannin *f*; **régime *m* ~** Gewaltherrschaft *f*; Tyrannei *f*
tyranniser [tiʀanize] V/T **~ qn** j-n tyrannisieren; **se laisser ~** sich tyrannisieren lassen; *de choses, de sentiments* völlig beherrscht werden (**par** von)
Tyrol [tiʀɔl] **le ~** Tirol *n*
tyrolien [tiʀɔljɛ̃] **A** ADJ ⟨~ne⟩ Tiroler(...); tirolerisch; **chapeau ~** Tirolerhut *m*; Trachtenhut *m* **B** SUBST **1** **Tyrolien(ne)** *m(f)* Tiroler(in) *m(f)* **2** **~ne** *f* MUS Jodellied *n*; Jodler *m*
Tyrrhénienne [tiʀenjɛn] ADJ **la mer ~** das Tyrrhenische Meer
tzar → tsar
tzigane → tsigane

U

U, u [y] M ⟨inv⟩ U, u. *n*; **en U** u-förmig; **tube *m* en U** U-Rohr *n*
ubac [ybak] M GÉOG Nordhang *m*, -seite *f*
ubiquité [ybikɥite] F Allgegenwart *f*; *fig* **je n'ai pas le don d'~** ich kann nicht überall zugleich sein
ubuesque [ybyɛsk] ADJ grotesk; absurd
UDF [ydeɛf] F ABR (Union pour la démocratie française) *Partei der bürgerlich-liberalen Mitte*
UE [yə] F ABR (Union européenne) EU *f*
UEFA [yefa] *ou* **U.E.F.A.** [yəɛfa] F ABR (Union européenne de football association) UEFA *f* (Europäischer Fußballverband); **coupe *f* de l'~** UEFA-Cup *m*; UEFA-Pokal *m*
UEM [yəɛm] F ABR (Union économique et monétaire) EWU *f*
U.E.O. [yəo] F ABR (Union de l'Europe occidentale) WEU *f* (Westeuropäische Union)
UFR [yɛfɛʀ] F ABR (unité de formation et de recherche) UNIVERSITÉ Fachbereich *m*
UHT [yaʃte] ABR (ultra-haute température) **lait *m* ~** H-Milch *f*
U.I.T. [yite] F ABR (Union internationale des télécommunications) IFU *f* (Internationale Fernmeldeunion)
ukase [ykɑz] M HIST *et fig* Ukas *m*
Ukraine [ykʀɛn] **l'~** *f* die Ukraine
ukrainien [ykʀɛnjɛ̃] **A** ADJ ⟨~ne⟩ ukrainisch **B** SUBST **1** **Ukrainien(ne)** *m(f)* Ukrainer(in) *m(f)* **2** LING **l'~** *m* das Ukrainische; Ukrainisch *n*
ulcératif [ylseʀatif] ADJ ⟨-ive⟩ MÉD geschwürbildend; **ulcération** F MÉD Geschwürbildung *f*
ulcère [ylsɛʀ] M MÉD Geschwür *n*; **~ à** *ou* **de l'estomac** Magengeschwür *n*
ulcéré [ylseʀe] ADJ tief gekränkt; verbittert
ulcérer [ylseʀe] ⟨-è-⟩ **A** V/T **~ qn** j-n tief kränken; j-n verbittern **B** V/PR **s'~** MÉD geschwürig werden; **ulcéreux** ADJ ⟨-euse⟩ MÉD geschwürig; mit Geschwüren bedeckt
ULM [yɛlɛm] M ABR (ultra-léger motorisé) Ultraleichtflugzeug *n*
ultérieur [ylteʀjœʀ] ADJ spätere(r, -s); (zu)künftige(r, -s); weitere(r, -s); nachträgliche(r, -s); **ultérieurement** ADV später; in der Folge; hernach; nachträglich
ultimatum [yltimatɔm] M Ultimatum *n*; ultimative Forderung; **adresser, envoyer un ~** ein Ultimatum stellen (**à** *dat*)
ultime [yltim] ADJ allerletzte(r, -s); äußerste(r, -s)
ultra [yltʀa] M **1** POL Ultra *m*; Rechtsradikale(r) *m*, -extremist *m*; Scharfmacher *m* **2** HIST *pendant la Restauration* **~s** *pl* Ultra-Royalisten *mpl*
ultra... [yltʀa] *préfixe* sehr; überaus; extrem; hoch...; *fam* super...; POL, *t/t* ultra...; Ultra...; → *les articles suivants*
ultra-chic [yltʀaʃik] ADJ hochelegant; *fam* todschick; **ultra-confidentiel** ADJ ⟨~le⟩ streng vertraulich; **ultra-conservateur** ADJ ⟨-trice⟩ erzkonservativ
ultra-court [yltʀakuʀ] ADJ **ondes ~es** Ultrakurzwellen *fpl* (*abr* UKW)
ultrafiltration [yltʀafiltʀasjɔ̃] F *t/t* Ultrafiltration *f*
ultramicroscope [yltʀamikʀɔskɔp] M Ultramikroskop *n*; **ultramicroscopie** F Ultramikroskopie *f*
ultramoderne [yltʀamɔdɛʀn] ADJ hochmodern; *fam* supermodern
ultramontain [yltʀamɔ̃tɛ̃] ÉGL CATH **A** ADJ ultramontan **B** M Ultramontane(r) *m*
ultramontanisme [yltʀamɔ̃tanism] M ÉGL CATH Ultramontanismus *m*
ultraperfectionné [yltʀapɛʀfɛksjɔne] ADJ hoch entwickelt; äußerst perfektioniert
ultra-rapide [yltʀaʀapid] ADJ extrem schnell; *fam* superschnell; **ultra-sensible** ADJ hochempfindlich
ultrason *ou* **ultra-son** [yltʀasɔ̃] M Ultraschall *m*
ultrasonique [yltʀasɔnik] ADJ Ultraschall...
ultraviolet [yltʀavjɔlɛ] **A** ADJ ⟨~te⟩ ultraviolett; **rayons ~s** ultraviolette Strahlen *mpl*; UV-Strahlen *mpl* **B** M Ultraviolett *n*
ululer → °hululer
Ulysse [ylis] M MYTH Odysseus *m*
UMP [yɛmpe] F ABR (Union pour un mouvement populaire) *rechtskonservative frz Partei*

un [ɛ̃, œ̃], **une** [yn]

A numéral **B** article indéfini
C pronom indéfini

— **A** numéral —

a *emploi isolé*: **un** ⟨inv⟩ eins; **un et un** [ɛ̃eɛ̃] **font deux** eins und eins ist zwei; (**à la**) **page un** (auf) Seite eins; ♦ *subst* **le un** die Eins; *all Sud a.* der Einser; **habiter au un** (Haus)Nummer eins wohnen; *autres locutions* → **deux** B **b** *devant un subst*: *m* ein, *f* eine, *n* ein (*elliptiquement* einer, eine, ein[e]s); **un an** [ɛ̃nɑ̃] ein Jahr; **une fois par semaine** einmal wöchentlich; **pas un mot** kein Wort; **trente et une pages** einunddreißig Seiten; **en un mot** mit einem Wort; **il est une heure** es ist ein Uhr *ou* eins; ♦ *elliptiquement: combien d'enfants?* **un ein(e)s**; **trois heures une** (*a.* **un**) drei Uhr eins; **trois voix contre une** drei Stimmen gegen eine; *loc*: **une! ... deux!** eins! ... zwei!; *fam* **ne faire ni une ni deux** nicht lange fackeln; **faire la une (des journaux)** Schlagzeilen machen; *journal* **à la une** auf der ersten Seite; TV *fam* **sur la Une** im Ersten (*Programm*); **à la une, à la deux, à la trois!** und eins, und zwei, und drei!; **et d'un** *ou* **et d'une** das wäre eine(r, -s); eine(n, -s) hätten wir; **il était moins une** es hätte nicht mehr viel gefehlt **2** *adjt* eins; einzig; **la vérité est une** es gibt nur eine Wahrheit; **c'est tout un** es ist ganz einerlei; das kommt aufs Gleiche heraus; **ne faire qu'un** eins, unzertrennlich sein; ein Herz und eine Seele sein **3** *emploi pronominal*: **pas un(e)** nicht einer, eine, ein(e)s; keiner, keine, kein(e)s; **comme pas un** wie kein anderer; **un seul** einer allein; ein Einzelner; **pas un seul** kein Einziger; **un à un** [ɛ̃naɛ̃] *ou* **un par un** einer nach dem anderen; einzeln; **un sur trois** einer von dreien

— **B** article indéfini —

:ein, *f* eine, *n* ein (*elliptiquement* einer, eine, ein[e]s); **un arbre** ein Baum; **une vieille maison** ein altes Haus; **un autre** ein anderer; **d'une voix plaintive** mit klagender Stimme; **il y avait un monde!** es war(en) eine (Un)Menge Leute da!; da war(en) vielleicht eine Menge Leute!; **c'était d'un ridicule!** war das lächerlich!; so was von Lächerlichkeit!; **c'est une Dupont** sie ist eine Dupont; **ce n'est pas un Français** das ist kein Franzose; **venez un jeudi** kommen Sie an einem Donnerstag; ♦ *elliptiquement: as-tu un crayon?* **j'en ai un** ich habe einen; *fam* **en raconter une bien bonne** e-n tollen Witz erzählen

— **C** pronom indéfini —

einer, *f* eine, *n* ein(e)s; **un des peintres les plus connus** einer der bekanntesten Maler; **un de mes amis** ein Freund von mir; **l'un d'eux** einer von ihnen; **de deux choses l'une** eins von beiden; **un de ces jours** an einem dieser Tage; **en voilà un qui ...** hier ist einer, der ...; **j'en connais une qui ...** ich kenne eine, die ...; ♦ **l'un(e) ..., l'autre ...** der (die) eine ..., der (die) andere ...; **les un(e)s ..., les autres ...** die einen ..., die anderen ...; **l'un dans l'autre** im Großen und Ganzen; **l'un et l'autre** beide; **ni l'un ni l'autre** keiner *ou* kein(e)s von beiden; **ils sont plus bêtes les uns que les autres** die einen sind noch dümmer als die anderen; **être toujours chez l'un ou chez l'autre** immer bei irgendjemand (em) zu Besuch sein; **c'est l'un ou l'autre** entweder - oder; eins von beiden; **chez lui, c'est tout l'un ou tout l'autre** er fällt immer von einem Extrem ins andere; ♦ *réciproquement*: **l'un(e) l'autre** *ou* **les un(e)s les autres** sich gegenseitig; einander; **l'un après, avec, contre, pour l'autre** nach-, mit-, gegen-, füreinander; **l'un en face de l'autre** einander *ou* sich gegenüber; **ils ont besoin les uns des autres** sie brauchen einander, sich gegenseitig; **loin l'un de l'autre** weit voneinander entfernt; **jalouses l'une de l'autre** aufeinander neidisch

U

unanime [ynanim] ADJ einstimmig; einmütig; einhellig; **d'une voix ~** einstimmig; einmütig; **ils sont ~s à approuver le projet** sie billigen das Projekt einstimmig

unanimisme [ynanimism] M LITTÉRATURE Unanimismus *m*

unanimité [ynanimite] F Einmütigkeit *f*; Einstimmigkeit *f*; Einhelligkeit *f*; POL **~ des suffrages, voix** Einstimmigkeit *f*; **à l'~** einstimmig; **être élu à l'~ moins trois voix** (fast einstimmig) bei nur drei Gegenstimmen gewählt werden; **faire l'~** allgemeine Zustimmung finden

underground [œndɛʀgʀawnd] M Underground *m*; Subkultur *f*; *adjt* Underground...

une [yn] → un

UNEDIC [ynedik] F ABR (Union nationale pour l'emploi dans l'industrie et le commerce) *correspond à* Arbeitslosenversicherung *f*

UNEF *ou* **U.N.E.F.** [ynɛf] F ABR (Union nationale des étudiants de France) Nationaler französischer Studentenverband

uni [yni] ADJ **1** vereint; vereinigt; **les Nations Unies** die Vereinten Nationen *fpl* **2** **couple ~** Ehepaar, das sich gut versteht; **famille ~e** einträchtig zusammenlebende Familie **3** *tissu, papier peint* uni; einfarbig und ungemustert; *papier* glatt; unlin(i)iert; *subst* **de l'~** einfarbiger und ungemusterter Stoff **4** *litt* (*monotone*) gleich-, einförmig **5** *surface* glatt; eben

uniate [ynjat] ADJ ÉGL uniert

uniaxe [yniaks] ADJ *cristal* einachsig; **unicellulaire** BIOL **A** ADJ einzellig **B** MPL **~s** Einzeller *mpl*

unicité [ynisite] F Einmaligkeit *f*; Einzigartigkeit *f*

unicolore [ynikɔlɔʀ] ADJ einfarbig; **unicorne** ADJ ZOOL *rhinocéros* einhörnig

unidimensionnel [ynidimɑ̃sjɔnɛl] ADJ ⟨~le⟩ eindimensional (*a. fig*); **unidirectionnel** ADJ ⟨~le⟩ RAD einseitig gerichtet; → *a.* directionnel

unième [ynjɛm] NUM **vingt et ~** einundzwanzigste(r, -s); **cent ~** hunderterste(r, -s)

unificateur [ynifikatœʀ] ADJ ⟨-trice⟩ einigend; **unification** F **1** *de tarifs etc* Vereinheitlichung *f* **2** *d'un pays etc* Einigung *f*

unifier [ynifje] V/T **1** *tarifs, poids et mesures, programmes scolaires etc* vereinheitlichen **2** *pays, parti politique etc* einigen

uniflore [ynifIɔʀ] ADJ BOT einblumig, -blütig

uniforme [ynifɔʀm] **A** ADJ **1** (*semblable, régulier*) gleichförmig, -artig, -mäßig; einheitlich **2** (*monotone*) ein-, gleichförmig; eintönig **B** M Uniform *ou* Uniform *f*; *pour certains métiers* Dienst-, Berufskleidung *f*; *écoliers* **en ~** einheitlich gekleidet; **en grand ~** in Galauniform; *fig*: **endosser l'~** Soldat werden; **quitter l'~** aus dem Militärdienst ausscheiden

uniformément [ynifɔʀmemɑ̃] ADV gleichartig, -förmig, -mäßig; einheitlich

uniformisation [ynifɔʀmizasjõ] F Vereinheitlichung *f*; **uniformiser** V/T vereinheitlichen; einheitlich gestalten

uniformité [ynifɔʀmite] F **1** Gleichförmigkeit *f*, -artigkeit *f*, -mäßigkeit *f*; Einheitlichkeit *f* **2** (*monotonie*) Einförmig-, Gleichförmigkeit *f*; Eintönigkeit *f*

unijambiste [yniʒɑ̃bist] M/F Beinamputierte(r) *m/f(m)*

unilatéral [ynilateʀal] ADJ ⟨-aux⟩ einseitig; **stationnement ~** einseitiges Parken

unilingue [ynilɛ̃g] ADJ einsprachig

unilinguisme [ynilɛ̃gɥism] M Einsprachigkeit *f*

uninominal [yninɔminal] ADJ ⟨-aux⟩ **scrutin ~** Persönlichkeits-, Einzelwahl *f*

union [ynjõ] F **1** Union *f*; Bund *m*; Zusammenschluss *m*; Verband *m*; **~ douanière** Zollunion *f*; **Union européenne** Europäische Union (*abr* EU); **~ de consommateurs** Verbraucherverband *m*; **Union pour la Méditerranée** Mittelmeerunion *f* **2** **~ (conjugale)** Ehe(bund) *f(m)*; **~ libre** Ehe *f* ohne Trauschein; eheähnliche Gemeinschaft **3** (*entente*) Einigkeit *f*; **faire l'~ sacrée** wie ein Mann zusammenstehen; *prov* **l'~ fait la force** Einigkeit macht stark (*prov*) **4** (*relation*) Verbindung *f*; Vereinigung *f* (*a.* BIOL); **~ charnelle** Geschlechtsakt *m*; REL **~ mystique** mystische Vereinigung; **trait *m* d'~** Bindestrich *m*; *fig* Bindeglied *n*

unioniste [ynjɔnist] M POL, HIST Unionist *m*

unipare [ynipaʀ] ADJ BIOL (nur) ein Junges zur Welt bringend

uniprix® [ynipʀi] M Einheitspreisgeschäft *n*; (billiges) Warenhaus

unique [ynik] ADJ **1** (*seul*) einzig; alleinig; *paiement etc* einmalig; **enfant *m/f* ~** Einzelkind *n*; **fils *m* ~** einziger Sohn; REL **le Fils ~** der eingeborene Sohn; POL **liste *f*, parti *m* ~** Einheitsliste *f*, -partei *f*; **prix *m* ~** Einheitspreis *m*; **(rue *f* à) sens *m* ~** Einbahnstraße *f*; CH DE FER **voie *f* ~** eingleisige Strecke; **c'est son ~ souci** das ist s-e einzige Sorge **2** (*particulier*) einzigartig; einmalig; **une occasion ~** e-e einmalige Gelegenheit; **~ au monde** wirklich einmalig; **~ en son genre** einzig in s-r Art; **il est vraiment ~!** er ist wirklich einmalig!

uniquement [ynikmɑ̃] ADV einzig und allein; nur; bloß; **pas ~** nicht nur; *abs* nicht nur das

unir [yniʀ] **A** V/T verein(ig)en, verbinden (**à** mit); einigen; **~ deux continents** zwei Kontinente verbinden; **~ un couple** ein Paar trauen; *l'amitié* **qui nous unit** die uns verbindet; *pp* **unis dans la lutte contre ...** vereint im Kampf gegen ... **B** V/PR **s'~** sich verein(ig)en; **s'~ contre qn** sich gegen j-n verbünden, zusammenschließen

unisexe [ynisɛks] ADJ *vêtement* Unisex...; gleich für Mann und Frau; **unisexualité** F BIOL Eingeschlechtigkeit *f*; **unisexué** ADJ BIOL eingeschlechtig

unisson [ynisõ] M **1** MUS Unisono *n*; Einklang *m*; **chanter à l'~** unisono singen **2** *fig* **à l'~** im Gleichklang

unitaire [ynitɛʀ] ADJ einheitlich; Einheits...

unitarisme [ynitaʀism] M POL, REL Unitarismus *m*

unité [ynite] F **1** (*cohésion*) Einheit *f*; Einheitlichkeit *f*; Geschlossenheit *f*; **~ nationale** nationale Einheit; THÉ **~ d'action, de lieu, de temps** Einheit der Handlung, des Ortes, der Zeit; POL **~ d'action** einheitliches Vorgehen; Aktionseinheit *f*, -gemeinschaft *f*; **faire l'~** die Einheit herstellen **2** (*mesure*) (Maß)Einheit *f*; **~ monétaire** Währungseinheit *f*; FIN **~ de compte** Rechnungseinheit *f*; **~ de longueur, de masse, de mesure, de poids, de temps** Längen-, Massen-, Maß-, Gewichts-, Zeiteinheit *f* **3** (*ensemble*) Einheit *f*; **~ administrative** Verwaltungseinheit *f* **4** MIL Einheit *f*; Truppenteil *m*; Verband *m*; MAR MIL Kriegsschiff *n*; **~ blindée** Panzerverband *m*; **rejoindre son ~** zu s-r Einheit zurückkehren **5** MATH Einer *m*; **chiffre *m* des ~s** Einerstelle *f* **6** COMM Stück *n*; **prix *m* à l'~** Einzel-, Stückpreis *m*; Preis *m* pro Stück **7** UNIVERSITÉ: **~ de formation et de recherche** (*abr* **UFR**) Fachbereich *m*; **~ de valeur** (*abr* **UV**) *correspond à* Schein *m* **8** INFORM Gerät *n*; **~ centrale** Zentraleinheit *f*; **~ périphérique** peripheres Gerät; **~ d'entrée** Eingabegerät *n*

univalent [ynivalɑ̃] ADJ **1** MATH eindeutig **2** CHIM einwertig

univers [ynivɛʀ] M **1** (*cosmos*) **Univers** Weltall *n*; Universum *n*; All *n* **2** *fig* Welt *f*; **l'~ de l'enfance** die Welt des Kindes **3** *st/s* (*monde entier*) Erdkreis *m*

universalisation [ynivɛʀsalizasjõ] F allgemeine Verbreitung; **universaliser** **A** V/T allgemein verbreiten; verallgemeinern **B** V/PR **s'~** sich allgemein verbreiten; Allgemeingut werden; **universalisisme** M REL, PHIL Universalismus *m*

universalité [yniveʀsalite] F **1** *d'une personne, des connaissances, de la culture* Universalität *f*; All-, Vielseitigkeit *f*; *d'une langue, d'une croyance* allgemeine Verbreitung; Allgemeinheit *f*; *d'une vérité, d'une loi* Allgemeingültigkeit *f* **2** JUR Gesamtheit *f*; **l'~ de la succession** der gesamte Nachlass

universel [yniveʀsɛl] ADJ ⟨~le⟩ **1** *(général)* universal; Universal…; universell; allgemein (-gültig); allgemein (verbreitet); alles umfassend; allumfassend; Gesamt…; *personne, connaissances, culture* universal; all-, vielseitig; TECH **clé ~le** Universal(schrauben)schlüssel *m*; **légataire ~** Allein-, Universalerbe *m*; **pince ~le** Kombizange *f*; **suffrage ~** allgemeines Wahlrecht **2** *(mondial)* Welt…; weltweit; **exposition ~le** Weltausstellung *f*

universellement [yniveʀsɛlmɑ̃] ADV allgemein

universitaire [yniveʀsitɛʀ] **A** ADJ Universitäts…; Hochschul…; akademisch; **cité** *f* **~** Studentenstadt *f ou* -wohnheim *n*; **diplôme** *m* **~** Universitäts-, Hochschuldiplom *n*; **études** *fpl* **~s** Universitäts-, Hochschulstudium *n*; **restaurant** *m* **~** Mensa *f* **B** M/F Hochschullehrer(in) *m(f)*

université [yniveʀsite] F **1** Universität *f*; Hochschule *f*; **~ populaire** Volkshochschule *f*; **~ d'été** Ferienkurse *mpl*; **l'Université de Strasbourg** die Universität Straßburg; **conseil** *m* **de l'~** *correspond à* Senat *m*; **à l'~** an der Universität **2** **l'Université** der Lehrkörper aller französischen Schulen und Hochschulen

univocité [ynivɔsite] F PHIL Univozität *f*

univoque [ynivɔk] ADJ PHIL univok; eindeutig (*a.* MATH); einnamig

Untel [ɛ̃tɛl, œ̃-] **monsieur, madame ~** Herr, Frau Sowieso, Soundso

Unterwald [untɛʀvald] GÉOG **l'~** *m* Unterwalden *n*

upérisé [ypeʀize] ADJ **lait ~** uperisierte Milch; H-Milch *f*

uppercut [ypɛʀkyt] M BOXE Aufwärtshaken *m*; Uppercut *m*

upsilon [ypsilɔn] M *lettre grecque* Ypsilon *n*

U.P.U. [ypey] F ABR (Union postale universelle) Weltpostverein *m*

uranifère [yʀanifɛʀ] ADJ uranhaltig

uranique [yʀanik] ADJ CHIM Uran…; **acide** *m* **~** Uransäure *f*

uranium [yʀanjɔm] M CHIM Uran *n*

Uranus [yʀanys] ASTRON (der) Uranus

urbain [yʀbɛ̃] ADJ städtisch; Stadt…; **agglomération ~e** städtische Siedlung; Stadt *f*; **grand centre ~** Großstadt *f*; **chauffage ~** Fernheizung *f*; **population ~e** Stadtbevölkerung *f*; TÉL **réseau ~** Ortsnetz *n*

urbanisation [yʀbanizasjõ] F Verstädterung *f*; **urbaniser** V/PR **s'~** verstädtern; *adjt* **zones urbanisées** verstädterte Gebiete *npl*; Gebiete mit städtischem Charakter; **urbanisme** M (Stadtplanung *f* und) Städtebau *m*

urbaniste [yʀbanist] M *ou* ADJT **architecte** *m* **~** Städtebauer *m*, -planer *m*; **urbanistique** ADJ städtebaulich

urbanité [yʀbanite] *litt* F Höflichkeit *f*; Zuvorkommenheit *f*; *litt* Urbanität *f*

urbi et orbi [yʀbiɛtɔʀbi] LOC ADV ÉGL CATH **bénédiction** *f* **~** (päpstlicher) Segen urbi et orbi

urée [yʀe] F PHYSIOL Harnstoff *m*; *fam* **avoir de l'~** zu viel Harnstoff im Blut haben

urémie [yʀemi] F MÉD Harnvergiftung *f*; Urämie *f*; **crise** *f* **d'~** akute Harnvergiftung

uretère [yʀtɛʀ] M ANAT Harnleiter *m*

urètre [yʀɛtʀ] M ANAT Harnröhre *f*

urgence [yʀʒɑ̃s] F **1** Dringlichkeit *f*; Eiligkeit *f*; POL **état** *m* **d'~** Notstand *m*; Ausnahmezustand *m*; **mesures** *fpl* **d'~** Sofortmaßnahmen *fpl*; POL Notstandsmaßnahmen *fpl*; **programme** *m* **d'~** Sofort-, Dringlichkeitsprogramm *n*; *loc adv*: **d'~** dringend; sofort; **opérer, prévenir qn d'~** j-n sofort operieren, benachrichtigen; **de toute ~** schnellstens; **en cas d'~** in eiligen, dringenden Fällen; wenn es eilig, dringend ist; **il y a ~** es eilt; es ist dringend, eilig; die Sache drängt **2** MÉD **une ~** ein dringender, eiliger Fall; **service** *m* **des ~s** Notaufnahme *f*

urgent [yʀʒɑ̃] ADJ dringend; eilig; (vor)dringlich; **besoin ~ en** dringender Bedarf an (*+dat*); **cas ~** eiliger, dringender Fall; **(très) ~!** eilt (sehr)!; **c'est ~** es ist eilig, dringend; es eilt; **il est ~ de le prévenir** man muss ihn sofort benachrichtigen; **des secours ~s sont nécessaires** schnelle, sofortige Hilfe ist nötig

urgentiste [yʀʒɑ̃tist] **A** M/F Notarzt, -ärztin *m,f* **B** ADJ **médecin** *m* **~** Notarzt, -ärztin *m,f*

urger [yʀʒe] *fam* V/I ⟨-geait⟩ **ça urge** es eilt; es ist dringend

urinaire [yʀinɛʀ] ADJ Harn…; ANAT **voies** *fpl* **~s** Harnwege *mpl*

urinal [yʀinal] M ⟨*pl* -aux⟩ Urinflasche *f*; Urinal *n*

urine [yʀin] F Urin *m*; Harn *m*; **~s** *pl* (entleerter) Harn, Urin; **analyse** *f* **d'~s** Urin-, Harnuntersuchung *f*

uriner [yʀine] V/I urinieren; Wasser lassen

urinoir [yʀinwaʀ] M Pissoir *n*; Bedürfnisanstalt *f*

urique [yʀik] ADJ CHIM **acide** *m* **~** Harnsäure *f*

urne [yʀn] F **1** Urne *f*; **~ cinéraire, funéraire** Aschen-, Graburne *f* **2** **~ (électorale)** Wahlurne *f*; **aller, se rendre aux ~s** wählen (gehen); zur Wahl gehen

urogénital [yʀɔʒenital] ADJ ⟨-aux⟩ ANAT **appareil ~** Harn- und Geschlechtsorgane *npl*; Urogenitalsystem *n*

urographie [yʀɔgʀafi] F MÉD Urografie *f*; **urologie** F MÉD Urologie *f*; **urologique** ADJ MÉD urologisch; **urologue** M/F Urologe *m*, Urologin *f*; **uromètre** M MÉD Urometer *n*

URSS [yʀs, yɛʀɛsɛs] ABR (Union des républiques socialistes soviétiques) HIST **l'~** *f* die UdSSR (Union der Sozialistischen Sowjetrepubliken)

ursuline [yʀsylin] F ÉGL CATH Ursuline *ou* Ursulinerin *f*

urticacées [yʀtikase] FPL BOT Nesselgewächse *npl*

urticaire [yʀtikɛʀ] F MÉD Nesselsucht *f*, -ausschlag *m*, -fieber *n*; **urticant** ADJ BIOL nesselnd

Uruguay [yʀygwɛ] **l'~** *m* Uruguay *n*

uruguayen [yʀygwɛjɛ̃] **A** ADJ ⟨~ne⟩ uruguayisch **B** SUBST **Uruguayen(ne)** *m(f)* Uruguayer(in) *m(f)*

us [ys] MPL **~ et coutumes** Sitten und Gebräuche *pl*

usage [yzaʒ] M **1** *(utilisation)* Gebrauch *m*; Benutzung *f*; Anwendung *f*; Verwendung *f*; *de drogues etc* Genuss *m*; ♦ *loc adv et loc adj*: **à l'~** beim Gebrauch; bei (der) Anwendung; **à l'~ de qn** für j-n (zum Gebrauch); **à l'~ des écoles** für den Schulgebrauch; für Schulen; *médicament* **à ~ externe, interne** äußerlich, innerlich anzuwenden; für äußerliche, innerliche Anwendung; **à ~s multiples** Mehrzweck…; **être encore en ~** noch verwendet, gebraucht werden; **°hors d'~** außer Gebrauch; *vêtements etc* abgelegt; abgetragen; **pour son ~ personnel** für den, s-n persönlichen Gebrauch; ♦ *fam* **faire de l'~** dauerhaft, strapazierfähig sein; lange halten; **faire ~ de qc** etw verwenden, gebrauchen, anwenden; **faire un ~ immodéré d'alcool** unmäßig, übermäßig (Alkohol) trinken; **faire (un) bon ~ de son argent** sein Geld vernünftig verwenden; **faire ~ de la force** Gewalt anwenden; **perdre l'~ de la parole** die Sprache verlieren; **retrouver l'~ de ses sens** wieder zu sich kommen; **servir à divers, plusieurs ~s** verschiedenen, mehreren Zwecken dienen **2** *de la langue* Sprachgebrauch *m*; **~ courant** allgemeiner Sprachgebrauch; **orthographe** *f* **d'~** festgelegte Orthografie; *mot, expression* **en ~** üblich; gebräuchlich; **expression consacrée par l'~** Ausdruck, der sich eingebürgert hat; **indiquer l'~ d'un mot** angeben, wie ein Wort gebraucht wird **3** *(coutume)* Brauch *m*; Sitte *f*; *fam* Usus *m*; **~ ancien** alter Brauch; alte Sitte; *litt* **avoir l'~ du monde** weltgewandt sein; Lebensart haben; **les ~s (de la société)** die gesellschaftlichen Umgangsformen *fpl*; *loc adj* **d'~** üblich; gebräuchlich; **il est d'~ de** (*+inf*) es ist üblich, Brauch, Usus zu (*+inf*); **comme il est d'~** wie es, das üblich ist; **se conformer aux ~s d'un pays** sich den Bräuchen, Sitten, Gewohnheiten e-s Landes anpassen; **c'est l'~** das ist so üblich **4** JUR **~ de faux** Gebrauch von falschen Beurkundungen

usagé [yzaʒe] ADJ *vêtements* gebraucht; getragen; **huile ~e, verre ~** Altöl *n*, -glas *n*

usager [yzaʒe] M **1** Benutzer *m*; Teilnehmer *m*; **~ de la poste** Postkunde *m*; **~ de la route** Straßenbenutzer *m*; Verkehrsteilnehmer *m*; **~ du téléphone** Fernsprechteilnehmer *m* **2** JUR Benutzungsberechtigte(r) *m*

usant [yzɑ̃] ADJ *fam personne* anstrengend; **il est ~** *a. fam* er schafft einen; er macht einen fertig

USB [yɛsbe] *m abr* (*universal serial bus*) INFORM USB *m*; **câble** *m* **USB** USB-Kabel *n*; **clé** *f* **~** USB-Stick *m*; **port** *m* **USB** USB-Schnittstelle *f*

usé [yze] ADJ **1** abgenutzt; *vêtements* abgetragen; ver-, zerschlissen; *semelle* durchgelaufen; *talon, tapis* abgetreten; *pneus* abgefahren; *filetage de vis* ausgeleiert; **eaux ~es** Abwässer *npl*; *veste etc* **~ au coude** am Ellbogen abgewetzt, durchgescheuert; **la pointe est ~e** die Spitze ist stumpf (geworden); → *a.* corde 8 **2** *personne* verbraucht; verlebt; **il est ~ par l'âge** er ist alt und verbraucht; **mains ~es par le travail** abgearbeitete, verarbeitete Hände *fpl* **3** *expression* abgegriffen

user [yze] **A** V/T **1** *(détériorer)* abnutzen; *vêtements a.* abtragen; verschleißen; **~ (par frottement)** abreiben; abscheuern; abwetzen **2** *(consommer) eau, gaz, essence* verbrauchen **3** *(affaiblir)* **~ qn** j-s Gesundheit untergraben, ruinieren; j-n zermürben, aufreiben; **~ ses forces** s-e Kräfte aufreiben; **~ la patience de qn** j-s Geduld strapazieren; **~ sa santé** s-e Gesundheit ruinieren; **~ la vue, les yeux** die Augen verderben; **~ sa vue, ses yeux** *ou* **s'~ la vue, les yeux** sich (*dat*) die Augen verderben **B** V/T INDIR **~ de qc** etw anwenden, gebrauchen; von etw Gebrauch machen; etw in Anspruch nehmen; *abs* **usez, n'abusez pas** alles mit Maß und Ziel; **~ de clémence** Gnade walten lassen; **~ d'un droit** von e-m Recht Gebrauch machen; **~ de précautions** vorsichtig zu Werke gehen; **~ de violence** Gewalt anwenden **C** V/PR **s'~** sich abnutzen; verschleißen; *personne* **s'~ au travail** sich bei der Arbeit verbrauchen, *fam* kaputtmachen; **s'~ à (faire) qc** sich bei etw aufreiben

usinage [yzinaʒ] M maschinelle Fertigung; Be-, Verarbeitung *f*

usine [yzin] F Fabrik *f*; Werk *n*; Betrieb *m*; Fabrikanlage *f*; **~ aéronautique** Flugzeugfabrik *f*; **~ métallurgique** Hütte *f*; Hüttenwerk *n*; **~ pilote** Versuchsbetrieb *m*; **~ sidérurgique** Eisenhütte *f*; Stahlwerk *n*; **~ textile** Textilfabrik *f*; **~ d'automobiles** Auto(mobil)fabrik *f*; **~ de produits alimentaires** Lebensmittelfabrik *f*; **~ de retraitement** Wiederaufbereitungsanlage *f*; **cheminée** *f* **d'~** Fabrikschornstein *m*; **entrée** *f*, **sortie** *f* **d'~** Werkseinfahrt *f*, -ausfahrt *f*; **ouvrier** *m* **d'~** Fabrikarbeiter *m*; **prix** *m* **(départ) ~** Preis *m* ab Werk; **aller à l'~** in die Fabrik gehen; *fam fig d'un hôpital etc* **c'est une véritable ~** das ist die reinste Fabrik; **travailler à l'~** *ou* **en ~** in der Fabrik arbeiten; Fabrikarbeiter(in) sein

usiner [yzine] VT 1 *(traiter)* maschinell fertigen; be-, verarbeiten 2 *(fabriquer)* fabrikmäßig herstellen 3 *fam souvent v/imp* **ça usine sec, ici** *fam* hier wird feste gearbeitet; das flu(t)scht nur so

usinier [yzinje] ADJ ⟨-ière⟩ Fabrik…

usité [yzite] ADJ *mot* gebräuchlich; geläufig; **peu ~** selten gebraucht; kaum gebräuchlich

ustensile [ystɑ̃sil] M Gerät *n*; **~s** *pl* Gerätschaften *fpl*; Utensilien *npl*; **~ de cuisine, de ménage** Küchen-, Haushaltsgerät *n*

usuel [yzɥɛl] A ADJ ⟨~le⟩ üblich; gebräuchlich; gewöhnlich B M *dans une bibliothèque* Werk *n* aus dem Handapparat; **~s** *pl* Handapparat *m*

usufructuaire [yzyfʀyktɥɛʀ] ADJ JUR Nießbrauchs…; Nutzungs…; **droit** *m* **~** Nutzungsrecht *n*

usufruit [yzyfʀɥi] M JUR Nießbrauch *m* (**sur** an *+dat*); Nutzung(srecht) *f(n)*

usufruitier [yzyfʀɥitje] M JUR Nießbraucher *m*; Nutzungsberechtigte(r) *m*

usuraire [yzyʀɛʀ] ADJ wucherisch; Wucher…; **intérêts** *mpl* **~s, taux** *m* **~** Wucherzins *m*; **prêt** *m* **~** Darlehen *n* zu Wucherzinsen

usure [yzyʀ] F 1 FIN (Kredit)Wucher *m*; Wucherzins *m*; **pratiquer l'~** (ein) Wucherer sein; Wucher treiben 2 *(détérioration)* Abnutzung *f*; Verschleiß *m*; *par ext*: **~ du pouvoir** Abnutzung der Macht; **~ du temps** zerstörende Kraft der Zeit; **guerre** *f* **d'~** Abnützungs-, Zermürbungskrieg *m*; **dans un tel état d'~** so abgenutzt; *vêtements* dermaßen ver-, zerschlissen, abgetragen; *fam fig* **je l'aurai à l'~** *fam* mit der Zeit krieg ich ihn schon mürbe, herum; **résister à l'~** widerstandsfähig, verschleißfest, *vêtements* strapazierfähig sein

usurier [yzyʀje] M Wucherer *m*

usurpateur [yzyʀpatœʀ] M Usurpator *m*; Thronräuber *m*

usurpation [yzyʀpasjõ] F 1 POL Usurpation *f* 2 JUR *d'un droit* Anmaßung *f*; **~ de fonctions** Amtsanmaßung *f*; **~ de titres** unbefugtes Führen von Titeln

usurper [yzyʀpe] VT 1 POL usurpieren 2 **~ qc** sich *(dat)* etw anmaßen; sich *(dat)* widerrechtlich etw aneignen; *titre* unbefugt führen; *par ext* **avoir une réputation usurpée** zu Unrecht in gutem Ruf stehen

ut [yt] M ⟨*inv*⟩ MUS c *ou* C *n*; **clef** *f* **d'~** C-Schlüssel *m*

Utah [yta] GÉOG **l'~** *m* Utah *n*

utérin [yteʀɛ̃] ADJ 1 ANAT Gebärmutter…; Uterus… 2 JUR **frères ~s** Halbbrüder *mpl* mütterlicherseits

utérus [yteʀys] M ANAT Gebärmutter *f*; Uterus *m*

utile [ytil] A ADJ 1 nützlich; (zweck)dienlich; brauchbar; geeignet; **cadeau** *m* **~** nützliches Geschenk; **dépenses** *fpl* **~s** zweckmäßige, notwendige Ausgaben *fpl*; **renseignements** *mpl* **~s** zweckdienliche Hinweise *mpl*; ♦ **~ à qn** nützlich, von Nutzen für j-n; **cela peut vous être ~** das kann für Sie nützlich sein; das können Sie (ge)brauchen; **si je peux vous être ~ en qc** wenn ich Ihnen irgendwie behilflich sein, helfen kann; *cette brochure* **sera ~ à tous les automobilistes** wird jedem, für jeden Autofahrer von Nutzen sein; ♦ **c'est une chose ~ à savoir** es ist gut, nützlich, das zu wissen; **des notes ~s à la compréhension de l'œuvre** Anmerkungen (, die) zum besseren Verständnis des Werkes (dienen); ♦ *loc adv* **en temps ~** zu gegebener Zeit; ♦ **il serait ~ de vous renseigner** *ou* **que vous vous renseigniez** es wäre gut, richtig, zweckmäßig, sich zu informieren *ou* wenn Sie sich informierten; **juger ~ de faire qc** es für richtig, nötig, gut halten, etw zu tun; **se rendre ~** sich nützlich machen 2 TECH Nutz…; **charge** *f* **~** Nutzlast *f*; **travail** *m* **~** Nutzleistung *f* B M **joindre l'~ à l'agréable** das Angenehme mit dem Nützlichen verbinden

utilement [ytilmɑ̃] ADV nützlich

utilisable [ytilizabl] ADJ verwendbar; brauchbar; benutzbar; verwertbar; **utilisateur** M, **utilisatrice** F Benutzer(in) *m(f)*; INFORM Nutzer(in) *m(f)*; User(in) *m(f)*

utilisation [ytilizasjõ] F An-, Verwendung *f*; Gebrauch *m*; Be-, Ausnutzung *f*, -nützung *f*; Nutzung *f*; Einsatz *m*; Verwertung *f*; **~ pacifique de l'énergie nucléaire** friedliche Nutzung der Kernenergie; TÉL **durée** *f* **d'~** Sprechdauer *f*; **mode** *m* **d'~** Verwendungsart *f*, -möglichkeit *f*

utiliser [ytilize] VT an-, verwenden; gebrauchen; *espace* ausnutzen *ou* ausnützen; *restes* verwerten; verwenden; *méthode* anwenden; *appareil, produit* verwenden; benutzen *ou* benützen; *ressources* nutzen; *subterfuge* gebrauchen; **~ qn** j-n verwenden, einsetzen; **mal ~ ses dons** s-e Fähigkeiten schlecht nutzen, falsch einsetzen

utilitaire [utiliteʀ] ADJ 1 Nutz…; Gebrauchs…; **véhicule** *m* **~** Nutzfahrzeug *n* 2 PHIL utilitaristisch

utilitarisme [ytilitaʀism] M 1 PHIL Utilitarismus *m* 2 *par ext* Nützlichkeitsprinzip *n*; Zweckdenken *n*; **utilitariste** PHIL A ADJ utilitaristisch B M/F Utilitarist(in) *m(f)*

utilité [ytilite] F 1 Nützlichkeit *f*; Zweckmäßigkeit *f*; Brauchbarkeit *f*; Verwendbarkeit *f*; Nutzen *m*; **avoir son ~** nützlich, von Nutzen sein; **être d'une grande ~** sehr nützlich, von großem Nutzen sein; **être sans ~, n'être d'aucune ~** vollkommen nutzlos, ohne jeden Nutzen, völlig unbrauchbar sein 2 JUR **~ publique** Gemeinnützigkeit *f*; **association reconnue d'~ publique** gemeinnütziger, als gemeinnützig anerkannter Verein; *expropriation* **pour cause d'~ publique** im öffentlichen Interesse 3 THÉ **jouer les ~s** Nebenrollen spielen

utopie [ytɔpi] F Utopie *f*; Schwärmerei *f*

utopique [ytɔpik] ADJ utopisch; **utopiste** M/F Utopist(in) *m(f)*; Fantast(in) *m(f)*

Utrecht [ytʀɛk(t)] GÉOG Utrecht *n*

Utrillo [ytʀijo] M PEINT Utrillo *m*

UV [yve] F ABR (unité de valeur) UNIVERSITÉ Schein *m*

uval [yval] ADJ ⟨-aux⟩ Trauben…

uvulaire [yvylɛʀ] ADJ ANAT, PHON (Gaumen-, Hals)Zäpfchen…; uvular; **r** *m* **~** Zäpfchen-R *n*

Uzès [yzɛs] *Stadt im Dep. Gard*

V

V[1], **v** [ve] M ⟨*inv*⟩ V, v *n*; **double v** w *n*; **le V de la victoire** das Fingerzeichen für „Victory"; *loc adv fam* **à la vitesse grand V** mit Höchstgeschwindigkeit; in rasender Geschwindigkeit; *loc adj* **décolleté** *m* **en V** V-Ausschnitt *m*

V[2] ABR (volt[s]) V (Volt)

va [va] → aller[1]; *fam* **~ pour 200 euros** also gut *ou* schön, 200 Euro; *fam* **~ pour cette fois!** *indulgent* diesmal mag es noch hingehen, lasse ich es noch durchgehen!; *menaçant* also schön *ou* gut, dieses eine Mal!; *fam fig* **faire qc à la ~ comme je te pousse** etw mit der linken Hand, schludrig, schlampig machen

vacance [vakɑ̃s] F 1 **~s** *pl* Ferien *pl*; Urlaub *m*; **bonnes ~s!** schöne Ferien!; schönen Urlaub!; **grandes ~s** große Ferien; **~s scolaires** Schulferien *pl*; **~s de neige** Winter-, Skiurlaub *m*; **~ de Noël, de Pâques** Weihnachts-, Osterferien *pl*; **jour** *m* **de ~s** Urlaubs-, Ferientag *m*; freier *ou* schulfreier Tag; **lieu** *m* **de ~s** Urlaubs-, Ferienort *m*; **avoir des ~s** Ferien, Urlaub haben; **j'ai besoin de ~s** *fam* ich bin urlaubsreif; **être en ~s** in *ou* im Urlaub, in Ferien sein; Urlaub, Ferien haben; **partir en ~s** in Urlaub fahren *ou* gehen; **prendre des ~s** Urlaub nehmen, machen 2 JUR Vakanz *f*; *par ext* freie, unbesetzte Stelle; freier Sitz; *chaire* freier Lehrstuhl 3 POL **~ du pouvoir** Machtvakuum *n*

vacancier [vakɑ̃sje] M, **vacancière** F Urlauber(in) *m(f)*; Feriengast *m*

vacant [vakɑ̃] ADJ 1 *poste* offen; unbesetzt; frei; vakant; **appartement ~** freie, leer stehende Wohnung 2 JUR **bien ~** herrenloses Gut; **succession ~e** Erbschaft *f* mit unbekanntem Erben

vacarme [vakaʀm] M Heidenlärm *m*; Krach *m*; **~ des klaxons** Gehupe *n*

vacataire [vakatɛʀ] A M/F Aushilfskraft *f*; Aushilfe *f* B ADJ Aushilfs…; **personnel** *m* **~** Aushilfspersonal *n*

vacation [vakasjõ] F 1 *des notaires, experts* Zeitaufwand *m* für Mühewaltungen 2 *(remplacement)* Aushilfstätigkeit *f*; (Stell)Vertretung *f*; **faire des ~s** Vertretungen machen, übernehmen 3 JUR **~s** *pl* Gerichtsferien *pl*

Vaccarès [vakaʀɛs] **l'étang** *m* **de ~** *Naturschutzgebiet in der Camargue*

vaccin [vaksɛ̃] M MÉD Impfstoff *m*; **~ antivariolique** Pockenimpfstoff *m*; **faire un ~ à qn** j-n impfen

vaccinable [vaksinabl] ADJ MÉD **être ~** geimpft werden können

vaccinal [vaksinal] ADJ ⟨-aux⟩ MÉD a Kuhpocken… b Impf…

vaccinateur [vaksinatœʀ] M **~** *ou adjt* **médecin** *m* **~** Impfarzt *m*

vaccination [vaksinasjõ] F MÉD Impfung *f*; **~ antivariolique** Pocken(schutz)impfung *f*; **~ curative, préventive** Heil-, Schutzimpfung *f*; **certificat** *m* **de ~** Impfschein *m*

vaccine [vaksin] F VÉT Kuhpocken *pl*

vacciner [vaksine] VT 1 MÉD **~ qn** j-n impfen (**contre** gegen) 2 *fam fig adjt* **être vacciné** geheilt sein (**contre** von)

vachard [vaʃaʀ] ADJ *fam* → vache B 1

vache [vaʃ] A F 1 ZOOL Kuh *f*; **maladie** *f* **de la ~ folle** Rinderwahn(sinn) *m*; **~ laitière** Milchkuh *f*; REL *et fig* **~ sacrée** heilige Kuh; *fam fig* **~ à lait** Melkkuh *f*; gute Einnahmequelle; **troupeau** *m* **de ~s** Kuhherde *f*; *loc adj* queue de ~ rötlich blond; fam fig c'est un coup en ~ fam das ist (ein) hundsgemein(er Streich), e-e Hundsgemeinheit; fig être en période de ~s maigres e-e Zeit der Entbehrungen durchmachen; fig manger de la ~ enragée sich kümmerlich durchschlagen müssen; fam parler français comme une ~ espagnole fam ein miserables, schauerliches Französisch sprechen; fam il pleut comme ~ qui pisse es gießt wie aus Kübeln; fam es platscht; pop es schifft 2 cuir Rinds-, Kuhleder n; CAMPING ~ (à eau) Wassersack m aus Segeltuch 3 fam fig vieille ~ ou peau f de ~ Schuft m; (fam hunds)gemeiner Kerl; gemeine Person; fam les ~s! die Schufte! 4 fam mort aux ~s! fam nieder mit der Polente!; pop Scheißbullen! 5 fam int la ~! fam Donnerwetter!; Mensch! B ADJ fam 1 (méchant) gemein; schuftig; être ~ avec, envers qn j-n gemein, schuftig behandeln; ne sois pas ~! sei nicht so gemein! 2 admiratif fam toll; une ~ de grande maison ein riesengroßes, riesiges Haus; une ~ de pépée fam e-e dufte Puppe; faire un ~ de bénéfice e-n dicken Gewinn einstreichen, herausholen

vachement [vaʃmɑ̃] ADV fam mächtig; unheimlich; ungeheuer; gewaltig; toll; saumäßig; ~ cher fam sauteuer; il est ~ bien er sieht toll aus

vacher [vaʃe] M, **vachère** F Kuh-, Rinderhirt(in) m(f); Melker(in) m(f); Schweizer m; en montagne Senn(e) m, Sennerin f

vacherie [vaʃʀi] F 1 fam (méchanceté) Gemeinheit f; dire des ~s à qn j-m Gehässigkeiten sagen; faire une ~, des ~s à qn an j-m gemein handeln 2 fam (cochonnerie) fam Mist m; Dreck m; Gelump(e) n

vacherin [vaʃʀɛ̃] M 1 gâteau Baisertorte f mit Eis und Sahne 2 fromage sahniger Weichkäse aus der Franche-Comté und Savoyen

vachette [vaʃɛt] F 1 cuir Leder n von Färsen 2 course f de ~s *Volksbelustigung in Südfrankreich, bei der losgelassenen jungen Kühen e-e Kokarde von der Stirn gerissen werden muss*

vacillant [vasijɑ̃] ADJ 1 démarche taumelnd; schwankend; wankend; j'ai les jambes ~es die Knie wanken mir 2 flamme flackernd 3 fig foi, résolutions schwankend; raison etwas verwirrt, wirr; mémoire unzuverlässig; **vacillation** F ou **vacillement** M Schwanken n; Wanken n; Wackeln n; Taumeln n; d'une flamme Flackern n

vaciller [vasije] VI 1 personne schwanken; wanken; taumeln 2 flamme flackern 3 fig et st/s raison wirr, verwirrt sein; mémoire unzuverlässig sein; j-n im Stich lassen

va-comme-je-te-pousse [vakɔmʒ(ə)təpus] LOC ADV à la ~ → va

vacuité [vakɥite] st/s F Leere f

vade-mecum [vademekɔm] litt M ⟨inv⟩ Vademekum n

vadrouille [vadʀuj] F fam LOC être en ~ → vadrouiller

vadrouiller [vadʀuje] VI fam herumbummeln, -strolchen, -zigeunern

vadrouilleur [vadʀujœʀ] M c'est un ~ fam er strolcht, zigeunert gern herum

va-et-vient [vaevjɛ̃] M ⟨inv⟩ 1 de personnes un ~ incessant ein ständiges Kommen und Gehen 2 d'une mécanique (mouvement m de) ~ Hin- und Herbewegung f; Hin und Her n; d'un piston Auf- und Abbewegung f 3 porte Pendel-, Schwingflügeltür f 4 ÉLEC Wechselschalter m

vagabond [vagabɔ̃] A ADJ ⟨-bonde [-bɔ̃d]⟩ 1 litt wandernd; Wander...; existence ~e Wanderleben n 2 fig imagination schweifend B M 1 Vagabund m; Stromer m; Landstreicher m; Streuner m 2 litt mener une vie de ~ ein Wanderleben führen

vagabondage [vagabɔ̃daʒ] M 1 Umherziehen n, -streifen n; Vagabundieren n; JUR Landstreicherei f; des jeunes Streunen n; ~s pl a. Streifzüge mpl 2 fig ~(s) de l'imagination Schweifen n der Fantasie

vagabonder [vagabɔ̃de] VI 1 personne sich herumtreiben; vagabundieren; umherstreifen, -wandern; streunen; herumstrolchen, -zigeunern; stromern 2 fig pensées, imagination umherschweifen, -wandern

vagin [vaʒɛ̃] M ANAT Scheide f; t/t Vagina f

vaginal [vaʒinal] ADJ ⟨-aux⟩ ANAT Scheiden...; Vaginal...; vaginal

vagir [vaʒiʀ] VI bébé wimmern; schreien; **vagissant** ADJ bébé quäkend; schreiend; **vagissement** M Wimmern n; d'un nouveau-né ~s pl erste Schreie mpl

vague¹ [vag] A ADJ 1 (imprécis) vage; undeutlich; verschwommen; unklar; regard zerstreut; leer; sentiment vage; unbestimmbar; contours verschwommen; undeutlich; idée, notion a. nebelhaft; loc adv en termes ~s vage; il est resté ~ er drückte sich vage aus 2 (quelconque) irgendein; un ~ cousin ein weitläufiger Vetter 3 robe, manteau weit 4 terrain m ~ unbebautes Gelände, Grundstück B M 1 (imprécision) Verschwommenheit f; Undeutlichkeit f; Verschwommene(s) n 2 par ext: avoir du ~ à l'âme an Weltschmerz leiden; être dans le ~ nicht wissen, woran man ist; im Unklaren sein; laisser qc, rester dans le ~ sich (über etw [acc]) nur vage äußern; regarder dans le ~, avoir les yeux perdus dans le ~ ins Leere blicken

vague² [vag] F 1 Welle f; st/s Woge f; ~ de fond Flutwelle f 2 MÉTÉO Welle f; ~ de chaleur, de froid Hitze-, Kältewelle f 3 fig Woge f; Welle f; la première ~ de départs (en vacances) die erste Reise-, Urlauberwelle; ~ d'enthousiasme Welle, Woge der Begeisterung; ~ de hausse des prix Welle von Preiserhöhungen; ~ de protestations Protestwelle f; faire des ~s Wellen schlagen 4 CINÉMA vers 1960 nouvelle ~ Neue Welle 5 d'une chevelure Welle f

vaguelette [vaglɛt] F kleine Welle

vaguement [vagmɑ̃] ADV vage; undeutlich; verschwommen; ~ ému leicht gerührt; j'ai ~ compris ich habe so ungefähr verstanden

vaguemestre [vagmɛstʀ] M MIL mit der Verteilung der Post beauftragter Unteroffizier

vaguer [vage] VI litt laisser ~ regards umherschweifen lassen; imagination schweifen lassen

vahiné [vaine] F Frau f von Tahiti

vaillamment [vajamɑ̃] ADV → vaillant 1; **vaillance** st/s F Tapferkeit f; Unverzagtheit f

vaillant [vajɑ̃] ADJ 1 st/s (courageux) tapfer; beherzt; unverzagt; plais wacker 2 (valide) il n'est pas encore bien ~ er ist noch etwas schwach, fam noch nicht ganz auf dem Damm 3 (travailleur) tüchtig; fleißig 4 n'avoir pas un sou ~ kein Geld, fam keinen (roten) Heller haben

vaille [vaj] 1 → valoir 2 LOC ADV ~ que ~ so oder so; schlecht und recht; komme, was da wolle

vain [vɛ̃] ADJ ⟨vaine [vɛn]⟩ 1 unnütz; vergeblich; discussion ~e fruchtlose Diskussion; espoir ~ vergebliche Hoffnung; paroles, promesses ~es leere Worte npl, Versprechungen fpl; peur ~e unbegründete Angst; loc adv en ~ umsonst; vergeblich; vergebens; il est ~ de (+inf) es ist sinn-, zwecklos zu (+inf); es hat keinen Sinn, Zweck zu (+inf); st/s et ce n'est pas un ~ mot das ist nicht nur so dahingesagt; das ist nicht nur ein leeres Wort 2 litt (frivole) oberflächlich

vaincre [vɛ̃kʀ] VT ⟨je vaincs, il vainc, nous vainquons; je vainquais; je vainquis; je vaincrai; que je vainque; vainquant; vaincu⟩ 1 abs siegen; ~ qn j-n besiegen; über j-n siegen; j-n bezwingen; MIL, SPORTS a. j-n schlagen 2 peur, difficultés, obstacle, misère überwinden; maladie, douleur besiegen; ~ une difficulté a. e-e Schwierigkeit meistern; e-r Schwierigkeit (gén) Herr werden; être vaincu par le sommeil vom Schlaf übermannt werden

vaincu [vɛ̃ky] A PP → vaincre et ADJ besiegt; überwunden; s'avouer ~ sich geschlagen geben; être ~ d'avance keinerlei Chancen haben B M Besiegte(r) m; Verlierer m

vainement [vɛnmɑ̃] ADV umsonst; vergebens; vergeblich

vainqueur [vɛ̃kœʀ] M 1 Sieger m (a. MIL et SPORTS) (d'une épreuve sportive in e-m Sportwettbewerb); sortir ~ d'une épreuve aus e-m Wettkampf als Sieger hervorgehen 2 fig Bezwinger m; Überwinder m 3 ADJT siegreich; prendre un air ~ e-e Siegermiene aufsetzen

vair [vɛʀ] M dans « Cendrillon » pantoufles fpl de ~ Glaspantoffeln mpl

vairon [vɛʀɔ̃] A ADJ M yeux ~s verschiedenfarbige Augen npl B M ZOOL Elritze f; Pfrille f

vais [vɛ] → aller¹

vaisseau [vɛso] M ⟨pl ~x⟩ 1 ANAT, BOT Gefäß n; ~ (sanguin) Blutgefäß n 2 litt (bateau) Schiff n; MAR MIL ~ amiral Flaggschiff n; Wagner Le Vaisseau fantôme Der Fliegende Holländer; capitaine m de ~ Kapitän m zur See; fig brûler ses ~x alle Brücken hinter sich (dat) abbrechen 3 ~ spatial Raumschiff n 4 ARCH (Kirchen)Schiff n

vaisselier [vɛsəlje] M Tellerbord n, -büfett n

vaisselle [vɛsɛl] F 1 (Ess-, Tisch-, Tafel)Geschirr n; ~ de porcelaine Porzellangeschirr n 2 lavage Abwaschen n; (plats etc à laver) Abwasch m; produit m pour la ~, adjt liquide m ~ (Geschirr)Spülmittel n; faire la ~ (das) Geschirr spülen; abwaschen

val [val] M ⟨pl vaux [vo], seltener vals⟩ litt, dans des noms Tal n

valable [valabl] ADJ 1 passeport, contrat gültig; JUR a. rechtsverbindlich; c'est ~ pour tous das gilt für alle 2 excuse, argument, travail annehmbar; solution, proposition, méthode brauchbar; argument a. stichhaltig; objection berechtigt; données verlässlich; zuverlässig; travail a. recht beachtlich; collaborateur m ~ tüchtiger, wertvoller Mitarbeiter; interlocuteur m ~ kompetenter Gesprächspartner; sans motif ~ ohne triftigen Grund

valablement [valabləmɑ̃] ADV 1 gebührend 2 entsprechend; richtig

Valais [valɛ] le ~ das Wallis

Val-de-Marne [valdəmaʀn] le ~ *frz Departement*

valdingue [valdɛ̃g] M fam faire un ~ → valdinguer

valdinguer [valdɛ̃ge] fam VI hinunterpurzeln, -kullern; envoyer ~ weg-, hinunterschleudern

Val-d'Oise [valdwaz] le ~ *frz Departement*

valence [valɑ̃s] F CHIM Wertigkeit f; Valenz f

Valence [valɑ̃s] 1 en Espagne Valencia n 2 *Stadt im Dep. Drôme*

valenciennes [valɑ̃sjɛn] F Valenciennesspitze f

Valenciennes [valɑ̃sjɛn] *Stadt im Dep. Nord*

valériane [valeʀjan] F BOT, PHARM Baldrian m

valet [valɛ] M 1 Diener m; Bediente(r) m; péj

Domestik(e) *m*; ~ **de chambre** Kammerdiener *m*; ~ **d'écurie** Pferdeknecht *m*; ~ **de ferme** (Bauern)Knecht *m*; ~ **de pied** (livrierter) Lakai **2** *carte à jouer* Bube *m*; *jeu allemand a.* Unter *m*; Wenzel *m*; ~ **de cœur** Herzbube *m* **3** *cintre* stummer Diener; Kleiderständer *m*

valetaille [valtaj] *litt et péj* F Dienerschaft *f*

Valette (La) [lavalɛt] Valletta *n*

valétudinaire [valetydinɛʀ] *litt* ADJ kränkelnd; kränklich

valeur [valœʀ] F **1** Wert *m*; *d'un argument* Stichhaltigkeit *f*; *d'une méthode etc a.* Brauchbarkeit *f*; Zweckmäßigkeit *f*; ~ **marchande** Handels-, Verkehrs-, Marktwert *m*; ~ **or** Goldwert *m*; ~ **sentimentale** Erinnerungswert *m*; *d'une action* ~ **en Bourse** Kurswert *m*; ♦ *loc adj*: **d'une** ~ **de** im Wert von; **de (grande)** ~ (sehr) wertvoll; **objet** *m* **de** ~ Wertgegenstand *m*, -sache *f*; Kostbarkeit *f*; **de même** ~ gleichwertig; **de peu de** ~ von geringem Wert; **sans** ~ wertlos; *argument* nicht stichhaltig; → *a.* déclaré 2; ♦ *loc adv*: **la** ~ **de** etwa; ungefähr; **ajouter la** ~ **d'une cuillerée de …** ungefähr, etwa e-n Löffel voll … hinzufügen; **à sa juste** ~ s-m Wert entsprechend; **au-dessous** *ou* **au-dessus de sa** ~ unter *ou* über s-m Wert; zu niedrig *ou* zu hoch; ♦ **j'y attache beaucoup de** ~ darauf lege ich großen Wert; **augmenter de** ~, **prendre de la** ~ im Wert steigen; *monnaie* **n'avoir plus de** ~ ungültig, nicht mehr gültig, wertlos sein; **diminuer de** ~ im Wert sinken; **donner de la** ~ **à qc** e-r Sache (*dat*) Wert verleihen; **doubler de** ~ sich im Wert verdoppeln; **avoir doublé de** ~ doppelt so viel wert sein; **mettre en** ~ *argent* arbeiten lassen; *région* erschließen; *sol* bestellen; *domaine* bewirtschaften; *fig* hervorheben; herausstellen; zur Geltung bringen; **perdre de la** ~ an Wert verlieren; **perdre toute** ~ völlig wertlos werden; jeglichen Wert verlieren; *argument, objection* hinfällig werden **2** *d'une personne* Wert *m*; Bedeutung *f*; **écrivain** *m* **de** ~ bedeutender, ausgezeichneter, großer Schriftsteller **3** COMM, BOURSE ~**s** *pl* Werte *mpl*; ~**s (mobilières)** (Wert)Papiere *npl*; Effekten *pl* **4** PHIL, SOCIOLOGIE ~**s** *pl* Werte *mpl*; ~**s morales** ethische Werte; **jugement** *m* **de** ~ Werturteil *n* **5** MATH, PHYS, BIOL Wert *m*; ~ **approchée** Näherungswert *m*; ~ **nutritive** Nährwert *m* **6** MUS ~ **d'une note** Notenwert *m* **7** *d'un mot* ~ **expressive** Ausdruckskraft *f*

valeureux [valøʀø, -œ-] *st/s* ADJ ⟨-euse⟩ tapfer

valeur-refuge [valœʀʀəfyʒ] F ⟨*pl* valeurs-refuges⟩ FIN Fluchtwert *m*

valgus [valgys] M MÉD Knickfuß *m*

Val-Hall [valal] MYTH **le** ~ (die) Walhall(a)

validation [validasjõ] F Gültigkeitserklärung *f*; *d'une élection a.* Erklärung *f* der Rechtmäßigkeit; *de diplômes étrangers etc* Anerkennung *f*; *d'années d'assurance, d'études etc* Anrechnung *f*; *d'un titre de transport* Entwertung *f*

valide [valid] ADJ **1** *personne* gesund; kräftig **2** JUR, ADMIN rechtswirksam, -gültig; **passeport** *m*, **titre** *m* **de transport** ~ gültiger Pass, Fahrausweis

valider [valide] V/T für rechtsgültig, -wirksam erklären; gültig machen; *diplômes etc* anerkennen; *années d'assurance, d'études etc* anrechnen; *titre de transport* entwerten

validité [validite] F Gültigkeit *f*; Rechtsgültigkeit *f*, -wirksamkeit *f*; *d'une élection* Rechtmäßigkeit *f*; **durée** *f* **de** ~ Gültigkeitsdauer *f*; Geltungsdauer *f*

valise [valiz] F **1** (Reise-, Hand)Koffer *m*; **faire sa** ~ den Koffer packen; **faire ses** ~**s** s-e Koffer packen (*a. fig*) **2** DIPL ~ **diplomatique** Diplomatenpost *f*

Vallauris [valɔʀis, -lo-] *Stadt im Dep. Alpes-Maritimes*

vallée [vale] F Tal *n*; *fig* ~ **de misère, de larmes** (irdisches) Jammertal; ~ **du Rhône** Rhonetal *n*; **au fond de la** ~ tief unten im Tal

Vallès [valɛs] **Jules** ~ *frz Schriftsteller u. Journalist*

vallon [valõ] M kleines Tal; Talmulde *f*

vallonné [valɔne] ADJ hügelig; **vallonnement** M Hügellandschaft *f*

valoche [valɔʃ] *fam* F Koffer *m*

valoir [valwaʀ] ⟨je vaux, il vaut, nous valons; je valais; je valus; je vaudrai; que je vaille, que nous valions; valant; valu⟩ **A** V/T **1** ~ **qc à qn** j-m etw eintragen, -bringen; j-m zu etw verhelfen; **qu'est-ce qui me vaut cet honneur?** was verschafft mir die(se) Ehre?; **cela lui a valu d'être congédié** das hat ihm s-e Entlassung eingetragen; **cette œuvre lui a valu d'être connu** durch dieses Werk wurde er bekannt **2** *somme* **à** ~ **sur** anzurechnen auf (*+acc*) **B** V/I **1** wert sein; ♦ *avec adv*: **ne pas** ~ **cher** nichts taugen; ~ **mieux** besser sein, mehr wert sein (**que** als); *fam* **ça vaut mieux** das ist (auch) besser; *impersonnel*: **il vaut mieux** *ou* **mieux vaut** (*+inf*) es ist besser zu (*+inf*) (**que [de]** *+inf* als zu *+inf*); **il vaut mieux que tu n'y ailles pas** du solltest besser, lieber nicht hingehen; *prov*: **il vaut mieux donner que recevoir** Geben ist seliger denn Nehmen (*prov*); **mieux vaut tard que jamais** besser spät als nie (*prov*); ♦ *avec subst*: *fam* **ça vaut le coup** es, das lohnt sich, ist der Mühe wert; **ça vaut un détour** ein Umweg lohnt sich; → *a.* peine 2; ♦ *avec pr*: **l'un vaut l'autre** eins *ou* der eine ist so gut wie das *ou* der andere; *fam fig* **ça vaut dix** *fam* das ist (ja) zum Schießen, Totlachen; **ne rien** ~ nichts wert sein; nichts taugen; **rien ne vaut …** es geht nichts über (*+acc*); ♦ *avec verbe*: **ça ne me dit rien qui vaille** das lässt mich Schlimmes befürchten, nichts Gutes ahnen; **c'est tout ce que ça vaut** mehr ist das nicht wert; **faire** ~ *droits* geltend machen; *argument* vorbringen; *capitaux* arbeiten lassen; *domaine* bewirtschaften; *personne* herausstellen; *silhouette, visage etc* vorteilhaft betonen; zur Geltung bringen; **faire** ~ **à qn que …** j-m gegenüber betonen, geltend machen, dass …; **avoir** *des références* **à faire** ~ vorzuweisen haben; vorweisen können; **chercher à se faire** ~ versuchen, sich in den Vordergrund zu schieben; versuchen zu glänzen; **il faut prendre cela pour ce que cela vaut** man darf das nicht zu ernst, wörtlich nehmen **2** (*coûter*) kosten; **ça vaut combien?** wie viel kostet das?; ~ **cher** teuer sein **3** *climat, inaction etc* **ne rien** ~ **à qn** j-m nicht bekommen, gut tun **4** ~ **pour** gelten für; betreffen (*+acc*); **cela vaut pour tous** das gilt für alle **5** (*équivaloir à*) den Wert haben von; zählen; ~ **dix points** zehn Punkte zählen **C** V/PR **se** ~ einander gleich, wert sein; gleich (gut *ou* schlecht) sein; *fam* **ça se vaut** das kommt (etwa) aufs Gleiche heraus

valorisant [valɔʀizɑ̃] ADJ *Arbeit etc* das Selbstwertgefühl steigernd

valorisation [valɔʀizasjõ] F Aufwertung *f*; Wertsteigerung *f*; Erhöhung *f* des Wertes; ÉCON Valorisation *f*

valoriser [valɔʀize] V/T aufwerten; den Wert steigern, erhöhen (*+gén*); ÉCON valorisieren

valse [vals] F **1** MUS Walzer *m*; ~ **lente, viennoise** langsamer, Wiener Walzer **2** *fam fig* **la** ~ **des ministres, des étiquettes** das Karussell der Minister, der Preise; **valse-hésitation** F (zögerndes, unentschlossenes) Hin und Her

valser [valse] V/I **1** Walzer tanzen; *plais* walzen **2** *fam fig*: **il est allé** ~ **à trois mètres de là** *fam* er flog, purzelte drei Meter weit; **envoyer** ~ **qc** etw wegschleudern; **envoyer** ~ **qn** (*congédier*) *fam* j-n rausschmeißen; (*rabrouer*) *fam* j-n zum Teufel jagen; **faire** ~ **l'argent** mit (dem) Geld um sich werfen, *fam* schmeißen

valseur [valsœʀ] M, **valseuse** F Walzertänzer(in) *m(f)*; **c'est un bon valseur** er tanzt gut Walzer

Valteline [valtəlin] GÉOG **la** ~ das Veltlin

valu [valy] PP → valoir

valve [valv] F **1** TECH Ventil *n* **2** ZOOL *des moules* (Schalen)Klappe *f*

valvule [valvyl] F ANAT ~ **(du cœur)** Herzklappe *f*

vamp [vɑ̃p] F Vamp *m*

vamper [vɑ̃pe] *fam* V/T ~ **qn** j-n umgarnen, *fam* bezirzen

vampire [vɑ̃piʀ] M **1** MYTH, ZOOL Vampir *m* **2** *fig* **a** (*assassin*) sadistischer Massenmörder **b** (*exploiteur*) Blutsauger *m*

vampirisme [vɑ̃piʀism] M PSYCH Nekrophilie *f*

van [vɑ̃] M **1** Transportwagen *m* für Rennpferde **2** AGR (Korn)Schwinge *f*

vanadium [vanadjɔm] M CHIM Vanadium *n*; Vanadin *n*

vanda [vɑ̃da] F BOT Vanda *f*

vandale [vɑ̃dal] M **1** HIST **Vandales** *pl* Vandalen *ou* Wandalen *mpl* **2** *fig* Vandale *ou* Wandale *m*; **vandaliser** V/T (mutwillig) beschädigen; demolieren; **vandalisme** M Vandalismus *ou* Wandalismus *m*; Zerstörungswut *f*

Van Dongen [vɑ̃dõgɛn] *frz Maler*

Vänern [vɛnɛʀn] **le lac** ~ der Vänersee

vanesse [vanɛs] F ZOOL Tagpfauenauge *n*

Van Gogh [vɑ̃gɔg] M PEINT van Gogh *m*

vanille [vanij] F CUIS Vanille *f*; **crème** *f*, **glace** *f* **à la** ~ Vanillecreme *f*, -eis *n*

vanillé [vanije] ADJ Vanille…; **sucre** ~ Vanillezucker *m*

vanillier [vanije] M BOT Vanille *f*

vanilline [vanilin] F CHIM Vanillin *n*

vanité [vanite] F **1** Einbildung *f*; Selbstgefälligkeit *f*; Eitelkeit *f*; **par** ~ aus Eitelkeit; **soit dit sans** ~ ohne mich (damit) rühmen zu wollen; **blesser qn dans sa** ~ j-n in s-r Eitelkeit verletzen; **tirer** ~ **de qc** sich (*dat*) etwas einbilden auf etw (*acc*) **2** *litt* (*futilité*) Eitelkeit *f*; Nichtigkeit *f*

vaniteux [vanitø] **A** ADJ ⟨-euse⟩ eingebildet; selbstgefällig; eitel **B** SUBST ~, **vaniteuse** *m,f* selbstgefälliger, eingebildeter Mensch

vannage [vanaʒ] M **1** *du grain* Schwingen *n*; Worfeln *n* **2** *d'un barrage etc* Schieberanlage *f*

vanne [van] F **1** TECH Schieber *m*; *t/t* Schütz *n* **2** *fam* (*remarque désobligeante*) Stichelei *f*; **envoyer, lancer une** ~, **des** ~**s à qn** gegen j-n sticheln

vanné [vane] ADJ *fam* hunde- *ou* hundsmüde; total kaputt

vanneau [vano] M ⟨*pl* ~x⟩ ZOOL Kiebitz *m*

vanner [vane] V/T **1** *blé* schwingen; worfeln **2** *fam fig* ~ **qn** j-n erschöpfen, *fam* fertigmachen; kaputtmachen; *adjt* **être vanné** wie gerädert sein; *fam* hundemüde, total kaputt sein

vannerie [vanʀi] F **1** *métier* Korbflechterei *f*; *loc adj* **de** *ou* **en** ~ Korb… **2** *objets* Korbwaren *fpl* **3** Flechtarbeiten *fpl*; **faire de la** ~ **a** Korbwaren herstellen **b** Flechtarbeiten machen

vanneur [vanœʀ] M Kornschwinger *m*; **vanneuse** F **1** Kornschwingerin *f* **2** AGR Windfege *f*; Tarar *m*

vannier [vanje] M Korbmacher *m*, -flechter *m*

vantail [vɑ̃taj] M ⟨*pl* vantaux [vɑ̃to]⟩ (Tür-, Fenster)Flügel *m*; **porte** *f* **à double** ~ Flügeltür *f*

vantard [vɑ̃taʀ] **A** ADJ großsprecherisch **B**

M Prahler *m*; Prahlhans *m*; Großtuer *m*; Angeber *m*; Aufschneider *m*
vantardise [vɑ̃taʀdiz] F Prahlerei *f*; Aufschneiderei *f*; Angeberei *f*; *fam* Angabe *f*
vanter [vɑ̃te] **A** VT (überschwänglich) loben; rühmen; preisen; *marchandise* anpreisen; **~ les qualités à qn** j-m gegenüber die Vorzüge rühmen, loben, herausstreichen **B** V/PR **se ~** prahlen, aufschneiden, angeben, großtun (**de qc** mit etw); **se ~ de** (*+inf*) damit prahlen, sich (damit) brüsten, sich rühmen zu (*+inf*); **(soit dit) sans me ~** ohne mich loben zu wollen; *fam* **et je m'en vante!** und ich bin stolz darauf!; *fam* **il ne s'en est pas vanté** das hat er mit keinem Wort erwähnt; das hat er schamhaft verschwiegen; *fam* **il n'y a pas de quoi se ~** das ist kein Ruhmesblatt; kein Grund, stolz darauf zu sein
va-nu-pieds [vanypje] M/F ⟨*inv*⟩ Bettler(in) *m(f)*
vapes [vap] FPL *fam* **être dans les ~** benommen, *fam* im Tran sein; *fam* **tomber dans les ~** ohnmächtig werden; *fam* umkippen
vapeur[1] [vapœʀ] F **1** Dampf *m*; **~ d'eau** Wasserdampf *m*; **~s d'essence** Benzindämpfe *mpl*; **fer** *m*, **machine** *f* **à ~** Dampfbügeleisen *n*, -maschine *f*; *loc adv*: **à la ~** mit Dampf; CUIS **pommes** *fpl* **de terre cuites à la ~** *ou adjt* **pommes ~** gedämpfte Kartoffeln *fpl*; **à toute ~** mit Volldampf; *fig* in, mit Windeseile; mit höchster Geschwindigkeit; *fig* **renverser la ~** das Steuer herumreißen, -werfen; auf Gegenkurs gehen **2** *litt* (*brouillard*) Nebel *m*; Dunst *m* **3** *plais* **avoir ses ~s** sich unwohl fühlen **4** *st/s* **les ~s du vin lui montent à la tête** der Wein benebelt ihn
vapeur[2] [vapœʀ] M Dampfer *m*
vaporeux [vapɔʀø] ADJ ⟨-euse⟩ *étoffe, robe, cheveux* duftig; **ciel ~** dunstiger Himmel
vaporisage [vapɔʀizaʒ] M TEXT Dämpfen *n*;
vaporisateur M Zerstäuber *m*; Spray *m ou n*; Spraydose *f*; **vaporisation** F **1** PHYS Verdampfen *n* **2** (*pulvérisation*) Zerstäuben *n*
vaporiser [vapɔʀize] **A** VT **1** PHYS verdampfen **2** *parfum etc* zerstäuben; sprayen **B** V/PR **se ~** verdampfen
vaquer [vake] **A** VT INDIR **~ à ses occupations** s-r Beschäftigung nachgehen; **~ aux soins du ménage** s-n häuslichen Pflichten nachgehen, *st/s* obliegen **B** VI ADMIN Ferien haben
Var [vaʀ] **le ~** *Fluss u. Departement in Frankreich*
varan [vaʀɑ̃] M ZOOL Waran *m*
varappe [vaʀap] F (Felsen)Klettern *n*; Kletterei *f*; **faire de la ~** klettern
varapper [vaʀape] VI klettern
varech [vaʀɛk] M BOT (See)Tang *m*
Varèse [vaʀɛz] GÉOG Varese *n*
vareuse [vaʀøz] F Jacke *f*; Joppe *f*
variabilité [vaʀjabilite] F Veränderlichkeit *f*
variable [vaʀjabl] **A** ADJ veränderlich; wechselnd; *temps a.* wechselhaft; MATH *a.* variabel; MÉTÉO: **ciel** *m* **~** wechselnd bewölkt; **vent** *m* **~** Wind *m* aus wechselnden, unterschiedlichen Richtungen **B** SUBST **1** F MATH Veränderliche *f*; Variable *f* **2** M *baromètre* **être au ~** auf Veränderlich stehen
variance [vaʀjɑ̃s] F **1** PHYS, CHIM Zahl *f* der Freiheitsgrade **2** STATISTIQUE Varianz *f*
variante [vaʀjɑ̃t] F Variante *f*; Abwandlung *f*
variateur [vaʀjatœʀ] M Dimmer *m*
variation [vaʀjasjõ] F Schwankung *f*; (Ver)Änderung *f*; Wechsel *m*; Variation *f* (*a.* MUS, MATH, BIOL); **~s de prix** Preisänderungen *fpl*, -schwankungen *fpl*; **~s de température** Temperaturschwankungen *fpl*; ADMIN **corrigé des ~s saisonnières** saisonbereinigt; **subir des ~s** sich verändern; sich wandeln
varice [vaʀis] F MÉD Krampfader *f*; **bas** *m* **à ~s** Gummistrumpf *m*
varicelle [vaʀisɛl] F MÉD Windpocken *pl*
varié [vaʀje] ADJ verschiedenartig; vielfältig; mannigfaltig; abwechslungsreich; *mélodie* mit Variationen; **choix ~** reiche Auswahl; **°hors-d'œuvre ~s** verschiedene Vorspeisen *fpl*; **menus peu ~s** ziemlich eintöniger Speise-, Küchenzettel; **programme ~** reichhaltiges, buntes, abwechslungsreiches Programm
varier [vaʀje] **A** VT abwechslungsreich, verschiedenartig gestalten; Abwechslung bringen in (*+acc*); variieren (*a.* MUS); **~ les menus** den Speisezettel abwechslungsreich gestalten; *plais ou iron* **pour ~ les plaisirs** weil's so schön war *ou* ist **B** VI **1** sich ändern; wechseln; verschieden sein; variieren; GRAM *adjectif* veränderlich sein; *opinions* auseinandergehen; *prix* schwanken (**entre** zwischen; **de … à …** zwischen … und …); *temps* **~ souvent** sehr wechselhaft sein; **les opinions varient sur ce point** die Meinungen darüber gehen auseinander, weichen voneinander ab **2** *personne* **il n'a jamais varié à ce sujet** s-e Meinung darüber hat sich nie geändert
variété [vaʀjete] F **1** Verschiedenheit *f*, -artigkeit *f*; Mannigfaltigkeit *f*; Abwechslung *f*; **une grande ~ de modèles** e-e Vielfalt von, e-e reiche Auswahl an Modellen; die verschiedensten Modelle **2** BIOL Ab-, Spielart *f*; Varietät *f*; *de fruits etc* Sorte *f* **3** LITTÉRATURE **~s** *pl* vermischte Schriften *fpl* **4** (**spectacle** *m* **de**) **~s** *pl* Varietee *n*; RAD, TV **émission** *f* **de ~s** Unterhaltungssendung *f*; **scène** *f*, **théâtre** *m* **de ~s** Varietee(theater) *n*
variole [vaʀjɔl] F MÉD Pocken *pl*
variolé [vaʀjɔle] ADJ pockennarbig
varioleux [vaʀjɔlø] **A** ADJ ⟨-euse⟩ Pocken…; an Pocken erkrankt **B** M Pockenkranke(r) *m*;
variolique ADJ MÉD Pocken…
variomètre [vaʀjɔmɛtʀ] M ÉLEC, AVIAT Variometer *n*
variqueux [vaʀikø] ADJ ⟨-euse⟩ MÉD **ulcère ~** Krampfadergeschwür *n*
varlope [vaʀlɔp] F TECH Langhobel *m*; Raubank *f*
Varna [vaʀna] GÉOG Warna *n*
Varsovie [vaʀsɔvi] Warschau *n*
varsovien [vaʀsɔvjɛ̃] ADJ ⟨~ne⟩ Warschauer; aus Warschau
Vasco de Gama [vaskodəgama] M HIST Vasco da Gama *m*
vasculaire [vaskylɛʀ] ADJ ANAT, BOT Gefäß…; MÉD **accident ~ cérébral** Hirnschlag *m*, -infarkt *m*; *t/t* zerebrovaskulärer Insult
vase[1] [vaz] M Vase *f*; (*récipient*) Gefäß *n*; PHYS **~s communicants** kommunizierende Röhren *fpl*; ÉGL CATH **~s sacrés** liturgische Gefäße *npl*; Kultgefäße *npl*; **~ de** *ou* **en cristal** Kristallvase *f*; **~ de nuit** Nachtgeschirr *n*, -topf *m*; *fig* **vivre en ~ clos** sich abkapseln; gegen andere abgeschirmt, ohne Kontakt mit anderen leben
vase[2] [vaz] F Schlamm *m*; *dans la mer* Schlick *m*
vaseline [vazlin] F CHIM, PHARM Vaseline *f*;
vaseliner VT mit Vaseline schmieren, einfetten
vaseux [vazø] ADJ ⟨-euse⟩ **1** (*boueux*) schlammig; schlick(e)rig **2** *fam fig* **se sentir ~** sich unwohl fühlen; *fam* nicht ganz auf dem Damm sein **3** *fam idées etc* schwammig; verschwommen; nebelhaft
vasistas [vazistas] M Guckfenster *n*; Oberlicht *n*
vaso-constricteur [vazokõstʀiktœʀ] ADJ M PHYSIOL gefäßverengend
vaso-dilatateur [vazodilatatœʀ] ADJ M PHYSIOL gefäßerweiternd
vaso-moteur [vazomɔtœʀ] ADJ ⟨vaso-motrice⟩ PHYSIOL vasomotorisch; **nerfs ~s** Vasomotoren *mpl*
vasouillard [vazujaʀ] *fam* ADJ → vaseux 3
vasouiller [vazuje] *fam* VI *personne* unsicher sein; *fam* schwimmen
vasque [vask] F (*bassin*) Brunnenschale *f*; (*coupe*) flache Schale
vassal [vasal] ⟨*pl* -aux⟩ **A** M HIST Vasall *m* (*a. fig*); Lehnsmann *m* **B** ADJ Vasallen…; **vassalisation** *litt* F Unterwerfung *f*, -jochung *f*;
vassaliser *litt* VT unterwerfen, -jochen;
vassalité F Vasallentum *n*
vaste [vast] ADJ **1** *surface, plaine, forêt etc* weit; ausgedehnt; *bâtiment* weitläufig; *pièce* geräumig **2** *connaissances, sujet, organisation etc* umfassend; umfangreich; vielseitig; **ambitions** *fpl* **~s** weitreichende Ambitionen *fpl*; *fam* **c'est une ~ blague** *fam* das ist ein ausgemachter, aufgelegter Schwindel; **notion** *f* **~** weiter Begriff; **projet** *m* **~** umfangreiches, gewaltiges Projekt
va-t-en-guerre [vatɑ̃gɛʀ] ⟨*inv*⟩ **A** M Kriegstreiber *m* **B** ADJ kriegslüstern
Vatican [vatikɑ̃] **le ~** der Vatikan; **la cité du ~** die Vatikanstadt
vaticination [vatisinasjõ] *litt* F Weissagung *f*; **vaticiner** *litt* VI weissagen
va-tout [vatu] M **jouer son ~** alles auf e-e Karte setzen (**dans** bei); Vabanque spielen
Vättern [vɛtɛʀn] **le lac ~** der Vättersee
Vaucluse [voklyz] **le ~** *frz Departement*
vauclusienne [voklyzjɛn] ADJ GÉOG **source ~** Karstquelle *f*
Vaud [vo] **le canton de ~** die Waadt; der Kanton Waadt; **le pays de ~** das Waadtland
vaudeville [vodvil] M Vaudeville *n*; Posse *f* (*a. fig*); **vaudevillesque** ADJ possenhaft
vaudois [vodwa] **A** ADJ **1** GÉOG waadtländisch **2** REL waldensisch **B** SUBST **1** **Vaudois(e)** *m(f)* Waadtländer(in) *m(f)* **2** MPL REL Waldenser *mpl*
vaudou [vodu] M REL Voodoo *ou* Wodu *ou* Wudu *m*; *adjt* **culte** *m* **~** Voodookult *m*
vaudrai [vodʀɛ] → valoir
Vaugelas [voʒla] *frz Grammatiker*
vau-l'eau [volo] LOC *fig* **s'en aller à ~** *projets* zunichtewerden
vaurien [voʀjɛ̃] M **1** (*garnement*) **(petit) ~** Bengel *m*; Range *f* **2** MAR Segelboot *n* mit Slup-takelung; **vaurienne** F Göre *f*; Range *f*
vaut [vo] → valoir
vautour [votuʀ] M ZOOL Geier *m* (*a. fig*)
vautrer [votʀe] V/PR **se ~** **1** sich wälzen; *personne a.* sich rekeln; *fam péj* sich fläzen; sich hinlümmeln; **se ~ dans la boue** sich im Dreck wälzen; sich suhlen **2** *fig* **se ~ dans qc** sich in etw (*dat*) gefallen, wohlfühlen, *fam* aalen
Vauvenargues [vovnaʀg] *frz Moralist*
vauvert [vovɛʀ] LOC ADV **au diable ~** ganz weit draußen; *fam* jwd
vaux [vo] → valoir, val
va-vite [vavit] LOC ADV **à la ~** hastig; überstürzt; flüchtig; *fam* hopp hopp; **faire qc à la ~** etw hinhauen, zusammenpfuschen
V.D.Q.S. ABR (vins délimités de qualité supérieure) QbA (Qualitätswein aus bestimmten Anbaugebieten)
veau [vo] M ⟨*pl* ~x⟩ **1** ZOOL Kalb *n*; **~ marin** Seehund *m*; **~ de lait** Milchkalb *n*; *fig* **adorer le ~ d'or** das Goldene Kalb anbeten; *fam* **pleurer comme un ~** *fam* heulen wie ein Schlosshund; *fig* **tuer le ~ gras** e-n Festschmaus veranstalten **2** CUIS Kalbfleisch *n*; **pieds** *mpl* **de ~** Kalbsfüße *mpl* **3** *cuir* Kalb(s)leder *n* **4** *fam fig* **a** *personne* Trampel *m ou n*; *fam* Tranfunzel *f* **b** *cheval* schlechtes Rennpferd **c** *voiture fam* lahme Karre, Kiste

V

vecteur [vɛktœʀ] M 1 MATH, PHYS Vektor *m* 2 MÉD Vektor *m*; (Krankheits)Überträger *m*; Zwischenwirt *m* 3 MIL Kernwaffenträger *m* 4 *fig* Träger *m*; Vermittler *m*
vectoriel [vɛktɔʀjɛl] ADJ ⟨~le⟩ MATH, PHYS vektoriell; Vektor…; **calcul ~** Vektorrechnung *f*
vécu [veky] A PP → vivre[1] *et* ADJ erlebt; *histoire* wahr; **expérience ~e** (eigenes) Erlebnis; selbst gemachte Erfahrung; PHIL **temps ~** subjektive Zeit B M Erlebte(s) *n*
vedettariat [vədɛtaʀja] M 1 Welt *f* der Stars; Startum *n* 2 *péj attitude* Starallüren *fpl*
vedette [vədɛt] F 1 CINÉMA, THÉ, SPORTS *etc* Star *m*; THÉ, CINÉMA *a.* Hauptdarsteller(in) *m(f)*; *par ext* prominente Persönlichkeit; *d'un procès* Hauptperson *f*; **~ du jour** Held *m* des Tages; **~ de** *ou* **du cinéma** Filmstar *m*; **en ~ américaine** als Stargast; **jouer les ~s** sich als Star aufführen 2 *(position de tête) loc*: **avoir, tenir la ~** THÉ, CINÉMA die Hauptrolle spielen; CIRQUE *etc* der Star des Abends, die Zugnummer sein; *par ext* im Blickpunkt der Öffentlichkeit, im Mittelpunkt des Interesses, im Vordergrund stehen; **mettre qc, qn en ~** etw, j-n herausstellen, -streichen; *journal* etw in großer Aufmachung, als Schlagzeile bringen; **se mettre en ~** sich in den Vordergrund schieben, drängen; **voler la ~ à qn** j-m die Schau stehlen; ♦ *adjt* Spitzen…; Star…; Haupt…; **émission** *f* **~** zugkräftige Sendung; **mannequin** *m* **~** Starmannequin *n*; **match** *m* **~** Spitzen-, Schlagerspiel *n* 3 *d'un dictionnaire* **mot** *m* **~** Stichwort *n* 4 MAR a MIL Schnellboot *n* b DOUANE *etc* Küstenwachboot *n*
végétal [veʒetal] ⟨*mpl* -aux⟩ A ADJ Pflanzen…; pflanzlich; **fibre, huile ~e** Pflanzenfaser *f*, -öl *n*; **règne ~** Pflanzenreich *n*; **terre ~e** Muttererde *f* B M Pflanze *f*; Gewächs *n*
végétalien [veʒetaljɛ̃] M, **végétalienne** F Veganer(in) *m(f)*; **végétalisme** M Veganismus *m*
végétarien [veʒetaʀjɛ̃] A ADJ ⟨~ne⟩ vegetarisch B SUBST **~(ne)** *m(f)* Vegetarier(in) *m(f)*; **végétarisme** M Vegetarismus *m*
végétatif [veʒetatif] ADJ ⟨-ive⟩ BOT, PHYSIOL vegetativ
végétation [veʒetasjõ] F 1 Vegetation *f*; Pflanzenwuchs *m*; Pflanzenwelt *f* 2 MÉD a **~s** Wucherungen *fpl* b **opérer un enfant des ~s** e-m Kind die Mandeln herausnehmen
végéter [veʒete] V/I ⟨-è-⟩ *personne* (dahin)vegetieren; kümmerlich (dahin)leben; *plante* kümmern; *affaire* stagnieren
véhémence [veemɑ̃s] F Heftigkeit *f*; Ungestüm *n*; Vehemenz *f*; **avec ~** heftig; ungestüm
véhément [veemɑ̃] ADJ *personne* ungestüm; hitzig; feurig; **discours ~** flammende Rede; **reproches ~s** heftige Vorwürfe *mpl*
véhiculaire [veikylɛʀ] ADJ **langue** *f* **~** Verkehrssprache *f*
véhicule [veikyl] M 1 Fahrzeug *n*; **~ utilitaire** Nutzfahrzeug *n*; **~ de tourisme** Personen(kraft)wagen *m* 2 *fig de l'information etc* Träger *m*; Medium *n*
véhiculer [veikyle] V/T 1 befördern; transportieren 2 *fig langage: idées etc* das Medium, der Träger sein *(+gén)*
veille [vɛj] F 1 *(jour précédent)* Vortag *m*; **la ~** am Tag zuvor; am vorhergehenden Tag; tags zuvor; **la ~ au soir** am Vorabend; am Abend vorher; **la ~ du départ** am Tag vor der Abreise; **la ~ de Noël** der Heilige Abend *ou* am Heiligen Abend; Heiligabend *m*; **la ~ du nouvel an** (an) Silvester *m*; *fig* **à la ~ de** kurz vor *(+dat)*; *st/s* am Vorabend *(+gén)*; **être à la ~ de partir** kurz vor der Abreise stehen 2 *(contraire: sommeil)* Wachen *n*; Wachsein *n*; **entre la ~ et le sommeil** im Halbschlaf; **être en état de ~** wach, in wachem Zustand sein; **être fatigué par de longues ~s** von vielen durchwachten Nächten müde sein 3 *(garde)* (Nacht)Wache *f*
veillée [veje] F 1 *d'un malade* Nachtwache *f*; **~ funèbre, mortuaire** Totenwache *f*; *fig* **~ d'armes** Vorabend *m* e-s wichtigen Ereignisses 2 *(soirée)* Abendstunden *fpl*; abendliches Beisammensein
veiller [veje] A V/T **~ un malade** bei e-m Kranken wachen B V/T INDIR 1 **~ à qc** über etw *(acc)* wachen; für etw sorgen; auf etw *(acc)* achten, bedacht sein; **~ à ce que …** *(+subj)* dafür sorgen, Sorge tragen, darauf achten, bedacht sein, dass …; **~ à** *(+inf)* darauf achten zu *(+inf)*; **~ aux intérêts de qn** j-s Interessen wahrnehmen 2 **~ sur qn** j-n unter s-e Obhut nehmen, hüten; **~ sur la santé de qn** auf j-s Gesundheit achten C V/I 1 *(être de garde)* wachen 2 *(ne pas se coucher)* wach bleiben; aufbleiben; **~ tard** lang(e) aufbleiben
veilleur [vɛjœʀ] M Wächter *m*; **~ de nuit** Nachtwächter *m*
veilleuse [vɛjøz] F Nachtlicht *n*, -lampe *f*, -beleuchtung *f*; AUTO Standlicht *n*; *d'un appareil électrique* Kontrolllampe *f*; *d'un appareil à gaz* Dauerzündflamme *f*; **mettre en ~** *lampe* dunkler einstellen; *flamme* klein stellen; *fig affaire* ruhen lassen; *fam* auf Eis legen; AUTO **mettre ses phares en ~** das Standlicht einschalten; *fam fig* **mets-la en ~!** halt den Mund!
veinard [vɛnaʀ] *fam* A ADJ **ce qu'il est ~** *fam* das ist ein (wahrer) Glückspilz B SUBST **~(e)** *m(f) fam* Glückspilz *m*
veine [vɛn] F 1 ANAT Vene *f*; (Blut)Ader *f*; **~s coronaires** (Herz)Kranzgefäße *fpl*; **s'ouvrir les ~s** sich *(dat)* die (Puls)Adern aufschneiden, öffnen; *fig* **se saigner aux quatre ~s** → saigner c 2 *(chance)* Glück *n*; *fam* Dusel *m*; Schwein *n*; **~ de cocu** *fam* Mordsglück *n*; **coup** *m* **de ~** Glücksfall *m*; Glücksumstand *m*; **~ alors!** Schwein gehabt!; **pas de ~!** *ou* **c'est bien ma ~!** Pech (gehabt)!; **avoir de la ~** Glück, *fam* Dusel, Schwein haben; **ce n'est pas de ~** das ist wirklich Pech; das nennt man Pech 3 *fig* **~ poétique** poetische Ader; **être en ~ de générosité** in Geberlaune sein; *fam* s-n großzügigen Tag haben 4 MINES Ader *f*; Gang *m* 5 **~s** *pl du bois* Maserung *f*; *du marbre* Aderung *f*; Äderung *f* 6 BOT *d'une feuille* Ader *f*; Nerv *m*
veiné [vene] ADJ *peau* geädert; ad(e)rig; *bois* gemasert; *marbre* geädert; **veiner** V/T TECH masern; ädern
veineux [vɛnø] ADJ ⟨-euse⟩ ANAT, PHYSIOL venös; Venen…; Ader…
veinule [venyl] F Äderchen *n*; **veinure** F *du bois* Maserung *f*
vêlage [vɛlaʒ] M ZOOL, GÉOG Kalben *n*
vélaire [velɛʀ] PHON A ADJ velar B F Velar (-laut) *m*; Hintergaumenlaut *m*
Vélasquez [velaskɛz] M PEINT Velazquez *m*
Velay [valɛ] **le ~** *Landschaft im frz Zentralmassiv*
Velche [vɛlʃ] M Welsche(r) *m*
velcro® [vɛlkʀo] M *ou* ADJT **bande** *f* **~** Klettverschluss *m*
vêlement [vɛlmɑ̃] M → vêlage
vêler [vele] V/I *vache* kalben
vélin [velɛ̃] M 1 *peau* Velin *n* 2 **~** *ou adjt* **papier** *m* **~** Velin(papier) *n*
véliplanchiste [veliplɑ̃ʃist] M/F (Wind)Surfer(in) *m(f)*
velléitaire [veleitɛʀ] ADJ entschlusslos; unentschlossen
velléité [veleite] F Anwandlung *f*; **il a des ~s de travail, de travailler** es bleibt bei s-n Vorsätzen zu arbeiten
vélo [velo] M (Fahr)Rad *n*; *suisse* Velo *n*; *action* Radfahren *n*; **~ tout terrain** *(abr* **VTT***)* Mountainbike *n*; **~ d'appartement** Hometrainer *ou* Heimtrainer *m*; **~ de course** Rennrad *n*; **aimer le ~** gern Rad fahren; **aller en** *ou* **à ~, être à** *ou* **en ~** *ou* **sur son ~, faire du ~, monter à** *ou* **en ~** mit dem Rad fahren; Rad fahren; *fam* radeln
véloce [velɔs] *litt* ADJ schnell
vélocipède [velɔsipɛd] M *autrefois* Veloziped *n*; **vélocité** *litt* F Schnelligkeit *f*; Gewandtheit *f*
vélocross [velokʀɔs] M BMX-Rad *n*; **vélodrome** [-dʀom] M Radrennbahn *f*; Velodrom *n*; **vélomoteur** M Moped *n*
vélomotoriste [velomɔtɔʀist] M/F Mopedfahrer(in) *m(f)*; **véloski** M Skibob *m*
velours [v(ə)luʀ] M 1 Samt *m*; Velours *m*; **~ côtelé** Kordsamt *m*; **pantalon** *m* **de, en ~** Samt- *ou* Kordsamthose *f*; *loc adj* **de ~** samten; *peau* samtig; wie Samt; *fig* sehr sanft; *fam fig* **ça va comme sur du ~** *fam* das läuft, geht ja wie am Schnürchen, wie geschmiert; *fig* **faire des yeux de ~** sanft blicken; Samtaugen machen; *fig* **il joue sur le ~** dabei riskiert er nichts; das ist e-e ganz sichere Sache; *fig* **marcher à pas de ~** auf leisen Sohlen schleichen 2 *des yeux* Samtglanz *m*; *de la pêche, peau* samtiges Aussehen; samtige Weiche
velouté [v(ə)lute] A ADJ 1 *peau, teint* samtig; samtweich; **pêche ~e** samtiger Pfirsich 2 CUIS *potage* legiert; sämig B M 1 Samtglanz *m*; samtiges Aussehen 2 CUIS **~ d'asperges, de tomates** Spargel-, Tomatencremesuppe *f*
velouter [v(ə)lute] V/T Samtglanz verleihen *(+dat)*; samtartig machen
velu [vəly] ADJ stark behaart; haarig
velum *ou* **vélum** [velɔm] M Sonnensegel *n*; Zeltdach *n*
venaison [vənɛzõ] F Wildbret *n* (von Schalenwild)
vénal [venal] ADJ ⟨-aux⟩ *péj personne* käuflich; bestechlich; HIST *charge* käuflich; **amour ~** käufliche Liebe; **vénalité** F Käuflichkeit *f*; Bestechlichkeit *f*
venant [v(ə)nɑ̃] LOC **à tout ~** *ou* **à tous ~s** dem ersten Besten; jedem; allen
Venceslas [vɛ̃sɛslas] M HIST Wenzel *m*; Wenzeslaus *m*
vendable [vɑ̃dabl] ADJ verkäuflich
vendange [vɑ̃dɑ̃ʒ] F 1 *action* Weinlese *f*; Traubenernte *f*; **les ~s** *ou* **le temps des ~s** die Zeit der Weinlese; **faire la ~, les ~s** Weinlese halten 2 *(raisin récolté)* geerntete, gelesene (Wein)Trauben *fpl*
vendangeoir [vɑ̃dɑ̃ʒwaʀ] M Traubenkorb *m*, -bütte *f*
vendanger [vɑ̃dɑ̃ʒe] ⟨-geons⟩ A V/T *raisin* ernten; *vigne* abernten B V/I Weinlese halten
vendangeur [vɑ̃dɑ̃ʒœʀ] M, **vendangeuse** F Weinleser(in) *m(f)*
Vendée [vɑ̃de] **la ~** *frz Departement*
vendéen [vɑ̃deɛ̃] A ADJ ⟨~ne⟩ (aus) der Vendée B SUBST **Vendéen(ne)** *m(f)* Bewohner(in) *m(f)* der Vendée
venderesse [vɑ̃dʀɛs] F JUR Verkäuferin *f*
vendetta [vɑ̃dɛ(t)ta] F Blutrache *f*; Vendetta *f*
vendeur [vɑ̃dœʀ] M, **vendeuse** F Verkäufer(in) *m(f)*; **~ de journaux** Zeitungsverkäufer *m*; **vendeuse de grand magasin** Verkäuferin in e-m Waren-, Kaufhaus; *adjt*: **pays ~** Verkäuferland *n*; *il voulait acheter ma maison, mais* **je ne suis pas ~** ich verkaufe (es) nicht
vendre [vɑ̃dʀ] ⟨→ rendre⟩ A V/T 1 verkaufen *(a. abs)*; veräußern; handeln mit; *marchandises a.* führen; **~ qc à qn** j-m *ou* an j-n etw verkaufen; **~ qc (à) mille euros** etw für tausend Euro ver-

kaufen; ~ **au comptant, au détail** gegen bar, im Kleinen *ou* en détail *ou* im Einzelhandel verkaufen; ~ **à la pièce, au poids** stückweise *ou* einzeln, nach Gewicht verkaufen; ~ **en gros** im Großen, en gros, im Großhandel verkaufen; **à** ~ *pancarte* zu verkaufen; **maison** *f* **à** ~ Haus, das zum Kauf angeboten wird *ou* das zu verkaufen ist; *dans une annonce* Haus zu verkaufen; **la publicité fait** ~ Werbung fördert den Verkauf, den Absatz **2** *fig: fille* ~ **ses charmes** sich, ihren Körper verkaufen; ~ **son silence** sich *(dat)* sein Stillschweigen bezahlen lassen; ~ **cher sa vie**, *fam* **sa peau** sein Leben, s-e Haut teuer verkaufen; sich tapfer s-r Haut wehren **3** *fig (dénoncer)* ~ **qn** j-n verraten, *complices a. fam* verpfeifen; **il vendrait ses père et mère** er geht über Leichen **4** *péj* Geschäfte machen mit; kommerziell ausbeuten, ausschlachten **B** *V/PR* **se** ~ **1** *sens passif* verkauft werden; sich verkaufen (lassen); Absatz finden; **se** ~ **bien, facilement** gut gehen; sich gut verkaufen (lassen); guten Absatz finden; **se** ~ **mal, difficilement** schlecht gehen; wenig Absatz finden; schwer zu verkaufen sein; **ne pas se** ~ *a.* nicht gehen; *écrivain, peintre* **X se vend bien** die Werke von X gehen gut, werden gut verkauft; X verkauft sich gut, geht gut **2** *sens réfléchi fig* sich kaufen, bestechen lassen; sich verkaufen (**à** an *+acc*)

vendredi [vɑ̃dʀədi] *M* Freitag *m*; **Vendredi saint** Karfreitag *m*; *loc adv* → jeudi; *prov* **tel qui rit ~, dimanche pleurera** man soll den Tag nicht vor dem Abend loben *(prov)*

vendu [vɑ̃dy] **A** *ADJ* **1** verkauft **2** *fig personne* bestochen **B** *M* Bestochene(r) *m*; *injure* Lump *m*

venelle [vənɛl] *litt F* Gässchen *n*

vénéneux [venenø] *ADJ* ⟨-euse⟩ *plantes* giftig; Gift...; **champignon** ~ Giftpilz *m*

vénérable [veneʀabl] *ADJ* *personne* ehrwürdig *(a. âge)*; verehrungswürdig; *institution* altehrwürdig

vénération [veneʀasjõ] *F* Verehrung *f* *(a.* REL*)*; Ehrfurcht *f*; **avoir de la ~ pour qn** j-n verehren; *personne* **il est l'objet d'une grande** ~ er wird sehr verehrt; man bringt ihm große Ehrfurcht, Verehrung entgegen

vénérer [veneʀe] *V/T* ⟨-è-⟩ verehren; ~ **qc** *a.* etw in Ehren halten; ~ **un mort** das Andenken e-s Toten ehren; *adjt* **maître vénéré** verehrter Meister

vénerie [vɛnʀi] *F* Hetzjagd *f*; Parforcejagd *f*

vénérien [veneʀjɛ̃] *ADJ* ⟨~ne⟩ MÉD **maladie ~ne** Geschlechtskrankheit *f*

Vénétie [venesi] GÉOG **la** ~ Venetien *n*

veneur [vənœʀ] *M* HIST **grand** ~ Oberjägermeister *m*

Venezuela [venezɥela] **le** ~ Venezuela *n*

vénézuélien [venezɥeljɛ̃] **A** *ADJ* ⟨~ne⟩ venezolanisch **B** *SUBST* **Vénézuélien(ne)** *m(f)* Venezolaner(in) *m(f)*

vengeance [vɑ̃ʒɑ̃s] *F* Rache *f*; Vergeltung *f*; **désir** *m*, **soif** *f* **de** ~ Rachsucht *f*; Rachedurst *m*; **par ~, dans un** *ou* **par esprit de** ~ aus Rache, Rachsucht; **crier, demander** ~ nach Rache schreien; **exercer sa ~ sur qn** an j-m Rache üben; **méditer une** ~ auf Rache *(acc)* sinnen; **tirer ~ de qn, de qc** an j-m, für etw Rache nehmen; sich an j-m, für etw rächen; *prov* **la ~ est un plat qui se mange froid** Rache muss man kalt genießen

venger [vɑ̃ʒe] ⟨-geons⟩ **A** *V/T* *personne, insulte etc* rächen; ~ **qn d'un affront** j-n für e-e Beleidigung rächen **B** *V/PR* **se** ~ sich rächen (**de qn** an j-m; **de qc** für etw; **par** mit); **se ~ de qc sur qn** sich an j-m für etw rächen; **je me vengerai!** ich werde mich (dafür) rächen!

vengeur [vɑ̃ʒœʀ], **vengeresse** [vɑ̃ʒʀɛs] **A** *M,F* Rächer(in) *m(f)* **B** *ADJ* rächend; Rache...

véniel [venjɛl] *ADJ* ⟨~le⟩ REL CATH *péché* lässlich; *litt faute* verzeihlich

venimeux [v(ə)nimø] *ADJ* ⟨-euse⟩ **1** *animaux* giftig; Gift...; **araignée venimeuse** giftige Spinne; **morsure venimeuse** giftiger Biss; **serpent** ~ Giftschlange *f* **2** *fig personne, remarques etc* giftig; boshaft; bösartig

venin [v(ə)nɛ̃] *M* **1** *d'animaux* Gift *n*; ~ **de serpent** Schlangengift *n* **2** *fig* Gift *n*; Bosheit *f*; **cracher son** ~ sein Gift verspritzen; Gift und Galle speien, spucken

venir [v(ə)niʀ] ⟨je viens, il vient, nous venons, ils viennent; je venais; je vins, nous vînmes; je viendrai; que je vienne, que nous venions; venant; être venu⟩ **A** *V/I* **1** kommen; herkommen; *expressions:* **a** *seul: fam* **alors ça vient, ce café?** kommt der Kaffee endlich?; **quand la guerre est venue** als der Krieg kam, begann; **ton tour viendra** du kommst schon noch dran, an die Reihe **b** *avec adv:* **viens ici!** komm her!; **ne pas** ~ nicht kommen; *réussite etc* ausbleiben; **les idées ne viennent pas** mir *ou* ihm *etc* fällt nichts ein; *fam* **ça ne vient pas vite** das dauert aber lang; **la nuit vient vite** *en cette saison* es wird früh dunkel; **y** ~ darauf zu sprechen kommen; *menace fam* **viens-y pour voir!** komm nur (her)! Ich werd's dir schon zeigen!; **il faudra bien y** ~ einmal muss man sich dazu durchringen **c** *avec prép:* ~ **à qn** zu j-m kommen; *idée* j-m kommen; ~ **à l'esprit, à l'idée à qn** j-m einfallen; *mot* ~ **aux lèvres à qn** j-m über die Lippen kommen; *fig* ~ **à maturité** (heran)reifen; ~ **au monde** auf die Welt, zur Welt kommen; ~ **aux nouvelles** kommen, um Neues, Neuigkeiten zu erfahren; *larmes* ~ **aux yeux** in die Augen treten; ~ **après qn, qc** auf j-n, etw folgen; nach j-m, etw kommen; *sur une liste* nach etw stehen; ~ **au-devant de qn** j-m entgegenkommen; **venez avec moi** kommen, gehen Sie mit mir (mit); ~ **chez qn** zu j-m kommen; ~ **de** kommen von, aus; ~ **d'Allemagne** aus, von Deutschland kommen; *vent* ~ **du nord** von Norden kommen, wehen; **venant de sa part, cela ne m'étonne pas** bei ihm wundert mich das nicht; **d'où vient-il?** woher, von wo kommt er?; wo kommt er her?; ~ **de** *par ext* (her)kommen von; herrühren von; stammen von, aus; **de là vient que ...** daher kommt es, dass ...; daher ...; **d'où vient que** *personne ne s'en soit aperçu?* wie kommt es, woran liegt es, dass ...?; **d'où me vient cet honneur?** wie komme ich zu der Ehre?; **il vient d'***une famille très riche* er kommt, stammt aus ...; *mot* ~ **du grec** aus dem Griechischen kommen; *sa fortune* **lui vient de son oncle** hat er von s-m Onkel (geerbt); *nouvelle* ~ **d'une source autorisée** aus maßgeblicher Quelle stammen; ~ **de ce que ...** daran liegen *ou* daher kommen, dass ...; *cette impression* **vient de ce que, du fait que ...** entsteht dadurch, dass ...; ~ **en courant** angelaufen kommen; **tout vient en son temps** alles (kommt) zu s-r Zeit; ~ **en voiture** mit dem Wagen kommen; *les voitures* **ne peuvent ~ jusqu'ici** können, dürfen nicht bis hierher fahren; *rumeur* ~ **jusqu'à qn** bis zu j-m dringen; ~ **par le train** mit dem Zug kommen; **viens près de moi** komm zu mir; setz *ou* stell dich neben mich **d** **en ~ à qc** zu etw kommen; **avant d'en ~ à cette extrémité** bevor ich (wir) zu diesem äußersten Mittel greife(n); **(en) ~ au fait** zur Sache kommen; **en ~ aux injures** sich zu Beleidigungen hinreißen lassen; **en ~ aux mains, aux coups** handgemein werden; **(en) ~ à une question** auf e-e Frage zu sprechen kommen; ♦ **en ~ là: c'est là que je voulais en** ~ genau, gerade darauf wollte ich hinaus; **comment en est-on venu là?** wie konnte es so weit kommen?; **il faudra en ~ là** es wird sich nicht (mehr) vermeiden lassen; **il vaudrait mieux ne pas en ~ là** es wäre besser, wenn es nicht so weit käme; so weit sollte man es nicht kommen lassen **e** *avec des verbes:* **il va** ~ er wird (gleich) kommen; **je ne t'ai pas demandé de** ~ ich habe dich nicht gerufen; **faire ~ qn** j-n kommen lassen; j-n rufen; **faire ~ qc** sich *(dat)* etw kommen lassen; etw bestellen; etw beziehen; *fam la lumière* **fait ~ les moustiques** zieht die Mücken an; **laisser ~ (les événements), voir** ~ (zunächst einmal) abwarten; die Dinge auf sich *(acc)* zukommen lassen; *fig:* **je l'ai vu** ~ ich habe es kommen sehen; **je la vois** ~ ich merke schon, worauf sie hinauswill **f** *adjt:* **à ~, qui vient** *ou* **viennent** (zu)künftige(r, -s); kommende(r, -s); **les générations à** ~ die kommenden, künftigen Generationen **2** *(atteindre)* gehen, reichen (**à, jusqu'à** bis); **il me vient à l'épaule** er reicht mir bis zur Schulter **3** *(se développer)* ~ **bien, mal** *plante* gut, schlecht gedeihen, wachsen; *photo* gut, schlecht kommen **4** *(apparaître)* **des rougeurs lui sont venues sur tout le corps** er bekam am ganzen Körper rote Flecken; *impersonnel* **il lui vient des boutons sur le visage** er bekommt Pickel im Gesicht **B** *V/AUX* *avec inf* **a** ~ **aider qn** j-m helfen (kommen); **il est venu s'asseoir près de nous** er setzte sich neben uns; ~ **chercher qn, qc** j-n, etw abholen; etw holen; **il est venu me demander conseil** er ist zu mir um Rat gekommen; **il est venu nous dire ...** er kam, um uns zu sagen ...; er kam und sagte uns ...; ~ **trouver qn** j-n aufsuchen; bei j-m vorsprechen; zu j-m kommen; ~ **voir qn** j-n besuchen; *pour montrer qc* **viens voir!** komm mal her!; da, schau mal!; ~ **voir si ...** nachsehen, ob ... **b** ~ **à** *(+inf)*: **s'il venait à disparaître** sollte er sterben; **si cela venait à se faire** sollte es dazu kommen; falls es dazu kommen sollte; *l'argent* **vint à nous manquer** ging uns aus; ♦ **en ~ à** *(+inf)* allmählich beginnen zu *(+inf)*; so weit kommen, dass ...; **j'en suis venu à croire que ...** ich bin zu der Überzeugung gekommen, dass ... **c** ~ **de faire qc** etw gerade, (so)eben getan haben; **je viens de manger** *a.* ich komme gerade vom Essen; *livre* **vient de paraître** soeben erschienen **C** *V/IMP*: **il vient beaucoup de touristes ici** es kommen viele Touristen hierher; **il me vint l'envie de** *(+inf)* ich hätte am liebsten *(+pp)*; ich bekam große Lust zu *(+inf)*

Venise [vəniz] Venedig *n*

vénitien [venisjɛ̃] **A** *ADJ* ⟨~ne⟩ venezianisch; **blond** ~ rötliches Blond **B** *SUBST* **Vénitien(ne)** *m(f)* Venezianer(in) *m(f)*

vent [vɑ̃] *M* **1** Wind *m*; CH Witterung *f*; *iron* **bon ~!** geh mit Gott, aber geh!; ~ **contraire** Gegenwind *m*; ~ **du large** Seewind *m*; ~ **du nord** Nordwind *m*; ~ **de sable** Sandsturm *m*; MAR **côté** *m* **du** ~ Luv(seite) *f*; Windseite *f*; **coup** *m* **de** ~ Windstoß *m*; MAR Sturm *m*; *fig:* **elle est coiffée en coup de** ~ ihr Haar ist zerzaust, wirr; **entrer en coup de** ~ wie ein Wirbelwind hereingefegt kommen, hereinstürzen; **il est passé en coup de** ~ er war nur auf e-n Sprung da; **direction** *f*, **force** *f* **du** ~ Windrichtung *f*, -stärke *f*; **les îles** *fpl* **du Vent** die Inseln *fpl* über dem Winde; ♦ *loc adj et loc adv:* **au** ~ im Wind(e); MAR in Luv; **(les) cheveux au** ~ mit wehenden, flatternden Haaren; **flotter au** ~ im Wind(e) flattern, wehen; MAR **flotter au (gré du)** ~ im Wind(e) treiben; **à l'abri du** ~ windgeschützt; im Windschatten; **aller comme le ~** wie der Wind laufen; *fig* **contre ~s et marées** allen Widerständen, Hindernissen zum Trotz; **marcher contre le ~** sich gegen den Wind stemmen; *maison, arbre* **en plein ~** völlig frei stehend; ungeschützt stehend; **par un jour de grand ~** an e-m stürmischen Tag; MAR **sous le ~** in Lee; im Windschatten; ♦ *fig* **quel bon ~ vous amène?** welchem glücklichen Umstand verdanke ich Ihren Besuch?; **il y a, il fait du ~** es ist windig; es geht Wind; **il n'y a pas de ~** es ist windstill; **il n'y a pas un souffle,** *fam* **un brin de ~** es weht kein Lüftchen; *fam fig ivrogne* **avoir du ~ dans les voiles** schwanken; *fam* Schlagseite haben; *fig* **avoir ~ de qc** von etw Wind bekommen; MAR **avoir le ~ arrière, en poupe** vor dem Wind segeln; *fig* **il a le ~ en poupe** *ou* **dans le dos** er hat Glück, e-e Glückssträhne; *fig* **ils (se) sont dispersés aux quatre ~s** sie sind in alle Winde zerstreut; *Mitchell* **Autant en emporte le ~** Vom Winde verweht; **cette maison est ouverte à tous (les) ~s, aux quatre ~s** in diesem Haus zieht es von allen Seiten; **le ~ se lève** es kommt Wind auf; *fig* **observer d'où vient le ~** die Lage sondieren; *prov* **qui sème le ~ récolte la tempête** wer Wind sät, wird Sturm ernten *(prov)* 2 *fig (tendance)* Tendenz *f*; Neigung *f*; **un ~ de panique souffla sur l'assemblée** in der Versammlung brach e-e Panik aus 3 PHYSIOL (Darm)Wind *m*; **lâcher un ~** e-n Wind abgehen lassen 4 LOC ADJ **être dans le ~** *chose* in sein; zeitgemäß, aktuell sein; (die) neueste Mode, der letzte Schrei sein; *personne* in sein; modern sein; mit der Zeit gehen 5 *fig* **c'est du ~** das sind leere Versprechungen; das ist leeres Gerede 6 MUS **instrument** *m* **à ~** Blasinstrument *n* 7 ASTRON **~ solaire** Sonnenwind *m*

vente [vɑ̃t] F Verkauf *m*; Vertrieb *m*; Absatz *m*; *par ext (affaire)* Geschäft *n*; JUR *a.* Kauf *m*; **~ exclusive** Alleinverkauf *m*, -vertrieb *m*; **en ~ exclusive dans les pharmacies** nur in Apotheken erhältlich; **~ publique (aux enchères)** öffentliche Versteigerung; **~ au comptant** Barverkauf *m*; BOURSE Kassageschäft *n*; **~ au détail** Einzel-, Kleinverkauf *m*; **~ à domicile** Hausierhandel *m*; **~ aux enchères** Versteigerung *f*; Auktion *f*; **~ à tempérament** Raten-, Teilzahlungskauf *m*; **~ de charité** Wohltätigkeitsbasar *m*, -verkauf *m*; **~ en gros** Großvertrieb *m*; **~ par correspondance** Versandhandel *m*, -geschäft *n*; **maison** *f* **de ~ par correspondance** Versandfirma *f*, -geschäft *n*; **chef** *m* **de(s) ~(s)** Verkaufsleiter *m*; JUR **contrat** *m* **de ~** Kaufvertrag *m*; **hôtel** *m* *ou* **salle** *f* **des ~s** Versteigerungs-, Auktionsgebäude *n*; **point** *m* **de ~** Verkaufsstelle *f*; **possibilités** *fpl* **de ~** Absatzmöglichkeiten *fpl*; **prix** *m* **de ~** Verkaufspreis *m*; COMM *a.* Ladenpreis *m*; **service** *m* **des ~s** Verkaufsabteilung *f*; *loc adj* **en ~** erhältlich (**chez, dans** bei, in *+dat*); **en ~ libre** frei verkäuflich; *médicament* rezeptfrei; **être en ~** verkauft werden; erhältlich, zu haben sein; **mettre en ~** zum Verkauf bringen, anbieten; **avoir un pourcentage sur les ~s** Prozente für getätigte Verkäufe erhalten; **courir les ~s** häufig bei Versteigerungen sein; **la ~ du tabac se fait uniquement dans** … Tabak(waren) wird (werden) nur in … verkauft; **la ~ marche bien, mal** das Geschäft geht gut, schlecht; der Absatz ist gut, flau

venté [vɑ̃te] ADJ windig; **venteau** M ⟨*pl* ~x⟩ *d'un soufflet* Klappenventil *n*

venter [vɑ̃te] V/IMP **il vente** es ist windig; es windet; **qu'il pleuve ou qu'il vente** bei Wind und Wetter

venteux [vɑ̃tø] ADJ ⟨-euse⟩ windig

ventilateur [vɑ̃tilatœʀ] M Ventilator *m*; TECH *d'un moteur* Gebläse *n*

ventilation [vɑ̃tilasjõ] F 1 *d'une salle etc* Belüftung *f*; Ventilation *f*; PHYSIOL **~ pulmonaire** Ventilation der Lunge 2 JUR, FIN *et par ext* Verteilung *f*; Aufschlüsselung *f*

ventiler [vɑ̃tile] V/T 1 *(aérer)* belüften 2 *(répartir)* verteilen; aufschlüsseln

ventilo [vɑ̃tilo] M *fam* ABR → **ventilateur**

ventouse [vɑ̃tuz] F 1 Saugnapf *m* (*a.* ZOOL); Sauger *m*; **faire ~** sich festsaugen; **poser des ~s à qn** j-m Schröpfköpfe aufsetzen 2 ADJT *fam* **voiture** *f* **~** Dauerparker *m* 3 MÉD Schröpfkopf *m*

ventral [vɑ̃tʀal] ADJ ⟨-aux⟩ Bauch…; **parachute ~** Brust-, Ersatzfallschirm *m*

ventre [vɑ̃tʀ] M 1 ANAT Bauch *m*; Leib *m*; **bas ~** Unterleib *m*; **gros ~** dicker Bauch; *fam* Schmer-, Bierbauch *m*; **mal** *m* **au ~** Bauchweh *n*; *fig* **ça me ferait mal au ~** das ginge mir sehr gegen den Strich; *loc adv*: **à plat ~** bäuchlings; auf dem *ou* den Bauch; **être allongé à plat ~** auf dem Bauch liegen; **se coucher, se mettre à plat ~** sich (flach) auf den Bauch legen; *fig* **se mettre, être à plat ~ devant qn** vor j-m kriechen; **tomber à plat ~** bäuchlings hinfallen; auf den Bauch fallen; **~ à terre** in gestrecktem Galopp; *personne* **courir ~ à terre** dahinjagen, -rasen, -sausen; **avoir du ~** e-n Bauch haben; **j'ai le ~ creux** ich habe e-n leeren Magen; mir knurrt der Magen; **avoir le ~ plein** satt sein; **avoir le ~ plat** e-n flachen Bauch haben; *fig* **il n'a rien dans le ~** *fam* er ist ein Schlappschwanz; *chercher à savoir* **ce que qn a dans le ~** was an j-m dran ist | welche Absichten j-d hat; **donner, (re)mettre du cœur au ~ à qn** j-m Mut, Auftrieb geben; **dormir sur le ~** auf dem Bauch schlafen; *fig* **marcher, passer sur le ~ de qn** j-n an die Wand drücken; **prendre du ~** e-n Bauch ansetzen, bekommen; **se remplir le ~** sich satt essen; **rentrer le ~** den Bauch einziehen; *prov* **~ affamé n'a point d'oreilles** e-m hungrigen Magen ist schlecht predigen *(prov)* 2 *d'une cruche, d'un bateau* Bauch *m*; AVIAT **atterrissage** *m* **sur le ~** Bauchlandung *f*

ventrebleu [vɑ̃tʀəblø] *ou* **ventre-saint-gris** [vɑ̃tʀəsɛ̃gʀi] INT *litt* potz Blitz!; potztausend!

ventriculaire [vɑ̃tʀikylɛʀ] ADJ ANAT Ventrikel…

ventricule [vɑ̃tʀikyl] M ANAT **~ (du cœur)** Herzkammer *f*

ventrière [vɑ̃tʀijɛʀ] F *d'un cheval* Bauchgurt *m*

ventriloque [vɑ̃tʀilɔk] M/F Bauchredner(in) *m(f)*; *adjt* **il est ~** er kann bauchreden

ventriloquie [vɑ̃tʀilɔki] F Bauchreden *n*, -redekunst *f*

ventripotent [vɑ̃tʀipɔtɑ̃] ADJ dickbäuchig

ventru [vɑ̃tʀy] ADJ *personne* dickbäuchig; mit dickem Bauch; *choses* bauchig

venu [v(ə)ny] A PP → venir *et* ADJ 1 **il est mal ~ de** *(+inf)* er hat keinerlei Ursache zu *(+inf)*; er ist keineswegs berechtigt zu *(+inf)*; *impersonnel* **il serait mal ~ de** *(+inf)* es wäre (jetzt) völlig verkehrt zu *(+inf)* 2 **bien ~** gut gelungen B SUBST **nouveau ~** Neuangekommene(r) *m*; (Neu)Hinzugekommene(r) *m*; Neuankömmling *m*; **le premier ~, la première ~e** der, die erste Beste; der, die Erstbeste

venue [v(ə)ny] F 1 Kommen *n*; Ankunft *f* 2 BOT **d'une belle ~** von schönem Wuchs

Vénus [venys] F 1 ASTRON **~** (die) Venus 2 MYTH Venus *f* 3 *fig* **vénus** *(belle femme)* Schönheit *f* 4 ZOOL **vénus** Venusmuschel *f*

vénusien [venyzjɛ̃] ADJ ⟨~ne⟩ ASTRON Venus…; der Venus

vêpres [vɛpʀ] FPL ÉGL CATH Vesper *f*; Vespergottesdienst *m*

ver [vɛʀ] M ZOOL Wurm *m*; *(asticot)* Made *f*; **~ blanc** Engerling *m*; **~ luisant** Glühwürmchen *n*; Leuchtkäfer *m*; **~ solitaire** Bandwurm *m*; **~ à soie** Seidenraupe *f*; **~ du fromage** Käsemade *f*; **~ de terre** Regenwurm *m*; *bois, fruit* **mangé aux ~s** wurmstichig; **avoir des ~s** Würmer haben; **être nu comme un ~** splitter(faser)nackt sein; *fig* **tirer les ~s du nez à qn** j-m die Würmer aus der Nase ziehen; *fig* **se tortiller, se tordre comme un ~** sich winden und krümmen; *fig* **tuer le ~** e-n Schnaps vor dem *ou* zum Frühstück trinken

véracité [veʀasite] F Wahrheit *f*; Wahrheitsgehalt *m*; Richtigkeit *f*

véranda [veʀɑ̃da] F (Glas)Veranda *f*

verbal [vɛʀbal] ADJ ⟨-aux⟩ 1 *(de vive voix)* mündlich; verbal; DIPL **note ~e** Verbalnote *f*; **violence ~e** Heftigkeit *f* der Worte, des Ausdrucks 2 *péj* **promesses purement, toutes ~es** leere, rein verbale Versprechungen *fpl* 3 LING Verb…; Verbal…; verbal; **adjectif ~** Verbaladjektiv *n*; **locution ~e** verbale Wendung

verbalement [vɛʀbalmɑ̃] ADV mündlich

verbalisation [vɛʀbalizasjõ] F 1 *par la police* gebührenpflichtige Verwarnung; JUR Protokollaufnahme *f* 2 PSYCH In-Worte-Fassen *n*;

verbaliser A V/T PSYCH in Worte fassen; sprachlich, mit Worten ausdrücken B V/I *agent de police* gebührenpflichtig verwarnen (**contre qn** j-n); JUR ein Protokoll aufnehmen

verbalisme [vɛʀbalism] M *péj* Neigung *f* zum Wortemachen

verbe [vɛʀb] M 1 GRAM Verb(um) *n*; Zeit-, Tätigkeitswort *n*; **~ (ir)régulier** (un)regelmäßiges Verb 2 REL **le Verbe** das Wort 3 **avoir le ~ °haut** das große Wort führen 4 *litt (langage)* Wort *n*; Sprache *f*

verbeux [vɛʀbø] ADJ ⟨-euse⟩ *péj discours etc* wortreich; langatmig; weitschweifig (*a. orateur*); *personne a.* redselig

verbiage [vɛʀbjaʒ] M leeres Gerede, Geschwätz

verbosité [vɛʀbozite] F Weitschweifigkeit *f*; Langatmigkeit *f*; *d'une personne a.* Redseligkeit *f*

Verceil [vɛʀsɛj] GÉOG Vercelli *n*

Vercingétorix [vɛʀsɛ̃ʒetɔʀiks] M HIST Vercingetorix *m*

Vercors [vɛʀkɔʀ] **le ~** *Gebirgszug in den frz Voralpen*

verdâtre [vɛʀdɑtʀ] ADJ grünlich; *teint a.* fahl; aschgrau

verdeur [vɛʀdœʀ] F 1 **~ (de langage)** Deftigkeit *f* 2 *d'une personne* Rüstigkeit *f*; (volle) Schaffenskraft 3 *d'un vin* Herbheit *f*; Säure *f*

verdict [vɛʀdikt] M 1 JUR (Urteils)Spruch *m* der Geschworenen; **~ négatif** *ou* **d'acquittement** Freispruch *m*; **~ positif** *ou* **de culpabilité** Schuldspruch *m*; **rendre le ~** den (Urteils)Spruch fällen 2 *par ext* (hartes) Urteil; Verdikt *n*; Entscheidung *f*

verdier [vɛʀdje] M ZOOL Grünfink *m*

verdir [vɛʀdiʀ] A V/T grün färben B V/I grün werden; *de peur* blass, bleich werden; *arbres a.* (er)grünen

verdoré [vɛʀdɔʀe] *litt* ADJ goldgrün

verdoyant [vɛʀdwajɑ̃] ADJ (satt)grün; **verdoyer** V/I ⟨-oi-⟩ grünen

Verdun [vɛʀdɛ̃, -dœ̃] *Stadt im Dep. Meuse*

verdunisation [vɛʀdynizasjõ] F → javellisation

verdure [vɛʀdyʀ] F 1 Grün *n*; **tapis** *m* **de ~** (grüner) Rasenteppich; **dans la ~** im Grünen; **en pleine ~** mitten im Grünen 2 CUIS *fam* Grünzeug *n*

véreux [veʀø] ADJ ⟨-euse⟩ 1 *fruit* wurmig;

wurmstichig 2 *fig affaire* anrüchig; zweifelhaft; faul; **homme d'affaires ~** unredlicher, anrüchiger Geschäftsmann

verge [vɛʀʒ] F 1 ANAT männliches Glied 2 *(baguette)* Rute f; Gerte f

vergé [vɛʀʒe] ADJ **papier ~** Papier n mit Wasserzeichen aus parallelen Linien

verger [vɛʀʒe] M Obstgarten m

vergetures [vɛʀʒətyʀ] FPL PHYSIOL weiße Streifen mpl; Schwangerschaftsstreifen mpl

verglaçant [vɛʀglasɑ̃] ADJ **pluie ~e** gefrierender Regen; Eisregen m

verglacé [vɛʀglase] ADJ *route* mit Glatteis bedeckt; vereist

verglas [vɛʀgla, -glɑ] M Glatteis n

vergogne [vɛʀgɔɲ] F LOC ADJ *et* LOC ADV **sans ~** unverschämt; schamlos

vergue [vɛʀg] F MAR Rah(e) f

Verhaeren [vɛʀaʀɛn] **Émile ~** *belgischer Dichter*

véridique [veʀidik] ADJ 1 *récit, témoignage* wahrheitsgemäß, -getreu 2 *st/s témoin* glaubwürdig

vérifiable [veʀifjabl] ADJ nachprüfbar; beweisbar

vérificateur [veʀifikatœʀ] M, **vérificatrice** F Prüfer(in) m(f); Kontrolleur(in) m(f)

vérificatif [veʀifikatif] ADJ ⟨-ive⟩ Prüf…

vérification [veʀifikasjɔ̃] F 1 *(contrôle)* Prüfung f; Überprüfung f; Kontrolle f; Nachprüfen n, -ung f; **~ de(s) comptes** Buch- *ou* Rechnungsprüfung f; JUR **~ d'écritures** Schriftvergleich(ung) m(f); **~ d'identité** Überprüfung der Personalien; *loc adv* **~ faite,** *on peut affirmer que* nach erfolgter Nach-, Überprüfung …; **soumettre qc à une ~, des ~s** etw überprüfen, nachprüfen, kontrollieren 2 *(confirmation)* Bestätigung f der, *(preuve)* Beweis m für die Richtigkeit

vérifier [veʀifje] A V/T 1 *(contrôler)* (nach)kontrollieren; nachsehen *(a. abs)*; *témoignage, nouvelle etc* überprüfen; nachprüfen; verifizieren; *comptes* prüfen; durchsehen; *monnaie* nachzählen; *freins etc* prüfen; nachsehen; **~ une adresse sur son agenda** e-e Adresse in s-m Notizbuch nachsehen; **~ un calcul** nachrechnen; **~ l'identité de qn** j-s Personalien überprüfen; **~ le poids de qc** etw nachwiegen 2 *(confirmer)* bestätigen; *(prouver)* beweisen B V/PR **se ~** sich bestätigen

vérin [veʀɛ̃] M TECH (Schrauben)Winde f

vérisme [veʀism] M ART Verismus m; **vériste** ART A ADJ veristisch B M/F Verist(in) m(f)

véritable [veʀitabl] ADJ richtig; wirklich; wahr; tatsächlich; regelrecht; *or, perles etc* echt; *amour, bonheur* wahr; echt; **un ~ ami** ein wirklicher, echter, wahrer Freund; **une ~ canaille** ein richtiger, regelrechter Schuft; **sous son nom ~** unter s-m richtigen Namen; **c'est une ~ folie** das ist heller, reiner Wahnsinn

véritablement [veʀitabləmɑ̃] ADV wirklich; tatsächlich

vérité [veʀite] F 1 Wahrheit f *(a.* REL *et* PHIL*)*; Richtigkeit f; **~ première, ~ de La Palice** *ou* **Palisse** Binsenweisheit f, -wahrheit f; **accent** m **de ~** glaubhafter Ton; **amour** m **de la ~** Wahrheitsliebe f; **(quart** m **d')heure** f, **minute** f **de, moment** m **de ~** Stunde f der Wahrheit; *loc adj* **conforme à la ~** wahrheitsgemäß; der Wahrheit entsprechend; *loc adv*: **à la ~** allerdings; **en ~** in der Tat; tatsächlich; wahrhaftig; wahrlich *(a.* BIBL*)*; **je vous dois la ~** ich muss Ihnen die Wahrheit sagen; **dire (toute) la ~ sur qc** die (ganze) Wahrheit über etw *(acc)* sagen; **dire la ~ à qn** j-m die Wahrheit sagen; j-m reinen Wein einschenken; JUR **jurer « de dire la ~, toute la ~, rien que la ~ »** schwören, „die Wahrheit, die ganze Wahrheit und nichts als die Wahrheit zu sagen"; JUR *aujourd'hui quand on prête serment* schwören, „die Wahrheit zu sagen, nichts hinzuzufügen und nichts zu verschweigen"; **dire à qn ses (quatre) ~s** j-m gründlich die, s-e Meinung sagen; **c'est la ~** das ist wahr, die Wahrheit; **c'est l'entière, la pure ~** das ist die ganze, reine Wahrheit; **c'est au-dessous de la ~** das bleibt hinter der Wirklichkeit zurück; **étude faite avec un grand souci de ~** Studie, die sehr um e-e wahrheitsgemäße Darstellung bemüht ist; *prov*: **il n'y a que la ~ qui blesse** die Wahrheit ist am schwersten zu ertragen; **toute ~ n'est pas bonne à dire** es ist nicht immer gut, die Wahrheit zu sagen; **la ~ sort de la bouche des enfants** Kinder und Narren sagen die Wahrheit *(prov)* 2 *d'un personnage de roman etc* Glaubwürdigkeit f; Lebensechtheit f 3 *d'un portrait* Ähnlichkeit f; *loc adj* **d'une grande ~** sehr naturgetreu, gut getroffen

verjus [vɛʀʒy] M Saft m von unreifen *ou* sauren Trauben

Verkhoïansk [vɛʀkɔjɑ̃sk] GÉOG Werchojansk n

verlan [vɛʀlɑ̃] M Argot, der auf Silbenvertauschung beruht *(„verlan" statt „l'envers", „laisse béton" statt „laisse tomber" etc)*

Vermeer de Delft [vɛʀmɛʀdədɛlft] M PEINT Vermeer van Delft m

vermeil [vɛʀmɛj] A ADJ ⟨~le⟩ *teint* rot; **bouche ~le** Kirschenmund m; **lèvres ~les** Purpurlippen fpl B M (feuer)vergoldetes Silber; Vermeil n

vermeille [vɛʀmɛj] F MINÉR Vermeille f

vermicelle [vɛʀmisɛl] M Fadennudeln fpl; **potage** m **au ~** Nudelsuppe f

vermiculaire [vɛʀmikylɛʀ] ADJ ANAT **appendice** m **~** Wurmfortsatz m

vermifuge [vɛʀmifyʒ] ADJ *et* SUBST M PHARM **(remède** m**) ~** Wurmmittel n

vermillon [vɛʀmijɔ̃] A M 1 CHIM Zinnober m 2 *couleur* Zinnoberrot n B ADJ ⟨inv⟩ zinnoberrot

vermine [vɛʀmin] F 1 Ungeziefer n; **couvert de ~** voller Ungeziefer 2 *fig* a *coll* Gesindel n; Geschmeiß n b *individu* Lump m

vermisseau [vɛʀmiso] M ⟨pl ~x⟩ ZOOL Würmchen n

vermoulu [vɛʀmuly] ADJ *bois* wurmstichig; **vermoulure** F Wurmstich m, -fraß m

vermout [vɛʀmut] M Wermut(wein) m

vernaculaire [vɛʀnakylɛʀ] ADJ **langue** f **~** einheimische Sprache; Regionalsprache f

vernal [vɛʀnal] ADJ ⟨-aux⟩ 1 ASTRON **point ~** Frühlings-, Widderpunkt m 2 *litt* Frühlings…

verni [vɛʀni] ADJ 1 lackiert; Lack…; **bois ~** lackiertes Holz; **chaussures ~es** Lackschuhe mpl 2 *poterie* glasiert 3 *fam fig* **ce qu'il est ~!** *ou subst* **c'est un petit ~** *fam* er ist ein Glückspilz; hat d e r Schwein!

vernier [vɛʀnje] M TECH Nonius m

vernir [vɛʀniʀ] V/T *bois etc* lackieren; *tableau* firnissen

vernis [vɛʀni] M 1 Lack m; *pour tableaux* Firnis m; *pour meubles a.* Politur f; *pour poteries* Glasur f; **~ à ongles** Nagellack m; **enduire de ~** lackieren; firnissen; **se mettre du ~ (à ongles)** sich *(dat)* die Nägel lackieren 2 *(brillant)* Lackglanz m 3 *fig* **il n'a qu'un ~ de culture** s-e Bildung ist nur Firnis, oberflächlich; **quand on a gratté le ~,** *il ne reste plus rien* wenn man etwas tiefer bohrt, nachfühlt, …

vernissage [vɛʀnisaʒ] M 1 Lackieren n; Glasieren n; Firnissen n 2 *(réception)* Vernissage f; Eröffnung f e-r Ausstellung in privatem Kreis

vernissé [vɛʀnise] ADJ 1 *poterie* glasiert 2 BOT, ZOOL glänzend; **vernisser** V/T *poterie* glasieren; **vernisseur** M Lackierer m

vérole [veʀɔl] F MÉD a **petite ~** Blattern pl; Pocken pl b *fam (syphilis)* Syphilis f

vérolé [veʀɔle] ADJ a pockenkrank b *fam (syphilitique)* syphilitisch

véronal® [veʀɔnal] M PHARM Veronal® n

Vérone [veʀɔn] GÉOG Verona n

Véronèse [veʀɔnɛz] M PEINT Veronese m

Véronique [veʀɔnik] F *Vorname*

véronique [veʀɔnik] F BOT Ehrenpreis m; Veronika f

verrai [vɛʀe] → voir

verrat [vɛʀa] M ZOOL (Zucht)Eber m

verre [vɛʀ] M 1 *matière* Glas n; **~ armé, blanc, organique, plat** Draht-, Weiß-, Acryl-, Flachglas n; **~ à vitre(s), de sécurité** Fenster-, Sicherheitsglas n; **industrie** f **du ~** Glasindustrie f; *loc adj* **de** *ou* **en ~** gläsern; Glas…; aus Glas; **se briser, se casser comme du ~** zerbrechlich wie Glas sein 2 *objet* Glas n; **~s** *pl (lunettes)* (Augen)Gläser npl; **~ grossissant** Vergrößerungsglas n; **~ à double foyer, à puissance progressive** Bifokal-, Panfokalglas n; **~s de contact** Kontaktlinsen fpl; Haftschalen fpl; **~ de lampe** Lampenzylinder m, -glas n; *fig* **souple comme un ~ de lampe** ungelenkig, steif wie ein Brett; **~s de lunettes** Brillengläser npl; **~ de montre** Uhrglas n; **porter des ~s fumés, teintés** e-e dunkle, getönte Brille tragen 3 *récipient* (Trink)Glas n; **~ à eau, à bière** Wasser-, Bierglas n; **~ à boire** Trinkglas n; **~ à dents** Zahnputzglas n, -becher m; **~ à liqueur, à moutarde, à pied, à vin** Likör-, Senf-, Stiel-, Weinglas n; **service** m **de ~s** Garnitur f Gläser; **vider son ~** sein Glas leeren, austrinken; *prov* **qui casse les ~s les paie** wer den Schaden anrichtet, muss dafür aufkommen 4 *contenu* Glas n (Wein, Bier); **petit ~** Gläschen n (Schnaps); **~ d'eau** Glas Wasser; *fig* **se noyer dans un ~ d'eau** bei der geringsten Schwierigkeit versagen, sich *(dat)* nicht zu helfen wissen; *fig* **avoir un ~ dans le nez** zu tief ins Glas geguckt haben; **offrir, payer un ~ à qn** j-n zu e-m Gläschen (Schnaps), zu e-m Glas Bier, Wein einladen; **vous prendrez bien un petit ~?** darf ich Ihnen ein Gläschen anbieten?

verrerie [vɛʀʀi] F a *usine* Glasfabrik f, -hütte f b *fabrication* Glasherstellung f c *commerce* Glaswarenhandel m d *objets* Glasware(n) f(pl)

verrier [vɛʀje] M *ou* ADJT a **(ouvrier** m**) ~** Glasmacher m b **peintre** m **~** Glasmaler m

verrière [vɛʀjɛʀ] F a *(vitrage)* Glaswand f *ou* -dach n b *(vitrail)* großes Kirchenfenster

verroterie [vɛʀɔtʀi] F Glasperlen fpl; Glasschmuck m

verrou [vɛʀu] M 1 Riegel m; **~ de sûreté** Riegelschloss n; *fig* **être sous les ~s** hinter Schloss und Riegel sitzen; **mettre le ~** den Riegel vorschieben; zuriegeln; *fig* **mettre qn sous les ~s** j-n hinter Schloss und Riegel setzen; **ouvrir le ~** den Riegel zurückschieben; aufriegeln, -schließen; **pousser, tirer le ~** den Riegel vor-, zurückschieben 2 GÉOL Riegel(berg) m

verrouillage [vɛʀujaʒ] M 1 Verriegelung f; Blockierung f; AUTO **~ central** Zentralverriegelung f 2 MIL Abriegelung f

verrouiller [vɛʀuje] A V/T 1 *porte* ver-, zuriegeln 2 MIL abriegeln B V/PR **se ~** sich einschließen

verrue [vɛʀy] F 1 MÉD Warze f 2 *fig* Schandfleck m

verruqueux [vɛʀykø] ADJ ⟨-euse⟩ warzig; warzenartig

vers[1] [vɛʀ] PRÉP 1 *direction* gegen; nach; in Richtung auf *(+acc)*; auf *(+acc)* zu; zu; …wärts; **~ 700 m d'altitude** in etwa 700 m Höhe; **~ la droite** (nach) rechts; **~ l'intérieur du pays** landeinwärts; ~ **le nord** nach, gegen, *poét* gen Norden; nordwärts; ~ **Paris** *le paysage change* gegen Paris zu; **aller, s'avancer, se diriger, marcher ~ qn, qc** auf j-n, etw zugehen; **descendre ~ la Seine** zur Seine hinuntergehen, *véhicule* -fahren; **tourner la tête ~ qn** den Kopf nach j-m umwenden **2** *relatif au temps* gegen; (etwa) um; ~ **1900** gegen das Jahr 1900; um (das Jahr) 1900; ~ **la fin** gegen Ende; ~ **(les) deux heures** gegen, etwa um zwei Uhr **3** *fig* **le premier pas ~ la détente** der erste Schritt zur Entspannung; **nous allons ~ une solution** wir gehen e-r Lösung (*dat*) entgegen

vers[2] [vɛʀ] M Vers *m*; Verszeile *f*; ~ **blanc** reimloser Vers; ~ **libre** taktfreier (und reimloser) Vers; Vers libre *m*; ~ **syllabique** durch die Zahl der Silben bestimmter Vers; **recueil** *m* **de ~** Gedichtsammlung *f*; *loc adj* **en ~** Vers...; in Versen; in Versform; **pièce** *f* **en ~** Versdrama *n*; **mettre en ~** in Verse bringen; **écrire, faire des ~** Verse schreiben, machen; dichten

versaillais [vɛʀsajɛ] **A** ADJ von Versailles; Versailler **B** SUBST **Versaillais(e)** *m(f)* Einwohner(in) *m(f)* von Versailles

Versailles [vɛʀsaj, -saj] *Stadt im Dep. Yvelines*

versant [vɛʀsɑ̃] M (Ab)Hang *m*; ~ **nord** Nordhang *m*

versatile [vɛʀsatil] ADJ wankelmütig; unbeständig; wetterwendisch; schwankend; **versatilité** F Wankelmut *m*, -mütigkeit *f*; Unbeständigkeit *f*

verse [vɛʀs] LOC ADV **il pleut à ~** es gießt in Strömen

versé [vɛʀse] ADJ ~ **dans** bewandert, versiert, erfahren in (*+dat*)

Verseau [vɛʀso] M ASTRON, ASTROL Wassermann *m*; *fam* **être ~** *fam* ein Wassermann sein

versement [vɛʀsəmɑ̃] M Zahlung *f*; Einzahlung *f* (**à, sur un compte** auf ein Konto); *de pensions, d'intérêts* Auszahlung *f*; *de cotisations* Entrichtung *f*; *loc adv* **en plusieurs ~s** in (mehreren) Raten; **par ~s échelonnés sur dix-huit mois** in achtzehn Monatsraten; **effectuer, faire un ~** e-e Einzahlung vornehmen; einzahlen

verser [vɛʀse] **A** V/T **1** *liquide dans un récipient* (hinein)gießen; (hinein)füllen; *dans une bouteille* (ein)füllen; *café etc* ein-, ausschenken; eingießen; *larmes* vergießen; *sucre, riz etc* schütten (**dans** in *+acc*); *abs* eingießen, -füllen, -schenken; ~ **(à boire)** ein-, ausschenken; *fig* **éviter de ~ le sang** Blutvergießen vermeiden; *fig* ~ **son sang** sein Leben hingeben (**pour** für); **se ~ du vin** sich (*dat*) Wein einschenken; ~ **sur la table** auf dem Tisch verschütten; auf den Tisch schütten **2** *argent, somme* einzahlen (**à un compte** auf ein Konto); *pension, intérêts etc* (aus)zahlen; JUR *caution* stellen; *acompte* leisten; *cotisations* entrichten; ~ **cent euros d'arrhes** e-e Anzahlung von hundert Euro leisten; hundert Euro anzahlen **3** *document* ~ **au dossier** zu den Akten nehmen **4** MIL ~ **qn dans l'infanterie** *etc* j-n der Infanterie (*dat*) *etc* zuteilen **B** V/I **1** *voiture* umstürzen; ~ **dans le fossé** in den Graben stürzen **2** *fig* ~ **dans qc** in etw (*acc*) verfallen

verset [vɛʀsɛ] M BIBL Vers *m*

verseur [vɛʀsœʀ] ADJ ⟨*nur m*⟩ **bec** ~ *d'une casserole, d'un pot* Schnauze *f*; *d'une cafetière* Schnabel *m*; Tülle *f*; **bouchon** ~ Ausgießer *m* (*Korken*)

verseuse [vɛʀsøz] F Kaffee- *ou* Teekanne *f*

versificateur [vɛʀsifikatœʀ] M **1** Dichter *m* **2** *péj* Verseschmied *m*; **versification** F Versbildung *f*, -bau *m*

versifier [vɛʀsifje] **A** V/T in Verse bringen **B** V/I Verse machen; dichten

version [vɛʀsjõ] F **1** ÉCOLE Herübersetzung *f*; ~ **latine** Übersetzung *f* aus dem Lateinischen **2** ~ **de la Bible** Bibelübersetzung *f* **3** LITTÉRATURE Version *f*; Fassung *f*; *film* **en ~ originale** (*abr* **VO**) in Originalfassung; **film italien en ~ française** (französisch) synchronisierter italienischer Film **4** (*interprétation*) Darstellung *f*; Version *f*; Wiedergabe *f*; **donner une autre ~ des événements** die Ereignisse anders darstellen; e-e andere Darstellung der Ereignisse geben **5** *d'un modèle* Ausführung *f*

verso [vɛʀso] M *d'une feuille* Rückseite *f*; **au ~** auf der *ou* die Rückseite; umseitig; **voir au ~** siehe Rückseite

vert [vɛʀ] **A** ADJ **1** grün; *légumes* frisch; *fruits a.* unreif; *vin* noch nicht ausgereift; zu jung; noch herb; ~ **bouteille, clair, émeraude, foncé, jade** ⟨*alle inv*⟩ flaschen-, hell-, smaragd-, dunkel-, jadegrün; ~ **olive, pâle, pomme, tendre** ⟨*alle inv*⟩ oliv-, blass-, apfel-, zartgrün; **café ~** ungerösteter Kaffee; Rohkaffee *m*; **chêne ~** Steineiche *f*; **chou ~** Grünkohl *m*; **espace ~** Grünanlage *f*, -fläche *f*; °**haricots ~s** grüne Bohnen *fpl*; **olive ~e** grüne Olive; **plante ~e** Blatt-, Grünpflanze *f*; **salade ~e** Blattsalat *m*; CIRCULATION **c'est ~** die Ampel steht auf, zeigt Grün; **être ~ de peur** vor Angst blass sein; *fam* **en être ~** grün vor Neid *ou* vor Ärger sein; *fig* **en faire voir des ~es et des pas mûres à qn** j-m viel zu schaffen machen; j-m das Leben schwer machen **2** *vieillard* **encore ~** noch rüstig **3** **langage ~** derbe, deftige Sprache; **langue ~e** Gaunersprache *f*; Rotwelsch *n*; **en dire, en raconter des ~es** Zoten erzählen **4** **~e semonce** scharfer Verweis; scharfe Rüge **5** **classe ~e** Landschulheim *n*; Schullandheim *n*; **l'Europe ~e** der gemeinsame europäische Agrarmarkt **6** (*écologique*), POL grün; **électricité verte** Ökostrom *m*; **emploi ~** Arbeitsplatz *m* im Umweltbereich; *advt* **voter ~** grün wählen **B** M **1** *couleur* Grün *n*; ~ **clair, foncé** Hell-, Dunkelgrün *n*; *loc adv* **en ~** grün; **habillé en ~** grün gekleidet; **le ~ lui va** Grün steht ihr gut; **le feu passe au ~** die Ampel schaltet auf Grün **2** CUIS ~ **de poireaux** grüne Blätter *npl* des Lauchs **3** AGR Grünfutter *n*; *animal* **mettre au ~** weiden lassen; auf die Weide bringen; *fig* **se mettre au ~** *retraités etc* ins Grüne, aufs Land ziehen; *bandits* sich absetzen **4** POL **les Verts** *pl* die Grünen *pl*

vert-de-gris [vɛʀdəgʀi] **A** M Grünspan *m* **B** ADJ ⟨*inv*⟩ graugrün; **vert-de-grisé** ADJ mit Grünspan bedeckt

vertébral [vɛʀtebʀal] ADJ ⟨-aux⟩ ANAT Wirbel...; **colonne ~e** Wirbelsäule *f*

vertèbre [vɛʀtɛbʀ] F ANAT Wirbel *m*

vertébrés [vɛʀtebʀe] MPL ZOOL Wirbeltiere *npl*

vertement [vɛʀtəmɑ̃] ADV **réprimander qn ~** j-n heftig tadeln, rügen

vertical [vɛʀtikal] **A** ADJ ⟨-aux⟩ senk-, lotrecht; vertikal; ÉCON **concentration ~e** vertikale Konzentration; *chez l'homme* **station ~e** aufrechte Haltung **B** F **~e** Senkrechte *f*; Vertikale *f*; Lot *n*; **à la ~e** senkrecht; in der Vertikalen

verticalement [vɛʀtikalmɑ̃] ADV senkrecht; vertikal; **verticalité** F senkrechte Richtung, Stellung

vertige [vɛʀtiʒ] M **1** Schwindel(gefühl *n*, -anfall *m*) *m*; **j'ai un ~, des ~s**, *à une certaine hauteur* **j'ai le ~** mir ist, ich bin schwind(e)lig; °**hauteur** *f* **à donner le ~** schwindelerregende, schwindelnde Höhe; **ça me donne le ~** da (-von) werde ich, wird mir schwind(e)lig; **être pris de ~** von e-m plötzlichen Schwindel erfasst, gepackt werden **2** *fig* Taumel *m*; Rausch *m*; **donner le ~ à qn** j-n in e-n Taumel, Rausch versetzen

vertigineusement [vɛʀtiʒinøzmɑ̃] ADV ~ °**haut** von schwindelnder Höhe; *prix* **monter ~** schwindelerregend ansteigen

vertigineux [vɛʀtiʒinø] ADJ ⟨-euse⟩ *hauteur* schwindelnd; schwindelerregend (*a. vitesse*); **chute vertigineuse** Sturz *m* aus schwindelnder Höhe, in schwindelnde Tiefe; **la hausse vertigineuse des prix** das schwindelerregende Ansteigen der Preise

vertigo [vɛʀtigo] M VÉT (Dumm)Koller *m*

vertu [vɛʀty] F **1** (*qualité*) Tugend *f* (*a.* REL) **2** *d'une femme* Tugend *f*; Sittsamkeit *f*; Züchtigkeit *f*; **femme** *f* **de petite ~** leichtes Mädchen; Flittchen *n*; *iron* **c'est un prix de ~** sie ist ein Ausbund an Tugend; **attenter à la ~ d'une femme** e-e Frau entehren **3** (*pouvoir*) Kraft *f*; Macht *f*; Wirksamkeit *f*; ~ **magique** magische Kraft; Zauberkraft *f*; ~ **thérapeutique, curative** Heilkraft *f*; *loc prép* **en ~ de** aufgrund von (*ou +gén*); kraft (*+gén*); JUR **en ~ de la loi** kraft (des) Gesetzes; **en ~ de quoi?** aus was für e-m Grund?; weshalb?

vertueux [vɛʀtɥø] ADJ ⟨-euse⟩ tugendhaft; *iron* **vertueuse indignation** sittliche Entrüstung

verve [vɛʀv] F Schwung *m*; Feuer *n*; Witz *m*; *discours, orateur* **plein de ~** mitreißend; glänzend; geistsprühend; **exercer sa ~ contre qn** s-n Witz gegen j-n richten

verveine [vɛʀvɛn] F **1** BOT ~ **(officinale)** Eisenkraut *n* **2** *tisane* Eisenkrauttee *m*

Verviers [vɛʀvje] *Stadt in Belgien*

vesce [vɛs] F BOT Wicke *f*

vésical [vezikal] ADJ ⟨-aux⟩ ANAT (Harn)Blasen...

vésicant [vezikɑ̃] ADJ MÉD Blasen ziehend

vésicatoire [vezikatwaʀ] M MÉD Zugpflaster *n*

vésiculaire [vezikylɛʀ] ADJ BIOL Bläschen...; bläschenartig, -förmig

vésicule [vezikyl] F **1** ANAT ~ **(biliaire)** Gallenblase *f* **2** (*cloque*) Bläschen *n*

Vesle [vɛl] **la ~** *Fluss in der Champagne*

Vesoul [vəzul] *Stadt im Dep. Haute-Saône*

vespasienne [vɛspazjɛn] F Pissoir *n*

vespéral [vɛspeʀal] *poét* ADJ ⟨-aux⟩ Abend...; abendlich

vesse-de-loup [vɛsdəlu] F ⟨*pl* vesses-de-loup⟩ BOT Bofist *m*

vessie [vesi] F **1** ANAT (Harn)Blase *f* **2** *fig* **faire prendre des ~s pour des lanternes à qn** j-m ein X für ein U vormachen; j-m blauen Dunst vormachen; j-m e-n Bären aufbinden **3** MÉD ~ **de glace** Eisbeutel *m*

vestale [vɛstal] F HIST Vestalin *f*

veste [vɛst] F Jacke *f*; Jackett *n*; Sakko *m*; ~ **croisée, droite** zwei-, einreihige Jacke; ~ **d'intérieur** Hausjacke *f*; ~ **en laine** lange Strickjacke, -weste; *fam fig* **ramasser, prendre une ~** e-e Schlappe erleiden; *fam* durchfallen; *fam fig* **retourner sa ~** *fam* umfallen; umschwenken

vestiaire [vɛstjɛʀ] M **1** *d'un théâtre etc* Garderobe *f* (*a. les objets déposés*); *d'une piscine, d'un stade* Umkleideraum *m*; *fam fig* **(au) ~!** geh nach Hause!; abtreten! (*Zuruf an e-n schlechten Schauspieler, Redner, Sportler*); **la dame du ~** die Garderobenfrau **2** *meuble* Garderobenschrank *m*; Spind *m ou n*

vestibulaire [vɛstibylɛʀ] ADJ ANAT Vorhof...

vestibule [vɛstibyl] M Vorraum *m*; Diele *f*; Flur *m*; Vestibül *n*

vestiges [vɛstiʒ] MPL Spuren *fpl*; (Über)Reste *mpl*; Relikte *npl*

vestimentaire [vɛstimɑ̃tɛʀ] ADJ Kleider...; **dépenses** *fpl* **~s** Ausgaben *fpl* für Kleidung

veston [vɛstõ] M Jacke *f*; Jackett *n*

Vésuve [vezyv] le ~ der Vesuv
vêt [vɛ] → vêtir
vêtement [vɛtmɑ̃] M 1 Kleidungsstück *n*; **~s** *pl* (Be)Kleidung *f*; Oberbekleidung *f*; **~s chauds, habillés** warme, festliche Kleidung; **~s de demi-saison** Übergangskleidung *f*; **~s de deuil, du dimanche, d'été** Trauer-, Sonntags-, Sommerkleidung *f*; **~s de** *ou* **pour femmes** Damen(be)kleidung *f*; *comme déguisement* **~s de femme** Frauenkleidung *f*; **~s d'hommes** *ou* **pour hommes** Herren(be)kleidung *f*; *comme déguisement* **~s d'homme** Männerkleidung *f*; **~s de tous les jours, de sport, de travail** Alltags-, Sport-, Arbeitskleidung *f* 2 **(industrie** *f* **du) ~** Bekleidungsindustrie *f*
vétéran [veteʀɑ̃] M 1 MIL Veteran *m* 2 SPORTS Alter Herr 3 *fig* Veteran *m*; **~ de l'enseignement** im Dienst ergrauter Schulmann
vétérinaire [veteʀinɛʀ] A ADJ tierärztlich; Veterinär...; **École** *f* **~** Tierärztliche Hochschule; **étudiant** *m* **~** Student *m* der Veterinärmedizin; **médecine** *f* **~** Tierheilkunde *f*; Tier-, Veterinärmedizin *f* B M/F Tierarzt, -ärztin *m,f*; Veterinär(in) *m(f)*
vététiste [vetetist] M/F Mountainbiker(in) *m(f)*
vétille [vetij] F Lappalie *f*; Bagatelle *f*; lächerliche Kleinigkeit
vêtir [vetiʀ] ⟨je vêts, il vêt, nous vêtons; je vêtais; je vêtis; je vêtirai; que je vête; vêtant; vêtu⟩ A V/T *litt* **~ qn** j-n anziehen, ankleiden; j-n bekleiden (**de qc** mit etw) B V/PR **se ~** sich anziehen, ankleiden
vétiver [vetivɛʀ] M 1 BOT Vetivergras *n* 2 *parfum* Vetiveröl *n*
veto [veto] M POL Veto *n*; *par ext a.* Einspruch *m*; **droit** *m* **de ~** Vetorecht *n*; **mettre, opposer son ~ à qc** sein Veto einlegen gegen etw
véto [veto] M/F *fam* ABR → vétérinaire B
vêtu [vety] ADJ angezogen; bekleidet; angekleidet; **bien ~** gut angezogen, gekleidet; **~ d'un long manteau** mit e-m langen Mantel bekleidet; in e-n langen Mantel gekleidet; **il est ~ de neuf** er hat neue Kleider an
vêture [vetyʀ] F *d'une religieuse* Einkleidung *f*
vétuste [vetyst] ADJ *bâtiment* alt; baufällig; *installation* überaltert; *institution* überholt
vétusté [vetyste] F hohes Alter; Baufälligkeit *f*; Überalterung *f*
veuf [vœf] A ADJ ⟨veuve [vœv]⟩ verwitwet; **être ~** Witwer, verwitwet sein; *fam* **ce soir, je suis ~** *fam* ... bin ich Strohwitwer; **quand elle a été veuve de Jean** als ihr Mann Hans starb B SUBST **~, veuve** *m,f* Witwer *m*, Witwe *f*; *Lehár* **La Veuve joyeuse** Die lustige Witwe; **veuve de guerre** Kriegerwitwe *f*; *faire-part* **madame veuve Dupont** Frau Dupont, Witwe; *fam* **la veuve Durand** die Witwe Durand
veuille [vœj] → vouloir[1]
veule [vøl] ADJ energie-, willenlos; weichlich
veulent [vœl] → vouloir[1]
veulerie [vølʀi] F Energie-, Willenlosigkeit *f*; Weichlichkeit *f*
veut [vø] → vouloir[1]
veuvage [vœvaʒ] M Witwer- *ou* Witwenschaft *f*, -tum *n*; **depuis son ~** seitdem er Witwer *ou* sie Witwe ist; seit er *ou* sie verwitwet ist
veuve [vœv] → veuf
veux [vø] → vouloir[1]
Vevey [vəvɛ] *Stadt in der Schweiz*
vexant [vɛksɑ̃] ADJ 1 *(humiliant)* kränkend; beleidigend 2 *(contrariant)* ärgerlich; **c'est ~** *a.* das ist zu dumm
vexation [vɛksasjõ] F *(brimade)* Schikane *f*; *(humiliation)* Demütigung *f*; *(offense)* Beleidigung *f*; **essuyer, subir des ~s** schikaniert werden; Demütigungen *(dat)* ausgesetzt sein
vexatoire [vɛksatwaʀ] ADJ schikanös; **mesure** *f* **~** Schikane *f*
vexer [vɛkse] A V/T kränken; beleidigen; **ça me vexe** a das kränkt mich b das ärgert, *fam* wurmt mich; *adjt* **il est vexé** *(froissé)* er ist beleidigt, gekränkt, *fam* eingeschnappt; *(irrité)* es ärgert, *fam* wurmt ihn (**de** *+inf ou* **que** *+subj* dass ...) B V/PR **se ~** gekränkt, beleidigt sein; **ne vous vexez pas** seien Sie nicht gekränkt; fassen Sie es nicht als Beleidigung, Kränkung auf
Vézelay [vezlɛ] *Ort im Dep. Yonne*
via [vja] PRÉP über *(+acc)*; via
viabilisé [vjabilize] ADJ *terrain* erschlossen; baureif; **viabiliser** V/T *terrain* erschließen
viabilité [vjabilite] F 1 URBANISME Erschließung *f* 2 BIOL Lebensfähigkeit *f* 3 *fig d'une entreprise* Lebensfähigkeit *f*; *d'un projet* Aus-, Durchführbarkeit *f* 4 *d'une route* Befahrbarkeit *f*
viable [vjabl] ADJ BIOL lebensfähig *(a. fig entreprise)*
viaduc [vjadyk] M Viadukt *m ou n*; Talbrücke *f*
viager [vjaʒe] A ADJ ⟨-ère⟩ **rente viagère** Leibrente *f* B M Leibrente *f*; **mettre en ~** *biens* in e-e Leibrente umwandeln; *maison* auf Rentenbasis verkaufen
viagra® [vjagʀa] M PHARM Viagra® *n*
viande [vjɑ̃d] F 1 *aliment* Fleisch *n*; **~ fraîche** frisches Fleisch; Frischfleisch *n*; **~ froide** kalter Braten; **~ rouge** Rind-, Pferde-, Lammfleisch *n*; **~ de bœuf, de boucherie, de conserve** Rind-, Schlacht-, Büchsenfleisch *n*; **plat** *m* **de ~** Fleischgericht *n*, -speise *f* 2 *fam (corps)* Körper *m*; Fleisch *n*; **sac** *m* **à ~** Schlafsack *m*; *pop* **amène ta ~** komm her
viander [vjɑ̃de] V/I CH äsen
viatique [vjatik] M 1 ÉGL CATH Wegzehrung *f*; Viatikum *n* 2 *fig et litt* **il n'a que ses études pour tout ~** s-e Ausbildung ist sein ganzes Kapital
vibrage [vibʀaʒ] M TECH Rütteln *n*
vibrant [vibʀɑ̃] ADJ 1 vibrierend; schwingend; PHON **consonne ~e** *ou subst* **~e** *f* Zitterlaut *m*; Vibrant *m*; **d'une voix ~e (de colère)** mit (vor Zorn) vibrierender, bebender Stimme 2 *fig discours* aufrüttelnd; mitreißend
vibraphone [vibʀafɔn] M MUS Vibrafon *n*; **vibraphoniste** M/F Vibrafonist(in) *m(f)*; Vibrafonspieler(in) *m(f)*
vibrateur [vibʀatœʀ] M TECH Vibrator *m*; CONSTR Betonrüttler *m*
vibratile [vibʀatil] ADJ BIOL **cils** *mpl* **~s** Flimmerhärchen *npl*
vibration [vibʀasjõ] F 1 Vibrieren *n*; Vibration *f*; Erschütterung *f*; *du sol, des vitres a.* Erzittern *n*; Beben *n* 2 PHYS Schwingung *f*; **~s électromagnétiques** elektromagnetische Schwingungen 3 *de la voix* Vibrieren *n*; *de l'air* Flimmern *n*
vibrato [vibʀato] M MUS Vibrato *n*
vibratoire [vibʀatwaʀ] ADJ Vibrations...; Schwingungs...; **mouvement** *m* **~** Vibration *f*; Schwingung *f*
vibré [vibʀe] ADJ CONSTR **béton ~** Rüttelbeton *m*
vibrer [vibʀe] V/I 1 *corde etc* vibrieren; schwingen; *sol, vitres a.* erzittern; (er)beben; **faire ~ qc** etw in Schwingung(en) *(acc)* versetzen; etw zum Vibrieren, Schwingen bringen 2 *voix* vibrieren; *sentiment* **~ dans la voix** in der Stimme mitschwingen 3 *fig* **(se sentir) ~** gepackt, ergriffen sein; **faire ~ la fibre patriotique** an die patriotischen Gefühle appellieren
vibreur [vibʀœʀ] M ÉLEC Unterbrecher *m*; Summer *m*
vibromassage [vibʀɔmasaʒ] M Vibration(-smassage) *f*; **vibromasseur** M Vibrator *m*; Vibrations-, Massagegerät *n*; Massagestab *m*
vicaire [vikɛʀ] M ÉGL Vikar *m*; Kaplan *m*; **le ~ de Jésus-Christ** *(le pape)* der Stellvertreter Christi
vicarial [vikaʀjal] ADJ ⟨-aux⟩ Vikars...; Vikariats...
vicariat [vikaʀja] M ÉGL Vikariat *n*
vice [vis] M 1 *de qn* Untugend *f*; *plus fort* Laster *n*; *(immoralité)* Lasterhaftigkeit *f*; Sittenlosigkeit *f*; **il a tous les ~s!** er hat aber auch alle Untugenden!; **c'est devenu un véritable ~** das ist zu e-r regelrechten Sucht geworden; *fam* **c'est du ~** *(anormal)* das ist e-e Geschmacksverirrung 2 *de qc* Fehler *m*; Mangel *m*; **~ caché** verborgener Mangel; **~ de fabrication** Fabrikationsfehler *m*; JUR: **~ de forme** Formmangel *m*, -fehler *m*; **~ de procédure** Verfahrensfehler *m*
vice-amiral [visamiʀal] M ⟨*pl* vice-amiraux⟩ MAR MIL Konteradmiral *m*; **vice-chancelier** M Vizekanzler *m*; **vice-consul** M Vizekonsul *m*; **vice-consulat** M Vizekonsulat *n*
vicelard [vislaʀ] ADJ *fam* → vicieux A 1
Vicence [visɑ̃s] GÉOG Vicenza *n*
vice-présidence [vispʀezidɑ̃s] F stellvertretender Vorsitz; Vizepräsidentschaft *f* *(a.* POL*)*; **vice-président** M stellvertretende(r) Vorsitzende(r) *m*; Vizepräsident *m* *(a.* POL*)*; **vice-roi** M Vizekönig *m*
vice versa [vis(e)vɛʀsa] LOC ADV **et ~** und umgekehrt
vichy [viʃi] M 1 TEXT Vichy *m* 2 *(eau)* Mineralwasser *n* aus Vichy
vicié [visje] ADJ *air dans une pièce* schlecht; verbraucht; *(pollué)* verschmutzt
vicier [visje] V/T 1 *air* verschmutzen 2 JUR ungültig machen
vicieux [visjø] A ADJ ⟨-euse⟩ 1 *(pervers)* lasterhaft; verderbt; sittenlos; *regard* geil; lüstern; *gestes* unsittlich 2 *fam (bizarre)* **il faut être ~ pour** *(+inf)* man muss schon an Geschmacksverirrung leiden, e-n seltsamen Geschmack haben, um zu *(+inf)* 3 *enfant* ungeraten; *cheval* störrisch und schreckhaft 4 *st/s prononciation* fehlerhaft; *expression* falsch; **cercle ~** Teufelskreis *m*; Circulus vitiosus *m* 5 SPORTS **balle vicieuse, coup ~** angetäuschter Schlag B M Lüstling *m*; *plus fort* Wüstling *m*; **vieux ~** Lustgreis *m*
vicinal [visinal] ADJ ⟨-aux⟩ **chemin ~** Gemeindeweg *m*
vicissitudes [visisityd] FPL Auf und Ab *n*, Wechselfälle *mpl* des Lebens; **après bien des ~** nach vielen wechselvollen Erlebnissen
vicomte [vikõt] M Vicomte *m*
vicomtesse [vikõtɛs] F Vicomtesse *f*
victime [viktim] F 1 *physique* Opfer *n*; *(mort) a.* Todesopfer *n*; **~s d'accidents de la circulation** Verkehrsopfer *npl*, -tote(n) *mpl*; **~s de (la) guerre** Kriegsopfer *npl*, -tote(n) *mpl*; **~ de son imprudence** Opfer s-s (eigenen) Leichtsinns; **on déplore un grand nombre de ~s** es sind viele Opfer, viele Verluste an Menschenleben zu beklagen; **être ~ d'un accident** e-n Unfall erleiden; verunglücken; **faire de nombreuses ~s** zahlreiche Menschenleben fordern; **mourir ~ d'un accident** tödlich verunglücken; e-m Unfall zum Opfer fallen 2 *morale* Opfer *n*; **~ née** zum Märtyrer geboren; **~ des moqueries de qn** Opfer, Zielscheibe *f* von j-s Spott; **être les premières ~s de qc** als Erste, am meisten unter etw *(dat)* leiden, zu leiden haben; **être ~ d'un escroc** das Opfer e-s Betrügers werden; e-m Betrüger aufsitzen; **être ~ d'un malaise** e-n Schwächeanfall erleiden 3 REL Opfer *n*; Opfertier *n*
victoire [viktwaʀ] F 1 Sieg *m* *(a.* MIL*)*; **~ électorale, finale** Wahl-, Endsieg *m*; SPORTS **~ aux**

points Punktsieg *m*; Sieg nach Punkten; **~ de la science sur les maladies** Sieg der Wissenschaft über die Krankheiten; Überwindung der Krankheiten durch die Wissenschaft; SPORTS **~ par K.-O.** K.-o.-Sieg *m*; Sieg durch K.o.; **~ sur soi-même** Überwindung *f* s-r selbst; Sieg über sich *(acc)* selbst; **remporter la ~** den Sieg erringen, davontragen; **chanter, crier ~** Hurra schreien; jubeln **2** ART Siegesgöttin *f*; **la Victoire de Samothrace** die Nike von Samothrake

Victoria [viktɔʀja] **1** F *Vorname* **2** GÉOG Victoria *n*; **les chutes** *fpl* **~** die Victoriafälle *mpl*; **le lac ~** der Victoriasee; **la terre ~** Victorialand *n*

victorien [viktɔʀjɛ̃] ADJ ⟨~ne⟩ viktorianisch

victorieux [viktɔʀjø] ADJ ⟨-euse⟩ siegreich; Sieger…; SPORTS **équipe victorieuse** Siegermannschaft *f*; siegreiche Mannschaft; **arborer un air ~** e-e Siegermiene aufsetzen; **sortir ~ d'une lutte** siegreich, als Sieger aus e-m Kampf hervorgehen

victuailles [viktɥaj] FPL Lebensmittel *npl*; Esswaren *fpl*; Proviant *m*

vidage [vidaʒ] M **1** Leeren *n*; Entleerung *f* **2** *fam de qn fam* Rausschmiss *m*

vidange [vidɑ̃ʒ] F **1** *d'un réservoir* Entleeren *n*, -ung *f* **2** AUTO Ölwechsel *m*; **faire la ~** das Öl wechseln **3** *d'une fosse septique* Grubenentleerung *f*; Fäkalienabfuhr *f* **4** **~s** *pl* Fäkalien *pl* **5** *d'un lavabo* Abfluss(rohr) *m(n)*

vidanger [vidɑ̃ʒe] V/T ⟨-geons⟩ **1** *réservoir etc* entleeren **2** AUTO *huile* wechseln; **vidangeur** M Grubenentleerer *m*

vide [vid] **A** ADJ **1** leer; *logement (sans occupant)* leer stehend; *place, endroit a.* frei; *rue a.* menschenleer; **~ d'habitants** menschenleer; **la rue est ~ de voitures** auf der Straße sind, sieht man keine Autos; *arriver* **les mains ~s** mit leeren Händen; **avoir l'estomac, le ventre ~** e-n leeren Magen haben; **être ~** leer sein; *logement* leer stehen **2** *fig regard, paroles etc* leer; *existence a.* unausgefüllt; inhaltslos; sinnlos; *paroles* **~s de sens** leer; nichtssagend **B** M **1** PHYS, TECH Vakuum *n*; luftleerer Raum; **emballage** *m* **sous ~** Vakuumverpackung *f*; **faire le ~ dans** *tube* luftleer pumpen; *salle* räumen; evakuieren **2** *(espace vide)* Leere *f*; leerer *ou* freier Raum; Zwischenraum *m*; Hohlraum *m*; Lücke *f (a. fig)*; CONSTR **~ sanitaire** freier Raum für Rohrleitungen zwischen Fußboden und Erde; *loc adj et loc adv* **à ~** leer; Leer…; *d'un moteur* **marche** *f* **à ~** Leerlauf *m*; → *a.* passage 4; **repartir à ~** *bus etc* leer abfahren; *moteur* **tourner à ~** leerlaufen; **avoir un ~ dans son emploi du temps** zwischendurch etwas freie Zeit haben; **boucher, remplir un ~** e-e Lücke (aus)füllen; **faire le ~ (dans son esprit)** sich geistig vollkommen entspannen; *fam* vollkommen abschalten; *son départ, sa mort* **a fait, laissé un grand ~** hat e-e große Lücke hinterlassen, gerissen; *fig* **parler dans le ~** ins Blaue hinein reden; **regarder dans le ~** ins Leere starren; *fam* ein Loch in die Luft gucken **3** *(abîme)* Tiefe *f*; Abgrund *m*; **sauter dans le ~** in die Tiefe springen **4** *fig* Leere *f*; Sinnlosigkeit *f*; **~ de l'existence** Sinnlosigkeit des Lebens; **sentiment** *m* **de ~** Gefühl *n* der Leere

vidé [vide] ADJ **1** *poisson, volaille* ausgenommen **2** *fam fig* **être ~** *fam* total erledigt, kaputt sein

vidéo [video] **A** F Video *n* **B** ADJ ⟨inv⟩ Video…; **bande** *f*, **cassette** *f* **~** Videoband *n*, -kassette *f*; **disque** *m* **~** Bildplatte *f*; **jeu** *m* **~** Video-, Telespiel *n*; **technique** *f* **~** Videotechnik *f*

vidéoblog [videoblɔg] M Videoblog *m ou n*; **vidéocassette** F Videokassette *f*; **vidéoclip** M Videoclip *m*

vidéodisque [videodisk] M Video-CD *f*; **~ numérique** DVD *f*

vidéofréquence [videofʀekɑ̃s] F Videofrequenz *f*

vidéophone [videɔfɔn] M TÉLÉCOMMUNICATIONS Bildtelefon *n*

vide-ordures [vidɔʀdyʀ] M ⟨inv⟩ Müllschlucker *m*

vidéosurveillance [videosyʀvɛjɑ̃s] F Videoüberwachung *f*

vidéothèque [videɔtɛk] F Videothek *f*

vide-poches [vidpɔʃ] M ⟨inv⟩ AUTO Handschuhfach *n*; **vide-pomme** M ⟨inv⟩ Apfelausstecher *m*

vider [vide] **A** V/T **1** *récipient* (aus-, ent)leeren; leer machen; *bouteille, verre* **a** *(verser)* (aus)leeren; auskippen **b** *(boire)* austrinken; leeren; *contenu* aus-, entleeren; auskippen, -schütten; **aller ~ les ordures** den Müll wegbringen; **~ une pipe** eine Pfeife ausklopfen; **~ un bassin de son eau, de ses poissons** das Wasser aus e-m Becken ablassen; die Fische aus e-m Becken herausnehmen; **~ une pièce de ses meubles** ein Zimmer ausräumen; **~ qc dans, sur qc** etw schütten, leeren, gießen in, auf etw *(acc)* **2** CUIS *volaille, poisson* ausnehmen; *poisson a.* kehlen **3** *pièce, logement* räumen; frei machen **4** *cheval: cavalier* abwerfen; *fam fig* **~ qn** *fam* j-n rausschmeißen, -werfen; j-n an die Luft setzen; *fam fig* **se faire ~** *fam* rausgeworfen, -geschmissen werden **5** *fam* **ça m'a vidé, ce travail** *fam* diese Arbeit hat mich fertiggemacht; ich bin total kaputt, vollkommen ausgepumpt nach dieser Arbeit **6** **~ une querelle**, JUR **un différend** e-n Streit beilegen **B** V/PR **se ~** **1** *récipient, contenu* sich entleeren; auslaufen **2** *rue, ville, cafés etc* sich leeren; leer werden; **Paris se vide de ses touristes** die Touristen verlassen Paris **3** **se ~ de son sang** verbluten

videur [vidœʀ] M *fam* Rausschmeißer *m*

vie [vi] F **1** *de l'homme et des animaux* Leben *n*; Lebenszeit *f*; **droit** *m* **de ~ et de mort** Recht *n* über Leben und Tod; ♦ *loc adj et loc adv*: **à ~** auf Lebenszeit; lebenslänglich; **nommé à ~** auf Lebenszeit ernannt; **à la ~ et à la mort** fürs, für das (ganze) Leben; auf Leben und Tod; auf Gedeih und Verderb; **au cours de sa ~** im Laufe s-s Lebens; **de (toute) ma ~**, *je n'ai jamais vu cela* in meinem ganzen Leben; mein Lebtag; **sa ~ durant** sein Leben lang; zeitlebens; zeit s-s Lebens; **pour la ~** fürs, für das (ganze) Leben; auf Lebenszeit; **sans ~** *(mort)* leblos; *(évanoui)* bewusstlos; → *a.* 3; **toute la** *(ou* **ma** *etc)* **~** das ganze Leben (hindurch); ein *(ou* mein *etc)* Leben lang; zeitlebens; zeit meines *(etc)* Lebens; ♦ **avoir la ~ dure** *animal, personne* zählebig sein; ein zähes Leben haben; *rumeur* sich hartnäckig halten; **devoir la ~ à qn** j-m das Leben verdanken; **donner la ~ à qn** j-m das Leben schenken; **être en ~** am Leben sein; leben; **être entre la ~ et la mort** zwischen Leben und Tod schweben; **c'est une question de ~ ou de mort** es geht auf Leben und Tod; **maintenir en ~** am Leben erhalten; *litt ou plais* **passer de ~ à trépas** hin-, verscheiden; hinübergehen; entschlafen; **perdre la ~** das Leben verlieren; ums Leben kommen; umkommen; *fig* **rendre la ~ à qn** j-n (wieder) aufatmen lassen; *prov* **tant qu'il y a de la ~, il y a de l'espoir** es hofft der Mensch, solang er lebt *(prov)* **2** *(façon de vivre)* Leben *n*; Lebensweise *f*; ♦ **~ civile** Zivilleben *n*; **~ conjugale** Eheleben *n*; eheliches Leben; **~ culturelle** kulturelles Leben; Kulturleben *n*; **~ économique** Wirtschaftsleben *n*; **~ intérieure** Innenleben *n*; **~ ouvrière** Arbeiterleben *n*, -dasein *n*; Leben der Arbeiter; **~ privée, professionnelle** Privat-, Berufsleben *n*; **~ publique** öffentliches Leben; **quelle ~!** was für ein Leben!; **~ bien remplie** ausgefülltes Leben; **~ scolaire** Leben in der Schule; Schulleben *n*; **~ sentimentale** Liebesleben *n*; **~ de chien** Hundeleben *n*; **~ de famille** Familienleben *n*; **~ de misère(s), de souffrance(s)** Leben voller Leiden; **~ de travail** arbeitsreiches Leben; **~ en société** Leben in (der) Gesellschaft; **genre** *m*, **mode** *m* **de ~** Lebensweise *f*; **niveau** *m* **de ~** Lebensstandard *m*; **qualité** *f* **de la ~** Lebensqualität *f*; **dans la ~ courante** im (wirklichen) Leben; ♦ **aimer la ~** am Leben hängen; das Leben lieben; **entrer dans la ~ active** ins Berufsleben eintreten; **c'est la ~** so ist das Leben; *métier etc* **c'est sa ~** das ist sein Lebensinhalt; **ce n'est pas une ~** das ist doch kein Leben; **c'est la belle ~** so lässt sich's leben; **faire sa ~** sein Leben aufbauen; sich selbst verwirklichen; **faire la ~** Szenen machen (**à qn** j-m); **mener une petite ~ tranquille** ein gemütliches Leben führen; **mener une ~ sportive** viel Sport treiben; **mener la ~ dure à qn** j-m das Leben schwer machen; **rendre la ~ impossible, intenable à qn** j-m das Leben zur Hölle machen; **vivre sa ~** sein eigenes Leben leben, führen **3** *(vitalité)* Leben *n*; Lebendigkeit *f*; Lebhaftigkeit *f*; *loc adj*: **plein de ~** *personne* sehr lebhaft; quicklebendig; *œuvre* lebendig; **sans ~** *endroit* unbelebt; *œuvre* farblos; ohne Leben; **mettre de la ~ dans** Leben bringen in *(+acc)* **4** BIOL Leben *n*; **~ animale, végétale** tierisches, pflanzliches Leben **5** *(besoins pour vivre)* Leben(sunterhalt) *n(m)*; **coût** *m* **de la ~** Lebenshaltungskosten *pl*; **la ~ est chère** das Leben ist teuer; **gagner sa ~** s-n Lebensunterhalt verdienen; **gagner bien, largement sa ~** sein gutes, reichliches Auskommen haben **6** *(biographie)* Leben(sgeschichte) *n(f)*; **raconter sa ~** sein Leben, s-e Lebensgeschichte erzählen **7** REL **~ éternelle** ewiges Leben **8** *d'un pays, d'une langue, d'un volcan etc* Leben *n*

Viège [vjɛʒ] GÉOG **la ~** die Visp

vieil [vjɛj] → vieux

vieillard [vjɛjaʀ] M Greis *m*; alter Mann; **les ~s** die alten Leute *pl*; die Alten *mpl*; **hospice** *m* **de ~s** Altenpflegeheim *n*

vieille [vjɛj] ADJ *et* SUBST F → vieux

vieillerie [vjɛjʀi] F **1** *souvent* PL **~s** alter Plunder, Kram; Trödelkram *m*; *vêtements* alte Klamotten *fpl*; *fig idées etc fam* olle Kamellen *fpl* **2** *fam* **c'est la ~** man wird alt; *fam* man ist auch nicht mehr der *ou* die Jüngste

vieillesse [vjɛjɛs] F **1** *de personnes* (hohes) Alter; Greisenalter *n*; Bejahrtheit *f*; *adjt* **assurance** *f* **~** Alters-, Rentenversicherung *f*; **marques** *fpl* **de ~** Zeichen *npl* des Alters; **mourir de ~** an Altersschwäche sterben **2** *de choses* hohes Alter **3** *coll* Alter *n*; alte Leute *pl*

vieilli [vjeji] ADJ **1** *personne, visage* gealtert; alt geworden **2** *mot* veraltend **3** *vin* gealtert

vieillir [vjejiʀ] **A** V/T **~ qn** *coiffure etc* j-n alt *ou* älter machen, erscheinen lassen; *fatigue etc* j-n altern (lassen); **vous me vieillissez (de deux ans)** Sie machen mich (zwei Jahre) älter, als ich bin **B** V/I **1** *personne* alt *ou* älter werden; altern; **~ rapidement** rasch altern; **savoir ~** mit Anstand alt werden; **il a vieilli de dix ans d'un seul coup** er ist mit e-m Schlag (um) zehn Jahre gealtert, älter geworden; **en vieillissant** mit zunehmendem Alter **2** *mot etc* veralten; **ne pas ~** zeitlos sein; immer aktuell bleiben **3** *vin* altern; reifen; **laisser, faire ~** altern lassen; lagern **C** V/PR **se ~** sich älter machen; sich *(dat)* ein älteres Aussehen geben; *se faire passer* sich für älter ausgeben (, als man ist)

vieillissant [vjejisɑ̃] ADJ *personne* alternd; *choses* veraltend
vieillissement [vjejismɑ̃] M 1 PHYSIOL Altern *n*; Altwerden *n*; **~ prématuré** vorzeitiges Altern; **~ de la population** Überalterung *f* der Bevölkerung 2 *d'un mot etc* Veralten *n* 3 *du vin* Altern *n*; Alterung *f*
vieillot [vjɛjo] ADJ ⟨-te⟩ altmodisch
vielle [vjɛl] F MUS Dreh-, Radleier *f*; **vielleur** *ou* **vielleux** M Leierspieler *m*
vienne [vjɛn] → venir
Vienne [vjɛn] 1 *en Autriche* Wien *n* 2 *Stadt im Dep. Isère* 3 **la ~** *Fluss u. Departement in Frankreich*
viennois [vjenwa] A ADJ Wiener; wienerisch; CUIS **escalope ~e** Wiener Schnitzel *n*; **pain ~** Milchweißbrot *n* B SUBST **Viennois(e)** *m(f)* Wiener(in) *m(f)*
viennoiserie [vjɛnwazʀi] F Feingebäck *n*
viens, vient [vjɛ̃] → venir
Vientiane [vjɛntjan, -sjan] GÉOG Vientiane *n*
vierge [vjɛʀʒ] A ADJ 1 *jeune fille* jungfräulich; rein; unberührt (*a. garçon*); **rester ~** Jungfrau bleiben 2 *par ext papier* unbeschrieben; leer; *st/s* **~ de** frei von; **cassette** *f* **~** Leerkassette *f*; **CD** *m* **~** CD-Rohling *m*; **DVD** *m* **~** DVD-Rohling *m*; **forêt** *f* **~** Urwald *m*; **les îles** *fpl* **Vierges** die Jungferninseln *fpl*; **neige** *f*, **sommet** *m* **~** unberührter Schnee, Gipfel; **pellicule** *f* **~** unbelichteter Film; **terre** *f*, **sol** *m* **~** jungfräulicher Boden; **avoir un casier judiciaire ~** nicht vorbestraft sein 3 **huile** *f* **~** naturreines Öl 4 BOT **vigne** *f* **~** wilder Wein B F 1 Jungfrau *f* 2 REL **la Vierge, la Sainte Vierge, la Vierge Marie** Maria; die Heilige Jungfrau; die Jungfrau Maria; ÉGL CATH **culte** *m* **de la Vierge** Marienkult *m* 3 ART **Vierge** Madonna *f*; Marienbild *n*; **la Vierge à l'Enfant** Maria *ou* die Jungfrau mit dem Kind 4 **fil** *m* **de la Vierge** Altweibersommer *m* 5 ASTRON, ASTROL **Vierge** Jungfrau *f*
Vierzon [vjɛʀzõ] *Stadt im Dep. Cher*
Viêt-cong [vjɛtkõg] M POL Vietcong *m*
Viêt-nam [vjɛtnam] **le ~** Vietnam *n*
vietnamien [vjɛtnamjɛ̃] A ADJ ⟨-ne⟩ vietnamesisch B SUBST 1 **Vietnamien(ne)** *m(f)* Vietnamese *m*, Vietnamesin *f* 2 LING **le ~** das Vietnamesische; Vietnamesisch *n*
vieux [vjø] A ADJ ⟨*m vor Vokal u. stummem h* **vieil** [vjɛj]; *f* **vieille** [vjɛj]⟩ 1 (*âgé*) alt; *personne a.* bejahrt; betagt; **~ beau** alter Stutzer, Geck; **vieille femme** alte Frau; Greisin *f*; **les vieilles gens** die alten Leute *pl*; **vieil homme** alter Mann; *fam* **vieil imbécile** *fam* alter Trottel; **passer ses ~ jours à la campagne** s-n Lebensabend auf dem Land verbringen; **pour** *ou* **sur ses ~ jours** für *ou* auf s-e alten Tage; **vieille maison** altes Haus; **~ papiers, vêtements** Altpapier *n*, -kleider *npl*; **vin ~** alter Wein; *fam* **~ comme Mathusalem, Hérode** stein-, uralt; *fam* alt wie Methusalem; **plus ~ que ...** älter als ...; **très ~** sehr alt; uralt; hochbetagt; **trop ~** zu alt (**pour** für *ou* um zu *+inf*); **devenir ~** alt werden; altern; **être ~ avant l'âge** vorzeitig gealtert sein; **se faire ~** alt werden; altern; **elle s'habille ~** sie trägt Kleider, die sie alt, viel älter machen; **se sentir ~** sich alt fühlen; sich (*dat*) alt vorkommen; **vivre ~** alt werden; lange leben 2 (*ancien*) alt; langjährig; *chose a.* schon lange bestehend; **vieil ami** alter, langjähriger Freund; **vieille civilisation** alte Kultur; **le ~ continent** der alte Kontinent; **vieille fille** alte Jungfer; **~ garçon** alter Junggeselle; **~ mariés, époux** schon lange verheiratete, alte Eheleute *pl*; **le ~ Nuremberg** das alte Nürnberg; **vieille ville** alte Stadt; (*cité*) Altstadt *f*; *loc adj* **de vieille date** alt; langjährig; **c'est toujours la vieille question** es ist immer das alte Problem 3 (*dépassé*) alt; weit zurückliegend; früher; vorherig; vorig; veraltet (*a. mot*); **le ~ français** das Altfranzösische; Altfranzösisch *n*; **une vieille histoire** e-e alte, lange Geschichte; **~ souvenirs** alte Erinnerungen *fpl*; **le bon ~ temps** die gute alte Zeit; **ma vieille voiture** mein alter, voriger Wagen; *loc adj*: **de la vieille école** der alten Schule; *péj* rückständig; **(très) vieille France** altväterisch; altväterlich; antiquiert; vorgestrig; **~ jeu** altmodisch; unmodern; altfränkisch; alter Zopf 4 *expression de sympathie* **cette bonne vieille ville de Reims** das liebe, alte Reims; **ce bon ~ X** der gute *ou* liebe, alte X 5 **vieil or** Altgold *n*; *adjt* in Altgold; **~ rose** Altrosa *n*; *adjt* altrosa B SUBST 1 **~, vieille** *m,f* alter Mann; Alte(r) *m*; alte Frau; Alte *f*; **les ~** die Alten *pl*; *fam* **mes ~** *fam* meine Alten *pl* (*parents*); *fam* **mon ~** *appellatif fam* mein Lieber; alter Freund, Junge; (*père*) *fam* mein Alter; mein Alter Herr; → *a.* bien[1] A 7; *fam appellatif* **ma vieille** *fam* meine Liebe; *fam* **son ~** (*mari*) *fam* ihr Alter, Oller; *fam* **sa vieille** (*femme*) *fam* s-e Alte, Olle; *fam* **un petit ~** ein altes Männchen; *fam* **une petite vieille** ein altes Mütterchen; *fam* **c'est un ~ de la vieille** er ist ein alter Hase 2 **le ~** das Alte; **faire du neuf avec du ~** aus Alt mach Neu (*loc*); *fam* **prendre un (sacré, sérieux) coup de ~** mit e-m Schlag alt, älter werden
Vieux-Brisach [vjøbʀizak] M GÉOG Breisach *n*
vif [vif] A ADJ ⟨**vive** [viv]⟩ 1 *personne, regard etc* lebhaft; lebendig; wach; *intelligence, imagination a.* rege; *curiosité, désir, plaisir, souvenir, applaudissements etc* lebhaft; *émotion, impatience* heftig; *impression, penchant* stark; **vive sensation de douleur** heftiger Schmerz; **à mon ~ regret** zu meinem größten, großen Bedauern; **être doué d'une sensibilité très vive** sehr sensibel, feinfühlig sein 2 (*emporté*) *personne* heftig; aufbrausend; ungestüm; *propos, reproches, critique, querelle, discussion etc* heftig; *propos, critique a.* scharf; *discussion a.* lebhaft; hitzig; **au tempérament très ~** sehr heftig; ungestüm; **de vive force** mit Brachialgewalt; **échanger des propos très ~s** e-n heftigen, hitzigen, scharfen Wortwechsel haben; heftige, scharfe Worte wechseln; **faire une remarque vive à qn** j-n anfahren 3 *lumière* hell; strahlend; *couleur* lebhaft; kräftig; leuchtend; *teint* gesund; frisch; *air* frisch und kalt; *froid* empfindlich; *chaleur* stark; *arête* scharf; *couleur, lumière* **trop ~** grell 4 (*rapide*) *allure* flink; flott; *personne, geste* flink; *rythme* flott; **geste trop ~** zu hastige Bewegung; **marcher d'un pas ~** flott, in flottem Schritt gehen 5 (*vivant*) lebendig; lebend; **être brûlé(e) vif (vive)** bei lebendigem Leib verbrannt werden 6 *par ext*: **chaux vive** gebrannter, ungelöschter Kalk; **eau vive** lebhaft fließendes, sprudelndes Wasser; Wildwasser *n*; **°haie vive** (lebende) Hecke; **poids ~** Lebendgewicht *n*; *loc adv*: CUIS **à feu ~** bei starker Hitze; auf starker Flamme; **de vive voix** mündlich; *fig pays* **être atteint dans ses forces vives** an s-m Lebensnerv getroffen sein, werden B M 1 JUR **donation** *f* **entre ~s** Schenkung *f* unter Lebenden 2 LOC: **plaie** *f* **à ~** offene Wunde; *fig* **il a les nerfs à ~** s-e Nerven sind zum Zerreißen gespannt; **être piqué, atteint, touché au ~** zutiefst getroffen, verletzt, gekränkt sein; ins Mark getroffen sein; **pêcher au ~** mit lebendem Köder angeln; **entrer dans le ~ du sujet** zum Kern der Sache kommen; in medias res gehen; **trancher, tailler, couper dans le ~** → trancher B 1; **prendre sur le ~** PHOT e-n Schnappschuss machen von; *expression, scène* aus dem Leben greifen; dem wirklichen Leben entnehmen; **réaction** *f* **sur le ~** Augenblicksreaktion *f*
vif-argent [vifaʀʒɑ̃] M Quecksilber *n*; *fig* **c'est du ~** er ist quecksilbrig, ein Quecksilber, äußerst lebhaft
vigie [viʒi] F MAR Ausguck *m*
vigilance [viʒilɑ̃s] F Wachsamkeit *f*; **donner toute sa ~ à qn, qc** j-m, e-r Sache s-e ganze Aufmerksamkeit zuwenden, widmen; **tromper la ~ de qn** j-n, der aufpasst, überlisten
vigilant [viʒilɑ̃] ADJ wachsam; umsichtig; **attention ~e** besondere Aufmerksamkeit; **sous l'œil ~ de qn** unter j-s wachsamen Blicken; *malade* **être l'objet de soins ~s** umsichtig, sorgsam gepflegt werden
vigile [viʒil] 1 M (*gardien*) Wachmann *m*; (*veilleur de nuit*) Nachtwächter *m* 2 F ÉGL CATH Vigil *f*
vigipirate [viʒipiʀat] **plan** *m* **~** *frz Anti-Terror-Programm*
vigne [viɲ] F 1 Weinrebe *f*; **(cep** *m*, **pied** *m* **de) ~** Wein-, Rebstock *m*; BOT **~ vierge** Wilder Wein; **pays** *m* **de ~** Wein(bau)gebiet *n* 2 Weinberg *m*, -garten *m*; **~s** *pl a.* Rebflächen *fpl*; *fig* **être dans les ~s du Seigneur** betrunken, berauscht sein
vigneron [viɲ(ə)ʀõ] M, **vigneronne** F Winzer(in) *m(f)*; Weinbauer *m*, -gärtner *m*; *autrich* Weinhauer *m*
vignette [viɲɛt] F 1 ADMIN a *sur les médicaments* Kontrollabschnitt *m*, Preisschild *n*, (Preis)Aufkleber *m* für die Kostenerstattung durch die Sozialversicherung b **~ (automobile)** Steuerplakette *f* (*über entrichtete Kraftfahrzeugsteuer*); *correspond à* Kraftfahrzeugsteuer *f* 2 TYPO Vignette *f*; Zierbildchen *n*, -leiste *f*
vignoble [viɲɔbl] M 1 *plantation* Weinberg *m*, -garten *m* 2 *d'une région* Wein(bau)gebiet *n*
vigogne [vigɔɲ] F ZOOL Vikunja *n*
vigoureux [viguʀø] ADJ ⟨-euse⟩ 1 *être vivant* kräftig; robust; widerstandsfähig; **bras** *mpl* **~** kräftige Arme *mpl*; **cheveux** *mpl* **~** kräftiges Haar; **santé vigoureuse** robuste Gesundheit 2 *style* kraftvoll; **couleur vigoureuse** kräftige Farbe; **protestation, résistance vigoureuse** heftiger Protest, Widerstand; **au tracé ~** mit, in kraftvollen Strichen (gezeichnet)
vigueur [vigœʀ] F 1 (Lebens)Kraft *f*; Robustheit *f*; Stärke *f*; **manque** *m* **de ~** Kraftlosigkeit *f*; *loc adj*: **dans toute la ~ de la jeunesse** in voller Jugendkraft; **plein de ~** kraftvoll; kraftstrotzend; voller Lebenskraft; **sans ~** kraftlos; *loc adv* **avec ~** heftig; kräftig 2 *de la résistance, d'une protestation* Heftigkeit *f*; *d'un argument, d'expression* Kraft *f*; *de pensée* Schärfe *f*; **exprimer qc avec ~** etw kraftvoll ausdrücken; **manquer de ~** kraftlos, matt sein; *mesure* **perdre de sa ~** an Wirksamkeit verlieren; *conflit etc* **reprendre ~** wieder heftiger werden; erneut aufflammen 3 JUR *loc adj* **en ~** in Kraft; gültig; geltend; **entrée** *f* **en ~** Inkrafttreten *n*; **loi** *f* **en ~** geltendes Gesetz, Recht; **mise** *f* **en ~** Inkraftsetzung *f*; **entrer en ~** in Kraft treten; **être en ~** in Kraft sein; gelten; **mettre en ~** in Kraft setzen
VIH [veiaʃ] M ABR (virus de l'immunodéficience humaine) HIV *n*
Viking [vikiŋ] M HIST Wikinger *m*
vil [vil] ADJ 1 *st/s personne, action* ruchlos; schändlich; nichtswürdig; **de ~s intérêts** niedrige Interessen *npl* 2 LOC ADV **à ~ prix** zu e-m Spottpreis; zu Schleuderpreisen
vilain [vilɛ̃] A ADJ 1 *enfant, bête* unartig; böse; garstig; ungezogen 2 *mot, manières* hässlich; schlimm; unanständig; *mauvais tour* übel; *avertissement* **un ~ monsieur** ein böser Mann 3

(laid) hässlich; **blessure ~e** schlimme, böse Verletzung; **cheveux ~s** stumpfes und farbloses Haar; **temps ~** scheußliches Wetter; **elle n'est pas ~e** sie sieht gar nicht übel aus **B** SUBST **1** **~(e)** *m(f)* böser, unartiger Junge; böses, unartiges Mädchen; **hou, la (petite) ~e!** pfui, du böses Mädchen! **2** M *fam* **il va y avoir, ça va faire du ~** *fam* das gibt ne Keilerei **3** M HIST (Frei)Bauer *m*

vilebrequin [vilbʀəkɛ̃] M **1** TECH Bohrkurbel *f*, -winde *f* **2** AUTO Kurbelwelle *f*

vilenie [vil(e)ni] *litt* F Ruchlosigkeit *f*; Schändlichkeit *f*; Nichtswürdigkeit *f*

vilipender [vilipɑ̃de] *st/s* V/T schmähen; verunglimpfen

villa [vi(l)la] F Villa *f*

Villach [vilak] GÉOG Villach *n*

village [vilaʒ] M Dorf *n*; **~ de toile** Zeltstadt *f*; **~ de vacances** Feriendorf *n*

villageois [vilaʒwa] **A** ADJ dörflich; Dorf... **B** SUBST **~(e)** *m(f)* Dorfbewohner(in) *m(f)*

ville [vil] F **1** Stadt *f*; SPORTS **~ étape** Etappenziel *n*; **grande ~** große Stadt; Großstadt *f*; **~ industrielle** Industriestadt *f*; **~ nouvelle** neue, neu gegründete Stadt; **petite ~** kleine Stadt; Kleinstadt *f*; Städtchen *n*; **~ portuaire** Hafenstadt *f*; **~ d'eau(x)** (Heil)Bad *n*; Kurstadt *f*, -ort *m*; **la ~ de Lyon** die Stadt Lyon; **~ de province** Provinzstadt *f*; **hôtel** *m* **de ~** Rathaus *n*; *loc adv*: **dans la ~** in der Stadt; **en ~** in der *ou* in die Stadt; im *ou* ins Stadtzentrum; außer Haus; auswärts; *sur une lettre (abr* **E.V.***)* hier; **aller en ~** in die Stadt gehen, fahren; **dîner en ~** in der Stadt, auswärts, außer Haus essen **2** *(contraire de « campagne »)* Stadt *f*; Stadtleben *n*; **gens** *mpl* **de la ~** Leute *pl* aus der Stadt; Stadtmenschen *mpl*; Städter *mpl*; **à la ~** in der *ou* in die Stadt; **aimer la ~** gern in der Stadt wohnen, leben; das Stadtleben lieben **3** *(quartier)* Stadtteil *m*, -viertel *n*; **~ basse** Unterstadt *f*; **~ européenne** europäisches Viertel; Europäerviertel *n*; **~ °haute** Oberstadt *f*; **~ neuve** Neustadt *f*; **vieille ~** Altstadt *f* **4** *(habitants de la ville)* Stadt *f*; **toute la ~ en parle** die ganze Stadt spricht davon; das ist Stadtgespräch **5** *(municipalité)* Stadt(verwaltung) *f*; *travaux financés* **par la ~** von der Stadt

ville-champignon [vilʃɑ̃piɲɔ̃] F ⟨*pl* villes-champignons⟩ aus dem Boden gestampfte *ou* geschossene Stadt; **ville-dortoir** F ⟨*pl* villes-dortoirs⟩ Schlafstadt *f*

villégiature [vileʒjatyʀ] F Sommerfrische *f*; **aller, partir en ~** in die Sommerfrische fahren

Villeparisis [vilpaʀizis] *Stadt im Dep. Seine-et-Marne*

Villers-Cotterêts [vilɛʀkɔtʀɛ] *Stadt im Dep. Aisne*

ville-satellite [vilsatelit] F ⟨*pl* villes-satellites⟩ Trabantenstadt *f*

Villiers de l'Isle-Adam [viljedəlilad ɑ̃] *frz Schriftsteller*

Villon [vijɔ̃] **François ~** *frz Dichter*

villosités [vi(l)lozite] FPL ANAT **~ intestinales** Darmzotten *fpl*

Vilnius [vilnjys] GÉOG Wilna *n*

vîmes [vim] → voir

vin [vɛ̃] M Wein *m*; **~ blanc** Weißwein *m*; **~ cuit** Aperitif *m* auf Weinbasis; Aperitifwein *m*; **~ fin, fort** feiner *ou* erlesener, starker Wein; **grands ~s** berühmte Weine; **~ ordinaire** einfacher Tischwein; **petit ~** Landwein *m*; **~ rouge** Rotwein *m*; **~ sec** herber, trockener Wein; **~ d'honneur** Ehrentrunk *m*; **~ de messe** Messwein *m*; **~ de paille** weißer Süßwein; **~ de palme, de** *ou* **du pays, du Rhin, de table** Palm-, Land-, Rhein-, Tafel- *ou* Tischwein *m*; **~ en bouteille** Flaschenwein *m*; **~ en fût** *ou* **tonneau** Fasswein *m*; Wein vom Fass; offener Wein; CUIS **coq** *m* **au ~** Hahn *m*, Huhn *n* in Rotweinsoße; **bouteille** *f* **de ~** Flasche *f* Wein; Weinflasche *f*; *fig*: **il a le ~ gai, triste** er wird lustig, traurig, wenn er Wein trinkt; der Wein macht, stimmt ihn lustig, traurig; **cuver son ~** s-n Rausch ausschlafen; **être entre deux ~s** nicht ganz nüchtern sein; *fam* im Tran sein; *prov* **quand le ~ est tiré, il faut le boire** wer A sagt, muss auch B sagen *(prov)*

vinaigre [vinɛgʀ] M **1** Essig *m*; **~ à l'estragon, d'alcool, de vin** Estragon-, Sprit-, Weinessig *m*; *fig rapports* **tourner au ~** schlechter werden; **ça a tourné au ~** die sind aneinandergeraten, sich in die Haare geraten **2** *fam* **faire ~** schnell machen

vinaigrer [vinegʀe] V/T Essig geben an *(+acc)*; mit Essig anmachen; *adjt* **la salade est trop vinaigrée** am, im Salat ist zu viel Essig

vinaigrerie [vinɛgʀəʀi] F Essigfabrik *f*

vinaigrette [vinɛgʀɛt] F Salatsoße *f*; Essig *m* und Öl *n*; Vinaigrette *f*; *loc adj* **à la, en ~** in Salatsoße

vinaigrier [vinɛgʀije] M *flacon* Essigfläschchen *n*, -kännchen *n*

vinasse [vinas] *fam* F schlechter Wein

Vincent [vɛ̃sɑ̃] M *Vorname*

vindicatif [vɛ̃dikatif] ADJ ⟨-ive⟩ rachsüchtig

vindicte [vɛ̃dikt] F *litt* **désigner qn à la ~ publique** j-n anprangern

vineux [vinø] ADJ ⟨-euse⟩ **1** **avoir l'haleine vineuse** nach Wein riechen, *péj* stinken; *fam* e-e Fahne haben **2** **rouge ~** schmutziges Weinrot

vingt [vɛ̃], *vor Vokalen u. stummem h u. in den Zahlen 22 bis 29* [vɛ̃t] **A** NUM zwanzig; *fam* **~ dieux!** sapperlot!; sackerlot!; **le ~ mai** der zwanzigste *ou* am zwanzigsten Mai; **~ mille** zwanzigtausend; **page ~** Seite zwanzig; **~ et un** [vɛ̃teɛ̃, vɛ̃teœ̃] einundzwanzig; **sept heures moins ~** zwanzig vor sieben; **à ~ heures** um zwanzig Uhr; **dans les années ~** in den Zwanzigerjahren; **de ~ ans** zwanzigjährig; von zwanzig Jahren; **je n'ai plus mes jambes de ~ ans** ich habe nicht mehr so junge Beine; *fam* **je lui ai répété ~ fois ...** *fam* ich hab ihm hundertmal gesagt ... **B** M **1** Zwanzig *f*; *all Sud a.* Zwanziger *m*; **le ~ (du mois)** der Zwanzigste *ou* am Zwanzigsten (des Monats); → *a.* deux **B** **2** *(meilleure note) correspond à* Eins *f*; Einser *m*; **il a eu quinze sur ~** er hat e-e Zwei bekommen

vingtaine [vɛ̃tɛn] F **une ~** etwa, ungefähr, an die, *fam* (so) Stücker zwanzig (**de livres** *etc* Bücher *etc*)

vingt-deux [vɛ̃tdø] NUM zweiundzwanzig; *fam* **~!** Achtung!; Vorsicht!; aufgepasst!; **vingt-deuxième** NUM zweiundzwanzigste(r, -s)

vingtième [vɛ̃tjɛm] **A** NUM zwanzigste(r, -s); **le ~ siècle** das zwanzigste Jahrhundert **B** SUBST **1** **le, la ~** der, die, das Zwanzigste **2** M MATH Zwanzigstel *n*

vingt-quatre [vɛ̃tkatʀ] NUM vierundzwanzig; **les ~ heures du Mans** das 24-Stunden-Rennen von Le Mans; **~ heures sur ~** rund um die Uhr

vinicole [vinikɔl] ADJ Wein(bau) ...; **région** *f* **~** Wein(bau)gebiet *n*

vinification [vinifikasjɔ̃] F Weinbereitung *f*; Verarbeitung *f* des Weins; **vinifier** V/T *les moûts* zu Wein verarbeiten

vins, vint [vɛ̃] → venir

Vintimille [vɛ̃timij] GÉOG Ventimiglia *n*

vinyle [vinil] M CHIM Vinyl *n*; **chlorure** *m* **de ~** Vinylchlorid *n*; *souvent pour* Polyvinylchlorid *n (abr* PVC*)*

vinylique [vinilik] ADJ Vinyl...; **éther** *m* **~** Vinyläther *m*

vioc [vjɔk] → vioque

viol [vjɔl] M **1** Vergewaltigung *f*; JUR Notzucht *f* **2** → violation

violacé [vjɔlase] **A** ADJ blaurot; bläulich rot; **nez ~** blaurote, bläulich rote Nase; **rouge** *m* **~** Rotviolett *n* **B** FPL **~es** BOT Veilchengewächse *npl*

violateur [vjɔlatœʀ] M **~ des lois** Gesetzes-, Rechtsbrecher *m*; **~ de tombeau** Grabschänder *m*

violation [vjɔlasjɔ̃] F *de la loi, d'un traité, d'un secret* Verletzung *f*; *d'une promesse, d'un traité* Bruch *m*; *d'une sépulture, d'un sanctuaire* Schändung *f*; **~ de domicile** Hausfriedensbruch *m*; **~ de frontière** Grenzverletzung *f*

viole [vjɔl] F MUS Viola *f*; **~ de gambe** Gambe *f*; Kniegeige *f*; Viola da Gamba *f*

violemment [vjɔlamɑ̃] ADV heftig

violence [vjɔlɑ̃s] F **1** Gewalt *f*; *(contrainte)* Zwang *m*; *acte(s)* Gewalttat *f*, -tätigkeit *f*; Gewaltanwendung *f*; Gewaltsamkeit *f*; *disposition* Brutalität *f*; Rohheit *f*; **~s morales, physiques** psychische, physische Foltern *fpl*, Misshandlungen *fpl*; **~ verbale** heftige, brutale Worte *npl*; JUR **~ (et voies de fait) à agent public** *correspond à* Widerstand *m* gegen die Staatsgewalt; **acte** *m* **de ~** Gewalttat *f*; Akt *m* der Gewalt; *pl a.* Ausschreitungen *fpl*; **scène** *f* **de ~** brutale Szene; *loc adv* **par la ~** gewaltsam; mit Gewalt; **avoir recours à la ~** Gewalt anwenden; **commettre des ~s contre qn** gegen j-n Gewalttätigkeiten begehen, Gewalt anwenden; j-n misshandeln; **employer la, user de ~** Gewalt anwenden; **faire ~ à qn** auf j-n Zwang ausüben; *litt* **faire ~ à une femme** e-r Frau Gewalt antun; **se faire ~** sich *(dat)*, s-n Gefühlen Zwang antun; sich zwingen (**pour faire qc** etw zu tun); **répondre à la ~ par la ~** Gewalt gegen Gewalt setzen; auf Gewalt mit Gewalt antworten **2** *de la tempête, d'une passion etc* Heftigkeit *f*; *de la tempête a.* Wüten *n*; Toben *n*; **souffler avec ~** wüten; toben

violent [vjɔlɑ̃] ADJ **1** *personne, caractère* gewalttätig; brutal *(a. sport, scène)*; **mourir de mort ~e** e-s gewaltsamen Todes sterben **2** *vent, paroles, résistance, désir, douleur* heftig; *vent a.* stürmisch; *effort, choc a.* gewaltig; *contraste* sehr stark; *poison* (sehr schnell und) stark (wirkend); *odeur* scharf; beißend; **jaune, rouge ~** *fam* Knallgelb *n*, -rot *n* **3** *fam* **c'est un peu ~** *fam* das ist wirklich allerhand; das ist ein starkes Stück

violenter [vjɔlɑ̃te] V/T → violer 3

violer [vjɔle] V/T **1** *loi, secret, traité* verletzen; *promesse, traité* brechen **2** *sépulture, sanctuaire* schänden; **~ les consciences** die Gewissensfreiheit unterdrücken; **~ le domicile de qn** unbefugt und gewaltsam in j-s Wohnung eindringen **3** *femme* vergewaltigen; JUR notzüchtigen; **se faire ~** vergewaltigt werden

violet [vjɔlɛ] **A** ADJ ⟨~te⟩ violett; veilchenblau; *de froid* bläulich (angelaufen) **B** M Violett *n*

violette [vjɔlɛt] F BOT Veilchen *n*

violeur [vjɔlœʀ] M Vergewaltiger *m*

violine [vjɔlin] ADJ purpurviolett

violon [vjɔlɔ̃] M **1** Geige *f*; Violine *f*; *fam ou péj* Fiedel *f*; *fig* **~ d'Ingres** Steckenpferd *n*; Hobby *n*; **concerto** *m* **pour ~** Violinkonzert *n*; *fam fig* **accordez vos ~s!** werdet euch (bitte) einig!; **jouer du ~** Geige, Violine spielen; geigen; *pop fig* **c'est comme si on pissait dans un ~!** *ou* **autant pisser dans un ~!** *fam* das ist für die Katz! **2** *joueur* Geiger(in) *m(f)*; **premier ~** erster Geiger; *fig*: **je ne peux pas aller plus vite que les ~s** ich kann auch nicht hexen; **vouloir aller plus vite que les ~s** die Dinge überstür-

zen wollen 3 *fam (prison de police)* Arrestlokal *n;* Polizeigewahrsam *m*
violoncelle [vjɔlõsɛl] M MUS (Violon)Cello *n;* **violoncelliste** M/F Cellist(in) *m(f);* Cellospieler(in) *m(f)*
violoneux [vjɔlɔnø] M Fiedler *m (a. péj);* **violoniste** M/F Geiger(in) *m(f);* Violin-, Geigenspieler(in) *m(f);* Violinist(in) *m(f)*
vioque [vjɔk] *arg* A ADJ alt B M/F Alte(r) *m/f(m);* **mes ~s** *fam* meine Alten *pl (parents)*
vipère [vipɛʀ] F 1 ZOOL Viper *f;* Otter *f* 2 *fig personne* Schlange *f; fam* Giftnudel *f,* -kröte *f*
vipérin [vipeʀɛ̃] ADJ ZOOL **couleuvre ~e** Vipernatter *f*
virage [viʀaʒ] M 1 *d'une route* Kurve *f;* Straßenbiegung *f,* -krümmung *f;* Kehre *f;* **~ dangereux** gefährliche Kurve; **~ à droite, à gauche** Rechts-, Linkskurve *f; panneau* **~s sur 3 km** kurvenreiche Strecke auf 3 km; **couper un ~** e-e Kurve schneiden; **manquer un ~** aus e-r Kurve getragen werden; *fam* e-e Kurve nicht kriegen; **prendre un ~** e-e Kurve nehmen 2 *action* Wendung *f;* Drehung *f;* MAR Wenden *n;* AUTO, AVIAT Kurve *f;* SKI, PATINAGE Bogen *m* 3 *fig* Wende *f;* Wechsel *m;* Umschwung *m;* Schwenkung *f;* POL **amorcer un ~ à droite** e-e Schwenkung nach rechts vollziehen 4 PHOT Tonung *f* 5 CHIM Umschlagen *n* (**du bleu au rouge** von Blau in Rot) 6 MÉD **~ de la cuti-réaction** positive Tuberkulinprobe
virago [viʀago] F Mannweib *n*
viral [viʀal] ADJ ‹-aux› MÉD Virus...; **infection ~e** Virusinfektion *f*
virée [viʀe] F *fam* Spritztour *f,* -fahrt *f*
virement [viʀmɑ̃] M FIN Überweisung *f;* Giro *n;* **~s** *pl* Giroverkehr *m;* **~ bancaire** Banküberweisung *f;* **~ postal** Postschecküberweisung *f;* **ordre** *m* **de ~** Überweisungsauftrag *m;* **payer par ~** bargeldlos, durch Überweisung zahlen
virent [viʀ] → voir
virer [viʀe] A V/T 1 *somme* überweisen (**à un compte** auf ein Konto) 2 *fam* **~ qn** j-n hinauswerfen, *fam* feuern; **se faire ~** gefeuert, hinausgeworfen werden 3 *fam* **il a viré sa cuti** s-e Tuberkulinprobe ist positiv; *fig* er ist umgeschwenkt; er hat die Front gewechselt 4 PHOT tonen B V/T INDIR **~ à** umschlagen in *(+acc);* werden zu; *vin* **~ à l'aigre** umschlagen; sauer werden; CHIM *tournesol* **~ au rouge** in Rot umschlagen; rot werden; **~ à la violence** *etc* in Gewalt *etc* umschlagen C V/I 1 sich drehen; *véhicule* e-e Kurve fahren; *avion* e-e Kurve fliegen; *patineur* e-n Bogen fahren; *véhicule* **~ à droite, à gauche** nach rechts, links ein-, abbiegen; **~ de bord** MAR wenden; *fig et* POL umschwenken; e-e Schwenkung vollziehen 2 MÉD *cuti-réaction* positiv sein, werden
vireux [viʀø] ADJ ‹-euse› *t/t* BOT giftig
virevolte [viʀvɔlt] F *souvent* PL **~s** Drehungen *fpl;* Umherwirbeln *n; fig* Kehrtwendungen *fpl;* Schwenkungen *fpl;* **virevolter** V/I sich drehen; umherwirbeln
Virgile [viʀʒil] M *poète romain* Vergil *m*
virginal [viʀʒinal] ADJ ‹-aux› jungfräulich; rein; unberührt
Virginie [viʀʒini] F 1 *Vorname* 2 GÉOG **la ~** Virginia *n*
Virginie-Occidentale [viʀʒiniɔksidɑ̃tal] GÉOG **la ~** West Virginia *n*
virginité [viʀʒinite] F Jungfräulichkeit *f;* Jungfernschaft *f;* Unberührtheit *f;* Reinheit *f; fig* **refaire une ~ à qn** j-m e-e weiße Weste verpassen; j-n reinwaschen
virgule [viʀgyl] F Komma *n;* Beistrich *m;* **mettre une ~** ein Komma setzen
viril [viʀil] ADJ 1 männlich; Mannes...; viril; *sexuellement* potent; **âge ~, force ~e** Mannesalter *n,* -kraft *f* 2 *personne, attitude* männlich; mannhaft; unerschrocken; *traits* markant; männlich
viriliser [viʀilize] V/T vermännlichen
virilité [viʀilite] F 1 PHYSIOL Männlichkeit *f;* Virilität *f;* Manneskraft *f; (puissance sexuelle)* Potenz *f* 2 *fig* Männlichkeit *f;* Mannhaftigkeit *f;* Mannesmut *m;* Unerschrockenheit *f*
virole [viʀɔl] F *d'un outil* Zwinge *f*
virologie [viʀɔlɔʒi] F Virologie *f;* Virusforschung *f;* **virologique** ADJ virologisch; **virologiste** *ou* **virologue** M/F Virologe, -login *m,f;* Virusforscher(in) *m(f)*
virtualité [viʀtɥalite] F Wirkungsvermögen *n;* Virtualität *f*
virtuel [viʀtɥɛl] ADJ ‹~le› virtuell *(a.* INFORM, OPT); theoretisch möglich
virtuellement [viʀtɥɛlmɑ̃] ADV praktisch; so gut wie
virtuose [viʀtɥoz] M/F Virtuose *m,* Virtuosin *f*
virtuosité [viʀtɥozite] F Virtuosität *f;* Virtuosentum *n;* vollendete Kunstfertigkeit, Technik; **avec ~** virtuos; meisterhaft; technisch vollendet
virulence [viʀylɑ̃s] F 1 *d'une critique, d'une personne* Heftigkeit *f;* Schärfe *f;* Bissigkeit *f* 2 *de microbes* Virulenz *f; d'un poison* starke und schnelle Wirkung
virulent [viʀylɑ̃] ADJ 1 *critique etc* heftig; scharf; bissig 2 *microbes* virulent
virus [viʀys] M 1 BIOL Virus *m ou n;* **maladie** *f* **à ~** Viruskrankheit *f* 2 *fig* Bazillus *m;* Virus *m;* **être atteint du ~ de la musique** *etc* ein Musiknarr, musikbesessen *etc* sein 3 INFORM **~ (informatique)** (Computer)Virus *m*
vis[1] [vi] → voir, vivre[1]
vis[2] [vis] F Schraube *f;* **~ à tête plate, ronde** Senkkopf-, Halbrundkopfschraube *f;* TECH **~ sans fin** Schnecke *f; fig* **serrer la ~ à qn** bei j-m die Zügel anziehen; j-n kurzhalten
visa [viza] M 1 Visum *n;* Sichtvermerk *m;* **~ d'entrée, de sortie** Einreise-, Ausreisevisum *n;* **demander, délivrer un ~** ein Visum beantragen, erteilen 2 *pour un film* **~ de censure** Freigabevermerk *m,* -bescheid *m*
visage [vizaʒ] M 1 Gesicht *n; st/s* Antlitz *n;* **~ énergique, rond** energisches, rundes Gesicht; **~ rayonnant** strahlendes Gesicht; strahlende Miene; **°haut** *m* **du ~** obere Gesichtshälfte; **soins** *mpl* **du ~** Gesichtspflege *f; fig* **elle avait le feu, le sang au ~** ihr Gesicht brannte *ou* war hoch-, feuerrot; **il changea de ~** sein Gesichtsausdruck veränderte sich; **faire bon ~** e-e zufriedene Miene aufsetzen, zur Schau tragen; **faire bon ~ à qn** katzenfreundlich zu j-m sein 2 *(personne)* Gesicht *n;* **~ ami** vertrautes Gesicht; **Visages pâles** Bleichgesichter *npl* 3 *fig* Gesicht *n; loc adj: personne* **à deux ~s** mit zwei Gesichtern; **à ~ humain** *société etc* human; menschlich; mit menschlichem Antlitz; **sans ~** anonym
visagiste [vizaʒist] M/F Visagist(in) *m(f);* Kosmetiker(in) *m(f)*
vis-à-vis [vizavi] A LOC PRÉP 1 *(en face de)* **~ de** gegenüber *(+dat)* 2 *(envers)* **~ de qn** j-m gegenüber; zu j-m; gegen j-n 3 *(par rapport à)* **~ de qc** e-r Sache *(dat)* gegenüber; in Bezug auf e-e Sache 4 *(en comparaison de)* **~ de qc** im Vergleich zu etw B LOC ADV einander gegenüber; vis-à-vis; **deux maisons situées ~** zwei einander gegenüberliegende Häuser *npl* C M 1 **en ~** einander gegenüberliegend, -stehend 2 *personne, maison etc* Gegenüber *n;* Visavis *n;* **nous n'avons pas de ~** wir haben kein Gegenüber; **nous avons un parc pour ~** unserem Haus gegenüber ist ein Park
viscéral [viseʀal] ADJ ‹-aux› 1 ANAT Eingeweide... 2 *peur, répulsion etc* irrational; dumpf; *haine a.* abgründig
viscères [visɛʀ] MPL ANAT Eingeweide *npl*
viscose [viskoz] F CHIM Viskose *f*
viscosité [viskozite] F Zähflüssigkeit *f;* CHIM Viskosität *f*
visé [vize] M Zielen *n;* **tirer au ~** gezielt schießen
visée [vize] F 1 *avec une arme* Zielen *n;* OPT Visieren *n* 2 *fig* **~s** *pl* Absichten *fpl;* **avoir des ~s ambitieuses, de grandes, de hautes ~s** hochfliegende Pläne haben; hoch hinauswollen; **avoir des ~s sur qc, qn** Absichten auf etw, j-n haben; ein Auge auf etw, j-n geworfen haben; auf etw *(acc)* reflektieren
viser [vize] A V/T 1 *cible* zielen auf *(+acc);* anvisieren 2 *fig but, poste important* zu erreichen suchen; anstreben; anvisieren 3 *(concerner)* **~ qn** j-n angehen, betreffen; auf j-n abzielen; **c'est lui qui est visé** das ist auf ihn gemünzt, an seine Adresse gerichtet; **se sentir visé** sich getroffen fühlen 4 *pop (regarder)* **vise (un peu) cette bagnole!** *fam* schau, sieh, guck dir mal diese Karre an! 5 ADMIN mit e-m Visum *ou* Vermerk versehen 6 JUR *articles* anführen; zitieren; sich berufen auf *(+acc)* B V/T INDIR 1 **~ à** zielen auf *(+acc),* nach 2 *fig* **~ à qc** nach etw trachten; auf etw *(acc)* hin-, abzielen; etw anstreben; **~ à** *(+inf)* darauf hinzielen, darauf gerichtet sein zu *(+inf);* **mesure visant à augmenter le niveau de vie** Maßnahme zur Hebung des Lebensstandards C V/I 1 zielen; **bien ~, ~ juste** gut, richtig zielen 2 *fig* **~ (trop) °haut** (zu) hoch hinauswollen; (allzu) hochfliegende Pläne haben
viseur [vizœʀ] M 1 *arme à feu* Visier *n;* AVIAT MIL Zielgerät *n* 2 PHOT Sucher *m*
Vishnou *ou* **Vishnu** [viʃnu] M REL Wischnu *m*
visibilité [vizibilite] F Sicht *f;* Sichtweite *f;* Sichtverhältnisse *npl;* **~ nulle** starke Sichtbehinderung; Sicht gleich null; **bonne, mauvaise ~** gute, schlechte Sicht; **virage** *m* **sans ~** unübersichtliche Kurve
visible [vizibl] ADJ 1 sichtbar; erkennbar; **monde** *m* **~** sichtbare Welt; **être ~** *a.* zu sehen sein 2 *(évident)* klar zu erkennen(d), erkennbar; sichtbar; sichtlich; merklich; **avec un embarras ~** mit sichtlicher, merklicher Verlegenheit 3 *personne* **n'être pas ~** nicht zu sprechen sein
visiblement [vizibləmɑ̃] ADV sichtlich; merklich; **~,** *il ne fait rien* ganz offensichtlich ...; **il grandit ~** er wächst zusehends
visière [vizjɛʀ] F a *d'un casque* (Helm)Visier *n* b *d'une casquette* (Mützen)Schirm *m* c *pour les yeux* Augenschirm *m,* -blende *f;* **mettre sa main en ~** s-e Augen mit der Hand beschatten
Visigoths [vizigo] MPL HIST Westgoten *mpl*
vision [vizjõ] F 1 *(vue)* Sehen *n;* Sehvermögen *n;* **~ de loin, de près** Sehen in die Ferne, in der Nähe; **troubles** *mpl* **de la ~** Sehstörungen *fpl* 2 *(idée)* Vorstellung(en) *f(pl);* Bild *n;* **~ exacte** genaue *ou* richtige Vorstellung(en); **~ du monde** Weltbild *n,* -anschauung *f;* **la ~ de la mort** die Vorstellung vom Tod; das Bild des Todes 3 *(hallucination)* Vision *f;* Gesicht *n;* Erscheinung *f; fam* **ma parole, j'ai des ~s** *fam* ich hab wohl geträumt, Halluzinationen
visionnaire [vizjɔnɛʀ] A ADJ visionär; seherisch B M/F Visionär(in) *m(f);* Seher(in) *m(f)*
visionner [vizjɔne] V/T CINÉMA *film* (prüfend) ansehen; **visionneuse** F PHOT Diabetrachter *m; fam* Gucki *m; pour films* Bildbetrachter *m*
visiophone [vizjɔfɔn] M TÉLÉCOMMUNICATIONS Bildtelefon *n*
Visitation [vizitasjõ] F ÉGL CATH, ART Heimsuchung *f* Mariä
visite [vizit] F 1 Besuch *m;* Visite *f; d'une ville,*

V

d'un pays Besuch *m*; *d'une ville, d'une usine etc* Besichtigung *f*; *du médecin à l'hôpital* Visite *f*; **~ guidée** Führung *f*; **faire une ~ guidée** e-e Führung mitmachen; *médecin* **~ à domicile** Hausbesuch *m*; **~ d'adieu, de condoléances, de politesse** Abschieds-, Beileids-, Höflichkeitsbesuch *m*; **~ d'un représentant** Vertreterbesuch *m*; **~ du port en bateau, de la ville en autocar** Hafen-, Stadtrundfahrt *f*; **carte** *f* **de ~** Visitenkarte *f*; JUR **droit** *m* **de ~ (aux enfants)** Recht *n*, die Kinder zu sehen; **heures** *fpl* **de ~, heure** *f* **des ~s** Besuchszeit *f*; **jour** *m* **de ~** Besuchstag *m*; **avoir la ~ de qn** j-n zu Besuch haben; **être en ~ chez qn** bei j-m zu, auf Besuch sein; **faire une ~, rendre (une) ~ à qn** j-n besuchen; j-m e-n Besuch machen, abstatten; **je vous fais une petite ~ en passant** ich schaue nur auf e-n Moment zu Ihnen herein; ich komme nur auf e-n Sprung zu Ihnen; **recevoir la ~ de qn** j-s, von j-m Besuch erhalten; **rendre sa ~ à qn** j-s Besuch erwidern; (j-m) e-n Gegenbesuch machen 2 *(visiteur)* Besucher *m*; Besuch *m*; **avoir de la ~** Besuch haben 3 *(inspection)* Visitation *f*; MAR *a.* Durchsuchung *f*; JUR: **~ domiciliaire** Haussuchung *f*; **~ des lieux** Lokaltermin *m* 4 ÉCOLE, USINE **~ médicale** ärztliche Untersuchung; **passer (à) la ~ (médicale)** (ärztlich) untersucht werden

visiter [vizite] V/T 1 *malade, prisonnier, client, pays, ville, musée* besuchen; *ville, musée, église, maison à vendre* besichtigen; *pays a.* bereisen; *médecin* **~ qn** *a.* e-n (Kranken-, Haus)Besuch bei j-m machen 2 *cambrioleur: logement etc* durchsuchen; *douane: bagages etc* kontrollieren; visitieren 3 REL heimsuchen

visiteur [vizitœʀ] M, **visiteuse** F 1 Besucher(in) *m(f)*; *a.* Gast *m* 2 *(inspecteur)* Kontrolleur(in) *m(f)* 3 **~ médical** Pharmareferent *m*; Ärztevertreter *m* 4 ADJT **infirmière ~** *correspond à* Gemeindeschwester *f*; Gesundheitsfürsorgerin *f*

vison [vizõ] M ZOOL *et fourrure* Nerz *m*; **manteau** *m* **de ~** *ou fam* **~** Nerzmantel *m*; *fam* Nerz *m*

visqueux [viskø] ADJ ⟨-euse⟩ 1 *liquide* zähflüssig; CHIM viskos 2 *poisson etc* schleimig; schmierig; klebrig

vissage [visaʒ] M An-, Fest-, Zu-, Verschrauben *n*

vissé [vise] ADJ *fig* **être ~ sur sa chaise** sich nicht von s-m Stuhl rühren

visser [vise] V/T 1 *fixer* an-, festschrauben; *serrer* zu-, verschrauben; schrauben (**à, sur** an, auf *+acc*) 2 *fam fig* **~ qn** j-n kurzhalten; bei j-m die Zügel anziehen

visserie [visʀi] F a Schrauben *fpl* und Bolzen *mpl* b Schraubenfabrik *f*

Vistule [vistyl] **la ~** die Weichsel

visu [vizy] LOC ADV → de visu

visualisation [vizɥalizasjõ] F Sichtbarmachen *n*, -ung *f* (INFORM auf e-m Bildschirm); **visualiser** V/T 1 sichtbar machen (INFORM auf e-m Bildschirm) 2 CINÉMA *sujet* in Bilder umsetzen

visuel [vizɥɛl] A ADJ ⟨~le⟩ Seh…; Gesichts…; Blick…; visuell; **champ ~** Blickfeld *n*; Gesichtsfeld *n*; **mémoire ~le** visuelles Gedächtnis; PÉDAGOGIE **méthode ~le** visuelle Methode B SUBST 1 **~(le)** *m(f)* visueller Typ; Augenmensch *m* 2 M INFORM Display *n*; Datensichtgerät *n*

vit [vi] → voir, vivre[1]

vital [vital] ADJ ⟨-aux⟩ 1 BIOL, PHIL Lebens… 2 *(indispensable)* lebenswichtig; Lebens…; vital; **espace ~** Lebensraum *m*; **minimum ~** Existenzminimum *n*; **c'est** *ou* **c'est d'une importance ~e** das ist lebenswichtig

vitalité [vitalite] F Vitalität *f*; Lebenskraft *f* (*a. d'un pays etc*); **être plein de ~** sehr vital, voller Lebenskraft, Vitalität sein

vitamine [vitamin] F Vitamin *n*; **~ A, B, C** Vitamin A, B, C

vitaminé [vitamine] ADJ vitaminiert; vitaminisiert; mit Vitaminen angereichert

vite [vit] ADV schnell; rasch; geschwind; **aussi ~ qu'il pouvait** so schnell er konnte; **bien ~** sehr schnell; sehr, recht bald; **pas si ~!** nicht so schnell!; **plus ~** schneller; rascher; **le plus ~** am schnellsten, raschesten; **au plus ~** schleunigst; schnellstens; möglichst schnell; **le plus ~ possible** so schnell wie möglich; auf dem schnellsten Wege; *habille-toi*, **et plus ~ que ça!** *fam* und zwar ein bisschen plötzlich!; **à la va ~** → va-vite; **aller trop ~** überstürzt vorgehen; übereilt, vorschnell handeln; **il y va un peu ~** er macht es sich *(dat)* zu leicht; **allez** *ou* **allons ~, dépêche-toi!** los, beeil dich!; **un accident est ~ arrivé** ein Unfall ist leicht, schnell passiert; **fais ~!** mach schnell!; **j'ai eu ~ fait de le découvrir** das habe ich (sehr) schnell, im Handumdrehen entdeckt; **on a ~ fait de dire que …** man hat leicht sagen, dass …; *fam* **c'est du ~ fait** *fam* das ist geschludert, gepfuscht

vitellus [vitelys] M BIOL (Ei)Dotter *m ou n*

Viterbe [vitɛʀb] GÉOG Viterbo *n*

vîtes [vit] → voir

vitesse [vitɛs] F 1 Geschwindigkeit *f* (*a.* PHYS); Tempo *n*; Schnelligkeit *f*; Raschheit *f*; **~ maximale, minimale, moyenne** Höchst-, Mindest-, Durchschnittsgeschwindigkeit *f*; AVIAT **de décollage** Abhebegeschwindigkeit *f*; PHYS **~ de chute** Fallgeschwindigkeit *f*; **~ de croisière** Reisegeschwindigkeit *f*; *fig* fester Rhythmus; ESPACE **~ de libération** Fluchtgeschwindigkeit *f*; **~ de la lumière** Lichtgeschwindigkeit *f*; **~ de pointe** Spitzengeschwindigkeit *f*, -tempo *n*; *fam* Spitze *f*; CHIM **~ de réaction** Reaktionsgeschwindigkeit *f*; PHYS **~ de rotation** Umdrehungsgeschwindigkeit *f*; **~ du vent** Windgeschwindigkeit *f*; SPORTS **course** *f* **de ~** Kurzstreckenlauf *m*; → *a.* perte 1; ♦ *loc adv*: **à (une) faible, grande ~** mit geringer, großer Geschwindigkeit; mit geringem, hohem Tempo; **à toute ~** in aller Eile; schleunigst; *fam* im Eiltempo; **à la ~ du son** mit Schallgeschwindigkeit; COMM **en grande, petite ~** als Eil-, Frachtgut; *fam* **en ~** schnellstens; schleunigst; *fam* hopp hopp!; nun aber Tempo!; *fam* **file, et en ~!** *fam* mach, dass du wegkommst!; *fam* hau gefälligst ab!; ♦ **aimer la ~** gern schnell fahren; die Schnelligkeit lieben; **faire de la ~** schnell fahren; *fam* rasen; Tempo vorlegen; **gagner, prendre qn de ~** j-m zuvorkommen; schneller sein als j-d; *avion, train* **prendre de la ~** immer schneller werden; beschleunigen 2 AUTO Gang *m*; **quatrième ~** vierter Gang; *fam fig* **en quatrième ~** in größter Eile, Hast; *fam* mit Volldampf, Karacho; **manger en quatrième ~** hastig essen; (sein Essen hinunter)schlingen; **changement** *m* **de ~** Gangschaltung *f*; *action* Schalten *n*; **changer de ~** schalten; e-n anderen Gang einlegen; in e-n anderen Gang gehen; **mettre la, passer en troisième ~** in den dritten Gang gehen, schalten; den dritten Gang einlegen; **passer les ~s** schalten

viticole [vitikɔl] ADJ Wein(bau)…

viticulteur [vitikyltœʀ] M Winzer *m*; Weinbauer *m*; *autrich* Weinhauer *m*; **viticulture** F Weinbau *m*

vitrage [vitʀaʒ] M 1 *(vitres)* Verglasung *f* 2 *(verrière)* Glasscheibe *f*; *paroi* Glaswand *f*; **(rideau** *m* **de) ~** Scheibengardine *f* 3 *action* Verglasen *n*

vitrail [vitʀaj] M ⟨*pl* vitraux⟩ Kirchenfenster *n*

vitre [vitʀ] F (Glas-, Fenster)Scheibe *f*; *par ext (fenêtre)* Fenster *n* (*a.* CH DE FER); AUTO Seitenfenster *n*; AUTO **~ arrière, avant** Heck-, Frontscheibe *f*; **verre** *m* **à ~s** Fensterglas *n*; **regarder par la ~** durch die (Fenster)Scheibe sehen; zum Fenster hinaussehen

vitré [vitʀe] ADJ 1 Glas…; verglast; **baie ~e** großes (Glas)Fenster; **porte ~e** Glastür *f* 2 ANAT **corps ~** Glaskörper *m*; **humeur ~e** Glaskörperflüssigkeit *f*

vitrer [vitʀe] V/T verglasen; Glasscheiben einsetzen in *(+acc)*

vitrerie [vitʀəʀi] F 1 *industrie* Glaserhandwerk *n* 2 *produits* Glaserwaren *fpl*

vitreux [vitʀø] ADJ ⟨-euse⟩ *œil, regard* glasig; MINÉR **roches vitreuses** Gesteinsglas *n*

vitrier [vitʀije] M Glaser *m*

vitrifiable [vitʀifjabl] ADJ Glas…; **vitrification** F 1 Umwandlung *f* in Glas 2 *du parquet* Versiegelung *f*; **vitrifier** A V/T *parquet* versiegeln B V/PR **se ~** glasig, zu Glas werden

vitrine [vitʀin] F 1 *(étalage)* Schaufenster *n* (*a. fig*); Auslage *f*; **article** *m* **en ~** (im Schaufenster) ausgestellter Artikel; **mettre en ~** (im Schaufenster) ausstellen, auslegen; **regarder, lécher les ~s** Auslagen, Schaufenster ansehen; e-n Schaufensterbummel machen 2 *meuble* Vitrine *f*; Glasschrank *m*; Schaukasten *m*

vitriol [vitʀijɔl] M CHIM Vitriol *n*; *fig critique etc* **au ~** scharf; bissig

vitrioler [vitʀijɔle] V/T **~ qn** j-m Säure ins Gesicht schütten

vitrocéramique [vitʀɔseʀamik] F Glaskeramik *f*

vitupération [vitypeʀasjõ] F *st/s surtout* PL **~s** heftige Vorwürfe *mpl*

vitupérer [vitypeʀe] ⟨-è-⟩ V/T INDIR *st/s* **~ contre qn, qc** wettern gegen j-n, etw

vivable [vivabl] ADJ 1 *personne* **il n'est pas ~** man kann mit ihm (einfach) nicht auskommen; er ist unerträglich, unausstehlich 2 *endroit etc* **ce n'est pas ~** das Leben ist hier unerträglich, nicht auszuhalten

vivace[1] [vivas] ADJ 1 BIOL lebenskräftig; zäh; widerstandsfähig; **plante** *f* **~** Dauerpflanze *f*; ausdauernde, mehrjährige, perennierende Pflanze 2 *haine etc* hartnäckig; beharrlich; **foi** *f* **~** unzerstörbarer, unwandelbarer Glaube; **préjugé** *m* **~** unausrottbares, eingewurzeltes Vorurteil

vivace[2] [vivatʃe] ADJ MUS vivace

vivacité [vivasite] F 1 *d'une personne, du regard etc* Lebhaftigkeit *f*; Lebendigkeit *f*; Wachheit *f*; **~ d'esprit** geistige Regsamkeit; rasche Auffassungsgabe; **plein de ~** sehr wach, rege; sehr lebhaft, lebendig 2 *d'une personne (emportement), de propos etc* Heftigkeit *f*; *d'une discussion a.* Hitzigkeit *f* 3 *d'une passion etc* Heftigkeit *f*; Stärke *f*; Kraft *f*; Feuer *n* 4 *d'une couleur* Leuchtkraft *f*; Glanz *m*

vivandière [vivɑ̃djɛʀ] F HIST Marketenderin *f*

vivant [vivɑ̃] A ADJ 1 lebend; lebendig; am Leben; REL **le Dieu ~** der lebendige Gott; **être** *m* **~** Lebewesen *n*; *par ext* **langue ~e** lebende Sprache; **matière ~e** lebende, belebte Materie; **moi ~, …** solange ich lebe, am Leben bin …; **être enterré ~** lebendig begraben werden; *par ext* **vous en êtes un exemple ~, la preuve ~e** Sie sind der lebende Beweis dafür 2 *fig description, enseignement, coutume* lebendig; THÉ *personnage* lebensecht; *rue* belebt; **élève ~** Schüler, der sich lebhaft am Unterricht beteiligt; *enfant* **très ~** sehr lebhaft, lebendig; *fam* quicklebendig; **garder un souvenir très ~ de qn** sich lebhaft an j-n erinnern; j-n in sehr lebendiger Erinnerung haben B M 1 LOC PRÉP **de son ~** zu, bei s-n Lebzeiten; als er noch lebte; **du ~ de mon père** als, solange mein Vater noch lebte; zu Lebzeiten meines Vaters 2 **les ~s** die Lebenden *pl* 3 **bon ~** Genießer *m*; Schlemmer *m*

vivarium [vivaʀjɔm] M Vivarium *n*; *(terrarium)* Terrarium *n*

vivat [viva] M Vivat *n*; *surtout pl* **~s** Hochrufe *mpl*

vive¹ [viv] F ZOOL Petermännchen *n*

vive² [viv] INT → vivre¹ B 1

vivement [vivmɑ̃] ADV 1 *(vite)* schnell; rasch; flink; **se lever ~** aufspringen; hochschnellen; *affaire* **mener ~** zügig vorantreiben, -bringen 2 *s'intéresser* lebhaft; *souhaiter* lebhaft; innig; *regretter* zutiefst; tief; *conseiller, recommander* warm; wärmstens; *remercier* bestens 3 *répliquer, protester* heftig; scharf; hitzig 4 *fam* **~ que cela finisse!** wäre es doch schon vorbei!; **~ les vacances!** wären doch schon die Ferien da!

viveur [vivœʀ] M Lebemann *m*; Bonvivant *m*

vivier [vivje] M a *(étang)* Fischteich *m* b *(aquarium)* Fischbehälter *m*, -kasten *m*

vivifiant [vivifjɑ̃] ADJ 1 *climat, air* stärkend; kräftigend; belebend 2 *fig* belebend; erfrischend; **lecture ~e** belebende, erfrischende Lektüre

vivifier [vivifje] VT 1 *climat etc* **~ qn** j-n stärken, kräftigen; j-m neue Kraft geben 2 *fig* beleben; erfrischen

vivipare [vivipaʀ] ADJ BIOL lebend gebärend

vivisection [vivisɛksjɔ̃] F Vivisektion *f*

vivoir [vivwaʀ] M *au Canada* Wohnzimmer *n*

vivoter [vivɔte] VI *personne* kümmerlich leben; sein Leben mühsam fristen; vegetieren; *entreprise etc* dahinvegetieren; sich mühsam über Wasser halten

vivre¹ [vivʀ] ⟨je vis, il vit, nous vivons; je vivais; je vécus; je vivrai; que je vive; vivant; vécu⟩ A VT *époque troublée, passion* erleben; mit-, durchmachen; durchleben; **~ une aventure** ein Abenteuer erleben; **~ des jours heureux** glückliche Tage er-, verleben; **~ sa vie** sein eigenes Leben leben, führen; **~ mal un problème** *etc* mit e-m Problem *etc* schwer fertig werden B VI 1 *(exister)* leben; am Leben sein; ♦ *avec adj et adv*: **~ centenaire** hundert Jahre alt werden; **~ longtemps** lange leben; **ne plus ~** nicht mehr leben; *fig* **il ne vit plus** der Kummer frisst ihn auf, bringt ihn noch um; **~ vieux** alt werden; ♦ **le tabagisme a vécu** das Rauchen hat sich überlebt; **cesser de ~** verscheiden; hinübergehen; aus dem Leben scheiden; **ne pas trouver âme qui vive** keine lebende Seele, Menschenseele treffen; *prov* **qui vivra verra** man wird ja sehen; ♦ MIL **qui vive?** wer da?; ♦ **vive ...!** es lebe ...!; **vive la mariée!** es lebe die Braut!; die Braut soll leben!; ein Hoch auf die Braut!; **vive les vacances!** (die) Ferien sind etwas Wunderbares!; *a.* hurra Ferien! 2 *(mener une certaine vie)* leben; ein (bestimmtes) Leben führen; ♦ *avec adj et adv*: **il a (beaucoup) vécu** er hat (in s-m Leben) viel erlebt; **~ bien** sorgenfrei leben; **il fait bon ~ ici** hier lebt es sich gut; **~ indépendant** ein unabhängiges Leben führen; **~ tant bien que mal** schlecht und recht leben; sich so durchschlagen; ♦ *avec prép*: **~ à sa guise** sich *(dat)* sein Leben nach s-m Geschmack einrichten; **~ avec son temps** mit der Zeit (mit)gehen, Schritt halten; **~ dans l'angoisse, l'anxiété** in Angst leben; **~ en paix** in Frieden leben; **~ pour son art** ganz s-r Kunst leben; **~ pour soi** *(seul)* auf sich *(acc)* selbst gestellt sein; auf eigenen Füßen stehen; *(égoïstement)* nur an sich *(acc)* denken; **~ sur sa réputation** von s-m Ruhm zehren; ♦ **se laisser ~** in den Tag hinein leben; *plus fort* sich treiben lassen; **savoir ~** *(agréablement)* zu leben verstehen; ein Lebenskünstler sein; *(selon l'usage)* Lebensart haben; *prov* **pour ~ heureux, vivons cachés** wer glücklich leben will, darf nicht auffallen; → *a.* apprendre A 2, difficile 1, facile 3 *(habiter)* leben; wohnen; **~ seul, à la campagne** allein, auf dem Land leben, wohnen; **~ avec qn** mit j-m zusammenleben; **~ chez qn** bei j-m leben, wohnen 4 *(subsister)* leben; sich ernähren; **~ d'espoir** von der Hoffnung leben; **~ de fruits** von Obst leben; sich von Obst ernähren; **~ de son travail** von s-r Hände Arbeit leben; **avoir de quoi ~** sein Auskommen, genug zum Leben haben; **faire ~ qn** *personne* für j-s Lebensunterhalt aufkommen; j-n ernähren *(a. salaire)*; **son salaire les fait ~ tous** alle leben von s-m Gehalt; **il faut bien ~!** man muss schließlich leben!

vivre² [vivʀ] M 1 **~s** *pl* Lebensmittel *npl*; Proviant *m*; Verpflegung *f*; *fig* **couper les ~s à qn** j-m den Geldhahn zudrehen 2 **le ~ et le couvert** Unterkunft *f* und Verpflegung *f*; Kost *f* und Logis *n*

vivrier [vivʀije] ADJ ⟨-ière⟩ **cultures vivrières** der Ernährung dienende Kulturen *fpl*

Vizille [vizij] *Stadt im Dep. Isère*

vizir [viziʀ] M HIST Wesir *m*; **grand ~** Großwesir *m*

v'là [vla] *fam* → voilà

Vladimir [vladimiʀ] M HIST Wladimir *m*

Vladivostok [vladivɔstɔk] GÉOG Wladiwostok *n*

Vlaminck [vlamɛ̃k] **Maurice de ~** *frz Maler*

vlan [vlɑ̃] INT **(et) ~!** peng!; bums!; wumm!

Vltava [vəltava] GÉOG **la ~** die Moldau

VO ABR (version originale) Originalfassung *f*

vocable [vɔkabl] M 1 Vokabel *f*; Wort *n* 2 ÉGL **sous le ~ de saint Joseph** dem heiligen Joseph geweiht

vocabulaire [vɔkabylɛʀ] M 1 Wortschatz *m*; Vokabular *n*; **~ étendu** *ou* **riche, pauvre** reicher, kleiner *ou* bescheidener Wortschatz; *péj* **quel ~!** was für e-e Ausdrucksweise, Sprache! 2 *d'un groupe, d'une science* Wortschatz *m*; Vokabular *n*; Terminologie *f* 3 *(lexique)* Wörterverzeichnis *n*; Vokabular *n*; Glossar *n*

vocal [vɔkal] ADJ ⟨-aux⟩ Stimm...; Vokal...; TÉL **boîte ~e** Mailbox *f*; Voicemail *f*; **cordes ~es** Stimmbänder *npl*; **musique ~e** Vokalmusik *f*; INFORM **reconnaissance ~e** Spracherkennung *f*

vocalique [vɔkalik] ADJ PHON Vokal...; vokalisch

vocalisation [vɔkalizasjɔ̃] F PHON Vokalisierung *f*

vocalise [vɔkaliz] F MUS Stimmübung *f*; Vokalise *f*; **faire des ~s** a Stimmübungen machen b Koloratur singen

vocaliser [vɔkalize] A VT PHON vokalisieren B VI MUS Stimmübungen machen; **vocalisme** M PHON Vokalismus *m*

vocatif [vɔkatif] M GRAM Vokativ *m*; Anredefall *m*

vocation [vɔkasjɔ̃] F 1 Berufung *f* *(a. REL, BIBL)*; *(inclination)* Neigungen *fpl*; **~ artistique** künstlerische Berufung; **~ d'écrivain** Berufung zum Schriftsteller; **avoir la ~** (dazu) berufen sein; sich dafür eignen; **sa ~ est de soigner** er *ou* sie ist dazu berufen, dafür geschaffen, s-e *ou* ihre Berufung, Bestimmung ist es, Kranke zu pflegen; **manquer sa ~** s-n Beruf verfehlen; **se sentir une ~ de médecin** sich zum Arzt berufen fühlen; **suivre sa ~** s-r Berufung, Bestimmung, s-n Neigungen folgen 2 *d'une institution, d'un pays etc* Bestimmung *f*; Aufgabe *f*; Eignung *f*; **région** *f* **à ~ touristique** für den Fremdenverkehr geeignete Gegend; Fremdenverkehrsgegend *f*; **avoir ~ pour** *(+inf)* die Aufgabe haben, befähigt sein zu *(+inf)*

vociférateur [vɔsifeʀatœʀ] *litt* ADJ ⟨-trice⟩ *voix* zeternd; wütend; **vociférations** FPL Gebrüll *n*; Gezeter *n*; Toben *n*

vociférer [vɔsifeʀe] ⟨-è-⟩ A VT *injures etc* brüllen B VI brüllen; toben; zetern; **~ contre qn** j-n anbrüllen; *indirectement* gegen j-n zetern

vodka [vɔdka] F Wodka *m*

vœu [vø] M ⟨*pl* ~x⟩ 1 REL Gelübde *n*; *par ext* Gelöbnis *n*; feierliches Versprechen; **~x du baptême** Taufgelübde *n*; **~ de chasteté, d'obéissance** Keuschheits-, Gehorsamsgelübde *n*; **faire ~ de pauvreté** das Gelübde der Armut ablegen; *par ext* **j'ai fait le ~ de** *(+inf)* ich habe mir gelobt, fest vorgenommen zu *(+inf)*; ÉGL CATH **prononcer ses ~x** die Gelübde ablegen 2 *(souhait)* Wunsch *m*; **meilleurs ~x pour 1999** meine *ou* unsere besten Wünsche für 1999; **tous mes ~x!** meine besten Wünsche!; alles Gute!; **~x de bonne année** Glückwünsche *mpl* zum neuen Jahr, zum Jahreswechsel; **les ~x télévisés du Président** die Neujahrsansprache des Präsidenten im Fernsehen; **carte** *f* **de ~x** Neujahrskarte *f*; *une maison* **selon vos ~x** nach Ihren Wünschen; wie Sie es (sich [*dat*]) wünschen; **adresser des ~x de bonheur à qn** j-m Glück, alles Gute wünschen; **émettre, exprimer, formuler un ~** e-n Wunsch äußern; **faire un ~** sich *(dat)* etwas wünschen; **je fais le ~ que ...** ich wünsche (mir), dass ...; **faire, former des ~x pour le bonheur, la santé de qn, pour qn** j-m Glück, Gesundheit, alles Gute wünschen; **offrir, présenter ses ~x à qn** j-m s-e guten Wünsche, s-e Glückwünsche aussprechen

vogue [vɔg] F Publikumsgunst *f*; Beliebtheit *f*; *loc adj* **en ~** in Mode; modern; sehr beliebt; en vogue

voguer [vɔge] VI *litt bateau* fahren; segeln

voici [vwasi] *particule de présentation* (→ *a.* voilà) da ist *ou* sind; hier ist *ou* sind; *tu n'as plus d'argent,* **en ~** da ist, hast du welches; **~ les faits** das, Folgendes sind die Tatsachen; **~ ma fille** da *ou lors de présentations* das ist meine Tochter; **la, les ~** da *ou* das ist, sind sie; **me ~** da bin ich; **nous ~ début mai** wir haben jetzt Anfang Mai; **~ ce qui ...** Folgendes ...; **le livre que ~** dieses Buch da, hier; **nous ~ arrivés** wir sind da, angekommen; **~ comment il faut faire** so muss man das machen; ♦ *poét* **~ venir le printemps** der Frühling, *poét* der Lenz naht, steht vor der Tür

voie [vwa] F 1 *(chemin)* (Verkehrs)Weg *m*; Straße *f*; **~ express** Schnellstraße *f*; **~ ferrée** → ferré 1; **~ navigable** Wasserweg *m*, -straße *f*; Binnenschifffahrtsweg *m*; **~ publique** öffentliche Straße; **~ romaine** Römerstraße *f*; ADMIN **~ à sens unique** Einbahnstraße *f*; **~ d'accès** Zu-, Auffahrt *f*; AUTOROUTE *a.* Zubringer *m*; **(grandes) ~s de communication** (Haupt)Verkehrswege *mpl*, (-)Verbindungen *fpl*; **par ~ de terre** auf dem Landweg 2 CH DE FER Gleis *n*; **~ de garage** Abstellgleis *n*; *fig* **mettre qn, qc sur une ~ de garage** j-n aufs Abstellgleis schieben; etw aufs tote Gleis schieben; *ligne* **à double ~, à plusieurs ~s, à ~ unique** zwei-, mehr-, eingleisig; **chemin** *m* **de fer à ~ étroite** Schmalspurbahn *f*; **il est interdit de traverser les ~s** Überschreiten der Gleise verboten 3 *d'une route* Fahrspur *f*; **~ du milieu** mittlere Fahrspur; **~ réservée aux véhicules lents** Kriechspur *f*; **à trois ~s** dreispurig 4 ASTRON **Voie lactée** Milchstraße *f* 5 ANAT Weg *m*; **~s respiratoires, urinaires** Atem-, Harnwege *mpl*; **par ~ buccale** *ou* **orale** oral 6 *fig* Weg *m*; **~ royale** Königsweg

V

m; **les ~s de Dieu, du Seigneur** die Wege Gottes; Gottes Wege; **être dans la bonne ~** auf dem richtigen Weg sein; **être en bonne ~** vorankommen; auf gutem Wege sein; **mettre qn sur la ~** j-n auf die (richtige) Spur bringen; j-m auf die Sprünge helfen; **ouvrir la ~** den Weg bahnen, frei machen (**à qc** für etw); den Weg ebnen (**à qn** j-m); **poursuivre dans la ~ tracée** den, auf dem vorgezeichneten Weg weitergehen; **il a trouvé sa ~** er hat s-n Weg, das (für ihn) Richtige gefunden; ♦ *loc adj* **être en ~ d'achèvement** s-r Vollendung entgegengehen; **pays** *mpl* **en ~ de développement** Entwicklungsländer *npl*; **en ~ de guérison** auf dem Wege der Genesung; ♦ *loc adv* **par (la) ~ …** auf … Weg (*dat*); über (*+acc*); durch; **par une ~ détournée** auf e-m, über e-n Umweg; **par la ~ diplomatique** auf diplomatischem Wege; **par la ~ °hiérarchique** auf dem Dienstweg(e); **par ~ d'affiche** durch Anschlag; **par ~ de conséquence** infolgedessen **7** JUR **~s** *pl* **de fait** Tätlichkeiten *fpl*; **se livrer à des ~s de fait** Tätlichkeiten begehen **8** MAR **~ d'eau** Leck *n*

voilà [vwala] *particule de présentation* da ist; da sind; **~!** da!; **(et) ~!** das wär's!; **ah, !** aha!; genau!; na also!; da haben wir's!; **~, ~, j'arrive!** ja doch, ich komme!; ich komm ja schon!; **~ pour toi** das ist für dich; ♦ *avec subst ou pr*: **~ un an (que …)** vor *ou* seit e-m Jahr (…); es ist ein Jahr her (, dass …); *tu veux des bonbons*, **en ~** da sind welche; **en ~ assez!** jetzt reicht's, langt's (mir aber)!; jetzt ist's aber genug!; *fam* **en ~ un idiot!** *fam* so ein, ist das ein Trottel!; ist der vielleicht blöd!; *ils ont de l'argent* **en veux-tu en ~** im Überfluss; *fam* in rauen Mengen; **~ bien les femmes** (das ist) typisch Frau; so sind die Frauen; **~ l'hiver** der Winter ist da; **~ l'homme** so ist er; **le ~** da *ou* das ist er; **me ~** da bin ich; **nous y ~** *lieu* da sind wir; *question* nun sind wir beim eigentlichen Thema; **ah, te ~!** da bist du ja (endlich)!; **(et) ~ tout** das ist alles; weiter nichts; mehr nicht; ganz einfach; (*assez*) basta; Punktum; ♦ *avec pr rel*: **~ ce que c'est (que) de** (*+inf*) das kommt davon *ou* so geht es, wenn man (*+ind*); **~ ce qui fait que …** das ist der Grund dafür, dass …; deshalb …; darum …; **la maison que ~** das, dieses Haus da; **~ le directeur qui arrive** da kommt der Direktor; **~ qui est drôle** das ist aber seltsam; ♦ *avec pp ou adj*: **nous ~ bien** *ou* **frais!** *fam* da sitzen wir schön im Schlamassel, in der Tinte!; **le ~ content** jetzt ist er zufrieden; **me ~ bien embarrassé** da, nun bin ich ziemlich in Verlegenheit; **les ~ partis** jetzt sind sie (endlich) weg; ♦ *avec conj ou adv*: **~ comment … so …**; **et ~ comment: …** und zwar so: …; nämlich so: …; **~ où je veux en venir** darauf will ich hinaus; **~ pourquoi …** deshalb …; darum …; aus diesem Grund …; **mais ~ que, tout à coup, …** aber (siehe da,) plötzlich …; *fam* **voilà-t-il pas, voilà-ti-pas, v'là-ti-pas qu'il se met en tête …** setzt er sich (*dat*) doch tatsächlich plötzlich in den Kopf …; **seulement ~, il fallait y penser** nur musste man darauf kommen

voilage [vwalaʒ] *M* *rideau* Store *m*

voile¹ [vwal] *M* **1** *coiffure* Schleier *m*; *d'une religieuse* Nonnenschleier *m*; **~ de mariée** Brautschleier *m*; **porter le ~** verschleiert gehen; den Schleier tragen; ÉGL CATH **prendre le ~** den Schleier nehmen; Nonne werden **2** TEXT Voile *m* **3** *fig* Schleier *m*; *poét* **~ de brume** Nebelschleier *m*; *st/s* **sous le ~ de** unter dem Deckmantel (*+gén*); **mettre, jeter un ~ sur qc** e-n Schleier über etw (*acc*) breiten; *affaire* etw einschlafen lassen; nicht mehr an etw (*acc*) rühren; **lever le ~** den Schleier lüften **4** (*rideau*) Vorhang *m*; *d'un monument* Hülle *f*; **couvrir d'un ~** verhüllen; verschleiern **5** ANAT **~ du palais** Gaumensegel *n*; weicher Gaumen **6** MÉD **avoir un ~ au poumon** e-n Schatten auf der Lunge haben

voile² [vwal] *F* **1** MAR Segel *n*; **navigation** *f* **à ~** Segelschifffahrt *f*; *fam fig* **être à ~ et à vapeur** bisexuell, *fam* bi sein; **faire ~ sur** segeln nach; **mettre toutes ~s dehors** alle Segel setzen; *fam fig* **mettre les ~s** *fam* abhauen; verduften **2** SPORTS Segeln *n*; Segelsport *m*; **stage** *m* **de ~** Segelkurs *m*; **faire de la ~** segeln; Segelsport treiben **3** AVIAT **vol** *m* **à ~** Segelflug *m*; Segelfliegen *n*, -fliegerei *f*; **amateur** *m* **de vol à ~** Segelflieger *m*; **faire du vol à ~** segelfliegen (*uniquement inf*); Segelfliegen betreiben

voilé [vwale] *ADJ* **1** *statue etc* verhüllt; **femme ~e** verschleierte Frau **2** *voix* heiser; belegt; **allusion ~e** versteckte Anspielung; **ciel, regard ~** verschleierter Himmel, Blick; **reproche ~** versteckter Vorwurf; *regard* **~ de larmes** tränenverschleiert; **en termes ~s** in verschwommenen, verhüllten Worten **3** PHOT eingeschleiert; mit e-m Schleier **4** *roue* verbogen; *all Sud* mit e-m Achter; *all Nord* mit e-r Acht

voilement [vwalmɑ̃] *M* *d'une roue: all Sud* Achter *m*; *all Nord* Acht *f*

voiler¹ [vwale] **A** *V/T* **1** verschleiern; verhüllen **2** *larmes: yeux* verschleiern; trüben; *nuage: soleil etc* verbergen; verhüllen **B** *V/PR* **se ~** **1** *femme* verschleiert sein *ou* gehen **2** *regard* sich verschleiern (*a. ciel*); sich trüben; *lune, soleil* sich hinter e-m Wolkenschleier verbergen

voiler² [vwale] **A** *V/T* **1** MAR besegeln **2** *roue* verbiegen **B** *V/PR* **se ~** *roue* sich verbiegen; *all Nord* e-e Acht, *all Sud* e-n Achter bekommen

voilerie [vwalʀi] *F* Segelmacherwerkstatt *f*

voilette [vwalɛt] *F* (Hut)Schleier *m*

voilier [vwalje] *M* Segelschiff *n*; Segler *m*; SPORTS Segelboot *n*, -jacht *f*; **grand ~** großes Segelschiff; Windjammer *m*; **course** *f* **de ~s** Segelregatta *f*; SPORTS **faire du ~** segeln; Segelsport (be)treiben

voilure [vwalyʀ] *F* **1** MAR **a** (*voiles*) Besegelung *f* **b** *surface* Segelfläche *f* **2** AVIAT Tragflächen *fpl* **3** *du parachute* Schirm *m*; Kappe *f*

voir [vwaʀ]

⟨je vois, il voit, nous voyons, ils voient; je voyais; je vis; je verrai; que je voie; voyant; vu⟩

A verbe transitif	**B** verbe transitif indirect
C verbe intransitif	**D** verbe pronominal

— **A** verbe transitif —

1 (*apercevoir*) sehen; erblicken; zu Gesicht bekommen; ansichtig werden (*+gén*); **~ un accident** e-n Unfall (mit an)sehen; **voyez-vous cela!** sehen Sie sich (*dat*) das mal an!; *plais* **que vois-je?** was sehe ich (denn da)?; ♦ **agréable à ~** nett anzusehen; nett aussehend; **on ne dirait pas, à le ~** man sieht es ihm wirklich nicht an; das würde man hinter ihm nicht vermuten; **être à ~** zu sehen sein; → *a.* 3; **sans être vu** ungesehen; ohne gesehen zu werden; ♦ *avec loc adv*: **je l'ai vu de mes (propres) yeux** ich habe ihn *ou* es mit eigenen Augen gesehen; **~ qc de près** etw aus der Nähe sehen; → *a.* 5; **j'ai vu la mort de près** ich habe dem Tod ins Auge gesehen; ♦ *avec inf, pp ou complément*: **je le vois arriver** ich sehe ihn kommen; **je les ai vus mourir** ich habe sie sterben sehen; **vous m'en voyez navré, ravi** das tut mir sehr leid *ou* das bedauere ich sehr; ich bin entzückt darüber; **je vois tout tourner** alles dreht sich um mich; mir dreht sich alles vor den Augen; **je la vois qui vient** ich sehe sie kommen; ♦ *avec verbes*: **faire ~ qc à qn** j-m etw zeigen; **fais ~** zeig mal; **se faire ~** sich sehen lassen; *fam* **va te faire ~ (ailleurs)!** *fam* scher dich doch zum Teufel!; **je ne peux pas le ~** (*fam* **en peinture**) ich kann ihn nicht ausstehen, *fam* riechen **2** (*remarquer*) sehen; bemerken; erkennen; feststellen; **ne pas ~ qn, qc** *a.* j-n, etw übersehen; **voyez(-vous) cette insolence** nun seh sich (*dat*) einer diese Frechheit an; **quand je l'ai vue si malade** als ich sah, merkte, erkannte, wie krank sie war; **j'ai vu à son attitude que …** ich merkte ihm an *ou* sah ihm an, dass …; ich merkte, sah an s-r Haltung, dass …; **on voit bien que …** man sieht, merkt genau, recht gut, dass …; **ne pas laisser ~ son chagrin** sich (*dat*) s-n Kummer nicht anmerken lassen **3** (*visiter*) (an)sehen; besuchen; (*rencontrer*) sehen; besuchen; zusammenkommen, -treffen *ou* zusammen sein mit; *avocat* konsultieren; sprechen mit; **~ un film** sich (*dat*) e-n Film ansehen; e-n Film sehen; **~ du pays** weit in der Welt herumkommen; viel von der Welt sehen; **être à ~** sehenswert sein; *fam* **file, je t'ai assez vu** *fam* hau ab, ich hab genug von dir; ♦ **aller ~ qc, qn** sich (*dat*) etw ansehen; etw besichtigen; j-n auf-, besuchen; bei j-m vorsprechen; **(aller) ~ le médecin** zum Arzt gehen; *médecin* **aller ~ un malade** e-n Kranken besuchen; **se faire bien, mal ~** sich beliebt, unbeliebt machen; **pourrais-je ~ le directeur?** kann ich den, mit dem Direktor sprechen?; **venir ~ qn** j-n be-, aufsuchen; **venez me ~ dimanche** kommen Sie am Sonntag zu mir; **il ne veut ~ personne** er will niemanden sehen; er ist für niemanden zu sprechen **4** (*se représenter*) sehen; sich (*dat*) vorstellen; wissen; verstehen; **~ l'avenir** die Zukunft voraussehen; **~ un °héros en qn** in j-m e-n Helden sehen; j-n als Helden ansehen; **j'ai vu le moment où il** *allait tout casser* e-n Moment glaubte ich, er …; ich war darauf gefasst, dass er …; **je ne vois pas de solution** ich sehe keine Lösung; *fam* **tu vois ça d'ici** das kannst du dir wohl vorstellen; **je vois cela différemment** ich sehe das anders; **je ne le vois pas en médecin** ich kann ihn mir nicht als Arzt vorstellen; **tu vois ce que je veux dire** du verstehst, was ich sagen will; **je ne vois pas de qui tu parles** ich weiß (wirklich) nicht, von wem du sprichst; **on voit mal ce que …** man kann es sich (*dat*) nicht recht vorstellen, was …; es ist nicht recht einzusehen, was …; **je ne me vois pas habiter là** ich würde dort nie wohnen (wollen); *dans une lettre* **je ne vois plus rien à dire** mir fällt nichts mehr zum Schreiben ein; ich weiß nichts mehr, was ich schreiben könnte **5** (*examiner*) sehen; prüfen; nach-, durchsehen; feststellen; *malade* untersuchen; *courrier* durchsehen; **voyons un peu cette blessure** sehen wir uns mal die Wunde an; **il faut ~ cela de plus près** das muss noch näher geprüft, untersucht werden; **voyez ce que dit le dictionnaire** sehen Sie im Wörterbuch nach; sehen Sie nach, was im Wörterbuch steht; **voyons ce que vous savez faire** wir wollen mal sehen, was Sie können; **va ~ ce qui se passe** sieh nach, was los ist; **voyez s'il accepte** stellen Sie fest, ob er annimmt; **c'est à ~** das wäre in Erwägung zu ziehen, zu überlegen **6** (*vivre qc*) sehen; erleben; mit-, durchmachen; erfahren; **~ la guerre** den Krieg erleben, mitmachen; **cette année verra la reprise économique** dieses Jahr wird der Wirtschaftsaufschwung kommen; **le journal voit**

augmenter son tirage die Zeitung erfährt e-e Steigerung ihrer Auflage; ♦ **elle en a vu dans sa vie** sie hat in ihrem Leben viel durchgemacht; **en faire ~ à qn (de toutes les couleurs)** j-m schwer zu schaffen machen; j-m das Leben sauer machen; **j'en ai vu bien d'autres** ich habe Schlimmeres erlebt, gesehen; ♦ *fam* **vous allez ~ ce que vous allez ~** Sie werden sich (noch) wundern; *fam* Sie werden (noch) Ihr blaues Wunder erleben; **vous n'avez encore rien vu** das ist noch gar nichts; **on n'a jamais vu ça** so etwas hat man noch nie gesehen; so etwas ist noch nie da gewesen; **on aura tout vu** das ist doch unglaublich, die Höhe, *fam* das Letzte; **je l'ai vu naître** ich habe ihn schon als Kind (in der Wiege) gekannt; *le pays* **qui m'a vu naître** in dem ich geboren bin; *fam* **qu'est-ce qu'il ne faut pas ~** was man so alles erleben muss; *fam* es bleibt einem doch nichts erspart; **il ferait beau ~ que ...** das wäre ja noch schöner, wenn ...; **je voudrais ~ cela** das möchte ich einmal sehen; **je voudrais t'y ~** ich möchte dich dabei sehen **7** *meubles, coutumes etc* **comme on en voit encore dans ...** wie man sie noch in ... sieht; wie es sie noch in ... gibt; wie sie noch in ... zu finden sind **8** **cela n'a rien à ~** das gehört nicht hierher; das hat damit (gar) nichts zu tun; **je n'ai rien à ~ là-dedans, dans cette histoire** ich habe damit, mit dieser Geschichte nichts zu tun

— **B** verbe transitif indirect —

fam **il faudrait ~ à ne pas confondre!** Vorsicht vor Verwechslungen!; *fam* dass mir ja keine Verwechslungen vorkommen!

— **C** verbe intransitif —

1 sehen (können); **~ bien** gut sehen; gute Augen haben; **~ mal** schlecht sehen; schlechte Augen haben; **~ à peine** kaum etwas sehen können; **on ne voit pas à vingt mètres** man sieht keine zwanzig Meter weit; **ne ~ que d'un œil** nur auf einem Auge sehen; **lunettes** *fpl* **pour ~ de loin, de près** Brille *f* für die Ferne, die Nähe; **regarder sans ~** ein Loch in die Luft starren; **il ne sait pas ~** er hat keine Beobachtungsgabe **2** *(vérifier)* sehen; nachsehen; feststellen; *renvoi dans un livre etc* **~** siehe; **~** *ou* **voyez ci-dessous** siehe (weiter) unten; **c'est à vous de ~** das festzustellen ist Ihre Sache; **j'y suis allé seulement pour ~** ich bin nur hingegangen, um zuzusehen *ou* zuzuhören; **essaie (un peu) pour ~** versuch's doch mal; **je le mets là pour ~** ich stell es mal hin *(um festzustellen, wie es da aussieht)* **3** *(attendre)* sehen; abwarten; **on verra** man wird, wir werden (ja) sehen; **on verra bien** man wird dann ja weitersehen; **il faut ~** man muss (es) abwarten; das muss man *(fam* erst mal) abwarten, sehen **4** *(comprendre)* verstehen; erkennen; wissen; sehen; **(ah!) je vois!** jetzt verstehe ich!; jetzt bin ich im Bilde!; jetzt ist's mir klar!; aha!; **voyez-vous** sehen Sie; **vois-tu** siehst du; **vous voyez** Sie sehen; **façon** *f,* **manière** *f* **de ~** Standpunkt *m;* Meinung *f;* Ansicht *f;* Auffassung *f;* **elle ne voit que par son fils** sie sieht alles mit den Augen ihres Sohnes; **je demande à ~** ich möchte es genau wissen; ich möchte erst Beweise haben **5** *pour désapprouver* **voyons!** also!; aber, aber!; hören Sie *ou* hör mal!; **du calme, voyons!** Ruhe bitte!; **voyons,** *qu'est-ce qui ne va pas?* aber, aber, ...? **6** *pour renforcer* mal; **dis, raconte ~** sag, erzähl mal; **viens ~** komm mal her; da, schau mal; **voyons ~** sehen wir mal

— **D** verbe pronominal —

se ~ 1 *réfléchi* sich sehen; **se ~ dans une glace** sich in e-m Spiegel sehen **2** *par ext* sich sehen; sein; werden; **quand elle s'est vue dans cet état** als sie sah, merkte, wie es um sie stand; als sie sich *(dat)* über ihren Zustand klar wurde; **se ~ dans la misère** (plötzlich) im Elend sein, leben; **se ~ déjà millionnaire** sich schon als Millionär sehen; **se ~ admiré** bewundert werden; **il se voyait déjà mort** er sah sich schon tot; **se ~ obligé de** *(+inf)* sich gezwungen sehen zu *(+inf);* **elle ne s'est pas vue mourir** sie hat ihren Tod nicht gespürt **3** *semi-auxiliaire au sens passif:* **il s'est vu décerner le prix** er bekam den Preis verliehen; **elle s'est vu refuser l'entrée** der Eintritt wurde ihr verwehrt; **je me suis vu répondre que ...** ich erhielt zur Antwort, dass ...; **les camions se sont vu interdire le passage** den Lastwagen wurde die Durchfahrt verboten **4** *réciproque* sich, einander sehen; einander, sich treffen; zusammenkommen; **nous ne nous voyons plus** wir sehen uns nicht mehr; *(être fâché)* wir verkehren nicht mehr miteinander; *fig* **ils ne peuvent pas se ~** sie können sich, einander nicht ausstehen, *fam* riechen **5** *sens passif:* **cela se voit** das sieht, merkt man; **ça ne s'est jamais vu** das ist noch nie da gewesen; das hat's noch nie gegeben; **ça se voit tous les jours** das kommt alle Tage vor; das ist etwas Alltägliches

voire [vwaʀ] ADV (ja) sogar

voirie [vwaʀi] F **1** öffentliche Straßen *fpl* und Wege *mpl;* Straßen- und Wegenetz *n* **2** ADMIN Straßenverwaltung *f;* Straßenbauamt *n;* **service** *m* **de ~** *nettoyage* Straßenreinigung *f; (éboueurs)* städtische Müllabfuhr

voisin [vwazɛ̃] **A** ADJ **1** *lieu* benachbart; Nachbar...; Neben...; **États ~s** Nachbarstaaten *mpl;* benachbarte Staaten *mpl;* **maison ~e** Nachbar-, Nebenhaus *n;* **pièce ~e** Nebenzimmer *n;* **village ~** Nachbardorf *n; loc adj:* **maison ~e de l'église** nahe der Kirche *(dat)* gelegenes Haus; an die Kirche angrenzendes Haus; **régions ~es de la mer** Gebiete *npl* in der Nähe des Meeres **2** *temps* **années ~es de 1900** Jahre *npl* um 1900 **3** *idées, style,* ZOOL, BOT *espèces* verwandt; ähnlich; **état ~ du sommeil** schlafähnlicher Zustand; **respect ~ de la crainte** an Furcht grenzender Respekt **B** SUBST **1** **~(e)** *m(f)* Nachbar(in) *m(f);* ÉCOLE Banknachbar(in) *m(f); en rang* Nebenmann *m;* **~ de table** Tischnachbar *m;* **être ~s** Nachbarn sein; **être ~s de palier** auf der gleichen Etage, im gleichen Stockwerk wohnen **2** M *peuple* Nachbar(volk) *m(n); pays* Nachbarland *n*

voisinage [vwazinaʒ] M **1** *(voisins)* Nachbarschaft *f;* Nachbarn *mpl* **2** *(proximité)* Nähe *f;* Nachbarschaft *f;* (unmittelbare) Umgebung; **dans le ~ immédiat** in unmittelbarer Nähe **(de** *gén ou* von) **3** **rapports** *mpl,* **relations** *fpl* **de bon ~** gutnachbarliche Beziehungen *fpl;* **être, vivre en bon ~ avec qn** mit j-m gute Nachbarschaft halten; in guter Nachbarschaft mit j-m leben

voisiner [vwazine] V/I **~ avec** stehen, liegen, sein bei, neben *(+dat);* **faire ~** nebeneinanderlegen, -stellen; zusammenlegen, -stellen

voiture [vwatyʀ] F **1** **~ (automobile)** (Kraft)Wagen *m;* Auto *n;* **~ ancienne** Oldtimer *m;* **~ particulière** Privatwagen *m;* **petite ~** Kleinwagen *m;* → *a.* 3; **~ de course, de fonction, de livraison, de location, d'occasion** Renn-, Dienst-, Liefer-, Miet-, Gebrauchtwagen *m;* ADMIN **~ de place** Mietdroschke *f;* **~ de pompiers** Feuerwehrauto *n;* **~ (de) sport** Sportwagen *m;* **~ de tourisme** Personenwagen *m; abr* Pkw *m;* **accident** *m* **de ~** Autounfall *m; loc adv* **en ~** mit dem Auto, Wagen; **monter en ~** ins Auto (ein)steigen; **faire de la ~** Auto fahren **2** CH DE FER *pour voyageurs* Wagen *m;* Waggon *m;* **les voyageurs pour Paris, en ~!** zum Zug nach Paris bitte einsteigen! **3** *poussée ou tirée* Wagen *m;* Karren *m;* **~ attelée** Fuhrwerk *n;* Gespann *n;* **~ à bras** Handwagen *m,* -karren *m;* **~ à cheval, de poupée, d'enfant** Pferde-, Puppen-, Kinderwagen *m;* **~ d'infirme** *ou fam* **petite ~** Kranken-, Behindertenfahrstuhl *m* **4** HIST *(fiacre)* Droschke *f;* Kutsche *f*

voiture-bar [vwatyʀbaʀ] F ‹*pl* voitures-bars› CH DE FER Wagen *m* mit Bar; **voiture-couchettes** F ‹*pl* voitures-couchettes› CH DE FER Liegewagen *m;* **voiture-lit** F ‹*pl* voitures-lits› CH DE FER Schlafwagen *m*

voiturer [vwatyʀe] V/T (im Wagen) befördern, transportieren

voiture-restaurant [vwatyʀʀɛstɔʀɑ̃] F ‹*pl* voitures-restaurants› CH DE FER Speisewagen *m*

voiturette [vwatyʀɛt] F kleiner Wagen

voix [vwa, vwɑ] F **1** Stimme *f;* **~ chaude, forte** warme, kräftige Stimme; **grosse ~** dröhnende, laute, tiefe Stimme; **faire la grosse ~** e-n drohenden Ton anschlagen; **~ de basse** Bass(stimme) *m(f);* **~ d'enfant, de femme, d'homme** Kinder-, Frauen-, Männerstimme *f;* kindliche, weibliche *ou péj d'un homme* weibische, männliche Stimme; **~ de poitrine, de tête** Brust-, Kopfstimme *f; loc adv:* **à ~ basse, °haute** leise, laut; mit leiser, lauter Stimme; **à °haute et intelligible ~** laut und verständlich; *chanter* **à pleine ~** mit schallender Stimme; *encourager* **de la ~ et du geste** durch Zurufe und Gesten; **de vive ~** mündlich; **avoir de la ~** Stimme haben; singen können; **elle avait une ~ gaie, sa ~ était gaie** ihre Stimme klang fröhlich, vergnügt; **baisser la ~** die Stimme senken; leiser sprechen; **entendre des ~** Stimmen hören; **être en ~** (gut) bei Stimme sein; *chien* **obéir à la ~ de son maître** der Stimme s-s Herrn gehorchen; *par ext* **les opprimés vous parlent par ma ~** ich spreche, stehe hier für die Unterdrückten; **elle est restée sans ~** sie brachte keinen Ton, kein Wort hervor **2** MUS (Vokal- *ou* Instrumental)Stimme *f;* **à deux, plusieurs ~** zwei-, mehrstimmig **3** *fig* **~ intérieure** innere Stimme; **~ de la raison** Stimme der Vernunft **4** POL Stimme *f;* **par dix ~ contre trois** mit zehn gegen drei Stimmen; *fig* **avoir ~ au chapitre** etwas zu sagen, ein Wort mitzureden haben; **gagner, perdre des ~** Stimmen (hinzu)gewinnen, verlieren; *proposition* **mettre aux ~** zur Abstimmung stellen **5** GRAM **~ active** Tätigkeitsform *f;* Aktiv *n;* **~ passive** Leideform *f;* Passiv *n* **6** CH **donner de la ~** Laut geben

vol¹ [vɔl] M **1** *des oiseaux, insectes* Flug *m; loc adj fig escroc* **de haut ~** ausgekocht; gerissen; *loc adv:* **au ~** im Fluge; **attraper au ~** *balle* im Fluge fangen; *bus* im letzten Moment erwischen, kriegen; **saisir au ~** *occasion* beim Schopf fassen, packen; *remarque* aufschnappen; auffangen; **à ~ d'oiseau** *photo* aus der Vogelschau, -perspektive; *distance* (in der) Luftlinie; **prendre son ~** auf-, wegfliegen **2** AVIAT Flug *m;* Fliegen *n;* **~ direct** Direktflug *m;* SPORTS **~ libre** Drachen- und Gleitschirmfliegen *n;* **~ régulier** Linienflug *m;* **~ spatial** Raumflug *m;* SPORTS **~ à ski** Skiflug *m;* **~ à voile** → voile² 3; **~ de correspondance, d'entraînement, de nuit, de reconnaissance** Anschluss-, Übungs-, Nacht-, Aufklärungsflug *m;* **~ sans escale** Nonstop-Flug *m;* **conditions** *fpl* **de ~** Flugbedingungen *fpl; d'un pilote* **heures** *fpl* **de ~** Flugstunden *fpl; d'un passager* **°huit heures de ~** acht Stunden Flug; Flug von acht Stunden; *loc adv:* **en (plein) ~** während des Fluges;

mitten im Flug 3 *(nuée)* Schwarm *m*

vol² [vɔl] M 1 Diebstahl *m*; Entwendung *f*; JUR **~ qualifié, simple** schwerer, einfacher Diebstahl; **~ à l'étalage** Ladendiebstahl *m*; **~ à main armée** bewaffneter Diebstahl; (schwerer) Raub; **~ à la roulotte** Einbruchdiebstahl *m* in ein Kraftfahrzeug; **~ avec effraction** Einbruch(s)diebstahl *m*; **~ de voiture** Autodiebstahl *m* 2 *fig* **c'est du ~ (organisé)** das ist ja Wucher; das ist reinste Geldmacherei, Beutelschneiderei; *dans un restaurant* das ist der reinste Nepp

vol. ABR (volume) Bd. (Band)

volage [vɔlaʒ] ADJ flatterhaft; unstet; **être ~** gern flirten, kokettieren

volaille [vɔlaj] F 1 *coll* Geflügel *n*; Federvieh *n* 2 **une ~** ein Stück *n* Geflügel; **pâté** *m* **de ~** Geflügelpastete *f*

volailler [vɔlaje] M Geflügelhändler *m*

volant¹ [vɔlɑ̃] ADJ 1 fliegend; Flug...; HIST **machine ~e** Flugmaschine *f*; **le personnel ~** *ou subst* **les ~s** *mpl* das fliegende Personal; ZOOL **poisson ~** Fliegender Fisch 2 *(mobile)* beweglich; transportabel; **contrôle ~** Stichkontrolle *f* *(in öffentlichen Verkehrsmitteln)*; CONSTR **échafaudage ~** Hängegerüst *n*; **feuille ~e** loses Blatt; **personnel ~** Personal, das jeweils dort eingesetzt wird, wo Bedarf besteht; *fam* Springer *mpl*

volant² [vɔlɑ̃] M 1 AUTO Lenkrad *n*; Steuer(-rad) *n*; **~ escamotable, rétractable** Sicherheitslenksäule *f*; **as** *m* **du ~** Spitzenfahrer *m*; **donner un brusque coup de ~** das Lenkrad, Steuer herumreißen; **être au, tenir le ~** am Lenkrad, Steuer sitzen; **se mettre au, prendre le ~** sich ans Steuer, ans *ou* hinter das Lenkrad setzen 2 SPORTS a *balle* Federball *m* b *jeu* Federball(spiel) *m(n)* 3 COUT Volant *m*; Falbel *f* 4 TECH Schwungrad *n* 5 ÉCON **~ de sécurité** Sicherheitsspanne *f*, -reserve *f*, -rücklage *f* 6 *d'un chéquier* Abreißblatt *n*

volapük [vɔlapyk] M LING Volapük *n*

volatil [vɔlatil] ADJ CHIM flüchtig; **sel ~** Riechsalz *n*

volatile [vɔlatil] M (Stück *n*) Geflügel *n*

volatilisation [vɔlatilizasjõ] F CHIM Verflüchtigen *n*, -ung *f*; Verdunsten *n*, -ung *f*; **volatiliser** V/PR **se ~** 1 CHIM sich verflüchtigen; verdunsten 2 *fig* sich in Luft auflösen; *fam* sich verflüchtigen

volatilité [vɔlatilite] F CHIM Flüchtigkeit *f*

vol-au-vent [vɔlovɑ̃] M ⟨*inv*⟩ CUIS große Blätterteigpastete

volcan [vɔlkɑ̃] M Vulkan *m*; **~ éteint, sous-marin** erloschener, untermeerischer Vulkan; **~ de boue** Schlammvulkan *m*, -sprudel *m*; Salse *f*; **~ en activité, en sommeil** tätiger, untätiger Vulkan; *fig* **être assis sur un ~** auf e-m Pulverfass sitzen

volcanique [vɔlkanik] ADJ 1 vulkanisch; Vulkan...; **éruption** *f* **~** Vulkanausbruch *m* 2 *fig tempérament* explosiv

volcanisme [vɔlkanism] M Vulkanismus *m*

volcanologie [vɔlkanɔlɔʒi] F Vulkanologie *f*; **volcanologique** ADJ vulkanologisch; **volcanologue** M/F Vulkanologe, -login *m*, *f*; Vulkanforscher(in) *m(f)*

volé [vɔle] ADJ 1 *chose* gestohlen 2 *personne* bestohlen; *subst* **le ~** der Bestohlene

volée [vɔle] F 1 *d'un oiseau* Fliegen *n*; **prendre sa ~** auf-, wegfliegen 2 *(bande d'oiseaux, d'enfants)* Schwarm *m* 3 *de projectiles etc* Hagel *m*; **~ (de coups)** Tracht *f* Prügel; → *a.* flanquer² A 2, recevoir A 2 4 TENNIS Flugschlag *m*; Volley *m*; **balle** *f* **de ~** Flugball *m*; Volley *m*; **reprendre la balle de ~** FOOTBALL den Ball direkt annehmen; VOLLEY-BALL den Ball volley nehmen 5 LOC ADV: **(r)attraper une balle à la ~** e-n Ball im Flug auffangen; **lancer qc à toute ~** etw in vollem Schwung schleudern, werfen; *cloches* **sonner à toute ~** ein feierliches Geläute anstimmen 6 *d'un escalier* Lauf *m*

voler¹ [vɔle] V/I 1 *oiseau, avion, pilote* fliegen; **~ bas, à °haute altitude** tief, in großer Höhe fliegen 2 *flèche etc* fliegen; *objet* durch die Luft fliegen; *feuilles* **~ au vent** im Wind wirbeln, fliegen; **~ en éclats** in Stücke fliegen; zersplittern; zerspringen; **faire ~ la poussière** den Staub aufwirbeln 3 *fig personne* eilen; **~ au secours de qn** j-m zu Hilfe eilen 4 *chanson etc* **~ de bouche en bouche** von Mund zu Mund gehen 5 **les coups, les injures volaient** es hagelte Schläge, Beschimpfungen

voler² [vɔle] V/T 1 stehlen *(a. abs)*; **~ qc à qn** j-m etw stehlen, entwenden; **il s'est fait ~ sa valise** man hat ihm den, s-n Koffer gestohlen 2 **~ qn** j-n bestehlen; j-n be-, ausrauben, ausplündern; **se faire ~** bestohlen werden 3 *clients* betrügen; *au restaurant* ausnehmen; *fam* neppen; *abs* **~ sur le poids de qc** beim Wiegen e-r Sache betrügen; *fam* **on n'est pas volé** *fam* man hat was für sein Geld 4 *fig titre* sich *(dat)* unrechtmäßig aneignen; *baiser* rauben; *idée* stehlen; *fam* **il ne l'a pas volé** *punition* das geschieht ihm ganz recht; *récompense* das hat er (sich [*dat*]) ehrlich, redlich verdient

volet [vɔlɛ] M 1 *d'une fenêtre* Fensterladen *m*; **~ roulant** Rollladen *m* 2 *candidats etc* **trier sur le ~** sieben; sorgfältig auswählen 3 *d'un autel* Flügel *m*; *d'un dépliant etc* (umklappbarer) Teil, Abschnitt; Blatt *n*; *par ext d'un programme etc* Teil *m* 4 AUTO **~ de carburateur** Drosselklappe *f*; AVIAT **~ de freinage** Bremsklappe *f*

voleter [vɔlte] V/I ⟨-tt-⟩ (herum)flattern

voleur [vɔlœʀ] A ADJ ⟨-euse⟩ diebisch; *commerçant* **être ~** der reinste Dieb, ein Geldschneider, Halsabschneider sein B SUBST 1 **~, voleuse** *m,f* Dieb(in) *m(f)*; **~ à l'étalage** Ladendieb *m*; **~ de grand chemin** Wegelagerer *m*; **voleuse d'enfants** Kindesräuberin *f*; **~ de voitures** Autodieb *m*; **bande** *f*, **repaire** *m* **de ~s** Diebesbande *f*, -höhle *f ou* -nest *n*; **au ~!** Hilfe, Diebe!; haltet den Dieb! 2 ⟨*nur m*⟩ *d'un commerçant* **c'est un ~** er, das ist ein Halsabschneider, Geldschneider; er ist der reinste Dieb

Volga [vɔlga] **la ~** die Wolga

Volhynie [vɔlini] GÉOG **la ~** Wolynien *n*

volière [vɔljɛʀ] F Vogelhaus *n*; Voliere *f*

volige [vɔliʒ] F CONSTR Dachlatte *f*

volition [vɔlisjõ] F PSYCH a Wollen *n* b Willensakt *m*

volley [vɔlɛ] M *fam* → volley-ball

volley-ball [vɔlɛbol] M Volleyball *m*; **~ de plage** Beachvolleyball *m*

volleyeur [vɔlɛjœʀ] M, **volleyeuse** F 1 Volleyballspieler(in) *m(f)* 2 TENNIS Volleyspezialist(in) *m(f)*

volontaire [vɔlõtɛʀ] A ADJ 1 *(de plein gré)* freiwillig; MIL **engagé** *m* **~** Freiwillige(r) *m* 2 *(voulu)* absichtlich; gewollt; vorsätzlich; bewusst; **incendie** *m* **~** Brandstiftung *f* 3 *menton, visage* energisch; *personne* willensstark; *péj* eigenwillig, -sinnig B M/F Freiwillige(r) *m/f(m)*; **on demande des ~s** es werden Freiwillige gesucht; **se porter ~** sich freiwillig melden

volontairement [vɔlõtɛʀmɑ̃] ADV 1 *(sans être contraint)* freiwillig; unaufgefordert; aus eigenem Antrieb; aus freien Stücken; von selbst 2 *(exprès)* absichtlich; willentlich

volontariat [vɔlõtaʀja] M freiwilliger Dienst

volontarisme [vɔlõtaʀism] M PHIL, PSYCH Voluntarismus *m*

volonté [vɔlõte] F 1 *(désir)* Wille *m*; Wunsch *m*; **les dernières ~s de qn** j-s Letzter Wille; **~ générale** allgemeiner Wille; Wille der Allgemeinheit; **~ de changement** Wille, e-e Veränderung herbeizuführen; *loc adv* **à ~** nach Belieben; nach Wunsch; beliebig (viel); MIL **feu à ~!** Feuer frei!; **par la ~ de qn** weil j-d es (so) will; weil es j-s Wille ist; **agir, aller contre la ~ de qn** j-s Willen *(dat)* zuwiderhandeln; **avoir la ~ de guérir** den festen Willen haben, gesund zu werden; *Notre Père* **que ta ~ soit faite** dein Wille geschehe; *fam* **elle fait ses quatre ~s** sie gibt allen s-n Launen nach; **respecter la ~ de qn** j-s Willen, Wunsch respektieren; sich nach j-s Wünschen richten 2 *(disposition)* Wille *m*; **bonne ~** guter Wille; Bereitwilligkeit *f*; **les bonnes ~s, les hommes de bonne ~** die Menschen guten Willens; **être plein de bonne ~** voll guten Willens sein; sehr gutwillig sein; **c'est de la mauvaise ~** er *ou* sie will bloß nicht; **ce n'est pas de la mauvaise ~** es ist nicht böser, schlechter Wille; **mettre de la mauvaise ~ à le faire** es absichtlich langsam *ou* schlecht *ou* schlampig machen; **(même) avec la meilleure ~ du monde** beim besten Willen 3 *(caractère)* Wille *m*, Wollen *n (a.* PHIL); Willenskraft *f*, -stärke *f*; **~ de fer** eiserner Wille; **manque** *m* **de ~** Willenlosigkeit *f*; Willensschwäche *f*; **sans ~** willenlos; willensschwach; ohne eigenen Willen; **il a de la ~** er hat e-n starken Willen; er ist willensstark; **il n'a pas de ~, il manque de ~** er hat keinen (eigenen) Willen; er ist willensschwach

volontiers [vɔlõtje] ADV 1 *(avec plaisir)* gern; bereitwillig; *en réponse* **~** gern; **très ~** sehr gern; *comp* **plus ~** lieber 2 *(facilement)* häufig; oft; leicht; gern *(abus)*

volt [vɔlt] M (ABR V) ÉLEC Volt *n (abr* V); **voltage** M ÉLEC Spannung *f*; Voltzahl *f*

voltaïque [vɔltaik] ADJ ÉLEC **pile** *f* **~** Voltaelement *n*

voltaire [vɔltɛʀ] M tiefer Armsessel mit hoher Lehne

voltairien [vɔltɛʀjɛ̃] A ADJ ⟨~ne⟩ spöttisch-freidenkerisch B M Voltairianer *m*

voltampère [vɔltɑ̃pɛʀ] M ÉLEC Voltampere *n*

volte [vɔlt] F ÉQUITATION Volte *f*

volte-face [vɔltəfas] F ⟨*inv*⟩ 1 Kehrtwendung *f*; **faire ~** e-e Kehrtwendung machen; sich umdrehen 2 *fig* Meinungsumschwung *m*; **faire une ~** e-e Schwenkung vollziehen; e-e Kehrtwendung machen

voltige [vɔltiʒ] F 1 CIRQUE a **°haute ~** Hochseilakrobatik *f*; *fig* **(°haute) ~ intellectuelle** Geistes-, Gehirnakrobatik *f*; **numéro** *m* **de haute ~** Trapeznummer *f*; *fig* **c'est de la haute ~** das ist ein gewagtes, riskantes Unterfangen b *à cheval* Kunstreiten *n* 2 AVIAT **~ (aérienne)** Kunstfliegen *n*, -flug *m*

voltiger [vɔltiʒe] V/I ⟨-geons⟩ *oiseaux, insectes* hin und her fliegen; *papillons* gaukeln; *flocons de neige* tanzen

voltigeur [vɔltiʒœʀ] M 1 CIRQUE Seilakrobat *m* 2 MIL **~s** *pl* schnelle Einsatztruppe

voltmètre [vɔltmɛtʀ] M ÉLEC Voltmeter *n*

volubile [vɔlybil] ADJ *personne* zungenfertig; *explications* wortreich

volubilis [vɔlybilis] M BOT Winde *f*

volubilité [vɔlybilite] F Zungenfertigkeit *f*

volume [vɔlym] M 1 *(livre)* Band *m*; **en trois ~s** dreibändig 2 MATH Volumen *n*; Rauminhalt *m*; **unité** *f* **de ~** Raumeinheit *f*; **augmenter, diminuer de ~** an Volumen, *par ext* Umfang zu-, abnehmen 3 *fig* Umfang *m*; Volumen *n*; Menge *f*; **~ des importations** Einfuhrvolumen *n*; **~ des ventes** Verkaufsvolumen *n*; Absatzmenge *f* 4 *d'un liquide* Teil *m*; **un ~ d'antigel pour trois ~s d'eau** ein Teil Frostschutzmittel auf drei Teile Wasser 5 *de la voix* Volumen *n*; *d'un haut-parleur etc* Lautstärke *f*; **~**

sonore Lautstärke *f*

volumétrie [vɔlymetʀi] F CHIM Maßanalyse *f*; Volumetrie *f*; **volumétrique** ADJ CHIM maßanalytisch; volumetrisch

volumineux [vɔlyminø] ADJ ‹-euse› voluminös; umfangreich (*a. dossier*)

volupté [vɔlypte] F 1 (Sinnen)Lust *f*; Sinnenfreude *f*; *surtout sexuel* Wollust *f* 2 (*délice*) Lust *f*; Wonne *f*; (Hoch)Genuss *m*; **avec ~** *s'étirer etc* wohlig; genießerisch; *écouter* mit Genuss

voluptueux [vɔlyptɥø] ADJ ‹-euse› *personne* sinnenfreudig; wollüstig (*a. sensation, attitude*)

volute [vɔlyt] F ARCH Volute *f*; *d'un violon etc* Schnecke *f*; *fig* **~s de fumée** Rauchspirale *f*; **en ~** spiral-, schneckenförmig

vomi [vɔmi] *fam* M Erbrochene(s) *n*

vomique [vɔmik] ADJ **noix** *f* **~** Brechnuss *f*

vomir [vɔmiʀ] V/T 1 er-, ausbrechen; (wieder) von sich geben; *abs* sich übergeben; sich erbrechen; *fam* brechen; spucken; *st/s* speien; **envie** *f* **de ~** Übelkeit *f*; Brechreiz *m*; **cela donne envie de ~, c'est à (vous faire) ~** das ist ekelerregend, widerlich, ekelhaft; dabei wird einem übel 2 *fig fumée, lave etc* (aus)speien; *injures* hervorstoßen 3 *fig* **~ qn** j-n verabscheuen

vomissement [vɔmismɑ̃] M 1 *action* Erbrechen *n*; Speien *n*; **il est sujet aux ~s** er neigt zu häufigem Erbrechen 2 (*vomi*) Erbrochene(s) *n*

vomissure [vɔmisyʀ] F Erbrochene(s) *n*

vomitif [vɔmitif] M PHARM Brechmittel *n*

vont [vɔ̃] → aller[1]

vorace [vɔʀas] ADJ *personne, animal* gefräßig; gierig (*a. fig*); **appétit** *m* **~** Heißhunger *m*

voracité [vɔʀasite] F Gefräßigkeit *f*; Gier *f* (*a. fig*); **manger avec ~** gierig schlingen

Vorkouta [vɔʀkuta] GÉOG Workuta *n*

Voronej [vɔʀɔnɛʒ] GÉOG Woronesch *n*

vos [vo] → votre

Vosges [voʒ] **les ~** *fpl* 1 die Vogesen *pl* 2 *frz Departement*

vosgien [voʒjɛ̃] ADJ ‹~ne› (*et* SUBST **Vosgien** Bewohner) der Vogesen

votant [vɔtɑ̃] M *surtout* PL **~s** (*qui participent à un vote*) Abstimmende(n) *mpl*; Wähler *mpl*; (*qui ont le droit de voter*) Wahl-, Stimmberechtigte(n) *mpl*

votation [vɔtasjɔ̃] F *Suisse* **~ populaire** Volksabstimmung *f*

vote [vɔt] M 1 Wahl *f*; Abstimmung *f*; **~ (in)direct** (in)direkte Wahl; **~ (au scrutin) public, secret** öffentliche, geheime Abstimmung, Wahl; **~ à main levée** Abstimmung durch Handzeichen, durch Handerheben; **~ de censure** *ou* **de défiance, de confiance** Misstrauens-, Vertrauensvotum *n*; **~ des femmes** Frauenstimmrecht *n*; **~ par correspondance** Briefwahl *f*; **abaissement** *m* **de l'âge du ~** Herabsetzung *f* des Wahlalters (**à** auf *+acc*); **droit** *m* **de ~** Wahl-, Stimmrecht *n*; **avoir le droit de ~** wahl-, stimmberechtigt sein; **résultat** *m* **du ~** Wahl-, Abstimmungsergebnis *n* 2 (*voix*) (Wahl)Stimme *f*; **~s socialistes** Stimmen *fpl* der Sozialisten 3 *d'une loi, du budget* Verabschiedung *f*; *d'une loi a.* Annahme *f*; *du budget a.* Bewilligung *f* (*a. de crédits*)

voter [vɔte] A V/T *loi, budget* verabschieden; *loi a.* annehmen; *budget a.* bewilligen (*a. crédits*); **~ la confiance à qn** j-m das Vertrauen aussprechen; **faire ~ une loi** ein Gesetz durchbringen B V/I wählen; abstimmen; s-e Stimme abgeben; **~ socialiste** sozialistisch, die Sozialisten wählen; für die Sozialisten stimmen; **~ à droite** rechts wählen; **~ contre, pour qc, qn** gegen, für etw, j-n stimmen; **~ oui, non** mit Ja, Nein stimmen

votif [vɔtif] ADJ ‹-ive› Votiv...; Weih...

votre [vɔtʀ] ADJ POSS ‹*pl* vos [vo]› 1 *de la 2e personne pl* euer, eure, *pl* eure; **~ mère** eure Mutter; **~ père** euer Vater; **vos parents** eure Eltern; **Votre Majesté** Eure Majestät 2 *de la forme de politesse* Ihr(e), *pl* Ihre; **madame ~ mère** Ihre Frau Mutter; *assez péj* **~ Monsieur Untel** Ihr (ewiger) Herr Soundso

vôtre [votʀ] A PR POSS a *de la 2e personne pl* **le ~, la ~** der, die, das eur(ig)e; eure(r, -s); *pl* **les ~s** die eur(ig)en; eure b *de la forme de politesse* **le ~, la ~** der, die, das Ihr(ig)e; Ihre(r, -s); *pl* **les ~s** die Ihr(ig)en; Ihre; *ce n'est pas le mien,* **c'est le ~** das ist Ihrer, der Ihr(ig)e; *fam* **à la ~!** zum Wohl!; prost! B ADJ POSS *litt* **ces livres sont ~s** diese Bücher gehören euch *ou* Ihnen, sind euer *ou* Ihr Eigentum C SUBST 1 **le ~** a das Eur(ig)e; **il faut que vous y mettiez du ~** ihr müsst das Eur(ig)e dazu beitragen b das Ihr(ig)e 2 **les ~s** *mpl* (*famille, amis etc*) a die Eur(ig)en b die Ihr(ig)en; **je suis des ~s** ich mache, komme mit; ich schließe mich Ihnen an; → *a.* mien, nôtre

voudrai(s) [vudʀɛ] → vouloir[1]

vouer [vwe] A V/T 1 *sa vie, son temps etc* **~ à qc** e-r Sache (*dat*) widmen, weihen 2 *haine, amour etc* geloben; schwören; **avoir voué à qn une amitié éternelle** j-m in ewiger Freundschaft verbunden sein 3 **~ à qc** zu etw bestimmen; *quartier etc* **~ à la démolition** zum Abbruch bestimmen; *adjt* **être voué à l'échec** zum Scheitern verurteilt sein; aussichtslos sein 4 **~ qn à qc** j-m etw (*Böses, Übles*) ankündigen, prophezeien B V/PR 1 **se ~ à qc** sich e-r Sache (*dat*) verschreiben; sein Leben e-r Sache weihen, widmen 2 *fig* **ne (plus) savoir à quel saint se ~** nicht ein noch aus wissen

vouivre [vwivʀ] F sagenhafte Schlange; HÉRALDIQUE Schlange *f*

vouloir[1] [vulwaʀ]

‹je veux, il veut, nous voulons, ils veulent; je voulais; je voulus; je voudrai; que je veuille, que nous voulions; voulant; voulu; *Imperativ der höflichen Aufforderung* veuillez›

A verbe transitif	B verbe transitif indirect
C verbe auxiliaire	D verbe pronominal

— A verbe transitif —

1 wollen; (*envisager*) beabsichtigen; (*désirer*) mögen; wünschen a *abs*: **veux-tu?** willst du?; ja?; **voulez-vous!** *a.* bitte!; *il s'en est montré incapable,* **si tu veux** *ou* **vous voulez** *ou* **on veut** wenn ich so sagen darf; *fam* **(ah, mais) je veux!** allerdings!; das will ich meinen!; **il faut ~** man muss (nur) wollen; *prov* **~ c'est pouvoir** wo ein Wille ist, ist auch ein Weg (*prov*) b *avec subst*: **~ qc** etw (haben) wollen; **~ qc de qn** von j-m etw (haben) wollen, wünschen; *fam à un client* **Monsieur veut-il ...?** *fam* wünschen der Herr ...?; der Herr wünschen ...?; **voulez-vous un apéritif?** möchten, wünschen, wollen Sie e-n Aperitif?; **il veut son argent** er will sein Geld (haben); **~ de qn une discrétion absolue** von j-m absolute Diskretion erwarten, verlangen; *en achetant* **je voudrais un kilo de pommes** ich möchte ein Kilo Äpfel c *avec pron*: **fais ce que tu veux** mach *ou* tu, was du willst; **faire de qn ce qu'on veut** mit j-m machen, was man will; j-n völlig beherrschen; *veux-tu du pain?* — **oui, j'en veux** ja bitte; **je n'en veux pas** danke, ich möchte kein(e)s; *fam fig* **il en veut** er will zeigen, was er kann; *fam* er hat den nötigen Biss; **tu l'as voulu** du hast es so gewollt; **que tu le veuilles ou non** ob du (es) willst oder nicht; *loc adv* **sans le ~** ohne es zu wollen; ungewollt; unabsichtlich; unbeabsichtigt; unwillkürlich; **que voulez-vous?** was wünschen, möchten, wollen Sie?; *résigné* **que voulez-vous, veux-tu** *ou* **qu'est-ce que tu veux, vous voulez?** das ist nun mal so, nicht anders; was soll, kann man da machen?; **que veux-tu pour Noël?** was wünschst du dir zu Weihnachten? d *avec adv*: **je veux bien** oh ja!; gern!; das ist mir recht; ich bin damit einverstanden; ich habe nichts dagegen; *fam iron* **moi, je veux bien** von mir aus; na schön; schon gut (*aber ich bin anderer Meinung*); → *a.* e) *et III 1*; **comme tu voudras** wie du willst; **quand tu voudras** wann du willst, es wünschst e *avec* **que ...** (*+subj*): **je ne veux pas que tu y ailles** ich will *ou* wünsche nicht, dass du hingehst; **que voulez-vous que je vous dise?** was soll ich da sagen?; **je veux bien qu'il se soit trompé** ich gebe gern zu, dass er sich getäuscht hat 2 *fig*: **le hasard a voulu que ...** (*+subj*) der Zufall fügte, wollte es, dass ...; **l'usage veut que ...** (*+subj*) es ist Brauch, dass ... 3 (*demander un prix*) verlangen, (haben) wollen (**de qc** für etw); **combien en voulez-vous?** wie viel wollen, verlangen Sie dafür? 4 (*avoir besoin*) brauchen; wollen; *cette plante* **veut beaucoup d'eau** braucht, will viel Wasser 5 (*prétendre*) **~ que ...** (*+subj*) behaupten, dass ... 6 *une femme* besitzen, haben wollen

— B verbe transitif indirect —

1 **ne pas ~ de qc, qn** etw, j-n nicht (haben) wollen; von etw, j-m nichts wissen wollen; **personne ne veut d'elle comme collègue** niemand will sie als Kollegin haben; **je ne veux pas de vos excuses** ich will Ihre Entschuldigungen nicht (haben, hören) 2 **en ~ à qn** (*garder de la rancune*) j-m böse sein; es j-m übel nehmen, nachtragen; (*reluquer*) es auf j-n abgesehen haben; *fam* j-n auf dem Kieker haben; **en ~ à mort à qn** j-n tödlich hassen; **ne m'en veux pas!** sei mir nicht böse!; **en ~ à qc** es auf etw (*acc*) abgesehen haben; **en ~ à la vie de qn** j-m nach dem Leben trachten

— C verbe auxiliaire —

avec inf 1 wollen; (*aimer*) mögen; *la lettre* **que vous avez bien voulu m'adresser ...** den Sie mir freundlicherweise schrieben; **~ dire** → dire[1] A 5; **voudriez-vous bien me dire ...** würden Sie mir bitte sagen ...; **je veux bien essayer** ich kann's ja mal probieren; **il veut être pilote** er will Pilot werden; **il voudrait être riche** er möchte reich sein; **je voudrais vous parler** ich möchte Sie, mit Ihnen sprechen; **je veux savoir** ich will es wissen; **je voudrais savoir si ...** ich möchte wissen, ob ...; **j'aurais voulu savoir si ...** ich hätte gern gewusst, ob ...; **voulez-vous me suivre** würden, wollen Sie mir bitte folgen; **veux-tu (bien) te taire** willst du wohl still sein; *je me demande* **où il veut en venir** worauf er hinauswill; was er vorhat 2 *forme de politesse* **veuillez** (*+inf*) wollen, würden Sie bitte (*+inf*); *à la fin d'une lettre* **veuillez agréer ...** → agréer A 1; **veuillez répéter** wiederholen Sie bitte; wollen Sie bitte wiederholen 3 *fam chose* wollen; **le moteur ne veut pas démarrer** der Motor will nicht anspringen 4 *régional* werden; wollen; **on dirait qu'il veut pleuvoir** es will, wird wohl bald regnen

— D verbe pronominal —

1 (*se repentir*) **s'en ~ de** (*+inf*) sich (*dat*) Vorwürfe machen, sich über sich (*acc*) selbst ärgern, auf sich (*acc*) selbst böse sein, dass ...; *fam* **je m'en voudrais!** das wäre das Letzte, was ich tun würde; das würde ich mir nie

verzeihen **2** *(vouloir passer pour)* **se ~ …** sich … geben; … sein wollen; **une politique qui se veut sociale** e-e Politik, die sich sozial gibt *ou* die sozial sein will

vouloir² [vulwaʀ] M **1** **bon ~** guter Wille; Bereitwilligkeit *f*; **mauvais ~** schlechter, böser Wille; **dépendre du bon ~ de qn** von j-s Belieben abhängen **2** *litt (volonté)* Wollen *n*; Wille *m*

voulu [vuly] ADJ **1** *(exigé) quantité etc* gewünscht; *âge* erforderlich, vorgeschrieben (**pour** für); **au moment ~** im richtigen Moment; **en temps ~** zur festgesetzten Zeit; zum vereinbarten Zeitpunkt **2** *(intentionnel)* absichtlich; gewollt; beabsichtigt; **c'est ~** das ist beabsichtigt, so gewollt

vous [vu] **A** PR PERS **1** *de la 2ᵉ personne* PL **a** *sujet* ihr; *dans une lettre* Ihr; **êtes-~ content(e)s?** seid ihr zufrieden?; *renforcé* **~ autres** ihr; **~ autres Français** ihr Franzosen **b** *obj dir et obj indir* euch *(acc et dat)*; **je ~ l'ai dit** ich habe es euch gesagt; *pronominal* **~ ~ êtes trompé(e)s** ihr habt euch getäuscht; **chez ~** bei euch (zu Hause); **pour ~** für euch **2** *forme de politesse* ⟨*sg u. pl*⟩ **a** *sujet* Sie; **êtes-~ content([e]s)** sind Sie zufrieden?; **si j'étais (de) ~ …** wenn ich Sie wäre …; an Ihrer Stelle … **b** *obj dir et obj indir* Sie *(acc)*; Ihnen *(dat)*; *réfléchi* sich *(acc et dat)*; **cela ~ regarde** das betrifft Sie; **je ~ l'ai écrit** ich habe es Ihnen geschrieben; **imaginez-vous!** stellen Sie sich *(dat)* vor!; **s'il ~ plaît** bitte; **de ~ à moi** unter uns gesagt; **chez ~** bei Ihnen (zu Hause); **pour ~** für Sie; **dire ~ à qn** j-n siezen; zu j-m Sie sagen **B** PR INDÉF ⟨*obj dir u. obj indir* von „on"⟩ einen *ou* einem; **les gens qui ~ disent que …** die Leute, die einem sagen, dass …; **il ~ ferait devenir fou** er würde einen verrückt machen; *explétif* **il ~ fait cela en un rien de temps** der macht (dir, Ihnen) das im Nu

vous-même(s) [vumɛm] PR PERS **1** *accentué* (ihr *ou forme de politesse* Sie) selbst; **cherchez ~(s)** sucht selbst *ou* suchen Sie selbst **2** *réfléchi* euch *ou forme de politesse* sich *(acc et dat)* selbst; **vous vous faites du tort à ~(s)** ihr schadet euch selbst *ou* Sie schaden sich *(dat)* selbst

voussoir [vuswaʀ] M ARCH Gewölbestein *m*

voussure [vusyʀ] F ARCH Wölbung *f*; Krümmung *f*

voûte [vut] F **1** ARCH Gewölbe *n*; **~ en ogive** Spitztonne *f*; **~ d'une cave** Kellergewölbe *n*; **~ en plein cintre** Rundtonne *f*; **en ~** gewölbt **2** *fig* Gewölbe *n*; Wölbung *f*; **~ céleste** Himmelsgewölbe *n*; **~ de feuillage** Blätterdach *n* **3** ANAT **~ crânienne** Schädeldach *n*, -decke *f*; **~ du palais** harter *ou* knöcherner Gaumen

voûté [vute] ADJ *dos* krumm (gebogen); gebeugt; *personne* **être tout ~** e-n krummen, gebeugten Rücken haben; gebeugt gehen; **se tenir ~** e-e krumme Haltung haben

voûter [vute] V/PR **se ~** *dos* sich vom Alter krümmen; sich wölben; *personne* vom Alter gebeugt werden; krumm werden

vouvoiement [vuvwamɑ̃] M Siezen *n*; Sie-Sagen *n*

vouvoyer [vuvwaje] ⟨-oi-⟩ **A** V/T **~ qn** j-n siezen; zu j-m Sie sagen **B** V/PR **se ~** sich, einander siezen; zueinander Sie sagen

vox populi [vɔkspɔpyli] *litt* F die Stimme des Volkes; *prov* **~ vox Dei** Volkes Stimme Gottes Stimme *(prov)*

voyage [vwajaʒ] M **1** Reise *f*; Fahrt *f*; **bon ~!** gute *ou* glückliche Reise!; gute Fahrt!; AVIAT guten Flug!; **~ éclair** Blitzbesuch *m*; *Jules Verne* **Voyage au centre de la Terre** Reise zum Mittelpunkt der Erde; **~ à l'étranger** Auslandsreise *f*; Reise, Fahrt ins Ausland; **~ à pied** (Fuß)Wanderung *f*; **~ à Rome** Romreise *f*; Reise, Fahrt nach Rom; **~ à travers l'Europe** Reise, Fahrt (quer) durch Europa; **~ autour du monde** Weltreise *f*; Reise um die Welt; **~ dans l'espace** Fahrt, Reise in den Weltraum; **~ de noces** Hochzeitsreise *f*; **~ en avion, en bateau** Flug-, Schiffsreise *f*; **~ en France** Frankreichreise *f*; Reise, Fahrt nach Frankreich; **~ en groupe** Gesellschaftsreise *f*; Gruppenfahrt *f*, -reise *f*; **~ en train** (Eisen)Bahnfahrt *f*; Bahnreise *f*; **~ en voiture** Autoreise *f*, -fahrt *f*; **carnet** *m* **de ~** Reisetagebuch *n*; **frais** *mpl* **de ~** Reisekosten *pl*, -spesen *pl*; **gens** *mpl* **du ~** Zirkusleute *pl*; fahrendes Volk; **récit** *m* **de ~** Reisebericht *m*; **aller en ~** auf Reisen gehen; **emmener qc, qn en ~** etw, j-n auf die Reise, auf s-e Reisen mitnehmen; **être du ~** die Reise mitmachen; **être en ~** verreist, auf Reisen sein; **être en ~ d'affaires** auf e-r Geschäftsreise sein; geschäftlich verreist, unterwegs sein; **faire le ~ en train** mit der Bahn reisen; **faire un ~ à Berlin** e-e Reise, Fahrt nach Berlin machen; nach Berlin reisen, fahren; **faire un ~ organisé** mit e-r Reisegesellschaft fahren; **partir en ~** e-e Reise antreten; verreisen; auf Reisen gehen; *curiosité* **valoir le ~** e-e Reise wert sein; *prov* **les ~s forment la jeunesse** Reisen bildet *(prov)* **2** *(trajet)* Fahrt *f*; **trois jours de ~** drei Tage Fahrt; *train* **faire le ~ Strasbourg-Paris en quatre heures** die Strecke Straßburg-Paris in vier Stunden zurücklegen; **faire le ~ deux fois par jour** die Strecke zweimal täglich fahren; die Fahrt zweimal täglich machen; **faire plusieurs ~s** *pour transporter qc* mehrmals fahren *ou* gehen **3** *fig* Reise *f*; **~ dans le temps** Reise in die Vergangenheit *ou* Zukunft; **partir pour le grand ~** s-e letzte Reise antreten **4** *de drogués* Trip *m*

voyager [vwajaʒe] V/I ⟨-geons⟩ **1** reisen; **~ à pied** wandern; **~ à travers un pays** durch ein Land reisen, fahren; **~ en France** Frankreich umherreisen; Frankreich bereisen; **~ en voiture** mit dem Auto reisen; im Auto fahren; **il a beaucoup voyagé** er ist viel gereist, herumgekommen; er ist ein weit gereister Mann **2** *représentant* reisen; **~ pour affaires** viel als Geschäftsmann unterwegs sein **3** *marchandises* transportiert werden; *s'abîmer* **en voyageant** auf dem Transport **4** *microbes dans l'organisme* (umher)wandern **5** *drogués* auf e-n Trip gehen

voyageur [vwajaʒœʀ], **voyageuse** **A** SUBST **1** M,F Reisende(r) *m/f(m)*; Fahrgast *m*; Passagier *m*; *(explorateur)* (Forschungs)Reisende(r) *m*; **train** *m* **de ~s** Reisezug *m*; *t/t a.* Personenzug *m*; **c'est un grand ~** er kommt viel in der Welt herum **2** **~ (de commerce)** (Handlungs)Reisende(r) *m*; Handelsvertreter *m* **B** ADJ **1** **pigeon ~** Brieftaube *f* **2** *st/s* **avoir l'âme, l'humeur voyageuse** reiselustig sein; gern reisen

voyagiste [vwajaʒist] M Reiseveranstalter *m*

voyais [vwajɛ] → voir

voyance [vwajɑ̃s] F Zweites Gesicht; Hellsehen *n*

voyant [vwajɑ̃] **A** ADJ *vêtement, couleur* auffallend; auffällig; *couleur a.* grell **B** SUBST **1** *(spirite)* **~(e)** *m(f)* Hellseher(in) *m(f)*; **~e** *f a.* Wahrsagerin *f* **2** *(non aveugle)* **~(e)** *m(f)* Sehende(r) *m/f(m)* **3** *(lampe témoin)* *m* Kontrolllicht *n*; Kontrolllampe *f*; **~ lumineux** Leuchtzeichen *n*

voyelle [vwajɛl] F Vokal *m*; Selbstlaut *m*; **~ brève, fermée, longue, ouverte** kurzer, geschlossener, langer, offener Vokal

voyeur [vwajœʀ] M Voyeur *m*; *fam* Spanner *m*

voyeurisme [vwajœʀism] M Voyeurismus *m*

voyons [vwajɔ̃] → voir c 5

voyou [vwaju] M **1** *(loubar)* jugendlicher Rowdy; **petit ~** Schlingel *m*; Lausbub *m* **2** *(délinquant)* Ganove *m*; Gauner *m*; *adjt* ganovenhaft; Ganoven …

vrac [vʀak] LOC ADV **en ~** **1** *marchandises* lose; offen; **marchandises (expédiées) en ~** *a.* Schüttgut *n*; **vendre qc en ~** etw lose, offen, unverpackt verkaufen **2** *vêtements, livres* **jeter, poser en ~** auf e-n Haufen werfen, legen **3** *fig* durcheinander

vrai [vʀɛ] **A** ADJ **1** *(exact)* wahr; richtig; wahrheitsgemäß, -getreu; tatsächlich; **histoire ~e** wahre Geschichte; **pas ~?** nicht wahr?; *provocant* stimmt das etwa nicht?; **être ~ pour qn** für j-n zutreffen, gelten; **c'est ~?** *ou* **est-ce ~?** *ou fam* **~?** ist das wahr?; stimmt das wirklich?; *en incise* **il est bête, c'est ~, mais …** er ist zwar dumm, aber …; **ce n'est pas ~** das ist nicht wahr, stimmt nicht; *fam* **c'est pas ~!** nein, wirklich?; das kann, *fam* darf doch nicht wahr sein!; **c'est si ~ que …** das stimmt sogar so sehr, dass …; *fam* **c'est la vérité ~e** das ist die rein(st)e Wahrheit; das ist wirklich wahr; **il est (bien) ~ que …** es ist wahr, es stimmt, es trifft zu, dass …; *restrictif* **il est ~ que …** es stimmt zwar, dass …; es ist schon wahr, dass …; allerdings …; **il n'en est pas moins ~ que …** trotzdem, nichtsdestoweniger, und doch ist es wahr, dass … **2** *(authentique)* echt; richtig; wirklich; **ses ~s cheveux** ihr eigenes Haar; **un ~ policier** ein echter, richtiger, wirklicher Polizist; **un ~ Renoir** ein echter Renoir; **c'est une ~e blonde** sie hat naturblondes Haar; **de son ~ nom il s'appelle …** sein wirklicher, richtiger Name ist, lautet … **3** *(véritable)* wahr; richtig; echt; wirklich; *nature* unverfälscht; **~ de ~** unverfälscht; typisch; *fam* hundertprozentig; **une ~e canaille** e-e wahre, richtige Kanaille; **~ connaisseur** echter, wirklicher Kenner; **le (seul) ~ moyen de** *(+inf)* das (einzig) richtige Mittel (um) zu *(+inf)*; *fam* **il n'y a que ça de ~** *fam* das ist das einzig Wahre **4** *d'un roman etc* **personnage ~** lebensechte, -wahre Figur **B** ADV *fam* **~!** wirklich!; stimmt!; ist ja wahr!; *fam* **ben ~, ça alors!** *fam* na so was!; ist ja unglaublich, doll!; **à ~ dire, à dire ~** offen gesagt, gestanden; um die Wahrheit zu sagen; eigentlich; **dire ~** die Wahrheit sagen; recht haben; den Nagel auf den Kopf treffen; **faire ~** echt wirken, aussehen **C** M **le ~** das Wahre; die Wahrheit; *enf* **pour de ~** im Ernst; wirklich; **distinguer le ~ du faux** Wahres und Falsches unterscheiden; **être dans le ~** recht haben

vraiment [vʀɛmɑ̃] ADV wirklich; wahrhaftig; *st/s* wahrlich; **~?** wirklich?; *iron, incrédule* **ah, ~!** ach (nein), wirklich?; was du nicht sagst *ou* was Sie nicht sagen!; **~ rouge** richtig rot; **ce n'est ~ pas malin** das war wirklich, wahrhaftig nicht sehr schlau; **~, il exagère** er geht wirklich zu weit

vraisemblable [vʀɛsɑ̃blabl] ADJ wahrscheinlich; **il est très ~ que …** sehr wahrscheinlich …; **c'est très ~** das ist sehr gut möglich, durchaus denkbar, einleuchtend

vraisemblablement [vʀɛsɑ̃blabləmɑ̃] ADV wahrscheinlich

vraisemblance [vʀɛsɑ̃blɑ̃s] F Wahrscheinlichkeit *f*; **selon toute ~** aller Wahrscheinlichkeit nach

vrille [vʀij] F **1** BOT Ranke *f*; **~ de la vigne** Weinranke *f* **2** TECH Nagelbohrer *m* **3** AVIAT Trudeln *n*; **descendre en ~** abtrudeln

vrillé [vʀije] ADJ **1** BOT rankig **2** *fil* verdreht

vriller [vʀije] V/T **1** durchbohren *ou* durchbohren **2** *fig* **la douleur lui vrille les tempes** er hat rasende, bohrende Kopfschmerzen

vrombir [vʀɔ̃biʀ] V/I *moteur etc* dröhnen; *insecte* summen; surren; **vrombissement** M *d'un moteur* Dröhnen *n*

vroum [vʀum] INT *bruit de moteur* **~! ~!** brumm, brumm!
VRP [veɛʀpe] M ABR (voyageur de commerce, représentant et placier) (Geschäftsreisender,) Handelsvertreter (und Platzvertreter) *m*
V.S.O.P. ABR (very superior old pale) *Qualitätsbezeichnung für in Eichenfässern abgelagerten Cognac*
VTC [vetese] M ABR (vélo tout chemin) Trekkingrad *n*
VTT [vetete] M ABR (vélo tout terrain) Mountainbike *n*
vu [vy] A PP → voir *et* ADJ gesehen (*a.* ADMIN); **ni ~ ni connu** ohne dass jemand etwas bemerkt; **c'est (bien) ~?** *ou fam* **~!** verstanden?; **être bien, mal ~** *personne* beliebt, unbeliebt sein, gern, nicht gern gesehen sein, gut, schlecht angeschrieben sein (**de qn** bei j-m); *chose* gern, nicht gern gesehen werden; verpönt sein; *fam* **c'est tout ~!** das ist ein für alle Mal erledigt!; Schluss jetzt! B PRÉP angesichts (*+gén*); in Anbetracht (*+gén*); unter Berücksichtigung (*+gén*); **~ les circonstances** in Anbetracht, angesichts der Umstände; **~ le temps** bei dem Wetter C LOC CONJ **~ que** da; weil; in Anbetracht dessen, dass D M 1 **au ~ et au su de tout le monde** vor aller Augen; **c'est du déjà ~** das ist nichts Neues 2 JUR **sur le ~ des pièces** nach Einsicht in die, nach Prüfung der Aktenstücke
vue [vy] F 1 *sens* Sehen *n*; Sehkraft *f*, -vermögen *n*; Gesichtssinn *m*; Augen(licht) *npl(n)*; **troubles** *mpl* **de la ~** Sehstörungen *fpl*; **avoir la ~ basse** kurzsichtig sein; **avoir une bonne ~** gute Augen haben; gut sehen; **sa ~ baisse** s-e Augen lassen nach; s-e Sehkraft lässt nach; **être privé de la ~** blind sein; **fatiguer la ~** die Augen anstrengen; **perdre la ~** erblinden; das Augenlicht verlieren, einbüßen 2 (*regard*) Blick *m*; Sicht *f*; *loc adj et loc adv*: **à ~** AVIAT, MAR auf Sicht; COMM bei Sicht; Sicht…; **à première ~** auf den ersten Blick; *fam* **à ~ de nez** nach Augenmaß; schätzungsweise; *fam* über den Daumen gepeilt; **à ~ d'œil** zusehends; merklich; **à la ~ de tous** vor aller Augen; **garde** *f* **à ~** Polizeigewahrsam *m*; COMM **payable à ~** zahlbar bei Sicht; **en ~** in Sicht; sichtbar; **ils arrivaient en ~ de l'île** die Insel kam in Sicht; **être en ~** *côte, réussite* in Sicht sein; *personne* an hervorragender Stelle stehen; sehr bekannt sein; *objet* **être exposé bien en ~** an gut sichtbarer, an auffälliger Stelle stehen, liegen; °**hors de ~** außer Sicht; nicht mehr zu sehen; **connaître qn de ~** j-n vom Sehen kennen; *fam* **en mettre plein la ~ à qn** j-m imponieren; auf j-n Eindruck machen; *fam* bei j-m Eindruck schinden; **s'offrir à la ~ de qn** sich j-s Blicken darbieten; **perdre qn, qc de ~** j-n, etw aus den Augen verlieren; **il ne faut pas perdre de ~ que …** man darf nicht übersehen, außer Acht lassen, dass … 3 (*spectacle*) Anblick *m*; **à la ~ du sang** beim Anblick von Blut; **à sa ~** bei s-m *ou* ihrem Anblick; als ich *ou* er *etc* ihn *ou* sie sah 4 (*panorama*) Aussicht *f*; (Aus)Blick *m*; **avec ~ sur la mer** mit Aussicht, Blick aufs Meer; mit Meer(es)blick; *pièce* **avoir ~ sur le jardin** zum Garten hinausgehen 5 PHOT, PEINT Ansicht *f*; **~ aérienne** Luftbild *n*; **~ de face** Vorderansicht *f*; **~ d'ensemble** Gesamtansicht *f*; Überblick *m*, -sicht *f* (*a. fig*); **~ de Lyon** Ansicht von Lyon 6 (*idée*) Einstellung *f*; Vorstellung *f*; **~s** *pl* Ansichten *fpl*; Meinung *f*; **échange** *m* **de ~s** Meinungsaustausch *m*; *personne, politique* **à courte ~** kurzsichtig; **c'est une ~ de l'esprit** das ist e-e (rein) theoretische Vorstellung 7 (*intention*) Absicht *f*; (*perspective*) Aussicht *f*; *loc prép* **en ~ de** (*+subst*) im Hinblick auf (*+acc*); angesichts (*+gén*); **en ~ de** (*+inf*) um zu (*+inf*); **travailler en ~ de réussir** auf den Erfolg hinarbeiten; **avoir qn en ~** j-n in Aussicht genommen haben, an j-n denken (**pour un poste** für e-n Posten); **avoir qc en ~** (*envisager*) etw im Auge haben; (*espérer*) etw in Aussicht haben; **avoir des ~s sur qc, qn** ein Auge auf etw, j-n geworfen haben; Absichten auf j-n haben 8 **double, seconde ~** Zweites Gesicht; Hellsehen *n*
vulcanien [vylkanjɛ̃] ADJ ⟨~ne⟩ GÉOL **type ~** Vulkanotyp *m*
vulcanisation [vylkanizasjõ] F TECH Vulkanisierung *f*; Vulkanisation *f*; **vulcaniser** V/T TECH vulkanisieren; *adjt* **vulcanisé** vulkanisiert
vulcanologie [vylkanɔlɔʒi] → volcanologie
vulgaire [vylgɛʀ] A ADJ 1 (*quelconque*) einfach; gewöhnlich; *plus fort* ordinär; **en ~ coton** aus einfacher, gewöhnlicher, *plus fort* ordinärer Baumwolle; **un ~ escroc** ein ganz gewöhnlicher Betrüger 2 (*grossier*) *personne, goût* gewöhnlich; *plus fort, a. genre, expressions* ordinär; vulgär 3 *litt* (*quotidien*) alltäglich; niedrig; wenig erhaben 4 (*populaire*) *nom de plante etc* volkstümlich; allgemein üblich; **langue** *f* **~** Volkssprache *f*; **latin** *m* **~** Vulgärlatein *n* B M **le ~** 1 *litt* (*populace*) das (gemeine) Volk; der Pöbel 2 das Ordinäre, Vulgäre; **tomber dans le ~** ordinär, vulgär werden
vulgairement [vylgɛʀmɑ̃] ADV 1 *péj s'exprimer etc* ordinär; vulgär 2 **appelé ~** allgemein, in der Sprache des Volkes, im Volksmund (genannt); *en incise* **~ parlant** wie es im Volksmund heißt; volkstümlich
vulgarisateur [vylgaʀizatœʀ] M, **vulgarisatrice** F Autor *m*, Autorin *f* populärwissenschaftlicher Werke
vulgarisation [vylgaʀizasjõ] F **~ (scientifique)** allgemein verständliche Darstellung (und Verbreitung); **ouvrage** *m* **de ~** populärwissenschaftliches Werk
vulgariser [vylgaʀize] V/T allgemein verständlich darstellen (und verbreiten); allgemein verständlich machen; popularisieren
vulgarité [vylgaʀite] F *péj* Gewöhnlichkeit *f*; *plus fort* Vulgarität *f*
vulgum pecus [vylgɔmpekys] M ⟨*sans pl*⟩ *fam* **le ~** der Normalsterbliche; (der) Otto Normalverbraucher
vulnérabilité [vylneʀabilite] F Verwundbarkeit *f*
vulnérable [vylneʀabl] ADJ 1 verwundbar 2 *fig* verwundbar; verletzbar; empfindlich; **point** *m* **~** verwundbare Stelle; Schwachstelle *f*
vulve [vylv] F ANAT Vulva *f*; *st/s* (weibliche) Scham *f*
Vve *ou* **Vve** ABR (veuve) Wwe. (Witwe)
V.V.F. [veveɛf] M ABR (village vacances familles) Familienferiendorf *n*
Vyborg [vibɔʀg] GÉOG Wyborg *n*

W

W¹, w [dubləve] M ⟨*inv*⟩ W, w *n*
W² ABR (watt[s]) W (Watt)
Waal [wal] GÉOG **le ~** die Waal
Waas [was] **le pays de ~** das Waasland
Wagner [vagnɛʀ] M MUS Wagner *m*
wagnérien [vagneʀjɛ̃] MUS A ADJ ⟨~ne⟩ Wagner…; **opéra ~** Wagneroper *f* B M Wagnerianer *m*
wagon [vagõ] M CH DE FER 1 Wag'gon *m*; Wagen *m*; *t/t* Güterwagen *m*; **~ frigorifique** Kühlwagen *m*; **~ à bestiaux** Viehwagen *m*, -waggon *m*; **~ de première classe** Wagen erster Klasse; **~ de marchandises** Güterwagen *m* 2 *contenu* Wagenladung *f*; Waggon(ladung) *m(f)*
wagon-bar [vagõbaʀ] M ⟨*pl* wagons-bars⟩ Büfettwagen *m*; **wagon-citerne** M ⟨*pl* wagons-citernes⟩ Kesselwagen *m*; **wagon-couchettes** M ⟨*pl* wagons-couchettes⟩ Liegewagen *m*; **wagon-lit** M ⟨*pl* wagons-lits⟩ Schlafwagen *m*
wagonnet [vagɔnɛ] M (Kipp)Lore *f*
wagon-poste [vagõpɔst] M ⟨*pl* wagons-poste⟩ CH DE FER Postwagen *m*; **wagon-restaurant** M ⟨*pl* wagons-restaurants⟩ Speisewagen *m*
Walhalla [vala(l)la] MYTH **le ~** (die) Walhall(a)
walkie-talkie [wokitoki] M → talkie-walkie
walkman® [wɔkman] M Walkman® *m*
walkyrie [valkiʀi] F MYTH *ou plais* Walküre *f*
Wallis-et-Futuna [walisefytyna] **les îles** *fpl* **~** die Wallisinseln *fpl*; Wallis und Futuna *n*
wallon [walõ] A ADJ ⟨~ne⟩ wallonisch B SUBST 1 **Wallon(ne)** *m(f)* Wallone *m*, Wallonin *f* 2 LING **le ~** das Wallonische; Wallonisch *n*
Wallonie [walɔni] **la ~** Wallonien *n*
Walvis Bay [walvisbɛ] GÉOG Walfischbai *n*
wapiti [wapiti] M ZOOL Wapiti *m*
Warndt [vaʀnt] GÉOG **la ~** der Warndt
warrant [vaʀɑ̃, wa-] M COMM Warrant *m*; Lagerschein *m*
Warta [vaʀta] GÉOG **la ~** die Warthe
wasabi [wazabi] M CUIS Wasabi *n*
Washington [waʃiŋtɔn] Washington *n*
wassingue [vasɛ̃g, wa-] F *mot flamand* Scheuertuch *n*
water-ballast [watɛʀbalast] M ⟨*pl* water-ballasts⟩ MAR a *d'un bateau* Ballasttanks *mpl* b *d'un sous-marin* Tauchtank *m*
water-closet(s) [watɛʀklozɛt] MPL → waters
Waterloo [wateʀlo] HIST Waterloo *n* (*a. fig défaite*)
water-polo [watɛʀpɔlo] M Wasserball *m*
waterproof [watɛʀpʀuf] ADJ ⟨*inv*⟩ wasserdicht
waters [watɛʀ] MPL Klosett *n*; Abort *m*; *fam* Klo *n*; **aller aux ~** aufs Klo gehen
watt [wat] M (ABR W) ÉLEC Watt *n* (*abr* W)
Watteau [vato] **Antoine ~** *frz Maler*
watt-heure [watœʀ] M ⟨*pl* watts-heures⟩ (ABR Wh) Wattstunde *f* (*abr* Wh); **watt-mètre** M Wattmeter *n*
Wattrelos [watʀəlo] *Stadt im Dep. Nord*
W.-C. [(dublə)vese] MPL WC *n*; *fam* Null-Null *n* (*inscription* 00)
Web [wɛb] M ABR (World Wide Web) INFORM Web *n*; *adjt* **page** *f* **~** Webseite *f*; **serveur** *m* **~** Web-Server *m*; **site** *m* **~** Website *f*; **(naviguer, surfer) sur le ~** im Web (surfen)
webcam [wɛbkam] F INFORM Webcam *f*
webmaster [wɛbmastœʀ] *ou* **webmestre** [wɛbmɛstʀ] M INFORM Webmaster *m*
week-end [wikɛnd] M ⟨*pl* week-ends⟩ Wochenende *n*; **bon ~!** schönes Wochenende!; **partir en ~** übers Wochenende wegfahren
Weil [vɛj] **Simone ~** *frz Philosophin u. Schriftstellerin*
Welsch [vɛlʃ] M → Velche
weltanschauung [veltanʃawuŋg] F PHIL Weltanschauung *f*
welter [vɛltɛʀ] M BOXE Weltergewicht *n*
Weser [vezɛʀ] **la ~** die Weser
western [wɛstɛʀn] M CINÉMA Western *m*; Wildwestfilm *m*; **western-spaghetti** M ⟨*pl* westerns-spaghettis⟩ Italowestern *m*
Westphalie [vɛsfali] **la ~** Westfalen *n*
Weygand [vɛgɑ̃] *frz General*

whisky [wiski] M ‹*pl* whiskies› Whisky *m*; **~ nature** Whisky pur; **~ soda** Whisky Soda
whist [wist] M Whist *n*
white-spirit [wajtspiʀit] M Terpentinersatz *m*
Wi-Fi® [wifi] M ABR (wireless fidelity) INFORM WLAN *n*
Wight [wajt] **l'île** *f* **de ~** die Isle of Wight
wiki [wiki] M INFORM Wiki *n*
wilaya [vilaja] F *Verwaltungsbezirk in Algerien*
william(s) [wiljam(s)] F **(poire** *f*) **~(s)** Williams Christbirne *f*
Wimbledon [wimblədɔn] Wimbledon *n*
Windhoek [winduk] Windhuk *n*
Winnipeg [winipɛg] GÉOG Winnipeg *n*; **le lac ~** der Winnipegsee
wisigoth [vizigo] ADJ ‹-gothe [-gɔt]› westgotisch
Wissembourg [visɑ̃buʀ, -sɛ̃-] Weißenburg *n*
Woëvre [vwavʀ] **la ~** *Landschaft in Lothringen*
wolfram [vɔlfʀam] M MINÉR Wolframit *n*
wombat [wɔ̃ba] M ZOOL Wombat *m*
Wonderbra® [wɔndɛʀbʀa] M Wonderbra® *m*
World Wide Web [wœʀldwajdwɛb] M INFORM World Wide Web *n*; **sur le ~** im World Wide Web
Wroclaw [vʀɔtslaf] Breslau *n*
Wurtemberg [vyʀtɛ̃bɛʀ] **le ~** Württemberg *n*
wurtembergeois [vyʀtɛ̃bɛʀʒwa] ADJ württembergisch
Wurtzbourg [vyʀtsbuʀ] Würzburg *n*
www [dubləvedubləvedubləve] ABR (World Wide Web) www

X

X, x [iks] M ‹*inv*› 1 *lettre* X, x *n*; *par ext*: **chromosome** *m* **X** X-Chromosom *n*; **jambes** *fpl* **en X** X-Beine *npl* 2 MATH **x** *n*; **axe** *m* **des x** x-Achse *f*; *par ext*: **x années** soundso viele, x, *fam* zig Jahre; *je te l'ai répété* **x fois** x-mal; *fam* zigmal; **X** *ou* **Monsieur X** Herr X(Y); JUR **plainte** *f* **contre X** Anzeige *f* gegen unbekannt; **accoucher sous X** anonym entbinden *(und das Kind weggeben)* 3 **rayons** *mpl* **X** Röntgenstrahlen *mpl* 4 **film (classé) X** Pornofilm *m* 5 **X** *arg estudiantin pour* a *« École polytechnique »*: *(vom Armeeministerium verwaltete) Hochschule zur Ausbildung von Ingenieuren in Paris* b *« polytechnicien »* (ehemaliger) Schüler, Absolvent *m* der École polytechnique
Xaintois [(k)sɛ̃twa] **le ~** *Landschaft in Lothringen*
Xavier [gzavje] M *Vorname*
xénon [ksenɔ̃] M CHIM Xenon *n*; **phare(s)** *f(pl)* **au xénon** Xenonscheinwerfer *m(pl)*
xénophile [gzenɔfil] ADJ fremdenfreundlich; xenophil
xénophobe [gzenɔfɔb] A ADJ fremden-, ausländerfeindlich; xenophob B M/F Fremdenfeind(in) *m(f)*; **xénophobie** F Fremdenhass *m*; Ausländerfeindlichkeit *f*; Xenophobie *f*
xérès [kseʀɛs, gze-] M Sherry *m*; Jerez(wein) *m*
xérus [gzeʀys, kse-] M ZOOL Afrikanisches Erdhörnchen
xi [ksi] M *lettre grecque* Xi *n*
xylène [gzilɛn, ksi-] M CHIM Xylol *n*
xylographe [gzilɔgʀaf, ksi-] M/F Xylograf(in) *m(f)*; Holzschneider(in) *m(f)*; **xylographie** F a Holzschneidekunst *f*; *t/t* Xylografie *f* b Holzschnitt *m*; *t/t* Xylografie *f*
xylophage [gzilɔfaʒ, ksi-] M ZOOL holzfressendes Insekt
xylophone [gzilɔfɔn, ksi-] M MUS Xylofon *n*

Y

Y, y¹ [igʀɛk] M ‹*inv*› 1 *lettre* Y, y *n*; Ypsilon *n* 2 MATH y *n*; **axe** *m* **des y** y-Achse *f* 3 **chromosome** *m* **Y** Y-Chromosom *n*
y² [i] A ADV 1 dort; da; hier; dort-, dahin; dorthinauf *ou* -hinunter; **tu ~ vas?** gehst du (da-, dort)hin?; **je n'~ suis jamais allé** ich war nie dort; **on ~ entre par ~ …** man geht (da, dort) durch … hinein; **j'~ étais aussi** ich war auch dort, dabei; **je n'~ suis pour personne** ich bin für niemanden zu sprechen, zu Hause; **j'~ suis, j'~ reste** hier bin ich, und hier bleibe ich; **on n'~ voit rien, dans ce brouillard** man sieht nichts bei diesem Nebel 2 LOC: **~ compris** einschließlich *(+gén)*; **il s'~ connaît** er versteht sich darauf; er versteht etwas davon; **~ aller, il ~ a, ~ compter, s'~ entendre, ~ être, s'~ prendre** *etc* → *les verbes correspondants* B PRON 1 *à la place d'un obj indir précédé de* **à** dazu; daran; darauf; *se rapportant rarement à une personne* **je ne m'~ fierais pas** ich würde ihm nicht trauen; **vous m'~ obligez** Sie zwingen mich dazu; **j'~ penserai** ich werde daran denken; **j'~ renonce** ich verzichte darauf 2 *fam pour* **lui**: **j'~ ai dit** ich hab ihm gesagt 3 *fam pour* **il** *(impersonnel)*: **c'est-~ pas malheureux!** das ist doch ein Jammer!
yacht [jɔt] M Jacht *f*
yacht-club [jɔtklœb] M ‹*pl* yacht-clubs› Jachtklub *m*
yachting [jɔtiŋ] M Jachtsport *m*; *par ext* Segelsport *m*
ya(c)k [jak] M ZOOL Jak *m*; Grunzochse *m*
Yahvé [jave] M BIBL Jahve *ou* Jahwe *m*
Yalta [jalta] GÉOG Jalta *n*
yang [jɑ̃g, jɑ̃ŋ] M PHIL Yang *n*
Yang-tseu-kiang [jɑ̃gtsøkjɑ̃g] GÉOG **le ~** der Jangtse(kiang)
Yankee [jɑ̃ki] A M/F Yankee *m*; US-Amerikaner(in) *m(f)* B ADJ **yankee** Yankee…; US-amerikanisch
Yann [jan] M *Vorname*
Yannic [janik] M *Vorname*
Yaoundé [jaunde] GÉOG Jaunde *n*
yaourt [jauʀ(t)] M Jog(h)urt *m ou n*; **~ nature, aux fruits** Natur-, Fruchtjog(h)urt *m*
yaourtière [jauʀtjɛʀ] F Jog(h)urtbereiter *m*
yard [jaʀd] M Yard *n*
yearling [jœʀliŋ] M einjähriges Rennpferd; Jährling *m*
Yémen [jemɛn] **le ~** Jemen *n ou* der Jemen
yéménite [jemenit] A ADJ jemenitisch B SUBST **Yéménite** *m/f* Jemenite, -nitin *m,f*
yen [jɛn] M *monnaie* Yen *m*
yéti [jeti] M Yeti *m*
Yeu [jø] **l'île** *f* **d'~** *Insel vor der frz Atlantikküste*
yeuse [jøz] *Elision u. Bindung!* F BOT Steineiche *f*
yeux [jø] *Elision u. Bindung!* MPL → œil
yé-yé [jeje] M/F *dans les années 60* jugendlicher Popmusikfan
yiddish [jidiʃ] LING A ADJ ‹*inv*› jiddisch B M **le ~** das Jiddische; Jiddisch *n*
yin [jin] M PHIL Yin *n*
yod [jɔd] M PHON Jot *n*
yoga [jɔga] M Yoga *ou* Joga *n*; **faire du ~** Yoga machen, betreiben
yog(h)ourt [jɔguʀt] → yaourt
yogi [jɔgi] M Yogi *ou* Jogi *m*
Yokohama [jɔkɔama] GÉOG Yokohama *ou* Jokohama *n*
yole [jɔl] F (Sport)Ruderboot *n*
Yonne [jɔn] **l'~** *f Fluss u. Departement in Frankreich*
yougoslave [jugɔslav] A ADJ jugoslawisch B SUBST **Yougoslave** *m/f* Jugoslawe, -slawin *m,f*
Yougoslavie [jugɔslavi] **la ~** Jugoslawien *n*
youp [jup] INT (hopp,) hopp!; **allez! ~! sortez!** los! hopp, hopp! hinaus!
youpi [jupi] INT juchhe!; hurra!
youpin [jupɛ̃] M *injure raciste* Jude *m*
youyou¹ [juju] M MAR Dingi *n*
youyou² *ou* **you-you** [juju] M ‹*inv*› *schrille Schreie der arabischen bzw. afrikanischen Frauen*
yo-yo [jojo] M ‹*inv*› 1 *jouet* Jo-Jo *n* 2 *fig* Auf und Ab *n*
ypérite [ipeʀit] F MIL Senfgas *n*; Yperit *n*
Ypres [ipʀ] GÉOG Ypern *n*
Ysengrin [izɑ̃gʀɛ̃] M *nom du loup dans le « Roman de Renart »* Isegrim *m*
Yser [izɛʀ] GÉOG **l'~** *m* die Yser
yuan [jwan] M *monnaie* Yuan *m*
yucca [juka] M BOT Yucca *f*; Palmlilie *f*
yuppie [jupi] M Yuppie *m*
Yvelines [ivlin] **les ~** [lez-] *fpl frz Departement*
Yves [iv] M *Vorname*
Yvonne [ivɔn] F *Vorname*

Z

Z, z [zɛd] M ‹*inv*› Z, z *n*
ZAC [zak] F ABR (zone d'aménagement concerté) übereinstimmend zur Bebauung freigegebenes Gebiet
ZAD [zad] F ABR (zone d'aménagement différé) Bauerwartungsland *n*
Zagreb [zagʀɛb] Zagreb *n*
Zaïre [zaiʀ] HIST **le ~** Zaire *n*
zaïrois [zaiʀwa] HIST A ADJ zairisch B SUBST **Zaïrois(e)** *m(f)* Zairer(in) *m(f)*
Zambèze [zɑ̃bɛz] GÉOG **le ~** der Sambesi
Zambie [zɑ̃bi] **la ~** Sambia *n*
zambien [zɑ̃bjɛ̃] A ADJ ‹~ne› sambisch B SUBST **Zambien(ne)** *m(f)* Sambier(in) *m(f)*
Zanzibar [zɑ̃zibaʀ] Sansibar *n*
zapper [zape] V/I TV zappen; hin und her schalten
zappette [zapɛt] F *fam* TV Fernbedienung *f*
zapping [zapiŋ] M TV Zappen *n*
Zarathoustra [zaʀatustʀa] M REL Zarathustra *m*
zarb(i) [zaʀb(i)] ADJ *fam* komisch
zarzuela [zaʀzɥela, saʀswela] F MUS Zarzuela *f*
zazou [zazu] M *pendant la 2ᵉ Guerre mondiale* junger, exzentrischer Jazzfan
zébi [zebi] M **peau** *f* **de ~** billiger Stoff
zèbre [zɛbʀ] M 1 ZOOL Zebra *n*; **courir comme un ~** sehr schnell laufen 2 *fam fig* Kerl *m*; **un drôle de ~** ein komischer, seltsamer Kauz, Kerl
zébrer [zebʀe] V/T ‹-è-› mit (zebraartigen) Streifen versehen; *souvent adjt* **zébré** (zebraartig) gestreift; **ciel noir zébré d'éclairs** von Blitzen durchzuckter schwarzer Himmel
zébrure [zebʀyʀ] F 1 *du pelage d'un animal*

Streifen *m* 2 *sur la peau* Strieme(n) *f(m)*
zébu [zeby] M ZOOL Zebu *n ou m*; Buckelrind *n*
Zélande [zelɑ̃d] **la ~** *province des Pays-Bas* Seeland *n*
zélateur [zelatœʀ] *litt* M Eiferer *m*; Zelot *m*
zèle [zɛl] M Eifer *m*; Fleiß *m*; Beflissenheit *f*; Diensteifer *m*; **grève** *f* **du ~** Dienst *m* nach Vorschrift; Bummelstreik *m*; **(surtout) pas de ~!** nur kein Übereifer!; **avec ~** eifrig; mit Eifer; **faire du ~** übereifrig, allzu eifrig sein
zélé [zele] ADJ eifrig; voll Eifer
zélote [zelɔt] M HIST Zelot *m*
zen [zɛn] A M REL Zen *n* B ADJ ⟨*inv*⟩ 1 **bouddhisme** *m* **~** Zenbuddhismus *m* 2 *fam (calme)* gelassen; ruhig
zénith [zenit] M 1 ASTRON Zenit *m*; Scheitelpunkt *m*; **être au ~** im Zenit stehen 2 *fig* Gipfel *m*; Höhepunkt *m*; Zenit *m*; *st/s* **être au ~ de sa gloire** auf dem Gipfel, Höhepunkt des *ou* s-s Ruhms sein
ZEP [zɛp] F ABR (zone d'éducation prioritaire) *Problembezirk, in dem die Schulen mehr Geld bekommen, um benachteiligte Schüler besser zu fördern*
zéphyr [zefiʀ] M *poét*, TEXT Zephir *m*
zeppelin [zɛplɛ̃] M AVIAT Zeppelin *m*
zéro [zeʀo] A M 1 MATH Null *f*; **barrer un ~** e-e Null streichen; *aiguille* **être à ~** auf null stehen 2 *fig* Nichts *n*; Null *f*; **~!** *ou* **~ pour la question** von dieser Sache hat er keine Ahnung; *fam* **avoir la boule à ~** e-n kahl geschorenen Kopf haben; *fam* **les avoir à ~** *fam* e-e Heidenangst haben; *pop* Mordsschiss haben; **avoir le moral à ~** seelisch auf dem Nullpunkt (angelangt) sein; *fam* **c'est ~** das taugt nichts; **partir de ~** mit nichts, bei null anfangen; **recommencer, repartir à ~** wieder ganz von vorne, bei null anfangen 3 *fig personne* Null *f*; **c'est un ~** er ist e-e Null 4 *température* Nullpunkt *m*; Gefrierpunkt *m*; **~ absolu** absoluter Nullpunkt; **il fait dix degrés au-dessus, au-dessous de ~** es sind, wir haben zehn Grad über, unter null, zehn Grad Wärme, Kälte 5 ÉCOLE Sechs *f*; **~ de conduite** e-e Sechs in Betragen; **attraper un ~** e-e Sechs kriegen; **avoir ~ en maths** e-e Sechs in Mathe haben; **collectionner les ~s** sehr viele Sechsen einheimsen B NUM null; **~ degré** null Grad; **~ euro cinquante** null Komma fünfzig Euro; **~ heure** null Uhr; MIL **option** *f* **~** Nulllösung *f*; **faire ~ faute** null, keinen Fehler machen; SPORTS **~ à ~** *ou* **~ partout** null zu null; **gagner par 3 buts à ~** mit drei zu null (Toren) gewinnen
zeste [zɛst] M 1 **~ de citron** (Stück *n*) Zitronenschale *f* 2 *fig* **~ d'alcool** Schuss *m* Alkohol; **ne pas valoir un ~** keinen Pfifferling wert sein
Zeus [dzøs] M MYTH Zeus *m*
zézaiement [zezɛmɑ̃] M Aussprache *f* des j-d wie z; Lispeln *n*
zézayer [zezeje] V/I ⟨-ay- *od* -ai-⟩ j-d wie z aussprechen; lispeln; mit der Zunge anstoßen
ZI ABR (zone industrielle) Industrie-, Gewerbegebiet *n*
zibeline [ziblin] F ZOOL *et fourrure* Zobel *m*
zieuter [zjøte] *fam* V/T angucken; *fam et plus fort* anglotzen; an-, begaffen; **zieute-la!** guck, *fam* kiek dir die mal an!
ZIF [zif] F ABR (zone d'intervention foncière) Zone *f* mit bodenpolitischer Interventionsmöglichkeit (der Gemeinde)
zig [zig] → zigue
zigomar [zigɔmaʀ] M → zigoteau
zigoteau M ⟨*pl* ~x⟩ *ou* **zigoto** [zigɔto] M *fam* **un drôle de zigoteau** *ou* **zigoto** *fam* ein seltsamer, komischer Knabe, Kauz; *fam* **faire le zigoteau** *ou* **zigoto** den Hanswurst spielen
zigouiller [ziguje] V/T *fam* abmurksen
zigue [zig] M *fam* Kerl *m*; Type *f*; **un drôle de ~** ein komischer Kerl; e-e seltsame Type
zigzag [zigzag] M Zickzack *m*; *loc adj et loc adv* **en ~** Zickzack...; im Zickzack (gehend, verlaufend); **chemin** *m* **en ~** im Zickzack verlaufender Weg; **marcher en ~** im Zickzack gehen; hin und her torkeln, taumeln; **faire des ~s** → zigzaguer
zigzaguer [zigzage] V/I *ivrogne* im Zickzack, in Schlangenlinien gehen; hin und her taumeln, torkeln; *véhicule* in Schlangenlinien fahren; *route* im Zickzack verlaufen; sich schlängeln
Zimbabwe [zimbabwe] **le ~** Simbabwe *n*
zimbabwéen [zimbabweɛ̃] A ADJ ⟨~ne⟩ simbabwisch B SUBST **Zimbabwéen(ne)** *m(f)* Simbabwer(in) *m(f)*
zinc [zɛ̃g] M 1 Zink *n*; **en** *ou* **de ~** Zink...; aus Zink 2 *fam (comptoir)* Theke *f*; Schanktisch *m*; *prendre un verre* **sur le ~** an der Theke 3 *fam (avion)* Flugzeug *n*; *fam* Kiste *f*
zingage [zɛ̃gaʒ] M Verzinken *n*, -ung *f*
zinguer [zɛ̃ge] V/T 1 verzinken 2 *toit* mit Zinkblech decken; **zinguerie** F a Zinkhütte *f* b Zinkhandel *m* c Zinkwaren *fpl*
zingueur [zɛ̃gœʀ] M 1 Zinkarbeiter *m* 2 ADJ/T **plombier** *m* **~** Klempner *m*; *all Sud* Spengler *m*
zinnia [zinja] M BOT Zinnie *f*
zinzin [zɛ̃zɛ̃] *fam* A ADJ ⟨*f inv*⟩ **il est un peu ~** *fam* er spinnt ein bisschen; → *a.* cinglé B M *fam* Dings(da) *n*
zip [zip] M (breiter) (Zier)Reißverschluss
zippé [zipe] ADJ mit (breitem) (Zier)Reißverschluss
zipper [zipe] V/T INFORM zippen
zircon [ziʀkõ] M MINÉR Zirkon *m*
zirconium [ziʀkɔnjɔm] M CHIM Zirkonium *n*
zist [zist] LOC ADV **entre le ~ et le zest** *fam* so lala
zizanie [zizani] F **semer la ~** Zwietracht säen, stiften
zizi [zizi] M *enf (pénis) enf* Zipfelchen *n*
zizique [zizik] *enf ou plais* F Musik *f*
zloty [zlɔti] M *monnaie* Zloty *m*
zodiacal [zɔdjakal] ADJ ⟨-aux⟩ ASTRON Tierkreis...
zodiaque [zɔdjak] M ASTRON Tierkreis *m*; *t/t* Zodiakus *m*; **signes** *mpl* **du ~** Tierkreiszeichen *npl*
Zola [zɔla] **Émile ~** *frz Schriftsteller*
zombi *ou* **zombie** [zõbi] M Zombie *m (a. fig)*
zona [zona] M MÉD Gürtelrose *f*
zonage [zonaʒ] M URBANISME Aufteilung *f* in Nutzungsflächen
zonard [zonaʀ] M 1 Bewohner *m* der armen Außenviertel 2 *péj (jeune marginal)* Rocker *m*
zone [zon] F 1 Zone *f*; Gebiet *n*; Bereich *m*; **~ côtière** Küstengebiet *n*; **~ dangereuse** Gefahrenzone *f*; POL **~ démilitarisée** entmilitarisierte Zone; **~ dénucléarisée** atomwaffenfreie Zone; **~ douanière** Zollgebiet *n*; FIN **~ franc** Franczone *f*; Währungsgebiet *n* des Franc; **~ interdite** Sperrgebiet *n*, -bezirk *m*; **~ sinistrée** Katastrophengebiet *n*; **~ d'action** Wirkungsbereich *m*; MIL Gefechtszone *f*; AVIAT **~ d'atterrissage** Landezone *f*; **~ de bruit** Lärmzone *f*; **~ d'influence** Einflussgebiet *n*, -bereich *m*; Interessensphäre *f*; ÉCON **~ de libre-échange** Freihandelszone *f*; MIL **~ d'occupation** Besatzungszone *f*; **~ de pêche** Fischereizone *f*; RAD **~ de réception** Empfangsbereich *m*; ADMIN **~ de salaire** Lohngebiet *n*; *correspond à* Orts(lohn)klasse *f*; RAD **~ de silence** tote Zone; → *a.* 3; **sur une ~ de 5 km** in e-m Umkreis, Gebiet von 5 km 2 GÉOG Zone *f*; **~s climatiques** Klimazonen *fpl*; **~ tempérée** gemäßigte Zone 3 *dans les villes*: **~ bleue** Kurzparkzone *f*; **~ industrielle** Industrie-, Gewerbegebiet *n*; **~ résidentielle** *ou* **d'habitation** Wohngebiet *n*, -viertel *npl*; ADMIN **~ à urbaniser en priorité** (*abr* **ZUP**) vorrangig zu bebauende Zone; **~ de silence** (Zone *f* mit) Hupverbot *n* 4 *(faubourgs misérables)* arme Außenviertel *npl* 5 MÉTÉO Gebiet *n*; **~ anticyclonique** *ou* **de haute pression** Hochdruckgebiet *n*; **~ cyclonique** *ou* **de dépression** *ou* **de basse pression** Tiefdruckgebiet *n*; **~ de mauvais temps** Schlechtwettergebiet *n* 6 MATH, ASTRON Zone *f* 7 ANAT Zone *f* 8 *fig* Gebiet *n*; Bereich *m*; *loc adj* **de seconde ~** zweitrangig; zweitklassig
zoner [zone] V/T *arg (habiter) fam* hausen
zoo [zo] M Zoo *m*; Tierpark *m*
zoologie [zɔɔlɔʒi] F Zoologie *f*; Tierkunde *f*
zoologique [zɔɔlɔʒik] ADJ zoologisch; tierkundlich; Tier(kunde)...; **jardin** *m*, **parc** *m* **~** zoologischer Garten; Tierpark *m*
zoologiste [zɔɔlɔʒist] *ou* **zoologue** M/F Zoologe, -login *m,f*
zoom [zum] M PHOT Zoom *n ou m*; Zoomobjektiv *n*
zoomorphe [zɔɔmɔʀf] ADJ in Tiergestalt; **zoomorphisme** M Verwandlung *f* in ein Tier
zoophilie [zɔɔfili] F 1 PSYCH Zoophilie *f* 2 übertriebene Tierliebe; **zoophobie** F übertriebene Angst vor Tieren
zootechnique [zɔɔtɛknik] ADJ Tierzucht...
Zoroastre [zɔʀɔastʀ] M REL Zarathustra *m*
zostère [zɔstɛʀ] F BOT Seegras *n*
zou [zu] INT **et ~!** *ou* **allez ~!** hopp, hopp!
zouave [zwav] M 1 HIST MIL Zuave *m* 2 *fam fig*: **un drôle de ~** *fam* ein seltsamer, komischer Kerl, Knabe; e-e komische Type; **faire le ~** *(faire le pitre)* den Hanswurst spielen; *(attendre) fam* sich *(dat)* die Beine in den Bauch stehen
Zoug [zug] Zug *n*; **le lac de ~** der Zuger See
zouk [zuk] M 1 *Musik von den Kleinen Antillen* 2 *Tanz von den Kleinen Antillen*
Zoulou(s) [zulu] MPL Zulu *mpl*
zozo [zozo] M *fam* Dummchen *n*
zozoter [zɔzɔte] *fam* → zézayer
ZUP [zyp] F ABR (zone à urbaniser en priorité) 1 ADMIN vorrangig zu bebauende Zone 2 *par ext* trostlose, eintönige Außenviertel *npl* (großer Städte)
Zurich [zyʀik] Zürich *n*; **le lac de ~** der Zürichsee
zut [zyt] INT *fam* **~ (alors)!** *fam* verflixt *ou* verdammt (und zugenäht)!
zyeuter [zjøte] → zieuter
zygomatique [zigɔmatik] M ANAT **grand, petit ~** großer, kleiner Jochbeinmuskel
zymase [zimɑz] F CHIM Zymase *f*

Deutsch – Französisch

A

A, a N ⟨A, a; A, a⟩ **1** *Buchstabe* A, a *m*; **(das ist) das A und (das) O** (voilà) l'essentiel; (c'est) l'enfance de l'art; *umg fig* **von A bis Z** du commencement à la fin; de A à Z; *umg* **von A bis Z erfunden** inventé de toutes pièces; *sprichw* **wer A sagt, muss auch B sagen** *sprichw* (quand) le vin est tiré, il faut le boire **2** MUS la *m* **3** *bei Hausnummern* bis

A ABK **1** *(Autobahn)* A (autoroute) **2** *(Ampere)* A (ampère)

Ä, ä N ⟨Ä, ä; Ä, ä⟩ A, a infléchi

a ABK (Ar) a (are)

à PRÄP ⟨*Nominativ*⟩ HANDEL à; **zehn Briefmarken ~ 55 Cent** dix timbres à 55 cents

@ N ABK (at) IT @

Aa *kinderspr* N ⟨~⟩ *kinderspr* caca *m*; **~ machen** faire caca

AA ABK **1** *(Auswärtiges Amt)* ministère *m* des Affaires étrangères **2** *(Anonyme Alkoholiker)* Alcooliques *mpl* anonymes

Aachen N ⟨→ *n/pr*⟩ Aix-la-Chapelle

Aal M ⟨~(e)s; ~e⟩ ZOOL, GASTR anguille *f*; GASTR **~ blau** anguille au bleu, cuite à l'étuvée; GASTR **geräucherter ~** anguille fumée; *fig* **sich (drehen und) winden wie ein ~** se démener comme un possédé

aalen *umg* V/R ⟨h.⟩ **sich ~** se prélasser; *in der Sonne a. umg* faire le lézard

aalglatt ADJ souple; *fig pej* **~ sein** être insaisissable, fuyant

Aalquappe F ZOOL lotte *f*; **Aalreuse** F bosselle *f*; nasse *f* à anguilles; **Aalsuppe** F soupe *f* d'anguille

a. a. O. ABK (am angegebenen Ort) loc. cit. (loco citato, à l'endroit déjà cité)

Aar *poet* M ⟨~(e)s; ~e⟩ aigle *m*

Aargau M ⟨→ *n/pr*⟩ l'Argovie *f*

Aas N ⟨~es⟩ **1** ⟨*pl* ~e⟩ charogne *f*; **~ fressend** → aasfressend **2** *umg fig pej* ⟨*pl* Äser⟩ *umg* saleté *f*; *umg* ordure *f*; *Frau a. umg* garce *f*; *Mädchen a.* peste *f*; **so ein (freches) ~!** *umg* quelle saleté, quelle garce, quelle (petite) peste!; **es war kein ~ da** il n'y avait pas un chat

aasen *umg regional* V/I ⟨-(es)t, h.⟩ **mit etw ~** gaspiller qc; **mit s-n Kräften ~** abuser de sa santé; se ruiner la santé

Aasfliege F mouche *f* de la viande; mouche bleue; **aasfressend** ADJT vivant, se nourrissant de charogne; **Aasfresser** M ⟨~s; ~⟩ carnassier *m* qui se nourrit de charogne; **Aasgeier** M **1** ZOOL vautour *m* **2** *umg pej* vautour *m*; charognard *m*; **Aasgeruch** M odeur *f* de charogne, de cadavre, de putréfaction; **Aasgestank** M puanteur cadavéreuse; **Aaskäfer** MPL silphidés *mpl*

ab **A** PRÄP ⟨*dat*⟩ **1** *räumlich* à partir de; **~ Köln war der Zug voll** à partir de Cologne le train était plein; **~ Düsseldorf fliegen** partir en avion de Düsseldorf; prendre l'avion à Düsseldorf **2** HANDEL **~ Bahnhof** pris à la gare; **~ Werk** *od* **Fabrik, Lager** départ usine, entrepôt; pris à l'usine, l'entrepôt **3** *zeitlich* à partir de; dès; **~ neun Uhr** à partir de neuf heures; dès neuf heures; *umg* **von jetzt ~** à partir de, dès maintenant; **~ wann?** à partir de quand?; **für Kinder ~ drei Jahren** pour enfants à partir de trois ans **4** *Folge* à partir de; **~ zehn Euro** à partir de dix euros; **Gruppen** *fpl* **~ zwölf Personen** groupes *mpl* à partir de douze personnes **B** ADV **1** *räumlich* **weit ~ von** (très) loin de; **weit von etw ~ sein** être éloigné de qc; **einige Schritte vom Weg ~** à quelques pas du chemin; **von hier ~** à partir d'ici; *Fahrplan* **Berlin ~ 20.15** Berlin départ 20.15; THEAT **~ il,** elle sort *bzw.* ils, elles sortent; *umg* **~ sein** *Knopf, Farbe etc* être parti; manquer; *umg* **der Knopf ist ~** *a.* le bouton a sauté, s'est détaché; *umg* **die Spitze ist ~** *am Bleistift* la mine est cassée; *umg* **seit dem Unfall ist sein rechtes Bein ~** il a perdu la jambe droite dans l'accident **2** *Aufforderung* **~!** va *bzw.* allez!; sors *bzw.* sortez!; pars *bzw.* partez!; en route!; **~ ins Bett!** allez, au lit!; **Film, Ton ~!** on tourne! **3** *fig* **Hut ~!** chapeau bas (**vor j-m, etw** devant qn, qc)!; MIL **Gewehr ~!** reposez arme! **4** **~ und zu, ~ und an** parfois; de temps en temps **5** *umg* **~ sein** *(erschöpft sein) umg* être à plat, claqué

AB M ⟨~(s); ~(s)⟩ TEL ABK (Anrufbeantworter) répondeur *m* (téléphonique)

Abakus M ⟨~; ~⟩ BAU, HIST abaque *m*

abänderbar, abänderlich ADJ modifiable; variable

abändern V/T ⟨-(e)re, *sép*, -ge-, h.⟩ **1** *Text etc* modifier; changer; *durch Zusätze, Gesetz* amender; *gänzlich* remanier; retoucher **2** MODE retoucher; *(umarbeiten)* modifier

Abänderung F modification *f* (*a.* MODE); changement *m*; *ergänzende* amendement *m*; *gänzliche* remaniement *m*; *(Überarbeitung)* retouche *f*; **an etw** *(dat)* **~en vornehmen** apporter des modifications à qc

Abänderungsantrag M POL (proposition *f* d')amendement *m*; **Abänderungsklage** F JUR action *f* en réformation

abarbeiten ⟨-ete, *sép*, -ge-, h.⟩ **A** V/T **1** **s-e Schulden ~** travailler pour s'acquitter de ses dettes; **e-n Vorschuss ~** travailler pour rembourser une avance **2** *(abnutzen)* **abgearbeitete Hände** *fpl* mains abîmées par le travail **B** V/R **sich ~** s'épuiser, se tuer au travail; **abgearbeitet sein** être épuisé, exténué par le travail

Abart F BOT, ZOOL variété *f*

abartig ADJ anormal; *(pervers)* pervers; **Abartigkeit** F ⟨~; ~en⟩ anormalité *f*; *(Perversität)* perversité *f*

Abb. ABK (Abbildung) ill. (illustration)

Abbau M ⟨~(e)s⟩ **1** BERGBAU extraction *f*; *von Kohle a.* abattage *m* **2** *(Senkung, Verminderung)* diminution *f*; réduction *f*; *von Vorurteilen, Angst, Misstrauen etc a.* suppression *f*; *von Arbeitsplätzen* suppression *f*; réduction *f* **3** *e-r Fabrik, Maschine, e-s Gerüsts, Zelts etc* démontage *m* **4** CHEM décomposition *f*; *von Alkohol im Blut* élimination *f*; PHYSIOL désassimilation *f*

abbaubar ADJ **biologisch ~** biodégradable

abbauen ⟨*sép*, -ge-, h.⟩ **A** V/T **1** BERGBAU extraire; *Kohle a.* abattre **2** *(senken, vermindern) Steuern* diminuer; réduire; *Angst, Misstrauen* dissiper; *Vorurteile, Arbeitsplätze* supprimer; *Personal* réduire **3** *Maschine, Fabrik, Zelt etc* démonter **4** CHEM décomposer; *Alkohol im Blut* éliminer; PHYSIOL désassimiler **B** V/I *körperlich, geistig* baisser

Abbaumethode F BERGBAU méthode *f*, procédé *m* d'extraction; **Abbauprodukt** N CHEM produit *m* de décomposition; PHYSIOL produit *m* de désassimilation

abbeißen ⟨*irr, sép*, -ge-, h.⟩ **A** V/T arracher (en mordant); mordre **B** V/I **j-n von etw ~ lassen** laisser qn goûter de qc; **beiß mal ab!** goûte!; mords!

abbeizen V/T ⟨-(es)t, *sép*, -ge-, h.⟩ *Farbe etc* enlever (avec un décapant); *Holz etc* décaper

Abbeizmittel N décapant *m*

abbekommen V/T ⟨*irr, sép, pas de ge-*, h.⟩ **1** *(bekommen)* (en) avoir; **er hat nichts (davon) ~** il n'a rien eu; *umg* **sie hat keinen Mann ~** *umg* elle ne s'est pas trouvé de mari **2** *Schläge, Spritzer, Kratzer etc* attraper; **etw ~ haben** *(verletzt sein)* être blessé; *(beschädigt sein)* être abîmé **3** *(wegbekommen)* réussir à enlever

abberufen V/T ⟨*irr, sép, pas de ge-*, h.⟩ *Diplomaten etc zur Versetzung* rappeler, *zur Amtsenthebung* révoquer (**aus, von de**); **j-n von s-m Posten ~** relever qn de son poste, de ses fonctions; *geh* **Gott hat ihn aus diesem Leben ~** Dieu l'a rappelé à lui

Abberufung F *e-s Diplomaten etc zur Versetzung* rappel *m*; *zur Amtsenthebung* révocation *f*

abbestellen V/T ⟨*sép, pas de ge-*, h.⟩ *Dinge, Personen* décommander; *Ware a.* annuler la commande de; *Hotelzimmer, Tisch im Restaurant* annuler la réservation de; *Zeitung* résilier l'abonnement à; se désabonner à; **Abbestellung** F *e-r Zeitung* désabonnement *m*

abbetteln *umg* V/T ⟨-(e)le, *sép*, -ge-, h.⟩ **j-m etw ~** quémander, mendier qc à qn

abbezahlen V/T ⟨*sép, pas de ge-*, h.⟩ *Schulden, Waren* rembourser (à tempérament); **ich habe mein Auto noch nicht abbezahlt** je n'ai pas encore fini de payer ma voiture

abbiegen ⟨*irr, sép*, -ge-⟩ **A** V/T ⟨h.⟩ **1** *(wegbiegen)* plier **2** *umg fig Gespräch* détourner; *Streit* éviter; **sie konnte die Sache noch einmal ~** elle l'a évité de justesse **B** V/I ⟨s.⟩ **nach rechts, links ~** tourner, prendre à droite, à gauche; **in e-e Seitenstraße ~** prendre une rue latérale

Abbiegen N ⟨~s⟩ **beim ~ in die Hauptstraße** en tournant dans la rue principale; **vor dem ~** avant de tourner

Abbieger M ⟨~s; ~⟩ véhicule *m bzw.* personne *f* qui tourne à gauche *bzw.* à droite; **Abbiegespur** F file *f* de droite *bzw.* de gauche; **Abbiegung** F tournant *m*

Abbild N image *f*; portrait *m*; *(Widerspiegelung)* reflet *m*; **sie ist das ~ ihres Vaters** c'est tout le portrait de son père; **ein schwaches ~ früheren Glanzes** un pâle reflet des splendeurs passées

abbilden V/T ⟨-ete, *sép*, -ge-, h.⟩ *Sache* reproduire; faire une reproduction de; **abgebildet sein** être reproduit; *Person* être représenté; **er ist in der Zeitung abgebildet** il y a sa photo dans le journal

Abbildung F ⟨~; ~en⟩ **1** reproduction *f*; image *f*; *in Texten* illustration *f*; *in wissenschaftlichen Texten* figure *f*; *(Tafel)* planche *f* **2** MATH application *f*

abbinden ⟨*irr, sép*, -ge-, h.⟩ **A** V/T **1** *(losbinden)* détacher; *Schürze, Krawatte etc* dénouer **2** MED *Arm, Bein* poser un garrot à; *Arterie* ligaturer 3 GASTR *Soße* lier B VI *Zement etc* prendre

Abbitte *geh* F **j-m ~ leisten** présenter ses excuses à qn; **(öffentlich) ~ leisten** *od* **tun** faire (publiquement) amende honorable

abbitten *geh* VT ‹*irr, sép*, -ge-, h.› **j-m etw ~** s'excuser de qc auprès de qn

abblasen VT ‹*irr, sép*, -ge-, h.› 1 faire disparaître en soufflant; **Staub von etw ~** souffler sur la poussière de qc 2 *Dampf* lâcher 3 *Jagd* sonner la fin de 4 *umg fig Veranstaltung etc* annuler; *Termin, Treffen umg* laisser tomber

abblättern VI ‹-(e)re, *sép*, -ge-, s.› 1 *Pflanzen* s'effeuiller; perdre ses feuilles 2 *Lack, Putz etc* s'écailler

abbleiben *umg, bes nordd* VI ‹*irr, sép*, -ge-, s.› **abgeblieben sein** *umg* être fourré

abblendbar ADJ *Autospiegel* anti-reflet (*inv*)

abblenden ‹-ete, *sép*, -ge-, h.› A VT *Licht* masquer; voiler; *Fenster etc* masquer B VI 1 *im Auto* se mettre en code; **abgeblendet haben** être en code, en feux de croisement 2 FOTO diaphragmer 3 FILM, TV terminer en fondu

Abblendlicht N AUTO codes *mpl*; feux *mpl* de croisement; **das ~ einschalten** se mettre en code; **mit ~ fahren** rouler en code

abblitzen *umg* VI ‹-(es)t, *sép*, -ge-, s.› **j-n ~ lassen** *umg* envoyer promener qn; **er ist bei ihr abgeblitzt** *umg* elle l'a envoyé promener

abblocken VT ‹*sép*, -ge-, h.› 1 SPORT bloquer 2 *fig Kritik, Antrag etc* refuser; **er hat meine Frage abgeblockt** il m'a empêché de poser ma question

abbräunen VT ‹*sép*, -ge-, h.› GASTR faire revenir

abbrausen ‹-(es)t, *sép*, -ge-› A VT ‹h.› (*abduschen*) doucher B *umg* VI ‹s.› *mit dem Auto etc umg* démarrer en trombe, *umg* sur les chapeaux de roues

abbrechen ‹*irr, sép*, -ge-› A VT ‹h.› 1 détacher; *Spitze e-s Gegenstandes, Zweiges etc* casser; **ein Stück von etw ~** détacher un bout, un morceau de qc 2 *Haus etc* démolir; raser; *Gerüst, Zelt, Lager etc* démonter 3 *Beziehungen, Verhandlungen* rompre; *Sitzung, Proben, Reise, Spiel etc* arrêter; *Arbeit, Streik* cesser; *Studium* abandonner; *Rede, Unterhaltung* interrompre B VI 1 ‹s.› se détacher; *Bleistiftspitze, Zahn etc* se casser; se briser 2 ‹h.› (*aufhören*) *Person, Erzählung etc* cesser; s'arrêter; **mitten im Satz ~** s'arrêter au milieu de sa *od* d'une phrase; **brechen wir hier für heute ab!** restons-en là, arrêtons-nous ici pour aujourd'hui 3 ‹s.› **die Verbindung zwischen ihnen brach ab** ils ont perdu contact C VR ‹h.› 1 **sich** (*dat*) **e-n Fingernagel ~** se casser un ongle 2 *umg* **sich** (*dat*) **e-n ~, um** (*+inf*) *umg* se décarcasser, se démener pour (*+inf*); **sich** (*dat*) **keinen ~** *umg* ne pas en faire lourd; *umg* ne pas en fiche une rame

abbremsen VT *u.* VI ‹-(es)t, *sép*, -ge-, h.› *a. fig* freiner; AUTO *a.* ralentir

Abbremsen N ‹~s› freinage *m*; ralentissement *m*; PHYS *a.* décélération *f*; NUKL *a.* modération *f*

abbrennen ‹*irr, sép*, -ge-› A VT ‹h.› (*verbrennen*) brûler; *Feuerwerk* tirer; faire partir B VI ‹s.› *Haus etc* brûler (de fond en comble); **abgebrannt** *Haus etc* détruit par le feu; réduit en cendres; *Kerze, Streichholz* brûlé

abbringen VT ‹*irr, sép*, -ge-, h.› **j-n von etw ~** détourner, dissuader qn de qc; **j-n von e-m Vorhaben ~** faire abandonner un projet à qn; **er lässt sich nicht davon ~** on ne peut lui enlever cette idée de la tête; **das bringt uns von unserem Thema ab** cela nous éloigne de notre sujet; nous nous écartons ainsi du sujet

abbröckeln VI ‹-(e)le, *sép*, -ge-, s.› *Putz etc, fig Preise* s'effriter; *fig Parteimitglieder etc* se détacher, s'écarter progressivement

Abbruch M 1 ‹*pas de pl*› *e-s Hauses etc* démolition *f* 2 *von Verhandlungen, Beziehungen* rupture *f*; *e-s Gesprächs, Wettkampfs, des Studiums etc* arrêt *m*; *e-r Schwangerschaft* interruption *f*; BOXEN **Sieger** *m* **durch ~** vainqueur *m* par arrêt (de l'arbitre) 3 ‹*pas de pl*› (*Schaden, Beeinträchtigung*) **e-r Sache** (*dat*) **~ tun** nuire à qc; porter atteinte, préjudice à qc; **das tut der Sache,** *hum* **der Liebe keinen ~** cela ne fait rien; cela ne tire pas à conséquence 4 ‹*pas de pl*› *e-s Zelts, Lagers etc* démontage *m* 5 (*abgebrochene Stelle*) cassure *f*

Abbrucharbeiten FPL travaux *mpl* de démolition; **Abbruchfirma** F → Abbruchunternehmen; **Abbruchhaus** N maison *f* à démolir; **abbruchreif** ADJ bon, bonne pour la démolition; **Abbruchsieg** M BOXEN victoire *f* par arrêt (de l'arbitre); **Abbruchunternehmen** N entreprise *f* de démolition

abbrühen VT ‹*sép*, -ge-, h.› GASTR ébouillanter; *Geflügel* échauder; *Gemüse* blanchir

abbrummen *umg* VT ‹*sép*, -ge-, h.› *Strafe* purger; **e-e Strafe von sechs Monaten ~** *umg* tirer six mois de prison

abbuchen VT ‹*sép*, -ge-, h.› **e-n Betrag (vom Konto) ~** prélever une somme (sur le compte)

Abbuchung F prélèvement *m* (**von** sur)

abbürsten ‹-ete, *sép*, -ge-, h.› A VT 1 *Kleider etc* brosser; donner un coup de brosse à 2 *Staub, Haare etc* enlever à la brosse B VR **sich ~** se brosser

abbüßen VT ‹-(es)t, *sép*, -ge-, h.› *Schuld, Verbrechen* expier; **e-e Strafe ~** purger une peine

Abc N ‹~› 1 alphabet *m*; **das große, kleine ~** l'alphabet en lettres majuscules, minuscules; **etw nach dem ~ ordnen** classer qc par ordre alphabétique 2 *fig* abc *m*; b.a.-ba *m*

abchecken VT ‹*sép*, -ge-, h.› 1 (*prüfen*) contrôler 2 (*abhaken*) cocher

Abc-Schütze M écolier, -ière *m,f* débutant(e); *in Frankreich a.* élève *m/f* de CP

ABC-Staaten MPL l'Argentine, le Brésil et le Chili; **ABC-Waffen** FPL armes *fpl* atomiques, biologiques et chimiques

abdachen VR ‹*sép*, -ge-, h.› **sich ~** s'incliner; descendre en pente; **Abdachung** F ‹~; ~en› pente *f*; déclivité *f*

abdämmen VT ‹*sép*, -ge-, h.› 1 *Gebiet, Grube* protéger par des digues; *a. fig* endiguer; *Wasserlauf* barrer 2 (*isolieren*) isoler; **Abdämmung** F ‹~; ~en› 1 endiguement *m*; barrage *m* 2 (*Isolierung*) isolation *f*

Abdampf M TECH vapeur *f* d'échappement

abdampfen ‹*sép*, -ge-› A VT ‹h.› TECH, CHEM (faire) évaporer B *umg fig* VI ‹s.› *umg* filer

abdämpfen VT ‹*sép*, -ge-, h.› *Geräusch, Klang* assourdir; affaiblir; *grelle Farben, Licht* atténuer

Abdampfheizung F chauffage *m* à vapeur d'échappement; **Abdampfturbine** F turbine *f* à vapeur d'échappement

abdanken VI ‹*sép*, -ge-, h.› *Minister* démissionner; donner sa démission; *Monarch* abdiquer; **Abdankung** F ‹~; ~en› 1 (*Rücktritt*) *e-s Ministers* démission *f*; *e-s Monarchen* abdication *f* 2 *regional, bes schweiz* (*Trauerfeier*) obsèques *fpl*

abdecken VT ‹*sép*, -ge-, h.› 1 *Bett etc* enlever, retirer la couverture de; **das Haus, das Dach ~** enlever, *Sturm* arracher, emporter la toiture; **den Tisch ~** desservir, débarrasser (la table) 2 (*zudecken*) recouvrir (**mit** de) 3 HANDEL *Schulden* rembourser; s'acquitter de; payer; *Defizit* combler; *Debetsaldo* couvrir 4 *Bedürfnisse, Ansprüche* satisfaire 5 *Themenkreis, Problem, Risiko* prendre en considération; tenir compte de

Abdecker M ‹~s; ~› équarrisseur *m*; **Abdeckerei** F ‹~; ~en› équarrissoir *m*

Abdeckhaube F TECH chape *f*; *am Kamin* °hotte *f*; (*Hülle*) °housse *f*; **Abdeckplatte** F plaque *f* de recouvrement; **Abdeckstift** M KOSMETIK stick *m* correcteur; *für die Augenpartie* stick *m* anticernes

Abdeckung F 1 couverture *f*; (*Deckel*) couvercle *m* 2 *von Schulden* remboursement *m*; acquittement *m* 3 *von Bedürfnissen, Ansprüchen* satisfaction *f* 4 *e-s Themas, Problems, Risikos* prise *f* en considération, compte

abdichten VT ‹-ete, *sép*, -ge-, h.› *Ritzen etc* boucher; colmater; *gegen Zugluft, Kälte* calfeutrer; *gegen Feuchtigkeit* rendre étanche; colmater; SCHIFF *Schiffswand* calfater; **ein Leck ~** boucher une voie d'eau

Abdichtung F 1 ‹*pas de pl*› (*das Abdichten*) bouchage *m*; colmatage *m*; calfeutrage *od* calfeutrement *m*; étanchement *m*; SCHIFF calfatage *m*; *e-s Lecks* bouchage *m* 2 TECH joint *m* (d'étanchéité)

Abdichtungsgummi N *od* M joint *m* (d'étanchéité) en caoutchouc

abdienen VT ‹*sép*, -ge-, h.› **s-e Militärzeit ~** faire son service militaire

abdingbar ADJ JUR modifiable par consentement mutuel

Abdomen N ‹~s; ~ *ou* -mina› ANAT abdomen *m*

abdominal ADJ ANAT abdominal

abdrängen VT ‹*sép*, -ge-, h.› repousser; SPORT *a.* écarter; *Menschenmenge a.* refouler

abdrehen ‹*sép*, -ge-› A VT ‹h.› 1 (*entfernen*) détacher, enlever à force de tourner 2 *Wasser, Gas* fermer; *Heizung, Radio* éteindre 3 *Film* finir le tournage de B VI ‹h. *ou* s.› changer de direction; *Schiff, Flugzeug* changer de cap; **nach Westen ~** mettre le cap vers l'ouest

Abdrift F SCHIFF dérive *f*

abdriften VI ‹-ete, *sép*, -ge-, s.› 1 SCHIFF dériver 2 *fig* **(in etw** [*+akk*]**) ~** être entraîné (dans qc)

abdrosseln VT ‹-(e)le, *sép*, -ge-, h.› TECH, *fig* réduire; *Motor* mettre au ralenti; ralentir

Abdruck[1] M ‹~(e)s; ~e› TYPO reproduction *f*; impression *f*

Abdruck[2] M ‹~(e)s; Abdrücke› *e-s Fingers, Fußes, Siegels, in Gips, Wachs*, GEOL empreinte *f*; *plastischer a.* moulage *m*

abdrucken VT ‹*sép*, -ge-, h.› imprimer; reproduire

abdrücken ‹*sép*, -ge-, h.› A VT 1 *Feuerwaffe* décharger 2 **etw in Gips, Wachs ~** prendre l'empreinte de qc, mouler qc en plâtre, en cire 3 *umg* (*umarmen*) embrasser; serrer dans ses bras 4 **j-m die Luft ~** étrangler qn B VI (*schießen*) appuyer sur la gâchette C VR **sich ~** 1 (*Spuren hinterlassen*) laisser des empreintes, traces 2 *umg* (*sich umarmen*) s'embrasser 3 (*abstoßen*) **sich (mit der Hand) ~** se pousser (de la main)

Abdruckrecht N droit *m* de reproduction

abducken VT (*u.* VI) ‹*sép*, -ge-, h.› BOXEN esquiver (un coup) en se baissant

abdunkeln VT ‹-(e)le, *sép*, -ge-, h.› *Licht, Farbe* foncer; **e-n Raum ~** obscurcir une pièce

abduschen ‹*sép*, -ge-, h.› A VT 1 (*duschen*) doucher 2 (*wegwaschen*) nettoyer (au moyen d'une douche) B VR **sich ~** se doucher

abebben VI ‹*sép*, -ge-, s.› *Lärm, Wind* diminuer; *fig Zorn, Begeisterung etc* se calmer (peu à peu); s'apaiser

Abebben N ‹~s› apaisement *m*

Abel M ‹→ *n/pr*› BIBEL Abel *m*

Abend M ‹~s; ~e› 1 soir *m*; *Zeitdauer* soirée *f*;

guten ~! bonsoir!; j-m Guten ~ sagen dire bonsoir à qn; **heute, morgen, gestern ~** ce, demain, hier soir; **am ~**, *geh* **des ~s** le soir; **e-s (schönen) ~s** un (beau) soir; **am frühen, späten ~** tôt, tard le soir; **am ~ vorher** la veille au soir; **am ~ vor s-r Abreise** la veille de son départ; **am anderen, nächsten ~** le lendemain soir; **bis heute ~!** à ce soir!; **zu ~ essen** dîner; **es wird ~** le soir tombe; *umg fig* **du kannst mich mal am ~ besuchen!** tu m'embêtes!; *umg* tu m'enquiquines!; *hum* **je später der ~, desto schöner die Gäste** bienvenue aux retardataires **2** *fig* **der Heilige ~** *Datum* le soir de Noël; *Feier* le réveillon de Noël; **bunter ~** soirée *f* de variétés; *geh fig* **der ~ des Lebens** le soir de la vie **3** *poet* ⟨*pas de pl*⟩ (*Westen*) *poet* couchant *m*

Abendandacht F prières *fpl*, office *m* du soir; **Abendanzug** M tenue *f* de soirée; **Abendausgabe** F édition *f* du soir; **Abendblatt** N journal *m* du soir

Abendbrot N dîner *m*; **~ essen** dîner

Abenddämmerung F crépuscule *m*

Abendessen N dîner *m*; repas *m* du soir; *regional* souper *m*

abendfüllend ADJT *Programm* qui remplit toute la soirée

Abendgebet N prière *f* du soir; **Abendgesellschaft** F soirée *f*; **Abendgottesdienst** M office *m* du soir; **Abendgymnasium** N cours *mpl* du soir préparant au baccalauréat; **Abendhimmel** M (ciel *m* à l'heure du) couchant *m*

Abendkasse F caisse *f*; **die Karten an der ~ kaufen** prendre les places le soir même de la représentation

Abendkleid N robe *f* du soir; robe longue; **Abendkurs(us)** M cours *m* du soir; **Abendland** N ⟨~(e)s⟩ Occident *m*; **abendländisch** ADJ occidental; de l'Occident

abendlich ADJ ⟨*épithète*⟩ du soir; *geh* vespéral

Abendluft F air *m* du soir

Abendmahl N **1** BIBEL Cène *f* **2** PROT communion *f*; **das (Heilige) ~** la (sainte) Cène; **das ~ empfangen** *od* **nehmen** recevoir la communion; communier

Abendmahlsfeier F célébration *f* de la (sainte) Cène; **Abendmahlzeit** F repas *m* du soir; dîner *m*; **Abendmesse** F messe *f* du soir; **Abendnachrichten** FPL journal *m*, nouvelles *fpl* du soir

Abendprogramm N *im Fernsehen, Radio* programme *m* de la soirée; **was gibt es heute im ~?** qu'est-ce qu'il y a ce soir à la télé *bzw.* à la radio?

Abendrot N flamboiement *m* du soleil couchant

abends ADV le soir; **um sieben Uhr ~** à sept heures du soir

Abendschule F cours *mpl* du soir; **Abendschüler(in)** M(F) étudiant(e) *m(f)* de cours du soir; **Abendsonne** F soleil couchant; **Abendstern** M étoile *f* du berger; **Abendstille** F paix *f* du soir; **Abendstimmung** F *geh* ambiance vespérale

Abendstunde F **in den (späten) ~n** (tard) dans la soirée; (tard) le soir

Abendveranstaltung F soirée *f*; **Abendvorstellung** F soirée *f*; représentation *f* du soir; **Abendwind** M brise *f*, vent *m* du soir

Abendzeit F ⟨~⟩ soirée *f*; soir *m*; **zur ~** le soir

Abendzeitung F journal *m* du soir; **Abendzug** M train *m* du soir

Abenteuer N ⟨~s; ~⟩ *a. fig* aventure *f*; **auf ~ ausgehen** courir l'aventure; partir pour l'aventure

Abenteuerfilm M film *m* d'aventures

Abenteuerin F ⟨~; ~nen⟩ aventurière *f*

abenteuerlich **A** ADJ **1** aventureux, -euse; *Geschichte, Reise etc* plein d'aventures **2** *fig Gedanke etc* extravagant; fantastique **B** ADV *fig* bizarrement

Abenteuerlichkeit F ⟨~⟩ **1** caractère aventureux, °hasardeux **2** *fig* extravagance *f*

Abenteuerlust F ⟨~⟩ esprit *m* d'aventure; goût *m* de l'aventure; **abenteuerlustig** ADJ aventureux, -euse; **Abenteuerroman** M roman *m* d'aventures; **Abenteuerspielplatz** M terrain *m*, parc *m* d'aventures; **Abenteuerurlaub** M vacances-aventures *fpl*

Abenteurer(in) M ⟨~s; ~⟩ (F) ⟨~in; ~innen⟩ aventurier, -ière *m,f*; **Abenteurerleben** N vie *f* d'aventurier

aber **A** KONJ mais; cependant; **nun ~** or; **oder ~** ou bien; **~ dennoch** néanmoins; pourtant; **sie ~ …** eux, par contre …; **das ist ~ nicht richtig** ce n'est pas exact **B** *Partikel* mais; **~ ja!, ~ sicher!** mais oui!; mais, bien sûr!; **~ nein!** mais non!; **~ gerne!** mais avec plaisir!; **das ist ~ schön!** c'est bien, joli!; **du kommst ~ früh heute** tu arrives bien tôt aujourd'hui; **das ist ~ auch zu komisch** c'est vraiment trop drôle; **nun ist es ~ genug!** en voilà assez!; maintenant ça suffit!; **nun ~ schnell!** (mais) vite, maintenant!; *umg* **das dauert ~!** *umg* ça en met du temps!; **~, ~!** allons, allons!; **~ Kinder!** voyons, mes enfants! **C** ADV **~ und abermals** à plusieurs, *geh* à maintes reprises

Aber N ⟨~s; ~⟩ mais *m*; **die Sache hat ein** *od* **ihr ~** il y a un mais; **kein ~ mehr!** il n'y a pas de mais qui tienne!

Aberglaube(n) M superstition *f*; **abergläubisch** ADJ superstitieux, -ieuse

Aberhundert(e) *geh* PL **Hunderte und ~e, hundert und aberhundert** des centaines et des centaines

aberkennen V/T ⟨*irr, sép ou rarement insép, pas de ge-*, h.⟩ **j-m etw ~** refuser qc à qn; **j-m ein Recht ~** priver qn d'un droit; déclarer qn déchu d'un droit

Aberkennung F ⟨~; ~en⟩ privation *f*; JUR déchéance *f*; **die ~ der bürgerlichen Ehrenrechte** la dégradation civique

abermalig ADJ ⟨*épithète*⟩ nouveau, nouvel, -elle; autre; (*wiederholt*) répété

abermals ADV de nouveau; encore une fois

abernten V/T ⟨-ete, *sép*, -ge-, h.⟩ **ein Feld ~** moissonner un champ; faire la récolte de … sur un champ; **e-n Obstbaum ~** cueillir tous les fruits d'un arbre

Aberration F ⟨~; ~en⟩ ASTRON, OPT aberration *f*

Abertausend(e) *geh* PL **Tausende und ~e, tausend und abertausend** des mille et des mille

Aberwitz *geh* M ⟨~es⟩ folie *f*; absurdité *f*

aberwitzig *geh* ADJ absurde; **es ist ~(, etw zu tun)** c'est de la folie (de faire qc)

abessen *umg* V/T ⟨*irr, sép*, -ge-, h.⟩ **1** (*leer essen*) *Teller etc* finir; **den Knochen ~** manger la viande autour de l'os **2** (*wegessen*) manger; **das Obst von der Torte ~** manger les fruits de la tarte

Abessinien N ⟨→ *n/pr*⟩ HIST l'Abyssinie *f*

Abf. ABK (Abfahrt) départ

ABF F ⟨~; ~⟩ → Arbeiter-und-Bauern-Fakultät

abfackeln V/T ⟨-(e)le, *sép*, -ge-, h.⟩ **1** TECH brûler **2** (*niederbrennen*) incendier

abfahrbereit ADJ prêt à partir; *Zug, Schiff* en partance (**nach** pour)

abfahren ⟨*irr, sép*, -ge-⟩ **A** V/T ⟨h.⟩ **1** *Schutt etc* enlever; transporter **2** ⟨h. *ou* s.⟩ *prüfend* reconnaître (en voiture) **3** **j-m ein Bein** *etc* **~** écraser la jambe, *etc* de qn **4** (*abnutzen*) *Reifen etc* user **5** *umg* (*verbrauchen*) *Fahrscheinheft etc* utiliser entièrement **B** V/I ⟨s.⟩ **1** (*wegfahren*) partir (**nach** pour) **2** (*nach unten fahren*), SKISPORT descendre **3** *umg fig* **auf etw, j-n (voll) ~** s'emballer pour qc, qn; (*schwärmen für, mögen*) *umg* être fana de qc, qn **4** *umg fig* **j-n ~ lassen** *umg* envoyer promener qn

Abfahrt F **1** *e-s Zuges, Autos etc* départ *m* **2** SKISPORT descente *f* **3** (*Autobahnabfahrt*) sortie *f*; **abfahrtbereit** ADJ prêt à partir; *Zug, Schiff* en partance

Abfahrtslauf M SKISPORT descente *f*; **Abfahrtsläufer(in)** M(F) descendeur, -euse *m,f*; **Abfahrtsrennen** N descente *f*; **Abfahrtssignal** N signal *m* de *bzw.* du départ; **Abfahrtsstrecke** F piste *f* de descente; **Abfahrtstag** M jour *m* de *bzw.* du départ; **Abfahrtszeichen** N signe *m* de *bzw.* du départ; **Abfahrtszeit** F heure *f* de *bzw.* du départ

Abfall M **1** déchets *mpl*; (*Müll*) ordures *fpl*; **radioaktive Abfälle** déchets radioactifs **2** ⟨*pas de pl*⟩ *von Verbündeten* défection *f*; **~ vom Glauben** apostasie *f*; reniement *m* **3** ⟨*pas de pl*⟩ *e-s Geländes* déclivité *f*; pente *f*; inclinaison *f* **4** ⟨*pas de pl*⟩ *der Leistung, Spannung* diminution *f*

Abfallbeseitigung F enlèvement *m bzw.* collecte *f* et traitement *m* des ordures; *durch Verbrennung* élimination *f*, incinération *f* des déchets; **Abfalleimer** M poubelle *f*

abfallen V/I ⟨*irr, sép*, -ge-, s.⟩ **1** (*sich ablösen, herunterfallen*) tomber **2** (*sich neigen*) *Gelände* descendre; avoir une déclivité; **leicht** *od* **sanft ~** descendre *od* s'incliner en pente douce **3** *fig* (*übrig bleiben*) rester; être de reste; **es wird für dich nicht viel dabei ~** tu n'en (re)tireras pas grand-chose **4** (*abtrünnig werden*) *Verbündete* renier (**von j-m** qn); **vom Glauben ~** être apostat; renier sa foi **5** SPORT (*zurückfallen*) perdre du terrain; être distancé **6** *in der Leistung etc* être plus faible (**gegenüber** que); **stark ~ (gegenüber)** contraster défavorablement (avec); différer défavorablement (de); **der zweite Band fällt gegen den ersten ab** le second volume est inférieur au premier **7** *fig* (*verschwinden*) disparaître; **alle Müdigkeit, Aufregung fiel von ihr ab** toute sa fatigue, tout son énervement disparut

abfallend ADJT *Gelände* en pente; incliné; **sanft ~** en pente douce; **steil ~** escarpé; *Straße a.* raide; *Berg a.* à pic

Abfallhaufen M tas *m* d'ordures, *bes* ADMIN d'immondices

abfällig **A** ADJ désobligeant; défavorable **B** ADV défavorablement; d'une façon désobligeante; **von j-m ~ sprechen** dénigrer qn; médire de qn

Abfallprodukt N, **Abfallstoff** M **1** *bei der Herstellung abfallend* résidu *m*; sous-produit *m* **2** *aus Abfällen hergestellt* produit *m* résiduaire; **Abfallverwertung** F récupération *f*, recyclage *m* des déchets

abfälschen V/T ⟨*sép*, -ge-, h.⟩ SPORT *Ball* détourner

abfangen V/T ⟨*irr, sép*, -ge-, h.⟩ **1** *Brief, Meldung etc* intercepter; *Person* s'emparer de **2** (*wieder unter Kontrolle bringen*) *Auto, Flugzeug etc* redresser **3** *Stoß etc* amortir **4** SPORT *Ball* intercepter; FECHTEN, BOXEN parer **5** BAU étayer; soutenir

Abfangjäger M FLUG MIL intercepteur *m*

abfärben V/I ⟨*sép*, -ge-, h.⟩ **1** *Stoff* déteindre (**auf etw** [*akk*] sur qc); *Farbe* faire des taches **2** *fig* **auf j-n, etw ~** déteindre sur qn, qc

abfassen VT ⟨-(es)t, *sép*, -ge-, h.⟩ *Schriftstück, Bericht* rédiger; ADMIN libeller; **ein Protokoll ~** dresser un procès-verbal
Abfassung F *e-s Schriftstücks, Berichts* rédaction *f*
abfaulen VI ⟨*sép*, -ge-, s.⟩ pourrir
abfedern ⟨-(e)re, *sép*, -ge-, h.⟩ **A** VT **1** *Fahrzeug etc* monter sur ressorts; suspendre (sur ressorts); **gut abgefedert sein** avoir une bonne suspension; être bien suspendu; avoir de bons ressorts **2** *Stoß etc* amortir **3** *fig Verluste, soziale Härten* atténuer les effets de **B** VI *bes* SPORT prendre son élan
abfeiern *Jargon* VT ⟨-(e)re, *sép*, -ge-, h.⟩ *Überstunden* récupérer; **abfeilen** VT ⟨*sép*, -ge-, h.⟩ **1** *(bearbeiten) Holz, Nägel etc* limer **2** *(entfernen) raue Stelle etc* limer; enlever avec la lime
abfertigen VT ⟨*sép*, -ge-, h.⟩ **1** *Briefe, Pakete* expédier; *Gepäck* enregistrer; *zollamtlich* dédouaner **2** *Personen am Schalter etc* servir; *bei der Pass-, Zollkontrolle etc* contrôler **3** *umg fig* **j-n kurz, an der Tür ~** *umg* expédier qn, se débarrasser de qn à la porte
Abfertigung F *von Briefen, Paketen* expédition *f*; *des Gepäcks etc* enregistrement *m*; *zollamtlich* dédouanement *m*; *von Personen bei der Pass-, Zollkontrolle* contrôle *m*
Abfertigungsschalter M *am Flughafen* guichet *m* d'enregistrement; *beim Zoll* guichet *m* de la douane
abfeuern VT ⟨-(e)re, *sép*, -ge-, h.⟩ *Schuss, Salve, Kugel etc* tirer (**auf** [+*akk*] sur); *Gewehr etc* faire feu avec
Abfeuern N ⟨~s⟩ *e-r Schusswaffe* décharge *f*
abfinden ⟨*irr*, *sép*, -ge-, h.⟩ **A** VT **j-n ~** dédommager qn; *finanziell, bes* ADMIN indemniser qn; **j-n mit etw ~** dédommager qn en lui donnant qc; **j-n großzügig ~** dédommager généreusement qn **B** VR **sich mit etw ~** s'accommoder, s'arranger de qc; *(resignieren)* se résigner à qc; prendre son parti de qc; **er kann sich nur schwer damit ~, dass** il ne se résigne que difficilement à ce que *(+ind)*
Abfindung F ⟨~; ~en⟩ **1** *(das Abfinden)* dédommagement *m*; *bes* ADMIN indemnisation *f*; compensation *f* **2** *(~ssumme)* indemnité *f*; *beim Ausscheiden aus e-r Stellung* indemnité *f* de licenciement; **j-m e-e ~ zahlen** dédommager, indemniser qn (en argent)
Abfindungssumme F indemnité *f*
abfischen VT ⟨*sép*, -ge-, h.⟩ *Teich* dépeupler
abflachen ⟨*sép*, -ge-, h.⟩ **A** VT aplatir **B** VI ⟨s.⟩ *Niveau etc* baisser; *fig Unterhaltung etc* perdre de l'intérêt; devenir banal **C** VR **sich ~** **1** *(flacher werden)* s'aplatir **2** *fig (abnehmen)* diminuer
Abflachen N ⟨~s⟩, **Abflachung** F ⟨~; ~en⟩ aplatissement *m*; *des Niveaus* baisse *f*; *der Produktion* diminution *f*; *fig e-r Unterhaltung* banalité *f*
abflauen VI ⟨*sép*, -ge-, s.⟩ **1** *Wind* faiblir; *Lärm* diminuer; **~de Winde** *mpl* vents *mpl* plus faibles **2** HANDEL, WIRTSCH *Geschäfte etc* fléchir; baisser; *Konjunktur* être défavorable, difficile **3** *fig Gefühl, Begeisterung etc* diminuer; s'émousser; *Interesse* baisser
Abflauen N ⟨~s⟩ **1** *des Windes* faiblissement *m*; diminution *f* **2** HANDEL fléchissement *m*; baisse *f* **3** *der Gefühle etc* tiédissement *m*; diminution *f*
abfliegen ⟨*irr*, *sép*, -ge-⟩ **A** VT ⟨h.⟩ **1** *(wegbringen)* évacuer, transporter par avion **2** **e-e Strecke ~** *prüfend* reconnaître un parcours en avion **B** VI ⟨s.⟩ **1** partir, s'envoler (**nach** pour) **2** *umg Deckel etc* s'envoler
abfließen VI ⟨*irr*, *sép*, -ge-, s.⟩ **1** *Flüssigkeiten, fig Verkehr* s'écouler **2** *Behälter (sich leeren)* se vider **3** HANDEL *Kapital etc* sortir; partir
Abflug M départ *m*; **abflugbereit** ADJ *Flugzeug* prêt au décollage; *Passagier* prêt à s'envoler; **Abflughafen** M aéroport *m* de départ; **Abflugzeit** F heure *f* de départ
Abfluss M **1** *e-s Waschbeckens etc* tuyau *m* d'écoulement; *der Kanalisation* égout *m*; *e-s Teiches etc* voie *f* d'écoulement **2** ⟨*pas de pl*⟩ *von Flüssigkeiten* écoulement *m* **3** ⟨*pas de pl*⟩ HANDEL *von Kapital* sortie *f*; **Abflussgraben** M fossé *m*, rigole *f* d'écoulement; **Abflusshahn** M robinet *m* de vidange; **Abflusskanal** M canal *m*, rigole *f* d'écoulement, de fuite; **Abflussloch** N orifice *m* d'écoulement; **Abflussrinne** F rigole *f* d'écoulement; *quer über der Straße* cassis *m*; *an der Seite e-r Straße* caniveau *m*; **Abflussrohr** N tuyau *m* d'écoulement; *an der Dachrinne* tuyau *m* de descente
Abfolge F suite *f*
abfordern VT ⟨-(e)re, *sép*, -ge-, h.⟩ **j-m etw ~** exiger qc de qn; réclamer qc à qn
abfotografieren VT ⟨*sép, pas de ge-*, h.⟩ photographier
abfragen VT ⟨*sép*, -ge-, h.⟩ **1** *Schüler* interroger; **j-n Vokabeln ~** interroger qn sur les mots appris; faire réciter le vocabulaire à qn **2** IT *Daten etc* extraire; sortir
abfräsen VT ⟨-(es)t, *sép*, -ge-, h.⟩ fraiser
abfressen VT ⟨*irr*, *sép*, -ge-, h.⟩ **1** *Blätter etc (wegfressen)* manger; dévorer; **etw von etw ~** manger qc de qc **2** *(kahl fressen) Baum etc* manger toutes les feuilles, *etc* de; *Knochen* ronger
abfrieren ⟨*irr*, *sép*, -ge-⟩ **A** VI ⟨s.⟩ *Gliedmaßen, Blüten etc* geler; **bei dieser Kälte sind ihm die Ohren fast abgefroren** il a les oreilles presque gelées, avec ce froid **B** VR ⟨h.⟩ **sich** *(dat)* **die Füße ~** avoir les pieds gelés; *umg* **sich** *(dat)* **einen ~** *umg* être frigorifié
abfrottieren VT ⟨*sép, pas de ge-*, h.⟩ frotter; **abfühlen** VT ⟨*sép*, -ge-, h.⟩ → abtasten
Abfuhr F ⟨~; ~en⟩ **1** *(Abtransport)* enlèvement *m* **2** *(Zurückweisung)* rebuffade *f*; **j-m e-e ~ erteilen** rembarrer, rabrouer qn; **sich** *(dat)* **e-e ~ holen** se faire rembarrer, rabrouer
abführen ⟨*sép*, -ge-, h.⟩ **A** VT **1** *Verbrecher etc* emmener **2** FIN *Gelder, Steuern etc* payer (**an** [+*akk*] à) **3** **j-n ~** *vom Weg etc* éloigner qn; écarter qn; *fig* **das führt (uns) zu weit vom Thema ab** cela nous éloigne, écarte trop du sujet **B** VI MED **1** *(den Stuhlgang fördern)* être laxatif **2** *(Stuhlgang haben)* aller à la selle
Abführmittel N laxatif *m*
Abfüllanlage F *für Flüssigkeiten* installation *f* de mise en bouteilles, en bidons, *für Konserven* en boîtes; *für Körner, Pulver etc* installation *f* d'emballage; **Abfülldatum** N date *f* d'emballage
abfüllen VT ⟨*sép*, -ge-, h.⟩ *in Flaschen* mettre en bouteilles; *in Fässer* mettre en tonneaux, en fûts; *in Tüten* emballer; *in Säcke* mettre en sacs; *in Dosen* mettre en boîtes
Abfüllung F *in Flaschen* mise *f* en bouteilles; *in Fässer* mise *f* en tonneaux, en fûts; *in Tüten* emballage *m*; *in Säcke* mise *f* en sacs; *in Dosen* mise *f* en boîtes; **Abfüllvorrichtung** F *für Flüssigkeiten* dispositif *m* de remplissage, de mise en bouteilles; *für Abfüllung in Säcke, Tüten* ensacheur *m*
abfüttern[1] VT ⟨-(e)re, *sép*, -ge-, h.⟩ *Vieh* donner à manger à
abfüttern[2] VT ⟨-(e)re, *sép*, -ge-, h.⟩ *Kleidungsstück* doubler; *mit Pelz* fourrer
Abgabe F **1** *e-r schriftlichen Arbeit, e-s Stimmzettels, Briefes etc* remise *f*; *des Gepäcks* mise *f* en consigne; *(Auslieferung)* livraison *f* **2** *e-r schriftlichen Erklärung, e-s Gutachtens* dépôt *m*; *e-s Urteils, e-r Feststellung etc* prononciation *f*; *(Stimmabgabe)* vote *m* **3** HANDEL *(Verkauf)* vente *f* **4** SPORT *(Ballabgabe)* passe *f* **5** *von Energie, Wärme* dégagement *m* **6** FIN *meist pl* **~n** impôts *mpl*; taxes *fpl*
abgabenfrei **A** ADJ exempt, exonéré de taxes, d'impôts; **~e Waren** *fpl* marchandises non taxées **B** ADV sans taxe(s), impôt(s)
abgabe(n)pflichtig **A** ADJ imposable **B** ADV avec taxe(s), impôt(s)
Abgabestelle F (lieu *m* de) dépôt *m*; **Abgabetermin** M *e-r Examensarbeit etc* date *f* de remise
Abgang M **1** ⟨*pas de pl*⟩ *von Post, Waren* départ *m*; envoi *m* **2** *von Personen* départ *m*; THEAT sortie *f*; **der unrühmliche ~ e-s Ministers** le départ peu glorieux, la démission peu glorieuse d'un ministre; **sich** *(dat)* **e-n guten, schlechten ~ verschaffen** réussir, rater sa sortie **3** TURNEN *vom Gerät* descente *f* **4** ⟨*pas de pl*⟩ MED *von Gallensteinen etc* rejet *m* **5** MED *(Fehlgeburt)* fausse couche **6** ⟨*pas de pl*⟩ HANDEL *(Absatz)* vente *f* **7** *(ausscheidende Person)* départ *m*
abgängig ADJ *bes österr* disparu
Abgangsprüfung F examen final, de fin d'études; **Abgangszeugnis** N certificat *m* de scolarité; *der Grundschule* certificat *m* d'études primaires
Abgas N TECH gaz *m* d'échappement; **abgasarm** ADJ peu polluant; **abgasfrei** ADJ non polluant; **Abgasgrenzwert** M taux-limite *m* de pollution; **Abgaskatalysator** M pot *m* catalytique; **Abgasnorm** F norme *f* d'émission; **Abgassonderuntersuchung** F *früher*, **Abgastest** M, **Abgasuntersuchung** F AUTO contrôle *m* antipollution
abgaunern *umg* VT ⟨-(e)re, *sép*, -ge-, h.⟩ **j-m etw ~** escroquer, *umg* carotter qc à qn
ABGB N ⟨~(s)⟩ ABK *österr* (Allgemeines Bürgerliches Gesetzbuch) Code civil
abgearbeitet ADJT épuisé, exténué par le travail
abgeben ⟨*irr*, *sép*, -ge-, h.⟩ **A** VT **1** *(aushändigen)* donner; *Aufsatz, Prüfungsarbeiten a.* remettre; rendre; *Gepäck* mettre, déposer à la consigne; **etw bei j-m ~** donner qc à qn; **etw für j-n ~** remettre qc pour qn **2** *Erklärung, Gutachten* faire; **ein Urteil über etw** *(akk)* **~** rendre, porter un jugement sur qc; *Wahl* **s-e Stimme (für j-n) ~** voter (pour qn); donner sa voix (à qn); **abgegebene Stimmen** *fpl* suffrages exprimés **3** *(abtreten) von s-m Besitz* céder; donner; **j-m (etw) von etw ~** donner une partie de qc à qn **4** *(verkaufen)* vendre; *in e-r Annonce* **billig abzugeben** vente à bas prix **5** SPORT *Ball* passer (**an j-n** à qn) **6** *(abstrahlen) Wärme, Energie* dégager; *Strahlungsenergie* émettre **7** **e-n Schuss (auf j-n, etw) ~** tirer, faire feu (sur qn, qc) **8** *umg (darstellen)* être; **e-e lächerliche Figur, den Sündenbock ~** être ridicule, le bouc émissaire **9** *(sein)* **er wird einmal einen guten Lehrer ~** il fera un bon professeur; **den Hintergrund, Rahmen ~** servir de fond, de cadre **B** VI SPORT *(abspielen)* faire une passe **C** VR **sich mit etw ~** *(beschäftigen)* s'occuper de qc; **sich mit j-m ~** *(sich kümmern)* s'occuper de qn; *(Umgang haben)* fréquenter qn; **damit gebe ich mich nicht ab** je ne m'en occupe pas
abgebrannt **A** PPERF → abbrennen **B** ADJT *umg fig* ⟨*attribut*⟩ **~ sein** *umg* être fauché, à sec
abgebrüht *umg fig* ADJ *umg* blindé; **ein ~er Bursche** *umg* un dur à cuire
abgedroschen *umg fig* ADJ rabâché; ressassé
abgefeimt ADJ malin, -igne; *geh* perfide; **~e Bosheit** *geh* perfidie *f*; **~er Schurke** *liter* fieffé coquin
Abgefeimtheit F ⟨~⟩ *geh* perfidie *f*
abgegriffen **A** PPERF → abgreifen **B** ADJT abîmé; usé; usagé

abgehackt A ADJT *Worte, Stil* °haché; *Rhythmus* saccadé B ADVL **~ sprechen** parler d'une façon °hachée, saccadée
abgehangen A PPERF → abhängen² B ADJT *Fleisch* rassis; **abgehärmt** ADJ rongé de soucis, de chagrin; **abgehärtet** ADJT endurci, aguerri (**gegen** à)
abgehen ‹*irr, sép,* -ge-› A V/T ‹h.› *Strecke* parcourir (à pied); *suchend, prüfend* reconnaître (à pied) B V/I ‹s.› 1 *Schiff* partir; s'en aller; *Post, Waren* partir; être expédié 2 *(weggehen)* partir; *a.* THEAT sortir; SPORT *von Geräten* descendre (**von** de); **von der Schule ~** quitter l'école; **von der Bühne ~** quitter la scène 3 *vom Weg, fig von e-m Grundsatz, Entschluss etc* s'écarter, s'éloigner (**von** de); **von s-m Standpunkt ~** *a.* se départir de son point de vue; **von etw nicht ~** ne pas démordre de qc; s'en tenir à qc 4 *Weg (abzweigen)* bifurquer 5 *(sich ablösen)* partir; se détacher; *Knopf a.* sauter; *Geleimtes a.* se décoller 6 MED *Gallenstein etc* être rejeté; être expulsé 7 HANDEL *(abgezogen werden)* être à déduire; **tausend Euro gehen für die Miete ab** mille euros sont (à déduire) pour le loyer, partent pour le loyer 8 *umg* HANDEL *(verkauft werden)* se vendre; se débiter 9 *(fehlen) Fähigkeit etc* faire défaut; *a. Materielles* manquer; **der Sinn dafür geht ihm ab** ce sens lui fait défaut 10 *(vor sich gehen)* se passer; se terminer; **es ist alles gut abgegangen** tout s'est bien passé, terminé 11 *umg (sich abspielen)* se passer; **was geht ab?** qu'est-ce qui se passe?
abgehetzt ADJT stressé; *(außer Atem)* à bout de souffle; *(überlastet)* surmené; **~ sein** *a.* être sous pression
abgehoben ADJ *fig Person* décalé; *Sprache* abstrait; *Vorstellungen* en dehors des réalités; **abgekämpft** ADJT épuisé; exténué
abgekartet *umg* ADJT **das ist eine ~e Sache** *od* **ein ~es Spiel** c'est une affaire combinée; c'est un coup monté
abgeklärt ADJT *Person, Urteil etc* serein; empreint de sérénité; **Abgeklärtheit** F ‹~› sérénité *f*
abgelagert ADJT *Wein* qui a bien vieilli; *Holz, Tabak* sec, sèche
abgelegen A ADJ *(entfernt)* éloigné; retiré; à l'écart; *(einsam)* solitaire; isolé B ADV **ganz ~ wohnen** habiter à l'écart, loin de tout, au diable vauvert
Abgelegenheit F ‹~› éloignement *m*; écart *m*; *(einsame Lage)* isolement *m*
abgelten V/T ‹*irr, sép,* -ge-, h.› régler; acquitter; *(entschädigen)* indemniser; **Abgeltung** F règlement *m*; acquittement *m*; *(Entschädigung)* indemnisation *f*; **Abgeltung(s)steuer** F prélèvement *m* libératoire
abgemagert ADJT amaigri; *zum Skelett* décharné; *Gesicht a.* émacié; *Pferd a.* efflanqué
abgeneigt ADJ **e-r Sache** *(dat)* **(nicht) ~ sein** (ne pas) être défavorable, hostile à qc; **j-m nicht ~ sein** ne pas être mal disposé envers qn; **nicht ~ sein, etw zu tun** être assez disposé, être prêt à faire qc
abgenutzt ADJT usé; *Münze a.* fruste; *Möbel* vétuste; → *a.* abgetragen
Abgeordnete(r) M/F(M) ‹→ A› député *m*
Abgeordnetenhaus N Chambre *f* des députés; Assemblée nationale
abgerissen A PPERF → abreißen B ADJT 1 *Kleidung* en lambeaux; *Person* déguenillé; en °haillons 2 *Sätze, Gedanken* décousu; incohérent
Abgesandte(r) *geh* M/F(M) envoyé(e) *m(f)*
Abgesang M 1 METRIK épode *f* 2 *geh fig (Abschied, Ausklang)* adieu *m* (**auf, an** [+akk] à) 3 *geh fig (letztes Werk)* chant *m* du cygne
abgeschieden A PPERF → abscheiden B *geh* ADJT *(abgelegen)* retiré; isolé C ADVL **~ leben** vivre retiré, *plus fort* dans l'isolement
Abgeschiedenheit F ‹~› isolement *m*; solitude *f*
abgeschlagen A PPERF → abschlagen B ADJT 1 SPORT **(weit) ~** (bien) battu 2 *regional (erschöpft)* épuisé; exténué
abgeschlossen A PPERF → abschließen B ADJT 1 *Tür etc* fermé à clé 2 *(fertig, beendet)* terminé; achevé; **ein ~es Hochschulstudium haben** avoir un diplôme d'études supérieures 3 *Erzählung etc* **in sich** *(dat)* **~** complet, -ète 4 *(separat) Wohnung etc* indépendant 5 *von der Welt* isolé; retiré
abgeschmackt ADJ *Späße, Redensarten etc* plat; banal
abgeschrägt ADJT *Ecke, Kante, Brett etc* biseauté; en biseau; *Wand* en pente; **Raum** *m* **mit (leicht) ~en Wänden** pièce (légèrement) mansardée
abgesehen A PPERF → absehen B ADVL **~ von** à l'exception de; excepté; **~ davon** en dehors de cela; à part cela; **~ davon, dass …** mis à part le fait que …; **von einigen Ausnahmen ~** à quelques exceptions près
abgespannt ADJT fatigué; *plus fort* épuisé; **Abgespanntheit** F ‹~› fatigue *f*; *plus fort* épuisement *m*
abgestanden A PPERF → abstehen B ADJT *Wasser* pas frais, fraîche; *Bier etc* éventé; *Luft* confiné; *plus fort* vicié C ADVL **~ schmecken** *Bier etc* être éventé
abgestorben ADJT BOT, MED mort; *Glieder* engourdi
abgestoßen A PPERF → abstoßen B ADJT *Lack, Putz* sauté; *Ärmel, Schuhspitze* usé
abgestumpft ADJT abruti; insensible; **Abgestumpftheit** F ‹~› abrutissement *m*; insensibilité *f*
abgetakelt ADJT 1 *Schiff* dégréé 2 *umg pej Person umg* décati; **~ aussehen** faire vieille peau
abgetragen A PPERF → abtragen B ADJT *Kleidung* usé; usagé; **abgetreten** A PPERF → abtreten B ADJT *Schuhsohlen, Treppe etc* usé; *Absätze* éculé
abgewetzt ADJT élimé; râpé; **am Ellbogen ~** usé au coude
abgewinnen V/T ‹*irr, sép,* -ge-, h.› 1 *beim Spiel* **j-m zehn Euro ~** gagner dix euros en jouant avec qn 2 *(erlangen)* gagner; obtenir; **dem Meer Land ~** gagner du terrain sur la mer; *fig* **e-r Sache** *(dat)* **die beste Seite ~** voir le bon côté de qc; prendre une chose par le bon côté 3 *fig (gut finden)* **e-r Sache** *(dat)* **etw ~** trouver un avantage *bzw.* des avantages à qc; **ich kann dem nichts ~** cela ne me dit rien
abgewöhnen ‹*sép,* -ge-, h.› A V/T **j-m etw ~** déshabituer, désaccoutumer qn de qc; faire perdre *od* passer à qn l'habitude de qc; *umg fig* **zum Abgewöhnen** *(schlecht, unangenehm) umg* moche; *umg hum* **noch ein Glas zum Abgewöhnen** *umg* encore un verre, mais c'est le dernier B V/R **sich** *(dat)* **etw ~** perdre l'habitude de (faire) qc; se déshabituer de (faire) qc; **sich** *(dat)* **das Rauchen ~** arrêter de fumer; **das habe ich mir abgewöhnt** j'en ai perdu l'habitude; je m'en suis guéri
abgewrackt ADJ *pej* en ruine; *Person* fini; *umg* foutu; *Hotel etc* délabré; **abgezehrt** ADJT émacié; *plus fort* décharné; **abgezirkelt** ADJT fait, tracé, mesuré avec exactitude, minutieusement, au compas; *Bewegung* précis; exact; *Worte* pesé
abgießen V/T ‹*irr, sép,* -ge-, h.› 1 *Flüssigkeit* verser 2 *Kartoffeln etc* jeter l'eau (de cuisson) de 3 *Gefäß* vider 4 METALL couler 5 KUNST *Büste etc* mouler
Abglanz M reflet *m*; **ein schwacher ~ einstigen Ruhms** un pâle reflet de la gloire passée
abgleichen V/T ‹*irr, sép,* -ge-, h.› 1 *(abstimmen)* ajuster; adapter 2 ELEK, RADIO aligner; ajuster 3 BAU égaliser; *t/t* araser
abgleiten *geh* V/I ‹*irr, sép,* -ge-, s.› 1 *(abrutschen), fig Blick etc* glisser (**von** de); *fig* **das Gespräch gleitet ins Vulgäre ab** la conversation glisse vers, tombe dans le vulgaire; *fig Vorwürfe etc* **an j-m ~** glisser sur qn; laisser qn indifférent 2 *fig (auf die schiefe Bahn geraten)* mal tourner
Abgott M *a. fig* idole *f*
Abgötterei F ‹~› idolâtrie *f*
abgöttisch A ADJ idolâtre B ADV **j-n ~ lieben, verehren** idolâtrer, adorer qn
abgrasen V/T ‹-(es)t, *sép,* -ge-, h.› 1 **e-e Wiese ~** *etc* brouter, paître l'herbe d'un pré, *etc* 2 *umg fig Gebiet, Gegend* ratisser, sillonner, *Geschäfte* fouiller (**nach etw** pour trouver qc)
abgraten V/T ‹-ete, *sép,* -ge-, h.› TECH ébarber
abgreifen V/T ‹*irr, sép,* -ge-, h.› 1 *(abnutzen)* abîmer; user 2 *(abtasten)* tâter
abgrenzen ‹-(es)t, *sép,* -ge-, h.› A V/T 1 marquer les limites de; délimiter; *Befugnisse, Rechte, Pflichten* délimiter (**gegen** de) 2 *Begriffe, Standpunkte etc* **gegeneinander ~** différencier B V/R **sich von j-m ~** se distinguer, se différencier de qn
Abgrenzung F ‹~; ~en› délimitation *f* (**gegen** de); *von Ländern* démarcation *f*; *fig von Begriffen etc* différenciation *f*; distinction *f*
Abgrund M *a. fig* abîme *m*; *fig (Untergang)* ruine *f*; *fig* **Abgründe trennen uns** un abîme, un monde nous sépare; *fig* **vor dem ~ stehen** être au bord de l'abîme
abgrundhässlich ADJ °hideux, -euse; d'une laideur repoussante
abgründig *geh* ADJ 1 *(rätselhaft)* impénétrable; *Humor* noir 2 *(unermesslich)* illimité; démesuré; *(tief)* profond
abgrundtief A ADJ extrême; sans borne; *Verachtung, Hass* profond B ADV **~ hassen** °haïr profondément; *Dinge a.* exécrer
abgruppieren V/T ‹*sép, pas de ge-,* h.› déclasser; **Abgruppierung** F déclassement *m*
abgucken *umg* ‹*sép,* -ge-, h.› A V/T **etw bei** *od* **von j-m ~** copier qc sur qn; **ich habe dem Elektriker abgeguckt, wie man eine Klingel repariert** j'ai observé l'électricien pour savoir comment on répare une sonnette B V/I SCHULE *etc* **(bei** *od* **von j-m) ~** copier (sur qn)
Abguss M 1 moulage *m*; *in Gips a.* plâtre *m*; METALL coulé *m* 2 *regional (Ausguss)* évier *m*
abhaben *umg* V/T ‹*irr, sép,* -ge-, h.› 1 *(bekommen)* **du kannst etwas davon ~** tu peux en avoir un peu, quelques-un(e)s 2 *(abgelegt haben)* avoir enlevé, ôté 3 *(entfernt haben)* avoir enlevé, retiré
abhacken V/T ‹*sép,* -ge-, h.› couper (à coups de hache, à la hache, *etc*); *Baum* abattre (à la hache); *hum* **man wird dir nicht gleich den Kopf ~** on ne te mangera pas
abhaken V/T ‹*sép,* -ge-, h.› 1 *(loshaken)* décrocher 2 *auf e-r Liste* cocher; pointer; *fig (erledigen)* régler; *umg* **das kannst du ~** *(das ist nicht mehr aktuell)* c'est dépassé, démodé; *(daraus wird nichts) umg* tu peux en faire ton deuil
abhalftern V/T ‹-(e)re, *sép,* -ge-, h.› 1 *Pferd* ôter, enlever le licou *od* licol de 2 *umg fig (entlassen) umg* virer; **ein abgehalfterter Politiker** un homme politique fini
abhalten V/T ‹*irr, sép,* -ge-, h.› 1 *(fernhalten)* **etw, j-n von sich** *(dat)* **~** tenir qc, qn à distance; écarter de soi qc, qn; **e-e Gefahr von j-m**

~ éloigner un danger de qn; **Kälte, grelles Licht ~** protéger contre le froid, la lumière 2 *(weghalten)* éloigner; **etw ein wenig (von sich** [*dat*]**) ~** éloigner un peu qc (de soi); **ein Kind ~** tenir un enfant pour qu'il fasse ses besoins 3 *(hindern)* empêcher; **j-n davon ~, etw zu tun** empêcher qn de faire qc; **j-n von der Arbeit ~** empêcher qn de travailler; **die Furcht hielt ihn davon ab zu** *(+inf)* la peur l'empêchait, le retenait de *(+inf)*; **lassen Sie sich durch mich nicht ~** ne vous dérangez pas à cause de moi 4 *Feier, Gottesdienst etc* célébrer; *Probe, Kurs* faire; *Prüfung* organiser; mettre en place; **e-e Pressekonferenz ~** donner, tenir une conférence de presse; *Sitzung, Tagung, Wahlen etc* **abgehalten werden** avoir lieu; se tenir

abhandeln VT ⟨-(e)le, *sép*, -ge-, h.⟩ 1 *(abkaufen)* **j-m etw (billig) ~** acheter qc (pas cher, bon marché) à qn 2 *(herunterhandeln)* **100 Euro von e-m Teppich ~** faire baisser de 100 euros (le prix d')un tapis 3 *wissenschaftlich* **ein Thema ~** traiter (d')un sujet

abhandenkommen VI ⟨*irr, sép*, -ge-, s.⟩ disparaître; **der Schirm ist mir abhandengekommen** mon parapluie a disparu

Abhandlung F traité *m*, étude *f*, *an der Universität a.* thèse *f* (**über** [*+akk*] sur)

Abhang M pente *f*; *e-s Gebirges* versant *m*

abhängen[1] VT ⟨*sép*, -ge-, h.⟩ 1 *Bild, Anhänger etc* décrocher 2 *umg* SPORT *Verfolger umg* semer

abhängen[2] VI ⟨*irr, sép*, -ge-, h.⟩ 1 *(abhängig sein)* **von j-m, etw ~** dépendre de qn, qc; **alles hängt davon ab, ob er kommt** tout dépend de sa venue 2 GASTR *Fleisch* rassir; **~ lassen** laisser reposer; **Wild ~ lassen** faisander du gibier 3 *Jugendsprache (sich aufhalten)* traîner (**in Bars** [*dat*] dans les bars)

abhängig ADJ 1 dépendant (**von** de); *von Drogen* toxicomane; drogué; **von j-m, etw ~ sein** dépendre de qn, de qc; **von Drogen ~ sein** être toxicomane, drogué, dépendant; se droguer; **das ist vom Wetter ~** cela dépend du temps; **etw von etw ~ machen** faire dépendre une chose de qc; subordonner une chose à qc; **voneinander ~ sein** être interdépendants 2 GRAM *Satz(teil)* subordonné

Abhängigkeit F ⟨~; ~en⟩ dépendance *f*; *(Drogenabhängigkeit)* toxicomanie *f*; dépendance *von Medikamenten* pharmacodépendance *f*; **gegenseitige ~, ~ voneinander** interdépendance *f*; **in ~ von ...** en fonction de ...

Abhängigkeitsverhältnis N état *m*, rapport *m* de dépendance

abhärten VT (*u.* VR) ⟨-ete, *sép*, -ge-, h.⟩ **(sich)** ~ (s')endurcir, (s')aguerrir (**gegen** à)

Abhärtung F ⟨~⟩ endurcissement *m* (**gegen** à); **zur ~** pour s'endurcir

abhauen ⟨*irr, sép*, -ge-⟩ A VT ⟨h.⟩ couper; *Baum* abattre B *umg* VI ⟨s.⟩ *(verschwinden) umg* se casser; *umg* ficher le camp; **hau ab!** *umg* casse-toi!; *umg* fiche-moi le camp!

abhäuten VT ⟨-ete, *sép*, -ge-, h.⟩ dépouiller; écorcher

abheben ⟨*irr, sép*, -ge-, h.⟩ A VT 1 *Deckel etc* enlever; *Telefonhörer* décrocher; KARTENSPIEL *einzelne Karten* retirer; *Kartenstapel* couper 2 *Geld* retirer 3 *(hervorheben)* **etw vom Hintergrund ~** faire ressortir qc sur le fond B VI 1 *Flugzeug, Rakete* décoller; *Vogel, Ballon* s'envoler 2 KARTENSPIEL couper 3 *fig* **auf etw** *(akk)* **~** mettre l'accent sur qc; insister sur qc C VR **sich von** *od* **gegen etw ~** *als Kontrast* se détacher de qc; se découper sur qc; **sich von j-m ~** contraster avec qn; trancher sur qn

Abhebung F FIN retrait *m*

abheften VT ⟨-ete, *sép*, -ge-, h.⟩ *Akten etc* mettre, ranger (dans un classeur); **abheilen** VI ⟨*sép*, -ge-, s.⟩ guérir

abhelfen VI ⟨*irr, sép*, -ge-, h.⟩ **e-r Sache** *(dat)* **~** remédier, porter remède à qc; **dem kann abgeholfen werden** on peut y remédier; il y a remède à cela

abhetzen VR ⟨-(es)t, *sép*, -ge-, h.⟩ **sich ~** ne pas avoir le temps de souffler; se dépêcher, se presser (continuellement, *etc*); **abheuern** ⟨-(e)re, *sép*, -ge-, h.⟩ A VT 1 SCHIFF licencier 2 *umg fig (abwerben)* débaucher B VI SCHIFF quitter son service

Abhilfe F ⟨~⟩ remède *m*; **~ schaffen** y porter remède; y remédier

abhobeln VT ⟨-(e)le, *sép*, -ge-, h.⟩ raboter

abholbereit ADJ *u.* ADV prêt à emporter

abhold *geh* ADJ **e-r Sache, j-m ~ sein** être hostile, opposé à qc, qn

abholen VT ⟨*sép*, -ge-, h.⟩ *(holen gehen, fahren)* (aller *bzw.* venir) chercher, prendre; *Briefe auf dem Postamt a.* (aller, venir) retirer; *Gepäck, Waren, Möbel etc* enlever; **etw ~ lassen** envoyer chercher, prendre qc; faire prendre qc; **j-n zum Essen, Tanzen ~** aller chercher qn pour aller dîner, danser; **hol mich morgen vom Büro ab!** viens me chercher, *bes im Auto* prendre demain au bureau!

Abholer M ⟨~s; ~⟩ personne *f* qui vient *bzw.* va chercher qc; **Abholmarkt** M libre-service *m* de gros; **Abholung** F ⟨~; ~en⟩ *von Sachen, Gepäck, Müll etc* enlèvement *m*; *von Briefen* retrait *m*

abholzen VT ⟨-(es)t, *sép*, -ge-, h.⟩ 1 *Wald* abattre 2 *Gebiet* déboiser; **Abholzung** F ⟨~; ~en⟩ 1 *e-s Walds* abattage *m* 2 *e-s Gebiets* déboisement *m*

Abhöranlage F table *f* d'écoute

abhorchen VT ⟨*sép*, -ge-, h.⟩ écouter; MED ausculter

Abhorchen N écoute *f*; MED auscultation *f*

Abhördienst M MIL (service *m* d')écoute *f*

abhören VT ⟨*sép*, -ge-, h.⟩ 1 interroger; **j-n etw ~** interroger qn sur qc; faire réciter qc à qn 2 *(mithören)* écouter; capter 3 *(überwachen)* placer sur écoute 4 MED ausculter

Abhören N TEL, MIL *etc* écoute *f*; **Abhörgerät** N appareil *m*, poste *m* d'écoute; **abhörsicher** ADJ antiécoute *(inv)*

Abi *umg* N ⟨~s; ~s⟩ *umg* bac *m*; **das ~ machen** *umg* passer le *od* son bac

abirren *geh* VI ⟨*sép*, -ge-, s.⟩ *a. fig* s'écarter (**von** de); *abs a. fig* s'égarer

Abistreich *umg* M *farce que jouent les bacheliers après les derniers examens*

Abitur N ⟨~s; ~e⟩ baccalauréat *m*; **das ~ machen** passer le baccalauréat; **das ~ bestehen** être reçu au baccalauréat; **sie hat ~** elle a le, *umg* son baccalauréat

Abiturient(in) M ⟨~en; ~en⟩ (F) ⟨~in; ~innen⟩ candidat(e) *m(f)* au baccalauréat; *nach bestandenem Abitur* bachelier, -ière *m,f*; **Abiturientenball** M bal *m* des bacheliers

Abiturklasse F terminale *f*; **Abiturprüfung** F épreuve *f* du baccalauréat; **Abiturzeugnis** N diplôme *m* du baccalauréat

abjagen VT ⟨*sép*, -ge-, h.⟩ **j-m s-e Beute, den Ball ~** courir après, poursuivre qn pour lui prendre son butin, le ballon; **j-m ein Geschäft, e-n Gewinn ~** enlever une affaire, un bénéfice avant qn; **j-m Kunden ~** prendre des clients à qn

Abk. ABK (Abkürzung) abrév. (abréviation)

abkacken *sl* VI ⟨*sép*, -ge-⟩ 1 ⟨h.⟩ *(s-n Darm entleeren) sl* chier 2 ⟨h. *ou* s.⟩ *(versagen) umg* foirer

abkämmen VT ⟨*sép*, -ge-, h.⟩ 1 *mit e-m Kamm* enlever au peigne 2 *fig (absuchen)* passer au peigne fin, ratisser (**nach** à la recherche de);

abkanten VT ⟨-ete, *sép*, -ge-, h.⟩ TECH chanfreiner; biseauter; *Blech* plier

abkanzeln *umg* VT ⟨-(e)le, *sép*, -ge-, h.⟩ *(scharf tadeln) umg* sonner les cloches à; *umg* passer un savon à; *(unfreundlich abfertigen)* rembarrer; *umg* envoyer promener

abkapseln VR ⟨-(e)le, *sép*, -ge-, h.⟩ **sich ~** s'isoler; se replier sur soi-même; se renfermer; **sich von etw, j-m ~** s'isoler de qc, qn

abkarren VT ⟨*sép*, -ge-, h.⟩ transporter en charrette

abkassieren ⟨*sép, pas de ge-*, h.⟩ A VT *(kassieren)* encaisser B VI 1 *(kassieren)* encaisser; *im Restaurant* présenter l'addition; **ich möchte bitte ~** je peux *od* voudrais encaisser, s'il vous plaît 2 *umg fig (Geld einstreichen)* empocher de l'argent

abkauen VT ⟨*sép*, -ge-, h.⟩ ronger; **(sich** [*dat*]**) die Nägel ~** se ronger les ongles

abkaufen VT ⟨*sép*, -ge-, h.⟩ **j-m etw ~** acheter qc à qn; *umg fig* **das kaufe ich dir nicht ab** je ne te crois pas; tu ne me le feras pas croire

Abkehr F ⟨~⟩ abandon *m*; détachement *m*

abkehren[1] VT ⟨*sép*, -ge-, h.⟩ *Schmutz etc* balayer

abkehren[2] ⟨*sép*, -ge-, h.⟩ A VT *(abwenden)* détourner B VR **sich ~ (von)** se détourner, s'éloigner (de); *fig gedanklich, emotional* abandonner; se détacher (de)

abketteln VT ⟨-(e)le, *sép*, -ge-, h.⟩ *Maschen* rabattre; **abketten** VT ⟨-ete, *sép*, -ge-, h.⟩ 1 *Hund etc* détacher (de la chaîne) 2 *Maschen* rabattre; **abkippen** ⟨*sép*, -ge-⟩ A VT ⟨h.⟩ 1 *(herunterkippen)* faire basculer 2 *(abladen)* décharger; déverser B VI ⟨s.⟩ basculer; **abklappen** VT ⟨*sép*, -ge-, h.⟩ rabattre

abklappern *umg* VT ⟨-(e)re, *sép*, -ge-, h.⟩ *Hausierer etc* **alle Häuser ~** faire du porte-à-porte; aller de porte en porte; **ich habe die ganze Stadt danach abgeklappert** j'ai couru toute la ville pour trouver cela

abklären VT ⟨*sép*, -ge-, h.⟩ vérifier; s'assurer de

Abklatsch M ⟨~(e)s; ~e⟩ *pej* (mauvaise) copie *f*; imitation *f*

abklatschen VT ⟨*sép*, -ge-, h.⟩ 1 *beim Tanz* **j-n ~** frapper dans ses mains pour danser avec qn 2 *Ball* renvoyer avec le plat de la main

abklemmen VT ⟨*sép*, -ge-, h.⟩ 1 *(abtrennen) Stromleitung* séparer; **sich** *(dat)* **e-n Finger ~** se couper un doigt 2 *(zusammenpressen)* pincer 3 *(lösen)* desserrer

Abklingbecken N NUKL piscine *f* de désactivation

abklingen VI ⟨*irr, sép*, -ge-, s.⟩ *Ton, Schmerz, Erregung etc* s'affaiblir; diminuer; *Begeisterung a.* tomber

abklopfen VT ⟨*sép*, -ge-, h.⟩ 1 *(weg-, herunterklopfen)* faire tomber (en tapant, en tapotant); *Mantel etc* épousseter; tapoter; *Teppich* battre; **den Staub von etw ~** épousseter qc 2 MED percuter 3 *umg fig (untersuchen, überprüfen)* examiner; inspecter; **etw auf etw** *(akk)* **~** examiner qc sur qc

abknabbern VT ⟨-(e)re, *sép*, -ge-, h.⟩ grignoter; *Knochen* ronger; **abknallen** *umg* VT ⟨*sép*, -ge-, h.⟩ *umg* descendre

abknapsen *umg* ⟨-(es)t, *sép*, -ge-, h.⟩ A VT **j-m etw (von etw) ~** rogner qc à qn (sur qc) B VR **sich** *(dat)* **etw ~** économiser, épargner qc

abkneifen VT ⟨*irr, sép*, -ge-, h.⟩ *mit der Kneifzange etc* couper, enlever avec une pince, *etc*

abknicken ⟨*sép*, -ge-⟩ A VT ⟨h.⟩ 1 *(abbrechen)* casser 2 *(knicken)* courber; plier B VI ⟨s.⟩ 1 *(abbrechen)* se casser 2 *(einknicken)* se courber; se plier 3 AUTO **~de Vorfahrt** route

f prioritaire tournant à droite *bzw.* à gauche
abknipsen *umg* VT ⟨-(es)t, *sép*, -ge-, h.⟩ 1 *(abkneifen)* couper, enlever (avec une pince) 2 *Film* finir; **abknöpfbar** ADJ amovible; détachable; démontable
abknöpfen VT ⟨*sép*, -ge-, h.⟩ 1 *Kapuze, Kragen etc* déboutonner; détacher 2 *umg fig* **j-m etw ~** soutirer, *umg* carotter qc à qn
abknutschen *umg* VT (*u.* VR) ⟨*sép*, -ge-, h.⟩ **(sich) ~** *umg* (se) bécoter; **abkochen** VT ⟨*sép*, -ge-, h.⟩ 1 faire cuire; *Wasser, Milch* (faire) bouillir; CHEM, PHARM faire une décoction de 2 *umg fig Person (ausnehmen) umg* plumer; filouter; *(zermürben)* abattre; *umg* rétamer
abkommandieren VT ⟨*sép, pas de ge-*, h.⟩ MIL détacher; envoyer en service commandé; **abkommandiert sein** être en détachement, en service commandé (**zu, nach** à)
Abkomme *geh* M ⟨~n; ~n⟩ descendant(e) *m(f)*
abkommen VI ⟨*irr, sép*, -ge-, s.⟩ 1 *vom Weg, Kurs, Thema etc* s'écarter, s'éloigner (**von** de); **von der Fahrbahn ~** quitter la route 2 *von e-r Gewohnheit etc* abandonner (**von etw** qc); **davon ist man längst abgekommen** on a abandonné cela, on en est revenu depuis longtemps 3 SPORT **gut ~** prendre un bon départ
Abkommen N ⟨~s; ~⟩ accord *m*; POL *a.* convention *f*; POL **Schengener ~** accord de Schengen; **ein ~ (über etw** *[akk]***) treffen** *od* **schließen** passer, conclure un accord (sur qc)
abkömmlich ADJ libre; disponible; **(im Moment) nicht ~ sein** être occupé (en ce moment)
Abkömmling *geh* M ⟨~s; ~e⟩ descendant(e) *m(f)*
abkönnen VT ⟨*irr, sép*, -ge-, h.⟩ 1 *nordd (mögen)* aimer bien; **ich kann ihn (gut) ab** je l'aime bien 2 *nordd (vertragen, aushalten können)* supporter 3 *umg (entfernt werden können)* pouvoir être enlevé
abkoppeln VT ⟨-(e)le, *sép*, -ge-, h.⟩ *Anhänger, Raumschiff etc* détacher, décrocher (**von** de)
abkratzen ⟨-(es)t, *sép*, -ge-⟩ A VT ⟨h.⟩ *Farbe, Putz etc* enlever (**von** de); gratter B *sl* VI ⟨s.⟩ *(sterben) sl* crever; *umg* claquer
abkriegen *umg* VT ⟨*sép*, -ge-, h.⟩ → abbekommen
abkühlen ⟨*sép*, -ge-, h.⟩ A VT refroidir B VI ⟨h. *ou* s.⟩ *a. fig* (se) refroidir; *fig Stimmung, Beziehungen etc* se rafraîchir C VR **sich ~** 1 *a. fig* se refroidir; *fig Stimmung, Beziehungen etc* se rafraîchir 2 *Witterung* se rafraîchir; se refroidir; **es hat sich (merklich) abgekühlt** le temps s'est (remarquablement) rafraîchi
Abkühlung F *Wetter* rafraîchissement *m*; *a. fig* refroidissement *m*
Abkunft *geh* F ⟨~⟩ descendance *f*; origine *f*
abkupfern *umg* VT ⟨-(e)re, *sép*, -ge-, h.⟩ copier (**aus e-m Buch** dans un livre; **bei j-m** sur qn); **abkuppeln** VT ⟨-(e)le, *sép*, -ge-, h.⟩ *Anhänger etc* décrocher; détacher
abkürzen VT ⟨-(es)t, *sép*, -ge-, h.⟩ 1 *Weg* raccourcir 2 *Wort, Namen* abréger 3 *Aufenthalt, Gespräch etc* écourter; abréger; **Abkürzung** F 1 *Weg, e-s Wegs* raccourci *m* 2 *von Wörtern* abréviation *f*; *aus Initialen a.* sigle *m* 3 *e-s Aufenthalts, Gesprächs etc* abrégement *m*
Abkürzungsliste F, **Abkürzungsverzeichnis** N liste *f* d'abréviations
abküssen VT (*u.* VR) ⟨-(es)t, *sép*, -ge-, h.⟩ **(sich) ~** (se) couvrir de baisers; (s')embrasser
abladen VT ⟨*irr, sép*, -ge-, h.⟩ 1 *Fracht, Wagen* décharger; **Schutt ~ verboten** décharge interdite 2 *fig Kummer etc* confier (**bei j-m** à qn); *umg* **die Schuld auf e-n anderen ~** mettre la faute sur le dos de quelqu'un d'autre
Abladen N ⟨~s⟩ déchargement *m*
Abladeplatz M lieu *m* de déchargement; *von Schutt* décharge *f*
Ablage F 1 *(Briefablage, Aktenablage)* classeur *m* 2 *(Garderobenablage)* vestiaire *m*; *im Badezimmer* tablette *f*; *im Auto* vide-poches *m*; *(Hutablage)* porte-chapeaux *m* 3 ⟨*pas de pl*⟩ *(Ablegen)* classement *m*; rangement *m* 4 *schweiz (Verkaufs-, Annahmestelle)* dépôt *m*; *(Zweigstelle)* succursale *f*; *(Lottoannahmestelle)* guichet *m*; **Ablagekasten** M, **Ablagekorb** M bac *m*; corbeille *f*
ablagern ⟨-(e)re, *sép*, -ge-, h.⟩ A VT *(deponieren, absetzen)*, GEOL déposer B VI ⟨s.⟩ *Wein* vieillir; *Holz, Tabak* sécher C VR **sich (auf, in etw** *[dat]***) ~** *a.* CHEM se déposer sur, dans qc
Ablagerung F GEOL, CHEM dépôt *m*; GEOL *a.* sédimentation *f*; *von Wein* vieillissement *m*; *von Holz, Tabak* séchage *m*
ablandig ADJ SCHIFF **~er Wind** brise *f* de terre
Ablass M ⟨~es; -lässe⟩ KATH indulgence *f*; **Ablassbrief** M REL HIST lettre *f* d'indulgence
ablassen ⟨*irr, sép*, -ge-, h.⟩ A VT 1 *Flüssigkeiten* laisser écouler; évacuer; *Dampf, Gas, Luft etc* laisser sortir, échapper 2 *Teich, Becken etc* vider 3 HANDEL **(j-m) etw vom Preis ~** faire un rabais, une réduction (à qn) 4 *umg (weglassen) Schal etc* ne pas (re)mettre B VI **von etw ~** renoncer à qc; abandonner qc; *Tier* **von s-r Beute ~** lâcher sa prise; **von j-m ~** laisser qn tranquille
Ablasshandel M REL HIST trafic *m* des indulgences; **Ablassventil** N TECH soupape *f* d'évacuation, d'échappement
Ablativ M ⟨~s; ~e⟩ GRAM ablatif *m*
Ablauf M 1 *(~vorrichtung)* dispositif *m*, *e-s Beckens* conduit *m* d'écoulement 2 *(Verlauf) der Ereignisse, des Programms etc* déroulement *m*; cours *m* 3 ⟨*pas de pl*⟩ *e-r Frist, Amtsperiode etc* expiration *f*; **nach ~ von** à l'expiration de; au bout de; **nach ~ dieser Frist** le délai expiré; à l'expiration de ce délai
ablaufen ⟨*irr, sép*, -ge-⟩ A VT 1 ⟨h.⟩ *Schuhsohlen, Absätze* user; *Absätze* **abgelaufen** éculé 2 ⟨h. *ou* s.⟩ *Strecke etc* parcourir; **alle Geschäfte, die ganze Stadt nach etw ~** faire, courir tous les magasins, toute la ville pour trouver qc B VI ⟨s.⟩ 1 *Flüssigkeiten* s'écouler; se déverser; *Becken, Teich etc* se vider; **Wasser ~ lassen** faire, laisser (s')écouler de l'eau 2 *Faden, Seil etc von e-r Spule etc* se dérouler; *Film, Tonband* se dérouler; se débobiner; *Schallplatte* tourner 3 *(verlaufen) Ereignisse, Programm etc* se dérouler; *Ereignisse a.* se passer; **es ist glimpflich für ihn abgelaufen** il l'a échappé belle 4 *(herunterlaufen)* **von, an etw** *(dat)* **~** couler, dégouliner de, sur qc; *fig* **an ihm läuft alles ab** rien ne le touche 5 *(zu Ende gehen)* se terminer; finir; *Frist, Parkuhr, Ausweis etc* expirer; *a. Ausweis, Visum etc* être périmé
Ablaufgeschwindigkeit F *e-s Tonbands etc* vitesse *f* de déroulement; **Ablaufrinne** F rigole *f* d'écoulement
ablaugen VT ⟨*sép*, -ge-, h.⟩ TECH lessiver
ablauschen *geh* VT ⟨*sép*, -ge-, h.⟩ **j-m etw ~** surprendre qc chez qn; **etw der Natur** *(dat)* **~** copier qc de la nature; **diese Szene ist dem Leben abgelauscht** cette scène est prise sur le vif
Ablaut M LING alternance *f* vocalique; apophonie *f*
ablauten VI ⟨-ete, *sép*, -ge-, h.⟩ LING changer la voyelle du radical
Ableben *geh* N ⟨~s⟩ décès *m*
ablecken ⟨*sép*, -ge-, h.⟩ A VT lécher B VR **sich** *(dat)* **die Finger ~** se lécher les doigts
abledern VT ⟨-(e)re, *sép*, -ge-, h.⟩ nettoyer avec une peau de chamois
ablegen ⟨*sép*, -ge-, h.⟩ A VT 1 *Garderobe (ausziehen)* enlever; se débarrasser de 2 *Akten, Post etc* classer; ranger 3 *beim Kartenspiel* écarter; **abgelegte Karten** cartes mises à l'écart 4 *(niederlegen)* poser 5 ZOOL **Eier ~** déposer des œufs; pondre 6 *Kleidungsstücke (nicht mehr tragen)* mettre au rebut; **abgelegte Sachen, Kleider** vieux habits 7 *fig Gewohnheiten* abandonner; perdre; *Fehler* se corriger de 8 *Geständnis, Gelübde* faire; *Prüfung* passer; *mit Erfolg* réussir; **e-n Eid ~** prêter serment; **Rechenschaft über etw** *(akk)* **~** rendre compte de qc; **Zeugnis von etw ~** témoigner de qc; rendre témoignage de qc B VI 1 *(Kleidung ausziehen)* enlever son manteau, *etc*; **bitte legen Sie ab!** défaites-vous, s'il vous plaît!; enlevez votre manteau, s'il vous plaît! 2 SCHIFF appareiller
Ableger M ⟨~s; ~⟩ BOT bouture *f*; marcotte *f*; *von Erdbeeren* stolon *m*
ablehnen VT ⟨*sép*, -ge-, h.⟩ 1 *(zurückweisen, nicht genehmigen)* refuser; *Angebot, Entwurf, Antrag a.* rejeter; *Zeugen, Richter* récuser; **jede Verantwortung ~** décliner toute responsabilité; se dégager de toute responsabilité 2 *(missbilligen)* désapprouver
ablehnend ADJT *Antwort, Bescheid* défavorable; négatif, -ive; *Miene, Haltung* hostile; désapprobateur, -trice; **e-e ~e Haltung (gegenüber etw) annehmen** prendre, adopter une attitude hostile *od* de refus (vis-à-vis de *od* envers qc); **sich (gegenüber etw) ~ verhalten** se montrer hostile, opposé (à qc); → *a.* gegenüberstehen 2
Ablehnung F ⟨~; ~en⟩ 1 *(Zurückweisung)* refus *m*; rejet *m*; *(Nichtgenehmigung)* refus *m*; *e-s Zeugen etc* récusation *f* 2 *(Missbilligung)* désapprobation *f*
ableisten VT ⟨-ete, *sép*, -ge-, h.⟩ faire; accomplir
ableitbar ADJ *Funktion*, LING qui peut être dérivé; *Formel*, LOGIK qui peut être déduit
ableiten ⟨-ete, *sép*, -ge-, h.⟩ A VT 1 *Fluss* dériver; détourner; *Wärme, Gas, Wasser etc* évacuer; *Blitz* conduire dans le sol 2 MATH *Funktion* dériver; *Formel* déduire 3 LOGIK, *(folgern)* déduire (**aus** de) 4 LING dériver (**aus, von** de) B VR **sich ~ (lassen) aus, von** *(sich herleiten)* se déduire de; LING être dérivé de
Ableitung F 1 *von Wasserläufen* dérivation *f*; *von Wärme, Gas etc* évacuation *f* 2 MATH *von Formeln* déduction *f*; *von Funktionen* dérivation *f*; *Ergebnis* dérivée *f* 3 LOGIK déduction *f* 4 LING dérivation *f*; *Wort* dérivé *m*
Ableitungsgraben M rigole *f* d'écoulement; **Ableitungskanal** M canal *m* de dérivation, d'évacuation; *e-s Beckens, Teichs a.* émissaire *m*; **Ableitungsrohr** N tuyau *m* d'évacuation; **Ableitungssilbe** F suffixe dérivatif
ablenken ⟨*sép*, -ge-, h.⟩ A VT 1 *in der Richtung* dévier; détourner; PHYS *Strahlen* dévier; diffracter 2 *Aufmerksamkeit, Verdacht, Gespräch etc* détourner; *Verdacht a.* écarter; **j-n von der Arbeit ~** détourner, distraire qn de son travail; **die Kinder werden dadurch abgelenkt** cela distrait les enfants 3 *(zerstreuen)* distraire; divertir B VI 1 **(vom Thema) ~** *Person* faire diversion; **diese Bemerkungen lenken vom Thema ab** avec ces remarques on s'écarte, *plus fort* sort du sujet 2 *in der Aufmerksamkeit* distraire; empêcher de se concentrer C VR **sich ~** *(sich zerstreuen)* se distraire
Ablenkung F 1 *in der Richtung* déviation *f*; *von Strahlen a.* diffraction *f* 2 *der Aufmerksamkeit etc* détournement *m* 3 *(Zerstreuung)* distraction *f*; diversion *f*
Ablenkungsmanöver N manœuvre *f* de

diversion; **Ablenkungsversuch** M tentative *f* de diversion

ablesbar ADJ qui peut être lu, TECH relevé; *fig* **an etw** *(dat)* **~ sein** être visible à qc

Ablesedatum N date *f* de relevé; **Ablesefehler** M erreur *f* de lecture, TECH de relevé; **Ablesegenauigkeit** F précision *f* des lectures; **Ablesegerät** N instrument *m* de lecture

ablesen[1] ⟨*irr, sép*, -ge-, h.⟩ A VT 1 *Text* lire 2 *Zähler etc* relever; *umg* **den Strom, das Gas ~** relever l'électricité, le gaz 3 *fig* **j-m etw von den Augen, Lippen, vom Gesicht ~** lire qc dans les yeux, sur les lèvres, sur le visage de qn 4 *fig (erschließen)* **etw an etw** *(dat)* **~ (können)** (pouvoir) déduire qc de qc B VI *Redner etc* lire ses notes

ablesen[2] VT ⟨*irr, sép*, -ge-, h.⟩ *(wegnehmen)* enlever; *Obst, Gemüse etc* cueillir; **den Himbeerstrauch ~** cueillir les framboises

ableuchten VT ⟨-ete, *sép*, -ge-, h.⟩ examiner à la lampe; *mit Scheinwerfern* balayer avec des projecteurs; **ableugnen** ⟨-ete, *sép*, -ge-, h.⟩ A VT *Tat, Schuld etc* nier; contester; *Glauben* renier B VI nier; **ablichten** VT ⟨-ete, *sép*, -ge-, h.⟩ 1 *umg (fotografieren)* photographier 2 *(fotokopieren)* photocopier

abliefern VT ⟨-(e)re, *sép*, -ge-, h.⟩ 1 *Ware* livrer; fournir (**etw bei j-m** qn en qc); *Fundsachen etc* remettre; déposer (chez, auprès de) 2 *Hausarbeit, Manuskript etc* rendre 3 *umg fig* **j-n am Bahnhof ~** laisser, *mit dem Auto* déposer qn à la gare; **das Kind bei den Eltern (wieder) ~** ramener l'enfant chez ses parents

Ablieferung F *von Waren* livraison *f*; *von Fundsachen, e-r Hausarbeit etc* remise *f*

Ablieferungstermin M *von Waren* date *f* de livraison; *e-r Hausarbeit, e-s Manuskripts etc* date *f* de remise

ablocken VT ⟨*sép*, -ge-, h.⟩ **j-m etw ~** escroquer qc à qn; *Geld a.* soutirer qc à qn; **j-m ein Lächeln ~** arracher un sourire à qn

ablöschen ⟨*sép*, -ge-, h.⟩ A VT 1 *mit dem Löschblatt* sécher; *Tafel* effacer 2 GASTR ajouter de l'eau, *etc* à; **etw mit Rotwein ~** ajouter du vin rouge à qc 3 *Brand* éteindre B VI GASTR mouiller avec du vin, de l'eau, *etc*

Ablöse F ⟨~; ~n⟩ 1 *bes österr, schweiz* → Ablösesumme 2 *österr (Kaution)* caution *f*

ablösen ⟨-(es)t, *sép*, -ge-, h.⟩ A VT 1 *(loslösen)* détacher, enlever (**von** de); *Geleimtes a.* décoller (**von** de); **das Fleisch von den Knochen ~** désosser; détacher la viande des os 2 *bei der Arbeit etc (abwechseln)* relayer; *a. (nachfolgen)* prendre la relève de; **j-n in s-m Amt ~** succéder à qn; **der Stummfilm wurde vom Tonfilm abgelöst** le film parlant a pris la relève du film muet 3 FIN *Anleihe, Schulden* rembourser; liquider; *Rente* racheter; *Hypothek* purger B VR **sich ~** 1 *(sich loslösen)* se détacher; s'enlever; *Geleimtes a.* se décoller; MED *Haut a.* peler 2 *bei der Arbeit etc (sich abwechseln)* se relayer; *a. (nachfolgen)* prendre la relève l'un de l'autre; se succéder l'un à l'autre

Ablösesumme F SPORT somme *f* de transfert

Ablösung F 1 *bei der Arbeit, Wache, a. Person* relève *f*; *im Amt a.* succession *f* 2 FIN *e-r Anleihe, von Schulden* remboursement *m*; liquidation *f*; *e-r Hypothek, Rente* rachat *m* 3 *(das Ablösen, Sichablösen)* détachement *m*; décollement *m*

abluchsen VT ⟨-(es)t, *sép*, -ge-, h.⟩ *umg* **j-m etw ~** *umg* carotter qc à qn

Abluft F ⟨~⟩ TECH air vicié, pollué

ablutschen VT ⟨*sép*, -ge-, h.⟩ sucer

ABM ABK (Arbeitsbeschaffungsmaßnahme) mesure *f* de réinsertion des chômeurs; aide *f* à la création d'emplois

abmachen VT ⟨*sép*, -ge-, h.⟩ 1 *umg (losmachen, ablösen)* enlever 2 *(vereinbaren)* convenir de; *vertraglich a.* stipuler; *(regeln, erledigen)* régler; **e-n Termin mit j-m ~** fixer un rendez-vous, une date avec qn; **etw mit sich** *(dat)* **selbst** *od* **allein ~** *(entscheiden)* décider qc (tout) seul; *(fertig werden)* s'en sortir (tout) seul; **die Sache ist so gut wie abgemacht** l'affaire est pour ainsi dire faite, conclue; **das hatte ich mit ihm abgemacht** j'en avais convenu avec lui; **das war abgemacht** c'était convenu; **abgemacht!** d'accord!; entendu!

Abmachung F ⟨~; ~en⟩ arrangement *m*; accord *m*; *vertragliche a.* stipulation *f*; **e-e ~ mit j-m (über etw** *[akk]***) treffen** se mettre d'accord (sur qc) avec qn; convenir (de qc) avec qn

abmagern VI ⟨-(e)re, *sép*, -ge-, s.⟩ maigrir; **sie ist abgemagert** elle a maigri; elle est amaigrie; **zum Skelett abgemagert sein** être décharné

Abmagerung F ⟨~; ~en⟩ amaigrissement *m*

Abmagerungskur F régime amaigrissant

abmähen VT ⟨*sép*, -ge-, h.⟩ *Korn, Gras, Wiese etc* faucher; *Rasen* tondre

abmahnen VT ⟨*sép*, -ge-, h.⟩ *(ermahnen)* avertir; **Abmahnung** F avertissement *m*

abmalen ⟨*sép*, -ge-, h.⟩ A VT *(kopieren)* copier; *(malen)* peindre B VR *fig, geh Angst etc* **sich auf den Gesichtern ~** se peindre, *geh* transparaître sur les visages

Abmarsch M départ *m*; mise *f* en route, en marche; **abmarschbereit** ADJ prêt à partir, à se mettre en marche

abmarschieren VI ⟨*sép, pas de ge-*, s.⟩ partir; se mettre en marche, en route

Abmeldebescheinigung F certificat *m* de déclaration de départ; **Abmeldeformular** N formulaire *m*, fiche *f* de départ

abmelden ⟨-ete, *sép*, -ge-, h.⟩ A VT **j-n ~** *polizeilich* déclarer le départ de qn; *aus e-m Kursus etc* annuler l'inscription de qn; *umg fig* **er ist bei mir abgemeldet!** il n'existe plus pour moi; *Schüler* **von der Schule ~** retirer de l'école; **ein Fahrzeug ~** déclarer qu'on n'utilise plus ce véhicule; **sein Telefon, s-n Fernseher ~** résilier son abonnement de téléphone, télévision B VR **sich ~** *polizeilich* déclarer son départ (à la police); *beim Weggehen* prévenir de son départ (**bei j-m** qn); annoncer son départ (à qn); *aus e-m Kursus etc* annuler son inscription

Abmeldung F *polizeilich* déclaration *f* de départ; *von Fahrzeugen etc* déclaration *f* qu'on n'utilise plus qc; *(Rückgängigmachen e-r Anmeldung)* annulation *f*; *e-s Telefons, Fernsehers* résiliation *f* d'abonnement

abmessen VT ⟨*irr, sép*, -ge-, h.⟩ mesurer; prendre les mesures, les dimensions de; **drei Meter Stoff ~** mesurer trois mètres de tissu

Abmessung F mesure *f*; *pl* **~en** *a.* dimensions *fpl*

abmildern VT ⟨-(e)re, *sép*, -ge-, h.⟩ atténuer

abmontieren VT ⟨*sép, pas de ge-*, h.⟩ démonter

Abmontieren N ⟨~s⟩ démontage *m*

ABM-Stelle F *emploi à durée déterminée dans le cadre de la réinsertion des chômeurs*

abmühen VR ⟨*sép*, -ge-, h.⟩ **sich (mit etw, j-m) ~** se donner du mal, de la peine (avec qc, qn)

abmurksen *umg* VT ⟨-(es)t, *sép*, -ge-, h.⟩ *(umbringen) umg* bousiller; *umg* zigouiller

abmustern ⟨-(e)re, *sép*, -ge-, h.⟩ SCHIFF A VT licencier B VI quitter son service; **Abmusterung** F licenciement *m*

abnabeln ⟨-(e)le, *sép*, -ge-, h.⟩ A VT *Kind* ligaturer et couper le cordon ombilical de B VR *fig* **sich (von etw, j-m) ~** se détacher (de qc, qn); se séparer (de qc, qn)

Abnabelung F ⟨~; ~en⟩ 1 MED ligature *f* et coupe *f* du cordon ombilical 2 *fig* détachement *m*; séparation *f*

Abnablung → Abnabelung

abnagen VT ⟨*sép*, -ge-, h.⟩ ronger

abnähen VT ⟨*sép*, -ge-, h.⟩ reprendre; faire une pince à; **das Kleid in der Taille ~** reprendre la robe à la taille

Abnäher M ⟨~s; ~⟩ MODE pince *f*

Abnahme F ⟨~⟩ 1 *(das Abnehmen, Entfernen)* enlèvement *m*; MED *(Amputation)* amputation *f* 2 HANDEL *von Waren* achat *m*; *e-r Lieferung* prise *f* (de livraison); **~ finden** se vendre; **bei ~ von größeren Mengen** à l'achat de grandes quantités 3 *(Verminderung)* diminution *f*; *(Gewichtsabnahme) a.* perte *f*; *der Arbeitslosigkeit, Geburtenziffer a.* régression *f*; *der Macht etc* déclin *m*; baisse *f*; *des Mondes* décroissance *f* 4 *von Neubauten etc* réception *f* (des travaux); *e-s Fahrzeugs* inspection *f* 5 *e-s Versprechens, Eids* obtention *f*

Abnahmepflicht F JUR, HANDEL obligation *f* de prendre livraison

abnehmbar ADJ amovible; détachable

abnehmen ⟨*irr, sép*, -ge-, h.⟩ A VT 1 *Gardine, Hut, Rucksack etc* enlever; retirer; *Wäsche* rentrer; *Telefonhörer* décrocher; *(amputieren)* **j-m ein Bein ~** couper une jambe à qn; amputer qn d'une jambe; **sich** *(dat)* **den Bart ~ lassen** se faire raser la barbe 2 **j-m etw ~** *Besitz, a. fig Last, Mantel etc* prendre, ôter qc à qn; *Ausweis etc* retirer qc à qn; *Arbeit, Verpflichtung* décharger qn de qc; *Weg, Sorge* épargner qc à qn 3 HANDEL *Waren* prendre; acheter 4 *umg Geld etc (verlangen)* prendre; demander; **j-m zu viel für etw ~** prendre trop à qn pour qc 5 TECH, *Neubauten etc* procéder à la réception de; *Fahrzeug* inspecter; **die Parade ~** passer les troupes en revue 6 *Prüfung* faire passer; **j-m die Beichte ~** confesser qn; **j-m ein Versprechen ~** faire promettre qc à qn; **j-m e-n Eid ~** faire prêter serment à qn 7 *umg fig (glauben)* croire; **das nimmt dir keiner ab** personne ne te croit *bzw.* croira 8 *Maschen* rabattre; diminuer de 9 *Gewicht* perdre; maigrir de; **er hat fünf Kilo abgenommen** il a perdu cinq kilos B VI 1 *(sich verringern)* diminuer; *Arbeitslosigkeit, Geburtenziffer etc a.* régresser; *Macht etc* baisser; décliner; *Mond* décroître 2 *an Gewicht* maigrir 3 *am Telefon* décrocher 4 *bei Handarbeiten* diminuer

abnehmend ADJT **~er Mond** lune décroissante; **es ist ~er Mond** la lune décroît, est dans son dernier quartier

Abnehmer(in) M ⟨~s; ~⟩ F ⟨~in; ~innen⟩ acheteur, -euse *m,f*; **e-n ~ finden** trouver preneur, acheteur

Abneigung F aversion *f* (**gegen** pour); **starke ~** répugnance *f* (**gegen** pour); **e-e ~ gegen j-n, etw haben** avoir de l'aversion pour qn, qc; **aus ~ gegen** par aversion pour

abnicken *umg* VT ⟨*sép*, -ge-, h.⟩ approuver sans discussion

abnorm, *bes österr, schweiz* **abnormal** ADJ anormal

Abnormität F ⟨~; ~en⟩ anomalie *f*

abnötigen *geh* VT ⟨*sép*, -ge-, h.⟩ **j-m etw ~** *Achtung, Respekt etc* forcer qc de qn; *Beifall, Geständnis, Lächeln* arracher qc à qn

abnutzen, *regional* **abnützen** ⟨-(es)t, *sép*, -ge-, h.⟩ A VT user B VR **sich (mit der Zeit) abnutzen, abnützen** s'user (avec le temps); **abgenutzt** usé; usagé

Abnutzung F, *regional* **Abnützung** F usure *f*

Abnutzungserscheinung F signe *m* d'usure; **Abnutzungswiderstand** M résistance *f* à l'usure

Abo *umg* N ⟨~s; ~s⟩ abonnement *m*
Abonnement N ⟨~s; ~s⟩ abonnement *m* (+*gen* à); **ein ~ für** *od* **auf etw** (*akk*) **haben** être abonné à qc; **e-e Zeitung im ~ beziehen** être abonné à un journal
Abonnementfernsehen N chaîne cryptée
Abonnement(s)preis M prix *m* de l'abonnement; **Abonnement(s)vorstellung** F représentation *f* pour abonnés
Abonnent(in) M ⟨~en; ~en⟩ (F) ⟨~in; ~innen⟩ abonné(e) *m(f)* (+*gen* à); **Abonnentenliste** F liste *f* des abonnés
abonnieren VT ⟨*pas de ge-*, h.⟩ s'abonner à; **auf etw** (*akk*) **abonniert sein** être abonné à qc (*a. umg fig*)
abordnen VT ⟨-ete, *sép*, -ge-, h.⟩ déléguer; envoyer; *zum Küchendienst etc* préposer (**zu** à); **Abordnung** F ⟨~; ~en⟩ délégation *f*
Abort[1] M ⟨~(e)s; ~e⟩ (*Toilette*) lavabos *mpl*; lieux *mpl* d'aisance
Abort[2] M ⟨~s; ~e⟩ MED **1** (*Fehlgeburt*) fausse couche **2** (*Abtreibung*) avortement *m*
abpacken VT ⟨*sép*, -ge-, h.⟩ *Waren* mettre en paquet; empaqueter; **abgepackt** HANDEL *Ware* préemballé; conditionné
abpassen VT ⟨-(es)t, *sép*, -ge-, h.⟩ *Zeitpunkt, Personen* attendre; guetter; **abpausen** VT ⟨-(es)t, *sép*, -ge-, h.⟩ décalquer; **abpellen** VT ⟨*sép*, -ge-, h.⟩ *nordd Apfelsinen, Eier, Kartoffeln* peler; *Wurst etc* ôter la peau de
abperlen VI ⟨*sép*, -ge-, s.⟩ **von** *od* **an etw** (*dat*) **~** couler, dégouliner sur qc
abpfeifen ⟨*irr, sép*, -ge-, h.⟩ SPORT **A** VT **1** (*unterbrechen*) siffler l'arrêt de **2** (*beenden*) siffler la fin de **B** VI **1** (*unterbrechen*) siffler l'arrêt d'un match, d'un jeu **2** (*beenden*) siffler la fin d'un match, d'un jeu; donner le coup de sifflet final
Abpfiff M SPORT coup *m* de sifflet d'arrêt *bzw.* final
abpflücken VT ⟨*sép*, -ge-, h.⟩ cueillir
abplacken *umg, regional* VR ⟨*sép*, -ge-, h.⟩ **sich ~ (mit etw)** *umg* s'esquinter, *umg* se crever (à faire qc)
abplagen VR ⟨*sép*, -ge-, h.⟩ **sich ~** se tuer, s'éreinter (**etw zu tun** à faire qc); **sich mit etw, j-m ~** se donner beaucoup de mal, un mal de chien avec qc, qn
abplatten VT ⟨-ete, *sép*, -ge-, h.⟩ aplatir; **abplatzen** VI ⟨-(es)t, *sép*, -ge-, s.⟩ *Farbe, Lack* s'écailler; *Knopf* sauter
Abprall M ⟨~(e)s; ~e⟩ *e-s Balls etc* rebond (-issement) *m*; rejaillissement *m*; *e-s Geschosses* ricochet *m*
abprallen VI ⟨*sép*, -ge-, s.⟩ **1** (**von** *od* **an etw** [*dat*]) **~** *Ball etc* rebondir (sur qc); *Geschoss* ricocher (sur qc) **2** *fig Vorwürfe, Bitten etc* **an j-m ~** ne pas avoir prise sur qn
Abpraller M ⟨~s; ~⟩ ballon *m* qui rebondit; **Abprallwinkel** M *e-s Geschosses* angle *m* de ricochet
abpressen VT ⟨-(es)t, *sép*, -ge-, h.⟩ **j-m etw ~** *Versprechen, Geständnis etc* extorquer, arracher qc à qn; **das presste ihm den Atem ab** cela lui coupa la respiration
abpumpen VT ⟨*sép*, -ge-, h.⟩ pomper
abputzen VT ⟨-(es)t, *sép*, -ge-, h.⟩ essuyer; *Tisch etc a.* nettoyer; *Schmutz* enlever; *umg* **e-m Kind den Po ~** *umg* torcher un enfant
abquälen VR ⟨*sép*, -ge-, h.⟩ **1 sich (mit etw) ~** se donner beaucoup de mal, un mal de chien (avec qc); s'échiner, s'éreinter (à faire qc) **2 sich** (*dat*) **ein Lächeln, e-n Brief** *etc* **~** se forcer à sourire, à écrire une lettre, *etc*
abqualifizieren VT ⟨*sép, pas de ge-*, h.⟩ **j-n, etw (als etw) ~** dénigrer qn, qc (en tant que qc); **sich (selbst) ~** se disqualifier
abquetschen ⟨*sép*, -ge-, h.⟩ **A** VT écraser; **bei dem Unfall wurde ihr ein Bein abgequetscht** lors de l'accident elle a eu la jambe écrasée **B** VR **1 sich** (*dat*) **e-n Arm ~** s'écraser un bras **2** *umg fig* **sich** (*dat*) **e-e Träne ~** *umg* y aller de sa larme; verser sa petite larme
abrackern *umg* VR ⟨-(e)re, *sép*, -ge-, h.⟩ **sich (mit etw) ~** *umg* s'esquinter, se tuer (à faire qc); **sich für j-n ~** *umg* se crever pour qn
Abraham M ⟨→ *n/pr*⟩ Abraham *m*; *umg* **sich wie in ~s Schoß fühlen** se sentir en toute sécurité
abrahmen VT ⟨*sép*, -ge-, h.⟩ *Milch* écrémer
Abrakadabra N ⟨~s⟩ abracadabra *m*
abrasieren VT ⟨*sép, pas de ge*, h.⟩ *Bart etc, a. umg fig* raser
Abrasion F ⟨~; ~en⟩ **1** GEOL abrasion *f* **2** MED curetage *m*
abraspeln VT ⟨-(e)le, *sép*, -ge-, h.⟩ râper
abraten VT (*u.* VI) ⟨*irr, sép*, -ge-, h.⟩ **j-m (von) etw ~** déconseiller qc à qn; dissuader qn de qc; **da(von) kann ich nur ~** je ne peux que te *bzw.* vous le déconseiller
Abraum M ⟨~(e)s⟩ **1** BERGBAU stérile *m* **2** (*Schutt*) déblais *mpl*; **Abraumbagger** M excavateur *m* de stériles
abräumen ⟨*sép*, -ge-, h.⟩ **A** VT **1** *Tisch* débarrasser; *nach dem Essen* desservir; *Geschirr* enlever **2** *Schutt etc* déblayer **B** VI **1** *Tisch nach dem Essen* desservir **2** BERGBAU enlever les déblais
Abraumhalde F terri(l) *m*
abrauschen *umg* VI ⟨*sép*, -ge-, s.⟩ partir, s'en aller, sortir majestueusement; *mit e-m Fahrzeug umg* partir sur les chapeaux de roues
abreagieren ⟨*sép, pas de ge-*, h.⟩ **A** VT **etw (an j-m, etw) ~** *Zorn, Ärger etc* décharger qc (sur qn, qc) **B** VR **1 sich ~** (*sich beruhigen*) se tranquilliser; se calmer; s'apaiser **2** PSYCH **sich (an j-m, etw) ~** se défouler (sur qn, qc); **sich beim Sport ~** se défouler en faisant du sport
Abreaktion F PSYCH défoulement *m*
abrechnen ⟨-ete, *sép*, -ge-, h.⟩ **A** VT **1** (*abziehen*) déduire, retirer (**von** de); *vom Gehalt a.* retenir (**von** sur); MATH soustraire, déduire (**von** de) **2** *als Abschlussrechnung* faire les comptes de **B** VI **1** *als Abschlussrechnung* faire les comptes; **mit j-m ~** régler les comptes avec qn **2** *fig* **mit j-m ~** régler un compte avec qn, son compte à qn
Abrechnung F **1** (*Abzug*) déduction *f*; décompte *m*; **nach ~ von** déduction faite de; après déduction de; ADMIN **etw in ~ bringen** décompter qc; ADMIN **in ~ kommen** être déduit **2** (*Rechnungsabschluss*), *a. fig* règlement *m* de comptes; (*Bilanz*) bilan *m*; **die ~ machen** faire les comptes
Abrechnungsverfahren N **im ~** par voie de clearing
Abrechnungszeitraum M période *f* comptable
Abrede F **etw in ~ stellen** nier, contester qc
abregen *umg* VR ⟨*sép*, -ge-, h.⟩ **sich ~** se calmer; **reg dich ab!** calme-toi!
abreiben VT ⟨*irr, sép*, -ge-, h.⟩ **1** (*trockenreiben*) frotter; *Pferd* bouchonner **2** (*säubern*) nettoyer; (*polieren*) polir **3** *Rost, Fleck* ôter, enlever (en frottant) **4** GASTR *Zitronenschale etc* râper
Abreibung F **1** MED friction *f* **2** *umg fig* (*Schläge*) *umg* dérouillée *f*; *umg* raclée *f*; **j-m e-e ~ verpassen** *umg* flanquer une raclée, une dérouillée à qn
Abreise F départ *m* (**nach** pour); **fertig zur ~ sein** être prêt à partir
abreisen VI ⟨-(es)t, *sép*, -ge-, s.⟩ partir (en voyage) (**nach** pour)
Abreisetag M jour *m* de départ; **Abreisetermin** M date *f* de départ
abreißbar ADJ détachable; **Abreißblock** M ⟨~s; ~s *ou* -blöcke⟩ bloc-notes *m*
abreißen ⟨*irr, sép*, -ge-⟩ **A** VT ⟨h.⟩ **1** (*fortreißen*) *Plakat, Faden, Verband, Brille, Mütze, Knopf etc* arracher **2** (*abtrennen*) *Fahrschein, Eintrittskarte, Kalenderblatt* détacher **3** *Haus, Mauer etc* démolir; raser **4** *umg Kleidung* user **5** *umg fig Dienst, Ausbildung, Strafe etc umg* se farcir **B** VI ⟨s.⟩ **1** (*durchreißen*) se déchirer; (*sich lösen*) se détacher **2** ELEK *Kontakt* se rompre; *Telefon-, Funkverbindung* être coupé **3** *fig Gespräch, Beziehungen, Besucherstrom etc* cesser; s'interrompre; s'arrêter; **der Flüchtlingsstrom reißt nicht ab** les réfugiés ne cessent d'arriver; **das reißt nicht ab** cela n'en finit pas
Abreißkalender M éphéméride *f*
abreiten ⟨*irr, sép*, -ge-⟩ **A** VT ⟨h. *ou* s.⟩ *Strecke* parcourir (à cheval) **B** VI ⟨s.⟩ (*wegreiten*) partir à cheval; **abrichten** VT ⟨-ete, *sép*, -ge-, h.⟩ *Tiere, a. fig pej Menschen* dresser
Abrichten N ⟨~s⟩ **1** *von Tieren* dressage *m*; *von Falken a.* affaitement *od* affaitage *m* **2** TECH dressage *m*; dégauchissage *m*
Abrichter M dresseur *m*; **Abrichtung** F dressage *m*
Abrieb M ⟨~(e)s⟩ TECH abrasion *f*
abriegeln ⟨-(e)le, *sép*, -ge-, h.⟩ **A** VT *Tür, Wohnung* verrouiller; barricader; *Gebiet* boucler; *Straße* barrer **B** VI verrouiller la porte, la maison, *etc*
Abriegelung F ⟨~; ~en⟩ verrouillage *m*; *e-r Straße* barrage *m*; *e-s Gebiets* bouclage *m*
Abrieglung → Abriegelung
abringen ⟨*irr, sép*, -ge-, h.⟩ **A** VT **j-m etw ~** *Boden, Zugeständnis etc* arracher qc à qn **B** VR **sich** (*dat*) **ein Lächeln, e-n Entschluss ~** se forcer à (un) sourire, à prendre une décision
Abriss M **1** (*Kurzdarstellung*) précis *m*; abrégé *m*; (*Zusammenfassung*) sommaire *m*; résumé *m* **2** ⟨*pas de pl*⟩ *e-s Hauses* démolition *f* **3** (*Abschnitt*) coupon *m* détachable; **Abrissarbeiten** FPL travaux *mpl* de démolition; **Abrissbirne** F boulet *m* de démolition; **Abrissfirma** F, **Abrissunternehmen** N entreprise *f* de démolition
abrollen ⟨*sép*, -ge-⟩ **A** VT ⟨h.⟩ *Seil etc* dérouler; dévider; *Tau etc* filer **B** VI ⟨s.⟩ **1** *Filmstreifen, a. fig Ereignisse etc* se dérouler (**vor unseren Augen** devant nos yeux) **2** *Wagen etc* partir **3** *mit dem Fuß* dérouler
abrubbeln VT (*u.* VR) ⟨-(e)le, *sép*, -ge-, h.⟩ *regional* **(sich) ~** (se) frictionner
abrücken ⟨*sép*, -ge-⟩ **A** VT ⟨h.⟩ *Schrank etc* éloigner, reculer (**von** de) **B** VI ⟨s.⟩ **1 von j-m, etw ~** s'éloigner, s'écarter de qn, qc; *fig* prendre ses distances à l'égard de qn, qc **2** MIL partir **3** *umg fig* (*weggehen*) *umg* filer; *umg* ficher le camp
Abrücken N ⟨~s⟩ **1** éloignement *m* **2** MIL départ *m*
Abruf M HANDEL **auf ~** sur appel; **sich auf ~ bereithalten** être prêt au rappel
abrufbar ADJ disponible; **abrufbereit** ADJ *Person, Daten* disponible; *Arzt* de garde; *Waren* livrable
abrufen VT ⟨*irr, sép*, -ge-, h.⟩ **1** *Personen* rappeler **2** HANDEL *Waren* faire livrer; donner l'ordre de livrer **3** FIN retirer; prélever **4** IT *Daten* rechercher
abrunden VT ⟨-ete, *sép*, -ge-, h.⟩ **1** *Kanten etc* arrondir **2** *Zahl, Summe* arrondir (**auf** [+*akk*] à); **etw nach oben, unten ~** arrondir qc au chiffre supérieur, inférieur **3** (*vervollständigen*) équilibrer; compléter; *Satz a.* arrondir; **ein abgerundetes Bild** une impression, idée complète
Abrundung F **1** (*das Abrunden*) arrondissement *m* **2** (*abgerundete Stelle*) arrondi *m* **3** (*Ver-*

vollkommnung) perfectionnement *m*; **zur ~ des Abends** pour parfaire la soirée; **zur ~ des Geschmacks** pour améliorer le goût, parfaire l'assaisonnement

abrupfen VT ‹*sép*, -ge-, h.› arracher

abrupt A ADJ brusque (*a. fig*); *Bewegung a.* soudain B ADV brusquement (*a. fig*); *bewegen a.* tout à coup; *abfallend* à pic

abrüsten VI (*u.* VT) ‹-ete, *sép*, -ge-, h.› 1 MIL désarmer 2 BAU enlever l'échafaudage (de)

Abrüstung F désarmement *m*; **atomare ~** désarmement atomique, nucléaire

Abrüstungsabkommen N accord *m* de désarmement; **Abrüstungsfrage** F question *f* du désarmement; **Abrüstungsgespräche** NPL pourparlers *mpl* sur le désarmement; **Abrüstungskonferenz** F conférence *f* pour le *od* du désarmement; **Abrüstungsverhandlungen** FPL négociations *fpl* sur le désarmement

abrutschen VI ‹*sép*, -ge-, s.› glisser (**von** de); **er ist mit dem Fuß abgerutscht** son pied a glissé; **das Messer ist (mir) abgerutscht** le couteau (m')a glissé (des mains); *Flugzeug* **seitlich ~** glisser, faire une glissade sur l'aile

Abruzzen PL **die ~** les Abruzzes *fpl*

ABS N ‹~› AUTO ABK (Antiblockiersystem) ABS *m*

Abs. ABK 1 (*Absender*) exp. (expéditeur) 2 (*Absatz*) alinéa

absäbeln *umg* VT ‹-(e)le, *sép*, -ge-, h.› couper (grossièrement)

absacken *umg* VI ‹*sép*, -ge-, s.› 1 *Boden, Mauer* s'affaisser; s'enfoncer; *Schiff* s'enfoncer (*a. Flugzeug*); couler 2 *fig Blutdruck, Person: leistungsmäßig, moralisch etc umg* dégringoler

Absacker *umg* M ‹~s; ~› dernier (petit) verre

Absage F (*abschlägiger Bescheid*) 1 réponse négative; *e-r Veranstaltung* annulation *f* 2 *fig* refus *m* (**an** [+*akk*] à); **j-m, e-r Sache e-e ~ erteilen** opposer un refus à qn, qc; refuser qn, qc

absagen ‹*sép*, -ge-, h.› A VT *Veranstaltung, Konferenz etc* annuler; décommander; *Einladung* refuser; **e-n Besuch ~** annuler une visite; se décommander B VI (**j-m**) **~** donner une réponse négative (à qn); *nach Zusage* se décommander (chez qn)

absägen VT ‹*sép*, -ge-, h.› 1 *Ast, Brett* scier 2 *umg fig* **j-n ~** (*ausschalten*) éliminer qn; (*entlassen*) *umg* vider, virer qn

absahnen ‹*sép*, -ge-, h.› A VT 1 *regional Milch* écrémer 2 *umg fig umg* récolter; empocher B VI *umg* (**kräftig**) **~** *umg* s'en mettre plein les poches; *umg* se sucrer

absatteln VT ‹-(e)le, *sép*, -ge-, h.› *Pferd* desseller; *Lasttier* débâter

Absatz M 1 (*Schuhabsatz*) talon *m*; **mit flachen, hohen Absätzen** à talons plats, °hauts; **auf dem ~ kehrtmachen** tourner les talons 2 *e-r Treppe, im Gelände* palier *m*; (*Mauerabsatz*) saillie *f* 3 *in e-m Text, e-s Paragrafen* alinéa *m*; JUR, *e-s Textes a.* paragraphe *m*; **e-n ~ machen** commencer un nouveau paragraphe; (**neuer**) **~!** à la ligne!; alinéa! 4 HANDEL (*Warenabsatz*) vente *f*; écoulement *m*; **rückläufiger ~** mévente *f*; **reißenden ~ finden** se vendre comme des petits pains

Absatzbedingungen FPL conditions imposées à la vente, à l'écoulement; **Absatzbeschränkung** F restriction, limitation apportée à la vente, à l'écoulement; **Absatzchance** F perspective *f* de vente; **absatzfähig** ADJ vendable; facile à vendre; de bon débit; **Absatzflaute** F chute *f* des ventes; **Absatzförderung** F promotion *f* des ventes; **Absatzgarantie** F garantie *f* de vente, d'écoulement; **Absatzgebiet** N débouché *m*; **Absatzkrise** F mévente *f*; **Absatzmarkt** M marché *m*; débouché *m*; **Absatzmenge** F volume *m* des ventes

Absatzmöglichkeit F possibilité *f* de vente, d'écoulement, de placement; **die ~en für diesen Artikel sind gut** cet article se vend, s'écoule, se place facilement

Absatzrückgang M mévente *f*; **Absatzschwierigkeiten** FPL difficultés *fpl* de vente, d'écoulement; **Absatzstatistik** F statistique *f* des ventes; **Absatzsteigerung** F augmentation *f* de la vente; **absatzweise** ADV par alinéas, paragraphes

absaufen VI ‹*irr*, *sép*, -ge-, s.› 1 *sl Personen* couler; se noyer 2 *umg Schiff* couler 3 *umg* **den Motor ~ lassen** noyer le carburateur

absaugen VT ‹*sép*, -ge-, h.› 1 *mit e-r Pumpe* aspirer; *Staub etc mit e-m Staubsauger* enlever (à l'aspirateur) 2 *Teppich etc* passer l'aspirateur sur

abschaben VT ‹*sép*, -ge-, h.› (*entfernen, säubern*) gratter (**von** de); racler (sur)

abschaffen VT ‹*sép*, -ge-, h.› 1 (*fortgeben*) se séparer de; se débarrasser de 2 (*aus der Welt schaffen*) supprimer; *Missbräuche, Strafe etc* abolir; *Gesetze* abroger

Abschaffung F ‹~› suppression *f*; *bestehender Einrichtungen* abolition *f*; *von Gesetzen* abrogation *f*

abschälen ‹*sép*, -ge-, h.› A VT *Frucht* peler; *Schale* enlever; **Baumrinde ~** écorcer l'arbre B VR **sich ~** *Haut* peler

abschalten ‹-ete, *sép*, -ge-, h.› A VT *Radio, Fernseher, Heizung, Licht* éteindre; *Strom* couper; *Maschine, Motor, Elektrogerät* arrêter B *umg* VI 1 (*nicht mehr zuhören*) *umg* décrocher; ne plus écouter 2 (*sich entspannen*) se relaxer

Abschaltung F *des Stroms* coupure *f*; *e-s elektrischen Geräts* débranchement *m*; *e-s Kraftwerks* arrêt *m*; mise *f* °hors circuit

abschattieren VT ‹*sép*, *pas de ge*, h.› *Farben etc* nuancer; dégrader; **Abschattierung** F dégradation *f*; *Ergebnis* nuances *fpl*

abschätzen VT ‹-(es)t, *sép*, -ge-, h.› *Entfernung, Größe, Schaden, Kosten, Wert etc* estimer; évaluer; apprécier; *Personen* juger

abschätzig ADJ méprisant

Abschätzung F estimation *f*; évaluation *f*; appréciation *f*

abschauen ‹*sép*, -ge-, h.› → abgucken

Abschaum M ‹~(e)s› *pej* rebut *m*; *geh* lie *f*

abscheiden VT ‹*irr*, *sép*, -ge-, h.› 1 CHEM séparer; isoler 2 PHYSIOL sécréter

Abscheider M ‹~s; ~› séparateur *m*

abscheren VT ‹*irr*, *sép*, -ge-, h.› tondre

Abscheu M ‹~s› *od* F ‹~› horreur *f* (**vor** [+*dat*] de); répulsion *f* (pour); **~ vor j-m, etw empfinden** ressentir du dégoût pour qn, qc; (**j-s**) **~ erregen** faire horreur (à qn); répugner (à qn); **Abscheu erregend** répugnant; horrible

abscheuern ‹-(e)re, *sép*, -ge-, h.› A VT 1 (*säubern*) récurer 2 (*entfernen*) enlever en frottant 3 (*abnutzen*) user (par frottement) B VR **sich ~** (*abnutzen*) s'user (par frottement)

abscheuerregend ADJT répugnant; horrible

abscheulich A ADJ *Anblick, Geruch, Gedanke etc* horrible; *Getränk, Laster a.* détestable; répugnant; *Tat a.* abominable; odieux, -ieuse; *Lüge* affreux, -euse; abominable; *Wetter* exécrable; abominable; **wie ~!** quelle horreur!; quelle abomination! B ADV 1 horriblement; abominablement; affreusement; **es riecht hier ~** cela sent horriblement mauvais ici 2 *umg* (*sehr*) horriblement; affreusement; **das tut ~ weh** ça fait horriblement, affreusement mal

Abscheulichkeit F ‹~; ~en› abomination *f*; horreur *f*; atrocité *f*

abschicken VT ‹*sép*, -ge-, h.› *Post* envoyer (**an** [+*akk*] à); *Paket etc a.* expédier (à)

Abschiebehaft F → Abschiebungshaft

abschieben ‹*irr*, *sép*, -ge-› A VT ‹h.› 1 (*abrücken*) éloigner 2 *fig Schuld, Verantwortung etc* rejeter (**auf** [+*akk*] sur) 3 *Person* se débarrasser de; **j-n ins Ausland ~** expulser qn à l'étranger B *umg* VI ‹s.› (*weggehen*) *umg* ficher le camp; *umg* filer

Abschiebung F *ins Ausland* expulsion *f*; reconduite *f* à la frontière

Abschiebungshaft F JUR rétention *f* (avant l'expulsion)

Abschied M ‹~(e)s; ~e› 1 adieu(x) *m(pl)*; **von j-m ~ nehmen** faire ses adieux à qn; prendre congé de qn; **von etw ~ nehmen** se séparer de qc; quitter qc; **voneinander ~ nehmen** se dire adieu; **der ~ fiel ihr schwer** les adieux lui furent pénibles; la séparation lui fut pénible; **beim ~** en faisant ses adieux; **zum ~** à l'occasion du départ; **sich zum ~ küssen** s'embrasser en partant, en se quittant 2 *geh von Beamten, Offizieren* démission *f*; **s-n ~ nehmen** donner sa démission (**bei** à); démissionner

Abschiednehmen N ‹~s› adieu(x) *m(pl)*; **beim ~** en faisant ses adieux; en prenant congé

Abschiedsbesuch M visite *f* d'adieu(x); **j-m e-n ~ machen** faire ses adieux à qn

Abschiedsbrief M lettre *f* d'adieu(x); **Abschiedsessen** N dîner *m*, repas *m* d'adieu(x); **Abschiedsfeier** F, **Abschiedsfest** N fête *f* d'adieu(x); **Abschiedsgeschenk** N cadeau *m* d'adieu

Abschiedsgesuch *geh* N offre *f* de démission; demande *f* de mise à la retraite; **sein ~ einreichen** donner sa démission

Abschiedsgruß M au revoir *m*; **Abschiedskuss** M baiser *m* d'adieu; **Abschiedsrede** F discours *m* d'adieu(x); **Abschiedsschmerz** M ‹~es› douleur *f* de l'adieu; **Abschiedsspiel** N SPORT match *m* d'adieu(x); **Abschiedsszene** F scène *f* d'adieu(x); **Abschiedsvorstellung** F représentation *f* d'adieu(x); **Abschiedsworte** NPL paroles *fpl* d'adieu(x)

abschießen VT ‹*irr*, *sép*, -ge-, h.› 1 *Kugel* tirer (**auf** [+*akk*] sur); *Pfeil* décocher (à); lancer (sur); *Torpedo, Rakete* lancer; *Schusswaffe* (*abfeuern*) décharger 2 (*töten*) *Wild, Menschen* tuer; *Vogel* abattre 3 *Gliedmaßen* arracher d'un coup de feu 4 *Flugzeug* abattre; *Panzer* détruire 5 *fig* (*ausschalten*) *Gegner etc* éliminer; *umg* liquider; *umg* déboulonner; (*entlassen*) *umg* vider; *umg* virer

Abschießen N ‹~s› *e-s Torpedos, e-r Rakete* lancement *m*; *e-s Pfeils* décochement *m*; *e-r Schusswaffe* décharge *f*

abschinden *umg* VR ‹*irr*, *sép*, -ge-, h.› **sich mit etw, für j-n ~** *umg* s'esquinter, se crever à faire qc, pour qn

Abschirmdienst M MIL service *m* de contre-espionnage; **Militärischer ~** → MAD

abschirmen VT ‹*sép*, -ge-, h.› 1 (*schützen*) protéger (**gegen** contre) 2 ELEK, RADIO, TV faire écran à; *Licht* masquer; *Lärm* étouffer; **Abschirmung** F ‹~; ~en› 1 protection *f* (**gegen** contre) 2 ELEK, RADIO écran *m*; **abschirren** VT ‹*sép*, -ge-, h.› *Pferd* déharnacher; **abschlachten** VT ‹-ete, *sép*, -ge-, h.› 1 *Tiere* abattre 2 *pej bes Menschen* massacrer

abschlaffen *umg* ‹*sép*, -ge-› A VT ‹h.› (*schlaff machen*) fatiguer (*a. fig*); lasser; *fig plus fort* abrutir B VI ‹s.› (*schlaff werden*) devenir fatigué; *fig pej* devenir amorphe, mollasse; **ein abgeschlaffter Typ** un type amorphe; un mollasson

Abschlag M 1 HANDEL (*Preissenkung*) réduction *f*; diminution *f*; (*Rabatt*) rabais *m*; remise *f* 2 HANDEL (*Vorschuss*) avance *f* (**auf** [+*akk*] sur);

acompte *m* (sur); *(Teilzahlung)* **auf ~ kaufen** acheter à tempérament 3 FIN *(Disagio)* décote *f* 4 SPORT: GOLF (coup *m* de) départ *m*; début *m*; HOCKEY coup *m* d'envoi; FUSSBALL coup *m* de pied de but

abschlagen VT ‹*irr, sép*, -ge-, h.› 1 *Henkel, Ecke etc* casser; *Putz, Äste etc* abattre; *Kopf* couper; trancher 2 *Angriff* repousser 3 SPORT **abgeschlagen werden** être distancé; **(den Ball) ~** remettre le ballon en jeu 4 *Wunsch, Bitte* refuser; rejeter; repousser; **j-m etw ~** refuser qc à qn

abschlägig ADMIN A ADJ négatif, -ive; **~e Antwort, ~er Bescheid** réponse négative; refus *m*; rejet *m*; **e-e ~e Antwort erteilen** *a.* répondre par la négative B ADV **das Gesuch ist ~ beschieden worden** la demande, la requête a été refusée, rejetée

Abschlagszahlung F paiement *m* par acomptes, à tempérament; *(Vorschuss)* avance *f*; acompte *m*

abschlecken ‹*sép*, -ge-, h.› *südd, österr* → ablecken

abschleifen ‹*irr, sép*, -ge-, h.› A VT 1 *(entfernen)* enlever **(von** de) 2 *(glätten)* polir; *mit dem Schleifstein* meuler; *Parkett* poncer B VR **sich ~** 1 TECH s'user (par frottement) 2 *fig Eigenarten etc* s'effacer, disparaître (peu à peu)

Abschleifen N ‹~s› 1 *mit dem Schleifstein* meulage *m*; *(Glätten)* polissage *m*; *durch Abnutzung* usure *f* (par frottement) 2 *fig* effacement (graduel); disparition (graduelle)

Abschleppdienst M service *m* de dépannage

abschleppen ‹*sép*, -ge-, h.› A VT 1 *Fahrzeug* remorquer; prendre en remorque 2 *umg Personen umg* trimbaler; traîner; *mit sexueller Absicht umg* draguer B *umg* VR **sich** (**mit** *od* **an etw** [*dat*]) **~** *umg* se tuer à porter qc

Abschleppseil N câble *m* de remorquage; **Abschleppstange** F barre *f* de remorquage; **Abschleppwagen** M dépanneuse *f*

abschließbar ADJ fermant à clé

abschließen ‹*irr, sép*, -ge-, h.› A VT 1 *Tür etc* fermer à clé 2 *(absondern) a. fig* fermer; isoler, séparer **(von** de) 3 *(beenden) Arbeit, Werk, Buch, Studium* terminer; achever; *Rede, Diskussion a.* conclure; *Debatte, Untersuchung a.* clore; *Angelegenheit a.* régler; *Veranstaltung, Fest*, HANDEL *Geschäftsbücher, Konto, Haushalt etc* clôturer 4 *(begrenzen, e-n Abschluss bilden)* terminer; *als Verzierung* finir; servir de finition (à); **die Revolution schloss eine lange Entwicklung ab** la révolution marqua la fin d'une longue évolution 5 *Vertrag, Abkommen, Waffenstillstand, Geschäft, Kauf etc* conclure; *Versicherung* prendre; contracter; *Wette* faire B VI 1 *(zuschließen)* fermer à clé 2 *(enden)* se terminer **(mit** par) 3 HANDEL **mit e-m Gewinn, Defizit ~** se terminer, se solder par un bénéfice, déficit 4 *fig* **mit dem Leben, der Welt abgeschlossen haben** ne plus rien attendre de la vie, du monde; n'avoir plus le goût de vivre C VR **sich ~** s'isoler, se retirer **(von** de)

abschließend A ADJ final; *Urteil etc* définitif, -ive B ADVL finalement; pour terminer, conclure

Abschluss M 1 *(Schluss, Ende)* fin *f*; **zum ~ kommen** s'achever; se terminer; arriver à une conclusion, à une fin; **zum ~** pour finir, terminer, conclure 2 *e-r Arbeit, e-s Werks, Buchs, Studiums* achèvement *m*; *e-r Rede, Diskussion* conclusion *f*; *e-r Debatte, Untersuchung, meist a. e-r Veranstaltung, e-s Festes* clôture *f*; *e-r Angelegenheit* règlement *m*; **etw zum ~ bringen** terminer, achever qc; **etw zu e-m guten ~ bringen** terminer qc avec succès; mener qc à bonne fin; **ein Studium ohne ~** des études non sanctionnées par un diplôme 3 HANDEL *von Geschäftsbüchern, e-s Kontos, e-s Haushalts etc* clôture *f* 4 *(Vertragsabschluss, Geschäftsabschluss) etc* conclusion *f*; HANDEL marché *m*; **ein ~ über fünfhundert Exemplare** un marché portant sur cinq cents exemplaires; **gute Abschlüsse erzielen** passer, conclure des marchés intéressants; conclure de bonnes affaires 5 *(abschließende Verzierung)* finition *f*

Abschlussball M bal *m* de clôture; **Abschlussbilanz** F bilan *m* de clôture; **Abschlussexamen** N examen *m* de fin d'études; **Abschlussfeier** F fête *f*, réunion *f* de clôture; **Abschlussklasse** F classe terminale; **Abschlussleiste** F baguette *f* (de finition); *(Fußleiste)* plinthe *f*; **Abschlussprüfung** F 1 SCHULE examen final; UNIVERSITÄT examen *m* de fin d'études 2 HANDEL vérification *f* des comptes; **Abschlusszeugnis** N diplôme *m* de fin d'études

abschmecken VT ‹*sép*, -ge-, h.› *Speisen* goûter (pour assaisonner); *(würzen)* assaisonner; **das Gemüse mit Koriander ~** rajouter un peu de coriandre aux légumes

abschmelzen ‹*irr, sép*, -ge-› A VT ‹h.› 1 TECH séparer, enlever, détacher par fusion 2 *fig Preise etc* diminuer B VI ‹s.› fondre; **abschmettern** *umg* VT ‹-(e)re, *sép*, -ge-, h.› *Vorschlag, Antrag etc* rejeter, écarter carrément *bzw.* repousser massivement; **abschmieren** VT ‹*sép*, -ge-, h.› 1 TECH graisser; lubrifier 2 *umg (unsauber abschreiben)* (re)copier salement

Abschminke F démaquillant *m*

abschminken ‹*sép*, -ge-, h.› A VT démaquiller B VR 1 **sich ~** se démaquiller; **sich** *(dat)* **die Augen ~** se démaquiller les yeux 2 *umg (notgedrungen verzichten)* **sich** *(dat)* **etw ~** *umg* faire son deuil de qc; faire une croix sur qc

Abschminken N démaquillage *m*

abschmirgeln VT ‹-(e)le, *sép*, -ge-, h.› 1 *(polieren)* polir au papier émeri 2 *(entfernen)* enlever au papier émeri

abschnallen ‹*sép*, -ge-, h.› A VT *Gürtel, Schlittschuhe etc* enlever; ôter; *Rucksack etc a.* se débarrasser de B VR **sich ~** *im Auto, Flugzeug etc* détacher sa ceinture C *umg* VI 1 *(fassungslos sein) umg* être sidéré, époustouflé; ne pas en revenir; **da schnallst du ab!** *umg* là, tu es scié! 2 *(nicht mitkommen) umg* décrocher

abschneiden ‹*irr, sép*, -ge-, h.› A VT *a. fig* couper; TECH *a.* cisailler; *geh* **j-m die Ehre ~** flétrir l'honneur de qn; déshonorer qn; **j-m das Wort ~** couper la parole à qn; **j-m den Weg ~** couper la route à qn; **von der Welt, jeder Verbindung abgeschnitten sein** être coupé du monde, de tout contact B VI 1 **(bei etw) gut, schlecht ~** faire bonne, mauvaise figure (à qc) 2 *Weg* être un raccourci; *Person e-n Weg* raccourcir

abschnellen ‹*sép*, -ge-› A VT ‹h.› lancer; catapulter; *Pfeil a.* décocher B VI ‹s.› se détendre; sauter; *Pfeil* partir; **abschnippeln** *umg* VT ‹-(e)le, *sép*, -ge-, h.› couper (des petits morceaux de)

Abschnitt M 1 *(Teilabschnitt)* morceau *m*; tranche *f*; section *f*; partie *f* 2 *zeitlich* période *f*; époque *f*; **ein neuer ~ in s-m Leben** une nouvelle période, époque, tranche de sa vie 3 *e-s Buchs, Textes* passage *m*; partie *f*; *in Gesetzbüchern* titre *m* 4 *e-r Eintrittskarte etc* coupon *m*; *e-s Formulars* volet *m* 5 *e-s Gebiets, der Front* secteur *m*; *e-r Bahnstrecke* canton *m*; *e-r Straße* tronçon *m* 6 MATH *e-s Kreises* segment *m*

abschnitt(s)weise ADJ *u.* ADV par passages, sections, périodes, *etc*

Abschnitzel N ‹~s; ~› *österr, südd* (petit) bout

abschnüren VT ‹*sép*, -ge-, h.› 1 *mit e-r Schnur* serrer avec une corde; MED *Glied etc* ligaturer; **das schnürt mir die Luft ab** cela me coupe la respiration, m'étrangle 2 *fig (blockieren)* bloquer; barrer

abschöpfen VT ‹*sép*, -ge-, h.› 1 enlever; **(den) Schaum von etw ~** écumer qc; **(das) Fett von etw ~** dégraisser qc; **(den) Rahm von etw ~** écrémer qc 2 HANDEL *Kaufkraft, Gewinne* absorber

abschotten VT ‹-ete, *sép*, -ge-, h.› 1 SCHIFF cloisonner 2 *fig* **j-n, etw von etw ~** isoler, séparer qn, qc de qc; **sich gegen j-n, etw ~** s'isoler de qn, qc; être imperméable à qc

abschrägen VT ‹*sép*, -ge-, h.› *Ecke, Kante, Brett etc* couper, tailler en biais, en biseau; *Dach, Wand* incliner; *Raum* aménager en mansarde

Abschrägen N ‹~s› *von Ecken, Kanten, Brettern etc* taille *f* en biseau, en biais; TECH *a.* chanfreinage *m*; biseautage *m*; **Abschrägung** F ‹~; ~en› biais *m*; *e-s Dachs etc* inclinaison *f*; pente *f*

abschrammen *umg* VT ‹*sép*, -ge-, h.› **sich** *(dat)* **die Haut ~** s'érafler; s'égratigner; s'écorcher

abschrauben VT ‹*sép*, -ge-, h.› dévisser

abschrecken ‹*sép*, -ge-, h.› A VT 1 rebuter; *a.* MIL dissuader; *(entmutigen)* décourager; **er ließ sich durch nichts (davon) ~** rien ne l'arrêta, le rebuta 2 GASTR tremper dans l'eau froide 3 *Stahl* tremper B VI décourager; rebuter

Abschrecken N ‹~s› 1 *durch Einschüchterung* intimidation *f* 2 *von Stahl* trempe *f*

abschreckend A ADJ décourageant; rebutant; **~es Beispiel** exemple *m* à ne pas suivre; **~e Wirkung** effet *m* de dissuasion B ADVL **~ wirken** dissuader; rebuter; décourager; **~ hässlich** d'une laideur repoussante

Abschreckung F ‹~; ~en› *a.* MIL dissuasion *f*; *(Entmutigung)* découragement *m*

Abschreckungsmethode F méthode *f* de dissuasion; **Abschreckungsmittel** N moyen *m* de dissuasion; **Abschreckungspolitik** F politique *f* de dissuasion

abschreiben ‹*irr, sép*, -ge-, h.› A VT 1 *Text* copier **(von** sur; **aus e-m Buch** dans un livre); **etw noch einmal ~** recopier, récrire qc; **e-n Text sauber ~** écrire, recopier un texte proprement 2 HANDEL amortir 3 FIN *(abziehen)* déduire **(von** de); prélever **(von** sur) 4 *umg fig (aufgeben) umg* faire son deuil de; faire une croix sur; **das habe ich schon lange abgeschrieben** *umg* j'en ai fait mon deuil depuis longtemps; **ihn habe ich schon lange abgeschrieben** il y a longtemps que j'ai fait une croix sur, que je ne compte plus sur lui 5 *Farbband, Bleistift etc* user B VI 1 *in der Schule* copier; **von j-m ~** copier sur qn; *bei literarischen Werken* plagier qn 2 *(schriftlich absagen)* **j-m ~** *e-m Gastgeber* se décommander auprès de qn; *e-m Bewerber* envoyer une réponse négative à qn

Abschreiben N 1 *in der Schule* copiage *m* 2 HANDEL *e-s Anschaffungswerts etc* amortissement *m*; **Abschreibfehler** M faute faite en copiant, *in e-r alten Handschrift* de copiste

Abschreibung F HANDEL amortissement *m*

Abschreibungsmethode F HANDEL méthode *f* d'amortissement; **abschreibungspflichtig** ADJ HANDEL soumis à l'amortissement; **Abschreibungsverfahren** N HANDEL procédure *f* d'amortissement

abschreiten *geh* VT ‹*irr, sép*, -ge-, h.› 1 *Entfernung* mesurer en comptant les pas 2 ‹h. *ou* s.› *Strecke* parcourir; **die Truppen ~** passer les troupes en revue

Abschrift F copie *f*; *e-r Urkunde etc a.* double

m; duplicata m; **beglaubigte ~** copie certifiée conforme

abschrubben umg VT ‹sép, -ge-, h.› 1 Gegenstand nettoyer à la brosse, au balai-brosse; Person frotter 2 Schmutz enlever à la brosse, au balai-brosse; **abschuften** umg VR ‹-ete, sép, -ge-, h.› **sich ~** umg se crever; umg trimer;

abschuppen ‹sép, -ge-, h.› A VT Fisch écailler B VR **sich ~** Haut se desquamer; **Abschuppung** F ‹~; ~en› MED desquamation f

abschürfen VT ‹sép, -ge-, h.› **sich** (dat) **die Haut ~** s'érafler; s'égratigner; s'écorcher; **sich** (dat) **die Knie ~** s'écorcher, s'érafler les genoux

Abschürfung F éraflure f; égratignure f; écorchure f

Abschuss M 1 e-r Rakete etc lancement m 2 e-s Flugzeugs, Panzers destruction f; **ein Jagdflieger mit zahlreichen Abschüssen** un aviateur de chasse qui a abattu de nombreux avions; **zum ~ freigeben** Wild etc ouvrir la chasse à; umg fig Menschen livrer à la curée

Abschussbasis F base f de lancement

abschüssig ADJ Gelände en pente; plus fort raide; **Abschüssigkeit** F ‹~› déclivité f

Abschussliste F umg fig **auf der ~ stehen** être sur la liste noire

Abschussrampe F rampe f de lancement

abschütteln VT ‹-(e)le, sép, -ge-, h.› 1 Krümel, Schnee etc faire tomber (en secouant); Pullover, Teppich etc secouer; Obst faire tomber (en secouant l'arbre) 2 fig Joch secouer; s'affranchir de; Ketten briser; Müdigkeit, quälende Gedanken se débarrasser de; Ärger, Sorgen oublier 3 fig Verfolger distancer; umg semer; **abschütten** ‹-ete, sép, -ge-, h.› → abgießen 1, 2

abschwächen ‹sép, -ge-, h.› A VT affaiblir; Wirkung, Lautstärke diminuer; réduire; Kritik, Ausdruck atténuer; modérer; Farbe adoucir; Ton assourdir; Stoß amortir; **etw in abgeschwächter Form wiederholen** répéter qc en termes atténués, modérés B VR **sich ~** s'affaiblir; faiblir; a. Nachfrage, Tief-, Hochdruckgebiet diminuer; Begeisterung faiblir; diminuer

Abschwächung F affaiblissement m; der Wirkung, Stärke, Nachfrage diminution f; e-r Kritik, e-s Ausdrucks atténuation f; modération f; e-r Farbe adoucissement m; e-s Tons assourdissement m; e-s Stoßes amortissement m

abschwatzen umg VT ‹-(es)t, sép, -ge-, h.› **j-m etw ~** umg obtenir qc en embobinant qn; **sich** (dat) **von j-m etw ~ lassen** umg donner qc en se laissant embobiner par qn

abschweifen VI ‹sép, -ge-, s.› s'écarter; s'éloigner (**vom Thema** du sujet); Gedanken vagabonder; Blicke errer

Abschweifung F ‹~; ~en› digression f

abschwellen VI ‹irr, sép, -ge-, s.› 1 MED désenfler 2 geh fig Lärm, Sturm etc s'atténuer; diminuer

Abschwellen N ‹~s› 1 e-r Entzündung diminution f (de l'enflure) 2 geh fig von Lärm, Sturm etc affaiblissement m; atténuation f; diminution f

abschwemmen VT ‹sép, -ge-, h.› Sand etc entraîner; emporter; **abschwenken** VI ‹sép, -ge-, s.› tourner (**nach rechts** à droite); MIL a. faire une conversion

abschwindeln VT ‹-(e)le, sép, -ge-, h.› **j-m etw ~** escroquer, soutirer qc à qn

abschwirren VI ‹sép, -ge-, s.› 1 Vögel, Insekten s'envoler en bourdonnant 2 umg (abhauen) umg filer; umg ficher le camp

abschwören VI ‹irr, sép, -ge-, h.› **e-r Sache** (dat) **~** renoncer définitivement à qc; REL renier, abjurer qc

Abschwung M 1 beim Turnen sortie f 2 WIRTSCH récession f

absegeln ‹-(e)le, sép, -ge-› A VT ‹h.› Küste longer, Strecke parcourir (à bord d'un voilier) B VI ‹s.› partir (**nach** pour); faire voile (**nach** vers); **absegnen** umg hum VT ‹-ete, sép, -ge-, h.› umg donner sa bénédiction à; approuver

absehbar ADJ Folgen etc qu'on peut prévoir; prévisible; **in ~er Zeit** dans un proche avenir

absehen ‹irr, sép, -ge-, h.› A VT 1 **etw von j-m ~** copier qc sur qn 2 (voraussehen) prévoir; **es ist noch gar nicht abzusehen, wie das enden wird** il est encore impossible de prévoir comment cela tournera, finira; **es ist kein Ende abzusehen** on n'en voit pas la fin 3 (abzielen) **er hat es darauf abgesehen, mich zu ärgern** il est bien décidé à me contrarier, à m'agacer; **er hat es auf mich abgesehen** c'est à moi qu'il en veut; c'est après moi qu'il en a 4 (haben wollen) **es auf etw** (akk) **abgesehen haben** avoir des visées, des vues sur qc; convoiter, lorgner qc B VI 1 (verzichten) **von etw ~** renoncer à qc; **von Beileidsbesuchen bitten wir abzusehen** la famille s'excuse de ne pas recevoir 2 (außer Acht lassen) **von etw ~** faire abstraction de qc; mettre qc à part; **wenn man davon absieht, dass …** si l'on fait abstraction du fait que …; si l'on met à part le fait que … 3 in der Schule copier (**bei j-m** sur qn)

abseifen VT (u. VR) ‹sép, -ge-, h.› **(sich) ~** (se) savonner; **Abseifen** N ‹~s› savonnage m;

abseihen VT ‹sép, -ge-, h.› passer; filtrer;

Abseihen N ‹~s› filtrage m; filtration f; **abseilen** ‹sép, -ge-, h.› A VT descendre (à la corde) B VR **sich ~** 1 descendre en rappel 2 umg fig (verschwinden) umg se tirer; umg se casser; **Abseilen** N ‹~s› descente f en rappel; rappel m

Abseite F TEX envers m

abseitig ADJ Neigung, Gedanke etc bizarre; singulier, -ière

abseits A ADV 1 à l'écart; **sich ~ halten** a. fig se tenir à l'écart; → abseitsstehen 2 SPORT °hors-jeu B PRÄP ‹gen› à l'écart de

Abseits N ‹~; ~› 1 SPORT °hors-jeu m; **ins ~ laufen** se mettre °hors-jeu; **~ pfeifen** siffler un °hors-jeu 2 fig **im ~ stehen** être tenu à l'écart

Abseitsfalle F tactique f du hors-jeu; **Abseitsregel** F règle f du hors-jeu; **abseitsstehen** VI ‹irr, sép, -ge-, h.› a. fig se tenir à l'écart; **Abseitsstellung** F position f °hors-jeu; **Abseitstaktik** F tactique f du hors-jeu; **Abseitstor** N but marqué en °hors-jeu

absenden VT ‹irr ou régulier, sép, -ge-, h.› envoyer (**an** [+akk] à); expédier (à)

Absender(in) M ‹~s; ~› (F) ‹~in; ~innen› expéditeur, -trice m,f; **zurück an ~** retour à l'expéditeur, à l'envoyeur

Absendung F envoi m; expédition f

absengen VT ‹sép, -ge-, h.› brûler; Geflügel flamber

absenken ‹sép, -ge-, h.› A VT 1 (senken) (a)baisser; (niederlassen) faire descendre 2 GARTEN marcotter; Wein a. provigner B VR Gelände **sich (zur Straße, zum Garten [hin]) ~** descendre en pente (vers la rue, vers le jardin)

Absenken N ‹~s› GARTEN marcottage m; von Wein a. provignage od provignement m;

Absenker M ‹~s; ~› GARTEN marcotte f

Absenz F ‹~; ~en› bes österr, schweiz (Fehlen), SCHULE absence f

abservieren VT ‹sép, pas de ge-, h.› 1 Geschirr enlever; Tisch desservir 2 umg fig (kaltstellen) éliminer; umg déboulonner; (entlassen) umg vider; umg virer; (umbringen) umg descendre; umg liquider

absetzbar ADJ 1 Beamte destituable; révocable 2 Ware vendable 3 steuerlich qui peut être déduit; déductible

absetzen ‹-(es)t, sép, -ge-, h.› A VT 1 Hut etc ôter; enlever 2 Beamte, Präsidenten etc destituer; révoquer; **e-n Minister ~** destituer un ministre 3 Last, Weinglas etc (re)poser 4 Fahrgast etc déposer; Pferd den Reiter désarçonner; **setz mich am Bahnhof ab** laisse-moi à la gare! 5 (ablagern), CHEM déposer 6 Punkt von der Tagesordnung etc supprimer; THEAT **ein Stück vom Spielplan ~** retirer une pièce de l'affiche 7 HANDEL Waren écouler; vendre 8 Medikament, Therapie arrêter 9 (wegnehmen) Blasinstrument vom Mund, Stift vom Papier etc retirer 10 Ausgaben **(von der Steuer) ~** déduire (de ses impôts) 11 Farben etc gegeneinander faire ressortir (**von** sur); MODE border (**mit** de); **e-e Zeile ~** aller à la ligne; **etw farblich ~** faire ressortir qc par la couleur 12 TYPO (setzen) composer B VI 1 beim Sprechen, Schreiben etc s'arrêter; s'interrompre; **er sprach ohne abzusetzen** il parlait sans s'arrêter, d'une seule traite; **er trank ohne abzusetzen** il but d'un seul trait 2 SCHIFF s'éloigner C VR **sich ~** 1 in ein anderes Land fuir; vom Feind décrocher; umg fig (sich davonmachen) umg se tirer; umg se casser 2 (sich ablagern) se déposer 3 Farben etc contraster (**von** avec) 4 (sich distanzieren) **sich von etw ~** prendre ses distances vis-à-vis de qc

Absetzung F ‹~; ~en› 1 von Amtsinhabern destitution f; révocation f 2 e-s Theaterstücks etc retrait m 3 der Ausgaben von den Steuern déduction f

absichern ‹-(e)re, sép, -ge-, h.› A VT 1 Raum, Haus protéger; Tresor etc mettre en sécurité; Baustelle etc protéger l'accès de; **etw, j-n gegen etw ~** protéger qc, qn contre qc 2 fig Argument etc soutenir; consolider; **e-e Methode wissenschaftlich ~** baser une méthode sur des données scientifiques; **etw rechtlich ~** assurer légalement qc B VR **sich (gegen etw) ~** s'assurer (contre qc)

Absicherung F 1 (das Sichermachen) protection f; sécurité f 2 fig (Versicherung) assurance f; (Garantie) garantie f

Absicht F ‹~; ~en› intention f; dessein m; **betrügerische ~** intention frauduleuse; **die feste ~ haben, zu** (+inf) avoir la ferme intention de (+inf); **gute, böse ~en haben** avoir de bonnes, de mauvaises intentions; umg **(auf j-n) ernste ~en haben** avoir des vues sur qn; **in welcher ~?** dans quelle intention?; à quelle fin?; **in der besten ~** avec les meilleures intentions; **in der ~, zu** (+inf) déterminé, décidé à (+inf); **mit (voller) ~** exprès; à dessein; **ich hatte nicht die ~ wegzugehen** je n'avais pas l'intention de partir; **das lag nicht in meiner ~** ce n'était pas mon intention; **entschuldigen Sie, es war keine ~** excusez-moi, je ne l'ai fait pas exprès; **damit verfolge ich eine ganz bestimmte ~** en faisant cela je poursuis un but précis

absichtlich A ADJ intentionnel, -elle; voulu B ADV exprès; intentionnellement; **das hast du ~ getan** tu l'as fait exprès

Absichtserklärung F déclaration f d'intention; **absichtslos** ADJ u. ADV sans intention

absickern VI ‹-(e)re, sép, -ge-, s.› s'infiltrer

absingen VT ‹irr, sép, -ge-, h.› chanter; bes pej **unter Absingen** (+gen) en chantant …

absinken VI ‹irr, sép, -ge-, s.› 1 Schiff etc couler 2 fig Niveau, Leistung, Unfallziffer, Fieber, Interesse etc baisser 3 moralisch etc tomber bas

Absinken N baisse f

Absinth M ‹~(e)s; ~e› absinthe f

absitzen ⟨*irr, sép*, -ge-⟩ **A** *umg* VT ⟨h.⟩ **1** *(hinter sich bringen) umg* se farcir **2** *Strafe umg* tirer **(zwei Jahre [im] Gefängnis** deux ans de prison) **B** VI ⟨s.⟩ *vom Pferd* descendre (de cheval)
absolut **A** ADJ absolu; **~es Gehör** oreille absolue; **die ~e Mehrheit** la majorité absolue; *umg* **mit ~er Sicherheit** avec une entière certitude; *umg* **~er Unsinn** non-sens complet; PHIL **das Absolute** l'absolu *m* **B** ADV absolument
Absolutheit F ⟨~⟩ manière absolue; caractère absolu
Absolution F ⟨~; ~en⟩ KATH absolution *f*; **j-m die ~ erteilen** donner l'absolution à qn; absoudre qn
Absolutismus M ⟨~⟩ absolutisme *m*; **absolutistisch** ADJ absolutiste
Absolvent(in) M ⟨~en; ~en⟩ (F) ⟨~in; ~innen⟩ personne *f* qui a fait, terminé ses études (à l'université, *etc*); ancien, -ienne élève *bzw.* étudiant(e)
absolvieren VT ⟨*pas de ge-*, h.⟩ **1** *Lehrzeit, Studium* faire; *Kurs a.* suivre; *(beenden)* terminer; *Prüfung* passer **2** *Pensum etc* faire **3** KATH absoudre
absonderlich ADJ singulier, -ière; étrange; bizarre; **Absonderlichkeit** F ⟨~; ~en⟩ singularité *f*; étrangeté *f*; bizarrerie *f*
absondern ⟨-(e)re, *sép*, -ge-, h.⟩ **A** VT **1** *Tiere, Menschen* séparer; *(isolieren)* isoler **2** PHYSIOL, BOT sécréter; *Schweiß, Harn etc* éliminer; excréter **B** VR **sich ~** *(sich isolieren)* s'isoler **(von j-m** de qn); se retirer
Absonderung F ⟨~; ~en⟩ **1** séparation *f*; *(Isolierung)* isolement *m* **2** PHYSIOL, BOT sécrétion *f*; *äußerlich a.* excrétion *f*
Absorber M ⟨~s; ~⟩ KÄLTETECHNIK absorbeur *m*
absorbieren VT ⟨*pas de ge-*, h.⟩ *a. fig* absorber
Absorption F ⟨~⟩ absorption *f*
Absorptionsfähigkeit F pouvoir absorbant; faculté *f* d'absorption; absorptivité *f*; **Absorptionsflüssigkeit** F liquide absorbant; **Absorptionsmittel** N absorbant *m*; **Absorptionsspektrum** N PHYS spectre *m* d'absorption; **Absorptionsvermögen** N absorptivité *f*; pouvoir absorbant
absorptiv ADJ PHYS absorptif, -ive
abspalten ⟨*irr ou régulier, sép*, -ge-, h.⟩ **A** VT **1** *mit dem Beil etc* détacher; enlever **2** *fig* séparer **3** CHEM dissocier; séparer **B** VR *fig* **sich (von j-m, etw) ~** se séparer (de qn, qc)
Abspaltung F **1** *fig* séparation *f* **2** CHEM dissociation *f*; séparation *f*
Abspann M ⟨~(e)s; ~e⟩ FILM générique *m*
abspannen VT ⟨*sép*, -ge-, h.⟩ **1** *Zugtier* dételer **2** *Mast etc* ancrer
Abspannen N ⟨~s⟩ **1** *von Zugtieren* dételage *m* **2** *von Masten etc* °haubanage *m*; **Abspannmast** M pylône *m*; poteau *m* d'arrêt; SCHIFF °hauban *m*; **Abspannseil** N câble *m* d'ancrage
Abspannung F ⟨~; ~en⟩ **1** TECH *(das Abspannen)* ancrage *m*; *(Abspannseil)* câble *m* d'ancrage **2** *(Ermüdung)* fatigue *f*; lassitude *f*
absparen VT ⟨*sép*, -ge-, h.⟩ **sich** *(dat)* **etw von etw ~** économiser sur qc pour acheter qc; **sich** *(dat)* **etw vom Munde ~** se serrer la ceinture, se priver pour acheter qc; **das Buch hat er sich** *(dat)* **vom Taschengeld abgespart** il a acheté ce livre en économisant sur son argent de poche
abspecken *umg* ⟨*sép*, -ge-, h.⟩ **A** VT **zwei Kilo ~** perdre deux kilos **B** VI **1** *(abnehmen)* fondre; **ich muss ~** il faut que je maigrisse **2** *fig Unternehmen etc umg* dégraisser
abspeichern VT ⟨-(e)re, *sép*, -ge-, h.⟩ IT mémoriser **(auf** [+*akk ou dat*] sur)
abspeisen VT ⟨-(es)t, *sép*, -ge-, h.⟩ **1** nourrir; donner à manger à **2** *fig (vertrösten)* **j-n mit leeren Worten, Versprechungen ~** bercer qn de belles paroles, de vaines promesses; **er hat mich mit zehn Euro abgespeist** il m'a fait l'aumône de dix euros
abspenstig ADJ ⟨*attribut*⟩ **j-m etw, j-n ~ machen** prendre qc, qn à qn
absperren ⟨*sép*, -ge-, h.⟩ **A** VT **1** *Baustelle etc* interdire l'accès de; *Gefahrengebiet a.* déclarer zone interdite; *Straße* barrer; **abgesperrtes Gebiet** région interdite **2** *Wasser, Gas, Strom* couper; **j-m den Strom ~** couper le courant à qn **3** *österr, südd (abschließen)* fermer à clé **B** VI *österr, südd* fermer à clé
Absperren N *e-r Straße* barrage *m*; *von Gas, Wasser* coupure *f*
Absperrgitter N barrière *f*; **Absperrhahn** M robinet *m* d'arrêt; **Absperrkette** F barrage *m* de police, de manifestants, *etc*
Absperrung F *(Sperre)* barrage *m*
Absperrventil N soupape *f* d'arrêt
Abspiel N SPORT passe *f*
abspielen ⟨*sép*, -ge-, h.⟩ **A** VT **1** *Schallplatte, Tonband* passer **2** *Nationalhymne, Musikstück* jouer; *vom Blatt* déchiffrer **3** SPORT **den Ball ~** faire une passe **B** VR **sich ~** *Geschehnisse etc* se dérouler; se passer; *umg* **da spielt sich (bei ihr) nichts ab!** *umg* (quant à elle) pas question! **C** VI SPORT **(an j-n) ~** faire une passe (à qn)
absplittern ⟨-(e)re, *sép*, -ge-⟩ **A** VI ⟨s.⟩ *Holz, Lack etc* sauter en éclats; **das Holz ist abgesplittert** des éclats de bois ont sauté **B** VR ⟨h.⟩ **sich ~** *fig von e-r Partei etc* se séparer (von de)
Absplitterung F ⟨~; ~en⟩ *fig* séparation *f*
Absprache F accord *m*, arrangement *m* **(mit** avec); *geheime* entente *f*; **gemäß unserer ~** conformément à notre accord; comme convenu; **nach vorheriger ~** après accord préalable; **mit j-m e-e ~ treffen** se mettre d'accord avec qn
absprachegemäß ADV conformément aux accords (intervenus), à l'accord; comme convenu
absprechen ⟨*irr, sép*, -ge-, h.⟩ **A** VT **1** *(verabreden)* convenir de; fixer **2** *(aberkennen) Fähigkeit, Verdienst, Recht, Kenntnisse etc* contester; dénier **B** VR **sich ~** convenir (de faire qc); se concerter
abspreizen VT ⟨-(es)t, *sép*, -ge-, h.⟩ **1** *Finger, Arme etc* écarter **2** BAU étayer; étançonner; **absprengen** VT ⟨*sép*, -ge-, h.⟩ **1** *Felsblock etc* faire sauter **2** *fig Truppen* isoler; séparer
abspringen VI ⟨*irr, sép*, -ge-, s.⟩ **1** *beim Weitsprung etc* partir; **mit dem linken Bein ~** partir du pied gauche (pour sauter) **2** *(herunterspringen)* sauter; **vom Fahrrad ~** sauter du vélo; **mit dem Fallschirm ~** sauter en parachute **3** *Fahrradkette, Knopf, Email, Farbe etc* sauter **4** *(abprallen) Ball, Stein etc* rebondir **(von** sur) **5** *umg fig von e-m Thema, Beruf, e-r Partei etc umg* laisser tomber **(von etw** qc)
abspritzen ⟨-(es)t, *sép*, -ge-⟩ **A** VT ⟨h.⟩ **1** *Gegenstand* nettoyer au jet d'eau; *Pflanzen* arroser; asperger **2** *Schmutz etc* enlever au jet d'eau **B** ⟨s.⟩ *Wassertropfen (abprallen)* gicler
Abspritzen N *e-s Fahrzeugs* nettoyage *m* au jet d'eau; *von Pflanzen* arrosage *m*
Absprung M **1** *beim Weitsprung etc* appel *m* **2** *(Herunterspringen)* saut *m*; **~ mit dem Fallschirm** saut en parachute **3** *fig* **den ~ schaffen, verpassen** saisir, rater sa chance
Absprungbalken M SPORT planche *f* de départ
abspulen VT ⟨*sép*, -ge-, h.⟩ **1** *von e-r Spule* débobiner, dérouler **(von** sur); *Film* passer **2** *umg fig (herunterleiern) umg* débiter
abspülen ⟨*sép*, -ge-, h.⟩ **A** VT **1** *Schmutz etc* enlever à l'eau, par rinçage **2** *Gegenstände* laver; *mit klarem Wasser* passer à l'eau; *(nachspülen)* rincer **B** VI *regional (Geschirr spülen)* faire la vaisselle
Abspülen N *von Gegenständen* lavage *m*; *(das Nachspülen)* rinçage *m*; *regional (das Geschirrspülen)* vaisselle *f*
abstammen VI ⟨*sép, pas de pperf*⟩ **von j-m ~** descendre de qn; être né de qn
Abstammung F ⟨~; ~en⟩ origine *f*; *geh* extraction *f*
Abstammungslehre F théorie *f* de l'évolution; **Abstammungsnachweis** M TIERZUCHT certificat *m* d'origine
Abstand M **1** *räumlich* distance *f* (*a. fig*); intervalle *m*; écart *m*; **mit zehn Metern ~** à une distance, à un intervalle de dix mètres; **in Abständen von drei Metern stehen** *Dinge* être distants les uns des autres de trois mètres; *Personen* être postés à trois mètres d'intervalle, de distance les uns des autres; **~ halten** *im Auto etc* garder sa distance; *fig* **den nötigen ~ wahren** garder, tenir ses distances; *fig* **mit ~** de loin; **er ist mit ~ der Stärkste** il est de loin le plus fort **2** *zeitlich* intervalle *m*; **in kurzen Abständen** à de brefs intervalles; **in regelmäßigen, bestimmten Abständen** à des intervalles réguliers, déterminés; **in Abständen von fünf Minuten** à cinq minutes d'intervalle **3** *fig* recul *m*; **~ gewinnen** prendre du recul; **von etw ~ nehmen** renoncer à qc; **davon ~ nehmen, etw zu tun** renoncer à faire qc **4** *(Entschädigung)* indemnité *f*; *bei Vermietung* reprise *f*
Abstandssumme F indemnité *f*
abstatten VT ⟨-ete, *sép*, -ge-, h.⟩ **j-m e-n Besuch ~** rendre visite à qn; **j-m s-n Dank ~** présenter, exprimer ses remerciements à qn
abstauben VT ⟨*sép*, -ge-, h.⟩ **1** *Möbel etc* épousseter **2** *umg fig (klauen) umg* chiper; *umg* chaparder; *(schnorren) umg* carotter
Abstaubertor N SPORT *Jargon* but *m* de hasard
abstechen ⟨*irr, sép*, -ge-, h.⟩ **A** VT **1** *Tiere* saigner; égorger; *sl fig* **j-n ~** égorger qn **2** *Torf, Grasnarbe etc* couper; enlever à la bêche; *Teig etc* couper; **Klößchen mit dem Löffel ~** former des boulettes à l'aide d'une cuillère **3** *Hochofen* percer; *Stahl* faire couler; *Wein* soutirer **B** VI *(kontrastieren)* **von etw, j-m ~** contraster avec qc, qn; trancher sur qc, qn; *bes Farben* **gegen etw ~** contraster avec qc; **er sticht von den andern durch s-e Fähigkeiten ab** il se distingue des autres par ses capacités
Abstechen N **1** *von Tieren* saignée *f*; égorgement *m* **2** *des Hochofens* percée *f*; *des Stahls* coulée *f*; *des Weins* soutirage *m*
Abstecher M ⟨~s; ~⟩ **e-n ~ (nach …) machen** faire un crochet (par …)
abstecken VT ⟨*sép*, -ge-, h.⟩ **1** *Gebiet, Grenze, Fahrbahn etc* jalonner **2** *fig Ziele, Programm etc* tracer; fixer **3** MODE épingler
Absteckfähnchen N fanion *m* de jalonnement
abstehen VI ⟨*irr, sép*, -ge-, h.⟩ **1** *(entfernt sein)* être éloigné, distant **2** *Ohren* être décollé; *Haare, Kragen* rebiquer; **~de Ohren haben** avoir les oreilles décollées **3** *geh* **von e-m Vorhaben ~** renoncer à un projet
Absteige F ⟨~; ~n⟩ *pej* hôtel miteux; *(Stundenhotel)* hôtel *m* de passe
absteigen VI ⟨*irr, sép*, -ge-, s.⟩ **1** *(heruntersteigen) a. fig* descendre **(von** de); *vom Berggipfel* redescendre; **(vom Pferd) ~** mettre pied à terre **2** *Fußballverein etc* être relégué **(aus etw, in etw** [*akk*] de qc, en qc); être déclassé **3** *in e-m Hotel*

etc descendre (**in** [+*dat*] dans)
absteigend ADJT descendant; **~e Linie** ligne descendante; *fig* **sich auf dem ~en Ast befinden** se trouver sur son déclin; être en perte de vitesse
Absteiger M ⟨~s; ~⟩ 1 SPORT club relégué, déclassé 2 *gesellschaftlicher* personne *f* en perte de vitesse
abstellen V/T ⟨*sép*, -ge-, h.⟩ 1 *Lasten* poser; *an e-m bestimmten Ort* déposer 2 *nach Gebrauch* ranger; *Fahrrad, Wagen* garer (**auf** [+*dat*] sur; **in** [+*dat*] dans) 3 (*abschalten*) *Maschinen, Motor, Wecker etc* arrêter; *Heizung, Radio* éteindre; *Klingel* couper; *Telefon* débrancher 4 (*die Zufuhr sperren*) *Strom, Gas* couper; *Wasser, Licht etc a.* fermer 5 *fig Missstände* supprimer; *Mängel etc* remédier à; *schlechte Gewohnheiten* se corriger de 6 MIL *Soldaten, Truppen, fig Arbeitskräfte* détacher 7 *fig* (*ausrichten*) **etw auf etw** (*akk*) **~** orienter qc sur qc; adapter qc à qc
Abstellen N ⟨~s⟩ 1 *von nicht gebrauchten Sachen* rangement *m* 2 *e-s Autos* parcage *m*; **das ~ von Fahrrädern ist hier verboten** défense de déposer ici des bicyclettes 3 *von Maschinen etc* arrêt *m*; *der Heizung, des Radios a.* fermeture *f*; *von Strom, Wasser etc* fermeture *f*; coupure *f* 4 *von Fehlern etc* correction *f* 5 MIL *etc* détachement *m*
Abstellgleis N voie *f* de garage; *umg fig* **j-n aufs ~ schieben** mettre qn sur une voie de garage
Abstellhahn M robinet *m* d'arrêt; **Abstellhebel** M levier *m* d'arrêt; **Abstellkammer** F, **Abstellraum** M débarras *m*; **Abstelltisch** M desserte *f*
abstemmen ⟨*sép*, -ge-, h.⟩ A V/T enlever au ciseau B V/R **sich von etw ~** s'écarter de qc en poussant
abstempeln V/T ⟨-(e)le, *sép*, -ge-, h.⟩ 1 *Brief* timbrer; *Briefmarke* oblitérer; *Antrag, Ausweis etc* apposer un cachet sur; **der Brief ist am 15. abgestempelt** la lettre a été timbrée le 15; le cachet de la poste est du 15 2 *fig* **j-n ~ als** *od* **zu** étiqueter qn comme
absteppen V/T ⟨*sép*, -ge-, h.⟩ MODE piquer
Absteppen N ⟨~s⟩ MODE piqûre *f*
absterben V/I ⟨*irr*, *sép*, -ge-, s.⟩ *Pflanze, Ast etc* mourir; *Gewebe* se nécroser; *Gliedmaßen* s'engourdir; devenir insensible; → *a.* abgestorben
Abstich M *e-s Hochofens* percée *f*; *des Stahls* coulée *f*; **Abstichloch** N trou *m* de coulée; **Abstichrinne** F canal *m* de coulée
Abstieg M ⟨~(e)s; ~e⟩ 1 *vom Gipfel etc* descente *f*; **beim ~** en descendant 2 *fig sozialer, wirtschaftlicher* déclin *m*; baisse *f* 3 *e-s Sportvereins* déclassement *m*; relégation *f*
Abstiegsgefahr F SPORT danger *m* de relégation; **abstiegsgefährdet** ADJT SPORT qui risque d'être déclassé; **Abstiegskandidat** M SPORT candidat *m* à la relégation; **Abstiegszone** F SPORT zone *f* de relégation
abstillen ⟨*sép*, -ge-, h.⟩ A V/T *Säugling* sevrer B V/I arrêter d'allaiter
Abstillen N sevrage *m*
abstimmen ⟨*sép*, -ge-, h.⟩ A V/T 1 (*absprechen*) **etw (miteinander) ~** s'accorder sur qc; **etw mit j-m ~** convenir de qc avec qn 2 RADIO régler 3 **etw auf etw** (*akk*) **~** *Farben* assortir à qc; *Interessen, Arbeit etc* harmoniser, concorder avec qc; **aufeinander ~** *Farben* assortir; *Interessen, Arbeiten etc* harmoniser, faire concorder; coordonner; **auf etw** (*akk*) **abgestimmt sein** s'harmoniser, concorder avec qc; **auf j-n, j-s Geschmack abgestimmt sein** être accordé au goût, au genre de qn B V/I *bei e-r Wahl* voter; **über etw** (*akk*) **~** procéder au vote de qc; **über e-n Antrag ~** voter une motion; **über etw** (*akk*) **~ lassen** faire voter qc; mettre qc aux voix
Abstimmkreis M ELEK circuit *m* en syntonie; **Abstimmschärfe** F RADIO sélectivité *f*
Abstimmung F ⟨~; ~en⟩ 1 (*Wahl*) vote *m*, scrutin *m* (**über** [+*akk*] sur); (*Volksentscheid*) référendum *m*; **geheime ~** scrutin secret; **namentliche ~** vote par appel nominal; **~ durch Zuruf** vote par acclamation; **zur ~ kommen** *od geh* **schreiten** passer au vote; **etw durch ~ entscheiden** décider qc par voie de scrutin 2 TECH, RADIO réglage *m* 3 (*Harmonisierung*) harmonisation *f*; coordination *f* 4 (*Vereinbarung*) accord *m* (**über** [+*akk*] sur); **etw in ~ mit j-m entscheiden** décider qc en accord avec qn
Abstimmungsantrag M demande *f* de scrutin; **Abstimmungsergebnis** N résultat *m* du vote *bzw.* du scrutin; **Abstimmungsmodus** M mode *m* de scrutin *bzw.* de vote; **Abstimmungsverfahren** N mode *m* de scrutin, de vote; procédure *f* de vote
abstinent ADJ *im Alkoholgenuss* sobre; qui ne boit pas d'alcool; *sexuell* chaste; continent; *fig* **politisch ~ sein** renoncer à la politique
Abstinenz F ⟨~⟩ *im Alkoholgenuss* sobriété *f*; *sexuell* continence *f*; *fig* **politische ~** abandon *m* de, renonciation *f* à la politique
Abstinenzler(in) M ⟨~s; ~⟩ (F) ⟨~in; ~innen⟩ personne *f* qui ne boit jamais d'alcool
abstoppen ⟨*sép*, -ge-, h.⟩ A V/T 1 *Fahrzeuge, Motor, Produktion etc* arrêter; stopper 2 *mit der Stoppuhr* **j-n ~** chronométrer le temps de qn B V/I *Fahrzeuge* s'arrêter (brusquement); stopper
Abstoppen N 1 *e-s Fahrzeugs etc* arrêt *m* (*a. der Produktion etc*) 2 *mit der Stoppuhr* chronométrage *m*
Abstoß M 1 FUSSBALL coup *m* de pied de but 2 *vom Ufer etc* poussée *f*
abstoßen ⟨*irr*, *sép*, -ge-, h.⟩ A V/T 1 *Boot vom Ufer etc* donner une poussée à 2 (*beschädigen*) abîmer 3 PHYS repousser 4 *fig* repousser; répugner; **mich stößt alles an ihm ab** tout me repousse en lui 5 HANDEL *Waren* se défaire de; liquider 6 MED *Organe etc* rejeter B V/R **sich (von etw) ~** s'éloigner (de qc) par une poussée; **sich vom Boden ~** prendre son élan
abstoßend A ADJT repoussant; répugnant; **etw Abstoßendes an sich** (*dat*) **haben** repousser; inspirer de la répugnance B ADVL **~ wirken** repousser; inspirer de la répugnance; **~ hässlich** d'une laideur repoussante
Abstoßung F ⟨~; ~en⟩ 1 PHYS répulsion *f* 2 HANDEL liquidation *f* 3 *fig* répulsion *f*; répugnance *f* 4 MED *von Organen etc* rejet *m*
abstottern *umg* V/T ⟨-(e)re, *sép*, -ge-, h.⟩ payer à tempérament; *Kredit* rembourser péniblement
abstrafen V/T ⟨*sép*, -ge-, h.⟩ punir (**mit** de)
abstrahieren V/T *u.* V/I ⟨*pas de ge-*, h.⟩ abstraire; **von etw ~** faire abstraction de qc
abstrahlen ⟨*sép*, -ge-, h.⟩ A V/T 1 PHYS rayonner; *Wärme a.* dégager 2 TECH → sandstrahlen B V/I *fig* **auf etw, j-n ~** influencer qc, qn; affecter qc, qn
Abstrahlung F PHYS rayonnement *m*
abstrakt A ADJ abstrait; KUNST **die Abstrakten** *mpl* les abstraits *mpl* B ADV abstraitement
Abstraktheit F ⟨~⟩ abstraction *f*
Abstraktion F ⟨~; ~en⟩ abstraction *f*
Abstraktionsfähigkeit F ⟨~⟩, **Abstraktionsvermögen** N faculté *f* d'abstraction
Abstraktum N ⟨~s; -ta⟩ 1 PHIL idée, notion abstraite 2 LING nom, terme abstrait
abstrampeln *umg* V/R ⟨-(e)le, *sép*, -ge-, h.⟩ **sich ~** 1 (*sich abmühen*) s'exténuer; s'épuiser 2 *beim Radfahren* s'essouffler à pédaler; **sich** (*dat*) **drei Pfund ~** perdre un kilo et demi à force de pédaler
abstreichen ⟨*irr*, *sép*, -ge-⟩ A V/T ⟨h.⟩ 1 (*abstreifen*) enlever 2 (*abziehen*) *Betrag* retrancher; déduire B V/I ⟨s.⟩ *Jägersprache* s'envoler
abstreifen V/T ⟨*sép*, -ge-, h.⟩ 1 *Kleidungsstücke, Ring etc* enlever; ôter; retirer; (**sich** [*dat*]) **die Handschuhe ~** se déganter; **die Blätter von etw ~** effeuiller qc; **Johannisbeeren ~** égrener des groseilles; *Schlange* **die Haut ~** muer; **die Asche ~** *von e-r Zigarre etc* enlever la cendre 2 *fig Vorurteile etc* se débarrasser de; abandonner 3 (*absuchen*) *Gelände, Wald* ratisser (**nach** à la recherche de)
Abstreifgitter N *bei Anstrichfarbe etc* grille *f*
abstreiten V/T ⟨*irr*, *sép*, -ge-, h.⟩ 1 (*leugnen*) nier; **das lässt sich nicht ~** on ne peut pas le nier 2 (*streitig machen*) **j-m etw ~** dénier qc à qn
Abstrich M 1 ⟨*meist pl*⟩ *finanziell* coupe *f*; réduction *f*; *fig* **~e (an etw** [*dat*]**) machen** faire des concessions (sur qc) 2 TYPO plein *m* 3 MUS coup *m* d'archet descendant 4 MED prélèvement *m*; GYNÄKOLOGIE frottis *m*
abströmen V/I ⟨*sép*, -ge-, s.⟩ *Wasser etc, fig Menschenmenge* s'écouler; *Gas, Luft* s'échapper; *Luftmassen* s'éloigner
abstrus *geh* ADJ abstrus; confus; obscur
abstufen V/T ⟨*sép*, -ge-, h.⟩ 1 *Gelände* disposer en gradins, en terrasses 2 *Farbtöne* dégrader; *a. fig* nuancer 3 (*staffeln*) *Gehälter etc* échelonner (**nach** selon) 4 (*herunterstufen*) *Gehalt* diminuer; *Arbeiter etc* déclasser
Abstufung F ⟨~; ~en⟩ 1 *im Gelände* étagement *m* 2 *von Farbtönen* dégradé *m*; (*Nuance*) nuance *f* 3 (*Staffelung*) gradation *f*; *der Gehälter etc* échelonnement *m* 4 (*Herabstufung*) *des Gehalts* régression *f*; *e-s Arbeiters etc* déclassement *m*
abstumpfen ⟨*sép*, -ge-⟩ A V/T ⟨h.⟩ *Gefühle, Sinne etc* émousser; *Person* rendre insensible, indifférent (**gegen** à) B V/I ⟨s.⟩ *Gefühle, Sinne etc* s'émousser; *Person* devenir insensible, indifférent (**gegen** à); **man stumpft durch Gewohnheit ab** l'habitude nous rend insensibles, indifférents
Abstumpfung F ⟨~; ~en⟩ émoussement *m* (*a. fig*); *e-r Spitze* épointage *od* épointement *m*
Absturz M 1 *e-s Flugzeugs, Bergsteigers etc* chute *f* 2 (*steiler Abhang*) pente *f* à pic; à-pic *m*
abstürzen V/I ⟨-(es)t, *sép*, -ge-, s.⟩ 1 *Flugzeug* s'abattre, s'écraser (au sol, *etc*); **über dem Meer ~** tomber, s'abattre en mer 2 *Person* faire une chute; tomber; *Bergsteiger a.* dévisser; **tödlich ~** faire une chute mortelle 3 *geh Felsen etc* **senkrecht ~** tomber à pic 4 *umg* IT *Computer umg* se planter; **der Computer ist abgestürzt** *umg* l'ordinateur (s')est planté
Absturzgefahr F danger *m* de chute; **Absturzstelle** F point *m* de chute
abstützen ⟨-(es)t, *sép*, -ge-, h.⟩ A V/T BAU étayer; soutenir (**mit** à l'aide de) B V/R **sich an etw** (*dat*) **~** s'appuyer à qc; **sich von etw (mit etw) ~** se tenir écarté, éloigné de qc (à l'aide de qc)
absuchen V/T ⟨*sép*, -ge-, h.⟩ 1 *Ungeziefer etc* enlever; **j-m die Läuse, Flöhe ~** épouiller, épucer qn 2 *Wohnung, Taschen etc* fouiller; *Gelände a.* ratisser; **etw nach etw, j-m ~** fouiller qc pour trouver qc, qn; **den Himmel nach etw ~** scruter le ciel pour découvrir qc
absurd ADJ absurde; **das ~e Theater** le théâtre de l'absurde
absurderweise ADV absurdement; *am Satzanfang* aussi absurde que ce soit …

Absurdität F ⟨~; ~en⟩ absurdité *f*
Abszess M, *österr a.* N ⟨~es; ~e⟩ MED abcès *m*
Abszisse F ⟨~; ~n⟩ MATH abscisse *f*
Abszissenachse F MATH axe *m* des abscisses
Abt M ⟨~(e)s; ~̈e⟩ abbé *m*
Abt. ABK (Abteilung) département *m*; service *m*
abtakeln VT ⟨-(e)le, *sép*, -ge-, h.⟩ SCHIFF dégréer
abtasten VT ⟨-ete, *sép*, -ge-, h.⟩ 1 *durch Fühlen* tâter; palper; **j-n nach** *od* **auf etw** *(akk)* **~** fouiller qn à la recherche de qc 2 TECH *Schallplatte, Lochkarte etc* lire; explorer; ELEK balayer
Abtasten N 1 *durch Fühlen* palpation *f* 2 TECH *e-r Schallplatte, Lochkarte etc* lecture *f*; exploration *f*; ELEK balayage *m*
Abtastnadel F *am Plattenspieler* pointe *f* de lecture
Abtauautomatik F *beim Kühlschrank* dégivrage *m* automatique
abtauchen VI ⟨*sép*, -ge-, s.⟩ 1 SCHIFF plonger 2 *umg fig* **(in den Untergrund) ~** entrer dans la clandestinité
abtauen ⟨*sép*, -ge-⟩ A VT ⟨h.⟩ dégeler; *Glasscheibe, Kühlschrank etc* dégivrer B VI ⟨s.⟩ *Eis, Schnee* fondre; **die Straße ist abgetaut** la route n'est plus verglacée
Abtauen N *natürliches* dégel *m*; *des Kühlschranks etc* dégivrage *m*
Abtei F ⟨~; ~en⟩ abbaye *f*; **Abteikirche** F église abbatiale
Abteil N ⟨~(e)s; ~e⟩ 1 *(Eisenbahnabteil)* compartiment *m* 2 *(Fach, Platz)* case *f*; compartiment *m*; *e-s Regals* rayon *m*
abteilen VT ⟨*sép*, -ge-, h.⟩ *Raum, Feld etc* séparer **(von** de**)**; **in Fächer ~** *a.* compartimenter; **durch e-e Wand ~** cloisonner
Abteilfenster N fenêtre *f* (du compartiment); **Abteiltür** F porte *f* (du compartiment)
Abteilung[1] F ⟨~⟩ *(Abtrennung)* division *f*; séparation *f*; *durch e-e Wand* cloisonnement *m*
Abteilung[2] F ⟨~; ~en⟩ *e-r Behörde, Firma* service *m*; département *m*; *e-s Krankenhauses* service *m*; *e-s Warenhauses* rayon *m*; MIL détachement *m*; unité *f*; groupe *m*
Abteilungschef(in) M(F), **Abteilungsleiter(in)** M(F) *im Warenhaus* chef *m* de rayon; *im Büro* chef *m* de service; **abteilungsweise** ADV par bureaux, sections, rayons
abtelefonieren VI ⟨*sép, pas de ge-*, h.⟩ *umg* **(j-m) ~** téléphoner (à qn) pour se décommander
abtelegrafieren VI ⟨*sép, pas de ge-*, h.⟩ *umg* **(j-m) ~** se décommander (chez qn) par télégramme
abteufen VT ⟨*sép*, -ge-, h.⟩ BERGBAU foncer; creuser; **abtippen** *umg* VT ⟨*sép*, -ge-, h.⟩ taper (à la machine)
Äbtissin F ⟨~; ~nen⟩ abbesse *f*
abtönen VT ⟨*sép*, -ge-, h.⟩ MAL nuancer; dégrader
Abtönfarbe F colorant (universel)
Abtönung F MAL dégradé *m*; nuance *f*
abtöten VT ⟨-ete, *sép*, -ge-, h.⟩ *Keim, Nerv etc* tuer; *fig Gefühl* étouffer; **Abtötung** F *fig e-s Gefühls* étouffement *m*
abtragen VT ⟨*irr, sép*, -ge-, h.⟩ 1 *Hügel etc* aplanir; niveler; *Erde* déblayer; enlever; *durch Witterungseinflüsse* éroder 2 *Haus, Ruine* démonter 3 *geh bei Tisch* desservir 4 *geh Schuld, Hypothek* se libérer, s'acquitter de 5 *Kleidung* user 6 MATH *Strecke* reporter
abträglich *geh* ADJ **e-r Sache** *(dat)* **~ sein** être nuisible, préjudiciable à qc; **j-m ~ sein** être défavorable, nuisible à qn
Abträglichkeit F ⟨~⟩ nocivité *f*
Abtragung F ⟨~; ~en⟩ 1 *e-s Hügels etc* aplanissement *m*; nivellement *m*; *von Erde* déblai (-ement) *m*; *durch Witterungseinflüsse* érosion *f* 2 *e-s Hauses etc* démontage *m* 3 *geh e-r Schuld etc* extinction graduelle; remboursement *m*
abtrainieren VT ⟨*sép, pas de ge-*, h.⟩ *Fett, Gewicht* perdre en faisant de l'exercice
Abtransport M transport *m*; **abtransportieren** VT ⟨*sép, pas de ge-*, h.⟩ transporter
abtreiben ⟨*irr, sép*, -ge-⟩ A VT ⟨h.⟩ 1 *Wind, Strömung* **etw ~** déporter qc; SCHIFF *a.* drosser qc; **abgetrieben werden** aller à la dérive; dériver; **von der Strömung, vom Wind abgetrieben werden** être entraîné, emporté par le courant, par le vent; **vom Ufer abgetrieben werden** dériver, être entraîné vers le large 2 MED *(ausscheiden)* expulser; *Fötus* avorter 3 *Vieh von der Alm* faire descendre (des alpages) B VI 1 ⟨s.⟩ SCHIFF, FLUG dériver 2 MED *(e-e Abtreibung vornehmen)* avorter; **sie hat abgetrieben** elle s'est fait avorter; elle a avorté
Abtreibung F ⟨~; ~en⟩ *in der Schwangerschaft* avortement *m*; **e-e ~ vornehmen** avorter **(an j-m** qn**)**; **e-e ~ an sich** *(dat)* **vornehmen lassen** se faire avorter
Abtreibungsklinik *umg* F clinique *f* d'avortements; **Abtreibungsparagraf**, **Abtreibungsparagraph** M *etwa* loi *f* contre l'avortement; **Abtreibungspille** F pilule abortive; **Abtreibungsverbot** N interdiction *f* d'avorter; **Abtreibungsversuch** M tentative *f* d'avortement
abtrennen VT ⟨*sép*, -ge-, h.⟩ *Raum, Land etc, fig* séparer **(von** de**)**; *Abschnitt etc* détacher (de); *Angenähtes* découdre (de); démonter (de); *Gliedmaßen bei e-m Unfall* arracher; **Abtrennung** F *a. fig* séparation *f*; MODE démontage *m*
abtreten ⟨*irr, sép*, -ge-⟩ A VT ⟨h.⟩ 1 *Treppenstufen, Schuhsohlen etc* user; *Absätze* éculer 2 *Schnee, Schmutz von den Schuhen* faire tomber (en piétinant) 3 *fig Anspruch, Recht, Gebiet etc* **j-m etw ~, etw an j-n ~** céder qc à qn B VI ⟨s.⟩ 1 *(zurücktreten) Regierung* se retirer; *Beamte, Minister, Präsident* démissionner; se retirer de ses fonctions 2 MIL se retirer 3 THEAT sortir de scène; *fig* **von der Bühne ~** quitter la scène C VR **sich** *(dat)* **die Füße ~** s'essuyer les pieds
Abtreter M ⟨~s; ~⟩ *(Fußabtreter)* paillasson *m*; *aus Metall* décrottoir *m*
Abtretung F ⟨~; ~en⟩ JUR cession *f*; désistement *m*
Abtretungserklärung F déclaration *f* de cession; **Abtretungsgeschäft** N opération *f* de cession; **Abtretungsurkunde** F acte *m* de cession; **Abtretungsvertrag** M contrat *m* de cession
Abtrieb M *von der Alm* descente *f* des troupeaux des alpages
Abtrift F SCHIFF dérive *f*
abtrinken VI *(u.* VT*)* ⟨*irr, sép*, -ge-, h.⟩ *von e-m Glas etc* boire le trop-plein de; **e-n Schluck ~** boire une gorgée (de qc)
Abtritt M 1 THEAT sortie *f* 2 *liter, regional (Abort)* cabinets *mpl* (d'aisances)
Abtrockentuch *umg* N torchon *m*
abtrocknen ⟨-ete, *sép*, -ge-⟩ A VT ⟨h.⟩ *Geschirr, Hände etc* essuyer; *abs* essuyer la vaisselle B VI ⟨s.⟩ *(trocken werden)* sécher C VR **sich** *(dat)* **die Hände ~** s'essuyer les mains; **sich** *(dat)* **die Tränen ~** essuyer ses larmes
Abtrocknen N *des Geschirrs etc* essuyage *m*; **s-m Bruder beim ~ helfen** aider son frère à essuyer la vaisselle
Abtropfbrett N égouttoir *m* (à vaisselle)
abtropfen VI ⟨*sép*, -ge-, s.⟩ 1 *Wasser etc* dégoutter; s'égoutter; **von etw ~** dégoutter de qc 2 *Wäsche, Obst etc* **~ lassen** (laisser) égoutter
Abtropfen N égouttage *od* égouttement *m*
Abtropfgestell N égouttoir *m* (à vaisselle)
abtrotzen VT ⟨-(es)t, *sép*, -ge-, h.⟩ **j-m etw ~** arracher, extorquer qc à qn; obtenir qc de qn en tenant tête; **der See** *(dat)* **ein Stück Land ~** arracher un morceau de terre à la mer
abtrünnig ADJ **~ sein** REL être un apostat; *a.* POL, *fig* être un renégat; **s-m Glauben ~ werden** renier sa foi; **e-r Partei ~ werden** faire défection à, quitter un parti
Abtrünnige(r) M/F(M) ⟨→ A⟩ REL apostat(e) *m(f)*; *a.* POL, *fig* renégat(e) *m(f)*; **Abtrünnigkeit** F ⟨~⟩ REL apostasie *f*; *(Abfall vom Glauben)* reniement *m*; POL défection *f*
abtun VT ⟨*irr, sép*, -ge-, h.⟩ 1 *umg Kleidungsstück* enlever 2 *Angelegenheit, Einwand etc* écarter; rejeter; repousser; **e-n Einwand mit ein paar Worten ~** écarter sèchement, brièvement une objection; **etw verächtlich ~** faire fi de qc 3 *(erledigen)* **die Sache ist noch nicht abgetan** l'affaire n'est pas encore réglée, classée
abtupfen ⟨*sép*, -ge-, h.⟩ A VT tamponner B VR **sich** *(dat)* **den Schweiß ~** essuyer sa sueur; **sich** *(dat)* **die Stirn ~** se tamponner, s'éponger le front
aburteilen VT ⟨*sép*, -ge-, h.⟩ juger; *(verurteilen) a. fig* condamner; **Aburteilung** F ⟨~; ~en⟩ (mise *f* en) jugement *m*; *(Verurteilung) a. fig* condamnation *f* **(wegen** pour**)**
Abverkauf M *österr, südd* soldes *mpl*; **abverkaufen** VT ⟨*sép, pas de ge-*, h.⟩ *österr, südd* solder
abverlangen ⟨*sép, pas de ge-*, h.⟩ A VT **j-m etw ~** exiger qc de qn; **j-m e-e Entscheidung ~** obliger qn à se décider B VR **sich** *(dat)* **das Äußerste (an Leistung) ~** exiger le maximum de soi-même
abwägen VT ⟨*irr ou régulier, sép*, -ge-, h.⟩ peser; **das Für und Wider ~** peser le pour et le contre; **Vor- und Nachteile gegeneinander ~** peser les avantages et les désavantages
Abwägen N ⟨~s⟩, **Abwägung** F ⟨~; ~en⟩ examen (attentif)
Abwahl F destitution *f* (d'un poste, d'une fonction) par vote
abwählbar ADJ 1 *Person* qui peut être destitué par vote 2 *Schulfach* facultatif, -ive; **nicht ~** obligatoire
abwählen VT ⟨*sép*, -ge-, h.⟩ 1 *Person* destituer (d'un poste, d'une fonction) par vote 2 *Schulfach* abandonner
abwälzen VT ⟨-(es)t, *sép*, -ge-, h.⟩ **(auf j-n) ~** *Verantwortung, Verdacht etc* rejeter (sur qn); *Kosten* reporter (sur qn); **von sich** *(dat)* **~** *Arbeit, Pflichten etc* se décharger, se débarrasser de; **e-n Fehler auf andere ~** rejeter, faire retomber une faute sur d'autres
Abwälzung F ⟨~; ~en⟩ *der Verantwortung etc* rejet *m* **(auf** [+*akk*] sur); *von Kosten* report *m* **(auf** [+*akk*] sur)
abwandeln VT ⟨-(e)le, *sép*, -ge-, h.⟩ modifier; changer
abwandern ⟨-(e)re, *sép*, -ge-⟩ A VT ⟨h. *ou* s.⟩ *Gegend* parcourir B VI ⟨s.⟩ émigrer **(aus** de; **nach, in** [+*akk*] vers); *Landbevölkerung* **in die Städte ~** émigrer vers les villes; *Arbeitskräfte* **in andere Berufe ~** changer de métier, de profession; *Kunden* **zur Konkurrenz ~** passer à la concurrence; **das Kapital wanderte ins Ausland ab** les capitaux ont fui vers l'étranger; **das Tiefdruckgebiet wandert ostwärts ab** le centre de basse pression s'éloigne vers l'est
Abwanderung F *der Landbevölkerung* exode *m*; *der Arbeitskräfte* migration *f* **(aus** de; **nach, in** [+*akk*] dans); *des Kapitals etc* fuite *f* **(aus** de;

nach, in [+akk] vers)
Abwandlung F modification f; changement m
Abwärme F TECH chaleur perdue, d'échappement
Abwart(in) M ⟨~s; ~e⟩ (F) ⟨~in; ~innen⟩ *schweiz* gardien, -ienne m,f (d'immeuble)
abwarten ⟨-ete, *sép*, -ge-, h.⟩ A VT (*warten auf*) attendre; (*das Ende ~ von*) attendre la fin de; **das bleibt abzuwarten** c'est à voir B VI attendre; **~, bis …** attendre (jusqu'à ce) que … (+*subj*); **e-e ~de Haltung einnehmen, sich ~d verhalten** rester dans l'expectative; **warten wir (mal) ab!** attendons, patientons un peu!; *umg* **mal ~, ob …** reste à voir si …; *umg hum* **~ und Tee trinken** (patience,) on verra bien (ce qui arrivera)!
abwärts ADV 1 *räumlich* en descendant; en bas; vers le bas; (*fluss~*) avec le courant; en aval (de); → abwärtsfahren, abwärtsführen, abwärtslaufen 2 *fig* **vom Abteilungsleiter (an) ~** depuis le chef de rayon jusqu'au bas de l'échelle; → abwärtsgehen
Abwärtsbewegung F mouvement descendant, vers le bas; *der Preise, Kurse etc* baisse f; **Abwärtsentwicklung** F régression f; **abwärtsfahren** VI ⟨irr, sép, -ge-, s.⟩ descendre; **abwärtsführen** VI ⟨sép, -ge-, h.⟩ *Weg etc* descendre; conduire en bas
abwärtsgehen V/UNPERS ⟨irr, sép, -ge-, s.⟩ *fig* **mit ihm geht es abwärts** il baisse; **mit s-r Gesundheit geht es abwärts** sa santé baisse, décline; **mit s-n Geschäften geht es abwärts** ses affaires vont mal, vont de mal en pis; **danach ging es (mit ihnen) nur noch abwärts** ensuite leur situation n'a fait qu'empirer
abwärtslaufen VI ⟨irr, sép, -ge-, s.⟩ descendre; **Abwärtstrend** M tendance f à la baisse
Abwasch[1] M ⟨~(e)s⟩ 1 *Geschirr* vaisselle f 2 (*das Abwaschen*) **den ~ machen** faire, laver la vaisselle; *umg fig* **das mache ich sofort, dann ist es ein ~** *umg* je fais ça tout de suite, tout du même coup, *umg* dans la foulée
Abwasch[2] F ⟨~; ~en⟩ *österr* (*Spülbecken*) évier m
abwaschbar ADJ lavable; **Abwaschbecken** N évier m
abwaschen ⟨irr, sép, -ge-, h.⟩ A VT laver; *mit klarem Wasser* rincer; *Geschirr a.* faire; **den Schmutz von etw ~** enlever la saleté de qc; **der Regen hat die Farbe abgewaschen** la pluie a lavé la peinture B VI faire, laver la vaisselle C VR **sich** (*dat*) **das Gesicht ~** se laver le visage
Abwaschlappen M lavette f; **Abwaschwasser** N eau f de vaisselle
Abwasser N ⟨~s; -wässer⟩ eaux usées, d'égout; *aus Haushalten a.* eaux ménagères; effluents *mpl* domestiques; **industrielle Abwässer** eaux industrielles; **städtische Abwässer** effluents urbains
Abwasseraufbereitung F traitement m des eaux usées; **Abwasserkanal** M égout m; **Abwasserkläranlage** F station f d'épuration (des eaux usées); **Abwasserleitung** F canalisation f (des eaux usées); **Abwasserreinigung** F épuration f des eaux usées; **Abwasserverwertung** F utilisation f des eaux usées
abwatschen *umg südd, österr* VT ⟨sép, -ge-, h.⟩ 1 (*heftig ohrfeigen*) donner une bonne claque à; *umg* donner une calotte à 2 *fig* (*heftig kritisieren*) *umg* démolir; *umg* descendre en flammes
abwechseln VI (u. VR) ⟨-(e)le, *sép*, -ge-, h.⟩ **(sich) ~** 1 (*aufeinanderfolgen*) alterner (**mit** avec) 2 (*sich ablösen*) se relayer; **sie wechselt sich mit ihm beim Autofahren ab** ils se relaient pour conduire
Abwechseln N alternance f
abwechselnd A ADJT alternatif, -ive; alternant B ADVL alternativement; tour à tour; à tour de rôle; en alternance (**mit** avec); **~ rot und blass werden** rougir et pâlir tour à tour
Abwechslung F ⟨~; ~en⟩ (*Zerstreuung*) diversion f; (*Veränderung*) changement m; *bei der Ernährung, in e-r Darstellung etc* variété f; diversité f; **zur ~** pour changer; pour varier; **eine willkommene ~** une diversion bienvenue; un changement bienvenu; **j-m ~ bieten** distraire qn; **~ in s-n Alltag bringen** apporter de la diversion dans le train-train quotidien
abwechslungshalber ADV pour changer; pour varier; **abwechslungslos** ADJ monotone; sans diversion, changement
abwechslungsreich A ADJ varié B ADV **~ gestalten** diversifier; varier; *Freizeit etc* organiser de façon variée; **sich ~ ernähren** varier sa nourriture; **~ verlaufen** être varié
Abweg M égarement m; écart m; **auf ~e geraten** s'écarter du droit chemin; quitter le droit chemin; mal tourner; *gedanklich* **auf e-n ~** *od* **auf ~e führen** fourvoyer; induire en erreur
abwegig ADJ aberrant
Abwegigkeit F ⟨~⟩ caractère aberrant
Abwehr F ⟨~⟩ 1 SPORT, MIL, PHYSIOL *etc* défense f; **die ~ des feindlichen Angriffs gelang** on a réussi à repousser l'attaque ennemie 2 (*Spionageabwehr*) contre-espionnage m 3 *fig* (*Ablehnung*) refus m
abwehrbereit ADJ MIL prêt à se défendre; en état de défense; **Abwehrbereitschaft** F MIL état m de défense
Abwehrdienst M service m de contre-espionnage
abwehren VT ⟨sép, -ge-, h.⟩ 1 *Angriff, Feind*, SPORT repousser; *Angriff a.* refouler; *Stoß, Schlag* parer 2 *drohende Gefahr, Unglück etc* détourner; écarter 3 *Fliegen etc* chasser; *lästige Besucher etc* renvoyer; *neugierige Blicke* empêcher 4 *Dank, Einwand, Gerüchte etc* refuser; **eine ~de Geste** un geste de refus; **eine ~de Haltung** une attitude défensive
Abwehrkampf M combat défensif; **Abwehrkraft** F, **Abwehrkräfte** FPL *des Organismus* défenses *fpl* immunitaires; **Abwehrmaßnahmen** FPL mesures de défense, défensives; **Abwehrmechanismus** M réflexe m de défense; **Abwehrmittel** N moyen m de défense; **Abwehrreaktion** F *des Organismus* réaction f immunitaire; **Abwehrschlacht** F MIL bataille défensive; **Abwehrspieler** M SPORT joueur m de la défense; FUSSBALL arrière m; **Abwehrstellung** F position f de défense; **Abwehrstoff** M *des Organismus* anticorps m
abweichen VI ⟨irr, sép, -ge-, s.⟩ 1 *vom Weg, Kurs etc* s'écarter; s'éloigner; *a. Magnetnadel, Strahlen* dévier (de); *fig von der Norm, von e-m Thema, Standpunkt, vom rechten Weg etc* s'écarter, s'éloigner (de) 2 (*sich unterscheiden*) **(voneinander) ~** différer, diverger (l'un de l'autre) (**in** [+*dat*] dans); **~de Ansichten** opinions divergentes
Abweichler(in) M ⟨~s; ~⟩ (F) ⟨~in; ~innen⟩ POL déviationniste m/f
Abweichung F ⟨~; ~en⟩ 1 *vom Kurs etc* écart m; éloignement m; *a. e-r Magnetnadel, von Strahlen* déviation f; *fig von der Regel etc* éloignement m; écart m; JUR **in ~ von der früheren Bestimmung** par dérogation au règlement précédent; **~en vom üblichen Sprachgebrauch** exceptions *fpl* à l'emploi usuel de la langue 2 (*Unterschied*) différence f; divergence f
abweiden VT ⟨-ete, *sép*, -ge-, h.⟩ *Gras etc* brouter; **e-e Wiese ~** brouter l'herbe d'un pré
abweisen VT ⟨irr, sép, -ge-, h.⟩ 1 *Personen* renvoyer; refuser; *höflich* éconduire (*a. Verehrer*) 2 *Bitte, Vorschlag*, JUR *Klage etc* rejeter; *Angebot* refuser 3 *Angriff, Feind* repousser
abweisend A ADJT *Miene* rébarbatif, -ive; *Blick* qui exprime un refus; *Gesichtsausdruck* froid; *Antwort* négatif, -ive; *Ton, Haltung, Gebärde* de refus B ADVL **sich ~ verhalten** prendre, adopter une attitude de refus
Abweisung F 1 *von Personen* refus m 2 *e-s Antrags, e-r Bitte etc* rejet m; refus m; *e-r Klage* rejet m
abwendbar ADJ *Gefahr etc* qu'on peut détourner, écarter
abwenden ⟨sép, -ge-, h.⟩ A VT 1 ⟨irr ou régulier⟩ *Gesicht, Blick etc* détourner 2 *Schlag etc* détourner; *fig Gefahr, Katastrophe etc a.* écarter; prévenir B VR ⟨irr ou régulier⟩ *a. fig* **sich (von j-m, etw) ~** se détourner, se détacher (de qn, qc); abandonner (qn, qc); **sich innerlich von j-m ~** se détourner, se détacher moralement de qn; **das Glück wandte sich von ihm ab** la chance l'abandonna
Abwendung F *e-r Gefahr etc* détournement m; (*Abkehr*) *von etw* détachement m; abandon m
abwerben VT ⟨irr, sép, -ge-, h.⟩ *Kunden* prendre, *Arbeitskräfte* débaucher (j-m de qn)
Abwerbung F *von Arbeitskräften* débauchage m
abwerfen ⟨irr, sép, -ge-, h.⟩ A VT 1 (*herunterwerfen*) jeter; *Bettdecke, Kleidung etc* se débarrasser de; *Reiter* désarçonner; *Baum* **die Blätter ~** perdre ses feuilles; *Hirsch, Rehbock* **das Geweih ~** perdre ses bois; *fig* **die Maske ~** jeter, lever le masque 2 FLUG, *Bombe* larguer; *Ballast* lâcher; *Material* **(mit dem Fallschirm) ~** parachuter 3 (*sich befreien von*) *Bürde, Joch* s'affranchir de; secouer 4 *Spielkarte* se défausser de 5 SPORT *Ball ins Spielfeld* lancer; HOCHSPRUNG *Latte* faire tomber; REITSPORT *Hindernis* renverser 6 *Gewinn* rapporter; donner; *Zinsen* produire B VI BALLSPIELE lancer la balle
abwerten VT ⟨-ete, *sép*, -ge-, h.⟩ 1 (*herabsetzen*) dévaloriser; dénigrer 2 *Währung* dévaluer
abwertend A ADJT *Ausdruck etc* péjoratif, -ive; **~e Kritik** critique négative B ADVL péjorativement
Abwertung F 1 (*Herabsetzung*) dévalorisation f; dénigrement m; **das soll keine ~ (s-r Person) sein** je n'ai pas voulu le critiquer, démolir 2 *der Währung* dévaluation f
abwesend A ADJ *a. fig* absent; **~ sein** être absent; ne pas être là, présent; **er war längere Zeit ~** il est resté longtemps parti, absent; **(geistig) ~ sein** être absent; *umg* être dans la lune B ADV d'un air absent, distrait
Abwesende(r) M/F(M) ⟨→ A⟩ absent(e) m(f)
Abwesenheit F ⟨~⟩ *a. fig* absence f; JUR *a.* contumace f; **in ~** (*dat*) **von** en l'absence de; **j-n in ~ verurteilen** juger, condamner qn par contumace; *iron* **durch ~ glänzen** briller par son absence
Abwesenheitsurteil N jugement m par contumace; **Abwesenheitsverfahren** N procédure f par contumace
abwetzen VT ⟨-(es)t, *sép*, -ge-, h.⟩ *Kleidung etc* élimer
abwickeln ⟨-(e)le, *sép*, -ge-, h.⟩ A VT 1 (*herunterwickeln*) dérouler; *Garn a.* dévider; *von e-r Spule* débobiner 2 (*erledigen*) *Angelegenheit* régler; traiter; *Auftrag, Handel, Transaktion* exécuter 3 *Programm, Verfahren etc* remplir; exécuter; réaliser 4 (*auflösen, schließen*) *e-n Betrieb* liquider; *e-e Institution* dissoudre B VR **sich ~** 1 (*sich abspulen*) se dérouler 2 *Verhandlungen, Ereignisse* se dérouler; *Verkehr* s'écouler; *Geschäfte* aller, se liquider, marcher (bien)

Abwicklung F ‹~; ~en› 1 *e-s Programms etc* déroulement *m* 2 *des Verkehrs* écoulement *m* 3 *e-s Auftrags, e-s Handels, e-r Transaktion* exécution *f* 4 *(Auflösung, Schließung) e-s Betriebs* liquidation *f*; *e-r Institution* dissolution *f*
Abwicklungskonto N compte *m* de liquidation; **Abwicklungsverfahren** N procédure *f* de liquidation; **Abwicklungszeitraum** M période *f* de liquidation
abwiegeln ‹-(e)le, *sép*, -ge-, h.› A VT 1 *(beschwichtigen)* apaiser; calmer 2 *(herunterspielen)* dédramatiser B VI 1 *(beschwichtigend wirken)* calmer les esprits 2 *(etw herunterspielen)* dédramatiser la situation
abwiegen VT ‹*irr, sép*, -ge-, h.› peser; **abwimmeln** *umg* VT ‹-(e)le, *sép*, -ge-, h.› se débarrasser de; *Personen a. umg* envoyer promener
Abwind M METEO, FLUG courant rabattant
abwinkeln VT ‹-(e)le, *sép*, -ge-, h.› plier
abwinken ‹*pperf regional ou hum* abgewunken, *sép*, -ge-, h.› A VT MOTORSPORT *Rennen* terminer par un signe; *Fahrer* faire signe à … de s'arrêter; *umg* **bis zum Abwinken** jusqu'à n'en plus pouvoir B VI faire signe que non; refuser d'un signe de main
abwirtschaften VI ‹-ete, *sép*, -ge-, h.› **abgewirtschaftet haben** *Firma* être ruiné; *Regime, Partei* s'être effondré, écroulé; **ein abgewirtschaftetes Landgut** une propriété en ruine
abwischen ‹*sép*, -ge-, h.› A VT 1 *Schmutz, Staub etc* essuyer (**von** sur); *Staub, Kreide etc a.* enlever (de) 2 *Tisch, Scheibe, Tafel etc* essuyer; nettoyer; *mit e-m Schwamm a.* éponger B VR **sich** (*dat*) **den Mund, die Hand ~** s'essuyer la bouche, la main
Abwischen N ‹~s› *e-s Tischs, des Staubs* essuyage *m*
abwracken VT ‹*sép*, -ge-, h.› mettre à la ferraille; *Auto a.* mettre à la casse; *Schiff* démolir; **Abwrackprämie** F HIST AUTO prime *f* à la casse
Abwurf M 1 lancement *m*; *e-s Reiters* désarçonnement *m* 2 FLUG, *von Bomben* largage *m*; *mit dem Fallschirm a.* parachutage *m*; *von Ballast* lâchage *m* 3 *e-r Spielkarte* défausse *f* 4 BALLSPIELE lancement *m* de balle; HOCHSPRUNG fait *m* de faire tomber
Abwurflinie F *Speerwerfen etc* ligne *f* de lancement; **Abwurfstelle** F lieu *m*, point *m* de largage, de parachutage, où l'on a jeté qc; **Abwurfvorrichtung** F FLUG mécanisme *m*, dispositif *m* de largage
abwürgen *umg* VT ‹*sép*, -ge-, h.› 1 *Diskussion, Kritik etc* étouffer 2 *Motor* caler
abzahlen VT ‹*sép*, -ge-, h.› *Möbel, Fernseher etc* payer à tempérament, à crédit; *Schulden a.* rembourser par versements échelonnés; **monatlich hundert Euro ~** payer des mensualités de cent euros
Abzahlen N ‹~s› → Abzahlung
abzählen VT ‹*sép*, -ge-, h.› 1 *Geld* compter; **das Fahrgeld bitte abgezählt bereithalten** préparez votre monnaie; SPORT, MIL **zu vieren ~!** comptez-vous, dénombrez-vous par quatre! 2 *an den Knöpfen, Fingern etc* compter (**an** [+*dat*] sur); *durch e-n Abzählvers* désigner qn par une comptine
Abzählen N ‹~s› *von Geld* compte *m*; **beim ~** en comptant
Abzählreim M comptine *f*
Abzahlung F paiement *m* à tempérament, à crédit; *von Schulden a.* remboursement *m* par versements échelonnés; **monatliche, jährliche ~** paiement *m* par mensualités, annuités; **etw auf ~ kaufen** acheter qc à tempérament, à crédit
Abzahlungsgeschäft N vente *f* à tempérament, à crédit; **Abzahlungskauf** M achat *m* à tempérament, à crédit; **Abzahlungsrate** F traite *f*; versement *m*
Abzählvers M comptine *f*
abzapfen VT ‹*sép*, -ge-, h.› *Wein, Bier etc* tirer; *umg* **j-m Blut ~** faire une prise de sang à qn; *umg* **j-m zehn Euro ~** *umg* taper qn de dix euros; *umg* taper dix euros à qn
abzäumen VT ‹*sép*, -ge-, h.› débrider; **Abzäumen** N ‹~s› débridement *m*; **abzäunen** VT ‹*sép*, -ge-, h.› clôturer; **Abzäunung** F ‹~; ~en› *(Zaun)* clôture *f*; **abzehren** VT ‹*sép*, -ge-, h.› amaigrir; décharner; **Abzehrung** F ‹~› amaigrissement *m*
Abzeichen N *e-r Partei, e-s Vereins*, MIL insigne *m*
abzeichnen ‹-ete, *sép*, -ge-, h.› A VT 1 *(abmalen)* dessiner (d'après nature, d'après un modèle); *Bild* copier 2 *(signieren)* parapher *od* parafer B VR **sich ~** 1 *in Umrissen* se dessiner; *gegen e-n Hintergrund* se découper, se détacher (**gegen** sur) 2 *(sich andeuten) Entwicklung, Krisen etc* se dessiner; s'annoncer 3 *(sichtbar werden) Freude, Entsetzen etc* se peindre (**auf** [+*dat*] sur)
Abziehbild N décalcomanie *f*
abziehen ‹*irr, sép*, -ge-› A VT ‹h.› 1 *Bettbezüge, Schalen, Ring etc* enlever; retirer; *Hut, Schlüssel etc* retirer; **e-m Pfirsich die Haut ~, e-n Pfirsich ~** enlever, retirer la peau d'une pêche; **die Betten ~** enlever, retirer les draps; **e-m Hasen das Fell ~, e-n Hasen ~** dépouiller un lièvre 2 *Truppen, Polizisten etc aus e-m Gebiet, Geld aus e-m Land etc* retirer (**aus** de) 3 *geh Gedanken, Aufmerksamkeit etc* détourner 4 *Wein etc* **auf Flaschen ~** mettre en bouteilles 5 *Rasiermesser etc* affiler; *Parkett, Bretter* poncer 6 FOTO, TYPO tirer (une épreuve, une gravure, *etc* de); **e-e Seite zwanzigmal ~** tirer une page à vingt exemplaires 7 GASTR *Suppe etc* (**mit e-m Ei**) délayer un œuf dans 8 MATH soustraire; retirer; *Unkosten, Spesen etc von e-m Betrag, Preis* déduire, retirer (**von** de); *vom Gehalt a.* retenir (**von** sur); *fig* **von dem was er sagt, muss man immer die Hälfte ~** il ne faut pas prendre tout ce qu'il dit pour argent comptant 9 *umg (veranstalten)* **e-e Fete ~** faire une fête; → *a.* Schau 2 B VI ‹s.› 1 *Truppen etc* se retirer; ~ **aus** *a.* quitter 2 *(wegziehen) Rauch etc* s'échapper; sortir; *Gewitter etc* s'éloigner 3 *umg Personen (weggehen) umg* ficher le camp; *umg* filer 4 *umg Auto (beschleunigen)* filer comme une flèche
Abziehen N ‹~s› 1 *des Fells* écorchement *m*; dépouillement *m* 2 *von Geld, Truppen etc aus e-m Land* retrait *m*; → *a.* Abzug 4 3 *von Wein etc* (sou)tirage *m*; **~ auf Flaschen** mise *f* en bouteilles 4 *e-s Rasiermessers* repassage *m*; affilage *m*; *e-s Parketts* ponçage *m* 5 FOTO, TYPO tirage *m*; *von Abziehbildern* décalquage *m* 6 GASTR *mit e-m Ei* délayage *m* (d'un œuf dans) 7 MATH soustraction *f*; *von Beträgen* → Abzug 5 8 *von Rauch etc* → Abzug 4
Abziehpapier N TYPO papier *m* à épreuves; *beim Hektografieren* papier *m* à copies, pour machines à polycopier; **Abziehpresse** F ‹~; ~n› TYPO presse *f* à épreuves; **Abziehriemen** M *für Rasiermesser* cuir *m* à rasoir
abzielen VI ‹*sép*, -ge-, h.› **auf etw, j-n ~** *Bemerkung, Maßnahme etc* viser qc, qn
abzirkeln VT ‹-(e)le, *sép*, -ge-, h.› 1 *mit dem Zirkel* tracer, mesurer au compas; *(genau abmessen)* tracer; mesurer avec exactitude, minutieusement 2 *fig Worte* mesurer; peser; **abzischen** *umg* VI ‹-(e)st, *sép*, -ge-, s.› *umg* ficher le camp
Abzocke *umg* F ‹~› *umg* arnaque *f*
abzocken *umg* VT ‹*sép*, -ge-, h.› **j-n ~** *umg* plumer qn; saigner qn (à blanc)
Abzocker(in) *umg* M(F) *umg* arnaqueur, -euse *m,f*; **Abzockerei** *umg* F ‹~; ~en› *umg* arnaque *f*
abzotteln *umg* VI ‹-(e)le, *sép*, -ge-, s.› s'en aller, partir sans se presser
Abzug M 1 FOTO, TYPO épreuve *f*; *(Kopie)* copie *f*; **e-n ~ machen (lassen)** (faire) tirer une épreuve 2 *(Gewehrabzug) etc* détente *f*; gâchette *f*; **den Finger am ~ haben** avoir le doigt sur la gâchette 3 *Öffnung für Rauch, Gas etc* sortie *f*; *für Gase t/t* évent *m* 4 ‹*pas de pl*› *(Truppenabzug)* départ *m*; retrait *m*; *von Wasser-, Menschenmassen* écoulement *m*; *von Rauch etc* échappement *m*; *e-s Gewitters etc* éloignement *m*; MIL **j-m freien ~ gewähren** accorder à qn (de se retirer avec) les honneurs de la guerre; *fig* permettre à qn de retirer 5 HANDEL *von Beträgen, Spesen etc* déduction *f*; décompte *m*; *vom Preis a.* rabais *m* (**von** sur); *vom Gehalt* retenue *f* (**von** sur); **nach ~ der Unkosten** déduction faite des frais; après déduction des frais; **unter ~ von …** déduction faite de …; ADMIN **in ~ bringen** déduire; ADMIN **in ~ kommen** être à déduire
abzüglich PRÄP ‹*gen*› HANDEL déduction faite de; moins
abzugsfähig ADJ qui peut être déduit; déductible; **abzugsfrei** ADJ exempt de déductions, de retenues
Abzugsgraben M fossé *m* d'écoulement; **Abzugskanal** M canal *m* d'écoulement; **Abzugsrohr** N *für Rauch, Gas etc* conduit *m* d'évacuation; *für Wasser etc* tuyau *m* d'écoulement; **Abzugsschacht** M conduit *m* d'évacuation; **Abzugsstollen** M *e-r Schusswaffe* gâchette *f*; **Abzugsventil** N *für Gase* soupape *f* d'échappement, *für Wasser* d'écoulement; **Abzugsvorrichtung** F *e-r Schusswaffe* mécanisme *m* de détente
abzupfen VT ‹*sép*, -ge-, h.› enlever, *Blütenblätter a.* arracher du bout des doigts
abzwacken *umg* ‹*sép*, -ge-, h.› A VT 1 couper (à la pince, *etc*) 2 *fig Zeit, Geld, Essen etc* rogner (**von** sur) B VR **sich** (*dat*) **e-e Viertelstunde von der Freizeit ~** rogner un quart d'heure sur son temps libre; **sich** (*dat*) **ein paar Euro ~** épargner quelques euros en se privant
Abzweig M ADMIN *e-r Straße* embranchement *m*; bifurcation *f*
Abzweigdose F ELEK boîte *f* de dérivation; distributeur *m*
abzweigen ‹*sép*, -ge-› A *umg* VT ‹h.› *Geld etc* prélever (**von** sur) B VI ‹s.› *Straße* bifurquer (**von** de)
Abzweigstelle F (endroit *m*, point *m* de) bifurcation *f*, (d')embranchement *m*
Abzweigung F ‹~; ~en› *e-r Straße* bifurcation *f*; embranchement *m*
abzwicken VT ‹*sép*, -ge-, h.› couper (à la pince, *etc*)
abzwingen VT ‹*irr, sép*, -ge-, h.› **j-m etw ~** *Zugeständnis, Lächeln etc* arracher qc à qn
abzwitschern *umg* VI ‹-(e)re, *sép*, -ge-, s.› *umg* filer; *umg* ficher le camp
a cappella ADV a cappella
Accessoire N ‹~s; ~s› accessoire *m*; MODE **mit ~s schmücken** accessoiriser
Account M *od* N ‹~s; ~s› IT compte *m* utilisateur
Acetat N ‹~s; ~e› acétate *m*; **Acetatseide** F soie *f* d'acétate
Aceton N ‹~s› acétone *f*
Acetylen N ‹~s›, **Acetylengas** N acétylène *m*
ach A INT ah!; eh!; *klagend* °hélas!; **~, wenn es doch … wäre!** ah! si c'était …!; **~, du armes Kind!** ah! mon, ma pauvre enfant!; *sehnsüchtig, bedauernd* **~ ja!** eh oui!; *zweifelnd* **~ ja?** ah

oui?; ~, ist das schön! ah od oh! que c'est beau!; ~, wirklich? ah! vraiment?; ~, da sind Sie ja! ah! vous voilà!; ~, was ich noch sagen wollte ah! je voulais encore vous dire (que …); ~ was!, ~ wo! allons donc!; mais non!; pensez-vous!; pas du tout!; ~ so! ah bon!; ah ah! B *Partikel meist iron* der ~ so liebe Besuch notre *bzw.* nos cher(s) visiteur(s)

Ach N ⟨~s; ~(s)⟩ ah *m*; das ewige ~ und Weh ces plaintes éternelles; *umg* ~ und Weh schreien jeter les °hauts cris; *umg* mit ~ und Krach avec bien du mal; péniblement

Achat M ⟨~(e)s; ~e⟩ MINER agate *f*; **Achatschnecke** F ZOOL achatina *m*

Achill M ⟨→ *n/pr*⟩ Achille *m*

Achillea F ⟨~; -leen⟩ BOT achillée *f*

Achilles M ⟨→ *n/pr*⟩ Achille *m*; **Achillesferse** F *fig* talon *m* d'Achille; point *m* vulnérable; **Achillessehne** F ANAT tendon *m* d'Achille

Achim M ⟨→ *n/pr*⟩ *prénom*

Achlaut M achlaut *m* (*prononciation du « ch » après les voyelles « a, o, u »*)

Achromasie F ⟨~; ~n⟩ OPT achromatisme *m*; **achromatisch** ADJ achromatique

Achsabstand M AUTO empattement *m*; EISENBAHN entraxe *m*; **Achsdruck** M ⟨~(e)s; -drücke⟩ → Achsendruck

Achse F ⟨~; ~n⟩ MATH, TECH, OPT *etc*, *fig* axe *m*; *e-s Fahrzeugs* essieu *m*; (*Drehachse*) pivot *m*; sich um s-e *od* die eigene ~ drehen tourner autour de son axe; *Erde, Person* tourner sur soi-même; *Auto etc* faire un tête-à-queue; *umg* immer auf (der) ~ sein être souvent parti; *umg* avoir la bougeotte

Achsel F ⟨~; ~n⟩ ANAT, BOT aisselle *f*; *umg* (*Schulter*) épaule *f*; die ~n zucken °hausser les épaules

Achselgriff M RETTUNGSSCHWIMMEN *etc* prise *f* sous les aisselles; **Achselhaare** NPL poils *mpl* de l'aisselle; **Achselhemd** N *Unterhemd* maillot *m* de corps; *für Damen* débardeur *m*; t-shirt *m* sans manches; **Achselhöhle** F creux *m* de l'aisselle; **Achselschnur** F MIL aiguillette *f*; **Achselschweiß** M sueur *f* de l'aisselle; **Achselshirt** N ⟨~s; ~s⟩ MODE débardeur *m*; **achselständig** ADJ BOT axile; (*im Blattwinkel wachsend*) axillaire; **Achselstück** N → Schulterstück; **Achselzucken** N ⟨~s⟩ °haussement *m* d'épaules; **achselzuckend** A ADJT °haussant les épaules B ADVL en °haussant les épaules

Achsenabstand M → Achsabstand; **Achsenantrieb** M commande directe; **Achsenbruch** M rupture *f* d'essieu; **Achsendrehung** F rotation axiale, autour de l'axe; **Achsendruck** M charge *f* d'essieu; **achsensymmetrisch** ADJ axisymétrique

Achsgehäuse N enveloppe *f*, carter *m* d'essieu; **Achslager** N AUTO boîte *f* d'essieu; **Achslast** F charge *f* d'essieu; **Achsschenkel** M fusée *f* (d'essieu); **Achsstand** M → Achsabstand; **Achssturz** M carrossage *m*

acht A NUM 1 °huit; ~ und fünf sind *od* ist *od umg* macht dreizehn °huit et cinq font, égale(nt) treize; ~ zu vier gewinnen gagner par °huit à quatre; er ist ~ Jahre (alt) il a °huit ans; mit ~ (Jahren) à °huit (ans); je ~ und ~ de huit en °huit; im Jahre ~ vor, nach Christus en l'an °huit avant le Christ, de notre ère; ~ Tage °huit jours; *Dauer a.* une semaine; une °huitaine; ~ Stunden, Tage alt *Baby etc* (âgé) de huit heures, jours; in ~ Tagen dans une semaine, °huitaine; in, binnen ~ Tagen dans les °huit jours; heute in ~ Tagen d'ici °huit jours; aujourd'hui en °huit; morgen, Montag in ~ Tagen demain, lundi en °huit; (heute) vor ~ Tagen il y a (aujourd'hui) une semaine, °huit jours; alle ~ Tage tous les °huit jours; chaque semaine 2 *Uhrzeit* (es ist) ~ Uhr (il est) °huit heures; um ~ (Uhr) à °huit heures; Punkt ~ (Uhr) à °huit heures juste, *umg* pile; halb ~ sept heures et demie; gegen ~ Uhr vers (les) °huit heures; ~ Uhr ~ °huit heures °huit B ADV zu ~ à °huit; zu ~ sein être °huit

Acht¹ F ⟨~; ~en⟩ 1 *Zahl* (chiffre *m*, nombre *m*) °huit *m*; e-e ~ malen faire, dessiner un °huit 2 *weitS. Spielkarte, Bus, Straßenbahn etc* °huit *m*; nehmen Sie die (Linie) ~ prenez le huit 3 *umg Fahrrad* e-e ~ im Rad haben avoir une roue voilée

Acht² F ⟨~⟩ HIST, *fig* ban *m*; j-n in ~ und Bann tun mettre qn au ban

Acht³ F ⟨~⟩ (*Aufmerksamkeit*) ~ geben → achtgeben; etw außer ~ lassen ne pas faire attention à qc; négliger, oublier qc; sich vor j-m, etw in ~ nehmen prendre garde, faire attention à qn, qc; nimm dich in ~! fais attention!; gare à toi!

achtarmig ADJ à °huit bras; *Leuchter* à °huit branches; *Krake etc t/t* octopode

achtbändig ADJ de *od* en °huit volumes

achtbar *geh* ADJ respectable; estimable; honorable; **Achtbarkeit** *geh* F ⟨~⟩ respectabilité *f*; honorabilité *f*

achte(r, -s) NUM °huitième; der ~, den ~n, am ~n Januar le huit janvier; das ~ Kapitel le huitième chapitre; le chapitre °huit; der Achte (des Monats) le huit (du mois); Heinrich der Achte (VIII.) Henri VIII; jeder Achte un sur °huit; jeden ~n Tag tous les °huit jours; in der ~n Klasse sein être en quatrième; das Ziel als Achter erreichen arriver °huitième

Achteck N ⟨~s; ~e⟩ octogone *m*; **achteckig** ADJ octogonal

achteinhalb NUM °huit et demi

achtel ADJ ⟨*inv*⟩ ein ~ Pfund … *etwa* soixante-deux grammes de …; fünf ~ Liter Rum six cent vingt-cinq millilitres de rhum

Achtel N ⟨~s; ~⟩ 1 °huitième *m*; fünf ~ cinq °huitièmes 2 *umg* → Achtelpfund

Achtelfinale N SPORT °huitième *m* de finale; **Achtelliter** M *od* N cent vingt-cinq millilitres

achteln V/T ⟨-(e)le, h.⟩ diviser en °huit

Achtelnote F MUS croche *f*; **Achtelpause** F MUS demi-soupir *m*

Achtelpfund N *etwa* soixante-deux grammes

achten ⟨-ete, h.⟩ A V/T 1 *Personen* estimer; considérer; respecter; er war sehr geachtet il était tenu en °haute, grande estime; il était très estimé, considéré 2 *Gesetz, Gefühle, Beweggründe etc* respecter 3 *geh* die Mühe, das Geld nicht ~ ne pas épargner sa peine, son argent B V/I 1 (*aufpassen*) auf etw, j-n ~ faire attention, prendre garde à qc, qn; auf etw (*akk*) streng, genau ~ faire très attention, veiller soigneusement à qc; auf s-e Gesundheit ~ prendre soin de sa santé 2 (*bemerken*) ohne darauf zu ~, dass … sans remarquer que …; ~ Sie auf den Herrn mit dem grauen Mantel regardez le monsieur au manteau gris; achte mal darauf, wie er das macht regarde comment il s'y prend

ächten V/T ⟨-ete, h.⟩ 1 HIST mettre au ban 2 *fig* bannir; proscrire

Achtender M ⟨~s; ~⟩ cerf *m* (de) °huit cors

achtens ADV °huitièmement; en °huitième lieu

achtenswert ADJ estimable; respectable

Achter M ⟨~s; ~⟩ 1 *regional* → Acht¹ 2 RUDERN °huit *m*

Achterbahn F montagnes *fpl* russes; **Achterdeck** N SCHIFF pont *m* arrière

achterlei ADJ ⟨*inv*⟩ °huit sortes, espèces de …; °huit… différent(e)s; de huit sortes, espèces différentes

Achterluke F SCHIFF écoutille *f* arrière

achtern ADV SCHIFF (en) arrière

Achterpack M, **Achterpackung** F paquet *m* de huit

Achterreihe F rangée *f* de huit; in ~n par (rangées de) °huit

Achtersteven M SCHIFF étambot *m*

achtfach A ADJ octuple; die ~e Menge °huit fois la quantité; in ~er Ausfertigung en °huit exemplaires B ADV °huit fois (plus); à l'octuple; ~ vergrößert agrandi °huit fois

Achtfache(s) N ⟨→ A⟩ octuple *m*; sie verdient das ~ von ihm elle gagne °huit fois plus que lui

achtfarbig ADJ à *od* de huit couleurs

Achtflach N ⟨~s; ~e⟩, **Achtflächner** M ⟨-flächners; -flächner⟩ octaèdre *m*

Achtfüßer M ⟨~s; ~⟩ ZOOL octopode *m*; **achtfüßig** ADJ 1 ZOOL octopode 2 *Vers* à °huit pieds

achtgeben V/I ⟨*irr, sép,* -ge-, h.⟩ 1 (*vorsichtig sein*) faire attention; prendre garde; gib acht, dass du nicht fällst! fais attention, prends garde à ne pas tomber!; (darauf) ~ müssen, dass … devoir veiller à ce que … (*+subj*) 2 (*aufpassen*) auf etw, j-n ~ faire attention, prendre garde, veiller à qc, qn; auf sich (*akk*) ~ faire attention, prendre garde à soi

achtgeschossig → achtstöckig; **achtgeteilt** ADJT partagé en °huit

achthundert NUM °huit cent(s); **Achthundertjahrfeier** F célébration *f* du huitième centenaire; **achthundertste(r, -s)** NUM °huit-centième; **achthunderttausend** NUM °huit cent mille; **achtjährig** ADJ (*acht Jahre alt*) (âgé) de huit ans; (*acht Jahre lang*) de huit ans; qui dure °huit ans; **Achtjährige(r)** M/F(M) ⟨→ A⟩ garçon *m* (fille *f*) de huit ans; **achtjährlich** ADV (ADJ) (qui revient) tous les °huit ans; **Achtkampf** M TURNEN concours général (femmes)

achtkantig A ADJ qui a °huit arêtes B ADV *umg fig* j-n ~ hinauswerfen *umg* flanquer carrément qn à la porte

achtköpfig ADJ 1 *Ungeheuer etc* à °huit têtes 2 *fig Familie* de huit personnes; *Gremium etc* de huit membres

achtlos A ADJ inattentif, -ive; négligent B ADV sans faire attention; négligemment; *durchblättern etc a.* d'une manière distraite; **Achtlosigkeit** F ⟨~⟩ manque *m* d'attention; négligence *f*

achtmal ADV °huit fois; ~ so viel °huit fois plus

achtmalig ADJ ⟨*épithète*⟩ répété °huit fois

Achtmeter M HALLENFUSSBALL penalty *m*; **Achtmeterbrett** N SCHWIMMSPORT planche *f* de huit mètres

achtmonatig ADJ (*acht Monate alt*) (âgé) de huit mois; (*acht Monate lang*) de huit mois; qui dure °huit mois; **achtmonatlich** ADV (ADJ) (qui revient) tous les °huit mois

Achtmonatskind N prématuré(e) *m(f)* (*né à huit mois*)

achtmotorig ADJ à *od* de huit moteurs

Achtpfünder M ⟨~s; ~⟩ nouveau-né *m*, poisson *m*, *etc* de quatre kilos

achtpfündig ADJ ⟨*épithète*⟩ de quatre kilos; **achtprozentig** ADJ à °huit pour cent; **achtreihig** ADJ à *od* de huit rangs

achtsam *geh* ADJ attentif, -ive; **Achtsamkeit** *geh* F ⟨~⟩ attention *f*

achtseitig ADJ à *od* de huit côtés, faces;

Schriftstück de huit pages; GEOMETRIE octaédrique; **Achtsilber** M ⟨~s; ~⟩ octosyllabe *m*; **achtsilbig** ADJ *Wort* de huit syllabes; *t/t* octosyllab(iqu)e; *Vers a.* de huit pieds; **Achtsilbler** M ⟨~s; ~⟩ octosyllabe *m*; **Achtsitzer** M ⟨~s; ~⟩ voiture *f etc* à °huit places; **achtsitzig** ADJ à °huit places; **achtspaltig** ADJ de huit colonnes

Achtspänner M ⟨~s; ~⟩ voiture *f*, attelage *m* à °huit chevaux

achtspännig ADJ à °huit chevaux; **achtspurig** ADJ à °huit voies; **achtstellig** ADJ *Zahl, Betrag* de huit chiffres; **achtstimmig** ADJ à °huit voix

achtstöckig ADJ de huit étages; **achtstrophig** ADJ de huit strophes

Achtstundentag M journée *f* de huit heures

achtstündig ADJ *(acht Stunden lang)* de huit heures; qui dure °huit heures; **achtstündlich** ADV (ADJ) (qui revient) toutes les °huit heures

achttägig ADJ *(acht Tage lang)* de huit jours; d'une semaine; qui dure °huit jours, une semaine; **achttäglich** ADV (ADJ) (qui revient) tous les °huit jours, chaque semaine

achttausend NUM °huit mille

Achttausender M ⟨~s; ~⟩ montagne *f* de huit-mille mètres; **Achtteiler** M RADIO, TV feuilleton *m* en °huit épisodes

achtteilig ADJ de huit pièces; *Serie, Ausgabe etc* en °huit parties

Achttonner M ⟨~s; ~⟩ (camion *m* de) °huit-tonnes *m*; **Achtuhrvorstellung** F représentation *f* de huit heures; **Achtuhrzug** M train *m* de huit heures

achtundeinhalb → achteinhalb

Achtundsechziger(in) *umg* M ⟨~s; ~⟩ (F) ⟨~in; ~innen⟩ POL *umg* soixante-huitard(e) *m(f)*

Achtung F ⟨~⟩ **1** *(Aufmerksamkeit)* attention *f*; *bei Durchsagen etc* **~, ~!** attention, s'il vous plaît!; SPORT **~, fertig, los!** à vos marques! prêts! partez!; MIL **~! Stillgestanden!** à vos rangs, fixe!; FILM **~, Aufnahme!** silence! on tourne; **~, Stufe!** attention à la marche! **2** *(Respekt)* respect *m* (**vor** [+dat] pour); *(Wertschätzung)* estime *f*, considération *f* (**vor** [+dat] pour); **aus ~ vor** (+dat) par respect pour; *geh* **~ gebietend** qui impose, inspire le respect, l'estime; **vor j-m ~ haben** respecter, estimer qn; avoir du respect, de l'estime pour qn; **keine ~ vor j-m haben** *a.* manquer de respect envers qn; **sich** *(dat)* **~ verschaffen** se faire respecter; **in j-s ~** *(dat)* **sinken, steigen** descendre, monter dans l'estime de qn; *umg* **alle ~!** *umg* chapeau!

Ächtung F ⟨~; ~en⟩ *a. fig* mise *f* °hors la loi; bannissement *m*

achtunggebietend *geh* ADJT qui impose, inspire le respect, l'estime

Achtungserfolg M succès *m* d'estime; **achtungsvoll** **A** ADJ respectueux, -euse **B** ADV respectueusement; avec respect

achtwöchentlich ADV (ADJ) (qui revient) toutes les °huit semaines, tous les deux mois; **achtwöchig** ADJ *(acht Wochen alt)* (âgé) de huit semaines, deux mois; *(acht Wochen lang)* de huit semaines, deux mois; qui dure °huit semaines, deux mois; **achtzehn** NUM dix-huit; → *a.* acht; **achtzehnhundert** NUM dix-huit cent(s); **achtzehnjährig** ADV *(achtzehn Jahre alt)* (âgé) de dix-huit ans; *(achtzehn Jahre lang)* de dix-huit ans; qui dure dix-huit ans; **achtzehntausend** NUM dix-huit mille; **achtzehnte(r, -s)** NUM dix-huitième; → *a.* achte(r, -s); **Achtzehntel** N ⟨~s; ~⟩ dix-huitième; **Achtzeiler** M ⟨~s; ~⟩ METRIK °huitain *m*; **achtzeilig** ADJ à *od* de huit lignes

achtzig NUM quatre-vingts; *bei nachfolgender Zahl* quatre-vingt; *schweiz* °huitante; *belgisch* octante; **Seite ~** page *f* quatre-vingt; **etwa, rund ~ (Personen)** environ quatre-vingts personnes; **mit ~ (Jahren)** à quatre-vingts ans; **sie ist über ~ (Jahre)** elle a plus de quatre-vingts ans; **Anfang ~** *Altersangabe* entre quatre-vingts et quatre-vingt-cinq ans; **Mitte ~** *Altersangabe* dans les quatre-vingt-cinq ans; **mit ~ Stundenkilometern** à quatre-vingts kilomètres à l'heure; *umg* **~ fahren** faire du quatre-vingt; *umg fig* **auf ~ sein** *umg* être fumasse, furax

Achtzig F ⟨~⟩ *Zahl* quatre-vingts *m*; *Haus, Bus etc* quatre-vingt *m*

achtziger ADJ ⟨inv⟩ **die ~ Jahre, die Achtziger** les années *fpl* quatre-vingt; *Altersangabe* **in den Achtzigern, Mitte der Achtziger** dans les quatre-vingt-cinq ans

Achtziger(in) M ⟨~s; ~⟩ (F) ⟨~in; ~innen⟩ → Achtzigjährige(r); **Achtzigerjahre** NPL **die ~** les années *fpl* quatre-vingt; **achtzigjährig** ADJ *(achtzig Jahre alt)* (âgé) de quatre-vingts ans; *Personen a.* octogénaire; *(achtzig Jahre lang)* de quatre-vingts ans; qui dure quatre-vingts ans; **Achtzigjährige(r)** M/F(M) ⟨→ A⟩ octogénaire *m/f*; homme *m* (femme *f*) de quatre-vingts ans

achtzigste(r, -s) NUM quatre-vingtième

Achtzigstel N ⟨~s; ~⟩ quatre-vingtième *m*

achtzigtausend NUM quatre-vingt mille

Achtzylinder *umg* M (voiture *f* à) °huit cylindres *f*; **Achtzylindermotor** M moteur *m* à °huit cylindres

ächzen V/I ⟨-(es)t, h.⟩ *Person, Material etc* gémir; *leiser* geindre; *Holz a.* craquer

Ächzen N ⟨~s⟩ geignement *m*; gémissement *m*

Acker M ⟨~s; ⸚⟩ **1** champ *m* (labouré); **auf dem ~** aux champs **2** ⟨pl ~⟩ HIST *Flächenmaß* acre *f*

Ackerbau M ⟨~(e)s⟩ agriculture *f*; **~ treiben** cultiver la terre; **~ und Viehzucht** *f* agriculture et élevage *m*

Ackerboden M terre *f* labourable, arable; **Ackerfläche** F surface labourée, cultivée; **Ackerfurche** F sillon *m*; **Ackergaul** M cheval *m* de labour; *pej* mauvais cheval; canasson *m*; **Ackerkrume** F terre *f* arable; **Ackerland** N ⟨~(e)s⟩ terres cultivées, labourées

ackern ⟨-(e)re, h.⟩ **A** V/T AGR labourer **B** *umg* V/I *umg* bosser; *umg* trimer

Ackersalat M *regional* mâche *f*; doucette *f*; **Ackerschachtelhalm** M BOT prêle *f* des prés; **Ackerscholle** F motte *f* de terre; **Ackerwinde** F BOT liseron *m* des champs

a conto ADV FIN (à titre) d'acompte (de)

Acryl N ⟨~s⟩ acrylique *m*; **Acrylfarbe** F peinture acrylique; **Acrylfaser** F fibre *f* acrylique; **Acrylglas** N ⟨~es⟩ verre *m* acrylique; **Acrylharz** N résine *f* méthacrylique

ACS M ⟨~⟩ ABK (Automobile-Club der Schweiz) A.C.S. *m* (Automobile Club de Suisse)

Act M ⟨~s; ~s⟩ **1** *Jargon* MUS *(Gruppe)* groupe *m* (de pop, de rock); *(Musiker[in])* musicien, -ienne *m,f* (de pop, de rock); *(Veranstaltung)* concert *m* (de pop, de rock) **2** *umg (großer Aufwand)* histoire *f*

Action *umg, Jargon* F ⟨~⟩ action *f*; **Actionfilm** M film *m* d'action

a. d. ABK (an der) sur le *bzw.* la

a. D. ABK (außer Dienst) à la, en retraite

A. D. ABK (Anno Domini) A.D.

ad absurdum ADV **etw ~ führen** prouver, montrer l'absurdité de qc

ADAC M ⟨~⟩ ABK (Allgemeiner Deutscher Automobil-Club) *in Frankreich etwa* A.C.F. *m* (Automobile-Club de France)

ad acta ADV **etw ~ legen** classer qc

adagio ADV MUS adagio

Adagio N ⟨~s; ~⟩ MUS adagio *m*

Adam M ⟨→ n/pr⟩ Adam *m*; *umg fig* **bei ~ und Eva anfangen** remonter au déluge; *umg hum* **das macht nach ~ Riese ...** si mes comptes sont bons, ça fait ...

Adamsapfel *umg hum* M pomme *f* d'Adam; **Adamskostüm** N *umg* **im ~** en costume d'Adam

Adaptation F ⟨~; ~en⟩ adaptation *f*

Adapter M ⟨~s; ~⟩ TECH adaptateur *m*

adaptieren V/T ⟨pas de ge-, h.⟩ **1** adapter (**für** à) **2** *österr Gebäude* aménager (**als** en); **Adaption** F → Adaptation

adäquat ADJ adéquat

addieren ⟨pas de ge-, h.⟩ **A** V/T additionner (**zu** à); faire l'addition de **B** V/R **sich (zu etw) ~** s'élever (à qc)

Addiermaschine F machine *f* à additionner

Addition F ⟨~; ~en⟩ addition *f*

Additionszeichen N signe *m* d'addition, plus

additiv ADJ additif, -ive

Additiv N ⟨~s; ~e⟩ CHEM additif *m*

Adduktion F ⟨~; ~en⟩ ANAT adduction *f*; **Adduktor** M ⟨~s; -toren⟩ ANAT (muscle *m*) adducteur *m*

ade INT **1** *poet* adieu! **2** *regional* au revoir!; **j-m Ade sagen** dire au revoir à qn

Adebar M ⟨~s; ~e⟩ *bes nordd (Storch)* cigogne *f*

Adel M ⟨~s⟩ *a. fig* noblesse *f*; **alter, niederer, hoher ~** ancienne, petite, °haute noblesse; **geistiger ~** noblesse *f* de l'esprit; **von ~ sein** être noble; *sprichw* **~ verpflichtet** *sprichw* noblesse oblige

Adele F ⟨→ n/pr⟩ *prénom*

Adelheid F ⟨→ n/pr⟩ *prénom*

adelig → adlig

adeln V/T ⟨-(e)le, h.⟩ **1** HIST anoblir **2** *geh fig* ennoblir

Adelsbrief M lettres *fpl* de noblesse; **Adelsfamilie** F, **Adelsgeschlecht** N famille *f* noble; **Adelsprädikat** N particule *f* nobiliaire; **Adelsregister** N nobiliaire *m*

Adelsstand M noblesse *f*; **j-n in den ~ erheben** anoblir qn

Adelstitel M titre *m* de noblesse, nobiliaire

Adelung F ⟨~; ~en⟩ anoblissement *m*

Aden N ⟨→ n/pr⟩ GEOG Aden

Adept M ⟨~en; ~en⟩ *a. geh hum* adepte *m*

Ader F ⟨~; ~n⟩ ANAT, BOT, *fig, in Holz, Marmor* veine *f*; *(Erzader)* veine *f*; filon *m*; *e-s Kabels* fil *m*; *(Arterie, Verkehrsader)* artère *f*; MED, *fig* **j-n zur ~ lassen** saigner qn; *fig* **e-e künstlerische, komische, poetische ~ haben** avoir des dispositions, des dons artistiques, comiques, pour la poésie; *fig* **e-e kritische ~ haben** avoir l'esprit critique; **in ihren ~n fließt blaues Blut** elle a du sang bleu dans les veines

Äderchen N ⟨~s; ~⟩ veinule *f*

Aderlass M ⟨~es; -lässe⟩ MED, *fig* saignée *f*

Aderung F ⟨~; ~en⟩, **Äderung** F ⟨-ung; -ungen⟩ veines *fpl*; *(Blattaderung, -äderung)* meist nervures *fpl*; *von Marmor, Holz a.* marbrures *fpl*

Adhäsion F ⟨~; ~en⟩ PHYS adhésion *f*; TECH, MED, BOT adhérence *f*

Adhäsionskraft F force *f* d'adhésion; **Adhäsionsvermögen** N ⟨~s⟩ adhésivité *f*; pouvoir adhérent, adhésif

Adhäsionsverschluss M **mit ~** adhésif, -ive

adhäsiv ADJ adhésif, -ive

ad hoc ADV **1** *(zu diesem Zweck)* ad hoc **2** *(spontan)* spontanément; immédiatement; au pied levé

ADHS N ⟨~⟩ ABK (Aufmerksamkeitsdefizit-Hyperaktivitätssyndrom) TDAH (trouble déficitaire de l'attention avec hyperactivité) *m*

adieu → ade

Adieu N ⟨~s; ~s⟩ *poet* adieu *m*

ad infinitum *geh* à l'infini

Adjektiv N ⟨~s; ~e⟩ GRAM adjectif (qualificatif); **attributives ~** adjectif *m* épithète; **prädikatives ~** adjectif attribut

adjektivieren V/T ⟨*pas de ge-*, h.⟩ adjectiver

adjektivisch A ADJ adjectif, -ive; adjectival B ADV adjectivement

adjustieren V/T ⟨*pas de ge-*, h.⟩ 1 TECH ajuster 2 *österr* ADMIN équiper; **Adjustierung** F ⟨~; ~en⟩ 1 TECH ajustage *m* 2 *österr* ADMIN équipement *m*

Adjutant M ⟨~en; ~en⟩ MIL officier *m* d'ordonnance

Adler M ⟨~s; ~⟩ 1 ZOOL aigle *m* 2 ASTRON Aigle *f*

Adlerauge N *fig* **~n haben** avoir des yeux d'aigle

Adlerblick M regard *m* d'aigle; **Adlerfarn** M fougère *f* grand aigle; **Adlerhorst** M aire *f* d'un *bzw.* de l'aigle; **Adlernase** F nez en bec d'aigle, busqué

ad libitum *geh* ADV ad libitum

adlig ADJ *a. fig* noble

Adlige(r) M/F(M) ⟨→ A⟩ noble *m/f*

Administration F ⟨~; ~en⟩ administration *f*

administrativ ADJ administratif, -ive

Administrator M ⟨~s; -toren⟩, **Administratorin** F ⟨~; ~nen⟩ 1 IT administrateur, -trice *m,f* système 2 (*Verwalter(in)*) administrateur, -trice *m,f*

Admiral M 1 ⟨~s; ~e *ou* -räle⟩ SCHIFF MIL amiral *m* 2 ⟨~s; ~e⟩ *Schmetterling* vulcain *m*; **Admiralität** F ⟨~; ~en⟩ amirauté *f*

Admiralsflagge F pavillon *m* amiral; **Admiralsrang** M grade *m* d'amiral; **Admiralsschiff** N vaisseau *m* amiral

Admiralstab M amirauté *f*

a. d. O. ABK (an der Oder) -sur-l'Oder

Adoleszenz *t/t* F ⟨~⟩ adolescence *f*

Adolf, Adolph M ⟨→ *n/pr*⟩ *prénom*

Adonis M MYTH Adonis *m*; *geh fig* **ein ~ sein** être un Adonis; *geh* **er ist nicht gerade ein ~** ce n'est pas précisément un Adonis

Adonisröschen N ⟨~s; ~⟩ BOT adonis *f*

adoptieren V/T ⟨*pas de ge-*, h.⟩ adopter; **Adoption** F ⟨~; ~en⟩ adoption *f*

Adoptivbruder M frère adoptif; **Adoptiveltern** PL parents adoptifs; **Adoptivkind** N enfant adoptif; **Adoptivmutter** F mère adoptive; **Adoptivschwester** F sœur adoptive; **Adoptivsohn** M fils adoptif; **Adoptivtochter** F fille adoptive; **Adoptivvater** M père adoptif

Adr. ABK 1 (*Adresse*) adresse 2 (*Adressat*) destinataire

Adrenalin N ⟨~s⟩ adrénaline *f*

Adrenalinspiegel M taux *m* d'adrénaline; **j-s ~ steigt, sinkt** le taux d'adrénaline de qn augmente, diminue

Adrenalinstoß M décharge *f* d'adrénaline

Adressat(in) M ⟨~en; ~en⟩ (F) ⟨~in; ~innen⟩ destinataire *m/f*; *e-s Wechsels* tiré *m*

Adressaufkleber M autocollant *m* avec adresse; **Adressbuch** N répertoire *m* d'adresses

Adresse F ⟨~; ~n⟩ adresse *f* (*a.* IT); **falsche, richtige ~** mauvaise, bonne adresse; HANDEL **per ~** aux (bons) soins de; **meine ~ lautet …** voici mon adresse …; **ich bin unter folgender ~ zu erreichen** on peut me joindre à l'adresse suivante; **dieses Restaurant zählt zu den ersten ~n (der Stadt)** ce restaurant compte parmi les meilleurs (de la ville); *fig* **e-e Warnung an die ~ der Entführer** un avertissement adressé aux kidnappeurs; *umg fig* **da sind Sie bei mir an der falschen ~** *od* **an die falsche ~ geraten** ce n'est pas à moi qu'il faut demander ça

Adressenänderung F changement *m* d'adresse; **Adressenaufkleber** M → Adressaufkleber; **Adressenbüro** N bureau *m* de vente d'adresses; **Adressenverzeichnis** N liste *f* d'adresses

adressieren V/T ⟨*pas de ge-*, h.⟩ *Brief etc* mettre, écrire l'adresse sur; **etw an j-n ~** adresser qc à qn; **adressierter Umschlag** enveloppe *f* avec l'adresse

Adressiermaschine F machine *f* à adresser

adrett ADJ (*hübsch anzusehen*) coquet, -ette; (*gepflegt*) soigné; (*schmuck u. sauber*) propret, -ette

Adria ⟨→ *n/pr*⟩ **die ~** l'Adriatique *f*

adriatisch ADJ adriatique; **das Adriatische Meer** la mer Adriatique

ADS N ⟨~⟩ ABK (Aufmerksamkeitsdefizit-Syndrom) TDA (trouble déficitaire de l'attention) *m*

adsorbieren V/T ⟨*pas de ge-*, h.⟩ PHYS, CHEM adsorber

Adsorption F ⟨~; ~en⟩ PHYS, CHEM adsorption *f*

adstringierend ADJT PHARM astringent

A-Dur N la *m* majeur

Advent M ⟨~s⟩ REL avent *m*; **im ~** pendant l'avent; **der erste ~** le premier dimanche de l'avent

Adventist(in) M ⟨~en; ~en⟩ (F) ⟨~in; ~innen⟩ REL adventiste *m/f*

Adventkalender *etc österr* → Adventskalender *etc*

Adventskalender M calendrier *m* de l'avent; **Adventskerze** F bougie *f* de l'avent; **Adventskranz** M couronne *f* de l'avent (*tressée avec des branches de sapin et décorée de quatre bougies*); **Adventssonntag** M dimanche *m* de l'avent; **Adventszeit** F temps *m* de l'avent

Adverb N ⟨~s; ~ien⟩ GRAM adverbe *m*

adverbial GRAM A ADJ adverbial; **~e Bestimmung der Zeit, des Ortes, der Art und Weise** complément circonstanciel de temps, de lieu, de manière B ADV adverbialement; comme adverbe

Adverbialsatz M GRAM proposition adverbiale

adverbiell ADJ *u.* ADV → adverbial

adversativ ADJ GRAM adversatif, -ive

Advocatus Diaboli *geh fig* M ⟨~; Advocati Diaboli⟩ avocat *m* du diable; **den ~ spielen** se faire l'avocat du diable

Advokat(in) M ⟨~en; ~en⟩ (F) ⟨~in; ~innen⟩ *österr, schweiz, regional* (*Anwalt*), *a. fig* avocat(e) *m(f)*

Advokaturbüro N *schweiz* cabinet *m* d'avocat

aerob ADJ *Lebewesen* aérobie

Aerobic N ⟨~s⟩ aérobic *m od f*

Aerobier M ⟨~s; ~⟩, **Aerobiont** M ⟨-bionten; -bionten⟩ BIOL organisme *m* aérobie

Aerodynamik F aérodynamique *f*; **aerodynamisch** ADJ aérodynamique; **Aerogramm** N ⟨~s; ~e⟩ POST® aérogramme *m*; **Aerologie** F ⟨~⟩ aérologie *f*; **Aeromechanik** F science *f* concernant l'aérostatique et l'aérodynamique

Aerosol N ⟨~s; ~e⟩ aérosol *m*; **Aerostatik** F aérostatique *f*; **aerostatisch** ADJ aérostatique

Affäre F ⟨~; ~n⟩ 1 (*peinlicher Vorfall*) affaire *f*; **in e-e dunkle ~ verwickelt sein** être impliqué dans une sombre histoire, dans une sale affaire; *umg* **sich (geschickt) aus der ~ ziehen** se tirer, se sortir (habilement) d'affaire 2 (*Liebesaffäre*) aventure *f*; liaison *f*

Äffchen N ⟨~s; ~⟩ petit singe

Affe M ⟨~n; ~n⟩ 1 ZOOL singe *m*; *umg* **ich glaub, mich laust der ~** *umg* j'en suis baba; j'en tombe des nues; *umg hum* **dasitzen wie ein ~ auf dem Schleifstein** *krumm* être recroquevillé (sur une chaise, *etc*); *traurig* faire triste figure; *umg fig* **vom wilden ~n gebissen sein** *umg* déconner à pleins tubes; *umg* être cinglé; **wie ein wild gewordener ~** comme un forcené; *umg* **s-m ~n Zucker geben** enfourcher son dada 2 *umg Schimpfwort* **dieser blöde ~!** *sl* quel con!; **eingebildeter ~!** *umg* crâneur! 3 *umg* (*Rausch*) **e-n ~n (sitzen) haben** *umg* être beurré, bourré

Affekt M ⟨~(e)s; ~e⟩ passion *f*; émotion *f*; PSYCH état passionnel; **im ~ handeln** agir sous le coup de l'émotion; **im ~ begangenes Verbrechen** crime passionnel

Affekthandlung F acte commis sous le coup de l'émotion

affektiert A ADJ *Benehmen, Sprechen etc* affecté; *Person a.* maniéré; *Sprechweise a.* précieux, -ieuse B ADV avec affectation; **sich ~ benehmen** se conduire avec affectation; se donner un genre; faire du genre

Affektiertheit F ⟨~⟩ affectation *f*; minauderie *f*; *bes der Sprechweise* préciosité *f*

Affektion F ⟨~; ~en⟩ MED affection *f*

affektiv ADJ, PSYCH affectif, -ive; **Affektivität** F ⟨~⟩ affectivité *f*

Affenarsch *sl* M *Schimpfwort sl* con *m*; **du ~!** *sl* salaud!

Affenart F espèce *f*, sorte *f* de singe

affenartig ADJ simiesque; *umg* **mit ~er Geschwindigkeit** *umg* à une vitesse dingue

Affenbrotbaum M baobab *m*; **affengeil** *umg, bes Jugendsprache* ADJ *umg* géant; *umg* giga; **Affenhaus** N singerie *f*; **Affenhitze** *umg* F *umg* chaleur *f* à crever; **Affenkäfig** M cage *f* aux singes; singerie *f*

Affenliebe F amour excessif; **mit wahrer ~ an j-m hängen** idolâtrer qn

Affenschande *umg* F °honte *f*; scandale *m*; **es ist eine ~!** c'est scandaleux!; c'est une °honte!; (*es ist jammerschade*) *umg* c'est un crime!

Affenschaukel *umg* F 1 MIL fourragère *f* 2 PL **~n** *Frisur etwa* couettes tressées

Affenstall M *umg* **es stinkt hier wie in einem ~** *umg* ça pue ici

Affentanz M → Affentheater; **Affentempo** N → Affenzahn

Affentheater *umg* N *umg* cirque *m*; comédie *f*; **es war das reinste ~** c'était une vraie comédie

Affenweibchen N guenon *f*

Affenzahn *umg* M *umg* vitesse démente; **e-n ~ draufhaben** *umg* rouler plein pot, à fond la caisse

Affenzirkus M → Affentheater

affig *umg pej* ADJ affecté; (*lächerlich, albern*) ridicule; *umg* cucul (*inv*); **Affigkeit** *umg pej* F ⟨~⟩ affectation *f*

Äffin F ⟨~; ~nen⟩ guenon *f*

Affinität F ⟨~; ~en⟩ affinité *f* (**zu** avec)

Affirmation F ⟨~; ~en⟩ *bes* LOGIK affirmation *f*

affirmativ ADJ *bes* LOGIK affirmatif, -ive

Affix N ⟨~es; ~e⟩ LING affixe *m*

affizieren *geh* V/T ⟨*pas de ge-*, h.⟩ toucher; contaminer; (*reizen*) irriter

Affrikate F ⟨~; ~n⟩ PHON affriquée *f*; occlusive suivie d'une fricative

Affront *geh* M ⟨~s; ~s⟩ affront *m* (**gegen** à)
Afghane¹ M ⟨~n; ~n⟩ *Hunderasse* afghan *m*
Afghane² M ⟨~n; ~n⟩, **Afghanin** F ⟨-in; -innen⟩ Afghan(e) *m(f)*
afghanisch ADJ afghan
Afghanistan N ⟨→ *n/pr*⟩ l'Afghanistan *m*
Aflatoxin N ⟨~s; ~e⟩ CHEM aflatoxine *f*
Afrika N ⟨→ *n/pr*⟩ l'Afrique *f*
Afrikaans N ⟨~⟩ *Sprache* afrikaans *m*
Afrikaforscher(in) M(F) explorateur, -trice *m,f* de l'Afrique; **Afrikakenner(in)** M(F) spécialiste *m/f* de l'Afrique; connaisseur, -euse *m,f* de l'Afrique
Afrikaner(in) M ⟨~s; ~⟩ (F) ⟨~in; ~innen⟩ Africain(e) *m(f)*
afrikanisch ADJ africain; d'Afrique
Afroamerikaner(in) M(F) Afro-Américain(e) *m(f)*; **afroamerikanisch** ADJ afro-américain; **Afroasiat(in)** M(F) Afro-Asiatique *m/f*; **afroasiatisch** ADJ afro-asiatique; **Afrolook** M coiffure *f* afro
After M ⟨~s; ~⟩ anus *m*
Aftershave N ⟨~(s); ~s⟩ après-rasage *m*; after-shave *m*; **Aftershave-Lotion** F ⟨~; ~s⟩ (lotion *f*) après-rasage *m*; after-shave *m*
After-Sun... IN ZSSGN après-soleil *(inv)*; **After-Sun-Lotion** F ⟨~; ~s⟩ lotion *f* après-soleil; **After-Sun-Milch** F lait *m* après-soleil; **After-Sun-Produkt** N après-soleil *m*
After-Work-Party F soirée *f* After work
AG F ⟨~; ~s⟩ **1** *(Aktiengesellschaft)* SA *f* (société anonyme, par actions) **2** *(Arbeitsgruppe, Arbeitsgemeinschaft)* groupe *m* de travail
Ägäis ⟨→ *n/pr*⟩ **die ~** la mer Égée
ägäisch ADJ égéen, -éenne; **das Ägäische Meer** la mer Égée
Agar-Agar M *od* N ⟨~s⟩ BOT, GASTR agar-agar *m*
Agathe F ⟨→ *n/pr*⟩ *prénom*
Agave F ⟨~; ~n⟩ BOT agave *m*
Agenda F ⟨~; -den⟩ **1** *(Notizbuch)* agenda *m* **2** *(Themenliste)* aide-mémoire *m*; POL **~ 2000** agenda *m* 2000
Agent(in) M ⟨~en; ~en⟩ (F) ⟨~in; ~innen⟩ agent *m (a. Spionageagent[in])*
Agentennetz N réseau *m* d'agents; **Agentenring** M organisation *f*, réseau *m* d'espionnage; **Agententätigkeit** F activité *f* d'agent (secret)
Agentur F ⟨~; ~en⟩ agence *f*; **~ für Arbeit** agence *f* pour l'emploi; *in Frankreich etwa* Pôle *m* emploi
Agenturbericht M, **Agenturmeldung** F dépêche *f* d'agence
Agglomerat N ⟨~(e)s; ~e⟩ **1** *geh (Anhäufung)* agglomération *f* **2** GEOL agglomérat *m* **3** METALL conglomérat *m*; **Agglomeration** *geh* F ⟨~; ~en⟩ agglomération *f*
Agglutination F ⟨~; ~en⟩ BIOL, LING agglutination *f*
agglutinieren V/T ⟨*pas de ge-*, h.⟩ agglutiner; **~de Sprachen** *fpl* langues agglutinantes
Aggregat N ⟨~(e)s; ~e⟩ **1** MINER, MATH, CHEM agrégat *m* **2** TECH, ELEK groupe *m*
Aggregatzustand M CHEM état *m* (de la matière); **der feste, flüssige, gasförmige ~** l'état solide, liquide, gazeux
Aggression F ⟨~; ~en⟩ **1** MIL agression *f* (**gegen** contre) **2** PSYCH agressivité *f*
aggressiv **A** ADJ agressif, -ive **B** ADV agressivement; de manière agressive
Aggressivität F ⟨~⟩ agressivité *f*
Aggressor M ⟨~s; -ssoren⟩ agresseur *m*
Ägide F ⟨~⟩ *geh* **unter j-s ~** sous l'égide de qn
agieren *geh* V/I ⟨*pas de ge-*, h.⟩ agir; *fig* **als Vermittler** *etc* **~** jouer le rôle d'intermédiaire, *etc*
agil *geh* ADJ agile; vif, vive; **Agilität** *geh* F ⟨~⟩ agilité *f*; vivacité *f*
Agio N ⟨~s; ~s *ou* Agien⟩ FIN agio *m*
Agitation F ⟨~; ~en⟩ propagande *f* (politique) (**gegen** contre)
Agitator M ⟨~s; -toren⟩ agitateur *m*; propagandiste *m*; **agitatorisch** ADJ d'agitateur
agitieren V/I ⟨*pas de ge-*, h.⟩ agiter, faire de la propagande (**gegen** contre)
Agnes F ⟨→ *n/pr*⟩ *prénom*
Agnostiker M ⟨~s; ~⟩ agnostique *m*; **Agnostizismus** M ⟨~⟩ agnosticisme *m*
Agonie F ⟨~; ~n⟩ *geh*, MED agonie *f*
Agraffe F ⟨~; ~n⟩ *(Spange)*, MED, ARCH agrafe *f*
Agrar... IN ZSSGN agricole; agraire; **Agrarbevölkerung** F population *f* agricole, rurale; **Agrarerzeugnis** N produit *m* agricole; **Agrargesellschaft** F société rurale; **Agrargesetze** NPL lois *fpl* agricoles, *auf den Grundbesitz bezogen* agraires; **Agraringenieur(in)** M(F) ingénieur *m/f* agronome
agrarisch ADJ agricole; *auf den Grundbesitz bezogen* agraire
Agrarkredit M crédit *m* agricole; **Agrarkrise** F crise *f* agricole, *auf den Grundbesitz bezogen* agraire; **Agrarland** N pays *m* agricole; **Agrarmarkt** M marché *m* agricole; **Agrarpolitik** F politique *f* agricole; **agrarpolitisch** ADJ concernant la politique agricole *bzw.* agraire; **Agrarpreise** MPL prix *mpl* agricoles; **Agrarprodukt** N produit *m* agricole; **Agrarproduktion** F production *f* agricole; **Agrarreform** F réforme *f* agraire; **Agrarstaat** M pays *m*, nation *f* agricole; **Agrarsubvention** F subvention *f* agricole; **Agrarvolk** N peuple *m* d'agriculteurs, de paysans; **Agrarwirtschaft** F économie *f* agricole; **Agrarwissenschaft** F agronomie *f*; **Agrarwissenschaftler(in)** M(F) agronome *m/f*
Agreement N ⟨~s; ~s⟩ POL accord *m*; **Gentleman's ~** gentlemen's agreement *m*
Agrément N ⟨~s; ~s⟩ DIPL agrément *m*
Agrigent N ⟨→ *n/pr*⟩ GEOG Agrigente
Agrikultur F ⟨~⟩ agriculture *f*
Agrochemie F chimie *f* agricole; agrochimie *f*
Agronom M ⟨~en; ~en⟩ agronome *m*; **Agronomie** F ⟨~⟩ agronomie *f*; **agronomisch** ADJ agronomique
Ägypten N ⟨→ *n/pr*⟩ l'Égypte *f*
Ägypter(in) M ⟨~s; ~⟩ (F) ⟨~in; ~innen⟩ Égyptien, -ienne *m,f*
ägyptisch ADJ égyptien, -ienne; d'Égypte
Ägyptologe M ⟨~n; ~n⟩, **Ägyptologin** F ⟨-in; -innen⟩ égyptologue *m/f*; **Ägyptologie** F ⟨~⟩ égyptologie *f*
ah INT *bewundernd, überrascht* oh!; *verstehend, genießerisch* ah!; **~, wie schön!** oh! que c'est beau!; **~, ich verstehe!** ah! je comprends; **~ so!** ah! bon!; **~ deshalb!** ah! c'est pour ça!
Ah ABK (Amperestunde) Ah (ampère-heure)
äh INT *angeekelt* be(u)rk!; *bei Sprechpausen* euh ...
aha INT °ha! (°ha!); ah!; *überrascht, a. iron* tiens, tiens!; *verstehend (ach so)* ah, bon!
Aha-Erlebnis N déclic *m*; **ein ~ sein** faire tilt
ahd. ABK (althochdeutsch) ancien °haut allemand
ahistorisch ADJ qui ne tient pas compte de l'histoire
Ahle F ⟨~; ~n⟩ *(Schusterahle)* alêne *f*
Ahn *geh* M ⟨~(e)s *ou* ~en; ~en⟩ aïeul *m*; *a. fig* ancêtre *m*
ahnden *geh* V/T ⟨-ete, h.⟩ *Vergehen etc* punir (**mit** de); sanctionner (par); **Ahndung** *geh* F ⟨~; ~en⟩ punition *f*; répression *f*
Ahne¹ *geh* M ⟨~n; ~n⟩ → Ahn
Ahne² *geh* F ⟨~; ~n⟩ aïeule *f*
ähneln ⟨-(e)le, h.⟩ **A** V/I **j-m ~** ressembler à qn; *schwächer* avoir une certaine ressemblance avec qn; *in Bezug auf Vorfahren a.* tenir de qn **B** V/R **sich** *(dat)* **~** se ressembler; *Sachen a.* se rapprocher
ahnen V/T ⟨h.⟩ **1** *(vermuten)* se douter de; *(voraus~)* pressentir; **etw dunkel** *od* **dumpf ~** pressentir confusément, vaguement qc; se douter confusément, vaguement de qc; **nichts Böses ~** ne se douter de, ne pressentir rien de grave; **nichts ~d** ignorant; qui ne se doute de rien; **als ob er es geahnt hätte** comme s'il l'avait pressenti; **in nie geahnter Weise** d'une manière dont on ne se serait jamais douté; **das konnte ich doch nicht ~!** mais je ne pouvais pas le savoir, le prévoir, le deviner; *umg* **(ach,) du ahnst es nicht!** c'est inimaginable, incroyable!; **du ahnst nicht, wie schön das ist** tu ne peux pas t'imaginer comme c'est beau **2** *(schwach erkennen)* deviner
Ahnenbild N portrait *m* d'aïeul; **Ahnenforschung** F généalogie *f*; **Ahnengalerie** F galerie *f* des ancêtres, des aïeux; **Ahnenkult** M culte *m* des ancêtres; **Ahnenreihe** F lignée *f*, ligne *f* des ancêtres; **Ahnentafel** F arbre *m* généalogique; **Ahnenverehrung** F vénération *f*, culte *m* des ancêtres
Ahnfrau *geh* F aïeule *f*; **Ahnherr** *geh* M aïeul *m*
ähnlich **A** ADJ semblable; ressemblant; **~ wie etw aussehen** ressembler à qc; **ich habe ~e Interessen wie mein Freund** j'ai des goûts semblables à ceux de mon ami; **die Brüder sehen sich** *(dat) od geh* **einander auffallend ~** les frères se ressemblent d'une façon frappante; **das Bild ist täuschend ~** le portrait est très ressemblant; **j-m ~ sehen** ressembler à qn; *umg fig* → ähnlichsehen; **ich habe nie etwas Ähnliches gesehen** je n'ai jamais rien vu de pareil, de semblable **B** ADV semblablement; **~ gut gekleidet sein (wie ...)** être aussi bien habillé (que ...); **mir geht es ~ (wie dir)** c'est pour moi la même chose, c'est pareil pour moi (que pour toi) **C** PRÄP ⟨*dat*⟩ comme
Ähnlichkeit F ⟨~; ~en⟩ ressemblance *f* (**mit** avec); **mit j-m, etw ~ haben** ressembler à qn, qc
ähnlichsehen V/I ⟨*irr, sép*, -ge-, h.⟩ *umg fig* **das sieht ihm ähnlich!** c'est bien lui!; ça lui ressemble!
Ahnung F ⟨~; ~en⟩ **1** *(Vorgefühl), plus fort (Befürchtung)* pressentiment *m* **2** *umg (Wissen)* **hast du eine ~, wann er kommt?** sais-tu quand il va arriver?; **(ich habe) keine ~, wie man das macht** je ne sais pas comment on fait cela; **ich hatte (davon) keine ~** je ne m'en doutais pas; **nur eine vage ~ von etw haben** n'avoir qu'une vague idée de qc; **nicht die geringste** *od* **keine blasse ~ von etw haben** n'avoir pas la moindre idée de qc; **von Tuten und Blasen keine ~ haben** n'y comprendre absolument rien; être complètement nul; **keine ~!** aucune idée!; **habt ihr eine ~!** qu'est-ce que vous croyez, pensez!
ahnungslos **A** ADJ **1** *(nichts ahnend)* qui ne se doute de rien **2** *(unwissend)* ignorant; inconscient **3** *(unschuldig)* innocent; naïf, naïve **B** ADV **1** sans se douter de rien **2** inconsciemment **3** innocemment; **Ahnungslosigkeit** F ⟨~⟩ **1** *(Unwissenheit)* ignorance *f* **2** *(Unschuld)* innocence *f*; naïveté *f*; **ahnungsvoll** *geh* ADJ plein de pressentiments; *(Schlimmes ahnend)* inquiet, -ète
ahoi INT SCHIFF ohé; **Schiff ~!** ohé! du bateau
Ahorn M ⟨~s; ~e⟩ érable *m*; **Ahornblatt**

N feuille *f* d'érable; **Ahornsirup** M sirop *m* d'érable
Ähre F ⟨~; ~n⟩ épi *m*; **~n lesen** glaner (des épis)
Ährenfeld N champ *m* de blé; **ährenförmig** ADJ en (forme d')épi; *t/t* spiciforme; **Ährenkranz** M couronne *f* d'épis; **Ährenlese** F ⟨~⟩ glanage *m*
Aids N ⟨~⟩ sida *m*; **Aidsforschung** F recherche *f* sur le sida; **aidskrank** ADJ sidéen, -éenne; malade du sida; **Aidskranke(r)** M/F(M) sidéen, -éenne *m,f*; malade *m/f* (attein-t[e]) du sida; **Aidstest** M test *m* de dépistage du sida; **Aidsvirus** N virus *m* du sida
Aikido N ⟨~(s)⟩ SPORT aïkido *m*
Airbag M ⟨~s; ~s⟩ AUTO airbag *m*
Airbus® M FLUG airbus® *m*
Airline F ⟨~; ~s⟩ compagnie aérienne
Ais, ais N ⟨Ais, ais; Ais, ais⟩ MUS la *m* dièse
Akademie F ⟨~; ~n⟩ **1** *Gebäude, Institution* académie *f*; **~ der Wissenschaften** Académie des sciences **2** *österr (künstlerische Veranstaltung)* manifestation, réunion culturelle
Akademiemitglied N membre *m* d'une académie; académicien *m*
Akademiker(in) M ⟨~s; ~⟩ (F) ⟨~in; ~innen⟩ diplômé(e) *m(f)* de l'enseignement supérieur; **~(in) sein** avoir fait des études universitaires; être diplômé(e) de l'université
akademisch **A** ADJ **1** *(épithète)* universitaire; **~e Bildung, Jugend** formation *f*, jeunesse *f* universitaire; **~e Freiheit** *des Studierenden* liberté *f* dont bénéficie les universitaires dans leur travail; *Lehrfreiheit* liberté pédagogique; **~er Grad** grade *m* universitaire; **in ~en Kreisen** dans les milieux universitaires; **das ~e Viertel** *etwa* le quart d'heure de battement *(avant le début d'un cours universitaire)* **2** *fig pej (lebensfern)* académique **B** ADV **1** **~ gebildet sein** avoir fait des études universitaires **2** *fig pej (lebensfern)* académiquement
Akanthus M ⟨~; ~⟩ BOT acanthe *f*; **Akanthusblatt** N ARCH *an korinthischen Säulen* feuille *f* d'acanthe
Akazie F ⟨~; ~n⟩ BOT acacia *m*
Akelei F ⟨~; ~en⟩ BOT ancolie *f*
Akklamation F ⟨~; ~en⟩ *Abstimmung, Beifall* acclamation *f*; **durch** *od* **per ~** par acclamation
Akklimatisation F ⟨~; ~en⟩ acclimatement *m*; *bes* BOT, ZOOL acclimatation *f*
akklimatisieren V/R ⟨*pas de ge-*, h.⟩ **sich ~** s'acclimater; **Akklimatisierung** F ⟨~⟩ → Akklimatisation
Akkolade F ⟨~; ~n⟩ HIST, TYPO, MUS accolade *f*
Akkommodation F ⟨~⟩ PHYS, OPT accommodation *f*
Akkord M ⟨~(e)s; ~e⟩ **1** MUS accord *m*; **e-n ~ anschlagen** plaquer un accord **2** WIRTSCH **im ~ arbeiten** *Baugewerbe, Landarbeit etc* travailler à la tâche, *Industrie* à la pièce, aux pièces; **im** *od* **nach ~ bezahlen** payer à la tâche, à la pièce, aux pièces
Akkordarbeit F travail *m* à la tâche, *in der Industrie* à la pièce, aux pièces; **Akkordarbeiter(in)** M(F) ouvrier, -ière *m,f* à la tâche, *in der Industrie* à la pièce, aux pièces
Akkordeon N ⟨~s; ~s⟩ accordéon *m*
Akkordlohn M salaire *m* à la tâche, *in der Industrie* à la pièce, aux pièces
akkreditieren V/T ⟨*pas de ge-*, h.⟩ DIPL, FIN accréditer (**bei** auprès de); **Akkreditierung** F ⟨~⟩ DIPL, FIN accréditation *f* (**bei** auprès de)
Akkreditiv N ⟨~s; ~e⟩ **1** DIPL lettres *fpl* de créance **2** FIN crédit *m* documentaire
Akku M ⟨~s; ~s⟩ *umg* accus *mpl*
Akkumulation F ⟨~; ~en⟩ accumulation *f*; **Akkumulator** M ⟨~s; -toren⟩ ELEK, TECH, IT accumulateur *m*; **akkumulieren** V/T ⟨*pas de ge-*, h.⟩ accumuler
akkurat **A** ADJ *Person, Arbeit* méticuleux, -euse; *Handschrift* très net, nette **B** ADV **~ arbeiten** travailler soigneusement
Akkuratesse F ⟨~⟩ soin méticuleux; minutie *f*
Akkusativ M ⟨~s; ~e⟩ GRAM accusatif *m*; **~ mit Infinitiv** accusatif avec l'infinitif; proposition infinitive avec sujet exprimé; **den ~ regieren** régir l'accusatif; **im ~ stehen** être à l'accusatif
Akkusativobjekt N GRAM complément *m* d'objet direct
Akne F ⟨~; ~n⟩ MED acné *f*
Akonto N ⟨~s; ~s *ou* -ten⟩ *österr*, **Akontozahlung** F HANDEL acompte *m*
akquirieren V/T ⟨*pas de ge-*, h.⟩ HANDEL prospecter
Akquisiteur(in) M ⟨~s; ~e⟩ (F) ⟨~in; ~innen⟩ HANDEL démarcheur, -euse *m,f*; prospecteur, -trice *m,f*; **Akquisition** F ⟨~; ~en⟩ HANDEL démarchage *m*; prospection *f*
Akquisitor M ⟨~s; -toren⟩ *österr* → Akquisiteur(in)
Akribie *geh* F ⟨~⟩ méticulosité *f*; minutie *f*
akribisch *geh* ADJ *Person* pointilleux, -euse; méticuleux, -euse; *Arbeit* minutieux, -ieuse
Akrobat(in) M ⟨~en; ~en⟩ (F) ⟨~in; ~innen⟩ acrobate *m/f*
Akrobatik F ⟨~⟩ **1** *Kunststück* acrobatie *f* **2** *(Körperbeherrschung)* adresse *f*
akrobatisch ADJ acrobatique; **~es Kunststück** acrobatie *f*
Akronym N ⟨~s; ~e⟩ LING acronyme *m*
Akropolis ⟨~⟩ **die ~** l'Acropole *f*
Akt M ⟨~(e)s; ~e⟩ **1** *(Handlung, Vorgang)*, JUR, ADMIN acte *m*; POL **feindseliger ~** acte d'hostilité **2** THEAT acte *m*; *im Zirkus, Varietee* numéro *m*; **ein Schauspiel in drei ~en** une pièce en trois actes **3** KUNST nu *m*; **weiblicher ~** nu féminin **4** *(Geschlechtsakt)* acte sexuel **5** ⟨~(e)s; ~en⟩ *bes österr* → Akte
Aktaufnahme F nu *m* photographique; **Aktbild** N nu *m*
Akte F ⟨~; ~n⟩ *(~nbündel)* dossier *m*; ADMIN, HANDEL pièce *f*; **die ~ Müller** le dossier Müller; **e-e ~ anlegen** constituer, établir un dossier; **etw zu den ~n legen** ajouter, verser qc au dossier; *fig (beenden)* classer qc; **zu den ~n nehmen** joindre, verser au dossier
Aktenberg *umg* M pile *f*, *umg* montagne *f* de dossiers; **Aktendeckel** M chemise *f*; **Aktendurchsicht** F examen *m* d'un *bzw.* du dossier
Akteneinsicht F ADMIN **1** *Prüfung* examen *m*, consultation *f* d'un dossier; **~ nehmen** consulter, étudier un dossier **2** *Zugang* accès *m* à un *bzw.* au dossier; **j-m ~ gewähren** autoriser l'accès d'un dossier à qn
Aktenhefter M classeur *m*; **Aktenkoffer** M attaché-case *m*
aktenkundig ADJ *(attribut)* **~ sein** être inscrit, figurer dans un dossier; **etw ~ machen** inscrire qc dans un dossier; prendre acte de qc
Aktenmappe F **1** *(Aktentasche)* porte-documents *m*; serviette *f* **2** *(Sammelmappe)* carton *m*; **Aktennotiz** F note *f*; → *a.* Aktenvermerk; **Aktenordner** M classeur *m*; **Aktenschrank** M (meuble-)classeur *m*; **Aktenstaub** M poussière *f* des dossiers; **Aktenstoß** M pile *f* de dossiers; **Aktenstudium** N étude *f*, examen *m* du *bzw.* des dossier(s); **Aktentasche** F serviette *f*; **Aktenvermerk** M mention *f*, note *f* (figurant dans un dossier); **Aktenzeichen** N référence *f*; numéro *m* du dossier
Akteur M ⟨~s; ~e⟩ *a.* THEAT acteur *m*; SPORT joueur *m*
Aktfoto N photo *f* de nu(s); **Aktfotografie** F **1** *Foto* nu *m* photographique **2** ⟨*pas de pl*⟩ *Tätigkeit, Kunst* photographie *f* de nu(s)
Aktie F ⟨~; ~n⟩ BÖRSE action *f*; **~n ausgeben, zeichnen** émettre, souscrire des actions; **die ~n steigen, fallen** les actions montent, baissent *od* sont en °hausse, en baisse; *umg fig* **s-e ~n steigen** *umg* ses actions montent, baissent; *umg fig* **wie stehen die ~n?** *umg* ça va?; *geschäftlich* comment marchent les affaires?; *umg fig* **die ~n stehen gut** ça va bien; ça se présente bien
Aktienanteil M coupure *f* d'actions; **Aktienausgabe** F émission *f* d'actions; **Aktienbesitz** M possession *f*, détention *f* d'actions; **Aktienfonds** M fonds *m* d'actions
Aktiengesellschaft F société *f* anonyme, par actions; **Europäische ~** Société européenne *(abk SE f)*
Aktienindex M indice *m* d'actions; **Aktieninhaber** M détenteur *m*, porteur *m* d'actions; **Aktienkapital** N capital *m* en actions; capital-actions *m*; **Aktienkurs** M cours *m* d'une action; **Aktienmarkt** M marché *m* des actions; **Aktienmehrheit** F majorité *f* des actions; **Aktienpaket** N paquet *m* d'actions
Aktion F ⟨~; ~en⟩ **1** *(Handlung) bes* POL action *f*; *(Kampagne)* campagne *f*; *der Polizei, in der Werbung, humanitärer Art* opération *f*; **gemeinsame ~** action d'ensemble, commune **2** ⟨*pas de pl*⟩ *(Tätigsein)* **in ~ sein, treten** être, entrer en action
Aktionär(in) M ⟨~s; ~e⟩ (F) ⟨~in; ~innen⟩ actionnaire *m/f*
Aktionärsversammlung F réunion *f* des actionnaires
Aktionismus M ⟨~⟩ **1** POL activisme *m* **2** *oft pej (übertriebener Betätigungsdrang)* **(blinder) ~** hyperactivité *f*
aktionsfähig ADJ capable d'agir, de prendre des décisions
Aktionsfreiheit F liberté *f* d'action, d'agir; **Aktionskomitee** N comité *m* d'action
Aktionspreis M prix promotionnel; **zum ~ von ...** en promotion à ...
Aktionsprogramm N programme *m* d'action; **Aktionsradius** M FLUG, MIL, *fig etc* rayon *m* d'action; **Aktionstag** M *bes* POL journée *f* d'action; **Aktionswoche** F semaine *f* d'action; HANDEL semaine *f* de promotions
aktiv ADJ **1** actif, -ive; **~e Handelsbilanz** balance commerciale excédentaire; **~es Wahlrecht** droit *m* de vote; **der ~e Wortschatz** le vocabulaire actif; **~ werden** se mobiliser; **politisch ~ sein** être actif sur le plan politique **2** MIL **~er Offizier** officier *m* d'active; **~e Truppe** active *f*
Aktiv N ⟨~s; ~e⟩ GRAM actif *m*; voix, forme active; **im ~ stehen** être à l'actif
Aktiva PL, **Aktivbestand** M HANDEL actif *m*
Aktivbürger M *schweiz* citoyen actif
Aktive(r) M/F(M) ⟨→ A⟩ *e-s Vereins, Verbandes etc* membre actif; *e-r Partei* militant(e) *m(f)*; SPORT concurrent(e) *m(f)*
Aktivforderung F HANDEL créance *f*; **Aktivgeschäft** N FIN opération active; **Aktivhandel** M WIRTSCH commerce actif
aktivieren V/T ⟨*pas de ge-*, h.⟩ **1** HANDEL inscrire, porter à l'actif **2** POL, PHYS, CHEM *etc* activer **3** *(intensivieren)* intensifier; *Beziehungen etc* ranimer; **Aktivierung** F ⟨~; ~en⟩ **1**

HANDEL inscription *f* à l'actif 2 POL, PHYS, CHEM *etc* activation *f* 3 *(Intensivierung)* intensification *f*; *von Beziehungen etc* ranimation *f*
aktivisch GRAM A ADJ actif, -ive B ADV à l'actif
Aktivismus M ⟨~⟩ activisme *m*; **Aktivist(in)** M ⟨~en; ~en⟩ (F) ⟨~in; ~innen⟩ militant(e) *m(f)*; activiste *m/f*; **aktivistisch** ADJ militant; activiste
Aktivität F ⟨~; ~en⟩ activité *f*
Aktivkapital N WIRTSCH capital actif; **Aktivkohle** F charbon actif, activé; **Aktivposten** M HANDEL (poste *m*) actif *m*; élément *m* d'actif; **Aktivsaldo** M HANDEL solde actif, créditeur
Aktivseite F HANDEL actif *m*; **auf der ~** à l'actif
Aktivurlaub M vacances actives; **Aktivvermögen** N capital réel, effectif; **Aktivzinsen** MPL intérêts créditeurs
Aktmalerei F peinture *f* de nu(s); **Aktmodell** N modèle *(m* de) nu; **Aktstudie** F étude *f* de nu
aktualisieren V/T ⟨*pas de ge-*, h.⟩ actualiser; mettre à jour; **Aktualisierung** F ⟨~; ~en⟩ actualisation *f*
Aktualität F ⟨~⟩ actualité *f*; **an ~ gewinnen** devenir actuel; **an ~ verlieren** perdre de son actualité
Aktuar(in) M ⟨~s; ~e⟩ (F) ⟨~in; ~innen⟩ *schweiz e-s Vereins etc* secrétaire *m/f*
aktuell ADJ actuel, -elle; d'actualité; à l'ordre du jour
Aktzeichnen N ⟨~s⟩ académie *f*; **Aktzeichnung** F dessin *m* de nu(s); nu *m*
Akupressur F ⟨~; ~en⟩ digitopuncture *f*
Akupunkteur(in) M ⟨~s; ~e⟩ (F) ⟨~in; ~innen⟩ acupuncteur, -trice *od* acuponcteur, -trice *m,f*
akupunktieren V/T ⟨*pas de ge-*, h.⟩ traiter par l'acupuncture *od* l'acuponcture
Akupunktur F ⟨~; ~en⟩ acupuncture *od* acuponcture *f*
Akustik F ⟨~⟩ acoustique *f*; *Raum* **e-e gute ~ haben** avoir une bonne acoustique
akustisch A ADJ acoustique; **ein ~es Gedächtnis** une mémoire auditive; **~es Signal** signal *m* sonore; **~e Untermalung** fond *m* sonore B ADV acoustiquement; **das habe ich (rein) ~ nicht verstanden** je n'ai pas bien entendu
akut ADJ MED aigu, -uë; *Problem, Frage etc* urgent; *Gefahr* imminent; **~er Konflikt** conflit aigu; **es herrscht ~er Lehrermangel** le manque de professeurs se fait cruellement sentir
Akut M ⟨~(e)s; ~e⟩ 1 *(Akzentzeichen)* accent aigu 2 *(Betonung)* ton montant
AKW *umg* N ⟨~(s); ~s⟩ ABK (Atomkraftwerk) centrale *f* nucléaire
Akzeleration F ⟨~; ~en⟩ accélération *f*
Akzent M ⟨~(e)s; ~e⟩ 1 PHON, TYPO accent *m*; **den ~ tragen** être accentué 2 *fig* **den ~ auf etw** *(akk)* **legen** mettre l'accent sur qc; insister sur qc; **neue ~e setzen** donner une nouvelle orientation (à qc)
akzentfrei ADJ *u.* ADV sans accent
akzentuieren V/T ⟨*pas de ge-*, h.⟩ accentuer; *fig a.* mettre l'accent sur; **Akzentuierung** F ⟨~; ~en⟩ accentuation *f*
Akzentverschiebung F 1 LING changement *m* d'accentuation 2 *fig* changement *m* de tendance
Akzept N ⟨~(e)s; ~e⟩ FIN acceptation *f*; *(angenommener Wechsel)* traite acceptée
akzeptabel ADJ ⟨-bl-⟩ acceptable
Akzeptant M ⟨~en; ~en⟩ FIN tiré *m*; **Akzeptanz** F ⟨~⟩ acceptation *f*; *(Popularität)* popularité *f*; *(Zustimmung)* consentement *m*; **akzeptieren** V/T ⟨*pas de ge-*, h.⟩ accepter; **Akzeptierung** F ⟨~; ~en⟩ acceptation *f*
Akzidens N ⟨~; -denzien *ou* -dentia⟩ MUS, PHIL accident *m*
akzidentell, akzidentiell ADJ PHIL, MED accidentel, -elle
Akzidenz F ⟨~; ~en⟩, **Akzidenzdruck** M ⟨~(e)s; ~e⟩ TYPO bilboquet *m*
alaaf INT *regional im Karneval* **(Kölle) ~!** vive Cologne!
Alabaster M ⟨~s; ~⟩ albâtre *m*
à la carte ADV **~ essen, bestellen** manger, commander à la carte
Alarm M ⟨~(e)s; ~e⟩ alarme *f (bes Fliegeralarm, a. ~zustand)*; alerte *f*; **blinder ~** fausse alerte, alarme; **~ geben**, *umg* **schlagen** donner l'alerte, l'alarme
Alarmanlage F alarme *f* automatique; **alarmbereit** ADJ en (état d')alerte
Alarmbereitschaft F état *m* d'alerte; **in (ständiger) ~ sein** être en état d'alerte (permanent); **j-n, etw in ~ versetzen** mettre qn, qc en état d'alerte
Alarmglocke F sonnette *f* d'alarme
alarmieren V/T ⟨*pas de ge-*, h.⟩ 1 *(zu Hilfe rufen, warnen)* alerter 2 *(beunruhigen)* alarmer
alarmierend ADJT alarmant; **Alarmierung** F ⟨~; ~en⟩ mise *f* en alerte
Alarmklingel F sonnette *f* d'alarme; **Alarmsignal** N *a. fig* signal *m* d'alarme; **Alarmsirene** F sirène *f* d'alarme
Alarmstufe F état *m* d'alerte; **~ Gelb, Rot** alerte *f* orange, rouge; **höchste ~** niveau *m* d'alerte maximum; *fig* état *m* d'alerte
Alarmübung F exercice *m* d'évacuation; **Alarmvorrichtung** F dispositif *m* d'alarme; **Alarmzeichen** N → Alarmsignal; **Alarmzustand** M état *m* d'alerte
Alaska N ⟨→ *n/pr*⟩ l'Alaska *m*
Alaun M ⟨~s; ~e⟩ CHEM alun *m*; **Alaunstein** M 1 MINER alunite *f* 2 *Blutstillmittel* pierre *f* d'alun; **Alaunstift** M bâton *m* d'alun, hémostatique
Alb[1] M ⟨~(e)s; ~e⟩ MYTH lutin *m* (qui cause des cauchemars)
Alb[2] F ⟨~⟩ → schwäbisch
Albaner(in) M ⟨~s; ~⟩ (F) ⟨~in; ~innen⟩ Albanais(e) *m(f)*
Albanien N ⟨→ *n/pr*⟩ l'Albanie *f*
albanisch ADJ albanais
Albatros M ⟨~; ~se⟩ albatros *m*
Albdruck M ⟨~(e)s; -drücke⟩, **Albdrücken** N ⟨-ens⟩ cauchemar *m*
Alberei F ⟨~; ~en⟩ bêtises *fpl*; sottises *fpl*; *Verhalten* stupidité *f*
albern[1] ADJ 1 *(einfältig)* bête; stupide; niais; *(kindisch)* nigaud; *umg* **ein ~es Ding** une petite sotte, nigaude; *umg* **~e Gans** dinde *f*; **~es Geschwätz** sottises *fpl*; âneries *fpl*; **~ sein** *umg* faire l'imbécile; *umg* débloquer; *umg* **das ist doch ~!** c'est stupide! 2 *umg fig (unbedeutend)* idiot
albern[2] V/I ⟨-(e)re, h.⟩ dire, faire des âneries
Albernheit F ⟨~; ~en⟩ 1 ⟨*pas de pl*⟩ *Verhalten* stupidité *f* 2 *Bemerkung, Handlung* sottises *fpl*; âneries *fpl*
Albert M ⟨→ *n/pr*⟩ *prénom*
Albigenser M ⟨~s; ~⟩ HIST albigeois *m*
Albinismus M ⟨~⟩ MED albinisme *m*
Albino M ⟨~s; ~s⟩ albinos *m*
Albrecht M ⟨→ *n/pr*⟩ *prénom*; **~ Dürer** *meist* Albert Dürer
Albtraum M *a. fig* cauchemar *m*
Album N ⟨~s; Alben⟩ album *m*
Alchimie F ⟨~⟩ alchimie *f*; **Alchimist** M ⟨~en; ~en⟩ alchimiste *m*; **alchimistisch** ADJ alchimique
Alcopops PL *(Limonaden mit Alkoholzusatz)* premix *mpl*; alcopops *mpl*
Aldehyd M ⟨~s; ~e⟩ CHEM aldéhyde *m*
al dente ADJ *u.* ADV GASTR al dente
Alemanne M ⟨~n; ~n⟩, **Alemannin** F ⟨-in; -innen⟩ Alémanique *m/f*; **alemannisch** ADJ alémanique
alert ADJ vif, vive
Alexander M ⟨→ *n/pr*⟩ *prénom*; HIST **~ der Große** Alexandre *m* le Grand
Alexandria N ⟨→ *n/pr*⟩ GEOG Alexandrie *f*
Alexandriner M ⟨~s; ~⟩ METRIK alexandrin *m*
Alfagras N alfa *m*
Alfons M ⟨→ *n/pr*⟩ *prénom*
Alfred M ⟨→ *n/pr*⟩ *prénom*
ALG N ⟨~⟩ ABK → Arbeitslosengeld
Alge F ⟨~; ~n⟩ algue *f*
Algebra F ⟨~⟩ algèbre *f*; **algebraisch** ADJ algébrique
Algerien N ⟨→ *n/pr*⟩ l'Algérie *f*; **Algerienfranzose** M, **Algerienfranzösin** F pied-noir *m/f*; **Algerienkrieg** M ⟨~(e)s⟩ HIST guerre *f* d'Algérie
Algerier(in) M ⟨~s; ~⟩ (F) ⟨~in; ~innen⟩ Algérien, -ienne *m,f*
algerisch ADJ algérien, -ienne; POL *in Zssgn* algéro-...
Algier N ⟨→ *n/pr*⟩ Alger
ALGOL N ⟨~(s)⟩ IT ABK (algorithmic language) algol *m*
Algorithmus M ⟨~; -men⟩ algorithme *m*
alias ADV alias
Alibi N ⟨~s; ~s⟩ alibi *m (a. fig)*; **Alibifrau** F POL, *in der Arbeitswelt* femme *f* alibi
Alibifunktion F **~ haben** être un alibi; *fig a.* servir de *od* comme prétexte
Alien M *od* N ⟨~s; ~s⟩ alien *m*
Alimente PL pension *f* alimentaire
Alk M ⟨~(e)s; ~en⟩ ZOOL alcidé *m*
Alkali N ⟨~s; ~en⟩ CHEM alcali *m*; **alkalifrei** ADJ non-alcalin; **Alkalilösung** F solution alcaline; **Alkalimetall** N métal alcalin
alkalisch ADJ alcalin
Alkohol M ⟨~s; ~e⟩ alcool *m*; **unter ~ stehen** être en état d'ivresse, d'ébriété
alkoholabhängig ADJ alcoolique; **Alkoholabhängige(r)** M/F(M) ⟨→ A⟩ alcoolique *m/f*; **Alkoholabhängigkeit** F alcoolisme *m*; **alkoholarm** ADJ peu alcoolisé
Alkoholausschank M **der ~ an Jugendliche ist verboten** la vente de boissons alcoolisées aux jeunes est interdite
Alkoholeinfluss M, **Alkoholeinwirkung** F **unter Alkoholeinfluss, Alkoholeinwirkung stehen** être sous l'influence de l'alcool
Alkoholfahne F *umg* **e-e ~ haben** sentir, *umg* puer l'alcool à plein nez
alkoholfrei ADJ sans alcool; *Getränk a.* non alcoolisé
Alkoholgegner(in) M(F) antialcoolique *m/f*; **Alkoholgehalt** M teneur *f* en alcool; *im Blut* taux *m* d'alcoolémie; **Alkoholgenuss** M consommation *f* d'alcool; **alkoholhaltig** ADJ alcoolisé; *a.* CHEM alcoolique
Alkoholika PL boissons alcoolisées; **Alkoholiker(in)** M ⟨~s; ~⟩ (F) ⟨~in; ~innen⟩ alcoolique *m/f*; **alkoholisch** ADJ alcoolisé; *a.* CHEM alcoolique
alkoholisieren V/T ⟨*pas de ge-*, h.⟩ 1 *Getränke, Substanzen* alcooliser 2 *hum Personen* soûler; *adjt* **alkoholisiert** ivre; **in alkoholisiertem Zustand** en état d'ivresse
Alkoholismus M ⟨~⟩ alcoolisme *m*; éthylisme *m*
Alkoholkonsum M consommation *f* d'alcool; **alkoholkrank** ADJ alcoolique; **Alkoholkranke(r)** M/F(M) alcoolique *m/f*; éthyli-

que *m/f*; **Alkoholmissbrauch** M abus *m* d'alcool; **Alkoholpegel** M *hum*, **Alkoholspiegel** M *im Blut* taux *m* d'alcoolémie; **Alkoholsteuer** F impôt *m* sur les spiritueux; **Alkoholsucht** F ⟨~⟩ dépendance *f* vis-à--vis de l'alcool; **alkoholsüchtig** ADJ alcoolique; **Alkoholsüchtige(r)** M/F(M) alcoolique *m/f*; **Alkoholsünder(in)** *umg* M(F) conducteur, -trice *m,f* en état d'ivresse; **Alkoholtest** M alco(o)test *m*; **Alkoholverbot** N *für Jugendliche etc* défense *f* de boire de l'alcool; **Alkoholvergiftung** F intoxication *f* par l'alcool

Alkoven M ⟨~s; ~⟩ alcôve *f*

all → alle[2]

All N ⟨~s⟩ univers *m*

allabendlich A ADJ de tous les soirs; de chaque soir B ADV tous les soirs; chaque soir

Allah M ⟨→ *n/pr*⟩ Allah *m*

allbekannt ADJ connu de tout le monde; universellement connu; **alldieweil** *hum* A KONJ puisque B ADV pendant ce temps

alle[1] *umg* ADJ ⟨*attribut*⟩ 1 (*weg, verbraucht*) fini; *umg* parti; **das Brot, die Suppe, das Geld ist ~** il n'y a plus de pain, de soupe, d'argent; **~ werden** s'épuiser 2 (*erschöpft*) *umg* claqué; *umg* crevé; **j-n ~ machen** (*ruinieren*) *umg* démolir qn; (*umbringen*) *umg* liquider, bousiller qn

alle[2] INDEF PR A ADJT tout, toute; *pl* ~ tous, toutes; **~ Menschen** tout le monde; tous les hommes; **~ Welt** tout le monde; **~s Mögliche** tout ce que l'on peut imaginer; **~s Weitere** tout ce qui suit; **~s Gute!** meilleurs souhaits!; **~ Jahre wieder** tous les ans; chaque année; **~ fünf Minuten, Meter** toutes les cinq minutes, tous les cinq mètres; **~ zwei Jahre** tous les deux ans; un an sur deux; **~ beide, drei** tous *bzw.* toutes les deux, trois; **~s andere, all das andere** tout le reste; **all die schönen Bilder** tous les jolis tableaux; **er ist ~s andere, nur kein …** il est tout sauf …; **in ~r Eile, Ruhe** à toute vitesse, en toute tranquillité; **in ~r Frühe** de grand matin; **ohne ~n Grund** sans aucune raison; **trotz ~r Bemühungen habe ich …** malgré tous mes efforts, j'ai …; **ein für ~ Mal** une fois pour toutes B SUBST tous *bzw.* toutes; **~s** tout; **wir ~** nous tous *bzw.* toutes; **das ~s** tout cela; **~ auf einmal** tous *bzw.* toutes à la fois; **~ miteinander** tous *bzw.* toutes ensemble; **Mädchen für ~s** bonne *f* à tout faire; **trotz ~m** malgré tout; **über ~m stehen** être au-dessus de tout; **j-n über ~s lieben** aimer qn plus que tout; **vor ~m** avant tout; avant toutes choses; **zu ~m fähig sein** être capable de, prêt à tout; **~s in ~m** en fin de compte; tout compte fait; **~s und jedes** absolument tout; (*egal was*) n'importe quoi; **~s oder nichts** tout ou rien; **du bist mein ein und ~s** tu es tout ce que j'ai de plus cher *od* tout ce que je possède; *umg* tu es mon trésor à moi; **~s, was …** tout ce qui … *bzw. akk* que …; **das ist** *od* **wäre ~s** *a. beim Einkauf* c'est tout; **das ist ~s Unfug** tout ça, ce ne sont que des bêtises; **das sind ~s Verbrecher** ce sont tous des bandits; **wer kommt ~s?** qui va venir?; **was hat er ~s gesagt?** qu'est-ce qu'il a dit?; raconte-moi tout ce qu'il a dit!; **was es nicht ~s gibt!** *umg* tu parles d'une histoire!; *umg* **~s aussteigen!** tout le monde descend!; *umg* **~ mal herhören!** écoutez tous!; *umg* **du hast sie wohl nicht mehr ~!** *umg* tu débloques!; *sl* tu déconnes!

alledem PRON **bei ~** avec tout cela; **trotz ~** malgré tout; **nichts von ~** rien de la sorte

Allee F ⟨~; ~n⟩ avenue *f*; *e-s Schlosses, Parks a.* allée *f*; *e-r Stadt a.* cours *m*; boulevard *m*

Allegorie F ⟨~; ~n⟩ allégorie *f*

Allegorik F ⟨~⟩ allégorisme *m*

allegorisch ADJ allégorique

allegretto ADV MUS allegretto

Allegretto N ⟨~s; ~s *ou* -tti⟩ MUS allégretto *m*

allegro ADV MUS allegro

Allegro N ⟨~s; ~s *ou* -gri⟩ MUS allégro *m*

allein A ADJ ⟨*attribut*⟩ *u.* ADV seul; **ganz ~** tout seul; **jeder für sich ~** chacun pour soi; *umg* **~ auf weiter Flur** tout seul; **~ berechtigt** seul autorisé (**zu** à); **alles ~ erledigen** faire, régler tout soi-même, tout seul; **~ erziehend, Erziehende(r), Reisende(r)** → alleinerziehend, Alleinerziehende(r), Alleinreisende(r); **~ selig machend** *od* **~ seligmachend** KATH, *fig* qui seul procure le salut; **~ stehend** *Gebäude etc* isolé; *fig* → alleinstehend; **~ Stehende(r)** → Alleinstehende(r); **das Kind läuft schon ~** l'enfant sait déjà marcher, marche déjà tout seul; **wir bewohnen das Haus ~** nous habitons seuls la maison; *umg* **die Schmerzen sind von ~ weggegangen** les douleurs sont parties d'elles-mêmes; *umg* **von ganz ~** tout seul; **einzig und ~** uniquement; **du ~ bist schuld** c'est ta faute à toi; tu es le seul coupable, fautif; **das ~ genügt nicht** cela seul ne suffit pas; **er ~ macht mehr Lärm als …** à lui seul, il fait plus de bruit que …; **an ihrem Lachen ~ hätte ich sie schon erkannt** rien qu'à son rire, je l'aurais reconnue; **~ im Monat November** rien qu'en novembre; **der Gedanke ~, ~ der Gedanke** rien que d'y penser; **~ in dieser Gegend gibt es …** rien que dans cette région il y a …; **nicht ~ …, sondern auch …** non seulement …, mais encore …; *sprichw* **ein Unglück kommt selten ~** *sprichw* un malheur ne vient jamais seul B *geh* KONJ cependant; toutefois

Alleinauslieferer M HANDEL dépositaire exclusif; **Alleinauslieferung** F HANDEL exclusivité *f*; **alleinberechtigt** ADJT → allein A; **Alleinberechtigung** F droit exclusif; autorisation exclusive; **Alleinbesitz** M possession exclusive

alleine *umg* → allein A

Alleineigentum N propriété exclusive; **Alleineigentümer(in)** M(F) unique propriétaire *m/f*; **Alleinerbe** M, **Alleinerbin** F unique héritier, -ière *m,f*

alleinerziehend ADJT **~er Elternteil** parent isolé; **~e Mutter** mère seule; **~er Vater** père seul

Alleinerziehende(r) M/F(M) ⟨→ A⟩ parent isolé

Alleingang M SPORT course *f* solitaire; **im ~** en solitaire; *fig* tout seul

Alleinherrschaft F pouvoir absolu; **Alleinherrscher** M souverain absolu

alleinig ADJ ⟨*épithète*⟩ *Erbe, Besitzer etc* unique; *Verkauf, Vertreter etc* exclusif, -ive

Alleininhaber(in) M(F) unique propriétaire *m/f*; **Alleinrecht** N droit exclusif; **Alleinreisende(r)** M/F(M) ⟨→ A⟩ personne *f* voyageant seule

Alleinschuld F ⟨~⟩ entière faute; **die ~ trifft den Fahrer** l'entière faute revient au conducteur

Alleinsein N solitude *f*; *umg* **ich habe das ~ satt** *umg* j'en ai marre de vivre seul

alleinseligmachend ADJT → allein A

alleinstehen V/I ⟨*irr, sép*, -ge-, h.⟩ **ich stehe nicht allein mit meiner Meinung** je ne suis pas seul de mon avis, à être de cet avis

alleinstehend ADJT 1 *Person* seul; (*ledig*) célibataire 2 *Gebäude etc* isolé

Alleinstehende(r) M/F(M) ⟨→ A⟩ personne *f* qui vit seule; (*Ledige[r]*) célibataire *m/f*; **Alleinstellungsmerkmal** N HANDEL caractéristique *f* unique; **Alleinunterhalter(in)** M(F) artiste *m/f* qui présente un spectacle solo; *a. fig* homme-orchestre *m*; **Alleinverdiener(in)** M(F) personne *f* dont le revenu professionnel est le seul du ménage; salaire *m* unique; **Alleinverkauf** M vente exclusive; exclusivité *f*; **Alleinverkaufsrecht** N droit *m* de vente exclusive; monopole *m* de vente; exclusivité *f*; **Alleinverschulden** N entière faute; **Alleinvertreter(in)** M(F) agent exclusif; représentant(e) *m(f)* exclusif, -ive; **Alleinvertretung** F représentation exclusive

Alleinvertrieb M distribution exclusive; **e-e Ware im ~ haben** avoir l'exclusivité d'une marchandise

Alleinvertriebsrecht N → Alleinverkaufsrecht

allelujah → halleluja

allemal ADV 1 (*immer*) toujours 2 *umg* (*auf jeden Fall, sowieso*) *umg* à tous les coups; à coup sûr

allenfalls ADV 1 (*höchstens*) à la rigueur 2 (*möglicherweise*) éventuellement; peut-être

allenthalben *geh* ADV partout; en tous lieux

alleräußerste(r, -s) ADJ extrême; **im ~n Fall** dans le cas extrême

allerbeste(r, -s) A ADJ le meilleur de tous, la meilleure de toutes; **der ~ Wein** le meilleur de tous les vins; **es wird das Allerbeste sein, wenn …** ce serait le mieux si …; **~n Dank!** merci mille fois!; **sie kaufen nur das Allerbeste** ils n'achètent que ce qu'il y a de mieux, de meilleur; **ich wünsche dir das Allerbeste** je te souhaite plein de choses agréables B ADV **am ~n** au mieux; (*als Beste[r] von allen*) le mieux (de tous, de toutes)

allerdings ADV 1 *einschränkend* à vrai dire; mais; cependant; **ich muss ~ gestehen, dass …** à vrai dire, je dois avouer que …; **ich reise gern, ~ nur im Sommer** j'aime bien voyager, mais seulement en été 2 *e-e Bejahung verstärkend* certainement; bien sûr; *hast du das getan?* **~!** tout à fait! 3 (*in der Tat*) **das ist ~ etwas anderes** dans ce cas-là *od* alors, c'est tout autre chose

allererste(r, -s) ADJ le premier de tous, la première de toutes; le tout premier, la toute première; **~n Ranges** de tout premier plan

allerfrühestens ADV au plus tôt

Allergen N ⟨~s; ~e⟩ MED allergène *m*

Allergie F ⟨~; ~n⟩ MED allergie *f*; **Allergieschock** M MED choc *m* anaphylactique; **Allergietest** M test *m* allergénique

Allergiker(in) M ⟨~s; ~⟩ (F) ⟨~in; ~innen⟩ (sujet *m*) allergique *m/f*

allergisch A ADJ *a. fig* allergique (**gegen** à); **e-e ~e Reaktion auf etw** (*akk*) une réaction allergique à qc B ADV MED **~ auf etw** (*akk*) **reagieren** réagir d'une façon allergique à qc; *fig* **~ auf etw, j-n reagieren** être allergique à qc, qn; faire une allergie à qc

Allergologe M ⟨~n; ~n⟩, **Allergologin** F ⟨-in; -innen⟩ allergologue *m/f*; **Allergologie** F ⟨~⟩ allergologie *f*; **allergologisch** ADJ allergologique

allergrößte(r, -s) ADJ le plus grand de tous, la plus grande de toutes

allerhand ADJ ⟨*inv*⟩ 1 (*viel*) pas mal de; *alleinstehend* pas mal de choses; *umg* **das ist doch** *od* **ja ~!** *umg* c'est un peu raide!; c'est trop fort! 2 (*vielerlei*) toutes sortes de; *alleinstehend* toutes sortes de choses; **man erfährt so ~** on apprend pas mal, toutes sortes de choses; **ich habe ~ mitgemacht** *umg* j'en ai vu de(s) vertes et de(s) pas mûres; j'en ai vu de toutes les couleurs

Allerheiligen N ⟨~⟩ la Toussaint

allerheiligste(r, -s) ADJ très saint; **das Al-**

lerheiligste KATH le saint sacrement; *jüdisch* le saint des saints; *a. fig* le sanctuaire
allerhöchste(r, -s) ADJ le plus °haut de tous, la plus °haute de toutes; **es ist ~ Zeit** il est grand temps; REL **der Allerhöchste** le Très-°Haut
allerhöchstens ADV tout au plus; **allerkleinste(r, -s)** ADJ le plus petit de tous, la plus petite de toutes; infime
allerlei ADJ ⟨*épithète; inv*⟩ de toutes sortes; toutes sortes de; divers; *alleinstehend* toutes sortes de choses; **~ Ausreden** *etc* toutes sortes d'excuses, *etc;* des excuses, *etc* de toutes sortes; diverses excuses, *etc*
Allerlei N ⟨~s; ~s⟩ *(Mischung)* mélange *m; (Durcheinander)* pêle-mêle *m;* GASTR **Leipziger ~** macédoine *f* de légumes
allerletzte(r, -s) ADJ **1** *in e-r Reihenfolge* le dernier de tous, la dernière de toutes; le tout dernier, la toute dernière **2** *(neueste[r, -s])* le plus nouveau, la plus nouvelle; le (la) plus récent(e); le dernier, la dernière **3** *umg fig* **das ist ja (wirklich) das Allerletzte!** c'est (vraiment) le comble!
allerliebst ADJ *(niedlich, reizend)* mignon, -onne; adorable; charmant; un amour de …
allerliebste(r, -s) **A** ADJ le plus cher de tous, la plus chère de toutes; **ihre ~ Freundin** son amie préférée; **es wäre mir das Allerliebste, wenn …** ce que j'aimerais le mieux ce serait que … *(+subj)* **B** ADV **am ~n** de préférence; **am ~n würde ich …** je préférerais de beaucoup (faire qc)
allermeiste(r, -s) **A** ADJ la plupart de; la plus grande partie de; **die ~n (Menschen)** la plupart, la plus grande partie des gens **B** ADV **am ~n** le plus (de tous, de toutes); **das am ~n gesungene Lied** la chanson la plus souvent chantée
allermindeste(r, -s) ADJ minimum; *f u. pl a.* minima; **das Allermindeste, was wir tun können** le moindre que nous puissions faire; **nicht im Allermindesten** pas le moins du monde; pas du tout
allernächste(r, -s) **A** ADJ le, la plus proche; **in ~r Zukunft** dans un avenir très proche **B** ADV **am ~n** tout près
allerneueste(r, -s) ADJ **nach der ~n Mode** à la toute dernière mode; **wissen Sie schon das Allerneueste?** vous connaissez déjà la toute dernière nouvelle?
allernötigste(r, -s) **A** ADJ le plus nécessaire de tous, la plus nécessaire de toutes; tout à fait indispensable; **das Allernötigste** l'indispensable *m;* le strict nécessaire, minimum **B** ADV *umg fig* **der hat es (gerade) am ~n!** il ferait mieux de se taire!
allernotwendigste(r, -s) → allernötigste(r, -s)
allerschlimmste(r, -s) **A** ADJ le pire de tous, la pire de toutes; **das Allerschlimmste** ce qu'il y a de pire; le pire de tout **B** ADV **am ~n** le pire; le plus grave
allerschönste(r, -s) **A** ADJ le plus beau de tous, la plus belle de toutes; **das Allerschönste** le plus beau de tout; ce qu'il y a de plus beau; **das war das Allerschönste, was ich jemals gesehen habe** je n'ai jamais rien vu d'aussi beau; *iron* **das wäre ja noch das Allerschönste!** ce serait la meilleure!; **in ~r Eintracht** en parfaite harmonie **B** ADV **am ~n** le mieux (de tous, de toutes)
Allerseelen N ⟨~⟩ KATH le jour des Morts
allerseits ADV *(überall)* partout; *umg* **guten Abend ~!** *umg* bonsoir, toute la compagnie!; bonsoir, tout le monde!
allerspätestens ADV au plus tard
Allerweltsgeschmack M *pej* goût *m* de monsieur Tout-le-Monde; goût banal, qui manque d'originalité; **Allerweltsgesicht** N *pej* visage banal, ordinaire; **Allerweltswort** N mot passe-partout, courant
allerwenigste(r, -s) **A** ADJ très, bien peu de; **die ~n (Menschen)** très, bien peu de gens; **das Allerwenigste** le moins (de tous, de toutes) **B** ADV **am ~n** le moins (de tous, de toutes); moins que tout autre; en tout dernier lieu; **ihm hätte ich es am ~n zugetraut** jamais je n'aurais cru qu'il en était, serait capable; **das am ~n!** ça, moins que tout
Allerwerteste(r) *umg hum* M ⟨→ A⟩ *(Gesäß)* derrière *m;* postérieur *m*
alles → alle[2]
allesamt *umg* ADV tous *bzw.* toutes ensemble; tous *bzw.* toutes sans exception
Allesfresser M ZOOL omnivore *m;* **Alleskleber** M colle universelle; **Alleskönner** M personne *f* qui sait tout faire; **Alleswisser** M ⟨~s; ~⟩ *pej* monsieur *m* Je-sais-tout
allezeit *geh, regional* ADV toujours; à tout propos; en *od* de tout temps
allg. ABK (allgemein) général(ement)
Allgäu ⟨→ *n/pr*⟩ **das ~** l'Allgäu *m*
Allgegenwart F omniprésence *f;* **allgegenwärtig** ADJ omniprésent
allgemein **A** ADJ **1** général; *Wahlrecht etc* universel, -elle; **zur ~en Überraschung** à la surprise générale; **auf ~en Wunsch** à la demande générale, de tout le monde; **e-n ~en Überblick geben** donner une vue d'ensemble; faire un tour d'horizon; **das Allgemeine und das Besondere** le général et le particulier; **im Allgemeinen** généralement; en général **2** *oft pej (unverbindlich, unklar)* vague; flou **B** ADV **~ beliebt, bekannt** aimé, connu de tous, de tout le monde; **~ bildend** → allgemeinbildend; **(ganz) ~ gesprochen** généralement parlant; **~ gültig** → allgemeingültig; **zu ~ urteilen** juger trop généralement; **~ verbindlich** obligatoire, valable pour tous, pour tout le monde; **das ist ~ verbindlich** c'est la règle pour tous; **~ verbreitete Ansicht** opinion généralement répandue; **~ verständlich** à la portée de tous; compréhensible pour tout le monde
Allgemeinbefinden N MED état général; **Allgemeinbegriff** M notion générale
Allgemeinbesitz M bien public; *Anschauung etc* **~ (geworden) sein** *(bekannt sein)* être bien connu (de tous); *(geläufig sein)* être courant; *(offensichtlich sein)* être évident
allgemeinbildend ADJT de culture générale; *Schule* d'enseignement général; **Allgemeinbildung** F ⟨~⟩ culture générale
allgemeingültig ADJ valable pour tout le monde, pour tous; *Naturgesetz, These* universel, -elle; **Allgemeingültigkeit** F valeur générale, universelle; généralité *f*
Allgemeingut N *fig* **~ (geworden) sein** → Allgemeinbesitz
Allgemeinheit F ⟨~⟩ **1** *(Gesamtheit, Öffentlichkeit)* public *m;* communauté *f;* tout le monde; **der ~ zugänglich** ouvert au public; **im Interesse der ~** dans l'intérêt général; **der ~ dienen** servir à tout le monde, au public, à la communauté **2** *oft pej (Unverbindlichkeit)* caractère *m* vague, flou **3** PL **~en** *(Gemeinplätze)* généralités *fpl*
Allgemeinmedizin F ⟨~⟩ médecine générale; **Allgemeinmediziner(in)** M(F) généraliste *m/f;* **Allgemeinplatz** M lieu commun; **allgemeinverbindlich, allgemeinverständlich** ADJ → allgemein B; **Allgemeinwissen** N connaissances générales; **Allgemeinwohl** N intérêt général; **Allgemeinzustand** M MED état général
Allgewalt *geh* F toute-puissance *f;* omnipotence *f;* **allgewaltig** *geh* ADJ tout-puissant; omnipotent; **Allheilmittel** N MED, *fig* remède universel; panacée *f*
Allianz F ⟨~; ~en⟩ alliance *f*
Alligator M ⟨~s; -toren⟩ alligator *m*
alliiert ADJ ⟨*épithète*⟩ POL allié
Alliierte(r) M ⟨→ A⟩ POL allié *m;* HIST **die ~n** les Alliés
Alliteration F ⟨~; ~en⟩ METRIK allitération *f*
alljährlich **A** ADJ annuel, -elle; de chaque année **B** ADV tous les ans; chaque année
Allmacht *geh* F ⟨~⟩ toute-puissance *f;* omnipotence *f*
allmächtig ADJ tout-puissant; omnipotent; **der ~e Gott** Dieu Tout-Puissant; le Tout-Puissant; **~er Gott!** ah, mon Dieu!; grand Dieu!
Allmächtige(r) *geh* M ⟨→ A⟩ **der ~** le Tout-Puissant; **~r!** ah, mon Dieu!; grand Dieu!
allmählich **A** ADJ ⟨*épithète*⟩ graduel, -elle; progressif, -ive **B** ADV **1** peu à peu; petit à petit **2** *umg (langsam)* **ich werde ~ müde** je commence à être fatigué; **es wird ~ Zeit!** il est temps!; **~ etw satthaben** commencer à en avoir plein le dos
allmonatlich **A** ADJ mensuel, -elle; de tous les mois; de chaque mois **B** ADV tous les mois; chaque mois; mensuellement; **allmorgendlich** **A** ADJ de tous les matins; de chaque matin **B** ADV tous les matins; chaque matin; **allnächtlich** **A** ADJ de toutes les nuits; de chaque nuit **B** ADV toutes les nuits; chaque nuit
Allongeperücke F HIST perruque carrée
Allopathie F ⟨~⟩ MED allopathie *f;* **allopathisch** ADJ MED allopathique
Allotria N ⟨~(s); ~⟩ **~ treiben** faire les fous; *in der Schule* faire du chahut
Allradantrieb M traction *f* à quatre roues motrices; **Fahrzeug** *n* **mit ~** quatre-quatre *m od f*
Allroundkünstler(in) M(F) artiste *m/f* complet, -ète *od* qui touche à tous les domaines artistiques; **Allroundsportler(in)** M(F) sportif, -ive *m,f* complet, -ète
allseitig **A** ADJ général; de tous les côtés; **auf ~en Wunsch** à la demande de tout le monde, de tous, générale **B** ADV **das wurde ~ bemerkt** cela a été remarqué par tout le monde, partout; **~ begabt sein** être doué en tout
allseits ADV partout
Allstromgerät N appareil *m* tous courants
Alltag M vie quotidienne; quotidien *m;* **der graue ~** la grisaille (de la vie) quotidienne; **zum ~ gehören** faire partie du quotidien; **jetzt beginnt der ~ wieder** maintenant le train-train de la vie quotidienne reprend
alltäglich ADJ **1** *(täglich)* quotidien, -ienne; de tous les jours; de chaque jour **2** *(gewöhnlich)* ordinaire; courant; commun; quelconque; banal; **e-e ~e Geschichte** une histoire de tous les jours, ordinaire; **sich über die ~sten Dinge unterhalten** s'entretenir sur des choses banales, de tous les jours; **etw Alltägliches sein** être courant **3** *(werktäglich)* de jours ouvrables
Alltäglichkeit F ⟨~; ~en⟩ **1** ⟨*pas de pl*⟩ *(das Alltäglichsein)* banalité *f* **2** *(alltägliche Sache)* chose *f* de tous les jours **3** *(Gewohnheit)* routine *f*
alltags ADV en semaine
Alltagsbeschäftigung F occupation quotidienne, journalière; **Alltagsdinge** NPL petites choses de la vie de tous les jours; banalités *fpl;* **Alltagsgesicht** N figure banale; **Alltagskleidung** F tenue *f* de tous les jours; **Alltagskram** *umg pej* M → Alltagsdinge; **Alltagsleben** N vie quotidienne,

journalière; **Alltagsmensch** M homme *m* ordinaire; personne *f* appartenant au commun des mortels; **Alltagspflichten** FPL tâches quotidiennes; **Alltagssorgen** FPL soucis quotidiens; **Alltagssprache** F langue de tous les jours, courante; **Alltagsstress** M stress *m* de la vie quotidienne; **Alltagstrott** M *pej* train-train quotidien

allumfassend ADJ universel, -elle; global; **~ gebildet sein** avoir une vaste culture générale

Allüren FPL manières *fpl*; allures *fpl*; airs *mpl* (**e-s Stars** de star); **was sind das für ~!** en voilà des manières!

allwissend ADJT qui sait tout; omniscient; **Allwissenheit** F ⟨~⟩ omniscience *f*; **allwöchentlich** A ADJ hebdomadaire; de toutes les semaines; de chaque semaine B ADV toutes les semaines; chaque semaine

allzeit → allezeit; **~ bereit!** toujours prêt(s)!

allzu ADV (bien) trop; **~ bald** (bien) trop tôt; **~ früh** *advl* trop tôt; (*allzu bald*) (bien) trop tôt; **~ gern** très volontiers; **~ lang(e)** *advl* trop longtemps; **~ oft** trop souvent; **~ schnell** *advl* trop vite, rapidement; **etw (nicht) ~ schwernehmen** (ne pas) prendre qc trop à cœur; **~ sehr** trop; **~ selten** *advl* trop rarement; **~ viel** *advl* trop; **(nicht) ~ viele Regeln** (pas) trop de règles; *sprichw* **~ viel ist ungesund** *sprichw* l'excès en tout est un défaut

Allzweck... IN ZSSGN ... à tout faire; TECH polyvalent; **Allzweckreiniger** M ⟨~s; ~⟩ nettoyant *m* multi-usages

Alm F ⟨~; ~en⟩ pâturage *m* alpestre; alpage *m*; **Almabtrieb** M transhumance *f*

Alma mater *geh* F ⟨~⟩ **die ~** l'Université *f*

Almanach M ⟨~s; ~e⟩ almanach *m*

Almauftrieb M transhumance *f*; **Almhütte** F chalet *m* sur l'alpage

Almosen N ⟨~s; ~⟩ aumône *f*; **ein ~ geben** faire l'aumône

Almosenempfänger M mendiant *m*

Almrausch M ⟨~(e)s⟩ *südd, österr* → Alpenrose; **Almwirtschaft** F exploitation *f* alpestre

Aloe F ⟨~; ~n⟩ BOT aloès *m*

Alois M ⟨→ *n/pr*⟩ *prénom*

Alp[1] M → Alb[1]

Alp[2] F ⟨~; ~en⟩ *regional, bes schweiz* → Alm

Alpaka[1] N ⟨~s; ~s⟩ ZOOL alpaga *m*

Alpaka[2] M ⟨~s⟩ TEX alpaga *m*

Alpaka[3] N ⟨~s⟩ (*Neusilber*) argentan *m*

Alpakawolle F laine *f* de l'alpaga

Alpdruck M, **Alpdrücken** N → Albdruck

Alpen PL **die ~** les Alpes *fpl*

Alpenblume F fleur alpine, alpestre; **Alpendollar** *umg* HIST *hum* M schilling *m*; **Alpenführer** M *Buch* guide *m* des Alpes; **Alpengarten** M alpinum *m*; **Alpenglühen** N ⟨~s⟩ coucher *m* de soleil sur les Alpes; **Alpenhütte** F refuge *m*; **Alpenjäger** M MIL chasseur alpin; **Alpenland** N ⟨~(e)s; -länder⟩ pays alpin; région alpine; **Alpenlandschaft** F paysage *m* alpestre; **Alpenpanorama** N panorama *m* des Alpes, alpestre; **Alpenpass** M col alpin; **Alpenpflanze** F plante *f* alpestre; **Alpenrepublik** *umg hum* F **die ~** l'Autriche *f*; **Alpenrose** F rhododendron *m* des Alpes; **Alpenstraße** F route alpine, des Alpes; **Alpenveilchen** N cyclamen *m*; **Alpenverein** M club alpin; **Alpenvorland** N ⟨~(e)s⟩ (région *f* des) Préalpes *fpl*

Alpha N ⟨~(s); ~s⟩ alpha *m*

Alphabet N ⟨~(e)s; ~e⟩ alphabet *m*; **das kleine, große ~** l'alphabet en lettres minuscules, majuscules

alphabetisch A ADJ alphabétique B ADV par ordre alphabétique; **etw ~ einordnen** classer qc par ordre alphabétique, alphabétiquement

alphabetisieren V/T ⟨*pas de ge-*, h.⟩ 1 *Geschriebenes* classer par ordre alphabétique 2 *Menschen* alphabétiser; **Alphabetisierung** F ⟨~; ~en⟩ 1 *Ordnen* classification *f*, classement *m* par ordre alphabétique 2 *von Menschen* alphabétisation *f*

alphanumerisch ADJ IT alphanumérique

Alphastrahlen MPL NUKL rayons *mpl* alpha; **Alphateilchen** N NUKL particule *f* alpha; **Alphatier** N 1 ZOOL animal dominant 2 *fig* meneur, -euse *m,f*

Alphorn N ⟨~(e)s; -hörner⟩ cor *m* des Alpes

alpin ADJ alpin; *Landschaft, Pflanze* alpestre; *Ausrüstung* de haute montagne; SKISPORT **~e Kombination** combiné alpin

Alpinismus M ⟨~⟩ alpinisme *m*; **Alpinist(in)** M ⟨~en; ~en⟩ F ⟨~in; ~innen⟩ alpiniste *m/f*

Alptraum M *a. fig* cauchemar *m*

al-Qaida F ⟨~; *a.* → *n/pr*⟩ *Terrororganisation* Al-Qaida *f*

Alraune F ⟨~; ~n⟩ BOT mandragore *f*

als KONJ 1 *zeitlich* lorsque; quand; comme; **damals ~** ... à l'époque où ...; autrefois lorsque ...; **gerade ~ ich einschlafen wollte, fiel mir ein** ... au moment de m'endormir j'ai tout à coup réalisé ... 2 *vergleichend nach komp* que; *vor Zahlenangaben* de; *zur Bezeichnung der Gleichheit* comme; **größer, älter ~** plus grand, plus âgé que; **mehr ~ hundert Personen** plus de cent personnes; **er ist alles andere ~ glücklich** il est loin d'être heureux; **nichts ~ leere Worte** rien que des paroles creuses 3 (*in der Eigenschaft*) comme; en tant que; en qualité de; FILM, THEAT *etc* dans le rôle de; *zur Bezeichnung des Zwecks* pour; comme; à titre de; **~ solcher** en tant que tel; **in s-r Eigenschaft ~** ... en sa qualité de ...; **~ Schlosser arbeiten** travailler comme serrurier; **er ~ Abgeordneter** lui en tant que député; **~ Sieger heimkehren** revenir vainqueur; **~ Vorbild nehmen** prendre comme, pour modèle; **~ Meister anerkennen** reconnaître pour, comme maître; **~ Betrüger entlarven** démasquer comme fraudeur; **schon ~ Kind** étant encore enfant; **j-n ~ jungen Mann gekannt haben** avoir connu qn jeune homme; **etw ~ Drucksache schicken** envoyer qc comme imprimé; **etw ~ Medizin nehmen** prendre qc comme médicament 4 *modal* **~ ob** *od* **wenn** comme si; **er tat, ~ ob er schliefe** il faisait semblant de dormir; **es sieht aus, ~ wollte es regnen** on dirait qu'il va pleuvoir; **~ ob ich das nicht wüsste!** comme si je ne le savais pas! 5 *zur Bezeichnung der Folge* **die Zeit war zu kurz, ~ dass** ... le temps était trop court pour que (*+subj*); **er ist zu jung, ~ dass er es verstehen könnte** il est trop jeune pour comprendre cela 6 *kausal* **umso mehr, weniger, schlimmer** *etc* **~** ... d'autant plus, moins, plus mauvais, *etc* que ... 7 *einschränkend* **insofern, insoweit, ~** ... dans la mesure où ... 8 *geh in Aufzählungen* **~ da sind** ... à savoir ...

alsbald *geh* ADV 1 (*bald darauf*) peu après 2 (*sofort*) tout de suite

alsbaldig ADJ ⟨*épithète*⟩ *bes* ADMIN immédiat; HANDEL **zum ~en Verbrauch bestimmt** destiné à être employé, utilisé immédiatement; usage immédiat recommandé

alsdann *geh* ADV puis; ensuite

also ADV 1 *als Folgerung* donc; par conséquent; **bis heute Abend ~!** *Verabredung* donc, à ce soir!; *Ereignis* ce sera donc pour ce soir! 2 *geh* (*so*) ainsi; **~ geschah es** *liter* il en fut ainsi 3 (*das heißt*) c'est à dire 4 *verstärkend* **~ gut!** bon alors!; eh bien alors!; **~ los!** allons!; allez!; **~ dann!** bon, allez!; **~, so eine Unverschämtheit!** ça alors, quel culot!; **~, so was!** incroyable!; **~ doch!** vous voyez!; **na ~!** voyez!; eh bien! 5 *Verlegenheitsformel* voyons ...; or ...; **~ wie gesagt** ... or, comme je viens de le dire ...

alt ADJ ⟨⸚er, ⸚este⟩ 1 *Altersangabe* âgé; **sie ist zwanzig Jahre ~** elle a vingt ans; elle est âgée de vingt ans; **wie ~ sind Sie?** quel âge avez-vous?; quel est votre âge?; **ein vier Jahre ~es Kind** un enfant de quatre ans; **er ist doppelt so ~ wie ich** il est deux fois plus âgé que moi; il a le double de mon âge; **er ist so ~ wie ich** il est du même âge que moi; il est aussi âgé que moi; **man ist so ~, wie man sich fühlt** on a l'âge de ses artères 2 (*bejahrt, alt geworden*) vieux (vieil), vieille; *umg* **meine ~e Dame** (*Mutter*) ma mère; *sl* ma vieille; *umg* **mein Alter Herr** (*Vater*) *umg* mon paternel; *sl* mon vieux; **Alt und Jung** jeunes et vieux; **auf s-e ~en Tage** sur ses vieux jours; **~ genug sein, um** ... être en âge de ...; être d'âge à ...; *Kinder* être assez grand pour ...; **~ werden** vieillir; **er ist sehr ~ geworden** il a vécu très longtemps; (*er sieht alt aus*) il a beaucoup vieilli; *umg fig* **~ aussehen** *umg* être dans le pétrin; *umg fig* **hier werde ich nicht ~** je ne vais pas faire de vieux os ici 3 (*schon lange bestehend*) vieux (vieil), vieille; (*vorherig, ehemalig*) ancien, -ienne; **~er Adel** vieille, ancienne noblesse; **ein ~er Bekannter** une vieille connaissance; **~e Gewohnheit** vieille habitude; **ein ~es Übel** un mal enraciné; **ein ~es Vorurteil** un vieux préjugé; **es ist (immer) das ~e Lied** c'est toujours la même chanson; **das ist e-e ~e Geschichte** c'est une vieille histoire; **zum ~en Preis** à l'ancien prix; **ein ~er Schüler von mir** un de mes anciens élèves 4 (*vertraut*) **es bleibt alles beim Alten** tout reste comme par le passé; il n'y a rien de changé; **er ist noch ganz der Alte** il est encore, toujours le même; il n'a pas changé; **die gute ~e Zeit** le bon vieux temps 5 (*mit historischem Wert*) ancien, -ienne; **das Alte Testament** l'Ancien Testament; **die Alte und die Neue Welt** l'Ancien et le Nouveau Monde; **die ~en Griechen** les Grecs de l'Antiquité, de la Grèce ancienne; **~e Sprachen** langues classiques, anciennes; **das ~e Berlin** le Vieux-Berlin 6 (*nicht mehr frisch*) qui n'est plus frais; *Brot* rassis; **aus Alt mach Neu** faire du neuf avec du vieux; **zum ~en Eisen werfen** → Eisen 7 (*vom letzten Jahr*) de l'année dernière; **im ~en Jahr** l'année dernière 8 *umg verstärkend* vieux (vieil), vieille; **~er Geizkragen, Schwätzer** vieil avare, vieux bavard; **~er Junge!, ~es Haus!** *umg* mon vieux!; *umg* vieille branche!; **~e Schachtel, Ziege** *pej* vieille bique

Alt[1] M ⟨~s; ~e⟩ MUS contralto *m*

Alt[2] N ⟨~s; ~⟩ → Altbier

Altar M ⟨~(e)s; -täre⟩ autel *m*; *geh* **j-n zum ~ führen** épouser qn; *geh fig* **etw, j-n auf dem ~ der Liebe, Freundschaft opfern** sacrifier qc, qn sur l'autel de l'amour, de l'amitié

Altaraufsatz M retable *m*; **Altarbild** N retable *m*; tableau *m* d'autel; **Altarflügel** M volet *m* d'un triptyque; **Altargemälde** N → Altarbild; **Altarraum** M sanctuaire *m*; **Altarschmuck** M ornements *mpl* d'autel

altbacken ADJ 1 *Brot* rassis 2 *fig pej* vieux jeu (*inv*)

Altbau M ⟨~(e)s; ~ten⟩ immeuble ancien; *koll* habitat ancien; **Altbausanierung** F rénovation *f* de bâtiments vétustes; **Altbauwohnung** F appartement ancien; *pl* **~en** *koll* habitat ancien

altbekannt ADJ connu depuis longtemps

altbewährt ADJ *Rezept, Mittel etc* infaillible; qui a fait ses preuves
Altbier N *variété de bière brune amère (de fermentation °haute)*; **Altbundeskanzler** M ancien chancelier de la République fédérale; **Altbundespräsident** M ancien président de la République fédérale
altchristlich ADJ **~e Kunst, Musik** art, musique des premiers siècles de l'ère chrétienne
altdeutsch ADJ *Möbel etc* dans le style de la Renaissance allemande
Alte[1] M/F ⟨→ A⟩ 1 *(alter Mann)* vieux *m*; *(alte Frau)* vieille *f*; THEAT **komischer ~r** vieillard *m* comique 2 *umg (Vater) umg* vieux *m*; *(Mutter) umg* vieille *f*; **meine ~n** mes vieux 3 *umg (Ehemann) umg* vieux *m*; *umg* bonhomme *m*; *(Ehefrau) umg* vieille *f*; *umg* bonne femme 4 *umg (Chef, Chefin)* **der, die ~** le patron, la patronne; *sl* le singe
Alte[2] N ⟨→ A⟩ **~s und Neues** du vieux et du neuf
altehrwürdig *geh* ADJ vénérable; **alteingeführt** ADJ *Geschäft* qui est implanté depuis longtemps; **alteingesessen** ADJ *Firma* établi depuis longtemps; *Familie* vieux (vieil), vieille
Alteisen N ⟨~s⟩ ferraille *f*; **Alteisenhändler** M marchand *m* de ferraille; ferrailleur *m*
Altenheim N maison *f* de retraite; **Altenhilfe** F aide *f* aux personnes âgées; **Altenpflege** F soins *mpl* aux personnes âgées; **Altenpflegeheim** N établissement *m* gériatrique; hospice *m* de vieillards; **Altenpfleger(in)** M(F) infirmier, -ière *m,f* travaillant dans un établissement gériatrique, dans un centre de gérontologie; **Altentagesstätte** F établissement hospitalier de jour spécialisé en gériatrie
Altenteil N part *f* réservataire des parents sur leurs biens immobiliers; **s-e Eltern aufs ~ setzen** passer un contrat de rente viagère avec ses parents; **sich aufs ~ zurückziehen** recevoir une pension de ses enfants après leur avoir cédé ses propres biens; *fig* prendre sa retraite
Altenwohnheim N maison *f* de retraite
Alter[1] N ⟨~s; ~⟩ 1 *e-s Menschen, Tiers, Baums, Weins* âge *m*; *(Greisenalter)* vieillesse *f*; *(Dienstalter)* ancienneté *f*; **hohes ~** grand âge; **unbestimmten ~s** d'un âge indéfinissable; **im ~** quand on est vieux; **im besten ~** dans la force de l'âge; **im heiratsfähigen ~** nubile; en âge de se marier; **im kritischen ~** dans l'âge critique; **im schulpflichtigen ~** d'âge scolaire; **in vorgerücktem ~** d'un âge avancé; **im ~ von dreißig Jahren** à (l'âge de) trente ans; **in meinem ~** à mon âge; **er ist in meinem ~** il a mon âge; il est de mon âge; **er ist für sein ~ groß** il est grand pour son âge; **vom ~ gebeugt** courbé sous le poids des ans; **der Trost des ~s** la consolation de la vieillesse; **60 ist (doch) noch kein ~!** (mais) 60 ans, ce n'est pas vieux!; *sprichw* **~ schützt vor Torheit nicht** on fait des bêtises à tout âge 2 *(alte Leute)* personnes âgées 3 *(Altersstufe)* groupe *m* d'âge; âge *m*; **jedes ~ war vertreten** tous les âges étaient représentés
Alter[2] M → Alte[1]
älter ADJ 1 plus vieux (vieil), vieille; *bei Personen a.* plus âgé; *bei Verwandtschaftsbezeichnungen* aîné; *Gebäude etc a.* plus ancien, -ienne; **meine ~e Schwester** ma sœur aînée; **mein Bruder ist zwei Jahre ~ als ich** mon frère a deux ans de plus que moi; **~ werden** vieillir; avancer en âge; se faire vieux; **ein ~er Herr** un monsieur d'un certain âge; **~en Datums** plus très moderne; ancien, -ienne; **~e Rechte haben** être le premier en date; avoir des droits antérieurs, plus anciens (**als j-d** à ceux de qn); **dieses Kleid macht dich ~** cette robe te vieillit 2 *bei Eigennamen* **Holbein der Ältere** Holbein l'Ancien
Alterchen *umg* N ⟨~s; ~⟩ *umg* petit vieux; *umg* (vieux) pépé
Alter Ego N ⟨~⟩ PSYCH alter ego *m*
altern V/I ⟨-(e)re, s.⟩ vieillir
Altern N ⟨~s⟩ vieillissement *m*
alternativ A ADJ alternatif, -ive (*a.* LOGIK, POL); **~e Energien** *fpl* énergies douces; POL **Alternative Liste** *parti alternatif berlinois*; **~e Medizin** médecine douce, parallèle, alternative; **~er Vorschlag** alternative *f*; *(Gegenvorschlag)* contre-proposition *f* B ADV **~ leben** avoir un mode de vie différent (du modèle imposé par les sociétés industrielles contemporaines)
Alternativbewegung F POL mouvement alternatif
Alternative[1] F ⟨~; ~n⟩ *(Möglichkeit)* alternative *f* (**zu** à); **sich vor e-e ~ gestellt sehen** se trouver devant une alternative; **j-n vor die ~ stellen, (entweder) zu** *(+inf)* **oder zu** *(+inf)* mettre qn devant l'alternative soit de *(+inf)* soit de *(+inf)*
Alternative[2] M/F ⟨→ A⟩ POL alternatif, -ive *m,f*; anticonformiste *m/f*
Alternativenergie F énergies douces
Alternativer M → Alternative[2]
Alternativkultur F culture alternative
alternieren V/I ⟨*pas de ge-*, h.⟩ alterner (**mit** avec)
alternierend ADJT alternant; MATH **~e Reihe** série alternée; METRIK **~e Verse** vers *mpl* dont le rythme est marqué par une alternance de longues et de brèves
alterprobt ADJT qui a fait ses preuves
alters ADV *geh* **von ~ her, seit ~** de tout temps; depuis les temps les plus reculés
Altersabstand M différence *f* d'âge; **Altersangabe** F indication *f* de l'âge; **Altersarmut** F pauvreté *f* des personnes âgées; **Altersaufbau** M ⟨~(e)s⟩ pyramide *f* des âges; **altersbedingt** ADJT dû à l'âge, au grand âge (de qn); **Altersbeschwerden** FPL troubles *mpl* du vieillissement; **Altersdemenz** F démence *f* sénile; **Altersdiskriminierung** F discrimination *f* à l'encontre des personnes âgées; âgisme *m*; **Alterserscheinung** F signe *m* de vieillissement; **Altersfleck** M tache *f* de vieillesse; **altersgemäß** A ADJ approprié à l'âge de qn B ADV en fonction de l'âge de qn
Altersgenosse M, **Altersgenossin** F personne *f* du même âge; **wir sind Altersgenossen** nous sommes du même âge
altersgerecht ADJ 1 *(für e-e Altersgruppe)* adapté à un (certain) âge 2 *(für Alte)* adapté aux personnes âgées
Altersgrenze F limite *f* d'âge; *für die Pensionierung* âge *m* de la retraite; **die ~ erreichen** atteindre la limite d'âge, l'âge de la retraite
Altersgründe MPL **aus ~n** pour des raisons d'âge
Altersgruppe F tranche *f* d'âge; **alle ~n waren vertreten** tous les âges étaient représentés; **sie gehören alle der gleichen ~ an** ils sont tous du même âge
Altersheim N maison *f* de retraite; **Altersjahr** N *schweiz* → Lebensjahr; **Altersklasse** F → Altersgruppe; SPORT classe *f* d'âge; **Alterskrankheit** F, **Altersleiden** N maladie *f* de la vieillesse; **alterslos** ADJ sans âge; **altersmäßig** A ADJ approprié à l'âge de qn B ADV 1 *(altersbedingt)* en raison de l'âge, du grand âge de qn 2 *(dem Alter nach)* en ce qui concerne l'âge; **Alterspräsident(in)** M(F) doyen, -enne *m,f* d'âge; **Alterspyramide** F pyramide *f* des âges; **Altersrente** F retraite *f*; pension *f* de retraite; **Altersruhegeld** N → Altersrente; **altersschwach** ADJ décrépit; *fig hum Tisch etc* délabré
Altersschwäche F vieillesse *f*; décrépitude *f*; **an ~** *(dat)* **sterben** mourir de vieillesse
alterssichtig ADJ MED presbyte; **Alterssitz** M lieu *m* de retraite; **Altersstufe** F → Altersgruppe; **Altersteilzeit** F cessation progressive d'activité; C.P.A. *f*; **Altersunterschied** M différence *f* d'âge; **Altersversicherung** F assurance *f* vieillesse
Altersversorgung F assurance *f* vieillesse; **betriebliche ~** retraite (complémentaire) versée par l'entreprise
Altersvorsorge F dispositions *fpl* pour la retraite; *(Altersversicherung)* assurance *f* vieillesse; **private ~** complément *m* de retraite
Alterswerk N œuvre *f* de vieillesse
Altertum N ⟨~s⟩ **das ~** l'Antiquité *f*; **das frühe ~** la haute Antiquité; **das klassische ~** l'Antiquité classique; **im ~** dans l'Antiquité
Altertümer NPL antiquités *fpl*; **altertümlich** ADJ *Geschirr, Gebäude etc* antique; *Wort, Sitten* archaïque
Altertumsforscher(in) M(F) archéologue *m/f*; **Altertumsforschung** F, **Altertumskunde** F archéologie *f*; **Altertumswert** M valeur *f* d'antiquité
Alterung F ⟨~⟩ vieillissement *m*
Alterungsprozess M processus *m* de vieillissement
Altes N → Alte[2]
älteste(r, -s) ADJ le (la) plus vieux *bzw.* vieil (vieille); *bei Personen a.* le (la) plus âgé(e); *verwandtschaftlich* aîné(e); *Gebäude etc a.* le (la) plus ancien(ne); **mein ~r Bruder** mon frère aîné; **unser Ältester** notre aîné
Ältestenrat M *bei Naturvölkern* conseil *m* des anciens; *im Parlament* commission formée de divers représentants des groupes parlementaires
Altflöte F flûte *f* alto; **altfränkisch** *veraltend* ADJ vieux jeu *(inv)*
altfranzösisch ADJ ancien, vieux français; **die ~e Literatur** la littérature française du Moyen Âge
Altfranzösisch(e) N **(das) Altfranzösisch(e)** l'ancien, le vieux français
altgedient ADJT blanchi sous le harnois
Altglas N verre usagé; **Altglasbehälter** M, **Altglascontainer** M conteneur *m* à verre
Altgold N vieil or; or patiné
altgriechisch ADJ grec ancien, grecque ancienne
Altgriechisch(e) N **(das) Altgriechisch(e)** le grec ancien
althergebracht ADJT traditionnel, -elle; ancien, -ienne
Altherrenmannschaft F SPORT *équipe d'amateurs composée de joueurs de plus de 32 ans*
althochdeutsch ADJ LING ancien °haut allemand
Althochdeutsch(e) N **(das) Althochdeutsch(e)** l'ancien °haut allemand
Altist(in) M ⟨~en; ~en⟩ F ⟨~in; ~innen⟩ MUS contralto *m/f*
altjüngferlich A ADJ de vieille fille B ADV comme une vieille fille
Altkleidersammlung F collecte *f* de vieux vêtements
altklug ADJ *Kind* précoce (et arrogant)
Altlasten FPL ÖKOL décharges désaffectées
ältlich ADJ *Fräulein etc* vieillot, -otte; d'un cer-

tain âge
Altmaterial N matériel usagé; vieux matériel; **Altmeister** M *der Wissenschaft etc* vieux maître; chef *m* d'école; SPORT ancien champion; **Altmetall** N ferraille *f*; vieux métal; **altmodisch** ADJ démodé; *Ansichten a.* périmé; **Altöl** N huile usagée, AUTO de vidange
Altpapier N vieux papiers; **Altpapierbehälter** M, **Altpapiercontainer** M conteneur *m* pour vieux papiers; **Altpapiersammlung** F collecte *f* des vieux papiers
Altphilologe M, **Altphilologin** F philologue *m/f* spécialiste des langues anciennes; *Student(in) etwa* étudiant(e) *m(f)* en lettres classiques; **altphilologisch** ADJ des langues anciennes; de(s) lettres classiques
altrosa ADJ ⟨*inv*⟩ vieux rose (*inv*)
Altruismus M ⟨~⟩ altruisme *m*; **Altruist** M ⟨~en; ~en⟩ altruiste *m*; **altruistisch** ADJ altruiste
Altschnee M neige ancienne; **Altsilber** N vieil argent; argent patiné; **Altsprachler(in)** M ⟨~s; ~⟩ (F) ⟨~in; ~innen⟩ spécialiste *m/f* des langues anciennes
altsprachlich ADJ de langues classiques; **~es Gymnasium** lycée *m* classique (*latin, grec et une langue vivante*)
Altstadt F vieille ville; cité *f*; vieux quartiers *mpl*; **Altstadtsanierung** F réhabilitation *f* de(s) vieux quartiers
Altstimme F (voix *f* de) contralto *m*
alttestamentarisch ADJ de l'Ancien Testament; **altväterlich** ADJ patriarcal; *fig* à l'ancienne (mode); **altvertraut** ADJ familier, -ière; bien connu
Altwarenhandel M brocante *f*; **Altwarenhändler** M brocanteur *m*; **Altwarenhandlung** F magasin *m*, boutique *f* de brocanteur; **Altweibersommer** M **1** *Spinnfäden* fils *mpl* de la Vierge **2** *Jahreszeit* été indien; été *m* de la Saint-Martin
Alu *umg* N ⟨~s⟩ *umg* alu *m*; **Alufolie** F papier *m* (d')alu
Aluminium N ⟨~s⟩ aluminium *m*; **Aluminiumblech** N tôle *f* d'aluminium; **Aluminiumfolie** F papier *m* d'aluminium
Alveole F ⟨~; ~n⟩ ANAT alvéole *m*
Alzheimer *umg* M ⟨~s⟩, **Alzheimerkrankheit** F ⟨-⟩ maladie *f* d'Alzheimer
am PRÄP **1** *vor sup* le; **~ schnellsten fahren** rouler le plus vite; **~ schönsten sein** être le plus beau, la plus belle; **das besprechen wir ~ besten sofort** parlons-en plutôt tout de suite **2** (*an dem*) *räumlich* à; GEOG *bei Flüssen etc* sur; *zeitlich meist bloßer akk*; **~ Fenster** à la fenêtre; **~ Knie** au genou; **~ Griff anfassen** prendre par le manche; **Frankfurt ~ Main** Francfort-sur-le-Main; **Köln liegt ~ Rhein** Cologne est située sur le Rhin; **~ Meer** au bord de la mer; à la mer; **~ Morgen, Abend** le matin, soir; **~ ersten Mai** le premier mai; **~ Montag** lundi; **~ Anfang, Ende** au début, à la fin **3** *österr* (*auf dem*) **~ Land** à la campagne; **wir leben ~ Land** nous habitons (à) la campagne **4** *umg regional* **er ist (gerade) ~ Schreiben** il est en train d'écrire; **er war ~ Schreiben** *a.* il écrivait
a. M. ABK (am Main) -sur-le-Main
Amadeus M ⟨→ *n/pr*⟩ *prénom*
Amalgam N ⟨~s; ~e⟩ CHEM, *fig* amalgame *m*; **Amalgamfüllung** F, **Amalgamplombe** F *von Zähnen* amalgame *m*
Amarant[1] M ⟨~s; ~e⟩ BOT amarante *f*
Amarant[2] N *od* M ⟨~s⟩ *Farbe* couleur *f* amarante
Amaryllis F ⟨~; -llen⟩ BOT amaryllis *f*
Amateur(in) M ⟨~s; ~e⟩ (F) ⟨~in; ~innen⟩ *a.* SPORT, *fig pej* amateur *m*; **Amateurboxer** M boxeur *m* amateur; **Amateurfilm** M film *m* d'amateur; **Amateurfotograf(in)** M photographe *m/f* amateur; **Amateurfunk** M radio *f* d'amateurs; **Amateurfunker(in)** M(F) radioamateur *m*; **amateurhaft** *pej* **A** ADJ d'amateur **B** ADV en amateur; **Amateursport** M sport *m* amateur; **Amateursportler(in)** M(F) amateur *m*
Amazonas ⟨→ *n/pr*⟩ **der ~** l'Amazone *f*
Amazone F ⟨~; ~n⟩ **1** MYTH amazone *f* **2** SPORT (*Reiterin*) cavalière *f* **3** *fig* **sie ist e-e ~** elle a des allures d'amazone
Amazonenspringen N SPORT équitation féminine de compétition
Amber M ⟨~s; ~(n)⟩ → Ambra
Ambiente *geh* N ⟨~⟩ ambiance *f*; atmosphère *f*
Ambition F ⟨~; ~en⟩ ambition *f* (**auf** [+*akk*] pour)
ambitioniert ADJ ambitieux, -ieuse
ambivalent ADJ ambivalent; **Ambivalenz** F ⟨~; ~en⟩ ambivalence *f*
Amboss M ⟨~es; ~e⟩ TECH, ANAT enclume *f*
Ambra F ⟨~; ~s⟩ ambre *m*
Ambrosia F ⟨~⟩ MYTH ambroisie *f*
Ambrosie F ⟨~; ~n⟩ BOT ambroisie *f*
ambulant **A** ADJ **1** MED *Behandlung* ambulatoire; *Patient* non hospitalisé **2** *Gewerbe, Handel* ambulant; **~er Händler** marchand ambulant, itinérant **B** ADV **1** MED **j-n ~ behandeln, versorgen** donner des soins ambulatoires à qn **2** HANDEL **etw ~ verkaufen** être vendeur itinérant de qc
Ambulanz F ⟨~; ~en⟩ **1** (*Krankenwagen*) ambulance *f* **2** (*Behandlungsstelle in Kliniken*) consultations *fpl* externes (d'un hôpital); (*Tagesklinik*) hôpital *m* de jour; *in Betrieben* infirmerie *f*; **Ambulanzwagen** M ambulance *f*
Ameise F ⟨~; ~n⟩ fourmi *f*
Ameisenbär M fourmilier *m*; **Großer ~** tamanoir *m*
Ameisenhaufen M *a. fig* fourmilière *f*; **Ameisensäure** F ⟨~⟩ acide *m* formique; **Ameisenstaat** M fourmilière *f*
amen ADV amen; *nach e-m Gebet in frz Sprache* ainsi soit-il
Amen N ⟨~s; ~⟩ amen *m*; *umg* **das ist so sicher wie das ~ in der Kirche** c'est sûr comme deux et deux font quatre; c'est sûr et certain; *umg fig* **zu allem Ja und ~ sagen** dire amen à tout; consentir à tout
Amerika N ⟨→ *n/pr*⟩ l'Amérique *f*; **die Vereinigten Staaten von ~** les États-Unis d'Amérique
Amerikaner[1] M ⟨~s; ~⟩ GASTR *pâtisserie ronde, sucrée, recouverte de glaçage*
Amerikaner[2] M ⟨~s; ~⟩, **Amerikanerin** F ⟨~in; ~innen⟩ Américain(e) *m(f)*
amerikanisch ADJ américain; d'Amérique; de l'Amérique; POL *in Zssgn* américano-…
amerikanisieren V/T ⟨*pas de ge-*, h.⟩ américaniser
Amerikanismus M ⟨~; -men⟩ américanisme *m* (*a.* LING); **Amerikanist(in)** M ⟨~en; ~en⟩ (F) ⟨~in; ~innen⟩ américaniste *m/f*; **Amerikanistik** F ⟨~⟩ études *fpl* de langues, littératures et civilisations nord-américaines, *weitS.* amérindiennes
Amethyst M ⟨~(e)s; ~e⟩ améthyste *f*
Ami *umg* M ⟨~(s); ~(s)⟩ *umg* Amerloque *m*
Aminosäure F CHEM acide aminé; aminoacide *m*
Ammann M ⟨~(e)s; Ammänner⟩ *schweiz etwa* maire *m*
Amme F ⟨~; ~n⟩ nourrice *f*
Ammenmärchen N *meist pej* conte *m* à dormir debout; conte *m* de bonne(s) femme(s)
Ammer F ⟨~; ~n⟩ ZOOL bruant *m*
Ammoniak N ⟨~s⟩ CHEM ammoniac *m*; **ammoniakhaltig** ADJ ammoniacal; **Ammoniaklösung** F solution ammoniacale
Ammonit M ⟨~en; ~en⟩ *Fossil* ammonite *f*
Amnesie F ⟨~; ~n⟩ MED amnésie *f*
Amnestie F ⟨~; ~n⟩ amnistie *f*; **amnestieren** V/T ⟨*pas de ge-*, h.⟩ amnistier
Amniozentese F ⟨~; ~n⟩ MED amniocentèse *f*
Amöbe F ⟨~; ~n⟩ amibe *f*
Amok M ⟨~s⟩ folie meurtrière; *t/t* amok *m*; **~ laufen** avoir un accès de folie meurtrière
Amokfahrer(in) M(F) conducteur, -trice fou (folle); **Amokfahrt** F course folle; **Amoklauf** M course folle; **Amokläufer(in)** M(F) fou furieux *m*, folle furieuse *f*; forcené(e) *m(f)*; **Amokschütze** M tireur fou
a-Moll N la *m* mineur
Amor M ⟨→ *n/pr*⟩ MYTH Amour *m*; Cupidon *m*; *poet* **von ~s Pfeil getroffen werden** être touché par les flèches de l'Amour, de Cupidon
amoralisch *geh* ADJ amoral
Amoralität *geh* F ⟨~⟩ amoralité *f*
Amorette F ⟨~; ~n⟩ KUNST petit amour
amorph ADJ amorphe
Amortisation F ⟨~; ~en⟩ WIRTSCH amortissement *m*
amortisieren V/T (*u.* V/R) ⟨*pas de ge-*, h.⟩ (**sich**) **~** (s')amortir; **Amortisierung** F ⟨~; ~en⟩ amortissement *m*
Amouren PL *hum* amours *mpl od fpl*; aventures galantes
amourös ADJ galant; **~es Abenteuer** aventure galante
Ampel F ⟨~; ~n⟩ **1** (*Verkehrsampel*) feu *m*; ADMIN feux *mpl* de signalisation; **die ~ wird grün** le feu passe au vert; **die ~ sprang auf Rot** le feu est passé au rouge; **er ist bei Rot über die ~ gefahren** il a brûlé le feu rouge **2** (*Hängelampe*) (petite) lampe *f* à suspension
Ampelkoalition F POL coalition *f* des socialistes, des libéraux et des verts; **Ampelkreuzung** F croisement *m* avec feux
Ampere N ⟨~(s); ~⟩ ELEK ampère *m*; **Amperemeter** N ⟨~s; ~⟩ ampèremètre *m*; **Amperestunde** F ampère-heure *m*
Amphibie F ⟨~; ~n⟩ ZOOL amphibie *m*; *pl* **~n** amphibiens *mpl*
Amphibienfahrzeug N véhicule *m* amphibie
amphibisch ADJ amphibie
Amphitheater N amphithéâtre *m*
Amphore F ⟨~; ~n⟩ amphore *f*
Amplitude F ⟨~; ~n⟩ PHYS, MATH amplitude *f*; **Amplitudenmodulation** F RADIO modulation *f* d'amplitude
Ampulle F ⟨~; ~n⟩ PHARM ampoule *f*
Amputation F ⟨~; ~en⟩ amputation *f*
amputieren V/T ⟨*pas de ge-*, h.⟩ amputer; **j-m ein Bein ~** amputer qn d'une jambe
Amputierte(r) M/F(M) ⟨→ A⟩ amputé(e) *m(f)*
Amsel F ⟨~; ~n⟩ merle *m*
Amt N ⟨~(e)s; ⸚er⟩ **1** (*Dienststelle*) service *m*; administration *f*; *a. Raum* bureau *m*; *Gebäude* bureaux *mpl*; **Auswärtiges ~** ministère *m* des Affaires étrangères; **von ~s wegen** d'office **2** (*amtliche Tätigkeit*) fonction(s) *f(pl)*; charge *f*; (*Posten*) poste *m*; *fig* (*Aufgabe*) tâche *f*; (*Mission*) mission *f*; **ein öffentliches ~** une charge publique; des fonctions publiques; **ein ~ antreten** entrer en fonction; prendre ses fonctions; **ein ~ ausüben** exercer une fonction; **j-n in sein ~ einführen** installer qn dans ses fonctions; investir qn; **j-n s-s ~es entheben** relever qn de ses fonctions; destituer, révoquer qn; **ein ~ bekleiden** occuper une fonction, une charge; être investi d'une fonction, d'une charge; **sein ~ niederlegen** démissionner; *geh*

s-s ~es walten s'acquitter de ses fonctions; faire son devoir; in Ausübung s-s ~es dans l'exercice de ses fonctions; im ~ sein être en fonction, exercice; in ~ und Würden stehen *od* sein occuper de hautes fonctions; *geh* kraft s-s ~es en vertu de ses fonctions 3 KATH messe chantée 4 TEL central *m* (téléphonique)

Ämterhäufung F cumul *m* de fonctions;

Ämterpatronage F ⟨~⟩ népotisme *m*

amtieren VI ⟨*pas de ge-*, h.⟩ être en fonction; ~ als exercer les fonctions de; *stellvertretend* faire fonction de; der ~de Minister le ministre en fonction

amtlich ADJ officiel, -ielle; AUTO ~es Kennzeichen numéro *m* d'immatriculation; aus ~er Quelle verlautet, dass ... on communique de source officielle que ...; *umg fig* das ist ~ c'est sûr et certain

Amtmann M ⟨~(e)s; -männer *ou* -leute⟩, **Amtmännin** F ⟨-in; -innen⟩ fonctionnaire *m/f* appartenant à la catégorie A de la fonction publique

Amtsanmaßung F usurpation *f* de fonctions; **Amtsantritt** M entrée *f* en fonction; **Amtsanwärter(in)** M(F) fonctionnaire *m/f* stagiaire; **Amtsarzt** M, **Amtsärztin** F médecin *m* de la santé publique, du service de santé

amtsärztlich A ADJ ~e Bescheinigung certificat médical délivré par les services de la santé publique B ADV sich ~ untersuchen lassen se faire examiner par un médecin du service de santé *od* de la santé publique

Amtsausübung F exercice *m* des fonctions, de la charge; **Amtsbereich** M ressort *m*; compétence *f*; **Amtsblatt** N Journal officiel; **Amtsbruder** M KIRCHE confrère *m*; **Amtsdauer** F durée *f* des fonctions; **Amtsdeutsch** N *pej* jargon administratif allemand; **Amtseid** M serment professionnel; **Amtseinführung** F installation *f* dans ses fonctions; investiture *f*; **Amtsenthebung** F destitution *f*; révocation *f*; **Amtsführung** F ⟨~⟩ gestion *f* des fonctions, de la charge; **Amtsgebäude** N bâtiment administratif; **Amtsgeheimnis** N secret professionnel (dans la fonction publique); **Amtsgericht** N tribunal *m* d'instance; **Amtsgeschäfte** PL fonctions officielles; **Amtsgewalt** F pouvoirs officiels

Amtshandlung F acte administratif; e-e ~ vornehmen accomplir un acte administratif

Amtshilfe F assistance, entraide administrative; **Amtsinhaber(in)** M(F) titulaire *m/f* d'une fonction, d'une charge; **Amtskette** F *e-s Bürgermeisters etc* chaîne *f* d'or; *in Frankreich* écharpe *f*; **Amtskleidung** F tenue *f* officielle; **Amtsleitung** F TEL ligne principale; **Amtsmissbrauch** M abus *m*, excès *m* de pouvoir; **amtsmüde** ADJ usé par le pouvoir; **Amtsnachfolger(in)** M(F) successeur *m* (dans une fonction); **Amtsniederlegung** F démission *f*; **Amtsperiode** F durée *f* d'un mandat; **Amtsperson** F personnage officiel; fonctionnaire *m*

Amtspflicht F devoir *m* d'une charge, d'une fonction; s-e ~ verletzen manquer aux devoirs de sa fonction, charge

Amtsrichter(in) M(F) juge *m* auprès d'un tribunal d'instance

Amtsschimmel *umg pej* M ⟨~s⟩ bureaucratie *f*; chinoiseries administratives; den ~ reiten être à cheval sur le règlement

Amtssiegel N sceau officiel; **Amtssitz** M résidence officielle; **Amtssprache** F 1 *e-s Landes* langue officielle 2 ⟨*pas de pl*⟩ (*Amtsdeutsch*) jargon administratif; **Amtsstunden** FPL heures *fpl* de service; **Amtstracht** F tenue officielle; **Amtsträger(in)** M ⟨~s; ~⟩ (F) ⟨~in; ~innen⟩ titulaire *m/f* d'une fonction; **Amtsübergabe** F passation *f* des pouvoirs; **Amtsübernahme** F entrée *f* en fonction; prise *f* de fonctions; **Amtsvorgänger(in)** M(F) prédécesseur *m*; **Amtsvorsteher** M chef *m* de service; **Amtszeichen** N TEL tonalité *f*; **Amtszeit** F durée *f* d'un mandat; **Amtszimmer** N bureau *m*

Amulett N ⟨~(e)s; ~e⟩ amulette *f*

amüsant ADJ amusant; drôle

Amüsement N ⟨~s; ~s⟩ divertissement *m*

Amüsierbetrieb M → Amüsierlokal

amüsieren ⟨*pas de ge-*, h.⟩ A VT amuser B VR sich ~ s'amuser; sich mit j-m, etw ~ s'amuser avec qn, qc; sich über j-n, etw ~ se moquer de qn, qc

Amüsierlokal N boîte *f* de nuit (avec attractions); **Amüsierviertel** N quartier *m* des boîtes de nuit

amusisch ADJ qui ne s'intéresse pas à l'art

an A PRÄP *Lage* ⟨*dat*⟩, *Richtung* ⟨*akk*⟩ 1 *räumlich* à; GEOG *bei Flüssen* sur; nahe ~ près, proche de; ~ der Ecke au coin; ~ der Küste sur la côte; au bord de la mer; Frankfurt ~ der Oder Francfort-sur-l'Oder; Halle liegt ~ der Saale Halle est située sur la Saale; ~ der Elbe sur l'Elbe; sur le, au bord de l'Elbe; ~ der Straße nach X sur la route de X; ~ der Grenze à la frontière; Tür ~ Tür porte à porte; Seite ~ Seite *a. fig* côte à côte; ~ erster Stelle en premier lieu; à la première place; ~ verschiedenen Punkten en plusieurs endroits, points; das Bild ~ die Wand hängen accrocher le tableau au mur; das Bild hängt ~ der Wand le tableau est accroché au mur; ~ die Arbeit! au travail!; ein Kind ~ der Hand führen conduire un enfant par la main 2 *zeitlich* à; *oft bloßer akk*; ~ e-m Sonntagmorgen un dimanche matin; ~ jedem Freitag le vendredi; tous les vendredis; ~ deinem Geburtstag à ton anniversaire; ~ Ostern à Pâques 3 *in verschiedenen Bedeutungen* ~ etw (*dat*) sparen économiser sur qc; ~ etw (*dat*) arbeiten travailler à qc; arm, reich ~ etw (*dat*) sein être pauvre, riche en qc; jung ~ Jahren jeune (d'âge); es ist ~ der Zeit(, zu +*inf*) il est temps (de +*inf*); *geh* sie waren zehn ~ der Zahl ils étaient au nombre de dix; was hast du ~ Schuhen, Taschengeld? qu'est-ce que tu as comme chaussures, comme argent de poche?; *umg* sie hat es ~ der Galle elle est malade de la vésicule; es liegt ~ dir (*du hast Schuld*) c'est ta faute; (*es hängt von dir ab*) cela dépend de toi; *geh* nun ist es ~ mir(, zu ...) maintenant, alors, c'est à moi (de ...); ~ (und für) sich au fond; die Sache ~ und für sich la chose en elle-même; PHIL das Ding ~ sich la chose en soi; das Beste ~ der Sache ist, dass ... le mieux dans tout ça, c'est que ...; was mir ~ Reiner so gefällt ce que j'aime, j'apprécie beaucoup chez Reiner; der Brief ist ~ Sie gerichtet la lettre vous est adressée; das kenne ich ~ ihm c'est bien lui; kaum ~ sich (*akk*) halten können (vor Lachen, Wut *etc*) pouvoir à peine se retenir (de rire, de se mettre en colère, *etc*) B ADV 1 *auf Fahrplänen etc* Berlin ~ ... arrivée Berlin à ... 2 *umg vor Maß-, Mengenangaben* presque; à peu près; environ; ~ die dreißig Jahre alt sein avoir presque, à peu près, environ trente ans 3 von ... ~ dès ...; *a. räumlich, fig* à partir de ...; von nun *od* jetzt ~ à partir de maintenant; désormais; von damals, hier, fünf Euro ~ à partir de ce moment-là, d'ici, de cinq euros 4 *umg* ~ sein *Maschine, Motor* être en marche; *Licht, Heizung, Feuer, Radio etc* être allumé 5 (*bekleidet*) mit wenig ~ habillé légèrement; mit etw ~ habillé; mit nichts ~ (tout) nu

Anabolikum N ⟨~s; -ka⟩ MED anabolisant *m*

Anachronismus M ⟨~; -men⟩ anachronisme *m*; **anachronistisch** ADJ anachronique

Anagramm N ⟨~s; ~e⟩ anagramme *f*

Anakoluth N *od* M ⟨~s; ~e⟩ GRAM anacoluthe *f*

Anakonda F ⟨~; ~s⟩ ZOOL anaconda *m*

anal A ADJ anal B ADV *untersuchen* par l'anus; *einführen etc* dans l'anus

Analerotik F ⟨~⟩ érotisme anal

Analgetikum N ⟨~s; -ka⟩ MED analgésique *m*

analog A ADJ *Ideen, Situation, Fall etc* analogue (zu à); IT, TECH analogique B ADV par analogie (zu avec); IT, TECH analogiquement

Analogie F ⟨~; ~n⟩ analogie *f*; in ~ zu par analogie avec

Analogiebeweis M preuve *f* par analogie; **Analogiebildung** F LING analogie *f*; formation *f* analogique; terme formé analogiquement; **Analogieschluss** M conclusion *f*, déduction *f* analogique

Analogrechner M calculateur *m* analogique; **Analoguhr** F montre *f* analogique

Analphabet(in) M ⟨~en; ~en⟩ (F) ⟨~in; ~innen⟩ illettré(e) *m(f)*; analphabète *m/f*; *fig pej* ignorant(e) *m(f)*

Analphabetentum N ⟨~s⟩ analphabétisme *m*; **Analphabetismus** M ⟨~⟩ analphabétisme *m*

Analverkehr M sodomie *f*

Analyse F ⟨~; ~n⟩ analyse *f*

analysierbar ADJ analysable

analysieren VT ⟨*pas de ge-*, h.⟩ analyser

Analysis F ⟨~⟩ MATH analyse *f*

Analyst(in) M ⟨~en; ~en⟩ (F) ⟨~in; ~innen⟩ BÖRSE analyste *m/f* (financier, -ière)

Analytik F ⟨~⟩ analytique *f*; **Analytiker(in)** M ⟨~s; ~⟩ (F) ⟨~in; ~innen⟩ analyste *m/f*; **analytisch** A ADJ analytique B ADV par analyse; analytiquement

Anämie F ⟨~; ~n⟩ MED anémie *f*

anämisch ADJ *a. fig pej* anémique

Anamnese F ⟨~; ~n⟩ MED anamnèse *f*

Ananas F ⟨~; ~ *ou* ~se⟩ ananas *m*

Anapäst M ⟨~(e)s; ~e⟩ METRIK anapeste *m*

Anapher F ⟨~; ~n⟩ RHET anaphore *f*

Anarchie F ⟨~; ~n⟩ anarchie *f*

anarchisch ADJ anarchique

Anarchismus M ⟨~⟩ anarchisme *m*; **Anarchist(in)** M ⟨~en; ~en⟩ (F) ⟨~in; ~innen⟩ anarchiste *m/f*; **anarchistisch** ADJ anarchiste

Anastasia F ⟨→ *n/pr*⟩ *prénom*

Anästhesie F ⟨~; ~n⟩ MED anesthésie *f*; **anästhesieren** VT ⟨*pas de ge-*, h.⟩ anesthésier; **Anästhesist(in)** M ⟨~en; ~en⟩ (F) ⟨~in; ~innen⟩ anesthésiste *m/f*

Anästhetikum N ⟨~s; -ka⟩ PHARM anesthésique *m*

Anatolien N ⟨→ *n/pr*⟩ l'Anatolie *f*

Anatomie F ⟨~; ~n⟩ 1 ⟨*pas de pl*⟩ anatomie *f* 2 *Institut* institut *m* d'anatomie; **Anatomiesaal** M amphithéâtre *m* d'anatomie

anatomisch ADJ anatomique

anbacken ⟨*irr, sép*, -ge-⟩ A VI ⟨s.⟩ *Kuchen etc* attacher; *Schnee* coller B VT ⟨h.⟩ mettre quelques minutes au four

anbaggern *Jugendsprache* VT ⟨-(e)re, *sép*, -ge-, h.⟩ *umg* draguer

anbahnen ⟨*sép*, -ge-, h.⟩ A VT préparer (la voie à) B VR sich ~ s'ébaucher; **Anbahnung** F ⟨~; ~en⟩ ébauche *f*

anbändeln VI ⟨-(e)le, *sép*, -ge-, h.⟩ *umg* mit j-m ~ (*flirten*) flirter avec qn; (*Streit suchen*) chercher querelle à qn

Anbau M ⟨~(e)s; ~ten⟩ 1 ⟨pas de pl⟩ AGR culture f; **aus (kontrolliert) ökologischem ~** de culture biologique (contrôlée) 2 ⟨pas de pl⟩ BAU (das Anbauen) agrandissement m 3 BAU (Gebäude) annexe f

anbauen ⟨sép, -ge-, h.⟩ A VT 1 AGR cultiver 2 BAU ajouter (an [+akk] à); **ein Zimmer ~** ajouter une pièce (à); **e-e Garage an ein Haus ~** construire un garage accolé, attenant à une maison B VI BAU s'agrandir

anbaufähig ADJ AGR cultivable; Boden a. arable; **nicht ~** non cultivable; incultivable

Anbaufläche F AGR surface f, superficie f cultivable, arable; **Anbaugebiet** N AGR, für Wein région f, zone f de culture; **Anbauküche** F cuisine intégrée; **Anbaumöbel** NPL meubles construits avec des éléments, des modules combinables; **Anbauschrank** M armoire f à éléments combinables

anbefehlen VT ⟨irr, sép, pas de ge-, h.⟩ geh **j-m etw ~** (befehlen) ordonner qc à qn; (anvertrauen) confier, remettre qc à la garde de qn

Anbeginn geh M commencement m; début m; origine f; **von ~ (an)** dès le début, le commencement, l'origine

anbehalten VT ⟨irr, sép, pas de ge-, h.⟩ Kleidungsstück garder; ne pas enlever; ne pas quitter

anbei ADV ci-joint; ci-inclus; **~ schicken wir Ihnen …** ci-joint, ci-inclus, nous vous envoyons …

anbeißen ⟨irr, sép, -ge-, h.⟩ A VT Apfel, Stück Kuchen etc mordre dans; entamer; **ein angebissenes Brötchen** un petit pain entamé; umg fig **zum Anbeißen aussehen** od **sein** Frau, Mädchen umg être (mignonne, jolie) à croquer B VI 1 Fisch mordre (à l'hameçon) 2 fig mordre à l'hameçon; umg hum **bei ihm hat noch keine angebissen** umg il n'a pas encore fait de touche

anbekommen VT ⟨irr, sép, pas de ge-, h.⟩ 1 Kleidung etc arriver à mettre 2 Feuer, Kerze etc arriver à allumer; Motor arriver à mettre en marche

anbelangen VT ⟨sép, pas de ge-, h.⟩ **was mich anbelangt, (so) …** en ce qui me concerne od quant à moi, je …

anbellen VT ⟨sép, -ge-, h.⟩ aboyer après

anbequemen geh VR ⟨sép, pas de ge-, h.⟩ **sich e-r Sache** (dat) **~** s'accommoder à od de qc

anberaumen VT ⟨sép, pas de ge-, h.⟩ Sitzung, Termin etc fixer; **anbeten** VT ⟨-ete, sép, -ge-, h.⟩ REL, fig adorer; **Anbeter(in)** M ⟨~s; ~⟩ (F) ⟨~in; ~innen⟩ adorateur, -trice m,f

Anbetracht M **in ~ e-r Sache** (gen) en considération de, en raison de qc; **in ~ der Tatsache** od **dessen, dass …** attendu, vu, étant donné que …; **in ~ der Verhältnisse, Umstände** vu les, en raison des circonstances

anbetreffen VT ⟨irr, sép, pas de ge-, h.⟩ → anbelangen

anbetteln VT ⟨-(e)le, sép, -ge-, h.⟩ **j-n (um etw) ~** mendier (qc) auprès de qn

Anbetung F ⟨~; ~en⟩ adoration f

anbetungswürdig ADJ adorable

anbezahlen VT ⟨sép, pas de ge-, h.⟩ payer un acompte sur

anbiedern VR ⟨-(e)re, sép, -ge-, h.⟩ pej **sich bei j-m ~** vouloir se faire bien voir de qn; umg faire de la lèche à qn; umg fayoter

Anbiederung F ⟨~; ~en⟩ pej **diese ~ gefällt mir nicht** umg cette façon de faire de la lèche ne me plaît pas

Anbiederungsversuch M pej umg tentative f de faire de la lèche

anbieten ⟨irr, sép, -ge-, h.⟩ A VT **(j-m) etw ~** offrir qc (à qn); (vorschlagen) proposer qc (à qn); **Waren zum Verkauf ~** offrir, proposer des marchandises; **j-m s-n Rücktritt ~** offrir, proposer à qn sa démission; **j-m das Du ~** proposer, offrir à qn de le tutoyer B VR **sich ~** se proposer (**etw zu tun** de faire qc); fig Möglichkeit se présenter; Erklärung s'imposer

Anbieter(in) M(F) HANDEL fournisseur, -euse m,f

anbinden ⟨irr, sép, -ge-, h.⟩ A VT attacher (an [+dat ou akk] à); Boot a. amarrer (à); fig **kurz angebunden sein** se montrer brusque, sec B geh VI **mit j-m ~** (Streit anfangen) chercher noise, querelle à qn; (flirten) flirter avec qn

Anbindung F e-r Region etc rattachement m, liaison f (an [+akk] à)

anblaffen umg pej VT ⟨sép, -ge-, h.⟩ 1 Hund aboyer après 2 fig umg enguirlander; umg engueuler

anblasen VT ⟨irr, sép, -ge-, h.⟩ 1 Feuer, Glut attiser; Hochofen mettre à feu; allumer 2 MUS Instrument souffler dans; Ton jouer 3 **j-n (mit etw) ~** souffler (qc) dans la direction de qn; umg fig **j-n ~** umg engueuler qn 4 Jagd etc sonner

anblecken VT ⟨sép, -ge-, h.⟩ **j-n ~** montrer les dents à qn

anbleiben umg VI ⟨irr, sép, -ge-, s.⟩ 1 Maschine, Motor rester en marche; Licht, Heizung, Radio etc rester allumé 2 **die Jacke bleibt an!** ne quitte pas, garde ta veste!

Anblick M 1 vue f; **beim ~ von** à la vue de; **schon beim bloßen ~ wurde mir schlecht** rien qu'à voir ça, j'en ai été malade 2 (Bild) spectacle m; **e-n ungewohnten, erfreulichen ~ bieten** offrir un spectacle inhabituel, réjouissant; **ihm bot sich ein schrecklicher ~** un spectacle horrible s'offrit à sa vue; **in ihren ~ versunken** plongé dans sa contemplation

anblicken VT ⟨sép, -ge-, h.⟩ regarder

anblinken VT ⟨sép, -ge-, h.⟩ Leuchtturm etc envoyer des rayons lumineux sur; Autofahrer **j-n ~** faire un (des) appel(s) de phares à qn

anblinzeln VT ⟨-(e)le, sép, -ge-, h.⟩ regarder en clignant des yeux; **j-n verschlafen ~** regarder qn d'un air endormi (en clignant des yeux); **j-n von der Seite ~** faire un clin d'œil à qn

anblöken VT ⟨sép, -ge-, h.⟩ 1 Schaf **j-n ~** bêler après qn 2 umg fig umg enguirlander; umg engueuler

anbohren VT ⟨sép, -ge-, h.⟩ 1 (commencer à) percer 2 umg fig **j-n ~** umg cuisiner qn

anbraten VT ⟨irr, sép, -ge-, h.⟩ Fleisch faire revenir; **leicht angebraten** légèrement revenu

anbräunen VT ⟨sép, -ge-, h.⟩ GASTR faire blondir

anbrausen umg VI ⟨-(es)t, sép, -ge-, s.⟩ **angebraust kommen** arriver à toute vitesse, en trombe

anbrechen ⟨irr, sép, -ge-⟩ A VT ⟨h.⟩ 1 Vorräte, Geldsumme etc entamer; umg **s-n Fünfzigeuroschein ~** entamer ses cinquante euros; umg hum **was machen wir mit dem angebrochenen Abend?** qu'est-ce qu'on fait du reste de la soirée?; comment va-t-on finir la soirée? 2 Knochen, Holz etc fêler B geh VI ⟨s.⟩ Epoche, Jahreszeit commencer; Tag se lever; poindre; paraître; Nacht tomber; **bei ~der Nacht, Dunkelheit** à la tombée de la nuit; à la nuit tombante

anbrennen ⟨irr, sép, -ge-⟩ A VT ⟨h.⟩ (anzünden) allumer B VI ⟨s.⟩ Papier etc prendre feu; Essen brûler; Milch, Brei attacher; **die Suppe ist angebrannt** la soupe a attaché; **angebrannt riechen** sentir le brûlé; umg hum **er lässt nichts ~** (er lässt sich nichts entgehen) il ne rate rien; in Bezug auf Frauen umg il se les tape toutes

anbringen VT ⟨irr, sép, -ge-, h.⟩ 1 umg (herbeibringen) (r)apporter; bes Personen, Tiere (r)amener 2 (befestigen) mettre; placer; poser 3 fig Bemerkung, Worte, Beschwerde, Kinnhaken etc placer; **s-e Kenntnisse ~** utiliser ses connaissances

Anbringung F ⟨~⟩ mise f; pose f

Anbruch M ⟨~(e)s; -brüche⟩ 1 geh ⟨pas de pl⟩ des Tages lever m; der Nacht tombée f; e-r Epoche commencement m; **vor ~ des Tages, der Dunkelheit** avant que le jour se lève, avant la tombée de la nuit; **bei ~ des Tages, der Dunkelheit** au lever du jour, à la tombée de la nuit 2 BERGBAU filon découvert 3 TECH fêlure f

anbrüllen VT ⟨sép, -ge-, h.⟩ 1 **j-n ~** Tiger, Löwe rugir, Kuh, Ochse beugler à la vue de qn 2 umg **j-n ~** umg engueuler qn; **brüll mich nicht so an, ich bin nicht schwerhörig!** umg ne gueule pas comme ça, je ne suis pas sourd!

anbrüten VT ⟨-ete, sép, -ge-, h.⟩ commencer à couver; **angebrütetes Ei** œuf (à moitié) couvé

Anchovis F → Anschovis

Andacht F ⟨~; ~en⟩ 1 REL (Ehrfurcht, fromme, innere ~) dévotion f; piété f; (Gebete) prières fpl 2 ⟨pas de pl⟩ fig recueillement m; **etw mit ~ tun** faire qc avec recueillement

andächtig A ADJ Zuhörer, Gemeinde recueilli; **~e Stille** silence religieux B ADV avec recueillement; **etw ~ bewundern** être en admiration devant qc

Andachtsbild N tableau m, image f de dévotion; **andachtsvoll** geh → andächtig

Andalusien N ⟨→ n/pr⟩ l'Andalousie f; **Andalusier(in)** M ⟨~s; ~⟩ (F) ⟨~in; ~innen⟩ Andalou(se) m(f); **andalusisch** ADJ andalou, -ouse

andampfen umg VI ⟨-(es)t, sép, -ge-, s.⟩ **angedampft kommen** umg arriver à toute vapeur

andante ADV MUS andante

Andante N ⟨~(s); ~s⟩ MUS andante m

Andauer F continuation f; persistance f

andauern VI ⟨-(e)re, sép, -ge-, h.⟩ continuer; persister

Andauern N ⟨~s⟩ continuation f; durée f; persistance f

andauernd A ADJ ⟨épithète⟩ continuel, -elle; permanent B ADV continuellement; en permanence

Anden PL **die ~** les Andes fpl

andenken VT ⟨irr, sép, -ge-, h.⟩ **etw ~** (commencer à) songer à qc

Andenken N ⟨~s; ~⟩ (Erinnerung), Gegenstand souvenir m; an e-n Verstorbenen a. mémoire f; **als ~** en souvenir; **zum ~ an** (+akk) en souvenir de; feierlich en commémoration de; **j-m etw zum ~ schenken** offrir qc à qn comme souvenir; **j-n in gutem ~ behalten** garder un bon souvenir de qn; **sein ~ wird stets in Ehren gehalten werden** son souvenir, sa mémoire sera toujours honoré(e)

änderbar ADJ modifiable

andere(r, -s) INDEF PR A ADJT autre; **ein ~s Hemd anziehen** changer de chemise; mettre une autre chemise; **~ Länder, ~ Sitten** autres pays, autres mœurs; **ein ~s Leben anfangen** commencer une vie nouvelle; **ein über das ~ Mal** une fois sur deux; **~r Meinung sein** être d'un autre avis; fig **auf der ~n Seite** d'un autre côté; **e-n über den ander(e)n Tag** tous les deux jours; un jour sur deux; **in ~n Umständen sein** être enceinte; **unter ~n Umständen** en d'autres circonstances; **wir bekommen ~s Wetter** le temps va changer; **mit ~n Worten** en d'autres mots, termes; autrement dit B

SUBST **ein ~r, e-e ~** un(e) autre; *pl* ~ d'autres; **die ander(e)n** les autres; **kein ~r, niemand ander(e)s** aucun autre; personne d'autre; nul autre; **jemand ander(e)s** quelqu'un d'autre; **jeder ~** tout autre; **wer ander(e)s?** qui d'autre?; **der eine ..., der ~** l'un ..., l'autre; **der eine wie der ~** l'un et l'autre; l'un aussi bien que l'autre; **sie sind einer wie der ~** ils sont tous pareils; ils se valent tous; **der eine oder (der) ~** l'un ou l'autre; **einer nach dem ander(e)n** l'un après l'autre; à tour de rôle; **er ist ein ~r geworden** il a changé; **sich auf ~ verlassen** compter sur autrui; **sich nach ~n richten** faire comme les autres; **etwas ~s** autre chose; **nichts ~s** rien d'autre; rien que cela; **hast du nichts ~s zu tun?** n'as-tu rien d'autre à faire?; **das ist etwas ~s** c'est autre chose; **er ist alles ~ als ...** il est loin d'être ...; **kein ~r als du** personne d'autre que toi; toi seul; **... und ~s mehr ...** et (d')autres choses encore; **... et ainsi** de suite; **alles ~** tout le reste; **und vieles ~** et une foule d'autres choses; **j-n e-s ~n belehren** faire changer qn d'opinion; **unter ~m** entre autres (choses); **(immer) eins nach dem ander(e)n** pas tout à la fois; **es verging ein Jahr nach dem ander(e)n** les années se suivirent, s'écoulèrent, passèrent; **von e-m Tag auf den, zum ~n** d'un jour sur, à l'autre; du jour au lendemain; **eins kommt zum ander(e)n** cela vient s'ajouter à l'autre, aux autres, à d'autres (choses); **er macht e-n Fehler nach dem ander(e)n** il fait faute sur faute, une faute après l'autre; **ein Wort gab das ~ und ...** et de fil en aiguille ...; *bei e-r Auseinandersetzung* un mot en entraîna un autre et ...; **eine war hübscher als die ~** elles étaient plus jolies les unes que les autres; **weder das eine noch das ~** ni l'un ni l'autre; **da müssen schon ~ kommen!** si tu crois que tu m'impressionnes!; *umg* **ich hätte beinahe etwas ~s gesagt** j'allais dire autre chose; *umg* **dem hätte ich etwas ~s erzählt!** *umg* il m'aurait entendu!; je lui aurais dit ce que je pense!

anderenfalls ADV sinon; autrement; **anderenorts** *geh* ADV ailleurs; **anderentags** *geh* ADV le lendemain

andererseits ADV d'autre part; d'un autre côté

andermal ADV **ein ~** une autre fois

ändern ⟨-(e)re, h.⟩ A VT changer; *a. Text* modifier; *Kleidung* retoucher; **s-e Meinung ~** changer d'avis, d'opinion; revenir sur son opinion; *plötzlich* faire volte-face; **etw an j-m ~** faire changer qc à qn; **etw an e-r Sache** *(dat)* **~** changer qc à qc; **das ändert die Sache** cela change les choses, la question; **das ändert nichts an der Sache** cela ne change rien à l'affaire, à la chose, à la question; **ich kann es nicht ~** je ne peux rien y changer; **es ist nicht zu ~** on ne peut rien y changer, faire; **das ändert nichts an der Tatsache, dass ...** cela ne change rien au fait que ... B VR **sich ~** changer; **das kann sich noch ~** cela peut encore changer; **daran hat sich nichts geändert** rien n'a changé dans ce domaine, sur ce plan

andernfalls, **andernorts**, **anderntags** → anderenfalls *etc*

anders ADV *u.* ADJ ⟨attribut⟩ 1 *(verschieden)* autrement **(als que)**; différemment **(als de)**; d'une autre manière, façon **(als que)**; **~ aussehen als** ne pas ressembler à; **er ist ~ als s-e Kameraden** il est différent de ses camarades; **das muss man ~ übersetzen** il faut traduire cela autrement, d'une autre façon, différemment; **~ ausgedrückt** autrement dit; en d'autres mots, termes; **~ denkend, Denkende(r)** → andersdenkend, Andersdenkende(r); **~ geartet** différent; **~ gesinnt** d'une autre opinion; **~ Gesinnte(r)** → Andersgesinnte(r); **~ lautend** → anderslautend; **das ist nun einmal nicht ~** c'est comme ça; **es ist so und nicht ~** c'est comme ça et pas autrement; **es geht nicht ~** on ne peut pas faire autrement; **es war nicht ~ zu erwarten** il fallait s'y attendre; **das kenne ich nicht ~** c'est *bzw.* c'était toujours comme ça; *(das überrascht mich nicht)* ça ne m'étonne pas; **das muss ~ werden** cela doit changer; **ich konnte nicht ~** je ne pouvais pas faire autrement; **ich konnte nicht ~, ich musste lachen** je ne pus, pouvais (pas) m'empêcher de rire; **das hört sich schon ~ an!** voilà qui est mieux!; j'aime mieux cela!; *iron* **wie könnte es ~ sein!** il fallait s'y attendre; **die Wirklichkeit sieht ganz ~ aus** la réalité est tout autre, est tout à fait différente; **es kommt dann doch alles ~** ça ne se passe pas comme on s'y attendait; **es kommt (immer) ~ als man denkt** il ne sert à rien de prévoir; *umg* **ich kann auch ~** je vais te *bzw.* vous montrer qui je suis; *umg* **mir wird ganz ~** je me sens tout drôle, *umg* tout chose 2 *umg (sonst)* autrement; **irgendwo ~** ailleurs; autre part; **nirgendwo ~** nulle part

andersartig ADJ différent; **Andersartigkeit** F ⟨~⟩ différence *f*; **andersdenkend** ADJT ⟨épithète⟩ qui pense autrement; d'avis différent; **Andersdenkende(r)** M/F(M) ⟨→ A⟩ personne *f* qui pense autrement; POL *a.* dissident(e) *m(f)*; **andersfarbig** ADJ d'une autre couleur; **andersgeartet** ADJ différent; **andersgeschlechtlich** ADJ du sexe opposé; **andersgesinnt** ADJ → anders 1; **Andersgesinnte(r)** M/F(M) ⟨→ A⟩ personne *f* d'opinion différente; **andersgläubig** ADJ adepte d'une autre religion; qui a d'autres convictions religieuses; **Andersgläubige(r)** M/F(M) ⟨→ A⟩ adepte *m/f* d'une autre religion; personne *f* qui a d'autres convictions religieuses

andersherum A ADV dans l'autre sens B *umg* ADJ **er ist ~** *(schwul) umg* c'est un pédé; *umg* il est de l'autre bord

anderslautend ADJT ⟨épithète⟩ autre; différent; *(widersprüchlich)* contradictoire

andersrum *umg* A ADV *(andersherum)* dans l'autre sens; **~ drehen** tourner en sens inverse, dans l'autre sens; **ich bin ~ nach Hause gegangen** je suis rentré (chez moi) par l'autre chemin B ADJ → andersherum B

Anderssein N fait *m* d'être différent; **anderssprachig** ADJ qui parle une autre langue

anderswie *umg* ADV autrement; d'une autre façon, manière; **anderswo** *umg* ADV ailleurs; autre part; **anderswoher** *umg* ADV (provenant) d'ailleurs, d'un autre lieu; **anderswohin** *umg* ADV ailleurs; autre part

anderthalb NUM un et demi; **~ Stunden** une heure et demie

anderthalbfach ADJ **nehmen Sie die ~e Menge** *od* **das Anderthalbfache** prenez une fois et demie la quantité indiquée

anderthalbjährig ADJ d'un an et demi

anderthalbmal ADV une fois et demie; **~ so viele Äpfel (wie ...)** une fois et demie plus de pommes (que ...)

anderthalbstündig ADJ d'une heure et demie; **mit ~er Verspätung** avec une heure et demie de retard

Änderung F ⟨~; ~en⟩ changement *m*, modification *f* **(an** [+dat] **à)**; MODE *a.* retouche *f* **(an** [+dat] **à)**; **e-e ~ herbeiführen** apporter un changement, une modification; **e-e durchgreifende ~ vornehmen** entreprendre, faire un changement radical; **~en vorbehalten** sous réserve de modifications

Änderungsantrag M PARLAMENT (proposition *f* d')amendement *m*; **Änderungskündigung** F modification *f* d'un contrat de travail; **Änderungsschneiderei** F retoucheur *m*, -euse *f* en confection; *auf Schildern* retouches *fpl*; **Änderungsvorschlag** M proposition *f* de modification, de changement; **Änderungswunsch** M désir *m*, demande *f* de changement, de modification

anderweitig A ADJ ⟨épithète⟩ autre; **~e Verpflichtungen** *fpl* d'autres obligations B ADV ailleurs; autre part; **~ gebunden sein** être engagé ailleurs, autre part; **das kann ich noch ~ verwenden** cela peut encore me servir à *od* pour autre chose

andeuten ⟨-ete, *sép*, -ge-, h.⟩ A VT 1 *(zu verstehen geben)* indiquer (vaguement, à demi-mot); *(ahnen lassen)* laisser entendre; laisser, faire comprendre; **j-m etw ~** faire comprendre, laisser entendre qc à qn; **er deutete an, dass er verreisen werde** il a laissé entendre, il a fait comprendre qu'il allait partir en voyage; **etw mit ein paar Worten, e-r Geste ~** indiquer qc en *od* par quelques mots, par un geste 2 *zeichnerisch etc* esquisser; **e-e angedeutete Linie** une ligne vaguement esquissée; **die Umrisse mit ein paar Strichen ~** indiquer les contours en quelques traits; *fig* **ein Lächeln ~** esquisser, ébaucher un sourire B VR **sich ~** s'annoncer

Andeutung F (vague) indication *f*; *(Anspielung)* allusion *f*; *fig e-s Lächelns, e-r Geste etc* esquisse *f*; ébauche *f*; **e-e versteckte ~** une indication *od* allusion cachée; **~en machen** laisser, faire comprendre qc; laisser entendre qc; **e-e ~ (über etw, j-n) machen** faire allusion (à qc, qn); **in ~en reden** parler à mots couverts

andeutungsweise ADV vaguement; *mit Worten* à mots couverts; à demi-mot

andichten VT ⟨-ete, *sép*, -ge-, h.⟩ 1 **j-m etw ~** attribuer, imputer (faussement, à tort) qc à qn 2 **j-n ~** adresser, dédier une poésie *od* un poème à qn

andicken VT ⟨*sép*, -ge-, h.⟩ *Soße etc* lier; épaissir

andienen ⟨*sép*, -ge-, h.⟩ A VT **j-m etw ~** presser qn d'accepter qc; *zum Kauf* pousser qn à acheter qc B VR **sich j-m ~** offrir avec insistance ses services à qn; se mettre à la disposition de qn

andiskutieren VT ⟨*sép*, *pas de ge-*, h.⟩ amorcer une discussion sur

andocken VI ⟨*sép*, -ge-, h.⟩ *Raumfahrzeug* s'arrimer

Andocken N ⟨~s⟩ *e-s Raumfahrzeugs* arrimage *m*

andonnern *umg* ⟨-(e)re, *sép*, -ge-⟩ A VT ⟨h.⟩ *(anbrüllen) umg* engueuler; *umg* enguirlander B VI ⟨s.⟩ **~** *od* **angedonnert kommen** faire une entrée bruyante, fracassante

Andorra N ⟨→ *n/pr*⟩ l'Andorre *f*

Andorraner(in) M ⟨~s; ~⟩ (F) ⟨~in; ~innen⟩ Andorran(e) *m(f)*; **andorranisch** ADJ andorran; d'Andorre

Andrang M ⟨~(e)s⟩ *von Menschen* affluence *f*; *a.* PHYSIOL afflux *m*; **am Schalter herrschte großer ~** il y avait grande affluence, on se bousculait au guichet

andre(r, -s) → andere(r, -s)

Andrea F ⟨→ *n/pr*⟩ *prénom*

Andreas M ⟨→ *n/pr*⟩ *prénom*

Andreaskreuz N 1 croix *f* de Saint- André 2 *im Verkehrswesen* panneau *m* en forme de X signalant un passage à niveau

andrehen VT ⟨*sép*, -ge-, h.⟩ 1 *Radio, Fernsehen, Licht, Heizung* mettre; allumer; *Gas, Wasserhahn* ouvrir 2 *umg* **j-m etw ~** *umg* refiler qc à qn 3 *(festdrehen, anschrauben)* visser

andrerseits → andererseits

androgyn ADJ BIOL androgyne; **Androgynie** F ⟨~⟩ BIOL androgynie *f*

androhen VT ⟨*sép*, -ge-, h.⟩ **j-m etw ~** menacer qn de qc; **der angedrohte Streik** la grève annoncée

Androhung F menace *f*; **j-n unter ~ von Gewalt zu etw zwingen** forcer qn à faire qc sous la menace de la violence; **unter ~ e-r Strafe** en menaçant d'une punition

Andrologie F ⟨~⟩ MED andrologie *f*

Andromeda F ⟨→ *n/pr*⟩ ASTRON, MYTH Andromède *f*; **Andromedanebel** M ASTRON Grande Nébuleuse d'Andromède

Andruck M ⟨~(e)s; ~e⟩ TYPO *Vorgang* premier tirage d'épreuves; *Ergebnis* première épreuve

andrucken TYPO ⟨*sép*, -ge-, h.⟩ A VT faire une première épreuve de B VI faire le premier tirage; **andrücken** VT ⟨*sép*, -ge-, h.⟩ presser, appuyer (**an** [+*akk*] sur, contre); **andünsten** VT ⟨-ete, *sép*, -ge-, h.⟩ GASTR faire revenir

Äneas M ⟨→ *n/pr*⟩ MYTH Énée *m*

anecken VI ⟨*sép*, -ge-, s.⟩ 1 se cogner, se heurter (**an** [+*dat*] à) 2 *umg fig* (**bei j-m**) **~** se faire mal voir (par qn); choquer (qn); **überall ~** se faire partout mal voir

aneignen VR ⟨-ete, *sép*, -ge-, h.⟩ **sich** (*dat*) **etw ~** 1 *Kenntnisse, Fremdsprache* assimiler qc; *Kenntnisse, gute Manieren, Gewohnheiten, Bildung etc* acquérir qc 2 *fremdes Eigentum* s'approprier qc; **sich** (*dat*) **widerrechtlich etw ~** s'approprier qc illégalement; usurper qc

Aneignung F 1 *von Kenntnissen* assimilation *f*; *e-r Gewohnheit, von guten Manieren etc* acquisition *f* 2 *e-r Sache* appropriation *f*; **widerrechtliche ~** appropriation illégale; usurpation *f*

aneinander ADV l'un(e) à l'autre *bzw.* les un(e)s aux autres; **sich ~ festhalten** se tenir l'un à l'autre; **sich ~ gewöhnen** s'habituer l'un à l'autre; **~ vorbeigehen** passer l'un à côté de l'autre; **~ vorbeileben** vivre chacun de son côté; **~ vorbeireden** ne pas se comprendre; → aneinanderbinden, aneinanderdrängen, aneinanderdrücken *etc*

aneinanderbinden VT ⟨*irr*, *sép*, -ge-, h.⟩ attacher bout à bout, l'un à l'autre; **aneinanderdrängen** ⟨*sép*, -ge-, h.⟩ A VT pousser l'un contre l'autre B VR **sich ~** se resserrer; se serrer l'un contre l'autre; **aneinanderdrücken** VT ⟨*sép*, -ge-, h.⟩ appuyer l'un contre l'autre; **aneinanderfügen** VT ⟨*sép*, -ge-, h.⟩ joindre; TECH *a.* mettre bout à bout; **aneinandergeraten** VI ⟨*irr*, *sép*, *pperf* aneinandergeraten, s.⟩ se disputer (**mit** avec); *handgreiflich* en venir aux mains (**mit** avec); **aneinandergrenzen** VI ⟨-(es)t, *sép*, -ge-, h.⟩ se toucher; être contigu, GEOG limitrophe; **aneinanderhalten** VT ⟨*irr*, *sép*, -ge-, h.⟩ tenir l'un contre l'autre; *zum Vergleich* tenir l'un à côté de l'autre

aneinanderhängen ⟨*sép*, -ge-, h.⟩ A VT attacher (l'un à l'autre); **Girlanden** *etc* **~** attacher des guirlandes, *etc* B VI ⟨*irr*⟩ être attaché l'un à l'autre

aneinanderklammern ⟨-(e)re, *sép*, -ge-, h.⟩ A VT *mit e-m Hefter* agrafer; *mit e-r Büroklammer* attacher avec un trombone B VR **sich ~** se coller l'un à, contre l'autre; se serrer l'un contre l'autre; *fig* s'attacher l'un à l'autre; **aneinanderkleben** ⟨*sép*, -ge-, h.⟩ A VT coller l'un contre, à l'autre B VI coller ensemble; être collé l'un à l'autre; **aneinanderknoten** VT ⟨-ete, *sép*, -ge-, h.⟩ nouer, attacher ensemble; **aneinanderkuscheln** VR ⟨-(e)le, *sép*, -ge-, h.⟩ **sich ~** se blottir, se pelotonner l'un contre l'autre; **aneinanderlegen** VT ⟨*sép*, -ge-, h.⟩ mettre l'un à côté de l'autre; **aneinanderlehnen** ⟨*sép*, -ge-, h.⟩ A VT appuyer l'un contre l'autre B VR **sich ~** s'appuyer l'un à, contre, sur l'autre; **aneinandernähen** VT ⟨*sép*, -ge-, h.⟩ coudre ensemble; **aneinanderpassen** VI ⟨*sép*, -ge-, h.⟩ s'adapter, s'ajuster l'un à l'autre; **aneinanderpressen** VT ⟨*sép*, -ge-, h.⟩ presser l'un contre l'autre; **aneinanderreihen** ⟨*sép*, -ge-, h.⟩ A VT mettre l'un à côté de l'autre; *Wörter, Gedanken a.* aligner; enchaîner; *Perlen* enfiler B VR **sich ~** *zeitlich* se suivre; *räumlich: Bücher etc* être aligné

Aneinanderreihung F *von Tatsachen, Fakten* suite *f*; succession *f*; *von Büchern* alignement *m*; rangée *f*; *von Wörtern, Gedanken* enchaînement *m*

aneinanderrücken ⟨*sép*, -ge-⟩ A VT ⟨h.⟩ *Gegenstände* rapprocher B VI ⟨s.⟩ *von Personen* se rapprocher; **dicht ~** se serrer les uns contre les autres

aneinanderschlagen ⟨*irr*, *sép*, -ge-⟩ A VT ⟨h.⟩ *Gegenstände* taper, cogner l'un contre l'autre B VI ⟨s.⟩ *von Gegenständen* se heurter; *von Geschirr* s'entrechoquer; **aneinanderschmiegen** VR ⟨*sép*, -ge-, h.⟩ **sich ~** se blottir, se pelotonner l'un contre l'autre; **aneinanderschrauben** VT ⟨*sép*, -ge-, h.⟩ visser l'un à l'autre; **aneinanderschweißen** VT ⟨-(es)t, *sép*, -ge-, h.⟩ souder (l'un à l'autre); **aneinandersetzen** VT ⟨-(es)t, *sép*, -ge-, h.⟩ mettre l'un à côté de l'autre; *zwei Teile zu e-m Ganzen* joindre; **aneinanderstellen** VT (*u.* VR) ⟨*sép*, -ge-, h.⟩ (**sich**) **~** (se) mettre l'un à côté de l'autre; **aneinanderstoßen** VI ⟨*irr*, *sép*, -ge-, s.⟩ s'entrechoquer; (*aneinandergrenzen*) se toucher; être contigu; GEOG être limitrophe

Anekdote F ⟨~; ~n⟩ anecdote *f*

anekdotisch ADJ anecdotique

anekeln VT ⟨-(e)le, *sép*, -ge-, h.⟩ **j-n ~** dégoûter, écœurer qn; répugner à qn; **sich angeekelt abwenden** se détourner dégoûté, répugné, écœuré

Anemometer N ⟨~s; ~⟩ PHYS anémomètre *m*

Anemone F ⟨~; ~n⟩ BOT anémone *f*

anempfehlen *geh* VT ⟨*irr*, *sép*, *pas de ge-*, h.⟩ **j-m etw ~** exhorter qn à qc

Anerbieten *geh* N ⟨~s; ~⟩ offre *f*; proposition *f*

anerkannt ADJT reconnu; **staatlich ~** reconnu par l'État; **es ist allgemein ~, dass ...** il est généralement admis que ...

anerkanntermaßen ADV **das ist ~ der beste Wein** il est reconnu, généralement admis que c'est le meilleur vin

anerkennen VT ⟨*irr*, *sép ou insép*, *pas de ge-*, h.⟩ reconnaître (*a.* JUR, POL); *Kritik, Regeln etc* accepter; (**amtlich**) **~** reconnaître officiellement; JUR, SPORT *Rekord* homologuer; **etw dankbar ~** être reconnaissant de qc; **e-e Leistung ~** apprécier une performance; **j-s Verdienste ~** reconnaître les mérites de qn; **etw nicht als Entschuldigung ~** ne pas accepter qc comme excuse; **ein paar ~de Worte sprechen** dire quelques mots d'appréciation; **j-m e-n ~den Blick zuwerfen** lancer un regard admiratif à qn

anerkennenswert ADJ louable; **sein Fleiß ist ~** son zèle mérite d'être loué

Anerkennung F ⟨~; ~en⟩ reconnaissance *f* (*a.* JUR, POL *e-s Staates*); (*Wertschätzung*) appréciation *f*; (*Billigung, Zustimmung*) acceptation *f*; (**amtliche**) **~** reconnaissance officielle; JUR, SPORT *e-s Rekords* homologation *f*; **in ~ s-r Verdienste** (**als ...**) en reconnaissance de ses mérites (comme ...); **~ finden** être reconnu et apprécié; **j-m ~ zollen** montrer à qn de l'estime

anerziehen VT ⟨*irr*, *sép*, *pas de ge-*, h.⟩ **j-m etw ~** inculquer qc à qn

anessen VR ⟨*irr*, *sép*, -ge-, h.⟩ *umg* **sich** (*dat*) **e-n Bauch, fünf Kilo mehr ~** prendre du ventre, cinq kilos (à force de manger)

anfachen *geh* VT ⟨*sép*, -ge-, h.⟩ 1 **Feuer ~** souffler sur, attiser le feu 2 *fig Eifer, Ehrgeiz, Neugier, Hass* exciter; *Leidenschaft, Streit* attiser

anfahren ⟨*irr*, *sép*, -ge-⟩ A VT ⟨h.⟩ 1 (*hertransportieren*) amener; transporter 2 *Fußgänger etc* accrocher; °heurter; *andere Fahrzeuge etc* rentrer dans; tamponner; **von e-m Auto angefahren werden** être °heurté, être renversé par une voiture 3 *umg fig* **j-n** (**grob**) **~** *umg* enguirlander, engueuler qn 4 (*ansteuern*) se diriger vers; *Schiff* mettre le cap sur B VI ⟨s.⟩ 1 *Zug, Auto etc* (*losfahren*) se mettre en marche; démarrer; **der Zug fuhr mit e-m Ruck an** le train démarra après une forte secousse 2 (*her~*) **angefahren kommen** arriver, approcher (en voiture, *etc*) 3 BERGBAU descendre

Anfahren N *e-s Fahrzeugs* démarrage *m*; AUTO **das ~ am Berg** le démarrage en côte

Anfahrt F 1 *zum Arbeitsplatz etc* trajet *m*; **e-e weite ~ haben** avoir un long trajet 2 (*Zufahrt*) (voie *f* d')accès *m*

Anfahrtsstraße F route *f*, voie *f* d'accès; **Anfahrtsweg** M *zum Arbeitsplatz etc* trajet *m*; **Anfahrtszeit** F temps *m* de trajet

Anfall M 1 *von Fieber, Husten etc* accès *m*; *von Husten a.* quinte *f*; *epileptischer,* (*Asthmaanfall, Herzanfall, Tobsuchtsanfall*), *von Schmerzen etc* crise *f*; **in e-m ~ von Wut, Heiterkeit** *etc* dans un accès de colère, de gaieté, *etc*; **e-n ~ bekommen** *od umg* **kriegen** piquer une crise (de rage) 2 ⟨*pas de pl*⟩ (*Ertrag*) rendement *m*; production *f*

anfallartig A ADJ **~er Husten** quintes *fpl* de toux; **~e Schmerzen** *mpl* crises douloureuses B ADV *auftreten* par accès

anfallen ⟨*irr*, *sép*, -ge-⟩ A VT ⟨h.⟩ 1 (*angreifen*) attaquer 2 *geh fig Müdigkeit* accabler; *Angst* saisir; **Zweifel fielen ihn an** le doute le gagna B VI ⟨s.⟩ *Arbeiten, Kosten* se présenter (**für** à); *Produkte* être produit; **als Abfall ~** être produit comme déchets; **~de Zinsen** *mpl* intérêts *mpl* à échoir; **alle ~den Arbeiten werden von uns erledigt** nous exécutons tous les travaux nécessaires

anfällig ADJ de santé fragile, délicate; **für etw ~ sein** être sujet à qc

Anfälligkeit F ⟨~⟩ fragilité *f*; réceptivité *f* (**für** à); **~ für bestimmte Krankheiten zeigen** être sujet à certaines maladies

anfallsweise ADV sous forme d'accès

Anfang M début *m*; commencement *m*; **von ~ an** dès le début; dès le commencement; **am** *od* **zu ~** au commencement; au début; **vom ~ bis zum Ende** du commencement, du début à la fin; **das ist von ~ bis Ende gelogen** ce ne sont que des mensonges du début à la fin; **das ist der ~ vom Ende** c'est le commencement de la fin; **~ Mai** début mai; au début, au commencement (du mois) de mai; **er ist ~ sechzig** il a une petite soixantaine; (**mit etw**) **den ~ machen** commencer (par qc); *geh* **s-n ~ nehmen** commencer; débuter; **noch in den Anfängen stecken** en être à son, à ses début(s); *geh* **wehret den Anfängen!** il faut tuer la chose dans l'œuf!; BIBEL **im ~ war das Wort** au commencement était le Verbe; *sprichw* **aller ~ ist schwer** *sprichw* il n'y a que le premier pas qui coûte; *sprichw* il y a (un) commencement à tout; *sprichw* **Müßiggang ist aller Laster ~** *sprichw* l'oisiveté est mère de tous les vices

anfangen VT u. VI ‹irr, sép, -ge-, h.› 1 (*beginnen*) commencer (**zu** à; **mit** par, avec); **~, zu** (+*inf*) *a.* se mettre à (+*inf*); **von vorn ~** recommencer; **die Schule fängt um acht Uhr an** l'école commence à °huit heures; **die Schule fängt bald wieder an** l'école recommence bientôt; c'est bientôt la rentrée (des classes); **es hat damit angefangen, dass er sie gekränkt hat** tout a commencé parce qu'il l'a vexée; **fang doch nicht gleich an zu weinen!** tu ne vas pas commencer à pleurer!; **es fängt an zu regnen** il commence à pleuvoir; il se met à pleuvoir; **ein angefangener Brief** une lettre que l'on a commencé d'écrire; **Streit (mit j-m) ~** chercher querelle (à qn); *umg* **etwas mit j-m ~** *umg* s'embarquer dans une liaison avec qn; **er fängt immer wieder davon an** il recommence toujours à en parler; il revient sans cesse là-dessus; **fängst du schon wieder (damit) an!?** tu recommences encore?!; *nach e-m Streit umg* **er hat angefangen** c'est lui qui a commencé; *umg* **wenn ich erst einmal anfange …** si je m'y mets …; *umg iron* **das fängt ja gut** *od* **schön an!** ça commence bien!; ça promet!; **er hat mit nichts** *od* **ganz klein angefangen** il est parti de rien; **bei e-m Unternehmen ~** commencer à travailler dans *bzw.* pour une entreprise; *umg fig* **bei Adam und Eva ~** → Adam 2 (*zustande bringen*) faire; **etw falsch, richtig, geschickt ~** s'y prendre mal, bien, adroitement; **wie haben Sie das bloß angefangen?** comment avez-vous fait?; **damit kann ich nichts ~** je ne peux rien en faire, faire de cela; **was sollen wir damit ~?** que voulez-vous qu'on en fasse?; que (peut-on) faire avec cela?; **er weiß nichts mit sich anzufangen** il ne sait pas s'occuper; **nichts mit s-r Freizeit anzufangen wissen** ne pas savoir quoi faire de son temps libre; **mit ihm ist heute nichts anzufangen** aujourd'hui, il ne faut rien lui demander

Anfänger(in) M ‹~s; ~› (F) ‹~in; ~innen› *a. pej* débutant(e) *m(f)*; *umg* **ein blutiger ~** un vrai débutant; un novice; **~ in etw** (*dat*) **sein** être débutant, novice dans qc

Anfängerkurs(us) M cours *m(pl)* pour débutants

anfänglich ADJ ‹*épithète*› premier, -ière; du début

anfangs ADV au début; d'abord

Anfangsbuchstabe M première lettre; *als Monogramm* initiale *f*; **mit großem, kleinem ~n** avec (une) majuscule, minuscule; **der ~ dieses Wortes ist ein H** la première lettre de ce mot est un h

Anfangsdosis F dose initiale, de début; **Anfangserfolg** M premier succès; **Anfangsgehalt** N salaire *m* d'embauche; **Anfangsgeschwindigkeit** F vitesse initiale; **Anfangsgründe** MPL *e-r Wissenschaft etc* notions *fpl* élémentaires; rudiments *mpl*; **Anfangskapital** N capital initial; **Anfangslohn** M → Anfangsgehalt; **Anfangsphase** F phase initiale; **Anfangsschwierigkeiten** FPL difficultés *fpl* du début

Anfangsstadium N stade initial; première phase; débuts *mpl*; **im ~ sein** (en) être au stade initial; (en) être à son, au début

Anfangsunterricht M enseignement *m* primaire, élémentaire; **Anfangswert** M MATH, PHYS valeur initiale

Anfangszeit F 1 (*erste Zeit*) premiers temps 2 *im Kino* heure *f* de la séance, *im Theater* de la matinée *bzw.* soirée

anfassen ‹-(es)t, *sép*, -ge-, h.› A VT 1 (*berühren*) toucher; **fass mich nicht an!** ne me touche pas!; **nicht ~!** ne pas toucher!; *umg* **nie wieder e-e Zigarette ~** ne plus jamais toucher à une cigarette 2 (*nehmen, halten*) prendre 3 (*an die Hand nehmen*) donner la main à; **sich ~** se donner la main 4 *fig* (*behandeln*) **j-n hart, zart ~** traiter qn durement *od* avec dureté, avec douceur; **etw richtig, falsch ~** bien, mal aborder qc; s'y prendre bien, mal 5 *fig* (*angehen*) *Problem, Arbeit, Aufgabe* aborder; **er hat die Sache geschickt angefasst** il s'y est bien pris; il a pris les choses par le bon bout; *umg* **j-n mit Samthandschuhen** *od* **Glacéhandschuhen ~** prendre des gants avec qn B VI **mit ~** (*helfen*) donner un coup de main C VR *Stoff, Wolle etc* **sich rau, weich ~** être rude, doux au toucher

anfauchen VT ‹*sép*, -ge-, h.› 1 *Katze* **j-n ~** feuler après qn 2 *fig Person* rembarrer

anfaulen VI ‹*sép*, -ge-, s.› commencer à pourrir

anfechtbar ADJ contestable; attaquable; **Anfechtbarkeit** F ‹~› contestabilité *f*

anfechten VT ‹*irr, sép*, -ge-, h.› 1 JUR attaquer (en justice); contester (la validité de) 2 *geh* (*beunruhigen*) inquiéter; **das ficht mich nicht an** cela ne m'inquiète pas

Anfechtung F ‹~; ~en› 1 JUR contestation *f* (de la validité) 2 *geh* (*Versuchung*) tentation *f*

Anfechtungsklage F action *f* en annulation

anfeinden VT ‹-ete, *sép*, -ge-, h.› attaquer; être hostile à; manifester de l'hostilité à

Anfeindung F ‹~; ~en› attaque *f*; hostilité *f*; **~en ausgesetzt sein** être exposé à des attaques

anfertigen VT ‹*sép*, -ge-, h.› faire; confectionner; *Verzeichnis, Protokoll a.* dresser; **ein Kleid nach Maß ~** faire une robe sur mesure

Anfertigung F exécution *f*; *bes von Kleidung* confection *f*

anfeuchten ‹-ete, *sép*, -ge-, h.› VT humecter

anfeuern VT ‹-(e)re, *sép*, -ge-, h.› 1 *Ofen, Kessel etc* allumer; faire du feu dans 2 *fig* SPORT *etc* encourager; **Anfeuerung** F *fig* encouragement *m*

Anfeuerungsruf M cri *m* d'encouragement

anflattern VI ‹-(e)re, *sép*, -ge-, s.› **angeflattert kommen** arriver en voletant, en voltigeant

anflehen VT ‹*sép*, -ge-, h.› implorer; supplier; **j-n um etw ~** implorer qc de qn; **j-n ~, etw zu tun** implorer, supplier qn de faire qc; **er flehte ihn um Hilfe an** il implora son aide; il l'implora, le supplia de l'aider; *umg* **ich flehe Sie an!** je vous en supplie!

anfliegen ‹*irr, sép*, -ge-› A VT ‹h.› *Flughafen etc* approcher de; voler sur; se diriger vers; *zur Zwischenlandung* faire escale à; *Fluggesellschaft* **e-e Stadt regelmäßig ~** desservir une ville B VI ‹s.› **~** *od* **angeflogen kommen** arriver; *Vögel* arriver, s'approcher à tire-d'aile

anflitzen *umg* VI ‹-(es)t, *sép*, -ge-, s.› **angeflitzt kommen** arriver à fond de train, à toute vitesse

Anflug M 1 FLUG approche *f*; **beim ~ auf** (+*akk*) à l'approche de; **sich im ~ auf Rom befinden** approcher de Rome; amorcer la descente sur Rome 2 *fig* (*leise Spur*) **ein ~ von Röte** une légère rougeur; **ein ~ von Bart** un soupçon de barbe; **ein ~ von Spott** une légère moquerie; un brin de moquerie; **ein ~ von Traurigkeit** une légère tristesse; une ombre de tristesse; **der ~ e-s Lächelns** l'esquisse d'un sourire; **mit e-m ~ von Ironie** avec une pointe d'ironie 3 FORSTWESEN (forêt *f* de) semences apportées par le vent

anflunkern *umg* VT ‹-(e)re, *sép*, -ge-, h.› *umg* raconter des bobards à

anfordern VT ‹-(e)re, *sép*, -ge-, h.› *Hilfe, Akten, Arbeitskräfte, Verstärkung* demander (**bei, von j-m** à qn); *Ersatzteile, Katalog* commander (**bei j-m** chez qn); *Notarzt* faire venir

Anforderung F 1 (*Bestellung*) commande *f*; *von Arbeitskräften, Hilfe etc* demande *f* 2 (*Anspruch*) exigence *f*; **große, hohe ~en an j-n, etw stellen** exiger beaucoup de qn, qc; demander beaucoup à qn, qc; **er stellt hohe ~en** *a.* il est très exigeant; **den ~en entsprechen** répondre aux exigences; **den ~en nicht gewachsen sein** ne pas être à la hauteur des exigences

Anfrage F demande *f*; HANDEL demande *f* de renseignement; PARLAMENT interpellation *f*; **auf ~** sur demande; **auf unsere ~ hin** en réponse à notre demande; **e-e ~ an j-n richten** adresser une demande à qn; *im Parlament* interpeller qn; adresser une interpellation à qn; **e-e ~ einbringen** faire une interpellation

anfragen VI ‹*sép*, -ge-, h.› (**bei j-m wegen etw**) **~** demander (qc à qn); s'informer (de qc auprès de qn); **er fragte an, ob …** il demanda si …

anfressen ‹*irr, sép*, -ge-, h.› A VT 1 *Tiere* (commencer à) manger; s'attaquer à; **von Insekten, Würmern angefressen** piqué *od* rongé par des insectes, par des vers; **von Motten angefressen** mité; mangé aux mites 2 MED, *Rost etc* ronger B VR *sl* **sich** (*dat*) **e-n Bauch ~** *umg* prendre de la brioche

anfreunden VR ‹-ete, *sép*, -ge-, h.› **sich (mit j-m) ~** se lier d'amitié (avec qn); se prendre d'amitié (pour qn); *fig* **sich mit etw ~** *mit e-m Gedanken etc* se faire à qc; se familiariser avec qc

anfrieren VI ‹*irr, sép*, -ge-, s.› **an etw** (*dat*) **~** s'attacher à qc par le gel

anfügen VT ‹*sép*, -ge-, h.› *Nachschrift etc* ajouter; *Beilage etc* joindre; **Anfügung** F addition *f*

anfühlen ‹*sép*, -ge-, h.› A VT toucher; *prüfend* tâter B VR **sich hart, weich, kalt ~** être dur, doux, froid au toucher; **sich wie Wolle ~** avoir le toucher de la laine

Anfuhr F ‹~; ~en› apport *m*; (*Transport*) transport *m*; (*Lieferung*) livraison *f*

anführen VT ‹*sép*, -ge-, h.› 1 *Truppe, Mannschaft, Delegation etc* conduire; être à la tête de; *Tanz* mener 2 *Beispiele, Tatsachen, Quellen* citer; donner; *Gründe* donner; énumérer; *Textstellen, Gewährsmann, Zeugen* citer; **etw zu s-r Entschuldigung ~** donner qc pour *od* comme excuse; **etw als Vorwand ~** *a.* prétexter qc; **um ein Beispiel anzuführen** pour citer, donner un exemple; **am angeführten Ort** loco citato; à l'endroit cité précédemment; **etw gegen etw ~** opposer qc à qc 3 *umg* (*an der Nase herumführen*) **j-n ~** *umg* posséder qn; *umg* rouler qn; *umg* avoir qn

Anführer(in) M(F) chef *m*; POL, *e-r Demonstration, Bewegung, a. pej* meneur, -euse *m,f*

Anführung F 1 *e-r Mannschaft etc* conduite *f*; **unter s-r ~** sous sa conduite 2 *von Beispielen, Zeugen etc* citation *f*; *von Gründen* énumération *f*

Anführungsstriche MPL, **Anführungszeichen** NPL guillemets *mpl*; **etw in Anführungsstriche, Anführungszeichen setzen** mettre qc entre guillemets

anfüllen VT ‹*sép*, -ge-, h.› remplir (**mit** de)

anfunkeln VT ‹-(e)le, *sép*, -ge-, h.› **j-n drohend ~** regarder qn d'un air menaçant

anfunken VT ‹*sép*, -ge-, h.› *Taxi, Streifenwagen* entrer en communication radio avec

Angabe F 1 (*Nennung, Aussage*) indication *f*; *statistisch* donnée *f*; (*Auskunft*) renseignement m; information f; ADMIN **~n zur Person** état civil (d'une personne); **unter ~ von** en indiquant …; **ohne ~ von Gründen** sans donner de raisons; **~n machen** donner des indications; **nähere ~n machen** donner des précisions; **genaue ~n machen** donner des indications précises, des renseignements précis; **falsche, richtige ~n machen** donner de faux renseignements, des renseignements justes; faire de fausses, justes déclarations 2 TENNIS *etc* service *m*; **du hast (die) ~** à toi de servir 3 *‹pas de pl›* *(Prahlerei)* crânerie *f*; vantardise *f*; *umg* frime *f* 4 *österr* *(Anzahlung)* acompte *m*; arrhes *fpl*

angaffen VT *‹sép, -ge-, h.›* regarder bouche bée; *pej* dévisager

angähnen VT *‹sép, -ge-, h.›* **j-n ~** bâiller au nez, à la figure de qn

angaloppieren VI *‹sép, pas de ge-, s.›* **angaloppiert kommen** arriver au galop

angängig *geh* ADJ *(möglich)* possible; *(schicklich)* convenable; *(zulässig)* permis

angeben *‹irr, sép, -ge-, h.›* A VT 1 *(nennen)* indiquer; *Name, Adresse etc a.* donner; *Waren beim Zoll* déclarer; **etw als Grund ~** donner qc comme raison, motif; **j-n als Zeugen ~** indiquer qn comme témoin; *bei Behörden* **s-e Personalien ~** décliner son identité; **falls nicht anders angegeben** sauf indication contraire; **wie oben angegeben** comme indiqué ci-dessus; **zur angegebenen Zeit** à l'heure indiquée 2 *Takt, Tempo, Ton* donner; *fig* **den Ton ~** donner le ton B VI 1 TENNIS *etc* servir 2 *(prahlen)* se vanter (**mit** de); crâner; *mit Worten a.* faire le fanfaron; **er gab vor s-n Freunden damit an, dass …** devant ses amis, il s'est vanté de *(+inf)*

Angeber(in) M(F) *(Aufschneider[in])* crâneur, -euse *m,f*; vantard(e) *m(f)*; fanfaron, -onne *m,f*

Angeberei F *‹~; ~en›* crânerie *f*; vantardise *f*; *umg* frime *f*

angeberisch A ADJ 1 *Person, Wesen* crâneur, -euse; vantard; fanfaron, -onne 2 *Dinge* tape-à-l'œil *(inv)* B ADV plein de, avec vantardise

Angebetete M/F *‹→ A›* bien-aimé(e) *m(f)*; *hum* béguin *m*, dulcinée *f*

Angebeteter M → Angebetete

Angebinde *geh* N présent *m*; cadeau *m*

angeblich A ADJ *‹épithète›* prétendu *(vorangestellt)*; soi-disant *(inv; vorangestellt)*; **~er Reichtum** prétendue richesse B ADV soi-disant; paraît-il; **er ist ~ verreist** il est paraît-il en voyage; **~ hat er kein Geld bei sich** il prétend n'avoir pas d'argent sur lui

angeboren ADJT *Krankheit, Gebrechen* congénital; *Eigenschaft, Neigung* inné; naturel, -elle; **~e Rechte** droits naturels; **das ist ihm ~** c'est inné chez lui; il a cela de naissance

Angebot N 1 offre *f* (*a.* HANDEL); **~ und Nachfrage** l'offre et la demande; HANDEL **das ~ an Gemüse** *(dat) etc* l'offre de légumes, *etc*; **ein verlockendes ~** une offre alléchante; **ein ~ annehmen, ablehnen** accepter, refuser une offre; **j-m ein ~ machen** faire une offre à qn; *bei e-r Auktion* **ein höheres ~ machen** faire une (sur)enchère; surenchérir 2 *(Sonderangebot)* promotion *f*; **im ~ sein** être en promotion 3 *bei e-r Ausschreibung* **ein ~ einreichen** faire une soumission

angebracht ADJT opportun; indiqué; convenable; **es ist (nicht) ~, zu** *(+inf)* il (ne) convient (pas) de *(+inf)*; **wäre es nicht ~er, wenn …?** ne conviendrait-il pas mieux, ne serait-il pas mieux que … *(+subj) od* de *(+inf)*?; **diese Bemerkung ist hier durchaus ~** cette remarque est pertinente, opportune ici; **etw für ~ halten** juger qc convenable, opportun, indiqué; **ich halte es für ~, zu** *(+inf)* je crois qu'il conviendrait de *(+inf)*

angedeihen VT *‹seulement inf›* *geh* **j-m etw ~ lassen** faire bénéficier qn de qc; *Hilfe, Schutz a.* accorder qc à qn

angefault ADJT *Balken etc* qui a commencé à pourrir; *Obst* abîmé

angegossen ADJT *Kleidung* **wie ~ sitzen** *od* **passen** aller comme un gant

angegraut ADJT *Haare, Bart* grisonnant; **ein Herr mit ~en Schläfen** un monsieur aux tempes grisonnantes

angegriffen ADJT fatigué; *Gesundheit* affaibli; compromis; **~ aussehen** avoir les traits fatigués, l'air fatigué

angehaucht ADJT **rot ~e Wangen** des joues légèrement colorées; *umg* **er ist marxistisch ~** *umg* il est un peu marxiste sur les bords

angeheiratet ADJT *Verwandtschaft* par alliance; **e-e ~e Tante** une tante par alliance

angeheitert ADJT gai; gris; *umg* éméché; *umg* pompette; **in ~em Zustand** en état de légère ivresse

angehen *‹irr, sép, -ge-›* A VT *‹h.›* 1 *Gegner, Hindernis* attaquer; *Gipfel, Aufgabe, Problem* s'attaquer à; *Kurve, Strecke* aborder 2 **j-n um etw ~** s'adresser à qn pour avoir qc; demander qc à qn 3 *(betreffen)* concerner; regarder; **was mich angeht …** quant à moi …; en ce qui me concerne …; pour ma part …; **was das Auto angeht** quant à la voiture; en ce qui concerne la voiture; **das geht dich nichts an** cela ne te regarde pas; ce n'est pas ton affaire; **was geht dich das an?** est-ce que cela te regarde?; de quoi te mêles-tu?; **das geht auch Sie an** *a.* cela s'adresse également à vous B VI *‹s.›* 1 **gegen etw, j-n ~** *a. fig* s'attaquer à qc, qn; combattre qc, qn; *a. gegen ein Gerichtsurteil* faire opposition à qc, qn 2 *umg* *(beginnen)* commencer; **wieder ~** recommencer; reprendre 3 *Licht, Radio, Fernseher, Heizung* s'allumer; *Feuer* prendre; *Motor, Maschine* se mettre en marche 4 *Pflanzen* prendre (racine); *Impfstoff* prendre 5 *(zulässig, vertretbar sein)* être admissible, acceptable; **das geht (gerade) noch an** passe encore; **es geht nicht an, dass …** il est inadmissible, inacceptable que … *(+subj)*

angehend ADJT futur; **ein ~er Gelehrter** un futur savant; *umg* **ein ~er Vierziger** un futur quadragénaire

angehören VI *‹sép, pperf* angehört, *h.›* **e-r Sache** *(dat)* **~** *e-r Gruppe, Delegation etc* faire partie de qc; *e-r Partei, e-m Verein a.* adhérer à qc; **der Vergangenheit ~** faire partie du passé; appartenir au passé

angehörig ADJ **e-r Sache** *(dat)* **~** membre de qc

Angehörige(r) M/F(M) *‹→ A›* 1 *durch Verwandtschaft* proche parent(e) *m(f)*; *pl meist* famille *f*; **ein naher ~r, e-e nahe ~** un(e) proche parent(e) *m(f)*; **ohne ~** sans famille; **meine ~n** les miens; ma famille; mes proches 2 *(Mitglied)* membre *m*; *e-s Staats* ressortissant(e) *m(f)*; *pl e-s Betriebs a.* personnel *m*

Angeklagte(r) M/F(M) *‹→ A›* accusé(e) *m(f)*; *im Strafprozess a.* prévenu(e) *m(f)*

angeknackst *umg* ADJT *Knochen, Arm, Bein, Stuhlbein* fêlé; *Freundschaft etc* qui a pris un coup; *Selbstbewusstsein* affaibli; diminué

Angel F *‹~; ~n›* 1 *zum Fischfang* canne *f* à pêche; gaule *f*; **die ~ auswerfen** lancer la ligne; *Fisch* **an die ~ gehen** mordre; **e-n Fisch an der ~ haben** avoir un poisson au bout de sa ligne 2 *e-r Tür etc* gond *m*; **aus den ~n heben** enlever, sortir de ses gonds; *fig* **die Welt aus den ~n heben** bouleverser le monde; *fig* **zwischen Tür und ~** entre deux portes; à la hâte; à la sauvette

Angela F *‹→ n/pr›* *prénom*

angelangen VI *‹sép, pperf* angelangt, *s.›* arriver

angelaufen ADJT *Spiegel* terne; *Brille, Scheibe* embué; *Haut* **bläulich, blau ~** violacé

angelegen ADJ *geh* **sich** *(dat)* **etw ~ sein lassen** s'occuper de qc; prendre soin de qc

Angelegenheit F affaire *f*; **geschäftliche ~** affaires *fpl*; **das ist meine (eigene) ~** c'est mon affaire; **in e-r persönlichen, geschäftlichen ~ zu j-m kommen** venir voir qn pour une affaire personnelle, pour affaires; **in welcher ~ kommen Sie?** quel est le but de votre visite?; **sich um s-e eigenen ~en kümmern** s'occuper de ses propres affaires

angelegentlich *geh* A ADJ *Bitte* instant; *Frage* pressant B ADV intensivement; **sich ~ nach j-m erkundigen** se renseigner par le menu au sujet de qn

angelernt ADJT **~er Arbeiter** ouvrier spécialisé

angelesen ADJT *Wissen* livresque

Angelhaken M hameçon *m*

Angelika[1] F *‹→ n/pr›* *prénom*

Angelika[2] F *‹~; ~s ou -ken›* BOT angélique *f*

Angelleine F ligne *f*

angeln VT *u.* VI *‹-(e)le, h.›* 1 pêcher (à la ligne); **~ gehen** aller pêcher; **Angeln verboten!** pêche interdite! 2 *umg fig* **nach etw ~** chercher à attraper; *Hängendes* à décrocher qc; **das Fleisch aus der Suppe ~** pêcher la viande dans la soupe; **der Lehrer angelte sich e-n der Unruhestifter** le professeur a pris, *umg* épinglé l'un des fauteurs de troubles; **sich** *(dat)* **e-n reichen Mann, e-e reiche Frau ~** se trouver un mari, une femme riche

Angelpunkt M *e-s Problems etc* clé *f* de voûte; pivot *m*; charnière *f*; **Angelrute** F canne *f* à pêche; gaule *f*

Angelsachse M, **Angelsächsin** F Anglo-Saxon, -onne *m,f*; **angelsächsisch** ADJ anglo-saxon, -onne

Angelschein M permis *m* de pêche; **Angelschnur** F ligne *f*; **Angelsport** M pêche *f* à la ligne

angemessen ADJT convenable; *Preis a.* raisonnable; *Strafe* équitable; juste; **sich in ~er Entfernung aufhalten** se tenir à une distance raisonnable; **ein ~es Honorar erhalten** toucher, recevoir des honoraires convenables; **etw in e-m ~en Ton, in ~er Form sagen** dire qc d'une façon appropriée, convenable; **den Umständen, Bedürfnissen ~ sein** être selon les circonstances, les besoins; être conforme aux circonstances, aux besoins

Angemessenheit F *‹~›* *e-r Entscheidung* opportunité *f*; *e-s Urteils* équité *f*; *e-s Wortes, Ausdrucks* pertinence *f*

angenehm A ADJ agréable; *Besucher* bienvenu; *beim Vorstellen* **(sehr) ~!** enchanté!; **~e Reise!** bon voyage!; **~e Ruhe!** repose-toi *bzw.* reposez-vous bien!; **ein ~es Wesen haben** être agréable; **es ist mir nicht ~, dass …** je n'aime pas tellement que … *(+subj)*; **das Angenehme mit dem Nützlichen verbinden** joindre l'utile à l'agréable B ADV agréablement; **von etw ~ überrascht, berührt sein** être agréablement surpris, touché par qc; **wir haben uns ~ unterhalten** nous avons eu un agréable entretien; **mir ist ~ aufgefallen, dass …** j'ai été agréablement surpris que … *(+subj)*

angenommen PPERF → annehmen

angepasst ADJT conforme; conformiste; **Angepasstheit** F *‹~›* conformisme *m*

Anger M *‹~s; ~›* *regional (Dorfanger)* pré communal

angeregt A ADJT *Gespräch etc* animé B ADVL **sich ~ unterhalten** avoir une conversation animée

angesagt *umg* ADJT → ansagen A 3; **ange-**

säuselt *umg* ADJT *umg* pompette; *umg* éméché; **angeschimmelt** ADJT qui commence à moisir; légèrement moisi

angeschlagen ADJT **1** *Geschirr* ébréché **2** *fig Gegner etc* touché; *gesundheitlich, seelisch* ébranlé; secoué; **stark ~** *umg* groggy

angeschmutzt ADJT *Wäsche etc* qui a servi; douteux, -euse; **angeschnitten** ADJT MODE d'une seule pièce; *Ärmel a.* raglan

angeschrieben ADJT → anschreiben A 5

Angeschuldigte(r) M/F(M) ⟨→ A⟩ JUR inculpé(e) *m(f)*; prévenu(e) *m(f)*

angesehen ADJT *Persönlichkeit, Familie etc* estimé; considéré; *Zeitschrift etc* réputé; **sehr ~ sein** être bien considéré, estimé

angesengt A ADJT roussi; **~e Stelle** tache *f* de roussi, de brûlé **B** ADVL **~ riechen** sentir le roussi

Angesicht *geh* N ⟨~(e)s; ~er, *österr* ~e⟩ **1** *(Gesicht)* visage *m*; figure *f*; face *f*; **von ~ zu ~** face à face; en face; **der Gefahr, dem Tod ins ~ sehen** regarder le danger, la mort en face; **im Schweiße s-s ~s** à la sueur de son front **2** *(Anblick)* **im ~ des Todes** *etc* face à la mort, *etc*; **j-n von ~ kennen** connaître qn de vue

angesichts PRÄP ⟨*gen*⟩ **1** en vue, présence de; face à **2** *fig* vu; étant donné; **~ der Tatsache, dass …** vu le fait que …; étant donné que …

angespannt A ADJT *Lage etc* tendu; *Arbeit* assidu; intense; **durch etw sehr ~ sein** être très occupé, pris par qc **B** ADVL *arbeiten, überlegen etc* intensément

angestammt ADJT *Recht, Macht etc* héréditaire; *Rolle, Platz* habituel, -elle; **angestaubt** ADJT **1** légèrement poussiéreux, -euse **2** *umg fig* dépassé; démodé

angestellt ADJT **fest ~ sein** avoir un emploi fixe; *Beamter* être titulaire; **~ werden** obtenir un emploi; **bei der Stadt, bei e-r Firma ~ sein** être employé à *od* de la ville, dans une société

Angestellte(r) M/F(M) ⟨→ A⟩ employé(e) *m(f)*; *mit Weisungsbefugnis* cadre *m*; **kaufmännischer ~r** employé de commerce, commercial; **leitender ~r** cadre supérieur

Angestelltengewerkschaft F syndicat *m* des employés

Angestelltenverhältnis N **im ~ stehen** être employé(e) *(ni fonctionnaire ni ouvrier)*

Angestelltenversicherung F assurance *f* des employés

angestrengt A ADJT *Arbeit* assidu; intense; *Aufmerksamkeit* soutenu; **~ aussehen** avoir l'air fatigué **B** ADVL *arbeiten, nachdenken etc* intensément

angetan A PPERF → antun **B** ADJT **1 von j-m, e-r Sache (sehr) ~ sein** être conquis, séduit, charmé par qn, qc; **er war sofort von ihr ~** il a été tout de suite conquis, charmé par elle **2** *geh* **etw ist nicht dazu** *od* **danach ~ zu** *(+inf)* qc n'est pas fait pour *(+inf)*; **die Situation ist nicht dazu ~, Späße zu machen** ce n'est pas le moment de plaisanter **3** *geh (bekleidet)* **~ mit** (re)vêtu de

Angetraute F ⟨→ A⟩ *hum* **meine ~** *umg* ma moitié

angetrunken ADJT légèrement ivre; **in ~em Zustand** en état d'ébriété

angewandt ADJT ⟨*épithète*⟩ appliqué; **~e Kunst** arts appliqués; **~e Mathematik** mathématiques appliquées

angewiesen ADJT **auf j-n, etw ~ sein** dépendre de qn, qc; avoir besoin de qn, qc; **auf Nebenverdienste ~ sein** être obligé d'avoir des à-côtés pour vivre; **aufeinander ~ sein** dépendre l'un de l'autre; **auf sich** *(akk)* **selbst ~ sein** être obligé de se débrouiller (tout) seul; ne dépendre que de soi

angewöhnen ⟨*sép, pperf* angewöhnt, h.⟩ A VT **j-m etw ~** habituer, accoutumer qn à qc **B** VR **sich** *(dat)* **etw ~** *od* **(es) sich** *(dat)* **~, etw zu tun** prendre l'habitude de faire qc; s'accoutumer à (faire) qc

Angewohnheit F habitude *f*; coutume *f*; *umg* **dumme ~** sotte habitude; habitude absurde; **schlechte ~** mauvaise habitude; mauvais pli; **die ~ annehmen zu** *(+inf)* prendre l'habitude de *(+inf)*; **die ~ haben, etw zu tun** avoir l'habitude, avoir coutume de faire qc

angewurzelt ADJT **wie ~ dastehen** être cloué, figé sur place; rester là comme une souche

angezeigt *geh* ADJT ⟨*attribut*⟩ **etw (nicht) für ~ halten** juger (in)opportun, (peu) indiqué de faire qc

angießen VT ⟨*irr, sép,* -ge-, h.⟩ **1** GARTEN arroser (légèrement) **2** GASTR *Braten* arroser de jus, d'eau; **angiften** *umg* VT ⟨-ete, *sép,* -ge-, h.⟩ *fig* agresser, attaquer (verbalement)

Angina F ⟨~; -nen⟩ MED angine *f*; **~ Pectoris** angine *f* de poitrine

angleichen ⟨*irr, sép,* -ge-, h.⟩ A VT r(é)ajuster, adapter (**an** *[+akk]* à) **B** VR **sich ~** s'assimiler, s'adapter (**an** *[+akk]* à); *abs a.* s'harmoniser

Angleichung F *der Löhne etc* r(é)ajustement *m*, adaptation *f* (**an** *[+akk]* à); *an e-n Partner etc* adaptation *f*, assimilation *f* (**an** *[+akk]* à); **stufenweise ~** (r)ajustement progressif; adaptation progressive

Angler(in) M ⟨~s; ~⟩ (F) ⟨~in; ~innen⟩ pêcheur, -euse *m,f* (à la ligne)

angliedern VT ⟨-(e)re, *sép,* -ge-, h.⟩ rattacher, joindre (**an** *[+akk]* à); *Gruppe an e-e Organisation, Partei etc* affilier (**an** *[+akk]* à); **der Schule ist ein Internat angegliedert** un internat est rattaché, adjoint à l'école

Angliederung F rattachement *m* (**an** *[+akk]* à); *an e-e Partei etc* affiliation *f* (**an** *[+akk]* à)

Anglikaner(in) M ⟨~s; ~⟩ (F) ⟨~in; ~innen⟩ REL anglican(e) *m(f)*

anglikanisch ADJ anglican

Anglist(in) M ⟨~en; ~en⟩ (F) ⟨~in; ~innen⟩ *Student(in)* étudiant(e) *m(f)* d'anglais; *Wissenschaftler(in)* angliciste *m/f*

Anglistik F ⟨~⟩ (études *fpl* de) langue *f*, (de) littérature *f* et (de) civilisation *f* anglaises; **~ studieren** faire des études d'anglais

anglistisch ADJ ⟨*épithète*⟩ de langue, littérature et civilisation anglaises; d'études anglaises

Anglizismus M ⟨~; -men⟩ LING anglicisme *m*

Angloamerikaner(in) M Américain(e) *m(f)* d'origine anglaise; **angloamerikanisch** ADJ anglo-américain; **anglonormannisch** ADJ anglo-normand; **anglophil** ADJ anglophile; **Anglophilie** F ⟨~⟩ anglophilie *f*; **Anglophobie** F ⟨~⟩ anglophobie *f*

anglotzen *umg* VT ⟨-(es)t, *sép,* -ge-, h.⟩ **j-n, etw ~** regarder qn, qc bouche bée, avec des yeux ronds

Angola N ⟨→ *n/pr*⟩ l'Angola *m*

Angolaner(in) M ⟨~s; ~⟩ (F) ⟨~in; ~innen⟩ Angolais(e) *m(f)*

angolanisch ADJ angolais

Angorakaninchen N lapin *m* angora; **Angorakatze** F chat *m* angora; **Angorapullover** M pull-over *m* (en laine) angora; **Angorawolle** F (laine *f*) angora *m*; **Angoraziege** F chèvre *f* angora

Angosturarinde F angusture *f*

angreifbar ADJ *a. fig* attaquable

angreifen VT ⟨*irr, sép,* -ge-, h.⟩ **1** *Gegner,* SPORT attaquer; *mit Gewalt* agresser; *plötzlich a.* assaillir **2** *fig Meinung, Material etc* attaquer; *Herz, Nerven* fatiguer; *Gesundheit* ébranler **3** *Vorräte, Reserven etc* entamer; *umg* attaquer; *Ersparnisse, Vermögen a.* écorner

Angreifer(in) M ⟨~s; ~⟩ (F) ⟨~in; ~innen⟩ agresseur *m*; attaquant(e) *m(f)*; assaillant(e) *m(f)*

angrenzen VI ⟨-(es)t, *sép,* -ge-, h.⟩ **an etw** *(akk)* **~** toucher (à) qc; avoisiner qc

angrenzend ADJT avoisinant; voisin; *Länder, Gemeinden etc a.* limitrophe; *Grundstücke, Räume a.* attenant; contigu, -guë; **die ~en Straßen** *fpl* les rues avoisinantes, voisines, adjacentes

Angriff M *a.* SPORT, MIL, *fig* attaque *f* (**auf** *[+akk]*, **gegen** contre); **zum ~ übergehen** passer à l'attaque; *umg* **e-n ~ starten** lancer une attaque; **etw in ~ nehmen** commencer qc; s'attaquer à qc; se mettre à qc; *sprichw* **~ ist die beste Verteidigung** attaquer, c'est encore la meilleure défense

Angriffsbefehl M ordre *m* d'attaque

Angriffsfläche F **1** surface *f* de prise **2** *fig* prise *f*; **dem Gegner keine ~ bieten** ne donner aucune prise à son adversaire

Angriffshandlung F acte *m* d'agression; **Angriffskrieg** M (guerre *f* d')agression *f*; **Angriffslust** F agressivité *f*; **angriffslustig** ADJ agressif, -ive; **Angriffspunkt** M PHYS *e-r Kraft* point *m* d'application; *fig* prise *f*; **Angriffsrichtung** F direction *f* d'attaque; **Angriffsschlacht** F (bataille *f*) offensive *f*; **Angriffsspiel** N SPORT jeu offensif; **Angriffsspieler(in)** M(F) SPORT attaquant(e) *m(f)*; *(Stürmer[in])* avant *m/f*; **Angriffsspitze** F MIL élément *m* de tête de l'attaque; **Angriffswaffe** F arme offensive; **Angriffsziel** N objectif *m* d'attaque

angrinsen *umg* VT ⟨-(es)t, *sép,* -ge-, h.⟩ **j-n ~** ricaner au nez de qn; regarder qn en ricanant

angst ADJT **mir ist ~ (und bange)** j'ai peur; **mir wird ~ (und bange)** je commence à avoir peur

Angst F ⟨~; ⸚e⟩ peur *f* (**vor** *[+dat]* de); *(~gefühl)* angoisse *f*; anxiété *f*; **schreckliche ~** peur bleue; **voller ~** angoissé; anxieux, -ieuse; **(vor etw, j-m) ~ haben** avoir peur (de qc, qn); **davor habe ich keine ~** cela ne me fait pas peur; **j-m ~ machen** faire peur à qn; **keine ~, das schaffen wir schon!** n'aie *bzw.* n'ayez pas peur, nous y arriverons!; **Sie brauchen keine ~ zu haben** n'ayez pas peur; *fig* n'ayez crainte; **~ ausstehen** trembler; éprouver de la peur; **~ bekommen** *od umg* **kriegen** prendre peur; *umg* **er bekommt** *od* **kriegt es mit der ~ (zu tun)** *umg* il a la frousse; **j-n in ~ (und Schrecken) versetzen** effrayer qn; *plus fort* terrifier qn; **in tausend Ängsten schweben** être plongé dans l'angoisse; **aus ~ vor Strafe** de *od* par peur d'être puni, d'une punition; **aus ~, er könne sich weigern** de peur qu'il ne refuse *(subj)*; **er hatte ~, sie zu verlieren** il avait peur de la perdre; **um j-n ~ haben** s'inquiéter, avoir peur pour qn

angsterfüllt ADJT angoissé; *plus fort* terrifié

angstfrei A ADJ *Erziehung* non-répressif, -ive; **~e Atmosphäre** climat *m* de liberté **B** ADV **~ leben** vivre sans avoir peur

Angstgefühl N (sentiment *m* d')angoisse *f*; anxiété *f*; **Angstgegner(in)** M(F) SPORT *umg* bête noire; **Angsthase** *umg* M *umg* froussard *m*; poule mouillée

ängstigen ⟨h.⟩ A VT *(Angst machen)* faire peur à; *(beunruhigen)* inquiéter; *plus fort* angoisser **B** VR **sich (vor etw, j-m) ~** avoir peur (de qc, qn); **sich um j-n ~** s'inquiéter, être inquiet, -iète, avoir peur pour qn; **sich zu Tode ~** mourir de peur; être dans des transes mortelles

Angstkauf M **es kam zu Angstkäufen** par

peur de la crise, les gens se sont précipités dans les magasins pour faire des provisions

ängstlich A ADJ *(scheu)* craintif, -ive; *(feige)* peureux, -euse; *plus fort* timoré; *(~ besorgt)* anxieux, -ieuse; **~er Blick** regard inquiet; **sei nicht so ~!** ne sois pas si peureux! B ADV 1 craintivement; *plus fort* anxieusement 2 *(peinlich genau)* **~ bemüht sein, etw zu tun** être soucieux, -ieuse, anxieux, -ieuse de faire qc; **er ist ~ auf s-n guten Ruf bedacht** il est très soucieux de sa bonne réputation; **sie achtet ~ darauf, keine Fehler zu machen** elle fait très attention par peur de faire des fautes

Ängstlichkeit F ⟨~⟩ *(Scheuheit)* caractère craintif; *(Besorgnis)* peur *f*; *plus fort* anxiété *f*; **mit ~ über etw** *(akk)* **wachen** veiller anxieusement sur qc

Angstneurose F névrose *f* d'angoisse; **Angstpsychose** F psychose *f* d'angoisse; **angstschlotternd** *umg* ADJT tremblant d'angoisse, de peur; **Angstschrei** M cri *m* de terreur

Angstschweiß M sueur *f* d'angoisse; **der ~ trat ihm auf die Stirn, der ~ brach ihm aus** une sueur d'angoisse perla sur son front; *umg* il en a eu une suée

Angsttraum M cauchemar *m*; **angstverzerrt** ADJT défiguré par la peur, par l'angoisse

angstvoll A ADJ angoissé; **~e Stunden** *fpl* des heures *fpl* d'angoisse B ADV **j-n ~ anblicken** regarder qn d'un air angoissé, *plus fort* terrifié

Angstzustand M état anxieux; angoisse(s) *f(pl)*; **Angstzustände haben, bekommen** avoir des angoisses

angucken *umg* VT ⟨*sép*, -ge-, h.⟩ regarder; **sich** *(dat)* **ein Album ~** regarder un album

angurten ⟨-ete, *sép*, -ge-, h.⟩ A VT **j-n ~** attacher la ceinture à qn B VR **sich ~** attacher sa ceinture

Anh. ABK (Anhang) appendice

anhaben VT ⟨*irr*, *sép*, -ge-, h.⟩ 1 *umg Kleidung* porter; avoir mis; *umg fig* **(zu Hause) die Hosen ~** *Frau* porter la culotte 2 *umg* **er hatte das Radio, den Motor an** sa radio, son moteur marchait 3 *(Schaden zufügen)* **j-m etw ~ wollen** vouloir du mal à qn; **j-m, e-r Sache nichts ~ können** ne pouvoir rien faire à qn, qc; **das schlechte Wetter kann uns nichts ~** le mauvais temps ne nous dérange pas

anhaften VI ⟨-ete, *sép*, -ge-, h.⟩ *Schmutz, Farbe etc* **an etw** *(dat)* **~** adhérer à qc; **fest ~** *a.* coller; *fig Makel, Mangel etc* **j-m, e-r Sache ~** être inhérent à qn, qc

anhaken VT ⟨*sép*, -ge-, h.⟩ 1 *Fensterladen etc* accrocher 2 *auf e-r Liste etc* cocher; pointer; **anhalftern** VT ⟨-(e)re, *sép*, -ge-, h.⟩ *Pferd* mettre le licou à

Anhalt[1] M → Anhaltspunkt

Anhalt[2] N HIST l'Anhalt *m*

anhalten ⟨*irr*, *sép*, -ge-, h.⟩ A VT 1 *Auto etc* (faire) arrêter; stopper; *Personen* arrêter; **ich wurde von der Polizei angehalten** je me suis fait arrêter par la police; la police m'a arrêté(e) 2 **den Atem, die Luft ~** retenir son souffle, sa respiration 3 **j-n zu etw ~** apprendre à qn (à faire) qc 4 **sich** *(dat)* **ein Kleid vor dem Spiegel ~** tenir une robe contre soi devant la glace B VI 1 *(stehen bleiben)* s'arrêter; stopper 2 *(andauern)* durer; continuer; persister 3 *geh* **(bei j-m) um die (Hand der) Tochter ~** demander la main de sa fille (à qn)

anhaltend A ADJT continuel, -elle; **~er Beifall** applaudissements nourris, sans fin; **(lang) ~e Dürre** sécheresse prolongée; **~e Regenfälle** pluies persistantes B ADVL continuellement; sans arrêt

Anhalter(in) M ⟨~s; ~⟩ F ⟨~in; ~innen⟩ auto-stoppeur, -euse *m,f*; *umg* stoppeur, -euse *m, f*; **per ~** en stop; **per ~ fahren** faire de l'auto-stop, *umg* du stop

Anhaltspunkt M point *m* de repère **(für** pour); indice *m* **(für** pour); **fester ~** indice précis; repère *m*; **keinen ~ bieten** n'offrir aucun indice, point de repère

anhand PRÄP ⟨*gen*⟩, ADV **~ von** à l'aide de; au moyen de; en s'appuyant sur

Anhang M 1 *e-s Buches etc* appendice *m*; *e-s Testaments* codicille *m* 2 *(Anhängerschaft)* partisans *mpl*; adhérents *mpl* 3 *(Verwandtschaft)* famille *f*; **ohne ~** *(alleinstehend)* sans famille; seul

anhängen ⟨*sép*, -ge-, h.⟩ A VT 1 *Schild, Gewichte etc* suspendre **(an** [+akk] à); *Fahrzeug, Waggon etc* accrocher, atteler **(an** [+akk] à) 2 *fig (anfügen) Bemerkung, Klausel, Ziffern etc* ajouter **(an** [+akk] à) 3 *umg fig* **j-m etw ~** *umg* mettre qc sur le dos de qn B *geh* VI ⟨*irr*⟩ 1 **j-m ~** être attaché à qn; **e-r Lehre** *(dat)* **~** adhérer à une doctrine 2 *Vergangenes* **j-m ~** poursuivre qn C VR 1 **sich an etw** *(akk)* **~** *(festhalten)* s'accrocher à qc 2 *fig* **sich an j-n ~** suivre qn; s'attacher aux pas de qn

Anhänger[1] M 1 *e-s Fahrzeugs* remorque *f* 2 *Schmuckstück* pendentif *m* 3 *an Gepäckstücken, Koffern* étiquette *f* mobile; porte-adresse *m*

Anhänger[2] M ⟨~s; ~⟩, **Anhängerin** F ⟨~in; ~innen⟩ *e-r Partei etc* partisan(e) *m(f)*; adhérent(e) *m(f)*; SPORT, POL supporter *m*; **ein erklärter ~ e-r Sache sein** être un partisan déclaré de qc

Anhängerkupplung F AUTO attelage *m* de remorque; **Anhängerschaft** F ⟨~; ~en⟩ partisans *mpl*; adhérents *mpl*

anhängig ADJ JUR *Verfahren etc* en instance; **ein beim Gerichtshof ~er Rechtsstreit** une affaire dont la Cour est saisie; **e-e Sache bei Gericht ~ machen** saisir un tribunal d'une cause

anhänglich ADJ *Freund, Hund etc* affectueux, -euse

Anhänglichkeit F ⟨~⟩ attachement *m* **(an j-n** pour qn); affection *f* **(an j-n** pour qn); **aus alter ~** par attachement; en souvenir de mon, son, *etc* vieil attachement

Anhängsel N ⟨~s; ~⟩ 1 *(Überflüssiges)* **ein ~ sein** n'être qu'accessoire; **sie ist nur ein ~ ihres Mannes** elle ne fait que suivre son mari 2 *Schmuck* breloque *f*; pendeloque *f*

anhauchen VT ⟨*sép*, -ge-, h.⟩ *Spiegel, Brille etc* faire de la buée sur; *a. Finger* souffler sur; **j-n ~** souffler en direction de qn

anhauen *umg* VT ⟨*irr*, *sép*, -ge-, h.⟩ accoster; racoler; **j-n um zwanzig Euro ~** accoster qn pour lui demander vingt euros

anhäufeln VT ⟨-(e)le, *sép*, -ge-, h.⟩ AGR *Kartoffeln etc* butter

anhäufen VT (*u.* VR) ⟨*sép*, -ge-, h.⟩ **(sich) ~** (s')amasser; (s')accumuler; (s')entasser; **Anhäufung** F *Vorgang u. Ergebnis* amassement *m*; accumulation *f*; entassement *m*

anheben[1] VT ⟨*irr*, *sép*, -ge-, h.⟩ 1 *Deckel, Schrank etc* soulever (un peu) 2 *Gehälter, Preise etc* relever **(um** de; **auf** [+akk] à)

anheben[2] *geh* VI ⟨*irr*, *sép*, -ge-, h.⟩ *(beginnen)* débuter; commencer

Anhebung F *der Gehälter etc* relèvement *m*

anheften VT ⟨-ete, *sép*, -ge-, h.⟩ **etw an etw** *(akk)* **~** *Zettel an ein Brett etc* attacher qc à qc; fixer qc sur, à qc; *mit Heftklammern* agrafer qc à qc; *mit Stecknadeln* épingler qc sur qc; **etw mit Reißzwecken ~** attacher, fixer qc avec des punaises

anheim ADV → anheimfallen, anheimstellen

anheimelnd ADJ accueillant; douillet, -ette

anheimfallen *geh* VI ⟨*irr*, *sép*, -ge-, s.⟩ *Vermögen etc* **j-m ~** échoir à qn; **der Vergessenheit** *(dat)* **~** tomber dans l'oubli; **der Zerstörung** *(dat)* **~** être détruit

anheimstellen *geh* VT ⟨*sép*, -ge-, h.⟩ **es j-m ~, etw zu tun** laisser qn libre de faire qc; **das stelle ich dir anheim** je m'en remets, rapporte à toi; **es ist** *od* **bleibt Ihnen anheimgestellt zu gehen** vous êtes libre de partir

anheischig *geh* ADJ **sich ~ machen, etw zu tun** se faire fort de faire qc

anheizen VT ⟨-(es)t, *sép*, -ge-, h.⟩ 1 *Ofen* allumer 2 *umg fig Inflation* renforcer; *Stimmung, Publikum* chauffer

anherrschen VT ⟨*sép*, -ge-, h.⟩ **j-n ~** brusquer, apostropher qn; **j-n grob ~** parler rudement à qn

anhetzen *umg* VI ⟨-(es)t, *sép*, -ge-, s.⟩ **angehetzt kommen** arriver, s'approcher °hors d'haleine

anheuern ⟨-(e)re, *sép*, -ge-, h.⟩ SCHIFF A VT enrôler; engager *(a. fig)* B VI s'enrôler; s'engager

Anheuern N ⟨~s⟩ enrôlement *m*; engagement *m*

Anhieb M **auf ~** du premier coup; tout de suite

anhimmeln *umg* VT ⟨-(e)le, *sép*, -ge-, h.⟩ regarder avec adoration; *Filmstar etc* adorer; porter aux nues

Anhöhe F éminence *f*; °hauteur *f*; élévation *f* (de terrain); colline *f*; **kleine ~** *a.* tertre *m*; butte *f*

anhören ⟨*sép*, -ge-, h.⟩ A VT 1 écouter; *Zeugen, Angeklagte* entendre; **j-n ~** *a.* prêter l'oreille à qn; **etw (zufällig) mit ~** entendre (par hasard) qc; *umg* **das kann ich nicht mehr** *od* **länger mit ~!** tu nous rebats, *umg* casses les oreilles avec ça! 2 **man hört ihm an, dass …** on remarque, cela s'entend à sa voix que … B VR 1 **sich** *(dat)* **etw ~** écouter qc 2 **sich gut, schlecht ~** être agréable, désagréable à entendre *od* à l'oreille; *Wörter etc* sonner bien, mal; **es hört sich an, als ob …** on dirait que …; on croirait que …; *fig* **das hört sich gut an** ça n'a pas l'air mal

Anhören N *e-s Zeugen, e-r CD etc* audition *f*; **nach ~ e-s Sachverständigen** après consultation d'un expert

Anhörung F ⟨~; ~en⟩ audition *f*; *im Parlament* consultation *f*

anhumpeln VI ⟨-(e)le, *sép*, -ge-, s.⟩ **angehumpelt kommen** arriver, s'approcher clopin-clopant, en boitillant

anhupen VT ⟨*sép*, -ge-, h.⟩ **j-n ~** klaxonner qn

anhüpfen VI ⟨*sép*, -ge-, s.⟩ **angehüpft kommen** arriver, s'approcher en sautillant

anhusten VT ⟨-ete, *sép*, -ge-, h.⟩ tousser vers

Anhydrid N ⟨~s; ~e⟩ CHEM anhydride *m*

Anilin N ⟨~s⟩ CHEM aniline *f*; **Anilinfarben** FPL colorants *mpl* d'aniline, azoïques; couleurs *fpl* à l'aniline

animalisch ADJ animal; *fig a.* bestial

Animateur(in) M ⟨~s; ~e⟩ F ⟨~in; ~innen⟩ animateur, -trice *m,f*; **Animation** F 1 *beim Kluburlaub etc* animation *f* 2 FILM animation *f*

Anime M ⟨~s; ~s⟩ *Zeichentrickfilm* anime *m*

Animierdame F entraîneuse *f*

animieren VT ⟨*pas de ge-*, h.⟩ 1 *zum Trinken, Tanzen, Kaufen etc* inciter, pousser, entraîner **(zu** à) 2 *Film* faire l'animation de

Animierlokal N boîte *f* (de nuit) avec des entraîneuses; **Animiermädchen** N entraîneuse *f*

Animosität F ⟨~; ~en⟩ *Einstellung* animosité *f*; *Äußerung* propos malveillants

Anion N ⟨~s; -onen⟩ CHEM, PHYS anion *m*

Anis M ⟨~(es); ~e⟩ BOT anis *m*; **Anisgeschmack** M goût *m* d'anis; **Anislikör** M anisette *f*; **Anisöl** N essence *f* d'anis; **Anisplätzchen** NPL petits gâteaux à l'anis; **Anisschnaps** M eau-de-vie *f* d'anis
Anita F ⟨→ *n/pr*⟩ *prénom*
Anja F ⟨→ *n/pr*⟩ *prénom*
Ank. ABK (Ankunft) arrivée
ankämpfen VI ⟨*sép*, -ge-, h.⟩ **gegen j-n, etw** ~ lutter contre qn, qc; **gegen die Tränen** ~ *a.* retenir ses larmes; se retenir pour ne pas pleurer
ankarren *umg* VT ⟨*sép*, -ge-, h.⟩ amener (des chargements de)
Ankathete F MATH côté adjacent
Ankauf M achat *m*; **An- und Verkauf** achat(s) et vente(s)
ankaufen VT ⟨*sép*, -ge-, h.⟩ acheter
Ankaufspreis M prix *m* d'achat; **Ankaufsrecht** N droit *m* d'achat
Anke F ⟨→ *n/pr*⟩ *prénom*
Anken M ⟨~s⟩ *schweiz* beurre *m*
Anker M ⟨~s; ~⟩ **1** SCHIFF ancre *f*; ~ **werfen, vor** ~ **gehen** jeter l'ancre; mouiller; **vor** ~ **liegen** être, se tenir à l'ancre, au mouillage; **den** ~ **lichten** lever l'ancre **2** BAU, *e-r Uhr* ancre *f*; *e-s Elektromotors* induit *m*; *e-s Elektromagneten* armature *f*
Ankerboje F SCHIFF bouée *f* d'orin; **Ankergrund** M SCHIFF fond *m*; mouillage *m*; **Ankerkette** F SCHIFF chaîne *f* d'ancre; **Ankerklüse** F SCHIFF écubier *m*
ankern VI ⟨-(e)re, h.⟩ mouiller
Ankern N ⟨~s⟩ mouillage *m*
Ankerplatz M SCHIFF mouillage *m*; **Ankerseil** N *zur Befestigung* câble *m* d'ancrage; °hauban *m*; **Ankertau** N SCHIFF câble *m* d'ancre; **Ankerwerfen** N mouillage *m*; **Ankerwicklung** F ELEK enroulement *m*, bobinage *m* d'induit; **Ankerwinde** F SCHIFF guindeau *m*
anketten VT ⟨-ete, *sép*, -ge-, h.⟩ **etw** ~ attacher qc; mettre qc à la chaîne; enchaîner qc; **e-n Hund** ~ attacher un chien; mettre un chien à la chaîne; **etw an etw** (*akk*) ~ attacher, enchaîner qc à qc
ankeuchen *umg* VI ⟨-(es)t, *sép*, -ge-, s.⟩ **angekeucht kommen** arriver, s'approcher tout °haletant, essoufflé, °hors d'haleine
ankläffen *umg* VT ⟨*sép*, -ge-, h.⟩ aboyer après
Anklage F **1** JUR accusation *f* (*a. fig*); inculpation *f*; **(gegen j-n)** ~ **erheben** accuser (qn); inculper (qn); **j-n unter** ~ (*akk*) **stellen** mettre qn en accusation; **(wegen etw) unter** ~ (*dat*) **stehen** être accusé, inculpé (de qc) **2** (*~vertretung*) accusation *f*; **Zeuge** *m* **der** ~ témoin *m* de l'accusation
Anklagebank F ⟨~; -bänke⟩ banc *m* des accusés; **Anklagegrund** M motif *m* d'accusation
anklagen VT ⟨*sép*, -ge-, h.⟩ JUR, *fig* **j-n (e-r Sache** [*gen*] *od* **wegen etw)** ~ accuser qn (de qc); **j-n ~d ansehen** jeter un regard accusateur à qn
Anklagepunkt M chef *m* d'accusation
Ankläger(in) M(F) accusateur, -trice *m,f*
anklägerisch ADJ accusateur, -trice
Anklageschrift F JUR acte *m* d'accusation; **Anklagevertreter** M JUR représentant *m* de l'accusation; procureur *m*; **Anklagevertretung** F JUR ministère public; accusation *f*
anklammern ⟨-(e)re, *sép*, -ge-, h.⟩ **A** VT attacher (avec une pince, une agrafe, *etc*) (**an** [*+akk*] à); *Wäsche* accrocher (à) **B** VR **sich an j-n, etw** ~ se cramponner, s'accrocher à qn, qc
Anklang M **1** (*Ähnlichkeit, Erinnerung*) réminiscence *f* (**an** [*+akk*] à) **2** ⟨*pas de pl*⟩ *Plan, Vorschlag etc* ~ **finden** être bien accueilli, reçu (**bei** par); recevoir un accueil favorable (**bei der Bevölkerung** dans la population, **bei den Mitgliedern** parmi les membres)
ankleben ⟨*sép*, -ge-⟩ **A** VT ⟨h.⟩ coller (**an** [*+akk*] à, sur); **Plakate** ~ **verboten** défense d'afficher **B** VI ⟨s.⟩ coller (**an** [*+dat*] à, sur)
Ankleidekabine F **1** *im Kaufhaus* cabine *f* d'essayage **2** *im Schwimmbad* cabine *f* (de bain)
ankleiden *geh* VT (*u.* VR) ⟨-ete, *sép*, -ge-, h.⟩ **(sich)** ~ (s')habiller; (se) vêtir
Ankleideraum M, **Ankleidezimmer** N cabinet *m* de toilette; THEAT loge *f*; *für Mannequins* salon *m* d'habillage
anklemmen VT ⟨*sép*, -ge-, h.⟩ attacher, fixer avec des pinces; **anklicken** VT ⟨*sép*, -ge-, h.⟩ IT cliquer sur; **anklingeln** VT ⟨-(e)le, *sép*, -ge-, h.⟩ *regional* → anrufen 1
anklingen VI ⟨*irr*, *sép*, -ge-⟩ **1** ⟨h.⟩ **an etw** (*akk*) ~ évoquer, rappeler qc **2** ⟨h. *ou* s.⟩ **in ihren Worten klingt Enttäuschung an** la déception transparaît dans ses paroles; **die gleiche Frage klingt immer wieder an** la même question réapparaît, revient toujours
anklopfen VI ⟨*sép*, -ge-, h.⟩ **1** frapper (**an die Tür** à la porte) **2** *umg fig* (*vorsichtig anfragen*) **bei j-m** ~ tâter le terrain auprès de qn
anknabbern VT ⟨-(e)re, *sép*, -ge-, h.⟩ grignoter (un peu)
anknipsen *umg* VT ⟨-(es)t, *sép*, -ge-, h.⟩ *Licht, Radio etc* allumer
anknoten VT ⟨-ete, *sép*, -ge-, h.⟩ **etw (an etw** [*akk*]**)** ~ nouer qc (à qc)
anknüpfen ⟨*sép*, -ge-, h.⟩ **A** VT **1** *Schnur etc* **(an etw** [*akk*]**)** ~ attacher, nouer (à qc) **2** *Gespräch etc* engager; **mit j-m Beziehungen** ~ entrer en relations avec qn; **mit j-m Geschäftsverbindungen** ~ engager, entamer des relations d'affaires avec qn; **mit j-m ein Gespräch** ~ engager, entamer la conversation avec qn; lier conversation avec qn **B** VI **an etw** (*akk*) ~ partir de qc; se rattacher à qc; **an alte Traditionen** ~ renouer avec d'anciennes traditions
Anknüpfung F ⟨~; ~en⟩ *von Beziehungen etc* engagement *m*; *an Traditionen, Erfahrungen* rattachement *m* (**an** [*+akk*] à)
Anknüpfungspunkt M point *m* de départ (**für** pour)
anknurren VT ⟨*sép*, -ge-, h.⟩ *Hund* gronder, grogner contre, après
ankohlen *umg* VT ⟨*sép*, -ge-, h.⟩ (*veralbern*) **j-n** ~ monter un bateau à qn
ankommen[1] ⟨*irr*, *sép*, -ge-, s.⟩ **A** VI **1** (*eintreffen*) arriver; **bist du gut (zu Hause) angekommen?** tu es bien rentré(e)?; *umg fig* **bei Müllers ist ein Junge angekommen** les Müller viennent d'avoir un garçon **2** *umg* (*Anklang finden*) avoir du succès; *Szene, Witz etc a.* être bien accueilli; **er kommt bei (den) Frauen (gut) an** il a du succès auprès des femmes; **bei j-m schlecht** ~ **(mit etw)** tomber mal avec qn, être mal reçu, accueilli par qn (avec qc); **damit kommt er bei mir nicht an** il n'y arrivera pas avec moi de cette façon-là **3 gegen j-n, etw** ~ venir à bout de qn, qc; **ich komme nicht dagegen an** je n'en viens pas à bout **4** *umg* (*daherkommen*) **mit etw** ~ *umg* s'amener avec qc; **er ist schon wieder damit angekommen** *umg* il m'a encore ressorti ça; il est encore revenu à la charge **B** V/UNPERS **1** (*abhängen*) **auf etw** (*akk*) ~ dépendre de qc; **es kommt auf das Wetter an** cela dépend du temps; **es kommt nur auf dich an** cela ne dépend que de toi; il ne tient qu'à toi; **darauf soll es nicht** ~ qu'à cela ne tienne; **es kommt (ganz) darauf an** cela dépend; c'est selon; **es kommt darauf an, ob …** cela dépend si … **2** (*wichtig sein*) **es kommt darauf an, zu** (*+inf*) il importe de (*+inf*); il s'agit de (*+inf*); **es kommt ihm darauf an, zu** (*+inf*) il lui importe de (*+inf*); il tient à (*+inf*); **es kommt ihr auf eine gute Ausbildung an** il est important pour elle, il lui importe d'avoir une bonne formation; **darauf kommt es nicht an** cela n'importe, ne compte pas; **es kommt (mir) nicht so sehr darauf an** peu (m')importe; **es kommt nicht darauf an, was sie sagt** peu importe ce qu'elle dit; **wenn es darauf ankommt …** (*+inf*) quand c'est le moment, au moment de … (*+inf*); **es kommt auf jede Minute an** chaque minute compte, importe; **auf ein paar Euro, Minuten soll es mir nicht** ~ je n'en suis pas à quelques euros, minutes près; **es kommt auf e-n Tag mehr oder weniger nicht an** on n'en est pas à un jour près; **es käme** *od* **kommt auf e-n Versuch an** cela vaudrait *od* vaut la peine d'essayer **3 es auf etw** (*akk*) ~ **lassen** risquer qc; **es auf e-n Versuch** ~ **lassen** essayer; **ich möchte es nicht auf e-n Prozess** ~ **lassen** je ne voudrais pas courir le risque d'un procès; **es darauf** ~ **lassen** risquer, *umg* tenter le coup; **er hat es darauf** ~ **lassen** *und jetzt ist es passiert* il l'a un peu cherché
ankommen[2] *geh* ⟨*irr*, *sép*, -ge-, s.⟩ **A** VT (*überkommen*) **Angst, Lust, Ekel kommt mich an** la peur, l'envie, le dégoût me prend, me saisit; **ihn kommt die Lust an, zu** (*+inf*) il lui prend l'envie de (*+inf*); l'envie lui prend de (*+inf*) **B** V/UNPERS **es kommt ihn hart an, zu** (*+inf*) il lui est difficile de, il a beaucoup de mal à (*+inf*); **es kommt mich schwer an, zu** (*+inf*) ça me coûte de (*+inf*)
Ankömmling M ⟨~s; ~e⟩ nouveau venu, nouvelle venue; nouvel arrivant, nouvelle arrivante; *umg fig* **der kleine** ~ le nouveau-né
ankönnen *umg* VI ⟨*irr*, *sép*, -ge-, h.⟩ **gegen j-n (nicht)** ~ *umg* (ne pas) pouvoir coincer qn; **dagegen kann ich nicht an** je n'y peux rien; je ne peux rien (faire) contre (cela)
ankoppeln ⟨-(e)le, *sép*, -ge-, h.⟩ **A** VT *Raumfahrzeug* **(an etw** [*akk*]**)** ~ arrimer (à qc); → *a.* ankuppeln **B** VI *Raumfahrzeug* s'arrimer
ankotzen *sl* VT ⟨-(es)t, *sép*, -ge-, h.⟩ **1** (*anwidern*) *sl* emmerder; dégoûter; **das kotzt mich an!** *umg* j'en ai marre!; *sl* ça m'emmerde!; **du kotzt mich an!** *sl* tu m'emmerdes!; *sl* tu me fais chier! **2** (*grob anfahren*) *sl* engueuler
ankratzen VT ⟨-(es)t, *sép*, -ge-, h.⟩ érafler; *umg fig Selbstbewusstsein etc* froisser
ankreiden VT ⟨-ete, *sép*, -ge-, h.⟩ **j-m etw** ~ reprocher qc à qn; faire grief de qc à qn; **das wurde mir übel angekreidet** on m'en a gardé rancune; on m'en a voulu
ankreuzen ⟨-(es)t, *sép*, -ge-⟩ **A** VT ⟨h.⟩ marquer d'une croix; *auf e-m Formular* cocher **B** VI ⟨s.⟩ SCHIFF **gegen den Wind** ~ louvoyer; remonter au vent
ankriechen VI ⟨*irr*, *sép*, -ge-, s.⟩ **angekrochen kommen** arriver en rampant
ankucken *nordd* → angucken
ankündigen VT (*u.* VR) ⟨*sép*, -ge-, h.⟩ **(sich)** ~ *a. fig* (s')annoncer
Ankündigung F annonce *f*; **ohne vorherige** ~ sans s'annoncer *bzw.* sans l'annoncer; *bes Behörde* sans avis préalable
Ankunft F ⟨~; -künfte⟩ arrivée *f*; **bei der** ~ à l'arrivée
Ankunftshalle F °hall *m* d'arrivée; **Ankunftstafel** F tableau *m* des arrivées; **Ankunftstag** M jour *m* d'arrivée; **Ankunftszeit** F heure *f* d'arrivée
ankuppeln VT ⟨-(e)le, *sép*, -ge-, h.⟩ *Anhänger, Waggon etc* atteler; accrocher; **ankurbeln** VT ⟨-(e)le, *sép*, -ge-, h.⟩ **1** *Motor etc* mettre en

marche (à la manivelle) 2 *fig Wirtschaft, Produktion etc* relancer; stimuler; **Ankurbelung** F ⟨~; ~en⟩ *der Wirtschaft, Produktion etc* relance *f*; stimulation *f*

Ankylose F ⟨~; ~n⟩ MED ankylose *f*

Anl. ABK (Anlage[n]) P.J. (pièce[s] jointe[s])

anlächeln VT ⟨-(e)le, *sép*, -ge-, h.⟩ sourire à

anlachen ⟨*sép*, -ge-, h.⟩ A VT regarder en riant B *umg* VR **sich** (*dat*) **j-n ~** se trouver qn, un(e) petit(e) ami(e)

Anlage F 1 ⟨*pas de pl*⟩ (*das Anlegen*) *von Gärten, Parks, Straßen etc* aménagement *m*; *e-r Akte, Kartei, Sammlung, Liste etc* établissement *m*; **er ist mit der ~ von Akten beschäftigt** son travail consiste à établir des dossiers 2 (*Grünanlage*) espace vert; jardin (public); parc *m*; **öffentliche ~n** jardins publics 3 TECH (*Einrichtung*) installation *f*; (*Vorrichtung*) dispositif *m*; **technische, elektrische, sanitäre ~n** installations techniques, électriques, sanitaires 4 (*Sportanlage*) terrain *m* de sport; stade *m* 5 (*Grundriss, Konzeption*) plan *m*; conception *f*; **das Buch ist in der ~ verfehlt** la conception du livre est ratée; **die Stadt ist in der ~ modern** le plan de la ville est moderne 6 (*Veranlagung*) disposition *f* (**zu** à); **künstlerische ~n haben** avoir des dispositions, des dons artistiques; **schlechte ~n haben** avoir de mauvais penchants 7 (*Geldanlage, Kapitalanlage*) placement *m*; investissement *m*; **e-e sichere ~** un placement sûr 8 *in Briefen* pièce jointe; annexe *f*; **in der ~** ci-joint 9 (*Stereoanlage*) chaîne *f* stéréo

Anlageberater(in) M(F) conseiller, -ère *m,f* en matière d'investissements; **Anlagekapital** N capital *m* d'investissement; **Anlagekredit** M *für Betriebsanlagen* crédit *m* d'investissement

Anlagenstreuung F FIN diversification *f* des capitaux

Anlagepapier N FIN valeur *f* de placement

anlagern VT (*u.* VR) ⟨-(e)re, *sép*, -ge-, h.⟩ CHEM (**sich**) **~** (se) fixer (**an** [+*akk*] à); **Anlagerung** F CHEM fixation *f*

Anlagevermögen N *e-s Unternehmens* actif immobilisé

anlanden VT ⟨-ete, *sép*, -ge-, h.⟩ débarquer

anlangen ⟨*sép*, -ge-⟩ A VT ⟨h.⟩ 1 → anbelangen 2 *südd* (*anfassen*) toucher (à) B VI ⟨s.⟩ arriver; parvenir

Anlass M ⟨~es; -lässe⟩ 1 (*Grund*) raison *f* (**zu** de); (*Beweggrund*) motif *m* (**zu** de); **ohne äußeren ~** sans motif apparent; sans raison apparente; **ohne den geringsten ~** sans la moindre raison; sans le moindre motif; **aus welchem ~?** pour quelle raison?; à quel propos?; **aus gegebenem ~** en raison d'un précédent; **das ist ein ~ zur Unzufriedenheit** c'est un sujet de mécontentement; **~ zur Unzufriedenheit, zum Lachen haben** avoir lieu d'être mécontent, de rire; **~ zur Klage geben** donner lieu à des plaintes; **~ zu Verwechslungen, zur Kritik geben** prêter à confusion, à la critique; **etw zum ~ nehmen, etw zu tun** profiter de qc pour faire qc; **wir nehmen dies zum ~, ...** nous profitons de l'occasion pour ...; **ich sehe keinen ~, zu ...** je ne vois pas de raison de ... 2 (*Gelegenheit*) occasion *f*; **aus ~ ihres Geburtstags** à l'occasion de son anniversaire; **bei feierlichen, offiziellen, besonderen Anlässen** pour des occasions solennelles, officielles, particulières; **beim geringsten ~** pour un rien; à la moindre occasion

anlassen ⟨*irr*, *sép*, -ge-, h.⟩ A VT 1 (*in Gang setzen*) *Maschine etc* mettre en marche; faire démarrer; *Motor a.* lancer 2 (*eingeschaltet lassen*) *Radio, Licht, Motor etc* laisser allumé 3 *umg Kleidung* garder 4 METALL *Stahl* recuire; adoucir; faire revenir B *umg* VR **sich ~** se présenter; s'annoncer; **etw lässt sich gut, schlecht an** qc se présente, s'annonce bien, mal; **sich gut ~** *a.* promettre

Anlassen N ⟨~s⟩ 1 AUTO, *e-r Maschine* mise *f* en marche; démarrage *m*; AUTO *a.* lancement *m* 2 METALL recuit *m*; adoucissement *m*; revenu *m*

Anlasser M ⟨~s; ~⟩ AUTO démarreur *m*; **den ~ betätigen** actionner le démarreur

anlässlich PRÄP ⟨*gen*⟩ à l'occasion de; lors de; **~ unserer Verlobung** à l'occasion de nos fiançailles

anlasten VT ⟨-ete, *sép*, -ge-, h.⟩ **j-m etw ~** reprocher qc à qn; **j-m etw als Feigheit ~** reprocher qc à qn comme étant de la lâcheté

anlatschen *umg* VI ⟨*sép*, -ge-, s.⟩ **angelatscht kommen** *umg* s'amener en traînant les pieds

Anlauf M 1 SPORT élan *m*; **~ nehmen** prendre son élan, de l'élan 2 *fig* (*Versuch*) essai *m*; **beim ersten ~** du premier coup; d'emblée; **e-n neuen ~ nehmen** *od* **machen** faire un nouvel essai; prendre un nouveau départ 3 ⟨*pas de pl*⟩ (*Beginn*) début(s) *m(pl)*

anlaufen ⟨*irr*, *sép*, -ge-⟩ A VT ⟨h.⟩ *Hafen etc* toucher; faire escale (**Hamburg** à Hambourg; **e-n Hafen** dans un port) B VI ⟨s.⟩ 1 *Maschine, Motor etc* se mettre en marche; démarrer; *Produktion, Aktion etc* démarrer; commencer; *neuer Film* sortir 2 **angelaufen kommen** arriver, venir en courant; accourir 3 SPORT prendre son élan, de l'élan 4 (*anstürmen*) **gegen etw ~** se précipiter contre qc; *fig* lutter contre qc; combattre qc 5 *Schulden, Zinsen* monter; augmenter 6 (*beschlagen*) *Brille, Scheibe* se couvrir de buée; s'embuer 7 (*glanzlos werden*) *Spiegel etc* se ternir 8 (*die Farbe ändern*) *Metall* changer de couleur; *bes Gesicht* **blau ~** bleuir; *vor Kälte a.* devenir violacé; *Person* **rot ~** rougir; devenir tout rouge

Anlaufstelle F *für Touristen etc* (centre *m* d')accueil *m*; *für Notfälle* adresse *f* de services d'entraide *od* d'assistance; **Anlaufzeit** F durée *f*, période *f* de démarrage

Anlaut M LING son initial

anlauten VI ⟨-ete, *sép*, -ge-, h.⟩ LING commencer (**mit** par); **~der Vokal** voyelle initiale

anläuten VT ⟨-ete, *sép*, -ge-, h.⟩ 1 SPORT *Runde* sonner; annoncer à son de cloche 2 *südd, schweiz* **j-n** *od* **j-m ~** téléphoner à qn; appeler qn

Anlegebrücke F SCHIFF embarcadère *m*; débarcadère *m*; appontement *m*

anlegen ⟨*sép*, -ge-, h.⟩ A VT 1 **j-m etw ~** mettre qc à qn; **etw** (**an etw** [*akk*]) **~** mettre, poser qc (contre qc); **das Gewehr ~** mettre le fusil en joue; (**mit**) **Hand ~** donner un coup de main; mettre la main à la pâte; **letzte Hand** (**an etw** [*akk*]) **~** mettre la dernière main (à qc); donner le dernier coup de lime (à qc); **ein Lineal** (**an e-e Linie**) **~** mettre, poser une règle (contre une ligne); *fig* **e-n strengen Maßstab** (**an j-n, an etw**) **~** appliquer une norme, un critère sévère (à qn, à qc); juger (qn, qc) sévèrement; **e-n Säugling ~** mettre un nourrisson au sein; (**e-e Spielkarte, e-n Dominostein**) **~** fournir (une carte, un domino) 2 (*an den Körper legen*) **die Arme ~** mettre les bras le long du corps; **die Flügel ~** replier ses ailes; **die Ohren ~** *Tier* rabattre les oreilles (en arrière); *umg fig* prendre son courage à deux mains 3 *geh* (*anziehen*) mettre (*a. Orden, Schmuck*) 4 *Garten, Straße, Bahnlinie etc* aménager; *Album* commencer; *Sammlung, Vorräte* faire; *Liste, Kartei, Akte* faire; établir; *Liste a.* dresser; *Konto* ouvrir; établir; *Roman, Novelle* **breit angelegt** détaillé; amplement conçu; **e-e groß angelegte Sache** une affaire d'une grande envergure 5 (*investieren*) placer; **sein Geld in Wertpapieren ~** placer son argent dans des titres; **zu 5 % ~** placer à 5 % 6 (*ausgeben*) **etw** (**für etw**) **~** mettre qc (pour qc); **was wollen Sie ~?** combien voulez-vous mettre? 7 (*abzielen*) **er hat es darauf angelegt, ihm zu schaden** il s'est mis dans la *od* en tête, il a en tête de lui nuire; **alles ist darauf angelegt, die Touristen auszunehmen** tout vise, concourt à exploiter, *umg* à plumer les touristes B VI 1 *Schiff* accoster, aborder (**am Kai, im Hafen** le quai, le port) 2 *mit dem Gewehr etc* **auf j-n ~** mettre, coucher qn en joue; viser qn C VR **sich mit j-m ~** se disputer, *umg* s'accrocher avec qn

Anlegeplatz M débarcadère *m*; embarcadère *m*

Anleger(in) M ⟨~s; ~⟩ F ⟨~in; ~innen⟩ FIN investisseur, -euse *m,f*; placeur, -euse *m,f* de fonds

Anlegesteg M, **Anlegestelle** F → Anlegeplatz

anlehnen ⟨*sép*, -ge-, h.⟩ A VT *Tür, Fenster* laisser entrouvert, entrebâillé; **etw an etw** (*akk*) **~** appuyer, adosser qc contre, à qc; **die Tür angelehnt lassen** laisser la porte entrouverte, entrebâillée B VR **sich** (**an j-n, etw**) **~** s'appuyer (contre qn, qc); *mit dem Rücken* s'adosser (à qn, qc); *fig* **sich an etw** (*akk*) **~** *als Vorbild* s'inspirer (de qc); *fig* **sich an j-n ~** s'appuyer sur qn

Anlehnung F ⟨~; ~en⟩ 1 (*Stütze*) appui *m* (**an** [+*akk*] sur); *fig* **bei j-m ~ suchen** chercher appui, du soutien auprès de qn 2 (*Orientierung*) **in ~ an** (+*akk*) (en) suivant l'exemple de; sur le modèle de

anlehnungsbedürftig ADJ qui a besoin d'appui, de soutien

anleiern *umg* VT ⟨-(e)re, *sép*, -ge-, h.⟩ mettre en route

Anleihe F ⟨~; ~n⟩ FIN, *fig* emprunt *m*; **bei j-m e-e ~ machen** *a. fig* faire un emprunt à qn; emprunter qc à qn; **e-e ~ zeichnen** souscrire à un emprunt

Anleiheablösung F remboursement *m* d'un emprunt; **Anleihepapier** N titre *m* d'emprunt; **Anleihezeichnung** F souscription *f* à un emprunt

anleimen VT ⟨*sép*, -ge-, h.⟩ **etw** (**an etw** [*akk*]) **~** coller qc (à qc)

anleinen VT ⟨*sép*, -ge-, h.⟩ *Hund* mettre en laisse

anleiten VT ⟨-ete, *sép*, -ge-, h.⟩ instruire; **j-n bei der Arbeit ~** guider qn dans son travail; **j-n zur Selbstständigkeit ~** apprendre à qn à être indépendant

Anleitung F 1 (*Unterweisung*) instruction(s) *f(pl)*; **ohne ~** *a.* sans aide; **unter ~ des Lehrers** sous la direction du professeur 2 (*Gebrauchsanweisung*) mode *m* d'emploi

Anlernberuf M profession *f* à formation accélérée

anlernen ⟨*sép*, -ge-, h.⟩ A VT initier; former; **angelernter Arbeiter** ouvrier spécialisé; OS *m* B VR *umg* **sich** (*dat*) **etw ~** apprendre qc tout seul

Anlernling M ⟨~s; ~e⟩ ouvrier, -ière *m,f* qui reçoit une formation accélérée

anlesen ⟨*irr*, *sép*, -ge-, h.⟩ A VT commencer (à lire) B VR **sich** (*dat*) **etw ~** apprendre qc par la lecture; **ein (nur) angelesenes Wissen** un savoir livresque

anliefern VT ⟨-(e)re, *sép*, -ge-, h.⟩ livrer; **Anlieferung** F livraison *f*; *in großen Mengen* arrivage(s) *m(pl)*

anliegen VI ⟨*irr*, *sép*, -ge-, h.⟩ 1 *Kleidung* être ajusté; **eng ~** être collant; mouler (**am Körper** le corps) 2 *Ohren* être (bien) collé; *Haare* être plaqué 3 *umg* (*zu erledigen sein*) **es liegt viel**

an il y a beaucoup à faire; **was liegt an?** qu'est-ce qu'il y a à faire?

Anliegen N ⟨~s; ~⟩ *(Bitte)* demande *f*; *(Wunsch)* désir *m*; **mit e-m ~ zu j-m kommen** adresser une demande, une requête à qn; **es ist mir ein ~, zu** *(+inf)* il me tient à cœur de *(+inf)*

anliegend ADJT **1** *Kleidungsstück* ajusté; *eng* collant; moulant **2** *Ohren* (bien) collé **3** *Schriftstück etc* ci-joint; ci-inclus **4** *(angrenzend)* attenant; voisin

Anlieger(in) M ⟨~s; ~⟩ F ⟨~in; ~innen⟩ *an Straßen etc* riverain(e) *m(f)*; *Schild* **~ frei** réservé aux riverains

Anliegerstaat M État riverain, limitrophe; **Anliegerverkehr** M circulation *f* des riverains

anlocken VT ⟨sép, -ge-, h.⟩ attirer; *durch Köder a.* appâter; allécher; **anlöten** VT ⟨-ete, sép, -ge-, h.⟩ souder; **anlügen** VT ⟨irr, sép, -ge-, h.⟩ dire des mensonges à; mentir à

Anm. ABK (Anmerkung) rem. (remarque); note

Anmache *umg* F ⟨~, ~n⟩ **1** *(Ansprechen, Aufreißen) umg* drague *f* **2** *(Provokation) umg* provoc *f*; provocation *f*

anmachen VT ⟨sép, -ge-, h.⟩ **1** *Feuer, Ofen, Licht, Radio, Elektrogerät* allumer; *Licht, Radio a.* ouvrir **2** *Mörtel, Gips etc* gâcher; *Farben* délayer **3** *Salat etc* assaisonner; accommoder; **etw mit Essig ~** assaisonner qc avec du vinaigre; vinaigrer qc **4** *umg (befestigen)* mettre, fixer **5** *umg* **j-n ~** *(begeistern) umg* exciter qn; *(erregen)* exciter qn; *umg* allumer qn **6** *umg (aufreißen)* **j-n ~** *umg* draguer qn **7** *umg (provozieren)* **j-n ~** *umg* chercher qn; **mach mich nicht an!** tu me cherches!

anmahnen VT ⟨sép, -ge-, h.⟩ réclamer; **Anmahnung** F *e-s Betrages etc* réclamation *f*; *(Mahnung)* sommation *f*

anmailen VT ⟨sép, -ge-, h.⟩ envoyer un mail à

anmalen ⟨sép, -ge-, h.⟩ **A** VT **1** *(bemalen)* peindre; **etw rot, blau ~** peindre qc en rouge, en bleu **2** *umg (anstreichen)* peindre **3** *(aufmalen)* **etw an etw** *(akk)* **~** peindre qc sur qc **B** VR *umg* **sich ~** *(schminken)* se peindre; **sich** *(dat)* **e-n Schnurrbart ~** se faire une moustache

Anmarsch M **1** ⟨pas de pl⟩ *(Näherkommen)* approche *f*; **im ~ sein** approcher, avancer **(auf** *[+akk]* sur, vers); *fig hum* **e-e Grippe ist im ~** la grippe va nous tomber dessus; **meine Eltern sind im ~** *umg* mes parents vont rappliquer **2** *umg (~weg)* chemin *m*; *bes zum Arbeitsplatz* trajet *m*; **e-n weiten ~ haben** avoir un long trajet

anmarschieren *umg* VI ⟨sép, pas de ge-, s.⟩ **anmarschiert kommen** *umg* rappliquer

Anmarschweg → Anmarsch 2

anmaßen VR ⟨-(es)t, sép, -ge-, h.⟩ **sich** *(dat)* **etw ~** se permettre de faire qc; **sich** *(dat)* **ein Urteil über etw** *(akk)* **~** se permettre de juger qc, un jugement sur qc; **sich** *(dat)* **gewisse Rechte ~** s'arroger, usurper certains droits; **er maßt sich** *(dat)* **an, ein großer Dichter zu sein** il a la prétention d'être un grand poète; **ich maße mir nicht an, Ihnen etwas vorschreiben zu wollen** je ne me permettrais pas de vous donner des ordres, de vous imposer quelque chose

anmaßend **A** ADJT arrogant; présomptueux, -euse; **wie ~!** quel présomptueux, quelle présomptueuse!; quelle présomption! **B** ADVL avec arrogance; avec présomption

Anmaßung F ⟨~; ~en⟩ **1** *von Befugnissen, Rechten, e-s Amtes* usurpation *f* **2** *im Auftreten* arrogance *f*; présomption *f*

anmeckern *umg* VT ⟨-(e)re, sép, -ge-, h.⟩ rouspéter après

Anmeldebescheinigung F, **Anmeldebestätigung** F certificat *m* d'inscription, *des Einwohnermeldeamtes etwa* certificat *m* de domicile; **Anmeldeformular** N formulaire *m* d'inscription; *im Hotel* fiche *f*; **Anmeldefrist** F délai *m* de déclaration, *zur Teilnahme* d'inscription; **Anmeldegebühr** F droit(s) *m(pl)* d'inscription

anmelden ⟨-ete, sép, -ge-, h.⟩ **A** VT **1** *Besuch etc* annoncer; *Schüler etc* faire inscrire; *Wohnsitz polizeilich, Rundfunkgerät, Geburt e-s Kindes etc* déclarer; *Auto* (faire) immatriculer; TEL *Gespräch* demander; **Konkurs ~** se déclarer en faillite; déposer son bilan; **ein Patent ~** déposer un brevet **2** *fig Ansprüche, Forderungen* revendiquer; présenter; **Bedenken ~** avoir des doutes, des hésitations **B** VR **sich ~** *zur Teilnahme* se faire inscrire **(zu, bei, an** *[+dat]* à); **sich beim Arzt** *etc* **~** prendre (un) rendez-vous chez le docteur, *etc*; **sich polizeilich ~** déclarer son domicile; *fig Krankheit* **sich ~** s'annoncer

Anmeldepflicht F obligation *f* de s'inscrire, de déclarer son domicile; **anmeldepflichtig** ADJ tenu de s'inscrire, de déclarer son domicile; **Anmeldeschluss** M (date *f* de) clôture *f* des inscriptions

Anmeldung F **1** *e-s Besuchers* annonce *f*; *zu e-m Kursus, für e-e Schule* inscription *f*; *e-r Geburt etc* déclaration *f*; **die ~ e-s Konkurses** la déclaration d'une faillite; le dépôt de bilan; **die ~ e-s Patents** le dépôt d'un brevet; *beim Arzt etc* **nach vorheriger ~** sur rendez-vous **2** *fig von Ansprüchen* revendication *f*; présentation *f* **3** *umg (Anmeldestelle)* inscriptions *fpl* **4** → Anmeldeformular

anmerken VT ⟨sép, -ge-, h.⟩ **1** **j-m s-n Ärger, s-e Verlegenheit ~** voir que qn est en colère, est gêné; lire la colère, la gêne sur le visage de qn; **man merkt ihm den Lehrer an** on voit qu'il est enseignant; on remarque que c'est un enseignant; *geh* on reconnaît en lui l'enseignant; **man merkt ihm an, dass ...** on voit, on remarque qu'il ...; **sich** *(dat)* **nichts ~ lassen** ne rien montrer; ne rien laisser paraître; **sich** *(dat)* **etw nicht ~ lassen** ne pas montrer qc **2** *(bemerken)* **etw zu etw ~** faire des remarques sur qc **3** *(anstreichen) in e-m Text* marquer

Anmerkung F ⟨~; ~en⟩ **1** *(Bemerkung)* remarque *f* **2** *(Fußnote)* note *f*; *am Rand* annotation *f*; *Manuskript* **mit ~en versehen** annoter

anmieten VT ⟨-ete, sép, -ge-, h.⟩ louer

anmoderieren VT ⟨sép, pas de ge-, h.⟩ TV, RADIO **e-e Sendung ~** présenter une émission

anmontieren VT ⟨sép, pas de ge-, h.⟩ monter; **(wieder) ~** remonter; remettre

anmotzen *umg* VT ⟨-(es)t, sép, -ge-, h.⟩ râler après; **anmustern** ⟨-(e)re, sép, -ge-, h.⟩ SCHIFF **A** VT enrôler; engager **B** VI s'enrôler; s'engager

Anmut F ⟨~⟩ grâce *f*; charme *m*

anmuten VT *u.* VI ⟨-ete, sép, -ge-, h.⟩ **(j-n) ... ~** sembler ... (à qn); donner l'impression de ... (à qn); **das mutet mich seltsam, wie ein Traum an** cela me semble étrange, (être) un rêve; **j-n heimatlich ~** rappeler à qn son pays

anmutig **A** ADJ *bes Person, Geste* gracieux, -ieuse; *Landschaft* charmant **B** ADV avec grâce; gracieusement

Anmutung F ⟨~; ~en⟩ PSYCH, HANDEL ressenti *m*

Anna F ⟨→ n/pr⟩ *prénom*

annageln VT ⟨-(e)le, sép, -ge-, h.⟩ clouer **(an etw** *[akk]* à, sur qc); *umg* **wie angenagelt dastehen** être cloué sur place

annagen VT ⟨sép, -ge-, h.⟩ grignoter

annähen VT ⟨sép, -ge-, h.⟩ **etw (an etw** *[akk]*) **~** coudre, attacher qc (à qc); **(wieder) ~** recoudre

annähern ⟨-(e)re, sép, -ge-, h.⟩ **A** VT **etw e-r Sache** *(dat) od* **an etw** *(akk)* **~** approcher qc de qc; *fig geistig, menschlich etc* rapprocher qc de qc **B** VR **sich (e-r Sache** *[dat] od* **an etw** *[akk]*) **~** s'approcher (de qc); *fig geistig, menschlich etc* se rapprocher (de qc); *Personen* **sich einander ~** se rapprocher

annähernd ADVL **1** *(ungefähr)* à peu près; environ; approximativement; **das kostet ~ zweihundert Euro** *a.* cela coûte dans les deux cents euros **2** *(fast)* presque; **das ist nicht ~ so schön wie ...** c'est loin d'être aussi beau que ...

Annäherung F ⟨~; ~en⟩ **1** approche *f* **(an** *[+akk]* de) **2** *fig geistige, menschliche* rapprochement *m* **(zwischen** *[+dat]* entre); **~ der Standpunkte** rapprochement *m* des positions

Annäherungsversuch M travaux *mpl* d'approche; avances *fpl*; **~e (bei j-m) machen** faire des avances (à qn)

annäherungsweise ADV approximativement; **Annäherungswert** M valeur approximative; approximation *f*

Annahme F ⟨~; ~n⟩ **1** *von Geschenken, Waren* réception *f*; HANDEL *von Wechseln* acceptation *f*; **die ~ e-r Sache** *(gen)* **verweigern** refuser qc; *bei Waren* refuser de prendre livraison de qc **2** *(Billigung) von Vorschlägen* acceptation *f*; *von Gesetzesvorlagen etc* adoption *f*; *(Zulassung) e-r Person* admission *f* **3** *e-s Namens, e-r Gewohnheit etc* adoption *f* **4** *(Vermutung)* supposition *f*; hypothèse *f*; **e-e irrige, falsche ~** une supposition, une hypothèse erronée; une fausse supposition, hypothèse; **in der ~, dass ...** à supposer *od* en supposant que ... *(+subj)*; **er war der ~, dass ...** il estimait que ...; **Grund zu der ~ haben, dass ...** avoir lieu de supposer que ...; *geh* **gehe ich recht in der ~, dass ...?** ai-je raison de penser que ... **5** → Annahmestelle

Annahmebestätigung F HANDEL accusé *m* de réception; **Annahmeschluss** M clôture *f*; **Annahmestelle** F *für Wetten etc* guichet *m*; *für Reisegepäck* guichet *m* d'enregistrement (des bagages); *e-r Reinigung etc* dépôt *m*; **Annahmeverweigerung** F refus *m* d'accepter, *von Waren* de prendre livraison

Annalen PL annales *fpl*; **in die ~ (der Geschichte) eingehen** entrer dans l'histoire

annehmbar ADJ acceptable; *(halbwegs gut) a.* passable; **~ sein** *a.* pouvoir passer

annehmen ⟨irr, sép, -ge-, h.⟩ **A** VT **1** *Einladung, Geschenk, Angebot, Vorschlag etc* accepter *(a. Scheck, Arbeit[sstelle])*; *Herausforderung* relever; *Telefongespräch* prendre; SPORT **e-n Ball ~** accepter une balle, un ballon; *Angebot* **das kann ich doch nicht ~!** mais je ne peux pas l'accepter **2** *(billigen) Antrag, Gesetzesvorlage etc* adopter **3** *Kandidaten, Patienten etc* admettre; **an Kindes statt ~** adopter **4** *Aussehen, Form, Geschmack, Gewohnheit etc* prendre; *Glauben* embrasser; **die Form von etw ~** épouser la forme de qc; **Gestalt ~** prendre forme; **e-e drohende Haltung ~** prendre une attitude menaçante; **e-n anderen Namen ~** changer de nom; prendre un nom d'emprunt; **schärfere Umrisse ~** prendre des contours plus nets; **Vernunft ~** entendre raison; **nimm doch Vernunft an!** sois raisonnable! **5** *(vermuten, voraussetzen)* supposer *(a.* MATH); admettre; **man kann mit Sicherheit ~, dass ...** on peut dire avec certitude que ...; **nehmen wir an, dass ...** *od* **angenommen, dass ...** supposons, admettons, *umg* mettons que ... *(+subj)*; **man darf ~, dass ...** il est permis de supposer, d'admettre que ...; **das ist nicht anzunehmen**

c'est improbable; **ich nehme es (nicht) an** je (ne) crois (pas) **6** *(aufnehmen)* **e-e Farbe nicht gut ~** ne pas prendre une couleur **7** JAGD *Fährte* suivre; *Futter* prendre **B** V/R **sich j-s, e-r Sache ~** se charger, s'occuper, prendre soin de qn, qc

Annehmlichkeit F ⟨~; ~en⟩ commodité *f*; agrément *m*; **die ~en des Lebens** les agréments de la vie

annektieren V/T ⟨*pas de ge-*, h.⟩ POL annexer; **Annektierung** F ⟨~; ~en⟩ annexion *f*

Anneliese F ⟨→ *n/pr*⟩ *prénom*

Annemarie F ⟨→ *n/pr*⟩ *prénom*

Annette F ⟨→ *n/pr*⟩ *prénom*

Annex M ⟨~es; ~e⟩ annexe *f*; **Annexion** F ⟨~; ~en⟩ annexion *f*

anniesen V/T ⟨-(es)t, *sép*, -ge-, h.⟩ éternuer dans la direction, à la figure (de qn); **annieten** V/T ⟨-ete, *sép*, -ge-, h.⟩ river, *in der Industrie oft* riveter (**an** [*+akk*] à)

anno ~ 1813 en (l'an) 1813; **~ dazumal** *od umg plais* **Tobak** au temps jadis; **von ~ dazumal** antédiluvien, -ienne; de l'an quarante; **Anno Domini** en l'an de grâce

Annonce F ⟨~; ~n⟩ annonce *f*; **e-e ~ aufgeben** insérer, faire paraître une annonce

Annoncenteil M *e-r Zeitung* petites annonces

annoncieren ⟨*pas de ge-*, h.⟩ **A** V/T **etw in der Zeitung ~** mettre une annonce pour qc dans le journal **B** V/I insérer, passer, mettre une annonce

annullierbar ADJ annulable; **annullieren** V/T ⟨*pas de ge-*, h.⟩ annuler; **Annullierung** F ⟨~; ~en⟩ annulation *f*

Anode F ⟨~; ~n⟩ PHYS anode *f*

anöden *umg* V/T ⟨-ete, *sép*, -ge-, h.⟩ assommer; *umg* raser; *umg* barber; **das ödet mich an** cela m'embête, m'empoisonne

Anodenbatterie F batterie *f* anodique, d'anode; **Anodenspannung** F tension *f* anodique; **Anodenstrahlen** MPL rayons *mpl* anodiques; **Anodenstrom** M courant *m* anodique

anomal ADJ anormal; *Temperaturkurve etc* **sich ~ verhalten** montrer, présenter des anomalies

Anomalie F ⟨~; ~n⟩ anomalie *f*

anonym **A** ADJ anonyme; **e-n ~en Brief bekommen** recevoir une lettre anonyme; **~ bleiben** garder l'anonymat **B** ADV anonymement

Anonymität F ⟨~⟩ anonymat *m*; **die ~ wahren** garder l'anonymat

Anonymus M ⟨~; -mi *ou* -nymen⟩ anonyme *m*

Anopheles F ⟨~; ~⟩ ZOOL anophèle *m*

Anorak M ⟨~s; ~s⟩ anorak *m*

anordnen V/T ⟨-ete, *sép*, -ge-, h.⟩ **1** *(befehlen)* ordonner **2** *(ordnen)* arranger; disposer; **etw kunstvoll ~** arranger, disposer qc avec art; **alphabetisch angeordnet** rangé, classé par ordre alphabétique; **in Reihen** *(dat)* **angeordnet** disposé en files, sur plusieurs rangées

Anordnung F **1** *amtliche etc* ordre *m*; *ärztliche* indication *f*; prescription *f*; **s-e ~en treffen** prendre ses dispositions; **auf ~ des Arztes, auf ärztliche ~** sur l'ordre du médecin **2** *(Ordnung)* arrangement *m*; disposition *f*; **die ~ nach Sachgebieten** le classement par matières

Anorexie F ⟨~; ~n⟩ MED anorexie *f*

anorganisch ADJ inorganique; **~e Chemie** chimie minérale

anormal ADJ anormal

anpacken ⟨*sép*, -ge-, h.⟩ **A** V/T **1** *umg (anfassen)* toucher **2** *Aufgabe, Problem, Thema* **etw falsch, richtig ~** mal, bien aborder qc; **sie weiß, wie man das ~ muss** elle sait comment il faut s'y prendre; **packen wir's an!** allons-y! **3** *umg fig* **j-n hart ~** traiter, mener qn durement **B** V/I **(mit) ~** donner un coup de main (**bei etw** pour qc); **pack mal mit an!** donne un coup de main!

anpassen ⟨-(es)t, *sép*, -ge-, h.⟩ **A** V/T **1** TECH, *Kleid etc* ajuster (**j-m, e-r Sache** à qn, qc) **2** *fig* adapter (**e-r Sache** [*dat*] à qc); *Löhne, Gehälter etc a.* r(é)ajuster; **etw der Situation ~** adapter qc à la situation; **den Verhältnissen angepasst** adapté, conforme aux circonstances **B** V/R **sich ~** (*+dat*, **an** [*+akk*]) s'adapter (à); *Auge* s'accommoder (à)

Anpassung F ⟨~; ~en⟩ adaptation *f* (**an** [*+akk*] à); *des Auges* accommodation *f*; *der Löhne, Mieten etc* r(é)ajustement *m*; **die ~ der Lebewesen an ihre Umwelt** l'adaptation des êtres vivants à leur milieu

anpassungsfähig ADJ capable de s'adapter (*a.* BIOL); *geistig* souple; flexible; **Anpassungsfähigkeit** F capacité *f* d'adaptation (*a.* BIOL); *geistige* souplesse *f*; flexibilité *f*; **Anpassungsschwierigkeiten** FPL difficultés *fpl* d'adaptation; **Anpassungsvermögen** N → Anpassungsfähigkeit

anpeilen V/T ⟨*sép*, -ge-, h.⟩ SCHIFF, *fig (ansteuern)* mettre le cap sur; *umg fig* viser; *(Standort bestimmen)* **ein Flugzeug, e-n Sender ~** repérer un avion, un émetteur

anpfeifen V/T ⟨*irr, sép*, -ge-, h.⟩ **1** SPORT **das Spiel ~** donner le coup de sifflet d'envoi **2** *umg fig* **j-n ~** *umg* passer un savon à qn; *umg* engueuler qn

Anpfiff M **1** SPORT coup *m* de sifflet d'envoi **2** *umg fig umg* engueulade *f*

anpflanzen V/T ⟨-(es)t, *sép*, -ge-, h.⟩ *(pflanzen)* planter; *(anbauen)* cultiver; **Anpflanzung** F **1** ⟨*pas de pl*⟩ *(das Anpflanzen)* plantation *f* **2** *(bepflanztes Terrain)* plantation *f*

anpflaumen *umg* ⟨*sép*, -ge-, h.⟩ **A** V/T **j-n ~** *umg* se ficher, se foutre de qn; mettre qn en boîte **B** V/R **sich (gegenseitig) ~** se moquer mutuellement l'un de l'autre; *umg* s'envoyer des vannes

anpflocken V/T ⟨*sép*, -ge-, h.⟩ *Tier etc* attacher à un piquet; *Boot* amarrer; *Zelt* planter les piquets (de); **anpicken**[1] V/T ⟨*sép*, -ge-, h.⟩ *Vogel* becqueter; **anpicken**[2] *österr* ⟨*sép*, -ge-⟩ *(ankleben)* **A** V/T ⟨h.⟩ coller **B** V/I ⟨s.⟩ être collé; coller; **anpinkeln** *umg* V/T ⟨-(e)le, *sép*, -ge-, h.⟩ *sl* pisser sur

anpinnen *umg* V/T ⟨*sép*, -ge-, h.⟩ **etw (an etw** [*akk*]**) ~** *umg* punaiser qc (sur qc)

anpinseln *umg* V/T ⟨-(e)le, *sép*, -ge-, h.⟩ *(anstreichen)* peindre; *pej* peinturlurer; barbouiller

anpirschen V/R ⟨*sép*, -ge-, h.⟩ **sich (an j-n, etw) ~** s'approcher sans bruit (de qn, qc)

anpissen *sl* V/T ⟨-(es)t, *sép*, -ge-, h.⟩ *sl* pisser sur; **anpöbeln** *umg* ⟨-(e)le, *sép*, -ge-, h.⟩ apostropher (en termes grossiers)

Anprall M ⟨~(e)s⟩ choc *m*, °heurt *m* (**an** [*+akk*], **gegen** contre)

anprallen V/I ⟨*sép*, -ge-, s.⟩ **an** *od* **gegen j-n, etw ~** °heurter qn, qc; donner contre qn, qc

anprangern V/T ⟨-(e)re, *sép*, -ge-, h.⟩ dénoncer (**als** comme); **Anprangerung** F ⟨~; ~en⟩ dénonciation *f*

anpreisen V/T ⟨*irr, sép*, -ge-, h.⟩ recommander vivement, vanter, prôner (**als** comme); **s-e Ware ~** *a.* faire l'article

anpreschen *umg* V/I ⟨*sép*, -ge-, s.⟩ **angeprescht kommen** arriver au galop; *Fahrzeug* arriver en trombe

Anprobe F **1** MODE *etc* essayage *m* **2** *(~raum)* salon *m*, *kleiner* cabine *f* d'essayage

anprobieren V/T ⟨*sép, pas de ge-*, h.⟩ MODE *etc* essayer; **j-m etw ~** essayer qc à qn

anpumpen *umg* V/T ⟨*sép*, -ge-, h.⟩ **j-n (um fünfzig Euro) ~** *umg* taper qn (de cinquante euros)

anpusten *umg* V/T ⟨-ete, *sép*, -ge-, h.⟩ souffler sur

anquasseln *umg* V/T ⟨-(e)le, *sép*, -ge-, h.⟩ *od* **anquatschen** *umg* V/T ⟨*sép*, -ge-, h.⟩ **j-n anquasseln** *od* **anquatschen** accoster, entreprendre qn

anradeln *umg* V/I ⟨-(e)le, *sép*, -ge-, s.⟩ **angeradelt kommen** arriver à vélo

Anrainer M ⟨~s; ~⟩ riverain *m*; **Anrainergrundstück** N terrain limitrophe, riverain; **Anrainerstaat** M État riverain, limitrophe

anrasen *umg* V/I ⟨*sép*, -ge-, s.⟩ **angerast kommen** *umg* arriver à toute pompe

anraten V/T ⟨*irr, sép*, -ge-, h.⟩ **j-m etw ~** conseiller, recommander qc à qn

Anraten N ⟨~s⟩ conseil *m*; **auf ~ des Arztes** sur le conseil, sur la recommandation du médecin

anrauchen V/T ⟨*sép*, -ge-, h.⟩ *Zigarette* tirer les premières bouffées de; entamer; *Pfeife a.* culotter; **anräuchern** V/T ⟨-(e)re, *sép*, -ge-, h.⟩ *Schinken etc* fumer légèrement, un peu; **anrauen** V/T ⟨*sép*, -ge-, h.⟩ rendre (légèrement) rugueux, -euse, rêche

anrauschen *umg* V/I ⟨*sép*, -ge-, s.⟩ **angerauscht kommen** *schnell* arriver en trombe; *die Aufmerksamkeit auf sich ziehend* s'avancer *bzw.* entrer d'un air majestueux

anrechnen V/T ⟨-ete, *sép*, -ge-, h.⟩ **1** *(gutschreiben, berücksichtigen) Dienstjahre etc* tenir compte de; HANDEL, JUR imputer; **etw auf etw** *(akk)* **~** imputer qc sur qc; **anzurechnen auf** (*+akk*) à valoir sur; imputable sur; **die Untersuchungshaft auf die Strafe ~** *a.* déduire la détention préventive de la peine **2** *fig (würdigen)* **j-m etw hoch ~** savoir gré à qn de qc; être reconnaissant de qc envers qn; **ich rechne ihr hoch an, dass …** je trouve qu'elle a un grand mérite à (*+inf*); *geh* **sich** *(dat)* **etw zur Ehre ~** s'honorer de qc; se faire gloire de qc; **sich** *(dat)* **etw als Verdienst ~** se faire un mérite de qc; **man muss ihm als Verdienst ~, dass …** il a au moins le mérite de (*+inf*) **3** *(berechnen)* **j-m etw ~** compter qc à qn

Anrechnung F prise *f* en compte; HANDEL, JUR imputation *f*; *der Untersuchungshaft a.* déduction *f* (**auf** [*+akk*] de); **in ~ auf** (*+akk*) à valoir sur; imputable sur; ADMIN **etw in ~ bringen** faire entrer qc en ligne de compte; passer qc en compte

Anrecht N droit *m*; **ein ~ auf etw** *(akk)* **haben** avoir droit à qc; **sein ~ auf etw** *(akk)* **geltend machen** faire valoir ses droits sur qc

Anrede F formule *f* pour s'adresser à qn; façon *f* dont on s'adresse à qn; *(Titel)* titre *m*; LING *a.* appelatif *m*; **die ~ für e-n Geistlichen** le titre que l'on donne à un ecclésiastique; **die ~ im Brief** la formule pour s'adresser à qn dans une lettre; **die ~ mit Sie, mit Du** le vouvoiement, le tutoiement; **die offizielle ~ gebrauchen** donner le titre officiel

anreden V/T ⟨-ete, *sép*, -ge-, h.⟩ **1** *(ansprechen)* adresser la parole à; *auf der Straße etc* aborder **2** *in e-r bestimmten Form* appeler (**mit** par); **j-n mit Du, Sie ~** tutoyer, vouvoyer qn; **wie muss ich ihn ~?** comment dois-je l'appeler?

anregen V/T ⟨*sép*, -ge-, h.⟩ **1** *Maßnahme, Projekt etc* suggérer; **das werde ich einmal ~** je vais suggérer cela **2** *(ermuntern, auffordern)* stimuler; inciter (**zu etw** à qc); *schöpferisch* inspirer; **(j-n) zum Nachdenken ~** faire réfléchir (qn); pousser (qn) à réfléchir; stimuler la réflexion; **sich ~ lassen** se laisser inspirer **3** *Appetit, Fantasie etc* stimuler (*a.* MED *Kreislauf etc*); *plus fort* exciter; **den Appetit ~** *a.* ouvrir l'appétit; donner de l'appétit; **Kaffee regt an** le café excite, stimule; *fig* **angeregte Unterhaltung** conversation animée; **sich angeregt unterhalten** s'entretenir avec animation **4** NUKL exciter

anregend ADJT *a. fig* stimulant; *plus fort* excitant; *geistig a.* intéressant; suggestif, -ive; **ein ~es Buch** un livre intéressant

Anregung F **1** *(Denkanstoß, Vorschlag)* suggestion *f*, idée *f* **(zu pour)**; **~en erhalten** s'inspirer; **auf s-e ~ hin** sur sa suggestion **2** *des Appetits, der Fantasie etc* stimulation *f* *(a.* MED*)*; *plus fort* excitation *f* **3** NUKL excitation *f*

anreichern ⟨-(e)re, *sép*, -ge-, h.⟩ **A** VT enrichir **(mit de)** **B** VR **sich in etw** *(dat)* **~** s'accumuler dans qc

Anreicherung F ⟨~; ~en⟩ enrichissement *m* **(mit de)**

anreihen ⟨*sép*, -ge-, h.⟩ **A** VT **etw (an etw** *[akk]***) ~** joindre, ajouter qc (à qc) **B** VR *geh* **sich ~** se joindre; s'ajouter; **sich hinten ~** *an die Schlange* faire la queue; se mettre en bout de file

Anreise F **1** *(Reise)* voyage *m* **2** *(Ankunft)* arrivée *f*

anreisen VI ⟨-(es)t, *sép*, -ge-, s.⟩ **1** *(reisen)* voyager **2** *(ankommen)* arriver

Anreisetag M jour *m* d'arrivée; **Anreisetermin** M date *f* d'arrivée

anreißen VT ⟨*irr*, *sép*, -ge-, h.⟩ **1** *(nicht ganz durchreißen)* déchirer (un peu) **2** *(aufreißen)* déchirer; ouvrir **3** *umg (anbrechen)* entamer **4** *Außenbordmotor* mettre en marche; lancer **5** TECH tracer **6** *regional Streichholz* allumer; craquer **7** *(kurz, unvollständig darlegen)* esquisser; **e-e Frage ~** effleurer un problème

anreiten ⟨*irr*, *sép*, -ge-, h.⟩ **A** VT ⟨h.⟩ REITSPORT **e-e Hürde ~** attaquer une °haie **B** VI ⟨s.⟩ **angeritten kommen** arriver à cheval

Anreiz M attrait *m*; stimulant *m*; **materieller ~** attrait matériel; **e-n ~ bieten** offrir, présenter de l'attrait; être un stimulant

anreizen VT ⟨-(es)t, *sép*, -ge-, h.⟩ **1** *(anregen)* exciter **2** *(anspornen, auffordern)* inciter, pousser **(zu à)**

anrempeln *umg* VT ⟨-(e)le, *sép*, -ge-, h.⟩ bousculer; *umg* rentrer dans

anrennen VI ⟨*irr*, *sép*, -ge-, s.⟩ **1** *umg (sich stoßen)* **an** *od* **gegen etw, j-n ~** °heurter qc, qn; se cogner dans qc, qn (en courant) **2** MIL **gegen etw, j-n ~** assaillir qc, qn **3** *fig* **gegen e-e Mauer von Vorurteilen ~** se heurter à un mur de préjugés; **gegen das Schicksal ~ wollen** vouloir se dresser contre le destin; **gegen die Zeit ~** *fig* se livrer à, entamer une la course contre la montre **4** *umg* **angerannt kommen** arriver en courant; accourir

Anrichte F ⟨~; ~n⟩ **1** *Möbel* buffet (bas); bahut *m* **2** *Raum* office *m od f*

anrichten VT ⟨-ete, *sép*, -ge-, h.⟩ **1** GASTR **das Essen ~** dresser les plats; garnir et décorer les plats; *geh* **es ist angerichtet** le déjeuner, le dîner *etc* est servi; *Ankündigung* Monsieur *bzw.* Madame est servi(e)! **2** *Schaden, Verwirrung etc* causer; provoquer; *iron* **da hast du (ja) etwas Schönes angerichtet!** tu as fait du beau travail!; tu en as fait de belles!

Anriss M TECH tracé *m*

anritzen VT ⟨-(es)t, *sép*, -ge-, h.⟩ *Holz, Stein etc* rayer; *bes Haut* érafler; égratigner

anrollen ⟨*sép*, -ge-⟩ **A** VT ⟨h.⟩ *Fässer etc* (faire) rouler (vers) **B** VI ⟨s.⟩ **1** *(her~) Züge etc, fig Lieferungen* arriver (continuellement); **angerollt kommen** arriver; rouler (vers); **~de Wellen** des vagues qui déferlent **2** *(zu rollen beginnen)* commencer à rouler; se mettre en marche; *fig Kampagne, Aktion etc* être lancé

anrosten VI ⟨-ete, *sép*, -ge-, s.⟩ rouiller légèrement; commencer à rouiller; **anrösten** VT ⟨-ete, *sép*, -ge-, h.⟩ faire griller légèrement

anrüchig ADJ de mauvaise réputation; de réputation douteuse; *Haus, Kneipe a.* mal famé; borgne; *Affäre, Geschichte a.* louche; *Lebenswandel* douteux, -euse; *(anstößig) Witz etc geh* inconvenant; **Anrüchigkeit** F ⟨~⟩ *(schlechter Ruf)* mauvaise réputation; *(Anstößigkeit) geh* inconvenance *f*

anrücken ⟨*sép*, -ge-⟩ **A** VT ⟨h.⟩ **etw (an etw** *[akk]***) ~** pousser qc (contre qc) **B** VI ⟨s.⟩ **1** MIL **~ (gegen)** arriver (sur); s'approcher (de); s'avancer (vers) **2** *umg fig* **~, angerückt kommen** *umg* s'amener; *umg* rappliquer

anrudern VI ⟨-(e)re, *sép*, -ge-, s.⟩ **1** **gegen den Strom ~** ⟨*a.* h.⟩ ramer contre le courant **2** *umg* **angerudert kommen** arriver, s'approcher en ramant

Anruf M **1** TEL appel *m* téléphonique; coup *m* de téléphone, *umg* de fil; **anonymer ~** appel anonyme **2** *(Ruf)* appel *m*; MIL sommation *f*; **auf ~ stehen bleiben** s'immobiliser à la sommation

Anrufbeantworter M ⟨~s; ~⟩ TEL répondeur *m* (automatique)

anrufen VT ⟨*irr*, *sép*, -ge-, h.⟩ **1** TEL **j-n**, *umg regional* **j-m ~** téléphoner à qn; appeler qn (par téléphone); donner, passer un coup de téléphone, *umg* de fil à qn; **bei j-m ~** téléphoner chez qn; **in** *od* **nach Frankfurt, Italien ~** téléphoner à Francfort, en Italie; **im Büro ~** *ins Büro* téléphoner au bureau; *vom Büro aus* téléphoner du bureau **2** *durch Rufen* appeler; *Schiff* °héler; MIL *Posten* faire une sommation à **3** **j-n als Zeugen ~** prendre qn à témoin; **j-n um Schutz, Hilfe ~** faire appel à la protection, à l'aide de qn **4** JUR **ein Gericht wegen e-r Sache ~** saisir un tribunal d'une affaire **5** **Gott, e-n Heiligen ~** invoquer Dieu, un saint

Anrufer(in) M ⟨~s; ~⟩ F ⟨~in; ~innen⟩ TEL correspondant(e) *m(f)* qui appelle; **Sie sind heute der erste ~** vous êtes le premier à nous *bzw.* m'appeler aujourd'hui

Anrufung F ⟨~; ~en⟩ **1** JUR *e-s Gerichts etc* saisine *f* *(+gen* de*)* **2** *e-s Heiligen, Gottes* invocation *f*

anrühren VT ⟨*sép*, -ge-, h.⟩ **1** *(berühren)* toucher; **rühr mich nicht an!** ne me touche pas! **2** *fig (nehmen)* toucher à; **keinen Alkohol ~** ne pas toucher à l'alcool; **keinen Bissen ~** ne toucher à rien **3** *geh (rühren)* toucher; émouvoir **4** *Kleister, Farben etc* délayer **(mit Wasser** dans l'eau**)**; *Zement, Gips a.* gâcher; **Kakao mit Milch ~** délayer du cacao dans du lait

ans = **an das**

ansäen VT ⟨*sép*, -ge-, h.⟩ semer

Ansage F **1** RADIO, TV, *im Varietee etc* présentation *f* **2** *beim Kartenspiel* annonce *f*

ansagen ⟨*sép*, -ge-, h.⟩ **A** VT **1** *(ankündigen)* annoncer; RADIO, TEL **die Zeit ~** donner l'heure; **j-m den Kampf ~** lancer un défi à qn; *fig* déclarer la guerre à qn **2** *beim Kartenspiel* annoncer **3** *umg* **angesagt sein** *(in Mode sein)* être à la mode; être en vogue; *(auf dem Programm stehen)* être prévu **B** VR **sich (bei j-m) ~** *Gäste* annoncer sa visite (à qn) **(für Samstag** pour samedi**)**

ansägen VT ⟨*sép*, -ge-, h.⟩ entamer à la scie; scier un peu

Ansager(in) M ⟨~s; ~⟩ F ⟨~in; ~innen⟩ RADIO, TV speaker *m*, speakerine *f*; *e-r Show* présentateur, -trice *m,f*; *im Varietee a.* animateur, -trice *m,f*

ansammeln ⟨-(e)le, *sép*, -ge-, h.⟩ **A** VT *Reichtümer, Trödel etc* amasser; accumuler **B** VR **sich ~** *Flüssigkeit, Staub, Post etc* s'accumuler; *Gerümpel, fig Ärger etc* s'accumuler; *Menschen* se rassembler; s'amasser

Ansammlung F accumulation *f*; *von Menschen* rassemblement *m*

ansässig ADJ *Personen* domicilié; *seit Langem* établi; *Unternehmen* établi; **~ werden** se domicilier; s'établir; **die in Berlin ~en Franzosen** les résidents français à Berlin

Ansatz M **1** *(Lösungsansatz)* approche *f*; **der ~ ist falsch** le problème est mal posé; MATH *a.* l'opération, l'équation, *etc* est mal posée **2** *(Beginn)* commencement *m*; début *m*; *e-s Lächelns* ébauche *f*; esquisse *f*; **den ~ e-s Bauches haben** avoir un peu de ventre; *umg* avoir de la brioche; **ein ~ zur Besserung** une (légère) amélioration; **e-n (schüchternen) ~ zu etw machen** faire un (timide) essai de qc; **gute Ansätze zeigen** bien débuter; faire de bons débuts; *Sache* être un début prometteur **3** *(~stück)* raccord *m*; embout *m*; *(Verlängerung)* rallonge *f* **4** *(~stelle) des Haares, der Nase etc* racine *f*; *e-s Blatts etc* naissance *f* **5** *(Schicht) von Rost, Fett etc* dépôt *m*; couche *f* **6** HANDEL *der Preise etc* évaluation *f*; estimation *f*; ADMIN **etw in ~ bringen** évaluer, estimer qc **(mit zwei Millionen** à deux millions**)** **7** MUS *beim Blasen, Singen* attaque *f*

Ansatzpunkt M point *m* de départ, d'attaque; **Ansatzstück** N TECH raccord *m*; embout *m*; **ansatzweise** ADV en partie

ansäuern VT ⟨-(e)re, *sép*, -ge-, h.⟩ **1** **den Teig ~** mettre du levain dans la pâte **2** CHEM aciduler

ansaufen *umg* VT ⟨*irr*, *sép*, -ge-, h.⟩ **sich** *(dat)* **einen ~** *umg* prendre une cuite; *umg* se cuiter

ansaugen ⟨*sép*, -ge-, h.⟩ **A** VT *Luft, Flüssigkeit etc* aspirer **B** VR **sich ~** *Blutegel* se fixer et sucer

Ansaugluft F air aspiré; **Ansaugrohr** N *bes* AUTO tuyau *m* d'aspiration; **Ansaugstutzen** M *bes* AUTO tubulure *f* d'aspiration

ansausen *umg* VI ⟨-(es)t, *sép*, -ge-, s.⟩ **angesaust kommen** arriver en trombe, à toute vitesse, *umg* à toute pompe

anschaffen ⟨*sép*, -ge-, h.⟩ **A** VT **1** *(kaufen)* acheter; *(erwerben)* acquérir; **sich** *(dat)* **etw ~** s'acheter qc; *umg* **sich** *(dat)* **e-e Freundin ~** se chercher, se trouver une amie; *umg* **sie wollen sich** *(dat)* **noch keine Kinder ~** ils ne veulent pas encore avoir d'enfants **2** *südd, österr (befehlen)* **j-m etw ~** ordonner à qn de faire qc **B** VI *umg Prostituierte* **~ (gehen)** faire le trottoir

Anschaffung F ⟨~; ~en⟩ achat *m*; acquisition *f*; **meine neueste ~** ma dernière acquisition; **~en machen** faire des achats

Anschaffungskosten PL frais *mpl* d'achat, d'acquisition; **Anschaffungspreis** M prix coûtant, d'achat; **Anschaffungswert** M valeur *f* à l'achat

anschalten VT ⟨-ete, *sép*, -ge-, h.⟩ *Licht, Radio, Elektrogerät* allumer; mettre; *Maschine* mettre en marche

anschauen VT ⟨*sép*, -ge-, h.⟩ *bes südd, österr, schweiz* → **ansehen**

anschaulich **A** ADJ clair; compréhensible; *Beispiel, Bild* concret, -ète; **e-e ~e Darstellung, Schilderung** une description claire, concrète, évidente; **etw ~ machen** rendre qc compréhensible; illustrer qc **B** ADV **etw ~ beschreiben** décrire qc très clairement, de façon très compréhensible

Anschaulichkeit F ⟨~⟩ clarté *f*

Anschauung F ⟨~; ~en⟩ **1** ⟨*pas de pl*⟩ *(Betrachten)* contemplation *f* **2** *(Erfahrung)* expérience *f*; **etw aus eigener ~ kennen** connaître qc par expérience **3** **~(en)** *(Meinung)* vue(s) *f(pl)*; idée(s) *f(pl)*; opinion *f*

Anschauungsmaterial N matériel d'illustration, *im Unterricht* éducatif, pédagogique; **Anschauungsunterricht** M enseignement *m* pratique; *fig* (belle) leçon **(in** *[+dat]*

de); **Anschauungsweise** F façon f, manière f de voir

Anschein M ⟨~(e)s⟩ apparence f; dem ~ nach selon, d'après, à en juger par les apparences; allem ~ nach selon toute apparence; es hat (ganz) den ~, als ob ... on dirait, il semble que ... (+ind); den ~ erwecken zu (+ inf) donner l'apparence de (+ inf); sich (dat) den ~ geben, als ob ... faire semblant de (+ inf); se donner l'air de (+ inf)

anscheinend A ADJT apparent B ADVL apparemment; selon toute apparence; ~ ... on dirait que ... (+ind); il semble que ... (+ind)

anscheißen sl ⟨irr, sép, -ge-⟩ A VT ⟨h.⟩ 1 (anbrüllen) umg engueuler 2 (betrügen) umg rouler B VI ⟨s.⟩ angeschissen kommen sl venir emmerder qn

anschicken geh VR ⟨sép, -ge-, h.⟩ sich ~, etw zu tun s'apprêter, se disposer, se préparer à faire qc

anschieben VT ⟨irr, sép, -ge-, h.⟩ Auto etc pousser

anschielen umg VT ⟨sép, -ge-, h.⟩ j-n ~ lorgner qn; regarder qn du coin de l'œil; regarder qn en coin

anschießen ⟨irr, sép, -ge-⟩ A VT ⟨h.⟩ blesser, toucher (d'un coup de fusil, d'une balle) B umg VI ⟨s.⟩ angeschossen kommen arriver en trombe

anschirren VT ⟨sép, -ge-, h.⟩ Pferd °harnacher

Anschiss umg M umg engueulade f; e-n ~ kriegen umg se faire engueuler

Anschlag M 1 (Bekanntmachung) affiche f; e-n ~ machen mettre une affiche; etw durch ~ bekannt geben faire connaître qc par voie d'affiche 2 (Attentat) attentat m (auf [+akk] contre); e-n ~ auf j-n verüben commettre un attentat contre qn; attenter à la vie de qn 3 auf der Schreibmaschine frappe f; e-s Klavierspielers toucher m; dreihundert Anschläge pro Minute etwa cinquante mots par minute 4 JAGD, MIL Gewehr in ~ bringen mettre en joue; épauler 5 TECH butée f; taquet m 6 HANDEL évaluation f; estimation f; (Kostenvoranschlag) devis m; ADMIN etw in ~ bringen faire entrer qc en ligne de compte; compter qc (dans le prix calculé) 7 beim Häkeln, Stricken montage m

Anschlagbrett N tableau m, panneau m d'affichage

anschlagen ⟨irr, sép, -ge-, h.⟩ A VT 1 Plakate apposer; Ankündigungen etc afficher 2 (befestigen) Holzleiste etc clouer, fixer (an [+akk] à) 3 MUS Stimmgabel, Gong, Taste etc frapper; Akkord plaquer; Saite faire vibrer; toucher; ein Motiv ~ jouer un motif; fig ein rascheres Tempo ~ accélérer le rythme; fig e-n anderen Ton ~ changer de ton; fig e-n scharfen, ironischen Ton ~ prendre un ton tranchant, ironique 4 (beschädigen) abîmer; Geschirr, Glas ébrécher 5 Maschen monter 6 beim Versteckspiel toucher B VI 1 Glocke sonner; Türglocke retentir 2 Hund aboyer 3 SCHWIMMSPORT toucher le but 4 ⟨s.⟩ (anstoßen) an etw (akk) ~ °heurter qc; taper contre qc; mit dem Kopf an etw (akk) ~ °heurter, taper qc de la tête; se heurter, se taper la tête contre qc 5 Kur, Medizin être efficace; faire de l'effet, du bien (bei j-m à qn); umg das Essen schlägt bei ihm an la nourriture lui profite C VR sich (dat) den Kopf, das Knie an etw (akk) ~ se heurter, se taper la tête, le genou contre qc

Anschlagsäule F colonne f d'affichage; colonne f Morris

Anschlagserie F série f d'attentats

Anschlagtafel F → Anschlagbrett

anschleichen ⟨irr, sép, -ge-⟩ A VI ⟨s.⟩ angeschlichen kommen arriver, s'approcher à pas de loup B VR ⟨h.⟩ sich (an j-n, etw) ~ s'approcher (de qn, qc) à pas de loup, à pas feutrés

anschleifen[1] VT ⟨irr, sép, -ge-, h.⟩ Messer, Schere etc aiguiser, repasser légèrement; Stein polir légèrement

anschleifen[2] umg VT ⟨sép, -ge-, h.⟩ (anschleppen) Gegenstände amener; apporter; auf dem Boden ziehend traîner; Personen ramener

anschlendern VI ⟨-(e)re, sép, -ge-, s.⟩ angeschlendert kommen arriver, s'approcher nonchalamment

anschleppen VT ⟨sép, -ge-, h.⟩ 1 Steine etc apporter; amener; a. umg Personen ramener 2 Fahrzeug remorquer (pour faire démarrer le moteur)

anschließen ⟨irr, sép, -ge-, h.⟩ A VT 1 (mit e-m Schloss sichern) ~ (an [+akk ou dat]) attacher (à) 2 ~ (an [+akk ou dat]) elektrische Geräte brancher (sur); Wasserschlauch etc raccorder (à); RADIO, TV ORF und RTL sind angeschlossen l'émission est retransmise par ORF et RTL 3 (anfügen) ajouter (an [+akk] à) B VI an etw (akk) ~ räumlich être contigu, -uë à qc; zeitlich suivre qc C VR 1 sich an etw (akk) ~ (angrenzen) être contigu, -uë à qc 2 (anknüpfen) sich den Worten des Vorredners ~ s'associer aux paroles de l'orateur précédent 3 (beipflichten) sich j-s Meinung (dat) ~ partager l'opinion de qn; se rallier à l'avis de qn 4 (folgen) sich ~ suivre; an den Vortrag schloss sich eine Diskussion an la conférence fut suivie d'une discussion 5 (zugesellen) sich j-m ~ se joindre à qn; rejoindre qn; sich e-r Partei, Organisation (dat) etc ~ rejoindre un parti, une organisation, etc; se rallier à un parti, à une organisation, etc; darf ich mich Ihnen ~? est-ce que je peux me joindre à vous?

anschließend A ADJT suivant; qui suit B ADVL ensuite; après

Anschluss M 1 (Zuganschluss) correspondance f; ~ nach Paris, an den TGV haben avoir la correspondance pour Paris, avec le TGV; umg fig den ~ verpasst haben (nicht Schritt gehalten haben) être dépassé; ne plus être au courant, umg dans le coup; (keinen Ehepartner gefunden haben) n'avoir pas trouvé chaussure à son pied 2 TEL, von Gas, Wasser, Strom raccordement m; von Strom a. branchement m; elektrischer ~ (prise f de) courant m électrique; TEL kein ~ unter dieser Nummer le numéro que vous demandez n'est pas en service actuellement; il n'y a pas d'abonné au numéro que vous demandez 3 (~stück) raccord m; jonction f 4 fig (Verbindung) contact m (an [+akk] avec); den ~ verlieren perdre le contact; im ~ an (+akk) à la suite de; comme, faisant suite à; SPORT den ~ an die Spitzengruppe erreichen rattraper, rejoindre le groupe de tête 5 ⟨pas de pl⟩ (menschlicher Kontakt) ~ suchen chercher à se faire des connaissances; bei j-m ~ suchen chercher à lier connaissance avec qn; ~ finden se faire des connaissances 6 POL rattachement m; gewaltsamer annexion f

Anschlussflug M (vol m de) correspondance f; **Anschlussgebühr** F TEL taxe f de raccordement (au réseau); **Anschlusskabel** N câble m de raccordement; **Anschlussrohr** N tuyau m, tube m de raccordement; **Anschlussstelle** F e-r Autobahn bretelle f (d'accès); **Anschlussstück** N (pièce f de) raccord m, jonction f; **Anschlusstor** N, **Anschlusstreffer** M SPORT but m réduisant la différence de score à un seul point; **Anschlusszug** M (train m de) correspondance f

anschmachten umg VT ⟨-ete, sép, -ge-, h.⟩ j-n ~ soupirer après qn

anschmiegen VR ⟨sép, -ge-, h.⟩ sich an j-n ~ se serrer, se blottir contre qn; Kleid etc sich an den Körper ~ épouser la forme du corps; mouler

anschmiegsam ADJ (zärtlich) câlin; (anpassungsfähig) souple; **Anschmiegsamkeit** F ⟨~⟩ souplesse f

anschmieren ⟨sép, -ge-, h.⟩ A VT 1 (beschmutzen) barbouiller; salir 2 umg (betrügen) umg refaire; umg rouler B VR umg pej sich ~ mit Schminke etc se barbouiller; **anschmoren** VT ⟨sép, -ge-, h.⟩ GASTR faire revenir; **anschnallen** ⟨sép, -ge-, h.⟩ A VT attacher; Schlittschuhe, Skier etc a. boucler B VR sich ~ im Auto, Flugzeug attacher sa ceinture; s'attacher

Anschnallgurt M ceinture f de sécurité; **Anschnallpflicht** F port m obligatoire de la ceinture de sécurité

anschnaufen umg VI ⟨sép, -ge-, s.⟩ angeschnauft kommen arriver en soufflant, essoufflé

anschnauzen umg VT ⟨-(es)t, sép, -ge-, h.⟩ umg engueuler; umg enguirlander

Anschnauzer umg M ⟨~s; ~⟩ umg engueulade f; e-n ~ bekommen umg se faire engueuler

anschneiden VT ⟨irr, sép, -ge-, h.⟩ 1 Brot, Wurst etc entamer; Blumen couper (le bout de) la tige de 2 fig Frage, Problem aborder 3 Kurve, Ball couper

Anschnitt M 1 (abgeschnittenes Stück) entame f 2 (Schnittfläche) coupe f

Anschovis F ⟨~; ~⟩ GASTR anchois m; **Anschovispaste** F pâte f d'anchois

anschrauben VT ⟨sép, -ge-, h.⟩ etw (an etw [dat ou akk]) ~ visser qc (à od sur qc)

anschreiben ⟨irr, sép, -ge-, h.⟩ A VT 1 etw (an die Tafel etc) ~ écrire qc (au tableau, etc) 2 Punkte beim Spiel marquer 3 (schriftlich benachrichtigen) j-n ~ écrire à qn 4 umg etw ~ lassen faire mettre qc sur son compte od son ardoise 5 umg fig bei j-m gut (schlecht) angeschrieben sein umg (ne pas) avoir la cote avec qn; (ne pas) être dans les bonnes grâces, dans les petits papiers de qn B VI umg in der Kneipe etc ~ lassen avoir une ardoise

Anschreiben N ADMIN lettre f (d'accompagnement)

anschreien VT ⟨irr, sép, -ge-, h.⟩ crier après; umg engueuler

Anschrift F adresse f

Anschriftenänderung F changement m d'adresse; **Anschriftenverzeichnis** N répertoire m d'adresses

Anschubfinanzierung F aide financière

anschuldigen VT ⟨sép, -ge-, h.⟩ j-n (wegen etw) ~ accuser, inculper qn (de qc)

Anschuldigung F ⟨~; ~en⟩ accusation f; inculpation f; schwere ~en gegen j-n erheben porter des accusations graves contre qn

anschwärzen umg pej VT ⟨-(es)t, sép, -ge-, h.⟩ j-n (bei s-m Vorgesetzten) ~ umg débiner qn (auprès de son supérieur)

anschweigen VT ⟨irr, sép, -ge-, h.⟩ j-n ~ ne pas parler à qn

anschweißen VT ⟨-(es)t, sép, -ge-, h.⟩ TECH etw (an etw [dat ou akk]) ~ souder qc (à qc)

anschwellen VI ⟨irr, sép, -ge-, s.⟩ 1 Füße etc (se) gonfler; (s')enfler; Fluss être en crue 2 fig Stimme, Musik (s')enfler; Lärm a. augmenter; croître; **Anschwellung** F der Drüsen, Gelenke etc enflure f; gonflement m

anschwemmen VT ⟨sép, -ge-, h.⟩ apporter; déposer; angeschwemmtes Land terres alluviales; alluvions fpl

Anschwemmung F ⟨~; ~en⟩ 1 (das Anschwemmen) dépôt m; alluvionnement m; ~ von Sand, Holz apport m de sable, de bois

2 *(angeschwemmtes Land)* alluvions *fpl;* atterrissement *m*

anschwimmen VI *(irr, sép, -ge-, s.)* 1 **gegen den Strom ~** remonter le courant (à la nage); nager à contre-courant 2 **angeschwommen kommen** *Mensch* arriver à la nage; *Tier* s'approcher (à la nage); *Dinge* flotter (vers)

anschwindeln *umg* VT *(-(e)le, sép, -ge-, h.) umg* raconter un (des) bobard(s) à

anschwirren VI *(sép, -ge-, s.)* **angeschwirrt kommen** *Vogel etc* arriver dans un bruissement d'ailes; *umg fig Person umg* s'amener

anschwitzen VT *(-(es)t, sép, -ge-, h.)* GASTR faire blondir

ansegeln *(-(e)le, sép, -ge-)* A VT *(h.) Insel, Hafen etc* faire voile vers B VI *(s.) umg* **angesegelt kommen** arriver toutes voiles dehors; *fig Blatt* planer (vers); *Vögel, Flugzeug* arriver en vol plané

ansehen *(irr, sép, -ge-, h.)* A VT 1 *(anblicken, betrachten)* regarder; **j-n fragend, böse ~** regarder qn d'un air interrogateur, mauvais; **es war schön, schrecklich anzusehen** c'était beau, terrible à voir; **das habe ich selbst mit angesehen** je l'ai vu moi-même, de mes propres yeux; *umg* **sieh (mal) an!** tiens! (tiens!); voyez donc!; **sieh mal einer diesen Faulpelz an!** regardez-moi ce paresseux! 2 **j-m, e-r Sache ~, dass ...** voir que qn, qc ...; **man sieht ihm s-e Freude an** on voit qu'il est content; la joie se lit sur son visage; **man sieht ihm sein Alter nicht an** on ne lui donnerait pas son âge; il ne porte pas son âge; **man sieht ihr an, dass sie überarbeitet ist** on voit, cela se voit qu'elle est surmenée 3 **j-n, etw ~ als** *nach dem Augenschein, irrtümlich* prendre qn, qc pour; *aus innerer Überzeugung* considérer qn, qc comme; **etw als s-e Pflicht ~** considérer qc de son devoir, comme étant son devoir; **angesehen werden als** *a.* passer pour; **man hatte ihn für s-n Bruder angesehen** on l'avait pris pour son frère 4 *(beurteilen)* voir; **ich sehe die Sache so an** je vois la chose ainsi 5 *(zusehen)* **etw nicht mit ~ können** ne pas pouvoir supporter qc; **ich kann es nicht mehr mit ~** je ne peux plus supporter, voir cela; **ich habe mir das lange genug mit angesehen** j'ai supporté cela assez longtemps B VR **sich** *(dat)* **etw ~** regarder, voir qc; **sich** *(dat)* **e-n Film, ein Theaterstück ~** (aller) voir un film, une pièce de théâtre; *Arzt* **sich** *(dat)* **e-n Patienten ~** regarder, examiner un patient; **sich** *(dat)* **die Stadt ~** visiter la ville; *umg* **sieh dir das (mal) an!** regarde-moi ça!

Ansehen N *(~s)* 1 **j-n von** *od* **vom ~ kennen** connaître qn de vue; *geh,* JUR **ohne ~ der Person** sans égard à la personne; sans considération de personne 2 *(Achtung)* considération *f;* estime *f;* réputation *f; bes großes, hohes* prestige *m;* **großes ~ genießen** jouir d'un grand prestige, d'une grande renommée, considération, estime; **zu Macht und ~ gelangen** acquérir puissance et prestige

ansehnlich ADJ 1 *(stattlich)* de belle apparence; beau, bel, belle; **ein ~es Gebäude** un bâtiment de belles proportions; **ein ~er Mann** un homme de belle prestance; **ein ~es Paar** un beau couple 2 *Summe, Menge, Vermögen* considérable; remarquable

anseilen VT *(u.* VR*) (sép, -ge-, h.)* **(sich) ~** (s')attacher avec une corde; *Bergsteiger* (s')encorder

Anseilen N *(~s)* ALPINISTIK encordement *m*

ansengen VT *(sép, -ge-, h.) Haare etc* roussir

ansetzen *(-(es)t, sép, -ge-, h.)* A VT 1 *(her~)* poser; placer; *Trinkgefäß* porter aux lèvres; *Blasinstrument* emboucher; *Geigenbogen* placer; *Werkzeug* appliquer; placer; engager; **die Feder ~** se tenir prêt à écrire; *fig* **hier müssen wir den Hebel ~** c'est par là qu'il faut attaquer 2 *(anfügen, annähen)* **~ (an** [+akk]**)** (r)ajouter, rapporter (à) 3 *Bowle, Likör etc* préparer; faire 4 BOT **Blätter, Knospen ~** (commencer à) avoir des feuilles, des bourgeons; **Knospen ~** *a.* bourgeonner; **der Baum hat viele Äpfel angesetzt** l'arbre porte beaucoup de pommes 5 *Schimmel, Kalk etc* se couvrir de; **Rost ~** (commencer à) rouiller; **Fett ~** engraisser; **e-n Bauch ~** prendre du ventre 6 *(veranschlagen)* **3000 Euro für etw ~** estimer, évaluer qc à 3000 euros; compter 3000 euros pour qc; **für die Fahrt muss man vier Stunden ~** pour le voyage il faut compter quatre heures 7 *Termin, Sitzung etc* fixer; **die Probe auf** *od* **für drei Uhr ~** fixer la répétition à trois heures 8 **j-n auf j-n ~** mettre qn derrière qn; **j-n auf etw** *(akk)* **~** mettre qn sur qc; **e-n Hund auf e-e Spur, auf j-n ~** mettre un chien sur une piste, sur la piste de qn B VI 1 *(sich anschicken)* commencer; **zu e-r Frage, Antwort, zum Trinken** *etc* **~** s'apprêter à poser une question, à répondre, à boire, *etc;* **er setzte zu e-r Frage an** *a.* il allait poser une question; **zum Sprung ~** prendre son élan (pour sauter); **zur Landung ~** amorcer un *od* l'atterrissage; **sie setzte mehrmals (zum Sprechen) an, aber ...** elle voulut plusieurs fois prendre la parole, mais ... 2 *beim Kochen: Milch, Reis etc* attacher 3 *(s-n Ausgang nehmen) Nase, Schwanz etc* prendre naissance; **die Haare setzen bei ihm tief an** il a les cheveux plantés très bas; *fig* **an dieser Stelle setzte die Kritik an** la critique partit de ce point

Ansicht F *(~; ~en)* 1 *(Meinung)* opinion *f;* avis *m;* vue *f;* idée *f;* **s-e ~ ändern** changer d'opinion, d'avis, *umg* d'idée; *plötzlich* faire volte-face; **moderne, altmodische ~en haben** avoir des idées modernes, vieux jeu; **derselben ~ sein** être du même avis; avoir la même opinion, les mêmes idées, le même point de vue; **verschiedener ~ (über etw** [akk]**) sein** avoir des idées différentes (sur qc); **da bin ich anderer ~** j'ai là-dessus une autre opinion; là, je suis d'un autre avis; **ich bin der ~, dass ...** je suis d'avis de *od* que ...; je trouve que ...; **wir sind zu der ~ gekommen, dass ...** après réflexion, nous sommes d'avis que ...; **nach ~ von** de l'avis de; au dire de; d'après; **meiner ~ nach** à mon avis; d'après moi; à mon sens 2 HANDEL examen *m;* **beiliegend ein Muster zur ~** ci-joint un échantillon pour examen 3 *(Anblick, Bild)* vue *f;* **die vordere, seitliche ~ e-s Hauses** la vue de face, de côté *od* de profil d'une maison; **einige ~en von Berlin kaufen** acheter quelques vues *od* cartes de Berlin

ansichtig ADJ *geh* **j-s, e-r Sache ~ werden** apercevoir qn, qc

Ansichtskarte F carte postale (illustrée)

Ansichtssache F **das ist ~** c'est une affaire d'opinion, une question de point de vue

Ansichtssendung F HANDEL envoi *m* pour examen *od* à condition

ansiedeln *(-(e)le, sép, -ge-, h.)* A VT 1 **j-n ~** établir qn 2 *fig Roman etc* situer; **die Täter sind in rechten Kreisen anzusiedeln** les auteurs (du crime, *etc*) appartiennent très probablement à des milieux de droite B VR **sich ~** s'établir; se fixer

Ansied(e)lung F 1 *(Siedlung)* agglomération *f;* *(Niederlassung) a.* colonie *f* 2 *(das Ansiedeln)* établissement *m*

Ansiedler M colon *m*

Ansinnen N *(~s; ~)* exigence *f;* **ein (unverschämtes) ~ an j-n stellen** avoir des exigences inouïes envers qn

Ansitz M JAGD affût *m;* **ansitzen** VI *(irr, sép, -ge-, h.)* JAGD être à l'affût

ansonsten ADV 1 *(im Übrigen)* à part cela; *umg* à part ça 2 *(anderenfalls)* autrement; sinon

anspannen *(sép, -ge-, h.)* A VT 1 *Pferde, Wagen* atteler 2 *Seil etc* tendre; *Muskeln* bander; *fig Geist* tendre; appliquer B VI **~ lassen** faire atteler

Anspannung F tension *f;* **e-e körperliche, geistige ~** une tension physique, d'esprit

ansparen VT *(sép, -ge-, h.) Betrag* économiser; **ein Vermögen ~** se constituer une fortune

anspazieren *umg* VI *(sép, pas de ge-, s.)* **anspaziert kommen** arriver sans se presser

Anspiel N SPORT coup *m* d'envoi

anspielen *(sép, -ge-, h.)* A VT 1 BALLSPIEL **j-n ~** passer la balle à qn 2 KARTENSPIEL **er hat Herz angespielt** il a donné, joué cœur B VI 1 SPORT donner le coup d'envoi 2 KARTENSPIEL avoir la main 3 *fig* **auf j-n, etw ~** faire allusion à qn, qc

Anspielung F *(~; ~en)* allusion *f* **(auf** [+akk] à)

anspinnen VR *(irr, sép, -ge-, h.)* **sich ~** *Unterhaltung, Freundschaft etc* naître; se nouer

anspitzen VT *(-(es)t, sép, -ge-, h.)* 1 *Bleistift, Zaunpfahl etc* tailler; TECH appointer 2 *umg fig* **j-n ~** *(auf Trab bringen, zurechtweisen)* secouer qn

Anspitzer M *(Bleistiftanspitzer)* taille-crayon *m*

Ansporn M *(~(e)s)* stimulant *m* **(zu** pour**)**; **j-m zum ~ dienen** servir de stimulant à qn

anspornen VT *(sép, -ge-, h.)* 1 *Pferd* éperonner 2 *fig* **j-n ~** stimuler, aiguillonner, éperonner qn **(zu etw** à faire qc**)**

Ansprache F 1 *(kurze Rede)* allocution *f;* discours *m;* **e-e ~ halten** faire, prononcer une allocution, un discours, *umg* un speech 2 *(Kontakt)* **~ haben, suchen** avoir, rechercher de la compagnie

ansprechbar ADJ 1 **nicht ~ sein** *(beschäftigt sein)* être pris, occupé; *(geistig abwesend sein)* ne plus rien entendre 2 *Kranke etc* lucide 3 *(empfänglich)* **für etw nicht ~ sein** ne pas être sensible, réceptif, -ive à qc

ansprechen *(irr, sép, -ge-, h.)* A VT 1 *(anreden)* adresser la parole à; *auf der Straße* aborder; **j-n auf Französisch ~** s'adresser à qn en français; **j-n mit dem Vornamen ~** appeler qn par son prénom; **sie möchte mit Frau Minister angesprochen werden** elle veut qu'on l'appelle Madame le *od* la Ministre 2 *(sich wenden an)* s'adresser à; **er fühlte sich angesprochen** il s'est senti concerné, *plus fort* visé; **j-n auf etw** *(akk)* **~** aborder qn avec qc; **j-n um Hilfe, Geld ~** demander de l'aide, de l'argent à qn 3 *(zur Sprache bringen)* **etw ~** aborder le sujet, la question de qc; **j-n ~** parler de qn 4 *(gefallen)* **j-n ~** plaire à qn B VI 1 **(auf etw** [akk]**) ~** *Patient etc* réagir (à qc); TECH *Bremse etc* répondre (à qc); *Fotozelle etc* réagir (à qc) 2 MUS *Instrument* **gut, schlecht ~** répondre bien, mal 3 *Medizin, Kur etc* faire de l'effet; agir; **bei j-m gut, nicht ~** agir, ne pas agir sur *od* chez qn

ansprechend ADJT plaisant; sympathique; agréable

Ansprechpartner(in) M(F) interlocuteur, -trice *m,f*

anspringen *(irr, sép, -ge-)* A VT *(h.) Hund, Raubtier* bondir, sauter sur B VI *(s.)* 1 *Motor etc* démarrer; partir 2 **angesprungen kommen** arriver, s'approcher en sautant, par bonds 3 *umg fig* **auf etw** *(akk)* **~** sauter sur qc

Anspruch M 1 *(Forderung)* exigence *f;* *(Erwartung)* prétention *f;* **Ansprüche stellen** avoir des prétentions *bzw.* exigences; être difficile; **keine Ansprüche stellen** ne pas être exigeant, difficile; an j-n, etw hohe Ansprüche stellen être très exigeant envers qn, qc; exiger beaucoup de qn, qc; (den) höchsten Ansprüchen genügen répondre aux plus grandes prétentions, exigences; etw, j-n in ~ nehmen recourir à qc, qn; j-s Hilfe, Gastfreundschaft in ~ nehmen avoir recours à l'aide, à l'hospitalité de qn; ich möchte nicht gern fremde Hilfe in ~ nehmen je ne voudrais pas demander l'aide d'autrui; darf ich Ihre Aufmerksamkeit ein paar Minuten in ~ nehmen? puis-je vous demander quelques minutes d'attention?; j-s Zeit in ~ nehmen retenir (longtemps) qn; das hat mich lange in ~ genommen cela, *umg* ça m'a pris, demandé beaucoup de temps; ich bin durch meine Arbeit zu sehr in ~ genommen je suis trop pris, absorbé par mon travail; ein Recht für sich in ~ nehmen faire usage de son droit; ich nehme für mich in ~, den Fall beurteilen zu können je prétends pouvoir juger de ce cas 2 *(Anrecht)* droit *m* (auf [+akk] à); auf etw *(akk)* ~ haben avoir droit à qc; auf etw *(akk)* ~ erheben revendiquer qc; réclamer qc; *geh* prétendre à qc; s-e Ansprüche geltend machen faire valoir ses droits; *fig* keinen ~ auf Vollständigkeit erheben ne pas prétendre être complet, exhaustif

Anspruchsdenken N exigences *fpl*; **anspruchslos** ADJ 1 *(genügsam)* peu exigeant 2 *(schlicht)* sans prétention; simple; **Anspruchslosigkeit** F ⟨~⟩ manque *m* de prétention; *(Schlichtheit)* simplicité *f*

anspruchsvoll ADJ exigeant; *pej* prétentieux, -ieuse; ein Buch für ~e Leser un livre pour lecteurs exigeants; *Werbesprache* ein Auto für Anspruchsvolle, ein ~er Wagen *etwa* une voiture °haut de gamme; ein ~es Parfüm un parfum sophistiqué *od* raffiné

anspucken V/T ⟨sép, -ge-, h.⟩ cracher sur; **anspülen** V/T ⟨sép, -ge-, h.⟩ *Gegenstand, Leiche etc* rejeter, *Sand etc* déposer, apporter (sur le rivage); **anstacheln** V/T ⟨-(e)le, sép, -ge-, h.⟩ aiguillonner; éperonner; stimuler

Anstalt F ⟨~; ~en⟩ 1 établissement *m*; ~ des öffentlichen Rechts organisme public (de droit allemand) 2 *veraltend (Heilanstalt)* hôpital *m* psychiatrique

Anstalten PL ~ machen, etw zu tun se préparer, s'apprêter à faire qc; sie machte keine ~ zu gehen elle ne faisait pas mine de vouloir partir; die nötigen ~ zu etw treffen prendre les dispositions nécessaires, faire les préparatifs nécessaires pour (faire) qc

Anstaltsarzt M médecin *m* d'hôpital psychiatrique; **Anstaltsgeistliche(r)** M aumônier *m*; **Anstaltsleiter(in)** M(F) directeur, -trice *m,f* (de l'établissement); **Anstaltspackung** F PHARM boîte *f* pour collectivités

Anstand[1] M 1 ⟨pas de pl⟩ *(schickliches Benehmen)* bienséance *f*; convenances *fpl*; *bes moralisch* décence *f*; *(Würde)* dignité *f*; den ~ verletzen manquer à la bienséance; enfreindre les convenances; den ~ wahren respecter les convenances, la bienséance, la décence; mit ~ verlieren können savoir perdre avec dignité; sich mit ~ aus der Affäre ziehen se tirer d'affaire avec dignité 2 *südd, österr (Ärger)* ennui *m*; (keinen) ~ an etw *(dat)* nehmen (ne pas) être choqué par qc; (ne pas) s'offusquer de qc; keinen ~ nehmen, etw zu tun ne pas hésiter *bzw.* ne pas avoir de scrupules à faire qc

Anstand[2] M JAGD affût *m*

anständig A ADJ 1 convenable; *Benehmen a.* correct; comme il faut; *Gesinnung* honnête; *Kleidung, Witz etc* décent; das sind ~e Leute ce sont des gens bien; ein ~es Mädchen une jeune fille convenable; das war sehr ~ von ihm c'était très convenable, correct, honnête de sa part 2 *umg (zufriedenstellend)* convenable; décent; nichts Anständiges zu essen haben n'avoir rien de convenable *od umg* de potable à manger; die Bilder sind noch ganz ~ geworden les photos sont finalement assez bien réussies 3 *umg verstärkend* e-e ~e Entfernung une bonne distance; ein ganz ~es Gehalt un salaire tout à fait convenable B ADV *a. umg fig* convenablement; décemment; comme il faut; benimm dich bitte ~! tiens-toi bien *od* de la tenue, s'il te plaît!; *umg* j-n ~ verprügeln *umg* flanquer une belle raclée à qn; *umg* es regnet ganz ~ *umg* il pleut drôlement

Anständigkeit F ⟨~⟩ *der Gesinnung* honnêteté *f*; *im Benehmen, von Kleidung etc* décence *f*

Anstandsbesuch M visite *f* de politesse, de courtoisie; **Anstandsdame** F chaperon *m*; duègne *f*; **anstandshalber** ADV pour la forme; par convenance; par politesse; **Anstandshappen** *umg* M reste *m*; dernier morceau; **anstandslos** ADV *(ohne Zögern)* sans hésitation; *(ohne Probleme)* sans difficulté

Anstandswauwau *umg hum* M chaperon *m*; den ~ spielen tenir la chandelle

anstarren V/T ⟨sép, -ge-, h.⟩ regarder fixement; fixer du regard; j-n ~ *a.* dévisager qn

anstatt A KONJ ~ zu (+inf), ~ dass ... au lieu de (+inf) B PRÄP ⟨gen⟩ à la place de; au lieu de

anstauben V/I ⟨sép, -ge-, s.⟩ prendre la poussière; angestaubt *a.* poussiéreux, -euse

anstauen V/T (u. V/R) ⟨sép, -ge-, h.⟩ (sich) ~ (s')amasser; *fig Gefühle a.* (s')accumuler; **anstaunen** V/T ⟨sép, -ge-, h.⟩ regarder avec étonnement; regarder bouche bée

anstechen V/T ⟨irr, sép, -ge-, h.⟩ piquer; percer; *Fass* mettre en perce; *umg* wie angestochen *schreien, toben etc* comme un fou, une folle

anstecken ⟨sép, -ge-, h.⟩ A V/T 1 *Abzeichen, Brosche etc* attacher, fixer (avec une épingle); accrocher; *Ring* mettre sur *od* à son doigt; j-m etw ~ *a.* épingler qc à la poitrine de qn 2 *(infizieren)* j-n ~ contaminer qn; j-n mit e-r Krankheit ~ transmettre, passer une maladie à qn; er hat mich angesteckt il m'a passé sa maladie; angesteckt werden être contaminé; contracter, *umg* attraper une maladie contagieuse; *fig* sein Lachen steckt alle an son rire est communicatif, contagieux; *fig* sich von j-s Nervosität, Eifer ~ lassen se laisser gagner par la nervosité, par le zèle de qn 3 *regional Zigarette etc* allumer; *Gebäude etc* incendier; mettre le feu à B V/I 1 *Krankheit* être contagieux, -ieuse 2 *fig Lachen, Angst etc* être contagieux, -ieuse; être communicatif, -ive C V/R 1 sich *(dat)* etw ~ *Abzeichen, Brosche etc* se mettre qc; *Ring* mettre qc à son doigt 2 sich ~ contracter, *umg* attraper une maladie contagieuse; ich habe mich bei ihm angesteckt c'est lui qui m'a contaminé; ich habe mich bei ihr mit Scharlach angesteckt elle m'a passé la scarlatine

ansteckend ADJT *Krankheit, fig Lachen etc* contagieux, -ieuse; ~ sein *fig a.* se communiquer; être communicatif, -ive

Anstecknadel F *als Schmuck* épingle *f*; *als Abzeichen* insigne *m*; badge *m*

Ansteckung F ⟨~; ~en⟩ MED, *fig* contagion *f*; MED *a.* infection *f*

Ansteckungsgefahr F risque *m*, danger *m* de contagion, d'infection; **Ansteckungsherd** M foyer *m* de contagion, d'infection

anstehen V/I ⟨irr, sép, -ge-, h.⟩ 1 *in e-r Schlange* faire la queue; nach Theaterkarten ~ faire la queue pour avoir des places de théâtre 2 *Probleme, Fragen etc* être en suspens; die ~den Probleme *npl* les problèmes *mpl* en suspens; was steht an? qu'est-ce qu'il y a (à faire)?; *Gesetzentwürfe etc* zur Beratung ~ attendre que l'on en délibère; der Termin der Verhandlung steht an la date de l'audience est fixée 3 *geh (sich geziemen)* etw steht j-m gut, schlecht an *geh* qc sied (bien, mal) à qn; es steht ihm nicht an, Kritik zu üben *geh* il ne lui sied pas de critiquer; ce n'est pas à lui de critiquer

ansteigen V/I ⟨irr, sép, -ge-, s.⟩ *Straße, Gelände etc* monter; *Straße a.* aller en montant; *Wasserstand, Temperatur, Preise etc* monter (um de); *Umsatz, Verbrauch, Produktion, Unfallziffer etc a.* augmenter; croître; *Preise, Fieber, Kurve* steil, sprunghaft ~ monter en flèche; *Weg, Hang* sanft, allmählich ~ monter doucement; ~de Temperaturen *fpl* températures *fpl* en °hausse

Ansteigen N *des Wassers* montée *f*; *der Temperatur, der Preise etc* °hausse *f*; *des Umsatzes a.* augmentation *f*

anstelle PRÄP ⟨gen⟩, ADV ~ von à la place de; au lieu de

anstellen ⟨sép, -ge-, h.⟩ A V/T 1 etw an etw *(akk)* ~ mettre, placer, appuyer qc contre qc 2 *beruflich* j-n ~ engager qn; *Arbeiter meist* embaucher qn; j-n fest ~ donner un emploi fixe à qn; bei der Stadt, bei der Post® angestellt sein être employé de la ville, de la poste 3 *Wasser, Gas* ouvrir; *Radio, Fernseher* mettre; allumer; *Elektrogeräte, Heizung* allumer; faire marcher; *Motor* mettre en marche; *umg* die Nachrichten ~ RADIO, TV mettre les nouvelles 4 *(machen) Vergleich* faire; *Nachforschungen etc* procéder à; *Betrachtungen, Experimente* se livrer à; ein Verhör mit j-m ~ procéder à l'interrogatoire de qn; *umg* Dummheiten ~ faire des bêtises; was habt ihr schon wieder angestellt? qu'est-ce que vous avez encore fait, *umg* fabriqué?; *umg* etw geschickt, klug ~ s'y prendre habilement, intelligemment (pour faire qc); *umg* wie hast du das angestellt? comment tu t'y es pris? B V/R 1 *in e-r Schlange* sich (nach etw) ~ faire la queue (pour [avoir] qc); sich hinten ~ se mettre à la queue, en bout de file; prendre la file 2 *umg* sich (bei etw) dumm, ungeschickt ~ s'y prendre bêtement, maladroitement (pour faire qc); stell dich nicht so an! ne fais pas tant de manières!; ne fais pas l'idiot!

Anstellung F 1 ⟨pas de pl⟩ *(Einstellung)* engagement *m*; *von Arbeitern meist* embauche *f*; embauchage *m* 2 *(Stellung)* emploi *m*; place *f*; ohne ~ sans emploi

Anstellungsvertrag M contrat *m* de travail

anstemmen V/R ⟨sép, -ge-, h.⟩ sich gegen die Tür *etc* ~ s'appuyer (de toute sa force) contre la porte, *etc*; sich gegen den Wind ~ se courber contre le vent

ansteuern V/T ⟨-(e)re, sép, -ge-, h.⟩ se diriger vers

Anstich M *e-s Fasses* mise *f* en perce

anstiefeln *umg* V/I ⟨-(e)le, sép, -ge-, s.⟩ angestiefelt kommen arriver, s'approcher, *umg* s'amener nonchalamment

Anstieg M ⟨~(e)s; ~e⟩ 1 ⟨pas de pl⟩ *des Geländes* montée *f* 2 ⟨pas de pl⟩ *des Wassers* montée *f*; *der Temperatur* °hausse *f*; *des Umsatzes, der Produktion etc* augmentation *f*; *(Preisanstieg)* montée *f*; °hausse *f* 3 *(Aufstieg)* montée *f*

anstieren V/T ⟨sép, -ge-, h.⟩ *pej* fixer d'un air bête

anstiften V/T ⟨-ete, sép, -ge-, h.⟩ 1 *Verwirrung, Unfrieden, Unheil etc* causer; provoquer; *Streit a.* susciter; *Unfug* faire; *Verschwörung* tramer; fomenter; ourdir 2 **j-n zu etw ~** inciter qn à (faire) qc

Anstifter(in) M(F) instigateur, -trice *m,f*; **Anstiftung** F *von Streit, Unruhen etc* provocation *f*; incitation *f* (**zu** à)

anstimmen VT ⟨*sép*, -ge-, h.⟩ 1 *Lied etc* entonner 2 *fig* **ein Klagelied ~** se répandre en lamentations, en jérémiades; **ein Loblied auf j-n ~** se répandre en louanges au sujet de qn

anstinken ⟨*irr, sép*, -ge-, h.⟩ *umg* A VT (*anwidern*) **j-n anstinken** *umg* casser les pieds à qn; embêter qn B VI (*ausrichten*) **gegen j-n, etw nicht anstinken können** ne rien pouvoir faire contre qn, qc

anstolzieren VI ⟨*sép, pas de ge-*, s.⟩ **anstolziert kommen** arriver avec des airs importants

Anstoß M 1 FUSSBALL coup *m* d'envoi; **den ~ haben, ausführen** donner le coup d'envoi 2 (*Auslöser*) impulsion *f*; **den ~ zu etw geben** déclencher qc; donner une impulsion à qc; mettre qc en branle; **es bedurfte nur e-s äußeren ~es** cela ne demandait qu'une impulsion extérieure 3 (*Ärgernis*) **~ erregen** causer, provoquer un scandale; faire scandale; **(mit etw) bei j-m ~ erregen** choquer, offusquer, scandaliser qn (par qc); **an etw** (*dat*) **~ nehmen** se formaliser, se scandaliser, s'offusquer de qc; être choqué par qc; **der Stein des ~es** le sujet, la cause du scandale

anstoßen ⟨*irr, sép*, -ge-⟩ A VT ⟨h.⟩ 1 *Gegenstand* donner un coup à; °heurter; **angestoßenes Obst** des fruits talés, meurtris 2 *Personen* pousser (**mit** de); *versehentlich* °heurter; **j-n mit dem Ellbogen ~** pousser qn du coude B VI 1 ⟨s.⟩ **(mit dem Fuß, Kopf) an etw** (*akk*) **~** °heurter qc (du pied, de la tête); **er ging gebückt, um nirgends anzustoßen** il marchait courbé pour ne pas se cogner 2 ⟨h.⟩ *beim Trinken* **(mit den Gläsern) ~** trinquer; **auf j-n, etw ~** porter un toast à qn, qc; **auf j-s Wohl** (*akk*) **~** trinquer, boire à la santé de qn 3 ⟨h.⟩ (*lispeln*) **(mit der Zunge) ~** zézayer; zozoter 4 ⟨h.⟩ *beim Fußball* donner le coup d'envoi 5 ⟨s.⟩ *fig* **bei j-m ~** choquer, scandaliser, offusquer qn (**mit etw** par qc) 6 ⟨h.⟩ (*angrenzen*) **an etw** (*akk*) **~** toucher à qc; être contigu, -uë à qc; confiner à qc

Anstößer M ⟨~s; ~⟩ *schweiz* riverain *m*; → *a.* Anlieger(in)

anstößig ADJ choquant; indécent; inconvenant; *Worte a.* malsonnant; **Anstößigkeit** F ⟨~; ~en⟩ indécence *f*; inconvenance *f*

anstrahlen VT ⟨*sép*, -ge-, h.⟩ 1 (*anleuchten*) illuminer 2 *mit Blicken* **j-n ~** regarder qn d'un air radieux *od* rayonnant; **ihre Augen strahlten ihn an** elle le regardait d'un air radieux

anstreben *geh* VT ⟨*sép*, -ge-, h.⟩ aspirer à

anstreichen VT ⟨*irr, sép*, -ge-, h.⟩ 1 *Haus, Zaun etc* peindre; **etw weiß, blau ~** peindre qc en blanc, en bleu 2 *Wort, Stelle in e-m Text* marquer; (*unterstreichen*) souligner; *fig* **e-n Tag im Kalender rot ~** marquer un jour d'une pierre blanche

Anstreicher M peintre *m* (en bâtiment)

anstrengen ⟨*sép*, -ge-, h.⟩ A VT 1 *Tätigkeit* **j-n ~** fatiguer qn; **das strengt (mich) sehr an** cela (me) fatigue beaucoup; c'est très fatigant, pénible; **das Sprechen strengt ihn an** cela le fatigue de parler 2 **s-n Geist, s-e Fantasie ~** faire travailler son cerveau *od umg* ses méninges, son imagination 3 JUR **e-n Prozess gegen j-n ~** intenter un procès à *od* contre qn B VR **sich ~** se donner du mal; faire un effort; *körperlich a.* faire des efforts; **sich nicht sonderlich bei etw ~** ne pas se donner trop de mal, ne pas se fatiguer pour faire qc; *umg* **streng dich ruhig ein bisschen an!** fais un effort!

anstrengend ADJT fatigant; pénible

Anstrengung F ⟨~; ~en⟩ 1 (*Bemühung*) effort *m*; **(große) ~en machen, etw zu tun** faire tous ses efforts pour faire qc; **mit äußerster ~** de toutes ses forces; **mit letzter ~** d'un ultime effort 2 (*Strapaze*) fatigue *f*; **die Reise war für mich e-e körperliche ~** le voyage m'a fatigué (physiquement)

Anstrich M 1 (*Farbe*) (couche *f* de) peinture *f* 2 ⟨*pas de pl*⟩ (*das Anstreichen*) peintures *fpl* 3 *fig* apparence *f*; air *m*; **e-r Sache** (*dat*) **e-n persönlichen ~ geben** *od* **verleihen** donner à qc une note personnelle; **e-n ~ von Gelehrsamkeit haben** avoir un vernis d'érudition; **sich** (*dat*) **e-n ~ von Vornehmheit geben** se donner un air distingué 4 *der Schrift* délié *m*

anstricken VT ⟨*sép*, -ge-, h.⟩ **etw ~** ajouter qc au tricot; **etw an etw** (*akk*) **~** tricoter qc à qc

anströmen VI ⟨*sép*, -ge-, s.⟩ affluer; **~de Luftmassen** *fpl* masses *fpl* d'air qui affluent; *Menschenmenge* **angeströmt kommen** affluer; arriver en foule

anstückeln VT ⟨-(e)le, *sép*, -ge-, h.⟩, **anstücken** VT ⟨*sép*, -ge-, h.⟩ rajouter (un morceau, une pièce) (**an** [+*akk*] à)

Ansturm M 1 MIL assaut *m* (**auf** [+*akk*] à) 2 *fig von Käufern, Kunden* ruée *f* (**auf** [+*akk*] sur); rush *m*; **der größte ~ ist vorüber** le grand rush, la ruée est passé(e)

anstürmen VI ⟨*sép*, -ge-, s.⟩ 1 **~ gegen** donner l'assaut à; MIL *a.* assaillir; **gegen j-n ~** *a.* charger qn; **der ~de Feind** l'ennemi *m* qui donne l'assaut; la charge de l'ennemi 2 **angestürmt kommen** arriver en courant

anstürzen VI ⟨-(es)t, *sép*, -ge-, s.⟩ **angestürzt kommen** arriver, accourir en se bousculant

ansuchen *geh, österr* VI ⟨*sép*, -ge-, h.⟩ **bei j-m um etw ~** solliciter qc de qn; demander qc à qn

Ansuchen *geh, österr* N ⟨~s; ~⟩ demande *f*; requête *f*; **auf j-s ~** (*akk*) à la demande, à la requête de qn

Antagonismus M ⟨~; -men⟩ antagonisme *m*; **Antagonist(in)** M ⟨~en; ~en⟩ (F) ⟨~in; ~innen⟩ antagoniste *m/f*; **antagonistisch** ADJ antagoniste

antanzen *umg* VI ⟨-(es)t, *sép*, -ge-, s.⟩ **(bei j-m) ~, angetanzt kommen** *umg* s'amener (chez qn); **j-n ~ lassen** faire venir qn

Antarktis ⟨→ *n/pr*⟩ **die ~** l'Antarctique *m*

antarktisch ADJ antarctique

antasten VT ⟨-ete, *sép*, -ge-, h.⟩ 1 (*berühren*) toucher 2 *fig Ehre, Rechte etc* porter atteinte à; empiéter sur 3 *fig Vorräte etc* toucher à; **antatschen** *umg* VT ⟨*sép*, -ge-, h.⟩ *umg* tripoter;

antauen ⟨*sép*, -ge-⟩ A VT ⟨h.⟩ faire dégeler, décongeler un peu B VI ⟨s.⟩ 1 *Schnee* commencer à fondre 2 *Lebensmittel* commencer à dégeler; **antäuschen** VT *u.* VI ⟨*sép*, -ge-, h.⟩ SPORT feinter

Anteil M 1 part *f* (**an** [+*dat*] de) (*a.* HANDEL); portion *f*; quote-part *f*; JUR *Betrag* quotité *f*; **prozentualer ~** pourcentage *m*; prorata *m* 2 ⟨*pas de pl*⟩ (*Beteiligung, Interesse*) part *f*; **geringen, großen ~ an etw** (*dat*) **haben** avoir peu de, avoir une grande part à qc; **großen ~ an etw** (*dat*) **haben** *a.* être pour beaucoup dans qc; **an etw** (*dat*) **regen, lebhaften ~ nehmen** prendre vivement part à qc; prendre un vif intérêt à qc; **an j-s Unglück ~ nehmen** compatir au malheur de qn

anteilig, anteilmäßig ADJ proportionnel, -elle

Anteilnahme F 1 (*Beteiligung*) participation *f*; **tätige ~** participation active; **unter (reger) ~ der Bevölkerung** avec la participation (active) de la population 2 (*Mitgefühl*) sympathie *f*; (*Interesse*) intérêt *m* (**an** [+*dat*] pour); **etw mit lebhafter ~ verfolgen** suivre qc avec un vif intérêt; **meine herzliche ~** (mes) sincères condoléances

Anteilschein M WIRTSCH action *f*

Anteilseigner(in) M(F) WIRTSCH porteur *m*, détenteur *m* de parts; *e-r AG* actionnaire *m/f*

antelefonieren *umg* VT ⟨*sép, pas de ge-*, h.⟩ **j-n**, *südd* **j-m ~** téléphoner à qn

Antenne F ⟨~; ~n⟩ RADIO, ZOOL antenne *f*; *umg fig* **(k)eine ~ für etw haben** (ne pas) avoir le sens de qc

Antennenmast M mât *m*, pylône *m* d'antenne; **Antennenwald** M *fig hum* forêt *f* d'antennes

Anthologie F ⟨~; ~n⟩ anthologie *f*

anthrazit ADJ ⟨*inv*⟩ anthracite (*inv*)

Anthrazit M ⟨~s; ~e⟩ anthracite *m*

anthrazitfarben ADJ anthracite (*inv*); **anthrazitgrau** ADJ gris anthracite (*inv*)

Anthropologe M ⟨~n; ~n⟩, **Anthropologin** F ⟨-in; -innen⟩ anthropologiste *m/f*; anthropologue *m/f*; **Anthropologie** F ⟨~⟩ anthropologie *f*; **anthropologisch** ADJ anthropologique; **anthropomorph** ADJ anthropomorphe; **Anthropophagie** F ⟨~⟩ anthropophagie *f*; **Anthroposoph(in)** M ⟨~en; ~en⟩ (F) ⟨~in; ~innen⟩ anthroposophe *m/f*; **Anthroposophie** F ⟨~⟩ anthroposophie *f*; **anthroposophisch** ADJ anthroposophique; **anthropozentrisch** ADJ anthropocentrique

anti…, Anti… IN ZSSGN anti(-)…

Anti-aging-Creme F crème *f* antirides; antirides *m*; **Antialkoholiker(in)** M(F) antialcoolique *m/f*; **antialkoholisch** ADJ antialcoolique; **antiamerikanisch** ADJ POL antiaméricain; **Antiamerikanismus** M ⟨~⟩ POL antiaméricanisme *m*; **Antiatombewegung** F mouvement *m* antinucléaire; **antiautoritär** ADJ anti-autoritaire; **Antibabypille** *umg* F pilule (contraceptive, anticonceptionnelle); **antibakteriell** ADJ antibactérien, -ienne; **Antibiotikum** N ⟨~s; -ka⟩ antibiotique *m*; **Antiblockiersystem** N AUTO système *m* antiblocage; **Antichrist** M ⟨~s⟩ antéchrist *m*; **Antidepressivum** N ⟨~s; -va⟩ PHARM antidépresseur *m*; **Anti-Falten-Creme** F crème *f* antirides; antirides *m*; **Antifaschismus** M antifascisme *m*; **Antifaschist(in)** M(F) antifasciste *m/f*; **antifaschistisch** ADJ antifasciste; **Antigen** N BIOL antigène *m*; **Antiglobalisierungsbewegung** F ⟨~⟩ POL antimondialisme *m*

Antigone F ⟨→ *n/pr*⟩ MYTH Antigone *f*

Antigua und Barbuda N ⟨→ *n/pr*⟩ Antigua et Barbuda

Antiheld(in) M(F) antihéros *m*; **Antihistamin** N PHARM antihistaminique *m*

antik ADJ 1 (*die Antike betreffend*) antique 2 *fig* (*sehr alt*) *Möbel, Schmuck etc* ancien, -ienne

Antike F ⟨~; ~n⟩ 1 ⟨*sans pl*⟩ *Epoche* Antiquité *f*; **in der ~** dans l'Antiquité 2 **die ~n** *pl* (*Kunstwerke der ~*) les antiquités (gréco-romaines)

antikisierend ADJT (qui est) inspiré, imité de l'Antiquité

antiklerikal ADJ anticlérical; **Antiklerikalismus** M anticléricalisme *m*

Antiklopfmittel N *für Benzin* antidétonant *m*; **Antikörper** M MED anticorps *m*

Antillen PL **die (Großen, Kleinen) ~** les (Grandes, Petites) Antilles; **auf den ~** aux Antilles

Antilope F ⟨~; ~n⟩ antilope *f*

Antimaterie F PHYS antimatière *f*; **Anti-**

militarismus M antimilitarisme *m*; **Antimilitarist** M antimilitariste *m*; **antimilitaristisch** ADJ antimilitariste

Antimon N ⟨~s⟩ CHEM antimoine *m*

Antinomie F ⟨~; ~n⟩ antinomie *f*

Antipathie F ⟨~; ~n⟩ antipathie *f*; **e-e ~ gegen etw, j-n haben** avoir, éprouver de l'antipathie pour qc, qn

Antipode M ⟨~n; ~n⟩ 1 GEOG antipode *m* 2 *geh* **j-s ~ sein** être l'opposé de qn

antippen ⟨*sép*, -ge-, h.⟩ A VT 1 toucher 2 *fig Thema etc* effleurer B VI *umg* **bei j-m ~** (*vorsichtig anfragen*) tâter le terrain auprès de qn

Antiqua F ⟨~⟩ TYPO romain *m*; caractères romains

Antiquar(in) M ⟨~s; ~e⟩ (F) ⟨~in; ~innen⟩ 1 *Buchhändler(in)* marchand(e) *m(f)* de livres d'occasion; bouquiniste *m/f* 2 (*Antiquitätenhändler[in]*) antiquaire *m/f*

Antiquariat N ⟨~(e)s; ~e⟩ 1 *Buchhandlung* librairie *f* (de livres) d'occasion; bouquiniste *m*; **modernes ~** librairie ancienne et moderne 2 ⟨*sans pl*⟩ *Buchhandel* librairie spécialisée (en livres anciens)

antiquarisch ADJ *u.* ADV d'occasion; **ein Buch ~ kaufen** acheter un livre d'occasion

Antiquaschrift F → Antiqua

antiquiert ADJT *pej* vieux, vieil, vieille; démodé; antique

Antiquität F ⟨~; ~en⟩ objet d'art ancien; *pl* **~en** *a.* antiquités *fpl*

Antiquitätenhandel M commerce *m* d'antiquités; **Antiquitätenhändler(in)** M(F) antiquaire *m/f*; marchand(e) *m(f)* d'antiquités; **Antiquitätenladen** M magasin *m* d'antiquités; **Antiquitätensammler(in)** M(F) collectionneur *m*, -euse *f* d'antiquités, d'objets d'art anciens; **Antiquitätensammlung** F collection *f* d'objets d'art anciens, d'antiquités

Antisemit(in) M(F) antisémite *m/f*; **antisemitisch** ADJ antisémite; **Antisemitismus** M ⟨~⟩ antisémitisme *m*; **Antisepsis** F ⟨~⟩ MED antisepsie *f*; **Antiseptikum** N ⟨~s; -ka⟩ PHARM antiseptique *m*; **antiseptisch** ADJ MED antiseptique; **antispastisch** ADJ MED antispasmodique; antispastique; **antistatisch** ADJ antistatique; **Antiteilchen** N PHYS antiparticule *f*; **Antiterror...** IN ZSSGN antiterroriste; **Antiterroreinheit** F commando *m* antiterroriste; **Antiterrorgesetz(e)** N(PL) loi(s) *f(pl)* antiterroriste(s); **Antiterrorkampf** M lutte *f* antiterroriste; **Antiterrorkoalition** F coalition *f* antiterroriste; **Antiterrorkrieg** M guerre *f* contre le terrorisme; **Antitheater** N ⟨~s⟩ antithéâtre *m*; **Antithese** F antithèse *f*; **antithetisch** ADJ antithétique; **Antitoxin** N MED antitoxine *f*; **Antitrust...** IN ZSSGN WIRTSCH antitrust; **Antitrustgesetz(e)** N(PL) WIRTSCH loi(s) *f(pl)* antitrust(s); **Antivirenprogramm**, **Antivirusprogramm** N IT programme *m* antivirus

Antizipation F ⟨~; ~en⟩ anticipation *f*

antizipieren VT ⟨*pas de ge-*, h.⟩ anticiper

antizyklisch ADJ WIRTSCH anticyclique

Antlitz *geh* N ⟨~es; ~e⟩ visage *m*; face *f*

Anton M ⟨→ *n/pr*⟩ *prénom*

Antonym N ⟨~s; ~e⟩ LING antonyme *m*

antörnen *umg* VT ⟨*sép*, -ge-, h.⟩ *Drogen umg* faire flipper; *Musik etc* exciter; *umg* chauffer

antraben VI ⟨*sép*, -ge-, s.⟩ **angetrabt kommen** *a. umg fig* arriver, s'approcher au trot

Antrag M ⟨~(e)s; -träge⟩ 1 *im Parlament etc* motion *f* (**auf** [+*akk*], **zu** de); **~ zur Geschäftsordnung** motion d'ordre; **e-n ~ stellen, einbringen** déposer, présenter une motion 2 (*Gesuch, Eingabe*) demande *f* (**auf** [+*akk*] de); JUR *a.* requête *f*; **auf ~** (**zurückerstatten** *etc*) (rembourser, *etc*) sur demande; **auf ~ des Verteidigers** *etc* à la demande, à la requête du défenseur, *etc*; **e-n ~ stellen** faire une demande 3 (*Heiratsantrag*) demande *f* en mariage; **e-m Mädchen e-n ~ machen** demander une jeune fille en mariage

antragen *geh* VT ⟨*irr*, *sép*, -ge-, h.⟩ **j-m etw ~** offrir, proposer qc à qn

antragsberechtigt ADJ autorisé à présenter une demande; **Antragsformular** N formulaire *m* de demande; **antragsgemäß** ADV JUR selon la requête; PARLAMENT selon la motion

Antragsteller(in) M ⟨~s; ~⟩ (F) ⟨~in; ~innen⟩ demandeur, -deresse *m,f* (*a.* JUR); JUR requérant *m*

antrainieren VT ⟨*sép*, *pas de ge-*, h.⟩ **j-m, sich** (*dat*) **etw ~** *Verhaltensweise, Muskeln etc* développer qc chez qn, en soi

antreffen VT ⟨*irr*, *sép*, -ge-, h.⟩ trouver; rencontrer; **j-n bei der Arbeit, bei bester Gesundheit, zu Hause ~** trouver qn en train de travailler, en parfaite santé, chez lui

antreiben ⟨*irr*, *sép*, -ge-⟩ A VT ⟨h.⟩ 1 *Tiere etc* faire avancer 2 *ans Ufer* pousser (vers le rivage); **angetrieben werden** être poussé, rejeté par le courant, par la rivière, *etc* 3 *fig* **j-n zu etw ~** pousser, inciter qn à faire qc 4 TECH *Maschine* actionner; entraîner; commander; *Fahrzeug, Flugzeug, Rakete* propulser B VI ⟨s.⟩ arriver; flotter (vers le rivage)

antreten ⟨*irr*, *sép*, -ge-⟩ A VT ⟨h.⟩ 1 (*beginnen*) commencer; **e-e Reise, Fahrt ~** partir en voyage; se mettre en route; **s-n Urlaub ~** prendre ses vacances; partir en vacances, en congé; **ein Amt ~** entrer en fonction; prendre ses fonctions; **e-e Stelle ~** commencer à un poste, dans un emploi; **s-n Dienst ~** prendre son service; **j-s Nachfolge** (*akk*) **~** prendre la succession de qn; succéder à qn; **e-e Erbschaft ~** recueillir un héritage; **e-e Strafe ~** (commencer à) purger une peine; **den Rückzug ~** MIL, *fig* battre en retraite; **den Beweis ~** fournir la preuve 2 *Motorrad* actionner le kick de B VI ⟨s.⟩ 1 (*sich aufstellen*) se mettre en rang; s'aligner; se ranger; MIL se rassembler; se mettre en rang; **der Größe nach ~** se ranger, s'aligner par ordre de taille; MIL **~!** rassemblement! 2 (*sich stellen*) **zu e-m Wettkampf, gegen e-e Spitzenmannschaft ~** se présenter à une épreuve, contre une équipe vedette 3 (*erscheinen*) se présenter; *umg* **beim Chef ~** se présenter devant le patron

Antrieb M 1 (*Impuls, innere Triebkraft*) impulsion *f*; mouvement *m*; **etw aus freiem ~ tun** faire qc de son propre gré; **ihm fehlte jeder ~** il n'avait aucune initiative 2 TECH *e-r Maschine* commande *f*; entraînement *m*; *e-s Fahrzeugs, Flugzeugs, e-r Rakete* propulsion *f*; *e-s Landfahrzeugs a.* traction *f*; **e-e Maschine mit elektrischem ~** une machine à commande électrique

Antriebsaggregat N TECH groupe propulseur; FLUG propulseur *m*; **Antriebskraft** F force motrice, de propulsion; **Antriebsrad** N roue motrice; **Antriebswelle** F TECH arbre moteur

antrinken ⟨*irr*, *sép*, -ge-, h.⟩ VR **sich** (*dat*) **e-n Rausch ~**, *umg* **sich** (*dat*) **einen ~** se soûler; **sich** (*dat*) **Mut ~** boire pour se donner du courage

Antritt M 1 (*Beginn*) début *m*; commencement *m*; **bei ~ der Reise, Fahrt** au début du voyage; au départ; **vor ~ der Reise, Fahrt** avant le voyage, départ; **~ e-s Amtes, e-r Stellung** entrée *f* en fonction, dans une place 2 SPORT enlevage *m*

Antrittsbesuch M première visite (de politesse); **Antrittsrede** F discours inaugural; POL discours *m* d'investiture; **Antrittsvorlesung** F cours inaugural

antrocknen VI ⟨-ete, *sép*, -ge-, s.⟩ 1 (*durch Trocknen festkleben*) coller (en séchant) 2 (*ein wenig trocknen*) commencer à sécher; être encore humide

antuckern *umg* ⟨-(e)re, *sép*, -ge-, s.⟩ **angetuckert kommen** avancer en faisant teuf-teuf

antun VT ⟨*irr*, *sép*, -ge-, h.⟩ 1 (*tun*) faire; *geh* **j-m Gewalt ~** user de violence envers qn; *e-r Frau* violenter qn; *geh* faire violence à qn; *umg* **tu mir das nicht an!** ne me fais pas cela (à moi)!; tu ne vas pas me faire ça!; *umg* **sich** (*dat*) **etwas ~** (*sich umbringen*) se suicider; **sich** (*dat*) **keinen Zwang ~** ne pas se gêner; faire comme chez soi 2 **es j-m angetan haben** avoir charmé, enchanté, séduit qn; **sie hat es ihm angetan** elle l'a charmé, séduit; il a été conquis par elle 3 *geh* **angetan mit** (*bekleidet*) (re)vêtu de; **festlich angetan** en habits de fête

anturnen[1] *umg* VI ⟨*sép*, -ge-, s.⟩ **fröhlich angeturnt kommen** arriver tout joyeux

anturnen[2] → antörnen

Antwerpen N ⟨→ *n/pr*⟩ Anvers

Antwort F ⟨~; ~en⟩ 1 réponse *f* (**auf** [+*akk*] à); (*Erwiderung*) réplique *f*; *schlagfertige* repartie *f*; *scharfe* riposte *f*; **~ geben** donner (une) réponse; répondre; **j-m (keine) ~ geben** (ne pas) répondre à qn; **zur ~ geben** répliquer (**j-m etw** qc à qn); **etw zur ~ bekommen** recevoir qc en réponse; s'entendre répondre que ...; **nie um e-e ~ verlegen sein** avoir réponse à tout; avoir la repartie facile; n'être jamais en peine de répondre; *auf Einladungskarten* **um ~ wird gebeten** répondez, s'il vous plaît; **j-m Rede und ~ für etw stehen** rendre compte, raison de qc à qn; *sprichw* **keine ~ ist auch e-e ~** il a *bzw.* elle a, *etc* certainement ses raisons pour ne pas répondre 2 *fig* (*Reaktion*) réponse *f*; réaction *f*; **als ~ auf** (+*akk*) en réponse à

Antwortbrief M lettre *f* de réponse

antworten VI ⟨-ete, h.⟩ 1 répondre (**auf etw** [*akk*] à qc; **j-m** à qn); (*erwidern*) répliquer; *schlagfertig, rasch meist* riposter; **mit Ja, Nein ~** répondre par oui, par non; **was hast du darauf geantwortet?** qu'as-tu répondu (à cela)? 2 (*reagieren*) répondre (**mit** par)

Antwortkarte F carte-réponse *f*

Antwortschein M **internationaler ~** coupon-réponse international

Antwortschreiben N lettre *f* de réponse

anvertrauen ⟨*sép*, *pas de ge-*, h.⟩ A VT (*übergeben, mitteilen*) **j-m etw ~** confier qc à qn; **etw j-s Obhut** (*dat*) **~** confier qc à la garde de qn; confier la garde de qc à qn B VR 1 **sich j-s Schutz** (*dat*) **~** se mettre sous la protection de qn; se remettre entre les mains de qn; **sich j-s Pflege** (*dat*) **~** s'en remettre aux soins de qn 2 **sich j-m ~** (*sich mitteilen*) se confier à qn, auprès de qn; s'ouvrir à qn; **er hat sich mir anvertraut** j'ai reçu ses confidences; il s'est confié à moi

Anverwandte(r) *geh* M/F(M) → Verwandte(r)

anvisieren VT ⟨*sép*, *pas de ge-*, h.⟩ viser (*a. fig*); prendre pour cible

anwachsen VI ⟨*irr*, *sép*, -ge-, s.⟩ 1 *übertragene Haut etc* prendre; *Pflanze* prendre racine; s'enraciner; **an etw** (*dat*) **~** s'attacher à qc; *umg* **diese Leute sitzen wie angewachsen da** on dirait que ces gens ont pris racine 2 *Bevölkerungszahl, Ausgaben, Sturm etc* augmenter; s'accroître; **lawinenartig ~** faire boule de neige; **auf zwei Millionen** (*akk*) **~** atteindre deux millions

Anwachsen N 1 *von Pflanzen etc* enracinement *m* **2** *an Zahl, Menge etc* augmentation *f;* accroissement *m*

anwackeln *umg* VI ‹-(e)le, *sép*, -ge-, s.› **angewackelt kommen** arriver, s'approcher en se dandinant, cahin-caha

anwählen VT ‹*sép*, -ge-, h.› composer le numéro de; *weitS. a.* téléphoner à

Anwalt M ‹~(e)s; -wälte› JUR avocat *m* (*a. fig*); **e-n ~ nehmen** prendre un avocat; *fig* **sich zum ~ e-r Sache machen** se faire l'avocat, le défenseur de qc

Anwältin F ‹~; ~nen› avocate *f*

Anwaltsbüro N *Räume, Sozietät* cabinet *m* juridique, d'avocat(s)

Anwaltschaft F ‹~; ~en› barreau *m*

Anwaltskammer F ordre *m* des avocats; barreau *m*; **Anwaltskanzlei** F → Anwaltsbüro; **Anwaltskosten** PL honoraires *mpl* d'avocat

anwandeln *geh* VT ‹-(e)le, *sép*, -ge-, h.› prendre; **eine Laune wandelt ihn an** il lui prend une lubie; **eine plötzliche Schwäche wandelte sie an** elle fut prise d'une soudaine faiblesse

Anwandlung F accès *m*; velléité *f*; **in e-r ~ von Furcht, Großzügigkeit ging sie ...** prise d'un accès de peur, de générosité, elle alla ...; *iron* **dichterische ~en bekommen** être saisi, pris de velléités poétiques

anwanken *umg* VI ‹*sép*, -ge-, s.› **angewankt kommen** arriver, s'approcher en chancelant, en titubant

anwärmen VT ‹*sép*, -ge-, h.› (faire) chauffer légèrement; (faire) tiédir

Anwärter(in) M(F) postulant(e) *m(f)*, candidat(e) *m(f)*, *auf e-n Thron* prétendant(e) *m(f)* (**auf** [+ *akk*] à); (*Offiziersanwärter*) aspirant *m*; (*Beamtenanwärter[in]*) stagiaire *m/f*

Anwartschaft F ‹~; ~en› expectative *f*, prétentions *fpl* (**auf** [+*akk*] à); **die ~ auf e-e Stelle haben** avoir l'expectative d'un emploi; être en droit d'espérer (obtenir) un emploi

anwehen ‹*sép*, -ge-› **A** VT ‹h.› **1** *geh Wind* **j-n ~** souffler contre qn **2** *Blätter, Schnee etc* amonceler **B** VI ‹s.› s'amonceler

anweisen VT ‹*irr, sép*, -ge-, h.› **1** (*beauftragen*) **j-n ~, etw zu tun** ordonner à qn, charger qn, donner l'ordre à qn de faire qc; **angewiesen sein, etw zu tun** avoir (reçu l')ordre de faire qc **2** (*anleiten*) **j-n ~** donner des instructions à qn **3** *Platz* indiquer; *Zimmer, Tätigkeit* attribuer; *Tätigkeit a.* assigner **4** HANDEL *Summe* ordonnancer; **etw zur Zahlung ~** donner l'ordre de payer qc

Anweisung F **1** (*Anordnung*) consigne *f*; ordre *m*; instruction *f*; **~en** *pl a.* directives *fpl*; **strikte ~ haben, etw zu tun** avoir l'ordre de faire qc; **auf (schriftliche) ~** sur ordre (écrit) **2** (*Anleitung*) indication *f*, instruction *f* (**für, bei** pour); (*Gebrauchsanweisung*) mode *m* d'emploi **3** *e-s Zimmers etc* attribution *f*; assignation *f* **4** HANDEL *e-r Zahlung* ordre *m* de paiement **5** (*Formular: Zahlungsanweisung, Postanweisung*) mandat *m*

anwendbar ADJ *Methode, Theorie, Gesetz* applicable (**auf** [+*akk*] à); *Mittel* utilisable

anwenden VT ‹*irr, sép*, -ge-, h.› **1** (*gebrauchen*) employer; utiliser; faire usage de; *Methode, Verfahren a.* appliquer; **etw richtig, falsch ~** faire un bon, mauvais usage de qc; bien, mal employer qc; **Gewalt ~** avoir recours à, employer la force, la violence **2** *Regel, Gesetz etc* appliquer; **sich auf etw** (*akk*) **~ lassen** s'appliquer à qc

Anwender(in) M ‹~s; ~› (F) ‹~in; ~innen› IT utilisateur, -trice *m,f*

Anwendung F **1** (*Gebrauch*) emploi *m*; utilisation *f*; usage *m*; **unter ~ von Gewalt** en faisant usage de la force; en employant la force **2** *e-r Regel, e-s Gesetzes etc* application *f* (**auf** [+*akk*] à); ADMIN **~ finden bei** s'appliquer à; ADMIN **etw in** *od* **zur ~ bringen** appliquer qc; mettre qc en application; ADMIN **zur ~ kommen** être appliqué **3** IT application *f*

Anwendungsbereich M, **Anwendungsgebiet** N domaine *m* d'utilisation; champ *m*, rayon *m* d'application; **Anwendungsmöglichkeit** F application *f*, utilisation *f*, emploi *m* (possible); **Anwendungsvorschrift** F consigne *f* d'application, d'emploi; **Anwendungsweise** F mode *m* d'emploi

anwerben VT ‹*irr, sép*, -ge-, h.› recruter; MIL *a.* enrôler; HIST racoler; *Arbeitskräfte a.* engager; embaucher

Anwerbestopp M arrêt *m* de l'embauche

Anwerbung F recrutement *m*; MIL *a.* enrôlement *m*; *von Arbeitskräften a.* embauche *f*; embauchage *m*

anwerfen VT ‹*irr, sép*, -ge-, h.› **1** *Motor* lancer; mettre en marche **2** *Mörtel* projeter (**an die Wand** sur le mur)

Anwesen N ‹~s; ~› propriété *f*

anwesend ADJ présent; (**bei etw**) **nicht ~ sein** *a.* manquer (qc); JUR faire défaut

Anwesende(r) M/F(M) ‹→ A› personne présente; **die ~n** *a.* l'assistance *f*; **~ ausgenommen** les personnes présentes exceptées; **verehrte ~!** Mesdames et Messieurs!

Anwesenheit F ‹~› présence *f*; **in ~** (*dat*) **von** *od* (+*gen*) en présence de; **in, während s-r ~** en sa présence

Anwesenheitskontrolle F contrôle *m* des présences; **Anwesenheitsliste** F liste *f* de présence

anwetzen *umg* VI ‹-(es)t, *sép*, -ge-, s.› **angewetzt kommen** arriver comme une flèche, en trombe

anwidern VT ‹-(e)re, *sép*, -ge-, h.› **j-n ~** répugner à qn; dégoûter qn

anwinkeln VT ‹-(e)le, *sép*, -ge-, h.› plier

anwinseln VT ‹-(e)le, *sép*, -ge-, h.› **1** *Hund* gémir, japper (à la vue de qn) **2** *fig pej* **j-n um etw ~** demander qc à qn en pleurnichant

Anwohner(in) M ‹~s; ~› (F) ‹~in; ~innen› riverain(e) *m(f)*

Anwurf M **1** ‹*sans pl*› SPORT coup *m* d'envoi; **den ~ machen** donner le coup d'envoi **2** *geh* (*Anschuldigung*) accusation *f*; (*Vorwurf*) reproche *m*

anwurzeln VI ‹-(e)le, *sép*, -ge-, s.› s'enraciner; prendre racine; → *a.* angewurzelt

Anzahl F ‹~› nombre *m*; quantité *f*; **e-e ~ (von) Schüler(n)** un certain nombre d'élèves; **e-e große ~ alte** *od* **alter Bücher** un grand nombre de livres anciens

anzahlen VT ‹*sép*, -ge-, h.› *Betrag* verser un acompte de; *Produkt, Ware* verser un acompte pour; **hundert Euro ~** verser un acompte de cent euros; verser cent euros d'acompte, d'arrhes

anzählen VT ‹*sép*, -ge-, h.› BOXEN **der Ringrichter zählte den Boxer an** le boxeur est resté au tapis pendant que l'arbitre comptait jusqu'à huit

Anzahlung F acompte *m*; arrhes *fpl*; **e-e ~ (auf etw** [*akk*]**) machen** *od* **leisten** verser un acompte, des arrhes (pour qc)

anzapfen VT ‹*sép*, -ge-, h.› **1** *Fass* mettre en perce; *Bäume zur Harzgewinnung* gemmer **2** *umg Telefon* mettre sur écoute; *Leitung* se brancher, se raccorder sans autorisation sur **3** *umg* (*anpumpen*) taper (**wegen, um** de)

Anzeichen N signe *m*; indice *m*; *a.* MED symptôme *m*; **die ersten ~** les signes avant-coureurs; **sie zeigte keinerlei ~ von Reue** elle ne montra aucun signe de repentir; **alle ~ deuten darauf hin, dass ...** tout tend à prouver que ...

anzeichnen VT ‹-ete, *sép*, -ge-, h.› **1** **etw (an etw** [*akk*]**) ~** dessiner qc (sur qc) **2** (*markieren*) marquer

Anzeige F ‹~; ~n› **1** *in e-r Zeitung* annonce *f*; **e-e ~ aufgeben** passer, insérer, faire paraître une annonce **2** *bei privaten Ereignissen* faire-part *m* **3** JUR (*Strafanzeige*) plainte *f*; **~ gegen unbekannt** plainte contre X; **~ erstatten** déposer une plainte, porter plainte (**gegen j-n** contre qn) **4** (*Messanlage*) indicateur *m* **5** (*Stand e-s Messgerätes*), IT affichage *m*

anzeigen VT ‹*sép*, -ge-, h.› **1** *Richtung, Zeit, Temperatur etc* indiquer; montrer; IT afficher **2** *Vermählung, Geburt etc* faire part de (**in e-r Zeitung** dans un journal) **3** *geh* (*ankündigen*) (**j-m**) **etw ~** aviser (qn) de qc **4** *strafbare Handlung* dénoncer; **j-n (wegen etw) ~** dénoncer qn, porter plainte contre qn (pour qc) **5** *geh* **etw für angezeigt halten** juger qc indiqué, convenable, opportun

Anzeigenabteilung F *e-r Zeitung* service *m* des (petites) annonces; **Anzeigenannahme** F bureau *m*, agence *f* qui reçoit des (petites) annonces; agence *f* de publicité; **Anzeigenbeilage** F → Anzeigenteil; **Anzeigenblatt** N journal *m* d'annonces; **Anzeigenpreis** M prix *m* de l'annonce; **Anzeigenschluss** M date *f* limite d'acceptation d'une annonce

Anzeigenteil M petites annonces; **im ~** dans les petites annonces

Anzeigenwerbung F publicité *f* par annonces dans la presse

Anzeigepflicht F ‹~› déclaration *f* obligatoire

anzeigepflichtig ADJ soumis à déclaration

Anzeiger M **1** TECH indicateur *m* **2** *e-r Gemeinde etc* bulletin *m*

Anzeigetafel F tableau *m* d'affichage

anzetteln VT ‹-(e)le, *sép*, -ge-, h.› *Schlägerei, Streit* provoquer; *Unruhen, Krieg* fomenter; *Verschwörung* ourdir; tramer; machiner

anziehen ‹*irr, sép*, -ge-, h.› **A** VT **1** *Kleidungsstücke* mettre; *rasch umg* enfiler; *Hemd, Pullover a.* passer; *Uniform a.* endosser; **s-e Schuhe ~** mettre ses chaussures; se chausser; **nichts anzuziehen haben** n'avoir rien à se mettre; **andere Kleider ~** changer de vêtements; (**sich** [*dat*]) **s-n** *bzw.* **den Mantel ~** mettre son manteau; **j-m etw ~** mettre qc à qn **2** *Person(en)* (*bekleiden*) **j-n ~** habiller qn; **gut, schlecht, warm angezogen sein** être bien, mal, chaudement habillé **3** *Eisen etc, Planeten* attirer; *Feuchtigkeit, Geruch* prendre; *fig* (*anlocken*) *Besucher, Blicke, Insekten* attirer; *fig* **sich von j-m, etw angezogen fühlen** se sentir attiré par qn, qc **4** *Beine etc* ramener vers soi **5** *Schraube, Bremse* serrer; *Seil, Saite* tendre; **die Zügel ~** tirer les rênes; *fig* serrer la bride **B** VI **1** *Pferde* commencer à tirer; *Fahrzeug* accélérer **2** *Preise etc* être en °hausse; monter; augmenter **3** SCHACH *etc* jouer en premier **C** VR **sich ~** s'habiller; **sich elegant ~** s'habiller avec élégance; se mettre en tenue élégante; **sich festlich ~** mettre ses habits de fête

anziehend ADJT **1** *Person, Wesen* attirant; attrayant; *plus fort* séduisant **2** **~e Preise** *mpl* prix *mpl* en °hausse

Anziehung F PHYS, *a. fig* attraction *f*

Anziehungskraft F **1** PHYS force *f* d'attraction **2** ‹*sans pl*› *fig* attraction *f*; attirance *f*; *plus fort* séduction *f*; **e-e magische ~ auf j-n ausüben** exercer une puissante séduction sur qn

anzischen ‹*sép*, -ge-› **A** VT ‹h.› **1** *Schlange,*

Gänserich etc siffler après 2 *umg fig umg* gueuler après B *umg* VI ⟨s.⟩ **~, angezischt kommen** *umg* (se) rappliquer

anzockeln *umg* VI ⟨-(e)le, *sép*, -ge-, s.⟩ **angezockelt kommen** arriver, *umg* s'amener sans se presser

anzotteln *umg* VI ⟨-(e)le, *sép*, -ge-, s.⟩ **angezottelt kommen** → anzockeln

Anzug M 1 *(Herrenanzug)* costume *m*; complet *m* 2 **im ~ sein** *Gewitter, Gefahr* se préparer; s'annoncer; s'approcher; *Schnupfen etc* s'annoncer; *Feind* s'approcher 3 ⟨*sans pl*⟩ *e-s Fahrzeugs* accélération *f* 4 ⟨*sans pl*⟩ SCHACH *etc* **Weiß hat ~** les blancs commencent; *Person* **~ haben** jouer en premier

anzüglich A ADJ *(unangenehm)* désobligeant; malveillant; *(zweideutig)* équivoque; **~ werden** faire des allusions désobligeantes B ADV **~ lächeln** avoir un sourire malveillant

Anzüglichkeit F ⟨~; ~en⟩ 1 *Bemerkung* insinuation, allusion désobligeante, malveillante 2 ⟨*sans pl*⟩ *Art* caractère désobligeant

anzünden VT ⟨-ete, *sép*, -ge-, h.⟩ 1 *Zigarette, Feuer, Kerze etc* allumer 2 *Haus etc* mettre le feu à; incendier; **Anzünder** M *für Gas* allume-gaz *m*; **anzweifeln** VT ⟨-(e)le, *sép*, -ge-, h.⟩ mettre en doute; douter de; **anzwinkern** VT ⟨-(e)re, *sép*, -ge-, h.⟩ faire un clin d'œil à

anzwitschern *umg* VR ⟨-(e)re, *sép*, -ge-, h.⟩ **sich** *(dat)* **einen ~** boire un coup de trop

AOK F ⟨~⟩ ABK (Allgemeine Ortskrankenkasse) caisse régionale d'assurance maladie *(en Allemagne)*

Äolsharfe F °harpe éolienne

Aorta F ⟨~; -ten⟩ ANAT aorte *f*

Aosta N ⟨→ *n/pr*⟩ GEOG Aoste; **Aostatal** N ⟨~(e)s⟩ val *m* d'Aoste

Apache M ⟨~n; ~n⟩ Apache *m*

apart A ADJ *Kleid etc* qui a du cachet, du chic; *Gesicht* qui a un charme particulier; *Stil, Einrichtung* original; **sie sieht sehr ~ aus** elle a du cachet, de la classe B ADV *im Buchhandel* séparément

Apartheid F ⟨~⟩ apartheid *m*; **Apartheid(s)politik** F politique *f* d'apartheid

Aparthotel N hôtel *m* d'appartements meublés

Apartment N ⟨~s; ~s⟩ studio *m*; **Apartmenthaus** N immeuble *m* de studios

Apathie F ⟨~; ~n⟩ apathie *f*

apathisch ADJ apathique

Apenninen PL **die ~** l'Apennin *m*; les Apennins *mpl*

Apenninenhalbinsel F ⟨~⟩ péninsule italienne

aper ADJ *südd, österr, schweiz* sans neige

Aperçu N ⟨~s; ~s⟩ trait *m* d'esprit; *geh* saillie *f*

Aperitif M ⟨~s; ~s⟩ apéritif *m*

apern V/UNPERS ⟨h.⟩ *südd, österr, schweiz* **es apert** c'est la fonte des neiges

Apfel M ⟨~s; ⸚⟩ *Frucht* pomme *f*; *Baum* pommier *m*; GASTR **Äpfel im Schlafrock** pommes au four enveloppées de pâte; *fig* **in den sauren ~ beißen** avaler la pilule; *umg fig* **man soll nicht Äpfel und Birnen zusammenzählen** *umg* il ne faut pas mélanger les torchons et les serviettes; *umg fig* **für einen ~ und ein Ei** *(sehr billig)* pour une bouchée de pain; *sprichw* **der ~ fällt nicht weit vom Stamm** *sprichw* tel père, tel fils

Apfelbaum M pommier *m*; **Apfelblüte** F 1 *Blüte* fleur *f* de pommier 2 *Zeit* floraison *f* des pommiers; **Apfelgelee** N *od* M gelée *f* de pommes; **apfelgrün** ADJ vert pomme *(inv)*; **Apfelkorn** M eau-de-vie (à base de grain[s]) aromatisée à la pomme; **Apfelkuchen** M tarte *f* aux pommes; **Apfelküchle** N ⟨~s; ~⟩ *südd* GASTR beignet *m* de pommes; **Apfelmost** M 1 *(Apfelsaft)* jus *m* de pomme 2 *bes südd (Apfelwein)* cidre *m*; **Apfelmus** N compote *f* de pommes

äpfeln VI ⟨-(e)le, h.⟩ *Pferd* faire des crottins

Apfelpfannkuchen M crêpe *f* aux pommes; **Apfelsaft** M jus *m* de pomme; **Apfelschale** F pelure *f* de pomme; **Apfelschimmel** M cheval gris pommelé; **Apfelschorle** F *mélange de jus de pommes et d'eau minérale gazeuse*

Apfelsine F ⟨~; ~n⟩ orange *f*

Apfelsinenbaum M oranger *m*; **Apfelsinensaft** M jus *m* d'orange; **Apfelsinenschale** F écorce *f* d'orange; **Apfelsinenscheibe** F quartier *m*, tranche *f* d'orange

Apfelsorte F sorte *f*, espèce *f* de pomme; **Apfelstrudel** M strudel *m* (aux pommes); **Apfeltasche** F GASTR chausson *m* aux pommes; **Apfelwein** M cidre *m*

Apgartest M MED test *m* d'Apgar

Aphasie F ⟨~; ~n⟩ MED aphasie *f*

Aphorismus *geh* M ⟨~; -men⟩ aphorisme *m*; **aphoristisch** *geh* A ADJ aphoristique B ADV par aphorisme

Aphrodisiakum N ⟨~s; -ka⟩ PHARM aphrodisiaque *m*

Aphrodite F ⟨→ *n/pr*⟩ Aphrodite *f*

Aphthe F ⟨~; ~n⟩ MED aphte *m*

APO, Apo F ⟨APO, Apo⟩ ABK (Außerparlamentarische Opposition) *mouvement de contestation politique dans les années soixante en Allemagne*

apodiktisch ADJ 1 PHIL apodictique 2 *geh fig (selbstsicher)* péremptoire

Apokalypse F ⟨~⟩ 1 BIBEL Apocalypse *f* 2 *geh fig* apocalypse *f*

apokalyptisch ADJ BIBEL, *geh fig* apocalyptique; **die ~en Reiter** *mpl* les quatre cavaliers *mpl* de l'Apocalypse

Apokope F ⟨~⟩ LING apocope *f*; **apokryph** ADJ BIBEL, *geh fig* apocryphe; **Apokryphen** NPL BIBEL apocryphes *mpl*

apolitisch ADJ apolitique; **~e Haltung** apolitisme *m*

Apoll M ⟨~s; ~s⟩ *poet, iron* Apollon *m*; adonis *m*

apollinisch ADJ apollinien, -ienne

Apollo[1] M ⟨→ *n/pr*⟩ MYTH Apollon *m*

Apollo[2] M ⟨~s; ~s⟩ *Schmetterling* apollon *m*

Apologet *geh* M ⟨~en; ~en⟩ apologiste *m*; **Apologetik** *geh* F ⟨~; ~en⟩ apologétique *f*; **apologetisch** *geh* ADJ apologétique; **Apologie** *geh* F ⟨~; ~n⟩ apologie *f*

Apophyse F ⟨~; ~n⟩ ANAT apophyse *f*

Apoplektiker M ⟨~s; ~⟩ MED apoplectique *m*; **apoplektisch** ADJ apoplectique; **Apoplexie** F ⟨~; ~n⟩ apoplexie *f*

Apostel M ⟨~s; ~⟩ REL, *fig* apôtre *m*; **der ~ Paulus** l'apôtre saint Paul; **die zwölf ~** les douze apôtres

Apostelbrief M REL épître *f*; **Apostelgeschichte** F Actes *mpl* des apôtres

a posteriori ADV PHIL, *geh fig* a posteriori

Apostolat N *od* M ⟨~(e)s; ~e⟩ *bes* KATH apostolat *m*

apostolisch ADJ apostolique; **das Apostolische Glaubensbekenntnis** le Symbole des apôtres

Apostroph M ⟨~s; ~e⟩ LING apostrophe *f*

Apostrophe F ⟨~; -strophen⟩ RHET apostrophe *f*

apostrophieren VT ⟨*pas de ge-*, h.⟩ 1 LING mettre une apostrophe à 2 *geh* **j-n, etw als etw ~** qualifier qn de qc

Apotheke F ⟨~; ~n⟩ *a. (Hausapotheke, Reiseapotheke)* pharmacie *f*

Apothekenhelferin F préparatrice *f* en pharmacie; **apothekenpflichtig** ADJ en vente uniquement dans les pharmacies

Apotheker(in) M ⟨~s; ~⟩ (F) ⟨~in; ~innen⟩ pharmacien, -ienne *m,f*; **Apothekerpreise** *umg pej* MPL prix exorbitants; **Apothekerwaage** F balance *f* de précision

Apotheose F ⟨~; ~n⟩ *geh*, REL, KUNST apothéose *f*

App. ABK 1 *(Apparat)* appareil; TEL poste 2 *(Appartement)* appartement

Apparat M ⟨~(e)s; ~e⟩ 1 *(Gerät)*, FOTO, TEL appareil *m*; **wer ist am ~?** qui est à l'appareil?; **bleiben Sie am ~!** ne quittez pas!; **am ~!** c'est moi; *förmlicher* c'est lui-même, elle-même 2 *e-r Behörde etc* appareil *m* 3 *e-s Textes* appareil *m*; **kritischer ~** appareil critique 4 UNIVERSITÄT *choix d'ouvrages sélectionnés pour un séminaire, un travail de recherche, etc* 5 *umg fig (etw sehr Großes) umg* énorme machin *m*

Apparatebau M ⟨~(e)s⟩ construction *f* d'appareils; **Apparatemedizin** F *oft pej* médecine technicisée

Apparatschik M ⟨~s; ~s⟩ POL apparatchik *m (a. fig)*

Apparatur F ⟨~; ~en⟩ équipement *m*; ELEK appareillage *m*

Apparillo *umg hum* M ⟨~s; ~s⟩ 1 *Ding, Gerät umg* truc *m* 2 *großer umg* énorme truc *m*, machin *m*; monstre *m*

Appartement N ⟨~s; ~s, *schweiz a.* ~e⟩ 1 *Wohnung* studio *m* 2 *in e-m Hotel* suite *f*

Appell M ⟨~s; ~e⟩ 1 MIL rassemblement *m* (pour le rapport quotidien); revue *f* de détail; **zum ~ antreten** se rassembler pour le rapport quotidien 2 *fig* appel *m* (**an die Vernunft, zum Frieden** à la raison, à la paix); **e-n ~ an j-n richten** lancer un appel à qn

Appellativ(um) N ⟨~s; ~e⟩ (N) ⟨~ums; -va⟩ GRAM nom commun

appellieren VI ⟨*pas de ge-*, h.⟩ **an etw, j-n ~** faire appel à qc, qn; en appeler à qc, qn; **an die Öffentlichkeit ~** en appeler à l'opinion publique; **an j-s Vernunft** *(akk)* **~** faire appel à la raison de qn

Appendix[1] M *od* F ⟨~; -dizes⟩ ANAT appendice *m*

Appendix[2] M ⟨~ *ou* ~es; -dizes *ou* ~e⟩ 1 *e-s Buches* appendice *m* 2 *geh fig (Anhängsel)* quantité *f* négligeable

Appenzell N ⟨→ *n/pr*⟩ l'Appenzell

Appenzeller M ⟨~s; ~⟩ *od* ADJ ⟨*inv*⟩ **~ (Käse)** appenzell *m*

Appetit M ⟨~(e)s; ~e⟩ appétit *m*; **e-n gesunden, großen ~ haben** avoir un solide, un grand appétit; **mit (gutem) ~ essen** manger de bon appétit; **~ auf etw** *(akk)* **haben** avoir envie de qc; **den ~ anregen** exciter, ouvrir, aiguiser l'appétit; **(auf etw** *[akk]***) ~ bekommen** se sentir de l'appétit pour qc; **j-m ~ machen** donner de l'appétit à qn; *Speisen* **~ machen** être appétissant; **j-m den ~ verderben** couper l'appétit à qn; *umg* **dabei kann einem der ~ vergehen, das verschlägt einem den ~** c'est à vous couper l'appétit; **guten ~!** bon appétit!; *sprichw* **der ~ kommt beim Essen** *sprichw* l'appétit vient en mangeant

appetitanregend ADJT qui donne de, ouvre l'appétit; *(appetitlich)* appétissant; PHARM **~es Mittel** produit *m* qui stimule l'appétit

Appetithappen M canapé *m*; *umg* amuse-gueule *m*

appetithemmend A ADJT anorexigène B ADVL **~ wirken** avoir un effet, être anorexigène

Appetithemmer M ⟨~s; ~⟩ coupe-faim *m*; *t/t* anorexigène *m*

appetitlich ADJ appétissant; *Person a.* mignon, -onne; **wenig ~** peu ragoûtant; **~ aussehen** avoir l'air appétissant

appetitlos ADJ sans appétit

Appetitlosigkeit F ⟨~⟩ manque *m* d'appétit; MED inappétence *f*; **Appetitzügler** M ⟨~s; ~⟩ coupe-faim *m*; *t/t* anorexigène *m*

applanieren V/T ⟨*pas de ge-*, h.⟩ *österr* **1** *(einebnen)* aplanir **2** *fig Konflikte etc* aplanir; régler

applaudieren V/I ⟨*pas de ge-*, h.⟩ applaudir (j-m qn)

Applaus M ⟨~es; ~e⟩ applaudissements *mpl*; **großen ~ bekommen** être très applaudi

Applikation F ⟨~; ~en⟩ **1** MODE application *f* **2** MED, *geh (Anwendung) e-r Methode, Theorie etc* application *f* (**auf** [+*akk*] à)

Applikationsstickerei F broderie *f* d'application

applizieren V/T ⟨*pas de ge-*, h.⟩ **1** MODE **etw auf etw** *(akk)* **~** appliquer qc sur qc; faire une application de qc sur qc **2** MED *u. geh (anwenden)* appliquer (**auf etw** [*akk*] à qc)

apport INT JAGD rapporte!

apportieren V/T *u.* V/I ⟨*pas de ge-*, h.⟩ *Hund* rapporter

Apportierhund M JAGD rapporteur *m* de gibier

Apposition F ⟨~; ~en⟩ GRAM apposition *f*

appretieren V/T ⟨*pas de ge-*, h.⟩ TEX apprêter

Appretur F ⟨~; ~en⟩ TEX apprêt *m*

Approbation F ⟨~; ~en⟩ *als Arzt, Apotheker* autorisation *f* d'exercer (la médecine, la pharmacie)

approbiert ADJ autorisé à exercer (la médecine, la pharmacie)

approximativ *geh* ADJ approximatif, -ive

Apr. ABK (April) avr (avril)

Après-Ski N ⟨~⟩ *Kleidung* après-ski *m*; *Vergnügen* sortie *f*, soirée *f* sympa au ski

Aprikose F ⟨~; ~n⟩ *Frucht* abricot *m*; *Baum* abricotier *m*

Aprikosenbaum M abricotier *m*; **Aprikosenmarmelade** F confiture *f* d'abricots

April M ⟨~(s); ~e⟩ (mois *m* d')avril *m*; **~, ~!** poisson d'avril!; **j-n in den ~ schicken** faire un poisson d'avril à qn; → *a.* Januar

Aprilscherz M poisson *m* d'avril; *fig* **das ist doch wohl ein ~!** c'est une blague!

Aprilwetter N temps *m* d'avril; temps changeant

a priori ADV PHIL, *geh fig* a priori

apriorisch ADJ *u.* ADV PHIL a priori

A-Probe F SPORT échantillon *m* A

apropos ADV à propos

Apsis F ⟨~; -siden⟩ ARCH abside *f*

Apulien N ⟨→ *n/pr*⟩ les Pouilles *fpl*; HIST l'Apulie *f*

Aquädukt M *od* N ⟨~(e)s; ~e⟩ aqueduc *m*

Aquajogging N SPORT aquajogging *m*

aquamarin ADJ (couleur d')aigue-marine

Aquamarin M ⟨~s; ~e⟩ MINER aigue-marine *f*; **aquamarinblau** ADJ (couleur d')aigue-marine; bleu aigue-marine *(inv)*

Aquaplaning N ⟨~(s)⟩ aquaplaning *m*

Aquarell N ⟨~s; ~e⟩ MAL aquarelle *f*; **Aquarellfarbe** F peinture *f*, couleur *f* à l'eau

aquarellieren V/I ⟨*pas de ge-*, h.⟩ peindre à l'aquarelle; faire de l'aquarelle

Aquarellist(in) M ⟨~en; ~en⟩ (F) ⟨~in; ~innen⟩, **Aquarellmaler(in)** M(F) aquarelliste *m/f*

Aquarellmalerei F ⟨~⟩ (peinture *f* à l')aquarelle *f*

Aquarienfisch M poisson *m* d'aquarium

Aquarium N ⟨~s; -ien⟩ aquarium *m*

Aquatinta F ⟨~⟩ MAL aquatinte *f*

Äquator M ⟨~s⟩ équateur *m*; **äquatorial** ADJ équatorial

Äquatorialafrika N ⟨→ *n/pr*⟩ l'Afrique équatoriale; **Äquatorialguinea** N ⟨→ *n/pr*⟩ la Guinée-Équatoriale

Äquatortaufe F baptême *m* de la ligne

Aquavit M ⟨~s; ~e⟩ eau-de-vie aromatisée au cumin

Äquilibrist(in) M ⟨~en; ~en⟩ (F) ⟨~in; ~innen⟩ équilibriste *m/f*

Aquitanien N ⟨→ *n/pr*⟩ HIST, GEOG l'Aquitaine *f*

äquivalent ADJ équivalent

Äquivalent N ⟨~(e)s; ~e⟩ équivalent *m*;

Äquivalenz F ⟨~; ~en⟩ équivalence *f*

Ar N *od* M ⟨~s; ~e, *mais* 20 ~⟩ *Flächenmaß* are *m*

Ara M ⟨~s; ~s⟩ ZOOL ara *m*

Ära F ⟨~; Ären⟩ ère *f*; **die ~ Adenauer** les années *fpl* Adenauer

Araber¹ M ⟨~s; ~⟩ *Pferd* cheval *m* arabe

Araber² M ⟨~s; ~⟩, **Araberin** F ⟨~in; ~innen⟩ *Einwohner(in)* Arabe *m/f*

Arabeske F ⟨~; ~n⟩ arabesque *f*

Arabien N ⟨→ *n/pr*⟩ l'Arabie *f*

arabisch ADJ arabe; **das Arabische Meer** la mer d'Oman

Arabisch N ⟨~(s)⟩, **Arabische** N ⟨~n⟩ (**das**) **Arabisch(e)** *Sprache* l'arabe *m*; **Arabisch sprechend** ⟨*épithète*⟩ arabophone

Arabistik F ⟨~⟩ études *fpl* arabes

Aralie F ⟨~; ~n⟩ BOT aralia *m*

Aralsee der ~ la mer d'Aral

Arancini, **Aranzini** PL *österr* écorces *fpl* d'oranges confites

Ararat ⟨→ *n/pr*⟩ **der ~** le mont Ararat

Araukarie F BOT araucaria *m*

Arbeit F ⟨~; ~en⟩ **1** *Tätigkeit* travail *m* (*a.* PHYS); *umg* boulot *m*; *geh* besogne *f*; labeur *m*; **die ~(en) an der Fassade** *etc* les travaux de la façade; **Tag** *m* **der ~** Fête *f* du Travail; **viel ~ haben** avoir beaucoup de travail; **gute ~ leisten** faire du bon travail; **ganze ~ leisten** *od* **machen** faire du bon travail; ne pas faire son travail à moitié; *iron* faire du beau travail; **s-e ~ machen** *od* **tun** travailler; faire son travail; **die ~ niederlegen, einstellen** cesser le travail; s'arrêter de travailler; *umg* débrayer; **an die ~ gehen, sich an die ~ machen** se mettre au travail; **an die ~!** au travail!; *umg* au boulot!; **bei der ~ sein** être en train de travailler; **bei der ~ stören** déranger pendant le travail; **j-m bei der ~ zusehen** regarder qn travailler; **etw in ~ haben** avoir qc en chantier; **etwas ist in ~** on travaille à qc; qc est en chantier; *umg hum pej* **die ~ nicht erfunden haben** *umg fig* avoir un poil dans la main; *hum* **die ~ läuft uns nicht davon** ce travail peut attendre; *sprichw* **~ schändet nicht** il n'y a pas de honte à travailler; *sprichw* **erst die ~, dann das Vergnügen** le travail d'abord, le plaisir après **2** *Produkt* travail *m*; *(Werk)* ouvrage *m*; *(Kunstwerk)* œuvre *f* **3** SCHULE *(Klassenarbeit)* contrôle *m*; *(Hausarbeit)* devoir *m*; **e-e ~ schreiben (in Französisch, Mathe** *etc*) faire un contrôle (de français, de maths, *etc*) **4** UNIVERSITÄT *(Diplomarbeit, Magisterarbeit etc)* mémoire *m*; **s-e ~ abgeben** rendre sa copie; **e-e philosophische, wissenschaftliche ~** un travail philosophique, scientifique **5** *(~splatz, Berufstätigkeit)* travail *m*; *umg* boulot *m*; **~ haben, suchen, finden** avoir, chercher, trouver du travail; **keine ~ haben** être sans travail; **e-r, s-r ~** *(dat)* **nachgehen** travailler; **zur ~ gehen** aller au, à son travail **6** ⟨*pas de pl*⟩ *(Mühe)* **(j-m) ~ machen** donner du travail, du mal (à qn); **sich** *(dat)* **mit etw ~ machen** se donner du mal pour qc

arbeiten ⟨-ete, h.⟩ **A** V/T faire; **was ~ Sie?** *im Augenblick, a. beruflich* que faites-vous?; **ein auf Taille gearbeiteter Mantel** un manteau cintré; **e-n Ring in Platin ~** monter une bague sur (du) platine; **ein sauber gearbeitetes Stück** un travail bien fait **B** V/I travailler (*a. fig Holz, Teig, Geld etc*); *Organ* fonctionner; *Maschine, Motor etc* marcher; **im Garten ~** jardiner; faire son jardin; **sein Geld ~ lassen** faire travailler son argent; **an etw** *(dat)* **~** travailler à qc; *seelisch* **an sich** *(dat)* **~** faire un travail sur soi; progresser (grâce à de gros efforts personnels); **für e-e Prüfung ~** préparer un examen; **j-n für sich ~ lassen** faire travailler qn pour soi; *Zeit etc* **für, gegen j-n, etw ~** travailler pour, contre qn, qc; *beruflich* **mit Kindern, Behinderten ~** s'occuper d'enfants, de handicapés; **über e-n Dichter, ein Thema ~** écrire un travail sur un écrivain, sur un sujet; **sie ist an selbstständiges Arbeiten gewöhnt** elle est habituée à travailler seule, sans directives; *a.* elle a le sens de l'initiative; **die ~de Bevölkerung** la population active; **sein langsam ~der Verstand** son esprit lent **C** V/R **1 sich müde ~** travailler jusqu'à l'épuisement; **sich** *(dat)* **die Hände wund ~** s'écorcher les mains en travaillant, *plus fort* à force de travailler; **sich zu Tode ~** se tuer au travail **2 sich durch den Schnee, das Gedränge ~** se frayer un chemin, un passage à travers la neige, la foule; *fig* **sich nach oben ~** réussir à force de travail; arriver à la force du poignet **D** V/UNPERS **es arbeitet sich schlecht bei dem Lärm** on travaille mal dans ce bruit

Arbeiter M ⟨~s; ~⟩ travailleur *m*; *in der Industrie* ouvrier *m*; **ungelernter ~** ouvrier non-qualifié; manœuvre *m*

Arbeiteraufstand M soulèvement ouvrier; **Arbeiterbewegung** F mouvement ouvrier; **Arbeiterbiene** F ZOOL ouvrière *f*; **Arbeiterfamilie** F famille ouvrière, d'ouvriers; **arbeiterfeindlich** ADJ *Politik, Maßnahmen etc* défavorable aux travailleurs; *plus fort* dirigé contre la classe ouvrière; **arbeiterfreundlich** ADJ *Politik, Maßnahmen etc* favorable aux travailleurs; *plus fort* favorable à la classe ouvrière; **Arbeiterführer** M leader ouvrier; **Arbeitergewerkschaft** F syndicat ouvrier, de travailleurs

Arbeiterin F ⟨~; ~nen⟩ travailleuse *f*; *in der Industrie, a. Biene* ouvrière *f*; → *a.* Arbeiter

Arbeiterjugend F jeunesse ouvrière; **Arbeiterkind** N enfant *m/f* d'ouvrier; **Arbeiterklasse** F ⟨~⟩ classe ouvrière; **Arbeiterkolonne** F équipe *f* d'ouvriers; **Arbeitermilieu** N milieu ouvrier; **Arbeiterorganisation** F organisation ouvrière; **Arbeiterpartei** F parti ouvrier; **Arbeiterpriester** M prêtre-ouvrier *m*; **Arbeiterschaft** F ⟨~⟩ ouvriers *mpl*; *bes* POL travailleurs *mpl*; **Arbeitersiedlung** F cité ouvrière; **Arbeiter-und-Bauern-Fakultät** F HIST *DDR* faculté ouvrière et paysanne; **Arbeiter-und-Bauern-Staat** M HIST *DDR* État ouvrier et paysan; **Arbeiterunruhen** FPL révoltes ouvrières; **Arbeiterverein** M association ouvrière; **Arbeiterviertel** N quartier ouvrier; **Arbeiterwohlfahrt** F association *f* d'aide sociale aux travailleurs

Arbeitgeber(in) M ⟨~s; ~⟩ (F) ⟨~in; ~innen⟩ employeur *m*; patron, patronne *m,f*; **die ~** *pl* le patronat; les patrons *mpl*

Arbeitgeberanteil M *bei der Sozialversicherung* cotisations patronales; **arbeitgeberfreundlich** ADJ *Politik, Maßnahmen etc* favorable aux patrons; **Arbeitgeberseite** F ⟨~⟩ **die ~** le patronat; **auf ~** du côté du patronat; **Arbeitgeberverband** M syndicat patronal; *in Frankreich etwa* Medef *m*

Arbeitnehmer(in) M ⟨~s; ~⟩ (F) ⟨~in; ~innen⟩ salarié(e) *m(f)*; employé(e) *m(f)*; **die ~** *pl* le salariat; les salariés; les employés

Arbeitnehmeranteil M *bei der Sozialversicherung* cotisations *fpl* du salarié *bzw.* des salariés; **arbeitnehmerfeindlich** ADJ *Politik, Maßnahmen etc* défavorable aux employés, aux salariés; **arbeitnehmerfreundlich** ADJ *Politik, Maßnahmen etc* favorable aux employés, aux salariés; **Arbeitnehmerorganisation** F syndicat *m*; **Arbeitnehmerseite** F ⟨~⟩ **die ~** les salariés; les employés; **auf ~** du côté des salariés, employés

Arbeitsablauf M déroulement *m* du travail; **Arbeitsabschnitt** M phase *f* de travail; **Arbeitsagentur** F agence *f* pour l'emploi; *in Frankreich etwa* Pôle *m* emploi

arbeitsam *geh* ADJ *Menschen* travailleur, -euse; laborieux, -ieuse; *Leben etc* de travail; laborieux, -ieuse

Arbeitsamt N *umg, österr, schweiz* agence *f* pour l'emploi; *in Frankreich etwa* Pôle *m* emploi; **Arbeitsanfall** M travail *m* (à faire)

Arbeitsanfang M début *m* de la journée de travail; **um 7 Uhr ist ~** la journée de travail commence à 7 heures

Arbeitsanleitung F directive(s) *f(pl)* de travail; **Arbeitsantritt** M (date *f* d')entrée *f* en fonction; débuts *mpl* dans un (nouvel) emploi; **Arbeitsanweisung** F directive(s) *f(pl)* de travail; **Arbeitsanzug** M tenue *f*, *blauer* bleu *m* de travail; combinaison *f*; **Arbeitsatmosphäre** F ambiance *f* de travail; **Arbeitsauffassung** F conception *f* du travail

Arbeitsaufwand M **(hoher) ~** somme *f* de travail (considérable); **der ~ dafür ist sehr groß, gering** cela représente un énorme travail, (assez) peu de travail

arbeitsaufwendig ADJ qui exige, demande beaucoup de travail

Arbeitsausfall M perte *f*, déperdition *f* de travail; **Arbeitsbedingungen** FPL conditions *fpl* de travail; **Arbeitsbefreiung** F dispense *f* de travail; **Arbeitsbeginn** M **1** *(Beginn der Arbeit[en] an etw)* commencement *m*, début *m* du travail **2** → Arbeitsanfang

Arbeitsbelastung F effort, *plus fort* stress (dû au travail); **Arbeitsbereich** M **1** *(Arbeitsgebiet)* champ *m* d'activité; domaine *m* **2** *im Raum* coin *m* travail; *e-r Maschine* rayon *m*, champ *m* d'action; **Arbeitsbericht** M rapport *m* de travail; **Arbeitsbeschaffung** F création *f* d'emplois; **Arbeitsbeschaffungsmaßnahme** F mesure *f* pour la création d'emplois; **Arbeitsbeschaffungsprogramm** N programme *m* de création d'emplois; **Arbeitsbescheinigung** F certificat *m* de travail; attestation *f* d'emploi; **Arbeitsbesprechung** F discussion *f* de travail; **Arbeitsbiene** F **1** ZOOL ouvrière *f* **2** *umg fig umg* bosseur, -euse *m,f*; **Arbeitsbrigade** F HIST *DDR* brigade *f* du travail; **Arbeitsbuch** N SCHULE livre *m* d'exercices; **Arbeitsdienst** M HIST service *m* du travail obligatoire; **Arbeitsdirektor** M *représentant du personnel dans le conseil d'administration (d'une entreprise de métallurgie)*; **Arbeitsdisziplin** F discipline *f* de travail; **Arbeitseifer** M zèle *m*; *geh* ardeur *f* au travail; **Arbeitseinstellung** F **1** *(Unterbrechung)* arrêt *m*, suspension *f*, cessation *f* du travail; débrayage *m* **2** *innere* attitude *f* vis-à-vis du travail; **Arbeitseinteilung** F répartition *f*, organisation *f* du travail

Arbeitsende N fin *f* de la journée de travail; **nach ~** après le travail; **um sieben Uhr haben wir ~** nous finissons le travail *od* de travailler à sept heures

Arbeitserlaubnis F autorisation *f* de travail; **Arbeitserleichterung** F allégement *m* du travail; **Arbeitsersparnis** F économie *f* de travail; **Arbeitsessen** N déjeuner *m*, dîner *m* d'affaires; **Arbeitsethos** N éthique *f* du travail; **arbeitsfähig** ADJ en état, capable de travailler; **Arbeitsfähigkeit** F ⟨~⟩ capacité *f* de travailler; **Arbeitsfeld** N champ *m* d'activité; domaine *m*

arbeitsfrei ADJ **~er Tag** jour chômé

Arbeitsfrieden M paix sociale (entre patronat et salariat); **Arbeitsfrühstück** N petit-déjeuner *m* de travail; **Arbeitsgang** M opération *f*, phase *f* (de travail); **Arbeitsgebiet** N champ *m* d'activité; **Arbeitsgelegenheit** F opportunité *f* de travail; **Arbeitsgemeinschaft** F groupe *m* de travail, d'études; **Arbeitsgenehmigung** F autorisation *f* de travail; **Arbeitsgerät** N **1** *einzelnes* outil *m* **2** *Gesamtheit* matériel *m* de travail; outils *mpl*; outillage *m*; **Arbeitsgericht** N conseil *m* de(s) prud'hommes; **arbeitsgerichtlich** ADJ prud'homal; **Arbeitsgrundlage** F base *f* de travail; **Arbeitsgruppe** F → Arbeitsgemeinschaft; **Arbeitsheft** N SCHULE cahier *m* pour les contrôles; **Arbeitshose** F pantalon *m* de travail; **arbeitsintensiv** ADJ déterminé (principalement) par le facteur main-d'œuvre; → *a.* arbeitsaufwendig; **Arbeitsjahre** NPL années *fpl* de travail; **Arbeitskampf** M conflit social (entre patronat et salariat); **Arbeitskampfmaßnahme** F mesure *f* de combat lors d'un conflit social; **Arbeitskittel** M blouse *f* de travail; **Arbeitskleidung** F vêtements *mpl* de travail; **Arbeitsklima** N ⟨~s⟩ ambiance *f*, climat *m* au travail; **Arbeitskollege** M, **Arbeitskollegin** F collègue *m/f*; **Arbeitskolonne** F équipe *f* de travail

Arbeitskraft F **1** ⟨*sans pl*⟩ *(Leistungsfähigkeit)* capacité *f*, puissance *f*, potentiel *m* de travail **2** *Person* travailleur, -euse *m,f*; *in der Industrie* ouvrier, -ière *m,f*; *pl* **Arbeitskräfte** main-d'œuvre *f*; **ausländische, geschulte Arbeitskräfte** de la main-d'œuvre étrangère, qualifiée

Arbeitskreis M cercle *m* de travail, d'études; **Arbeitslager** N camp *m* de travail; **Arbeitsleben** N ⟨~s⟩ **1** *(Arbeitswelt)* monde *m* du travail **2** *(Berufstätigkeit)* vie professionnelle; **Arbeitsleistung** F *e-r Person, Maschine* rendement *m*; **Arbeitslohn** M salaire *m*; paie *f*

arbeitslos ADJ sans travail; en *od* au chômage; chômeur, -euse; **~ werden** être mis au chômage; **j-n ~ machen** réduire qn au chômage; **sich ~ melden** s'inscrire au chômage

Arbeitslose(r) M/F(M) ⟨→ A⟩ chômeur, -euse *m,f*; sans-travail *m/f*

Arbeitslosengeld N ⟨~(e)s⟩ allocation *f* (de) chômage; **Arbeitslosenhilfe** F ⟨~⟩ *bis 2004* allocation *f* de fin de droits; *in Frankreich* revenu *m* minimum d'insertion; RMI *m*; **Arbeitslosenhilfeempfänger(in)** M(F) RMiste *m/f*; **Arbeitslosenquote** F taux *m* de chômage; **Arbeitslosenunterstützung** F → Arbeitslosengeld; **Arbeitslosenversicherung** F ⟨~⟩ assurance *f* chômage; **Arbeitslosenzahl** F, **Arbeitslosenziffer** F nombre *m* de chômeurs

Arbeitslosigkeit F ⟨~⟩ chômage *m*; **Arbeitslust** F envie *f* de travailler; *geh* ardeur *f* au travail; **Arbeitsmangel** M manque *m* de travail; **Arbeitsmarkt** M marché *m* du travail; **Arbeitsmaterial** N matériel *m* de travail; **Arbeitsmedizin** F médecine *f* du travail; **Arbeitsmensch** M bourreau *m* de travail; **Arbeitsmethode** F méthode *f* (de travail); **Arbeitsminister(in)** M(F) ministre *m/f* du Travail; **Arbeitsministerium** N ministère *m* du Travail; **Arbeitsmittel** N moyen *m*, outil *m* de travail; **Arbeitsmoral** F mentalité *f*, attitude *f* vis-à-vis du travail; **Arbeitsnachweis** M **1** → Arbeitsbescheinigung **2** *(Arbeitsvermittlungsstelle)* agence *f* de placement; **Arbeitsniederlegung** F *beim Streik* débrayage *m*; **Arbeitsordnung** F règlement(s) *m(pl)* du travail; **Arbeitsorganisation** F ⟨~⟩ organisation *f* du travail; **Arbeitsort** M lieu *m* de travail; **Arbeitspapier** N **1** *bes* POL *(Thesenpapier)* concept *m* **2** PL **~e** *(Unterlagen zum Arbeitsverhältnis)* papiers *mpl* (de travail); **Arbeitspause** F pause *f*; **Arbeitspensum** N tâche *f* *(à faire dans un temps limité)*; **Arbeitspferd** N **1** *(Ackerpferd)* cheval *m* de labour; *(Zugpferd)* cheval *m* de trait **2** *umg fig* → Arbeitstier 2; **Arbeitsplan** M plan *m* de travail; **Arbeitsplanung** F planification *f* du travail

Arbeitsplatz M **1** *(Stelle)* emploi *m*; travail *m* **2** *in e-r Fabrik etc* poste *m*; *(Arbeitszimmer)* bureau *m*; *zu Hause* coin *m* travail; **Herr Meier ist nicht am ~** M. Meier n'est pas à son poste **3** *(Arbeitsstätte)* lieu *m* de travail

Arbeitsplatzabbau M suppression *f* d'emplois; **Arbeitsplatzsicherung** F (mesures *fpl* pour assurer la) sécurité *f* de l'emploi; **Arbeitsplatzstudie** F étude *f* sur les lieux de travail; **Arbeitsplatzwechsel** M changement *m* de situation, d'emploi

Arbeitsprobe F échantillon *m*, exemple *m* (du travail de qn)

Arbeitsprozess M **1** ⟨*sans pl*⟩ *(Erwerbsleben, -tätigkeit)* vie *f* active; **im ~ stehen** être actif; **j-n wieder in den ~ eingliedern** réinsérer qn dans la vie active **2** *(Arbeitsablauf)* processus *m* du travail

Arbeitsraum M pièce *f*, *größerer* salle *f* de travail; bureau *m*; **Arbeitsrecht** N droit *m* du travail; **arbeitsrechtlich** **A** ADJ (relevant) du droit du travail **B** ADV du point de vue du droit du travail; **arbeitsreich** ADJ *Tag, Woche etc* bien rempli; *Leben a.* laborieux, -ieuse; **Arbeitsrichter(in)** M(F) prud'homme *m*; **Arbeitsrichtlinien** FPL directives *fpl* de travail; **Arbeitsruhe** F arrêt *m* de travail; **Arbeitssache** F **1** PL **~n** *(Arbeitsmittel etc)* affaires *fpl*; *Kleidung* vêtements *mpl* de travail **2** JUR procès *m* de droit du travail; **arbeitsscheu** ADJ paresseux, -euse; **Arbeitsschluss** M sortie *f* (du travail)

Arbeitsschritt M temps *m*, étape *f* (dans un travail); **etw in zwei ~en durchführen** faire un travail en deux temps, étapes

Arbeitsschuh M chaussure *f* de travail; **Arbeitsschutz** M sécurité *f* du travail; **Arbeitsschutzbestimmung** F, **Arbeitsschutzvorschrift** F règlement *m* concernant (l'hygiène et) la sécurité du travail; **Arbeitssicherheit** F ⟨~⟩ sécurité *f* au travail; **Arbeitssitzung** F séance *f* de travail; **Arbeitsspeicher** M IT mémoire vive; **Arbeitssprache** F *bei e-m Kongress etc* langue *f* de travail; **Arbeitsstätte** F lieu *m* de travail; **Arbeitsstelle** F **1** *(Arbeitsstätte)* lieu *m* de travail **2** *(Arbeitsplatz)* emploi *m*; travail *m*; **Arbeitsstil** M façon *f* de travailler; **Arbeitsstudie** F étude *f* du travail; **Arbeitsstunde** F heure *f* de travail

Arbeitssuche F recherche *f* d'un emploi; **auf (der) ~ sein** chercher du travail, un emploi

Arbeitssuchende(r) M/F(M) ⟨→ A⟩ demandeur, -euse *m,f* d'emploi; **Arbeitstag** M **1** journée *f* de travail **2** *(Werktag)* jour *m* ouvrable; **Arbeitstagung** F congrès professionnel; **Arbeitsteam** N équipe f de travail; **Arbeitstechnik** F technique f de travail; **arbeitsteilig** ADJ basé sur la répartition des tâches *bzw.* sur la division du travail

Arbeitsteilung F répartition f du travail; **die ~ in der Gesellschaft** la division du travail (dans la société)

Arbeitstempo N vitesse f, rythme m de travail; **Arbeitstier** N 1 *(Lasttier)* bête f de somme; *(Zugtier)* animal m de trait 2 *umg fig umg* bourreau m de travail; *umg* bosseur, -euse m,f; *plus fort umg* drogué(e) m(f) du travail; **Arbeitstisch** M table f de travail; **Arbeitstitel** M titre m provisoire; **Arbeitstreffen** N réunion f de travail; **Arbeitsüberlastung** F excès m, surcharge f de travail; **arbeitsunfähig** ADJ qui n'est pas en état de travailler; **Arbeitsunfähigkeit** F incapacité f de travail; **Arbeitsunfähigkeitsbescheinigung** F certificat m d'arrêt de travail; **Arbeitsunfall** M accident m du travail; **Arbeitsunterbrechung** F arrêt m de travail; **Arbeitsunterlagen** FPL documents *mpl* de travail

Arbeitsverhältnis N 1 *Vertrag* contrat m de travail; **das ~ lösen** résilier le contrat de travail; *Arbeitnehmer* donner sa démission 2 *(Stelle)* emploi m; **ein neues ~ eingehen** changer de poste, de situation, d'emploi; **in e-m ~ stehen** avoir un emploi 3 PL **~se** conditions *fpl* de travail

Arbeitsvermittlung F 1 *Tätigkeit* placement m (de demandeurs d'emploi) 2 *private Einrichtung* bureau m de placement; *Behörde* → Arbeitsamt; **Arbeitsverteilung** F répartition f du travail

Arbeitsvertrag M contrat m de travail; **befristeter ~** contrat à durée déterminée; CDD m; **unbefristeter ~** contrat à durée indéterminée; CDI m

Arbeitsverweigerung F refus m de travailler; **Arbeitsvorgang** M opération(s) f(pl), processus m (de travail); **Arbeitsvorlage** F modèle m; **Arbeitsweg** M trajet m pour se rendre au travail; **Arbeitsweise** F manière f de travailler; méthode f de travail; *e-r Maschine* (mode m de) fonctionnement m; **Arbeitswelt** F monde m du travail; **arbeitswillig** ADJ prêt à travailler; *beim Streik* non-gréviste; **Arbeitswissenschaft** F science f du travail; **Arbeitswoche** F semaine f de travail; **Arbeitswut** F frénésie f de travail; **arbeitswütig** ADJ qui travaille avec frénésie; *umg* drogué du travail

Arbeitszeit F 1 *(Zeit, in der gearbeitet wird)* heures *fpl* de travail; horaire(s) m(pl); **wöchentliche ~** nombre m d'heures de travail par semaine; **außerhalb, während der ~** en dehors des, pendant les heures de travail 2 *(zu e-r Arbeit benötigte Zeit)* temps m de travail; **für etw e-e ~ von drei Stunden benötigen** avoir besoin de trois heures pour (faire) qc

Arbeitszeitverkürzung F réduction f du temps, des heures de travail; **Arbeitszeug** *umg* N ⟨~(e)s⟩ 1 *Kleidung* vêtements *mpl* de travail 2 *Werkzeug* outils *mpl*; **Arbeitszeugnis** N certificat m de travail; **Arbeitszimmer** N bureau m; *früher* cabinet m de travail

arbiträr *geh* A ADJ arbitraire B ADV arbitrairement

archaisch ADJ archaïque

Archäologe M ⟨~n; ~n⟩, **Archäologin** F ⟨-in; -innen⟩ archéologue m/f; **Archäologie** F ⟨~⟩ archéologie f; **archäologisch** ADJ archéologique

Archäopteryx M ⟨~; ~e *ou* -pteryges⟩ archéoptéryx m

Arche ⟨~⟩ BIBEL **die ~ Noah** l'arche f de Noé

Archetyp M ⟨~s; ~en⟩ archétype m; **archetypisch** ADJ archétypal

Archidiakon M HIST archidiacre m; PROT deuxième pasteur m d'une paroisse

Archimedes M ⟨→ n/pr⟩ Archimède m

Archipel M ⟨~s; ~e⟩ GEOG archipel m

Architekt(in) M ⟨~en; ~en⟩ (F) ⟨~in; ~innen⟩ architecte m/f

Architektenbüro → Architekturbüro

Architektonik F ⟨~; ~en⟩ architectonique f; **architektonisch** ADJ architectonique

Architektur F ⟨~; ~en⟩ architecture f; **Architekturbüro** N bureau m, cabinet m d'architecte

Architrav M ⟨~s; ~e⟩ BAU architrave f

Archiv N ⟨~s; ~e⟩ archives *fpl*

Archivar(in) M ⟨~s; ~e⟩ (F) ⟨~in; ~innen⟩ archiviste m/f

Archivbild N photo(graphie) f d'archives

archivieren V/T ⟨*pas de ge-*, h.⟩ archiver; **Archivierung** F ⟨~; ~en⟩ archivage m

Archivkunde F archivistique f; **Archivmaterial** N matériel m archivistique

Archivolte F ⟨~; ~n⟩ BAU archivolte f

ARD F ⟨~⟩ ABK (Arbeitsgemeinschaft der öffentlich-rechtlichen Rundfunkanstalten der Bundesrepublik Deutschland) première chaîne de la télévision allemande

Ardennen PL **die ~** les Ardennes *fpl*

Are F ⟨~; ~n⟩ *schweiz* → Ar

Areal N ⟨~s; ~e⟩ 1 *(abgegrenztes Gebiet)* terrain m 2 *(Bodenfläche)* superficie f; surface f 3 *(Verbreitungsgebiet)* aire f (de répartition)

areligiös ADJ areligieux, -ieuse; irréligieux, -ieuse

Arena F ⟨~; -nen⟩ *a. fig* arène f

arg A ADJ ⟨=er; =ste⟩ 1 *geh (böse)* méchant; mauvais; **sein ärgster Feind** son plus grand ennemi; son ennemi juré; **nichts Arges im Sinn haben** ne pas avoir de mauvaises intentions 2 *regional (schlimm, unangenehm)* grave; *(schlecht)* mauvais; **das ist dann doch zu ~!** c'est trop fort!; c'est un peu raide!; **das Ärgste befürchten** redouter, craindre le pire; *geh* **im Argen liegen** être en piteux état 3 *regional verstärkend* grand; très; **in ~e Verlegenheit geraten** être très embarrassé; **ich habe einen ~en Schrecken bekommen** j'ai eu très, grand peur B *regional* ADV très; beaucoup; **es zu ~ (mit j-m) treiben** aller trop loin (avec qn); **die Krankheit hat ihn ~ mitgenommen** la maladie l'a beaucoup, très affaibli; **sich ~ freuen** se réjouir beaucoup; **er ist noch ~ jung** il est encore très jeune

Argentinien N ⟨→ n/pr⟩ l'Argentine f

Argentinier(in) M ⟨~s; ~⟩ (F) ⟨~in; ~innen⟩ Argentin(e) m(f)

argentinisch ADJ argentin

ärger *komp von* arg

Ärger M ⟨~s⟩ 1 *(Unmut, Verstimmung)* dépit m; irritation f; *(Zorn)* colère f; **~ erregen** provoquer des disputes; **s-m ~ Luft machen** laisser éclater sa colère; *umg* vider son sac 2 *(Unannehmlichkeiten)* ennuis *mpl*; contrariété f; **(mit etw, j-m) ~ haben** avoir des ennuis (avec qc, qn); **(j-m) ~ machen** causer, faire des ennuis à qn; **ich habe ~ bekommen** j'ai eu des ennuis; **es hat ~ gegeben** on a eu des ennuis; *(Krach, Streit) umg* ça a bardé; **sonst gibt es ~** sinon ça va se gâter, aller mal; *umg* **so ein ~!** comme c'est embêtant!; *umg* **mach keinen ~!** ne fais pas d'histoires!

ärgerlich A ADJ 1 *(ungehalten)* irrité; contrarié; *(zornig)* fâché; **~ werden** se fâcher; **über, auf j-n ~ sein** être fâché contre qn; **~ über die Störung sein** être irrité d'avoir été dérangé 2 *(unerfreulich)* fâcheux, -euse; ennuyeux, -euse; embêtant; **das ist aber ~!** c'est vraiment bête!; c'est très ennuyeux, contrariant!; **das Ärgerliche an der Sache ist ...** l'ennui dans cette affaire c'est ... B ADV *(ungehalten)* avec irritation; *(zornig)* avec colère

ärgern ⟨-(e)re, h.⟩ A V/T 1 *(necken, reizen)* agacer; embêter; *(zornig machen)* mettre en colère 2 *(unangenehm berühren)* contrarier; fâcher; **es ärgert mich, dass** cela me contrarie que (+*subj*); cela me contrarie de voir, de penser, *etc* que (+*ind*); **es ärgert mich, dass ich den Tisch nicht gekauft habe** je regrette de ne pas avoir acheté la table B V/R **sich ~** *(verärgert sein)* être fâché **(über j-n** contre qn, **über etw** [*akk*] de qc); *(zornig werden)* se fâcher **(über j-n** contre qn); **sich maßlos, schrecklich ~** (en)rager, être furieux, *umg* furax **(über etw** [*akk*] d'avoir fait qc, de voir qc, *etc*); *umg* **sich gelb und grün** *od* **grün und blau ~** se fâcher tout rouge; *umg* **nicht ~, nur wundern!** *umg* ça ne vaut pas le coup de s'énerver!; *Spiel* **Mensch ärgere dich nicht** (jeu m des) petits chevaux

Ärgernis N ⟨~ses; ~se⟩ 1 ⟨*sans pl*⟩ *(Anstoß)* scandale m; outrage m; **~ erregen** faire scandale; JUR **wegen Erregung öffentlichen ~ses** pour outrage public à la pudeur 2 *(Unannehmlichkeit)* contrariété f

Arglist *geh* F ⟨~⟩ fourberie f; perfidie f

arglistig ADJ sournois; perfide; fourbe; JUR dolosif, -ive; JUR **~e Täuschung** dol m

arglos ADJ 1 *(unschuldig)* sans malice; innocent; candide 2 *(vertrauensselig)* confiant; **Arglosigkeit** F ⟨~⟩ 1 *e-s Kindes etc* candeur f; innocence f 2 *(Vertrauensseligkeit)* confiance f

Argon N ⟨~s⟩ CHEM argon m

Argonaut M ⟨~en; ~en⟩ ZOOL argonaute m; **Argonauten** MPL MYTH Argonautes *mpl*

Argot N ⟨~s⟩ argot m

ärgste(r, -s) *sup von* arg

Argument N ⟨~(e)s; ~e⟩ *a.* MATH argument m; **ein ~ vorbringen** invoquer un argument

Argumentation F ⟨~; ~en⟩ argumentation f; raisonnement m

argumentativ A ADJ basé sur des arguments; **~e Beweisführung** argumentation f B ADV par l'argumentation; en raisonnant

argumentieren V/I ⟨*pas de ge-*, h.⟩ argumenter; raisonner

Argusaugen *geh* NPL **j-n mit ~ bewachen, beobachten** surveiller, observer qn avec suspicion, méfiance; **ihren ~ entgeht nichts** rien ne lui échappe

Argwohn *geh* M ⟨~(e)s⟩ *(Misstrauen) geh* suspicion f; défiance f; *(Verdacht)* soupçon m; **j-s** *bzw.* **bei j-m ~ erregen** susciter les soupçons de qn

argwöhnen *geh* V/T ⟨h.⟩ **etw ~** soupçonner qc

argwöhnisch *geh* A ADJ soupçonneux, -euse; méfiant; défiant; **j-n ~ machen** éveiller les soupçons, la méfiance, la défiance, la suspicion de qn B ADV avec méfiance, défiance; **etw ~ betrachten** regarder qc d'un air soupçonneux

a. Rh. ABK (am Rhein) -sur-le-Rhin

Ariadne F ⟨→ n/pr⟩ MYTH Ariane f; **Ariadnefaden** M MYTH, *fig* fil m d'Ariane

Arie F ⟨~; ~n⟩ MUS aria f; *e-r Oper a.* air m d'opéra

Arier(in) M ⟨~s; ~⟩ (F) ⟨~in; ~innen⟩ Aryen, -enne m,f

arisch ADJ aryen, -enne

Aristokrat(in) M ⟨~en; ~en⟩ (F) ⟨~in; ~innen⟩ aristocrate m/f; **Aristokratie** F ⟨~; ~n⟩ aristocratie f; **aristokratisch** ADJ aristocratique

Aristoteles M ⟨→ n/pr⟩ Aristote m

aristotelisch ADJ ⟨*épithète*⟩ d'Aristote; aristotélicien, -ienne

Arithmetik F ⟨~⟩ arithmétique *f*

arithmetisch ADJ arithmétique; **~es Mittel** moyenne *f* arithmétique; **~e Reihe** progression *f* arithmétique

Arkade F ⟨~; ~n⟩ arcade *f*

Arkadien N ⟨→ *n/pr*⟩ GEOG, *poet fig* l'Arcadie *f*; **arkadisch** ADJ GEOG, *poet fig* arcadien, -ienne; d'Arcadie; *fig a.* paradisiaque

Arktis ⟨→ *n/pr*⟩ **die ~** l'Arctique *m*

arktisch ADJ arctique; *fig* **~e Kälte** froid *m* polaire, *umg* de canard

arm ADJ ⟨¨er; ¨ste⟩ **1** *(nicht reich)* pauvre *(nachgestellt)*; *umg* **~ wie e-e Kirchenmaus** pauvre comme Job; GASTR **~e Ritter** *mpl* pain perdu; **j-n ~ machen** appauvrir qn; *fig hum* ruiner qn; **~ werden** s'appauvrir; devenir pauvre; *umg* **nun bin ich wieder um zehn Euro ärmer** me voilà soulagé de dix euros; *umg* **es trifft ja keinen Armen, keine Arme!** *umg* il, elle a de quoi!; *umg* il, elle a les moyens; **die Armen** les pauvres *mpl*; **Arm und Reich** riches et pauvres; BIBEL, *fig* **die Armen im Geiste** les pauvres d'esprit, en esprit **2** *(bedauernswert)* pauvre *(vorangestellt)*; **~es Ding!** pauvrette!; pauvre enfant!; **~er Irrer** pauvre fou *m*; *umg* **~er Teufel, Schlucker** pauvre diable, bougre, °hère; *umg* **~ dran sein** être à plaindre; **was hat der Arme erdulden müssen!** qu'est-ce qu'il a dû supporter, le pauvre!; *umg* **meine ~en Füße!** mes pauvres pieds *mpl*; **ich Ärmste(r)!** pauvre de moi!; **du Ärmste(r)!** ma (mon) pauvre! **3** *von Sachen* **~ an etw** *(dat)* **sein** être pauvre en qc; **~ an Rohstoffen, Vitaminen** pauvre en matières premières, en vitamines

Arm M ⟨~(e)s; ~e⟩ **1** bras *m (a. fig e-s Flusses etc)*; *fig* **der ~ des Gesetzes** le bras de la justice; *fig* **e-n langen ~ haben** avoir le bras long; *fig* **j-s verlängerter ~ sein** être l'instrument de qn; *a. fig* **mit offenen ~en** à bras ouverts; **~ voll** → Armvoll; **~ in ~** bras dessus bras dessous; **j-s ~ nehmen** prendre le bras de qn; **j-m den ~ reichen** donner, offrir le bras à qn; **die ~e in die Seiten stemmen** mettre les poings sur les °hanches; **j-n am ~ packen** saisir, prendre qn par le bras; *kleines Kind* **auf dem ~ halten, haben** tenir dans ses bras; *fig* **j-n auf den ~ nehmen** faire marcher qn; se payer la tête de qn; **j-n im ~ halten** serrer qn dans ses bras; *geh* **j-n in die ~e schließen** prendre qn dans ses bras; **j-m in die ~e fallen** *od geh* **sinken** tomber dans les bras de qn; *fig* **j-m in den ~ fallen** retenir le bras de qn; retenir qn; empêcher qn de faire qc; *fig* **j-m in die ~e laufen** tomber sur qn; *geh* **sich** *(dat)* **in den ~en liegen** être dans les bras l'un de l'autre; être enlacés; **den Mantel über den ~ nehmen** prendre son manteau sur son bras; *Aktentasche etc* **unter den ~ nehmen** mettre sous son bras; *fig* **j-m unter die ~e greifen** tirer qn d'affaire **(mit etw** avec qc, en faisant qc); *a. finanziell umg* dépanner qn; *finanziell* aider qn (financièrement); *umg* **die Beine unter die ~e nehmen** prendre ses jambes à son cou **2** *(Ärmel)* manche *f*; **ein Kleid mit langem, kurzem ~** une robe à manches longues, courtes

Armada F ⟨~; -den *ou* ~s⟩ HIST Armada *f*; *fig* armada *f*

armamputiert ADJT amputé d'un *bzw.* des deux bras; **Armarbeit** F ⟨~⟩ SPORT jeu de(s) bras; SCHWIMMEN mouvement *m* des bras

Armatur F ⟨~; ~en⟩ *meist* PL **~(en)** *im Bad etc* robinetterie *f*

Armaturenbrett N AUTO, FLUG tableau *m* de bord; TECH *(Schalttafel)* tableau *m* (de contrôle, de commande)

Armband N ⟨~(e)s; -bänder⟩ bracelet *m*; **Armbanduhr** F montre-bracelet *f*; bracelet-montre *m*

Armbeuge F **1** ANAT pli *m*, saignée *f* du bras **2** *im Liegestütz* flexion *f* du bras; **Armbewegung** F geste *m* du bras; **Armbinde** F **1** *Erkennungszeichen* brassard *m* **2** MED écharpe *f*; **Armbruch** M fracture *f* du bras; **Armbrust** F arbalète *f*

Ärmchen N ⟨~s; ~⟩ petit bras

armdick ADJ de la grosseur d'un bras

Armee F ⟨~; ~n⟩ armée *f (a. fig)*

Armeefahrzeug N véhicule *m* militaire; **Armeekorps** N corps *m* d'armée

Ärmel M ⟨~s; ~⟩ manche *f*; **die ~ hochkrempeln** *a. umg fig* retrousser ses manches; *umg fig* **etw aus dem ~ schütteln** faire qc sans peine, avec facilité, sans (aucune) difficulté; *umg fig verhüllend* **leck mich am ~!** *umg* fiche-moi la paix!

Ärmelaufschlag M revers *m* de manche(s); parement *m*

Armeleuteessen N *pej* nourriture *f* de pauvres; plat *m* pour les pauvres

Ärmelkanal der ~ la Manche

ärmellos ADJ sans manches

Ärmelschoner M ⟨~s; ~⟩, **Ärmelschützer** M ⟨-ers; -er⟩ manchette *f*

Armenhaus N *früher* hospice *m*; *fig* **das ~ Europas** la région la plus déshéritée de l'Europe

Armenien N ⟨→ *n/pr*⟩ l'Arménie *f*; **Armenier(in)** M ⟨~s; ~⟩ (F) ⟨~in; ~innen⟩ Arménien, -ienne *m,f*

armenisch ADJ arménien, -ienne

Armenviertel N quartier *m* pauvre, déshérité

ärmer *komp von* arm

Armeslänge *geh* F coudée *f*

armieren V/T ⟨*pas de ge-*, h.⟩ TECH *Beton, Kabel* armer; **Armierung** F ⟨~; ~en⟩ *des Betons* armature *f*; *des Stahlbetons* ferraillage *m*; **Armierungseisen** N fer *m* pour armer

Armkreisen N GYMNASTIK cercles *mpl* de bras; **Armlänge** F → Armeslänge; **Armlehne** F accoudoir *m*; *e-s Sessels a.* bras *m*; **Armleuchter** M **1** chandelier *m* à branches; *größerer* candélabre *m* **2** *umg pej umg* (espèce *f* d')andouille *f*; *umg* couillon *m*

ärmlich ADJ pauvre *(vorangestellt)*; *plus fort* misérable; **in ~en Verhältnissen leben** vivre dans la pauvreté

Ärmlichkeit F ⟨~⟩ pauvreté *f*

Armloch N MODE emmanchure *f*; entournure *f*

armmachen V/T → arm 1

Armreif M bracelet *m*

armselig ADJ **1** *(sehr arm)* pauvre; misérable **2** *(karg)* maigre; pauvre **3** *fig* piètre; minable; **Armseligkeit** F ⟨~⟩ pauvreté *f*

Armsessel M fauteuil *m* (à accoudoirs)

ärmste(r, -s) *sup von* arm

Armstuhl M chaise *f* à accoudoirs; **Armstumpf** M moignon *m* (de bras)

Armut F ⟨~⟩ *a. fig* pauvreté *f*; *(Bedürftigkeit)* indigence *f*; **geistige ~** pauvreté intellectuelle; **die ~ e-s Landes an Rohstoffen** la pauvreté d'un pays en matières premières; *sprichw* **~ schändet nicht** *sprichw* pauvreté n'est pas vice

Armutsgrenze F seuil *m* de pauvreté; **unterhalb der ~ leben** vivre en dessous du seuil de pauvreté

Armutszeugnis N **das ist ein ~ für ihn** cela prouve son incapacité; **sich** *(dat)* **ein ~ ausstellen** faire preuve de, démontrer son incapacité

Armvoll M ⟨~; ~⟩ brassée *f*; **ein ~ Holz** une brassée de bois

Arnika F ⟨~; ~s⟩ BOT, PHARM arnica *f*; **Arnikatinktur** F teinture *f* d'arnica

Arnold M ⟨→ *n/pr*⟩ *prénom*

Aroma N ⟨~s; -men *ou geh* ~ta⟩ arome *od* arôme *m*; parfum *m (a. Geschmack)*; **künstliches ~** arôme, parfum artificiel

Aromatherapie F ⟨~⟩ aromathérapie *f*

aromatisch ADJ aromatique

aromatisieren V/T ⟨*pas de ge-*, h.⟩ aromatiser; **aromatisierter Tee** thé parfumé

Aronstab M BOT arum *m*; gouet *m*

Arpeggio N ⟨~s; ~s *ou* -ggien⟩ MUS arpège *m*

Arrak M ⟨~s; ~e *ou* ~s⟩ arak *od* arac *m*

Arrangement N ⟨~s; ~s⟩ *a.* MUS arrangement *m*

Arrangeur M ⟨~s; ~e⟩ MUS arrangeur *m*

arrangieren ⟨*pas de ge-*, h.⟩ **A** V/T **1** *(künstlerisch anordnen)*, MUS arranger **2** *(einrichten, organisieren) Fest etc* organiser **B** V/R **sich (mit j-m) ~** s'arranger (avec qn); *mit dem Gegner* en arriver à un compromis, *weitS.* faire un compromis (avec qn); **sich mit etw ~** *(sich abfinden)* s'arranger de qc

Arrest M ⟨~(e)s; ~e⟩ **1** *(Haft)* détention *f*; HIST SCHULE retenue *f*; MIL arrêts *mpl*; MIL **~ bekommen** être mis aux arrêts **2** JUR *(Beschlagnahmung)* saisie *f* conservatoire; **Arrestzelle** F cellule *f*

arretieren V/T ⟨*pas de ge-*, h.⟩ TECH arrêter; bloquer; **Arretierung** F ⟨~; ~en⟩ TECH blocage *m*; *Vorrichtung* dispositif *m* de blocage, d'arrêt; cran *m* d'arrêt

Arrhythmie F ⟨~; ~n⟩ MED arythmie *f* (cardiaque)

arriviert ADJ **~ sein** avoir réussi dans la vie; **~er Künstler** artiste connu

arrogant ADJ arrogant

Arroganz F ⟨~⟩ arrogance *f*

Arsch *sl* M ⟨~(e)s; ¨e⟩ **1** *(Hintern) sl* cul *m*; **j-m in den ~ kriechen** *umg* lécher les bottes, *vulg* le cul à qn; **leck mich am ~!** *sl* je t'emmerde!; *umg* fous-moi la paix!; **er kann mich (mal) am ~ lecken** *sl* je l'emmerde; *Dinge* **im ~ sein** *umg* être foutu; *umg* être nase *od* naze; *sl* **j-m am ~ vorbeigehen** laisser qn complètement froid, de marbre; *sl* **das geht mir am ~ vorbei** *a. umg* je m'en fiche complètement; *sl* je m'en branle; **am ~ der Welt** au bout du monde; **du hast (doch) den ~ offen!** *umg* tu débloques, déconnes complètement! **2** *Schimpfwort* **~ (mit Ohren)** *sl* con *m*, conne *f*; *sl* connard *m*, connasse *f*; **dieser ~!** *sl* quel con, *vulg* enfoiré, *vulg* enculé!

Arschbacke *sl* F fesse *f*; **Arschficker** *vulg* M *vulg* enculé *m*; *vulg* enfoiré *m*; **Arschgeige** *sl* F *sl* con *m*, conne *f*

Arschkarte F *sl* **die ~ (gezogen) haben** avoir tiré la mauvaise carte; *sl* s'être fait baiser

Arschkriecher *sl* M *umg* lèche-bottes *m*; *vulg* lèche-cul *m*; **Arschkriecherei** *umg* F *umg* lèche *f*; **Arschloch** *sl* N **1** *Schimpfwort sl* con *m*; *sl* connard *m*, connasse *f*; *sl* salaud *m* **2** *(After) sl* trou *m* du cul, de balle

Arsen N ⟨~s⟩ CHEM arsenic *m*

Arsenal N ⟨~s; ~e⟩ MIL, *fig* arsenal *m*

arsenhaltig ADJ CHEM qui contient de l'arsenic; arsenical

Arsenik N ⟨~s⟩ CHEM anhydride arsénieux

Arsenvergiftung F empoisonnement *m* par *od* à l'arsenic

Art F ⟨~; ~en⟩ **1** *(Weise)* manière *f*; façon *f*; mode *m*; **auf welche ~?** de quelle façon?; **auf diese ~** de cette manière, façon; ainsi; de la sorte; **auf die e-e oder (die) andere ~** d'une façon, manière ou d'une autre; **auf natürliche ~** d'une façon, manière naturelle; **auf geheimnisvolle ~ verschwinden** disparaître mystérieusement, de façon mystérieuse; **in der gewohnten ~** de la façon, manière habituelle; **auf eine ~ bin ich ganz zufrieden** d'un côté, je suis bien content; **nach ~ von** à la manière, façon de; **die ~ und Weise, wie er etwas tut** la façon, manière dont il fait qc; **auf diese ~ und Weise** de cette façon, manière; GRAM **der ~ und Weise** de manière **2** ⟨*sans pl*⟩ (*Natur, Wesensart*) genre *m*; nature *f*; **einzig in s-r ~** unique en son genre; **Fragen** *fpl* **allgemeiner ~** questions générales; **das ist nicht ihre ~** ce n'est pas son genre, dans sa nature; **er hat eine stille ~** il est d'une nature silencieuse; il est silencieux de nature **3** ⟨*sans pl*⟩ (*Benehmen*) manières *fpl*; façons *fpl*; **er hat eine unverschämte ~** il a des façons, des manières insolentes; *umg iron* **das ist nicht die feine englische ~** ce n'est pas un procédé très élégant; ce n'est pas une façon de faire; **das ist doch keine ~!** cela ne se fait pas!; en voilà des façons, des manières! **4** (*Sorte*) genre *m*; sorte *f*; *a.* BIOL espèce *f*; **aus der ~ schlagen** ne ressembler à personne dans la famille; **diese ~ stirbt aus** cette espèce disparaît; **diese ~ (von) Menschen schätze ich nicht** je n'apprécie pas ce genre de personne(s); **… aller ~** … de toutes sortes; **jede ~ von Veränderung scheuen** craindre tout changement; **er lag auf einer ~ Sofa** il était allongé sur une espèce, sorte de canapé **5** GASTR, MODE *etc* **auf französische, deutsche** *etc* **~** à la française, à l'allemande, *etc*; GASTR **… nach ~ des Hauses** … maison

Art. ABK (Artikel) article

arteigen ADJ BIOL propre à l'espèce; spécifique

Artemis F ⟨→ *n/pr*⟩ MYTH Artémis *f*

artenreich ADJ ZOOL, BOT avec une grande variété d'espèces

Artenreichtum M ⟨~s⟩ ZOOL, BOT (grande) variété des espèces; biodiversité *f*; **Artenschutz** M protection *f* des espèces; **Artenvielfalt** F → Artenreichtum

Arterhaltung F BIOL conservation *f* de l'espèce

Arterie F ⟨~; ~n⟩ artère *f*

arteriell ADJ artériel, -ielle

Arterienverkalkung F, **Arteriosklerose** F MED artériosclérose *f*

artfremd ADJ étranger, -ère à l'espèce

Artgenosse, **Artgenossin** M,F congénère *m/f*; *Mensch a.* semblable *m/f*

artgerecht ADJ naturel, -elle; **artgleich** ADJ semblable

Arthritis F ⟨~; -tiden⟩ MED arthrite *f*; **arthritisch** ADJ arthritique

Arthrose F ⟨~; ~n⟩ MED arthrose *f*

Arthur M ⟨→ *n/pr*⟩ *prénom*

artifiziell *geh* ADJ artificiel, -ielle

artig ADJ *Kind* sage; gentil, -ille

Artigkeit F ⟨~; ~en⟩ **1** ⟨*sans pl*⟩ *von Kindern* sagesse *f*; gentillesse *f* **2** *geh* (*Schmeichelei*) amabilité *f*

Artikel M ⟨~s; ~⟩ HANDEL, GRAM, JUR, *e-r Zeitung, e-s Nachschlagewerks etc* article *m*; *e-s Wörterbuchs* entrée *f*; GRAM **(un)bestimmter ~** article (in)défini; **~ des täglichen Bedarfs** article de consommation courante; **e-n ~ führen** avoir, vendre un article

Artikelreihe F, **Artikelserie** F *e-r Zeitung etc* série *f* d'articles

Artikulation F ⟨~; ~en⟩ PHON articulation *f*

artikulieren ⟨*pas de ge-*, h.⟩ **A** VT **1** PHON articuler; prononcer; *a. abs* **deutlich ~** *bes* THEAT bien articuler **2** (*zum Ausdruck bringen*) exprimer **B** V/R **sich ~** s'exprimer

Artillerie F ⟨~; ~n⟩ artillerie *f*; **leichte, schwere ~** artillerie légère, lourde

Artilleriebeschuss M **unter ~** (*dat*) **liegen** être sous le feu de l'artillerie

Artilleriefeuer N feu *m* de l'artillerie; **Artillerieregiment** N régiment *m* d'artillerie; **Artilleriestellung** F position *f* d'artillerie

Artillerist M ⟨~en; ~en⟩ artilleur *m*

Artischocke F ⟨~; ~n⟩ BOT, GASTR artichaut *m*

Artischockenboden M fond *m* d'artichaut; **Artischockenherz** N cœur *m* d'artichaut

Artist(in) M ⟨~en; ~en⟩ (F) ⟨~in; ~innen⟩ artiste *m/f* de cirque, de music-hall; acrobate *m/f*; **Artistik** F ⟨~⟩ arts *mpl* du cirque; acrobatie *f*; **artistisch** ADJ acrobatique

Artur M ⟨→ *n/pr*⟩ *prénom*

Artus M ⟨→ *n/pr*⟩ MYTH, HIST **König ~** (le) roi Arthur

Artushof M MYTH, HIST cour *f* du roi Arthur; **Artusritter** M MYTH, HIST Chevalier *m* de la Table Ronde

artverwandt ADJ apparenté

Arve F ⟨~; ~n⟩ BOT arole *od* arolle *m*

Arznei F ⟨~; ~en⟩ médicament *m*; remède *m*; **e-e ~ einnehmen** absorber, prendre un médicament

Arzneibuch N codex *m*; pharmacopée *f*; **Arzneifläschchen** N fiole *f*

Arzneimittel N médicament *m*; produit *m* pharmaceutique; **Arzneimittelgesetz** N *législation réglementant la fabrication et la vente de médicaments*; **Arzneimittelkunde** F pharmacologie *f*; **Arzneimittelmissbrauch** M abus *m* de médicaments; **Arzneimittelsucht** F pharmacodépendance *f*

Arzneipflanze F plante médicinale; simple *m*; **Arzneischränkchen** N (armoire *f* à) pharmacie *f*

Arzt M ⟨~es; ≈e⟩ médecin *m*; docteur *m*; **behandelnder ~** médecin traitant; **praktischer ~** (médecin *m*) généraliste *m*; **zum ~ gehen** (aller) voir un médecin; aller chez le médecin; **den ~ holen** aller chercher le médecin; **den ~ rufen** faire venir, appeler le médecin

Arztberuf M profession médicale; **Arztbesuch** M visite *f* du médecin

Ärztekammer F ordre *m* des médecins; **Ärztemangel** M ⟨~s⟩ manque *m* de médecins; **Ärztemuster** N échantillon médical; **Ärzteschaft** F ⟨~⟩ corps médical; **Ärztetagung** F congrès *m* de médecins

Arztfrau F femme *f* de médecin; **Arzthelferin** F assistante médicale

Ärztin F ⟨~; ~nen⟩ (femme *f*) médecin *m*; docteur *m*; *umg a.* doctoresse *f*

Arztkosten PL frais *mpl* de médecin

ärztlich **A** ADJ médical; **~es Attest** certificat médical; **~e Behandlung** traitement médical **B** ADV **sich ~ untersuchen lassen** se faire examiner par un médecin; **~ empfohlen** recommandé par le corps médical

Arztpraxis F ⟨~; -praxen⟩ cabinet médical, de consultation; **Arztrechnung** F note *f* de *bzw.* du médecin; **Arzttermin** M rendez-vous *m* chez le médecin

Arztwahl F **freie ~** liberté *f* de choix du médecin; **freie ~ haben** avoir le libre choix du médecin

As[1], **as** N ⟨As, as; As, as⟩ MUS la *m* bémol

As[2] N → Ass

Asbest M ⟨~(e)s; ~e⟩ amiante *m*; *t/t* asbeste *m*

Asbestanzug M combinaison *f* d'amiante; **Asbestfaser** F fibre *f* d'amiante; **Asbestisolierung** F isolation *f* à l'amiante; **Asbestplatte** F plaque *f* d'amiante; **Asbeststaub** M poussière *f* d'amiante; **Asbestzement** M amiante-ciment *m*; fibrociment® *m*

Aschbecher M cendrier *m*; **aschblond** ADJ blond cendré (*inv*)

Asche F ⟨~; ~n⟩ cendre(s) *f(pl)*; *e-s Verstorbenen* cendres *fpl*; **zu ~ zerfallen** tomber en cendres; *fig hum* **sich** (*dat*) **~ aufs Haupt streuen** battre sa coulpe; *poet* **Friede s-r ~** paix à ses cendres; **in Schutt und ~ legen** réduire en cendres

Äsche F ⟨~; ~n⟩ ZOOL ombre *m*

Ascheimer M seau *m* à cendres

Aschenbahn F SPORT (piste *f*) cendrée *f*; **Aschenbecher** M cendrier *m*; **Aschenbrödel** N ⟨→ *n/pr*⟩ *Märchengestalt* Cendrillon *f*; *fig* cendrillon *f*; **Ascheneimer** M → Ascheimer; **Aschenputtel** N → Aschenbrödel; **Aschenregen** M pluie *f* de cendres

Ascher *umg* M ⟨~s; ~⟩ cendrier *m*

Aschermittwoch M (mercredi *m* des) Cendres *fpl*

aschfahl ADJ *Gesicht* terreux, -euse; cendreux, -euse; **aschgrau** ADJ gris cendré (*inv*); *Gesicht* terreux, -euse; cendreux, -euse

ASCII-Code M code *m* ASCII

äsen V/I ⟨-(es)t, h.⟩ *JAGD Reh, Hirsch* viander; *Wildschwein* herbeiller

Asepsis F ⟨~⟩ MED asepsie *f*; **aseptisch** ADJ aseptique

Aserbaidschan, **Aserbeidschan** N ⟨→ *n/pr*⟩ l'Azerbaïdjan *m*

asexuell ADJ asexué

Asiat(in) M ⟨~en; ~en⟩ (F) ⟨~in; ~innen⟩ Asiatique *m/f*; Asiate *m/f*

asiatisch ADJ asiatique; d'Asie

Asien N ⟨→ *n/pr*⟩ l'Asie *f*

Askese F ⟨~⟩ ascèse *f*; (*das Asketischsein*) ascétisme *m*

Asket(in) M ⟨~en; ~en⟩ (F) ⟨~in; ~innen⟩ ascète *m/f*

asketisch **A** ADJ ascétique; **ein ~es Leben führen** mener une vie d'ascète **B** ADV **~ leben** vivre en ascète; mener une vie d'ascète

Askorbinsäure F acide *m* ascorbique

Äskulap M ⟨→ *n/pr*⟩ MYTH Esculape *m*; **Äskulapstab** M caducée *m*

asozial ADJ *oft pej* asocial; *weitS.* marginal

Asoziale(r) M/F(M) ⟨→ A⟩ *oft pej* individu asocial; *weitS.* marginal(e) *m(f)*

Aspartam® N ⟨~s; ~e⟩ *Süßstoff* aspartam(e) *m*

Aspekt M ⟨~(e)s; ~e⟩ (*Gesichtspunkt*), GRAM, ASTROL aspect *m*; **unter diesem ~** (**betrachtet** vu) sous cet angle

Asphalt M ⟨~(e)s; ~e⟩ asphalte *m*; (*Straßenbelag*) *a.* bitume *m*; **Asphaltdecke** F revêtement *m* d'asphalte, de bitume; **Asphaltdschungel** M *fig* jungle *f* des grandes villes

asphaltieren VT ⟨*pas de ge-*, h.⟩ bitumer; asphalter

Asphaltstraße F rue asphaltée, bitumée

Aspik M, *österr a.* N ⟨~s; ~e⟩ GASTR aspic *m*; **Hähnchen** *n* **in ~** poulet *m* en gelée

Aspirant(in) M ⟨~en; ~en⟩ (F) ⟨~in; ~innen⟩ aspirant(e) *m(f)* (**auf** [+*akk*], **für** à); **Aspiration** F ⟨~; ~en⟩ PHON aspiration *f*

aspirieren ⟨*pas de ge-*, h.⟩ **A** VT PHON aspirer **B** V/I *österr* **auf etw** (*akk*) **~** poser sa candidature à qc, se porter candidat à qc

Aspirin® N ⟨~s⟩ aspirine® *f*

aß → essen

Ass N ⟨~es; ~e⟩ **1** *Spielkarte* as *m* **2** TENNIS ace *m* **3** *fig* champion, -ionne *m,f*; as *m*; crack *m*; **er ist ein ~ in Chemie** c'est un crack en chimie

Ass. ABK **1** (*Assessor[in]*) → Assessor(in) **2** (*Assistent[in]*) assistant(e)

assanieren VT ⟨*pas de ge-*, h.⟩ *österr* assainir

Assel F ZOOL cloporte *m*; *t/t Gattung* **~n** *pl* isopodes *mpl*

Assembler M ⟨~s; ~⟩ IT assembleur *m*

Assessment-Center N ⟨~s; ~⟩ *Eignungstest* mise *f* en situation

Assessor(in) M ⟨~s; -soren⟩ (F) ⟨~in; ~innen⟩ **1** fonctionnaire *m/f* débutant(e) *(après des études universitaires et le temps réglementaire de stage)* **2** JUR magistrat débutant **3** *(Studienassessor[in])* professeur débutant de lycée, de collège

Assimilation F ⟨~; ~en⟩ BIOL, LING, SOZIOLOGIE, *fig* assimilation *f* (**an** *[+akk]* à)

assimilieren ⟨*pas de ge-*, h.⟩ BIOL, SOZIOLOGIE, *fig* **A** VT assimiler **B** VR **sich** (**an etw** *[akk]*) ~ s'assimiler (à qc)

Assimilierung F ⟨~, ~en⟩ → Assimilation

Assisi N ⟨→ *n/pr*⟩ GEOG Assise

Assistent(in) M ⟨~en; ~en⟩ (F) ⟨~in; ~innen⟩ assistant(e) *m(f)*

Assistentenstelle F poste *m* d'assistant

Assistenz F ⟨~; ~en⟩ assistance *f*; aide *f*; **Assistenzarzt** M, **Assistenzärztin** F interne *m/f* (des hôpitaux); **Assistenzprofessor** M *etwa* maître assistant *m*

assistieren VI ⟨*pas de ge-*, h.⟩ (**j-m**) ~ assister qn (**bei der Operation** *etc* pendant l'opération, *etc*)

Assonanz F ⟨~; ~en⟩ METRIK assonance *f*

Assoziation F ⟨~; ~en⟩ PSYCH, POL association *f*; *(Ideenassoziation)* association d'idées

Assoziationsfreiheit F ⟨~⟩ JUR liberté *f* d'association; **assoziativ** ADJ associatif, -ive

assoziieren ⟨*pas de ge-*, h.⟩ **A** VT *bes* PSYCH **etw mit** *od* **bei etw** ~ associer qc à qc **B** VI *bes* PSYCH procéder par associations; **frei** ~ avoir des associations d'idées **C** VR JUR, POL **sich mit etw, j-m** *od* **an etw, j-n** ~ s'associer à qc, qn

Assoziierung F ⟨~; ~en⟩ association *f*

Assuan N ⟨→ *n/pr*⟩ GEOG Assouan

Ast M ⟨~(e)s; ⸚e⟩ **1** *(dicker Zweig)*, MATH branche *f*; *umg fig* **den ~ absägen, auf dem man sitzt** scier la branche sur laquelle on est assis; *fig* **auf dem absteigenden ~ sein** être à, sur son déclin; être en perte de vitesse; *umg fig* **sich** *(dat)* **e-n ~ lachen** rire comme un bossu **2** *(Stelle im Holz)* nœud *m*

AStA M ⟨~(s); ~(s) *ou* Asten⟩ ABK (Allgemeiner Studentenausschuss) comité général des étudiants (d'une université)

Aster F ⟨~; ~n⟩ BOT aster *m*; *(Gartenaster)* reine-marguerite *f*

Asteroid M ⟨~en; ~en⟩ ASTRON astéroïde *m*

Astgabel F fourche *f*

Ästhet(in) M ⟨~en; ~en⟩ (F) ⟨~in; ~innen⟩ esthète *m/f*

Ästhetik F ⟨~⟩ esthétique *f*; **Sinn** *m* **für** ~ sens *m* esthétique

ästhetisch ADJ esthétique

Ästhetizismus M ⟨~⟩ esthétisme *m*

Asthma N ⟨~s⟩ asthme *m*

Asthmatiker(in) M ⟨~s; ~⟩ (F) ⟨~in; ~innen⟩ asthmatique *m/f*; **asthmatisch** ADJ asthmatique

astigmatisch ADJ OPT astigmate; **Astigmatismus** M ⟨~⟩ OPT astigmatisme *m*

Astloch N trou *m* (provenant d'un nœud dans le bois)

astral ADJ astral; **Astralleib** M OKKULTISMUS, THEOSOPHIE corps astral

astrein ADJ **1** *Holz* sans nœud **2** *umg fig (moralisch einwandfrei)* **nicht ganz** ~ *umg* pas très catholique; louche **3** *umg fig (toll) umg* super; *umg* génial

Astrid F ⟨→ *n/pr*⟩ *prénom*

Astrologe M ⟨~n; ~n⟩, **Astrologin** F ⟨-in; -innen⟩ astrologue *m/f*; **Astrologie** F ⟨~⟩ astrologie *f*; **astrologisch** ADJ astrologique; **Astronaut(in)** M ⟨~en; ~en⟩ (F) ⟨~in; ~innen⟩ astronaute *m/f*; cosmonaute *m/f*

Astronautennahrung F aliment(s) *m(pl)* pour astronautes

Astronautik F ⟨~⟩ astronautique *f*; **astronautisch** ADJ astronautique; **Astronom(in)** M ⟨~en; ~en⟩ (F) ⟨~in; ~innen⟩ astronome *m/f*; **Astronomie** F ⟨~⟩ astronomie *f*; **astronomisch** ADJ *a. umg fig Preise* astronomique; **Astrophysik** F astrophysique *f*; **Astrophysiker(in)** M(F) astrophysicien, -ienne *m,f*

Astwerk N branchage *m*

ASU F ⟨~⟩ → Abgassonderuntersuchung

Äsung F ⟨~; ~en⟩ JAGD nourriture *f* (du gibier)

Asyl N ⟨~s; ~e⟩ **1** *(Schutz für Verfolgte)* asile *m*; **j-m ~ gewähren** donner asile à qn **2** *(Obdachlosenasyl)* asile *m* de nuit

Asylant(in) M ⟨~en; ~en⟩ (F) ⟨~in; ~innen⟩ *a. pej* → Asylbewerber(in)

Asylantrag M demande *f* d'asile; **Asylbewerber(in)** M(F) demandeur, -euse *m,f* d'asile

Asylrecht N ⟨~(e)s⟩ droit *m* d'asile; **~ genießen** bénéficier du droit d'asile

Asymmetrie F ⟨~; ~n⟩ asymétrie *f*

asymmetrisch ADJ asymétrique

Asymptote F ⟨~; ~n⟩ MATH asymptote *f*; **asymptotisch** ADJ MATH asymptotique

asynchron ADJ asynchrone

Aszendent M ⟨~en; ~en⟩ ASTROL, GENEALOGIE ascendant *m*; **Aszendenz** F ⟨~⟩ ASTRON, GENEALOGIE ascendance *f*

A.T. ABK (Altes Testament) A.T. (Ancien Testament)

Atavismus M ⟨~; -men⟩ BIOL atavisme *m*; **atavistisch** ADJ atavique

Atelier N ⟨~s; ~s⟩ *e-s Künstlers* atelier *m*; *e-s Fotografen, (Filmatelier)* studio *m*; **Atelieraufnahme** F FILM prise *f* de vue et de son en studio; **Atelierwohnung** F appartement *m* grand standing au dernier étage; *(Künstlerwohnung)* atelier *m* d'artiste

Atem M ⟨~s⟩ **1** *(Atmung)* respiration *f*; souffle *m*; *a. fig* **den ~ anhalten** retenir son souffle, sa respiration; *fig* **den längeren ~ haben** avoir plus de résistance, d'endurance (qu'un concurrent, rival, *etc*); *fig* **j-n in ~ halten** *(in Spannung halten)* tenir qn en haleine; *(pausenlos beschäftigen)* tenir qn en mouvement **2** *(ein- od ausgeatmete Luft)* haleine *f*; souffle *m*; **frischer ~** haleine fraîche; **außer ~ kommen** *od* **geraten** s'essouffler; **außer ~ sein** être essoufflé; être °hors d'haleine; être à bout de souffle; **(tief) ~ holen** respirer (profondément); *geh* **nach ~ ringen** respirer avec peine; *plus fort* suffoquer; **wieder zu ~ kommen** reprendre haleine; **j-m den ~ verschlagen** *od* **rauben** *a. fig* couper à qn le souffle, la respiration; suffoquer qn

atemberaubend ADJT *Geschwindigkeit* vertigineux, -euse; *Spannung* à couper le souffle

Atembeschwerden FPL troubles *mpl* respiratoires; **Atemgerät** N respirateur *m*; **Atemgeräusch** N bruit *m* respiratoire; **Atemgymnastik** F gymnastique *f* respiratoire; **Atemholen** N ⟨~s⟩ inspiration *f*; aspiration *f*

atemlos **A** ADJ **1** °hors d'haleine; essoufflé; à bout de souffle **2** *fig* **~e Stille** silence absolu, de mort; **es herrschte ~e Spannung** chacun retenait son souffle **B** ADV **1** **~ hereinkommen** arriver tout essoufflé **2** *fig* **~ zuhören** écouter en retenant son souffle

Atemlosigkeit F ⟨~⟩ essoufflement *m*; **Atemluft** F ⟨~⟩ air *m* respirable; **Atemmaske** F masque *m* d'oxygène; **Atemnot** F ⟨~⟩ (crise *f* d')étouffements *mpl*

Atempause F (moment *m* de) répit *m*; temps *m* d'arrêt; **e-e ~ einlegen** prendre un moment de répit

Atemschutzgerät N masque *m* respiratoire; **Atemstillstand** M arrêt *m* respiratoire; *t/t* apnée *f*; **Atemtechnik** F technique *f* respiratoire; **Atemtherapie** F thérapie *f* respiratoire; **Atemübung** F exercice *m* respiratoire; **Atemwege** MPL ANAT voies *fpl* respiratoires

Atemzug M souffle *m*; *geh* **bis zum letzten ~** jusqu'au dernier souffle; *geh* **den letzten ~ tun** rendre, exhaler son dernier soupir; *fig* **in e-m** *od* **im selben ~** au même instant, moment

Äthan N ⟨~s⟩ CHEM éthane *m*

Äthanol N ⟨~s⟩ CHEM éthanol *m*

Atheismus M ⟨~⟩ athéisme *m*; **Atheist(in)** M ⟨~en; ~en⟩ (F) ⟨~in; ~innen⟩ athée *m/f*; **atheistisch** ADJ athée

Athen N ⟨→ *n/pr*⟩ Athènes

Äther M ⟨~s⟩ éther *m* (*a.* CHEM, MED, PHYS, *poet*); *Rundfunksendungen etc* **in den ~ gehen** passer sur les ondes; **durch den ~ schicken** faire passer sur les ondes; diffuser

ätherisch ADJ **1** CHEM éthéré; **~e Öle** *npl* essences *fpl*; huiles essentielles **2** *fig Person* éthéré; aérien, -ienne

Äthiopien N ⟨→ *n/pr*⟩ l'Éthiopie *f*

Äthiopier(in) M ⟨~s; ~⟩ (F) ⟨~in; ~innen⟩ Éthiopien, -ienne *m,f*

äthiopisch ADJ éthiopien, -ienne

Athlet(in) M ⟨~en; ~en⟩ (F) ⟨~in; ~innen⟩ athlète *m/f*; **Athletik** F ⟨~⟩ athlétisme *m*

athletisch **A** ADJ athlétique; **~er Körperbau** corps *m* d'athlète **B** ADV **~ gebaut** taillé en athlète

Äthyl N ⟨~s⟩ CHEM éthyle *m*; **Äthylalkohol** M alcool *m* éthylique; éthanol *m*

Äthylen N ⟨~s⟩ CHEM éthylène *m*

Atlantik ⟨→ *n/pr*⟩ **der ~** l'Atlantique *m*

Atlantis N ⟨→ *n/pr*⟩ MYTH l'Atlantide *f*

atlantisch ADJ atlantique; **der Atlantische Ozean** l'océan *m* Atlantique

Atlas[1] M ⟨~ *ou* ~ses; ~se *ou* -lanten⟩ *Landkartenwerk* atlas *m*

Atlas[2] M ⟨~ *ou* ~ses; ~se⟩ *Stoff* satin *m*

Atlas[3] M ⟨~ *ou* ~ses⟩ ANAT atlas *m*

Atlas[4] ⟨→ *n/pr*⟩ GEOG **der ~** l'Atlas *m*

atmen VT *u.* VI ⟨-ete, h.⟩ *a. fig, poet* respirer

Atmen N ⟨~s⟩ respiration *f*; **das ~ fällt ihm schwer** il respire difficilement

Atmosphäre F ⟨~; ~n⟩ **1** METEO atmosphère *f*; **dünne ~** atmosphère raréfiée **2** PHYS, *Maßeinheit* atmosphère *f* **3** *fig (Stimmung)* ambiance *f*; atmosphère *f*; *(Umgebung)* milieu *m*; **es herrschte eine gespannte ~** l'atmosphère était tendue

Atmosphärenüberdruck M → atü

atmosphärisch ADJ atmosphérique; **~e Störungen** *fpl* perturbations *fpl* atmosphériques

Atmung F ⟨~⟩ respiration *f*

atmungsaktiv ADJ *Material* qui respire; qui laisse passer l'air

Atmungsorgane NPL appareil *m* respiratoire

Ätna ⟨→ *n/pr*⟩ **der ~** l'Etna *m*

Atoll N ⟨~s; ~e⟩ GEOG atoll *m*

Atom N ⟨~s; ~e⟩ atome *m*

atomar ADJ atomique; nucléaire; **~e Bedrohung** menace *f* nucléaire; **~e Strahlung** radiation *f* atomique

Atomausstieg M sortie *f* du nucléaire; **Atombombe** F bombe *f* atomique; **Atombombenversuch** M essai *m* nucléaire; **Atombunker** M abri *m* antiatomique; **Atomenergie** F ⟨~⟩ énergie *f* atomique, nucléaire; **Atomexplosion** F explosion *f* atomique, nucléaire; **Atomforscher(in)** M(F) atomiste *m(f)*; **Atomforschung** F recherche *f* atomique, nucléaire; **Atomgegner(in)** M(F) adversaire *m/f* du nucléaire, de l'énergie nucléaire; **atomgetrieben** ADJT à propulsion atomique; **Atomgewicht** N PHYS poids *m*, masse *f* atomique; **Atomhülle** F nuage *m* d'électrons; **Atomindustrie** F industrie *f* atomique, nucléaire

atomisieren VT ⟨pas de ge-, h.⟩ atomiser; **Atomisierung** F ⟨~; ~en⟩ atomisation *f*

Atomkern M PHYS noyau *m* atomique; **Atomkraft** F ⟨~⟩ énergie *f* nucléaire, atomique; **Atomkraftwerk** N centrale *f* atomique, nucléaire; **Atomkrieg** M guerre *f* atomique, nucléaire; **Atommacht** F puissance *f* atomique, nucléaire; **Atommeiler** M réacteur *m* nucléaire; **Atommodell** N PHYS modèle *m* d'atome; **Atommüll** M déchets radioactifs; **Atommülltransport** M transport *m* de déchets radioactifs; **Atomphysik** F physique *f* atomique, nucléaire; **Atomphysiker(in)** M(F) physicien, -ienne *m,f* de l'atome; atomicien, -ienne *m,f*; **Atompilz** M champignon *m* atomique; **Atompolitik** F politique *f* nucléaire; **Atomrakete** F fusée *f* nucléaire; **Atomreaktor** M réacteur *m* nucléaire; **Atomspaltung** F fission *f* nucléaire; **Atomsperrvertrag** M ⟨~(e)s⟩ accords *mpl* de non-prolifération des armes atomiques; **Atomsprengkopf** M ogive *f* atomique; tête *f* nucléaire; **Atomstopp** M arrêt *m* des essais nucléaires; **Atomstrahlung** F radiation *f* atomique; **Atomstreitmacht** F force *f* atomique, nucléaire; **Atomstrom** M énergie *f* nucléaire; **Atomteilchen** N particule *f* atomique; **Atomtest** M essai *m* nucléaire; **Atomtod** M ⟨~(e)s⟩ mort causée par une catastrophe nucléaire; **Atomtransport** M transport *m* de déchets nucléaires; **Atomuhr** F horloge *f* atomique; **atomverseucht** ADJT contaminé par des radiations atomiques; irradié; **Atomversuch** M → Atomtest; **Atomwaffe** F arme *f* atomique, nucléaire

atomwaffenfrei ADJ **~e Zone** zone dénucléarisée

Atomwaffensperrvertrag → Atomsperrvertrag; **Atomzahl** F nombre *m* atomique; **Atomzeichen** N symbole *m* chimique; **Atomzeitalter** N ⟨~s⟩ ère *f*, âge *m* atomique; **Atomzerfall** M désintégration *f* de l'atome

atonal ADJ MUS atonal; **Atonalität** F ⟨~⟩ atonalité *f*

Atonie F ⟨~; ~n⟩ MED atonie *f*

atoxisch ADJ *t/t* atoxique

Atrium N ⟨~s; -ien⟩ ARCH atrium *m*; **Atriumhaus** N maison *f* avec patio

Atrophie F ⟨~; ~n⟩ MED atrophie *f*

Atropin N ⟨~s⟩ CHEM atropine *f*

ätsch *kinderspr* INT (c'est) bien fait!

Attaché M ⟨~s; ~s⟩ DIPL attaché *m*

Attachment N ⟨~s; ~s⟩ IT fichier joint; pièce jointe; **als ~** en fichier joint, pièce jointe

Attacke F ⟨~; ~n⟩ 1 MIL attaque *f*, charge *f* de cavalerie; SPORT attaque *f* 2 *fig* **gegen j-n e-e ~ reiten** attaquer qn; *wiederholt, plus fort* lancer une offensive contre qn 3 MED *(Herzanfall)* attaque *f*

attackieren VT ⟨pas de ge-, h.⟩ attaquer *(a. fig)*; MIL *a.* charger

Attentat N ⟨~(e)s; ~e⟩ attentat *m* **(auf j-n** contre qn); **ein ~ auf j-n verüben** attenter aux jours, à la vie de qn; *umg fig hum* **ich habe ein ~ auf dich vor** j'ai une occupation pour toi

Attentäter(in) M ⟨~s; ~⟩ (F) ⟨~in; ~innen⟩ auteur *m* d'un *bzw.* de l'attentat

Attest N ⟨~(e)s; ~e⟩ certificat (médical); attestation *f* (du médecin)

attestieren VT ⟨pas de ge-, h.⟩ certifier; attester

Attika N ⟨→ n/pr⟩ GEOG l'Attique *f*; **Attikawohnung** F *schweiz* (étage *m*) attique *m*

Attila M ⟨→ n/pr⟩ HIST Attila *m*

Attitüde *geh* F ⟨~; ~n⟩ *(Einstellung)* attitude *f*; *(affektierte Geste)* pose *f*

Attraktion F ⟨~; ~en⟩ *(Anziehungskraft, Sehenswertes)* attraction *f*; *(Höhepunkt)* clou *m*; *pl* **~en** *im Zirkus* attractions *fpl*

attraktiv ADJ 1 *(verlockend) Angebot, Preise etc* intéressant 2 *(gut aussehend) Person* attirant; séduisant; *(reizvoll) Kleid etc* joli; **Attraktivität** F ⟨~⟩ 1 *e-s Angebots etc* intérêt *m* 2 *e-r Frau etc* (pouvoir *m* de) séduction *f*

Attrappe F ⟨~; ~n⟩ article *m* factice; **das sind nur ~n** ce ne sont que des … factices

Attribut N ⟨~(e)s; ~e⟩ 1 *(Merkmal)* attribut *m* 2 GRAM épithète *f*; complément *bzw.* adjectif déterminatif

attributiv GRAM A ADJ **~es Adjektiv** adjectif *m* épithète; **~er Genitiv** complément déterminatif au génitif B ADV **~ gebraucht** employé comme épithète *bzw.* déterminatif

Attributsatz M subordonnée *f* déterminant *bzw.* expliquant un substantif

atü ⟨~; ~⟩ *früher* ABK (Atmosphärenüberdruck) *bei Autoreifen etwa* bar *m*

atypisch ADJ atypique

Ätzdruck M ⟨~(e)s; ~e⟩ TEX impression *f* par enlevage

ätzen VT ⟨-(es)t, h.⟩ 1 CHEM corroder; attaquer; **Löcher in etw** *(akk)* **~** faire des trous dans qc 2 MED cautériser 3 GRAFIK graver à l'eau-forte

ätzend ADJT 1 CHEM corrosif, -ive; corrodant; caustique; **~e Wirkung** causticité *f*; mordacité *f* 2 *fig Spott, Geruch* mordant; *Spott a.* caustique; corrosif, -ive 3 *Jugendsprache (scheußlich) umg* dégueu(lasse); *(toll) umg* géant; *umg* super

Ätzflüssigkeit F liquide corrosif; **Ätzlauge** F CHEM base forte; **Ätzmittel** N corrosif *m*; corrodant *m*; MED caustique *m*; **Ätznadel** F → Radiernadel; **Ätznatron** N CHEM soude *f* caustique; **Ätzstift** M MED cautère *m*

Atzung F ⟨~; ~en⟩ *Jägersprache (Futter)* nourriture *f*

Ätzung F ⟨~; ~en⟩ 1 CHEM corrosion *f* 2 MED cautérisation *f* 3 GRAFIK gravure *f* à l'eau-forte; **Ätzverfahren** N procédé *m*, mode *m* de corrosion

au INT 1 *bei Schmerz* aïe!; ouille! 2 *bei Begeisterung* **~ ja!** oh oui!; **~ fein!** génial!

Au F ⟨~; ~en⟩ *südd, österr* → Aue

AU F ⟨~⟩ ABK (Abgasuntersuchung) AUTO contrôle *m* antipollution

aua *kindersprr, umg* INT aïe!; ouille!

Aubergine F ⟨~; ~n⟩ aubergine *f*; **auberginefarben** ADJ aubergine *(inv)*; violet foncé *(inv)*

auch

A Adverb B Partikel

— **A Adverb** —

1 *(ebenfalls)* aussi; également; *verneint* non plus; **ich ~** moi aussi; **ich ~ nicht** (ni) moi non plus; **das habe ich ~ gesagt** je l'ai dit aussi, également; **das weiß ich ~ nicht** je ne le sais pas non plus; **~ das weiß ich nicht, ich weiß ~ das nicht** ça non plus, je ne le sais pas; **es ~ tun** en faire autant; **wir sind ~ nur Menschen** nous ne sommes que des humains; **oder ~** ou bien; **oder ~ nicht** ou pas; **nicht nur …, sondern ~ …** non seulement …, mais aussi *od* encore …; **sowohl … als ~ …** aussi bien … que …; non seulement …, mais aussi *od* encore …; **~ gut!** soit!; comme vous voudrez! 2 *(sogar, selbst)* même; **~ er** même lui; **~ nicht einer** pas même *od* même pas un seul; **ohne ~ nur zu fragen** sans même demander; **~ als er noch gesund war** même quand il était encore en bonne santé; **~ dann noch, als …** alors même que …; **~ wenn … même si …** 3 *(außerdem)* **~ (noch)** encore; **sie ist begabt, aber ~ faul** elle est douée, mais elle est aussi paresseuse; *umg* **~ das noch!** il ne manquait plus que cela!; *umg* et ça pardessus le marché!

— **B Partikel** —

1 *bekräftigend* **und so war es ~** et c'est bien, exactement comme ça que ça s'est passé; **er wartete auf s-n Freund, der dann ~ kam** il attendait son ami qui finit par arriver; **das möchte ich dir ~ geraten haben** tu as intérêt à le faire; **so schlimm ist es (nun) ~ (wieder) nicht!** n'exagérons pas!; **es besteht ~ kein Grund dazu** il n'y a pas de raison à cela 2 *unbetont* **das ist aber ~ zu ärgerlich** c'est (vraiment) trop bête; **er kann ~ nie den Mund halten** il ne peut jamais tenir sa langue; **wozu (denn) ~?** à quoi bon?; *umg* **Teufel ~!** diable! 3 *verallgemeinernd* **wer ~ (immer) …** quelle que soit la personne qui … *(+subj)*; tous ceux qui …; quiconque …; **was ~ (immer) …** quoi que … *(+subj)*; tout ce que …; **was ~ kommen mag …** quoi qu'il arrive, advienne …; **wer, was, wo** *etc* **es ~ (immer) sein mag** qui, quoi, où, *etc* que ce soit; **wie dem ~ sei** quoi qu'il en soit; **welche Methode man ~ (immer) wählt …** quelle que soit la méthode que l'on choisisse… 4 *konzessiv* **so reich er ~ ist …, mag er ~ noch so reich sein …** (aus)si riche qu'il soit …; tout riche qu'il est …; *geh* quelque riche qu'il soit …; **sooft sie ~ fragte, nie bekam sie eine Antwort** elle avait beau poser des questions, on ne lui répondait pas; **sosehr sie sich ~ bemühte, …** elle avait beau faire tout son possible …; **so gern ich ~ käme …** j'aimerais bien venir, mais …; **wenn ~ …** *(obwohl)* quoique … *(+subj)*; bien que … *(+subj)*; *(selbst wenn)* même si …; **wenn er ~ nur ein bisschen aufgepasst hat …** pour peu qu'il ait fait attention …; *umg* **und wenn ~!** *(das tut doch nichts)* et alors!; peu importe!; qu'importe!; tant pis! 5 *zweifelnd* bien; **ist das ~ wahr?** (mais,) est-ce bien vrai?; **hast du es dir ~ gut überlegt?** y as-tu (vraiment) bien réfléchi?

Audienz F ⟨~; ~en⟩ audience *f*

Audimax *umg* N ⟨~⟩ *umg* grand amphi

Audioguide M ⟨~s; ~s⟩ *für Besichtigungen* audioguide *m*

audiovisuell ADJ audiovisuel, -elle; **~e Medien** *npl* audiovisuel *m*

auditiv ADJ auditif, -ive

Auditorium N ⟨~s; -ien⟩ 1 *(Hörsaal)* amphithéâtre *m*; **~ maximum** grand amphithéâtre 2 *(Zuhörerschaft)* auditoire *m*

Aue *poet* F ⟨~; ~n⟩ prairie *f*; pré *m*

Auerhahn M, *t/t* **Auerhuhn** N grand tétras; coq *m* de bruyère; **Auerochse** M aurochs *m*

auf

A Präposition **B** Adverb
C Konjunktion

— **A** Präposition —

⟨*dat ou akk*⟩ **1** *räumlich, Lage* ⟨*dat*⟩, *Richtung* ⟨*akk*⟩ sur; *bei Gebäuden, Inseln, Veranstaltungen etc meist* à; *bei femininen Inselnamen* en; **~ Malta** à Malte; **~ Korsika** en Corse; **~ e-r Insel** dans *od* sur une île; **~ dem Tisch liegen** être sur la table; **~ den Tisch legen** mettre, poser sur la table; **~ (den) Zehenspitzen gehen** marcher sur la pointe des pieds; **~ den Boden fallen** tomber par *od* à terre; **~ der Erde schlafen** dormir, coucher par terre; **~ j-n, etw zugehen** aller vers qn, qc; **~ der Straße, dem Hof, der Treppe** dans la rue, dans la cour, dans l'escalier *bzw.* les escaliers; **~ der Bank, dem Bahnhof, Land** à la banque, à la gare, à la campagne; *umg* **~ der Polizei** au commissariat (de police); **~ s-m Zimmer** dans sa chambre; **~ der Welt, Erde** dans le monde, sur la Terre; **~ indischem Gebiet** sur le *od* en territoire indien; **~ hoher See** au large; en pleine mer; en °haute mer; **~ der Universität, Schule** à l'université, à l'école; **~ dem Markt** au marché; **~ der Hochzeit** au mariage; **~ der Durchreise sein** être de passage; *umg* **~ Besuch sein** être en visite; **~ der Flucht sein** être en fuite; **~ dieser Seite** de ce côté; *im Buch* sur cette page; **~ die andere Seite gehen** passer de l'autre côté; **~ dem linken Auge blind** borgne de l'œil gauche **2** *zeitlich* ⟨*akk*⟩ (*für*) pour; **~ unbestimmte Zeit** pour un temps indéterminé; **~ Jahre (hinaus)** pour des années; pour de longues années; **~ vier Jahre gewählt** élu pour quatre ans; **es geht ~ neun (Uhr)** il est près de *od* presque neuf heures; **den Wecker ~ fünf Uhr stellen** mettre le réveil à cinq heures; **das Barometer steht ~ Regen** le baromètre est à la pluie; **~ die dreißig zugehen** aller sur ses trente ans; **Heiligabend fällt ~ einen Sonntag** la veille de Noël tombe un dimanche; **~ s-e alten Tage** sur ses vieux jours; **bis ~ den heutigen Tag** jusqu'(à) aujourd'hui; **von klein** *od* **Kind ~** depuis *od* dès l'enfance; **Schlag ~ Schlag** coup sur coup; **Wein ~ Bier trinken** boire du vin après de la bière; **~s Neue** de nouveau; *geh, regional* **~ bald!** à bientôt!; à tout à l'heure! **3** *modal* **~ diese Weise** de cette façon, manière; de la sorte; **~ Deutsch** en allemand; **~ dem See-, Luft-, Landweg** par mer, avion, voie de terre; **~ Kredit** (*akk*) à crédit; **~ Staatskosten** (*akk*) aux frais de l'État; **~ den Millimeter genau** au millimètre près; **die Substantive** *npl* **~ „mus"** les substantifs *mpl* en « mus »; **mit j-m ~ Du und Du stehen** être à tu et à toi avec qn; **~s Angenehmste, Herzlichste** de la façon la plus agréable, cordiale; le plus agréablement, cordialement possible; **~s Schönste** magnifiquement; **~s Beste** au mieux; *umg* **sich ~ jung zurechtmachen** se rajeunir **4** *final* ⟨*akk*⟩ **etw ~ s-e Richtigkeit überprüfen** vérifier l'exactitude de qc; **etw ~ Fehler durchlesen** lire qc pour chercher les fautes; *umg* **~ e-n Sprung (bei j-m) vorbeikommen** faire un saut chez qn; *umg* **~ ein Glas (bei j-m) vorbeikommen** passer, venir prendre un verre, *umg* un pot (chez qn); **~ Ihr Wohl!** à votre santé! **5** *konsekutiv* ⟨*akk*⟩ **~ s-e Bitte (hin)** à *od* sur sa demande; **~ Rat von** sur le(s) conseil(s) de; **~ Befehl von** sur l'ordre de; par ordre de; **~ Bestellung, Wunsch** sur commande, demande **6** (*für, pro*) ⟨*akk*⟩ **ein Abgeordneter ~ zehntausend Einwohner** un député pour dix mille habitants; **drei Eier ~ ein Pfund Mehl** trois œufs pour une *od* par livre de farine **7** **bis ~** (*+akk*) (*ausgenommen*) excepté; sauf; **bis ~ zwei waren alle Schüler da** tous les élèves étaient là sauf deux **8** *nach bestimmten Verben, Substantiven, Adjektiven* **~ etw** (*akk*) **achten, hoffen** faire attention à qc, espérer qc; **~ j-n warten** attendre qn; **~ j-n böse sein** être fâché contre qn; en vouloir à qn; **auf j-n stolz, eifersüchtig sein** être fier, fière, jaloux, jalouse de qn; **damit hat es, das hat nichts ~ sich** c'est sans importance; **die Hoffnung ~ etw** (*akk*) l'espoir de qc, en qc *bzw.* de (*+inf*); **ein Recht ~ etw** (*akk*) **haben** avoir droit à qc; *umg* **diese Runde geht ~ mich!** *umg* c'est ma tournée

— **B** Adverb —

1 *Aufforderung* **~!** (*an die Arbeit, zu Tisch etc*) allez!; **~ nach München, zum Sportplatz!** en route pour Munich, le stade!; *umg* **Brille, Hut** *etc* **~!** (*aufgesetzt*) mettez vos lunettes, votre chapeau, *etc*!; *umg* **Tür, Augen** *etc* **~!** (*aufgemacht*) ouvrez la porte, vos yeux, *etc*! **2** *in festen Verbindungen* **~ und ab** *od geh* **nieder** de haut en bas, de bas en °haut; **die Kolben laufen ~ und ab** les pistons montent et descendent; *Person* **~ und ab** (*hin und her*) **gehen** aller et venir; passer et repasser; marcher de long en large; faire les cent pas; **im Zimmer ~ und ab gehen** *a.* arpenter la pièce; **die Treppe ~ und ab rennen** monter et descendre l'escalier quatre à quatre; *fig* **das Auf und Ab des Lebens** les °hauts et les bas *mpl* de la vie; *geh* les vicissitudes *fpl* de l'existence; **sich ~ und davon machen** se sauver; prendre le large; *umg* décamper; **er war schon ~ und davon** il était déjà parti; **~ und davon fliegen** s'envoler **3** *umg* (*nicht im Bett*) **schon ~ sein** être déjà levé; **noch ~ sein** être encore debout **4** *umg* **~ sein** (*offen sein*) être ouvert

— **C** Konjunktion —

geh **~ dass …** afin que, pour que … (*+subj*); afin de (*+inf*)

aufaddieren V/T ⟨*sép, pas de ge-*, h.⟩ additionner

aufapplizieren → applizieren 1

aufarbeiten V/T ⟨-ete, *sép*, -ge-, h.⟩ **1** *Rückstände, Post* mettre à jour; *Rückstände a.* rattraper; combler **2** (*auffrischen*) refaire (*a. Polstermöbel*); *Kleider* remettre à neuf; *Möbel* remettre en état **3** (*analysieren*) *Erlebnis* assumer; *Forschung* **kritisch ~** faire un compte rendu analytique de; **die Vergangenheit ~** assumer le passé

Aufarbeitung F ⟨~; ~en⟩ **1** *von Rückständen* mise *f* à jour **2** *von Kleidung etc* remise *f* à neuf, en état; *von Polstermöbeln* réfection *f* **3** (*Analyse*) compte *m* rendu analytique

aufatmen V/I ⟨-ete, *sép*, -ge-, h.⟩ *a. fig* respirer; *fig* se sentir soulagé; **erleichtert ~** pousser un soupir de soulagement

Aufatmen N **ein ~ ging durch den Saal** un soupir de soulagement parcourut la salle

aufbacken V/T ⟨*régulier ou irr, sép*, -ge-, h.⟩ réchauffer, passer au four; **etw noch einmal ~** repasser qc au four

aufbahren V/T ⟨*sép*, -ge-, h.⟩ exposer (sur un catafalque, sur un lit de parade)

Aufbau M ⟨~(e)s; ~ten⟩ **1** ⟨*sans pl*⟩ *von Gebäuden etc* construction *f*; (*Wiederaufbau*) reconstruction *f*; *e-s Gerüsts, Lagers etc a.* montage *m* **2** ⟨*sans pl*⟩ *fig der Wirtschaft, e-s Unternehmens etc* construction *f*; édification *f* **3** ⟨*sans pl*⟩ CHEM, BIOL constitution *f* **4** ⟨*sans pl*⟩ (*Gliederung, Struktur*) structure *f*; *des Unterrichtswesens etc* organisation *f* **5** *auf e-m Schiff, Haus etc* **~ten** *pl* superstructure *f* **6** AUTO carrosserie *f*

aufbauen ⟨*sép*, -ge-, h.⟩ **A** V/T **1** *Gebäude etc* construire; (*wieder ~*) reconstruire; *Gerüste, Zelte, Maschinen etc* monter **2** (*arrangieren*) disposer; arranger; **Geschenke auf e-m Tisch ~** disposer des cadeaux sur une table **3** *fig Gesellschaft* édifier; *Partei, Organisation, Firma* créer, monter (avec succès); *Organisation a.* développer **4** (*gliedern, strukturieren*) structurer **5** **etw auf etw** (*dat*) **~** construire, édifier, bâtir qc sur qc (*a. fig*); *fig Forschung* **auf gesicherten Grundlagen ~** bâtir sur des bases solides **6** *fig* **j-n zu** *od* **als etw ~** (vouloir) faire qc de qn **7** *umg fig* (*stärken*) **j-n ~** *psychisch* redonner le moral à qn; *physisch* remonter qn **B** V/I **auf etw** (*dat*) **~** être basé, fondé sur qc **C** V/R **sich ~** **1** (*sich zusammensetzen*), CHEM se composer, se constituer (**aus** de) **2** *umg* (*aufstellen*) **sich vor j-m ~** se planter, se camper devant qn; **sich neben der Tür ~** se mettre à côté de la porte **3** *Wolken etc* s'amonceler

Aufbauhelfer(in) M(F) (*Entwicklungshelfer[in]*) coopérant(e) *m(f)*

aufbäumen V/R ⟨*sép*, -ge-, h.⟩ **sich ~** se cabrer (*a. fig* **gegen** contre); **aufbauschen** V/T ⟨*sép*, -ge-, h.⟩ **1** *Segel* gonfler; *Stoff, Kleidungsstück* faire bouffer **2** *fig Ereignis, Geschichte etc* exagérer; enfler; grossir; monter en épingle

Aufbaustudium N *études complétant un diplôme universitaire ou une formation professionnelle*; **Aufbautraining** N entraînement sportif d'endurance et de performance

aufbegehren *geh* V/I ⟨*sép, pas de ge-*, h.⟩ se révolter, se rebeller (**gegen** contre); **aufbehalten** V/T ⟨*irr, sép, pas de ge-*, h.⟩ *Kopfbedeckung etc* garder

aufbeißen V/T ⟨*irr, sép*, -ge-, h.⟩ **1** (*mit den Zähnen öffnen*) *Nuss etc* ouvrir, casser avec ses dents **2** (*durch Beißen verletzen*) déchirer; ouvrir; **sich** (*dat*) **die Lippe ~** s'ouvrir, se fendre la lèvre

aufbekommen V/T ⟨*irr, sép, pas de ge-*, h.⟩ **1** *umg Tür, Schloss etc* réussir, parvenir, arriver à ouvrir; **etw schwer ~** avoir du mal à ouvrir qc **2** SCHULE **etw ~** avoir à faire qc comme devoir; **wir haben einen Aufsatz ~** on nous a donné une rédaction **3** *umg Essen* arriver à tout manger, à finir **4** *umg Mütze, Perücke etc* (*aufsetzen können*) réussir à mettre; (*aufgesetzt bekommen*) **heute bekommst du eine Mütze auf** aujourd'hui je te mets un bonnet

aufbereiten V/T ⟨-ete, *sép, pas de ge-*, h.⟩ **1** *Rohstoffe, Wasser, Daten etc* traiter **2** *Text etc* préparer; **Aufbereitung** F **1** *von Rohstoffen, Wasser, Daten etc* traitement *m* **2** *von Texten etc* préparation *f*

Aufbereitungsanlage F TECH installation *f* de traitement

aufbessern V/T ⟨-(e)re, *sép*, -ge-, h.⟩ **1** *Möbel etc* remettre en état; réparer **2** *Gehälter etc* augmenter; relever **3** *Kenntnisse* améliorer; **Aufbesserung** F **1** *der Möbel etc* remise *f* en état; réparation *f* **2** *der Gehälter etc* augmentation *f*; relèvement *m* **3** *der Kenntnisse* amélioration *f*

aufbewahren V/T ⟨*sép, pas de ge-*, h.⟩ conserver; garder; *für später a.* réserver; mettre de côté; **kühl, trocken ~** conserver, garder, tenir au frais, au sec; **etw zum Andenken ~** garder, conserver qc comme, en souvenir

Aufbewahrung F conservation *f*; garde *f*; dépôt *m* (*a. Ort*); (*Gepäckaufbewahrung*) consigne *f*; **j-m etw zur ~ geben** donner qc à qn en garde, en dépôt

Aufbewahrungsort M dépôt *m*; lieu *m* où l'on garde, conserve qc; **Aufbewahrungsschein** M *für Gepäck* bulletin *m* de consigne

aufbiegen VT ⟨irr, sép, -ge-, h.⟩ *(auseinanderbiegen) Stäbe etc* écarter; *(öffnen)* ouvrir

aufbieten VT ⟨irr, sép, -ge-, h.⟩ 1 *Kräfte, Energie, Überredungskunst etc* déployer; *Mittel* employer; **s-e letzten Kräfte ~** rassembler ses dernières forces; **s-n ganzen Einfluss ~** user de toute son influence; **alles ~, um ...** faire tout pour ... 2 *Polizei, Militär etc* mettre en action; déployer 3 *Brautpaar* publier les bans de; **sie wurden letzten Sonntag aufgeboten** on a publié leurs bans dimanche dernier 4 *bei Versteigerungen* **etw (mit tausend Euro) ~** mettre qc à prix (à mille euros)

Aufbietung F ⟨~⟩ 1 **unter ~** *(dat)* **aller Kräfte** en rassemblant ses dernières forces; **unter ~** *(dat)* **s-r ganzen Überredungskunst** en déployant toute son éloquence 2 *der Polizei etc* mise *f* en action; déploiement *m*

aufbinden VT ⟨irr, sép, -ge-, h.⟩ 1 *Schleife, Schürze etc* dénouer; défaire; *Sack etc* ouvrir; *Paket a.* déficeler 2 *(festbinden)* attacher; **etw auf etw** *(akk)* **~** attacher qc à, sur qc 3 *(hochbinden) Haar etc* relever (et attacher) 4 *umg fig* **j-m e-n Bären ~** monter un bateau à qn; en faire accroire à qn; mystifier qn; **j-m ein Märchen ~** monter un bateau à qn; *umg* raconter des bobards à qn 5 TYPO *Buch* relier

aufblähen ⟨sép, -ge-, h.⟩ A VT *Segel etc* (faire) gonfler; *Nasenflügel* dilater; **aufgebläht** *Leib* ballonné B VR **sich ~** 1 *Segel etc* se gonfler; s'enfler 2 *Bauch* se ballonner 3 *fig, pej* se gonfler d'importance

Aufblähung F gonflement *m*; *des Bauches* ballonnement *m*

aufblasbar ADJ gonflable; **aufblasen** ⟨irr, sép, -ge-, h.⟩ A VT *Luftballon etc* gonfler B *umg pej* VR **sich ~** se rengorger; *umg* se faire mousser; faire l'important; **aufblättern** VT ⟨-(e)re, sép, -ge-, h.⟩ *Buch, Zeitschrift* feuilleter

aufbleiben *umg* VI ⟨irr, sép, -ge-, s.⟩ 1 *Tür, Geschäft etc* rester ouvert 2 *(nicht zu Bett gehen)* rester debout; veiller; **abends lange ~** veiller tard; aller se coucher tard

aufblenden VT *u.* VI ⟨-ete, sép, -ge-, h.⟩ 1 FILM, TV **(e-e Szene) ~** ouvrir (une scène) en fondu 2 AUTO **(die Scheinwerfer) ~** mettre les feux de route, les phares; **mit aufgeblendeten Scheinwerfern fahren** rouler pleins phares 3 FOTO ouvrir le diaphragme 4 *Lichter, Leuchtturm etc* **plötzlich ~** s'allumer tout à coup

aufblicken VI ⟨sép, -ge-, h.⟩ 1 lever les yeux **(zu j-m** vers qn; **von der Arbeit** de son travail) 2 *fig* **zu j-m ~** respecter qn; *plus fort* révérer, vénérer qn

aufblinken VI ⟨sép, -ge-, h.⟩ *Licht, Stern etc* scintiller (un moment); clignoter; *umg fig Freude, Begierde etc* **in j-s Augen** *(dat)* **~** éclairer le regard de qn

aufblitzen VI ⟨-(es)t, sép, -ge-, s.⟩ 1 *Lichter, Scheinwerfer etc* étinceler, briller (un moment); jeter une vive lueur; *Sterne* scintiller (un moment) 2 *fig Gedanke, Erinnerung* jaillir; **ein Gedanke blitzte in mir auf** une idée me vint tout d'un coup

aufblühen VI ⟨sép, -ge-, s.⟩ 1 *Blume* fleurir; être en fleur(s); s'épanouir; **voll aufgeblühter Flieder** du lilas tout en fleur(s) 2 *geh fig Schönheit, Mädchen* s'épanouir; *Hoffnung* naître 3 *fig (Aufschwung nehmen)* s'épanouir; *Wirtschaft a.* prendre un (grand) essor

aufblühend ADJ *Blume* qui s'ouvre, s'épanouit; *fig* **ein ~er Industriezweig** une branche industrielle qui se développe, est en plein essor

aufbocken VT ⟨sép, -ge-, h.⟩ *Fahrzeug, Maschine etc* mettre sur (des) chevalets; **aufbohren** VT ⟨sép, -ge-, h.⟩ percer une ouverture, un trou dans; **aufbranden** *geh* VI ⟨-ete, sép, -ge-, s.⟩ 1 *Wellen* **~ (an** *[+akk]*) déferler (sur); fouetter 2 *fig Beifall, Jubel* éclater; retentir;

aufbrauchen VT ⟨sép, -ge-, h.⟩ *Vorräte etc, fig Kräfte* épuiser

aufbrausen VI ⟨-(es)t, sép, -ge-, s.⟩ 1 *Flüssigkeit* bouillonner; CHEM *bei Reaktionen a.* entrer en effervescence 2 *fig Beifall etc* éclater; retentir *(a. Lärm)* 3 *fig Person zornig* s'emporter

aufbrausend ADJ *fig Person, Temperament* emporté; coléreux, -euse; soupe au lait

aufbrechen ⟨irr, sép, -ge-⟩ A VT ⟨h.⟩ 1 *Tür, Schloss, Safe etc* forcer; fracturer; JUR ouvrir par effraction; *Eis* briser; casser; *Straßenbelag, Boden etc* défoncer 2 *Siegel* briser; *geh Brief* décacheter B VI ⟨s.⟩ 1 *Blüten, Knospen* s'ouvrir; éclorer; *Geschwür* crever; percer; *fig* **alte Wunden brechen wieder auf** de vieilles blessures se rouvrent 2 *(weggehen)* partir; s'en aller; se mettre en route 3 *geh fig (spürbar werden) Gegensätze etc* apparaître

aufbrennen ⟨irr, sép, -ge-⟩ A VT ⟨h.⟩ **e-m Tier ein Zeichen ~** marquer un animal au fer rouge; *umg* **j-m eins ~** *(auf j-n schießen)* tirer, flanquer une balle dans la peau de qn; *(j-n schlagen)* flanquer un coup à qn B VI ⟨s.⟩ *Feuer* **(hell) ~** flamber; flamboyer; **kurz ~** s'allumer brièvement

aufbrezeln *umg* VR ⟨-(e)le, sép, -ge-, h.⟩ **sich ~** *(sich auffällig schminken u. kleiden) umg* s'attifer

aufbringen VT ⟨irr, sép, -ge-, h.⟩ 1 *Mode etc* lancer; introduire; *Gerücht etc* faire courir; lancer; *umg* **wer hat den Unsinn denn aufgebracht?** qui a donc lancé cette bêtise? 2 *Geld etc* trouver; fournir; réunir; *Miete, Kosten etc* faire face à; *fig Mut, Kraft* trouver; *fig Verständnis, Interesse, Geduld* faire preuve de; montrer 3 **ein Schiff ~** arraisonner, capturer un navire 4 *(in Wut versetzen)* mettre en colère; **j-n gegen sich ~** monter *od* indisposer qn contre soi 5 *bes* TECH *Schutzschicht, Muster etc* appliquer 6 *umg, bes südd* → aufbekommen

Aufbruch M départ *m*; **das Zeichen zum ~ geben** donner le signal du départ; *fig Land, Wirtschaft* **im ~ sein** s'éveiller

aufbruchsbereit ADJ prêt à partir; **Aufbruchssignal** N signal *m* de départ

Aufbruchsstimmung F ⟨~⟩ atmosphère *f*, ambiance *f* de départ; **es herrschte allgemeine ~** cela sentait le départ; **in ~ sein** *Gäste* être sur le point de partir; *Wirtschaft* croire à la reprise des affaires

aufbrühen VT ⟨sép, -ge-, h.⟩ *Tee* (faire) infuser; *Kaffee* faire

aufbrummen *umg* VT ⟨sép, -ge-, h.⟩ **j-m ein Bußgeld, zwei Jahre Gefängnis ~** *umg* coller une amende, *umg* flanquer deux ans de prison à qn; **j-m die Kosten für etw ~** mettre, *umg* coller les frais de qc sur le dos de qn; **etw aufgebrummt bekommen** *umg* écoper (de) qc; *umg* ramasser qc

aufbügeln VT ⟨-(e)le, sép, -ge-, h.⟩ 1 *(überbügeln)* donner un coup de fer à; repasser 2 **etw (auf etw** *[akk]*) **~** coller (qc sur qc) avec le fer à repasser; **Flicken zum Aufbügeln** pièce thermocollante

aufbürden VT ⟨-ete, sép, -ge-, h.⟩ **j-m etw ~** *Last, Arbeit, Verantwortung etc* mettre qc sur les bras *od* sur le dos de qn; charger qn de qc; *Amt, Sorgen* imposer qc à qn

aufdampfen VT ⟨sép, -ge-, h.⟩ TECH **Aluminium** *etc* **im Vakuum auf etw** *(akk)* **~** métalliser qc sous vide à l'aluminium, *etc*

Aufdampfen N ⟨~s⟩ TECH métallisation *f* sous vide **(von Aluminium** à l'aluminium)

aufdämpfen VT ⟨sép, -ge-, h.⟩ repasser à la vapeur, *mit feuchtem Bügeltuch* à la pattemouille

aufdecken ⟨sép, -ge-, h.⟩ A VT 1 *Bett* découvrir 2 *Tischdecke (auflegen)* mettre 3 *Spielkarte* retourner; *fig* **die Karten ~** dévoiler ses batteries; découvrir, montrer son jeu 4 *fig (enthüllen)* découvrir; *Intrige, Verbrechen* déceler; *Zusammenhänge etc* découvrir; *Geheimnis, Plan* révéler B VI mettre le couvert; dresser la table C VR **sich im Schlaf ~** se découvrir en dormant *od* dans son sommeil

Aufdeckung F *(Enthüllung)* découverte *f*

aufdonnern *umg pej* VR ⟨-(e)re, sép, -ge-, h.⟩ → auftakeln B

aufdrängen ⟨sép, -ge-, h.⟩ A VT **j-m etw ~** *Ware, Geschenk* presser, obliger qn d'accepter qc; *Willen, Ansichten* imposer qc à qn; **sie hat mir 100 Euro aufgedrängt** elle a insisté pour que je prenne cent euros B VR **sich j-m ~** *Person, Verdacht, Vergleich, Frage etc* s'imposer à qn; **ich will mich Ihnen nicht ~** je ne veux pas vous imposer ma présence; je ne veux pas m'imposer (à vous)

aufdrehen ⟨sép, -ge-, h.⟩ A VT 1 *Wasserhahn, Heizung etc* ouvrir; *fig* **den Gashahn ~** se suicider au gaz 2 *umg Radio etc* mettre (plus) fort 3 **die Haare ~** se faire une mise en plis B *umg* VI 1 *mit dem Auto* appuyer sur le champignon; **voll ~** *umg* conduire le pied au plancher 2 SPORT forcer, accélérer l'allure 3 *(in Stimmung kommen)* s'exciter

aufdringlich ADJ 1 *Person* indiscret, -ète; *umg* casse-pieds; *(anhänglich) umg* crampon; *umg* collant; *Gast* envahissant 2 *Farbe* voyant; *Parfüm* pénétrant; **Aufdringlichkeit** F ⟨~⟩ indiscrétion *f*

aufdröseln *umg* VT ⟨-(e)le, sép, -ge-, h.⟩ *Schnur, Wolle, a. fig Zusammenhänge* démêler

Aufdruck M ⟨~(e)s; ~e⟩ texte imprimé; *auf Briefmarken* surcharge *f*

aufdrucken VT ⟨sép, -ge-, h.⟩ **etw (auf etw** *[akk]*) **~** imprimer qc (sur qc)

aufdrücken VT ⟨sép, -ge-, h.⟩ 1 *Tür etc* ouvrir (en poussant); pousser 2 *Pickel etc* faire crever 3 *Siegel, Stempel* apposer; **etw auf etw** *(akk)* **~** appuyer qc sur qc; **j-m, e-r Sache s-n Stempel ~** marquer qn, qc de son empreinte

aufeinander ADV 1 *räumlich* l'un(e) sur l'autre *bzw.* les un(e)s sur les autres; **~ losgehen** se jeter l'un(e) sur l'autre; → aufeinanderbeißen, aufeinanderdrücken, aufeinanderlegen *etc* 2 *zeitlich* **~ folgen(d)** → aufeinanderfolgen 3 *(gegenseitig)* **~ angewiesen sein** dépendre l'un de l'autre; **~ Rücksicht nehmen** avoir des égards l'un pour *od* envers l'autre; **~ warten** s'attendre (l'un l'autre); → aufeinanderhetzen

aufeinanderbeißen VT ⟨irr, sép, -ge-, h.⟩ **die Zähne ~** fermer la bouche bien fort; serrer les mâchoires

aufeinanderdrücken VT ⟨sép, -ge-, h.⟩ appuyer l'un sur *od* contre l'autre

Aufeinanderfolge F ⟨~⟩ succession *f*; suite *f*; **in rascher ~** (en) se succédant rapidement; (en) se suivant de près

aufeinanderfolgen VI ⟨sép, -ge-, s.⟩ se succéder; se suivre; **aufeinanderfolgend** ADJ consécutif, -ive; successif, -ive; **aufeinanderhetzen** VT ⟨-(es)t, sép, -ge-, h.⟩ exciter l'un contre l'autre; **aufeinanderlegen** VT ⟨sép, -ge-, h.⟩ mettre, poser l'un sur l'autre; **aufeinanderliegen** VI ⟨irr, sép, -ge-, h.⟩ être posé, empilé, entassé l'un sur l'autre; **aufeinanderpassen** VI ⟨sép, -ge-, h.⟩ aller l'un avec l'autre; **aufeinanderprallen** VI ⟨sép, -ge-, s.⟩ se heurter *(a. fig)*; se tamponner; **aufeinanderpressen** VT ⟨sép, -ge-, h.⟩ appuyer, presser l'un sur *od* contre l'autre; *Lippen* pincer; **aufein-**

anderschichten VT ⟨-ete, *sép*, -ge-, h.⟩ empiler; entasser; **aufeinanderschlagen** ⟨*irr*, *sép*, -ge-⟩ **A** VT ⟨h.⟩ *Gegenstände* entrechoquer **B** VI ⟨s.⟩ *von Gegenständen* s'entrechoquer; **aufeinandersetzen** VT ⟨-(es)t, *sép*, -ge-, h.⟩ mettre, poser l'un sur l'autre; superposer; **aufeinanderstapeln** VT ⟨-(e)le, *sép*, -ge-, h.⟩ empiler; entasser; **aufeinanderstellen** VT ⟨*sép*, -ge-, h.⟩ mettre, poser l'un sur l'autre; superposer; **aufeinanderstoßen** VI ⟨*irr*, *sép*, -ge-, s.⟩ se heurter (*a. fig*); **aufeinandertreffen** VI ⟨*irr*, *sép*, -ge-, s.⟩ se rencontrer; *feindlich* se heurter

Aufenthalt M ⟨~(e)s; ~e⟩ **1** *während e-r Fahrt* arrêt *m*; °halte *f*; **der Zug hat hier zehn Minuten ~** le train reste dix minutes en gare ici; **ohne ~** sans s'arrêter **2** (*Verweilen*) séjour *m*; **während s-s ~es in Berlin** pendant son séjour à Berlin; **der ~ in diesem Raum ist verboten** interdiction de rester dans cette pièce **3** *geh* (*~sort*) (lieu *m* de) résidence *f*

Aufenthaltsbewilligung F → Aufenthaltserlaubnis; **Aufenthaltsdauer** F durée *f* du séjour; **Aufenthaltserlaubnis** F, **Aufenthaltsgenehmigung** F permis *m* de séjour; **Aufenthaltsort** M lieu *m* de séjour, de résidence; **Aufenthaltsraum** M SCHULE salle *f* (de permanence); *e-s Wohnheims, e-r Jugendherberge* foyer *m*; **Aufenthaltsverbot** N interdiction *f* de séjour

auferlegen *geh* ⟨*sép ou insép, pas de ge-*, h.⟩ **A** VT **j-m etw ~** imposer qc à qn; *Strafe* infliger qc à qn; **j-m e-e Geldstrafe ~** infliger une amende à qn **B** VR **sich** (*dat*) **etw ~** s'imposer qc; **sich** (*dat*) **Zwang ~** se faire violence; se contraindre

auferstehen VI ⟨*irr*, *sép ou insép, pas de ge-*, s.⟩ BIBEL ressusciter; **von den Toten ~** *a. fig* ressusciter des morts

Auferstehung F ⟨~⟩ *a. fig* résurrection *f*

auferwecken *geh* VT ⟨*pas de ge-*, h.⟩ ressusciter; BIBEL **von den Toten ~** réveiller d'entre les morts

Auferweckung F ⟨~⟩ *a. fig* résurrection *f*

aufessen ⟨*irr*, *sép*, -ge-, h.⟩ **A** VT manger tout; finir; **iss dein Brot auf!** mange, finis ton pain! **B** VI manger tout

auffächern ⟨-(e)re, *sép*, -ge-, h.⟩ **A** VT **1** disposer en éventail; *Spielkarten etc* étaler, en éventail **2** *fig* (*ausweiten*) diversifier **B** VR **sich ~** être disposé en éventail; **sich in verschiedene Möglichkeiten ~** se répartir en plusieurs possibilités

auffädeln VT ⟨-(e)le, *sép*, -ge-, h.⟩ *Perlen etc* enfiler

auffahren ⟨*irr*, *sép*, -ge-⟩ **A** VT ⟨h.⟩ **1** *Geschütz etc* mettre en batterie; pousser en position **2** *umg Speisen, Getränke* mettre sur la table **B** VI ⟨s.⟩ **1** *aus Gedanken, Träumen* sursauter; **aus dem Schlaf ~** se réveiller en sursaut; **erschrocken ~** sursauter de peur; **wütend, zornig ~** s'emporter (violemment); monter sur ses grands chevaux **2** **auf etw** (*akk*) **~** (*aufprallen*) *Fahrzeug* télescoper, tamponner qc; rentrer dans (l'arrière de) qc; *Schiff* s'échouer sur qc **3** (*heranfahren*) **auf j-n, etw dicht** *od* **nah ~** suivre qn, qc de très près **4** MIL (*in Stellung gehen*) s'aligner; se ranger; (*vorfahren*) **~ vor** (+*dat*) *e-m Gebäude* se placer devant (l'entrée de) **5** BERGBAU remonter **6** REL **in den** *od* **zum Himmel ~** monter aux cieux

Auffahrt F **1** (*Autobahnauffahrt*) *etc* bretelle *f*; *vor e-m Gebäude* rampe *f* (d'accès) **2** (*das Auffahren*) *vor e-m Gebäude* arrivée *f* **3** (*Fahrt bergan*) montée *f* **4** BERGBAU remontée *f* **5** *bes schweiz* (*Himmelfahrt*) Ascension *f*

Auffahrunfall M télescopage *m*

auffallen VI ⟨*irr*, *sép*, -ge-, s.⟩ **1** (*auffällig sein*) *Person* se faire remarquer (**durch** par); *Dinge* se voir; *plus fort* sauter aux yeux; **j-m ~** frapper qn; **(un)angenehm ~** se faire (dés)agréablement remarquer; **nicht ~** passer inaperçu; **das fällt auf** (*das wird man merken*) cela se remarquera; **um nicht aufzufallen, machte sie ...** pour ne pas se faire remarquer, elle fit ...; **mir fiel auf, dass ...** j'ai remarqué que ...; je me suis aperçu que ...; **fiel dir nichts an ihm auf?** n'as-tu rien remarqué chez lui? **2** *Licht, Strahlen etc* **auf etw** (*akk*) **~** tomber sur qc

auffallend **A** ADJT frappant; *plus fort* spectaculaire; *Kleidung, Farbe* voyant; **e-e ~e Erscheinung** un phénomène, un fait frappant; *Person* **sie ist e-e ~e Erscheinung** elle ne passe pas inaperçue; **in ~em Gegensatz stehen zu** former un contraste saisissant, marquant avec; **das Auffallendste an ihr war ...** le plus frappant chez *od* en elle était ... **B** ADVL d'une façon frappante; **sich ~ kleiden** s'habiller d'une façon voyante; **er ist ~ still** il est particulièrement silencieux; *umg hum* **stimmt ~!** tout à fait!; exact!

auffällig ADJ **1** (*auffallend*) frappant; *plus fort* spectaculaire; *Kleidung, Farbe* voyant; (*grell*) criard **2** (*verdächtig*) suspect; **Auffälligkeit** F ⟨~; ~en⟩ **1** ⟨*pas de pl*⟩ caractère frappant, *plus fort* spectaculaire **2** (*Besonderheit*) particularité *f*

auffalten ⟨-ete, *sép*, -ge-, h.⟩ **A** VT déplier **B** VR **sich ~** GEOL se plisser

Auffangbecken N bassin *m* de réception; *fig* réservoir *m*

auffangen VT ⟨*irr*, *sép*, -ge-, h.⟩ **1** *Ball etc, Ohnmächtige* (r)attraper; *Ball a.* bloquer; *Blick* voir; *Wort, Neuigkeit* entendre **2** *Flüssigkeit, a. Flüchtlinge* recueillir **3** PHYS, RADIO capter; recevoir; **e-n Funkspruch ~** capter un message radio **4** (*dämpfen*) *Schlag, Stoß, Druck* amortir; *Preissteigerungen etc* parer à; *Angriff etc* contenir

Auffanglager N *für Flüchtlinge etc* centre *m* d'accueil

auffassen VT ⟨-(es)t, *sép*, -ge-, h.⟩ **1** (*verstehen*) saisir; comprendre; **etw richtig, falsch ~** bien, mal interpréter qc **2** (*ansehen*) **etw als etw ~** prendre qc pour qc; interpréter qc comme qc; **etw als Scherz ~** prendre qc pour une plaisanterie; **etw als Beleidigung, Vorwurf ~** prendre qc pour une offense, un reproche; **etw persönlich ~** mal prendre qc

Auffassung F **1** (*Ansicht*) conception *f*; opinion *f*; vues *fpl*; **e-e andere ~ von etw haben** avoir une autre vision, conception de qc; **s-e ~ von Liebe** *etc* sa conception de l'amour, *etc*; **nach meiner ~** à mon sens; **der ~ sein** *od* **die ~ vertreten, dass ...** être d'avis, penser que ...; **j-s ~ teilen** partager l'opinion, les vues, le point de vue, la conception de qn **2** ⟨*pas de pl*⟩ (*~sgabe*) compréhension *f*

Auffassungsgabe F ⟨~⟩ compréhension *f*; **keine gute ~ haben** avoir la compréhension lente; **e-e schnelle ~ haben** avoir l'esprit vif, rapide

Auffassungssache F ⟨~⟩ **das ist ~** c'est une question de point de vue

Auffassungsvermögen N ⟨~s⟩ → Auffassungsgabe

auffegen VT ⟨*sép*, -ge-, h.⟩ *regional* enlever (en balayant)

auffindbar ADJ trouvable; **nicht ~** introuvable; **schwer ~** difficile à trouver, à découvrir

auffinden VT ⟨*irr*, *sép*, -ge-, h.⟩ trouver; découvrir; **nicht aufzufinden sein** être introuvable

auffischen *umg* VT ⟨*sép*, -ge-, h.⟩ **1** *aus dem Wasser* (re)pêcher; retirer de l'eau **2** *fig* (*aufgabeln*) *umg* pêcher; *umg* dégoter

aufflackern VI ⟨-(e)re, *sép*, -ge-, s.⟩ **1** *Kerze, Feuer etc* (**wieder**) **~** se raviver; se ranimer **2** *fig Unruhen* éclater (ici et là); *Hoffnung, Wut a.* se réveiller; (**wieder**) **~** *Streit, Hass etc* se raviver; se ranimer; *geh* **Hass flackerte in ihren Augen auf** une lueur de haine apparut dans ses yeux

aufflammen VI ⟨*sép*, -ge-, s.⟩ flamber; flamboyer; *fig Unruhen* éclater; **plötzlich flammte ein Streichholz auf** tout à coup on aperçut la lueur d'une allumette; **Hass flammte in ihm auf** la haine l'embrasa, l'enflamma

auffliegen VI ⟨*irr*, *sép*, -ge-, s.⟩ **1** *Vogel* s'envoler; prendre son essor **2** *umg Schwindel, Betrüger, Spion etc* être découvert; **j-n ~ lassen** dénoncer qn (à la police, *etc*); **etw ~ lassen** découvrir qc **3** *Tür etc* s'ouvrir brusquement

auffordern VT ⟨-(e)re, *sép*, -ge-, h.⟩ **j-n ~, etw zu tun** inviter qn à faire qc; ADMIN sommer qn de faire qc; mettre qn en demeure de faire qc; **j-n zur Mitarbeit, zur Teilnahme ~** inviter qn à collaborer, à prendre part; **j-n** (*zum Tanz*) **~** inviter qn à danser; **ein ~der Blick, e-e ~de Geste** un regard, un geste encourageant

Aufforderung F invitation *f* (**zu** à); ADMIN sommation *f*; mise *f* en demeure; **~ zum Tanz** invitation à la danse; **die ~ bekommen, etw zu tun** être invité à faire qc; **etw ohne besondere ~ tun** faire qc de soi-même

Aufforderungscharakter M ⟨~⟩ PSYCH incitation *f*; **Aufforderungssatz** M GRAM proposition impérative

aufforsten VT ⟨-ete, *sép*, -ge-, h.⟩ reboiser; **Aufforstung** F ⟨~; ~en⟩ reboisement *m*

auffressen VT ⟨*irr*, *sép*, -ge-, h.⟩ **1** *Tier* manger; *wilde Tiere, gierig* dévorer; *sl* **er hat den ganzen Kuchen aufgefressen** *umg* il a bouffé, il s'est tapé tout le gâteau **2** *fig* **die viele Arbeit frisst mich noch auf** *umg* mon travail me bouffe complètement; **die Wohnungseinrichtung hat s-e Ersparnisse aufgefressen** l'installation de son appartement a mangé ses économies; *umg* **j-n vor Liebe** (*dat*) **~ wollen** manger qn de baisers, de caresses; *umg hum* **sie wird dich (schon) nicht (gleich) ~** elle ne va pas te manger

auffrischen ⟨*sép*, -ge-⟩ **A** VT ⟨h.⟩ *Gemälde, Möbel etc* rafraîchir; *Farben* raviver; *Vorräte etc* renouveler; *Kenntnisse* réactiver; **e-e alte Bekanntschaft ~** renouer avec une vieille connaissance; **e-e gemeinsame Erinnerung ~** faire revivre un souvenir commun; **s-e französischen Sprachkenntnisse ~** rafraîchir ses connaissances en français **B** VI ⟨h. *ou* s.⟩ SCHIFF **der Wind frischt auf** le vent fraîchit, se lève

Auffrischung F ⟨~; ~en⟩ *von Möbeln etc* rafraîchissement *m*; *von Farben* ravivement *m*; *von Vorräten* renouvellement *m*; *von Kenntnissen* remise *f* à niveau

Auffrischungskurs M cours *m* de remise à niveau

aufführen ⟨*sép*, -ge-, h.⟩ **A** VT **1** *Theaterstück etc* représenter; jouer; *Musikstück* exécuter; *umg* **e-n (wahren) Freudentanz ~** danser de joie; *fig* **sie führt heute (vielleicht) wieder ein Theater auf!** elle en fait une comédie, aujourd'hui! **2** *Beispiele, Gründe etc* donner; énumérer; *Namen, Waren in e-m Register etc* mentionner; **einzeln ~** spécifier **B** VR **sich ~** se comporter; se conduire; **sich schlecht, gut ~** mal, bien se conduire, se comporter; **sich unmöglich ~** être impossible; être très désagréable

Aufführung F **1** *e-s Theaterstücks* représentation *f*; *e-s Musikstücks* exécution *f*; ADMIN **etw zur ~ bringen** (faire) représenter *bzw.* exécuter qc; ADMIN **zur ~ gelangen** *od* **kommen** être représenté *bzw.* exécuté **2** *von Beispielen,*

Gründen etc énumération *f*; *von Namen in e-m Register etc* mention *f*

Aufführungsrecht N THEAT droit *m* de représentation; MUS droit *m* d'exécution

auffüllen VT ‹*sép*, -ge-, h.› 1 (*ganz füllen*) remplir (**mit** de); *fig Lücken* combler; **s-n Bestand an etw** (*dat*) **~** refaire le stock de qc; **ein Konto ~** approvisionner un compte 2 (*nachfüllen*) remplir 3 GASTR **etw mit Fleischbrühe** *etc* **~** ajouter du bouillon, *etc* à qc

auffuttern *umg* VT ‹-(e)re, *sép*, -ge-, h.› manger, avaler tout

Aufgabe F 1 (*Auftrag*) tâche *f*; mission *f*; (*Pflicht*) devoir *m*; **s-e ~ erfüllen** remplir sa tâche, sa mission; **es ist meine ~ zu** (+*inf*) il est de mon devoir de (+*inf*); **sich** (*dat*) **etw zur ~ machen** se donner pour tâche de faire qc 2 SCHULE (*Hausaufgabe*) *schriftliche* devoir *m*; *mündliche* leçon *f*; (*Übung*) exercice *m*; *bes* (*Rechenaufgabe*) problème *m*; **e-e ~ stellen, lösen** poser, résoudre un problème 3 *e-s Briefs, Telegramms etc* expédition *f*; *des Gepäcks* enregistrement *m*; *e-r Anzeige* insertion *f* 4 (*Geschäftsaufgabe*) cessation *f*; **wegen ~ des Geschäftes** pour cause de cessation de commerce 5 *e-r Stellung, e-s Berufs, e-s Plans*, SPORT *etc* abandon *m*; SPORT **zur ~ gezwungen sein** être forcé d'abandonner; BOXEN **Sieg** *m* **durch ~** victoire *f* par abandon

aufgabeln *umg fig* VT ‹-(e)le, *sép*, -ge-, h.› *umg* pêcher; *umg* dégoter

Aufgabenbereich M ressort *m*; attributions *fpl*; domaine *m*; **das fällt** *od* **gehört nicht in meinen ~** cela ne fait pas partie de mes attributions, de mon ressort; cela n'est pas de mon ressort; *förmlicher* cela n'entre pas dans mes attributions

Aufgabenheft N cahier *m* de textes; **Aufgabenstellung** F *bes* MATH données *fpl* du problème; *weitS. im Arbeitsleben etc* (définition *f* d'une) tâche *f*; **Aufgabenverteilung** F répartition *f* des tâches

Aufgabeort M lieu *m* d'expédition; **Aufgabestempel** M cachet *m* du bureau de poste expéditeur

Aufgang M 1 *von Sonne, Mond etc* lever *m* 2 *in e-m Gebäude* escalier *m* 3 (*Weg*) sentier *m*; **der ~ zum Gipfel** le sentier qui mène au sommet 4 TURNEN *auf ein Gerät* entrée *f*

aufgeben ‹*irr*, *sép*, -ge-, h.› A VT 1 *Schularbeiten* donner; *Rätsel* poser; **den Schülern e-n Aufsatz ~** donner une rédaction aux élèves; **j-m ein Rätsel ~** poser une devinette à qn; *fig* **das hat uns manches Rätsel aufgegeben** cela a été une énigme, un mystère pour nous; *geh* **j-m etw ~** (*auftragen*) charger qn de faire qc 2 *Telegramm, Brief etc* expédier; *Gepäck* mettre aux bagages accompagnés; (faire) enregistrer; *Anzeige* insérer; faire paraître; (faire) passer; *Bestellung* passer 3 *Beruf, Vorhaben, Hoffnung, Widerstand etc* abandonner; *Stellung* quitter; **er hat das Rennen aufgegeben** il a abandonné la course; **sie hat das Rauchen aufgegeben** elle a arrêté de fumer; *umg* **gib's (doch) auf!** laisse tomber!; *beim Raten* **ich gebe (es) auf!** je donne ma langue au chat! 4 **j-n ~** *Vermisste* perdre tout espoir de retrouver qn; *Freunde etc* laisser tomber qn; **die Ärzte haben ihn aufgegeben** les médecins ont déclaré qu'il était condamné; les médecins l'ont condamné 5 **sein Geschäft ~** liquider, fermer définitivement son commerce, son affaire; **s-e Wohnung ~** céder son appartement B VI abandonner (*a.* SPORT); **man darf nicht gleich ~** il ne faut pas tout de suite perdre espoir, désespérer

aufgebläht ADJT *Bauch* ballonné; *fig Verwaltungsapparat etc* pléthorique

aufgeblasen *umg pej* ADJT *Person* prétentieux, -ieuse; *pej* bouffi d'orgueil; qui fait l'important; **Aufgeblasenheit** *umg pej* F ‹~› fatuité *f*; prétention *f*

Aufgebot N 1 *zur Eheschließung, kirchliches* publication *f* des bans; *standesamtliches* publications *fpl* (de mariage); **das ~ bestellen** faire publier les bans 2 *an Material* mise *f* en action; *an Menschen* déploiement *m*; **ein gewaltiges ~ an Hubschraubern** une mise en action formidable d'hélicoptères; **ein großes ~ an Polizisten** un déploiement important de policiers 3 *schweiz* MIL (*Einberufungsbefehl*) (ordre *m* d')appel *m*

aufgebracht ADJT en colère; furieux, -ieuse; **aufgedonnert** *umg* ADJT (drôlement) accoutré, *umg* attifé, °harnaché; **aufgedreht** *umg* ADJT excité; *plus fort* surexcité; (*in Schwung*) en verve; *nach Alkoholgenuss umg* émoustillé; **aufgedunsen** ADJT bouffi; boursouflé

aufgehen VI ‹*irr*, *sép*, -ge-, s.› 1 *Sonne, Mond etc* se lever 2 (*sich öffnen*) s'ouvrir; *ein Stückchen* s'entrouvrir; *Postsendung* s'ouvrir; se décoller; *Knospen, Blüten a.* éclore; *Knoten, Schleife* se défaire; se dénouer; *Naht* se défaire; se découdre; *Knöpfe* s'ouvrir; ne pas tenir; *Haken* se défaire; se dégrafer; *Zöpfe* se défaire; *Vorhang* se lever; *Geschwür* crever; percer; *geh fig* **ihm geht das Herz auf** son cœur vibre, est touché 3 *Teig* lever; *umg fig* **sie ist aufgegangen wie ein Hefekloß** *od* **wie ein Pfannkuchen** elle a beaucoup grossi; elle est devenue un vrai tonneau 4 *Saat* lever; pousser 5 *fig* **da gingen ihr die Augen auf** ses yeux se dessillèrent; *umg* **mir geht ein Licht auf!** ah! j'y suis!; ah! je commence à y voir clair!; **plötzlich ging mir auf, was er gemeint hatte** je compris soudain ce qu'il avait voulu dire 6 *Rechnung* tomber juste; **meine Patience ist aufgegangen** j'ai réussi ma patience; *fig* **s-e Rechnung ging nicht auf** son calcul s'avéra faux 7 **in etw** (*dat*) **~** se fondre dans qc; MATH **drei geht in neun auf** neuf est divisible par trois; **kleine Unternehmen gehen in den großen auf** les petites entreprises sont absorbées par les grandes; *fig* **(ganz) in s-r Arbeit, s-r Familie ~** s'épanouir, se réaliser dans son travail, dans la vie de famille

aufgehoben ADJT **bei j-m gut ~ sein** être en (de) bonnes mains chez qn; → *a.* aufheben

aufgeilen *umg* ‹*sép*, -ge-, h.› A VT exciter (sexuellement); *Mann a. umg* faire bander B VR **sich (an etw** [*dat*]**) ~** *a. fig* s'exciter (sur qc); *fig* **er geilt sich am Motorradfahren auf** *umg* la moto, ça le branche à fond

aufgeklärt ADJT 1 éclairé; sans préjugés; HIST **~er Absolutismus** absolutisme éclairé 2 *sexuell* averti; **~ sein** *umg* savoir comment on fait les bébés; **er ist schon ~** il est au courant des choses de la vie

Aufgeklärtheit F ‹~› esprit éclairé

aufgeknöpft *umg fig* ADJT communicatif, -ive; **aufgekratzt** *umg* ADJT en train; en verve; *plus fort* excité

Aufgeld N 1 BÖRSE agio *m* 2 *regional* (*Zuschlag*) supplément *m*

aufgelegt ADJT 1 (*gelaunt*) **gut, schlecht ~ sein** être de bonne, de mauvaise humeur; *umg* être bien, mal luné; **zu etw ~ sein** être disposé, d'humeur à qc; avoir le cœur à qc 2 ‹*épithète*› (*offensichtlich*) **ein ~er Schwindel** une escroquerie évidente

aufgelöst ADJT *fig* **(völlig) ~** (complètement) affolé; bouleversé; **in Tränen ~** en larmes; → *a.* Träne 1

aufgeräumt ADJT 1 *Zimmer* rangé; en ordre 2 *fig* en train; de bonne humeur; **Aufgeräumtheit** F ‹~› entrain *m*; bonne humeur

aufgeregt ADJT excité; agité; (*nervös*) énervé

Aufgeregtheit F ‹~› excitation *f*; agitation *f*; (*Nervosität*) énervement *m*

aufgeschlossen ADJT *Person, Geist, Charakter* ouvert (**für** à); *Person a.* qui a l'esprit large; **ein ~er Mensch** une personne qui s'intéresse à tout, qui est curieuse de tout; **politisch ~ sein** s'intéresser à la politique; **neuen Ideen gegenüber ~ sein** être ouvert, réceptif aux idées nouvelles

Aufgeschlossenheit F ‹~› (*Offenheit*) ouverture *f* d'esprit; intérêt *m*; (*Empfänglichkeit*) réceptivité *f*

aufgeschmissen *umg* ADJT *Person* **~ sein** être *umg* fichu, *sl* foutu; **ohne dich, ohne meine Brille bin ich ~** je ne peux rien faire sans toi, sans mes lunettes

aufgeschossen ADJT *Mensch* **(hoch) ~** élancé; svelte

aufgeschwemmt ADJT bouffi; boursouflé; **aufgesetzt** ADJT affecté; artificiel, -ielle; (*gezwungen*) *Lächeln etc* forcé; contraint; **aufgesprungen** ADJT *Lippen, Haut* gercé; **aufgewärmt** ADJT → aufwärmen

aufgeweckt ADJT *fig* éveillé; vif, vive; dégourdi; **~er Junge, ~es Mädchen** (garçon) dégourdi *m*, (fille) dégourdie *f*

Aufgewecktheit F ‹~› vivacité *f* d'esprit; esprit éveillé

aufgeweicht ADJT ramolli; *Boden* boueux, -euse; détrempé

aufgießen VT ‹*irr*, *sép*, -ge-, h.› 1 (*dazugießen*) ajouter; verser 2 *Tee* (faire) infuser; *Kaffee* faire 3 GASTR **e-n Braten ~** arroser un rôti

aufglänzen VI ‹-(es)t, *sép*, -ge-, s. *ou* h.› resplendir

aufgliedern VT ‹-(e)re, *sép*, -ge-, h.› diviser, décomposer (**in** [+*akk*] en); *in Kategorien* classer, classifier (**in** [+*akk*], **nach** en); **Aufgliederung** F division *f*, décomposition *f* (**in** [+*akk*] en); *in Kategorien* classification *f* (**in** [+*akk*], **nach** en)

aufglimmen VI ‹*irr ou régulier*, *sép*, -ge-, s.› 1 *Feuer etc* rougeoyer (un moment, soudain); **e-e Zigarette glomm auf** on aperçut la lueur d'une cigarette; **in der Ferne glommen Lichter auf** des lumières se mirent à luire dans le lointain 2 *geh fig Hoffnung, Verdacht* naître

aufglühen VI ‹*sép*, -ge-, s.› *Sternschnuppe* s'enflammer; *Feuer* flamboyer; *fig Gesicht* s'empourprer; *Leidenschaft* s'embraser; **aufgraben** VT ‹*irr*, *sép*, -ge-, h.› creuser

aufgreifen VT ‹*irr*, *sép*, -ge-, h.› 1 *Thema, Vorschlag, Frage etc* **(wieder) ~** reprendre 2 *Kriminelle etc* appréhender; saisir; *umg* ramasser

aufgrund PRÄP ‹*gen*›, ADV **~ von** (*wegen*) en raison de; vu; (*kraft*) en vertu de; **~ s-s Könnens** en raison de ses compétences; **~ e-s Gesetzes, Urteils** *etc* en vertu d'une loi, d'un jugement, *etc*; **~ von Indizien** sur la base d'indices; sur des indices

Aufguss M *von Kräutern, Tee* infusion *f*; PHARM décoction *f*; **Aufgussbeutel** M sachet *m* d'infusion

aufhaben *umg* VT ‹*irr*, *sép*, -ge-, h.› 1 *Hut etc* avoir (sur la tête); *Brille* avoir (sur le nez) 2 (*geöffnet haben*) *Geschäft* être ouvert; **ab wann haben Sie auf?** à quelle heure ouvrez-vous?; **wir haben ab acht Uhr auf** *umg* nous sommes ouverts à partir de huit heures; **ich habe die Fenster auf** mes fenêtres sont ouvertes; *umg* j'ai mes fenêtres d'ouvertes; **den Mund ~** avoir la bouche ouverte 3 *Hausaufgaben* avoir à faire, à apprendre; **was hast du in** *od* **für Erdkunde auf?** qu'est-ce que tu as (à faire) en géographie? 4 *regional* (*aufgegessen haben*) avoir fini, mangé 5 (*aufgemacht, aufbekommen haben*) **ich habe den Knoten, das Paket schon**

auf j'ai déjà défait le nœud, ouvert le paquet
aufhacken VT ⟨sép, -ge-, h.⟩ *mit der Spitzhacke* ouvrir à coups de pioche, *mit der Axt* à coups de hache; *Nuss, Rinde etc mit dem Schnabel* casser; **den Boden ~** *a.* piocher la terre
aufhaken VT ⟨sép, -ge-, h.⟩ défaire; *Kleidungsstück* dégrafer
aufhalsen *umg* ⟨-(es)t, *sép*, -ge-, h.⟩ A VT **j-m etw, j-n ~** *umg* coller, *umg* refiler qc, qn à qn B VR **sich** *(dat)* **zu viel ~** *umg* se coller trop de choses sur le dos; **sich** *(dat)* **etw, j-n ~ lassen** se laisser mettre qc, qn sur le dos
aufhalten ⟨*irr, sép*, -ge-, h.⟩ A VT 1 *(geöffnet halten)* tenir, garder ouvert; **j-m die Tür ~** tenir la porte (ouverte) à qn; **sie konnte kaum die Augen ~** elle pouvait à peine garder les yeux ouverts; **die Hand ~** *a. fig* tendre la main 2 *(im Fortgang hemmen)* arrêter; *Dinge a.* empêcher; *(zurückhalten) Person, Tier* retenir; **j-n ~** *durch vieles Reden* retenir, retarder qn; *umg* tenir la jambe à qn; **j-n an der Grenze ~** retenir, arrêter qn à la frontière; **lassen Sie sich durch mich nicht ~!** je ne veux pas vous retarder, retenir; **diese Arbeit hat mich zwei Stunden aufgehalten** ce travail m'a pris deux heures B VR 1 **sich ~** *(verweilen)* être; **sich ~ (in** *[+dat]*) *(bleiben)* rester (à); *im Ausland etc* séjourner (à); **sich im Haus, in j-s Nähe** *(dat)* **~** rester à la maison, près de qn; **sich im Freien ~** être dehors, en plein air 2 *(zu lange verweilen)* **sich mit etw ~** s'arrêter à, s'attarder à *od* sur qc; perdre son temps avec *od* à qc; **wir können uns damit nicht ~** nous ne pouvons pas perdre notre temps avec cela; **sich (zu lange) mit j-m ~** s'attarder (se retarder) avec qn 3 *(abfällig äußern)* **sich über j-n, etw ~** dire du mal de qn, qc
aufhängen ⟨sép, -ge-, h.⟩ A VT 1 *Gegenstände* suspendre; *Bild, Mantel* accrocher; *Wäsche* étendre; *Telefonhörer* raccrocher 2 *(erhängen)* pendre 3 *umg* **j-m etw ~** *Arbeit etc* mettre qc sur le dos de qn; *schlechte Ware etc umg* refiler qc à qn 4 *fig* **etw an etw** *(dat)* **~** prendre qc comme point de départ, exemple de qc B VR **sich ~** *(sich erhängen)* se pendre; *umg hum* **wo kann ich mich ~?** je peux laisser mes affaires quelque part?
Aufhänger M ⟨~s; ~⟩ 1 *an e-m Kleidungsstück* attache *f (a. für Handtücher, Bilderrahmen)*; ruban *m*; chaînette *f* (pour accrocher un vêtement) 2 *fig* **der ~ für etw sein** être le point de départ de qc
Aufhängung F ⟨~⟩ TECH suspension *f*
aufhauen ⟨*irr, sép, imparfait umg* haute auf, -ge-⟩ A VT ⟨h.⟩ → aufschlagen A 3 B *umg* VI ⟨s.⟩ → aufschlagen B 2
aufhäufen VT *(u.* VR*)* ⟨sép, -ge-, h.⟩ **(sich) ~** (s')accumuler; (s')amasser; (s')entasser; **Aufhäufung** F accumulation *f*; amassement *m*; entassement *m*
aufheben ⟨*irr, sép*, -ge-, h.⟩ A VT 1 *vom Boden* ramasser; *Kind* relever; *(hochheben)* soulever 2 *Hand, Blick* lever 3 *(aufbewahren)* garder; conserver; mettre de côté; **sie hebt alles auf** elle garde tout; **sich** *(dat)* **etw bis zum Schluss ~** garder qc pour la fin; *fig* **gut, schlecht aufgehoben sein** être, ne pas être en (de) bonnes mains; *fig* **bei ihr ist er gut aufgehoben** avec elle, il est en (de) bonnes mains; *fig* **dein Geheimnis ist gut** *od* **sicher bei mir aufgehoben** avec moi, ton secret sera bien gardé 4 *(abschaffen) Zensur, Geschwindigkeitsbegrenzung etc* supprimer; JUR *Strafe, Urteil* lever; annuler; *Urteil a.* infirmer; *Gesetz, Verfügung* abroger; *Sperre etc* débloquer; **ein Verbot ~** lever une interdiction; **das eine hebt das andere nicht auf** l'un n'empêche pas l'autre; *sprichw* **aufgeschoben ist nicht aufgehoben** *sprichw* partie remise n'est pas perdue 5 *(beenden) Versammlung* clore; clôturer; *Sitzung, Blockade, Belagerung* lever; *geh* **die Tafel ~** se lever de table B VR MATH, *fig* **sich (gegenseitig) ~** s'annuler (réciproquement)
Aufheben *geh* N ⟨~s⟩ **viel ~(s) von** *od* **um etw machen** faire grand cas de qc; faire un tas d'histoires pour qc; **kein ~(s) von** *od* **um etw machen** faire peu de cas de qc
Aufhebung F 1 *(Abschaffung) der Zensur, Geschwindigkeitsbegrenzung etc* suppression *f*; JUR *e-s Verbots, e-r Strafe, e-s Urteils* levée *f*; annulation *f*; *e-s Urteils a.* infirmation *f*; *e-s Gesetzes, e-r Verfügung* abrogation *f*; *e-r Sperre etc* déblocage *m* 2 *(Beendigung) e-r Blockade, Belagerung* levée *f*; *e-r Versammlung, Sitzung* clôture *f*
Aufhebungsklage F EHERECHT action *f* en annulation (du mariage); **Aufhebungsvertrag** M ARBEITSRECHT accord *m* de rupture (amiable)
aufheitern ⟨-(e)re, *sép*, -ge-, h.⟩ A VT **j-n ~** égayer, dérider qn B VR **sich ~** 1 METEO s'éclaircir; *Himmel a.* se dégager; *Wetter a.* se lever 2 *fig Blick* s'éclairer; **sein Gesicht heiterte sich auf** il s'est déridé; *geh* son visage s'est rasséréné
aufheiternd ADJT *Bemerkung etc* amusant; plaisant; METEO **gebietsweise ~** éclaircies par endroits
Aufheiterung F ⟨~; ~en⟩ METEO éclaircie *f*; **mit zeitweiligen ~en** avec éclaircies
aufheizen ⟨-(es)t, *sép*, -ge-, h.⟩ A VT TECH (faire) chauffer; *fig Stimmung* chauffer (à blanc) B VR **sich ~** chauffer; **Aufheizung** F TECH échauffement *m*
aufhelfen VI ⟨*irr, sép*, -ge-, h.⟩ **j-m ~** *a. fig* aider qn à se relever
aufhellen ⟨sép, -ge-, h.⟩ A VT 1 *mit Farbe, Haar*, FOTO éclaircir; *vergilbte Wäsche* déjaunir 2 *fig Hintergründe, Probleme etc* éclaircir; élucider B VR **sich ~** 1 *Himmel, Wetter* s'éclaircir; se dégager; **es hat sich aufgehellt** le temps s'est éclairci 2 *Haar(farbe)* s'éclaircir; *fig Gesicht, Miene, Hintergründe etc* s'éclairer
Aufheller M ⟨~s; ~⟩ *im Waschmittel* **(optischer) ~** agent blanchissant
Aufhellung F ⟨~; ~en⟩ *fig der Hintergründe, e-s Problems etc* éclaircissement *m*; élucidation *f*
aufhetzen VT ⟨-(es)t, *sép*, -ge-, h.⟩ **j-n gegen j-n ~** monter (la tête à) qn contre qn; dresser qn contre qn; *plus fort* inciter qn à la violence, *etc* contre qn; **j-n zu etw ~** inciter, provoquer qn à qc
Aufhetzung F ⟨~; ~en⟩ excitation *f* **(gegen j-n** contre qn); incitation *f*, instigation *f* **(zur Gewalt** *etc* à la violence, *etc*)
aufheulen VI ⟨sép, -ge-, h.⟩ 1 *vor Wut, Schmerz* °hurler; *Sirene, Wind* (se mettre à) °hurler; *Motor* s'emballer; **vor Wut, Schmerz** *(dat)* **~** °hurler de rage, de douleur; *Motor* **~ lassen** emballer 2 *umg (aufweinen) umg* se mettre à chialer
aufholen ⟨sép, -ge-, h.⟩ A VT *Verspätung, Rückstand* rattraper; *versäumte Arbeitszeit* récupérer; **j-s Vorsprung ~** regagner le terrain perdu sur qn; rattraper qn B VI 1 *Börsenkurse* se redresser; remonter 2 SPORT regagner du terrain
aufhorchen VI ⟨sép, -ge-, h.⟩ dresser, tendre l'oreille; écouter (attentivement); *Tier* dresser les oreilles; *fig* **j-n ~ lassen** éveiller l'attention de qn
aufhören VI ⟨sép, -ge-, h.⟩ 1 s'arrêter; **mit etw ~** cesser, arrêter qc; **mit der Arbeit ~** cesser, arrêter le travail; **~ zu arbeiten** cesser, (s')arrêter de travailler; **sie hat bei L. aufgehört** elle n'est plus *od* ne travaille plus chez L.; **ohne aufzuhören** sans cesse; sans relâche; sans arrêt; **hören wir für heute hier auf** restons-en là pour aujourd'hui; **hör mit dem Krach auf!** arrête de faire du bruit!; *umg* **hör doch auf damit!** arrête (ça)!; *umg* **da hört (sich) doch alles auf!** c'est trop fort! 2 *(kündigen)* quitter un poste, une société
Aufhören N fin *f*; *e-r Blutung, des Fiebers* arrêt *m*; *(Einstellung)* cessation *f*; **sie denkt nicht ans ~** elle n'envisage pas d'arrêter, de s'arrêter
aufjagen VT ⟨sép, -ge-, h.⟩ *Tiere* lever; débusquer; **j-n aus dem Schlaf ~** arracher qn au sommeil
aufjauchzen VI ⟨-(es)t, *sép*, -ge-, h.⟩ pousser des cris d'allégresse, de joie; **aufjaulen** VI ⟨sép, -ge-, h.⟩ *Hund etc* (se mettre à) glapir; **Aufkauf** M achat *m* (en masse); **aufkaufen** VT ⟨sép, -ge-, h.⟩ acheter (en masse); **Aufkäufer** M acheteur *m*; **aufkehren** VT ⟨sép, -ge-, h.⟩ balayer; enlever; **aufkeimen** VI ⟨sép, -ge-, s.⟩ 1 *Saat* germer; *weitS.* pousser 2 *fig Zweifel, Verdacht* naître **(in j-m** en qn); germer; *Leidenschaft, Hoffnung etc* naître **(in j-m** en qn); **Aufkeimen** N germination *f*; *fig* naissance *f*; **aufkeimend** ADJT 1 *Saat* qui germe; germant 2 *fig Gefühl* naissant; **aufklaffen** VI ⟨sép, -ge-, s.⟩ *Wunde, Abgrund* s'ouvrir
aufklappbar ADJ *Bildtafel* dépliant; *Messer, Tisch* pliant; *Sitz etc* que l'on peut relever; *Auto* **mit ~em Verdeck** décapotable
aufklappen VT ⟨sép, -ge-, h.⟩ *Buch, Taschenmesser, Fensterladen, Deckel etc* ouvrir; *Gartenstuhl etc* déplier; **das Verdeck ~** décapoter (la voiture)
aufklaren ⟨sép, -ge-, h.⟩ A VI *Wetter* s'éclaircir; se lever B V/UNPERS **es klart auf** le temps s'éclaircit
aufklären ⟨sép, -ge-, h.⟩ A VT 1 *Ursache, Zusammenhänge, Irrtum etc* tirer au clair; *Missverständnis a.* éclaircir; *Verbrechen* élucider 2 *(informieren)* **j-n über etw** *(akk)* **~** instruire qn de qc; éclairer qn sur qc; **j-n über s-n Irrtum ~** détromper, désabuser qn; tirer qn de son erreur 3 *sexualkundlich* **j-n ~** mettre qn au courant des choses de la vie 4 MIL reconnaître B VR **sich ~** 1 *Wetter, Himmel* s'éclaircir; *fig Gesicht* s'éclairer 2 *(sich klären)* s'expliquer
Aufklärer M ⟨~s; ~⟩ 1 MIL *Soldat* éclaireur *m*; *Flugzeug* avion *m* de reconnaissance 2 PHIL philosophe *m* du siècle des lumières; **aufklärerisch** ADJ éclairé
Aufklärung F 1 *e-s Missverständnisses, Verbrechens etc* éclaircissement *m*; élucidation *f* 2 *(Erklärung)* explication *f*; information *f* 3 ⟨*pas de pl*⟩ **die (sexuelle) ~** l'éducation sexuelle 4 ⟨*pas de pl*⟩ HIST *Zeitalter* Siècle *m* des lumières; *Philosophie* philosophie *f* des lumières; **das Zeitalter der ~** le Siècle des lumières 5 MIL reconnaissance *f*
Aufklärungsarbeit F ⟨~⟩ travail *m* d'information; **Aufklärungsbroschüre** F brochure *f* d'information; **Aufklärungsbuch** N manuel *m* d'éducation sexuelle; **Aufklärungsfilm** M film *m* d'éducation sexuelle; **Aufklärungsflug** M MIL vol *m* de reconnaissance; **Aufklärungsflugzeug** N MIL avion *m* de reconnaissance; **Aufklärungskampagne** F campagne *f* d'information; **Aufklärungspflicht** F ⟨~⟩ *des Arztes* devoir *m* d'information; *des Richters* devoir *m* de l'élucidation; **Aufklärungsquote** F *von Verbrechen* pourcentage *m* d'affaires élucidées; **Aufklärungsschrift** F brochure *f* d'information; **Aufklärungstruppe** F MIL troupe *f* de reconnaissance
aufkleben VT ⟨sép, -ge-, h.⟩ **etw (auf etw** *[akk]*) **~** coller qc sur qc
Aufkleber M autocollant *m*; étiquette col-

lante
aufklinken VT ⟨sép, -ge-, h.⟩ Tür ouvrir; **aufklopfen** VT ⟨-(e)st, sép, -ge-, h.⟩ 1 (öffnen) Nuss casser; Ei ouvrir 2 Kissen etc secouer; tapoter; **aufknacken** VT ⟨sép, -ge-, h.⟩ 1 Nuss casser 2 umg Geldschrank forcer; Schloss a. fracturer
aufknöpfen VT ⟨sép, -ge-, h.⟩ 1 (öffnen) déboutonner 2 **etw auf etw** (akk) ~ boutonner qc sur qc
aufknoten VT ⟨-ete, sép, -ge-, h.⟩ Schnur, Band etc défaire; Paket etc ouvrir (en défaisant les nœuds); **aufknüpfen** VT ⟨sép, -ge-, h.⟩ 1 Knoten etc défaire 2 umg (erhängen) pendre
aufkochen ⟨sép, -ge-⟩ A VT ⟨h.⟩ faire bouillir; **etw kurz ~ lassen** faire bouillir qc quelques instants B VI 1 ⟨s.⟩ (zu kochen beginnen) bouillir 2 ⟨h.⟩ südd, österr **(groß) ~** mettre les petits plats dans les grands
aufkommen VI ⟨irr, sép, -ge-, s.⟩ 1 (entstehen) Gewitter se former; Regen, Nebel survenir; Sturm se lever; Gerücht se répandre; Verdacht, Zweifel, Gefühl naître; Langeweile a. surgir; Zweifel a. s'élever; Mode être lancé; METEO **am Nachmittag ~de Bewölkung** temps nuageux l'après-midi; **es wollte keine Stimmung mehr ~** il n'y avait plus d'ambiance; **keine Zweifel über etw** (akk) **~ lassen** ne permettre aucun doute sur qc 2 (bezahlen) **für etw ~** payer qc; **für j-s Unterhalt ~** subvenir aux besoins de qn; **für den Schaden ~** payer les dégâts; **dafür komme ich nicht auf** ce n'est pas moi qui paie, finance ça, qui prend ça en charge 3 (auftreffen) **auf etw** (akk od dat) **~** weich se poser sur qc; beim Sprung atterrir sur qc; Ball rebondir sur qc 4 (aufstehen) se relever 5 **gegen j-n, etw nicht ~** ne pouvoir rien contre qn, contre qc; ne pas faire le poids en face de qn 6 SPORT regagner du terrain 7 regional (auffliegen) être découvert 8 SCHIFF apparaître
aufkorken VT ⟨sép, -ge-, h.⟩ déboucher; **aufkratzen** VT ⟨-(es)t, sép, -ge-, h.⟩ Wunde gratter; Haut égratigner; **aufkreischen** VI ⟨sép, -ge-, h.⟩ pousser des cris stridents, perçants; fig Bremsen etc grincer; **aufkrempeln** VT ⟨-(e)le, sép, -ge-, h.⟩ Ärmel etc retrousser; **aufkreuzen** VI ⟨-(es)t, sép, -ge-, s.⟩ 1 umg (erscheinen) umg s'amener; umg rappliquer 2 ⟨h. ou s.⟩ SCHIFF louvoyer (au plus près); **aufkriegen** umg VT ⟨sép, -ge-, h.⟩ → aufbekommen
aufkündigen VT ⟨sép, -ge-, h.⟩ Vertrag, Abkommen etc résilier; dénoncer; **j-m s-n Dienst ~** donner sa démission à qn; geh **j-m die Freundschaft ~** retirer son amitié à qn; rompre avec qn
Aufl. ABK (Auflage) édition; tirage
auflachen VI ⟨sép, -ge-, h.⟩ rire; **laut ~** partir d'un éclat de rire; éclater de rire
aufladen ⟨irr, sép, -ge-, h.⟩ A VT 1 Batterie etc (re)charger; TECH Motor suralimenter; fig **e-e emotional aufgeladene Atmosphäre** une atmosphère lourde, électrique 2 Fracht, Gepäck etc **etw (auf etw** [akk]**) ~** charger qc (sur qc); fig **j-m etw ~** mettre qc sur le dos de qn; **sich** (dat) **etw ~** se mettre qc sur le dos; Verantwortung etc se charger de qc B VR **sich ~** Batterie etc se recharger; **sich elektrisch ~** s'électriser
Aufladung F 1 e-r Batterie (re)chargement m; TECH e-s Motors suralimentation f 2 von Fracht etc chargement m
Auflage F 1 e-s Buchs édition f; a. (~nhöhe) tirage m; **achte, durchgesehene ~** °huitième édition revue; **hohe ~n erreichen** avoir un grand tirage; Buch **in drei Jahren sieben ~n haben** être réédité six fois en trois ans; **wie hoch ist die ~?** à combien d'exemplaires a-t-on tiré?; **die ~ ist vergriffen** l'édition est épuisée; le tirage est épuisé 2 JUR (Verpflichtung) obligation f; bei e-m Testament, e-r Schenkung charge f; **mit der ~** (+inf) à charge de (+inf); **ohne politische ~n** sans obligations politiques; **(es) j-m zur ~ machen, etw zu tun** obliger qn à faire qc 3 (Matratze) matelas m; e-s Sitzmöbels coussin m; Bett **ohne ~n** sans matelas, couvertures, coussins, etc 4 (Schicht) couche f; e-s Bestecks etc **~ aus Silber** argenture f; **mit e-r ~ aus Silber** argenté
Auflagefläche F TECH surface f de contact
Auflagehöhe F e-s Buchs, e-r Zeitung tirage m
auflagenschwach ADJ à faible tirage; **auflagenstark** ADJ à grand tirage
Auflager N BAU support m; appui m
Auflageziffer F → Auflagehöhe
auflandig ADJ SCHIFF **~er Wind** brise f de mer
auflassen VT ⟨irr, sép, -ge-, h.⟩ 1 umg Tür etc laisser ouvert; Jacke, Mantel etc a. ne pas fermer; ne pas boutonner 2 umg Kopfbedeckung, Brille garder 3 umg (aufbleiben lassen) Kinder **lange ~** coucher tard; laisser veiller; **bis zehn ~** coucher à dix heures 4 Tauben, Ballon etc lâcher 5 JUR Grundstück etc donner son consentement, consentir au transfert de propriété de 6 BERGBAU (stilllegen) fermer 7 regional (aufgeben) abandonner; fermer
Auflassung F ⟨~; ~en⟩ 1 JUR accord m de transfert de propriété (+gen de) 2 BERGBAU fermeture f
auflauern VI ⟨-(e)re, sép, -ge-, h.⟩ **j-m ~** guetter qn
Auflauf M 1 von Personen attroupement m; rassemblement m 2 GASTR gratin m; feinerer, mit Eischnee zubereiteter soufflé m
Auflaufbremse F bei Anhängern frein m par inertie
auflaufen ⟨irr, sép, -ge-⟩ A VI ⟨s.⟩ 1 Zinsen, Beträge s'accumuler; **aufgelaufene Zinsen** mpl intérêts accumulés 2 SCHIFF (s')échouer; **auf e-e Sandbank ~** s'échouer sur un banc de sable; **auf e-e Mine ~** toucher une mine 3 SPORT **zur Spitze ~** rejoindre le groupe de tête; **zu s-r Bestform ~** atteindre sa pleine forme 4 (aufprallen) **auf j-n, etw ~** °heurter qn, qc; **j-n ~ lassen** SPORT faire obstruction à qn; umg fig ne pas réagir aux avances de qn; battre froid à qn B VR ⟨h.⟩ umg **sich** (dat) **die Füße ~** s'écorcher les pieds en marchant
Auflaufform F plat m à gratin, à soufflé
aufleben VI ⟨sép, -ge-, s.⟩ **(wieder) ~** renaître; retrouver de l'allant, de l'entrain; Bräuche etc a. revivre; **durch den Besuch lebte er förmlich auf** cette visite lui redonna vie; **die Diskussion lebte wieder auf** la discussion reprit, se ranima; **diese Tatsache ließ s-e Wut wieder ~** ce fait ranima, ralluma sa colère; **alte Bräuche (neu) ~ lassen** faire revivre de vieilles coutumes
auflecken VT ⟨sép, -ge-, h.⟩ lécher; laper
auflegen ⟨sép, -ge-, h.⟩ VT 1 Tischdecke, Holz, CD, Schallplatte, Rouge etc mettre; **Chopin ~** mettre du Chopin; **j-m die Hände ~** imposer les mains à qn 2 TEL **(den Hörer) ~** raccrocher 3 Buch etc éditer; **etw neu ~** rééditer qc 4 FIN Wertpapiere émettre; Anleihe a. lancer 5 SCHIFF retirer du service
auflehnen ⟨sép, -ge-, h.⟩ A VT **etw (auf etw** [akk ou dat]**) ~** appuyer qc (sur qc) B VR 1 **sich (auf etw** [akk ou dat]**) ~** s'appuyer (sur qc); **sich mit den Ellbogen ~** s'accouder 2 **sich gegen j-n, etw ~** se révolter, se rebeller, s'insurger contre qn, contre qc
Auflehnung F ⟨~; ~en⟩ révolte f; rébellion f
aufleimen VT ⟨sép, -ge-, h.⟩ coller **(auf** [+akk]**)** sur)
auflesen VT ⟨irr, sép, -ge-, h.⟩ ramasser; Tier recueillir; umg fig **j-n auf** od **von der Straße ~** ramasser qn dans la rue
Auflesen N ramassage m; von Ähren glanage m
aufleuchten VI ⟨-ete, sép, -ge-, s. ou h.⟩ Licht, Kontrolllampe, Scheinwerfer s'allumer; Blitz luire; Sterne etc apparaître; **plötzlich leuchtete ein Streichholz auf** tout à coup on aperçut la lueur d'une allumette; fig Gesicht **vor Freude** (dat) **~** s'illuminer de joie
Aufleuchten N e-r Kontrolllampe etc allumage m; von Sternen apparition f; fig (das Aufblitzen) éclair m
aufliegen ⟨irr, sép, -ge-, h.⟩ A VI 1 Zeitschriften etc être à la disposition du public 2 **(auf etw** [dat]**) ~** reposer sur, être posé sur qc; TECH a. porter sur qc 3 SCHIFF ne pas être en service B umg VR Kranker **sich ~, sich** (dat) **den Rücken ~** avoir des escarres dans le dos; **er hat sich** (dat) **den Rücken aufgelegen** il a le dos à vif à force de rester au lit
auflisten VT ⟨-ete, sép, -ge-, h.⟩ lister; **Auflistung** F ⟨~; ~en⟩ Vorgang u. Ergebnis listage m
auflockern ⟨-(e)re, sép, -ge-, h.⟩ A VT 1 Boden biner; ameublir; Muskeln assouplir; METEO **aufgelockerte Bewölkung** nuages épars, dispersés 2 fig Häuserfront, Muster, Programm, Stil etc aérer; dégager; Atmosphäre détendre; Erzählung, Bericht égayer B VR **sich ~** 1 Bewölkung se disperser; se dissiper 2 SPORT faire des exercices d'assouplissement
Auflockerung F 1 des Bodens binage m; ameublissement m; der Wolken dissipation f; dispersion f; der Muskeln assouplissement m 2 fig **zur ~ der Atmosphäre** pour détendre, plus fort égayer l'ambiance; **zur ~ des Unterrichts** pour rendre le cours plus vivant
Auflockerungsübung F SPORT exercice m d'assouplissement
auflodern VI ⟨-(e)re, sép, -ge-, s.⟩ 1 Feuer, Holzstoß etc **(hoch) ~** flamber; Flammen monter; jaillir 2 fig Kämpfe, Hass etc flamber; Leidenschaft s'enflammer
Auflodern N 1 der Flammen jaillissement m 2 fig von Gefühlen, Leidenschaften liter embrasement m
auflösbar ADJ 1 in e-r Flüssigkeit soluble 2 MATH, Rätsel etc (ré)soluble 3 JUR Ehe etc dissoluble
auflösen ⟨-(es)t, sép, -ge-, h.⟩ A VT 1 geh Knoten défaire; Band dénouer; **mit aufgelösten Haaren** les cheveux défaits, dénoués 2 Rätsel résoudre; Widerspruch, Missverständnis dissiper 3 MATH Gleichung résoudre; Klammern enlever 4 MUS Dissonanz résoudre; Versetzungszeichen annuler 5 CHEM, in e-r Flüssigkeit dissoudre; Zucker, Tabletten etc **in Wasser** (dat) **~** faire fondre dans de l'eau 6 Parlament, Ehe, Verein etc dissoudre; Vertrag résilier; Unternehmen, Geschäft, Haushalt etc liquider 7 OPT, FOTO résoudre B VR **sich ~** 1 geh Haar, Schuhband etc se dénouer; Knoten se défaire 2 CHEM, in e-r Flüssigkeit se dissoudre; **sich in Rauch ~** se dissiper en fumée (a. fig); Zucker, Tabletten etc **sich in Wasser** (dat) **~** fondre dans de l'eau 3 Rätsel, Widersprüche se résoudre; Missverständnis se dissiper; Missverständnis etc **sich in Wohlgefallen ~** finir à la satisfaction de tous 4 Parlament, Verein etc se dissoudre 5 Menschenmenge etc se disperser; Nebel, Wolken se dissiper; Hoffnung etc **sich in nichts ~** se réduire à rien, à néant
Auflösung F 1 e-s Rätsels, e-r Rechenaufgabe solution f; e-r Dissonanz, e-r Gleichung résolution f 2 in e-r Flüssigkeit dissolution f 3 von Wolken, Nebel etc dissipation f; e-r Menschenmenge etc dispersion f 4 e-s Parlaments, Vereins, e-r Ehe etc dis-

solution *f*; *e-s Vertrags* résiliation *f*; *e-s Unternehmens, Geschäfts, Haushalts etc* liquidation *f*; *e-r Verlobung* rupture *f* **5** *der Ordnung, e-s Heeres etc* désagrégation *f*; *e-s Staates, e-s Systems etc* dissolution *f*; **sich in ~** *(dat)* **befinden** se désagréger **6** OPT, FOTO résolution *f* **7** ⟨*pas de pl*⟩ *(Verstörtheit)* affolement *m*; agitation *f*; **sie kam in (einem Zustand) völliger ~ nach Hause** elle arriva à la maison complètement affolée, dans tous ses états

Auflösungserscheinung F phénomène *m* de désagrégation, de dissolution; **Auflösungsprozess** M processus *m* de désagrégation, de dissolution; **Auflösungszeichen** N MUS bécarre *m*

aufmachen ⟨*sép*, -ge-, h.⟩ **A** VT **1** *umg (öffnen) Buch, Fenster etc* ouvrir; *Knopf, Knoten* défaire **2** *umg Geschäft etc (eröffnen)* ouvrir **3** *(zurechtmachen)* présenter; **etw geschmackvoll ~** présenter qc avec goût **B** VI **1** *umg Geschäft, Büro etc (öffnen, neu eröffnen)* ouvrir; **in der Coubertinstraße hat ein neues Café aufgemacht** un nouveau café a ouvert rue Coubertin **2** *umg (die Tür öffnen)* ouvrir; **j-m ~** ouvrir à qn; **mach (mal) auf!** ouvre! **C** VR **sich ~** se mettre en route, partir (**nach** pour)

Aufmacher M ⟨~s; ~⟩ *e-r Zeitung* manchette *f*; gros titre

Aufmachung F ⟨~; ~en⟩ **1** *e-r Ware etc* présentation *f* **2** *Kleidung* tenue *f*; *pej* accoutrement *m*; **in großer ~** en grande tenue **3** *in e-r Zeitung* **in großer ~ über etw, j-n berichten** publier qc sur qc, sur qn en gros titres, en grosses manchettes

aufmalen VT ⟨*sép*, -ge-, h.⟩ **etw (auf etw** *[akk]*) **~** peindre qc sur qc

Aufmarsch M **1** *von Demonstranten, Truppen etc* rassemblement *m*; MIL *zum Einsatz* concentration *f* **2** *schweiz (Zulauf)* afflux *m*; **Aufmarschgebiet** N MIL zone *f* de concentration

aufmarschieren VI ⟨*sép, pas de ge-*, s.⟩ *Demonstranten etc* se rassembler; MIL *zum Einsatz* se concentrer; *umg* **j-n ~ lassen** faire venir qn

Aufmaß N BAU métré *m*

aufmeißeln VT ⟨-(e)le, *sép*, -ge-, h.⟩ ouvrir au ciseau, au burin; MED trépaner; **aufmerken** VI ⟨*sép*, -ge-, h.⟩ **1** *(aufhorchen)* dresser l'oreille **2** *geh (aufpassen)* prêter, faire attention (**auf** *[+akk]* à)

aufmerksam ADJ **1** *(konzentriert)* attentif, -ive; **auf j-n, etw ~ werden** remarquer qn, qc; **j-n auf etw** *(akk)* **~ machen** faire remarquer, observer qc à qn; attirer l'attention de qn sur qc; **j-n auf j-n ~ machen** attirer l'attention de qn sur qn; **auf sich** *(akk)* **~ machen (durch)** se faire remarquer (par); **darauf ~ machen, dass …** *a.* faire remarquer que … **2** *(zuvorkommend)* attentionné; prévenant; **das war sehr ~ von Ihnen** c'était très aimable de votre part

Aufmerksamkeit F ⟨~; ~en⟩ **1** ⟨*pas de pl*⟩ attention *f*; **j-s ~** *(akk)* **erregen** attirer l'attention de qn; **j-s ~** *(dat)* **entgehen** échapper à l'attention de qn; **s-e ~ auf etw, j-n richten** fixer son attention sur qc, sur qn; **darf ich kurz um Ihre ~ bitten?** pouvez-vous m'accorder votre attention un instant? **2** *(Zuvorkommenheit) meist pl* **~en** attentions *fpl*; prévenances *fpl* **3** *(kleines Geschenk)* **j-m e-e kleine ~ mitbringen** apporter un petit quelque chose pour qn

Aufmerksamkeitsdefizit-Syndrom N TDA (trouble déficitaire de l'attention) *m*

aufmessen VT ⟨*irr, sép*, -ge-, h.⟩ BAU métrer; mesurer

Aufmessen N BAU métrage *m*

aufmischen VT ⟨*sép*, -ge-, h.⟩ **1** *Farben etc* mélanger **2** *umg fig (in Unruhe versetzen) umg* mettre la pagaille dans; mettre sens dessus dessous **3** *umg fig (verprügeln) umg* casser la figure à; *umg* tabasser

aufmöbeln *umg* VT ⟨-(e)le, *sép*, -ge-, h.⟩ **1** *(beleben, aufmuntern)* remonter; *umg* ravigoter; **der Kaffee hat mich ordentlich aufgemöbelt** le café m'a remonté, *umg* ravigoté, **2** *(verbessern) alte Gegenstände* retaper; *Ruf* redorer; *Kenntnisse* étoffer; rafraîchir

aufmontieren VT ⟨*sép, pas de ge-*, h.⟩ **etw (auf etw** *[akk]*) **~** monter qc (sur qc)

aufmotzen *umg* VT ⟨-(es)t, *sép*, -ge-, h.⟩ *(effektvoll gestalten)* arranger; retaper; *Motor* gonfler; **aufmucken** *umg* VI ⟨*sép*, -ge-, h.⟩ regimber; *umg* se rebiffer (**gegen** contre)

aufmuntern VT ⟨-(e)re, *sép*, -ge-, h.⟩ **1** *(aufheitern, beleben)* remonter; ragaillardir; réconforter **2** *zum Kampf, Widerstand etc* encourager, stimuler (**zu** à); **~de Rufe** *mpl*, **Worte** *npl* cris *mpl*, paroles *fpl* d'encouragement

Aufmunterung F ⟨~; ~en⟩ **1** *(Aufheiterung, Belebung)* réconfort *m*; **ein Schluck Sekt zur ~** une gorgée de mousseux pour se remonter, se ragaillardir **2** *zu e-r Tat etc* encouragement *m*; stimulation *f*

aufmüpfig *umg* ADJ rebelle; récalcitrant; insoumis; **Aufmüpfigkeit** F ⟨~⟩ esprit *m* de rébellion

aufnähen VT ⟨*sép*, -ge-, h.⟩ **etw (auf etw** *[akk]*) **~** coudre, appliquer qc (sur qc)

Aufnahme F ⟨~; ~n⟩ **1** *(Empfang)* accueil *m*; réception *f*; **bei j-m ~ finden** être accueilli par qn; *Hilflose* être recueilli par qn; **freundliche ~ finden** être bien reçu, accueilli; trouver un accueil amical; *beim Publikum* **begeisterte ~ finden** être accueilli avec enthousiasme **2** *Raum* salle *f*, bureau *m* d'accueil **3** *in e-e Organisation, Partei, Schule etc* admission *f* **4** ⟨*pas de pl*⟩ *von Nährstoffen, Feuchtigkeit etc* absorption *f* **5** *von Geld* emprunt *m*; *e-r Hypothek* constitution *f* **6** *(Beginn) der Arbeit, Produktion etc* commencement *m*; *von Kontakten* prise *f*; *von Verhandlungen* engagement *m*; *von diplomatischen Beziehungen etc* entrée *f* en …; établissement *m*; ouverture *f*; *(Wiederaufnahme)* reprise *f* **7** *e-s Protokolls etc* établissement *m*; *polizeiliche e-s Unfalls etc* constat *m*; **topografische ~** relevé *m* topographique **8** *(das Aufnehmen auf Tonband, Filmstreifen etc)* enregistrement *m*; FOTO, *(Filmaufnahme)* prise *f* de vue(s); *(Tonaufnahme) a.* prise *f* de son; *(Röntgenaufnahme)* radio(graphie) *f*; **Achtung, ~!** silence, on tourne! **9** *(Foto)* photo (-graphie) *f*; *(Luftaufnahme)* vue (aérienne); *(Filmaufnahme)* image *f*; vue *f*; *(Tonaufnahme)* enregistrement *m*; **e-e ~ (von j-m, etw) machen** prendre, faire une photo (de qn, de qc); prendre qn, qc en photo

Aufnahmeantrag M demande *f* d'admission; **Aufnahmebedingung** F **1** *in e-e Schule, e-e Partei etc* condition *f* d'admission **2** PL **~en** FILM, FOTO conditions *fpl* de prises de vues; *bei Tonaufnahmen* conditions *fpl* de prise de son

aufnahmebereit ADJ *geistig* réceptif, -ive; **Aufnahmebereitschaft** F ⟨~⟩ *der Zuhörer etc* réceptivité *f*

aufnahmefähig ADJ **1** *geistig* réceptif, -ive (**für** à); **sie ist nicht mehr ~** elle ne peut plus se concentrer **2** PHYS, PHYSIOL, WIRTSCH capable d'absorber

Aufnahmefähigkeit F ⟨~⟩ **1** *geistige* réceptivité *f*; faculté *f* d'assimilation **2** PHYS, *e-s Landes für Waren etc* capacité *f* d'absorption; **Aufnahmegebühr** F droits *mpl* d'admission; **Aufnahmegerät** N appareil *m* d'enregistrement; FILM, TV *a.* appareil *m* de prise de vues; *akustisches a.* appareil *m* de prise de son; **Aufnahmelager** N centre *m* d'accueil; **Aufnahmeland** N ⟨~(e)s; -länder⟩ pays *m* d'accueil; **Aufnahmeleiter(in)** M(F) FILM, TV régisseur *m* de plateau; **Aufnahmeprüfung** F examen *m* d'admission, d'entrée; *in Frankreich oft* concours *m*; **Aufnahmeraum** M FILM, RADIO salle *f* d'enregistrement; studio *m*; **Aufnahmestudio** N FILM, TV studio *m*; salle *f* d'enregistrement; **Aufnahmetaste** F touche *f* d'enregistrement; **Aufnahmetechnik** F ⟨~; ~en⟩ FILM, FOTO technique *f* de la prise de vues, *akustische* de l'enregistrement (du son), de la prise de son; **Aufnahmewagen** M TV, RADIO voiture *f*, car *m* de prise de vues *bzw.* de prise de son; voiture *f*, car *m* de reportage

aufnahmsbereit *etc österr* → aufnahmebereit *etc*

aufnehmen VT ⟨*irr, sép*, -ge-, h.⟩ **1** *vom Boden* ramasser; *Gegenstand, Last* soulever; *fig Fährte, Spur* relever **2** *Gäste* recevoir; accueillir; donner l'hospitalité à; *Hilflose* recueillir; prendre en charge; **er hat uns bei sich zu Hause aufgenommen** il nous a accueillis chez lui **3** *in e-e Organisation, Schule, Partei etc* admettre (**in** *[+akk]* à, dans); **j-n als Mitglied ~** admettre qn comme membre; **j-n in ein Krankenhaus ~** admettre qn dans un hôpital; hospitaliser qn **4** **in e-e Anthologie ~** introduire, intégrer dans une anthologie; **dieses Wort wurde (nicht) ins Wörterbuch aufgenommen** ce mot (n')a (pas) été pris; ce mot (ne) figure (pas) dans le dictionnaire; **etw in sein Programm ~** prendre qc dans, (r)ajouter qc à son programme **5** *Nahrung* prendre; absorber; *Feuchtigkeit etc* absorber **6** *(fassen) Ladungsmenge, Menschenmenge etc* contenir; recevoir **7** *geistig* retenir; assimiler; *sinnlich a.* enregistrer **8** *Darbietung, Nachricht etc* accueillir; **etw positiv, negativ ~** accueillir qc favorablement, défavorablement; **etw mit Beifall, Begeisterung ~** accueillir qc par des applaudissements, avec enthousiasme; **wie hat er die Nachricht aufgenommen?** comment a-t-il pris la nouvelle? **9** *Kredit, Geld, Hypothek* prendre; **tausend Euro ~** emprunter mille euros **10** *(beginnen) Arbeit, Produktion, Ermittlungen etc* commencer; **die Arbeit wurde wieder aufgenommen** le travail a repris; **den Kampf gegen etw ~** partir en guerre contre qc; **j-s Verfolgung ~** se mettre à la poursuite de qn **11** *Kontakte* prendre; établir; *Verhandlungen* amorcer; engager; *Handels-, diplomatische Beziehungen* entrer en; établir; **mit j-m Verbindung ~** prendre contact, entrer en contact avec qn **12** *(aufgreifen) Anregung, Gedanken* reprendre; **den Faden s-r Erzählung wieder ~** reprendre le fil de son récit **13** *Bestand etc* établir; *Inventar* faire; dresser; établir; **ein Diktat ~** prendre, écrire sous la dictée; **j-s Personalien ~** prendre les nom, prénoms et qualités de qn; **ein Protokoll ~** dresser un procès-verbal; **e-n Unfall ~** faire le constat d'un accident; **ein Stenogramm von etw ~** prendre qc en sténo; *Ober* **Bestellungen ~** prendre des commandes **14** *(fotografieren)* prendre en photo; prendre, faire une photo de; photographier; *(filmen)* filmer **15** *auf Tonband, Schallplatte etc* enregistrer (**auf** *[+akk]* sur) **16** *Gelände* faire le relevé de; *Plan, Skizze* relever **17** *fig* **es mit j-m ~** rivaliser avec qn; défier qn; **es mit jedem Gegner ~** défier tout adversaire; **es mit j-m nicht ~ können** ne pas pouvoir se mesurer *od* se comparer à qn; ne pas faire le poids en face de qn; **auf diesem Gebiet kann es keiner mit ihr ~** elle n'a pas de rival(e) dans ce domaine; **im Schach kann es keiner mit ihm ~** il est imbattable aux échecs **18** *Maschen* reprendre

19 *nordd (aufwischen)* essuyer 20 *österr (engagieren)* engager
Aufnehmer M ⟨~s; ~⟩ *nordd (Scheuerlappen)* serpillière *f*
äufnen VT ⟨-ete, h.⟩ *schweiz* accumuler
aufnesteln VT ⟨-(e)le, *sép*, -ge-, h.⟩ ouvrir en tiraillant; défaire le nœud de
aufnötigen VT ⟨*sép*, -ge-, h.⟩ **j-m etw ~** forcer, presser qn d'accepter qc; obliger qn à prendre qc; *Begleitung, Überzeugung etc* imposer qc à qn
aufoktroyieren *geh* VT ⟨*sép, pas de ge-*, h.⟩ **j-m etw ~** imposer qc à qn
aufopfern ⟨-(e)re, *sép*, -ge-, h.⟩ A *geh* VT **etw (e-r Sache** *[dat]*, **für j-n) ~** sacrifier qc (à qc, qn) B VR **sich ~** se sacrifier **(für etw** à qc, **für j-n** pour qn); se dévouer **(für j-n** pour qn); *a. hum* faire acte d'abnégation; **sich für s-e Familie ~** se sacrifier, se dévouer pour sa famille
aufopfernd ADJT **~e Pflege** soins dévoués; **dank s-r ~en Arbeit** grâce à son dévouement dans son travail
Aufopferung F ⟨~⟩ 1 *(das Opfern)* sacrifice *m* 2 *fig (Hingabe)* dévouement *m*; **j-n mit ~ pflegen** soigner qn avec dévouement
aufopferungsvoll ADJ *Person* plein de dévouement; *Arbeit etc* qui demande des sacrifices, du dévouement
aufpacken VT ⟨*sép*, -ge-, h.⟩ *Gepäck* **etw (auf etw** *[akk]*) **~** charger qc sur qc; **j-m etw ~** mettre qc sur le dos de qn *(a. fig)*; charger qn de qc
aufpäppeln *umg* VT ⟨-(e)le, *sép*, -ge-, h.⟩ *Kinder, Kranke umg* remplumer; *umg* requinquer; **wir werden ihn schon wieder ~** *umg* nous allons le remplumer
aufpassen VI ⟨-(es)t, *sép*, -ge-, h.⟩ **auf etw, j-n ~** faire attention à qc, à qn; *(Obacht geben)* prendre garde à qc, à qn; surveiller qc, qn; **du musst in der Schule besser ~** il faut que tu fasses plus *od* davantage attention en classe; **du musst ~, dass** il faut que tu fasses attention que *(+subj)*, *bei gleichem Subjekt* de *(+inf)*; il faut que tu prennes garde que *(+subj)*, *bei gleichem Subjekt* à *od* de *(+inf)*; *umg* **aufgepasst!** attention!; **pass mal auf!** fais attention!; *(hör mal zu!)* écoute!; *umg* **pass auf …** *(du wirst sehen)* tu verras …; **kannst du denn nicht ~?** tu ne peux pas faire attention?
Aufpasser(in) M ⟨~s; ~⟩ (F) ⟨~in; ~innen⟩ 1 *pej* surveillant(e) *m(f)*; *plus fort* garde-chiourme *m* 2 *(Wärter[in])* garde *m* 3 *(Anstandswauwau)* chaperon *m*
aufpeitschen VT ⟨*sép*, -ge-, h.⟩ 1 *Sturm das Meer* fouetter 2 *fig Nerven etc* exciter; *Leidenschaften a.* fouetter; soulever; *Menschenmenge a.* galvaniser; **~der Rhythmus** rythme excitant, galvanisant
aufpeppen *umg* VT ⟨*sép*, -ge-, h.⟩ donner du pep à
aufpflanzen ⟨-(es)t, *sép*, -ge-, h.⟩ A VT *Fahne etc* planter; MIL **mit aufgepflanztem Bajonett** baïonnette au canon B *umg* VR **sich vor j-m ~** se planter, se camper devant qn
aufpfropfen VT ⟨*sép*, -ge-, h.⟩ 1 GARTEN **etw (auf etw** *[akk]*) **~** greffer qc sur qc 2 *fig* **e-m Land e-e fremde Kultur ~** greffer une civilisation étrangère à un pays
aufpicken VT ⟨*sép*, -ge-, h.⟩ 1 *Körner etc* picoter; picorer; *fig Ausdruck etc* ramasser au hasard; dénicher 2 *Küken die Eierschale* ouvrir à coups de bec 3 *umg österr* → aufkleben; **aufplatzen** VI ⟨-(es)t, *sép*, -ge-, s.⟩ *Naht* craquer; *Pellkartoffeln, Kissen, Würstchen, Tüte* éclater; *Geschwür, Sack* crever; *Wunde* se rouvrir; **aufplustern** ⟨-(e)re, *sép*, -ge-, h.⟩ A VT *Federn* gonfler B VR **sich ~** 1 *Vögel* gonfler ses plumes; se hérisser 2 *fig pej mit s-m Können etc* se rengorger; faire la roue; **aufpolieren** VT ⟨*sép, pas de ge-*, h.⟩ 1 *Möbel etc* repolir; redonner son brillant à 2 *umg fig Ansehen etc* redorer; *Kenntnisse etc* rafraîchir; **aufpolstern** VT ⟨-(e)re, *sép*, -ge-, h.⟩ refaire; rembourrer; refaire le rembourrage de
aufprägen VT ⟨*sép*, -ge-, h.⟩ **etw (auf etw** *[akk]*) **~** graver qc sur qc; *fig* **e-r Sache, j-m s-n Stempel ~** marquer qc, qn de son empreinte
Aufprall M ⟨~(e)s; ~e⟩ choc *m*, °heurt *m* **(auf** *[+akk ou dat]* contre); **die Wucht des ~s** l'intensité *f*, la violence du choc; **das Flugzeug ging beim ~ in Flammen auf** l'avion a pris feu en °heurtant, en touchant le sol
aufprallen VI ⟨*sép*, -ge-, s.⟩ **(auf etw** *[akk ou dat]*) **~** °heurter qc; *plus fort* s'écraser contre qc; **das Flugzeug prallte auf die Erde auf und zerschellte** l'avion s'est écrasé au sol
Aufpreis M supplément *m*; **gegen e-n ~ von …** contre un supplément de …
aufprobieren VT ⟨*sép, pas de ge-*, h.⟩ *Hut etc* essayer; **aufpumpen** VT ⟨*sép*, -ge-, h.⟩ *Reifen, Luftmatratze* gonfler; **aufpusten** *umg* VT ⟨-ete, *sép*, -ge-, h.⟩ gonfler; **aufputschen** ⟨*sép*, -ge-, h.⟩ A VT 1 *Nerven etc* exciter; *mit Aufputschmitteln* stimuler; *plus fort* doper 2 *(aufhetzen)* ameuter **(gegen** contre) B VR **sich ~** se doper **(mit** à)
Aufputschmittel N stimulant *m*; excitant *m*; dopant *m*
Aufputz M parure *f*; *pej* accoutrement *m*; °harnachement *m*
aufputzen VT (*u.* VR) ⟨-(es)t, *sép*, -ge-, h.⟩ **(sich) ~ (mit)** (se) parer (de); *pej* (s')accoutrer (de); (se) harnacher (de)
aufquellen VI ⟨*irr*, *sép*, -ge-, s.⟩ 1 *Hülsenfrüchte, Holz, Leib etc* gonfler; **aufgequollene Augen** *npl* des yeux gonflés 2 *geh Wut, Tränen, Rauch* monter
aufraffen ⟨*sép*, -ge-, h.⟩ A VT *(aufheben)* ramasser B VR 1 **sich von s-m Sessel ~** se sortir de son fauteuil; **er stürzte, raffte sich jedoch wieder auf** il tomba, se releva pourtant avec peine 2 *fig* **sich ~, etw zu tun** prendre son courage à deux mains pour faire qc; se résoudre, se décider à faire qc; **aber ich konnte mich nicht dazu ~** mais je n'en avais pas le courage; **sich aus s-r Lethargie ~** sortir de sa léthargie; **sich zu e-m Entschluss ~** être enfin en état *od* capable de prendre une décision
aufragen VI ⟨*sép*, -ge-, h.⟩ se dresser; s'élever (très °haut)
aufrappeln *umg* VR ⟨-(e)le, *sép*, -ge-, h.⟩ 1 → aufraffen B 2 *Kranker* **sich wieder ~** remonter la pente; reprendre le dessus
aufrauchen VT ⟨*sép*, -ge-, h.⟩ *Zigarette etc* finir; achever; terminer; **die ganze Schachtel Zigaretten ~** fumer tout le paquet de cigarettes
aufrauen VT ⟨*sép*, -ge-, h.⟩ *Oberfläche, Haut, Hand* rendre rugueux, -euse; *zur weiteren Bearbeitung* gratter légèrement; **aufgerauter Stoff** tissu gratté
aufräumen ⟨*sép*, -ge-, h.⟩ A VT *(in Ordnung bringen, wegräumen)* ranger; mettre de l'ordre dans; *nach Unfall, Erdrutsch* déblayer B VI 1 *(Ordnung machen)* mettre, faire de l'ordre; ranger; **in e-m Schrank ~** faire des rangements, du rangement dans une armoire 2 *fig (beseitigen)* **mit etw ~** faire table rase de qc; **mit Vorurteilen ~** *a.* liquider les préjugés; **mit j-m ~** *(ausschalten)* éliminer qn; *(umbringen)* supprimer qn 3 *fig* **die Epidemie hat unter der Bevölkerung furchtbar aufgeräumt** l'épidémie a fait des ravages dans la population, a décimé la population
Aufräumen N *von Gegenständen, e-s Zimmers etc* rangement *m*; *e-r Straße* déblaiement *m*
Aufräumungsarbeiten FPL (travaux *mpl* de) déblaiement *m*
aufrechnen VT ⟨-ete, *sép*, -ge-, h.⟩ 1 *(berechnen)* **j-m etw ~** porter qc au compte de qn 2 *(verrechnen)*, *fig* compenser **(gegen** par)
Aufrechnung F JUR, HANDEL compensation *f*
aufrecht ADJ *u.* ADV 1 *(aufgerichtet)* droit; debout; **der ~e Gang des Menschen** la station verticale de l'homme; **~ stehen** être debout; **~ sitzen** être assis très droit; **sich ~ halten** se tenir droit; *(stehen)* se tenir debout; **sich (vor Müdigkeit** *[dat]*) **kaum noch ~ halten können** pouvoir à peine se tenir debout de fatigue; *fig* **diese Hoffnung hält mich noch ~** cet espoir me fait vivre 2 *(aufrichtig)* droit; loyal(ement); **e-e ~e Gesinnung** des sentiments loyaux, droits
aufrechterhalten VT ⟨*irr*, *sép, pas de ge-*, h.⟩ maintenir; **den Kontakt ~** maintenir le contact; **diese Hypothese ist nicht aufrechtzuerhalten** cette hypothèse ne peut se défendre, ne tient pas debout
Aufrechterhaltung F ⟨~⟩ maintien *m*
aufregen ⟨*sép*, -ge-, h.⟩ A VT énerver; agacer; *(unruhig machen)* agiter; **es scheint ihn nicht weiter aufzuregen, dass …** cela ne paraît pas l'émouvoir que … *(+subj)* B VR **sich ~** s'énerver; s'irriter; **sich über etw, j-n ~** s'énerver à cause de qc, de qn; se fâcher contre qc, contre qn; **er hat sich darüber furchtbar aufgeregt** ça l'a terriblement énervé
aufregend ADJT *Lektüre, Schönheit, Person* excitant; *Roman, Film, Bericht* palpitant; passionnant;
Aufreger *umg* M ⟨~s; ~⟩ scandale *m*
Aufregung F agitation *f*; excitation *f*; énervement *m*; **in der allgemeinen ~** dans l'agitation générale; **sich in heller ~ befinden** *Stadt* être en ébullition; *Familie* être dans tous ses états; **j-n in ~** *(akk)* **versetzen** mettre qn dans un état d'énervement; énerver, exciter qn; **die ganze ~ war umsonst** toutes ces émotions étaient pour rien
aufreiben ⟨*irr*, *sép*, -ge-, h.⟩ A VT 1 *Armee, Feind* **(völlig) ~** anéantir; exterminer 2 *Ärger, Arbeit, Verpflichtungen etc* user; épuiser; tuer; *Arbeit a.* exténuer 3 **sich** *(dat)* **die Haut ~** s'écorcher la peau B VR **sich ~** *durch Arbeit etc* s'user; se tuer
aufreibend ADJT *Tätigkeit, Beruf etc* tuant; *a. Kampf* épuisant; *a. Arbeit* exténuant
aufreihen ⟨*sép*, -ge-, h.⟩ A VT 1 *Perlen etc auf e-n Faden* enfiler 2 *Gegenstände in e-r Reihe* ranger l'un à côté de l'autre; aligner B VR **sich ~** se ranger l'un à côté de l'autre
aufreißen ⟨*irr*, *sép*, -ge-⟩ A VT ⟨h.⟩ 1 *Tür etc* ouvrir (brusquement); **die Augen ~** ouvrir de grands yeux; écarquiller les yeux; **den Mund ~** ouvrir grand la bouche 2 *Brief, Packung etc* ouvrir (rapidement) 3 *Gegenstände mit Gewalt* déchirer; *Boden, Straße* défoncer 4 *(zerreißen)* déchirer; **sich** *(dat)* **die Hände, die Hose an etw** *(dat)* **~** se déchirer les mains, le pantalon sur qc 5 TECH *Modell etc* faire l'épure de 6 *umg (kennenlernen) umg* draguer 7 *fig Thema etc* esquisser à grands traits B VI ⟨s.⟩ *Wolkendecke, Naht* se déchirer; *Naht a.* se découdre; *Eisdecke* se rompre
aufreizen VT ⟨-(es)t, *sép*, -ge-, h.⟩ *Fantasie, Nerven, Person etc* exciter *(a. sexuell)*; *sexuell a.* aguicher; *umg* allumer; **j-n zu etw ~** provoquer, inciter qn à (faire) qc; *Frau* **die Männer ~** provoquer, aguicher les hommes
aufreizend ADJT *Frau, Bewegung, Blick, Lächeln, Dekolletee* provocant; *Kleid, a. Lächeln* aguichant; *Blick a.* provocateur, -trice

aufrichten ⟨-ete, *sép*, -ge-, h.⟩ **A** VT **1** *Umgefallenes etc* redresser; relever; remettre debout; *Kopf* dresser; **den Oberkörper ~** redresser le buste **2** *(errichten) Wand etc* dresser; élever **3** *fig (trösten)* consoler; réconforter; donner courage à; **j-s Selbstvertrauen wieder ~** rendre à qn sa confiance en lui-même **B** VR **sich ~** **1** *Personen vom Boden* se relever; se remettre debout; *auf e-m Stuhl etc* se redresser; **sich im Bett ~** s'asseoir dans son lit; se mettre sur son séant; **sich zu s-r vollen Größe ~** se (re)dresser de toute sa taille **2** *fig (wieder Mut fassen)* reprendre courage; **er richtet sich in s-r Trauer, Verzweiflung an j-m, etw auf** qn, qc l'aide à reprendre courage dans son deuil, dans son désespoir

aufrichtig **A** ADJ sincère; *Person a.* franc, franche; droit; **~ gegenüber j-m sein** être franc, sincère envers qn; **wenn ich ~ sein soll** ... sincèrement, franchement ...; pour être franc, sincère ... **B** ADV sincèrement; franchement; vraiment; **es tut mir ~ leid** cela me fait vraiment de la peine

Aufrichtigkeit F sincérité *f*; *e-r Person a.* franchise *f*

Aufriss M **1** *(Überblick)* vue *f* d'ensemble; *kurzer* esquisse *f* **2** TECH, BAU élévation *f*

aufritzen VT ⟨-(es)t, *sép*, -ge-, h.⟩ *Haut* érafler; égratigner

aufrollen VT ⟨*sép*, -ge-, h.⟩ **1** *(zusammenrollen) Fahne, Teppich, Kabel etc* enrouler; rouler; *Garn* embobiner **2** *(entfalten) Teppich, Landkarte etc* dérouler **3** *(aufkrempeln) Ärmel etc* retrousser **4** *fig Frage* soulever; **e-n Prozess wieder ~** reprendre un procès **5** MIL *Stellung* enfoncer (par une attaque de flanc); SPORT **das Feld von hinten ~** rattraper les concurrents sur le terrain

aufrücken VI ⟨*sép*, -ge-, s.⟩ **1** *(vorrücken)* (s')avancer; *(zusammenrücken)* se pousser; *(aufschließen)* serrer les rangs; **~!** serrez! **2** *fig (befördert werden)* accéder (**in** [+*akk*] à); *im Dienstgrad* monter en grade; MIL *a.* prendre du galon; **zum Abteilungsleiter ~** passer, être nommé chef de service; **in e-e höhere Gehaltsklasse ~** passer à un échelon supérieur

Aufruf M *öffentlicher, (Namensaufruf) etc, fig (Appell)* appel *m* (**an** [+*akk*] à); **~ zu den Wahlen** appel *m* au vote; **namentlicher ~** appel nominal; **e-m ~ folgen** répondre à un appel; **e-n ~ an j-n richten** adresser un appel à qn

aufrufen VT ⟨*irr*, *sép*, -ge-, h.⟩ **1** *namentlich* appeler; **die Namen ~** faire l'appel (des noms); **e-n Schüler ~** appeler, nommer un élève; **die Zeugen ~** appeler les témoins; **bitte warten Sie, bis Sie aufgerufen werden** attendez, s'il vous plaît, que l'on vous appelle **2** *zur Teilnahme* appeler (**zu etw** à faire qc) **3** IT appeler

Aufruhr M ⟨~s; ~e⟩ **1** *(Auflehnung)* émeute *f*; révolte *f* **2** ⟨*pas de pl*⟩ *fig der Gefühle, Leidenschaften* agitation *f*; tumulte *m*; **j-n in ~ versetzen** bouleverser qn; **in ~ geraten** entrer en ébullition; s'agiter; **die ganze Stadt war in ~** toute la ville était en ébullition, en effervescence

aufrühren VT ⟨*sép*, -ge-, h.⟩ **1** *Bodensatz etc* remuer **2** *geh Gefühle etc* agiter; troubler **3** *Vergangenheit etc* réveiller; raviver; **alte Geschichten wieder ~** remettre de vieilles histoires sur le tapis

Aufrührer(in) M ⟨~s; ~⟩ (F) ⟨~in; ~innen⟩ insurgé(e) *m(f)*; rebelle *m/f*

aufrührerisch ADJ révolté; séditieux, -ieuse; **~e Menge** foule révoltée; **~e Reden halten** tenir des propos séditieux, subversifs

aufrunden VT ⟨-ete, *sép*, -ge-, h.⟩ *Summe* arrondir au chiffre supérieur; **~ auf** (+*akk*) arrondir à

aufrüsten ⟨-ete, *sép*, -ge-, h.⟩ **A** VT armer; *(wieder ~)* réarmer **B** VI s'armer; *(wieder ~)* se réarmer; **Aufrüstung** F armements *mpl*; *(Wiederaufrüstung)* réarmement *m*

aufrütteln VT ⟨-(e)le, *sép*, -ge-, h.⟩ *a. fig* secouer; **j-n aus dem Schlaf ~** secouer qn pour le réveiller; réveiller qn en le secouant; *fig* **j-n aus s-r Gleichgültigkeit** *etc* **~** arracher qn à son indifférence, *etc*; secouer l'indifférence, *etc* de qn

aufs = **auf das**

aufsagen VT ⟨*sép*, -ge-, h.⟩ *Gedicht* réciter

Aufsagen N ⟨~s⟩ récitation *f*; **beim ~ des Gedichts** en récitant la poésie

aufsammeln VT ⟨-(e)le, *sép*, -ge-, h.⟩ *Gegenstände, umg Person* ramasser

Aufsammeln N ramassage *m*

aufsässig ADJ récalcitrant; rebelle; insoumis; *bes* POL contestataire; **~ sein** *a.* avoir l'esprit de rébellion

Aufsässigkeit F ⟨~⟩ caractère récalcitrant, rebelle; insoumission *f*

Aufsatz M **1** *(Schulaufsatz)* rédaction *f*; *in der Oberstufe* dissertation *f*; *wissenschaftlicher* étude *f*; essai *m*; *(Abhandlung)* traité *m*; *(Artikel)* article *m*; **e-n ~ schreiben** *in der Schule* faire une rédaction *bzw.* une dissertation **2** *auf e-m Schrank etc* élément supérieur; *am Schornstein* mitre *f*

Aufsatzheft N cahier *m* de rédactions; **Aufsatzthema** N sujet *m* de rédaction, *in der Oberstufe* de dissertation

aufsaugen VT ⟨*sép*, -ge-, h.⟩ *Schwamm, Erdboden etc* absorber (*a. fig*); *Löschpapier* boire; MED résorber; *mechanisch* aspirer

aufscharren VT ⟨*sép*, -ge-, h.⟩ *Hühner etc* **den Boden ~** gratter la terre

aufschauen VI ⟨*sép*, -ge-, h.⟩ *bes südd, österr, schweiz* → aufblicken 1, 2; **aufschaufeln** VT ⟨-(e)le, *sép*, -ge-, h.⟩ mettre en tas; entasser; amonceler; **aufschaukeln** *umg* VR ⟨-(e)le, *sép*, -ge-, h.⟩ **sich ~** *(sich steigern)* augmenter; aller à son paroxysme; **aufschäumen** ⟨*sép*, -ge-⟩ **A** VT ⟨h.⟩ *Styropor etc* faire mousser **B** VI ⟨s. *ou* h.⟩ *Wasser, Meer* écumer; *Seife, Sekt* mousser; **Aufschäumen** N CHEM *e-r Flüssigkeit* effervescence *f*; **aufscheinen** VI ⟨*irr*, *sép*, -ge-, s.⟩ **1** *geh (aufleuchten)* s'allumer; briller **2** *österr, südd (erscheinen)* apparaître; faire son apparition

aufscheuchen VT ⟨*sép*, -ge-, h.⟩ **1** *Vögel, Wild* effrayer; effaroucher **2** *umg fig (beunruhigen)* effrayer; **j-n aus s-r Ruhe, Gleichgültigkeit ~** arracher qn à sa tranquillité, à son indifférence

aufscheuern VR ⟨-(e)re, *sép*, -ge-, h.⟩ **sich** *(dat)* **die Fersen, die Haut ~** s'écorcher les talons, la peau

aufschichten VT ⟨-ete, *sép*, -ge-, h.⟩ **1** *Holz, Briketts etc* empiler; superposer; disposer par *od* en couches **2** *Holzstoß* faire; *Bücherstapel* dresser

aufschieben VT ⟨*irr*, *sép*, -ge-, h.⟩ **1** *Schiebetür etc* ouvrir; faire glisser **2** *(zeitlich verschieben)* remettre; reporter; ajourner; *sprichw* **aufgeschoben ist nicht aufgehoben** ce n'est que partie remise

aufschiebend ADJT JUR dilatoire; suspensif, -ive; **~e Wirkung** effet suspensif

Aufschiebung F ajournement *m*; remise *f*; report *m*

aufschießen VI ⟨*irr*, *sép*, -ge-, s.⟩ **1** *Fontäne, Flammen etc* jaillir; s'élever (brusquement) **2** *Unkraut, Pilz etc* pousser vite; *Salat etc* monter; *Kind* pousser, grandir vite; *umg* pousser comme un champignon; **ein lang aufgeschossenes Mädchen** une fille toute en longueur

Aufschlag M **1** *(Preisaufschlag)* majoration *f*; augmentation *f*; supplément *m* **2** *(Aufprall)* °heurt *m*; choc *m*; *e-s Geschosses a.* impact *m*; **beim ~ explodieren** exploser en °heurtant le sol, en s'écrasant au sol **3** TENNIS service *m*; **~ haben** servir; être au service **4** *an Ärmeln, Hosen* revers *m* **5** → Augenaufschlag

aufschlagen ⟨*irr*, *sép*, -ge-⟩ **A** VT ⟨h.⟩ **1** *Gerüst, Zelt, Bett etc* monter; dresser; *Zelt a.* planter; *Lager* dresser; établir; **sein Quartier ~** s'installer (pour quelque temps); *fig* **s-n Wohnsitz ~** établir, fixer son domicile; s'établir; se fixer; *iron* **s-e Zelte ~** planter sa tente **2** *Augen, Buch etc* ouvrir; **e-e Stelle in e-m Buch ~** ouvrir un livre à un endroit; **Seite 21 ~** ouvrir à la page 21 **3** *Eis, Ei, Nuss etc* casser **4** *Maschen beim Stricken* monter **5** *Mantelkragen etc* remonter; *Ärmel, Hosenbein* retrousser; **die Bettdecke ~** découvrir le lit **6** HANDEL **auf e-e Ware zwanzig Cent ~** majorer une marchandise de vingt cents **B** VI **1** ⟨h. *ou* s.⟩ *Preise etc* augmenter (**um** de); *Händler* majorer les prix; **die Mieten haben aufgeschlagen** les loyers ont augmenté **2** ⟨s.⟩ *(aufprallen)* (**auf etw** [*dat ou akk*]) **~** °heurter (qc); *Geschoss a.* toucher, percuter qc; *abstürzendes Flugzeug, aus der Höhe fallender Körper* s'écraser (sur qc); **hart auf die Wasseroberfläche, Tischkante ~** °heurter violemment la surface de l'eau, le bord de la table; **mit der Stirn** (**auf etw** [*dat ou akk*]) **~** °heurter qc du front; se heurter, se cogner le front (contre qc); **der Körper schlug dumpf auf dem Pflaster auf** le corps s'écrasa sur le pavé avec un bruit sourd **3** ⟨h.⟩ TENNIS servir **C** VR ⟨h.⟩ **sich** *(dat)* **das Knie** *etc* **~** se blesser au genou, *etc*

Aufschläger M TENNIS serveur *m*

Aufschlagfehler M TENNIS faute *f* de service; **Aufschlaglinie** F TENNIS ligne *f* de service

aufschlecken VT ⟨*sép*, -ge-, h.⟩ lécher

aufschließen ⟨*irr*, *sép*, -ge-, h.⟩ **A** VT *Tür etc* ouvrir (avec une clé); **j-m (die Tür) ~** ouvrir (la porte) à qn (avec une clé) **B** VI *(aufrücken)* se pousser (d'une place); *Truppen* serrer les rangs; SPORT **zur Spitzengruppe ~** rejoindre le groupe de tête; **die Autos fuhren dicht aufgeschlossen** les voitures roulaient très près les unes derrière les autres, pare-choc contre pare-choc

aufschlitzen VT ⟨-(es)t, *sép*, -ge-, h.⟩ *Sack etc* éventrer; *Briefumschlag* ouvrir (à l'aide d'un couteau, *etc*); **j-m den Bauch ~** éventrer qn

aufschluchzen VI ⟨-(es)t, *sép*, -ge-, h.⟩ éclater en sanglots; *kurz* avoir un sanglot

Aufschluss M *([Auf]Klärung)* éclaircissement *m*; explication *f*; *(Auskunft)* renseignement *m*; **j-m über etw** *(akk)* **~ geben** donner des éclaircissements, des explications *bzw.* des renseignements à qn sur qc; renseigner qn sur qc; **s-e Handlungen geben ~ über s-n Charakter** *a.* ses actions sont révélatrices de son caractère; **sich** *(dat)* **~ über etw** *(akk)* **verschaffen** s'informer, *geh* s'enquérir de qc; se procurer des éclaircissements sur qc

aufschlüsseln VT ⟨-(e)le, *sép*, -ge-, h.⟩ *statistisch* répartir (**nach Berufen** suivant la profession); classer (**nach Kategorien** par catégories); *bes* FIN ventiler

Aufschlüsselung F ⟨~; ~en⟩ répartition *f*; classement *m*; *bes* FIN ventilation *f*

aufschlussreich ADJ révélateur, -trice (**für etw** de qc); *(lehrreich)* instructif, -ive

aufschnallen VT ⟨*sép*, -ge-, h.⟩ **1** **etw** (**auf etw** [*akk*]) **~** attacher qc sur qc; **sich** *(dat)* **den Rucksack ~** mettre, attacher son sac à dos **2** *(öffnen) Gürtel etc* déboucler

aufschnappen ⟨*sép*, -ge-⟩ **A** VT ⟨h.⟩ **1** *(auffangen)* attraper; °happer **2** *umg fig Wort etc* entendre; *umg* pêcher **B** VI ⟨s.⟩ *Schloss etc* s'ouvrir soudainement, brusquement

aufschneiden ⟨irr, sép, -ge-, h.⟩ A VT 1 (öffnen) couper; ouvrir; MED inciser; **sich** (dat) **die Pulsadern ~** s'ouvrir les veines des poignets 2 Brot, Braten, Wurst couper en tranches; Fleisch, Kuchen découper B VI pej (prahlen) se vanter; fanfaronner; **mit s-n Erfolgen ~** se vanter de ses succès

Aufschneider(in) M(F) pej vantard(e) m(f); fanfaron, -onne m,f

Aufschneiderei F ⟨~; ~en⟩ pej vantardise f; fanfaronnades fpl

aufschneiderisch ADJ pej vantard; °hâbleur, -euse; fanfaron, -onne

aufschnellen VI ⟨sép, -ge-, s.⟩ von s-m Sitz etc se lever d'un bond; vor Überraschung etc sursauter; faire un bond

Aufschnitt M ⟨~(e)s⟩ (Wurstaufschnitt) assortiment m de charcuterie (coupée en tranches); (Käseaufschnitt) assortiment m de fromages (coupés en tranches); **Aufschnittplatte** F plat m de charcuterie (et de fromages)

aufschnüren VT ⟨sép, -ge-, h.⟩ Gepäck, Paket défaire; déficeler; Schuhe, Mieder délacer

aufschrammen VR ⟨sép, -ge-, h.⟩ → aufschürfen

aufschrauben VT ⟨sép, -ge-, h.⟩ 1 (losschrauben) dévisser 2 (befestigen) **etw auf etw** (akk) **~** visser, mit e-r Mutter boulonner qc sur qc

aufschrecken ⟨sép, -ge-⟩ A VT ⟨h.⟩ effrayer; faire sursauter; **durch ein Geräusch aufgeschreckt werden** être effrayé par un bruit; **j-n aus s-n Gedanken ~** faire sursauter qn plongé dans ses pensées; **j-n aus dem Schlaf ~** réveiller qn en sursaut B VI ⟨schreckt ou schrickt auf, schreckte ou schrak auf, aufgeschreckt, s.⟩ sursauter; tressauter; **aus e-m Traum, s-n Gedanken ~** être tiré brutalement d'un rêve, de ses pensées; **aus dem Schlaf ~** se réveiller en sursaut

Aufschrei M (grand) cri; exclamation f; bes e-r Menge clameur f; geh fig **ein ~ der Entrüstung** un cri d'indignation

aufschreiben VT ⟨irr, sép, -ge-, h.⟩ 1 (notieren) noter; mettre par écrit; prendre note de; **(sich** [dat]**) etw ~** noter qc 2 umg (verschreiben) donner (sur ordonnance) 3 umg Polizei **j-n ~** umg mettre, umg flanquer un P.-V. à qn

aufschreien VI ⟨irr, sép, -ge-, h.⟩ pousser un od des cri(s); **schrill, freudig ~** pousser un od des cri(s) aigu(s), de joie; **vor Schmerzen** (dat) **~** pousser un od des cri(s) de douleur; crier, plus fort °hurler de douleur

Aufschrift F 1 inscription f; auf Münzen a. légende f 2 auf Briefen etc adresse f

Aufschub M délai m; retard m; des Wehrdienstes, Strafvollzugs etc sursis m; e-r fälligen Zahlung (prolongation f du) délai m; **~ des Strafvollzugs** sursis à l'exécution de la peine; **keinen ~ dulden** être urgent; geh ne souffrir aucun retard; **ohne ~** sans délai; sans retard; immédiatement

aufschürfen VR ⟨sép, -ge-, h.⟩ **sich** (dat) **die Haut, das Knie ~** s'érafler, plus fort s'écorcher la peau, le genou

aufschütteln VT ⟨-(e)le, sép, -ge-, h.⟩ Kissen tapoter

aufschütten VT ⟨-ete, sép, -ge-, h.⟩ 1 **etw (auf etw** [akk]**) ~** mettre, verser qc sur qc; rajouter qc à qc 2 Dinge zu e-m Haufen entasser; mettre en tas; Straße, Damm etc remblayer 3 Haufen faire; Hügel élever

Aufschüttung F ⟨~; ~en⟩ zu e-m Haufen entassement m; e-r Straße, e-s Damms etc remblayage m; a. Ergebnis remblai m

aufschwatzen, regional **aufschwätzen** umg VT ⟨-(es)t, sép, -ge-, h.⟩ **j-m etw aufschwatzen, aufschwätzen** umg refiler qc à qn (en baratinant, en l'embobinant); **sich** (dat) **etw aufschwatzen, aufschwätzen lassen** se laisser refiler qc

aufschweißen VT ⟨-(es)t, sép, -ge-, h.⟩ 1 (öffnen) ouvrir, percer au chalumeau 2 **etw (auf etw** [akk]**) ~** souder qc sur qc

aufschwellen VI ⟨irr, sép, -ge-, s.⟩ Körperteil enfler; gonfler; durch Schläge etc se tuméfier; **aufgeschwollenes Gesicht** visage enflé

aufschwemmen ⟨sép, -ge-, h.⟩ A VT boursoufler; enfler; **aufgeschwemmtes Gesicht** visage bouffi B VI **Bier schwemmt auf** la bière fait enfler

aufschwindeln umg VT ⟨-(e)le, sép, -ge-, h.⟩ **j-m etw ~** umg refiler qc à qn (en mentant sur la qualité)

aufschwingen ⟨irr, sép, -ge-, h.⟩ A VR 1 poet **sich ~** Vogel prendre son envol, son essor 2 fig **sich zu etw ~** (sich aufraffen) se résoudre à faire qc; se décider (enfin) à faire qc; prendre son courage à deux mains pour faire qc 3 (e-e Rolle übernehmen) **sich zum Richter ~** s'ériger en juge; pej **sich zum Diktator ~** faire le dictateur B VI Turner faire un rétablissement

Aufschwung M 1 (Aufwärtsentwicklung) essor m; WIRTSCH a. redressement m; relance f; **wirtschaftlicher ~** essor économique; **e-n gewaltigen ~ nehmen** od **erfahren** prendre un essor formidable 2 geh (Auftrieb) essor m; élan m; **das gab ihm wieder neuen ~** cela lui a redonné de l'élan 3 TURNEN rétablissement m

aufsehen VI ⟨irr, sép, -ge-, h.⟩ 1 lever les yeux (**zu** vers; **von s-r Arbeit** de son travail) 2 fig **zu j-m ~** respecter qn; plus fort révérer, vénérer qn

Aufsehen N ⟨~s⟩ sensation f; **~ erregen** Sache faire du bruit; faire sensation; Person se faire remarquer; faire sensation; **~ erregend** → aufsehenerregend; **jedes ~ vermeiden** éviter de se faire remarquer

aufsehenerregend ADJT sensationnel, -elle; retentissant; spectaculaire; **e-e ~e Tat** a. une action d'éclat; un exploit

Aufseher(in) M(F) gardien, -ienne m,f (**im Gefängnis** de prison, **im Museum** de musée); bes bei e-r Prüfung surveillant(e) m(f); garde m

aufseiten PRÄP ⟨gen⟩ du côté de; **~ der Verbraucher** dans le milieu des consommateurs

aufsetzen ⟨-(es)t, sép, -ge-, h.⟩ A VT 1 Hut, Brille, Krone etc mettre; fig Miene prendre; umg fig **j-m Hörner ~** faire porter des cornes à qn; umg faire qn cocu; umg cocufier qn; **das setzt allem die Krone auf** c'est le comble, le bouquet; **aufgesetztes Lächeln** sourire forcé 2 (aufs Feuer setzen) mettre sur le feu 3 Stockwerk etc ajouter 4 (aufnähen) Flicken mettre; poser; **aufgesetzte Taschen** fpl poches plaquées 5 Kleinkind, Kranken asseoir 6 Brief rédiger; Vertrag a. libeller; Protokoll dresser 7 auf e-e Unterlage etc **etw (auf etw** [akk]**) ~** poser qc sur qc; **den Fuß ~** poser le pied B VI (landen) **~ (auf** [+dat]**)** toucher terre; atterrir (sur); se poser (sur); auf dem Wasser amerrir (sur); se poser (sur); Skispringer atterrir (sur) C VR **sich ~** se mettre, se dresser sur son séant; s'asseoir

Aufsetzer M FUSSBALL, HANDBALL etc ballon m qui rebondit

aufseufzen VI ⟨-(es)t, sép, -ge-, h.⟩ soupirer; pousser un soupir; **tief ~** pousser un profond soupir

Aufsicht F 1 ⟨pas de pl⟩ (Überwachung) surveillance f; **(die) ~ haben** od **führen** être de surveillance, de garde; **~ führend** surveillant; de surveillance; **die ~ über j-n, etw haben** surveiller qn, qc; **ohne ~ sein** rester sans surveillance; ne pas être surveillé; **etw unter ~** (dat) **machen** faire qc sous surveillance; **unter ärztlicher, polizeilicher ~ stehen** être placé sous surveillance médicale, policière; **unter ~** (akk) **stellen** placer sous surveillance 2 (Aufsichtsperson) surveillant(e) m(f) 3 TECH (Sicht von oben) vue f en plan

aufsichtführend ADJT ⟨épithète⟩ surveillant; de surveillance; **Aufsichtführende(r)** M/F(M) ⟨→ A⟩ surveillant(e) m(f)

Aufsichtsamt N Behörde inspection f; **Aufsichtsbehörde** F inspection f

aufsicht(s)los ADJ Person sans surveillance; Ort non surveillé; non gardé

Aufsichtsperson F surveillant(e) m(f); **Aufsichtspersonal** N personnel surveillant, de surveillance

Aufsichtspflicht F ⟨~⟩ JUR devoir m de surveillance; **die elterliche ~** le devoir de surveillance des parents

Aufsichtsrat M 1 Gremium nach deutschem Recht conseil m de surveillance; nach französischem Recht conseil m d'administration 2 Mitglied membre m du conseil de surveillance bzw. d'administration; **Aufsichtsratsmitglied** N membre m du conseil de surveillance bzw. d'administration; **Aufsichtsratsvorsitzende(r)** M/F(M) président(e) m(f) du conseil de surveillance bzw. d'administration

aufsitzen VI ⟨irr, sép, -ge-⟩ 1 ⟨s.⟩ auf ein Reittier monter en selle; auf ein Pferd a. monter à cheval; auf ein Motorrad etc monter derrière 2 umg ⟨h.⟩ Kranker etc être assis (dans son lit) 3 fig **j-m, e-r Sache ~** ⟨s.⟩ umg se faire avoir par qn, par qc; **j-n ~ lassen** ⟨h.⟩ faire faux bond à qn; umg laisser qn en plan 4 ⟨h.⟩ (aufliegen) **(auf etw** [dat]**) ~** reposer sur qc

Aufsitzer umg M ⟨~s; ~⟩ österr échec m

aufspalten VT (u. VR) ⟨irr ou régulier, sép, -ge-, h.⟩ a. fig **(sich) ~** (se) diviser (**in** [+akk] en); **Aufspaltung** F a. fig division f

aufspannen VT ⟨sép, -ge-, h.⟩ 1 Regenschirm ouvrir; Sprungtuch, Netz etc tendre 2 **etw (auf etw** [akk]**) ~** Blatt auf ein Reißbrett etc fixer, tendre qc (sur qc)

aufsparen VT ⟨sép, -ge-, h.⟩ garder; réserver; mettre de côté

aufsperren VT ⟨sép, -ge-, h.⟩ 1 umg (aufmachen) ouvrir tout grand; Augen a. écarquiller; **den Mund ~** ouvrir toute grande la bouche; fig **Mund und Augen** od **Nase ~** rester bouche bée; **sperr deine Ohren auf!** ouvre toutes grandes tes oreilles! 2 bes südd, österr (aufschließen) ouvrir (avec une clé)

aufspielen ⟨sép, -ge-, h.⟩ A VI 1 (Musik machen) jouer; **zum Tanz ~** jouer de la musique de danse 2 SPORT **groß, glänzend ~** jouer un grand match, un match formidable B umg pej VR **sich (vor j-m) ~** faire l'important (devant qn); poser (devant qn); umg crâner (devant qn); **sich als Held, Kenner ~** jouer au héros, au connaisseur

aufspießen VT ⟨-(es)t, sép, -ge-, h.⟩ 1 Stück Fleisch, Papier etc piquer; mit Gabel, Spieß, Hörnern embrocher; **er wurde bei dem Unfall buchstäblich aufgespießt** il a été littéralement empalé lors de l'accident 2 umg fig Missstände etc dénoncer; plus fort mettre au pilori

aufsplittern ⟨-(e)re, sép, -ge-⟩ A VT (u. VR) ⟨h.⟩ **(sich) ~** Land, Partei etc (se) morceler; fig ([sich] spalten) (se) diviser B VI ⟨s.⟩ Holz etc éclater; **Aufsplitterung** F ⟨~; ~en⟩ morcellement m; fig (Spaltung) division f

aufsprechen VT ⟨irr, sép, -ge-, h.⟩ Text dire; **e-e Nachricht auf den Anrufbeantworter, die Mailbox ~** laisser un message sur le répondeur, la boîte vocale

aufsprengen VT ⟨sép, -ge-, h.⟩ mit Sprengstoff faire sauter; mit Gewalt forcer

aufspringen VI ⟨irr, sép, -ge-, s.⟩ 1 (hochspringen) von s-m Sitz etc se lever d'un bond; bondir; **die Zuhörer sprangen begeistert**

von ihren Plätzen auf les auditeurs enthousiastes bondirent de leurs places; **vor Freude** (dat) ~ sauter, bondir de joie 2 **auf etw** (akk) ~ sauter sur qc; **auf e-e Straßenbahn** ~ sauter dans un tramway 3 Tür s'ouvrir (brusquement); Deckel etc sauter; geh Knospen, Blüten s'ouvrir 4 Haut, Lippen etc (se) gercer 5 (auftreffen) Ball etc rebondir

aufspritzen ‹-(es)t, sép, -ge-› A VT ‹h.› TECH appliquer au pistolet; **etw (auf etw** [akk]) ~ appliquer qc sur qc; **Farbe auf etw** (akk) ~ peindre qc au pistolet B VI ‹s.› 1 Wasser, Schlamm, Blut etc jaillir 2 umg fig (aufspringen) se lever d'un bond

aufsprühen ‹sép, -ge-› A VT ‹h.› **etw (auf etw** [akk]) ~ vaporiser qc sur qc B VI ‹s.› Funken, Wasser etc jaillir

Aufsprung M SPORT, e-s Fallschirmspringers réception f; e-s Balls rebondissement m

aufspulen VT ‹sép, -ge-, h.› (em)bobiner;

aufspüren VT ‹sép, -ge-, h.› a. fig dépister; fig a. découvrir

aufstacheln VT ‹-(e)le, sép, -ge-, h.› exciter; **j-n zum Widerstand** ~ pousser, exciter qn à la résistance; **j-s Ehrgeiz** ~ exciter l'ambition de qn; **j-n gegen j-n** ~ monter qn contre qn

aufstampfen VI ‹sép, -ge-, h.› **mit dem Fuß** ~ frapper le sol du pied; **vor Wut** etc ~ trépigner de colère, etc

Aufstand M soulèvement m; révolte f; insurrection f; **bewaffneter** ~ révolte armée

aufständisch ADJ Personen insurgé; révolté; Bewegung insurrectionnel, -elle

Aufständische(r) M ‹→ A› insurgé m

aufstapeln VT ‹-(e)le, sép, -ge-, h.› empiler; mettre en pile; superposer; **aufstauen** ‹sép, -ge-, h.› A VT Wasser, Fluss retenir B VR **sich** ~ Wasser, fig Hass etc s'accumuler; Menschenmenge s'amasser; **aufstechen** VT ‹irr, sép, -ge-, h.› percer; crever

aufstecken ‹sép, -ge-, h.› A VT 1 Haar relever 2 **etw (auf etw** [akk]) ~ Ring mettre, passer qc (à qc); Kerzen auf e-n Leuchter mettre qc (sur qc) 3 umg Ziel, Plan etc renoncer à; umg laisser tomber; a. SPORT abandonner B umg VI umg laisser tomber; abandonner

aufstehen VI ‹irr, sép, -ge-› 1 ‹s.› aus dem Bett, vom Stuhl etc se lever; **vom Tisch** ~ se lever, sortir de table; umg fig **mit dem linken Fuß zuerst aufgestanden sein** s'être levé du pied gauche; hum **mit den Hühnern** ~ se lever avec les poules; **wenn du fieberfrei bist, darfst du** ~ quand tu n'auras plus de fièvre, tu pourras te lever; umg fig **da musst du früher** ~ il faudra te lever de bonne heure 2 ‹h.› (offen stehen) être ouvert 3 geh fig ‹s.› **gegen etw, j-n** ~ s'insurger contre qc, contre qn

Aufstehen N aus dem Bett lever m; **beim** ~ au lever; au saut du lit; **nach dem** ~ après le lever; après s'être levé

aufsteigen VI ‹irr, sép, -ge-, s.› 1 Ballon, Rauch etc monter; s'élever; Flugzeug décoller; s'envoler; **an die Oberfläche** ~ (re)monter à la surface 2 aufs Rad, Pferd, zum Gipfel etc **(auf etw** [akk]) ~ monter (à, sur qc) 3 geh fig Gedanken, Erinnerungen, Zweifel surgir; Zweifel a. s'élever; Angst monter; Tränen monter aux yeux; **ein Verdacht stieg in mir auf** un soupçon naquit en moi 4 beruflich, sozial avancer (en grade); s'élever **(zu** à); **zu hohen Ämtern** ~ s'élever à de hautes fonctions; **(bis) zum Direktor** ~ monter, arriver jusqu'au poste de directeur; SPORT **in die höhere Klasse** ~ monter en division supérieure

aufsteigend ADJ a. MATH ascendant; Verwandtschaft **in ~er Linie** en ligne ascendante

Aufsteiger M ‹~s; ~› 1 umg sozialer personne arrivée, qui a réussi 2 SPORT Mannschaft équipe montée en division supérieure

aufstellen ‹sép, -ge-, h.› A VT 1 (hinstellen) Gegenstände mettre; placer; disposer **(auf dem Tisch** sur la table; **in e-m Raum** dans une pièce); Möbel installer 2 (aufbauen) Gerüst dresser; monter; Falle poser; Denkmal ériger; élever; Maschine, Anlage, Zelt, Bett monter; Zelt a. installer; MIL Raketen déployer 3 (aufrecht hinstellen) relever; redresser 4 (hochstellen) relever 5 Posten, Wache mettre; placer; poster; Kandidaten présenter; Mannschaft, Armee etc former; mettre sur pied; composer; **sich als Kandidat** ~ **lassen** se porter candidat; SPORT **j-n als Verteidiger** ~ mettre qn au poste d'arrière; **gut aufgestellt sein** fig (gut vorbereitet sein) être bien positionné 6 Bilanz, Etat, Rechnung, Programm, Gesetz, Regel établir; Hypothese faire; formuler; Gleichung poser; Rekord établir; réaliser; **e-e Behauptung** ~ avancer une affirmation 7 regional (auf den Herd stellen) mettre sur le feu B VR **sich** ~ 1 se poster; se placer; **sich hintereinander** ~ se ranger les uns derrière les autres; **sich im Kreis** ~ se ranger, se mettre en cercle 2 Fell, Haare etc se dresser

Aufstellung F 1 von Möbeln installation f; e-r Maschine, Anlage, e-s Gerüsts etc montage m; e-s Denkmals élévation f; MIL von Raketen déploiement m 2 e-r Wache, e-s Postens mise f en place; e-s Kandidaten présentation f; e-s Heers etc formation f; mise f sur pied; composition f; ~ **nehmen** od **beziehen** se placer; se mettre en place; **die Mannschaft spielt in folgender** ~ l'équipe joue dans la formation suivante 3 e-s Programms, Inventars, Rekords, e-r Rechnung établissement m; e-r Hypothese, Theorie construction f; e-r Gleichung pose f 4 (Verzeichnis, Liste) liste f; (Tabelle) tableau m

aufstemmen ‹sép, -ge-, h.› A VT 1 Schloss, Kiste etc ouvrir à l'aide d'une pince-monseigneur 2 **die Ellbogen** ~ appuyer les coudes sur la table B VR **sich auf etw** (akk) ~ s'appuyer sur qc

aufsteppen VT ‹sép, -ge-, h.› MODE **etw (auf etw** [akk]) ~ piquer qc sur qc

aufsticken VT ‹sép, -ge-, h.› MODE **etw (auf etw** [akk]) ~ broder qc sur qc

aufstieben geh VI ‹irr, sép, -ge-, s.› se soulever; tourbillonner

Aufstieg M ‹~(e)s; ~e› 1 zum Gipfel ~ **(zu)** montée f (à); ALPINISTIK ascension f (à); **beim** ~ en montant; à la montée; lors de l'ascension 2 e-s Ballons, e-r Rakete etc ascension f; e-s Flugzeugs décollage m; envol m 3 fig wirtschaftlicher essor m; sozialer, beruflicher promotion f; sozialer a. ascension f; im Beruf a., in e-e höhere Gehaltsgruppe avancement m; SPORT montée f en division supérieure; **der ~ zur Geschäftsführerin, in die Geschäftsleitung** la promotion au poste de gérante, à un poste de direction

Aufstiegschance F im Beruf chance f d'avancement, de promotion; SPORT chance f de se qualifier, de monter en division supérieure; **Aufstiegsmöglichkeiten** FPL im Beruf chances fpl d'avancement, de promotion; **Aufstiegsspiel** N SPORT match m de qualification

aufstöbern VT ‹-(e)re, sép, -ge-, h.› 1 Tiere débusquer; débucher; (faire) lever 2 fig (entdecken) dénicher; **aufstocken** VT ‹sép, -ge-, h.› 1 Haus surélever **(um ein Stockwerk** d'un étage) 2 Kapital augmenter **(um** de);

Aufstocken N ‹~s›, **Aufstockung** F ‹~; ~en› 1 e-s Hauses surélévation f, exhaussement m (d'un étage) 2 des Kapitals augmentation f

aufstöhnen VI ‹sép, -ge-, h.› pousser un gémissement; gémir

aufstören VT ‹sép, -ge-, h.› 1 Tiere effaroucher 2 **j-n (aus dem Schlaf)** ~ déranger qn (dans son sommeil)

aufstoßen ‹irr, sép, -ge-› A VT ‹h.› 1 Tür etc ouvrir (d'un coup de pied, etc) 2 (aufsetzen) **etw (auf etw** [akk]) ~ poser qc (avec violence) sur qc 3 (verletzen) **sich** (dat) **das Knie** etc ~ se cogner le genou, etc B VI 1 ‹h.› PHYSIOL éructer; avoir des renvois; Säugling umg faire son rot; **j-m stößt etw auf** ‹s.› qc donne des renvois à qn; umg fig **etw stößt j-m auf** ‹s.› qc frappe qn 2 ‹s.› Gegenstand auf dem Boden etc **(auf etw** [dat]) ~ °heurter qc

Aufstoßen N 1 PHYSIOL éructation f; renvoi m; e-s Säuglings umg rot m 2 e-s Gegenstands auf dem Boden etc °heurt m, choc m **(auf etw** [dat] sur qc)

aufstrebend ADJ ‹épithète› Person (plein) d'avenir; Künstler a. qui monte; **~e Industrie** industrie f en plein développement; **~e Jugend** jeunesse f qui cherche à arriver; **~er Staat** État m en plein développement

aufstreichen VT ‹irr, sép, -ge-, h.› **etw (auf etw** [akk]) ~ Farbe appliquer qc (sur qc); Salbe, Aufstrich a., Butter, Marmelade étaler, tartiner qc (sur qc)

Aufstrich M 1 (Brotaufstrich) beurre m, confiture f, pâté m, etc (à tartiner) 2 beim Schreiben délié m

aufstülpen VT ‹sép, -ge-, h.› 1 Hut etc enfoncer **(auf den Kopf** sur sa tête) 2 Kragen, Lippen etc retrousser

aufstützen ‹-(es)t, sép, -ge-, h.› A VT **etw (auf etw** [akk ou dat]) ~ appuyer qc sur qc; **den Kopf** ~ appuyer sa tête dans sa main; **er saß mit aufgestützten Armen am Tisch** il était assis les coudes sur la table; il était accoudé à la table B VR **sich mit den Ellbogen** ~ s'accouder **(auf** [+akk] à); Kranker **sich im Bett** ~ se redresser dans son lit

aufstylen umg VR ‹sép, -ge-, h.› **sich** ~ se mettre sur son trente et un

aufsuchen geh VT ‹sép, -ge-, h.› 1 (besuchen) Person aller voir; rendre visite à; Arzt, Rechtsanwalt (aller) consulter; Ort aller à; Gedenkstätte aller voir; visiter; Grab aller sur 2 (suchen) Textstelle etc chercher

aufsummieren ‹sép, pas de ge-, h.› A VT IT totaliser B VR **sich zu etw** ~ se monter à qc

auftakeln ‹-(e)le, sép, -ge-, h.› A VT SCHIFF gréer B umg pej VR **sich** ~ se harnacher; s'accoutrer; umg s'attifer; **aufgetakelt** (drôlement) accoutré, umg attifé, °harnaché

Auftakeln N ‹~s› SCHIFF gréement m

Auftakt M e-s Ereignisses ouverture f; prélude m **(zu** à); **den ~ zu etw bilden** ouvrir qc; préluder à qc; **den ~ machten die Kunstturner** les gymnastes ouvrirent la compétition; **der Protestmarsch wurde zum ~ e-r Volkserhebung** le défilé des protestaires fut le point de départ d'un soulèvement populaire

auftanken ‹sép, -ge-, h.› A VT 1 Flugzeug ravitailler; **das Auto** ~ faire le plein (d'essence) 2 fig **Energie** etc ~ faire le plein d'énergie B VI 1 beim Auto etc faire le plein; beim Flugzeug se ravitailler (en carburant) 2 fig recharger ses batteries

auftauchen VI ‹sép, -ge-, s.› 1 aus dem Wasser émerger; apparaître (à la surface); U-Boot faire surface; **wieder** ~ réapparaître; revenir à la surface 2 fig (sichtbar werden) apparaître; surgir 3 Fragen, Probleme, Gerüchte, Schwierigkeiten surgir 4 (gefunden werden) réapparaître; être retrouvé; **er ist plötzlich in Berlin aufgetaucht** il a soudainement réapparu à Berlin

Auftauchen N 1 e-r Person aus dem Wasser retour m à la surface; e-s U-Boots émersion f 2 fig (das Erscheinen) apparition f

auftauen ‹sép, -ge-› A VT ‹h.› Schnee, Eis etc

faire fondre; *Tiefkühlkost* décongeler; TECH, *Türschloss, Windschutzscheibe* dégeler **B** VI ‹s.› **1** *Eisdecke* fondre; *Tiefkühlkost, See, Fluss* dégeler; *Erde etc* (se) dégeler **2** *fig Person* se dégeler; sortir de sa réserve

Auftauen N **1** *der Eisdecke etc* fonte *f*; *der Erde etc* dégel *m*; *von Tiefkühlkost etc* décongélation *f* **2** *fig e-r Person* dégel *m*

aufteilen VT ‹sép, -ge-, h.› **1** *(verteilen)* partager; *nach Anteilen* répartir; *Baugelände, Erbe a.* lotir; **etw unter sich** *(akk ou dat)*, **untereinander ~** se partager qc; **den Kuchen unter den Gästen ~** partager le gâteau entre les invités **2** *(aufgliedern)* partager; **e-n Kuchen in zwölf Stücke ~** partager un gâteau en douze morceaux **3** *(einteilen)* répartir; diviser; **in Gruppen** *(akk)* **~** répartir, diviser en groupes

Aufteilung F partage *m*; *nach Anteilen* répartition *f*; *e-s Baugeländes a.* lotissement *m*

auftippen VI ‹sép, -ge-, s.› *Ball etc* rebondir doucement

auftischen VT ‹sép, -ge-, h.› **1** *(servieren)* (j-m) **etw ~** servir qc (à qn) **2** *umg fig* **j-m etw ~** *Lügen etc* raconter, débiter qc à qn

Auftrag M ‹~(e)s; -träge› **1** *(Weisung)* mission *f*; ordre *m*; **den ~ bekommen, etw zu tun** recevoir l'ordre, être chargé de faire qc; **j-m e-n ~ erteilen** charger qn d'une mission; donner un ordre à qn; **j-m den ~ erteilen, etw zu tun** charger qn, donner l'ordre à qn de faire qc; **den ~ haben, etw zu tun** avoir ordre, être chargé de faire qc; avoir pour mission de faire qc; **im ~ von** *od (+gen)* par ordre de; sur (l')ordre de; *(im Namen)* au nom de; **er kommt, handelt im ~ des Chefs** il vient, agit par ordre du chef **2** HANDEL *(Bestellung)* commande *f*; ordre *m*; **j-m e-n ~ erteilen, e-n ~ an j-n vergeben** passer une commande à qn; **etw in ~ geben** passer commande de qc; commander qc; → *a.* i. A. **3** FIN ordre *m*; **im ~ von** *od (+gen)* pour le compte de; **im ~ und für Rechnung von** *od (+gen)* d'ordre et pour compte de

auftragen ‹irr, sép, -ge-, h.› **A** VT **1** *geh Speise* apporter (sur la table); servir **2** *Farbe, Salbe, Aufstrich etc* **etw (auf etw** *[akk]***) ~** mettre, étaler qc sur qc; **die Farbe dick ~** passer, mettre une couche épaisse de peinture; **Schminke (dick) ~** (se) maquiller (trop); (se) farder (avec excès) **3** *Kleidungsstücke* finir d'user; user; **die Kleider der älteren Schwester (mit) ~** finir d'user les vêtements de sa sœur aînée **4** **j-m etw ~** charger qn de faire qc; **er hat mir schöne Grüße an Sie aufgetragen** il m'a chargé de vous transmettre son bon souvenir, ses amitiés **B** VI **1** *Kleid, Stoff* grossir **2** *umg* **dick ~** *(übertreiben)* exagérer; en rajouter

Auftraggeber(in) M ‹~s; ~› (F) ‹~in; ~innen› HANDEL donneur *m* d'ordre; JUR mandant(e) *m(f)*; commettant(e) *m(f)*; *(Kunde, Kundin)* client(e) *m(f)*; **Auftragnehmer(in)** M ‹~s; ~› (F) ‹~in; ~innen› preneur *m* de commande; *(Lieferant[in])* fournisseur *m*

Auftragsausführung F exécution *f* d'une commande, d'un ordre; **Auftragsbestand** M volume *m* des commandes; **Auftragsbestätigung** F confirmation *f* de commande; accusé *m* de réception d'une commande, d'un ordre; **Auftragsbuch** N livre *m* des commandes; carnet *m* de commandes; **Auftragserteilung** F (passation *f* de) commande *f*

auftragsgemäß **A** ADJ ‹épithète› conforme à l'ordre (de) **B** ADV suivant l'ordre (de); conformément à l'ordre (de); **etw ~ ausführen** faire, exécuter qc conformément à l'ordre donné, aux ordres

Auftragslage F ‹~› rentrée *f* de commandes; **Auftragsrückgang** M régression *f* des commandes; **Auftragswerk** N *e-s Künstlers* ouvrage *m* de commande

auftreffen VI ‹irr, sép, -ge-, s.› **auf etw** *(akk)* **~** °heurter, rencontrer qc; *Strahlen* tomber sur, rencontrer qc

auftreiben VT ‹irr, sép, -ge-, h.› **1** *Hefe den Teig* faire lever; *Gase den Körper* faire gonfler; ballonner **2** *umg (ausfindig machen)* dénicher; *umg* dégot(t)er; **etw ist nicht aufzutreiben** qc est introuvable

auftrennen VT ‹sép, -ge-, h.› *Naht* découdre

auftreten ‹irr, sép, -ge-› **A** VT ‹h.› *Tür etc* ouvrir d'un coup de pied; enfoncer **B** VI ‹s.› **1** *mit dem Fuß* poser le pied (sur le sol); **fest ~** marcher d'un pas ferme, assuré; **leise, vorsichtig ~** marcher doucement, prudemment **2** *auf der Bühne* entrer en scène; apparaître sur (la) scène **3** *als Schauspieler, Künstler* jouer; se produire; donner une représentation, un récital, *etc*; **als Hamlet ~** jouer le rôle d'Hamlet **4** *(in Erscheinung treten)* **als … ~** se présenter comme …; **als Käufer ~** se porter acheteur; **als Redner ~** prononcer un *bzw.* des discours; **als Zeuge ~** être témoin; **gegen etw, j-n ~** lutter *od* intervenir contre qc, contre qn **5** *(sich verhalten)* se montrer; **sicher, bescheiden, energisch ~** se montrer assuré *od* sûr de soi, modeste, énergique **6** *(auftauchen) Schwierigkeiten, Gefahren etc* apparaître; surgir **7** *(vorkommen) Krankheit* survenir; se manifester; *Mineralien, Pflanzen* apparaître

Auftreten N ‹~s› **1** *(Benehmen)* manières *fpl*; présentation *f*; **forsches ~** aplomb *m*; audace *f*; **ein sicheres ~ haben** avoir de l'assurance **2** *auf der Bühne* entrée *f* en scène **3** *e-s Schauspielers, Künstlers* **erstes ~** première apparition sur scène **4** *in der Öffentlichkeit* apparition *f*; entrée *f* en scène **5** *von Schwierigkeiten, e-r Krankheit etc* apparition *f*

Auftrieb M **1** ‹pas de pl› PHYS poussée (verticale); *e-s Ballons* mouvement ascensionnel, ascendant; FLUG force ascensionnelle; sustentation *f*; **(dynamischer) ~** portance *f* **2** ‹pas de pl› *fig* élan *m*; encouragement *m*; *bes* WIRTSCH essor *m*; **j-m ~ geben** encourager qn; **er hat dadurch neuen ~ bekommen** cela lui a redonné courage *od* un nouvel élan **3** AGR *(Almauftrieb)* transhumance *f* de printemps; montée *f* aux alpages

Auftriebskraft F PHYS, FLUG force ascensionnelle

Auftritt M **1** THEAT *e-s Schauspielers* entrée *f* en scène **2** THEAT *Akteinteilung* scène *f* **3** *e-s Künstlers, Sängers etc* apparition *f* sur scène **4** *fig (Streit)* scène *f*

Auftrittsverbot N interdiction *f* de se produire en public; *für Schauspieler, Musiker etc* interdiction *f* de jouer

auftrumpfen VI ‹sép, -ge-, h.› étaler sa supériorité; **mit etw ~** faire étalage de qc; étaler qc; *„Jetzt erst recht!"*, **trumpfte sie auf** s'écria-t-elle d'une voix triomphante

auftun ‹irr, sép, -ge-, h.› **A** VT **1** *umg (entdecken)* dénicher **2** *umg (servieren)* servir **3** *geh (öffnen)* ouvrir; *umg* **den Mund nicht ~** ne pas desserrer les dents **4** *regional (aufsetzen) Hut, Brille etc* mettre **B** *umg* VI **j-m, sich ~** servir qn (à table), se servir **C** *geh* VR **sich ~** *Tür, Abgrund etc* s'ouvrir; **eine fremde Welt tat sich vor ihm auf** un monde inconnu, étranger s'ouvrit à lui

auftürmen ‹sép, -ge-, h.› **A** VT **~ (zu)** empiler (en); entasser (en) **B** VR **sich (vor j-m) ~** *Berge, Schwierigkeiten etc* se dresser, s'élever (devant qn)

aufwachen VI ‹sép, -ge-, s.› se réveiller; **aus e-r Ohnmacht, Narkose ~** se réveiller d'un évanouissement, d'une anesthésie

Aufwachen N réveil *m*; **beim ~** au réveil

aufwachsen VI ‹irr, sép, -ge-, s.› *Kind* grandir; être élevé; **sie ist in Afrika aufgewachsen** elle a passé son enfance en Afrique

aufwallen VI ‹sép, -ge-, s.› **1** *Wasser etc* bouillir; entrer en ébullition **2** *geh fig Freude, Zorn, Hass etc* **in j-m ~** monter en qn; **Zorn wallt in ihm auf** *a.* il s'emporte

Aufwallung *geh* F *von Freude, Zorn, Hass etc* accès *m*; *von Freude a.* transport *m*; *von Zorn a.* emportement *m*

Aufwand M ‹~(e)s› **1** *(Ausgaben)* frais *mpl*; dépenses *fpl*; **mit geringem ~** à peu de frais; **mit e-m ~ von 20 Millionen Euro** pour une somme de, en dépensant 20 millions d'euros **2** *(Einsatz)* dépense *f*; **~ an Kraft** efforts *mpl*; énergie *f* (**für** nécessaire à); dépense de forces; **~ an Zeit** temps *m* (**für** nécessaire à, consacré à); dépense de temps; **personeller ~** (besoins *mpl* en) personnel *m*; **das lohnt den ~ nicht** cela ne vaut pas la peine **3** *(Verschwendung)* luxe *m*; *geh* pompe *f*; **großen ~ mit etw treiben** dépenser beaucoup de temps et d'argent pour qc

aufwändig → aufwendig

Aufwandsentschädigung F indemnité *f* de frais (de représentation)

aufwärmen ‹sép, -ge-, h.› **A** VT **1** *Speise* réchauffer **2** *umg fig alte Geschichten etc* rabâcher; *Streit* réveiller **B** VR **sich ~** se réchauffer; SPORT s'échauffer

Aufwärmen N ‹~s› **1** *von Speisen* réchauffage *m* **2** *umg fig von alten Geschichten etc* rabâchage *m* **3** SPORT échauffement *m*

Aufwartefrau F *regional* femme *f* de ménage

aufwarten VI ‹-ete, sép, -ge-, h.› **1** *geh bei Tisch* **j-m ~** servir qn **2** *fig* **mit etw ~** présenter qc; **mit e-r Überraschung ~** faire une surprise; **mit e-r Neuigkeit ~** raconter une nouvelle; **mit e-m großen Warenangebot ~** offrir un grand choix de marchandises; **mit neuen Erfolgen ~ können** (pouvoir) rendre compte de nouveaux succès

aufwärts ADV vers le *od* en °haut; en montant; *(strom~)* à contre-courant; en amont (de); *fig* **vom Hauptmann (an) ~** à partir du capitaine; → aufwärtsfahren, aufwärtsführen, aufwärtsgehen

Aufwärtsbewegung F mouvement ascendant; **Aufwärtsentwicklung** F progression *f*; *plus fort* essor *m*

aufwärtsfahren VT *u.* VI ‹irr, sép, -ge-, s.› monter; **den Fluss ~** remonter le fleuve

aufwärtsführen VI ‹sép, -ge-, h.› *Straße etc* monter; conduire en °haut

aufwärtsgehen ‹irr, sép, -ge-, s.› **A** VI monter **B** V/UNPERS *fig* **mit uns geht es aufwärts** *wirtschaftlich, gesundheitlich* nous allons mieux, de mieux en mieux; *fig* **mit unserem Geschäft geht es aufwärts** nos affaires vont mieux, vont de l'avant

Aufwärtshaken M BOXEN uppercut *m*; **Aufwärtstrend** M progression *f*; tendance *f* à la hausse

Aufwartung *geh* F **j-m s-e ~ machen** *liter* aller rendre ses devoirs à qn

Aufwasch M ‹~(e)s› *regional* → Abwasch[1]; *umg* **das machen wir in einem ~** on fera ça en une seule fois, dans la foulée

aufwecken VT ‹sép, -ge-, h.› réveiller

aufweichen ‹sép, -ge-› **A** VT ‹h.› **1** ramollir; *durch Regen* détremper **2** *fig Doktrin etc* miner; saper **B** VI ‹s.› (se) ramollir; **das Papier ist aufgeweicht** le papier (s')est détrempé; **die Wege sind durch den Regen aufgeweicht** la pluie a détrempé les chemins

aufweisen VT ‹irr, sép, -ge-, h.› *(zeigen)* montrer; *a.* (*bieten*) présenter; **dieses Land hat nichts Ähnliches aufzuweisen** ce pays ne présente rien de semblable; **die Stadt hat viele Sehenswürdigkeiten aufzuweisen** il y a beaucoup de choses à voir dans cette ville; **große Erfolge aufzuweisen haben** avoir obtenu, remporté de grands succès

aufwenden VT ⟨*irr ou régulier, sép,* -ge-, h.⟩ *Überredungskunst, Einfluss, Geschick, Kräfte, Mühe, Fleiß* mettre en œuvre; déployer; *Zeit, Geld* dépenser; consacrer; **aufwendig** ADJ (*kostspielig*) coûteux, -euse; (*arbeitsintensiv*) qui exige beaucoup de travail; (*zeitintensiv*) qui prend beaucoup de temps

Aufwendung F **1** *von Fleiß etc* mise *f* en œuvre; déploiement *m*; *von Zeit, Geld* dépense *f*; **unter ~ s-r ganzen Kräfte** en déployant toutes ses forces **2** *meist* PL **~en** (*Ausgaben*) dépenses *fpl*; frais *mpl*

aufwerfen ⟨*irr, sép,* -ge-, h.⟩ **A** VT **1** *Erde mit dem Pflug etc* retourner; **die Erde zu beiden Seiten des Grabens ~** rejeter la terre des deux côtés de la tranchée **2** *Damm, Wall etc* élever; remblayer **3** *Kopf* (re)lever **4** *fig Fragen, Probleme* soulever **5** *Tür etc* ouvrir brutalement **B** VR *pej* **sich zum Richter über j-n ~** s'ériger en juge de qn

aufwerten VT ⟨-ete, *sép,* -ge-, h.⟩ FIN réévaluer; revaloriser (*a. fig*)

Aufwertung F FIN réévaluation *f*; revalorisation *f* (*a. fig*); *fig* **durch etw, j-n e-e ~ erfahren** être revalorisé par qc, par qn

aufwickeln VT ⟨-(e)le, *sép,* -ge-, h.⟩ *Seil, Faden, Garn* enrouler; *auf e-e Spule* embobiner; **Garn (zu e-m Knäuel) ~** faire une pelote de fil; **j-m, sich** (*dat*) **die Haare ~** mettre à qn, se mettre des rouleaux

aufwiegeln VT ⟨-(e)le, *sép,* -ge-, h.⟩ inciter à la révolte, à la rébellion; **das Volk gegen die Regierung ~** soulever le peuple contre le gouvernement; **die Menge zum Aufstand ~** inciter la foule à la révolte

Aufwiegelung F ⟨~; ~en⟩ ~ (**zu**) incitation *f* (à [la révolte])

aufwiegen VT ⟨*irr, sép,* -ge-, h.⟩ compenser; contrebalancer; **nicht mit Gold aufzuwiegen sein** valoir son pesant d'or; ne pas avoir de prix

Aufwiegler(in) M ⟨~s; ~⟩ (F) ⟨~in; ~innen⟩ agitateur, -trice *m,f*; fomentateur, -trice *m,f*; **aufwieglerisch** ADJ agitateur, -trice; séditieux, -ieuse

Aufwieglung → Aufwiegelung

Aufwind M **1** METEO, FLUG courant d'air ascendant, ascensionnel; ascendance *f* **2** *fig* encouragement *m*; **(durch etw) ~ bekommen** être encouragé (par qc)

aufwirbeln ⟨-(e)le, *sép,* -ge-⟩ **A** VT ⟨h.⟩ *Staub etc* soulever (des tourbillons de); faire tourbillonner; *fig* **viel Staub ~** faire beaucoup de bruit; *plus fort* faire scandale **B** VI ⟨s.⟩ *Staub etc* s'élever en tourbillons; tourbillonner

aufwischen VT ⟨*sép,* -ge-, h.⟩ *Schmutz, Fleck, Fußboden* essuyer; *Fußboden a.* laver

Aufwischlappen M, **Aufwischtuch** N ⟨-tuch(e)s; -tücher⟩ serpillière *f*

aufwühlen VT ⟨*sép,* -ge-, h.⟩ **1** *Wildschwein die Erde* fouiller; *Sturm die See* démonter **2** *fig seelisch* bouleverser; retourner; **ein ~des Erlebnis** un événement bouleversant, qui vous retourne

aufzahlen ⟨*sép,* -ge-, h.⟩ *südd, österr* **A** VT payer en supplément **B** VI payer un supplément; **aufzählen** VT ⟨*sép,* -ge-, h.⟩ **1** (*aufführen*) énumérer; *Gründe a.* énoncer **2** *Geld* compter (**j-m** devant qn)

Aufzahlung F *südd, österr* paiement *m* d'un supplément; **Aufzählung** F énumération *f*

aufzäumen VT ⟨*sép,* -ge-, h.⟩ *Pferd* mettre la bride à; *umg fig* **etw verkehrt ~** s'y prendre mal, de travers; *fig* **das Pferd beim** *od* **am Schwanz ~** mettre la charrue avant *od* devant les bœufs

aufzehren *geh* ⟨*sép,* -ge-, h.⟩ **A** VT **1** *Essen* consommer; *Vorräte* épuiser; *Ersparnisse, Vermögen* dépenser **2** *fig Kraft, Energie* épuiser; **j-n ~** *Krankheit* épuiser qn; *Leidenschaft, Kummer, Fieber geh* consumer qn **B** VR **sich ~** **1** *Ersparnisse, Vorräte, Kraft* s'épuiser **2** *Mensch etc geh* se consumer

aufzeichnen VT ⟨-ete, *sép,* -ge-, h.⟩ **1** *Skizze, Muster etc* ~ (**auf** [+*akk*]) dessiner, tracer (sur) **2** (*schriftlich festhalten*) noter; consigner; mettre par écrit **3** (*aufnehmen, verzeichnen*) *Bild, Fakten, Beobachtungen* enregistrer; RADIO, TV **e-e Sendung ~** enregistrer une émission

Aufzeichnung F **1** *e-r Skizze etc* dessin *m*; tracé *m* **2** *auf Magnetband* enregistrement *m* **3** RADIO, TV émission *f* en différé; **als ~ senden** diffuser en différé **4** PL **~en** (*Notizen*) notes *fpl*; **alte ~en** de vieilles notes; de vieux écrits; **sich** (*dat*) **~en machen** prendre des notes

aufzeigen VT ⟨*sép,* -ge-, h.⟩ mettre en évidence; montrer

aufziehen ⟨*irr, sép,* -ge-⟩ **A** VT ⟨h.⟩ **1** (*öffnen*) *Gardinen, Vorhang, Schublade etc* ouvrir; *Bühnenvorhang* lever **2** (*hochziehen*) *Zugbrücke* lever; *Jalousie* remonter; *Fahne, Segel etc* °hisser; *Last* lever; °hisser **3** **etw auf etw** (*akk*) **~** *Saiten* monter qc sur qc; *Bilder auf Pappe etc* coller qc sur qc; *fig* **andere Saiten ~** changer de ton, de conduite **4** *Uhr, Spielzeug etc* remonter **5** *Kinder, Tiere* élever; **mit der Flasche ~** élever au biberon **6** *umg Unternehmen etc* organiser; monter; *Fest* organiser; **etw falsch, richtig ~** s'y prendre mal, bien **7** *umg* (*necken, verspotten*) **j-n (mit** *od* **wegen etw) ~** charrier qn, *umg* mettre qn en boîte (à cause de qc) **8** *Gestricktes etc* démonter; *Schleife* défaire **9** MED *auf e-e Spritze* aspirer dans une seringue; *Spritze* remplir **B** VI ⟨s.⟩ **1** (*Stellung beziehen*) *Posten, Wache* prendre la garde; *Regiment* arriver et se placer **2** (*näher kommen*) arriver; *Gewitter* se préparer; *Wolken* **am Himmel ~** s'amonceler dans le ciel

Aufzucht F élevage *m*

aufzucken VI ⟨*sép,* -ge-, h. *ou* s.⟩ *Flamme* jaillir; *Scheinwerfer* s'illuminer (soudainement); *Blitz* **am Himmel ~** zébrer le ciel

Aufzug M **1** (*Fahrstuhl*) ascenseur *m*; (*Lastenaufzug*) monte-charge *m*; élévateur *m*; (*Speiseaufzug*) monte-plats *m* **2** THEAT acte *m* **3** (*Kleidung*) tenue *f*; *pej* accoutrement *m*; **in diesem ~ kann ich mich nicht sehen lassen** je ne peux pas me montrer dans cette tenue **4** (*das Näherkommen*) arrivée *f* **5** (*Festzug*) cortège *m*; défilé *m*

Aufzugführer M liftier *m*; garçon *m* d'ascenseur

Aufzug(s)schacht M cage *f* d'ascenseur

aufzupfen VT ⟨*sép,* -ge-, h.⟩ *Gewebe* effiler; *Knoten* défaire

aufzwingen ⟨*irr, sép,* -ge-, h.⟩ **A** VT **j-m etw ~** *Willen, Vertrag etc* imposer qc à qn; *Geschenk, Speise etc* forcer qn à prendre qc **B** VR **sich j-m ~** *Gedanke etc* s'imposer à qn

Aug. ABK (August) août

Augapfel M globe *m* oculaire; **etw wie s-n ~ hüten** tenir à qc comme à la prunelle de ses yeux; *fig* **sie ist sein ~** il tient à elle comme à la prunelle de ses yeux

Auge N ⟨~s; ~n⟩ **1** ANAT œil *m*; BIBEL **~ um ~, Zahn um Zahn** œil pour œil, dent pour dent; *fig hum* **das ~ des Gesetzes** la police **2** *mit adj* **blaue ~n haben** avoir les yeux bleus; *fig* **ein blaues ~ haben** avoir un œil au beurre noir, un œil poché; *umg fig* **wir sind (noch einmal) mit einem blauen ~ davongekommen** nous l'avons échappé belle; nous nous en sommes tirés à bon compte; **große ~n machen** ouvrir de grands yeux; écarquiller les yeux; *fig* **die ~n waren größer als der Magen** il a eu les yeux plus grands que le ventre; **gute, schlechte ~n haben** avoir de bons, de mauvais yeux; *vor Müdigkeit* **ganz kleine ~n haben** avoir les yeux tout petits de sommeil; *umg fig* **j-m schöne ~n machen** faire les yeux doux à qn; **um j-s schöner ~n willen** pour les beaux yeux de qn; *geh fig* **sehenden ~s** la tête la première; *umg* **da blieb kein ~ trocken** ils ont tous ri aux larmes; *vor Rührung* tout le monde en avait les larmes aux yeux **3** *mit Verben* **endlich gingen ihm die ~n auf** enfin ses yeux se dessillèrent; *umg* **sich** (*dat*) **die ~n ausweinen** *od* **aus dem Kopf weinen** pleurer à chaudes larmes; pleurer toutes les larmes de son corps; *umg* **ihm fielen fast die ~n aus dem Kopf** il roulait de gros yeux ronds; *umg* il faisait des yeux en boules de loto; **j-m ~ in ~ gegenüberstehen** se trouver en face de qn; **ein ~ auf j-n haben** surveiller qn; jeter (de temps en temps) un coup d'œil sur qn; **er hat kein ~ dafür** il ne voit pas ces choses-là; **sie hatte nur ~n für ihn** elle n'avait d'yeux que pour lui; *umg fig* **keine ~n im Kopf haben** être aveugle; ne pas voir clair; *umg* **hast du keine ~n im Kopf?** tu es aveugle?; ouvre tes yeux!; *umg* t'as donc pas les yeux en face des trous!; *umg* **ich habe ja schließlich ~n im Kopf!** j'ai des yeux pour voir!; *umg* **ich habe doch hinten keine ~n!** je n'ai pas des yeux derrière la tête!; **s-e ~n überall haben** voir tout; avoir l'œil à tout; *umg* **da wird sie (aber) ~n machen** elle en fera des grands yeux; *fig* **die ~n offen halten** ouvrir l'œil; *fig* **j-m die ~n öffnen** ouvrir les yeux à qn; détromper qn; **so weit das ~ reicht** à perte de vue; *umg* **ein ~ riskieren** risquer un œil; **ich traute meinen ~n nicht** je n'en crus pas mes yeux; *poet* **die ~n gingen ihm über** *vor Staunen* il fut tout ébahi; *vor Rührung* ses yeux se remplirent de larmes; **die ~n vor etw** (*dat*) **verschließen** fermer les yeux devant qc; *Buchstaben etc* **vor den ~n verschwimmen** se brouiller devant les yeux; **kein ~ von j-m, etw wenden** ne pas quitter qn, qc des yeux; *umg* **ein ~ auf j-n, etw werfen** jeter son dévolu sur qn, sur qc; avoir des vues sur qn, sur qc; *umg fig* **ein ~,** *plus fort* **beide ~n zudrücken** fermer les yeux (**bei etw** sur qc); **ihr fielen (vor Müdigkeit** [*dat*]) **die ~n zu** ses yeux se fermaient de fatigue; *umg* **kein ~ zumachen** *od* **zutun** ne pas fermer l'œil **4** *mit präp* **man sieht es ihm an den ~n an** on le voit dans ses yeux; **auf e-m ~ blind** borgne; **auf dem linken ~ blind** aveugle de l'œil gauche; *sprichw* **aus den ~n, aus dem Sinn** *sprichw* loin des yeux, loin du cœur; **geh mir aus den ~n!** °hors *od* disparais de ma vue!; **j-n nicht aus den ~n lassen** ne pas quitter qn des yeux; **j-n aus den ~n verlieren** perdre qn de vue; **in meinen ~n** à mes yeux; **j-n, etw im ~ behalten** ne pas perdre qn, qc de vue; *Staub etc* **in die ~n bekommen** attraper dans les yeux; *fig* **ins ~ fallen, springen** sauter aux yeux; crever les yeux; **sich in die ~n sehen** se regarder dans les yeux; *fig* **j-m nicht in die ~n sehen können** ne pas pouvoir regarder qn en face; **der Gefahr ins ~ sehen** regarder le danger en face; *umg fig* **ins ~ gehen** (*misslingen*) rater; (*e-e schlimme Wendung nehmen*) tourner mal; *umg* **das hätte ins ~ gehen können** cela aurait pu me, nous, *etc* retomber sur le nez; on l'a échappé belle; **etw ins ~ fassen** envisager qc; **etw im ~ haben** avoir qc dans l'œil; *fig* envisager qc; avoir qc en vue; *(anstreben)* viser qc; *Amt a.* guigner qc; *fig* **j-m in die ~n stechen** taper dans l'œil de qn; **komm mir nicht mehr unter die ~n!** je ne veux plus te voir!; ne te montre plus!; **mit e-m lachenden und e-m weinenden ~** pleurant d'un œil et riant de l'autre; **mit verbundenen ~n** les yeux bandés; *fig* **dich erkenne ich mit verbundenen ~n** je te reconnaîtrais les yeux fermés; **etw mit anderen ~n (an)sehen** voir qc sous un autre aspect, avec d'autres yeux; **etw mit den ~n e-s Künstlers betrachten** poser un regard d'artiste sur qc; **etw mit bloßem ~ erkennen können** reconnaître qc à l'œil nu; *umg* **mit offenen ~n schlafen** rêver (tout éveillé); **das muss ich mit eigenen ~n sehen** il faut que je le voie de mes propres yeux; **unter vier ~n** en tête à tête; entre quatre yeux; **j-m unter die ~n zu treten wagen** oser se présenter devant qn; **j-m jeden Wunsch von den ~n ablesen** être aux petits soins pour qn; **vor aller ~n** à la vue de tous; **sie küsste ihn vor den ~n ihres Mannes** elle l'embrassa sous les yeux de son mari; **j-m etw vor ~n führen** *od* **halten** *Vorzüge etc* montrer qc à qn; *Fehler etc* faire comprendre, remarquer qc à qn; **wenn man sich** *(dat)* **das (einmal) vor ~n führt** *od* **hält, ist es eine Schande** à y bien regarder, c'est une °honte!; **etw vor ~n haben** avoir qc devant *od* sous les yeux **5** MIL **die ~n links, rechts!** tête gauche, droite!; MIL **~n geradeaus!** fixe! **6** *(Fettauge)* œil *m* **7** BOT, TECH œil *m* **8** *e-s Würfels* point *m* **9** *e-r Pfauenfeder, e-s Schmetterlingsflügels* ocelle *m*

äugen VI ‹h.› regarder (d'un air interrogateur)

Augenarzt M, **Augenärztin** F ophtalmologue *m/f*; oculiste *m/f*

Augenaufschlag M **mit e-m reizenden, unschuldigen ~** en levant les yeux d'un air charmant, innocent

Augenausdruck M ‹~(e)s› expression *f* des yeux; **Augenbinde** F bandeau *m* (pour les yeux)

Augenblick M moment *m*; instant *m*; **im ~** *(gegenwärtig)* en ce moment; *(vorerst)* pour l'instant, le moment; **in diesem ~** à ce moment (-là); à cet instant; **im nächsten ~** l'instant d'après; un moment après; **in dem ~, wo ...** au moment où ...; **von dem ~ an** dès ce moment; **von dem ~ an, wo ...** à partir du moment où ...; **jeden ~** *(sehr häufig)* à chaque, à tout instant; à tout moment; *umg* à tout bout de champ; *(gleich)* d'un moment à l'autre; *umg* **alle ~e** sans arrêt; à chaque, à tout instant; à tout moment; **e-n ~, bitte!** un moment, s'il vous plaît!; **im richtigen ~ kommen** tomber, arriver à pic, à propos; venir à point nommé; **im ersten ~ dachte ich, ...** sur le moment, j'ai pensé ...; **im letzten ~** au dernier moment; **im ~ brauche ich nichts** pour le moment *od* pour l'instant, je n'ai besoin de rien; **bis zum letzten ~ warten** attendre la dernière minute

augenblicklich **A** ADJ ‹épithète› **1** *(gegenwärtig)* actuel, -elle; présent; **die ~e Mode** la mode actuelle, du moment **2** *(vorübergehend)* momentané; **sich in e-r ~en Verlegenheit befinden** se trouver momentanément dans l'embarras, *finanziell* dans la gêne **3** *(unverzüglich)* immédiat; instantané **B** ADV **1** *(sofort)* à l'instant; immédiatement; **wenn du nicht ~ kommst ...** si tu ne viens pas tout de suite ... **2** *(momentan, zurzeit)* en ce moment; **das fällt mir ~ nicht ein** je ne m'en souviens pas pour l'instant; **die ~ herrschende Stimmung** l'atmosphère qui règne en ce moment, actuellement

Augenblickserfolg M succès momentané; **Augenblickswirkung** F effet instantané

Augenbraue F sourcil *m*; **Augenbrauenstift** M crayon *m* à sourcils; **Augendeckel** *umg* M paupière *f*; **Augendiagnose** F iridodiagnostic *m*; **Augendruck** M ‹~(e)s› tension *f* oculaire; **Augenentzündung** F inflammation *f* de l'œil; *t/t* ophtalmie *f*; **augenfällig** ADJ évident; clair; **Augenfarbe** F couleur *f* des yeux; **Augenfehler** M défaut *m* oculaire; **Augengläser** NPL *österr*, ADMIN verres *mpl* optiques; **Augenheilkunde** F ophtalmologie *f*

Augenhöhe F **auf ~** *fig (gleichberechtigt)* sur un pied d'égalité; **in ~** à la hauteur des yeux

Augenhöhle F orbite *f* (de l'œil); **Augeninnendruck** M ‹~(e)s› tension *f* oculaire; **Augenkammer** F ANAT chambre *f* de l'œil; **Augenklappe** F bandeau *m* (sur l'œil); **Augenklinik** F clinique *f* ophtalmologique; **Augenkrankheit** F, **Augenleiden** N maladie *f*, affection *f* des yeux

Augenlicht *geh* N ‹~(e)s› vue *f*

Augenlid N paupière *f*; **Augen-Make-up** N maquillage *m* des yeux

Augenmaß N ‹~es› **nach ~** à vue d'œil; à vue de nez; **ein gutes, schlechtes ~ haben** avoir, ne pas avoir le coup d'œil *od* le compas dans l'œil; *fig* **jedes** *od* **jegliches ~ verlieren** perdre tout sens de la mesure; **jedes** *od* **jegliches ~ für etw verlieren** perdre le sens de l'importance de qc

Augenmensch *umg* M visuel, -elle *m,f*

Augenmerk N ‹~(e)s› **sein ~ auf etw** *(akk)* **richten** fixer son attention, ses regards sur qc

Augenmuskel M ANAT muscle *m* oculaire; **Augenoperation** F opération *f* de l'œil *bzw.* des yeux; **Augenoptiker(in)** M(F) opticien, -ienne *m,f*; **Augenpaar** *geh* N (deux) yeux *mpl*; **Augenpflege** F soins *mpl* des yeux

Augenpulver *umg* N **das ist das reinste ~** il n'y a rien de tel pour vous abîmer la vue; c'est très mauvais pour les yeux

Augenringe MPL, **Augenschatten** MPL cernes *mpl*

Augenschein *geh* M ‹~(e)s› *(Eindruck)* apparence(s) *f(pl)*; *(Betrachtung)* examen *m*; **etw, j-n in ~ nehmen** examiner, inspecter qc; **dem ~ nach** selon toute apparence; **dem ersten ~ nach** à première vue

augenscheinlich *geh* ADJ visible; manifeste; évident

Augenschmaus M *hum* → Augenweide; **Augenspiegel** M MED ophtalmoscope *m*

Augenstern *poet* M *(Pupille)* prunelle *f*; **du bist mein ~** je tiens à toi comme à la prunelle de mes yeux

Augentropfen MPL gouttes *fpl* pour les yeux; collyre *m*; **Augenweide** F ‹~› plaisir *m* des yeux; régal *m* pour les yeux; **Augenwimper** F cil *m*

Augenwinkel M coin *m* de l'œil; **j-n aus den ~n ansehen** regarder qn du coin de l'œil

Augenwischerei F ‹~; ~en› **das ist (reine) ~** *umg* c'est de la frime; **s-e Rede war reine ~** *a.* son discours n'était que poudre aux yeux

Augenzahn M canine supérieure; **Augenzeuge** M, **Augenzeugin** F témoin *m* oculaire; **Augenzeugenbericht** M récit *m* de témoins oculaires; **Augenzwinkern** N ‹~s› clignement *m* d'yeux; **augenzwinkernd** ADVL en faisant un clin d'œil; *fig* avec un clin d'œil; d'un air entendu

Augsburg N ‹→ *n/pr*› Augsbourg

Augur M ‹~s *ou* Auguren; Auguren› HIST, *geh fig, iron* augure *m*

August[1] M ‹~(e)s *ou* ~; ~e› *Monat* (mois *m* d')août *m*; → *a.* Januar

August[2] M ‹→ *n/pr*› *prénom*; *fig* **dummer ~** auguste *m*

Augustiner M ‹~s; ~› REL augustin *m*

Augustus M ‹→ *n/pr*› HIST Auguste *m*

Auktion F ‹~; ~en› vente *f* aux enchères

Auktionator M ‹~s; -toren› commissaire-priseur *m*

Aula F ‹~; ~s *ou* -len› salle *f* des fêtes

Au-pair-Aufenthalt M séjour *m* au pair; **Au-pair-Mädchen** N jeune fille *f* au pair; **Au-pair-Stelle** F travail *m* au pair

Aura *geh* F ‹~› aura *f*

Aureole F ‹~; ~n› MAL, METEO *etc* auréole *f*

aus

A Präposition B Adverb

— A Präposition —

‹dat› **1** *räumlich* de; **~ der Nähe, Ferne** de près, de loin; **~ dem Haus gehen** sortir de la maison; **~ dem Fenster blicken, werfen** regarder, jeter par la fenêtre; **~ dem Schrank nehmen** prendre dans l'armoire; **~ e-m Glas, der Flasche trinken** boire dans un verre, à la bouteille; **~ e-r Zeitung ausschneiden** découper dans un journal; **~ vielen Kandidaten auswählen** choisir parmi beaucoup de candidats **2** *Herkunft* de; *Ausgangspunkt* depuis; **der Zug ~ Paris** le train de Paris, en provenance de Paris; **~ unserem Studio in X** depuis notre studio de X; **das Spiel ~ dem Stadion übertragen** retransmettre le match en direct du stade; **~ dem Englischen übersetzt** traduit de l'anglais; **~ dem Leben e-s Taugenichts** scènes de la vie d'un bon-à-rien **3** *Ausgangspunkt e-r Veränderung* **etw ~ etw, j-m machen** faire qc de qc, qn; **~ nichts etw machen** faire qc avec, de rien; **~ etw wird etw** qc devient qc; **~ der Übung kommen** perdre l'habitude; **~ ihm wird nie etwas (Rechtes)** il ne fera jamais rien (de bien, de bon); **was soll ~ uns werden?** qu'allons-nous devenir? **4** *Material* en; **~ Seide, Holz, Metall** en soie, bois, métal; **~ etw bestehen** se composer de qc; consister en qc; **~ einigen Wörtern e-n Satz bilden** former une phrase avec quelques mots **5** *Ursache, Grund* par; **~ Angst, Dummheit, Liebe, Vorsicht, Versehen** par peur, bêtise, amour, prudence, mégarde; **~ Wut** de colère; **das habe ich ~ Spaß gesagt** je l'ai dit pour rire, pour plaisanter; **~ eigener Initiative** de ma, ta, *etc* propre initiative; **~ (eigener) Erfahrung** par expérience; **~ welchem Grund?** pour quelle raison?; **~ e-r Laune heraus** impulsivement; **~ sich heraus** de soi-même; **sie ist e-e Sängerin ~ Leidenschaft** c'est une chanteuse passionnée; elle chante par passion

— B Adverb —

1 *umg (vorbei)* fini; terminé; **~ jetzt!** ça suffit!; **~ der Traum vom großen Geld!** adieu, le rêve de fortune!; **~ und vorbei** bien fini, terminé; **das Kino ist um zehn Uhr ~** le film finit à dix heures; **zwischen uns** *(dat)* **ist es ~** c'est fini entre nous; **jetzt ist alles ~** maintenant tout est perdu; **es ist ~ mit ihm** c'en est fait de lui; il est perdu; **mit der Faulenzerei ist es jetzt ~** maintenant, c'en est fini de la paresse; maintenant, il n'est plus question de paresse; → *a.* aushaben *etc* **2** *umg* **~ sein** *Lampe, Kerze, Feuer, Radio, Fernseher, Heizung* être éteint; *Motor, Maschine* être arrêté; *Wasserhahn* être fermé; **Licht ~!** éteins *bzw.* éteignez la lumière! **3** *umg* **~ sein** SPORT *Ball* être sorti du terrain; TENNIS être out 4 *umg* **~ sein** *(ausgegangen sein)* être sorti; **gestern war er mit s-r Freundin ~** hier il est sorti avec son amie 5 *umg* **auf etw** *(akk)* **~ sein** *(tun wollen)* chercher (à faire) qc; *(haben wollen)* vouloir avoir qc; viser qc; **auf Abenteuer ~ sein** chercher, courir l'aventure 6 *an Geräten* **~** arrêt; **den Schalter auf „~" stellen** mettre le commutateur sur « arrêt » 7 **von … ~** de …; depuis …; **von hier ~** d'ici; **von s-m Fenster ~** de *od* depuis sa fenêtre; **die Aufnahme wurde vom Flugzeug ~ gemacht** la photo a été prise depuis l'avion; **von j-s Standpunkt ~** du point de vue de qn; **etw von sich ~ tun** faire qc de soi-même, tout seul, de son propre chef; *umg* **von mir ~ kannst du dableiben** pour ce qui est de moi, tu peux rester; *umg* **von mir ~!** si tu veux *bzw.* vous voulez!; *umg* j'ai rien contre!; → *a.* ein[2] 1

Aus N ⟨~⟩ 1 SPORT *(~feld)* **den Ball ins ~ schlagen** envoyer la balle en dehors du terrain; **der Ball geht ins ~** le ballon sort du terrain; TENNIS **~!** out! 2 SPORT *(Ausscheiden)* fin *f* 3 *fig* **das ist das ~ für unsere Pläne** c'est la fin de nos projets; **ins gesellschaftliche ~ geraten** se marginaliser

ausarbeiten V/T ⟨-ete, *sép*, -ge-, h.⟩ élaborer; *Vortrag, Rede, Entwurf, Vertrag* rédiger; *System, Methode, Richtlinien* mettre au point; **Ausarbeitung** F ⟨~; ~en⟩ élaboration *f*; rédaction *f*; mise *f* au point

ausarten V/I ⟨-ete, *sép*, -ge-, s.⟩ 1 **(in etw** *[akk]***) ~** dégénérer (en qc); **der Streit artete in e-e Schlägerei aus** la dispute dégénéra en rixe, tourna en bataille 2 *(sich danebenbenehmen)* devenir, être grossier, -ière

ausatmen ⟨-ete, *sép*, -ge-, h.⟩ A V/T *Rauch e-r Zigarette etc* rejeter B V/I expirer; **durch die Nase ~** expirer par le nez

ausbacken V/T ⟨*irr ou régulier, sép*, -ge-, h.⟩ 1 *in Fett* faire frire 2 *(zu Ende backen)* bien faire cuire (au four)

ausbaden *umg* V/T ⟨-ete, *sép*, -ge-, h.⟩ **es ~ müssen** *umg* trinquer; payer les pots cassés

ausbaggern V/T ⟨-(e)re, *sép*, -ge-, h.⟩ 1 *Baugrube* creuser; excaver 2 *Fahrrinne, Hafen etc* draguer; *Fluss a.* dégravoyer 3 *Kies, Geröll etc* retirer

ausbalancieren V/T ⟨*sép, pas de ge-*, h.⟩ *a. fig* équilibrer; contrebalancer

Ausball M SPORT ballon sorti du terrain; TENNIS balle *f* out

Ausbau M ⟨~(e)s⟩ 1 *(Entfernung)* démontage *m* 2 *e-s Rohbaus* (travaux *mpl* d')achèvement *m* et (d')équipement *m* 3 *fig (Erweiterung) des Verkehrsnetzes etc* développement *m*; extension *f*; *von Handelsbeziehungen etc* consolidation *f*; extension *f* 4 *fig (Umgestaltung)* aménagement *m* **(zu, als en)**

ausbauen V/T ⟨*sép*, -ge-, h.⟩ 1 *(entfernen)* démonter 2 *(erweitern) Verkehrsnetz etc* développer; étendre 3 *fig (weiterentwickeln) Wirtschaftsbeziehungen etc* consolider; étendre; *berufliche Stellung* consolider; améliorer; *Vorsprung* consolider; augmenter; *Lehre, Theorie, Kenntnisse* approfondir; **s-n Vorsprung, s-e Position (weiter) ~** (continuer à) consolider son avance, sa position 4 *(umbauen)* aménager **(zu, als en)**; **e-e Broschüre zu e-m Buch ~** transformer une brochure en un livre

ausbaufähig ADJ 1 BAU aménageable 2 *fig Handelsbeziehungen, Position* susceptible d'être amélioré, consolidé; *Unternehmen* susceptible d'être agrandi, développé; *Wirtschaft, Markt, Fähigkeiten* susceptible d'être développé

ausbedingen V/R ⟨*irr, sép, pas de ge-*, h.⟩ **sich** *(dat)* **etw ~** poser qc comme condition; stipuler qc; **sich** *(dat)* **das Recht, die Freiheit ~ zu** *(+inf)* revendiquer *od* se réserver le droit, la liberté de

ausbeißen V/R ⟨*irr, sép*, -ge-, h.⟩ **sich** *(dat)* **e-n Zahn (an etw** *[dat]***) ~** se casser une dent (sur qc); *umg fig* **sich** *(dat)* **an etw** *(dat)* **die Zähne ~** se casser les dents sur qc

ausbekommen *umg* V/T ⟨*irr, sép, pas de ge-*, h.⟩ 1 *Kleidungsstück* arriver à enlever 2 *Buch* finir de lire

ausbessern V/T ⟨-(e)re, *sép*, -ge-, h.⟩ 1 réparer; *Wäsche, Fischernetz* raccommoder; *Schiff* radouber 2 *Schaden, Loch etc* réparer; **Ausbesserung** F réparation *f*; *der Wäsche, Netze* raccommodage *m*; *e-s Schiffs* radoub *m*

Ausbesserungsarbeiten FPL travaux *mpl* de réparation; **Ausbesserungswerk** N EISENBAHN atelier *m* de réparation

ausbeulen ⟨*sép*, -ge-, h.⟩ A V/T 1 débosseler; *Kotflügel* redresser 2 *Hose etc* faire des poches à; déformer; **e-e Hose mit ausgebeulten Knien** un pantalon avec des poches aux genoux B V/R **sich ~** *Hose etc* faire des poches

Ausbeute F *e-r Grube etc, an Energie, Öl etc* rendement *m*; *fig* profit *m*; fruits *mpl*; **die ganze ~ besteht in** *(+dat)* tout le profit consiste en …; **die ~ der Studienfahrt war gering** le gain, le profit du voyage d'études fut maigre

ausbeuten V/T ⟨-ete, *sép*, -ge-, h.⟩ *a. pej* exploiter

Ausbeuter(in) M ⟨~s; ~⟩ (F) ⟨~in; ~innen⟩ *pej* exploiteur, -euse *m,f*; profiteur, -euse *m,f*; **ausbeuterisch** *pej* A ADJ d'exploitation *od* d'exploiteur B ADV en exploiteur; **Ausbeuterklasse** F *pej* classe *f* d'exploiteurs

Ausbeutung F ⟨~; ~en⟩ *a. pej* exploitation *f*

ausbezahlen V/T ⟨*sép, pas de ge-*, h.⟩ payer; **j-m e-e Summe ~** payer, verser une somme à qn; **die Erben ~** payer les héritiers

ausbilden ⟨-ete, *sép*, -ge-, h.⟩ A V/T 1 *Lehrlinge, Rekruten, Facharbeiter etc* former; MIL *a.* instruire; **ausgebildet werden** être formé *(abs)*; recevoir une formation **(zur, als Kindergärtnerin** *etc* de jardinière d'enfants, *etc*); **gut, schlecht ausgebildet sein** avoir reçu une bonne, mauvaise formation 2 *Fähigkeiten, Geschmack etc* former; développer 3 *(entwickeln)* développer; *(hervorbringen)* produire B V/R **sich ~** 1 se former *(abs)*; **sich ~ lassen** suivre *od* prendre des cours, suivre une formation **(zur, als Krankenschwester** *etc* d'infirmière, *etc od* pour devenir infirmière, *etc*) 2 *(sich entwickeln)* se développer; *(entstehen)* se former

Ausbilder(in) M ⟨~s; ~⟩ (F) ⟨~in; ~innen⟩ formateur, -trice *m,f*; MIL instructeur *m*

Ausbildner M ⟨~s; ~⟩ *österr* MIL instructeur *m*

Ausbildung F 1 formation *f*; MIL instruction *f*; **berufliche ~** formation professionnelle; **die ~ zum** *od* **als Dolmetscher** *etc* la formation d'interprète, *etc*; **er befindet sich noch in der ~** *als Lehrling* il est encore en apprentissage; *als Student* il fait encore des études 2 *(Herausbildung) von Blüten, Knospen etc* développement *m*; formation *f*; *des Geschmacks* formation *f*; *e-s Talents* développement *m*

Ausbildungsbeihilfe F *für Studenten* bourse *f* d'études; *für Lehrlinge* bourse *f* d'apprentissage; **Ausbildungsberuf** M métier *m*, profession *f* nécessitant une formation; **Ausbildungsbetrieb** M entreprise *f* qui accueille des stagiaires en formation professionnelle; **Ausbildungsförderung** F (système *m* de) bourses *fpl* (d'études); **Ausbildungsgang** M déroulement *m* de la formation, MIL de l'instruction; **Ausbildungsleiter(in)** M(F) responsable *m/f* de la formation; **Ausbildungsplatz** M place *f* d'apprenti; **Ausbildungsstätte** F centre *m* de formation; **Ausbildungsvertrag** M contrat *m* d'apprentissage; **Ausbildungszeit** F période *f* de formation

ausbitten V/R ⟨*irr, sép*, -ge-, h.⟩ **sich** *(dat)* **von j-m etw ~** demander qc à qn; **ich bitte mir Ruhe aus** je vous demanderai d'être silencieux; **das möchte ich mir auch ausgebeten haben** je l'espère bien

ausblasen V/T ⟨*irr, sép*, -ge-, h.⟩ 1 *Kerze etc* souffler; éteindre 2 *Rauch etc* rejeter 3 *verstopfte Röhre etc* nettoyer en soufflant; souffler dans … (pour faire sortir qc); **ein Ei ~** souffler dans un œuf pour le vider

ausbleiben V/I ⟨*irr, sép*, -ge-, s.⟩ 1 *(wegbleiben, nicht kommen)* ne pas arriver; ne pas venir; *Aufträge* ne pas rentrer; *Ereignis, Wirkung* ne pas se produire; **die ganze Nacht ~** ne pas rentrer de toute la nuit; **etw bleibt nicht aus** qc ne manque pas d'arriver; qc est inévitable; **es konnte nicht ~, dass …** il était inévitable que … *(+subj)*; **der Erfolg, die Strafe** *etc* **wird nicht ~** le succès, la punition, *etc* est inévitable 2 *umg Licht, Radio, Fernseher, Feuer, Heizung etc* rester éteint; *Motor, Maschine* rester arrêté

ausbleichen A V/T ⟨*sép*, -ge-, h.⟩ *Farben, Stoff* faner; *mit Waschmitteln* décolorer B V/I ⟨*irr, sép*, -ge-, s.⟩ se faner; passer; *durch Waschmittel* se décolorer

ausblenden ⟨-ete, *sép*, -ge-, h.⟩ A V/T *Filmszene, Ton* fermer en fondu B V/R **sich (aus e-r Sendung) ~** rendre l'antenne

Ausblendung F ⟨~; ~en⟩ FILM, TV, RADIO fondu *m*

Ausblick M 1 *(Aussicht)* vue *f*; *Zimmer* **mit ~ auf den See** avec vue sur le lac; *fig* **dabei eröffneten sich ~e, an die er nie gedacht hatte** des perspectives auxquelles il n'avait jamais pensé s'ouvrirent devant lui 2 *(Vorschau)* **e-n ~ in die Zukunft gewähren** permettre un regard vers l'avenir; **e-n ~ auf die Entwicklung e-r Sache geben** donner un aperçu du développement, de l'évolution de qc

ausblicken V/I ⟨*sép*, -ge-, h.⟩ *geh* **nach j-m, etw ~** regarder si qn, qc arrive

ausbluten V/I ⟨-ete, *sép*, -ge-, s.⟩ saigner; *geh fig* **ein ausgeblutetes Volk** un peuple saigné à blanc

ausbohren V/T ⟨*sép*, -ge-, h.⟩ 1 *Loch etc* agrandir; TECH aléser; *Zahn* creuser; *(aushöhlen)* évider 2 *(entfernen)* enlever à l'aide d'un foret

ausbomben V/T ⟨*sép*, -ge-, h.⟩ bombarder; → *a.* ausgebombt

ausbooten V/T ⟨-ete, *sép*, -ge-, h.⟩ 1 SCHIFF débarquer 2 *umg fig Konkurrenten etc* éliminer; *umg* liquider; *beruflich umg* dégommer; *umg* débarquer

ausborgen ⟨*sép*, -ge-, h.⟩ A V/T **j-m etw ~** prêter qc à qn B V/R **sich** *(dat)* **etw (von j-m) ~** emprunter qc (à qn)

ausbraten V/T ⟨*irr, sép*, -ge-, h.⟩ *Fett* faire fondre

ausbrechen ⟨*irr, sép*, -ge-⟩ A V/T ⟨h.⟩ 1 *(entfernen)* enlever **(aus** de); *Zähne aus e-m Kamm, e-r Säge* casser **(aus** de); *Steine aus e-r Mauer* enlever, détacher **(aus** de); **ein Fenster ~ lassen** faire percer une fenêtre; **sich** *(dat)* **(bei e-m Sturz) e-n Zahn ~** se casser une dent (en tombant) 2 *(erbrechen)* vomir; rendre; rejeter B V/I ⟨s.⟩ 1 *Häftling etc* s'évader; *a. Tier* s'échapper; *eingeschlossene Truppen etc* rompre l'encerclement; *aus e-r Menge, Herde* sortir; REITSPORT *Pferd* se dérober; *fig Fahrzeug* s'écarter; faire un écart; **aus s-r Ehe ~** quitter, fuir son couple 2 *Aufstand, Krieg, Revolution* éclater; *Vulkan* entrer en éruption; *Panik* se produire; survenir; *Brand, Epidemie* se déclarer; *Brand a.* éclater; *Schweiß* perler (sur le front); **mir brach der (kalte) Schweiß aus** j'en ai eu des sueurs froides

3 **in ein schallendes Gelächter ~** éclater de rire; s'esclaffer; **in Jubel, Klagen ~** se répandre en jubilations, en lamentations; **in Tränen ~** fondre en larmes; **in e-n Ausruf der Verwunderung ~** pousser un cri d'étonnement

Ausbrecher M **1** *umg Gefangener umg* prisonnier *m* en cavale; évadé *m* **2** *Pferd* cheval *m* qui aime (à) se dérober; **Ausbrecherkönig** M *hum umg* roi *m* de la cavale

ausbreiten ‹-ete, *sép*, -ge-, h.› **A** VT **1** *(auffalten, nebeneinanderlegen), a. fig* étaler; *Decke, Wäsche etc* étendre; **sein ganzes Leben vor j-m ~** faire étalage de sa vie à qn; dévoiler toute sa vie à qn; **s-e Pläne, Ansichten vor j-m ~** exposer ses plans, vues à qn **2** *Arme etc* étendre; *Flügel* déployer; **mit ausgebreiteten Armen** les bras ouverts **B** VR **sich ~** **1** *Feuer, Epidemie, Geruch, Unkraut, Glück, Frieden* se propager; *Qualm, Nebel, Dämmerung* s'étendre; *Gattung, Volksstamm* se répandre; *Nachricht, Lehre, Gerücht, Mode* se répandre; se propager **2** *Landschaft* s'ouvrir; s'étendre **3** *pej* **sich über j-n, etw ~** parler de qn, qc en long, en large et en travers **4** *umg (sich breitmachen) umg* s'étaler

Ausbreitung F ‹~› *von Schäden, Feuer, e-r Epidemie, Nachricht, Lehre* propagation *f*; *von Nebel etc* extension *f*

Ausbreitungsgeschwindigkeit F PHYS vitesse *f* de propagation

ausbremsen VT ‹*sép*, -ge-, h.› **1** *(überholen)* dépasser **2** *(blockieren)* bloquer le passage à **3** *umg fig (austricksen) umg* feinter; *umg* posséder

ausbrennen ‹*irr, sép*, -ge-› **A** VT ‹h.› *Wunde* brûler; cautériser **B** VI ‹s.› **1** *Feuer etc* s'éteindre **2** *Haus, Flugzeug etc* brûler (entièrement); *Panzer, Flugzeug etc, fig Landschaft* **ausgebrannt** calciné

ausbringen VT ‹*irr, sép*, -ge-, h.› **1** **e-n Toast, ein Hoch auf j-n, etw ~** porter un toast à qn, qc **2** SCHIFF jeter; mettre à la mer

Ausbruch M **1** *e-s Kriegs, e-r Revolution etc* éclatement *m*; *e-r Epidemie* apparition *f*; *e-s Vulkans* éruption *f*; *von Leidenschaften* éclat *m*; **bei ~ des Krieges** lorsque la guerre éclata; **den ~ e-r Krise, Epidemie befürchten** craindre qu'une crise, épidémie (ne) se déclare; **zum ~ kommen** *Konflikt, Ärger* éclater; *Krankheit* se déclarer **2** *e-s Häftlings* évasion *f*; MIL rupture *f* d'encerclement; *fig aus e-r Ehe, Beziehung* rupture *f* (**aus de**) **3** *(Gefühlsausbruch)* éclat *m*; *von Wut, Zorn* accès *m*

Ausbruchsversuch M tentative *f* d'évasion, MIL de rupture d'encerclement

ausbrüten VT ‹-ete, *sép*, -ge-, h.› **1** *Eier, junge Vögel* couver **2** *umg pej Pläne, Taten umg* trafiquer; manigancer **3** *umg fig Krankheit* couver

ausbuchen VT ‹*sép*, -ge-, h.› **1** **der Flug, das Schiff** *etc* **ist ausgebucht** l'avion, le bateau, *etc* est complet; toutes les places sont réservées dans l'avion, sur le bateau, *etc*; *umg hum* **ich bin ständig ausgebucht** je suis pris sans arrêt **2** HANDEL rayer; biffer

Ausbuchtung F ‹~; ~en› *e-s Gefäßes* renflement *m*

ausbuddeln *umg* VT ‹-(e)le, *sép*, -ge-, h.› déterrer; **ausbügeln** VT ‹-(e)le, *sép*, -ge-, h.› **1** *Falten* enlever en repassant **2** *Kleidungsstück etc* repasser **3** *umg fig Mängel, Fehler* réparer; **ausbuhen** *umg* VT ‹*sép*, -ge-, h.› °huer

Ausbund M ‹~(e)s› modèle *m*; *iron* prodige *m*; merveille *f*; **er ist ein ~ an** *od* **von Neugier** *etc* c'est la curiosité, *etc* personnifiée, en personne

ausbürgern VT ‹-(e)re, *sép*, -ge-, h.› déclarer déchu, priver de sa nationalité; **Ausbürgerung** F ‹~; ~en› déchéance *f* de la nationalité

ausbürsten VT ‹-ete, *sép*, -ge-, h.› **1** *Kleidungsstück etc* brosser; donner un coup de brosse à **2** *Fleck* enlever à la brosse; **ausbüxen** *umg* VI ‹-(es)t, *sép*, -ge-, s.› *umg* décamper; déguerpir; **auschecken** VI ‹*sép*, -ge-, h.› **1** FLUG régler les formalités d'arrivée, de débarquement **2** *aus e-m Hotel* régler les formalités de départ; **auschillen** *Jugendsprache* VI ‹*sép*, -ge-, h.› souffler; *umg* décompresser

Ausdauer F persévérance *f*; constance *f*; ténacité *f*; SPORT endurance *f*; **große ~ in etw** *(dat)* **haben** avoir beaucoup de persévérance, de ténacité, SPORT d'endurance dans qc; **keine ~ haben** manquer de persévérance, *körperlich* d'endurance

ausdauernd ADJT **1** persévérant; constant; *Läufer, Schwimmer etc* endurant; **mit ~em Fleiß** avec une application constante **2** BOT vivace

Ausdauertraining N MED, SPORT entraînement *m* d'endurance

ausdehnen ‹*sép*, -ge-, h.› **A** VT **1** *räumlich* agrandir; *Schuhe* élargir; PHYS dilater; *Gummiband* tendre **2** *fig Geschäft, Unternehmen* agrandir; *Kapazität* augmenter; *Macht, Aufgabenbereich* étendre **3** *zeitlich Besuch, Aufenthalt* prolonger; allonger **4** **etw auf etw** *(akk)* **~** étendre qc à qc **B** VR **sich ~** **1** *a. fig Unternehmen* s'agrandir; *Schuhe* s'élargir; PHYS se dilater **2** *Nebel, Feuer, Kältewelle, Epidemie etc* s'étendre **3** *fig Macht, Aufgabenbereich* s'étendre **4** *zeitlich* se prolonger; s'allonger; **die Sitzung dehnte sich über mehrere Stunden aus** la réunion s'est étendue sur plusieurs heures; **sich bis in die Nacht ~** se prolonger jusqu'à la nuit **5** *Landschaft* s'étendre (**bis** jusqu'à)

Ausdehnung F **1** PHYS dilatation *f* **2** *e-s Tiefs, des Einflusses, der Macht etc* extension *f*; *e-s Unternehmens etc* agrandissement *m*; expansion *f*; **weltweite ~** mondialisation *f* **3** *der Besuchszeit etc* prolongation *f*; allongement *m* **4** *e-r Anlage, Landschaft etc* étendue *f*

Ausdehnungskoeffizient M PHYS coefficient *m* de dilatation

ausdenken ‹*irr, sép*, -ge-, h.› **A** VT **1** *(erfinden)* inventer **2** *(sich vorstellen)* imaginer; **die Folgen sind nicht auszudenken** les suites seraient inimaginables, effrayantes **3** *(zu Ende denken)* réfléchir à fond à; étudier sérieusement **B** VR **sich** *(dat)* **etw ~** *(sich vorstellen)* imaginer qc; *(erfinden)* inventer qc; **sich** *(dat)* **e-e Überraschung für j-n ~** chercher une surprise pour qn

ausdeuten VT ‹-ete, *sép*, -ge-, h.› interpréter; expliquer

ausdienen VI ‹*sép*, -ge-, h.› **ausgedient haben** MIL avoir fait, fini son service militaire; *umg Kleidungsstück, Fahrrad etc* avoir fait son temps; → *a.* ausgedient

ausdifferenzieren VT ‹*sép*, *pas de ge-*, h.› différencier; distinguer; **ausdiskutieren** VT ‹*sép*, *pas de ge-*, h.› discuter à fond; **ausdorren** VI ‹*sép*, -ge-, s.› se dessécher; **ausdörren** ‹*sép*, -ge-› **A** VT ‹h.› dessécher **B** VI ‹s.› se dessécher; **ausdrehen** VT ‹*sép*, -ge-, h.› *Licht, Radio, Fernseher, Herd, Heizung* éteindre; *Zuleitung, Wasserhahn* fermer

Ausdruck[1] M ‹~(e)s; -drücke› **1** *sprachlicher* expression *f*; *(Fachausdruck)* terme *m*; **beschönigender, verhüllender ~** euphémisme *m*; **bildhafter ~** expression imagée; **fester ~** expression toute faite; **technischer ~** terme technique; **sich im ~ vergreifen** tenir des propos déplacés; se tromper de ton; *fig* **... ist gar kein ~! ...** le terme n'est pas assez fort! **2** *(pas de pl) (Aussagekraft)* expression *f*; *(~sweise)* **e-e große Gewandtheit im ~ besitzen** savoir bien s'exprimer; **j-s mündlichen und schriftlichen ~ beurteilen** juger l'éloquence et le style de qn; **ein Gedicht mit ~ vortragen** réciter une poésie avec expression; **ohne ~** sans expression **3** *(pas de pl) (Gesichtsausdruck, Zeichen)* expression *f*; **etw mit dem ~ der Verwunderung zur Kenntnis nehmen** prendre connaissance de qc avec étonnement; *Briefschluss geh* **mit dem ~ meiner vorzüglichen Hochachtung** veuillez agréer, Monsieur *bzw.* Madame, l'expression de ma considération distinguée; **etw zum ~ bringen** exprimer qc; **zum ~ kommen** s'exprimer; apparaître; **er gab** *od geh* **verlieh der Hoffnung, Befürchtung ~, dass** il exprima l'espoir, la crainte que *(+subj)*; **ein ~ von Trauer, Zufriedenheit lag auf ihrem Gesicht** une expression de tristesse, de contentement se peignait sur son visage **4** *(Kennzeichen)* symbole *m*; caractéristique *f*; **dieses Werk ist der ~ bürgerlicher Geisteshaltung** cette œuvre est le symbole, l'image, l'expression de l'esprit bourgeois **5** MATH **algebraischer ~** expression *f* algébrique

Ausdruck[2] M ‹~(e)s; ~e› **1** IT saisie *f* papier; listing *m* **2** TYPO fin *f* de tirage; texte imprimé

ausdrucken VT ‹*sép*, -ge-, h.› **1** IT imprimer; lister **2** TYPO imprimer; *ungekürzt* imprimer en toutes lettres

ausdrücken ‹*sép*, -ge-, h.› **A** VT **1** *Schwamm, Frucht etc* presser; *Saft* exprimer; extraire; *Eiter* faire sortir **2** *Zigarette etc* éteindre; écraser **3** *durch Worte* exprimer; **j-m sein Bedauern ~** exprimer ses regrets à qn; **anders ausgedrückt** autrement dit; en d'autres termes; **etw in Worten, Zahlen, Prozenten ~** exprimer qc en mots, chiffres, pourcentage; **s-e Zeilen drücken Besorgnis aus** sa lettre exprime de l'inquiétude **B** VR **sich ~** **1** *durch Worte* s'exprimer; **sich falsch ~** mal s'exprimer; **wenn ich mich so ~ darf** si je peux m'exprimer ainsi; **wie er sich auszudrücken pflegt** comme il aime à dire; **sich nicht ~ lassen** être inexprimable **2** *(sich zeigen)* s'exprimer

ausdrücklich **A** ADJ ‹épithète› *Genehmigung, Verbot, Wille, Befehl* exprès, -esse; *Bestimmung, Bedingung* explicite; *Wunsch* exprimé; exprès, -esse; **auf ~en Wunsch** sur la demande expresse; **mit s-r ~en Erlaubnis** avec sa permission expresse **B** ADV expressément; *bes erwähnen* explicitement; **etw ~ verbieten** défendre qc expressément; **es wird ~ darauf hingewiesen, dass ...** il est expressément signalé que ...

ausdrucksfähig ADJ expressif, -ive; **Ausdrucksfähigkeit** F ‹~› faculté *f* d'expression

Ausdrucksform F forme *f* d'expression; **Ausdruckskraft** F ‹~› force *f* d'expression; **ausdrucksleer** ADJ inexpressif, -ive; **ausdruckslos** ADJ *u.* ADV sans expression; **Ausdruckslosigkeit** F ‹~› manque *m* d'expression; **Ausdrucksmittel** N moyen *m* d'expression; **ausdrucksschwach** ADJ inexpressif, -ive; sans expression; **ausdrucksstark** ADJ expressif, -ive; **Ausdruckstanz** M ‹~es› danse *f* d'expression; **ausdrucksvoll** **A** ADJ expressif, -ive; parlant **B** ADV de manière expressive; **Ausdrucksweise** F façon *f*, manière *f* de s'exprimer; style *m*

ausdünnen VT ‹*sép*, -ge-, h.› *Haar, Pflanzen* éclaircir

ausdünsten VT ‹-ete, *sép*, -ge-, h.› *Geruch* répandre; dégager; *Feuchtigkeit* dégager; **Ausdünstung** F ‹~; ~en› émanation *f*; *a. der Haut* odeur *f*; *giftige e-s Sumpfes etc a.* miasmes *mpl*

auseinander ADV **1** *(getrennt)* séparé, distant, écarté (l'un de l'autre); séparément;

umg ~ **sein** *Personen* s'être séparés; *Ehe* s'être brisé; *im Alter umg* **zwei Jahre ~ sein** avoir deux ans de différence; → auseinanderbekommen, auseinanderbiegen, auseinanderbrechen *etc* **2** *(eines aus dem andern)* l'un(e) de l'autre *bzw.* les un(e)s des autres; **~ hervorgehen** découler l'un de l'autre

auseinanderbekommen VT ⟨*irr, sép, pas de ge-*, h.⟩ (arriver à) séparer, détacher; **auseinanderbiegen** VT ⟨*irr, sép*, -ge-, h.⟩ écarter

auseinanderbrechen ⟨*irr, sép*, -ge-⟩ **A** VT ⟨h.⟩ **etw ~** casser, rompre qc **B** VI ⟨s.⟩ se casser; se rompre; *fig Ehe, Freundschaft* se briser

auseinanderbringen VT ⟨*irr, sép*, -ge-, h.⟩ **1** *(entzweien)* brouiller; désunir; *Familie* diviser **2** *umg (auseinanderbekommen)* (arriver à) séparer, détacher; **auseinanderdividieren** VT ⟨*sép, pas de ge-*, h.⟩ *Dinge, Fakten* séparer; dissocier; **auseinanderentwickeln** VR ⟨-(e)le, *sép, pas de ge-*, h.⟩ **sich ~** évoluer dans des directions opposées; **auseinanderfallen** VI ⟨*irr, sép*, -ge-, s.⟩ tomber en morceaux, en miettes; **auseinanderfalten** VT ⟨-ete, *sép*, -ge-, h.⟩ déplier

auseinandergehen VI ⟨*irr, sép*, -ge-, s.⟩ **1** *Personen* se séparer; *Menschenmenge* se disperser **2** *Geleimtes etc* se disloquer; se disjoindre; se décoller; *umg* **ihre Verlobung ist auseinandergegangen** ils ont rompu leurs fiançailles **3** *Straßen, Wege, Strahlen* diverger **4** *fig Ansichten etc* diverger; différer **5** *umg (dick werden)* engraisser; grossir

auseinanderhalten VT ⟨*irr, sép*, -ge-, h.⟩ *fig* distinguer (l'un de l'autre); **auseinanderjagen** VT ⟨*sép*, -ge-, h.⟩ disperser; **auseinanderklaffen** VI ⟨*sép*, -ge-, s.⟩ **1** être béant **2** *fig Meinungen etc* diverger

auseinanderklamüsern *umg* VT ⟨-(e)re, *sép, pas de ge-*, h.⟩ **1** *(entwirren)* éclaircir; démêler **2** *(erklären)* **(j-m) etw ~** expliquer qc (à qn)

auseinanderkriegen *umg* VT ⟨*sép*, -ge-, h.⟩ (arriver à) séparer, détacher; **auseinanderlaufen** VI ⟨*irr, sép*, -ge-, s.⟩ se séparer; *Menge, a. Tiere* se disperser; *Straßen* diverger; se séparer; *Teig, Farbe etc* s'étaler; *Eis* fondre; *Käse* couler; **auseinanderleben** VR ⟨*sép*, -ge-, h.⟩ **sich ~** se détacher peu à peu l'un de l'autre; **auseinanderlegen** VT ⟨*sép*, -ge-, h.⟩ **1** séparer; espacer; écarter **2** *fig (erklären)* expliquer; exposer

auseinanderliegen VI ⟨*irr, sép*, -ge-, h.⟩ **die beiden Dörfer liegen zwei Kilometer auseinander** les deux villages sont distants de deux kilomètres, sont à deux kilomètres l'un de l'autre; **die Dörfer liegen weit auseinander** les villages sont loin les uns des autres, dispersés; **die Ereignisse lagen nur einige Monate auseinander** il n'y avait que quelques mois d'écart entre les événements; les événements se suivirent à quelques mois d'écart

auseinandernehmen VT ⟨*irr, sép*, -ge-, h.⟩ **1** *Maschine etc* démonter; désassembler **2** *gekreuzte Arme, gefaltete Hände* décroiser **3** *umg fig Gegner* démolir; **auseinanderpflücken** VT ⟨*sép*, -ge-, h.⟩ **1** *Blume* effeuiller **2** *fig* éplucher; **auseinanderreißen** VT ⟨*irr, sép*, -ge-, h.⟩ **1** déchirer **2** *fig Personen* séparer (violemment); *Familie* diviser; *durch Krieg etc* arracher l'un(e) à l'autre *bzw.* les un(e)s aux autres; **auseinanderrücken** ⟨*sép*, -ge-⟩ **A** VT ⟨h.⟩ *Möbel etc* espacer **B** VI ⟨s.⟩ *von Personen* s'écarter; s'espacer; se pousser; **auseinanderschneiden** VT ⟨*irr, sép*, -ge-, h.⟩ couper en deux, en morceaux; **auseinanderschreiben** VT ⟨*irr, sép*, -ge-, h.⟩ écrire séparément, en deux mots

auseinandersetzen ⟨-(es)t, *sép*, -ge-, h.⟩ **A** VT **1** *Schüler etc* séparer; placer séparément **2** *(darlegen)* exposer; *(erklären)* expliquer **B** VR **1 sich mit e-r Frage kritisch ~** aborder, étudier, traiter une question d'un point de vue critique; **sich mit e-m Problem ~** réfléchir à un, étudier un problème **2 sich mit j-m ~** avoir une discussion, *streitend, wütend* une explication, une altercation avec qn **3 sich ~** JUR *Erben* s'arranger pour le partage; HANDEL **sich mit s-n Gläubigern ~** conclure un arrangement, s'arranger avec ses créanciers

Auseinandersetzung F ⟨~; ~en⟩ **1** ⟨*pas de pl*⟩ *e-s Problems etc* exposé *m*; explication *f* **2** ⟨*pas de pl*⟩ *(Beschäftigung)* étude *f*, examen *m* **(mit** de**)**; **die ~ mit dem Denken anderer** l'étude de la pensée d'autrui **3** *(Meinungsaustausch)* discussion *f*, débat *m* **(über** [+*akk*] sur**)** **4** *(Streit)* explication *f*; altercation *f*; querelle *f*; **es kam zu e-r ~ zwischen** (+*dat*) **und** (+*dat*) il en résulta une explication, une altercation entre … et …; **politische ~en** démêlés *mpl*, querelles *fpl* politiques **5** *(Kampfhandlung)* conflit *m*; **e-e bewaffnete ~** un conflit armé; **es kam zu blutigen ~en** des conflits sanglants ont éclaté, ont eu lieu **6** JUR *bei e-r Erbschaft* (arrangement *m* pour le) partage *m*; HANDEL *mit Gläubigern* arrangement *m*

auseinanderstieben VI ⟨*irr ou régulier, sép*, -ge-, s.⟩ se disperser; **auseinanderstreben** VI ⟨*sép*, -ge-, s.⟩ tendre à, avoir tendance à se séparer, s'écarter; **auseinandertreiben** VT ⟨*irr, sép*, -ge-, h.⟩ disperser; **auseinanderziehen** ⟨*irr, sép*, -ge-⟩ **A** VT ⟨h.⟩ **1** *(trennen)* séparer (en tirant) **2** *(dehnen)* (é)tirer **3** *Vorhänge etc* tirer; écarter **B** VI ⟨s.⟩ *von Personen* déménager chacun de son côté; **auseinanderzupfen** VT ⟨*sép*, -ge-, h.⟩ *Blüte* effeuiller; *Watte* tirer par petits bouts

auserkoren *geh* ADJ élu

auserlesen *geh* ADJ *Gesellschaft etc* choisi; *Dinge, Früchte* sélectionné; *Essen* de choix; *Wein* de première qualité; *Kleidung* élégant; *Geschmack* recherché; **von ~er Eleganz, Schönheit** d'une élégance, beauté exquise

ausersehen *geh* VT ⟨*irr, insép, les formes des temps simples ne s'emploient pas dans une principale, pas de ge-*, h.⟩ destiner, désigner **(zu** à**)**

auserwählen *geh* VT ⟨*insép, les formes des temps simples ne s'emploient pas dans une principale, pas de ge-*, h.⟩ élire; choisir; BIBEL **das auserwählte Volk** le peuple élu; BIBEL **viele sind berufen, aber wenige sind auserwählt** il y a beaucoup d'appelés, mais peu d'élus

Auserwählte(r) *geh* M/F(M) ⟨→ A⟩ *a.* REL élu(e) *m(f)*; *hum* **s-e ~**, *geh* **die ~ s-s Herzens** l'élue de son cœur

ausessen ⟨*irr, sép*, -ge-, h.⟩ **A** VT *Teller, Suppe etc* finir **B** *umg* VI finir de manger

ausfahrbar ADJ télescopique

ausfahren ⟨*irr, sép*, -ge-⟩ **A** VT ⟨h.⟩ **1 j-n ~** sortir, promener qn **2** *(ausliefern)* livrer; apporter **3** TECH *Antenne, Fahrwerk, Landeklappen etc* sortir **4** ⟨h. *ou* s.⟩ *Kurven* ne pas couper; bien prendre **5** *Auto etc* pousser au maximum **6** *(abnutzen)* **ausgefahrene Straße** rue abîmée, *plus fort* défoncée **B** VI ⟨s.⟩ **1** *(spazieren fahren)* sortir en voiture, *etc*; aller se promener en voiture, *etc* **2** *Schiffe, Zug* sortir; partir; **aus dem Hafen, Bahnhof ~** sortir du port, de la gare; quitter le port, la gare; **zum Heringsfang ~** partir pour la pêche au hareng **3** BERGBAU remonter

Ausfahrt F **1** *(Spazierfahrt)* promenade *f*, sortie *f* en voiture, *etc* **2** *e-s Zugs, Schiffs* départ *m* **3** BERGBAU remontée *f* **4** *(Ausfahrtstelle, a. Autobahnausfahrt)* sortie *f*; **~ frei halten!** sortie de voitures!

Ausfahrt(s)signal N EISENBAHN signal *m* de sortie

Ausfahrtsstraße F route *f* de sortie (d'une agglomération)

Ausfall M **1** *von Einnahmen, Lohn, Arbeitszeit, der Produktion etc* perte *f*; **der ~ des Frühjahrsgeschäfts** le manque, l'insuffisance de commandes dans le commerce printanier **2** TECH *e-r Anlage etc* panne *f*; défaillance *f*; *(Stromausfall)* coupure *f* **3** *von Personen* absence *f*; **wegen der Grippe gab es viele Ausfälle** à cause de la grippe, il y a eu beaucoup d'absences **4** ⟨*pas de pl*⟩ *der Haare* chute *f*; *der Zähne* perte *f* **5** *(Ergebnis)* résultat *m* **6** MIL sortie *f* **7** *beim Fechten, Gewichtheben* fente *f* **8** *fig* attaque insultante

ausfallen VI ⟨*irr, sép*, -ge-, s.⟩ **1** *Haare, Zähne etc* tomber; **mir fallen die Haare aus** je perds mes cheveux **2** *(nicht stattfinden) Vorstellung, Vortrag etc* ne pas avoir lieu; **die Schule, der Unterricht fällt heute aus** il n'y a pas classe, cours aujourd'hui **3** *(wegfallen) Arbeitsstunden* ne pas être effectué; être perdu; *Zug* ne pas prendre le départ; ne pas circuler **4** TECH *Maschine, Anlage* tomber en panne; s'arrêter; *Bremse* ne pas fonctionner; *Strom* être coupé **5** *Person (fehlen)* être absent; manquer; *(nicht zur Verfügung stehen)* ne pas être disponible; *(nicht mitzählen)* être absent; ne pas participer; *(nicht in der Lage sein)* ne pas être en mesure de faire qc; **der Spieler fällt wegen Krankheit aus** le joueur ne fera pas le match par suite de maladie **6 etw fällt gut, schlecht aus** qc est bon, mauvais; **das Zeugnis ist schlecht ausgefallen** le livret scolaire est mauvais; **wie ist die Prüfung ausgefallen?** quel est le résultat de l'examen?; **der Vergleich fiel zu unseren Gunsten aus** (le résultat de) la comparaison a été en notre faveur **7** CHEM se précipiter

ausfällen VT ⟨*sép*, -ge-, h.⟩ **1** CHEM précipiter **2** *schweiz Strafe* prononcer

ausfallend ADJT, **ausfällig** ADJ insultant; grossier, -ière; **(gegen j-n) ausfallend, ausfällig werden** devenir grossier (envers qn); faire une sortie contre qn

Ausfallschritt M SPORT fente *f*

Ausfall(s)erscheinung F déficience *f*

Ausfallstraße F route *f* de sortie (d'une agglomération); **Ausfallstunden** FPL heures non effectuées, perdues; **Ausfallzeit** F RENTENVERSICHERUNG *période où l'assuré n'a pas cotisé pour sa retraite*; arrêt *m* de travail

ausfalten VT ⟨-ete, *sép*, -ge-, h.⟩ déplier

ausfasern VI ⟨-(e)re, *sép*, -ge-, s. *ou* h.⟩ s'effilocher; s'effiler

ausfechten VT ⟨*irr, sép*, -ge-, h.⟩ **e-n Kampf ~** se battre (pour qc); **e-e Debatte ~** débattre qc jusqu'à la décision; **e-n Streitfall vor Gericht ~** terminer une querelle, une cause devant le tribunal

ausfegen VT ⟨*sép*, -ge-, h.⟩ **1** *Schmutz etc* balayer **2** *Zimmer* balayer; donner un coup de balai à, dans

ausfeilen VT ⟨*sép*, -ge-, h.⟩ **1** TECH limer **2** *fig Text etc* polir; fignoler; *Technik etc* perfectionner; **e-e Arbeit stilistisch ~** peaufiner, fignoler un travail; **ein ausgefeilter Stil** un style poli, fouillé, léché

ausfertigen VT ⟨*sép*, -ge-, h.⟩ *Dokument, Rechnung* établir; *Vertrag* rédiger; *Pass* délivrer; **ausgefertigt am …** délivré, fait le …

Ausfertigung F **1** *(das Ausfertigen)* rédaction *f*; établissement *m* **2** *(Exemplar)* exemplaire *m*; **in doppelter ~** en double exemplaire; **in drei ~en** (*dat*) en trois exemplaires; en triple exemplaire

ausfetten VT ⟨-ete, *sép*, -ge-, h.⟩ *Backform* beurrer; graisser
ausfindig ADV **etw, j-n ~ machen** (finir par) trouver, découvrir qc, qn
ausflicken *umg* VT ⟨*sép*, -ge-, h.⟩ *umg* rafistoler; réparer
ausfliegen ⟨*irr, sép*, -ge-⟩ A VT ⟨h.⟩ *Flüchtlinge, Verwundete etc* évacuer en avion (**nach** vers) B VI ⟨s.⟩ 1 *Vogel* (*wegfliegen*) s'envoler; (*flügge sein*) quitter, abandonner son nid 2 *umg fig* **ausgeflogen sein** (*nicht zu Hause sein*) être parti 3 *Flugzeug* s'éloigner (**aus de**)
ausfließen VI ⟨*irr, sép*, -ge-, s.⟩ *Flüssigkeiten* couler; s'écouler; *a. Behälter* fuir; **ausflippen** *umg* VI ⟨*sép*, -ge-, s.⟩ *vor Freude* être fou, ivre de joie; délirer de joie; *vor Wut* être °hors de soi; *vor Angst umg* flipper; être dans tous ses états; (*Rauschgift nehmen*) *umg* se défoncer; *gesellschaftlich* se marginaliser; → *a.* ausgeflippt
Ausflucht F ⟨~; -flüchte⟩ échappatoire *f*; excuse *f*; (*Vorwand*) prétexte *m*; **Ausflüchte machen** donner des excuses; fournir des prétextes
Ausflug M excursion *f*; sortie *f*; *längerer* randonnée *f*; **ein ~ aufs Land** une excursion à la campagne
Ausflügler(in) M ⟨~s; ~⟩ (F) ⟨~in; ~innen⟩ voyageur, -euse *m,f*; (*Spaziergänger[in]*) promeneur, -euse *m,f*
Ausflugsdampfer M bateau *m* d'excursion; **Ausflugslokal** N restaurant *m*, auberge *f* de campagne; **Ausflugsort** M ⟨~(e)s; ~e⟩ lieu *m* d'excursion; **Ausflugsverkehr** M *am Wochenende* circulation *f* de week-end; **Ausflugsziel** N but *m* d'excursion
Ausfluss M 1 ⟨*pas de pl*⟩ (*das Ausfließen*) écoulement *m* 2 MED flux *m*; (*Fluor*) pertes blanches 3 *e-s Teiches etc* orifice *m* d'écoulement; décharge *f* 4 *geh* (*Ergebnis*) résultat *m* 5 TECH (*~menge*) débit *m*
ausfolgen VT ⟨*sép*, -ge-, h.⟩ *österr* remettre
ausformen ⟨*sép*, -ge-, h.⟩ A VT former; parachever B VR **sich (zu etw) ~** prendre (la) forme (de qc)
ausformulieren VT ⟨*sép, pas de ge-*, h.⟩ parfaire la formulation de
Ausformung F ⟨~; ~en⟩ 1 ⟨*pas de pl*⟩ (*das Ausformen*) formation *f* 2 (*Form*) forme *f*
ausforschen VT ⟨*sép*, -ge-, h.⟩ 1 (*herausfinden*) *Versteck etc* découvrir; *Gelegenheit* trouver 2 (*ausfragen*) **j-n nach** *od* **über etw** (*akk*) **~** sonder, questionner qn sur qc
ausfragen VT ⟨*sép*, -ge-, h.⟩ **j-n nach** *od* **über etw** (*akk*) **~** interroger, questionner qn sur qc
ausfransen VI ⟨-(es)t, *sép*, -ge-, s.⟩ s'effranger; s'effilocher; **ausfräsen** VT ⟨-(es)t, *sép*, -ge-, h.⟩ TECH fraiser
ausfressen VT ⟨*irr, sép*, -ge-, h.⟩ 1 *Tier s-n Trog etc* vider 2 *umg fig* **etw ausgefressen haben** avoir fait une bêtise
ausfugen VT ⟨*sép*, -ge-, h.⟩ BAU jointoyer
Ausfuhr F ⟨~; ~en⟩ exportation *f*; **bei der ~** à l'exportation
Ausfuhrartikel M article *m* d'exportation
ausführbar ADJ 1 *Waren* exportable 2 *Plan etc* réalisable; faisable
Ausfuhrbescheinigung F certificat *m* d'exportation; **Ausfuhrbeschränkung** F restriction *f*, limitation *f* des exportations, à l'exportation
ausführen VT ⟨*sép*, -ge-, h.⟩ 1 *in e-e Gesellschaft, nach draußen etc* sortir; (*spazieren führen*) *a.* promener; emmener se promener; **s-e Freundin ~** sortir son amie 2 HANDEL exporter; **wieder ~** réexporter 3 (*durchführen*) *Plan* réaliser; exécuter; *Gedanken, Einfall* réaliser; *Bewegungen, Entschluss, Befehl, Auftrag, Kunstwerk etc* exécuter; *Tat* accomplir; *Arbeiten, Reparaturen* exécuter; effectuer; *Operation, Experiment, Analyse etc* effectuer; faire; exécuter; *Strafstoß* exécuter; **~des Organ** organe exécutif 4 (*ausarbeiten*) *Thema, Entwurf etc* développer; élaborer; mettre au point; **ein halb ausgeführtes Kapitel** un chapitre à moitié achevé 5 (*darlegen*) *Gründe, Gedanken etc* exposer; développer; **etw näher ~** expliquer qc en détail; **er führte dazu noch Folgendes aus** il ajouta les détails suivants
Ausführende(r) M/F(M) ⟨→ A⟩ MUS, THEAT *etc* interprète *m/f*; exécutant(e) *m(f)*
Ausfuhrerklärung F déclaration *f* d'exportation; **Ausfuhrgenehmigung** F permis *m* de sortie, d'exportation; **Ausfuhrgüter** NPL marchandises *fpl* d'exportation; **Ausfuhrhafen** M port exportateur; **Ausfuhrland** N ⟨~(e)s; -länder⟩ 1 (*ausführendes Land*) pays exportateur 2 (*Land, in das exportiert wird*) marché extérieur, à l'exportation
ausführlich A ADJ détaillé B ADV en détail; *plus fort* par le menu
Ausführlichkeit F ⟨~⟩ abondance *f* de détails; **in aller ~** en détail; dans les moindres détails
Ausfuhrprämie F prime *f* à l'exportation; **Ausfuhrsperre** F embargo *m* sur les exportations
Ausführung F 1 ⟨*pas de pl*⟩ *e-s Plans etc* réalisation *f*; exécution *f*; *e-s Gedankens* réalisation *f*; *von Arbeiten* exécution *f*; *e-r Tat* accomplissement *m*; *e-s Befehls, e-s Auftrags*, MUS *etc* exécution *f*; ADMIN **zur ~ bringen** mettre à exécution; ADMIN **zur ~ kommen** *od* **gelangen** être exécuté 2 (*Herstellungsart*) fabrication *f*; qualité *f*; (*Modell*) modèle *m*; **etw in verschiedenen ~en vorrätig haben** avoir plusieurs modèles de qc en réserve; **in bester ~** de meilleure fabrication, qualité; **die ~ in Eiche gefällt mir besser** le modèle en chêne me plaît mieux; **in dieser ~ kostet der Schrank …** l'armoire dans cette qualité coûte … 3 ⟨*pas de pl*⟩ *von Entwürfen, Themen etc* développement *m*; élaboration *f*; mise *f* au point 4 (*Darlegung*) explication *f*; *pl* **~en** *a.* exposé *m*; développement *m*; **die interessanten ~en zu diesem Thema** les déclarations intéressantes sur ce sujet; **wenn man s-n ~en Glauben schenken kann** si l'on peut ajouter foi à ses paroles
Ausführungsbestimmungen FPL dispositions *fpl* d'exécution
Ausfuhrverbot N interdiction *f* d'exportation; **Ausfuhrzoll** M droit *m* de douane à l'exportation
ausfüllen VT ⟨*sép*, -ge-, h.⟩ 1 *Loch, Raum* remplir; *fig Lücke* combler 2 *Formular* remplir; **bitte in Blockschrift ~!** écrire en script! 3 *Zeit* remplir; passer; **ihr Leben war ganz mit Arbeit ausgefüllt** elle a travaillé toute sa vie 4 *Platz, Stellung* (*bekleiden*) remplir 5 *Arbeit, Beruf etc* (*befriedigen*) satisfaire; (*in Anspruch nehmen*) absorber; **durch etw nicht ausgefüllt sein** ne pas être satisfait, suffisamment occupé par qc; **ein ausgefülltes Leben haben** avoir une vie bien pleine, bien remplie
ausfüttern VT ⟨-(e)re, *sép*, -ge-, h.⟩ *Jacke, Mantel* doubler; *mit Pelz* fourrer; *Koffer, Truhe etc* tapisser (**mit de**)
Ausgabe F 1 (*Geldausgabe*) dépense *f*; **öffentliche ~n** dépenses publiques 2 ⟨*pas de pl*⟩ *von Essen, Werkzeug, Büromaterial etc* distribution *f*; *von Gepäck, Waren etc* remise *f*; *von Fahrkarten, amtlichen Papieren* délivrance *f*; *von Banknoten, Wertpapieren* émission *f*; *von Aktien a.* création *f*; *fig e-r Losung, Parole, e-s Befehls* diffusion *f* 3 → Ausgabestelle 4 *e-s Buchs, e-r Zeitung, der Nachrichten* édition *f*; *e-r Zeitung a.* numéro *m*; *fig* **die letzte ~ der Tagesschau sehen Sie um …** la dernière diffusion du journal télévisé aura lieu à … 5 IT sortie *f*; output *m*
Ausgabekurs M cours *m* d'émission
Ausgabe(n)beleg M pièce justificative, justificatif *m* des dépenses; **Ausgabe(n)buch** N livre *m*, carnet *m* de(s) dépenses
Ausgabestelle F *für Papiere, Pass* bureau *m* de délivrance; *für Banknoten, Wertpapiere* bureau *m* d'émission; *für Essen, Werkzeug, Büromaterial* centre *m* de distribution; *für Gepäck, Fahrkarten* guichet *m*
Ausgang M 1 *e-s Raums*, ANAT sortie *f* 2 ⟨*pas de pl*⟩ (*Ende*) *räumlich* sortie *f*; *zeitlich* fin *f*; *e-s Dramas, Romans* dénouement *m*; *e-s Wortes, Verses* terminaison *f*; fin *f*; **am ~ des Tals** à la sortie de la vallée; **am ~ des Mittelalters** à la fin du Moyen Âge 3 ⟨*pas de pl*⟩ (*Ergebnis*) *e-s Prozesses, e-r Konferenz, von Wahlen etc* issue *f*; **e-e Operation mit tödlichem ~** une opération à l'issue fatale; **die Sache nahm e-n bösen ~** ça s'est mal terminé 4 ⟨*pas de pl*⟩ (*Ausgehen*) sortie *f*; **~ haben** *Soldaten* avoir une permission; *Hausangestellte* avoir son jour de sortie 5 HANDEL *von Waren etc pl* **Ausgänge** sorties *fpl* 6 ⟨*pas de pl*⟩ (*Ausgangspunkt*) point *m* de départ; **s-n ~ nehmen von** prendre son point de départ avec; partir de
ausgangs ADV (*u.* PRÄP ⟨*gen*⟩) à la fin (de)
Ausgangsbasis F base *f* de départ; **Ausgangslage** F situation initiale; **Ausgangsposition** F position initiale, de départ; **Ausgangsprodukt** N produit *m* de base; **Ausgangspunkt** M point *m* de départ
Ausgangssperre F *für die Bevölkerung* couvre-feu *m*; *für Soldaten* consigne *f*; **(e-e) ~ verhängen** décréter le couvre-feu; **~ haben** *Soldaten* être consigné
Ausgangssprache F langue *f* de départ; **Ausgangsstellung** F 1 SPORT position initiale 2 MIL position *f* de départ; **Ausgangstür** F porte *f* de sortie
ausgeben ⟨*irr, sép*, -ge-, h.⟩ A VT 1 *Geld* dépenser 2 *umg* (*spendieren*) **j-m etw ~** *umg* payer qc à qn; **einen ~** (*e-e Runde bezahlen*) *umg* payer une tournée 3 *Essen, Werkzeug, Büromaterial etc* distribuer; *Waren, Gepäck, Bücher etc* remettre; *Fahrkarten, Platzkarten, amtliche Papiere* délivrer; *Banknoten, Wertpapiere* émettre; *Aktien a.* créer; *fig Parole, Losung, Befehl* donner 4 IT sortir 5 **j-n, etw für** *od* **als j-n, etw ~** faire passer qn, qc pour qn, qc; **e-e Geschichte als wahr ~** faire passer une histoire pour vraie 6 (*weggeben*) *Wäsche etc* donner à laver, repasser, nettoyer, *etc* B VR 1 **sich für** *od* **als j-n, etw ~** se faire passer pour qn, qc; prétendre être qn, qc; **sich für jünger ~** se faire passer pour plus jeune 2 (*sich verausgaben*) se dépenser
ausgebombt ADJT sinistré (lors des bombardements); bombardé; **ausgebrannt** ADJT *fig physisch* à bout de forces; épuisé; *psychisch* à bout (de nerfs); → *a.* ausbrennen; **ausgebucht** ADJT → ausbuchen; **ausgebuchtet** ADJT *Gefäß etc* renflé; bombé; *Küste* qui fait une saillie, un renflement
ausgebufft *umg pej* ADJ *umg* roublard; rusé
Ausgeburt *geh pej* F 1 (*Produkt*) produit *m*; **e-e ~ s-r krankhaften Fantasie** un produit de son imagination maladive; **e-e ~ der Hölle** un suppôt de Satan 2 (*Inbegriff*) incarnation *f*
ausgedehnt ADJT 1 (*lang dauernd*) *Schlaf etc* long, longue 2 (*intensiv*) **ein ~es Frühstück** un petit-déjeuner prolongé, copieux 3 (*groß*) *Land, Besitz* étendu 4 (*ausgeleiert*) *Gummi etc* détendu
ausgedient ADJT 1 *umg Kleidung, Gegenstände* qui a fait son temps; fatigué 2 *Offizier* en re-

traite

ausgefahren ADJT fig sich in ~en Gleisen bewegen suivre les sentiers battus; ~e Gleise verlassen quitter les sentiers battus

ausgefallen ADJT original; singulier, -ière; peu commun; saugrenu; **ausgeflippt** umg ADJT gesellschaftlich marginal; → a. ausflippen; **ausgefranst** ADJT effiloché; effrangé; **ausgefuchst** umg ADJ malin, -igne; rusé

ausgeglichen ADJT Charakter, Person équilibré; Formen harmonieux, -ieuse; bien proportionné; Struktur régulier, -ière; Klima tempéré; Budget équilibré; en équilibre; Spiel, Match équilibré; **Ausgeglichenheit** F ⟨~⟩ des Charakters, e-r Person équilibre m; e-r Person a. caractère équilibré; von Formen etc harmonie f; e-r Struktur régularité f; des Klimas caractère tempéré

ausgegoren ADJT 1 fermenté 2 fig Plan etc mûr

Ausgehanzug M bes MIL tenue f de sortie

ausgehen VI ⟨irr, sép, -ge-, s.⟩ 1 (das Haus, die Wohnung verlassen), a. zum Vergnügen sortir 2 auf Eroberungen, Entdeckungen ~ partir à la conquête, découverte; auf Abenteuer ~ courir, chercher l'aventure; partir pour l'aventure; auf Beute ~ partir à la recherche d'un butin; auf Stimmenfang ~ aller à la pêche aux voix 3 (zum Ausgangspunkt nehmen) von etw ~ partir de qc; prendre qc comme point de départ; von der Voraussetzung, Tatsache ~, dass … partir de la supposition, du fait que …; ich gehe davon aus, dass … je présume, je suppose que … 4 (s-n Ausgang nehmen) partir (von de); Duft, Wärme se dégager, émaner (von de); vom Marktplatz gehen mehrere Straßen aus plusieurs rues partent de la place du marché; die Schmerzen gehen vom Magen aus les douleurs viennent, partent de l'estomac 5 (herrühren) von j-m ~ venir de qn; der Gedanke, Vorschlag ging von ihm aus l'idée, la proposition est venue de lui; BIBEL alle Gerechtigkeit geht von Gott aus toute justice émane de Dieu 6 (ausgestrahlt werden) Ruhe, Wärme, Überzeugungskraft etc von j-m ~ émaner de qn 7 (enden) se terminer; finir; wie ist die Sache ausgegangen? comment s'est terminée l'affaire?; wie sind die Wahlen ausgegangen? quelle a été l'issue des élections?; das kann für ihn schlecht ~ cela peut se terminer mal, tourner mal pour lui; der Roman geht tragisch aus le roman se termine od finit tragiquement; Wort auf e-n Vokal ~ se terminer par une voyelle 8 (zur Neige gehen) venir à manquer; s'épuiser; mir sind die Zigaretten ausgegangen je n'ai plus de cigarettes; mir ist das Geld ausgegangen je suis à court d'argent; die Geduld geht ihm aus il perd patience; sa patience est à bout; il est à bout de patience; ihr geht die Luft od umg die Puste aus elle est essoufflée, à bout de souffle; fig elle s'essouffle 9 Feuer, Lampe, Licht, Radio, Fernseher, Herd, Heizung s'éteindre; Feuer a. mourir; Motor, Maschine etc s'arrêter 10 Haare tomber; die Haare, Zähne gehen ihm aus il perd ses cheveux, dents 11 umg (sich ausziehen lassen) Kleidungsstücke etc s'enlever

ausgehend ADJT ⟨épithète⟩ 1 im ~en Mittelalter vers la fin du Moyen Âge; das ~e Jahr l'année qui finit 2 die ~e Post le courrier à expédier, destiné à être posté

ausgehfertig ADJ prêt à sortir; sich ~ machen se préparer à, pour sortir

ausgehungert ADJT affamé; plus fort famélique

Ausgehuniform F uniforme m, tenue f de sortie

Ausgehverbot N interdiction f de sortir; MIL consigne f; ~ haben être consigné

ausgekocht umg pej ADJT umg roublard; roué

ausgelassen ADJ Personen exubérant; Kinder a. turbulent; Stimmung gai; plein d'entrain; Fröhlichkeit exubérant; fou, folle; **Ausgelassenheit** F ⟨~⟩ exubérance f; von Kindern a. turbulence f; e-r Gesellschaft, der Stimmung gaieté f; entrain m

ausgelaugt ADJT fig épuisé; umg lessivé

ausgeleiert ADJT → ausleiern

Ausgeliefertsein N ⟨~s⟩ impuissance f (an +akk) devant)

ausgelitten geh PPERF ~ haben avoir cessé de souffrir; être mort

ausgemacht A ADJT 1 (beschlossen) convenu; entendu; es ist (e-e) ~e Sache, dass … il est convenu que …; fig c'est sûr que …; es ist (noch) nicht ~, ob er kommt ce n'est pas encore sûr qu'il vienne, viendra 2 ⟨épithète⟩ (ausgesprochen) ein ~er Schwindel une parfaite, fameuse escroquerie; ein ~er Dummkopf un parfait, fameux, fieffé imbécile B ADVL (sehr, ausgesprochen) carrément; tout à fait

ausgemergelt ADJT → ausmergeln

ausgenommen KONJ 1 (außer) à part; excepté; à l'exception de; exception faite de; sauf; ~ er od er ~ sauf lui 2 (außer wenn) sauf si; excepté si; à moins que (+subj); ~ es regnet sauf s'il pleut; à moins qu'il ne pleuve

ausgepowert umg ADJT nach geistiger od körperlicher Anstrengung vidé; umg crevé

ausgeprägt ADJT Neigung, Sinn etc prononcé; marqué; accusé; scharf ~e Gesichtszüge des traits fortement marqués, accusés, prononcés; e-n ~en Sinn für etw haben a. avoir un sens très développé de qc

ausgepumpt umg ADJT (erschöpft) umg pompé; umg crevé

ausgerechnet umg ADVL justement; précisément; ~ mir musste das passieren c'est justement, précisément à moi que devait arriver une chose pareille

ausgereift ADJT fig Plan (bien) mûri; Mensch mûr

ausgeschlafen ADJT (ausgeruht) bien reposé; ayant suffisamment dormi; umg fig (hellwach) vif, vive; dégourdi

ausgeschlossen ADJT ⟨attribut⟩ impossible; exclu; das ist ganz od völlig ~ c'est tout à fait impossible; es ist nicht ~, dass … il n'est pas impossible od exclu que … (+subj); ich halte das für ~ je pense que c'est impossible

ausgeschnitten ADJT (dekolletiert) décolleté; tief od weit ~ profondément décolleté

ausgesorgt umg ADJT ~ haben être à l'abri du besoin

ausgesprochen A ADJT marqué; prononcé; accentué; net, nette; ein ~es Talent für etw haben avoir un don réel pour qc; ein ~er Gegner von etw sein être un adversaire déclaré de qc; das ist ~es Pech c'est vraiment de la malchance B ADVL vraiment; carrément; réellement; tout à fait

ausgestalten VT ⟨-ete, sép, pperf ausgestaltet, h.⟩ 1 Fest etc arranger; (dekorieren) décorer 2 (ausbauen) etw zu etw ~ développer qc en qc

Ausgestaltung F 1 ⟨pas de pl⟩ arrangement m; von Räumen a. décoration f; die musikalische ~ des Abends le programme, l'accompagnement musical de la soirée 2 ⟨pas de pl⟩ (Umgestaltung) développement m (zu en) 3 (Form) forme f

ausgestellt ADJT Rock etc évasé

Ausgestoßene(r) M ⟨→ A⟩ proscrit m; banni m; paria m

ausgesucht A ADJT (erlesen) sélectionné; exquis; de (premier) choix; de première qualité; Gesellschaft etc choisi; distingué; von ~er Eleganz d'une élégance recherchée; mit ~er Höflichkeit d'une politesse exquise, extrême B ADVL 1 (erlesen) avec recherche; ~ gekleidet vêtu, habillé avec une extrême recherche 2 (besonders) particulièrement; ~ schöne Blumen des fleurs particulièrement belles

ausgewachsen ADJT 1 Kind grand; Tier, Pflanze adulte 2 umg fig (richtig) vrai; véritable; ~er Blödsinn parfaite idiotie; idiotie complète, achevée, finie

ausgewechselt umg ADJT ⟨attribut⟩ wie ~ sein être tout changé, transformé

ausgewogen ADJT Proportionen, Ernährung etc équilibré; **Ausgewogenheit** F ⟨~⟩ équilibre m

ausgezeichnet ADJT excellent; remarquable; Essen, Wein etc excellent; exquis; délicieux, -ieuse; ~! excellent!; parfait!; ~, dass du schon da bist! c'est parfait que tu sois déjà là

ausgiebig A ADJ abondant; Mahlzeit copieux, -ieuse; plantureux, -euse; Spaziergang, Mittagsschlaf etc long, longue B ADV es hat ~ geregnet il a plu abondamment; ~ frühstücken prendre un petit-déjeuner copieux; von etw ~ Gebrauch machen user largement de qc

ausgießen VT ⟨irr, sép, -ge-, h.⟩ 1 Flüssigkeit, Gefäß vider 2 Form, Risse etc (r)emplir (mit de); Form a. couler 3 geh Spott etc über j-n ~ déverser sur qn

ausgipsen VT ⟨-(es)t, sép, -ge-, h.⟩ enduire; remplir de plâtre

Ausgleich M ⟨~(e)s; ~e⟩ 1 (Ersatz) compensation f; verschiedener Interessen etc arrangement m; accord m; e-r Rechnung règlement m; als od zum ~ für en compensation de; pour compenser …; als od zum ~ für etw dienen compenser qc 2 ⟨pas de pl⟩ SPORT égalisation f; den ~ erzielen égaliser (le score)

ausgleichen ⟨irr, sép, -ge-, h.⟩ A VT Unterschiede, Schaden, Ungerechtigkeiten etc compenser; Defizit a. combler; Einnahmen u. Ausgaben équilibrer; Konto balancer; solder; régler; Gegensätze, Streitigkeiten, Spannungen concilier; (mildern) atténuer; diminuer; arranger; Rechnung, Schulden régler; etw durch etw ~ compenser qc par qc; die ~de Gerechtigkeit la justice commutative B VI SPORT égaliser C VR sich ~ Gegensätze se compenser; Spannungen s'atténuer; Konto etc être équilibré, balancé

Ausgleichsabgabe F FIN taxe f de compensation; **Ausgleichsfonds** M FIN fonds m de compensation od de péréquation; **Ausgleichsgetriebe** N TECH différentiel m; **Ausgleichssport** M sport m de compensation; **Ausgleichstor** N, **Ausgleichstreffer** M SPORT but égalisateur

ausgleiten geh VI ⟨irr, sép, -ge-, s.⟩ Person glisser; das Messer glitt ihm aus le couteau lui glissa des mains

ausgliedern VT ⟨-(e)re, sép, -ge-, h.⟩ détacher; **ausglühen** ⟨sép, -ge-⟩ A VT ⟨h.⟩ 1 Draht, Nadel etc faire rougir 2 Sonne den Erdboden etc calciner B VI ⟨s.⟩ Wrack etc se calciner

ausgraben VT ⟨irr, sép, -ge-, h.⟩ 1 Verschüttete, Leichen, Schatz déterrer; ARCHÄOLOGIE exhumer (a. Leichen); mettre à jour; e-e Pflanze ~ déterrer une plante 2 fig (wiederentdecken) ressortir; tirer de l'oubli; alte Geschichten ~ ressortir de vieilles histoires

Ausgrabung F ARCHÄOLOGIE 1 (das Ausgraben) exhumation f; pl ~en fouilles fpl; ~en machen procéder à, faire des fouilles 2 Fund découverte f

Ausgrabungsarbeiten FPL fouilles fpl; **Ausgrabungsstätte** F site m archéologique

ausgreifen VI ⟨irr, sép, -ge-, h.⟩ Pferd allonger

le pas; *Person* **mit weit ~den Schritten** à grands pas; à grandes enjambées
ausgrenzen V/T ‹-(es)t, *sép*, -ge-, h.› exclure; *Personen a.* marginaliser; **Ausgrenzung** F ‹~; ~en› exclusion *f*; *von Personen a.* marginalisation *f*
Ausguck M ‹~(e)s; ~e› 1 SCHIFF *Person u. Platz* vigie *f* 2 *umg* **(nach j-m, etw) ~ halten** faire le guet (pour voir si qn, qc arrive)
ausgucken *umg* V/I ‹*sép*, -ge-, h.› 1 **nach j-m, etw ~** → ausschauen 1; **sich** *(dat)* **die Augen nach j-m ~** chercher intensivement qn des yeux 2 **j-n, etw ~** *(aussuchen)* choisir qn, qc
Ausguss M 1 *Becken* évier *m*; *Abfluss* trou *m* d'écoulement 2 *regional (Tülle)* bec (verseur)
Ausgussbecken N évier *m*
aushaben ‹*irr*, *sép*, -ge-, h.› A V/T *umg* 1 *Kleidungsstück* avoir enlevé, retiré 2 *Buch etc* avoir fini 3 *Glas etc* avoir vidé, fini B V/I *(Arbeits-, Unterrichtsschluss haben) umg* avoir fini
aushacken V/T ‹*sép*, -ge-, h.› 1 *Kartoffeln, Rüben etc* arracher 2 *mit dem Schnabel* arracher à coups de bec
aushaken ‹*sép*, -ge-, h.› A V/T (*u.* V/R) *Seil etc* **(sich) ~** (se) décrocher; (se) détacher B V/UNPERS *umg* **bei ihr hakte es aus** *(sie drehte durch) umg* elle a perdu les pédales; *(sie begriff es nicht) umg* elle n'a pas pigé; elle n'a pas compris; *(sie hatte e-n Black-out)* elle a eu un trou
aushalten ‹*irr*, *sép*, -ge-, h.› A V/T 1 *(ertragen)* supporter; endurer; *Druck* résister à; supporter; **ich halte es vor Schmerzen nicht mehr aus** je ne peux plus supporter ces douleurs; **ich halte es hier nicht mehr aus** je n'en peux plus ici; *umg* **hier lässt es sich ~** on est bien ici; *umg* **es ist mit ihm nicht auszuhalten** *od* **nicht zum Aushalten** il est insupportable, invivable; **sie hält es nirgendwo lange aus** elle ne reste nulle part longtemps; *beruflich* elle ne travaille jamais longtemps à la même place 2 *(standhalten)* soutenir; **den Vergleich mit j-m, etw ~** soutenir la comparaison avec qn, qc 3 *umg pej* entretenir; **sich von j-m ~ lassen** se faire entretenir par qn 4 MUS *Ton* tenir B V/I *(durchhalten)* tenir (le coup)
aushandeln V/T ‹-(e)le, *sép*, -ge-, h.› négocier; débattre; régler
aushändigen V/T ‹*sép*, -ge-, h.› remettre; **Aushändigung** F ‹~› remise *f*
Aushang M affiche *f*; écriteau *m*; **e-n ~ machen** afficher qc; mettre un écriteau
Aushängekasten M tableau *m* d'affichage; (petite) vitrine
aushängen A V/T ‹*sép*, -ge-, h.› 1 *Bekanntmachung etc* afficher 2 *Tür etc* déboîter B V/I ‹*irr*, *sép*, -ge-, h.› *Bekanntmachung etc* être affiché; *Brautpaar* **sie hängen aus** leurs bans sont affichés C V/R **sich ~** 1 *Kleidungsstücke* se défroisser; se remettre en plis 2 *Tür etc* se déboîter
Aushängeschild N enseigne *f*; *fig* label *m*; bonne réclame; **als ~ (für etw) dienen** servir d'image de marque (à qc)
ausharren *geh* V/I ‹*sép*, -ge-, h.› persévérer; **auf s-m Posten ~** persévérer à son poste
aushärten ‹-ete, *sép*, -ge-› A V/T ‹h.› durcir B V/I ‹s.› se durcir
aushauchen *geh* V/T ‹*sép*, -ge-, h.› *Duft etc* exhaler; **Luft ~** souffler; **s-e Seele** *od* **sein Leben ~** expirer; rendre l'âme
aushauen V/T ‹*irr*, *sép*, -ge-, h.› 1 *Stufen etc* tailler; *Statue* sculpter 2 *Bäume* abattre; *Äste* ébrancher (un arbre)
aushäusig ADJ °hors de chez soi; **~ sein** être sorti
ausheben V/T ‹*irr*, *sép*, -ge-, h.› 1 *Erde* enlever; retirer; *Graben etc* creuser 2 *Tür etc* enlever (de ses gonds) 3 *Nest* vider; *Eier, Vögel* dénicher 4 *Verbrechernest etc umg* cueillir
aushecken *umg* V/T ‹*sép*, -ge-, h.› *Plan etc* machiner; combiner; *Unsinn* inventer; **e-n Streich ~** monter un coup
ausheilen V/T ‹*sép*, -ge-, h.› *u.* V/I ‹s.› guérir (complètement)
aushelfen V/I ‹*irr*, *sép*, -ge-, h.› **j-m (mit etw) (bei etw) ~** aider, *umg* dépanner qn (avec qc) (à faire qc); **bei j-m ~** aider chez qn; **wenn ein Arbeiter krank wird, muss ein anderer ~** si un ouvrier tombe malade, il faut qu'un autre le remplace
ausheulen V/R ‹*sép*, -ge-, h.› *umg* **sich (bei j-m) ~** pleurer tout son soûl (auprès de qn)
Aushilfe F 1 ‹*pas de pl*› *(Unterstützung)* **er arbeitet dort zur ~** il travaille là pour aider (temporairement), comme aide (temporaire) 2 *Person* aide *m/f* (temporaire); *Angestellte(r)* intérimaire *m/f*; **wir suchen Kellnerinnen und ~n für die Saison** nous cherchons des serveuses et du personnel auxiliaire pour la saison
Aushilfsarbeit F travail *m* intérimaire, temporaire; **Aushilfskellner** M extra *m*; **Aushilfskraft** F aide *m/f* (temporaire); *Angestellte(r)* intérimaire *m/f*; *pl* **Aushilfskräfte** personnel *m* temporaire, auxiliaire, intérimaire; **Aushilfspersonal** N personnel *m* auxiliaire, intérimaire
aushilfsweise ADV comme aide temporaire; comme auxiliaire, intérimaire
aushöhlen V/T ‹*sép*, -ge-, h.› 1 *Felsen etc* creuser; *bes Früchte* évider; **ausgehöhlter Baumstamm** tronc d'arbre creux 2 *fig Begriffe etc* vider de son sens
ausholen V/I ‹*sép*, -ge-, h.› 1 *zum Schlag* lever la main **(zu** pour**)**; SPORT **zum Wurf ~** faire un mouvement du bras avant de lancer; *fig* **zum entscheidenden Schlag ~** se préparer à porter le coup décisif 2 *fig bei e-r Erzählung* **weit ~** aller chercher, remonter loin
ausholzen V/T ‹-(es)t, *sép*, -ge-, h.› 1 *(lichten)* éclaircir 2 *(abholzen)* déboiser
aushorchen V/T ‹*sép*, -ge-, h.› **j-n (über etw** *[akk]***) ~** sonder qn (sur qc)
Aushub M 1 ‹*pas de pl*› *(das Ausheben)* creusement *m od* creusage *m* 2 *(Ausgehobenes)* déblais *mpl*
aushungern V/T ‹-(e)re, *sép*, -ge-, h.› affamer; **aushusten** ‹-ete, *sép*, -ge-, h.› A V/T *Schleim etc* expulser en toussant; expectorer B V/I *(zu Ende husten)* finir de tousser
ausixen V/T ‹-(es)t, *sép*, -ge-, h.› barrer avec des x; **ausjäten** V/T ‹-ete, *sép*, -ge-, h.› *Unkraut etc* arracher; sarcler; *Garten* désherber; **auskämmen** V/T ‹*sép*, -ge-, h.› 1 *(her~)* enlever avec le peigne 2 *Haar etc* démêler; **auskehlen** V/T ‹*sép*, -ge-, h.› TISCHLEREI canneler; **auskehren** V/T ‹*sép*, -ge-, h.› → ausfegen
auskennen V/R ‹*irr*, *sép*, -ge-, h.› **sich (mit** *od* **in etw** *[dat]***) ~** s'y connaître (en qc); **sich in e-m Fachgebiet gut ~** bien s'y connaître dans un domaine spécial; **ich kenne mich hier nicht aus** *in e-r Stadt* je ne connais pas du tout la ville; **darin** *od* **damit kenne ich mich aus** je m'y connais; **sich mit den Frauen ~** s'y connaître en femmes; **bei ihr kennt man sich nicht aus** avec elle, on ne sait pas où on en est
auskerben V/T ‹*sép*, -ge-, h.› encocher; **auskernen** V/T ‹*sép*, -ge-, h.› *Steinobst* dénoyauter; *Kernobst* enlever, ôter les pépins de; **auskippen** V/T ‹*sép*, -ge-, h.› *Flüssigkeit, Gefäß* vider; *Loren a.* basculer; **ausklammern** V/T ‹-(e)re, *sép*, -ge-, h.› 1 *(nicht berücksichtigen)* exclure; laisser de côté 2 MATH sortir de la parenthèse
ausklamüsern *umg* V/T ‹-(e)re, *sép*, *pas de ge-*, h.› *umg* dénicher; finir par trouver
Ausklang *geh* M fin *f*; **ein friedlicher ~** une note finale paisible
ausklappbar ADJ dépliant; *Möbelstück* pliant; **ausklappen** V/T ‹*sép*, -ge-, h.› déplier; **ausklarieren** V/T ‹*sép*, *pas de ge-*, h.› ZOLL dédouaner; **auskleben** V/T ‹*sép*, -ge-, h.› tapisser, recouvrir, garnir **(mit** de**)**; **auskleiden** ‹-ete, *sép*, -ge-, h.› A V/T 1 *geh (entkleiden)* dévêtir; déshabiller 2 TECH *Hohlraum etc* garnir, recouvrir **(mit** de**)** B *geh* V/R **sich ~** se dévêtir; se déshabiller; **Auskleidung** F TECH revêtement *m* **(mit** de**)**; **ausklingen** V/I ‹*irr*, *sép*, -ge-, s.› 1 *Ton* se perdre (insensiblement); mourir 2 *fig Veranstaltung etc* se terminer, s'achever **(mit** par**)**; **ausklinken** ‹*sép*, -ge-, h.› A V/T détacher; décliqueter; FLUG *a.* larguer B V/R **sich ~** 1 se détacher 2 *umg fig* se retirer; *umg* décrocher; **ausklopfen** V/T ‹*sép*, -ge-, h.› 1 *Polstermöbel, Kleidungsstücke etc* battre; taper; *Tabakspfeife* vider en tapant 2 *Staub etc* faire sortir en tapant; **Ausklopfer** M ‹~s; ~› tapette *f*
ausklügeln V/T ‹-(e)le, *sép*, -ge-, h.› concevoir; élaborer; **ausgeklügelt** finement pensé, conçu; sophistiqué
auskneifen *umg* V/I ‹*irr*, *sép*, -ge-, s.› *umg* filer, se sauver en douce; **ausknipsen** *umg* V/T ‹-(es)t, *sép*, -ge-, h.› *Licht, Taschenlampe etc* éteindre
ausknobeln *umg* V/T ‹-(e)le, *sép*, -ge-, h.› 1 **e-e Runde Bier ~** *mit Würfeln* jouer aux dés, *mit Streichhölzern* tirer à la courte paille pour savoir qui paiera une tournée de bière 2 *Plan etc* combiner
ausknöpfbar ADJ *Mantelfutter etc* amovible
ausknöpfen V/T ‹*sép*, -ge-, h.› enlever; **das Futter kann man ~** la doublure est amovible
auskochen V/T ‹*sép*, -ge-, h.› *Fleisch, Wäsche, Instrumente* faire bouillir
auskommen V/I ‹*irr*, *sép*, -ge-, s.› 1 *(genügend haben)* **mit etw ~** (pouvoir) s'en tirer, s'en sortir avec qc; avoir assez de qc 2 *(zurechtkommen)* **ohne etw, j-n ~ können** savoir, pouvoir se passer de qc, qn; **wir kommen auch ohne dich aus** nous nous débrouillerons, nous nous en tirerons bien sans toi 3 *(sich verstehen)* **mit j-m (gut, schlecht) ~** (bien, mal) s'entendre, s'accorder avec qn 4 *südd, österr (entkommen)* s'enfuir, s'échapper **(aus** de**)** 5 *bes schweiz (bekannt werden)* se savoir
Auskommen N ‹~s› 1 *(Lebensunterhalt)* moyens *mpl* d'existence; **sein ~ haben** avoir de quoi vivre; **ein bescheidenes, gutes ~ haben** avoir de quoi vivre modestement, bien 2 **mit ihm ist kein ~** on ne peut (pas) s'entendre, vivre avec lui; il est invivable
auskömmlich *geh* A ADJ *Gehalt etc* suffisant; qui nourrit son homme B ADV **~ bezahlt werden** être suffisamment payé
auskosten *geh* V/T ‹-ete, *sép*, -ge-, h.› *Triumph, Glück, Augenblick etc* savourer; déguster; jouir de; *Niederlage etc* sentir; éprouver
auskotzen *sl* ‹-(es)t, *sép*, -ge-, h.› A V/T *sl* dégobiller; *sl* dégueuler B V/R **sich ~** *sl* dégobiller; *sl* dégueuler; *fig* **sich bei j-m ~** dire son écœurement à qn
auskramen *umg* V/T ‹*sép*, -ge-, h.› 1 *Spielzeug, Briefe etc* ressortir 2 *fig Erinnerungen, Kenntnisse umg* déballer 3 *Schrank, Schublade* vider
auskratzen ‹-(es)t, *sép*, -ge-› A V/T ‹h.› *Gefäß, Fleck etc* gratter; MED cureter; *umg fig* **j-m die Augen ~** arracher les yeux à qn B *umg* V/I ‹s.› *(ausreißen) umg* filer; décamper; déguerpir
auskriechen V/I ‹*irr*, *sép*, -ge-, s.› *junge Vögel* sortir de l'œuf; éclore; **auskriegen** *umg*

VT ‹sép, -ge-, h.› → ausbekommen
auskugeln VT ‹-(e)le, sép, -ge-, h.› **sich den Arm ~** se démettre, se déboîter, se luxer le bras; **j-m den Arm ~** démettre, déboîter le bras de qn
auskühlen ‹sép, -ge-› A VT ‹h.› refroidir; rafraîchir B VI ‹s.› se refroidir; se rafraîchir
Auskultation F ‹~; ~en› MED auscultation f
auskultieren VT ‹pas de ge-, h.› MED ausculter
auskundschaften VT ‹-ete, sép, -ge-, h.› reconnaître; repérer
Auskunft F ‹~; -künfte› 1 renseignement m; information f; **j-m (über etw** [akk]**) ~ geben** od **erteilen** renseigner, informer qn (sur qc); donner des renseignements à qn (sur qc); **Auskünfte (über j-n, etw) einholen** od **einziehen** prendre des renseignements, se renseigner (sur qn, qc); **die ~ verweigern** refuser de donner des renseignements; **ich habe eine falsche ~ bekommen** on m'a mal renseigné; **weitere** od **nähere Auskünfte erteilt ...** pour plus amples renseignements, informations s'adresser à ...; **er konnte auf alle Fragen ~ geben** il a pu répondre à toutes les questions 2 (~sbüro, ~sstelle) (service m, bureau m de) renseignements mpl 3 TEL renseignements mpl
Auskunftei F ‹~; ~en› agence f, bureau m de renseignements; (Detektei) agence f de détectives privés
Auskunftsbüro N bureau m de renseignements; **Auskunftsdienst** M TEL renseignements mpl; **Auskunftspflicht** F ‹~› JUR obligation f de donner des renseignements; **Auskunftsstelle** F service m de renseignements; **Auskunftsverweigerungsrecht** N ‹~(e)s› JUR droit m de refuser de déposer
auskuppeln ‹-(e)le, sép, -ge-, h.› A VT Anhänger etc décrocher B VI beim Auto débrayer;
auskurieren VT ‹sép, pas de ge-, h.› guérir complètement, totalement, tout à fait
auslachen ‹sép, -ge-, h.› A VT se moquer de; rire de; **er wurde von allen ausgelacht** tout le monde s'est moqué de lui; il a été la risée de tous B VI (aufhören zu lachen) arrêter de rire
ausladen[1] VT ‹irr, sép, -ge-, h.› Waren, Fahrzeug décharger; Schiff a. débarder; débarquer
ausladen[2] VT ‹irr, sép, -ge-, h.› Gäste décommander
Ausladen N ‹~s› von Waren déchargement m; aus e-m Schiff a. débardage m; débarquement m
ausladend ADJT Schultern, Hüften, Baumkrone large; Stirn, Kinn proéminent; Erker en saillie; Bewegung ample; large; fig Stil prolixe
Auslage F 1 (Ware im Schaufenster) étalage m; marchandises fpl en vitrine, à l'étalage 2 (Schaufenster) vitrine f 3 PL **~n** (Ausgaben) dépenses fpl; (Spesen, Unkosten) a. frais mpl 4 FECHTEN, BOXEN position f de garde; **in (die) ~ gehen** se mettre en garde
auslagern VT ‹-(e)re, sép, -ge-, h.› Warenbestände, Kunstschätze etc transporter en lieu sûr; mettre à l'abri, en sûreté; évacuer; Produktion etc délocaliser; **Auslagerung** F von Warenbeständen, Kunstschätzen etc transport m en lieu sûr; der Produktion etc délocalisation f
Ausland N ‹~(e)s› étranger m; **im ~** à l'étranger; **im In- und ~** dans le pays et à l'étranger; **aus dem ~** de l'étranger
Ausländer(in) M ‹~s; ~› (F) ‹~in; ~innen› étranger, -ère m,f
Ausländeramt N service m des étrangers; **Ausländerbeauftragte(r)** M/F(M) délégué(e) m(f) aux étrangers; **Ausländerbehörde** F service m des étrangers; **ausländerfeindlich** ADJ xénophobe; hostile aux étrangers; **Ausländerfeindlichkeit** F ‹~› xénophobie f; **ausländerfreundlich** ADJ favorable aux étrangers; xénophile
ausländisch ADJ étranger, -ère
Auslandsabsatz M vente f à l'étranger; **Auslandsabteilung** F service m des relations avec l'étranger; service international; **Auslandsanleihe** F emprunt extérieur; **Auslandsaufenthalt** M séjour m à l'étranger; **Auslandsberichterstatter(in)** M(F) correspondant(e) m(f) à l'étranger; **Auslandsbeteiligung** F participation de l'étranger, étrangère; **Auslandsbeziehungen** FPL relations fpl avec l'étranger; **Auslandsdeutsche(r)** M/F(M) Allemand(e) m(f) qui vit à l'étranger; **Auslandseinsatz** M mission f à l'étranger; **Auslandserfahrung** F expérience f de l'étranger; **Auslandsgeschäft** N affaire(s) f(pl) avec l'étranger; **Auslandsgespräch** N TEL communication internationale; **Auslandskorrespondent(in)** M(F) correspondant(e) m(f) à l'étranger; **Auslandsmarkt** M marché extérieur; **Auslandsporto** N port m pour l'étranger; **Auslandspresse** F ‹~› presse étrangère; **Auslandsreise** F voyage m à l'étranger; **Auslandsschulden** FPL WIRTSCH dette extérieure; **Auslandsschutzbrief** M assurance-voyages f à l'étranger; **Auslandssender** M émetteur, poste étranger; **Auslandstarif** M tarif extérieur, pour l'étranger; **Auslandstournee** F tournée f à l'étranger; **Auslandsvertreter(in)** M(F) agent commercial, représentant(e) m(f) à l'étranger; **Auslandsvertretung** F HANDEL représentation f à l'étranger; DIPL mission f diplomatique; **Auslandszulage** F indemnité f d'expatriation
auslangen VI ‹sép, -ge-, h.› regional 1 zum Schlag lever la main 2 (ausreichen) suffire
Auslass M ‹~es; -lässe› (orifice m de) sortie f
auslassen ‹irr, sép, -ge-, h.› A VT 1 (weglassen) omettre; (überspringen) sauter; passer; **e-e Gelegenheit ~** laisser passer une occasion 2 Ärger, Zorn, schlechte Laune etc **an j-m ~** passer, décharger sur qn 3 Fett faire fondre 4 MODE (länger machen) allonger; (weiter machen) élargir 5 umg (nicht anziehen) ne pas mettre; rester sans 6 umg Lampe, Radio, Fernseher, Heizung laisser éteint; Motor, Maschine laisser arrêté 7 südd, österr (freilassen) Gefangene laisser sortir; Hund etc faire sortir B VR **sich über j-n, etw ~** parler (longuement) de qn, qc; pej émettre des propos peu aimables sur qn, qc; **sich lang und breit über etw** (akk) **~** s'étendre en long et en large sur qc
Auslassung F ‹~; ~en› 1 (Weglassung) omission f 2 PL **~en** (Äußerungen) oft pej remarques fpl
Auslassungspunkte MPL points mpl de suspension; **Auslassungszeichen** N apostrophe f
auslasten VT ‹-ete, sép, -ge-, h.› 1 Arbeitskräfte, Fahrzeuge, Maschinen etc exploiter, utiliser pleinement la capacité, le rendement de; **nicht genügend ausgelastet sein** être sous-employé; ne pas être assez occupé, Maschine etc utilisé; Hotel etc **(mit Gästen) voll ausgelastet sein** faire le plein de clients 2 Personen (beanspruchen) occuper pleinement; (befriedigen) satisfaire
auslatschen umg VT ‹sép, -ge-, h.› Schuhe déformer
Auslauf M 1 ‹pas de pl› (Bewegungsfreiheit) espace m libre 2 beim Skispringen etc piste f de sortie 3 (Abfluss) orifice m d'écoulement
auslaufen ‹irr, sép, -ge-› A VT ‹h. ou s.› Kurve etc bien suivre; ne pas couper B VI ‹s.› 1 Schiff partir; sortir; **aus dem Hafen ~** quitter le port; **zum Fischfang ~** partir pour la pêche 2 Gefäß se vider; Flüssigkeit couler 3 Farben baver; se mélanger; déteindre; **die Tinte läuft auf diesem Papier aus** ce papier boit (l'encre) 4 (aufhören zu laufen) s'arrêter (peu à peu) 5 (endigen) se terminer; **in e-e Spitze ~** se terminer en pointe, par une pointe 6 Termin, Vertrag etc expirer; venir à expiration 7 Modell, Serie être écoulé; ne plus se faire; **~de Serie** fin f de série
Ausläufer M 1 e-s Gebirges contrefort(s) m(pl); METEO ligne f 2 e-r Pflanze stolon m; von Erdbeeren a. coulant m 3 schweiz (Bote) garçon m de courses
Auslaufmodell N fin f de série
auslaugen VT ‹sép, -ge-, h.› 1 lessiver 2 fig épuiser; umg lessiver
Auslaut M PHON son final; finale f; **im ~ stehen** être à la fin du mot
auslauten VI ‹-ete, sép, -ge-, h.› PHON se terminer (**auf** [+akk] par od en); **~der Konsonant, Vokal** consonne, voyelle finale
Auslautverhärtung F PHON remplacement m de la consonne finale sonore par la sourde correspondante
ausleben ‹sép, -ge-, h.› A VR **sich ~** Personen vivre sa vie; se donner du bon temps; Individualität, Kräfte etc s'extérioriser; se déployer librement B VT laisser s'épanouir; vivre à fond;
auslecken VT ‹sép, -ge-, h.› lécher; **ausleeren** VT ‹sép, -ge-, h.› Gefäß, Inhalt vider
auslegen VT ‹sép, -ge-, h.› 1 Waren zur Schau exposer; étaler; Köder mettre; Angeln poser; Netze tendre; Saatgut planter; Leitungen poser; mettre 2 Fußboden mit Teppichboden etc recouvrir (**mit** de); Schrank mit Papier tapisser (**mit** de); Holz zur Verzierung incruster; **mit Parkett ~** parqueter; **mit Fliesen ~** carreler; **e-e Schachtel mit Papier ~** garnir une boîte de papier 3 Geld (ausgeben) dépenser; (vorstrecken) avancer 4 (deuten) interpréter (**als** comme); Bibel a. faire l'exégèse de; **etw zu s-m Vorteil ~** interpréter qc à son avantage; **j-m etw als Schwäche, Gleichgültigkeit ~** interpréter qc comme de la faiblesse, de l'indifférence de la part de qn 5 TECH **etw auf** (+akk) od **für etw ~** construire, aménager qc pour qc
Ausleger M ‹~s; ~› 1 am Kran flèche f 2 am Boot portant m; zur Stabilisierung balancier m;
Auslegerboot N outrigger m
Auslegeware F moquette f
Auslegung F ‹~; ~en› interprétation f; (Bibelauslegung) a. exégèse f
Auslegungssache F **das ist ~** c'est une question d'interprétation
ausleiern umg VT ‹-(e)re, sép, -ge-, h.› Gummiband etc détendre; Gewinde user
Ausleihe F ‹~; ~n› 1 Raum salle f de prêt 2 ‹pas de pl› (das Ausleihen) prêt m
ausleihen VT ‹irr, sép, -ge-, h.› 1 (verleihen) **(j-m) etw ~, etw (an j-n) ~** prêter qc (à qn); gegen Bezahlung louer qc (à qn) 2 (entleihen) **(sich** [dat]**) etw (von j-m) ~** emprunter qc (à qn); gegen Bezahlung louer qc (à qn)
auslernen VI ‹sép, -ge-, h.› finir d'apprendre; Lehrling **ausgelernt haben** avoir fini son apprentissage; **ein ausgelernter Elektriker** un électricien qualifié; sprichw **man lernt nie aus** on n'a jamais fini d'apprendre
Auslese F 1 ‹pas de pl› (Auswahl) sélection f; choix m; BIOL **natürliche ~** sélection naturelle; **e-e ~ treffen** sélectionner; faire un choix 2 (Elite) élite f 3 von Gedichten anthologie f 4 Wein meilleur cru; cru m de choix

auslesen[1] VT ⟨*irr, sép*, -ge-, h.⟩ *Buch etc* finir de lire; **er hat das Buch an einem Tag ausgelesen** il a lu le livre en un jour
auslesen[2] VT ⟨*irr, sép*, -ge-, h.⟩ *(auswählen)* choisir; sélectionner; *Minderwertiges* trier
ausleuchten VT ⟨-ete, *sép*, -ge-, h.⟩ bien éclairer; **auslichten** VT ⟨-ete, *sép*, -ge-, h.⟩ *Baum* élaguer; *Wald etc* éclaircir
Auslieferer M ⟨~s; ~⟩ HANDEL dépositaire *m*; distributeur *m*; fournisseur *m*
ausliefern ⟨-(e)re, *sép*, -ge-, h.⟩ A VT 1 *Waren* fournir; livrer 2 *Gefangene, Festung etc* livrer (**an** [+*akk*] à); *Personen an ein anderes Land* extrader; **j-n den Gerichten ~** remettre qn aux mains de la justice; *fig* **j-m, e-r Sache ausgeliefert sein** être à la merci de qn, qc B VI HANDEL livrer
Auslieferung F 1 *von Waren* livraison *f* 2 POL extradition *f*
Auslieferungsantrag M POL demande *f* d'extradition; **Auslieferungslager** N HANDEL dépôt *m* (du dépositaire, du distributeur); **Auslieferungsschein** M HANDEL certificat *m* de livraison; **Auslieferungsvertrag** M POL traité *m*, convention *f* d'extradition
ausliegen VI ⟨*irr, sép*, -ge-, h.⟩ 1 *zum Verkauf, zur Ansicht etc* être exposé 2 *Netze etc zum Fang* être posé
Auslinie F SPORT ligne *f* de touche
ausloben VT ⟨*sép*, -ge-, h.⟩ offrir comme récompense, *bei e-m Wettbewerb* comme prix
auslöffeln VT ⟨-(e)le, *sép*, -ge-, h.⟩ *Suppe etc* manger (à la cuillère); *Teller etc* vider
ausloggen VI (*u.* VR) ⟨*sép*, -ge-, h.⟩ IT (**sich**) ~ se déconnecter
auslöschen VT ⟨*sép*, -ge-, h.⟩ 1 *Feuer, geh Licht* éteindre 2 *Geschriebenes, fig Erinnerungen, Empfindungen, Unterschiede* effacer; *geh ein Menschenleben* anéantir; supprimer
Auslösemechanismus M mécanisme *m* de déclenchement
auslosen VT ⟨-(es)t, *sép*, -ge-, h.⟩ tirer au sort
auslösen VT ⟨-(es)t, *sép*, -ge-, h.⟩ 1 *Mechanismus, Alarm* déclencher; **e-n Schuss ~** faire partir un coup 2 *fig* provoquer; *Beifall, Diskussion, Krise, Streik, Krieg a.* déclencher; *Schrecken, Freude, Wut etc a.* faire naître 3 *Pfand* retirer 4 *regional* (*her~*) détacher (**aus** de)
Auslöser M ⟨~s; ~⟩ 1 FOTO déclencheur *m* 2 *fig* point *m* de départ, PSYCH déclencheur *m* (**für** de)
Auslosung F tirage *m* au sort
Auslösung F *e-s Mechanismus, fig* déclenchement *m*
ausloten VT ⟨-ete, *sép*, -ge-, h.⟩ *a. fig* sonder
auslüften ⟨-ete, *sép*, -ge-, h.⟩ A VT aérer B VI **die Kleider müssen ~** les vêtements doivent être aérés
auslutschen *umg* VT ⟨*sép*, -ge-, h.⟩ *Zitrone etc* sucer
ausmachen VT ⟨*sép*, -ge-, h.⟩ 1 *umg Licht, Feuer, Ofen, Kerze, Herd etc* éteindre; *Radio a.* fermer; *Motor, Maschine* arrêter 2 *regional Kartoffeln etc* arracher 3 *(vereinbaren) Honorar, Termin etc* convenir de; **es ist ausgemacht, dass …** il est convenu, décidé que …; → *a.* ausgemacht A 1 4 *(klären)* régler; **etw unter sich** (*dat*) **~** arranger, régler qc entre soi; **das muss man mit sich** (*dat*) **allein ~** il faut décider de cela tout seul; *plus fort* c'est une affaire de conscience 5 *(bilden, darstellen)* constituer; *Summe* faire; **die Jugendlichen machten die Hälfte der Besucher aus** les adolescents constituaient la moitié des visiteurs; **etw macht den Wert von etw aus** qc constitue, fait la valeur de qc; **das ist es, was e-n großen Schauspieler (erst) ausmacht** c'est cela qui fait un grand comédien 6 *(erkennen)* discerner; *Ziel, feindliche Stellung, Windrichtung etc* repérer; *fig* **es lässt sich nicht mit Sicherheit ~, ob …** on ne peut pas dire avec certitude si … 7 *(ins Gewicht fallen)* **bei der Menge macht das nicht viel aus** vu la quantité cela ne fait rien; **es macht etwas aus, ob …** il y a une différence si …; cela fait quelque chose si … 8 *(stören)* **das macht mir nichts aus** cela ne me fait rien; **würde es Ihnen etwas ~, wenn …?** est-ce que cela vous dérangerait que *od* si …?
ausmahlen VT ⟨*irr, sép*, -ge-, h.⟩ *Getreide* moudre finement
ausmalen ⟨*sép*, -ge-, h.⟩ A VT 1 *mit Farbe* colorier; *Raum* décorer 2 *fig Erlebnisse etc* décrire; peindre; **die Folgen e-s Ereignisses ~** décrire les suites d'un événement; **die Zukunft in den schönsten Farben ~** peindre l'avenir sous ses plus belles couleurs; peindre l'avenir en rose B VR **sich** (*dat*) **etw ~** se figurer, s'imaginer qc; **das hatte ich mir so schön ausgemalt** j'avais imaginé cela si beau
Ausmaß N 1 *räumlich meist* PL **~e** dimensions *fpl* 2 *fig* dimensions *fpl*; envergure *f*; **e-e Katastrophe ungeheuren ~es** *od* **von ungeheurem ~** une immense, énorme catastrophe; **erschreckende ~e annehmen** prendre des dimensions, proportions effrayantes; **in großem ~ exportieren** exporter sur une grande échelle; **bis zu e-m gewissen ~** jusqu'à un certain point, degré
ausmauern VT ⟨-(e)re, *sép*, -ge-, h.⟩ *Schacht, Gewölbe etc* maçonner; **ausmeißeln** VT ⟨-(e)le, *sép*, -ge-, h.⟩ *Marmorblock, Statue etc* tailler au ciseau; sculpter
ausmergeln VT ⟨-(e)le, *sép*, -ge-, h.⟩ épuiser; exténuer; **ausgemergelt** *Körper, Gesicht* squelettique; décharné; *Gesicht a.* émacié; *Pferd a.* efflanqué
ausmerzen VT ⟨-(es)t, *sép*, -ge-, h.⟩ supprimer; éliminer; **Ausmerzung** F ⟨~⟩ suppression *f*; élimination *f*
ausmessen VT ⟨*irr, sép*, -ge-, h.⟩ mesurer; prendre les mesures de; *mit e-m Metermaß a.* métrer; **Ausmessen** N, **Ausmessung** F mesurage *m*; *mit Metermaß a.* métrage *m*;
ausmisten VT ⟨-ete, *sép*, -ge-, h.⟩ 1 *Stall* nettoyer 2 *umg fig (Ordnung schaffen in)* ranger; mettre de l'ordre dans; *(Unbrauchbares entfernen aus)* débarrasser; **Ausmisten** N ⟨~s⟩ nettoyage *m*; *fig* rangement *m*; coup *m* de balai
ausmustern VT ⟨-(e)re, *sép*, -ge-, h.⟩ 1 MIL réformer 2 *Unbrauchbares* mettre au rebut; **Ausmusterung** F MIL réforme *f*
Ausnahme F ⟨~; ~n⟩ exception *f*; **mit ~ von** (*od* +*gen*) à l'exception de; exception faite de; excepté; sauf; **bis auf e-e ~** à une exception près; **ohne ~** sans exception; **mit seltenen ~n** à de rares exceptions près; sauf (de) rares exceptions; **e-e ~ bilden** être, constituer une exception; faire exception (à la règle); **e-e ~ (bei j-m) machen** faire une exception (en faveur de, pour qn); **keine Regel ohne ~** il n'y a pas de règle sans exception; *sprichw* **~n bestätigen die Regel** *sprichw* l'exception confirme la règle
Ausnahmebestimmung F règlement d'exception, exceptionnel; **Ausnahmeerscheinung** F phénomène exceptionnel
Ausnahmefall M cas exceptionnel; **im ~** exceptionnellement
Ausnahmegenehmigung F autorisation exceptionnelle; **Ausnahmesituation** F situation d'exception, exceptionnelle
Ausnahmezustand M état *m* d'urgence; **den ~ verhängen, erklären** proclamer, déclarer l'état d'urgence (**über ein Land** dans un pays)
ausnahmslos ADJ ⟨*épithète*⟩ *u.* ADV sans exception
ausnahmsweise ADV exceptionnellement; à titre exceptionnel; **er war ~ (einmal) pünktlich** il était pour une fois, exceptionnellement à l'heure; **~ etw gestatten** autoriser qc exceptionnellement, à titre exceptionnel; *darf ich zusehen?* - **~ (ja)** exceptionnellement, oui
ausnehmen ⟨*irr, sép*, -ge-, h.⟩ A VT 1 *Geflügel, Wild etc* vider 2 **ein Nest ~** dénicher des oiseaux, des œufs 3 *umg pej (schröpfen) umg* plumer; *beim Spiel umg* ratisser 4 **j-n, etw (von etw) ~** exclure, excepter qn, qc (de qc); **ich nehme mich nicht aus** je ne m'exclus pas; **von etw ausgenommen sein** *a.* faire exception à qc 5 *österr (erkennen)* reconnaître; distinguer B *geh* VR **sich gut, sonderbar ~** avoir l'air bien, bizarre; faire (un) bon effet, un effet bizarre; **das nimmt sich gut aus** *a.* cela fait bien
ausnehmend *geh* A ADJT ⟨*épithète*⟩ exceptionnel, -elle; extraordinaire; **von ~er Schönheit** d'une beauté exceptionnelle, extraordinaire B ADVL extraordinairement; exceptionnellement; extrêmement; **das gefällt mir ~ gut** cela me plaît énormément
ausnüchtern VT (*u.* VI) ⟨-(e)re, *sép*, -ge-, h.⟩ (se) dégriser
Ausnüchterung F ⟨~; ~en⟩ dégrisement *m*; **bis zu s-r ~** jusqu'à ce qu'il soit dégrisé
Ausnüchterungszelle F cellule *f* de dégrisement
ausnutzen, *bes südd, österr* **ausnützen** VT ⟨-(es)t, *sép*, -ge-, h.⟩ 1 *Gelegenheit, Situation etc* profiter de; *Erfolg, Vorteil, Beziehungen a., Boden* tirer profit de; *Raum* tirer parti, avantage de; *Zeit* mettre à profit; profiter de; *Kapazität, Energie, Wärme etc* utiliser; **das schöne Wetter ausnutzen, ausnützen** profiter du beau temps 2 *pej Personen, Arbeitskräfte* profiter de; exploiter; **j-n, j-s Gutmütigkeit ~ ausnutzen, ausnützen** profiter de, *plus fort* abuser de qn, de la gentillesse de qn
Ausnutzung, *bes südd, österr* **Ausnützung** F ⟨~⟩ 1 mise *f* à profit; **unter (voller) Ausnutzung, Ausnützung** (+*gen*) profitant (au maximum) de 2 *pej von Arbeitskräften* exploitation *f*
auspacken ⟨*sép*, -ge-, h.⟩ A VT *Koffer* défaire; *Kleider, Bücher, Schachtel, Päckchen etc* déballer; dépaqueter B *umg fig* VI *(sich aussprechen) umg* (tout) déballer; *umg* vider son sac; *(gestehen) umg* cracher le morceau; **Auspacken** N dépaquetage *m*; *von Waren* déballage *m*;
ausparken VI ⟨*sép*, -ge-, h.⟩ sortir d'une place de stationnement; **auspeitschen** VT ⟨*sép*, -ge-, h.⟩ fouetter; **Auspeitschung** F ⟨~; ~en⟩ fouettement *m*; **auspendeln** VI ⟨-(e)le, *sép*, -ge-, h.⟩ *Seil, Schaukel* (s')arrêter de se balancer; *Zeiger* (s')arrêter d'osciller; **auspfeifen** VT ⟨*irr, sép*, -ge-, h.⟩ siffler; *weitS.* °huer; **auspflanzen** VT ⟨-(es)t, *sép*, -ge-, h.⟩ déplanter; transplanter; **ausplappern** *umg* VT ⟨-(e)re, *sép*, -ge-, h.⟩, **ausplaudern** VT ⟨-(e)re, *sép*, -ge-, h⟩ ébruiter; divulguer; *Geheimnis a.* trahir; **ausplündern** VT ⟨-(e)re, *sép*, -ge-, h.⟩ *Person, Auto etc* dévaliser; *Haus, Auto a.* mettre à sac; *Land, Stadt, Laden* piller;
Ausplünderung F dévalisement *m*; pillage *m*; *e-r Person a.* détroussement *m*; *e-r Stadt a.* mise *f* à sac; **ausposaunen** *umg pej* VT ⟨*sép, pas de ge-*, h.⟩ *Neuigkeit etc* raconter à qui veut l'entendre; crier sur les toits; carillonner;
auspowern *umg pej* VT ⟨-(e)re, *sép*, -ge-, h.⟩ *Volk, Land* appauvrir; exploiter; **ausprägen** ⟨*sép*, -ge-, h.⟩ A VT *Silber etc* monnayer, monétiser (**zu en**) B VR **sich ~** se manifester; s'exprimer; **Ausprägung** F 1 *von Metall* monnayage *m* 2 *e-s Charakteristikums etc* empreinte

f; **auspressen** VT ⟨-(es)t, *sép*, -ge-, h.⟩ 1 *Frucht* presser; *Saft* exprimer; extraire 2 *fig pej* (*ausbeuten*) pressurer; exploiter; (*ausfragen*) presser, °harceler de questions
ausprobieren VT ⟨*sép*, *pas de ge-*, h.⟩ essayer; **etw an j-m, etw ~** essayer, *Methode, Medikament a.* expérimenter qc sur qn, qc
Ausprobieren N expérimentation *f*
Auspuff M ⟨~(e)s; ~e⟩ AUTO (tuyau *m*, pot *m* d')échappement *m*; **Auspuffgas(e)** N gaz *m(pl)* d'échappement; **Auspuffrohr** N tuyau *m* d'échappement; **Auspufftopf** M pot *m* d'échappement
auspumpen VT ⟨*sép*, -ge-, h.⟩ 1 *Wasser, Luft etc* pomper 2 *Keller, Schacht etc* vider (à l'aide d'une pompe); **j-m den Magen ~** faire un lavage d'estomac à qn
auspunkten VT ⟨-ete, *sép*, -ge-, h.⟩ BOXEN battre aux points; **auspusten** *umg* VT ⟨-ete, *sép*, -ge-, h.⟩ → ausblasen; **ausputzen** VT ⟨-(es)t, *sép*, -ge-, h.⟩ 1 nettoyer (l'intérieur de) 2 GARTEN élaguer
Ausputzer M ⟨~s; ~⟩ FUSSBALL libéro *m*
ausquartieren VT ⟨*sép*, *pas de ge-*, h.⟩ déloger
ausquatschen *umg* ⟨*sép*, -ge-, h.⟩ A VT ébruiter; divulguer; *Geheimnis* trahir B VR **sich mit j-m ~** (*sich aussprechen*) *umg* vider son sac
ausquetschen VT ⟨*sép*, -ge-, h.⟩ 1 (*auspressen*) *Frucht* presser; *Saft* exprimer; extraire 2 *umg* (*ausfragen*) **j-n ~** *umg* cuisiner qn
ausrädeln VT ⟨-(e)le, *sép*, -ge-, h.⟩ GASTR *Teig* découper à la roulette; MODE *Schnitt* tracer à la roulette
ausradieren VT ⟨*sép*, *pas de ge-*, h.⟩ 1 *Geschriebenes* gommer; effacer; *mit e-m Federmesser* gratter; *fig* **etw aus s-m Gedächtnis ~** effacer qc de sa mémoire 2 *fig pej Stadt etc* rayer de la carte; effacer; *Personen umg* bousiller; *umg* liquider
ausrangieren VT ⟨*sép*, *pas de ge-*, h.⟩ *Kleidungsstücke, Möbel etc* mettre au rancart, au rebut, *Maschinen a.* °hors service; **ausrasieren** VT ⟨*sép*, *pas de ge-*, h.⟩ *Nacken etc* raser
ausrasten[1] VI ⟨-ete, *sép*, -ge-, s.⟩ 1 TECH décliqueter; dégager 2 *umg fig* (*durchdrehen*) *umg* disjoncter; **sie rastet (völlig) aus, es rastet (völlig) bei ihr aus** *a. umg* elle perd (complètement) la boule
ausrasten[2] VI (*u.* VR) ⟨-ete, *sép*, -ge-, h.⟩ *südd, österr* (*ausruhen*) **(sich) ~** se reposer
ausrauben VT ⟨*sép*, -ge-, h.⟩ *Person, Auto etc* dévaliser; *Wohnung, Laden a.* piller; **ausräubern** VT ⟨-(e)re, *sép*, -ge-, h.⟩ dévaliser; **Ausraubung** F ⟨~; ~en⟩ dévalisement *m*
ausräuchern VT ⟨-(e)re, *sép*, -ge-, h.⟩ *Raum, Person* enfumer; **Ausräucherung** F ⟨~; ~en⟩ *e-s Raums etc* enfumage *m*; *mit Gasen* fumigation *f*
ausraufen VT ⟨*sép*, -ge-, h.⟩ arracher; **sich** (*dat*) **(vor Verzweiflung** [*dat*]**) die Haare ~** s'arracher les cheveux (de désespoir)
ausräumen VT ⟨*sép*, -ge-, h.⟩ 1 *Wohnung, Zimmer* déménager les meubles de; vider de ses meubles; *Schrank, Schublade, umg Kasse etc* vider 2 *Bücher, Wäsche, Möbel etc* sortir, enlever (**aus** de) 3 *fig Missverständnisse* dissiper; *Bedenken* éliminer; *Differenzen, Schwierigkeiten* aplanir 4 MED **den Abort ~** faire un curetage
ausrechnen VT ⟨-ete, *sép*, -ge-, h.⟩ calculer; *fig* **sich** (*dat*) **Chancen ~** penser avoir de bonnes chances; *umg fig* **das kannst du dir ja selbst ~** tu peux imaginer ça toi-même
Ausrede F excuse *f*; échappatoire *f*; (*Vorwand*) prétexte *m*; **e-e dumme ~** une excuse ridicule; **e-e faule ~** une mauvaise excuse; **um keine ~ verlegen sein** avoir toujours de bonnes excuses; **nur keine ~n!** pas d'échappatoires!; pas de mauvaises excuses!
ausreden ⟨-ete, *sép*, -ge-, h.⟩ A VT **j-m etw ~** dissuader, détourner qn de qc; *umg* **j-m j-n ~** détourner qn de qn B VI finir (de parler); **j-n ~ lassen** laisser finir qn (de parler)
ausreiben VT ⟨*irr*, *sép*, -ge-, h.⟩ 1 *Fleck* enlever (en frottant) 2 (*reinigen*) nettoyer
ausreichen VI ⟨*sép*, -ge-, h.⟩ suffire; *umg* **mit etw (nicht) ~** (ne pas) y arriver avec qc; (ne pas) avoir assez de qc
ausreichend A ADJ suffisant; *Schulnote* → Vier 2 B ADV suffisamment; assez
ausreifen VI ⟨*sép*, -ge-, s.⟩ *a. fig* mûrir
Ausreise F départ *m* (pour l'étranger); **Ein- und ~** entrée *f* et sortie *f*; **bei der ~ aus Frankreich** en sortant de (la), en quittant la France; **j-m die ~ verweigern** refuser à qn l'autorisation de quitter le pays, de sortir du territoire
Ausreisebeschränkung F limitation *f* de sortie; **Ausreiseerlaubnis** F, **Ausreisegenehmigung** F permis *m*, autorisation *f* de sortie
ausreisen VI ⟨-(es)t, *sép*, -ge-, s.⟩ partir (pour l'étranger); quitter (**aus e-m Land** un pays); **nach Frankreich ~** partir pour la France; **aus Frankreich ~** sortir de (la), quitter la France
Ausreisevisum N visa *m* de sortie
ausreißen ⟨*irr*, *sép*, -ge-⟩ A VT ⟨h.⟩ arracher B VI ⟨s.⟩ 1 (*abreißen*) s'arracher 2 (*einreißen*) se déchirer; **ein ausgerissenes Knopfloch** une boutonnière déchirée 3 *umg* (*weglaufen*) *umg* prendre le large; *umg* se tirer; *umg* se casser; *Kinder* faire une fugue; *umg* fuguer; **vor j-m ~** se sauver à la vue de qn 4 RADSPORT *etc* s'échapper; faire une échappée
Ausreißer(in) M ⟨~s; ~⟩ (F) ⟨~in; ~innen⟩ 1 *umg Kind* fugueur, -euse *m,f* 2 SPORT coureur, -euse *m,f* qui fait une échappée; **Ausreißversuch** M SPORT tentative *f* d'échappée
ausreiten VI ⟨*irr*, *sép*, -ge-, s.⟩ sortir, se promener à cheval
ausreizen VT ⟨-(e)st, *sép*, -ge-, h.⟩ *beim Kartenspiel* **s-e Karten ~** annoncer la plus °haute enchère (de son jeu); *fig* **alle Möglichkeiten ~** épuiser tous les moyens
ausrenken VT ⟨*sép*, -ge-, h.⟩ *Glied* démettre; déboîter; **sich** (*dat*) **den Arm ~** se démettre, se déboîter le bras; *umg fig* **sich** (*dat*) **den Hals (nach j-m, etw) ~** tordre, tendre le cou (pour voir qn, qc)
ausrichten ⟨-ete, *sép*, -ge-, h.⟩ A VT 1 *Gegenstand, Soldaten etc* aligner; *Werkstück etc* ajuster; centrer; **etw nach Süden ~** orienter qc au sud 2 *fig* **etw auf j-n, etw ~** orienter qc sur qn, qc; **esoterisch ausgerichtete Bücher** des livres orientés vers l'ésotérisme; **etw an j-s Bedürfnissen ~** adapter qc aux besoins de qn; **ein auf wissenschaftliche Arbeit ausgerichtetes Team** une équipe orientée vers le travail scientifique 3 *Auftrag, Gruß etc* transmettre; **richten Sie ihm e-n schönen Gruß aus** transmettez-lui mes amitiés; dites-lui bien des choses de ma part; saluez-le de ma part; **richten Sie ihm bitte aus, dass …** dites-lui s'il vous plaît que …; *als Antwort* **ich werde es ~** je n'y manquerai pas 4 (*veranstalten*) organiser; *Fest a.* arranger; **j-m die Hochzeit ~** arranger, préparer le mariage de qn 5 (*erreichen*) **etw ~** (réussir à) obtenir qc; **bei ihm richtest du mit Frechheit nichts aus** tu n'obtiendras rien auprès de lui en faisant l'effronté; **gegen etw, j-n nichts ~ können** ne pouvoir rien (faire) contre qc, qn; **ich habe in dieser Sache wenig ~ können** je n'ai pas pu faire grand-chose, je ne suis pas arrivé à grand-chose dans cette affaire 6 BERGBAU mettre en exploitation 7 *schweiz* (*zahlen*) payer B VR 1 MIL **sich (nach j-m) ~** s'aligner (sur qn) 2 **sich an j-m ~** s'orienter, s'aligner sur qn; imiter qn
Ausrichtung F 1 MIL *etc* alignement *m*; *e-s Werkstücks etc* ajustage *m*; centrage *m* 2 *fig* orientation *f* (**auf** [+*akk*] vers) 3 *e-s Auftrags, Befehls etc* transmission *f* 4 *e-s Festes, e-r Tagung, von Meisterschaften etc* organisation *f*; préparation *f* 5 BERGBAU mise *f* en exploitation
ausrinnen VI ⟨*irr*, *sép*, -ge-, s.⟩ *bes südd, österr* 1 (*her~*) s'écouler 2 (*sich leeren*) se vider
Ausritt M sortie *f*, promenade *f* à cheval
ausrollen ⟨*sép*, -ge-⟩ A VT ⟨h.⟩ *Teppich etc* dérouler; *Teig* étendre (au rouleau) B VI ⟨s.⟩ *Flugzeug etc* rouler de plus en plus lentement et s'arrêter
ausrotten VT ⟨-ete, *sép*, -ge-, h.⟩ *Lebewesen* exterminer; *Unsitte, Aberglaube etc* détruire; **das Übel mit der Wurzel ~** couper le mal à la racine
Ausrottung F ⟨~; ~en⟩ *von Lebewesen* extermination *f*; *von Unsitten etc* destruction *f*
ausrücken ⟨*sép*, -ge-⟩ A VT ⟨h.⟩ 1 TECH débrayer 2 TYPO *etc* sortir; **etw nach rechts, links ~** sortir qc à droite, gauche B VI ⟨s.⟩ 1 MIL partir; *für kürzere Zeit* sortir; *Feuerwehr* sortir 2 *umg* (*ausreißen*) *umg* prendre le large; *umg* mettre les bouts; *umg* se tirer; *umg* se casser
Ausrücken N ⟨~s⟩ 1 MIL départ *m*; *für kürzere Zeit* sortie *f* 2 TECH débrayage *m*; **Ausrücker** M ⟨~s; ~⟩ TECH dispositif *m* de débrayage
Ausruf M 1 exclamation *f*; cri *m* 2 (*Bekanntmachung*) annonce *f* (à °haute voix); proclamation *f*; **etw durch ~ bekannt machen** annoncer qc à °haute voix
ausrufen VT ⟨*irr*, *sép*, -ge-, h.⟩ 1 crier; **j-n durch Lautsprecher ~ lassen** faire appeler qn par °haut-parleur 2 (*bekannt geben*) annoncer (à °haute voix); **der Fahrer ruft die Haltestellen aus** le conducteur annonce les arrêts 3 *zum Verkauf* **Zeitungen ~** crier les titres des journaux 4 (*proklamieren*) *Republik, Ausnahmezustand etc* proclamer; **e-n Streik ~** lancer l'ordre de grève; **j-n zum König ~** proclamer qn roi
Ausrufesatz M GRAM proposition exclamative; **Ausrufewort** N ⟨~(e)s; -wörter⟩ interjection *f*; **Ausrufezeichen** N point *m* d'exclamation
Ausrufung F ⟨~⟩ *der Republik, zum König etc* proclamation *f*; **die ~ e-s Streiks** le lancement de l'ordre de grève
Ausrufungszeichen N → Ausrufezeichen
ausruhen ⟨*sép*, -ge-, h.⟩ A VT reposer B VI (*u.* VR) **(sich) ~** se reposer; **ich muss (mich) ein wenig ~** je dois me reposer un peu; **sich von etw ~** se reposer de qc
ausrupfen VT ⟨*sép*, -ge-, h.⟩ arracher; **e-m Vogel die Federn ~** *a.* plumer un oiseau
ausrüsten VT ⟨-ete, *sép*, -ge-, h.⟩ 1 équiper (**mit** de); *mit Werkzeugen a.* outiller; **ein Schiff ~** armer, équiper un navire; **mit den nötigen Kenntnissen ausgerüstet** muni des connaissances nécessaires 2 TEX apprêter
Ausrüstung F 1 équipement *m*; *e-s Schiffs a.* armement *m*; *mit Werkzeugen a.* outillage *m* 2 TEX apprêt *m*
Ausrüstungsgegenstände MPL équipement *m*
ausrutschen VI ⟨*sép*, -ge-, s.⟩ glisser; **das Messer ist mir ausgerutscht** le couteau m'a glissé des mains; *umg fig* **ihm ist die Hand ausgerutscht** *umg* il lui a flanqué une gifle
Ausrutscher *umg* M ⟨~s; ~⟩ 1 glissade *f* 2 *fig* (*Fauxpas*) *umg* gaffe *f*

Aussaat F 1 *Aktion, Periode* semis *mpl*; *von Getreide* semailles *fpl* 2 *(Saat)* semence *f*
aussäen VT ⟨*sép*, -ge-, h.⟩ semer
Aussage F 1 *(Feststellung)* déclaration *f*; dire(s) *m(pl)*; **nach ~ von** *(od gen)* d'après les déclarations, les dires de; au(x) dire(s) de 2 JUR, ADMIN déposition *f*; **falsche ~** fausse déposition; **e-e ~ machen** faire une déposition; **die ~ verweigern** refuser de déposer, de faire une déposition 3 *e-s Kunstwerks etc* message *m*
Aussagekraft F ⟨~⟩ 1 *von Angaben* pertinence *f* 2 *e-s Kunstwerks* force *f* d'expression; **aussagekräftig** ADJ pertinent; substantiel, -ielle
aussagen VT ⟨*sép*, -ge-, h.⟩ 1 *(ausdrücken)* exprimer; dire; **mit diesem Sprichwort wird ausgesagt, dass …** ce proverbe exprime, veut dire que …; **etw über das Wesen der Dinge ~** dire qc sur la nature des choses 2 JUR, ADMIN déposer; **unter Eid** *(dat)* **~** déposer sous serment; **vor Gericht** *(dat)* **~** déposer en justice (**gegen j-n** contre qn); **er sagte aus, dass …** il a dit, déclaré dans sa déposition que …
aussägen VT ⟨*sép*, -ge-, h.⟩ découper (à la scie)
Aussagesatz M GRAM proposition énonciative; **Aussageverweigerung** F JUR refus *m* de déposer, de témoigner; **Aussageweise** F GRAM mode *m*
Aussatz M ⟨~es⟩ MED HIST, *fig* lèpre *f*
aussätzig ADJ MED HIST, *fig* lépreux, -euse
Aussätzige(r) M/F(M) ⟨→ A⟩ MED HIST, *fig* lépreux, -euse *m,f*
aussaufen VT ⟨*irr, sép*, -ge-, h.⟩ 1 *Tiere: Wasser etc* boire (toute l'eau, *etc*); *Eimer etc* vider 2 *sl Menschen: Flüssigkeit umg* descendre; *Gefäß umg* siffler
aussaugen VT ⟨*régulier ou geh irr, sép*, -ge-, h.⟩ 1 *Frucht, Wunde, Blut etc* sucer 2 *fig Menschen* exploiter; profiter de; *Boden* exploiter; **j-n bis aufs Blut ~** sucer qn jusqu'à la moelle; saigner qn à blanc
ausschaben VT ⟨*sép*, -ge-, h.⟩ gratter; râper; MED cureter; **Ausschabung** F ⟨~; ~en⟩ MED curetage *m*; **ausschachten** VT ⟨-ete, *sép*, -ge-, h.⟩ creuser; excaver; **Ausschachtung** F ⟨~; ~en⟩ creusage *od* creusement *m*; *(Grube)* excavation *f*; **Ausschachtungsarbeiten** FPL travaux *mpl* de creusage, d'excavation, de terrassement
ausschaffen VT ⟨*sép*, -ge-, h.⟩ *schweiz* expulser; **ausschalen** VT ⟨*sép*, -ge-, h.⟩ BAU 1 *(Gegenteil: einschalen)* décoffrer 2 *(mit Brettern verkleiden)* planchéier; *(verschalen)* coffrer; **ausschälen** VT ⟨*sép*, -ge-, h.⟩ 1 *Nüsse* décortiquer; *Hülsenfrüchte* écosser 2 MED *Mandeln etc* ôter; enlever
ausschalten VT ⟨-ete, *sép*, -ge-, h.⟩ 1 *Licht, Heizung* éteindre; *Strom* couper; interrompre; *Radio, Fernseher* éteindre; fermer; *Maschine, Motor* arrêter; mettre °hors circuit 2 *fig Zweifel, Gedanken, Gegner, Konkurrenten* éliminer; écarter; supprimer; *Fehler* rendre impossible; **um jeden Irrtum auszuschalten** pour éviter toute erreur
Ausschaltung F 1 *des Stroms* interruption *f*; *e-r Maschine, e-s Motors* mise *f* °hors circuit; arrêt *m*; *des Lichts* extinction *f* 2 ⟨*pas de pl*⟩ *fig von Zweifeln, der Konkurrenz etc* élimination *f*; suppression *f*
Ausschalung F ⟨~; ~en⟩ BAU *(Schalungsausbau)* décoffrage *m*; *(Verschalung)* planchéiage *m*
Ausschank M ⟨~(e)s; -schänke⟩ 1 ⟨*pas de pl*⟩ **der ~ alkoholischer Getränke** *etc* la vente de boissons alcoolisées, *etc* 2 *(Schankraum)* débit *m* de boissons; buvette *f* 3 *(Theke)* comptoir *m*; bar *m*

Ausschau F ⟨~⟩ **nach j-m, etw ~ halten** → ausschauen 1
ausschauen VI ⟨*sép*, -ge-, h.⟩ 1 *(Ausschau halten)* **nach j-m, etw ~** chercher qn, qc des yeux, du regard; regarder attentivement, scruter l'horizon pour voir si qn, qc arrive 2 *südd, österr* → aussehen 1
ausschaufeln VT ⟨-(e)le, *sép*, -ge-, h.⟩ 1 *Erde etc* enlever, retirer (à, avec la pelle) 2 *Graben etc* creuser (à l'aide d'une pelle) 3 *Verschüttete* déterrer
ausscheiden ⟨*irr, sép*, -ge-⟩ A VT ⟨h.⟩ 1 PHYSIOL *Stoffwechselprodukte* excréter; *Krankheitserreger, Fremdkörper* éliminer; CHEM dégager 2 *Unwichtiges etc* éliminer B VI ⟨s.⟩ 1 *aus e-r Gemeinschaft* quitter (**aus etw** qc); se retirer (aus de); **aus der Firma ~** quitter l'entreprise; **aus s-m Amt ~** quitter ses fonctions; se retirer de ses fonctions; se démettre de sa charge 2 SPORT, *bei e-m Wettbewerb* être éliminé 3 *(nicht in Betracht kommen)* être exclu, °hors de question
Ausscheiden N *e-s Mitarbeiters etc* départ *m*; *aus e-m Wettbewerb* élimination *f*
Ausscheidung F 1 PHYSIOL *von Stoffwechselprodukten* excrétion *f*; *von Krankheitserregern etc* élimination *f* 2 *von Überflüssigem etc* élimination *f* 3 SPORT éliminatoire *f*
Ausscheidungskampf M SPORT (épreuve *f*) éliminatoire *f*; **Ausscheidungsorgan** N ANAT organe excréteur; **Ausscheidungsspiel** N SPORT match *m* éliminatoire
ausscheißen *sl* ⟨*irr, sép*, -ge-, h.⟩ A VT *umg* faire B VI *fig* **(bei j-m) ausgeschissen haben** *umg* être devenu un zéro pour qn; avoir baissé, être tombé dans l'estime de qn
ausschelten VT ⟨*irr, sép*, -ge-, h.⟩ réprimander; gronder; *geh* tancer; **ausschenken** VT ⟨*sép*, -ge-, h.⟩ *Getränke* 1 *(verkaufen)* vendre (qc à consommer sur place); débiter 2 *(ausgießen)* verser 3 *(servieren)* servir; *(verteilen) a.* offrir;
ausscheren VI ⟨*sép*, -ge-, s.⟩ *Fahrzeug* se déporter; déboîter; *Läufer* sortir de la, quitter la file; *Schiff* quitter le convoi; *Flugzeug* quitter la formation; **ausscheuern** VT ⟨-(e)re, *sép*, -ge-, h.⟩ *Gefäß* récurer
ausschicken VT ⟨*sép*, -ge-, h.⟩ envoyer; **j-n nach j-m, etw ~** envoyer qn chercher qn, qc
ausschießen VT ⟨*irr, sép*, -ge-, h.⟩ 1 **j-m ein Auge ~** crever un œil à qn 2 TYPO imposer 3 SCHIESSSPORT *Sieger, besten Schützen* disputer au tir le titre de; *Preis, Pokal* jouer au tir; mettre en jeu au tir; *(gewinnen)* gagner au tir
ausschiffen VT *(u. VR)* ⟨*sép*, -ge-, h.⟩ **(sich) ~** débarquer; **Ausschiffung** F ⟨~; ~en⟩ débarquement *m*; **ausschildern** VT ⟨-(e)re, *sép*, -ge-, h.⟩ *Straße* signaliser; *Umleitung* indiquer; signaler; **Ausschilderung** F signalisation *f*; **ausschimpfen** VT ⟨*sép*, -ge-, h.⟩ attraper; gronder; **ausschirren** VT ⟨*sép*, -ge-, h.⟩ *Pferd* déharnacher; ôter le harnais à
ausschlachten VT ⟨-ete, *sép*, -ge-, h.⟩ 1 *Schlachtvieh* vider et dépecer 2 *umg pej (ausnutzen)* exploiter; **e-e Affäre politisch ~** exploiter une affaire politiquement 3 *umg altes Auto etc* retirer tout ce qui est encore utilisable de
ausschlafen ⟨*irr, sép*, -ge-, h.⟩ A VT **s-n Rausch ~** cuver son vin B VI *(u. VR)* **(sich) ~** dormir assez, son compte; **gut ausgeschlafen sein** être bien reposé
Ausschlag M 1 MED éruption *f* (de boutons); eczéma *m* 2 *der Magnetnadel, e-s Messinstruments etc* déviation *f*; *fig* **den ~ geben** faire pencher la balance; être décisif (**für** pour); décider (**für** de)
ausschlagen ⟨*irr, sép*, -ge-, h.⟩ A VT 1 *Auge* crever; *Zahn* casser; **ein Stück aus etw ~** casser un morceau de qc 2 *Feuer* éteindre en frappant dessus 3 **etw mit etw ~** *Kasten* garnir, doubler qc de qc; *Raum, Wand* tapisser, tendre qc de qc 4 *(ausschütteln)* secouer 5 *(ablehnen) Angebot, Einladung, Amt etc* refuser; *Erbschaft* renoncer à; répudier; **das kann man nicht ~** ça ne se refuse pas; ce n'est pas de refus 6 TECH *Gold etc* battre B VI 1 ⟨h. *ou* s.⟩ *Baum etc* bourgeonner 2 *Pferd* ruer; lancer une *od* des ruade(s); regimber 3 ⟨h. *ou* s.⟩ *Zeiger e-s Messinstruments, Pendel, Wünschelrute etc* dévier 4 *geh* ⟨s.⟩ **zum Guten, Schlechten ~** tourner bien, mal; **zu j-s Vorteil, Nachteil ~** tourner à l'avantage, au désavantage de qn 5 *(zu Ende schlagen) Uhr* finir de sonner; *geh* **sein Herz hat ausgeschlagen** son cœur a cessé de battre
ausschlaggebend ADJ décisif, -ive; déterminant; **~ für etw sein** être déterminant, décisif pour qc; **das ist von ~er Bedeutung** c'est d'une importance cruciale
ausschlämmen VT ⟨*sép*, -ge-, h.⟩ débourber; curer; **ausschlecken** VT ⟨*sép*, -ge-, h.⟩ lécher
ausschleimen *umg* VR ⟨*sép*, -ge-, h.⟩ **sich (bei j-m) (über j-n, etw) ~** dire (à qn) son écœurement (au sujet de qn, qc)
ausschließen ⟨*irr, sép*, -ge-, h.⟩ A VT 1 *(aussperren)* **j-n ~** fermer la porte derrière qn qui n'a pas de clé pour rentrer 2 *fig* **j-n (von, aus etw) ~** exclure qn (de qc); JUR **die Öffentlichkeit ~** prononcer le huis clos 3 *Irrtum, Zweifel, Täuschung* exclure; **es ist nicht auszuschließen, dass …** il est possible que … *(+subj)*; il faut s'attendre à ce que … *(+subj)*; **was nicht ausschließt, dass …** ce qui n'exclut pas que … *(+subj)*; **die beiden Dinge schließen einander aus** les deux choses s'excluent l'une l'autre 4 *(ausnehmen)* **ich schließe niemanden davon aus** je n'en exclus, excepte personne; **alle helfen mit, du nicht ausgeschlossen** tout le monde aidera, toi y compris; HANDEL **vom Umtausch ausgeschlossen sein** ne pas pouvoir être échangé 5 TYPO **(die) Zeilen ~** justifier les lignes B VR 1 **sich ~** *(sich aussperren)* fermer la porte derrière soi sans avoir la clé 2 *fig* **sich (von etw) ~** *(nicht teilnehmen)* ne pas prendre part (à qc); se mettre à l'écart (de qc); *(sich ausnehmen)* s'exclure (de qc)
ausschließlich A ADJ ⟨*épithète*⟩ *Recht etc* exclusif, -ive B ADV exclusivement C PRÄP ⟨*gen*⟩ à l'exclusion de; **~ Verpackung** emballage non compris; à l'exclusion de l'emballage
Ausschließlichkeit F ⟨~⟩ exclusivité *f*
ausschlüpfen VI ⟨*sép*, -ge-, s.⟩ *Vogel, Schmetterling* éclore; sortir (de l'œuf *bzw.* du cocon)
Ausschlüpfen N ⟨~s⟩ éclosion *f*
ausschlürfen VT ⟨*sép*, -ge-, h.⟩ 1 *Ei, Auster* gober 2 *Glas, Tasse langsam, mit Genuss* déguster; siroter
Ausschluss M 1 exclusion *f*; JUR **unter ~ der Öffentlichkeit** à °huis clos 2 TYPO espace *f*
Ausschlussfrist F JUR délai *m* d'exclusion, de forclusion
ausschmücken VT ⟨*sép*, -ge-, h.⟩ 1 *(dekorieren)* décorer, orner (**mit** de) 2 *Erzählung etc* embellir; enjoliver; **Ausschmückung** F ⟨~; ~en⟩ 1 *e-s Raums etc* décoration *f* 2 *e-r Erzählung etc* embellissement *m*; enjolivement *m*
ausschneiden VT ⟨*irr, sép*, -ge-, h.⟩ *Artikel aus e-r Zeitung, Figuren etc* découper (**aus** dans); MODE *Ausschnitt etc* échancrer; *Kleid* décolleter; MED exciser; GARTEN élaguer; émonder
Ausschnitt M 1 *(Zeitungsausschnitt)* coupure *f* (de presse) 2 MODE *(Halsausschnitt)* décolleté *m*; échancrure *f* 3 *e-s Buchs, e-r Rede, e-s Films* extrait *m*; *e-s Programms* partie *f*; *(Bildausschnitt)* dé-

tail *m*; *aus dem Leben* tranche *f*; **ausschnittweise** **A** ADJ ⟨*épithète*⟩ d'extraits **B** ADV par extraits
ausschöpfen V/T ⟨*sép*, -ge-, h.⟩ **1** *Gefäß, Brunnen etc* vider; épuiser; *Inhalt* vider; *Wasser aus e-m Boot etc* écoper **2** *fig Möglichkeiten, Reserven etc* épuiser; **ausschrauben** V/T ⟨*sép*, -ge-, h.⟩ dévisser
ausschreiben V/T ⟨*irr*, *sép*, -ge-, h.⟩ **1** *Namen* écrire en entier; *Wort etc* écrire en toutes lettres **2** *Vollmacht, Rechnung etc* rédiger; *Attest, Quittung* écrire; *Scheck* remplir; *Rezept* prescrire **3** (*bekannt geben*) annoncer; *Preis, Belohnung* mettre au concours; *Wettbewerb* ouvrir; **e-e Stelle ~** mettre une annonce d'offre d'emploi; *Arbeiten* **öffentlich ~** mettre en adjudication; **Wahlen ~** fixer la date des élections
Ausschreibung F *e-s Wettbewerbs* ouverture *f*; *e-r Stelle* publication *f* d'une annonce; *von Wahlen* fixation *f* de la date; (*~sunterlagen*) dossier *m* du concours; **öffentliche ~** appel *m* d'offres; adjudication (administrative)
ausschreien ⟨*irr*, *sép*, -ge-, h.⟩ **A** V/T crier; (*bekannt geben*) annoncer (en criant) **B** V/R *umg* **sich** (*dat*) **den Hals** *od* **die Kehle** *od* **die Lunge ~** s'égosiller; s'époumoner
ausschreiten *geh* V/I ⟨*irr*, *sép*, -ge-, s.⟩ **(tüchtig, kräftig, schnell) ~** allonger le pas; marcher à grands pas, à grandes enjambées
Ausschreitungen FPL excès *mpl*; **es kam zu schweren ~** il y eut de violents incidents
Ausschuss M **1** (*Kommission*) comité *m*; commission *f* **2** ⟨*pas de pl*⟩ (*fehlerhafte Ware*) rebut *m*; **Ausschussmitglied** N membre *m* du comité, de la commission; **Ausschussquote** F pourcentage *m* de rebut; **Ausschusssitzung** F séance *f* du comité, de la commission; **Ausschussvorsitzende(r)** M/F(M) président(e) *m(f)* du comité, de la commission; **Ausschussware** F marchandise *f* de rebut
ausschütteln V/T ⟨-(e)le, *sép*, -ge-, h.⟩ secouer
ausschütten V/T ⟨-ete, *sép*, -ge-, h.⟩ **1** *Gefäß, Inhalt* vider; (*verschütten*) répandre; *fig* **j-m sein Herz ~** s'épancher auprès de qn; *umg* **sich vor Lachen ~ (wollen)** *umg* être plié en deux (de rire); *umg* rire comme un bossu; se tordre de rire **2** *Prämien, Dividenden etc* distribuer; répartir; verser
Ausschüttung F ⟨~; ~en⟩ distribution *f*; répartition *f*; versement *m*; (*Dividende*) dividende *m*
ausschwärmen V/I ⟨*sép*, -ge-, s.⟩ *Bienen* essaimer; MIL se déployer en tirailleurs; *fig Personen* s'éparpiller; **ausschweifen** V/I ⟨*sép*, -ge-, s.⟩ *in der Lebensweise* faire des excès, des abus; *Fantasie* être débordant, effréné
ausschweifend ADJT *Fantasie etc* débridé; effréné; débordant; *Gefühle* excessif, -ive; démesuré; *Mensch* (*sittenlos*) débauché; **ein ~es Leben führen** mener une vie déréglée, dissolue; se livrer à la débauche
Ausschweifung F ⟨~; ~en⟩ *im Genuss* excès *m*; (*Sittenlosigkeit*) débauche *f*; *der Fantasie* débordement *m*
ausschweigen V/R ⟨*irr*, *sép*, -ge-, h.⟩ **sich über etw** (*akk*) **~** garder le silence sur qc; se taire sur qc
ausschwemmen V/T ⟨*sép*, -ge-, h.⟩ (*aushöhlen*) creuser; ronger; (*auswaschen*) laver; **ausschwenken** ⟨*sép*, -ge-⟩ **A** V/T ⟨h.⟩ **1** (*ausspülen*) rincer **2** (*nach außen schwenken*) faire pivoter **B** V/I ⟨s.⟩ **1** (*zur Seite schwenken*) se déporter **2** MIL pivoter
ausschwingen V/I ⟨*irr*, *sép*, -ge-, h.⟩ **1** (*aufhören zu schwingen*) *Pendel* cesser d'osciller; *Glocke, Schaukel* cesser de se balancer; *Saite* cesser de vibrer **2** *Kran* pivoter; SPORT *am Barren* se balancer et sortir; **weit ~** *Beine, Arme* décrire de larges demi-cercles; *Glocke, Schaukel* se balancer, *Pendel* osciller fortement
ausschwitzen V/T ⟨-(es)t, *sép*, -ge-, h.⟩ **1** *Feuchtigkeit, Schweiß* exsuder; **e-e Erkältung ~** soigner un refroidissement par la transpiration **2** GASTR *Mehl* faire mousser; *Zwiebeln* faire fondre
aussegnen V/T ⟨-ete, *sép*, -ge-, h.⟩ *Verstorbene* donner la dernière bénédiction à; **Aussegnung** F levée *f* du corps
aussehen V/I ⟨*irr*, *sép*, -ge-, h.⟩ **1** avoir l'air; paraître; **älter ~, als man ist** paraître, faire plus vieux que son âge; porter plus que son âge; **jünger ~, als man ist** ne pas faire, paraître son âge; paraître, faire plus jeune que l'on n'est; **vornehm ~** *Person* avoir l'air distingué; *Sache* être, faire distingué; **hübsch ~** être joli; **das sieht nur so aus** c'est seulement une apparence; **~ wie** ressembler à; **hier sieht es aus wie …** ça a l'air ici de …; **wie sieht e-e Amsel aus?** à quoi ressemble un merle?; *umg* **dieses Kleid sieht nach nichts aus** cette robe n'est pas terrible; **du siehst in dem Kleid gut aus** cette robe te va bien; **wie siehst du denn aus!** te voilà bien arrangé!; *umg* **(na,) wie sieht's aus, bist du fertig?** (alors,) où en es-tu, es-tu prêt?; *iron* **die sieht (mir) gerade danach aus!** elle (m')en a bien l'air!; *kannst du mir beim Auspacken helfen? - umg* **sehe ich so aus?** tu me prends pour qui?; **so siehst du aus!** tu n'y penses pas!; *umg* compte là-dessus!; **es sieht nach Regen aus** le temps est à la pluie; **mit s-n Aussichten sieht es schlecht aus** les perspectives ne sont pas encourageantes pour lui **2** (*Ausschau halten*) **nach j-m ~** → ausschauen 1
Aussehen N ⟨~s⟩ **1** (*Gesichtsausdruck*) air *m*; mine *f*; **ein gesundes ~ haben** avoir l'air bien portant; avoir l'air en bonne santé **2** (*Äußeres*) apparences *fpl*; extérieur *m*; *von Dingen a.* aspect *m*; **ein gepflegtes ~ haben** avoir un extérieur soigné; **dem ~ nach** selon les apparences; **j-n nach dem ~ beurteilen** juger qn sur les apparences
außen ADV dehors; à l'extérieur; extérieurement; SPORT (*auf der Außenbahn*) sur la piste extérieure; dans le couloir extérieur; (*am äußeren Rand des Spielfelds*) sur le côté extérieur du terrain; **nach ~ (hin)** à *od* vers l'extérieur; au *od* en dehors; **von ~** du dehors; de l'extérieur; **nach ~ (hin) lächerlich erscheinen** paraître ridicule vu de l'extérieur; **von dem Skandal soll nichts nach ~ dringen** il ne doit rien percer du scandale à l'extérieur; *umg* **j-n, etw ~ vor lassen** ignorer qn, qc; *umg* **~ vor bleiben** être ignoré
Außen… IN ZSSGN *meist* extérieur; **Außenansicht** F extérieur *m*; vue extérieure; **Außenantenne** F antenne extérieure; **Außenaufnahmen** FPL FILM extérieurs *mpl*; **Außenbahn** F SPORT piste extérieure; LEICHTATHLETIK couloir extérieur; **Außenbeleuchtung** F éclairage extérieur; **Außenbezirk** M *e-r Stadt* quartier *m* périphérique; **Außenborder** *umg* M ⟨~s; ~⟩ **1** *Motor* moteur *m* °hors-bord **2** *Boot* °hors-bord *m* (*inv*)
Außenbordmotor M moteur *m* °hors-bord; **Boot mit ~** °hors-bord *m* (*inv*)
aussenden V/T ⟨*irr ou régulier*, *sép*, -ge-, h.⟩ **1** *Wellen, Strahlen* émettre **2** *Boten etc* envoyer **3** RADIO, TV *Sendung etc* émettre; diffuser
Außendienst M service extérieur; **im ~ (tätig) sein** être en déplacement
Außendienstmitarbeiter(in) M(F) collaborateur, -trice *m,f* externe; **Außenfläche** F surface extérieure; **Außenhandel** M commerce extérieur
Außenhandelsbilanz F balance *f* du commerce extérieur
Außenhaut F *e-s Schiffs, Flugzeugs* revêtement *m*; enveloppe extérieure; *e-s Schiffs a.* bordé *m*; **Außenkante** F (re)bord extérieur; **Außenleuchte** F lampe extérieure; **Außenmauer** F mur extérieur; **Außenminister(in)** M(F) ministre *m/f* des Affaires étrangères; **Außenministerium** N ministère *m* des Affaires étrangères; **Außenministerkonferenz** F conférence *f* des ministres des Affaires étrangères; **Außenpolitik** F politique extérieure, étrangère; **Außenpolitiker(in)** M(F) homme *m* politique, politicien, -ienne *m,f* s'occupant des affaires étrangères d'un pays; **außenpolitisch** ADJ de (la) politique extérieure; concernant les affaires étrangères; **Außenseite** F côté *m*, face *f* externe, extérieur(e); *e-s Stoffs* endroit *m*; **Außenseiter(in)** M ⟨~s; ~⟩ (F) ⟨~in; ~innen⟩ *gesellschaftliche(r)* marginal(e) *m(f)*; SPORT outsider *m*; **Außenspiegel** M rétroviseur extérieur
Außenstände MPL HANDEL créances *fpl*
Außenstehende(r) M/F(M) ⟨→ A⟩ personne extérieure; profane *m/f*; **Außenstelle** F service détaché; (*Nebenstelle*) succursale *f*; **Außenstürmer** M SPORT ailier *m*; **Außentasche** F poche extérieure; **Außentemperatur** F température extérieure; **Außentreppe** F escalier extérieur; **Außenwand** F mur extérieur; **Außenwelt** F ⟨~⟩ monde extérieur; **Außenwinkel** M MATH angle *m* externe; **Außenwirtschaft** F ⟨~⟩ HANDEL économie extérieure
außer **A** PRÄP ⟨*dat*⟩ **1** (*außerhalb von*) °hors de; **~ Betrieb** °hors service; **~ Gefahr** °hors de danger; **~ Konkurrenz** °hors concours; **~ Kraft setzen** déclarer sans effet; **~ Landes gehen** quitter le pays; émigrer; **~ Reichweite** °hors de portée, d'atteinte; **~ Sicht(weite)** °hors de vue; **~ Zweifel stehen** ne faire aucun doute; **~ sich** (*dat*) **sein** *vor Wut* être °hors de soi; *vor Freude* être transporté de joie; **er geriet vor Wut ~ sich** (*dat*) la colère l'a mis °hors de lui; **er geriet vor Freude ~ sich** (*dat*) il ne se sentait plus de joie **2** (*abgesehen von*) à part; excepté; à l'exception de; exception faite de; sauf; **~ ihm war niemand zu Hause** à part lui, personne n'était à la maison; **niemand ~ mir** personne à part moi, d'autre que moi, excepté moi, sauf moi **3** (*neben*) outre; en dehors de; en plus de; à côté de **B** KONJ **~ wenn** sauf si; excepté si; à moins que … ne (*+subj*); **~ wenn es regnet** sauf s'il pleut; excepté s'il pleut; à moins qu'il ne pleuve; **es hat sich nichts geändert, ~ dass wir älter geworden sind** rien n'a changé si ce n'est que, à part le fait que nous avons vieilli
Außerachtlassung F ⟨~⟩ ADMIN négligence *f*
außerberuflich ADJ extra-professionnel, -elle; en dehors de ma, ta, *etc* profession
außerdem ADV en outre; de *od* en plus; par ailleurs
außerdienstlich ADJ en dehors du service, de l'exercice de mes, tes, *etc* fonctions
äußere(r, -s) ADJ ⟨*épithète*⟩ extérieur; externe; **~ Verletzungen** blessures *fpl* externes; **die ~ Erscheinung** les apparences *fpl*; **die ~n Umstände** les circonstances extérieures
Äußere(s) N ⟨→ A⟩ extérieur *m*; apparences *fpl*; *e-r Person a.* physique *m*; **dem ~n nach zu urteilen** à en juger selon *od* sur les apparences; **Minister(in) des ~n** → Außenminister(in)
außerehelich ADJ extraconjugal; *Kind* illégitime; naturel, -elle; **außereuropäisch** ADJ

extra-européen, -éenne; non européen, -éenne; **außerfahrplanmäßig** A ADJ supplémentaire; non prévu par l'horaire B ADV en supplément; **außergerichtlich** A ADJ extrajudiciaire B ADV en dehors de la voie judiciaire

außergewöhnlich A ADJ extraordinaire; exceptionnel, -elle; insolite; *Steuer* **~e Belastungen** *fpl* charges *fpl* supplémentaires B ADV exceptionnellement; extraordinairement

außerhalb A PRÄP ⟨*gen*⟩ en dehors de; à l'extérieur de B ADV **~ wohnen** habiter en dehors de la ville; **von ~ kommen** venir de l'extérieur, du dehors, d'ailleurs

außerirdisch ADJ extraterrestre

äußerlich A ADJ 1 (*außen befindlich*) extérieur; externe; *Arznei* **zur ~en Anwendung** à usage externe 2 *fig* (*scheinbar*) apparent; **~e Ruhe** calme apparent 3 *fig* (*oberflächlich*) superficiel, -ielle B ADV 1 extérieurement 2 *fig* apparemment

Äußerlichkeit F ⟨~; ~en⟩ 1 PL **~en** (*Unwesentliches*) apparences *fpl*; **das sind doch nur ~en** ce ne sont que des détails 2 (*äußere Umgangsform*) formalité *f*

äußern ⟨-(e)re, h.⟩ A V/T *Verdacht, Bedauern, Kritik etc* exprimer; *Meinung a.* dire; donner; *Gefühle* montrer; *Drohung, Beschimpfung* dire; proférer; **e-n Wunsch ~** souhaiter qc; exprimer un désir; **gegen etw Bedenken ~** faire des réserves sur qc; exprimer des doutes au sujet de qc B V/R **sich ~** 1 *Gefühle, Krankheit etc* se montrer, se traduire, se manifester (**in** [*+dat*] par) 2 **sich zu etw** *od* **über etw** (*akk*) **~** dire, donner son opinion sur qc; se prononcer sur qc; **sich abfällig über j-n, etw ~** porter un jugement défavorable sur qn, qc; **sich lobend über j-n, etw ~** faire l'éloge de qn, qc; **sich dahin gehend ~, dass ...** s'exprimer en ce sens que ...; **dazu möchte ich mich jetzt nicht ~** pour l'instant, je préfère ne rien dire, me taire là-dessus

außerordentlich A ADJ extraordinaire; exceptionnel, -elle; **~er Professor** *in Deutschland* professeur *m* d'université qui ne dirige pas un institut B ADV (*sehr*) extrêmement; énormément; **sie hat sich** (*dat*) **~ viel Mühe gegeben** elle s'est donné un mal fou, énormément de mal; **es tut uns ~ leid** nous regrettons infiniment, vivement

außerorts ADV *österr, schweiz* en dehors de la ville

außerparlamentarisch ADJ extraparlementaire; **~e Opposition** opposition *f* extraparlementaire

außerplanmäßig ADJ °hors(-)plan; (*zusätzlich*) supplémentaire; *Beamter* qui n'est pas titulaire d'un poste; *Budget* extraordinaire; extrabudgétaire; **~er Professor** professeur *m* non titulaire d'une chaire

außerschulisch ADJ extrascolaire

außersinnlich ADJ extrasensoriel, -ielle; **~e Wahrnehmung** perception extrasensorielle

äußerst ADV extrêmement

außerstand → außerstande

außerstande ADV **~ sein** *od* **sich ~ sehen, etw zu tun** être, se voir °hors d'état, incapable de faire qc; **j-n ~ setzen, etw zu tun** rendre qn incapable de faire qc

äußerste(r, -s) ADJ *a. fig* extrême; **am ~n Ende der Stadt** à l'extrémité de la ville; **mit ~r Vorsicht** avec une extrême prudence; **von ~r Wichtigkeit sein** être d'une extrême, de la plus °haute importance; **der ~ Termin** la date limite; le dernier délai; **im ~n Fall** à la rigueur; en dernière éventualité; **zum Äußersten entschlossen sein** être résolu, décidé à aller jusqu'au bout

äußerstenfalls ADV 1 (*höchstens*) tout au plus 2 (*schlimmstenfalls*) dans le pire des cas; *umg* au pire

Äußerung F ⟨~; ~en⟩ 1 (*Bemerkung*) remarque *f*; ADMIN, POL *etc a.* déclaration *f*; *pl* **~en** *a.* propos *mpl*; paroles *fpl*; **unbedachte ~en** propos irréfléchis; **politische ~en** déclarations politiques; **sich jeder ~ enthalten** s'abstenir de toute déclaration 2 (*Ausdruck, Zeichen*) expression *f*; manifestation *f*; démonstration *f*

aussetzen ⟨-(es)t, *sép*, -ge-, h.⟩ A V/T 1 *Kind* abandonner; *Tiere, Pflanzen ins Freie* mettre dehors; *Boot* mettre à la mer, à l'eau 2 *e-r Gefahr, der Kritik, Witterung etc* exposer; *e-r Beanspruchung a.* soumettre; **neugierigen Blicken, ständigen Angriffen ausgesetzt sein** être exposé, livré à la curiosité, aux attaques perpétuelles; **der Sonne ausgesetzt sein** être exposé au soleil 3 *Belohnung* offrir; *Preis* proposer; fixer; *Rente* constituer; **e-e Belohnung auf j-s Kopf ~** mettre à prix la tête de qn 4 (*unterbrechen*) *Streik, Debatte* interrompre; (*aufschieben*) *Verfahren, Urteil* suspendre; remettre; **die Strafe zur Bewährung ~** surseoir à la peine 5 **etwas an j-m, etw auszusetzen haben** trouver à redire à qn, qc; avoir à reprocher qc à qn, qc; **an der Arbeit ist nichts auszusetzen** il n'y a rien à redire à ce travail; **er hat immer etwas auszusetzen** il trouve toujours à redire B V/I 1 *Motor, Musik, Herz etc* s'arrêter 2 **mit der Arbeit (für ein paar Wochen) ~** arrêter de travailler (pour quelques semaines) C V/R **sich ~** s'exposer; **sich der Kritik ~** s'exposer, se livrer à la critique; encourir la critique

Aussetzer *umg* M (*Ausfall*) *e-s Motors* raté *m* (*a. Missgeschick*); **e-n ~ haben** *umg* avoir un trou

Aussetzung F ⟨~; ~en⟩ 1 *e-s Kindes* abandon *m* 2 *e-r Belohnung* offre *f*; *e-s Preises* proposition *f*; *e-r Rente* constitution *f* 3 *e-s Streiks etc* interruption *f* 4 JUR *e-s Verfahrens* suspension *f*; *e-r Strafe zur Bewährung* sursis *m*

Aussicht F ⟨~; ~en⟩ 1 (*Ausblick*) vue *f* (**auf** [*+akk*] sur); **ein Zimmer mit ~ auf den See** une chambre avec vue sur le lac 2 *fig* perspective *f*, chance *f*, espérance *f* (**auf** [*+akk*] de); **berufliche ~en** perspectives, espérances professionnelles; **e-e Gehaltserhöhung in ~ haben** avoir une augmentation (de salaire) en vue; **j-m etw in ~ stellen** laisser entrevoir qc à qn; **e-e Beförderung steht in ~** j'ai, nous avons, *etc* un avancement en vue; **(gute) ~en haben, sein Nachfolger zu werden** avoir de bonnes chances de lui succéder; **gute ~en auf Erfolg haben** avoir des chances de succès, de réussir; **ohne ~ auf Erfolg** sans espoir de succès, de réussir; *beim Wetterbericht* **die ~en für morgen** les prévisions pour demain; *umg iron* **das sind ja schöne ~en!** *umg* ça promet!

aussichtslos ADJ sans aucune chance de succès; sans espoir; *Versuch etc* vain; **ein ~er Fall** un cas désespéré; **e-n ~en Kampf führen** mener un combat sans espoir, sans aucune chance de succès

Aussichtslosigkeit F ⟨~⟩ inutilité *f*; **die ~ der Lage erkennen** reconnaître que la situation est sans espoir, est désespérée

Aussichtspunkt M point *m* de vue; **aussichtsreich** ADJ prometteur, -euse; plein de promesses, d'espoir; **Aussichtsturm** M belvédère *m*; tour *f*; **Aussichtswagen** M EISENBAHN voiture *f* panoramique

aussieben V/T ⟨*sép*, -ge-, h.⟩ 1 cribler; tamiser; PHYS filtrer 2 *fig Bewerber etc* trier (sur le volet); passer au crible; **aussiedeln** ⟨-(e)le, *sép*, -ge-⟩ A V/T ⟨h.⟩ déplacer B V/I ⟨s.⟩ émigrer

Aussiedelung F ⟨~; ~en⟩ évacuation *f*; (*Auswanderung*) émigration *f*; **Aussiedler(in)** M(F) (*Rückwanderer[in]*) rapatrié(e) *m(f)*; (*Auswanderer, Auswanderin*) émigrant(e) *m(f)*; **Aussiedlerhof** M *ferme transplantée en dehors d'un village*; **Aussiedlung** → Aussiedelung

aussinnen *geh* V/T ⟨*irr, sép*, -ge-, h.⟩ imaginer

aussitzen *umg* V/T ⟨*irr, sép*, -ge-, h.⟩ **ein Problem ~** attendre qu'un problème se résolve de lui-même

aussöhnen ⟨*sép*, -ge-, h.⟩ A V/T **j-n mit j-m ~** réconcilier qn avec qn B V/R **sich mit j-m ~** se réconcilier avec qn; faire la paix avec qn; **sich mit s-m Schicksal ~** s'arranger de son sort

Aussöhnung F ⟨~; ~en⟩ réconciliation *f*

aussondern V/T ⟨-(e)re, *sép*, -ge-, h.⟩ retirer; **aussortieren** V/T ⟨*sép, pas de ge-*, h.⟩ trier; mettre à part

ausspähen ⟨*sép*, -ge-, h.⟩ A V/T épier; espionner B V/I **nach j-m, etw ~** guetter qn, qc

ausspannen ⟨*sép*, -ge-, h.⟩ A V/T 1 *Zugtiere* dételer; *Werkstück etc* retirer 2 *Netze etc* étendre; *Flügel* déployer 3 *umg fig* **j-m j-n, etw ~** *umg* chiper qn, qc à qn; **er hat mir meine Freundin ausgespannt** *umg* il m'a piqué ma copine B V/I se détendre; se reposer; se relaxer; **ich muss ~** il faut que je me repose; **drei Wochen ~** prendre trois semaines de repos, de détente

aussparen V/T ⟨*sép*, -ge-, h.⟩ 1 *Wort, Zeile etc* laisser en blanc; *Öffnung etc* laisser 2 *fig Thema* éviter (de parler de); **Aussparung** F ⟨~; ~en⟩ (*Öffnung*) ouverture *f*; (*Platz*) place *f*; *in e-m Text* blanc *m*

ausspeien *geh* ⟨*irr, sép*, -ge-, h.⟩ A V/T *a. fig* cracher; (*erbrechen*) vomir B V/I cracher; **vor j-m ~** cracher à la figure de qn

aussperren V/T ⟨*sép*, -ge-, h.⟩ 1 (*ausschließen*) **j-n ~** fermer la porte derrière qn qui n'a pas de clé pour rentrer; **sich ~** fermer la porte derrière soi sans avoir la clé 2 *im Streik* lock-outer

Aussperrung F *im Streik* lock-out *m*

ausspielen ⟨*sép*, -ge-, h.⟩ A V/T 1 *Gewinn bei e-r Lotterie* mettre en loterie; *Preis beim Sport* mettre en jeu 2 *Gegner im Sport* ne donner aucune chance à 3 THEAT *Rolle* jouer dans tous les détails, très en détail 4 *Spielkarte* jouer; *fig* **s-e Überlegenheit ~** jouer de sa supériorité; *fig* **sein Wissen ~** user de son savoir 5 **j-n gegen j-n ~** se servir de qn contre qn; **A und B gegeneinander ~** se servir de A contre B et inversement B V/I 1 *beim Kartenspiel* commencer à jouer; jouer le premier; **wer spielt aus?** à qui de jouer?; qui commence? 2 *umg fig* **ausgespielt haben** avoir fait son temps; n'en avoir plus pour longtemps

Ausspielung F ⟨~; ~en⟩ *der Lotterie etc* tirage *m*

ausspinnen V/T ⟨*irr, sép*, -ge-, h.⟩ *Erzählung, Gedanken etc* développer; *Erzählung a.* allonger; **ausspionieren** V/T ⟨*sép, pas de ge-*, h.⟩ espionner; **ausspotten** *österr, schweiz* → verspotten

Aussprache F 1 *e-s Wortes* prononciation *f*; *umg hum* **e-e feuchte ~ haben** envoyer des postillons; postillonner 2 *klärende* explication *f*; (*Meinungsaustausch*) discussion *f*; débat *m*; (*Gespräch*) entretien *m*; **e-e offene ~** une explication franche; **e-e vertrauliche ~** un entretien confidentiel

Ausspracheangabe F, **Aussprachebezeichnung** F notation *f* phonétique; **Aussprachefehler** M faute *f* de prononciation; **Aussprachewörterbuch** N dictionnaire *m* de prononciation

aussprechbar ADJ *Wort* prononçable; *Gedanke etc* exprimable

aussprechen ⟨*irr, sép,* -ge-, h.⟩ A VT 1 *Wort* prononcer; **deutlich ~** *a.* articuler; **wie wird das Wort ausgesprochen?** comment se prononce ce mot? 2 *Gedanken, Dank, Hoffnung, Verdacht, Bedauern etc* exprimer; *Wunsch a.* formuler; *Verwünschungen* dire; *Beileid* présenter; *Strafe, Urteil* prononcer; *Urteil a.* rendre; **der Regierung das Vertrauen ~** voter la confiance au gouvernement; **darf ich e-e Bitte ~?** puis-je (vous) demander quelque chose?; j'ai une demande à vous faire; **er sprach aus, was jeder dachte** il exprima ce que tout le monde pensait B VR **sich ~** 1 *(sich ~ lassen)* se prononcer 2 *(sein Herz ausschütten)* s'épancher; dire ce qu'on a sur le cœur 3 **sich mit j-m ~** s'expliquer avec qn; **wir haben uns offen über alles ausgesprochen** nous nous sommes expliqués ouvertement sur tout 4 *(sich äußern)* se prononcer; **sich anerkennend, zufrieden über etw** *(akk)* **~** se prononcer, s'exprimer avec reconnaissance, satisfaction sur qc; exprimer sa reconnaissance, satisfaction de qc; **sich für, gegen j-n, etw ~** se prononcer en faveur de *od* pour, contre qn, qc C VI *(zu Ende sprechen)* finir de parler; **j-n ~ lassen** laisser finir qn (de parler); **j-n nicht ~ lassen** *a.* couper la parole à qn; interrompre qn

ausspritzen VT ⟨-(es)t, *sép,* -ge-, h.⟩ 1 *Flüssigkeit* projeter 2 *(reinigen)* nettoyer (au jet d'eau); MED *Ohr, Nase etc* laver

Ausspruch M parole(s) *f(pl)*; *e-s Dichters, Weisen etc* sentence *f*; maxime *f*

ausspucken ⟨*sép,* -ge-, h.⟩ A VT *a. umg fig* cracher; *umg (erbrechen)* vomir; *sl* dégobiller B VI cracher; **vor j-m ~** cracher à la figure de qn; *umg fig* **los, spuck schon aus!** *umg* allez, crache le morceau!

ausspülen VT ⟨*sép,* -ge-, h.⟩ 1 *Gläser etc* rincer; MED laver; faire un lavage de; **sich** *(dat)* **den Mund ~** se rincer la bouche 2 *Ufer etc* creuser; ronger; *Sand, Erde etc* emporter

Ausspülung F 1 *von Gefäßen* rinçage *m*; MED lavage *m* 2 *des Ufers* creusement *m*

ausstaffieren VT ⟨*sép, pas de ge-,* h.⟩ 1 *mit Kleidung* habiller; *pej (herausputzen)* accoutrer; affubler; *(verkleiden)* déguiser (**als** en) 2 *Raum etc* garnir (**mit** de)

Ausstand M grève *f*; débrayage *m*; **in den ~ treten** se mettre en grève; débrayer; **im ~ sein** être en grève

ausstanzen VT ⟨-(es)t, *sép,* -ge-, h.⟩ découper à l'emporte-pièce; poinçonner

ausstatten VT ⟨-ete, *sép,* -ge-, h.⟩ doter, munir, pourvoir, équiper (**mit** de); *geh mit Empfehlungen, Machtbefugnissen etc* munir (**mit** de); *Raum, Wohnung* installer; garnir, décorer (**mit** de); **ein mit vielen Talenten ausgestatteter Mensch** une personne dotée de talents multiples; **mit großen Geldmitteln ausgestattet sein** être doté de gros moyens financiers

Ausstattung F ⟨~; ~en⟩ 1 *e-s Zimmers, e-r Wohnung* installation *f*; décoration *f*; *(Möbel)* ameublement *m*; *e-r Schule, e-s Krankenhauses etc* installation *f*; équipement *m*; *e-s Autos* équipement *m* 2 THEAT décors *mpl* et costumes *mpl* 3 *e-s Buchs, Theaterstücks etc* présentation *f* 4 JUR *e-s Kindes* dotation *f*

Ausstattungsfilm M film *m* à grand spectacle; **Ausstattungskosten** PL frais *mpl* d'équipement

ausstechen VT ⟨*irr, sép,* -ge-, h.⟩ 1 *Plätzchen* découper à l'aide d'un moule; *Rasen, Torf* découper; *Unkraut* enlever; arracher; *Augen* crever 2 *fig* **j-n (bei j-m, in etw** *[dat]***) ~** supplanter, éclipser qn (auprès de qn, dans qc)

Ausstechform F GASTR moule *m* à découper

ausstehen ⟨*irr, sép,* -ge-, h.⟩ A VT 1 *Hunger, Durst, Schmerzen* supporter; endurer; **Ängste ~** trembler (**um** pour); **das ist ausgestanden** c'est terminé, passé 2 **j-n, etw nicht ~ können** ne pas pouvoir souffrir, supporter qn, qc B VI *Nachricht, Antwort etc* n'être pas (encore) arrivé; *a. Besuch* être attendu; *Arbeit etc* être encore, rester à faire; *Geld* être dû; *Entscheidung* être (encore) à prendre; *Lösung* ne pas être (encore) trouvé; **die Antwort steht noch aus** *a.* on attend encore la réponse; **ich habe noch Geld ~** j'ai encore de l'argent à recevoir; on me doit encore de l'argent; **~de Gelder** des sommes *fpl* à recouvrer

aussteigen VI ⟨*irr, sép,* -ge-, s.⟩ 1 *aus e-m Fahrzeug* descendre (**aus** de); **beim Aussteigen** à la descente; en descendant; **j-m beim Aussteigen helfen** aider qn à descendre; **alles ~!** tout le monde descend! 2 *umg fig aus e-m Geschäft etc* se retirer (**aus** de); SPORT abandonner; *aus der Gesellschaft* se marginaliser; se mettre en marge (**aus** de)

Aussteiger(in) *umg* M ⟨~s; ~⟩ (F) ⟨~in; ~innen⟩ marginal(e) *m(f)*

ausstellen ⟨*sép,* -ge-, h.⟩ A VT 1 *Gemälde, Waren etc* exposer; *Waren zum Verkauf a.* mettre à l'étalage; étaler 2 *Bescheinigung, Pass, Urkunde etc* délivrer; *Urkunde a.* dresser; *Bescheinigung a.* établir; *Scheck* faire; émettre (**auf** *[+akk]* à); *Wechsel* tirer (**auf** *[+akk]* sur); émettre (**auf** *[+akk]* à); *Rechnung, Quittung* faire; établir; *Rechnung a.* dresser; HANDEL *Scheck, Zahlungsanweisung* libeller; **ein in Dollars ausgestellter Scheck** un chèque libellé en dollars 3 *umg Radio, Fernseher, Herd, Heizung* éteindre; *Wecker, Motor, Maschine etc* arrêter 4 *Fenster etc* ouvrir B VI *Künstler, auf e-r Messe etc* exposer

Aussteller(in) M ⟨~s; ~⟩ (F) ⟨~in; ~innen⟩ 1 *Künstler(in), auf e-r Messe etc* exposant(e) *m(f)* 2 *e-r Bescheinigung etc* personne *f*, organisme *m, etc* qui délivre (qc); *e-s Schecks, Wechsels* émetteur, -trice *m,f*; tireur, -euse *m,f*; **Ausstellerfirma** F firme *f*, maison *f* qui expose

Ausstellfenster N AUTO déflecteur *m*

Ausstellung F 1 exposition *f*; *für Kunst, Industrie a.* salon *m* 2 *e-r Bescheinigung, Urkunde etc* délivrance *f*; *e-s Schecks, Wechsels* tirage *m*; émission *f*; *e-r Rechnung, Quittung* établissement *m*

Ausstellungsdatum N *e-s Passes etc* date *f* de délivrance; *e-s Wechsels etc* date *f* d'émission; **Ausstellungsfläche** F surface *f* d'exposition; **Ausstellungsgelände** N terrain *m* d'exposition; parc *m* des expositions; **Ausstellungshalle** F °hall *m* d'exposition; **Ausstellungskatalog** M catalogue *m* de l' *bzw.* d'exposition; **Ausstellungsraum** M salle *f* d'exposition; **Ausstellungsstand** M stand *m* (d'exposition); **Ausstellungsstück** N 1 *im Schaufenster etc* article *m* d'étalage; *auf Messen* article *m* de démonstration 2 *im Museum* objet exposé

aussterben VI ⟨*irr, sép,* -ge-, s.⟩ *Familie, Menschenrasse* s'éteindre; *Rasse a., Pflanzen-, Tiergattung* disparaître; *Sitte, Dialekt, Handwerk* se perdre; disparaître; tomber en désuétude; **~d, im Aussterben begriffen** en voie de disparition, d'extinction; **vom Aussterben bedroht sein** être menacé de disparition; **die Straße war wie ausgestorben** la rue était morte, déserte; *umg sprichw* **die Dummen sterben nicht aus** il y aura toujours des imbéciles

Aussteuer F *(Wäscheaussteuer)* trousseau *m*; *(Mitgift)* dot *f*

aussteuern VT ⟨-(e)re, *sép,* -ge-, h.⟩ 1 ELEK régler le niveau de 2 *Auto etc* garder le contrôle de 3 VERSICHERUNG suspendre, supprimer ses paiements, remboursements à

Aussteuerversicherung F assurance dotale

Ausstich M ⟨~s; ~e⟩ *schweiz* SPORT finale *f*

Ausstieg M ⟨~(e)s; ~e⟩ 1 sortie *f (Vorgang u. Ort)* 2 *fig* abandon *m*; *aus e-m Geschäft* sortie *f*; **der ~ aus der Atomenergie** l'abandon de l'énergie nucléaire; la sortie du nucléaire

ausstopfen VT ⟨*sép,* -ge-, h.⟩ *Schuhe mit Zeitungspapier etc* bourrer; remplir; *Tiere* empailler; naturaliser; **ein ausgestopfter Vogel** un oiseau empaillé, naturalisé

Ausstoß M HANDEL production *f*; débit *m*; rendement *m*

ausstoßen VT ⟨*irr, sép,* -ge-, h.⟩ 1 *Luft, Rauch etc* expulser; rejeter; *Torpedo* lancer 2 *Schrei, Seufzer* pousser; *Drohungen, Schmähungen* lancer; proférer 3 *aus e-r Gemeinschaft* expulser, exclure (**aus** de); *(verbannen) a. fig* bannir (**aus** de) 4 HANDEL produire; débiter 5 **j-m ein Auge, e-n Zahn ~** crever un œil, casser une dent à qn

Ausstoßung F ⟨~; ~en⟩ *aus e-r Gemeinschaft* expulsion *f* (**aus** de); *(Verbannung)* bannissement *m* (**aus** de)

ausstrahlen ⟨*sép,* -ge-, h.⟩ A VT 1 *Licht* émettre; répandre; *Wärme* répandre; dégager; *fig Ruhe, Güte, Kraft* respirer; dégager; rayonner de; **sein Wesen strahlt Ruhe aus** sa personne respire le calme, dégage une impression de calme; **s-e Ideen strahlen e-e ungeheure Kraft aus** une force énorme rayonne de ses idées 2 RADIO, TV *Sendung* diffuser; RADIO *a.* radiodiffuser; TV *a.* téléviser; *Funksignale, Impulse* émettre 3 *(ausleuchten)* éclairer; illuminer B VI 1 *Wärme, Licht etc* émaner, rayonner *(a. fig Kraft etc)*; *Schmerzen* s'irradier 2 *(wirken)* **auf etw, j-n ~** rayonner sur qc, qn; influencer qc, qn; avoir de l'influence sur qc, qn

Ausstrahlung F 1 *von Licht, Wärme, a. fig* rayonnement *m*; *von Schmerzen* irradiation *f* 2 RADIO, TV *e-r Sendung* diffusion *f*; *von Signalen* émission *f* 3 *(Wirkung)* rayonnement *m*; influence *f* (**auf** *[+akk]* sur); **e-e Frau mit ~** une femme qui a du rayonnement

ausstrecken ⟨*sép,* -ge-, h.⟩ A VT *Hand* tendre; *Zunge* tirer; *Arm* étendre; *(dehnen)* allonger; *Fühler* étendre; **s-e Beine unter dem Tisch ~** allonger ses jambes sous la table; *umg fig* **s-e Fühler ~** tâter, sonder le terrain; **die Hand nach etw, j-m ~** tendre la main vers qc, qn; **mit ausgestrecktem Arm halten** tenir à bout de bras B VR **sich ~** s'allonger; s'étendre; **sich lang ~** s'étendre de tout son long

ausstreichen VT ⟨*irr, sép,* -ge-, h.⟩ 1 *(durchstreichen)* barrer; rayer; *aus e-r Liste a.* radier 2 *Falten* effacer; faire disparaître; *Risse etc* boucher; *Fugen* jointoyer 3 *(verteilen)* étaler 4 *Kuchenform* graisser; beurrer

ausstreuen VT ⟨*sép,* -ge-, h.⟩ 1 éparpiller; semer; *Samen* disséminer; *Kalk, Kunstdünger* épandre; *Hühnerfutter etc* jeter 2 **etw mit etw ~** couvrir qc de qc 3 *fig Gerücht* semer; répandre

ausströmen ⟨*sép,* -ge-⟩ A VT ⟨h.⟩ *Wärme* répandre; *a. fig* dégager; *Duft* exhaler; répandre; *fig* **das Zimmer strömt Behaglichkeit aus** une impression de bien-être se dégage de la pièce B VI ⟨s.⟩ *Flüssigkeit* s'écouler; *Gas, Dampf* fuir, se dégager, s'échapper (**aus** de); *fig* **von ihm strömt Ruhe, Kälte aus** il émane, il se dégage de lui une impression de calme, de froideur

Ausströmen N *von Wärme* dégagement *m*; *von Duft* exhalaison *f*; *von Flüssigkeiten* écoulement *m*; *von Gasen* fuite *f*; émanation *f*

aussuchen VT ⟨*sép,* -ge-, h.⟩ choisir; **(sich** *[dat]***) etw ~** choisir qc

austarieren VT ⟨*sép, pas de ge-,* h.⟩ 1 *(ins Gleichgewicht bringen)* équilibrer 2 *fig (abwägen)* soupeser 3 *österr (das Leergewicht ermitteln von)* faire la tare de

Austausch M échange *m*; **im ~ für** *od* **gegen** en échange de

austauschbar ADJ échangeable; interchangeable; *(ersetzbar)* remplaçable

Austauschdienst M **Akademischer ~** office *m* d'échanges universitaires

austauschen ⟨*sép*, -ge-, h.⟩ **A** VT échanger (**gegen** contre) *(a. fig Grüße, Gedanken, Erfahrungen)*; *(ersetzen)* remplacer **B** VR **sich** (**über etw** [*akk*]) **~** échanger ses impressions (sur qc) avec qn

Austauschen N échange *m*

Austauschmotor M moteur *m* de remplacement; **Austauschprofessor(in)** M(F) professeur *m* (d'université) qui fait un échange; **Austauschschüler(in)** M(F) élève *m/f* qui fait un échange; **Austauschstoff** M produit artificiel; **Austauschstudent(in)** M étudiant(e) *m(f)* qui fait un échange

austeilen VT ⟨*sép*, -ge-, h.⟩ *a.* REL *umg Sakrament, umg Schläge* distribuer (**an** [*+akk*] à); REL *Segen* donner (**an** [*+akk*] à); **Austeilung** F distribution *f*

Auster F ⟨~; ~n⟩ huître *f*

Austernbank F ⟨~; -bänke⟩ banc *m* d'huîtres; **Austernfischer** M ZOOL huîtrier *m*; **Austernkultur** F ostréiculture *f*; **Austernmesser** N couteau *m* à huîtres; **Austernpark** M parc *m* à huîtres; **Austernpilz** M pleurote *m*; **Austernschale** F écaille *f* d'huître; **Austernseitling** M BOT pleurote *m*; **Austernzucht** F ostréiculture *f*; **Austernzüchter(in)** M(F) ostréiculteur, -trice *m,f*; parqueur, -euse *m,f*

austesten VT ⟨-ete, *sép*, -ge-, h.⟩ tester; MED *Person* faire un (*bzw.* des) test(s) à; **sich ~ lassen** *auf Allergien* se faire faire un (*bzw.* des) test(s)

austilgen VT ⟨*sép*, -ge-, h.⟩ **1** *Ungeziefer etc* exterminer **2** *(streichen)* rayer; *fig Erinnerung etc* effacer

austoben ⟨*sép*, -ge-, h.⟩ **A** VT **s-e Wut ~** donner libre cours à sa colère; **s-e Wut an j-m ~** passer sa colère sur qn **B** VR **sich ~** se défouler; *Kinder, junge Tiere* prendre ses ébats; s'ébattre; *Unwetter, Brand, Epidemie* faire rage; **sich vor der Ehe ~** bien s'amuser, bien se divertir, en profiter avant de se marier

Austrag M ⟨~(e)s⟩ règlement *m*; SPORT **zum ~ kommen** être disputé

austragen VT ⟨*irr*, *sép*, -ge-, h.⟩ **1** *Zeitungen, Post etc* distribuer; *(liefern)* livrer **2** *Kind* porter jusqu'à terme **3** *Wettkampf* disputer; *Konflikt etc* terminer; régler; **etw vor Gericht ~** être en procès (avec qn) au sujet de qc

Austräger(in) M(F) *von Zeitungen* porteur, -euse *m,f* de journaux; HANDEL livreur, -euse *m,f*

Austragung F ⟨~; ~en⟩ **1** *von Wettkämpfen* déroulement *m* **2** *von Konflikten etc* règlement *m*

Austragungsmodus M SPORT procédure *f*; **Austragungsort** M ⟨~(e)s; ~e⟩ SPORT lieu *m* de la rencontre sportive

Australien N ⟨→ *n/pr*⟩ l'Australie *f*

Australier(in) M ⟨~s; ~⟩ (F) ⟨~in; ~innen⟩ Australien, -ienne *m,f*

australisch ADJ australien, -ienne

austräumen VT ⟨*sép*, -ge-, h.⟩ *(zu Ende träumen)* finir de rêver; *fig* **der Traum (vom großen Geld) ist ausgeträumt** le rêve (de richesse) s'est évanoui

austreiben ⟨*irr*, *sép*, -ge-, h.⟩ **A** VT **1** **j-m etw ~** faire passer à qn l'habitude, le goût de (faire) qc; **e-m Kind s-n Eigensinn ~** faire passer à un enfant son entêtement; **das werde ich dir noch ~!** je vais t'en faire passer l'habitude, le goût!; je vais t'en guérir! **2** *Geister, Teufel* exorciser **3** *österr Teig etc* étendre (avec le *od* au rouleau) **B** VI *Pflanzen* bourgeonner

Austreibung F ⟨~; ~en⟩ *(Teufelsaustreibung)* exorcisme *m*

austreten ⟨*irr*, *sép*, -ge-⟩ **A** VT ⟨h.⟩ **1** *Schuhe* avachir **2** *Weg* tracer; **ausgetreten** *Weg, Pfad, a. fig pej* battu; *Schwelle, Treppe* usé **3** *Zigarette* écraser du pied; *Feuer* éteindre en piétinant, avec le pied **B** VI ⟨s.⟩ **1** *aus e-m Verein etc* quitter (**aus etw** qc); partir, sortir (**aus** de); **aus der Kirche ausgetreten sein** ne plus faire partie de l'Église **2** *(entweichen)* s'échapper (**aus** de); **ihr trat der Schweiß aus** elle se mit à transpirer **3** *(zur Toilette gehen)* aller aux toilettes; **darf ich mal ~?** est-ce que je peux sortir?

austricksen *umg* VT ⟨-(es)t, *sép*, -ge-, h.⟩ *umg* feinter; faire une feinte à; **austrinken** ⟨*irr*, *sép*, -ge-, h.⟩ **A** VT *Getränk* finir; achever; *a. Gefäß* vider **B** VI vider son verre, sa tasse, *etc*

Austritt M **1** *aus e-m Verein etc* départ *m*; **er erklärte s-n ~ aus der Kirche** il a demandé à ne plus appartenir à l'Église, à ne plus faire partie de l'Église **2** ⟨*pas de pl*⟩ *(das Entweichen)* fuite *f*

Austrittserklärung F déclaration *f* de départ, de quitter qc; **Austrittspunkt** M PHYS point *m* d'émergence; **Austrittswinkel** M OPT angle *m* d'émergence

austrocknen ⟨-ete, *sép*, -ge-⟩ **A** VT ⟨h.⟩ *Erde etc* dessécher; **ein ausgetrockneter Fluss** une rivière à sec; **e-e ausgetrocknete Kehle haben** avoir la gorge desséchée **B** VI ⟨s.⟩ *Haut, Erde, Kehle etc* se dessécher; *Organismus* se déshydrater; *Flussbett, See* s'assécher; *Brunnen, Quelle* se tarir

Austrocknung F ⟨~⟩ dessèchement *m*; *(Trockenlegung)* assèchement *m*; mise *f* à sec

austrompeten ⟨-ete, *sép*, *pas de ge-*, h.⟩ → ausposaunen; **austüfteln** *umg* VT ⟨-(e)le, *sép*, -ge-, h.⟩ combiner; inventer

ausüben VT ⟨*sép*, -ge-, h.⟩ **1** *Handwerk, Beruf, Amt etc* exercer; *Sport, Kunst meist* pratiquer **2** *Stimmrecht etc* user de; exercer **3** *Einfluss, Zauber, Macht, Druck, Kontrolle etc* exercer (**auf, über** [*+akk*] sur); *Zwang* user de; **e-e starke Wirkung auf j-n ~** produire un grand effet sur qn

Ausübung F ⟨~⟩ *e-s Berufs etc* exercice *m*; *e-s Sports meist* pratique *f*; **in ~ s-s Amtes** dans l'exercice de ses fonctions

ausufern VI ⟨-(e)re, *sép*, -ge-, s.⟩ prendre de trop grandes proportions; *Gespräch* s'étendre trop; **das ufert aus** cela dépasse la mesure

Ausverkauf M soldes *mpl*; *(Totalausverkauf)* liquidation *f*; **etw im ~ kaufen** acheter qc en solde

ausverkaufen VT ⟨*sép*, *pas de ge-*, h.⟩ *Ware* solder; mettre en solde; *wegen Geschäftsaufgabe etc* liquider; *Artikel* **ausverkauft sein** être épuisé; *an der Kinokasse etc* **ausverkauft** complet; **die Vorstellung ist ausverkauft** c'est complet pour cette séance; **die Karten sind ausverkauft** les billets sont tous vendus; il n'y a plus de places; **vor ausverkauftem Haus spielen** jouer à bureaux fermés, devant une salle comble

auswachsen ⟨*irr*, *sép*, -ge-⟩ **A** VI ⟨s.⟩ **1** *(keimen)* germer **2** *umg* **es ist zum Auswachsen (mit dir)!** *umg* c'est à devenir dingue, c'est à se taper la tête contre les murs (avec toi)! **B** VR ⟨h.⟩ **sich ~** **1** *(sich normalisieren)* se normaliser; se corriger **2** *geh (größer werden)* grandir; augmenter **3** **sich zu etw ~** se transformer en qc

Auswahl F **1** ⟨*pas de pl*⟩ *(das Auswählen)* choix *m*; sélection *f*; **die (freie) ~ haben** avoir le (libre) choix; **zur ~ stehen** être au choix; **e-e ~ treffen** faire un choix, une sélection **2** *(Warenangebot)* choix *m* (**an** [*+dat*] de); **wenig, e-e große ~ haben** avoir peu de, un grand choix; **Anzüge in reicher ~** un grand assortiment, un grand choix de costumes **3** *von Gedichten etc* choix *m*; sélection *f*; **e-e ~ von Beispielen** une sélection d'exemples **4** SPORT sélection *f*

Auswahlband M volume *m* de morceaux choisis

auswählen VT ⟨*sép*, -ge-, h.⟩ choisir (**aus, unter** [*+dat*] parmi); *Gedichte für e-e Sammlung etc a.* sélectionner; **ausgewählte Werke** œuvres choisies

Auswahlmannschaft F SPORT équipe sélectionnée; **Auswahlmöglichkeit** F possibilité *f* de choisir; **Auswahlspieler(in)** M(F) SPORT joueur, -euse *m,f* sélectionné(e); **Auswahlverfahren** N sélection *f*

auswalzen VT ⟨-(es)t, *sép*, -ge-, h.⟩ **1** TECH laminer **2** *umg fig Erzählung etc* délayer

Auswanderer M, **Auswanderin** F émigrant(e) *m(f)*; *(Ausgewanderte[r])* émigré(e) *m(f)*

auswandern VI ⟨-(e)re, *sép*, -ge-, s.⟩ émigrer (**aus** de; **nach Amerika** en Amérique); **Auswanderung** F émigration *f* (**aus** de; **nach Amerika** en Amérique)

Auswanderungsgesetz N loi *f* sur l'émigration; **Auswanderungsland** N pays *m* d'émigration; **Auswanderungsverbot** N interdiction *f* d'émigrer

auswärtig ADJ ⟨*épithète*⟩ **1** *(an, von e-m anderen Ort)* extérieur, étranger, -ère à la ville, *etc*; **~e Gäste** *mpl* invités *mpl* qui n'habitent pas la ville **2** *(das Ausland betreffend)* étranger, -ère; **das Auswärtige Amt** le ministère des Affaires étrangères

auswärts ADV **1** *(nach außen)* vers l'extérieur **2** *(nicht zu Hause)* à l'extérieur; °hors de chez soi; **~ essen** manger au restaurant **3** *(nicht am Ort)* à l'extérieur; °hors de la ville; **von ~** de l'extérieur; **~ wohnen, arbeiten** habiter, travailler en dehors de, à l'extérieur de, °hors de la ville; SPORT **~ spielen** jouer à l'extérieur, en déplacement; *umg hum* **~ sprechen** *od* **reden** parler une autre langue; *in e-r anderen Mundart a.* avoir un autre parler; **von ~ kommen** venir d'ailleurs, d'une autre ville, d'une autre région

Auswärtssieg M SPORT victoire *f* en déplacement; **Auswärtsspiel** N match *m* à l'extérieur

auswaschbar ADJ *Einkaufstasche etc* lavable à l'intérieur

auswaschen VT ⟨*irr*, *sép*, -ge-, h.⟩ **1** *Kleidungsstück, Wunde, Tasse etc* laver **2** *Flecken etc* enlever, ôter (au lavage) **3** *Ufer etc* creuser

Auswaschen N **1** *von Kleidungsstücken, Wunden etc* lavage *m* (*a.* CHEM) **2** *des Ufers etc* creusement *m*

Auswechselbank F ⟨~; -bänke⟩ SPORT banc *m* des remplaçants

auswechselbar ADJ échangeable; *(ersetzbar)* remplaçable; *untereinander* interchangeable

auswechseln ⟨-(e)le, *sép*, -ge-, h.⟩ **A** VT (é)changer (**gegen** contre); *(ersetzen)* remplacer (**gegen** par); SPORT remplacer; **wie ausgewechselt sein** être tout changé, transformé **B** VI SPORT faire un *bzw.* des remplacement(s)

Auswechselspieler(in) M(F) SPORT remplaçant(e) *m(f)*

Auswechselung F ⟨~; ~en⟩ changement *m* (**gegen** contre); *(Ersatz)*, SPORT remplacement *m* (**gegen** par)

Auswechslung → Auswechselung

Ausweg M issue *f* (**aus e-r Situation** à une situation); moyen *m* de se sortir (**aus** de); moyen *m* de s'en sortir; **immer e-n ~ wissen** connaître toujours un moyen de s'en sortir; avoir toujours une solution; **keinen ~ wissen** ne pas savoir comment s'en sortir; **keinen anderen ~ sehen, als …** ne pas voir d'autre issue

que …; **der letzte ~** le dernier moyen de s'en sortir; la dernière solution
ausweglos ADJ sans issue; **sich in e-r ~en Situation befinden** se trouver dans une situation sans issue
Ausweglosigkeit F ⟨~⟩ impossibilité *f* de trouver une issue, de s'en sortir
ausweichen VI ⟨*irr, sép*, -ge-, s.⟩ 1 *im Verkehr* éviter (**j-m, e-r Sache** qn, qc); **nach der Seite, nach rechts ~** obliquer, se ranger sur le côté, sur la droite (pour éviter qn, qc) 2 *fig* (**e-r Sache** [*dat*]) **~** éviter qc; se dérober (à qc); *e-m Schlag, Tritt etc a.* esquiver qc; *e-r Frage a.* éluder qc; **sie wichen nach dem Streit einander aus** ils s'évitèrent après leur querelle 3 (*zurückgreifen*) **auf etw** (*akk*) **~** se rabattre sur qc
ausweichend ADJT *Antwort* évasif, -ive
Ausweichmanöver N manœuvre *f* pour éviter qn, qc; *fig* (*Ausflüchte*) dérobade *f*; échappatoire *f*; **Ausweichmöglichkeit** F possibilité *f*, moyen *m* d'éviter qn, qc; **Ausweichstrecke** F itinéraire *m* de remplacement; itinéraire *m* bis
ausweiden VT ⟨-ete, *sép*, -ge-, h.⟩ vider; étriper
ausweinen ⟨*sép*, -ge-, h.⟩ A VT *geh* **s-n Kummer ~** pleurer pour se soulager de son chagrin B VI finir de pleurer C VR **sich ~** pleurer tout son content, tout son soûl; **sich an j-s Brust** (*dat*) **~** pleurer tout son soûl dans les bras de qn; **sich bei j-m (über j-n, etw) ~** pleurer sur l'épaule de qn
Ausweis M ⟨~es; ~e⟩ carte *f*; (*Personalausweis*) carte *f* d'identité
ausweisen ⟨*irr, sép*, -ge-, h.⟩ A VT 1 *aus e-m Land* expulser (**aus** de) 2 (*nachweisen, angeben*) démontrer; **die im Etat ausgewiesenen Beträge** les sommes inscrites au budget 3 (*erweisen, zeigen*) montrer; **sein letzter Film weist ihn als hervorragenden Regisseur aus** son dernier film le montre, le désigne comme un metteur en scène excellent B VR 1 **sich ~** justifier (de) son identité; montrer sa carte, ses papiers; **sich vor der Polizei nicht ~ können** ne pas pouvoir justifier (de) son identité à la police 2 *fig* **sich als Fachmann** *etc* **~** se montrer expert, *etc*; s'avérer être expert, *etc*
Ausweishülle F porte-cartes *m*; **Ausweiskontrolle** F contrôle *m* d'identité
ausweislich PRÄP ⟨*gen*⟩ ADMIN selon; d'après
Ausweispapiere NPL papiers *mpl* d'identité
Ausweisung F *aus e-m Land* expulsion *f* (**aus** de)
ausweiten ⟨-ete, *sép*, -ge-, h.⟩ A VT 1 *Pullover etc* élargir; agrandir 2 *fig Produktion, Umsatz* agrandir; *a. Handel* développer; *Beziehungen* étendre; développer B VR **sich ~** 1 *Pullover etc* s'élargir; s'agrandir; *Gummiband* se détendre 2 *Hochdruckgebiet, Ebene etc* s'élargir 3 **sich zu etw ~** se transformer en qc; **der Zwischenfall weitet sich zu e-r Krise aus** l'incident dégénère en une crise
Ausweitung F ⟨~; ~en⟩ transformation *f* (**zu** en); agrandissement *m*; extension *f*
auswendig ADV par cœur; **etw ~ können, lernen** savoir, apprendre qc par cœur
auswerfen VT ⟨*irr, sép*, -ge-, h.⟩ 1 *Netz, Anker* jeter; *Angel* lancer 2 (*ausstoßen*) *Lava etc* rejeter; TECH éjecter; *Schleim etc* cracher 3 *Graben etc* creuser; *Erde, Sand* rejeter 4 *Summen, Prämien etc* distribuer; verser; *für bestimmte Zwecke* affecter (**für** à) 5 (*produzieren*) produire 6 *Posten im Rechnungsbuch* émarger 7 **j-m ein Auge ~** crever un œil à qn
auswerten VT ⟨-ete, *sép*, -ge-, h.⟩ *Erfindung, Statistiken etc* exploiter; *Fragebogen etc* dépouiller; *Erfahrungen* tirer profit de; **Auswertung** F exploitation *f*; dépouillement *m*

auswickeln VT ⟨-(e)le, *sép*, -ge-, h.⟩ **etw ~** défaire, enlever le papier qui enveloppe qc
auswiegen VT ⟨*irr, sép*, -ge-, h.⟩ peser (exactement)
auswinden VT ⟨*irr, sép*, -ge-, h.⟩ *bes südd, schweiz* → auswringen
auswirken VR ⟨*sép*, -ge-, h.⟩ **sich (auf etw, j-n) ~** avoir des conséquences, retentir (sur qc, qn); **sich positiv, negativ ~** avoir des conséquences positives, négatives; se répercuter positivement, négativement
Auswirkung F **~** (**auf** [*+akk*]) (*Folge*) conséquence *f* (sur); (*Wirkung*) effet *m* (sur); (*Rückwirkung*) répercussion *f* (sur)
auswischen ⟨*sép*, -ge-⟩ A VT ⟨h.⟩ 1 *Geschriebenes* effacer 2 *Gläser etc* essuyer; *Staub etc* enlever 3 *umg* **j-m eins ~** *umg* faire une vacherie à qn B *umg* VI ⟨s.⟩ *regional* (*entwischen*) *umg* se sauver; *umg* filer
auswringen VT ⟨*irr, sép*, -ge-, h.⟩ *Wäsche* essorer
Auswuchs M 1 MED, BOT excroissance *f* 2 *fig meist pl* **Auswüchse** excès *mpl*
auswuchten VT ⟨-ete, *sép*, -ge-, h.⟩ TECH équilibrer
Auswurf M 1 MED crachat *m* 2 ⟨*pas de pl*⟩ *fig pej* rebut *m*; lie *f*
auswürfeln VT ⟨-(e)le, *sép*, -ge-, h.⟩ **e-e Runde Bier** *etc* **~** jouer aux dés pour savoir qui paiera une tournée de bière, *etc*
auszacken VT ⟨*sép*, -ge-, h.⟩ denteler
auszahlen ⟨*sép*, -ge-, h.⟩ A VT 1 *Gehalt, Erbteil etc* payer; *Rente, Versicherungssumme etc meist* verser; **etw ausgezahlt bekommen** toucher qc 2 **j-n ~** payer, régler qn; *Erben, Geschäftspartner etc* désintéresser qn B VR **sich ~** en valoir la peine; être payant; **das zahlt sich nicht aus** cela n'en vaut pas la peine; **Lügen zahlen sich nicht aus** mentir n'est pas payant
auszählen ⟨*sép*, -ge-, h.⟩ A VT 1 (*zählen*) faire le compte de; compter; dénombrer; *bei e-r Wahl* **die Stimmen ~** dépouiller le scrutin 2 BOXSPORT compter out B VI *bei Kinderspielen* compter
Auszahlung F 1 *e-r Summe* paiement *od* payement *m*; *e-r Rente etc meist* versement *m* 2 *e-s Erben, Geschäftspartners etc* désintéressement *m*
Auszählung F (dé)compte *m*; dénombrement *m*; *der Stimmen bei e-r Wahl* dépouillement *m*
auszanken VT ⟨*sép*, -ge-, h.⟩ *regional* gronder; attraper
auszehren *geh* VT ⟨*sép*, -ge-, h.⟩ *Person* consumer; épuiser; **Auszehrung** F ⟨~⟩ 1 (*Schwächung*) épuisement *m* 2 MED phtisie *f*
auszeichnen ⟨-ete, *sép*, -ge-, h.⟩ A VT 1 (*ehren*) *Personen* accorder une distinction à; *mit Orden* décorer; *Film etc* décerner un prix, une récompense, une distinction à; distinguer; **der Film wurde mit dem Oscar ausgezeichnet** l'Oscar a été décerné à ce film 2 (*kennzeichnen*) **etw zeichnet j-n, etw (gegenüber j-m, etw) aus** qn, qc se distingue (de qn, qc) par qc 3 *Waren* étiqueter; marquer les prix sur 4 TYPO faire ressortir, mettre en évidence (par une écriture différente) B VR **sich ~** se distinguer (**durch** par; **unter** [*+dat*] parmi; **gegenüber** de)
Auszeichnung F 1 distinction *f*; *mit e-m Orden etc* décoration *f* (**mit** de); **das war für ihn e-e besondere ~** ce fut pour lui une distinction particulière; **die ~ mit dem Oscar** la remise de l'Oscar 2 (*Orden, Titel, Preis*) distinction *f*; (*Orden*) *a.* décoration *f* 3 *Prüfung etc* **mit ~** *etwa* avec mention « très bien »
Auszeichnungsschrift F TYPO écriture *f* qui diffère de l'écriture ordinaire du texte

Auszeit F SPORT temps mort
ausziehbar ADJ *Tisch* à rallonges; *Bett, Sofa* dépliant; *Leiter* coulissant; *Antenne* télescopique
ausziehen ⟨*irr, sép*, -ge-⟩ A VT ⟨h.⟩ 1 *Kleidung* enlever; retirer; ôter; *Person* déshabiller; dévêtir; (**sich** [*dat*]) **die Schuhe ~** enlever ses chaussures; se déchausser; *umg* **j-n mit den Augen ~** déshabiller qn du regard 2 *Haar, Zahn, Dorn etc* arracher 3 *Bett, Sofa* déplier; *Leiter* faire coulisser; *Antenne* sortir; *Tisch* mettre les rallonges à; rallonger 4 CHEM extraire 5 MAL **mit Tusche ~** passer à l'encre de Chine; **ausgezogene Linien** lignes continues B VI ⟨s.⟩ 1 *in die Fremde etc* partir; **auf Abenteuer ~** partir pour l'aventure; courir l'aventure 2 (**aus e-r Wohnung**) **~** déménager C VR **sich ~** se déshabiller; **sich nackt ~** se mettre nu
Ausziehleiter F échelle coulissante; **Ausziehplatte** F *e-s Tisches* rallonge *f*; **Ausziehtisch** M table *f* à rallonges
auszirkeln VT ⟨-(e)le, *sép*, -ge-, h.⟩ *fig* mesurer au cordeau; **auszischen** VT ⟨*sép*, -ge-, h.⟩ siffler
Auszubildende(r) M/F(M) ⟨→ A⟩ ADMIN employé(e) *m(f)* stagiaire; *im Handwerk* apprenti(e) *m(f)*
Auszug M 1 *aus e-m Buch, e-r Partitur etc*, CHEM extrait *m*; *aus e-m Konto* relevé *m*; **etw in Auszügen gelesen haben** avoir lu des extraits de qc 2 *aus e-r Wohnung* déménagement *m*; **beim ~** en déménageant; lors du déménagement 3 *in die Fremde etc* sortie *f*; départ *m*; (*feierliches Hinausgehen*) sortie *f* en procession; BIBEL exode *m* 4 *schweiz* MIL *classe des recrues jusqu'à l'âge de 32 ans*
Auszugsmehl N fleur *f* de farine
auszugsweise ADV par extraits; **ein Buch ~ drucken** imprimer des extraits d'un livre
auszupfen VT ⟨*sép*, -ge-, h.⟩ arracher; *Haare mit e-r Pinzette* épiler
Auszupfen N ⟨~s⟩ arrachage *m*; *von Haaren mit e-r Pinzette* épilation *f*
autark ADJ 1 WIRTSCH autosuffisant; autarcique 2 *geh fig* se suffisant à soi-même; indépendant
Autarkie F ⟨~; ~n⟩ 1 WIRTSCH autosuffisance *f*; autarcie *f* 2 *geh fig* indépendance *f*
authentisch ADJ authentique; **Authentizität** *geh* F ⟨~⟩ authenticité *f*
Autismus M ⟨~⟩ MED autisme *m*; **Autist(in)** M ⟨~en; ~en⟩ (F) ⟨~in; ~innen⟩ autiste *m/f*; **autistisch** ADJ autistique; *Kind* autiste
Auto N ⟨~s; ~s⟩ voiture *f*; auto *f*; **~ fahren** faire de la voiture; *Fahrer* conduire; **mit dem ~ nach X fahren** aller à *bzw.* en X en voiture; prendre sa voiture pour aller à *bzw.* en X; *umg* **wie ein ~ gucken** faire des yeux ronds
Autoabgase NPL gaz *mpl* d'échappement; **Autoanhänger** M remorque *f*; **Autoatlas** M atlas routier
Autobahn F autoroute *f*; **Autobahnabschnitt** M tronçon *m* d'autoroute; **Autobahnauffahrt** F bretelle *f* d'accès; **Autobahnausfahrt** F sortie *f* d'autoroute; **Autobahnbrücke** F pont *m* d'autoroute; **Autobahndreieck** N échangeur *m* (d'autoroute); **Autobahngebühr** F péage *m*; **Autobahnkreuz** N échangeur *m* (d'autoroute); **Autobahnmeisterei** F ⟨~; ~en⟩ service *m* d'entretien de l'autoroute; **Autobahnnetz** N réseau autoroutier; **Autobahnrastplatz** M aire *f* de repos; **Autobahnraststätte** F restoroute *m*; relais routier sur l'autoroute; **Autobahntankstelle** F aire *f* de service; **Autobahnteilstück** N tronçon *m* d'autoroute; **Autobahnzu-**

bringer M voie *f* d'accès à l'autoroute
Autobesitzer(in) M(F) propriétaire *m/f* de voiture
Autobiografie F ⟨~; ~n⟩ autobiographie *f*; **autobiografisch** ADJ autobiographique; **Autobiographie**, **autobiographisch** → Autobiografie, autobiografisch
Autobombe F voiture piégée
Autobus M *im Stadtverkehr* autobus *m*; *(Reisebus)* autocar *m*; **Autobushaltestelle** F arrêt *m* d'autobus; **Autobuslinie** F ligne *f* d'autobus
Autocar M ⟨~s; ~s⟩ *schweiz* autocar *m*
Autodach N toit *m* de la voiture
Autodidakt(in) M ⟨~en; ~en⟩ (F) ⟨~in; ~innen⟩ autodidacte *m/f*
autodidaktisch **A** ADJ autodidacte **B** ADV **sich** *(dat)* **etw ~ aneignen** acquérir, apprendre qc par soi-même, en autodidacte
Autodiebstahl M vol *m* de voiture(s)
Autodrom N ⟨~s; ~e⟩ **1** *(Motodrom)* autodrome *m* **2** *österr für Autoskooter* piste *f* d'autos tamponneuses
Autofähre F bac *m* (à voitures); *(Fährschiff)* car-ferry *m*
Autofahren N *Tätigkeit des Autofahrers* conduite *f* (automobile); **das ~ nicht vertragen (können)** ne pas (pouvoir) supporter la voiture
Autofahrer(in) M(F) automobiliste *m/f*; **Autofahrergruß** *umg hum* M *geste du doigt sur la tempe que fait un automobiliste pour montrer son mécontentement*; **Autofahrt** F voyage *m*, promenade *f* en voiture
Autofokus M FOTO système *m* autofocus; mise *f* au point automatique
autofrei ADJ *Ort, Tag etc* où la circulation automobile est interdite
Autofriedhof M cimetière *m* de voitures; **Autogas** N GPL *m* (gaz pétrole liquéfié)
autogen **A** ADJ TECH, PSYCH autogène; **~es Training** training *m* autogène **B** ADV **~ schweißen** souder à l'autogène
Autograf N ⟨~s; ~e(n)⟩ (lettre *f*, écrit *m*) autographe *m*; **autografisch** ADJ autographique
Autogramm N ⟨~s; ~e⟩ autographe *m*; **Autogrammjäger** *umg* M chasseur *m* d'autographes; **Autogrammstunde** F séance *f* d'autographes
Autograph N → Autograf; **autographisch** ADJ → autografisch
Autohändler(in) M(F) marchand(e) *m(f)* de voitures; **Autohof** M gare routière; **Autoindustrie** F industrie *f* automobile; **Autokarte** F carte routière; **Autokino** N drive-in *m*; **Autoknacker** *umg* M *umg* roulottier *m*; **Autokolonne** F file *f* de voitures; MIL convoi *m* automobile
Autokrat M ⟨~en; ~en⟩ autocrate *m*; **Autokratie** F ⟨~; ~n⟩ autocratie *f*; **autokratisch** ADJ autocratique
Automarder *umg* M *umg* roulottier *m*; voleur *m* à la roulotte; **Automarke** F marque *f* d'automobile
Automat M ⟨~en; ~en⟩ *(Verkaufsautomat)* distributeur *m* (automatique); *(selbsttätiger Apparat)* automate *m*; *(Spielautomat)* machine *f* à sous; *(Musikautomat)* juke-box *m*
Automatenknacker *umg* M *umg* casseur *m* de distributeurs automatiques; **Automatenrestaurant** N restaurant *m* à distributeurs de plats
Automatik F ⟨~; ~en⟩ TECH **1** *Vorrichtung* dispositif *m* automatique; automatisme *m*; **ein Auto mit ~** une voiture automatique; **e-e Kamera mit ~** un appareil photo (à sélection) automatique **2** ⟨*pas de pl*⟩ *Vorgang* fonctionnement *m* automatique
Automatikgetriebe N AUTO boîte *f* (de vitesses) automatique; **Automatikgurt** M ceinture *f* de sécurité à enrouleur
Automation F ⟨~⟩ automation *f*
automatisch **A** ADJ automatique; **~e Schusswaffe** arme *f* à feu automatique **B** ADV *a. fig* automatiquement; **~ gesteuerte Maschine** machine *f* à commande automatique; *umg fig* **der Antrag wird ~ weitergeleitet** la demande sera transmise automatiquement
automatisieren V/T ⟨*pas de ge-*, h.⟩ automatiser; **Automatisierung** F ⟨~; ~en⟩ automatisation *f*
Automatismus M ⟨~; -men⟩ TECH, MED, PSYCH, BIOL automatisme *m*
Automechaniker(in) M(F) mécanicien-auto (-mobile), mécanicienne-auto(mobile) *m,f*
Autominute F **zehn ~n** dix minutes de *od* en voiture
Automobil *geh* N ⟨~s; ~e⟩ automobile *f*; **Automobilausstellung** F exposition *f* automobile; salon *m* de l'automobile; **Automobilbau** M ⟨~(e)s⟩ construction *f* automobile; **Automobilindustrie** F industrie *f* automobile
Automobilist(in) M ⟨~en; ~en⟩ (F) ⟨~in; ~innen⟩ *bes schweiz* automobiliste *m/f*
Automobilklub M automobile-club *m*
autonom ADJ autonome
Autonome(r) M/F(M) ⟨→ A⟩ POL autonomiste *m/f*
Autonomie F ⟨~; ~n⟩ autonomie *f*; **Autonomiebestrebungen** FPL aspirations *fpl* à l'autonomie
Autonummer F numéro *m* d'immatriculation, minéralogique; **Autopapiere** NPL papiers *mpl* de (la) voiture
Autopilot M FLUG pilote *m* automatique
Autopsie F ⟨~; ~n⟩ MED autopsie *f*
Autor M ⟨~s; -toren⟩ auteur *m*
Autoradio N autoradio *m*; **Autoreifen** M pneu *m* de voiture; **Autoreisezug** M train *m* autos-couchettes *od* autocouchettes
Autorenexemplar N exemplaire *m* d'auteur; **Autorenfilm** M film *m* d'auteur; **Autorenkorrektur** F TYPO correction *f* de l'auteur
Autorennen N course *f* automobile
Autorenrechte NPL droits *mpl* d'auteur; **Autorenverzeichnis** N index *m* des auteurs
Autoreparatur F réparation *f* d'une voiture *bzw.* de voitures; **Autoreparaturwerkstatt** F garage *m*
Autorin F ⟨~; ~nen⟩ auteur *m*
Autorisation F ⟨~; ~en⟩ autorisation *f*
autorisieren V/T ⟨*pas de ge-*, h.⟩ autoriser (**etw zu tun** à faire qc); **e-e autorisierte Übersetzung** une traduction autorisée par l'auteur
autoritär ADJ autoritaire
Autorität F ⟨~; ~en⟩ *a. Person* autorité *f*; **sich** *(dat)* **~ verschaffen** imposer son autorité; **als ~ gelten** faire autorité; **er ist e-e ~ auf diesem Gebiet** c'est une autorité dans ce domaine
Autoritätsanspruch M revendication *f* de l'autorité; **Autoritätsglaube** M foi *f* (aveugle) en l'autorité; **autoritätsgläubig** ADJ crédule envers l'autorité; qui croit aveuglément à l'autorité; **Autoritätsgläubigkeit** F crédulité *f* envers l'autorité; foi *f* aveugle en l'autorité
Autorkorrektur F correction *f* de l'auteur; **Autorschaft** F ⟨~⟩ paternité *f* littéraire
Autosalon M salon *m* de l'automobile; **Autoschalter** M guichet *m* pour automobilistes; **Autoschlange** F file *f* de voitures; **Autoschlosser** M → Automechaniker; **Autoschlüssel** M clé *f* de voiture; **Autoskooter** M auto tamponneuse; **Autosport** M sport *m* automobile; automobilisme *m*
Autostopp M ⟨~s⟩ auto-stop *m*; **per ~ reisen** voyager en auto-stop; faire de l'auto-stop
Autostraße F route (réservée à la circulation automobile); **Autostrich** *umg* M ⟨~(e)s⟩ racolage *m* des automobilistes
Autostunde F **zwei ~n** deux heures de *od* en voiture
Autosuggestion F autosuggestion *f*
Autotelefon N téléphone *m* de voiture; radiotéléphone *m*; **Autotransporter** M camion transporteur de voitures; **Autotür** F portière *f*
Autotypie F ⟨~; ~n⟩ TYPO similigravure *f*
Autounfall M accident *m* de voiture; **Autoverkehr** M circulation *f*, trafic *m* automobile; **Autoverleih** M, **Autovermietung** F location *f* de voitures; **Autoversicherung** F assurance *f* automobile; **Autowaschanlage** F, **Autowaschstraße** F lavage *m* automatique de voitures; **Autowerkstatt** F garage *m*; **Autowrack** N épave *f* d'une voiture; voiture-épave *f*; **Autozubehör** N accessoires *mpl* automobiles
autsch *umg* INT aïe!; ouille!
auweh INT **1** *bei Schmerz* aïe! **2** *bei Unangenehmem, Bedauern etc* oh, mon Dieu!; oh, là là!
auwei(a) *umg* INT aïe, aïe, aïe!; oh, là là!
Aval M *od* N ⟨~s; ~e⟩ HANDEL aval *m*
Avance F ⟨~; ~n⟩ **j-m ~n machen** faire des avances à qn
avancieren *geh* V/I ⟨*pas de ge-*, s.⟩ **zu etw ~** passer qc; MIL, *Dienstrang a.* être élevé au rang de qc; *Dinge* devenir qc
Avantgarde F avant-garde *f*
Avantgardist M ⟨~en; ~en⟩ avant-gardiste *m*; **avantgardistisch** ADJ avant-gardiste; d'avant-garde
Avatar M ⟨~s; ~s⟩ IT avatar *m*
AvD M ⟨~⟩ ABK (Automobilclub von Deutschland) automobile-club *m* d'Allemagne
Ave-Maria N ⟨~(s); ~(s)⟩ KATH Ave Maria *m*
Avers M ⟨~es; ~e⟩ *e-r Münze* avers *m*
Aversion F ⟨~; ~en⟩ aversion *f*; **e-e ~ gegen etw, j-n haben** avoir de l'aversion pour *od* contre qc, qn
Avis M *od* N ⟨~es; ~e⟩ HANDEL lettre *f* d'avis
avisieren V/T ⟨*pas de ge-*, h.⟩ **(j-m) etw ~** aviser (qn) de qc; notifier qc (à qn)
Avocado F ⟨~; ~s⟩ avocat *m*
Axel[1] M ⟨→ *n/pr*⟩ *prénom*
Axel[2] M ⟨~s; ~⟩ SPORT axel *m*
axial ADJ axial; **Axialverschiebung** F déplacement axial
Axiom N ⟨~s; ~e⟩ axiome *m*
axiomatisch ADJ axiomatique
Axt F ⟨~; ⸚e⟩ °hache *f*; *sprichw* **die ~ im Haus erspart den Zimmermann** le bon bricoleur se passe de l'artisan
Axthieb M coup *m* de hache
Az., **AZ** ABK (Aktenzeichen) réf. (référence)
a. Z. ABK (auf Zeit) temporaire(ment)
Azalee F ⟨~; ~n⟩, **Azalie** F ⟨-lie; -lien⟩ BOT azalée *f*
Azetat N → Acetat
Azoren PL **die ~** les Açores *fpl*
Azorenhoch N METEO anticyclone *m* des Açores
Azteke M ⟨~n; ~n⟩ Aztèque *m*
Aztekenreich N empire *m* des Aztèques
Azubi *umg* M ⟨~s; ~s⟩ *u.* F ⟨~; ~s⟩ employé(e) *m(f)* stagiaire; *im Handwerk* apprenti(e) *m(f)*
Azur *poet* M ⟨~s⟩ *liter* azur *m*
azurblau, *poet* **azurn** ADJ (bleu) d'azur; azu-

ré
azyklisch ADJ acyclique

B

B, b N ⟨B, b; B, b⟩ 1 *Buchstabe* B, b *m* 2 MUS *Ton* si *m* bémol; *Erniedrigungszeichen* bémol *m* 3 *bei Haus-, Absatz-, Artikelnummern* ter
B F ⟨~⟩ ABK (Bundesstraße) route fédérale; RN *f* (route nationale)
BA F ⟨~⟩ ABK (Bundesagentur für Arbeit) Office fédéral du travail
BAB F ⟨~⟩ ABK (Bundesautobahn) autoroute fédérale
baba, bäbä *kindersprIADJ* **das ist baba, bäbä** *kinderspr* c'est caca
babbeln *umg regional* VT u. VI ⟨-(e)le, h.⟩ *Kleinkind* babiller; (*schwatzen*) bavarder; papoter
Babel N 1 ⟨→ *n/pr*⟩ BIBEL Babel; **der Turm zu ~** la tour de Babel 2 ⟨~s; ~⟩ *fig* (*Sündenbabel*) lieu *m* de perdition; (*vielsprachiger Ort*) tour *f* de Babel
Baby N ⟨~s; ~s⟩ bébé *m*; **ein ~ erwarten** attendre un bébé; **sich wie ein ~ benehmen** faire le bébé
Babyartikel M article *m* pour bébés; **Babyausstattung** F layette *f*; **Babyboom** M baby-boom *m*; (forte) augmentation de la natalité; explosion *f* des naissances
Babydoll N ⟨~s; ~s⟩ baby doll *m*; **Babyjahr** N année *f* de maternité (*prise en compte pour l'assurance-vieillesse*)
Babylon N ⟨→ *n/pr*⟩ HIST Babylone *f*
babylonisch ADJ babylonien, -ienne
Babynahrung F aliments *mpl* pour bébés; **Babypause** *umg* F pause *f* maternité; **Babypute** F dindonneau *m*; **babysitten** *umg* VI ⟨*seulement inf*⟩ faire du baby-sitting; **Babysitter(in)** M ⟨~s; ~⟩ (F) ⟨~in; ~innen⟩ baby-sitter *m/f*; **Babyspeck** *umg hum* M rondeurs *fpl* de bébé, d'adolescent(e); **Babystrich** *umg* M prostitution *f* des mineur(e)s; **Babytragetasche** F porte-bébé *m*; **Babywäsche** F layette *f*; **Babyzelle** F petite pile électrique
Bacchantin F ⟨~; ~nen⟩ MYTH bacchante *f*; **bacchantisch** *geh* ADJ bachique; *fig* orgiaque
Bacchus M ⟨→ *n/pr*⟩ MYTH Bacchus *m*
Bach M ⟨~(e)s; ¨~e⟩ ruisseau *m*; *umg fig* **den ~ runtergehen** tourner mal; courir à un échec; *Geschäft* courir à la faillite
Bachbett N lit *m* d'un *bzw.* du ruisseau
Bache F ⟨~; ~n⟩ ZOOL laie *f*
Bachelor *m* ⟨~(s); ~s⟩ *Hochschulabschluss, in Frankreich etwa* licence *f*; *umg* bac+3 *m*
Bachforelle F truite *f* de rivière
Bächlein N ⟨~s; ~⟩ ruisselet *m*; petit ruisseau; *kinderspr* **ein ~ machen** *kinderspr* faire pipi
Bachstelze F ⟨~; ~n⟩ ZOOL bergeronnette *f*
Backblech N plaque *f* à pâtisserie, de four
Backbord N ⟨~(e)s; ~e⟩ SCHIFF bâbord *m*
Backe F ⟨~; ~n⟩ 1 (*Wange*) joue *f*; **e-e dicke ~ haben** avoir la joue enflée; *umg* **au ~!** *erstaunt umg* bigre!; *unangenehm überrascht umg* mince, zut (alors)! 2 *umg* (*Gesäßbacke*) fesse *f* 3 TECH *e-r Bremse, am Schraubstock etc* mâchoire *f*
backen[1] ⟨backt *ou* bäckt, backte *ou* buk, gebacken, h.⟩ A VT *Brot, Kuchen etc* faire cuire; *Fisch* faire frire B VI *im Backofen* cuire (au four)
backen[2] VI ⟨backt, backte, gebackt, h.⟩ *regional* (*kleben*) coller (**an** [+*dat*] à)
Backenbart M favoris *mpl*; **Backenknochen** M (os *m* de la) pommette *f*; **Backenstreich** *geh* M *liter* soufflet *m*; **Backentasche** F ZOOL abajoue *f*
Backenzahn M molaire *f*; **hinterer** *od* **großer ~** grosse molaire; **vorderer** *od* **kleiner ~** prémolaire *f*
Bäcker(in) M ⟨~s; ~⟩ (F) ⟨~in; ~innen⟩ boulanger, -ère *m,f*; (*Feinbäcker[in]*) pâtissier, -ière *m,f*
Backerbsen FPL *petites boules de pâte (utilisées comme garniture de soupe)*
Bäckerei F ⟨~; ~en⟩ boulangerie *f*; (*Feinbäckerei*) pâtisserie *f*
Bäckergeselle M garçon *m* boulanger; mitron *m*; **Bäckerhandwerk** N métier *m* de boulanger; **Bäckerinnung** F corporation *f* des boulangers; **Bäckerladen** M → Bäckerei; **Bäckerlehrling** M apprenti *m* boulanger; **Bäckermeister** M (maître *m*) boulanger *m*
Bäckersfrau F boulangère *f*
backfertig ADJ prêt à mettre au four
Backfisch M 1 GASTR poisson frit, *panierter* pané 2 *fig* adolescente *f*; *hum* jouvencelle *f*; **Backfischalter** N âge ingrat
Backform F moule *m* (à gâteaux, à pâtisserie); *für Tortenböden* moule *m* à tarte; **Backhähnchen** N, *österr* **Backhendl** N poulet pané; **Backhefe** F levure *f* de boulanger; **Backobst** N fruits séchés, secs; **Backofen** M four *m*
Backpapier N papier sulfurisé
Backpfeife F *regional* gifle *f*; claque *f*
Backpflaume F pruneau *m*; **Backpulver** N levure *f* chimique; **Backrezept** N recette *f* de pâtisserie; **Backrohr** N *südd, österr,* **Backröhre** F four *m*; **Backschüssel** F terrine *f*
Backslash M ⟨~s; ~s⟩ TYPO backslash *m*; barre *f* oblique inverse
Backstein M BAU brique *f*; **Backsteinbau** M ⟨~(e)s; ~ten⟩ construction *f* en briques; **Backsteingotik** F architecture *f* gothique de briques
Backstube F fournil *m*
bäckt → backen[1]
Backtrog M pétrin *m*
Back-up N *od* M ⟨~s; ~s⟩ IT sauvegarde *f*
Backwaren FPL produits *mpl* de boulangerie
Bad N ⟨~(e)s; ¨~er⟩ 1 bain *m* (*a.* MED, CHEM, TECH); (*Baden*) *a.* baignade *f*; **medizinisches ~** bain médical; **ein ~ einlassen, nehmen** faire couler, prendre un bain; *fig* **ein ~ in der Menge (nehmen)** (prendre) un bain de foule 2 (*Badezimmer*) salle *f* de bains 3 (*Schwimmbad*) piscine *f* 4 (*Badeort*) ville *f* d'eaux; station thermale, *an der See* balnéaire
Badeanstalt F piscine *f*; **Badeanzug** M maillot *m* de bain; **Badearzt** M médecin *m* (dans une station thermale); **Badegast** M *e-r Badekur* curiste *m/f*; *e-s Schwimmbads* usager *m*; *am Strand* baigneur, -euse *m,f*; **Badehandtuch** N → Badetuch; **Badehaube** F → Badekappe; **Badehose** F caleçon *m*, slip *m* de bain; **Badekappe** F bonnet *m* de bain; **Badekur** F cure thermale, *an der See* balnéaire; **Badelatschen** *umg* M sandale *f* de bains, *für den Strand* de plage; **Bademantel** M peignoir *m* (de bain); **Badematte** F tapis *m* de bain; **Bademeister** M maître *m* nageur; **Bademütze** F → Badekappe
baden ⟨-ete, h.⟩ A VT baigner; *in e-r Wanne* faire prendre un bain à B VI se baigner; *in e-r Wanne* prendre un bain; **~ gehen** aller se baigner; *umg fig* **(mit e-m Projekt** *etc*) **~ gehen** *umg* se planter, se casser la figure (dans un projet, *etc*); **in Schweiß gebadet** en nage; baigné, trempé de sueur; **Baden verboten** baignade interdite C VR **sich ~** se baigner; *in e-r Wanne* prendre un bain
Baden N ⟨→ *n/pr*⟩ GEOG le (pays de) Bade
Badener(in) M ⟨~s; ~⟩ (F) ⟨~in; ~innen⟩ Badois(e) *m(f)*
Badenser(in) *umg od pej* M ⟨~s; ~⟩ (F) ⟨~in; ~innen⟩ Badois(e) *m(f)*; **badensisch** *umg od pej* ADJ badois
Baden-Württemberg N ⟨→ *n/pr*⟩ le Bade-Wurtemberg
Badeofen M chauffe-bain *m*; chauffe-eau *m*; **Badeort** M station thermale, *an der See* balnéaire
Badesachen FPL affaires *fpl* de bain *bzw.* de piscine; **Badesaison** F saison *f* des baignades; **Badesalz** N sels *mpl* de bain; **Badeschlappen** *umg* M sandale *f* de bains, *für den Strand* de plage; **Badeschuh** M chaussure *f* de bain; **Badesee** M lac *m* (*où la baignade est autorisée*); **Badestrand** M plage *f*; **Badetasche** F sac *m* de plage; **Badetuch** N ⟨~(e)s; -tücher⟩ serviette *f*, *großes* drap *m* de bain; **Badewanne** F baignoire *f*; **Badewasser** N eau *f* du bain; **Badezeit** F 1 (*vorgeschriebene Dauer e-s Bads*) durée *f* du bain 2 → Badesaison 3 *im Kurort* heure *f* du bain, des bains; **Badezeug** *umg* N → Badesachen; **Badezimmer** N salle *f* de bains; **Badezusatz** M produit *m* pour le bain
badisch ADJ badois
Badminton N ⟨~⟩ badminton *m*
Badreiniger M ⟨~s; ~⟩ produit *m* de nettoyage pour salle de bains
baff *umg* ADJ **~ sein** *umg* en être baba; *umg* être sidéré, estomaqué
BAföG, Bafög N ⟨BAföG, Bafög⟩ ABK → Bundesausbildungsförderungsgesetz; *umg* **sie bekommt (100 Euro) BAföG, Bafög** elle a une bourse (de 100 euros par mois)
Bagage *umg* F ⟨~⟩ (*Gesindel*) racaille *f*
Bagatelldelikt N JUR affaire *f* de simple police
Bagatelle F ⟨~; ~n⟩ bagatelle *f*; vétille *f*; broutille *f*; **bagatellisieren** VT ⟨*pas de ge-*, h.⟩ minimiser
Bagatellsache F affaire mineure; **Bagatellschaden** M dommage insignifiant, de peu d'importance
Bagel M ⟨~s; ~s⟩ GASTR bagel *m*
Bagger M ⟨~s; ~⟩ excavatrice *f*; *großer* excavateur *m*; (*Schwimmbagger*) drague *f*; **Baggereimer** M godet *m* (d'excavateur, de drague); **Baggerführer** M conducteur *m* d'une excavatrice, *etc*; **Baggerloch** N 1 excavation *f* 2 → Baggersee; **Baggerlöffel** M godet *m* (d'excavatrice)
baggern VT u. VI ⟨-(e)re, h.⟩ 1 (*aus~*) excaver; creuser; SCHIFF draguer 2 *umg fig für Liebesabenteuer umg* draguer
Baggern N ⟨~s⟩ (*Ausbaggern*) excavation *f*; SCHIFF dragage *m*
Baggersee M (lac artificiel formé dans une) gravière *f*
Baggy Pants PL MODE baggy *m*
Baguette F ⟨~; ~n⟩ *ou* N ⟨~s; ~s⟩ baguette *f*
bah INT *umg* pouah!
bäh INT 1 *bei Schafen* bê! 2 *Ekel umg* pouah!; berk *od* beurk!; *Schadenfreude* tralala!; **~, reingefallen!** bien fait!
Bahamaer(in) M ⟨~s; ~⟩ (F) ⟨~in; ~innen⟩ Bahamien, -ienne *m,f*
bahamaisch ADJ bahamien, -ienne; des Bahamas
Bahamas PL ⟨→ *n/pr*⟩ **die ~** les (îles *fpl*) Bahamas *fpl*
Bahn F ⟨~; ~en⟩ 1 (*Eisenbahn*) *System, Schienenweg* chemin *m* de fer; (*Zug*) train *m*; (*~linie*) ligne *f* (de chemin de fer); *umg* (*Bahnhof*) gare *f*; **mit**

B

der ~ **fahren** prendre le train; voyager par le, en train 2 SPORT *einzelne* couloir *m*; *(Rennbahn)* piste *f* 3 *e-s Geschosses* trajectoire *f*; ASTRON, NUKL orbite *f* 4 *(Weg)* chemin *m*; voie *f*; **freie ~ haben** avoir la voie libre; *fig* avoir le champ libre; *fig* **sich** *(dat)* **~ brechen** se faire jour; *(sich durchsetzen)* s'imposer; *fig* **aus der ~ geworfen werden** avoir son existence bouleversée; *fig* **auf die schiefe ~ geraten** mal tourner; être sur une mauvaise pente; *fig* **etw in die richtige ~ lenken** remettre qc sur les rails 5 *(Stoffbahn, Tapetenbahn)* lé *m*; *e-s Rocks etc a.* panneau *m*

Bahnanlagen FPL installations *fpl* ferroviaires, de chemin de fer; **Bahnarbeiter** M cheminot *m*; **Bahnbeamte(r)** M agent *m* des chemins de fer; **Bahnbetrieb** M exploitation *f* ferroviaire; **bahnbrechend** ADJT novateur, -trice; révolutionnaire; **Bahnbrecher(in)** M ⟨~s; ~⟩ (F) ⟨~in; ~innen⟩ pionnier, -ière *m,f*; innovateur, -trice *m,f*; **Bahnbus** M autocar *m* des chemins de fer; **Bahncard®** F ⟨~; ~s⟩ BAHN *carte annuelle à tarif réduit*; **Bahndamm** M remblai *m*

bahnen V/T ⟨h.⟩ *Weg etc* frayer; ouvrir; tracer; **sich** *(dat)* **e-n Weg durchs Gedränge ~** se frayer un chemin à travers la foule; fendre la foule

Bahnfahrer(in) M(F) 1 usager *m* du train 2 RADSPORT coureur, -euse *m,f* sur piste; pistard(e) *m(f)*; **Bahnfahrt** F voyage *m* (en train); **Bahngelände** N emprises *fpl* de la voie; **Bahngleis** N voie ferrée

Bahnhof M gare *f*; station *f*; *umg fig* **ein großer ~** un comité d'accueil nombreux; *umg fig* **j-m e-n großen ~ bereiten** accueillir qn en grande pompe; *umg fig* **ich verstehe (immer) nur ~** *umg* je n'y pige que dalle

Bahnhofsbuchhandlung F librairie *f* (d'une gare); **Bahnhofsgaststätte** F buffet *m*, restaurant *m* de la gare; **Bahnhofsgebäude** N bâtiment *m* de la gare; **Bahnhofshalle** F °hall *m* (d'une gare); **Bahnhofsmission** F centre *m* d'accueil (d'une gare); **Bahnhofsrestaurant** N buffet *m* de gare; **Bahnhofsuhr** F horloge *f* de gare; **Bahnhofsviertel** N quartier *m* de la gare; **Bahnhofsvorplatz** M place *f* de la gare; **Bahnhofsvorsteher** M chef *m* de gare

Bahnkörper M assiette *f* de la voie ferrée; **bahnlagernd** ADJT en (dépôt à la) gare; gare restante; **Bahnlinie** F ligne *f* de chemin de fer; voie ferrée; **Bahnnetz** N réseau *m* ferroviaire; **Bahnpolizei** F police *f* des chemins de fer; **Bahnpost** F poste ambulante; **Bahnreise** F voyage *m* (en train); **Bahnschranke** F barrière *f* (du passage à niveau); **Bahnstation** F station *f* (de chemin de fer); **Bahnsteig** M quai *m*; **Bahnsteigkante** F bord *m* du quai; **Bahnstrecke** F (tronçon *m* d'une) ligne *f* de chemin de fer; **Bahnüberführung** F pont *m* de chemin de fer; **Bahnübergang** M passage *m* à niveau; **Bahnunterführung** F tunnel *m* ferroviaire; **Bahnverbindung** F liaison *f* ferroviaire; **Bahnverkehr** M trafic *m* ferroviaire; **Bahnwärter** M garde-voie *m*; *(Schrankenwärter)* garde-barrière *m*; **Bahnwärterhäuschen** N maison *f* de garde-barrière

Bahrain N ⟨→ *n/pr*⟩ le Bahreïn; **Bahrainer(in)** M ⟨~s; ~⟩ (F) ⟨~in; ~innen⟩ Bahreïnite *m/f*; **bahrainisch** ADJ bahreïnite

Bahre F ⟨~; ~n⟩ civière *f*; *für Kranke a.* brancard *m*

Baikalsee der ~ le lac Baïkal

Baiser N ⟨~s; ~s⟩ GASTR meringue *f*

Baisse F ⟨~; ~n⟩ WIRTSCH baisse *f*

Bajazzo M ⟨~s; ~s⟩ paillasse *m*; clown *m*

Bajonett N ⟨~(e)s; ~e⟩ baïonnette *f*; **mit aufgepflanztem ~** baïonnette au canon

Bajonettverschluss M TECH fixation *f*, *e-r Glühbirne* douille *f* (à) baïonnette

Bajuware M ⟨~n; ~n⟩ *hum* → Bayer(in); **bajuwarisch** *hum* → bayrisch

Bake F ⟨~; ~n⟩ balise *f*

Bakelit® N ⟨~s⟩ bakélite® *f*

Bakkarat N ⟨~s⟩ baccara *m*

Bakschisch N ⟨~(e)s; ~e⟩ bakchich *m*

Bakterie F ⟨~; ~n⟩ microbe *m*; *t/t* bactérie *f*

bakteriell ADJ microbien, -ienne; bactérien, -ienne

Bakterienkultur F culture bactérienne

Bakteriologe M ⟨~n; ~n⟩, **Bakteriologin** F ⟨-in; -innen⟩ bactériologiste *m/f*; **Bakteriologie** F ⟨~⟩ bactériologie *f*; **bakteriologisch** ADJ bactériologique; **Bakteriophagen** PL *Viren* bactériophages *mpl*

bakterizid ADJ bactéricide

Bakterizid N ⟨~(e)s; ~e⟩ (produit *m*) bactéricide *m*

Balalaika F ⟨~; ~s *ou* -ken⟩ MUS balalaïka *f*

Balance F ⟨~; ~n⟩ équilibre *m* (*a. fig*); **die ~ halten, verlieren** maintenir, perdre l'équilibre

Balanceakt M numéro *m* d'équilibre

balancieren ⟨*pas de ge-*⟩ A V/T ⟨h.⟩ tenir en équilibre B V/I ⟨s.⟩ se (main)tenir en équilibre; **über etw** *(akk)* **~** marcher en équilibre sur qc

Balancierstange F balancier *m*

bald ADV 1 ⟨eher, am ehesten⟩ *(in kurzer Zeit)* bientôt; prochainement; sous peu; **~ darauf** peu après; **etw ~ tun** ne pas tarder à faire qc; **er ist ~ sechzig Jahre alt** il approche de la soixantaine; **er wird nicht so ~** *od* **so ~ nicht wiederkommen** il ne reviendra pas de si tôt *od* de sitôt; **so ~ wie möglich** le plus tôt possible; dès que possible; *umg* **bist du ~ fertig?** *wartend* tu es prêt, prête?; *vorwurfsvoll umg* alors, c'est pour bientôt?; **bis ~!** à bientôt!; *umg* **wird's ~?** *umg* alors, ça vient? 2 *umg (fast)* presque; **ich wäre ~ gefallen** *a.* j'ai failli tomber; **ich hätte ~ geweint** *a.* pour un peu, j'aurais pleuré 3 *geh* **~ …, ~ …** tantôt … tantôt …; **~ hier, ~ da** *a.* par-ci, par-là 4 *(schnell)* **zehn Tage gehen ~ vorüber** dix jours, c'est vite passé

Baldachin M ⟨~s; ~e⟩ baldaquin *m*; dais *m*

Bälde *geh*, ADMIN **in ~** prochainement

baldig ADJ ⟨*épithète*⟩ prochain; proche

baldigst ADV très prochainement

baldmöglichst ADV le plus tôt possible; dès que possible

Baldrian M ⟨~s; ~e⟩ valériane *f*; **Baldriantropfen** MPL teinture *f* de valériane

Balearen PL ⟨→ *n/pr*⟩ **die ~** les Baléares *fpl*

Balg[1] M ⟨~(e)s; ⸚e⟩ 1 *von Tieren*, *fig* peau *f* 2 *e-r Orgel etc* soufflet *m*

Balg[2] N *od* M ⟨~(e)s; ⸚er⟩ *umg meist pej (Kind)* *umg* gosse *m/f*; *umg* môme *m/f*; *umg pej* morveux, -euse *m,f*

balgen V/R ⟨h.⟩ **sich ~** se bagarrer; se colleter; **Balgerei** *umg* F ⟨~; ~en⟩ bagarre *f*

Balkan ⟨→ *n/pr*⟩ **der ~** *Gebirge* le mont Balkan; *Halbinsel* les Balkans *mpl*

Balkanhalbinsel F péninsule *f* balkanique, des Balkans; **Balkankriege** MPL campagnes *fpl*, guerres *fpl* balkaniques; **Balkanstaaten** MPL États *mpl* balkaniques

Balken M ⟨~s; ~⟩ 1 ARCH, SPORT poutre *f*; *(Deckenbalken)* solive *f*; *umg fig* **lügen, dass sich die ~ biegen** mentir comme un arracheur de dents 2 *e-r Waage* fléau *m* 3 MUS barre *f*

Balkendecke F plafond *m* à solives; **Balkenüberschrift** F manchette *f*; titre *m* en gros caractères; **Balkenwaage** F balance *f* à fléau

Balkon M ⟨~s; ~s *ou* ~e⟩ ARCH balcon *m* (*a.* THEAT, KINO)

Balkonien *umg hum* N ⟨→ *n/pr*⟩ le balcon *(comme lieu de vacances)*

Balkonpflanze F plante *f* de balcon; **Balkontür** F porte-fenêtre *f* (donnant sur le balcon)

Ball[1] M ⟨~(e)s; ⸚e⟩ *(Tanzfest)* bal *m*; **auf den ~ gehen** aller au bal

Ball[2] M ⟨~(e)s; ⸚e⟩ *(Tennisball, Tischtennisball etc)* balle *f*; *meist größerer* ballon *m*; *(Schneeball etc)* boule *f*; **~ spielen** jouer à la balle, au ballon; *umg fig* **er ist am ~** la balle est dans son camp; **am ~ bleiben** coller au ballon; *umg fig umg* s'accrocher; *fig* **sich** *(dat)* **die Bälle zuspielen** *od* **zuwerfen** se renvoyer la balle

ballaballa *umg* ADJ ⟨*attribut*⟩ *umg* zinzin; *umg* toc-toc

Ballabend M soirée dansante

Ballabgabe F SPORT passe *f*

Ballade F ⟨~; ~n⟩ ballade *f*

Ballast M ⟨~(e)s; ~e⟩ 1 FLUG, SCHIFF lest *m*; **~ abwerfen** lâcher, jeter du lest 2 *fig* choses *fpl* inutiles; fatras *m*; *als Gepäck* bagage *m* inutile

Ballaststoffe MPL *in Nahrungsmitteln* fibres *fpl*

Ballbesitz M FUSSBALL possession *f* du ballon

Bällchen N ⟨~s; ~⟩ (petite) balle; GASTR, *aus Papier etc* boulette *f*

ballen ⟨h.⟩ A V/T **die Fäuste ~** serrer, fermer les poings; *fig* **geballte Energie** *etc* énergie, *etc* concentrée B V/R **sich ~** s'accumuler

Ballen M ⟨~s; ~⟩ 1 HANDEL *(Packen)* balle *f*; ballot *m*; *(Stoffballen)* pièce *f*; rouleau *m* 2 ANAT → Handballen, Fußballen 3 ZOOL coussinet *m*

Ballerei *umg* F ⟨~; ~en⟩ pétarade *f*

Ballerina F ⟨~; -nen⟩ ballerine *f*

Ballermann *umg* M ⟨~(e)s; -männer⟩ *umg* pétard *m*; *umg* flingue *m*

ballern *umg* V/I ⟨-(e)re, h.⟩ *(schießen)* tirer des coups de feu; *umg* **j-m e-e ~** *umg* envoyer une beigne, une torgnole à qn

Ballett N ⟨~(e)s; ~e⟩ ballet *m*; **beim ~ sein** être danseur, danseuse de ballet

Ballettabend M soirée *f* de ballet

Balletteuse *geh* F ⟨~; ~n⟩ ballerine *f*; danseuse *f* (du corps de ballet)

Ballettkorps N corps *m* de ballet; **Ballettmeister** M maître *m* de ballet; **Ballettratte** *umg fig hum* F petit rat (de l'Opéra); **Ballettröckchen** N tutu *m*; **Ballettschuh** M chausson *m* de danse; **Ballettschule** F école *f* de danse classique; **Ballettschülerin** F élève *f* de danse classique; **Balletttänzer(in)** M(F) danseur, -euse *m,f* de ballet; **Balletttruppe** F (compagnie *f* de) ballet *m*

Ballführung F ⟨~⟩ accompagnement *m* du ballon, de la balle

Ballistik F ⟨~⟩ balistique *f*; **ballistisch** ADJ ⟨*épithète*⟩ balistique

Balljunge M ramasseur *m* de balles

Ballkleid N robe *f* de bal

Ballon M ⟨~s; ~s *ou* ~e⟩ 1 FLUG ballon *m*; aérostat *m* 2 CHEM ballon *m* 3 *(Luftballon)* ballon *m*; **Ballonärmel** M MODE manche *f* gigot; **Ballonfahrer(in)** M(F) aéronaute *m/f*; **Ballonfahrt** F voyage *m* en ballon; **Ballonhülle** F enveloppe *f* du ballon; **Ballonmütze** F casquette *f* gavroche; **Ballonreifen** M AUTO pneu *m* ballon; **Ballonseide** F soie *f* pour ballons

Ballsaal M salle *f* de bal, de danse

Ballspiel N jeu *m* de balle, de ballon; **Balltechnik** F technique *f* du ballon, de la balle

Ballung F ⟨~; ~en⟩ agglomération *f*; *fig* con-

centration *f*
Ballungsgebiet N, **Ballungsraum** M agglomération urbaine; *t/t* conurbation *f*; **Ballungszentrum** N grand centre économique, industriel
Ballverlust M FUSSBALL perte *f* du ballon; **Ballwechsel** M échange *m* de balles
Balneologie F ⟨~⟩ balnéologie *f*; **Balneotherapie** F balnéothérapie *f*
Balsaholz N balsa *m*
Balsam M ⟨~s; ~e⟩ baume *m*; **Balsamessig** M vinaigre *m* balsamique
Balsamico M ⟨~s⟩ *Essig* vinaigre *m* balsamique
balsamieren V/T ⟨*pas de ge-*, h.⟩ embaumer
balsamisch ADJ balsamique; (*duftend*) embaumé
Balte M ⟨~n; ~n⟩, **Baltin** F ⟨-in; -innen⟩ Balte *m/f*
Balthasar M ⟨→ *n/pr*⟩ *prénom*; REL Balthazar *m*
Baltikum ⟨→ *n/pr*⟩ **das ~** les pays *mpl* baltes
baltisch ADJ balte (*a. Sprache*); **das Baltische Meer** la (mer) Baltique
Balustrade F ⟨~; ~n⟩ balustrade *f*
Balz F ⟨~; ~en⟩ pariade *f*
balzen V/I ⟨-(es)t, h.⟩ **1** ZOOL faire la parade (nuptiale) **2** *fig hum* faire la roue
Balzzeit F pariade *f*
Bambus M ⟨~ *ou* ~ses; ~se⟩ bambou *m*; **Bambusrohr** N bambou *m*; **Bambussprossen** FPL pousses *fpl* de bambou; **Bambusstock** M canne *f* de bambou; **Bambusvorhang** M rideau *m* de bambou
Bammel *umg* M ⟨~s⟩ *umg* trouille *f*; *umg* frousse *f*; (*Lampenfieber*) trac *m*; **(vor etw, j-m) ~ haben** *a.* avoir une peur bleue (de qc, qn)
banal ADJ banal; **banalisieren** V/T ⟨*pas de ge-*, h.⟩ banaliser; **Banalität** F ⟨~; ~en⟩ banalité *f*; platitude *f*
Banane F ⟨~; ~n⟩ *Frucht* banane *f*; *Pflanze* bananier *m*
Bananendampfer M bananier *m*; **Bananenrepublik** F *pej* république bananière; **Bananenschale** F peau *f* de banane; **Bananensplit** N ⟨~(s); ~s⟩ GASTR banana split *m*; **Bananenstaude** F bananier *m*; **Bananenstecker** M ELEK fiche *f* banane
Banause M ⟨~n; ~n⟩ *pej* béotien, -ienne *m,f*
Bancomat® M ⟨~en; ~en⟩ → Bankautomat
band → binden
Band[1] N ⟨~(e)s; ⸚er⟩ **1** (*Streifen*) ruban *m* (*a.* TECH, RADIO); (*Schnur*) cordon *m*; *zum Zusammenbinden* lien *m*; **das ~ der Ehrenlegion** le ruban de la Légion d'honneur **2** ANAT ligament *m* **3** (*Tonband*) bande *f* (magnétique) **4** (*Fließband*) chaîne *f*; (*Förderband*) bande transporteuse; *fig* **am laufenden ~** sans arrêt; sans interruption; continuellement **5** *geh* ⟨*pl* ~e⟩ **die ~e (der Freundschaft** *etc*) les liens *mpl* (de l'amitié, *etc*); **zarte ~e knüpfen** nouer de tendres liens
Band[2] M ⟨~(e)s; ⸚e⟩ (*Buchband*) volume *m*; *e-s Werkes a.* tome *m*; **Werk** *n* **in zwei Bänden** œuvre *f* en deux volumes, tomes; *fig* **das spricht Bände** ça en dit long; voilà qui est éloquent!
Band[3] F ⟨~; ~s⟩ MUS orchestre *m*; (*Beatband, Rockband etc*) groupe *m*
Bandage F ⟨~; ~n⟩ bandage *m*; *fig* **mit harten ~ kämpfen** mener une lutte sans pitié
bandagieren V/T ⟨*pas de ge-*, h.⟩ bander
Bandaufnahme F enregistrement *m* sur bande (magnétique); **Bandaufnahmegerät** N magnétophone *m*
Bandbreite F **1** RADIO (largeur *f* de) bande *f* **2** *fig* gamme *f*; **ein Warenangebot von erstaunlicher ~** une gamme étonnante d'articles, de produits
Bändchen N ⟨~s; ~⟩ **1** (*schmales Stoffband*) petit ruban; (*Schnur*) cordonnet *m* **2** (*Büchlein*) petit livre
Bande[1] F ⟨~; ~n⟩ (*Verbrecherbande etc*) *a. fig* bande *f*; *umg* **so eine freche ~!** quelle bande, quel tas de voyous!
Bande[2] F ⟨~; ~n⟩ **1** SPORT bord *m*; bordure *f*; BILLARD bande *f*; BILLARD **auf ~ spielen** jouer par la bande **2** PHYS bande *f*
Bandenführer(in) M(F) chef *m*, meneur *m* de bande; **Bandenkrieg** M lutte *f* de bandes rivales; **Bandenwesen** N ⟨~s⟩ banditisme *m*
Banderilla F ⟨~; ~s⟩ STIERKAMPF banderille *f*
Banderole F ⟨~; ~n⟩ **1** (*Steuerbanderole*) *etwa* vignette *f* (*sur un paquet de cigarettes*) **2** (*Papierband*) bande *f*
Bänderriss M MED déchirure *f* d'un ligament; **Bänderzerrung** F MED élongation *f* d'un ligament
Bandförderer M TECH transporteur *m* à courroie; bande transporteuse; **Bandgeschwindigkeit** F vitesse *f* d'une *bzw.* de la bande
bändigen V/T ⟨h.⟩ *Tiere* dompter; apprivoiser; *Kind* calmer; *fig Leidenschaften etc* maîtriser; refréner *od* réfréner; **nicht zu ~ sein** être indomptable
Bändigung F ⟨~; ~en⟩ domptage *m*; apprivoisement *m*; *fig* maîtrise *f*
Bandit M ⟨~en; ~en⟩ bandit *m*; brigand *m*; *umg fig* **einarmiger ~** machine *f* à sous
Bandleader M ⟨~s; ~⟩ chef *m* d'un *bzw.* du groupe (de jazz, de rock)
Bandmaß N TECH mètre *m* à ruban; MODE centimètre *m*; **Bandnudeln** FPL nouilles (plates)
Bandoneon N ⟨~s; ~s⟩ MUS bandonéon *m*
Bandsäge F scie *f* à ruban; **Bandscheibe** F ANAT disque intervertébral; **Bandscheibenschaden** M MED lésion discale; **Bandscheibenvorfall** M MED °hernie discale; **Bandwurm** M ténia *m*; ver *m* solitaire
bang(e) ADJ ⟨banger *ou* bänger, bangste *ou* bängste⟩ inquiet, -iète; **~e Tage verbringen** vivre des jours d'angoisse; **in ~er Erwartung** dans une attente inquiète; **mir ist ~(e)** j'ai peur (**vor** [+*dat*] de)
Bange F ⟨~⟩ *regional* peur *f*; **(nur) keine ~!** n'aie *bzw.* n'ayez pas peur!; **j-m** *od* **j-n ~ machen** faire peur à qn
bangen *geh* V/I ⟨h.⟩ craindre, trembler (**um** pour); **um j-s Schicksal ~** être inquiet sur le sort de qn; **mir bangt vor der Prüfung** j'appréhende l'examen
Bangladesch N ⟨→ *n/pr*⟩ le Bangladesh; **Bangladescher(in)** M ⟨~s; ~⟩ (F) ⟨~in; ~innen⟩ Bangladais(e) *m(f)*; Bangladeshi *m/f*; **bangladeschisch** ADJ bangladais; du Bangladesh
Banjo N ⟨~s; ~s⟩ MUS banjo *m*
Bank[1] F ⟨~; ⸚e⟩ **1** *zum Sitzen* banc *m*; *gepolsterte* banquette *f*; *umg fig* **etw auf die lange ~ schieben** remettre qc à plus tard; repousser qc; *umg fig* **durch die ~** (*ohne Ausnahme*) (tous, toutes) sans exception; (*ohne Unterschied*) sans (faire de) distinction **2** (*Werkbank*) établi *m*; (*Fleischbank*) étal *m* **3** GEOL banc *m*
Bank[2] F ⟨~; ~en⟩ (*Geldinstitut, Spielbank*) banque *f*; **die ~ halten** tenir la banque; **die ~ sprengen** faire sauter la banque; **ein Konto auf der ~ haben** avoir un compte bancaire, en banque
Bankabschluss M bilan *m* de la banque; **Bankangestellte(r)** M/F(M) employé(e) *m(f)* de banque; **Bankanweisung** F assignation *f*, chèque *m* bancaire; **Bankauftrag** M ordre *m* de banque; **Bankauskunft** F renseignement *m* bancaire; **Bankautomat** M distributeur *m* (automatique) de billets; **Bankdirektor(in)** M(F) directeur *m* de (la) banque; **Bankeinzug** M prélèvement *m* automatique
Banker *umg* M ⟨~s; ~⟩ banquier *m*; financier *m*
Bankett[1] N ⟨~(e)s; ~e⟩ (*Festmahl*) banquet *m*; dîner *m* de gala
Bankett[2] N ⟨~(e)s; ~e⟩, **Bankette** F ⟨-kette; -ketten⟩ STRASSENBAU accotement *m*; banquette *f*
Bankfach N **1** *Branche* **im ~ tätig sein** travailler dans le secteur bancaire **2** (*Bankschließfach*) coffre *m* (bancaire)
Bankfiliale F agence *f*, succursale *f* d'une banque; **Bankgeheimnis** N secret *m* bancaire; **Bankgeschäft** N opération *f*, transaction *f* bancaire; **Bankguthaben** N avoir(s) *m(pl)*, dépôt *m* en banque; **Bankhalter** M *beim Glücksspiel* banquier *m*; **Bankhaus** N banque *f*
Bankier M ⟨~s; ~s⟩ banquier *m*
Bankinstitut N établissement *m* bancaire; **Bankkaufmann** M, **Bankkauffrau** F employé(e) *m(f)* de banque diplômé(e); **Bankkonto** N compte *m* en banque; **Bankkredit** M crédit *m* bancaire; **Banklehre** F formation *f* des employés de banque; **Bankleitzahl** F code *m* établissement bancaire; code *m* banque
Banknachbar(in) M(F) voisin(e) *m(f)* de banc
Banknote F billet *m* de banque
Bankomat M ⟨~en; ~en⟩ → Bankautomat
Bankraub M °hold-up *m* (d'une banque); **Bankräuber** M auteur *m* du *bzw.* d'un °hold-up (d'une banque); *umg* braqueur *m*
bankrott ADJ en faillite; **~ sein** être en faillite; *fig* être aux abois
Bankrott M ⟨~(e)s; ~e⟩ *a. fig* faillite *f*; banqueroute *f*; **~ machen** faire faillite, banqueroute; → bankrottgehen
Bankrotterklärung F déclaration *f* de faillite
Bankrotteur M ⟨~s; ~e⟩ failli *m*; banqueroutier *m*
bankrottgehen V/I ⟨*irr, sép*, -ge-, s.⟩ faire faillite, banqueroute
Bankscheck M chèque *m* bancaire; **Bankschließfach** N coffre *m* (bancaire); **Banktresor** M chambre forte (d'une banque); **Banküberfall** M °hold-up *m*, attaque *f* à main armée, *umg* braquage *m* (d'une banque); **Banküberweisung** F virement *m* bancaire; **Bankverbindung** F coordonnées *fpl* bancaires; *in Frankreich etwa* RIB *m*; **Bankverkehr** M opérations *fpl*, transactions *fpl* bancaires; **Bankvollmacht** F procuration *f*, pouvoir *m* bancaire
Bankwesen N ⟨~s⟩ système *m* bancaire; **das ~** *oft* les banques *fpl*
Bann M ⟨~(e)s; ~e⟩ **1** HIST ban *m*; *kirchlicher* anathème *m*; **mit dem ~ belegen** frapper d'anathème **2** *geh fig* charme *m*; fascination *f*; envoûtement *m*; **in j-s ~** (*dat*) **stehen, in j-s ~** (*akk*) **geraten** être, tomber sous le charme de qn; **j-n in s-n ~ schlagen** envoûter, fasciner, charmer, ensorceler qn; **der ~ ist gebrochen** le charme est rompu
Bannbulle F HIST bulle *f* d'excommunication
bannen V/T ⟨h.⟩ **1** HIST frapper d'anathème **2** *fig* (*bezaubern*) envoûter; charmer; *Gefahr, Geister* conjurer; *Zuhörer a.* tenir sous son charme; **wie gebannt** subjugué; fasciné

Banner N ⟨~s; ~⟩ 1 HIST bannière *f;* étendard *m;* **das ~ der Freiheit** l'étendard de la liberté 2 IT bannière *f* (publicitaire)
Bannerträger M porte-bannière *m;* porte-étendard *m*
Bannfluch M HIST anathème *m;* **Bannkreis** *geh* M sphère *f* d'influence; **Bannmeile** F zone *f* de protection autour d'un édifice gouvernemental, *etc;* HIST banlieue *f*
Bantamgewicht N, **Bantamgewichtler** M ⟨-lers; -ler⟩ SPORT poids *m* coq
Bantu M ⟨~(s); ~(s)⟩ Bantou *m*
Baptist(in) M ⟨~en; ~en⟩ (F) ⟨~in; ~innen⟩ REL baptiste *m/f*
Baptisterium N ⟨~s; -ien⟩ *(Taufkirche, -becken)* baptistère *m*
baptistisch ADJ REL baptiste
bar A ADJ *⟨épithète⟩* 1 HANDEL comptant; **~es Geld** argent comptant *(a. fig); fig* **etw für ~e Münze nehmen** prendre qc pour argent comptant 2 *(rein)* véritable; *Unsinn etc* pur 3 *geh (bloß)* nu; **~ aller Mittel sein** être dépourvu de tout argent B ADV (au) comptant; **etw ~ bezahlen** payer qc (au) comptant, en espèces, en (argent) liquide; **in ~** *(sofort, nicht in Raten)* (au) comptant; *(nicht als Scheck, Kreditkarte)* en espèces; **Verkauf nur gegen ~** nous n'acceptons pas les chèques, les cartes de crédit, *etc; umg* **~ auf die Hand** *od* **Kralle** *umg* cash; rubis sur l'ongle
Bar[1] F ⟨~; ~s⟩ 1 *(Ausschank, Theke)* bar *m* 2 *(Nachtlokal)* boîte *f* de nuit
Bar[2] N ⟨~s; ~s, *mais* 5 ~⟩ METEO bar *m*
Bär M ⟨~en; ~en⟩ 1 ZOOL ours *m; umg fig* **j-m e-n ~en aufbinden** monter un bateau à qn; *umg fig* **sich** *(dat)* **e-n ~en aufbinden lassen** se laisser duper; *umg* gober une blague, une histoire; *umg* **stark sein wie ein ~** être fort comme un Turc, *umg* un bœuf; *umg* **Hunger haben wie ein ~** avoir une faim de loup 2 ASTRON **der Große, Kleine ~** la Grande, Petite Ourse
Baracke F ⟨~; ~n⟩ *a. fig pej* baraque *f; pl* **~n** baraquement *m*
Barbadier(in) M ⟨~s; ~⟩ (F) ⟨~in; ~innen⟩ Barbadien, -ienne *m,f;* **barbadisch** ADJ barbadien, -ienne
Barbados N ⟨→ *n/pr*⟩ la Barbade
Barbar(in) M ⟨~en; ~en⟩ (F) ⟨~in; ~innen⟩ barbare *m/f*
Barbara F ⟨→ *n/pr*⟩ *prénom;* **die heilige ~** sainte Barbe
Barbarei F ⟨~; ~en⟩ barbarie *f*
Barbarentum N ⟨~(e)s⟩ barbarie *f;* **barbarisch** ADJ barbare
Barbarossa M ⟨→ *n/pr*⟩ HIST Barberousse *m*
Barbe F ⟨~; ~n⟩ ZOOL barbeau *m*
bärbeißig ADJ bougon, -onne; bourru; rébarbatif, -ive; **er ist ~** *a.* c'est un ours mal léché
Bärbel F ⟨→ *n/pr*⟩ *prénom*
Barbestand M montant *m* de la caisse; encaisse *f;* **Barbetrag** M montant *m* en espèces; **Barbezüge** MPL rémunération *f,* rétribution *f* en espèces
Barbier *liter* M ⟨~s; ~e⟩ barbier *m; Beaumarchais, Rossini* **der ~ von Sevilla** Le Barbier de Séville
Barbiturat N ⟨~s; ~e⟩ PHARM barbiturique *m*
barbusig A ADJ aux seins nus B ADV les seins nus
Barcelona N ⟨→ *n/pr*⟩ Barcelone
Bardame F barmaid *f*
Barde M ⟨~n; ~n⟩ HIST barde *m*
Bärendienst M **j-m e-n ~ erweisen** rendre un mauvais service à qn
Bärenfell N peau *f* d'ours; **Bärenfellmütze** F bonnet *m* d'oursin; ourson *m*
Bärenhaut F *umg fig* **auf der ~ liegen** *umg* tirer sa flemme
Bärenhunger *umg* M faim *f* de loup; **Bärenjagd** F chasse *f* à l'ours
Bärenklau M ⟨~s⟩ *od* F ⟨~⟩ BOT 1 *(Herkuleskraut)* heracleum *m;* **gemeiner ~** berce *f* 2 → Akanthus
Bärenkräfte *umg* FPL **~ haben** être fort comme un Turc, *umg* un bœuf
bärenstark *umg* ADJ 1 *(sehr stark)* fort comme un Turc, *umg* un bœuf 2 *(toll, super) umg* super; *umg* giga
Bärentatze F patte *f* d'ours
Barett N ⟨~(e)s; ~e⟩ *der Professoren* bonnet carré; *der Geistlichen* barrette *f; der Richter* toque *f*
Barfrau F barmaid *f*
barfuß ADJ *⟨attribut⟩ u.* ADV nu-pieds; pieds nus
barfüßig ADJ *u.* ADV → barfuß
barg → bergen
Bargeld N ⟨~(e)s⟩ espèces *fpl;* argent *m* liquide; numéraire *m*
bargeldlos ADJ *u.* ADV *(durch Überweisung)* par virement; *(mit Scheck)* par chèque; *(mit Karte)* par carte; **~er Zahlungsverkehr** transactions *fpl* par virement
Bargeldverkehr M opérations *fpl,* transactions *fpl* en espèces; **Bargeschäft** N opération *f,* marché *m* au comptant
barhäuptig *geh* ADJ *u.* ADV nu-tête; tête nue
Barhocker M tabouret *m* de bar
bärig ADJ *umg (großartig) umg* super *(inv); umg* giga *(inv)*
Bärin F ⟨~; ~nen⟩ ourse *f*
Bariton M ⟨~s; ~e⟩ *Stimme, Sänger* baryton *m;* **Baritonstimme** F (voix *f* de) baryton *m*
Barium N ⟨~s⟩ CHEM baryum *m*
Barkarole F ⟨~; ~n⟩ MUS barcarolle *f*
Barkasse F ⟨~; ~n⟩ SCHIFF barcasse *f*
Barkauf M achat *m* (au) comptant
Barke F ⟨~; ~n⟩ barque *f*
Barkeeper M ⟨~s; ~⟩ barman *m*
Bärlapp M ⟨~s; ~e⟩ BOT lycopode *m;* pied *m* de loup; **Bärlauch** M BOT, GASTR ail *m* des ours
barmherzig *geh* ADJ charitable; miséricordieux, -ieuse; **~er Gott** *od* **Himmel!** (Dieu de) miséricorde!
Barmherzigkeit *geh* F ⟨~⟩ charité *f;* miséricorde *f;* **aus ~** par charité; **~ üben** faire la charité
Barmixer M barman *m*
barock ADJ *a. fig* baroque
Barock N *od* M ⟨~(s)⟩ baroque *m;* **Barockkirche** F église *f* baroque; **Barockkunst** F art *m* baroque; **Barockstil** M style *m* baroque
Barometer N ⟨~s; ~⟩ baromètre *m;* **das ~ fällt, steigt** le baromètre baisse, monte; **das ~ steht auf veränderlich, auf Regen** le baromètre est au variable, à la pluie; *fig* **das ~ steht auf Sturm** il y a de l'orage dans l'air
Barometerstand M °hauteur *f* barométrique
Baron(in) M ⟨~s; ~e⟩ (F) ⟨~in; ~innen⟩ baron, -onne *m,f*
Baroness(e) F ⟨~(e); -essen⟩ fille *f* d'un baron; **die ~(e) X** Mademoiselle de X
Barras *umg* M ⟨~⟩ *umg* régiment *m;* **beim ~ sein** *umg* être au régiment
Barrel N ⟨~s; ~s, *mais* 5 ~⟩ baril *m*
Barren M ⟨~s; ~⟩ 1 *aus Edelmetall* lingot *m;* barre *f* 2 SPORT barres *fpl* parallèles; **Barrengold** N or *m* en barre, en lingot; **Barrenübung** F SPORT exercice *m* aux barres parallèles
Barriere F ⟨~; ~n⟩ barrière *f;* **barrierefrei** ADJ ARCH accessible aux °handicapés
Barrikade F ⟨~; ~n⟩ barricade *f; umg fig* **auf die ~n gehen** monter au créneau; se battre **(für etw** pour qc**)**
barsch A ADJ brusque; bourru; rude B ADV brusquement; rudement; **~ abweisen** rabrouer; **j-n ~ anfahren** rudoyer qn; **~ antworten** répondre sur un ton bourru, d'un ton rude, dur
Barsch M ⟨~(e)s; ~e⟩ ZOOL perche *f*
Barschaft F ⟨~; ~en⟩ argent *m* liquide; **Barscheck** M chèque non barré, au porteur
Barschheit F ⟨~⟩ rudesse *f;* brusquerie *f*
Barsortiment N centre *m* de distribution (de livres)
barst → bersten
Bart M ⟨~(e)s; ~e⟩ 1 barbe *f; (Oberlippenbart)* moustache *f;* **e-n ~ bekommen** commencer à avoir de la barbe; **e-n ~ haben** porter la barbe; **mit ~** barbu; **sich** *(dat)* **e-n ~ stehen, wachsen lassen** se laisser pousser la barbe; *fig* **etw in s-n ~ brummen, murmeln** grommeler, marmonner qc (entre ses dents); *fig* **j-m um den ~ gehen** passer de la pommade à qn; *umg* embobiner qn; *umg fig* **der ~ ist ab** *(dafür ist es zu spät)* c'est trop tard; *(es ist aus)* c'est fini; *(jetzt ist es genug) umg* la plaisanterie a assez duré; *umg* ça commence à bien faire; *umg fig* **das hat so einen ~** *umg* c'est archiconnu; *hum* **beim ~e des Propheten!** *umg* croix de bois, croix de fer (si je mens, je vais en enfer); **beim ~e des Propheten schwören** jurer ses grands dieux 2 *e-r Katze etc* moustaches *fpl; e-r Ziege* barbe *f* 3 *e-s Schlüssels* panneton *m*
Bartbinde F fixe-moustache *m*
Barte F ⟨~; ~n⟩ *beim Wal* fanon *m*
Bartel F ⟨~; ~n⟩ → Bartfaden
Bartenwale MPL mysticètes *mpl*
Bartfaden M *bei Fischen* barbillon *m;* **Bartflechte** F 1 MED sycosis *m* 2 BOT usnée barbue; **Bartgeier** M gypaète *m;* vautour barbu; **Bartgras** N barbon *m;* andropogon *m;* **Barthaar** N poil *m* de barbe
Bartholomäusnacht F HIST (nuit *f,* massacre *m* de) la Saint-Barthélemy
bärtig ADJ barbu
bartlos ADJ sans barbe; **(noch) ~** imberbe
Bartnelke F œillet *m* des poètes; **Bartstoppeln** FPL poils *mpl* de la barbe; **Bartträger** M barbu *m*
Bartwuchs M barbe *f;* **starker ~** barbe dure
Barverkauf M vente *f* au comptant; **Barverkehr** M opérations *fpl* au comptant; **Barvermögen** N fonds *m,* capital *m* de roulement; valeurs *fpl* disponibles
Baryt M ⟨~(e)s; ~e⟩ CHEM baryte *f*
Barzahlung F paiement *m* au comptant, en espèces; **bei ~** en cas de paiement au comptant; **gegen ~** payable au comptant
Barzahlungsrabatt M escompte *m* de caisse
Basalt M ⟨~(e)s; ~e⟩ basalte *m*
Basaltemperatur F MED température *f* de base
Basar M ⟨~s; ~e⟩ 1 *im Orient* bazar *m* 2 *zu Wohltätigkeitszwecken* vente *f* de charité, de bienfaisance
Base[1] *geh, regional* F ⟨~; ~n⟩ *(Kusine)* cousine *f*
Base[2] F ⟨~; ~n⟩ CHEM base *f*
Baseball M ⟨~s⟩ *Spiel* base-ball *m*
Basedow M ⟨~s⟩, **Basedowkrankheit** F maladie *f* de Basedow
Basel N ⟨→ *n/pr*⟩ Bâle
BASIC N ⟨~(s)⟩ IT basic *m*
basieren VI *⟨pas de ge, h.⟩* **auf etw** *(dat)* **~** reposer, s'appuyer sur qc; **der Film basiert auf e-m authentischen Ereignis** le film s'inspire d'un fait authentique
Basilika F ⟨~; -ken⟩ basilique *f*

B

Basilikum N ⟨~s⟩ BOT basilic *m*
Basilisk M ⟨~en; ~en⟩ MYTH, ZOOL basilic *m*
Basis F ⟨~; Basen⟩ *a. fig* base *f*; BAU *a.* socle *m*
basisch ADJ CHEM basique
Basisdemokratie F démocratie directe; **Basisgruppe** F groupe *m* de base; **Basiswissen** N connaissances *fpl* de base
Baske M ⟨~n; ~n⟩ Basque *m*
Baskenland das ~ le Pays basque
Baskenmütze F béret *m* basque
Basketball M 1 ⟨*pas de pl*⟩ *Spiel* basket(-ball) *m* 2 *Ball* ballon *m* de basket; **Basketballspieler(in)** M(F) basketteur, -euse *m,f*
Baskin F ⟨~; ~nen⟩ Basque *f*
baskisch ADJ basque
Basrelief N SKULP bas-relief *m*
bass *geh* ADV ~ **erstaunt** très étonné
Bass M ⟨~es; ⸚e⟩ 1 *Stimme, Person, Partie* basse *f* 2 *Instrument* contrebasse *f* 3 *im Lautsprecher, bei Instrumenten pl* **die Bässe** les basses *fpl*
Bassbariton M basse-taille *f*; basse chantante; **Bassgeige** F contrebasse *f*
Bassin N ⟨~s; ~s⟩ bassin *m*
Bassist M ⟨~en; ~en⟩ 1 (*Basssänger*) basse *f* 2 (*Bassspieler*) contrebassiste *m*; *Gitarrist* guitariste *m* basse
Bassklarinette F clarinette *f* basse; **Basssaite** F corde *f* de contrebasse; **Basssaxofon, Basssaxophon** N saxophone *m* basse; **Bassschlüssel** M MUS clef *f* de fa; **Bassstimme** F (voix *f* de) basse *f*
Bast M ⟨~(e)s; ~e⟩ 1 BOT liber *m*; *zum Flechten etc* raphia *m*; *Gewebe* rabane *f* 2 JAGD peau *f* qui couvre les bois de velours
basta *umg* INT suffit!; assez!; **und damit ~!** un point, c'est tout!
Bastard M ⟨~s; ~e⟩ 1 HIST bâtard *m* 2 BIOL hybride *m*; *Hund* bâtard *m* 3 *Schimpfwort* **du ~!** *umg* espèce de salaud!
Bastelei F ⟨~; ~en⟩ bricolage *m*
basteln V/T *u.* V/I ⟨-(e)le, h.⟩ bricoler; **an etw** (*dat*) ~ bricoler qc
Basteln N ⟨~s⟩ bricolage *m*
Bastion F ⟨~; ~en⟩ BEFESTIGUNGSANLAGEN, *fig* bastion *m*
Bastler(in) M ⟨~s; ~⟩ (F) ⟨~in; ~innen⟩ bricoleur, -euse *m,f*
Bastmatte F natte *f* de raphia; **Bastrock** M jupe *f* de raphia
bat → bitten
BAT M ⟨~⟩ HIST ABK → Bundesangestelltentarif
Bat. ABK (Bataillon) bataillon
Bataillon N ⟨~s; ~e⟩ bataillon *m*
Bataillonskommandeur M chef *m* de bataillon
Batate F ⟨~; ~n⟩ BOT patate (douce)
Batik M ⟨~s; ~en⟩ *od* F ⟨~; ~en⟩ *Verfahren, Stoff* batik *m*
batiken ⟨h.⟩ A V/T faire en batik; batiker B V/I faire du batik
Batist M ⟨~(e)s; ~e⟩ batiste *f*
Batterie F ⟨~; ~n⟩ 1 MIL batterie *f* 2 ELEK pile *f* 3 TECH, *von Geräten* batterie *f*; AUTO batterie *f* (d'accumulateurs); **die ~ aufladen** (re)charger la batterie, l'accu(mulateur) 4 *umg fig* (*Reihe*) batterie *f*; série *f*; rangée *f*; **e-e ~ von Flaschen** une rangée de bouteilles
Batteriebetrieb M ⟨~(e)s⟩ alimentation *f* par (une) batterie; *bei Uhr, Kassettenrekorder* fonctionnement *m* sur piles; **batteriebetrieben** ADJT alimenté par (une) batterie; *Uhr, Kassettenrekorder* qui fonctionne sur piles; **Batteriegerät** N appareil *m* à pile(s); **Batteriehuhn** *umg* N poulet *m* d'élevage intensif; **Batterieladegerät** N chargeur *m* d'accumulateurs; **Batteriespannung** F tension *f* de batterie, de pile, d'accumulateur; **Batteriewiderstand** M résistance *f* de la batterie
Batzen *umg* M ⟨~s; ~⟩ (*Klumpen*) masse *f*; morceau *m*; **ein (hübscher) ~ Geld** une somme coquette, rondelette
Bau M ⟨~(e)s; ~ten *ou* ~e⟩ 1 ⟨*pas de pl*⟩ (*Errichtung*) *e-s Hauses etc* construction *f*; **im ~ sein, sich im ~ befinden** être en construction 2 ⟨*pl* ~ten⟩ (*Gebäude*) construction *f*; bâtiment *m*; édifice *m* 3 ⟨*pas de pl*⟩ (*Aufbau*) *e-s Dramas, Atoms, Körpers etc* structure *f*; (*Körperbau etc*) *a.* constitution *f* 4 *umg* ⟨*pas de pl*⟩ (~*stelle*) chantier *m*; **auf dem ~ arbeiten, vom ~ sein** travailler dans le bâtiment 5 ⟨*pl* ~e⟩ (*Tierbau*) terrier *m*; (*Fuchsbau*) tanière *f*; (*Biberbau*) *a.* °hutte *f*; *umg fig* **nicht aus dem ~ gehen** ne pas mettre le nez dehors 6 *umg* MIL (*Gefängnis*) *umg* trou *m*; **drei Tage ~ bekommen** *umg* avoir trois jours au trou
Bauabnahme F réception *f* de la construction, du bâtiment; **Bauabschnitt** M partie *f*, *zeitlich* phase *f* de la construction; **Bauamt** N → Bauaufsichtsamt; **Bauantrag** M demande *f* d'un permis de construire
Bauarbeiten FPL travaux *mpl* de construction; (*Straßenarbeiten*) travaux *mpl*; *Straße* **wegen ~ gesperrt** barré à, pour cause de travaux
Bauarbeiter M ouvrier *m* du bâtiment; **Bauart** F type *m*, genre *m* de construction; **Bauaufsicht** F surveillance *f* des travaux
Bauaufsichtsamt N, **Bauaufsichtsbehörde** F *in Frankreich etwa* direction départementale de l'Équipement
Baubedarf M matériau(x) *m(pl)* de construction; **Baubeginn** M mise *f* en chantier; **Baubiologie** F biologie *f* de l'habitat; **Bauboom** M boom *m* de la construction; **Baubude** F baraque *f*; **Baubüro** N bureau *m* de construction
Bauch M ⟨~(e)s; Bäuche⟩ 1 ventre *m*; (*Unterleib*) abdomen *m*; **e-n ~ bekommen, haben** prendre, avoir du ventre; **den ~ einziehen** rentrer, effacer le ventre; *umg* **sich** (*dat*) **den ~ vollschlagen** *umg* s'empiffrer; *umg* s'en mettre plein la lampe, la panse; *umg* **sich** (*dat*) **(vor Lachen) den ~ halten** se tenir les côtes; *umg* **vor j-m auf dem ~ liegen** être à plat ventre devant qn; ramper devant qn; *umg fig* **(mit etw) auf den ~ fallen** *umg* se casser les dents (sur qc); *umg fig* **aus dem hohlen ~** au pied levé; *umg* **(noch) nichts im ~ haben** n'avoir encore rien mangé; *umg* **e-e Wut im ~ haben** bouillir de colère; *umg* **j-m ein Loch in den ~ fragen** tarabuster, *umg* tanner qn avec ses questions; *umg* **sich** (*dat*) **die Beine in den ~ stehen** *umg* faire le pied de grue; *umg* poireauter; *sprichw* **ein voller ~ studiert nicht gern** *sprichw* après repas étude ne va 2 *e-s Schiffes, e-r Flasche* ventre *m*; *e-s Fasses* bouge *m* 3 GASTR poitrine *f*
Bauchansatz M début *m* de ventre; **Bauchatmung** F respiration abdominale; **Bauchbinde** F 1 MED ceinture *f* (orthopédique) 2 *umg e-r Zigarre* bague *f*; *e-s Buches* bandeau *m*; **Bauchdecke** F ANAT paroi abdominale; **Bauchfell** N ANAT péritoine *m*; **Bauchfellentzündung** F péritonite *f*; **Bauchfleisch** N GASTR poitrine *f*; **Bauchgegend** F région abdominale; **Bauchgurt** M *e-s Pferdes* (sous-)ventrière *f*; **Bauchhöhle** F cavité abdominale; **Bauchhöhlenschwangerschaft** F grossesse extra-utérine
bauchig ADJ ventru; bombé; renflé
Bauchklatscher *umg* M ⟨~s; ~⟩ *beim Schwimmen* plat *m*; **Bauchkneifen** *umg* N (légers) maux de ventre; **Bauchladen** M éventaire *m*; **Bauchlage** F position *f* sur le ventre
Bauchlandung *umg* F FLUG atterrissage *m* sur le ventre; crash *m*; **e-e ~ machen** *a.* se poser sur le ventre; *hum Mensch umg* ramasser une bûche, une veste
Bäuchlein N ⟨~s; ~⟩ petit ventre; (*Bauchansatz*) début *m* de ventre
bäuchlings ADV à plat ventre
Bauchmuskel M muscle abdominal; *pl* **~n** *a.* (muscles) abdominaux *mpl*
Bauchmuskulatur F abdominaux *mpl*; **die ~ trainieren** faire des abdominaux
Bauchnabel M nombril *m*; **bauchreden** V/I ⟨-ete, *les temps simples ne s'emploient pas dans une principale*; h.⟩ être ventriloque; **Bauchredner(in)** M(F) ventriloque *m/f*
Bauchschmerzen MPL mal *m* de ventre; *heftige a.* coliques *fpl*; **ich habe ~** j'ai mal au ventre
Bauchschnitt M MED laparotomie *f*; **Bauchschuss** M coup *m* de feu, balle *f* dans le ventre; **Bauchspeck** M 1 GASTR lard *m* de poitrine 2 *umg hum umg* brioche *f*; **Bauchspeicheldrüse** F pancréas *m*; **Bauchstück** N GASTR morceau *m* de poitrine; **Bauchtanz** M danse *f* du ventre; **Bauchtänzerin** F danseuse orientale; **Bauchumfang** M tour *m* de ventre
Bauchung F ⟨~; ~en⟩ convexité *f*; arrondi *m*
Bauchwand F ANAT paroi abdominale; **Bauchweh** *umg* N ⟨~s⟩ → Bauchschmerzen
Baudenkmal N monument (public); **Bauelement** N 1 *e-s Fertighauses* élément préfabriqué; *pl* **~e** préfabriqué *m* 2 *e-s elektrischen Gerätes* composant *m* électronique
bauen ⟨h.⟩ A V/T 1 construire; bâtir; **sein Nest ~** faire son nid 2 *umg* (*machen*) **s-n Doktor ~** *umg* faire son doctorat; **e-n Unfall ~** *umg* faire un accident 3 *Person* **kräftig gebaut** de forte constitution; **athletisch gebaut** taillé en athlète; **gut gebaut sein** *Frau* être bien faite, *umg* bien balancée; *umg hum* **so wie du gebaut bist** tel que je te connais B V/I (*sich ein Haus ~ lassen*) faire bâtir, construire; *selbst* bâtir, construire une maison; **an etw** (*dat*) **~** travailler à la construction de qc; **am Haus wird noch gebaut** la maison est encore en construction; *fig* **auf etw, j-n ~** compter sur qc, qn C V/R **sich** (*dat*) **ein Haus ~** faire construire, bâtir; *selbst* bâtir, construire une maison
Bauer¹ M ⟨~n; ~n⟩ 1 (*Landwirt*) paysan *m*; *mit Hof meist* fermier *m*; *umg sprichw* **die dümmsten ~n haben die dicksten Kartoffeln** *sprichw* aux innocents les mains pleines; *umg sprichw* **was der ~ nicht kennt, (das) frisst er nicht** on se méfie de ce qu'on ne connaît pas 2 *umg pej* (*ungehobelter Mensch*) *umg* plouc *m*; *umg* péquenot *m* 3 *beim Schachspiel* pion *m*; *beim Kartenspiel* valet *m*
Bauer² N *od* M ⟨~s; ~⟩ (*Vogelkäfig*) cage *f*
Bäuerchen *kinderspr* N ⟨~s; ~⟩ rot *m*; **(ein) ~ machen** faire son rot
Bäuerin F ⟨~; ~nen⟩ paysanne *f*; *mit Hof meist* fermière *f*; **bäuerlich** ADJ paysan, -anne; de(s) paysan(s)
Bauernart F manière *f* des paysans; GASTR **Büfett** *n* **nach ~** buffet campagnard
Bauernaufstand M révolte *f* de(s) paysans; HIST *in Frankreich* jacquerie *f*; **Bauernbrot** N pain *m* de campagne; **Bauernbursche** M jeune paysan *m*; **Bauerndorf** N (vrai) village; **Bauernfamilie** F famille *f* de paysans; **Bauernfänger** *umg pej* M ⟨~s; ~⟩ charlatan *m*; *umg* arnaqueur *m*; **Bauernfängerei** *umg pej* F ⟨~; ~en⟩ attrape-nigaud(s) *m(pl)*; *umg* arnaque *f*; **Bauernfrühstück** N GASTR omelette *f* aux pommes de terre et au lard; **Bauernhaus** N (corps *m* de) ferme *f*; **Bauern-**

hochzeit F noce de village, villageoise
Bauernhof M ferme *f*; **Ferien** *pl* **auf dem ~** vacances *fpl* à la ferme
Bauernjunge M jeune paysan *m*; (*Bauernsohn*) fils *m* de fermiers, de paysans; **Bauernkalender** M almanach *m*
Bauernkrieg M HIST révolte *f* des paysans; **der ~**, *pl* **die ~e** la guerre des Paysans
Bauernlümmel *umg pej* M *umg* jeune bouseux *m*; **Bauernmädchen** N jeune paysanne *f*; **Bauernmagd** F fille *f* de ferme; **Bauernmöbel** NPL meubles *mpl* rustiques; **Bauernopfer** N *beim Schachspiel* pion sacrifié; *fig, bes* POL *éviction d'un employé subalterne, etc pour conserver le poste d'°haut fonctionnaire, etc*; **Bauernpartei** F parti paysan; **Bauernregel** F dicton *m* populaire; **bauernschlau** ADJ finaud; *geh* matois; *geh* madré; **Bauernschläue** F finasserie *f*; ruse *f* de paysan; roublardise *f*; **Bauernschwank** M farce villageoise; **Bauernsohn** M fils *m* de fermiers, de paysans; **Bauernstand** M ⟨~(e)s⟩ paysannerie *f*; paysans *mpl*; **Bauernstube** F 1 *in e-m Bauernhaus* salle *f* (de ferme) 2 *in bäuerlichem Stil* salle *f* rustique; **Bauerntanz** M danse paysanne; **Bauerntochter** F fille *f* de fermiers, de paysans; **Bauerntum** N ⟨~s⟩ paysannerie *f*
Bauersfrau F paysanne *f*; **Bauersleute** PL paysans *mpl*
Bauerwartungsland N ⟨~(e)s⟩ ADMIN zone *f* urbanisable; **Baufach** N ⟨~(e)s⟩ bâtiment *m*
baufällig ADJ délabré; vétuste; **~ werden** se délabrer; menacer ruine
Baufälligkeit F délabrement *m*; vétusté *f*; **Baufinanzierung** F financement *m* de la construction; **Baufirma** F entreprise *f* de bâtiment; **Baugelände** N terrain *m* à bâtir; **Baugeld** N (fonds *m* d')aide *f* à la construction; **Baugenehmigung** F permis *m* de construire; **Baugenossenschaft** F coopérative *f* de construction; **Baugerüst** N échafaudage *m*; **Baugeschäft** N (*Bauunternehmen*) entreprise *f* de construction; *koll* (affaires *fpl* du) bâtiment *m*; **Baugesellschaft** F société de construction, immobilière; **Baugesuch** N demande *f* d'un permis de construire; **Baugewerbe** N (industrie *f* du) bâtiment *m*; **Baugrube** F fouille *f* (pour une construction); **Baugrund** M terrain *m* à bâtir; **Bauhandwerk** N (métier *m* du) bâtiment *m*; **Bauhandwerker** M artisan *m* du bâtiment; **Bauherr** M maître *m* de l'ouvrage; *privater a.* propriétaire *m* qui fait bâtir; **Bauherrenmodell** N *mode de financement de la construction permettant d'obtenir des avantages fiscaux*; **Bauhof** M dépôt *m* de machines et de matériaux de construction; **Bauholz** N bois *m* de charpente, de construction; **Bauhütte** F baraque *f*; **Bauindustrie** F (industrie *f* du) bâtiment *m*; **Bauingenieur** M ingénieur *m* du génie civil
Baujahr N année *f* de construction, de fabrication; **dieses Auto ist ~ 1995** cette voiture est un modèle 1995
Baukasten M *für Kinder* jeu *m* de construction; **Baukastensystem** N système *m* modulaire
Bauklotz M cube *m*; *umg fig* **Bauklötze(r) staunen** *umg* être sidéré; *umg* en être baba
Baukolonne F équipe *f* d'entretien (*des routes ou des voies ferrées*); **Baukosten** PL frais *mpl* de construction; **Baukostenzuschuss** M contribution *f* aux frais de construction *od* de rénovation; **Baukran** M grue *f* de chantier; **Baukredit** M crédit *m* à la construction; **Baukunst** F architecture *f*; **Bauland** N ⟨~(e)s⟩ terrains *mpl* à bâtir, constructibles; **Bauleiter** M chef *m* de chantier; maître *m* d'œuvre; **Bauleitung** F direction *f*, conduite *f* des travaux
baulich ADJ ⟨*épithète*⟩ architectural; architectonique; **der ~e Zustand** l'état *m* d'une construction; **~e Veränderungen vornehmen** faire des transformations (**an, in etw** [*dat*] dans qc)
Baulöwe *umg* M promoteur *m* de construction; **Baulücke** F terrain non construit (entre deux bâtiments)
Baum M ⟨~(e)s; Bäume⟩ arbre *m*; BIBEL **der ~ der Erkenntnis** l'arbre de la science du bien et du mal; *umg fig* **Bäume ausreißen können** déplacer, soulever les montagnes; **stark wie ein ~ sein** être fort comme un chêne; *fig* **zwischen ~ und Borke sitzen** être partagé; ne pas arriver à se décider
Baumarkt M 1 *Sektor* (secteur *m* du) bâtiment *m* 2 *Geschäft* grande surface de matériaux de construction
Baumart F sorte *f* d'arbres
Baumaßnahme F (projet *m* de) construction *f*; **Baumaterial** N matériaux *mpl* de construction
Baumbestand M peuplement forestier; (quantité *f* d')arbres *mpl*; **Baumblüte** F floraison *f* des arbres
Bäumchen N ⟨~s; ~⟩ petit arbre; *Kinderspiel* **~, wechsle dich** jeu *m* des quatre coins
Baumdiagramm N diagramme *m* en arbre
Baumeister M 1 ingénieur *m* du bâtiment 2 HIST maître *m* d'œuvre; bâtisseur *m*
baumeln *umg* VI ⟨-(e)le, h.⟩ pendiller; *umg* pendouiller; **die Beine ~ lassen** balancer ses jambes
Baumfrevel M délit forestier *bzw.* sur les arbres fruitiers; **Baumgrenze** F limite supérieure des forêts; **Baumgruppe** F bouquet *m* d'arbres; bosquet *m*; **Baumharz** N résine *f* d'arbre; **Baumhaus** N cabane *f* dans un arbre; **Baumkrone** F cime *f*; **Baumkuchen** M *sorte de pièce montée (en forme de sapin) cuite à la broche*
baumlang *umg* ADJ **~, ein ~er Kerl sein** *umg* être une grande perche, un grand échalas
Baumläufer M ZOOL grimpereau *m*; **baumlos** ADJ sans arbres; **Baummarder** M mart(r)e commune; **baumreich** ADJ richement arboré; *Gegend a.* très boisé; **Baumreihe** F rangée *f* d'arbres; **Baumriese** M arbre géant; **Baumrinde** F écorce *f* (d'arbre); **Baumschere** F sécateur *m*; **Baumschule** F pépinière *f*; **Baumstamm** M tronc *m* (d'arbre); **baumstark** ADJ *fig* fort comme un Turc, comme un lion; **Baumsterben** N ⟨~s⟩ mort *f* des forêts; **Baumstumpf** M souche *f*; **Baumwipfel** M cime *f*
Baumwollanbau M ⟨~(e)s⟩ culture *f* du coton; **Baumwollballen** M balle *f* de coton
Baumwolle F coton *m*; **baumwollen** ADJ de *od* en coton
Baumwollernte F récolte *f*, cueillette *f* du coton; **Baumwollfaden** M fil *m* de coton; **Baumwollfaser** F fibre *f* de coton; **Baumwollgarn** N fil *m* de coton; **Baumwollgewebe** N tissu *m* de coton; **Baumwollindustrie** F industrie cotonnière, du coton; **Baumwollpflanze** F plante cotonnière; **Baumwollpflücker(in)** M(F) personne *f* qui fait la cueillette du coton; **Baumwollplantage** F plantation *f* de coton; **Baumwollspinnerei** F filature *f* de coton; cotonnerie *f*; **Baumwollstoff** M étoffe *f*, tissu *m* de coton; cotonnade *f*; **Baumwollstrauch** M cotonnier *m*
Baumwuchs M *Wachstum* croissance *f* des arbres; *Gestalt* taille *f* de l'arbre; **Baumwurzel** F racine *f* (de l'arbre)
Bauordnung F code *m* de la construction et de l'habitation; **Bauplan** M *Vorhaben* projet *m*, *Entwurf* plan *m* de construction; *fig* structure *f*; **Bauplanung** F programme *m* de construction; projet *m* d'urbanisme; **Bauplatz** M *Grundstück* terrain *m* à bâtir; *Baustelle* chantier *m*; **Baupolizei** F service *m* d'urbanisme; **Baupreis** M coût *m* de la construction; **Bauprojekt** N → Bauvorhaben; **Baurat** M ⟨~(e)s; -räte⟩ *etwa* inspecteur *m* du service d'urbanisme; **Baurecht** N droit relatif aux constructions; **baureif** ADJ *Gelände* viabilisé; **Baureihe** F série *f* de fabrication
bäurisch ADJ *pej* (de) rustre; grossier, -ière
Bauruine *umg* F construction inachevée; bâtiment abandonné en cours de construction; **Bausatz** M kit *m*
Bausch M ⟨~(e)s; Bäusche⟩ 1 (*Stoffbausch*) bouffant *m* 2 (*Wattebausch*) tampon *m* 3 *fig* **etw in ~ und Bogen verurteilen** condamner qc en bloc
bauschen ⟨h.⟩ A VT (faire) gonfler; MODE faire bouffer B VR **sich ~** se gonfler; MODE bouffer; être bouffant
bauschig ADJ bouffant
Bauschlosser M serrurier *m* en bâtiment; **Bauschreiner** M menuisier *m* du bâtiment; **Bauschutt** M gravats *mpl*; **bausparen** VI ⟨*les temps simples ne s'emploient pas dans une principale,* h.⟩ avoir un plan d'épargne-logement; **Bausparen** N ⟨~s⟩ épargne-logement *f*; **Bausparer(in)** M(F) personne *f* ayant un plan d'épargne-logement
Bausparkasse F caisse *f* d'épargne-logement; **Bausparprämie** F prime *f* d'épargne-logement; **Bausparvertrag** M plan *m* d'épargne-logement
Baustahl M acier *m* de construction; **Baustein** M 1 BAU pierre *f* de construction 2 *Spielzeug* cube *m* 3 *fig* (*wichtiger Bestandteil*) élément (constitutif); composant *m* 4 IT, DIDAKTIK module *m*; **Baustelle** F chantier *m* (de construction); **Baustil** M style architectural; **Baustoffe** MPL matériaux *mpl* de construction; **Baustofflager** N entrepôt *m* de matériaux de construction; **Baustopp** M interdiction *f* de construire; **Bausubstanz** F 1 *e-s Gebäudes* qualité *f* des matériaux de construction 2 (*Gebäudebestand*) *e-s Stadtteils etc* bâtiments *mpl*; **Bautätigkeit** F ⟨~⟩ activité *f* du bâtiment; construction *f*; **Bautechnik** F technique *f* de (la) construction; **Bauteil** N élément *m*; composant *m*; (*Maschinenbauteil*) pièce *f*
Bauten PL → Bau 2
Bauträger M promoteur (immobilier, de construction); **Bauunternehmen** N entreprise *f* de bâtiment; entrepreneur *m*; **Bauunternehmer** M entrepreneur *m* (de bâtiment, de construction); **Bauverbot** N défense *f*, interdiction *f* de construire; **Bauverfahren** N mode *m* de construction; **Bauvorhaben** N projet *m* de construction; **Bauvorschriften** FPL règlement *m* sur les constructions; **Bauweise** F méthode *f*, mode *m* de construction; (*Bauart*) type *m* de construction; **Bauwerk** N *Gebäude* bâtiment *m*; construction *f*; édifice *m*; *Brücke, Staudamm etc* ouvrage *m* d'art; **Bauwesen** N ⟨~s⟩ bâtiment *m*
Bauxit M ⟨~s; ~e⟩ bauxite *f*
bauz INT patatras!
Bauzaun M clôture *f*, palissade *f* de chantier; **Bauzeichnung** F plan *m* de construction; **Bauzeit** F temps *m*, durée *f* de la *bzw.* d'une

B

construction; **Bauzuschuss** M prime *f* à la *bzw.* une construction
Bayer(in) M ⟨~n; ~n⟩ F ⟨~in; ~innen⟩ Bavarois(e) *m(f)*
bayerisch → bayrisch; **der Bayerische Wald** la forêt de Bavière
Bayern N ⟨→ *n/pr*⟩ la Bavière
bayrisch ADJ bavarois; de Bavière
Bazar → Basar
Bazi M ⟨~; ~⟩ *südd, österr (Lump)* coquin *m*
Bazille *umg* F ⟨~; ~n⟩, **Bazillus** M ⟨-llus; -llen⟩ bacille *m*
Bd. ABK (Band) vol. (volume); tome
Bde. ABK (Bände) volumes; tomes
B-Dur N si *m* bémol majeur
BE ABK (Broteinheit) équivalent *m* pain
beabsichtigen VT ⟨*pas de ge-*, h.⟩ **~, etw zu tun** avoir l'intention, se proposer, projeter, envisager de faire qc; **was beabsichtigst du mit dieser Frage?** où veux-tu en venir en posant cette question?; **das war nicht beabsichtigt** ce n'était pas voulu, (fait) exprès; **die beabsichtigte Wirkung** l'effet voulu, recherché, escompté
beachten VT ⟨-ete, *pas de ge-*, h.⟩ faire attention à; tenir compte de; *Regel, Vorschrift* observer; respecter; *(bedenken)* prendre en considération; **nicht ~** *a.* négliger
beachtenswert ADJ qui mérite l'attention; remarquable; notable
beachtlich ADJ *(beträchtlich)* considérable; *(wichtig)* important; *(anerkennenswert)* appréciable
Beachtung F ⟨~⟩ *von Vorschriften* observation *f*; respect *m*; *(Aufmerksamkeit)* intérêt *m*; **(starke) ~ finden** susciter l'intérêt, un vif intérêt; **e-r Sache** *(dat)* **~ schenken** porter de l'intérêt à qc; **e-r Sache** *(dat)* **keine ~ schenken** ne porter aucune attention à qc; **~ verdienen** mériter l'attention, l'intérêt
Beachvolleyball M volley-ball *m* de plage; beach volley *m*
beackern VT ⟨-(e)re, *pas de ge-*, h.⟩ 1 AGR cultiver 2 *umg fig (bearbeiten) umg* potasser; *umg* bûcher; *umg* piocher; *Personen umg* casser les pieds à
Beamer M ⟨~s; ~⟩ IT vidéoprojecteur *m*; projecteur *m* vidéo
Beamte(r) M ⟨→ A⟩ fonctionnaire *m*; *im öffentlichen Dienst a.* agent *m* de l'État, de la fonction publique; **der ~ am Schalter hat mir erklärt …** le préposé au guichet m'a dit …
Beamtenanwärter(in) M(F) (fonctionnaire *m/f*) stagiaire *m/f*; **Beamtenbeleidigung** F outrage *m* à agent de la fonction publique, à magistrat, *etc*; **Beamtenbesoldung** F traitement *m*, rémunération *f* des fonctionnaires; **Beamtenbestechung** F corruption *f* de fonctionnaire(s)
Beamtenbund M **Deutscher ~** Confédération *f* des fonctionnaires allemands
Beamtendeutsch N *pej* allemand administratif; **Beamtenlaufbahn** F carrière *f* de fonctionnaire; **Beamtenrecht** N statut *m* des fonctionnaires, de la fonction publique
Beamtenschaft F ⟨~⟩ **die ~** les fonctionnaires *mpl*; *Sektor* la fonction publique
Beamtentum N ⟨~(e)s⟩ 1 *(Beamtenstand)* appartenance *f* à la fonction publique 2 *(Beamtenschaft)* fonctionnaires *mpl*
Beamtenverhältnis N statut *m* de la fonction publique; **im ~ stehen** être fonctionnaire; **ins ~ auf Lebenszeit übernehmen** *od* **berufen** titulariser
beamtet ADJ titularisé
Beamtin F ⟨~; ~nen⟩ fonctionnaire *f*
beängstigen VT ⟨*pas de ge-*, h.⟩ inquiéter; effrayer; **beängstigend** ADJT inquiétant; effrayant
beanspruchen VT ⟨*pas de ge-*, h.⟩ 1 *(fordern, erfordern) Recht etc* revendiquer; prétendre à; *Aufmerksamkeit, Kraft etc* demander; exiger; *Platz, Zeit* prendre; **etw als sein Verdienst ~** revendiquer le mérite de qc 2 *(belasten, abnutzen) Maschinen, Reifen etc* soumettre à des contraintes, à des efforts; *Nerven* fatiguer; *Personen* occuper; prendre 3 *(annehmen) Hilfe, Gastfreundschaft etc* avoir recours à
Beanspruchung F ⟨~; ~en⟩ *von Maschinen etc* soumission *f* à des contraintes, à des efforts; **mechanische ~** effort *m* mécanique
beanstanden VT ⟨-ete, *pas de ge-*, h.⟩ *Zustand etc* critiquer; trouver à redire à; protester contre; *Wahl etc* contester; *Mängel* incriminer; **e-e Ware ~** faire une réclamation concernant une marchandise
Beanstandung F ⟨~; ~en⟩ *e-s Zustands etc* critique *f*; contestation *f*; *e-r Ware* réclamation *f* (*+gen* concernant)
beantragen VT ⟨*pas de ge-*, h.⟩ demander; *Strafe* demander; requérir; *Gesetzentwurf* proposer
Beantragung F ⟨~⟩ demande *f*; *e-s Gesetzentwurfes* proposition *f*
beantworten VT ⟨-ete, *pas de ge-*, h.⟩ répondre à; **etw mit etw ~** répondre à qc par qc; **etw mit Ja, Nein ~** répondre affirmativement, négativement à qc
Beantwortung F ⟨~⟩ réponse *f* (*+gen* à); ADMIN **in ~ Ihres Briefes** suite à, en réponse à votre lettre
bearbeiten VT ⟨-ete, *pas de ge-*, h.⟩ 1 *Material* travailler; façonner; *maschinell* usiner; *chemisch* traiter 2 *Boden* cultiver; travailler 3 *Antrag, Akten, Fall* étudier; **dieser Fall ist noch nicht bearbeitet** *a.* ce cas n'a pas encore été examiné 4 *literarisches Werk*, THEAT adapter; MUS arranger; *Text* **(neu) ~** refondre; remanier; **für das Fernsehen ~** adapter pour la télévision; *Buchauflage* **völlig neu bearbeitet** complètement remanié, refondu 5 *Thema, Forschungsgebiet etc* travailler sur; étudier 6 *umg fig (beeinflussen) Person* travailler; **die Wähler ~** *a.* travailler l'opinion (publique) 7 *(schlagen)* **j-n mit Fußtritten ~** frapper qn à coups de pied; donner à qn des coups de pied; *umg* travailler qn 8 *fig hum Klavier etc* taper sur; *umg* travailler
Bearbeiter(in) M(F) 1 *e-s Fachgebiets, Antrags* personne chargée de …, qui s'occupe de … 2 *e-s Buches* personne *f* qui remanie, refond …; rédacteur, -trice *m,f*; MUS arrangeur, -euse *m,f*; THEAT adaptateur, -trice *m,f*
Bearbeitung F ⟨~; ~en⟩ 1 *(das Bearbeiten) des Bodens* culture *f*; travail *m*; TECH travail *m*; façonnage *m*; *maschinelle* usinage *m*; *e-s Forschungsgebiets, Gesuchs etc* étude *f*; *e-s Textes* remaniement *m*; refonte *f*; MUS arrangement *m*; THEAT adaptation *f*; *Antrag etc* **in ~** *(dat)* **sein** être à l'étude; **~ für den Film** adaptation cinématographique, à l'écran 2 *(bearbeitete Fassung)* version *f*; **diese Dichtung ist die ~ e-r alten Fabel** (pour ce poème) le poète a repris une, s'est inspiré d'une vieille fable
Bearbeitungsgebühren FPL frais *mpl* (de constitution) de dossier; **Bearbeitungsverfahren** N TECH procédé *m* d'usinage, de façonnage
beargwöhnen *geh* VT ⟨*pas de ge-*, h.⟩ suspecter; soupçonner
Beat M ⟨~(s)⟩ 1 *(~musik)* (musique *f*) beat *m* 2 *im Jazz* beat *m*; **Beatband** F ensemble *m*, groupe *m* (de musique) beat
Beate F ⟨→ *n/pr*⟩ *prénom*
beatmen VT ⟨-ete, *pas de ge-*, h.⟩ **j-n (künstlich) ~** pratiquer la respiration artificielle sur qn
Beatmung F **(künstliche) ~** respiration artificielle (*+gen* sur)
Beatmungsgerät N respirateur (artificiel)
Beatmusik F (musique *f*) beat *m*
Beatrix F ⟨→ *n/pr*⟩ *prénom*
Beau M ⟨~; ~s⟩ *meist pej* beau *m*
beaufsichtigen VT ⟨*pas de ge-*, h.⟩ surveiller; *(kontrollieren)* inspecter; contrôler; *(bewachen)* garder
Beaufsichtigung F ⟨~; ~en⟩ surveillance *f*; contrôle *m*; garde *f*; **unter ~** *(dat)* **stehen** être sous surveillance, sous contrôle
beauftragen VT ⟨*pas de ge-*, h.⟩ **j-n mit etw ~** charger qn de qc; confier qc à qn; **j-n ~, etw zu tun** charger qn de faire qc; *offiziell a.* mandater qn pour (faire) qc
Beauftragte(r) M/F(M) ⟨→ A⟩ mandataire *m/f*; délégué(e) *m(f)*
beäugen VT ⟨*pas de ge-*, h.⟩ observer; examiner
bebauen VT ⟨*pas de ge-*, h.⟩ 1 AGR cultiver 2 *Grundstück, Gelände* construire sur; *städtebaulich* urbaniser; **ein bebautes Grundstück** un terrain bâti; **das Stadtviertel ist dicht bebaut** le quartier est fortement urbanisé
Bebauung F ⟨~; ~en⟩ 1 *mit Häusern* construction *f* (de bâtiments); *städtebauliche* urbanisation *f*; aménagement urbain 2 *(Häuser)* bâtiments *mpl* 3 AGR culture *f*
Bebauungsdichte F concentration urbaine; **Bebauungsplan** M plan *m* d'aménagement, d'urbanisation; *etwa* plan *m* d'occupation des sols
beben VI ⟨h.⟩ 1 *Erde etc* trembler 2 *geh vor Erregung etc* trembler (**vor** *[+dat]* de); *Stimme a.* trembloter
Beben N ⟨~s; ~⟩ 1 *(Erdbeben)* séisme *m*; tremblement *m* (de terre); *des Fußbodens* vibration *f* 2 *geh der Stimme, Hände* tremblement *m*
bebildern VT ⟨-(e)re, *pas de ge-*, h.⟩ illustrer; **Bebilderung** F ⟨~; ~en⟩ illustration *f*
bebrillt ADJ portant (des) lunettes
bebrüten VT ⟨-ete, *pas de ge-*, h.⟩ *Eier* couver
Béchamelsoße F (sauce *f*) béchamel *f*
Becher M ⟨~s; ~⟩ 1 gobelet *m*; *(Joghurtbecher etc)* pot *m*; *aus Metall a.* timbale *f*; *(Würfelbecher)* cornet *m* 2 TECH godet *m* 3 BOT *der Eichel etc* cupule *f*; **becherförmig** ADJ BOT en forme de coupe, de cornet; **Becherglas** N CHEM bécher *m*
bechern *umg* VI ⟨-(e)re, h.⟩ *umg* picoler
Becherwerk N TECH noria *f* à godets
becircen → bezirzen
Becken N ⟨~s; ~⟩ 1 ANAT, GEOL, *(Hafenbecken, Schwimmbecken) etc* bassin *m* 2 *(Waschbecken)* lavabo *m*; *(Spülbecken)* évier *m*; *(Taufbecken)* fonts baptismaux 3 MUS cymbale *f*; **Beckenbruch** M MED fracture *f* du bassin; **Beckenendlage** F MED présentation *f* par le siège; **Beckengurt** M ceinture *f* de sécurité (autour des °hanches); **Beckenknochen** M os *m* du bassin; **Beckenrand** M *am Schwimmbecken* bord *m* du bassin, de la piscine, *am Spülbecken* de l'évier
Becquerel N ⟨~s; ~⟩ PHYS becquerel *m*
bedachen VT ⟨*pas de ge-*, h.⟩ couvrir (d'un toit)
bedacht A PPERF → bedenken B ADJT 1 *(umsichtig)* circonspect; *(überlegt)* réfléchi; avisé 2 **auf etw** *(akk)* **~ sein** être soucieux de qc; veiller à qc; **ängstlich auf s-e Interessen ~ sein** *a.* être jaloux de ses intérêts C ADVL *(umsichtig)* avec circonspection; *(überlegt)* de façon réfléchie, avisée
Bedacht M **mit ~** → bedacht c; **ohne ~** sans réfléchir; de façon irréfléchie
bedächtig A ADJ 1 *(langsam)* lent; mesuré 2 *(umsichtig)* circonspect; *(vorsichtig)* précaution-

neux, -euse; (*überlegt*) réfléchi **B** ADV **1** lentement; pas à pas **2** (*umsichtig*) avec circonspection; (*vorsichtig*) précautionneusement; prudemment; (*wohlüberlegt*) posément

Bedächtigkeit F ⟨~⟩ **1** (*Langsamkeit*) lenteur *f* **2** (*Umsicht*) circonspection *f*; (*Vorsicht*) prudence *f*; précaution *f*; (*Überlegung*) réflexion *f*

Bedachung F ⟨~; ~en⟩ couverture *f*; toiture *f*

bedanken V/R ⟨*pas de ge-*, h.⟩ **sich (bei j-m) ~** remercier qn (**für etw** de, pour qc); **ich bedanke mich** je vous remercie; *umg iron* non, merci *od* sans façon!; *umg iron* **dafür kannst du dich bei deinem Bruder ~** c'est à ton frère que tu le dois; tu peux remercier ton frère

Bedarf M ⟨~(e)s⟩ **1** besoin(s) *m(pl)* (**an** [+*dat*] en); **den ~ decken** couvrir les besoins; *umg fig* **kein ~!, mein ~ ist gedeckt** *umg* (merci,) j'ai déjà donné; **bei ~** en cas de besoin; **(je) nach ~** selon, suivant le(s) besoin(s) **2** (*Bürobedarf, Schulbedarf etc*) fournitures *fpl* (de bureau, scolaires, *etc*)

Bedarfsartikel M objet *m* de première nécessité; **Bedarfsdeckung** F satisfaction *f* des besoins

Bedarfsfall M **im ~(e)** en cas de besoin

Bedarfsgüter NPL biens *mpl* de consommation; **Bedarfshaltestelle** F arrêt facultatif

bedauerlich ADJ regrettable; fâcheux, -euse; *plus fort* déplorable

bedauerlicherweise ADV malheureusement

bedauern ⟨-(e)re, *pas de ge-*, h.⟩ **A** V/T **1** *Sache* regretter; déplorer; être désolé, navré de; **wir ~, Ihnen mitteilen zu müssen, dass ...** nous sommes au regret de vous informer que ... **2** *Person* plaindre; **sie ist zu ~** elle est à plaindre **B** V/I regretter; être désolé; **bedaure!** je regrette!; désolé!; **mit e-m ~den Achselzucken** avec un °haussement d'épaules de regret

Bedauern N ⟨~s⟩ regret *m*; **sein ~ ausdrücken** exprimer ses regrets; **zu s-m (großen) ~** à son grand regret; **mit ~ habe ich festgestellt, dass ...** j'ai constaté à mon grand regret que ...

bedauernswert ADJ *Vorfall etc* regrettable; déplorable; *Person* pauvre (*vorangestellt*); à plaindre

bedecken ⟨*pas de ge-*, h.⟩ **A** V/T (re)couvrir (**mit** de); (*verstecken*) cacher **B** V/R **sich ~** se couvrir (**mit** de)

bedeckt ADJT (re)couvert (**mit** de); *Himmel* couvert; *fig* **sich ~ halten** cacher son jeu

Bedecktsamer M ⟨~s; ~⟩ BOT angiosperme *f*

Bedeckung F **1** couverture *f* **2** MIL *etc* escorte *f*

bedenken V/T ⟨*irr, pas de ge-*, h.⟩ **1** (*überlegen*) réfléchir à; penser à; (*beachten*) considérer; prendre en considération; tenir compte de; **und wenn man bedenkt, dass ...** et quand on pense que ...; et dire que ...; **wenn ich es recht bedenke ...** en y réfléchissant bien ...; à y bien réfléchir...; **ich gebe Ihnen zu ~, dass ...** permettez-moi de vous faire remarquer que ... **2** *geh* **j-n mit etw ~** gratifier qn de qc; **j-n in s-m Testament ~** coucher qn sur son testament; **zum Geburtstag wurde er reich bedacht** il a été comblé de cadeaux pour son anniversaire; **der Redner wurde mit Beifall bedacht** l'orateur a été applaudi; **von der Natur reich bedacht sein** être gâté par la nature

Bedenken N *souvent pl* ⟨~s; ~⟩ **~ (gegen)** (*Zweifel*) doutes *mpl* (quant à, au sujet de); réserve *f* (sur); *moralische* scrupules *mpl* (quant à, au sujet de); **es bestehen ~** il faut faire des réserves; **jetzt kommen mir doch ~** je commence à avoir des doutes, à me poser des questions; **ohne ~** sans hésiter

bedenkenlos ADJ sans scrupules; **Bedenkenlosigkeit** F ⟨~⟩ manque *m* de scrupules

bedenkenswert ADJ qui mérite réflexion; à prendre en considération

bedenklich ADJ **1** (*zweifelhaft*) douteux, -euse; louche **2** (*besorgniserregend*) inquiétant; sérieux, -ieuse; critique **3** (*besorgt*) **einen ~ machen, stimmen** donner à penser, à réfléchir; **er machte ein ~es Gesicht** il avait l'air soucieux

Bedenkzeit F temps *m*, délai *m* de réflexion; **ich gebe dir zwölf Stunden ~** je t'accorde, je te laisse douze heures pour réfléchir

bedeppert *umg* ADJ tout bête; penaud; déconcerté; dérouté

bedeuten V/T ⟨-ete, *pas de ge-*, h.⟩ **1** (*heißen, besagen*) signifier; vouloir dire; **was bedeutet dieses Wort?** que veut dire, que signifie ce mot?; **so viel ~ wie** être synonyme de; **er weiß, was es bedeutet, krank zu sein** il sait ce que c'est que d'être malade **2** (*sein*) représenter; signifier; **das bedeutet e-n Eingriff in meine Rechte** cela représente une atteinte à mes droits **3** (*mit sich bringen*) entraîner; avoir pour conséquence **4** (*hindeuten auf*) vouloir dire; annoncer; présager; **das hat etwas zu ~** cela veut dire quelque chose; **das bedeutet nichts Gutes** cela ne présage, n'annonce rien de bon; cela n'est pas bon signe; **Schlimmes ~** être un mauvais présage; être de mauvais augure **5** (*wichtig sein*) importer (**j-m** à qn); **das hat nichts zu ~** cela n'a pas d'importance, ne veut rien dire, ne tire pas à conséquence; **er bedeutet mir viel, nichts** je tiens beaucoup à lui; il ne m'est rien **6** *geh* (*zu verstehen geben*) **j-m etw ~** faire comprendre qc à qn; donner à entendre, laisser entendre qc à qn

bedeutend **A** ADJT **1** (*wichtig, bemerkenswert*) important; remarquable **2** *mengenmäßig* considérable; conséquent; important **B** ADVL considérablement; sensiblement; beaucoup

bedeutsam ADJ **1** → bedeutend **2** (*vielsagend*) significatif, -ive; éloquent

Bedeutung F ⟨~; ~en⟩ **1** (*Sinn*) signification *f*; sens *m*; *e-s Wortes a.* acception *f*; **in übertragener ~** au sens figuré **2** ⟨*pas de pl*⟩ (*Wichtigkeit*) importance *f*; **ohne (jede) ~** sans (aucune) importance; **von ~** d'importance; **von ~ sein für** être important pour; **nichts von ~** rien d'important; **e-r Sache** (*dat*) **~ beimessen** accorder, attacher, donner de l'importance à qc; **an ~** (*dat*) **verlieren** perdre de son importance

Bedeutungserweiterung F LING extension *f* de sens; **Bedeutungsfeld** N LING champ *m* sémantique; **Bedeutungslehre** F LING sémantique *f*

bedeutungslos ADJ sans importance; insignifiant; négligeable

Bedeutungslosigkeit F ⟨~⟩ insignifiance *f*; futilité *f*; caractère *m* négligeable; **bedeutungsschwer** *geh* ADJ lourd de sens; de grande portée; **Bedeutungsumfang** M étendue *f* du sens; **Bedeutungsunterschied** M différence *f* de sens; **Bedeutungsverschiebung** F glissement *m* de sens; **bedeutungsvoll** ADJ **1** (*wichtig*) d'une grande importance **2** (*vielsagend*) significatif, -ive; éloquent; **Bedeutungswandel** M changement *m* de sens

bedienen ⟨*pas de ge-*, h.⟩ **A** V/T **1** *Gäste, Kunden* servir; *im Geschäft* **werden Sie schon bedient?** est-ce que l'on vous sert?; est-ce que l'on s'occupe de vous?; *umg iron* **ich bin bedient** *umg* j'en ai marre; *umg* **mit etw gut bedient sein** être pleinement satisfait de qc; se trouver bien de qc; *umg* **mit etw schlecht bedient sein** être mécontent de qc **2** *Maschine etc* manier; manœuvrer; faire fonctionner **3** *beim Kartenspiel* **Kreuz, Trumpf ~** fournir à trèfle, à l'atout **4** *Verkehrsunternehmen etc e-e Strecke* desservir; exploiter **B** V/I **1** *im Geschäft, Restaurant* servir **2** *beim Kartenspiel* jouer (dans) la couleur **C** V/R **1** *beim Essen* **sich ~** se servir; **bitte, ~ Sie sich!** servez-vous, s'il vous plaît **2** *geh* **sich e-r Sache, j-s ~** se servir de qc, qn

Bedienerin F *österr* femme *f* de ménage

Bedienstete(r) M/F(M) ⟨→ A⟩ **1** ADMIN *etc* employé(e) *m(f)*, agent *m* (des services publics) **2** (*Hausangestellte[r]*) employé(e) *m(f)* de maison; *früher* domestique *m/f*

Bedienung F ⟨~; ~en⟩ **1** ⟨*pas de pl*⟩ *e-s Gasts* service *m*; **~ inbegriffen** service compris **2** ⟨*pas de pl*⟩ *von Maschinen etc* maniement *m* **3** (*Kellner*) garçon *m*; (*Kellnerin*) serveuse *f*; *in e-m Geschäft* employé(e) *m(f)*; (*Verkäufer[in]*) vendeur, -euse *m,f* **4** *österr* (*Putzfrau*) femme *f* de ménage

Bedienungsanleitung F, **Bedienungsanweisung** F mode *m* d'emploi; notice explicative; **Bedienungsfehler** M erreur *f*, faute *f* de manœuvre, de commande; **Bedienungsgeld** N service *m*; **Bedienungshebel** M levier *m* de commande, de manœuvre; **Bedienungsknopf** M bouton *m* de commande; **Bedienungsvorschrift** F mode *m* d'emploi; **Bedienungszuschlag** M service *m*

bedingen V/T ⟨*pas de ge-*, h.⟩ **1** (*verursachen, bewirken*) avoir pour conséquence; causer; (*bestimmen*) déterminer; conditionner; **bedingt sein durch** être dû à; **seelisch bedingt** dû à des causes psychiques **2** (*erfordern*) exiger; nécessiter; (*voraussetzen*) impliquer; *geh* présupposer

bedingt ADJT *u.* ADVL **1** (*mit Einschränkungen*) conditionnel, -elle; sous réserve; sous condition(s); **nur ~ richtig** vrai jusqu'à un certain point **2** PHYSIOL **~er Reflex** réflexe conditionné

Bedingung F ⟨~; ~en⟩ condition *f*; **e-e unerlässliche ~** une condition sine qua non; **~en stellen** poser des conditions; **~en an etw** (*akk*) **knüpfen** assortir qc de conditions; **etw zur ~ machen** poser qc comme condition; **unter diesen, anderen ~en** dans ces, dans d'autres circonstances; **unter der ~, dass ...** à (la) condition que ... (+*subj*)

Bedingungsform F GRAM conditionnel *m*

bedingungslos **A** ADJ sans condition(s); inconditionnel, -elle; **~er Gehorsam** obéissance inconditionnelle; **~e Kapitulation** capitulation sans condition(s), inconditionnelle **B** ADV sans condition(s); **etw ~ akzeptieren** accepter qc sans réserve

Bedingungssatz M GRAM proposition conditionnelle

bedrängen V/T ⟨*pas de ge-*, h.⟩ °harceler (**mit** de); presser (de); (*bestürmen*) assaillir (de); (*verfolgen*) poursuivre; *Schuldner a.* relancer; *Gegner* serrer de près; (*bedrücken*) tracasser; tourmenter; **j-n mit Fragen, Forderungen ~** presser, °harceler qn de questions, de revendications; **in e-r bedrängten Lage** dans une situation difficile

Bedrängnis *geh* F ⟨~; ~se⟩ embarras *m*; gêne *f*; situation fâcheuse, embarrassante, difficile; **in ~** (*akk*) **geraten** tomber dans une situation difficile; **in äußerster ~ sein** être aux abois; être réduit, acculé à la dernière extrémité

B

bedrohen VT ⟨*pas de ge-*, h.⟩ menacer (**mit** de); **vom Aussterben bedroht** menacé de disparition, d'extinction

bedrohlich ADJ menaçant

Bedrohung F menace *f*; **in ständiger ~ leben** vivre constamment sous la menace

bedrucken VT ⟨*pas de ge-*, h.⟩ *Stoff, Papier etc* imprimer; **e-n Stoff mit Blumen ~** imprimer des fleurs sur un tissu

bedrücken VT *u.* VT/UNPERS ⟨*pas de ge-*, h.⟩ *seelisch* affliger; attrister; *Sorgen* accabler; **es bedrückt sie, dass …** cela l'afflige, lui pèse que … *(+subj)*

bedrückend ADJT *Schweigen etc* pesant

bedrückt ADJT affligé; abattu; accablé

Beduine M ⟨~n; ~n⟩, **Beduinin** F ⟨-in; -innen⟩ Bédouin(e) *m(f)*

bedürfen *geh* ⟨*irr, pas de ge-*, h.⟩ A VI **e-r Sache** *(gen)* **~** avoir besoin de qc B VT/UNPERS **es bedarf e-r Sache** *(gen)* il faut qc; cela demande, nécessite qc; **es bedurfte nur e-s Wortes** il suffisait d'un seul mot

Bedürfnis N ⟨~ses; ~se⟩ besoin *m* (**nach** de); **er hatte das ~ zu sprechen** il éprouvait le besoin de parler; **es ist mir ein ~, Ihnen mitzuteilen …** je tiens à vous dire …

Bedürfnisanstalt F ADMIN toilettes publiques; **Bedürfnisbefriedigung** F satisfaction *f* d'un *bzw.* de besoin(s); **bedürfnislos** ADJ peu exigeant; content de peu; **Bedürfnislosigkeit** F ⟨~⟩ absence *f* de besoins

bedürftig ADJ 1 *(arm)* nécessiteux, -euse; indigent; **~ sein** *a.* être dans le besoin 2 *geh* **e-r Sache** *(gen)* **~ sein** avoir besoin de qc

Bedürftige(r) M/F(M) ⟨→ A⟩ nécessiteux, -euse *m,f*; indigent(e) *m(f)*; **Bedürftigkeit** F ⟨~⟩ indigence *f*; besoin *m*

Beefsteak N bifteck *m*; **deutsches ~** bifteck °haché

beehren *geh* VT ⟨*pas de ge-*, h.⟩ **j-n mit etw ~** honorer qn de qc; **~ Sie uns bald wieder!** *geh* faites-nous l'honneur de bientôt renouveler votre visite!

beeiden VT ⟨-ete, *pas de ge-*, h.⟩, **beeidigen** *geh* VT ⟨*pas de ge-*, h.⟩ affirmer sous serment, sous la foi du serment

beeidigt ADJT *Aussage* sous serment; *Zeuge, Gutachter* assermenté

beeilen VR ⟨*pas de ge-*, h.⟩ 1 *(schnell machen)* **sich ~** se dépêcher; se presser; **sich mit s-r Arbeit ~** se dépêcher dans son travail 2 *geh (nicht zögern)* **sich ~, etw zu tun** s'empresser de faire qc

Beeilung F ⟨~⟩ *umg* **ein bisschen ~(, wenn ich bitten darf!)** *umg* activons!; *umg* pressons!; *umg* dépêchons!

beeindrucken VT ⟨*pas de ge-*, h.⟩ impressionner; faire impression sur; **er hat mich stark beeindruckt** il m'a fait une forte impression

beeinflussen VT ⟨-(est)t, *pas de ge-*, h.⟩ influencer; avoir de l'influence sur; **ungünstig ~** avoir une influence néfaste sur

Beeinflussung F ⟨~; ~en⟩ influence *f*; **die ~ der Bevölkerung durch das Fernsehen** l'influence (néfaste) exercée sur la population par la télévision

beeinträchtigen VT ⟨*pas de ge-*, h.⟩ *Erfolg etc* compromettre; *Freiheit, Recht etc* porter atteinte à; *(behindern)* gêner; entraver; *(mindern)* diminuer; **sich (durch etw) beeinträchtigt fühlen** être gêné, dérangé par qc; **Alkohol beeinträchtigt das Reaktionsvermögen** l'alcool diminue les capacités de réaction; **e-e ~de Wirkung haben** avoir un effet préjudiciable

Beeinträchtigung F ⟨~; ~en⟩ *(Verletzung)* atteinte *f*, préjudice *m (+gen* à); *(Behinderung)* entrave *f (+gen* à); *(Minderung)* diminution *f (+gen* de)

Beelzebub M ⟨→ *n/pr*⟩ BIBEL Belzébuth *m*; *fig* **den Teufel durch, mit ~ austreiben** choisir un remède pire que le mal

beenden VT ⟨-ete, *pas de ge-*, h.⟩ finir; terminer; achever; mettre fin à; *(aufhören mit)* cesser; *Gespräch* clore; *Sitzung etc* lever; clore

Beend(ig)ung F ⟨Beend(ig)ung⟩ achèvement *m*; *e-s Gesprächs, e-r Sitzung etc* clôture *f*; *(Ende)* fin *f*; *(Einstellung)* cessation *f*

beengen VT ⟨*pas de ge-*, h.⟩ serrer; gêner; **sich beengt fühlen** se sentir mal à l'aise; se sentir à l'étroit; **beengt wohnen** être logé, vivre à l'étroit

Beengtheit F ⟨~⟩ étroitesse *f*; *fig* gêne *f*

beerben VT ⟨*pas de ge-*, h.⟩ hériter de; recueillir l'héritage de

beerdigen VT ⟨*pas de ge-*, h.⟩ enterrer; inhumer; **Beerdigung** F ⟨~; ~en⟩ enterrement *m*; inhumation *f*; *(Trauerfeier)* obsèques *fpl*

Beerdigungsfeier F obsèques *fpl*; funérailles *fpl*; **Beerdigungsinstitut** N (entreprise *f* de) pompes *fpl* funèbres

Beere F ⟨~; ~n⟩ baie *f*; *e-r Traube* grain *m*

Beerenauslese F *vin moelleux à partir de raisins très mûrs*; **Beerenobst** N baies *fpl*

Beet N ⟨~(e)s; ~e⟩ plate-bande *f*; carré *m*; *für Blumen a.* parterre *m*

Beete → Bete

befähigen VT ⟨*pas de ge-*, h.⟩ **j-n zu etw ~** *od* **j-n ~, etw zu tun** rendre qn capable de, apte à (faire) qc; *Diplom, Ausbildung* qualifier qn pour (faire) qc

befähigt ADJT **~ (zu)** capable (de); apte (à); *(qualifiziert)* qualifié (pour)

Befähigung F ⟨~⟩ **~ (zu)** *(Können)* capacités *fpl*, qualités *fpl*, aptitudes *fpl* (pour); *(Qualifikation)* qualification *f* (pour, à)

befahl → befehlen

befahrbar ADJ *(ohne Hindernisse)* praticable; *(für Autos ausgebaut)* carrossable; *Wasserwege* navigable; **nur mit Schneeketten ~** accessible uniquement aux véhicules équipés de chaînes; *Schild* **Randstreifen nicht ~** accotements non stabilisés

Befahrbarkeit F ⟨~⟩ *e-r Straße etc* praticabilité *f*

befahren VT ⟨*irr, pas de ge-*, h.⟩ *Straße etc* emprunter; *Gewässer* naviguer sur; *Weltmeere* sillonner; **e-e stark ~e Straße** une route à forte circulation, très fréquentée

Befall M ⟨~(e)s⟩ *durch Schädlinge* envahissement *m*

befallen VT ⟨*irr, pas de ge-*, h.⟩ 1 *Schädlinge* envahir; attaquer 2 *fig* saisir; gagner; *Lachen, Angst a.* prendre; *Krankheit* atteindre; toucher

befangen ADJ 1 *(verlegen)* intimidé; embarrassé; gêné; **~ machen** embarrasser; troubler; intimider 2 *(parteiisch)* partial; JUR **als ~ ablehnen** récuser pour cause de suspicion légitime; *Richter* **sich für ~ erklären** se déporter 3 *geh* **in Vorurteilen, Illusionen ~ sein** être prisonnier de ses préjugés, de ses illusions

Befangenheit F ⟨~⟩ 1 *(Verlegenheit)* embarras *m*; *(Gehemmtsein)* trouble *m*; *(Schüchternheit)* timidité *f* 2 *(Voreingenommenheit)* partialité *f*; JUR suspicion *f* légitime

Befangenheitsantrag M JUR demande *f* de récusation (en suspicion légitime)

befassen ⟨-(es)t, *pas de ge-*, h.⟩ A VT ADMIN **e-e Instanz mit etw ~** saisir un organisme de qc B VR **sich mit etw ~** s'occuper de qc; **sich mit j-m ~** se consacrer à qn; **das Buch befasst sich mit …** le livre traite de …

befehden ⟨-ete, *pas de ge-*, h.⟩ A VT *geh (bekämpfen)* combattre; faire la guerre à; HIST guerroyer contre B VR **sich ~** *geh (sich bekämpfen)* se combattre; se faire la guerre; HIST guerroyer

Befehl M ⟨~(e)s; ~e⟩ 1 *(Auftrag, Kommando)*, MIL ordre *m*; *strikter a.* injonction *f*; **e-n ~ erteilen** donner un ordre; **etw auf ~** *(akk)* **tun** faire qc sur ordre; **auf ~** *(akk)* **von** sur (l')ordre de; par ordre de; **zu ~!** à vos ordres!; **~ ist ~** les ordres sont les ordres; *umg hum* **dein Wunsch ist mir ~** tes désirs sont (pour moi) des ordres 2 *(~sgewalt)* commandement *m*; **unter j-s ~** *(dat)* **stehen** être sous les ordres, le commandement de qn 3 IT commande *f*; instruction *f*; ordre *m*

befehlen ⟨befiehlt, befahl, befohlen, h.⟩ A VT 1 **j-m ~, etw zu tun** ordonner, donner l'ordre à qn de faire qc; **j-m etw ~** ordonner, commander qc à qn; **von Ihnen lasse ich mir nichts ~!** je n'ai pas d'ordre à recevoir de vous! 2 *geh* **s-e Seele Gott ~** recommander son âme à Dieu B VI **(über etw, j-n) ~** commander (qc, qn)

befehligen VT ⟨*pas de ge-*, h.⟩ MIL commander

Befehlsbereich M MIL zone *f* de commandement; ressort *m*; **Befehlsempfänger** M exécutant *m*; **Befehlsform** F GRAM (mode *m*) impératif *m*; **befehlsgemäß** ADV conformément aux ordres reçus; **Befehlsgewalt** F ⟨~⟩ **~ (über** *[+akk]*) autorité *f* (sur); MIL commandement *m* (de)

Befehlshaber M ⟨~s; ~⟩ commandant *m* (**über** *[+akk]* de); **oberster ~** commandant en chef

Befehlssatz M GRAM proposition impérative; **Befehlston** M ⟨~(e)s⟩ ton impérieux, impératif, de commandement; **Befehlsverweigerung** F refus *m* d'obéissance

befestigen VT ⟨*pas de ge-*, h.⟩ 1 *(anbringen)* **etw (an etw** *[dat]***) ~** attacher, fixer qc (à qc) 2 *(festigen) Mauer, Bauwerk* consolider; *Ufer, Straße* stabiliser 3 MIL fortifier

Befestigung F ⟨~; ~en⟩ 1 *(Anbringung)* fixation *f* 2 *(Festigung)* consolidation *f*; *des Ufers, e-r Straße etc* stabilisation *f* 3 MIL fortification *f*

Befestigungsanlage F MIL fortification *f*

befeuchten VT ⟨-ete, *pas de ge-*, h.⟩ humidifier (*a.* TECH); *Lippen, Finger, Wäsche* humecter; *plus fort* mouiller

befeuern VT ⟨-(e)re, *pas de ge-*, h.⟩ 1 FLUG, SCHIFF baliser 2 *Heizung, Ofen* alimenter 3 MIL tirer sur 4 *umg (bewerfen)* bombarder; **Befeuerung** F 1 FLUG, SCHIFF balisage *m* 2 *des Ofens* alimentation *f* 3 MIL bombardement *m*

befiehlt → befehlen

befinden ⟨*irr, pas de ge-*, h.⟩ A *geh* VT *(beurteilen, erachten)* trouver; juger; **etw, j-n für gut ~** trouver que qc, qn est bon; **für richtig ~** reconnaître exact; **(für) schuldig ~** reconnaître, déclarer coupable B VR **sich ~** 1 *an e-m bestimmten Ort* se trouver; être 2 *geh gesundheitlich* aller; se porter; se sentir 3 *geh (sein)* **sich im Irrtum befinden** être dans l'erreur C VI ADMIN *(entscheiden)* **über etw** *(akk)* **~** décider de qc; **über j-n ~** décider du sort de qn

Befinden N ⟨~s⟩ 1 *(Gesundheitszustand)* état *m* de santé; **sich nach j-s ~ erkundigen** s'enquérir de la santé de qn; *hum* **wie ist das werte ~?** comment nous portons-nous? 2 *geh (Meinung)* jugement *m*; avis *m*; opinion *f*

befindlich ADJ ⟨*épithète*⟩ se trouvant; **im Bau ~** en (cours de) construction

Befindlichkeit *geh* F ⟨~; ~en⟩ état *m*, humeur *f* (du moment)

beflaggen VT ⟨*pas de ge-*, h.⟩ pavoiser; **Beflaggung** F ⟨~; ~en⟩ pavoisement *m*

beflecken VT ⟨*pas de ge-*, h.⟩ 1 *(beschmutzen)* tacher; salir; souiller 2 *fig s-n Namen etc* entacher; flétrir; souiller

befleißigen *geh* VR ⟨*pas de ge-*, h.⟩ **sich e-r Sache** *(gen)* ~ s'astreindre à (faire) qc; s'imposer (de faire) qc

beflissen *geh* ADJ zélé; *(dienst~)* empressé; ~ **sein, etw zu tun** s'empresser de faire qc

Beflissenheit *geh* F ⟨~⟩ empressement *m*; zèle *m*

beflügeln *geh* VT ⟨-(e)le, *pas de ge-*, h.⟩ stimuler; **die Angst beflügelte ihre Schritte** la peur lui donnait des ailes

befohlen → befehlen

befolgen VT ⟨*pas de ge-*, h.⟩ *Rat* suivre; tenir compte de; écouter; *Befehl* exécuter; obéir à; *Gebot, Vorschrift* observer; respecter; se conformer à; **Befolgung** F ⟨~⟩ *e-s Befehls* exécution *f*; *e-r Vorschrift* observation *f*; respect *m*; *bes* REL observance *f*

befördern VT ⟨-(e)re, *pas de ge-*, h.⟩ 1 *(transportieren)* transporter; *a. Waren, Post* acheminer; *(verschicken)* expédier; *umg* **j-n ins Jenseits** ~ *umg* expédier qn dans l'autre monde; *umg* **j-n ins Freie** ~ *umg* flanquer qn dehors 2 *im Rang* **j-n** ~ promouvoir qn **(zu etw** qc); MIL faire monter qn en grade; **befördert werden** avoir de l'avancement; MIL monter, avancer en grade; **zu etw befördert werden** être promu qc

Beförderung F 1 transport *m*; *a. von Waren, Post* acheminement *m*; *(Verschickung)* expédition *f* 2 *(Rangerhöhung)* avancement *m*; promotion *f*; **s-e** ~ **feiern** fêter sa promotion; ~ **zum Hauptmann** avancement au grade de capitaine

Beförderungsart F mode *m*, régime *m* de transport, d'expédition; **Beförderungsbedingungen** FPL conditions *fpl* de transport; **Beförderungskosten** PL frais *mpl* de transport; **Beförderungsmittel** N moyen *m* de transport

befrachten VT ⟨-ete, *pas de ge-*, h.⟩ 1 *(mit Fracht beladen)* affréter 2 *fig* charger **(mit** de)

befrackt ADJ en habit

befragen VT ⟨*pas de ge-*, h.⟩ questionner; poser des questions à; *a. Zeugen* interroger; *Anwalt etc* prendre l'avis de; consulter; **j-n nach s-r Meinung** ~ demander son avis à qn; **das Orakel** ~ consulter l'oracle

Befragen N **auf** ~ **sagte er ...** interrogé, questionné il a répondu ...

Befragung F ⟨~; ~en⟩ 1 *e-s Zeugen etc* interrogation *f*; *e-s Anwaltes etc* consultation *f* 2 *(Umfrage)* enquête *f*; sondage *m*; *(Einzelbefragung)* interview *f*

befreien ⟨*pas de ge-*, h.⟩ A VT 1 *(die Freiheit geben)* délivrer, libérer **(aus, von** de); *aus e-r Umklammerung* dégager **(aus** de); *Sklaven etc* affranchir 2 *fig* délivrer, libérer **(aus, von** de); *(erleichtern)* soulager 3 *(entbinden) von Steuern* exempter, exonérer **(von** de); *vom Militärdienst* exempter (de); *von Gebühren, Formalitäten, Schüler vom Turnen* dispenser (de) B VR **sich** ~ se délivrer, se libérer, se dégager **(aus, von** de)

befreiend ADJT libérateur, -trice; *Wort, Lachen etc* de soulagement; **Humor hat etwas Befreiendes** l'humour a quelque chose de libérateur

Befreier(in) M ⟨~s; ~⟩ F ⟨~in; ~innen⟩ libérateur, -trice *m,f*

befreit A ADJT 1 *(frei)* délivré; libéré 2 *fig (erleichtert)* soulagé 3 *(entbunden) von Steuern* exempt; exonéré; *vom Militärdienst* exempté; *vom Turnen etc* dispensé B ADVL ~ **aufatmen** pousser un soupir de soulagement

Befreiung F ⟨~⟩ 1 délivrance *f*; *a. fig,* POL libération *f*; *aus Abhängigkeit, Unterdrückung a.* affranchissement *m* 2 *(Entbinden) von Steuern, vom Militärdienst* exemption *f*; *von Steuern a.* exonération *f*; *von Gebühren, vom Turnen etc* dispense *f* 3 *(Erleichterung)* soulagement *m*

Befreiungsarmee F armée *f* de libération; **Befreiungsbewegung** F mouvement *m* de libération; **Befreiungskampf** M combat *m* pour la libération; **Befreiungskrieg** M guerre *f* de libération; **Befreiungsschlag** M 1 EISHOCKEY dégagement interdit; FUSSBALL dégagement *m* 2 *umg fig* (grande) libération

befremden VT ⟨-ete, *pas de ge-*, h.⟩ irriter; surprendre (désagréablement); étonner

Befremden N ⟨~s⟩ irritation *f*; étonnement *m*

befremdlich ADJ surprenant; étonnant

Befremdung F ⟨~⟩ → Befremden

befreunden VR ⟨-ete, *pas de ge-*, h.⟩ 1 **sich mit j-m** ~ se lier d'amitié avec qn; **sie haben sich befreundet** ils *bzw.* elles sont devenu(e)s ami(e)s 2 *fig* **sich mit e-m Gedanken** ~ se faire à une idée

befreundet ADJT ami; **eng (miteinander)** ~ **sein** être (amis) intimes; être étroitement liés; POL ~**e Länder** *npl* pays amis

befrieden *geh* VT ⟨-ete, *pas de ge-*, h.⟩ *Land etc* pacifier

befriedigen ⟨*pas de ge-*, h.⟩ A VT *a. fig* satisfaire; *Ansprüche* répondre à B VR **sich (selbst)** ~ se masturber

befriedigend ADJT satisfaisant; *Schulnote* → Drei 2

Befriedigung F ⟨~⟩ *a. fig* satisfaction *f*

Befriedung *geh* F ⟨~⟩ pacification *f*

befristen VT ⟨-ete, *pas de ge-*, h.⟩ **etw (auf etw** *[akk]*) ~ limiter qc (à qc)

befristet ADJT à durée limitée; temporaire; *Vertrag* à durée déterminée; **auf ein Jahr** ~ **sein** être limité à un an

Befristung F ⟨~; ~en⟩ limitation *f* de temps; fixation *f* d'un délai, d'une durée **(auf** *[+akk]* de)

befruchten VT ⟨-ete, *pas de ge-*, h.⟩ 1 BIOL féconder; **künstlich** ~ inséminer artificiellement 2 *(fruchtbar machen)* fertiliser 3 *geh fig geistig* féconder; *(bereichern)* enrichir

Befruchtung F ⟨~; ~en⟩ 1 BIOL fécondation *f*; **künstliche** ~ insémination artificielle 2 *geh fig geistige* enrichissement *m*

Befugnis F ⟨~; ~se⟩ autorisation *f*; *(Berechtigung)* pouvoir *m*; droit *m*; **s-e** ~**se überschreiten** outrepasser ses pouvoirs, ses attributions

befugt ADJT ~ **(zu etw)** autorisé, habilité (à faire qc); ayant qualité (pour faire qc); qui a le pouvoir, le droit (de faire qc); **dazu bin ich nicht** ~ cela n'entre pas, ne rentre pas dans mes attributions

befühlen VT ⟨*pas de ge-*, h.⟩ toucher; *(betasten)* tâter; palper

befummeln *umg* VT ⟨-(e)le, *pas de ge-*, h.⟩ *umg* tripoter; *sexuell a. umg* peloter

Befund M ⟨~(e)s; ~e⟩ résultat *m*; MED **ohne** ~ résultat négatif

befürchten VT ⟨-ete, *pas de ge-*, h.⟩ craindre; redouter; appréhender; avoir peur de; **es steht zu ~, dass ...** il est à craindre que ... *(+subj)*; on peut craindre que ... *(+subj)*; **ich befürchte, dass er es erfährt** je crains, redoute, *etc* qu'il ne l'apprenne; **das hatte ich befürchtet** c'est bien ce que je craignais

Befürchtung F ⟨~; ~en⟩ crainte *f*; appréhension *f*; **die ~ haben, dass ...** craindre, redouter, appréhender, avoir peur que ... *(+subj)*; **Anlass zu ~en geben** inspirer des inquiétudes; **s-e ~en haben sich bewahrheitet** ses craintes se sont vérifiées

befürworten VT ⟨-ete, *pas de ge-*, h.⟩ *(gutheißen)* approuver; *(unterstützen)* soutenir; appuyer; *(empfehlen)* préconiser

Befürworter(in) M ⟨~s; ~⟩ F ⟨~in; ~innen⟩ partisan *m*; adepte *m/f*; *(Verfechter[in])* avocat(e) *m(f)*; **Befürwortung** F ⟨~; ~en⟩ *(Unterstützung)* soutien *m*; appui *m*; *(Empfehlung)* préconisation *f*; *(Zustimmung)* avis *m* favorable

begabt ADJ doué **(für** pour); **er ist vielseitig, künstlerisch** ~ il a des dons multiples, artistiques

Begabtenförderung F *bourses accordées aux élèves et aux étudiants particulièrement doués*

Begabung F ⟨~; ~en⟩ 1 *(Talent)* disposition(s) *f(pl)*; don(s) *m(pl)*; talent(s) *m(pl)* 2 *Person* talent *m*; personne douée

begann → beginnen

begatten VR ⟨-ete, *pas de ge-*, h.⟩ **sich** ~ s'accoupler; **Begattung** F accouplement *m*; *beim Menschen* copulation *f*

begeben *geh* VR ⟨*irr, pas de ge-*, h.⟩ 1 *räumlich* **sich zu, nach ...** ~ se rendre à ...; **sich an die Arbeit** ~ se mettre au travail; **sich auf die Reise** ~ partir en voyage; **sich zur Ruhe** ~ aller se coucher; **sich in Gefahr** *(akk)* ~ s'exposer au danger 2 *(sich ereignen)* arriver; se passer; se produire

Begebenheit *geh* F ⟨~; ~en⟩ événement *m*; fait *m*

begegnen VI ⟨-ete, *pas de ge-*, s.⟩ 1 *(treffen, antreffen)* **j-m, e-r Sache** ~ rencontrer qn, qc; **heute Morgen ist mir Birgit begegnet** ce matin, j'ai rencontré Birgit; **dieses Wort begegnet einem häufig bei Goethe** on rencontre souvent ce mot dans l'œuvre de, chez Gœthe 2 *geh (widerfahren)* arriver 3 *geh (behandeln)* **j-m freundlich** ~ être aimable envers, avec qn; **j-m grob, höflich** ~ traiter qn grossièrement, poliment; **j-m zurückhaltend** ~ accueillir qn avec une certaine réserve; préparer un accueil réservé à qn 4 *geh e-m Übel, e-r Gefahr etc (entgegentreten)* affronter; faire face à; *(abwenden)* combattre; s'attaquer à; *(abhelfen)* remédier à

Begegnung F ⟨~; ~en⟩ *a.* SPORT rencontre *f*

Begegnungsstätte F lieu *m* de rencontre

begehen VT ⟨*irr, pas de ge-*, h.⟩ 1 *(gehen auf)* aller, marcher, passer sur; parcourir; **dieser Weg wird viel begangen** ce chemin est très passant, fréquenté 2 ADMIN *(inspizieren)* inspecter; reconnaître 3 *geh Fest* fêter; *feierlich* célébrer; commémorer 4 *Verbrechen, Verrat, Fehler, Sünde, Indiskretion etc* commettre; *Dummheit* faire; **Selbstmord** ~ se suicider

begehren VT ⟨*pas de ge-*, h.⟩ désirer *(a. sexuell)*; *heftig* convoiter; *geh* **Einlass** ~ demander la permission d'entrer; **alles, was das Herz begehrt** tout ce que l'on désire, souhaite

Begehren *geh* N ⟨~s⟩ désir *m*

begehrenswert ADJ désirable

begehrlich *geh* ADJ *Blick etc* plein de convoitise; *(lüstern)* lubrique; *geh* concupiscent

begehrt ADJT recherché; HANDEL *a.* demandé

Begehung F ⟨~; ~en⟩ ADMIN *zur Prüfung* inspection *f*; reconnaissance *f*

begeistern VT *(u.* VR*)* ⟨-(e)re, *pas de ge-*, h.⟩ **(sich)** ~ (s')enthousiasmer, (s')enflammer, *leidenschaftlich* (se) passionner **(für** pour); **dafür kann ich mich nicht** ~ cela me laisse froid

begeistert A ADJT enthousiaste; **von j-m, etw** ~ **sein** être enthousiasmé, passionné par qn, qc B ADVL avec enthousiasme; avec passion

Begeisterung F ⟨~⟩ enthousiasme *m*; *(Leidenschaft)* passion *f*; **ein Sturm der** ~ des débordements *mpl* d'enthousiasme; ~ **auslösen** soulever l'enthousiasme; **j-n in** ~ *(+akk)* **versetzen** transporter qn d'enthousiasme

begeisterungsfähig ADJ capable de s'en-

B

thousiasmer; **Begeisterungsfähigkeit** F ⟨~⟩ capacité *f* d'enthousiasme

Begierde F ⟨~; ~n⟩ désir *m* (**nach** de); *nach Geld* avidité *f*; cupidité *f*; *sinnliche a.* concupiscence *f*

begierig ADJ avide, (très) désireux, -euse (**auf** [+akk], **nach** de); **ich bin ~ zu erfahren, ob …** je brûle de savoir si …

begießen V/T ⟨irr, pas de ge-, h.⟩ GARTEN, GASTR arroser (**mit** avec); **etw mit etw ~** *a.* verser qc sur qc; *umg fig hum* **das muss begossen werden!** *umg* ça s'arrose!

Beginn M ⟨~(e)s⟩ commencement *m*; début *m*; **am, zu, bei ~** au début; au commencement; **gleich zu ~** dès le début

beginnen ⟨beginnt, begann, begonnen, h.⟩ **A** V/T **1** *(anfangen)* commencer **2** *geh (unternehmen)* entreprendre **B** V/I commencer (**zu** [+inf] à [+inf]); **mit etw ~** *Dinge* commencer, débuter par qc; *Personen mit e-r Tätigkeit etc* commencer qc; **noch einmal ~** recommencer

beglaubigen V/T ⟨pas de ge-, h.⟩ **1** ADMIN certifier; authentifier; *Abschrift* certifier conforme; **amtlich ~** légaliser; **etw ~ lassen** faire authentifier qc; faire certifier conforme qc; faire légaliser qc; **beglaubigte Kopie** copie certifiée conforme; **notariell beglaubigte Urkunde** acte notarié **2** DIPL accréditer (**bei** auprès de)

Beglaubigung F ⟨~; ~en⟩ **1** ADMIN authentification *f*; *e-r Abschrift* certification *f* conforme; *e-r Unterschrift* légalisation *f*; **amtliche ~** légalisation *f* **2** DIPL accréditation *f*

Beglaubigungsschreiben N DIPL lettres *fpl* de créance

begleichen V/T ⟨irr, pas de ge-, h.⟩ *Rechnung etc* régler; payer; **Begleichung** F ⟨~⟩ *e-r Rechnung etc* règlement *m*; paiement *od* payement *m*

Begleitbrief M lettre *f* d'accompagnement, d'envoi

begleiten V/T ⟨-ete, pas de ge-, h.⟩ **1** *a.* MUS accompagner; *zum Schutz, als Gefolge* escorter; faire escorte à; *Schiffe a.* convoyer; **j-n auf dem Klavier ~** accompagner qn au piano; **j-n nach Hause ~** raccompagner qn **2** *fig* **etw mit etw ~** accompagner qc de qc; *geh fig* **von etw begleitet sein** *(mit etw einhergehen)* s'accompagner de qc

Begleiter(in) M ⟨~s; ~⟩ (F) ⟨~in; ~innen⟩ **1** compagnon *m*; compagne *f*; MUS, *e-r Gruppe* accompagnateur, -trice *m,f* **2** *verhüllend (Geliebter)* **er ist ihr ständiger ~** c'est son chevalier servant

Begleiterscheinung F effet *m* secondaire; **Begleitinstrument** N instrument *m* d'accompagnement; **Begleitmusik** F musique *f* d'accompagnement; **Begleitpapiere** NPL documents *mpl* d'accompagnement; **Begleitperson** F *e-r Gruppe* accompagnateur, -trice *m,f*; **Begleitpersonal** N accompagnateurs *mpl*; personnel *m* d'accompagnement; *für Gütertransporte* convoyeurs *mpl*; **Begleitschein** M *im Frachtverkehr* bordereau *m* d'expédition; **Begleitschreiben** N lettre *f* d'accompagnement, d'envoi; **Begleitschutz** M escorte *f* (*a.* FLUG); **Begleittext** M *(Bilderläuterung)* légende *f*; *(Kommentar)* commentaire *m*; **Begleitumstände** MPL faits concomitants

Begleitung F ⟨~; ~en⟩ **1** MUS accompagnement *m* **2** ⟨pas de pl⟩ *(Gesellschaft)* compagnie *f*; **in ~ ihres Mannes** en compagnie de son mari **3** *Person* compagnon *m*; compagne *f*; *e-r Gruppe* accompagnateur, -trice *m,f*; **ohne ~ ausgehen** sortir seul, sans être accompagné

beglücken *geh* V/T ⟨pas de ge-, h.⟩ rendre heureux; *a. iron* ravir; faire le bonheur de; *iron* **j-n mit s-r Gegenwart ~** honorer qn de sa présence

beglückend *geh* ADJT qui rend heureux, -euse; qui comble de bonheur; **ein ~es Gefühl** un sentiment de bonheur

beglückt *geh* ADJT heureux, -euse; ravi

beglückwünschen ⟨pas de ge-, h.⟩ **A** V/T **j-n (zu etw) ~** féliciter qn (pour *od* de qc) **B** V/R **sich (zu etw) ~** se féliciter (de qc)

begnadet *geh* ADJ merveilleusement doué; °hors pair; *fig* en état de grâce

begnadigen V/T ⟨pas de ge-, h.⟩ gracier

Begnadigung F ⟨~; ~en⟩ grâce *f*; **die ~ des Verbrechers** la grâce accordée au criminel

Begnadigungsgesuch N recours *m* en grâce; **Begnadigungsrecht** N droit *m* de grâce

begnügen V/R ⟨pas de ge-, h.⟩ **sich mit etw ~** se contenter de qc

Begonie F ⟨~; ~n⟩ BOT bégonia *m*

begonnen → beginnen

begraben V/T ⟨irr, pas de ge-, h.⟩ **1** *(beerdigen)* enterrer; inhumer; **~ liegen** reposer; être enterré; *umg fig* **da möchte ich nicht ~ sein** je ne voudrais y vivre pour rien au monde **2** *(verschütten)* ensevelir; **die Lawine begrub mehrere Dörfer** (**unter sich** [dat]) l'avalanche a enseveli plusieurs villages; **lebendig ~ sein** *unter Trümmern etc* rester enterré (**unter** [+dat] sous); *fig* être enseveli, enterré vivant **3** *(beenden, aufgeben)* **s-e Hoffnungen ~** abandonner tout espoir; **e-n Streit ~** faire la paix

Begräbnis N ⟨~ses; ~se⟩ enterrement *m*; inhumation *f*

begradigen V/T ⟨pas de ge-, h.⟩ *Fluss etc* rectifier; **Begradigung** F ⟨~; ~en⟩ rectification *f*

begrapschen *umg* V/T ⟨pas de ge-, h.⟩ *umg* tripoter; *sexuell a. umg* peloter

begreifen ⟨irr, pas de ge-, h.⟩ **A** V/T **1** *(verstehen)* comprendre; saisir; **ich begreife nicht, wie …** *a.* je ne vois pas comment … **2** *(betrachten, auffassen)* **etw, sich als etw ~** considérer qc, se considérer comme qc **3** *regional (anfassen)* toucher **B** V/I comprendre

begreiflich ADJ compréhensible; concevable; **j-m etw ~ machen** faire comprendre qc à qn; **es ist mir nicht ~, wie …** je n'arrive pas à comprendre *od* à saisir comment …

begreiflicherweise ADV on comprend (aisément) que …; naturellement

begrenzen V/T ⟨-(es)t, pas de ge-, h.⟩ **1** *als Grenze* délimiter **2** *(beschränken)* **etw** (**auf etw** [akk]) **~** limiter qc (à qc)

begrenzt ADJT *a. fig* limité

Begrenztheit F ⟨~⟩ *a. fig* caractère limité; limitation *f*

Begrenzung F ⟨~; ~en⟩ **1** *(das Begrenzen) a. fig* limitation *f* **2** *(Grenze)* limite *f*

Begrenzungslicht N *am Fahrzeug* feu *m* de position

Begriff M ⟨~(e)s; ~e⟩ **1** *(Bezeichnung)* notion *f*; idée *f*; *(Ausdruck)* terme *m*; PHIL, LING concept *m*; **der ~ der Freiheit** la notion, le concept de liberté; **abstrakter ~** notion abstraite; concept abstrait; **ein dehnbarer ~** une notion élastique, très large **2** *(Vorstellung)* idée *f*; **für meine ~e** à mon idée; (**gar**) **keinen ~ von etw haben** ne pas avoir la moindre idée de qc; **sich** (*dat*) **einen** (**falschen**) **~ von etw machen** se faire une (fausse) idée de qc; **davon kann man sich** (*dat*) **keinen ~ machen** il est impossible de s'en faire une idée; on ne peut (pas) se l'imaginer; **sein Name ist mir ein, kein ~** son nom me dit quelque chose, ne me dit rien **3** *umg* **schwer von ~ sein** *umg* être (un peu) bouché; *umg* être dur à la détente **4** **im ~ sein** *od* **stehen, etw zu tun** être sur le point de faire qc; s'apprêter, se disposer à faire qc

begriffen ADJT **in der Entwicklung ~ sein** être en train de se développer; **im Aufbruch ~ sein** être sur le point de partir; s'apprêter à partir; **im Bau ~** en (cours de) construction; **im Entstehen ~** en (voie de) formation

begrifflich ADJ conceptuel, -elle; *(abstrakt)* abstrait

Begriffsbestimmung F définition *f*

begriffsstutzig, *österr* **begriffsstützig** **A** ADJ (qui a l'esprit) lent; obtus; bouché **B** ADV **j-n begriffsstutzig**, *österr* **begriffsstützig ansehen** regarder qn sans comprendre

Begriffsstutzigkeit F, *österr* **Begriffsstützigkeit** F ⟨~⟩ lenteur *f* d'esprit; **Begriffsvermögen** N ⟨~s⟩ compréhension *f*; entendement *m*; **Begriffsverwirrung** F confusion *f* (d'idées)

begründen V/T ⟨-ete, pas de ge-, h.⟩ **1** *(den Grund angeben für)* motiver (**mit** par); *(rechtfertigen)* justifier; **sachlich begründet** objectivement fondé **2** *(Grund sein für)* être à l'origine de; **e-e historisch begründete Tatsache** un fait historique; basé sur l'histoire; **in etw** (*dat*) **begründet sein** s'expliquer par qc; être dû à qc; **das liegt in der Natur des Menschen begründet** c'est dans la nature de l'homme **3** *Familie, Hausstand, Verein etc* fonder; *Zeitung, Bewegung* créer; *Ruf, Ruhm* faire

Begründer(in) M(F) fondateur, -trice *m,f*

begründet ADJT *(berechtigt)* justifié

Begründung F **1** *e-r Behauptung etc* (exposé *m* des) motifs *mpl*; raison(s) *f(pl)*; *(Rechtfertigung)* justification *f*; JUR *e-s Urteils* attendus *mpl*; **e-e plausible ~** des raisons plausibles; **mit der ~, dass …** en donnant comme raison, pour motif que …; en alléguant que …; **etw ohne jede ~ ablehnen** refuser qc sans donner d'explication **2** *(Gründung)* fondation *f*; création *f*

begrünen V/T ⟨pas de ge-, h.⟩ *Stadtteil* créer des espaces verts dans; *Wand, Dach* faire pousser des plantes sur

Begrünung F ⟨~⟩ **1** *(Grünflächen)* espaces verts; *an Wänden, Häusern* verdure *f*; végétation *f* **2** *Vorgang* création *f* d'espaces verts

begrüßen V/T ⟨-(es)t, pas de ge-, h.⟩ **1** *(grüßen)* saluer; *(empfangen)* accueillir; **j-n mit Beifall, Handschlag ~** accueillir qn par des applaudissements, avec une poignée de main **2** *(gutheißen)* accueillir favorablement, avec joie; saluer; applaudir à; **es ist zu ~, dass …** il est heureux *bzw.* nous nous réjouissons de voir que … (+subj); **wir würden es sehr ~, wenn** il serait très souhaitable que … (+subj) **3** *schweiz (um Rat fragen)* consulter

begrüßenswert ADJ *(willkommen)* bienvenu; *(erfreulich)* heureux, -euse; réjouissant; **~ sein** être le bienvenu, la bienvenue

Begrüßung F ⟨~; ~en⟩ salutation(s) *f(pl)*; accueil *m*; **ein Wort der ~** des paroles *fpl* de bienvenue; **sich** (*dat*) **zur ~ die Hand geben** se saluer d'une poignée de main

Begrüßungsansprache F allocution *f* de bienvenue; **Begrüßungscocktail** M cocktail *m* de bienvenue

Begrüßungskuss M bise *f*; **sich** (*dat*) **e-n ~ geben** (se) faire la bise

Begrüßungsrede F discours *m* de bienvenue

begucken *umg* V/T (*u.* V/R) ⟨pas de ge-, h.⟩ (**sich**) **~** (se) regarder; *genauer* (s')examiner

begünstigen V/T ⟨pas de ge-, h.⟩ **1** favoriser; *(bevorteilen)* privilégier; avantager (**bei etw** pour qc); **steuerlich begünstigt sein** bénéficier d'avantages fiscaux **2** JUR **j-n ~** être complice de qn (par assistance)

Begünstigte(r) M/F(M) ⟨→ A⟩ personne favorisée, avantagée; bénéficiaire *m/f*

Begünstigung F ⟨~⟩ 1 traitement préférentiel, de faveur *(+gen* accordé à); *(Vorteil)* avantage *m* 2 JUR complicité *f* (par assistance)

begutachten VT ⟨-ete, *pas de ge-*, h.⟩ *fachlich* expertiser; faire une expertise sur; *weitS.* donner, émettre son avis sur; *umg fig hum* **lass dich (mal) ~!** montre-toi un peu (pour voir)!

Begutachtung F ⟨~; ~en⟩ expertise *f*; avis *m*, rapport *m* d'expert; **j-m etw zur ~ vorlegen** présenter qc à qn pour qu'il donne son avis, pour une expertise

begütert ADJ aisé; *plus fort* fortuné; **~ sein** avoir, posséder de la fortune

begütigend ADJT apaisant; calmant

behaart ADJ poilu; **stark ~** (tout) velu

Behaarung F ⟨~; ~en⟩ pilosité *f*; poils *mpl*; *(Fell)* pelage *m*

behäbig A ADJ *(schwerfällig)* lourd et lent; pesant; *(beleibt)* corpulent; *(gemächlich)* qui prend son temps; **mit ~en Schritten** d'un pas pesant B ADV pesamment

Behäbigkeit F ⟨~⟩ *(Schwerfälligkeit)* lourdeur *f*; pesanteur *f*; *(Beleibtheit)* corpulence *f*; embonpoint *m*

behaftet *geh* ADJ **mit etw ~ sein** avoir qc; *mit e-m Übel* être atteint de qc; *mit e-m Gebrechen* être affligé de qc

behagen VI ⟨*pas de ge-*, h.⟩ **j-m ~** plaire, convenir, être agréable à qn; **das behagt mir** *a.* c'est à mon goût

Behagen N ⟨~s⟩ *(Vergnügen)* plaisir *m*; *(Zufriedenheit)* contentement *m*; *(Wohlbefinden)* bien-être *m*

behaglich A ADJ 1 *(gemütlich) Ort* où l'on se sent bien, à l'aise; *Sessel etc* agréable; confortable 2 *(zufrieden)* **ein ~es Gefühl** un sentiment de bien-être B ADV **sich ~ fühlen** se trouver bien; se sentir à son aise; **es sich** *(dat)* **~ machen** se mettre à l'aise

Behaglichkeit F ⟨~⟩ 1 *(Gemütlichkeit)* agrément *m*; confort *m* 2 *(Wohlbefinden)* bien-être *m*

behalten VT ⟨*irr, pas de ge-*, h.⟩ 1 *(nicht hergeben, an e-m Ort belassen)* garder; **s-e Gültigkeit ~** conserver, garder sa validité; rester valable; *geh* **bitte, ~ Sie Platz!** ne vous dérangez pas!; **s-e Nahrung bei sich** *(dat)* **~** ne pas rejeter son repas; **etw für sich ~** garder qc pour soi 2 *im Gedächtnis* retenir; **etw in (guter) Erinnerung ~** conserver, garder un bon souvenir de qc; **davon habe ich nichts ~** je n'en ai rien retenu

Behälter M ⟨~s; ~⟩ récipient *m*; *für Flüssigkeiten* réservoir *m*; *(Container)* container *od* conteneur *m*

Behältnis *geh* N ⟨~ses; ~se⟩ récipient *m*

behämmert *umg pej* ADJT *umg* marteau; *umg* tapé; *umg* branque

behänd(e) ADJ vif, vive; agile; preste; leste

behandeln VT ⟨-(e)le, *pas de ge-*, h.⟩ 1 *(umgehen mit)* traiter; **j-n schlecht ~** maltraiter, malmener qn; **j-n wie Luft ~** ignorer qn 2 MED *Kranke* traiter; *a. Krankheit* soigner; **e-e Krankheit mit … ~** soigner une maladie par …, au moyen de …; **der ~de Arzt** le médecin traitant 3 TECH, *fig Thema etc* traiter **(mit** avec, TECH *a.* par); **etw chemisch ~** traiter qc chimiquement; *Thema* **erschöpfend ~** épuiser

Behändigkeit F ⟨~⟩ agilité *f*; vivacité *f*

Behandlung F 1 *(Umgang)* traitement *m* 2 MED traitement *m*; soins *mpl*; **die ~ e-s Kranken** les soins donnés à un malade; **~ mit Penizillin** traitement par la pénicilline; **ärztliche, zahnärztliche ~** soins médicaux, dentaires; **in ärztlicher ~ sein** suivre un traitement (médical); **(bei j-m) in ~** *(dat)* **sein** être en traitement (chez qn) 3 TECH *von Rohstoffen, Flecken, fig* traitement *m* **(mit** par); *fig e-s Themas, Problems a.* étude *f*

behandlungsbedürftig ADJ qui a besoin de soins

Behandlungskosten PL MED frais *mpl* de traitement; **Behandlungsmethode** F méthode *f* de traitement; **Behandlungsraum** M salle *f* de soins; **Behandlungsstuhl** M fauteuil utilisé pour l'examen médical; *beim Zahnarzt* fauteuil *m* de dentiste; **Behandlungszimmer** N salle *f* de soins

behandschuht ADJ ganté

Behang M ⟨~(e)s; ≈e⟩ 1 *(Wandbehang)* tenture *f* 2 *e-s Obstbaums* fruits *mpl* 3 *Dekoration* décoration *f*

behängen ⟨*pas de ge-*, h.⟩ A VT **etw (mit etw) ~** décorer, orner qc (de qc); *(bedecken)* couvrir qc (de qc); *pej* surcharger qc (de qc); **mit Orden behängt** bardé de décorations B VR *pej* **sich mit etw ~** se couvrir de qc

beharren VI ⟨*pas de ge-*, h.⟩ **auf etw** *(dat)* **~** persister dans qc; ne pas démordre de qc; *eigensinnig* s'entêter dans qc; **darauf ~, etw zu tun** insister pour faire qc; *eigensinnig* s'obstiner, s'entêter à faire qc; *ich muss es doch wissen!* **beharrte er** insista-t-il

Beharren N ⟨~s⟩ persistance *f*, persévérance *f* **(auf** *[+dat]* dans)

beharrlich A ADJ *(ausdauernd)* persévérant; *(standhaft)* ferme; *(zäh)* tenace; *(hartnäckig)* obstiné; opiniâtre B ADV *(ausdauernd)* avec persistance, persévérance; *(standhaft)* fermement; avec fermeté; *(zäh)* avec ténacité; *(hartnäckig)* obstinément; opiniâtrement; **~ leugnen** persister à nier; **sich ~ weigern, etw zu tun** refuser obstinément de faire qc

Beharrlichkeit F ⟨~⟩ persistance *f*; persévérance *f*; *(Standhaftigkeit)* fermeté *f*; *(Zähigkeit)* ténacité *f*; *(Hartnäckigkeit)* obstination *f*; opiniâtreté *f*

Beharrungsvermögen N PHYS force *f* d'inertie

behauchen VT ⟨*pas de ge-*, h.⟩ 1 souffler sur; *Brille etc* faire de la buée sur 2 PHON aspirer

behauen VT ⟨*irr, pas de ge-*, h.⟩ tailler

behaupten ⟨-ete, *pas de ge-*, h.⟩ A VT 1 *(beteuern)* soutenir; affirmer; *(versichern)* assurer; *(vorgeben)* prétendre; *umg* **etw steif und fest ~** *umg* soutenir qc mordicus 2 *Stellung, Posten etc* maintenir; *(verteidigen)* défendre B VR **sich ~** s'imposer; *(nicht nachgeben)* ne pas céder; *in s-r Stellung, s-m Rang* se maintenir en place; **sich gegen j-n ~** s'imposer contre qn

Behauptung F ⟨~; ~en⟩ 1 affirmation *f*; assertion *f*; MATH, PHIL hypothèse *f*; **e-e kühne ~** une affirmation °hardie; **das ist e-e bloße ~** c'est une affirmation gratuite, une simple hypothèse 2 ⟨*pas de pl*⟩ *e-r Stellung etc* maintien *m*

Behausung *geh* F ⟨~; ~en⟩ habitation *f*; *([notdürftige] Unterkunft)* logement *m* (de fortune)

beheben VT ⟨*irr, pas de ge-*, h.⟩ 1 *Schäden, Fehler* réparer; remédier à; *Missstände* supprimer; *Zweifel* écarter 2 *österr (abholen)* aller chercher; prendre; *bei der Bank* retirer; **Behebung** F ⟨~; ~en⟩ 1 ⟨*pas de pl*⟩ *von Schäden etc* réparation *f*; *von Schwierigkeiten* aplanissement *m* 2 *österr (Abholung)* enlèvement *m*; *bei der Bank* retrait *m*

beheimatet ADJT **~ in** *(+dat)* *(abstammend)* originaire de; *(ansässig)* domicilié à

beheizbar ADJ chauffable; *Heckscheibe* dégivrant; chauffant

beheizen VT ⟨-(es)t, *pas de ge-*, h.⟩ chauffer

Behelf M ⟨~(e)s; ~e⟩ *(Provisorium)* solution *f* provisoire; *(Notlösung)* expédient *m*; moyen *m* de fortune

behelfen VR ⟨*irr, pas de ge-*, h.⟩ **sich mit etw ~** se débrouiller avec qc; avoir recours à qc; **sich ohne etw ~** se passer de qc

Behelfsausfahrt F sortie *f* de délestage

behelfsmäßig A ADJ provisoire B ADV provisoirement; **~ eingerichtet** installé provisoirement

Behelfsunterkunft F logement *m* de fortune; **behelfsweise** ADV provisoirement

behelligen VT ⟨*pas de ge-*, h.⟩ **j-n (mit etw) ~** importuner qn (par, avec qc); ennuyer, déranger qn (avec qc)

behend(e) ADJ vif, vive; agile; preste; leste

Behendigkeit F ⟨~⟩ agilité *f*; vivacité *f*

beherbergen VT ⟨*pas de ge-*, h.⟩ 1 *(e-e Unterkunft bieten)* héberger; loger; *Gebäude* abriter 2 *fig (Raum bieten für)* accueillir; contenir; **Beherbergung** F ⟨~⟩ hébergement *m*

beherrschen ⟨*pas de ge-*, h.⟩ A VT 1 *Land, Volk* régner sur; asservir; *Welt* dominer; HANDEL **den Markt ~** être leader sur le marché 2 *(unter Kontrolle haben) Situation* contrôler; être, rester maître de; *Gefühle* maîtriser; *Fahrzeug* garder le contrôle de 3 *Sprache, Kunst, Technik* maîtriser 4 *(vorherrschen, a. örtlich überragen)* dominer B VR **sich ~** se retenir; se contenir; *umg* **ich kann mich ~!** je m'en garderai bien!

beherrschend ADJT *Rolle, Erscheinung etc* dominant

Beherrscher(in) M(F) maître, -esse *m,f*; souverain(e) *m(f)*; *geh* dominateur, -trice *m,f*

beherrscht ADJT maître, -esse de soi; discipliné; **Beherrschtheit** F ⟨~⟩ maîtrise *f* (de soi)

Beherrschung F ⟨~⟩ 1 *e-s Landes etc* domination *f* 2 *e-r Situation, seiner selbst* maîtrise *f*; contrôle *m*; **s-e ~ verlieren** perdre son sang-froid; ne plus rester maître de soi 3 *e-r Sprache, Technik* connaissance *f*; maîtrise *f*

beherzigen VT ⟨*pas de ge-*, h.⟩ suivre; prendre à cœur

beherzt ADJ *(mutig)* courageux, -euse; *(entschlossen)* résolu; *(unerschrocken)* intrépide; **Beherztheit** F ⟨~⟩ *(Mut)* courage *m*; *(Entschlossenheit)* résolution *f*; *(Unerschrockenheit)* intrépidité *f*

behexen VT ⟨-(es)t, *pas de ge-*, h.⟩ ensorceler; envoûter

behilflich ADJ ⟨*attribut*⟩ **j-m (bei etw) ~ sein** aider qn (à faire qc); donner un coup de main à qn (pour faire qc); **darf ich Ihnen ~ sein?** puis-je vous aider, vous être utile?

behindern VT ⟨-(e)re, *pas de ge-*, h.⟩ gêner **(bei etw** dans qc, pour faire qc); *(hemmen) a.* entraver; *(entgegenwirken)* faire obstacle à; SPORT **den Gegner ~** gêner l'adversaire; **den Verkehr, die Sicht ~** gêner la circulation, la vue

behindert ADJT °handicapé; **geistig ~** °handicapé mental; **körperlich ~** °handicapé (physique)

Behinderte(r) M/F(M) ⟨→ A⟩ °handicapé(e) *m(f)*; **ein geistig ~r** un °handicapé mental

behindertengerecht ADJ (aménagé) pour les °handicapés

Behindertenolympiade F Jeux *mpl* olympiques °handisports; **Behindertensport** M °handisport *m*; **Behindertentoilette** F toilettes pour, adaptées aux °handicapés; **Behindertenwerkstatt** F atelier *m* pour °handicapés

Behinderung F ⟨~; ~en⟩ 1 MED infirmité *f*; °handicap *m*; **geistige, körperliche ~** °handicap mental, physique 2 *(Hindernis, Blockierung)* gêne *f*; entrave *f*; SPORT **~ (des Gegners)** obstruction *f*; **die ~ des Verkehrs** l'entrave *f* à la circulation; **~en auf der A 6** ralentissements *mpl* sur l'A 6

Behörde F ⟨~; ~n⟩ autorité *f*; administration

f; **staatliche ~** administration de l'État; **zuständige ~** autorité compétente
Behördenapparat M appareil administratif; **Behördensprache** F langage administratif
Behördenweg M **auf dem ~** par voie hiérarchique
behördlich ADJ ⟨*épithète*⟩ administratif, -ive; **~e Vorschrift** règlement administratif; **mit ~er Genehmigung** avec l'autorisation officielle
behüten V/T ⟨-ete, *pas de ge-*, h.⟩ **j-n, etw (vor j-m, etw) ~** protéger qn, qc (de, contre qn, qc); préserver qn, qc (de qn, qc); garder qn, qc; **(Gott) behüte!** jamais de la vie!; Dieu m'en garde!
behutsam **A** ADJ (*vorsichtig*) précautionneux, -euse; (*achtsam*) attentionné; (*rücksichtsvoll*) plein d'égards, de tact **B** ADV (*vorsichtig*) avec précaution; doucement; (*rücksichtsvoll*) avec ménagement; **Behutsamkeit** F ⟨~⟩ (*Vorsicht*) précaution *f*; (*Umsicht*) circonspection *f*; (*Rücksicht*) égards *mpl*
bei PRÄP ⟨*dat*⟩ **1** *räumlich* (*in der Nähe von*) près de; *bei Personen* auprès de; *in j-s Haus etc* chez; *auf e-m Brief* (*per Adresse*) aux bons soins de; **Potsdam liegt ~ Berlin** Potsdam est (situé), se trouve près de Berlin; **~ mir (zu Hause)** chez moi; **~ j-m wohnen** habiter chez qn; **sich ~ j-m entschuldigen, erkundigen** s'excuser, se renseigner auprès de qn; **~m Arzt, Friseur** *etc* chez le médecin, le coiffeur, *etc*; **~ der Post®, ~ Langenscheidt arbeiten** travailler à la poste, chez Langenscheidt; **~m Film sein** faire du cinéma; **~ der Marine, Artillerie** dans la marine, l'artillerie; **~ der Arbeit sein** être au travail; *Anwalt* **~m Landgericht** auprès du, JUR près le tribunal de grande instance; **ein Konto ~ der Bank haben** avoir un compte en banque; **~ Hofe** à la cour; **das steht ~ Goethe** cela se trouve, c'est dans Gœthe; **~ diesem Wort fehlt ein Buchstabe** dans ce mot il manque une lettre; **j-n ~ sich haben** être avec qn; *als Gast* avoir qn chez soi; **etw ~ sich haben** *Geld, Ausweis etc* avoir qc sur soi; *Schirm, Fahrrad etc* avoir qc; **j-n ~ der Hand nehmen** prendre qn par la main; *nicht schlecht!* **dachte er ~ sich** pensa-t-il en lui-même, en son for intérieur; *umg* **nicht ganz ~ sich sein** ne pas avoir toute sa tête (à soi); **die Entscheidung liegt ~ ihr** c'est à elle de décider; **~ der Wahrheit bleiben** s'en tenir à la vérité; ne dire que la vérité; **so war es auch ~ mir** pour moi aussi, c'était comme ça; **man weiß nie, woran man ~ ihr ist** on ne sait jamais où l'on en est avec elle, sur quel pied danser avec elle; **~ ihm darf man nicht nachgeben** avec lui, il ne faut pas céder **2** *zeitlich* à; pendant; au moment de; lors de; **~ der Abfahrt des Zuges** au départ du train; **~ der Ankunft** à l'arrivée; **~ Tag, Nacht** de jour, nuit; **~ Sonnenaufgang** au lever du soleil; **~m Laufen, Sprechen** *etc* en courant, en parlant, *etc*; **~m Essen, Duschen** *etc* **sein** être en train de manger, de prendre sa douche, *etc*; **~ e-m Kongress** lors d'un congrès; *geh* **~ Tisch** à table **3** *modal* **~ e-m Unfall** dans un accident; (*im Falle e-s Unfalls*) en cas d'accident; **~ e-m Glas Wein** devant un verre de vin; **~ Strafe verboten** défendu sous peine d'amende; **~ Kräften sein** avoir toutes ses forces; **~ guter Laune sein** être de bonne humeur; **j-n ~m Namen nennen** appeler qn par son nom **4** (*aufgrund von*) étant donné; **~ s-r Schüchternheit** étant donné sa timidité; **~ ihrer Intelligenz** avec son intelligence **5** (*trotz*) malgré; avec; **~ aller Anerkennung** malgré toute mon, notre, *etc* estime; **~m besten Willen** avec la meilleure volonté du monde **6** *in Beteuerungsformeln* **~ Gott, das ist wahr!** Dieu m'est témoin que c'est vrai; **~ meiner Ehre!** sur mon honneur!
beibehalten V/T ⟨*irr, sép, pas de ge-*, h.⟩ conserver; garder
Beibehaltung F ⟨~⟩ conservation *f*; maintien *m*; **unter ~** (*dat*) **des Namens** en gardant le *od* son nom; **unter ~** (*dat*) **der Methode** sans changer de méthode
Beiblatt N *zu e-m Formular* feuille *f* annexe; **Beiboot** N canot *m*; chaloupe *f*
beibringen V/T ⟨*irr, sép*, -ge-, h.⟩ **1** (*lehren*) apprendre; enseigner **2** *umg* (*mitteilen*) **j-m etw schonend ~** dire, apprendre, annoncer qc à qn avec ménagement **3** (*zufügen*) *Niederlage etc* infliger; **j-m e-e Verletzung ~** blesser qn **4** (*beschaffen*) *Bescheinigung etc* produire; fournir; *Beweise a.* administrer; *Zeugen* produire; *Alibi, Gründe* fournir
Beibringung F ⟨~⟩ *von Bescheinigungen etc* production *f* (*a. von Zeugen*); fourniture *f*; apport *m*; *von Beweisen a.* administration *f*; *von Gründen a.* allégation *f*; *e-s Alibis* preuve *f*
Beichte F ⟨~; ~n⟩ confession *f*; **zur ~ gehen** aller se confesser; aller à confesse; **j-m die ~ abnehmen** confesser qn; entendre qn en confession
beichten ⟨-ete, h.⟩ **A** V/T **(j-m) etw ~** REL, *fig* confesser qc (à qn); *fig* avouer qc (à qn) **B** V/I se confesser (**bei** à); **~ gehen** aller se confesser
Beichtgeheimnis N secret *m* de la confession; **Beichtstuhl** M confessionnal *m*; **Beichtvater** M confesseur *m*; directeur *m* de conscience
beidarmig ADJ *u.* ADV à *od* des deux bras; **beidbeinig** ADJ *u.* ADV des deux jambes
beide PRON **A** ADJT les deux; **~ Mal(e)** les deux fois; **die, meine ~n Söhne** les, mes deux fils; **er hat ~ Eltern verloren** il a perdu son père et sa mère **B** SUBST les deux; **alle ~** tous *bzw.* toutes (les) deux; **die ersten ~n** les deux premiers, -ières; **eins von ~n** de deux choses l'une; **keiner von ~n** ni l'un ni l'autre; aucun des deux; **er von ~n** (l')un des deux; **~s ist möglich** les deux sont possibles; TENNIS, TISCHTENNIS **fünfzehn ~** quinze partout; **na, ihr ~n?** alors, vous deux?
beiderlei ADJ ⟨*inv*⟩ **~ Arten** FPL les *bzw.* des deux sortes *fpl*; **~ Geschlechts** des deux sexes
beiderseitig ADJ réciproque; mutuel, -elle; des deux côtés; **in ~em Einvernehmen** par consentement mutuel
beiderseits ADV (*u.* PRÄP ⟨*gen*⟩) des deux côtés (de); de part et d'autre (de)
beidhändig **A** ADJ (*mit beiden Händen*) des deux mains; (*mit beiden Händen gleich geschickt*) ambidextre **B** ADV à *od* des deux mains
beidrehen V/I ⟨*sép*, -ge-, h.⟩ SCHIFF se mettre en panne
beidseitig ADJ *u.* ADV des deux côtés
beieinander ADV ensemble; **dicht, nahe ~** très près, proche l'un de l'autre; *umg* **gut ~ sein** être bien; être en forme; *umg* **schlecht, nicht recht ~ sein** ne pas être dans son assiette; *umg* ne pas avoir la forme; → beieinanderhaben, beieinandersitzen
beieinanderhaben V/T ⟨*irr, sép*, -ge-, h.⟩ *Unterlagen etc* avoir réuni, rassemblé; **s-e Gedanken nicht ~** être distrait; *umg fig* **du hast (sie) wohl nicht alle beieinander!** *umg* ça va pas la tête!
beieinandersitzen V/I ⟨-(es)t, *irr, sép*, -ge-, h.⟩ être assis ensemble; **die Mädchen saßen alle beieinander** les filles étaient assises toutes ensemble
Beifahrer(in) M(F) *im Auto* passager, -ère *m,f* (avant); *im Lastwagen* aide-conducteur *m*; (*Soziusfahrer[in]*) passager, -ère *m,f*; SPORT coéquipier, -ière *m,f*; **Beifahrersitz** M siège *m* avant droit
Beifall M ⟨~(e)s⟩ **1** applaudissements *mpl*; *durch Zurufe* acclamations *fpl*; **~ klatschen** applaudir **2** (*Zustimmung*) approbation *f*; *Vorschlag etc* **~ finden** être bien accueilli
beifällig **A** ADJ approbateur, -trice; approbatif, -ive; favorable **B** ADV **etw ~ aufnehmen** bien accueillir, accueillir favorablement qc; **~ nicken** °hocher la tête en signe d'approbation
Beifallklatschen N applaudissements *mpl*
Beifallsäußerung F applaudissements *mpl*; signe *m* d'approbation; **Beifallsbezeugung** F témoignage *m*, signe *m* d'approbation; **Beifallsklatschen** N applaudissements *mpl*; **Beifallsruf** M acclamation *f*; bravo *m*; **Beifallssturm** M tonnerre *m* d'applaudissements
beifügen V/T ⟨*sép*, -ge-, h.⟩ **1** (*dazulegen*) *e-m Brief etc* joindre; annexer; inclure **2** (*hinzufügen*) ajouter
Beifügung F adjonction *f* (**zu** à); ADMIN **unter ~ von ...** en (y) joignant ...
Beifuß M ⟨~es⟩ BOT armoise *f*
Beifutter N AGR complément *m* alimentaire
Beigabe F **1** (*Hinzugefügtes*) supplément *m*; complément *m* **2** (*Hinzufügen*) **durch ~ von ...** en ajoutant ...
beige ADJ ⟨*inv, umg déclinable*⟩ beige
Beige N ⟨~; ~⟩ beige *m*
beigeben *geh* V/T ⟨*irr, sép*, -ge-, h.⟩ **1** (*hinzufügen*) ajouter; *Personen* (*zuordnen*) adjoindre **2** *umg* **klein ~** céder; baisser le ton; baisser pavillon
beigefarben ADJ beige
Beigeordnete(r) M/F(M) ⟨→ A⟩ ADMIN adjoint(e) *m(f)*
Beigeschmack M petit goût; *fig* arrière-goût *m*; **e-n eigenartigen ~ haben** avoir un goût particulier; **e-n bitteren ~ haben** *a. fig* avoir un goût amer; *fig* **e-n komischen, ironischen ~ haben** avoir une saveur étrange, un arrière-goût d'ironie; *fig* **e-n negativen ~ haben** avoir (pris) une connotation négative
Beiheft N supplément *m*; **beiheften** V/T ⟨-ete, *sép*, -ge-, h.⟩ attacher
Beihilfe F **1** *finanzielle* allocation *f*; aide *f*; *für Ausbildungszwecke* bourse *f* **2** JUR complicité *f*; **~ zum Mord** complicité de meurtre; **j-m ~ (zur Flucht) leisten** être complice (de la fuite, de l'évasion) de qn
beiholen V/T ⟨*sép*, -ge-, h.⟩ *Segel* border
Beiklang M bruit *m* d'accompagnement; *fig* **e-n ironischen ~ haben** avoir une nuance d'ironie
Beikoch M, **Beiköchin** F aide-cuisinier, -ière *m,f*
beikommen V/I ⟨*irr, sép*, -ge-, s.⟩ **j-m, e-r Sache nicht ~ können** ne pas pouvoir venir à bout de qn, qc; **ihm ist nicht beizukommen** on n'a pas de prise sur lui
Beikost F complément *m* alimentaire
Beil N ⟨~(e)s; ~e⟩ °hache *f*; cognée *f*; (*Hackbeil*) couperet *m*
beil. ABK (beiliegend) ci-joint; ci-inclus
Beilage F **1** *zu e-r Zeitung, e-m Buch* supplément *m* **2** GASTR accompagnement *m*; garniture *f*; **als ~** en *od* comme accompagnement, garniture; *Fleisch etc* **mit ~** garni **3** *österr* (*Anlage*) pièce jointe (**zu** à); annexe *f*
beiläufig **A** ADJ accessoire; **e-e ~e Bemerkung** une remarque faite en passant **B** ADV incidemment; **etw ~ erwähnen** évoquer qc en passant
beilegen V/T ⟨*sép*, -ge-, h.⟩ **1** (*beifügen*) **etw e-m Brief ~** joindre qc à, annexer qc à, inclu-

re qc dans une lettre **2** *(beenden) Streit etc* régler; arranger; mettre fin à
Beilegung F ⟨~; ~en⟩ *von Differenzen etc* règlement *m*; arrangement *m*
beileibe ADV **~ nicht** pas du tout; sûrement pas; certainement pas
Beileid N condoléances *fpl*; sympathie *f*; **j-m sein ~ aussprechen** exprimer, présenter ses condoléances à qn; **(mein) herzliches** *od* **aufrichtiges ~!** mes sincères condoléances!
Beileidsbesuch M visite *f* de sympathie; **von ~en bitten wir abzusehen** *od* **Abstand zu nehmen** la famille s'excuse de ne pas recevoir
Beileidsbezeigung F ⟨~; ~en⟩, **Beileidsbezeugung** F ⟨-ung, -ungen⟩ condoléances *fpl*; témoignage *m* de sympathie; **Beileidskarte** F carte *f* de condoléances
beiliegen VI ⟨*irr, sép,* -ge-, h.⟩ **1** *e-m Brief etc* être joint **2** SCHIFF *(beigedreht haben)* être à la cape; *(vor Anker liegen)* être amarré (à quai)
beiliegend ADJT *u.* ADVL ADMIN ci-joint; ci-inclus; **~ schicken wir Ihnen …** veuillez trouver ci-joint, ci-inclus …
beim = **bei dem**
beimengen VT ⟨*sép,* -ge-, h.⟩ **etw e-r Sache** *(dat)* **~** additionner qc de qc; ajouter qc à qc; incorporer qc dans, à qc
Beimengung F ⟨~; ~en⟩ **1** *Vorgang* **~ (von … zu)** incorporation *f* (de … dans); addition *f* (de … à) **2** *(Beigemengtes)* produit ajouté, incorporé
beimessen VT ⟨*irr, sép,* -ge-, h.⟩ *Bedeutung, Wert etc* donner; attacher; attribuer; **e-r Sache** *(dat)* **zu viel Gewicht ~** attribuer, attacher trop d'importance à qc
beimischen VT ⟨*sép,* -ge-, h.⟩ **etw e-r Sache** *(dat)* **~** incorporer, additionner, ajouter qc à qc
Beimischen N, **Beimischung** F incorporation *f*; addition *f*; adjonction *f*
Bein N ⟨~(e)s; ~e⟩ ANAT, *(Hosenbein)* jambe *f*; *von Tieren* patte *f*; *(Tischbein) etc* pied *m*; **sich** *(dat)* **die ~e vertreten** se dégourdir les jambes; *umg* **sich** *(dat)* **die ~e in den Bauch stehen** *umg* poireauter; *umg* faire le pied de grue; *umg* **sich** *(dat)* **kein ~ ausreißen** *umg* ne pas se fouler; *umg* ne pas se casser (la tête *od* la nénette); *umg fig* **~e kriegen** *(gestohlen werden) umg* s'envoler; *umg* **j-m ~e machen** *(fortjagen)* faire déguerpir qn; *(antreiben) umg* secouer qn; **j-m ein ~ stellen** faire un croche-pied, un croc-en-jambe à qn; *umg fig* **die ~e unter die Arme, in die Hand nehmen** prendre ses jambes à son cou; *umg* **den ganzen Tag auf den ~en sein** être debout toute la journée; *umg* **schon früh auf den ~en sein** être matinal; **die ganze Stadt war auf den ~en** tous les habitants étaient (descendus) dans la rue; **sich kaum noch auf den ~en halten können** ne plus tenir sur ses jambes; tomber de fatigue; **ungeduldig von e-m ~ auf das andere treten** piaffer, trépigner d'impatience; **sich auf die ~e machen** se mettre en route; *fig* **auf eigenen ~en stehen** être indépendant; *fig* **auf schwachen ~en stehen** *Argument etc* ne pas tenir debout; *Firma etc* être dans une situation précaire; *hum* **auf e-m ~ kann man nicht stehen** toutes les bonnes choses vont par deux; *umg fig* **etw auf die ~e stellen** mettre qc sur pied; *umg fig* **immer wieder auf die ~e fallen** toujours retomber sur ses pieds; **j-m wieder auf die ~e helfen** aider qn à se relever; *umg fig* remettre qn à flot; *umg fig* **wieder auf die ~e kommen** reprendre le dessus; *(wieder gesund werden) a.* se remettre; *umg* **das geht in die ~e** *Anstrengung etc* ça fatigue les jambes; *Alkohol* ça rend les jambes lourdes; *Musik* ça donne envie de danser; *fig* **mit beiden ~en im Leben, (fest) auf der Erde stehen** avoir les (deux) pieds sur terre; *umg* **mit e-m ~ im Gefängnis stehen** vivre à la limite de la délinquance; *umg* **mit e-m ~ im Grabe stehen** avoir un pied dans la tombe; *umg fig* **sie ist mit dem linken ~ zuerst aufgestanden** elle s'est levée du pied gauche
beinahe ADV presque; *vor Zahlen a.* près de; **er wäre ~ ertrunken** *a.* il a failli se noyer; il a manqué (de) se noyer
Beinahezusammenstoß M collision évitée de peu
Beiname M surnom *m*; **mit dem ~n … surnommé …**
Beinamputation F amputation *f* d'une *bzw.* de la *bzw.* des deux jambe(s); **beinamputiert** ADJT amputé d'une *bzw.* de la *bzw.* des deux jambe(s); **Beinamputierte(r)** M/F(M) ⟨→ A⟩ amputé(e) *m(f)* d'une *bzw.* de la *bzw.* des deux jambe(s); **Beinarbeit** F SPORT jeu *m* de(s) jambes; SCHWIMMEN mouvement *m* des jambes
Beinbruch M fracture *f* de la jambe; *umg* **das ist (doch) kein ~!** *umg* ce n'est (quand même) pas tragique!; *umg* **Hals- und ~!** *umg* merde puissance treize!; bonne chance!
beinern ADJ **1** *(knöchern)* d'os; en os **2** *(aus Elfenbein)* en ivoire
Beinfreiheit F ⟨~⟩ place *f* pour les jambes
beinhalten VT ⟨-ete, *pas de ge-,* h.⟩ **1** contenir; comporter; renfermer **2** *fig (implizieren)* impliquer
Beinhaus N ossuaire *m*; **Beinkleid** N **1** *geh hum (Hose)* pantalon *m* **2** HIST chausses *fpl*; **Beinprothese** F jambe artificielle; **Beinschere** F RINGEN ciseau *m*; SCHWIMMEN ciseaux *mpl*; **Beinschiene** F MED éclisse *f*; attelle *f*; **Beinschlag** M SCHWIMMEN mouvement *m* des jambes; *beim Kraul* battement *m* de jambes; **Beinschützer** M jambière *f*; protège-tibia *m*; **Beinstumpf** M moignon *m* de jambe
Beinwell M ⟨~s⟩ BOT consoude *f*; **Gemeiner ~** grande consoude
beiordnen VT ⟨-ete, *sép,* -ge-, h.⟩ **1** adjoindre **2** GRAM coordonner; **Beiordnung** F **1** adjonction *f* **2** GRAM coordination *f*; **beipacken** VT ⟨*sép,* -ge-, h.⟩ joindre (à un envoi); **Beipackzettel** M notice *f*
beipflichten VI ⟨-ete, *sép,* -ge-, h.⟩ **j-m ~** approuver qn; **e-r Meinung** *etc* **~** approuver une opinion, *etc*; **j-m in etw** *(dat)* **~** approuver qn, être d'accord avec qn sur qc
Beirat M ⟨~(e)s; ¨e⟩ *Gremium* conseil, comité consultatif; *Person* membre *m* du conseil, comité consultatif
Beiried N ⟨~(e)s⟩ *österr (Roastbeef)* rosbif *m*
beirren VT ⟨*pas de ge-,* h.⟩ déconcerter; **sich nicht ~ lassen** ne pas se laisser déconcerter; aller son chemin
Beirut N ⟨→ *n/pr*⟩ Beyrouth
beisammen *regional* → zusammen
beisammenhaben VT ⟨*irr, sép,* -ge-, h.⟩ avoir réuni; *umg* **(sie) nicht alle ~** *umg* avoir une fêlure; *umg* être fêlé, siphonné, timbré
Beisammensein N ⟨~s⟩ réunion *f*; **geselliges ~** petite réunion, fête
Beisatz M GRAM apposition *f*; **Beischlaf** *geh,* ADMIN M rapports (sexuels)
beischließen VT ⟨*irr,* -(es)t, *sép,* -ge-, h.⟩ *österr* joindre
Beisegel N bonnette *f*; voile *f* de fortune, secondaire, annexe
Beisein N présence *f*; **im ~ von …** en présence de …; **ohne ~ von …** en l'absence de …; **im ~ e-s Notars** par-devant notaire
beiseite ADV de côté; à l'écart; THEAT en aparté; **Scherz ~!** trêve de plaisanteries!; → beiseitelassen, beiseitelegen, beiseitenehmen *etc*
beiseitelassen VT ⟨*irr, sép,* -ge-, h.⟩ *a. fig* laisser de côté; négliger; **beiseitelegen** VT ⟨*sép,* -ge-, h.⟩ mettre de côté *(a. Geld)*
beiseitenehmen VT ⟨*irr, sép,* -ge-, h.⟩ **j-n ~** prendre qn à part
beiseiteräumen VT ⟨*sép,* -ge-, h.⟩ **etw ~** mettre qc de côté
beiseiteschaffen VT ⟨*sép,* -ge-, h.⟩ mettre à l'écart; *Gestohlenes* faire disparaître; **beiseiteschieben** VT ⟨*irr, sép,* -ge-, h.⟩ *Dinge, fig Bedenken etc* écarter; **beiseitesprechen** VI ⟨*irr, sép,* -ge-, h.⟩ THEAT dire en aparté; **beiseitetun** VT ⟨*irr, sép,* -ge-, h.⟩ mettre de côté
Beisel N ⟨~s; ~(n)⟩ *österr* café *m*; *umg* bistro(t) *m*
beisetzen VT ⟨-(es)t, *sép,* -ge-, h.⟩ **1** *geh (beerdigen)* inhumer **2** SCHIFF **ein Segel ~** établir une voile supplémentaire
Beisetzung *geh* F ⟨~; ~en⟩ inhumation *f*
Beisitzer(in) M ⟨~s; ~⟩ (F) ⟨~in; ~innen⟩ JUR assesseur *m*
Beisl → Beisel
Beispiel N exemple *m* **(für** de); **zum ~** par exemple; **wie zum ~** *a.* tel que; **nach dem ~ von** *od (+gen)* à l'exemple, à l'instar de; **als ~** comme exemple; à titre d'exemple; **als ~ anführen** citer pour *od* en exemple; **j-m ein ~ geben** donner l'exemple à qn; **sich** *(dat)* **an j-m ein ~ nehmen** prendre exemple sur qn; **nimm dir ein ~ daran!** prends-en de la graine!; que cela te serve d'exemple!; **mit gutem ~ vorangehen** donner l'exemple; prêcher d'exemple
beispielhaft ADJ exemplaire; **Beispielhaftigkeit** F ⟨~⟩ caractère *m* exemplaire
beispiellos ADJ sans égal; unique (en son genre); *pej* sans pareil
beispielsweise ADV par exemple
beißen ⟨-(es)t, beißt, biss, gebissen, h.⟩ **A** VT **1** mordre; **der Hund hat ihn** *od* **ihm ins Bein gebissen** le chien l'a mordu à la jambe **2** *(kauen)* mâcher; *umg fig* **nichts zu ~ haben** *umg* n'avoir rien à se mettre sous la dent **B** VI **1** mordre; **in etw** *(akk)* **~** mordre dans qc **2** *(kratzen, jucken) Rauch etc* piquer; picoter; **im Hals ~** prendre à la gorge **3** *(kauen)* mastiquer **C** VR **sich ~** **1** se mordre **2** *Farben* jurer; *plus fort* °hurler **3** **sich** *(dat od akk)* **auf die Zunge, auf die Lippen ~** se mordre la langue, les lèvres; *umg fig* **sich** *(dat)* **in den Hintern ~** être furieux contre soi-même; *umg* être furax
beißend ADJT *Kälte* mordant; *Geruch* âcre; *Schmerz* cuisant; *Ironie, Kritik etc* mordant; incisif, -ive; *Humor* cinglant
Beißerchen *umg hum* N ⟨~s; ~⟩ *umg* quenotte *f*; **Beißring** M anneau *m*; **Beißzange** F tenailles *fpl* (de menuisier, de mécanicien)
Beistand M **1** *geh* ⟨*pas de pl*⟩ *(Unterstützung)* assistance *f*; concours *m*; *(Hilfe)* secours *m*; aide *f*; **j-n um ~ bitten** demander aide, assistance à qn; **j-m ~ leisten** prêter assistance, son appui, son concours à qn; **j-m ärztlichen ~ leisten** secourir qn **2** JUR conseil *m* judiciaire
Beistandspakt M pacte *m* d'assistance mutuelle
beistehen ⟨*irr, sép,* -ge-, h.⟩ **A** VI **j-m ~** seconder, soutenir qn; apporter son soutien à qn; **Gott steh uns bei!** que Dieu nous vienne en aide! **B** VR **sich** *(dat)* **(gegenseitig) ~** s'entraider; se prêter assistance (mutuelle)
beistellen VT ⟨*sép,* -ge-, h.⟩ *österr* **j-m etw ~** mettre qc à la disposition de qn
Beistelltisch M table *f* d'appoint
beisteuern VT ⟨-(e)re, *sép,* -ge-, h.⟩ **etw zu**

B

etw ~ *Dinge* contribuer à qc en apportant qc; participer avec qc à qc; *Geld, Summe* donner qc pour qc; *fig* **s-n Teil (zu etw) ~** apporter sa contribution (à qc)

beistimmen VI ‹*sép*, -ge-, h.› **j-m, e-r Sache ~** approuver qn, qc

Beistrich M virgule *f*

Beitel M ‹~s; ~› ciseau *m* de menuisier

Beitrag M ‹~(e)s; ~̈e› 1 (*Mitwirkung*) contribution *f*; apport *m*; participation *f*; **e-n, s-n ~ zu etw leisten** apporter sa contribution à qc 2 *für e-e Zeitung etc* article *m* (**zu, über** [+*akk*] sur) 3 (*Mitgliedsbeitrag, Versicherungsbeitrag*) *etc* cotisation *f*; **Beiträge zahlen** cotiser (**an** [+*akk*] à)

beitragen VT *u.* VI ‹*irr, sép*, -ge-, h.› **zu etw ~** contribuer, concourir à qc; **wesentlich zu etw ~** être, entrer pour beaucoup dans qc

Beitragsbemessungsgrenze F plafond *m* de calcul des cotisations; **Beitragserhöhung** F relèvement *m* des cotisations; **beitragsfrei** ADJ dispensé de la cotisation; **Beitragsgruppe** F, **Beitragsklasse** F tranche *f* de cotisation; **Beitragspflicht** F assujettissement *m* à une cotisation; **beitragspflichtig** ADJ assujetti à la cotisation; **Beitragsrückerstattung** F remboursement *m* des cotisations; **Beitragssatz** M montant *m* de la cotisation; **Beitragssenkung** F réduction *f* des cotisations; **Beitragszahlung** F versement *m* des cotisations

beitreiben VT ‹*irr, sép*, -ge-, h.› JUR recouvrer; récupérer (par contrainte)

beitreten VI ‹*irr, sép*, -ge-, s.› *e-r Partei, e-m Verein etc* adhérer (+*dat* à); entrer (+*dat* dans); devenir membre (+*dat* de); *e-m Vertrag, Pakt etc* adhérer (+*dat* à); JUR **e-m Prozess ~** intervenir (dans un procès)

Beitritt M *zu e-r Partei, e-m Verein etc* adhésion *f*, affiliation *f* (**zu** à); entrée *f* (**zu** dans); *zu e-m Vertrag, Pakt etc* adhésion *f* (**zu** à); JUR intervention *f* (**zu** à)

Beitrittsbedingungen FPL conditions *fpl* d'adhésion; **Beitrittserklärung** F bulletin *m* d'adhésion; **Beitrittskandidat** M EU pays *m* candidat à l'adhésion; **Beitrittskriterium** N *für die EU* critère *m* d'adhésion

Beitrittsland N EU *schon beigetretenes* nouveau pays membre; **potenzielles ~** pays *m* candidat à l'adhésion

Beitrittspflicht F affiliation *f* obligatoire

Beiwagen M *e-s Motorrads* side-car *m*; *der Straßenbahn* baladeuse *f*; **Beiwagenfahrer(in)** M(F) passager, -ère *m,f* du side-car; SPORT coéquipier, -ière *m,f*; **Beiwerk** N ‹~(e)s› accessoire(s) *m(pl)*

beiwohnen *geh* VI ‹*sép*, -ge-, h.› **e-r Sache** (*dat*) **~** assister, être présent à qc

Beiwort N ‹~(e)s; ~̈er› GRAM adjectif *m*; **schmückendes ~** épithète *f*

Beiz F ‹~; ~en› *schweiz* → Beize[3]

Beize[1] F ‹~; ~n› 1 (*Beizmittel*) *für Holz* teinture *f*; *für Saatgut* désinfectant *m*; *für Metall* décapant *m*; *a.* TEX mordant *m*; *für Häute* tan *m*; extraits tanniques *mpl*; *für Tabak* sauce *f*; GASTR marinade *f* 2 (*Beizvorgang*) *von Holz* teinture *f*; *von Saatgut* désinfection *f*; *von Metall* décapage *m*; *a.* TEX mordançage *m*; *von Häuten* tannage *m*; GASTR marinade *f*

Beize[2] F ‹~; ~n› JAGD fauconnerie *f*

Beize[3] F ‹~; ~n› *regional* (*Kneipe*) *umg* bistro(t) *m*; café *m*

beizeiten ADV 1 (*rechtzeitig*) à temps 2 (*frühzeitig*) de bonne heure; tôt

beizen[1] VT ‹-(es)t, h.› *Holz* teinter; *Saatgut* désinfecter; *Metall* décaper; *a.* TEX mordancer; *Häute* tanner; *Tabak* saucer; GASTR mariner

beizen[2] VI ‹-(es)t, h.› JAGD chasser au faucon

Beizen N ‹~s› *von Holz* teinture *f*; *von Saatgut* désinfection *f*; *von Metall* décapage *m*; mordançage *m*; TEX mordançage *m*; *von Häuten* traitement *m* par des enzymes protéolytiques

Beizjagd F fauconnerie *f*; **Beizmittel** N → Beize[1] 1; **Beizvogel** M oiseau de proie dressé pour la chasse

bejahen VT ‹*pas de ge-*, h.› 1 *Frage* répondre affirmativement, par l'affirmative à; dire oui à 2 *fig* (*befürworten*) approuver; **das Leben ~** aimer la vie; avoir une attitude positive dans la vie

bejahend A ADJT *Antwort* affirmatif, -ive; positif, -ive B ADVL **~ nicken** °hocher la tête en signe d'approbation

bejahrt *geh* ADJ âgé; d'un âge avancé; *liter* chenu

Bejahung F ‹~; ~en› 1 réponse affirmative; (*Zustimmung*) acquiescement *m* (+*gen* à) 2 *fig* approbation *f*

bejammern VT ‹-(e)re, *pas de ge-*, h.› se lamenter sur; **bejammernswert** ADJ *Person, Zustand, Anblick etc* pitoyable; *Zustand a.* déplorable; *Schicksal* lamentable

bejubeln VT ‹-(e)le, *pas de ge-*, h.› acclamer; saluer par des cris de joie

bekakeln *umg* VT ‹-(e)le, *pas de ge-*, h.› discuter (en long et en large, en détail)

bekämpfen ‹*pas de ge-*, h.› A VT combattre; lutter contre; faire la guerre à B VR **sich (gegenseitig) ~** se combattre (mutuellement)

Bekämpfung F ‹~› lutte *f* (+*gen* contre)

bekannt ADJ 1 connu (**für** pour); (*berühmt*) célèbre; **das ist allgemein ~** c'est de notoriété publique; **~ werden** *Person* devenir célèbre; *Sache* être divulgué, publié; se savoir; s'ébruiter; **das ist mir ~** je (le) sais; je ne l'ignore pas; **davon ist mir nichts ~** je n'en sais rien; **ist Ihnen diese Tatsache ~?** êtes-vous au courant (de ce fait?); **es dürfte dir wohl ~ sein, dass ...** tu n'es pas sans ignorer, sans savoir que ...; **diese Melodie kommt mir ~ vor** cet air me dit quelque chose 2 **~ geben, machen** publier; annoncer; faire connaître, savoir; rendre public; *feierlich* proclamer; **j-n mit j-m ~ machen** présenter qn à qn; **darf ich ~ machen? Herr und Frau Müller** permettez-moi de vous présenter Monsieur et Madame Müller; **mit j-m, etw ~ sein** connaître qn, qc; **mit j-m ~ werden** faire connaissance avec qn

Bekannte(r) M/F(M) ‹→ A› connaissance *f*; **ein ~r von mir** une personne de ma connaissance; un de mes amis; **wir sind alte ~** nous sommes de vieilles connaissances

Bekanntenkreis M relations *fpl*; connaissances *fpl*

bekanntermaßen ADV comme on (le) sait; on sait que ...

Bekanntgabe F publication *f*; annonce *f*; *feierliche* proclamation *f*; **bekanntgeben** VT → bekannt 2

Bekanntheit F ‹~› 1 (*Kenntnis*) connaissance *f* 2 (*Berühmtheit*) notoriété *f*; célébrité *f*

Bekanntheitsgrad M popularité *f*; (degré *m* de) notoriété *f*

bekanntlich ADV comme chacun sait; personne n'ignore que ...; tout le monde sait que ...

bekanntmachen VT → bekannt 2; **Bekanntmachung** F ‹~; ~en› publication *f*; annonce *f*; ADMIN avis *m*; *feierliche* proclamation *f*

Bekanntschaft F ‹~; ~en› connaissance *f*; **j-s ~ machen** faire la connaissance de qn; faire connaissance avec qn; *umg* **mit etw ~ machen** avoir affaire à qc; **er gewinnt bei näherer ~** il gagne à être connu

bekanntwerden VI → bekannt 1, 2

Bekassine F ‹~; ~n› ZOOL bécassine *f*

bekehren VT (*u.* VR) ‹*pas de ge-*, h.› **(sich) ~** (se) convertir (**zu** à); **Bekehrung** F ‹~; ~en› conversion *f* (**zu** à)

bekennen ‹*irr, pas de ge-*, h.› A VT avouer; reconnaître; *a.* REL confesser; *fig* **Farbe ~** jouer cartes sur table; **die Bekennende Kirche** → Bekenntniskirche B VR 1 REL, *fig* **sich zum Christentum ~** faire profession de foi chrétienne; **sich zu e-r Doktrin ~** professer une doctrine; **sich zu j-m ~** prendre parti, prendre fait et cause pour qn 2 **sich schuldig ~** s'avouer coupable (de); reconnaître, confesser sa faute; **sich zu e-r Tat ~** revendiquer la responsabilité d'un acte; **sich zu e-m Verbrechen ~** revendiquer un crime

Bekennerbrief M, **Bekennerschreiben** N lettre *f* de revendication (d'un crime)

Bekenntnis N ‹~ses; ~se› 1 (*Eingeständnis*) aveu *m*; confession *f* 2 (*Eintreten für*) profession *f* de foi; **ein ~ zum Frieden** *etc* **ablegen** faire (une) profession de foi en faveur de la paix, *etc*; se déclarer partisan de la paix, *etc* 3 REL (*Konfession*) confession *f*

Bekenntnisfreiheit F ‹~› liberté *f* de culte; **Bekenntniskirche** F ‹~› *mouvement de résistance au national-socialisme au sein de l'Église protestante*; **bekenntnislos** ADJ sans confession; **Bekenntnisschule** F école confessionnelle; *in Frankreich* école *f* libre

bekifft *umg* ADJT *umg* camé

beklagen ‹*pas de ge-*, h.› A VT déplorer; **Menschenleben waren nicht zu ~** on n'a pas eu à déplorer de perte en, de vies humaines B VR **sich (bei j-m) über etw, j-n ~** se plaindre (à qn) de qc, qn; **ich kann mich nicht ~** je ne me plains pas

beklagenswert ADJ *Menschen* à plaindre; *Dinge* déplorable; lamentable

beklagt ADJT ‹*épithète*› JUR défendeur, -deresse

Beklagte(r) M/F(M) ‹→ A› JUR défendeur, -deresse *m,f*

beklatschen VT ‹*pas de ge-*, h.› applaudir

beklauen *umg* VT ‹*pas de ge-*, h.› **j-n ~** voler qn

bekleben VT ‹*pas de ge-*, h.› **etw (mit etw) ~** coller qc sur qc; recouvrir qc (de qc)

bekleckern *umg* VT (*u.* VR) ‹-(e)re, *pas de ge-*, h.› **(sich) ~** (se) tacher; *plus fort* (se) salir

beklecksen VT ‹-(es)t, *pas de ge-*, h.› barbouiller; couvrir de taches

bekleiden ‹-ete, *pas de ge-*, h.› A VT 1 (re)vêtir (**mit** de) 2 *Wände etc* revêtir, recouvrir (**mit** de) 3 *geh Amt, Stellung* occuper B VR **sich (mit etw) ~** s'habiller (de qc)

bekleidet ADJT vêtu, habillé (**mit** de); **leicht ~ sein** être légèrement vêtu

Bekleidung F (*Kleidung*) vêtements *mpl*; habillement *m*; tenue *f*

Bekleidungshaus N maison *f* de confection; **Bekleidungsindustrie** F industrie *f* du vêtement; confection *f*

beklemmend ADJ *Schweigen etc* oppressant; (*beunruhigend*) inquiétant; (*beängstigend*) angoissant; **ein ~es Gefühl haben** être oppressé

Beklemmung F ‹~; ~en› oppression *f*; angoisse *f*; **in diesem Aufzug bekomme ich ~en** j'ai l'impression d'étouffer dans cet ascenseur

beklommen ADJ oppressé; angoissé; **Beklommenheit** F ‹~› oppression *f*; angoisse *f*

bekloppt *umg* ADJ *umg* cinglé; *umg* dingue

beknackt *umg* ADJ *Person umg* cinglé; *umg* dingue; *Situation etc umg* pas marrant; *umg* emmer-

dant
beknien *umg* VT *⟨pas de ge-,* **h.**⟩ supplier (à genoux)
bekochen *umg* VT *⟨pas de ge-,* **h.**⟩ *umg* faire à manger à
bekommen *⟨irr, pas de ge-⟩* **A** VT ⟨**h.**⟩ **1** *(erhalten)* recevoir; avoir; *mit Mühe* obtenir; **Urlaub, Besuch ~** avoir des vacances, de la visite; **Prügel, e-e Ohrfeige ~** recevoir une raclée, une gifle; **e-n falschen Eindruck ~** avoir une fausse idée; **keinen Platz mehr ~** ne plus avoir de place; **e-n Mann ~** trouver un mari; **sie bekommt ein Kind** elle va avoir un bébé; **wo bekommt man …?** où peut-on trouver, *umg* avoir …?; *im Geschäft* **was ~ Sie?** vous désirez? **2** *mit „zu" +inf* **etw zu essen ~** avoir qc à manger; **etw zu spüren ~** être confronté à qc; faire l'expérience de qc; **vieles zu sehen ~** voir beaucoup de choses; **j-n zu fassen ~** (arriver à) attraper qn; *umg* **der wird etwas von mir zu hören ~!** il va m'entendre!; j'ai deux mots à lui dire! **3** *mit pperf* **etw geschenkt ~** recevoir qc en cadeau; **e-n Preis verliehen ~** se voir décerner un prix; **ich bekam gesagt …** on m'a dit … **4** *(erleiden)* (commencer à) avoir; **Hunger, Durst, Kopfschmerzen ~** (commencer à) avoir faim, soif, mal à la tête; **e-e Krankheit ~** attraper une maladie; **e-e Erkältung ~** prendre froid; **Angst ~** prendre peur; **ich bekam Lust, etw zu tun** l'envie m'a pris, j'ai eu envie de faire qc **5** *(entwickeln)* (commencer à) avoir; *Kind* **Zähne ~** faire ses dents; **Falten ~** (commencer à) avoir des rides; **Risse ~** se fendiller; **Schwierigkeiten ~** avoir des difficultés; **Streit mit j-m ~** (commencer à) se quereller avec qn; **wir ~ Regen** nous allons avoir de la pluie **6** *(e-n bestimmten Zustand hervorrufen)* réussir, arriver à *(+inf)*; **den Fleck aus dem Kleid ~** réussir, arriver à enlever la tache sur la robe; **etw fertig ~** (arriver à) terminer, achever qc **7** *(erreichen)* avoir; attraper; **den Zug gerade noch ~** avoir son train de justesse; **den Zug nicht mehr ~** manquer, rater son train **8** **es nicht über sich** *(akk)* **~, etw zu tun** ne pas (pouvoir) se résoudre à faire qc **B** VI ⟨s.⟩ convenir; **die Luftveränderung bekommt ihm (gut)** le changement d'air lui est salutaire, lui réussit; **das Essen bekommt ihr nicht** *od* **schlecht** la nourriture ne lui réussit pas; **wohl bekomm's!** *beim Trinken* à ta *bzw.* votre santé!; à la tienne *bzw.* vôtre!; *iron* grand bien te *bzw.* vous fasse!
bekömmlich ADJ digeste; digestible; **leicht ~** digeste; **schwer ~** indigeste
Bekömmlichkeit F ⟨~⟩ digestibilité *f*
beköstigen VT *⟨pas de ge-,* **h.**⟩ nourrir; **Beköstigung** F ⟨~⟩ nourriture *f*; alimentation *f*
bekräftigen VT *⟨pas de ge-,* **h.**⟩ renforcer; *Aussage etc a.* confirmer; appuyer; donner du poids à
Bekräftigung F ⟨~; ~en⟩ renforcement *m*; confirmation *f*; **zur ~ s-r Aussage** à l'appui de ses dires
bekränzen VT ⟨-(es)t, *pas de ge-,* **h.**⟩ **j-n mit Blumen, Lorbeer ~** couronner qn de fleurs, de laurier
bekreuzigen VR *⟨pas de ge-,* **h.**⟩ **sich ~** se signer; faire le signe de (la) croix
bekriegen *⟨pas de ge-,* **h.**⟩ **A** VT faire la guerre à **B** VR **sich ~** se faire la guerre
bekritteln VT ⟨-(e)le, *pas de ge-,* **h.**⟩ critiquer mesquinement; **alles ~** chercher la petite bête
bekritzeln VT ⟨-(e)le, *pas de ge-,* **h.**⟩ griffonner sur; couvrir de griffonnages, de gribouillages, *bes Wände* de graffitis
bekümmern VT ⟨-(e)re, *pas de ge-,* **h.**⟩ **1** *(traurig machen)* peiner; attrister **2** *(Sorgen machen)* donner du souci à; tracasser; inquiéter
bekümmert ADJT *(besorgt)* soucieux, -ieuse; *(betrübt)* peiné
bekunden VT ⟨-ete, *pas de ge-,* **h.**⟩ **1** *geh (zum Ausdruck bringen)* manifester; témoigner; **Interesse für j-n, etw ~** manifester de l'intérêt pour qn, qc **2** JUR déclarer; témoigner
Bekundung F ⟨~; ~en⟩ **1** témoignage *m*; manifestation *f* **2** JUR déclaration *f*; témoignage *m*
belabern VT ⟨-(e)re, *pas de ge-,* **h.**⟩ *umg pej* **1** *(einreden auf) umg* baratiner **2** *(überreden) umg* embobiner
belächeln VT ⟨-(e)le, *pas de ge-,* **h.**⟩ sourire de
belachen VT *⟨pas de ge-,* **h.**⟩ rire de
beladen[1] VT *⟨irr, pas de ge-,* **h.**⟩ charger **(mit** de); **Be- und Entladen verboten** interdiction de charger et de décharger
beladen[2] ADJT chargé **(mit** de); **er ist mit e-r schweren Schuld ~** une faute grave pèse sur lui
Beladen N ⟨~s⟩, **Beladung** F ⟨~⟩ chargement *m*
Belag M ⟨~(e)s; ≃e⟩ *(Schicht)* couche *f*; *(Straßenbelag, Fußbodenbelag)* revêtement *m*; *(Bremsbelag, Kupplungsbelag)* garniture *f*; *(Zahnbelag)* plaque *f* dentaire; **~ auf der Zunge** langue chargée; → *a.* Brotbelag
Belagerer M ⟨~s; ~⟩ assiégeant *m*
belagern VT ⟨-(e)re, *pas de ge-,* **h.**⟩ *a. fig* assiéger; **Belagerung** F ⟨~; ~en⟩ *a. fig* siège *m*
Belagerungszustand M ⟨~(e)s⟩ état *m* de siège; **im ~** en état de siège; **den ~ über e-e Stadt verhängen** décréter l'état de siège dans une, d'une ville
belämmert *umg* ADJ *Personen* penaud; tout bête; *Dinge umg* de malheur
Belang M ⟨~(e)s; ~e⟩ **1** *⟨pas de pl⟩ (Wichtigkeit)* **von ~** important; **nicht von ~, ohne ~** sans importance; **nichts von ~** rien d'important, d'intéressant **2** PL **~e** *(Interessen)* intérêts *mpl*
belangen VT *⟨pas de ge-,* **h.**⟩ **j-n (wegen etw) ~** poursuivre qn en justice, devant un tribunal (pour qc)
belanglos ADJ sans importance; sans intérêt; dénué d'importance
Belanglosigkeit F ⟨~; ~en⟩ **1** *⟨pas de pl⟩* absence *f* d'intérêt; *(Bedeutungslosigkeit)* insignifiance *f* **2** *Äußerung* remarque dénuée d'intérêt, d'importance
belassen VT *⟨irr, pas de ge-,* **h.**⟩ laisser; **es bei etw ~** en rester à qc; s'en tenir à qc; **~ wir es dabei** restons-en là
belastbar ADJ **1** *mit Gewicht* qui peut porter une charge (de) **2** *fig (e-r Beanspruchung standhaltend)* résistant; **~ sein** *a.* avoir du ressort
Belastbarkeit F ⟨~⟩ **1** TECH capacité *f*, limite *f* de charge **2** *fig e-r Person* résistance *f*
belasten VT ⟨-ete, *pas de ge-,* **h.**⟩ **1** *mit Gewicht* charger **(mit** de) **2** *mit Schadstoffen* polluer **3** *finanziell* **den Haushalt mit etw ~** grever, alourdir le budget de qc; **mit Hypotheken ~** hypothéquer; **ein Konto (mit etw) ~** débiter un compte (de qc) **4** *Arbeit, Sorgen etc* peser sur; accabler; **j-n mit etw ~** accabler qn de qc; **erblich belastet sein** avoir une hérédité chargée; avoir une tare (héréditaire) **5** JUR charger; **~des Material** pièces *fpl* à conviction
belästigen VT *⟨pas de ge-,* **h.**⟩ **1** *(stören)* déranger; *(dauernd ärgern)* °harceler; **j-n (mit etw) ~** importuner qn (par, de qc); ennuyer qn (avec qc) **2** *sexuell* °harceler
Belästigung F ⟨~; ~en⟩ **1** ennuis *mpl*; *(Störung)* dérangement *m*; *(ständiges Ärgern)* °harcèlement *m* **2** **sexuelle ~** °harcèlement sexuel
Belastung F ⟨~; ~en⟩ charge *f*; *mit Arbeit, fig a.* fardeau *m*; TECH effort *m*; travail *m*; sollicitation *f*; FIN **außergewöhnliche ~en** dépenses *fpl* extraordinaires; **erbliche ~** tare *f* (héréditaire); **e-e seelische ~** un fardeau moral; **steuerliche ~** charges fiscales; poids *m* de la fiscalité; **~ des Haushaltes** alourdissement *m* du budget; **~ e-s Kontos** inscription *f* au débit d'un compte; **die ~ durch den Beruf** les contraintes professionnelles
Belastungs-EKG N électrocardiogramme *m* après effort; **Belastungsfähigkeit** F ⟨~⟩ TECH → Belastbarkeit 1; **Belastungsgrenze** F TECH limite *f* de charge; *e-r Person* limites *fpl*; **Belastungsmaterial** N JUR pièces *fpl* à conviction; **Belastungsprobe** F TECH test *m* de résistance; *fig* rude épreuve *f*; **Belastungsspitze** F maximum *m* de charge; **Belastungszeuge** M JUR témoin *m* à charge
Belau N → Palau
belaubt ADJ couvert de feuilles; feuillu; **dicht ~** touffu
belaufen VR *⟨irr, pas de ge-,* **h.**⟩ **sich ~ auf** *(+akk)* se monter à; s'élever à; être de; **sich höher ~ als etw** dépasser, excéder qc
belauschen VT *⟨pas de ge-,* **h.**⟩ *Personen* épier; *Gespräch etc* écouter
beleben *⟨pas de ge-,* **h.**⟩ **A** VT animer; *(anregen)* stimuler; *([neu] mit Leben erfüllen) a.* faire (re)vivre; rendre (plus) vivant; *(bevölkern) a.* peupler; *Farben* (r)aviver; **neu ~** *Gespräch* ranimer; *Wirtschaft* relancer **B** VR **sich ~** *(lebhafter werden)* s'animer; *([wieder] lebendig werden)* (re)vivre; *(sich bevölkern)* s'animer; se peupler
belebend ADJT vivifiant; *(anregend)* stimulant
belebt ADJT *Straße* animé; *Szene* mouvementé
Belebung F ⟨~; ~en⟩ animation *f*; *(Anregung)* stimulation *f*; **~ der Wirtschaft** relance *f* de l'économie
Beleg M ⟨~(e)s; ~e⟩ **1** *(Beweis)* pièce justificative; preuve *f* (à l'appui) **2** *(Quittung)* quittance *f* (comptable) **3** *(Beispiel)* exemple *m*; *(~stelle)*, LING référence *f*
Belegarzt M, **Belegärztin** F praticien, -ienne *m,f* exerçant une activité libérale à l'hôpital; **Belegbett** N lit *m* d'hospitalisation
belegen VT *⟨pas de ge-,* **h.**⟩ **1** *Fußboden etc* recouvrir **(mit** de); TECH, GASTR, MODE *etc* garnir **(mit** de); **mit Brettern ~** planchéier; **mit Fliesen ~** carreler; **mit Steinplatten ~** daller **2** *fig* **j-n mit e-r Strafe ~** infliger une peine à qn; **mit Steuern ~** frapper d'impôts; imposer; taxer **3** *Sitzplatz etc (reservieren)* réserver; retenir; *(besetzt halten)* occuper **4** **e-e Vorlesung, e-n Kurs ~** s'inscrire à un cours **5** SPORT **den ersten Platz ~** occuper la première place **6** *Behauptung, Geldauslagen etc* prouver; justifier; **etw durch Zitate ~** *a.* donner des citations à l'appui de qc; **etw urkundlich ~** documenter qc
Belegexemplar N exemplaire justificatif
Belegschaft F ⟨~; ~en⟩ personnel *m* (d'une entreprise)
Belegschaftsaktie F action *f* au personnel; **Belegschaftsstärke** F importance *f* de l'effectif *m*, des effectifs; **Belegschaftsversammlung** F réunion *f* du personnel
Belegstation F MED *service d'un hôpital dont des praticiens en activité libérale ont la charge*; **Belegstelle** F référence *f*; **Belegstück** N exemplaire justificatif
belegt ADJT **1** *Krankenhaus etc* occupé; *Platz* retenu; réservé; *Hotel etc* **(voll) ~ sein** afficher complet **2** *Zunge* chargé; *Stimme* voilé; couvert **3** *Wort* attesté **4** GASTR **~es Brot, Brötchen** sandwich *m*
belehrbar ADJ **nicht ~** incorrigible
belehren VT *⟨pas de ge-,* **h.**⟩ *(lehren)* donner

une leçon à; **j-n (über etw** *[akk]*) **~** *(mitteilen)* instruire, informer qn (de qc); *(erklären)* expliquer qc à qn; **sich ~ lassen** entendre raison; **sich e-s anderen ~ lassen (müssen)** (devoir) admettre qu'on s'est trompé; (devoir) se rendre à l'évidence

belehrend ADJT instructif, -ive; *pej* moralisateur, -trice; **~er Ton** ton sentencieux

Belehrung F ⟨~; ~en⟩ instruction *f*; *(Zurechtweisung)* leçon *f*

beleibt *geh* ADJ corpulent; qui a de l'embonpoint; replet, -ète; **Beleibtheit** *geh* F ⟨~⟩ corpulence *f*; embonpoint *m*

beleidigen VT ⟨*pas de ge-*, h.⟩ offenser; insulter; *(beschimpfen)* injurier; *(verletzen)* blesser; *(schwer ~)* outrager; *fig* **das Auge, Ohr ~** choquer, offenser la vue, les oreilles

beleidigt ADJT offensé; *(gekränkt)* vexé; *(verletzt)* blessé; **~ sein** *a.* se vexer; **schnell ~ sein** se vexer, s'offenser facilement; prendre facilement la mouche; **ein ~es Gesicht machen** prendre un air vexé, offensé

Beleidigung F ⟨~; ~en⟩ offense *f*; insulte *f*; *(Beschimpfung)* injure *f*; *ehrenrührige, öffentliche* affront *m*; JUR *a.* diffamation *f*; **schwere ~** outrage *m*; *fig* **e-e ~ für das Auge** une offense pour la vue

Beleidigungsklage F JUR plainte *f* en diffamation

beleihen VT ⟨*irr, pas de ge-*, h.⟩ prêter sur; **etw ~ lassen** contracter un emprunt sur qc; mettre qc en gage

Beleihung F ⟨~; ~en⟩ prêt *m* (*+gen* sur); *vom Entleiher aus* mise *f* en gage

belemmert *umg* ADJ → belämmert

belesen ADJT **~ sein** avoir beaucoup lu; être érudit; *bes im literarischen Bereich* être lettré

Belesenheit F ⟨~⟩ érudition *f*

beleuchten VT ⟨-ete, *pas de ge-*, h.⟩ **1** éclairer; **(festlich) ~** illuminer **2** *fig Problem, Fall* examiner (de près)

Beleuchter(in) M ⟨~s; ~⟩ (F) ⟨~in; ~innen⟩ THEAT, FILM éclairagiste *m/f*

Beleuchtung F ⟨~; ~en⟩ **1** éclairage *m*; **(festliche) ~** illumination *f*; **(in)direkte ~** éclairage (in)direct; **künstliche ~** éclairage artificiel; lumière artificielle **2** *fig* examen *m*

Beleuchtungsanlage F (installation *f* d')éclairage *m*; **Beleuchtungsbrücke** F THEAT passerelle *f* d'éclairage; **Beleuchtungseffekt** M effet *m* d'éclairage; **Beleuchtungskörper** M appareil *m* d'éclairage; **Beleuchtungstechnik** F technique *f* de l'éclairage; éclairagisme *m*

beleum(un)det ADJ **gut, übel beleum(un)det** qui a (une) bonne, mauvaise réputation

belfern *umg* VI ⟨-(e)re, h.⟩ *Hund, fig (schimpfen)* aboyer

Belgien N ⟨→ *n/pr*⟩ la Belgique; **Belgier(in)** M ⟨~s; ~⟩ (F) ⟨~in; ~innen⟩ Belge *m/f*; **belgisch** ADJ belge; de (la) Belgique; POL *in Zssgn* belgo-…

Belgrad N ⟨→ *n/pr*⟩ Belgrade

belichten VT ⟨-ete, *pas de ge-*, h.⟩ FOTO exposer; **Belichtung** F ⟨~; ~en⟩ FOTO exposition *f*; pose *f*

Belichtungsautomatik F réglage *m* automatique du temps de pose; **Belichtungsdauer** F → Belichtungszeit; **Belichtungsmesser** M ⟨~s; ~⟩ posemètre *m*; **Belichtungszeit** F temps *m* de pose; durée *f* d'exposition

belieben *geh* VI *u.* VIUNPERS ⟨*pas de ge-*, h.⟩ **1** *(gefallen)* **wie es Ihnen beliebt** comme vous voudrez; à votre guise; comme il vous plaira; **wenn es Ihnen beliebt** si vous le souhaitez; si vous le jugez bon; **wann es Ihnen beliebt** quand cela vous conviendra; quand bon vous semblera **2** *(geruhen)* **es beliebt ihm** *od* **er beliebt, nicht zu antworten** il ne daigne pas répondre; **Sie ~ zu scherzen** vous voulez rire; vous plaisantez

Belieben N ⟨~s⟩ **nach ~** à volonté; *im Restaurant* à discrétion; **es steht in Ihrem ~ zu …** vous êtes libre de …

beliebig **A** ADJ quelconque; **jeder Beliebige** n'importe qui; le premier venu; **e-e ~e Anzahl** un nombre quelconque, au hasard; **jede ~e Arbeit annehmen** accepter n'importe quel travail **B** ADV à sa guise; à volonté; librement; **~ lange wegbleiben** s'absenter aussi longtemps que l'on veut

beliebt ADJ **1** *(geschätzt)* aimé, estimé (**bei** par, de); *in der Öffentlichkeit a.* populaire, en faveur (**bei** auprès de); **sich (bei j-m) ~ machen** se faire aimer, bien voir (par, de qn); se rendre populaire (auprès de qn) **2** *(häufig benutzt)* courant; en vogue

Beliebtheit F ⟨~⟩ popularité *f*; faveur *f*; vogue *f*; **sich großer ~ erfreuen** jouir d'une grande popularité; être très populaire, estimé

beliefern VT ⟨-(e)re, *pas de ge-*, h.⟩ **j-n (mit etw) ~** fournir, approvisionner qn (en qc)

Belieferung F approvisionnement *m* (**mit** en); *abs a.* livraison *f*

Belize N ⟨→ *n/pr*⟩ le Belize; **Belizer(in)** M ⟨~s; ~⟩ (F) ⟨~in; ~innen⟩ Bélizien, -ienne *m, f*; **belizisch** ADJ bélizien, -ienne

Belladonna F ⟨~; -donnen⟩ BOT belladone *f*

bellen VI ⟨h.⟩ *Hund* aboyer; *Fuchs* glapir; **ein ~der Husten** une toux sèche, éruptive

Belletristik F ⟨~⟩ littérature générale; lettres *fpl*; **belletristisch** ADJ littéraire

belobigen VT ⟨*pas de ge-*, h.⟩ faire l'éloge de; louer; **Belobigung** F ⟨~; ~en⟩ éloge(s) *m(pl)* (*+gen* adressé[s] à)

belohnen VT ⟨*pas de ge-*, h.⟩ **1 j-n (für etw) ~** récompenser qn (pour, de qc); **j-n mit etw (für etw) ~** offrir qc à qn en récompense (de qc) **2** *(vergelten)* payer; **j-n mit Undank ~** payer qn d'ingratitude

Belohnung F ⟨~; ~en⟩ récompense *f*; **e-e ~ aussetzen** offrir une récompense; **als, zur ~ für** en récompense de

Belt ⟨→ *n/pr*⟩ **der Große ~** le Grand-Belt; **der Kleine ~** le Petit-Belt

belüften VT ⟨-ete, *pas de ge-*, h.⟩ ventiler; **Belüftung** F ventilation *f*

Beluga M ⟨~s⟩, **Belugakaviar** M (caviar *m* de) bélouga *od* béluga *m*

belügen ⟨*irr, pas de ge-*, h.⟩ **A** VT mentir à **B** VR **sich (selbst) ~** se mentir à soi-même

belustigen VT ⟨*pas de ge-*, h.⟩ amuser; divertir; **belustigt zuhören** écouter d'un air amusé

belustigend ADJT amusant

Belustigung F ⟨~; ~en⟩ **1** ⟨*pas de pl*⟩ *(Belustigtsein)* amusement *m* **2** *Veranstaltung* réjouissance *f*; divertissement *m*

bemächtigen *geh* VR ⟨*pas de ge-*, h.⟩ **sich j-s, e-r Sache ~** s'emparer, se saisir de qn, qc

bemäkeln *umg* VT ⟨-(e)le, *pas de ge-*, h.⟩ trouver à redire à; critiquer mesquinement; *umg* râler contre

bemalen ⟨*pas de ge-*, h.⟩ **A** VT peindre; **(bunt) ~** colorier; barioler **B** VR *umg* **sich ~** *(sich stark schminken) umg* se peinturlurer; se farder, se maquiller trop

Bemalung F ⟨~; ~en⟩ peinture *f*

bemängeln VT ⟨-(e)le, *pas de ge-*, h.⟩ critiquer; trouver à redire à; **Bemängelung** F ⟨~; ~en⟩ critique *f*; **Bemänglung** → Bemängelung

bemannt ADJ *Raumschiff etc* habité

bemänteln *geh* VT ⟨-(e)le, *pas de ge-*, h.⟩ cacher; déguiser

bemasten VT ⟨-ete, *pas de ge-*, h.⟩ SCHIFF mâter

bemerkbar ADJ sensible; perceptible; **sich ~ machen** *Person* se faire remarquer; *Sache* se faire sentir

bemerken VT ⟨*pas de ge-*, h.⟩ **1** *(wahrnehmen)* remarquer; *Sache a.* s'apercevoir de **2** *(äußern)* remarquer; observer; **nebenbei bemerkt …** entre parenthèses …; soit dit en passant …

bemerkenswert ADJ remarquable; **e-e ~e Tatsache** un fait notable

Bemerkung F ⟨~; ~en⟩ remarque *f*; observation *f*; **e-e ~ machen** faire une remarque (**j-m gegenüber** devant qn; **über** *[+akk]* à propos de, sur)

bemessen[1] ⟨*irr, pas de ge-*, h.⟩ **A** VT calculer; évaluer; déterminer; **das Trinkgeld reichlich ~** donner un généreux pourboire **B** VR **sich nach etw ~** être évalué, calculé d'après, selon qc

bemessen[2] ADJT **genau ~e Mengen** des quantités calculées, déterminées avec précision; **meine Zeit ist sehr knapp ~** je ne dispose que de très peu de temps; **das Essen war reichlich ~** le(s) repas étai(en)t copieux

Bemessung F calcul *m*; détermination *f*; *a. von Steuern* évaluation *f*

Bemessungsgrundlage F base *f* de calcul; *bei Steuern* assiette *f*

bemitleiden VT ⟨-ete, *pas de ge-*, h.⟩ avoir pitié de; s'apitoyer sur; plaindre; **zu ~ sein** être à plaindre

bemitleidenswert ADJ pitoyable; digne de pitié, de compassion

bemoost ADJ couvert de mousse; moussu

bemühen ⟨*pas de ge-*, h.⟩ **A** *geh* VT **1** *(in Anspruch nehmen)* **j-n ~** déranger qn; faire appel à qn; avoir recours à qn; **viele Beispiele ~, um etw zu beweisen** avoir recours à beaucoup d'exemples pour prouver qc **2** *an e-n Ort* **j-n zu sich** *(dat)* **~** faire venir qn **B** VR **1** *(sich anstrengen)* **sich ~** se donner de la peine, du mal; s'efforcer (**zu** *[+inf]* de *[+inf]*); **~ Sie sich nicht!** ne vous donnez pas la peine!; ne vous dérangez pas! **2** *(sich kümmern)* **sich um j-n ~** s'occuper de qn; prendre soin de qn **3** *(erlangen wollen)* **sich um j-n, etw ~** s'efforcer d'obtenir, d'avoir, de trouver qn, qc; **sich um j-s Vertrauen ~** s'efforcer de gagner la confiance de qn **4** *geh an e-n Ort* **sich zu j-m ~** se donner la peine d'aller chez qn

Bemühen N ⟨~s⟩ efforts *mpl*; **in dem ~ …** soucieux, -ieuse de …; par souci de …

bemüht ADJT voulu; forcé; pas naturel; **~ sein zu** *(+inf)* s'appliquer à *(+inf)*; **um etw ~ sein** se donner de la peine, du mal pour qc; **um j-n ~ sein** *(sich kümmern)* s'occuper de qn; *(zu gewinnen versuchen)* s'efforcer de gagner, de trouver, *etc* qn

Bemühung F ⟨~; ~en⟩ effort(s) *m(pl)*; **ärztliche ~en** soins médicaux

bemüßigt *geh* ADV **sich ~ fühlen** *od* **sehen, etw zu tun** se voir contraint, se voir dans l'obligation, se sentir obligé de faire qc

bemuttern VT ⟨-(e)re, *pas de ge-*, h.⟩ materner; dorloter

benachbart ADJ voisin; *(nahe gelegen)* avoisinant

benachrichtigen VT ⟨*pas de ge-*, h.⟩ **j-n (von etw) ~** informer, prévenir, avertir qn (de qc)

Benachrichtigung F ⟨~; ~en⟩ information *f*; avertissement *m*; avis *m*; **ohne vorherige ~** sans prévenir; sans avis préalable

benachteiligen VT ⟨*pas de ge-*, h.⟩ désavantager; défavoriser; *(unrecht tun)* porter préjudice, faire du tort à; **sich benachteiligt fühlen** se sentir désavantagé, défavorisé

Benachteiligung F ⟨~; ~en⟩ désavantage *m*; *(Unrecht)* préjudice *m*, tort *m (+gen* causé à)
benebeln V/T ⟨-(e)le, *pas de ge-*, h.⟩ *(leicht betäuben)* étourdir; *Alkohol* griser
benebelt ADJ/T *(betrunken)* gris; éméché; **vom Alkohol ganz ~ sein** avoir l'esprit embrumé par l'alcool
Benedikt M ⟨→ *n/pr*⟩ *prénom*
Benediktiner M ⟨~s; ~⟩ **1** REL bénédictin *m* **2** *Likör* bénédictine *f*
Benediktinerin F ⟨~; ~nen⟩ REL bénédictine *f*; **Benediktinerkloster** N monastère *m* de bénédictins; **Benediktinerorden** M ordre *m* de saint Benoît
Benefizkonzert N concert *m* au bénéfice de qn *od* d'une œuvre de bienfaisance
benehmen ⟨*irr, pas de ge-*, h.⟩ **A** *geh* V/T ôter; **das benimmt mir den Atem** cela me coupe la respiration **B** V/R **sich ~** se conduire; se comporter; **sich zu ~ wissen** avoir des manières; savoir se tenir
Benehmen N ⟨~s⟩ **1** comportement *m* **(j-m gegenüber** avec, envers qn); conduite *f* (envers qn); **gutes, feines ~** savoir-vivre *m*; bonnes manières; **kein ~ haben** être mal élevé; **was ist das für ein ~!** en voilà des manières! **2** *geh* **sich mit j-m ins ~ setzen** prendre contact, se mettre en rapport avec qn
beneiden V/T ⟨-ete, *pas de ge-*, h.⟩ **j-n (um etw) ~** envier (qc à) qn; **j-n um s-n Erfolg ~** être jaloux du succès de qn; **ich beneide dich um deine Ruhe** j'envie ton calme; **er ist nicht zu ~** il n'est pas à envier; je ne l'envie pas
beneidenswert ADJ enviable
Beneluxstaaten MPL **die ~** les pays *mpl* du Benelux; le Benelux
benennen V/T ⟨*irr, pas de ge-*, h.⟩ **1 etw ~** donner un nom à qc; nommer qc; **j-n nach etw ~** donner le nom de qc à qn **2** *Zeugen, Kandidaten etc* nommer; désigner
Benennung F ⟨~; ~en⟩ **1** *(Bezeichnung, Name)* appellation *f*; nom *m*; dénomination *f* **2** ⟨*pas de pl*⟩ *von Zeugen etc* désignation *f*
benetzen *geh* V/T ⟨-(es)t, *pas de ge-*, h.⟩ humecter; mouiller; **die Blumen sind vom Tau benetzt** la rosée perle sur les fleurs
Bengale M ⟨~n; ~n⟩, **Bengalin** F ⟨-in; -innen⟩ Bengali *m/f*
Bengalen N ⟨→ *n/pr*⟩ le Bengale
bengalisch ADJ bengali; du Bengale; **~es Feuer** feu *m* de Bengale
Bengel *umg* M ⟨~s; ~ *ou régional* ~s⟩ garnement *m*; gamin *m*; galopin *m*
Benimm *umg hum* M ⟨~s⟩ manières *fpl*; **keinen ~ haben** ne pas avoir de savoir-vivre
Benin N ⟨→ *n/pr*⟩ le Bénin; **Beniner(in)** M ⟨~s; ~⟩ (F) ⟨~in; ~innen⟩ Béninois(e) *m(f)*; **beninisch** ADJ béninois
Benjamin M **1** ⟨→ *n/pr*⟩ *prénom* **2** ⟨~s; ~e⟩ *hum (Jüngster)* **der ~** le benjamin; *e-r Familie a.* le petit dernier
Benno M ⟨→ *n/pr*⟩ *prénom*
benommen ADJ/T étourdi; hébété; **~ machen** abrutir; étourdir
Benommenheit F ⟨~⟩ torpeur *f*; hébétude *f*
benoten V/T ⟨-ete, *pas de ge-*, h.⟩ *Schüler, Arbeit etc* donner une note à; *Arbeit a.* noter; **s-e Klassenarbeit ist mit gut benotet worden** il a eu un bien à son contrôle
benötigen V/T ⟨*pas de ge-*, h.⟩ avoir besoin de; **etw dringend ~** avoir grand besoin de qc; **ich benötige etwas** *a.* il me faut quelque chose; **benötigt (werden)** (être) nécessaire
Benotung F ⟨~; ~en⟩ notation *f*; *(Note)* note *f*
benutzen, *regional* **benützen** V/T ⟨-(es)t, *pas de ge-*, h.⟩ utiliser; se servir de; employer; *zu e-m bestimmten Zweck* utiliser; *Gelegenheit* profiter de; mettre à profit; *Verkehrsmittel, Weg* prendre; emprunter; **dieses Zimmer wird nicht benutzt** cette pièce ne sert pas
Benutzer(in) M ⟨~s; ~⟩ (F) ⟨~in; ~innen⟩ utilisateur, -trice *m,f*; *e-s Verkehrsmittels, e-r Bibliothek etc* usager, -ère *m,f*; *e-s Lexikons* lecteur, -trice *m,f*
Benützer(in) *regional* → Benutzer(in)
benutzerdefiniert ADJ/T IT défini par l'utilisateur; **benutzerfreundlich** ADJ facile à utiliser; pratique; commode; IT convivial; **Benutzerfreundlichkeit** F ⟨~⟩ facilité *f* d'utilisation; commodité *f*; IT convivialité *f*;
Benutzerkonto N IT compte *m* utilisateur; **Benutzerkreis** M utilisateurs *mpl*; usagers *mpl*; **Benutzername** M IT nom *m* d'utilisateur; **Benutzeroberfläche** F IT interface *f* utilisateur
Benutzung F ⟨~⟩, *regional* **Benützung** F ⟨-ung⟩ utilisation *f*; usage *m*; emploi *m*; *e-s Verkehrsmittels* utilisation *f*
Benutzungsgebühr F taxe *f*, droits *mpl* d'utilisation; *für e-e Straße* péage *m*; **Benutzungsordnung** F règles *fpl* d'utilisation
Benzin N ⟨~s; ~e⟩ essence *f*; *(Waschbenzin)* benzine *f*
Benziner *umg* M ⟨~s; ~⟩ voiture *f* à essence
Benzinfeuerzeug N briquet *m* à essence; **Benzingutschein** M bon *m* d'essence; **Benzinkanister** M bidon *m* d'essence; jerricane *od* jerrycan *m*; **Benzinleitung** F conduite *f* d'essence; **Benzinmotor** M moteur *m* à essence; **Benzinpreis** M prix *m* de l'essence; **Benzinpumpe** F pompe *f* à essence; **Benzinstand** M ⟨~(e)s⟩ niveau *m* d'essence; **Benzintank** M réservoir *m* d'essence; **Benzinuhr** F jauge *f* (de niveau) d'essence; **Benzinverbrauch** M consommation *f* d'essence
Benzoe F ⟨~⟩ benjoin *m*; **Benzoesäure** F ⟨~⟩ CHEM acide *m* benzoïque
Benzol N ⟨~s; ~e⟩ CHEM benzène *m*
Beo M ⟨~s; ~s⟩ ZOOL mainate *m*
beobachten V/T ⟨-ete, *pas de ge-*, h.⟩ observer; *(überwachen)* surveiller; **heimlich ~** épier; **sich beobachtet fühlen** se sentir observé, surveillé
Beobachter(in) M ⟨~s; ~⟩ (F) ⟨~in; ~innen⟩ observateur, -trice *m,f*
Beobachtung F ⟨~; ~en⟩ observation *f*; **j-n zur ~ ins Krankenhaus einweisen** mettre qn en observation; **unter ~** *(dat)* **stehen** être surveillé; *durch die Polizei* être sous la surveillance de la police
Beobachtungsgabe F ⟨~⟩ don *m*, esprit *m* d'observation; **Beobachtungsposten** M poste *m* d'observation; **Beobachtungsstation** F station *f* d'observation; METEO station *f* météorologique; MED service *m* de surveillance médicale
beordern V/T ⟨-(e)re, *pas de ge-*, h.⟩ **j-n nach, zu …** ~ ordonner à qn de venir *bzw.* d'aller à, chez …; **j-n zu sich** *(dat)* **~** mander qn
bepacken V/T ⟨*pas de ge-*, h.⟩ charger **(mit** de); **bepackt wie ein Lastesel** chargé comme un mulet *od* une mule
bepflanzen V/T ⟨-(es)t, *pas de ge-*, h.⟩ garnir de plantes; **den Garten mit Blumen ~** planter des fleurs dans le jardin; **ein mit Bäumen bepflanztes Grundstück** un terrain planté d'arbres
Bepflanzung F ⟨~; ~en⟩ plantation *f*
bepinkeln *umg* V/T (*u.* V/R) ⟨-(e)le, *pas de ge-*, h.⟩ **(sich) ~** *umg* faire pipi, *sl* pisser sur (soi, ses habits)
bepinseln *umg* V/T ⟨-(e)le, *pas de ge-*, h.⟩ **1** *(einpinseln)* badigeonner, enduire **(mit** de) **2** *pej (anstreichen)* barbouiller; peinturlurer
bepudern V/T ⟨-(e)re, *pas de ge-*, h.⟩ poudrer
bequatschen *umg* V/T ⟨*pas de ge-*, h.⟩ **1 etw ~** bavarder de qc; discuter en long et en large de qc **2 j-n ~** *umg* baratiner qn
bequem **A** ADJ **1** *Sache (behaglich)* confortable; *(praktisch)* commode; *(leicht, mühelos)* aisé; facile **2** *Person* paresseux, -euse; indolent **B** ADV confortablement; commodément; facilement; aisément; **es sich** *(dat)* **~ machen** se mettre à l'aise; s'installer confortablement; **machen Sie es sich** *(dat)* **~!** mettez-vous à votre aise!; **~ zu erreichen** facile d'accès; **sitzt du ~?** tu es bien assis(e)?
bequemen *geh* V/R ⟨*pas de ge-*, h.⟩ **sich zu etw ~** *(geruhen)* daigner faire qc; consentir à (faire) qc; *(sich endlich entschließen)* se décider enfin, *widerwillig* se résoudre à faire qc
Bequemlichkeit F ⟨~; ~en⟩ **1** confort *m*; commodité *f* **2** ⟨*pas de pl*⟩ *(Trägheit)* paresse *f*; esprit *m* de confort; **aus (reiner) ~** par (pure) paresse; par commodité
berappeln *umg* V/R ⟨-(e)le, *insép*, h.⟩ **sich ~ 1** *(sich erholen) Person* se remettre; se rétablir; récupérer; *fig Kurs etc* remonter **2** *(sich aufraffen)* faire un effort sur soi-même; **sich ~, etw zu tun** se décider à faire qc; faire un effort sur soi-même pour faire qc
berappen *umg* V/T ⟨*pas de ge-*, h.⟩ *(bezahlen)* débourser; *umg* cracher
beraten ⟨*irr, pas de ge-*, h.⟩ **A** V/T **1 j-n ~** conseiller qn; **sich von j-m ~ lassen** demander conseil à qn; consulter qn; **gut, schlecht ~ sein** être bien, mal avisé **2 etw ~** discuter (de) qc; ADMIN tenir conseil, délibérer sur qc **B** V/I **(über etw** *[akk]*) **~** se consulter (sur qc); ADMIN délibérer, tenir conseil (sur qc) **C** V/R **sich ~** se consulter; ADMIN tenir conseil, délibérer; **sich mit j-m über etw** *(akk)* **~** conférer avec qn sur qc
beratend ADJ/T consultatif, -ive; **~er Ausschuss** comité consultatif
Berater(in) M ⟨~s; ~⟩ (F) ⟨~in; ~innen⟩ conseiller, -ère *m,f*; JUR *oft* conseil *m*; **Beraterstab** M (équipe *f* de) conseillers *mpl*; **Beratervertrag** M contrat *m* de conseiller
beratschlagen V/I ⟨*pas de ge-*, h.⟩ **(über etw** *[akk]*) **~** se consulter (sur qc); ADMIN délibérer, tenir conseil (sur qc); **Beratschlagung** F ⟨~; ~en⟩ → Beratung 2
Beratung F ⟨~; ~en⟩ **1** consultation *f* **2** *(Besprechung)* délibération *f*; **sich zur ~ zurückziehen** se retirer pour délibérer
Beratungsausschuss M comité consultatif; **Beratungsfirma** F société *f*, entreprise *f* de conseil; **Beratungsgespräch** N consultation *f*; **Beratungsstelle** F service *m* de consultation; **Beratungszimmer** N salle *f* des délibérations
berauben V/T ⟨*pas de ge-*, h.⟩ **1** *(bestehlen)* voler; dévaliser; dépouiller **2** *geh fig* **j-n der Freiheit ~** priver qn de la, de sa liberté
berauschen *geh* V/T (*u.* V/R) ⟨*pas de ge-*, h.⟩ **(sich) ~** *a. fig* (se) griser, (s')enivrer; *fig* **sich an etw** *(dat)* **~** se griser, s'enivrer de qc
berauschend ADJ/T capiteux, -euse; *a. fig* grisant; enivrant; *umg* **nicht gerade ~** pas spécialement excitant; *umg* pas vraiment emballant
berauscht ADJ/T ivre *(a. fig)*; enivré; gris; *fig* grisé; enivré; exalté
Berber M ⟨~s; ~⟩ **1** *in Nordafrika* Berbère *m* **2** *Teppich* tapis *m* berbère **3** *Pferd* (cheval *m*) barbe *m* **4** *umg (Nichtsesshafter)* vagabond *m*; *(Stadtstreicher)* clochard *m*
Berberitze F ⟨~; ~n⟩ BOT épine-vinette *f*
Berberteppich M tapis *m* berbère
berechenbar ADJ **1** *Summe* calculable; *Kosten*

évaluable **2** *fig (vorhersehbar)* prévisible

berechnen VT ‹-ete, *pas de ge-*, h.› **1** *(errechnen)* calculer; *bes* FIN évaluer **2** HANDEL *(in Rechnung stellen)* facturer **3** *(zählen)* compter **4** *(einrichten, vorsehen)* prévoir; **der Aufzug ist für vier Personen berechnet** l'ascenseur est prévu pour quatre personnes

berechnend ADJT *pej Mensch* calculateur, -trice; intéressé; *Politik etc* de calcul

Berechnung F **1** *(das Ausrechnen)* calcul *m* (*a. fig pej*); **~en anstellen** faire des calculs; *pej* **aus ~ handeln** agir par calcul; **nach meinen ~en** d'après mes calculs **2** HANDEL facturation *f*

Berechnungsgrundlage F base *f* de calcul

berechtigen VT ‹*pas de ge-*, h.› **~ (zu)** autoriser (à); donner le droit (de); *Dokument a.* donner droit (à); JUR habiliter (à); **das berechtigt zu der Annahme, dass …** cela laisse supposer que …; **alles berechtigt zu der Hoffnung, dass …** tout permet d'espérer que …

berechtigt ADJT **1** *Person* **~ sein, etw zu tun** être autorisé, JUR habilité à faire qc; avoir le droit de faire qc **2** *(rechtmäßig)* légitime **3** *(gerechtfertigt)* justifié; *(begründet)* fondé

Berechtigte(r) M/F(M) ‹→ A› JUR ayant droit *m*

Berechtigung F ‹~; ~en› **1** *(Befugnis)* autorisation *f*; droit *m*; JUR habilitation *f*; qualité *f*; titre *m*; **die ~ haben, etw zu tun** être autorisé à faire qc **2** ‹*pas de pl*› *(Rechtmäßigkeit)* légitimité *f*; bien-fondé *m*

Berechtigungsnachweis M certificat *m* d'autorisation, de légitimation; **Berechtigungsschein** M permis *m*; autorisation *f*

bereden ‹-ete, *pas de ge-*, h.› **A** VT **1** **etw (mit j-m) ~** discuter de qc, débattre (de) qc (avec qn) **2** **j-n ~, etw zu tun** convaincre qn de faire qc; décider qn à faire qc **B** VR **sich ~** se consulter; **sich mit j-m über etw** *(akk)* **~** se concerter avec qn sur qc

beredsam ADJ *(beredt)* éloquent; *(redefreudig)* loquace; **Beredsamkeit** F ‹~› éloquence *f*

beredt ADJ *a. fig* éloquent

beregnen VT ‹-ete, *pas de ge-*, h.› arroser; **Beregnung** F ‹~› arrosage *m*

Beregnungsanlage F installation *f* d'arrosage

Bereich M ‹~(e)s; ~e› **1** *(Gebiet)* zone *f*; région *f*; domaine *m*; *(Amtsbereich)* secteur *m* **2** *fig* domaine *m*; *(Aufgabengebiet)* ressort *m*; **im ~ des Möglichen liegen** être dans le domaine du possible; **das fällt nicht in meinen ~** cela n'est pas de mon ressort

bereichern ‹-(e)re, *pas de ge-*, h.› **A** VT *a. fig* enrichir (**mit** de); *fig* **e-e ~de Erfahrung** une expérience enrichissante **B** VR *pej* **sich ~** s'enrichir (**an j-m** sur le dos de qn; **an etw** avec qc)

Bereicherung F ‹~; ~en› **1** *Vorgang, Sachverhalt, a.* JUR *(persönliche ~)* enrichissement *m* **2** *des Wissens* augmentation *f*; **e-e ~ für die Sammlung sein** être un apport précieux à la collection; **er war e-e ~ für die Firma** il était un collaborateur précieux

bereichsübergreifend ADJT pluridisciplinaire

bereifen VT ‹*pas de ge-*, h.› équiper de pneus; **Bereifung** F ‹~; ~en› pneus *mpl*; *(Satz Reifen)* train *m* de pneus

bereinigen VT ‹*pas de ge-*, h.› régler; arranger; *Missverständnis* dissiper; **Bereinigung** F règlement *m*; arrangement *m*

bereisen VT ‹-(es)t, *pas de ge-*, h.› parcourir; visiter

bereit ADJ prêt (**zu** à); **sich ~ erklären zu etw, etw zu tun** accepter qc, de faire qc; être prêt, disposé à qc, à faire qc; **(sich) ~ machen** (se) préparer

bereiten VT ‹-ete, *pas de ge-*, h.› **1** *(zubereiten) Essen etc* préparer; *Kaffee, Tee etc* faire **2** *Sorge, Freude, Schwierigkeiten etc* causer; donner; *Empfang* réserver; *Überraschung* réserver; ménager; **Mühe ~** donner du mal; **e-r Sache** *(dat)* **ein Ende ~** mettre fin à qc

bereiterklären VR → bereit

bereitfinden VR ‹*irr, sép*, -ge-, h.› **sich ~, etw zu tun** être prêt, disposé à faire qc

bereithalten ‹*irr, sép*, -ge-, h.› **A** VT tenir prêt; **etw für j-n ~** tenir qc à la disposition de qn **B** VR **sich ~** se tenir prêt; être disponible

bereitlegen VT ‹*sép*, -ge-, h.› préparer; mettre en place; **bereitliegen** VI ‹*irr, sép*, -ge-, h.› être prêt, préparé; **bereitmachen** VT (*u.* VR) → bereit

bereits ADV déjà

Bereitschaft F ‹~; ~en› **1** ‹*pas de pl*› *(Bereitsein)* disposition *f*; **s-e ~ erklären** se déclarer prêt; **etw in ~** *(dat)* **haben** tenir qc prêt **2** ‹*pas de pl*› → Bereitschaftsdienst **3** *(einsatzbereite Einheit)* unité (prête à intervenir à tout moment)

Bereitschaftsarzt M, **Bereitschaftsärztin** F médecin *m* de garde

Bereitschaftsdienst M (service *m* de) permanence *f*; MED service *m* des urgences; **~ haben** être de permanence; *Apotheken* être de service, de garde; MED être de garde

Bereitschaftspolizei F gendarmerie *f* mobile; *etwa* CRS *mpl*

bereitstehen VI ‹*irr, sép*, -ge-, h.› être prêt; **für j-n ~** être à la disposition de qn

bereitstellen VT ‹*sép*, -ge-, h.› préparer; **etw für j-n ~** mettre qc à la disposition de qn; **Geld(er) für etw ~** dégager des fonds pour qc; affecter des fonds à qc

Bereitstellung F ‹~› préparation *f*; mise *f* à la disposition (de); *von Geldmitteln* affectation *f*; MIL mise *f* en place

Bereitung F ‹~› préparation *f*

bereitwillig **A** ADJ ‹*épithète*› *Helfer etc* obligeant; serviable; *Auskunft* donné de bonne grâce **B** ADV de bonne grâce; très volontiers; **etw ~ tun** faire qc de bonne grâce

Bereitwilligkeit F ‹~› obligeance *f*; serviabilité *f*

bereuen VT ‹*pas de ge-*, h.› se repentir de; regretter; **das wirst du noch ~** tu t'en repentiras; tu le regretteras; *umg* tu t'en mordras les doigts

Berg M ‹~(e)s; ~e› **1** montagne *f*; *mit Eigennamen* mont *m*; **in den ~en wohnen** habiter en *od* la montagne; **in die ~e fahren** aller à la montagne; **über ~ und Tal** par monts et par vaux; *umg fig* **über den ~ sein** avoir passé le cap; *umg fig* **über alle ~e sein** être (bien) loin; *Dieb etc umg* avoir pris le large; *fig* **mit etw hinter dem** *od* **hinterm ~ halten** faire mystère de qc; *fig* **mit s-r Meinung nicht hinter dem ~ halten** dire ouvertement, carrément ce que l'on pense; *fig* **goldene ~e versprechen** promettre monts et merveilles; *sprichw* **der Glaube kann ~e versetzen** *sprichw* la foi déplace les montagnes **2** *fig (große Menge)* montagne *f*; tas *m*; **e-n ~ von Arbeit vor sich** *(dat)* **haben** avoir une montagne de travail à faire

bergab ADV en descendant; à la descente; **~ gehen, fahren** *etc* descendre; *fig* **es geht mit ihm ~** *gesundheitlich* sa santé décline; *umg* il file un mauvais coton; *wirtschaftlich* ses affaires vont mal

Bergabhang M versant *m* d'une montagne; **Bergahorn** M érable *m* à feuille d'obier

Bergamotte F ‹~; ~n› *Südfrucht, Birnensorte* bergamote *f*

Bergamt N service *m* des mines

bergan → bergauf

Bergarbeiter M mineur *m*; **Bergarbeitersiedlung** F coron *m*

bergauf ADV en montant; à la montée; **~ gehen, fahren** *etc* monter; **es geht ~** ça monte; *fig* **es geht wieder ~** *wirtschaftlich* les affaires reprennent, vont mieux; *gesundheitlich* ça va mieux; *von e-m Kranken* **es geht ~ mit ihm** il remonte la pente

Bergbahn F *(Zahnradbahn)* chemin *m* de fer à crémaillère; *(Seilbahn)* téléphérique *m*; **Bergbau** M ‹~(e)s› industrie minière; exploitation minière; **Bergbauer** M paysan *m* des montagnes; **Bergbaugebiet** N région minière; **Bergbehörde** F administration *f* des mines; **Bergbesteigung** F ascension *f* d'une montagne; **Bergbewohner(in)** M(F) montagnard(e) *m(f)*; **Bergdorf** N village *m* de montagne

Bergelohn M indemnité *f*, rémunération *f* de sauvetage

bergen VT ‹birgt, barg, geborgen, h.› **1** *Gegenstände* sauver; mettre en sûreté; *Personen* retirer; *Verschüttete a.* dégager; *aus dem Wasser a.* repêcher; **j-n lebend ~** retirer, dégager, repêcher qn vivant; sauver qn; **sie konnten nur noch tot geborgen werden** ils étaient déjà morts quand on les a dégagés; SCHIFF **die Segel ~** serrer, carguer les voiles **2** *geh (verbergen)* cacher **3** *geh (enthalten)* **in sich** *(dat)* **~** renfermer; recéler *od* receler; *Gefahren* comporter

Bergen N ‹~s› → Bergung

Bergfahrt F *(mit) e-r Seilbahn* montée *f*; SCHIFF remontée *f*; **Bergfex** M ‹~es; ~e› *südd, österr* alpiniste invétéré; **Bergfried** M ‹~(e)s; ~e› BEFESTIGUNGSANLAGEN donjon *m*; **Bergführer(in)** M(F) guide *m* de montagne; **Berggeist** M génie *m* (tutélaire) de la montagne; **Berggipfel** M sommet *m*, cime *f* d'une montagne; **Berghang** M versant *m* d'une montagne; **Berghotel** N hôtel *m* de montagne; **Berghütte** F refuge *m*

bergig ADJ montagneux, -euse

Bergkamm M crête *f* d'une montagne; **Bergkette** F chaîne *f* de montagnes; **Bergkrankheit** F mal *m* des montagnes; **Bergkristall** M cristal *m* de roche; **Bergkuppe** F sommet arrondi; **Bergland** N pays montagneux, de montagnes; **Berglandschaft** F paysage *m* de montagnes; **Bergmann** M ‹~(e)s; -leute› mineur *m*; **bergmännisch** ADJ de(s) mineur(s)

Bergmannsgruß M salut *m* des mineurs; **Bergmannslied** N chant *m* de mineurs

Bergmassiv N massif montagneux

Bergnot F ‹~› difficulté *f*, *plus fort* détresse *f* en montagne; **Kletterer** *mpl* **in ~** des alpinistes *mpl* en difficulté; **in ~ (geraten) sein** être en détresse (dans la, en montagne); **j-n aus ~ retten** sauver qn en montagne

Bergpredigt F ‹~› Sermon *m* sur la montagne; **Bergrennen** N course *f* en montagne; **Bergrettungsdienst** M secours *m* en montagne; **Bergrücken** M croupe *f* d'une montagne; **Bergrutsch** M glissement *m* de terrain; éboulement *m*; **Bergschuhe** MPL chaussures *fpl* de montagne; **Bergsee** M lac *m* de montagne; **Bergspitze** F pic *m*; **Bergstation** F station *f* amont; **Bergsteigen** N ‹~s› alpinisme *m*; **Bergsteiger(in)** M ‹~s; ~› (F) ‹~in; ~innen› alpiniste *m/f*; **Bergstraße** F route *f* de montagne; **Bergtour** F randonnée *f*, course *f*, excursion *f* (en montagne); **Berg-und-Tal-Bahn** F montagnes *fpl* russes

Bergung F ‹~; ~en› sauvetage *m*; *von Gegenständen a.* mise *f* en sécurité; *aus dem Wasser a.*

repêchage *m*; *von Verschütteten etc a.* dégagement *m*
Bergungsaktion F (opération *f* de) sauvetage *m*; **Bergungsarbeiten** FPL travaux *mpl* de sauvetage; **Bergungsmannschaft** F équipe *f* de sauvetage; **Bergungsversuch** M essai *m* de sauvetage
Bergvolk N peuple *m* de montagnards; **Bergwacht** F ⟨~⟩ secours *m* en montagne; **Bergwand** F paroi *f* d'une montagne; **Bergwanderung** F randonnée *f*, excursion *f* (en montagne); **Bergwelt** F monde *m* alpestre; **Bergwerk** N mine *f*
Beriberi F ⟨~⟩ MED béribéri *m*
Bericht M ⟨~(e)s; ~e⟩ rapport *m*; compte *m* rendu; *erzählender* récit *m*; *(Pressebericht)* reportage *m*; *amtlicher a.* bulletin *m*; communiqué *m*; **j-m über etw** *(akk)* **~ erstatten** faire un rapport sur qc, un compte rendu de qc à qn
berichten ⟨-ete, *pas de ge-*, h.⟩ **A** VT **j-m etw ~** informer, instruire qn de qc; *erzählend* faire à qn le récit de qc; **man hat es mir anders berichtet** on m'en a donné une version différente **B** VI **über etw** *(akk)*, **von etw ~** faire un rapport sur qc, un compte rendu de qc; **wie die Presse berichtet …** selon la presse …
Berichterstatter(in) M ⟨~s; ~⟩ (F) ⟨~in; ~innen⟩ **1** correspondant(e) *m(f)*; reporter *m* **2** *(Referent[in])* rapporteur *m*; **Berichterstattung** F **1** *der Presse etc* information(s) *f(pl)* **2** *e-s Botschafters* rapport *m*
berichtigen VT ⟨*pas de ge-*, h.⟩ rectifier; *Druckfehler etc* corriger; **ich muss mich ~** permettez-moi une petite rectification
Berichtigung F ⟨~; ~en⟩ *(Verbessern)* rectification *f*; *(Richtigstellen)* mise *f* au point; *(Korrektur)* correction *f*
Berichtsjahr N année *f* de référence; **Berichtszeitraum** M période *f* de référence
beriechen ⟨*irr, pas de ge-*, h.⟩ **A** VT sentir; *Tiere a.* flairer **B** VR **sich ~** *Tiere* se flairer
berieseln VT ⟨-(e)le, *pas de ge-*, h.⟩ **1** GARTEN irriguer; arroser **2** *fig* **j-n mit etw ~** soumettre qn à la répétition continuelle de qc; *Medien* soumettre qn au matraquage de qc; **sich mit Musik ~ lassen** avoir la radio, *etc* allumée en permanence
Berieselung F ⟨~⟩ **1** GARTEN irrigation *f*; arrosage *m* **2** *fig* répétition continuelle; *durch die Medien* matraquage *m* (publicitaire); *mit Musik* musique d'ambiance, de fond ininterrompue
Berieselungsanlage F installation *f* d'irrigation, d'arrosage
Beringmeer GEOG **das ~** la mer de Béring
Beringstraße GEOG **die ~** le détroit de Béring
beringt ADJ *Vogel* bagué; *Hand etc* orné d'une *bzw.* de bague(s)
beritten ADJ monté; à cheval; **die ~e Polizei** la police montée
Berlin N ⟨→ *n/pr*⟩ Berlin
Berliner[1] M ⟨~s; ~⟩ GASTR *etwa* beignet *m*
Berliner[2] M ⟨~s; ~⟩, **Berlinerin** F ⟨-in; -innen⟩ Berlinois(e) *m(f)*
Bermudas PL **1** GEOG **die ~** les Bermudes *fpl* **2** → Bermudashorts
Bermudashorts PL bermuda *m*
Bern N ⟨→ *n/pr*⟩ Berne
Bernd M ⟨→ *n/pr*⟩ *prénom*
Bernhard M ⟨→ *n/pr*⟩ *prénom*
Bernhardiner M ⟨~s; ~⟩ *Hunderasse* saint-bernard *m*
Bernstein M ⟨~(e)s⟩ ambre *m* jaune; **bernsteinfarben** ADJ ambré; **Bernsteinkette** F collier *m* d'ambre
Berserker M ⟨~s; ~⟩ **1** MYTH berserk *m* **2** *fig* brute déchaînée; **arbeiten wie ein ~** travailler comme un forcené
bersten *geh* VI ⟨birst, barst, geborsten, s.⟩ éclater; se fendre; se briser; **vor Lachen ~** mourir, être mort de rire
Bersten N ⟨~s⟩ brisement *m*; bris *m*; *fig* éclatement *m*; **zum ~ voll sein** être plein à craquer
Bert(h)a F ⟨→ *n/pr*⟩ *prénom*
Bert(h)old M ⟨→ *n/pr*⟩ *prénom*
berüchtigt ADJ de mauvaise réputation; *Ort a.* mal famé
berückend *geh* ADJ fascinant; séduisant; enchanteur, -teresse
berücksichtigen VT ⟨*pas de ge-*, h.⟩ prendre en considération; tenir compte de; **wenn man berücksichtigt, dass …** si l'on considère que …
Berücksichtigung F ⟨~⟩ prise *f* en considération; **unter ~** *(dat)* **von** en tenant compte de; compte tenu de
Beruf M ⟨~(e)s; ~e⟩ profession *f*; métier *m*; **freie ~e** professions libérales; **e-n ~ ausüben** exercer un métier, une profession; **e-n ~ ergreifen** choisir un métier; embrasser une profession, une carrière; **von ~** de (son) métier; **was sind Sie von ~?** qu'est-ce que vous faites dans la vie?; quelle est votre profession?; **von ~s wegen** pour des raisons professionnelles; **er hat s-n ~ verfehlt** il a manqué sa vocation
berufen[1] ⟨*irr, pas de ge-*, h.⟩ **A** VT **j-n zu etw ~** nommer qn (au poste de) qc **B** VR **sich auf j-n, etw ~** se réclamer de qn, qc; se référer à qn, qc; **sich auf etw** *(akk)* **~** *a.* s'autoriser de qc; JUR exciper de qc
berufen[2] ADJT **aus ~em Munde** de source autorisée, bien informée; **sich zu etw ~ fühlen** se sentir une vocation de qc; BIBEL **viele sind ~, aber wenige sind auserwählt** il y a beaucoup d'appelés et peu d'élus
beruflich **A** ADJ ⟨*épithète*⟩ professionnel, -elle; **~e Bildung** formation professionnelle **B** ADV professionnellement; **~ unterwegs sein** être en déplacement professionnel; **~ erfolgreich sein** réussir dans sa profession; **sich ~ weiterbilden** compléter sa formation (professionnelle); **was macht er ~?** qu'est-ce qu'il fait dans la vie?; quelle est sa profession?
Berufsanfänger(in) M(F) débutant(e) *m(f)* (dans une profession); **Berufsausbildung** F formation professionnelle; **Berufsaussichten** FPL débouchés *mpl*; **Berufsausübung** F exercice *m* d'une profession; **Berufsbeamte(r)** M, **Berufsbeamtin** F fonctionnaire *m/f* (de carrière)
berufsbegleitend ADJ **~er Lehrgang** stage *m* de formation continue
Berufsberater(in) M(F) conseiller, -ère *m,f* d'orientation professionnelle; orienteur, -euse *m,f* (professionnel[le]); *an Schulen* conseiller, -ère *m,f* d'orientation; **Berufsberatung** F orientation professionnelle; **Berufsbezeichnung** F nom *m* de métier, de profession; **berufsbezogen** ADJ professionnel, -elle; **Berufsbild** N caractéristiques *fpl* d'un métier; **Berufsbildung** F ⟨~⟩ formation professionnelle; **Berufsbildungszentrum** N centre *m* de formation professionnelle; **Berufsboxer** M boxeur professionnel; **Berufsehre** F honneur professionnel; **Berufserfahrung** F expérience professionnelle; **Berufsethos** N déontologie *f*; **Berufsfachschule** F collège *m* d'enseignement professionnel (à temps plein); **Berufsfeuerwehr** F sapeurs-pompiers *mpl* de métier
Berufsgeheimnis N secret professionnel; **unter das ~ fallen** être couvert par le secret professionnel
Berufsgenossenschaft F association préventive des accidents du travail; **Berufsgruppe** F catégorie (socio-)professionnelle; **Berufsheer** N armée *f* de métier; **Berufskleidung** F vêtement(s) *m(pl)* de travail; **Berufskrankheit** F maladie professionnelle
Berufsleben N vie professionnelle; **im ~ stehen** travailler; **ins ~ zurückkehren** recommencer à travailler
Berufsmöglichkeiten FPL débouchés *mpl*; **Berufsoffizier** M officier *m* de carrière
berufsorientiert ADJ **~e Ausbildung** formation *f* à finalité professionnelle
Berufsrisiko N risque professionnel; **Berufsschule** F *etwa* centre *m* de formation professionnelle; **Berufsschüler(in)** M(F) élève *m/f* d'un centre de formation professionnelle; **Berufssoldat** M militaire *m* de carrière; **Berufssportler(in)** M(F) (sportif *m*, sportive *f*) professionnel, -elle *m,f*; **Berufsstand** M classe *f* socio-professionnelle
berufstätig ADJ qui exerce, exerçant une activité professionnelle; **~ sein** travailler; exercer une activité professionnelle; être en activité
Berufstätige(r) M/F(M) ⟨→ A⟩ personne *f* qui exerce une activité professionnelle, en activité; *pl* **die ~n** la population active; les actifs *mpl*
Berufstätigkeit F activité professionnelle; **berufsunfähig** ADJ incapable d'exercer son métier, sa profession; **Berufsunfähigkeit** F incapacité *f* de travail; **Berufsverband** M syndicat professionnel; association, union professionnelle; **Berufsverbot** N interdiction *f* d'exercer une profession; POL interdiction professionnelle; **Berufsverbrecher(in)** M(F) professionnel(le) *m(f)* du crime; **Berufsverkehr** M heures *fpl* d'affluence, de pointe; **Berufswahl** F ⟨~⟩ choix *m* d'une profession, d'un métier; **Berufswechsel** M changement *m* de profession, de métier; reconversion *f*; **Berufswunsch** M aspirations professionnelles; **Berufsziel** N objectif professionnel; **Berufszweig** M branche *f*; spécialité *f*
Berufung F ⟨~; ~en⟩ **1** *zu e-m Amt* nomination *f* (**zu** à; **in, an** [+*akk*] à) **2** *innere* vocation *f* **3** JUR appel *m*; pourvoi *m* en appel; **~ einlegen** interjeter appel; faire appel (**gegen** de); **in die ~ gehen** faire appel du jugement; se pourvoir en appel **4** *(das Sichberufen)* **unter ~** *(dat)* **auf etw, j-n** en se référant à qc, qn
Berufungsfrist F délai *m* d'appel; **Berufungsinstanz** F tribunal *m*, juridiction *f*, cour *f* d'appel; **Berufungsurteil** N jugement *m* en appel
beruhen VI ⟨*pas de ge-*, h.⟩ **auf etw** *(dat)* **~** reposer, être basé, être fondé sur qc; **diese Geschichte beruht auf Tatsachen** *a.* cette histoire s'inspire de faits réels, est véridique; **e-e Sache auf sich** *(dat)* **~ lassen** ne pas donner suite à une affaire
beruhigen ⟨*pas de ge-*, h.⟩ **A** VT calmer; tranquilliser; apaiser; *(von Sorgen befreien)* rassurer **B** VR **sich ~** se calmer; se tranquilliser; s'apaiser; *Wind etc* se calmer
beruhigend **A** ADJT *Nachricht etc* rassurant; *Worte a.* apaisant; PHARM calmant; sédatif, -ive **B** ADVL PHARM **~ wirken** avoir un effet calmant, sédatif
beruhigt ADJT *Person* rassuré; **Sie können ~ sein** vous pouvez être tranquille
Beruhigung F ⟨~⟩ apaisement *m*; *(Erleichterung)* soulagement *m*; *(Entspannung)* détente *f*; **zur ~** pour me, te, *etc* calmer
Beruhigungsmittel N calmant *m*; tranquillisant *m*; sédatif *m*; **Beruhigungspille** F calmant *m* *(a. fig)*

B

Beruhigungsspritze F injection *f* d'un calmant, tranquillisant, sédatif; **er hat e-e ~ bekommen** on lui a injecté un calmant, *etc*
berühmt ADJ célèbre; renommé; réputé; fameux, -euse; **für** *od* **wegen etw ~ sein** être réputé pour qc; *umg iron* **das war nicht gerade ~** *umg* ce n'était pas fameux
berühmt-berüchtigt ADJ tristement célèbre; *plus fort* de triste mémoire
Berühmtheit F ⟨~; ~en⟩ 1 *Person* célébrité *f* 2 ⟨*pas de pl*⟩ (*Ruhm*) réputation *f*; renommée *f*
berühren V/T ⟨*pas de ge-*, h.⟩ 1 *körperlich* toucher 2 *fig Thema etc* aborder 3 *fig* (*beeindrucken*) toucher; **das berührt mich nicht** cela ne me touche pas; **das hat mich peinlich, seltsam berührt** cela m'a laissé une impression pénible, étrange
Berührung F ⟨~; ~en⟩ *körperliche, a. fig* contact *m*; **bei der ~ mit** au contact de; **etw mit etw in ~** (*akk*) **bringen** *a. fig* mettre qc en contact avec qc; **mit j-m in ~** (*akk*) **kommen** *a. fig* entrer en contact, en rapport avec qn
Berührungsangst F peur *f*, phobie *f* des contacts; **Berührungsbildschirm** M écran *m* tactile; **Berührungslinie** F ligne *f* de contact; MATH tangente *f*; **Berührungspunkt** M point *m* de contact, MATH de tangence; *fig* point commun
Beryll M ⟨~s; ~e⟩ MINER béryl *m*
Beryllium N ⟨~s⟩ CHEM béryllium *m*
bes. ABK (besonders) particulièrement
besabbern *umg* V/T (*u.* V/R) ⟨-(e)re, *pas de ge-*, h.⟩ (**sich**) **~** baver sur (soi, ses habits)
besagen V/T ⟨*pas de ge-*, h.⟩ vouloir dire; signifier; **das hat nichts zu ~** cela ne veut rien dire; **das besagt alles** cela veut tout dire
besagt ADJT ⟨*épithète*⟩ ledit *bzw.* ladite *bzw.* lesdit(e)s; déjà mentionné; susnommé
besaiten V/T ⟨-ete, *pas de ge-*, h.⟩ monter des cordes sur; mettre des cordes à; *fig* **zart besaitet sein** être sensible; avoir l'âme sensible
besamen V/T ⟨*pas de ge-*, h.⟩ inséminer
besammeln *schweiz* → versammeln; **Besammlung** F *schweiz* → Versammlung
Besamung F ⟨~; ~en⟩ insémination *f*
besänftigen V/T ⟨*pas de ge-*, h.⟩ calmer; apaiser; **Besänftigung** F ⟨~; ~en⟩ apaisement *m*
besät ADJ *fig* parsemé, jonché (**mit** de)
Besatz M ⟨~es; ~e⟩ 1 MODE bordure *f*; garniture *f* 2 (*Wildbesatz, Fischbesatz*) population *f*
Besatzung F ⟨~; ~en⟩ 1 MIL *fremde* (troupes *fpl* d')occupation *f*; *e-r Festung etc* garnison *f* 2 SCHIFF, FLUG équipage *m*
Besatzungsarmee F armée *f* d'occupation; **Besatzungsbehörde** F autorités *fpl* d'occupation; **Besatzungskinder** NPL enfants *mpl* illégitimes nés de l'occupation; **Besatzungsmacht** F puissance occupante; occupant *m*; **Besatzungstruppen** FPL forces *fpl*, troupes *fpl* d'occupation; **Besatzungszeit** F (durée *f* de l' *od* temps *m* d')occupation *f*; **Besatzungszone** F zone *f* d'occupation
besaufen *sl* V/R ⟨*irr, pas de ge-*, h.⟩ **sich ~** *umg* se soûler la gueule; *umg* prendre une cuite, une biture
Besäufnis *umg* N ⟨~ses; ~se⟩ *umg* soûlerie *f*
besäuselt *umg* ADJ *umg* éméché; *umg* pompette
beschädigen V/T ⟨*pas de ge-*, h.⟩ endommager; abîmer; détériorer; **Beschädigung** F ⟨~; ~en⟩ endommagement *m*; détérioration *f*
beschaffen[1] V/T ⟨*pas de ge-*, h.⟩ procurer; **sich** (*dat*) **etw ~** se procurer qc
beschaffen[2] ADJ fait; constitué; **so ~, dass ...** de nature à ...
Beschaffenheit F ⟨~⟩ qualité *f*; nature *f*; constitution *f*
Beschaffung F (*Erwerb*) acquisition *f*; (*Kauf*) achat *m*; (*Versorgung*) approvisionnement *m* (+*gen* en)
Beschaffungskriminalität F délinquance *f* des toxicomanes (pour se procurer de la drogue)
beschäftigen ⟨*pas de ge-*, h.⟩ A V/T 1 (*in Anspruch nehmen*) occuper; **mit etw beschäftigt sein** être occupé, s'occuper à faire qc; **dieser Gedanke beschäftigt mich sehr** cette pensée me préoccupe 2 *beruflich* employer; **bei j-m beschäftigt sein** être employé chez qn B V/R **sich mit j-m, etw ~** s'occuper de qn, qc
Beschäftigte(r) M/F(M) ⟨→ A⟩ employé(e) *m(f)*
Beschäftigung F ⟨~; ~en⟩ 1 (*Tätigkeit*) occupation *f*; **e-r ~ nachgehen** avoir une activité, occupation régulière 2 *berufliche* emploi *m*; activité *f* 3 *mit Problemen* étude *f* (**mit** de); réflexion *f* (**mit** sur)
Beschäftigungsgesellschaft F société *f* d'emploi; **Beschäftigungsgrad** M volume *m* de l'emploi; **beschäftigungslos** ADJ sans occupation; (*arbeitslos*) sans emploi, travail; **Beschäftigungspolitik** F politique *f* pour l'emploi; **Beschäftigungstherapeut(in)** M(F) ergothérapeute *m/f*; **Beschäftigungstherapie** F ergothérapie *f*; **Beschäftigungsverhältnis** N 1 (*Arbeitsvertrag*) contrat *m* de travail 2 (*Stelle*) emploi *m*
Beschäler M ⟨~s; ~⟩ étalon *m*
beschallen V/T ⟨*pas de ge-*, h.⟩ TECH *mit Lautsprechern* sonoriser; *mit Ultraschall*, MED échographier
beschämen V/T ⟨*pas de ge-*, h.⟩ faire °honte à; remplir de confusion; *plus fort* couvrir de honte
beschämend ADJT (*schändlich*) °honteux, -euse; (*demütigend*) humiliant
beschämt A ADJT °honteux, -euse; confus B ADVL avec °honte; avec confusion
Beschämung F ⟨~; ~en⟩ °honte *f*; confusion *f*; (*Demütigung*) humiliation *f*
beschatten V/T ⟨-ete, *pas de ge-*, h.⟩ 1 *geh* (*Schatten spenden*) ombrager; couvrir d'ombre; donner de l'ombre à 2 *fig Verdächtige* prendre en filature; filer; **j-n (von e-m Detektiv) ~ lassen** faire suivre qn (par un détective) 3 SPORT marquer
Beschattung F ⟨~⟩ *von Verdächtigen* surveillance *f*; filature *f*
beschaulich ADJ 1 (*ruhig*) tranquille; (*friedlich*) paisible; (*besinnlich*) contemplatif, -ive 2 KATH *Orden* contemplatif, -ive; **Beschaulichkeit** F ⟨~⟩ (*Ruhe*) tranquillité *f*; *liter* quiétude *f*; (*Besinnlichkeit*) contemplation *f*
Bescheid M ⟨~(e)s; ~e⟩ 1 ⟨*pas de pl*⟩ (*Auskunft*) information *f*; **j-m ~ geben, sagen** informer, prévenir qn; *umg fig* **j-m gründlich, ordentlich ~ sagen** dire son fait, ses quatre vérités à qn; **mit etw ~ wissen** s'y connaître en qc; connaître qc; **(über etw** [*akk*]**) ~ wissen** être au courant (de qc); savoir à quoi s'en tenir (au sujet de qc) 2 ADMIN avis *m*; décision administrative; **e-n abschlägigen, positiven ~ erhalten** recevoir une réponse négative, positive
bescheiden[1] ⟨*irr, pas de ge-*, h.⟩ A V/T 1 ADMIN notifier; communiquer; *Antrag etc* **abschlägig ~** refuser; rejeter 2 *geh* (*zuteilwerden lassen*) donner; accorder; **ihm ist kein Glück beschieden** la fortune ne lui sourit pas; **es war mir nicht beschieden zu ...** il ne m'a été donné de ... B *geh* V/R **sich ~** se contenter, s'accommoder (**mit** de); se résigner (**mit** à)
bescheiden[2] ADJ modeste; simple; *Essen* frugal; **in s-n Ansprüchen ~ sein** avoir des goûts simples; ne pas avoir besoin de grand-chose; **aus ~en Verhältnissen** d'origine modeste
Bescheidenheit F ⟨~⟩ modestie *f*; simplicité *f*; **falsche ~** fausse modestie; **in aller ~** *a. iron* en toute humilité; *sprichw hum* **~ ist e-e Zier, doch weiter kommt man ohne ihr** la modestie est une vertu, mais on va loin sans elle
bescheinen V/T ⟨*irr, pas de ge-*, h.⟩ éclairer; *liter* répandre sa lumière sur; **sich von der Sonne ~ lassen** se prélasser au soleil
bescheinigen V/T ⟨*pas de ge-*, h.⟩ certifier; attester; **den Empfang von etw ~** accuser réception de qc; *e-s Betrages* donner quittance, un reçu de qc; **hiermit wird bescheinigt, dass ...** il est certifié par la présente que ...
Bescheinigung F ⟨~; ~en⟩ certificat *m*; attestation *f*
bescheißen *sl* V/T ⟨*irr, pas de ge-*, h.⟩ (*betrügen*) *umg* baiser; *umg* entuber; *umg* arnaquer; **j-n um etw ~** *umg* entuber qn de qc
beschenken V/T ⟨*pas de ge-*, h.⟩ faire, offrir un *bzw.* des cadeau(x) à; **j-n mit etw ~** offrir qc à qn; faire cadeau de qc à qn; donner qc en cadeau à qn; **j-n reich ~** combler, couvrir qn de cadeaux
bescheren V/T ⟨*pas de ge-*, h.⟩ 1 *zu Weihnachten* **j-n ~** offrir, distribuer des cadeaux à qn (pour Noël); **j-n mit etw ~** offrir qc à qn (comme cadeau de Noël); **beschert werden** avoir, recevoir des cadeaux (pour Noël) 2 *fig* (*zuteilwerden lassen*) **ihnen waren keine Kinder beschert** ils n'ont pas eu le bonheur d'avoir des enfants; **was wird uns dieses Jahr ~?** que va nous apporter cette année?; que nous réserve cette année?
Bescherung F ⟨~; ~en⟩ 1 *zu Weihnachten* distribution *f*, remise *f* de(s) cadeaux (de Noël) 2 *umg iron* **das ist ja e-e schöne ~!, da haben wir die ~!** nous voilà dans de beaux draps!
bescheuert *umg* ADJ 1 *Person umg* dingue; *umg* taré; *umg* malade 2 *Sache* stupide; *sl* chiant; *sl* emmerdant; **das ist einfach ~!** c'est complètement idiot!
beschichten V/T ⟨-ete, *pas de ge-*, h.⟩ **etw (mit etw) ~** (re)couvrir qc d'une couche (de qc); enduire qc (de qc)
Beschichtung F ⟨~; ~en⟩ 1 *Vorgang* revêtement *m* 2 (*Schicht*) couche *f*
beschicken V/T ⟨*pas de ge-*, h.⟩ 1 HANDEL **~ (mit)** *Markt* approvisionner (en); *Geschäft* fournir (en); **die Messe ist gut beschickt** la foire présente une grande variété d'articles 2 TECH *Anlage* alimenter (**mit** en)
beschickert *umg* ADJ *umg* éméché; *umg* pompette
Beschickung F ⟨~; ~en⟩ 1 ⟨*pas de pl*⟩ *e-s Marktes etc* approvisionnement (**mit** en) 2 TECH alimentation *f* (**mit** en)
beschießen V/T ⟨*irr, pas de ge-*, h.⟩ 1 MIL tirer sur, contre; *Artillerie* bombarder 2 NUKL bombarder; **Beschießung** F ⟨~; ~en⟩ 1 MIL tir *m*; mitraillage *m*; *durch die Artillerie* bombardement *m* 2 NUKL bombardement *m*
beschildern V/T ⟨-(e)re, *pas de ge-*, h.⟩ signaliser; baliser; **Beschilderung** F ⟨~; ~en⟩ signalisation *f*; balisage *m*; (*Straßenbeschilderung*) signalisation routière
beschimpfen ⟨*pas de ge-*, h.⟩ V/T insulter; injurier; invectiver; **Beschimpfung** F ⟨~; ~en⟩ insulte *f*; injure *f*; invective *f*
beschirmen *geh* V/T ⟨*pas de ge-*, h.⟩ protéger; *Personen a.* prendre sous sa protection
Beschiss *sl* M ⟨~es⟩ *umg* arnaque *f*
beschissen *sl* A ADJT *Sache, Angelegenheit etc sl* emmerdant; *sl* chiant; (*widerlich, extrem schlecht*) *sl* dégueulasse B ADVL **es geht ihm ~** *sl* il est

dans la merde jusqu'au cou
Beschlag M ⟨~(e)s; ¨-e⟩ 1 *an Türen etc* ferrures *fpl* 2 *e-s Pferdes* fers *mpl* 3 ⟨*pas de pl*⟩ **etw, j-n mit ~ belegen, in ~ nehmen** accaparer qc, qn; mettre le grappin sur qc, qn
beschlagen[1] ⟨*irr, pas de ge-*⟩ A VT ⟨h.⟩ TECH garnir de ferrures; *mit Nägeln* clouter; *Pferd* ferrer B VI ⟨s.⟩ (*u.* VR) ⟨h.⟩ **(sich) ~** *Fenster etc* se couvrir de buée; s'embuer; *adjt* **~e Fensterscheibe** vitre embuée, couverte de buée
beschlagen[2] ADJ **in etw** (*dat*) **~ sein** être fort, calé en qc
Beschlagnahme F ⟨~; ~n⟩ saisie *f*; confiscation *f*; *von Wohnungen etc* réquisition *f*; **beschlagnahmen** VT ⟨*pas de ge-*, h.⟩ saisir; confisquer; *Wohnungen etc* réquisitionner; **Beschlagnahmung** F ⟨~; ~en⟩ → Beschlagnahme
beschleichen *geh* VT ⟨*irr, pas de ge-*, h.⟩ **(die) Angst beschleicht mich** la peur s'insinue en moi, me gagne
beschleunigen VT *u.* VI ⟨*pas de ge-*, h.⟩ *Tempo* accélérer; *Angelegenheit* accélérer; activer; *Abreise* avancer; **(das Auto) ~** accélérer; **s-n Schritt ~** presser le pas
Beschleuniger M ⟨~s; ~⟩ NUKL accélérateur *m*
beschleunigt ADJT ⟨*épithète*⟩ accéléré; JUR **~es Verfahren** procédure accélérée
Beschleunigung F ⟨~; ~en⟩ accélération *f*
beschließen VT ⟨*irr, pas de ge-*, h.⟩ 1 (*entscheiden*) décider (**etw zu tun** de faire qc); *durch Mehrheitsbeschluss* voter 2 (*beendigen*) finir; terminer (**mit etw** par qc)
Beschluss M décision *f*; *gemeinsam getroffener, a.* POL résolution *f*; **e-n ~ fassen** prendre une décision; POL adopter une résolution
beschlussfähig ADJ **die Versammlung ist ~** le quorum est atteint
Beschlussfähigkeit F quorum *m*
beschlussunfähig ADJ **die Versammlung ist ~** le quorum n'est pas atteint
beschmieren VT ⟨*pas de ge-*, h.⟩ 1 (*beschmutzen*) tacher (**mit** avec); barbouiller (de) 2 *Brot* tartiner 3 *pej* (*bekritzeln*) gribouiller, griffonner sur
beschmutzen VT ⟨-(es)t, *pas de ge-*, h.⟩ *a. fig* salir, *geh* souiller (**mit** de); **Beschmutzung** F ⟨~; ~en⟩ salissure *f*; *geh* souillure *f* (*a. fig*)
beschneiden VT ⟨*irr, pas de ge-*, h.⟩ 1 couper; TYPO massicoter; rogner; *Hecke etc* tailler; *Baum a.* émonder; *Flügel* rogner 2 *fig Freiheit, Rechte etc* restreindre; réduire 3 MED, REL *Männer* circoncire; *Frauen* exciser; **Beschneidung** F ⟨~; ~en⟩ 1 MED, REL *bei Männern* circoncision *f*; *bei Frauen* excision *f* 2 *fig von Rechten etc* restriction *f*; limitation *f*; réduction *f*
beschnitten ADJT MED, REL *Mann* circoncis; *Frau* excisée; **Beschnittene(r)** M/F(M) ⟨→ A⟩ MED, REL *Mann* (homme *m*) circoncis *m*; *Frau* femme excisée
beschnüffeln VT ⟨-(e)le, *pas de ge-*, h.⟩, **beschnuppern** VT ⟨-(e)re, *pas de ge-*, h.⟩ *Hund, umg fig* flairer; renifler
beschönigen VT ⟨*pas de ge-*, h.⟩ embellir; enjoliver; idéaliser; **beschönigend** ADJT qui embellit; qui idéalise
Beschönigung F ⟨~; ~en⟩ embellissement *m*; enjolivement *m*; *Ausdruck a.* euphémisme *m*; **ohne ~** sans fard
beschränken ⟨*pas de ge-*, h.⟩ A VT **etw (auf etw** [*akk*]**) ~** limiter, restreindre, réduire qc (à qc); **j-n in s-n Rechten ~** restreindre les droits de qn B VR **sich auf etw** (*akk*) **~** se borner, se limiter, s'en tenir à qc
beschrankt ADJ **~er Bahnübergang** passage à niveau gardé
beschränkt ADJT 1 (*begrenzt*) limité; *Raum* étroit; *plus fort* exigu, -uë; **räumlich ~ sein** être à l'étroit; **in ~er Anzahl** en nombre limité, restreint 2 *geistig* étriqué; borné
Beschränktheit F ⟨~⟩ 1 *e-s Raumes* exiguïté *f*; *der Mittel* insuffisance *f* 2 *geistige* étroitesse *f* d'esprit; manque *m* d'intelligence
Beschränkung F ⟨~; ~en⟩ limitation *f* (**auf** [+*akk*] à); restriction *f*; réduction *f*; **~en** (*dat*) **unterliegen** être soumis à des restrictions; **ohne zeitliche ~** sans limitation de temps
beschreiben VT ⟨*irr, pas de ge-*, h.⟩ 1 *Papier etc* écrire sur; *Seiten* remplir; **ein beschriebenes Blatt** une feuille écrite 2 (*schildern*) décrire; dépeindre; *Weg* indiquer; **es ist nicht zu ~, das kann man nicht ~** c'est indescriptible, inexprimable 3 *Kreis etc* décrire; MATH *a.* tracer; **der Fluss beschreibt e-n Bogen** le fleuve décrit un méandre, une courbe
Beschreibung F ⟨~; ~en⟩ description *f*; *e-r Person a.* signalement *m*; (*Gebrauchsanweisung*) notice explicative; **von etw e-e ~ geben** décrire qc; dépeindre qc; **jeder ~ spotten** défier toute description
beschreiten *geh* VT ⟨*irr, pas de ge-*, h.⟩ (*gehen*) emprunter; *fig Weg* prendre; emprunter; s'engager dans; **den Rechtsweg ~** avoir recours à la justice, aux tribunaux; poursuivre qn devant un tribunal
Beschrieb M ⟨~s; ~e⟩ *schweiz* description *f*
beschriften VT ⟨-ete, *pas de ge-*, h.⟩ mettre une inscription sur; (*etikettieren*) étiqueter; **Beschriftung** F ⟨~; ~en⟩ 1 ⟨*pas de pl*⟩ *Vorgang* inscription *f*; étiquetage *m* 2 *Ergebnis* inscription *f*; (*Aufschrift*) étiquette *f*
beschuldigen VT ⟨*pas de ge-*, h.⟩ **j-n (e-r Sache** [*gen*]**) ~** accuser qn (de qc); *bes* JUR inculper qn (de qc)
Beschuldigte(r) M/F(M) ⟨→ A⟩ accusé(e) *m(f)*; *bes* JUR inculpé(e) *m(f)*; *bei leichteren Vergehen* prévenu(e) *m(f)*
Beschuldigung F ⟨~; ~en⟩ accusation *f*; *bes* JUR inculpation *f*
beschummeln *umg* ⟨-(e)le, *pas de ge-*, h.⟩ A VT *umg* avoir; *umg* rouler; **j-n um etw ~** *umg* carotter qc à qn B VI tricher (**bei etw** à qc)
Beschuss M ⟨~es⟩ 1 MIL tir *m*; feu *m*; *der Artillerie* bombardement *m*; **unter ~** (*akk*) **nehmen** ouvrir le feu sur; *fig* tirer à boulets rouges sur; **unter ~** (*dat*) **stehen** être sous le feu; *fig* essuyer le feu de la critique *bzw.* des critiques 2 NUKL bombardement *m*
beschützen VT ⟨-(es)t, *pas de ge-*, h.⟩ **j-n (vor etw, j-m) ~** protéger qn (de, contre qc, qn)
Beschützer(in) M ⟨~s; ~⟩ (F) ⟨~in; ~innen⟩ protecteur, -trice *m,f*
beschwatzen *umg* VT ⟨-(es)t, *pas de ge-*, h.⟩ 1 **j-n ~** *umg* embobiner qn; **j-n zu etw ~** (arriver à) persuader qn de faire qc 2 **etw ~** causer de qc
Beschwerde F ⟨~; ~n⟩ 1 (*Klage*) plainte *f*; réclamation *f*; récriminations *fpl*; JUR recours *m* (en réformation); pourvoi *m*; **~ führen, einlegen** déposer une plainte (**gegen** contre); JUR adresser un recours (**bei** à); se pourvoir (**bei** en, devant; **gegen** contre) 2 MED *pl* **~n** maux *mpl*; douleurs *fpl*; **die ~n des Alters** les infirmités *fpl* de l'âge, de la vieillesse
Beschwerdebuch N registre *m* des plaintes, des réclamations; **beschwerdefrei** ADJ MED sans douleur(s); **Beschwerdefrist** F JUR délai *m* de recours
beschweren ⟨*pas de ge-*, h.⟩ A VT 1 alourdir; charger; **etw mit etw ~** mettre qc sur qc; FLUG, SCHIFF lester qc de qc 2 *fig Gedächtnis* charger; encombrer B VR **sich (bei j-m über j-n, etw) ~** se plaindre (de qn, qc à *od* auprès de qn); **sich über etw** (*akk*) **~** *a.* faire une réclamation, des réclamations au sujet de qc
beschwerlich ADJ pénible; fatigant; malaisé; **Beschwerlichkeit** F ⟨~; ~en⟩ inconvénients *mpl*; fatigues *fpl*; difficultés *fpl*
Beschwernis *geh* F ⟨~; ~se⟩ fatigues *fpl*; *geh* °harassement *m*
beschwichtigen VT ⟨*pas de ge-*, h.⟩ apaiser, calmer (**mit etw** avec qc); tranquilliser; **beschwichtigend** ADJT *Worte etc* apaisant; **Beschwichtigung** F ⟨~; ~en⟩ apaisement *m*
Beschwichtigungspolitik F politique *f* d'apaisement; **Beschwichtigungsversuch** M tentative *f*, essai *m* d'apaisement
beschwindeln *umg* VT ⟨-(e)le, *pas de ge-*, h.⟩ raconter des histoires, *umg* des bobards à; (*betrügen*) tromper; *umg* avoir; *umg* rouler
beschwingen VT ⟨*pas de ge-*, h.⟩ mettre de bonne humeur; donner de l'entrain à
beschwingt ADJ gai; *Melodie, Schritt* léger, -ère; **Beschwingtheit** F ⟨~⟩ gaieté *f*; *e-r Melodie etc* légèreté *f*
beschwipst *umg* ADJ *umg* éméché; *umg* pompette
beschwören VT ⟨*irr, pas de ge-*, h.⟩ 1 JUR affirmer sous serment; *eidlich* jurer 2 (*inständig bitten*) conjurer; supplier; **ich beschwöre Sie!** je vous en conjure!; **s-e Stimme nahm e-n ~den Ton an** sa voix devint, se fit suppliante, implorante 3 *Schlange* charmer; *Geister* invoquer; *Vergangenheit etc* évoquer; faire resurgir
Beschwörung F ⟨~; ~en⟩ 1 *von Geistern* invocation *f*; *der Vergangenheit* évocation *f* 2 *durch Bitten* supplication *f*
Beschwörungsformel F formule *f* d'invocation, *liter* invocatoire
beseelen *geh* VT ⟨*pas de ge-*, h.⟩ *Gefühl, Glaube, Hoffnung* **j-n ~** animer qn; **von dem Wunsch beseelt sein, etw zu tun** être animé du désir de faire qc
besehen VT ⟨*irr, pas de ge-*, h.⟩ regarder; *prüfend* examiner; *fig* **bei Licht, aus der Nähe ~** regardé de plus près
beseitigen VT ⟨*pas de ge-*, h.⟩ supprimer; *a. Person* éliminer; *Schmutz, Flecken* enlever; *Schwierigkeiten* aplanir; *Zweifel* lever; dissiper; **alle Unklarheiten ~** supprimer, faire disparaître les incertitudes; élucider tout ce qui n'est pas clair
Beseitigung F ⟨~⟩ suppression *f*; *a. von Personen* élimination *f*; *von Schwierigkeiten* aplanissement *m*; *von Zweifeln* dissipation *f*
Besen M ⟨~s; ~⟩ 1 balai *m*; *fig* **mit eisernem ~ kehren** donner un coup de balai; *umg* **ich fresse e-n ~, wenn ...** je veux bien être pendu si ...; que le diable m'emporte si ...; *sprichw* **neue ~ kehren gut** *sprichw* tout nouveau, tout beau 2 *umg pej* (*zänkische Frau*) mégère *f*; *umg* chipie *f*
Besenbinder M faiseur *m* de balais; **Besenkammer** F placard *m* à balais; **besenrein** ADJ (bien) propre; (bien) nettoyé; **Besenreiser** PL MED varicosités *fpl*; télangiectasie *f*; **Besenschrank** M placard *m* à balais
Besenstiel M manche *m* à balai; *umg fig* **e-n ~ verschluckt haben** se tenir raide comme un manche à balai, un piquet
Besenwirtschaft F *regional*: *installation, dans les locaux d'un vigneron, d'un débit autorisé, pour une durée limitée dans l'année, à servir les vins du domaine et des repas simples composés de produits régionaux*
besessen ADJT possédé; **vom Teufel ~** possédé du démon, du diable; **von e-r Idee** *etc* **~ sein** être obsédé par une idée, *etc*; **er arbeitet wie ~** il travaille comme un fou, un enragé
Besessene(r) M/F(M) ⟨→ A⟩ possédé(e) *m(f)*; **wie ein ~r arbeiten** travailler comme un

fou, comme un enragé; **wie ein ~r schreien** crier comme un malade

Besessenheit F ⟨~⟩ 1 *(leidenschaftliche Hingabe)* fanatisme *m* 2 PSYCH obsession *f*; REL *meist* possession *f*

besetzen V/T ⟨-(es)t, *pas de ge-*, h.⟩ 1 MODE, *mit Edelsteinen etc* garnir (**mit** de); *am Rand* border; *mit Tressen* galonner 2 *Platz* réserver 3 *Posten, Stelle* pourvoir; THEAT *Rollen* distribuer; **die Stelle e-s Chefarztes ist zu ~** le poste de médecin chef est à pourvoir 4 MIL occuper 5 *Haus* squatter 6 *Teich, Revier mit Tieren* peupler (**mit** de)

besetzt ADJT *Platz, Toilette* occupé; TEL occupé; pas libre; *Platz a.* pris; *Zug, Hotel etc* complet, -ète; *Haus* squatté; *Theater etc* **gut, schlecht ~ sein** être plein, presque vide; *Theater etc* **voll ~ sein** être plein

Besetztzeichen N TEL tonalité *f* « pas libre », « occupé »

Besetzung F ⟨~; ~en⟩ 1 THEAT distribution *f* 2 SPORT composition *f* 3 ⟨*pas de pl*⟩ MIL *e-s Landes etc* occupation *f* 4 ⟨*pas de pl*⟩ *e-s Postens* affectation *f*

besichtigen V/T ⟨*pas de ge-*, h.⟩ visiter; *(inspizieren)* inspecter; **Besichtigung** F ⟨~; ~en⟩ visite *f*; *(Inspizierung)* inspection *f*

Besichtigungsfahrt F **e-e ~ machen** visiter qc

Besichtigungszeit F heures *fpl* d'ouverture, de visite

besiedeln V/T ⟨-(e)le, *pas de ge-*, h.⟩ 1 *Region* peupler; HIST POL coloniser; **dicht, dünn besiedelt sein** avoir une population dense, clairsemée 2 *Pflanzen, Tiere (heimisch sein in)* habiter

Besiedelung F ⟨~; ~en⟩ peuplement *m*; HIST POL colonisation *f*

Besiedlung → Besiedelung

besiegeln V/T ⟨-(e)le, *pas de ge-*, h.⟩ *Freundschaft etc* sceller (**mit** par); **sein Schicksal ist besiegelt** son destin est irrévocable; c'en est fait de lui

besiegen V/T ⟨*pas de ge-*, h.⟩ 1 MIL, *a. fig Angst etc* vaincre 2 *bei Sport u. Spiel* battre; gagner contre

Besiegte(r) M/F(M) ⟨→ A⟩ vaincu(e) *m(f)*

besingen V/T ⟨*irr, pas de ge-*, h.⟩ 1 *geh (preisen)* chanter; célébrer 2 **e-e Schallplatte ~** faire un disque

besinnen V/R ⟨*irr, pas de ge-*, h.⟩ 1 *(sich erinnern)* **sich (auf etw** [*akk*]**) ~** se souvenir (de qc); se rappeler (qc); **wenn ich mich recht besinne** si j'ai bonne mémoire; si je me souviens bien 2 *(zur Vernunft kommen)* **sich ~** reprendre ses esprits 3 *(überlegen)* **sich ~** réfléchir; **ohne sich lange zu ~** sans hésiter; **sich e-s anderen, Besseren ~** changer d'avis, d'idée; se raviser 4 *(sich bewusst werden)* **sich auf die Bedeutung e-r Sache** *(gen)* **~** prendre conscience de la signification de qc

besinnlich ADJ méditatif, -ive; *Person* pensif, -ive; **e-e ~e Stunde** une heure de recueillement, de méditation

Besinnlichkeit F ⟨~⟩ recueillement *m*; méditation *f*

Besinnung F ⟨~⟩ 1 *(Bewusstsein)* connaissance *f*; **die ~ verlieren** perdre connaissance; **bei voller ~ sein** avoir tous ses esprits; **(wieder) zur ~ kommen** reprendre connaissance 2 *fig (Vernunft)* raison *f*; *(Rückbesinnung)* retour *m* (**auf** [+*akk*] à); **zur ~ kommen** reprendre ses esprits; **j-n zur ~ bringen** ramener qn à la raison

Besinnungsaufsatz M dissertation *f*

besinnungslos ADJ 1 *(bewusstlos)* sans connaissance; évanoui; **~ werden** perdre connaissance 2 *(außer sich)* °hors de soi

Besinnungslosigkeit F ⟨~⟩ évanouissement *m*; **bis zur ~ trinken** boire sans aucune retenue

Besitz M ⟨~es⟩ 1 possession *f*; *von Waffen* détention *f*; **in den ~ von etw kommen, gelangen** entrer en possession de qc; **etw in ~** *(akk)* **nehmen, von etw ~ ergreifen** prendre possession de qc; **in j-s ~** *(dat)* **sein** être en la possession de qn; **im vollen ~ s-r Kräfte sein** être en pleine possession de ses moyens; → besitzergreifend 2 *(~tum)* propriété *f*; bien *m*; **persönlicher ~** propriété personnelle; biens personnels; **diese Bilder stammen aus dem ~ meines Großvaters** ces tableaux étaient propriété de mon grand-père; **geistiger ~ e-s Volkes sein** faire partie du patrimoine intellectuel d'une nation

Besitzanspruch M droit *m* à la possession; **auf etw** *(akk)* **Besitzansprüche anmelden** faire valoir ses droits sur qc

besitzanzeigend ADJ GRAM **~es Fürwort** (pronom *m*) possessif *m*

besitzen V/T ⟨*irr, pas de ge-*, h.⟩ posséder; avoir; **er besaß die Frechheit zu …** il a eu, possédé l'audace de …

Besitzer(in) M ⟨~s; ~⟩ (F) ⟨~in; ~innen⟩ propriétaire *m/f*; JUR possesseur *m*; détenteur, -trice *m,f*; **den ~ wechseln** changer de propriétaire, de mains

besitzergreifend ADJT possessif, -ive; **Besitzergreifung** F prise *f* de possession; *gewaltsam* annexion *f*

Besitzerstolz M fierté *f* d'être le propriétaire; **Besitzerwechsel** M changement *m* de propriétaire

besitzlos ADJ qui ne possède rien; **der Neid der Besitzlosen** l'envie *f* de ceux qui ne possèdent rien

Besitznahme F ⟨~⟩ → Besitzergreifung; **Besitzstand** M acquis *mpl* sociaux; *weitS.* niveau *m* de vie; **Besitztum** N ⟨~s; ⸚er⟩ propriété *f*

Besitzung *geh* F ⟨~; ~en⟩ *meist* PL **~en** biens *mpl*; terres *fpl*; *e-s Staates* possessions *fpl*; HIST **überseeische ~en** possessions d'outre-mer

Besitzverhältnisse NPL répartition *f* de la fortune

besoffen *umg* ADJT soûl; *umg* beurré; *umg* bourré

besohlen V/T ⟨*pas de ge-*, h.⟩ **(neu) ~** ressemeler

Besohlen N ⟨~s⟩, **Besohlung** F ⟨~⟩ ressemelage *m*

besolden V/T ⟨-ete, *pas de ge-*, h.⟩ *Beamte* payer; rémunérer; *Soldaten* payer la solde à; **Besoldung** F ⟨~; ~en⟩ *von Beamten* traitement *m*; rémunération *f*; *von Soldaten* solde *f*

Besoldungsgesetz N loi *f* sur les traitements, sur les soldes; **Besoldungsgruppe** F échelon *m*; **Besoldungsstufe** F → Besoldungsgruppe

besondere(r, -s) ADJ particulier, -ière; spécial; *(außergewöhnlich)* exceptionnel, -elle; **~ Kennzeichen** signes particuliers; **e-e ~ Leistung** une performance remarquable; **~ Umstände** circonstances particulières; **auf ~ Anordnung** sur ordre spécial; **von ~r Qualität, Schönheit** d'une qualité, beauté exceptionnelle; **das Besondere und das Allgemeine** le particulier et le général; **im Besonderen** en particulier; **nichts Besonderes** rien d'extraordinaire; **etwas ganz Besonderes** quelque chose de tout à fait exceptionnel

Besonderheit F ⟨~; ~en⟩ particularité *f*; singularité *f*

besonders ADV 1 *(vor allem)* particulièrement; en particulier; spécialement; surtout 2 *(ausdrücklich)* particulièrement; expressément 3 *verstärkend* **~ gut** particulièrement bien; **ganz ~** par-dessus tout 4 *umg* **heute war das Essen nicht ~** le dîner, le déjeuner, *etc* n'avait rien d'extraordinaire, n'était pas fameux aujourd'hui; **mir geht es nicht ~** je ne vais pas très bien 5 *(gesondert)* spécialement; à part

besonnen A ADJ réfléchi; pondéré; avisé B ADV **~ handeln** agir de façon réfléchie; agir avec prudence

Besonnenheit F ⟨~⟩ réflexion *f*; pondération *f*

besonnt *geh* ADJ ensoleillé

besorgen V/T ⟨*pas de ge-*, h.⟩ 1 *Haushalt, Korrespondenz* s'occuper de; *Arbeit, Einkäufe* faire 2 *(beschaffen)* procurer; *(kaufen)* acheter; **sich** *(dat)* **etw ~** se procurer qc; **ich muss noch schnell etwas ~** il faut que j'aille vite acheter, chercher quelque chose 3 **es j-m ~** *umg (heimzahlen)* rendre à qn la monnaie de sa pièce; *umg (die Meinung sagen) umg* ne pas l'envoyer dire à qn; *sl (sexuell befriedigen)* faire jouir qn

Besorgnis F ⟨~; ~se⟩ souci *m*; préoccupation *f*; inquiétude *f*; **Anlass zur ~ geben** donner du souci; **j-s ~ erregen** inquiéter, préoccuper qn; **~ erregend** inquiétant; préoccupant

besorgniserregend ADJT inquiétant; préoccupant

besorgt ADJT 1 *(sorgenvoll) Miene etc* soucieux, -ieuse; **um, über etw** *(akk)* **~ sein** s'inquiéter de qc; **um etw, j-n ~ sein** s'inquiéter pour qc, qn; se faire du souci pour qc, qn 2 *(fürsorglich)* attentionné, plein d'attentions (**um** pour); **er war rührend um unser Wohl ~** il était aux petits soins pour nous

Besorgtheit F ⟨~⟩ → Besorgnis

Besorgung F ⟨~; ~en⟩ **~en machen** faire des courses, des achats

bespannen V/T ⟨*pas de ge-*, h.⟩ 1 *Wand etc* tendre (**mit** de); *Schirm etc* recouvrir (**mit** de); *Instrumente* garnir (de cordes); *Tennisschläger* corder 2 **e-n Wagen mit Pferden ~** atteler des chevaux à une voiture

Bespannung F ⟨~; ~en⟩ *(Wandbespannung)* tenture *f*; *e-s Instruments* cordes *fpl*; *e-s Tennisschlägers* cordage *m*

bespielbar ADJ *Sportplatz* praticable

bespielen V/T ⟨*pas de ge-*, h.⟩ 1 *Tonband etc* enregistrer; **e-e Kassette mit etw ~** enregistrer qc sur une cassette 2 THEAT jouer dans; donner des représentations dans 3 *Sport-, Tennisplatz* jouer sur

bespielt ADJT *Kassette etc* enregistré

bespitzeln V/T ⟨-(e)le, *pas de ge-*, h.⟩ espionner; surveiller; **Bespitzelung** F ⟨~; ~en⟩ surveillance *f*; espionnage *m*

besprechen ⟨*irr, pas de ge-*, h.⟩ A V/T 1 discuter; débattre; parler de; **wie besprochen** comme convenu 2 *Buch, Film etc* critiquer; faire une critique de 3 *Tonband etc* enregistrer 4 *(beschwören) Geister etc* conjurer B V/R **sich mit j-m ~** discuter avec qn (**über etw** [*akk*] de qc); *(sich abstimmen)* se concerter avec qn

Besprechung F ⟨~; ~en⟩ 1 *(Gespräch)* entretien *m*; conversation *f*; *(Beratung)* conférence *f*; réunion *f*; **in e-r ~ sein** être en réunion 2 *e-s Buches etc* critique *f*; compte *m* rendu

Besprechungsexemplar N spécimen pour compte rendu, destiné à la presse; **Besprechungsraum** M, **Besprechungszimmer** N salle *f* de conférence, de réunion

besprengen V/T ⟨*pas de ge-*, h.⟩ arroser; *Wäsche* humecter; *a. mit Weihwasser* asperger

besprenkeln V/T ⟨-(e)le, *pas de ge-*, h.⟩ tacheter; moucheter

bespringen V/T ⟨*irr, pas de ge-*, h.⟩ *Tiere* saillir; monter; couvrir

bespritzen V/T ⟨-(es)t, *pas de ge-*, h.⟩ asperger

B

(**mit** de, avec); *(beschmutzen)* éclabousser (de)

besprühen V/T *⟨pas de ge-,* h.⟩ asperger; **etw mit Wasser** *etc* **~** pulvériser de l'eau, *etc* sur qc

bespucken V/T *⟨pas de ge-,* h.⟩ cracher sur

besser A ADJ meilleur; *umg hum* **s-e ~e Hälfte** sa (chère, tendre) moitié; *umg* **er ist nur ein ~er Hilfsarbeiter** il n'est guère plus qu'un manœuvre; **sich für etwas Besseres halten** se croire supérieur; **in Ermangelung e-s Besseren** faute de mieux; **Sie können nichts Besseres tun, als ...** ce que vous avez de mieux à faire, c'est de ...; **j-n e-s Besseren belehren** détromper qn; faire revenir qn de son erreur; **~ ist ~** mieux c'est mieux; **e-e Wendung zum Besseren nehmen** prendre une meilleure tournure B ADV 1 mieux; **~ gehen** aller mieux; **nächste Woche wird es dir ~ gehen** la semaine prochaine tu iras (beaucoup) mieux; **es ~ haben** avoir une vie meilleure; **immer alles ~ wissen** se croire plus malin que les autres; **je eher, desto ~** le plus tôt sera le mieux; **umso ~!** tant mieux!; **~ gesagt** pour être plus précis, exact; **die ~ Verdienenden** *pl* les gros salaires, revenus; → bessergestellt, besserstellen 2 *(lieber)* plutôt; **du tätest ~ daran zu gehen** tu ferais mieux de t'en aller; **mach ~ das Fenster zu** ferme plutôt la fenêtre; *sprichw* **~ spät als nie** *sprichw* mieux vaut tard que jamais

bessergehen V/UNPERS → besser B 1

bessergestellt ADJT plus °haut placé (dans l'échelle sociale); **~ sein** *a.* vivre à l'aise

bessern ⟨bess(e)re, h.⟩ A V/T améliorer; rendre meilleur B V/R **sich ~** *Befinden etc* s'améliorer; *Wetter a.* se mettre au beau; *Person moralisch* s'amender

besserstellen V/T *⟨sép,* -ge-, h.⟩ améliorer la situation de

Besserung F ⟨~⟩ 1 *(Genesung)* **sich auf dem Wege der ~ befinden** être en voie de rétablissement, de guérison; **j-m gute ~ wünschen** souhaiter un prompt rétablissement à qn; **gute ~!** bon rétablissement! 2 *e-r Situation etc* amélioration *f* 3 *moralisch* **~ geloben** promettre de s'amender, de se corriger; *sprichw* **Selbsterkenntnis ist der erste Schritt zur ~** reconnaître sa faute *od* son erreur, c'est le premier pas vers l'amendement

Besserungsanstalt F *früher* maison *f* de correction

Besserverdienende(r) M/F(M) ⟨→ A⟩ PL **die ~n** les gros salaires, revenus

Besserwisser(in) M ⟨~s; ~⟩ (F) ⟨~in; ~innen⟩ *pej* donneur, -euse *m,f* de leçons; **er ist ein ~** il sait toujours tout (mieux que tout le monde)

Besserwisserei F ⟨~⟩ *pej* manie *f* de vouloir tout savoir mieux que les autres

bestallen V/T *⟨pas de ge-,* h.⟩ ADMIN nommer (à un emploi); **bestallt** en fonction

Bestallung F ⟨~; ~en⟩ ADMIN nomination *f* (**zu** à)

Bestallungsurkunde F ADMIN acte *m*, brevet *m*, titre *m* de nomination

Bestand M ⟨~(e)s; ⸚e⟩ 1 *⟨pas de pl⟩ (Bestehen)* existence *f*; *(Fortbestand)* survie *f*; *der Menschheit* avenir *m*; **~ haben** être durable; **von kurzem ~ sein** être de courte durée; **keinen ~ haben** être éphémère, passager, -ère 2 *an Waren* stock *m*; *an Büchern etc* nombre *m*; *an Vieh* cheptel *m*; *an Wagen* parc *m*; *an Personal* effectif *m*; *an Geld* encaisse *f*; *(Waldbestand)* peuplement forestier; **eiserner ~** réserve *f*; HANDEL stock permanent

bestanden A PPERF → bestehen B ADJT **mit etw ~ sein** être (re)couvert de qc; **mit Bäumen ~** planté d'arbres; arboré

beständig ADJ 1 *(von Dauer)* durable 2 *(konstant)* constant; **das Wetter ist ~** le temps est, se maintient au beau fixe 3 *⟨épithète⟩ (fortwährend)* continuel, -elle 4 *(widerstandsfähig)* **gegen Hitze, Frost ~ sein** être résistant à la chaleur, au gel 5 *(verlässlich, treu)* solide

Beständigkeit F ⟨~⟩ constance *f*; *des Glücks etc* persistance *f*; *von Freundschaft etc* solidité *f*; *des Wetters* stabilité *f*; *gegen Hitze etc* résistance *f* (**gegen** à)

Bestandsaufnahme F 1 HANDEL inventaire *m*; **e-e ~ von etw machen** faire l'inventaire de qc 2 *fig des Lebens, Schaffens etc* bilan *m*; **e-e ~ machen** faire le bilan de la situation

Bestandteil M élément *m*; composante *f*; CHEM composant *m*; **integrierender ~** partie intégrante; **wesentlicher ~** élément essentiel; composante essentielle; **sich in s-e ~e auflösen** CHEM se décomposer en ses éléments; *fig* se désagréger; se disloquer; **etw in s-e ~e zerlegen** démonter qc

bestärken V/T *⟨pas de ge-,* h.⟩ *Zweifel etc* renforcer; **j-n (in etw** *[dat]***) ~** renforcer, conforter, raffermir qn (dans qc); **j-n darin ~, etw zu tun** conforter qn dans l'idée de faire qc

bestätigen *⟨pas de ge-,* h.⟩ A V/T confirmer; *Verdacht a.* corroborer; *Annahme, Theorie* vérifier; ADMIN certifier; **den Empfang ~** accuser réception; **j-n in s-m Amt ~** confirmer qn dans ses fonctions; **j-n in s-r Meinung ~** conforter qn dans son opinion B V/R **sich ~** *Verdacht etc* se confirmer; se vérifier; **sich als wahr ~** s'avérer exact, juste

Bestätigung F ⟨~; ~en⟩ confirmation *f*; *(Empfangsbestätigung)* accusé *m* de réception

bestatten *geh* V/T ⟨-ete, *pas de ge-,* h.⟩ inhumer; **Bestattung** *geh* F ⟨~; ~en⟩ inhumation *f*

Bestattungsinstitut N (entreprise *f* de) pompes *fpl* funèbres; **Bestattungskosten** PL frais *mpl* d'inhumation

bestäuben V/T *⟨pas de ge-,* h.⟩ 1 GASTR saupoudrer (**mit Mehl** de farine) 2 BOT transporter le pollen sur; *(befruchten)* féconder; **Bestäubung** F ⟨~; ~en⟩ BOT pollinisation *f*

bestaunen V/T *⟨pas de ge-,* h.⟩ s'émerveiller de; *(staunend betrachten)* regarder d'un air émerveillé

bestbezahlt ADJT *⟨épithète⟩* le mieux payé

beste(r, -s) ADJ meilleur; **~n Dank!** merci beaucoup!; **beim ~n Willen** avec la meilleure volonté du monde; **in den ~n Jahren** dans la force de l'âge; **mit den ~n Grüßen** avec mes meilleures salutations; **nach ~m Wissen und Gewissen** en son âme et conscience; **am ~n** le mieux; **du fährst am ~n mit dem Nachtzug** le mieux est que tu prennes le train de nuit

Beste[1] M/F ⟨→ A⟩ le meilleur, la meilleure; **der erste ~** le premier venu; **als ~r das Examen bestehen** être reçu premier à l'examen

Beste[2] N ⟨→ A⟩ **das ~** le mieux; **das ~ daraus machen** faire pour le mieux; **das ~ aus etw machen** tirer le meilleur parti de qc; **das ~ vom ~n** le nec plus ultra; **sein ~s tun** faire de son mieux; **das ist zu s-m ~n** c'est dans son intérêt, pour son bien; **ich will nur dein ~s** c'est pour ton bien; **es ist das ~, er ...** le mieux (c')est qu'il ... *(+subj)*; **das ist das ~, was Sie tun können** c'est ce que vous avez de mieux à faire; **aufs ~** le mieux (du monde); au mieux; **sich zum ~n wenden** prendre bonne tournure; **etw zum ~n geben** raconter, réciter, chanter, *etc* qc (en société); **j-n zum ~n halten** *od* **haben** se moquer de qn; se payer la tête de qn; **nicht zum ~n stehen** ne pas aller fort; aller assez mal; **es steht nicht zum ~n mit ihm** il file un mauvais coton

bestechen V/T *⟨irr, pas de ge-,* h.⟩ 1 corrompre; acheter; *Zeugen a.* suborner 2 *fig* séduire

bestechend ADJT séduisant; attirant

bestechlich ADJ vénal; corruptible; **Bestechlichkeit** F ⟨~⟩ vénalité *f*; corruptibilité *f*

Bestechung F ⟨~; ~en⟩ corruption *f*; *von Zeugen a.* subornation *f*

Bestechungsaffäre F affaire *f* de corruption; **Bestechungsgeld** N pot-de-vin *m*; **Bestechungsskandal** M scandale *m* de corruption; **Bestechungsversuch** M tentative *f* de corruption, *bei Zeugen a.* de subornation

Besteck N ⟨~(e)s; ~e⟩ 1 *(Essbesteck)* couvert *m* 2 TECH, MED trousse *f* 3 SCHIFF point *m*

Besteckkasten M *für Essbestecke* écrin *m* à couverts; *mit Inhalt* ménagère *f*; **Besteckschublade** F tiroir *m* à couverts

bestehen *⟨irr, pas de ge-,* h.⟩ A V/T *Examen* réussir (à); être reçu à; passer avec succès; *Gefahr etc* surmonter; résister à; *Kampf* sortir vainqueur de; **ein Abenteuer ~** se sortir d'une aventure B V/I 1 *(existieren)* exister; **~ bleiben** subsister; rester; se maintenir; **es besteht der Verdacht, dass ...** on soupçonne que ...; **es besteht (die) Aussicht, dass ...** il y a des chances (pour) que ... *(+subj)*; **darüber ~ noch Zweifel** on a encore des doutes là-dessus 2 *(beharren)* **auf s-r Meinung ~** rester, camper sur ses positions; **auf s-m Willen ~** ne rien vouloir entendre; **auf s-m Recht ~** faire valoir ses droits; **darauf ~, dass ...** tenir à ce que ... *(+subj)*; insister pour que ... *(+subj)* 3 *(zusammengesetzt sein)* **aus etw ~** être composé, se composer de qc; comprendre qc; **in etw** *(dat)* **~** consister en qc; **s-e Arbeit besteht darin, zu** *(+inf)* son travail consiste à *(+inf)* 4 *(standhalten)* **vor j-m nicht ~ können** ne pas pouvoir s'affirmer, s'imposer en face de qn; ne pas faire le poids face à qn; **vor der Kritik nicht ~ können** ne pas résister à la critique

Bestehen N ⟨~s⟩ 1 *(Existenz)* existence *f*; **seit ~ der Welt** depuis que le monde est monde, existe; **das fünfzigjährige ~ e-r Firma** les cinquante ans d'existence d'une entreprise 2 *e-s Examens* réussite *f* (*+gen* à); **nach ~ der Prüfung** après avoir réussi l'examen 3 *(Beharren)* **sein ~ auf dieser Forderung finde ich absurd** je trouve absurde qu'il maintienne cette revendication

bestehenbleiben V/I → bestehen B 1

bestehend ADJT 1 *(existierend)* existant; *Ordnung, Gesetz a.* établi; **schon lange ~** de longue date; vieux (vieil), vieille 2 *(zusammengesetzt)* **~ aus** composé, se composant de

bestehlen V/T *⟨irr, pas de ge-,* h.⟩ **j-n ~** voler qn; **j-n um etw ~** voler qc à qn

besteigen V/T *⟨irr, pas de ge-,* h.⟩ monter sur; *Berg* faire l'ascension de; gravir; **den Thron ~** monter sur le trône; accéder à la couronne; **den Zug ~** monter dans le train

Besteigung F ⟨~; ~en⟩ *e-s Berges* ascension *f*

Bestellblock M ⟨~(e)s; ⸚e *ou* ~s⟩ carnet *m* de commandes

bestellen V/T *⟨pas de ge-,* h.⟩ 1 *Waren, im Restaurant* commander; *Taxi* appeler; *Theaterkarten, Zimmer etc* retenir; *Zimmer a.* réserver; *umg* **das kommt wie bestellt** *umg* ça tombe à pic 2 *Personen* **j-n (zu sich** *[dat]***) ~** convoquer qn, donner rendez-vous à qn (chez soi); **sind Sie bestellt?** avez-vous pris rendez-vous?; *umg hum* **er steht da wie bestellt und nicht abgeholt** il reste là tout penaud, déconfit 3 *(ernennen)* **j-n zum Verteidiger, Vormund ~** désigner qn comme défenseur, tuteur 4 *(ausrichten)* **j-m etw ~** faire savoir qc à qn; **bestell deiner Mutter schöne Grüße (von mir)** donne le bonjour (de ma part) à ta mère 5 *umg* **nichts**

B

zu ~ haben n'avoir rien à dire; ne pas avoir voix au chapitre 6 *Feld, Garten* cultiver 7 **um etw ist es schlecht bestellt** ça va mal pour qc; **um sie ist es schlecht bestellt** elle file un mauvais coton

Bestellkarte F carte *f* de commande; **Bestellliste** F liste *f* de commandes; **Bestellnummer** F numéro *m* de commande; **Bestellschein** M bon *m* de commande

Bestellung F ⟨~; ~en⟩ 1 *von Waren, im Restaurant* commande *f*; HANDEL *a.* ordre *m*; *e-s Zimmers etc* réservation *f*; **e-e ~ aufgeben** passer (une) commande; **j-s ~ aufnehmen** prendre la commande de qn; **auf ~** sur commande 2 *(Auftrag, Nachricht)* **j-m e-e ~ ausrichten** faire une commission à qn 3 *(Ernennung)* désignation *f* 4 ⟨*pas de pl*⟩ *des Felds etc* culture *f*

bestenfalls ADV au mieux; dans le meilleur des cas

bestens ADV au mieux; de mon, ton, *etc* mieux; **~ vorbereitet sein** être parfaitement préparé

Bester M → Beste[1]

Bestes N → Beste[2]

besteuern V/T ⟨-(e)re, *pas de ge-*, h.⟩ *Personen, Einkommen etc* imposer; *Genussmittel etc* taxer; **Besteuerung** F ⟨~⟩ imposition *f*; *von Genussmitteln etc* taxation *f*

Bestform F SPORT excellente condition; *umg* top niveau *m*; **in ~** en excellente condition; *umg* au top niveau

bestgekleidet ADJT ⟨*épithète*⟩ **die ~e Frau** la femme la mieux habillée

bestialisch A ADJ *(sehr grausam)* bestial; *Verbrechen, a. umg fig* atroce B ADV 1 d'une façon bestiale; **er wurde ~ ermordet** il fut sauvagement assassiné 2 *umg fig* **es stinkt ~** ça pue effroyablement, atrocement

Bestialität F ⟨~; ~en⟩ 1 ⟨*pas de pl*⟩ *Eigenschaft* bestialité *f* 2 *Handlung* atrocité *f*

besticken V/T ⟨*pas de ge-*, h.⟩ broder; garnir de broderie(s); **mit Perlen ~** garnir de perles

Bestie F ⟨~; ~n⟩ *a. fig* bête *f*, animal *m* féroce

bestimmbar ADJ **(nicht) ~** (in)déterminable; (in)définissable

bestimmen ⟨*pas de ge-*, h.⟩ A V/T 1 *(festlegen)* fixer; déterminer; **er hat es so bestimmt** il en a décidé ainsi; **er hat in s-m Testament bestimmt, dass …** il a fixé dans son testament que … 2 *(vorsehen)* destiner **(für** à); *(ernennen)* désigner **(zu** comme); **zum persönlichen Gebrauch bestimmt** destiné à l'usage personnel; **j-n zu s-m Nachfolger ~** désigner qn comme son successeur; **sie waren füreinander bestimmt** ils étaient faits l'un pour l'autre; *geh* **es war ihm nicht bestimmt zu …** il ne lui a pas été donné de … 3 *(ermitteln)* déterminer; *Begriff* définir 4 *(prägen)* marquer; déterminer; **von etw bestimmt sein** être marqué par qc; porter l'empreinte de qc 5 **j-n ~, etw zu tun** décider qn à faire qc B V/I *(befehlen)* commander; **hier bestimme ich** c'est moi qui commande ici; **über etw** *(akk)* **~** décider de qc; **über j-n ~** disposer de qn

bestimmend ADJT déterminant; *(entscheidend)* décisif, -ive

bestimmt A ADJT 1 *(speziell)* déterminé; (bien) défini 2 *(entschieden) Ton* décidé; ferme; catégorique; *Worte* énergique 3 *(feststehend)* donné; déterminé; *Stunde* fixé; **an e-r ~en Stelle** à un endroit donné, déterminé; **zu e-m ~en Zeitpunkt** à un moment donné 4 *(gewisse[r, -s])* certain; **in ~en Kreisen** dans certains milieux 5 *(genau)* **niemand weiß etwas Bestimmtes** personne ne sait rien de précis 6 GRAM **der ~e Artikel** l'article défini B ADVL 1 *(sicher)* certainement; **ich glaube ~, dass …** je suis persuadé que …; **das weiß ich ganz ~** j'en suis sûr, certain; **ich kann es nicht ~ sagen** je ne peux pas le dire avec certitude; **ganz ~ (nicht)** certainement (pas) 2 *(vermutlich, sehr wahrscheinlich)* certainement; sûrement; **das ist ~ nicht richtig** c'est certainement, sûrement faux; **ich habe es ~ verloren** j'ai dû le perdre 3 *(entschieden)* fermement; avec fermeté; **er sagte das sehr ~** il l'a dit d'un ton très ferme, très décidé; il a été catégorique, formel; **höflich, aber ~** poliment, mais fermement

Bestimmtheit F ⟨~⟩ 1 *(Entschiedenheit)* détermination *f*; fermeté *f*; **etw mit ~ erklären** dire qc fermement, avec fermeté 2 *(Gewissheit)* certitude *f*

Bestimmung F ⟨~; ~en⟩ 1 *(Anordnung)* disposition *f*; règlement *m*; **gesetzliche ~en** dispositions légales 2 ⟨*pas de pl*⟩ *(Zweck)* destination *f*; **etw s-r ~** *(dat)* **übergeben** *Gebäude, Brücke etc* inaugurer qc 3 ⟨*pas de pl*⟩ *(Schicksal)* destin *m*; *zu e-m Beruf* vocation *f*; **göttliche ~** providence *f*; **das war höhere ~** c'était écrit 4 *(Ermitteln)* détermination *f*; *e-s Begriffs* définition *f* 5 GRAM **adverbiale ~** complément circonstanciel

Bestimmungsbahnhof M gare *f* de destination; **bestimmungsgemäß** ADV conformément aux dispositions, au règlement; **Bestimmungshafen** M port *m* de destination; **Bestimmungsland** N pays *m* de destination; **Bestimmungsort** M ⟨~(e)s; ~e⟩ (lieu *m* de) destination *f*; **Bestimmungswort** N ⟨~(e)s; ~̈er⟩ GRAM mot déterminant; **Bestimmungszweck** M destination *f*

Bestleistung F SPORT *relative* meilleure performance; *absolute* record *m*; **Bestmarke** F SPORT record *m*

bestmöglich A ADJ le (la) meilleur(e) … possible B ADV le mieux possible

Best.-Nr. ABK (Bestellnummer) numéro *m* de commande

bestrafen V/T ⟨*pas de ge-*, h.⟩ *Vergehen, Person* punir **(mit** de); *(verurteilen)* condamner **(mit** à); **mit Gefängnis, mit dem Tod ~** punir d'emprisonnement, de la peine capitale *od* de mort; *Person a.* condamner à la prison, à la peine capitale *od* à mort

Bestrafung F ⟨~; ~en⟩ punition *f*

bestrahlen V/T ⟨*pas de ge-*, h.⟩ 1 *(hell bescheinen)* éclairer; illuminer 2 NUKL irradier; MED traiter par les rayons

Bestrahlung F ⟨~; ~en⟩ 1 *(Sonnenbestrahlung)* ensoleillement *m*; exposition *f* au soleil; *mit Licht* éclairage *m*; illumination *f* 2 NUKL, MED irradiation *f*; MED *a.* traitement *m* par les rayons; radiothérapie *f*; **der Arzt hat zehn ~en verordnet** le médecin a ordonné dix séances de rayons, de radiothérapie; **sie bekommt ~en** on lui fait des rayons

Bestreben N ⟨~s⟩ **es wird mein ~ sein zu** *(+inf)* je m'efforcerai de *(+inf)*; je m'appliquerai à *(+inf)*; je m'emploierai à *(+inf)*; **im ~ zu** *(+inf)* soucieux de *(+inf)*

bestrebt ADJT **~ sein, etw zu tun** s'efforcer de, s'appliquer à, s'employer à faire qc

Bestrebung F ⟨~; ~en⟩ effort *m*; **die gegenwärtigen ~en gehen dahin, dass** actuellement on s'efforce de *(+inf)*

bestreichen V/T ⟨*irr, pas de ge-*, h.⟩ enduire **(mit** de); *Brot* tartiner; **mit Butter ~** beurrer

bestreiken V/T ⟨*pas de ge-*, h.⟩ **e-n Betrieb, Renault** *etc* **~** faire la grève dans une entreprise, chez Renault, *etc*; **der Betrieb wird bestreikt** l'entreprise est en grève

bestreitbar ADJ contestable; discutable

bestreiten V/T ⟨*irr, pas de ge-*, h.⟩ 1 *(leugnen)* contester; **das wird, kann niemand ~** personne ne dira le contraire; **das lässt sich nicht ~** c'est incontestable, indiscutable 2 *(streitig machen)* **j-m das Recht ~ zu** *(+inf)* contester à qn le droit de *(+inf)* 3 *(aufkommen für)* **die Ausgaben, Kosten ~** subvenir aux dépenses, frais; supporter les dépenses, frais; **j-s Unterhalt ~** subvenir aux besoins de qn; **er bestritt die Unterhaltung allein** il était le seul à animer la conversation

bestreuen V/T ⟨*pas de ge-*, h.⟩ couvrir, parsemer **(mit** de); *mit Zucker, Salz etc* saupoudrer **(mit** de); **mit Streusalz ~** saler; **mit Sand ~** sabler

bestricken V/T ⟨*pas de ge-*, h.⟩ 1 *(verführen)* séduire; *(betören)* ensorceler 2 *umg (für j-n stricken)* tricoter pour

Bestseller M ⟨~s; ~⟩ best-seller *m*; **Bestsellerautor(in)** M(F) auteur *m* de best-sellers; **Bestsellerliste** F liste *f* des meilleures ventes, de(s) best-sellers

bestücken V/T ⟨*pas de ge-*, h.⟩ équiper, munir **(mit** de); MIL armer **(mit** de)

Bestuhlung F ⟨~; ~en⟩ (ensemble *m* des) chaises *fpl*, fauteuils *mpl* (d'une salle)

bestürmen V/T ⟨*pas de ge-*, h.⟩ 1 MIL assaillir 2 SPORT *Tor etc* mener l'offensive contre 3 *fig (bedrängen)* assaillir; presser; **j-n mit Fragen** *etc* **~** assaillir, presser qn de questions, *etc*; **Zweifel ~ j-n** des doutes assaillent qn

bestürzen V/T ⟨-(es)t, *pas de ge-*, h.⟩ consterner; bouleverser; **bestürzend** ADJT *Nachricht etc* consternant; bouleversant; **bestürzt** A ADJT consterné, bouleversé **(über** [+*akk*] par) B ADVL avec consternation; **Bestürzung** F ⟨~⟩ consternation *f*; stupeur *f*

Bestwert M optimum *m*

Bestzeit F SPORT *relative* meilleur temps; *absolute* record *m*; **persönliche ~ laufen** réaliser son meilleur temps

Besuch M ⟨~(e)s; ~e⟩ 1 visite *f*; *der Schule etc* fréquentation *f*; **bei j-m zu ~ sein** être en visite chez qn; **j-m e-n ~ machen** *od* **abstatten** rendre visite, faire une visite à qn; **er kommt zu uns auf** *od* **zu ~** il viendra nous voir 2 *(Gast)* invité(e) *m(f)*; *offizieller* hôte *m/f*; **~ erwarten, bekommen** attendre, recevoir une *od* de la visite; **er hat ~** il a de la visite, des invités, du monde

besuchen V/T ⟨*pas de ge-*, h.⟩ aller *bzw.* venir voir; rendre visite, faire une visite à; *Patienten, Kunden a.* visiter; *Museum, Ausstellung, Land* visiter; *Kino, Theater, Kirche, Versammlung etc* aller à; *häufig, regelmäßig* fréquenter; *Arzt* **s-e Patienten ~** *a.* faire ses visites; **die Universität ~** suivre les cours de l'université; aller à l'université; **besuch mich doch einmal!** viens donc me voir (un de ces jours)!

Besucher(in) M ⟨~s; ~⟩ (F) ⟨~in; ~innen⟩ visiteur, -teuse *m,f*; *(Gast)* invité(e) *m(f)*; *offizielle(r)* hôte *m/f*; *e-s Theaters, Kinos etc* spectateur, -trice *m,f*; *e-r Versammlung* participant(e) *m(f)*; **Besucherstrom** M afflux *m* de(s) visiteurs, de(s) spectateurs; **Besucherzahl** F nombre *m* de(s) visiteurs, de(s) spectateurs

Besuchserlaubnis F autorisation *f* de visite; **Besuchstag** M jour *m* de visite; **Besuchszeit** F heures *fpl* de visite; **Besuchszimmer** N parloir *m*

besucht ADJT **das Restaurant war gut, schlecht ~** il y avait du monde, peu de monde dans le restaurant; **schlecht ~** *a.* peu fréquenté

besudeln V/T ⟨-(e)le, *pas de ge-*, h.⟩ *a. fig* salir, *geh* souiller **(mit** de)

Beta N ⟨~(s); ~s⟩ *Buchstabe* bêta *m*

Betablocker M ⟨~s; ~⟩ PHARM bêtabloquant *m*

betagt *geh* ADJ âgé; d'un âge avancé

betanken VT ⟨pas de ge-, h.⟩ *Flugzeug* ravitailler

betasten VT ⟨-ete, *pas de ge-*, h.⟩ tâter; MED palper

Betastrahlen MPL rayons *mpl* bêta

betätigen ⟨*pas de ge-*, h.⟩ **A** VT actionner; manœuvrer **B** VR **sich ~** s'occuper; agir; **sich politisch, sportlich ~** faire de la politique, du sport

Betätigung F ⟨~; ~en⟩ **1** ⟨*pas de pl*⟩ (*Bedienen*) commande *f*; manœuvre *f* **2** (*Tätigkeit*) activité *f*; **sportliche ~** pratique *f* du, d'un sport; **~ im Freien** activité de plein air

Betätigungsdrang M besoin *m* de s'occuper, d'activité; **Betätigungsfeld** N champ *m*, sphère *f* d'activité

betätscheln *umg* VT ⟨-(e)le, *pas de ge-*, h.⟩ flatter; caresser

betatschen *umg* VT ⟨*pas de ge-*, h.⟩ *umg* tripoter

betäuben VT ⟨*pas de ge-*, h.⟩ **1** MED endormir; anesthésier; **örtlich ~** anesthésier, insensibiliser localement **2** *durch e-n Schlag etc* étourdir; *durch Lärm* assourdir; abasourdir; *durch Geruch, Duft* enivrer; entêter; **von der Hitze wie betäubt sein** être assommé par la chaleur **3** (*unterdrücken*) *Schmerz etc* calmer

betäubend ADJT *Lärm* assourdissant; *Duft, Parfüm* enivrant; entêtant

Betäubung F ⟨~; ~en⟩ **1** MED anesthésie *f*; **örtliche ~** anesthésie locale; insensibilisation *f* **2** *durch e-n Schlag etc* étourdissement *m*; *durch Lärm* assourdissement *m*; abasourdissement *m* **3** *e-s Schmerzes* apaisement *m*

Betäubungsmittel N anesthésique *m*; narcotique *m*; **Betäubungsmittelgesetz** N loi *f* sur les stupéfiants

Bete F ⟨~; ~n⟩ **Rote ~** betterave *f* rouge

beteiligen ⟨*pas de ge-*, h.⟩ **A** VT **j-n an etw** (*dat*) **~** faire participer qn à qc; HANDEL *a.* intéresser qn à qc; **j-n mit 30 % an etw** (*dat*) **~** intéresser qn à qc pour 30 % **B** VR **sich an etw** (*dat*) **~** participer, prendre part à qc; **sich mit e-r Million an etw** (*dat*) **~** entrer pour un million dans qc

beteiligt ADJT **an etw** (*dat*) **~ sein** participer à qc; être concerné par qc; FIN être intéressé à qc; **am Gewinn ~ sein** participer, être intéressé aux bénéfices; **an e-m Unfall ~ sein** être impliqué dans un accident; **die ~en Parteien** les parties intéressées, en cause

Beteiligte(r) M/F(M) ⟨→ A⟩ (*Teilnehmer[in]*) participant(e) *m(f)* (**an** [*+dat*] à, de); FIN personne intéressée (**an** [*+dat*] à); *an e-r Sache, e-m Unfall, Prozess* personne impliquée (**an** [*+dat*] dans)

Beteiligung F ⟨~; ~en⟩ *a.* FIN, HANDEL participation *f* (**an** [*+dat*] à); **unter ~** (*dat*) **von** avec la participation de

Beteiligungsgesellschaft F HANDEL société *f* en participation

beten ⟨-ete, h.⟩ **A** VT *Gebet* dire; réciter **B** VI prier (**für j-n** pour qn); faire sa prière; **vor dem Essen ~** dire le bénédicité; **nach dem Essen ~** dire les grâces; **zu Gott, zu e-m Heiligen ~** prier Dieu, un saint

Beten N ⟨~s⟩ prière *f*

beteuern VT ⟨-(e)re, *pas de ge-*, h.⟩ protester de; affirmer (solennellement); **Beteuerung** F ⟨~; ~en⟩ protestation *f*

Bethlehem N ⟨→ *n/pr*⟩ Bethléem

betiteln VT ⟨-(e)le, *pas de ge-*, h.⟩ **1** *Schriftwerk* intituler **2** *umg Person* appeler; donner le titre de ... à; **j-n (mit) Dummkopf ~** traiter qn d'imbécile

Beton M ⟨~s; ~s *ou* ~e⟩ béton *m*; **aus ~** en béton

Betonbau M ⟨~(e)s; ~ten⟩ construction *f* en béton; **Betonblock** M ⟨~(e)s; -blöcke⟩ bloc *m* en béton; **Betonburg** F *pej* grand immeuble; tour *f* (bétonnant le paysage)

betonen VT ⟨*pas de ge-*, h.⟩ **1** PHON, MUS accentuer **2** *fig* (*hervorheben*) mettre l'accent sur; souligner (**dass** que [*+ind*]); faire ressortir; mettre en relief

Betonierarbeiten FPL travaux *mpl* de bétonnage

betonieren VT ⟨*pas de ge-*, h.⟩ bétonner

Betonmischer M, **Betonmischmaschine** F bétonneuse *f*; bétonnière *f*; **Betonpfeiler** M pilier *m* en, de béton; **Betonplatte** F plaque *f* en, de béton

betont **A** ADJT **1** PHON, MUS accentué **2** *fig* prononcé; marqué; (*ostentativ*) ostentatoire **B** ADVL *fig* **~ schlicht** d'une simplicité étudiée; **~ lässig sprechen** parler en affectant la nonchalance

Betonung F ⟨~; ~en⟩ **1** PHON, MUS accentuation *f*; (*Betonungsakzent*) accent *m* tonique; *beim Rezitieren etc* ton *m*; **die ~ liegt auf der ersten Silbe** l'accent porte sur la première syllabe **2** *fig* accentuation *f*; mise *f* en relief; accent mis sur qc; **die ~ auf etw** (*akk*) **legen** mettre l'accent sur qc

Betonungsregel F règle *f* d'accentuation; **Betonungszeichen** N signe *m* d'accentuation

Betonwand F mur *m* en béton; **Betonwüste** F *pej* univers *m* de béton

betören VT ⟨*pas de ge-*, h.⟩ envoûter; ensorceler; **betörend** ADJT envoûtant; ensorcelant; **Betörung** F ⟨~; ~en⟩ envoûtement *m*; ensorcellement *m*

betr. ABK (betreffend, betreffs) concernant; relatif, -ive à

Betr. ABK ADMIN (Betreff, betrifft) objet

Betracht M **in ~ kommen** entrer en considération, en ligne de compte; **in ~ ziehen** prendre en considération; tenir compte de; **außer ~ lassen** laisser de côté; ne pas prendre en considération; ne pas tenir compte de

betrachten VT ⟨-ete, *pas de ge-*, h.⟩ **1** (*ansehen*) regarder; *Gemälde etc* contempler; **von allen Seiten ~** examiner, regarder sous tous les angles, sous toutes les coutures; **von nahem betrachtet** vu de près **2** *fig* (*beurteilen, untersuchen*) considérer; **genau betrachtet** tout bien considéré; tout compte fait; **so betrachtet** vu sous cet angle **3** (*halten für*) **j-n, etw als j-n, etw ~** considérer qn, qc comme qn, qc

Betrachter(in) M ⟨~s; ~⟩ (F) ⟨~in; ~innen⟩ personne *f* qui regarde qc; observateur, -trice *m,f*

beträchtlich **A** ADJ considérable; notable **B** ADV considérablement

Betrachtung F ⟨~; ~en⟩ **1** ⟨*pas de pl*⟩ *e-s Bildes etc* contemplation *f* **2** *e-s Problems etc* examen *m*; **~en (über etw** [*akk*]**) anstellen** se livrer à des considérations (sur qc); **bei näherer, genauerer ~** à y regarder, en y regardant de plus près; **bei näherer ~ des Themas** en creusant (le sujet)

Betrachtungsweise F manière *f*, façon *f* de voir, de considérer qc; (*Standpunkt*) point *m* de vue; perspective *f*; **e-e wissenschaftliche ~** une approche, démarche scientifique

Betrag M ⟨~(e)s; ≃e⟩ somme *f*; montant *m*; HANDEL **~ (dankend) erhalten** pour acquit

betragen ⟨*irr, pas de ge-*, h.⟩ **A** VI (*sich belaufen*) se monter à; s'élever à **B** VR **sich ... ~** (*sich benehmen*) se conduire ...; se comporter ...

Betragen N ⟨~s⟩ conduite *f*; comportement *m*; (*Haltung*) attitude *f*

betrauen VT ⟨*pas de ge-*, h.⟩ **j-n mit etw ~** confier qc à qn; charger qn de qc

betrauern VT ⟨-(e)re, *pas de ge-*, h.⟩ *Person* pleurer; porter le deuil de; *Verlust etc* déplorer

beträufeln VT ⟨-(e)le, *pas de ge-*, h.⟩ **etw mit etw ~** verser qc goutte à goutte sur qc

Betreff M ⟨~(e)s; ~e⟩ ADMIN *am Briefkopf* objet *m*

betreffen VT ⟨*irr, pas de ge-*, h.⟩ **1** (*angehen*) concerner; toucher; *Maßnahme etc a.* affecter; **was ... betrifft** en ce qui concerne ...; **was mich betrifft** quant à moi; en ce qui me concerne; pour ma part **2** *geh* (*seelisch bewegen*) affecter; toucher **3** *geh Unglück etc* (*zustoßen*) frapper

betreffend ADJT *a. Person* en question; concerné; intéressé; **die ~e Behörde** l'autorité compétente

Betreffende(r) M/F(M) ⟨→ A⟩ personne *f* en question; intéressé(e) *m(f)*

betreffs PRÄP ⟨*gen*⟩ ADMIN concernant; au sujet de; relativement à

Betreffzeile F *ligne indiquant l'objet d'un e-mail, d'une lettre, etc*

betreiben VT ⟨*irr, pas de ge-*, h.⟩ **1** *Gewerbe* exercer; *Studien* faire; poursuivre; *Politik* pratiquer; faire; **ein Geschäft ~** exploiter un (fonds de) commerce; **e-n Prozess ~** poursuivre un procès **2** (*vorantreiben*) *Ausführung e-r Sache etc* activer; accélérer **3** TECH **mit Strom, Dampf** *etc* **betrieben werden** marcher, fonctionner à l'électricité, à la vapeur, *etc*; **ein elektrisch betriebener Zug** un train à traction électrique

Betreiben N ⟨~s⟩ **auf ~ von** sous l'impulsion de; *pej* à l'instigation de

Betreiber M ⟨~s; ~⟩ **1** *Person* exploitant *m* **2** *Institution etc* société *f* d'exploitation; organisme *m* gestionnaire; **Betreiberfirma** F entreprise *f* d'exploitation

Betreibung F ⟨~⟩ *e-s Gewerbes* exercice *m*; *von Studien, e-s Prozesses* poursuite *f*; *e-s Geschäftes* exploitation *f*

betresst ADJT MODE galonné

betreten[1] VT ⟨*irr, pas de ge-*, h.⟩ *Raum* entrer dans; *Rasen* marcher sur; *Weg etc* s'engager dans; *Grundstück* pénétrer dans; THEAT **die Bühne ~** entrer en scène; **die Fahrbahn ~** s'engager sur la chaussée; **festen Boden ~** mettre le pied sur, *geh* fouler la terre ferme; **ein Haus nie mehr ~** ne plus jamais mettre les pieds dans une maison; **Betreten verboten!** entrée interdite!; défense d'entrer!; **Betreten des Rasens verboten!** pelouse interdite!

betreten[2] **A** ADJT embarrassé; gêné **B** ADVL d'un air embarrassé, gêné; **~ dreinschauen** avoir l'air embarrassé, gêné; **er schwieg ~** il se tut, embarrassé *od* gêné

Betretenheit F ⟨~⟩ embarras *m*; gêne *f*; confusion *f*

betreuen VT ⟨*pas de ge-*, h.⟩ **1** *Kinder, alte Leute, Tiere etc* prendre soin de; s'occuper de **2** *Abteilung, Arbeitsgebiet etc* être le responsable de; *Gruppe* animer; encadrer

Betreuer(in) M ⟨~s; ~⟩ (F) ⟨~in; ~innen⟩ responsable *m/f*; *e-r Gruppe, soziale(r)* animateur, -trice *m,f*; *e-r Jugendgruppe etc* moniteur, -trice *m,f*; (*Fremdenführer[in]*) guide *m*; (*Berater[in]*) conseiller, -ère *m,f*; SPORT soigneur *m*; **Betreuung** F ⟨~⟩ **1** (prise *f* en) charge *f*; (*Verantwortung*) responsabilité *f*; *e-r Gruppe* animation *f*; encadrement *m*; *von Kunden* suivi *m* **2** *ärztliche* soins *mpl*; *weitere* suivi (médical)

Betreuungsstelle F centre *m* d'aide, d'assistance

Betrieb M ⟨~(e)s; ~e⟩ **1** (*Unternehmen*) entreprise *f*; établissement *m*; *meist* AGR, BERGBAU exploitation *f*; **gewerblicher ~** entreprise industrielle **2** ⟨*pas de pl*⟩ (*Funktionieren*) marche *f*; fonctionnement *m*; **in ~ nehmen** mettre en service; **in ~ setzen** mettre en marche; **in ~ sein** être en service, en marche; fonctionner; **außer ~ sein** être °hors service, en dérangement; ne pas marcher, fonctionner; **den ~ einstellen** suspendre l'exploitation, l'activité **3** *umg ⟨pas de pl⟩ (lebhaftes Treiben)* animation *f*; *plus fort* remue-ménage *m*; **bei diesem ~ kann ich nicht arbeiten** je ne peux pas travailler dans cette agitation; **es herrscht viel ~** il y a beaucoup de monde

betrieblich ADJ *⟨épithète⟩* de l'entreprise; de l'exploitation; **~e Mitbestimmung** cogestion *f*

betriebsam ADJ actif, -ive; *übertrieben* affairé; **Betriebsamkeit** F ⟨~⟩ activité *f*; *übertriebene* affairement *m*

Betriebsanalyse F analyse *f* de l'entreprise, de l'exploitation

Betriebsangehörige(r) M/F(M) membre *m* du personnel (de l'entreprise); *pl* **die ~n** le personnel de l'entreprise

Betriebsanlagen FPL installations *fpl* de l'entreprise, de l'exploitation; **Betriebsanleitung** F mode *m* d'emploi; notice explicative; **Betriebsarzt** M, **Betriebsärztin** F médecin *m* d'entreprise; **Betriebsausflug** M excursion (annuelle) du personnel; **Betriebsausgaben** FPL charges *fpl* (de l'entreprise); **betriebsbereit** ADJ prêt à fonctionner, à l'emploi; **Betriebsbesichtigung** F visite *f* d'entreprise; **betriebsblind** ADJ prisonnier, -ière de la routine; **Betriebsdauer** F durée *f* de marche, de service; **Betriebsdruck** M ⟨~(e)s; ⁼e⟩ TECH pression normale, de fonctionnement; **betriebseigen** ADJ propre à, appartenant à l'entreprise; **Betriebserlaubnis** F permis *m* d'exploitation; **betriebsfähig** ADJ en état de marche; **Betriebsferien** PL fermeture annuelle (de l'entreprise); **Betriebsfest** N fête (annuelle) de l'entreprise; **betriebsfremd** ADJ étranger, -ère à l'entreprise; **Betriebsfrieden** M paix sociale (dans l'entreprise); **Betriebsführer** M → Betriebsleiter; **Betriebsführung** F → Betriebsleitung; **Betriebsgeheimnis** N secret *m* d'exploitation, de fabrication; **Betriebsgelände** N terrain *m* de l'entreprise; **Betriebsingenieur(in)** M(F) ingénieur *m/f* de fabrication; **betriebsintern** ADJ interne (à l'entreprise); **Betriebskapital** N fonds *mpl* de roulement; capital *m* d'exploitation

Betriebsklima N ambiance *f* (dans une entreprise); **hier herrscht ein gutes ~** il y a ici un bon climat

Betriebskosten PL frais *mpl* d'exploitation; **Betriebskrankenkasse** F caisse *f* (de) maladie de l'entreprise; **Betriebsleiter** M directeur *m* d'une entreprise, d'un établissement, d'une exploitation; **Betriebsleitung** F direction *f*, gestion *f* de l'entreprise, de l'exploitation; **Betriebsnudel** *umg* F boute-en-train *m*; **Betriebsobmann** M délégué *m* du personnel; **Betriebsordnung** F règlement intérieur (de l'entreprise); **Betriebsprüfer** M (inspecteur *m*) polyvalent *m*; **Betriebsprüfung** F contrôle fiscal de la comptabilité de l'entreprise; **Betriebsrat** M ⟨~(e)s; ⁼e⟩ **1** *Ausschuss* délégués *mpl* du personnel; *etwa* comité *m* d'entreprise **2** *Person* délégué *m* du personnel; **Betriebsratsmitglied** N délégué(e) *m(f)* du personnel; **Betriebsrente** F retraite *f*, pension *f* d'entreprise

Betriebsschluss M fermeture *f* (des bureaux, ateliers, *etc*); **nach ~** après les heures de travail

Betriebsschutz M **1** *(Arbeitsschutz)* sécurité *f* (des conditions de travail) **2** *(Werkschutz)* service *m* de sécurité; **betriebssicher** ADJ fiable; **Betriebssicherheit** F ⟨~⟩ fiabilité *f*; **Betriebsstilllegung** F fermeture *f* d'une entreprise; **Betriebsstörung** F incident *m* technique; perturbation *f* (dans une entreprise, dans la production, *etc*); **Betriebssystem** N IT système *m* d'exploitation; **Betriebsunfall** M accident *m* du travail; **Betriebsvereinbarung** F accord *m* d'entreprise; *über Löhne a.* accord salarial (entre patron et comité d'entreprise); **Betriebsverfassung** F organisation *f*, constitution *f* interne de l'entreprise; **Betriebsverfassungsgesetz** N loi *f* sur l'organisation interne des entreprises; **Betriebsversammlung** F assemblée (générale), réunion *f* du personnel de l'entreprise; **Betriebswirt(in)** M(F) diplômé(e) *m(f)* en gestion (d'entreprise)

Betriebswirtschaft F ⟨~⟩ économie *f* d'entreprise; gestion *f* (d'entreprise); **~ studieren** faire des études de gestion

betriebswirtschaftlich ADJ relatif, -ive à la gestion (d'entreprise); gestionnaire

Betriebswirtschaftslehre F sciences économiques relatives à la gestion (d'entreprise); **Betriebszeitung** F journal *m* d'entreprise, d'établissement; **Betriebszugehörigkeit** F ancienneté *f* de service; présence *f* dans l'entreprise

betrinken V/R *⟨irr, pas de ge-*, h.⟩ **sich ~** s'enivrer

betroffen ADJT **1** *von e-r Maßnahme, e-m Ereignis* touché; affecté; **die von der Katastrophe ~e Stadt** la ville frappée, touchée par la catastrophe; **vom Hunger ~e Gegenden** des régions atteintes par la famine; **ich bin nicht ~** cela ne me concerne pas **2** *(seelisch bewegt)* affecté; touché; *(erschüttert)* ébranlé; **ein ~es Gesicht machen** avoir l'air touché, affecté

Betroffene(r) M/F(M) ⟨→ A⟩ intéressé(e) *m(f)*; personne touchée, affectée, intéressée (par une mesure, *etc*); **Betroffenheit** F ⟨~⟩ confusion *f*; désarroi *m*; trouble *m*

Betrogene(r) M/F(M) ⟨→ A⟩ dupe *f*; **der ~ sein** *a.* être le dindon de la farce

betrüben V/T *⟨pas de ge-*, h.⟩ affliger; attrister

betrüblich ADJ affligeant; attristant; désolant

betrüblicherweise ADV malheureusement

Betrübnis *geh* F ⟨~; ~se⟩ affliction *f*; tristesse *f*

betrübt ADJT affligé, attristé, peiné (**über** *[+akk]* de); **Betrübtheit** F ⟨~⟩ affliction *f*; tristesse *f*

Betrug M ⟨~(e)s; *pl schweiz* ⁼e⟩ tromperie *f*; duperie *f*; *a.* JUR escroquerie *f*; *meist* FIN fraude *f*; *beim Spiel* tricherie *f*

betrügen *⟨irr, pas de ge-*, h.⟩ **A** V/T tromper *(a. in der Liebe)*; duper; *a.* JUR escroquer; **s-e Frau ~** tromper sa femme (**mit j-m** avec qn); **j-n um etw ~** escroquer qc à qn; **sich selbst ~** se faire des illusions; s'abuser soi-même **B** V/I *meist* FIN frauder; *beim Spiel* tricher

Betrüger(in) M ⟨~s; ~⟩ (F) ⟨~in; ~innen⟩ *a.* JUR escroc *m*; *umg* arnaqueur, -euse *m,f*; *meist* FIN fraudeur, -euse *m,f*; *beim Spiel* tricheur, -euse *m,f*; **Betrügerei** F ⟨~; ~en⟩ tromperie *f*; duperie *f*; *meist* FIN fraude *f*; JUR escroquerie *f*; *beim Spiel* tricherie *f*; **betrügerisch** ADJ *Aktion, Absicht, Bankrott* frauduleux, -euse; *Person* trompeur, -euse; malhonnête

betrunken ADJT ivre; en état d'ivresse, ADMIN d'ébriété; **völlig, sinnlos ~** complètement soûl; ivre mort

Betrunkene(r) M/F(M) ⟨→ A⟩ homme *m*, femme *f* ivre

Betschwester F *pej* bigote *f*; *umg* grenouille *f* de bénitier; **Betstuhl** M prie-Dieu *m*

Bett N ⟨~(e)s; ~en⟩ **1** lit *m*; **die ~en beziehen** mettre les draps; *frisch* changer les draps; **das ~ hüten** garder le lit; être alité; **das ~ machen** faire le *bzw.* son lit; **am ~ e-s Kranken** au chevet d'un malade; *fig* **ans ~ gefesselt sein** être cloué au lit; **im ~ liegen, sein** être au lit; **ins, zu ~ bringen** mettre au lit; coucher; **ins, zu ~ gehen** aller se coucher, au lit; *umg* **mit j-m ins ~ gehen** *umg* coucher avec qn; *umg fig* **sich ins gemachte ~ legen** profiter d'une bonne situation (professionnelle, *etc*) toute faite **2** *(Flussbett)* lit *m* **3** TECH *e-r Drehbank etc* banc *m*

Bettag M → Bußtag

Bettanzug M *schweiz*, **Bettbezug** M °housse *f* de couette; **Bettcouch** F canapé-lit *m*; **Bettdecke** F **1** *(Deckbett)* couverture *f* **2** *(Tagesdecke)* couvre-lit *m*; jeté *m* de lit

bettelarm ADJ misérable; miséreux, -euse; nécessiteux, -euse

Bettelei F ⟨~; ~en⟩ mendicité *f*

Bettelmönch M moine mendiant

betteln V/I ⟨-(e)le, h.⟩ *a. fig* **(um etw) ~** mendier (qc)

Bettelorden M ordre mendiant

Bettelstab M **j-n an den ~ bringen** réduire qn à la mendicité; mettre qn sur la paille; **an den ~ kommen** être réduit à la mendicité

betten *geh* ⟨-ete, h.⟩ **A** V/T **1** *Kranke etc* coucher; **j-n weich ~** coucher qn sur un matelas mou **2** *(ein~)* **etw in etw** *(akk)* **~** mettre, TECH noyer qc dans qc **B** V/R *sprichw* **wie man sich bettet, so liegt man** *sprichw* comme on fait son lit, on se couche

Bettenburg F *meist pej Hotel* grand ensemble hôtelier; *Ort* grand ensemble touristique

Bettfedern FPL **1** *(Sprungfedern)* ressorts *mpl* (de lit) **2** *(Füllung)* duvet *m*; **Bettflasche** F *regional* bouillotte *f*; **Bettgeschichte** F *pej* **1** *(Verhältnis) umg* coucherie *f* **2** *Klatsch umg* histoire *f* de fesses, de cul; **Bettgestell** N bois *m* de lit; châlit *m*; **Betthase** *umg* M, **Betthäschen** *umg* N fille *f* facile; **Betthimmel** M ciel *m* de lit; baldaquin *m*; **Betthupferl** *umg* N ⟨~s; ~⟩ *friandise que l'on mange avant de se coucher*

Bettina F ⟨→ *n/pr*⟩ *prénom*

Bettjäckchen N, **Bettjacke** F liseuse *f*; **Bettkante** F bord *m* du lit; **Bettkasten** M coffre *m* à literie; **Bettlade** F *südd, österr* bois *m* de lit; châlit *m*; **bettlägerig** ADJ *vorübergehend* alité; *dauernd* grabataire; **Bettlaken** N drap *m* (de lit); **Bettlektüre** F lecture délassante (pour se détendre avant de dormir)

Bettler(in) M ⟨~s; ~⟩ (F) ⟨~in; ~innen⟩ mendiant(e) *m(f)*

Bettnachbar(in) M(F) *im Krankenhaus etc* voisin(e) *m(f)* de lit; **Bettnässen** N ⟨~s⟩ *t/t* énurésie *f* (nocturne); **Bettnässer** M ⟨~s; ~⟩ enfant *m/f* qui fait pipi au lit; *t/t* énurétique *m/f*; **Bettpfanne** F bassin *m* hygiénique; **Bettpfosten** M pied *m*, *e-s Himmelbettes* colonne *f* de lit; **Bettrand** M bord *m* du lit; **bettreif** *umg* ADJ mûr pour le lit

Bettruhe F alitement *m*; **j-m (absolute) ~ verordnen** ordonner à qn de garder le lit

Bettschwere *umg* F **die nötige ~ haben** avoir une forte envie de dormir (après avoir bu)

Bettszene F FILM, TV (scène *f* d')intimités *fpl* au lit; **Betttuch** N ⟨~(e)s; ⁼er⟩ drap *m* (de lit); **Bettumrandung** F carpettes *fpl* autour du lit

Bettung F ⟨~; ~en⟩ EISENBAHN ballast *m*; TECH, MIL plate-forme *f*

Bettvorleger M descente *f* de lit; carpette *f*; **Bettwärme** F chaleur *f* du lit; **Bettwäsche** F linge *m* de lit; **Bettzeug** *umg* N

⟨~(e)s⟩ literie *f* (sans matelas); **Bettzipfel** M coin *m* d'édredon
betucht *umg* ADJ cossu; riche
betulich A ADJ 1 *(besorgt)* (exagérément) empressé 2 *(gemächlich)* (trop) lent; plein de componction B ADV en prenant son temps
betupfen VT ⟨*pas de ge-*, h.⟩ 1 *Wunde, Stirn etc* tamponner (**mit** avec) 2 *(mit Tupfen versehen)* moucheter
betütern *umg regional* ⟨-(e)re, *pas de ge-*, h.⟩ A VT materner B VR **sich ~** *umg* picoler; **betütert** *umg* éméché; *umg* pompette
Beuge F ⟨~; ~n⟩ 1 TURNEN flexion *f* 2 ANAT pli *m* (du bras, *etc*); *(Armbeuge) a.* saignée *f*; *(Kniekehle) a.* jarret *m*; **Beugehaft** F JUR contrainte *f* par corps; **Beugemuskel** M (muscle *m*) fléchisseur *m*
beugen ⟨h.⟩ A VT 1 *Knie, Rumpf etc* plier; fléchir; ployer; *Kopf* pencher; *Alter, Kummer etc e-e Gestalt* courber; **vom Kummer gebeugt** courbé sous le poids du chagrin 2 *fig Stolz, Starrsinn etc* briser 3 *Recht, Gesetz* tourner; faire une entorse à 4 PHYS diffracter 5 GRAM *Substantiv, Adjektiv* décliner; *Verb* conjuguer B VR 1 **sich über j-n, etw ~** se pencher sur qn, qc; **sich aus dem Fenster ~** se pencher par la fenêtre 2 *fig* **sich ~** *(nachgeben)* s'incliner (*+dat* devant); céder (*+dat* à)
Beugen N ⟨~s⟩ → Beugung; **Beuger** M ⟨~s; ~⟩ ANAT → Beugemuskel
Beugung F ⟨~; ~en⟩ 1 *des Rumpfes etc* flexion *f*; fléchissement *m* 2 *des Rechtes* violation *f* 3 PHYS diffraction *f* 4 GRAM flexion *f*; *e-s Substantivs, Adjektivs* déclinaison *f*; *e-s Verbs* conjugaison *f*
Beule F ⟨~; ~n⟩ *am Kopf etc* bosse *f*; *Gegenstand* **~n haben** être cabossé
beulen VI (*u.* VR) ⟨h.⟩ **(sich) ~** faire des bosses
Beulenpest F peste *f* bubonique
beunruhigen ⟨*pas de ge-*, h.⟩ A VT inquiéter; donner du souci à B VR **sich ~** s'inquiéter; s'alarmer
beunruhigend ADJT inquiétant
beunruhigt ADJT inquiet, -ète (**über** [*+akk*], **wegen** de)
Beunruhigung F ⟨~; ~en⟩ inquiétude *f*; souci *m*
beurkunden VT ⟨-ete, *pas de ge-*, h.⟩ donner acte de; constater, attester (officiellement, légalement); authentifier; **notariell ~** constater par acte notarié
Beurkundung F ⟨~; ~en⟩ constatation, attestation (officielle); ADMIN **zur ~** dont acte
beurlauben VT ⟨*pas de ge-*, h.⟩ 1 accorder un congé, MIL une permission à; **beurlaubt sein** être mis en congé; *Professor* être mis en disponibilité 2 *vom Amt* suspendre (de ses fonctions)
Beurlaubung F ⟨~; ~en⟩ 1 congé *m*; MIL permission *f* 2 *vom Amt* suspension *f*
beurteilen VT ⟨*pas de ge-*, h.⟩ juger (de); porter un jugement sur
Beurteilung F ⟨~; ~en⟩ 1 jugement *m* 2 *(Gutachten)* évaluation *f*
Beuschel N ⟨~s; ~⟩ *österr* GASTR *ragoût de cœur, de poumon, etc de veau ou de mouton*
Beute F ⟨~⟩ 1 *(~gut, Diebesbeute)* butin *m*; *(Jagdbeute)* (tableau *m* de) chasse *f*; **~ machen** faire du butin; **auf ~ ausgehen** partir à la recherche de butin 2 *e-s Raubtiers, a. fig* proie *f*; *fig* **e-e leichte ~** une proie facile
Beutel M ⟨~s; ~⟩ 1 (petit) sac; *kleiner* sachet *m*; *(Brotbeutel)* sac *m*; *(Tabaksbeutel)* blague *f* 2 *umg (Geldbeutel)* porte-monnaie *m* 3 ZOOL poche (marsupiale)
beuteln ⟨-(e)le, h.⟩ A *umg* VT *Leben, Schicksal* **j-n ~** malmener qn B VI (*u.* VR) **(sich) ~** *Stoff etc* goder; faire des poches

Beutelratte F sarigue *f*; **Beuteltier** N marsupial *m*
Beutezug M razzia *f*; raid *m*
bevölkern ⟨-(e)re, *pas de ge-*, h.⟩ A VT *a. fig* peupler (**mit** de); **e-e dicht, dünn bevölkerte Region** une région à population dense, faible B VR **sich ~** *a. fig* se peupler; *fig* se remplir (de monde)
Bevölkerung F ⟨~; ~en⟩ 1 population *f*; **pro Kopf der ~** par (tête d')habitant 2 ⟨*pas de pl*⟩ *Vorgang* peuplement *m*
Bevölkerungsabnahme F recul *m* démographique; diminution *f* de la population
Bevölkerungsanteil M partie *f* de la population; **der ~ der Arbeiter** la partie ouvrière de la population
Bevölkerungsdichte F densité *f* de (la) population; **Bevölkerungsentwicklung** F évolution *f* démographique; **Bevölkerungsexplosion** F explosion *f*, brusque poussée *f* démographique; **Bevölkerungsgruppe** F catégorie *f* de la population; **Bevölkerungspolitik** F politique *f* démographique
bevölkerungspolitisch ADJ relatif, -ive à la politique démographique; **~e Maßnahmen** *fpl* mesures *fpl* démographiques
Bevölkerungsrückgang M régression *f* de la population; **Bevölkerungsschicht** F couche *f* de la population; **Bevölkerungsstatistik** F statistique *f* démographique; **Bevölkerungsstruktur** F structure *f* de la population; **Bevölkerungsüberschuss** M excédent *m* de population; **Bevölkerungswachstum** N croissance *f* démographique; augmentation *f*, accroissement *m* de la population; **Bevölkerungszahl** F nombre *m* d'habitants; **Bevölkerungszunahme** F → Bevölkerungswachstum
bevollmächtigen VT ⟨*pas de ge-*, h.⟩ donner mandat, procuration à (**zu** pour); donner pouvoir à (**zu** de); autoriser (**zu** à); mandater (**zu** pour)
bevollmächtigt ADJT autorisé (**zu** à); mandaté (**zu** pour); DIPL plénipotentiaire
Bevollmächtigte(r) M/F(M) ⟨→ A⟩ mandataire *m/f*; HANDEL fondé *m* de pouvoir; DIPL plénipotentiaire *m*; **als ~(r)** par procuration
Bevollmächtigung F ⟨~; ~en⟩ autorisation *f*; *(Vollmacht)* HANDEL procuration *f*; DIPL pleins pouvoirs
bevor KONJ avant que (*+subj*); *bei gleichem Subjekt im Haupt- und Nebensatz a.* avant de (*+inf*)
bevormunden VT ⟨-ete, *insép*, *pas de ge-*, h.⟩ JUR tenir en tutelle; *fig* dicter sa conduite à; **von j-m bevormundet werden** être sous la coupe, la dépendance de qn
Bevormundung F ⟨~; ~en⟩ tutelle *f* (*a. fig*); **ich verbitte mir jede ~** je n'ai pas d'ordre à recevoir de qui que ce soit
bevorraten VT ⟨-ete, *insép*, *pas de ge-*, h.⟩ ADMIN approvisionner (**mit** de, en); **Bevorratung** F ⟨~⟩ ADMIN approvisionnement *m*
bevorstehen VI ⟨*irr*, *sép*, -ge-, h.⟩ être en vue; se préparer; **unmittelbar ~** être imminent; **wer weiß, was uns noch bevorsteht** qui sait ce qui nous attend; *bei der Arbeit* **das Schlimmste steht noch bevor** le plus dur est encore devant nous, reste à faire
bevorstehend ADJT en vue; proche; **unmittelbar ~** imminent
bevorzugen VT ⟨*insép*, *pas de ge-*, h.⟩ 1 *Dinge* préférer 2 *Personen (bevorzugt behandeln)* favoriser, avantager (**vor** [*+dat*] par rapport à); accorder un traitement de faveur à
bevorzugt A ADJT 1 *(Lieblings-)* préféré 2 *(begünstigt)* avantagé; favorisé B ADVL **etw ~ erledigen** donner la priorité à qc; régler prioritairement qc; **~ behandelt, bedient werden** bénéficier d'un traitement de faveur
Bevorzugung F ⟨~; ~en⟩ préférence *f*; *von Personen* traitement *m* de faveur (*+gen* accordé à)
bewachen VT ⟨*pas de ge-*, h.⟩ garder; surveiller; **bewachter Parkplatz** parking gardé
Bewacher(in) M ⟨~s; ~⟩ (F) ⟨~in; ~innen⟩ gardien, -ienne *m,f*
bewachsen ADJ (re)couvert (**mit** de)
Bewachung F ⟨~; ~en⟩ garde *f*; surveillance *f*; **unter polizeilicher ~ stehen** être gardé par la police; être sous la garde, sous la surveillance de la police
bewaffnen VT (*u.* VR) ⟨-ete, *pas de ge-*, h.⟩ **(sich) ~** *a. fig* (s')armer (**mit** de)
bewaffnet ADJT armé; **mit etw ~ sein** être armé de qc
Bewaffnung F ⟨~; ~en⟩ armement *m*
bewahren VT ⟨*pas de ge-*, h.⟩ 1 *(erhalten, auf~), a. im Gedächtnis etc* garder; conserver; **Stillschweigen über etw** (*akk*) **~** garder le silence sur qc; **Ruhe ~** conserver son calme; garder son sang-froid; **Haltung ~** faire bonne contenance 2 *(schützen)* **vor etw, j-m ~** préserver de qc, qn; protéger de, contre qc, qn; *umg* **i** *od* **Gott bewahre!** Dieu m'en garde!
bewähren VR ⟨*pas de ge-*, h.⟩ **sich ~** faire ses preuves; *Personen a.* prouver ses capacités; **sich nicht ~** ne pas s'avérer efficace; *Personen* ne pas montrer assez de qualités
bewahrheiten VR ⟨-ete, *pas de ge-*, h.⟩ **sich ~** se vérifier; s'avérer exact, juste
bewährt ADJT qui s'est avéré efficace; éprouvé; *Person* qui a fait ses preuves; expérimenté; *Freundschaft etc* à toute épreuve; solide
Bewahrung F ⟨~⟩ 1 *(Beibehaltung)* conservation *f* 2 *(Schutz)* préservation *f*, protection *f* (**vor** [*+dat*] contre)
Bewährung F ⟨~; ~en⟩ 1 *(Probe)* épreuve *f* 2 JUR sursis *m* (à l'exécution des peines); *(~sfrist)* probation *f*; **zwei Jahre Gefängnis mit, ohne ~** deux ans de prison avec sursis, de prison ferme; **die Strafe zur ~ aussetzen** surseoir à l'exécution des peines
Bewährungsauflage F JUR condition *f* du sursis (à l'exécution des peines); **Bewährungsfrist** F JUR probation *f*; délai *m* probatoire; **Bewährungshelfer(in)** M(F) JUR agent *m* de probation; **Bewährungsprobe** F épreuve *f*; **Bewährungszeit** F JUR période *f* probatoire
bewaldet ADJ boisé; couvert de bois, de forêts; **Bewaldung** F ⟨~; ~en⟩ boisement *m*
bewältigen VT ⟨*pas de ge-*, h.⟩ venir à bout de; *Enttäuschung, Schwierigkeiten a.* surmonter; *Vergangenheit* assumer; **nicht** *od* **kaum zu ~ sein** *Situation* être ingérable; **die Strecke in drei Minuten ~** couvrir la distance en trois minutes
Bewältigung F ⟨~⟩ *e-s Problems* résolution *f*; *e-r Arbeit, Situation* maîtrise *f*; *von Wissensstoff* assimilation *f*; *e-r Enttäuschung* dépassement *m* (*+gen* de); victoire *f* (*+gen* sur); **die ~ der Vergangenheit** la prise de conscience, *plus fort* la maîtrise du passé
bewandert ADJ **in etw** (*dat*), **auf e-m Gebiet ~ sein** s'y connaître en qc, dans un domaine
Bewandtnis F ⟨~; ~se⟩ **damit hat es folgende ~** voici comment la chose se présente; voici ce qu'il en est; **damit hat es s-e eigene ~** c'est un cas particulier; c'est une chose à part
bewässern VT ⟨-(e)re, *pas de ge-*, h.⟩ arroser; AGR *a.* irriguer; **Bewässerung** F ⟨~; ~en⟩ arrosage *m*; AGR *a.* irrigation *f*
Bewässerungsanlage F système *m* d'irri-

B

gation, d'arrosage; **Bewässerungsgraben** M rigole *f*, fossé *m* d'irrigation; **Bewässerungskanal** M canal *m* d'irrigation

bewegen[1] ⟨*pas de ge-*, h.⟩ A VT 1 *räumlich* remuer; *a.* (*rücken*) bouger; mouvoir; (*in Bewegung versetzen*) agiter 2 (*ergreifen, rühren*) émouvoir; toucher; **mit, in bewegten Worten** en termes émus 3 (*erregen*) agiter 4 (*geistig beschäftigen*) occuper; **Fragen, die uns heute ~** les questions qui nous (pré)occupent aujourd'hui B VR **sich ~** 1 remuer; bouger; PHYS, TECH (*sich fort~*) se mouvoir; **sich von der Stelle ~** avancer; bouger 2 *fig* **s-e Pläne, Gedanken ~ sich in e-e ganz andere Richtung** ses projets, ses pensées suivent une toute autre direction; **der Preis bewegt sich zwischen fünf und zehn Euro** le prix oscille entre cinq et dix euros 3 (*sich verhalten*) se conduire; se comporter; **sich ungezwungen ~** évoluer avec aisance

bewegen[2] VT ⟨bewegt, bewog, bewogen, h.⟩ **j-n zu etw ~** décider, pousser, inciter qn à qc

bewegend ADJT *Szene, Anblick etc* émouvant

Beweggrund M mobile *m*; motif *m*; **die tieferen Beweggründe** les mobiles cachés, profonds

beweglich ADJ 1 mobile; *Puppe* **mit ~en Gliedern** aux membres articulés; **der ~e Besitz** les biens *mpl* meubles; **~e Feste** *npl* fêtes *fpl* mobiles 2 *fig geistig etc* vif, vive; alerte

Beweglichkeit F ⟨~⟩ 1 mobilité *f* 2 *fig des Geistes* vivacité *f* d'esprit

bewegt ADJT 1 *Leben etc* mouvementé; agité (*a. Meer*); *Epoche, Zeit a.* troublé 2 (*ergriffen*) ému; touché (**von** par); **Bewegtheit** F ⟨~⟩ 1 agitation *f* 2 (*Ergriffenheit*) émotion *f*

Bewegung F ⟨~; ~en⟩ 1 mouvement *m*; **in ~ sein, geraten** être, se mettre en mouvement; **sich in ~ setzen** se mettre en marche, en mouvement, en branle; *Maschine, Zug a.* s'ébranler; **etw in ~ setzen** mettre qc en marche; **sich** (*dat*) **~ machen, verschaffen** prendre, se donner de l'exercice, du mouvement 2 (*Geste*) geste *m*; **keine ~!** pas un geste!; on ne bouge plus! 3 *innere* agitation *f*; (*Rührung*) émotion *f* 4 POL *etc* mouvement *m*

Bewegungsablauf M phases *fpl*, déroulement *m* d'un mouvement; **Bewegungsapparat** M ANAT système moteur; **Bewegungsdrang** M besoin *m* de mouvement, d'exercice; **Bewegungsenergie** F PHYS énergie *f* cinétique; force vive; **Bewegungsfreiheit** F liberté *f* de mouvement; **Bewegungskrieg** M guerre *f* de mouvement; **bewegungslos** ADJ immobile; figé; inerte; **Bewegungslosigkeit** F ⟨~⟩ immobilité *f*; **Bewegungsmelder** M ⟨~s; ~⟩ détecteur *m* de mouvement; **Bewegungsstudie** F MAL étude *f* de mouvement; **Bewegungstherapie** F kinésithérapie *f*; **bewegungsunfähig** ADJ incapable de remuer, de bouger, de se mouvoir

beweihräuchern VT ⟨-(e)re, *pas de ge-*, h.⟩ *a. fig pej* encenser; **Beweihräucherung** F ⟨~; ~en⟩ *a. fig pej* encensement *m*

beweinen VT ⟨*pas de ge-*, h.⟩ **j-n, etw ~** pleurer qn, qc

Beweis M ⟨~es; ~e⟩ JUR, *fig* preuve *f* (**für** de); MATH démonstration *f*; **schlagender ~** preuve éclatante; **den ~ für etw liefern, erbringen, führen** fournir, faire, JUR *a.* administrer la preuve de qc; **etw unter ~ stellen** prouver qc; **als, zum ~ für …** comme, pour preuve de …; **aus Mangel an ~en** faute de preuves; **bis zum ~ des Gegenteils** jusqu'à preuve du contraire

Beweisantrag M JUR offre *f* de preuve; **Beweisaufnahme** F JUR instruction *f*; **beweisbar** ADJ vérifiable; *Satz* démontrable

beweisen VT ⟨*irr, pas de ge-*, h.⟩ 1 (*nachweisen, belegen*) prouver; MATH démontrer; **etw als bewiesen ansehen** considérer qc comme prouvé; MATH **was zu ~ war** ce qu'il fallait démontrer 2 (*an den Tag legen*) *Mut etc* faire preuve de

Beweisführung F argumentation *f*; démonstration *f*; JUR administration *f* de la preuve; **Beweisgegenstand** M JUR corps *m* du délit

Beweiskraft F ⟨~⟩ **(keine) ~ haben** (ne pas) constituer une preuve

beweiskräftig ADJ probant; concluant

Beweislast F ⟨~⟩ charge *f* de la preuve; **Beweismaterial** N preuves *fpl*; **Beweismittel** N preuve *f*; **Beweisstück** N pièce à conviction, justificative; preuve *f*

bewenden VI **es bei** *od* **mit etw ~ lassen** en rester, s'en tenir, se borner à qc; **lassen wir es dabei ~** restons-en là; tenons-nous-en là

Bewenden N ⟨~s⟩ **damit hat es sein ~** il faut en rester, s'en tenir à cela

bewerben VR ⟨*irr, pas de ge-*, h.⟩ **sich (um e-e Stelle) ~** poser sa candidature à un poste; *nur beruflich* **sich ~ bei** solliciter, postuler un emploi chez; **sich als Sekretärin ~** chercher un emploi de secrétaire; **sich um das Amt des Präsidenten ~** être, se porter candidat à la présidence

Bewerber M ⟨~s; ~⟩ 1 candidat *m*; *nur beruflich* postulant *m*; SPORT *etc* (*Mitbewerber*) concurrent *m* 2 (*Freier*) prétendant *m*

Bewerberin F ⟨~; ~nen⟩ candidate *f*; *nur beruflich* postulante *f*; SPORT *etc* (*Mitbewerberin*) concurrente *f*

Bewerbung F ⟨~; ~en⟩ 1 *Vorgang* candidature *f* (**auf, für, um e-e Stelle** à un poste) 2 *Schriftstück* lettre *f* de candidature

Bewerbungsbogen M formulaire *m* de candidature; **Bewerbungsfrist** F délai *m* de dépôt de candidature; **Bewerbungsgespräch** N entretien *m* d'embauche; **Bewerbungsmappe** F dossier *m* de candidature; **Bewerbungsschreiben** N lettre *f* de candidature; **Bewerbungsunterlagen** FPL dossier *m* de candidature

bewerfen VT ⟨*irr, pas de ge-*, h.⟩ 1 **etw, j-n mit etw ~** jeter qc à qc, qn; **j-n, etw** *mit Schmutz* **~** *a. fig* salir, *liter* souiller qn, qc 2 BAU *mit Mörtel* crépir

bewerkstelligen VT ⟨*pas de ge-*, h.⟩ effectuer; exécuter; (*zustande bringen*) accomplir; réaliser; parvenir à; **wir müssen es irgendwie ~, dass …** il faut absolument arriver à ce que … (*+subj*)

Bewerkstelligung F ⟨~⟩ accomplissement *m*; réalisation *f*

bewerten VT ⟨-ete, *pas de ge-*, h.⟩ évaluer; estimer; SPORT, SCHULE noter; **zu hoch ~** surévaluer; surestimer; **zu niedrig ~** sous-évaluer; **neu ~** *Bilanz etc* réévaluer; **etw mit zehn Punkten, mit „gut" ~** donner dix points, la note « bien » à qc

Bewertung F évaluation *f*; estimation *f*; appréciation *f*; SPORT, SCHULE *als Ergebnis* note *f*; points *mpl*

Bewertungsmaßstab M échelle *f*, mode *m* d'évaluation; critère *m*; **e-n anderen ~ anlegen** partir d'une autre échelle d'évaluation

bewilligen VT ⟨*pas de ge-*, h.⟩ accorder; octroyer; autoriser; *Kredit a.* consentir; **Bewilligung** F ⟨~; ~en⟩ autorisation *f*; octroi *m*

bewirken VT ⟨*pas de ge-*, h.⟩ 1 (*hervorrufen, verursachen*) produire; causer; provoquer; avoir pour effet 2 (*erwirken, erreichen*) obtenir (**bei j-m** de qn, auprès de qn)

bewirten VT ⟨-ete, *pas de ge-*, h.⟩ offrir un repas à; **j-n mit etw ~** servir qc à qn; **wir wurden mit Kaffee und Kuchen bewirtet** on nous a offert du café et des gâteaux

bewirtschaften VT ⟨-ete, *pas de ge-*, h.⟩ 1 *Bauernhof etc* exploiter; *Hotel etc* gérer; administrer; *Felder* cultiver; mettre en valeur; **die Hütte ist nur im Sommer bewirtschaftet** le refuge n'est ouvert qu'en été 2 *Wohnraum, Devisen etc* réglementer; *Waren a.* contingenter; rationner

Bewirtschaftung F ⟨~; ~en⟩ 1 *e-s Bauernhofs etc* exploitation *f*; *e-s Hotels etc* gestion *f*; administration *f*; *der Felder* mise *f* en valeur; culture *f* 2 *des Wohnraums, von Devisen etc* réglementation *f*; *von Waren a.* contingentement *m*; rationnement *m*

Bewirtung F ⟨~; ~en⟩ repas (offert à qn); restauration *f*

bewog, **bewogen** → bewegen[2]

bewohnbar ADJ habitable; **nicht ~** inhabitable

Bewohnbarkeit F ⟨~⟩ habitabilité *f*

bewohnen VT ⟨*pas de ge-*, h.⟩ habiter; *Wohnung, Stockwerk a.* occuper

Bewohner(in) M ⟨~s; ~⟩ (F) ⟨~in; ~innen⟩ habitant(e) *m(f)*; *e-s Hauses a.* occupant(e) *m(f)*

bewölken VR ⟨*pas de ge-*, h.⟩ **sich ~** se couvrir (de nuages); *geh fig Stirn* se rembrunir; s'assombrir; **es bewölkt sich** le temps, *umg* ça se couvre; **stark, leicht bewölkt** très, légèrement couvert

Bewölkung F ⟨~; ~en⟩ nuages *mpl*; **aufgelockerte ~** nuages épars, dispersés; **wechselnde ~** ciel changeant; **die ~ riss gegen Abend auf** le ciel s'est dégagé dans la soirée

Bewölkungsauflockerung F dissipation *f* des nuages; **~ am Nachmittag** le ciel se dégagera au cours de, dans l'après-midi

Bewölkungszunahme F ⟨~⟩ accumulation *f* de nuages; **~ am Vormittag** les nuages deviendront plus nombreux au cours de la matinée

Bewuchs M ⟨~es⟩ végétation *f*; plantes *fpl*

Bewunderer M ⟨~s; ~⟩, **Bewunderin** F ⟨-in; -innen⟩ admirateur, -trice *m,f*

bewundern VT ⟨-(e)re, *pas de ge-*, h.⟩ admirer (**an j-m** chez qn; **wegen etw** pour qc)

bewundernd ADJT admiratif, -ive

bewundernswert, **bewundernswürdig** ADJ admirable; digne d'admiration

Bewunderung F ⟨~⟩ admiration *f*; **mit ~ erfüllen** remplir d'admiration; émerveiller; **Gegenstand allgemeiner ~ sein** faire l'admiration de tous

bewunderungswürdig ADJ admirable; digne d'admiration

Bewurf M ⟨~(e)s; ~̈e⟩ BAU crépi *m*

bewusst A ADJ 1 (*im Bewusstsein*) conscient; **j-m etw ~ machen** faire prendre conscience à qn de qc; **sich** (*dat*) **etw ~ machen** se rendre compte de qc; prendre conscience de qc; réaliser qc; **sich** (*dat*) **e-r Sache** (*gen*) **~ sein** avoir conscience, être conscient de qc; **sich** (*dat*) **e-r Sache** (*gen*) **~ werden** prendre conscience de qc; se rendre compte de qc; **ich bin mir keiner Schuld ~** je ne me sens pas coupable du tout; je n'ai rien à me reprocher; **er war sich** (*dat*) **der Folgen s-r Tat gar nicht ~** il ne s'était pas rendu compte des conséquences de son acte 2 (*absichtlich*) voulu; délibéré; prémédité; **e-e ~e Verdrehung der Tatsachen** une déformation délibérée des faits 3 ⟨*épithète*⟩ (*besagt, bekannt*) en question; dont il s'agit; **an dem ~en Tag** ce jour-là; ce fameux jour; **zur ~en Stunde** à l'heure convenue B ADV 1 consciemment; **etw ~ miterleben** vivre qc en toute conscience, lucidité; **etw ~ wahr-**

nehmen prendre conscience de qc 2 (*wissentlich*) sciemment; en connaissance de cause 3 (*absichtlich*) délibérément; à dessein

Bewusstheit F ⟨~⟩ conscience *f*

bewusstlos ADJ sans connaissance; évanoui; **~ werden** perdre connaissance; s'évanouir

Bewusstlosigkeit F ⟨~⟩ évanouissement *m*; perte *f* de connaissance; *umg fig* **bis zur ~** (*bis zum Überdruss*) jusqu'à la nausée; (*bis zur Erschöpfung*) jusqu'à (l')épuisement

bewusstmachen V/T → bewusst A 1

Bewusstsein N ⟨~s⟩ 1 PSYCH, PHIL conscience *f*; **in dem ~, s-e Pflicht getan zu haben** conscient d'avoir fait son devoir; **plötzlich kam es ihr zu(m) ~, dass sie …** elle prit conscience soudain d'avoir (fait) …; **j-m etw zu(m) ~ bringen** faire prendre conscience de qc à qn; faire sentir qc à qn; **sich** (*dat*) **etw ins ~ zurückrufen** se rappeler qc; se souvenir de qc 2 MED connaissance *f*; **das ~ verlieren** perdre connaissance; **wieder zu ~ kommen** reprendre connaissance; **bei vollem ~ operiert werden** être opéré sans anesthésie, sans être endormi

Bewusstseinsbildung F ⟨~⟩ prise *f* de conscience; **Bewusstseinserweiterung** F élargissement *m* du champ de la conscience; **Bewusstseinsspaltung** F ⟨~⟩ dédoublement *m* de la personnalité; schizophrénie *f*; **Bewusstseinsstörung** F trouble *m* de la conscience; **Bewusstseinsveränderung** F transformation *f* de la conscience

bewusstwerden V/R → bewusst A 1

Bewusstwerdung F ⟨~⟩ prise *f* de conscience

bez. ABK 1 (*bezahlt*) payé 2 (*bezüglich*) concernant

Bez. ABK 1 (*Bezirk*) district 2 (*Bezeichnung*) désignation; dénomination

bezahlen ⟨*pas de ge-*, h.⟩ A V/T 1 (*zahlen*) payer; *Rechnung a.* régler; **j-m etw ~** payer qc à qn; **für etw zehn Euro ~** payer qc dix euros; **etw (zu) teuer ~** payer qc (trop) cher; **s-e Unvorsichtigkeit teuer, mit dem Leben ~ müssen** devoir payer cher, de sa vie son imprudence; **sich bezahlt machen** être payant; payer; rapporter 2 (*entlohnen*) payer; rémunérer; rétribuer B V/I payer; **Herr Ober, bitte ~!** garçon, l'addition s'il vous plaît!

Bezahlfernsehen *umg* N télévision *f* à péage

Bezahlung F ⟨~⟩ 1 (*das Bezahlen*) paiement *od* payement *m* 2 (*Lohn*) rémunération *f*; rétribution *f*

bezähmen *geh* ⟨*pas de ge-*, h.⟩ A V/T *Neugier etc* maîtriser; dominer; réprimer B V/R **sich ~** se dominer; se maîtriser

bezaubern V/T ⟨-(e)re, *pas de ge-*, h.⟩ charmer; captiver; séduire; *plus fort* envoûter; ensorceler

bezaubernd ADJT charmant; ravissant; *plus fort* séduisant

bezeichnen ⟨-ete, *pas de ge-*, h.⟩ A V/T 1 (*markieren*) marquer; indiquer 2 (*benennen*) désigner; **näher ~** spécifier 3 (*einschätzen*) qualifier (**als** de); **j-n als Verräter ~** qualifier, traiter qn de traître; **j-n als dumm ~** qualifier qn de sot B V/R **sich als Künstler** *etc* **~** se dire artiste, *etc*

bezeichnend ADJT typique, caractéristique (**für** de); (*aufschlussreich*) révélateur, -trice; symptomatique

bezeichnenderweise ADV **~ hat er …** ce qui est typique pour lui, c'est qu'il a …

Bezeichnung F 1 ⟨*pas de pl*⟩ (*Kennzeichnung, Angabe*) indication *f* 2 (*Zeichen*) marque *f*; indication *f* 3 (*Benennung*) désignation *f*; dénomination *f*; (*Name*) nom *m*; *nähere* spécification *f*

bezeigen *geh* V/T ⟨*pas de ge-*, h.⟩ *Achtung etc* témoigner; manifester; **sein Beileid ~** présenter ses condoléances

bezeugen V/T ⟨*pas de ge-*, h.⟩ 1 JUR témoigner de; attester; **das kann ich ~** je peux en témoigner; je peux l'attester, le certifier 2 *fig* (*bezeigen*) témoigner

Bezeugung F 1 JUR *e-r Aussage etc* attestation *f* 2 *fig* (*Bezeigung*) témoignage *m*

bezichtigen V/T ⟨*pas de ge-*, h.⟩ **j-n e-r Sache** (*gen*) **~** accuser qn de qc

Bezichtigung F ⟨~; ~en⟩ accusation *f*

beziehbar ADJ *Wohnung, Haus* habitable (immédiatement); (*frei*) libre; **sofort ~** libre de suite

beziehen ⟨*irr, pas de ge-*, h.⟩ A V/T 1 *Schirm, Möbel etc* recouvrir (**mit** de); **die Betten, das Kopfkissen ~** mettre les draps, la taie d'oreiller 2 *Wohnung etc* s'installer dans 3 *Waren* se fournir en, acheter (**von j-m** chez qn); *Gehalt* toucher; percevoir; *Zeitung* être abonné à; **Prügel ~** *umg* recevoir une raclée 4 **etw auf etw** (*akk*) **~** appliquer qc à qc; **etw auf sich** (*akk*) **~** prendre qc pour soi; **bezogen auf** (+*akk*) par rapport à B V/R **sich auf j-n, etw ~** se référer à qn, qc

Beziehen N ⟨~s⟩ *von Waren* achat *m*; *e-r Zeitung* abonnement *m* (+*gen* à)

Bezieher(in) M ⟨~s; ~⟩ (F) ⟨~in; ~innen⟩ *e-r Zeitung etc* abonné(e) *m(f)*; *e-r Rente, e-s Gehalts* bénéficiaire *m/f*

Beziehung F 1 (*Verbindung*) relation *f*; rapport *m*; **diplomatische, wirtschaftliche ~en** relations diplomatiques, économiques; **gute ~en zu j-m haben** avoir de bonnes relations avec qn; entretenir de bons rapports avec qn; **gute ~en zueinander haben** être en bons rapports; **~en (zu j-m) aufnehmen** entrer en relations (avec qn); **e-e feste ~ haben** avoir une relation (amoureuse) suivie; **intime ~en zu** *od* **mit j-m haben** avoir des rapports (sexuels) avec qn; **in verwandtschaftlicher ~ zu j-m stehen** avoir des liens de parenté, être parent avec qn 2 PL **~en** (*einflussreiche Bekanntschaften*) relations *fpl*; **~en haben** avoir des relations 3 (*Verhältnis*) rapport *m*; lien *m*; **zwei Dinge (zueinander) in ~ setzen** établir un rapport, lien entre deux choses; **in ~ zu etw stehen** avoir rapport à qc; **das steht in keiner ~ dazu** il n'y a aucun rapport; **mit ~ auf** (+*akk*) en référence à 4 (*Verständnis, Gefühl*) affinités *fpl* (**zu** avec); **keine ~ zur abstrakten Kunst haben** ne pas avoir d'affinités avec l'art abstrait 5 (*Hinsicht*) **in dieser ~** de ce point de vue; sous ce rapport; à cet égard; **in gewisser ~** dans un certain sens; d'un certain point de vue; **in mancher ~** à maints égards; **in keiner ~** en aucune façon; **in jeder ~** à tout point de vue; à tous (les) égards

Beziehungskiste *umg* F relations (amoureuses) compliquées

beziehungslos ADJ sans rapport

beziehungsweise ADV 1 (*im anderen Fall*) respectivement; (*oder*) ou; **sie sind drei ~ fünf Jahre alt** ils sont âgés respectivement de trois et cinq ans; **der ~ die Täter** le ou les malfaiteurs 2 (*genauer gesagt*) ou plutôt; ou plus exactement; pour être plus précis

beziffern V/T (*u.* V/R) ⟨-(e)re, *pas de ge-*, h.⟩ **(sich) ~** (se) chiffrer (**auf** [+*akk*] à)

Bezirk M ⟨~(e)s; ~e⟩ GEOG, ADMIN district *m*; canton *m*; (*Wahlbezirk*) circonscription *f*

Bezirksklasse F SPORT *etwa* division régionale; **Bezirksverband** M union régionale; **Bezirksvertreter** M représentant *m* d'une région

bezirzen *umg* V/T ⟨*pas de ge-*, h.⟩ charmer; séduire; *plus fort* ensorceler

Bezogene(r) M ⟨→ A⟩ FIN tiré *m*

Bezug M 1 (*Bettbezug, Kissenbezug*) *etc* enveloppe *f*; °housse *f*; (*Kopfkissenbezug*) taie *f* d'oreiller; (*Möbelbezug*) °housse *f* 2 ⟨*pas de pl*⟩ HANDEL achat *m*; *e-r Pension etc* perception *f*; *von Zeitungen* abonnement *m* (+*gen* à) 3 FIN *pl* **Bezüge** appointements *mpl*; traitement *m*; émoluments *mpl* 4 (*Beziehung*) rapport *m*; **~ nehmen auf** (+*akk*) se référer à; **~ nehmend auf** *od* **mit ~ auf Ihr Schreiben** en référence à votre lettre; **in ~ auf j-n, etw** en ce qui concerne qn, qc; au sujet de qn, qc

bezüglich A PRÄP ⟨*gen*⟩ au sujet de; en ce qui concerne; relativement à B ADJ relatif, -ive (**auf etw, j-n** à qc, qn); GRAM **~es Fürwort** pronom relatif

Bezugnahme F ⟨~; ~n⟩ ADMIN **mit, unter ~ auf** (+*akk*) en référence à; (en) me *bzw.* nous référant à

Bezugsbedingungen FPL HANDEL conditions *fpl* d'achat, *e-r Zeitung* d'abonnement; **Bezugsberechtigung** F HANDEL autorisation *f* d'achat (de marchandises contingentées); **bezugsfertig** ADJ (*schlüsselfertig*) clés en main; → *a.* beziehbar; **Bezugsperson** F PSYCH, SOZIOLOGIE personne *f* de confiance; **Bezugspreis** M prix *m* d'achat, *e-r Zeitung* d'abonnement; **Bezugsquelle** F source *f* d'approvisionnement; fournisseur *m*; **Bezugsrecht** N *für Aktien* droit *m* de souscription; **Bezugsschein** M carte *f* de rationnement; bon *m* d'achat; **Bezugsstoff** M tissu *m* d'ameublement; **Bezugssystem** N système *m* de référence

bezuschussen V/T ⟨-(es)t, *pas de ge-*, h.⟩ subventionner; accorder une *bzw.* des subvention(s) à; **Bezuschussung** F ⟨~; ~en⟩ 1 (*das Bezuschussen*) accord *m* d'une *bzw.* de subvention(s) (+*gen* à) 2 *Betrag* subvention(s) *f(pl)*

bezwecken V/T ⟨*pas de ge-*, h.⟩ viser à; avoir pour but, pour objet; **was bezweckt er mit s-r Frage?** où veut-il en venir avec sa question?

bezweifeln V/T ⟨-(e)le, *pas de ge-*, h.⟩ douter de; mettre en doute; **ich bezweifle nicht, dass …** je ne doute pas que … (ne) (+*subj*); **das ist nicht zu ~** cela ne fait aucun doute; **das möchte ich doch (stark) ~** permets-moi *bzw.* permettez-moi d'en douter; cela reste à prouver

bezwingen V/T ⟨*irr, pas de ge-*, h.⟩ *Berg, Gegner etc* vaincre; *Gegner a.* venir à bout de; *Leidenschaften* maîtriser; dominer

Bezwinger M ⟨~s; ~⟩ vainqueur *m*; **Bezwingung** F ⟨~; ~en⟩ *e-s Berges, im Sport, fig von Leidenschaften* victoire *f* (+*gen* sur)

Bf. ABK (Bahnhof) gare

BfA F ⟨~⟩ ABK → Bundesversicherungsanstalt

bfr ABK (belgischer Franc) HIST FB (franc belge)

BGB N ⟨~⟩ ABK (Bürgerliches Gesetzbuch) *etwa* Code civil

BGBl. ABK (Bundesgesetzblatt) Journal officiel de la République fédérale d'Allemagne; *in Frankreich* J.O. (Journal officiel)

BGH M ⟨~⟩ ABK → Bundesgerichtshof

BGS M ⟨~⟩ HIST ABK → Bundesgrenzschutz

BH *umg* M ⟨~(s); ~(s)⟩ ABK (Büstenhalter) soutien-gorge *m*; *umg* soutif *m*

Bhf. ABK (Bahnhof) gare

Bhutan N ⟨→ *n/pr*⟩ le Bhoutan

Bhutaner(in) M ⟨~s; ~⟩ (F) ⟨~in; ~innen⟩ Bhoutanais(e) *m(f)*; **bhutanisch** ADJ bhoutanais

bi *umg* ADJ ⟨*attribut*⟩ bisexuel, -elle; **er, sie ist ~** *umg* c'est un, une bi

BI ABK (Bürgerinitiative) comité *m* d'action et de défense; *auf lokaler Ebene a.* comité *m* de

quartier
Biathlet(in) M(F) biathlète *m/f*
Biathlon N ⟨~s; ~s⟩ biathlon *m*
bibbern *umg* VI ⟨-(e)re, h.⟩ trembler, grelotter (**vor** [+dat] de)
Bibel F ⟨~; ~n⟩ Bible *f; als Buch, fig* bible *f;* **Bibelauslegung** F exégèse *f* biblique; **bibelfest** ADJ qui connaît bien le texte de la Bible; **Bibelgesellschaft** F société *f* biblique
Bibeli N ⟨~s; ~⟩ *schweiz (Pickel)* bouton *m; (Mitesser)* point noir
Bibelkonkordanz F concordance *f* de la Bible; **Bibelkreis** M cercle *m* biblique; **Bibelspruch** M citation biblique, (tirée) de la Bible; **Bibelstelle** F passage *m* de l'Écriture, de la Bible; **Bibelübersetzung** F traduction *f*, version *f* de la Bible; **Bibelvers** M verset *m* (de la Bible)
Biber M ⟨~s; ~⟩ ZOOL castor *m;* **Biberbau** M ⟨~(e)s; ~e⟩ terrier *m* de castor
Biberbetttuch N drap *m* en flanelle
Bibernelle F ⟨~; ~n⟩ BOT pimprenelle *f; t/t* sanguisorba *m*
Biberpelz M (fourrure *f* de) castor *m;* **Biberratte** F myopotame *m;* myocastor *m;* ragondin *m;* **Biberschwanz** M **1** ZOOL queue *f* de castor **2** BAU tuile plate
Bibliograf(in) M ⟨~en; ~en⟩ (F) ⟨~in; ~innen⟩ bibliographe *m/f;* **Bibliografie** F ⟨~; ~n⟩ bibliographie *f;* **bibliografieren** VT ⟨*pas de ge-*, h.⟩ cataloguer; répertorier; **bibliografisch** ADJ bibliographique; **Bibliograph(in)**, **Bibliographie**, **bibliographieren** *etc* → Bibliograf(in), Bibliografie, bibliografieren *etc*
bibliophil ADJ de bibliophile; pour bibliophile(s)
Bibliothek F ⟨~; ~en⟩ bibliothèque *f;* **Bibliothekar(in)** M ⟨~s; ~e⟩ (F) ⟨~in; ~innen⟩ bibliothécaire *m/f;* **bibliothekarisch** ADJ de bibliothécaire
Bibliotheksbenutzer(in) M(F) usager, -ère *m,f* d'une bibliothèque; **Bibliothekskatalog** M catalogue *m* (de la bibliothèque)
biblisch ADJ biblique; de la Bible; **die ~e Geschichte** l'Histoire sainte; *fig* **~es Alter** âge *m* canonique
BIC M ABK (Bank Identifier Code) BIC *m*
Bidet N ⟨~s; ~s⟩ bidet *m*
bieder ADJ *(treuherzig)* bon, bonne; honnête; brave; *(langweilig)* fade; sans caractère; trop sage
Biedermann M ⟨~(e)s; ~er⟩ **1** *(rechtschaffener Mensch)* homme *m* honnête; brave homme *m* **2** *pej (Spießer)* petit-bourgeois *m; umg* beauf *m*
Biedermeier N ⟨~s⟩ (époque *f* du) Biedermeier *m; in Frankreich etwa* style *m* Louis Philippe; **Biedermeiermöbel** PL meubles *mpl* (de style) Biedermeier; **Biedermeierstil** M style *m* Biedermeier; *in Frankreich etwa* style *m* Louis-Philippe; **Biedermeierstrauß** M *petit bouquet présenté dans une manchette de papier dentelle blanc;* **Biedermeierzeit** F ⟨~⟩ → Biedermeier
biegbar ADJ pliable; flexible
biegen ⟨biegt, bog, gebogen⟩ **A** VT ⟨h.⟩ **1** courber; *a. (zusammen~)* plier; TECH *meist* cintrer; *bogenförmig a.* arquer; *Rohr etc knieförmig* couder; *umg fig* **auf Biegen und** *od* **oder Brechen** coûte que coûte; à tout prix **2** *österr* GRAM → beugen A 5 **B** VI ⟨s.⟩ tourner; **um die Ecke ~** tourner au coin (de la rue) **C** VR ⟨h.⟩ **sich ~** se courber; *unter starker Last* s'infléchir; fléchir; ployer; *umg* **sich ~ vor Lachen** *(dat)* se tordre de rire; *umg* rire comme un bossu

biegsam ADJ *a. fig* flexible; souple; *Charakter a.* facile; malléable; **Biegsamkeit** F ⟨~⟩ *a. fig* flexibilité *f;* souplesse *f; des Charakters a.* malléabilité *f*
Biegung F ⟨~; ~en⟩ **1** courbe *f;* courbure *f; e-s Weges, Flusses* tournant *m;* coude *m;* **e-e ~ machen** *Weg etc* tourner; faire un coude; *Person, Fahrzeug* tourner **2** *österr* GRAM → Beugung 4
Biel N ⟨→ *n/pr*⟩ Bienne
Biene F ⟨~; ~n⟩ **1** ZOOL abeille *f* **2** *umg (Mädchen) umg* poupée *f*
Bienenfleiß M application *f;* acharnement *m;* assiduité *f;* **bienenfleißig** ADJ très zélé; très travailleur, -euse; **Bienengift** N venin *m* d'abeille; **Bienenhaus** N rucher *m;* **Bienenhonig** M miel *m* (d'abeilles); **Bienenkönigin** F reine *f* des abeilles; **Bienenkorb** M ruche *f;* **Bienenschwarm** M essaim *m* d'abeilles; **Bienensprache** F langage *m* des abeilles; **Bienenstaat** M cité *f* des abeilles; **Bienenstich** M **1** piqûre *f* d'abeille **2** GASTR *gâteau fourré de crème et recouvert d'amandes effilées;* **Bienenstock** M ruche *f;* **Bienenvolk** N colonie *f* d'abeilles; **Bienenwabe** F rayon *m;* gâteau *m* de cire; **Bienenwachs** N cire *f* d'abeille; **Bienenzucht** F apiculture *f;* **Bienenzüchter(in)** M(F) apiculteur, -trice *m,f*
Biennale F ⟨~; ~n⟩ biennale *f*
Bier N ⟨~(e)s; ~e⟩ bière *f;* **helles, dunkles ~** bière blonde, brune; **e-e Flasche ~** une bouteille de bière; **~ vom Fass** bière (à la) pression; *umg* pression *f; im Lokal* **Herr Ober, ein ~!** garçon, un demi!; *umg fig* **das ist nicht mein ~** *umg* c'est pas mes oignons
Bierausschank M débit *m* de bière; **Bierbauch** *umg* M *umg* bedaine *f;* **Bierbrauer** M brasseur *m;* **Bierbrauerei** F **1** ⟨*pas de pl*⟩ *(das Bierbrauen)* brassage *m* **2** *Betrieb* brasserie *f;* **Bierdeckel** M dessous-de-verre *m;* **Bierdose** F boîte *f*, canette *f* de bière; **bierernst** *umg* ADJ *umg* sérieux, -ieuse comme un pape; **Bierfass** N tonneau *m* à bière; **Bierfilz** M dessous-de-verre *m;* **Bierflasche** F bouteille *f* de bière; *kleine* canette *f* (de bière); **Biergarten** M brasserie *f* avec terrasse (en plein air); **Bierglas** N verre *m* à bière; **Bierhahn** M robinet *m* à bière; **Bierhefe** F levure *f* de bière; **Bierkasten** M caisse *f* de bière; **Bierkeller** M *Lokal* brasserie *f;* **Bierkneipe** *umg* F brasserie *f;* **Bierkrug** M chope *f;* pot *m* à bière; **Bierkutscher** M cocher *m* de brasserie; **Bierlaune** *umg* F exubérance *f* (de buveur de bière); **Bierleiche** *umg hum* F *Mann* homme ivre mort; *Frau* femme ivre morte; **Bierlokal** N brasserie *f;* **Bierschinken** M *grosse saucisse avec des morceaux de jambon;* **Bierseidel** N chope *f;* **Bierstube** F débit *m* de bière; **Biersuppe** F soupe *f* à la bière; **Biertrinker** M buveur *m* de bière; **Bierverlag** M dépôt *m* d'une brasserie; **Bierwärmer** M ⟨~s; ~⟩ chauffe-bière *m;* **Bierwurst** F *grosse saucisse fumée;* **Bierwürze** F moût *m* de bière; **Bierzelt** N *chapiteau sous lequel on boit de la bière*
Biese F ⟨~; ~n⟩ petit pli; *an Uniformen* passepoil *m*
Biest *umg pej* N ⟨~(e)s; ~er⟩ *Tier* sale bête *f; Mann* crapule *f; umg* salaud *m; Frau* garce *f; umg* chameau *m; Apparat* fichu, maudit appareil; engin *m* de malheur
biestig *umg pej* ADJ **1** *(gemein)* répugnant; méchant; mauvais; rosse; infect; **ganz schön ~ werden** devenir mauvais, méchant **2** *(schlimm)* abominable; épouvantable; affreux, -euse

bieten ⟨bietet, bot, geboten, h.⟩ **A** VT **1** *(geben, an~) Anblick, Bild etc* offrir; présenter; *Möglichkeit a.* donner; *Schwierigkeit a.* présenter; **in … wird kulturell nichts geboten** la vie culturelle est inexistante à …; **das Theater bietet Platz für 600 Personen** le théâtre a 600 places, peut accueillir 600 spectateurs; **das lasse ich mir nicht ~!** *umg* je ne me laisserai pas marcher sur les pieds! **2** *Geld* **j-m etw (für etw) ~** offrir qc à qn (pour qc) **3** *bei e-r Versteigerung* faire une enchère de; **wer bietet mehr?** qui dit mieux? **B** VR **sich ~** *Gelegenheit, Anblick etc* s'offrir; se présenter
bietenlassen VR → bieten A 1
Bieter(in) M ⟨~s; ~⟩ (F) ⟨~in; ~innen⟩ *bei e-r Versteigerung* offrant *m;* enchérisseur, -euse *m,f*
Bifokalbrille F lunettes *fpl* à double foyer
Bifokalglas N verre *m* à double foyer; **e-e Brille mit Bifokalgläsern** des lunettes *fpl* à double foyer
Bigamie F ⟨~; ~n⟩ bigamie *f;* **Bigamist(in)** M ⟨~en; ~en⟩ (F) ⟨~in; ~innen⟩ bigame *m/f*
bigott ADJ *pej (frömmelnd)* bigot; *(scheinheilig)* hypocrite; **Bigotterie** F ⟨~; ~n⟩ *pej (Frömmelei)* bigoterie *f; (Scheinheiligkeit)* hypocrisie *f*
Bike N ⟨~s; ~s⟩ **1** *(Rad)* vélo *m; (Mountainbike)* VTT *m;* vélo *m* tout terrain **2** *(Motorrad)* motocyclette *f; umg* moto *f;* **Biker(in)** M ⟨~s; ~⟩ (F) ⟨~in; ~innen⟩ **1** *(Radfahrer[in])* cycliste *m/f; (Mountainbiker[in])* vététiste *m/f* **2** *(Motorradfahrer[in])* motocycliste *m/f; umg* motard(e) *m(f)*
Bikini M ⟨~s; ~s⟩ bikini *m*
bikonkav ADJ OPT biconcave; **bikonvex** ADJ OPT biconvexe
bilabial ADJ PHON bilabial
Bilanz F ⟨~; ~en⟩ HANDEL, *fig* bilan *m; (Handelsbilanz, Zahlungsbilanz)* balance *f;* **aktive, passive ~** bilan, balance excédentaire, déficitaire; **e-e ~ aufstellen** dresser, établir un bilan; *fig* **die ~ aus etw ziehen** faire le bilan de qc
Bilanzbuchhalter(in) M(F) comptable chargé(e) du bilan; **Bilanzfälschung** F falsification *f* du bilan
bilanzieren VI *(u.* VT*)* ⟨*pas de ge-*, h.⟩ faire, dresser, établir le bilan (de); **Bilanzierung** F ⟨~; ~en⟩ établissement *m* du bilan
Bilanzposten M poste *m* du bilan; **Bilanzprüfer** M expert-comptable *m;* **Bilanzprüfung** F vérification *f* du bilan; **Bilanzsumme** F total *m* du bilan; **Bilanzwert** M valeur *f* figurant au bilan
bilateral ADJ bilatéral
Bild N ⟨~(e)s; ~er⟩ **1** *(Abbildung)* image *f; (Fotografie)* photo *f; in Büchern etc* illustration *f; (Gemälde)* tableau *m; auf e-r Münze, Briefmarke* effigie *f;* **etw im ~ festhalten** *fotografisch* photographier qc; **sie ist ein ~ von einer Frau** c'est une beauté; elle est belle comme un astre, comme le jour **2** THEAT tableau *m* **3** *sprachliches* image *f; (Metapher)* métaphore *f;* **in ~ern sprechen** avoir un langage imagé **4** *(Anblick)* spectacle *m;* **ein ~ des Jammers** un spectacle de désolation; une scène poignante; le visage de la désolation; *umg hum* **ein ~ für Götter sein** *umg* être impayable; **die Straße zeigt ihr gewohntes ~** la rue offre son spectacle habituel **5** *(Abbild)* image *f; (Spiegelbild)* **er ist ganz das ~ seines Vaters** il est tout le portrait de son père **6** *(klare Vorstellung)* **sich** *(dat)* **ein ~ von etw machen** se faire une idée de qc; se représenter, se figurer qc; **(über etw, j-n) im ~e sein** être informé, au courant (de qc, au sujet de qn)
Bildabtastung F *bei Scannern, Druckern,* TV balayage *m*, exploration *f* de l'image; **Bildarchiv** N photothèque *f;* archives *fpl* photographiques; **Bildaufzeichnung** F prise *f* d'images; **Bildausfall** M panne *f* (d'image);

Bildausschnitt M détail *m*; **Bildautor(in)** M(F) photographe *m/f (comme co-auteur d'un ouvrage)*; **Bildband** M ⟨~(e)s; ¨~e⟩ livre illustré; album *m*; beau livre
Bildbearbeitung F traitement *m* d'image; **digitale ~** traitement *m* d'image numérique
Bildbericht M → Bildreportage; **Bildberichterstattung** F information *f* en images; **Bildbeschreibung** F description *f* d'un tableau, d'une image; **Bildbetrachter** M TECH visionneuse *f*; **Bilddatei** F IT fichier *m* image(s); **Bilddokument** N document *m* par l'image; **Bildeinstellung** F FOTO cadrage *m*
bilden ⟨-ete, h.⟩ **A** V/T **1** *(formen)* former; faire; *künstlerisch* façonner; modeler; *Satz* construire; faire; *Regierung* former; **e-n Kreis ~** former un cercle; se ranger en cercle; **Spalier ~** faire la haie; **sich** *(dat)* **ein Urteil (über etw, j-n) ~** se faire une opinion (sur qc, qn) **2** *(gründen)* constituer; *(hervorbringen)* produire **3** *(darstellen)* constituer; former; **ein Feuerwerk bildete den Abschluss der Festlichkeiten** les festivités se sont terminées par un feu d'artifice **4** *geistig* former; cultiver **B** V/R **sich ~ 1** *(entstehen)* se former; se développer **2** *geistig* se cultiver; se former; s'instruire **C** V/I **Reisen, Lesen** *etc* **bildet** les voyages, la lecture, *etc* ouvre(nt) l'esprit
bildend ADJT *(belehrend)* instructif, -ive; *(erzieherisch)* éducatif, -ive; **die ~e Kunst** les arts *mpl* plastiques; les beaux-arts
Bildentzerrung F FOTO redressement *m*, restitution *f* de l'image, de la vue
Bilderbogen M feuille imprimée découpée en vignettes; image *f* d'Épinal; **Bilderbuch** N livre *m* d'images; **Bilderbuch...** IN ZSSGN *fig* idéal; **Bildergalerie** F → Gemäldegalerie; **Bildergeschichte** F histoire *f* en images; **Bilderhaken** M crochet *m* pour tableaux; **Bilderleiste** F baguette *f* d'encadrement; **Bilderrahmen** M cadre *m*; encadrement *m*; **Bilderrätsel** N rébus *m*; **bilderreich** ADJ *Stil etc* riche en images, en métaphores; imagé; fleuri; **Bilderreichtum** M RHET abondance *f* d'images; **Bildersammlung** F collection *f* de tableaux, de gravures, d'estampes; **Bilderschrift** F pictographie *f*; **Bildersprache** F langage métaphorique, figuré, imagé; **Bilderstreit** M HIST REL querelle *f* iconoclaste; **Bildersturm** M HIST iconoclasme *m*; iconoclastie *f*; **Bilderstürmer** M HIST, *fig* iconoclaste *m*
Bildfläche F plan *m*; *(Leinwand)* écran *m*; *umg fig* **von der ~ verschwinden** *umg* disparaître de la circulation; *umg fig* **auf der ~ erscheinen** *umg* s'amener; *umg* se pointer; *umg fig* **wieder auf der ~ erscheinen** refaire surface
Bildfolge F suite *f* d'images; FILM séquence *f*; **Bildformat** N format *m* de l'image, de la photo, du tableau, *etc*; **Bildfrequenz** F vitesse *f* de défilement; images *fpl* par seconde; **Bildfunk** M phototélégraphie *f*; **bildhaft** ADJ imagé; **Bildhaftigkeit** F ⟨~⟩ caractère imagé; **Bildhauer(in)** M ⟨~s; ~⟩ F ⟨~in; ~innen⟩ (femme *f*) sculpteur *m*; **Bildhauerei** F ⟨~⟩ sculpture *f*; statuaire *f*; **bildhauerisch** ADJ sculptural; **Bildhauerkunst** F art sculptural; *(Bildhauerei)* sculpture *f*; statuaire *f*; **bildhübsch** ADJ joli comme un cœur; **Bildjournalist(in)** M(F) reporter *m/f* photographe; **Bildlaufleiste** F IT barre *f* de défilement
bildlich **A** ADJ en images; figuratif, -ive; RHET figuré; **~er Ausdruck** métaphore *f*; **im ~en Sinne** au sens figuré **B** ADV en images; figurativement; **~ gesprochen** au figuré
Bildmaterial N photo(graphie)s *fpl*; films *mpl*; illustrations *fpl*; **Bildmischer(in)** M ⟨~s; ~⟩ F ⟨~in; ~innen⟩ TV technicien, -ienne *m,f* en régie finale; **Bildmitte** F centre *m* de l'image, de la photo, *etc*
bildnerisch ADJ créateur, -trice
Bildnis N ⟨~ses; ~se⟩ portrait *m*
Bildplatte F vidéodisque *m*; disque *m* vidéo; **Bildplattenspieler** M lecteur *m* de vidéodisques; **Bildpunkt** M pixel *m*; **Bildqualität** F qualité *f* de l'image; **Bildreportage** F reportage illustré, photographique; **Bildreporter(in)** M(F) reporter *m/f* photographe; **Bildröhre** F tube *m* cathodique; **Bildschärfe** F netteté *f* de l'image
Bildschirm M **1** *des Computers* écran *m*; **am ~ arbeiten** travailler sur écran **2** *umg (Fernseher)* petit écran
Bildschirmarbeit F travail *m* sur écran; **Bildschirmarbeitsplatz** M poste *m* de travail sur écran; **Bildschirmschoner** M ⟨~s; ~⟩ économiseur *m* d'écran; **Bildschirmtext** M minitel® *m*
bildschön ADJ beau, belle comme le jour, comme un astre
Bildseite F *e-r Münze* face *f*; avers *m*; **Bildserie** F suite *f* d'images; **Bildstelle** F photothèque *f* (et cinémathèque *f*); **Bildstock** M *südd, österr* calvaire *m*; **Bildstörung** F interruption *f* de l'image; *als eingeblendeter Text* incident *m* technique; **Bildtafel** F planche *f*; **Bildtelefon** N visiophone *m*; vidéophone *m*
Bildung F ⟨~; ~en⟩ **1** ⟨*pas de pl*⟩ *(geistige Formung)* culture *f*; formation *f*; *(Erziehung)* éducation *f*; *(Schulbildung)* instruction *f*; **~ haben** avoir de l'éducation; *(kultiviert sein)* être cultivé; **zur allgemeinen ~ gehören** faire partie de la culture générale **2** *(Schaffung, Entstehung)* formation *f* **3** *(Form)* forme *f*; GRAM **e-e ~ auf „-er"** un mot qui se termine en « -er »
Bildungsanstalt F ADMIN établissement *m* d'éducation, d'enseignement; **Bildungsarbeit** F travail *m* d'éducation; **Bildungsbürger** M bourgeois cultivé; **Bildungsbürgertum** N bourgeoisie cultivée; **Bildungschancen** FPL (chances *fpl* d')accès *m* à la formation; **Bildungsdünkel** M fierté *f*, orgueil *m* de sa culture; **Bildungseifer** M soif *f* d'apprendre; **Bildungseinrichtung** F établissement *m* d'enseignement; **bildungsfähig** ADJ qui peut être formé; **bildungsfeindlich** ADJ anticulturel, -elle; **Bildungsgang** M formation reçue; **Bildungsgrad** M degré *m* d'instruction, de culture; **Bildungsgut** N patrimoine culturel; **Bildungshunger** M soif *f* de culture; **bildungshungrig** ADJ avide, assoiffé de culture; **Bildungsideal** N idéal *m* de culture; **Bildungsinstitut** N → Bildungseinrichtung; **Bildungslücke** F lacune *f* (dans la culture générale); **Bildungsmonopol** N monopole *m* de l'enseignement, de l'instruction, de l'éducation; **Bildungsniveau** N niveau *m* d'instruction, de culture; **Bildungsnotstand** M carences *fpl* du système éducatif; **Bildungspolitik** F politique *f* de l'éducation; **bildungspolitisch** ADJ qui concerne (la politique de) l'éducation; **Bildungsreform** F réforme *f* de l'enseignement; **Bildungsreise** F voyage culturel, éducatif; **Bildungsroman** M roman *m* de formation, d'éducation; **Bildungsschicht** F classe cultivée; **Bildungsstand** M ⟨~(e)s⟩ niveau *m* d'instruction, de culture; **Bildungsstätte** *geh* F établissement culturel, d'enseignement; **Bildungsstufe** F → Bildungsgrad; **Bildungssystem** N système éducatif; **Bildungsurlaub** M congé *m* (de) formation
Bildungsweg M formation *f*; **zweiter ~** enseignement dit de la deuxième chance; **das Abitur auf dem zweiten ~ machen** passer son baccalauréat en suivant des cours pour adultes
Bildungswesen N ⟨~s⟩ enseignement *m*
Bildunterschrift F légende *f*; **Bildvorlage** F modèle *m*; **Bildwand** F écran *m*; **Bildweite** F OPT distance (principale) de l'image; **Bildwerbung** F publicité *f* par l'image; **Bildwerfer** M appareil *m* de projection; projecteur *m*; **Bildwiedergabe** F reproduction *f*; TV, FILM (qualité *f* de l')image rendue; **Bildwörterbuch** N dictionnaire *m* en images
Bildzuschrift F réponse *f* avec photo; **~en erbeten unter ...** *(+dat)* écrire à ..., joindre photo
Bilge F ⟨~; ~n⟩ SCHIFF fond *m* de cale
bilingual ADJ bilingue
Billard N ⟨~s; ~e⟩, *österr* N ⟨~s; ~s⟩ billard *m*; **~ spielen** jouer au billard
Billardkugel F boule *f* de billard; **Billardspiel** N (jeu *m* de) billard *m*; **Billardspieler(in)** M(F) joueur, -euse *m,f* de billard; **Billardstock** M queue *f* (de billard); **Billardstoß** M coup *m* (de billard); **Billardtisch** M (table *f* de) billard *m*; **Billardzimmer** N salle *f* de billard
Billett N ⟨~(e)s; ~e *ou* ~s⟩, *österr* N ⟨~s; ~s⟩ **1** *(Fahr-, Eintrittskarte)* billet *m* **2** *österr (Glückwunschkarte)* carte *f* de vœux, de félicitations
Billiarde F ⟨~; ~n⟩ mille billions *mpl*
billig **A** ADJ **1** *im Preis* bon marché; d'un prix modéré, modique; pas cher, chère; **~er** meilleur marché; moins cher **2** *pej, fig (schlecht, minderwertig)* de mauvaise qualité; *Vorwand, Ausrede etc* mauvais; *Trick* primitif, -ive; *Witz* facile **3** *geh (angemessen, gerecht)* juste; équitable **B** ADV bon marché; au rabais; à bas prix; *umg* pour pas cher; **am ~sten** au meilleur prix; le moins cher
Billiganbieter M discounte(u)r *m*
billigen V/T ⟨h.⟩ approuver; **nicht ~** désapprouver
Billigflagge F HANDEL pavillon *m* de complaisance; **Billigflieger** *umg* M → Billigfluglinie; **Billigflug** M vol *m* à bas prix; **Billigfluglinie** F compagnie aérienne à tarif réduit; compagnie (aérienne) low cost; **Billigjob** *umg* M *umg* petit boulot; **Billigladen** M magasin *m* bon marché; **Billiglohn** M bas salaire; **Billiglohnland** N ⟨~(e)s; -länder⟩ pays *m* à bas salaires
Billigpreis M prix modéré, modique; **zu ~en** à bas prix
Billigprodukt N produit *m* bas de gamme
Billigung F ⟨~⟩ approbation *f*; assentiment *m*
Billigware F article *m*, marchandise *f* à bas prix, bon marché
Billion F ⟨~; ~en⟩ billion *m*
bim INT ding!; **~, bam!** ding, dong!
Bimbam *umg hum* **(ach du) heiliger ~!** Seigneur!; *umg* nom d'une pipe!
Bimetall N bilame *f*
Bimmel *umg* F ⟨~; ~n⟩ clochette *f*; sonnette *f*; **Bimmelbahn** *umg* F tortillard *m*
bimmeln V/I ⟨-(e)le, h.⟩ tinter; sonner
Bimsstein M pierre *f* ponce
bin → sein¹
binär ADJ binaire; **Binärsystem** N MATH numération *f* binaire
Binde F ⟨~; ~n⟩ **1** MED bande *f*; *(Verband)* bandage *m*; *(Armbinde)* écharpe *f*; *(Augenbinde)* bandeau *m*; **elastische ~** bande élastique **2** *(Armbinde der Blinden etc)* brassard *m* **3** *(Damenbinde)*

B

serviette *f* hygiénique **4** *umg* **sich** *(dat)* **e-n hinter die ~ gießen** *od* **kippen** *umg* s'en jeter un derrière la cravate; *umg* se rincer la dalle
Bindebogen M MUS liaison *f*; **Bindegewebe** N ANAT tissu conjonctif
Bindegewebsmassage F massage *m* du tissu conjonctif; **Bindegewebsschwäche** F fragilité *f* du tissu conjonctif
Bindeglied N lien *m*; **Bindehaut** F ANAT conjonctive *f*; **Bindehautentzündung** F conjonctivite *f*; **Bindemittel** N GASTR gélifiant *m*; MAL, BAU liant *m*
binden ⟨bindet, band, gebunden, h.⟩ **A** VT **1** *(fest~)* attacher; *(zusammen~)* lier; *Besen, Kranz, Strauß* faire; *Krawatte, Schal* nouer; **fester ~** serrer (davantage); **e-n Strauß ~** composer un bouquet; **Blumen zu e-m Strauß ~** assembler des fleurs pour en faire un bouquet **2** *Buch* relier; *Fass* cercler; GASTR, MUS lier; CHEM fixer; WIRTSCH *Preise etc* imposer; contrôler **3** *fig Personen (verpflichten, festlegen)* lier; engager; **du bist nicht an e-n Zeitpunkt gebunden** tu es libre de choisir la date, le moment **4** *Mittel, Gelder* engager; *Gerüche* fixer; **Wasser bindet Staub** l'eau empêche la poussière de voler **B** VI **1** *(ab~) Zement, Leim etc* prendre **2** PHON faire la *bzw.* les liaison(s) **C** VR **sich ~** s'engager; se lier; **sie ist zu jung, um sich schon zu ~** elle est trop jeune pour s'engager dans une relation, une vie à deux
bindend ADJT qui engage; obligatoire; **für j-n ~ sein** engager qn; **~e Zusage** engagement *m*; **e-e ~e Zusage (zu etw) machen** s'engager (à qc)
Binder M ⟨~s; ~⟩ **1** *(Schlips)* cravate *f* **2** *(Bindemittel)* liant *m*
Binderei F ⟨~; ~en⟩ *(Buchbinderei)* atelier *m* de reliure
Bindestrich M trait *m* d'union; **Bindewort** N ⟨~(e)s; ⸚er⟩ conjonction *f*
Bindfaden M ficelle *f*; *umg* **es regnet Bindfäden** il pleut des cordes, à verse, des °hallebardes
Bindung F ⟨~; ~en⟩ **1** *(Verbundenheit)* **~ (an** [+akk]**)** lien(s) *m(pl)* (avec); *an die Heimat etc a.* attaches *fpl* (avec); attachement *m* (à, pour) **2** *(Verpflichtung) vertragliche, eidliche* engagement *m* (**an j-n** envers qn); **e-e ~ eingehen** s'engager; se lier **3** GASTR, MUS, CHEM, PHYS, PHON liaison *f*; PHON **falsche ~** faute *f* de liaison **4** *(Skibindung)* fixation *f* **5** TEX armure *f*
Bindungsangst F peur *f* de s'engager, de se lier
Binger ADJ GEOG **das ~ Loch** la Trouée héroïque
binnen PRÄP ⟨*dat ou geh gen*⟩ **~ e-m Monat** *od geh* **e-s Monats** dans un délai d'un mois; avant un mois; **~ drei Tagen** dans, sous les trois jours; **~ Kurzem** sous peu
Binnendeutsch(e) N (**das**) **Binnendeutsch(e)** *Sprache* l'allemand parlé en Allemagne
Binnenfischerei F pêche *f* en eau douce; **Binnengewässer** N *See* lac *m*; *Fluss* rivière *f*; *Meer* mer intérieure; *pl* **~** eaux intérieures, continentales; **Binnenhafen** M port fluvial; **Binnenhandel** M commerce intérieur; **Binnenland** N ⟨~(e)s⟩ intérieur *m* (du pays); terres *fpl*; région continentale
Binnenmarkt M marché intérieur; **der europäische ~** le Marché unique (européen)
Binnenmeer N mer intérieure; **Binnenreim** M rime intérieure; **Binnenschifffahrt** F navigation intérieure, fluviale; **Binnensee** M lac *m*; **Binnenstaat** M État continental; **Binnenverkehr** M circulation intérieure; trafic intérieur
binokular ADJ binoculaire
Binom N ⟨~s; ~e⟩ MATH binôme *m*
binomisch ADJ binomial; **~er Satz** binôme *m* de Newton
Binse F ⟨~; ~n⟩ BOT jonc *m*; *umg fig* **das ist in die ~n gegangen** *umg* c'est fichu, *sl* foutu
Binsenwahrheit F, **Binsenweisheit** F vérité première, de La Palice *od* la Palisse; lapalissade *f*
Bio *umg* F ⟨~⟩ SCHULE *etwa* SVT *fpl* (sciences de la vie et de la Terre)
Bio... IN ZSSGN bio...; biologique; naturel, -elle; **Biobrot** *umg* N pain *m* bio(logique); **Biochemie** F biochimie *f*; chimie *f* biologique; **Biochemiker(in)** M(F) biochimiste *m/f*; **biochemisch** ADJ biochimique; **Biochip** M biopuce *f*; **Biodiesel** M biodiesel *m*
Biodiversität F ⟨~⟩ biodiversité *f*
biodynamisch ADJ *Gemüse, Landbau etc etwa* biologique; **Bioethanol** N bioéthanol *m*; **Bioethik** F bioéthique *f*; **Biogas** N biogaz *m*; biométhane *m*; **Biogemüse** *umg* N légumes *mpl* biologiques; **Biogenese** F biogenèse *f*; **biogenetisch** ADJ biogénétique
Biograf(in) M ⟨~en; ~en⟩ (F) ⟨~in; ~innen⟩ biographe *m/f*; **Biografie** F ⟨~; ~n⟩ biographie *f*; **biografisch** ADJ biographique; **Biograph(in)**, **Biographie**, **biographisch** → Biograf(in), Biografie, biografisch
Biohaus *umg* N maison *f* biologique; **Biokost** F alimentation *f* biologique; **Biokraftstoff** M biocarburant *m*; **Bioladen** *umg* M magasin *m* de produits naturels, biologiques; **Biologe** M ⟨~n; ~n⟩, **Biologin** F ⟨-in; -innen⟩ biologiste *m/f*
Biologie F ⟨~⟩ **1** *Wissenschaft* biologie *f* **2** SCHULE *etwa* SVT *fpl* (sciences de la vie et de la Terre); **Biologieunterricht** M enseignement *m* des SVT; cours *m(pl)* de SVT
biologisch **A** ADJ biologique **B** ADV **~ abbaubar** biodégradable
biologisch-dynamisch → biodynamisch
Biomasse F ⟨~⟩ biomasse *f*; **Biometrie** F ⟨~⟩ biométrie *f*; **biometrisch** ADJ biométrique; **Biomüll** M déchets *mpl* organiques
Bionik F ⟨~⟩ bionique *f*; **bionisch** ADJ bionique
Biophysik F biophysique *f*; **Bioprodukt** N produit *m* bio(logique)
Biopsie F ⟨~; ~n⟩ MED biopsie *f*
Bioresonanz F MED biorésonance *f*; **Biorhythmus** M biorythme *m*; **Biosiegel** N écolabel *m*; **Biosphäre** F biosphère *f*; **Biosprit** *umg* M biocarburant *m*; **Biosynthese** F biosynthèse *f*; **Biotechnik** F ⟨~⟩ biotechnologie *f*; **Biotechnologie** F ⟨~⟩ biotechnologie *f*; **Biotonne** F poubelle *f* pour déchets organiques
Biotop N *od* M ⟨~s; ~e⟩ biotope *m*
Biowaffe(n) F(PL) arme(s) *f(pl)* biologique(s); **Biowetter** N indice *m* météo-santé; **Biowissenschaft(en)** F(PL) bioscience(s) *f(pl)*; science(s) *f(pl)* du vivant
BIP N ⟨~⟩ ABK (Bruttoinlandsprodukt) PIB *m*
bipolar ADJ bipolaire
Birgit F ⟨→ *n/pr*⟩ *prénom*
birgt → bergen
Birke F ⟨~; ~n⟩ bouleau *m*
Birkenspanner M ZOOL phalène *f* du bouleau; *t/t* amphidasis *m*
Birkhahn M, *t/t* **Birkhuhn** N tétras-lyre *m*
Birma N ⟨→ *n/pr*⟩ la Birmanie
Birmane M ⟨~n; ~n⟩, **Birmanin** F ⟨-in; -innen⟩ Birman(e) *m(f)*; **birmanisch** ADJ birman
Birnbaum M poirier *m*
Birne F ⟨~; ~n⟩ **1** BOT *Frucht* poire *f*; *Baum* poirier *m* **2** *umg (Kopf) umg* caboche *f* **3** ELEK *(Glühbirne)* ampoule *f*
birnenförmig ADJ en forme de poire; *t/t* piriforme
birst → bersten
bis **A** PRÄP ⟨*akk*⟩ *zeitlich u. räumlich* jusqu'à; *vor einigen Adverbien* jusque; **~ bald!** à bientôt!; **~ dahin** jusque-là; *zeitlich vorausschauend a.* d'ici là; *zeitlich zurückliegend a.* jusqu'alors; *umg* **~ dann** *umg* à plus!; **~ gleich!** à tout à l'heure!; **~ hierher (und nicht weiter!)** jusqu'ici (et pas plus loin!); **~ jetzt** jusqu'à maintenant; jusqu'à présent; jusqu'ici; **~ morgen** jusqu'à demain; *bei e-m Termin* avant demain; d'ici demain; *Abschiedsgruß* **~ morgen!** à demain!; **~ wann?** jusqu'à quand?; **~ wohin?** jusqu'où?; **von ... ~ ...** de ... à ... **B** ADV **~ an** *(+akk)*, **zu** jusqu'à; **~ auf** *(+akk) (ausschließlich)* sauf; excepté; à part; *(einschließlich)* jusqu'à; **~ auf e-e Ausnahme** à une exception près; **~ auf Weiteres** jusqu'à nouvel ordre; **~ in den Garten** jusque dans le jardin; **~ in die späte Nacht hinein** jusque tard dans la nuit; **~ in drei Monaten** d'ici trois mois; **~ nach Paris** jusqu'à Paris; **~ vor Kurzem** il y a peu de temps encore; **~ zum Oktober** jusqu'en octobre; d'ici (à) octobre; avant octobre **C** KONJ **1** *(zwischen)* **zehn ~ zwölf Personen** (de) dix à douze personnes; **in zwei ~ drei Tagen** dans deux ou trois jours; **vier- ~ fünfmal** quatre ou cinq fois; **das kostet fünf ~ zehn Euro** cela coûte de cinq à dix euros, entre cinq et dix euros **2** *(nicht länger als)* jusqu'à ce que ... *(+subj)*; *(bevor)* avant que ... *(+subj)*; avant de *(+inf)*; **warten, ~ ...** attendre que ... *(+subj)*, *intensiver* jusqu'à ce que ... *(+subj)*; **wir suchten so lange, ~ wir es fanden** nous avons cherché jusqu'à ce que nous le trouvions; **es wird lange dauern, ~ er es merkt** cela durera longtemps avant qu'il (ne) s'en aperçoive; **warten Sie, ~ er kommt** attendez qu'il vienne
Bisam M ⟨~s; ~e *ou* ~s⟩ **1** *Pelz* (fourrure *f* du) rat musqué **2** *(Moschus)* musc *m*; **Bisamratte** F rat musqué
Bischof M ⟨~s; ⸚e⟩ évêque *m*
bischöflich ADJ épiscopal
Bischofsamt N charge *f* d'évêque; épiscopat *m*; **Bischofshut** M chapeau *m* d'évêque; **Bischofskirche** F église épiscopale; cathédrale *f*; **Bischofskonferenz** F conférence épiscopale; **Bischofsmütze** F mitre *f*; **Bischofssitz** M évêché *m*; **Bischofsstab** M crosse *f*; **Bischofsstuhl** M trône épiscopal; **Bischofswürde** F ⟨~⟩ épiscopat *m*
Bisexualität F bisexualité *f*; **bisexuell** ADJ bisexuel, -elle; BIOL bisexué
bisher ADV jusqu'à présent; jusqu'à maintenant; jusqu'ici; **~ noch nicht** pas jusqu'à présent, *etc*; **wie ~** comme toujours; comme par le passé
bisherig ADJ ⟨*épithète*⟩ qui a été, existé, *etc* jusqu'à présent, jusqu'à maintenant, jusqu'ici; **die ~e Tätigkeit** l'activité exercée jusqu'à présent, *etc*; **der ~e Präsident** *etc* le président, *etc* sortant; **s-e ~en Erfolge** les succès qu'il a obtenus jusqu'ici, *etc*
Biskaya F ⟨→ *n/pr*⟩ **der Golf von ~** le golfe de Gascogne
Biskuit N *od* M ⟨~(e)s; ~s *ou* ~e⟩ **1** GASTR biscuit *m* (de Savoie) **2** *Porzellan* biscuit *m*; **Biskuitrolle** F biscuit roulé fourré; roulé *m* à la confiture, *etc*; **Biskuitteig** M pâte *f* à biscuit
bislang → bisher
Bismarckhering M (filet *m* de) hareng mariné
Bison M ⟨~s; ~s⟩ bison *m*
biss → beißen
Biss M ⟨~es; ~e⟩ **1** *von Tieren* morsure *f*; *von Menschen* coup *m* de dent **2** *(~wunde)* morsure

f; e-r Schlange a. piqûre *f* 3 *umg bes* SPORT *(Schärfe, Einsatz)* **mit ~** *spielen* avec une certaine agressivité; **keinen ~ haben** *Person, Spiel etc* être mou; manquer d'entrain

bisschen INDEF PR **ein ~** un peu; **ein ~ Geld, Spanisch** un peu d'argent, d'espagnol; **ein ~ schlafen** dormir un peu; **kein ~!** pas le moins du monde!; **mit dem ~ Geld** avec ce peu d'argent; avec ces quelques sous; **mein ~ Latein** mon peu de latin; le peu de latin que je sais; **ein ~ viel** un peu trop; *umg* un peu beaucoup; **das ist ein ~ zu viel verlangt** c'est demander un peu trop; *umg* **(ach) du liebes ~!** mon Dieu!

bissel *umg südd, österr* → bisschen

Bissen M ⟨~s; ~⟩ bouchée *f*; morceau *m*; *umg fig* **ein fetter ~** une aubaine; une bonne affaire; **keinen ~ anrühren** ne toucher à rien; **keinen ~ hinunterbringen** ne pas pouvoir avaler une bouchée; **ich habe heute noch keinen ~ zu mir genommen** je n'ai rien mangé de toute la journée; **mir blieb der ~ im Hals(e) stecken** j'ai failli, manqué m'étrangler; **j-m die ~ in den Mund zählen** compter les morceaux à qn; mesurer la nourriture à qn; **sich** *(dat)* **den letzten ~ vom Mund(e) absparen** se priver de tout; tirer le diable par la queue

bisserl *umg südd, österr* → bisschen

bissig ADJ 1 *Tier* qui mord;**(Vorsicht,) ~er Hund!** (attention,) chien méchant! 2 *fig* mordant; incisif, -ive; °hargneux, -euse; *Bemerkung a.* caustique

Bissigkeit F ⟨~⟩ *e-r Bemerkung etc* mordant *m*; causticité *f*; virulence *f*; *e-r Person* °hargne *f*

Bisswunde F morsure *f*; *e-r Schlange a.* piqûre *f*

bist → sein[1]

Bistro N ⟨~s; ~s⟩ *umg* bistro(t) *m*

Bistum N ⟨~s; ¨er⟩ évêché *m*

bisweilen *geh* ADV parfois; de temps à autre; par moments

Bit N ⟨~(s); ~(s)⟩ IT bit *m*

Bittbrief M demande écrite; requête *f*; *gemeinschaftlicher* pétition *f*

bitte INT 1 *Wunsch, Aufforderung* s'il vous *bzw.* te plaît; **~ nicht stören!** prière de ne pas déranger; **~ wenden!** tournez, s'il vous plaît; **~ zahlen!** l'addition, s'il vous plaît!; **~ nicht!** non! s'il te *bzw.* vous plaît; *plus fort* non! je t'en *bzw.* vous en supplie!; **~ schön!, ~ sehr!** s'il vous plaît!; **(hier) ~!** voilà!; voici! 2 *Antwort: auf e-e Entschuldigung* il n'y a pas de mal!; ce n'est rien!; *auf e-e Bitte* oui! *bzw.* faites!; **~ (sehr)!** *auf e-n Dank* je vous en *bzw.* je t'en prie!; il n'y a pas de quoi!; de rien!; **ja ~!** *(gern)* je veux bien 3 *Frage* **(wie) ~?** comment?; pardon?; *am Telefon* **ja, ~?** allô!; *im Geschäft* **~ (schön)?** vous désirez? 4 *kinderspr* **~, ~ machen** taper dans ses mains (pour demander qc) 5 *umg* **na ~!** tu vois!; **aber ~, du wolltest ja nicht auf mich hören** tu n'as pas voulu m'écouter, je te l'avais pourtant dit *od* je t'avais pourtant prévenu

Bitte F ⟨~; ~n⟩ demande *f* **(um** de); *inständige* prière *f* **(um** de); **j-s ~ abschlagen** rejeter, repousser la demande de qn; **mit der ~ um Rückgabe** *der Unterlagen etc* prière de retourner les documents, *etc*; **ich habe e-e ~ an Sie** j'ai un service à vous demander; **ich habe nur die eine ~: ...** tout ce que je te *bzw.* vous demande, c'est de *(+inf)*; **auf ihre ~ hin** à *od* sur sa demande; à sa requête; **auf ~ von** à la demande de

bitten VT *u.* VI ⟨bittet, bat, gebeten, h.⟩ **(j-n) um etw ~** demander qc (à qn); **j-n ~, etw zu tun** prier qn de faire qc; demander à qn de faire qc; **für j-n ~** intercéder pour qn, en faveur de qn; **j-n um ein Interview ~** solliciter une interview de qn; **um Hilfe ~** demander de l'aide; **ich habe sie um Hilfe gebeten** je lui ai demandé de m'aider; **um Erlaubnis, ums Wort ~** demander la permission, la parole; **j-n zu Tisch ~** prier qn de passer à table; **j-n zu sich** *(dat)* **~** faire venir qn; **ich muss doch sehr ~!** *entrüstet* je vous en prie!; **aber ich bitte Sie!** *(das ist doch selbstverständlich!)* mais bien sûr!; **wenn ich ~ darf** si vous voulez bien; si cela ne vous fait rien; *zum Tanz* **darf ich ~?** voulez-vous danser avec moi?; vous dansez?; **sich nicht lange ~ lassen** ne pas se faire prier; ne pas faire de manières, de façons; **ich lasse ~!** faites entrer!; **~ und betteln** demander et quémander; *umg* **darum möchte ich doch sehr gebeten haben!** c'est bien la moindre des choses!; **alles Bitten war vergeblich** toutes les prières ont été vaines

bitter A ADJ 1 *Geschmack* amer, amère 2 *fig Vorwürfe, Lachen, Ironie, Tränen etc* amer, amère; *Enttäuschung, Wahrheit a.* cruel, -elle; *Erfahrung* dur; cruel, -elle; **das ist ~** c'est dur 3 *fig (groß, schwer, stark) Armut, Not* extrême; **~e Kälte** froid rigoureux; **es ist ~er Ernst** c'est parfaitement sérieux B ADV 1 **~ schmecken** avoir un goût amer 2 *fig* **~ enttäuscht** amèrement, cruellement déçu; **sich ~ über j-n beklagen** se plaindre amèrement de qn 3 *fig (sehr)* **etw ~ nötig haben** avoir bien, extrêmement besoin de qc; **das wird sich ~ rächen** cela aura des conséquences extrêmement fâcheuses; cela coûtera très cher

bitterböse ADJ très méchant; *(verärgert)* très fâché; **~ auf j-n sein** être fâché à mort avec qn

bitterernst A ADJ très sérieux, -ieuse B ADV avec le plus grand sérieux

bitterkalt ADJ excessivement, très froid

Bitterkeit F ⟨~⟩ *a. fig* amertume *f*; **Bitterklee** M trèfle *m* d'eau; ményanthe *m*

Bitter Lemon N ⟨~s; ~⟩ *soda à base de citrons verts, contenant un faible taux de quinine; etwa* Schweppes® *m* au citron

bitterlich ADV **~ weinen** pleurer à chaudes larmes

Bitterling M ⟨~s; ~e⟩ 1 ZOOL bouvière *f* 2 BOT chlora *f*; **Bittermandelöl** N huile *f* d'amandes amères; **Bittersalz** N CHEM sel *m* de magnésie; sulfate *m* de magnésium; **Bitterstoffe** MPL substances amères

bittersüß ADJ doux-amer, douce-amère

Bittgang M 1 requête *f* 2 REL procession *f* des Rogations; **Bittgebet** N supplication *f*; **Bittgesuch** N requête *f*; **Bittprozession** F procession *f* des Rogations; **Bittschrift** F pétition *f*; **Bittsteller(in)** M ⟨~s; ~⟩ (F) ⟨~in; ~innen⟩ solliciteur, -euse *m,f*; pétitionnaire *m/f*

Bitumen N ⟨~s; ~ *ou* -mina⟩ CHEM bitume *m*

Biwak N ⟨~s; ~s *ou* ~e⟩ bivouac *m*; **biwakieren** VI ⟨*pas de ge-*, h.⟩ bivouaquer

bizarr ADJ bizarre

Bizeps M ⟨~(es); ~e⟩ biceps *m*

BKA N ⟨~(s)⟩ ABK → Bundeskriminalamt

Bl. ABK (Blatt) feuille; page

Blabla *umg* N ⟨~(s)⟩ *umg* blabla(bla) *m*; baratin *m*

Black Box F ⟨~; ~es⟩ FLUG boîte noire

Blackout M ⟨~(s); ~s⟩ PSYCH absence *f*; blanc *m*; trou *m*

blaffen, bläffen *umg* VI ⟨h.⟩ *Hund* japper; *a. fig* aboyer

Blag *umg pej* N ⟨~s; ~en⟩ *(Kind) umg* gosse *m/f*; *umg* mioche *m/f*; *umg* moutard *m*

blähen ⟨h.⟩ A VT *(u.* VR) **(sich) ~** *Segel etc* (se) gonfler; (s')enfler B VI *(Blähungen verursachen)* ballonner; donner des vents

Blähung F ⟨~; ~en⟩ PHYSIOL ballonnement *m*; *t/t* météorisme *m*; **~en haben** avoir des ballonnements

blamabel ADJ ⟨-bl-⟩ lamentable

Blamage F ⟨~; ~n⟩ *(peinlicher Vorfall)* maladresse *f*; impair *m*; *(Schande)* °honte *f*; gêne *f*; **das ist e-e ~ für ihn** il s'est ridiculisé; **j-n vor e-r ~ bewahren** empêcher qn de commettre un impair, de se ridiculiser; **so e-e ~!** quelle °honte!

blamieren ⟨*pas de ge-*, h.⟩ A VT ridiculiser; couvrir de ridicule; faire °honte à B VR **sich ~** se ridiculiser **(vor j-m** auprès de qn); se couvrir de ridicule; **sich unsterblich ~** se couvrir de ridicule à jamais, pour toujours

blanchieren VT ⟨*pas de ge-*, h.⟩ GASTR blanchir

blank A ADJ 1 *(glänzend)* (re)luisant; brillant 2 *umg (abgewetzt)* lustré 3 *(unbedeckt, bloß)* nu; dénudé; **mit der ~en Waffe** à l'arme blanche 4 *(rein, pur)* pur; **das ist der ~e Neid** c'est de la pure jalousie; **das ist ~er Unsinn** c'est complètement absurde 5 *umg* **(völlig) ~ sein** *umg* être à sec, sans le sou, sans un rond; *umg* être fauché (comme les blés) B ADV **~ putzen** faire reluire, briller; astiquer; **etw ~ reiben** briquer qc; *umg* **~ scheuern** *Stoff* lustrer

Blank M *ou* N ⟨~s; ~s⟩ IT espace *m*; blanc *m*

Blankett N ⟨~s; ~e⟩ WIRTSCH acte en blanc, incomplet

blanko ADV *Scheck, Vollmacht etc* en blanc

Blankoscheck M chèque *m* en blanc; **Blankounterschrift** F blanc-seing *m*

Blankovollmacht F pleins pouvoirs; *fig* **j-m ~ geben** donner carte blanche, son blanc-seing à qn

blankputzen, blankreiben, blankscheuern VT → blank B

Blankvers M vers blanc

Bläschen N ⟨~s; ~⟩ petite bulle; MED vésicule *f*; **Bläschenausschlag** M éruption vésiculeuse

Blase F ⟨~; ~n⟩ 1 *(Luftblase, Seifenblase)* bulle *f*; *in Metall, Glas* soufflure *f*; *im Anstrich, beim Tapezieren* cloque *f*; **~n werfen, ziehen** *Teig* former des bulles; *Farbe* faire des cloques 2 MED *an Füßen, Händen etc* ampoule *f*; cloque *f*; bulle *f* 3 ANAT *(Harnblase)* vessie *f*

Blasebalg M ⟨~(e)s; -bälge⟩ soufflet *m*

blasen ⟨-(es)t, bläst, blies, geblasen, h.⟩ A VT 1 *a. Glas etc* souffler 2 MUS jouer de; **Horn ~** sonner, jouer du cor; *umg fig* **j-m den Marsch ~** sonner les cloches à qn; **eine Melodie ~** jouer une mélodie, un air; *umg fig* **Trübsal ~** broyer du noir 3 *sl* **j-m einen ~** *sl* faire, tailler une pipe à qn B VI 1 *Wind* souffler 2 MUS jouer; **auf der Flöte ~** jouer de la flûte 3 MIL sonner; **zum Angriff ~** *a. fig* sonner la charge; **zum Rückzug ~** *a. fig* battre en retraite

Blasenbildung F formation *f* de bulles, *in Metall, Glas* de soufflures, *im Anstrich* de boursouflures, MED d'ampoules, de cloques; **Blasenentzündung** F, **Blasenkatarr(h)** M cystite *f*; **blasenförmig** ADJ en forme de bulle; MED bulleux, -euse; BIOL vésiculeux, -euse; **blasenkrank** ADJ malade de la vessie; **Blasenleiden** N maladie *f*, affection *f* de la vessie; **Blasenschwäche** F ⟨~⟩ atonie *f* de la vessie; **Blasenspiegelung** F cystoscopie *f*; **Blasensprung** M rupture *f* de la poche des eaux; **Blasenstein** M calcul vésical

Bläser M ⟨~s; ~⟩ 1 MUS joueur *m* (d'un instrument à vent) 2 *(Glasbläser)* souffleur *m* (de verre)

blasiert ADJ blasé; **Blasiertheit** F ⟨~⟩ caractère blasé

blasig ADJ boursouflé; MED bulleux, -euse; ~

B

werden se boursoufler

Blasinstrument N instrument *m* à vent; **Blaskapelle** F harmonie *f*; orchestre *m* d'instruments à vent; *nur mit Blechblasinstrumenten* fanfare *f*; orphéon *m*; orchestre *m* de cuivres; **Blasmusik** F musique *f* d'harmonie, de fanfare; **Blasorchester** N → Blaskapelle

Blasphemie F ⟨~; ~n⟩ blasphème *m*; **blasphemisch** ADJ blasphématoire

Blasrohr N 1 *Waffe, Kinderspielzeug* sarbacane *f* 2 *e-r Dampflokomotive* tuyère *f* d'échappement

blass ADJ ⟨~er *ou* blässer, ~este *ou* blässeste⟩ 1 pâle; *plus fort* blême; livide; blafard; **ein ~es Rot** un rouge pâle; **~ werden** pâlir; *Farben a.* passer 2 *fig (schwach)* faible; *(vage)* vague 3 *fig (farblos, nichtssagend)* fade; terne 4 *fig (rein)* **der ~e Neid** la jalousie pure

blassblau ADJ bleu pâle *(inv)*

Blässe F ⟨~⟩ pâleur *f*

Blässhuhn N ZOOL foulque *f*

blässlich ADJ 1 un peu pâle; *umg* pâlichon, -onne; *bes Kind* pâlot, -otte 2 *fig (unscheinbar)* falot; *(nichtssagend)* fade; terne

blassrosa ADJ ⟨*inv*⟩ rose pâle *(inv)*

bläst → blasen

Blatt N ⟨~(e)s; ⸚er, *mais* 5 ~ Papier⟩ 1 BOT feuille *f*; *fig* **kein ~ vor den Mund nehmen** ne pas mâcher ses mots 2 *Papier* feuille *f*; *umg fig* **er ist ein unbeschriebenes ~** *(er ist unbekannt)* il n'a pas encore fait parler de lui; *(er ist unerfahren)* il n'a (encore) aucune expérience; *fig* **das steht auf e-m anderen ~** c'est une autre histoire 3 *(Notenblatt)* page *f* (de musique); **vom ~ spielen** jouer à livre ouvert 4 *(Kunstblatt)* gravure *f* (d'art); estampe *f* 5 *(Zeitung)* journal *m*; feuille *f* 6 *(Spielkarten)* **ein gutes ~ haben** avoir un bon jeu; *fig* **das ~ hat sich gewendet** la situation s'est renversée; la chance, le vent a tourné 7 *e-r Säge etc* lame *f*; *e-r Axt* fer *m* 8 *e-s Ruders, Propellers* pale *f* 9 *Jägersprache* épaule *f*

Blattader F nervure *f*

Blättchen N ⟨~s; ~⟩ 1 *(kleines Blatt)* petite feuille 2 *pej (Zeitung)* feuille *f* de chou

Blätterdach N toit *m* de feuilles

blätterig → blättrig

Blättermagen M ZOOL feuillet *m*

Blattern FPL MED petite vérole; variole *f*

blättern VI ⟨-(e)re⟩ 1 ⟨h.⟩ **in etw** *(dat)* **~** feuilleter qc 2 ⟨s.⟩ *(ab~)* s'effriter; *Farbe* s'écailler

Blatternarbe F marque *f* de petite vérole

Blätterpilz M agaric *m*; **Blätterteig** M pâte feuilletée; **Blätterwald** M ⟨~(e)s⟩ *hum* journaux *mpl*; presse *f*

Blattfeder F TECH ressort *m* à lames; **blattförmig** ADJ en forme de feuille; **Blattgemüse** N légume(s) *m(pl)* à feuilles; **Blattgold** N or *m* en feuille, battu; **Blattgrün** N ⟨~s⟩ chlorophylle *f*; **Blattkäfer** M chrysomèle *f*; *pl* **~** *t/t* chrysomélidés *mpl*; **Blattlaus** F puceron *m*; **blattlos** ADJ sans feuilles; **Blattpflanze** F plante verte

blättrig ADJ feuilleté

Blattrippe F nervure principale; côte *f*; **Blattsalat** M salade verte; **Blattschuss** M coup *m* de feu, balle *f* dans l'épaule; **Blattsilber** N argent *m* en feuille, battu; **Blattstand** M BOT foliation *f*; **Blattwerk** N ⟨~(e)s⟩ feuillage *m*

blau ADJ bleu; **~e Augen haben** avoir les yeux bleus; *fig* **ein ~es Auge haben** avoir un œil au beurre noir, un œil poché; *umg fig* **(noch einmal) mit e-m ~en Auge davonkommen** l'échapper belle; s'en tirer à bon compte; *in der Romantik* **die ~e Blume** la petite fleur bleue; **~es Blut** sang bleu, noble; *umg hum* **~e Bohne** *(Kugel)* pruneau *m*; *umg* **j-m ~en Dunst vormachen** en faire accroire à qn; **~er Fleck** bleu *m*; GASTR **Karpfen ~** carpe *f* au bleu; *umg* **(e-n) ~en Montag machen** *umg* ne pas aller bosser lundi; **der Blaue Planet** notre planète; la planète Terre; **~ werden** devenir bleu; *vor Kälte a.* devenir violacé; **~ färben** teindre en bleu; *umg fig* **~ sein** *umg* être noir, rond; *umg fig* **sich grün und ~ ärgern** se fâcher tout rouge; *umg* **j-n grün und ~ schlagen** rouer qn de coups; **~ geblümt** à fleurs bleues; **~ gefroren** bleu, violacé de froid; **~ gestreift** à raies bleues; → *a.* Brief, Wunder

Blau N ⟨~s; ~⟩ bleu *m*; couleur bleue; **in ~ (gekleidet)** (habillé) en bleu

Blaualge F cyanophycée *f*; **blauäugig** ADJ 1 aux yeux bleus 2 *fig* naïf, naïve; **Blauäugigkeit** F ⟨~⟩ *fig* naïveté *f*; **Blaubart** M Barbe-Bleue *m*; **Blaubeere** F myrtille *f*; **blaublütig** ADJ *a. iron* de sang bleu

Blaue(s) N ⟨→ A⟩ bleu *m*; **Fahrt** *f* **ins ~** excursion *f* sans but précis, à l'aventure; *umg fig* **ins ~ hinein** à l'aveuglette; au hasard; au petit bonheur (la chance); *umg* **ins ~ hinein reden** parler à tort et à travers; *umg* **das ~ vom Himmel (herunter)lügen** mentir comme un arracheur de dents; *umg* **j-m das ~ vom Himmel versprechen** promettre monts et merveilles à qn

Bläue F ⟨~⟩ bleu *m*; *des Himmels* azur *m*

blaufärben VT ⟨*sép*, -ge-, h.⟩ teindre en bleu

Blaufärbung F coloration *f* en bleu; **Blaufelchen** M ZOOL féra *m*; lavaret *m*; **Blaufuchs** M renard bleu, polaire; isatis *m*

blaugeblümt, **blaugefroren**, **blaugestreift** ADJ → blau; **blaugrau** ADJ gris bleu *(inv)*; **blaugrün** ADJ bleu vert *(inv)*

Blauhelm M *(UNO-Soldat)* casque bleu; **Blaukraut** N ⟨~(e)s⟩ *südd, österr* chou *m* rouge

bläulich ADJ bleuâtre; bleuté

Blaulicht N *der Polizei etc* gyrophare *m*

blaumachen *umg* ⟨*sép*, -ge-, h.⟩ A VT **e-n Tag ~** manquer une journée B VI *umg* ne pas aller bosser

Blaumann *umg* M ⟨~(e)s; -männer⟩ bleu *m* de travail; **Blaumeise** F mésange bleue; **Blaupapier** N ⟨~s⟩ papier carbone bleu; **Blaupause** F photocalque bleu; bleu *m*; **blaurot** ADJ rouge tirant sur le bleu; **Blausäure** F CHEM acide *m* cyanhydrique, prussique; **Blauschimmel** M moisissure bleue; **Blauschimmelkäse** M bleu *m*; **blauschwarz** ADJ noir bleuté; **Blaustern** M BOT scille *f*; **blaustichig** ADJ qui tire sur le bleu; **Blaustrumpf** M *pej* bas-bleu *m*; **Blauwal** M (grande) baleine bleue

Blazer M ⟨~s; ~⟩ blazer *m*

Blech N ⟨~(e)s; ~e⟩ 1 ⟨*pas de pl*⟩ *Material* tôle *f*; *(Weißblech)* fer-blanc *m* 2 ⟨*~platte*⟩ tôle *f*; plaque *f*; feuille *f* de tôle; *(Kuchenblech)* tôle *f* (à pâtisserie) 3 *umg fig* ⟨*pas de pl*⟩ *(Unsinn) umg* conneries *fpl*

Blechbearbeitung F usinage *m* de tôles

Blechbläser M musicien *m* d'une fanfare; *pl* **die ~** les cuivres *mpl*

Blechblasinstrument N instrument *m* à vent en cuivre; **Blechbüchse** F boîte *f* en fer-blanc; **Blechdach** N toit *m* en, de tôle; **Blechdose** F → Blechbüchse

blechen *umg* VT *u.* VI ⟨h.⟩ *(zahlen) umg* casquer

blechern ADJ 1 ⟨*épithète*⟩ *(aus Blech)* de *od* en tôle, fer-blanc 2 *Geräusch, Stimme* métallique

Blechinstrument N MUS instrument *m* à vent en cuivre; *pl* **~e** cuivres *mpl*

Blechkiste *umg* F *umg* caisse *f*; *umg* tire *f*; **Blechlawine** *umg* F procession *f* de voitures sur des kilomètres; **Blechmusik** F musique *f* de cuivres; fanfare *f*; **Blechnapf** M écuelle *f* de fer-blanc; **Blechschachtel** F boîte *f* en fer-blanc; **Blechschaden** M (légers) dégâts matériels; tôle froissée; **Blechschere** F cisailles *fpl* à tôle; **Blechtrommel** F tambour *m* en fer-blanc; **Blechwalzwerk** N laminoir *m* à tôles

blecken VT ⟨h.⟩ **die Zähne ~** montrer les dents

Blei N ⟨~(e)s; ~e⟩ 1 ⟨*pas de pl*⟩ *Metall* plomb *m*; **es liegt mir wie ~ im Magen** j'ai du plomb dans l'estomac; **meine Füße sind schwer wie ~** j'ai des jambes de plomb 2 *(Senkblei)* fil *m* à plomb; SCHIFF plomb *m* (de sonde)

Bleibe F ⟨~; ~n⟩ toit *m*; *geh* demeure *f*; **keine ~ haben** être sans toit

bleiben VI ⟨bleibt, blieb, geblieben, s.⟩ rester; TEL **~ Sie am Apparat!** ne quittez pas!; **zum Essen ~** rester (à) déjeuner *bzw.* (à) dîner; *geh* **er ist im Krieg geblieben** *geh* il est tombé au champ d'honneur; **wo bleibst du denn (so lange)?** tu en mets *bzw.* tu en a mis du temps (pour venir)!; **wo bleibt der Sekt?** et (où est) le champagne?; **wo ist mein Hut geblieben?** où est passé mon chapeau?; **ich bleibe dabei** je maintiens ce que j'ai dit; **ich bleibe dabei, dass …** je maintiens que …; **dabei wird es nicht ~** l'affaire n'en restera pas là; **es bleibt abzuwarten, ob …** on va voir, il faut voir si …; **er ist und bleibt ein Idiot** *umg* quand on est con, on reste con; **stehen, sitzen, liegen ~** rester debout, assis, couché; *umg* **~ lassen** laisser tomber; *umg* **lass das ~!** ne fais pas cela!; *umg* **ich denke, wir lassen es ~** je serais d'avis d'y renoncer; *umg* **das lässt du schön ~!** tu ne vas pas me *od* nous faire ça; *zu e-m Kind* tu vas t'arrêter!; tu vas laisser ça!; *umg* **wenn du es nicht glauben willst, lass es ~!** si tu ne le crois pas, tant pis pour toi!; *umg* **das werde ich hübsch ~ lassen** je m'en garderai bien; **am Leben ~** rester en vie; **an der Macht ~** rester au pouvoir; **bei der Wahrheit ~** s'en tenir à la vérité; **bei der Sache ~** ne pas sortir, ne pas s'écarter du sujet; **ohne Folgen ~** ne pas avoir de suites; **das bleibt unter uns** *(dat)* (que) cela reste entre nous; **es bleibt noch Zeit(, etw zu tun)** nous avons encore le temps (de faire qc); **es blieb mir keine andere Wahl** je n'avais pas le choix

bleibend ADJT permanent; durable; *Erinnerung* impérissable

bleibenlassen *umg* VT → bleiben

bleich ADJ pâle; livide; blême; *bes Licht, Himmel* blafard; **~ wie die Wand** blanc comme un linge

bleichen[1] VT ⟨h.⟩ *Wäsche* blanchir; **sich** *(dat)* **die Haare ~ lassen** se faire décolorer

bleichen[2] VI ⟨*régulier ou liter* blich, geblichen, s.⟩ *Farbe* pâlir; *Haare, Stoff, Tapete etc* se décolorer

Bleichgesicht *umg, hum* N visage *m* pâle; **Bleichmittel** N produit blanchissant; CHEM décolorant *m*; **Bleichsellerie** M *od* F céleri *m* en branche; **Bleichsucht** F ⟨~⟩ anémie *f*; *t/t* chlorose *f*; **bleichsüchtig** ADJ anémique; *t/t* chlorotique

bleiern ADJ 1 ⟨*épithète*⟩ *(aus Blei)* de *od* en plomb; *umg hum* **wie e-e ~e Ente schwimmen** nager comme un fer à repasser 2 *fig Hitze etc* lourd; *Schlaf* de plomb 3 *geh (bleifarben)* plombé; de plomb

Bleierz N minerai *m* de plomb; **bleifarben** ADJ plombé; de plomb; **bleifrei** ADJ *Benzin* sans plomb

Bleifuß *umg hum* M **mit ~ fahren** *umg* appuyer sur le champignon

Bleigehalt M teneur *f* en plomb; **Bleige-**

wicht N *e-r Standuhr etc* poids *m*; plomb *m*; **Bleigießen** N ⟨~s⟩ *coutume de la Saint--Sylvestre consistant à lire l'avenir dans des figures obtenues en jetant du plomb fondu dans de l'eau*; **Bleiglas** N → Bleikristall; **bleihaltig** ADJ plombifère; **Bleikristall** N cristal *m* (à l'oxyde de plomb); **Bleioxid** N oxyde *m* de plomb; **Bleisatz** M ⟨~es⟩ TYPO plomb *m*; **Bleischürze** F tablier (protecteur) en plomb; **bleischwer** ADJ lourd (comme du plomb); **Bleisoldat** M soldat *m* de plomb

Bleistift M crayon (noir); **Bleistiftabsatz** *umg* M talon *m* aiguille; **Bleistiftmine** F mine *f* de crayon; **Bleistiftnotiz** F note *f* au crayon; **Bleistiftskizze** F esquisse *f* au crayon; **Bleistiftspitzer** M taille-crayon *m*; **Bleistiftzeichnung** F (dessin *m* au) crayon *m*

Bleivergiftung F saturnisme *m*; **Bleiverglasung** F fenêtre(s) *f(pl)* à carreaux plombés

Blende F ⟨~; ~n⟩ **1** OPT, FOTO diaphragme *m*; **bei ~ acht** avec une ouverture de huit **2** FILM fondu *m*; *(Aufblende)* ouverture *f* en fondu; *(Abblende)* fermeture *f* en fondu **3** *im Auto* pare-soleil *m* **4** MODE garniture *f* **5** BAU arcade feinte, aveugle **6** CHEM blende *f*

blenden ⟨-ete, h.⟩ **A** VT **1** *durch Licht etc* aveugler; éblouir **2** *(blind machen)* aveugler; rendre aveugle **3** *fig pej* éblouir; *Personen a.* épater; **sich von etw ~ lassen** se laisser éblouir par qc **B** VI **1** *durch Licht* éblouir; **die Sonne blendet** le soleil éblouit **2** *fig pej* jeter de la poudre aux yeux; *umg* faire du chiqué, de l'épate

Blendenautomatik F réglage *m* automatique (de l'ouverture) du diaphragme

blendend **A** ADJT **1** *Licht etc* aveuglant; éblouissant **2** *fig (ausgezeichnet)* éblouissant; fantastique; *Idee* lumineux, -euse; de génie **B** ADVL **mir geht es ~** je me porte comme un charme; **~ aussehen** avoir une mine resplendissante

Blendeneinstellung F réglage *m* du diaphragme; **Blendenöffnung** F ouverture *f* du diaphragme; **Blendenzahl** F degré *m* d'ouverture du diaphragme

blendfrei ADJ anti-éblouissant

Blendlaterne F lanterne sourde; **Blendschutz** M *im Auto etc* pare-soleil *m*

Blendung F ⟨~; ~en⟩ **1** *Licht, fig* éblouissement *m* **2** *als Strafe etc* aveuglement *m*

Blendwerk *geh* N trompe-l'œil *m*; illusion *f*; mirage *m*

Blesse F ⟨~; ~n⟩ **1** *(weißer Stirnfleck)* étoile *f* **2** *Pferd, Kuh* cheval *m*, vache *f* qui porte une étoile sur le front

Blesshuhn N → Blässhuhn

bleu ADJ ⟨*inv*⟩ bleu

Bleu N ⟨~s; ~ *ou umg* ~s⟩ bleu *m* pâle

blich → bleichen[2]

Blick M ⟨~(e)s; ~e⟩ **1** regard *m*; **s-n ~ auf etw, j-n richten** diriger son regard vers qc, qn; porter les yeux, son regard sur qc, qn; **s-n ~ von etw, j-m abwenden** détourner son regard, les yeux de qc, qn; **die ~e auf sich** *(akk)* **ziehen** attirer les regards sur soi; **den ~ senken** baisser les yeux; **mit e-m ~ die Lage überschauen** comprendre, saisir la situation d'un coup d'œil; **e-n ~ auf j-n, etw werfen** jeter un regard sur qn, qc; *umg* **e-n ~ riskieren** *umg* risquer un œil; **j-m e-n aufmunternden, bösen ~ zuwerfen** jeter à qn un regard encourageant, mauvais; **etw auf den ersten ~ sehen** voir, remarquer qc du *od* au premier coup d'œil; **auf den ersten ~ könnte man glauben …** à première vue *od* de prime abord, on pourrait croire que …; **Liebe auf den ersten ~** coup *m* de foudre; **wenn ~e töten könnten!** s'il *bzw.* si elle, *etc* avait pu nous fusiller du regard! **2** ⟨*pas de pl*⟩ *(Aussicht)* vue *f*; **mit ~ auf** *(+akk)* avec vue sur; **von hier aus hat man e-n schönen ~ auf die Vogesen** d'ici on a une belle vue, un beau coup d'œil sur les Vosges; **j-n, etw im ~ haben** avoir qn, qc à l'œil **3** ⟨*pas de pl*⟩ *(Augenausdruck)* yeux *mpl*; **der böse ~** le mauvais œil **4** ⟨*pas de pl*⟩ *(Urteilsvermögen)* coup *m* d'œil; **e-n ~ für etw haben** avoir le coup d'œil pour qc; **keinen ~ für etw haben** *(nicht beachten)* ignorer qc; *(nicht verstehen)* ne rien comprendre à qc

blicken VI ⟨h.⟩ **auf j-n, etw ~** regarder qn, qc; **zu Boden ~** regarder par *od* à terre; *beschämt* baisser les yeux; **finster, freundlich ~** avoir l'air sombre, aimable; *umg* **das lässt tief ~** c'est très révélateur; cela en dit long; **sich ~ lassen** se montrer; **lass dich mal wieder ~!** passe un de ces jours!; **lass dich ja nicht wieder ~!** ne remets plus les pieds ici!

blickenlassen VR → blicken

Blickfang M objet *m* qui attire, accroche le regard, l'attention; WERBUNG accroche *f*; **das ist ein ~** cela accroche le regard, l'attention

Blickfeld N champ visuel; **in j-s ~** *(akk)* **kommen, treten** apparaître dans le champ visuel de qn; *fig* **j-n, etw ins ~ rücken** attirer l'attention générale sur qn, qc

Blickkontakt M **~ haben** se regarder; **~ mit j-m aufnehmen** entrer en contact avec qn par le regard; **~ mit j-m halten** ne pas quitter qn des yeux

Blickpunkt M **1** **im ~ des Interesses stehen** occuper le devant de la scène; être au devant, au premier plan de l'actualité; **im ~ der ganzen Welt stehen** faire l'événement, tenir la vedette dans le monde entier **2** *fig (Gesichtspunkt)* point *m* de vue; perspective *f*

Blickrichtung F direction *f* du regard

Blickwinkel M **1** OPT angle visuel **2** *fig (Perspektive)* point *m* de vue; perspective *f*; angle *m*; **von diesem ~ aus gesehen** vu sous cet angle, dans cette perspective; **ich habe ihn aus dem ~ verloren** je l'ai perdu de vue

blieb → bleiben

blies → blasen

blind **A** ADJ **1** *(ohne Sehkraft), fig Gehorsam, Hass, Liebe etc* aveugle; **~er Fleck** *im Auge* tache *f* aveugle; papille *f* optique; **~e Wut** colère *f* aveugle; **~ sein** être aveugle; *fig a.* avoir un bandeau sur les yeux; **auf dem rechten Auge ~ sein** n'y voir rien de l'œil droit; **auf e-m Auge ~ sein** être borgne; *fig* **für etw ~ sein** ne pas voir qc; **~ werden** devenir aveugle; perdre la vue; *umg fig* **bist du ~?** *umg* tu ne vois pas?; *(kannst du nicht aufpassen?)* *umg* tu ne peux pas faire attention?; *sprichw* **Liebe macht ~** l'amour est aveugle; *sprichw* **~er Eifer schadet nur** il ne faut pas pécher par excès de zèle **2** *(trübe, angelaufen)* terne; **~ werden** se ternir **3** ⟨*épithète*⟩ *(falsch, vorgetäuscht), a. Fenster, Tür etc* faux, fausse; **~er Alarm** fausse alerte; **~er Passagier** passager clandestin **B** ADV *a. fig* aveuglément; **~ gehorchen** obéir aveuglément; **j-m ~ vertrauen** faire confiance aveuglément à qn; **~ geknöpft** à boutonnière sous patte

Blindband M ⟨~(e)s; ¨~e⟩ maquette *f (faux livre dont les pages ne sont pas encore [toutes] imprimées)*; **Blindbewerbung** F candidature spontanée

Blinddarm M cæcum *m*; *(Wurmfortsatz)* appendice *m*; **Blinddarmentzündung** F *(Wurmfortsatzentzündung)* appendicite *f*; **Blinddarmoperation** F opération *f* de l'appendicite

Blind Date N ⟨~(s); ~s⟩ blind date *m*

Blinde(r) M/F(M) ⟨→ A⟩ aveugle *m/f*; non--voyant(e) *m(f)*; *umg* **das sieht doch ein ~r (mit dem Krückstock)!** il faudrait être aveugle pour ne pas voir cela; cela crève les yeux; *sprichw* **unter den ~n ist der Einäugige König** *sprichw* au royaume des aveugles, les borgnes sont rois

Blindekuh F **~ spielen** jouer à colin-maillard

Blindenführer(in) M(F) accompagnateur, -trice *m,f* d'aveugle, de non-voyant; **Blindenheim** N institut *m*, établissement *m* pour non-voyants, pour aveugles; **Blindenhund** M chien *m* d'aveugle; **Blindenschrift** F écriture *f*, alphabet *m* braille; **Blindenstock** M canne blanche

Blindflug M vol *m* sans visibilité; **Blindgänger** M ⟨~s; ~⟩ **1** *Granate* obus non éclaté; *Bombe* bombe non éclatée **2** *umg pej (Versager[in])* *umg* raté(e) *m(f)*

Blindheit F ⟨~⟩ cécité *f*; *fig* aveuglement *m*; **mit ~ geschlagen sein** *a. fig* être aveugle

Blindlandung F atterrissage *m* sans visibilité; **blindlings** ADV aveuglément; **Blindschleiche** F ⟨~; ~n⟩ ZOOL orvet *m*; **blindwütig** ADJ fou, folle de rage; furibond

blinken VI ⟨h.⟩ **1** *(glänzen)* briller; *(funkeln)* étinceler; *(glitzern)* scintiller **2** *Warnlichter* clignoter; *Leuchtturm* jeter des éclairs intermittents

Blinker M ⟨~s; ~⟩ **1** AUTO clignotant *m* **2** *an der Angel* cuiller *od* cuillère *f*

Blinkfeuer N SCHIFF feu intermittent, à éclats, à éclipses; **Blinkgerät** N MIL appareil *m* de signalisation optique; **Blinklicht** N *an Bahnübergängen etc* feu clignotant; **Blinklichtanlage** F feu clignotant; **Blinkzeichen** N signal lumineux

blinzeln VI ⟨-(e)le, h.⟩ cligner des yeux; *als Zeichen* faire un clin d'œil; **er blinzelt in die Sonne** il cligne des yeux en regardant le soleil

Blinzeln N ⟨~s⟩ clignement *m*, clignotement *m* des yeux

Blitz M ⟨~es; ~e⟩ **1** METEO éclair *m*; *(~schlag)* foudre *f*; **in den Baum, in unserem Dorf hat der ~ eingeschlagen** la foudre est tombée sur l'arbre, notre village; **vom ~ getroffen werden** être frappé par la foudre; **vom ~ erschlagen werden** être foudroyé; **die Nachricht schlug ein wie der ~** la nouvelle a éclaté comme une bombe; **wie ein ~ aus heiterem Himmel kommen** être un coup de tonnerre dans un ciel bleu; *umg* **wie ein geölter ~** avec la rapidité de l'éclair; comme une flèche; *veraltet* **potz ~!** mille tonnerres!; tonnerre de Brest! **2** *umg* FOTO *(~licht)* flash *m*

Blitzableiter M paratonnerre *m*; **Blitzaktion** F action-éclair *f*; intervention *f* rapide; **Blitzangriff** M attaque *f* éclair; **blitzartig** **A** ADJ ⟨*épithète*⟩ de l'éclair **B** ADV comme l'éclair; comme une flèche; **Blitzbesuch** M POL visite-éclair *f*

blitz(e)blank *umg* ADJ *umg* nickel; *Schuhe* bien astiqué

Blitzeis N verglas *m*

blitzen ⟨-(es)t, h.⟩ **A** VT *(mit Blitzlicht fotografieren)* photographier au flash; *in e-r Radarfalle* **geblitzt werden** se faire prendre par le radar **B** VI *u.* V/UNPERS **1** METEO **es blitzt** il y a *od* il fait un éclair, des éclairs **2** *(funkeln)* étinceler; *(glänzen)* briller; **es blitzt vor Sauberkeit in ihrer Küche** tout brille, étincelle de propreté dans sa cuisine; **s-e Augen ~ vor Zorn** *(dat)* ses yeux flamboient de colère, lancent des éclairs

Blitzesschnelle F **in, mit ~** avec la rapidité

B

de l'éclair; comme une flèche
Blitzgerät N flash *m*; **Blitzkarriere** F carrière-éclair *f*; **Blitzkrieg** M guerre *f* éclair; **Blitzlicht** N flash *m*; **Blitzlichtaufnahme** F photo *f* au flash; **Blitzlichtgerät** N flash *m*; *mit Elektronenblitz* flash *m* électronique; **blitzsauber** *umg* ADJ impeccable; *umg* nickel; **Blitzschaden** M dégâts causés par la foudre; **Blitzschlag** M coup *m* de foudre; **blitzschnell** *umg* A ADJ rapide comme l'éclair, comme une flèche; fulgurant B ADV en un rien de temps; *umg* en moins de deux; **Blitzschutz** M *(Blitzableiter)* paratonnerre *m*; *(Überspannungsableiter)* parafoudre *m*; **Blitzsieg** M victoire-éclair *f*; **Blitzstart** M démarrage *m* en trombe; SPORT, *fig* démarrage *m* en flèche; **Blitzstrahl** M éclair *m*; **Blitzumfrage** F enquête éclair *f*; **Blitzwürfel** M flash *m* cube
blochen VT *u.* VI ⟨h.⟩ *schweiz (bohnern)* cirer
Blocher M ⟨~s; ~⟩ *schweiz* cireuse *f*
Block M ⟨~(e)s; ~̈e⟩ 1 *aus Stein, Holz, Metall etc* bloc *m*; METALLURGIE *(Rohblock)* lingot *m* 2 ⟨*pl* ~s⟩ *(Häuserblock)* îlot *m*; bloc *m* d'immeubles; pâté *m* de maisons 3 POL, WIRTSCH bloc *m*; **e-n ~ bilden, sich zu e-m ~ zusammenschließen** faire bloc (**gegen** contre) 4 ⟨*pl* ~s *ou* ~̈e⟩ *(Schreibblock)* bloc(-notes) *m*
Blockade F ⟨~; ~n⟩ 1 MIL, WIRTSCH blocus *m*; **die ~ aufheben** lever le blocus; **die ~ brechen** forcer, lever le blocus; **die ~ verhängen** décréter le blocus (**über** [*+akk*] de) 2 TYPO blocage *m*
Blockbildung F formation *f* de *bzw.* d'un bloc; **Blockbuchstabe** M *etwa* caractère *m* d'imprimerie
Blockbuster M ⟨~s; ~⟩ grand succès commercial
blocken VT ⟨h.⟩ 1 SPORT bloquer 2 *südd (bohnern)* cirer
Blockflöte F flûte *f* à bec; flûte douce
blockfrei ADJ POL non-aligné; non-engagé; **die ~en Staaten, die Blockfreien** *mpl* les non-alignés *mpl*
Blockhaus N cabane *f* en rondins
blockieren VT ⟨*pas de ge-*, h.⟩ bloquer; *Straße* obstruer; **Blockierung** F ⟨~; ~en⟩ blocage *m*; *e-r Straße etc* obstruction *f*
Blockpartei F parti *m* membre d'un bloc politique; **Blockschokolade** F chocolat *m* à cuire, de ménage; **Blockschrift** F *etwa* caractères *mpl* d'imprimerie; **Blockstaaten** MPL États *mpl* membres d'un bloc politique; **Blockstelle** F EISENBAHN poste *m* sémaphorique; **Blockstunde** F SCHULE deux heures de cours (groupées); **Blockunterricht** M *fächerübergreifender* enseignement *m* interdisciplinaire; *(Blockstunden)* heures groupées
blöd(e) ADJ 1 *(schwachsinnig)* idiot; crétin 2 *umg (dumm)* bête; *umg* con, conne; **stell dich nicht so ~ an!** tu n'es vraiment pas dégourdi!; *fig* **so ein ~er Hund!** *umg* quel con!; *fig* **e-e ~e Gans** une dinde 3 *umg (ärgerlich)* embêtant; *umg* chiant; **es ist zu ~, dass ...** c'est embêtant, *umg* chiant de *(+inf) bzw.* que ... *(+subj)*
Blödelei F ⟨~; ~en⟩ idioties *fpl*; *umg* conneries *fpl*
blödeln VI ⟨-(e)le, h.⟩ faire l'idiot; *umg* déconner
blöderweise *umg* ADV bêtement; c'est ennuyeux, embêtant que ... *(+subj) bzw.* de *(+inf)*
Blödhammel *umg* M *umg* crétin *m*; *umg* con *m*; **Blödheit** F ⟨~⟩ idiotie *f*
Blödian *umg* M ⟨~s; ~e⟩, **Blödmann** *umg* M ⟨-mann(e)s; -männer⟩ idiot *m*; *umg* con *m*
Blödsinn *umg* M ⟨~(e)s⟩ idiotie *f*; *umg* connerie(s) *f(pl)*; **~ machen** *umg* faire des conneries; *umg* faire le con; *umg* déconner; **~ verzapfen** *umg* dire des conneries; *hum* **höherer ~** absurdité *f*
blödsinnig ADJ 1 *(schwachsinnig)* débile; idiot 2 *umg (unsinnig)* *umg* débile; idiot
Blog N *od* M ⟨~s; ~s⟩ IT blog *m*; weblog *m*
bloggen VI ⟨h.⟩ IT bloguer
Blogger(in) M ⟨~s; ~⟩ (F) ⟨~in; ~innen⟩ IT blogueur, -euse *m,f*
Blogosphäre F ⟨~⟩ IT blogosphère *f*
blöken VI ⟨h.⟩ bêler *(a. fig Person)*
Blöken N ⟨~s⟩ bêlement *m*
blond ADJ blond; *umg fig hum* **~es Gift** pin up blonde; **~ gefärbt** blondi; **~ gelockt** aux boucles blondes
Blond N ⟨~s⟩ blond *m*; blondeur *f*
Blonde(r) M/F(M) ⟨→ A⟩ blond(e) *m(f)*
blondgefärbt, blondgelockt ADJT → blond; **blondhaarig** ADJ aux cheveux blonds; blond
blondieren VT ⟨*pas de ge-*, h.⟩ *Haare* oxygéner; décolorer
Blondine F ⟨~; ~n⟩ blonde *f*
Blondkopf M blondinet, -ette *m,f*
bloß A ADJ 1 *(nackt)* nu; **mit ~en Füßen** nu-pieds; pieds nus; **mit ~em Auge** à l'œil nu; **auf der ~en Erde** à même le sol; **~ legen** dégager 2 ⟨*épithète*⟩ *(einfach)* simple; seul; **der ~e Gedanke daran** rien que d'y penser B *umg* ADV 1 *(nur)* seulement; uniquement; simplement; **~ ich** moi seul; **wenn ich ~ daran denke** rien que d'y penser; **ich habe ihn ~ berührt** je n'ai fait que le toucher; **ich will sie ~ sehen** je veux simplement la voir 2 *verstärkend, in Fragen, Aufforderungen* donc; **wie ist er ~ hierhergekommen?** comment donc est-il venu ici?; **wie schaffst du das ~ alles?** mais comment tu arrives à faire tout ça?; **tu das ~ nicht!** ne fais surtout pas ça!
Blöße F ⟨~; ~n⟩ 1 *geh (Nacktheit)* nudité *f* 2 *fig* point *m* faible; **sich** *(dat)* **e-e ~ geben** être pris en défaut; prêter le flanc à la critique 3 FECHTEN partie découverte
bloßlegen VT ⟨*sép*, -ge-, h.⟩ dégager; *Fehler, Mängel* révéler; dévoiler
bloßstellen VT *(u.* VR*)* ⟨*sép*, -ge-, h.⟩ **(sich) ~** (se) ridiculiser; **j-n ~** *a.* compromettre qn
Bloßstellung F ⟨~; ~en⟩ *(Aufdeckung)* révélation *f*; *(das Blamieren)* ridiculisation *f*
Blouson N *od* M ⟨~(s); ~s⟩ blouson *m*
blubbern *umg* VI ⟨-(e)re, h.⟩ *Wasser* gargouiller
Blubbern N ⟨~s⟩ gargouillement *m*
Bluejeans PL *od* F ⟨~; ~⟩ blue-jean *m*
Blue Jeans → Bluejeans
Blues M ⟨~; ~⟩ blues *m*
Bluetooth® M *od* N ⟨~(s)⟩ Bluetooth® *m*
Bluff M ⟨~s; ~s⟩ bluff *m*
bluffen VT *u.* VI ⟨h.⟩ *umg* bluffer
Bluffer M ⟨~s; ~⟩ *umg* bluffeur *m*
blühen VI ⟨h.⟩ 1 BOT fleurir; être en fleur(s); **Kirschen ~ weiß** les cerisiers ont des fleurs blanches 2 *Geschäft etc* prospérer; être florissant 3 *umg (bevorstehen)* arriver; **das kann dir auch (noch) ~** *umg* ça te pend au nez; **lass das sein, sonst blüht dir was!** *umg* arrête, ou il va t'arriver des ennuis, des bricoles!
blühend ADJT 1 BOT fleuri; en fleur(s) 2 *fig Geschäft, Gesundheit* florissant; *Fantasie* débordant; **wie das ~e Leben aussehen** avoir une mine resplendissante; respirer la santé
Blümchen N ⟨~s; ~⟩ petite fleur; fleurette *f*; **Blümchenkaffee** *umg hum* M *umg* lavasse *f*; *umg* jus *m* de chaussette
Blume F ⟨~; ~n⟩ 1 BOT fleur *f*; *fig* **etw durch die ~ sagen** dire qc à mots couverts, à demi-mot; *iron* **danke für die ~n!** merci pour le compliment!; **lasst ~n sprechen!** dites-le avec des fleurs! 2 JAGD (pointe blanche de la) queue *f* 3 *des Biers* mousse *f* 4 *des Weins* bouquet *m*
Blumenarrangement N composition florale; **Blumenbank** F ⟨~; ~̈e⟩ jardinière *f*; **Blumenbeet** N plate-bande *f*; parterre *m* de fleurs; *rundes, ovales a.* massif *m* de fleurs; **Blumenbinder(in)** M ⟨~s; ~⟩ (F) ⟨~in; ~innen⟩ fleuriste *m/f*; **Blumenbinderei** F (atelier *m* de) fleuriste *m/f*; **Blumendraht** M fil *m* de fer; **Blumenerde** F terreau *m*; **Blumenfenster** N fenêtre fleurie; **Blumengeschäft** N (boutique *f* de) fleuriste *m/f*; **blumengeschmückt** ADJT fleuri; **Blumenhändler(in)** M(F) fleuriste *m/f*; **Blumenkasten** M jardinière *f*; **Blumenkind** N °hippie *m/f*; **Blumenkohl** M chou-fleur *m*; **Blumenkorb** M *für Blumen* corbeille *f* à fleurs, *mit Blumen* de fleurs; **Blumenkorso** M corso fleuri; **Blumenkranz** M couronne *f* de fleurs; **Blumenkübel** M bac *m* à fleurs; **Blumenladen** M (boutique *f* de) fleuriste *m/f*; **Blumenmädchen** N bouquetière *f*; **Blumenmarkt** M marché *m* aux fleurs; **Blumenmeer** N mer *f* de fleurs
Blumenmuster N **mit ~** à fleurs; avec des fleurs
Blumenrabatte F bordure *f* de fleurs; **Blumenschale** F *für Blumen* coupe *f* à fleurs, *mit Blumen* de fleurs; **Blumenschmuck** M décoration florale; **Blumenständer** M jardinière *f*; **Blumenstock** M fleur *f* en pot; **Blumenstrauß** M bouquet *m* de fleurs
Blumentopf M 1 *Topf* pot *m* de fleurs 2 *umg (Topfblume)* fleur *f* en pot; *umg* **damit ist kein ~ zu gewinnen** cela ne mène à rien
Blumentopfmanschette F cache-pot *m*
Blumenvase F vase *m*; **Blumenverkäufer(in)** M(F) marchand(e) *m(f)* de fleurs; **Blumenzwiebel** F oignon *m*; bulbe *m*
blumig ADJ *Sprache, Parfüm* fleuri; *Wein* qui a du bouquet; bouqueté
Blu-ray-Disc® F ⟨~; ~s⟩ disque *m* Blu-ray®
Bluse F ⟨~; ~n⟩ chemisier *m*; *(Hemdbluse)* chemise *f*
blusig ADJ blousant; bouffant
Blut N ⟨~(e)s⟩ sang *m*; *poet fig* **ein junges ~** une jeune fille, personne; *umg* **(immer) ruhig ~!** du calme!; ne nous affolons, emballons pas!; *geh* **die Bande des ~es** les liens *mpl* du sang; **ruhig ~ bewahren** garder, conserver son sang-froid, tout son calme; *umg fig* **~ geleckt haben** y avoir pris goût; **blaues ~ (in den Adern) haben** avoir du sang bleu (dans les veines); *fig* **heißes ~ haben** avoir le sang chaud; **in s-m ~(e) liegen** baigner dans son sang, dans une mare de sang; *umg* **~ (und Wasser) schwitzen** *vor Angst* avoir des sueurs froides; *vor Anstrengung* suer sang et eau; **kein ~ sehen können** avoir horreur du sang; **das ~ stillen** arrêter le sang; **die Musik geht ins ~** la musique est entraînante; **das hat viel böses ~ gemacht** cela a provoqué beaucoup de mécontentement; *geh* **er ist mein (eigen) Fleisch und ~** *geh* c'est la chair de ma chair; **das liegt mir im ~** j'ai ça dans le sang; **das ~ schoss ihr ins Gesicht** le rouge lui monta au visage; **das ~ stockte ihm in den Adern** son sang se glaça dans ses veines; **das ~ wich aus ihrem Gesicht** elle blêmit; **bis aufs ~** à l'extrême; **~ bildend, reinigend, stillend** → blutbildend, blutreinigend, blutstillend
Blutalkohol M taux *m* d'alcool dans le sang; alcoolémie *f*; **Blutandrang** M congestion *f*; **Blutapfelsine** F (orange *f*) sanguine *f*; **blutarm** ADJ MED anémique; **Blutarmut** F MED anémie *f*
Blutbad N bain *m* de sang; carnage *m*; mas-

sacre *m*; **ein ~ anrichten** faire un carnage, *etc*
Blutbahn F circuit sanguin; veines *fpl*; **in die ~ eindringen** pénétrer dans le sang
Blutbank F ⟨~; ~en⟩ banque *f* du sang; **Blutbann** M HIST *juridiction statuant sur la vie et la mort*; **blutbefleckt**, **blutbeschmiert** ADJT couvert, taché de sang; **Blutbild** N analyse *f* de sang; hémogramme *m*; **blutbildend** ADJT qui favorise la formation des globules rouges; hématopoïétique; **Blutblase** F cloque, ampoule remplie de sang; **Blutbuche** F °hêtre *m* pourpre
Blutdruck M ⟨~(e)s⟩ pression, tension artérielle; **zu niedrigen, hohen ~ haben** faire de l'hypotension, de l'hypertension
Blutdruckmesser M ⟨~s; ~⟩ tensiomètre *m*
blutdrucksenkend ADJT hypotenseur, -euse; **blutdürstig** ADJ assoiffé de sang; sanguinaire
Blüte F ⟨~; ~n⟩ **1** fleur *f*; *fig* **s-e Fantasie trieb die seltsamsten ~n** il était capable d'imaginer les choses les plus bizarres, extravagantes **2** ⟨*pas de pl*⟩ (*das Blühen, Blütezeit*) floraison *f*; **in ~** (*dat*) **stehen** être en fleur(s); *fig* **in der ~ der Jahre stehen** être dans la fleur de l'âge **3** *geh fig* (*Höhepunkt*) apogée *m* **4** *umg* (*falsche Banknote*) faux billet
Blutegel M sangsue *f*
bluten VI ⟨-ete, h.⟩ **1** saigner; *Baum* perdre sa sève; *fig* **das Herz blutet mir bei diesem Anblick** mon cœur saigne à ce spectacle **2** *umg fig* (*viel zahlen*) **dafür wird er ~ müssen** *umg* il sera obligé de casquer pour cela
Blütenblatt N pétale *m*; **Blütenhonig** M miel *m* de fleurs; **Blütenkelch** M calice *m* (d'une fleur); **Blütenknospe** F bouton *m* de fleur; **Blütenpracht** F magnificence *f* de la floraison; **Blütenstand** M inflorescence *f*; **Blütenstaub** M pollen *m*
Blutentnahme F prélèvement *m*, prise *f* de sang
blütenweiß ADJ d'un blanc éclatant
Bluter M ⟨~s; ~⟩ MED hémophile *m*
Bluterguss M hématome *m*; ecchymose *f*
Bluterkrankheit F ⟨~⟩ hémophilie *f*
Blütezeit F **1** BOT (époque *f* de la) floraison *f* **2** *fig e-r Kultur etc* apogée *m*
Blutfarbstoff M hémoglobine *f*; **Blutfleck** M tache *f* de sang; **Blutgefäß** N vaisseau sanguin; **Blutgerinnsel** N caillot *m* de sang; **Blutgerinnung** F coagulation *f* du sang; **blutgetränkt** ADJT trempé, imbibé de sang
Blutgruppe F groupe sanguin; **ich habe ~ 0 positiv** mon groupe sanguin est 0 rhésus positif
Blutgruppenbestimmung F détermination *f* du groupe sanguin; **Bluthochdruck** M hypertension *f*; **Bluthund** M **1** ZOOL limier (anglais) **2** *fig* monstre *m* sanguinaire; boucher *m*
blutig **A** ADJ **1** (*blutbefleckt*) taché de sang; sanglant; ensanglanté; *Schlacht* sanglant; MED (*mit Blut vermischt*) sanguinolent **2** *umg fig* ⟨*épithète*⟩ **ein ~er Anfänger** un novice; un bleu; **es ist ~er Ernst** c'est tout ce qu'il y a de plus sérieux **B** ADV **j-n ~ schlagen** frapper qn jusqu'au sang; **e-n Aufstand ~ niederschlagen** noyer une révolte dans le sang
blutjung ADJ tout jeune; **Blutkonserve** F (flacon *m* de) sang conservé
Blutkörperchen N ⟨~s; ~⟩ globule du sang, sanguin; **rotes, weißes ~** globule rouge, blanc
Blutkrebs M cancer *m* du sang; **Blutkreislauf** M circulation du sang, sanguine; **Blutlache** F mare *f* de sang; **blutleer** ADJ exsangue; *fig* anémique; **Blutleere** F ischémie *f*; anémie locale; **Blutorange** F (orange *f*) sanguine *f*; **Blutpfropf** M caillot *m* de sang; **Blutplasma** N plasma sanguin; **Blutplättchen** N plaquette sanguine
Blutprobe F prise *f*, prélèvement *m* de sang; **(j-m) e-e ~ entnehmen** faire une prise de sang (à qn)
Blutrache F vendetta *f*; **Blutrausch** M folie meurtrière
blutreinigend ADJT dépuratif, -ive; **~es Mittel** dépuratif *m*
Blutreinigung F dépuration *f* (du sang); **blutrot** ADJ rouge sang (*inv*); **blutrünstig** ADJ **1** *Mensch, Tier* sanguinaire; *Mensch a.* assoiffé de sang **2** *Geschichte, Film etc* sanguinaire; avec des flots d'hémoglobine; **Blutsauger** M ⟨~s; ~⟩ **1** ZOOL *Insekt* suceur *m* de sang **2** (*Vampir*) vampire *m* **3** *fig pej* sangsue *f*
Blutsbande NPL liens *mpl* du sang; **Blutsbruder** M frère *m* de sang
Blutschande F inceste *m*; **Blutschänder(in)** M ⟨~s; ~⟩ (F) ⟨~in; ~innen⟩ personne incestueuse; **blutschänderisch** ADJ incestueux, -euse
Blutschuld *geh* F ⟨~⟩ **e-e ~ auf sich** (*akk*) **laden** se rendre coupable d'un meurtre
Blutschwamm M hémangiome *m*; **Blutsenkung** F sédimentation sanguine; **Blutspende** F **1** *Aktion* don *m* de sang **2** (*gespendetes Blut*) dose *f* de sang (d'un donneur); **Blutspender(in)** M(F) donneur, -euse *m,f* de sang; **Blutspur** F trace *f* de sang
blutstillend ADJT hémostatique; **~es Mittel** hémostatique *m*
Blutstropfen M goutte *f* de sang
Blutsturz M hémorragie *f*
blutsverwandt ADJ consanguin; **Blutsverwandte(r)** M/F(M) parent(e) *m(f)* consanguin(e); **Blutsverwandtschaft** F consanguinité *f*
Bluttat *geh* F crime *m* de sang; meurtre *m*; **Bluttransfusion** F transfusion *f* de sang; **bluttriefend** ADJ ⟨*épithète*⟩ **1** *Wunde* qui saigne fort **2** *fig Geschichte etc* sanguinaire; où l'hémoglobine coule à flots; **blutüberströmt** ADJ tout en sang; **Blutübertragung** F transfusion *f* de sang
Blutung F ⟨~; ~en⟩ saignement *m*; *plus fort* hémorragie *f*; (*Menstruation*) règles *fpl*; **innere ~** hémorragie interne
blutunterlaufen ADJ **~es Auge** œil injecté (de sang); **~e Stelle** ecchymose *f*
Blutuntersuchung F analyse *f* de sang; **Blutvergießen** N ⟨~s⟩ effusion *f* de sang; **Blutvergiftung** F septicémie *f*; **Blutverlust** M perte *f* de sang; **Blutwäsche** F hémodialyse *f*; **Blutwurst** F boudin (noir); **Blutzirkulation** F circulation du sang, sanguine
Blutzoll *geh* M ⟨~(e)s⟩ nombre *m* de morts, de pertes en vies humaines; **e-n hohen ~ fordern** être très meurtrier, sanglant; causer des pertes élevées, de grosses pertes; provoquer une hécatombe
Blutzucker M glucose *m* dans le sang; glycémie *f*; **Blutzuckerspiegel** M taux *m* de glucose dans le sang, de glycémie; **Blutzufuhr** F arrivée *f* du sang
BLZ ABK (Bankleitzahl) code *m* banque
b-Moll N si *m* bémol mineur
BMW® ABK (Bayerische Motoren Werke) **1** ⟨*sans article*⟩ *Firma* BMW **2** ⟨~(s); ~s⟩ *Wagen* **der, ein ~** la, une BM, BMW **3** ⟨~; ~s⟩ *Motorrad* **die, e-e ~** la, une BM, BMW
BMX-Rad N vélo *m* cross; bicross *m*
BND M ⟨~⟩ ABK (Bundesnachrichtendienst) Service fédéral de renseignements
Bö F ⟨~; ~en⟩ rafale *f*; bourrasque *f*; **in ~en** (*dat*) **auffrischende Winde** *mpl* vent *m* soufflant en rafales
Boa F ⟨~; ~s⟩ ZOOL, (*Federboa*) boa *m*
Bob M ⟨~s; ~s⟩ SPORT bob(sleigh) *m*; **Bobbahn** F piste *f* de bob(sleigh); **Bobfahrer(in)** M(F) bobeur, -euse *m,f*; **Bobrennen** N course *f* de bob(sleigh); **Bobsport** M bob (-sleigh) *m*
Boccaccio M ⟨→ *n/pr*⟩ *Dichter* Boccace *m*
Bock M ⟨~(e)s; ⸚e⟩ **1** ZOOL (*männliches Tier*) mâle *m*; (*Ziegenbock*) bouc *m*; (*Schafbock*) bélier *m*; (*Rehbock*) chevreuil *m*; (*Gämsbock*) chamois *m*; *fig* **den ~ zum Gärtner machen** enfermer le loup dans la bergerie; *umg fig* **e-n ~ schießen** *umg* faire une boulette, une gaffe **2** *fig umg* **sturer ~** cabochard *m*; tête *f* de mule, de cochon; *sl* **geiler ~** *umg* chaud lapin; *umg* sale cochon **3** TECH (*Stützbock*) tréteau *m*; (*Sägebock*) chevalet *m*; (*Maschinenbock*) support *m* **4** SPORT cheval *m* de saut **5** (*Kutschbock*) siège *m* (du cocher) **6** *umg fig* **~ auf etw** (*akk*) **haben** avoir très envie de qc; → *a.* null B
Bockbier N bock *m* (*bière*)
bocken VI ⟨h.⟩ **1** *Esel etc* être rétif, -ive; refuser d'obéir **2** *umg fig Motor* refuser de fonctionner; *umg* cafouiller; *Person* se buter; faire l'entêté, le cabochard **3** AGR (*brünstig sein*) être en chaleur
bockig ADJ têtu (*a. Tier*); entêté; buté; cabochard
Bockigkeit F ⟨~⟩ obstination *f*; entêtement *m*
Bockmist *umg* M *umg* conneries *fpl*
Bocksbeutel M **1** ⟨*pas de pl*⟩ *Wein* vin *m* de Franconie **2** *Flasche* bouteille plate et ronde pour les vins de Franconie
Bockshorn N *umg* **j-n ins ~ jagen** intimider qn; faire peur à qn; *umg* **sich (nicht) ins ~ jagen lassen** (ne pas) se laisser intimider
Bockspringen N ⟨~s⟩ *Spiel* saute-mouton *m*; *Sportart* cheval *m* de saut
Bocksprung M cabriole *f*; gambade *f*; SPORT saut *m*, voltige *f* au cheval de saut; **Bocksprünge machen** sauter comme un cabri
Bockwurst F *etwa* saucisse *f* de Francfort
Boden M ⟨~s; ⸚⟩ **1** (*Erde*) sol *m*; terre *f*; (*Terrain*) terrain *m*; **französischen ~ betreten** *geh* fouler le sol français; **(an) ~ gewinnen, verlieren** gagner, perdre du terrain; **s-e Worte fielen auf fruchtbaren ~** ses paroles ne sont pas demeurées sans effet; *fig* **etw aus dem ~ stampfen** faire apparaître qc comme par magie; *fig* **(vor Scham** [*dat*]**) am liebsten im ~ versinken** vouloir rentrer sous terre; *fig* **den ~ für j-n, etw (vor)bereiten** préparer le terrain pour qn, qc **2** (*Fußboden*) sol *m*; plancher *m*; **auf dem ~ liegen** être par terre; être sur le sol; **zu ~ fallen** tomber par *od* à terre; BOXEN **zu ~ gehen** aller au tapis; **auf dem ~ der Wirklichkeit bleiben** rester les pieds sur terre; *fig* **den ~ unter den Füßen verlieren** perdre pied; *fig* **festen ~ unter den Füßen haben** avoir une base solide; WIRTSCH *a.* avoir les reins solides; *fig* **j-m den ~ unter den Füßen wegziehen** priver qn de ses moyens (de subsistance); *umg* **am ~ zerstört sein** être anéanti; *sprichw* **Handwerk hat goldenen ~** il n'est si petit métier qui ne nourrisse son homme **3** *e-s Gefäßes, e-r Torte, e-r Hose etc* fond *m*; *e-r Flasche* cul *m*; **doppelter ~** double fond *m*; *fig* **das ist ein Fass ohne ~** c'est un gouffre **4** (*Speicher, Dachboden*) grenier *m*
Bodenabwehr F défense *f* au sol; **Bodenanalyse** F analyse *f* du sol; **Bodenbelag** M revêtement *m* de sol; **Bodenbelastung** F pollution *f* du sol; **Bodenbeschaffenheit** F qualité *f*, nature *f* du sol, du terrain;

B

Bodendecker M ⟨~s; ~⟩ GARTEN couvre-sol *m (inv)*; **Bodenerhebung** F élévation *f* de terrain; **Bodenertrag** M rendement *m*, rapport *m* du sol; **Bodenfräse** F AGR fraise *f*; **Bodenfrost** M gelée *f* au sol; **Bodenfrostgefahr** F ⟨~⟩ danger *m* de gelée au sol; **Bodengefecht** N → Bodenkampf; **Bodenheizung** F chauffage *m* par le sol; **Bodenkampf** M lutte *f* au sol; **Bodenkunde** F ⟨~⟩ pédologie *f*

bodenlang ADJ *Kleidung, Vorhänge etc* (très) long, longue; **bodenlos** ADJ 1 *Abgrund etc* sans fond 2 *umg fig* inouï; sans borne; sans nom

Bodennähe F **nachts Frost in ~** gelée *f* nocturne à proximité du sol

Bodennebel M brouillard *m* au sol; **Bodennutzung** F exploitation *f* du sol; **Bodenoffensive** F MIL offensive *f* terrestre; **Bodenpersonal** N FLUG personnel non navigant, au sol; **Bodenprobe** F échantillon *m* de terrain; **Bodenreform** F réforme *f* agraire; **Bodensatz** M dépôt *m*; fond *m*; **Bodenschätze** MPL ressources minières; richesses *fpl* du sous-sol; **Bodenschwelle** F ralentisseur *m*

Bodensee der ~ le lac de Constance

Bodensenke F dépression *f* de terrain; **Bodenspekulation** F spéculation foncière; **bodenständig** ADJ natif, -ive; autochtone; *(heimatverbunden)* enraciné dans le terroir; *Bevölkerung, Industrie* local; **Bodenstation** F RAUMFLUG station *f* terrestre; **Bodenstreitkräfte** FPL, **Bodentruppen** FPL forces *fpl* terrestres; **Bodenturnen** N gymnastique *f* au sol; **Bodenübung** F TURNEN exercice *m* au sol; **Bodenvase** F grand vase (qu'on peut poser sur le sol); **Bodenwelle** F 1 ondulation *f* du terrain 2 RADIO **~n** *pl* ondes directes, de surface; **Bodenwichse** F *schweiz* cire *f*; encaustique *f*

Bodo M ⟨→ *n/pr*⟩ *prénom*

Body *umg* M ⟨~s; ~s⟩ MODE body *m*; **Bodybuilder(in)** M ⟨~s; ~⟩ (F) ⟨~in; ~innen⟩ culturiste *m/f*; **Bodybuilding** N ⟨~s⟩ culturisme *m*; bodybuilding *m*; musculation *f*; **Bodysuit** M ⟨~(s); ~s⟩ body *m*

Böe F ⟨~; ~n⟩ rafale *f*; bourrasque *f*

Bofist M ⟨~es; ~e⟩ BOT vesse-de-loup *f*

bog → biegen

Bogen M ⟨~s; ~ *ou südd, österr* ~̈⟩ 1 *(Biegung)* courbe *f*; courbure *f*; *e-s Flusses* coude *m*; MATH arc *m*; **die Straße, der Fluss macht e-n ~ um die Stadt** la route, le fleuve contourne la ville; *umg fig* **im hohen ~ hinausfliegen** *umg* se faire virer; *umg fig* **um j-n e-n (großen) ~ machen** (faire un détour pour) éviter qn; *umg fig* **den ~ raushaben** *umg* avoir trouvé la combine (pour faire qc); *umg fig* **große ~ spucken** faire l'intéressant 2 BAU arc *m*; *e-r Brücke* arche *f* 3 *e-s Streichinstruments* archet *m* 4 MUS *(Haltebogen)* liaison *f* 5 *Schusswaffe* arc *m*; *fig* **den ~ überspannen** (dé)passer les bornes; aller trop loin 6 *(Papierbogen)*, TYPO feuille *f* (de papier) 7 *fig* **etw in ~ und Bogen verurteilen** condamner qc en bloc

Bogenfenster N fenêtre cintrée; **bogenförmig** ADJ en (forme d')arc; arqué; cintré; **Bogenfries** M BAU frise arquée, cintrée; **Bogenführung** F ⟨~⟩ MUS coup *m* d'archet; **Bogengang** M BAU arcades *fpl*; **Bogengewölbe** N voûte *f* en plein cintre; **Bogenlampe** F lampe *f* à arc; **Bogenmaß** N MATH mesure *f* de l'arc; **Bogenpfeiler** M contrefort *m*; culée *f*; **Bogenschießen** N ⟨~s⟩ tir *m* à l'arc; **Bogenschütze** M archer *m*; **Bogensehne** F corde *f* de l'arc; **Bogenstrich** M MUS coup *m* d'archet

Boheme F ⟨~⟩ bohème *f*

Bohemien M ⟨~s; ~s⟩ bohème *m*

Bohle F ⟨~; ~n⟩ planche épaisse; madrier *m*

Böhme M ⟨~n; ~n⟩ Bohémien *m*

Böhmen N ⟨→ *n/pr*⟩ la Bohême

Böhmerwald der ~ la forêt de Bohême

Böhmin F ⟨~; ~nen⟩ Bohémienne *f*

böhmisch ADJ de (la) Bohême; *umg fig* **das sind für mich ~e Dörfer** pour moi, c'est de l'hébreu, du chinois

Bohne F ⟨~; ~n⟩ 1 *Gemüse* °haricot *m*; **grüne ~n** °haricots verts; **weiße ~n** °haricots secs, blancs; **dicke ~n** fèves *fpl*; *umg hum* **blaue ~n** *umg* pruneaux *mpl*; *umg hum* **~n in den Ohren haben** faire la sourde oreille; *umg* **nicht die ~!** pas *bzw.* rien du tout! 2 *(Kaffeebohne)* grain *m*

Bohnenkaffee M café *m* (en grains); **Bohnenkraut** N ⟨~(e)s⟩ sarriette *f*; **Bohnensalat** M salade *f* de haricots; **Bohnenstange** F 1 AGR, GARTEN rame *f* des °haricots 2 *umg fig umg* asperge *f*; *umg* grande perche; échalas *m*; *Frau a. umg* grande bringue; *Mann a.* grand escogriffe

Bohnenstroh N *umg* **dumm wie ~ sein** *umg* être bête comme ses pieds; *umg* être bête à manger du foin

Bohnensuppe F soupe *f* aux °haricots

Bohnerbesen M cireuse *f*; **Bohnermaschine** F cireuse *f* (électrique)

bohnern V/T ⟨-(e)re, h.⟩ cirer; encaustiquer

Bohnerwachs N encaustique *f*; cire *f*

bohren ⟨h.⟩ A V/T *Loch etc* percer; creuser; TECH forer; *(aus~)* aléser; **e-n Brunnen ~** creuser un puits; *Stock etc* **in die Erde ~** enfoncer dans le sol B V/I *Zahnarzt* passer la roulette; **in der Nase ~** se mettre les doigts dans le nez; **nach Erdöl ~** faire des sondages pour rechercher du pétrole; *umg fig* **bei j-m ~, bis er nachgibt** travailler, °harceler qn jusqu'à ce qu'il cède C V/R **sich in etw** *(akk)* **~** s'enfoncer dans qc

Bohren N ⟨~s⟩ forage *m* *(a. Tiefbohren)*; perçage *m*; *(Ausbohren)* alésage *m*; *beim Zahnarzt* **das ~ tut nicht weh** la roulette ne fait pas mal

bohrend ADJT *Schmerz* violent; *Blick, Fragen* inquisiteur, -trice; *Zweifel* tenaillant

Bohrer M ⟨~s; ~⟩ 1 *Gerät (elektrischer Handbohrer)* perceuse *f*; *(Nagelbohrer)* vrille *f*; MED *des Zahnarztes* fraise *f*; roulette *f* 2 *Einsatz (Spiralbohrer)* mèche *f*; *für Metall* foret *m*; *(Bohrmeißel)* trépan *m*

Bohrfutter N TECH mandrin *m*; **Bohrinsel** F plate-forme *f* de forage; **Bohrloch** N trou percé au foret; TECH forure *f*; *(Erdölbohrloch etc)* puits *m*; **Bohrmaschine** F perceuse *f*; *(Gesteinsbohrmaschine)* perforatrice *f*; foreuse *f*; **Bohrschrauber** M ⟨~s; ~⟩ perceuse *f* visseuse dévisseuse *f*; **Bohrturm** M tour *f* de forage; derrick *m*

Bohrung F ⟨~; ~en⟩ 1 *(das Bohren)* forage *m*; *(Versuchsbohrung)* sondage *m* 2 *(Bohrloch)* trou *m*; TECH forure *f*

böig ADJ en rafales; *Wind* soufflant en rafales

Boiler M ⟨~s; ~⟩ chauffe-eau *m* (à accumulation); cumulus *m*

Boje F ⟨~; ~n⟩ bouée *f*; balise (flottante)

Bolero M ⟨~s; ~s⟩ MUS, MODE boléro *m*

Bolivianer(in) M ⟨~s; ~⟩ (F) ⟨~in; ~innen⟩ Bolivien, -ienne *m,f*

bolivianisch ADJ bolivien, -ienne; de Bolivie

Bolivien N ⟨→ *n/pr*⟩ la Bolivie

Böller M ⟨~s; ~⟩ *für Salutschüsse* crapouillot *m*; petit canon; *Feuerwerkskörper* gros pétard

böllern V/I ⟨-(e)re, h.⟩ tirer le canon

Böllerschuss M coup de canon *(tiré à l'occasion d'un événement)*; **j-n mit Böllerschüssen empfangen** saluer l'arrivée de qn par des salves d'artillerie

Bollerwagen M *nordd* petit chariot

Bollwerk N 1 MIL bastion *m* 2 *fig* rempart *m* **(gegen** contre**)** 3 SCHIFF digue *f*

Bologna N ⟨→ *n/pr*⟩ Bologne

Bolschewik M ⟨~en; ~i, *pej* ~en⟩ bolchevik *m*; **Bolschewismus** M ⟨~⟩ bolchevisme *m*; **Bolschewist(in)** M ⟨~en; ~en⟩ (F) ⟨~in; ~innen⟩ bolcheviste *m/f*; **bolschewistisch** ADJ bolchevique

bolzen *umg* V/I ⟨h.⟩ *(Fußball spielen)* taper dans le ballon

Bolzen M ⟨~s; ~⟩ 1 TECH *(Schraubenbolzen)* boulon *m*; *(Zapfen)* cheville *f*; goujon *m* 2 *(Geschoss)* carreau *m* (d'arbalète); **Bolzenschneider** M coupe-boulons *m*

Bolzplatz M terrain *m* de jeu *(où les enfants peuvent jouer au foot)*

Bombardement N ⟨~s; ~s⟩ MIL bombardement *m*; *fig* **ein ~ mit Briefen, Fragen** une avalanche de lettres, de questions

bombardieren V/T ⟨*pas de ge-*, h.⟩ *a. fig* bombarder **(mit** de**)**; **j-n mit Fragen ~** tenir qn sous un feu roulant de questions; bombarder qn de questions

Bombardierung F ⟨~; ~en⟩ bombardement *m*

bombastisch ADJ *Stil, Sprache* ampoulé; pompeux, -euse; *Bau* prétentieux, -ieuse

Bombe F ⟨~; ~n⟩ bombe *f*; **die Nachricht schlug wie e-e ~ ein** *umg* la nouvelle a éclaté comme une bombe, a fait l'effet d'une bombe; *umg fig* **die ~ ist geplatzt** le scandale a éclaté au grand jour

Bombenabwurf M lancement *m*, lâchement *m* de bombes; **Bombenalarm** M alerte *f* à la bombe; **Bombenangriff** M bombardement *m*; **Bombenanschlag** M, **Bombenattentat** N attentat *m* à la bombe **(auf** [+akk] contre**)**; **Bombendrohung** F menace *f* d'attentat à la bombe

Bombenerfolg *umg* M *umg* succès fou, monstre

Bombenexplosion F explosion *f* de la *bzw.* d'une bombe

bombenfest[1] ADJ *Gebäude etc* à l'épreuve des bombes

bombenfest[2] *umg* ADJ *Entschluss etc* inébranlable; **das steht ~** *umg* c'est sûr et certain

Bombenflugzeug N bombardier *m*

Bombenform *umg* F ⟨~⟩ *Sportler etc* **in ~** en pleine forme; dans une forme éblouissante, olympique

Bombengeschäft *umg* N *umg* affaire juteuse; **Bombengeschwader** N escadrille *f* de bombardement; **Bombenhagel** M grêle *f* de bombes; **Bombenkrater** M entonnoir *m* de bombe; **Bombenleger(in)** M ⟨~s; ~⟩ (F) ⟨~in; ~innen⟩ poseur, -euse *m,f* de bombes; **Bombennacht** F nuit *f* de bombardement

Bombenrolle *umg* F *für e-n Schauspieler* rôle *m* sur mesure

Bombenschaden M dégâts causés par les bombes

Bombenschuss *umg* M *beim Fußball* boulet *m* de canon

bombensicher[1] ADJ *(unzerstörbar)* qui résiste aux bombes

bombensicher[2] *umg* ADJ *(gewiss)* *umg* sûr et certain; *Alibi etc umg* en béton; *a. (risikolos)* absolument sûr

Bombensplitter M éclat *m* de bombe

Bombenstimmung *umg* F ⟨~⟩ *umg* ambiance *f* super, d'enfer

Bombenteppich M tapis *m* de bombes; **Bombenterror** M attentats *mpl* à la bom-

be; **Bombentrichter** M entonnoir *m* de bombe
Bomber *umg* M ⟨~s; ~⟩ MIL bombardier *m*; **Bomberstaffel** F escadrille *f* de bombardement
bombig *umg* ADJ *umg* du tonnerre
Bommel *umg* F ⟨~; ~n⟩ *od* M ⟨~s; ~⟩ pompon *m*
Bon M ⟨~s; ~s⟩ (*Gutschein*) bon *m*; (*Kassenquittung*) ticket *m* de caisse
Bonbon M *od* N ⟨~s; ~s⟩ bonbon *m*; **bonbonfarben** ADJ *meist pej* 1 (*bunt*) acidulé 2 → bonbonrosa
Bonboniere → Bonbonniere
Bonbonniere F ⟨~; ~n⟩ bonbonnière *f*
Bonbonpapier N papier *m* de bonbon; **bonbonrosa** ADJ ⟨*inv*⟩ *meist pej* rose bonbon (*inv*)
bongen *umg* VT ⟨h.⟩ enregistrer; *fig* **ist gebongt!** *umg* d'acc!; *umg* c'est bon!; *umg* o.k.!
Bonifatius M ⟨→ *n/pr*⟩ 1 *prénom* 2 *Heiliger, Papstname* Boniface *m*
Bonität F ⟨~⟩ HANDEL (réputation *f* de) solvabilité *f*
Bonmot N ⟨~s; ~s⟩ bon mot
Bonsai M ⟨~s; ~s⟩ bonsaï *m*
Bonus M ⟨~ *ou* ~ses; ~ *ou* ~se *ou* -ni⟩ 1 (*Kundenrabatt*) remise *f*; discount *m*; (*Sondervergütung*) bonus *m* 2 (*Schadenfreiheitsrabatt*) bonus *m* 3 (*Vorteil*) SCHULE points *mpl* d'avance; SPORT °handicap *m*; **Bonustrack** M ⟨~s; ~s⟩ bonus *m*; **Bonuszahlung** F *für Manager etc* paiement *m* d'un bonus
Bonze M ⟨~n; ~n⟩ *a. fig pej* bonze *m*
Bookmark F ⟨~; ~s⟩ *ou* N ⟨~s; ~s⟩ IT signet *m*
Boom M ⟨~s; ~s⟩ boom *m*
boomen VI ⟨h.⟩ *Wirtschaft* être en pleine expansion; être en plein boom (*a. Geschäft*)
Boot N ⟨~(e)s; ~e⟩ bateau *m*; embarcation *f*; (*bes Ruderboot*) barque *f*; (*bes Motorboot*) canot *m*; **~ fahren** faire du bateau *bzw.* de la barque; *umg fig* **wir sitzen alle im selben ~** nous sommes tous logés à la même enseigne
booten VT ⟨-ete, h.⟩ IT redémarrer
Boots MPL (*knöchelhohe Schuhe*) boots *fpl*
Bootsdeck N pont *m* des embarcations; pont *m* supérieur; **Bootsfahrt** F excursion *f*, promenade *f* en bateau; **Bootshaken** M gaffe *f*; **Bootshaus** N °hangar *m* à bateaux
Bootslänge F **mit e-r ~ gewinnen** gagner d'une longueur
Bootsmann M ⟨~(e)s; -leute⟩ SCHIFF MIL premier maître; **Bootsmannschaft** F équipage *m* (du bateau); **Bootssteg** M passerelle *f* d'embarquement; **Bootsverleih** M location *f* de bateaux *bzw.* de barques
Bor N ⟨~s⟩ CHEM bore *m*
Bord[1] N ⟨~(e)s; ~e⟩ (*Bücherbord etc*) rayon *m*; étagère *f*
Bord[2] M ⟨~(e)s; ~e⟩ SCHIFF, FLUG bord *m*; **an ~ der Titanic** à bord du Titanic; **an ~ gehen** s'embarquer; monter à bord; **an ~ nehmen** prendre à bord; embarquer; **von ~ gehen** débarquer; **über ~ gehen** passer par-dessus bord; **über ~ werfen** *a. fig* jeter par-dessus bord; **Mann über ~!** un homme à la mer!
Bordbuch N SCHIFF livre *m*, journal *m* de bord; FLUG carnet *m* de vol, AUTO de route; **Bordcomputer** M SCHIFF calculateur *m* de bord, FLUG de vol
Bordeaux M ⟨~; ~⟩ *Wein* bordeaux *m*; **bordeauxrot** ADJ bordeaux (*inv*)
bordeigen ADJ de bord
Bordell N ⟨~s; ~e⟩ maison *f* de tolérance, de prostitution
Bordfunk M radio *f* de bord; **Bordfunker** M radio(télégraphiste) *m* (de bord); radionavigant *m*; **Bordkarte** F FLUG carte *f* d'embarquement; **Bordküche** F cuisine *f* de bord; **Bordpersonal** N personnel *m* de bord; **Bordstein** M bordure *f* du trottoir; **Bordsteinkante** F bord *m* du trottoir
Bordüre F ⟨~; ~n⟩ MODE bordure *f*
Bordzeitung F journal *m* de bord
Borg M **etw auf ~ kaufen** acheter qc à crédit
borgen VT ⟨h.⟩ 1 (*entleihen*) **etw bei** *od* **von j-m ~** emprunter qc à qn 2 (*verleihen*) **j-m etw ~** prêter qc à qn
Borgis F ⟨~⟩ TYPO corps neuf
Borke F ⟨~; ~n⟩ 1 *e-s Baumes* écorce *f* 2 *nordd* (*Schorf*) croûte *f*
Borkenkäfer M bostryche *m*
Born *poet* M ⟨~(e)s; ~e⟩ puits *m*; *a. fig* source *f*; *fig* **aus dem ~ s-r Erfahrungen schöpfen** puiser dans son expérience
Borneo N ⟨→ *n/pr*⟩ Bornéo
Bornholm N ⟨→ *n/pr*⟩ Bornholm
borniert ADJ borné; étroit d'esprit
Borniertheit F ⟨~⟩ étroitesse *f* d'esprit; **s-e politische ~** l'étroitesse de ses opinions politiques
Borretsch M ⟨~(e)s⟩ bourrache *f*
Borsalbe F vaseline boriquée; **Borsäure** F acide *m* borique
Börse F ⟨~; ~n⟩ 1 (*Portemonnaie*) bourse *f* 2 WIRTSCH Bourse *f*; **an der ~ notiert werden** être coté en Bourse; **an der ~ spekulieren** jouer à la Bourse
Börsenbeginn M ouverture *f* de la Bourse; **Börsenbericht** M bulletin *m* de la Bourse; *in der Zeitung* rubrique boursière; vie financière; **börsenfähig, börsengängig** ADJ négociable, coté en Bourse; **Börsengeschäft** N opération, transaction boursière; **Börsenhandel** M commerce boursier; **Börsenindex** M indice boursier; **Börsenkrach** M krach *m*; débâcle financière; **Börsenkrise** F crise boursière; **Börsenkurs** M cours *m* de la Bourse, des valeurs; cote *f* en Bourse; **Börsenmakler(in)** M(F) agent *m* de change; courtier, -ière *m,f* en valeurs; **Börsennachrichten** FPL nouvelles boursières, de la Bourse; **Börsennotierung** F cotation *f* en Bourse; **Börsenschluss** M clôture *f* de la Bourse; **Börsenschwankung** F fluctuation *f* des cours; **Börsenspekulant(in)** M(F) spéculateur, -trice *m,f* en Bourse; **Börsenspekulation** F spéculation boursière; boursicotage *m*; **Börsensturz** M effondrement *m* des cours; chute *f* de la Bourse; **Börsentipp** M tuyau boursier
Börsianer *umg* M ⟨~s; ~⟩ 1 (*Makler*) boursier *m* 2 (*Spekulant*) boursicoteur *m*
Borste F ⟨~; ~n⟩ 1 (*Schweineborste*) soie *f* (de porc) 2 *umg fig pl* **~n** (*Haare*) *umg* tifs *mpl*
Borstenvieh *umg hum* N (*Schweine*) cochons *mpl*; (*Schwein*) cochon *m*
borstig ADJ 1 *mit Borsten* qui porte des soies 2 *Haar* ressemblant à des crins; °hérissé; hirsute 3 *umg fig Person* revêche
Borte F ⟨~; ~n⟩ galon *m*; bordé *m*; bordure *f*
Borwasser N ⟨~s⟩ eau boriquée
bös → böse
bösartig ADJ 1 *Person, Tier, Handlung etc* méchant; *Person a.* malfaisant 2 *Krankheit, Tumor* malin, -igne; pernicieux, -ieuse; **Bösartigkeit** F ⟨~⟩ 1 *e-r Person, e-s Tiers* méchanceté *f* 2 *e-r Krankheit, e-s Tumors* malignité *f*; perniciosité *f*
Böschung F ⟨~; ~en⟩ talus *m*; pente *f*; (*Uferböschung a.*) berge *f*
Böschungswinkel M inclinaison *f* du talus, de la pente
böse A ADJ 1 *moralisch* méchant; **ein ~r Mensch** un méchant 2 ⟨*épithète*⟩ (*schlecht*) mauvais; **ein ~r Streich** un mauvais tour; un tour pendable; **der ~ Blick** le mauvais œil; **das hat viel ~s Blut gemacht** cela a provoqué beaucoup de mécontentement; **das nimmt ein ~s Ende** cela finira mal; **etw nicht in ~r Absicht tun** ne pas faire qc dans une mauvaise intention 3 (*boshaft*) méchant 4 (*schwer*) *Krankheit* grave; *Grippe etc* mauvais 5 *umg* (*verärgert*) fâché; **~ werden** se mettre en colère; se fâcher; **j-m** *od* **auf j-n ~ sein** en vouloir à qn; être fâché avec, contre qn; **sei mir deswegen nicht ~** ne m'en veux pas pour cela; **im Bösen auseinandergehen** se quitter en mauvais termes 6 *umg* (*ungezogen*) vilain B ADV *Situation* **es sieht ~ aus** ça a l'air sérieux; **ich habe es nicht ~ gemeint** je n'ai pas pensé à mal; **j-m ~ mitspielen** jouer un mauvais tour à qn
Böse[1] M/F ⟨→ A⟩ méchant(e) *m(f)*; **die Guten und die Bösen** *mpl* les bons et les méchants *mpl*
Böse[2] N ⟨→ A⟩ mal *m*; **das ~ auf der Welt** le mal dans le monde; **nichts ~s ahnend** sans se douter de rien
Böser M → Böse[1]
Böses N → Böse[2]
Bösewicht M ⟨~(e)s; ~e(r)⟩ 1 (*Schurke*) méchant *m* 2 *umg hum Kind* petit(e) coquin(e) *m(f)*; polisson, -onne *m,f*
boshaft ADJ méchant; **Boshaftigkeit** F ⟨~; ~en⟩, **Bosheit** F ⟨-heit; -heiten⟩ *Eigenschaft, Handlung* méchanceté *f*
Bosnien N ⟨→ *n/pr*⟩ la Bosnie; **~ und Herzegowina** la Bosnie-Herzégovine
Bosnier(in) M ⟨~s; ~⟩ (F) ⟨~in; ~innen⟩ Bosnien, -ienne *m,f*; Bosniaque *m/f*
bosnisch ADJ bosnien, -ienne; bosniaque
Bosporus ⟨→ *n/pr*⟩ **der ~** le Bosphore
Boss *umg* M ⟨~es; ~e⟩ *e-r Firma* patron *m*; *umg* boss *m*; *e-r Gewerkschaft* dirigeant *m*; *e-r Bande* chef *m*
Bossa Nova M ⟨~; ~s⟩ bossa-nova *f*
bosseln *umg* VI ⟨-(e)le, h.⟩ **an etw** (*dat*) **~** fignoler, peaufiner qc; bricoler qc avec minutie
böswillig ADJ malveillant; *Person a.* malintentionné; JUR **~es Verlassen des Ehepartners** abandon *m* du domicile conjugal
Böswilligkeit F ⟨~⟩ malveillance *f*
bot → bieten
Botanik F ⟨~⟩ botanique *f*; **Botaniker(in)** M ⟨~s; ~⟩ (F) ⟨~in; ~innen⟩ botaniste *m/f*; **botanisch** ADJ botanique; **botanisieren** VI ⟨*pas de ge-*, h.⟩ herboriser; **Botanisiertrommel** F boîte *f* à herboriser
Bötchen N ⟨~s; ~⟩ petit bateau
Bote M ⟨~n; ~n⟩ 1 (*Überbringer*) messager *m*; **durch ~n** par porteur; *geh fig* **die ~n des Frühlings** *liter* les messagers du printemps 2 *berufsmäßiger* garçon *m* de courses; commissionnaire *m*
Botendienst M **~e verrichten** être garçon de courses
Botengang M course *f*; commission *f*; **Botenstoff** M MED, BIOL transmetteur *m*; **Botenzustellung** F remise *f* à domicile par porteur
Botin F ⟨~; ~nen⟩ 1 (*Überbringerin*) messagère *f* 2 *berufsmäßige* commissionnaire *f*
Botschaft F ⟨~; ~en⟩ 1 *geh* (*Nachricht*) message *m*; nouvelle *f*; BIBEL **die Frohe ~** la bonne nouvelle 2 POL ambassade *f*
Botschafter(in) M ⟨~s; ~⟩ (F) ⟨~in; ~innen⟩ ambassadeur, -drice *m,f*
Botschaftsrat M ⟨~(e)s; -räte⟩ conseiller *m* d'ambassade; **Botschaftssekretär** M secrétaire *m* d'ambassade
Botsuana N ⟨→ *n/pr*⟩ le Botswana; **Botsuaner(in)** M ⟨~s; ~⟩ (F) ⟨~in; ~innen⟩ Botswa-

nais(e) *m(f)*; **botsuanisch** ADJ botswanais; du Botswana
Botswana N ⟨→ *n/pr*⟩ *schweiz* → Botsuana
Böttcher M ⟨~s; ~⟩ tonnelier *m*; **Böttcherei** F ⟨~; ~en⟩ tonnellerie *f*
Bottich M ⟨~s; ~e⟩ cuve *f*; *(Waschbottich)* baquet *m*
bottnisch ADJ GEOG **der Bottnische Meerbusen** le golfe de Botnie
Bouclé N ⟨~s; ~s⟩ TEX bouclette *f*; **Boucléwolle** F laine *f* bouclette
Bouillon F ⟨~; ~s⟩ bouillon gras; *kräftige* consommé *m*; **Bouillonwürfel** M cube *m* de consommé
Boulevardblatt N journal *m* à sensation; **Boulevardpresse** F ⟨~⟩ presse *f* à sensation; **Boulevardstück** N pièce *f* de boulevard; **Boulevardtheater** N théâtre *m* de boulevard; **Boulevardzeitung** F journal *m* à sensation
Bourbone M ⟨~n; ~n⟩ HIST Bourbon *m*
bourgeois *geh, meist pej* ADJ bourgeois
Bourgeois *geh, meist pej* M ⟨~; ~⟩ bourgeois *m*
Bourgeoisie *geh, meist pej* F ⟨~; ~n⟩ bourgeoisie *f*
Boutique F ⟨~; ~n⟩ boutique *f* de mode
Bovist M → Bofist
Bowdenzug M TECH transmission *f* Bowden
Bowle F ⟨~; ~n⟩ **1** *boisson à base de vin, de mousseux, de fruits et de sucre* **2** *Gefäß* bol *m* à punch
bowlen V/I ⟨h.⟩ jouer au bowling
Bowlenglas N verre *m* à punch
Bowling N ⟨~s; ~s⟩ bowling *m*; **Bowlingbahn** F piste *f* de bowling; **Bowlingcenter** N bowling *m*
Box F ⟨~; ~en⟩ **1** *bei Ausstellungen, im Stall, e-r Garage etc* box *m*; *für Rennwagen* stand *m* de ravitaillement **2** *(Behälter mit Deckel)* boîte *f* **3** *(Lautsprecherbox)* baffle *m*; enceinte *f* (acoustique) **4** FOTO box *m*
boxen V/T *u.* V/I *(u.* V/R*)* ⟨-(es)t, h.⟩ **(sich) ~** (se) boxer
Boxen N ⟨~s⟩ boxe *f*
Boxenluder *umg* N groupie *f* des pilotes (de course); **Boxenstopp** M arrêt *m* au stand
Boxer M ⟨~s; ~⟩ **1** SPORT boxeur *m* **2** *Hunderasse* boxer *m*; **Boxernase** F nez *m* de boxeur; **Boxershorts** PL boxer *m*
Boxhandschuh M gant *m* de boxe; **Boxkampf** M match *m*, combat *m* de boxe; **Boxring** M ring *m*; **Boxsport** M boxe *f*
Boy M ⟨~s; ~s⟩ *(Hotelboy)* groom *m*; chasseur *m*
Boygroup F ⟨~; ~s⟩ boys band *m*
Boykott M ⟨~(e)s; ~s *ou* ~e⟩ boycott *m*; boycottage *m*
boykottieren V/T ⟨*pas de ge-*, h.⟩ boycotter
Bozen N ⟨→ *n/pr*⟩ Bolzano
B-Probe F SPORT échantillon *m* B
Bq ABK PHYS (Becquerel) Bq (becquerel)
BR M ⟨~⟩ ABK (Bayerischer Rundfunk) *radio et télévision bavaroises*
brabbeln *umg* V/I ⟨-(e)le, h.⟩ bredouiller; marmonner; *Baby* babiller
brach[1] → brechen
brach[2] ADJ *(unbebaut)* en friche; *vorübergehend* en jachère
Brache F ⟨~; ~n⟩ → Brachland
brachial ADJ **1** *geh* brutal **2** MED brachial
Brachialgewalt *geh* F ⟨~⟩ brutalité *f*; violence *f*; **mit ~** par la force, la violence
Brachland N ⟨~(e)s⟩ *a. fig* terre *f* inculte, en friche; *vorübergehend* terre *f* en jachère; **brachlegen** V/T ⟨*sép*, -ge-, h.⟩ mettre en jachère; **brachliegen** V/I ⟨*irr, sép*, -ge-, h.⟩ **1** AGR être en friche; *vorübergehend* être en jachère **2** *fig* être inemployé
brachte → bringen
brackig ADJ saumâtre; **Brackwasser** N ⟨~s; ~⟩ eau *f* saumâtre
Brahmane M ⟨~n; ~n⟩ brahmane *m*; **brahmanisch** ADJ brahmanique
Brainstorming N ⟨~s⟩ brainstorming *m*
Bram F ⟨~; ~en⟩ SCHIFF mât *m* de perroquet; **Bramsegel** N (voile *f* de) perroquet *m*
Branche F ⟨~; ~n⟩ **1** HANDEL branche *f*; secteur *m* **2** *umg (Fachgebiet)* spécialité *f*
Branche(n)erfahrung F expérience (acquise) dans un secteur; **branche(n)fremd** ADJ non-spécialiste; *(fremder Herkunft)* étranger, -ère; extérieur; **Branche(n)kenntnis** F expérience *f*, compétence *f* (en la matière, dans la spécialité); **branche(n)kundig** ADJ expérimenté, compétent (en la matière, dans la spécialité); **branchenübergreifend** ADJT interprofessionnel, -elle; **branche(n)üblich** ADJ courant, habituel, -elle dans une branche
Branchenverzeichnis N annuaire *m* du commerce et de l'industrie (par secteur d'activité); *(Gelbe Seiten®)* pages *fpl* jaunes
Brand M ⟨~(e)s; ⸚e⟩ **1** incendie *m*; feu *m*; **in ~ geraten** prendre feu; **etw in ~ stecken, setzen** mettre le feu à qc **2** *umg (Durst)* (grande) soif; **e-n richtigen ~ haben** *umg* avoir la pépie **3** ⟨*pas de pl*⟩ MED gangrène *f*; nécrose *f* **4** ⟨*pas de pl*⟩ BOT charbon *m*; carie *f*
brandaktuell *umg* ADJ d'une actualité brûlante
Brandanschlag M incendie criminel (**auf** [+*akk*] de); **Brandbekämpfung** F lutte *f* contre l'incendie; **Brandblase** F cloque causée par une brûlure; **Brandbombe** F bombe *f* incendiaire; **Branddirektor** M ADMIN chef *m* des sapeurs-pompiers; **brandeilig** *umg* ADJ urgent; pressant; **Brandeisen** N fer *m* rouge
branden *geh* V/I ⟨-ete, h.⟩ **~ gegen** déferler, se briser contre
Brandenburg N ⟨→ *n/pr*⟩ **1** *Stadt* Brandebourg **2** *Bundesland* le Brandebourg
Brandenburger ADJ ⟨*épithète; inv*⟩ **das ~ Tor** la porte de Brandebourg
Brandfackel F brandon *m*; torche *f* incendiaire; **Brandfleck** M trace *f* de brûlure; **Brandgefahr** F danger *m* d'incendie; **Brandgeruch** M odeur *f* de brûlé, de roussi; **brandheiß** *umg fig* ADJ brûlant; d'une actualité brûlante; **Brandherd** M foyer *m* d'incendie
brandig ADJ **1** MED gangrené; gangreneux, -euse **2** *Geruch* de brûlé, roussi; **es riecht ~** ça sent le brûlé, le roussi
Brandkasse F caisse *f* d'assurance contre l'incendie; **Brandkatastrophe** F incendie *m* monstre, gigantesque; **Brandleger(in)** M ⟨~s; ~⟩ (F) ⟨~in; ~innen⟩ *österr* incendiaire *m/f*; **Brandlegung** F ⟨~; ~en⟩ *österr* incendie *m*; **Brandmal** *geh* N **1** cicatrice *f* de brûlure **2** *fig* stigmate *m*; **brandmarken** V/T ⟨h.⟩ stigmatiser; **Brandmarkung** F ⟨~; ~en⟩ *geh* stigmatisation *f*; **Brandmauer** F mur *m* coupe-feu; **Brandmeister** M capitaine *m* des pompiers; **Brandnarbe** F cicatrice *f* de brûlure; **brandneu** *umg* ADJ flambant neuf, neuve; **Brandopfer** N **1** REL holocauste *m* **2** *(Opfer e-s Brandes)* victime *f* d'un incendie; **Brandrodung** F brûlis *m*; **Brandsalbe** F pommade *f* contre les brûlures; **Brandsatz** M composants *mpl* inflammables (d'une bombe incendiaire); **Brandschaden** M dommages, dégâts causés par l'incendie; **brandschatzen** V/T ⟨-(es)t, h.⟩ *(plündern)* piller; *(in Brand setzen)* incendier; **Brandschatzung** F ⟨~; ~en⟩ pillage *m* (en mettant le feu); **Brandschutz** M protection *f* contre l'incendie; **Brandsohle** F première semelle; **Brandstelle** F lieu *m* de l'incendie, du sinistre; **Brandstifter(in)** M(F) incendiaire *m/f*; *Triebtäter(in)* pyromane *m/f*
Brandstiftung F incendie *m* volontaire; **vorsätzliche ~** incendie criminel, JUR volontaire; **fahrlässige ~** incendie par imprudence, involontaire
Brandteig M GASTR pâte *f* à choux
Brandung F ⟨~; ~en⟩ déferlement *m* des vagues; ressac *m*
Brandungswelle F (vague *f*) déferlante *f*
Brandursache F cause *f* d'incendie; **Brandwache** F piquet *m* d'incendie; **Brandwunde** F brûlure *f*
Brandy M ⟨~s; ~s⟩ brandy *m*
Brandzeichen N marque *f* (au fer rouge)
brannte → brennen
Branntwein M eau-de-vie *f*; **Branntweinbrenner** M distillateur *m* (d'eau-de-vie); bouilleur *m*; **Branntweinbrennerei** F distillerie *f* (d'eau-de-vie)
Brasil F ⟨~; ~⟩ cigare *m* du Brésil
Brasilianer(in) M ⟨~s; ~⟩ (F) ⟨~in; ~innen⟩ Brésilien, -ienne *m,f*; **brasilianisch** ADJ brésilien, -ienne; du Brésil
Brasilien N ⟨→ *n/pr*⟩ le Brésil
brät → braten
Brät N ⟨~s⟩ chair *f* à saucisse *(à base de viande de porc maigre)*
Bratapfel M pomme cuite au four
braten ⟨brät, briet, gebraten, h.⟩ **A** V/T faire cuire; *im Ofen a.* faire rôtir; *am Grill* faire griller, rôtir; *Kartoffeln* faire sauter; *Zwiebeln* **braun ~** faire rissoler; **am Spieß ~** faire rôtir à la broche **B** V/I cuire (à la poêle, au four, à la cocotte); rôtir; griller; *fig* **(sich) in der Sonne ~ (lassen)** se rôtir au soleil
Braten M ⟨~s; ~⟩ rôti *m*; **kalter ~** viande froide; *umg fig* **ein fetter ~** *umg* une affaire juteuse; *umg fig* **den ~ riechen** éventer la mèche; flairer la chose
Bratenfett N graisse *f* du rôti; **Bratenplatte** F plat *m* à rôti; **Bratensaft** M jus *m* de rôti; **Bratensoße** F sauce *f* (au jus de rôti); **Bratenwender** M ⟨~s; ~⟩ pelle *f* (à viande)
Bräter M *regional* cocotte *f*
bratfertig ADJ prêt à rôtir
Bratfett N graisse *f* (à rôtir); **Bratfisch** M *gebratener* poisson frit; *zum Braten* poisson à frire; **Brathähnchen** N, *südd, österr* **Brathendl** N *gebratenes* poulet rôti; *zum Braten* poulet à rôtir; **Brathering** M °hareng frit et mariné; **Bratkartoffeln** FPL pommes de terre sautées; **Bratling** M ⟨~s; ~e⟩ GASTR boulette végétale; **Bratofen** M four *m*; **Bratpfanne** F poêle *f* à frire; **Bratröhre** F four *m*; **Bratrost** M gril *m*; barbecue *m*
Bratsche F ⟨~; ~n⟩ alto *m*
Bratschist(in) M ⟨~en; ~en⟩ (F) ⟨~in; ~innen⟩ altiste *m/f*
Bratspieß M brochette *f*; **Bratwurst** F *gebratene* saucisse grillée; *zum Braten* saucisse à griller
Brauch M ⟨~(e)s; ⸚e⟩ coutume *f*; usage *m*; tradition *f*; **nach altem ~** selon une vieille coutume, un vieil usage; **das ist so ~** c'est la coutume
brauchbar ADJ qui peut servir (**für** à); utile (**für** à); utilisable; valable; *Kleidung a.* mettable; **noch ~** *a.* récupérable; **nichts Brauchbares zustande bringen** ne faire rien qui vaille
Brauchbarkeit F ⟨~⟩ utilité *f*
brauchen ⟨h.⟩ **A** V/T ⟨*pperf* gebraucht⟩ **1** *(benötigen)* avoir besoin de; **ich brauche etwas** *a.* il me faut quelque chose; *umg* **ich kann dich jetzt nicht ~** tu me déranges **2** *Zeit* met-

tre; **für etw zwei Stunden ~** mettre deux heures pour (faire) qc; **wie lange haben Sie gebraucht?** combien de temps avez-vous mis, vous a-t-il-fallu?; **das braucht Zeit** cela demande du temps **3** *(ge~)* se servir de; **kannst du das noch ~?** est-ce que cela peut te servir? **B** VIAUX *de mode* ⟨*pperf* brauchen⟩ *verneint od einschränkend* **er braucht nicht zu kommen** ce n'est pas la peine qu'il vienne; **du brauchst gar nicht zu lachen** à ta place, je ne rigolerais pas; il n'y a pas de quoi rire; **das braucht niemand zu wissen** ça ne regarde personne; **Sie ~ es nur zu sagen** vous n'avez qu'à le dire

Brauchtum N ⟨~(e)s; -tümer⟩ coutumes *fpl*; tradition *f*

Brauchwasser N ⟨~s⟩ eaux industrielles

Braue F ⟨~; ~n⟩ sourcil *m*

brauen VT ⟨h.⟩ **1** *Bier* brasser **2** *umg fig Gemisch etc* concocter

Brauer M ⟨~s; ~⟩ brasseur *m*; **Brauerei** F ⟨~; ~en⟩ brasserie *f*

Brauhaus N brasserie *f*; **Braumeister** M maître *m* brasseur

braun ADJ marron *(inv)*; *(dunkel~)* brun; *Augen* marron *(inv)*; brun; *Haut, Haar* brun; *von der Sonne* bronzé; *Pferd* bai; **~e Butter** beurre noir; **~ färben** teindre en brun, marron; **~ werden** devenir brun, marron; *Person, Haut* bronzer; brunir; **~ gebrannt** bronzé; °hâlé; bruni

Braun N ⟨~s; ~⟩ (couleur *f*) marron *m*; *(Dunkelbraun)* brun *m*; couleur brune; **in ~ (gekleidet)** (habillé) en brun, marron

braunäugig ADJ aux yeux bruns, marron

Braunbär M ours brun

Bräune F ⟨~⟩ *der Haut* °hâle *m*; bronzage *m*

bräunen VT ⟨h.⟩ **1** *Sonne die Haut* bronzer; brunir **2** GASTR faire revenir; *Butter, Zwiebeln a.* faire dorer; *Zucker* faire caraméliser

braunfärben VT ⟨*sép*, -ge-, h.⟩ → braun

braungebrannt ADJT → braun; **braunhaarig** ADJ aux cheveux bruns; brun

Braunkohle F lignite *m*; **Braunkohlenbergbau** M industrie minière du lignite; **Braunkohlentagebau** M extraction *f* du lignite à ciel ouvert

bräunlich ADJ brunâtre

Braunschweig N ⟨→ *n/pr*⟩ Brunswick

Bräunung F ⟨~; ~en⟩ *der Haut* bronzage *m*

Bräunungsstudio N solarium *m*

Braus M **in Saus und ~ leben** *verschwenderisch* mener la grande vie; *herrlich u. in Freuden* mener joyeuse vie

Brause F ⟨~; ~n⟩ **1** *(Dusche)* douche *f* **2** *e-r Gießkanne* pomme *f* (d'arrosoir) **3** *(Limonade)* limonade *f* **4** *(~pulver)* poudre effervescente; **Brauselimonade** F limonade *f*

brausen VI ⟨-(es)t⟩ **1** ⟨h.⟩ *Sturm, Meer, Wellen* mugir; *Wind* souffler avec violence; mugir; *Wellen, Wasserfall etc a.* gronder; *Orgel* retentir; **~der Beifall** tonnerre *m* d'applaudissements **2** ⟨s.⟩ *Fahrzeuge* passer en trombe; rouler à toute vitesse, allure; *umg* foncer **3** ⟨h.⟩ *(duschen)* se doucher; prendre une douche

Brausepulver N poudre effervescente; **Brausetablette** F comprimé effervescent

Braut F ⟨~; Bräute⟩ **1** *(Verlobte)* fiancée *f*; *am Hochzeitstag* mariée *f* **2** *umg (Mädchen) umg* nana *f*; **Brautbett** N lit nuptial; **Brauteltern** PL parents *mpl* de la mariée; **Brautführer** M garçon *m* d'honneur

Bräutigam M ⟨~s; ~e⟩ *(Verlobter)* fiancé *m*; *am Hochzeitstag* marié *m*

Brautjungfer F demoiselle *f* d'honneur; **Brautkleid** N robe *f* de mariée; **Brautkranz** M couronne *f* de mariée; **Brautleute** PL → Brautpaar; **Brautmesse** F messe *f* de mariage; **Brautmutter** F ⟨~; -mütter⟩ mère *f* de la mariée; **Brautpaar** N *(Verlobte)* fiancés *mpl*; *am Hochzeitstag* mariés *mpl*

Brautschau F *hum* **auf ~ gehen** chercher femme

Brautschleier M voile *m* de mariée; **Brautstrauß** M bouquet *m* de (la) mariée; **Brautvater** M père *m* de la mariée

brav ADJ **1** *Kind (folgsam)* sage; gentil, -ille **2** *Erwachsener (rechtschaffen)* brave *(vorangestellt)* **3** *fig pej (bieder)* sans fantaisie; bien *od* trop sage; fade; plat

bravissimo INT bravissimo!

bravo INT bravo!

Bravo N ⟨~s; ~s⟩, **Bravoruf** M bravo *m*

Bravour F ⟨~⟩ bravoure *f*; **mit ~** avec éclat, brio

bravourös **A** ADJ brillant; magistral **B** ADV avec brio, éclat

Bravourstück N action *f* d'éclat; MUS morceau *m* de bravoure

Bravur *etc* → Bravour *etc*

BRD ⟨~⟩ ABK (Bundesrepublik Deutschland) **die ~** la RFA (République fédérale d'Allemagne)

Breakdance M ⟨~(s)⟩ smurf *m*

Brechbohne F °haricot *m* mange-tout; **Brechdurchfall** M gastro-entérite *f*; **Brecheisen** N pince-monseigneur *f*

brechen ⟨bricht, brach, gebrochen⟩ **A** VT ⟨h.⟩ **1** *(zer~, durch~)* casser; rompre; *in mehrere Stücke meist* briser; *Brot* rompre; *Eis, Wellen* briser; *Gliedmaßen* casser; *Flachs, Hanf* broyer; **ein Loch in e-e Mauer ~** faire, percer un trou dans un mur; *fig* **das bricht ihm das Herz** cela lui brise, lui fend le cœur; *fig* **e-e Sache übers Knie ~** précipiter, expédier, brusquer une affaire; **e-n Streit, e-n Krieg vom Zaun ~** déclencher une querelle, une guerre **2** *Steine, Schiefer, Marmor etc* extraire **3** *fig Bann, Schweigen, Vertrag etc* rompre; *Eid, Recht* violer; *Widerstand* briser; *Blockade* forcer; *Rekord* battre; **die Ehe ~** commettre un adultère; **die Treue ~** être, devenir infidèle; **sein Wort ~** manquer à, trahir sa parole **4** *umg (er~)* vomir; rendre **B** VI **1** ⟨s.⟩ *(zer~, durch~)* (se) rompre; (se) casser; (se) briser; *Oberleder* se fendre; *Stoff* se couper; *Stimme* se briser; *fig* **das Herz bricht mir bei diesem Anblick** mon cœur se brise à ce spectacle; *umg* **~d voll sein** être plein à craquer **2** ⟨h.⟩ **mit j-m, etw ~** rompre avec qn, qc **3** ⟨h.⟩ *umg (sich er~)* vomir; **~ müssen** avoir envie de vomir **4** ⟨s.⟩ *(hervorkommen)* **die Sonne bricht durch die Wolken** le soleil perce à travers les nuages **C** VR ⟨h.⟩ **1** **sich** *(dat)* **das Bein ~** se casser, se fracturer la jambe; **sich** *(dat)* **den Hals ~** se rompre, se casser le cou **2** OPT, PHYS *Licht* **sich ~** se réfracter; être réfracté **3** **sich (an etw** *[dat]***) ~** *Wellen* se briser (contre, sur qc); déferler (sur qc)

Brecher M ⟨~s; ~⟩ **1** *Welle* paquet *m* de mer; lame *f* **2** TECH concasseur *m*

Brechmittel N **1** MED vomitif *m*; émétique *m* **2** *umg hum (widerlicher Mensch)* personnage répugnant; **Brechreiz** M envie *f* de vomir; nausée *f*; **Brechstange** F pince-monseigneur *f*

Brechung F ⟨~; ~en⟩ **1** OPT, PHYS réfraction *f* **2** LING métaphonie *f*

Brechungswinkel M OPT, PHYS angle *m* de réfraction

Bredouille *umg* F ⟨~; ~n⟩ **in der ~ sein** *od* **sitzen** *umg* être dans le pétrin

Brei M ⟨~(e)s; ~e⟩ *für Kinder, von Mehl, Grieß* bouillie *f*; *von Kartoffeln, Erbsen etc* purée *f*; *umg* **j-n zu ~ schlagen** *umg* casser la gueule à qn; *umg* **um den (heißen) ~ herumreden** tourner autour du pot

breiig ADJ comme de la bouillie; en bouillie; pâteux, -euse

breit **A** ADJ large; *Hüfte etc* fort; *Schilderung etc* ample; *umg (betrunken) umg* rond; **zwei Meter ~ sein** avoir deux mètres de large; être large de deux mètres; **ein zwei Meter ~er Gehweg** un trottoir de deux mètres de large, large de deux mètres; **die ~e Öffentlichkeit, das ~e Publikum** le grand public; **ein ~es Echo, Interesse finden** *Rede* être bien accueilli; *Aktion* être bien suivi; **die Beine ~ machen** écarter les jambes; → *a.* breitmachen; **~er machen** élargir; **~er werden** s'élargir **B** ADV **1** **etw ~ erörtern** discuter longuement, en détail de qc; s'étendre sur qc; **~ lachen** rire de toutes ses dents; **~ gefächert** varié; **~ gestreift** à larges rayures **2** **etw lang und ~**, *geh* **des Langen und Breiten erzählen** raconter qc en long et en large, par le menu; s'étendre longuement sur qc; **weit und ~ war kein Mensch zu sehen** il n'y avait personne à la ronde, à perte de vue; **das ist weit und ~ bekannt** tout le monde le sait

Breitbandanschluss M IT connexion *f* à haut débit; **Breitbandnetz** N IT réseau *m* à haut débit

breitbeinig ADV les jambes écartées

Breite F ⟨~; ~n⟩ **1** *(räumliche Ausdehnung)* largeur *f*; **drei Meter in der ~** trois mètres de large(ur) **2** *umg* **in die ~ gehen** grossir **3** *fig* **die ~ s-r Darlegungen** la longueur de son exposé; **e-e Geschichte in epischer ~ erzählen** raconter une histoire avec moult détails **4** GEOG latitude *f*; **auf dem 50. Grad südlicher ~** à cinquante degrés de latitude sud; **in unseren ~n** sous nos latitudes, nos climats

Breitengrad M GEOG degré *m* de latitude; **auf dem 20. ~ liegen** être, se trouver à vingt degrés de latitude

Breitenkreis M GEOG parallèle *m*; **Breitensport** M sport *m* de masse; **Breitenwirkung** F grande portée; large influence *f*

breitgefächert, **breitgestreift** ADJ → breit B 1; **breitkrempig** ADJ à large bord

breitmachen *umg* VR ⟨*sép*, -ge-, h.⟩ **sich ~** *Personen (viel Platz beanspruchen) umg* s'étaler; prendre ses aises; *(sich häuslich niederlassen)* s'installer; *fig Stimmung, Ideologie etc* se propager; se répandre; gagner du terrain

breitschlagen *umg* VT ⟨*irr, sép*, -ge-, h.⟩ finir par persuader; fléchir; **sich ~ lassen** finir par céder; se laisser persuader **(zu etw** de faire qc)

breitschult(e)rig ADJ de forte carrure; large d'épaules

Breitschwanz M ⟨~es⟩ breitschwanz *m*; **Breitseite** F SCHIFF, MIL bordée *f*

breittreten *umg* VT ⟨*irr, sép*, -ge-, h.⟩ trop s'appesantir sur; **ein Thema ~** *a.* faire du délayage

Breitwand F KINO écran *m* panoramique; grand écran; **Breitwandfilm** M film *m* grand écran, en cinémascope®

Bremen N ⟨→ *n/pr*⟩ Brême

Bremsbacke F mâchoire *f* de frein; **Bremsbelag** M garniture *f* de frein; **Bremsdruck** M ⟨~(e)s; ~̈e⟩ pression *f* de freinage

Bremse[1] F ⟨~; ~n⟩ TECH frein *m*; **auf die ~ treten** donner un coup de frein; appuyer sur le frein; **die ~ anziehen** serrer le frein

Bremse[2] F ⟨~; ~n⟩ ZOOL taon *m*

bremsen VT *u.* VI ⟨-(es)t, h.⟩ *a. fig* freiner; *umg fig* **sie ist nicht zu ~** on ne peut pas l'arrêter

Bremsen N ⟨~s⟩ freinage *m*

Bremser M ⟨~s; ~⟩ **1** EISENBAHN gardefrein *m* **2** *e-s Bobs* brake *m* **3** *fig, bes* POL **bei etw den ~ spielen** bloquer qc; **immer den ~ spielen** faire de l'obstruction (systématique)

Bremsflüssigkeit F liquide *m* de frein;

Bremshebel M levier *m* de frein; **Bremsklotz** M sabot *m*, patin *m* de frein; **Bremskraft** F force *f*, puissance *f* de freinage; **Bremskraftverstärker** M servofrein *m*; **Bremsleuchte** F, **Bremslicht** N feu *m* de stop; **Bremspedal** N pédale *f* de frein; **Bremsprobe** F essai *m* de freinage; **Bremsscheibe** F disque *m* de frein; **Bremsspur** F trace *f* de freinage; **Bremstrommel** F tambour *m* de frein

Bremsung F ⟨~; ~en⟩ freinage *m*

Bremsverzögerung F retardement *m* de freinage; **Bremsvorrichtung** F dispositif *m*, système *m*, mécanisme *m* de freinage; **Bremsweg** M distance *f* de freinage; **Bremszeit** F temps *m* de freinage; **Bremszylinder** M cylindre *m* de frein

brennbar ADJ combustible; **leicht ~** inflammable

Brenndauer F *e-r Glühbirne etc* durée *f* d'éclairage; *e-r Rakete* durée *f* de combustion; **Brennelement** N NUKL élément *m* (de) combustible

brennen ⟨brennt, brannte, gebrannt, h.⟩ A V/T 1 *Ton, Ziegel, Zement* cuire; *Kalk a.* calciner; *Branntwein* distiller; *CD, DVD* graver; **gebrannte Mandeln** *fpl* amandes grillées; *sprichw* **gebranntes Kind scheut das Feuer** *sprichw* chat échaudé craint l'eau froide 2 **ein Loch in etw** *(akk)* **~** faire un trou dans qc B V/I 1 *Feuer, brennbare Stoffe* brûler; *Gebäude, Stadt etc a.* être en flammes, en feu; **zu ~ beginnen** prendre feu; **es brennt** il y a le feu; **es brennt!** au feu!; *umg fig* **wo brennt's denn?** qu'est-ce qui ne va pas?; *fig* **j-m auf den Nägeln ~** être d'une extrême urgence (pour qn) 2 *(in Gang sein) Ofen* marcher; *Licht* être allumé; **das Licht ~ lassen** laisser la lumière allumée 3 *Wunde, Augen* brûler; *Rauch in den Augen* piquer; *Sonne* brûler; être brûlant; *Gewürz etc im Mund* brûler 4 *fig* **vor Verlangen, Neugier** *(dat) etc* **~** brûler de désir, de curiosité, *etc*; **auf etw** *(akk)* **~** brûler de faire qc; ne demander qu'à faire qc

Brennen N ⟨~s⟩ 1 *e-r Wunde* cuisson *f*; *im Magen etc* brûlures *fpl* 2 *von Ziegeln, Gips etc* cuisson *f*; cuite *f*; *von Kalk a.* calcination *f*; *von Branntwein* distillation *f*

brennend A ADJT 1 brûlant; *Stadt, Gebäude, Wald* en feu; en flammes; *Lampe, Zigarette* allumé 2 *fig Schmerz* cuisant; *Durst* ardent; *Interesse* vif, vive 3 *fig (wichtig)* **~e Frage** question brûlante; **von ~er Aktualität** d'une actualité brûlante B ADVL *(sehr)* **~ heiß** torride; **etw ~ gern wollen** désirer ardemment qc; **sich ~ für etw interessieren** manifester un vif intérêt pour qc

Brenner M ⟨~s; ~⟩ 1 TECH *Gerät* brûleur *m* 2 *von Branntwein* distillateur *m*; *privater* bouilleur *m* de cru 3 *für CDs, DVDs* graveur *m*; **Brennerei** F ⟨~; ~en⟩ 1 *⟨pas de pl⟩ Herstellung* distillation *f* 2 *Fabrik* distillerie *f*

Brennglas N OPT lentille *f* convexe; **Brennholz** N ⟨~es⟩ bois *m* de chauffage; **Brennkammer** F TECH chambre *f* de combustion; **Brennmaterial** N combustibles *mpl*; **Brennnessel** F ortie *f*; **Brennofen** M four *m*

Brennpunkt M 1 OPT, MATH foyer *m* 2 *fig* centre *m*; *des Verkehrs* point chaud; **sozialer ~** quartier *m* sensible; **im ~ des Interesses stehen** focaliser l'attention du public

Brennschere F fer *m* à friser; **Brennspiegel** M OPT miroir *m* concave; **Brennspiritus** M alcool *m* à brûler; **Brennstab** M NUKL barre *f* de combustible; **Brennstoff** M combustible *m*; **Brennstoffzelle** F ELEK pile *f* à combustible; **Brennweite** F OPT distance focale

brenzlig ADJ 1 *(angebrannt)* qui sent le brûlé, le roussi 2 *umg fig (bedenklich)* délicat; critique; *(bedrohlich)* dangereux, -euse; risqué; **die Sache wird ~** ça sent le roussi

Bresche F ⟨~; ~n⟩ brèche *f*; *fig* **für j-n, etw e-e ~ schlagen** encourager qn, qc; *fig* **für j-n in die ~ springen** remplacer qn au pied levé

Breslau N ⟨→ *n/pr*⟩ Wrocław

Bretagne ⟨→ *n/pr*⟩ **die ~** la Bretagne

Bretone M ⟨~n; ~n⟩, **Bretonin** F ⟨-in; -innen⟩ Breton, -onne *m,f*

bretonisch ADJ breton, -onne

Brett N ⟨~(e)s; ~er⟩ 1 planche *f*; **Schwarzes ~** tableau *m*, panneau *m* d'affichage; *umg fig* **ein ~ vor dem Kopf haben** être bouché (à l'émeri); *umg* en avoir, en tenir une couche; *umg fig* **bei j-m e-n Stein im ~ haben** *umg* être dans les petits papiers de qn 2 *(Damebrett)* damier *m*; *(Schachbrett)* échiquier *m* 3 PL **die ~er(, die die Welt bedeuten)** *(Bühne)* la scène; les planches *fpl* 4 *umg pl* **~er** *(Skier)* skis *mpl* 5 PL **~er** BOXEN tapis *m*

Brettchen N ⟨~s; ~⟩ planchette *f*

Bretterboden M sol en planches, planchéié; **Bretterbude** F baraque *f*; cabane *f* en planches; **Bretterkiste** F caisse *f* en planches

brettern *umg* V/I ⟨-(e)re, s.⟩ *(schnell fahren) umg* foncer

Bretterwand F cloison *f* de planches; **Bretterzaun** M palissade *f*

Brettspiel N jeu *m* de table

Brevier N ⟨~s; ~e⟩ 1 KATH bréviaire *m* 2 *(Leitfaden)* guide *m*

Brezel F ⟨~; ~n⟩, *österr* **Brezen** F ⟨-en; -en⟩ bretzel *m*

bricht → brechen

Bridge N ⟨~⟩ bridge *m*

Brief M ⟨~(e)s; ~e⟩ lettre *f*; BIBEL épître *f*; *umg* **blauer ~** *(Entlassungsschreiben)* lettre *f* de licenciement; SCHULE (lettre *f* d')avertissement *m*; **eingeschriebener ~** lettre recommandée; *fig* **offener ~** lettre ouverte; *fig* **darauf gebe ich dir ~ und Siegel** tu peux y compter; je t'en donne ma parole; je te le promets (solennellement)

Briefablage F 1 *Vorrichtung* classeur *m* de courrier 2 *Vorgang* classement *m* du courrier; **Briefbeschwerer** M ⟨~s; ~⟩ presse-papiers *m*; **Briefblock** M ⟨~(e)s; ~s *ou* ~̈e⟩ bloc *m* de papier à lettres; **Briefbogen** M feuille *f* de papier à lettres; **Briefbombe** F lettre piégée

Briefchen N ⟨~s; ~⟩ 1 *(kleiner Brief)* billet *m* 2 *(Streichholzbriefchen)* pochette *f* (d'allumettes); *(Nadelbriefchen)* étui *m* à aiguilles

Briefdrucksache F *bis 1993* imprimé *m* *(pouvant comporter au maximum dix mots manuscrits)*

briefen V/T ⟨h.⟩ *(informieren, einweisen)* briefer

Briefform F **in ~** sous forme de lettre(s)

Brieffreund(in) M(F) correspondant(e) *m(f)*; **Brieffreundschaft** F amitié *f* épistolaire; **Briefgeheimnis** N ⟨~ses⟩ secret *m* des correspondances; **Briefkarte** F carte-lettre *f*

Briefkasten M boîte *f* aux lettres; **den ~ leeren** faire la levée; **der ~ wird dreimal täglich geleert** il y a trois levées par jour

Briefkastenfirma F société *f* boîte aux lettres; **Briefkastenleerung** F levée *f* des boîtes aux lettres; **Briefkastenschlitz** M fente *f* de la boîte aux lettres

Briefkopf M en-tête *m* (de lettre); **Briefkurs** M BÖRSE cours offert; **Briefkuvert** N → Briefumschlag; **brieflich** ADJ *u.* ADV par lettre(s); par écrit; **Briefmarke** F timbre *m*; *bes* ADMIN timbre-poste *m*

Briefmarkenalbum N album *m* de timbres; **Briefmarkenautomat** M distributeur *m* (automatique) de timbres; **Briefmarkensammler(in)** M(F) philatéliste *m/f*; **Briefmarkensammlung** F collection *f* de timbres(-poste)

Brieföffner M coupe-papier *m*; **Briefpapier** N papier *m* à lettres; **Briefpartner(in)** M(F) correspondant(e) *m(f)*; **Briefporto** N port *m*, affranchissement *m* (des lettres); **Briefpost** F courrier *m*; **Briefroman** M roman *m* épistolaire; **Briefschreiber(in)** M(F) auteur *m* d'une lettre; **Briefsendung** F envoi *m* de lettres; **Brieftasche** F portefeuille *m*; *österr (Geldbörse)* porte-monnaie *m*; bourse *f*; **Brieftaube** F pigeon *m* voyageur; **Brieftelegramm** N télégramme-lettre *m*; **Briefträger(in)** M(F) facteur, -trice *m,f*; **Briefumschlag** M enveloppe *f*; **Briefwaage** F pèse-lettre *m*; **Briefwahl** F vote *m* par correspondance

Briefwechsel M correspondance *f*; échange *m* de lettres; **mit j-m in ~** *(dat)* **stehen** correspondre avec qn

Briefzusteller(in) M(F) ADMIN préposé(e) *m(f)*

Bries N ⟨~es; ~e⟩ 1 ANAT thymus *m* 2 GASTR ris *m* de veau

briet → braten

Brigade F ⟨~; ~n⟩ MIL, HIST *DDR* brigade *f*; **Brigadegeneral** M MIL général *m* de brigade; **Brigadeleiter(in)** M(F) HIST *DDR* chef *m* de brigade

Brigadier M ⟨~s; ~s⟩ 1 MIL général *m* de brigade 2 *⟨pl a. ~e⟩* HIST *DDR* chef *m* de brigade

Brigg F ⟨~; ~s⟩ SCHIFF brick *m*

Brigitte F ⟨→ *n/pr*⟩ *prénom*

Brikett N ⟨~s; ~s⟩ briquette *f*

brillant ADJ brillant

Brillant M ⟨~en; ~en⟩ brillant *m*

Brillantine F ⟨~; ~n⟩ brillantine *f*

Brillantkollier N collier *m* de brillants; **Brillantring** M bague *f* avec des brillants; *mit nur e-m Brillanten* solitaire *m*; **Brillantschliff** M taille *f* en brillant

Brillanz F ⟨~⟩ brillant *m*

Brille F ⟨~; ~n⟩ 1 lunettes *fpl*; **e-e ~** des lunettes; une paire de lunettes; **e-e ~ aufsetzen** mettre, *umg* chausser des lunettes; **e-e ~ tragen** porter des lunettes; *fig* **alles durch e-e rosa(rote) ~ sehen** voir tout, voir la vie en rose 2 *umg (Klobrille)* lunette *f*

Brillenbügel M branche *f* de lunettes; **Brillenetui** N étui *m* à lunettes; **Brillengestell** N monture *f*; **Brillenglas** N ⟨~es; ~̈er⟩ verre *m* (de lunettes); **Brillenputztuch** N ⟨~(e)s; -tücher⟩ chiffon *m* à lunettes; **Brillenschlange** F 1 ZOOL serpent *m* à lunettes 2 *umg pej umg* binoclarde *f*; **Brillenträger(in)** M(F) personne *f* qui porte des lunettes

brillieren *geh* V/I ⟨*pas de ge-*, h.⟩ **mit etw ~** se distinguer, briller par qc; **als Botschafter ~** être un brillant ambassadeur

Brimborium *umg* N ⟨~s⟩ **viel ~ machen** *umg* faire beaucoup de chichis

bringen V/T ⟨bringt, brachte, gebracht, h.⟩ 1 *(mit~) Dinge* apporter; *Person* amener; *(hin~) Dinge* (em)porter; *Person* (em)mener; conduire; *(zurück~) Dinge* rapporter; *Person* ramener; **j-n ins Bett ~** mettre qn au lit; coucher qn; **~ Sie mir bitte ein Bier!** une bière, s'il vous plaît! 2 *(begleiten)* accompagner; *(zurück~)* raccompagner; **j-n nach Hause ~** raccompagner qn chez lui 3 *(veröffentlichen)* publier; *(darbieten)* réciter; dire; chanter; **die Zeitung brachte e-n interessanten Artikel darüber** le journal a publié sur ce sujet un article intéressant;

was ~ die Zeitungen? que disent les journaux?; TV, RADIO **was bringt das Zweite Programm heute?** qu'est-ce qu'il y a sur la deuxième chaîne aujourd'hui?; **das Kino bringt heute …** … passe aujourd'hui au cinéma 4 *Profit, Zinsen etc* rapporter 5 **es zu etwas ~** faire son chemin; **es zu nichts ~** ne parvenir à rien; **es weit ~** faire son chemin; (bien) réussir; **es bis zum Minister ~** parvenir au rang de ministre 6 *(verursachen) Schaden* causer; *Schwierigkeiten* créer; *Vorteile* apporter; **Glück ~** porter bonheur, chance 7 *umg (schaffen)* arriver à; **das bringe ich einfach nicht** je n'y arrive pas; **die Menge muss es ~** il faut se rattraper sur la quantité 8 *(bewegen)* **etw von der Stelle ~** (faire) bouger qc; déplacer qc; **j-n dazu** *od* **dahin ~, etw zu tun** amener qn à faire qc 9 *mit präp* **etw an sich** *(akk)* **~** s'approprier qc; s'emparer de qc; mettre la main sur qc; **j-n an den Rand der Verzweiflung ~** faire le désespoir de qn; rendre qn fou; **das brachte mich darauf zu** *(+inf)* cela m'a donné l'idée de *(+inf)*; **etw in s-n Besitz ~** s'emparer de qc; **etw mit sich** *(dat)* **~** entraîner qc; **es mit sich** *(dat)* **~, dass …** avoir pour conséquence que …; **es nicht über sich** *(akk)* **~, etw zu tun** ne pas pouvoir se résoudre à faire qc; **j-n um etw ~** priver qn de qc 10 *mit „zum" u. substantiviertem Verb* **etw zum Kochen ~** faire bouillir qc; **j-n zum Lachen, Weinen ~** faire rire, pleurer qn

Bringschuld F ⟨~; ~en⟩ JUR dette *f* portable

brisant ADJ 1 *Sprengstoff* brisant 2 *fig Thema etc* brûlant; explosif, -ive

Brisanz F ⟨~; ~en⟩ 1 *(Sprengkraft)* force explosive 2 ⟨*pas de pl*⟩ *fig* caractère brûlant, explosif

Brise F ⟨~; ~n⟩ brise *f*; **leichte ~** brise légère; **steife ~** forte brise

Britannien N ⟨→ *n/pr*⟩ HIST la Bretagne

Brite M ⟨~n; ~n⟩, **Britin** F ⟨-in; -innen⟩ Britannique *m/f*

britisch ADJ britannique; de la Grande-Bretagne; **die Britischen Inseln** les îles *fpl* Britanniques

Bröckchen N ⟨~s; ~⟩ petit morceau

bröckelig ADJ friable

bröckeln VI ⟨-(e)le, s.⟩ s'effriter; **der Putz bröckelt von der Mauer** l'enduit du mur s'effrite

brocken VT ⟨h.⟩ **Brot in die Suppe ~** tremper la soupe

Brocken M ⟨~s; ~⟩ 1 *(Stück)* morceau *m*; **ein paar ~** *e-r Unterhaltung, Sprache* quelques bribes *fpl*; *umg* **das war ein harter ~!** *umg* c'était un gros morceau!; *umg* ça n'a pas été de la tarte! 2 *umg fig Mensch umg* balèze *m*; *umg* malabar *m*

bröcklig → bröckelig

brodeln VI ⟨-(e)le, h.⟩ *Flüssigkeiten* bouillonner; *fig* **in der Masse brodelt es** la foule est en ébullition

Brodeln N ⟨~s⟩ *von Wasser etc* bouillonnement *m*

Brodem *geh* M ⟨~s⟩ exhalaisons *fpl*; émanations *fpl*

Broiler M ⟨~s; ~⟩ *ostdeutsch* poulet rôti

Brokat M ⟨~(e)s; ~e⟩ brocart *m*

Brokkoli PL brocoli *m*

Brom N ⟨~s⟩ CHEM brome *m*

Brombeere F *Frucht* mûre *f* (sauvage); **Brombeergestrüpp** N ronces *fpl*; roncier *m*; roncière *f*; **Brombeermarmelade** F confiture *f* de mûres; **Brombeerstrauch** M roncier *m*; ronces *fpl*

bronchial ADJ bronchique

Bronchialasthma N asthme *m* (bronchique); **Bronchialkatarr(h)** M bronchite *f*

Bronchie F ⟨~; ~n⟩ bronche *f*

Bronchitis F ⟨~; -itiden⟩ bronchite *f*

Bronchoskopie F ⟨~; ~n⟩ bronchoscopie *f*

Bronze F ⟨~; ~n⟩ bronze *m*; **bronzefarben** ADJ bronzé; couleur bronze; **Bronzemedaille** F médaille *f* de bronze

bronzen ADJ *(aus Bronze)* de *od* en bronze; *(bronzefarben)* bronzé

Bronzezeit F ⟨~⟩ âge *m* du bronze

Brosame *geh* F ⟨~; ~n⟩ miette *f*

Brosche F ⟨~; ~n⟩ broche *f*

broschieren VT ⟨*pas de ge-*, h.⟩ *Buch*, TEX brocher

Broschüre F ⟨~; ~n⟩ brochure *f*

Brösel M, *österr* N ⟨~s; ~⟩ miette *f*

bröseln VT (u. VI) ⟨-(e)le, h.⟩ (s')émietter

Brot N ⟨~(e)s; ~e⟩ 1 pain *m*; **e-e Scheibe, Schnitte ~** une tranche de pain; REL, *fig* **das tägliche ~** le pain quotidien, de ce jour; **das brauche ich wie das tägliche ~** c'est vital pour moi; *fig* **bei Wasser und ~** en prison; *sprichw* **der Mensch lebt nicht vom ~ allein** l'homme ne vit pas seulement de pain; *sprichw* **wes ~ ich ess, des Lied ich sing** *sprichw* celui qui paie les pipeaux commande la musique 2 *umg (Butterbrot)* tartine *f*; *zugeklapptes* sandwich *m*; **belegte ~e** canapés; sandwich(e)s; **~e schmieren** faire, préparer les sandwich(e)s; *umg fig* **j-m etw aufs ~ schmieren** reprocher qc à qn avec insistance; *umg fig* **sich** *(dat)* **nicht die Butter vom ~ nehmen lassen** *(sich nicht benachteiligen lassen)* ne pas se laisser tondre *od* manger la laine sur le dos; *(sich nichts gefallen lassen)* ne pas se laisser marcher sur les pieds 3 ⟨*pas de pl*⟩ *fig (Lebensunterhalt)* **in Lohn und ~ sein** travailler; **im Schweiße s-s Angesichts sein ~ verdienen** gagner son pain à la sueur de son front; **das ist ein hartes ~** c'est très dur, pénible (comme travail)

Brotaufstrich M beurre *m*, confiture *f*, pâté *m*, fromage *m*, *etc* (à tartiner); **Brotbelag** M charcuterie *f*, fromage *m*, *etc* (sur les tranches de pain); **Brotberuf** M gagne-pain *m*; **Brotbeutel** M musette *f*

Brötchen N ⟨~s; ~⟩ petit pain; **belegtes ~** sandwich *m*; *umg fig* **kleine ~ backen** (müssen) (devoir) en rabattre; *umg* **in dieser Firma verdiene ich meine ~** *umg* c'est dans cette maison que je gagne ma croûte, mon bifteck

Brötchengeber M ⟨~s; ~⟩ *hum* patron *m*

Broteinheit F équivalent *m* pain; **Broterwerb** M ⟨~(e)s; ~e⟩ gagne-pain *m*; **Brotkasten** M boîte *f* à pain

Brotkorb M corbeille *f* à pain; *fig* **j-m den ~ höher hängen** serrer la vis à qn

Brotkrume F 1 *Inneres* mie *f* 2 *Brösel* miette *f* (de pain); **Brotkrümel** M miette *f* (de pain); **Brotkruste** F croûte *f* du pain; **Brotlaib** M miche *f*

brotlos ADJ **~ sein** être sans travail, sur le pavé; **~e Kunst** profession peu lucrative, qui ne nourrit pas son homme

Brotmaschine F machine *f* à couper, à trancher le pain; **Brotmesser** N couteau *m* à pain; **Brotneid** M jalousie professionnelle; **Brotpreis** M prix *m* du pain; **Brotrinde** F → Brotkruste; **Brotscheibe** F, **Brotschnitte** F tranche *f* de pain; **Brotsuppe** F panade *f*; **Brotteig** M pâte *f* à pain

Brotzeit F *südd Imbiss* casse-croûte *m*; *Pause* pause *f* casse-croûte; **~ machen** faire la pause casse-croûte

Browser M ⟨~s; ~⟩ IT navigateur *m*

brr INT 1 *bei Kälte* brrr!; *vor Ekel* berk *od* beurk! 2 *zu Pferden etc* °ho!

BRT ABK (Bruttoregistertonne) t.j.b. *m* (tonneau de jauge brute)

Bruch[1] M ⟨~(e)s; ⸚e⟩ 1 TECH, *fig* rupture *f*; *e-s Eides* violation *f*; *e-s Versprechens* manquement *m* *(+gen* à); *innerhalb e-r Partei* scission *f*; **zu ~ gehen** se casser; se briser; **in die Brüche gehen** *Gegenstände* se briser; se casser; *fig Ehe* être un échec; *umg* **~ machen** faire de la casse; FLUG casser du bois 2 MED *(Knochenbruch)* fracture *f*; *(Eingeweidebruch)* °hernie *f*; **sich** *(dat)* **e-n ~ heben** se faire une °hernie; attraper une °hernie 3 *(~stelle)*, MINER cassure *f*; *(Verwerfung)* faille *f* 4 HANDEL *von Keksen etc* casse *f*; débris *mpl* 5 MATH fraction *f*; **echter ~** fraction simple; **unechter ~** expression fractionnaire; **gleichnamiger ~** fraction de même dénominateur 6 *umg (Einbruch)* cambriolage *m*; *umg* casse *m* 7 *(Stoffbruch)* pliure *f*; *(Falte)* faux pli

Bruch[2] N *od* M ⟨~(e)s; ⸚e⟩ *(Sumpfgebiet)* marécage *m*

Bruchband N ⟨~(e)s; -bänder⟩ ceinture *f*, bandage *m* °herniaire; **Bruchbude** *umg* F *umg* baraque *f*; **bruchfest** ADJ résistant à la rupture; incassable; **Bruchfestigkeit** F résistance *f* à la rupture

brüchig ADJ 1 *Material* cassant; fragile; *(bröckelig)* friable 2 *Stimme* cassé 3 *fig Existenz* précaire; *Beziehung* fragile

Bruchlandung F atterrissage *m* en catastrophe; **e-e ~ machen** casser du bois

Bruchpilot *umg* M pilote *m* qui a cassé du bois; **Bruchrechnen** N, **Bruchrechnung** F calcul *m* des fractions; **Bruchreis** M riz cassé; brisures *fpl* de riz; **Bruchschaden** M casse *f*

bruchsicher A ADJ incassable B ADV **etw ~ verpacken** empaqueter qc de façon à ce qu'il ne se casse pas

Bruchstein M moellon *m*; **Bruchstelle** F point *m* de rupture; cassure *f*; **Bruchstrich** M MATH barre *f* de fraction; **Bruchstück** N fragment *m*; morceau *m*; *pl* **~e** *e-r Unterhaltung etc* bribes *fpl*; **bruchstückhaft** A ADJ fragmentaire B ADV par fragments; *sprechen etc* par bribes

Bruchteil M fraction *f*; *fig* (petite) partie; **im ~ e-r Sekunde** en une fraction de seconde

Bruchzahl F nombre *m* fractionnaire

Brücke F ⟨~; ~n⟩ 1 pont *m*; **e-e ~ über e-n Fluss schlagen, bauen** jeter , construire un pont sur une rivière; *fig* **~n** *od* **e-e ~ schlagen zwischen** *(+dat)* jeter un pont entre; *fig* **j-m goldene ~n bauen** tendre la perche à qn; *fig* **alle ~n hinter sich** *(dat)* **abbrechen** couper les ponts 2 *(Schiffsbrücke)* passerelle *f* 3 *Teppich* carpette *f* 4 TURNEN pont *m* 5 *(Zahnbrücke)* bridge *m*

Brückenbau M ⟨~(e)s; ~ten⟩ construction *f* de ponts; **Brückenbogen** M arche *f* (d'un pont); **Brückengeländer** N parapet *m* (de pont); garde-fou *m*; **Brückenkopf** M tête *f* de pont; **Brückenpfeiler** M pile *f* (de pont); **Brückentag** M pont *m*; **Brückenwaage** F (balance *f* à) bascule *f*; **Brückenzoll** M péage *m*

Bruder M ⟨~s; ⸚⟩ *a.* REL frère *m*; *umg hum* **unter Brüdern** *umg* entre copains; *umg* **den ~ kennen wir** on le connaît, celui-là; *umg pej* **warmer ~** *(Homosexueller) umg* pédé *m*; *hum* **~ Lustig** joyeux drille; gai luron; *fig* **der große ~** *als Partner* le grand frère; *Staat* l'État omniprésent

Brüderchen N ⟨~s; ~⟩ petit frère; *hum in der Anrede umg* frérot *m*

Bruderherz N ⟨~ens⟩ *hum umg* frérot *m*; *zu e-m Freund* vieux frère; **Bruderkrieg** M guerre *f* fratricide; **Bruderkuss** M accolade (fraternelle); **Bruderland** N ⟨~(e)s; -länder⟩ pays *m* frère

brüderlich A ADJ fraternel, -elle B ADV en frère(s); fraternellement; **etw ~ teilen** parta-

ger qc en frères
Brüderlichkeit F ⟨~⟩ fraternité *f*; sentiments fraternels
Bruderliebe F ⟨~⟩ amour fraternel; **Brudermord** M fratricide *m*; **Brudermörder(in)** M(F) fratricide *m/f*; **Bruderschaft** F ⟨~; ~en⟩ REL confrérie *f*
Brüderschaft F ⟨~⟩ fraternité *f*; **mit j-m ~ trinken** *trinquer avec qn pour fêter la décision mutuelle de se tutoyer*
Brudervolk N peuple *m* frère
Brügge N ⟨→ *n/pr*⟩ Bruges
Brühe F ⟨~; ~n⟩ 1 *(Fleischbrühe)* bouillon *m*; *kräftige* consommé *m* 2 *umg pej (Wasser)* eau *f* sale; *(Kaffee, Tee etc) umg* lavasse *f*; *(Kaffee a.) umg* jus *m* de chaussette
brühen V/T ⟨h.⟩ *(auf~) Kaffee, Tee* faire; *(über~)* ébouillanter; échauder
brühheiß ADJ bouillant
brühwarm *umg fig* ADV **e-e Neuigkeit ~ erzählen** servir une nouvelle toute fraîche, toute chaude
Brühwürfel M cube *m* de consommé; **Brühwurst** F *saucisse à faire chauffer dans l'eau bouillante*
Brüllaffe M (singe *m*) °hurleur *m*
brüllen V/I ⟨h.⟩ 1 *Rind* mugir; beugler; meugler; *Löwe* rugir; *Tiger* feuler; *Elefant* barrir 2 *umg (laut weinen) umg* brailler 3 *umg (schreien)* °hurler; vociférer; *umg* brailler; *umg* gueuler; **ein ~des Gelächter** un formidable éclat de rire; **das ist ja zum Brüllen** c'est à hurler de rire; *umg* c'est tordant, bidonnant
Brüller *umg* M ⟨~s; ~⟩ 1 *(etwas Komisches)* **etw ist ein echter ~** *umg* qc est vraiment fendant 2 *(Riesenerfolg)* **das ist der ~!** *umg* c'est (le) top!
Brummbär *umg* M *umg* ronchon *m*; *umg* bougon *m*; grognon *m*; **Brummbass** *umg* M 1 *Stimme* voix *f* grave, de basse 2 *(Kontrabass)* contrebasse *f*
brummen ⟨h.⟩ A V/T 1 *(mürrisch äußern)* grommeler 2 *(undeutlich sagen)* **etw vor sich** *(akk)* **hin, in den Bart ~** marmonner qc entre ses dents 3 *(summen) Lied* chantonner; fredonner B V/I 1 *Bär* grogner; *Flugzeug* vrombir; *Fliege etc* bourdonner; *Motor, Kreisel* ronfler; *umg fig* **mir brummt der Kopf** j'ai mal à la tête 2 *(mürrisch sein) umg* ronchonner; *umg* bougonner 3 *(schlecht singen)* mal chanter 4 *umg (eingesperrt sein) Verbrecher* **drei Jahre ~ müssen** *umg* devoir passer trois ans en cabane, en taule, à l'ombre
Brummen N ⟨~s⟩ 1 *e-s Bären* grognement *m*; *e-s Basses* bourdonnement *m*; *von Motoren etc* bourdonnement *m*; vrombissement *m*; ronflement *m* 2 *mürrisches e-r Person* ronchonnement *m*; rouspétance *f*; bougonnement *m*
Brummer *umg* M ⟨~s; ~⟩ 1 *(Fliege)* grosse mouche 2 *(Lastwagen)* poids lourd; *umg* gros cul
Brummi *umg* M ⟨~s; ~s⟩ *umg* gros cul
brummig *umg* ADJ grincheux, -euse; *umg* ronchon, -onne *od inv*; *umg* bougon, -onne
Brummkreisel M toupie ronflante
Brummschädel *umg* M **e-n ~ haben** *vom Alkoholgenuss* avoir mal aux cheveux; *umg* avoir la gueule de bois
Brunch M ⟨~(e)s *ou* ~; ~(e)s *ou* ~e⟩ brunch *m*
brunchen V/I ⟨h.⟩ bruncher
Brunei N ⟨→ *n/pr*⟩ Brunei
Brunelle F ⟨~; ~n⟩ BOT prunella *od* brunella *f*
brünett ADJ brun
Brünette F ⟨~n; ~n⟩ brune *f*
Brunft F ⟨~; ~̈e⟩ → Brunst
brunftig → brünstig
Brunftschrei M cri *m* du cerf en rut; **Brunftzeit** F temps *m* du rut

Brunnen M ⟨~s; ~⟩ 1 *(Ziehbrunnen)* puits *m*; *künstlerischer, (Springbrunnen)* fontaine *f*; *fig* **warten, bis das Kind in den ~ gefallen ist** réagir quand il est trop tard 2 *(Wasser e-r Heilquelle)* eau minérale, de source
Brunnenbecken N bassin *m* (d'une fontaine); **Brunnenfigur** F statue *f* de fontaine; **Brunnenhaus** N fontaine (couverte); **Brunnenkresse** F cresson *m* de fontaine
Brunnenkur F cure (thermale); **e-e ~ machen** faire une cure (thermale); prendre les eaux
Brunnenrand M margelle *f*; **Brunnenschacht** M puits *m*; **Brunnenvergiftung** F empoisonnement *m* d'un puits; **Brunnenwasser** N ⟨~s; ~⟩ eau *f* de puits, de fontaine
Bruno M ⟨→ *n/pr*⟩ *prénom*
Brunst F ⟨~; ~̈e⟩ rut *m*; chaleur *f*
brünstig ADJ *Tier* en rut; en chaleur
Brunstschrei M brame(ment) *m*; **Brunstzeit** F rut *m*; saison *f* des amours
brüsk ADJ brusque; rude
brüskieren V/T ⟨*pas de ge-*, h.⟩ brusquer; *plus fort* offenser; **Brüskierung** F ⟨~; ~en⟩ offense *f*
Brüssel N ⟨→ *n/pr*⟩ Bruxelles
Brüsseler ADJ ⟨*épithète; inv*⟩ bruxellois; de Bruxelles; **~ Spitzen** *fpl* dentelle *f* de Bruxelles
Brüsseler(in) M ⟨~s; ~⟩ (F) ⟨~in; ~innen⟩ Bruxellois(e) *m(f)*
Brust F ⟨~; ~̈e⟩ 1 *des Menschen* poitrine *f*; *(~korb)* thorax *m*; *des Pferdes* poitrail *m*; **j-n an s-e ~ drücken** serrer qn sur son cœur; **sich** *(dat)* **an die ~ schlagen** se frapper la poitrine; *fig* battre sa coulpe; **sich in die ~ werfen** bomber le torse; se rengorger; plastronner; *umg* **einen zur ~ nehmen** *umg* siffler un verre; *umg* **schwach auf der ~ sein** *gesundheitlich* être fragile des bronches; *finanziell umg* être fauché, à sec; *in s-n Fähigkeiten umg* ne pas être un crack; SPORT **~ an ~ kämpfen** lutter (au) corps à corps; SCHWIMMEN **zweihundert Meter ~** deux cents mètres brasse; **aus voller ~** à gorge déployée; à pleine gorge; *fig* **j-m die Pistole, das Messer auf die ~ setzen** mettre le couteau sous la gorge de qn 2 *der Frau* sein *m*; *pl* **Brüste** *a.* poitrine *f*; **e-m Kind die ~ geben** donner le sein, donner à téter, la tétée à un enfant 3 GASTR *(Geflügelbrust)* blanc *m*; *(Rinderbrust, Kalbsbrust)* poitrine *f*
Brustbein N sternum *m*; os sternal; **Brustbeutel** M porte-monnaie porté autour du cou; **Brustbild** N FOTO, MAL buste *m*; **Brustdrüse** F glande *f* mammaire
brüsten V/R ⟨-ete, h.⟩ *pej* **sich (mit etw) ~** se vanter, faire étalage, tirer vanité, se targuer (de qc)
Brustfell N ANAT plèvre *f*; **Brustfellentzündung** F pleurésie *f*; **Brustflosse** F nageoire pectorale; **Brustgegend** F région *f* de la poitrine; **Brusthaar** N poils *mpl* sur la poitrine
Brusthöhe F **in ~** à la hauteur de la poitrine
Brusthöhle F cavité *f* thoracique; **Brustkasten** *umg* M *umg* coffre *m*; **Brustkind** *umg* N enfant nourri au sein; **Brustkorb** M cage *f* thoracique; thorax *m*; **Brustkrebs** M ⟨~es⟩ cancer *m* du sein; **Brustmuskel** M muscle pectoral; **Brustpanzer** M MIL plastron *m* (de cuirasse); **Brustschwimmen** N brasse *f*
Brustschwimmer M nageur *m* de brasse; **er ist ein guter ~** il nage bien la brasse
Bruststimme F voix *f* de poitrine; **Bruststück** N GASTR morceau *m* de poitrine; **Brusttasche** F MODE *innere* poche intérieure; *äußere* poche *f* (de) poitrine; **Brusttee** M tisane pectorale
Brustton M ⟨~(e)s; -töne⟩ MUS note *f* de poitrine; **im ~ der Überzeugung** d'un ton convaincu, pénétré; avec conviction
Brustumfang M tour *m* de poitrine
Brüstung F ⟨~; ~en⟩ parapet *m*; balustrade *f*; garde-fou *m*
Brustwarze F mamelon *m*; bout *m* du sein; **Brustwickel** M MED enveloppement localisé au thorax; **Brustwirbel** M vertèbre dorsale
Brut F ⟨~; ~en⟩ 1 *von Vögeln* couvée *f*; *von Insekten* couvain *m*; *von Fischen* alevins *mpl*; frai *m* 2 ⟨*pas de pl*⟩ *(das Brüten)* incubation *f* 3 *umg pej* ⟨*pas de pl*⟩ *umg* (sale) race *f*; engeance *f*
brutal A ADJ brutal; rude; **~er Mensch** *a.* brute *f* B ADV **j-n ~ misshandeln** brutaliser qn
brutalisieren V/T ⟨*pas de ge-*, h.⟩ rendre barbare, brutal; déshumaniser
Brutalität F ⟨~; ~en⟩ brutalité *f*
Brutapparat M couveuse (artificielle); incubateur *m*
brüten ⟨-ete, h.⟩ A V/T *(aus~)* couver B V/I 1 *Vögel* couver 2 *fig Sonne* taper; brûler; **~de Hitze** chaleur suffocante, accablante; *umg* **~d heiß** torride; d'une chaleur suffocante 3 *fig* **(über etw** *[dat]*) **~** ruminer qc; retourner qc dans sa tête; méditer (sur qc)
Brüten N ⟨~s⟩ 1 ZOOL incubation *f* 2 *fig* méditation *f*; **in tiefes ~ versinken** se plonger dans une méditation profonde
brütendheiß *umg* ADJ → brüten B 2
Brüter M ⟨~s; ~⟩ NUKL **Schneller ~** surrégénérateur *m*
Bruthenne F (poule *f*) couveuse *f*; **Bruthitze** *umg fig* F chaleur accablante, suffocante; **Brutkasten** M MED couveuse *f*; incubateur *m*; **Brutpflege** F ZOOL soins donnés à la couvée, aux petits; **Brutreaktor** M NUKL surrégénérateur *m*; **Brutschrank** M étuve *f* bactériologique, à culture microbienne; **Brutstätte** F 1 lieu *m* de reproduction 2 *fig* foyer *m* (**für** *od +gen* de)
brutto ADV brut; **er verdient tausend Euro ~** son salaire brut est de mille euros
Bruttoeinkommen N revenu brut; **Bruttoeinnahme** F recette brute; **Bruttoertrag** M produit brut; **Bruttogehalt** N salaire brut; **Bruttogewicht** N poids brut; **Bruttogewinn** M bénéfice brut; **Bruttoinlandsprodukt** N produit intérieur brut; **Bruttolohn** M salaire brut; **Bruttopreis** M prix brut; **Bruttoregistertonne** F SCHIFF tonneau *m* de jauge brute; **Bruttosozialprodukt** N produit national brut
brutzeln ⟨-(e)le, h.⟩ A *umg* V/T faire revenir, sauter; passer à la poêle B V/I grésiller
BSE F ⟨~⟩ ABK (bovine spongiforme Enzephalopathie) ESB *f* (encéphalopathie spongiforme bovine)
BSP N ⟨~⟩ ABK (Bruttosozialprodukt) PNB *m*
Btx ABK (Bildschirmtext) minitel® *m*; **Btx-Gerät** N minitel® *m*
Bub M ⟨~en; ~en⟩ *südd, österr, schweiz* garçon *m*
Bübchen N ⟨~s; ~⟩ *südd, österr, schweiz* (petit) garçon
Bube M ⟨~n; ~n⟩ 1 *pej* coquin *m*; mauvais sujet 2 *beim Kartenspiel* valet *m*
Bubi *umg pej* M ⟨~s; ~s⟩ *umg* jeunot *m*; **Bubikopf** M coiffure *f* à la garçonne; **Bubikragen** M col *m* Claudine
Buch N ⟨~(e)s; ~̈er⟩ 1 livre *m*; **gebundenes ~** livre relié; **das Goldene ~** *e-r Stadt* le livre d'or; **das ~ der Bücher** *(Bibel)* le Livre; *umg* **ein schlaues ~** un livre astucieux; *umg* **reden wie ein ~** *umg* être un moulin à paroles; *umg fig* **ein ~ verschlingen** dévorer un livre;

ein Dummkopf *etc*, **wie er im ~e steht** un parfait (exemple d')imbécile, *etc*; *fig* **ein offenes ~ für j-n sein** ne plus avoir de secrets pour qn; *fig* **das ist für mich ein ~ mit sieben Siegeln** c'est de l'hébreu, du chinois pour moi 2 HANDEL *meist pl* **Bücher** livres *mpl*; comptes *mpl*; écritures *fpl*; **die Bücher führen** tenir les livres, les comptes, les écritures; **(genau) über etw** *(akk)* **~ führen** tenir un compte exact de qc; **zu ~ stehen** être comptabilisé, inscrit; **mit 500 Euro zu ~(e) schlagen** coûter 500 euros 3 *(Drehbuch)* scénario *m*; script *m*
Buchausstellung F exposition *f* de livres; **Buchbesprechung** F critique *f*, compte rendu *m* d'un livre; **Buchbinder(in)** M ⟨~s; ~⟩ (F) ⟨~in; ~innen⟩ relieur, -ieuse *m,f*; **Buchbinderei** F *Werkstatt* atelier *m* de relieur; **Buchdeckel** M couverture *f* de livre; **Buchdruck** M ⟨~(e)s⟩ imprimerie *f*; **Buchdrucker** M imprimeur *m*; **Buchdruckerei** F imprimerie *f*; **Buchdruckerkunst** F ⟨~⟩ (art *m* de l')imprimerie *f*; **Buchdruckerpresse** F presse *f* typographique
Buche F ⟨~; ~n⟩ BOT °hêtre *m*; **Buchecker** F ⟨~; ~n⟩ faîne *od* faine *f*
Bucheinband M reliure *f*; couverture *f*
buchen VT ⟨h.⟩ 1 HANDEL *(ver~)* comptabiliser; passer écriture de; **auf ein Konto ~** porter en compte 2 *Reise, Hotelzimmer etc* réserver; *Hotelzimmer a.* retenir; **e-n Flug ~** réserver un vol, une place d'avion
Buchenhecke F °haie *f* de hêtres; **Buchenwald** M forêt *f* de hêtres; °hêtraie *f*
Bücherberg *umg* M montagne *f* de livres; **Bücherbord** N *Brett* rayon *m*; étagère *f*; *Gestell* rayonnage *m*; étagère *f*; **Bücherbrett** N rayon *m*; étagère *f*
Bücherei F ⟨~; ~en⟩ bibliothèque *f*
Bücherkiste F caisse *f* de livres; **Büchermarkt** M marché *m* du livre; **Büchernarr** M passionné *m* des livres; **Bücherregal** N étagère *f*; rayonnage *m*; **Bücherschrank** M bibliothèque *f*; **Büchersendung** F envoi *m* de livres; **Bücherstapel** M, **Bücherstoß** M pile *f* de livres; **Bücherverbrennung** F autodafé *m* (de livres); **Bücherwand** F *Möbel* bibliothèque *f*; *Wand* mur occupé d'étagères de livres; **Bücherweisheit** F *pej* sagesse *f* livresque; **Bücherwurm** M *fig, hum* rat *m* de bibliothèque; bouquineur, -euse *m,f*
Buchfink M pinson *m*
Buchform F **in ~** sous forme de livre
Buchführung F comptabilité *f*; tenue *f* des livres; **einfache, doppelte ~** comptabilité en partie simple, double; **die ~ machen** tenir les livres
Buchgemeinschaft F club *m* du livre; **Buchhalter(in)** M ⟨~s; ~⟩ (F) ⟨~in; ~innen⟩ comptable *m/f*
buchhalterisch ADJ ⟨épithète⟩ comptable; **mit ~er Genauigkeit** avec une précision minutieuse
Buchhaltung F *Tätigkeit, Abteilung* comptabilité *f*
Buchhandel M *herstellender* industrie *f* du livre; éditeurs *mpl*; *verbreitender* commerce *m* de(s) livres; libraires *mpl*; **der deutsche ~** *a.* l'édition allemande; **im ~ erhältlich sein** être en vente dans les librairies
Buchhändler(in) M(F) libraire *m/f*; **Buchhandlung** F librairie *f*; **Buchhülle** F couvre-livre *m*; jaquette *f*; **Buchillustration** F illustration(s) *f (pl)* d'un livre; **Buchklub** M club *m* du livre; **Buchkritik** F critique *f*, compte rendu *m* d'un livre; **Buchladen** M → Buchhandlung
Büchlein N ⟨~s; ~⟩ petit livre; opuscule *m*
Buchmacher M bookmaker *m*; **Buchmesse** F foire *f* du livre; **Buchprüfer** M expert-comptable *m*; commissaire *m* aux comptes; **Buchprüfung** F vérification *f* de(s) comptes; **Buchreihe** F collection *f*; série *f* de livres; **Buchrücken** M dos *m* d'un livre
Buchs M ⟨~es; ~e⟩, **Buchsbaum** M buis *m*
Buchse F ⟨~; ~n⟩ 1 TECH *(Lagerbuchse)* coussinet *m* 2 ELEK prise femelle
Büchse F ⟨~; ~n⟩ 1 boîte *f*; *für Nadeln etc* étui *m*; *(Konservenbüchse)* boîte *f* de conserve; MYTH, *fig* **die ~ der Pandora** la boîte de Pandore 2 *Schusswaffe* carabine *f* 3 *umg (Sammelbüchse)* boîte *f* à collecte(s)
Büchsenfleisch N viande *f* en boîte, en conserve; **Büchsenmacher** M ⟨~s; ~⟩ armurier *m*; **Büchsenmilch** F lait concentré (en boîte); **Büchsenöffner** M ouvre-boîte *m*
Buchstabe M ⟨~n(s); ~n⟩ lettre *f*; *a.* TYPO caractère *m*; **großer ~** majuscule *f*; capitale *f*; **kleiner ~** minuscule *f*; *hum* **die vier ~n** le postérieur; le derrière; *bei Zahlen* **in ~n** en toutes lettres; **nach dem ~n des Gesetzes handeln** appliquer la loi à la lettre
buchstabengetreu A ADJ littéral B ADV à la lettre; **Buchstabenrätsel** N logogriphe *m*; **Buchstabenschloss** N serrure *f* à lettres
Buchstabieralphabet N code *m* d'épellation
buchstabieren VT ⟨*pas de ge-*, h.⟩ épeler
buchstäblich A ADJ littéral B ADV littéralement
Buchstütze F serre-livres *m*
Bucht F ⟨~; ~en⟩ baie *f*; *kleine* anse *f*; crique *f*
Buchtel F ⟨~; ~n⟩ *österr: petit gâteau de pâte levée et fourrée*
Buchtitel M titre *m* (de livre); **Buchumschlag** M *(Schutzbuchumschlag)* jaquette *f*; couvre-livre *m*
Buchung F ⟨~; ~en⟩ 1 HANDEL comptabilisation *f*; inscription *f* dans les livres; écriture *f*; **e-e ~ vornehmen** passer une écriture 2 *e-r Flug-, Schiffsreise etc* réservation *f*
Buchungsbeleg M document *m*, pièce *f* comptable; **Buchungsbestätigung** F confirmation *f* de réservation; **Buchungsfehler** M erreur *f* de comptabilisation; **Buchungsmaschine** F machine *f* comptable; **Buchungsnummer** F numéro *m* d'enregistrement, de comptabilisation
Buchverlag M maison *f* d'édition; **Buchverleih** M service *m* de location de livres; **Buchversand** M 1 *das Versenden* envoi *m* de livres 2 *Versandhaus* (maison *f* de) vente *f* de livres par correspondance
Buchweizen M sarrasin *m*; blé noir
Buchwert M HANDEL valeur *f* comptable; **Buchwesen** N ⟨~s⟩ monde *m* du livre, de l'édition; **Buchwissen** N *pej* savoir *m* livresque
Buckel M ⟨~s; ~⟩ 1 MED bosse *f*; gibbosité *f*; **e-n ~ haben** être bossu 2 *umg (Rücken)* dos *m*; **e-n ~ machen** *Katze* faire le gros dos; *fig (unterwürfig sein)* ramper; faire des courbettes; **er kann mir den ~ herunterrutschen!** *umg* qu'il me fiche la paix!; *umg* il me les casse!; **schon viele Jahre auf dem ~ haben** *umg* ne plus être tout jeune 3 *umg (Wölbung, Erhöhung)* bosse *f*; *(kleiner Hügel)* tertre *m*; butte *f*
buckelig ADJ 1 MED bossu 2 *umg Weg, Fläche* bossué; défoncé
Buckelige(r) M/F(M) ⟨→ A⟩ bossu(e) *m(f)*
buckeln *umg* ⟨-(e)le, h.⟩ A VT *(auf dem Rücken tragen)* coltiner B VI 1 *Katze* faire le gros dos 2 *fig pej* **vor j-m ~** ramper, faire des courbettes devant qn
Buckelpiste F SKISPORT piste *f* à bosses; **Buckelrind** N zébu *m*
bücken V/R ⟨h.⟩ **sich (nach etw) ~** se baisser (pour ramasser qc); **gebückt gehen** marcher courbé
bucklig → buckelig
Bucklige(r) → Buckelige(r)
Bückling[1] *umg hum* M ⟨~s; ~e⟩ *(Verbeugung)* courbette *f*; *pl* **~e** *umg* salamalecs *mpl*
Bückling[2] M ⟨~s; ~e⟩ *(Räucherhering)* °hareng saur, fumé
Buddel *umg* F ⟨~; ~n⟩ *nordd* bouteille *f*
buddeln VT *u.* VI ⟨-(e)le, h.⟩ 1 *im Sand, in der Erde, ein Loch etc* creuser; *Tiere a.* fouir 2 *regional Kartoffeln etc* déterrer
Buddha M ⟨→ *n/pr*⟩ Bouddha *m*
Buddhismus M ⟨~⟩ bouddhisme *m*; **Buddhist(in)** M ⟨~en; ~en⟩ (F) ⟨~in; ~innen⟩ bouddhiste *m/f*; **buddhistisch** ADJ *Person* bouddhiste; *Lehre etc* bouddhique
Bude F ⟨~; ~n⟩ 1 *(Bretterbude, Jahrmarktsbude)* baraque *f*; *(Jahrmarktsbude) a.* stand *m*; *(Kiosk)* kiosque *m* 2 *umg pej (baufälliges Haus)* baraque *f* 3 *umg (Zimmer, Wohnung) umg* piaule *f*; *(Studentenbude a.)* chambre *f* d'étudiants; **sturmfreie ~** chambre indépendante; **Leben in die ~ bringen** mettre de l'ambiance; **j-m auf die ~ rücken** *mit e-m Anliegen* (venir) °harceler, relancer qn; *als Besuch umg* débarquer chez qn; **j-m die ~ einrennen** (venir) °harceler qn; *umg* (venir) casser les pieds à qn 4 *umg (Laden, Geschäft etc)* boîte *f*
Budenzauber *umg* M *umg* foire *f*; *umg* nouba *f*
Budget N ⟨~s; ~s⟩ budget *m*; **Budgetberatung** F discussion *f* du budget; **Budgetentwurf** M projet *m* de budget; **Budgetkürzung** F compressions *fpl* budgétaires; réduction *f* du budget
Buenos Aires N ⟨→ *n/pr*⟩ Buenos Aires
Büfett N ⟨~(e)s; ~s *ou* ~e⟩ 1 *(Anrichte, Geschirrschrank)* buffet *m* 2 GASTR **kaltes ~** buffet (froid) 3 *(Schanktisch)* comptoir *m*; bar *m* 4 *schweiz (Bahnhofsrestaurant)* buffet *m*
Büffel M ⟨~s; ~⟩ buffle *m*; **Büffelherde** F troupeau *m* de buffles; **Büffelleder** N peau *f* de buffle; **Büffelmozzarella** M mozzarella *f* de buffle
büffeln *umg* VT *u.* VI ⟨-(e)le, h.⟩ *umg* bosser; *umg* bûcher; *umg* potasser
Buffet N ⟨~s; ~s⟩, *österr a.* **Büffet** N ⟨Büffets; Büffets⟩ → Büfett
Buffo M ⟨~s; ~s *ou* Buffi⟩ MUS bouffe *m*
Bug M ⟨~(e)s; ~e *ou* ~e⟩ 1 ⟨*pl* ~e⟩ SCHIFF proue *f*; *a.* FLUG avant *m*; nez *m*; *umg fig* **j-m eine vor den ~ knallen** *(j-m e-n Schlag versetzen) umg* flanquer un jeton à qn; *(j-n zurechtweisen)* adresser une verte semonce à qn 2 ⟨~(e)s; ~e *ou* ~e⟩ *beim Rind etc* épaule *f*; paleron *m* 3 ⟨*pl* ~e⟩ BAU aisselier *m*
Bügel M ⟨~s; ~⟩ 1 *(Kleiderbügel)* cintre *m* 2 *(Steigbügel)* étrier *m* 3 *(Brillenbügel)* branche *f* 4 *an Handfeuerwaffen* sous-garde *f*; pontet *m* 5 *e-r Handtasche* monture *f* 6 *e-r Säge* monture *f* 7 *(Stromabnehmer)* archet *m*
Bügelautomat M machine *f* à repasser; **Bügel-BH** M soutien-gorge *m* à armatures; **Bügelbrett** N planche *f* à repasser; **Bügeleisen** N fer *m* à repasser; **Bügelfalte** F pli *m* (de pantalon); **bügelfrei** ADJ qui ne se repasse pas; infroissable; **Bügelmaschine** F machine *f* à repasser
bügeln VT ⟨-(e)le, h.⟩ repasser
Bügelsäge F scie *f* à monture trapézoïdale; **Bügeltisch** M table *f* à repasser; **Bügelwäsche** F ⟨~⟩ *zum Bügeln* linge *m* à repasser; *gebügelte* linge repassé
Buggy M ⟨~s; ~s⟩ 1 *Auto* buggy *m* 2 *Kinderwa-*

gen poussette pliante
Büglerin F 〈~; ~nen〉 repasseuse *f*
Bugrad N FLUG roue *f*, train *m* avant
bugsieren V/T 〈*pas de ge-*, h.〉 1 SCHIFF remorquer 2 *umg fig* pousser; *Person* piloter; guider
Bugwelle F vague *f*, lame *f* d'étrave
buh INT °hou!; (*pfui*) berk!; THEAT °hou!; rideau!
buhen *umg* V/I 〈h.〉 °huer (qn *bzw.* qc); conspuer qn *bzw.* qc
Buhle *poet* M 〈~n; ~n〉, F 〈~; ~n〉 amant(e) *m(f)*; bien-aimé(e) *m(f)*
buhlen V/I 〈h.〉 1 *geh pej* **um etw ~** briguer, rechercher qc avec ardeur 2 *poet* **mit j-m ~** avoir une liaison avec qn
Buhmann *umg* M 〈~(e)s; -männer〉 1 *zum Fürchten* croque-mitaine *m* 2 (*Sündenbock*) bouc *m* émissaire; **j-n zum ~ machen** faire porter le chapeau à qn; mettre tout sur le dos de qn
Buhne F 〈~; ~n〉 brise-lames *m*
Bühne F 〈~; ~n〉 1 THEAT (*Spielfläche*) scène *f*; plateau *m*; **die ~ betreten** entrer en scène; paraître sur la scène; *Stück* **auf die ~ bringen** mettre en scène; monter; **für die ~ bearbeiten** adapter pour la scène; *geh* **von der politischen ~ abtreten** quitter la, se retirer de la politique; *umg* **etw über die ~ bringen** (*durchführen*) mener qc à bien; (*beenden*) mener qc à bonne fin; *umg* **die Sache muss sehr schnell über die ~ gehen** *umg* il va falloir boucler cette affaire au plus vite 2 (*Theater*) théâtre *m*; scène *f*; **Freie ~** théâtre non subventionné; **die Städtischen ~n Krefeld** le Théâtre municipal de Krefeld; **zur ~ gehen** faire du théâtre; monter sur les planches 3 *e-s Hochofens etc* plate-forme *f* 4 *regional* (*Dachboden*) grenier *m* 5 TECH (*Hebebühne*) plate-forme *f* de levage; *für Autos* pont élévateur
Bühnenanweisung F indication *f* scénique; **Bühnenarbeiter** M machiniste *m*; **Bühnenaussprache** F prononciation adoptée au théâtre; *weitS.* bonne diction; **Bühnenausstattung** F décors *mpl*; **Bühnenautor(in)** M(F) auteur *m* dramatique; **Bühnenbearbeitung** F adaptation *f* pour la scène; **Bühnenbeleuchtung** F éclairage *m* de la scène; **Bühnenbild** N décors *mpl*; **Bühnenbildner(in)** M 〈~s; ~〉 (F) 〈~in; ~innen〉 décorateur, -trice *m,f* (de théâtre); scénographe *m/f*; **Bühnendekoration** F décoration *f* scénique; **Bühnendichtung** F œuvre *f* dramatique; **Bühneneingang** M entrée *f* des artistes; **Bühnenerfahrung** F expérience *f* de la scène, du théâtre; **Bühnenerfolg** M succès théâtral; **Bühnenfassung** F adaptation *f* scénique; **bühnengerecht** ADJ adapté à la scène; **Bühnenlaufbahn** F carrière théâtrale; **Bühnenmaler(in)** M(F) peintre *m* de décors; **Bühnenmeister** M régisseur *m*; **Bühnenmusik** F 〈~〉 musique *f* de scène; **Bühnenraum** M scène *f*; **bühnenreif** ADJ théâtral; transposable au théâtre; **Bühnenstück** N pièce *f* de théâtre; **Bühnentechnik** F 〈~〉 technique *f* du plateau, de la machinerie
bühnentechnisch A ADJ scénique B ADV **~ schwer zu realisieren** techniquement difficile à réaliser sur scène
Bühnenwerk N œuvre *f* dramatique; **bühnenwirksam** ADJ qui passe la rampe; **Bühnenwirkung** F 〈~〉 effet théâtral
Buhruf M °huée *f*
buk → backen[1]
Bukarest N 〈→ *n/pr*〉 Bucarest
Bukett N 〈~s; ~s *ou* ~e〉 (*Weinbukett, Blumenbukett*) bouquet *m*
Buklee N → Bouclé
Bukolik F 〈~〉 (œuvre *f*) bucolique *f*; **bukolisch** ADJ bucolique
Bulette F 〈~; ~n〉 *regional* boulette *f* (de viande); *umg hum* **ran an die ~n!** *umg* on y va!; allons-y!
Bulgare M 〈~n; ~n〉, **Bulgarin** F 〈-in; -innen〉 Bulgare *m/f*
Bulgarien N 〈→ *n/pr*〉 la Bulgarie
bulgarisch ADJ bulgare; de Bulgarie; POL *in Zssgn* bulgaro-…
Bulgarisch N 〈~(s)〉, **Bulgarische** N 〈~n〉 **(das) Bulgarisch(e)** *Sprache* le bulgare
Bulimie F 〈~〉 MED boulimie *f*; **an ~ erkrankt sein** être boulimique
Bulimiekranke(r) M/F(M) boulimique *m/f*
Bulimiker(in) M 〈~s; ~〉 (F) 〈~in; ~innen〉 boulimique *m/f*; **bulimisch** ADJ boulimique
Bullauge N SCHIFF °hublot *m*; **Bulldogge** F ZOOL bouledogue *m*
Bulldozer M 〈~s; ~〉 TECH bulldozer *m*; bouteur *m*
Bulle[1] M 〈~n; ~n〉 1 ZOOL taureau *m*; **stark wie ein ~** *umg* fort comme un bœuf, un Turc 2 *umg fig* **ein ~ von Kerl** *umg* un gros balèze; *umg* une armoire à glace 3 *umg pej* (*Polizist*) *umg* poulet *m*; *umg* flic *m*
Bulle[2] F 〈~; ~n〉 KATH bulle *f*
Bullenhitze *umg* F *umg* chaleur *f* d'enfer, à crever
bullern *umg* V/I 〈-(e)re, h.〉 *Ofen* ronfler
Bulletin N 〈~s; ~s〉 bulletin *m*
bullig *umg* ADJ 1 *Mensch umg* costaud (*f inv*); *umg* balèze 2 *Hitze umg* à crever
bum INT boum!
Bumerang M 〈~s; ~e *ou* ~s〉 boomerang *m*; **sein Verhalten erwies sich als ~** son comportement a eu un effet boomerang, s'est retourné contre lui
Bummel *umg* M 〈~s; ~〉 *umg* balade *f*
Bummelant(in) *umg pej* M 〈~en; ~en〉 (F) 〈~in; ~innen〉 1 (*langsamer Mensch*) traînard(e) *m(f)* 2 (*Nichtstuer*) feignant(e) *m(f)*; *umg* flemmard(e) *m(f)*
Bummelei *umg pej* F 〈~; ~en〉 1 (*Langsamkeit*) lenteur *f* 2 (*Pflichtvergessenheit*) fainéantise *f*; *umg* flemme *f*
bummelig → bummlig
bummeln *umg* V/I 〈-(e)le, h.〉 1 〈s.〉 (*umherschlendern*) flâner; **durch die Stadt ~** flâner dans les rues; **~ gehen** (*Lokale besuchen*) *umg* faire la tournée des bistrots 2 *pej* (*trödeln*) *umg* lambiner; traîner; (*faulenzen*) *umg* flemmarder; *umg* glander; **er bummelt schon den ganzen Tag** *umg* il n'a rien fichu de la journée
Bummelstreik M grève *f* du zèle; **Bummelzug** *umg* M tortillard *m*
bummern *umg* V/I 〈-(e)re, h.〉 (*klopfen*) frapper, taper violemment (**gegen** à, contre)
Bummler(in) *umg* M 〈~s; ~〉 (F) 〈~in; ~innen〉 1 (*Spaziergänger*) flâneur, -euse *m,f*; promeneur, -euse *m,f* 2 → Bummelant(in)
bummlig *umg pej* ADJ (*langsam*) *umg* lambin
bums INT boum!; patatras!
Bums M 〈~es; ~e〉 1 *umg* (*dumpfer Fall*) boum *m*; coup sourd 2 *umg pej* (*~lokal*) bouge *m*; *umg* boui-boui *m*
bumsen 〈-(es)t〉 A *sl* V/T 〈h.〉 *sexuell sl* baiser B V/I 1 *umg* 〈h., *doublé d'une indication de direction* s.〉 faire boum; *an e-e Tür* taper, frapper (**an** [+*akk*] contre); **sie ist gegen die Wand gebumst** elle s'est cognée au mur, contre le mur; **an dieser Kreuzung hat es wieder einmal gebumst** il y a encore eu un accrochage, *umg* de la casse à ce carrefour 2 *sl* 〈h.〉 *sexuell sl* baiser
Bumslokal *umg pej* N bouge *m*; *umg* boui-boui *m*
Bund[1] M 〈~(e)s; ¨~e〉 1 (*Vereinigung, Verband*) union *f*; **der ~ der Ehe** les liens *mpl* du mariage; l'union conjugale; *geh* **mit j-m den ~ fürs Leben schließen** s'unir à qn (pour la vie); **mit j-m im ~e stehen, sein** être l'allié, le complice de qn; **er ist mit dem Teufel im ~e** il a passé un pacte avec le diable; REL **der Alte, der Neue ~** l'Ancienne, la Nouvelle Alliance 2 POL fédération *f*; HIST confédération *f*; (*Liga*) ligue *f*; **~ und Länder** *in Deutschland* la Fédération et les länder *mpl* 3 MODE ceinture *f* 4 *umg* (*Bundeswehr*) service *m* (militaire); **beim ~ sein** *umg* être à l'armée; faire son service (militaire)
Bund[2] N 〈~(e)s; ~e, *mais* 4 ~〉 *Gemüse, Stroh* botte *f*; *Petersilie etc* bouquet *m*
BUND M 〈~(s)〉 ABK (Bund für Umwelt und Naturschutz Deutschland) Association fédérale pour la protection de la nature et de l'environnement
Bündchen N 〈~s; ~〉 *am Ärmel* poignet *m*; *am Hals* col *m*; *an der Taille* ceinture *f*
Bündel N 〈~s; ~〉 1 *Briefe, Wäsche etc, fig* paquet *m*; *Briefe, Banknoten a.* liasse *f*; *Stroh* botte *f*; *Reisigholz* fagot *m*; *Anmachholz* ligot *m*; **sein ~ schnüren** faire ses malles 2 MATH, OPT faisceau *m*
bündeln V/T 〈-(e)le, h.〉 1 lier ensemble; faire un paquet de; *Banknoten* faire des liasses de; *Garben, Gemüse etc* faire des bottes de; *Anmachholz* faire des ligots de; *Reisigholz* faire des fagots de 2 OPT *Strahlen* focaliser
Bündelung F 〈~〉 *von Strahlen* focalisation *f*; concentration *f*
bündelweise ADV par paquets, liasses, bottes, *etc*
Bundes… IN ZSSGN *meist* fédéral
Bundesagentur F **~ für Arbeit** Office fédéral du travail
Bundesamt N office fédéral (**für** de); **Statistisches ~** Office fédéral de la statistique
Bundesangestelltentarif M HIST *BRD grille des salaires des employés du service public allemand*
Bundesanleihe F emprunt *m* du Bund; **Bundesanstalt** F *BRD* office fédéral (**für** de); **Bundesanwalt** M *BRD* procureur *m* près la Cour fédérale de cassation; *schweiz* procureur fédéral; **Bundesanwaltschaft** F *BRD* Ministère public fédéral; **Bundesarbeitsgericht** N *BRD* tribunal fédéral du travail; **Bundesausbildungsförderungsgesetz** N 〈~es〉 *BRD loi fédérale réglementant l'attribution des bourses d'études*; **Bundesautobahn** F *BRD, österr* autoroute fédérale
Bundesbahn F 〈~〉 HIST **Deutsche ~** chemins *mpl* de fer de la République fédérale d'Allemagne
Bundesbank F 〈~〉 **die (Deutsche) ~** la Bundesbank; la Banque fédérale
Bundesbeamte(r) M, **Bundesbeamtin** F fonctionnaire *m/f* fédéral(e); **Bundesbehörde(n)** F(PL) autorité(s) fédérale(s); **Bundesbürger(in)** M(F) citoyen, -enne *m,f* de la RFA; **bundesdeutsch** ADJ fédéral allemand; de l'Allemagne fédérale
Bundesebene F 〈~〉 **auf ~** au niveau, à l'échelon, sur le plan fédéral
bundeseigen ADJ fédéral
Bundesgebiet N 〈~(e)s〉 (*Bundesrepublik Deutschland*) territoire *m* de la RFA; **Bundesgenosse** M, **Bundesgenossin** F allié(e) *m(f)*
Bundesgericht N *BRD* cour fédérale; **Schweizerisches ~** Tribunal fédéral
Bundesgerichtshof M 〈~(e)s〉 *BRD* Cour fédérale de cassation
Bundesgesetz N loi fédérale; **Bundes-**

grenzschutz M HIST BRD Corps fédéral de protection des frontières; **Bundeshauptstadt** F capitale fédérale; **Bundeshaus** N ⟨~es⟩ BRD (bâtiment m du) Parlement fédéral; schweiz Palais fédéral; **Bundeshaushalt** M budget fédéral; **Bundesheer** N österr armée autrichienne; Armée fédérale de l'Autriche; schweiz Forces fpl terrestres suisses; **Bundeskabinett** N BRD cabinet fédéral; **Bundeskanzler** M BRD, österr chancelier m de la République fédérale; **Bundeskanzleramt** N ⟨~(e)s⟩ Chancellerie fédérale; **Bundeskanzlerin** F BRD, österr chancelière f de la République fédérale; **Bundeskartellamt** N ⟨~(e)s⟩ BRD Office fédéral des ententes; **Bundeskriminalamt** N ⟨~(e)s⟩ BRD Office fédéral de police criminelle; **Bundeslade** F REL arche f d'alliance

Bundesland N ⟨~(e)s; -länder⟩ BRD, österr land m; österr a. province f; BRD **die (fünf) neuen Bundesländer** les (cinq) nouveaux länder; BRD **die alten Bundesländer** les länder ouest-allemands

Bundesliga F SPORT BRD première division; **Bundesminister(in)** M(F) ministre m/f fédéral(e) (**für** de); **Bundesministerium** N ministère fédéral; **Bundesnachrichtendienst** M ⟨~(e)s⟩ BRD Service fédéral de renseignements; **Bundespolizei** F BRD Police fédérale

Bundespost F ⟨~⟩ HIST **Deutsche ~** Postes fédérales allemandes

Bundespräsident(in) M(F) BRD, österr président m de la République fédérale; schweiz président m de la Confédération; **Bundespresseamt** N ⟨~(e)s⟩ BRD Office m de presse du gouvernement fédéral; **Bundesrat** M ⟨~(e)s⟩ 1 BRD Bundesrat m; chambre f des länder 2 schweiz, österr Conseil fédéral; **Bundesrechnungshof** M ⟨~(e)s⟩ BRD Cour fédérale des comptes; **Bundesrecht** N ⟨~(e)s⟩ droit fédéral; **Bundesregierung** F gouvernement fédéral

Bundesrepublik die ~ Deutschland la République fédérale d'Allemagne

bundesrepublikanisch ADJ ⟨épithète⟩ de (la) RFA

Bundesstaat M 1 État fédéral 2 einzelner État (fédéré, fédératif, confédéré); **Bundesstraße** F BRD, österr route fédérale; etwa route nationale; **Bundestag** M ⟨~(e)s⟩ BRD Parlement fédéral; Bundestag m

Bundestagsabgeordnete(r) M/F(M) député m du Bundestag; **Bundestagsdebatte** F débat m au Bundestag; **Bundestagsfraktion** F groupe m parlementaire du Bundestag; **Bundestagspräsident(in)** M(F) président(e) m(f) du Bundestag; **Bundestagswahl** F élections fpl au Bundestag

Bundestrainer M sélectionneur m, entraîneur m de l'équipe nationale; **Bundesverdienstkreuz** N BRD Croix fédérale du mérite; **Bundesverfassung** F constitution fédérale; **Bundesverfassungsgericht** N ⟨~(e)s⟩ BRD Cour constitutionnelle fédérale; **Bundesversammlung** F BRD, schweiz Assemblée fédérale

Bundesversicherungsanstalt BRD **die ~ für Angestellte** l'Institut fédéral d'assurance vieillesse des employés

Bundesverwaltungsgericht N ⟨~(e)s⟩ BRD Cour administrative fédérale

Bundeswehr F ⟨~⟩ BRD Bundeswehr f; forces armées de la République fédérale; **bundesweit** ADJ ⟨épithète⟩ u. ADV sur tout le territoire fédéral; à l'échelle fédérale

Bundfalte F pince f; **Bundfaltenhose** F pantalon m à pinces; **Bundhose** F knicker(s) m(pl)

bündig A ADJ 1 Antwort clair; net, nette; Beweis concluant; convaincant 2 Bretter, Balken etc **~ sein** former une surface plane (**mit** avec) B ADV **kurz und ~** tout net; sans détours; brièvement

Bündigkeit F ⟨~⟩ e-r Antwort clarté f; netteté f; e-s Beweises caractère convaincant, décisif

Bündner ADJ ⟨épithète, inv⟩ **~ Fleisch** viande f des Grisons

Bündnis N ⟨~ses; ~se⟩ alliance f; pacte m; **ein ~ schließen** conclure une alliance

Bündnisgrüne(r) M/F(M) membre m du parti d'union écologiste Alliance 90/les Verts; **Bündnispartner** M allié m; **Bündnispolitik** F politique f d'alliance; **Bündnistreue** F fidélité f à l'alliance; **Bündnisvertrag** M traité m d'alliance

Bundsteg M TYPO petit fond; **Bundweite** F MODE tour m de taille

Bungalow M ⟨~s; ~s⟩ bungalow m

Bungeejumping N ⟨~s⟩, **Bungeespringen** N ⟨-springens⟩ SPORT saut m à l'élastique; benji m

Bunker M ⟨~s; ~⟩ 1 MIL blockhaus m; (Luftschutzbunker) abri antiaérien 2 für Kohle, Erz soute f 3 umg (Gefängnis) umg trou m

bunkern VT ⟨-(e)re, h.⟩ souter

Bunsenbrenner M bec m Bunsen

bunt A ADJ 1 (farbig) en couleurs 2 (mehrfarbig) multicolore; bigarré; bariolé; **~e Wäsche** linge m de couleur; umg **bekannt sein wie ein ~er Hund** être connu comme le loup blanc 3 fig (abwechslungsreich) **~er Abend** soirée f de variétés; **in ~er Reihenfolge** dans un ordre varié; **~er Teller** bes zu Nikolaus etc assiette f de gâteaux secs et de sucreries 4 fig (ungeordnet) **ein ~es Durcheinander** umg une belle pagaille; umg un joyeux méli-mélo; **~es Treiben** grande animation; umg **jetzt wird es mir aber zu ~!** umg c'est trop fort!; umg j'en ai ras le bol!; umg j'en ai marre! B ADV 1 **etw ~ bemalen** peindre qc de toutes les couleurs; **~ bemalt** multicolore; bigarré; bariolé; **~ geblümt** à fleurs multicolores; **die Blätter färben sich ~** les feuilles se colorent; **~ gefärbt** multicolore; aux couleurs variées; **~ gefiedert** au plumage coloré, bigarré; **~ gemustert** Stoff fantaisie; **~ gestreift** aux rayures de différentes couleurs; **~kariert** aux carreaux multicolores 2 fig **ein ~ gemischtes Publikum** un public varié 3 umg fig **da geht es ~ zu** il y a de l'ambiance, de l'animation; **er treibt es zu ~** il va trop loin; il dépasse les bornes

buntbemalt, buntfärben, buntgefärbt etc → bunt B 1, 2

Buntpapier N papier m de couleur; **Buntspecht** M (pic m) épeiche f; **Buntstift** M crayon m de couleur; **Buntwäsche** F ⟨~⟩ Wäschestücke linge m de couleur

Bürde geh F ⟨~; ~n⟩ a. fig fardeau m; fig **die ~ des Alters** le poids des ans

Bure M ⟨~n; ~n⟩ Boer m

Burenkrieg M ⟨~(e)s⟩ HIST guerre f des Boers

Bürette F ⟨~; ~n⟩ CHEM burette f

Burg F ⟨~; ~en⟩ 1 HIST château fort; fig im Sand château m (de sable) 2 ZOOL e-s Bibers °hutte f

Bürge M ⟨~n; ~n⟩ garant m; répondant m; JUR caution f

bürgen VI ⟨h.⟩ (**für j-n, etw**) **~** se porter garant (pour qn, de qc); répondre (de qn, qc); **für etw ~** garantir qc; für e-n Wechsel garantir qc par un aval; avaliser qc; **der Name bürgt für Qualität** la marque est un gage de qualité; **wer bürgt mir dafür, dass …?** qui me garantit que …?

Burgenland das ~ le Burgenland

Bürger M ⟨~s; ~⟩ 1 (Staatsbürger) citoyen m 2 e-r Stadt meist habitant m 3 (Bourgeois) bourgeois m; **Bürgerbeauftragte(r)** M/F(M) médiateur, -trice m,f; **Bürgerbeteiligung** F ⟨~⟩ participation f des citoyens, de la population; **Bürgerbüro** N in Frankreich etwa mairie f; **Bürgerentscheid** M référendum m; **Bürgerforum** N forum m, réunion-débat f de citoyens; **bürgerfreundlich** ADJ proche des citoyens; **Bürgerhaus** N 1 privates hôtel particulier; maison bourgeoise 2 e-r Kommune maison communale

Bürgerin F ⟨~; ~nen⟩ 1 (Staatsbürgerin) citoyenne f 2 e-r Stadt meist habitante f 3 (Bourgeoise) bourgeoise f

Bürgerinitiative F comité m de défense; auf lokaler Ebene a. comité m de quartier; **Bürgerkrieg** M guerre civile

bürgerlich A ADJ 1 (staats~) civil; civique; **Bürgerliches Gesetzbuch** Code civil; **~e Ehrenrechte** npl droits mpl civiques; **im ~en Leben** dans le civil 2 (zum Bürgertum gehörend) a. pej bourgeois; (nicht adlig) roturier, -ière; THEAT **~es Trauerspiel** drame bourgeois B ADV **~ denken** avoir des valeurs conservatrices

Bürgerliche(r) M/F(M) ⟨→ A⟩ bourgeois(e) m(f); (Nichtadlige[r]) roturier, -ière m,f

Bürgermeister(in) M(F) maire m; in Deutschland, Belgien u. Holland a. bourgmestre m; **der regierende ~ von Berlin** le maire de Berlin

Bürgermeisteramt N (services mpl de la) mairie f; **bürgernah** ADJ à l'écoute des citoyens; **Bürgerpflicht** F devoir m civique, du citoyen; **Bürgerrecht** N droit m civique, du citoyen; **Bürgerrechtler(in)** M ⟨~s; ~⟩ (F) ⟨~in; ~innen⟩ défenseur m des droits civiques; **Bürgerrechtsbewegung** F mouvement m en faveur des droits civiques; **Bürgerrechtskämpfer(in)** M(F) militant(e) m(f) en faveur des droits civiques; **Bürgerschaft** F ⟨~; ~en⟩ citoyens mpl; HIST a. bourgeois mpl; **Bürgerschreck** M ⟨~s⟩ terreur f des bourgeois; **Bürgersteig** M trottoir m; **Bürgertum** N ⟨~s⟩ bourgeoisie f; **Bürgerversicherung** F couverture sociale universelle

Burgfräulein N HIST damoiselle f; **Burgfried** M → Bergfried; **Burgfriede(n)** M POL trêve f politique; **Burggraben** M fossés mpl, douves fpl (d'un château fort); **Burggraf** M HIST burgrave m; **Burgherr(in)** M(F) châtelain(e) m(f); **Burghof** M cour f du bzw. d'un château (fort)

Bürgin F ⟨~; ~nen⟩ garante f; répondante f; JUR caution f

Burgruine F ruine f d'un château (fort)

Bürgschaft F ⟨~; ~en⟩ caution f; garantie f; **für etw, j-n ~ leisten** se porter garant de qc, pour qn; **e-e ~ übernehmen (für)** se porter garant, caution (pour); **sie boten e-e ~ von 10 000 Euro** ils se portèrent garants, caution, ils cautionnèrent pour 10 000 euros

Burgtor N porte f du bzw. d'un château (fort)

Burgund N ⟨→ n/pr⟩ la Bourgogne

Burgunder M ⟨~s; ~⟩ Wein vin m de Bourgogne; bourgogne m

Burgverlies N oubliettes fpl; **Burgvogt** M HIST bailli m; **Burgwall** M remparts mpl

Burin F ⟨~; ~nen⟩ Boer f

Burka F ⟨~; ~s⟩ Schleier burqa od burka f

Burkina Faso N ⟨→ n/pr⟩ le Burkina Faso

Burkiner M ⟨~s; ~⟩ Burkinabé m; **burkinisch** ADJ burkinabé (inv)

burlesk ADJ burlesque

Burleske F ⟨~; ~n⟩ pièce f burlesque

Burma → Birma

B

Burn-out-Syndrom N MED syndrome *m* du burn-out

Burnus M ⟨~(ses); ~se⟩ burnous *m*

Büro N ⟨~s; ~s⟩ bureau *m*; *e-s Anwalts, Notars* étude *f*; **Büroangestellte(r)** M/F(M) employé(e) *m(f)* de bureau; **Büroarbeit** F travail *m* de bureau; **Büroartikel** M article *m* de bureau; **Bürobedarf** M fournitures *fpl* de bureau; **Büroeinrichtung** F équipement *m*, matériel *m* de bureau; **Bürogebäude** N immeuble *m* de bureaux; *hohes* tour (administrative, commerciale); **Bürogehilfe** M, **Bürogehilfin** F auxiliaire *m/f* (de bureau); **Bürohaus** N → Bürogebäude; **Bürohengst** *umg pej* M gratte-papier *m*; rond-de-cuir *m*; **Bürohochhaus** N tour (administrative, commerciale); **Bürokaufmann** M, **Bürokauffrau** F agent *m* de gestion; **Büroklammer** F trombone *m*; **Bürokommunikation** F bureautique® *f*; **Bürokraft** F employé(e) *m(f)* de bureau

Bürokrat(in) M ⟨~en; ~en⟩ (F) ⟨~in; ~innen⟩ *pej* bureaucrate *m/f*; **Bürokratie** F ⟨~; ~n⟩ bureaucratie *f*; **bürokratisch** ADJ bureaucratique; **Bürokratismus** M ⟨~⟩ mentalité *f*, comportement *m* de bureaucrate

Büromaschine F machine *f* de bureau; **Büromaterial** N matériel *m*, articles *mpl* de bureau; **Büromöbel** NPL meubles *mpl*, mobilier *m* de bureau; **Büroraum** M bureau *m*; **Büroschluss** M fermeture *f* du bureau *bzw.* des bureaux; **Büroschrank** M classeur *m*; **Bürostuhl** M chaise *f* de bureau; **Bürostunden** FPL heures *fpl* de bureau, de service; **Bürovorsteher** M chef *m* de bureau

Bursche M ⟨~n; ~n⟩ **1** *(Junge, junger Mann)* garçon *m*; jeune *m*; *umg* gars *m*; **toller ~** *umg* type épatant; mec *m* super; **übler ~** *umg* sale type *m* **2** *früher (Offiziersbursche)* ordonnance *f* **3** *umg fig (Prachtexemplar)* **ein schöner, strammer ~** un beau spécimen

Burschenschaft F ⟨~; ~en⟩ association *f* d'étudiants *(de tendance conservatrice)*

burschikos ADJ désinvolte; sans gêne; cavalier, -ière

Bürste F ⟨~; ~n⟩ **1** *(Haarbürste etc)* brosse *f* **2** ELEK balai *m* **3** *(Bürstenschnitt)* (cheveux *mpl* en) brosse *f*

bürsten V/T ⟨-ete, h.⟩ brosser; donner, passer un coup de brosse à; **gegen den Strich ~** brosser à contre-poil, à rebrousse-poil

Bürstenbinder M, **Bürstenmacher** M brossier *m*; fabricant *m* de brosses; **Bürstenmassage** F massage *m* à l'aide d'une brosse; **Bürstenschnitt** M (coupe *f* en) brosse *f*

Burundi N ⟨→ *n/pr*⟩ le Burundi; **Burundier(in)** M ⟨~s; ~⟩ (F) ⟨~in; ~innen⟩ Burundais(e) *m(f)*; **burundisch** ADJ burundais; du Burundi

Bürzel M ⟨~s; ~⟩ *der Vögel* croupion *m*

Bus M ⟨~ses; ~se⟩ *(Stadtbus)* (auto)bus *m*; *(Überland-, Reise-, Schulbus)* (auto-)car *m*; **den ~ nehmen, mit dem ~ fahren** prendre l'autobus, le bus *bzw.* le car

Busbahnhof M gare routière

Busch M ⟨~(e)s; ~̈e⟩ **1** *(Strauch)* buisson *m*; *umg fig* **sich (seitwärts) in die Büsche schlagen** prendre la tangente; *umg* se tirer (en douce); *umg fig* **bei j-m auf den ~ klopfen** tâter le terrain auprès de qn; *umg fig* **mit etw (nicht) hinterm ~ halten** (ne pas) cacher son jeu, son opinion, *etc*; *umg fig* **da ist etwas im ~** il y a anguille sous roche **2** GEOG brousse *f*; *(~steppe)* bush *m* **3** *(Strauß)* gros bouquet **4** *(Büschel)* grosse touffe; *(Federbusch)* plumet *m*; panache *m*

Buschbohne F °haricot nain

Büschel N ⟨~s; ~⟩ touffe *f*; *(Federbüschel)* aigrette *f*; °houppe *f*; **büschelförmig** ADJ en forme de touffe, d'aigrette, de faisceau; fasciculé; **büschelweise** ADV par touffes

Buschen *umg* M ⟨~s; ~⟩ *südd, österr* gros bouquet

Buschhemd N saharienne *f*

buschig ADJ **1** *(dicht gewachsen)* touffu; *Augenbrauen* broussailleux, -euse **2** *(mit Büschen bedeckt)* buissonneux, -euse

Buschmann M ⟨~(e)s; -männer⟩ Bochiman *m*; **Buschmesser** N coupe-coupe *m*; machette *f*; **Buschwerk** N ⟨~(e)s⟩ broussailles *fpl*; **Buschwindröschen** N anémone *f* des bois

Busen M ⟨~s; ~⟩ **1** *e-r Frau* seins *mpl*; poitrine *f* **2** *poet (Brust) liter* sein *m*; **an s-n ~ drücken** *liter* serrer sur, contre son sein; *fig hum* **am ~ der Natur** *liter* dans le sein de la nature **3** *poet (Inneres)* cœur *m*

busenfrei ADJ avec les *od* aux seins nus

Busenfreund(in) M(F) ami(e) *m(f)* intime; **Busenstar** *umg pej* M ⟨~s; ~s⟩ star *f* à la poitrine plantureuse

Busfahrer(in) M(F) conducteur, -trice *m,f* de bus; *(Reisebusfahrer[in])* chauffeur *m* d'autocar; **Bushaltestelle** F arrêt *m* d'autobus

Business-Class F ⟨~⟩ FLUG classe *f* affaires; **Businessplan** M WIRTSCH business plan *m*, plan *m* d'affaires

Buslinie F ligne *f* de bus; **Busreise** F voyage *m* en car

Bussard M ⟨~s; ~e⟩ ZOOL buse *f*

Busschaffner(in) M(F) receveur, -euse *m,f* (d'autobus)

Buße F ⟨~; ~n⟩ **1** REL pénitence *f*; **~ tun** faire pénitence **2** JUR amende *f*

busseln V/T ⟨-(e)le, h.⟩ *südd, österr* embrasser

büßen V/T *u.* V/I ⟨-(es)t, h.⟩ **(für) etw ~** *Schuld, Verbrechen*, REL, *fig* expier qc; *fig a.* payer qc; **etw mit dem Tode ~** expier qc par sa mort; **das sollst du mir ~!** tu me le paieras!; je te revaudrai ça!

Büßer(in) M ⟨~s; ~⟩ (F) ⟨~in; ~innen⟩ pénitent(e) *m(f)*

Büßergewand N, **Büßerhemd** N °haire *f*; cilice *m*; *fig* **im ~ erscheinen** battre sa coulpe; faire son mea-culpa

Busserl *umg* N ⟨~s; ~(n)⟩ *südd, österr umg* bisou *m*; **busserln** V/T ⟨h.⟩ *südd, österr* embrasser

bußfertig ADJ repentant; contrit; **Bußfertigkeit** F ⟨~⟩ repentir *m*; contrition *f*

Bußgang M **e-n ~ antreten** faire pénitence; *fig* reconnaître ses torts

Bußgebet N prière *f* de pénitence; **Bußgeld** N ⟨~(e)s; ~er⟩ amende *f*; contravention *f*; **Bußgeldbescheid** M contravention *f*; **Bußgeldkatalog** M tarif *m* des contraventions; barême *m* des amendes; **Bußgottesdienst** M KATH messe *f*, office *m* de pénitence solennelle

Bussi *umg* N ⟨~s; ~s⟩ *bes südd, österr umg* (petit) bisou

Bussole F ⟨~; ~n⟩ boussole *f*

Bußpredigt F sermon *m* sur la pénitence

Bußtag M jour *m* de pénitence; **Buß- und Bettag** *fête religieuse protestante onze jours avant l'avent*

Büste F ⟨~; ~n⟩ **1** SKULP buste *m* **2** *(weibliche Brust)* buste *m*; seins *mpl* **3** MODE mannequin *m*

Büstenhalter M soutien-gorge *m*

Bustier N ⟨~s; ~s⟩ bustier *m*

Busverbindung F ligne *f* de bus, d'autobus, *von Überlandbussen* de cars, d'autocars; **Busverkehr** M circulation *f* des bus, des autobus

Butan N ⟨~s; ~e⟩ CHEM butane *m*; **Butangas** N ⟨~es⟩ gaz *m* butane

Butt M ⟨~(e)s; ~e⟩ *t/t* bothidé *m*; *(Steinbutt)* turbot *m*

Bütt F ⟨~; ~en⟩ *regional*: *podium en forme de tonneau sur lequel montent les humoristes du carnaval rhénan*; *fig* **in die ~ steigen** faire un discours de carnaval

Bütte F ⟨~; ~n⟩ baquet *m*; cuve *f*

Büttenpapier N papier *m* à la cuve, à la main; **Büttenrede** F *regional* discours *m* d'un(e) humoriste du carnaval; **Büttenredner(in)** M(F) *regional* humoriste *m/f* du carnaval

Butter F ⟨~⟩ beurre *m*; **braune ~** beurre noir; *Birne* **weich wie ~** fondant; **mit ~ bestreichen** beurrer; *umg fig* **sich** *(dat)* **nicht die ~ vom Brot nehmen lassen** *(sich nicht benachteiligen lassen)* ne pas se laisser tondre *od* manger la laine sur le dos; *(sich nichts gefallen lassen)* ne pas se laisser marcher sur les pieds; *umg fig* **(es ist) alles in ~** *umg* ça baigne; *umg fig österr* **~ auf dem Kopf haben** avoir qc sur la conscience

Butterberg *umg* M (énormes) excédents *mpl* de beurre; **Butterbirne** F beurré *m*; doyenné *f*; **Butterblume** F *(Hahnenfuß)* bouton-d'or *m*

Butterbrot N tartine beurrée, de beurre; *umg fig* **j-m etw aufs ~ schmieren** reprocher qc à qn; *umg fig* **etw für ein ~ bekommen** avoir qc pour une bouchée de pain

Butterbrotpapier N papier à beurre, sulfurisé; **Buttercreme** F crème *f* au beurre; **Buttercremetorte** F gâteau fourré de crème au beurre; **Butterdose** F beurrier *m*; **Butterfahrt** *umg* F *tour (en bateau) avec possibilité d'acheter des produits en duty-free*; **Butterfass** N baratte *f*; **Butterflöckchen** N coquille *f* de beurre

Butterfly M ⟨~s⟩, **Butterflystil** M SCHWIMMSPORT brasse *f* papillon

Butterkäse M *fromage gras à pâte pressée*; **Butterkeks** M petit-beurre *m*; **Buttermesser** N couteau *m* à beurre; **Buttermilch** F babeurre *m*

buttern ⟨-(e)re, h.⟩ **A** V/T **1** beurrer **2** *umg fig* **Geld in etw** *(akk)* **~** *umg* claquer de l'argent dans qc **B** V/I battre le beurre; baratter

Butterpilz M nonette voilée; bolet *m* jaune; **Butterröllchen** N coquille *f* de beurre; **Buttersäure** F ⟨~⟩ acide *m* butyrique; **Butterschmalz** N beurre clarifié

butterweich ADJ **1** de la consistance du beurre; *Birne etc* fondant **2** *umg fig Landung*, SPORT *Pass etc* en douceur

Button M ⟨~s; ~s⟩ badge *m*

Button-down-Hemd N chemise *f* à col boutonné; **Button-down-Kragen** M col boutonné

Butzemann *umg* M ⟨~(e)s; -männer⟩ kobold *m*; croque-mitaine *m*

Butzenscheibe F vitre *f* en culs-de-bouteille

b. w. ABK (bitte wenden) T.S.V.P. (tournez, s'il vous plaît)

BWL ABK → Betriebswirtschaftslehre

Bypass M ⟨~es; ~̈e⟩ MED pontage *m*; by-pass *m*; **Bypassoperation** F pontage *m*

Byte N ⟨~(s); ~(s)⟩ IT octet *m*

byzantinisch ADJ byzantin

Byzanz N ⟨→ *n/pr*⟩ HIST Byzance

Bz. ABK (Bezirk) région; district

bzgl. ABK (bezüglich) au sujet de

BZÖ N ⟨~⟩ ABK (Bündnis für die Zukunft Österreichs) BZÖ *m* *(l'Alliance pour l'avenir de l'Autriche)*

bzw. ABK → beziehungsweise

C

C, c N ⟨C, c; C, c⟩ 1 *Buchstabe* C, c *m* 2 MUS do *m*; ut *m*
C ABK 1 ELEK *(Coulomb)* C (coulomb) 2 NUKL *(Curie)* curie
°C ABK (Grad Celsius) °C (degré Celsius, centigrade)
ca. ABK (circa) environ; à peu près
Cabaret N → Kabarett
Cabrio N → Kabrio
Cabriolet N ⟨~s; ~s⟩ (voiture *f*) décapotable *f*; cabriolet *m*
CAD N ⟨~⟩ ABK (Computer Aided Design) CAO *f* (conception assistée par ordinateur)
Cadmium N → Kadmium
Café N ⟨~s; ~s⟩ salon *m* de thé; confiserie-pâtisserie *f*
Cafeteria F ⟨~; ~s⟩ cafétéria *f*
Caipirinha M ⟨~s; ~s⟩ *od* F ⟨~; ~s⟩ caipirinha *m*
cal ABK (Kalorie) cal (calorie)
Calcium N → Kalzium
Callboy M ⟨~s; ~s⟩ call-boy *m*
Call-by-Call N *souvent sans article* ⟨~s⟩, **Call-by-Call-Verfahren** N TEL call-by-call *m*
Call-Center N ⟨~s; ~⟩ centre *m* d'appels; **Callgirl** N call-girl *f*
Calvados M ⟨~; ~⟩ *Apfelbranntwein* calvados *m*
CAM N ⟨~⟩ ABK (Computer Aided Manufacturing) FAO *f* (fabrication assistée par ordinateur)
Camcorder M ⟨~s; ~⟩ caméscope *m*
Camembert M ⟨~s; ~s⟩ *Käse* camembert *m*
Camion M ⟨~s; ~s⟩ *schweiz* camion *m*
Camp N ⟨~s; ~s⟩ camp *m*
Campagne F → Kampagne
campen VI ⟨h.⟩ faire du camping; camper; **Camper(in)** M ⟨~s; ~⟩ (F) ⟨~in; ~innen⟩ campeur, -euse *m,f*
Camping N ⟨~s⟩ camping *m*; **Campingausrüstung** F matériel *m* de camping; **Campingbus** M camping-car *m*; **Campingplatz** M (terrain *m* de) camping *m*; **Campingstuhl** M chaise *f* de camping
Campus M ⟨~; ~⟩ campus *m*
Cancan M ⟨~s; ~s⟩ *Tanz* french cancan *m*
cand. ABK (candidatus, Kandidat vor dem Examen) candidat
Candle-Light-Dinner N ⟨~s; ~(s)⟩ dîner *m* aux chandelles
Cannabis M ⟨~⟩ *Pflanze, Droge* cannabis *m*
Canossa N ⟨→ *n/pr*⟩ Canossa; *geh fig* **e-n Gang nach ~ machen** s'humilier devant son adversaire
Canyoning N ⟨~s⟩ SPORT canyoning *m*
Cape N ⟨~s; ~s⟩ cape *f*
Cappuccino M ⟨~(s); ~(s)⟩ cappuccino *m*
Capri N ⟨→ *n/pr*⟩ Capri; **Caprihose** F pantalon *m* corsaire
Caravan M ⟨~s; ~s⟩ *(Wohnwagen)* caravane *f*; *(Kombiwagen)* break *m*; commerciale *f*
Cargo M → Kargo
Caritas F ⟨~⟩ Secours *m* catholique
Carotin N → Karotin
Carport M ⟨~s; ~s⟩ auvent *m* pour voiture(s); **Carsharing** N ⟨~s; ~s⟩ autopartage *m*
Cartoon M *od* N ⟨~(s); ~s⟩ dessin *m* (de bande dessinée) humoristique; cartoon *m*
carven VI ⟨s.⟩ SKIFAHREN faire du carving
Carving N ⟨~(s)⟩ SKIFAHREN carving *m*; ski *m* parabolique; **Carvingski** M ski *m* de carving
Cäsar M ⟨→ *n/pr*⟩ HIST César *m*

Cashewkern M, **Cashewnuss** F noix *f* de cajou
Cashflow M ⟨~s; ~s⟩ WIRTSCH flux *m* de trésorerie
Casino N → Kasino
Cäsium N ⟨~s⟩ CHEM césium *m*
Cassette → Kassette
casten VT ⟨-ete, h.⟩ FILM, TV caster
Casting N ⟨~(s); ~(s)⟩ FILM, TV casting *m*; **Castingshow** F casting télévisé
Castor® M ⟨~s; -toren⟩ ABK (Cask for Storage and Transport of Radioactive Material) NUKL château *m* de transport
Castorbehälter® M → Castor®
Catania N ⟨→ *n/pr*⟩ Catane
catchen VI ⟨h.⟩ catcher; **Catchen** N ⟨~s⟩ catch *m*; **Catcher(in)** M ⟨~s; ~⟩ (F) ⟨~in; ~innen⟩ catcheur, -euse *m,f*
Catering N ⟨~(s)⟩ GASTR livraison *f* de repas à domicile
Cayennepfeffer M poivre *m* de Cayenne
CB-Funk M CB *f*; **CB-Funker** M cibiste *m*
cbm ABK → m^3
ccm ABK → cm^3
CD F ⟨~; ~s⟩ ABK (Compact Disc) CD *m*; (disque *m*) compact *m*; **CD-Brenner** M graveur *m* de CD; **CD-Laufwerk** N lecteur *m* de CD; **CD-Player** M ⟨~s; ~⟩ platine *f* laser; **CD-Regal** N porte-CD *m* (*inv*); **CD-Rohling** M CD *m* vierge; **CD-ROM** F ⟨~; ~(s)⟩ CD-ROM *m*; **CD-ROM-Laufwerk** N lecteur *m* de CD-ROM; **CD-Spieler** M platine *f* laser; **CD-Ständer** M porte-CD *m* (*inv*)
CDU F ⟨~⟩ ABK (Christlich-Demokratische Union) Union chrétienne-démocrate
C-Dur N do *m*, *früher* ut *m* majeur
CD-Wechsler M ⟨~s; ~⟩ changeur *m* de CD
Cedille F ⟨~; ~n⟩ cédille *f*
Cellist(in) M ⟨~en; ~en⟩ (F) ⟨~in; ~innen⟩ violoncelliste *m/f*
Cello N ⟨~s; ~s *ou* Celli⟩ violoncelle *m*
Cellophan® N ⟨~s⟩ cellophane® *f*
Cellulite F ⟨~⟩ MED cellulite *f*
Cellulitis F ⟨~; -tiden⟩ MED cellulite *f*
Celsius 15 Grad ~ 15 degrés *mpl* centigrades
Cembalo N ⟨~s; ~s *ou* -li⟩ clavecin *m*
Cent M ⟨~(s); ~(s), *mais* 5 ~⟩ *Währung der EU* cent *m*; centime *m*
Centerpark M *centre de vacances moderne qui dispose d'une large offre de loisirs*
Centre-Court M ⟨~s; ~s⟩ TENNIS court central
Ceran(koch)feld® N plaque *f* vitrocéramique
Cervantes M ⟨→ *n/pr*⟩ Cervantès *m*
Ces, ces N ⟨Ces, ces; Ces, ces⟩ MUS do *m*, ut *m* bémol
Cevennen GEOG **die ~** PL les Cévennes *fpl*
Ceylon N ⟨→ *n/pr*⟩ HIST Ceylan
Ceylonese M ⟨~n; ~n⟩, **Ceylonesin** F ⟨-in; -innen⟩ Ceylanais(e) *m(f)*; **ceylonesisch** ADJ ceylanais; de Ceylan
Ceylontee M thé *m* de Ceylan
cf. ABK (confer, vergleiche) cf., conf. (voir, conférer)
Cha-Cha-Cha M ⟨~(s); ~s⟩ *Tanz* cha-cha-cha *m*
Chaiselongue F ⟨~; ~n *ou* ~s⟩ divan *m*; canapé *m*
Chakra N ⟨~s; ~s *ou* -kren⟩ PHYSIOL chakra *m*
Chalet N ⟨~s; ~s⟩ *Landhaus* chalet *m*; *(Sennhütte)* chalet *m* d'alpage
Chamäleon N ⟨~s; ~s⟩ caméléon *m*
Champagner M ⟨~s; ~⟩ champagne *m*; **Champagnerflasche** F bouteille *f* à, *voll* de champagne
Champignon M ⟨~s; ~s⟩ champignon *m* de Paris, de couche
Champion M ⟨~s; ~s⟩ champion, -ionne *m,f*
Champions League F ⟨~⟩ FUSSBALL Ligue *f* des Champions
Chance F ⟨~; ~n⟩ chance *f*; **j-m e-e letzte ~ geben** donner une dernière chance à qn; **bei j-m ~n haben** avoir ses chances auprès de qn; **meine ~n stehen gut, schlecht** j'ai de bonnes chances, peu de chances de réussir
Chancengleichheit F égalité *f* des chances
changieren VI ⟨*pas de ge-*, h.⟩ être changeant
Chanson N ⟨~s; ~s⟩ chanson *f*; **Chansonsänger(in)** M(F) chansonnier, -ière *m,f*
Chaos N ⟨~⟩ chaos *m*
Chaot(in) *umg* M ⟨~en; ~en⟩ (F) ⟨~in; ~innen⟩ 1 *(unordentlicher Mensch)* personne mal organisée; *umg* personne *f* bordélique 2 POL anarchiste *m/f*; *umg* anar *m/f*; *auf Demonstrationen* casseur, -euse *m,f*; **chaotisch** ADJ chaotique
Charakter M ⟨~s; -tere⟩ caractère *m*; **ein Mann von ~** un homme de caractère; **e-n guten, schlechten ~ haben** avoir un bon, mauvais fond; **keinen ~ haben** manquer de caractère; *Brief etc* **vertraulichen ~ haben** avoir un caractère confidentiel
Charakterbild N portrait *m*; **Charakterdarsteller(in)** M(F) acteur, -trice *m,f* qui joue des rôles de caractère; **Charaktereigenschaft** F trait *m* de caractère; **Charakterfehler** M défaut *m* (de caractère); **charakterfest** ADJ qui a du caractère; **Charakterfestigkeit** F fermeté *f* de caractère
charakterisieren VT ⟨*pas de ge-*, h.⟩ caractériser; *Person* faire le portrait de
Charakteristik F ⟨~; ~en⟩ description *f* des caractéristiques; *e-r Person* portrait *m*; **Charakteristikum** N ⟨~s; -ka⟩ caractère distinctif; caractéristique *f*
charakteristisch ADJ caractéristique; typique (**für j-n** pour qn; **für etw** de qc)
Charakterkopf M tête intéressante; **charakterlich** ADJ de caractère; **charakterlos** ADJ *Person (schlecht)* mauvais; *(schwach)* faible; *fig (farblos)* sans caractère; **Charakterlosigkeit** F ⟨~⟩ *e-r Person* faiblesse *f* de caractère; *Handlung* comportement *m* désagréable; *Aussage* propos *m* désagréable; **Charakterrolle** F rôle *m* de caractère; **Charakterschwäche** F faiblesse *f* de caractère; **Charakterstärke** F force *f* de caractère; **charaktervoll** ADJ qui a du caractère; **Charakterzug** M trait *m* de caractère
Charge F ⟨~; ~n⟩ 1 MIL *Dienstgrad* charge *f* 2 THEAT rôle *m* secondaire
Charisma N ⟨~s; -rismen⟩ charisme *m*
charismatisch ADJ charismatique
Charleston M ⟨~; ~s⟩ *Tanz* charleston *m*
Charlotte F ⟨→ *n/pr*⟩ *prénom*
charmant ADJ charmant
Charme M ⟨~s⟩ charme *m*; **Charmeur** M ⟨~s; ~e⟩ charmeur *m*
Charmeuse F ⟨~⟩ *Stoff* indémaillable *m*
Charta F ⟨~; ~s⟩ charte *f*
Charterflug M (vol *m*) charter *m*; **Charterflugzeug** N charter *m*; **Chartergesellschaft** F compagnie *f* de charters; **Chartermaschine** F charter *m*
chartern VT ⟨-(e)re, h.⟩ affréter
Chartern N ⟨~s⟩ affrètement *m*
Charts PL °hit-parade *m*; **in den amerikanischen ~ sein** être au hit-parade américain
Chassis N ⟨~; ~⟩ AUTO châssis *m*
Chat M ⟨~s; ~s⟩ IT chat *m*; conversation *f* en ligne
Chatroom M ⟨~s; ~s⟩ IT forum *m* (de discus-

sion)
chatten VI ‹-ete, h.› IT chatter; bavarder, dialoguer (en ligne)
Chauffeur M ‹~s; ~e› chauffeur *m*; **chauffieren** VT *u.* VI ‹*pas de ge-*, h.› conduire
Chaussee F ‹~; ~n› route *f*; **Chausseebaum** M arbre *m* en bordure de la route
Chauvi *umg pej* M ‹~s; ~s› macho *m*
Chauvinismus M ‹~› POL chauvinisme *m*; **männlicher ~** machisme *m*; phallocratie *f*
Chauvinist M ‹~en; ~en› 1 (*Sexist*) macho *m*; phallocrate *m* 2 (*Nationalist*) chauvin *m*; **chauvinistisch** ADJ 1 (*sexistisch*) machiste; phallocrate 2 (*nationalistisch*) chauvin
Check *schweiz* → Scheck
checken VT ‹h.› 1 TECH contrôler 2 *umg* (*kapieren*) *umg* piger
Check-in N *od* M ‹~(s); ~s› FLUG enregistrement *m* (des bagages)
Checkliste F 1 liste *f* (de contrôle) 2 FLUG check-list *f*
Check-up M *od* N ‹~(s); ~s› bilan *m* de santé; check-up *m*
Cheeseburger M ‹~s; ~› GASTR cheeseburger *m*
Chef M ‹~s; ~s› (*Anführer, Leiter*) chef *m*; *in e-m Betrieb* patron *m*; **Chefarzt** M médecin-chef *m*; **Chefetage** F étage *m* de la direction; **Chefideologe** M chef *m* de file
Chefin F ‹~; ~nen› (*Anführerin, Leiterin*) chef *m*; *in e-m Betrieb* patronne *f*
Chefredakteur(in) M rédacteur, -trice *m,f* en chef
Chefsache F responsabilité *f* du chef; **etw zur ~ machen** accorder la plus grande importance à qc; **das ist ~!** c'est au chef de s'en occuper!
Chefsekretärin F secrétaire *f* de direction
Chemie F ‹~› chimie *f*; **organische ~** chimie organique; chimie animale et végétale; **anorganische ~** chimie minérale; **physikalische ~** physico-chimie *f*
Chemiefaser F fibre *f* chimique; **Chemieingenieur(in)** M(F) ingénieur *m/f* chimiste; **Chemielaborant(in)** M(F) laborantin(e) *m(f)* dans un laboratoire de chimie
Chemikalie F ‹~; ~n› produit *m* chimique
Chemiker(in) M ‹~s; ~› (F) ‹~in; ~innen› chimiste *m/f*
chemisch A ADJ chimique; **~es Element** élément *m* chimique; **~e Fabrik** usine *f* de produits chimiques; **~e Industrie** industrie *f* chimique; **~e Reinigung** nettoyage *m* à sec; **~e Verbindung** combinaison *f* chimique; **~es Zeichen** symbole *m* chimique B ADV **~ rein** chimiquement pur; **etw ~ untersuchen** faire l'analyse chimique de qc
Chemotechniker(in) M(F) technicien, -ienne supérieur(e) chimiste; (*Chemieingenieur[in]*) ingénieur *m* chimiste; **Chemotherapie** F MED chimiothérapie *f*
Cherrytomate F tomate *f* cerise
Cherub M ‹~s; ~im *ou* -binen› BIBEL chérubin *m*
Chiasmus M ‹~› RHET chiasme *m*
chic *schweiz, Werbesprache* → schick
Chic M ‹~s› chic *m*
Chicorée M ‹~s› *od* F ‹~› endive *f*
Chiffon M ‹~s; ~s› voile *m* de soie
Chiffre F ‹~; ~n› chiffre *m*; *in Anzeigen* référence *f*; numéro *m*; **unter der ~ ...** *in Anzeigen* sous le numéro ...
chiffrieren VT ‹*pas de ge-*, h.› chiffrer
Chiffrieren N ‹~s›, **Chiffrierung** F ‹~; ~en› chiffrage *m*
Chile N ‹→ *n/pr*› le Chili
Chilene M ‹~n; ~n›, **Chilenin** F ‹-in; -innen› Chilien, -ienne *m,f*; **chilenisch** ADJ chilien, -ienne
Chili M ‹~s› GASTR piments *mpl* rouges
chillen *Jugendsprache* VI ‹h.› souffler; *umg* décompresser
Chimäre F ‹~; ~n› (*Hirngespinst*), BIOL chimère *f*
China N ‹→ *n/pr*› la Chine; **Chinagras** N ramie *f*; ortie *f* de Chine; **Chinakohl** M chou chinois; **Chinapapier** N ‹~s› papier *m* de Chine; **Chinarinde** F PHARM quinquina *m*
Chinchilla F ‹~; ~s› *od* N ‹~s; ~s› ZOOL chinchilla *m*
Chinese M ‹~n; ~n›, **Chinesin** F ‹-in; -innen› Chinois(e) *m(f)*
chinesisch ADJ chinois; POL *in Zssgn* sino-...; **die Chinesische Mauer** la Grande Muraille de Chine
Chinesisch N ‹~(s)›, **Chinesische** N ‹~n› **(das) Chinesisch(e)** *Sprache* le chinois
Chinin N ‹~s› PHARM quinine *f*
Chintz M ‹~› TEX chintz *m*
Chip M ‹~s; ~s› 1 (*Kartoffelchip*) **~s** PL chips *fpl* 2 IT puce *f* 3 (*Spielmarke*) jeton *m*; **Chipkarte** F IT carte *f* à puce
Chiropraktiker(in) M(F) chiropracteur *m*; ostéopathe *m/f*
Chirurg(in) M ‹~en; ~en› (F) ‹~in; ~innen› chirurgien, -ienne *m,f*; **Chirurgie** F ‹~› chirurgie *f*; **chirurgisch** ADJ chirurgical
Chitin N ‹~s› ZOOL chitine *f*
Chlor N ‹~s› chlore *m*
chloren VT ‹h.› javelliser; désinfecter au chlore
chlorfrei ADJ *u.* ADV sans chlore; **~ gebleichtes Papier** papier *m* sans chlore
chlorhaltig ADJ chloré
Chlorid N ‹~s; ~e› CHEM chlorure *m*
chlorieren VT ‹*pas de ge-*, h.› chlorer; chlorurer
Chlorkalk M chlorure *m* de chaux
Chloroform N ‹~s› CHEM, MED chloroforme *m*
chloroformieren VT ‹*pas de ge-*, h.› chloroform(is)er
Chlorophyll N ‹~s› BOT chlorophylle *f*
Chlorsäure F acide *m* chlorique; **Chlorverbindung** F chlorure *m*
Choke M ‹~s; ~s› AUTO starter *m*
Cholera F ‹~› MED choléra *m*; **Choleraepidemie** F épidémie *f* de choléra; **cholerakrank** ADJ cholérique; atteint du choléra
Choleriker(in) M ‹~s; ~› (F) ‹~in; ~innen› colérique *m/f*; **cholerisch** ADJ *Temperament, Mensch* coléreux, -euse; colérique
Cholesterin N ‹~s› cholestérol *m*
cholesterinarm A ADJ pauvre en cholestérol B ADV **~ essen** manger une alimentation pauvre en cholestérol; **~ kochen** faire une cuisine pauvre en cholestérol
Cholesterinspiegel M taux *m* de cholestérol
Chor M ‹~(e)s; ¨e› chœur *m* (*a.* ARCH, *fig*); *Verein* chorale *f*; **im ~ singen** chanter en chœur
Choral M ‹~s; -äle› PROT choral *m*; KATH plain-chant *m*; chant grégorien
Choreograf(in) M ‹~en; ~en› (F) ‹~in; ~innen› chorégraphe *m/f*; **Choreografie** F ‹~; ~n› chorégraphie *f*; **choreografisch** ADJ chorégraphique; **Choreograph(in)**, **Choreographie**, **choreographisch** → Choreograf(in), Choreografie, choreografisch
Chorgesang M (chant[s] *m[pl]* en) chœur *m*; **Chorgestühl** N stalles *fpl*; **Chorherr** M chanoine *m*; **Chorknabe** M petit chanteur d'une chorale; **Chorleiter** M chef *m* de chorale; **Chorsänger(in)** M(F) choriste *m/f*
Chow-Chow M ‹~s; ~s› ZOOL chow-chow *m*
Christ M ‹~en; ~en› chrétien *m*
Christa F ‹→ *n/pr*› *prénom*
Christbaum M arbre *m* de Noël; **Christbaumschmuck** M décorations *fpl* pour arbres de Noël; **Christdemokrat(in)** M(F) chrétien-démocrate, chrétienne-démocrate *m,f*; **Christdorn** M ‹~s› BOT aubépine commune
Christengemeinde F communauté chrétienne, de(s) chrétiens; **Christenheit** F ‹~› chrétienté *f*; **Christenpflicht** F devoir *m* du *od* de chrétien; **Christentum** N ‹~s› christianisme *m*; **Christenverfolgung** F persécution *f* des chrétiens
Christfest N *regional* Noël *m*
Christian M ‹→ *n/pr*› *prénom*
Christiane F ‹→ *n/pr*› *prénom*
christianisieren VT ‹*pas de ge-*, h.› christianiser
Christin F ‹~; ~nen› chrétienne *f*
Christine F ‹→ *n/pr*› *prénom*
Christkind N 1 enfant Jésus *m*; **sie glaubt nicht mehr ans ~** elle ne croit plus au père Noël; **das ~ hat mir e-e Puppe gebracht** le père Noël m'a apporté une poupée 2 *südd, österr* (*Weihnachtsgeschenk*) cadeau *m* de Noël
christlich A ADJ chrétien, -ienne; *hum* **~e Zeit** heure acceptable, décente B ADV **~ leben** vivre chrétiennement, en (bon) chrétien
Christmesse F, **Christmette** F messe *f* de minuit; **Christnacht** F nuit *f* de Noël
Christoph M ‹→ *n/pr*› *prénom*
Christophorus M ‹→ *n/pr*› *Heiliger* Christophe *m*
Christrose F rose *f* de Noël; ellébore noir; **Christstollen** M gâteau *m* de Noël (*fourré à la pâte d'amandes et aux raisins secs*)
Christus M ‹~ *ou sans article* Christi› le Christ; **vor ~, vor Christi Geburt** avant Jésus-Christ; **im Jahre 300 nach ~** en l'an 300 après Jésus-Christ
Chrom N ‹~s› chrome *m*
Chromatik F ‹~› PHYS, MUS chromatisme *m*; **chromatisch** ADJ PHYS, MUS chromatique
Chromdioxidkassette F cassette *f* (au) chrome; **chromhaltig** ADJ chromé; *Erz* chromifère; **Chromnickelstahl** M acier *m* au nickel-chrome
Chromosom N ‹~s; ~en› BIOL chromosome *m*
Chromstahl M acier chromé
Chronik F ‹~; ~en› chronique *f*; **chronisch** ADJ chronique
Chronist(in) M ‹~en; ~en› (F) ‹~in; ~innen› chroniqueur, -euse *m,f*
Chronologie F ‹~› chronologie *f*
chronologisch ADJ *u.* ADV chronologique (-ment); **etw ~ ordnen** classer qc par ordre chronologique
Chronometer N ‹~s; ~› chronomètre *m*; **chronometrisch** ADJ chronométrique
Chrysantheme F ‹~; ~n› chrysanthème *m*
Chur N ‹→ *n/pr*› Coire
Chutney N ‹~(s); ~s› GASTR chutney *m*
Cicero[1] M ‹→ *n/pr*› HIST Cicéron *m*
Cicero[2] F *od schweiz* M ‹~; ~› TYPO cicéro *m*
Cineast(in) M ‹~en; ~en› (F) ‹~in; ~innen› 1 (*Filmemacher[in]*) cinéaste *m/f* 2 (*Filmkenner[in]*) cinéphile *m/f*
Cinemascope® N ‹~› cinémascope® *m*
circa ADV environ; à peu près
Circe F ‹→ *n/pr*› MYTH Circé *f*
Circus M *etc* → Zirkus *etc*
Cis, cis N ‹Cis, cis; Cis, cis› MUS do *m*, ut *m* dièse
City F ‹~; ~s› centre-ville *m*; **Cityruf** M TE-

LEKOMMUNIKATION Alphapage® *m*
CKW PL ABK *(chlorierte Kohlenwasserstoffe; Chlorkohlenwasserstoffe)* hydrocarbures chlorés
cl ABK (Zentiliter) cl (centilitre)
Clan M ⟨~s; ~s⟩ *od* M ⟨~s; ~e⟩ clan *m*
Claque F ⟨~⟩ THEAT claque *f*; **Claqueur** M ⟨~s; ~e⟩ claqueur *m*
Claudia F ⟨→ *n/pr*⟩ *prénom*
clean *Jargon* ADJ ⟨*attribut*⟩ désintoxiqué; *umg* clean
Clearing N ⟨~s; ~s⟩ HANDEL clearing *m*; compensation *f*
Clematis F → Klematis
Clementine F → Klementine
clever *umg* **A** ADJ malin, maligne; habile; adroit **B** ADV avec habileté
Cliché N → Klischee
Clinch M ⟨~(e)s⟩ **1** SPORT corps-à-corps *m* **2** *fig* **mit j-m im ~ liegen** *umg* être en bisbille avec qn
Clip M → Klipp, Videoclip
Clique F ⟨~; ~n⟩ **1** *pej* clique *f* **2** *Freundeskreis* bande *f*
Cliquenwirtschaft F ⟨~⟩ *pej umg* copinage *m*
Clou *umg* M ⟨~s; ~s⟩ clou *m*
Clown M ⟨~s; ~s⟩ clown *m*
Club → Klub
cm ABK (Zentimeter) cm (centimètre)
cm² ABK (Quadratzentimeter) cm² (centimètre carré)
cm³ ABK (Kubikzentimeter) cm³ (centimètre cube)
c-Moll N do *m*, *früher* ut *m* mineur
Co. ABK (Kompanie, Compagnie) Cie (Compagnie)
Coach M ⟨~(s); ~s⟩ coach *m/f*; SPORT *a.* entraîneur *m*; **coachen** V/T ⟨h.⟩ coacher; SPORT *a.* entraîner
COBOL N ⟨~s⟩ IT cobol *m*
Coca-Cola® N ⟨~(s); ~s, *mais* 3 ~⟩ *od* F ⟨~; ~s, *mais* 3 ~⟩ coca-cola® *m*
Cockerspaniel M ⟨~s; ~s⟩ ZOOL cocker *m*
Cockpit N ⟨~s; ~s⟩ FLUG, SCHIFF cockpit *m*; FLUG *a.* cabine *f* de pilotage; *e-s Rennwagens* poste *m* du pilote
Cocktail M ⟨~s; ~s⟩ cocktail *m*; **Cocktailkleid** N robe *f* de cocktail; **Cocktailparty** F cocktail *m*; **Cocktailtomate** F tomate *f* cerise
Code M → Kode
Codein N → Kodein
Codex M → Kodex
codieren → kodieren
Coffein *etc* → Koffein *etc*
Cognac® M cognac *m*
Coiffeur M ⟨~s; ~e⟩, **Coiffeuse** F ⟨-; -n⟩ *schweiz* coiffeur, -euse *m,f*
Cola *umg* N ⟨~(s); ~s, *mais* 3 ~⟩ *od* F ⟨~; ~s, *mais* 3 ~⟩ ABK (Coca-Cola®) coca *m*
Collage F ⟨~; ~n⟩ collage *m*
Collegemappe F porte-documents *m*; **Collegeschuhe** MPL mocassins *mpl*
Collie M ⟨~s; ~s⟩ ZOOL colley *m*
Collier N → Kollier
Colt® M ⟨~s; ~s⟩ colt® *m*
Come-back N ⟨~(s); ~s⟩ come-back *m*; **ein ~ feiern** faire un come-back, sa rentrée
COMECON, Comecon M ABK HIST (Rat für gegenseitige Wirtschaftshilfe der Ostblock-Staaten) CAEM (Conseil d'aide économique mutuelle)
Comic M ⟨~s; ~s⟩ bande dessinée; *umg* BD *f*
Coming-out N ⟨~(s); ~s⟩ SOZIOLOGIE coming out *m* (*inv*)
Como N ⟨→ *n/pr*⟩ GEOG Côme
Compact Disc F ⟨~; ~s⟩ disque compact; compact *m*
Compact Disk → Compact Disc
Computer M ⟨~s; ~⟩ ordinateur *m*; **am ~ arbeiten** travailler sur ordinateur; **etw auf ~** (*akk*) **umstellen** informatiser qc; **unsere Firma hat auf ~ umgestellt** notre entreprise s'est informatisée
Computeranimation F animation *f* par ordinateur; **Computerarbeitsplatz** M poste *m* de travail; **Computerausdruck** M ⟨~(e)s; ~e⟩ listing *m*; saisie *f* papier; **Computerblitz** M flash *m* électronique; **computergesteuert** ADJT commandé, contrôlé par ordinateur; informatisé; **computergestützt** ADJT → computerunterstützt
computerisieren V/T ⟨*pas de ge-*, h.⟩ informatiser; **Computerisierung** F ⟨~; ~en⟩ informatisation *f*
Computerkriminalität F délits *mpl* informatiques; criminalité *f*, délinquance *f* informatique; **computerlesbar** ADJ lisible par ordinateur; **Computerlinguistik** F linguistique *f* informatique; **Computerprogramm** N programme *m* informatique; **Computersatz** M ⟨~es⟩ TYPO composition par ordinateur, informatisée; **Computersimulation** F simulation *f* sur ordinateur; **Computerspiel** N jeu *m* vidéo; **Computertechnik** F ⟨~⟩ technologie *f* des ordinateurs; **Computertisch** M desserte *f* informatique; **Computertomograf** M ⟨~en; ~en⟩ MED scanner *m*; **Computertomografie** F ⟨~; ~n⟩ scanographie *f*; **Computertomograph, Computertomographie** → Computertomograf, Computertomografie; **computerunterstützt** ADJT assisté par ordinateur; **Computervirus** M virus *m* informatique; **Computerwurm** M ver *m* (informatique)
Conférencier M ⟨~s; ~s⟩ présentateur *m*; animateur *m*
Confiserie F → Konfiserie
Confoederatio Helvetica F ⟨~⟩ *schweiz* Confédération *f* helvétique *od* suisse
Container M ⟨~s; ~⟩ *für Güter, wiederverwertbare Stoffe* conteneur *m*; (*Müllcontainer*) benne *f* à ordures; **Containerbahnhof** M terminal *m* à conteneurs; **Containerschiff** N porte-conteneurs *m*
Contergan® N ⟨~s⟩ PHARM thalidomide *f*; **Conterganking** *umg* N enfant *m* victime de la thalidomide
Controller(in) M ⟨~s; ~⟩ (F) ⟨~in; ~innen⟩ WIRTSCH contrôleur, -euse *m,f* de gestion
Controlling N ⟨~s⟩ WIRTSCH contrôle *m* de gestion
Cookie N *od* M ⟨~s; ~s⟩ IT cookie *m*
cool *umg* ADJ **1** (*gelassen*) *umg* cool (*inv*) **2** (*super*) *umg* super (*inv*); *umg* cool (*inv*)
Copilot(in) M(F) → Kopilot(in)
Copyright N ⟨~s; ~s⟩ copyright *m*; **Copyshop** M ⟨~s; ~s⟩ centre *m* de photocopies, de reprographie
Cord M *etc* → Kord *etc*
Córdoba N ⟨→ *n/pr*⟩ GEOG Cordoue
Cordon bleu N ⟨~; Cordons bleus⟩ GASTR *escalope de veau panée, farcie au jambon et au fromage*
Cordsamt M → Kordsamt
Corned Beef N ⟨~⟩ corned-beef *m*
Cornelia F ⟨→ *n/pr*⟩ *prénom*
Corner M ⟨~s; ~⟩ *österr* FUSSBALL corner *m*
Cornflakes PL corn-flakes *mpl*
Cornwall N ⟨→ *n/pr*⟩ les Cornouailles *fpl*
Corps → Korps
Corpus N → Korpus²
Corpus Delicti N ⟨~; Corpora Delicti⟩ JUR corps *m* du délit; *hum* pièce *f* à conviction
Corso → Korso
Cortison → Kortison
Costa Rica N ⟨→ *n/pr*⟩ le Costa Rica
Costaricaner(in) M ⟨~s; ~⟩ (F) ⟨~in; ~innen⟩ Costaricien, -ienne *m,f*; **costaricanisch** ADJ costaricien, -ienne
Couch F ⟨~; ~s *ou* ~en⟩ canapé *m*; **Couchgarnitur** F salon *m* (*meuble*); **Couch-Potato** F ⟨~; -toes⟩ téléphage *m/f*; **Couchtisch** M table *f* de salon
Couleur F ⟨~⟩ **1** (*Richtung*) tendance *f*; **Schriftsteller jeglicher ~** des écrivains de toutes tendances **2** *Studentensprache* **~ tragen** porter les couleurs de sa corporation
Coulomb N ⟨~s; ~⟩ ELEK coulomb *m*
Count-down M *od* N ⟨~(s); ~s⟩ compte *m* à rebours; **der ~ läuft** le compte à rebours a commencé
Coup M ⟨~s; ~s⟩ coup *m*; *umg* **e-n ~ landen** réussir un coup
Coupé N ⟨~s; ~s⟩ **1** AUTO coupé *m* **2** *österr* EISENBAHN compartiment *m*
Couplet N ⟨~s; ~s⟩ (*satirisches Lied*) chanson *f* satirique
Coupon M → Kupon
Courage *umg* F ⟨~⟩ courage *m*; **Angst vor der eigenen ~ haben** manquer de courage (au moment d'agir); *umg* se dégonfler
Courtage F ⟨~; ~n⟩ HANDEL courtage *m*
Couscous M *od* N ⟨~; ~⟩ GASTR couscous *m*
Cousin M ⟨~s; ~s⟩ cousin *m*
Cousine F ⟨~; ~n⟩ cousine *f*
Couvert N ⟨~s; ~s⟩ *schweiz* (*Briefumschlag*) enveloppe *f*
Cover N ⟨~s; ~s⟩ (*Schallplattencover, Zeitschriftencover*) couverture *f*; **Covergirl** N cover-girl *f*
Cowboy M ⟨~s; ~s⟩ cow-boy *m*
CO_2-Ausstoß M émissions *fpl* de CO_2; **CO_2-Bilanz** F bilan *m* carbone; **CO_2-neutral** ADJ neutre en carbone
ČR F ⟨~⟩ ABK (Česká republika) **die ~** la C.R. (République tchèque)
Crack¹ M ⟨~s; ~s⟩ SPORT champion *m*; *fig* crack *m*
Crack² N ⟨~s⟩ *Rauschgift* crack *m*
Cracker M ⟨~s; ~(s)⟩ cracker *m*
Cranberry F ⟨~; ~s⟩ BOT, GASTR canneberge *f*
Crashkurs M cours accéléré
Credo N → Kredo
Creme F ⟨~; ~s *ou österr, schweiz* ~n⟩ (*Salbe*), *Speise* crème *f*; **cremefarben** ADJ crème (*inv*); **Cremeschnitte** F tranche *f* de gâteau à la crème; **Cremetorte** F gâteau *m* à la crème
cremig ADJ crémeux, -euse; onctueux, -euse
Crêpe M TEX → Krepp
crescendo ADV MUS crescendo
Crevette F → Krevette
Crew F ⟨~; ~s⟩ *e-s Schiffs, e-s Flugzeugs* équipage *m*; (*Personengruppe*) équipe *f*
Croissant N ⟨~(s); ~s⟩ GASTR croissant *m*
Cromargan® N ⟨~s⟩ acier *m* au nickel-chrome; *bei Geschirr etwa* inox® *m*
Cross-over N ⟨~ MUS cross-over *m*
Croupier M ⟨~s; ~s⟩ croupier *m*
Cruise-Missile N ⟨~s; ~s⟩ MIL missile *m* de croisière
Crux F ⟨~⟩ (*Schwierigkeit*) *umg* °hic *m* (**bei** dans)
Csardas M ⟨~; ~⟩ *Tanz* csardas *f*
Csárdás → Csardas
ČSSR F ⟨~⟩ HIST ABK (Československá socialistická republika) **die ~** la République socialiste tchécoslovaque
CSU F ⟨~⟩ ABK (Christlich-Soziale Union) Union chrétienne-sociale
CT F ⟨~⟩ → Computertomografie
c. t. ABK (cum tempore) un quart; **13 Uhr ~** 13

heures un quart
CTA F ⟨~; ~s⟩ ABK (Chemisch-Technische Assistentin) aide-chimiste *f*
Cuba → Kuba
Cup M ⟨~s; ~s⟩ 1 SPORT coupe *f* 2 *beim BH* bonnet *m*
Curie N ⟨~; ~⟩ NUKL curie *m*
Curling N ⟨~s⟩ curling *m*
Curriculum N ⟨~s; -la⟩ programme *m* (d'enseignement)
Curry N *od* M ⟨~s; ~s⟩ curry *m*; **Curryhuhn** N curry *m* de volaille; **Curryreis** M riz *m* au curry; **Currysoße** F sauce *f* au curry; **Currywurst** F saucisse grillée au curry
Cursor M ⟨~s; ~s⟩ IT curseur *m*
Cut M ⟨~s; ~s⟩ MODE jaquette *f*
cutten V/T *u.* V/I ⟨-ete, h.⟩ FILM, RADIO, TV monter
Cutter(in) M ⟨~s; ~⟩ (F) ⟨~in; ~innen⟩ FILM, RADIO, TV monteur, -euse *m,f*
CVJM M ⟨~⟩ ABK (Christlicher Verein Junger Menschen) union chrétienne de jeunes gens
CVP F ⟨~⟩ ABK (Christlichdemokratische Volkspartei [der Schweiz]) P.D.C. *m* (Parti démocrate-chrétien [suisse])
Cybercafé N cybercafé *m*; **Cybermobbing** N cyber-°harcèlement *m*; **Cybersex** M cybersexe *m*; **Cyberspace** M ⟨~; ~s⟩ cybermonde *m*

D

D, d N ⟨D, d; D, d⟩ 1 *Buchstabe* D, d *m* 2 MUS ré *m*
D ABK (Damen) Dames

da

A Adverb	B Konjunktion

— **A** Adverb —

1 *räumlich* là; **hier und ~, ~ und dort** ici et là; çà et là; par-ci, par-là; **~ oben** là-haut; **~ entlang** par là; **~ und ~** par-ci, par-là; çà et là; **~ sein** y être; être là; *Personen a.* être présent; **er ist ~ gewesen** il est venu; **ich bin für niemanden ~** je ne suis là pour personne; **er ist nur für sie ~** (*er widmet sich ihr allein*) il ne vit que pour elle; **~ ist …, sind …** voilà …; *in größerer Nähe* voici; **~ bin ich!** me voici!; me voilà!; **~ ist es ja!** tiens, le *bzw.* la voilà!; tiens, c'est là!; voilà où c'est!; **das ist nur dazu ~, um zu** (*+inf*) ce n'est là que pour (*+inf*); **ich bin gleich wieder ~** je ne fais qu'aller et venir; **nicht ~ sein** ne pas être là; *Personen a.* être absent; **das ist noch nie ~ gewesen** cela ne s'est jamais vu; ça n'est encore jamais arrivé; ça ne s'est encore jamais produit; **(das ist) alles schon ~ gewesen!** (il y a longtemps qu') on connaît cela!; (il n'y a) rien de nouveau sous le soleil; **das übertrifft alles bisher ~ Gewesene** → Dagewesene; **es ist noch Suppe ~** il y a, il reste encore de la soupe; **~ kommt er (ja)!** le voilà (qui vient)!; **sieh ~!** regarde (un peu)!; *verwundert* tiens!; **das Buch ~** ce livre-là; MIL **wer ~?** qui vive?; qui va là?; **~, e-e Giraffe!** tiens *od* regarde, une girafe!; **~ hast du es!** (tiens, le) voilà!; *fig* ça y est!; je te l'avais bien dit! 2 *zeitlich* alors; à ce moment-là; (*damals*) à cette époque; **von ~ ab, an** à partir de, dès ce moment-là; **~ sagte er …** alors il dit …; **~ erst begriff er …** c'est seulement à ce moment-là qu'il comprit …; **wir waren gerade beim Essen, ~ kam der Postbote** nous venions de nous mettre à table quand le facteur est arrivé; **ich wollte gerade weggehen, ~ kam ein Vertreter** juste au moment où je voulais sortir, un représentant est arrivé 3 (*unter diesen Umständen, in diesem Fall*) dans *od* en ce cas; dans ces circonstances; alors; **~ wird man sich besinnen müssen** c'est là qu'il va falloir réfléchir; **was lässt sich ~ machen?** que faire dans ce(s) cas-là, dans de telles circonstances?; **~ kann man nichts machen** là, il n'y a rien à faire; **~ weiß ich keinen Rat** dans ce cas-là, je ne vois pas de solution; **was gibt's denn ~ zu lachen?** il n'y a pas de quoi rire; **~ kann ich ja nur lachen!** vous voulez rire?; laissez-moi rire!; **und ~ wagt man noch zu behaupten, …** et malgré cela on ose dire (encore) …; **~ wäre ich schön dumm** je serais bien bête; **und ~ wird er auch noch ärgerlich!** et voilà qu'il se fâche, en plus! 4 *Füllwort geh* **als ~ sind …** tels *bzw.* telles que …; comme par exemple …; **als ich das sagte, ~ lachte er** comme je disais cela, il se mit à rire; **ich habe ~ e-e Idee** j'ai peut-être une idée; *geh* **es gibt Leute, die ~ glauben …** il y a des gens qui croient …; **was ~ (auch) kommen mag** quoi qu'il arrive; **nichts ~!** pas question!; jamais de la vie!

— **B** Konjunktion —

1 (*weil*) comme; puisque; étant donné que; vu que; **~ er krank ist …** comme il est malade …; *bei gleichem Subjekt* étant malade … 2 *geh* (*als*) lorsque; quand; **in dem Augenblick, ~ er …** au moment où il …; **~ alles fertig war** lorsque, quand tout fut prêt

DAAD M ⟨~⟩ ABK (Deutscher Akademischer Austauschdienst) office allemand d'échanges universitaires
dabei ADV 1 *räumlich* à côté; avec (cela); (*darin, dazu*) avec (cela); **(nahe) ~** tout près; **ein Haus mit e-m Garten ~** une maison avec (un) jardin; **~ sein** (*teilnehmen*) y être, assister, participer; **bei etw ~ sein** assister, participer à qc; **ich bin (mit) ~** je suis de la partie; *bei e-m Fest* je suis de la fête; **~ sein ist alles!** l'essentiel, c'est d'y être *od* d'y *bzw.* de participer 2 *zeitlich* **(gerade) ~ sein, etw zu tun** (*gerade tun*) être (précisément, justement) en train de faire qc; (*sich anschicken*) être (précisément, justement) sur le point de faire qc; **ich bin schon ~** j'ai déjà commencé; je suis (déjà) en train (de le faire); **sie strickt, und ~ summt sie alte Lieder** elle tricote tout en fredonnant de vieilles chansons; **~ sah er mich traurig an** et en même temps il me regardait tristement 3 *Beziehung* **lassen wir es ~ bewenden!** restons-en là!; **es ist nichts ~** (*es ist nicht schwierig*) ce n'est pas (bien) sorcier; (*es ist nicht schlimm*) ce n'est pas grave, (bien) méchant; **was ist denn (schon) ~?** quel mal y a-t-il à cela?; **~ werden Sie nichts gewinnen** vous n'y gagnerez rien; **er fühlt sich wohl ~** il s'en trouve bien; **~ kam es zu e-r heftigen Auseinandersetzung** ce fut l'occasion d'une violente dispute; **das Gute ~ ist, dass …** ce qu'il y a de bon là-dedans, c'est que …; **es bleibt ~** (c'est) entendu; **sie bleibt ~** elle reste sur ses positions; **~ kommt nichts heraus** cela ne mène, ne sert à rien 4 (*überdies*) à la fois; **sie ist hübsch und ~ klug** elle est jolie et, en plus *od* avec ça, intelligente 5 (*doch*) mais; pourtant; cependant; **~ konnte ich ihn nicht ausstehen** et dire que je ne pouvais pas le supporter; **~ könnte er längst Professor sein** et pourtant il pourrait être professeur depuis longtemps
dabeibleiben V/I ⟨irr, sép, -ge-, s.⟩ rester; continuer; → *a.* dabei 3
dabeihaben V/T ⟨irr, sép, -ge-, h.⟩ **etw ~** avoir qc sur soi; **j-n ~** être accompagné de qn; **sie wollen mich nicht ~** ils ne veulent pas de moi
dabeisitzen V/I ⟨irr, sép, -ge-, h.⟩, **dabeistehen** V/I ⟨irr, sép, -ge-, h.⟩ y être, assister
dableiben V/I ⟨irr, sép, -ge-, s.⟩ rester
da capo ADV MUS da capo; THEAT *etc* bis; **~ rufen** bisser
Dach N ⟨~(e)s; ¨er⟩ toit *m*; *umg* **ein ~ über dem Kopf haben** avoir un toit; **kein ~ über dem Kopf haben** être à la rue; être sans abri; **unter dem ~ wohnen** loger sous les toits, sous les combles; **mit j-m unter e-m ~ wohnen** *od* **leben** habiter, vivre sous le même toit que qn; **unter ~ und Fach sein** être à l'abri; *fig* être terminé; **unter ~ und Fach bringen** mettre à l'abri; *Ernte* rentrer; *fig* mener à bonne fin; *umg* **j-m aufs ~ steigen** *umg* passer un savon à qn; frotter les oreilles à qn; *umg* **eins aufs ~ bekommen** *umg* en prendre pour son grade; *umg* **die Spatzen pfeifen es (schon) von den Dächern** c'est le *od* un secret de Polichinelle
Dachantenne F antenne installée sur le toit; **Dacharbeiten** FPL travaux *mpl* de couvreur; *Reparaturen* réparations *fpl* de toiture; **Dachbalken** M entrait *m*; *pl* charpente *f*; **Dachboden** M combles *mpl*; grenier *m*; **Dachdecker** M ⟨~s; ~⟩ couvreur *m*; **Dachdeckerei** F ⟨~; ~en⟩ atelier *m bzw.* métier *m* de couvreur; **Dachfenster** N lucarne *f*; **Dachfirst** M arête *f* du toit; TECH faîtage *m*; faîte *m*; **dachförmig** ADJ en forme de toit; **Dachgarten** M (toit *m* en) terrasse *f*; **Dachgaube** F BAU chien-assis *m*; **Dachgebälk** N charpente *f* (du toit); **Dachgepäckträger** M AUTO galerie *f*; *für Fahrräder* porte-vélos *m*; *für Skier* porte-skis *m*; **Dachgeschoss**, *österr* **Dachgeschoß** N étage mansardé; **Dachgesellschaft** F WIRTSCH °holding *m*; **Dachgesims** N corniche *f* du toit; **Dachkammer** F mansarde *f*; chambre *f* sous les toits; **Dachkoffer** M AUTO coffre *m* de toit; **Dachkonstruktion** F charpente *f* (du toit); **Dachlandeplatz** M *für Hubschrauber* toit-plateforme *m* d'atterrissage; **Dachlatte** F latte *f* de toiture; **Dachlawine** F paquet *m* de neige qui se détache d'un toit; **Dachleiter** F échelle *f* de couvreur; **Dachluke** F BAU tabatière *f*; **Dachorganisation** F organisation *f* de contrôle; organisme *m* de coordination; **Dachpappe** F carton bitumé; **Dachpfanne** F tuile flamande; **Dachrinne** F gouttière *f*; chéneau *m*
Dachs M ⟨~es; ~e⟩ blaireau *m*; **Dachsbau** M ⟨~(e)s; ~e⟩ terrier *m* de blaireau
Dachschaden M 1 endommagement *m* du toit 2 *umg* **du hast wohl einen ~!** *umg* tu n'es pas un peu timbré *od* cinglé(, par hasard)?; *umg* ça va pas la tête?
Dachschiefer M ardoise *f*; **Dachschindel** F bardeau *m*; **Dachschräge** F pente *f* d'un toit
Dachshaarpinsel M blaireau *m*; **Dachshund** M ZOOL, JAGD → Dackel
Dachsparren M chevron *m*
Dachstübchen N (petite) mansarde; *umg* **er ist (wohl) nicht ganz richtig im ~** *umg* il est fêlé; *umg* il a une araignée au plafond
Dachstube F → Dachkammer; **Dachstuhl** M charpente *f* du toit
dachte → denken
Dachterrasse F terrasse *f*; TECH toiture-terrasse *f*; **Dachträger** M → Dachgepäckträger; **Dachtraufe** F → Dachrinne; **Dachverband** M organisation *f* de contrôle; or-

ganisme *m* de coordination; **Dachvorsprung** M corniche *f*; avant-toit *m*; **Dachwohnung** F appartement *m* sous les toits; **Dachziegel** M tuile *f*
Dackel M ⟨~s; ~⟩ basset allemand; teckel *m*; **Dackelbeine** NPL *hum* petites jambes arquées
Dadaismus M ⟨~⟩ dadaïsme *m*; **Dadaist(in)** M ⟨~en; ~en⟩ F ⟨~in; ~innen⟩ dadaïste *m/f*; **dadaistisch** ADJ dadaïste
dadurch ADV 1 *räumlich* par là 2 *Mittel, Grund, Umstand* de cette manière, façon; par ce moyen; ~ **ist alles anders gekommen** c'est ainsi, c'est pour cette raison que tout a pris une autre tournure; **alle ~ verursachten Schäden** tous les dommages ainsi causés; **~, dass** comme; du fait que; **~, dass Rom alle Völker unterjochte, verlor es …** en assujettissant tous les peuples, Rome perdit …; *bei verschiedenem Subjekt* **~, dass meine Uhr falsch ging, kam ich zu spät** comme ma montre n'était pas à l'heure, je suis arrivé en retard
dafür ADV 1 pour cela; **ich habe zehn Euro ~ bezahlt** je l'ai payé dix euros 2 *beim Tausch* en échange; à la place 3 *zum Ausgleich* en retour; en compensation; **das Haus ist nicht schön, ~ ist es sehr geräumig** la maison n'est pas belle, par contre *od* en revanche elle est très spacieuse 4 *mit Bezug auf Vorhergehendes* y; en; **~ danke ich dir** je t'en remercie; **ich bürge ~** j'en réponds; je m'en porte garant; *umg* **er kann etwas ~, dass …** il est responsable de ce que …; c'est sa faute si …; *umg* **ich kann nichts ~** je n'y peux rien; ce n'est pas ma faute; je n'y suis pour rien; **ich werde ~ sorgen** je m'en occuperai; j'y veillerai; **~ sorgen, dass …** veiller à ce que … (+*subj*); faire en sorte que … (+*subj*) 5 (*zugunsten*) **alles spricht ~, dass …** tout semble indiquer que …; **~ sein** être pour; **(nicht) ~ sein, dass …** (ne pas) approuver que … 6 (*in Anbetracht dessen*) **~, dass er erst zwei Jahre alt ist, spricht er schon sehr gut** pour (être âgé de) deux ans *od* quand on pense qu'il n'a que deux ans, il parle déjà très bien
Dafürhalten *geh* N ⟨~s⟩ **nach meinem ~** à mon avis
dafürkönnen V/I → dafür 4; **dafürsprechen** V/I → dafür 5
DAG F ⟨~⟩ ABK (Deutsche Angestellten-Gewerkschaft) HIST syndicat *m* des employés allemands
dagegen ADV 1 contre (cela); **~ sein** être contre; ne pas être d'accord; **ich bin ~, dass …** je m'oppose à ce que … (+*subj*); **ich habe nichts ~** je n'ai rien contre; je n'y vois pas d'inconvénient; je veux bien; **hast du etwas ~, wenn …?** vois-tu un inconvénient à ce que …?; est-ce que cela t'ennuie si …?; **nichts ~ einwenden** n'avoir rien à objecter, à redire à ce sujet; **~ gibt es kein Mittel** il n'y a aucun remède à cela; **es spricht nichts ~, dass …** tout semble indiquer que … 2 *bei Vergleich* en comparaison; **das ist nichts ~** ce n'est rien en comparaison; → *a.* dagegenhalten 2 3 (*zum Ausgleich*) en retour; en revanche 4 (*jedoch*) par contre; au contraire
dagegenhalten V/T ⟨*irr, sép*, -ge-, h.⟩ 1 *erwidernd* penser, estimer au contraire (**dass …** que …); objecter 2 *umg vergleichend* **etw ~** comparer qc à, avec cela
dagewesen PPERF → da A 1
Dagewesene N ⟨~n⟩ **das übertrifft alles bisher ~** c'est sans précédent; *umg* c'est du jamais vu
Dagmar F ⟨→ *n/pr*⟩ *prénom*
daheim ADV *bes südd, österr, schweiz* (*zu Hause*) chez moi *bzw.* nous; à la maison; (*in der Heimat*) dans mon pays; chez nous; **(bei ihr, dir, euch** *etc*) **~** chez elle, toi, vous, *etc*; à la maison
daher A ADV 1 *räumlich* de là; en; de ce côté-là; de cet endroit 2 (*durch diesen Umstand*) de là; **das kommt ~, dass …** cela vient de ce que … B KONJ 1 *Grund* c'est, voilà pourquoi 2 *Folge* par conséquent
dahergelaufen ADJT ⟨*épithète*⟩ *pej* venu, sorti d'on ne sait où
Dahergelaufene(r) M/F(M) ⟨→ A⟩ *pej* personne *f*, individu *m* d'origine douteuse *od* sorti(e) d'on ne sait où; **jeder ~** n'importe quel individu, *umg* type
daherkommen V/I ⟨*irr, sép*, -ge-, s.⟩ s'approcher; *fig* s'amener
daherreden V/I ⟨-ete, *sép*, -ge-, h.⟩ *pej* parler pour ne rien dire; **rede nicht so dumm daher!** ne dis pas de bêtises!
dahin ADV 1 *räumlich* là; là-bas; à cet endroit-là; y; **bis ~** jusque-là; **das gehört nicht ~** cela n'est pas à sa place; *umg* **mir steht es bis ~** *umg* j'en ai jusque-là; *umg* j'en ai ras le bol 2 *zeitlich* **bis ~** jusque-là; d'ici là; **hoffentlich bist du bis ~ wieder gesund** j'espère que d'ici là tu seras rétabli; **bis ~ ging alles gut** jusqu'à ce moment-là tout alla(it) bien 3 (*in diesem Sinne*) **man hat sich ~ (gehend) geeinigt, dass …** on a convenu de (+*inf*); on a convenu que …; **sich ~ (gehend) äußern, dass …** s'exprimer en ce sens que …; **s-e Bestrebungen gehen ~, zu** (+*inf*) ses efforts tendent à (+*inf*) 4 (*so weit*) **j-n ~ bringen, zu** (+*inf*) amener qn à (+*inf*); **es ~ bringen, dass …** arriver, parvenir, réussir à (+*inf*) 5 (*vergangen*) passé; (*weg*) parti; **diese Zeiten sind ~** ces temps sont révolus; **meine Ruhe ist ~** c'en est fait de ma tranquillité
dahinauf ADV *steigen* par ici; par là; **dahinaus** ADV *gehen* par ici; par là
dahindämmern V/I ⟨-(e)re, *sép*, -ge-, s.⟩ être dans un état de torpeur
dahinein ADV *bei Bewegung* là-dedans; *gehen* par ici
dahinfahren *geh* V/I ⟨*irr, sép*, -ge-, s.⟩ s'éloigner; **dahinfließen** V/I ⟨*irr, sép*, -ge-, s.⟩ s'écouler; couler; **dahingehen** *geh* V/I ⟨*irr, sép*, -ge-, s.⟩ 1 s'en aller; passer 2 (*sterben*) s'en aller
dahingestellt ADJT **es ~ sein lassen, ob …** laisser en suspens, ne pas discuter la question de savoir si …; **das sei** *od* **ist ~** laissons la question en suspens; cela reste à savoir
dahinraffen *geh* V/T ⟨*sép*, -ge-, h.⟩ enlever, emporter; *von Seuchen a.* faucher; **dahinschwinden** *geh* V/I ⟨*irr, sép*, -ge-, s.⟩ *Zeit* s'envoler; passer; *Vermögen etc* fondre; **dahinsiechen** *geh* V/I ⟨*sép*, -ge-, s.⟩ dépérir; mourir à petit feu
dahinstehen V/UNPERS ⟨*irr, sép*, -ge-, h.⟩ **es steht dahin, ob …** il n'est pas certain que … (+*subj*); reste à savoir si …
dahinten ADV là-bas (derrière)
dahinter ADV (là-)derrière
dahinterklemmen *umg* V/R ⟨*sép*, -ge-, h.⟩ **sich ~** s'atteler à la tâche; *umg* s'accrocher; **dahinterknien** *umg* V/R ⟨*sép*, -ge-, h.⟩ **sich ~** s'atteler à la tâche; *umg* s'accrocher; **dahinterkommen** *umg* V/I ⟨*irr, sép*, -ge-, s.⟩ éventer la mèche; *umg* découvrir le pot aux roses; **dahintermachen** *umg* V/R ⟨*sép*, -ge-, h.⟩ **sich ~** s'y mettre; **dahinterstecken** *umg* V/I ⟨*sép*, -ge-, h.⟩ **sie steckt dahinter** elle est derrière; **wer steckt dahinter?** qui se cache derrière?; **da steckt etwas dahinter** il y a qc là-dessous; il y a anguille sous roche; **es steckt nicht viel dahinter** il n'y a pas grand-chose derrière
dahinüber ADV (*obendrüber*) par-dessus; (*dorthin*) là-bas
dahinunter ADV là en bas; **wir müssen ~** nous devons descendre par ici, par là
dahinvegetieren V/I ⟨*sép, pas de ge-*, h.⟩ végéter; **dahinziehen** V/I ⟨*irr, sép*, -ge-, s.⟩ (*sich langsam vorwärtsbewegen*) passer; s'en aller; (*sich erstrecken*) s'étirer; s'allonger
Dahlie F ⟨~; ~n⟩ dahlia *m*
Daktylografin, **Daktylographin** F ⟨~; ~nen⟩ *schweiz* dactylo *f*; **Daktyloskopie** F ⟨~; ~n⟩ dactyloscopie *f*
Daktylus M ⟨~; -tylen⟩ dactyle *m*
Dalai-Lama M REL dalaï-lama *m*
dalassen *umg* V/T ⟨*irr, sép*, -ge-, h.⟩ laisser là; **daliegen** V/I ⟨*irr, sép*, -ge-, h.⟩ être (étendu) là
dalli *umg* ADV **~, ~!, ein bisschen ~!** *als Aufforderung umg* et plus vite que ça!; *umg* et que ça saute!; **mach ein bisschen ~!** *umg* grouille-toi!; *umg* magne-toi!
Dalmatien N ⟨→ *n/pr*⟩ la Dalmatie
Dalmatiner[1] M ⟨~s; ~⟩ *Hund* dalmatien *m*
Dalmatiner[2] M ⟨~s; ~⟩, **Dalmatinerin** F ⟨~in; ~innen⟩ *Bewohner(in)* Dalmate *m/f*
damalig ADJ ⟨*épithète*⟩ d'alors; de cette époque
damals ADV alors; à cette époque; à ce moment-là; **seit ~** depuis lors; depuis cette époque-là; **von ~** d'autrefois; de cette époque
Damaskus N ⟨→ *n/pr*⟩ Damas
Damast M ⟨~(e)s; ~e⟩ damas *m*
Dame F ⟨~; ~n⟩ (*Frau*), *Spielkarte, Spielstein* dame *f*; *Schachfigur* reine *f*; (*Tanzpartnerin*) cavalière *f*; **~ spielen** *Brettspiel* jouer aux dames; **die ~ des Hauses** la maîtresse de maison; **junge ~** jeune fille; **die große alte ~ des Stummfilms** la vieille grande dame du (cinéma) muet; **die Abfahrt der ~n** SPORT la descente dames; *umg* **meine alte ~** *umg* ma vieille; **meine ~n und Herren!** Mesdames et Messieurs!; Messieurs Dames!
Damebrett N damier *m*
Damenbegleitung F **in ~** (*dat*) **sein** être accompagné d'une femme
Damenbekanntschaft F **e-e ~ machen** rencontrer une femme; faire la connaissance d'une femme; **~en haben** connaître, fréquenter des femmes
Damenbekleidung F → Damenkonfektion; **Damenbesuch** M visite féminine; **Damenbinde** F serviette *f* hygiénique; **Damendoppel** N double *m* dames; **Dameneinzel** N simple *m* dames; **Damenfahrrad** N bicyclette *f*, vélo *m* de femme; **Damenfriseur** M coiffeur *m* pour dames; **Damenfußball** M ⟨~(e)s⟩ football féminin
Damengesellschaft F réunion *f* de dames; **in ~** (*dat*) en compagnie féminine
damenhaft ADJ (*e-r Dame gemäß*) de (grande) dame; distingué; *übertrieben* guindé
Damenhut M chapeau *m* pour *od* de femme; **Damenkapelle** F orchestre féminin; **Damenkonfektion** F confection féminine, pour femmes; prêt-à-porter féminin; **Damenmannschaft** F équipe féminine; **Damenmantel** M manteau *m* de femme; **Damenmode** F mode féminine; **Damenoberbekleidung** F vêtements *mpl* pour, de femmes; prêt-à-porter féminin; **Damenrad** N vélo *m* (de) femme; **Damensalon** M *Friseur* salon *m* de coiffure pour dames; **Damensattel** M selle *f* de dame; **Damenschneider(in)** M(F) tailleur *m* pour dames; couturière *f*; **Damenschuh** M chaussure *f* de femme
Damensitz M **im ~ reiten** monter en amazone
Damenstrumpf M bas *m*; **Damentoilet-**

D

te F toilettes *fpl* pour dames, femmes; **Damenunterwäsche** F lingerie *f*; sous-vêtements féminins
Damenwahl F *beim Tanz* quart d'heure américain; **jetzt ist ~** et maintenant, c'est au tour des dames de choisir leurs cavaliers, leurs partenaires
Damenwelt F ⟨~⟩ monde féminin
Damespiel N jeu *m* de dames; **Damestein** M pion *m*
Damhirsch M daim *m*
damit A ADV 1 avec cela 2 *mit Bezug auf Vorhergehendes* en; y; **was willst du ~ sagen?** que veux-tu dire par là?; **was macht er ~?** qu'en fait-il?; qu'est-ce qu'il en fait?; *umg* que fait-il avec (ça)?; **wie steht es ~?** où en sont les choses?; *umg* où ça en est?; **~ ist es aus** c'est fini; **ich bin ~ einverstanden** je suis d'accord (avec cela); **nur her ~!** donne(z) toujours!; passe(z)-le-moi!; **Schluss ~!** (en voilà) assez!; ça suffit!; **und ~ ging er** et là-dessus il partit; **er fing ~ an, dass er versuchte ...** il commença par essayer ...; il a essayé dans un premier temps ...; **~ brach ein neues Zeitalter an** ce fut le début d'une ère nouvelle B KONJ **~ ...** (*+ind*) afin de (*+inf*); pour (*+inf*); afin que ... (*+subj*); pour que ... (*+subj*)
Dämlack *umg* M ⟨~s; ~e *ou* ~s⟩ *umg* andouille *f*; *umg* gourde *f*; **dämlich** *umg* ADJ bête; stupide; *Personen a.* niais; *umg* godiche; **Dämlichkeit** *umg* F ⟨~; ~en⟩ niaiserie *f*; stupidité *f*; bêtise *f*
Damm M ⟨~(e)s; ⸗e⟩ 1 (*Wall, Bahndamm*) remblai *m*; (*Staudamm*) barrage *m*; (*Deich*) digue *f*; (*Hafendamm*) jetée *f*; môle *m* 2 (*aufgeschütteter Weg*) *bei Flüssen, im Sumpf etc, regional* (*Fahrdamm*) chaussée *f* 3 ANAT périnée *m* 4 *fig* barrière *f* 5 *umg* **nicht auf dem ~ sein** ne pas être dans son assiette; *umg* être mal fichu; *umg* être patraque; **wieder auf dem ~ sein** être de nouveau sur pied, d'aplomb
Dammbruch M rupture *f* d'une digue
dämmen V/T ⟨h.⟩ 1 TECH isoler 2 *geh Wasser, fig* endiguer
dämmerig ADJ *abends* déjà sombre; crépusculaire; *morgens* encore sombre; **es wird schon ~** la nuit tombe; *geh* le jour décline
Dämmerlicht N ⟨~(e)s⟩ demi-jour *m*; pénombre *f*
dämmern ⟨-(e)re, h.⟩ A V/I **vor sich** (*akk*) **hin ~** (*im Halbschlaf sein*) somnoler; (*ohne volles Bewusstsein sein*) être à demi conscient B V/UNPERS **es dämmert** *morgens* il commence à faire jour; le jour se lève; *abends* il commence à faire nuit; le soir, la nuit tombe; *umg fig* **es dämmert mir** je commence à y voir (plus) clair
Dämmerschlaf M (*Halbschlaf*) somnolence *f*; torpeur *f*
Dämmerschoppen M **e-n ~ trinken** prendre un pot (dans l'après-midi)
Dämmerstunde *poet* F (heure *f* du) crépuscule *m*
Dämmerung F ⟨~; ~en⟩ *abends* crépuscule *m*; déclin *m* du jour; *morgens* aube *f*; point *m* du jour; **in der ~** à la tombée de la nuit; à la nuit tombante; au crépuscule; à l'aube
Dämmerzustand M (*Halbschlaf*) (état *m* de) somnolence *f*; torpeur *f*; MED trouble momentané de la conscience
dämmrig → dämmerig
Dammriss M déchirure *f* du périnée; **Dammschnitt** M incision *f* du périnée; *t/t* épisiotomie *f*
Dämmstoff M TECH isolant *m*
Dämmung F ⟨~; ~en⟩ TECH isolation *f*
Damoklesschwert *geh* N épée *f* de Damoclès
Dämon M ⟨~s; -monen⟩ *a. fig* démon *m*
dämonisch ADJ démoniaque; diabolique; **Dämonismus** M ⟨~⟩ démonisme *m*
Dampf M ⟨~(e)s; ⸗e⟩ vapeur *f*; *umg fig* **~ ablassen** laisser exploser sa colère; décharger sa bile; *umg* **~ hinter etw** (*akk*) **machen** activer qc; *umg* **j-m ~ (unterm Hintern) machen** *umg* secouer, bousculer qn; *umg* **dem werde ich ~ (unterm Hintern) machen!** *umg* je vais lui faire sa fête!
Dampfantrieb M commande *f* à vapeur; **mit ~** (marchant) à (la) vapeur
Dampfbad N bain *m* de vapeur; bain turc; **Dampfbildung** F vaporisation *f*; **Dampfboot** N → Dampfer; **Dampfbügeleisen** N fer *m* à vapeur; **Dampfdruck** M ⟨~(e)s; -drücke⟩ pression *f* de la vapeur
dampfen V/I ⟨h.⟩ dégager de la vapeur; *Speisen* fumer
dämpfen V/T ⟨h.⟩ 1 *Stoß* amortir; *Geräusch a.* assourdir; atténuer; *plus fort* étouffer; *Licht* tamiser; **mit gedämpfter Stimme** à voix basse; à mi-voix 2 WIRTSCH *Konjunktur* freiner; *fig Begeisterung etc* tempérer; refroidir 3 GASTR (faire) cuire à l'étuvée, à la vapeur 4 MODE repasser à la vapeur 5 MUS mettre la sourdine à
Dämpfen N ⟨~s⟩ GASTR étuvage *m*; → *a.* Dämpfung
Dampfer M ⟨~s; ~⟩ (bateau *m* à) vapeur *m*; (*Überseedampfer*) paquebot *m*; transatlantique *m*; *umg* **auf dem falschen ~ sein** *od* **sitzen** *umg* être à côté de la plaque
Dämpfer M ⟨~s; ~⟩ 1 *bei Streich- u. Blechinstrumenten* sourdine *f*; *beim Klavier* étouffoir *m* 2 TECH amortisseur *m* 3 *fig* douche *f*; *umg* **e-n ~ bekommen** *Person* être *umg* douché, refroidi; *Begeisterung etc* être refroidi, tempéré; **j-m e-n ~ aufsetzen** *Person* freiner qn; tempérer, refroidir l'enthousiasme de qn; *Ereignis* refroidir, *umg* doucher qn
Dampferfahrt F voyage *m* en (bateau à) vapeur; **Dampferlinie** F ligne *f* de vapeurs
Dampfhammer M marteau-pilon *m*; **Dampfheizung** F chauffage *m* à la vapeur; **Dampfkessel** M chaudière *f* à vapeur; **Dampfkochtopf** M cocotte-minute® *f*; autocuiseur *m*; **Dampfkraft** F force *f* de la vapeur; **Dampfkraftwerk** N centrale *f* thermique; **Dampflok(omotive)** F locomotive *f* à vapeur; **Dampfmaschine** F machine *f* à vapeur; **Dampfnudeln** FPL *südd: quenelles de pâte levée cuites à l'étuvée*; **Dampfplauderer** M *umg pej* (*Vielredner*) *umg* tchatcheur *m*; **Dampfschiff** N → Dampfer; **Dampfschifffahrt** F ⟨~⟩ navigation *f* à vapeur; **Dampfstrahl** M jet *m* de vapeur; **Dampfstrahlgebläse** N appareil *m* à jet de vapeur; **Dampfturbine** F turbine *f* à vapeur
Dämpfung F ⟨~; ~en⟩ 1 *e-s Stoßes* amortissement *m*; *des Schalls a.* assourdissement *m*; *der Stimme* étouffement *m* 2 *fig* affaiblissement *m*; atténuation *f*; WIRTSCH *der Konjunktur* freinage *m*
Dampfwalze F rouleau compresseur
Damwild N daims *mpl*
Dan M ⟨~; ~⟩ JUDO dan *m*
danach ADV 1 *zeitlich* après cela; (et) puis; (et) ensuite; **zwei Tage ~** deux jours après 2 *räumlich* après; derrière 3 (*entsprechend*) d'après, suivant cela; en conséquence; **~ zu urteilen, ...** à en juger par cela; **es sieht ganz ~ aus** cela en a tout, bien l'air; **handelt ~!** agissez en conséquence; *umg* **mir ist heute (nicht) ~** *umg* aujourd'hui, ça (ne) me dit (rien) 4 *mit Bezug auf Vorhergehendes* **wir sehnen uns ~** c'est à cela que nous aspirons; **ich habe ihn ~ gefragt** je le lui ai demandé; je lui ai posé la question; **erkundigen Sie sich ~!** informez-vous-en!; renseignez-vous!; **sich ~ richten** s'y conformer; se régler là-dessus
Danaergeschenk *geh* N don *m* funeste; cadeau empoisonné
Dandy M ⟨~s; ~s⟩ dandy *m*
Däne M ⟨~n; ~n⟩ Danois *m*
daneben ADV 1 *räumlich* à côté; auprès (de cela) 2 (*außerdem*) outre cela; à côté de cela; en outre 3 (*gleichzeitig*) en même temps 4 **~ sein** *unwohl* ne pas être dans son assiette; *umg* être patraque, mal fichu; *verwirrt* être troublé, *umg* à côté de ses pompes
danebenbenehmen *umg* V/R ⟨*irr, sép, pas de ge-*, h.⟩ **sich ~** avoir une attitude inconvenante, déplacée; se conduire mal; **danebengehen** V/I ⟨*irr, sép*, -ge-, s.⟩ 1 *Schuss* passer à côté; manquer sa cible; *Schlag* porter à faux 2 *umg fig* rater; échouer; manquer son but
danebenliegen *umg* V/I ⟨*irr, sép, -ge-*, h.⟩ **völlig ~** *umg* être à côté de la plaque
danebenschießen V/I ⟨*irr, sép*, -ge-, h.⟩ tirer à côté; manquer, rater son but
Dänemark N ⟨→ *n/pr*⟩ le Danemark
daniederliegen *geh* V/I ⟨*irr, sép*, -ge-, h.⟩ WIRTSCH être dans le marasme; *Person* **krank ~** être alité
Daniel M ⟨→ *n/pr*⟩ *prénom*
Daniela, Daniele F ⟨→ *n/pr*⟩ *prénom*
Dänin F ⟨~; ~nen⟩ Danoise *f*
dänisch ADJ danois; du Danemark
Dänisch N ⟨~(s)⟩, **Dänische** N ⟨~n⟩ **(das) Dänisch(e)** *Sprache* le danois
dank PRÄP ⟨*dat ou gen*⟩ grâce à
Dank M ⟨~(e)s⟩ remerciement *m*; **j-m s-n ~ abstatten** présenter, exprimer ses remerciements à qn; **(j-m) ~ sagen** dire merci (à qn); remercier (qn); **als, zum ~ dafür** en remerciement de *od* pour cela; **vielen ~!** merci beaucoup!; merci bien!; grand merci!; **Gott sei ~!** Dieu merci!; **mit bestem, vielem ~ zurück** avec mes, nos meilleurs remerciements; **j-m zu ~ verpflichtet sein** être obligé, redevable à qn (de qc); *iron* **und das ist nun der ~ dafür!** et voilà la récompense!
dankbar A ADJ 1 (*voller Dank*) reconnaissant (j-m für etw à qn de qc); **ich wäre Ihnen ~, wenn ...** je vous serais reconnaissant de (bien vouloir) (*+inf*); je vous serais obligé, si ... *od* de (*+inf*); **ich bin für jeden Vorschlag ~** toute proposition sera la bienvenue; je m'intéresse à toute proposition 2 *Publikum* bon, bonne 3 (*lohnend*) *Aufgabe* qui vaut la peine; intéressant 4 *umg* (*haltbar*) *Stoff* (de qualité) solide; résistant B ADV avec reconnaissance
Dankbarkeit F ⟨~⟩ gratitude *f*; reconnaissance *f*
danke INT merci!; **nein ~!** non merci!; **~ sehr, ~ schön!** merci beaucoup!; merci bien!
danken ⟨h.⟩ A V/T **er hat es mir schlecht gedankt** il m'a payé d'ingratitude; il s'est montré bien ingrat; **er hat ihm seine Mühe schlecht gedankt** il a bien mal récompensé sa peine; **nichts zu ~!** je vous en prie!; (il n'y a) pas de quoi!; de rien! B V/I **j-m für etw ~** remercier qn de, pour qc; *umg* **na, ich danke!** ah non! merci!
dankend ADVL **~ ablehnen** refuser poliment; (*Betrag*) **~ erhalten** pour acquit
dankenswert ADJ louable; digne de reconnaissance
Dankeschön N ⟨~s⟩ merci *m*
Dankgebet N (prière *f* d')action *f* de grâce(s); **Danksagung** F ⟨~; ~en⟩ remerciements *mpl*; **Dankschreiben** N lettre *f* de remerciement(s)
dann ADV 1 *zeitlich* (et) alors; puis; ensuite;

après; ~ **und wann** de temps en temps; de temps à autre; de loin en loin; **und was ~?** et puis?; et après?; et alors? **2** *(unter diesen Umständen)* **selbst ~** même dans ce cas; **selbst ~ nicht, nicht einmal ~** même pas dans ce cas-là; **selbst ~, wenn ...** même si ...; **nur ~, wenn ...** seulement dans le cas où ...; *umg* **na, ~ eben nicht!** eh bien, tant pis!; **wer ~?** qui donc, alors?; mais alors, qui? **3** *(außerdem)* et puis

dannen *poet, hum* ADV **von ~ gehen, ziehen** s'en aller; s'éloigner

Danzig N ⟨→ *n/pr*⟩ Gdańsk; Danzig; HIST Dantzig

daran ADV **1** *räumlich* à cela; y; en; **es war ein Kragen ~** il y avait un col; **nah ~** tout près; tout contre; **er war nah ~, zu** *(+inf)* il a failli *(+inf)*; il était sur le point de *(+inf)* **2** *mit Bezug auf e-e Sache* à cela; y; en; **~ soll es nicht liegen** qu'à cela ne tienne; **ich bin nicht schuld ~** ce n'est pas ma faute; **ich arbeite ~** j'y travaille; **~ erkenne ich ihn** je le reconnais bien là; **das Gute, Schlimme ~ ist, dass ...** le bon, mauvais côté de la chose(, c')est que ...; l'avantage, l'inconvénient(, c')est que ...; **es ist etwas Wahres ~** il y a du vrai là-dedans; **er tut gut ~, zu** *(+inf)* il fait bien de *(+inf)* **3** *(dadurch)* pour cette raison; en; **sie ist ~ gestorben** elle en est morte **4** *zeitlich* **im Anschluss ~** aussitôt, immédiatement après

darangeben *geh* VT ⟨*irr, sép,* -ge-, h.⟩ sacrifier; **alles ~, zu** *(+inf)* faire tout son possible pour *(+inf)*

darangehen VI ⟨*irr, sép,* -ge-, s.⟩ s'y mettre; **~, zu** *(+inf)* se mettre à *(+inf)*

daranmachen *umg* V/R ⟨*sép,* -ge-, h.⟩ **sich ~** s'y mettre; **sich ~, etw zu tun** se mettre à faire qc

daransetzen VT ⟨-(es)t, *sép,* -ge-, h.⟩ **alles ~** mettre tout en œuvre; faire tout ce qu'on peut

daranwagen *umg* V/R ⟨*sép,* -ge-, h.⟩ **sich ~** s'y risquer

darauf ADV **1** *räumlich* sur cela; (là-)dessus **2** *zeitlich* après; puis; sur ce; **gleich ~** immédiatement après; **bald, kurz ~** peu après; **~ folgend** suivant; **ein Jahr ~** un an après; **im Jahr ~** l'année suivante **3** *in Verbindung mit Verben* en; y; **man muss ~ achten** il faut y veiller, faire attention; **~ achten, dass ...** veiller, faire attention à ce que ... *(+subj)*; **~ aus sein, zu** *(+inf)* chercher à *(+inf)*; **ich gebe mein Wort ~** j'en donne ma parole; **~ hindeuten, dass ...** annoncer, indiquer que ...; **wie kommst du ~?** d'où te vient cette idée?; qu'est-ce qui te fait penser ça?; **ich komme nicht ~** cela ne me revient pas; **~ steht die Todesstrafe** c'est interdit sous peine de mort; **ich verlasse mich ~** j'y compte; je compte là-dessus; **du kannst dich ~ verlassen, dass ...** tu peux être certain que ... *(+ind)*

darauffolgend ADJT → darauf 2

daraufhin ADV **1** *zeitlich* sur ce; là-dessus; après (cela) **2** *(unter diesem Gesichtspunkt)* de ce point de vue; sous cet angle; **etw ~ prüfen, ob es korrekt ist** vérifier l'exactitude, la correction de qc; vérifier que qc est juste

daraus ADV de cela; par là; *a. fig* en; **ich mache kein Geheimnis ~** je n'en fais pas (un) mystère; **es folgt ~, dass ...** il s'ensuit, il en résulte que ...; **es wird nichts ~** il n'en sera rien; cela ne se fera pas; cela n'aura pas lieu; **ich mache mir nichts ~** *(mag nicht gern)* je n'y tiens pas; *(nehme es leicht)* ça m'est égal; **~ wird oft e-e Gewohnheit** cela devient souvent une habitude

darben *geh* VI ⟨h.⟩ *geh* vivre dans l'indigence; souffrir de(s) privations

darbieten *geh* VT (*u.* V/R) ⟨*irr, sép,* -ge-, h.⟩ (sich) **~** (s')offrir; (se) présenter; **Darbietung** F ⟨~; ~en⟩ **1** *geh* ⟨*sans pl*⟩ présentation *f* **2** THEAT représentation *f*; spectacle *m*; *im Zirkus etc* numéro *m*

darbringen *geh* VT ⟨*irr, sép,* -ge-, h.⟩ *geh* faire l'offrande de; *(entgegenbringen)* présenter

darein *geh* ADV là-dedans; **dareinfinden** *geh* V/R ⟨*irr, sép,* -ge-, h.⟩ **sich ~** s'y habituer; **dareinfügen** *geh* V/R ⟨*sép,* -ge-, h.⟩ **sich ~** s'y plier; s'y soumettre

Daressalam N ⟨→ *n/pr*⟩ Dares Sala(a)m

darf(st) → dürfen

darin ADV (là-)dedans; en cela; y; **mitten ~** en plein milieu; au beau milieu; **~ sehe ich nichts Besonderes** je n'y vois rien de spécial; je ne vois rien de particulier, d'extraordinaire là-dedans; **s-e Güte besteht ~, dass ...** sa bonté consiste en ceci que ...; **~ haben Sie unrecht** en cela, là vous avez tort

darlegen VT ⟨*sép,* -ge-, h.⟩ exposer; **Darlegung** F ⟨~; ~en⟩ exposé *m*; exposition *f*

Darlehen N ⟨~s; ~⟩ prêt *m*; **zinsloses ~** prêt sans intérêt; **als ~** à titre de prêt; **j-m ein ~ gewähren** consentir un prêt à qn; **ein ~ aufnehmen** contracter un prêt

Darlehensbetrag M → Darlehenssumme; **Darlehensgeber** M ⟨~s; ~⟩ prêteur *m*; **Darlehenskasse** F caisse *f* de prêts; **Darlehensnehmer** M ⟨~s; ~⟩ emprunteur *m*; **Darlehenssumme** F montant *m* du prêt; **Darlehensvertrag** M contrat *m* de prêt; **Darlehenszins** M intérêt *m* du prêt

Darlehn → Darlehen

Darm M ⟨~(e)s; ~̈e⟩ ANAT intestin *m*; *bei Tieren, (~saite), (Wurstdarm)* boyau *m*; **Darmausgang** M ANAT anus *m*; **Darmblutung** F hémorragie intestinale; **Darmbruch** M perforation intestinale; **Darmentleerung** F évacuation *f* des selles; défécation *f*; **Darmentzündung** F inflammation *f* de l'intestin; entérite *f*; **Darmfistel** F fistule intestinale; **Darmflora** F flore intestinale; **Darmgeschwür** N ulcère intestinal; **Darmgrippe** F grippe intestinale; **Darmkatarr(h)** M entérite *f*; **Darmkrebs** M cancer *m* de l'intestin; **Darmleiden** N affection intestinale; **Darmsaite** F MUS (corde *f* en) boyau *m*; **Darmschlinge** F ANAT anse intestinale; **Darmspiegelung** F coloscopie *f*; **Darmspülung** F lavement (intestinal); **Darmtätigkeit** F fonctions intestinales; **Darmträgheit** F paresse, atonie intestinale; **Darmverschlingung** F volvulus *m*; **Darmverschluss** M occlusion intestinale; *t/t* iléus *m*; **Darmwand** F paroi intestinale; **Darmzotten** FPL ANAT villosités intestinales

Darre F ⟨~; ~n⟩ séchoir *m*; *(Malzdarre)* touraille *f*

darreichen *geh* VT ⟨*sép,* -ge-, h.⟩ présenter; offrir

darren VT ⟨h.⟩ sécher au four; torréfier

Darren N ⟨~s⟩ séchage *m* au four; torréfaction *f*; *von Malz* touraillage *m*; **Darrofen** M four *m* à sécher

darstellbar ADJ représentable; *(aufführbar)* jouable

darstellen VT ⟨*sép,* -ge-, h.⟩ représenter; *Tatsachen* présenter; exposer; *Rolle* jouer; interpréter; CHEM préparer; **etw bildlich ~** figurer qc; **etw sinnbildlich ~** symboliser qc; *fig* **etwas ~** avoir de l'allure; faire impression; *rein äußerlich* bien présenter; **was** *bzw.* **wen stellt diese Skulptur eigentlich dar?** en fait, cette sculpture représente quoi *bzw.* qui?

darstellend ADJT descriptif, -ive; **die ~e Kunst** le Théâtre et la Danse

Darsteller(in) M ⟨~s; ~⟩ F ⟨~in; ~innen⟩ acteur, -trice *m,f*; interprète *m/f* (d'un rôle)

Darstellung F ⟨~; ~en⟩ représentation *f*; *von Tatsachen* présentation *f*; exposé *m*; exposition *f*; *e-r Rolle* interprétation *f*; CHEM préparation *f*; **grafische ~** représentation *f* graphique

Darstellungsweise F manière *f* d'exposer, de représenter, *etc*

Darts N ⟨~⟩ (jeu *m* de) fléchettes *fpl*; **~ spielen** jouer aux fléchettes

Dartspiel N (jeu *m* de) fléchettes *fpl*

dartun *geh* VT ⟨*irr, sép,* -ge-, h.⟩ exposer; *(beweisen)* prouver; démontrer

darüber ADV **1** *räumlich* (au-)dessus; par-dessus; **~ hinaus** au-delà; *fig* en outre; de plus; **ich bin ~ erhaben** je suis au-dessus de cela; cela ne me touche pas; **hundert Jahre und ~** cent ans et plus **2** *(währenddessen)* pendant ce temps-là; sur ces entrefaites; **~ hätte ich bald vergessen, dass ...** cela allait me faire oublier que ... **3** *in Verbindung mit Verben* **sich ~ beklagen, dass ...** se plaindre de ce que ...; **wie denken Sie ~?** qu'en pensez-vous?; **denken Sie ~ nach!** réfléchissez-y!; pensez-y!; **sich ~ freuen** s'en réjouir; **~ in Streit** *(akk)* **geraten** se disputer à ce sujet, à ce propos; **sich ~ hinwegsetzen** passer outre (à cela)

darüberstehen VI ⟨*irr, sép,* -ge-, h.⟩ être au-dessus (de cela)

darum ADV **1** *räumlich* autour **2** *kausal* pour cela; pour cette raison; **~ war sie so aufgeregt** c'est pourquoi elle était si nerveuse; c'est pour cela qu'elle était si nerveuse; *umg als Antwort auf „warum"* **~!** parce que! **3** *in Verbindung mit Verben* **ich bitte dich ~!** je t'en prie!; **ich gäbe viel ~, wenn ...** je donnerais beaucoup, cher pour ...; **ich komme nicht ~ herum, zu** *(+inf)* il faudra bien que je ... *(+subj)*; **~ geht es nicht** ce n'est pas de cela qu'il s'agit; ce n'est pas ça le problème, la question

darumbinden VT ⟨*irr, sép,* -ge-, h.⟩, **darumlegen** VT ⟨*sép,* -ge-, h.⟩ mettre autour (um de)

darunter ADV **1** *räumlich* (là-)dessous; au-dessous; en dessous **2** *bei Angaben* à moins; **5 Grad und ~** 5 degrés et moins; *umg* **~ tue ich es nicht** je ne le ferai pas à moins **3** *(inmitten)* **ist er ~?** est-il parmi eux?; **es waren fünfzig Personen anwesend, ~ der Bürgermeister** il y avait cinquante personnes, dont le maire **4** *mit Verben* **~ leiden** en souffrir; **was verstehen Sie ~?** qu'entendez-vous par là?

darunterlegen VT ⟨*sép,* -ge-, h.⟩ mettre par-dessous, au-dessous, (en) dessous; **darunterliegen** VI ⟨*irr, sép,* -ge-, h.⟩ être dessous, en dessous; **darunterliegend** ADJ sous-jacent; **daruntersetzen** VT ⟨*sép,* -ge-, h.⟩ **s-e Unterschrift ~** y mettre, apposer sa signature; mettre, apposer sa signature en bas

Darwinismus M ⟨~⟩ darwinisme *m*; **Darwinist(in)** M ⟨~en; ~en⟩ F ⟨~in; ~innen⟩ darwiniste *m/f*; **darwinistisch** ADJ darwinien, -ienne

das SG N ⟨*dat* dem; *akk* das⟩ **A** *Artikel* ⟨*gen* des⟩ *Nominativ, akk* le *bzw.* la *bzw. vor Vokal u. stummem h* l'; *gen* du *bzw.* de la *bzw.* de l'; *dat* au *bzw.* à la *bzw.* à l'; **~ Loch** le trou; **~ Haus** la maison; **~ Kind** l'enfant *m/f*; **was hat er mit dem Spielzeug des Babys gemacht?** qu'est-ce qu'il a fait avec les jouets du bébé? **B** DEM PR **1** ADJT ⟨*gen* des⟩ ce *bzw.* cet *bzw.* cette; **in ~ Haus gehe ich nicht mehr!** je n'entre plus dans cette maison!; *betont* **~ Ereignis des Jahres** l'événement de l'année; *betont* **~ Wörterbuch schlechthin** le dictionnaire par excellence **2** SUBST ⟨*gen* dessen⟩ ce; ceci; cela; *umg* ça; **~ hier** celui-ci *bzw.* celle-ci; **~ da** celui-là *bzw.* celle-là; **was ist ~?** qu'est-ce que c'est?; *umg* c'est quoi?; **~ heißt** c'est-à-dire; **~ nicht!** non!; pas ça!; *umg* ça non!; **~ ist meine Frau** ça, c'est ma femme; *als Vorstellung* je vous présente ma femme; *weniger offiziell* voici ma femme; **~ ist es!** c'est bien ça!; c'est exactement ça!; **~ ist gut!** voilà qui est bien!; **~, was ich nicht begreife** ce que je ne comprends pas; **nach dem, was sie gesagt hat** d'après ce qu'elle a dit; **wie dem auch sei** quoi qu'il en soit; **wenn dem so ist** s'il en est ainsi; **dessen bin ich mir sicher** j'en suis sûr; *umg* **tanzen, (ja) ~ kann sie!** pour danser, (ça,) elle sait danser 3 *umg* (*es*) **~ schneit ja schon wieder!** voilà qu'il se remet à neiger! C REL PR ⟨*gen* **dessen**⟩ *Nominativ* qui; *gen* dont; *dat* à qui; *akk* que; *nach präp a.* lequel *bzw.* laquelle; **das Buch, ~ dir gehört** le livre qui est à toi *od* qui t'appartient; **das Geld, ~ er ausgibt** l'argent qu'il dépense; **das Haus, dessen Schornstein ich sehe** la maison dont je vois la cheminée; **das Kind, dem ich Geld gegeben habe** l'enfant à qui j'ai donné de l'argent

Dasein N ⟨~s⟩ (*Vorhandensein, Anwesenheit*) présence *f*; (*Bestehen*) existence *f*; PHIL **das ~** l'être-là *m*; le Dasein

Daseinsberechtigung F raison *f* d'être; justification *f*; **Daseinskampf** M lutte *f* pour la vie

daselbst *geh* ADV là(-même)

dasitzen VI ⟨*irr, sép,* -ge-, h.⟩ 1 être assis (là) 2 *umg fig* **und jetzt sitzen wir da!** nous voilà dans de beaux draps!; **und jetzt sitzen wir ohne Putzfrau da** nous voilà sans femme de ménage

dasjenige DEM PR **der-, die-, dasjenige** 1 ADJT ce *bzw.* cet *bzw.* cette; *pl* **diejenigen** ces 2 SUBST ce *bzw.* celui *bzw.* celle (qui); *pl* ceux *bzw.* celles (qui)

dass KONJ que; *geh* **auf ~** afin que, pour que (*+subj*); **verzeihen Sie, ~ ich so spät komme** excusez-moi de venir si tard; **~ Sie es (nur) wissen!** sachez-le!; **~ man auch so dumm ist!** comment peut-on être si bête!; **nicht ~ ich wüsste** pas que je sache; **es sind jetzt zwei Jahre, ~ ich ihn nicht gesehen habe** voilà, ça fait maintenant deux ans que je l'ai vu

dasselbe DEM PR le *bzw.* la même; **das ist ~** c'est la même chose; c'est pareil; **~ tun** en faire autant

dastehen VI ⟨*irr, sép,* -ge-, h.⟩ 1 être, se tenir là; **wie versteinert ~** en rester médusé; rester là comme pétrifié 2 *fig* **gut, schlecht ~** être en bonne, mauvaise posture *od* position; **als Lügner ~** faire figure de menteur; passer pour un menteur; **wie stehen wir denn jetzt vor den Kindern da?** qu'est-ce que les enfants vont penser de nous?; *umg* de quoi allons-nous avoir l'air devant les enfants?; **wie stehe ich nun da!** de quoi ai-je l'air!; j'ai l'air de quoi, maintenant!

DAT ABK (Digital Audio Tape) bande *f* audionumérique

Datei F ⟨~; ~en⟩ *bes* IT fichier *m* (de données); fichier informatisé; **Dateiformat** N IT type *m* de fichier; **Dateimanager** M IT gestionnaire *m* de fichiers; **Dateipfad** M IT chemin *m* du fichier; **Dateityp** M IT type *m* de fichier

Daten NPL 1 → Datum 2 IT données *fpl* 3 (*Angaben*) indications *fpl*; (*Lebensdaten*) dates *fpl*; **technische ~** caractéristiques *fpl*, données *fpl* techniques

Datenautobahn F autoroute *f* de l'information; **Datenbank** F ⟨~; ~en⟩ banque *f* de données; **Datenbestand** M base *f* de données; **Datendiebstahl** M piratage *m* de données; **Datenerfassung** F ⟨~⟩ saisie *f* des données; **Datenfernübertragung** F transmission *f* de données à distance; télématique *f*; **Datenfernverarbeitung** F télétraitement *m*; **Datenklau** *umg* M ⟨~s⟩ piratage *m* de données; **Datenmissbrauch** M abus *m* de données; **Datennetz** N réseau *m* informatique; **Datensatz** M IT ensemble *m* de données; jeu *m* de données; **Datenschutz** M protection *f* contre les abus de l'informatique, des personnes fichées; **Datenschutzbeauftragte(r)** M/F(M) commissaire *m/f* à la protection des données; **Datenschützer(in)** *umg* M ⟨~s; ~⟩ (F) ⟨~in; ~innen⟩ *umg* protecteur, -trice *m,f* des données; **Datenschutzgesetz** N loi *f* contre les abus de l'informatique; *in Frankreich* loi « informatique et libertés »; **Datenträger** M support *m* de données; **Datentypist(in)** M ⟨~en; ~en⟩ (F) ⟨~in; ~innen⟩ agent *m* de saisie; **Datenübertragung** F transfert *m*, transmission *f* de données; **Datenverarbeitung** F ⟨~⟩ informatique *f*; traitement *m* de l'information, des données; **Datenverarbeitungsanlage** F centre *m* de traitement de l'information, des données

datieren ⟨*pas de ge-*, h.⟩ A VT *Schreiben* dater B VI **~ von** dater de; *adjt* **datiert vom** daté du; en date du

Datierung F ⟨~; ~en⟩ datation *f*

Dativ M ⟨~s; ~e⟩ datif *m*; **Dativendung** F désinence *f*, terminaison *f* du datif; **Dativobjekt** N complément *m* d'objet indirect

dato ADV **bis ~** jusqu'à ce jour

Datscha F ⟨~; ~s *ou* -schen⟩, **Datsche** F ⟨-sche; -schen⟩ *ostdeutsch* datcha *f*

Dattel F ⟨~; ~n⟩ datte *f*; **Dattelpalme** F dattier *m*; **Dattelpflaume** F plaquemine *f*; *als Pflanze* plaqueminier *m*; *t/t* diospyre *m*; **Dattelwein** M vin *m* de dattes

Datum N ⟨~s; -ten⟩ date *f*; **ohne ~** non daté; **heutigen ~s** daté d'aujourd'hui; **neueren ~s** de fraîche date; récent; **mit ~ versehen** dater; **welches ~ haben wir heute?** le combien sommes-nous, quel jour est-ce aujourd'hui?

Datumsangabe F (indication *f* de) date *f*; **Datumsgrenze** F ⟨~⟩ GEOG ligne *f* de changement de date; **Datumsstempel** M (timbre *m*) dateur *m*

Daube F ⟨~; ~n⟩ (*Fassdaube*) douve *f*

Dauer F ⟨~⟩ 1 (*Zeitraum*) durée *f*; **auf ~** à demeure; **auf die ~** à la longue; **für die ~ von zehn Jahren** pour une durée de dix ans; pour un laps de temps de dix ans 2 (*Dauerhaftigkeit*) durabilité *f*; **von ~ sein** être durable; **von kurzer ~ sein** être de courte durée

Dauerarbeitslose(r) M/F(M) chômeur, -euse *m,f* de longue durée; **Dauerauftrag** M FIN ordre de virement permanent; **Dauerausstellung** F exposition permanente; **Dauerbelastung** F charge permanente; **Dauerbeschäftigung** F emploi *m* stable; **Dauerbetrieb** M fonctionnement permanent; marche continue; **Dauerbrenner** M 1 *Ofen* poêle *m* à feu continu 2 *umg fig Film, Theaterstück* spectacle *m* qui tient longtemps l'affiche; *Kuss* (très) long baiser; **Dauerfrost** M gel persistant; **Dauergast** M *im Hotel* pensionnaire *m/f* (de longue durée); **dauerhaft** ADJ *Werk, Gefühl etc* durable; *Material* résistant; solide; **Dauerhaftigkeit** F ⟨~⟩ durabilité *f*; solidité *f*; stabilité *f*; **Dauerkarte** F (carte *f* d')abonnement *m*

Dauerlauf M course *f* d'endurance; **im ~** au pas de gymnastique

Dauerlutscher M sucette *f*; **Dauermarsch** M marche forcée, prolongée; **Dauermieter(in)** M(F) locataire permanent(e)

dauern[1] VI ⟨-(e)re, h.⟩ (*an~*) durer; **es wird lange ~** ce sera long; **es wird noch viele Monate ~, bevor wir ihn wiedersehen** nous ne le reverrons plus avant de longs mois; **zu lange ~** être trop long; **es dauerte nicht lange, da kam er** *od* **bis er kam** il ne tarda pas à venir; **wie lange dauert es, bis Sie …?** combien de temps mettez-vous à, pour …?

dauern[2] *geh* VT ⟨-(e)re, h.⟩ (*leidtun*) **er dauert mich** il me fait pitié, de la peine

dauernd A ADJT ⟨*épithète*⟩ continuel, -elle; permanent B ADVL (*immer wieder*) continuellement; (*fortwährend*) en permanence

Dauerobst N fruits *mpl* qui se conservent bien; **Dauerparker** M ⟨~s; ~⟩ *umg* voiture *f* ventouse; **Dauerregen** M pluie persistante; **Dauersitzung** F séance permanente; **Dauerstellung** F situation *f* stable; emploi permanent, fixe; **Dauerton** M ⟨~(e)s; -töne⟩ son continu

Dauerwelle F *a.* PL **~n** permanente *f*; **sich** (*dat*) **~n machen lassen** se faire faire une permanente

Dauerwurst F saucisson sec; **Dauerzustand** M état permanent

Däumchen N ⟨~s; ~⟩ *umg* **~ drehen** se tourner les pouces

Daumen M ⟨~s; ~⟩ pouce *m*; **am ~ lutschen** sucer son pouce; *fig* **j-m die ~ halten, drücken** souhaiter bonne chance à qn; *umg* **den ~ auf etw** (*akk*) **halten** ne lâcher qc qu'avec parcimonie; *umg* **über den ~ gepeilt** à vue de nez; *umg* au pif(omètre)

Daumenabdruck M empreinte *f* du pouce; **daumenbreit** ADJ de la largeur d'un pouce; **daumendick** ADJ de l'épaisseur d'un pouce; gros, grosse comme le pouce; **Daumenlutscher** M enfant *m* qui suce son pouce; **Daumennagel** M ongle *m* du pouce

Daumenschrauben FPL HIST poucettes *fpl*; *fig* **j-m (die) ~ anlegen** contraindre qn à faire *od* à dire qc; employer les grands moyens avec qn

Däumling M ⟨~s; ~e⟩ 1 *Märchengestalt* Petit Poucet 2 *Schutzkappe* poucier *m*

Daune F ⟨~; ~n⟩ petite plume; plumule *f*; *pl* **~n** duvet *m*

Daunenbett N édredon *m*; **Daunendecke** F édredon *m*; duvet *m*

David M ⟨→ *n/pr*⟩ *prénom*

David(s)stern M étoile juive, de David

Davis-Cup, Davis-Pokal M ⟨-s⟩ TENNIS Coupe *f* Davis

davon ADV 1 *räumlich* **20 Meter ~ (entfernt)** à 20 mètres de là 2 (*dadurch*) de cela; en; **was habe ich ~?** qu'est-ce que j'y gagne?; à quoi cela m'avance-t-il?; *umg* **das kommt ~!** voilà ce que c'est!; **das kommt ~, wenn** *od* **dass …** cela vient de ce que …; **~ erwachte er** cela le réveilla; **~ wird man krank** ça vous rend malade 3 *mit Bezug auf Folgendes od Vorhergehendes* **man spricht ~, dass …** on raconte, on dit que …; **~ ist nicht die Rede** il n'en est pas question 4 *Teil* en; (*daraus*) en; **~ bekommst du nichts** tu n'en auras pas; **ich hätte gern fünf ~** j'aimerais en avoir cinq; voulez-vous m'en donner cinq?; j'en voudrais cinq

davonbleiben *umg* VI ⟨*irr, sép,* -ge-, s.⟩ ne pas y toucher; **davoneilen** VI ⟨*sép,* -ge-, s.⟩ partir à la hâte

davonfahren VI ⟨*irr, sép,* -ge-, s.⟩ partir (en voiture, *etc*); **j-m ~** fausser compagnie à qn

davonfliegen VI ⟨*irr, sép,* -ge-, s.⟩ s'envoler; **davongehen** VI ⟨*irr, sép,* -ge-, s.⟩ s'en aller; **davonjagen** ⟨*sép,* -ge-⟩ A VT ⟨h.⟩ chasser

B VI ⟨s.⟩ décamper
davonkommen VI ⟨irr, sép, -ge-, s.⟩ en réchapper; s'en sortir; *umg* **mit e-m blauen Auge davongekommen** l'échapper belle; s'en tirer à bon compte; **mit heiler Haut ~** en sortir indemne, sain et sauf; **mit dem Leben ~** avoir la vie sauve; **mit dem Schrecken ~** en être quitte pour la peur; **mit e-r Verwarnung ~** s'en tirer avec, en être quitte pour un avertissement
davonlaufen VI ⟨irr, sép, -ge-, s.⟩ s'enfuir; se sauver; *Preise* monter en flèche; **j-m ~** fausser compagnie à qn; **s-n Eltern ~** se sauver de chez ses parents; **e-r Partei** *etc* **~** déserter un parti, *etc*; *umg* **es ist zum Davonlaufen!** c'est à n'y pas tenir!; il y a de quoi se sauver!
davonmachen VR ⟨sép, -ge-, h.⟩ **sich ~** s'esquiver; s'éclipser; **davonrennen** VI ⟨irr, sép, -ge-, s.⟩ s'enfuir; se sauver; déguerpir; **davonschleichen** VR ⟨irr, sép, -ge-, h.⟩ **sich ~** → davonmachen
davontragen VT ⟨irr, sép, -ge-, h.⟩ 1 (*wegtragen*) emporter 2 *geh fig* **bei diesem Unfall hat er eine schwere Verletzung davongetragen** cet accident lui a valu une grave blessure; il a été grièvement blessé dans cet accident 3 *geh Preis* remporter; **den Sieg ~** remporter la victoire (**über** [+*akk*] sur)
davonziehen VI ⟨irr, sép, -ge-, s.⟩ s'éloigner; partir; SPORT se détacher ([+*dat*] de)
davor ADV 1 *räumlich* devant (cela); **~ legen** mettre devant; **~ liegen** être, se trouver devant; **~ setzen** mettre devant; **sich ~ setzen** s'asseoir devant; **~ sitzen** être assis devant; **~ stehen** être, se trouver devant; **~ stellen** mettre devant 2 *zeitlich* avant (cela); **~ stehen** être à la veille 3 *mit Bezug auf etw* de cela; en; **er fürchtet sich ~** il en a peur
DAX® M ⟨~⟩ ABK (Deutscher Aktienindex) indice boursier allemand; *in Frankreich etwa* CAC 40
dazu ADV 1 *Zweck* à cela; pour cela; dans ce but 2 (*zu diesem Ergebnis*) **~ wird es nicht kommen** on n'en viendra pas là; **wie ist es ~ gekommen?** comment cela est-il arrivé?; **ich bin nicht ~ gekommen, ihm zu schreiben** je n'ai pas trouvé le temps de lui écrire; **wie kommen Sie ~?** qu'est-ce qui vous prend?; **wie kommst du ~, das zu sagen?** comment peux-tu dire cela?; qu'est-ce qui te fait dire cela? 3 (*darüber*) **was sagst du ~?** qu'en dis-tu? 4 *hinzufügend* **(noch) ~** en outre; de plus; par-dessus le marché 5 (*dabei*) **e-n Apfel ~ essen** *umg* manger une pomme avec; **~ passen** *umg* aller avec
dazugeben VT ⟨irr, sép, -ge-, h.⟩ donner en plus; ajouter; **dazugehören** VI ⟨sép, pperf dazugehört, h.⟩ 1 (*dabei sein*) en faire partie 2 (*passen*) *umg* aller avec 3 → gehören A 3; **dazugehörig** ADJ ⟨épithète⟩ 1 qui en fait partie 2 (*passend*) *umg* qui va avec; correspondant 3 (*nötig*) nécessaire; **dazugesellen** VR ⟨sép, pperf dazugesellt, h.⟩ **sich ~** *Person* se joindre à nous, vous, *etc*
dazukommen VI ⟨irr, sép, -ge-, s.⟩ **er kam gerade dazu, als ...** il arriva juste au moment où ...; *fig* **dazu kommt, dass ...** ajoutez à cela que ...
dazulegen VT ⟨sép, -ge-, h.⟩ ajouter
dazulernen VT *u.* VI ⟨sép, -ge-, h.⟩ en apprendre davantage; **er hat nichts dazugelernt** ça ne lui a pas servi de leçon
dazumal ADV *hum* en ce temps-là; **anno ~** au temps jadis
dazuschreiben VT ⟨irr, sép, -ge-, h.⟩ **ein paar Zeilen ~** ajouter quelques lignes
dazusetzen VR ⟨-(es)t, sép, -ge-, h.⟩ **sich ~** s'asseoir à côté d'eux, *etc*; se joindre à eux, *etc*
dazutun *umg* VT ⟨irr, sép, -ge-, h.⟩ ajouter
Dazutun N ⟨~s⟩ **ohne mein ~** sans mon aide, mon intervention
dazuzählen VT ⟨sép, -ge-, h.⟩ additionner; ajouter
dazwischen ADV 1 *räumlich* entre les deux; *umg* entre; (*darunter*) parmi eux, elles; **~ fließt ein Bach** un ruisseau les sépare 2 *zeitlich* entre-temps; **es ist e-e Pause ~** il y a une pause entre deux; **~ lag e-e lange Zeit** entre ces deux événements, il s'est écoulé beaucoup de temps
dazwischenfahren VI ⟨irr, sép, -ge-, s.⟩, **dazwischenfunken** *umg* VI ⟨sép, -ge-, h.⟩ intervenir énergiquement, vigoureusement; **j-m ~** interrompre qn brusquement
dazwischenkommen VI ⟨irr, sép, -ge-, s.⟩ 1 se coincer 2 *fig* intervenir; survenir; **wenn nichts dazwischenkommt** sauf imprévu; **es ist mir etw dazwischengekommen** j'ai eu un contretemps
dazwischenlegen VT ⟨sép, -ge-, h.⟩ interposer; placer au milieu; intercaler
dazwischenliegen VI ⟨irr, sép, -ge-, h.⟩ *räumlich* se trouver, être au milieu, entre (les) deux; *zeitlich* **ein Jahrhundert liegt dazwischen** un siècle s'est écoulé entre-temps
dazwischenreden VI ⟨-ete, sép, -ge-, h.⟩ se mêler de la conversation; **j-m ~** interrompre qn; couper la parole à qn
dazwischenrufen VT ⟨irr, sép, -ge-, h.⟩ interpeller; **dazwischenschalten** ⟨-ete, sép, -ge-, h.⟩ A VT intercaler B VR **sich ~** s'interposer; **dazwischenschlagen** VI ⟨irr, sép, -ge-, h.⟩ taper dans le tas; **dazwischensetzen** VT ⟨-(es)t, sép, -ge-, h.⟩ → dazwischenlegen; **dazwischenstecken** ⟨sép, -ge-, h.⟩ A VT → dazwischenlegen B VI y être intercalé, interposé; être parmi (qc); **dazwischenstehen** VI ⟨irr, sép, -ge-, h.⟩ se trouver au milieu, entre (les) deux; **dazwischenstellen** VT ⟨sép, -ge-, h.⟩ → dazwischenlegen; **dazwischentreten** VI ⟨irr, sép, -ge-, s.⟩ *schlichtend* s'interposer; (*Personen auseinanderbringen*) semer la discorde; faire naître le désaccord; **Dazwischentreten** N ⟨~s⟩ intervention *f*; **dazwischenwerfen** VT (*u.* VR) ⟨irr, sép, -ge-, h.⟩ **(sich) ~** (se) jeter entre
dB ABK (Dezibel) dB (décibel)
DB ABK (Deutsche Bahn) chemins *mpl* de fer de la République fédérale d'Allemagne
DBB ABK (Deutscher Beamtenbund) Confédération *f* des fonctionnaires allemands
DBP ABK (Deutsche Bundespost) *früher* postes *fpl* de la République fédérale d'Allemagne
ddp ABK (Deutscher Depeschendienst) agence *f* de presse allemande
DDR ⟨~⟩ HIST ABK (Deutsche Demokratische Republik) **die ~** la RDA (République démocratique allemande); **DDR-Bürger(in)** M(F) HIST citoyen, -enne *m,f* de la RDA
DDT® N ⟨~(s)⟩ ABK (Dichlordiphenyltrichloräthan) DDT *m*
D-Dur N ré *m* majeur
Deadline F ⟨~; ~s⟩ date *f* butoir
Deal *umg* M ⟨~s; ~s⟩ affaire *f*; transaction *f*
dealen *umg* VI ⟨h.⟩ faire le trafic de drogues; *umg* dealer; **er dealt mit Kokain** il fait le trafic de la cocaïne
Dealer(in) *umg* M ⟨~s; ~⟩ (F) ⟨~in; ~innen⟩ revendeur, -euse *m,f* de drogue(s); dealer *m*
Debakel *geh* N ⟨~s; ~⟩ débâcle *f*
Debatte F ⟨~; ~n⟩ débat *m* (**über** [+*akk*] sur); discussion *f* (de, sur); **etw zur ~ stellen** mettre qc en discussion; **zur ~ stehen** être à débattre, à discuter; **das steht nicht zur ~** il n'en est pas question; c'est °hors de question
debattieren VT *u.* VI ⟨pas de ge-, h.⟩ débattre, discuter (**über etw** [*akk*] qc)
Debattieren N ⟨~s⟩ débats *mpl*
Debet N ⟨~s; ~s⟩ HANDEL débit *m*; **im ~ stehen** être porté au débit
Debetsaldo M solde débiteur; balance débitrice; **Debetzins** M intérêt *m* (du solde) débiteur
debil ADJ débile
Debitor M ⟨~s; -toren⟩ FIN débiteur *m*
Debüt N ⟨~s; ~s⟩ THEAT débuts *mpl*
Debütant(in) M ⟨~en; ~en⟩ (F) ⟨~in; ~innen⟩ débutant(e) *m(f)*; **debütieren** VI ⟨pas de ge-, h.⟩ faire ses débuts; débuter
Dechant M ⟨~en; ~en⟩ KATH doyen *m*
dechiffrierbar ADJ déchiffrable; **dechiffrieren** VT ⟨pas de ge-, h.⟩ déchiffrer; **Dechiffrieren** N ⟨~s⟩, **Dechiffrierung** F ⟨~; -en⟩ déchiffrage *od* déchiffrement *m*
Deck N ⟨~(e)s; ~s⟩ 1 SCHIFF pont *m*; **an, auf ~** (*dat*) sur le pont; **alle Mann an ~!** tout le monde sur le pont! 2 (*Parkdeck*) niveau *m* (d'un garage) 3 *im Autobus* impériale *f*
Deckaufbau M SCHIFF superstructure *f*; **Deckbett** N édredon *m*; couette *f*; **Deckblatt** N 1 BOT bractée *f* 2 *von Zigarren* robe *f*; cape *f* 3 TYPO feuille rectificative; **Deckchen** N ⟨~s; ~⟩ (*Zierdeckchen*) napperon *m*
Decke F ⟨~; ~n⟩ 1 (*Bettdecke etc*) couverture *f*; (*Daunendecke*) couette *f*; (*Tischdecke*) tapis *m*, dessus *m* de table; (*Tischtuch*) nappe *f*; *umg* **unter e-r ~ stecken** être de connivence, *umg* de mèche (**mit** avec); **sich nach der ~ strecken** vivre selon ses moyens 2 (*Reifendecke*) enveloppe *f*; (*Straßendecke*) revêtement *m* 3 (*Bucheinband*) couverture *f*; reliure *f* 4 JAGD peau *f* 5 (*Zimmerdecke*) plafond *m*; *umg* **an die ~ gehen** *umg* sauter au plafond; *umg* **(vor Freude** [*dat*]**) an die ~ springen** bondir (de joie); *umg* **mir fällt die ~ auf den Kopf** *umg* je m'embête comme un rat mort *od* à cent sous de l'heure
Deckel M ⟨~s; ~⟩ 1 couvercle *m*; *e-s Buches* couverture *f* 2 *umg hum* (*Hut*) couvre-chef *m*; *umg* galurin *m*; *umg* **eins auf den ~ kriegen** *umg* en prendre pour son grade; *umg* recevoir un savon
Deckelglas N ⟨~es; ⸚er⟩ verre *m* à couvercle; *für Bier* pot *m* à couvercle; **Deckelkanne** F → Deckelkrug; **Deckelkorb** M panier couvert; **Deckelkrug** M cruche *f* à couvercle; *für Bier* pot *m* à couvercle
deckeln VT ⟨-(e)le, h.⟩ 1 *Dosen, Gläser* mettre un couvercle à; fermer par un couvercle 2 *umg* (*zurechtweisen*) **j-n ~** remettre qn à sa place; *umg* sonner les cloches à qn; *umg* remonter les bretelles à qn 3 *umg* WIRTSCH (*nach oben begrenzen*) **Ausgaben, Kosten ~** donner un tour de vis aux dépenses, aux frais
Deckelung F ⟨~; ~en⟩ *umg* WIRTSCH **~ der Ausgaben, Kosten** plafonnement *m* des dépenses, des frais
decken ⟨h.⟩ A VT 1 (*breiten*) **etw über etw** (*akk*) **~** recouvrir qc de qc 2 *Dach* couvrir 3 **den Tisch ~** mettre le couvert, la table; *a. v/i* **für zwölf Personen ~** mettre douze couverts 4 HANDEL *Kosten, Bedarf etc* couvrir; *Wechsel* honorer; *Schaden* réparer 5 *Tiere* couvrir 6 SPORT *Spieler, Raum* marquer 7 (*schützen*) (re)couvrir; protéger B VI *Farben* couvrir C VR **sich ~** *Begriffe*, MATH coïncider (**mit** avec); être identique (**mit** à); *Aussagen* se recouper
Decken N ⟨~s⟩ 1 *von Tieren* saillie *f*; *von Pferden* monte *f* 2 **das ~ des Tischs** la mise du couvert 3 → Deckung 1, 2, 3, 4
Deckenbalken M poutre *f* du plafond; **Deckenbeleuchtung** F éclairage plafonnier; **Deckenfluter** M ⟨~s; ~⟩ lampadaire *m* éclairant le plafond; **Deckengemälde**

N (peinture *f* de) plafond *m*; **Deckenheizung** F chauffage *m* au plafond; **Deckenlampe** F, **Deckenleuchte** F plafonnier *m*; **Deckenlicht** N *(Oberlicht)* fenêtre *f* au plafond; **Deckenmalerei** F (fresque *f* de) plafond *m*; **Deckentäfelung** F lambris *m* de plafond; **Deckenträger** M BAU poutre *f* de plancher

Deckfarbe F peinture couvrante; **Deckfeder** F ZOOL (plume) tectrice *f*; **Deckflügel** M ZOOL élytre *m*; **Deckhaar** N ⟨~(e)s⟩ *des Menschen* cheveux *mpl* du dessus; *der Tiere* poils *mpl* du dessus; **Deckhengst** M étalon *m*; **Deckkraft** F *e-r Farbe* propriété couvrante

Deckmantel M *fig* **unter dem ~** *(+gen)* sous le couvert de

Deckname M pseudonyme *m*; nom *m* d'emprunt; *e-s Agenten, e-s Programms* nom *m* de code; **Deckoffizier** M SCHIFF *etwa* officier *m* de quart; premier maître; **Deckplatte** F plaque *f* de recouvrement; BAU couvre-joint *m*; *auf e-r Konsole* tablette *f*; **Deckschicht** F couche *f* de recouvrement

Deckung F ⟨~; ~en⟩ **1** *(Schutz)* couverture *f*; protection *f*; **in ~** *(akk)* **gehen** se mettre à l'abri; **(volle) ~!** *umg* planque-toi *bzw.* planquez-vous! **2** HANDEL couverture *f*; garantie *f* *(a. Versicherung)*; *e-s Wechsels, Schecks* provision *f*; *des Bedarfs* satisfaction *f*; **~ haben** avoir des garanties; être couvert; **ohne ~** sans provision; **zur ~ von** en couverture de **3** BOXEN garde *f*; BALLSPIEL *e-s Spielers* marquage *m*; *(Verteidigung)* défense *f* **4** *von Begriffen*, MATH coïncidence *f*; *fig* **zur ~ bringen** harmoniser; faire concorder **5** *von Tieren* saillie *f*; *bei Pferden* monte *f*

Deckungsbeitrag M HANDEL marge *f* sur coûts variables; **Deckungsbetrag** M montant *m* de la garantie; **deckungsgleich** ADJ identique; congruent; **Deckungsgleichheit** F conformité *f*; MATH coïncidence *f*

Deckweiß N blanc opaque, couvrant; **Deckwort** N ⟨~(e)s; ¨er⟩ (nom *m* de) code *m*

Decoder M ⟨~s; ~⟩ TELEKOMMUNIKATION décodeur *m*

decodieren → dekodieren

decrescendo ADV MUS decrescendo

Deduktion F ⟨~; ~en⟩ déduction *f*; **deduktiv** ADJ déductif, -ive

de facto ADV de facto; de fait

Defätismus M ⟨~⟩ défaitisme *m*; **Defätist(in)** M ⟨~en; ~en⟩ (F) ⟨~in; ~innen⟩ défaitiste *m(f)*; **defätistisch** ADJ défaitiste

defekt ADJ *(mangelhaft)* défectueux, -euse; *(schadhaft)* endommagé; *Motor a.* en panne; *Ware* avarié

Defekt M ⟨~(e)s; ~e⟩ **~** (**an** *[+dat]*) défaut *m* (de); *(Schaden)* dommage *m* (à); *an Motoren a.* panne *f* (de); MED *(Fehlen)* déficience *f* (de); *(Ausfall)* défaillance *f* (de); *(Funktionsstörung)* dysfonctionnement *m* (de)

defektiv ADJ GRAM défectif, -ive

Defektivum N ⟨~s; -va⟩ GRAM (verbe *m*) défectif *m*

defensiv ADJ défensif, -ive

Defensive F ⟨~; ~n⟩ défensive *f*; **in der ~** sur la défensive

Defibrillator M ⟨~s; -toren⟩ MED défibrillateur *m*

Defilee N ⟨~s; ~s⟩ défilé *m*

defilieren VI ⟨*pas de ge-*, **h.** *ou* **s.**⟩ défiler (**vor** *[+dat]* devant)

definierbar ADJ définissable; **nicht ~** indéfinissable

definieren VT ⟨*pas de ge-*, **h.**⟩ définir; **schwer zu ~** indéfinissable

Definition F ⟨~; ~en⟩ définition *f*; **definitiv** ADJ définitif, -ive

Defizit N ⟨~s; ~e⟩ **1** HANDEL déficit *m* *(a. fig)*; découvert *m*; **ein ~ aufweisen** être en déficit; **ein ~ ausgleichen** combler un déficit, un découvert; **mit e-m ~ abschließen** se solder par un déficit **2** MED carence *f* (**an** *[+dat]* en)

defizitär ADJ déficitaire; en déficit

Deflation F ⟨~; ~en⟩ WIRTSCH déflation *f*; **deflationär**, **deflationistisch** ADJ WIRTSCH déflationniste

Deflationspolitik F ⟨~⟩ WIRTSCH politique *f* déflationniste, de déflation

Defloration F ⟨~; ~en⟩ MED défloration *f*; **deflorieren** VT ⟨*pas de ge-*, **h.**⟩ déflorer

Deformation F ⟨~; ~en⟩ *a.* MED, TECH déformation *f*

deformieren VT ⟨*pas de ge-*, **h.**⟩ déformer; **ein deformiertes Gesicht haben** être défiguré

Deformität F ⟨~; ~en⟩ MED difformité *f*

Defroster M ⟨~s; ~⟩ dégivreur *m*

deftig ADJ **1** *Essen* nourrissant **2** *fig Spaß, Preis etc* corsé

Degen M ⟨~s; ~⟩ épée *f*

Degeneration F ⟨~; ~en⟩ BIOL, MED dégénérescence *f*

Degenerationserscheinung F phénomène *m* de dégénérescence

degenerieren VI ⟨*pas de ge-*, **s.**⟩ BIOL, *fig* dégénérer (**zu** en)

Degenfechten N escrime *f* à l'épée; **Degenfechter(in)** M(F) épéiste *m/f*; escrimeur, -euse *m,f* à l'épée; **Degenhieb** M coup *m* d'épée; **Degenklinge** F lame *f* d'épée; **Degenknauf** M pommeau *m* d'épée; **Degenspitze** F pointe *f* de l'épée; **Degenstoß** M coup *m* d'épée

degradieren VT ⟨*pas de ge-*, **h.**⟩ *bes* MIL dégrader; *(herabwürdigen)* **j-n, etw zu etw ~** ravaler qn, qc au rang *od* au niveau de qc

Degradierung F ⟨~; ~en⟩ *bes* MIL dégradation *f*; *(Herabwürdigung)* déclassement *m*

Degression F ⟨~; ~en⟩ *Steuer* dégressivité *f*

degressiv ADJ *Steuer, Tarif* dégressif, -ive

dehnbar ADJ *durch Wärme* dilatable; *Gase a.* expansible; *feste Körper*, ANAT extensible; *Metalle* ductile; *fig* élastique; *fig* **~er Begriff** notion extensible, mal définie

Dehnbarkeit F ⟨~⟩ expansibilité *f*; extensibilité *f*; *durch Wärme* dilatabilité *f*; *von Metallen* ductilité *f*; *fig e-s Begriffs etc* imprécision *f*

dehnen VT (*u.* VR) ⟨**h.**⟩ **1** **(sich) ~** (s')étendre; PHYS (se) dilater; *in die Länge* (s')allonger; *in die Breite* (s')élargir; TECH (s')étirer; **seine Arme und Beine ~** s'étirer **2** *fig* **Wörter gedehnt sprechen** traîner sur les mots; **gedehnte Silbe** syllabe allongée

Dehnen N ⟨~s⟩, **Dehnung** F ⟨~; ~en⟩ extension *f*; dilatation *f*; élargissement *m*; *bes* LING allongement *m*

Dehnungsfuge F BAU joint *m* de dilatation; **Dehnungs-h** N ⟨~; ~⟩ GRAM h *m* d'allongement; **Dehnungskoeffizient** M PHYS coefficient *m* de dilatation; **Dehnungszeichen** N GRAM signe *m* d'allongement

dehydrieren VT ⟨*pas de ge-*, **h.**⟩ déshydrogéner; **Dehydrieren** N ⟨~s⟩, **Dehydrierung** F ⟨~⟩ déshydrogénation *f*

Deich M ⟨~(e)s; ~e⟩ digue *f*; **Deichbau** M ⟨~(e)s⟩ construction *f* de digues; **Deichbruch** M rupture *f* de digue; **Deichkrone** F crête *f*, couronnement *m* de digue

Deichsel F ⟨~; ~n⟩ timon *m*; **Deichselkreuz** N **1** *Griff* poignée *f* **2** REL croix *f* en Y

deichseln *umg* VT ⟨-(e)le, **h.**⟩ **ich werde die Sache schon ~** je vais arranger, *umg* goupiller l'affaire, ça

dein POSS PR **A** ADJT ton *bzw.* ta; **~ und mein Freund** ton ami et le mien; *umg* **~ bisschen Englisch** le peu d'anglais que tu sais; **e-r ~er Freunde** un de tes amis; *am Briefschluss* **Dein Karl Charles** **B** SUBST **der, die, das ~e** (*od* **Deine**) le tien *bzw.* la tienne; *geh* **die ~en** *od* **Deinen** les tiens; ta famille; **die Brille hier, ist das ~e?** elles sont à toi, ces lunettes(-là)?; *geh* **ich bin ~** je suis à toi; je t'appartiens

deiner *geh* PERS PR *(gen de* du*)* de toi; **wir werden ~ gedenken** nous nous souviendrons de toi; **als er ~ ansichtig wurde** lorsqu'il te vit; à ta vue

deinerseits ADV de ta part; de ton côté

deinesgleichen PRON ⟨*inv*⟩ ton *bzw.* ta pareil(le), semblable *bzw.* tes pareil(le)s, semblable(s)

deinetwegen ADV **1** *(wegen dir)* à cause de toi **2** *(dir zuliebe)* pour toi **3** *(von dir aus)* en ce qui te concerne; quant à toi

deinetwillen ADV **um ~** (par égard) pour toi

deinige *liter* POSS PR **der, die, das ~** le tien *bzw.* la tienne; **die Deinigen** les tiens; ta famille

deinstallieren VT ⟨*pas de ge-*, **h.**⟩ IT désinstaller

Deismus M ⟨~⟩ déisme *m*; **deistisch** ADJ déiste

de jure ADV de jure; conformément au droit; de droit

De-jure-Anerkennung F reconnaissance *f* de droit, de jure

Deka N ⟨~(s); ~⟩ *österr* décagramme *m*

Dekade F ⟨~; ~n⟩ *(10 Tage)* décade *f*; *(Jahrzehnt)* décennie *f*

dekadent ADJ décadent; en décadence; **Dekadenz** F ⟨~⟩ décadence *f*

Dekaeder N ⟨~s; ~⟩ décaèdre *m*

Dekagramm N décagramme *m*; **Dekaliter** M *od* N décalitre *m*; **Dekalog** M ⟨~(e)s⟩ REL Décalogue *m*; **Dekameter** M *od* N décamètre *m*

Dekan M ⟨~s; ~e⟩ **1** *e-r Fakultät* doyen *m* **2** KATH doyen *m*; PROT superintendant *m*; inspecteur régional

Dekanat N ⟨~(e)s; ~e⟩ *e-r Fakultät*, KIRCHE décanat *m*; KATH doyenné *m*

dekantieren VT ⟨*pas de ge-*, **h.**⟩ décanter

dekartellisieren VT ⟨*pas de ge-*, **h.**⟩ WIRTSCH décartelliser

Deklamation F ⟨~; ~en⟩ *a. pej* déclamation *f*

deklamatorisch ADJ déclamatoire; **deklamieren** VT *u.* VI ⟨*pas de ge-*, **h.**⟩ *a. pej* déclamer

Deklaration F ⟨~; ~en⟩ *bes* ADMIN déclaration *f*

Deklarationspflicht F *von Einkünften etc* obligation *f* de déclarer ses revenus, *etc*

deklarieren VT ⟨*pas de ge-*, **h.**⟩ *förmlich, Waren, Einkünfte* déclarer; **j-n zu … ~** désigner qn (officiellement) comme …

deklassieren VT ⟨*pas de ge-*, **h.**⟩ *sozial* déclasser; SPORT, *fig* surclasser

Deklination F ⟨~; ~en⟩ ASTRON, GRAM, PHYS déclinaison *f*

deklinierbar ADJ GRAM déclinable; **deklinieren** VT ⟨*pas de ge-*, **h.**⟩ GRAM décliner

dekodieren VT ⟨*pas de ge-*, **h.**⟩ décoder

Dekolleté N ⟨~s; ~s⟩ décolleté *m*; **Dekolletee** → Dekolleté; **dekolletieren** VT ⟨*pas de ge-*, **h.**⟩ décolleter; **dekolletiert** ADJT décolleté

Dekompression F TECH, MED décompression *f*

dekomprimieren VT ⟨*pas de ge-*, **h.**⟩ IT décompresser; décompacter

Dekomprimieren N ⟨~s⟩, **Dekompri-**

mierung F ⟨-ung; -ungen⟩ IT décompression *f*; décompactage *m*
Dekontamination F décontamination *f*; **dekontaminieren** V/T ⟨*pas de ge-*, h.⟩ décontaminer
Dekonzentration F déconcentration *f*
Dekor N *ou* M ⟨~s; ~s *ou* ~e⟩ décor *m*; THEAT → Dekoration
Dekorateur(in) M ⟨~s; ~e⟩ F ⟨~in; ~innen⟩ décorateur, -trice *m,f*; (*Schaufensterdekorateur[in]*) étalagiste *m/f*; **Dekoration** F ⟨~; ~en⟩ décoration *f*; THEAT décors *mpl*
Dekorationsmaler M peintre décorateur; THEAT peintre *m* de décors; **Dekorationsstoff** M tissu *m* d'ameublement; **Dekorationsstück** N objet *m* de décoration
dekorativ A ADJ décoratif, -ive B ADV ~ **wirken** produire un bel effet
dekorieren V/T ⟨*pas de ge-*, h.⟩ décorer (**mit** avec; *mit Orden* de); **Dekorieren** N ⟨~s⟩, **Dekorierung** F ⟨~; ~en⟩ décoration *f*
Dekostoff M tissu *m* d'ameublement
Dekret N ⟨~(e)s; ~e⟩ décret *m*
dekretieren V/T ⟨*pas de ge-*, h.⟩ décréter
Deleatur N ⟨~s; ~⟩, **Deleaturzeichen** N TYPO deleatur *m*
Delegation F ⟨~; ~en⟩ délégation *f*
Delegationsleiter M chef *m* de (la) délégation
delegieren V/T ⟨*pas de ge-*, h.⟩ déléguer (**in** [+*akk*], **zu** à); **etw an j-n ~** déléguer qc à qn
Delegierte(r) M/F(M) ⟨→ A⟩ délégué(e) *m(f)*
delektieren *geh* V/R ⟨*pas de ge-*, h.⟩ **sich an etw** (*dat*) ~ se régaler de qc; prendre plaisir à qc
Delfin[1] M ⟨~s; ~e⟩ ZOOL dauphin *m*
Delfin[2] N ⟨~s⟩, **Delfinschwimmen** N brasse *f* papillon
delikat ADJ 1 (*fein, zart, heikel*) délicat; **~e Angelegenheit** *a.* affaire qui requiert du doigté; **~e Frage** question délicate 2 (*wohlschmeckend*) délicieux, -ieuse; exquis
Delikatesse F ⟨~; ~n⟩ 1 régal *m*; mets particulièrement fin; *pl* **~n** épicerie fine; **das ist e-e ~** c'est délicieux, exquis; c'est un régal 2 ⟨*sans pl*⟩ *fig* (*Feingefühl*) tact *m*; délicatesse *f*
Delikatessengeschäft N épicerie fine
Delikt N ⟨~(e)s; ~e⟩ délit *m*
Delinquent(in) M ⟨~en; ~en⟩ F ⟨~in; ~innen⟩ ADMIN délinquant(e) *m(f)*; **Delinquenz** F ⟨~⟩ ADMIN délinquance *f*
delirieren *geh* V/I ⟨*pas de ge-*, h.⟩ délirer
Delirium N ⟨~s; -ien⟩ délire *m*; **~ tremens** delirium tremens *m*; **im ~ sein** délirer
Delle *umg* F ⟨~; ~n⟩ creux *m*; enfoncement *m*; **e-e ~ haben** être enfoncé, défoncé
Delphi N ⟨→ *n/pr*⟩ Delphes
Delphin → Delfin[1], Delfin[2]
Delta[1] N ⟨~s; ~s *ou* -en⟩ GEOG delta *m*
Delta[2] N ⟨~(s); ~s⟩ *Buchstabe* delta *m*
Deltamuskel M (muscle *m*) deltoïde *m*
de Luxe de luxe
dem *dat* SG M, N → der[1], das
Demagoge M ⟨~n; ~n⟩ démagogue *m*; **Demagogie** F ⟨~; ~n⟩ démagogie *f*
demagogisch ADJ démagogique
Demarche F ⟨~; ~n⟩ démarche *f* diplomatique
Demarkationslinie F ligne *f* de démarcation
demaskieren V/T (*u.* V/R) ⟨*pas de ge-*, h.⟩ (**sich**) ~ (se) démasquer (**als** comme)
Demaskierung F ⟨~; ~en⟩ **zur ~ des Betrügers führen** permettre de démasquer, confondre l'escroc
dement ADJ MED dément; atteint de démence
Dementi N ⟨~s; ~s⟩ démenti *m*
dementieren V/T ⟨*pas de ge-*, h.⟩ démentir
dementsprechend A ADJ conforme; (*geeignet*) approprié; **der Rest ist ~** le reste est à l'avenant B ADV en conséquence; (*im [richtigen] Verhältnis*) proportionnellement
Demenz F ⟨~; ~en⟩ MED, JUR démence *f*; **demenzkrank** ADJ dément; atteint de démence; **Demenzkranke(r)** M/F(M) dément(e) *m(f)*; personne atteinte de démence
demgegenüber ADV par contre; au contraire; à l'inverse; **demgemäß** ADV en conséquence
demilitarisieren V/T ⟨*pas de ge-*, h.⟩ démilitariser; **Demilitarisierung** F ⟨~; ~en⟩ démilitarisation *f*
Demission F ⟨~; ~en⟩ démission *f*; **demissionieren** V/I ⟨*pas de ge-*, h.⟩ 1 POL démissionner 2 *schweiz* (*kündigen*) demander son congé
Demiurg M ⟨~en *ou* ~s⟩ démiurge *m*
demnach ADV 1 (*so wie*) d'après cela 2 (*folglich*) en conséquence; par conséquent; par suite
demnächst ADV sous peu; prochainement; **erscheint ~** à paraître prochainement; **~ in diesem Theater** *im Kino* prochainement sur cet écran; *umg hum* (*bald*) la suite au prochain numéro
Demo *umg* F ⟨~; ~s⟩ *umg* manif *f*; **auf e-e ~ gehen** *umg* aller à une manif
demobilisieren V/T ⟨*pas de ge-*, h.⟩ démobiliser; **Demobilisierung** F démobilisation *f*
Demodulation F TELEKOMMUNIKATION démodulation *f*
Demografie F ⟨~; ~n⟩ démographie *f*; **demografisch** ADJ démographique; **Demographie**, **demographisch** → Demografie, demografisch
Demokrat(in) M ⟨~en; ~en⟩ F ⟨~in; ~innen⟩ démocrate *m/f*; **Demokratie** F ⟨~; ~n⟩ démocratie *f*
demokratisch ADJ *Personen* démocrate; *Sachen* démocratique; **demokratisieren** V/T ⟨*pas de ge-*, h.⟩ démocratiser; **Demokratisierung** F ⟨~⟩ démocratisation *f*
demolieren V/T ⟨*pas de ge-*, h.⟩ *Möbel etc* démolir; (*verwüsten*) saccager; **Demolierung** F ⟨~; ~en⟩ *von Möbeln etc* démolition *f*; (*Verwüstung*) saccage *m*
Demonstrant(in) M ⟨~en; ~en⟩ F ⟨~in; ~innen⟩ manifestant(e) *m(f)*
Demonstration F ⟨~; ~en⟩ 1 (*Beweisführung, Bekundung, Vorführung*) démonstration *f* 2 (*Kundgebung*) manifestation *f* (**für** pour; **gegen** contre)
Demonstrationsrecht N ⟨~(e)s⟩ droit *m* de manifester; **Demonstrationsverbot** N interdiction *f* de manifester; **Demonstrationszug** M cortège *m* de(s) manifestants
demonstrativ A ADJ démonstratif, -ive; *geh* ostentatoire; *liter* ostensible B ADV avec ostentation; démonstrativement; **Demonstrativpronomen** N *adjektivisches* adjectif démonstratif; *substantivisches* pronom démonstratif
demonstrieren ⟨*pas de ge-*, h.⟩ A V/T (*darlegen, vorführen*) démontrer B V/I POL *etc* manifester (**für** pour; **gegen** contre)
Demontage F ⟨~; ~n⟩ 1 TECH démontage *m* 2 *fig* suppression (graduelle, progressive); **demontieren** V/T ⟨*pas de ge-*, h.⟩ 1 TECH démonter 2 *fig* supprimer graduellement, progressivement
demoralisieren V/T ⟨*pas de ge-*, h.⟩ démoraliser; **Demoralisierung** F ⟨~; ~en⟩ démoralisation *f*
Demoskopie F ⟨~; ~n⟩ étude *f* de l'opinion publique; (*Untersuchung*) sondage *m* d'opinion
demoskopisch ADJ ⟨*épithète*⟩ obtenu par sondage; **~e Umfrage** sondage *m* d'opinion
Demut F ⟨~⟩ humilité *f*; (*Unterwürfigkeit*) soumission *f*; **in ~** (*dat*) en toute humilité
demütig ADJ humble; (*unterwürfig*) soumis
demütigen V/T (*u.* V/R) ⟨h.⟩ (**sich**) ~ (s')humilier; (*herabsetzen*) (s')abaisser; **Demütigung** F ⟨~; ~en⟩ humiliation *f*; abaissement *m*
demutsvoll ADJ plein d'humilité
demzufolge ADV en conséquence; par conséquent; par suite
den[1] *akk* SG M → der[1]
den[2] *dat* PL M/F/N → die[2] A, B 1
Denaturalisation F ⟨~; ~en⟩ dénaturalisation *f*; **denaturalisieren** V/T ⟨*pas de ge-*, h.⟩ dénaturaliser
denaturieren ⟨*pas de ge-*⟩ A V/T ⟨h.⟩ *a.* TECH dénaturer; *Person a.* pervertir B V/I ⟨s.⟩ **zu etw ~** dégénérer en qc
denen *dat* PL M/F/N → die[2] B 2, C
dengeln V/T ⟨-(e)le, h.⟩ *Sense* battre
Denguefieber N MED dengue *f*
Den Haag N ⟨→ *n/pr*⟩ La Haye
Denkansatz M point *m* de départ; prémisses *fpl*; **Denkanstoß** M incitation *f* à réfléchir; **Denkart** F manière *f*, façon *f* de penser; mentalité *f*; tournure *f* d'esprit; **Denkaufgabe** F jeu *m* d'esprit
denkbar A ADJ imaginable; que l'on peut (s')imaginer B ADV **~ schlecht** aussi mauvais que l'on peut (s')imaginer; **die ~ günstigsten Bedingungen** les conditions les plus favorables que l'on puisse s'imaginer
denken ⟨denkt, dachte, gedacht, h.⟩ A V/T penser; **e-e gedachte Linie** une ligne imaginaire; **ein für ein breites Publikum gedachtes Werk** un ouvrage conçu pour le grand public; **die Blumen waren für dich gedacht** les fleurs étaient pour toi; **das denke ich auch** je suis du même avis; **ich denke schon** je pense que oui; **was ~ Sie!** quelle idée!; **das hätte ich nie von ihr gedacht!** je ne l'aurais jamais crue capable de cela, de ça!; *umg* je n'aurais jamais cru ça d'elle; **wer hätte das gedacht?** qui aurait pu le penser?; qui aurait pu imaginer une chose pareille?; **wie können Sie so etw ~?** comment pouvez-vous avoir une idée pareille?; **was sollen denn die Leute ~?** qu'est-ce que les gens vont en penser?; qu'en dirat-on?; **ich dachte, er sei verreist** je croyais qu'il était parti; je le croyais parti; **ich habe lange gedacht, dass …** j'ai longtemps cru que …; **ich denke, wir lassen es bleiben** je serais d'avis d'y renoncer; *wann reisen Sie?* **ich denke, morgen** demain, je pense, je suppose; probablement demain; **man sollte ~, dass …** on dirait que … B V/I penser (**an** [+*akk*] à); (*Überlegungen anstellen*) raisonner; (*nachdenken*) réfléchir; méditer; **anders ~** avoir une opinion différente; penser autrement; **großzügig ~** avoir les idées larges; *umg* **laut ~** penser tout °haut; **schlecht von j-m ~** penser du mal de qn; avoir une mauvaise opinion de qn; **er denkt weiter** il voit plus loin; **das gibt zu ~** cela donne à réfléchir, à penser; **solange ich ~ kann** autant que je m'en souvienne; **wie ~ Sie darüber?** qu'en pensez-vous?; *umg* **wo ~ Sie hin?** quelle idée!; vous n'y pensez pas!; **du wirst noch an mich ~!** tu te souviendras de moi!; *umg* **denkste!** *umg* tu parles(, Charles)!; **~ Sie mal!** figurez-vous!; imaginez-vous!; *umg* **denk mal an!** figure-toi!; **gedacht, getan** aussitôt dit, aussitôt fait; *sprichw* **der Mensch denkt, Gott lenkt** *sprichw* l'homme propose, Dieu dispose; **daran ~ zu** (+*inf*) avoir l'intention de (+*inf*); **ich denke daran** j'y pense(rai), songe(rai); **denk daran,**

D

dass … n'oublie pas que …; ich habe nicht daran gedacht, sie einzuladen je n'ai pas pensé à l'inviter; **ich denke nicht daran, es zu tun** je me garderai bien de le faire; je n'ai pas du tout l'intention de le faire; *umg* **ich denke nicht daran!** il n'en est pas question!; *umg* **wenn ich nur daran denke!** rien que d'y penser!; **(es war) nicht daran zu ~!** (il était) inutile d'y songer!; c'était exclu! **C** VR **ich kann es mir schon ~** je vois, je m'imagine ce que c'est; **das kann ich mir nicht ~** je ne peux pas imaginer une chose pareille; **das habe ich mir gleich gedacht** je m'en doutais; c'est ce que j'ai tout de suite pensé; **das hätte ich mir ~ können!** j'aurais pu m'en douter!; *umg* **das hast du dir (wohl) so gedacht!** tu te fais, faisais des illusions!; *umg* eh bien là, tu te fourres le doigt dans l'œil!; **das kann man sich** *(dat)* **~** cela se conçoit, se comprend; **den Rest können Sie sich** *(dat)* **~** vous pouvez (vous) imaginer la suite; **Sie können sich** *(dat)* **~, dass …** vous comprenez bien que …; **er dachte sich** *(dat)* **nichts (Böses) dabei** il ne pensait pas à mal

Denken N ⟨~s⟩ pensée *f*; **abstraktes, logisches ~** la pensée abstraite, logique

Denker(in) M ⟨~s; ~⟩ (F) ⟨~in; ~innen⟩ penseur, -euse *m,f*; *(Philosoph)* esprit *m* philosophique; philosophe *m/f*; **Denkerstirn** F *oft hum* front *m* de penseur

denkfaul ADJ qui n'aime pas réfléchir

Denkfehler M faute *f*, erreur *f* de raisonnement; **e-n ~ machen** *a.* raisonner mal

Denkmal N ⟨~(e)s; ≈er⟩ *a. fig* monument *m*; **j-m ein ~ setzen** ériger, élever un monument à la mémoire de qn

Denkmalpflege F conservation *f* des monuments

Denkmalschutz M protection *f* des monuments; **unter ~** *(dat)* **stehen** être classé monument historique

Denkmalspflege F conservation *f* des monuments

Denkmodell N modèle *m* de pensée; **Denkpause** F pause *f*, temps *m* de réflexion; **Denkschrift** F mémoire *m*; mémorandum *m*; **Densport(aufgabe)** M(F) jeu *m* d'esprit; **Denkspruch** M sentence *f*; pensée *f*; maxime *f*; *t/t* apophtegme *m*; **Denkübung** F exercice intellectuel

Denkungsart F → Denkweise

Denkvermögen N ⟨~s⟩ faculté *f* de penser; pensée *f*; **Denkweise** F manière *f*, façon *f* de penser; mentalité *f*; tournure *f* d'esprit; **denkwürdig** ADJ mémorable; **Denkwürdigkeit** F ⟨~; ~en⟩ **1** ⟨*sans pl*⟩ (°haute) importance *f* **2** *Ereignis* fait *m* mémorable

Denkzettel M **j-m e-n ~ geben, verpassen** donner une leçon à qn

denn **A** KONJ **1** *begründend* car **2** *geh (als)* **mehr ~ je** plus que jamais **3 es sei ~, dass …** à moins que … ne … *(+subj)*; sauf si … *(+ind)* **B** *Partikel* donc; **wo ~?** où donc?; **was ~?** quoi donc?; **warum ~ nicht?** et pourquoi pas?; **was ~ sonst?** ça me semble évident; cela va sans dire; **ist er ~ so arm?** est-il donc si pauvre?; **es gelang ihm ~ auch …** et enfin il réussit … **C** ADV *nordd (dann)* alors; **na, ~ man los!** allez, on y va!; allons-y!

dennoch KONJ *u.* ADV cependant; pourtant; toutefois; néanmoins

Denomination F ⟨~; ~en⟩ dénomination *f*; **Denominativ** N ⟨~s; ~e⟩, **Denominativum** N ⟨~s; -va⟩ LING dénominatif *m*

Denotat N ⟨~s; ~e⟩ LING signifié *m*; **Denotation** F ⟨~; ~en⟩ LING dénotation *f*

dental ADJ dental

Dental M ⟨~s; ~e⟩ PHON dentale *f*; **Dentallabor** N laboratoire *m* de prothèse dentaire; **Dentallaut** M PHON dentale *f*

Dentist(in) M ⟨~en; ~en⟩ (F) ⟨~in; ~innen⟩ *früher* dentiste *m/f* (sans diplôme d'une faculté)

denuklearisieren VT ⟨*pas de ge-*, h.⟩ dénucléariser; **Denuklearisierung** F ⟨~⟩ dénucléarisation *f*

Denunziant(in) M ⟨~en; ~en⟩ (F) ⟨~in; ~innen⟩ dénonciateur, -trice *m,f*; délateur, -trice *m,f*; **Denunziation** F ⟨~; ~en⟩ dénonciation *f*; délation *f*

denunzieren VT ⟨*pas de ge-*, h.⟩ dénoncer (**bei** à)

Deo N ⟨~s; ~s⟩, **Deodorant** N ⟨-rants; -rants *ou* -rante⟩ *(Körperdeo)* déodorant *m*; *(Raumdeo)* désodorisant *m*

deodorieren VT ⟨*pas de ge-*, h.⟩ désodoriser

Deoroller M déodorant *m* bille; **Deospray** N spray déodorant; déodorant *m* en aérosol

Departement N ⟨~s; ~s⟩ département *m*

Dependance F ⟨~; ~n⟩ **1** *(Zweigstelle)* succursale *f* **2** *e-s Hotels* dépendance *f*; annexe *f*

Depesche F ⟨~; ~n⟩ dépêche *f* diplomatique

deplatziert ADJT déplacé

Depolarisation F ELEK, OPT dépolarisation *f*

Deponens N ⟨~; -nentia *ou* -nenzien⟩ GRAM (verbe *m*) déponent *m*

Deponie F ⟨~; ~n⟩ *(Mülldeponie)* décharge *f*; *öffentliche* décharge publique; **wilde ~** décharge sauvage

deponieren VT ⟨*pas de ge-*, h.⟩ mettre en dépôt; déposer; *Müll* mettre à la décharge

Deportation F ⟨~; ~en⟩ déportation *f*; **deportieren** VT ⟨*pas de ge-*, h.⟩ déporter (**nach** en, à, dans); **Deportierte(r)** M/F(M) ⟨→ A⟩ déporté(e) *m(f)*

Depositar M ⟨~s; ~e⟩, **Depositär** M ⟨-ärs; -äre⟩ FIN dépositaire *m*

Depositen PL FIN dépôts *mpl*; **Depositenbank** F ⟨~; ~en⟩ banque *f* de dépôts; **Depositenkonto** N compte *m* de dépôt

Depot N ⟨~s; ~s⟩ **1** HANDEL, FIN dépôt *m* **2** *(Lager)* entrepôt *m*; *für Busse etc* dépôt *m*; **Depotgebühr** F FIN droit *m* de garde; **Depotpräparat** N PHARM médicament *m* retard, à action retardée; **Depotschein** M FIN certificat *m* de dépôt; **Depotwechsel** M FIN effet déposé en nantissement

Depp *umg pej, bes südd, schweiz, österr* M ⟨~s *ou* ~en; ~en⟩ idiot *m*; imbécile *m*; *umg* ballot *m*; **du ~!** espèce d'idiot!

deppert *umg pej, bes südd, österr* ADJ idiot; *(einfältig)* niais

Depression F ⟨~; ~en⟩ WIRTSCH, PSYCH, METEO, GEOG dépression *f*

depressiv ADJ PSYCH dépressif, -ive

deprimieren VT ⟨*pas de ge*, h.⟩ déprimer; *fig a.* abattre; accabler; **deprimiert sein** *a.* avoir le cafard

Deputat N ⟨~s; ~e⟩ **1** HANDEL appointements *mpl*, prestations *fpl* en nature **2** *e-r Lehrkraft* (heures *fpl* de) service *m*; **Deputation** F ⟨~; ~en⟩ députation *f*

deputieren VT ⟨*pas de ge-*, h.⟩ députer; **Deputierte(r)** M/F(M) ⟨→ A⟩ député(e) *m(f)*

der[1] SG M ⟨*dat* dem; *akk* den⟩ **A** *Artikel* ⟨*gen* des⟩ *Nominativ, akk* le *bzw.* la *bzw. vor Vokal und stummem h* l'; *gen* du *bzw.* de la *bzw.* de l'; *dat* au *bzw.* à la *bzw.* à l'; **~ Mann** l'homme *m*; **~ Apfel** la pomme; **des Mannes mit dem Hut** de l'homme au chapeau; **zwanzig Euro ~ Zentner** vingt euros les cinquante kilos; *umg* **~ Meier und ich** Meier et moi; *umg* **ich mag den Max** j'aime bien Max **B** DEM PR ⟨*gen* dessen⟩ **1** ADJT ce *bzw.* cet *bzw.* cette; **~ Mann hat sie gesehen** cet homme l'a vue; *betont* c'est cet homme qui l'a vue; *betont* **~ Tipp für Feinschmecker** l'adresse pour les gastronomes; *rückweisend auf letztgenanntes subst* **sie ist dessen Freundin** c'est son amie, *umg* sa copine; **was willst du mit dem Hut?** qu'est-ce que tu veux faire avec ce chapeau(-là)?; *umg* **~ Kerl da** ce type(-là) **2** SUBST *meist betont* **~ hier** celui-ci *bzw.* celle-ci; **~ da** celui-là *bzw.* celle-là; **~ und ~** un tel; **mein Hut und ~ von Michael** mon chapeau et celui de Michel; **ich nehme den hier** je prends celui-là *bzw.* celle-là; **dem gebe ich nichts!** à celui-là, je ne lui donne rien!; *iron* **~ und Wort halten!** lui, tenir parole, jamais de la vie! **C** REL PR ⟨*gen* dessen⟩ *Nominativ* qui; *gen* dont; *nach präp a.* duquel *bzw.* de laquelle; *dat* à qui; *nach präp a.* auquel *bzw.* à laquelle; *akk* que; *nach präp a.* lequel *bzw.* laquelle; **der Erste, ~ …** le premier qui …; **er war der Erste, ~ schrieb** *a.* il fut le premier à écrire; **ein Baum, dessen Blätter gelb sind** un arbre dont les feuilles sont jaunes

der[2] *gen, dat* SG F → die[1] A, B 1

der[3] *gen* PL M/F/N → die[2] A, B 1

derart ADV de telle manière; de telle façon; tant; tellement; **~, dass** à tel point que; tant et si bien que; **~ groß war s-e Freude, dass …** sa joie était telle que …

derartig **A** ADJ tel, telle; pareil, -eille; de ce genre; **er sagte etwas Derartiges** il a dit qc de ce genre **B** ADV → derart

derb ADJ **1** *(fest, kräftig)* ferme; solide; fort; *(widerstandsfähig)* résistant **2** *(grob)* rude; grossier, -ière; *Worte, Witze* cru; corsé; **~er Ausdruck** gros mot; grossièreté *f*; **~er Spaß** plaisanterie grossière

Derbheit F ⟨~; ~en⟩ rudesse *f*; grossièreté *f*; *von Worten a.* crudité *f*

Derby N ⟨~s; ~s⟩ PFERDESPORT, FUSSBALL derby *m*

deregulieren VT ⟨*pas de ge-*, h.⟩ déréglementer; **Deregulierung** F ⟨~; ~en⟩ déréglementation *f*

dereinst *geh* ADV *(später einmal)* un jour; *(einstmals)* jadis

deren **A** POSS PR **1** SG F son *bzw.* sa *bzw.* ses; **meine Freundin und ~ Kinder** mon amie et ses enfants **2** PL M/F/N leur *bzw.* leurs; **meine Freunde und ~ Sohn** mes amis et leur fils **B** DEM PR → die[1] B *u.* die[2] B **C** REL PR → die[1] C *u.* die[2] C

dere(n)twegen, (um) dere(n)twillen **A** ADV à cause d'elle *bzw.* de lui *bzw.* d'eux *bzw.* d'elles; pour elle *bzw.* lui *bzw.* eux *bzw.* elles; *betont* à cause de celle-ci *bzw.* celui-ci *bzw.* ceux-ci *bzw.* celles-ci **B** REL PR à cause de laquelle *bzw.* duquel *bzw.* desquel(le)s

derer DEM PR *gen* PL M/F/N de ceux-ci *bzw.* celles-ci; de ceux-là *bzw.* celles-là; *bei folgendem rel pr* de ceux *bzw.* de celles

dergestalt *geh* ADV de telle manière; de telle façon; **~, dass** de telle sorte, manière que

dergleichen DEM PR tel, telle; de ce genre; pareil, -eille; **und ~ mehr** et autres choses de ce genre; **nichts ~** rien de pareil; **er tat nichts ~** il n'en fit rien

Derivat N ⟨~(e)s; ~e⟩ CHEM, LING dérivé *m*; **Derivation** F ⟨~; ~en⟩ LING dérivation *f*; **derivativ** ADJ LING dérivatif, -ive

derjenige → dasjenige; **derlei** *geh* DEM PR **1** ADJT ⟨*épithète*⟩ ce genre de **2** SUBST *(so etwas)* ce genre de choses; **dermaßen** → derart

Dermatologe M ⟨~n; ~n⟩, **Dermatologin** F ⟨-in; -innen⟩ dermatologue *m/f*; **Dermatologie** F ⟨~⟩ dermatologie *f*

Dermatose F ⟨~; ~n⟩ MED dermatose *f*

derselbe DEM PR le *bzw.* la même; *auf ein subst zurückweisend a.* celui-ci *bzw.* celle-ci; ce dernier *bzw.* cette dernière; **ein und ~** une seule et

même personne
derweil *geh*, **derweilen** *geh* A KONJ pendant que B ADV pendant ce temps
Derwisch M ⟨~(e)s; ~e⟩ derviche *m*
derzeit ADV 1 *(zurzeit)* en ce moment 2 *(seinerzeit)* à l'époque; alors
derzeitig ADJ *⟨épithète⟩* *(jetzig)* présent; actuel, -elle
des *gen* SG M, N → der¹ A, das A
Des, **des** N ⟨Des, des; Des, des⟩ MUS ré *m* bémol
Desaster N ⟨~s; ~⟩ désastre *m*
desavouieren *geh* V/T *⟨pas de ge-, h.⟩* désavouer
desensibilisieren V/T *⟨pas de ge-, h.⟩* MED, FOTO désensibiliser; **Desensibilisierung** F ⟨~; ~en⟩ MED, FOTO désensibilisation *f*
Deserteur M ⟨~s; ~e⟩ déserteur *m*; **desertieren** V/I *⟨pas de ge-, s. ou h.⟩* déserter; **Desertion** F ⟨~; ~en⟩ désertion *f*
desgl. ABK → desgleichen
desgleichen ADV également; de même
deshalb ADV *(aus diesem Grund)* à cause de cela; pour cette raison; pour cela; **ich achte ihn ~ nicht weniger** je ne l'en estime pas moins; **seien Sie mir ~ nicht böse** ne m'en veuillez pas pour cela; **er hat es mir nur ~ erlaubt, weil er …** il ne me l'a permis que parce qu'il …; **~ lehne ich es ab** c'est *od* voilà pourquoi je refuse; **~ also!** voilà donc la raison, l'explication!; c'est *bzw.* c'était donc pour ça!
Desiderat *geh* N ⟨~(e)s; ~e⟩ souhait *m*; revendication *f*; *pl* **~e** desiderata *mpl*
Design N ⟨~s; ~s⟩ design *m*; esthétique industrielle; *von Kleidern a.* style *m*; ligne *f*; *von Maschinen* conception *f*; *(Modedesign als Unterrichtsfach)* stylisme *m*; *(Muster)* dessin *m*
Designer(in) M ⟨~s; ~⟩ F ⟨~in; ~innen⟩ designer *m/f*; *(Industriedesigner[in])* concepteur-projeteur *m*; concepteur-dessinateur *m*; *(Modedesigner[in])* styliste *m/f*; *bekannte(r)* grand couturier
Designerbaby *umg* N bébé *m* sur mesure; **Designerjeans** F(PL) jean(s) *m(pl)* couture; **Designermöbel** NPL meubles *mpl* design; **Designermode** F mode design, griffée
designieren *geh* V/T *⟨pas de ge-, h.⟩* désigner (zu comme)
desillusionieren V/T *⟨pas de ge-, h.⟩* désillusionner
Desinfektion F désinfection *f*; **Desinfektionsmittel** N désinfectant *m*; **desinfizieren** V/T *⟨pas de ge-, h.⟩* désinfecter
desinfizierend ADJT désinfectant; **~es Mittel** désinfectant *m*
Desinteresse N ⟨~s⟩ manque *m* d'intérêt (an *[+dat]* pour); **desinteressiert** ADJT indifférent (an *[+dat]* à); détaché (**an etw** *[+dat]* de qc)
deskriptiv ADJ descriptif, -ive
Desktop-Publishing N ⟨~(s)⟩ IT PAO *f*; publication assistée par ordinateur
desolat *geh* ADJ désolant; lamentable
desorientieren V/T *⟨pas de ge-, h.⟩* désorienter; **Desorientierung** F désorientation *f*
Desoxidation F désoxydation *f*; **desoxidieren** V/T *⟨pas de ge-, h.⟩* désoxyder
Desoxyribonukleinsäure F acide *m* désoxyribonucléique
despektierlich *geh* ADJ irrespectueux, -euse; *(geringschätzig)* méprisant
Desperado M ⟨~s; ~s⟩ desperado *m*
desperat *geh* ADJ désespéré
Despot M ⟨~en; ~en⟩ despote *m*; **despotisch** ADJ despotique; **Despotismus** M ⟨~⟩ despotisme *m*
dessen *gen* SG M, N → der¹ B, C, das B, C
dessentwegen, **(um) dessentwillen** A ADV à cause de lui *bzw.* d'elle; pour lui *bzw.* elle; *betont* à cause de celui-ci *bzw.* celle-ci B REL PR à cause duquel *bzw.* de laquelle
dessenungeachtet ADV → ungeachtet
Dessert N ⟨~s; ~s⟩ dessert *m*; **Dessertlöffel** M cuillère *od* cuiller *f* à dessert; **Dessertteller** M assiette *f* à dessert; **Dessertwein** M vin *m* de dessert
Dessin N ⟨~s; ~s⟩ 1 *(Muster)* motif *m*; dessin *m* 2 BILLARD trajectoire *f* (de la bille)
Dessous N ⟨~; ~⟩ vêtement *m* de dessous (féminin); *pl* dessous *mpl*
destabilisieren V/T *⟨pas de ge-, h.⟩* POL, WIRTSCH déstabiliser; **Destabilisierung** F déstabilisation *f*
Destillat N ⟨~(e)s; ~e⟩ produit *m* de distillation; distillat *m*; **Destillatbrenner** M ⟨~s; ~⟩, **Destillateur** M ⟨-teurs; -teure⟩ distillateur *m*; **Destillation** F ⟨~; ~en⟩ distillation *f*; **Destillationsrückstand** M résidu *m* de distillation; **Destillierapparat** M appareil *m* distillatoire; *zur Alkoholbereitung* alambic *m*; **destillieren** V/T *⟨pas de ge-, h.⟩* distiller; **Destillierkolben** M matras *m*; **Destillierung** F ⟨~; ~en⟩ distillation *f*
Destination F ⟨~; ~en⟩ TOURISMUS destination *f*
desto KONJ d'autant plus; **je eher, ~ besser** le plus tôt sera le mieux; **je älter sie wird, ~ attraktiver wird sie** plus elle vieillit, plus elle devient séduisante
destruktiv ADJ destructif, -ive
deswegen → deshalb
Deszendent M ⟨~en; ~en⟩ GENEALOGIE descendant *m*
Detail N ⟨~s; ~s⟩ détail *m*; **in allen ~s** dans tous les détails; **bis ins kleinste ~** jusqu'au moindre détail; **ins ~ gehen** entrer dans les détails
detaillieren V/T *⟨pas de ge-, h.⟩* détailler; **detailliert** ADJT détaillé
Detailschilderung F description détaillée
Detektei F ⟨~; ~en⟩ agence *f* de détectives (privés)
Detektiv(in) M ⟨~s; ~e⟩ F ⟨~in; ~innen⟩ détective *m*; **Detektivbüro** N agence *f* de détectives (privés); **Detektivgeschichte** F histoire *f* de détectives; *Roman a.* roman policier
detektivisch ADJ de détective
Detektivroman M roman policier
Detektor M ⟨~s; -toren⟩ détecteur *m*
Determinante F ⟨~; ~n⟩ déterminant *m*
determinieren V/T *⟨pas de ge-, h.⟩* déterminer; **Determinismus** M ⟨~⟩ PHIL déterminisme *m*; **deterministisch** ADJ déterministe
Detonation F ⟨~; ~en⟩ détonation *f*; **detonieren** V/I *⟨pas de ge-, s.⟩* détoner
Deus ex Machina M ⟨~⟩ THEAT, *fig* deus ex machina *m*
Deut M **keinen ~ wert sein** ne pas valoir un sou, *umg* un clou, tripette; **du bist keinen ~ besser als sie** tu ne vaux pas mieux qu'elle; **ich verstehe davon keinen ~** je n'y comprends goutte; c'est de l'hébreu, du chinois pour moi; **er kümmert sich keinen ~ darum** il ne s'en soucie pas le moins du monde
deuteln V/I ⟨-(e)le, h.⟩ ergoter (**an etw** *[dat]* sur qc); **daran gibt es nichts zu ~** il n'y a pas à tergiverser
deuten ⟨-ete, h.⟩ A V/T *Traum, Zeichen etc* interpréter; **die Sterne ~** lire dans les astres; **falsch ~** mal interpréter B V/I **auf etw** *(akk)* **~** indiquer, montrer qc (du doigt, *etc*); *fig* indiquer, annoncer, présager qc; **alles deutet darauf hin, dass …** tout porte à croire que …
Deuter M ⟨~s; ~⟩ 1 interprète *m* 2 *österr (Zeichen, Wink)* signe *m*
deutlich A ADJ *(klar)* clair; net, nette; précis; *(leicht zu unterscheiden)* distinct; *(ausgeprägt)* marqué; *(spürbar)* sensible; **j-m etw ~ machen** (dé)montrer qc à qn; expliquer clairement, faire comprendre qc à qn; **~ werden** *Person* ne pas mâcher ses mots; **daraus wird ~, dass …** il en ressort clairement que …; **das war ~** voilà qui est clair, net B ADV 1 distinctement; **~ schreiben** écrire lisiblement; **etw ganz ~ hören** entendre qc très distinctement, de façon très nette 2 *fig (unverblümt)* franchement; **etw klar und ~ sagen** exprimer, déclarer qc sans aucune ambiguïté *od* explicitement
Deutlichkeit F ⟨~⟩ clarté *f*; précision *f*; netteté *f*; **j-m mit aller ~ zu verstehen geben, dass …** faire comprendre clairement à qn que …
deutsch A ADJ allemand; de l'Allemagne; POL *in Zssgn* germano-…; **~e Dogge** dogue allemand; grand danois; HIST **Deutsche Mark** mark allemand; HIST **das Deutsche Reich** le Reich; l'Empire allemand; HIST **Ludwig der Deutsche** Louis le Germanique; **die ~e Schweiz** la Suisse allemande; HIST **Deutsche Demokratische Republik** République démocratique allemande; **~-französisch** *Beziehungen, Grenze etc* franco-allemand; *Wörterbuch etc* allemand-français; **auf ~e Art** à l'allemande; à la façon allemande, des Allemands B ADV **~ aussehen** avoir l'air allemand; **ein Wort ~ aussprechen** prononcer un mot à la façon allemande; *umg fig* **mit j-m ~ reden** dire son fait, parler net à qn
Deutsch N ⟨~(s)⟩ *Sprache, Unterrichtsfach* allemand *m*; **~ sprechen** parler allemand; **fließend ~ sprechen** parler couramment (l')allemand; **~ sprechend** germanophone; **~ verstehen** comprendre l'allemand; *umg* **verstehst du kein ~ (mehr)?** tu ne comprends plus le français, maintenant?; **auf, in ~** en allemand; **sie ist gut in ~** elle est bonne en allemand; *umg fig* **auf (gut) ~** en clair; *nach Verben des Sagens* carrément; sans ambages
Deutschamerikaner(in) M(F) Américain(e) *m(f)* d'origine allemande; **Deutscharbeit** F contrôle *m* d'allemand
Deutsche¹ N ⟨~n⟩ *Sprache* **das ~** l'allemand *m*; **aus dem ~n** de l'allemand; **im ~n** en allemand; **ins ~** en allemand; vers l'allemand
Deutsche² M/F ⟨→ A⟩ Allemand(e) *m(f)*; **als ~(r)** en tant qu'Allemand(e); **sie ist (keine) ~** c'est (ce n'est pas) une Allemande
Deutscher M → Deutsche²
deutschfeindlich ADJ germanophobe; anti-allemand; **deutschfreundlich** ADJ germanophile; pro-allemand
Deutschherren MPL HIST chevaliers *mpl* teutoniques
Deutschklausur F contrôle *m* d'allemand
Deutschland N ⟨→ *n/pr*⟩ l'Allemagne *f*; **Bundesrepublik ~** République Fédérale d'Allemagne
Deutschlandfrage F ⟨~⟩ HIST question allemande; **Deutschlandfunk** M *radio couvrant toute l'Allemagne (siège Cologne)*; **Deutschlandlied** N hymne national allemand; **Deutschlandpolitik** F *nichtdeutscher Staaten* politique *f* à l'égard de l'Allemagne; HIST *aus deutscher Sicht* politique consacrée à la question allemande; **deutschlandpolitisch** ADJ HIST concernant la question allemande
Deutschlandreise F voyage *m* en Allemagne; **auf s-r ~** lors de son voyage en Allemagne
Deutschlehrer(in) M(F) professeur *m/f* d'allemand

deutschsprachig ADJ *Mensch, Land* de langue allemande; germanophone; *in deutscher Sprache* en allemand; en langue allemande; *Literatur* d'expression allemande; **deutschsprechend** ADJ → Deutsch; **deutschstämmig** ADJ d'origine allemande; de souche allemande

Deutschstunde F cours *m* d'allemand; **Deutschtum** N ⟨~s⟩ caractère, esprit allemand; tradition, civilisation allemande; germanitude *f*; **Deutschtümelei** F ⟨~; ~en⟩ *pej* chauvinisme allemand; **Deutschunterricht** M enseignement *m* de l'allemand; *Schulstunde* cours *m* d'allemand

Deutung F ⟨~; ~en⟩ interprétation *f*; explication *f*

Devise F ⟨~; ~n⟩ *(Wahlspruch)* devise *f*

Devisen FPL HANDEL devises *fpl*; **Devisenabkommen** N accord *m* sur les changes; **Devisenabteilung** F service *m* des changes; **Devisenausgleich** M compensations *fpl* en devises; **Devisenbeschränkungen** FPL restrictions *fpl* de change; **Devisenbestimmungen** FPL réglementations *fpl* des changes; **Devisengeschäft** N opération *f* de change; **Devisenhändler** M agent *m* de change; **Devisenkontrolle** F contrôle *m* des changes; **Devisenkurs** M cours *m* des changes; **Devisenmarkt** M marché *m* des devises, des changes; **Devisenrecht** N régime *m* des changes; **Devisenreserven** FPL réserves *fpl* en devises; **Devisenschmuggel** M trafic *m* de devises; **Devisenspekulation** F spéculation *f* sur les changes; **Devisenvergehen** N infraction *f* au contrôle des changes

devot ADJ **1** *pej (unterwürfig)* obséquieux, -ieuse **2** *(demütig)* humble

Devotionalien PL articles *mpl* religieux, de piété

Dextrose F ⟨~⟩ CHEM dextrose *m*

Dez *umg* M ⟨~es; ~e⟩ *(Kopf) umg* cafetière *f*

Dez. ABK (Dezember) déc. (décembre)

Dezember M ⟨~(s); ~⟩ (mois *m* de) décembre *m*; → *a.* Januar

dezent ADJ discret, -ète; *Licht a.* tamisé; *Musik a.* doux, douce; *Kleidung a.* décent

dezentral *geh* ADJ **1** *Strukturen, Stromversorgung etc* décentralisé **2** *(vom Mittelpunkt entfernt)* éloigné, loin du centre; **Dezentralisation** F décentralisation *f*; **dezentralisieren** V/T ⟨*pas de ge-*, h.⟩ décentraliser; **Dezentralisierung** F décentralisation *f*

Dezernat N ⟨~(e)s; ~e⟩ département *m*; service *m*; **Dezernent(in)** M ⟨~en; ~en⟩ (F) ⟨~in; ~innen⟩ chef *m* de service

Dezibel N ⟨~s; ~⟩ décibel *m*

dezidiert *geh* ADJT décidé

Dezigramm N décigramme *m*; **Deziliter** M *od* N décilitre *m*

dezimal ADJ décimal

Dezimalbruch M fraction décimale; **Dezimalklassifikation** F classification décimale; **Dezimalrechnung** F calcul décimal; **Dezimalstelle** F décimale *f*

Dezimalsystem N système décimal; numération décimale; **Umstellung** *f* **auf das ~** décimalisation *f*

Dezimalzahl F nombre décimal

Dezimeter M *od* N décimètre *m*

dezimieren V/T ⟨*pas de ge-*, h.⟩ décimer

DFB M ⟨~⟩ ABK (Deutscher Fußball-Bund) Fédération allemande de football

DGB M ⟨~⟩ ABK (Deutscher Gewerkschaftsbund) Fédération *f* des syndicats ouvriers allemands

dgl. ABK → dergleichen

d. Gr. ABK (der, die Große) le grand, la grande

d. h. ABK (das heißt) c.-à-d. (c'est-à-dire)

Di ABK (Dienstag) mar (mardi)

d. i. ABK (das ist) c.-à-d. (c'est-à-dire)

Dia N ⟨~s; ~s⟩ diapo *f*

Diabetes M ⟨~⟩ diabète *m*; **Diabetiker(in)** M ⟨~s; ~⟩ (F) ⟨~in; ~innen⟩ diabétique *m/f*

diabolisch *geh* ADJ diabolique

diachron(isch) ADJ diachronique

Diadem N ⟨~s; ~e⟩ diadème *m*

Diagnose F ⟨~; ~n⟩ diagnostic *m*; **e-e ~ stellen** établir un diagnostic

Diagnostik F ⟨~⟩ diagnose *f*

Diagnostiker(in) M ⟨~s; ~⟩ (F) ⟨~in; ~innen⟩ **ein guter ~, e-e gute ~in sein** établir de bons diagnostics

diagnostisch ADJ diagnostique; **diagnostizieren** V/T ⟨*pas de ge-*, h.⟩ diagnostiquer

diagonal **A** ADJ diagonal **B** ADV diagonalement; en diagonale; *umg* **~ lesen** lire en diagonale

Diagonale F ⟨~; ~n⟩ diagonale *f*

Diagramm N ⟨~s; ~e⟩ diagramme *m*

Diakon M ⟨~s *ou* ~en; ~e(n)⟩ REL diacre *m*

Diakonie F ⟨~⟩ œuvre *f* d'assistance de l'église évangélique; **diakonisch** ADJ ⟨*épithète*⟩ **1** KATH diaconal **2** PROT concernant l'œuvre d'assistance de l'église évangélique; **Diakonisse** F ⟨~; ~n⟩ PROT diaconesse *f*

diakritisch ADJ diacritique

Dialekt M ⟨~(e)s; ~e⟩ dialecte *m*; patois *m*

dialektal ADJ dialectal

Dialektausdruck M ⟨~(e)s; -drücke⟩ dialectalisme *m*; régionalisme *m*; mot patois; **Dialektforschung** F dialectologie *f*

Dialektik F ⟨~⟩ dialectique *f*

dialektisch ADJ dialectique; **~er Materialismus** matérialisme *m* dialectique

Dialer M ⟨~s; ~⟩ TEL, IT dialer *m*

Dialog M ⟨~(e)s; ~e⟩ dialogue *m* (*a.* IT); **den ~ eröffnen** établir le dialogue; **den ~ wieder in Gang bringen, wieder aufnehmen** renouer le dialogue

Dialogbetrieb M IT mode *m* conversationnel; **Dialogfeld** N IT boîte *f* de dialogue

Dialogform F **in ~** sous forme de dialogues; dialogué

dialogisch ADJ dialogique

Dialyse F ⟨~; ~n⟩ dialyse *f*; **Dialysezentrum** N centre *m* de dialyse

Diamant M ⟨~en; ~en⟩ diamant *m*

diamanten ADJ ⟨*épithète*⟩ de diamant(s); **~e Hochzeit** noces *fpl* de diamant; soixantième anniversaire *m* de mariage

Diamantenhändler M diamantaire *m*; **Diamantenkollier** N rivière *f* de diamants

Diamantnadel F broche *f* de diamants; **Diamantring** M bague (ornée) de diamants; **Diamantschleifer** M ⟨~s; ~⟩ tailleur *m* de diamants; diamantaire *m*; **Diamantschmuck** M bijou(x) orné(s) de diamants; **Diamantstaub** M poudre *f* de diamant; égrisé(e) *m(f)*

diametral **A** ADJ diamétral **B** ADV **~ entgegengesetzt** diamétralement opposé

Diana F ⟨→ *n/pr*⟩ **1** *prénom* **2** MYTH Diane *f*

Diapason M ⟨~s; ~s *ou* -sone⟩ MUS diapason *m*

Diaphragma N ⟨~s; -men⟩ ANAT, *Verhütungsmittel* diaphragme *m*

Diapositiv N ⟨~s; ~e⟩ diapositive *f*; **Diaprojektor** M projecteur *m* (de diapositives); **Diarahmen** M cadre *m* de diapositive

Diärese F ⟨~; ~n⟩ PHON diérèse *f*

Diarrhö(e) F ⟨Diarrhö(e); Diarrhöen⟩ MED diarrhée *f*

Diaspora F ⟨~⟩ KIRCHE diaspora *f*

Diastole F ⟨~; -tolen⟩ MED diastole *f*; **diastolisch** ADJ diastolique

Diät F ⟨~; ~en⟩ *(Schonkost)* régime *m* (alimentaire); **~ halten** être au régime; suivre un régime; **streng ~ leben, essen** suivre un régime sévère; **j-n auf ~** *(akk)* **setzen** mettre qn au régime

Diät... IN ZSSGN diététique; **Diätassistent(in)** M(F) diététicien, -ienne *m,f*

Diäten PL indemnité *f* (parlementaire)

Diätetik F ⟨~; ~en⟩ diététique *f*; **diätetisch** ADJ diététique

Diätjoghurt M *od* N yaourt allégé; **Diätkost** F aliments *mpl* de régime; **Diätkur** F régime *m*

diatonisch ADJ MUS diatonique

Diätplan M régime *m*; **Diätschokolade** F chocolat *m* diététique

dich PERS PR (*akk de* du) te; *unverbunden* toi; **ich sehe ~** je te vois; **freue ~!** réjouis-toi!

Dichotomie F ⟨~; ~n⟩ dichotomie *f*

dicht **A** ADJ **1** PHYS, *Menschenmenge, Verkehr* dense; *Masse* compact; *(gedrängt)* serré; *Nebel* dense; épais, épaisse; *Regen, Haar* dru; *Haar a.* épais; *Wald* touffu; *Gewebe* serré **2** *Gefäß* étanche; *Verschluss, fig* hermétique; *umg* **du bist wohl nicht ganz ~!** *umg* tu n'es pas un peu malade *od* fêlé(, par hasard)? **B** ADV **~ am Boden** tout près du sol; **~ an ~, ~ bei ~** l'un contre l'autre; (en rangs) serrés; **~ bei j-m** tout près de qn; **~ hinter, vor j-m** juste derrière, devant qn; **~ hintereinander** juste l'un derrière l'autre; **~ über dem Boden** au ras du sol; **~ bevorstehen** être imminent; **sein Geburtstag stand ~ bevor** on était à la veille de son anniversaire; **~ behaart** tout velu; **~ belaubt** touffu; **~ besetzt** plein à craquer; *(verziert)* couvert (**mit** de); **~ besiedelt, bevölkert** très peuplé; populeux, -euse; **~ bewachsen** tout couvert (**mit** de); **~ gedrängt** dense; serré; **~ schließen** fermer hermétiquement; **j-m ~ auf den Fersen sein** être sur les talons de qn

dichtbehaart, **dichtbelaubt**, **dichtbesetzt** ADJT *etc* → dicht B

Dichte F ⟨~⟩ **1** PHYS densité *f*; compacité *f* **2** *(Undurchlässigkeit)* étanchéité *f*; imperméabilité *f*

dichten[1] V/T ⟨-ete, h.⟩ TECH rendre étanche, imperméable; SCHIFF calfater; *Loch* boucher; *Fugen* remplir

dichten[2] V/T *u.* V/I ⟨-ete, h.⟩ *(schreiben)* composer; écrire; *Verse* faire (des vers)

Dichter(in) M ⟨~s; ~⟩ (F) ⟨~in; ~innen⟩ poète *m*, (femme *f*) poète *m*; poétesse *f*; *(Schriftsteller[in])* écrivain *m*; auteur *m*

dichterisch ADJ poétique

Dichterlesung F séance *f* de lecture (par l'auteur)

Dichterling M ⟨~s; ~e⟩ *pej* mauvais poète; rimailleur *m*

dichtgedrängt ADJT → dicht B; **dichthalten** *umg* V/I ⟨*irr, sép*, -ge-, h.⟩ garder bouche cousue; tenir sa langue

Dichtkunst F ⟨~⟩ art *m* poétique; poésie *f*

dichtmachen *umg* V/T ⟨*sép*, -ge-, h.⟩ *Geschäft, Lokal* fermer (définitivement)

Dichtung[1] F ⟨~; ~en⟩ TECH joint *m*; garniture *f*

Dichtung[2] F ⟨~; ~en⟩ *Kunst, Werk* poésie *f*; *(Literatur)* littérature *f*; *einzelnes Werk* poème *m*; œuvre *f* poétique; **~ und Wahrheit** fiction et vérité

Dichtungsgummi N caoutchouc *m* pour garnitures, pour joints; **Dichtungsmasse** F matériau *m* d'étanchéité; **Dichtungsmaterial** N matériau(x) *m(pl)* servant à étouper, à étancher; **Dichtungsring** M, **Dich-**

tungsscheibe F (rondelle f de) joint m

dick A ADJ épais, épaisse; Person, Tier gros, grosse; (angeschwollen) enflé; (~flüssig) épais, épaisse; umg fig Lob etc grossier, -ière; Kuss gros, grosse; **~e Milch** lait caillé; umg **sie sind ~e Freunde** umg ils sont très amis; **~ machen** Essen faire grossir; Kleid grossir; **~ werden** Person grossir; plus fort engraisser; Körperteile épaissir; s'empâter; **e-n Meter ~ sein** avoir un mètre d'épaisseur; **2 cm ~e Scheiben, Bretter** etc **schneiden** couper des tranches, planches, etc de 2 cm d'épaisseur; **etw in 2 cm ~e Scheiben schneiden** couper qc en tranches de 2 cm d'épaisseur; fig **mit j-m durch ~ und dünn gehen** aller au bout du monde avec qn; umg **es ~(e) haben** umg en avoir marre; umg **es nicht so ~(e) haben** ne pas rouler sur l'or; **~ und fett** gros, grosse et gras, grasse; umg **das ~e Ende kommt nach** od **noch** on n'a pas encore vu le pire; umg **es herrscht ~e Luft** ça va chauffer, barder; il y a de l'orage dans l'air B ADV **sich ~ anziehen** s'habiller chaudement; **etw mit etw ~ bestreichen** mettre une bonne couche de qc sur qc; **etw ~ unterstreichen** souligner qc d'un gros trait od en gras; **~ geschwollen** très enflé; umg **sie sind ~ befreundet** umg ils sont très amis

dickbauchig ADJ Gefäß pansu; très bombé; **dickbäuchig** ADJ Mensch, Tier ventru; ventripotent

Dickblatt N BOT crassule f; crassula m; **Dickdarm** M gros intestin; **Dickdarmentzündung** F MED colite f

dicke umg ADV largement (assez); **von etw ~ genug haben** avoir plus qu'assez de qc

Dicke[1] F ⟨~⟩ e-s Bretts, e-r Soße, Creme épaisseur f; e-r Mauer, e-s Menschen grosseur f; e-s Menschen a. embonpoint m; corpulence f

Dicke[2] umg M/F ⟨→ A⟩ (dicke Person) gros bonhomme, grosse bonne femme; als Kosewort mon gros, ma grosse

Dicker M → Dicke[2]

Dickerchen umg N ⟨~s; ~⟩ umg petit(e) gros, grosse

dickfellig ADJ Person insensible; **Dickfelligkeit** F ⟨~⟩ insensibilité f

dickflüssig ADJ épais, épaisse; visqueux, -euse; **Dickflüssigkeit** F ⟨~⟩ viscosité f

Dickhäuter M ⟨~s; ~⟩ ZOOL pachyderme m

Dickicht N ⟨~(e)s; ~e⟩ fourré m; taillis m; fig maquis m; fouillis m inextricable

Dickkopf umg M umg tête f de mule, de bois

dickköpfig umg ADJ têtu; buté; umg cabochard; **Dickköpfigkeit** F ⟨~⟩ entêtement m; obstination f; **dickleibig** ADJ corpulent; a. fig gros, grosse; **dicklich** ADJ rondelet, -ette; replet, -ète; **dickmachen** V/T → dick A

Dickmacher umg M ⟨~s; ~⟩ aliment m qui fait grossir; **Dickmilch** F lait caillé; **Dickschädel** M → Dickkopf; **Dickwanst** umg M ⟨~es; ¨~e⟩ umg gros lard; umg boule f, tas m de graisse

Didaktik F ⟨~; ~en⟩ didactique f; **Didaktiker(in)** M ⟨~s; ~⟩ (F) ⟨~in; ~innen⟩ didacticien, -ienne m,f; **didaktisch** ADJ didactique

die[1] SG F ⟨dat der; akk die⟩ A Artikel ⟨gen der⟩ Nominativ, akk la bzw. le bzw. vor Vokal und stummem h l'; gen de la bzw. du bzw. de l'; dat à la bzw. au bzw. à l'; **~ Frau** la femme; **~ Sonne** le soleil; **~ Auster** l'huître f; **was ist in der Flasche?** qu'est-ce qu'il y a dans la bouteille?; **gib der Lehrerin das Heft!** donne le cahier au professeur, umg à la prof!; umg **~ Elke hat gesagt, dass …** Elke a dit que …; umg **~ Dubarry** la Dubarry B DEM PR ⟨gen deren⟩ 1 ADJT cette bzw. ce(t); **~ Tasche (da) gehört mir nicht** ce sac n'est pas à moi; **zu der und der Zeit** à telle et telle époque, heure; betont **~ Halskette hat sie gestohlen** c'est ce collier qu'elle a volé; umg **~ Frau da** cette femme-là 2 SUBST **~ hier** celle-ci bzw. celui-ci; **~ da** celle-là bzw. celui-là; **meine Schwester und ~ von Eva** ma sœur et celle d'Eva od et la sœur d'Eva; **ich nehme ~ hier** je prends celle-ci bzw. celui-ci; iron **~ und arbeiten!** elle, travailler, jamais de la vie! C REL PR ⟨gen deren⟩ Nominativ qui; gen dont; nach präp a. de laquelle bzw. duquel; dat à qui; nach präp a. à laquelle bzw. auquel; akk que; **die Erste, ~ …** la première qui …; **sie war die Erste, ~ fertig war** a. elle fut la première à avoir terminé; **e-e Kollegin, der ich vertraue** une collègue en qui j'ai confiance

die[2] PL M/F/N A Artikel ⟨gen der; dat den; akk die⟩ Nominativ, akk les; gen des; dat aux; **~ Kinder der Freunde** les enfants des amis; umg **~ Horns** les Horn; **mit den Eltern in Urlaub fahren** partir en vacances avec ses parents B DEM PR 1 ADJT ⟨gen deren; dat denen; akk die⟩ Nominativ, akk ces; gen de ces; dat à ces; **~ Leute habe ich schon einmal gesehen** j'ai déjà vu ces gens quelque part; betont ces gens-là, je les ai déjà vus quelque part 2 SUBST ⟨gen deren bzw. derer; dat denen; akk die⟩ **~ hier** ceux-ci bzw. celles-ci; **~ da** ceux-là bzw. celles-là; geh **ich habe deren viele** j'en ai beaucoup; **die Zahl derer, die …** le nombre de ceux qui … C REL PR ⟨gen deren; dat denen; akk die⟩ Nominativ qui; gen dont; nach präp a. desquels bzw. desquelles; dat à qui; nach präp a. auxquels bzw. auxquelles; akk que; nach präp a. lesquels bzw. lesquelles; **die Letzten, ~ gingen** les derniers qui partaient, à partir; **die Leute, denen das Haus gehört** les gens à qui la maison appartient

Dieb(in) M ⟨~(e)s; ~e⟩ (F) ⟨~in; ~innen⟩ voleur, -euse m,f; **haltet den ~!** au voleur!; sprichw **Gelegenheit macht ~e** sprichw l'occasion fait le larron

Dieberei umg pej F ⟨~; ~en⟩ → Diebstahl

Diebesbande F bande f de voleurs; **Diebesbeute** F butin m (de voleur[s]); **Diebesgut** N butin m; **diebessicher** ADJ à l'abri des voleurs

diebisch A ADJ ⟨épithète⟩ voleur, -euse; **die ~e Elster** la pie voleuse (a. fig) B ADV **sich ~ freuen** se réjouir malicieusement

Diebstahl M ⟨~(e)s; ¨~e⟩ vol m; leichter larcin m; JUR **einfacher, schwerer ~** vol simple, qualifié; **geistiger ~** plagiat m

Diebstahlsicherung F AUTO antivol m; **Diebstahlversicherung** F assurance f contre le vol

diejenige → dasjenige

Diele F ⟨~; ~n⟩ 1 (Fußbodenbrett) planche f; madrier m; (Fußboden) plancher m 2 (Flur) vestibule m; entrée f

dienen V/I ⟨h.⟩ servir (**j-m** qn; **als** de); beim Militär faire son service militaire; **~ in** (+dat) servir dans; **~ zu** (+substantivierter inf) servir à (+inf); **j-m zu etw ~** servir à qn de qc; **womit kann ich ~?** qu'est-ce que je peux faire pour vous?; (en quoi) puis-je vous être utile?; **ist Ihnen damit gedient, wenn …?** est-ce que cela vous avancerait od arrangerait si …?; **damit ist mir nicht gedient** cela ne m'avance à rien od ne m'arrange pas

Diener M ⟨~s; ~⟩ 1 domestique m; serviteur m; **stummer ~** (Serviertisch) desserte f; für Kleider valet m (de nuit) 2 umg (Verbeugung) révérence f; **e-n ~ machen** s'incliner (devant qn)

Dienerin F ⟨~; ~nen⟩ domestique f

dienern V/I ⟨-(e)re, h.⟩ pej faire des courbettes, s'aplatir (**vor** [+dat] devant)

Dienerschaft F ⟨~⟩ domestiques mpl; gens mpl, employés mpl de maison; domesticité f

dienlich ADJ utile; **e-r Sache** (dat) **~ sein** servir à qc

Dienst M ⟨~(e)s; ~e⟩ 1 service m; **außer ~** en dehors du service; qui n'est pas de service; MIL, Beamte à la, en retraite; **~ nach Vorschrift** grève f du zèle; **Offizier** m **vom ~** officier m de service; **den ~ antreten** entrer en service; **zum ~ gehen** aller au bureau, au travail; **~ haben, im ~ sein**, umg **~ schieben** être de service; **~ habend, tuend** de service; Arzt de garde; **sich in den ~ e-r Sache stellen** se mettre au service d'une cause; geh **j-m zu ~en stehen** être aux ordres de qn; **j-m den ~ versagen** refuser ses services à qn; sprichw **~ ist ~(, und Schnaps ist Schnaps)** le travail, c'est le travail 2 **öffentlicher ~** fonction f publique; **im öffentlichen ~ sein, arbeiten** travailler dans la fonction publique; **einfacher, mittlerer, gehobener, höherer ~** in Frankreich etwa catégorie f D, C, B, A de la fonction publique 3 (Gefälligkeit, Nutzen) service m; **j-m e-n ~ erweisen** rendre (un) service à qn; **j-m (mit etw) e-n schlechten ~ erweisen** rendre à qn un mauvais service (avec qc); **(das ist) ~ am Kunden!** nous sommes toujours au service de notre clientèle!; Sache **j-m gute ~e leisten** rendre des services, de bons, grands services à qn

Dienstabteil N compartiment réservé au service

Dienstag M mardi m; → a. Montag

dienstägig ADJ ⟨épithète⟩ du mardi; **dienstäglich** ADJ ⟨épithète⟩ de tous les mardis

dienstags ADV le mardi; tous les mardis

Dienstalter N années fpl de service; ancienneté f; **Dienstälteste(r)** M/F(M) ⟨→ A⟩ le plus ancien, la plus ancienne; le doyen, la doyenne; **Dienstangelegenheit** F affaire f de service; **Dienstantritt** M entrée f en service, en fonction, en charge; **Dienstanweisung** F instruction f; **Dienstaufsicht** F contrôle m hiérarchique; **Dienstaufsichtsbeschwerde** F plainte f hiérarchique; **Dienstausweis** M laissez-passer m; carte f de service

dienstbar ADJ serviable; hum **~er Geist** aide f; domestique m/f; **sich** (dat) **etw ~ machen** savoir utiliser qc; **sich** (dat) **j-n ~ machen** s'assurer les services de qn

dienstbeflissen ADJ empressé; zélé

Dienstbereich M ressort m; compétence f; **dienstbereit** ADJ serviable; Apotheke de garde; **Dienstbereitschaft** F → Bereitschaft; **Dienstbezüge** MPL émoluments mpl; appointements mpl; **Dienstbote** M domestique m; **Dienstboteneingang** M entrée f de service; **Diensteid** M serment m promissoire (dans la fonction publique); **Diensteifer** M zèle m; empressement m; **diensteifrig** ADJ zélé; empressé; **Dienstenthebung** F suspension f de fonctions; **Dienstfahrt** F déplacement m de service; mission f

dienstfrei ADJ libre; **~ haben** ne pas être de service

Dienstgeheimnis N secret professionnel (dans la fonction publique); **Dienstgespräch** N TEL communication professionnelle; **Dienstgrad** M grade m; **diensthabend** ADJT de service; Arzt de garde; **Dienstherr** M patron m; **Dienstjahr** N année f de service; **Dienstjubiläum** N anniversaire m de l'entrée en service; **Dienstkleidung** F uniforme m; tenue f de service; **Dienstleister** M ⟨~s; ~⟩ prestataire m de services; **Dienstleistung** F (prestation f de) service m

Dienstleistungsbetrieb M prestataire m de services; **Dienstleistungssektor** M secteur m tertiaire; **Dienstleistungsun-**

ternehmen N prestataire *m* de services
dienstlich **A** ADJ de service; **~er Befehl** ordre *m* (de service); **~e Versetzung** déplacement *m*, mutation *f* d'office **B** ADV **~ verhindert** retenu par le service; **ich muss ~ nach München** mon travail m'envoie à Munich
Dienstmädchen N bonne *f*; **Dienstmarke** F carte *f* de service; insigne *m* (de la police); **Dienstmütze** F casquette *f*; képi *m*; **Dienstordnung** F règlement *m* (de service); **Dienstpersonal** N personnel *m* (de service)
Dienstpflicht F devoir *m* (de fonction); obligation *f* de service; **in Erfüllung s-r ~** dans l'accomplissement de sa fonction
Dienstpistole F pistolet *m* de service; **Dienstplan** M tableau *m* de service; **Diensträume** MPL bureaux *mpl*; **Dienstreise** F voyage, déplacement professionnel *od* pour raisons de service; mission *f*; **Dienstsache** F affaire officielle
Dienstschluss M fin *f* des heures de service; **nach ~** après les heures de service
Dienstsiegel N cachet officiel
Dienststelle F service *m*; bureau *m*; **zuständige ~** service compétent
Dienststempel M cachet officiel; **Dienststunden** FPL heures *fpl* de service, de bureau; **diensttauglich** ADJ MIL apte au service; **Diensttauglichkeit** F MIL aptitude *f* au service; **diensttuend** ADJT de service; *Arzt* de garde; **dienstunfähig** ADJ inapte au service; *wegen Krankheit* invalide; **Dienstunfähigkeit** F inaptitude *f*; incapacité *f*; *wegen Krankheit* invalidité *f*; **dienstuntauglich** ADJ MIL inapte au service; **Dienstuntauglichkeit** F MIL inaptitude *f* à servir
Dienstverhältnis N situation administrative (d'un fonctionnaire); **in e-m festen ~ stehen** avoir un emploi fixe
dienstverpflichten VT ⟨insép, pas de ge-, h., *les temps simples ne s'emploient pas dans une principale*⟩ réquisitionner
Dienstvertrag M contrat *m* (de service, de travail); **Dienstvorschrift** F règlement *m*, instruction *f* (de service); MIL consigne *f*; **Dienstwagen** M voiture *f* de fonction *od* de service
Dienstweg M voie *f* hiérarchique; **auf dem ~** par (la) voie hiérarchique
Dienstwohnung F logement *m* de service, de fonction; **Dienstzeit** F **1** (*tägliche Arbeitszeit*) temps *m*, heures *fpl* de service **2** (*Dienstjahre*) années *fpl* de service; **Dienstzeugnis** N certificat *m* de travail, de service
dies → diese
diesbezüglich ADJ ⟨épithète⟩ *u.* ADV à cet effet; sous ce rapport; à ce sujet
diese, **dieser**, **dieses** DEM PR ⟨*n a.* dies⟩ **1** ADJT ce *bzw. vor Vokal und stummem h* cet *bzw.* cette; *bei Gegenüberstellung* ce(t) ...-ci *bzw.* cette ...-ci; *pl* ces; **~r Tage** ces jours-ci; **~r Dieter ist doch ein Dummkopf** quel imbécile(, quand même,) ce Dieter!; *geh* **~ ihre Beobachtung** cette observation qu'elle a faite; **am dritten ~s Monats** le trois de ce mois; **~s Haus hat fünf Zimmer, jenes vier** cette maison-ci a cinq pièces, celle-là quatre **2** SUBST celui-ci, celle-ci, ceci *od* cela *od umg* ça; *pl* ceux-ci, celles-ci; **dies sind meine Schwestern** ce sont mes sœurs; *als Vorstellung* je vous présente mes sœurs; *weniger offiziell* voilà mes sœurs; **wir haben von ~m und jenem gesprochen** nous avons parlé de choses et d'autres; **dies und das** ceci et cela; toutes sortes de choses
Diesel M ⟨~(s); ~⟩ **1** (*~fahrzeug, ~motor*) diesel *m* **2** N ⟨~s⟩ ⟨*ni pl ni article*⟩ (*~kraftstoff*) gasoil *m od* gazole *m*
dieselbe DEM PR la même; → *a.* derselbe
Dieselkraftstoff M gasoil *m od* gazole *m*; **Diesellokomotive** F locomotive *f* diesel; **Dieselmotor** M (moteur *m*) diesel *m*; **Dieselöl** N gasoil *m od* gazole *m*
dieser, **dieses** → diese
diesig ADJ brumeux, -euse
diesjährig ADJ ⟨épithète⟩ de cette année; **diesmal** ADV cette fois(-ci); **diesseitig** ADJ qui est en deçà; qui est de ce côté; **diesseits** **A** ADV de ce côté **B** PRÄP ⟨gen⟩ en deçà de
Diesseits N ⟨~⟩ **das ~** la vie ici-bas
Dieter M ⟨→ *n/pr*⟩ *prénom*
Dietrich[1] M ⟨→ *n/pr*⟩ *prénom*
Dietrich[2] M ⟨~s; ~e⟩ TECH crochet *m*; passe-partout *m*; rossignol *m*; **mit e-m ~ aufmachen** crocheter
dieweil *geh* **A** KONJ **1** *zeitlich* pendant que **2** *kausal* parce que **B** ADV pendant ce-temps-là; entre-temps
diffamieren VT ⟨pas de ge-, h.⟩ diffamer; **Diffamierung** F ⟨~; ~en⟩ diffamation *f*
Differential *etc* → Differenzial *etc*
Differenz F ⟨~; ~en⟩ **1** (*Unterschied*) différence *f*; écart *m* **2** (*Unstimmigkeit*) différend *m*; désaccord *m*; **Differenzbetrag** M différence *f*
Differenzial N ⟨~s; ~e⟩ MATH différentielle *f*; AUTO différentiel *m*; **Differenzialgetriebe** N AUTO engrenage différentiel; **Differenzialgleichung** F équation différentielle; **Differenzialrechnung** F calcul différentiel
differenzieren ⟨pas de ge-, h.⟩ **A** VT **1** (*unterscheiden*) différencier; (*nuancieren*) nuancer **2** MATH différencier; calculer la différentielle de **B** VI différencier; faire la différence (**zwischen** [+dat] entre)
differenziert **A** ADJT nuancé; fin; subtil **B** ADVL avec nuance, finesse, subtilité; **Differenziertheit** F ⟨~⟩ finesse *f*; subtilité *f*
Differenzierung F ⟨~; ~en⟩ différenciation *f*
differieren *geh* VI ⟨pas de ge-, h.⟩ différer (**um** de)
diffizil *geh* ADJ difficile; *Aufgabe a.* ardu
diffus ADJ **1** OPT diffus **2** *fig* confus; **Diffusion** F ⟨~; ~en⟩ OPT, PHYS diffusion *f*
Digicam F ⟨~; ~s⟩ *umg* (*Digitalkamera*) APN *m*; appareil *m* photo numérique
digital ADJ digital; numérique
Digitalanzeige F affichage digital, numérique; **Digitalfernsehen** N télévision *f* numérique
digitalisieren VT ⟨pas de ge-, h.⟩ digitaliser; numériser; **Digitalisierung** F digitalisation *f*
Digitalkamera F appareil *m* photo numérique; **Digitalrechner** M calculateur *m* numérique; **Digitaltechnik** F technique *f* numérique; **Digitaluhr** F montre digitale, à affichage numérique
Diktafon, **Diktaphon** N ⟨~(e)s; ~e⟩ dictaphone® *m*
Diktat N ⟨~(e)s; ~e⟩ dictée *f*; **nach ~ schreiben** écrire sous la dictée; *geh* **dem ~ der Mode gehorchen** obéir, se plier à la tyrannie de la mode
Diktator M ⟨~s; -toren⟩ dictateur *m*; **diktatorisch** ADJ dictatorial; **Diktatur** F ⟨~; ~en⟩ dictature *f*
diktieren VT ⟨pas de ge-, h.⟩ dicter; **Diktiergerät** N dictaphone® *m*
Diktion F ⟨~; ~en⟩ diction *f*
Dildo M ⟨~s; ~s⟩ godemiché *m*
Dilemma N ⟨~s; ~s *ou* ~ta⟩ dilemme *m*
Dilettant(in) M ⟨~en; ~en⟩ (F) ⟨~in; ~innen⟩ amateur *m*; dilettante *m/f* (*beide a. pej*); **dilettantisch** ADJ en amateur; en dilettante (*beide a. pej*); **Dilettantismus** M ⟨~⟩ amateurisme *m*; dilettantisme *m* (*beide a. pej*)
Dill M ⟨~(e)s; ~e⟩ aneth *m*
Dimension F ⟨~; ~en⟩ dimension *f*
Diminutiv N ⟨~s; ~e⟩ GRAM diminutif *m*; **Diminutivform** F forme diminutive
Dimmer M ⟨~s; ~⟩ variateur *m* (de lumière)
Din ABK (Dinar) DIN (dinar)
DIN® ABK (Deutsche Industrie-Norm[en]) norme(s) industrielle(s) allemande(s); FOTO DIN
Dinar M ⟨~s; ~e, *mais* 5 ~⟩ *Währung* dinar *m*
DIN-A4-Blatt N feuille *f* de 21 × 29, 7 cm; **DIN-Format** N format *m* DIN
Ding N ⟨~(e)s; ~e⟩ **1** (*Sache*) chose *f*; (*Gegenstand*) objet *m*; PHIL **das ~ an sich** la chose en soi; *sprichw* **aller guten ~e sind drei** *sprichw* jamais deux sans trois **2** (*Angelegenheit*) affaire *f*; histoire *f*; **das ist ein ~ der Unmöglichkeit** cela est matériellement impossible; **wie ich die ~e sehe** à mon point de vue; **unverrichteter ~e zurückkehren** revenir bredouille; **das geht nicht mit rechten ~en zu** *umg* cela n'est pas très catholique; c'est une affaire louche; **es müsste nicht mit rechten ~en zugehen, wenn das nicht geschähe** cela se fera, à moins que le diable ne s'en mêle; ce serait bien le diable si ça ne se faisait pas; **nach Lage der ~e** selon la situation; **(so,) wie die ~e liegen** les choses étant ce qu'elles sont; dans l'état actuel des choses; **über den ~en stehen** être au-dessus des contingences; **vor allen ~en** avant toute chose; avant tout; *sprichw* **gut ~ will Weile haben** *sprichw* Paris ne s'est pas fait en un jour **3** *geh* **guter ~e sein** être de bonne humeur **4** *umg* ⟨*pl* ~er⟩ (*Mädchen*) **das arme ~** la pauvre enfant; la pauvrette; **dummes ~** (petite) sotte; **freches ~** impertinente *f* **5** *umg* ⟨*pl* ~er⟩ (*Dingsda*) *umg* machin *m*; *umg* truc *m*; **ein ~ drehen** faire, monter un (mauvais) coup; **das ist ja ein ~!** (ah ça,) par exemple!; tu parles d'une histoire, *umg* d'un truc!
dingen *geh* VT ⟨dingt, dingte, gedungen, h.⟩ *Mörder* soudoyer
dingfest ADJ **j-n ~ machen** mettre qn en état d'arrestation
Ding(h)i N ⟨Ding(h)is; Ding(h)is⟩ SCHIFF dinghy *m*; youyou *m*
dinglich ADJ réel, réelle
Dingo M ⟨~s; ~s⟩ ZOOL dingo *m*
Dings, **Dingsbums**, **Dingsda** *umg* M/F/N ⟨~⟩ *umg* truc *m*; *umg* machin *m*; **die (Frau) Dings, Dingsbums, Dingsda** *umg* madame Machin *od* Chose
Dingwort N ⟨~(e)s; ~er⟩ substantif *m*
dinieren *geh* VI ⟨pas de ge-, h.⟩ dîner
Dinkel M ⟨~s; ~⟩ BOT épeautre *m*
Dino *umg* M ⟨~s; ~s⟩, **Dinosaurier** M dinosaure *m*
Diode F ⟨~; ~n⟩ ELEK diode *f*
Diogenes M ⟨→ *n/pr*⟩ PHIL Diogène *m*
Diolen® N ⟨~(s)⟩ TEX tergal® *m*
dionysisch *geh* ADJ dionysiaque
Diopter N ⟨~s; ~⟩ OPT dioptre *m*; **Dioptrie** F ⟨~; ~n⟩ dioptrie *f*
Dioxan N ⟨~s⟩ CHEM dioxanne *m*
Dioxid N CHEM bioxyde *od* dioxyde *m*
Dioxin N ⟨~s; ~e⟩ CHEM dioxine *f*
Dioxyd → Dioxid
Diözesan M ⟨~en; ~en⟩ KATH diocésain *m*; **Diözese** F ⟨~; ~n⟩ KATH diocèse *m*
Dip M ⟨~s; ~s⟩ GASTR dip *m*
Diphtherie F ⟨~; ~n⟩ diphtérie *f*
Diphthong M ⟨~s; ~e⟩ PHON diphtongue *f*;

diphthongieren V/T (u. V/I) ⟨pas de ge-, h.⟩ (se) diphtonguer; **Diphthongierung** F ⟨~; ~en⟩ diphtongaison *f*

Dipl. ABK (Diplom...) diplômé

Dipl.-Ing. ABK (Diplomingenieur) ingénieur diplômé

diploid ADJ BIOL diploïde

Diplom N ⟨~s; ~e⟩ diplôme *m*; brevet *m*

Diplom... IN ZSSGN diplômé; **Diplomarbeit** F mémoire *m*

Diplomat(in) M ⟨~en; ~en⟩ (F) ⟨~in; ~innen⟩ diplomate *m/f*

Diplomatenkoffer M attaché-case *m*

Diplomatenlaufbahn F carrière *f* diplomatique; **die ~ einschlagen** embrasser la carrière diplomatique; entrer dans la diplomatie

Diplomatie F ⟨~⟩ *a. fig* diplomatie *f*

diplomatisch ADJ *a. fig* diplomatique; *Person* diplomate; **~e Antwort** réponse *f* diplomatique; **die ~en Beziehungen abbrechen** rompre les relations diplomatiques; **~er Dienst** service *m* diplomatique; diplomatie *f*; **das ~e Korps** le corps diplomatique; **~e Vertretung** mission *f* diplomatique

Diplomchemiker(in) M(F) chimiste diplômé(e)

diplomieren V/T ⟨*pas de ge-*, h.⟩ diplômer

Diplomingenieur(in) M(F) M ingénieur diplômé(e); **Diplomkaufmann** M, **Diplomkauffrau** F diplômé(e) *m(f)* d'une école supérieure de commerce; **Diplomlandwirt(in)** M(F) ingénieur *m* agronome; **Diplomphysiker(in)** M physicien, -ienne diplômé(e); **Diplomvolkswirt(in)** M(F) économiste diplômé(e)

Dipol M ⟨~s; ~e⟩ PHYS dipôle *m*; **Dipolantenne** F antenne *f* dipôle

Diptychon N ⟨~s; -chen *ou* -cha⟩ diptyque *m*

dir PERS PR (*dat de* du) te; *nach präp* toi; *betont* à toi; **er wird ~ helfen** il va t'aider; **nach ~!** après toi!; *als Antwort* **~!** à toi!; *umg* **mir nichts, ~ nichts** sans façon; tout bonnement; sans autre forme de procès

direkt **A** ADJ **1** *Weg etc* direct (*a. fig Frage, Kontakt, Vorgesetzter*, GRAM); GRAM **~e Rede** discours, style direct; BAHN, TEL **~e Verbindung** communication directe **2** *umg* (*unverblümt*) (trop) direct **B** ADV **1** (*ohne Umweg*) directement **2** (*live*) **~ übertragen** diffuser, retransmettre en direct **3** *vor präp* (*unmittelbar*) juste; **~ vorm Haus** juste devant la maison **4** *umg* (*unverblümt*) carrément; sans ménagement; sans prendre de gants **5** *umg* (*geradezu*) franchement; carrément

Direktbank F ⟨~; ~en⟩ banque directe; **Direktflug** M vol direct, sans escale

Direktheit F ⟨~⟩ franchise (brutale); franc-parler *m*

Direktion F ⟨~; ~en⟩ direction *f*; **die ~** *a.* les directeurs

Direktionsassistent(in) M(F) assistant(e) *m(f)* de direction; **Direktionsbüro** N bureau *m* de la direction, du directeur; **Direktionssekretärin** F secrétaire *f* de direction

Direktive F ⟨~; ~n⟩ directive *f*; instruction *f*

Direktmandat N POL mandat direct

Direktor M ⟨~s; -toren⟩ directeur *m*; *e-s Gymnasiums* proviseur *m*; **leitender ~** directeur général; **stellvertretender ~** directeur adjoint; sous-directeur *m*; **technischer ~** directeur technique; **~ der französischen Staatsbank** gouverneur *m* de la Banque de France

Direktorat N ⟨~(e)s; ~e⟩ direction *f*

Direktorin F ⟨~; ~nen⟩ directrice *f*; *e-s Gymnasiums* proviseur *m*; **stellvertretende, leitende ~** directrice adjointe, générale

Direktorium N ⟨~s; -ien⟩ comité *m* directeur; direction *f*

Direktreportage F reportage *m* en direct; **Direktsaft** M jus pressé; **Direktsendung** F RADIO, TV émission *f* en direct; **Direktübertragung** F retransmission *f* en direct; **Direktverkauf** M vente directe, sans intermédiaire; **Direktwahl** F POL suffrage direct; **Direktwerbung** F publicité *f* directe

Dirigent M ⟨~en; ~en⟩ chef *m* d'orchestre

Dirigentenpult N pupitre *m* (de chef d'orchestre); **Dirigentenstab** M baguette *f* de chef d'orchestre

dirigieren V/T *u.* V/I ⟨*pas de ge-*, h.⟩ diriger, conduire (un orchestre, une symphonie, *etc*)

Dirigismus M ⟨~⟩ WIRTSCH dirigisme *m*

Dirndl N ⟨~s; ~⟩ **1** (*Mädchen*) (jeune) fille *f* **2** (*Trachtenkleid*) dirndl *m*; robe tyrolienne; **Dirndlkleid** N → Dirndl 2

Dirne F ⟨~; ~n⟩ prostituée *f*

Dis, dis N ⟨Dis, dis; Dis, dis⟩ MUS ré *m* dièse

Disagio N ⟨~s; ~s *ou* -ien⟩ FIN perte *f* (au change, *etc*); décote *f*

Discjockey M disc-jockey *m*

Disco → Disko

Discounter M ⟨~s; ~⟩ WIRTSCH discounte(u)r *m*; **Discountgeschäft** N (magasin *m*) discount *m*; **Discountpreis** M prix réduit; discount *m*

Disharmonie F ⟨~; ~n⟩ **1** dissonance *f* **2** *fig* désaccord *m*

disharmonieren V/I ⟨*pas de ge-*, h.⟩ être dissonant; *fig* être en désaccord; **disharmonisch** ADJ discordant

Diskant M ⟨~s; ~e⟩ MUS dessus *m*; **erster, zweiter ~** °haut, bas dessus

Diskantschlüssel M clef *f* de dessus; **Diskantstimme** F dessus *m*

Diskette F ⟨~; ~n⟩ disquette *f*

Diskettenlaufwerk N lecteur *m* de disquettes

Diskjockey → Discjockey

Disko *umg* F ⟨~; ~s⟩ discothèque *f*; *umg* boîte *f*; **in die ~ gehen** *umg* aller en boîte

Diskomusik F (musique *f*) disco *m*

Diskont M ⟨~s; ~e⟩ FIN escompte *m*; **Diskonterhöhung** F augmentation *f* du taux d'escompte

diskontieren V/T FIN ⟨*pas de ge-*, h.⟩ escompter

diskontinuierlich ADJ discontinu

Diskontsatz M taux *m* d'escompte; **Diskontsenkung** F baisse *f bzw.* abaissement *m* du taux d'escompte

Diskoroller M ⟨~(s); ~⟩ patin *m* à roulettes disco

Diskothek F ⟨~; ~en⟩ discothèque *f*

diskreditieren *geh* V/T ⟨*pas de ge-*, h.⟩ discréditer

Diskrepanz F ⟨~; ~en⟩ écart *m* (**zwischen** [+*dat*] entre)

diskret ADJ discret, -ète; **Diskretion** F ⟨~; ~en⟩ discrétion *f*

diskriminieren V/T ⟨*pas de ge-*, h.⟩ discriminer; **diskriminierend** ADJT discriminatoire

Diskriminierung F ⟨~; ~en⟩ discrimination *f*; **positive ~** discrimination positive

Diskurs M ⟨~es; ~e⟩ *a.* LING, PHIL discours *m*; (*Abhandlung*) traité *m*

diskursiv ADJ discursif, -ive

Diskus M ⟨~ *ou* ~ses; -ken *ou* ~se⟩ SPORT disque *m*

Diskussion F ⟨~; ~en⟩ discussion *f* (**über** [+*akk*] de, sur); **e-e ~ auslösen** soulever une discussion; **etw zur ~ stellen** soumettre qc à la discussion; **zur ~ stehen** être à débattre; **das steht nicht zur ~** (*das ist jetzt nicht das Thema*) la discussion n'est pas là; (*das kommt nicht infrage*) il n'en est pas question

Diskussionsbeitrag M intervention *f* (dans un débat); **Diskussionsforum** N IT forum *m* (de discussion); groupe *m* de discussion; **Diskussionsgegenstand** M ⟨~(e)s⟩ objet *m* de la discussion; **Diskussionsgegner(in)** M(F) interlocuteur, -trice *m,f* adverse; contradicteur *m*; **Diskussionsgrundlage** F base *f* de discussion; **Diskussionsleiter(in)** M(F) animateur, -trice *m,f*, directeur, -trice *m,f* d'un débat; **Diskussionspartner(in)** M(F) personne *f* participant à une discussion; **Diskussionsteilnehmer(in)** M(F) intervenant(e) *m(f)*

Diskuswerfen N ⟨~s⟩ lancer *m* du disque; **Diskuswerfer(in)** M(F) lanceur, -euse *m,f* de disque; **Diskuswurf** M lancement *m* du disque

diskutabel ADJ ⟨-bl-⟩ à prendre en considération; acceptable

diskutieren V/T *u.* V/I ⟨*pas de ge-*, h.⟩ *abs* discuter; **(über) etw** (*akk*) **~** discuter (sur, de) qc

disparat *geh* ADJ disparate

Dispatcher M ⟨~s; ~⟩ dispatcher *m*; chef *m* de production

Dispens M ⟨~es; ~e⟩ *od* KATH, *österr* F ⟨~; ~en⟩ dispense *f*

dispensieren *geh* V/T ⟨*pas de ge-*, h.⟩ **j-n von etw ~** dispenser qn de (faire) qc

Dispersion F ⟨~; ~en⟩ CHEM, PHYS dispersion *f*

Dispersionsfarbe F peinture-émulsion *f*

Display N ⟨~s; ~s⟩ **1** HANDEL présentoir *m* **2** IT (*Anzeige*) affichage *m*; (*Datensichtgerät*) visuel *m*

disponibel ADJ ⟨-bl-⟩ disponible; **disponieren** V/I ⟨*pas de ge-*, h.⟩ disposer (**über** [+*akk*] de)

Disposition F ⟨~; ~en⟩ disposition *f*; **zur ~ stehen** être à la disposition (**j-m** de qn); être disponible (**j-m** pour qn)

Dispositionskredit M découvert autorisé; facilité *f* de caisse

Disput *geh* M ⟨~(e)s; ~e⟩ controverse *f* (**über** [+*akk*] sur, au sujet de)

Disqualifikation F disqualification *f*

disqualifizieren V/T (*u. fig* V/R) ⟨*pas de ge-*, h.⟩ (sich) **~** (se) disqualifier; **Disqualifizierung** F disqualification *f*

dissen *Jargon* V/T ⟨-(es)t, h.⟩ cracher sur

Dissens *geh* M ⟨~es; ~e⟩ divergence *f* (de vue) (**über** [+*akk*] sur, au sujet de)

Dissertation F ⟨~; ~en⟩ thèse *f* (de doctorat)

Dissident(in) M ⟨~en; ~en⟩ (F) ⟨~in; ~innen⟩ dissident(e) *m(f)*

dissonant ADJ dissonant; **Dissonanz** F ⟨~; ~en⟩ dissonance *f* (*a. fig*)

Distanz F ⟨~; ~en⟩ distance *f*

distanzieren ⟨*pas de ge-*, h.⟩ **A** V/T distancer **B** V/R **sich von etw, j-m ~** se désolidariser de qc, de qn; prendre ses distances

Distel F ⟨~; ~n⟩ chardon *m*; **Distelfink** M chardonneret *m*

Distichon N ⟨~s; -chen⟩ METRIK distique *m*

distinguiert *geh* ADJT distingué

Distribution F ⟨~; ~en⟩ *a.* WIRTSCH, LING distribution *f*; (*Verbreitung*) répartition *f*; **distributiv** ADJ distributif, -ive

Distrikt M ⟨~(e)s; ~e⟩ (*Bezirk*) district *m*; circonscription *f*

Disziplin F ⟨~; ~en⟩ discipline *f*

Disziplinargewalt F ⟨~⟩ pouvoir *m* disciplinaire

disziplinarisch ADJ disciplinaire

Disziplinarmaßnahme F mesure *f* disciplinaire; **Disziplinarstrafe** F sanction *f*

D

disciplinaire
Disziplinarverfahren N procédure *f* disciplinaire; **ein ~ gegen j-n einleiten** engager, intenter une procédure disciplinaire contre qn
Disziplinarweg M **auf dem ~** par voie disciplinaire
diszipliniert ADJT discipliné
disziplinlos ADJ indiscipliné; **Disziplinlosigkeit** F ⟨~⟩ (acte *m* d')indiscipline *f*
dito *umg* ADV idem
Diuretikum N MED ⟨~s; -ka⟩ diurétique *m*; **diuretisch** ADJ MED diurétique
Diva F ⟨~; ~s *ou* Diven⟩ *(Sängerin)* diva *f*; *(Schauspielerin)* star *f*
divergent ADJ divergent; **Divergenz** F ⟨~; ~en⟩ divergence *f*; **divergieren** V/I ⟨*pas de ge-*, h.⟩ diverger
diverse ADJ ⟨*pl, épithète*⟩ divers; différents
diversifizieren V/T *u.* V/I ⟨*pas de ge-*, h.⟩ WIRTSCH diversifier; **Diversifizierung** F ⟨~; ~en⟩ diversification *f*
Divertimento N ⟨~s; ~s *ou* -ti⟩ MUS divertissement *m*
Dividend M ⟨~en; ~en⟩ MATH dividende *m*
Dividende F ⟨~; ~n⟩ dividende *m*
Dividendenausschüttung F versement *m*, paiement *m* des dividendes
dividieren V/T ⟨*pas de ge-*, h.⟩ diviser
Divis N ⟨~(e)s; ~e⟩ TYPO *(Bindestrich)* trait *m* d'union
Division F ⟨~; ~en⟩ MATH, MIL division *f*
Divisor M ⟨~s; -soren⟩ MATH diviseur *m*
Diwan M ⟨~s; ~e⟩ divan *m*
DJ M ⟨~(s); ~s⟩ ABK (Discjockey) DJ *m* (disc-jockey)
d. J. ABK (dieses Jahres) de cette année; de l'année en cours
DJane F ⟨~; ~s⟩ *(weiblicher Discjockey)* Djette *f*
DJH M ⟨~⟩ ABK (Deutscher Jugendherbergsverband) Fédération allemande des Auberges de jeunesse
DKP F ⟨~⟩ ABK (Deutsche Kommunistische Partei) Parti communiste allemand
dkr ABK (dänische Krone) krd (couronne danoise)
dl ABK (Deziliter) dl (décilitre)
DLF ABK (Deutschlandfunk) *radio couvrant toute l'Allemagne (siège Cologne)*
DLRG F ⟨~⟩ ABK (Deutsche Lebens-Rettungs-Gesellschaft) Société allemande de secours aux noyés
dm ABK (Dezimeter) dm (décimètre)
DM ABK (Deutsche Mark) HIST DM *m*
d. M. ABK (dieses Monats) (du mois) courant; de ce mois
d-Moll N MUS ré *m* mineur
DNA F ⟨~⟩ ABK BIOL (deoxyribonucleic acid, Desoxyribonukleinsäure) ADN *m*; **DNA-Test** M test *m* ADN
DNS F ⟨~⟩ ABK BIOL (Desoxyribonukleinsäure) ADN *m* (acide désoxyribonucléique)
Do ABK (Donnerstag) jeu (jeudi)
do. ABK (dito) dito
DOB ABK (Damenoberbekleidung) prêt-à-porter féminin
Dobermann M ⟨~s; -männer⟩ ZOOL doberman *m*
doch A ADV 1 *unbetont* **du kommst ~?** mais tu viendras?; **kommen Sie ~!** venez donc!; **das kann ~ nicht dein Ernst sein!** tu ne parles quand même pas sérieusement!; **pass ~ auf!** fais donc attention!; **gib mir ~ bitte (mal) …** donne-moi donc …; **nicht ~!** mais non!; que non!; *tadelnd* laisse ça!; **ja ~!** mais oui!; en effet!; **du weißt ~, dass …** tu sais bien que …; **wenn es ~ wahr wäre!** si cela pouvait être vrai!; **das ist ~ zu albern!** c'est vraiment trop bête!; **du hast es ihm ~ gesagt?** tu le lui as dit, j'espère *od* quand même? 2 *betont* **und ~!** et pourtant!; **also ~!** quand même!; **er kam also ~?** il est quand même venu? 3 *als Antwort auf e-e verneinte Frage* **~!** si! B KONJ pourtant; cependant; mais
Docht M ⟨~(e)s; ~e⟩ mèche *f*
Dock N ⟨~s; ~s⟩ dock *m*; *(Trockendock)* cale sèche; bassin *m* de radoub; **im ~ liegen** être en cale (sèche); **auf ~ legen** mettre en cale (sèche)
Dockarbeiter M docker *m*
Docke F ⟨~; ~n⟩ 1 *(Garndocke)* écheveau *m* 2 *(Getreidedocke)* gerbe *f* 3 ARCH balustre *m* 4 *regional (Puppe)* poupée *f*
docken[1] V/T ⟨h.⟩ *Garn* mettre en écheveaux; *Getreide* mettre en gerbes
docken[2] V/T ⟨h.⟩ SCHIFF mettre en cale (sèche)
Dockgebühr F droits *mpl* de dock, de bassin; **Dockhafen** M bassin *m* à flot
Doge M ⟨~n; ~n⟩ HIST doge *m*
Dogenpalast M palais *m* des doges
Dogge F ⟨~; ~n⟩ dogue *m*; **Deutsche ~** dogue allemand; grand danois; **Englische ~** mastiff *m*
Dogma N ⟨~s; -men⟩ dogme *m*; **Dogmatik** F ⟨~; ~en⟩ dogmatique *f*; **Dogmatiker(in)** M ⟨~s; ~⟩ (F) ⟨~in; ~innen⟩ dogmatique *m/f*; **dogmatisch** ADJ dogmatique; **Dogmatismus** M ⟨~⟩ dogmatisme *m*
Dohle F ⟨~; ~n⟩ ZOOL choucas *m*
Doktor M ⟨~s; -toren⟩ 1 *Akademiker* docteur *m*; **~ der Medizin** docteur en médecine; **~ der Philosophie** docteur ès lettres; **~ der Rechte** docteur en droit; **~ der Naturwissenschaften** docteur ès sciences; **Herr ~ Müller** monsieur Müller; **Frau ~ Schmitz** madame Schmitz; **Herr, Frau ~!** Monsieur!, Madame! 2 ⟨*sans pl*⟩ *Titel* doctorat *m*; **den ~ haben** avoir son doctorat; **s-n ~ machen** passer son doctorat 3 *umg (Arzt)* docteur *m*; médecin *m*; **Herr, Frau ~!** docteur!; *kinderspr* **der Onkel ~** le docteur; **~ spielen** jouer au docteur
Doktorand(in) M ⟨~en; ~en⟩ (F) ⟨~in; ~innen⟩ doctorant(e) *m(f)*; *umg* thésard(e) *m(f)*
Doktorarbeit F thèse *f* de doctorat (**über** [+*akk*] sur); **Doktorgrad** M grade *m* de docteur
Doktorhut M toque carrée de docteur; *umg hum* **den ~ erwerben** *umg* décrocher son doctorat
Doktorin F ⟨~; ~nen⟩ 1 *Akademikerin* docteur *m* 2 *umg (Ärztin)* doctoresse *f*; (femme *f*) médecin *m*
Doktortitel M titre *m* de docteur; **Doktorvater** M patron *m* de thèse; **Doktorwürde** F doctorat *m*
Doktrin F ⟨~; ~en⟩ doctrine *f*; **doktrinär** ADJ doctrinaire
Doku F ⟨~; ~s⟩ *umg* ABK → Dokumentation, Dokumentarbericht, Dokumentarfilm
Dokument N ⟨~(e)s; ~e⟩ document *m*; *(Schriftstück) a.* pièce *f*
Dokumentar(in) M ⟨~s; ~e⟩ (F) ⟨~in; ~innen⟩ documentaliste *m/f*
Dokumentarbericht M documentaire *m*; **Dokumentarfilm** M (film *m*) documentaire *m*
dokumentarisch A ADJ documentaire B ADV **~ belegt** documenté; appuyé sur des documents
Dokumentation F ⟨~; ~en⟩ documentation *f*
dokumentieren ⟨*pas de ge-*, h.⟩ A V/T 1 documenter; prouver 2 *(bekunden)* manifester 3 *(darstellen)* montrer B V/R **sich ~** se manifester
Dolby-System® N procédé *m* dolby®
Dolch M ⟨~(e)s; ~e⟩ poignard *m*; **Dolchstoß** M coup *m* de poignard; **Dolchstoßlegende** F HIST légende *f* du coup de poignard dans le dos
Dolde F ⟨~; ~n⟩ BOT ombelle *f*
Doldenblütler MPL ombellifères *fpl*; **doldenförmig** ADJ ombelliforme; **Doldengewächse** NPL → Doldenblütler; **Doldenrispe** F panicule *f* ombelliforme; **doldenständig** ADJ ombellifère
Dole F ⟨~; ~n⟩ *schweiz* bouche *f* d'égout
doll *umg nordd* A ADJ 1 *(großartig) umg* formidable 2 *(verrückt) umg* dingue 3 *(schlimm) umg* terrible B ADV *(sehr) umg* terriblement; fortement
Dollar M ⟨~(s); ~s, *mais* 5 ~⟩ *Währung* dollar *m*; **Dollarkurs** M cours *m* du dollar; **Dollarzeichen** N symbole *m* du dollar
Dolle F ⟨~; ~n⟩ SCHIFF *bewegliche* tolet *m*; *feste* dame *f*
Dolmen M ⟨~s; ~⟩ dolmen *m*
dolmetschen ⟨h.⟩ A V/T faire l'interprétation de; traduire (oralement) B V/I **~ (bei)** servir d'interprète (à); faire l'interprète (auprès de)
Dolmetschen N ⟨~s⟩ activité *f* d'interprète; interprétariat *m*
Dolmetscher(in) M ⟨~s; ~⟩ (F) ⟨~in; ~innen⟩ interprète *m/f*; **Dolmetscherschule** F école *f* d'interprètes
Dolomit M ⟨~s; ~e⟩ GEOL dolomie *f*; MINER dolomite *f*
Dolomiten PL **die ~** les Dolomites *fpl*
Dom M ⟨~(e)s; ~e⟩ 1 KIRCHE cathédrale *f*; **der Kölner ~** la cathédrale de Cologne 2 TECH, GEOL, *poet* dôme *m*
Domain F ⟨~; ~s⟩ IT domaine *m*
Domäne F ⟨~; ~n⟩ *(Landgut; Spezialgebiet)* domaine *m*
Domestikation F ⟨~; ~en⟩ domestication *f*
domestizieren V/T ⟨*pas de ge-*, h.⟩ domestiquer
Domherr M chanoine *m*
Domina[1] F ⟨~; -nä⟩ REL supérieure *f* (d'un couvent)
Domina[2] F ⟨~; ~s⟩ *sexuell* dominatrice *f*
dominant ADJ *a.* BIOL dominant; *(tonangebend) a.* dominateur, -trice; qui mène
Dominante F ⟨~; ~n⟩ MUS, *fig* dominante *f*; **Dominanz** F ⟨~; ~en⟩ *a.* BIOL dominance *f*
Dominica N ⟨→ *n/pr*⟩ la Dominique
dominieren V/I ⟨*pas de ge-*, h.⟩ dominer; *(vorherrschen) a.* prédominer
Dominikaner(in) M ⟨~s; ~⟩ (F) ⟨~in; ~innen⟩ 1 REL dominicain(e) *m(f)* 2 GEOG Dominicain(e) *m(f)*; **Dominikanerorden** M ⟨~s⟩ ordre *m* des dominicains, de saint Dominique
dominikanisch ADJ dominicain; **die Dominikanische Republik** la République dominicaine
Domino[1] M ⟨~s; ~s⟩ *Kostüm* domino *m*
Domino[2] N ⟨~s; ~s⟩ *Spiel* dominos *mpl*; **Dominoeffekt** M effet *m* domino; **Dominostein** M 1 *Spielstein* domino *m* 2 GASTR *bonbon au chocolat fourré à la pâte de fruit*
Domizil *geh* N ⟨~s; ~e⟩ domicile *m*; **domizilieren** V/T ⟨*pas de ge-*, h.⟩ *Wechsel* domicilier
Domkapitel N KATH chapitre *m*; **Domkapitular** M ⟨~s; ~e⟩ KATH chanoine *m*; **Dompfaff** M ⟨~en *ou* ~s; ~en⟩ ZOOL bouvreuil *m*; **Dompropst** M prévôt *m* du chapitre
Dompteur M ⟨~s; ~e⟩, **Dompteuse** F ⟨-teuse; -teusen⟩ dompteur, -euse *m,f*
Donau ⟨→ *n/pr*⟩ **die ~** le Danube
Donauländer NPL pays danubiens; **Donaumonarchie** F ⟨~⟩ monarchie austro-

hongroise; **Donaustaat** M État danubien
Döner M ⟨~s; ~⟩ ABK → Dönerkebab
Dönerkebab M ⟨~(s); ~s⟩ GASTR kebab *m*
Donkosaken MPL Cosaques *mpl* du Don
Donner M ⟨~s; ~⟩ tonnerre *m*; **wie vom ~ gerührt** comme frappé par la foudre
Donnerbalken *umg* M *umg* tinettes *fpl*; MIL feuillées *fpl*
Donnerkeil M MINER bélemnite *f*; *umg* **~!** *umg* nom d'un chien *od* d'une pipe!; tonnerre (de Brest)!
Donnerlittchen *regional* **~!** diable!; diantre!
donnern ⟨-(e)re, h.⟩ **A** *umg* V/T **1** *(schleudern)* *umg* flanquer **2** *(schlagen)* **j-m eine, ein paar ~** *umg* flanquer un coup, des coups à qn **B** V/I **1** *Kanonen* tonner; *Zug* ⟨s.⟩ passer avec un bruit de tonnerre; **~der Applaus** tonnerre *m* d'applaudissements **2** *(wettern)* tonner, fulminer, tempêter (**gegen** contre) **3** *umg (schlagen)* cogner (**an** [+*akk*] à; **gegen** contre) **4** *umg* ⟨s.⟩ *(prallen)* **gegen etw ~** *Fahrzeug etc* percuter contre qc; **mit dem Kopf gegen etw ~** °heurter sa tête contre qc **C** V/UNPERS **es donnert** il tonne
Donnerschlag M coup *m* de tonnerre
Donnerstag M jeudi *m*; → *a.* Montag
donnerstägig ADJ ⟨*épithète*⟩ du jeudi; **donnerstäglich** ADJ ⟨*épithète*⟩ de tous les jeudis
donnerstags ADV le jeudi; tous les jeudis
Donnerstimme F voix tonitruante, de stentor
Donnerwetter *umg* N **1** **~!** *zornig umg* tonnerre de Dieu!; *erstaunt umg* fichtre!; ça, alors!; *bewundernd umg* merde alors!; **(zum) ~!** *umg* nom d'une pipe!; **wo, zum ~, ist …?** où diable peut être …? **2** *(heftige Vorwürfe) umg* engueulade *f*
doof ADJ ⟨döfer *ou* ~er, döfste *ou* ~ste⟩ bête; idiot; *(langweilig) umg* rasant; *umg* assommant; **Doofheit** *umg* F ⟨~⟩ niaiserie *f*
Doofi *umg* M ⟨~(s); ~s⟩ *umg* bêta, -asse *m,f*; niais(e) *m(f)*; *hum* **Klein ~ (mit Plüschohren)** simplet, -ette *m,f*
Doofmann *umg* M ⟨~(e)s; -männer⟩ *umg* ballot *m*; *umg* andouille *f*
Dopamin N ⟨~s⟩ PHYSIOL dopamine *f*
dopen V/T ⟨h.⟩ doper
Doping N ⟨~s; ~s⟩ dopage *m*; **Dopingkontrolle** F contrôle *m* antidopage; **Dopingmittel** N dopant *m*
Doppel N ⟨~s; ~⟩ double *m* (*a.* TENNIS); *e-s Schriftstücks a.* duplicata *m*; **gemischtes ~** double mixte
Doppeladler M WAPPENKUNDE aigle impériale, à deux têtes; **Doppelagent(in)** M(F) agent *m* double; **Doppelalbum** N double album *m*; **Doppelband** M ⟨~(e)s; -bände⟩ TYPO volume *m* double; **Doppelbelastung** F double tâche *f*; **Doppelbelichtung** F surimpression *f*; **Doppelbeschluss** M POL double décision *f*; **Doppelbesteuerung** F double taxation *f*, imposition *f*; **Doppelbett** N lits jumeaux; lit *m* à deux personnes; **Doppelbock** N *Bier* double bock *m*; **doppelbödig** ADJ ambigu, -uë; **Doppel-CD** F double CD *m*; **Doppeldecker** M ⟨~s; ~⟩ *Flugzeug* biplan *m*; *Bus* autobus *m* à impériale; **doppeldeutig** ADJ ambigu, -uë; à double sens; *a. pej* équivoque; **Doppelfehler** M TENNIS double faute *f*; **Doppelfenster** N fenêtre *f* à double vitrage; **Doppelflinte** F fusil *m* à double canon, à deux canons
Doppelgänger(in) M ⟨~s; ~⟩ (F) ⟨~in; ~innen⟩ sosie *m*; **Doppelgriff** M MUS double corde *f*; **Doppelhaus** N maisons jumelles; **Doppelhochzeit** F double(s) noce(s) *f(pl)*; **Doppelkinn** N double menton *m*; **Doppelklick** M ⟨~s; ~s⟩ IT double-clic *m*; **doppelklicken** V/I ⟨*insép, pperf* -ge-, h.⟩ IT cliquer deux fois, double-cliquer (**auf** [+*akk*] sur); **Doppelkonsonant** M consonne redoublée; **Doppelkopf** M ⟨~(e)s⟩ KARTENSPIEL doppelkopf *m*; **Doppellaut** M PHON diphtongue *f*; **Doppelleben** N ⟨~s⟩ double vie *f*; **Doppelmoral** F morale jésuite, casuiste, *weitS.* bourgeoise; **Doppelmord** M double assassinat *m*, meurtre *m*
doppeln V/T ⟨-(e)le, h.⟩ *Lochkarte* reproduire; dupliquer
Doppelnaht F couture anglaise; **Doppelname** M nom *m* double; **Doppelpass** M FUSSBALL passe redoublée; **Doppelpunkt** M deux-points *mpl*; **doppelreihig** ADJ à deux rangs; à double rang; **Doppelreime** MPL rimes redoublées; **Doppelrolle** F FILM, THEAT double rôle *m*; **Doppelsalz** N CHEM sel *m* double; **Doppelschlag** M MUS doublé *m*; **Doppelseite** F double page *f*
doppelseitig **A** ADJ bilatéral; des deux côtés; *Anzeige etc* sur deux pages; *Lungenentzündung etc* double **B** ADV **~ gelähmt** affecté d'une paralysie bilatérale
Doppelsieg M double victoire *f*; **doppelsinnig** ADJ ambigu, -uë; à double sens; équivoque; **Doppelsinnigkeit** F ⟨~⟩ ambiguïté *f*; double sens *m*; **Doppelspiel** N **1** TENNIS double *m* **2** *pej* double jeu *m*; **Doppelstecker** M fiche *f* bipolaire, double; **Doppelsterne** MPL étoiles *fpl* doubles
doppelstöckig ADJ à deux étages; *Fahrzeug* à impériale; *umg Whisky* double
Doppelstunde F heure *f* double
doppelt **A** ADJ double; **mit ~em Boden** à double fond; *fig Moral etc* à deux mesures; *(zweideutig)* ambigu, -uë; **~e Buchführung** comptabilité *f* (en partie) double; **~e Staatsbürgerschaft** double nationalité *f*; **ein ~er Whisky** un double whisky **B** ADV **1** doublement; **er ist ~ so alt wie ich** il a le double de mon âge; il est deux fois plus âgé que moi; **~ so viel** deux fois plus, autant; **~ sehen** voir double; *sprichw* **~ (genäht) hält besser** deux précautions valent mieux qu'une; *umg* **das ist ~ gemoppelt** c'est deux fois la même chose **2** *(besonders)* doublement; **jetzt ist es ~ schwer für sie** c'est devenu deux fois plus difficile pour elle; *umg* **~ und dreifach** doublement; excessivement; *umg* **~ und dreifach zählen** compter doublement
Doppelte[1] *umg* M ⟨→ A⟩ *Schnaps etc* double *m*
Doppelte[2] N ⟨→ A⟩ *(das Zweifache)* double *m*; **um das ~** du double
Doppelter M → Doppelte[1]
Doppeltes N → Doppelte[2]
doppeltgemoppelt ADJT → doppelt B 1
doppeltkohlensauer ADJ **doppeltkohlensaures …** bicarbonate *m* de …
Doppeltür F double porte *f*
Doppelung F ⟨~; ~en⟩ doublement *m*
Doppelverdiener M **1** PL *Ehepaar* ménage *m* à double salaire **2** personne *f* qui cumule deux salaires; **Doppelvergaser** M carburateur jumelé; **Doppelvokal** M voyelle *f* double; **Doppelzentner** M quintal *m*; **Doppelzimmer** N chambre *f* double
doppelzüngig ADJ double; faux, fausse; **Doppelzüngigkeit** F ⟨~⟩ duplicité *f*; fausseté *f*
Dopplereffekt M PHYS (effet *m*) Doppler *m*
Dopplung → Doppelung
Dorade F ⟨~; ~n⟩ ZOOL daurade *f*
Dorf N ⟨~(e)s; ⸚er⟩ village *m*; **auf dem ~** au village; **das olympische ~** le village olympique; *pej* **diese Stadt ist ein richtiges ~** cette ville est un vrai trou
Dorfanger M *regional* pré communal; **Dorfbewohner(in)** M(F) villageois(e) *m(f)*; habitant(e) *m(f)* du village; **Dorfgasthof** M auberge *f*; **Dorfgemeinde** F commune rurale; **Dorfgemeinschaft** F communauté villageoise; **Dorfjugend** F jeunesse villageoise, du village; **Dorfkrug** M → Dorfschenke
dörflich ADJ villageois
Dorfpfarrer M PROT pasteur *m*, KATH curé *m* de campagne; **Dorfschenke** F café *m* de *od* du village; **Dorfschule** F école *f* de *od* du village; **Dorfschulze** M maire *m* de village; **Dorftrottel** M idiot *m* du village
Doris F ⟨→ *n/pr*⟩ *prénom*
dorisch ADJ dorien, -ienne; *Säule etc* dorique
Dorn M ⟨~(e)s⟩ **1** ⟨*pl* ~en⟩ BOT épine *f*; *fig* **er ist mir ein ~ im Auge** il me hérisse; je ne le supporte pas **2** ⟨*pl* ~e⟩ TECH *e-r Türangel* broche *f*; *an Schnallen* ardillon *m*; METALL mandrin *m*; poinçon *m*
Dornbusch M buisson épineux, d'épines; BIBEL **der brennende ~** le buisson ardent
dornenförmig ADJ qui ressemble à une épine; spiniforme; **Dornenhecke** F °haie *f* d'épines; **Dornenkrone** F couronne *f* d'épines; **dornenlos** ADJ sans épines; **dornenreich** ADJ **1** épineux, -euse **2** *geh fig* rempli d'épreuves; °hérissé de difficultés
Dornfortsatz M ANAT apophyse épineuse
dornig ADJ épineux, -euse; °hérissé d'épines; *fig* → dornenreich 2
Dornröschen N la Belle au bois dormant; **Dornröschenschlaf** M *iron* léthargie *f*
Dorothea F ⟨→ *n/pr*⟩, **Dorothee** F ⟨→ *n/pr*⟩ *prénom*
dorren *geh* V/I ⟨s.⟩ (des)sécher
dörren V/T ⟨h.⟩ (des)sécher
Dörrfleisch N *südd* viande séchée; **Dörrobst** N fruits séchés
dorsal ADJ PHON, MED dorsal
Dorsch M ⟨~(e)s; ~e⟩ petite morue
dort ADV là; à cet endroit-là; *mit Bezug auf e-n vorher genannten Ort* y; **ich bin heute ~ gewesen** j'y suis allé, j'y étais aujourd'hui; **von ~ aus** de là(-bas); **~ oben** là-haut; **~ drüben** là-bas; **~ entlang** par là
dorther ADV **(von) ~** de là; de ce côté-là
dorthin ADV (de ce côté-)là; là-bas; *mit Bezug auf e-n vorhergenannten Ort* y
dorthinaus ADV (en sortant) par là; *umg* **frech bis ~** *umg* effronté comme pas un; *umg* **ich hab's satt bis ~** *umg* j'en ai plein le dos; *umg* j'en ai marre
dorthinein ADV (en entrant) par là; là-dedans
dortig ADJ ⟨*épithète*⟩ de là-bas; de cet endroit; **der ~e Arzt** le médecin de l'endroit; **die ~en Verhältnisse sind …** là-bas les conditions sont …; les conditions y sont …
DOS N ⟨~⟩ ABK IT (Disc Operating System) DOS *m*; S.E.D. *m* (système d'exploitation à disques)
DOSB M ⟨~⟩ ABK (Deutscher Olympischer Sportbund) Comité olympique et sportif allemand
Dose F ⟨~; ~n⟩ **1** *(Büchse)* boîte *f*; **in ~n** *(akk)* **einmachen** mettre en conserves **2** *(Steckdose)* prise *f* (de courant)
dösen *umg* V/I ⟨-(es)t, h.⟩ somnoler; sommeiller
Dosenbier N bière *f* en boîte(s); **Dosenmilch** F lait concentré (en boîte); **Dosenöffner** M ouvre-boîte *m*; **Dosenpfand** N *écotaxe sur les bouteilles, boîtes, canettes, etc*
dosieren V/T ⟨*pas de ge-*, h.⟩ doser; **Dosierung** F ⟨~; ~en⟩ dosage *m*

dösig *umg* ADJ *(schläfrig)* somnolent; endormi; *(stumpfsinnig)* hébété; abruti
Dosimeter N ⟨~s; ~⟩ dosimètre *m*
Dosis F ⟨~; Dosen⟩ dose *f*
Dossier N ⟨~s; ~s⟩ dossier *m*
Dost M ⟨~(e)s; ~e⟩ BOT origan *m*
Dotation F ⟨~; ~en⟩ dotation *f*
dotieren V/T ⟨*pas de ge-*, h.⟩ doter (**mit** de); **e-e gut dotierte Stelle** un poste bien rémunéré
Dotierung F ⟨~; ~en⟩ dotation *f*
Dotter M *od* N ⟨~s; ~⟩ 1 *(Eigelb)* jaune *m* d'œuf 2 ZOOL, BOT vitellus *m*; **Dotterblume** F → Sumpfdotterblume
dottergelb ADJ jaune d'œuf *(inv)*; **Dottersack** M ZOOL sac vitellin
doubeln V/T *u.* V/I ⟨-(e)le, h.⟩ FILM doubler
Double N ⟨~s; ~s⟩ FILM doublure *f*
Dover N ⟨→ *n/pr*⟩ Douvres; **die Straße von ~** le pas de Calais
down *umg* ADJ ⟨*attribut*⟩ **~ sein** *umg* déprimer; **ganz ~ sein** *umg* être en pleine déprime
Download M *od* N ⟨~s; ~s⟩ téléchargement *m*; **downloadbar** ADJ téléchargeable
downloaden V/T ⟨*insép*, -ete, *pperf* -ge-, h.⟩ IT télécharger
Downloaden N ⟨~s⟩ téléchargement *m*
Down-Syndrom N MED trisomie *f* 21
Dozent(in) M ⟨~en; ~en⟩ (F) ⟨~in; ~innen⟩ chargé(e) *m(f)* de cours; *weitS.* professeur *m/f* d'université
dozieren V/I ⟨*pas de ge-*, h.⟩ 1 **~ über** *(+akk)* donner un cours sur 2 *fig iron* pontifier
dpa F ⟨~⟩ ABK (Deutsche Presse-Agentur) agence allemande de presse
Dr ABK (Drachme) HIST DR (drachme)
DR ABK (Deutsche Reichsbahn) HIST chemins de fer allemands *(de l'ex-R.D.A., du IIe bzw. IIIe Reich)*
Dr. ABK (Doktor) D^r (docteur); **~ med.** docteur en médecine
Drache M ⟨~n; ~n⟩ MYTH dragon *m*
Drachen M ⟨~s; ~⟩ 1 *(Papierdrachen)* cerf-volant *m*; **e-n ~ steigen lassen** lancer un cerf-volant 2 *umg (zanksüchtige Frau)* mégère *f*; *umg* chipie *f* 3 SPORT deltaplane® *m*
Drachenbaum M BOT dragonnier *m*; dracéna *m*; **Drachenfliegen** N deltaplane *m*; vol *m* libre; **Drachenflieger(in)** M(F) libériste *m/f*; **Drachenkopf** M *Fisch* rascasse *f*
Drachme F ⟨~; ~n⟩ HIST *Währung* drachme *f*
Dragee, **Dragée** N ⟨-ees, -ées; -ees, -ées⟩ dragée *f*
Dragoner M ⟨~s; ~⟩ 1 HIST MIL dragon *m* 2 *umg (energische Frau) umg* dragon *m*; gendarme *m*; virago *f*
Draht M ⟨~(e)s; ~e⟩ 1 fil *m* métallique, de métal; *(Eisendraht)* fil *m* de fer 2 *(Leitung)* fil *m* électrique 3 *(Telefonverbindung)* liaison *f* téléphonique; POL **heißer ~** téléphone *m* rouge; *umg* **auf ~ sein** être dégourdi, malin
Drahtauslöser M FOTO déclencheur *m* à fil métallique; **Drahtbürste** F brosse *f* métallique; **Drahtesel** *umg hum* M vélo *m*; *umg* bécane *f*; **Drahtfunk** M diffusion *f* de programmes radio par fil (téléphonique); **Drahtgeflecht** N treillis *m* métallique; grillage *m*; **Drahtgitter** N → Drahtgeflecht; **Drahtglas** N verre armé; **Drahthaar** N *bei Hunden* poil dur, raide
drahtig ADJ *Bart* à poils raides; *(sehnig)* nerveux, -euse
Drahtkommode *umg hum* F *(Klavier)* piano *m*; **Drahtkorb** M corbeille *f* en fil métallique
drahtlos ADJ sans fil; **~e Telegrafie** radiotélégraphie *f*
Drahtschere F cisailles *fpl*; **Drahtseil** N câble *m* d'acier; *e-s Seiltänzers* corde *f* raide;
Drahtseilakt M numéro *m* de funambule, *a. fig* sur la corde raide; **Drahtseilbahn** F téléphérique *m*; *auf Schienen* funiculaire *m*; **Drahtstift** M TECH pointe *f*; **Drahtverhau** M *od* N réseau *m* de fils de fer (barbelés); **Drahtzange** F pince plate; **Drahtzaun** M grillage *m*; clôture *f* en fils de fer
Drahtzieher M ⟨~s; ~⟩ tréfileur *m*; *fig* **der ~ sein** tirer les ficelles
Drainage F ⟨~; ~n⟩ AGR, MED drainage *m*;
drainieren V/T ⟨*pas de ge-*, h.⟩ AGR, MED drainer
Draisine F ⟨~; ~n⟩ 1 HIST *Fahrrad* draisienne *f* 2 EISENBAHN draisine *f*
drakonisch ADJ draconien, -ienne
drall ADJ plantureux, -euse; **~es Mädchen** fille plantureuse
Drall M ⟨~(e)s; ~e⟩ 1 *von Garn etc*, TECH torsion *f* 2 *des Waffenlaufs* pas *m* de la rayure 3 *(Drehbewegung)* rotation *f*; *fig* POL **e-n ~ nach rechts haben** pencher vers la droite
Dralon® N ⟨~(s)⟩ TEX crylor® *m*
Drama N ⟨~s; -men⟩ drame *m* *(a. fig)*; *umg* **diese Reise war ein (einziges) ~!** ce voyage a été dramatique (d'un bout à l'autre)
Dramatik F ⟨~⟩ 1 *(Dichtkunst)* drame *m* 2 *(Spannung)* intensité *f* dramatique; **Dramatiker(in)** M ⟨~s; ~⟩ (F) ⟨~in; ~innen⟩ auteur *m* dramatique; dramaturge *m/f*; **dramatisch** ADJ *a. fig* dramatique; **dramatisieren** V/T ⟨*pas de ge-*, h.⟩ donner la forme d'un drame à; *fig* dramatiser; **Dramatisierung** F ⟨~; ~en⟩ dramatisation *f*
Dramaturg(in) M ⟨~en; ~en⟩ (F) ⟨~in; ~innen⟩ conseiller *m* dramatique; directeur *m* artistique; **Dramaturgie** F ⟨~; ~n⟩ dramaturgie *f*; direction *f* artistique; *(künstlerische Gestaltung)* réalisation *f*; **dramaturgisch** ADJ dramaturgique; *(gestalterisch)* qui concerne la réalisation
dran *umg* ADV → daran; **ich bin ~!** c'est mon tour!; c'est à moi!; **gut, schlecht ~ sein** aller bien, mal; **arm ~ sein** être à plaindre; **früh, spät ~ sein** être en avance, en retard; *an e-m Gerücht etc* **da ist was ~** il y a du vrai à cela, là-dedans; **da ist nichts ~** c'est faux; **man weiß nie, wie man mit ihm ~ ist** avec lui, on ne sait jamais où on en est *od* sur quel pied danser
Dränage → Drainage
dranbleiben *umg* V/I ⟨*irr, sép*, -ge-, s.⟩ ne pas lâcher qn, qc; *am Telefon* rester à l'écoute, en ligne; **bleiben Sie bitte dran!** ne quittez pas!
drang → dringen
Drang M ⟨~(e)s⟩ 1 *(Druck)* pression *f* 2 *(Antrieb)* élan *m* (**nach, zu** vers); désir *m* (de); soif *f* (de); *(Bedürfnis)* besoin *m* (de)
Drängelei *umg pej* F ⟨~; ~en⟩ bousculade *f*
drängeln *umg* V/T *u.* V/I ⟨-(e)le, h.⟩ pousser; bousculer
drängen ⟨h.⟩ A V/T pousser; **j-n ~, etw zu tun** presser qn de faire qc B V/I **die Zeit drängt** le temps presse; **die Angelegenheit drängt** l'affaire est urgente; **auf etw** *(akk)* **~** réclamer, exiger qc C V/UNPERS **es drängt mich zu** *(+inf)* j'éprouve le besoin de *(+inf)* D V/R **sich ~** se presser; se pousser
Drängen N ⟨~s⟩ poussée *f*; bousculade *f*; *bittendes* instance(s) *f(pl)*; **auf ~** *(akk)* **mehrerer Freunde** sur les instances, à la demande pressante de plusieurs amis
Drangsal *geh* F ⟨~; ~e⟩ détresse *f*; tourments *mpl*; **drangsalieren** V/T ⟨*pas de ge-*, h.⟩ tourmenter
dränieren → drainieren
drankommen *umg* V/I ⟨*irr, sép*, -ge-, s.⟩ passer; *in der Schule* être interrogé; **als Erster ~** passer en premier; **wer kommt jetzt dran?** c'est à qui (le tour)?; **du kommst dran** c'est à toi
drankriegen *umg* V/T ⟨*sép*, -ge-, h.⟩ *umg* avoir; **du hast mich ganz schön drangekriegt** *umg* tu m'as bien eu
drannehmen *umg* V/T ⟨*irr, sép*, -ge-, h.⟩ prendre; *in der Schule* interroger
drapieren V/T ⟨*pas de ge-*, h.⟩ draper; **Drapierung** F ⟨~; ~en⟩ draperie *f*
Dräsine → Draisine
drastisch A ADJ frappant; énergique; *Ausdrucksweise* expressif, -ive; **~e Maßnahmen** *fpl* mesures radicales, draconiennes B ADV *Preise* **~ erhöhen** augmenter excessivement
drauf *umg* ADV → darauf; **~ und dran sein, etw zu tun** être sur le point de, être prêt à faire qc; **gut ~ sein** *umg* avoir le moral, la pêche
Draufgänger M ⟨~s; ~⟩ *umg* fonceur *m*; *umg* casse-cou *m* *(inv)*; **draufgängerisch** ADJ *umg* fonceur, -euse; *umg* casse-cou *(inv)*
draufgehen *umg* V/I ⟨*irr, sép*, -ge-, s.⟩ 1 *(sterben) umg* y rester 2 **dabei geht viel Zeit drauf** on y passe, perd beaucoup de temps; **dabei geht viel Geld drauf** on y dépense beaucoup d'argent
draufhaben *umg* V/T ⟨*irr, sép*, -ge-, h.⟩ *Auto, Motorrad* **achtzig (Sachen) ~** faire du quatre-vingt; **nur dumme Sprüche ~** n'avoir que des bêtises à son répertoire; *umg* ne dire que des conneries; **was ~** *umg* être fort(iche); *umg* assurer
draufkommen *umg* V/I ⟨*irr, sép*, -ge-, s.⟩ → darauf 3; **drauflegen** *umg* V/T ⟨*sép*, -ge-, h.⟩ mettre dessus; *fig* payer en plus; *umg* mettre au bout
drauflos ADV droit au but; carrément; **drauflosgehen** *umg* V/I ⟨*irr, sép*, -ge-, s.⟩ *umg* y aller carrément; *umg* ne pas y aller par quatre chemins; **drauflosreden** *umg* V/I ⟨-ete, *sép*, -ge-, h.⟩ parler à tort et à travers; **drauflosschlagen** *umg* V/I ⟨*irr, sép*, -ge-, h.⟩ taper dans le tas; **drauflosschreiben** *umg* V/I ⟨*irr, sép*, -ge-, h.⟩ écrire au fil de la plume; **drauflosstürzen** V/I ⟨-(es)t, *sép*, -ge-, s.⟩ se jeter, se lancer, *umg* foncer dessus, dans le tas; **draufloswirtschaften** *umg* V/I ⟨-ete, *sép*, -ge-, h.⟩ dépenser sans compter
draufmachen V/T ⟨*sép*, -ge-, h.⟩ *umg* **einen ~** *umg* faire la bringue, la fête
draufschlagen *umg* V/T ⟨*irr, sép*, -ge-, h.⟩ → aufschlagen A 6
Draufsicht F vue *f* en plan
draufzahlen *umg* ⟨*sép*, -ge-, h.⟩ A V/T *(zusätzlich bezahlen)* payer en surplus B V/I *(Verluste haben)* subir des pertes; *a. fig* être perdant
draus *umg* → daraus
draußen ADV dehors; *(im Freien)* en plein air; *(in der Fremde)* à l'étranger; là-bas; **~ und drinnen** dehors et dedans; à l'extérieur et à l'intérieur; **~ vor der Tür** dehors devant la porte
Dreadlocks PL dreadlocks *fpl*
drechseln V/T ⟨-(e)le, h.⟩ 1 tourner; façonner, faire au tour 2 *umg fig* fignoler; soigner; polir
Drechsler M ⟨~s; ~⟩ tourneur *m*; **Drechslerarbeit** F 1 *Tätigkeit* travail *m* de tourneur 2 *Ergebnis* ouvrage fait au tour
Drechslerei F ⟨~; ~en⟩ 1 ⟨*sans pl*⟩ *Handwerk* art *m* du tourneur 2 *Werkstatt* atelier *m* de tourneur
Dreck M ⟨~(e)s⟩ 1 *umg (Schmutz)* boue *f*; saleté *f*; *von Tieren* crotte *f*; *(Abfälle)* ordures *fpl*; *sl* **ich mache mir e-n ~ daraus** *sl* je m'en fous; *sl* **du verstehst e-n ~ davon** *umg* tu n'y piges rien; *sl* **das geht dich e-n ~ an** *sl* qu'est-ce que ça peut bien te foutre!; *sl* **sie kümmert sich e-n ~ darum** *umg* elle s'en soucie comme

d'une guigne; *sl* elle n'en a rien à foutre, à cirer; *umg* **sich über jeden ~ ärgern** se fâcher pour un rien; *umg* **sich um jeden ~ kümmern** *umg* fourrer son nez partout; *umg* **~ am Stecken haben** *umg* avoir trempé dans une affaire; *umg* **j-n, etw in den ~ ziehen** traîner qn, qc dans la boue; *sl* **j-n wie den letzten ~ behandeln** traiter qn comme le dernier des derniers, *sl* comme une merde; *sl* **mach doch dein ~ allein!** débrouille-toi, *sl* démerde-toi tout seul! **2** *umg* (*Schund*) camelote *f*; saleté *f*

Dreckarbeit F **1** travail salissant **2** *fig umg* sale boulot *m*; *plus fort umg* boulot *m* merdique; **Dreckfink** *umg* M (petit) sale, *umg* cochon; (petite) sale, *umg* cochonne; **Dreckhaufen** *umg* M tas *m* d'ordures

dreckig *umg* **A** ADJ *a. fig* sale; **~es Lachen** sale rire *m*; rire *m* sarcastique **B** ADV **es geht ihm ~** *umg* il est dans la mouise, *sl* dans la merde

Dreckloch *sl* N clapier *m*; taudis *m*; **Drecksack** *sl* M *umg* corniaud *m*; **Drecksau** *sl* F *umg* (espèce *f* de) salopard *m*, salope *f*, dégueulasse *m/f*; **Dreckschwein** *sl* N *umg* (espèce *f* de) salaud *m*, salope *f*; **Dreckspatz** *umg* M *umg* petit cochon; *umg* petite cochonne; **Dreckstall** *umg pej* M porcherie *f*; **Dreckwetter** *umg* N temps *m* de chien, *umg* de cochon; sale temps *m*

Dreh *umg* M ⟨~s; ~s⟩ *umg* truc *m*; *umg* combine *f*; **auf den (richtigen) ~ kommen** *umg* trouver le truc, la combine; **den ~ raushaben** *umg* avoir trouvé le truc, la combine; **um den ~** à peu près

Drehachse F axe *m* de rotation; **Dreharbeiten** FPL tournage *m* (**zu** de); **Drehbank** F ⟨~; ⸚e⟩ tour *m*; **drehbar** ADJ pivotant; tournant; **Drehbewegung** F (mouvement *m* de) rotation *f*; **Drehbleistift** M portemine *m*; stylomine® *m*; **Drehbrücke** F pont tournant; **Drehbuch** N scénario *m*; **Drehbuchautor(in)** M(F) scénariste *m/f*; **Drehbühne** F THEAT plateau tournant; scène tournante

drehen ⟨h.⟩ **A** V/T tourner; (*winden*) tordre; *Hanf* corder; *Pillen* faire; *Film* tourner; *Zigarette* rouler; *umg* **ein Ding ~** faire un mauvais coup; *umg* **das Radio lauter ~** mettre la radio plus fort; *umg* **sie wusste es so zu ~, dass …** elle a su si bien tourner l'affaire que …; **du kannst es ~ und wenden, wie du willst** tu peux le regarder sous l'angle que tu veux, sous n'importe quel angle **B** V/I *Regisseur* tourner; *Schiff* virer de bord; *Wind* changer de direction; tourner **C** V/R **sich ~** tourner; **die Erde dreht sich um ihre Achse, um die Sonne** la terre tourne sur son axe, autour du soleil; **sich im Kreise ~** tournoyer; tourner sur soi-même; *fig* tourner en rond; *umg* **mir dreht sich alles (im Kopf)** la tête me tourne; *umg* **worum dreht es sich?** de quoi s'agit-il?; *umg* **darum dreht es sich nicht** la discussion n'est pas là; ce n'est pas de cela qu'il s'agit; il ne s'agit pas de cela; *umg* **es dreht sich darum, ob …** la question est de savoir si …; *umg* **um diesen Punkt dreht sich die ganze Sache** toute l'affaire porte sur ce point; *umg* **alles dreht sich um ihn** il est le centre d'intérêt

Dreher M ⟨~s; ~⟩ tourneur *m* (sur métaux)

Drehfeld N ELEK champ tournant; **Drehgestell** N EISENBAHN bogie *od* boggie *m*; **Drehimpuls** M quantité *f* de mouvement angulaire; **Drehknopf** M bouton *m*; **Drehkolbenmotor** M moteur *m* à piston rotatif; **Drehkraft** F PHYS force *f* de torsion; **Drehkran** M grue pivotante; **drehkrank** ADJ VET atteint du tournis; **Drehkrankheit** F ⟨~⟩ VET tournis *m*; **Drehkreuz** N tourniquet *m*; **Drehmoment** N PHYS moment *m*, couple *m* de rotation; **Drehorgel** F orgue *m* de Barbarie; **Drehort** M ⟨~(e)s; ~e⟩ FILM lieu *m* de tournage; **Drehpause** F arrêt *m* de tournage; **Drehpunkt** M pivot *m*; centre *m* de rotation; **Drehrestaurant** N restaurant tournant (sur plate-forme); **Drehschalter** M commutateur rotatif; **Drehscheibe** F **1** EISENBAHN, *fig* plaque tournante **2** TÖPFEREI tour *m*; **Drehsessel** M fauteuil pivotant; **Drehständer** M *für Bücher etc* tourniquet *m*; **Drehstrom** M ⟨~(e)s⟩ courant triphasé; **Drehstuhl** M chaise pivotante; **Drehtag** M FILM jour *m* de tournage; **Drehtisch** M table tournante, pivotante; OPT platine rotative; **Drehtür** F (porte *f* à) tambour *m*; porte tournante

Drehung F ⟨~; ~en⟩ tour *m*; rotation *f*; (*Windung*) torsion *f*; **e-e halbe, ganze ~** un demi-tour, un tour complet; **e-e ~ um … Grad** une rotation de … degrés

Drehwurm *umg hum* M **den ~ haben** *umg* avoir le tournis

Drehzahl F TECH nombre *m* de tours; régime *m*

Drehzahlbereich M TECH régime *m*; **im oberen, unteren ~** à plein, à bas régime

Drehzahlmesser M ⟨~s; ~⟩ compte-tours *m*; **Drehzeit** F FILM temps *m* de tournage

drei NUM trois; **~ Viertel** trois quarts (**von** de); **~ viertel Liter** trois quarts de litre; *regional* **~ viertel zwölf, eins** *etc* midi, une heure, *etc* moins le quart; *umg* **nicht bis ~ zählen können** *umg* être bête comme ses pieds; **für ~ essen** manger comme quatre, comme un ogre; *sprichw* **aller guten Dinge sind ~** *sprichw* jamais deux sans trois; → *a.* acht

Drei F ⟨~; ~en⟩ **1** *Zahl* (chiffre *m*, nombre *m*) trois *m*; → *a.* Acht[1] **2** *Schulnote* (*befriedigend*) assez bien; *in Frankreich etwa* douze *m*, treize *m* (sur vingt); **eine ~ schreiben, haben** *etwa* avoir douze (sur vingt)

Dreiachser M ⟨~s; ~⟩ véhicule *m* à trois essieux; **dreiachsig** ADJ à trois essieux; **Dreiachteltakt** M (mesure *f* à) trois-huit *m*; **Dreiakter** M ⟨~s; ~⟩ pièce *f* en trois actes

dreiarmig *etc* → achtarmig *etc*

Dreibettzimmer N chambre *f* à trois lits; **Drei-D-Film** M film *m* en relief

dreidimensional ADJ à trois dimensions; **~er Film** film *m* en relief

Dreieck N ⟨~(e)s; ~e⟩ triangle *m*; (*Zeichenwinkel*) équerre *f*; **gleichschenkliges ~** triangle isocèle; **gleichseitiges ~** triangle équilatéral; **rechtwinkliges ~** triangle rectangle

dreieckig ADJ triangulaire

Dreiecksgeschäft N opération *f* triangulaire; **Dreieckskomödie** F comédie *f* dont l'intrigue repose sur une relation à trois; **Dreiecksverhältnis** *umg* N ménage *m* à trois

dreieinhalb NUM trois et demi

dreieinig ADJ REL **der ~e Gott** Dieu *m* en trois personnes

Dreieinigkeit F ⟨~⟩ Trinité *f*

Dreier M ⟨~s; ~⟩ *südd, österr, schweiz* (*Drei*) trois *m*; → *a.* Drei 2

dreierlei ADJ ⟨*inv*⟩ trois sortes, espèces de …; trois … différent(e)s; de trois sortes, espèces différentes

dreifach **A** ADJ triple; → *a.* achtfach **B** ADV trois fois (plus); au triple; *falten etc* en trois; **~ vergrößert** agrandi trois fois

Dreifache(s) N ⟨→ A⟩ triple *m*; **Dreifachsteckdose** F prise *f* (de courant) triple; **Dreifachstecker** M fiche *f* tripolaire; **Dreifaltigkeit(sfest)** F ⟨~⟩ (N) (fête *f* de la) Trinité *f*; **Dreifamilienhaus** N maison *f* pour trois familles; **Dreifarbendruck** M ⟨~(e)s; ~e⟩ TYPO trichromie *f*; **dreifarbig** ADJ tricolore; à *od* de trois couleurs; **Dreifelderwirtschaft** F ⟨~⟩ assolement triennal; **Dreifuß** M trépied *m*; **Dreigestirn** *poet* N constellation *f* de trois étoiles; *fig* triade *f*; **Dreigroschenheft** N *pej* roman *m* de quatre sous, de bas étage, à l'eau de rose; **Dreigroschenoper** F opéra *m* de quat'sous; **Dreiheit** F ⟨~⟩ triade *f*

dreihundert NUM trois cent(s); **dreijährig** ADJ (*drei Jahre alt*) (âgé) de trois ans; (*drei Jahre lang*) de trois ans; qui dure trois ans; *t/t, Amtszeit etc* triennal; **Dreijährige(r)** M/F(M) ⟨→ A⟩ enfant *m/f* de trois ans; **dreijährlich** ADV (ADJ) (qui revient) tous les trois ans

Dreikampf M SPORT triathlon *m*; **Dreikant** N *od* M ⟨~(e)s; ~e⟩ corps *m* à trois arêtes; **Dreikantfeile** F lime *f* triangulaire; **Dreikäsehoch** *umg* M ⟨~s; ~(s)⟩ petit bout de chou; *umg* gosse °haut comme trois pommes; **Dreiklang** M triple accord *m*; **Dreikönige** PL ⟨*sans article*⟩, **Dreikönigsfest** N jour *m*, fête *f* des Rois; Épiphanie *f*

dreimal ADV trois fois; **dreimalig** ADJ ⟨*épithète*⟩ répété trois fois; triple

Dreimaster M ⟨~s; ~⟩ SCHIFF trois-mâts *m*; **Dreimeilenzone** F SCHIFF zone *f* (des eaux territoriales) de trois milles marins; **Dreimeterbrett** N *e-s Schwimmbads* tremplin *m* de trois mètres

drein *umg* → darein

dreinblicken V/I ⟨*sép*, -ge-, h.⟩ **nachdenklich, traurig** *etc* **~** avoir l'air pensif, triste, *etc*; **finster ~** avoir le regard, l'œil noir

dreinreden *umg* V/I ⟨-ete, *sép*, -ge-, h.⟩ se mêler (à la conversation); s'en mêler; **j-m ~** couper (la parole à) qn; **ich lasse mir nicht ~** je n'ai pas de conseil à recevoir

dreinschlagen *umg* V/I ⟨*irr, sép*, -ge-, h.⟩ *umg* taper dans le tas

Dreipfünder M ⟨~s; ~⟩ *Brot, Fisch etc* pain *m*, poisson *m*, *etc* de trois livres; **Dreipunktgurt** M ceinture *f* (de sécurité à) trois points (d'attache); **Dreirad** N *Kinderspielzeug* tricycle *m*; *für Lastentransport* triporteur *m*; **Dreiraumwohnung** F *bes ostdeutsch* trois-pièces *m*; **Dreisatz** M ⟨~es⟩, **Dreisatzrechnung** F ⟨-ung⟩ règle *f* de trois; **Dreisilber** M ⟨~s; ~⟩, **Dreisilbler** M ⟨-blers; -bler⟩ METRIK trisyllabe *m*; **Dreispitz** M ⟨~es; ~e⟩ tricorne *m*; **dreisprachig** ADJ trilingue; *Text a.* en trois langues; **Dreisprung** M triple saut *m*; **dreispurig** ADJ *Straße* à trois voies

dreißig NUM trente; **etwa, rund ~ (Personen)** une trentaine (de personnes); **etwa, rund ~ Jahre alt sein** avoir la trentaine; → *a.* achtzig

Dreißig F ⟨~⟩ (chiffre *m*, nombre *m*) trente *m*

dreißiger ADJ ⟨*inv*⟩ **die ~ Jahre** NPL les années *fpl* trente

Dreißiger(in) M ⟨~s; ~⟩ (F) ⟨~in; ~innen⟩ → Dreißigjährige(r); **Dreißigerjahre** NPL **die ~** les années *fpl* trente

dreißigjährig ADJ (*dreißig Jahre alt*) (âgé) de trente ans; (*dreißig Jahre lang*) qui dure trente ans; **der Dreißigjährige Krieg** la guerre de Trente Ans

Dreißigjährige(r) M/F(M) ⟨→ A⟩ homme *m*, femme *f* de trente ans

dreist ADJ effronté; *umg* culotté

dreistellig ADJ *Zahl* de trois chiffres

Dreisternehotel N hôtel *m* trois étoiles

Dreistigkeit F ⟨~; ~en⟩ audace *f*; effronterie *f*; *umg* culot *m*; *umg* toupet *m*

dreistimmig ADJ à trois voix; *Akkord* de trois sons; **dreistöckig** ADJ de *od* à trois étages; **Dreistufenrakete** F fusée *f* à trois étages; **dreistufig** ADJ *Rakete* à trois étages; **Drei-**

tagebart M barbe *f* de trois jours; **Dreitagefieber** N fièvre *f* des trois jours
dreitausend NUM trois mille
dreiteilig ADJ en trois parties; **dreiteiliger Anzug** costume *m* trois pièces
dreitürig ADJ à trois portes (*a. Auto*); **dreiviertel** → drei; **dreiviertellang** ADJ trois quarts

D

Dreiviertelmehrheit F majorité *f* des trois quarts; **Dreiviertelstunde** F trois quarts *mpl* d'heure; **Dreivierteltakt** M ⟨~(e)s⟩ mesure *f* à trois temps; trois-quatre *m*; **Dreiwegekatalysator** M AUTO catalyseur *m* à trois voies
dreiwertig ADJ CHEM trivalent; **Dreizack** M ⟨~(e)s; ~e⟩ trident *m*
dreizehn NUM treize; *umg* **jetzt schlägt's ~!** ça dépasse les bornes!; c'en est trop!; → *a.* acht
Dreizeiler M ⟨~s; ~⟩ METRIK tercet *m*; **dreizeilig** ADJ à *od* de trois lignes; **Dreizimmerwohnung** F trois-pièces *m*
Drempel M ⟨~s; ~⟩ BAU, SCHIFF jambette *f*; *bei e-r Schleuse* busc *m*
Dresche *umg* F ⟨~⟩ volée *f*; *umg* raclée *f*
dreschen V/T *u.* V/I ⟨drischt, drosch, gedroschen, h.⟩ 1 AGR battre 2 *umg* (*prügeln*) *umg* tabasser; *umg* cogner 3 *umg* **den Ball ins Tor ~** expédier le ballon dans le but
Drescher M ⟨~s; ~⟩ batteur *m*
Dreschflegel M AGR fléau *m*; **Dreschmaschine** F batteuse *f*
Dresden N ⟨→ *n/pr*⟩ Dresde
Dress M ⟨~ *ou* ~es; ~e⟩ SPORT tenue *f* (de sport)
Dresseur(in) M ⟨~s; ~e⟩ (F) ⟨~in; ~innen⟩ dresseur, -euse *m,f*
Dresseuse F ⟨~; ~n⟩ dresseuse *f*
dressieren V/T ⟨*pas de ge-*, h.⟩ dresser
dressiert ADJT *a. fig* dressé; *Tiere a.* savant; **darauf ~ sein, etw zu tun** être dressé à faire qc; **auf etw** (*akk*) **~ sein** être dressé pour qc
Dressing N ⟨~s; ~s⟩ sauce *f* (de salade)
Dressman M ⟨~s; Dressmen⟩ mannequin *m*; (*Fotomodell*) modèle *m*
Dressur F ⟨~; ~en⟩ dressage *m*; **Dressurpferd** N cheval *m* de dressage; **Dressurprüfung** F épreuve *f* de dressage; **Dressurreiten** N (équitation *f* de) dressage *m*
dribbeln V/I ⟨-(e)le, h.⟩ BALLSPIEL dribbler
Dribbling N ⟨~s; ~s⟩ BALLSPIEL dribble *m*; dribbling *m*
Drift F ⟨~; ~en⟩ (*Meeresströmung*) courant *m* de surface; *e-s schwimmenden Körpers* dérive *f*
driften V/I ⟨-ete, s.⟩ 1 SCHIFF aller à la dérive 2 *fig* POL **nach links, rechts ~** glisser à gauche, à droite
Drill M ⟨~(e)s⟩ MIL dressage *m*; entraînement *m* sévère, à la prussienne; **Drillbohrer** M drille *f*
drillen V/T ⟨h.⟩ 1 MIL dresser; entraîner; *fig* **auf etw** (*akk*) **gedrillt sein** être entraîné à qc 2 TECH faire tourner; *mit Drillbohrer* driller; percer à la drille 3 AGR semer en lignes
Drillich M ⟨~s; ~e⟩ TEX treillis *m*
Drilling M ⟨~s; ~e⟩ 1 un(e) *m(f)* des triplé(e)s; *pl* **~e** triplé(e)s *m(f)pl* 2 *Gewehr* fusil *m* à trois canons
drin *umg* ADV → darin; **das ist bei mir nicht ~** pas avec moi; **das ist (nicht) ~** *umg* ça (ne) marche (pas); **mehr als das ist nicht ~** il n'est pas possible d'aller plus loin; on ne peut pas faire plus; **es ist noch alles ~** rien n'est encore joué
dringen V/I ⟨dringt, drang, gedrungen⟩ 1 ⟨s.⟩ (*gelangen*) **aus etw ~** sortir de qc; s'échapper de qc; *Gerücht etc* **bis zu j-m ~** parvenir à qn; venir jusqu'à qn; **durch etw ~** passer à travers qc; traverser qc; transpercer qc; **in etw** (*akk*) **~** entrer, pénétrer dans qc; **in die Öffentlichkeit ~** transpirer; s'ébruiter 2 *geh* ⟨s.⟩ **in j-n ~** insister auprès de qn; **mit Fragen in j-n ~** presser qn de questions 3 ⟨h.⟩ (*bestehen*) **auf etw** (*akk*) **~** réclamer, exiger qc; **darauf ~, dass …** insister pour que … (*+subj*)
dringend A ADJ urgent; pressant; *Bitte* instant; *Verdacht* lourd; **~e Geschäfte** *npl* des affaires pressantes; **~e Notwendigkeit** nécessité urgente; urgence *f*; **in dem ~en Verdacht stehen, zu** (*+inf*) être très suspect de (*+inf*) B ADV d'urgence; **etw ~ benötigen** avoir un besoin pressant de qc; **j-n ~ auffordern, zu** (*+inf*) inviter qn d'une façon pressante à (*+inf*); presser qn de (*+inf*); **~ geboten sein** s'imposer; être d'une absolue nécessité; **~ raten, etw zu tun** conseiller, recommander vivement de faire qc
dringlich A ADJ pressant; urgent; d'urgence B ADV **etw ~ behandeln** s'occuper d'urgence, en priorité de qc
Dringlichkeit F ⟨~⟩ urgence *f*
Dringlichkeitsantrag M demande *f* de priorité; **Dringlichkeitsstufe** F ordre *m* de priorité; degré *m* d'urgence
Drink M ⟨~(s); ~s⟩ drink *m*
drinnen ADV dedans; à l'intérieur
drinstecken *umg* V/I ⟨*sép*, -ge-, h.⟩ être dedans; *fig* **es steckt viel in ihm drin** il promet (beaucoup); (*voraussehen können*) **da steckt man nicht drin** impossible de le savoir
dritt ADV **zu ~** à trois; → *a.* acht B
drittbeste(r, -s) ADJ (classé) troisième
dritte(r, -s) NUM troisième; *in einigen Wendungen* tiers, tierce; HIST **der ~ Stand** le tiers état; **die Dritte Welt** le tiers monde; **in der ~n Person schreiben** écrire à la troisième personne; **etw von ~r Seite erfahren** apprendre qc par un tiers; **der lachende Dritte** le troisième larron; JUR **e-m Dritten gegenüber** devant un tiers; JUR **Rechte Dritter** droits des tiers; **der Dritte im Bunde sein** faire partie du trio; *sprichw* **wenn zwei sich streiten, freut sich der Dritte** quand deux personnes se disputent, la troisième en profite; *umg* **im Dritten** *Programm umg* sur la trois; **zum Dritten!** *bei Versteigerungen* trois fois!; → *a.* achte(r, -s)
Drittel N ⟨~s; ~⟩ tiers *m*; (*Spielabschnitt*) période *f*
dritteln V/T ⟨-(e)le, h.⟩ partager en trois
drittens ADV troisièmement; en troisième lieu
Dritte-Welt-Laden M magasin *m* qui vend des produits du tiers monde
drittgrößte(r, -s) ADJ troisième (quant à la grandeur); **dritthöchste(r, -s)** ADJ troisième (en altitude, en °hauteur); **drittklassig** ADJ *pej* de troisième classe, catégorie
Drittland N ⟨~(e)s; ~̈er⟩ pays *m* tiers
drittletzte(r, -s) ADJ qui précède l'avant-dernier (l'avant-dernière); *Silbe* antépénultième; **der, die, das Drittletzte** le (la) troisième avant la fin
Drittstaat M État tiers
DRK N ⟨~⟩ ABK (Deutsches Rotes Kreuz) Croix Rouge allemande
droben *geh* ADV *südd, österr* là-haut; en °haut
Droge F ⟨~; ~n⟩ drogue *f*; **harte, weiche ~** drogue dure, douce; **unter ~n** (*dat*) **stehen** être drogué
drogenabhängig ADJ dépendant (de la drogue); toxicomane; **Drogenabhängige(r)** M/F(M) ⟨→ A⟩ drogué(e) *m(f)*; toxicomane *m/f*; **Drogenbekämpfung** F lutte *f* la contre drogue; **Drogenberatungsstelle** F service *m* d'aide aux toxicomanes; **Drogenhandel** M trafic *m* de (la) drogue; **Drogenkonsum** M consommation *f* de drogues; **Drogenmissbrauch** M abus *m* de drogues; **Drogensucht** F ⟨~⟩ toxicomanie *f*; **drogensüchtig** → drogenabhängig; **Drogenszene** F ⟨~⟩ milieu *m* de la drogue; **Drogentherapie** F traitement *m* des toxicomanies; **Drogentote(r)** M/F(M) victime *f* d'une overdose
Drogerie F ⟨~; ~n⟩ droguerie *f*; **Drogist(in)** M ⟨~en; ~en⟩ (F) ⟨~in; ~innen⟩ droguiste *m/f*
Drohbrief M lettre *f* de menaces, d'intimidation
drohen V/I ⟨h.⟩ **j-m (mit etw) ~** menacer qn (de qc); **uns droht ein Unglück** un malheur nous menace; **die Mauer droht einzustürzen** le mur menace de s'écrouler; **der Kranke drohte zu ersticken** le malade risquait de s'étouffer
drohend ADJT menaçant; *Gefahr* imminent
Drohgebärde F geste menaçant, de menace
Drohne F ⟨~; ~n⟩ 1 ZOOL faux bourdon 2 *fig pej* parasite *m*; fainéant(e) *m(f)*
dröhnen V/I ⟨h.⟩ résonner; retentir; *Motor* vrombir; **mir dröhnt der Kopf** j'ai la tête qui bourdonne
Dröhnen N ⟨~s⟩ retentissement *m*; *e-s Motors* vrombissement *m*
Drohung F ⟨~; ~en⟩ menace *f*; **e-e ~ ausstoßen** proférer une menace; **sie machte ihre ~ wahr und …** elle a réalisé sa menace, mis sa menace à exécution et …
drollig ADJ drôle; amusant
Dromedar N ⟨~s; ~e⟩ dromadaire *m*
Drops M *od* N ⟨~; ~⟩ bonbon acidulé
drosch → dreschen
Droschke F ⟨~; ~n⟩ 1 (*Pferdedroschke*) fiacre *m* 2 *früher* (*Taxi*) taxi *m*
Droschkenplatz M, **Droschkenstand** M ADMIN *früher* station *f* de taxis
Drossel F ⟨~; ~n⟩ 1 ZOOL grive *f* 2 → Drosselspule, Drosselventil
Drosselklappe F TECH papillon *m*, clapet *m*, soupape *f* d'étranglement
drosseln V/T ⟨-(e)le, h.⟩ 1 *Einfuhr, Geschwindigkeit etc* limiter; réduire; *Inflation* juguler; *Preise* freiner; *Motor* mettre au ralenti; *Gas, Heizung* baisser 2 TECH étrangler
Drosselspule F ELEK bobine *f* de réactance
Drosselung F ⟨~; ~en⟩ 1 *der Einfuhr etc* réduction *f* 2 TECH étranglement *m*
Drosselventil N TECH soupape *f* d'étranglement
drüben ADV de l'autre côté; au-delà
drüber *umg* ADV → darüber; **Schwamm ~!** passons l'éponge là-dessus!
Druck[1] M ⟨~(e)s; ~̈e⟩ 1 (*das Drücken*) pression *f* (*a.* PHYS, MED); (*Kompression*) compression *f*; *e-r Last* poids *m*; pesée *f*; **~ im Magen** pesanteur *f* d'estomac; **e-n ~ im Kopf haben** avoir la tête lourde 2 ⟨*sans pl*⟩ *fig* pression *f*; **~ und Gegendruck** action et réaction; **den ~ wegnehmen** décomprimer; **auf j-n ~ ausüben** exercer une pression sur qn; *umg* **im ~ sein** être bousculé, pressé; *finanziell* être dans la gêne; *umg* **~ hinter etw** (*akk*) **machen** faire avancer qc; **unter ~** (*akk*) **setzen** faire pression sur; presser; **unter ~** (*dat*) **stehen** être sous pression
Druck[2] M ⟨~(e)s; ~e⟩ TYPO 1 ⟨*sans pl*⟩ *Verfahren* impression *f*; **in ~** (*akk*) **geben** mettre sous presse; **im ~ sein** être sous presse 2 *Erzeugnis* impression *f*; (*Abdruck*) tirage *m*; (*Kunstdruck*) gravure *f*
Druckabfall M ⟨~(e)s⟩ chute *f* de pression; TECH décompression *f*; FLUG, RAUMFAHRT dépressurisation *f*; **Druckabnahme** F diminution *f*, réduction *f*, baisse *f* de pression;

Druckanstieg M ⟨~(e)s⟩ accroissement *m*, augmentation *f* de pression; **Druckanzug** M combinaison *f* anti-g; **Druckausgleich** M compensation *f* de pression; **Druckbleistift** M stylomine® *m*; portemine *m*

Druckbogen M feuille (imprimée *od* d'impression); **Druckbuchstabe** M caractère *m* d'imprimerie

Drückeberger *umg* M ⟨~s; ~⟩ *umg* tire-au-flanc *m*; *umg* planqué *m*

druckempfindlich ADJ sensible à la pression; **Druckempfindlichkeit** F sensibilité *f* à la pression

drucken VT *u.* VI ⟨h.⟩ imprimer; *(ab~)* tirer; *umg* **er lügt wie gedruckt** il ment comme un arracheur de dents, comme il respire

drücken ⟨h.⟩ A VT 1 presser; *(zu eng sein)* serrer; **etw aus etw ~** faire sortir qc de qc (en pressant); **e-n Stempel aufs Papier ~** apposer un cachet sur le papier; **die Nase an die Scheibe ~** écraser son nez sur la vitre; *umg* **j-n ~** serrer très fort qn (dans ses bras); **etw, j-n an sich** *(akk)* **~** serrer qc, qn contre soi; **etw in etw** *(akk)* **~** faire entrer qc dans qc (en pressant); **j-m zehn Euro in die Hand ~** glisser dix euros dans la main de qn; **den Hut tief ins Gesicht ~** enfoncer son chapeau; **j-m die Hand ~** serrer la main de, à qn; **etw breit, platt ~** aplatir, écraser qc 2 *geh Sorgen etc* oppresser; accabler 3 *Niveau* abaisser 4 *beim Kartenspiel* écarter 5 *beim Gewichtheben* développer B VI 1 presser; *(zu eng sein)* serrer; *Last* peser; **auf etw** *(akk)* **~** appuyer sur qc; *Film etc* **auf die Tränendrüsen ~** faire jouer la fibre sentimentale; *Aufschrift* **~** poussez 2 *Jargon (fixen) umg* se shooter C VR **sich in e-e Ecke ~** se blottir dans un coin; *umg* **sich vor etw** *(dat)* **~** se dérober à qc; *umg* **er hat sich gedrückt** *umg* il s'est défilé; *umg* **sich vor der Arbeit ~** *umg* tirer au flanc

Drücken N ⟨~s⟩ 1 *im Magen* pesanteur *f* 2 *beim Gewichtheben* développé *m*

drückend ADJT lourd; *Schweigen a.* pesant; *Hitze a.* accablant; *Atmosphäre* oppressant; *Wetter* **es ist ~** il fait lourd

Drucker M ⟨~s; ~⟩ 1 *(Buchdrucker)* imprimeur *m* 2 IT imprimante *f*

Drücker M ⟨~s; ~⟩ 1 *(Türgriff)* poignée *f*; *(Türöffner)* bouton *m*; *umg* **am ~ sitzen** être au poste, aux leviers de commande; *umg* **auf den letzten ~** au dernier moment 2 *am Gewehr* détente *f* 3 *Jargon (Hausierer)* démarcheur *m*

Druckerei F ⟨~; ~en⟩ imprimerie *f*

Druckerlaubnis F autorisation *f* d'imprimer

Druckerpresse F presse *f* d'imprimerie; **Druckerschwärze** F encre *f* d'imprimerie; **Druckerzeichen** N marque *f* d'éditeur

Druckerzeugnis N imprimé *m*; **Druckfahne** F épreuve *f*; **Druckfarbe** F encre *f* d'imprimerie; **Druckfehler** M faute *f* d'impression; coquille *f*; **Druckfehlerverzeichnis** N liste *f* des fautes d'impression; errata *m*; **druckfertig** ADJ TYPO bon à tirer; **druckfest** ADJ résistant à la (com)pression; **Druckfläche** F TYPO surface *f* d'impression; **Druckform** F forme *f* d'imprimerie; **druckfrisch** ADJ qui vient de sortir; **Druckkabine** F FLUG cabine pressurisée; **Druckkessel** M réservoir *m* de pression; **Druckknopf** M 1 TECH bouton-poussoir *m* 2 MODE bouton-pression *m*; **Druckkochtopf** M autocuiseur *m*; cocotte-minute® *f*; **Druckkosten** PL frais *mpl* d'impression; **Drucklegung** F ⟨~; ~en⟩ mise *f* sous presse

Druckluft F ⟨*sans pl*⟩ air comprimé; *in Zssgn oft* pneumatique; **Druckluftbremse** F frein *m* à air comprimé

Druckmaschine F machine *f* à imprimer; **Druckmesser** M ⟨~s; ~⟩ manomètre *m*; indicateur *m* de pression; **Druckmittel** N moyen coercitif, de coercition, de pression; **Druckpapier** N papier *m* d'imprimerie; **Druckplatte** F planche *f* d'imprimerie; **Druckpumpe** F pompe foulante, de pression; **Druckpunkt** M 1 PHYS *(Angriffspunkt)* point *m* de fatigue, d'application, de poussée 2 MED point douloureux, névralgique; **Druckregler** M ⟨~s; ~⟩ régulateur *m* de pression

druckreif A ADJ prêt à être imprimé; TYPO bon à tirer B ADV **~ reden** s'exprimer dans une forme parfaite

Drucksache F *bis 1993* imprimé *m*; **Druckschalter** M interrupteur *m* manométrique, à pression

Druckschrift F 1 *Schriftart* caractères *mpl* typographiques, d'imprimerie; **in ~** *(dat)* en capitales (d'imprimerie) 2 *Schriftwerk* imprimé *m*

drucksen *umg* VI ⟨-(es)t, h.⟩ hésiter (à parler)

Druckstelle F empreinte *f*; marque *f*; *Obst* meurtrissure *f*; talure *f*; **Druckstock** M cliché *m*; planche *f*; **Drucktaste** F touche *f*; **Druckventil** N soupape *f* de refoulement, de compression; **Druckverband** M bandage compressif; **Druckverfahren** N procédé *m* d'imprimerie, d'impression; **Druckvorlage** F TYPO copie *f*; **Druckwalze** F TYPO cylindre rotatif, d'impression; *für Zeugdruck* rouleau *m* d'impression; **Druckwasserreaktor** M réacteur *m* à eau sous pression; **Druckwelle** F 1 onde *f* de choc; souffle *m* 2 TECH arbre *m* de butée; **Druckzylinder** M TYPO, FOTO cylindre *m* d'impression

Druide M ⟨~n; ~n⟩ druide *m*

drum *umg* ADV → darum; **um etw ~ herum** autour de qc; **~ rumreden** tergiverser; *umg* tourner autour du pot; **sei's ~!** soit!; **eben ~!** (c'est) justement (pour ça)!; **das ganze Drum und Dran** (et) tout ce qui s'y rapporte, rattache

drunten ADV *südd, österr* en bas; là-bas

drunter *umg* ADV → darunter; **es ging alles ~ und drüber** tout était sens dessus dessous

Drusch M ⟨~(e)s; ~e⟩ battage *m*; *Ertrag* blé (battu)

Druse[1] F ⟨~; ~n⟩ 1 MINER druse *f* 2 VET gourme *f*

Druse[2] M ⟨~n; ~n⟩ REL *im Libanon, in Syrien* Druze *m*

Drüse F ⟨~; ~n⟩ glande *f*; **kleine ~** glandule *f*

Drüsenentzündung F *(Lymphknotenentzündung)* adénite *f*; inflammation *f* des ganglions lymphatiques; **Drüsenschwellung** F gonflement *m*, engorgement *m*, tuméfaction *f* ganglionnaire, des glandes

DSB M ⟨~⟩ HIST ABK (Deutscher Sportbund) fédération sportive allemande

Dschellaba F ⟨~; ~s⟩ *arabischer Kapuzenmantel* djellaba *f*

Dschibuti N ⟨→ *n/pr*⟩ (république *f* de) Djibouti; **Dschibutier(in)** M ⟨~s; ~⟩ (F) ⟨~in; ~innen⟩ Djiboutien, -ienne *m,f*; **dschibutisch** ADJ djiboutien, -ienne

Dschihad M ⟨~⟩ REL (d)jihad *m*

Dschingis Khan M ⟨→ *n/pr*⟩ Gengis Khan *m*

Dschungel M ⟨~s; ~⟩ *a. fig* jungle *f*; **das Gesetz des ~s** la loi de la jungle

Dschungelfieber N fièvre *f* des jungles; **Dschungelpfad** M sentier *m* (dans la jungle)

Dschunke F ⟨~; ~n⟩ jonque *f*

DSG F ⟨~⟩ ABK (Deutsche Schlafwagen- und Speisewagen-Gesellschaft) compagnie allemande des wagons-lits et des wagons-restaurants

DSL N ⟨~⟩ TEL, IT ABK (Digital Subscriber Line) DSL *m*

dt. ABK (deutsch) allemand

DTP N ⟨~⟩ ABK IT (Desktop-Publishing) PAO *f* (publication assistée par ordinateur)

Dtzd. ABK (Dutzend) douzaine

du PERS PR *beim Verb* tu; *alleinstehend od betont* toi; *vor voilà* te; **~ hast es getan** c'est toi qui l'as fait; **wenn ich ~ wäre** si j'étais toi; **mit j-m auf Du und Du stehen** être à tu et à toi avec qn; **da bist ~ ja endlich!** te voilà, enfin!; **j-n mit Du anreden** tutoyer qn; **~ zueinander sagen** se tutoyer; *sprichw* **wie ~ mir, so ich dir** je te rends la pareille

Du N ⟨~(s); ~(s)⟩ toi *m*; **j-m das ~ anbieten** proposer à qn de le tutoyer

dual ADJ dual; MATH binaire

Dual M ⟨~s; ~e⟩ GRAM duel *m*

Dualismus M ⟨~⟩ dualisme *m*; **dualistisch** ADJ dualiste

Dualität F ⟨~⟩ dualité *f*

Dualsystem N MATH système *m* binaire

Dübel M ⟨~s; ~⟩ cheville *f*; tampon *m*; *aus Metall* goujon *m*

dübeln VT ⟨-(e)le, h.⟩ cheviller

dubios ADJ douteux, -euse

Dublee N ⟨~s; ~s⟩ *Metall mit Edelmetallüberzug* doublé *m*

Dublette F ⟨~; ~n⟩ double *m*; MINER, GRAM doublet *m*; BOXEN, JAGD doublé *m*; **dublieren** VT ⟨*pas de ge-*, h.⟩ TEX doubler; *Metall* plaquer

ducken ⟨h.⟩ A VT *fig* **j-n ~** (r)abaisser, humilier qn B VR **sich ~** 1 se baisser; rentrer la tête; *zum Schutz* se blottir; se tapir 2 *fig* courber l'échine, s'aplatir (**vor** *[+dat]* devant)

Duckmäuser M ⟨~s; ~⟩ sournois(e) *m(f)*; dissimulateur, -trice *m,f*; *(Feigling)* couard(e) *m(f)*; **duckmäuserisch** ADJ sournois; dissimulé; *(feige)* couard

Dudelei *umg* F ⟨~; ~en⟩ scie *f*; air ressassé; rengaine *f*

dudeln *umg* ⟨-(e)le, h.⟩ A VT ressasser B VI faire de la mauvaise musique

Dudelsack M cornemuse *f*; *in der Bretagne* biniou *m*; **Dudelsackpfeifer** M ⟨~s; ~⟩ joueur *m* de cornemuse, de biniou

Duell N ⟨~s; ~e⟩ duel *m*; **j-n zum ~ (heraus)fordern** provoquer qn en duel

Duellant M ⟨~en; ~en⟩ duelliste *m*; **duellieren** VR ⟨*pas de ge-*, h.⟩ **sich ~** se battre en duel (**mit** avec; **um** pour)

Duett N ⟨~(e)s; ~e⟩ MUS duo *m* (de chant); **im ~** en duo

Duft M ⟨~(e)s; ~e⟩ odeur *f* agréable; parfum *m*; senteur *f*

dufte *umg* ADJ *umg* super *(inv)*; *umg* chouette

duften VI ⟨-ete, h.⟩ sentir bon; répandre, dégager une odeur agréable; **nach etw ~** sentir, fleurer qc

duftend ADJT odorant; qui sent bon; odoriférant

duftig ADJ vaporeux, -euse; léger, -ère

Duftkerze F bougie parfumée; **Duftmarke** F ZOOL marque *f* (d'un chien, *etc*); **Duftnote** F (nuance *f* de) parfum *m*; **Duftstoff** M parfum *m*; CHEM matière odorante; **Duftwasser** N ⟨~s; -wässer⟩ eau *f* de senteur; *hum* parfum *m*; **Duftwolke** F nuage *m* de parfum

Dukaten M ⟨~s; ~⟩ HIST ducat *m*

Duktus *geh* M ⟨~⟩ trait *m* (de plume)

dulden VT ⟨-ete, h.⟩ tolérer; souffrir; supporter; **ich werde nicht ~, dass …** je ne souffrirai pas que …; **nur geduldet sein** n'être que toléré; **das duldet keinen Aufschub** cela ne souffre aucun délai, retard; **keinen Widerspruch ~** ne supporter, n'admettre aucune contradiction

Dulder(in) M ⟨~s; ~⟩ (F) ⟨~in; ~innen⟩ souffre-douleur *m*; **Duldermiene** F *iron* air *m* de martyr(e)

duldsam ADJ tolérant; **Duldsamkeit** F ⟨~⟩ tolérance *f*

Duldung F ⟨~⟩ tolérance *f*

Duma F ⟨~⟩ POL Douma *f*

Dumdumgeschoss, *österr* **Dumdumgeschoß** N (balle *f*) dum-dum *f*

dumm A ADJ ⟨=er, =ste⟩ bête; (*töricht*) sot, sotte; *plus fort* stupide; idiot; (*unwissend*) ignorant; (*albern*) niais; **das ist zu ~!** c'est vraiment trop bête!; *umg* **so was Dummes!** c'est trop bête; *umg* **~ wie Bohnenstroh** bête à manger du foin; bête comme ses pieds; **~er Junge** nigaud *m*; **~e Gans** dinde *f*; *umg* bécasse *f*; **~es Zeug reden** raconter des bêtises, sottises, inepties; **das war ~ von mir** c'était bête de ma part; **schließlich wurde es mir zu ~** à la fin j'ai trouvé cela trop bête, j'en ai eu assez B ADV **frag nicht so ~!** cesse de poser des questions idiotes!; *umg* **j-n für ~ verkaufen** prendre qn pour un idiot; *umg* **j-m ~ kommen** être insolent vis-à-vis de qn; **sich ~ stellen** faire l'idiot, la bête; *umg* **sich ~ und dämlich (an etw** [*dat*]**) verdienen** *umg* gagner un argent fou (avec qc); *umg hum* **~ geboren und nichts dazugelernt** tu es *bzw.* il est, *etc* d'une bêtise incurable; on ne fera jamais rien de toi *bzw.* de lui, *etc*

Dummchen → Dummerchen

dummdreist ADJ bête et insolent

Dumme(r) M/F(M) ⟨→ A⟩ *umg* **e-n ~n finden** trouver une dupe, *umg* une bonne poire; *umg* **(immer) der, die ~ sein** être le dindon de la farce; *umg* être roulé(e); se faire toujours avoir

Dummejungenstreich M gaminerie *f*

Dummerchen N ⟨~s; ~⟩ gros(se) bêta(sse) *m(f)*; petit(e) sot(te) *m(f)*

Dummerjan *umg* M ⟨~s; ~e⟩ benêt *m*; nigaud *m*

dummerweise ADV (*aus Dummheit*) bêtement; par bêtise; (*durch misslichen Zufall*) malencontreusement; malheureusement

Dummheit F ⟨~; ~en⟩ 1 ⟨*sans pl*⟩ bêtise *f*; (*Torheit*) sottise *f*; *plus fort* stupidité *f*; imbécillité *f* 2 (*törichte Handlung*) ânerie *f*; sottise *f*; **(mach) keine ~en!** (ne fais) pas de bêtise!

dummkommen V/I → dumm B

Dummkopf M sot *m*, sotte *f*; idiot(e) *m(f)*; imbécile *m/f*

dümmlich A ADJ niais; simplet, -ette; *umg* bébête B ADV **~ grinsen** ricaner d'un air niais

dumpf ADJ 1 *Geräusch, Aufprall etc* sourd; *Laut* mat 2 *fig* (*unklar*) confus; vague

Dumpfbacke *umg* F *umg* débile *m/f*

Dumping N ⟨~s⟩ HANDEL dumping *m*; **Dumpingpreis** M prix *m* de dumping

dun *umg nordd* ADJ ⟨*attribut*⟩ *umg* bourré; *umg* paf (*inv*)

Düne F ⟨~; ~n⟩ dune *f*

Dünensand M sable *m* (des dunes)

Dung M ⟨~(e)s⟩ fumier *m*

Düngemittel N engrais *m*

düngen V/T ⟨h.⟩ fertiliser; engraisser; *Boden a.* amender; *mit Stallmist* fumer; *mit Kalk* chauler

Dünger M ⟨~s; ~⟩ engrais *m*

Düngung F ⟨~; ~en⟩ fertilisation *f*; *des Bodens a.* amendement *m*; *mit Stallmist* fumage *m*; fumaison *f*; fumure *f*; *mit Kalk* chaulage *m*

dunkel A ADJ ⟨-kl-⟩ 1 sombre; obscur; **es wird ~** il commence à faire nuit; **der Himmel wird ~** le ciel s'obscurcit; **die dunklen Vokale** les voyelles a, o, u; **im Dunkeln** dans l'obscurité; dans l'ombre 2 *Farben, Haar* foncé; *Teint* basané; *Bier* brun; *Brillengläser* teinté; fumé 3 *fig* (*unklar*) obscur; *Ahnung etc* vague; confus; *Ursprung etc* douteux, -euse; **dunkle Geschäfte** *npl* affaires *fpl* louches; **ein dunkler Punkt (im Leben e-s Menschen)** une tache (dans l'existence de qn); **im Dunkeln tappen** tâtonner; ne pas savoir à quoi s'en tenir; **j-n über s-e Absichten im Dunkeln lassen** laisser qn dans l'incertitude au sujet de ses intentions B ADV **sich ~ erinnern (an** [+*akk*]**)** se souvenir vaguement (de); avoir un vague souvenir (de)

Dunkel N ⟨~s⟩ *a. fig* obscurité *f*

Dünkel *geh* M ⟨~s⟩ *geh* outrecuidance *f*; suffisance *f*; présomption *f*

dunkelblau ADJ bleu foncé (*inv*); **dunkelblond** ADJ blond foncé (*inv*); **dunkelbraun** ADJ brun foncé (*inv*); *Pferde* bai; **dunkelgrau** ADJ gris foncé (*inv*); **dunkelgrün** ADJ vert foncé (*inv*); **dunkelhaarig** ADJ brun; qui a les cheveux bruns

dünkelhaft *geh* ADJ *geh* outrecuidant; présomptueux, -euse; suffisant

dunkelhäutig ADJ brun (de peau)

Dunkelheit F ⟨~⟩ *a. fig* obscurité *f*; **in der ~** dans l'obscurité; **bei, nach Einbruch der ~** à la nuit tombante; à la tombée de la nuit

Dunkelkammer F chambre noire

dunkeln *geh* V/UNPERS ⟨h.⟩ **es dunkelt** il commence à faire sombre, nuit; la nuit tombe

dunkelrot ADJ rouge foncé (*inv*); **Dunkelziffer** F estimation officieuse; nombre *m* des cas non recensés

dünken *geh* V/UNPERS *u.* V/R ⟨h.⟩ **mich** *od* **mir dünkt ...** il me semble, paraît que ... (+*ind*); **sich besser ~ als ...** se croire plus que ...

Dünkirchen N ⟨→ *n/pr*⟩ Dunkerque

dünn A ADJ 1 mince; *Papier* fin; *Stoff, Kaffee* léger, -ère; (*mager*) maigre; *Taille* fin; *Haare* fin; (*schütter*) rare; clairsemé; *Flüssigkeit* clair; *Luft* rare; raréfié; *Faden* ténu; *Stimme* grêle; fluet, -ette; **~ werden** s'amincir; *Haare* s'éclaircir 2 *fig* (*dürftig*) mince; (un peu) léger, -ère; inconsistant B ADV **etw ~ auftragen** appliquer une couche mince de qc; **~ besiedelt, bevölkert** peu peuplé; *umg* **~ gesät** rare; clairsemé

Dünndarm M intestin *m* grêle; **Dünndarmentzündung** F entérite *f*; **Dünndruckpapier** N papier *m* bible

dünnflüssig ADJ très fluide, liquide; **dünngesät** *umg* ADJT → dünn B; rare; clairsemé; **dünnhäutig** ADJ 1 à la peau fine; *geh* diaphane 2 *fig* (*empfindlich*) susceptible; chatouilleux, -euse

dünnmachen *umg* V/R ⟨*sép*, -ge-, h.⟩ **sich ~** *umg* filer (à l'anglaise, en douce)

Dünnpfiff *umg* M ⟨~(e)s⟩, **Dünnschiss** *sl* M *umg* courante *f*; *sl* chiasse *f*

Dunst M ⟨~(e)s; =e⟩ brume (légère); (*Ausdünstung*) exhalaison *f*; émanation *f*; (*Dampf*) vapeur(s) *f(pl)*; *umg* **j-m blauen ~ vormachen** en faire accroire à qn; *umg* **keinen (blassen) ~ von etw haben** n'avoir pas la moindre idée de qc

Dunstabzugshaube F °hotte aspirante

dünsten V/T ⟨-ete, h.⟩ cuire à l'étuvée, à la vapeur

Dunstglocke F couche *f* de fumée(s); smog *m*

dunstig ADJ brumeux, -euse; **es ist ~** il y a de la brume

Dunstkreis *geh* M atmosphère *f*; (*geistige Umgebung*) entourage *m*; sphère *f* d'influence; **Dunstschleier** M voile *m* de brume; **Dunstwolke** F voile *m* (de brume)

Dünung F ⟨~; ~en⟩ SCHIFF °houle *f*

Duo N ⟨~s; ~s⟩ MUS duo *m* (d'instruments); *fig hum* (*Paar*) duo *m*

Duodezimalsystem N ⟨~s⟩ système *m* de numération duodécimale

düpieren *geh* V/T ⟨*pas de ge-*, h.⟩ *geh* duper

Duplikat N ⟨~(e)s; ~e⟩ duplicata *m*; double *m*; **Duplizität** *geh* F ⟨~; ~en⟩ *der Ereignisse, Fälle* coïncidence *f*

Dur N ⟨~⟩ mode, ton majeur

durch A PRÄP ⟨*akk*⟩ 1 *räumlich* par; **(quer) ~** à travers; **das Haus ~ die Hintertür verlassen** quitter la maison par la porte de derrière; **~ ganz Deutschland reisen** voyager à travers toute l'Allemagne; **~ e-n Fluss schwimmen** traverser une rivière à la nage; **~ die Nase sprechen** parler du nez; nasiller; **sich** (*dat*) **e-n Weg ~ die Menge bahnen** se frayer un passage à travers la foule 2 (*mittels*) par; **~ die Post®** par la poste 3 *zeitlich* **das ganze Jahr (hin)~** (durant) toute l'année B ADV 1 *umg* (*vorbei*) **sechs Uhr ~** six heures passées 2 *umg* **~ und ~** complètement; pleinement; *umg* **~ und ~ nass sein** être trempé jusqu'aux os; *umg* **er ist ~ und ~ Künstler** il est artiste jusqu'au bout des ongles; *umg* **das ging mir ~ und ~** ça m'a saisi, pénétré jusqu'à la moelle (des os) 3 **~ sein** *Zug, Briefträger* être passé; *Gesetz* être voté; *Kranker etc* être °hors de danger; **mit etw ~ sein** (*fertig sein*) avoir fini qc; *umg* **bei j-m unten ~ sein** *umg* être coulé (dans l'estime de qn); ne plus compter pour qn 4 **~ sein** (*löchrig sein*) *Hose etc* être troué, percé 5 **~ sein** (*reif, gar sein*) *Käse* être fait; *Fleisch* être bien cuit

durchackern *umg* V/T ⟨-(e)re, *sép*, -ge-, h.⟩ travailler, étudier à fond

durcharbeiten ⟨-ete, *sép*, -ge-, h.⟩ A V/T 1 examiner, étudier à fond, d'un bout à l'autre 2 (*weiterarbeiten*) ne pas (s')arrêter de travailler pendant; **die Pause ~** travailler pendant la pause; **e-e durchgearbeitete** *od* **durcharbeitete Nacht** une nuit de travail 3 (*ausarbeiten*) parfaire; soigner 4 (*durchkneten*) pétrir B V/I travailler sans relâche, sans interruption C V/R **sich (durch etw) ~** se frayer un passage, un chemin (à travers qc); *fig durch ein Buch etc* avancer péniblement (dans qc)

durchatmen V/I ⟨-ete, *sép*, -ge-, h.⟩ **(tief) ~** respirer à fond

durchaus ADV absolument; **~ nicht** absolument pas; nullement; pas le moins du monde

durchbeißen ⟨*irr*, *sép*, -ge-, h.⟩ A V/T couper avec les dents B V/R *umg* **sich ~** faire son chemin, se tirer d'affaire en luttant; y arriver à la force du poignet

durchblasen V/I ⟨*irr*, *sép*, -ge-, h.⟩ **(durch etw) ~** souffler à travers (qc)

durchblättern V/T ⟨-(e)re, *sép*, -ge-, h.⟩ feuilleter; parcourir

Durchblick M 1 (*Ausblick*) vue *f* 2 *umg fig* **(überhaupt) keinen ~ haben** n'y comprendre *od* n'y connaître rien (du tout); *umg* être (complètement) dépassé; **den (absoluten) ~ haben** s'y connaître (très bien)

durchblicken V/I ⟨*sép*, -ge-, h.⟩ regarder à travers; *fig* **~ lassen** laisser entrevoir, entendre; **er hat ~ lassen, dass ...** il a fait comprendre que ...; *umg* **da blicke ich nicht durch** je n'y comprends rien; *umg* **blickst du da noch durch?** est-ce que tu t'y retrouves?

durchbluten[1] V/I ⟨-ete, *sép*, -ge-, h.⟩ *Wunde* saigner (au point de transpercer un pansement, *etc*); *Verband* être transpercé (par le sang)

durchbluten[2] V/T ⟨-ete, *insép*, *pas de ge-*, h.⟩ PHYSIOL irriguer

Durchblutung F ⟨~⟩ PHYSIOL irrigation sanguine; **Durchblutungsstörungen** FPL troubles *mpl* de la circulation (sanguine)

durchbohren[1] VT ⟨sép, -ge-, h.⟩ *Brett, Wand* percer
durchbohren[2] VT ⟨insép, pas de ge-, h.⟩ TECH perforer; (trans)percer; *fig* **mit Blicken ~** transpercer du regard
durchboxen *umg* ⟨sép, -ge-, h.⟩ **A** VT *Gesetz, Maßnahmen etc* faire passer *od* adopter **B** VR **sich ~** se frayer brutalement un chemin; *fig* s'en sortir à la force du poignet
durchbraten VT ⟨irr, sép, -ge-, h.⟩ bien cuire, rôtir; *Steak* **gut durchgebraten** bien cuit
durchbrechen[1] ⟨irr, sép, -ge-⟩ **A** VT ⟨h.⟩ *Gegenstand* casser **B** VI ⟨s.⟩ **1** *(zerbrechen)* se rompre **2** *(einbrechen)* s'enfoncer **3** *(hervorkommen)* sortir; *Sonne, Zähne a.* percer
durchbrechen[2] VT ⟨irr, insép, pas de ge-, h.⟩ *Hindernis* enfoncer; *Blockade* forcer; *fig Regeln* violer; **die Schallmauer ~** franchir le mur du son
durchbrennen VI ⟨irr, sép, -ge-, s.⟩ **1** *Sicherung* sauter; *Glühbirne* griller; *umg fig* **mir ist die Sicherung durchgebrannt** j'ai perdu la tête, *umg* la boule **2** *umg fig umg* filer; *Kind* faire une fugue
durchbringen ⟨irr, sép, -ge-, h.⟩ **A** VT **1** *Gesetz etc* faire passer, adopter **2** *Kranke* sauver; tirer d'affaire; *Kandidaten* faire réussir **3** *Vermögen* dissiper; manger **B** VR **sich ~** gagner (péniblement) sa vie
durchbrochen ADJT *Stickerei etc* ajouré
Durchbruch M **1** *e-r Straße, e-s Tunnels* percée *f*; *e-s Damms* rupture *f*; *von Wasser* irruption *f* **2** MIL, SPORT, *fig* percée *f*; *fig* **zum ~ kommen** se faire jour; **e-r Sache** *(dat)* **zum ~ verhelfen** faire triompher qc
durchchecken VT ⟨sép, -ge-, h.⟩ contrôler (en détail); vérifier; **durchdacht** ADJT bien conçu; *Plan* élaboré; préparé; *Antwort* (mûrement) réfléchi; **durchdenken** VT ⟨irr, insép, pas de ge-, h.⟩ examiner à fond; considérer sous tous les aspects
durchdiskutieren VT ⟨sép, pas de ge-, h.⟩ discuter (en détail); **durchdrehen** ⟨sép, -ge-⟩ **A** VT ⟨h.⟩ *Fleisch etc* passer au hachoir **B** VI **1** ⟨h.⟩ *Räder* patiner **2** *umg* ⟨h. *ou* s.⟩ *umg* disjoncter; *umg* péter les plombs
durchdringen[1] VT ⟨irr, insép, pas de ge-, h.⟩ *Kälte* transpercer; *Flüssigkeit* imprégner; s'infiltrer dans; **sich von etw ~ lassen** se laisser envahir, pénétrer par qc
durchdringen[2] VI ⟨irr, sép, -ge-, s.⟩ *Feuchtigkeit etc* pénétrer; *Nachrichten* **~ ([bis] zu)** arriver (jusqu'à); parvenir (à)
durchdringend ADJT *Strahl, Blick* perçant; *Stimme a.* strident
durchdrücken VT ⟨sép, -ge-, h.⟩ **1** *Knie* tendre **2** *Püree etc* passer **3** *umg fig (durchsetzen)* (réussir à) imposer
durchdrungen ADJT pénétré (**von** de); imbu (de)
durcheinander ADV *(ungeordnet)* pêle-mêle; en désordre; sens dessus dessous; **ganz ~ sein** *(verwirrt) umg* être sens dessus dessous; être tout retourné; → durcheinanderbringen, durcheinandergehen, durcheinandergeraten *etc*
Durcheinander N ⟨~s⟩ **1** *(Unordnung)* désordre *m*; pêle-mêle *m* **2** *(Wirrwarr)* confusion *f*; chaos *m*
durcheinanderbringen VT ⟨irr, sép, -ge-, h.⟩ *(in Unordnung bringen)* mettre en désordre; mettre sens dessus dessous; *Fäden etc* emmêler; *Begriffe etc* confondre; mélanger; **j-n ~** *(verwirren)* troubler, déconcerter qn
durcheinandergehen VI ⟨irr, sép, -ge-, s.⟩ se confondre; s'embrouiller; **alles geht wild durcheinander** *umg* c'est la pagaille
durcheinandergeraten VI ⟨irr, sép, pperf durcheinandergeraten, s.⟩ s'emmêler; se mélanger; s'embrouiller; **durcheinanderkommen** VI ⟨irr, sép, -ge-, s.⟩ *Dinge* s'emmêler; se mélanger; s'embrouiller; *Personen* s'embrouiller; se troubler; **durcheinanderliegen** VI ⟨irr, sép, -ge-, h.⟩ être pêle-mêle; être en désordre; **durcheinanderreden** VI ⟨-ete, sép, -ge-, h.⟩ parler tous à la fois; **durcheinanderwerfen** VT ⟨irr, sép, -ge-, h.⟩ jeter pêle-mêle; *fig (verwechseln)* embrouiller; confondre; mélanger
durchfahren[1] VI ⟨irr, sép, -ge-, s.⟩ *ohne anzuhalten* ne pas s'arrêter; **e-e Nacht ~** rouler toute une nuit; **bei Rot ~** brûler, *umg* griller un feu rouge; **durch e-e Stadt ~** traverser une ville; **der Zug fährt bis Köln durch** le train est direct jusqu'à Cologne
durchfahren[2] VT ⟨irr, insép, pas de ge-, h.⟩ *(fahren durch)* traverser; *Strecke* parcourir; *fig Schreck etc* saisir; s'emparer de; *Gedanke* traverser l'esprit de
Durchfahrt F ⟨~; ~en⟩ **1** *(Weg zum Durchfahren)* passage *m* **2** ⟨sans pl⟩ *(Durchfahren)* traversée *f*; passage *m*; **auf der ~ sein** être de passage; **~ verboten** passage interdit
Durchfahrtshöhe F °hauteur *f* de passage, libre, navigable; **Durchfahrtsstraße** F grand axe (de circulation); **Durchfahrtsverbot** N défense *f* de passer
Durchfall M **1** MED diarrhée *f* **2** *umg (Misserfolg) bei e-r Prüfung*, THEAT échec *m*; THEAT *a.* four *m*
durchfallen VI ⟨irr, sép, -ge-, s.⟩ **1** *(hin~)* tomber à travers **2** *umg fig in e-r Prüfung* échouer (**in** [+dat] à); *umg* être collé (**in** [+dat] à); THEAT être un fiasco, *umg* un bide; faire, être un four; *bei e-r Wahl etc* être battu, blackboulé; **bei der Kritik ~** *Werk* avoir une mauvaise critique; *Künstler* ne pas être reconnu par les critiques
durchfaulen VI ⟨sép, -ge-, s.⟩ pourrir entièrement
durchfechten VT ⟨irr, sép, -ge-, h.⟩ faire triompher; emporter de haute lutte; **e-e Sache ~** lutter jusqu'à la décision d'une cause
durchfegen VT ⟨sép, -ge-, h.⟩ donner un coup de balai à
durchfeiern VI ⟨sép, -ge-, h.⟩ **(die ganze Nacht) ~** faire la fête toute la nuit
durchfeuchten VT ⟨-ete, insép, pas de ge-, h.⟩ imprégner, pénétrer d'humidité
durchfinden VR ⟨irr, sép, -ge-, h.⟩ **sich ~** s'y retrouver
durchfliegen[1] VT ⟨irr, insép, pas de ge-, h.⟩ **1** *(fliegend zurücklegen)* parcourir **2** *fig Buch* parcourir (des yeux)
durchfliegen[2] VI ⟨irr, sép, -ge-, s.⟩ **1** *(durch etw fliegen)* traverser (en volant); *ohne Unterbrechung* faire un vol *od* voler sans escale **2** *umg bei e-r Prüfung umg* être collé (**in** [+dat] à)
durchfließen VI ⟨irr, sép, -ge-, s.⟩ couler à travers; **durch etw ~** traverser qc
Durchflussbegrenzer M ⟨~s; ~⟩ TECH limiteur *m* de débit; **Durchflussgeschwindigkeit** F régime *m*; vitesse *f* d'écoulement; **Durchflussmenge** F débit *m*
durchfluten *geh* VT ⟨-ete, insép, pas de ge-, h.⟩ *Fluss* couler à travers; *Licht, fig* inonder
durchforschen VT ⟨insép, pas de ge-, h.⟩ *(untersuchen)* étudier, examiner à fond; *(absuchen)* explorer; scruter; **Durchforschung** F recherche *f*; examen approfondi; *e-s Landes* exploration *f*
durchforsten VT ⟨-ete, insép, pas de ge-, h.⟩ éclaircir; *fig* passer en revue; examiner
durchfragen VR ⟨sép, -ge-, h.⟩ **sich ~** parvenir au but en demandant son chemin;
durchfressen ⟨irr, sép, -ge-, h.⟩ **A** VT ronger (complètement) **B** VR **sich ~** traverser (en rongeant); *umg fig* faire le pique-assiette
durchfrieren VI ⟨irr, sép, -ge-, s.⟩ **ganz durchgefroren sein** être complètement gelé, transi (de froid)
Durchfuhr F ⟨~; ~en⟩ HANDEL transit *m*
durchführbar ADJ réalisable; faisable; *Vorhaben a.* viable; **nicht ~** impraticable; infaisable; **schwer ~** difficilement réalisable
Durchführbarkeit F ⟨~⟩ possibilité *f* d'exécution, de réalisation; *e-s Vorhabens a.* viabilité *f*
durchführen ⟨sép, -ge-, h.⟩ **A** VT **1** *(hin~)* guider **2** *Plan* réaliser; *Beschluss* appliquer; *Arbeit* effectuer; exécuter; *Veranstaltung* organiser; **durchgeführt werden** *a.* se tenir; avoir lieu **B** VI *(verlaufen)* **~ durch** passer par
Durchführung F ⟨~; ~en⟩ *e-s Plans* réalisation *f*; *e-r Arbeit* exécution *f*; *e-r Veranstaltung etc* organisation *f*; ADMIN **zur ~ kommen, gelangen** venir à exécution
Durchführungsbestimmung F, **Durchführungsverordnung** F décret *m* (d'application)
Durchgang M **1** passage *m*; HANDEL transit *m*; **~ verboten** passage interdit **2** *bei Wahl, Wettkampf etc* tour *m*
durchgängig **A** ADJ *(allgemein geltend)* constant; courant; général **B** ADV constamment; en général; *(alle)* tous, toutes; *(ausnahmslos)* sans exception
Durchgangsbahnhof M gare *f* de transit; **Durchgangslager** N camp *m* de transit (pour réfugiés); **Durchgangsland** N ⟨~(e)s; -länder⟩ pays *m* de transit; **Durchgangsstation** F station *f* de passage; **Durchgangsstraße** F (section *f* d'un) axe routier qui traverse une agglomération; **Durchgangsverkehr** M trafic *m* de passage; *(Transitverkehr)* (trafic *m* en) transit *m*; **Durchgangszug** M → D-Zug
durchgeben VT ⟨irr, sép, -ge-, h.⟩ communiquer; transmettre
durchgedreht *umg* ADJT *(verwirrt)* troublé; déconcerté; *plus fort* qui a perdu la tête, *umg* la boule; **durchgefroren** → durchfrieren
durchgehen ⟨irr, sép, -ge-, s.⟩ **A** VT *Schriftstück etc* examiner (point par point); **noch einmal ~** revoir (en détail) **B** VI **1** *(hin~)* passer (**durch** par, à travers); traverser; *umg (durchpassen)* passer (**durch** par); *(weitergehen)* avancer; continuer **2** *Weg* aller jusqu'au bout; **~ bis** aller jusqu'à; **der Zug geht bis Köln durch** le train ne s'arrête pas avant Cologne, est direct pour Cologne **3** *(andauern)* durer, continuer (sans interruption) **4** *Pferd* s'emballer; *fig* **s-e Fantasie ging mit ihm durch** il s'est laissé emporter par son imagination **5** *umg fig* → durchbrennen **6** *Antrag etc* passer; **etw ~ lassen** laisser passer qc; passer sur qc; **j-m etw ~ lassen** passer qc à qn **7** *umg (durchdringen)* passer (**durch** à travers)
durchgehend **A** ADJT *Linie, Raum* continu; *Zug* direct **B** ADV **~ geöffnet** ouvert sans interruption, en permanence; **~ geknöpft** boutonné de haut en bas, sur toute la longueur
durchgeistigt ADJ rayonnant, pénétré d'esprit
durchgeknallt *umg* ADJT *umg* givré; **er ist völlig ~** *umg* il a complètement pété les plombs
durchgießen VT ⟨irr, sép, -ge-, h.⟩ *durch ein Sieb* passer; *durch e-n Filter* filtrer; **durchglühen** ⟨sép, -ge-⟩ **A** VT ⟨h.⟩ *Metall, Kohle* faire rougir à blanc **B** VI ⟨s.⟩ *elektrische Birne* être grillé; *Metall, Kohle* rougir à blanc; **durchgreifen** VI ⟨irr, sép, -ge-, h.⟩ **1** *(hin~)* passer la main à travers **2** *fig* intervenir énergique-

D

ment; *disziplinarisch* sévir; **Durchgreifen** N ⟨~s⟩ *fig* prise *f* de mesures énergiques; **durchgreifend** ADJT radical; **durchhaben** *umg* V/T ⟨irr, sép, -ge-, h.⟩ (*beendet haben*) avoir fini, terminé; **durchhalten** ⟨irr, sép, -ge-, h.⟩ A V/T tenir jusqu'au bout de; supporter B V/I tenir bon, jusqu'au bout, le coup; **Durchhalteparole** F *pej* exhortation *f* à tenir jusqu'au bout; **Durchhaltevermögen** N ⟨~s⟩ endurance *f*; **durchhängen** V/I ⟨irr, sép, -ge-, h.⟩ 1 s'affaisser; fléchir 2 *umg fig* (*schlapp sein*) *umg* être vidé, lessivé; ne pas être en forme; **durchhecheln** *umg* V/T ⟨-(e)le, sép, -ge-, h.⟩ faire des commérages sur; tenir des propos malveillants sur; **durchheizen** ⟨-(es)t, sép, -ge-, h.⟩ A V/T *Zimmer etc* bien chauffer B V/I ne pas laisser s'éteindre le chauffage; chauffer sans interruption, en continu; **durchjagen** ⟨sép, -ge-⟩ V/T ⟨h.⟩ u. V/I ⟨s.⟩ (faire) passer rapidement, à toute allure (**durch** par)

durchkämmen[1] V/T ⟨sép, -ge-, h.⟩ 1 *Haar* démêler 2 *Gelände* passer au peigne fin; ratisser

durchkämmen[2] V/T ⟨insép, pas de ge-, h.⟩ *Gelände* passer au peigne fin; ratisser

durchkämpfen ⟨sép, -ge-, h.⟩ A V/T *e-e Sache* se battre pour B V/I combattre C V/R **sich ~** (*sich e-n Weg bahnen*) se frayer (difficilement) un chemin; (*sich mühsam behaupten*) se battre (pour survivre); **sich dazu ~, etw zu tun** se forcer, se faire violence pour faire qc

durchkauen V/T ⟨sép, -ge-, h.⟩ bien mâcher; *umg fig umg* rabâcher; **durchkneten** V/T ⟨-ete, sép, -ge-, h.⟩ *Teig* bien pétrir; (*massieren*) masser; **durchknöpfen** V/T ⟨sép, -ge-, h.⟩ boutonner de haut en bas

durchkommen V/I ⟨irr, sép, -ge-, s.⟩ 1 (*hin~*) passer à travers 2 (*durchdringen*) *Sonne, Zähne, Pflanzen* percer; (*durchpassen*) passer (**durch** par); *umg* TEL obtenir une communication; passer 3 (*erfolgreich sein*) parvenir, arriver à son but; *im Examen* réussir; être reçu; *bei Gefahr* en réchapper; s'en tirer; *bei Krankheit* s'en tirer; *mit Sprachkenntnissen* se débrouiller; *wirtschaftlich* **wir kommen gerade so durch** nous nous en sortons, tirons à peine; **mit dieser Entschuldigung kommen Sie bei ihm nicht durch** avec lui, votre excuse ne passera pas

durchkönnen *umg* V/I ⟨irr, sép, -ge-, h.⟩ pouvoir passer; **durchkreuzen** V/T ⟨-(es)t, insép, pas de ge-, h.⟩ *Pläne* contrarier; contrecarrer; se mettre en travers de

durchkriechen V/I ⟨irr, sép, -ge-, s.⟩ se glisser (**durch** par, à travers; **unter** [+dat] sous)

Durchlass M ⟨~es; -lässe⟩ 1 (*Durchgang*) passage *m* 2 *geh* (*Einlass*) **j-m ~ gewähren, verschaffen** laisser, faire passer *od* entrer qn

durchlassen V/T ⟨irr, sép, -ge-, h.⟩ *Person, Licht* laisser passer; **durchlässig** ADJ perméable; **Durchlässigkeit** F ⟨~⟩ perméabilité *f*

Durchlaucht F ⟨~; ~en⟩ Altesse *f*; **Ihre, Seine ~** Son Altesse

Durchlauf M 1 SPORT *beim Wettkampf* tour *m* 2 IT passage *m*

durchlaufen[1] ⟨irr, sép, -ge-⟩ A V/T ⟨h.⟩ *Schuhsohlen etc* user; trouer B V/I ⟨s.⟩ 1 (*hin~*) passer (**durch** par, à travers) 2 *Flüssigkeiten* couler (**durch** par, à travers); *Kaffee* passer 3 *ohne anzuhalten* marcher, courir sans s'arrêter

durchlaufen[2] V/T ⟨irr, insép, pas de ge-, h.⟩ *Strecke* courir; *Gebiet* parcourir; traverser; *Schule etc* passer par

durchlaufend ADJT continu (*a.* BAU); HANDEL **~er Posten** poste *m* d'ordre

Durchlauferhitzer M ⟨~s; ~⟩ chauffe-eau instantané

durchlesen V/T ⟨irr, sép, -ge-, h.⟩ *ganz* lire en entier, jusqu'au bout; *flüchtig* parcourir

durchleuchten V/T ⟨-ete, insép, pas de ge-, h.⟩ 1 examiner à la lumière; *mit Röntgenstrahlen* passer à la radio(scopie) 2 *fig* tirer au clair; passer au crible

Durchleuchtung F ⟨~; ~en⟩ *mit Röntgenstrahlen* radio(scopie) *f*; *mit Licht* t/t diaphanoscopie *f*

durchlöchern V/T ⟨-(e)re, insép, pas de ge-, h.⟩ perforer; trouer; *fig* saper; miner; **durchlöchert** ADJT perforé; **durchlüften** V/I ⟨-ete, sép, -ge-, h.⟩ aérer à fond; **Durchlüftung** F aération *f*; aérage *m*

durchmachen *umg* V/T ⟨sép, -ge-, h.⟩ 1 *Lehre etc* suivre 2 (*erleiden*) subir; traverser; passer par; **sie hat schon viel durchgemacht** elle en a vu de toutes les couleurs 3 **die Nacht ~** fêter toute la nuit

Durchmarsch M 1 MIL passage *m*; marche *f* (**durch** à travers) 2 *umg* ⟨sans pl⟩ (*Durchfall*) *umg* courante *f*; *sl* chiasse *f*

durchmarschieren V/I ⟨sép, pas de ge-, s.⟩ traverser (au pas de marche); **durchmengen** V/T ⟨sép, -ge-, h.⟩ mélanger

Durchmesser M ⟨~s; ~⟩ MATH diamètre *m*; TECH calibre *m*; **zwei Meter (im) ~** deux mètres de diamètre

durchmüssen V/I ⟨irr, sép, -ge-, h.⟩ être obligé de passer (**durch** par)

durchnässen V/T ⟨-(es)t, insép, pas de ge-, h.⟩ tremper; **bis auf die Haut durchnässt** trempé jusqu'aux os, *umg* comme une soupe

durchnehmen V/T ⟨irr, sép, -ge-, h.⟩ étudier; traiter; **durchnummerieren** V/T ⟨sép, pas de ge-, h.⟩ numéroter (d'un bout à l'autre); **durchorganisieren** V/T ⟨sép, pas de ge-, h.⟩ organiser à fond; **durchpausen** V/T ⟨-(es)t, sép, -ge-, h.⟩ calquer; **durchpeitschen** V/T ⟨sép, -ge-, h.⟩ 1 fouetter (fort) 2 *umg fig Gesetze etc umg* expédier; **durchpressen** V/T ⟨-(es)t, sép, -ge-, h.⟩ passer; **durchprobieren** V/T ⟨sép, pas de ge-, h.⟩ essayer, *Speisen* goûter l'un après l'autre; **durchprügeln** *umg* V/T ⟨-(e)le, sép, -ge-, h.⟩ rouer de coups; battre comme plâtre

durchqueren V/T ⟨insép, pas de ge-, h.⟩ traverser; **Durchquerung** F ⟨~; ~en⟩ traversée *f*

durchrasen V/I ⟨-(es)t, sép, -ge-, s.⟩ passer à une allure folle, en trombe; **durchrasseln** *umg* V/I ⟨-(e)le, sép, -ge-, s.⟩ *umg* être collé (**in** [+dat] à); **durchrechnen** V/T ⟨-ete, sép, -ge-, h.⟩ calculer; (*nachrechnen*) recompter; vérifier; **durchregnen** V/UNPERS ⟨-ete, sép, -ge-, h.⟩ (*hin~*) pleuvoir (à travers); *ununterbrochen* pleuvoir sans arrêt; **Durchreiche** F ⟨~; ~n⟩ passe-plat *m*; **durchreichen** V/T ⟨sép, -ge-, h.⟩ tendre, passer (à travers)

Durchreise F passage *m*; **auf der ~ sein** être de passage; **auf der ~ nach X …** en allant à X …; **ich werde dich auf der ~ in X besuchen** je viendrai te voir à mon passage à X, en passant par X

durchreisen[1] V/T ⟨-(es)t, insép, pas de ge-, h.⟩ *Land, Gegend etc* parcourir

durchreisen[2] V/I ⟨-(es)t, sép, -ge-, s.⟩ *ohne (längere) Unterbrechung* passer (**durch** par)

Durchreisende(r) M/F(M) personne *f* de passage; *von Grenze zu Grenze* passager, -ère *m,f* en transit; **Durchreisevisum** N visa *m* de transit

durchreißen ⟨irr, sép, -ge-⟩ A V/T ⟨h.⟩ déchirer B V/I ⟨s.⟩ se rompre; se déchirer

durchringen V/R ⟨irr, sép, -ge-, h.⟩ **sich zu e-m Entschluss ~** arriver à prendre une décision

durchrosten V/I ⟨-ete, sép, -ge-, s.⟩ rouiller entièrement; être rongé par la rouille; **Durchrostung** F ⟨~⟩ perforation *f* par la rouille

durchrutschen V/I ⟨sép, -ge-, s.⟩ 1 glisser à travers 2 *umg bei Prüfungen* **gerade so ~** avoir son examen de justesse

durchrütteln V/T ⟨-(e)le, sép, -ge-, h.⟩ secouer fort; *in e-m Fahrzeug* cahoter

durchs = **durch das**

Durchsage F *Mitteilung* communiqué *m*; message *m*; *Handlung* diffusion *f*

durchsagen V/T ⟨sép, -ge-, h.⟩ → durchgeben; **durchsägen** V/T ⟨sép, -ge-, h.⟩ scier en deux

Durchsatz M TECH débit *m*

durchschalten V/I ⟨-ete, sép, -ge-, h.⟩ ELEK coupler; relier; raccorder; mettre en communication

durchschauen V/T ⟨insép, pas de ge-, h.⟩ *Pläne, Absichten* pénétrer; percer à jour; deviner; **j-n ~** deviner les intentions de qn; **j-s Spiel ~** voir clair dans le jeu de qn; **du bist durchschaut!** voilà donc ce que tu voulais!; (*du bist ertappt*) je t'y prends!

durchscheinen V/I ⟨irr, sép, -ge-, h.⟩ *Sonne* briller, luire à travers; **durchscheinend** ADJT (*lichtdurchlässig*) translucide; *Stoff* transparent; **durchscheuern** V/T (u. V/R) ⟨-(e)re, sép, -ge-, h.⟩ (**sich**) **~** (s')user (par frottement); **durchschieben** V/T ⟨irr, sép, -ge-, h.⟩ glisser, pousser, passer (**unter** [+dat], **durch** sous, à travers); **durchschießen** V/T ⟨irr, sép, -ge-, h.⟩ tirer (**durch** à travers); **durchschimmern** V/I ⟨-(e)re, sép, -ge-, h.⟩ luire à travers

durchschlafen V/I ⟨irr, sép, -ge-, h.⟩ dormir d'une traite; **den Vormittag ~** passer la matinée à dormir

Durchschlag M 1 (*Schreibmaschinendurchschlag*) double *m* 2 GASTR (*Sieb*) passoire *f* 3 BERGBAU percement *m* (d'une paroi entre deux galeries) 4 ELEK décharge disruptive; claquage *m* 5 *Werkzeug* poinçon *m*; mandrin *m* 6 *am Reifen* crevaison *f*

durchschlagen[1] ⟨irr, sép, -ge-⟩ A V/T ⟨h.⟩ 1 (*durchlöchern*) percer; perforer 2 (*entzweischlagen*) casser en deux 3 (*hin~*) enfoncer 4 (*durchsieben*) passer B V/I ⟨s.⟩ 1 *Sicherung* fondre; sauter 2 *Flüssigkeit* passer à travers 3 *fig* (*wirksam sein*) réussir; être efficace C V/R ⟨h.⟩ **sich ~** (*sich e-n Weg bahnen*) se frayer (difficilement) un chemin, un passage; (*zurechtkommen*) se débrouiller; *im Überlebenskampf* se battre (pour survivre)

durchschlagen[2] V/T ⟨irr, insép, pas de ge-, h.⟩ *Geschoss, Kugel* perforer; percer

durchschlagend ADJT décisif, -ive; percutant; *Erfolg* éclatant; *Argument* massue (*inv*); **~e Wirkung** action pleinement efficace

Durchschlagpapier N papier *m* pelure, pour doubles; **Durchschlagskraft** F ⟨~⟩ force *f* de pénétration; *fig* efficacité *f*

durchschlängeln V/R ⟨-(e)le, sép, -ge-, h.⟩ **sich ~** se faufiler (**durch** à travers); **durchschleusen** V/T ⟨-(es)t, sép, -ge-, h.⟩ 1 SCHIFF écluser 2 *umg fig* faire passer (*umg* en douce); **durchschlüpfen** V/I ⟨sép, -ge-, s.⟩ se glisser, se faufiler (à travers); **durchschmecken** V/T ⟨sép, -ge-, h.⟩ sentir (le goût de); **durchschmoren** *umg* V/I ⟨sép, -ge-, s.⟩ brûler; *Draht* griller; **durchschmuggeln** V/T ⟨-(e)le, sép, -ge-, h.⟩ passer en fraude, en contrebande

durchschneiden[1] V/T ⟨irr, sép, -ge-, h.⟩ (*zerschneiden*) couper en deux; trancher (*a. Kehle*)

durchschneiden[2] V/T ⟨irr, insép, pas de ge-, h.⟩ (*zerschneiden*) couper; *geh* (*durchziehen, durchqueren*) traverser

Durchschnitt M moyenne *f*; **im ~** en moyenne; **unter, über dem ~ (liegen)** (être)

au-dessous, au-dessus de la moyenne; **den ~ ermitteln** faire, calculer la moyenne

durchschnittlich A ADJ moyen, -enne B ADV en moyenne; *(mittelmäßig)* moyennement; **~ betragen** être en moyenne de; se monter en moyenne à

Durchschnitts... IN ZSSGN moyen, -enne; **Durchschnittsalter** N âge moyen; **Durchschnittseinkommen** N revenu moyen

Durchschnittsgeschwindigkeit F vitesse moyenne; **mit e-r ~ von achtzig Stundenkilometern** à une moyenne de quatre-vingts kilomètres-heure

Durchschnittslohn M salaire moyen; **Durchschnittsmensch** M homme *m* ordinaire; monsieur *m* tout le monde; *(mittelmäßiger Mensch)* homme *m* médiocre; **Durchschnittsnote** F moyenne *f*; **Durchschnittspreis** M prix moyen; **Durchschnittssumme** F somme moyenne; **Durchschnittstemperatur** F température moyenne; **Durchschnittsverbrauch** M consommation moyenne; **Durchschnittswert** M valeur moyenne; MATH moyenne *f*

durchschnüffeln *umg* VT ‹-(e)le, *insép, pas de ge-*, h.›, **durchschnüffeln** *umg* VT ‹-(e)le, *sép*, -ge-, h.› fureter, *umg* farfouiller dans

durchschreiben VT ‹*irr, sép*, -ge-, h.› écrire en double, avec papier autocopiant

durchschreiten *geh* VT ‹*irr, insép, pas de ge-*, h.› parcourir, traverser à grands pas; arpenter

Durchschrift F double *m*; copie *f*; **Durchschuss** M 1 *e-r Kugel* perforation *f* 2 TEX trame *f* 3 TYPO interligne *f*

durchschwimmen[1] VT ‹*irr, insép, pas de ge-*, h.› *(schwimmend durchqueren)* traverser à la nage

durchschwimmen[2] VI ‹*irr, sép*, -ge-, s.› 1 *(sich schwimmend hindurchbewegen)* passer à la nage (**durch etw** à travers qc) 2 *pausenlos* nager sans interruption

durchschwitzen VT ‹-(es)t, *sép*, -ge-, h.› tremper de sueur; **durchsehen** ‹*irr, sép*, -ge-, h.› A VT *flüchtig* parcourir (du regard); *prüfend* examiner; vérifier; revoir; *schriftliche Arbeiten* corriger; *Post* dépouiller B VI *(hin~)* regarder (à travers); **durchseihen** VT ‹*sép*, -ge-, h.› passer (à l'étamine); → *a.* durchsieben

durchsetzen[1] ‹-(es)t, *sép*, -ge-, h.› A VT *Meinung, Willen* faire adopter, accepter; (réussir à) imposer; **es ~, dass ...** obtenir que ... *(+subj)* B VR **sich ~** arriver à ses fins; *im Leben* se faire respecter; s'imposer; *(sich behaupten) a. Sache* s'imposer; **sich gegen j-n ~** imposer sa volonté à qn; **s-e Meinung hat sich schließlich durchgesetzt** en fin de compte, c'est son opinion qui l'a emporté, a prévalu

durchsetzen[2] VT ‹-(es)t, *insép, pas de ge-*, h.› **etw mit etw ~** introduire qc dans qc; **mit etw durchsetzt sein** être (entre)mêlé, chargé de qc; **ein mit Zitaten durchsetzter Text** un texte émaillé, parsemé de citations

Durchsetzungsvermögen N ‹~s› aptitude *f* à s'imposer; punch *m*

Durchsicht F examen *m*; révision *f*; **bei, zur ~** *(+gen)* à l'examen (de); **nach ~ der Akten** au vu, sur le vu des pièces

durchsichtig ADJ *a. fig* transparent; *fig* visible; clair; **Durchsichtigkeit** F ‹~› transparence *f*

durchsickern VI ‹-(e)re, *sép*, -ge-, s.› 1 *Wasser etc* suinter, s'infiltrer (à travers) 2 *fig Nachrichten* transpirer; **es ist durchgesickert, dass ...** la nouvelle que ... a filtré, transpiré

durchsieben VT ‹*sép*, -ge-, h.› passer; tamiser; *Sand etc a.* sasser; *Grobkörniges* cribler; passer au crible; **durchspielen** VT ‹*sép*, -ge-, h.› 1 *(von Anfang bis Ende spielen)* jouer jusqu'au bout 2 *fig (durchgehen) Möglichkeiten etc* passer en revue; *(sich vorstellen)* imaginer; **durchsprechen** VT ‹*irr, sép*, -ge-, h.› discuter à fond

durchspringen VI ‹*irr, sép*, -ge-, s.› **durch etw ~** sauter à travers qc

durchstarten VI ‹*sép*, -ge-, s.› démarrer brusquement; FLUG reprendre de la hauteur (sans s'être posé); **durchstechen** VT ‹*irr, insép, pas de ge-*, h.› percer; perforer; transpercer

durchstecken VT ‹*sép*, -ge-, h.› faire passer (à travers); **durchstehen** VT ‹*irr, sép*, -ge-, h.› supporter; surmonter

durchsteigen VI ‹*irr, sép*, -ge-, s.› 1 passer (**durch** par) 2 *umg (begreifen) umg* piger; **da steige ich nicht mehr durch** *umg* je n'y pige plus rien; *umg* je n'y comprends que dalle

durchstellen VT *u.* VI ‹*sép*, -ge-, h.› TEL passer (**ein Gespräch** une communication; **auf** [+akk] sur); **ich stelle zu Herrn X durch** je vous passe M. X

Durchstich M *Handlung* percement *m*; *Ergebnis* percée *f*

durchstöbern *umg* VT ‹-(e)re, *insép, pas de ge-*, h.› fouiller, fureter, *umg* farfouiller dans (**nach** à la recherche de)

Durchstoß M MIL percée *f*

durchstoßen[1] ‹*irr, sép*, -ge-› A VT ‹h.› 1 *Stange etc* enfoncer (**durch** à travers) 2 *Kleidung etc* user B VI ‹s.› MIL effectuer une percée

durchstoßen[2] VT ‹*irr, insép, pas de ge-*, h.› 1 *(stoßend durchdringen)* (trans)percer 2 MIL enfoncer

durchstreichen VT ‹*irr, sép*, -ge-, h.› 1 *(ausstreichen)* barrer; rayer; biffer 2 *(passieren) durch ein Sieb* passer

durchstreifen *geh* VT ‹*insép, pas de ge-*, h.› flâner par, dans, à travers; parcourir; **durchströmen** VT ‹*insép, pas de ge-*, h.› 1 *Fluss etc* traverser 2 *Gefühl etc* envahir; **durchsuchen** VT ‹*insép, pas de ge-*, h.› fouiller (**nach** à la recherche de); *Gelände a.* explorer, battre (**nach** à la recherche de)

Durchsuchung F ‹~; ~en› fouille *f*; *im Gelände a.* exploration *f*

Durchsuchungsbefehl M mandat *m* de perquisition

durchtanzen VT ‹-(es)t, *sép*, -ge-, h.› **die Nacht ~** passer la nuit à danser

durchtränken VT ‹*insép, pas de ge-*, h.› imprégner, imbiber (**mit** de)

durchtrennen VT ‹*sép*, -ge-, h.› couper (en deux)

durchtreten ‹*irr, sép*, -ge-› A VT ‹h.› **das Gaspedal ~** appuyer à fond sur l'accélérateur B VI ‹s.› 1 *(durchdringen) Flüssigkeit, Gas* passer à travers 2 *umg (durchgehen)* avancer

durchtrieben ADJ rusé; retors; roué; **Durchtriebenheit** F ‹~› ruse *f*; rouerie *f*

durchwachen VT ‹*insép, pas de ge-*, h.› **die Nacht ~** veiller toute la nuit; **durchwachte Nacht** nuit *f* de veille; *schlaflose a.* nuit blanche

durchwachsen ADJ 1 *Fleisch* persillé; entrelardé 2 *umg* ‹*attribut*› *(mal gut, mal schlecht)* comme ci, comme ça

durchwagen *umg* VR ‹*sép*, -ge-, h.› **sich ~** oser traverser; **Durchwahl** F TEL numéro *m* de sa, *etc* ligne directe; **durchwählen** VI ‹*sép*, -ge-, h.› TEL faire le numéro directement; **Durchwahlnummer** F TEL numéro *m* de sa, *etc* ligne directe

durchwandern VT ‹-(e)re, *insép, pas de ge-*, h.› traverser, parcourir à pied

durchwärmen VT ‹*sép*, -ge-, h.› bien chauffer; **durchwaschen** *umg* VT ‹*irr, sép*, -ge-, h.› laver

durchwaten VI ‹-ete, *sép*, -ge-, s.› (**durch etw**) **~** traverser (qc en pataugeant); *an seichter Stelle* passer (qc) à gué

durchweg ADV tous, toutes; sans exception; entièrement

durchweichen[1] VT ‹*insép, pas de ge-*, h.› *(weich machen)* amollir, ramollir complètement

durchweichen[2] VI ‹*sép*, -ge-, s.› *(weich werden)* s'amollir, se ramollir complètement

durchwerfen VT ‹*irr, sép*, -ge-, h.› jeter à travers; **durchwetzen** VT ‹-(es)t, *sép*, -ge-, h.› *Kleidung* user jusqu'à la corde

durchwirken VT ‹*insép, pas de ge-*, h.› entrelacer (**mit** de); **mit Gold durchwirkt** broché (de fils) d'or

durchwollen *umg* VI ‹*irr, sép*, -ge-, h.› vouloir passer

durchwühlen VT ‹*insép, pas de ge-*, h.› 1 *Erde* creuser; *(aufwühlen)* labourer; *Tiere a.* fouir 2 *(durchsuchen)* (far)fouiller dans (**nach** à la recherche de)

durchwurs(ch)teln VR ‹-(e)le, *sép*, -ge-, h.› **sich ~** s'en tirer tant bien que mal, vaille que vaille; **durchzählen** VT ‹*sép*, -ge-, h.› compter un à un; **durchzechen** VI ‹*sép*, -ge-, h.› passer la nuit, *etc* à boire

durchzecht ADJT **~e Nacht** nuit *f* de beuverie

durchziehen[1] ‹*irr, sép*, -ge-› A VT ‹h.› 1 *Faden etc* passer 2 **e-e Linie ~** tirer, tracer une ligne 3 *umg (durchführen)* aller jusqu'au bout de; mener à son terme, à bonne fin B VI ‹s.› 1 *durch Gebiet* passer 2 GASTR macérer; *Fleisch a.* mariner

durchziehen[2] VT ‹*irr, insép, pas de ge-*, h.› 1 *(durchstreifen)* parcourir; traverser 2 *fig (durchsetzen)* traverser; **dieses Motiv durchzieht sein gesamtes Werk** on retrouve ce motif tout au long de son œuvre *od* dans chacune de ses œuvres

durchzucken VT ‹*insép, pas de ge-*, h.› *Blitz* sillonner; *Gefühl* s'emparer soudain de; *Gedanke* s'imposer brusquement à

Durchzug M 1 ‹*sans pl*› *(Luftzug)* courant *m* d'air 2 *(Durchziehen)*, MIL passage *m*; **Durchzugsrecht** N ‹~(e)s› MIL droit *m* de passage

durchzwängen VR ‹*sép*, ge-, h.› **sich ~** passer, se glisser avec peine à travers

dürfen ‹darf, durfte, h.› A V/AUX *de mode* ‹*pperf* dürfen› 1 *(die Erlaubnis haben)* avoir la permission, le droit de; pouvoir; **etw nicht tun ~** n'avoir pas la permission, le droit de faire qc; ne pas devoir faire qc; **das hättest du nicht tun ~** tu n'aurais pas dû faire cela; **wenn ich fragen darf** si je peux vous le demander; si je ne suis pas indiscret; **wenn ich so sagen darf** si je puis, si j'ose m'exprimer ainsi; **wenn ich bitten darf!** je vous en prie; **darf ich bitten?** *beim Eintreten* s'il vous plaît!; entrez, je vous (en) prie!; *um e-n Tanz* vous dansez?; *förmlich* voulez-vous m'accorder cette danse, s'il vous plaît? 2 *(Grund haben)* pouvoir; **man darf annehmen, dass ...** il est permis de supposer que ... 3 *(wahrscheinlich sein)* **das dürfte stimmen** cela devrait, doit être juste; **das dürfte Herr X sein** cela doit être Monsieur X 4 **das ~ Sie mir glauben** vous pouvez m'en croire; **wir ~ darüber nicht klagen** nous n'avons pas à nous en plaindre; **darüber ~ Sie sich nicht wundern** il ne faut pas vous en étonner; **was darf es sein?** qu'est-ce que vous désirez?; *umg* **das darf doch nicht wahr sein!** mais ce n'est pas vrai!; mais ce n'est pas possible, une chose pareille!

2 VT u. VI ⟨pperf gedurft⟩ avoir la permission (de); pouvoir; **darf ich?** je peux?; tu permets *bzw.* vous permettez?; **darf ich zu ihm?** je peux le voir?; **darfst du das?** tu (en) as la permission?; **sie darf alles** elle a le droit de tout faire; elle a tous les droits
dürftig ADJ *(unzureichend)* insuffisant; médiocre; *(armselig)* pauvre; miteux, -euse; *(kümmerlich)* pitoyable; piteux, -euse; **Dürftigkeit** F ⟨~⟩ insuffisance *f*; médiocrité *f*; pauvreté *f*
dürr ADJ *a. fig* sec, sèche
Dürre F ⟨~; ~n⟩ **1** *a. fig* sécheresse *f* **2** ⟨*sans pl*⟩ *(Magerkeit)* maigreur *f*
Durst M ⟨~(e)s⟩ soif *f* (**auf** [+*akk*] de); **~ haben** avoir soif; **auf etw** *(akk)* **~ haben** avoir envie de boire qc; **~ bekommen** commencer à avoir soif; **s-n ~ löschen** apaiser, étancher sa soif; se désaltérer; *Getränk* **den ~ löschen** désaltérer; apaiser, étancher la soif; **~ machen** donner soif; *umg* **(einen) über den ~ getrunken haben** avoir bu un coup de trop
dürsten *geh* V/UNPERS ⟨-ete, h.⟩ **mich dürstet** je suis altéré; *fig* **mich dürstet nach Gerechtigkeit** j'ai soif de justice
durstig ADJ assoiffé (**auf** [+*akk*] de); **~ sein** avoir soif; **die Kinder sind immer ~** les enfants ont toujours soif
durstlöschend, **durststillend** ADJT désaltérant; **Durststrecke** F période *f* de vaches maigres; traversée *f* du désert
Dusche F ⟨~; ~n⟩ douche *f*; **e-e kalte ~** *a. fig* une douche froide; **unter der ~ sein** être sous la douche
duschen ⟨h.⟩ **A** VT doucher **B** VI (u. VR **sich**) **~** se doucher; prendre une douche
Duschgel N gel moussant; **Duschkabine** F cabine *f* de douche; **Duschraum** M (salle *f* de) douche(s) *f(pl)*; **Duschvorhang** M rideau *m* de douche
Düse F ⟨~; ~n⟩ *(Schubdüse)*, FLUG tuyère *f*; *am Schlauch etc* buse *f*; *am Vergaser* gicleur *m*
Dusel *umg* M ⟨~s⟩ **1** *(Glück) umg* veine *f*; *umg* pot *m*; **~ haben** *umg* avoir de la veine, du pot **2** *regional* **im ~** *(benommen) umg* dans les vapes; *(im Rausch) umg* bourré; *advl a.* en état d'ivresse
Düsenantrieb M propulsion *f* par réaction; **Düsenflugzeug** N avion *m* à réaction; jet *m*; **Düsenjäger** M chasseur *m* à réaction; **Düsentriebwerk** N turboréacteur *m*; moteur *m* à réaction; jet *m*
Dussel *umg* M ⟨~s; ~⟩ idiot(e) *m(f)*
duss(e)lig *umg* ADJ idiot; stupide
düster ADJ *a. fig* sombre; *(bedrückend)* morne; *plus fort* lugubre; **Düsterheit** F ⟨~⟩, **Düsterkeit** F ⟨-keit⟩ obscurité *f*; *fig* caractère *m* sombre, *plus fort* lugubre
Duty-free-Shop M ⟨~(s); ~s⟩ boutique franche, °hors taxes
Dutzend N ⟨~s; ~e, *mais* 6 ~⟩ douzaine *f*; *pl* **~e** *od* **dutzende (von) …** *(viele)* des dizaines de …; *umg* **im ~ billiger** moins cher à la douzaine
Dutzendware F marchandise *f* ordinaire; **dutzendweise** ADV par douzaines; à la douzaine
duzen VT (u. VR) ⟨-(es)t, h.⟩ **(sich) ~** (se) tutoyer; **wir ~ uns** nous nous tutoyons
Duzen N ⟨~s⟩ tutoiement *m*
Duzfreund(in) M(F) ami(e) *m(f)* que l'on tutoie; **sie sind ~e, ~innen** ils, elles sont à tu et à toi
DV ABK (Datenverarbeitung) → EDV
DVB-T N ABK (Digital Video Broadcasting-Terrestrial) RADIO, TV TNT *f*
DVD F ⟨~; ~s⟩ ABK (digital versatile disk) DVD *m* *(inv)*; **DVD-Brenner** M graveur *m* de DVD; **DVD-Laufwerk** N lecteur *m* (de) DVD; **DVD-Player** M ⟨~s; ~⟩ lecteur *m* de DVD; **DVD-Rekorder** M enregistreur *m* DVD; **DVD-Rohling** M DVD *m* vierge; **DVD-Spieler** M lecteur *m* de DVD
DW ABK (Deutsche Welle) *station radiophonique allemande émettant à l'intention de l'étranger*
Dynamik F ⟨~⟩ **1** PHYS, MUS dynamique *f* **2** *fig (Schwung)* dynamisme *m*; **dynamisch** ADJ *a. fig* dynamique
Dynamit N ⟨~s⟩ dynamite *f*; **mit ~ sprengen** dynamiter
Dynamo M ⟨~s; ~s⟩ dynamo *f*
Dynastie F ⟨~; ~n⟩ dynastie *f*
dynastisch ADJ ⟨*épithète*⟩ dynastique
dz ABK (Doppelzentner) q (quintal)
D-Zug M (train *m*) rapide *m*; *umg, oft iron* **e-e alte Frau, ein alter Mann ist doch kein ~!** du calme, s'il vous plaît!

E

E, e N ⟨E, e; E, e⟩ **1** *Buchstabe* E, e *m* **2** MUS mi *m*
E ABK **1** *(Europastraße)* E (route européenne) **2** HIST *(Eilzug)* (train *m*) express *m*
€ ABK (Euro) € (euro[s])
Ebbe F ⟨~; ~n⟩ SCHIFF *zurückgehend* marée descendante; reflux *m*; *zurückgegangen* marée basse; **~ und Flut** marée *f*; **es ist ~** c'est marée basse; **die ~ setzt ein** la mer commence à descendre; *umg* **es herrscht ~ in meinem Portemonnaie** *umg* je suis à sec; *umg* je suis fauché
ebd. ABK (ebenda) ibid. (ibidem)
eben **A** ADJ **1** *Gelände, Weg* plat; **zu ~er Erde** au niveau du sol; de plain-pied (avec le sol) **2** MATH plan **3** *(glatt)* lisse; uni **B** ADV **1** *(gerade, genau)* justement; précisément; **~ deshalb wollen wir es tun** c'est justement, précisément pour cela que nous voulons le faire; **nicht ~ freundlich** pas vraiment aimable; **das ist es ja ~** c'est cela même; **ja, ~** oui, justement **2** *(nun einmal)* **das ist ~ so** c'est comme ça; **er will ~ nicht kommen** c'est qu'il ne veut pas venir **3** *(soeben)* **~ etw angefangen haben** venir (justement) de commencer qc; avoir commencé qc à l'instant; **~ wollte ich es sagen** j'allais (justement) le dire
Ebenbild N portrait *m*; image *f*; **sie ist das ~ ihres Vaters** elle est tout le portrait de son père; **der Mensch ist das ~ Gottes** l'homme a été fait à l'image de Dieu
ebenbürtig ADJ **1** *durch Geburt* égal (par la naissance); d'aussi bonne naissance **2** *fig* d'égale valeur; de même niveau; **einander, sich** *(dat)* **~ sein** se valoir
Ebenbürtigkeit F ⟨~⟩ **1** *durch Geburt* égalité *f* de naissance **2** *fig* égalité *f* de valeur
ebenda ADV *bei Zitaten* ibidem; **ebendasselbe**, **ebenderselbe** DEM PR juste le *bzw.* la même; **ebendeshalb**, **ebendeswegen** ADV voilà justement pourquoi; c'est justement pour ça que; **ebendieselbe** DEM PR juste la *bzw.* le même
Ebene F ⟨~; ~n⟩ **1** *(flaches Land)* plaine *f* **2** MATH, TECH plan *m*; surface plane; **schiefe ~** plan incliné **3** *fig* plan *m*; niveau *m*; échelon *m*; **auf politischer** *etc* **~** sur le plan politique, *etc*; DIPL **auf höchster ~** à l'échelon, au niveau le plus élevé; *fig* **auf die schiefe ~ geraten** glisser sur une mauvaise pente
ebenerdig ADJ au niveau du sol
ebenfalls ADV également; pareillement; **danke, ~!** merci, à vous aussi!; merci, à vous de même!
Ebenholz N ébène *f*; **schwarz wie ~** noir comme l'ébène, le jais
Ebenmaß N ⟨~es⟩ régularité *f*; harmonie *f*; proportions harmonieuses; **ebenmäßig** ADJ régulier, -ière; bien proportionné
ebenso ADV pareillement; de même; aussi; **~ groß wie** (juste) aussi grand que; **~ gut** tout aussi bien; **~ gut könnte man** *(+inf)* on pourrait aussi bien *(+inf)*; **er spricht ~ gut Französisch wie Deutsch** il parle le français aussi bien que l'allemand; **~ lange** tout aussi longtemps; **~ oft** tout aussi souvent; autant de fois; **~ sehr, viel (wie)** (tout) autant (que); juste autant (que); ni plus ni moins (que); **~ wenig (wie)** (tout) aussi peu (que); (ne …) pas plus; **ich ~ wenig** moi non plus; **j-n ~ behandeln** traiter qn de la même façon; **es geht mir ~** il en va de même pour moi; **es ~ machen** en faire autant
Eber M ⟨~s; ~⟩ ZOOL verrat *m*; **Eberesche** F BOT sorbier *m*
Eberhard M ⟨→ *n/pr*⟩ *prénom*
ebnen VT ⟨-ete, h.⟩ aplanir; niveler; → *a.* Weg 1
E-Book N ⟨~(s); ~s⟩ *Lesegerät, Text* livre *m* électronique; e-book *m*
Ebro ⟨→ *n/pr*⟩ **der ~** l'Èbre *m*
EC M ⟨~(s); ~(s)⟩ ABK (Eurocityzug) Eurocity *m*
E-Card F ⟨~; ~s⟩ carte (de vœux) électronique, virtuelle
Echnaton M ⟨→ *n/pr*⟩ HIST Akhenaton *m*
Echo N ⟨~s; ~s⟩ écho *m*; **ein ~ geben** rendre un écho; faire écho; *fig* **ein lebhaftes ~ finden** avoir un vif écho, un écho retentissant
Echografie, **Echographie** F ⟨~; ~n⟩ échographie *f*
Echolot N radar *m*; sonar *m*
Echse F ⟨~; ~n⟩ ZOOL saurien *m*
echt **A** ADJ véritable; vrai; *Gemälde etc* authentique; *Haare* naturel, -elle; *Metall, Leder* véritable; *Urkunde* authentique; **mit ~er Herzlichkeit** avec une franche cordialité; **~e Perlen** *fpl* des perles fines, naturelles; MATH **~er Bruch** fraction *f* simple **B** ADV **1** *umg (regelrecht)* vraiment **2** **~ deutsch** bien, typiquement allemand
Echthaarperücke F perruque *f* en cheveux naturels; **Echtheit** F ⟨~⟩ *e-r Nachricht* véracité *f*; *e-r Urkunde etc* authenticité *f*; **Echtheitsbeweis** M preuve *f* d'authenticité
Eck N ⟨~(e)s; ~e⟩ *südd, österr (Ecke)* coin *m* (*a. Toreck*); angle *m*; **über(s) ~** (plié) en diagonale
EC-Karte F carte *f* eurochèque
Eckball M SPORT corner *m*; **Eckbank** F ⟨~; ~̈e⟩ banquette *f* d'angle; **Eckdaten** PL données *fpl* de référence
Ecke F ⟨~; ~n⟩ **1** coin *m*; *(Winkel)* angle *m*; **e-e ~ Käse** une portion de fromage; **gleich um die ~** tout près; (juste) au coin de la rue; **um die ~ biegen** tourner le *od* au coin (de la rue); **Arnimstraße, ~ Kochstraße** au coin de la rue Arnim et de la rue Koch; *umg* **an allen ~n und Enden** de tous (les) côtés; de toutes parts; *umg* **an allen ~n und Enden Schulden haben** être criblé de dettes; *umg* **bis zum Bahnhof ist es noch e-e ganze ~** il y a encore un bon bout de chemin jusqu'à la gare; *umg* **um ein paar ~n miteinander verwandt sein** être cousins à la mode de Bretagne; *umg* **j-n um die ~ bringen** *umg* liquider qn **2** SPORT corner *m*
Eckfahne F SPORT drapeau *m* de corner; **Eckfenster** N fenêtre *f* en encoignure; **Eckhaus** N maison *f* qui fait l'angle
eckig ADJ anguleux, -euse; TYPO **~e Klammer** crochet *m*

Eckladen M magasin *m* à l'angle d'une rue; **Ecklohn** M salaire *m* de référence; **Eckpfeiler** M pilier *m* d'angle; *fig* pilier *m*; **Eckpfosten** M poteau *m* cornier, d'angle; **Eckplatz** M (place *f* de) coin *m*; **Eckpunkt** M **1** MATH sommet *m* **2** *fig (Richtwerte)* **~e** *pl* seuil *m* de référence; **Eckschrank** M armoire *f* d'angle; **Eckstein** M **1** BAU, *fig* pierre *f* angulaire, d'angle **2** ⟨*sans article ni pl*⟩ *Spielkartenfarbe* carreau *m*; **Eckstoß** M SPORT corner *m*; **Eckturm** M tour *f* d'angle; **Eckwert** M WIRTSCH indice *m* repère; **Eckzahn** M canine *f*; **Eckzimmer** N chambre *f* de coin, d'angle
Eclair N ⟨~s; ~s⟩ *Gebäck* éclair *m*
E-Commerce M ⟨~⟩ e-commerce *m*; commerce *m* électronique
Economyklasse F classe *f* économique
Ecstasy F ⟨~; ~s⟩ ecstasy *f*
Ecu M ⟨~(s); ~(s)⟩ HIST *Währung* écu *m*
Ecuador N ⟨→ *n/pr*⟩ l'Équateur *m*; **Ecuadorianer(in)** M ⟨~s; ~⟩ (F) ⟨~in; ~innen⟩ Équatorien, -ienne *m,f*; **ecuadorianisch** ADJ équatorien, -ienne
Edamer M ⟨~s; ~⟩ *ou* ADJ ⟨*inv*⟩ **~ (Käse)** édam *m*
edel ADJ ⟨-dl-⟩ *Herkunft, Gesinnung* noble; *Wein* fin; *Metall* précieux, -ieuse; **ein edles Pferd** un cheval de race; un pur-sang
Edelfräulein N demoiselle *f* noble; **Edelgas** N gaz *m* rare; **Edelholz** N bois précieux; **Edelkastanie** F *Baum* châtaignier *m*; *Frucht* châtaigne *f*; *essbare* marron *m*; **Edelmann** M ⟨~(e)s; -leute⟩ gentilhomme *m*; **Edelmetall** N métal précieux; **Edelmut** M générosité *f*; noblesse *f* de cœur; **edelmütig** ADJ généreux, -euse; au cœur noble; **Edelnutte** *sl* F *umg* poule *f* de luxe; **Edelrose** F rose *f* de culture; **Edelstahl** M acier *m* inoxydable; **Edelstein** M pierre précieuse; gemme *f*; **Edelsteinschleifer(in)** M ⟨~s; ~⟩ (F) ⟨~in; ~innen⟩ lapidaire *m*; **Edeltanne** F sapin argenté; **Edelweiß** N ⟨~(es); ~e⟩ BOT edelweiss *m*; **Edelzwicker** M ⟨~s; ~⟩ *Wein* Edelzwicker *m*
Eden N ⟨~s⟩ Éden *m*; *fig* éden *m*; paradis *m*; **der Garten ~** le jardin d'Éden
Edgar M ⟨→ *n/pr*⟩ *prénom*
edieren V/T ⟨*pas de ge-*, h.⟩ éditer; publier
Edikt N ⟨~(e)s; ~e⟩ édit *m*
Edith F ⟨→ *n/pr*⟩ *prénom*
editieren V/T ⟨*pas de ge-*, h.⟩ IT éditer
Edition F ⟨~; ~en⟩ édition *f*
Editor M ⟨~s; -toren⟩ IT éditeur *m*
Edmund M ⟨→ *n/pr*⟩ *prénom*
Eduard M ⟨→ *n/pr*⟩ *prénom*
E-Dur N mi *m* majeur
EDV F ⟨~⟩ ABK (elektronische Datenverarbeitung) traitement *m* (électronique) des données, de l'information; *weitS.* informatique *f*
EDV-Anlage F ordinateur *m*; matériel *m* informatique; **über e-e ~ verfügen** être informatisé
EDV-Spezialist(in) M(F) informaticien, -ienne *m,f*
EEG N ⟨~(s); ~(s)⟩ ABK (Elektroenzephalogramm) E.E.G. *m* (électro-encéphalogramme)
Efeu M ⟨~s⟩ lierre *m*
Effeff N *umg* **etw aus dem ~ können, beherrschen** savoir qc sur le bout du doigt
Effekt M ⟨~(e)s; ~e⟩ effet *m*
Effekten PL HANDEL titres *mpl*; valeurs *fpl* (mobilières); effets *mpl*; **Effektenbank** F ⟨~; ~en⟩ banque *f* de valeurs; **Effektenbörse** F Bourse *f* des valeurs; **Effektengeschäft** N, **Effektenhandel** M commerce *m* des valeurs; négociation *f* de titres
Effekthascherei F ⟨~; ~en⟩ *pej* recherche *f* de l'effet; tendance *f* à épater
effektiv **A** ADJ *(wirksam)* efficace; *(tatsächlich)* effectif, -ive **B** ADV *(wirksam)* avec efficacité; *umg (bestimmt, wirklich)* effectivement; vraiment
Effektivlohn M salaire effectif
effektvoll ADJ qui fait de l'effet; théâtral
Effet M ⟨~s; ~s⟩ *Ball*, BILLARD effet *m*
effizient *geh* ADJ efficace; **Effizienz** *geh* F ⟨~; ~en⟩ efficacité *f*
EFTA F ⟨~⟩ ABK *(European Free Trade Association; Europäische Freihandelsassoziation)* AELE *f* (Association européenne de libre-échange)
EG[1] F ⟨~⟩ HIST ABK (Europäische Gemeinschaft) CE *f* (Communauté européenne); **(nicht) zur ~ gehörig** (non-)communautaire
EG[2] ABK (Erdgeschoss) rez-de-chaussée *m*
egal *umg* ADJ ⟨*attribut*⟩ égal; **das ist ~** c'est pareil, indifférent; **das ist mir ~** ça m'est égal
egalisieren V/T ⟨*pas de ge-*, h.⟩ *Rekord* égaler; *(ausgleichen)* égaliser
EG-Binnenmarkt M **der ~** le Marché unique (européen)
Egel M ⟨~s; ~⟩ sangsue *f*
Egerling M ⟨~s; ~e⟩ *regional* champignon *m* de Paris
Egge F ⟨~; ~n⟩ **1** AGR °herse *f* **2** MODE *(Webkante)* lisière *f*
eggen V/T *u.* V/I ⟨h.⟩ °herser
EG-Kommission F Commission européenne; Commission *f* de la CE; **EG-Ministerrat** M Conseil *m* des ministres (de la CE)
Ego N ⟨~; ~s⟩ PSYCH ego *m*; **Egoismus** M ⟨~⟩ égoïsme *m*; **Egoist(in)** M ⟨~en; ~en⟩ (F) ⟨~in; ~innen⟩ égoïste *m/f*; **egoistisch** ADJ égoïste
Egon M ⟨→ *n/pr*⟩ *prénom*
Egotrip *umg* M égocentrisme *m*; nombrilisme *m*; **auf dem ~ sein** faire du nombrilisme
egozentrisch ADJ égocentrique
eh **A** INT eh!; hé! **B** ADV **1** *bes südd, österr (sowieso)* de toute façon **2** **seit ~ und je** depuis toujours; **wie ~ und je** comme toujours
ehe KONJ avant que … *(+subj)*; *bei gleichem Subjekt* avant de *(+inf)*
Ehe F ⟨~; ~n⟩ mariage *m*; **~ ohne Trauschein** concubinage *m*; union *f* libre; **kinderlose ~** ménage *m* sans enfants; **wilde ~** union *f* libre; **in zweiter ~** en secondes noces; **ein Kind aus erster ~** un enfant du premier lit, mariage; **e-e ~ schließen, eingehen** contracter (un) mariage; se marier; **e-e glückliche ~ führen** être heureux en ménage; **die ~ brechen** commettre un adultère; **die ~ wurde geschieden** les époux ont divorcé
eheähnlich ADJ **in einem ~en Verhältnis leben** vivre en union libre, en concubinage (mit avec)
Eheanbahnungsinstitut N agence matrimoniale; **Eheberater(in)** M(F) conseiller, -ère conjugal(e); **Eheberatung** F consultation conjugale; **Eheberatungsstelle** F centre *m* de consultation conjugale; **Ehebett** N lit conjugal; **Ehebrecher(in)** M ⟨~s; ~⟩ (F) ⟨~in; ~innen⟩ homme *m*, femme *f* adultère; **ehebrecherisch** ADJ adultère; **Ehebruch** M adultère *m*
ehedem → ehemals
Ehefrau F épouse *f*; femme *f*; **Ehegatte** *geh* M, **Ehegattin** *geh* F, **Ehegemahl(in)** M(F) *hum* époux *m*, épouse *f*; *geh* conjoint(e) *m(f)*; **Ehegattensplitting** N → Splitting 1; **Ehegemeinschaft** F communauté conjugale; **Eheglück** N bonheur conjugal; **Ehehälfte** F *hum* moitié *f*; **Ehehindernis** N JUR empêchement *m* (au mariage); **Ehekrach** *umg* M scène *f* de ménage; **Ehekrise** F crise conjugale; **Eheleben** N ⟨~s⟩ vie conjugale; **Eheleute** PL époux *mpl*; couple *m*
ehelich ADJ conjugal; matrimonial; *Kind* légitime; **für ~ erklären** légitimer
ehelichen *geh* V/T ⟨h.⟩ épouser
ehelos ADJ célibataire; **Ehelosigkeit** F ⟨~⟩ célibat *m*
ehem. ABK **1** *(ehemalig)* ancien **2** *(ehemals)* autrefois
ehemalig ADJ ⟨*épithète*⟩ ancien, -ienne; **mein ~er Mitarbeiter** mon ancien collègue; mon ex-collègue; *umg hum* **mein Ehemaliger** *umg* mon ex
ehemals ADV autrefois; jadis
Ehemann M ⟨~(e)s; ⸗er⟩ mari *m*; **Ehemündigkeit** F JUR âge requis pour contracter mariage; nubilité *f*
Ehepaar N couple *m*; époux *mpl*; **junges ~** jeune couple *m*, ménage *m*
Ehepartner M conjoint *m*
eher ADV **1** *(früher)* plus tôt; avant; auparavant; **je ~, je lieber** *od* **je ~, desto besser** le plus tôt sera le mieux; **er war ~ da als du** il y était avant toi **2** *(mehr)* plutôt; **ihr Haar ist ~ rot** ses cheveux sont plutôt roux; **umso ~ muss man darauf achten** il faut y faire d'autant plus attention **3** *(lieber)* plutôt; de préférence; **~ sterben als …** plutôt mourir que (de) …; **~ würde ich …** j'aimerais mieux, je préférerais …; **das schon ~** plutôt cela **4** *(wahrscheinlicher)* **das ist ~ möglich** c'est plus vraisemblable; **das wird umso ~ gehen, als …** cela ira d'autant plus facilement que … *(+ind)*
Eherecht N droit matrimonial; **Ehering** M alliance *f*
ehern *geh* ADJ d'airain *(a. fig)*
Ehescheidung F divorce *m*
Eheschließung F (conclusion *f*, célébration *f* du) mariage *m*; **Zahl der ~en** nuptialité *f*; nombre *m* de(s) mariages
Ehestand M ⟨~(e)s⟩ (état *m* de) mariage *m*; *geh* **in den ~ treten** entrer dans la vie conjugale
eheste(r, -s) **A** ADJ le plus tôt possible **B** ADV **diese Kirschen sind am ~n reif** ces cerises mûrissent les premières; **sich am ~n zurechtfinden, wenn …** s'y retrouver le plus facilement si …
ehestens → frühestens
Ehestreit M scène *f*, querelle(s) *f(pl)* de ménage; **Ehetragödie** F drame conjugal; **Ehevermittlung** F, **Ehevermittlungsbüro** N agence matrimoniale; **Eheversprechen** N promesse *f* de mariage; **Ehevertrag** M contrat *m* de mariage
Ehrabschneider M diffamateur *m*; calomniateur *m*; **ehrbar** *geh* ADJ *(angesehen)* honorable; respectable; *(rechtschaffen)* honnête; **Ehrbarkeit** F ⟨~⟩ honorabilité *f*; honnêteté *f*; **Ehrbegriff** M notion *f* d'honneur
Ehre F ⟨~; ~n⟩ honneur *m*; *(guter Name, Ruf)* bonne réputation; *(Lob, Ruhm)* gloire *f*; **auf ~ und Gewissen!** sur mon honneur et ma conscience!; **Ihr Wort in (allen) ~n, aber …** sauf votre respect, …; **hoch in ~n stehen** être tenu en °haute estime; **in ~n halten** *(achten)* respecter; *Geschenk* garder avec soin; **j-s Andenken in ~n halten** honorer la mémoire de qn; **s-e ~ daransetzen, zu** *(+inf)* mettre un, son point d'honneur à *(+inf)*; **j-m, e-r Sache zu ~n** en l'honneur de qn, qc; *geh* **das gereicht dir zur ~** cela te fait honneur; **zu s-r ~ sei gesagt, dass …** disons à son honneur que …; **damit wirst du keine ~ einlegen** cela ne te fera pas honneur; **j-m die letzte ~ erweisen** rendre les derniers honneurs à qn; **mit militärischen ~n** avec les honneurs militaires; **~ sei Gott in der Höhe!** gloire à Dieu

E

au plus °haut des cieux!; *sprichw* **~, wem ~ gebührt** *sprichw* à tout seigneur tout honneur; **es ist mir e-e ~, zu** (+*inf*) cela m'est un honneur de (+*inf*); *geh* **mit wem habe ich die ~ (zu sprechen)?** à qui ai-je l'honneur (de parler)?; *südd, österr* **habe die ~!** bien le bonjour!

ehren VT ⟨h.⟩ honorer (**mit, durch** de); (*Ehre erweisen*) rendre honneur à; (*achten*) respecter; **Ihr Vertrauen ehrt mich** votre confiance m'honore; *Briefanfang* **Sehr geehrter Herr X, …** (Cher) Monsieur, …

Ehrenamt N charge *f*, fonction *f* honorifique

ehrenamtlich A ADJ *Tätigkeit* honorifique; *a. Helfer etc* bénévole B ADV à titre honorifique; (*freiwillig*) bénévolement

Ehrenbezeigung F honneurs rendus; honneurs *mpl* (militaires); **Ehrenbürger(in)** M(F) citoyen, -enne *m,f* d'honneur

Ehrenbürgerrecht N citoyenneté *f* d'honneur; **j-m das ~ verleihen** nommer qn citoyen d'honneur

Ehrendoktor M docteur *m* honoris causa; **Ehrenformation** F formation *f* d'honneur; **Ehrengarde** F garde *f* d'honneur; **Ehrengast** M invité *m* d'honneur; **Ehrengeleit** N cortège *m*, escorte *f* d'honneur; **Ehrengericht** N tribunal *m* d'honneur

ehrengerichtlich ADJ du tribunal d'honneur; *Verfahren* disciplinaire

ehrenhaft ADJ honorable; respectable; **Ehrenhaftigkeit** F ⟨~⟩ honorabilité *f*

ehrenhalber ADV honoris causa

Ehrenkodex M code *m*, règles *fpl* de l'honneur; **Ehrenkomitee** N comité *m* d'honneur; **Ehrenlegion** F Légion *f* d'honneur; **Ehrenmal** N ⟨~(e)s; ~e *ou* ~̈er⟩ monument *m* aux morts; **Ehrenmann** M ⟨~(e)s; ~̈er⟩ homme *m* d'honneur, de bien; **Ehrenmitglied** N membre *m* honoraire; **Ehrenmord** M crime *m* d'honneur; **Ehrenplatz** M place *f* d'honneur; **Ehrenpräsident(in)** M(F) président(e) *m(f)* honoraire, d'honneur

Ehrenpreis[1] M *Auszeichnung* prix *m* d'honneur

Ehrenpreis[2] N *od* M ⟨~es; ~⟩ BOT véronique *f*

Ehrenrechte NPL **bürgerliche ~** droits *mpl* civiques

Ehrenrettung F réhabilitation *f*; **zu ihrer ~** pour sauver son honneur

ehrenrührig ADJ qui porte atteinte à l'honneur; injurieux, -ieuse; diffamant; *Rede, Schrift* diffamatoire; outrageant

Ehrenrunde F tour *m* d'honneur; **e-e ~ drehen** SPORT faire un tour d'honneur; SCHULE *iron* redoubler

Ehrensache F affaire *f* d'honneur; *umg* **(das ist doch) ~!** tu peux compter sur moi! *bzw.* nous!

Ehrensalut M salve *f* d'honneur; **Ehrenspalier** N °haie *f* d'honneur

Ehrentag *geh* M *Jahrestag* anniversaire *m*; *Gedenktag* journée commémorative; **heute war ein ~ für ihn** aujourd'hui il était à l'honneur

Ehrentanz M danse *f* d'honneur; **Ehrentitel** M titre *m* honorifique; **Ehrentor** N SPORT but *m* qui sauve l'honneur; **Ehrentribüne** F tribune *f* d'honneur; **Ehrenurkunde** F diplôme *m* d'honneur

ehrenvoll A ADJ honorable B ADV **~ erwähnt werden** remporter une mention honorable

Ehrenvorsitz M présidence *f* honoraire; **Ehrenvorsitzende(r)** M/F(M) → Ehrenpräsident(in); **ehrenwert** ADJ honorable; respectable; (*rechtschaffen*) honnête

Ehrenwort N ⟨~(e)s; ~e⟩ parole *f* d'honneur; **~!** parole (d'honneur)!

ehrerbietig *geh* ADJ déférent; respectueux, -euse; **Ehrerbietigkeit** *geh* F ⟨~⟩, **Ehrerbietung** *geh* F ⟨-tung⟩ déférence *f*; (témoignage *m* de) respect *m*

Ehrfurcht F (profond) respect; vénération *f*; **~ gebieten** imposer le respect; **~ gebietend** qui impose le respect; imposant; **j-m ~ einflößen** inspirer un profond respect à qn; **aus ~ vor** (+*dat*) par respect pour

ehrfurchtgebietend ADJT qui impose le respect; imposant; **ehrfürchtig, ehrfurchtsvoll** ADJ respectueux, -euse; déférent

Ehrgefühl N ⟨~s⟩ sens *m*, sentiment *m* de l'honneur; **Ehrgeiz** M ambition *f*

ehrgeizig ADJ ambitieux, -ieuse; **~ sein** avoir de l'ambition

ehrlich A ADJ (*aufrichtig*) sincère; franc, -che; (*rechtschaffen*) honnête; intègre; (*anständig*) honorable; **~e Leute** *pl* honnêtes gens; **ein ~es Spiel spielen** jouer franc jeu; **wenn ich ~ bin** *bzw.* **sein soll, …** pour être franc, -che, sincère, …; pour (vous) dire le fond de ma pensée, …; *sprichw* **~ währt am längsten** c'est avec l'honnêteté qu'on va le plus loin B ADV honnêtement; sincèrement; franchement; **~ gestehen** avouer franchement; **es ~ mit j-m meinen** agir honnêtement envers qn; **er hat sich ~ bemüht** il s'est vraiment donné du mal; **~ gesagt** (à parler) franchement

Ehrlichkeit F ⟨~⟩ (*Aufrichtigkeit*) sincérité *f*; franchise *f*; (*Rechtschaffenheit*) honnêteté *f*; intégrité *f*; **ehrlos** ADJ malhonnête; *plus fort* infâme; **Ehrlosigkeit** F ⟨~⟩ malhonnêteté *f*; *plus fort* infamie *f*; **Ehrung** F ⟨~; ~en⟩ cérémonie *f* en l'honneur de qn; honneurs *mpl*; **Ehrverletzung** F atteinte *f* à l'honneur

Ehrwürden KATH *Anrede* **Euer ~** mon révérend, ma révérende

ehrwürdig ADJ (*Ehrfurcht gebietend*) respectable; REL révérend

ei INT 1 *Erstaunen* oh!; tiens!; **~, ~!** tiens! tiens!; **~, wer kommt denn da?** tiens! tiens! qui vient là? 2 *kinderspr* **~ (~) machen** (*streicheln*) faire des câlins

Ei N ⟨~(e)s; ~er⟩ 1 œuf *m*; **faules ~** œuf pourri; **weiches, weich gekochtes ~** œuf à la coque; **hartes, hart gekochtes ~** œuf dur; GASTR **verlorene ~er** œufs pochés; **~er legen** pondre (des œufs); **~er legend** *t/t* ovipare; **~er legende Henne** (poule) pondeuse *f*; **das ~ des Kolumbus** l'œuf de Christophe Colomb; **aus dem ~ schlüpfen** sortir de l'œuf; éclore; *umg* **wie auf ~ern gehen** (avoir l'air de) marcher sur des œufs; *umg* **wie aus dem ~ gepellt** tiré à quatre épingles; **sich** (*dat*) **gleichen wie ein ~ dem andern** se ressembler comme deux gouttes d'eau; **man muss ihn wie ein rohes ~ behandeln** avec lui il faut mettre des gants; *umg* **das sind doch ungelegte ~er!** l'affaire n'est pas mûre, voyons!; *umg* **ach, du dickes ~!** *umg* mince alors!; **das ~ will klüger sein als die Henne** c'est Gros-Jean qui veut en remontrer à son curé 2 BIOL ovule *m* 3 *sl pl* **~er** (*Hoden*) *sl* couilles *fpl* 4 *umg* (*Euro*) **sechzig ~er** soixante euros

Eibe F ⟨~; ~n⟩ BOT if *m*

Eibisch M ⟨~(e)s; ~e⟩ BOT guimauve *f*

Eichamt N bureau *m* de vérification des poids et mesures

Eiche F ⟨~; ~n⟩ chêne *m*

Eichel F ⟨~; ~n⟩ 1 BOT, ANAT gland *m* 2 *Spielkartenfarbe* trèfle *m*; **eichelförmig** ADJ en forme de gland; **Eichelhäher** M ⟨~s; ~⟩ ZOOL geai *m*

eichen[1] ADJ ⟨*épithète*⟩ en (bois de) chêne; de chêne

eichen[2] VT ⟨h.⟩ étalonner; *Hohlkörper* jauger; *umg fig* **auf etw** (*akk*) **geeicht sein** (bien) s'y connaître en qc

Eichenblatt N feuille *f* de chêne; **Eichenlaub** N feuillage *m* du chêne; **Eichenwald** M forêt *f* de chênes; *kleiner* chênaie *f*

Eichhörnchen N écureuil *m*; **Eichkätzchen** N, **Eichkatze** F *regional* → Eichhörnchen

Eichmaß N étalon *m*; *für Hohlkörper* jauge *f*; **Eichstempel** M poinçon *m* d'étalonnage; **Eichstrich** M marque *f* d'étalonnage

Eid M ⟨~(e)s; ~e⟩ serment *m*; **e-n ~ brechen** violer son serment; **e-n ~ leisten, ablegen, schwören** prêter serment (**auf** [+*akk*] sur); **etw auf s-n ~ nehmen** se porter garant de qc; **unter ~ aussagen, stehen** déposer, être sous (la foi du) serment; **an ~es statt erklären** déclarer solennellement; certifier sur l'honneur

Eidbruch M violation *f* de serment; parjure *m*

eidbrüchig ADJ parjure; **~ werden** violer son serment

Eidechse F ⟨~; ~n⟩ lézard *m*

Eidechsenleder N (peau *f* de) lézard *m*; **e-e Tasche aus ~** un sac en lézard

Eiderdaunen FPL duvet *m* (d'eider); **Eiderente** F eider *m*

Eidesbelehrung F avertissement *m* sur la portée du serment; **Eidesformel** F formule *f* du serment

eidesstattlich ADJ **~e Erklärung** déclaration *f* tenant lieu de serment

Eidgenosse M, **Eidgenossin** F citoyen, -enne *m,f* suisse; **die Eidgenossen** *a.* les Suisses

Eidgenossenschaft F **die Schweizerische ~** la Confédération helvétique

eidgenössisch ADJ fédéral (suisse); helvétique

eidlich A ADJ sous (la foi du) serment; **~e Aussage** déposition *f* sous serment B ADV par, sous serment

Eidotter M *od* N jaune *m* d'œuf

Eierbecher M coquetier *m*; **Eierbriketts** NPL boulets *mpl* (de charbon); **Eierfrucht** F aubergine *f*; **Eierhandgranate** F grenade *f* à main (ovoïde); **Eierkocher** M ⟨~s; ~⟩ coquetière *f*; **Eierkohle** F boulets *mpl* (de charbon); **Eierkopf** M 1 *umg Kopf umg* tête *f* d'œuf 2 *fig pej* (*Intellektueller*) *umg* intello *m/f*; **Eierkuchen** M omelette *f*; **Eierlaufen** N course *f* aux œufs; **Eierlegen** N ponte *f*; **eierlegend** ADJT → Ei 1; **Eierlikör** M liqueur *f* aux œufs; **Eierlöffel** M cuillère *f* à œuf

eiern *umg* VI ⟨-(e)re⟩ 1 ⟨h.⟩ *Rad* être voilé; *Schallplatte* être gondolé 2 ⟨s.⟩ *Mensch umg* tanguer; tituber

Eiernudeln FPL pâtes *fpl* aux œufs; **Eierpfannkuchen** M crêpe (épaisse); matefaim *m*; **Eierpflanze** F aubergine *f*; **Eierschale** F coquille *f* d'œuf; **eierschalenfarben** ADJ coquille d'œuf (*inv*); **Eierschnee** → Eischnee; **Eierschneider** M coupe-œuf *m*; **Eierschwamm** M, **Eierschwammerl** N ⟨-merls; -merln⟩ *bes österr* chanterelle *f*; girolle *f*; **Eierspeise** F œufs *mpl*; plat *m* aux œufs; *österr* (*Rührei*) œufs brouillés; **Eierstich** M ⟨~(e)s⟩ GASTR royale *f*; **Eierstock** M ANAT, ZOOL ovaire *m*; **Eierstockentzündung** F MED inflammation *f* des ovaires; *t/t* ovarite *f*

Eiertanz M *umg* **e-n ~ aufführen** se tortiller, faire des contorsions (pour se sortir d'une situation pénible)

Eiertomate F olivette *f*; **Eieruhr** F sablier

m
Eifer M ⟨~s⟩ zèle *m; plus fort* ardeur *f; (Überstürzung)* empressement *m*; **im ~ des Gefecht(e)s** dans le feu de l'action; **mit ~ bei der Sache sein** être tout (entier) à son affaire; *sprichw* **blinder ~ schadet nur** qui trop se hâte reste en chemin
Eiferer M ⟨~s; ~⟩ fanatique *m; liter* zélateur *m*
eifern VI ⟨-(e)re, h.⟩ **für etw ~** s'enflammer pour qc; **gegen etw ~** s'emporter contre qc; *geh* **nach etw ~** *(streben)* aspirer ardemment à qc
Eifersucht F ⟨~⟩ jalousie *f* (**auf j-n** envers qn)
eifersüchtig A ADJ jaloux, -ouse; **auf j-n ~ sein** être jaloux, -ouse de qn; jalouser qn B ADV **~ über etw** *(akk)* **wachen** garder jalousement qc
Eifersuchtsdrama N drame *m* de la jalousie; **Eifersuchtsszene** F scène *f* de jalousie
Eiffelturm M ⟨~(e)s⟩ tour *f* Eiffel
eiförmig ADJ ovoïde; ovale
eifrig A ADJ zélé; *(fleißig)* appliqué B ADV avec zèle; avec empressement; avec application; **sich ~ bemühen (um), ~ bestrebt sein (zu)** s'appliquer avec zèle (à); s'efforcer avec ardeur (de)
Eigelb N ⟨~s; ~e, *mais* 3 ~⟩ jaune *m* d'œuf; **mit ~ bestreichen** dorer (avec du jaune d'œuf)
eigen ADJ 1 ⟨*épithète*⟩ *possessiv* propre; à soi; personnel, -elle; **ein ~es Zimmer haben** avoir sa propre chambre, une chambre à soi; **meine ~e Tochter hat mich belogen** ma propre fille m'a menti; **sein ~er Herr sein** être son propre maître; **auf ~e Faust** de son propre chef; **auf ~e Gefahr** à mes, tes, *etc* risques et périls; **auf ~e Verantwortung** sous ma, ta, *etc* propre responsabilité; **aus ~em Antrieb** de mon, ton, *etc* propre chef; de ma, ta, *etc* propre initiative; **in ~er Person** en personne; **mit ~en Augen** de mes, tes, *etc* propres yeux; **sein ~es Wort nicht verstehen** ne pas pouvoir s'entendre; **sich** *(dat)* **etw zu ~ machen** s'approprier qc; *fig* adopter qc; *geh* **etw sein Eigen nennen** être propriétaire de qc 2 *(eigentümlich)* particulier, -ière; *(typisch)* caractéristique; **mit dem Leichtsinn, der ihm ~ ist, mit dem ihm ~en Leichtsinn** avec la légèreté qui lui est propre, qui le caractérise; **von ~em Reiz** d'un charme (tout) particulier 3 *(sonderbar)* étrange; singulier, -ière; original 4 *regional (sorgsam)* méticuleux, -euse; *(penibel)* exigeant
Eigenantrieb M **mit ~** automoteur, -trice; *Flugkörper* autopropulsé
Eigenart F particularité *f*; trait distinctif; caractère *m* spécifique
eigenartig ADJ singulier, -ière; étrange; curieux, -ieuse; bizarre
Eigenartigkeit F ⟨~⟩ singularité *f*; étrangeté *f*
Eigenbau M ⟨~(e)s⟩ *umg* **Marke ~** (de) fabrication *f* maison
Eigenbedarf M besoins personnels, *e-s Landes* nationaux; **Eigenbewegung** F ASTRON mouvement *m* propre; **Eigenblutbehandlung** F MED autohémothérapie *f*
Eigenbrötler(in) M ⟨~s; ~⟩ (F) ⟨~in; ~innen⟩ original(e) *m(f); pej* ours *m*; **eigenbrötlerisch** ADJ original; solitaire; **Eigendynamik** F dynamique *f* propre; **Eigenfinanzierung** F autofinancement *m*; **Eigengesetzlichkeit** F lois propres, spéciales; **Eigengewicht** N poids *m* propre; *e-s Fahrzeuges* poids mort
eigenhändig ADJ *u.* ADV de ma, ta, *etc* (propre) main; *Testament t/t* olographe; **~e Unterschrift** autographe *m*; **~ unterzeichnen** signer de sa main
Eigenheim N maison individuelle; **Eigenheit** F ⟨~; ~en⟩ singularité *f*; particularité *f*; **Eigeninitiative** F initiative personnelle; **Eigenkapital** N *e-r Person* ressources personnelles; *e-r Firma* fonds *mpl* propres; **Eigenleben** N ⟨~s⟩ vie personnelle
Eigenliebe F *(Egoismus)* égoïsme *m*; *(Selbstgefälligkeit)* fatuité *f*; **j-s ~ kränken** blesser l'amour-propre de qn
Eigenlob N éloge *m* de soi; *umg* **~ stinkt** l'éloge de soi est détestable
eigenmächtig A ADJ arbitraire B ADV **~ handeln** agir de sa propre autorité, de son propre chef
Eigenmächtigkeit F ⟨~; ~en⟩ 1 ⟨*sans pl*⟩ autoritarisme *m* 2 **~en** actes *mpl* d'autorité
Eigenname M nom *m* propre
Eigennutz M ⟨~es⟩ intérêt personnel, particulier; *plus fort* égoïsme *m*; **aus ~** dans un but intéressé
eigennützig A ADJ intéressé; *plus fort* égoïste B ADV par intérêt
Eigennützigkeit F ⟨~⟩ → Eigennutz
eigens ADV exprès; spécialement; particulièrement; **~ zu diesem Zweck** spécialement à cet effet, dans ce but
Eigenschaft F ⟨~; ~en⟩ qualité *f*; *charakterisierende* (trait *m* de) caractère *m*; attribut *m*; PHYS, CHEM propriété *f*; **in s-r ~ als** en (sa) qualité de; à titre de
Eigenschaftswort N ⟨~(e)s; -wörter⟩ GRAM adjectif (qualificatif); **Eigensinn** M ⟨~(e)s⟩ entêtement *m*; obstination *f*
eigensinnig ADJ entêté; buté; obstiné; opiniâtre; **eigenstaatlich** ADJ POL indépendant; autonome; souverain; **eigenständig** ADJ autonome; **Eigenständigkeit** F ⟨~⟩ autonomie *f*; **eigensüchtig** ADJ égoïste
eigentlich A ADJ ⟨*épithète*⟩ véritable; vrai; proprement dit; **im ~en Sinne** au sens propre; **der ~e Wert** la valeur intrinsèque B ADV à vrai dire; proprement (dit); au fait; **das müsstest du ~ wissen** au fond tu devrais le savoir; **~ sollte sie kommen, aber …** en fait elle devait venir mais …; **was willst du ~?** qu'est-ce que tu veux en réalité?; **was willst du ~ sagen?** que veux-tu dire au juste?; **weißt du ~, dass …?** *(übrigens)* à propos, sais-tu que …?; *(wenigstens)* sais-tu au moins que …?; te rends-tu compte que …?; **spielst du ~ immer noch Tennis?** au fait, (est-ce que) tu joues encore au tennis?; **~ nicht, aber … pas vraiment, mais …**
Eigentor N SPORT but *m* contre son propre camp; **ein ~ schießen** marquer un but contre sa propre équipe; *fig* se nuire à soi-même
Eigentum N ⟨~s⟩ propriété *f*; **gemeinsames ~** copropriété *f*; **öffentliches ~** domaine public; **geistiges ~** propriété intellectuelle; **fremdes ~** bien *m* d'autrui; **bewegliches ~** biens meubles; **unbewegliches ~** biens immeubles; propriété immobilière; **das ist mein persönliches ~** cela m'appartient personnellement
Eigentümer(in) M ⟨~s; ~⟩ (F) ⟨~in; ~innen⟩ propriétaire *m/f*
eigentümlich ADJ 1 *(eigen)* particulier, -ière; caractéristique; propre 2 *(seltsam)* singulier, -ière; étrange; curieux, -ieuse; bizarre
Eigentümlichkeit F ⟨~; ~en⟩ 1 *(unterscheidende Eigenschaft)* particularité *f*; trait distinctif; caractéristique *f* 2 *(Sonderbarkeit)* singularité *f*; étrangeté *f*
Eigentumsdelikt N JUR délit *m* contre la propriété; **Eigentumserwerb** M acquisition *f* de propriété; **Eigentumsnachweis** M preuve *f* du titre de propriété; **Eigentumsrecht** N droit *m* de propriété; **Eigentumsurkunde** F titre *m* de propriété; **Eigentumsvorbehalt** M JUR réserve *f* de propriété; **Eigentumswohnung** F appartement *m* en copropriété
eigenverantwortlich ADJ *u.* ADV sous ma, ta, *etc* propre responsabilité
Eigenverbrauch M HANDEL autoconsommation *f*; *(eigener Verbrauch)* consommation personnelle; **Eigenwärme** F BIOL chaleur *f* propre; **eigenwillig** ADJ 1 *(eigensinnig)* entêté; volontaire 2 *(ungewöhnlich)* particulier, -ière; spécial; **Eigenwilligkeit** F ⟨~⟩ 1 *(Eigensinnigkeit)* entêtement *m* 2 *(Besonderheit)* particularité *f*
eignen V/R ⟨h.⟩ **sich ~** convenir (**für** à; **als** comme); *Personen a.* être apte (**für** à)
Eigner(in) M ⟨~s; ~⟩ (F) ⟨~in; ~innen⟩ propriétaire *m/f*
Eignung F ⟨~⟩ qualification *f*; aptitude *f*;
Eignungsprüfung F, **Eignungstest** M test *m* d'aptitude
Eihaut F ZOOL, ANAT chorion *m*; **Eiklar** N ⟨~s; ~⟩ *österr* → Eiweiß 1
Eiland *poet* N ⟨~(e)s; ~e⟩ île *f*; îlot *m*
Eilbote M **durch ~n** par exprès
Eilbrief M lettre *f* exprès
Eile F ⟨~⟩ °hâte *f*; **in aller ~** à toute vitesse; en (toute) °hâte; **in (großer) ~ sein** être (très) pressé; **die Sache hat keine ~** cela ne presse pas; **es hat keine ~** rien ne presse
Eileiter M trompe utérine; *bei Tieren* oviducte *m*; **Eileiterschwangerschaft** F grossesse *f* tubaire, *weitS.* extra-utérine
eilen A VI ⟨s.⟩ se presser; se dépêcher; se °hâter; **j-m zu Hilfe ~** voler au secours de qn; **er eilte nach Hause** il courut à la maison; *sprichw* **eile mit Weile** °hâte-toi lentement B V/R ⟨h.⟩ → beeilen C V/UNPERS ⟨h.⟩ **es eilt** cela presse; c'est urgent; **mit der Bestellung eilt es** il est urgent de passer la commande
eilends ADV à la hâte; en °hâte
eilfertig *geh* A ADJ *(vorschnell)* précipité; *(dienstbeflissen)* empressé B ADV *(vorschnell)* avec précipitation; *(dienstbeflissen)* avec empressement
Eilfertigkeit *geh* F ⟨~⟩ précipitation *f*; empressement *m*; **Eilgut** N BAHN marchandises (expédiées) en régime accéléré
eilig A ADJ pressé; *Sachen a.* pressant; urgent; **es ~ haben** être pressé; **nichts Eiligeres zu tun haben, als zu** *(+inf)* n'avoir rien de plus pressé à faire que de *(+inf)* B ADV en °hâte; vite
Eilmarsch M MIL marche forcée
Eilschritt M **im ~** au pas de course
Eilsendung F envoi *m* exprès
Eiltempo N *umg* **im ~** *umg* en quatrième vitesse
Eilverfahren N JUR procédure *f* à jour fixe; *fig* **im ~** sommairement
Eilzug M HIST *etwa* (train *m*) express *m*; **Eilzustellung** F remise *f* par exprès
Eimer M ⟨~s; ~⟩ seau *m*; TECH *e-s Baggers etc* godet *m*; *umg* **im ~ sein** *umg* être fichu, *sl* foutu; *umg* **es gießt wie aus ~n** il pleut à seaux
Eimer(ketten)bagger M excavateur *m*, drague *f* (à chaîne) à godets
eimerweise ADV par seaux
ein[1] A *unbestimmter Artikel* ⟨*f* **eine**⟩ un *bzw.* une; **~es Abends** un soir; *geh* **~ jeder** chacun; **welch ~ Glück!** quelle chance!; *umg* **hab ich ~en Hunger!** qu'est-ce que j'ai faim!; **er hat ~ spitzes Kinn** il a le menton pointu B NUM 1 ADJT ⟨*f* **eine**⟩ un *bzw.* une; **mit ~em Schlag** d'un seul coup 2 SUBST ⟨*m* **einer**, *f* **eine**, *n* **ein(e)s**⟩ un *bzw.* une; **~e von beiden**

E

l'une des deux; **~s von beiden** de deux choses l'une; **~er für alle und alle für ~en** tous pour un et un pour tous; → *a.* eins[1] **B** ⟨*inv*⟩ **~ bis zwei Tage** un à deux jours; **~ und derselbe** une seule et même personne; **wir sind ~ und derselben Meinung** nous sommes exactement du même avis; **~ für alle Mal** une fois pour toutes; une bonne fois; **sein Ein und Alles** tout ce qu'il a de plus cher; toute sa raison de vivre **C** INDEF PR ⟨*m* einer, *f* eine, *n* ein(e)s⟩ **der ~e oder (der) andere** l'un ou l'autre; **die ~en ..., die anderen ...** les uns ..., les autres ...; **~er nach dem ander(e)n** l'un après l'autre; à tour de rôle; **~s ums andere** un sur deux; **manch ~er** plus d'un; *umg* **was für ~e, ~er, ~s?** lequel *bzw.* laquelle?; **wenn ~er behauptet, ...** lorsque l'on prétend ...; **es kommt ~em fremd vor** cela vous paraît étrange; *umg* **du bist mir (vielleicht) ~er!** *umg* et ben toi alors!; quel type tu fais!; *umg* **sieh mal ~er an!** *umg* voyez-moi ça!; **das läuft auf ~s hinaus** cela revient au même; **~s muss ich sagen: ...** il faut que je dise une chose: ...; **die Gefahr bemerken und auf die Bremse treten war ~s** voir le danger et appuyer sur le frein fut l'affaire d'une seconde; *umg* **mit so ~em verkehrst du?** tu fréquentes un type pareil?; *umg* **~en trinken** boire un coup; *umg* **hau ihm ~e runter!** fiche-lui une gifle!

ein[2] ADV **1** **nicht mehr ~ und aus wissen** ne plus savoir où donner de la tête; **bei j-m ~ und aus gehen** avoir ses entrées chez qn **2** *an Geräten* **~** marche

Einakter M ⟨~s; ~⟩ pièce *f* en un acte

einander PRON *réciproque akk* l'un(e) l'autre *bzw.* les un(e)s les autres; *dat* l'un(e) à l'autre *bzw.* les un(e)s aux autres; *akk u. dat* réciproquement; mutuellement

einarbeiten ⟨-ete, *sép*, -ge-, h.⟩ **A** VT **1** *in Arbeit* initier (à un travail); mettre au courant (d'un travail) **2** *(einfügen)* **~ (in** [+*akk*]**)** *Text etc* insérer (dans); *in Holz* marqueter **B** VR **sich ~** se mettre au courant (d'un travail); s'initier (à un travail)

Einarbeitung F ⟨~⟩ mise *f* au courant; entraînement *m*, initiation *f* **(in** [+*akk*] à)

Einarbeitungszeit F période *f* d'initiation, d'adaptation

einarmig ADJ *(nur e-n Arm besitzend)* manchot, -otte; *(nur e-n Arm benutzend)* d'un (seul) bras

einäschern VT ⟨-(e)re, *sép*, -ge-, h.⟩ réduire en cendres; *Leichen* incinérer; **Einäscherung** F ⟨~; ~en⟩ incinération *f*; crémation *f*; **einatmen** ⟨-ete, *sép*, -ge-, h.⟩ **A** VT *durch die Nase* inspirer; *durch den Mund* aspirer; *Gas, Rauch etc* respirer; inhaler **B** VI inspirer; **Einatmen** N *durch die Nase* inspiration *f*; *durch den Mund* aspiration *f*; *von Gas, Rauch* inhalation *f*

einäugig ADJ borgne; OPT monoculaire

Einäugige(r) M/F(M) ⟨→ A⟩ borgne *m/f*; *sprichw* **unter Blinden ist der ~ König** au royaume des aveugles les borgnes sont rois

Einbahnstraße F (rue *f* à) sens *m* unique

einbalsamieren VT ⟨*sép, pas de ge-*, h.⟩ embaumer

Einbalsamierung F ⟨~; ~en⟩ embaumement *m*; **Einband** M couverture *f*; reliure *f*

einbändig *etc* → achtbändig *etc*

Einbau M ⟨~(e)s⟩ encastrement *m*; *von Maschinen, Apparaten* montage *m* **(in** [+*akk*] dans); mise *f* en place; **Einbauelement** N élément *m* encastrable

einbauen VT ⟨*sép*, -ge-, h.⟩ *Möbel* encastrer **(in** [+*akk*] dans); *Geräte* monter, installer (dans)

Einbauküche F cuisine intégrée

Einbaum M pirogue *f*

Einbaumöbel NPL meubles encastrés; **Einbauschrank** M placard *m*; **Einbauspüle** F évier *m* encastrable

einbegreifen *geh* VT ⟨*irr, sép, pas de ge-*, h.⟩ comprendre; inclure; *(voraussetzen)* impliquer; **einbegriffen** ADJT (y) compris; **einbehalten** VT ⟨*irr, sép, pas de ge-*, h.⟩ retenir; déduire; *Sozialbeiträge etc* retenir (à la source)

einbeinig ADJ *(nur ein Bein besitzend)* unijambiste; *Tisch* à un seul pied; *(nur ein Bein benutzend)* sur une, d'une (seule) jambe

einberufen VT ⟨*irr, sép, pas de ge-*, h.⟩ *Versammlung, Konferenz* convoquer; réunir; MIL appeler sous les drapeaux; **Einberufung** F *e-r Versammlung* convocation *f*; MIL appel *m* (sous les drapeaux); **Einberufungsbefehl** M, **Einberufungsbescheid** M MIL (ordre *m* d')appel *m* sous les drapeaux; **einbetonieren** VT ⟨*sép, pas de ge-*, h.⟩ encastrer, sceller dans du béton

einbetten VT ⟨-ete, *sép*, -ge-, h.⟩ **1** TECH **~ (in** [+*akk*]**)** encastrer (dans); *gänzlich* noyer (dans) *(a. Gießerei)* **2** *Dorf etc* **im Grün eingebettet** noyé dans la verdure; *fig Person* **in e-e Gemeinschaft eingebettet** intégré à *od* dans une collectivité

Einbettzimmer N chambre *f* à un lit; **einbeulen** VT ⟨*sép*, -ge-, h.⟩ bosseler; cabosser; **einbeziehen** VT ⟨*irr, sép, pas de ge-*, h.⟩ **~ (in** [+*akk*]**)** intégrer (dans); inclure (dans); *j-n in Arbeit etc* associer (à)

Einbeziehung F ⟨~⟩ intégration *f*; association *f*; **unter ~ von** y compris; inclusivement

einbiegen VI ⟨*irr, sép*, -ge-, s.⟩ tourner **(links, rechts** à gauche, à droite; **in** [+*akk*] dans); s'engager **(in** [+*akk*] dans)

Einbiegen N **beim ~ in die Seitenstraße** en tournant dans la rue latérale

einbilden VR ⟨-ete, *sép*, -ge-, h.⟩ **1** *(sich vorstellen)* **sich** *(dat)* **etw ~** s'imaginer, se figurer qc; **das bildest du dir nur ein** tu te fais des idées **2** *umg (übermäßig stolz sein)* **darauf kannst du dir etwas ~** tu peux en être fier; **sich** *(dat)* **viel auf etw** *(akk)* **~** tirer vanité de qc; se piquer de (+*inf*); *umg* **was bildest du dir eigentlich ein?** mais enfin, qu'est-ce que tu (t')imagines?

Einbildung F ⟨~; ~en⟩ **1** *(Fantasie)* imagination *f*; *weitS.* illusion *f* **2** ⟨*sans pl*⟩ *(Überheblichkeit)* prétention *f*; vanité *f*

Einbildungskraft F imagination *f*

einbinden VT ⟨*irr, sép*, -ge-, h.⟩ **~ (in** [+*akk*]**)** **1** *Buch* relier (en) **2** *(einwickeln)* envelopper (dans) **3** *fig (einbeziehen)* intégrer (dans, à); **Einbindung** F intégration *f* **(in** [+*akk*] dans, à)

einbläuen VT ⟨*sép*, -ge-, h.⟩ *umg* **j-m etw ~** inculquer qc à qn; *umg* enfoncer qc dans la tête de qn

einblenden ⟨-ete, *sép*, -ge-, h.⟩ **A** VT **~ (in** [+*akk*]**)** FILM, TV, RADIO insérer (dans); intercaler (dans); *Filmszene etc* faire apparaître en fondu (dans); *Ton* faire apparaître progressivement (dans) **B** VR **sich ~ (in** [+*akk*]**)** se brancher (sur)

einbleuen VT → einbläuen

Einblick M vue *f*; *fig* connaissance *f*; *flüchtiger* aperçu *m*; **(j-m) ~ gewähren in etw** *(akk)* autoriser (qn) à prendre connaissance de qc; **~ nehmen in etw** *(akk)* prendre connaissance de qc; *fig* **in etw** *(akk)* **~ haben** connaître qc

einbrechen ⟨*irr, sép*, -ge-⟩ **A** VT ⟨h.⟩ enfoncer; défoncer **B** VI ⟨s.⟩ **1** *auf dem Eis* s'enfoncer (dans l'eau) **2** ⟨h., *avec* in s.⟩ *in ein Haus etc* cambrioler **(in etw** [+*akk*] qc) **3** *Wolf in e-e Herde, Wasser etc* faire irruption **4** *Dunkelheit* tomber; **mit ~der Nacht** à la nuit tombante

Einbrecher(in) M ⟨~s; ~⟩ (F) ⟨~in; ~innen⟩ cambrioleur, -euse *m,f*; **Einbrenne** F ⟨~⟩ *bes südd, österr* GASTR roux *m*

einbrennen VT ⟨*irr, sép*, -ge-, h.⟩ *Farben in Glas etc* cuire; **e-m Tier ein Zeichen ~** marquer un animal au fer

einbringen ⟨*irr, sép*, -ge-, h.⟩ **A** VT **1** *Ernte* rentrer **2** *Antrag, Gesetzesvorlage, Klage* déposer **3** *Gewinn* rapporter; *Kapital* faire (un) apport de **4** *Lob, Kritik etc* valoir; **das bringt nichts ein** cela ne rapporte rien; **das bringt nur Ärger ein** cela ne me, te, *etc* vaudra que des ennuis **B** VR **sich ~ (bei, in** [+*akk*]**)** s'investir (dans)

einbrocken VT ⟨*sép*, -ge-, h.⟩ *Brot* tremper; *umg* **j-m etw ~** jouer un mauvais tour à qn; *umg* **da haben wir uns etwas Schönes eingebrockt** nous voilà dans de beaux draps; *sprichw* **was man sich** *(dat)* **eingebrockt hat, muss man auch auslöffeln** *sprichw* qui casse les verres les paie

Einbruch M ⟨~(e)s; ⸚e⟩ **1** JUR effraction *f*, cambriolage *m* **(in** [+*akk*] de) **2** *von Wasser etc* irruption *f*; *der Kälte* offensive *f*; **bei ~ der Dunkelheit** à la nuit tombante

einbruch(s)sicher ADJ *Schloss* incrochetable; *Haus etc* difficile à cambrioler; **Einbruch(s)sicherung** F dispositif *m* antivol, de sécurité

einbuchten *umg* VT ⟨-ete, *sép*, -ge-, h.⟩ *(einsperren) umg* coffrer

Einbuchtung F ⟨~; ~en⟩ **1** *e-r Küste, (kleine Bucht)* anse *f* **2** *e-s Weges* rétrécissement *m* **3** *umg (das Einsperren)* emprisonnement *m*; *umg* mise *f* au trou

einbuddeln *umg* VT ⟨-(e)le, *sép*, -ge-, h.⟩ → eingraben

einbürgern ⟨-(e)re, *sép*, -ge-, h.⟩ **A** VT JUR naturaliser; *Sitten* introduire **B** VR **sich ~** *Sitten, Methode* s'implanter; passer dans l'usage

Einbürgerung F ⟨~; ~en⟩ JUR naturalisation *f*; *von Sitten* introduction *f*; implantation *f*; **Einbürgerungstest** M test *m* de naturalisation

Einbuße F dommage *m*; perte *f* **(an** [+*dat*] de); **erhebliche ~n erleiden** subir des pertes considérables

einbüßen VT *u.* VI ⟨-(es)t, *sép*, -ge-, h.⟩ perdre; **an Wert ~** perdre de sa valeur

einchecken ⟨*sép*, -ge-, h.⟩ FLUG **A** VT enregistrer **B** VI se faire enregistrer

eincremen VT *(u.* VR*)* ⟨*sép*, -ge-, h.⟩ **(sich) ~** (s')enduire de crème; **sich** *(dat)* **etw ~** se mettre de la crème sur qc

eindämmen VT ⟨*sép*, -ge-, h.⟩ *Fluss* endiguer; *Brand* circonscrire; *Epidemie etc* enrayer *(alle a. fig)*

eindecken ⟨*sép*, -ge-, h.⟩ **A** VT *umg* **j-n mit Arbeit ~** submerger qn de travail **B** VR **sich ~** s'approvisionner, se ravitailler **(mit** en)

Eindecker M ⟨~s; ~⟩ FLUG monoplan *m*; **eindeutig** **A** ADJ clair; net, nette; manifeste; sans ambiguïté **B** ADV clairement; nettement; sans ambiguïté; **Eindeutigkeit** F ⟨~⟩ clarté *f*; netteté *f*; précision *f*

eindeutschen VT ⟨*sép*, -ge-, h.⟩ germaniser; RECHTSCHREIBUNG **~d für ...** forme allemande pour ...

eindicken ⟨*sép*, -ge-⟩ **A** VT ⟨h.⟩ faire épaissir; réduire **B** VI ⟨s.⟩ *Farbe etc* s'épaissir

eindimensional ADJ à une dimension; *fig* simpliste; sans nuances

eindringen VI ⟨*irr, sép*, -ge-, s.⟩ **(in etw** [*akk*]**) ~** pénétrer (par force) (dans qc); *sexuell* **in j-n ~** pénétrer qn; **in ein Land ~** envahir un pays; **gewaltsam bei j-m ~** forcer la porte de qn; **auf j-n ~** *a. fig* assaillir qn

Eindringen N ⟨~s⟩ pénétration *f*; *gewaltsames* irruption *f*; envahissement *m*

eindringlich **A** ADJ pressant; insistant **B** ADV avec insistance; instamment

Eindringlichkeit F ⟨~⟩ insistance *f*; **Eindringling** M ⟨~s; ~e⟩ intrus *m*

Eindruck M ⟨~(e)s; ≈e⟩ 1 *(Wirkung)* impression *f*; **~ machen** faire de l'impression, de l'effet; **e-n guten ~ machen** faire (une) bonne impression; faire bon effet; **auf j-n ~ machen** impressionner qn; **das machte keinen ~ auf sie** cela n'a produit aucun effet sur elle; **den ~ erwecken, als ob …** donner l'impression de …; **ich habe den ~, dass …** j'ai l'impression que … *(+ind)*; **unter dem ~ von** sous l'effet, sous le coup de; *umg* **~ schinden** *umg* épater la galerie 2 *(Spur)* empreinte *f*; marque *f*

eindrücken V/T ⟨*sép*, -ge-, h.⟩ *Tür etc* enfoncer; défoncer; *Glasscheibe* casser; *etw Weiches* presser

eindrücklich *schweiz* → eindrucksvoll

eindrucksvoll ADJ impressionnant; imposant

eine → ein[1]

einebnen V/T ⟨-ete, *sép*, -ge-, h.⟩ *a. fig* aplanir; niveler; égaliser

Einehe F monogamie *f*

eineiig ADJ **~e Zwillinge** vrais jumeaux; BIOL jumeaux univitellins

eineinhalb NUM un(e) et demi(e)

einengen V/T ⟨*sép*, -ge-, h.⟩ *Kleidungsstück* serrer; brider; *fig Freiheit etc* limiter; restreindre; *fig* **etw auf etw** *(akk)* **~** réduire qc à qc; **sich eingeengt fühlen** se sentir à l'étroit; **sich von etw eingeengt fühlen** se sentir acculé, contraint par qc

einer → ein[1] B 2, C

Einer M ⟨~s; ~⟩ 1 MATH unité *f* 2 SPORT skif(f) *m*

einerlei ADJ ⟨*inv*⟩ 1 *mit subst* le *bzw.* la même 2 *(gleichgültig)* indifférent; **es ist mir ~** cela m'est égal

Einerlei N ⟨~s⟩ monotonie *f*; uniformité *f*; **das tägliche ~** le train-train de la vie quotidienne

einerseits ADV d'un côté (**andererseits** de l'autre, d'un autre côté)

eines → ein[1] B 2, C

einesteils ADV d'une part (**anderenteils** d'autre part)

Eineurojob M *umg* job *m* à un euro *(indemnité sociale plus un euro de l'heure travaillée)*

einfach A ADJ simple; *(nicht schwierig)* facile; *(bescheiden)* modeste; **~e Buchführung** comptabilité *f* en partie simple; **~e Fahrkarte** aller *m* simple; **es sich** *(dat)* **~ machen** se faciliter les choses, la tâche B ADV simplement; **ganz ~** purement et simplement; bel et bien; **das ist ~ herrlich!** c'est tout simplement magnifique!; **es ist ~ unglaublich** c'est absolument incroyable; **ich verstehe dich ~ nicht** je ne te comprends pas du tout

Einfachheit F ⟨~⟩ simplicité *f*; **der ~ halber** pour des raisons de, pour plus de commodité

einfädeln ⟨-(e)le, *sép*, -ge-, h.⟩ A V/T 1 **e-n Faden, e-e Nadel ~** enfiler une aiguille 2 *umg fig Plan, Sache* manigancer; *Verhandlungen umg* emmancher; *Geschäft* lancer; *Intrigen* nouer; **er hat die Sache schlau eingefädelt** il s'y est pris astucieusement B V/R **sich ~** *Fahrzeug, Fahrer* s'insérer dans une file; prendre la file

einfahren ⟨*irr*, *sép*, -ge-⟩ A V/T ⟨h.⟩ *Getreide* rentrer; engranger; *Auto* roder B V/I ⟨s.⟩ entrer; *Zug* entrer en gare; *Bergmann* descendre C V/R ⟨h.⟩ **sich eingefahren haben** *Zusammenarbeit etc* bien fonctionner

Einfahren N entrée *f* (en gare, *etc*); BERGBAU descente *f*; *e-s Autos* rodage *m*

Einfahrt F entrée *f*; *(Toreinfahrt)* porte cochère; **Vorsicht bei der ~ des Zuges!** attention! le train va entrer en gare; **~ frei halten!** sortie de voitures!; **~ verboten** entrée interdite (aux voitures)

Einfall M 1 *(plötzlicher Gedanke)* idée *f*; **er kam auf den ~ zu** *(+inf)* l'idée lui vint de *(+inf)*; il eut l'idée de *(+inf)* 2 ⟨*sans pl*⟩ PHYS *von Licht, Strahlen* incidence *f* 3 MIL invasion *f*

einfallen ⟨*irr*, *sép*, -ge-⟩ A V/I ⟨s.⟩ 1 *Gedanken* venir à l'esprit, à l'idée; **sein Name fällt mir nicht ein** son nom m'échappe; je ne me souviens plus de son nom; **dabei fällt mir ein, dass …** à propos …; cela me fait penser que …; **ihr fällt immer wieder etwas Neues ein** elle n'est jamais à court d'idées, d'inspiration; *umg* **was fällt dir ein!** *umg* qu'est-ce qui te prend! 2 *Licht* pénétrer; entrer; *Strahlen* tomber 3 MIL **in etw** *(akk)* **~** envahir qc; pénétrer dans qc 4 *(einstürzen)* s'écrouler; s'effondrer 5 MUS attaquer B V/R ⟨h.⟩ **sich** *(dat)* **etw ~ lassen (müssen)** (devoir) faire preuve d'imagination

einfallslos ADJ qui manque d'idées; ennuyeux, -euse; **einfallsreich** ADJ plein d'idées; imaginatif, -ive; **Einfallswinkel** M PHYS angle *m* d'incidence

Einfalt F ⟨~⟩ *(Dummheit)* simplicité *f*; niaiserie *f*; *kindliche* candeur *f*; naïveté *f*

einfältig ADJ simple; naïf, naïve; niais; **Einfaltspinsel** *umg pej* M nigaud *m*; *umg* gogo *m*

Einfamilienhaus N maison individuelle; pavillon *m*

einfangen V/T ⟨*irr*, *sép*, -ge-, h.⟩ 1 *(fangen)* capturer; attraper 2 *fig Atmosphäre, Stimmung* rendre

einfarbig ADJ monochrome; *Stoff* uni; OPT monochromatique

einfassen V/T ⟨-(es)t, *sép*, -ge-, h.⟩ *Edelsteine* sertir; MODE *etc* border; *mit e-m Band* galonner; *Brillengläser* monter; **Einfassung** F bordure *f*; MODE *a.* galon *m*; *Edelsteine* sertissage *m*; monture *f*; **einfetten** V/T ⟨-ete, *sép*, -ge-, h.⟩ graisser

einfinden V/R ⟨*irr*, *sép*, -ge-, h.⟩ **sich ~** venir; **ich werde mich pünktlich ~** j'y serai, je m'y trouverai à l'heure (exacte)

einflechten V/T ⟨*irr*, *sép*, -ge-, h.⟩ 1 *Zöpfe* tresser; *Bänder* entrelacer 2 *fig* **persönliche Bemerkungen in e-e Rede ~** entremêler un discours de remarques personnelles

einfließen V/I ⟨*irr*, *sép*, -ge-, s.⟩ couler (**in** *[+akk]* dans); *fig* **etw (in etw** *[akk]*) **~ lassen** glisser qc (dans qc)

einflößen V/T ⟨-(es)t, *sép*, -ge-, h.⟩ *Arznei* faire prendre; faire ingurgiter; *Bewunderung, Furcht* inspirer (**j-m** à qn)

Einflugschneise F FLUG axe balisé (d'atterrissage)

Einfluss M influence *f* (**auf** *[+akk]* sur); (**starker**) **~** ascendant *m* (sur); **großen ~ haben, ausüben auf** *(+akk)* avoir, exercer une grande influence sur; **ich habe gar keinen ~ darauf** je ne peux rien y faire; **~ gewinnen, nehmen auf** *(+akk)* prendre de l'influence sur; prendre de l'ascendant sur; **unter dem ~ von … stehen** être sous, subir l'influence, l'ascendant de …

Einflussbereich M, **Einflussgebiet** N zone *f* d'influence; **einflussreich** ADJ (très) influent

einflüstern V/T ⟨-(e)re, *sép*, -ge-, h.⟩ **j-m etw ~** souffler, suggérer qc à qn

einfordern V/T ⟨-(e)re, *sép*, -ge-, h.⟩ exiger; réclamer; **einförmig** ADJ uniforme; *fig* monotone; **Einförmigkeit** F ⟨~; ~en⟩ uniformité *f*; *fig* monotonie *f*; **einfrieden** V/T ⟨-ete, *sép*, -ge-, h.⟩ (en)clore; clôturer; **Einfriedung** F ⟨~; ~en⟩ clôture *f*; enceinte *f*; **einfrieren** ⟨*irr*, *sép*, -ge-⟩ A V/T ⟨h.⟩ *Lebensmittel* congeler; *fig Kredit* geler B V/I ⟨s.⟩ geler *(a. fig)*; *Schiff* être pris dans les glaces; **einfügen** ⟨*sép*, -ge-, h.⟩ A V/T **~ (in** *[+akk]*) insérer (dans); TECH encastrer (dans) B V/R **sich ~** (**in** *[+akk]*) s'intégrer (à, dans)

Einfügetaste F touche *f* d'insertion

Einfügung F ⟨~; ~en⟩ insertion *f*; *fig* intégration *f*

einfühlen V/R ⟨*sép*, -ge-, h.⟩ **sich in etw** *(akk)* **~** *in ein Kunstwerk etc* sentir qc; **sich in j-n ~** se mettre à la place de qn; s'identifier à qn

einfühlsam ADJ compréhensif, -ive

Einfühlungsvermögen N intuition *f*; psychologie *f*; **~ besitzen** pouvoir se mettre à la place de qn

Einfuhr F ⟨~; ~en⟩ 1 ⟨*sans pl*⟩ importation *f* 2 *Produkte* importations *fpl*; **Einfuhrartikel** MPL biens *mpl*, articles *mpl* d'importation; *(eingeführte Waren)* articles importés; **Einfuhrbeschränkungen** FPL restrictions *fpl* à l'importation; **Einfuhrbestimmungen** FPL règlements *mpl* des importations

einführen V/T ⟨*sép*, -ge-, h.⟩ 1 *Sitten, Personen*, MED *etc* **~ (in** *[+akk]*) introduire (dans); *(einweihen)* initier (à); *in ein Amt* installer (dans) 2 HANDEL **~ (in** *[+akk]*) importer (en, à); **wieder ~** réimporter 3 **~de Worte** *npl* mots *mpl* d'introduction

Einfuhrgenehmigung F permis *m*, licence *f* d'importation; **Einfuhrhafen** M port importateur; **Einfuhrland** N pays importateur; **Einfuhrsperre** F embargo *m* sur les importations; **Einfuhrstopp** M arrêt *m* des importations

Einführung F introduction *f*; *e-r Maßnahme etc a.* instauration *f*; *in ein Amt* installation *f*; *in ein Wissensgebiet etc* initiation *f*; *e-s Produktes* lancement *m*

Einführungskurs M cours *m* d'introduction; **Einführungspreis** M prix *m* de lancement

Einfuhrverbot N interdiction *f* d'importation; **Einfuhrzoll** M taxe *f* à l'importation; droit *m* d'entrée

einfüllen V/T ⟨*sép*, -ge-, h.⟩ *Flüssigkeit* verser (**in** *[+akk]* dans); *Erde, Zucker etc* **in etw** *(akk)* **~** remplir qc de

Einfüllstutzen M *am Benzintank* tubulure *f* de remplissage; **Einfülltrichter** M entonnoir *m*

Eingabe F 1 *(Gesuch)* demande *f* (par écrit); pétition *f*; JUR requête *f*; **e-e ~ machen** faire, formuler une demande; présenter une requête, une pétition 2 ⟨*sans pl*⟩ *e-r Arznei etc* administration *f* 3 IT *(Eingeben)* introduction *f*; saisie *f*; *(Daten)* entrée *f*

Eingabefehler M IT erreur *f* de saisie; **Eingabegerät** N IT unité *f* d'entrée; **Eingabetastatur** F IT clavier *m*; **Eingabetaste** F touche *f* d'entrée

Eingang M 1 *(Tür)* entrée *f* 2 *(Zutritt)* accès *m*; **~ finden in** *(+akk)* *Person* trouver, avoir accès à; être accueilli dans, par; *Ereignis in die Geschichte* entrer dans; **sich** *(dat)* **~ verschaffen** s'introduire; se faire admettre 3 ⟨*sans pl*⟩ *(Eintreffen)* entrée *f*; arrivée *f*; *e-r Summe* rentrée *f*; *von Waren* arrivage *m*; entrée *f*; **nach ~** après réception; au reçu 4 PL **Eingänge** *(eingegangene Waren)* arrivages *mpl*; *Post* courrier *m* (à l'arrivée)

eingängig ADJ *(verständlich)* clair; *Melodie etc* qui se retient facilement

eingangs ADV *(u.* PRÄP ⟨*gen*⟩) au début (de); au commencement (de)

Eingangsbestätigung F accusé *m* de réception; récépissé *m*; **Eingangsbestimmung** F JUR disposition *f* préliminaire; **Eingangsbuch** N livre *m* des entrées; **Eingangsdatum** N date *f*, jour *m* d'entrée;

E

Eingangshalle F °hall *m* (d'entrée); **Eingangsstempel** M cachet *m* de réception; **Eingangstor** N portail *m*; **Eingangstür** F porte *f* d'entrée

eingebaut ADJT *Küche, Motor, Antenne* intégré; *Möbel* encastré; *Gerät* installé

eingeben V/T ⟨irr, sép, -ge-, h.⟩ **1** *Arznei etc* donner; administrer **2** IT entrer; saisir **3** *Gedanken* inspirer; suggérer

eingebildet ADJT **1** *pej* (*überheblich*) prétentieux, -ieuse; *geh* suffisant; *umg* **~e Gans** poseuse *f* **2** *Krankheit etc* imaginaire

eingeboren ADJT ⟨épithète⟩ indigène; BIBEL unique; **Eingeborene(r)** M/F(M) ⟨→ A⟩ indigène *m/f*

Eingebung F ⟨~; ~en⟩ inspiration *f*; **e-r plötzlichen ~ folgen** suivre une inspiration soudaine, subite

eingedenk ADJ ⟨attribut⟩ *geh* **e-r Sache** (*gen*) **~ sein** (bien) se souvenir d'une chose; **~ der Tatsache** (*gen*), **dass …** compte tenu du fait que …

eingefallen ADJT *Wangen* creux, creuse; *Gesicht a.* amaigri; **eingefleischt** ADJT ⟨épithète⟩ *Junggeselle* endurci; *Gewohnheit* invétéré; **eingehakt**, **eingehängt** ADVL (*Arm in Arm*) bras dessus, bras dessous

eingehen ⟨irr, sép, -ge-, s.⟩ **A** V/T *Ehe* contracter; conclure; *Wette* faire; conclure; *Risiko* courir; **e-e Verpflichtung ~** contracter une obligation; prendre un engagement; *umg* **darauf gehe ich jede Wette ein!** j'en suis sûr et certain!; j'en donnerais ma tête à couper! **B** V/I **1** (*ankommen*) arriver **2** *Geld* rentrer; **in die Geschichte ~** *Person, Ereignis* entrer dans l'histoire; *Ereignis a.* faire date (dans l'histoire) **3** **auf einen Handel ~** conclure un marché; **auf ein Angebot ~** accepter une offre; **auf Einzelheiten ~** entrer dans le(s) détail(s); **auf j-s Wunsch ~** répondre au désir de qn; **auf j-n ~** *bei Problemen* être à l'écoute de qn; (*sich anpassen*) se mettre à la portée de qn **4** *Pflanzen, Tiere* mourir; dépérir; *fig Zeitung* disparaître **5** *Argument etc* se comprendre; *Melodie etc* se retenir **6** *Stoff* (se) rétrécir

eingehend **A** ADJT ⟨épithète⟩ **1** détaillé; (*genau*) exact; *Bericht a.* circonstancié; *Kenntnisse* approfondi **2** (*eintreffend*) **die ~e Post** le courrier qui arrive **B** ADVL en détail; **etw ~ prüfen** examiner minutieusement qc

eingekeilt ADJT coincé (**in, zwischen** [+*dat*] dans, entre); **eingelegt** ADJT GASTR *Heringe etc* mariné

Eingemachte(s) N ⟨→ A⟩ GASTR fruits *mpl od* légumes *mpl* en bocaux, stérilisés; *umg* **jetzt geht's ans ~** c'est l'instant critique

eingemeinden V/T ⟨-ete, sép, pperf eingemeindet, h.⟩ rattacher administrativement (**in** [+*akk*], **nach** à)

Eingemeindung F ⟨~; ~en⟩ rattachement administratif

eingenommen ADJT prévenu (**für, von** en faveur de; **gegen** contre); **von sich ~ sein** être imbu de soi

Eingenommenheit F ⟨~⟩ prévention *f* (**für** en faveur de, **gegen** contre)

eingerechnet ADJT (y) compris

eingeschlechtig ADJ BOT unisexué; unisexuel, -elle

eingeschnappt *umg* ADJT (*beleidigt*) vexé

eingeschossig ADJ d'un *od* à un étage

eingeschränkt ADJT *Verhältnisse* étroit; restreint; **eingeschrieben** ADJT inscrit; *Brief* recommandé

eingeschworen ADJT **auf etw** (*akk*) **~ sein** ne jurer que par qc

eingesessen ADJT *Bevölkerung etc* établi; installé; **Eingeständnis** N aveu *m*; **eingestehen** V/T ⟨irr, sép, pperf eingestanden, h.⟩ avouer; (*zugeben*) admettre; reconnaître

eingestellt ADJT **konservativ ~ sein** avoir des idées, des opinions conservatrices

eingestrichen ADJT MUS de la région trois

eingetragen ADJT enregistré; inscrit; **~e Marke, ~es Warenzeichen** marque déposée; **~er Verein** association déclarée

eingewachsen ADJT *Nagel* incarné

Eingeweide NPL ANAT viscères *mpl*; (*Gedärme*) entrailles *fpl*; ZOOL tripes *fpl*; **Eingeweidebruch** M MED °hernie *f*

eingeweiht ADJT **~ (in** [+*akk*]**)** initié (à); *in e-n Plan etc* informé (de); **Eingeweihte(r)** M/F(M) ⟨→ A⟩ initié(e) *m(f)*

eingewöhnen V/R ⟨sép, pperf eingewöhnt, h.⟩ **sich ~ (in** [+*akk*]**)** s'habituer, s'acclimater, s'accoutumer (à); **Eingewöhnung** F ⟨~⟩ acclimatation *f*; accoutumance *f*; **eingießen** V/T ⟨irr, sép, -ge-, h.⟩ verser (**in** [+*akk*] dans); **eingipsen** V/T ⟨-(es)t, sép, -ge-, h.⟩ plâtrer

Einglas N monocle *m*

eingleisig ADJ *u.* ADV à une voie; à voie unique; *fig* borné

eingliedern V/T ⟨-(e)re, sép, -ge-, h.⟩ incorporer, intégrer (**in** [+*akk*] dans, à); **Eingliederung** F incorporation *f*; intégration *f*; **eingraben** ⟨irr, sép, -ge-, h.⟩ **A** V/T **~ (in** [+*akk*]**)** enterrer (dans); *fig* graver (dans) **B** V/R **sich ~ (in** [+*akk*]**)** se terrer (dans); *fig* se graver (dans); **eingravieren** V/T ⟨sép, pas de ge-, h.⟩ graver (**in** [+*akk*] dans)

eingreifen V/I ⟨irr, sép, -ge-, h.⟩ intervenir (**in** [+*akk*] dans); *Polizei etc a.* entrer en action; TECH engrener (**in** [+*akk*] dans); **in j-s Rechte ~** empiéter sur, usurper les droits de qn

eingrenzen V/T ⟨-(es)t, sép, -ge-, h.⟩ borner; *a. fig* (dé)limiter; **Eingrenzung** F ⟨~; ~en⟩ limitation *f*

Eingriff M **1** intervention *f* (*a.* MED); JUR *widerrechtlicher* empiétement *od* empiètement *m*; **~ in das Privateigentum, in die Privatsphäre** atteinte *f* à la propriété privée, à la vie privée **2** *Slip* **mit, ohne ~** ouvert, fermé

eingruppieren V/T ⟨sép, pas de ge-, h.⟩ grouper; classer

einhaken ⟨sép, -ge-, h.⟩ **A** V/T (*u.* V/R) TECH **(sich) ~ (in** [+*akk*]**)** (s')accrocher (à); (s')enclencher (dans); (s')agrafer (à); **j-n ~, sich bei j-m ~** prendre le bras de qn **B** *umg* V/I (*sich einschalten*) intervenir

Einhalt *geh* M **e-r Sache** (*dat*) **~ gebieten** arrêter, mettre fin à, faire cesser qc; (*eindämmen*) juguler, enrayer qc

einhalten ⟨irr, sép, -ge-, h.⟩ **A** V/T observer (strictement); *Bedingungen, Bestimmungen etc a.* se conformer à; observer; respecter; **die Verpflichtungen ~** tenir les engagements **B** *geh* V/I **mit etw ~** (s')arrêter, cesser de faire qc

Einhaltung F *von Bedingungen, Bestimmungen, Fristen* observation *f*; respect *m*; **strikte ~** observation rigoureuse; REL étroite observance; **unter ~** (*dat*) **von** *od* (+*gen*) en observant

einhämmern V/T ⟨-(e)re, sép, -ge-, h.⟩ *fig* **j-m etw ~** enfoncer qc dans le crâne, dans la tête de qn

einhandeln ⟨-(e)le, sép, -ge-, h.⟩ **A** V/T échanger (**gegen** contre) **B** *umg* V/R **sich** (*dat*) **etw ~** *Krankheit etc umg* attraper qc; *Strafe umg* ramasser qc

einhändig ADJ à une (seule) main (*a.* MUS)

einhängen ⟨sép, -ge-, h.⟩ **A** V/T accrocher; *Tür* mettre sur ses gonds; *a. abs Telefonhörer* raccrocher **B** V/R **sich bei j-m ~** prendre le bras de qn

einhauchen *poet* V/T ⟨sép, -ge-, h.⟩ **j-m etw ~** insuffler qc à qn

einheften V/T ⟨-ete, sép, -ge-, h.⟩ **~ (in etw** [*akk*]**)** classer, ranger (dans qc)

einheimisch ADJ du pays; indigène; autochtone; (*inländisch*) national; (*regional*) régional; (*örtlich*) local; **~e Sitten** *fpl* coutumes locales

Einheimische(r) M/F(M) ⟨→ A⟩ quelqu'un du coin *bzw.* du pays; autochtone *m/f*; *pl* **die ~n** les gens *mpl* du pays

einheimsen *umg* V/T ⟨-(es)t, sép, -ge-, h.⟩ récolter; *umg* rafler; **Einheirat** F alliance *f* (à une famille) par mariage

einheiraten V/I ⟨-ete, sép, -ge-, h.⟩ **in e-e Familie ~** entrer dans une famille par mariage, en se mariant; **in ein Geschäft ~** épouser une affaire

Einheit F ⟨~; ~en⟩ unité *f* (*a. Währung, Maßeinheit*, MIL); **e-e ~ bilden** former un tout

einheitlich **A** ADJ **1** (*in sich geschlossen*) homogène; cohérent **2** (*für alle gleich*) standard (*inv*); (*gleichartig*) uniforme; **e-e ~e Ausbildung** une même formation; **~e Größe** grandeur *f* standard **B** ADV **~ vorgehen** procéder selon un plan d'ensemble, de façon cohérente

Einheitlichkeit F ⟨~⟩ **1** (*Geschlossenheit*) unité *f*; homogénéité *f*; cohérence *f* **2** (*Gleichheit*) caractère *m* uniforme, semblable

Einheitsgewerkschaft F syndicat *m* unique; **Einheitsgröße** F taille *f* standard; **Einheitskurzschrift** F sténographie unifiée; **Einheitsliste** F POL liste *f* unique; **Einheitsmietvertrag** M contrat-type *m* de location; bail-type *m*; **Einheitspartei** F *Zusammenschluss mehrerer Parteien* parti unifié; **Einheitspreis** M prix *m* unique; **Einheitsstaat** M État *m* unitaire; **Einheitstarif** M tarif *m* unique; **Einheitswährung** F ⟨~⟩ *der EU* monnaie *f* unique; **Einheitswert** M *bei Steuern* valeur globale imposable

einheizen V/I ⟨-(es)t, sép, -ge-, h.⟩ chauffer; *umg fig* **j-m tüchtig ~** dire son fait, ses quatre vérités à qn; *umg* secouer les puces à qn

einhellig **A** ADJ unanime **B** ADV à l'unanimité; d'un commun accord; **Einhelligkeit** F ⟨~⟩ unanimité *f*

einhergehen *geh* V/I ⟨irr, sép, -ge-, s.⟩ **1** aller, marcher à pas comptés **2** *fig* **mit etw ~** s'accompagner de qc

einholen V/T ⟨sép, -ge-, h.⟩ **1** (*erreichen*) rejoindre; *a. Zeit* rattraper **2** *Ernte* rentrer; *Segel, Flagge* amener **3** *regional* → **einkaufen** **4** *Erlaubnis etc* demander; **Auskünfte ~** prendre des renseignements; **j-s Rat ~** demander conseil à qn; consulter qn

Einholung F ⟨~⟩ *von Auskünften* demande *f* (de renseignements)

Einhorn N licorne *f*; **Einhufer** M ⟨~s; ~⟩ ZOOL équidé *m*

einhüllen V/T (*u.* V/R) ⟨sép, -ge-, h.⟩ **(sich) ~ (in** [+*akk*]**)** (s')envelopper (dans); *in Dunkel, Schweigen, Nebel etc* (se) plonger (dans); (s')envelopper (de, dans)

einhundert → hundert

einig ADJ **1** (*einmütig*) **mit j-m über etw** (*akk*) **~ sein, werden** être, tomber d'accord avec qn sur qc; **sich** (*dat*) **~ sein** être d'accord (**über** [+*akk*] sur); **die Fachwelt ist sich** (*dat*) **darüber ~, dass …** les spécialistes s'accordent pour dire que …; **darin sind wir uns ~** nous sommes bien d'accord là-dessus; **sich** (*dat*) **~ werden** s'entendre **2** (*vereint*) uni

einige INDEF PR **1** ⟨pl⟩ ADJT quelque(s); *subst* quelques-un(e)s; **~ Mal(e)** plusieurs fois; **~ Tausend Exemplare** quelques milliers d'exemplaires; **~ Leute sagen** certaines personnes disent **2** ⟨sg⟩ *subst n* **~s** quelque chose; *untertreibend* pas mal de choses; *adjt* **vor ~r Zeit** il y a quelque temps; **nach ~r Zeit** au bout d'un certain temps

einigeln VR ‹-(e)le, *sép*, -ge-, h.› **sich ~** 1 MIL pratiquer la tactique des °hérissons 2 (*sich einrollen*) se pelotonner 3 (*sich ganz zurückziehen*) se replier sur soi; s'isoler
einigen ‹h.› A VT unifier B VR **sich ~** tomber, se mettre d'accord (**über** [+*akk*], **auf** [+*akk*] sur); **sich über den Preis ~** *a.* convenir du prix; **sich gütlich ~** s'arranger à l'amiable
einigermaßen ADV (*in gewissem Maße*) dans une certaine mesure; (*in etwa*) à peu près; (*leidlich*) passablement; tant bien que mal; **es geht mir ~** ça va à peu près; je vais comme ci comme ça; **s-e Lage hat sich ~ gebessert** sa situation s'est quelque peu améliorée
Einigkeit F ‹~› union *f*; accord *m*; (*Eintracht*) concorde *f*; *sprichw* **~ macht stark** *sprichw* l'union fait la force
Einigung F ‹~; ~en› 1 *e-s Landes* unification *f* 2 (*Verständigung*) entente *f*; *a.* JUR accord *m*; **über etw** (*akk*) **e-e ~ erzielen** parvenir à un accord sur qc
Einigungsbestrebungen FPL POL mouvement *m* d'unification; **Einigungsversuch** M tentative *f* de conciliation; **Einigungsvorschlag** M proposition *f* d'arrangement
einimpfen VT ‹*sép*, -ge-, h.› *a. fig* inoculer; *fig* inculquer
einjagen VT ‹*sép*, -ge-, h.› **j-m Furcht ~** faire peur à qn
einjährig ADJ (*ein Jahr alt*) (âgé) d'un an; (*ein Jahr lang*) d'un an; qui dure un an; *Amtszeit, Pflanze* annuel, -elle; **Einjährige(r)** M/F(M) ‹→ A› enfant *m/f* d'un an
einkalkulieren VT ‹*sép*, *pas de ge-*, h.› tenir compte de; prévoir
Einkammersystem N POL monocamérisme *m*
einkapseln VT (*u.* VR) ‹-(e)le, *sép*, -ge-, h.› (**sich**) ~ MED (s')enkyster; *fig* **sich ~** s'isoler
einkassieren VT ‹*sép*, *pas de ge-*, h.› 1 encaisser; toucher 2 *umg* (*wegnehmen*) *umg* faucher
Einkauf M achat *m*; **Einkäufe machen** faire des courses, des achats
einkaufen ‹*sép*, -ge-, h.› A VT acheter B VI ~ (**gehen**) (aller) faire des courses C VR **sich in e-e Hotelkette ~** acquérir des parts dans une chaîne hôtelière
Einkäufer(in) M(F) HANDEL acheteur, -euse *m,f*
Einkaufsabteilung F service *m* des achats
Einkaufsbummel M shopping *m*; **e-n ~ machen** (aller) faire du shopping
Einkaufsgenossenschaft F coopérative *f*, groupement *m* d'achat; **Einkaufskorb** M panier *m* à provisions; **Einkaufsmeile** F grande rue commerçante; **Einkaufsnetz** N filet *m* à provisions; **Einkaufspassage** F galerie marchande
Einkaufspreis M prix *m* d'achat; **zum ~** au prix coûtant
Einkaufstasche F sac *m* à provisions; **Einkaufswagen** M chariot *m*; caddie® *m*; **Einkaufszentrum** N centre commercial; hypermarché *m*; **Einkaufszettel** M liste *f* des courses
Einkehr *geh* F ‹~› 1 **in einer Gaststätte ~ halten** s'arrêter dans un restaurant, dans une auberge 2 *fig* recueillement *m*; retour *m* sur soi
einkehren VI ‹*sép*, -ge-, s.› *in e-m Wirtshaus* s'arrêter dans un restaurant, une auberge; **einkeilen** VT ‹*sép*, -ge-, h.› coincer; serrer; → *a.* eingekeilt
einkeimblättrig ADJ BOT monocotylédone
einkellern VT ‹-(e)re, *sép*, -ge-, h.› mettre en cave; **einkerben** VT ‹*sép*, -ge-, h.› entailler; encocher; **Einkerbung** F ‹~; ~en› entaillage *m*; encochement *m*; (*Kerbe*) entaille *f*; encoche *f*; **einkerkern** VT ‹-(e)re, *sép*, -ge-, h.› incarcérer; **einkesseln** VT ‹-(e)le, *sép*, -ge-, h.› *bes* MIL encercler; cerner; **Einkesselung** F ‹~; ~en› encerclement *m*; **einklagbar** ADJ exigible
einklagen VT ‹*sép*, -ge-, h.› **e-n Wechsel ~** intenter une action en matière de change; **e-e Schuld ~** poursuivre le recouvrement d'une dette
einklammern VT ‹-(e)re, *sép*, -ge-, h.› mettre entre parenthèses, *in eckige Klammern* entre crochets; **Einklammerung** F ‹~; ~en› mise *f* entre parenthèses, *in eckige Klammern* entre crochets
Einklang M MUS unisson *m*; accord *m*; *fig* **im ~ stehen mit** concorder avec; être en harmonie avec; *fig* **in ~** (*akk*) **bringen** harmoniser; concilier; **nicht in** (*akk*) **~ zu bringen sein** être inconciliable
einklassig ADJ *Schule* à classe unique
einkleben VT ‹*sép*, -ge-, h.› coller (**in** [+*akk*] dans)
einkleiden VT (*u.* VR) ‹-ete, *sép*, -ge-, h.› (**sich**) ~ (s')habiller; **sich neu ~** s'habiller de neuf
einklemmen VT ‹*sép*, -ge-, h.› coincer; pincer; **einklinken** VT ‹*sép*, -ge-, h.› enclencher; *Tür* fermer; **einknicken** ‹*sép*, -ge-› VT ‹h.› *u.* VI ‹s.› plier; **einkochen** ‹*sép*, -ge-› A VT ‹h.› (*einmachen*) faire des conserves de B VI ‹s.› (*eindicken*) réduire
Einkommen N ‹~s; ~› revenu *m*; **festes ~** revenu fixe; **ein ~ beziehen** tirer un revenu (**von** de); **mit geringem ~** à faibles revenus
Einkommensgrenze F limite *f* des revenus; **Einkommensgruppe** F tranche *f* de revenus; **Einkommensquelle** F source *f* de revenu(s); **einkommensschwach** ADJ à faibles revenus; **einkommensstark** ADJ à revenus importants
Einkommenssteuer F impôt *m* sur le revenu; **Einkommenssteuererklärung** F déclaration *f* d'impôt sur le revenu; **einkommenssteuerpflichtig** ADJ soumis, assujetti à l'impôt sur le revenu; **Einkommenssteuertabelle** F barème *m* de l'impôt sur le revenu
Einkommensteuer → Einkommenssteuer
Einkommensverhältnisse NPL (importance *f* des) ressources *fpl*
einkreisen VT ‹-(es)t, *sép*, -ge-, h.› 1 (*e-n Kreis ziehen um*) entourer (d'un cercle); tracer un cercle autour de 2 (*umstellen*) encercler; cerner 3 *fig Problem* cerner
einkriegen *umg* VR ‹*sép*, -ge-, h.› **sich nicht mehr ~ können** *vor Lachen umg* rire comme un bossu, une baleine; *umg* piquer un fou rire
Einkünfte FPL revenus *mpl* (**aus** de); (*Einnahmen*) recettes *fpl* (**aus** de)
einkuppeln VT *u.* VI ‹-(e)le, *sép*, -ge-, h.› AUTO embrayer
einladen[1] VT ‹*irr*, *sép*, -ge-, h.› *Ladung* charger (**in** [+*akk*] dans)
einladen[2] VT ‹*irr*, *sép*, -ge-, h.› *Gäste* inviter; **j-n zum Abendessen, zum Geburtstag ~** inviter qn à dîner, à un anniversaire; **j-n in s-e Wohnung ~** inviter qn chez soi; **j-n auf e-n Kaffee ~** inviter qn à prendre une tasse de café
einladend ADJ *Speisen* appétissant; alléchant; *Atmosphäre etc* accueillant; engageant; **mit e-r ~en Geste bat er uns, Platz zu nehmen** d'un geste (aimable) il nous invita à prendre place
Einladung F invitation *f*; **auf ~ von** sur invitation de; **e-r ~** (*dat*) **folgen** accepter une invitation
Einladungskarte F carte *f* d'invitation; **Einladungsschreiben** N lettre *f* d'invitation
Einlage F 1 THEAT *etc* divertissement *m*; intermède *m* 2 FIN dépôt *m*; (*Geschäftseinlage*) mise *f* de fonds; apport *m* 3 GASTR **Suppe *f* mit ~** soupe garnie 4 *im Schuh* semelle *f* orthopédique 5 MODE triplure *f* 6 (*Zahneinlage*) obturation *f* provisoire 7 (*Intarsie*) marqueterie *f*; incrustation *f* 8 (*Briefeinlage*) pièce jointe, annexe
einlagern VT ‹-(e)re, *sép*, -ge-, h.› *Waren* emmagasiner; entreposer; stocker; *im Silo* ensiler; **Einlagerung** F emmagasinage *m*; stockage *m*; entreposage *m*; *im Silo* ensilage *m*; **einlangen** VI ‹*sép*, -ge-, s.› *österr* arriver
Einlass M ‹~es; ¨-e› 1 admission *f*; entrée *f*; **j-m ~ gewähren** permettre à qn d'entrer; *geh* **~ begehren** demander la permission d'entrer; **~ um 20 Uhr** ouverture des portes à 20 heures 2 (*Pforte*) guichet *m*
einlassen ‹*irr*, *sép*, -ge-, h.› A VT 1 (*her~*) laisser entrer; admettre 2 BAU *in e-e Mauer* encastrer; enchâsser; sceller 3 (*einfließen lassen*) *Wasser* faire couler B VR **sich auf etw** (*akk*) **~** s'engager, s'embarquer dans qc; **sich auf keinerlei Fragen ~** refuser de répondre; **lass dich nicht darauf ein!** ne t'embarque pas dans cette affaire!; **sich mit j-m in ein Gespräch ~** engager une conversation avec qn; *pej* **sich mit j-m ~** s'acoquiner, se commettre avec qn
Einlassung F ‹~; ~en› JUR exposé *m*; argumentation *f*; *auf e-e Klage* défense *f*, réponse *f* au fond
Einlauf M 1 SPORT franchissement *m* de la ligne d'arrivée; *Reihenfolge* ordre *m* d'arrivée 2 MED lavement *m*
einlaufen ‹*irr*, *sép*, -ge-› A VT ‹h.› **s-e neuen Schuhe ~** porter ses chaussures neuves (pour les assouplir); *umg* **j-m das Haus** *od* **die Bude ~** (venir) °harceler qn B VI ‹s.› 1 (*eintreffen*) arriver; *Zug* arriver, entrer en gare; *Schiff* entrer au port; SPORT *auf das Spielfeld* faire son entrée; **in die Zielgerade ~** aborder la dernière ligne droite 2 *Stoff* (se) rétrécir C VR ‹h.› **sich ~** 1 SPORT s'échauffer 2 *Betrieb, Maschine* se roder
Einlaufwette F PFERDESPORT pari *m* (aux courses)
einläuten VT ‹-ete, *sép*, -ge-, h.› sonner (pour annoncer); *fig* inaugurer; **den Sonntag ~** sonner pour le dimanche
einleben VR ‹*sép*, -ge-, h.› **sich ~** (**in, an e-m Ort**) s'acclimater, s'habituer (à un endroit)
Einlegearbeit F (ouvrage *m* de) marqueterie *f*; incrustation *f*
einlegen VT ‹*sép*, -ge-, h.› 1 (*hin~*) mettre; *zwischen etw* insérer; **e-n Film (in die Kamera) ~** mettre une pellicule (dans l'appareil photo); AUTO **e-n Gang ~** passer une vitesse 2 GASTR mariner; *in Salzwasser* mettre dans la saumure; *in Essig* conserver dans du vinaigre 3 *Einlegearbeit* marqueter; incruster 4 **die Haare ~** faire une mise en plis 5 *Pause etc* faire 6 **Berufung ~** JUR interjeter appel; **Einspruch ~** former opposition; **ein Veto gegen etw ~** opposer son veto à qc; **Protest ~** protester; **ein gutes Wort für j-n ~** intercéder en faveur de qn; **mit etw Ehre ~** retirer de la gloire de qc
Einlegesohle F semelle (intérieure)
einleiten VT ‹-ete, *sép*, -ge-, h.› 1 introduire; ouvrir; commencer; *Fahndung* entreprendre; *Verhandlungen* entamer; ouvrir; *Untersuchung* ouvrir; *Verfahren* engager; entamer 2 *Abwässer etc* déverser (**in** [+*akk*] dans); **einleitend** ADJ préliminaire; **Einleitung** F 1 (*Beginn*) introduction *f*; *e-r Schrift a.* préface *f* 2 JUR ouvertu-

E

re *f* **3** *von Abwässern etc* déversement *m* (**in** [+*akk*] dans)

einlenken ‹*sép*, -ge-, h.› **A** V/T *Fahrzeug* **~ in** (+*akk*) guider dans **B** V/I **1** *fig* faire des concessions; se montrer conciliant **2** ‹s.› (*einbiegen*) **~ in** (+*akk*) tourner dans

einlesen ‹*irr*, *sép*, -ge-, h.› **A** V/T IT lire **B** V/R **sich ~** se familiariser avec, entrer dans le texte

einleuchten V/I ‹-ete, *sép*, -ge-, h.› paraître, être évident, clair; **das leuchtet jedem ein** cela tombe sous le sens; cela saute aux yeux

einleuchtend ADJT évident; clair; *Argument, Erklärung* convaincant; valable

einliefern V/T ‹-(e)re, *sép*, -ge-, h.› livrer; remettre; *bei der Post®* déposer; **j-n ins Gefängnis ~** incarcérer, emprisonner qn; **j-n ins Krankenhaus ~** hospitaliser qn

Einlieferung F livraison *f*; remise *f*; dépôt *m*; **~ ins Gefängnis** emprisonnement *m*; incarcération *f*; **~ in ein Krankenhaus** hospitalisation *f*

Einlieferungsschein M POST® récépissé *m*

einliegend ADJT HANDEL inclus; ci-joint; **Einliegerwohnung** F logement indépendant, séparé (à l'intérieur d'une maison individuelle)

einlochen V/T ‹*sép*, -ge-, h.› **1** *umg* (*einsperren*) *umg* coffrer; *umg* mettre à l'ombre **2** GOLF **den Ball ~**, *a. abs* **~** faire entrer la balle (dans le trou)

einloggen V/I (*u.* V/R) ‹*sép*, -ge-, h.› IT **(sich) ~** se connecter; **einlösbar** ADJ FIN remboursable; *Wertpapiere* convertible; **einlösen** V/T ‹-(es)t, *sép*, -ge-, h.› *Scheck* encaisser; *Wechsel* honorer; *Wertpapiere* convertir; *Pfand* retirer; *Versprechen* tenir; **Einlösung** F *e-s Schecks* encaissement *m*; *e-s Wechsels* paiement *m*; *von Wertpapieren* conversion *f*; *e-s Pfands* dégagement *m*; retrait *m*; **einlullen** *umg* V/T ‹*sép*, -ge-, h.› *Kind* endormir (en chantant); *fig* enjôler; *umg* embob(el)iner; **einmachen** V/T ‹*sép*, -ge-, h.› faire des conserves de; mettre en conserve; **Einmachglas** N bocal *m*

einmal ADV une fois; **~ eins ist eins** une fois un (fait) un; **~ hell, ~ dunkel** tantôt clair, tantôt sombre; **~, weil …** d'une part parce que …; **auf ~** (*plötzlich*) tout à coup; (*mit e-m Schlag etc*) d'un (seul) coup; (*gleichzeitig*) à la fois; **es war ~** il était une fois; **noch ~** encore une fois; **etw noch ~ abschreiben, lesen, bearbeiten** *etc* recopier, relire, retravailler, *etc* qc; **noch ~ so (groß) wie …** deux fois plus (grand) que …; **nicht ~** même pas; **wenn ~ …** une fois que …; **besuchen Sie uns ~** venez nous voir un (de ces) jour(s); **haben Sie schon ~ …?** avez-vous déjà …?; **es ist nun ~ so** c'est comme ça; **sag (ein)mal?** dis-moi!; dis donc!; **hör (ein)mal!** écoute (un peu, *plus fort* donc)!; **stell dir ~ vor!** imagine-toi un peu!; *sprichw* **~ ist keinmal** *sprichw* une fois n'est pas coutume

Einmaleins N ‹~› table *f* de multiplication; **das kleine ~** la table de multiplication de un à dix; **das ~ der gesunden Ernährung** le b.a.-ba d'une alimentation saine

Einmalhandtuch N essuie-mains *m* jetable

einmalig **A** ADJ **1** *Zahlung etc* unique; **nach ~em Durchlesen** après simple, une seule lecture **2** (*einzigartig*) exceptionnel, -elle; extraordinaire; *Gelegenheit* unique **B** ADV exceptionnellement; extraordinairement

Einmaligkeit F ‹~› caractère extraordinaire, unique, exceptionnel; unicité *f*

Einmannbetrieb M entreprise exploitée par une seule personne; *Bahn* conduite *f* par un seul agent; *Bedienung* commande *f* par un seul opérateur; **Einmanngesellschaft** F HANDEL société *f* à personne unique, à un seul membre; **Einmannwagen** M (auto)car *m*, (auto)bus *m*, tramway *m* à un seul agent

Einmarkstück N HIST pièce *f* de un *od* d'un mark

Einmarsch M *a.* MIL entrée *f*; MIL (*gewaltsame Besetzung*) invasion *f*

einmarschieren V/I ‹*sép*, *pas de ge-*, s.› (**in etw** [*akk*]) **~** *a.* MIL entrer (dans, en, à qc); MIL (*gewaltsam besetzen*) **~ in etw** (*akk*) envahir qc

Einmaster M ‹~s; ~› SCHIFF bateau *m* à un seul mât; **einmastig** ADJ SCHIFF à un seul mât

einmauern V/T ‹-(e)re, *sép*, -ge-, h.› **~** (**in etw** [*akk*]) *völlig* (em)murer (dans qc); *beim Mauern befestigen* sceller (dans qc); fixer (dans qc)

einmeißeln V/T ‹-(e)le, *sép*, -ge-, h.› graver, sculpter au ciseau (**in** [+*akk*] dans)

Einmeterbrett N SCHWIMMSPORT tremplin *m* d'un mètre

einmieten V/R ‹-ete, *sép*, -ge-, h.› **sich bei j-m ~** louer un logement chez qn

einmischen V/R ‹*sép*, -ge-, h.› **sich ~** (**in** [+*akk*]) se mêler (de); s'ingérer, s'immiscer, intervenir (dans); **Einmischung** F ingérence *f*; immixtion *f*; intervention *f*; **einmotten** V/T ‹-ete, *sép*, -ge-, h.› mettre de l'antimite dans; *fig* mettre en réserve; **einmummeln** *umg* V/R ‹-(e)le, *sép*, -ge-, h.› **sich ~** *umg* s'emmitoufler (**in** [+*akk*] dans); **einmummen** → einmummeln

einmünden V/I ‹-ete, *sép*, -ge-, s.› **~ in** (+*akk*) *Fluss* se jeter dans; *Straße* déboucher dans, sur; *fig Gespräch etc* déboucher sur; aboutir à

Einmündung F embouchure *f*; *e-r Straße* débouché *m*; **einmütig** ADJ unanime; **Einmütigkeit** F ‹~› unanimité *f*; **einnähen** V/T ‹*sép*, -ge-, h.› coudre (**in** [+*akk*] dans, à)

Einnahme F ‹~; ~n› **1** MIL prise *f* **2** HANDEL recette *f*; rentrée *f* (d'argent); FIN *von Steuern* perception *f*; **~n und Ausgaben** recettes et dépenses *fpl*; rentrées et sorties *fpl*; **laufende ~n** recettes courantes; **etw als ~ buchen** porter qc en recette **3** *von Mahlzeiten, Arznei* absorption *f*; ingestion *f*

Einnahmequelle F source *f* de revenus

einnebeln V/T ‹-(e)le, *sép*, -ge-, h.› MIL masquer au moyen de fumigènes; *fig Raucher* enfumer

einnehmen V/T ‹*irr*, *sép*, -ge-, h.› **1** *Medizin, Essen* prendre; absorber; ingérer **2** *Geld* encaisser; *Steuern* percevoir; **viel Geld ~** faire une bonne recette **3** MIL prendre; s'emparer de **4** *Stellung, Posten* occuper; tenir; *Platz* prendre **5** *fig Haltung* prendre; adopter **6** *fig* **j-n für sich ~** conquérir qn

einnehmend ADJT avenant; **ein ~es Wesen haben** avoir des manières avenantes; *hum umg* empocher tout ce qui se présente

einnicken *umg* V/I ‹*sép*, -ge-, s.› s'assoupir

einnisten V/R ‹-ete, *sép*, -ge-, h.› **sich ~** se nicher; *fig* **sich bei j-m ~** s'incruster chez qn

Einöde F contrée *f* désertique; coin perdu; **Einödhof** M ferme isolée

einölen ‹*sép*, -ge-, h.› **A** V/T TECH huiler; lubrifier **B** V/R **sich ~** se mettre de l'huile; s'enduire d'huile

einordnen ‹-ete, *sép*, -ge-, h.› **A** V/T classer; ranger **B** V/R *fig* **sich ~** s'adapter (**in** [+*akk*] à); *Verkehr* **sich (rechts** *etc*) **~** se ranger dans la file (de droite, *etc*)

Einordnung F classement *m*; rangement *m*; classification *f*

einpacken ‹*sép*, -ge-, h.› **A** V/T emballer; envelopper; *in e-n Koffer* mettre (dans une valise); *umg* **die Kinder warm ~** *umg* emmitoufler les enfants **B** *umg* V/I **da können wir ~** *umg* nous n'avons plus qu'à remballer

einparken V/T *u.* V/I ‹*sép*, -ge-, h.› **(sein Auto) ~** se garer; **(rückwärts) ~** faire un créneau

Einparken N **beim ~** en se garant

Einparkhilfe F **(elektronische) ~** aide *f* (électronique) au stationnement

Einparteiensystem N monopartisme *m*

einpassen V/T ‹-(es)t, *sép*, -ge-, h.› adapter, encastrer, emboîter (**in** [+*akk*] dans)

einpendeln V/R ‹-(e)le, *sép*, -ge-, h.› **sich ~** se stabiliser

Einpersonenhaushalt M ménage *m* d'une personne; **Einpersonenstück** N THEAT pièce *f* à un personnage; **Einpfennigstück** N HIST pièce *f* d'un pfennig

einpferchen V/T ‹*sép*, -ge-, h.› *Menschen, Tiere* parquer; **einpflanzen** V/T ‹-(es)t, *sép*, -ge-, h.› planter; MED implanter; greffer

Einphasen… IN ZSSGN monophasé; **Einphasen(wechsel)strom** M courant (alternatif) monophasé

einphasig ADJ ELEK monophasé

einplanen V/T ‹*sép*, -ge-, h.› prévoir

einpökeln V/T ‹-(e)le, *sép*, -ge-, h.› saler; saumurer

einpolig ADJ PHYS, TECH unipolaire

einprägen ‹*sép*, -ge-, h.› **A** V/T TECH imprimer, graver (**in** [+*akk*] sur, dans) **B** V/R **1** *fig* **sich ~** être gravé dans la mémoire **2** *fig* **sich** (*dat*) **etw ~** graver qc dans sa mémoire; se mettre qc dans l'esprit; mémoriser qc

einprägsam ADJ facile à retenir; **einprogrammieren** V/T ‹*sép*, *pas de ge-*, h.› IT programmer; **einpudern** V/T (*u.* V/R) ‹-(e)re, *sép*, -ge-, h.› **(sich) ~** (se) poudrer; **einquartieren** V/T (*u.* V/R) ‹*sép*, *pas de ge-*, h.› **(sich) ~** (s')installer, (se) loger (**in** [+*dat*] dans); **Einquartierung** F ‹~; ~en› logement *m*; MIL cantonnement *m*

einquetschen V/T ‹*sép*, -ge-, h.› **j-m etw ~** coincer qc à qn; **eingequetscht sein** être coincé, serré (**zwischen** [+*dat*] dans)

Einrad N monocycle *m*

einrahmen V/T ‹*sép*, -ge-, h.› encadrer; **einrammen** V/T ‹*sép*, -ge-, h.› enfoncer (avec un mouton); **einrasten** V/I ‹-ete, *sép*, -ge-, s.› s'enclencher (**in** [+*akk*] dans); **einräuchern** V/T ‹-(e)re, *sép*, -ge-, h.› enfumer; **einräumen** V/T ‹*sép*, -ge-, h.› **1** (*einordnen*) ranger; mettre en place; *Schrank, Fach etc* ranger; mettre de l'ordre dans; *Zimmer* installer **2** (*zugestehen*) accorder; concéder; admettre; *Recht* concéder **3** *Frist* accorder; *Kredit a.* allouer; **einräumend** ADJT GRAM concessif, -ive

Einraumwohnung F *bes ostdeutsch* studio *m*

einrechnen V/T ‹-ete, *sép*, -ge-, h.› inclure; faire entrer en ligne de compte; HANDEL inclure, comprendre dans un compte; **mit eingerechnet** (y) compris; **nicht (mit) eingerechnet** non compris

einreden ‹-ete, *sép*, -ge-, h.› **A** V/T **j-m etw ~** essayer de persuader qn de qc; faire croire qc à qn; **er versucht uns einzureden, dass …** il essaie de nous persuader que … (+*ind*) **B** V/I **auf j-n ~** essayer de persuader, d'influencer qn (à grand renfort de paroles) **C** V/R **sich** (*dat*) **etw ~** se persuader de qc

einregnen V/R ‹-ete, *sép*, -ge-, h.› **es regnet sich ein** le temps se met à la pluie; la pluie s'installe

einreiben V/T (*u.* V/R) ‹*irr*, *sép*, -ge-, h.› **(sich) mit etw ~** *mit Salbe, Öl* (s')enduire de qc; *mit Kölnischwasser etc* (se) frictionner avec qc

Einreibung F friction *f* (*a.* MED)

einreichen V/T ‹*sép*, -ge-, h.› présenter; *a. Antrag, Klage etc* déposer; **s-e Entlassung ~** donner sa démission; **die Scheidung ~** demander le divorce

Einreichung F ‹~; ~en› *e-s Gesuchs etc* présentation *f*; *(Einlieferung)* dépôt *m*; **~ der Scheidung** demande *f* de divorce
einreihen ‹*sép*, -ge-, h.› **A** VT **~ in** *(+akk)* ranger parmi, au nombre de; insérer, intégrer dans **B** VR **sich ~** se mettre dans une file
Einreiher M ‹~s; ~› costume *m* à veston droit; **einreihig** ADJ à un (seul) rang; *Anzug* à veston droit; *Mantel, Weste etc* à une rangée de boutons
Einreise F entrée *f* (**nach** [*+dat*], **in** [*+akk*] en, dans, à)
Einreiseerlaubnis F, **Einreisegenehmigung** F autorisation *f* d'entrée
einreisen VI ‹-(es)t, *sép*, -ge-, s.› entrer (**nach** [*+dat*], **in** [*+akk*] en, dans, à)
Einreiseverbot N interdiction *f* d'entrée; **Einreisevisum** N visa *m* d'entrée
einreißen ‹*irr, sép*, -ge-› **A** VT ‹h.› **1** *Papier etc* déchirer (un peu) **2** *(niederreißen)* démolir **B** VI ‹s.› **1** se déchirer **2** *fig Unsitte, Gewohnheit* se propager; se répandre
einreiten ‹*irr, sép*, -ge-› **A** VT ‹h.› *Pferd* dresser **B** VI ‹s.› *in die Manege etc* entrer (à cheval)
einrenken ‹*sép*, -ge-, h.› **A** VT **1** MED remettre; remboîter **2** *umg fig* arranger **B** *umg* VR **das wird sich schon wieder ~** cela s'arrangera
Einrenken N ‹~s› MED remboîtement *m*; réduction *f*
einrennen VT ‹*irr, sép*, -ge-, h.› *Tür* enfoncer; *fig* **offene Türen ~** enfoncer des portes ouvertes; *umg* **j-m das Haus ~** (venir) °harceler qn
einrichten ‹-ete, *sép*, -ge-, h.› **A** VT **1** *(arrangieren)* disposer; arranger; organiser; **es so ~, dass …** faire en sorte que … *(+subj)*; s'arranger pour que … *(+subj)*; **das lässt sich ~** cela peut se faire; **auf etw** *(akk)* **eingerichtet sein** être préparé à qc; être organisé en vue de qc **2** *(möblieren)* aménager; meubler; équiper; *Praxis etc* monter **3** *Institutionen* ouvrir; établir; fonder **4** MED *Bruch* réduire; *Glied* remboîter **B** VR **1** *(sich arrangieren)* **sich (so) ~(, dass …)** s'arranger, s'organiser (pour); faire en sorte (que …) **2** *(seine Wohnung möblieren)* **sich ~** s'installer; se meubler
Einrichtung F ‹~; ~en› **1** *(Institution)* institution *f*; organisation *f*; organisme *m*; **städtische, öffentliche ~en** services municipaux, publics; **soziale ~en** institutions sociales **2** ‹*sans pl*› *(Gründung)* établissement *m*; fondation *f*; *(Einsetzung)* instauration *f* **3** ‹*sans pl*› *(Einrichten) e-s Raums, e-r Wohnung* aménagement *m*; installation *f*; équipement *m* **4** *(Mobiliar)* ameublement *m*; mobilier *m*; meubles *mpl* **5** *(Vorrichtung)* dispositif *m*; TECH installation *f*; **sanitäre ~en** installations sanitaires **6** ‹*sans pl*› MED remboîtement *m*; réduction *f*
Einrichtungsgegenstand M objet *m* d'ameublement, d'équipement; **Einrichtungshaus** N maison *f* d'ameublement
einritzen VT ‹-(es)t, *sép*, -ge-, h.› *Namen* graver; *Haut* inciser légèrement; **einrollen** VT *(u.* VR*)* ‹*sép*, -ge-, h.› **(sich) ~** (s')enrouler
einrosten VI ‹-ete, *sép*, -ge-, s.› *a. fig* (se) rouiller; *umg* **hier rostet man ein** on s'encroûte ici
einrücken ‹*sép*, -ge-› **A** VT ‹h.› *Anzeige* insérer; *Zeile* rentrer; renfoncer; TECH embrayer; enclencher **B** VI ‹s.› MIL *(einmarschieren)* entrer (**in** [*+akk*] dans); *zum Wehrdienst* partir pour le service (militaire); **Einrückung** F ‹~; ~en› *e-r Anzeige* insertion *f*; *e-r Zeile* renfoncement *m*; TECH embrayage *m*; enclenchement *m*
einrühren VT ‹*sép*, -ge-, h.› délayer (**in** [*+akk*] dans)
eins[1] NUM un, une; **Punkt ~** *(um ein Uhr)* à une heure juste; *umg* à une heure pile; **es ist halb ~** il est midi *bzw.* minuit et demi; **im Maßstab ~ zu hundert** à l'échelle de 1/100e; SPORT **~ zu ~ (unentschieden)** un but partout; **~, zwei!, ~, zwei!** une, deux!, une, deux!; *umg* **~, zwei, drei** *(im Nu) umg* en moins de deux; *umg* **~ a** de première (qualité); *umg* **das ist mir (alles) ~** *umg* je m'en fiche; → *a.* acht
eins[2] → ein[1] B 2, C
Eins F ‹~; ~en› **1** *Zahl* un *m*; → *a.* Acht[1] **2** *Schulnote (sehr gut)* très bien; *in Frankreich etwa* dix-sept *m*, dix-huit *m* (sur vingt); **~ plus** *etwa* dix-neuf *m*, vingt *m* (sur vingt); **e-e ~ schreiben, haben** avoir dix-sept (sur vingt)
Einsaat F semailles *fpl*; ensemencement *m*
einsacken[1] VT ‹*sép*, -ge-, h.› **1** *(in Säcke füllen)* mettre en sac(s); ensacher **2** *umg fig Geld etc* empocher
einsacken[2] VI ‹*sép*, -ge-, s.› *umg (einsinken)* s'enfoncer (**in** [*+akk*] dans)
einsäen VT ‹*sép*, -ge-, h.› ensemencer; **einsalben** VT ‹*sép*, -ge-, h.› enduire de pommade; **einsalzen** VT ‹*sép*, -ge-, h.› saler
einsam ADJ solitaire; seul; isolé; *Insel etc* désert; **es ist dort ~** la région est déserte, inhabitée; **sich ~ fühlen** se sentir seul; *umg* **~e Spitze!** *umg* génial!; *umg* super!
Einsamkeit F ‹~› solitude *f*; isolement *m*
einsammeln VT ‹-(e)le, *sép*, -ge-, h.› ramasser; *Geld a.* recueillir; collecter
Einsatz M **1** *(Spieleinsatz, Wetteinsatz)* mise *f*; enjeu *m*; **um hohen ~ spielen** jouer gros **2** *e-s Geräts* élément *m* encastrable; *e-s Schnellkochers* panier *m*; *e-s Koffers* casier *m* **3** MODE empiècement *m*; *(Brusteinsatz)* plastron *m*; *Textilien* garniture *f* **4** MUS attaque *f*; THEAT réplique *f*; **seinen ~ verpassen** *Musiker* oublier de jouer; *Schauspieler* manquer, rater sa réplique **5** ‹*sans pl*› *fig (Engagement)* entrée *f* en action; intervention *f*; engagement *m*; **im ~** en action; **keinen ~ zeigen** ne pas donner le meilleur de soi; ne pas se donner à fond; **unter ~ des Lebens** au péril de sa vie; **unter ~ von** en faisant appel à **6** ‹*sans pl*› *fig (Gebrauch)* emploi *m*; *von Kräften, Mitteln* mise *f* en œuvre; mobilisation *f* **7** *von Truppen* entrée *f* en ligne; engagement *m*; *(Feuerwehreinsatz, Polizeieinsatz)* intervention *f*; FLUG sortie, mission aérienne
Einsatzbefehl M ordre *m* d'engagement, d'intervention, FLUG de mission; **einsatzbereit** ADJ disponible; prêt à intervenir; TECH, MIL opérationnel, -elle; **Einsatzbereitschaft** F ‹~› disponibilité *f*; MIL état *m* d'alerte; **einsatzfreudig** ADJ qui se donne à fond (à sa tâche); entreprenant; **Einsatzgebiet** N zone *f* d'intervention, d'engagement; **Einsatzkommando** N groupe *m* mobile d'intervention; MIL commando *m*; **Einsatzleiter(in)** M(F) chef *m* de groupe (d'intervention); **Einsatzplan** M plan *m* d'intervention; **Einsatzwagen** M **1** *der Straßenbahn etc* voiture *f* supplémentaire **2** *der Polizei* véhicule *m* d'intervention
einsaugen VT ‹*irr, sép*, -ge-, h.› sucer; *Luft* aspirer; *Geruch* °humer; **einsäumen** VT ‹*sép*, -ge-, h.› MODE ourler; **(mit etw) ~** *(einfassen)* border (de qc); *(umgeben)* entourer (de qc); *(umzäunen)* clôturer (avec, de qc); **einscannen** VT ‹*sép*, -ge-, h.› scanner
einschalten ‹-ete, *sép*, -ge-, h.› **A** VT **1** *(dazwischenfügen)* intercaler; insérer **2** *Licht, Radio etc* allumer; *Gerät, Maschine* mettre en marche; **den ersten Gang ~** passer en première (vitesse) **3** *fig (beteiligen)* faire appel à; faire intervenir **B** VR **sich ~ (in** [*+akk*]**)** *fig* intervenir (dans); s'interposer (dans, entre); *(sich einmischen)* s'immiscer, s'ingérer (dans); TEL **sich in e-e Leitung ~** se brancher sur une ligne
Einschalthebel M levier *m* de commande; **Einschaltquote** F taux *m*, indice *m* d'écoute; audimat *m*
Einschaltung F **1** intercalation *f*; insertion *f* **2** *des Stroms* fermeture *f*; *in e-n Stromkreis* mise *f* en circuit; *e-r Maschine* mise *f* en marche **3** *fig* intervention *f*; interposition *f*
einschärfen VT ‹*sép*, -ge-, h.› **j-m etw ~** inculquer qc à qn; enfoncer qc dans la tête de qn
einschätzen VT ‹-(es)t, *sép*, -ge-, h.› évaluer; estimer; apprécier; **zu hoch ~** surestimer; surévaluer; **zu niedrig ~** sous-estimer; sous-évaluer; **etw falsch ~** mal juger, estimer, évaluer qc
Einschätzung F **1** estimation *f*; évaluation *f*; appréciation *f*; **nach meiner ~** à mon avis **2** *steuerlich* évaluation (fiscale)
einschenken VT ‹*sép*, -ge-, h.› **j-m etw ~** verser, servir qc à qn
einscheren VI ‹*sép*, -ge-, s.› se rabattre (sur la voie de droite, de gauche); **einschicken** VT ‹*sép*, -ge-, h.› envoyer; **einschieben** VT ‹*irr, sép*, -ge-, h.› **1 ~ (in** [*+akk*]**)** glisser (dans); intercaler (entre) **2** *(hineindrücken)* pousser (à fond) **3** *fig* intercaler; insérer
einschießen ‹*irr, sép*, -ge-, h.› **A** VT **1** *Gewehr* régler (le tir de) **2** **Geld ~** verser des fonds; fournir des capitaux **3** *(zerstören)* démolir, détruire (à coups de canon) **4** SPORT → schießen **5** *Brot* enfourner **B** VI ‹s.› *Muttermilch* monter **C** VR **sich ~** régler le tir; *fig* **sich auf j-n ~** prendre qn pour cible
einschiffen VR ‹*sép*, -ge-, h.› **sich ~** (s')embarquer (**nach** pour); **Einschiffung** F ‹~; ~en› embarquement *m*
einschlafen VI ‹*irr, sép*, -ge-, s.› s'endormir; *Glieder* s'engourdir; *umg fig* cesser peu à peu; **mir ist das Bein eingeschlafen** j'ai la jambe engourdie; *umg* j'ai des fourmis dans la jambe; *fig* **die Angelegenheit ist wieder eingeschlafen** l'affaire est retombée dans l'oubli; **vor dem Einschlafen** avant de s'endormir
einschläfern VT ‹-(e)re, *sép*, -ge-, h.› **1** *a.* MED endormir **2** *Tiere* piquer; **einschläfernd** ADJT MED, *fig* soporifique; *fig a.* endormant; **Einschläferung** F ‹~; ~en› **1** *(Narkotisierung)* anesthésie *f* **2** *(schmerzloses Töten e-s kranken Tiers)* euthanasie *f*
Einschlafstörungen FPL troubles *mpl* de l'endormissement
Einschlag M **1** *(das Einschlagen)* chute *f*; *e-s Geschosses, Meteoriten a.* impact *m* **2** *(~stelle)* point *m* d'impact, de chute **3** MODE rempli *m* **4** AUTO braquage *m* **5** *fig* **mit italienischem, bäuerlichem ~** de type italien, paysan
einschlagen ‹*irr, sép*, -ge-, h.› **A** VT **1** *Nägel etc* enfoncer; planter; *Schädel* défoncer; *Fensterscheiben* enfoncer; casser **2** *(einpacken)* envelopper, emballer (**in** [*+akk*] dans) **3** *Weg* prendre; s'engager dans; *Laufbahn* embrasser; entrer dans **4** AUTO *a. abs* **(die Lenkung) ~** braquer **B** VI **1** *Geschoss, Blitz* tomber; éclater; **es hat eingeschlagen** la foudre est tombée **2** *(Erfolg haben)* réussir **3** *(einwilligen)* toper; **schlag ein!** tope (là)! **4** **auf j-n ~** rouer qn de coups; *umg* taper comme un sourd sur qn
einschlägig **A** ADJ ‹*épithète*› se rapportant (à); relatif, -ive (à); correspondant; *Geschäft* spécialisé; **die ~e Fachliteratur** la littérature spécialisée (sur, relative à ce sujet) **B** ADV **~ vorbestraft sein** avoir été condamné pour un délit analogue
einschleichen VR ‹*irr, sép*, -ge-, h.› **sich ~ (in** [*+akk*]**)** se glisser, se faufiler, s'introduire furtivement (dans); *fig Gedanke, Verdacht* s'insinuer, *Fehler* se glisser (dans); **einschleppen** VT ‹*sép*, -ge-, h.› *Schiff* remorquer; *Krankheit* im-

E

porter; introduire

einschleusen VT ‹-(es)t, *sép*, -ge-, h.› *fig* faire entrer clandestinement; **eingeschleuster Spion** taupe *f*

einschließen ‹*irr*, *sép*, -ge-, h.› A VT 1 enfermer à clé; (*verwahren*) mettre sous clé 2 MIL cerner; encercler; investir 3 (*umfassen*) comprendre; renfermer; inclure; englober; **j-n in sein Gebet ~** prier pour qn B VR **sich ~** s'enfermer à clé

einschließlich A ADV (y) compris; inclus B PRÄP ‹*gen*› **~ Bedienung** service compris; **~ der Reparaturen** y compris les réparations; **~ (der) Mehrwertsteuer** TVA incluse, comprise

Einschluss M *a.* GEOL inclusion *f*; **mit ~** (*+gen*) → einschließlich

einschmeicheln VR ‹-(e)le, *sép*, -ge-, h.› **sich bei j-m ~** s'insinuer auprès de qn

einschmeichelnd ADJT *pej* insinuant; (*angenehm*) enjôleur, -euse; caressant; **einschmelzen** VT ‹*irr*, *sép*, -ge-, h.› (re)fondre; **einschmieren** *umg* VT ‹*sép*, -ge-, h.› *mit Dreck, Marmelade etc* barbouiller (**mit** de); *mit Fett, Öl* enduire (**mit** de); graisser; *Maschine* lubrifier; **einschmuggeln** ‹-(e)le, *sép*, -ge-, h.› A VT introduire en fraude, en contrebande B VR *fig* **sich ~** s'introduire clandestinement

einschnappen VI ‹*sép*, -ge-, s.› 1 *Schloss, Tür etc* se (re)fermer (à l'aide d'un ressort) 2 *umg fig* **er ist eingeschnappt** il est vexé; il l'a mal pris

einschneiden ‹*irr*, *sép*, -ge-, h.› A VT couper; inciser; *Inschrift, Zeichen etc* graver B VI *ins Fleisch* **in etw** (*akk*) **~** couper qc; rentrer dans qc

einschneidend ADJT *Maßnahme etc* radical

einschneien VI ‹*sép*, -ge-, s.› **eingeschneit sein** être couvert de neige, enneigé, *Fahrzeug* bloqué par la neige

Einschnitt M 1 (*Kerbe*) encoche *f*; entaille *f*; cran *m*; MED incision *f*; (*Schlitz*) fente *f* 2 *fig* événement décisif; coupure *f*; tournant *m*

einschnüren VT (*u.* VR) ‹*sép*, -ge-, h.› **(sich) ~** (se) lacer; *Taille* (se) serrer

einschränken ‹*sép*, -ge-, h.› A VT 1 (*reduzieren*) réduire; restreindre; *Ausgaben, Produktion a.* diminuer 2 *Behauptung, Bemerkung* atténuer; limiter la portée de 3 (*beschränken*) limiter; **j-n in s-r Handlungsfreiheit ~** réduire la marge de manœuvre de qn B VR **sich ~** se restreindre; **sich (finanziell) ~** limiter, réduire ses dépenses; **sich im Trinken ~** réduire sa consommation d'alcool

einschränkend ADJT restrictif, -ive; limitatif, -ive

Einschränkung F ‹~; ~en› réduction *f*; restriction *f*; limitation *f*; (*Vorbehalt*) réserve *f*; **ohne ~** sans réserve; **mit ~en** non sans réserve; **mit der ~, dass …** à cette réserve près que … (*+subj*)

einschrauben VT ‹*sép*, -ge-, h.› visser (**in** [*+akk*] dans)

Einschreib(e)brief M lettre recommandée; **Einschreib(e)gebühr** F POST® taxe *f* de recommandation; UNIVERSITÄT *etc* droits *mpl* d'inscription

einschreiben VT ‹*irr*, *sép*, -ge-, h.› inscrire; POST® **~ lassen** recommander; **sich ~ lassen** se faire inscrire

Einschreiben N ‹~s; ~› envoi recommandé; **etw als, per ~ schicken** envoyer qc en recommandé; **„~"** « recommandé »

Einschreibung F inscription *f*

einschreiten VI ‹*irr*, *sép*, -ge-, s.› intervenir; **gegen etw ~** prendre des mesures contre qc

Einschreiten N ‹~s› intervention *f*

einschrumpfen VI ‹*sép*, -ge-, s.› se ratatiner; *fig* diminuer; fondre; **Einschub** M passage rajouté, intercalé; **einschüchtern** VT ‹-(e)re, *sép*, -ge-, h.› intimider; **Einschüchterung** F ‹~; ~en› intimidation *f*

Einschüchterungsmethode F méthode *f* d'intimidation; **Einschüchterungsversuch** M tentative *f* d'intimidation

einschulen VT ‹*sép*, -ge-, h.› scolariser; **mit sechs Jahren eingeschult werden** être scolarisé à (l'âge de) six ans

Einschulung F scolarisation *f*

Einschuss M 1 *e-s Geschosses* entrée *f* (de la balle); *Stelle* point *m* d'impact 2 HANDEL versement *m* 3 WEBEREI trame *f* 4 RAUMFAHRT mise *f* sur orbite; **Einschussstelle** F point *m* d'impact

einschütten VT ‹-ete, *sép*, -ge-, h.› verser (**in** [*+akk*] dans); **einschweißen** VT ‹-(es)t, *sép*, -ge-, h.› *Lebensmittel* emballer sous vide; *Buch* emballer sous plastique; TECH souder

einschwenken VI ‹*sép*, -ge-, s.› 1 **~ in** (*+akk*) (*einbiegen*) tourner dans; *Satellit etc* se mettre, se placer sur 2 *fig* **~ auf** (*+akk*) mettre le cap sur; se rallier, se convertir à

einsegnen VT ‹-ete, *sép*, -ge-, h.› (*konfirmieren*) confirmer; (*segnen*) bénir; **Einsegnung** F (*Konfirmation*) confirmation *f*; (*Segnung*) bénédiction *f*

einsehen VT ‹*irr*, *sép*, -ge-, h.› 1 (*begreifen*) comprendre; (*erkennen*) voir; *a. Unrecht etc* reconnaître; **ich sehe nicht ein, weshalb …** je ne vois pas pourquoi … 2 *Bücher* examiner; prendre connaissance de; *Akten* consulter; compulser 3 (*überblicken*) voir; **ihr Garten kann von keiner Seite eingesehen werden** leur jardin est de toutes parts fermé aux regards

Einsehen N ‹~s› **ein ~ haben** se rendre à la raison; **hab doch ein ~!** sois donc raisonnable!

einseifen VT ‹*sép*, -ge-, h.› 1 *Körper etc* savonner 2 *umg fig* (*betrügen*) *umg* baratiner

einseitig A ADJ 1 d'un (seul) côté; JUR, POL unilatéral 2 *fig Ausbildung etc* trop spécialisé; exclusif, -ive; *Auffassung* étroit; partial; *Beurteilung* simpliste; *Ernährung* mal équilibré; incomplet, -ète; *Darstellung* tendancieux, -ieuse B ADV **ein Blatt ~ beschreiben** n'écrire que sur un côté d'une feuille; **~ begabt sein** être doué dans un seul domaine; **~ interessiert sein** ne s'intéresser qu'à une (sorte de) chose(s); être polarisé; **etw ~ beurteilen** juger qc avec partialité

Einseitigkeit F ‹~› caractère unilatéral; *der Auffassung* étroitesse *f*; partialité *f*; *weitS.* simplisme *m*

einsenden VT ‹*irr*, *sép*, -ge-, h.› envoyer, expédier ([*+dat*] *od* **an** [*+akk*] à)

Einsender(in) M ‹~s; ~› (F) ‹~in; ~innen› expéditeur *m*; *an Zeitungen a.* correspondant(e) *m(f)*; **Einsendeschluss** M *e-s Preisausschreibens etc* date *f* limite des envois; **Einsendung** F envoi *m*

Einser M ‹~s; ~› *südd, österr, schweiz* (*Eins*) un *m*; → *a.* Eins 2

einsetzen ‹-(es)t, *sép*, -ge-, h.› A VT 1 (*hin~*) **~ (in** [*+akk*]**)** mettre, placer (dans); (*fest anbringen*) insérer (dans); *Fensterscheibe etc* poser; MODE *Ärmel* monter 2 *Arbeitskräfte* employer; mobiliser; *Polizei, Truppen* faire intervenir; *Maschinen* utiliser; employer; *Mittel a.* mettre en œuvre; **s-e ganze Kraft ~** déployer toutes ses forces; **sein Leben ~** risquer sa vie 3 (*ernennen*) instituer; désigner; *in e-e Würde* investir (**in** [*+akk*] dans); *in ein Amt* installer (**in** [*+akk*] dans); **e-n Verwalter ~** désigner un administrateur; **j-n zu s-m Erben ~** instituer qn (son) héritier; **e-n Untersuchungsausschuss ~** constituer un comité d'enquête; **j-n in s-e früheren Rechte ~** réintégrer qn dans ses droits B VI (*anfangen*) commencer (**mit etw** par qc); MUS attaquer; **der Regen hat wieder eingesetzt** il s'est remis à pleuvoir C VR **sich ~** faire de son mieux; se donner à fond; **sich für j-n, etw ~** intervenir pour qn, qc; soutenir qn, qc; se prononcer pour qn, qc; **sich für die Interessen e-r Firma ~** défendre les intérêts d'une firme; **ich werde mich persönlich dafür ~, dass …** je veillerai personnellement à ce que … (*+subj*)

Einsetzung F ‹~; ~en› institution *f*; désignation *f*; *in ein Amt* installation *f*; *e-s Ausschusses etc* constitution *f*

Einsicht F ‹~; ~en› 1 ‹*sans pl*› (*~nahme*) examen *m*; inspection *f*; **in etw** (*akk*) **~ nehmen** examiner, consulter qc; prendre connaissance de qc; **zur ~** avec prière de prendre connaissance; pour examen 2 (*Verständnis*) compréhension *f*; discernement *m*; jugement *m*; **zur ~ kommen** se rendre à la raison 3 ‹*sans pl*› (*Einblick*) vue *f* (**in** [*+akk*] dans)

einsichtig ADJ 1 (*verständnisvoll*) compréhensif, -ive; raisonnable 2 (*verständlich*) compréhensible; **mir ist nicht ~, warum …** je ne vois pas pourquoi …

Einsichtnahme F ‹~› **zur ~** avec prière de prendre connaissance; pour examen; **nach ~** après examen, consultation

einsickern VI ‹-(e)re, *sép*, -ge-, s.› *a. fig* s'infiltrer (**in** [*+akk*] dans)

Einsiedelei F ‹~; ~en› ermitage *m*

Einsiedler(in) M(F) ermite *m*; anachorète *m*; **wie ein ~ leben** vivre en ermite

Einsiedlerkrebs M ZOOL bernard-l'ermite *m*; **Einsiedlerleben** N vie *f* d'ermite, de solitaire

Einsilber → Einsilbler

einsilbig ADJ 1 LING monosyllabique 2 *fig Person* taciturne; peu loquace; *Antwort* par monosyllabes

Einsilbigkeit F ‹~› brièveté *f* des propos; **Einsilbler** M ‹~s; ~› LING monosyllabe *m*

einsinken VI ‹*irr*, *sép*, -ge-, s.› *im Schlamm etc* (s')enfoncer; *Erdboden* s'affaisser; **einsitzen** VI ‹*irr*, *sép*, -ge-, h.› ADMIN être en prison; **einsortieren** VT ‹*sép*, *pas de ge-*, h.› trier; classer

einspannen VT ‹*sép*, -ge-, h.› 1 *in e-n Rahmen* tendre (**in** [*+akk*] sur); TECH serrer, mettre (**in** [*+akk*] dans); *Pferde* atteler 2 *umg fig* **j-n für e-e Arbeit ~** atteler, mettre qn à un travail; **sich ~ lassen** se laisser embrigader

Einspänner M ‹~s; ~› 1 *Kutsche* voiture *f* à un cheval 2 *fig* (*Einzelgänger*) solitaire *m* 3 *österr* (*Glas mit schwarzem Kaffee u. Schlagsahne*) moka servi dans un grand verre avec de la Chantilly

einsparen VT ‹*sép*, -ge-, h.› économiser; **Einsparung** F ‹~; ~en› économie *f* (**an** [*+dat*] de)

einspeichern VT ‹-(e)re, *sép*, -ge-, h.› **etw ~** (**in** [*+akk*]) stocker qc (dans, à); IT mettre qc en mémoire (dans)

einspeisen VT ‹*sép*, -ge-, h.› 1 TECH **Strom in das Netz ~** alimenter le réseau en courant 2 IT **etw ~** entrer qc (**in** [*+akk*] dans)

einsperren VT ‹*sép*, -ge-, h.› 1 *Person* enfermer (**in e-n Raum** dans une pièce); *in ein Gefängnis* mettre en prison; incarcérer; *Tier in e-n Käfig* encager 2 *österr Gegenstand* enfermer à clé; **Briefe im Schreibtisch ~** mettre des lettres sous clé dans le bureau

einspielen VR ‹*sép*, -ge-, h.› **sich ~** SPORT s'entraîner (à jouer en équipe); MUS préluder; s'exercer; **sie sind gut aufeinander eingespielt** ils forment une bonne équipe

einspinnen VR ⟨irr, sép, -ge-, h.⟩ **sich ~** se mettre en cocon (*a. fig*)

einsprachig ADJ monolingue

einspringen VI ⟨irr, sép, -ge-, s.⟩ **für j-n ~** remplacer qn (au pied levé)

Einspritzdüse F AUTO injecteur *m*

einspritzen VT ⟨-(es)t, sép, -ge-, h.⟩ injecter

Einspritzer *umg* M ⟨~s; ~⟩, **Einspritzmotor** M AUTO moteur *m* à injection; **Einspritzpumpe** F pompe *f* à injection

Einspruch M protestation *f* (**gegen** contre); JUR opposition *f* (à); ADMIN recours *m*; **gegen etw ~ erheben** faire opposition à qc; **~ einlegen** former opposition (**gegen** à); opposer, mettre son veto (à)

einspurig ADJ (*eingleisig*) à voie unique; *Straße* à une seule voie

einst *geh* ADV **1** (*früher*) autrefois; jadis **2** (*einmal*) un jour

einstampfen VT ⟨sép, -ge-, h.⟩ *Kraut* tasser au pilon; *Bücher* mettre au pilon

Einstand M **1** **s-n ~ geben** *beim Dienstantritt* arroser son entrée en fonction; *beim Umzug umg* pendre la crémaillère **2** ⟨*sans pl*⟩ TENNIS égalité *f*

einstechen ⟨irr, sép, -ge-, h.⟩ **A** VT **1** *Nadel etc* piquer; enfoncer **2** *Stoff, Teig etc* piquer **B** VI **1** KARTENSPIEL couper **2** *mit e-r Stichwaffe* **auf j-n ~** donner des coups de couteau, de poignard, *etc* à qn

einstecken VT ⟨sép, -ge-, h.⟩ **1** mettre (**in** [+*akk*] dans); *in die Tasche a.* empocher **2** *fig Schlag umg* encaisser; *Gewinn* empocher; *Beleidigung, Vorwurf etc* avaler; essuyer; **er kann viel ~** *umg* il encaisse bien

Einsteckkamm M peigne *m* à chignon, à parure; **Einstecktuch** N pochette *f*

einstehen VI ⟨irr, sép, -ge-, s.⟩ **für j-n, etw ~** se porter garant de qn, qc; répondre de qn, qc; **für eine Tat ~** assumer un acte

einsteigen VI ⟨irr, sép, -ge-, s.⟩ **~ (in** [+*akk*]**)** **1** *in ein Fahrzeug* monter (*Wagen* en; *Bus, Zug* dans); **bitte ~!** en voiture, s'il vous plaît! **2** *Diebe* entrer (dans) (en escaladant) **3** *umg in e-n Beruf, ein Geschäft* entrer, s'engager dans

Einsteiger *umg* M ⟨~s; ~⟩ personne *f* qui s'engage (dans qc), qui commence (qc)

einstellen ⟨sép, -ge-, h.⟩ **A** VT **1** (*hin~*) mettre (**in** [+*akk*] dans); *in die Garage* garer **2** TECH, RADIO, TV régler; *richtig, scharf* mettre au point; *an der Waschmaschine* **ein Programm ~** mettre un programme **3** *Arbeitskräfte* engager; embaucher **4** (*beenden, aufhören*) cesser; arrêter; supprimer; *Zahlungen etc* suspendre; JUR *Verfahren* arrêter **5** *Rekord* égaler **B** VR **1** **sich ~** *Personen* arriver; se trouver; *Schäden* survenir; *Schmerzen* se faire sentir; **sich wieder ~** revenir; reparaître **2** **sich auf etw** (*akk*) **~** s'adapter à qc; se préparer à qc; s'attendre à qc; **auf etw** (*akk*) **eingestellt sein** être prêt à qc; être organisé en vue de, pour qc; **sich auf j-n ~** s'adapter à qn; se régler sur qn; **gegen j-n eingestellt sein** être mal disposé envers qn; **sozialistisch eingestellt sein** avoir des idées socialistes

einstellig ADJ *Zahl* d'un seul chiffre

Einstellknopf M bouton *m* de réglage; **Einstellplatz** M emplacement *m* (dans un garage *bzw.* sous un abri)

Einstellung F **1** TECH réglage *m*; OPT (*Gesamteinstellung*) mise *f* au point; *beim Film* plan *m* **2** *von Arbeitskräften* embauche *f*; engagement *m* **3** (*Beendigung, Aufhören*) cessation *f*; suspension *f*; JUR *e-s Verfahrens* arrêt *m* **4** (*Haltung, Meinung*) attitude *f*; idées *fpl*; point *m* de vue; **politische ~** opinion *f* politique; **~ zum Leben** conception *f* de la vie

Einstellungsgespräch N entretien *m* (d'embauche); **Einstellungssache** F affaire *f* de conception, de point de vue; **Einstellungsstopp** M arrêt *m* de recrutement

Einstich M piqûre *f*

Einstieg M ⟨~(e)s; ~e⟩ entrée *f* (**in** [+*akk*] *Wagen* en; *Bus, Zug* dans); *fig* accès *m* (à)

Einstiegsdroge F *etwa* drogue douce

einstig ADJ ⟨*épithète*⟩ ancien, -ienne; d'autrefois

einstimmen ⟨sép, -ge-, h.⟩ **A** VT *Instrumente* accorder; **j-n auf etw** (*akk*) **~** préparer (psychologiquement) qn à qc **B** VI *Instrumente* attaquer; se joindre (aux autres instruments); **in etw** (*akk*) (**mit**) **~** joindre sa voix à celle des autres; *fig* faire chorus; se joindre à qc

einstimmig **A** ADJ MUS à une voix; *fig* unanime; **~e Annahme** adoption *f* à l'unanimité **B** ADV MUS à l'unisson (*a. fig*); *fig* à l'unanimité; d'un commun accord

Einstimmigkeit F ⟨~⟩ unanimité *f*

Einstimmung F **zur ~ auf** (+*akk*) pour se préparer à

einstmals *geh* → einst

einstöckig ADJ *Haus* d'un étage; **einstöpseln** VT ⟨-(e)le, sép, -ge-, h.⟩ *Korken* enfoncer; *Telefon, Apparat etc* brancher; **einstoßen** VT ⟨irr, sép, -ge-, h.⟩ enfoncer; *Scheibe a.* casser; **Einstrahlung** F irradiation *f*; **einstreichen** *umg* VT ⟨irr, sép, -ge-, h.⟩ *Geld* empocher; encaisser

einstreuen VT ⟨sép, -ge-, h.⟩ **etw in etw** (*akk*) **~** entremêler qc de qc; parsemer qc de qc

einströmen VI ⟨sép, -ge-, s.⟩ *Wasser, Luft etc* rentrer (**in** [+*akk*] dans); *Menschenmenge* affluer (dans); **einstudieren** VT ⟨sép, pas de ge-, h.⟩ *Theaterstück etc* répéter; *Rolle a.* apprendre; **einstufen** VT ⟨sép, -ge-, h.⟩ classer; classifier; **einstufig** ADJ *Rakete* d'un étage; **Einstufung** F ⟨~; ~en⟩ classification *f*; classement *m*

einstündig ADJ ⟨*épithète*⟩ d'une heure

einstürmen VI ⟨sép, -ge-, s.⟩ **auf j-n (mit Fragen) ~** assaillir qn (de questions)

Einsturz M écroulement *m*; effondrement *m*; *von Erdmassen* éboulement *m*

einstürzen VI ⟨-(es)t, sép, -ge-, s.⟩ s'écrouler; s'effondrer; *Erdmassen* s'ébouler; **für ihn stürzte e-e Welt ein** (tout) un monde s'est écroulé pour lui

Einstürzen N ⟨~s⟩ → Einsturz

Einsturzgefahr F danger *m* d'écroulement

einstweilen ADV (*vorläufig*) provisoirement; pour le moment; (*inzwischen*) pendant ce temps-là

einstweilig ADJ ⟨*épithète*⟩ provisoire; temporaire; JUR provisionnel, -elle; JUR **~e Verfügung** (ordonnance *f* de) référé *m*

Eintagsfliege F **1** ZOOL éphémère *m* **2** *umg fig* phénomène *m*, événement *m* éphémère *od* sans lendemain

Eintänzer M danseur mondain

eintauchen ⟨sép, -ge-⟩ **A** VT ⟨h.⟩ plonger; enfoncer; immerger; *Brot etc* tremper **B** VI ⟨s.⟩ plonger; *fig* s'enfoncer; (*entschwinden*) disparaître

Eintausch M échange *m*; troc *m*

eintauschen VT ⟨sép, -ge-, h.⟩ **etw gegen etw ~** échanger, troquer qc contre qc; recevoir qc en échange de qc

eintausend → tausend

einteilen VT ⟨sép, -ge-, h.⟩ *in Gruppen* répartir, diviser, *in Klassen* classer, *Zeit, Arbeit, Geld* répartir (**in** [+*akk*] en; **nach** selon, d'après); (**sich** [*dat*]) **s-e Zeit gut ~** organiser son temps; **j-n für, zu etw ~** charger qn de qc; affecter qn à qc

Einteiler M ⟨~s; ~⟩ (maillot) une pièce *m*

einteilig ADJ d'une (seule) pièce; **~er Badeanzug** (maillot *m* de bain) une pièce *m*

Einteilung F *der Zeit, Arbeit* répartition *f*; division *f*; *in Klassen* classement *m*; classification *f*; *in Grade* graduation *f*

eintönig ADJ monotone; **~ grau** uniformément gris

Eintönigkeit F ⟨~⟩ monotonie *f*; **Eintopf (-gericht)** M(N) plat *m* unique (*composé de pommes de terre, légumes, etc*); *mit Fleisch* ragoût *m*

eintopfen VT ⟨sép, -ge-, h.⟩ *Pflanzen* empoter

Eintracht F ⟨~⟩ concorde *f*; harmonie *f*; **in ~ a.** en bonne intelligence

einträchtig ADJ *u.* ADV en accord; en harmonie; en bonne intelligence

Eintrag M ⟨~(e)s; ~̈e⟩ (*Eintragung*) inscription *f*; enregistrement *m*; (*Wörterbucheintrag*) entrée *f*

eintragen ⟨irr, sép, -ge-, h.⟩ **A** VT **1** **~ (in** [+*akk*]**)** *in Bücher* inscrire, enregistrer (dans) **2** (*einbringen*) rapporter **B** VR **sich ~ (in** [+*akk*]**)** *in e-e Liste* s'inscrire (sur); *in ein Gästebuch etc* inscrire son nom (dans)

einträglich ADJ rentable; lucratif, -ive; profitable; **sehr ~ sein** rapporter beaucoup

Einträglichkeit F ⟨~⟩ bon rapport, rendement

Eintragung F ⟨~; ~en⟩ *in e-e Liste* inscription *f*; *in Bücher* enregistrement *m*; (*Vermerk*) mention *f*; (*Notiz*) notes *fpl*

eintreffen VI ⟨irr, sép, -ge-, s.⟩ arriver; *Voraussage* se réaliser; s'accomplir; **Eintreffen** N ⟨~s⟩ arrivée *f*; *e-r Voraussage* accomplissement *m*; réalisation *f*; **eintreiben** VT ⟨irr, sép, -ge-, h.⟩ **1** *Geld, Steuern* faire rentrer; recouvrer **2** *Vieh* ramener; **Eintreibung** F ⟨~; ~en⟩ *von Geldern etc* recouvrement *m*; encaissement *m*

eintreten ⟨irr, sép, -ge-⟩ **A** VT ⟨h.⟩ *Tür etc* enfoncer d'un coup de pied **B** VI ⟨s.⟩ **1** **~ (in** [+*akk*]**)** *in ein Haus, e-n Beruf, Verein, ins Heer etc* entrer (dans); *in e-e Partei a.* adhérer (à); *in e-n Verein a.* devenir membre (de); **in (die) Verhandlungen ~** entrer en pourparlers; **treten Sie ein!** entrez! **2** (*sich ereignen*) arriver; se produire; se faire; intervenir; *Stille* se faire; *Tod* survenir; *Umstände, Notwendigkeit* se présenter; **plötzlich ~** survenir; **es trat e-e Besserung s-s Zustands ein** son état s'est amélioré; **der Tod trat auf der Stelle ein** la mort a été instantanée; **es könnte der Fall ~, dass …** le cas où … pourrait se présenter **3** (*sich einsetzen*) **für j-n ~** défendre, soutenir, appuyer qn; prendre fait et cause pour qn; **für etw ~** appuyer, soutenir, préconiser, défendre qc; faire campagne pour qc

Eintreten N ⟨~s⟩ **1** *e-r Tür etc* enfoncement *m* **2** (*das Hereinkommen*) entrée *f*; **schon beim ~** dès l'entrée **3** (*Beitritt*) entrée *f* **4** *e-s Ereignisses* intervention *f*; *e-r Krankheit* début *m*; commencement *m* **5** (*Einsatz*) engagement *m* (**für j-n, etw** en faveur de qn, qc); (*Verteidigung*) défense *f* (de qn, qc)

eintrichtern *umg* VT ⟨-(e)re, sép, -ge-, h.⟩ **j-m etw ~** faire ingurgiter qc à qn (*a. fig*); *fig umg* enfoncer qc dans la tête de qn

Eintritt M **1** (*Eintreten, ~sgeld*) entrée *f*; **~ frei** entrée libre, gratuite; **~ verboten** entrée interdite; défense d'entrer **2** *fig* arrivée *f*; **bei ~ der Dunkelheit** à la tombée de la nuit

Eintrittsgeld N (prix *m* d')entrée *f*; **Eintrittskarte** F billet *m* d'entrée; **Eintrittsöffnung** F TECH orifice *m* d'admission; **Eintrittspreis** M → Eintrittsgeld; **Eintrittswinkel** M angle *m* d'entrée

eintrocknen VI ⟨-ete, sép, -ge-, s.⟩ sécher; *plus fort* se dessécher; **eintrüben** VR ⟨sép, -ge-, h.⟩ **sich ~** *Wetter* se couvrir; **Eintrübung** F assombrissement *m*; **eintrudeln** *umg* VI ⟨-(e)le, sép, -ge-, s.⟩ *umg* (se) radiner; *umg* rappliquer (tranquillement); **eintun-**

E

ken V/T ⟨*sép*, -ge-, h.⟩ *regional* tremper

einüben V/T ⟨*sép*, -ge-, h.⟩ étudier; répéter; **etw auf dem Klavier ~** travailler qc au piano

Einüben N exercice *m*; étude *f*

einundeinhalb → eineinhalb

einverleiben ⟨*sép, pas de ge-*, h.⟩ **A** V/T incorporer (*a.* MIL); MIL annexer **B** V/R **sich** (*dat*) **etw ~** s'approprier qc; *hum* (*essen*) ingurgiter, *umg* enfourner, *umg* s'envoyer qc

Einvernahme F ⟨~; ~n⟩ JUR, *bes österr, schweiz* audition *f*

Einvernehmen N ⟨~s⟩ accord *m*; entente *f*; intelligence *f*; *geh* **sich mit j-m ins ~ setzen** se mettre d'accord avec qn; **mit j-m in gutem, schlechtem ~ leben** vivre en bonne, mauvaise intelligence avec qn; **im ~ mit** en accord avec; **in gegenseitigem ~** d'un commun accord

einverstanden ADJT **~!** d'accord!; entendu!; **mit etw ~ sein** être d'accord avec qc; consentir à qc; **ich bin ~** *a.* je veux bien; **sich mit den Bedingungen ~ erklären** accepter les conditions

Einverständnis N accord *m*; entente *f*; *geheimes* intelligence *f*; **im ~ mit** en accord avec; **in beiderseitigem ~** d'un commun accord; **sein ~ zu etw geben** donner son accord, son assentiment à qc; consentir à qc

Einverständniserklärung F approbation *f*; déclaration *f* d'accord

Einwaage F poids net

einwachsen[1] V/T ⟨-(es)t, *sép*, -ge-, h.⟩ (*mit Wachs einreiben*) cirer; encaustiquer

einwachsen[2] V/I ⟨*irr, sép*, -ge-, s.⟩ BOT (re)prendre racine; **eingewachsener Nagel** ongle incarné

Einwand M ⟨~(e)s; ⁼e⟩ objection *f* (**gegen** à, contre); **Einwände erheben** faire, élever des objections

Einwanderer M, **Einwanderin** F immigrant(e) *m(f)*; (*Eingewanderte[r]*) immigré(e) *m(f)*

einwandern V/I ⟨-(e)re, *sép*, -ge-, s.⟩ immigrer; **Einwanderung** F immigration *f*

Einwanderungsbehörde F office *m* de l'immigration; **Einwanderungserlaubnis** F autorisation *f*, permis *m* d'immigration; **Einwanderungsland** N pays *m* d'immigration; **Einwanderungspolitik** F politique *f* d'immigration; **Einwanderungsquote** F taux *m* d'immigration; **Einwanderungsverbot** N interdiction *f* d'immigration

einwandfrei **A** ADJ **1** (*ohne Fehler*) sans défaut; impeccable; **in ~em Zustand** en parfait état **2** *moralisch* irréprochable **3** (*unbestreitbar*) incontestable; *Beweis* irréfutable; *Alibi* parfait **B** ADV **~ arbeiten** fonctionner parfaitement; **etw ~ nachweisen** prouver qc de façon incontestable

Einwandrerin F immigrante *f*; (*Eingewanderte*) immigrée *f*

einwärts ADV en dedans; **nach ~** vers l'intérieur

einwechseln V/T ⟨-(e)le, *sép*, -ge-, h.⟩ **1** FIN changer; **Euros in, gegen Dollars ~** changer des euros en dollars **2** SPORT faire entrer (dans le jeu)

einwecken V/T ⟨*sép*, -ge-, h.⟩ faire des conserves de; mettre en conserve

Einwegflasche F bouteille non consignée, à verre perdu; **Einwegspritze** F seringue *f* jetable; **Einwegverpackung** F emballage perdu

einweichen V/T ⟨*sép*, -ge-, h.⟩ (r)amollir en trempant; *Früchte, Getreide, Wäsche* faire tremper

einweihen V/T ⟨*sép*, -ge-, h.⟩ **1** *Gebäude etc* inaugurer; **die neue Wohnung ~** *umg* pendre la crémaillère **2** **j-n ~** mettre qn dans le secret; **j-n in etw** (*akk*) **~** (*einführen*) initier qn à qc; **j-n in ein Geheimnis ~** confier un secret à qn; **j-n in e-n Plan ~** mettre qn au courant d'un projet

Einweihung F ⟨~; ~en⟩ *e-s Gebäudes etc* inauguration *f*; **~ (in** [*+akk*]**)** *in e-n Brauch etc* initiation *f* (à); *in e-n Plan etc* mise *f* au courant (de); **Einweihungsfeier** F inauguration *f*

einweisen V/T ⟨*irr, sép*, -ge-, h.⟩ **1** *Fahrzeug* diriger; guider **2** **~ (in** [*+akk*]**)** *in ein Amt* installer (dans); *in e-e Arbeit* initier (à) **3** **~ (in** [*+akk*]**)** *in ein Heim etc* envoyer (dans); **in e-e Heilanstalt ~** (faire) interner; **in ein Krankenhaus ~** (faire) hospitaliser

Einweisung F **1** *e-s Fahrzeugs* guidage *m* **2** **~ (in** [*+akk*]**)** *in ein Amt* installation *f* (dans); *in e-e Arbeit* initiation *f* (à) **3** *in ein Heim etc* envoi *m* (**in** [*+akk*] dans); *in e-e Heilanstalt* internement *m* (dans); *in ein Krankenhaus* hospitalisation *f* (dans); **Einweisungsschein** M demande *f* d'hospitalisation

einwenden V/T ⟨*irr, sép*, -ge-, h.⟩ objecter, opposer (**gegen** à); **dagegen ist nichts einzuwenden** il n'y a pas d'objection à cela

Einwendung F objection *f* (**gegen** à)

einwerfen V/T ⟨*irr, sép*, -ge-, h.⟩ **1** *Scheiben etc* casser, briser (en lançant qc) **2** *Ball* remettre en jeu **3** *Brief* poster; mettre à la boîte; *Münzen in e-n Automaten* introduire (**in** [*+akk*] dans) **4** (*bemerken*) **e-e Bemerkung ~** faire une remarque en passant; **~(, dass …)** observer en passant (que …)

einwertig ADJ CHEM monovalent; univalent

einwickeln V/T ⟨-(e)le, *sép*, -ge-, h.⟩ *in Papier etc* envelopper; emballer; *umg* **j-n ~** *umg* embobiner, *umg* emberlificoter qn

Einwickelpapier N papier fin d'emballage

einwilligen V/I ⟨*sép*, -ge-, h.⟩ **in etw** (*akk*) **~** consentir à qc; donner son consentement, son assentiment à qc

Einwilligung F ⟨~; ~en⟩ consentement *m*, assentiment *m* (**in** [*+akk*], **zu** à); **nur mit ~ der Eltern** seulement avec l'autorisation des parents

einwirken V/I ⟨*sép*, -ge-, h.⟩ **auf j-n, etw ~** agir, influer sur qn, qc; CHEM *etc* **~ lassen** laisser agir

Einwirkung F action *f*; effet *m*; influence *f*; **äußere ~en** influences extérieures; **unter der ~ von Alkohol** sous l'influence de l'alcool

Einwohner(in) M ⟨~s; ~⟩ (F) ⟨~in; ~innen⟩ habitant(e) *m(f)*; **Einwohnermeldeamt** N bureau *m* de déclaration de domicile

Einwohnerschaft F ⟨~⟩ **die ~** les habitants *mpl*

Einwohnerzahl F nombre *m* d'habitants

Einwurf M **1** SPORT remise *f* en jeu; FUSSBALL (rentrée *f* en) touche *f* **2** *am Briefkasten etc* fente *f* **3** *e-r Münze* introduction *f* (**in** [*+akk*] dans) **4** (*Zwischenbemerkung*) brève remarque, observation

einwurzeln V/R ⟨-(e)le, *sép*, -ge-, h.⟩ **sich ~** s'enraciner

Einzahl F ⟨~⟩ GRAM singulier *m*

einzahlen V/T ⟨*sép*, -ge-, h.⟩ verser; *Spargeld* déposer

Einzahler M ⟨~s; ~⟩ (*Einleger*) déposant *m*; **Einzahlung** F versement *m*; *von Spargeldern* dépôt *m*

Einzahlungsbeleg M attestation *f* de versement; reçu *m*; **Einzahlungsschein** M bulletin *m* de versement; reçu *m*; **Einzahlungstag** M jour *m*, date *f* de versement; *bei Spargeld* date *f* de dépôt

einzäunen V/T ⟨*sép*, -ge-, h.⟩ enclore; clôturer; **Einzäunung** F ⟨~; ~en⟩ clôture *f*

einzeichnen V/T ⟨-ete, *sép*, -ge-, h.⟩ **~ (in** [*+dat ou akk*], **auf** [*+dat*]**)** dessiner (dans); *Landkarte* porter (sur); **eingezeichnet sein (in, auf** [*+dat*]**)** figurer (sur)

Einzeiler M ⟨~s; ~⟩ METRIK monostique *m*; **einzeilig** ADJ à *od* d'une ligne; METRIK monostique

Einzel N ⟨~s; ~⟩ TENNIS simple *m*; **Einzelaktion** F acte individuel, *plus fort* isolé; **Einzelanfertigung** F fabrication *f* à la pièce, sur commande, hors série; **Einzelantrieb** M *bei Maschinen* commande individuelle, séparée; **Einzelaufstellung** F HANDEL état détaillé; **Einzelausgabe** F édition séparée; **Einzelband** M volume *m* (d'une édition séparée); **Einzelbeobachtung** F observation isolée; **Einzelberatung** F *e-s Gesetzentwurfs* délibération détaillée; **Einzelbett** N lit *m* (pour) une personne; **Einzelbewertung** F évaluation individuelle; **Einzelbox** F *für Fahrzeug, Tier* box individuel; **Einzeldarstellung** F description individuelle; (*Abhandlung*) monographie *f*; **Einzeldisziplin** F SPORT discipline *f*; **Einzelerscheinung** F phénomène *m*, fait *m* unique, isolé; **Einzelexemplar** N exemplaire *m* unique

Einzelfall M cas individuel; (*vereinzelter Fall*) cas spécial, isolé; **im ~** dans des cas isolés; **in jedem ~** dans chaque cas d'espèce; **dies ist kein ~** ce n'est pas une exception

Einzelgänger(in) M ⟨~s; ~⟩ (F) ⟨~in; ~innen⟩ solitaire *m/f*

Einzelgespräch N entretien personnel; **Einzelhaft** F isolement *m* cellulaire

Einzelhandel M commerce *m* de détail; **nur im ~ erhältlich** en vente uniquement chez les détaillants

Einzelhandelsgeschäft N magasin *m* de détail; **Einzelhandelskaufmann** M détaillant *m*; commerçant *m* en détail; **Einzelhandelspreis** M prix *m* de (vente au) détail

Einzelhändler M détaillant *m*; commerçant *m* en détail; **Einzelhaus** N maison séparée

Einzelheit F ⟨~; ~en⟩ détail *m*; *pl* **~en** *a.* modalités *fpl*; **genaue ~en** précisions *fpl*; **nähere ~en** plus amples détails; **weitere ~en zu erfragen bei …** pour plus amples renseignements s'adresser à …; **bis in alle ~en** jusque dans les moindres détails; **in (die) ~en gehen** entrer dans le(s) détail(s)

Einzelkampf M SPORT épreuve individuelle; MIL corps-à-corps *m*; **Einzelkämpfer(in)** M(F) **1** MIL (membre *m* d'un) commando *m* **2** *fig* franc-tireur *m*; **Einzelkind** N enfant *m* unique; fils *m*, fille *f* unique; **Einzelleistung** F SPORT, THEAT performance individuelle

Einzeller M ⟨~s; ~⟩ BIOL organisme *m* unicellulaire; protozoaire *m*; **einzellig** ADJ BIOL unicellulaire

einzeln **A** ADJ (*allein*) seul; (*für sich bestehend*) individuel, -elle; (*gesondert*) séparé; détaché; isolé; (*nicht zu e-m Service, Set gehörig*) **ein ~er Teller** une assiette dépareillée; **die ~en Teile** les différentes parties; **die ~en Umstände** les circonstances particulières; **in jedem ~en Fall** dans chaque cas particulier; **Einzelne** quelques-un(e)s; **~e Zuschauer gingen weg** quelques spectateurs sont sortis; **ein Einzelner** un individu; une seule personne; **jeder Einzelne** chacun en particulier; **es kommt auf den Einzelnen an** cela dépend de chacun, des individus; **im Einzelnen** en détail **B** ADV (*nacheinander*) un à un; l'un après l'autre; (*besonders*) en particulier; (*gesondert*) à part; séparément; (*im Einzelnen*) en détail; **etw ~ angeben, aufführen** préciser, spécifier qc

Einzelperson F individu *m*; particulier *m*; **Einzelpreis** M prix *m* à l'unité; **Einzel-**

radaufhängung F AUTO suspension *f* à roues indépendantes; **Einzelrichter** M juge *m* unique; **Einzelschicksal** N destinée individuelle; **Einzelsieger(in)** M(F) vainqueur *m* au classement individuel; **Einzelspiel** N TENNIS simple *m*; **einzelstaatlich** ADJ national; **Einzelstück** N exemplaire *m* unique

Einzelteil N pièce détachée; élément *m*; **vorgefertigte ~e** éléments préfabriqués

Einzelunterricht M cours particulier; **Einzelverkauf** M vente *f* au détail; **Einzelwertung** F classement individuel; **Einzelwesen** N individu *m*; **Einzelwettbewerb** M SPORT épreuve individuelle; **Einzelzelle** F 1 *im Gefängnis* cellule *f* 2 BIOL organisme *m* unicellulaire (au sein d'une colonie); **Einzelzimmer** N chambre individuelle

einzementieren VT ⟨sép, *pas de -ge-*, h.⟩ cimenter

Einziehdecke F couette *f*

einziehen ⟨*irr, sép*, -ge-⟩ A VT ⟨h.⟩ 1 *Faden etc* enfiler; passer 2 *Krallen, Bauch* rentrer; *Fahrwerk* rentrer; *Fahne, Segel* amener; **den Kopf ~** rentrer la tête dans les épaules 3 BAU **e-e Decke ~ (in etw** [*akk*]) plafonner (qc); **e-e Wand ~ (in etw** [*akk*]) élever une cloison (dans qc) 4 TYPO *Zeile* renfoncer; rentrer 5 FIN encaisser; recouvrer; **e-n Betrag von e-m Konto ~** débiter un compte d'une somme 6 (*beschlagnahmen*) confisquer; saisir 7 **Erkundigungen ~** prendre, recueillir des renseignements 8 *Soldaten* appeler (sous les drapeaux) 9 (*aus dem Verkehr ziehen*) retirer de la circulation B VI ⟨s.⟩ **~ (in** [+*akk*]) 1 (*s-n Einzug halten*) entrer (dans); faire son entrée (dans) 2 *Flüssigkeiten etc* pénétrer (dans); être absorbé (par) 3 *in e-e Wohnung* emménager (dans); **bei j-m ~** venir habiter, aller loger chez qn

Einziehung F 1 *von Erkundigungen* prise *f* 2 *von Geldern* encaissement *m*; recouvrement *m*; *von Steuern a.* perception *f* 3 *von Banknoten* retrait *m* 4 (*Beschlagnahme*) confiscation *f* 5 *von Soldaten* appel *m* (sous les drapeaux)

einzig A ADJ (*a.* ~*artig*) unique; (*a. außergewöhnlich*) exceptionnel, -elle; seul; **das ~e Kind** l'enfant unique; **kein Einziger** personne; pas un seul; **das ist das Einzige, was wir tun können** c'est la seule chose que nous puissions faire B ADV uniquement; seulement; **~ und allein** uniquement; **das ~ Richtige** la seule chose à faire

einzigartig A ADJ unique en son genre; sans pareil; sans égal; **von ~er Schönheit** d'une beauté exceptionnelle B ADV exceptionnellement; extraordinairement

Einzigartigkeit F ⟨~⟩ caractère unique, exceptionnel; unicité *f*

Einzimmerwohnung F studio *m*

Einzug M 1 entrée *f* (**in** [+*akk*] dans); **s-n ~ halten** faire son entrée; *Jahreszeit* faire son apparition 2 *in e-e Wohnung* emménagement *m* 3 FIN encaissement *m* 4 TYPO renfoncement *m*

Einzugsbereich M *e-r Großstadt* grande banlieue; HANDEL zone *f* de chalandise; *Arbeitskräfte* bassin *m* d'emploi; RADIO, TV bassin *m* d'audience; VERKEHR zone *f* de desserte; **Einzugsermächtigung** F FIN autorisation *f* de prélèvement; **Einzugsgebiet** N 1 GEOG bassin *m* 2 → Einzugsbereich; **Einzugsverfahren** N FIN prélèvement *m* automatique; HANDEL système *m* d'encaissement

einzwängen VT ⟨*sép*, -ge-, h.⟩ (*hin~*) faire entrer (en forçant); coincer; **eingezwängt sein** être serré, coincé

Einzylindermotor M moteur *m* monocylindre, monocylindrique, à un cylindre

Eis[1] N ⟨~es⟩ (*gefrorenes Wasser, Speiseeis*) glace *f*; (~*würfel*, ~*stück*) glaçon *m*; **ein gemischtes ~** une glace panachée; **e-e Portion** *od* **ein ~** une glace; **ein Martini mit ~** un Martini avec de la glace; **~ am Stiel** esquimau *m*; bâton (-net) glacé; *Fluss* **~ führen** charrier des glaçons; **zu ~ gefrieren** geler; se congeler; **auf ~ legen** mettre (à) rafraîchir; *Sekt* frapper; *Muscheln etc* mettre sur glace; *fig Vorhaben* mettre en veilleuse; *fig* **das ~ ist gebrochen** la glace est rompue; → eislaufen

Eis[2], **eis** N ⟨Eis, eis; Eis, eis⟩ MUS mi *m* dièse

Eisbahn F patinoire *f*; **Eisbär** M ours polaire, blanc; **Eisbecher** M coupe glacée

Eisbein N GASTR jambonneau saumuré et cuit à l'eau; *umg hum* **~e haben** avoir les pieds gelés

Eisberg M iceberg *m*; *fig* **die Spitze des ~s** la partie émergée de l'iceberg

Eisbergsalat M salade *f* iceberg; **Eisbeutel** M vessie *f* à *od* de glace; **Eisblume** F cristaux *mpl* de glace; fleur *f* de givre (aux fenêtres); **Eisbombe** F GASTR bombe glacée; **Eisbrecher** M ⟨~s; ~⟩ brise-glace *m*; **Eiscafé** N → Eisdiele

Eischnee M blancs *mpl* d'œufs (battus) en neige

Eiscreme F crème glacée; **Eisdecke** F couche *f* de glace

Eisdiele F glacier *m*; marchand *m* de glaces; *weitS.* café *m*; **in der ~** chez le glacier

Eisen N ⟨~s; ~⟩ fer *m*; **altes ~** ferraille *f*; *fig* **heißes ~** sujet brûlant; **mit ~ beschlagen** ferrer; garnir de fer; **~ verarbeitende Industrie** sidérurgie *f* de transformation; *umg fig* **zum alten ~ gehören** *Person umg* être mûr pour la retraite; *umg* être bon pour l'hospice; *umg fig* **zum alten ~ werfen** mettre au rebut, *umg* au rancart; *fig* **mehrere ~ im Feuer haben** avoir plusieurs cordes à son arc; *sprichw* **man muss das ~ schmieden, solange es heiß ist** *sprichw* il faut battre le fer pendant qu'il est chaud

Eisenbahn F chemin(s) de fer *m(pl)*; (*Zug*) train *m*; **mit der ~ fahren** prendre le train; aller en train, par le train; *umg* **es ist (aller)höchste ~** il n'y a pas une minute à perdre; *umg* ça urge!

Eisenbahnabteil N compartiment *m* (de chemin de fer); **Eisenbahnbeamte(r)** M, **Eisenbahnbeamtin** F employé(e) *m(f)* des chemins de fer; **Eisenbahnbrücke** F pont *m* de chemin de fer; **Eisenbahndamm** M remblai *m* de chemin de fer

Eisenbahner M ⟨~s; ~⟩ cheminot *m*; **Eisenbahnergewerkschaft** F syndicat *m* des cheminots

Eisenbahnfähre F ferry-boat *m*; **Eisenbahnfahrkarte** F billet *m* de chemin de fer; **Eisenbahnfahrt** F voyage *m* en train; **Eisenbahngesellschaft** F compagnie *f* de chemins de fer; **Eisenbahngleis** N voie ferrée; rails *mpl*; **Eisenbahnknotenpunkt** M nœud *m* ferroviaire; **Eisenbahnlinie** F ligne *f* de chemin de fer; **Eisenbahnnetz** N réseau *m* ferroviaire; **Eisenbahnschaffner** M contrôleur *m* des chemins de fer; **Eisenbahnschiene** F rail *m*; **Eisenbahnschranke** F barrière *f* de passage à niveau; **Eisenbahnschwelle** F traverse *f* (de chemin de fer); **Eisenbahnsignal** N signal *m* de chemin de fer; **Eisenbahnstation** F station *f* de chemin de fer; **Eisenbahnstrecke** F parcours *m*, trajet *m* de chemin de fer; **Eisenbahntunnel** M tunnel *m* de chemin de fer; **Eisenbahnüberführung** F pont *m* de chemin de fer; **Eisenbahnunglück** N accident *m* de chemin de fer; **Eisenbahnunterführung** F tunnel *m* ferroviaire; **Eisenbahnverbindung** F correspondance *f* de chemin de fer; **Eisenbahnwagen** M voiture *f* (d'un train); (*Güterwagen*) wagon *m*; **Eisenbahnzug** M train *m*

Eisenbergwerk N mine *f* de fer; **Eisenbeschlag** M ferrure *f*; garniture *f* de fer; **Eisenbeton** M béton armé; **Eisenblech** N tôle *f* de fer; **Eisendraht** M fil *m* de fer; **Eisenerz** N minerai *m* de fer; **Eisengehalt** M teneur *f* en fer; **Eisengewinnung** F production *f* de fer; **Eisengießerei** F fonderie *f*; **Eisengitter** N grille *f* de *od* en fer; **Eisenglanz** M GEOL fer *m* spéculaire; hématite *f*; **eisenhaltig** ADJ ferrugineux, -euse; **Eisenhammer** M marteau *m* de forge; martinet *m*; **Eisenhandel** M commerce *m* du fer; **Eisenhut** M BOT aconit *m*; **Eisenhütte** F usine *f* sidérurgique; **Eisenhüttenkunde** F sidérurgie *f*; **Eisenhüttenwerk** N → Eisenhütte; **Eisenhüttenwesen** N sidérurgie *f*; **Eisenindustrie** F industrie *f* sidérurgique; **Eisenkarbid** N CHEM carbure *m* de fer; **Eisenkern** M noyau *m* de fer; **Eisenkette** F chaîne *f* de fer; *im Gefängnis* fers *mpl*; **Eisenkies** M MINER pyrite *f*; **Eisenkitt** M mastic *m* de limaille de fer; **Eisenkonstruktion** F construction *f*, charpente *f* en fer, métallique; **Eisenkraut** N ⟨~(e)s⟩ BOT verveine *f*; **Eisenlack** M vernis *m* pour fer; **Eisenlegierung** F alliage *m* de fer; **Eisenmangel** M ⟨~s⟩ MED carence *f* en fer; *t/t* hypochromie *f*; **Eisenoxid** N oxyde *m* de fer; **Eisenplatte** F plaque *f* de fer; **Eisenpräparat** N PHARM préparation *f* contenant du fer; **Eisenring** M anneau *m* de *od* en fer; **Eisensäge** F scie *f* à métaux; **Eisenschere** F cisailles *fpl* à fer; **Eisenschlacke** F scorie *f* de fer; mâchefer *m*; **Eisenspäne** MPL paille *f* de fer; **Eisenstange** F barre *f*, perche *f* de fer; **Eisensulfat** N sulfate *m* de fer; **Eisensulfid** N sulfure *m* de fer; **Eisenträger** M poutre *f*, poutrelle *f* de *od* en fer; **Eisen- und Stahlindustrie** F sidérurgie *f*; **eisenverarbeitend** ADJT → Eisen; **Eisenverbindung** F composé *m* du fer; **Eisenverhüttung** F sidérurgie *f*; **Eisenvorkommen** N gisement *m* de fer; **Eisenwalzwerk** N usine *f* de laminage de fer; laminoir *m* de fer; **Eisenwaren** FPL quincaillerie *f*; **Eisenwarenhändler** M quincailler *m*; **Eisenwarenhandlung** F quincaillerie *f*; **Eisenzeit** F ⟨~⟩ âge *m* du fer

eisern A ADJ de *od* en fer; *fig Wille etc* de fer; inébranlable; **~er Grundsatz** principe *m* de fer; **~e Hochzeit** noces *fpl* de platine; **das Eiserne Kreuz** la Croix de fer; MED **~e Lunge** poumon *m* d'acier; MIL **~e Ration** vivres *mpl* de réserve; **~e Reserve** dernières réserves; POL **der Eiserne Vorhang** le rideau de fer B ADV **~ an etw** (*dat*) **festhalten** ne pas démordre de qc; **~ schweigen** garder un silence absolu; ne pas desserrer les dents; **~ sparen** économiser dur

Eisfach N freezer *m*; compartiment *m* de congélation; **Eisfeld** N champ *m* de glace; **Eisfischerei** F pêche *f* sous la glace; **Eisfläche** F étendue *f*, surface *f* de glace

eisfrei ADJ libéré de la glace, des glaces; **die Straßen sind wieder schnee- und ~** il n'y a plus ni neige ni verglas sur les routes

Eisgang M ⟨~(e)s⟩ débâcle *f*; charriage *m* des glaçons; **eisgekühlt** ADJT glacé; *Sekt* frappé; **eisglatt** ADJ verglacé; *umg* (*glatt wie Eis*) très glissant; **Eisglätte** F verglas *m*; **eisgrau**

ADJ gris blanc; **Eisgrenze** F limite *f* des glaces; **Eishaken** M piton *m*; **Eisheilige(n)** MPL ⟨→ A⟩ saints *mpl* de glace
Eishockey N °hockey *m* sur glace; **Eishockeymannschaft** F équipe *f* de hockey sur glace; **Eishockeyschläger** M crosse *f* de hockey sur glace; **Eishockeyspieler(in)** M(F) joueur, -euse *m,f* de hockey sur glace
eisig ADJ glacé; glacial (*beide a. fig*); **ein ~er Schreck durchfuhr sie** elle fut glacée d'effroi; **es herrschte ~es Schweigen** il régnait un silence glacial
Eisjacht F yacht *m* à glace; ice-boat *m*; **Eiskaffee** M GASTR café liégeois
eiskalt A ADJ *a. fig* glacial; *a.* GASTR glacé B ADV froidement; (*kaltblütig*) de sang-froid; **~ servieren** servir glacé; **es läuft mir ~ über den Rücken** cela me fait froid dans le dos
Eiskanal M SPORT piste *f* de luge, de bob; **Eiskeller** M *fig* glacière *f*; **Eiskrem(e)** F crème glacée; **Eiskristall** M cristal *m* de glace; **Eiskübel** M seau *m* à glace; **Eiskunstlauf(en)** M ⟨~(e)s⟩ (N) patinage *m* artistique; **Eiskunstläufer(in)** M(F) patineur, -euse *m,f* artistique; **Eislauf** M ⟨~(e)s⟩ patinage *m*; **eislaufen** V/I ⟨*irr, sép*, -ge-, s.⟩ faire du patin; patiner; **Eisläufer(in)** M(F) patineur, -euse *m,f*; **Eismann** M ⟨~(e)s; ⸚er⟩ marchand *m* de glace (ambulant); **Eismaschine** F sorbetière *f*; machine *f* à glace
Eismeer N océan glacial; **das Nördliche, Südliche ~** l'océan Glacial Arctique, Antarctique
Eispickel M piolet *m*; **Eisprinz** *umg* M, **Eisprinzessin** *umg* F étoile *f* du patinage
Eisprung M PHYSIOL ovulation *f*
Eisregen M pluie verglaçante; **Eisrevue** F revue *f* sur glace; **Eissäge** F scie *f* à glace; **Eissalat** M salade *f* iceberg; **Eisschicht** F couche *f* de glace; **Eisschießen** → Eisstockschießen; **Eisschmelze** F fonte *f* des glaces; **Eisschnelllauf(en)** M ⟨~(e)s⟩ (N) patinage *m* de vitesse; **Eisschnellläufer(in)** M(F) patineur, -euse *m,f* de vitesse; **Eisscholle** F plaque *f* de glace flottante; **Eisschrank** M glacière *f*; (*Kühlschrank*) réfrigérateur *m*; **Eissegeln** N yachting *m* sur glace; **Eissport** M sports *mpl* de glace; **Eisstadion** N patinoire *f*; stade *m* d'hiver; **Eisstand** M marchand *m* de glaces; **Eisstockschießen** N ⟨~s⟩ curling *m*; **Eisstück** N morceau *m* de glace; **Eistanz** M ⟨~es⟩ danse *f* sur glace; **Eistee** M thé glacé; **Eistüte** F cornet *m* de glace; **Eisumschläge** MPL MED compresses *fpl* de glace; **Eisverkäufer(in)** M(F) marchand(e) *m(f)* de glaces; **Eisvogel** M 1 *Vogel* martin-pêcheur *m* 2 *Schmetterling* limenitis *m*; **Eiswaffel** F gaufrette *f*; **Eiswasser** N ⟨~s⟩ eau glacée; **Eiswein** M vin *m* fait avec des raisins (vendangés et pressurés alors qu'ils sont) gelés; **Eiswürfel** M glaçon *m*; **Eiszapfen** M glaçon *m*; stalactite *f* de glace; **Eiszeit** F époque *f*, période *f* glaciaire; glaciation *f*; **eiszeitlich** ADJ ⟨*épithète*⟩ de l'époque glaciaire; **Eiszone** F *im Hochgebirge* zone *f* de neiges éternelles
eitel ADJ ⟨-tl-⟩ (*gefallsüchtig*) coquet, -ette; (*selbstgefällig*) vaniteux, -euse; *liter* **eitler Wahn** pure chimère; *poet, hum* **~ Freude, Sonnenschein** joie sans mélange
Eitelkeit F ⟨~⟩ (*Gefallsucht*) coquetterie *f*; (*Selbstgefälligkeit*) vanité *f*
Eiter M ⟨~s⟩ pus *m*; **~ absondern** suppurer; secréter du pus
Eiterbeule F furoncle *m*; *a. fig* abcès *m*; **Eiterbildung** F formation *f* de pus; **Eiterbläschen** N pustule *f*; **Eitergeschwulst** F abcès *m*; **Eitergeschwür** N abcès *m*; **Eiterherd** M foyer purulent
eiterig ADJ purulent; suppurant
eitern V/I ⟨-(e)re, h.⟩ suppurer; secréter du pus
Eitern N ⟨~s⟩ suppuration *f*
eiternd ADJT suppurant
Eiterpfropf M bourbillon *m*; **Eiterpickel** M bouton (purulent); **Eiterung** F ⟨~; ~en⟩ suppuration *f*
eitrig → eiterig
Eiweiß N ⟨~es; ~e, *mais* GASTR 3 ~⟩ 1 *e-s Eies* blanc *m* d'œuf 2 BIOL, CHEM protéine(s) *f(pl)*; protides *mpl*; *im Harn meist* albumine *f*; **eiweißarm** ADJ pauvre en protéines; **Eiweißausscheidung** F excrétion *f* d'albumine; **Eiweißbedarf** M besoin *m* en protides; **Eiweißgehalt** M teneur *f* en protides *bzw.* en albumine; **eiweißhaltig** ADJ qui contient des protéines; **Eiweißkörper** MPL protéines *fpl*; protides *mpl*; **Eiweißmangel** M ⟨~s⟩ carence *f* en protéines; **Eiweißpräparat** N préparation *f* à base de protéines; **eiweißreich** ADJ riche en protéines; **Eiweißstoffe** MPL → Eiweißkörper
Eizelle F ovule *m*
Ejakulation F ⟨~; ~en⟩ PHYSIOL éjaculation *f*; **ejakulieren** V/I ⟨*pas de ge-*, h.⟩ PHYSIOL éjaculer
EKD F ⟨~⟩ ABK (Evangelische Kirche in Deutschland) Église protestante d'Allemagne
Ekel[1] M ⟨~s⟩ (*Abscheu*) dégoût *m*; répugnance *f*; *a. psychisch* répulsion *f*; *mit Übelkeit* nausée *f*; écœurement *m*; **(e-n) ~ vor etw** (*dat*) **haben** éprouver du dégoût pour qc; **~ erregend** → ekelhaft A, B 1
Ekel[2] *umg* N ⟨~s; ~⟩ (*widerlicher Mensch*) dégoûtant(e) *m(f)*; personnage répugnant; **du ~!** espèce de dégoûtant!
ekelerregend ADJT → ekelhaft A, B 1
ekelhaft A ADJ dégoûtant; répugnant; écœurant B ADV 1 ignoblement; **~ riechen, schmecken** avoir une odeur écœurante, un goût écœurant 2 *umg* (*sehr*) affreusement
ekeln ⟨-(e)le, h.⟩ A V/T 1 **Spinnen ~ ihn** les araignées le dégoûtent 2 *umg* (*vertreiben*) **j-n aus dem Haus ~** forcer qn à quitter la maison (*en le décourageant*) B V/R **ich ekle mich vor Schnecken** les escargots me dégoûtent; j'ai horreur des escargots C V/UNPERS **es ekelt mich** *od* **mir (davor)** cela me dégoûte
EKG N ⟨~(s); ~(s)⟩ ABK (Elektrokardiogramm) électrocardiogramme *m*
Eklat *geh* M ⟨~s; ~s⟩ éclat *m*; esclandre *m*; **es kam zum ~** il y a eu un esclandre
eklatant *geh* ADJ éclatant
Eklektiker(in) M ⟨~s; ~⟩ (F) ⟨~in; ~innen⟩ éclectique *m/f*; **eklektisch** ADJ éclectique
eklig A ADJ (*ekelhaft*) dégoûtant; répugnant; *umg* (*gemein*) *umg* infect; dégoûtant B ADV 1 ignoblement 2 *umg* (*sehr*) affreusement
Eklipse F ⟨~; ~n⟩ ASTRON éclipse *f*; **Ekliptik** F ⟨~⟩ ASTRON écliptique *f*; **ekliptisch** ADJ ASTRON écliptique
Ekloge F ⟨~; ~n⟩ églogue *f*
Ekstase F ⟨~; ~n⟩ extase *f*; **in ~** (*akk*) **geraten** tomber en extase
ekstatisch ADJ extatique
Ekuador *etc* → Ecuador *etc*
Ekzem N ⟨~s; ~e⟩ eczéma *m*
Elaborat *geh pej* N ⟨~(e)s; ~e⟩ ouvrage *m* médiocre; *plus fort* élucubrations *fpl*
elaboriert *geh* ADJT élaboré; LING **~er Kode** code élaboré
Elan M ⟨~s⟩ ardeur *f*; élan *m*; *plus fort* fougue *f*
Elastik F ⟨~; ~en⟩ *od* N ⟨~s; ~s⟩ *Gewebe* tissu *m* élastique; **Elastikbinde** F bande *f* élastique
elastisch ADJ élastique; *fig a.* souple; **~e Binde** bande *f* élastique
Elastizität F ⟨~⟩ élasticité *f*
Elativ M ⟨~s; ~e⟩ GRAM superlatif absolu
Elba N ⟨→ *n/pr*⟩ l'île *f* d'Elbe
Elbe ⟨→ *n/pr*⟩ **die ~** l'Elbe *f*
Elbkahn M péniche *f* de l'Elbe; *umg fig* (*großer Schuh*) *umg* péniche *f*
Elch M ⟨~(e)s; ~e⟩ ZOOL élan *m*; **Elchtest** M AUTO test *m* de la baïonnette
Eldorado N ⟨~s; ~s⟩ eldorado *m*; **ein ~ für Feinschmecker** un paradis pour les gourmets
Electronic Commerce M ⟨~⟩ commerce *m* électronique
Elefant M ⟨~en; ~en⟩ éléphant *m*; *umg* **aus e-r Mücke e-n ~en machen** (se) faire une montagne de qc; *umg* **wie ein ~ im Porzellanladen** comme un éléphant dans un magasin de porcelaine
Elefantenbaby N 1 éléphanteau *m* 2 *umg pej Person umg* gros patapouf; **Elefantenbulle** M éléphant *m* mâle; **Elefantengras** N BOT pennisète *m*
Elefantenhaut F *umg* **e-e ~ haben** *umg* avoir une peau d'éléphant
Elefantenherde F troupeau *m* d'éléphants; **Elefantenhochzeit** *umg* F mariage *m* de deux géants (économiques); mariage *m* éléphantesque; **Elefantenkuh** F éléphante *f*; **Elefantenrobbe** F éléphant *m* de mer; **Elefantenrüssel** M trompe *f* d'éléphant; **Elefantenschildkröte** F tortue éléphantine
Elefantiasis F ⟨~; -tiasen⟩ MED éléphantiasis *m*
elegant A ADJ élégant B ADV avec élégance; élégamment; **Eleganz** F ⟨~⟩ élégance *f*
Elegie F ⟨~; ~n⟩ élégie *f*
elegisch ADJ élégiaque
elektrifizieren V/T ⟨*pas de ge-*, h.⟩ électrifier; **Elektrifizierung** F ⟨~; ~en⟩ électrification *f*
Elektrik F ⟨~; ~en⟩ équipement *m*, appareillage *m* électrique; **Elektriker(in)** M ⟨~s; ~⟩ (F) ⟨~in; ~innen⟩ électricien, -ienne *m,f*
elektrisch A ADJ électrique; PHYS **~es Feld** champ *m* électrique; **~e Ladung** charge *f* électrique; **~es Licht** lumière *f* électrique; électricité *f*; **~er Schlag** décharge *f* électrique; **~er Strom** courant *m* électrique; **~er Stuhl** chaise *f* électrique B ADV électriquement; à l'électricité; **~ geheizt** chauffé à l'électricité; **~ geladen** chargé; électrisé
Elektrische *umg* F ⟨→ A⟩ (*Straßenbahn*) *umg* tram *m*
elektrisieren ⟨*pas de ge-*, h.⟩ A V/T *a. fig* électriser B V/R **sich ~** recevoir une décharge (électrique); **Elektrisierung** F ⟨~; ~en⟩ électrisation *f*
Elektrizität F ⟨~⟩ électricité *f*
Elektrizitätsgesellschaft F compagnie *f* d'électricité; **Elektrizitätsversorgung** F alimentation *f* en courant électrique; **Elektrizitätswerk** N centrale *f* électrique; **Elektrizitätszähler** M compteur *m* électrique
Elektroakustik F électro-acoustique *f*; **elektroakustisch** ADJ électro-acoustique
Elektroantrieb M commande *f* (par moteur) électrique; **Elektroartikel** M article *m*, appareil *m* électrique; **Elektroauto** N voiture *f* électrique; **Elektrochemie** F électrochimie *f*; **elektrochemisch** ADJ électrochimique; **Elektrochirurgie** F électrochirurgie *f*
Elektrode F ⟨~; ~n⟩ électrode *f*
Elektrodynamik F électrodynamique *f*;

elektrodynamisch ADJ électrodynamique

Elektroenzephalogramm N ⟨~s; ~e⟩ MED électro-encéphalogramme *m*

Elektrofahrzeug N véhicule *m* électrique; **Elektrogerät** N appareil *m* électrique; **Elektrogeschäft** N magasin *m* d'appareils électriques; **Elektrogrill** M gril *m* électrique; **Elektroherd** M cuisinière *f* électrique; **Elektroindustrie** F industrie *f* électrique; **Elektroingenieur** M ingénieur *m* électricien; **Elektroinstallateur** M électricien *m*; **Elektrokardiografie** F MED électrocardiographie *f*; **Elektrokardiogramm** N MED électrocardiogramme *m*; **Elektrokardiographie** → Elektrokardiografie

Elektrolyse F ⟨~; ~n⟩ électrolyse *f*; **Elektrolyt** M ⟨~s *ou* ~en; ~e(n)⟩ électrolyte *m*; **elektrolytisch** ADJ électrolytique

Elektromagnet M électro-aimant *m*; **elektromagnetisch** ADJ électromagnétique; **Elektromagnetismus** M électromagnétisme *m*; **Elektromassage** F massage *m* au vibromasseur; **Elektromechanik** F électromécanique *f*; **elektromechanisch** ADJ électromécanique; **Elektrometer** N ⟨~s; ~⟩ électromètre *m*; **Elektromobil** N ⟨~s; ~e⟩ → Elektroauto; **Elektromotor** M moteur *m* électrique; électromoteur *m*

Elektron N ⟨~s; -tronen⟩ PHYS électron *m*

Elektronenbahn F trajectoire *f* des électrons; **Elektronenbeschleunigung** F accélération *f* d'électrons; **Elektronenblitz(gerät)** M(N) flash *m* électronique; **Elektronen(ge)hirn** *umg* N cerveau *m* électronique; **Elektronenhülle** F enveloppe *f* électronique; nuage *m* d'électrons; **Elektronenmikroskop** N microscope *m* électronique; **Elektronenoptik** F optique *f* électronique; **Elektronenrechner** M calculatrice *f*, calculateur *m* électronique; **Elektronenröhre** F tube *m* électronique; **Elektronenstoß** M choc *m* électronique; **Elektronenstrahl** M rayon *m* électronique; **Elektronentheorie** F théorie *f* des électrons; **Elektronenvolt** N électron-volt *m*

Elektronik F ⟨~⟩ électronique *f*; **Elektroniker(in)** M ⟨~s; ~⟩ (F) ⟨~in; ~innen⟩ électronicien, -ienne *m,f*; **Elektronikschrott** *umg* M déchets *mpl* électroniques

elektronisch ADJ électronique; **~e Datenverarbeitung** → EDV

Elektroofen M (*Heizofen*) radiateur *m* électrique; (*Schmelzofen*) four *m* électrique

Elektrophorese F ⟨~⟩ PHYS électrophorèse *f*

Elektrorasierer M rasoir *m* électrique; **Elektroschock** M MED électrochoc *m*; **Elektroschweißung** F électrosoudure *f*

Elektroskop N ⟨~s; ~e⟩ électroscope *m*

Elektrosmog M pollution *f* électromagnétique

Elektrostatik F électrostatique *f*; **elektrostatisch** ADJ électrostatique; **Elektrotechnik** F ⟨~⟩ électrotechnique *f*; **Elektrotechniker(in)** M(F) électrotechnicien, -ienne *m,f*; **elektrotechnisch** ADJ électrotechnique; **Elektrotherapie** F électrothérapie *f*

Element N ⟨~(e)s; ~e⟩ *a. fig* élément *m*; CHEM *a.* corps *m* simple; ELEK *a.* pile *f*; couple *m*; **die vier ~e** les quatre éléments; **in s-m ~ sein** être dans son élément

elementar ADJ élémentaire; **mit ~er Gewalt** avec une violence déchaînée

Elementargewalt F force *f* des éléments; **Elementarklasse** F SCHULE cours *m* élémentaire; **Elementarladung** F ELEK charge *f* élémentaire; **Elementarmagnet** M élément *m* magnétique; **Elementarteilchen** N PHYS particule *f* élémentaire; **Elementarunterricht** M enseignement *m* élémentaire

Elen N *od* M ⟨~s; ~⟩ ZOOL élan *m*

elend A ADJ misérable; (*jämmerlich*) lamentable; (*unglücklich*) malheureux, -euse; (*krank*) malade; (*gemein, erbärmlich*) misérable; vil; *pej* **~er Schurke** *umg* ordure *f*; *umg* salaud *m*; *umg* fumier *m*; *umg* **~es Geschwätz** radotages *mpl*; *umg* ragots *mpl* B ADV misérablement; **~ aussehen** avoir très mauvaise mine; **sich ~ fühlen** se sentir très mal (en point); **er ist ~ umgekommen** il a eu une mort lamentable; il est mort misérablement

Elend N ⟨~s⟩ 1 (*Armut*) misère *f*; **ins ~ geraten** tomber dans la misère 2 (*Leid*) misère *f*; malheur *m*; détresse *f*; **es ist ein ~!** c'est une pitié, une misère!; *umg* **es ist schon ein ~ mit ihm!** c'est à désespérer avec lui!; *umg* **das heulende ~ haben** *umg* déprimer; *umg* **langes ~** *Person umg* perche *f*; *umg* échalas *m*

elendig(lich) *geh* → elend B

Elendsquartier N taudis *m*; **Elendsviertel** N quartier miséreux; *plus fort* bidonville *m*

Eleve M ⟨~n; ~n⟩, **Elevin** F ⟨-in; -innen⟩ 1 THEAT *etc* élève *m/f* 2 AGR stagiaire *m/f*

elf NUM onze; → *a.* acht

Elf[1] F ⟨~; ~en⟩ *Zahl* (chiffre *m*, nombre *m*) onze *m*; SPORT **die französische ~** le onze de France; → *a.* Acht[1]

Elf[2] M ⟨~en; ~en⟩, **Elfe** F ⟨~; ~n⟩ MYTH elfe *m*

Elfenbein N ⟨~(e)s⟩ ivoire *m*; **elfenbeinfarben** ADJ ivoire; **Elfenbeinküste die ~** la Côte-d'Ivoire; **Elfenbeinschnitzer** M ivoirier *m*; **Elfenbeinschnitzerei** F 1 *Gegenstand* (objet *m* en) ivoire *m* 2 ⟨*sans pl*⟩ *Tätigkeit* art *m* de l'ivoirier; ivoirerie *f*; **Elfenbeinturm** M *fig* tour *f* d'ivoire

Elfenkönig M roi *m* des elfes; **Elfenreigen** M danse *f* des elfes

Elfer M ⟨~s; ~⟩ 1 FUSSBALL → Elfmeter 2 *regional Zahl* onze *m*; → Acht[1] 1, 2; **Elferrat** M *Karneval* Conseil *m* des Onze; **Elferwette** F loto sportif (*portant sur onze matches de football*)

elffach ADJ *u.* ADV onze fois (plus); → *a.* achtfach; **elfjährig** ADJ (*elf Jahre alt*) (âgé) de onze ans; (*elf Jahre lang*) de onze ans; qui dure onze ans; **Elfjährige(r)** M/F(M) ⟨→ A⟩ enfant *m/f* de onze ans

Elfmeter M FUSSBALL penalty *m*; **e-n ~ schießen** tirer un penalty

Elfmetermarke F, **Elfmeterpunkt** M point *m* de penalty; **Elfmeterschießen** N ⟨~s⟩ tirs *mpl* au but; **Elfmeterschütze** M tireur *m* (au but); **Elfmetertor** N but *m* sur penalty

elfstündig ADJ (*elf Stunden lang*) de onze heures; qui dure onze heures

Elias M ⟨→ *n/pr*⟩ BIBEL Élie *m*

elidieren V/T ⟨*pas de ge-*, h.⟩ GRAM élider

Elimination F ⟨~; ~en⟩ élimination *f*; **eliminieren** V/T ⟨*pas de ge-*, h.⟩ éliminer

Elisabeth F ⟨→ *n/pr*⟩ 1 *prénom* 2 BIBEL, *Königin* Élisabeth *f*; **~ II.** Élisabeth II

Elision F ⟨~; ~en⟩ GRAM élision *f*

elitär ADJ (*e-r Elite angehörend*) élitaire; (*die Elite fördernd*), *pej* élitiste

Elite F ⟨~; ~n⟩ élite *f*; *der Gesellschaft a.* (fine) fleur; **Elitedenken** N élitisme *m*; **Elitetruppe** F troupe *f* d'élite

Elixier N ⟨~s; ~e⟩ élixir *m*

El Kaida F ⟨~; *a.* → *n/pr*⟩ *Terrororganisation* Al-Qaida *f*

Elke F ⟨→ *n/pr*⟩ *prénom*

Ellbogen M ⟨~s; ~⟩ coude *m*; **sich auf die ~ stützen** s'appuyer sur ses coudes; **sich mit den ~ auf etw** (*akk*) **stützen** s'accouder à, sur qc; *fig* **keine ~ haben** ne pas savoir s'imposer; *fig* **s-e ~ gebrauchen** jouer des coudes

Ellbogenfreiheit F **~ haben** avoir les coudées franches

Ellbogengelenk N articulation *f* du coude; **Ellbogengesellschaft** F ⟨~⟩ *pej* société *f* d'arrivistes; *weitS.* jungle *f*; **Ellbogenmensch** M *pej* personne *f* qui joue des coudes; arriviste *m/f*; **Ellbogenschutz** M, **Ellbogenschützer** M ⟨~s; ~⟩ protège-coude *m*

Elle F ⟨~; ~n⟩ 1 ANAT cubitus *m* 2 HIST *Längenmaß* aune *f*

Ellenbogen → Ellbogen

ellenlang *umg* ADJ extrêmement long, -gue; interminable

Ellipse F ⟨~; ~n⟩ MATH, ASTRON, GRAM ellipse *f*

ellipsenförmig ADJ en forme d'ellipse; elliptique; **elliptisch** ADJ elliptique

Elmsfeuer N METEO feu *m* Saint-Elme

E-Lok F locomotive *f* électrique

eloquent *geh* ADJ éloquent; **Eloquenz** *geh* F ⟨~⟩ éloquence *f*

eloxieren V/T ⟨*pas de ge-*, h.⟩ oxyder électrolytiquement

Elritze F ⟨~; ~n⟩ ZOOL vairon *m*

El Salvador N ⟨→ *n/pr*⟩ le Salvador

Elsass ⟨→ *n/pr*⟩ **das ~** l'Alsace *f*

Elsässer(in) M ⟨~s; ~⟩ (F) ⟨~in; ~innen⟩ Alsacien, -ienne *m,f*; **elsässisch** ADJ alsacien, -ienne; d'Alsace

Elsass-Lothringen N ⟨→ *n/pr*⟩ HIST l'Alsace-Lorraine *f*

Else F ⟨→ *n/pr*⟩ *prénom*

Elster F ⟨~; ~n⟩ ZOOL pie *f*; *fig Frau* **diebische ~** voleuse *f*; **er stiehlt wie e-e ~** il est voleur comme une pie

elterlich ADJ (*épithète*) des parents; parental; **~e Gewalt** autorité parentale; **~es Erbe** patrimoine *m*

Eltern PL parents *mpl*; **leibliche ~** parents biologiques; *umg* **nicht von schlechten ~** *umg* pas piqué des vers, des °hannetons; *Ohrfeige* magistral

Elternabend M réunion *f* de parents d'élèves; **Elternbeirat** M conseil *m* des parents d'élèves; **Elterngeld** N ⟨~(e)s⟩ allocation parentale; **Elternhaus** N maison familiale; *fig* milieu familial; **Elterninitiative** F comité *m* de parents; **Elternliebe** F amour *m* des parents; **elternlos** ADJ sans parents; sans père ni mère; **Elternpaar** N parents *mpl*; **Elternrecht** N droit parental; **Elternschaft** F ⟨~⟩ 1 (*Eltern*) (l'ensemble *m* des) parents *mpl* 2 (*Elternsein*) qualité *f* de parents; **Elternschlafzimmer** N chambre *f* des parents; **Elternsprechtag** M réunion *f* parents-professeurs

Elternteil M **ein ~** un *m* des parents

Elternversammlung F réunion *f* de parents d'élèves; **Elternvertreter(in)** M(F) délégué(e) *m(f)* des parents d'élèves; **Elternvertretung** F délégués *mpl* des parents d'élèves; **Elternzeit** F *etwa* congé parental d'éducation

Elysium N ⟨~s⟩ Élysée *m*

EM F ⟨~⟩ ABK (Europameisterschaft) championnat *m* d'Europe

Email N ⟨~s; ~s⟩ (*Schmelzüberzug*) émail *m*

E-Mail F ⟨~; ~s⟩, *bes südd, österr, schweiz* N ⟨~s; ~s⟩ IT 1 *Einrichtung* courrier *m* électronique 2 *Nachricht* message *m* électronique; e-mail *m*; **j-m e-e ~ schicken** envoyer un e-mail à qn; **per ~** par, via e-mail

E

E-Mail-Adresse F adresse *f* électronique; adresse *f* e-mail

Emaildraht M fil émaillé; **Emailfarbe** F (peinture *f* à l')émail *m*; **Emailgeschirr** N vaisselle émaillée

Emaille F ⟨~; ~n⟩ → Email

emaillieren V/T ⟨*pas de ge-*, h.⟩ émailler

Emaillierofen M four *m* à émailler; **Emaillierwerk** N émaillerie industrielle

Emanation F ⟨~; ~en⟩ PHIL émanation *f*

Emanze *umg pej* F ⟨~; ~n⟩ féministe *f* (pure et dure)

Emanzipation F ⟨~; ~en⟩ émancipation *f*; **Emanzipationsbestrebungen** FPL volontés émancipatrices, d'émancipation; **Emanzipationsbewegung** F mouvement *m* d'émancipation

emanzipatorisch ADJ émancipateur, -trice; **emanzipieren** V/T ⟨*u.* V/R⟩ ⟨*pas de ge-*, h.⟩ (**sich**) ~ (s')émanciper; **emanzipiert** ADJT émancipé; **Emanzipierung** F ⟨~; ~en⟩ émancipation *f*

Embargo N ⟨~s; ~s⟩ WIRTSCH embargo *m*

Emblem N ⟨~s; ~e⟩ emblème *m*

Embolie F ⟨~; ~n⟩ MED embolie *f*

Embryo M ⟨~s; ~s *ou* -onen⟩ embryon *m*; **Embryologie** F ⟨~⟩ embryologie *f*

embryonal ADJ ⟨*épithète*⟩ embryonnaire

Embryonalentwicklung F développement *m* embryonnaire; **Embryonalgewebe** N BIOL tissu *m* embryonnaire; **Embryonalzustand** M état *m* embryonnaire (*a. fig*)

Embryonenforschung F embryologie *f*

emeritieren V/T ⟨*pas de ge-*, h.⟩ mettre à la retraite; **emeritiert** ADJT en retraite

Emeritus M ⟨~; -ti⟩ professeur *m* d'université en retraite

Emigrant(in) M ⟨~en; ~en⟩ F ⟨~in; ~innen⟩ émigrant(e) *m(f)*; (*Ausgewanderte[r]*) émigré(e) *m(f)*; **Emigrantenschicksal** N destin *m* d'émigré

Emigration F ⟨~; ~en⟩ émigration *f*; **innere** ~ émigration intérieure; **in der ~ leben** vivre en exil

emigrieren V/I ⟨*pas de ge-*, s.⟩ émigrer

Emil M ⟨→ *n/pr*⟩ *prénom*

eminent *geh* **A** ADJ éminent **B** ADV éminemment; **das ist ~ wichtig** c'est de toute première importance

Eminenz F ⟨~; ~en⟩ KATH Éminence *f*; **Eure ~!** Votre Éminence!; *fig* **graue ~** éminence grise

Emir M ⟨~s; ~e⟩ émir *m*

Emission F ⟨~; ~en⟩ HANDEL, PHYS émission *f*

emissionsarm ADJ pauvre en émissions; **Emissionsbank** F ⟨~; ~en⟩ banque *f* d'affaires; **Emissionshandel** M commerce *m* des droits d'émission; **Emissionskurs** M cours *m* d'émission; **Emissionsrechte** NPL droits *mpl* d'émission; **Emissionsrechtehandel** M commerce *m* des droits d'émission; **Emissionsschutz** M (mesures *fpl* de) protection *f* contre les émissions polluantes; **Emissionssteuer** F impôts *mpl* sur les émissions (de titres); **Emissionswährung** F monnaie *f* d'émission; **Emissionswert** M HANDEL valeur *f* d'émission; *in der Luft* taux *m* de pollution

Emittent M ⟨~en; ~en⟩ HANDEL émetteur *m*; émissionnaire *m*; **emittieren** V/T ⟨*pas de ge-*, h.⟩ HANDEL, ÖKOL, PHYS émettre

Emmentaler M ⟨~s; ~⟩ *ou* ADJ ⟨*inv*⟩ ~ (**Käse**) emment(h)al *m*; gruyère *m*

e-Moll N mi *m* mineur

Emoticon N ⟨~s; ~s⟩ IT (*Smiley*) émoticone *m*

Emotion F ⟨~; ~en⟩ émotion *f*

emotional ADJ émotionnel, -elle

emotionalisieren V/T ⟨*pas de ge-*, h.⟩ *Person, Diskussion* passionner; **Emotionalität** F ⟨~⟩ caractère émotionnel, *plus fort* passionnel

emotionell → emotional

emotionsgeladen ADJT chargé d'émotion; *plus fort* passionné; **emotionslos** ADJ *Mensch* impassible; *Debatte* sans passion

empfahl → empfehlen

empfand → empfinden

Empfang M ⟨~(e)s; ~̈e⟩ **1** *e-s Besuches* réception *f* (*a. e-s Hotels*); accueil *m*; **j-m e-n freundlichen ~ bereiten** faire bon accueil à qn **2** ⟨*sans pl*⟩ HANDEL réception *f*; **den ~ (e-r Sache** [*gen*]) **bestätigen** *Brief, Ware* accuser réception (de qc); **bei (nach) ~** dès, à la (après) réception; **etw in ~** (*akk*) **nehmen** recevoir qc; *Waren* prendre livraison de qc **3** ⟨*sans pl*⟩ RADIO, TV *etc* réception *f*; audition *f*; **auf ~** (*dat*) **bleiben** rester à l'écoute

empfangbar ADJ TECH, RADIO, TV captable (**über** [+*akk*] par)

empfangen V/T ⟨empfängt, empfing, empfangen, h.⟩ **1** *Besuch* recevoir; accueillir; **j-n (un)freundlich ~** faire bon, mauvais accueil à qn **2** *Geld* recevoir; toucher **3** RADIO, TV *etc* recevoir **4** *geh Kind* concevoir

Empfänger M ⟨~s; ~⟩ **1** *e-r Postsendung* destinataire *m*; *e-r Zahlung* bénéficiaire *m*; **~ unbekannt** destinataire inconnu; **~ (unbekannt) verzogen** le destinataire n'habite plus à l'adresse indiquée **2** RADIO récepteur *m*

empfänglich ADJ réceptif, -ive, sensible (**für** à); *für Krankheiten* prédisposé (**für** à); **Empfänglichkeit** F ⟨~⟩ réceptivité *f* (**für** à); *für Krankheiten* prédisposition *f* (**für** à)

Empfängnis *geh* F ⟨~; ~se⟩ conception *f*; KATH **die Unbefleckte ~** l'Immaculée Conception

empfängnisverhütend ADJT contraceptif, -ive; anticonceptionnel, -elle

Empfängnisverhütung F contraception *f*; **Empfängnisverhütungsmittel** N (moyen *m*) contraceptif *m*; **Empfängniszeit** F JUR période *f* de conception

Empfangsantenne F antenne *f* de réception; **empfangsberechtigt** ADJT *für Geld* autorisé à toucher, à percevoir; *für Briefe, Waren* autorisé à recevoir; **Empfangsbereich** M zone *f* de réception; **empfangsbereit** ADJ prêt à recevoir; RADIO, TV prêt à l'emploi; **Empfangsbescheinigung** F, **Empfangsbestätigung** F récépissé *m*; reçu *m*; accusé *m* de réception; *für Miete* quittance *f*; **Empfangschef** M chef *m* de (la) réception; **Empfangsdame** F hôtesse *f* d'accueil; **Empfangsgerät** N RADIO, TV appareil récepteur; **Empfangshalle** F salle *f* de réception; **Empfangskomitee** N comité *m* d'accueil; **Empfangsraum** M → Empfangszimmer; **Empfangsschein** M HANDEL récépissé *m*; reçu *m*; quittance *f*; **Empfangsstation** F RADIO, TV station réceptrice; **Empfangsstörungen** FPL RADIO, TV perturbations *fpl* de réception; **Empfangszimmer** N salon *m* de réception

empfehlen ⟨empfiehlt, empfahl, empfohlen, h.⟩ **A** V/T recommander; **j-m ~, etw zu tun** recommander à qn de faire qc; **dieses Restaurant ist sehr zu ~** ce restaurant mérite d'être (vivement) recommandé; **heute besonders zu ~** *Speisekarte* suggestion *f* du jour; *geh* **~ Sie mich Ihrer Frau Mutter** (présentez) mes hommages, mes respects à (Madame) votre mère **B** V/R *geh* (*weggehen*) **sich ~** se retirer; *Brief* **ich empfehle mich mit den besten Grüßen** je vous prie d'agréer(, Monsieur *od* Madame,) mes salutations distinguées **C** V/UNPERS **es empfiehlt sich, zu** (+*inf*) il convient de (+*inf*); il est indiqué de (+*inf*)

empfehlenswert ADJ recommandé; recommandable

Empfehlung F ⟨~; ~en⟩ recommandation *f*; **auf ~ von …** sur la recommandation de …; **gute ~en haben** avoir de bonnes références; *geh Brief* **mit den besten ~en an** (+*akk*) … veuillez présenter mes compliments, mes respects, (*an e-e Dame a.* mes hommages) à …

Empfehlungsschreiben N lettre *f* de recommandation

empfiehlt → empfehlen

empfinden V/T ⟨empfindet, empfand, empfunden, h.⟩ ressentir; éprouver; sentir; **ich empfinde es als lästig** (**zu** +*inf*) cela m'ennuie (de +*inf*); **etw, nichts für j-n ~** ressentir qc pour qn, ne rien ressentir pour qn; **das empfinde ich nicht als störend** cela ne me dérange pas

Empfinden N ⟨~s⟩ sensation *f*; sentiment *m*; **künstlerisches ~** sens *m* artistique; **für mein ~** à mon avis; à mon sens

empfindlich **A** ADJ sensible (**gegen** à); *Möbel, Holz, Stoff, Magen* fragile; *Magen a.* délicat; *Person* (*leicht zu beleidigen*) susceptible; chatouilleux, -euse; *Schmerz, Kälte* vif, vive; *Mangel* important; **j-n an s-r ~sten Stelle treffen** toucher qn au vif, à son point sensible **B** ADV sensiblement; beaucoup; **~ kalt** très froid; **sich ~ getroffen fühlen** se sentir touché au vif; **~ auf etw** (*akk*) **reagieren** réagir vivement à qc; **sich ~ bemerkbar machen** se faire vivement ressentir

Empfindlichkeit F ⟨~⟩ sensibilité *f* (**gegen** à); (*Verletzbarkeit*) susceptibilité *f*; (*Zartheit*) délicatesse *f*; **empfindsam** ADJ (*feinfühlig*) sensible; (*gefühlsbetont*) sentimental; *plus fort* émotif, -ive; **Empfindsamkeit** F ⟨~⟩ (*Feinfühligkeit*) sensibilité *f*; (*Gefühlsbetontheit*) sentimentalité *f*; **Empfindung** F ⟨~; ~en⟩ (*Sinnesempfindung*) sensation *f*; (*Gefühl*) sentiment *m*

empfindungslos ADJ insensible; **Empfindungslosigkeit** F ⟨~⟩ insensibilité *f*; **Empfindungsvermögen** N sensibilité *f*; faculté sensitive

empfing → empfangen

empfohlen PPERF → empfehlen

empfunden PPERF → empfinden

Emphase *geh* F ⟨~; ~n⟩ emphase *f*; **emphatisch** *geh* ADJ emphatique

Emphysem N ⟨~s; ~e⟩ MED emphysème *m*

Empirestil M style *m* Empire

Empirie F ⟨~⟩ *wissenschaftliche Methode* empirisme *m*; *Erfahrung* expérience *f*

Empiriker(in) M ⟨~s; ~⟩ F ⟨~in; ~innen⟩ empiriste *m/f*; **empirisch** ADJ empirique

empor *geh* ADV en °haut; vers le haut; **emporarbeiten** *geh* V/R ⟨-ete, *sép*, -ge-, h.⟩ **sich ~** gravir les échelons grâce à son travail; **emporblicken** *geh* V/I ⟨*sép*, -ge-, h.⟩ regarder en l'air, vers le haut

Empore F ⟨~; ~n⟩ BAU galerie *f*; *e-r Kirche* tribune *f*

empören ⟨*pas de ge-*, h.⟩ **A** V/T indigner; révolter **B** V/R **sich ~** (**über** [+*akk*]) s'indigner (de); se révolter (contre)

empörend ADJT révoltant; scandaleux, -euse

Emporkömmling M ⟨~s; ~e⟩ *pej* parvenu *m*

emporragen *geh* V/I ⟨*sép*, -ge-, h.⟩ se dresser; s'élever; **emporschauen** *geh* V/I ⟨*sép*, -ge-, h.⟩ → emporblicken; **emporschießen** *geh* V/I ⟨*irr*, *sép*, -ge-, s.⟩, **emporschnellen** *geh* V/I ⟨*sép*, -ge-, s.⟩ sauter en l'air; **emporschwingen** *geh* ⟨*irr*, *sép*, -ge-, h.⟩ **A** V/T brandir **B** V/R **sich ~** s'élancer; **emporsteigen** *geh* V/I ⟨*irr*, *sép*, -ge-, s.⟩ s'élever; monter

empört ADJT indigné; outré; révolté (**über**

[+akk] par)

Empörung F ⟨~; ~en⟩ indignation f; révolte f

emsig A ADJ (*viel beschäftigt*) affairé; (*eifrig*) empressé B ADV avec empressement, zèle; **Emsigkeit** F ⟨~⟩ empressement m; zèle m

Emu M ⟨~s; ~s⟩ ZOOL émeu m

Emulgator M ⟨~s; -toren⟩ CHEM émulsifiant m; **emulgieren** V/T u. V/I ⟨*pas de ge-*, h.⟩ CHEM émulsionner; **Emulsion** F ⟨~; ~en⟩ CHEM, FOTO émulsion f

E-Musik F ⟨~⟩ musique f classique

Endabnehmer M consommateur, utilisateur final; **Endabrechnung** F *Ergebnis* compte définitif; *Vorgang* épuration f des comptes; **Endabstimmung** F POL vote final; **Endausscheidung** F SPORT finale f; **Endbahnhof** M gare f terminus; **Endbescheid** M JUR décision définitive; arrêt définitif; **Endbetrag** M montant final; **Endbuchstabe** M (lettre) finale f; **Endchen** N ⟨~s; ~⟩ petit bout; **Enddarm** M gros intestin

Ende N ⟨~s; ~n⟩ 1 *räumlich* fin f; extrémité f; a. (*Spitze, Ausläufer*) bout m; JAGD cor m; **am äußersten ~** à l'extrémité; tout au bout; **am ~ der Welt** au bout du monde; *umg* **an allen Ecken und ~n** → Ecke; **am falschen ~ sparen** économiser en s'y prenant mal; faire des économies de bouts de chandelles; **von e-m ~ zum anderen** d'un bout à l'autre; *umg* **ein ~ Wurst** un bout de saucisse; *umg* **es ist ein ganzes ~ bis dahin** il y a un bon bout de chemin jusque là; *umg* **das dicke ~ kommt nach** *od* **noch** on n'a pas encore vu le pire 2 ⟨*sans pl*⟩ *zeitlich* fin f; terme m; *e-r Frist* expiration f; **~ Februar** fin février; **~ dreißig sein** avoir une bonne trentaine (d'années); **am ~** à la fin; (*hinterher*) après coup; (*schließlich*) en fin de compte; *regional* (*vielleicht*) peut-être; **am ~ verlangst du noch …** tu finiras par demander …; *umg* **am ~ sein** *mit den Kräften, Nerven umg* être au bout du rouleau; **mit s-m Latein, s-r Geduld am ~ sein** être au bout de son latin, à bout de patience; **am ~ s-r Kräfte sein** être à bout de forces; **bis zum bitteren ~** jusqu'au bout; **letzten ~s** en fin de compte; en définitive; somme toute; **etw zu ~ führen, bringen** finir qc; mener qc à terme, à bonne fin; **zu ~ gehen** toucher à sa fin; prendre fin; **es geht mit ihm zu ~** il approche de sa fin; **e-r Sache ein ~ machen** mettre fin, un terme à qc; **zu ~ sein, ein ~ nehmen, haben** finir; se terminer; prendre fin; **das nimmt kein ~** cela n'en finit pas; **es wird mit ihm ein böses** *od* **schlimmes ~ nehmen** il finira mal; **das ist das ~ vom Lied** ça devait finir ainsi; **da ist kein ~ abzusehen** on n'en voit pas la fin, le bout; **Klagen** *fpl* **ohne ~** sempiternelles plaintes; *sprichw* **~ gut, alles gut** *sprichw* tout est bien qui finit bien

Endeffekt M **im ~** en fin de compte; au bout du compte

enden V/I ⟨-ete, h.⟩ finir; cesser; prendre fin; se terminer; **nicht ~ wollender Beifall** applaudissements à n'en plus finir; **~ auf** (+akk) se terminer en; **~ mit** se terminer par; **ich weiß nicht, wie das ~ soll** je me demande comment cela va se terminer

Endergebnis N résultat définitif, final; **Endgehalt** N salaire m *bzw.* traitement m en fin de carrière; **Endgeschwindigkeit** F vitesse maximale

endgültig A ADJ définitif, -ive; (*unumstößlich*) irrévocable B ADV définitivement; *umg* **jetzt ist (aber) ~ Schluss!** maintenant c'est fini!

Endgültigkeit F caractère définitif; **Endhaltestelle** F terminus m

Endivie F ⟨~; ~n⟩ *Salat* chicorée f; **glatte ~** scarole f; **krause ~** chicorée frisée

Endiviensalat M salade f de chicorée

Endkampf M SPORT finale f; MIL combat décisif; **Endlager** N NUKL site m, lieu m de stockage définitif; **endlagern** V/T ⟨-(e)re, *les temps simples ne s'emploient pas dans une principale*, -ge-, h.⟩ NUKL stocker définitivement; **Endlagerung** F NUKL stockage définitif; **Endlauf** M SPORT course finale

endlich A ADJ (*begrenzt*) limité; borné; PHIL, MATH fini B ADV enfin; **sei ~ still!** tu vas te taire?; tu as fini?

Endliche(s) N ⟨→ A⟩ PHIL fini m; **Endlichkeit** F ⟨~⟩ PHIL fini m

endlos A ADJ sans fin; infini; interminable B ADV à l'infini; à perte de vue; interminablement; **~ lang** interminable

Endlosband N ⟨~(e)s; -bänder⟩ bande f sans fin; **Endlosformular** N formulaire continu

Endlosigkeit F ⟨~⟩ durée infinie; longueur f, caractère m interminable

Endlospapier N IT papier m en continu

Endlösung F solution finale (a. HIST *im Nationalsozialismus*); **Endmoräne** F GEOL moraine frontale

endogen ADJ BIOL, GEOL, MED endogène

endokrin ADJ endocrinien, -ienne

Endoskop N ⟨~s; ~e⟩ MED endoscope m

Endphase F phase terminale; **Endpreis** M prix définitif; **Endprodukt** N produit final; **Endpunkt** M bout m; point m extrême; extrémité f; *e-r Reise etc* terme m; **Endreim** M rime finale; **Endresultat** N résultat définitif, final; **Endrunde** F SPORT poule finale; **Endrundenteilnehmer(in)** M ⟨~s; ~⟩ (F) ⟨~in; ~innen⟩ finaliste m/f; **Endsilbe** F syllabe finale; **Endspiel** N SPORT finale f; **Endspurt** M SPORT sprint final; finish m; **Endstadium** N stade terminal; **Endstation** F terminus m; **Endstück** N extrémité f; (*Wurstendstück*) etc bout m; **Endstufe** F *e-r Entwicklung* stade final; *e-r Rakete* dernier étage; ELEK étage final; **Endsumme** F total m; **Endtermin** M date f butoir

Endung F ⟨~; ~en⟩ LING terminaison f; désinence f

Endurteil N jugement définitif; **Endverbraucher** M WIRTSCH consommateur final; **Endwiderstand** M ELEK résistance terminale; **Endzeit** F ⟨~⟩ fin f du monde; **Endzeitstimmung** F ambiance f de fin du monde; pessimisme m; **Endziel** N but m; terme m; **Endziffer** F dernier chiffre (d'un nombre); **Endzustand** M état final; **Endzweck** M but m; finalité f

Energetik F ⟨~⟩ énergétique f; **energetisch** ADJ énergétique

Energie F ⟨~; ~n⟩ énergie f; *fig a.* dynamisme m; **~ sparend** → energiesparend

energiearm ADJ *Land etc* pauvre en (sources d')énergie; **Energieart** F → Energieform; **Energieaustausch** M échange m d'énergie; **Energieausweis** M diagnostic m de performance énergétique; **Energiebedarf** M besoins *mpl* énergétiques; **energiebewusst** ADJ conscient des problèmes d'énergie; *weitS.* économe en (matière d')énergie

Energiebündel *umg* N **ein ~ sein** *umg* péter le feu

Energieeffizienz F efficacité f énergétique; **Energieform** F forme f d'énergie; **energiegeladen** ADJT plein d'énergie; dynamique; **Energiehaushalt** M bilan m énergétique; **Energiekrise** F crise f de l'énergie; **energielos** ADJ sans énergie; **Energielosigkeit** F ⟨~⟩ manque m d'énergie; **Energiemix** M ⟨~; ~e⟩ bouquet m énergétique; **Energiepolitik** F ⟨~⟩ politique f énergétique; **energiepolitisch** ADJ qui concerne la politique énergétique; **Energieproduktion** F production f d'énergie; **Energiequelle** F source f d'énergie; *pl* **~n** ressources *fpl* énergétiques; **energiereich** ADJ *Land etc* riche en énergie; **Energiereserve** F réserve f d'énergie; **Energierückgewinnung** F récupération f d'énergie; **energiesparend** ADJT qui consomme peu d'énergie; **Energiesparlampe** F ampoule f basse consommation; **Energiesparmaßnahmen** FPL mesures *fpl* visant à réduire la consommation d'énergie; **Energiespender** M produit m, aliment m énergétique; **Energieträger** M matière f énergétique; **Energieübertragung** F transmission f, transfert m, transport m d'énergie; **Energieverbrauch** M consommation f d'énergie; **Energieverlust** M perte f d'énergie; **Energieverschwendung** F gaspillage m d'énergie; **Energieversorgung** F alimentation f, approvisionnement m en énergie; **Energiewirtschaft** F ⟨~⟩ économie f énergétique, de l'énergie; **Energiezufuhr** F alimentation f en énergie; apport m énergétique

energisch A ADJ énergique; **~er Mensch** a. homme m *bzw.* femme f à poigne; **~ werden** se montrer énergique B ADV **~ protestieren** protester énergiquement

Energydrink M boisson énergisante

enervieren *geh* V/T ⟨*pas de ge-*, h.⟩ énerver

Enfant terrible *geh* N ⟨~; ~s⟩ enfant m terrible

eng A ADJ a. *fig Beziehung etc* étroit; *fig* (*begrenzt*) restreint; *Kleidungsstück* **zu ~** serré; étriqué; **der Rock ist mir zu ~** ma jupe est trop étroite, trop serrée; **im ~eren Sinne** au sens restreint; proprement dit; **in die ~ere Wahl kommen** avoir subi une première sélection; **~er machen** rétrécir; **~er werden** (se) rétrécir B ADV étroitement; **~ anliegend** *Kleidung* moulant; collant; **~ befreundet** intimement lié; **~ begrenzt** très limité; restreint; **~ beschrieben** couvert, rempli d'une écriture serrée; **~ schreiben** écrire serré; **~ zusammensitzen** être (assis) serrés; *umg* **das darfst du nicht so ~ sehen** tu devrais voir les choses d'une façon plus large

Engadin ⟨→ *n/pr*⟩ **das ~** l'Engadine f

Engagement N ⟨~s; ~s⟩ THEAT, POL engagement m; HANDEL a. obligation f; **engagieren** V/T (u. V/R) ⟨*pas de ge-*, h.⟩ **(sich) ~** (s')engager (**für** pour)

enganliegend, **engbefreundet**, **engbegrenzt** → eng B

Enge F ⟨~; ~n⟩ étroitesse f; *fig* **j-n in die ~ treiben** acculer qn; pousser qn dans ses derniers retranchements

Engel M ⟨~s; ~⟩ ange m; *umg* **die ~ im Himmel singen hören** *vor Schmerz* souffrir la torture; **du bist ein ~!** tu es un ange!

Engelchen N ⟨~s; ~⟩ angelot m; petit ange

engelgleich ADJ, **engelhaft** ADJ angélique

Engelmacherin *umg* F ⟨~; ~nen⟩ faiseuse f d'anges

Engelsburg die ~ *in Rom* le château Saint-Ange

Engelsgeduld F patience f angélique; **engelsgleich** → engelgleich; **Engelshaar** N cheveux *mpl* d'ange

Engelszungen FPL **mit ~ auf j-n einreden** parler à qn, essayer de convaincre qn de sa voix la plus suave

Engerling M ⟨~s; ~e⟩ ZOOL ver blanc

E

engherzig ADJ mesquin; qui a peu de cœur; **Engherzigkeit** F ⟨~⟩ manque *m* de générosité; mesquinerie *f*
England N ⟨→ *n|pr*⟩ l'Angleterre *f*
Engländer M ⟨~s; ~⟩ 1 GEOG Anglais *m* 2 *(Schraubenschlüssel)* clé anglaise
Engländerin F ⟨~; ~nen⟩ Anglaise *f*
Englein N ⟨~s; ~⟩ → Engelchen
englisch A ADJ 1 anglais; d'Angleterre; POL *in Zssgn* anglo-… 2 KATH **der Englische Gruß** la salutation angélique B ADV GASTR **~ (gebraten)** saignant
Englisch N ⟨~(s)⟩, **Englische** N ⟨~n⟩ **(das) Englisch(e)** *Sprache* l'anglais *m*
Englischhorn N ⟨~s; ~̈er⟩ MUS cor anglais
Englischlehrer(in) M(F) professeur *m/f* d'anglais
engmaschig ADJ à mailles serrées, fines
Engpass M 1 GEOG défilé *m*; *im Gebirge* goulet *m* 2 *fig* HANDEL *etc* goulot *m* d'étranglement
en gros ADV HANDEL en gros
Engroshandel M commerce *m* de *od* en gros; **Engroshändler** M grossiste *m*; commerçant *m*, marchand *m* en gros; **Engrospreis** M prix *m* de gros
engstirnig ADJ borné; étroit (d'esprit); **Engstirnigkeit** F ⟨~⟩ étroitesse *f* d'esprit; esprit borné
Enjambement N ⟨~s; ~s⟩ METRIK enjambement *m*
Enkel(in) M ⟨~s; ~⟩ (F) ⟨~in; ~innen⟩, **Enkelkind** N petit-fils *m*, petite-fille *f*; **die Enkel** *pl* les petits-fils *mpl*; **die Enkelkinder** les petits-enfants *mpl*
Enkelsohn M, **Enkeltochter** F → Enkel(in)
Enklave F ⟨~; ~n⟩ enclave *f*
en masse *umg* ADV en masse
enorm A ADJ énorme B ADV énormément
en passant *a. fig* en passant
Ensemble N ⟨~s; ~s⟩ THEAT troupe *f*; MUS, MODE ensemble *m*; **Ensemblemitglied** N membre *m* (d'une troupe, d'un ensemble)
entarten VI ⟨-ete, *pas de ge-*, s.⟩ dégénérer (**zu** en); *sittlich* se dépraver
entartet ADJT dégénéré; *Sitten* dépravé; **~e Kunst** *im Nationalsozialismus* art dégénéré
Entartung F ⟨~; ~en⟩ *a.* MED dégénérescence *f*; *sittliche* dépravation *f*
entäußern *geh* V/R ⟨-(e)re, *pas de ge-*, h.⟩ **sich e-r Sache** *(gen)* **~** se défaire, se dessaisir, se dépouiller de qc; *fig (verzichten)* renoncer à qc
Entäußerung *geh* F renoncement *m*; ADMIN renonciation *f*
entbehren ⟨*pas de ge-*, h.⟩ A VT *Sache* être privé, manquer de; *geh Person* **ich entbehre ihn sehr** il me manque beaucoup; **viel(es) ~ müssen** devoir se priver (de) beaucoup (de choses); **j-n, etw (nicht) ~ können** (ne pas) pouvoir se passer de qn, de qc; **können Sie es ~?** je ne vous en prive pas? B *geh* VI **~** *(+gen)* être dépourvu de; **die Beschuldigung entbehrt jeder Grundlage** l'accusation est dénuée de tout fondement
entbehrlich ADJ dont on peut se passer; superflu; inutile
Entbehrung F ⟨~; ~en⟩ privation *f*; manque *m*; **große ~en auf sich nehmen müssen** devoir supporter de fortes privations
entbehrungsreich ADJ *Leben etc* de privations
entbeinen VT ⟨*pas de ge-*, h.⟩ désosser
entbieten *geh* VT ⟨*irr, pas de ge-*, h.⟩ **j-m s-n Gruß ~** présenter ses salutations à qn
entbinden ⟨*irr, pas de ge-*, h.⟩ A VT 1 délier (**von** de); *von e-m Gelübde, e-r Funktion a.* relever (de); *von e-m Versprechen, e-r Verpflichtung a.* dégager de; *(befreien)* dispenser de 2 **e-e Frau ~** accoucher une femme; **von e-m Jungen entbunden werden** accoucher d'un garçon B VI accoucher
Entbindung F ⟨~; ~en⟩ 1 MED accouchement *m*; délivrance *f* 2 ⟨*sans pl*⟩ *von e-m Eid etc* déliement *m*; dégagement *m*
Entbindungsstation F service *m* d'obstétrique; maternité *f*
entblättern ⟨-(e)re, *pas de ge-*, h.⟩ A VT *Pflanzen* effeuiller; *Baum a.* dépouiller de ses feuilles B V/R **sich ~** s'effeuiller; *fig hum (sich entkleiden)* faire un strip-tease
Entblätterung F ⟨~⟩ effeuillage *od* effeuillement *m*
entblöden *geh* V/R ⟨-ete, *pas de ge-*, h.⟩ **sich nicht ~ zu** *(+inf)* avoir le front, l'audace de *(+inf)*; ne pas avoir °honte de *(+inf)*
entblößen VT ⟨-(es)t, *pas de ge-*, h.⟩ découvrir; dénuder; **mit entblößtem Oberkörper** torse nu
entboten PPERF → entbieten
entbrennen *geh* VI ⟨*irr, pas de ge-*, s.⟩ *Kampf, Streit* éclater; s'engager; **für j-n, etw ~** s'enflammer pour qn, pour qc
entbunden PPERF → entbinden
Entchen N ⟨~s; ~⟩ caneton *m*; canardeau *m*
entdecken ⟨*pas de ge-*, h.⟩ A VT découvrir; *(finden)* trouver; *(bemerken)* s'apercevoir de; *(enthüllen)* dévoiler B *geh* V/R **sich j-m ~** s'ouvrir à qn
Entdecker(in) M ⟨~s; ~⟩ (F) ⟨~in; ~innen⟩ *(Forschungsreisende[r])* explorateur, -trice *m,f*; **der ~ Amerikas** celui qui le premier a découvert l'Amérique
Entdeckerfreude F joie *f* de la découverte
Entdeckung F ⟨~; ~en⟩ découverte *f*
Entdeckungsreise F voyage *m* d'exploration; *fig hum* **auf ~(n) gehen** partir à la découverte
Ente F ⟨~; ~n⟩ 1 ZOOL canard *m*; *weibliche* cane *f*; *umg* **lahme ~** *Person umg* mollasson, -onne *m,f*; mollusque *m*; *Auto etc umg* veau *m*; *umg* **wie e-e bleierne ~ schwimmen** nager comme un fer à repasser, comme un soldat de plomb 2 *umg (falsche Nachricht) umg* bobard *m* (de la presse) 3 GASTR **kalte ~** *boisson composée de vin blanc, de mousseux et d'eau minérale gazeuse* 4 *umg (Harngefäß)* pistolet *m* 5 *umg (Citroën)* 2 CV *f*; *umg* deux chevaux *f*; *umg* deuch' *f*
entehren VT (*u.* V/R) ⟨*pas de ge-*, h.⟩ **(sich) ~** (se) déshonorer; *(in Verruf bringen)* diffamer; **entehrend** ADJT déshonorant; *(ehrenrührig)* infamant (*a.* JUR); **Entehrung** F ⟨~; ~en⟩ déshonneur *m*; diffamation *f*
enteignen VT ⟨-ete, *pas de ge-*, h.⟩ déposséder; JUR exproprier; **Enteignung** F ⟨~; ~en⟩ dépossession *f*; JUR expropriation *f*
enteilen *geh* VI ⟨*pas de ge-*, s.⟩ (s'en)fuir; *Zeit a.* s'envoler; **enteisen** VT ⟨-(es)t, *pas de ge-*, h.⟩ déglacer; *Flugzeug, Glasscheibe* dégivrer; **enteisenen** VT ⟨*pas de ge-*, h.⟩ *Wasser* déferriser
Entenbraten M canard rôti; **Entenei** N œuf *m* de cane; **Entenfeder** F plume *f* de canard; **Entengrün** N ⟨~s⟩, **Entengrütze** F ⟨-grütze⟩ BOT lentille *f* d'eau; **Entenjagd** F chasse *f* aux canards (sauvages); **Entenküken** N caneton *m*
Entente F ⟨~; ~n⟩ POL entente *f*
Ententeich M mare *f* aux canards
enterben VT ⟨*pas de ge-*, h.⟩ déshériter; JUR exhéréder
Enterbte(r) M/F(M) ⟨→ A⟩ déshérité(e) *m(f)*; **Enterbung** F ⟨~; ~en⟩ déshéritement *m*; JUR exhérédation *f*
Enterhaken M HIST SCHIFF grappin *m*; crochet *m* d'abordage
Enterich M ⟨~s; ~e⟩ canard *m* (mâle)
entern VT ⟨-(e)re, h.⟩ SCHIFF aborder
Entern N ⟨~s⟩ SCHIFF abordage *m*
Entertainer M ⟨~s; ~⟩ animateur *m*
Enter-Taste F touche *f* d'entrée
entfachen *geh* VT ⟨*pas de ge-*, h.⟩ 1 *Feuer* allumer 2 *fig* enflammer; *Streit a.* déclencher;
entfahren VI ⟨*irr, pas de ge-*, s.⟩ échapper
entfallen VI ⟨*irr, pas de ge-*, s.⟩ 1 *den Händen etc* échapper; tomber 2 *dem Gedächtnis* sortir (*+dat* de); **sein Name ist mir ~** son nom m'échappe; j'ai oublié son nom; **das ist mir ~** cela m'est sorti de la tête 3 *(wegfallen)* être annulé; être supprimé; disparaître; *bei Formularen* **entfällt** néant 4 *als Erb-, Gewinnanteil etc* revenir, échoir (**auf** [*+akk*] à); **auf ihn entfällt ein Viertel** il lui en revient le quart; **auf Paris entfällt etwa ein Zehntel der Bevölkerung Frankreichs** Paris compte environ un dixième de la population de la France
entfalten ⟨-ete, *pas de ge-*, h.⟩ A VT 1 *Tuch, Zeitung* déplier; *(weit ausbreiten)* déployer 2 *fig Wissen, Reize, Prunk* déployer; *Fähigkeiten a.* développer B V/R **sich ~** *Blume, a. fig* s'épanouir; *fig* **sich frei ~ können** pouvoir s'épanouir, se réaliser pleinement
Entfaltung F ⟨~; ~en⟩ dépliage *m*; dépliement *m*; déploiement *m*; *von Blumen* épanouissement *m*; *(Entwicklung)* développement *m*; expansion *f*; **zur ~ kommen, gelangen** parvenir à son plein épanouissement
entfärben VT (*u.* V/R) ⟨*pas de ge-*, h.⟩ **(sich) ~** (se) décolorer
Entfärber M ⟨~s; ~⟩ décolorant *m*; **Entfärbung** F ⟨~; ~en⟩ décoloration *f*; **Entfärbungsmittel** N décolorant *m*
entfernen ⟨*pas de ge-*, h.⟩ A VT *Fleck, Etikett, Organ* enlever; *zeitlich, Personen* éloigner; *Hindernis* écarter; éliminer; *Kerne etc* ôter; **j-n aus dem Amt ~** révoquer qn B V/R **sich ~** *a. fig* s'éloigner; *(weggehen)* s'absenter
entfernt A ADJT *a. Verwandte etc* éloigné; *Ähnlichkeit* vague; *e-e bestimmte Strecke* distant; **weit ~** lointain; *fig* **weit ~!** tu en es *bzw.* vous en êtes loin!; tu es *bzw.* vous êtes loin du compte!; **weit davon ~, es zu glauben** (bien) loin de le croire; **drei Kilometer voneinander ~ sein** être distants de trois kilomètres; **fünfzehn Kilometer von hier ~** à quinze kilomètres d'ici B ADVL **nicht im Entferntesten** pas le moins du monde; **sich ~ an etw** *(akk)* **erinnern** se souvenir vaguement de qc; se rappeler vaguement qc
Entfernung F ⟨~; ~en⟩ 1 *räumlich* distance *f*; **in e-r ~ von** à une distance de; **auf e-e ~ von** sur une distance de; **aus der ~** à distance 2 *(Beseitigung)* éloignement *m*; écartement *m*; enlèvement *m*; *aus dem Amt* révocation *f*; renvoi *m* 3 MIL **unerlaubte ~ von der Truppe** absence illégale
Entfernungsmesser M ⟨~s; ~⟩ télémètre *m*
entfesseln VT ⟨-(e)le, *pas de ge-*, h.⟩ *Leidenschaften* déchaîner; *Streit* déclencher; provoquer; **e-n wahren Beifallssturm ~** soulever des tonnerres d'applaudissements
Entfesselung F ⟨~; ~en⟩ déchaînement *m*; déclenchement *m*
entfetten VT ⟨-ete, *pas de ge-*, h.⟩ dégraisser
Entfettung F ⟨~; ~en⟩ dégraissage *m*; **Entfettungskur** F cure *f* d'amaigrissement
entfiel → entfallen
entflammbar ADJ inflammable
entflammen ⟨*pas de ge-*⟩ VT ⟨h.⟩ (*u.* VI ⟨s.⟩) *a. fig* **~ (für)** (s')enflammer (pour); *fig* (se) passionner, (s')enthousiasmer (pour)
entflechten VT ⟨*irr, pas de ge-*, h.⟩ démêler; *Wirtschaft* décentraliser; déconcentrer; *Verkehr* décongestionner; *Kartell* décartelliser; **Ent-**

flechtung F ⟨~; ~en⟩ *fig* décentralisation *f*; déconcentration *f*; *e-s Kartells* décartellisation *f*

entfliegen VI ⟨*irr, pas de ge-*, s.⟩ s'envoler; s'échapper; **Wellensittich entflogen** perruche échappée

entfliehen VI ⟨*irr, pas de ge-*, s.⟩ s'enfuir; se sauver; s'échapper; s'évader; *geh* **der Unruhe der Stadt ~** fuir l'agitation de la ville; **er konnte seinen Wächtern ~** il a pu échapper à ses gardiens

entflog(en) → entfliegen

entfloh(en) → entfliehen

entfremden ⟨-ete, *pas de ge-*, h.⟩ **A** VT aliéner; **s-m Zweck ~** utiliser à d'autres fins; *Gebäude, Räume* désaffecter **B** VR **sich ~** (*+dat*) devenir étranger, -ère, indifférent(e) à

Entfremdung F ⟨~; ~en⟩ PHIL aliénation *f*; *zwischen Menschen* détachement *m*; éloignement *m*

entfrosten VT ⟨-ete, *pas de ge-*, h.⟩ dégivrer

Entfroster M ⟨~s; ~⟩ dégivreur *m*

entführen VT ⟨*pas de ge-*, h.⟩ **1** enlever; kidnapper; *Flugzeug* détourner **2** *hum* (*mitnehmen*) enlever; dérober

Entführer(in) M ⟨~s; ~⟩ (F) ⟨~in; ~innen⟩ ravisseur, -euse *m,f*; (*Flugzeugentführer[in]*) pirate *m* de l'air; **Entführung** F ⟨~; ~en⟩ enlèvement *m*; (*Flugzeugentführung*) détournement *m*

entgangen PPERF → entgehen

entgegen PRÄP *u.* ADV ⟨*dat*⟩ **1** *Gegensatz* contrairement à; à l'encontre de; **~ allen Erwartungen** contre toute attente **2** *Richtung* vers; à la rencontre de; au-devant de; **dem Frühling ~** vers le printemps

entgegenbringen VT ⟨*irr, sép*, -ge-, h.⟩ *räumlich* apporter; *fig Achtung, Vertrauen etc* manifester; montrer

entgegeneilen VI ⟨*sép*, -ge-, s.⟩ **j-m ~** courir à la rencontre de, au-devant de qn

entgegenfahren VI ⟨*irr, sép*, -ge-, s.⟩ **j-m ~** aller (en voiture, *etc*) au-devant de, à la rencontre de qn

entgegenfiebern VI ⟨*sép*, -ge-, h.⟩ **e-r Sache** (*dat*) **~** attendre qc avec impatience; attendre fiévreusement qc

entgegengehen VI ⟨*irr, sép*, -ge-, s.⟩ **j-m ~** aller à la rencontre, au-devant de qn; *fig* **dem Ende ~** approcher de, toucher à sa fin; **s-m Untergang ~** aller à sa perte; **e-r glücklichen Zukunft ~** aller vers un avenir souriant

entgegengesetzt ADJT opposé (*+dat* à); *plus fort* contraire (à); inverse; **diametral ~** diamétralement opposé; **am ~en Ende der Stadt** à l'autre bout de la ville; **in ~er Richtung** dans le sens opposé; en sens contraire, inverse; **im ~en Sinn** à contresens

entgegenhalten VT ⟨*irr, sép*, -ge-, h.⟩ **j-m etw ~** tendre qc vers, à qn; *fig* (*einwenden*) opposer, objecter qc à qn

entgegenkommen VI ⟨*irr, sép*, -ge-, s.⟩ **j-m ~** venir à la rencontre, au-devant de qn; *Fahrzeug* venir en sens inverse (de qn); *fig* faire des concessions à qn; se montrer complaisant envers, arrangeant avec qn; **j-m auf halbem Wege ~** rencontrer qn à mi-chemin; *fig* faire un compromis avec qn; *fig* **j-s Wünschen ~** aller, venir au-devant des désirs de qn

Entgegenkommen N ⟨~s⟩ complaisance *f*; obligeance *f*

entgegenkommend ADJT complaisant; obligeant

entgegenlaufen VI ⟨*irr, sép*, -ge-, s.⟩ **j-m ~** courir à la rencontre de, au-devant de qn

Entgegennahme F ⟨~⟩ réception *f*; acceptation *f*

entgegennehmen VT ⟨*irr, sép*, -ge-, h.⟩ recevoir; (*annehmen*) accepter; *Warensendung* prendre livraison de; *Bestellungen* prendre; **e-e Erklärung ~** accepter une déclaration; **Glückwünsche ~** recevoir des félicitations

entgegensehen VI ⟨*irr, sép*, -ge-, h.⟩ **e-r Sache** (*dat*) **~** attendre, envisager qc; **Ihrer Antwort ~d** dans l'attente de votre réponse

entgegensetzen VT ⟨-(es)t, *sép*, -ge-, h.⟩ opposer (*+dat* à); **e-m Argument nichts ~ können** ne rien avoir à opposer à un argument

entgegenstehen VI ⟨*irr, sép*, -ge-, h.⟩ **~** (*+dat*) être contraire, opposé à; s'opposer à; **dem steht nichts entgegen** rien ne s'y oppose

entgegenstrecken VT ⟨*sép*, -ge-, h.⟩ **j-m etw ~** tendre qc vers, à qn

entgegenstürzen VI ⟨-(es)t, *sép*, -ge-, s.⟩ **j-m ~** se précipiter à la rencontre de, au-devant de qn

entgegentreten VI ⟨*irr, sép*, -ge-, s.⟩ **j-m, e-r Sache ~** s'opposer, faire opposition à qn, à qc; **e-m Vorurteil ~** combattre un préjugé; **e-r Gefahr** (*dat*) **~** braver, affronter un danger

entgegenwirken VI ⟨*sép*, -ge-, h.⟩ **e-r Sache** (*dat*) **~** combattre qc

entgegnen VT ⟨-ete, *pas de ge-*, h.⟩ répondre; répliquer; *treffend, geistreich* repartir; *scharf* riposter; **Entgegnung** F ⟨~; ~en⟩ réplique *f*, repartie *f*, *scharfe* riposte *f* (**auf** [*+akk*] à)

entgehen VI ⟨*irr, pas de ge-*, s.⟩ *e-r Gefahr etc* **~** (*+dat*) échapper à; réchapper de; **sich** (*dat*) **e-e Gelegenheit ~ lassen** manquer, laisser échapper une occasion; **sich** (*dat*) **nichts ~ lassen** ne rien laisser échapper (**von** de); ne rien perdre (**von** de); **dir entgeht etwas** tu manques, tu vas manquer quelque chose; **mir ist nicht entgangen, dass …** j'ai bien remarqué, noté que …; **dieser Fehler ist mir entgangen** cette faute m'a échappé; **es ist mir kein Wort entgangen** je n'ai pas perdu un seul mot

entgeistert ADJT ébahi; stupéfait; *umg* éberlué

Entgelt N ⟨~(e)s; ~e⟩ rémunération *f*; rétribution *f*; (*Belohnung*) récompense *f*; **gegen ~** contre, moyennant rémunération, rétribution

entgelten *geh* VT ⟨*irr, pas de ge-*, h.⟩ **1** rémunérer; rétribuer **2** *fig* payer; expier; **entgeltlich** ADJ *u.* ADV ADMIN contre paiement; **Entgelttarif** M ARBEITSRECHT convention collective réglant les salaires

entgiften VT ⟨-ete, *pas de ge-*, h.⟩ *Organismus* désintoxiquer; ÖKOL dépolluer; (*entseuchen*) décontaminer; *fig Atmosphäre etc* purifier; **Entgiftung** F ⟨~; ~en⟩ désintoxication *f*; ÖKOL dépollution *f*; (*Entseuchung*) décontamination *f*

entgleisen VI ⟨-(es)t, *pas de ge-*, s.⟩ **1** *Bahn* dérailler; sortir des rails **2** *fig* déraper; faire un impair; **Entgleisung** F ⟨~; ~en⟩ déraillement *m*; *fig* dérapage *m*; impair *m*

entgleiten *geh* VI ⟨*irr, pas de ge-*, s.⟩ **1** *den Händen etc* glisser de la main, des mains; échapper (*+dat* de) **2** *fig* échapper (*+dat* de)

entgolten PPERF → entgelten

entgraten VT ⟨-ete, *pas de ge-*, h.⟩ TECH ébarber; **entgräten** VT ⟨-ete, *pas de ge-*, h.⟩ ôter, enlever les arêtes à; désosser; **enthaaren** VT ⟨*pas de ge-*, h.⟩ épiler; **Enthaarung** F ⟨~; ~en⟩ épilation *f*

Enthaarungscreme F crème *f* dépilatoire;

Enthaarungsmittel N dépilatoire *m*

enthalten ⟨*irr, pas de ge-*, h.⟩ **A** VT contenir; (*in sich schließen*) renfermer; (*umfassen*) comprendre; comporter; **~ sein** (*aufgeführt sein*) figurer; **mit ~ sein** être inclus, compris (**in** [*+dat*] dans) **B** VR **sich ~** s'abstenir; **sich e-s Urteils ~** s'abstenir de juger; POL **sich der Stimme** (*gen*) **~** s'abstenir (de voter); *geh* **er konnte sich des Lachens nicht ~** il ne put s'empêcher de rire

enthaltsam ADJ *im Essen u. Trinken* abstinent; *im Alkoholgenuss* sobre; *sexuell* continent; **Enthaltsamkeit** F ⟨~⟩ abstinence *f*; *im Alkoholgenuss* sobriété *f*; *sexuelle* continence *f*

Enthaltung F ⟨~; ~en⟩ (*Stimmenthaltung*) abstention *f*; **mit 40 Stimmen bei sechs ~en beschließen** adopter par 40 voix pour et six abstentions

enthärten VT ⟨-ete, *pas de ge-*, h.⟩ *Wasser* adoucir; **enthaupten** VT ⟨-ete, *pas de ge-*, h.⟩ décapiter; *mit dem Fallbeil* guillotiner; **Enthauptung** F ⟨~; ~en⟩ décapitation *f*; **enthäuten** VT ⟨-ete, *pas de ge-*, h.⟩ *Tiere* enlever, ôter la peau de; dépouiller; *Zwiebel etc* éplucher; peler

entheben *geh* VT ⟨*irr, pas de ge-*, h.⟩ **j-n s-s Amtes, Postens ~** relever, destituer qn de ses fonctions; *vorläufig* suspendre qn de ses fonctions; **j-n s-r Verantwortung** (*gen*) **~** décharger qn de sa responsabilité; **das enthebt mich nicht meiner Verpflichtungen** cela ne me dispense pas de mes obligations; **das enthebt uns aller Sorgen** cela nous libère de tout souci

Enthebung *geh* F ⟨~; ~en⟩ *vom Amt* destitution *f*; révocation *f*; *vorläufige* suspension *f*; *von Verpflichtungen* dispense *f*

enthemmen VT ⟨*pas de ge-*, h.⟩ faire perdre le contrôle de soi-même; PSYCH décomplexer; désinhiber; **enthemmt** ADJT décomplexé; désinhibé; *weitS.* sans complexes; **enthoben** PPERF → entheben; **enthüllen** VT ⟨*pas de ge-*, h.⟩ découvrir; *Denkmal* dévoiler; *Geheimnis* dévoiler; révéler; (*entlarven*) démasquer

Enthüllung F ⟨~; ~en⟩ découverte *f*; révélation *f*; *e-s Denkmals* dévoilement *m*; inauguration *f*; **~en machen** faire des révélations

Enthusiasmus M ⟨~⟩ enthousiasme *m*; **Enthusiast(in)** M ⟨~en; ~en⟩ (F) ⟨~in; ~innen⟩ enthousiaste *m/f*; **enthusiastisch** **A** ADJ enthousiaste; plein d'enthousiasme **B** ADV avec enthousiasme

entjungfern VT ⟨-(e)re, *pas de ge-*, h.⟩ déflorer; *umg* dépuceler; **Entjungferung** F ⟨~; ~en⟩ défloration *f*; *umg* dépucelage *m*

entkalken VT ⟨*pas de ge-*, h.⟩ détartrer; **entkeimen** VT ⟨*pas de ge-*, h.⟩ **1** *Wasser etc* stériliser **2** *Kartoffeln* ôter le germe de; **Entkeimung** F ⟨~⟩ désinfection *f*; stérilisation *f*; **entkernen** VT ⟨*pas de ge-*, h.⟩ **1** *Steinobst* dénoyauter; *Kernobst* épépiner **2** *Stadt* déconcentrer; **Entkerner** M ⟨~s; ~⟩ *für Steinobst* dénoyauteur *m*; *für Äpfel* vide-pommes *m*

entkleiden *geh* ⟨-ete, *pas de ge-*, h.⟩ **A** VT **1** dévêtir; déshabiller **2** *fig* **j-n e-r Sache** (*gen*) **~** dépouiller qn de qc; **j-n s-r Würden ~** retirer à qn son rang, ses titres **B** VR **sich ~** se dévêtir; se déshabiller

Entkleidung *geh* F ⟨~; ~en⟩ **1** déshabillage *m* **2** *fig* dépouillement *m*

entkoffeinieren VT ⟨*pas de ge-*, h.⟩ décaféiner

entkoloni(ali)sieren VT ⟨*pas de ge-*, h.⟩ décoloniser; **Entkoloni(ali)sierung** F décolonisation *f*

entkommen VI ⟨*irr, pas de ge-*, s.⟩ **~** (**aus**) s'échapper (de); s'évader (de); (parvenir à) se sauver (de); **j-m, e-r Sache** (*dat*) **~** échapper à qn, à qc

Entkommen N évasion *f*; **es gab kein ~** il n'y avait aucun moyen de s'échapper

entkorken VT ⟨*pas de ge-*, h.⟩ déboucher

entkräften VT ⟨-ete, *pas de ge-*, h.⟩ **1** *durch Krankheit, Hunger etc* priver de (ses) forces; affaiblir; *durch Überanstrengung* exténuer; (*erschöpfen*) épuiser; MED **entkräftet** prostré **2** *fig Beweis,*

Aussage infirmer; réfuter; *Argumentation a.* démolir
Entkräftung F ⟨~; ~en⟩ **1** *durch Krankheit, Hunger* affaiblissement *m*; *durch Überanstrengung* exténuation *f*; *(Erschöpfung)* épuisement *m*; inanition *f*; **völlige ~** prostration *f* **2** *fig* infirmation *f*; réfutation *f*
entkrampfen VT *(u.* VR*)* ⟨*pas de ge-*, h.⟩ **(sich) ~ 1** (se) détendre; (se) décontracter **2** *fig* (se) détendre; (se) décrisper; **Entkrampfung** F ⟨~; ~en⟩ **1** décontraction *f* **2** *fig* détente *f*; décrispation *f*
entkriminalisieren VT ⟨*pas de ge-*, h.⟩ décriminaliser
Entladedauer F ELEK durée *f* de décharge; **Entladefrist** F délai *m* de déchargement
entladen ⟨*irr, pas de ge-*, h.⟩ **A** VT *a. fig* décharger; *Waren a.* débarquer **B** VR **sich ~** *a.* ELEK se décharger; *Gewitter, Begeisterung etc* éclater
Entladerampe F quai *m* de déchargement; **Entladespannung** F ELEK tension *f* de décharge; **Entladestrom** M ELEK courant *m* de décharge; **Entladezeit** F ELEK temps *m* de décharge
Entladung F ⟨~; ~en⟩ **1** déchargement *m*; *von Waren a.* débarquement *m* **2** ELEK décharge *f*
entlang A PRÄP ⟨*akk, dat*⟩ le long de; **~ dem Fluss, den** *od* **am Fluss ~** le long de la rivière **B** ADV **hier ~, bitte!** par ici, s'il vous plaît!
entlangfahren VI ⟨*irr, sép*, -ge-, s.⟩ **1 ~** *(+akk) od* **~ an** *(+dat)* aller (en voiture, *etc*) le long de; longer, suivre (en voiture, *etc*) **2** *(berühren)* **(mit dem Finger, der Zunge** *etc***) ~** passer (le doigt, la langue, *etc*) sur, le long de
entlanggehen VT *u.* VI ⟨*irr, sép*, -ge-, s.⟩ **~** *(+akk) od* **~ an** *(+dat)* aller (à pied) le long de; longer, suivre (à pied)
entlarven ⟨*pas de ge-*, h.⟩ **A** VT démasquer; arracher le masque à; **j-n als Dieb ~** démasquer qn en tant que voleur **B** VR **sich ~** se démasquer; jeter le masque
Entlarvung F ⟨~; ~en⟩ **zur ~ des Spions führen** permettre de confondre, démasquer l'espion
entlassen VT ⟨*irr, pas de ge-*, h.⟩ *Arbeitnehmer* licencier; congédier; renvoyer; *Beamte a.* révoquer; *wegen Arbeitsmangels a.* débaucher; MIL libérer; démobiliser; *aus der Haft* remettre en liberté; relâcher; *aus dem Gefängnis* libérer; **aus dem Krankenhaus ~ werden** sortir de l'hôpital
Entlassung F ⟨~; ~en⟩ **1** *von Arbeitnehmern* licenciement *m*; renvoi *m*; *von Beamten a.* révocation *f*; *wegen Arbeitsmangels* débauchage *m*; *aus dem Heeresdienst* libération *f*; démobilisation *f*; *aus der Haft* mise *f* en liberté; relaxe *f*; *aus dem Gefängnis* libération *f*; levée *f* d'écrou; *aus dem Krankenhaus* sortie *f*; **fristlose ~** licenciement sans préavis **2** *(Schreiben)* lettre *f* de licenciement; **s-e ~ erhalten** être congédié; recevoir son congé
Entlassungsfeier F fête *f* de fin d'année (dans un établissement scolaire)
Entlassungsgesuch N lettre *f* de démission; **sein ~ einreichen** remettre sa démission
Entlassungsgrund M motif *m* de *bzw.* du renvoi; **Entlassungspapiere** NPL MIL papiers *mpl*, *eines Häftlings* certificat *m* de libération; **Entlassungsschein** M MIL fiche *f*, certificat *m* de démobilisation; *aus dem Krankenhaus* bulletin *m* de sortie; **Entlassungsschreiben** N lettre *f* de renvoi, de licenciement
entlasten VT ⟨-ete, *pas de ge-*, h.⟩ *bei der Arbeit* aider; assister; *a.* JUR décharger; *a. fig* soulager; *Verkehr* décongestionner; délester; BAU, TECH soulager; décharger; FIN **j-s Konto ~** porter une somme à la décharge d'un compte, en décharge; HANDEL **den Vorstand ~** donner quitus aux directeurs
Entlastung F ⟨~; ~en⟩ *bei der Arbeit* aide *f*; assistance *f*; *von e-r Verantwortung* dégagement *m*; *des Verkehrs* décongestion *f*; délestage *m*; BAU, TECH, *fig* soulagement *m*; décharge *f*; HANDEL, JUR décharge *f*; **zu s-r ~** à sa décharge
Entlastungsmaterial N JUR pièces *fpl* à décharge; **Entlastungsstraße** F route *f*, voie *f* de délestage; **Entlastungszeuge** M JUR témoin *m* à décharge; **Entlastungszug** M train *m* supplémentaire
entlauben VT ⟨*pas de ge-*, h.⟩ dépouiller (de ses feuilles); *chemisch* défolier; **Entlaubungsmittel** N défoliant *m*
entlaufen VI ⟨*irr, pas de ge-*, s.⟩ s'échapper; s'enfuir; **j-m ~** échapper à qn; **Katze ~** chat perdu
entlausen VT ⟨-(es)t, *pas de ge-*, h.⟩ épouiller; **Entlausung** F ⟨~⟩ épouillage *m*
entledigen *geh* VR ⟨*pas de ge-*, h.⟩ **sich j-s, e-r Sache** *(gen)* **~** se débarrasser de qn, de qc; **sich s-r Kleider ~** ôter, retirer ses vêtements; **sich s-r Pflichten ~** s'acquitter de son devoir, de ses obligations
entleeren VT *(u.* VR*)* ⟨*pas de ge-*, h.⟩ **(sich) ~** (se) vider; TECH vidanger; **den Darm ~** déféquer
Entleerung F vidage *m*; TECH vidange *f*
entlegen ADJ **1** *räumlich* éloigné; *(fern)* lointain; *(abgelegen, isoliert)* isolé; écarté **2** *fig (unüblich)* insolite
entlehnen VT ⟨*pas de ge-*, h.⟩ emprunter, prendre *(+dat,* **aus, von** à); tirer *(+dat,* **aus, von** de); **Entlehnung** F ⟨~; ~en⟩ emprunt *m*; **entleihen** VT ⟨*irr, pas de ge-*, h.⟩ emprunter **(von** à)
Entlein N ⟨~s; ~⟩ caneton *m*; *umg hum* **hässliches ~** laideron *m*
entlief → entlaufen
entließ → entlassen
entloben VR ⟨*pas de ge-*, h.⟩ **sich ~** rompre ses fiançailles; **Entlobung** F ⟨~; ~en⟩ rupture *f* de(s) fiançailles
entlocken VT ⟨*pas de ge-*, h.⟩ *Geheimnis, Geständnis, Lächeln* arracher (*+ dat* à); **e-m Instrument Töne ~** (réussir à) tirer des sons d'un instrument
entlohnen, *schweiz* **entlöhnen** VT ⟨*pas de ge-*, h.⟩ rémunérer, rétribuer, payer **(für** pour); **Entlohnung** F ⟨~; ~en⟩, *schweiz* **Entlöhnung** F ⟨-löhnung; -löhnungen⟩ **1** *(das Entlohnen)* rémunération *f*; rétribution *f* **2** *(Lohn)* paie *od* paye *f*
entlüften VT ⟨-ete, *pas de ge-*, h.⟩ *(durchlüften)* aérer; ventiler; *Bremse, Leitung* purger
Entlüfter M ⟨~s; ~⟩ ventilateur *m*; aspirateur *m*; **Entlüftung** F aération *f*; ventilation *f*; *e-r Bremse, Leitung* purge *f*; **Entlüftungsanlage** F dispositif *m* d'aération, de ventilation; **Entlüftungsventil** N soupape *f* (de purge d'air); ventouse *f*
entmachten VT ⟨-ete, *pas de ge-*, h.⟩ priver de son pouvoir; **Entmachtung** F ⟨~; ~en⟩ privation *f* de pouvoir(s); **entmagnetisieren** VT ⟨*pas de ge-*, h.⟩ désaimanter; démagnétiser; **Entmagnetisierung** F désaimantation *f*, démagnétisation *f*; **entmannen** *geh* VT ⟨*pas de ge-*, h.⟩ émasculer; castrer; **Entmaterialisierung** F ⟨~; ~en⟩ dématérialisation *f*; **entmenscht** ADJT bestial; *(unmenschlich)* inhumain; *(grausam)* cruel, -elle
entmilitarisieren VT ⟨*pas de ge-*, h.⟩ démilitariser; **entmilitarisierte Zone** zone démilitarisée
Entmilitarisierung F ⟨~; ~en⟩ démilitarisation *f*
entminen VT ⟨*pas de ge-*, h.⟩ déminer; **entmischen** VT ⟨*pas de ge-*, h.⟩ dissocier; **entmisten** VT ⟨-ete, *pas de ge-*, h.⟩ enlever le fumier de; **entmündigen** VT ⟨*pas de ge-*, h.⟩ **1** JUR interdire; mettre sous tutelle **2** *fig* mettre sous tutelle
Entmündigte(r) M/F(M) ⟨→ A⟩ JUR interdit(e) *m(f)*; **Entmündigung** F ⟨~; ~en⟩ **1** interdiction *f* judiciaire, civile **2** *fig* mise *f* sous tutelle
Entmündigungsantrag M demande *f* en interdiction; **Entmündigungsverfahren** N procédure *f* d'interdiction
entmutigen VT ⟨*pas de ge-*, h.⟩ décourager; démoraliser; **entmutigend** ADJT décourageant; **Entmutigung** F ⟨~; ~en⟩ découragement *m*; démoralisation *f*
Entnahme F ⟨~; ~n⟩ prise *f*; *e-r kleinen Menge,* MED, TECH *etc* prélèvement *m*; **~ e-r Blutprobe** prélèvement sanguin; prise de sang; **bei, nach ~ von …** lors d'un, après prélèvement de
entnazifizieren VT ⟨*pas de ge-*, h.⟩ HIST dénazifier; **Entnazifizierung** F ⟨~; ~en⟩ HIST dénazification *f*
entnehmen VT ⟨*irr, pas de ge-*, h.⟩ **~** *(+dat,* **aus) 1** prendre (de, dans); emprunter (à); tirer (de); *als Probe,* MED, TECH *etc* prélever (sur); retirer (de) **2** *fig* conclure (de); **Ihrem Brief, Ihren Worten entnehme ich, dass …** je conclus, je tire la conclusion de votre lettre, de vos paroles que …
entnerven VT ⟨*pas de ge-*, h.⟩ *(aufregen)* énerver; *(erschöpfen)* épuiser (nerveusement); **entnervt** ADJT à bout de nerfs; *(nervlich erschöpft)* nerveusement épuisé
entölen VT ⟨*pas de ge-*, h.⟩ dégraisser; déshuiler; **stark, schwach entölt** fortement, faiblement dégraissé
Entomologe M ⟨~n; ~n⟩, **Entomologin** F ⟨-in; -innen⟩ entomologiste *m/f*; **Entomologie** F ⟨~⟩ entomologie *f*; **entomologisch** ADJ entomologique
entpacken VT ⟨*pas de ge-*, h.⟩ IT décompresser; décompacter; **entpolitisieren** VT ⟨*pas de ge-*, h.⟩ dépolitiser; **Entpolitisierung** F dépolitisation *f*; **entprivatisieren** VT ⟨*pas de ge-*, h.⟩ nationaliser
entpuppen VR ⟨*pas de ge-*, h.⟩ *fig* **sich ~ als j-d, etw** se révéler, s'avérer être qn, qc
entrahmen VT ⟨*pas de ge-*, h.⟩ *Milch* écrémer; **enträtseln** VT ⟨-(e)le, *pas de ge-*, h.⟩ déchiffrer; éclaircir; **entrechten** VT ⟨-ete, *pas de ge-*, h.⟩ déposséder, priver de ses droits; **Entrechtung** F ⟨~⟩ privation *f* de ses droits
Entrecote N ⟨~(s); ~s⟩ GASTR entrecôte *f*
Entree N ⟨~s; ~s⟩ *(Eingang)*, GASTR *(Vorspeise)*, *österr (Eintrittsgeld)* entrée *f*
entreißen VT ⟨*irr, pas de ge-*, h.⟩ **j-m etw ~** arracher qc à qn; enlever qc à qn de force; *Geheimnis etc* extorquer qc à qn; *geh* **j-n dem Tod ~** arracher qn à la mort
entrichten VT ⟨-ete, *pas de ge-*, h.⟩ payer; *Beitrag* verser; *Steuern* acquitter; **Entrichtung** F ⟨~⟩ paiement *m*; versement *m*; acquittement *m*; **entriegeln** VT ⟨-(e)le, *pas de ge-*, h.⟩ déverrouiller; débloquer; **Entriegelung** F ⟨~⟩ déverrouillage *m*; déblocage *od* débloquement *m*
entringen *geh* ⟨*irr, pas de ge-*, h.⟩ **A** VT **j-m etw ~** arracher qc à qn (en luttant) **B** VR **sich ~** se libérer *(+dat* de); **ein Seufzer entrang sich s-r Brust** il poussa un profond soupir
entrinnen VI ⟨*irr, pas de ge-*, s.⟩ *geh* échapper *(+dat* à); *poet Zeit* s'écouler
Entrinnen N ⟨~s⟩ issue *f*; fuite *f*; **es gibt kein ~** la situation est sans issue

entrissen PPERF → entreißen

entrollen VT ⟨*pas de ge-*, h.⟩ dérouler

Entropie F ⟨~; ~n⟩ entropie *f*

entrosten VT ⟨-ete, *pas de ge-*, h.⟩ dérouiller

entrücken *geh* VT ⟨*pas de ge-*, h.⟩ éloigner; enlever; **den Blicken ~** dérober, soustraire aux regards

entrückt *geh* ADJT *geistig* absent; *(selig)* ravi; **der Welt ~** loin du monde

Entrücktheit *geh* F ⟨~⟩, **Entrückung** *geh* F ⟨-ung⟩ éloignement *m* (du monde, de la réalité); *(Seligkeit)* ravissement *m*

entrümpeln VT ⟨-(e)le, *pas de ge-*, h.⟩ déblayer; débarrasser; **Entrümpelung** F ⟨~; ~en⟩ déblaiement *m*

entrüsten V/R ⟨-ete, *pas de ge-*, h.⟩ **sich ~** s'indigner, se scandaliser (**über** [+*akk*] de)

entrüstet ADJT **über j-n, etw ~ sein** être indigné contre qn, par qc

Entrüstung F ⟨~; ~en⟩ indignation *f*; **Entrüstungssturm** M vague *f* d'indignation

entsaften VT ⟨-ete, *pas de ge-*, h.⟩ extraire le jus de; **Entsafter** M ⟨~s; ~⟩ centrifugeuse *f* (à jus de fruits); **entsagen** *geh* VI ⟨*pas de ge-*, h.⟩ renoncer (+*dat* à); **Entsagung** *geh* F ⟨~; ~en⟩ renoncement *m*; abnégation *f*; **entsagungsvoll** *geh* ADJ plein d'abnégation; **entsalzen** VT ⟨*irr, pas de ge-*, h.⟩ dessaler; **Entsalzung** F ⟨~⟩ dessalement *m*; AGR dessalage *m*

entsandt PPERF → entsenden

entschädigen VT ⟨*pas de ge-*, h.⟩ dédommager (**für** de); *in Geld* indemniser (**für** de)

Entschädigung F ⟨~; ~en⟩ dédommagement *m*; indemnisation *f*; *Geldsumme* indemnité *f*; *(Schadenersatz)* dommages-intérêts *mpl*; *(Ausgleich)* compensation *f*; *(Wiedergutmachung)* réparation *f*; *(Abfindung)* désintéressement *m*; **als ~** à titre d'indemnité

Entschädigungsanspruch M droit *m* à une indemnité, aux dommages-intérêts; **Entschädigungsklage** F action *f* en dommages-intérêts; **Entschädigungsleistung** F indemnité *f*; **entschädigungspflichtig** ADJ tenu d'indemniser, de payer des dommages-intérêts; **Entschädigungssumme** F indemnité *f*

entschärfen VT ⟨*pas de ge-*, h.⟩ *Bombe* désamorcer (*a. fig*); *Gegensätze* apaiser; atténuer; *Diskussion* dépassionner; *Text* édulcorer; **Entschärfung** F ⟨~; ~en⟩ désamorçage *m*; *fig* apaisement *m*; atténuation *f*

Entscheid M ⟨~(e)s; ~e⟩ JUR décision *f*

entscheiden ⟨*irr, pas de ge-*, h.⟩ **A** VT *Frage, Streitfall etc* décider; trancher; résoudre **B** VI **~ (über** [+*akk*]**)** décider (de); JUR statuer (sur); **durch Abstimmung ~** décider, se prononcer par voie de scrutin; **das Gericht hat entschieden** le tribunal a prononcé; **auf Freispruch ~** prononcer l'acquittement; **in e-r Sache ~** statuer sur, décider une affaire, un cas **C** V/R **sich (für, gegen j-n, etw) ~** se décider, se prononcer (pour, contre qn, qc) **D** V/UNPERS **es entscheidet sich morgen, ob …** on saura demain si …

entscheidend ADJT décisif, -ive; **das ~e Argument** l'argument décisif, déterminant; **~er Punkt** point crucial; **die ~e Stimme** la voix prépondérante; **im ~en Augenblick** au moment décisif, crucial

Entscheidung F ⟨~; ~en⟩ décision *f* (*a.* JUR); **ablehnende ~** décision de rejet; **gerichtliche, richterliche ~** décision judiciaire, de justice; **e-e ~ treffen, fällen** prendre une décision; **vor e-r schwierigen ~ stehen** être confronté à une décision difficile; **j-n vor e-e ~ stellen** mettre qn devant un choix; SPORT **um die ~ spielen** jouer la belle

Entscheidungsbefugnis F JUR compétence *f*; pouvoir *m* de décision; **Entscheidungsfreiheit** F liberté *f* de décision, de choix; **Entscheidungskampf** M combat décisif; **Entscheidungslauf** M SPORT course décisive; **Entscheidungsrennen** N → Entscheidungslauf; **Entscheidungsschlacht** F bataille décisive; **Entscheidungsspiel** N SPORT belle *f*; match décisif; **Entscheidungsträger** M décideur *m*

entschieden **A** PPERF → entscheiden **B** ADJT *Ton, Haltung etc* résolu; catégorique; péremptoire; *Abneigung* prononcé; *Ablehnung* catégorique; *Überlegenheit* incontestable **C** ADVL *(mit Entschiedenheit)* résolument; catégoriquement; *(eindeutig)* décidément; **~ antworten** répondre sur *od* d'un ton décisif; **das geht ~ zu weit!** ça va décidément trop loin!

Entschiedenheit F ⟨~⟩ *(Entschlossenheit)* détermination *f*; résolution *f*; *(Festigkeit)* fermeté *f*; **mit ~** avec détermination; d'une manière décidée; **mit aller ~** avec la plus grande détermination, fermeté

entschlacken VT ⟨*pas de ge-*, h.⟩ TECH décrasser; MED dépurer; exercer une action dépurative sur; **Entschlackung** F ⟨~; ~en⟩ TECH décrassage *m*; MED dépuration *f*

entschlafen *geh* VI ⟨*irr, pas de ge-*, s.⟩ *(sterben)* s'éteindre; s'endormir

entschließen V/R ⟨*irr, pas de ge-*, h.⟩ **sich ~** se décider, se résoudre, se déterminer (**zu** à); **sich anders ~** se raviser; changer d'avis

Entschließung F résolution *f*

Entschließungsentwurf M projet *m* de résolution

entschlossen **A** PPERF → entschließen **B** ADJT résolu; déterminé; décidé; **fest ~** fermement décidé **C** ADVL **kurz ~** sans réfléchir longuement; sans hésiter

Entschlossenheit F ⟨~⟩ résolution *f*; détermination *f*

entschlüpfen VI ⟨*pas de ge-*, s.⟩ *Person* **~ (aus etw)** s'échapper (de qc); *a. Worte* **j-m ~** échapper à qn

Entschluss M décision *f*; *(Vorsatz)* résolution *f*; **e-n ~ fassen** prendre une décision, une résolution; **den ~ fassen zu** (+*inf*) décider de (+*inf*); se décider à (+*inf*); **zu e-m ~ kommen** arriver à une décision; **s-n ~ ändern** changer d'avis; se raviser; **aus eigenem ~ handeln** agir de son propre chef; **bei s-m ~ bleiben** rester sur sa décision

entschlüsseln VT ⟨-(e)le, *pas de ge-*, h.⟩ décoder; déchiffrer; **Entschlüsselung** F ⟨~; ~en⟩ décodage *m*; déchiffrement *m*

entschlussfreudig ADJ décidé; qui a de l'esprit de décision

Entschlusskraft F ⟨~⟩ détermination *f*

entschuldbar ADJ excusable; *Fehler a.* pardonnable; **Entschuldbarkeit** F ⟨~⟩ caractère *m* excusable

entschulden VT ⟨-ete, *pas de ge-*, h.⟩ libérer, dégrever de(s) dettes

entschuldigen ⟨*pas de ge-*, h.⟩ **A** VT excuser; pardonner; *abs* **~ Sie!** (je vous demande) pardon!; **~ Sie bitte, könnten Sie mir sagen, …** excusez-moi, pourriez-vous me dire …; **~ Sie meine Verspätung!** veuillez excuser mon retard; excusez-moi d'être en retard; **das ist nicht zu ~** c'est inexcusable, impardonnable **B** V/R **sich ~ (wegen, für)** s'excuser (de); présenter, faire ses excuses (pour); **sich bei j-m ~** s'excuser auprès de qn; **er hat sich bei mir entschuldigt** *a.* il m'a demandé pardon; il m'a fait des *od* ses excuses; **sich mit etw ~** prendre qc pour excuse

entschuldigend **A** ADJT d'excuse **B** ADVL en s'excusant

Entschuldigung F ⟨~; ~en⟩ excuse *f*; SCHULE mot *m* d'excuse; **j-n (wegen, für etw) um ~ bitten** faire, présenter ses excuses à qn (pour qc); **ich bitte um ~** *a.* je vous prie de m'excuser; **dafür gibt es keine ~** c'est inexcusable; **~!** pardon!; excusez-moi!

Entschuldigungsgrund M excuse *f*; **Entschuldigungsschreiben** N lettre *f* d'excuse(s)

Entschuldung F ⟨~; ~en⟩ désendettement *m*

entschweben *geh* VI ⟨*pas de ge-*, s.⟩ s'envoler (lentement); *fig* s'éloigner d'une démarche aérienne; **entschwefeln** VT ⟨-(e)le, *pas de ge-*, h.⟩ TECH, CHEM désulfurer; *Wein* désulfiter; **entschwinden** *geh* VI ⟨*irr, pas de ge-*, s.⟩ disparaître (peu à peu); se perdre au loin; **entseelt** *geh* ADJT inanimé; sans vie

entsenden VT ⟨*irr, pas de ge-*, h.⟩ *Diplomaten etc* envoyer; **j-n als Delegierten ~** déléguer qn

Entsendung F ⟨~⟩ envoi *m*; députation *f*; délégation *f*

entsetzen ⟨-(es)t, *pas de ge-*, h.⟩ **A** VT **1** épouvanter; horrifier **2** MIL *Truppen, Festung etc* débloquer, dégager **B** V/R **sich ~** s'épouvanter, s'effrayer (**über** [+*akk*] de)

Entsetzen N ⟨~s⟩ horreur *f* (**über** [+*akk*] de); épouvante *f*; **starr vor ~** glacé de terreur; **mit ~ sah ich, wie …** j'ai vu avec horreur que …

Entsetzensschrei M cri *m* d'épouvante

entsetzlich **A** ADJ **1** épouvantable; effrayant; horrible; affreux, -euse **2** *(épithète) umg fig* terrible; horrible **B** ADV *umg* **~ dumm** affreusement bête; *umg* **~ reich** prodigieusement riche

entsetzt ADJT **ich bin über sein Verhalten ~** je suis horrifié, épouvanté par sa conduite

entseuchen VT ⟨*pas de ge-*, h.⟩ NUKL décontaminer; MED désinfecter; **Entseuchung** F ⟨~; ~en⟩ NUKL décontamination *f*; MED désinfection *f*; **entsichern** VT ⟨-(e)re, *pas de ge-*, h.⟩ *Schusswaffe* enlever la sûreté de; *Handgranate* dégoupiller; **entsiegeln** VT ⟨-(e)le, *pas de ge-*, h.⟩ *Brief* décacheter; JUR lever les scellés de; desceller

entsinnen V/R ⟨*irr, pas de ge-*, h.⟩ **sich (e-r Sache, j-s) ~** se souvenir (de qc, de qn); se rappeler (qc, qn); **wenn ich mich recht entsinne** si je me souviens bien

entsorgen VT ⟨*pas de ge-*, h.⟩ *Abfälle etc* collecter et traiter; *durch Verbrennung* éliminer; *Kernkraftwerk* éliminer les déchets de; *weitS.* se débarrasser de; **Entsorgung** F ⟨~; ~en⟩ *(Abfallentsorgung)* collecte *f* et traitement *m* (des ordures); *durch Verbrennung* élimination *f* des déchets; **Entsorgungstechnik** F techniques *fpl* de traitement des déchets

entspannen ⟨*pas de ge-*, h.⟩ **A** VT *a. fig*, POL détendre; POL *a.* décrisper; *(lockern)* relâcher; MED relaxer; décontracter **B** V/R **sich ~** *a. fig*, POL se détendre; *(sich lockern)* se relâcher; *(sich erholen)* se relaxer; se décontracter; **Entspannung** F *a. fig* détente *f*; POL *a.* décrispation *f*; *(Lockerung)* relâchement *m*; *(Erholung) a.* délassement *m*

Entspannungspolitik F ⟨~⟩ politique *f* de détente; **Entspannungsübung** F exercice *m* de relaxation

entspiegeln VT ⟨-(e)le, *pas de ge-*, h.⟩ traiter avec un antireflet; **entspinnen** V/R ⟨*irr, pas de ge-*, h.⟩ **sich ~** *Gefühl, Freundschaft* naître; *Unterhaltung* s'engager; *Streit* s'amorcer

entsprechen ⟨*irr, pas de ge-*, h.⟩ **A** VI **~** (+*dat*) **1** *den Tatsachen etc* correspondre à; *a. den Vorschriften* être conforme à; *den Erwartungen, Anforderungen, e-m Zweck* répondre à; *den Umständen*

E

etc être approprié à 2 (stattgeben) e-r Bitte, e-m Wunsch satisfaire à; e-m Antrag, Gesuch donner suite, faire droit à 3 V/R **sich** (dat) ~ se correspondre; (harmonieren) s'accorder

entsprechend A ADJT correspondant; Mittel, Worte a. approprié; Belohnung, Entschädigung a. juste; **e-e ~e Antwort** une réponse appropriée; **das Wetter war gut und die Stimmung ~** il faisait un temps splendide, ce qui expliquait notre bonne humeur; **das Entsprechende gilt für …** c'est également valable pour … B ADVL (dem~) en conséquence; à l'avenant; **~ mehr, weniger bekommen** recevoir proportionnellement plus, moins C PRÄP ‹dat› conformément à; en fonction de; a. den Umständen selon

E

Entsprechung F ‹~; ~en› Eigenschaft correspondance f; analogie f; Sache équivalent m; analogue m; **e-e ~ im Französischen** quelque chose de correspondant, un équivalent en français

entspringen V/I ‹irr, pas de ge-, s.› 1 Quelle sortir de terre; Fluss prendre sa source; naître 2 Häftling etc **~** (+dat), **aus** s'évader, s'échapper de 3 fig (entstehen) **~** (+dat), **aus** sortir, naître, provenir de; **entstammen** V/I ‹pas de ge-, s.› **~** (+dat) provenir de; (abstammen) être issu, descendre de; zeitlich dater de; örtlich être originaire de

entstehen V/I ‹irr, pas de ge-, s.› naître (**aus** de); (sich entwickeln) se produire; Schwierigkeiten surgir; **aus etw ~** résulter, provenir de qc; **es entstand der Eindruck, dass …** il en résulta l'impression que …; **im Entstehen begriffen** en voie de formation; naissant

Entstehung F ‹~; ~en› naissance f; origine f; (Bildung) formation f; (Beginn) commencement m; e-s Werks genèse f

Entstehungsgeschichte F genèse f; **Entstehungsort** M Ursprung lieu m d'origine; berceau m; e-s Werks lieu m de réalisation; **Entstehungszeit** F époque f d'origine; e-s literarischen Werks, Musikstücks période f de gestation

entsteigen geh V/I ‹irr, pas de ge-, s.› **~** (+dat) sortir, descendre de; nach oben surgir de; **entsteinen** V/T ‹pas de ge-, h.› dénoyauter

entstellen V/T ‹pas de ge-, h.› 1 Gesicht etc défigurer; déformer; **ganz entstellt aussehen** avoir la figure décomposée, le visage défait 2 fig (falsch darstellen) déformer; Wahrheit a. défigurer; Ereignis, Worte a. dénaturer; Text a. altérer; **die Presse gab die Rede entstellt wieder** le discours a été déformé par la presse

Entstellung F défiguration f; déformation f; altération f

entstören V/T ‹pas de ge-, h.› ELEK éliminer les parasites de; antiparasiter

Entstörungsdienst M, **Entstörungsstelle** F ELEK service m d'antiparasitage

entströmen V/I ‹pas de ge-, s.› Gas s'échapper, Flüssigkeit s'écouler (+dat de); **enttabuisieren** V/T ‹pas de ge-, h.› supprimer le (caractère) tabou de; **enttarnen** V/T ‹pas de ge-, h.› démasquer (**als** comme); découvrir; **Enttarnung** F découverte f

enttäuschen V/T ‹pas de ge-, h.› décevoir; désappointer; (ernüchtern) désillusionner; désenchanter; **von j-m enttäuscht sein** être déçu par qn; **über etw** (akk), **von etw enttäuscht sein** être déçu par, de qc; **er hat meine Erwartungen enttäuscht** il a déçu mes espérances; **angenehm enttäuscht** agréablement surpris

enttäuschend ADJT décevant

Enttäuschung F déception f; désappointement m; désillusion f; **j-m e-e ~ bereiten** causer une déception, une désillusion à qn

entthronen V/T ‹pas de ge-, h.› détrôner (a. fig); **Entthronung** F ‹~; ~en› destitution f

entvölkern V/T (u. V/R) ‹-(e)re, pas de ge-, h.› **(sich) ~** (se) dépeupler; **entvölkert sein** a. être déserté

Entvölkerung F ‹~; ~en› dépopulation f; Vorgang a. dépeuplement m

entwachsen ADJ **e-r Sache** (dat) **~ sein** être sorti de qc; avoir dépassé l'âge de qc

entwaffnen V/T ‹-ete, pas de ge-, h.› a. fig désarmer; **ein ~des Lächeln** un sourire désarmant

Entwaffnung F ‹~; ~en› désarmement m; **entwalden** V/T ‹pas de ge-, h.› déboiser; **Entwaldung** F ‹~; ~en› déboisement m; déforestation f; **entwarnen** V/I ‹pas de ge-, h.› donner le signal de fin d'alerte; **Entwarnung** F fin f d(e l)'alerte

entwässern V/T ‹-(e)re, pas de ge-, h.› Gelände drainer; assécher; CHEM, TECH déshydrater; **Entwässerung** F ‹~; ~en› drainage m; assèchement m; CHEM, TECH déshydratation f

Entwässerungsanlagen FPL installations fpl de drainage; **Entwässerungsgraben** M fossé m de drainage; **Entwässerungsrinne** F saignée f; rigole f de drainage; **Entwässerungsrohr** N drain m

entweder KONJ **~ … oder …** ou (bien) … ou (bien) …; soit … soit …; umg **~ … oder!** c'est à prendre ou à laisser!; de deux choses l'une!

Entweder-oder N ‹~; ~› alternative f

entweichen V/I ‹irr, pas de ge-, s.› 1 Luft, Rauch, Gas s'échapper; CHEM se dégager 2 geh Gefangene s'évader, s'échapper, s'enfuir (**aus** de); **Entweichen** N ‹~s› évasion f; fuite f; von Gas etc échappement m; CHEM dégagement m; **entweihen** V/T ‹pas de ge-, h.› a. fig profaner; **Entweihung** F a. fig profanation f; sacrilège m; **entwenden** V/T ‹-ete, pas de ge-, h.› dérober; voler; Geld a. détourner; **Entwendung** F ‹~; ~en› vol m; **entwerfen** V/T ‹irr, pas de ge-, h.› Plan, Konstruktion ébaucher; concevoir; Vertrag etc ébaucher; Muster esquisser; Programm projeter; Skizze crayonner; croquer; **entwerten** V/T ‹-ete, pas de ge-, h.› 1 Geld, moralische Werte déprécier; Währung dévaloriser; FIN (außer Kurs setzen) démonétiser 2 Briefmarke etc oblitérer; Fahrkarte composter;

Entwerter M ‹~s; ~› für Fahrkarten composteur m; **Entwertung** F 1 des Geldes, moralischer Werte dépréciation f; der Währung dévalorisation f; (Außerkurssetzung) démonétisation f 2 von Briefmarken etc oblitération f; von Fahrkarten compostage m

Entwertungsstempel M timbre m à oblitérer; oblitérateur m

entwesen V/T ‹-(es)t, pas de ge-, h.› ADMIN désinsectiser; **Entwesung** F ‹~; ~en› ADMIN désinsectisation f

entwichen PPERF → entweichen

entwickeln ‹-(e)le, pas de ge-, h.› A V/T développer (a. FOTO); Wärme, Gas dégager; TECH mettre au point; réaliser; Kräfte etc déployer; Geschwindigkeit atteindre; Plan, Ideen exposer; développer; **etw zu etw ~** faire de qc qc B V/R **sich ~** se développer; être en progrès, (expandieren) en extension; Wärme, Gas se dégager; **sich zu etw ~** devenir qc

Entwickler M ‹~s; ~› FOTO révélateur m; **Entwicklerbad** N FOTO bain révélateur; **Entwicklerschale** F FOTO cuvette f de développement

Entwicklung F ‹~; ~en› développement m; (Fortschritt) progrès m; (Weiterentwicklung) évolution f; (Expandieren) extension f; von Wärme, Gas dégagement m; TECH mise f au point; réalisation f; von Kräften etc déploiement m; der Preise etc évolution f; mouvement m; **rückläufige ~** régression f; Jugendlicher **in der ~ sein** être en pleine croissance; faire sa puberté

Entwicklungsabschnitt M phase f d'évolution; **Entwicklungsalter** N puberté f; **Entwicklungsbad** N FOTO bain révélateur; **Entwicklungsdienst** M coopération f (avec les pays en voie de développement); **Entwicklungsdose** F FOTO boîte f de développement; **entwicklungsfähig** ADJ Sache évolutif, -ive; qui peut être développé; **Entwicklungsgebiet** N → Entwicklungsland; **Entwicklungsgeschichte** F genèse f; BIOL e-s Einzelwesens ontogenèse f; e-s Stamms phylogenèse f; **entwicklungsgeschichtlich** ADJ génétique; BIOL ontogénique; phylogénique; **Entwicklungsgesetz** N loi f du développement; **Entwicklungshelfer(in)** M(F) coopérant(e) m(f); **Entwicklungshilfe** F coopération f; aide f au développement, aux pays en voie de développement; **Entwicklungsjahre** NPL puberté f; **Entwicklungskosten** PL coûts mpl de développement; **Entwicklungsland** N pays m en voie de développement; **Entwicklungsmöglichkeit** F possibilité f de développement, d'évolution; **Entwicklungspolitik** F politique f de développement; **Entwicklungsprozess** M processus m de développement; **Entwicklungspsychologie** F psychologie f génétique; **Entwicklungsroman** M roman de développement d'un caractère; **Entwicklungsstadium** N stade m de développement; **Entwicklungsstand** M ‹~(e)s› niveau m de développement; degré m d'évolution; **Entwicklungsstörung** F BIOL accident m lors du développement; **Entwicklungsstufe** F degré m de développement, d'évolution; **Entwicklungszeit** F durée f du développement; Pubertät puberté f

entwinden geh ‹irr, pas de ge-, h.› A V/T **j-m etw ~** arracher qc à qn, des mains de qn B V/R **sich j-m ~** s'arracher à qn, de l'étreinte de qn

entwirren V/T (u. V/R) ‹pas de ge-, h.› **(sich) ~** (se) démêler; (se) débrouiller; fig a. (s')éclaircir; **Entwirrung** F ‹~› démêlage m; fig démêlement m; débrouillement od débrouillage m; éclaircissement m

entwischen V/I ‹pas de ge-, s.› s'échapper; geschickt s'esquiver; **j-m ~** échapper à qn

Entwischen N ‹~s› évasion f

entwöhnen V/T ‹pas de ge-, h.› 1 Säugling sevrer 2 geh e-r Gewohnheit déshabituer (+dat de) 3 MED désintoxiquer; **Entwöhnung** F ‹~; ~en› 1 e-s Säuglings sevrage m 2 MED désintoxication f

entworfen PPERF → entwerfen

entwürdigen V/T ‹pas de ge-, h.› avilir; abaisser; **entwürdigend** ADJT avilissant; abaissant; dégradant

Entwurf M e-s Gesetzes, Vertrags, Bauwerks projet m; ausgearbeiteter plan m; e-s Gemäldes, Musters etc ébauche f; esquisse f; SKULP, ARCH maquette f; e-s literarischen Werks canevas m; (Konzept) brouillon m

Entwurfszeichner(in) M(F) dessinateur-projeteur m

entwurzeln V/T ‹-(e)le, pas de ge-, h.› a. fig déraciner; **Entwurzelung** F ‹~; ~en› déracinement m; **Entwurzlung** → Entwurzelung; **entzerren** V/T ‹pas de ge-, h.› TECH corriger, compenser la distorsion de; zeitlich, a. Verkehr, Ferien étaler

Entzerrer M ‹~s; ~› TECH correcteur m; **Entzerrung** F TECH correction f, compensation f de la distorsion; TEL contre-distorsion f; zeitlich étalement m

entziehen ⟨*irr, pas de ge-*, h.⟩ A VT 1 *Wort, Führerschein, Befugnisse etc* retirer (**j-m etw** qc à qn); **den Blicken ~** dérober à la vue; **j-m s-e Rechte ~** déposséder, priver qn de ses droits 2 CHEM, TECH enlever; *zur Verwertung* extraire; **e-r Sache** (*dat*) **Sauerstoff, Wasser ~** désoxyder, déshydrater qc B VR **sich ~** *der Verantwortung etc* se soustraire, se dérober, échapper (*+dat* à); **sich der Kontrolle ~** être incontrôlable; **das entzieht sich meiner Kenntnis** je l'ignore

Entziehung F ⟨~; ~en⟩ 1 privation *f* 2 → Entziehungskur

Entziehungskur F *von Alkohol, Drogen* cure *f* de désintoxication

entziffern VT ⟨-(e)re, *pas de ge-*, h.⟩ déchiffrer; *Kode a.* décoder; décrypter; **entzippen** VT ⟨*pas de ge-*, h.⟩ IT dézipper; **entzogen** PPERF → entziehen; **entzücken** VT ⟨*pas de ge-*, h.⟩ ravir; charmer; enchanter; **Entzücken** N ⟨~s⟩ ravissement *m*; enchantement *m*

entzückend ADJT ravissant; à ravir; charmant; **welch ~er kleiner Hut!** quel amour de petit chapeau

entzückt ADJT ravi, enchanté (**über** [*+akk*] de)

Entzug M ⟨~(e)s⟩ 1 *des Führerscheins, e-r Konzession etc* retrait *m*; *e-s Rechts* privation *f*; dépossession *f* 2 *von Drogen* sevrage *m*; (*Entziehungskur*) cure *f* de désintoxication; *Jargon* **auf ~ sein** faire une cure de désintoxication

Entzugserscheinung F (symptôme *m* de l')état *m* de manque; **~en haben** être en manque

entzündbar ADJ inflammable; **Entzündbarkeit** F ⟨~⟩ inflammabilité *f*

entzünden ⟨-ete, *pas de ge-*, h.⟩ A VT allumer; mettre le feu à; *a. fig* enflammer B VR **sich ~** prendre feu; MED s'enflammer; *fig* **sich an etw** (*dat*) **~** éclater au sujet de qc, à propos de qc

entzündet ADJT MED enflammé; irrité; *umg* rouge; **e-n ~en Hals haben** avoir la gorge rouge

entzündlich ADJ inflammable; MED inflammatoire; **Entzündung** F ⟨~; ~en⟩ allumage *m*; CHEM, MED inflammation *f*; MED *a.* irritation *f*

entzündungshemmend ADJT anti-inflammatoire; **Entzündungsherd** M foyer *m* d'inflammation

entzwei ADJ ⟨*attribut*⟩ (*zerbrochen*) cassé; brisé; (*in Stücke*) en (deux) morceaux; en pièces; **entzweibrechen** ⟨*irr, sép,* **-ge-**⟩ VT ⟨**h.**⟩ (*u.* VI ⟨**s.**⟩) (se) casser; (se) briser; *in zwei Teile* (se) rompre

entzweien VT (*u.* VR) ⟨*pas de ge-*, h.⟩ **(sich) ~** (se) brouiller; (se) désunir; (se) diviser; **entzweigehen** VI ⟨*irr, sép,* **-ge-**, s.⟩ se casser; **entzweischlagen** VT ⟨*irr, sép,* **-ge-**, h.⟩ briser; casser; mettre en morceaux, en pièces; **Entzweiung** F ⟨~; ~en⟩ désunion *f*; *bei Partnern a.* brouille *f*

en vogue ~ sein être en vogue

Enzephalogramm N ⟨~s; ~e⟩ MED encéphalogramme *m*

Enzian M ⟨~s; ~e⟩ BOT, *Likör* gentiane *f*

Enzyklika F ⟨~; -ken⟩ KATH encyclique *f*; **enzyklisch** ADJ encyclique

Enzyklopädie F ⟨~; ~n⟩ encyclopédie *f*; **enzyklopädisch** ADJ encyclopédique

Enzym N ⟨~s; ~e⟩ BIOCHEMIE enzyme *m od f*

EOS ABK (erweiterte Oberschule) HIST *DDR*: *établissement (primaire et) secondaire offrant un cycle d'études de douze ans*

Eozän N ⟨~s⟩ éocène *m*

E-Pass M passeport *m* biométrique

Epen *pl von* Epos

ephemer *geh* ADJ éphémère

Epidemie F ⟨~; ~n⟩ épidémie *f*; **epidemisch** ADJ épidémique

Epidermis F ⟨~; -men⟩ BIOL épiderme *m*

epigonal *geh* ADJ sans originalité

Epigone *geh* M ⟨~n; ~n⟩, **Epigonin** F ⟨-in; -innen⟩ épigone *m*

epigonenhaft *geh* ADJ sans originalité; imité

Epigramm N ⟨~s; ~e⟩ épigramme *f*

Epik F ⟨~⟩ poésie *f*, littérature *f* épique; **Epiker(in)** M ⟨~s; ~⟩ (F) ⟨~in; ~innen⟩ poète *m* épique

Epikur M ⟨→ *n/pr*⟩ PHIL Épicure *m*

Epikureer M ⟨~s; ~⟩ épicurien *m*

Epilepsie F ⟨~; ~n⟩ MED épilepsie *f*; **an ~ leiden** être épileptique

Epileptiker(in) M ⟨~s; ~⟩ (F) ⟨~in; ~innen⟩ épileptique *m/f*

epileptisch ADJ épileptique; **~er Anfall** attaque *f* d'épilepsie

epilieren VT ⟨*pas de ge-*, h.⟩ épiler; **Epiliergerät** N épilateur *m* (électrique)

Epilog M ⟨~s; ~e⟩ épilogue *m*

Epiphanias N ⟨~⟩ (*Dreikönigsfest*) Épiphanie *f*

Epiphanie F ⟨~⟩ REL Épiphanie *f*

episch ADJ épique

Episkop N ⟨~s; ~e⟩ OPT épiscope *m*

episkopal ADJ épiscopal; **Episkopalkirche** F Église épiscopale, anglicane

Episkopat N ⟨~(e)s; ~e⟩ épiscopat *m*

Episode F ⟨~; ~n⟩ épisode *m*

episodenhaft, **episodisch** ADJ épisodique

Epistel F ⟨~; ~n⟩ REL épître *f*

Epitaph *geh* N ⟨~s; ~e⟩ épitaphe *f*

Epithel N ⟨~s; ~e⟩ BIOL épithélium *m*

Epitheton N ⟨~s; -ta⟩ GRAM épithète *f*

Epizentrum N *e-s Erdbebens* épicentre *m*

epochal qui fait époque, date

Epoche F ⟨~; ~n⟩ époque *f*; **~ machen** faire époque; **~ machend** qui fait époque, date

Epos N ⟨~; Epen⟩ poème *m* épique; épopée *f*

Equipe F ⟨~; ~n⟩ équipe *f*

er PERS PR 1 *beim Verb* il 2 *alleinstehend od betont* lui; **~ allein** lui seul; **~ selbst** lui-même 3 *vor voici, voilà* le; **da ist ~** le voilà

Er *umg* M ⟨~; ~s⟩ **ein ~** un garçon *bzw.* homme; *bei Tieren* un mâle

erachten *geh* VT ⟨-ete, *pas de ge-*, h.⟩ estimer; juger; **etw für, als notwendig ~** estimer, juger qc nécessaire; **ich erachte es als meine Pflicht** j'estime que c'est mon devoir

Erachten N **meines ~s** à mon avis; selon, d'après moi

erarbeiten VT (*u.* VR) ⟨-ete, *pas de ge-*, h.⟩ **(sich** [*dat*]**) ~** 1 (*erwerben*) acquérir, gagner par le travail 2 (*sich aneignen*) *Wissensstoff etc* assimiler 3 (*ausarbeiten*) *Grundlinien, Leitsätze etc* élaborer; **Erarbeitung** F ⟨~; ~en⟩ 1 acquisition *f* par le travail 2 *von Wissen* assimilation *f* 3 *von Leitsätzen etc* élaboration *f*

Erasmus M ⟨→ *n/pr*⟩ **~ (von Rotterdam)** Érasme *m*

Erbadel M noblesse *f* héréditaire; **Erbanlage** F BIOL hérédité *f*; caractères *mpl* héréditaires; **Erbanspruch** M prétention *f*, droit *m* à un héritage; **Erbanteil** M part *f* d'héritage

erbarmen *geh* ⟨*pas de ge-*, h.⟩ A VT faire pitié à; apitoyer; attendrir B VR **sich ~** être pris de pitié; **sich j-s, e-r Sache ~** avoir pitié de qn, de qc; **Herr, erbarme dich unser!** Seigneur, aie pitié de nous!

Erbarmen N ⟨~s⟩ pitié *f*; *bes* REL miséricorde *f*; **mit j-m ~ haben** avoir pitié de qn; **es ist zum ~** c'est à faire pitié; **er kennt kein ~** il est sans pitié; il n'a aucune pitié

erbarmenswert ADJ digne de pitié, de compassion; pitoyable

erbärmlich A ADJ 1 *a. fig* lamentable; (*kläglich*) déplorable; (*jämmerlich*) pitoyable; *umg* minable; au-dessous de tout 2 *umg fig* ⟨*épithète*⟩ *Hunger, Angst etc* terrible; horrible B ADV à faire pitié; d'une façon pitoyable; **~ frieren** avoir terriblement froid

Erbärmlichkeit F ⟨~⟩ état *m* pitoyable, lamentable, misérable; (*Armseligkeit*) pauvreté *f*

erbarmungslos A ADJ impitoyable B ADV sans pitié, merci; impitoyablement

erbauen ⟨*pas de ge-*, h.⟩ A VT 1 construire; bâtir; (*gründen*) *Stadt* fonder 2 *fig geistig* édifier; **er war davon nicht gerade erbaut** il n'était pas ravi B *geh* VR **sich an etw** (*dat*) **~** être édifié par qc

Erbauer M ⟨~s; ~⟩ constructeur *m*; bâtisseur *m*

erbaulich ADJ édifiant; **wenig, nicht gerade ~** pas très réjouissant

Erbauung F ⟨~; ~en⟩ construction *f*; *a. fig* édification *f*; *e-r Stadt* fondation *f*

Erbbauer M *in Erbpacht* paysan *m* qui jouit d'un bail emphytéotique; **Erbbaurecht** N droit *m* de superficie héréditaire

erbberechtigt ADJ JUR successible; **~ sein** avoir droit à la succession

Erbberechtigte(r) M/F(M) ⟨→ A⟩ JUR personne *f* successible; **Erbbesitz** M propriété *f* héréditaire; **Erbbiologie** F génétique *f*; **erbbiologisch** ADJ génétique

Erbe[1] M ⟨~n; ~n⟩ héritier *m*; JUR *a.* successeur *m*; (*Vermächtnisnehmer*) légataire *m*; **gesetzlicher ~** héritier légitime; **j-n zum ~n einsetzen** instituer qn héritier; désigner qn comme (son) héritier

Erbe[2] N ⟨~s⟩ héritage *m*; patrimoine *m* (*beide a. fig*); succession *f*; **ein ~ antreten** recueillir un héritage

erbeben *geh* VI ⟨*pas de ge-*, s.⟩ tressaillir, (se mettre à) trembler, frissonner, *plus fort* frémir (**vor etw, j-m** de qc, devant qn); **der Boden erbebte** le sol tremblait

erbeigen ADJ acquis par héritage

Erbeigentum N héritage *m*; patrimoine *m*; **Erbeinsetzung** F JUR institution *f* d'héritier

erben VT ⟨h.⟩ *abs* faire un héritage; **etw ~** *a. fig* hériter de qc; **etw von j-m ~** *a. fig* hériter qc de qn

Erbengemeinschaft F communauté *f* d'héritiers

erbeten PPERF → erbitten

erbetteln VT ⟨-(e)le, *pas de ge-*, h.⟩ mendier; quémander; **erbeuten** VT ⟨-ete, *pas de ge-*, h.⟩ capturer, prendre (**von** à)

erbfähig ADJ JUR habile à succéder; successible

Erbfaktor M BIOL facteur *m* héréditaire; **Erbfall** M JUR cas *m* de succession; **Erbfehler** M BIOL défaut *m*, vice *m* héréditaire; **Erbfeind** M ennemi *m* héréditaire; **Erbfeindschaft** F °haine *f* héréditaire

Erbfolge F ⟨~⟩ ordre successoral, de succession; (*Thronfolge*) succession *f* (héréditaire); **gesetzliche ~** succession ab intestat, légale

Erbfolgegesetz N loi successorale; **Erbfolgekrieg** M HIST guerre *f* de succession; **Erbfolgeordnung** F ordre *m* de succession; **Erbfolgerecht** N droit *m* de succession, successoral; **Erbgang** M 1 JUR ordre *m* de dévolution, successoral 2 BIOL transmission *f* héréditaire; **erbgleich** ADJ BIOL d'hérédité identique; **Erbgut** N 1 bien *m* héréditaire; bien *m* de famille; patrimoine *m* 2 BIOL hérédité *f*; patrimoine *m* héréditaire, génétique; **Erbhof** M domaine *m*, ferme *f* héréditaire

erbieten *geh* VR ⟨*irr, pas de ge-*, h.⟩ **sich ~ zu**

(+*inf*) s'offrir à (+ *inf*); se proposer pour (+*inf*)
Erbin F ⟨~; ~nen⟩ héritière *f*
erbitten *geh* VT ⟨*irr, pas de ge-*, h.⟩ **etw von j-m ~** demander qc à qn; solliciter qc de qn
erbittern VT ⟨-(e)re, *pas de ge-*, h.⟩ remplir d'amertume; aigrir; *plus fort* ulcérer; exaspérer
erbittert A ADJT *Kampf etc* acharné; *Widerstand* farouche; **~ sein** ressentir de l'amertume; (*außer sich sein*) être furieux, exaspéré B ADVL avec acharnement
Erbitterung F ⟨~⟩ (*Groll*) amertume *f*; rancœur *f*; *im Kampf* acharnement *m*; (*Außersichsein*) exaspération *f*
Erbkrankheit F maladie *f* héréditaire
erblassen *geh* VI ⟨-(es)t, *pas de ge-*, s.⟩ pâlir, blêmir (**vor** [+*dat*] de)
Erblasser(in) M ⟨~s; ~⟩ (F) ⟨~in; ~innen⟩ JUR de cujus *m*; défunt(e) *m(f)*; *bei e-m Testament* testateur, -trice *m,f*
erbleichen *geh* VI ⟨*pas de ge-*, s.⟩ blêmir; devenir livide
erblich A ADJ héréditaire; JUR *a.* transmissible par succession; BIOL *a.* transmissible par hérédité B ADV **~ belastet sein** souffrir d'un mal héréditaire
Erblichkeit F ⟨~⟩ caractère *m* héréditaire
erblicken *geh* VT ⟨*pas de ge-*, h.⟩ apercevoir; voir; découvrir; **in j-m, e-r Sache etw ~** voir qc en qn, qc
erblinden *geh* VI ⟨-ete, *pas de ge-*, s.⟩ perdre la vue; devenir aveugle; **Erblindung** F ⟨~; ~en⟩ perte *f* de la vue; cécité *f*
erblühen *geh* VI ⟨*pas de ge-*, s.⟩ s'épanouir
Erbmasse F 1 JUR masse successorale 2 BIOL hérédité *f*; **Erbmonarchie** F monarchie *f* héréditaire; **Erbonkel** M *hum* oncle *m* à héritage, d'Amérique
erbosen ⟨-(es)t, *pas de ge-*, h.⟩ A VT mettre en colère; irriter B V/R **sich ~** se mettre en colère (**über** [+*akk*] contre); se fâcher, s'irriter (**über j-n** contre qn; **über etw** [*akk*] de qc)
erbost ADJT fâché (**über j-n** contre qn; **über etw** [*akk*] de qc)
erboten PPERF → erbieten
erbötig *geh* ADJ **sich ~ machen, etw zu tun** s'offrir à faire qc
Erbpacht F JUR bail *m* emphytéotique; **Erbprinz** M prince héritier; **Erbprinzessin** F princesse héritière
erbrechen ⟨*irr, pas de ge-*, h.⟩ A VT 1 *geh* (*aufbrechen*) forcer; fracturer; *Brief* décacheter 2 MED vomir; rendre; rejeter B *geh* VI (*u.* V/R) **(sich) ~** vomir; rendre
Erbrechen N ⟨~s⟩ MED vomissement(s) *m(pl)*; *umg fig* **bis zum ~** jusqu'à l'écœurement; *umg* jusqu'au ras-le-bol
Erbrecht N droit successoral
erbringen VT ⟨*irr, pas de ge-*, h.⟩ *Beweis* apporter; fournir; *Summe* rapporter
Erbrochene(s) N ⟨→ A⟩ vomissures *fpl*
Erbschaden M anomalie *f* génétique
Erbschaft F ⟨~; ~en⟩ héritage *m*; succession *f*; patrimoine *m*; **e-e ~ machen** faire un héritage
Erbschaftsangelegenheit F affaire successorale; **Erbschaftsanspruch** M prétention *f* à l'héritage
Erbschaft(s)steuer F droits *mpl* de succession
Erbschein M certificat *m* d'héritier; **Erbschleicher(in)** M ⟨~s; ~⟩ (F) ⟨~in; ~innen⟩ *pej* captateur, -trice *m,f* d'héritage; **Erbschleicherei** F ⟨~; ~en⟩ *pej* captation *f* d'héritage
Erbse F ⟨~; ~n⟩ pois *m*; **grüne ~n** petits pois; **gelbe ~n** pois secs jaunes
Erbseneintopf M ragoût *m* aux pois secs (et au lard); **erbsenförmig** ADJ en forme de pois; **erbsengroß** ADJ gros, grosse comme un (petit) pois; **Erbsenpüree** N purée *f* de pois; **Erbsenschote** F cosse *f*; gousse *f*; **Erbsenstrauch** M caragan *m*; arbre *m* aux pois; acacia *m* jaune; **Erbsensuppe** F 1 GASTR soupe *f* aux pois 2 *umg fig* (*Nebel*) purée *f* de pois; **Erbsenzählerei** F ⟨~⟩ *pej* pingrerie *f*; *umg* radinerie *f*
Erbspüree → Erbsenpüree
Erbstück N objet hérité; bijou *m*, meuble *m*, *etc* de famille; **Erbsünde** F péché originel
Erbswurst F soupe *f* aux pois en sachet
Erbtante F *hum* tante *f* à héritage; **Erbteil** N *od* M part *f* d'héritage; **Erbvertrag** M contrat *m* d'héritage; pacte successoral; **Erbverzicht** M renonciation *f* à l'héritage; désistement *m* de la succession
Erdachse F axe *m* terrestre, de la Terre; **Erdaltertum** N GEOL paléozoïque *m*; (ère *f*) primaire *m*; **Erdanziehung** F attraction *f* terrestre; **Erdapfel** M *regional* pomme *f* de terre; **Erdarbeiten** FPL travaux *mpl* de terrassement; **Erdarbeiter** M terrassier *m*; **Erdatmosphäre** F atmosphère *f* terrestre; **Erdaufschüttung** F remblai *m*; terrassement *m*; **Erdaushub** M déblai *m*; **Erdbahn** F ⟨~⟩ ASTRON orbite *f* terrestre; **Erdball** *geh* M ⟨~(e)s⟩ globe *m* terrestre
Erdbeben N tremblement *m* de terre; séisme *m*; **Erdbebengebiet** N zone *f* sismique; **Erdbebenherd** M foyer *m* du séisme, du tremblement de terre; hypocentre *m*; **Erdbebenmesser** M ⟨~s; ~⟩ sismographe *m*; **erdbebensicher** ADJ à l'abri des tremblements de terre; **Erdbebenwarte** F station *f* s(é)ismographique; **Erdbebenwelle** F onde *f* sismique
Erdbeerbowle F *boisson à base de vin, de mousseux, de fraises et de sucre*; **Erdbeere** F BOT fraise *f*; **Erdbeereis** N glace *f* à la fraise; **Erdbeermarmelade** F confiture *f* de fraises; **Erdbeertorte** F tarte *f* aux fraises
Erdbeschleunigung F ⟨~⟩ accélération *f* de la pesanteur; **Erdbevölkerung** F ⟨~⟩ population *f* du globe, de la Terre; **Erdbewegung** F GEOL mouvement *m* tectonique; *bei Bauarbeiten* terrassement *m*; **Erdbewohner** M habitant *m* de la Terre; Terrien *m*
Erdboden M sol *m*; (*Erdreich*) terre *f*; (*a. Bodenart*) terrain *m*; **dem ~ gleichmachen** raser; **wie vom ~ verschluckt sein** avoir disparu comme par enchantement; **ich wäre am liebsten im** *od* **in den ~ versunken** j'aurais voulu rentrer sous terre, être à cent pieds sous terre
Erdbohrer M *für Proben* sonde *f*; BERGBAU tarière *f*; **Erddurchmesser** M diamètre *m* de la terre
Erde F ⟨~⟩ 1 (*Welt*) terre *f*; monde *m*; *Planet* Terre *f*; (*Erdball*) globe *m* (terrestre); **auf der ~** sur (la) terre; **auf ~n** ici-bas; sur terre; **Politik** *f* **der verbrannten ~** politique *f* de la terre brûlée 2 (*Erdboden*) terre *f*; sol *m*; **auf die ~ fallen, werfen** tomber, jeter par *od* à terre; **zu ebener ~** au niveau du sol; de plain-pied (avec le sol); **über der ~** au-dessus du sol; **unter der ~** sous terre; souterrain; *umg* **unter der ~ liegen** (*begraben sein*) être sous terre; *umg* **j-n unter die ~ bringen** (*begraben*) mettre qn en terre; (*töten*) faire mourir qn; *fig* **mit beiden Beinen auf der ~ stehen** avoir les pieds sur terre; *umg fig* **bleib auf der ~!** reste sur terre! 3 ⟨*pl* ~n⟩ CHEM terre *f*; **seltene ~n** terres rares; **gebrannte ~** terre cuite 4 ELEK terre *f*; masse *f*
erden VT ⟨-ete, h.⟩ ELEK mettre à la terre
Erdenbürger M mortel, -elle *m,f*; *hum* **neuer, kleiner ~** nouveau-né *m*
erdenken VT ⟨*irr, pas de ge-*, h.⟩ imaginer; concevoir; (*erfinden*) inventer
erdenklich ADJ imaginable; concevable; **sich** (*dat*) **alle ~e Mühe geben** se donner toutes les peines du monde
Erdenleben N vie *f* terrestre, d'ici-bas; **Erdenrund** *poet* N ⟨~(e)s⟩ globe *m* terrestre
Erderschütterung F secousse *f* tellurique; **Erderwärmung** F réchauffement *m* de la planète; **erdfarben** ADJ couleur *f* terre; sienne; ocre (*alle inv*); **Erdferkel** N cochon *m* de terre; *t/t* oryctérope *m*; **Erdferne** F ASTRON apogée *m*; **Erdfloh** M altise *f*; **Erdgas** N ⟨~es⟩ gaz naturel; **Erdgasleitung** F gazoduc *m*; **Erdgeist** M gnome *m*; *in Goethes „Faust"* Esprit *m* de la terre; **Erdgeschichte** F ⟨~⟩ géologie *f*; **erdgeschichtlich** ADJ géologique; **Erdgeschoss**, *österr* **Erdgeschoß** N rez-de-chaussée *m*; **Erdhaufen** M tas *m* de terre; **Erdhügel** M tertre *m*; butte *f*
erdichten *geh* VT ⟨-ete, *pas de ge-*, h.⟩ imaginer; (*erfinden*) inventer; (*erlügen*) forger
erdig ADJ terreux, -euse; qui contient de la terre; *Geruch etc* de terre
Erdinnere(s) N ⟨→ A⟩ intérieur *m*, entrailles *fpl* de la Terre; **Erdkabel** N câble souterrain; **Erdkern** M noyau *m* de la Terre; **Erdklumpen** M motte *f* de terre; **Erdkreis** M globe *m* terrestre; Terre *f*; **Erdkröte** F crapaud *m* (vulgaire); **Erdkrümmung** F courbure *f* de la Terre; **Erdkruste** F ⟨~⟩ écorce *f* terrestre; **Erdkugel** F ⟨~⟩ globe *m* terrestre; **Erdkunde** F ⟨~⟩ géographie *f*; **erdkundlich** ADJ géographique; **Erdleitung** F (prise *f*, fil *m* de) terre *f*; **Erdmagnetismus** M magnétisme *m* terrestre; géomagnétisme *m*; **Erdmännchen** N ZOOL suricate *m*; **Erdmassen** FPL terres *fpl*; masses *fpl* de terre; **Erdmetall** N métal *m* des terres rares; **Erdmittelalter** N GEOL mésozoïque *m*; secondaire *m*; **Erdmittelpunkt** M ⟨~(e)s⟩ centre *m* de la Terre; **erdnah** ADJ ASTRON proche de la Terre; **Erdnähe** F ASTRON périgée *m*; **Erdneuzeit** F GEOL cénozoïque *m*; tertiaire *m*
Erdnuss F *Frucht* cacahuète *od* cacahouète *f*; *Pflanze* arachide *f*; **Erdnussbutter** F beurre *m* de cacahuète; **Erdnussöl** N huile *f* d'arachide
Erdoberfläche F surface *f* de la Terre
Erdöl N pétrole *m*; **~ exportierend** exportateur, -trice de pétrole; **~ produzierend** producteur, -trice de pétrole
Erdölchemie F pétrochimie *f*
erdolchen *geh* VT ⟨*pas de ge-*, h.⟩ poignarder
erdölexportierend ADJT → Erdöl
Erdölfeld N champ *m* pétrolifère; **Erdölgesellschaft** F compagnie, société pétrolière; **Erdölgewinnung** F production pétrolière; **erdölhaltig** ADJ pétrolifère; **Erdölleitung** F pipeline *m*; oléoduc *m*; **Erdölproduzent** M pays producteur de pétrole; **erdölproduzierend** ADJT → Erdöl; **Erdölraffinerie** F raffinerie *f* de pétrole; **Erdölvorkommen** N gisement *m* de pétrole
Erdreich N ⟨~(e)s⟩ terre *f*; sol *m*
erdreisten *geh* V/R ⟨-ete, *pas de ge-*, h.⟩ **sich ~, etw zu tun** avoir le front, l'impudence, l'audace de faire qc
erdrosseln VT ⟨-(e)le, *pas de ge-*, h.⟩ étrangler
erdrücken VT ⟨*pas de ge-*, h.⟩ écraser; *fig* accabler; **erdrückend** ADJT *Mehrheit* écrasant; *Beweise, Hitze* accablant
Erdrutsch M glissement *m* de terrain; éboulement *m*; *fig bei Wahlen etc* raz *m* de marée; **Erdsatellit** M satellite *m* terrestre; **Erdschatten** M ombre *f* de la Terre; **Erdschicht** F couche *f* de terre; GEOL assise *f*;

Erdschluss M ELEK perte *f* à la terre; mise *f* à la terre accidentelle; **Erdscholle** F motte *f* de terre; **Erdspalte** F fissure *f*, crevasse *f* (dans le sol); **Erdstoß** M secousse *f* sismique, tellurique; **Erdteil** M continent *m*
erdulden VT ‹-ete, *pas de ge-*, h.› *Leiden etc* endurer; souffrir; *(hinnehmen müssen)* subir; supporter
Erdumdrehung F rotation *f* de la Terre; **Erdumfang** M circonférence *f* de la Terre; **Erdumkreisung** F révolution *f* autour de la Terre; **Erdumlaufbahn** F orbite *f* (autour de la Terre); **Erdumseg(e)lung** F tour *m* du monde à la voile
Erdung F ‹~; ~en› ELEK mise *f* à (la) terre; prise *f* de terre
erdverbunden *geh* ADJT attaché à la nature
Erdwall M levée *f* de terre; remblai *m*; *mit Mauer* terre-plein *m*; MIL rempart *m* (de terre); **Erdwärme** F géothermie *f*; **Erdzeitalter** N ère *f* géologique
ereifern V/R ‹-(e)re, *pas de ge-*, h.› **sich ~ (über** *[+akk]***)** s'échauffer (pour, au sujet de); *zornig* s'emporter, s'exciter (contre); **Ereiferung** F ‹~; ~en› échauffement *m*; emportement *m*; excitation *f*
ereignen V/R ‹-ete, *pas de ge-*, h.› **sich ~** *(vor sich gehen)* se passer; *(stattfinden)* avoir lieu; *Unangenehmes* arriver; se produire
Ereignis N ‹~ses; ~se› événement *m*; *(Zwischenfall)* incident *m*; **freudiges ~** *(Geburt)* heureux événement; **große ~se werfen ihre Schatten voraus** de grands événements s'annoncent (par des signes avant-coureurs)
ereignislos ADJ *Leben, Tag* calme; *(gleichförmig)* monotone; **ereignisreich** ADJ mouvementé; riche, fertile en événements
ereilen *geh* VT ‹*pas de ge-*, h.› *Tod* surprendre; *Schicksal* frapper
Erektion F ‹~; ~en› érection *f*
Eremit M ‹~en; ~en› ermite *m*
ererbt ADJT hérité; *(überkommen)*, BIOL *a.* héréditaire
erfahren[1] VT ‹*irr, pas de ge-*, h.› **1** *durch Mitteilung* apprendre; savoir; **(von j-m) etw über j-n ~** apprendre (de qn) qc sur qn; **sie braucht davon nichts zu ~** il n'est pas nécessaire qu'elle le sache **2** *(die Erfahrung machen)* faire l'expérience de; expérimenter; **er hat es an sich** *(dat)* **selbst ~** il en a fait lui-même l'expérience **3** *Leid etc* subir; éprouver; *Rückschläge* essuyer; *Veränderungen* subir
erfahren[2] ADJ *(reich an Erfahrung)* expérimenté; *(fachkundig)* expert; **er ist in diesen Dingen sehr ~** il a beaucoup d'expérience en la matière
Erfahrenheit F ‹~› expérience *f*
Erfahrung F ‹~; ~en› expérience *f*; *(Übung) a.* pratique *f*; **aus (eigener) ~** par expérience; **e-e Frau mit ~** une femme d'expérience; **etw in ~ bringen** apprendre, découvrir qc; **mit etw gute ~en machen** être content de qc; se trouver bien de qc; **mit j-m, etw schlechte ~en machen** faire de mauvaises expériences avec qn, qc; avoir des déconvenues avec qn, qc; **~en sammeln** faire beaucoup d'expériences; acquérir de l'expérience; **aus ~ sprechen** (en) parler par expérience
Erfahrungsaustausch M échange *m* de vues; **Erfahrungsbericht** M rapport *m* (pratique); *nach e-m Praktikum* rapport *m* de stage
erfahrungsgemäß ADV (je sais, nous savons, *etc*) par expérience (que ...); l'expérience nous, vous, *etc* a montré que ...; **erfahrungsmäßig** ADJ qui repose sur l'expérience; expérimental; empirique
Erfahrungsschatz M somme *f* d'expériences, des expériences (acquises); **Erfahrungstatsache** F fait basé sur l'expérience; **Erfahrungswelt** *geh* F ‹~› monde *m* empirique; **Erfahrungswert** M valeur *f* empirique; **Erfahrungswissenschaft** F PHIL science *f* empirique
erfassbar ADJ saisissable; ADMIN enregistrable; *zahlenmäßig* calculable; chiffrable; *statistisch a.* recensable; *steuerlich* imposable
erfassen VT ‹-(es)t, *pas de ge-*, h.› **1** *a. fig*, IT saisir; *bei e-m Verkehrsunfall* accrocher; *plus fort* °happer; *Feuer* envahir **2** *geistig, Sachlage etc* saisir **3** ADMIN enregistrer; HANDEL répertorier; *Bevölkerung, Wehrpflichtige* recenser **4** *(einbeziehen)* englober; couvrir; **statistisch ~** chiffrer statistiquement; recenser; **steuerlich ~** imposer; taxer; **zahlenmäßig ~** chiffrer; dénombrer
Erfassung F enregistrement *m*; IT saisie *f*; STATISTIK, MIL recensement *m*; *in e-r Kartei* inscription *f*; *zahlenmäßige* dénombrement *m*; **steuerliche ~** imposition *f*; taxation *f*
Erfassungsstelle F bureau *m* d'enregistrement
erfinden VT ‹*irr, pas de ge-*, h.› **1** *(schaffen)* inventer **2** *(erdichten)* imaginer; forger
Erfinder(in) M(F) inventeur, -trice *m,f*; *umg* **das ist nicht im Sinne des ~s** ce n'est pas le but recherché
Erfindergeist M génie inventif, créateur
erfinderisch ADJ inventif, -ive; *(findig)* ingénieux, -ieuse; *(fantasievoll)* imaginatif, -ive; *(schöpferisch)* créatif, -ive; créateur, -trice; *sprichw* **Not macht ~** *sprichw* nécessité est mère d'industrie
Erfinderschutz M protection *f* des inventeurs
Erfindung F ‹~; ~en› invention *f*; *(Erdichtung)* fiction *f*
Erfindungsgabe F inventivité *f*; *(Fantasie)* imagination *f*; **erfindungsreich** ADJ inventif, -ive; *(einfallsreich)* imaginatif, -ive
erflehen *geh* VT ‹*pas de ge-*, h.› implorer; **Beistand von j-m, j-s Beistand ~** implorer l'aide de qn
Erfolg M ‹~(e)s; ~e› succès *m*; réussite *f*; *(Ergebnis)* résultat *m* (*a.* HANDEL); **ein noch nicht da gewesener ~** un succès sans précédent; **mit ~** avec succès; **ohne ~** sans succès, résultat; **mit dem ~, dass alles lachte** avec pour résultat un éclat de rire général; **viel ~!** bonne chance!; **~ haben** arriver; avoir du succès; réussir **(bei j-m** auprès de qn); **großen ~ haben** remporter un grand succès; *plus fort* faire fureur; **alle Aussichten auf ~** *(akk)* **haben** avoir toutes les chances de réussir, de succès; **ein voller ~ sein** être un plein succès; **von ~ gekrönt sein** être couronné de succès; **~ versprechend** prometteur, -euse; promis au succès
erfolgen VI ‹*pas de ge-*, s.› **1** *als Wirkung* s'ensuivre; résulter **2** *(geschehen)* avoir lieu; se produire; *(durchgeführt werden)* s'effectuer; *Zahlung a.* être effectué; *Antwort* être donné
erfolglos **A** ADJ infructueux, -euse; vain; *(glücklos)* malchanceux, -euse **B** ADV sans succès; **~ bleiben** être un échec; rester sans résultat; *a. Person* ne pas réussir
Erfolglosigkeit F ‹~› insuccès *m*; échec *m*
erfolgreich **A** ADJ couronné de succès; à succès **B** ADV avec succès
Erfolgsanteil M HANDEL prime *f* de résultat, de production, de productivité collective; **Erfolgsaussichten** FPL chances *fpl* de succès; **Erfolgsautor(in)** M(F) auteur *m* à succès; **Erfolgsbeteiligung** F participation (calculée au prorata des résultats); **Erfolgsdenken** N mentalité axée sur la réussite, *weitS.* de battant; **Erfolgserlebnis** N (sentiment *m* de) réussite *f*; succès *m*; **Erfolgsfilm** M film *m* à succès; **Erfolgshonorar** N honoraires calculés au prorata des résultats; **Erfolgskurve** F courbe *f* des résultats; **Erfolgsmeldung** F (annonce *f* de *od* d'un) succès *m*; bonne nouvelle; **Erfolgsmensch** M gagneur *m*; homme *m* à succès; **Erfolgsprämie** F prime *f* de succès; bonus *m*; **Erfolgsquote** F pourcentage *m* de réussite; **Erfolgsrechnung** F WIRTSCH compte *m* de résultat; **Erfolgsrezept** N recette *f* (de *bzw.* du succès, pour réussir)
Erfolgszwang M obligation *f* de réussir; **unter ~** *(dat)* **stehen** être obligé de réussir; être condamné au succès
erfolgversprechend ADJT prometteur, -euse; promis au succès
erforderlich ADJ *Alter etc* requis; *Mittel etc* nécessaire; *Menge a.* voulu; *plus fort* exigé; **wenn ~** si nécessaire; si besoin est; **~ machen** nécessiter; **für diese Arbeit ist viel Zeit ~** ce travail demande beaucoup de temps
erforderlichenfalls ADV en cas de besoin
erfordern VT ‹-(e)re, *pas de ge-*, h.› demander; *plus fort* exiger; nécessiter; **Zeit ~** demander du temps
Erfordernis N ‹~ses; ~se› exigence *f*; *(Notwendigkeit)* nécessité *f*; *(Voraussetzung)* condition *f*
erforschen VT ‹*pas de ge-*, h.› *wissenschaftlich, Land etc* explorer; étudier; faire des recherches sur; *(ergründen)* sonder; *(ermitteln)* rechercher; **sein Gewissen ~** interroger, examiner sa conscience
Erforscher(in) M(F) explorateur, -trice *m,f*; **Erforschung** F exploration *f*; recherche *f*; *(Ergründung)* sondage *m*
erfragen VT ‹*pas de ge-*, h.› s'enquérir de; demander; **zu ~ bei ...** s'adresser à ...
erfreuen ‹*pas de ge-*, h.› **A** VT réjouir; faire plaisir à; **erfreut sein über** *(+akk)* être content, enchanté de; **sehr erfreut!** enchanté! **B** V/R **sich e-r Sache** *(gen)* **~** jouir de qc; **sich guter Gesundheit** *(gen)* **~** jouir d'une bonne santé; **sich ~ an** *(+dat)* prendre plaisir à
erfreulich ADJ réjouissant; *Fortschritte* satisfaisant; encourageant; **es ist ~, zu sehen ...** c'est un plaisir de voir ...
erfreulicherweise ADV heureusement; par bonheur
erfrieren VI ‹*irr, pas de ge-*, s.› *Personen* mourir de froid; *Pflanzen, Glieder* geler; **Erfrierung** F ‹~; ~en› gelure *f*
erfrischen VT ‹*u.* V/R› ‹*pas de ge-*, h.› **(sich) ~** (se) rafraîchir; **erfrischend** ADJT rafraîchissant *(a. fig)*; **Erfrischung** F ‹~; ~en› rafraîchissement *m*
Erfrischungsgetränk N boisson rafraîchissante; rafraîchissement *m*; **Erfrischungsraum** M buvette *f*; *im Warenhaus* cafétéria *f*; salon *m* de thé; **Erfrischungstuch** N pochette rafraîchissante
erfroren PPERF → erfrieren
erfuhr → erfahren[1]
erfüllen ‹*pas de ge-*, h.› **A** VT **1** *mit Bewunderung etc* remplir **(mit** de) **2** *Pflicht, Aufgabe* remplir; accomplir; s'acquitter de; *Verpflichtungen* faire face à; *Bedingung* remplir; satisfaire à; *Bitte* satisfaire à; *Wunsch, Hoffnungen* réaliser; combler; *Erwartungen* répondre à; *Versprechen, Zweck* remplir **B** V/R **sich ~** *Hoffnungen, Traum etc* s'accomplir; se réaliser
Erfüllung F ‹~› **1** accomplissement *m*; réalisation *f*; **in ~ gehen** se réaliser; **in etw** *(dat)* **~ finden** se réaliser dans qc; trouver son accomplissement dans qc **2** JUR *e-s Vertrags etc* exécution *f*; **in ~ seiner Pflicht** dans l'exercice

de ses fonctions
Erfüllungsort M JUR lieu *m* d'exécution; **Erfüllungstag** M JUR jour *m* d'exécution
erfunden PPERF → erfinden
Erg N ⟨~s; ~⟩ PHYS erg *m*
ergangen PPERF → ergehen
ergänzen ⟨-(es)t, *pas de ge-*, h.⟩ A V/T compléter; *zum Gesagten* ajouter B V/R **sich ~** se compléter; **die beiden ~ sich gut** tous les deux se complètent bien

E

ergänzend A ADJT complémentaire; *(zusätzlich)* supplémentaire B ADVL **~ bemerken** ajouter
Ergänzung F ⟨~; ~en⟩ *zur Vervollständigung*, GRAM complément *m*; *als Zusatz* supplément *m*; **als, zur ~** en complément
Ergänzungsabgabe F impôt *m*, taxe *f* complémentaire; **Ergänzungsband** M volume *m* supplémentaire; supplément *m*; **Ergänzungsbestimmung** F disposition *f*, clause *f* supplémentaire; **Ergänzungswinkel** M MATH angle *m* complémentaire
ergattern *umg* V/T ⟨-(e)re, *pas de ge-*, h.⟩ se procurer (habilement); *umg* décrocher; *umg* dégot(t)er
ergaunern V/T ⟨-(e)re, *pas de ge-*, h.⟩ extorquer, escroquer (**etw von j-m** qc à qn)
ergeben[1] ⟨*irr, pas de ge-*, h.⟩ A V/T donner (comme, pour résultat); rendre; produire; *Gewinn, Betrag etc* rapporter; **die Untersuchung, die Umfrage hat ~, dass …** l'enquête, le sondage a révélé que … B V/R **sich ~** 1 MIL, *a. fig* se rendre; capituler; **sich der Polizei** *(dat)* **~** se rendre à la police 2 *in sein Schicksal* se résigner (**in** *[+akk]* à) 3 *e-m Laster* s'adonner à 4 *(die Folge sein)* résulter, s'ensuivre, découler, ressortir (**aus** de); **daraus ergibt sich, dass …** il en résulte, il s'ensuit que …; **wenn es sich gerade ergibt** si ça se trouve; **es ergab sich so** c'est arrivé comme ça
ergeben[2] ADJT *Person* dévoué *(+dat* à); *(unterwürfig)* soumis; humble; *(resignierend)* résigné; *am Briefschluss liter* **~st, Ihr (sehr) ~er …** veuillez agréer, Monsieur, l'assurance de ma plus °haute considération, de mes sentiments distingués
Ergebenheit F ⟨~⟩ dévouement *m*; *(Unterwürfigkeit)* soumission *f*; *(Resignation)* résignation *f*
Ergebnis N ⟨~ses; ~se⟩ résultat *m*; *e-r Arbeit a.* fruit *m*; SPORT *a.* score *m*; *(Folge)* conséquence *f*; **zu e-m ~ kommen** parvenir à un résultat; **zu keinem ~ führen** ne pas aboutir; se solder par un échec
ergebnislos A ADJ sans résultat; *Arbeit* infructueux, -euse; *Bemühungen* inutile; vain B ADV sans résultat; **Ergebnislosigkeit** F ⟨~⟩ inutilité *f*
ergehen ⟨*irr, pas de ge-*⟩ A V/I ⟨s.⟩ 1 *geh Einladung etc* être envoyé (**an** *[+akk]* à); *Aufruf, Verbot etc* être lancé (**an** *[+akk]* à); *Befehl etc* être donné (**an** *[+akk]* à) 2 ⟨h.⟩ **etw über sich** *(akk)* **~ lassen** supporter qc avec patience, avec résignation; subir qc B V/R ⟨h.⟩ **sich ~** 1 *geh (spazieren gehen)* se promener 2 *fig in Lobeshymnen, Vorwürfen, über ein Thema etc* se répandre (**in** *[+dat]* en) C V/UNPERS ⟨s.⟩ **wie ist es dir seither ergangen?** qu'es-tu devenu pendant tout ce temps-là?; **es ist mir ebenso ergangen** il m'est arrivé la même chose; **es ist ihm schlecht ergangen** ça s'est mal passé pour lui
ergiebig ADJ qui rend bien; qui rapporte; *Quelle etc* abondant; riche; *Ackerland etc* fertile; *Einnahmequelle* productif, -ive; *Geschäft* lucratif, -ive; *Thema* riche; **Ergiebigkeit** F ⟨~⟩ rendement *m*, productivité *f*, richesse *f* (**an** *[+dat]* en); fertilité *f*
ergießen V/R ⟨*irr, pas de ge-*, h.⟩ **sich ~** se répandre, se déverser (**über** *[+akk]* sur); *Fluss* se jeter (**in** *[+akk]* dans); *Blut etc* s'épancher
erglänzen *geh* V/I ⟨-(es)t, *pas de ge-*, s.⟩ (se mettre à) luire, briller
erglühen *geh* V/I ⟨*pas de ge-*, s.⟩ rougir; *liter* s'embraser
Ergometer N ⟨~s; ~⟩ MED ergomètre *m*
Ergonomie F ⟨~⟩, **Ergonomik** F ⟨-mik⟩ ergonomie *f*; **ergonomisch** ADJ ergonomique
Ergotherapeut(in) M(F) ergothérapeute *m/f*; **Ergotherapie** F ergothérapie *f*
ergötzen *geh* ⟨-(es)t, *pas de ge-*, h.⟩ A V/T amuser; divertir B V/R **sich ~** se délecter (**an** *[+dat]* à); se divertir; s'amuser; **ergötzlich** *geh* ADJ amusant; divertissant; plaisant
ergrauen V/I ⟨*pas de ge-*, s.⟩ grisonner; blanchir; **leicht ergraut** grisonnant
ergreifen V/T ⟨*irr, pas de ge-*, h.⟩ 1 *Gegenstand* saisir; empoigner; *Verbrecher* appréhender; arrêter 2 *fig die Flucht, das Wort, Maßnahmen etc* prendre; *Beruf* embrasser; *Gelegenheit* saisir 3 *seelisch* émouvoir; toucher; *plus fort* bouleverser; *Furcht, Panik* saisir; gagner; **ergreifend** ADJT émouvant; touchant; saisissant; *plus fort* bouleversant; **Ergreifung** F ⟨~; ~en⟩ prise *f*; *e-s Verbrechers* arrestation *f*; capture *f*
ergriffen A PPERF → ergreifen B ADJT ému; touché; **tief ~** bouleversé
Ergriffenheit F ⟨~⟩ émotion *f*; *plötzliche* saisissement *m*
ergründen V/T ⟨-ete, *pas de ge-*, h.⟩ *(ermitteln)* rechercher; *(auf den Grund gehen)* sonder; *Geheimnis* approfondir
Erguss M MED, GEOL, *fig* épanchement *m*; effusion *f*; *(Samenerguss)* éjaculation *f*
erhaben ADJ 1 *(plastisch)* en relief; saillant 2 *fig Gedanke, Tat* élevé; sublime; *Stil* noble; *Kunstwerk* majestueux, -euse 3 **über etw** *(akk)* **~** au-dessus de qc; **über jede Kritik ~ sein** défier toute critique; **über jeden Zweifel ~** qui n'admet pas le doute; **über jeden Verdacht ~** au-dessus de tout soupçon
Erhabenheit F ⟨~⟩ élévation *f*; caractère *m* sublime; *(Überlegenheit)* supériorité *f*
Erhalt M ⟨~(e)s⟩ 1 ADMIN, HANDEL réception *f*; **den ~ einer Ware bestätigen** accuser réception d'une marchandise 2 → Erhaltung
erhalten[1] ⟨*irr, pas de ge-*, h.⟩ A V/T 1 recevoir; avoir; *als Ergebnis* obtenir; *Geld, Lohn etc* toucher 2 *Kunstwerke etc* conserver; *Sitte, Frieden etc* maintenir; *in e-m Zustand* entretenir; **j-n am Leben ~** maintenir qn en vie B V/R **sich ~** se maintenir
erhalten[2] ADJT **gut ~** bien conservé *(hum a. Person)*; **~ bleiben** rester; subsister
erhältlich ADJ en vente; **schwer ~** difficile à obtenir
Erhaltung F ⟨~⟩ conservation *f*; *(Instandhaltung)* entretien *m*; *(Aufrechterhaltung)* maintien *m*; **Erhaltungszustand** M *e-s Gebäudes etc* état *m*
erhängen V/T *(u.* V/R*)* ⟨*pas de ge-*, h.⟩ **(sich) ~** (se) pendre
Erhängte(r) M/F(M) ⟨→ A⟩ pendu(e) *m(f)*
erhärten ⟨-ete, *pas de ge-*⟩ A V/T ⟨h.⟩ *Behauptung etc* corroborer; confirmer B *geh* V/I *Zement etc* (se) durcir; **Erhärtung** F ⟨~; ~en⟩ corroboration *f*; confirmation *f*; *von Zement etc* durcissement *m*
erhaschen V/T ⟨*pas de ge-*, h.⟩ saisir; attraper; *bes von Tieren* °happer; **von etw e-n Blick ~** entrapercevoir qc
erheben ⟨*irr, pas de ge-*, h.⟩ A V/T 1 *Glas, Hand etc* lever; *Stimme* élever; **s-e Hand gegen j-n ~** lever la main sur qn; **ein Geschrei ~** pousser des cris 2 *fig zum System etc* ériger (**zu** en); élever (**zu** au rang de); MATH **ins Quadrat ~** élever au carré 3 *Steuern, Beitrag etc* percevoir 4 *Einwände* soulever; *Protest* élever; *Anschuldigungen* porter; **Anklage ~ gegen j-n** accuser qn; **Anspruch auf etw** *(akk)* **~** prétendre à qc; revendiquer qc; **Klage gegen j-n ~** intenter une action contre qn 5 *Daten etc* recueillir; rassembler B V/R **sich ~** 1 *von s-m Sitz etc* se lever; *Flugzeug* s'élever; décoller; *Berg* s'élever; se dresser; **sich über etw** *(akk)* **~** s'élever au-dessus de qc; dominer qc; *fig a.* dépasser qc 2 *(rebellieren)* se soulever, s'insurger (**gegen** contre) 3 *Streit, Stimme* s'élever; *Frage* se poser; *Wind* se lever
erhebend ADJT exaltant
erheblich A ADJ considérable B ADV considérablement; **~ jünger** beaucoup plus jeune; **er hat sich ~ getäuscht** il s'est lourdement trompé
Erhebung F ⟨~; ~en⟩ 1 *im Gelände*, MATH, *fig* élévation *f* 2 *(Aufstand)* soulèvement *m*; insurrection *f* 3 *von Steuern etc* perception *f* 4 STATISTIK enquête *f*; sondage *m*; **Erhebungsbogen** M questionnaire *m* (pour sondage); **Erhebungsreihe** F série *f* de sondages
erheitern V/T ⟨-(e)re, *pas de ge-*, h.⟩ *(heiter stimmen)* égayer; *(belustigen)* divertir; amuser; **Erheiterung** F ⟨~⟩ divertissement *m*; amusement *m*
erhellen V/T ⟨*pas de ge-*, h.⟩ éclairer; *Problem etc* éclaircir; élucider; **Erhellung** F ⟨~; ~en⟩ éclaircissement *m*; élucidation *f*
erhitzen ⟨-(es)t, *pas de ge-*, h.⟩ A V/T (faire) chauffer (**auf 80°** à 80 degrés); *fig* échauffer B V/R **sich ~** *a. fig* s'échauffer; *fig a.* s'exalter; s'emballer
erhoben PPERF → erheben
erhoffen V/T ⟨*pas de ge-*, h.⟩ espérer; escompter; **ich erhoffe mir davon e-n großen Gewinn** j'espère en tirer un bénéfice important
erhöhen ⟨*pas de ge-*, h.⟩ A V/T 1 BAU surélever; exhausser (**um** de) 2 *Löhne, Preise etc* augmenter, majorer, relever (**um** de); *Geschwindigkeit, Leistung, Spannung, Wirkung etc* augmenter; *Rang, Niveau, Lebensstandard* élever; **auf das Doppelte, Dreifache ~** doubler, tripler; **auf zwanzig Euro ~** porter à vingt euros; **erhöhte Gefahr** danger accru; MED **erhöhte Temperatur** un peu de température; MUS **um e-n halben Ton ~** élever d'un demi-ton; diéser B V/R **sich ~** *Zahl etc* augmenter; s'accroître; **sich auf das Doppelte, Dreifache ~** doubler, tripler
Erhöhung F ⟨~; ~en⟩ 1 BAU surélévation *f*; exhaussement *m* 2 *(Anhöhe)* élévation *f*; °hauteur *f* 3 *der Preise, Löhne etc* augmentation *f*; °hausse *f*; majoration *f*; relèvement *m*; *der Geschwindigkeit, Spannung, Wirkung etc* augmentation *f*; accroissement *m*; MUS, *der Temperatur, im Rang* élévation *f*; **Erhöhungszeichen** N MUS dièse *m*
erholen V/R ⟨*pas de ge-*, h.⟩ **sich ~** se remettre; *nach der Arbeit* se reposer; se délasser; se détendre; *nach e-r Anstrengung* récupérer; *nach e-r Krankheit* se rétablir; *von s-m Schrecken etc* revenir (**von** de); *fig* WIRTSCH reprendre; se redresser; se ressaisir; *Kurse a.* se relever; **sich gut ~** bien se reposer
erholsam ADJ reposant; réparateur, -trice
Erholung F ⟨~⟩ repos *m*; délassement *m*; détente *f*; *nach e-r Krankheit* rétablissement *m*; *fig* WIRTSCH reprise *f*; redressement *m*; ressaisissement *m*; **gute ~!** repose-toi *bzw.* reposez-vous bien!
erholungsbedürftig ADJ qui a besoin de repos
Erholungsgebiet N zone *f* d'excursion, de promenade; **Erholungsheim** N maison *f* de repos, de convalescence; **Erholungskur** F cure *f* de repos; **Erholungsort** M

lieu *m*, station *f* de repos; **Erholungspause** F récréation *f*; **Erholungsurlaub** M repos *m*; *nach e-r Krankheit* (congé *m* de) convalescence *f*; **Erholungswert** M qualité *f* du repos; **Erholungszentrum** N centre *m* de repos; *zur Freizeitgestaltung* centre *m* de loisirs
erhören VT ⟨*pas de ge-*, h.⟩ exaucer
Erich M ⟨→ *n/pr*⟩ *prénom*
Eriesee der ~ le lac Érié
erigieren VI ⟨*pas de ge-*, s.⟩ avoir une érection
Erika F ⟨~; -ken⟩ 1 BOT bruyère *f* 2 ⟨→ *n/pr*⟩ *prénom*
erinnerlich ADJ présent à la mémoire, à l'esprit; **das ist mir nicht** ~ je ne m'en souviens pas
erinnern ⟨-(e)re, *pas de ge-*, h.⟩ A VT 1 **j-n an etw, j-n** ~ rappeler qc, qn à qn; **j-n daran** ~, **etw zu tun** rappeler à qn de faire qc; faire penser qn à faire qc 2 *umg, bes nordd* se souvenir de B VI faire penser (**an** [+*akk*] à); rappeler, évoquer (**an etw, j-n** qc, qn) C VR **sich an j-n, etw** ~ se souvenir de qn, de qc; se rappeler qn, qc; **soviel ich mich erinnere ...** autant que je m'en souvienne ...; *liter* autant qu'il m'en souvienne ...; **wenn ich mich recht erinnere ...** si je me souviens bien ...
Erinnerung F ⟨~; ~en⟩ souvenir *m*; (*Gedächtnis*) mémoire *f*; HANDEL (*Mahnung*) rappel *m*; JUR observation *f*; objection *f*; **vage, dunkle** ~ vague souvenir; **j-m etw in** ~ (*akk*) **bringen** rappeler qc à qn; **j-n, etw (noch) gut in** ~ (*dat*) **haben** se souvenir bien de qn, de qc; **zur** ~ **an** (+*akk*) en souvenir de; en mémoire de
Erinnerungsfoto N photo-souvenir *f*; **Erinnerungsstück** N souvenir *m*; **Erinnerungsvermögen** N ⟨~s⟩ mémoire *f*; **Erinnerungswert** M valeur sentimentale
Erinnyen FPL MYTH Erinyes *fpl*
Eritrea N ⟨→ *n/pr*⟩ l'Érythrée *m*; **Eritreer(in)** M ⟨~s; ~⟩ (F) ⟨~in; ~innen⟩ Erythréen, -éenne *m,f*; **eritreisch** ADJ érythréen, -éenne
erjagen VT ⟨*pas de ge-*, h.⟩ *Wild* chasser; prendre; *fig* saisir au bond
erkalten VI ⟨-ete, *pas de ge-*, s.⟩ *a. fig* se refroidir
erkälten VR ⟨-ete, *pas de ge-*, h.⟩ **sich** ~ prendre froid; attraper un refroidissement; s'enrhumer; **sich** (*dat*) **etw** ~ prendre un coup de froid sur qc; **stark erkältet sein** être très enrhumé; avoir un gros rhume
Erkältung F ⟨~; ~en⟩ refroidissement *m*; (*Schnupfen*) rhume *m*
Erkältungskrankheit F refroidissement *m*
erkämpfen ⟨*pas de ge-*, h.⟩ A VT obtenir de haute lutte; *Sieg* remporter B VR **sich** (*dat*) **etw** ~ **(müssen)** (devoir) lutter, se battre pour obtenir qc
erkaufen VT ⟨*pas de ge-*, h.⟩ payer (**mit** de); acquérir (**mit** au prix de); *durch Bestechung* acheter; **etw teuer** ~ **müssen** devoir payer cher qc
erkennbar ADJ reconnaissable; discernable; (*wahrnehmbar*) perceptible; **ohne ~en Grund** sans raison apparente
erkennen ⟨*irr, pas de ge-*, h.⟩ A VT reconnaître (**an** [+*dat*] à); *Absicht etc* discerner; (*wahrnehmen*) percevoir; ~ **lassen** révéler; montrer; **zu** ~ **geben** donner à, laisser entendre; **sich (als ...) zu** ~ **geben** se faire reconnaître (comme ...); **sich nicht zu** ~ **geben** *a.* garder l'incognito; **klar, deutlich zu** ~ **sein** ressortir clairement; JUR **j-n für schuldig** ~ reconnaître qn coupable B VI JUR **auf Freispruch, e-e Gefängnisstrafe** ~ prononcer l'acquittement, une peine d'emprisonnement; SPORT **auf Freistoß** ~ accorder un coup franc; JUR **in e-r Sache** ~ connaître d'une cause
Erkennen N ⟨~s⟩ reconnaissance *f*; identification *f*
erkenntlich ADJ reconnaissant (**für** de); **sich (j-m gegenüber)** ~ **zeigen** se montrer reconnaissant (envers qn)
Erkenntlichkeit F ⟨~; ~en⟩ 1 ⟨*sans pl*⟩ (*Dankbarkeit*) reconnaissance *f* 2 (*Geschenk*) témoignage *m*, marque *f* de reconnaissance
Erkenntnis[1] F ⟨~; ~se⟩ *Fähigkeit, Vorgang*, PHIL connaissance *f*; *Ergebnis, oft pl* découverte *f*; résultat *m*; conclusion *f*; BIBEL **der Baum der** ~ l'arbre de la science du bien et du mal; **nach den neuesten wissenschaftlichen ~sen** d'après les découvertes les plus récentes de la science; **zu der** ~ **gelangen, dass ...** en arriver à constater que ...; parvenir à la conclusion que ...; se rendre compte que ...; **aus der** ~ **heraus, dass ...** sachant bien que ...
Erkenntnis[2] N ⟨~ses; ~se⟩ *österr, schweiz* ADMIN, JUR → **Urteil** 3
Erkenntnistheorie F PHIL théorie *f* de la connaissance
Erkennungsdienst M POLIZEI service *m* d'anthropométrie judiciaire; **erkennungsdienstlich** ADJ anthropométrique; **Erkennungsmarke** F plaque *f* d'identité; **Erkennungsmelodie** F RADIO indicatif *m*; **Erkennungszeichen** N signe *m* de reconnaissance; signe distinctif
Erker M ⟨~s; ~⟩ BAU saillie *f*; encorbellement *m*; **Erkerfenster** N fenêtre *f* en saillie; oriel *m*; **Erkerzimmer** N pièce *f*, chambre *f* en encorbellement
erklärbar ADJ explicable; interprétable
erklären ⟨*pas de ge-*, h.⟩ A VT 1 (*erläutern*) expliquer; interpréter 2 (*verbindlich mitteilen*) déclarer; *Rücktritt, Zustimmung etc* donner; **den Krieg** ~ déclarer la guerre; **j-n für schuldig, für tot** ~ déclarer qn coupable, décédé B VR **sich** ~ 1 *Person* se déclarer; **sich für zahlungsunfähig** *etc* ~ se déclarer insolvable, *etc*; **sich mit etw einverstanden** ~ donner son accord à qc; **sich bereit** ~ **(zu** [+*inf*]**)** se déclarer prêt, disposé (à [+*inf*]) 2 *Sache* s'expliquer
erklärend ADJT explicatif, -ive; interprétatif, -ive
erklärlich ADJ explicable; (*verständlich*) compréhensible; **es ist mir nicht** ~, **warum ...** je ne m'explique pas pourquoi ...
erklärlicherweise ADV pour des raisons explicables
erklärt ADJT ⟨*épithète*⟩ **ein ~er Gegner** un adversaire déclaré; un ennemi avoué
Erklärung F ⟨~; ~en⟩ 1 (*Deutung, Begründung*) explication *f*; interprétation *f*; *zu e-r Abbildung etc* légende *f*; **zur** ~ **von etw** pour expliquer qc; pour donner une explication de qc 2 (*Mitteilung*) déclaration *f*; **e-e** ~ **(zu etw) abgeben** faire une déclaration (au sujet de qc)
Erklärungsversuch M tentative *f* d'explication
erklecklich *geh* ADJ *Anzahl, Summe etc* considérable; important
erklingen VI ⟨*irr, pas de ge-*, s.⟩ retentir; se faire entendre; *Lied, Stimme a.* s'élever
erkoren *poet* ADJ élu
erkranken VI ⟨*pas de ge-*, s.⟩ tomber malade; *Organ* être atteint; **an etw** (*dat*) ~ attraper, contracter qc; **an etw** (*dat*) **erkrankt sein** avoir qc; être atteint de qc
Erkrankung F ⟨~; ~en⟩ maladie *f*; affection *f*
erkunden VT ⟨-ete, *pas de ge-*, h.⟩ explorer; sonder; MIL reconnaître
erkundigen VR ⟨*pas de ge-*, h.⟩ **sich (nach, über** [+*akk*]**)** ~ s'informer (de; **bei j-m** auprès de qn); se renseigner (sur); **sich nach j-m** ~ *a.* demander des nouvelles de qn; **sich nach dem Weg** ~ s'informer du chemin à prendre, à suivre
Erkundigung F ⟨~; ~en⟩ information *f*, renseignement *m* (**über** [+*akk*] sur); **über j-n ~en einziehen** prendre des renseignements sur qn
Erkundung F ⟨~; ~en⟩ exploration *f*; sondage *m*; MIL reconnaissance *f*
Erkundungsfahrt F mission *f* de reconnaissance; **Erkundungsflug** M vol *m* de reconnaissance; **Erkundungsgespräche** NPL POL pourparlers *mpl* d'information, exploratoires
erl. ABK (erledigt) réglé; classé
erlahmen VI ⟨*pas de ge-*, s.⟩ *Kräfte etc* s'affaiblir; diminuer
Erlahmen ⟨~s⟩ N, **Erlahmung** F ⟨~⟩ *der Kräfte etc* diminution *f*; *des Eifers, der Begeisterung* ralentissement *m*
erlangen VT ⟨*pas de ge-*, h.⟩ obtenir; *Gewissheit, Wert, Bedeutung, Rechtskraft etc* acquérir; *geh* **von etw Kenntnis** ~ apprendre qc
Erlangung F ⟨~⟩ obtention *f*; acquisition *f*
Erlass M ⟨~es; ~e⟩ 1 ADMIN *ministerieller* arrêté *m*; *der Regierung* décret *m*; (*Verordnung*) ordonnance *f* 2 ⟨*sans pl*⟩ *e-r Strafe, Schuld* remise *f*; *von Gebühren etc* dispense *f*; exemption *f*
erlassen VT ⟨*irr, pas de ge-*, h.⟩ 1 *Gesetz* édicter; promulguer; *Verordnung* prendre; *Haftbefehl* lancer; décerner; **die Verfügung** *etc* ~, **dass ...** décréter que ... 2 **j-m etw** ~ *Strafe* remettre qc à qn; faire grâce à qn de qc; *Gebühren etc* dispenser, exonérer qn de qc
erlauben ⟨*pas de ge-*, h.⟩ A VT permettre; autoriser; **j-m** ~, **etw zu tun** autoriser qn à faire qc; permettre à qn de faire qc B VR **sich** (*dat*) **etw** ~ se permettre qc; **ich erlaube mir, zu ...** je me permets de ...; **sich** (*dat*) **e-n Scherz mit j-m** ~ se permettre une plaisanterie avec qn; **das können wir uns nicht** ~ (*leisten*) nous ne pouvons (pas) nous le permettre, nous le payer; **was** ~ **Sie sich!** vous ne manquez pas d'audace!; qu'est-ce que vous vous permettez!; *umg* ~ **Sie mal!** permettez!; *empört* dites donc!
Erlaubnis F ⟨~; ~se⟩ permission *f*; *a. offizielle* autorisation *f*; (*~schein*) permis *m*; licence *f*; **mit Ihrer** ~ avec votre permission; **j-n um** ~ **bitten** demander la permission, l'autorisation à qn
erlaubt ADJT permis; autorisé; *gesetzlich* licite
erlaucht *geh* ADJ illustre
erläutern VT ⟨-(e)re, *pas de ge-*, h.⟩ expliquer; commenter; **Erläuterung** F ⟨~; ~en⟩ explication *f*; commentaire *m*; *zu e-m Text* note explicative
Erle F ⟨~; ~n⟩ BOT au(l)ne *m*
erleben VT ⟨*pas de ge-*, h.⟩ 1 voir; *mit Zeitbestimmungen* vivre; (*erfahren*) faire l'expérience de; (*Zeuge sein*) être témoin de; **ich habe es oft erlebt, dass ...** j'ai souvent vu que ...; **er hat viel erlebt** il lui est arrivé toutes sortes d'aventures; *umg* **hat man so was schon erlebt!** on n'a jamais vu ça!; **wir werden es nicht mehr** ~ nous ne serons plus de ce monde; **etw** ~ **wollen** chercher des aventures 2 *Überraschung, Freude etc* éprouver; *umg* **dann kannst du was ~!** tu vas voir!; alors là, gare à toi!
Erlebensfall M ADMIN **im** ~ en cas de vie
Erlebnis N ⟨~ses; ~se⟩ événement *m* (vécu, dont on a été témoin); expérience vécue; *unerwartetes* aventure *f*; **Erlebnisaufsatz** M SCHULE rédaction *f* (*relatant un événement vécu*); **Erlebnisbad** N centre *m*, parc *m* aquati-

que; **Erlebnisgastronomie** F expérience *f* gastronomique; **erlebnishungrig** ADJ qui a soif d'aventures; **Erlebnispark** M parc *m* d'attractions

erlebt ADJT vu; vécu; GRAM **~e Rede** style, discours indirect libre

erledigen ⟨*pas de ge-*, h.⟩ **A** VT **1** *Arbeit, Aufgabe etc* finir; terminer; *Angelegenheit* régler; *Auftrag* exécuter; *laufende Geschäfte* expédier; *Korrespondenz* mettre à jour; *Formalitäten* accomplir; s'acquitter de; **etw rasch ~** expédier qc; **ich erledige das** je m'en occupe **2** *umg* (*erschöpfen*) *umg* crever; *umg* claquer; (*vernichten*) *umg* démolir **3** *umg* (*töten*) *umg* liquider **B** V/R *Angelegenheit, Problem* **sich ~** se régler

erledigt ADJT **1** *Sache* fini; terminé; réglé; **damit wäre dieser Fall ~** sur ce, l'affaire est classée, réglée; *umg* **schon ~!** *umg* ça y est!; c'est fait! **2** *umg Person* (*erschöpft*) *umg* crevé; *umg* vanné; (*ruiniert*) *umg* fichu; **er ist ~** c'en est fait de lui; c'est un homme fini; **er ist für mich ~** il n'existe plus pour moi

Erledigung F ⟨~; ~en⟩ **1** ⟨*sans pl*⟩ *e-r Angelegenheit* règlement *m*; *laufender Geschäfte* expédition *f*; *der Korrespondenz* mise *f* à jour; HANDEL *e-s Auftrags* exécution *f*; *von Formalitäten* accomplissement *m* **2** (*Besorgung*) course *f*

erlegen[1] VT ⟨*pas de ge-*, h.⟩ abattre; tuer

erlegen[2] PPERF → erliegen

erleichtern VT ⟨-(e)re, *pas de ge-*, h.⟩ *gewichtsmäßig* alléger; *seelisch* soulager; *Arbeit, Dasein, Zahlung etc* faciliter; **erleichtert aufatmen** respirer; pousser un soupir de soulagement; *umg hum* **j-n um s-e Brieftasche ~** soulager qn de son portefeuille

Erleichterung F ⟨~; ~en⟩ **1** ⟨*sans pl*⟩ *seelische* soulagement *m*; **j-m ~ verschaffen** soulager qn; **mit, voller ~** avec soulagement **2** (*Verbesserung*) facilités *fpl*; amélioration *f*; FIN **~en** facilités *fpl*

erleiden VT ⟨*irr, pas de ge-*, h.⟩ **1** *Schmerzen etc* endurer **2** *Verluste, Niederlage, Schaden etc* subir; *Tod* souffrir; **Schiffbruch ~** faire naufrage; *fig* échouer

erlernbar ADJ qui peut s'apprendre

erlernen VT ⟨*pas de ge-*, h.⟩ apprendre

erlesen *geh* ADJT de choix; choisi; **von ~em Geschmack** d'un goût raffiné

erleuchten VT ⟨-ete, *pas de ge-*, h.⟩ (*erhellen*) éclairer; *a.* REL, *fig* illuminer; *fig* inspirer; **erleuchtet** ADJT éclairé; *hell, festlich, a.* REL, *fig* illuminé; *fig* inspiré; **Erleuchtung** F ⟨~; ~en⟩ REL, *fig* illumination *f*; *fig a.* inspiration *f*; trait *m* de lumière

erliegen VI ⟨*irr, pas de ge-*, s.⟩ *e-r Krankheit, Versuchung* **~** (*+dat*) *etc* succomber à; **zum Erliegen kommen** être paralysé; s'arrêter

erließ → erlassen

erlischt → erlöschen

erlitten PPERF → erleiden

Erlkönig M **1** *bei Goethe* **der ~** le Roi *m* des aulnes **2** *Jargon* AUTO prototype secret

erlogen ADJ mensonger, -ère; inventé; faux, fausse

Erlös M ⟨~es; ~e⟩ produit *m* (de la vente); recette *f*

erlöschen VI ⟨erlischt, erlosch, erloschen, s.⟩ *Licht, a. fig* s'éteindre; *Firma* cesser d'exister; *Frist, Ansprüche etc* expirer; s'éteindre

erlösen VT ⟨-(es)t, *pas de ge-*, h.⟩ **1** (*befreien*) délivrer (**von** de); **das ~de Wort** le mot de la situation **2** REL racheter; sauver; BIBEL **erlöse uns von dem Bösen** délivre-nous du mal **3** HANDEL tirer (**aus** de)

Erlöser M ⟨~s⟩ REL Rédempteur *m*; Sauveur *m*

Erlösung F ⟨~⟩ **1** (*Erleichterung*) délivrance *f*; *umg* (**das ist**) **e-e wahre ~!** quel soulagement! **2** REL Rédemption *f*

ermächtigen VT ⟨*pas de ge-*, h.⟩ autoriser (**zu etw** à faire qc); (*Vollmacht erteilen*) donner (plein) pouvoir, procuration à

Ermächtigung F ⟨~; ~en⟩ autorisation *f* (**zu** à); (*Vollmacht*) pouvoir *m*; procuration *f*; POL pleins pouvoirs; **Ermächtigungsgesetz** N POL loi *f* sur les pleins pouvoirs

ermahnen VT ⟨*pas de ge-*, h.⟩ exhorter (**zu** à); (*zurechtweisen*) faire des remontrances à; admonester

Ermahnung F ⟨~; ~en⟩ exhortation *f*; (*Zurechtweisung*) remontrance *f*; admonestation *f*

ermangeln *geh* VI ⟨-(e)le, *pas de ge-*, h.⟩ **~** (*+gen*) manquer de

Ermangelung F ⟨~⟩ *geh* **in ~** (*+gen*) faute de; à défaut de; **in ~ e-s Besseren** faute de mieux

ermäßigen VT ⟨*pas de ge-*, h.⟩ réduire; diminuer; **zu ermäßigten Preisen** à prix réduits

Ermäßigung F ⟨~; ~en⟩ (*Preisnachlass*) réduction *f*; (*Senkung*) diminution *f*

ermatten *geh* ⟨-ete, *pas de ge-*⟩ **A** VT ⟨h.⟩ fatiguer; affaiblir; *plus fort* exténuer **B** VI ⟨s.⟩ *Person* se fatiguer; *Kräfte etc* faiblir; s'affaiblir

ermessen VT ⟨*irr, pas de ge-*, h.⟩ juger (de); mesurer; estimer; apprécier; **nicht zu ~ sein** être inestimable, inappréciable

Ermessen N ⟨~s⟩ appréciation *f*; jugement *m*; estimation *f*; **nach eigenem ~** à mon, ton, *etc* gré; **nach meinem ~** selon moi; d'après ce que j'en juge; **nach menschlichem ~** humainement parlant; autant que l'on puisse en juger; **in j-s ~** (*akk*) **stellen** laisser à l'appréciation de qn

Ermessensentscheidung F décision *f* discrétionnaire; **Ermessensfrage** F question *f* d'appréciation; **Ermessensspielraum** M latitude *f* de jugement, d'appréciation

ermitteln ⟨-(e)le, *pas de ge-*, h.⟩ **A** VT *Sachverhalt* établir; *Täter* découvrir; MATH calculer; *durch Berechnung* déterminer; **nicht zu ~** introuvable **B** VI JUR **gegen j-n ~** (**wegen**) instruire, informer contre qn (de, sur); **in e-r Sache ~** enquêter sur une affaire; instruire une affaire

Ermittler(in) M(F) enquêteur, -euse *m,f*

Ermittlung F ⟨~; ~en⟩ **1** *durch Befragung* recherche *f*; enquête *f*; investigation *f*; *durch Berechnung* détermination *f*; calcul *m*; *von Sachverhalten* établissement *m* **2** *e-s Täters* recherche *f*; *Ergebnis a.* découverte *f* **3** JUR *pl* **~en** information *f* judiciaire; enquête *f*

Ermittlungsausschuss M commission *f* d'enquête; **Ermittlungsbeamte(r)** M fonctionnaire chargé de l'enquête; **Ermittlungsrichter(in)** M(F) magistrat instructeur; juge *m/f* chargé(e) de l'enquête

Ermittlungsverfahren N procédure *f* d'enquête; **ein ~ einleiten** procéder à, ouvrir une information, une enquête

ermöglichen VT ⟨*pas de ge-*, h.⟩ rendre possible; permettre

ermorden VT ⟨-ete, *pas de ge-*, h.⟩ assassiner; **Ermordung** F ⟨~; ~en⟩ assassinat *m*; meurtre *m*

ermüden ⟨-ete, *pas de ge-*⟩ **A** VT ⟨h.⟩ fatiguer; *aus Langeweile* lasser **B** VI ⟨s.⟩ se fatiguer; TECH fatiguer; **ermüdend** ADJT fatigant; **Ermüdung** F ⟨~; ~en⟩ *a.* TECH fatigue *f*; **Ermüdungserscheinungen** FPL *a.* TECH symptômes *mpl* de fatigue

ermuntern VT ⟨-(e)re, *pas de ge-*, h.⟩ **zu etw ~** encourager, inciter à faire qc

Ermunterung F ⟨~; ~en⟩ encouragement *m*

ermutigen VT ⟨*pas de ge-*, h.⟩ encourager (**zu** à); **Ermutigung** F ⟨~; ~en⟩ encouragement *m*

Erna F ⟨→ *n/pr*⟩ *prénom*

ernähren VT (*u.* V/R) ⟨*pas de ge-*, h.⟩ (**sich**) **~** (se) nourrir, (s')alimenter (**von** de); **e-e Familie ~** nourrir une famille

Ernährer(in) M ⟨~s; ~⟩ (F) ⟨~in; ~innen⟩ *e-r Familie* soutien *m* de famille

Ernährung F ⟨~⟩ alimentation *f*; BIOL nutrition *f*

Ernährungslehre F diététique *f*; **Ernährungsstörungen** FPL troubles *mpl* de la nutrition; **Ernährungsweise** F mode *m* d'alimentation; **Ernährungswissenschaft** F diététique *f*

ernennen VT ⟨*irr, pas de ge-*, h.⟩ nommer (**j-n zu etw** qn qc); **j-n zu s-m Stellvertreter ~** désigner qn comme son représentant

Ernennung F nomination *f*; désignation *f*; **s-e ~ zum Botschafter** sa nomination au poste d'ambassadeur, comme ambassadeur; **~ e-s Beamten auf Lebenszeit** titularisation *f* d'un fonctionnaire

Ernennungsurkunde F acte *m* de nomination

erneuerbar ADJ renouvelable; **erneuerbare Energien** *fpl* énergies *fpl* renouvelables

erneuern VT ⟨-(e)re, *pas de ge-*, h.⟩ *Vertrag, Pass etc* renouveler; TECH changer; remplacer; (*neu instand setzen*) refaire; remettre à neuf; rénover; **Erneuerung** F ⟨~; ~en⟩ renouvellement *m*; *e-s Vertrags* reconduction *f*; (*Neuinstandsetzung*) remise *f* à neuf; rénovation *f*; TECH remplacement *m*

erneut **A** ADJ renouvelé; nouveau, nouvel, -elle **B** ADV de nouveau; une fois de plus

erniedrigen ⟨*pas de ge-*, h.⟩ **A** VT **1** (*demütigen*) (r)abaisser; dégrader; avilir; humilier **2** MUS (**um e-n halben Ton**) **~** baisser d'un demi-ton; bémoliser **B** V/R **sich ~** s'abaisser; s'avilir

erniedrigend ADJT humiliant; avilissant; dégradant

Erniedrigung F ⟨~; ~en⟩ **1** (*Demütigung*) humiliation *f*; avilissement *m*; dégradation *f*; abaissement *m* **2** MUS baisse *f* d'un demi-ton; bémol *m*; **Erniedrigungszeichen** N MUS bémol *m*

ernst **A** ADJ *Person, Gesicht, Miene, Lage* sérieux, -ieuse; grave (*a. Gedanken, Worte, Ton, Angelegenheit*); *Bedenken, Drohung, Hindernis, Krise* sérieux, -ieuse; **~ bleiben** garder son sérieux; **nun wird es ~!** maintenant c'est sérieux! **B** ADV sérieusement; **j-n, etw ~ nehmen** prendre qn, qc au sérieux; **es mit der Heirat ~ meinen** être fermement décidé à se marier; **er meint es ~** *mit der Drohung* il est sérieux; il ne plaisante pas; **~ gemeint** sérieux, -ieuse; *in Annoncen* **nur ~ gemeinte Zuschriften** pas sérieux s'abstenir; **das ist nicht ~ gemeint** c'est pour rire

Ernst[1] M ⟨~(e)s⟩ **1** (*ernste Grundhaltung*) sérieux *m*; gravité *f* **2** (*ernsthafte Meinung*) **allen ~es** pour de bon; **im ~** sérieusement; vraiment; sans plaisanter; **in vollem ~** très sérieusement; **das ist mein (voller) ~** je ne plaisante pas (du tout); **ist das Ihr ~?** parlez-vous sérieusement?; **das ist doch wohl nicht Ihr ~!** vous plaisantez!; vous n'y pensez pas!; vous voulez rire!; **~ machen** ne pas plaisanter; passer à l'action; **~ machen mit etw** mettre qc à exécution **3** (*Gefährlichkeit*) **der ~ der Lage** la gravité de la situation **4** (*Wirklichkeit*) **der ~ des Lebens** les choses sérieuses (de la vie); **nun beginnt der ~ des Lebens** il faut maintenant passer aux choses sérieuses

Ernst[2] M ⟨→ *n/pr*⟩ *prénom*

Ernstfall M **im ~** en cas d'urgence; *bei Gefahr*

en cas de danger (réel)

ernstgemeint ADJT sérieux, -ieuse; *in Annoncen* **nur ~e Zuschriften** pas sérieux s'abstenir; **das ist nicht ~** c'est pour rire

ernsthaft A ADJ sérieux, -ieuse; grave B ADV sérieusement; pour de bon

ernstlich A ADJ sérieux, -ieuse; grave B ADV sérieusement

Ernte F ⟨~; ~n⟩ *a. fig* récolte *f*; *(Getreideernte) a. fig* moisson *f*; *(Heuernte)* fenaison *f*; *(Obsternte)* cueillette *f*; **~ auf dem Halm** récolte sur pied; **die ~ einbringen** rentrer la récolte

Erntearbeit F travaux *mpl* de la récolte, de la moisson; **Erntearbeiter(in)** M(F) moissonneur, -euse *m,f*; **Ernteausfall** M récolte perdue; **Erntedankfest** N fête *f* de la moisson; **Ernteertrag** M (produit *m* de la) récolte *f*; **Erntefest** N fête(s) *f(pl)* de la moisson; **erntefrisch** ADJ tout frais, toute fraîche; **Erntehelfer(in)** M(F) saisonnier, -ière *m,f* agricole; **Erntemaschine** F machine *f* de récolte

ernten VT ⟨-ete, h.⟩ *a. fig* récolter; *Getreide* moissonner; *Obst* cueillir; *fig* recueillir

Ernteschäden MPL dégâts causés à la récolte; **Erntewetter** N temps *m* favorable à la récolte, à la moisson; **Erntezeit** F époque *f* de la récolte, de la moisson

ernüchtern VT ⟨-(e)re, *pas de ge-*, h.⟩ *a. fig* dégriser; *fig* désenchanter; désillusionner; **ernüchternd** ADJT *a. fig* dégrisant; *fig* décevant; **Ernüchterung** F ⟨~; ~en⟩ *a. fig* dégrisement *m*; *fig* désenchantement *m*; désillusion *f*

Eroberer M ⟨~s; ~⟩, **Eroberin** F ⟨-in; -innen⟩ conquérant(e) *m(f)*

erobern VT ⟨-(e)re, *pas de ge-*, h.⟩ MIL *u. fig Herzen, Frau, Märkte etc* conquérir; *Stadt a.* prendre; s'emparer de; *fig a.* gagner; **im Sturm ~** prendre d'assaut

Eroberung F ⟨~; ~en⟩ *a. fig* conquête *f*; MIL prise *f*; *fig* **e-e ~ machen** faire une conquête

Eroberungskrieg M guerre *f* de conquête

eröffnen ⟨-ete, *pas de ge-*, h.⟩ A VT 1 ouvrir; *Ausstellung* inaugurer; *Verhandlungen a.* engager; entamer; *Kampf* engager; *Verfahren, Testament* ouvrir 2 *fig* **j-m etw ~** apprendre, faire savoir qc à qn B VR **sich ~** *Aussichten etc* s'ouvrir; *Möglichkeiten* se présenter

Eröffnung F ouverture *f*; *e-r Ausstellung* inauguration *f*

Eröffnungsansprache F allocution d'ouverture, inaugurale; **Eröffnungsbilanz** F HANDEL bilan *m* d'ouverture; **Eröffnungsfeier(lichkeit)** F cérémonie *f* d'ouverture, d'inauguration; inauguration *f*; **Eröffnungskurs** M BÖRSE cours *m* d'ouverture; **Eröffnungsprotokoll** N JUR procès-verbal *m* d'ouverture; **Eröffnungsrede** F discours d'ouverture, inaugural; **Eröffnungsspiel** N SPORT première rencontre; **Eröffnungswehen** FPL MED phase *f* de dilatation (du col de l'utérus)

erogen ADJ *Zone etc* érogène

erörtern VT ⟨-(e)re, *pas de ge-*, h.⟩ discuter; débattre; **Erörterung** F ⟨~; ~en⟩ discussion *f*; débat *m*; SCHULE dissertation *f*

Eros[1] M ⟨~⟩ PSYCH éros *m*

Eros[2] M ⟨→ *n/pr*⟩ MYTH Éros *m*

Eroscenter N ⟨~s; ~⟩ eros-center *m*

Erosion F ⟨~; ~en⟩ GEOL érosion *f*

Erotik F ⟨~⟩ érotisme *m*; **erotisch** ADJ érotique

Erpel M ⟨~s; ~⟩ canard *m* (mâle)

erpicht ADJ **auf etw** *(akk)* **~ sein** avoir très envie de qc; **aufs Geld ~** avide d'argent

erpressen VT ⟨-(es)t, *pas de ge-*, h.⟩ **j-n (mit etw) ~** faire chanter qn (avec qc); **von j-m etw ~** extorquer qc à qn

Erpresser(in) M ⟨~s; ~⟩ F ⟨~in; ~innen⟩ maître *m* chanteur; racketteur, -euse *m,f*; **Erpresserbrief** M lettre *f* de chantage

erpresserisch ADJ par (le) chantage

Erpressung F ⟨~; ~en⟩ *e-r Person* chantage *m*; *e-s Lösegeldes, Geständnisses* extorsion *f*; *e-s Lösegeldes a.* racket *m*; **Erpressungsversuch** M tentative *f* de chantage

erproben VT ⟨*pas de ge-*, h.⟩ expérimenter (**etw an j-m** qc sur qn); tester; *Gerät, Werkstoff etc* essayer; *a. fig* éprouver; **erprobtes Mittel** remède éprouvé

Erprobung F ⟨~; ~en⟩ expérimentation *f*; test *m*; *e-s Geräts, Werkstoffs etc* essai *m*

erquicken *geh* VT (*u.* VR) ⟨*pas de ge-*, h.⟩ **(sich) ~** (se) réconforter; (se) revigorer; *((sich) erfrischen)* (se) rafraîchir; **erquickend** *geh* ADJT réconfortant; *(erfrischend)* rafraîchissant

errang → erringen

Errata NPL errata *m*

erraten VT ⟨*irr, pas de ge-*, h.⟩ deviner; **Sie haben es ~!** vous avez deviné!; vous y êtes!

erratisch ADJ GEOL erratique

errechnen VT ⟨-ete, *pas de ge-*, h.⟩ calculer; faire le calcul de

erregbar ADJ irritable; excitable; **Erregbarkeit** F ⟨~⟩ irritabilité *f*; excitabilité *f*

erregen ⟨*pas de ge-*, h.⟩ A VT 1 *(aufregen)* exciter; *(verärgern)* irriter; *sexuell* exciter 2 *Argwohn etc* faire naître; *Verdacht* éveiller; *Mitleid* faire; exciter; *Zorn* provoquer; *Aufmerksamkeit* attirer; *Anstoß, Verwunderung* provoquer; causer; **Ärgernis ~** faire scandale; **öffentliches Ärgernis ~** porter atteinte à la pudeur; commettre un outrage public à la pudeur B VR **sich ~ (über** *[+akk]*) s'irriter (contre), s'énerver (de), s'exciter (sur)

Erreger M ⟨~s; ~⟩ MED agent *m* pathogène; **Erregerfeld** N ELEK champ *m* d'excitation; **Erregerkreis** M ELEK circuit *m* d'excitation; **Erregerspannung** F ELEK tension *f* d'excitation; **Erregerspule** F ELEK bobine excitatrice, d'excitation; **Erregerstrom** M ELEK courant *m* d'excitation

erregt ADJT excité; énervé; *(verärgert)* irrité; *Auseinandersetzung* vif, vive; **Erregtheit** F ⟨~⟩ excitation *f*; énervement *m*; agitation *f*; *(Verärgerung)* irritation *f*

Erregung F ⟨~⟩ excitation *f* (*a.* PHYSIOL, ELEK, *sexuell*); *(Aufregung)* énervement *m*; agitation *f*; *(Verärgerung)* irritation *f*; **in ~** *(akk)* **versetzen** exciter; *(verärgern)* irriter

erreichbar ADJ qui peut être atteint; *Ort, Ziel* accessible; *Person* joignable; **sind Sie telefonisch ~?** peut-on vous joindre par téléphone?; **er ist im Augenblick nicht ~** on ne peut pas le joindre pour le moment

erreichen VT ⟨*pas de ge-*, h.⟩ 1 *Ort, Zweck, Alter etc* atteindre; parvenir à; arriver à; *Zug* avoir; attraper; *Ufer* atteindre; gagner; **es ist mit dem Bus leicht zu ~** on peut y aller facilement en autobus; **j-n telefonisch ~** joindre qn par téléphone 2 *(durchsetzen)* **bei j-m etw ~** (arriver à) obtenir qc de qn; **nichts erreicht haben** n'avoir rien obtenu; en être pour ses frais; **er hat erreicht, dass …** il est parvenu à ce que …; il a obtenu que …

Erreichung F ⟨~⟩ **bei ~ der Volljährigkeit** à la *bzw.* sa majorité; **zur ~ s-s Zwecks** pour arriver à ses fins; pour atteindre son but

erretten *geh* VT ⟨-ete, *pas de ge-*, h.⟩ sauver

errichten VT ⟨-ete, *pas de ge-*, h.⟩ 1 *Gebäude* construire; ériger; *Denkmal, Mauer, Barrikaden* élever; *Gerüst* dresser; *Fabrik, Anlage* établir 2 *(begründen)* créer; *Republik* instaurer

erriet → erraten

erringen VT ⟨*irr, pas de ge-*, h.⟩ obtenir; *Preis, Sieg, Erfolg etc* remporter

erröten VI ⟨-ete, *pas de ge-*, s.⟩ rougir (**vor** *[+dat]* de)

Erröten N ⟨~s⟩ rougissement *m*; **j-n zum ~ bringen** faire rougir qn

errungen PPERF → erringen

Errungenschaft F ⟨~; ~en⟩ conquête *f*; *(Erwerbung)* acquisition *f*; *fig* réalisation *f*; **die neuesten ~en** les dernières réalisations; *der Wissenschaft a.* les dernières conquêtes; **soziale ~en** acquis sociaux; *umg hum* **meine neueste ~** ma nouvelle acquisition

Ersatz M ⟨~es⟩ 1 *stellvertretender* produit *m* de remplacement; *unzulänglicher* succédané *m*; ersatz *m*; *(Ersetzung)* remplacement *m*; substitution *f*; **als, zum ~ für etw** pour remplacer qc; en remplacement de qc 2 *(Entschädigung)* compensation *f*; dédommagement *m*; indemnité *f*; *(Erstattung)* restitution *f*; **j-m ~ für etw leisten** dédommager qn de qc; **als, zum ~ für** en compensation de 3 MIL réserve *f*

Ersatzanspruch M droit *m* à indemnisation; recours *m*; **Ersatzbank** F ⟨~; -bänke⟩ SPORT banc *m* des remplaçants; **Ersatzbatterie** F batterie *f*, pile *f* de rechange, de réserve; **Ersatzbefriedigung** F compensation *f*; **Ersatzdienst** M ⟨~(e)s⟩ service civil (pour les objecteurs de conscience); **Ersatzdienstleistende(r)** M ⟨→ A⟩ jeune homme *m* qui fait son service civil; **Ersatzkasse** F *etwa* caisse libre agréée (d'assurance maladie); **Ersatzleistung** F dédommagement *m*; indemnité *f*

ersatzlos A ADJ sans contrepartie B ADV **~ streichen** supprimer complètement

Ersatzmann M ⟨~(e)s; -männer *ou* -leute⟩ suppléant *m*; remplaçant *m* (*a.* SPORT); **Ersatzmine** F *für Bleistifte* mine *f* de réserve; *für Kugelschreiber* recharge *f*; **Ersatzmittel** N produit *m* de remplacement; succédané *m*

ersatzpflichtig ADJ **~ sein** être tenu à indemnisation, à dédommagement, à réparation

Ersatzrad N roue *f* de rechange, de secours; **Ersatzreifen** M pneu *m* de rechange; **Ersatzspieler(in)** M(F) SPORT remplaçant(e) *m(f)*; **Ersatzstoff** M → Ersatzmittel; **Ersatzteil** N pièce *f* de rechange; **Ersatzteillager** N dépôt *m* de pièces de rechange; **Ersatztruppe** F MIL unité *f* de réserve; **ersatzweise** ADV à titre de compensation, d'indemnité, de remplacement

ersaufen *umg* VI ⟨*irr, pas de ge-*, s.⟩ *(ertrinken)* se noyer

ersäufen VT ⟨*pas de ge-*, h.⟩ noyer

erschaffen VT ⟨*irr, pas de ge-*, h.⟩ créer; **Erschaffung** F création *f*

erschallen VI ⟨*pas de ge-*, *régulier ou* erscholl, erschollen, s.⟩ résonner; retentir; *Gelächter* éclater

erschau(d)ern *geh* VI ⟨-(e)re, *pas de ge-*, s.⟩ frémir, frissonner, trembler (**vor** *[+dat]* de)

erscheinen ⟨*irr, pas de ge-*, s.⟩ A VI *(sichtbar werden)*, *Buch* paraître; *Person, Geist* apparaître; **am Arbeitsplatz ~** se présenter à son (lieu de) travail; **vor Gericht ~** comparaître en justice, devant le tribunal; JUR **nicht ~** faire défaut B V/UNPERS **es erscheint mir merkwürdig, dass …** il me semble, il me paraît étonnant que … *(+subj)*

Erscheinen N ⟨~s⟩ *e-s Buches* parution *f*; publication *f*; *e-r Person* apparition *f*; arrivée *f*; *von Geistern etc* apparition *f*; **um zahlreiches ~ wird gebeten** vous êtes priés de venir nombreux

Erscheinung F ⟨~; ~en⟩ apparition *f*; *(Naturerscheinung, Phänomen)* phénomène *m*; *(Krankheitserscheinung)* symptôme *m*; *(äußere ~)*

apparences *fpl*; (*Vision*) vision *f*; REL **(Fest der) ~ des Herrn** (fête de l')Épiphanie *f*; **sie ist e-e anziehende ~** c'est une personne attirante; *in e-m Stellenangebot* **gute ~** bonne présentation; **in ~ treten** se montrer; se manifester; **~en haben** avoir des visions
Erscheinungsbild N *e-r Person, Sache* apparence *f*; *e-r Sache a.* aspect *m*; **Erscheinungsfest** N Épiphanie *f*; **Erscheinungsform** F manifestation *f*; **Erscheinungsjahr** N année *f* de (la) parution, de (la) publication; **Erscheinungsort** M lieu *m* de (la) parution, de (la) publication; **Erscheinungsweise** F *e-r Zeitschrift* mode *m* de parution; **Erscheinungswelt** F ⟨~⟩ monde *m* des apparences, des phénomènes
erschießen ⟨*irr, pas de ge-*, h.⟩ A V/T tuer d'un coup de feu; abattre; *Hinrichtungsart* fusiller; passer par les armes B V/R **sich ~** se tuer d'un coup de feu
Erschießung F ⟨~; ~en⟩ MIL exécution *f*; **Erschießungskommando** N peloton *m* d'exécution
erschlaffen V/I ⟨*pas de ge-*, s.⟩ *a. fig* se relâcher; s'amollir; **Erschlaffung** F ⟨~; ~en⟩ atonie *f*; relâchement *m* (*a. fig*)
erschlagen[1] V/T ⟨*irr, pas de ge-*, h.⟩ tuer (à coups de qc); assommer; **vom Blitz ~ werden** être foudroyé; **von e-m Baum ~ werden** être écrasé par un arbre
erschlagen[2] *umg* ADJT (*erschöpft*) *umg* claqué; *umg* crevé; (*fassungslos*) **wie ~ sein** *umg* être sidéré, renversé
erschleichen V/R ⟨*irr, pas de ge-*, h.⟩ *pej* **sich** (*dat*) **etw ~** capter qc; obtenir qc par ruse, frauduleusement
erschließen ⟨*irr, pas de ge-*, h.⟩ A V/T 1 *Gebiet* mettre en valeur; développer; *Grundstück* viabiliser; *Bodenschätze* exploiter; ADMIN *Gebiet* aménager (*a. touristisch*); **neue Absatzgebiete ~** créer de nouveaux débouchés 2 LING *Wort* reconstituer 3 *fig* ouvrir B *geh* V/R **sich ~** s'ouvrir
Erschließung F 1 *e-s Gebiets* mise *f* en valeur, en exploitation; développement *m*; ADMIN aménagement *m*; *e-s Grundstücks* viabilisation *f* 2 LING reconstitution *f*
erscholl(en) → erschallen
erschöpfen ⟨*pas de ge-*, h.⟩ A V/T *a. fig* épuiser; *körperlich a.* exténuer; éreinter B V/R **sich ~** diminuer; décroître; faiblir; **sich in etw** (*dat*) **~** se réduire, se limiter à qc
erschöpfend A ADJT *körperlich* épuisant; *fig* exhaustif, -ive; complet, -ète; **~e Darstellung** étude exhaustive B ADVL **~ behandeln** traiter à fond
erschöpft ADJT épuisé; exténué; **meine Geduld ist ~** ma patience est à bout
Erschöpfung F ⟨~⟩ épuisement *m*
Erschöpfungszustand M état *m* d'épuisement
erschossen A PPERF → erschießen B *umg* ADJT (*erschöpft*) *umg* crevé; *umg* claqué; *umg* vanné
erschrecken ⟨*pas de ge-*⟩ A V/T ⟨h.⟩ effrayer; faire peur à; **j-n fürchterlich ~** terrifier, épouvanter qn B V/I ⟨erschrickt, erschrak, erschrocken, s.⟩ *u.* V/R ⟨*régulier ou* erschrickt, erschrak, erschrocken, h.⟩ **(sich) ~** s'effrayer (**vor** [*+dat*] de); **(sich) fürchterlich ~** s'épouvanter
Erschrecken N ⟨~s⟩ frayeur *f*
erschreckend A ADJT effrayant; terrible; affreux, -euse B ADVL (*äußerst*) extrêmement; **~ wenig** extrêmement peu
erschrocken A PPERF → erschrecken B B ADJT effrayé; épouvanté; terrifié; **zu Tode ~** mort de peur
erschuf → erschaffen
erschüttern V/T ⟨-(e)re, *pas de ge-*, h.⟩ 1 *Boden, a. fig Vertrauen, Glauben etc* ébranler 2 *seelisch* secouer; bouleverser; **nichts konnte ihn ~** rien ne pouvait l'ébranler
erschütternd ADJT bouleversant; poignant
Erschütterung F ⟨~; ~en⟩ 1 *a. fig* ébranlement *m*; TECH *a.* secousse *f*; vibration *f* 2 (*Ergriffenheit*) bouleversement *m*; choc *m*
erschütterungsfrei ADJ exempt de vibrations; à l'abri des secousses, des vibrations
erschweren V/T ⟨*pas de ge-*, h.⟩ compliquer; aggraver
erschwerend A ADJT JUR **~e Umstände** MPL circonstances aggravantes B ADV **das kommt ~ hinzu** cela complique, aggrave la situation
Erschwerniszulage F prime *f* de pénibilité
erschwindeln V/T ⟨-(e)le, *pas de ge-*, h.⟩ escroquer
erschwinglich ADJ qu'on peut payer; *Preis* accessible; abordable; **für jeden ~** à la portée de toutes les bourses
ersehen V/T ⟨*irr, pas de ge-*, h.⟩ voir; **daraus ist zu ~, dass …** il en ressort que …; on peut en conclure que …; **ich ersehe aus Ihrem Brief, dass …** je vois dans votre lettre que …
ersehnen *geh* V/T ⟨*pas de ge-*, h.⟩ souhaiter vivement; désirer ardemment; **der ersehnte Augenblick** l'instant, le moment tant attendu
ersetzbar ADJ remplaçable; *Verlust, Schaden* réparable
ersetzen V/T ⟨-(es)t, *pas de ge-*, h.⟩ 1 remplacer (**durch** par); **X durch Y ~** substituer Y à X; **er versuchte, mangelndes Talent durch Fleiß zu ~** il essayait de suppléer à son manque de talent par du zèle; **er ist nicht zu ~** il est irremplaçable 2 *Unkosten etc* rembourser; *Schaden* réparer; indemniser (**j-m etw** qn de qc); *Verlust* compenser; **j-m e-n Schaden ~** *a.* dédommager qn; **den Schaden ersetzt bekommen** recevoir des dommages et intérêts; être indemnisé; **die Differenz ~ müssen** devoir suppléer à, combler la différence
Ersetzung F ⟨~; ~en⟩ 1 remplacement *m*; substitution *f* 2 *von Unkosten etc* remboursement *m*; *von Schäden* réparation *f*; dédommagement *m*; indemnisation *f*; *von Verlusten* compensation *f*
ersichtlich ADJ évident; manifeste; **ohne ~en Grund** sans raison apparente; **daraus wird ~, dass …** on voit par là que …; il en ressort que …
ersinnen *geh* V/T ⟨*irr, pas de ge-*, h.⟩ imaginer; inventer; trouver
erspähen *geh* V/T ⟨*pas de ge-*, h.⟩ apercevoir; découvrir; repérer
ersparen V/T ⟨*pas de ge-*, h.⟩ épargner; économiser; *fig* **j-m etw ~** épargner, éviter qc à qn; **das erspart uns viel Zeit** cela nous fait économiser beaucoup de temps; **uns bleibt nichts erspart** rien ne nous est épargné
Ersparnis F ⟨~; ~se⟩ 1 (*Platzersparnis, Zeitersparnis*) économie *f* 2 (*Geldersparnis*) économies *fpl*; épargne *f*; **von s-n ~sen leben** vivre sur ses économies
Ersparte(s) N ⟨→ A⟩ économies *fpl*; épargne *f*
ersprießlich *geh* ADJ fructueux, -euse; productif, -ive
erst ADV 1 (*zuerst*) d'abord; au commencement; premièrement; auparavant; **~ (ein)mal** (tout) d'abord 2 (*nicht eher, mehr als*) ne … que; seulement; **eben ~** il y a un instant; **ich bin eben ~ angekommen** je viens seulement d'arriver; je ne fais qu(e d')arriver; **~ gestern** seulement hier; **~ jetzt** seulement maintenant; ce n'est que maintenant que …; **ich habe ~ einige Seiten davon gelesen** je n'en ai lu que quelques pages 3 *verstärkend* **und ich ~!** et moi donc!; **~ recht** à plus forte raison; **nun ~ recht!** plus que jamais!; **nun ~ recht nicht!** moins que jamais!; **wenn er ~ (einmal) verheiratet ist** une fois (qu'il sera) marié
erstarken *geh* V/I ⟨*pas de ge-*, s.⟩ se renforcer; se fortifier
erstarren V/I ⟨*pas de ge-*, s.⟩ 1 *Glieder vor Kälte* s'engourdir; *Flüssigkeiten* se solidifier; **vor Kälte erstarrt sein** être transi de froid 2 *fig vor Schreck etc* être glacé (**vor** [*+dat*] de); être paralysé (**vor** [*+dat*] par); *Blut, Lächeln* se figer
Erstarrung F ⟨~⟩ *der Glieder* engourdissement *m*; CHEM solidification *f*
erstatten V/T ⟨-ete, *pas de ge-*, h.⟩ 1 *Unkosten etc* rembourser (**j-m etw** qc à qn; ADMIN qn de qc); **s-e Ausgaben erstattet bekommen** rentrer dans ses frais 2 **über etw** (*akk*) **Bericht ~** faire un rapport sur qc; rendre compte de qc; **gegen j-n Anzeige ~** porter plainte contre qn
Erstattung F ⟨~; ~en⟩ 1 *von Unkosten etc* remboursement *m* 2 **~ e-r Anzeige** dépôt *m* d'une plainte
Erstattungsanspruch M HANDEL demande *f* de, droit *m* à remboursement; JUR demande *f* en restitution; **Erstattungsbetrag** M montant *m* du remboursement; **erstattungsfähig** ADJ remboursable
erstaufführen V/T ⟨*insép, les temps simples ne s'emploient pas dans une principale,* erstaufgeführt, h.⟩ THEAT représenter pour la première fois; donner la première de; MUS donner la première audition de; **X wurde erstaufgeführt (am … in …)** THEAT la première de X a eu lieu, a été donnée (le … à …); X a été représenté pour la première fois (le … à …); MUS la première audition de X a eu lieu, a été donnée (le … à …)
Erstaufführung F THEAT *etc* première *f*; MUS première audition
erstaunen ⟨*pas de ge-*⟩ A V/T ⟨h.⟩ étonner; surprendre B V/I ⟨s.⟩ s'étonner (**über** [*+akk*] de)
Erstaunen N étonnement *m*; surprise *f*; **in ~** (*akk*) **versetzen** frapper d'étonnement; ébahir; **zu meinem (großen) ~** à mon (grand) étonnement; à ma (grande) surprise
erstaunlich A ADJ étonnant; surprenant B ADV étonnamment; extraordinairement; **er ist ~ dumm** c'est étonnant ce qu'il est bête
erstaunlicherweise ADV chose étonnante; bizarrement
erstaunt A ADJT étonné, surpris (**über** [*+akk*] de) B ADVL **j-n ~ ansehen** regarder qn tout étonné, d'un air étonné
Erstausfertigung F *e-s Schriftstücks* première expédition; **Erstausgabe** F première édition; **Erstausstattung** F *e-r Wohnung* équipement *m* de base; *fürs Baby* première layette
erstbeste ADJ **der, die, das ~** (*+subst*) le premier … venu, la première … venue
Erstbesteigung F première *f* (ascension); **Erstbezug** M *e-r Wohnung* première occupation
erste(r, -s) NUM premier, -ière; **der ~ Beste** le premier venu; **das ~ Mal** la première fois; **der ~, am, den ~n Oktober** le premier octobre; **Franz der Erste, Franz I.** François Ier; **die ~n drei Monate** les trois premiers mois; **aus ~r Hand** de première main; **~n Ranges** de premier ordre; **beim ~n Mal** la première fois; **fürs Erste** pour le moment; provisoirement; *umg* **im Ersten** *Programm umg* sur la Une; **zum Ersten** premièrement; **zum Ersten!** *bei Versteigerungen* une fois!; **zum ~n Mal** pour la première fois; → *a.* achte(r, -s)

erstechen VT ‹irr, pas de ge-, h.› tuer d'un coup de couteau, à coups de couteau; poignarder

erstehen geh ‹irr, pas de ge-› A VT ‹h.› acquérir; acheter B VI ‹s.› REL (auf~) ressusciter

Erste-Hilfe-Ausrüstung F équipement m, trousse f de secouriste; **Erste-Hilfe-Leistung** F premiers secours, soins

ersteigen VT ‹irr, pas de ge-, h.› monter sur; mühsam gravir; Berg a. faire l'ascension de

ersteigern VT ‹-(e)re, pas de ge-, h.› acheter aux enchères; **Ersteigerung** F achat m aux enchères

Ersteigung F escalade f; e-s Bergs a. ascension f

erstellen VT ‹pas de ge-, h.› 1 Gebäude construire 2 Rechnung établir; Plan élaborer; Liste dresser; établir; **Erstellung** F 1 von Gebäuden construction f 2 von Rechnungen, Listen établissement m; von Plänen élaboration f

erstens ADV premièrement; en premier lieu

erster → erste(r, -s)

ersterben geh VI ‹irr, pas de ge-, s.› Ton etc expirer; mourir; s'éteindre

erstere(r, -s) NUM le (la) premier (-ière)

Erste(r)-Klasse-Wagen M voiture f de première classe

erstes → erste(r, -s)

Erstgebärende F ‹→ A› primipare f; **erstgeboren** ADJ premier-né, première-née; aîné; **Erstgeborene(r)** M/F(M) ‹→ A› aîné(e) m(f); **Erstgeburt(srecht)** F ‹~› (N) ‹~srecht(e)s› (droit m d')aînesse f; (droit m de) primogéniture f; **Erstgenannte(r)** M/F(M) ‹→ A› le (la) premier (-ière) nommé(e)

ersticken ‹pas de ge-› A VT ‹h.› 1 Lebewesen étouffer; asphyxier 2 fig Widerstand, Seufzer etc étouffer 3 Flammen étouffer; éteindre B VI ‹s.› étouffer, suffoquer (**an** [+dat] de; **vor** [+dat] de); **mit erstickter Stimme** d'une voix étouffée; **es ist zum Ersticken heiß** il fait une chaleur étouffante, suffocante

Erstickung F ‹~› 1 étouffement m; suffocation f; asphyxie f 2 fig étouffement m 3 der Flammen extinction f

Erstickungsanfall M crise f, accès m d'étouffement; **Erstickungsgefahr** F danger m d'asphyxie; **Erstickungstod** M (mort f par) asphyxie f

erstiegen PPERF → ersteigen

Erstinfektion F primo-infection f; **erstinstanzlich** ADJ JUR de première instance; **erstklassig** ADJ de première qualité; Künstler etc de premier ordre; **Erstkommunion** F KATH première communion; **Erstlingsarbeit** F première œuvre

erstmalig ADJ ‹épithète› premier, -ière; **erstmals** ADV pour la première fois

erstrahlen VI ‹pas de ge-, s.› (se mettre à) briller, geh resplendir; **in neuem Glanz ~** briller d'un nouvel éclat

erstrangig ADJ 1 (erstklassig) de premier ordre 2 (vorrangig) prioritaire; de première importance

erstreben VT ‹pas de ge-, h.› s'efforcer d'obtenir, d'atteindre; aspirer à

erstrebenswert ADJ digne d'efforts; souhaitable

erstrecken VR ‹pas de ge-, h.› 1 räumlich **sich ~** s'étendre, s'étaler (**über** [+akk] sur); ins Meer, ins Land s'avancer (**in** [+akk] dans); **sich ~ von … bis …** a. aller de … à … 2 fig **sich ~ auf** (+akk) s'étendre à; porter sur; s'appliquer à; **die Erhebung erstreckt sich auf e-n Zeitraum von …** l'enquête porte sur une période de …; **die Zahlungen ~ sich auf mehrere Jahre** les paiements s'échelonnent sur plusieurs années 3 zeitlich **sich ~ über** (+akk) s'étaler sur; durer

Erstschrift F original m; première expédition; **Erstsemester** N étudiant(e) m(f) au premier semestre; **Erstsendung** F première (radiophonique od télévisée); **Erststimme** F POL première voix

erstunken ADJ umg **das ist ~ und erlogen** ce ne sont que des mensonges

erstürmen VT ‹pas de ge-, h.› MIL prendre d'assaut; **Erstürmung** F ‹~; ~en› MIL prise f d'assaut

Erstwagen M voiture principale d'un ménage; **Erstwähler(in)** M(F) personne f qui vote pour la première fois; pl a. nouveaux électeurs; **Erstzulassung** F AUTO première immatriculation

ersuchen geh VT ‹pas de ge-, h.› **j-n ~, etw zu tun** demander à qn de faire qc; prier qn de faire qc; **j-n um etw ~** demander qc à qn

Ersuchen N ‹~s; ~› demande f; ADMIN requête f; **auf ~ von** à la requête de

ertappen ‹pas de ge-, h.› A VT surprendre B VR **sich bei etw ~** se surprendre à faire qc

erteilen VT ‹pas de ge-, h.› Unterricht, Auskunft, Wort, Rat, Absolution etc donner; Befehl a. intimer; Erlaubnis donner; accorder; Rüge infliger; Lob prodiguer; Patent, Lizenz délivrer; HANDEL **j-m e-n Auftrag ~** passer une commande à qn; **j-m den Auftrag ~, etw zu tun** charger qn de faire qc; **j-m Vollmacht ~** conférer, donner, remettre les pleins pouvoirs à qn

Erteilung F ‹~; ~en› e-s Befehls intimation f; e-s Patents, e-r Lizenz délivrance f; **~ von Auskünften** renseignements mpl; **~ von Unterricht** enseignement m

ertönen VI ‹pas de ge-, s.› retentir

Ertrag M ‹~(e)s; ≃e› rendement m; produit m; rapport m; (Einnahme) revenu m; bénéfice m; recette f

ertragen VT ‹irr, pas de ge-, h.› supporter; souffrir; tolérer; **nicht zu ~** insupportable; intolérable

ertragfähig ADJ productif, -ive; rentable; **Ertragfähigkeit** F ‹~› rentabilité f; productivité f

erträglich ADJ supportable; tolérable; (leidlich) acceptable

ertraglos ADJ improductif, -ive; non rentable; **ertragreich** ADJ d'un bon rendement; productif, -ive; fig fructueux, -euse

Ertragsausfall M perte f de rendement; **Ertragshöhe** F niveau m de rendement; **Ertragslage** F niveau m de rendement; **Ertragsminderung** F diminution f du od de rendement; baisse f de (la) productivité; **Ertragssteigerung** F augmentation f de od du rendement; accroissement m de (la) productivité

Ertrag(s)steuer F impôt m sur les bénéfices

Ertragswert M WIRTSCH valeur f de rendement

ertränken VT ‹pas de ge-, h.› a. fig noyer

Ertränken N ‹~s› noyade f

erträumen ‹pas de ge-, h.› VT (u. VR) (**sich** [dat]) **~** rêver de; (s')imaginer

ertrinken VI ‹irr, pas de ge-, s.› se noyer; fig être submergé (**in** [+dat] de)

Ertrinken N ‹~s› noyade f

ertrotzen geh VT ‹-(es)t, pas de ge-, h.› **etw von j-m ~** arracher qc à qn

ertrug → ertragen

ertrunken PPERF → ertrinken

Ertrunkene(r) M/F(M) ‹→ A› noyé(e) m(f)

ertüchtigen VT (u. VR) ‹pas de ge-, h.› (**sich**) **~** (s')entraîner

Ertüchtigung F ‹~; ~en› entraînement m; **körperliche ~** éducation f, culture f physique

erübrigen ‹pas de ge-, h.› A VT Zeit, Geld avoir encore; (einsparen) économiser; **was ich ~ kann** ce dont je peux disposer; **wenn ich so viel Zeit ~ kann** si j'en trouve le temps B VR **sich ~** être inutile, superflu; **es erübrigt sich zu** (+inf) a. il n'est pas nécessaire de (+inf); cela ne vaut pas la peine de (+inf)

eruieren geh VT ‹pas de ge-, h.› trouver; découvrir; mettre au clair

Eruption F ‹~; ~en› éruption f

eruptiv ADJ éruptif, -ive; **Eruptivgestein** N roches éruptives

erwachen VI ‹pas de ge-, s.› a. fig se réveiller; s'éveiller; aus e-m Traum sortir (d'un rêve); geistig prendre conscience

Erwachen N ‹~s› réveil m (a. fig); geistiges, der Sinne éveil m; geistiges a., POL prise f de conscience; **beim ~** au réveil; fig **das wird ein böses ~ geben** ce sera un réveil pénible, difficile

erwachsen[1] VI ‹irr, pas de ge-, s.› sortir, naître, résulter (**aus** de)

erwachsen[2] ADJ adulte; **~ werden** devenir adulte

Erwachsene(r) M/F(M) ‹→ A› adulte m/f; grande personne

Erwachsenenbildung F formation f des, pour adultes; cours mpl pour adultes

erwägen VT ‹erwägt, erwog, erwogen, h.› considérer; examiner; envisager (**etw zu tun** de faire qc)

Erwägung F ‹~; ~en› considération f; **etw in ~** (akk) **ziehen** prendre qc en considération; envisager qc

erwählen geh VT ‹pas de ge-, h.› choisir; élire; **Erwählte(r)** M/F(M) ‹→ A› élu(e) m(f)

erwähnen VT ‹pas de ge-, h.› mentionner; faire mention de; **etw mit keinem Wort ~** passer qc sous silence; **wie ich schon erwähnte** comme je l'ai déjà dit; **der oben erwähnte Brief** la lettre citée plus °haut

erwähnenswert ADJ digne d'être mentionné; important; **nichts Erwähnenswertes** rien de spécial

Erwähnung F ‹~; ~en› mention f

erwärmen ‹pas de ge-, h.› A VT (faire) chauffer; échauffer; **bis zu e-r Temperatur von X Grad ~** porter à une température de X degrés; fig **das erwärmte mir das Herz** cela m'a réchauffé le cœur B VR **sich ~** s'échauffer; fig **sich für etw (nicht) ~ (können)** (ne pas arriver à) s'intéresser à qc; **sich für j-n ~** avoir de la sympathie pour qn

Erwärmung F ‹~› (r)échauffement m; der Temperatur radoucissement m; **globale ~** réchauffement climatique, global (de la planète)

erwarten VT ‹-ete, pas de ge-, h.› attendre; Dinge a. s'attendre à; (erhoffen) espérer; **ein Kind ~** attendre un enfant, un bébé; **ich erwarte, dass …** je m'attends à ce que … (+subj); **es ist, steht zu ~, dass …** il faut, on peut s'attendre à ce que …; **ich hatte nicht erwartet, ihn zu treffen** je ne m'attendais pas à le rencontrer; **ich kann es kaum ~, dass …** il me tarde que … (+subj); **das war mehr, als er erwartet hatte** c'était plus qu'il ne l'espérait; **von ihm ist nicht viel zu ~** il ne faut pas attendre grand-chose de lui; **wie zu ~ war** comme il fallait s'y attendre

Erwarten N ‹~s› **wider ~** contre toute attente; contrairement à toute attente

Erwartung F ‹~; ~en› attente f; (Hoffnung) espérance f; **in froher, gespannter ~ sein** attendre avec joie, impatience; **~en in etw** (akk) **setzen** bâtir, fonder de grandes espérances sur qc; **das übertraf (bei Weitem) s-e ~en** cela dépassa (de beaucoup) ses espérances

erwartungsgemäß ADV comme prévu; **Erwartungshorizont** M espérances fpl; **er-**

E

wartungsvoll ADJ plein d'attente, d'espoir

erwecken V/T ⟨pas de ge-, h.⟩ *Hoffnung, Verdacht, Anteilnahme* éveiller; faire naître; *Vertrauen, Furcht* inspirer; *Gefühle* éveiller; provoquer; *Interesse* éveiller; *Eindruck* donner; *Erinnerung* réveiller; **zu neuem Leben ~** donner une vie nouvelle à; ressusciter

erwehren *geh* V/R ⟨pas de ge-, h.⟩ **sich** (+*gen*) ~ se défendre de; **man konnte sich des Eindrucks nicht ~, dass …** on ne pouvait se défendre de l'impression que …; **ich konnte mich des Lachens nicht ~** je ne pus m'empêcher de rire

erweichen ⟨pas de ge-⟩ V/T ⟨h.⟩ (u. V/I ⟨s.⟩) TECH (s')amollir; (s')adoucir; *fig* attendrir; fléchir; **sich nicht ~ lassen** être inexorable (**durch etw** à qc)

erweisen ⟨irr, pas de ge-, h.⟩ **A** V/T **1** *(beweisen)* prouver; **es ist erwiesen, dass …** il est établi, c'est un fait avéré que … **2** *Achtung, Dankbarkeit* témoigner; manifester; *Gehorsam* montrer; *Dienst, Ehre* rendre; *Gunst* faire; accorder **B** V/R **sich als mutig, wirksam** *etc* ~ se montrer courageux, efficace, *etc*; **sich als notwendig ~** se révéler nécessaire; **es erwies sich als Irrtum** cela se révéla être une erreur; **sich als wahr ~** s'avérer; se confirmer

erweitern ⟨-(e)re, pas de ge-, h.⟩ **A** V/T élargir; *a. Gebiet, Befugnisse etc* étendre; *Geschäft* agrandir; *Kenntnisse a.* enrichir; PHYS, MED dilater; MATH **e-n Bruch ~** porter une fraction à une plus grande expression; **im erweiterten Sinne** par extension; au sens large; **erweiterte Ausgabe** édition augmentée **B** V/R **sich ~** s'élargir; devenir plus large

Erweiterung F ⟨~; ~en⟩ élargissement *m*; *der Befugnisse, Kenntnisse* extension *f*; *e-r Fabrik, e-s Betriebs* agrandissement *m*; PHYS, MED dilatation *f*

Erweiterungsbau M ⟨~(e)s; ~ten⟩ (bâtiment *m*) annexe *f*; **erweiterungsfähig** ADJ qui peut être agrandi; susceptible d'être étendu; **Erweiterungskommissar(in)** M(F) *der EU* commissaire *m/f* à l'élargissement

Erwerb M ⟨~(e)s⟩ **1** *(Kauf, Aneignung)* acquisition *f* **2** *(Verdienst)* gain *m*; *(Broterwerb)* gagne-pain *m*

erwerben ⟨irr, pas de ge-, h.⟩ **A** V/T *Eigentum, Rechte, Kenntnisse etc* acquérir; *Vertrauen, Achtung a.* gagner; **etw käuflich ~** acheter qc; faire l'acquisition de qc **B** V/R **sich** *(dat)* **Verdienste ~** bien mériter (**um** de)

Erwerber M ⟨~s; ~⟩ acquéreur *m*

Erwerbseinkünfte PL revenus professionnels, du travail

erwerbsfähig ADJ capable d'exercer une activité professionnelle, de travailler; **Erwerbsfähigkeit** F ⟨~⟩ capacité *f* d'exercer une activité professionnelle, de travailler

Erwerbsleben N activité professionnelle; **im ~ stehen** participer à la vie active

erwerbslos → arbeitslos

Erwerbsminderung F incapacité partielle de travail; **Erwerbsmöglichkeit** F possibilité *f* d'exercer une activité professionnelle, de travailler; **Erwerbsquelle** F source *f* de revenus

erwerbstätig ADJ **~ sein** exercer une activité professionnelle; **~e Bevölkerung** population active

Erwerbstätige(r) M/F(M) ⟨→ A⟩ personne active, exerçant une activité professionnelle; **Erwerbstätigkeit** F activité rémunérée, professionnelle; **erwerbsunfähig** ADJ invalide; inapte au travail

Erwerbsunfähigkeit F invalidité *f*; incapacité *f* de travail; **vorübergehende, dauernde ~** incapacité *f* de travail temporaire, permanente

Erwerbszweig M branche *f*, secteur *m* de la vie professionnelle

Erwerbung F ⟨~; ~en⟩ acquisition *f*

erwidern V/T ⟨-(e)re, pas de ge-, h.⟩ **1** *(antworten auf)* répondre (**auf** [+*akk*] à); *auf e-n Vorwurf, e-e Ermahnung, Warnung* répliquer (**auf** [+*akk*] à) **2** *Gruß, Besuch etc* rendre; *Gefühl a.* payer de retour

Erwiderung F ⟨~; ~en⟩ réponse *f*; réplique *f*

Erwiderungsschrift F JUR réplique *f*

erwiesen **A** PPERF → erweisen **B** ADJT prouvé; établi; avéré; **etw als ~ ansehen** regarder, considérer qc comme prouvé, établi

erwiesenermaßen ADV comme il a été prouvé

Erwin M ⟨→ n/pr⟩ *prénom*

erwirken V/T ⟨pas de ge-, h.⟩ obtenir

erwirtschaften V/T ⟨-ete, pas de ge-, h.⟩ *Gewinn* réaliser

erwischen *umg* V/T ⟨pas de ge-, h.⟩ **1** *(ertappen)* attraper; *umg* pincer; **j-n bei etw ~** surprendre qn en train de faire qc **2** *(gerade noch zu fassen bekommen)* attraper; **ihn hat's erwischt** *(er ist krank) umg* il a chopé un bon rhume, une bonne grippe, *etc*; *(er ist tot)* il n'en a pas réchappé; *hum (er ist verliebt) umg* il est mordu

erwog(en) → erwägen

erwünscht ADJT *(gewünscht)* souhaité; désiré; *(wünschenswert)* souhaitable; **Englischkenntnisse ~** connaissance de l'anglais souhaitée; **du bist hier nicht ~** ta présence est indésirable

erwürgen V/T ⟨pas de ge-, h.⟩ étrangler

Erz N ⟨~es; ~e⟩ **1** GEOL minerai *m* **2** *liter* airain *m*; **aus ~** d'airain

Erzader F veine *f*, filon *m* (métallique)

erzählen V/T ⟨pas de ge-, h.⟩ raconter; conter; *oft* dire; **j-m von etw ~** parler de qc à qn; **ich habe mir ~ lassen …** je me suis laissé dire …; **wem ~ Sie das!** à qui le dites-vous!; *umg* **du kannst mir viel ~!** à d'autres!; *umg* **dem werd ich was ~** je vais lui dire son fait; *umg* il aura affaire à moi!

erzählenswert ADJ qui vaut la peine d'être raconté

Erzähler(in) M ⟨~s; ~⟩ (F) ⟨~in; ~innen⟩ narrateur, -trice *m,f*; conteur, -euse *m,f*; **erzählerisch** ADJ narratif, -ive; **Erzählkunst** F ⟨~⟩ art narratif; **Erzählung** F ⟨~; ~en⟩ narration *f*; récit *m*; *(Märchen)* conte *m*; *(Geschichte)* histoire *f*; *(Novelle)* nouvelle *f*

Erzbischof M archevêque *m*; **erzbischöflich** ADJ archiépiscopal; **Erzbistum** N archevêché *m*; **Erzdiakon** M archidiacre *m*; **Erzdiözese** F → Erzbistum; **Erzengel** M archange *m*

erzeugen V/T ⟨pas de ge-, h.⟩ *landwirtschaftliche Produkte, Stahl, Energie, Töne etc* produire (*a. fig Eindruck, Gefühl*); *Energie a.* engendrer; *(herstellen)* fabriquer; LING générer

Erzeuger M ⟨~s; ~⟩ **1** *(Produzent)* producteur *m* **2** *(Vater)* géniteur *m*; **Erzeugerland** N pays producteur; **Erzeugerpreis** M prix *m* à la production

Erzeugnis N ⟨~ses; ~se⟩ produit *m*; **literarisches ~** œuvre *f* littéraire

Erzeugung F production *f*; fabrication *f*; *von Energie*, LING *a.* génération *f*

Erzfeind M ennemi juré, mortel

Erzgang M filon *m*, veine *f* (métallique)

Erzgebirge N **das ~** l'Erzgebirge *m*; les monts *mpl* Métallifères

Erzgewinnung F extraction *f*, exploitation *f* de minerai; **Erzgrube** F mine *f* (métallique); **erzhaltig** ADJ métallifère

Erzherzog(in) M(F) archiduc, -duchesse *m,f*; **erzherzoglich** ADJ archiducal; **Erzherzogtum** N archiduché *m*

erziehbar ADJ éducable; **ein schwer ~es Kind** un enfant caractériel

erziehen V/T ⟨irr, pas de ge-, h.⟩ élever; éduquer; **ein Kind antiautoritär ~** donner à un enfant une éducation antiautoritaire; **ein Kind zu umweltbewusstem Verhalten ~** élever un enfant dans le respect de l'environnement; **j-n zum Lügner ~** faire de qn un menteur; **schlecht erzogen sein** être mal élevé

Erzieher(in) M ⟨~s; ~⟩ (F) ⟨~in; ~innen⟩ éducateur, -trice *m,f* (*a. Berufsbezeichnung*); *(Hauslehrer[in])* précepteur, -trice *m,f*; **erzieherisch** ADJ éducatif, -ive; éducateur, -trice; pédagogique; **Erziehung** F ⟨~⟩ éducation *f*

Erziehungsanstalt F établissement *m* d'éducation surveillée; **Erziehungsberater(in)** M(F) conseiller, -ère *m,f* en matière d'éducation; **Erziehungsberatungsstelle** F centre *m* de conseil en matière d'éducation; **Erziehungsberechtigte(r)** M/F(M) ⟨→ A⟩ personne chargée de l'éducation; **Erziehungsgeld** N *etwa* allocation parentale d'éducation; **Erziehungsgewalt** F pouvoir *m* d'éducation; **Erziehungsheim** N établissement *m* d'éducation surveillée; **Erziehungsjahr** N année *f* de congé parental; **Erziehungsmaßnahme** F mesure éducative; **Erziehungsmethode** F méthode *f* d'éducation, pédagogique; **Erziehungsrecht** N droit *m* d'éducation; **Erziehungsschwierigkeiten** FPL difficultés *fpl* d'éducation; **Erziehungsurlaub** M ADMIN *bis zum Jahr 2000* congé parental d'éducation; **Erziehungswesen** N ⟨~s⟩ instruction *f* publique; **Erziehungswissenschaft** F pédagogie *f*; **Erziehungszeit** *f* **1** *(Kindererziehungszeit)* durée *f* des congés parentaux d'éducation **2** *zur Rentenberechnung* période *f* donnant droit à l'allocation parentale d'éducation

erzielen V/T ⟨pas de ge-, h.⟩ *Preise, Ergebnis, Erfolg etc* obtenir; *Gewinn a.* réaliser; *Treffer* marquer; *Einigung* arriver à; parvenir à; **Erzielung** F ⟨~⟩ obtention *f*; *von Gewinn* réalisation *f*

erzittern V/I ⟨-(e)re, pas de ge-, s.⟩ (se mettre à) trembler; *Person a.* frémir

erzkonservativ ADJ ultra-conservateur, -trice

Erzlügner M fieffé menteur

erzogen PPERF → erziehen

Erzrivale M éternel rival

erzürnen ⟨pas de ge-, h.⟩ **A** V/T mettre en colère; irriter; fâcher **B** V/R **sich ~** se mettre en colère; **sich darüber ~, dass …** s'irriter de ce que … (+*subj*)

Erzverhüttung F traitement *m* du minerai (pour la fonte)

erzwingen V/T ⟨irr, pas de ge-, h.⟩ forcer; obtenir de *od* par force; **etw von j-m ~** obtenir qc de qn par (la) force; **e-e Entscheidung ~** forcer les choses; **Gehorsam ~** se faire obéir de force; **ein Geständnis ~** extorquer, arracher un aveu (**von** à); *Gefühle* **sich nicht ~ lassen** ne pas se commander

Erzwingungshaft F JUR contrainte *f* par corps; **Erzwingungsverfahren** N JUR procédure coercitive

erzwungenermaßen ADV sous la contrainte; par force

es, …'s PERS PR **A** *als Subjekt* **1** il *bzw.* elle; *vor v/unpers* il; on; **~ regnet** il pleut; **~ klopft** on frappe **2** *in einleitenden Wendungen oft nicht übersetzt* **~ spielt das Orchester X** (avec l')orchestre X; **~ sprechen …** prendront la parole …; **~ fehlen zwei Bücher** il manque deux livres **3** *in Verbindung mit „sein": es ist + adj wenn etw folgt* il est; *wenn etw vorhergeht* c'est; cela est; **~ ist offensichtlich, dass …** il est évident que …; ~ **war einmal** il était une fois **4** *in Verbindung mit „sein" vor subst der Zeit* il; *vor subst mit Artikel* c'est; ~ **ist Zeit** il est temps; ~ **ist ein Junge!** c'est un garçon! **B** *als Objekt* **1** le *bzw.* la; *nach Verben, die im Französischen den gen bzw. dat regieren* en *bzw.* y; **ich habe ~ satt** j'en ai assez; **ich bin ~ gewöhnt** j'y suis habitué **2** *als Hinweis oft nicht übersetzt* **ich halte ~ für unnötig zu** (*+inf*) je trouve inutile de (*+inf*) **3** *in Verbindung mit „sein"*: **ich bin's, er ist's, wir sind's** c'est moi, lui, nous **4** *als Ersatz od Ergänzung des Prädikats* le; **ich hoffe ~!** je l'espère!; **er ist reich, ich bin ~ nicht** il est riche, je ne le suis pas **5** *in festen Wendungen* **da haben wir's!** nous y voilà!; *Idee etc* **ich hab's!** ça y est!

Es[1] N ⟨~; ~⟩ PSYCH ça *m*

Es[2], **es** N ⟨Es, es; Es, es⟩ MUS mi *m* bémol

ESA F ⟨~⟩ ABK (*European Space Agency; Europäische Weltraum-Organisation*) ESA *f* (Agence spatiale européenne)

Esau M ⟨→ *n/pr*⟩ BIBEL Ésaü *m*

Esc ABK (Escudo) HIST ESC (escudo)

Escape-Taste F touche *f* échappe

Eschatologie F ⟨~; ~n⟩ eschatologie *f*; **eschatologisch** ADJ eschatologique

Esche F ⟨~; ~n⟩ BOT frêne *m*

Escudo M ⟨~(s); ~(s)⟩ HIST *Währung* escudo *m*

Esel M ⟨~s; ~⟩ âne *m*; (*Zuchtesel*) *umg* baudet *m*; **wilder ~** onagre *m*; *umg* **du ~!** *umg* espèce *f* d'âne!; *umg* **du alter ~!** *umg* bourrique!; *sprichw* **wenn es dem ~ zu wohl wird, geht er aufs Eis (tanzen)** qui se sent trop gai devient imprudent

Eselei *umg* F ⟨~; ~en⟩ ânerie *f*

Eselin F ⟨~; ~nen⟩ ânesse *f*

Eselsbrücke *umg* F (*Gedächtnisstütze*) moyen *m*, truc *m* mnémotechnique; (*Verstehenshilfe*) guide-âne *m*; (*unerlaubte Prüfungshilfe*) *umg* antisèche *f*; **j-m e-e ~ bauen** aider qn à comprendre, à mémoriser (qc)

Eselsohr *umg* N *im Buch* corne *f*; **ein Buch mit ~en** un livre écorné

Eselsrücken M **1** *vom Esel* dos *m* d'âne **2** BAU (arc *m* en) accolade *f*; **Eselstreiber** M ⟨~s; ~⟩ ânier *m*

Eskalation F ⟨~; ~en⟩ escalade *f*; **eskalieren** ⟨*pas de ge-*⟩ **A** V/T ⟨h.⟩ provoquer l'escalade de **B** V/I ⟨s.⟩ dégénérer (**zu** en)

Eskapade F ⟨~; ~n⟩ (*Abenteuer*) équipée *f*; aventure *f*; (*Dummheit*) frasque *f*; (*Seitensprung*) infidélité *f*

Eskimo M ⟨~(s); ~(s)⟩ Esquimau *m*; **Eskimofrau** F Esquimaude *f*

Eskorte F ⟨~; ~n⟩ escorte *f*; **eskortieren** V/T ⟨*pas de ge-*, h.⟩ escorter

Esoterik F ⟨~⟩ ésotérisme *m*; **esoterisch** ADJ ésotérique

ESP® N ⟨~⟩ ABK (elektronisches Stabilitätsprogramm) AUTO ESP® (électro-stabilisateur programmé) *m*

Espe F ⟨~; ~n⟩ BOT tremble *m*

Espenlaub N **wie ~ zittern** trembler comme une feuille

Esperanto N ⟨~(s)⟩ espéranto *m*

Espresso M ⟨~(s); ~s *ou* -ssi, *mais* 2 ~⟩ express *m*; **Espressomaschine** F (cafetière *f*) express *m*; *in Gaststätten a.* percolateur *m*

Essay M *od* N ⟨~s; ~s⟩ essai *m*; **Essayist(in)** M ⟨~en; ~en⟩ (F) ⟨~in; ~innen⟩ essayiste *m/f*; **essayistisch** ADJ sous forme d'essai

essbar ADJ comestible; mangeable; **~e Pilze** *mpl* champignons *mpl* comestibles; *umg* **hast du etwas Essbares im Haus?** as-tu de quoi manger chez toi?

Essbesteck N couvert *m*

Esse F ⟨~; ~n⟩ *regional* cheminée *f*

Essecke F coin *m* repas

essen V/T *u.* V/I ⟨du isst, er isst, aß, gegessen, h.⟩ manger; prendre son repas; **zu Mittag ~** déjeuner; **zu Abend ~** dîner; *vornehm* souper; **kalt, warm ~** prendre un repas froid, chaud; **gern Austern ~** aimer les huîtres; **sich satt ~** manger à sa faim; se rassasier; **den Teller leer ~** vider son assiette; **~ gehen** aller au restaurant; **chinesisch** *etc* **~ gehen** aller manger dans un restaurant chinois, *etc*; *umg* aller manger chez un chinois, *etc*; *sprichw umg* **selber ~ macht fett** *sprichw* charité bien ordonnée commence par soi-même; *sprichw* **es wird nichts so heiß gegessen, wie es gekocht wird** tout s'arrange à la longue

Essen N ⟨~s; ~⟩ **1** (*Mahlzeit*) repas *m*; (*Nahrung*) nourriture *f*; **das ~ wird kalt** le repas refroidit; **das ~ hier ist gut** on mange bien ici; **j-n zum ~ einladen** inviter qn à manger; **~ auf Rädern** *service social de livraison de repas à domicile* **2** ⟨*sans pl*⟩ **~ und Trinken** le boire et le manger

Essen(s)ausgabe F distribution *f* de repas;

Essen(s)marke F ticket *m* repas; ticket *m* restaurant

Essenszeit F heure *f* des repas *bzw.* du déjeuner *bzw.* du dîner

essentiell ADJ → essenziell

Essenz F ⟨~; ~en⟩ **1** CHEM, PHARM essence *f*; (*Destillat*) *a.* huile essentielle **2** ⟨*sans pl*⟩ *a.* PHIL essence *f*

essenziell ADJ *a. fig* essentiel, -ielle

Esser(in) M ⟨~s; ~⟩ (F) ⟨~in; ~innen⟩ mangeur, -euse *m,f*; **ein guter ~ sein** être un gros mangeur

Essgeschirr N service *m* de table; (*Kochgeschirr*) gamelle *f*; **Essgewohnheiten** FPL habitudes *fpl* alimentaires

Essig M ⟨~s; ~e⟩ vinaigre *m*; **mit ~ anmachen** assaisonner avec du *od* au vinaigre; vinaigrer; **in ~ einlegen** mettre, confire dans du vinaigre; **mit ~ und Öl angemacht** à la vinaigrette; *umg* **damit ist es ~!** *umg* c'est raté, fichu!

Essigessenz F vinaigre concentré; **Essiggurke** F cornichon *m* (au vinaigre)

essigsauer ADJ acétique; **essigsaures Salz** acétate *m*; **essigsaure Tonerde** acétate *m* d'aluminium

Essigsäure F acide *m* acétique; **Essig-und-Öl-Ständer** M huilier *m*

Esskastanie F marron *m*; **Esskohle** F charbon demi-gras; **Esskultur** F raffinements *mpl* de la table

Esslöffel M cuillère *od* cuiller *f* à soupe; **e-n ~ voll** une cuillerée à soupe (de)

Essstörung F trouble *m* du comportement alimentaire; **Esstisch** M table *f* (de salle à manger); **Esswaren** FPL denrées *fpl*, produits *mpl* alimentaires; nourriture *f*; **Esszimmer** N salle *f* à manger

Este M ⟨~n; ~n⟩, **Estin** F ⟨-in; -innen⟩ Estonien, -ienne *m,f*

Ester M ⟨~s; ~⟩ CHEM ester *m*

Esther F ⟨→ *n/pr*⟩ *prénom*; BIBEL Esther *f*

Estland N ⟨→ *n/pr*⟩ l'Estonie *f*; **estländisch** ADJ estonien, -ienne

estnisch ADJ estonien, -ienne; **die ~e Sprache** la langue estonienne; l'estonien *m*

Estragon M ⟨~s⟩ estragon *m*

Estrich M ⟨~s; ~e⟩ **1** *Boden* chape *f* de ciment; **schwimmender ~** aire flottante **2** *schweiz* grenier *m*

etablieren V/T (*u.* V/R) ⟨*pas de ge-*, h.⟩ **(sich) ~** (s')établir; **etabliert** ADJ établi; en place;

Etablierung F ⟨~⟩ établissement *m*

Etablissement N ⟨~s; ~s⟩ **1** *geh* (*Geschäft*) établissement *m* **2** (*Bordell*) maison close

Etage F ⟨~; ~n⟩ étage *m*

Etagenbett N lits superposés; **etagenförmig** ADJ en étages; **Etagenheizung** F chauffage central d'étage, d'appartement;

Etagenwohnung F appartement *m*

Etappe F ⟨~; ~n⟩ étape *f* (*a.* SPORT, *fig*); MIL arrière(s) *m(pl)*

Etappenhengst *umg pej* M MIL embusqué *m*; *umg* planqué *m*; **Etappensieg** M SPORT victoire *f* d'étape; **Etappensieger** M SPORT vainqueur *m* d'étape; **etappenweise** ADV par étapes; **Etappenziel** N arrivée *f* d'une étape

Etat M ⟨~s; ~s⟩ budget *m*; **Etatberatung** F discussion *f* du budget; **Etatentwurf** M projet *m* de budget; **Etatkürzung** F compressions *fpl* budgétaires; réduction *f* du budget

etatmäßig ADJ budgétaire; *Beamter* occupant un poste budgétaire; **nicht ~** extra-budgétaire

Etatüberschreitung F dépassement *m* budgétaire

etc. ABK (et cetera) etc. (et cetera)

et cetera et cetera; *hum* **~ pp.** et tutti quanti

etepetete *umg* ADJ (*geziert*) maniéré; affecté; *umg* chichiteux, -euse

Eternit® N *od* M ⟨~s⟩ fibrociment® *m*

ETH F ⟨~⟩ ABK (Eidgenössische Technische Hochschule) E.P.F. *f* (École polytechnique fédérale)

Ethan N ⟨~s⟩ CHEM éthane *m*

Ethanol N ⟨~s⟩ CHEM éthanol *m*

Ethik F ⟨~⟩ éthique *f*; **Ethikkommission** F comité *m* d'éthique; **Ethikunterricht** M (cours *m* d')éthique *f*

ethisch ADJ éthique

Ethnie F ⟨~; ~n⟩ VÖLKERKUNDE ethnie *f*

ethnisch ADJ ethnique

Ethnograf(in) M ⟨~en; ~en⟩ (F) ⟨~in; ~innen⟩ ethnographe *m/f*; **Ethnografie** F ⟨~; ~n⟩ ethnographie *f*; **ethnografisch** ADJ ethnographique; **Ethnograph(in)**, **Ethnographie**, **ethnographisch** → Ethnograf(in), Ethnografie, ethnografisch;

Ethnologe M ⟨~n; ~n⟩, **Ethnologin** (F) ⟨-in; -innen⟩ ethnologue *m/f*; **Ethnologie** F ⟨~⟩ ethnologie *f*; **ethnologisch** ADJ ethnologique

Ethos N ⟨~⟩ principes moraux; conception morale

E-Ticket N *für Flüge, Messen* billet *m* électronique

Etikett N ⟨~(e)s; ~en *ou* ~e *ou* ~s⟩ étiquette *f*; *fig* **j-n, etw mit e-m ~ versehen** étiqueter qn, qc

Etikette[1] F ⟨~; ~n⟩ *österr, schweiz* → Etikett

Etikette[2] F ⟨~⟩ (*Förmlichkeit*) étiquette *f*; **gegen die ~ verstoßen** manquer à l'étiquette

Etikettenschwindel *pej* M fraude *f* sur les étiquettes

etikettieren V/T ⟨*pas de ge-*, h.⟩ étiqueter

Etikettiermaschine F étiqueteuse *f*; machine *f* à étiqueter; **Etikettierung** F ⟨~; ~en⟩ étiquetage *m*

etliche INDEF PR quelques; *geh* maint(e)s; *substantivisch* quelques-un(e)s; **~s** plusieurs choses

Etrusker(in) M ⟨~s; ~⟩ (F) ⟨~in; ~innen⟩ Étrusque *m/f*; **etruskisch** ADJ étrusque

Etsch ⟨→ *n/pr*⟩ **die ~** *Fluss* l'Adige *m*

Etüde F ⟨~; ~n⟩ MUS étude *f*

Etui N ⟨~s; ~s⟩ étui *m*; *für Schmuck* écrin *m*

etwa ADV **1** (*ungefähr*) environ; à peu près; approximativement; **in ~** à peu près; en quelque sorte; dans une certaine mesure; **in ~ vierzehn Tagen** dans une quinzaine de jours; **~ fünfzig Personen** *a.* une cinquantaine de personnes; **~ zehn Pfund** *a.* dans les dix livres **2** (*vielleicht*) peut-être; **bist du ~ krank?** serais-tu malade par hasard?; **denken Sie nicht ~, dass** … n'allez surtout pas penser que …; **nicht ~,**

dass ... non pas que ...; ce n'est pas que ...; **wollen Sie damit ~ sagen, dass ...?** vous ne voulez quand même pas dire que ...? B (*zum Beispiel*) par exemple
etwaig ADJ ‹*épithète*› éventuel, -elle
etwas A INDEF PR quelque chose; *verneint* rien; **~ Merkwürdiges** quelque chose de curieux; **~ zum Lesen** de quoi lire; **so ~ Dummes!** quelle idiotie!; **das ist ~ anderes** c'est autre chose; **das ist immerhin ~** c'est déjà ça (de pris, de gagné); **ohne ~ zu sagen** sans rien dire; **es zu ~ bringen** faire son chemin; réussir; **so ~ habe ich noch nie gesehen** je n'ai jamais rien vu de pareil, de semblable; **so ~ wie ...** quelque chose comme ...; une espèce de ...; **nein, so ~!** ça, alors!; ça, par exemple; *umg* **sie haben ~ miteinander** ils ont une liaison; → irgendetwas B ADV un peu; quelque peu (+*adj*); **das ist ~ besser** c'est un peu mieux; **hast du ~ Geld?** tu as un peu d'argent?
Etwas N ‹~› **ein gewisses ~** un petit quelque chose; un je-ne-sais-quoi; **sie hat das gewisse ~** *umg* elle a du chien
Etymologe M ‹~n; ~n›, **Etymologin** F ‹-in; -innen› LING étymologiste *m/f*; **Etymologie** F ‹~; ~n› étymologie *f*; **etymologisch** ADJ étymologique
Etymon N ‹~s; -ma› LING étymon *m*
Et-Zeichen N esperluette *f*
Etzel M ‹→ *n/pr*› HIST Attila *m*
EU ‹~› ABK (Europäische Union) **die ~** l'UE *f* (Union européenne); *in Zssgn* → EG-Binnenmarkt *etc*
EU-Beitritt M adhésion *f* à l'Union européenne; **EU-Bestimmung** F POL disposition européenne
Euböa N ‹→ *n/pr*› GEOG l'Eubée *f*
euch PERS PR (*dat et akk de* ihr) (à) vous; **sie kennt ~** elle vous connaît; **das gehört ~** c'est à vous; **von ~** (*eurerseits*) de votre part
Eucharistie F ‹~; ~n› KATH eucharistie *f*; **eucharistisch** ADJ eucharistique
euer A POSS PR 1 ADJT (F *et* PL eure) votre, *pl* vos; *am Briefschluss* **Euer Hans** Jean; *in Titeln* **Eure** Votre 2 SUBST **der, die, das eure** *od* **Eure** *bzw.* la vôtre; *geh* **die euren** *od* **Euren** les vôtres; votre famille B *geh* PERS PR (*gen de* ihr) de vous
EU-Erweiterung F POL élargissement *m* de l'UE
Eufonie F ‹~; ~n› *bes* MUS, LING euphonie *f*
Eugen M ‹→ *n/pr*› *prénom*
Eugenik F ‹~› eugénique *f*; eugénisme *m*; **eugenisch** ADJ eugénique
EuGH M ‹~› ABK (Europäischer Gerichtshof) CJUE (Cour de justice de l'Union européenne) *f*
Eukalyptus M ‹~; ~ *ou* -ten› eucalyptus *m*; **Eukalyptusöl** N essence *f* d'eucalyptus
EU-Kommissar(in) M(F) commissaire *m/f* européen, éenne; **EU-Kommission** F Commission européenne; **EU-Land** N pays *m* (membre) de l'UE
Eule F ‹~; ~n› chouette *f*; *mit Federohren a.* °hibou *m*; **~n nach Athen tragen** porter de l'eau à la rivière
EU-Mitgliedsstaat M État *m* membre de l'Union européenne; **EU-Norm** F norme européenne
Eunuch(e) M ‹Eunuchen; Eunuchen› eunuque *m*
Euphemismus M ‹~; -men› euphémisme *m*; **euphemistisch** A ADJ euphémique B ADV par euphémisme
Euphonie F → Eufonie
Euphorbia F ‹~; -ien› BOT euphorbe *f*; euphorbia *m*
Euphorie F ‹~; ~n› euphorie *f*
euphorisch ADJ euphorique
Euphrat ‹→ *n/pr*› **der ~** GEOG l'Euphrate *m*
EUR ABK (Euro) EUR (euro)
Eurasien N ‹→ *n/pr*› l'Eurasie *f*; **Eurasier(in)** M ‹~s; ~› (F) ‹~in; ~innen› Eurasien, -ienne *m,f*; **eurasisch** ADJ eurasiatique
Euratom F ‹~› Euratom *f*
eure(r) → euer
eurerseits ADV de votre côté; de votre part
euresgleichen PRON vos pareil(le)s, semblables
euretwegen ADV 1 (*wegen euch*) à cause de vous 2 (*euch zuliebe*) pour vous 3 (*von euch aus*) en ce qui vous concerne; quant à vous
euretwillen ADV **um ~** (par égard) pour vous
EU-Richtlinie F directive *f* de l'UE
Euridike F ‹→ *n/pr*› MYTH Euridice *f*
eurige *geh* POSS PR **der, die, das ~** *od* **Eurige** le *bzw.* la vôtre; **die ~n** *od* **Eurigen** les vôtres
Euripides M ‹→ *n/pr*› *Tragiker* Euripide *m*
Euro M ‹~(s); ~(s), *mais* 5 ~› *Währung* euro *m*
Euro... IN ZSSGN euro...; Euro...; **Euroanleihe** F, **Eurobond** M ‹-bonds; -bonds› FIN euro-obligation *f*; **Eurocent** M (*hundertster Teil des Euros*) cent(ime) *m* (d'euro)
Eurocheque M ‹~s; ~s› eurochèque *m*; **Eurochequekarte** F carte *f* eurochèque
Eurocity M ‹~s; ~s›, **Eurocityzug** M Eurocity *m*; **Eurodollar** M eurodollar *m*; **Eurokommunismus** M eurocommunisme *m*; **Eurokorps** N ‹~› MIL Eurocorps *m*
Eurokrat(in) M ‹~en; ~en› (F) ‹~in; ~innen› eurocrate *m/f*
Euroland N ‹~(e)s› POL zone *f* euro; **Euromarkt** M euromarché *m*; **Euronorm** F norme européenne
Europa N ‹→ *n/pr*› l'Europe *f*; **Europaabgeordnete(r)** M/F(M) eurodéputé(e) *m(f)*; **Europacup** M coupe *f* d'Europe
Europäer(in) M ‹~s; ~› (F) ‹~in; ~innen› Européen, -éenne *m,f*
Europaflagge F drapeau *m* de l'Europe; **Europagedanke** M idée européenne
europäisch ADJ européen, -éenne; d(e l)'Europe; HIST **die Europäische Gemeinschaft** la Communauté européenne; **das Europäische Parlament** le Parlement européen; **der Europäische Sozialfonds** le Fonds social européen; HIST **die Europäische Wirtschaftsgemeinschaft** la Communauté économique européenne; **der Europäische Wirtschaftsrat** l'Organisation européenne de coopération économique; HIST **die Europäische Zahlungsunion** l'Union européenne des paiements; → *a.* Union
europäisieren V/T ‹*pas de ge-*, h.› européaniser; **Europäisierung** F ‹~; ~en› européanisation *f*
Europa League F ‹~› FUSSBALL Ligue *f* Europa
Europameister(in) M(F) champion, -ionne *m,f* d'Europe; **Europameisterschaft** F championnat *m* d'Europe; **Europaminister** M ministre *m* des Affaires européennes; **Europaparlament** N Parlement européen; **Europapass** M passeport européen; **Europapokal** M coupe *f* d'Europe; **Europapolitik** F politique européenne; **Europarat** M ‹~(e)s› Conseil *m* de l'Europe; **Europastraße** F route européenne; **Europawahl** F élections européennes; **europaweit** A ADJ pour, dans toute l'Europe B ADV dans toute l'Europe
Europol F ‹~› Europol *f*; **Euroscheck** → Eurocheque; **Eurosignal** N Eurosignal *m*; **Euroskepsis** F euroscepticisme *m*; **Euroskeptiker(in)** M(F) eurosceptique *m/f*; **euroskeptisch** ADJ eurosceptique; **Eurostar®** M ‹~s; ~s› BAHN Eurostar® *m*; **Eurotunnel** M ‹~s› eurotunnel *m*; **Eurovision** F Eurovision *f*; **Eurozone** F ‹~› WIRTSCH zone *f* euro
eustachisch ADJ ANAT **~e Röhre** trompe *f* d'Eustache
Euter N ‹~s; ~› pis *m*
Euthanasie F ‹~› euthanasie *f*
EU-Verfassung F ‹~› Constitution européenne; **EU-Verordnung** F règlement *m* de l'UE; **EU-weit** ADJ *u.* ADV dans toute l'Union européenne
eV ABK (Elektronenvolt) eV (électron-volt)
ev. ABK (evangelisch) protestant
e. V., E. V. ABK (eingetragener Verein) association déclarée
Eva F ‹→ *n/pr*› *prénom*; BIBEL Ève *f*
evakuieren V/T ‹*pas de ge-*, h.› évacuer; **Evakuierung** F ‹~; ~en› évacuation *f*
Evangelienbuch N évangéliaire *m*
evangelisch ADJ 1 (*protestantisch*) protestant 2 (*das Evangelium betreffend*) évangélique; **Evangelist** M ‹~en; ~en› évangéliste *m*
Evangelium N ‹~s; -ien› Évangile *m*; **das ~ des Matthäus** l'Évangile selon saint Matthieu; *fig* **das ist ein ~ für ihn** c'est parole d'évangile pour lui
Evaporation F ‹~; ~en› PHYS évaporation *f*; **evaporieren** V/T ‹*pas de ge-*, h.› évaporer
Evaskostüm N *hum* **im ~** dans le plus simple appareil
Evastochter F *hum* fille *f* d'Ève
Event *umg* M *od* N ‹~s; ~s› événement *m*
Eventualität F ‹~; ~en› éventualité *f*
Eventualverpflichtung F obligation éventuelle
eventuell A ADJ ‹*épithète*› éventuel, -elle B ADV éventuellement
evident *geh* ADJ évident; **Evidenz** *geh* F ‹~› évidence *f*
Evolution F ‹~; ~en› évolution *f*; **evolutionär** ADJ évolutif, -ive; **Evolutionstheorie** F théorie *f* de l'évolution; évolutionnisme *m*
evozieren *geh* V/T ‹*pas de ge-*, h.› évoquer
evtl. ABK (eventuell) éventuel(lement)
E-Werk → Elektrizitätswerk
EWG F ‹~› HIST ABK (Europäische Wirtschaftsgemeinschaft) CEE *f* (Communauté économique européenne)
ewig A ADJ éternel, -elle (*a.* REL); *umg fig, oft pej* perpétuel, -elle; *pej* sempiternel, -elle; PHIL **der ~e Frieden** la paix perpétuelle; **das ~e Licht** la lampe du Saint-Sacrement; **die Ewige Stadt** la Ville éternelle; **seit ~en Zeiten** depuis une éternité B ADV éternellement; perpétuellement; à jamais; **auf ~** pour toujours; *umg* **~ dauern, bleiben** s'éterniser; *umg* **das dauert ja ~** cela dure une éternité; *umg* **es ist ~ schade** c'est vraiment, réellement dommage
Ewigkeit F ‹~; ~en› éternité *f*; **bis in alle ~** à (tout) jamais; pour toujours; REL **in ~** dans (tous) les siècles des siècles; *umg* **das dauert ja e-e ~** cela dure une éternité; *umg* **es ist e-e ~ her, seit ...** il y a une éternité que ...
Ewigweibliche(s) N ‹→ A› **das ~** l'éternel féminin
EWR M ‹~› ABK (Europäischer Wirtschaftsraum) **der ~** l'Espace économique européen
EWS N ‹~› ABK (Europäisches Währungssystem) SME *m* (Système monétaire européen)
EWU F ‹~› ABK (Europäische [Wirtschafts- und] Währungsunion) UEM *f* (Union économique et monétaire)
ex *umg* ADV **~ trinken** *umg* faire cul sec; **~!** *umg* cul sec!
Ex M/F ‹~; ~› *umg* (*frühere[r] Partner[in]*) *umg* ex

m/f

Ex. ABK (Exemplar) exemplaire

Ex... IN ZSSGN ex-...

exakt A ADJ exact; *(präzise)* précis; **die ~en Wissenschaften** les sciences exactes B ADV exactement; précisément; **~ (um) 14 Uhr** à 14 heures précises; **~!** exactement!; (c'est) exact!

Exaktheit F ⟨~⟩ exactitude *f*; *(Präzision)* précision *f*

exaltiert ADJ exalté; démesuré; **Exaltiertheit** F ⟨~⟩ exaltation *f*

Examen N ⟨~s; ~ *ou* -mina⟩ examen *m*; **das mündliche ~** les épreuves orales; l'oral *m*; **das schriftliche ~** les épreuves écrites; l'écrit *m*; **ein ~ ablegen, machen** passer, subir un examen; **das ~ bestehen** être reçu à, réussir (à) l'examen; **im ~ durchfallen** échouer à l'examen; **im ~ stehen** être en période d'examens; *umg* **~ haben** avoir un examen

Examensangst F *umg* trac *m* (avant ou pendant un examen); **Examensarbeit** F *etwa* dissertation *f*; **Examensaufgabe** F sujet *m*, devoir *m* d'examen; **Examenskandidat(in)** M(F) candidat(e) *m(f)* (à un examen)

examinieren V/T ⟨*pas de ge-*, h.⟩ **j-n in etw** *(dat)*, **über etw** *(akk)* **~** examiner qn en, sur qc; **examinierte Erzieherin** éducatrice diplômée

Exanthem N ⟨~s; ~e⟩ MED exanthème *m*

Exegese F ⟨~; ~n⟩ exégèse *f*; **Exeget** M ⟨~en; ~en⟩ exégète *m*; **exegetisch** ADJ exégétique

exekutieren V/T ⟨*pas de ge-*, h.⟩ exécuter

Exekution F ⟨~; ~en⟩ exécution *f*

Exekutionskommando N peloton *m* d'exécution

exekutiv ADJ exécutif, -ive

Exekutive F ⟨~; ~n⟩, **Exekutivgewalt** F POL (pouvoir) exécutif *m*; **Exekutivorgan** N POL organe exécutif

Exempel N ⟨~s; ~⟩ exemple *m*; **ein ~ statuieren** faire un exemple

Exemplar N ⟨~s; ~e⟩ exemplaire *m*; spécimen *m*

exemplarisch ADJ exemplaire; **~ für etw sein** être typique, caractéristique de qc

Exequien PL KATH obsèques (religieuses)

exerzieren ⟨*pas de ge-*, h.⟩ A V/T *(üben)* s'exercer à *(+inf)* B V/I MIL faire l'exercice

Exerzierplatz M MIL champ *m* d'exercices, de manœuvre

Exerzitien PL KATH retraite *f*

Ex-Europameister(in) M SPORT ancien, -ienne champion, -ionne *m,f* d'Europe; ex--champion, -ionne *m,f* d'Europe

Exfrau *umg* F *umg* ex-femme *f*

Exhibitionismus M ⟨~⟩ exhibitionnisme *m*; **Exhibitionist(in)** M ⟨~en; ~en⟩ (F) ⟨~in; ~innen⟩ exhibitionniste *m/f*

exhumieren V/T ⟨*pas de ge-*, h.⟩ exhumer; **Exhumierung** F ⟨~; ~en⟩ exhumation *f*

Exil N ⟨~s; ~e⟩ exil *m*; **ins ~ gehen** s'exiler; **ins ~ schicken** exiler

Exilheimat F terre *f*, pays *m* d'asile; **Exilliteratur** F littérature *f* de l'exil; **Exilregierung** F gouvernement *m* en exil

existent ADJ existant; qui existe

Existentialismus *etc* → Existenzialismus *etc*

Existenz F ⟨~; ~en⟩ 1 ⟨*sans pl*⟩ *(Vorhandensein, Dasein)* existence *f* 2 *(Lebensgrundlage)* situation *f*; vie *f*; **sich** *(dat)* **e-e ~ aufbauen** bâtir son avenir; **sich** *(dat)* **e-e neue ~ aufbauen** se refaire une nouvelle vie, existence; **keine sichere ~ haben** mener une vie précaire; **s-e ~ als Schriftsteller ist bedroht** sa situation d'écrivain est menacée 3 *pej (Person)* individu *m*; *umg* **verkrachte ~** raté(e) *m(f)*; **zweifelhafte, dunkle ~en** des gens douteux

Existenzangst F PHIL, PSYCH angoisse existentielle; **Existenzbedingungen** FPL conditions *fpl* d'existence; **existenzberechtigt** ADJT *Staat etc* qui a droit à l'existence; *Einrichtung* qui est en droit d'exister; *Person* qui a le droit de vivre; **Existenzberechtigung** F droit *m* à l'existence; raison *f* d'être; **existenzfähig** ADJ viable; **Existenzfrage** F question vitale, de vie ou de mort; **Existenzgründer(in)** M(F) créateur, -trice *m,f* d'entreprise; **Existenzgrundlage** F bases *fpl* d'une existence; assise matérielle; **Existenzgründung** F création *f* d'entreprise

Existenzialismus M ⟨~⟩ existentialisme *m*; **Existenzialist(in)** M ⟨~en; ~en⟩ (F) ⟨~in; ~innen⟩ existentialiste *m/f*

existenzialistisch ADJ existentialiste; **existenziell** ADJ existentiel, -ielle

Existenzkampf M lutte *f* pour la vie, pour l'existence

Existenzminimum N minimum vital; **am Rande des ~s leben** avoir tout juste le minimum vital

Existenzphilosophie F philosophie *f* existentialiste

existieren V/I ⟨*pas de ge-*, h.⟩ *(vorhanden sein)* exister; *(leben)* vivre

Exitus M ⟨~⟩ MED issue fatale; décès *m*

Exkaiser(in) M(F) ex-empereur *m*, ex-impératrice *f*

exkl. ABK → exklusive

Exklave F ⟨~; ~n⟩ enclave *f*

exklusiv A ADJ *(wenigen zugänglich)* fermé; *(vornehm)* sélect; *(ausschließlich)* exclusif, -ive; *Lokal etc* distingué; de luxe; **~e Kreise** *mpl* milieux fermés B ADV exclusivement; **~ berichten** faire un reportage en exclusivité (**über** [*+akk*] sur)

Exklusivbericht M reportage *m* en exclusivité

exklusive ADV *u.* PRÄP ⟨*gen*⟩ à l'exclusion de; non compris

Exklusivinterview N interview exclusive

Exklusivität F ⟨~⟩ exclusivité *f*; *fig* distinction *f*

Exkommunikation F ⟨~; ~en⟩ KATH excommunication *f*; **exkommunizieren** V/T ⟨*pas de ge-*, h.⟩ KATH excommunier; **Exkommunizierung** F ⟨~; ~en⟩ → Exkommunikation

Exkönig(in) M(F) ex-roi *m*, ex-reine *f*

Exkremente NPL excréments *mpl*

Exkurs M ⟨~es; ~e⟩ *(Abschweifung)* digression *f*; *(beigefügte Ausarbeitung)* traité *m* supplémentaire; annexe *f*

Exkursion F ⟨~; ~en⟩ excursion *f* (scientifique, pédagogique)

Exkursionsteilnehmer(in) M(F) participant(e) *m(f)* d'une *od* à une excursion; excursionniste *m/f*

Exlibris N ⟨~; ~⟩ ex-libris *m*

Exmann *umg* M ⟨~(e)s; ¨er⟩ *umg* ex-mari *m*

Exmatrikel F ⟨~; ~n⟩ certificat *m* de sortie de l'université

Exmatrikulation F ⟨~; ~en⟩ radiation *f* de la liste des étudiants; **exmatrikulieren** V/T *(u.* V/R*)* ⟨*pas de ge-*, h.⟩ **(sich) ~** (se faire) rayer de la liste des étudiants; **sich ~** *a.* quitter l'université

Exminister(in) M(F) ex-ministre *m/f*

Exodus *geh* M ⟨~; ~se⟩ exode *m*

exogen ADJ MED, BOT, GEOL exogène

Exorzismus M ⟨~; -men⟩ exorcisme *m*; **Exorzist** M ⟨~en; ~en⟩ exorciste *m*

Exot M ⟨~en; ~en⟩ 1 *Mensch* habitant *m* d'un pays exotique; *hum* original *m* 2 *Pflanze, Tier* plante *f*, animal *m* exotique

Exotin F ⟨~; ~nen⟩ habitante *f* d'un pays exotique; *hum* originale *f*

exotisch ADJ exotique

Expander M ⟨~s; ~⟩ SPORT extenseur *m*; **expandieren** V/I ⟨*pas de ge-*, h.⟩ être en expansion; prendre de l'extension; **Expansion** F ⟨~; ~en⟩ POL, WIRTSCH, PHYS expansion *f*

Expansionsgeschwindigkeit F vitesse *f* d'expansion; **Expansionskraft** F pouvoir expansif; force *f* d'expansion; **Expansionspolitik** F politique *f* expansionniste; **Expansionsventil** N soupape *f* de détente

expansiv ADJ POL, WIRTSCH en expansion; expansif, -ive

expatriieren V/T ⟨*pas de ge-*, h.⟩ 1 *(ausbürgern)* dénaturaliser 2 *(verbannen)* expatrier; **Expatriierung** F ⟨~; ~en⟩ 1 *(Ausbürgerung)* dénaturalisation *f* 2 *(Verbannung)* expatriation *f*

Expedient(in) M ⟨~en; ~en⟩ (F) ⟨~in; ~innen⟩ *im Versand* expéditionnaire *m/f*; **expedieren** V/T ⟨*pas de ge-*, h.⟩ expédier; envoyer; **Expedition** F ⟨~; ~en⟩ expédition *f* (*a.* HANDEL)

Expeditionsleiter(in) M(F) chef *m* d'expédition; **Expeditionsteilnehmer(in)** M(F) participant(e) *m(f)* d'une *od* à une expédition

Experiment N ⟨~(e)s; ~e⟩ expérience *f*; **mit j-m, etw ~e anstellen** se livrer à des expériences sur *od* avec qn, qc

Experimentalfilm M film expérimental; **Experimentalphysik** F physique expérimentale

experimentell ADJ ⟨*épithète*⟩ expérimental

experimentieren V/I ⟨*pas de ge-*, h.⟩ faire des expériences (**mit etw** sur, avec qc)

Experimentieren N ⟨~s⟩ expérimentation *f*

experimentierfreudig ADJ amateur, -trice d'expériences; *plus fort* passionné d'expériences; **Experimentierstadium** N stade expérimental; **Experimentiertheater** N théâtre expérimental

Experte M ⟨~n; ~n⟩, **Expertin** F ⟨-in; -innen⟩ expert *m* (**für** en)

Expertensystem N IT système expert

Expertise F ⟨~; ~n⟩ expertise *f*; **e-e ~ (über etw** [*akk*]**) einholen** faire faire une expertise (sur qc)

explizit ADJ explicite

explodieren V/I ⟨*pas de ge-*, s.⟩ *a. fig* exploser; éclater; détoner

Explosion F ⟨~; ~en⟩ *a. fig* explosion *f*; détonation *f*; **zur ~ bringen** faire éclater, exploser

explosionsartig ADJ explosif, -ive; comme une explosion; **Explosionsdruck** M ⟨~(e)s; -drücke⟩ pression *f* de *od* à l'explosion; **Explosionsgefahr** F danger *m*, risque *m* d'explosion; **Explosionsgemisch** N mélange explosif, détonant; **Explosionsmotor** M moteur *m* à explosion

explosiv ADJ *a. fig* explosif, -ive; *(explodierbar) a.* explosible; **Explosivität** F ⟨~⟩ explosibilité *f*; *fig* caractère explosif

Explosivlaut M PHON (consonne *f*) explosive *f*; **Explosivstoff** M explosif *m*

Exponat N ⟨~(e)s; ~e⟩ produit, matériel, KUNST objet exposé

Exponent M ⟨~en; ~en⟩ MATH exposant *m*; *fig* représentant *m*; chef *m* de file; **Exponentialfunktion** F MATH fonction exponentielle

exponiert ADJT exposé

Export M ⟨~(e)s; ~e⟩ exportation *f*; **Exportabteilung** F service *m* (des) exportations; **Exportartikel** M article *m* d'exportation; **Exportbeschränkungen** FPL restrictions *fpl* des exportations; **Exportbestimmungen** FPL réglementations *fpl* d'exportation;

Exportbier N *bière blonde de 4% à 5% d'alcool*; **Exporterlaubnis** F autorisation *f* d'exportation
Exporteur M ⟨~s; ~e⟩ exportateur *m*
exportfähig ADJ exportable
Exportfirma F maison *f* d'exportation; exportateur *m*; **Exportgeschäft** N opération *f* d'exportation; *Firma* maison *f* d'exportation; **Exporthandel** M commerce *m* d'exportation
exportieren V/T ⟨*pas de ge-*, h.⟩ exporter (*a.* IT)
Exportkaufmann M (négociant-)exportateur *m*; (commerçant-)exportateur *m*;
Exportland N pays exportateur; **Exportmarkt** M marché *m* d'exportation; **Exportrückgang** M recul *m* des exportations; **Exportsteigerung** F accroissement *m* des exportations; **Exportüberschuss** M excédent *m* d'exportation; **Exportunternehmen** N entreprise exportatrice; **Exportvolumen** N volume *m* des exportations; **Exportware** F marchandise *f* d'exportation; **Exportwirtschaft** F commerce *m* d'exportation; **Exportzoll** M taxe *f*, droits *mpl* d'exportation; **Exportzweig** M branche *f* d'exportation
Exposé N ⟨~s; ~s⟩ exposé *m*; FILM synopsis *m od f*
Exposee → Exposé
Exposition F ⟨~; ~en⟩ MUS, LITERATUR exposition *f*
Express M ⟨~es⟩ *bes österr* (train *m*) express *m*; **Expressgut** N colis *m* (par) exprès
Expressionismus M ⟨~⟩ expressionnisme *m*; **Expressionist(in)** M ⟨~en; ~en⟩ (F) ⟨~in; ~innen⟩ expressionniste *m/f*; **expressionistisch** ADJ expressionniste
expressiv ADJ expressif, -ive; **Expressivität** F ⟨~⟩ expressivité *f*
exquisit ADJ exquis; choisi; raffiné
Exspiration F ⟨~; ~en⟩ MED expiration *f*
exspiratorisch ADJ PHON **~er Akzent** accent *m* d'intensité
Exstirpation F ⟨~; ~en⟩ MED extirpation *f*
Extension F ⟨~; ~en⟩ IT extension *f*
extensiv ADJ *a.* AGR extensif, -ive
extern ADJ externe
Externe(r) M/F(M) ⟨→ A⟩ externe *m/f*
extra ADV **1** (*gesondert*) à part **2** (*eigens*) exprès; spécialement; **~ für mich** spécialement pour moi **3** (*besonders*) très; particulièrement; **~ starker Kaffee** café très serré **4** (*zusätzlich*) en plus; en sus; **der Wein wird ~ berechnet** le vin est en supplément **5** *umg* (*absichtlich*) exprès; **das hat er ~ getan, um zu** (*+inf*) il l'a fait exprès pour (*+inf*)
Extra N ⟨~s; ~s⟩ (*Sonderausstattung*) option *f*; **als ~** en option
Extraausgabe F **1** FIN dépense *f* supplémentaire; frais *mpl* supplémentaires **2** *Zeitung* édition spéciale; **Extrablatt** N édition spéciale; numéro spécial; **extrafein** ADJ GASTR extrafin; surfin
extrahieren V/T ⟨*pas de ge-*, h.⟩ MED, CHEM extraire
Extrakt M ⟨~(e)s; ~e⟩ (*Auszug*) extrait *m*; (*Konzentrat*) concentré *m*; *fig* (*Zusammenfassung*) condensé *m*; **Extraktion** F ⟨~; ~en⟩ MED, CHEM extraction *f*
Extrapolation F ⟨~; ~en⟩ MATH extrapolation *f*
extrapolieren V/T ⟨*pas de ge-*, h.⟩ extrapoler
Extraprämie F *bei der Versicherung* surprime *f*
extraterrestrisch ADJ extraterrestre
Extratour *umg* F fantaisie *f*; extra *m*
extravagant ADJ extravagant; **Extravaganz** F ⟨~; ~en⟩ extravagance *f*
Extravergütung F prime *f*; gratification *f*
extravertiert → extrovertiert
Extrawurst F **1** *umg* traitement spécial, de faveur; **er will immer e-e ~ (gebraten) haben** il ne peut jamais faire comme tout le monde **2** *österr* GASTR → Lyoner
extrem **A** ADJ extrême **B** ADV extrêmement
Extrem N ⟨~s; ~e⟩ extrême *m*; **von e-m ~ ins andere fallen** passer d'un extrême à l'autre
Extremfall M cas *m* extrême
Extremismus M ⟨~; -men⟩ extrémisme *m*; **Extremist(in)** M ⟨~en; ~en⟩ (F) ⟨~in; ~innen⟩ extrémiste *m/f*; **extremistisch** ADJ extrémiste; **Extremitäten** FPL extrémités *fpl*
Extremwert M MATH valeur *f* extrême
extrovertiert ADJT extraverti; **Extrovertiertheit** F ⟨~⟩ extraversion *f*; caractère extraverti
Exweltmeister(in) M(F) SPORT ex-champion, -ionne *m,f* du monde; ancien, -ienne champion, -ionne *m,f* du monde
exzellent **A** ADJ excellent **B** ADV excellemment; avec excellence; **Exzellenz** F ⟨~; ~en⟩ Excellence *f*
Exzenter M ⟨~s; ~⟩ TECH, PHYS excentrique *m*; **Exzenterwelle** F TECH arbre *m* d'excentrique
Exzentrik F ⟨~⟩ excentricité *f*; **Exzentriker(in)** M ⟨~s; ~⟩ (F) ⟨~in; ~innen⟩ excentrique *m/f*; **exzentrisch** ADJ *a. fig* excentrique; **Exzentrizität** F ⟨~; ~en⟩ (*a. Überspanntheit* ⟨*sans pl*⟩) excentricité *f*
exzerpieren V/T ⟨*pas de ge-*, h.⟩ *Buch, Autor* dépouiller; **etw aus etw ~** tirer, extraire qc de qc
Exzerpt N ⟨~(e)s; ~e⟩ extrait *m*
Exzess M ⟨~es; ~e⟩ excès *m*; **etw bis zum ~ treiben** pousser qc à l'excès
exzessiv ADJ excessif, -ive; *Fantasie* sans bornes; *Klima* extrême
Eyeliner M ⟨~s; ~⟩ eye-liner *od* eyeliner *m*
EZB F ⟨~⟩ ABK (Europäische Zentralbank) BCE *f* (Banque centrale européenne)

F

F, f N ⟨F, f; F, f⟩ **1** *Buchstabe* F, f *m* **2** MUS fa *m*
F ABK **1** HIST (*Franc[s]*) F (franc[s]) **2** ELEK (*Farad*) F (farad)
°F ABK (Grad Fahrenheit) °F (degré[s] Fahrenheit)
f. ABK (folgende [Seite]) (et la page) suivante
Fa. ABK (Firma) maison; Sté (société); *größere a.* Ets (établissements)
Fabel F ⟨~; ~n⟩ **1** *a. fig* fable *f*; *fig* histoires *fpl* **2** *e-r Dichtung* fond *m*; *e-s Romans, Theaterstücks a.* affabulation *f*; **Fabelbuch** N recueil *m* de fables; **Fabeldichter** M fabuliste *m*
fabelhaft ADJ **1** merveilleux, -euse; fabuleux, -euse; *umg* formidable; **~!** *a.* chic alors! **2** *umg* ⟨*épithète*⟩ (*sehr groß*) fabuleux, -euse; prodigieux, -ieuse
Fabeltier N animal fabuleux; **Fabelwelt** F univers fabuleux; **Fabelwesen** N créature fabuleuse; être fabuleux
Fabrik F ⟨~; ~en⟩ usine *f*; *kleinere a.* fabrique *f*; HANDEL **ab ~** départ usine
Fabrikabwässer NPL eaux industrielles usées; **Fabrikanlagen** FPL usines *fpl*
Fabrikant M ⟨~en; ~en⟩ (*Produzent*) fabricant *m*; (*Fabrikbesitzer*) industriel *m*
Fabrikarbeiter(in) M(F) ouvrier, -ière *m,f* (d'usine)
Fabrikat N ⟨~(e)s; ~e⟩ produit *m*; article *m*; (*Marke*) marque *f*; **deutsches ~** article, produit de fabrication allemande *od* fabriqué en Allemagne
Fabrikation F ⟨~; ~en⟩ fabrication *f*; production *f*
Fabrikationsfehler M défaut *m*, vice *m* de fabrication; **Fabrikationszweig** M branche *f* de fabrication
Fabrikbesitzer(in) M(F) industriel, -ielle *m,f*; propriétaire *m/f* d'usine; **Fabrikdirektor** M directeur *m* d'usine; **Fabrikgebäude** N bâtiment *m* d'usine; **Fabrikgelände** N terrain *m* (d'une usine); **Fabrikhalle** F atelier *m* (de fabrication)
fabrikmäßig **A** ADJ de série; (*massenweise*) industriel, -ielle **B** ADV **~ herstellen** faire, fabriquer en usine, industriellement
fabrikneu ADJ qui sort de l'usine; neuf, neuve
Fabrikpreis M WIRTSCH prix *m* de fabrique, d'usine
Fabriks..., fabriks... IN ZSSGN *österr* → Fabrikabwässer, Fabrikanlagen *etc*
Fabrikschiff N navire-usine *m*; **Fabrikschornstein** M cheminée *f* d'usine; **Fabriksirene** F sirène *f* d'usine; **Fabriktor** N portes *fpl* (de l'usine); **Fabrikverkauf** M vente directe au consommateur; **Fabrikware** F article(s) *m(pl)* de fabrication industrielle; **das ist ~** *a.* c'est fait à la machine
fabrizieren V/T ⟨*pas de ge-*, h.⟩ confectionner; *a. hum, pej* fabriquer; **dummes Zeug ~** faire des bêtises
fabulieren V/I ⟨*pas de ge-*, h.⟩ *fantasievoll* affabuler; broder; *unwahr* raconter des histoires
Face-Lifting N ⟨~s; ~s⟩ lifting *m*
Facette F ⟨~; ~n⟩ *a. fig* facette *f*
Facettenauge N ZOOL œil à facettes, composé
facettieren V/T ⟨*pas de ge-*, h.⟩ facetter; tailler à facettes
Fach N ⟨~(e)s; ⸚er⟩ **1** *e-r Schublade, e-s Schranks* case *f*; (*Ablagefach*) casier *m*; (*Schrankfach, Regalfach*) rayon *m*; *e-r Tasche, Brieftasche* poche *f*; compartiment *m* **2** (*Schulfach, Studienfach*) matière *f*; discipline *f*; (*Berufszweig*) branche *f*; métier *m*; (*Spezialfach*) spécialité *f*; domaine *m*; (*Zuständigkeit*) ressort *m*; compétence *f*; **vom ~ sein** être du métier, de la partie; être compétent; **j-s ~ sein** être la spécialité, le domaine de qn; être du domaine de qn
Fachabitur N baccalauréat professionnel; **Facharbeit** F SCHULE *in Frankreich etwa* TPE *mpl* (travaux personnels encadrés)
Facharbeiter(in) M(F) ouvrier, -ière qualifié(e); **Facharbeiterbrief** M certificat *m* d'aptitude professionnelle; CAP *m*
Facharbeiterprüfung F examen *m* pour l'obtention du CAP; **s-e ~ ablegen** passer son CAP
Facharzt M, **Fachärztin** F (médecin *m*) spécialiste *m/f*; **Facharzt, Fachärztin für Chirurgie** chirurgien, -ienne *m,f*
fachärztlich ADJ **~e Untersuchung** examen médical fait par un spécialiste
Fachausbildung F formation spéciale, professionnelle
Fachausdruck M ⟨~(e)s; -drücke⟩ terme *m* technique, de métier; **juristischer** *etc* **~** terme juridique, *etc*
Fachausschuss M commission *f*, comité *m* d'experts; **Fachbegriff** M → Fachausdruck; **Fachberater** M conseiller *m* (économique, juridique, *etc*); **Fachbereich** M service *m*; département *m*; *e-r französischen Hochschule a.* Unité *f* de formation et de recherche; UFR *f*
Fachblatt N revue spécialisée, profession-

nelle; **wirtschaftliches ~** journal *m* économique

Fachbuch N livre, ouvrage spécialisé; **juristisches ~** livre de droit; ouvrage juridique

Fachchinesisch N ⟨~(s)⟩ *pej* jargon technique, administratif, *etc*

fächeln VT *u.* VR ⟨-(e)le, h.⟩ **j-m** *bzw.* **sich das Gesicht ~** éventer qn *bzw.* s'éventer

Fächer M ⟨~s; ~⟩ éventail *m*; **fächerartig** ADJ *u.* ADV en (forme d')éventail; **Fächerflügler** MPL ZOOL strepsiptères *mpl*; rhipiptères *mpl*; **Fächergewölbe** N voûte *f* en éventail

fächern ⟨-(e)re, h.⟩ **A** VT *Karten* déployer en éventail; *fig (vielseitig gestalten)* diversifier; *(aufgliedern)* structurer; **das Angebot ist breit gefächert** il y a un grand choix; l'offre est très variée **B** VR **sich ~** *(auf~)* se déployer en éventail; *fig* se diversifier; *(sich aufgliedern)* se structurer

Fächerpalme F palmier *m* à feuilles en éventail

fächerübergreifend ADJ interdisciplinaire

Fachfrau F spécialiste *f*; expert *m*; **Fachgebiet** N spécialité *f*; domaine *m*; **Fachgelehrte(r)** M/F(M) spécialiste *m/f*; **fachgerecht** **A** ADJ approprié **B** ADV d'une façon appropriée, compétente; **Fachgeschäft** N magasin spécialisé; **Fachgruppe** F *(Arbeitsgemeinschaft)* groupe *m* de travail; *von Fachleuten* groupe *m* de spécialistes

Fachhandel M commerce spécialisé; **nur im ~ erhältlich** en vente exclusive chez les spécialistes

Fachhändler M commerçant spécialisé; spécialiste *m*; **Fachhochschule** F *etwa* IUT *m* (institut universitaire de technologie); **Fachhochschulreife** F *diplôme requis pour l'admission en IUT*; **Fachidiot** M *pej* spécialiste borné; **Fachjargon** M jargon technique, administratif, *etc*; **Fachkenntnis(se)** F(PL) connaissances spéciales; compétence(s) *f(pl)*; **Fachkollege** M, **Fachkollegin** F confrère *m*, consœur *f*; **Fachkraft** F personne qualifiée; **Fachkräfte** FPL personnel qualifié

Fachkreise MPL milieux d'experts, spécialisés; **in ~n** dans les milieux *od* les cercles spécialisés

fachkundig ADJ compétent; expert; **Fachlehrer(in)** M(F) **~(in) für …** professeur *m/f* de …; **Fachlehrgang** M cours *m(pl)* de spécialisation; **Fachleute** *pl von* Fachmann; **fachlich** ADJ professionnel, -elle; spécial (-isé); technique

Fachliteratur F littérature spécialisée; *koll* livres, ouvrages spécialisés; **technische ~** littérature *f* technique

Fachmann M ⟨~(e)s; -männer *ou* -leute⟩ spécialiste *m*; homme *m* du métier; professionnel *m*; expert *m*

fachmännisch **A** ADJ de spécialiste; d'expert; compétent **B** ADV avec compétence; **~ prüfen** vérifier en spécialiste; **~ prüfen lassen** faire vérifier par un spécialiste

Fachmesse F foire-exposition (spéciale); foire spécialisée; **Fachoberschule** F lycée (d'enseignement) professionnel; LEP *m*; **Fachpersonal** N → Fachkräfte; **Fachpresse** F presse spécialisée; **Fachrichtung** F branche *f*; discipline *f*; **Fachschaft** F ⟨~; ~en⟩ *e-r Hochschule* (délégués *mpl* des) étudiants *mpl* d'un département; **Fachschule** F établissement *m* d'enseignement spécialisé; école professionnelle

Fachsimpelei *umg* F ⟨~; ~en⟩ **das ist reine ~** c'est vraiment parler métier, *umg* boutique

fachsimpeln *umg* VI ⟨-(e)le, h.⟩ parler métier, *umg* boutique; **fachspezifisch** ADJ orienté, axé sur un domaine spécifique; **Fachsprache** F langue *f* de spécialité; langage *m* technique; terminologie *f*; **fachübergreifend** ADJ interdisciplinaire; **Fachunterricht** M enseignement spécialisé; **Fachverband** M association professionnelle; **Fachwelt** F ⟨~⟩ spécialistes *mpl*; milieux professionnels

Fachwerk N BAU *(Balkengerippe)* colombage *m*; *Bauweise* pan *m* de bois; **Fachwerkbau** M ⟨~(e)s; ~ten⟩ construction *f* à colombage; **Fachwerkhaus** N maison *f* à colombage; **Fachwerkträger** M BAU poutre (composée) en treillis

Fachwissen N connaissances spécialisées, techniques; **Fachwissenschaft** F spécialité *f*; domaine *m* scientifique; **Fachwort** N ⟨~(e)s; -wörter⟩ → Fachausdruck; **Fachwörterbuch** N dictionnaire spécialisé; **Fachzeitschrift** F revue spécialisée, professionnelle

Fackel F ⟨~; ~n⟩ torche *f*; flambeau *m*

fackeln *umg* VI ⟨-(e)le, h.⟩ **nicht lange ~** *umg* ne faire ni une ni deux; ne pas hésiter

Fackelschein M lueur *f* des flambeaux; **im ~** à la lueur des flambeaux

Fackelträger M porte-flambeau *m*; **Fackelzug** M retraite *f* aux flambeaux

Factoring N ⟨~s⟩ HANDEL factoring *m*; affacturage *m*

fad(e) ADJ **1** *Speise, fig* fade; insipide; *plus fort umg* fadasse **2** *(langweilig)* ennuyeux, -euse

Faden¹ M ⟨~s; ⁓̈⟩ TEX, MODE, MED fil *m*; *(Nähfaden)* aiguillée *f*; *e-s Seils* brin *m*; *e-r Glühbirne etc* filament *m*; *Käse etc* **Fäden ziehen** filer; MED **die Fäden ziehen** enlever, retirer les fils; *fig* **roter ~** *e-r Erzählung* fil conducteur; **den ~ verlieren, wieder aufnehmen** perdre, reprendre le fil; **alle Fäden in der Hand halten** tenir, tirer les ficelles; **an e-m (seidenen) ~ hängen** ne tenir qu'à un fil; *umg* **keinen trockenen ~ mehr am Leibe haben** n'avoir plus un poil de sec

Faden² M ⟨~s; ~⟩ SCHIFF *Tiefenmaß* brasse *f*

Fadenkreuz N OPT réticule *m*; **Fadennudeln** FPL vermicelle *m*

fadenscheinig ADJ **1** *(abgewetzt)* usé jusqu'à la corde; élimé; râpé **2** *fig pej* **~er Vorwand, ~es Argument** prétexte, argument cousu de fil blanc

Fadenwurm M ZOOL filaire *m/f*; dragonneau *m*; *t/t* nématode *m*

Fadheit F ⟨~⟩ *a. fig* fadeur *f*; insipidité *f*

Fading N ⟨~s⟩ RADIO fading *m*; évanouissement *m*

Fagott N ⟨~(e)s; ~e⟩ MUS basson *m*; **Fagottist** M ⟨~en; ~en⟩ basson *m*; bassoniste *m*

fähig ADJ **1** *(befähigt)* capable (**zu** de); compétent; apte (**zu** à); **ein ~er Kopf** un esprit capable; un cerveau **2** *(bereit)* **zu etw ~ sein** être capable de qc; **~ sein, etw zu tun** être capable, susceptible de faire qc; *pej* **zu allem ~** capable de tout

Fähigkeit F ⟨~; ~en⟩ *zu e-r Tätigkeit* capacité *f*; *natürliche* aptitude *f*; *geistige, seelische* faculté *f*; **geistige ~en** *pl* facultés *fpl*

fahl ADJ *Licht etc* blafard; blême; **~es Gesicht** visage *m* livide, blafard, blême

fahlgelb ADJ jaune blafard *(inv)*; **fahlrot** ADJ fauve

Fähnchen N ⟨~s; ~⟩ petit drapeau; *meist dreieckiges* fanion *m*; MUS *an Noten* crochet *m*

fahnden VI ⟨-ete, h.⟩ **nach j-m ~** rechercher qn

Fahnder(in) M ⟨~s; ~⟩ (F) ⟨~in; ~innen⟩ investigateur, -trice *m,f*; **Fahndung** F ⟨~; ~en⟩ recherches *fpl*; **Fahndungsdienst** M service *m* des recherches; **Fahndungsliste** F liste *f* des personnes recherchées par la police

Fahne F ⟨~; ~n⟩ **1** drapeau *m*; *(Flagge)* pavillon *m*; *(Banner, Kirchenfahne)* bannière *f*; MIL **weiße ~** drapeau blanc; *fig* **mit fliegenden ~n** bannières déployées; **die ~ schwenken** agiter le drapeau; *fig* **die ~ hochhalten** maintenir les traditions; rester fidèle à ses convictions; *fig* **etw auf s-e ~n schreiben** se battre pour qc; *fig* **s-e ~ nach dem Wind(e) hängen** être opportuniste; retourner sa veste **2** *(Druckfahne)* épreuve *f* **3** *umg (Alkoholfahne)* **er hat e-e ~** il sent l'alcool à plein nez

Fahneneid M serment *m* (de fidélité) au drapeau; **Fahnenflucht** F ⟨~⟩ désertion *f*

fahnenflüchtig ADJ **~ werden** déserter

Fahnenflüchtige(r) M ⟨→ A⟩ déserteur *m*; **Fahnenkorrektur** F épreuve *f*; **Fahnenmast** M mât *m* de drapeau; **Fahnenstange** F °hampe *f* (de drapeau); **Fahnenträger** M porte-drapeau *m*; **Fahnenweihe** F bénédiction *f* de(s) drapeau(x)

Fähnrich M ⟨~(e)s; ~e⟩ MIL aspirant *m*; **~ zur See** aspirant de marine

Fahrausweis M titre *m* de transport; **Fahrbahn** F *e-r Straße* chaussée *f*; *(Fahrspur)* voie *f*; **Fahrbahnbelag** M revêtement *m* de la chaussée; **Fahrbahnbreite** F largeur *f* de la chaussée; **Fahrbahnmarkierung** F signalisation *f* au sol

fahrbar ADJ roulant; *umg* **~er Untersatz** *(Auto) umg* bagnole *f*

fahrbereit ADJ *Fahrzeug* en état de marche, de fonctionnement; *Person* prêt à partir, à prendre la route

Fahrbücherei F bibliobus *m*; bibliothèque ambulante; **Fahrdamm** M *regional* chaussée *f*; **Fahrdienstleiter** M EISENBAHN chef *m* de sécurité; **Fahrdraht** M ELEK fil *m* de contact

Fähre F ⟨~; ~n⟩ bac *m*; *große* ferry-boat *m*

Fahreigenschaften FPL qualités *fpl* (d'un véhicule); maniement *m*

fahren ⟨fährt, fuhr, gefahren⟩ **A** VT ⟨h.⟩ **1** *Person, Auto* conduire; *Waren, Lasten* transporter; *schwere Last* charrier; *Strecke, Runde etc* faire; *Kurve* prendre; **Auto, Schlitten** *etc* **~** *zum Vergnügen* ⟨s.⟩ faire de la voiture, de la luge, *etc*; **e-n Porsche ~** piloter une Porsche; **j-n zum Bahnhof ~** conduire qn à la gare; *beim Rennen* **die beste Zeit ~** faire le meilleur temps; **j-n ~ lassen** laisser qn conduire; *fig* **j-n, etw ~ lassen** *(loslassen)* lâcher qn, qc; *(aufgeben)* laisser tomber qn; abandonner qc; *fig umg* **e-n ~ lassen** *umg* faire un pet **2** RADIO *(senden)* **ein Programm ~** diffuser un programme **3** *(arbeiten)* **e-e Sonderschicht ~** faire travailler une équipe supplémentaire **B** VI ⟨s.⟩ **1** aller; rouler; *Schiff a.* naviguer; *Person am Steuer* conduire; **gut, sicher ~** conduire bien, avec assurance; **mit 80 km/h ~** faire du 80 à l'heure; **mit dem Auto, dem Fahrrad, der Bahn, dem Schiff ~** aller en voiture, à bicyclette, en train, en bateau; prendre la voiture, la bicyclette, le train, le bateau; **rechts ~** conduire, circuler, rouler à droite; **langsamer ~** ralentir; **gegen etw ~** rentrer dans qc; *leichter* °heurter qc; **durch die Stadt ~** passer par, traverser la ville; **über e-n Fluss** *etc* **~** passer un fleuve, *etc*; **mit Diesel, Super(benzin) ~** rouler au gazole, au super; → rückwärtsfahren **2** *(reisen)* partir; **in Urlaub, in die Berge, nach Berlin ~** partir en vacances, à la montagne, à Berlin **3** *(ab~)* partir; **der Zug fährt in zehn Minuten** *(dat)* le train part dans dix minutes **4** *(verkehren)* circuler; **der Bus fährt zweimal täglich** le bus passe deux fois par jour **5** *fig* **j-m an die Kehle ~**

sauter à la gorge de qn; **aus dem Bett ~** bondir °hors du lit; sauter du lit; **mit der Hand über das Gesicht ~** se passer la main sur le visage; **was ist bloß in dich ge~?** qu'est-ce qui t'a pris?; quelle mouche t'a piqué?; *umg* **gut mit j-m, e-r Sache ~** être content de qn, de qc; *umg* **gut dabei ~** y trouver son compte; s'en trouver bien **C** V/R ⟨h.⟩ *Fahrzeug* **sich leicht ~** se conduire facilement

Fahren N ⟨~s⟩ *am Steuer* conduite *f*; *e-s Fahrzeugs* marche *f*

fahrend ADJT ⟨*épithète*⟩ en marche; HIST **~er Sänger** ménestrel *m*; **~es Volk** gens *mpl* du voyage

Fahrenheit ⟨*sans article*⟩ PHYS Fahrenheit; **32 Grad ~** 32 degrés *mpl* Fahrenheit

Fahrenheitskala F échelle *f* (de) Fahrenheit

fahrenlassen V/T → fahren A 1

Fahrer M ⟨~s; ~⟩ conducteur *m*; *als Beruf* chauffeur *m*; (*Omnibusfahrer*) ADMIN machiniste *m*; (*Rennfahrer*) pilote *m*; PFERDERENNEN jockey *m*; **rücksichtsloser ~** chauffard *m*

Fahrerei F ⟨~⟩ *oft pej* (style *m* de) conduite *f*; *lästige* trajets *mpl* (pénibles); **bei dieser ~** *etwa* avec tous ces chauffards

Fahrerflucht F ⟨~⟩ délit *m* de fuite; **~ begehen** commettre un délit de fuite

Fahrerin F ⟨~; ~nen⟩ conductrice *f*

Fahrerlaubnis F ADMIN permis *m* de conduire

Fahrersitz M siège *m* du conducteur, du chauffeur

Fahrgast M *im Auto, Schiff* passager, -ère *m,f*; *im Zug, Bus, in der Straßenbahn* voyageur, -euse *m,f*; *im Taxi* client(e) *m(f)*; **Fahrgeld** N argent *m* pour le tramway, pour l'autobus, *etc*; **Fahrgeldzuschuss** M prime *f* de transport; **Fahrgelegenheit** F occasion *f* d'aller en voiture, en train, *etc*; → *a.* Mitfahrgelegenheit; **Fahrgemeinschaft** F covoiturage *m*; **Fahrgeschwindigkeit** F allure *f*; vitesse *f*

Fahrgestell N **1** *e-s Autos* châssis *m*; *e-s Flugzeugs* train *m* d'atterrissage; atterrisseur *m*; **einziehbares ~** train d'atterrissage escamotable **2** *umg hum* (*Beine*) *umg* pattes *fpl*; *umg* guibol(l)es *fpl*

fahrig ADJ (*unruhig*) agité; (*nervös*) nerveux, -euse; (*zerfahren*) distrait

Fahrigkeit F ⟨~⟩ distraction *f*; *plus fort* nervosité *f*

Fahrkarte F billet *m*; *für U-Bahn* ticket *m* (*oft a. für Bus, Straßenbahn*); (*Rückfahrkarte*) (billet *m* d')aller et retour *m*; **einfache ~** aller *m* simple; **e-e ~ lösen** prendre un billet

Fahrkartenausgabe F guichet *m* des billets; **Fahrkartenautomat** M distributeur *m* de billets, de tickets; **Fahrkartenkontrolle** F contrôle *m* des billets; **Fahrkartenkontrolleur(in)** M(F) contrôleur, -euse *m,f*; **Fahrkartenschalter** M guichet *m* des billets

Fahrkosten → Fahrtkosten

fahrlässig **A** ADJ négligent; imprudent; JUR **~e Tötung** homicide *m* involontaire, par imprudence **B** ADV par négligence; par imprudence

Fahrlässigkeit F ⟨~⟩ négligence *f*; imprudence *f*; JUR **grobe ~** négligence grave, grossière

Fahrlehrer(in) M(F) moniteur, -trice *m,f* d'auto-école; **Fahrleistung** F performance *f*; **Fahrleitung** F ELEK ligne *f* de contact; BAHN (ligne *f*) caténaire *f*; **Fahrleitungsmast** M support *m* de caténaire

Fährmann M ⟨~(e)s; -männer *ou* -leute⟩ passeur *m*

Fahrnis F ⟨~; ~se⟩ JUR biens meubles, mobiliers

Fährnis *poet* F ⟨~; ~se⟩ aléa(s) *m(pl)*; risque *m*; danger *m*

Fahrpersonal N EISENBAHN personnel roulant; **Fahrplan** M **1** *Aushang* (tableau *m*) horaire *m*; *als Buch* indicateur *m* (des chemins de fer, des cars) **2** *umg* (*Programm*) programme *m*; plan(s) *m(pl)*

fahrplanmäßig **A** ADJ *Zug, Bus* régulier, -ière; **~e Ankunft, Abfahrt** arrivée prévue, départ prévu (selon l'horaire) **B** ADV selon l'horaire

Fahrpraxis F ⟨~⟩ pratique *f* de la conduite

Fahrpreis M prix *m* du billet, du trajet, du voyage, *Taxi* de la course; **Fahrpreisanzeiger** M ⟨~s; ~⟩ *im Taxi* compteur *m*; taximètre *m*; **Fahrpreiserhöhung** F augmentation *f* du prix du billet, du ticket; **Fahrpreisermäßigung** F réduction *f* du prix du billet, du ticket

Fahrprüfung F examen *m* du permis de conduire

Fahrrad N vélo *m*; bicyclette *f*; → *a.* Rad 2

Fahrrad... → *a.* Rad...; **Fahrradabstellraum** M garage *m* à vélos; **Fahrradanhänger** M remorque *f* pour bicyclette; **Fahrraddiebstahl** M vol *m* de bicyclette; **Fahrradfahrer(in)** M(F) cycliste *m/f*; **Fahrradhändler** M marchand *m* de cycles; **Fahrradkeller** M garage *m* à vélos; **Fahrradkette** F chaîne *f* (de vélo, bicyclette); **Fahrradklingel** F sonnette *f* (de bicyclette); **Fahrradlampe** F phare *m* (de bicyclette); **Fahrradmantel** M pneu *m* de vélo, bicyclette; **Fahrradpumpe** F pompe *f* (à vélo, bicyclette); **Fahrradrahmen** M cadre *m* de vélo, bicyclette; **Fahrradrikscha** F vélo *m* taxi; **Fahrradsattel** M selle *f* de vélo; **Fahrradschlauch** M chambre *f* à air de vélo, bicyclette; **Fahrradschuppen** M garage *m* à vélos, bicyclettes; **Fahrradständer** M *am Rad* béquille *f*; *Gestell* râtelier *m* à bicyclettes; *überdachter* garage *m* (de) cycle(s); **Fahrradtaxi** N vélo *m* taxi; **Fahrradträger** M AUTO porte-vélo *m*; **Fahrradverleih** M location *f* de vélos; **Fahrradweg** M piste *f* cyclable

Fahrrinne F SCHIFF chenal *m*

Fahrschein M billet *m*; *aus e-m Heft, für U-Bahn* ticket *m* (*oft a. für Bus, Straßenbahn*); **Fahrscheinautomat** M distributeur *m* de billets, de tickets; **Fahrscheinentwerter** M composteur *m*; **Fahrscheinheft** N carnet *m* de tickets

Fährschiff N ferry-boat *m*

Fahrschule F auto-école *f*; **Fahrschüler(in)** M(F) **1** *e-r Fahrschule* élève *m/f* d'auto-école **2** SCHULE élève *m/f* qui utilise les transports publics pour se rendre à l'école; **Fahrsicherheit** F ⟨~⟩ *des Autos* sécurité *f*, bon état d'un véhicule; *des Fahrers* conduite sûre; **Fahrspur** F voie *f*; file *f*; **Fahrsteig** M tapis roulant; **Fahrstil** M style *m* de conduite; **Fahrstrecke** F parcours *m*; trajet *m*; (*Reiseweg*) itinéraire *m*; **Fahrstreifen** M voie *f*; file *f*

Fahrstuhl M **1** (*Aufzug*) ascenseur *m* **2** *für Kranke* fauteuil roulant; **Fahrstuhlführer** M garçon *m* d'ascenseur; liftier *m*; **Fahrstuhlschacht** M cage *f* d'ascenseur

Fahrstunde F *in der Fahrschule* leçon *f* de conduite

Fahrt F ⟨~; ~en⟩ **1** (*Reise*) voyage *m*; *kurze* trajet *m*; *im Taxi* course *f*; *über ein Gewässer* traversée *f*; *als Ausflug* promenade *f*, excursion *f*, sortie *f* (en voiture, en car, *etc*); **einfache ~** *Fahrkarte* aller *m* (simple); SCHIFF **große ~** navigation *f*, voyage *m* au long cours; **gute ~!** bon voyage!; *bei e-r Autofahrt* bonne route!; **~ ins Blaue** excursion *f* à l'aventure; **e-e ~ nach Köln machen** faire un voyage à Cologne; *Pfadfinder etc* **auf ~** (*akk*) **gehen** faire une sortie; **auf der ~ nach ...** en allant à ...; en route pour ... **2** ⟨*sans pl*⟩ (*das Fahren*) marche *f*; (*Geschwindigkeit*) vitesse *f*; allure *f*; **in ~** (*fahrend*) en marche; (*in Schwung*) *a. fig* lancé; **während der ~ aufspringen** monter en marche; **in schneller ~** à vive allure; **freie ~** voie libre; SCHIFF **volle ~ voraus!** en avant toute!; → *a.* voll A 5 **3** *fig umg* **j-n in ~ bringen** dégeler qn; (*wütend machen*) rendre qn furieux; mettre qn en colère; *umg* **in ~ kommen** se dégeler; (*wütend werden*) s'énerver; *umg* **in ~ sein** être lancé; (*aufgebracht sein*) *umg* être fumace, furax; **jetzt ist er so richtig in ~** le voilà lancé

Fahrtantritt M départ *m*

fahrtauglich → fahrtüchtig 1

Fahrtausweis M titre *m* de transport; **Fahrtdauer** F → Fahrzeit

Fährte F ⟨~; ~n⟩ **1** JAGD trace *f*; piste *f*; **e-e ~ aufnehmen** relever une piste **2** *fig* trace(s) *f(pl)*; piste *f*; **auf der falschen, richtigen ~ sein** être sur une fausse, bonne piste; **j-n auf die richtige ~ bringen** mettre qn sur la bonne piste

Fahrtechnik F technique *f* de conduite

Fahrtenbuch N AUTO carnet *m* de route; **Fahrtenmesser** N couteau *m* de scout; **Fahrtenschreiber** M → Fahrtschreiber; **Fahrtenschwimmer** M nageur expérimenté (*30 minutes de nage libre et saut de 3 m*)

Fahrtkosten PL **1** *für öffentliche Verkehrsmittel* prix *m* du ticket *bzw.* du billet **2** (*Reisekosten*) frais *mpl* de voyage, *geschäftliche a.* de déplacement; **(j-m) die ~ erstatten** rembourser les frais de voyage, de déplacement (à qn)

Fahrtkostenpauschale F prime *f* forfaitaire de transport; **Fahrtkostenzuschuss** M prime *f* de transport

Fahrtrichtung F sens *m* de la marche; **die ~ ändern** changer de direction; **in ~ sitzen** être assis dans le sens de la marche; **gegen die ~ sitzen** être assis dans le sens contraire de la marche

Fahrtrichtungsanzeiger M ⟨~s; ~⟩ (*Blinklicht*) indicateur *m* (de changement) de direction; **Fahrtschreiber** M ⟨~s; ~⟩ TECH tachygraphe *m*; appareil enregistreur de vitesse

fahrtüchtig ADJ **1** *Person* en état de conduire **2** *Fahrzeug* en état de marche

Fahrtunterbrechung F arrêt *m*, interruption *f* (au cours d'un voyage); **Fahrtwind** M vent *m*; air *m*; **Fahrtzeit** → Fahrzeit

fahruntüchtig ADJ **1** *Person* qui n'est pas en état de conduire **2** *Fahrzeug* qui n'est pas en état de marche

Fahrverbot N interdiction *f* de conduire; **Fahrverhalten** N *des Fahrers* comportement *m* au volant; conduite *f*; *des Fahrzeugs* qualités *fpl*; (*Straßenlage*) tenue *f* de route

Fahrwasser N → Fahrrinne; *fig* **in ein politisches ~ kommen** prendre une tournure politique; *umg fig* **in s-m ~ sein** être dans son élément

Fahrweise F façon *f* de conduire; conduite *f*; **Fahrwerk** N → Fahrgestell 1

Fahrzeit F durée *f* du trajet, du voyage; **reine ~** temps réel pour faire un trajet, un voyage

Fahrzeug N ⟨~(e)s; ~e⟩ véhicule *m*; **Fahrzeugbau** M ⟨~(e)s⟩ construction *f* de véhicules; **Fahrzeugbrief** M → Kraftfahrzeugbrief; **Fahrzeugführer** M *bes* JUR conducteur *m*; **Fahrzeughalter(in)** M *bes* ADMIN détenteur, -trice *m,f* du véhicule; **Fahrzeugklasse** F catégorie *f* de véhicule;

Fahrzeugkolonne F colonne *f* de véhicules; **Fahrzeugpapiere** NPL papiers *mpl* d'un *bzw.* du véhicule; **Fahrzeugschlange** F file *f* de véhicules; **Fahrzeugverkehr** M circulation *f* des véhicules

Faible N ⟨~s; ~s⟩ faible *m;* **ein ~ für j-n, etw haben** avoir un faible pour qn, pour qc

fair ADJ fair-play *(inv);* loyal; *Spielverhalten a.* franc jeu *(inv);* sportif, -ive; WIRTSCH **~er Handel** commerce *m* équitable; **~ sein (gegenüber)** être juste (envers); *plus fort* être fair-play (avec); jouer franc jeu (avec)

Fairness F ⟨~⟩ fair-play *m;* loyauté *f;* sportivité *f*

fäkal ADJ *bes* MED fécal

Fäkalien PL matières fécales; vidanges *fpl*

Fakir M ⟨~s; ~e⟩ fakir *m*

Faksimile N ⟨~s; ~s⟩ fac-similé *m*

Fakt N *od* M ⟨~(e)s; ~en⟩ fait *m;* **faktisch** A ADJ *⟨épithète⟩* effectif, -ive; réel, réelle B ADV 1 effectivement; réellement; en réalité, fait; de fait 2 *umg österr (eigentlich)* dans le fond

faktitiv ADJ GRAM factitif, -ive

Faktitiv N ⟨~s; ~e⟩ GRAM verbe factitif

Faktor M ⟨~s; -toren⟩ *a.* MATH, BIOL, PSYCH, WIRTSCH facteur *m*

Faktotum N ⟨~s; ~s *ou* -ten⟩ factotum *m*

Faktum N ⟨~s; -ten⟩ fait *m*

Faktur F ⟨~; ~en⟩ HANDEL facture *f*

Faktura F ⟨~; -ren⟩ *bes österr* → Faktur

fakturieren VT ⟨*pas de ge-*, h.⟩ HANDEL facturer; établir la facture de; **Fakturiermaschine** F facturière *f;* **Fakturierung** F ⟨~; ~en⟩ facturation *f;* **Fakturist(in)** M ⟨~en; ~en⟩ F ⟨~in; ~innen⟩ facturier, -ière *m,f*

Fakultät F ⟨~; ~en⟩ 1 *e-r Universität* faculté *f; in Frankreich a.* UFR *f* (unité de formation et de recherche); **die philosophische, juristische, medizinische ~** la faculté des lettres, de droit, de médecine 2 MATH factorielle *f*

fakultativ ADJ facultatif, -ive

Falafel F ⟨~; ~n⟩ *od* N ⟨~s; ~s⟩ GASTR falafel *m*

Falke M ⟨~n; ~n⟩ ZOOL, POL faucon *m*

Falkenbeize F, **Falkenjagd** F chasse *f* au faucon; fauconnerie *f*

Falklandinseln FPL **die ~** les (îles *fpl*) Malouines *fpl*

Falkner M ⟨~s; ~⟩ fauconnier *m;* **Falknerei** F 1 ⟨~⟩ *(Falkenjagd)* chasse *f* au faucon; fauconnerie *f* 2 ⟨~; ~en⟩ *Anlage* fauconnerie *f*

Fall M ⟨~(e)s; ⸚e⟩ 1 *(Vorkommnis, Angelegenheit)* cas *m (a.* JUR, MED); JUR *a.* cause *f;* espèce *f;* **ein typischer ~** un cas typique, type; **auf jeden ~, auf alle Fälle** en tout cas; de toute façon; **auf keinen ~** en aucun cas; **für alle Fälle** à tout hasard; par précaution; *umg* au cas où; *umg* en cas; **für den ~, dass …** pour le cas, au cas où … *(+Konditional);* **im besten, günstigsten ~(e)** (en mettant les choses) au mieux; **im schlimmsten ~(e)** au pire; **im ~(e) e-s Unglücks** *etc* en cas d'accident, *etc;* **im ~(e), dass …** dans le *od* au cas où … *(+ Konditional);* **in diesem ~(e)** dans, en ce cas; **in dringenden Fällen** en cas d'urgence; **in e-m solchen ~** en pareil cas; **in vielen Fällen** dans bien des cas; **von ~ zu ~ (entscheiden)** (décider) selon, suivant le cas, au cas par cas; **gesetzt den ~, dass …** supposons que …, à supposer que … *(+subj);* **(nicht) der ~ sein** (ne pas) être le cas; **das ist auch bei ihm der ~** c'est aussi son cas; **der ~ ist für mich erledigt** pour moi, c'est une affaire classée; *umg* **das wäre ganz mein ~** *umg* ça serait mon truc 2 ⟨*sans pl*⟩ *(Sturz)* chute *f (a. fig); e-r Festung etc* prise *f;* PHYS **freier ~** chute libre; *geh* **zu ~ kommen** tomber; *fig* **durch etw zu ~ kommen** ruiner sa carrière, se casser la figure à cause de qc; *geh* **zu ~ bringen** faire tomber; renverser; *fig Antrag etc* faire échouer; *Regierung* provoquer la chute de 3 GRAM cas *m;* **erster, zweiter, dritter, vierter ~** nominatif *m*, génitif *m*, datif *m*, accusatif *m*

Fallbeil N guillotine *f;* couperet *m;* **Fallbeschleunigung** F PHYS accélération *f* de la pesanteur; **Fallbö** F rafale *f* de vent descendant

Falle F ⟨~; ~n⟩ 1 piège *m (a. fig); (Fallgrube)* trappe *f; fig* traquenard *m;* embûche(s) *f(pl);* **e-e ~ aufstellen** poser un piège; *fig* **j-m e-e ~ stellen** tendre un piège à qn; **j-n in e-e ~ locken** attirer qn dans un guet-apens; *durch Überredung* emberlificoter qn; **in die ~ gehen** tomber dans le piège, *fig* le panneau; *a. fig* se laisser prendre au piège; **in der ~ sitzen** être pris au piège; *umg* être fait comme un rat 2 *umg (Bett) umg* pieu *m; umg* plumard *m;* **in die ~ gehen, sich in die ~ hauen** *umg* se pieuter

fallen VI ⟨fällt, fiel, gefallen, s.⟩ 1 *zu Boden* tomber; *umg* chuter; **die Haare ~ ihm auf die Schulter** les cheveux lui tombent sur les épaules; **sich ins Gras, in e-n Sessel ~ lassen** se laisser tomber dans l'herbe, dans un fauteuil; *fig* **~ lassen** *Person* laisser tomber; *Absicht, Thema etc* abandonner; laisser tomber; *Bemerkung* lâcher; laisser tomber; *fig* **sich ~ lassen** se détendre; se laisser aller 2 *im Krieg* mourir à la guerre; tomber au champ d'honneur 3 *Preise, Kurse* baisser; être en *od* à la baisse; *plus fort* tomber; *Thermometer etc* baisser; descendre; *Temperatur a.* se refroidir; *Wasserstand etc* baisser; *Linie, Ton* descendre; *Stimme, Intonation* baisser; tomber 4 *Festung etc* être pris 5 *(weg~)* tomber; être supprimé 6 *Schuss* partir; se faire entendre; SPORT *Tor* être marqué 7 *Wort* être lâché; tomber (au cours de la conversation) 8 *Entscheidung* être pris 9 *(zu~)* **an j-n ~** *Erbschaft etc* revenir, échoir à qn 10 *(treffen)* **auf j-n, etw ~** tomber sur qn, sur qc; *Wahl, Los, Verdacht a.* se porter sur qn; *Licht a.* frapper qn, qc; donner sur qn, qc 11 *zeitlich* **auf e-n Sonntag** *etc* **~** tomber un dimanche, *etc* 12 *(gehören)* **in dieselbe Kategorie** *etc* **~** rentrer dans la même catégorie, *etc;* **unter ein Gesetz ~** tomber sous le coup d'une loi 13 *umg (durch~)* **durch die Prüfung ~** rater l'examen 14 → *a.* **schwerfallen, leicht** B *u. die betreffenden Substantive*

Fallen N ⟨~s⟩ chute *f; der Preise, Kurse, des Barometers etc* baisse *f*

fällen VT ⟨h.⟩ 1 *Baum* abattre; CHEM précipiter; MATH **das Lot ~** abaisser la perpendiculaire 2 **e-e Entscheidung ~** prendre une décision; JUR **ein Urteil ~** rendre un jugement; **über j-n, etw ein Urteil ~** porter un jugement sur qn, sur qc; juger qn, qc

Fällen N ⟨~s⟩ *von Bäumen* abattage *m;* CHEM précipitation *f; e-s Lotes* abaissement *m*

fallend ADJT qui tombe; tombant; *Linie* descendant; **~es Barometer** baromètre *m* en baisse; **~e Preise** *mpl*, **Kurse** *mpl* prix *mpl*, cours *mpl* en baisse; **~e Tendenz** tendance *f* à la baisse

fallenlassen VT *u.* VR → fallen 1

Fallensteller M ⟨~s; ~⟩ trappeur *m*

Fallgatter N *e-r Burg* °herse *f;* sarrasine *f;* **Fallgeschwindigkeit** F PHYS vitesse *f* de chute; **Fallgesetz** N PHYS loi *f* sur la chute des corps; **Fallgitter** N → Fallgatter; **Fallgrube** F JAGD trappe *f;* **Fallhöhe** F PHYS °hauteur *f* de chute

fällig ADJ 1 *Gebühr, Steuer etc* exigible; HANDEL échéant; *nach dem Termin* échu; **~e Zinsen** *mpl* des intérêts *mpl* payables; **(am …) ~ werden** échoir (le …); venir, arriver à échéance (le …) 2 *weitS.* **~ sein** *Flugzeug etc* être attendu **(um fünf Uhr** pour cinq heures); *Wahl etc* devoir avoir lieu; *umg* **es wäre e-e Gehaltserhöhung ~** ce serait le moment de me donner une augmentation de salaire; *umg jetzt reicht's,* **der Kerl ist nächstes Mal ~** *umg* ce type, la prochaine fois, ça va être sa fête

Fälligkeit F ⟨~; ~en⟩ échéance *f; e-r Zahlung a.* exigibilité *f*

Fälligkeitstermin M (date *f* d')échéance *f*

Fallobst N fruits tombés

Fall-out M ⟨~s; ~s⟩ NUKL retombées radioactives

Fallreep N SCHIFF échelle *f* de coupée; **Fallrohr** N tuyau *m* de descente; **Fallrückzieher** M FUSSBALL coup de pied retourné

falls KONJ si *(+ind Präsens od Zeiten der Vergangenheit); (für den Fall, dass)* dans le *od* au cas où … *(+Konditional);* **~ nicht** sinon

Fallschirm M parachute *m;* **mit dem ~ abspringen** sauter, descendre en parachute; **etw mit dem ~ abwerfen** parachuter qc

Fallschirmabsprung M saut *m* en parachute; **Fallschirmabwurf** M *bes* MIL parachutage *m;* **Fallschirmjäger** M MIL parachutiste *m; umg* para *m;* **Fallschirmsport** M parachutisme *m;* **Fallschirmspringen** N parachutisme *m;* **Fallschirmspringer(in)** M ⟨~s; ~⟩ F ⟨~in; ~innen⟩ SPORT, MIL parachutiste *m/f;* **Fallschirmtruppe** F MIL troupe *f* parachutiste

Fallstrick M traquenard *m;* **j-m ~e legen** tendre un piège à qn

Fallstudie F étude *f* de cas; **Fallsucht** F ⟨~⟩ → Epilepsie; **Falltreppe** F échelle *f* escamotable; **Falltür** F trappe *f*

Fällungsmittel N CHEM précipitant *m*

fallweise ADV 1 *(von Fall zu Fall)* selon, suivant le cas 2 *österr* de temps en temps

Fallwind M vent descendant

Falott *umg österr* M ⟨~en; ~en⟩ escroc *m*

falsch A ADJ 1 *(unrichtig, irrig)* faux, fausse *(meist vorgestellt); Ansicht, Schlussfolgerung, Vorstellung a.* erroné; *Antwort, Lösung, Rechnung, Adresse* faux, fausse; mauvais; *Mittel, Auslegung, Tür, Straßenseite etc* mauvais; **die ~e Richtung** la mauvaise direction; **an den Falschen geraten (sein)** se tromper d'adresse 2 *(gefälscht) Geld, Pass* faux, fausse 3 *(unecht) Schmuck* faux, fausse; (en) toc; **~e Zähne** fausses dents; dentier *m;* → *a.* Hase 4 *(unangebracht) Scham etc* faux, fausse 5 *(irreführend)* faux, fausse 6 *pej (hinterhältig)* faux, fausse; **~ sein** *a.* être de mauvaise foi B ADV **~ adressieren, aussprechen, übersetzen, schreiben** mal adresser, prononcer, traduire, orthographier; **etw ~ beurteilen, einschätzen** mal juger, estimer qc; juger, estimer faussement qc; **e-n Sachverhalt (bewusst) ~ darstellen** altérer les faits; *Uhr* **~ gehen** ne pas être juste *od* à l'heure; **etw ~ machen** mal faire qc; faire qc de travers; se tromper; s'y prendre mal; **~ parken** être en stationnement interdit; *inkorr* être mal garé; **~ singen** chanter faux; **~ verstehen** mal comprendre; comprendre de travers; **Sie verstehen mich ~** vous ne comprenez pas ce que je veux dire; **~ herum** dans le mauvais sens; TEL **(ich bin) ~ verbunden** c'est une erreur; → falschliegen, falschspielen

Falschaussage F JUR fausse déposition; **Falscheid** M JUR faux serment (fait inconsciemment)

fälschen VT ⟨h.⟩ *durch Nachahmung* contrefaire; *durch Änderung* falsifier; altérer; *Spielkarten, Würfel* truquer; *Dokument, Unterschrift* falsifier

Fälscher(in) M ⟨~s; ~⟩ F ⟨~in; ~innen⟩ faussaire *m/f;* falsificateur, -trice *m,f;* **Fäl-**

F

scherbande F bande *f* de faussaires
Falschfahrer(in) M(F) automobiliste *m/f* roulant à contresens (sur une autoroute);
Falschgeld N fausse monnaie; faux billet de banque; **Falschheit** F ⟨~⟩ fausseté *f*; *e-r Person a.* duplicité *f*
fälschlich A ADJ ⟨*épithète*⟩ faux, fausse; (*irrtümlich*) erroné B ADV faussement; (*irrtümlich*) par erreur; *anklagen a.* à tort
fälschlicherweise ADV → fälschlich B
falschliegen *umg fig* V/I ⟨*irr, sép*, -ge-, h.⟩ se tromper; *umg* se gourer
Falschmeldung F fausse nouvelle;
Falschmünzer M ⟨~s; ~⟩ faux-monnayeur *m*; **Falschmünzerei** F ⟨~⟩ faux-monnayage *m*; contrefaçon *f* (de monnaie); **Falschparker(in)** M ⟨~s; ~⟩ (F) ⟨~in; ~innen⟩ automobiliste *m/f* en stationnement interdit
Falschspiel N ⟨~(e)s⟩ tricherie *f*, *umg* triche *f* (au jeu); **falschspielen** V/I ⟨*sép*, -ge-, h.⟩ tricher (au jeu); **Falschspieler(in)** M(F) tricheur, -euse *m,f*
Fälschung F ⟨~; ~en⟩ *durch Nachahmung* contrefaçon *f*; JUR, *von Geld etc a.* contrefaction *f*; *durch Änderung* falsification *f*; truquage *m*; JUR *od von Kunstwerken* faux *m*
fälschungssicher ADJ infalsifiable
Falsett N ⟨~(e)s; ~e⟩ MUS fausset *m*
faltbar ADJ pliable; **Faltblatt** N dépliant *m*; **Faltboot** N canot pliant, démontable
Falte F ⟨~; ~n⟩ 1 (*Kleiderfalte*) pli *m*; *ungewollte* faux pli; (*Kräuselfalte*) fronce *f*; **~n werfen** faire des plis; **in ~n** (*akk*) **legen** plisser 2 (*Hautfalte*) ride *f*; **die Stirn in ~n ziehen** *od* **legen** *nachdenklich* plisser le front; *aus Ärger* froncer les sourcils 3 GEOL pli *m*
fälteln V/T ⟨-(e)le, h.⟩ MODE plisser; *abs* faire du plissé
falten V/T ⟨-ete, h.⟩ plier; **die Hände ~** joindre les mains
Falten N ⟨~s⟩ pliage *m*; **Faltengebirge** N GEOL chaîne plissée; **faltenlos** ADJ *Kleid* sans plis; *Haut* sans rides; **Faltenrock** M jupe plissée; jupe *f* à plis; **Faltenwurf** M KUNST draperie *f*; MODE drapé *m*
Falter M ⟨~s; ~⟩ ZOOL papillon *m*
faltig ADJ à plis; (*zerknittert*) froissé; *Haut, Gesicht* ridé
Faltkarton M carton *m* pliable; **Faltprospekt** M dépliant *m*; **Falttür** F porte pliante; **Faltung** F ⟨~; ~en⟩ pliage *m*; GEOL plissement *m*
Falz M ⟨~es; ~e⟩ 1 *e-s Papierbogens* pli *m*; (*Briefmarkenfalz*) charnière *f* 2 TECH (*Blechfalz*) agrafure *f*; (*Holzfalz*) *rillenförmiger* rainure *f*; (*Gleitfalz*) coulisse *f*; *rechtwinkliger* feuillure *f*; *e-s Buchs* mors *m*; (*Ansetzfalz*) onglet *m*
falzen V/T ⟨-(es)t, h.⟩ *Papier* plier; *Blech etc* replier; KLEMPNEREI sertir; TISCHLEREI feuiller; bouveter
Falzen N ⟨~s⟩ *von Papier* pliage *m*; *von Blech* agrafage *m*; KLEMPNEREI sertissage *m*; TISCHLEREI bouvetage *m*; BUCHBINDEREI pliure *f*;
Falzmaschine F BUCHBINDEREI plieuse *f*; KLEMPNEREI machine *f* à agrafer, à sertir; TISCHLEREI bouveteuse *f*; **Falzziegel** M tuile *f* mécanique
familiär ADJ 1 (*zwanglos*) sans façon; familier, -ière (*a. pej*) 2 (*Familien…*) familial; de famille; **aus ~en Gründen** pour (des) raisons de famille 3 LING familier, -ière; **~e Wendung** tournure familière
Familiarität F ⟨~; ~en⟩ familiarité *f*
Familie F ⟨~; ~n⟩ famille *f* (*a.* BIOL); **kinderreiche ~** famille nombreuse; **aus guter ~** de bonne famille; **e-e ~ gründen** fonder un foyer, une famille; **das liegt in der ~** c'est de famille; *hum* **das kommt in den besten ~n vor** cela arrive dans les meilleures familles
Familienalbum N album *m* de famille; **Familienangehörige(r)** M/F(M) membre *m* de la famille; parent(e) *m(f)*; **Familienangelegenheit** F affaire *f* de famille; **Familienanschluss** M ⟨~es⟩ accueil *m* dans une famille; **Familienanzeige** F *in der Zeitung* annonce *f*, *inkorr* faire-part *m* de mariage, de décès, *etc*; **Familienbeihilfe** F prestations familiales; **Familienbesitz** M bien(s) *m(pl)* de famille; **Familienbetrieb** M entreprise, AGR exploitation familiale; **Familienbuch** N livret *m* de famille; **Familienchronik** F chronique familiale; **Familiendrama** N drame familial, de famille; **Familienfeier** F fête *f* de famille
familienfeindlich ADJ contre la famille
Familienfest N fête *f* de famille; **Familienforschung** F généalogie *f*; études *fpl* généalogiques; **Familienfoto** N photo *f* de famille
familienfreundlich ADJ *Politik, Maßnahme* en faveur des familles; *Preise* pour les familles
Familienglück N bonheur familial; **Familiengrab** N, **Familiengruft** F caveau *m* de famille; **Familienhelferin** F aide familiale; **Familienhilfe** F *Krankenversicherung* prestations *fpl* (de l'assurance maladie) pour charges de famille; **Familienkrach** *umg* M scène familiale
Familienkreis M cercle *m* de famille; **im ~(e)** en famille; **im engsten ~(e)** dans la plus stricte intimité
Familienleben N ⟨~s⟩ vie *f* de famille, familiale; **Familienminister(in)** M(F) *in Deutschland* ministre *m/f* des Affaires familiales; **Familienmitglied** N membre *m* de la famille; **Familienname** M nom *m* de famille; **Familienoberhaupt** N chef *m* de famille; **Familienpackung** F HANDEL paquet familial; **Familienplanung** F planning familial; **Familienpolitik** F politique familiale; **Familienrat** M ⟨~(e)s⟩ conseil *m* de famille; **Familienrecht** N ⟨~(e)s⟩ droit *m* de la famille; **Familienschmuck** M bijoux *mpl* de famille; **Familiensinn** M ⟨~(e)s⟩ esprit *m* de famille; **Familienstammbuch** N livret *m* de famille; **Familienstand** M ⟨~(e)s⟩ ADMIN état civil; situation *f* de famille; **Familientragödie** F drame familial, de famille; **Familientreffen** N réunion de famille; **Familienunternehmen** N → Familienbetrieb; **Familienvater** M père *m* de famille; **Familienverband** M SOZIOLOGIE organisation familiale; **Familienvorstand** ADMIN M chef *m* de famille; **Familienwappen** N armes *fpl*, blason *m* de famille; **Familienzulage** F sursalaire familial; *bei Beamten* supplément familial; **Familienzusammenführung** F regroupement familial; **Familienzusammenkunft** F réunion de famille
Familienzuwachs M **~ erwarten** attendre un heureux événement; **wir haben ~ bekommen** notre famille s'est agrandie
famos *umg* ADJ épatant; *umg* chouette; *umg* formidable; **ein ~er Kerl** un chic type
Fan M ⟨~s; ~s⟩ admirateur, -trice passionné(e); *umg* fan *m/f*; *e-s Sportlers a.* supporter *m*
Fanal *geh* N ⟨~s; ~e⟩ flambeau *m* (*a. fig*); *fig* signal *m*
Fanatiker(in) M ⟨~s; ~⟩ (F) ⟨~in; ~innen⟩ fanatique *m/f*; *umg* acharné(e) *m(f)*; **fanatisch** ADJ fanatique; **fanatisieren** V/T ⟨*pas de ge-*, h.⟩ fanatiser; **Fanatismus** M ⟨~⟩ fanatisme *m*
Fanclub M fan-club *m*; club *m* de fans
fand → finden
Fandango M ⟨~s; ~s⟩ *Tanz* fandango *m*
Fanfare F ⟨~; ~n⟩ MUS fanfare *f*; *am Auto* avertisseur *m* à sons multiples
Fang M ⟨~(e)s; ⸚e⟩ 1 (*Fischfang*) prise *f*; pêche *f*; *lebender Tiere* capture *f*; *meist fig* **ein guter ~** une bonne prise; un beau coup de filet 2 *Jägersprache: e-s Fuchses, Hunds* gueule *f*; *pl* **Fänge** *e-s Raubvogels* serres *fpl*
Fangarm M ZOOL tentacule *m*
Fangemeinde F fan-club *m*
fangen ⟨fängt, fing, gefangen, h.⟩ A V/T *Person, Tier, Gegenstand* attraper; *Tiere lebend* capturer; *Vögel mit Leim* engluer; **e-n Fisch ~** prendre, pêcher un poisson; *fig* **von etw ganz gefangen sein** être captivé par qc; *sprichw* **mit gefangen, mit gehangen** *sprichw* celui qui est pris avec des larrons est pendu avec B V/R **sich (wieder) ~** *beim Fall* se rattraper (*a. fig*); *fig a.* se reprendre; *Wind* **sich ~ in** (*+dat*) s'engouffrer dans
Fangen N ⟨~s⟩ *Kinderspiel* **~ spielen** jouer à chat
Fangflotte F flottille *f*, *große* flotte *f* de pêche
Fangfrage F question *f* piège; SCHULE colle *f*; SCHULE **(j-m) e-e ~ stellen** poser une colle (à qn)
Fanggebiet N zone *f* de pêche; **Fangleine** F *e-s Fallschirms* suspente *f*; **Fangnetz** N filet *m*; *kleines für Fische* épuisette *f*
Fango M ⟨~s⟩ MED boue minérale; **Fangopackung** F enveloppement *m* (à base) de boues minérales
Fangquote F quota *m* de pêche; **Fangschaltung** F TEL dispositif *m* de localisation d'une *bzw.* des communication(s) téléphonique(s)
Fangschuss M JAGD coup *m* de grâce; **e-m Tier den ~ geben** *a.* achever un animal
Fanklub M club *m* de fans
Fantasie F ⟨~; ~n⟩ 1 ⟨*sans pl*⟩ (*Einbildungskraft*) imagination *f*; (*Einfallsreichtum*) fantaisie *f* 2 *meist* PL (*Vorstellung, Träumerei*) **~n** visions *fpl*; rêveries *fpl* 3 MUS fantaisie *f*; **Fantasiegebilde** N chimère *f*; vision(s) *f(pl)*; **fantasielos** ADJ dépourvu d'imagination; **Fantasielosigkeit** F ⟨~⟩ manque *m* d'imagination; **Fantasiepreis** M prix exorbitant; **fantasiereich** ADJ plein d'imagination; *Person a.* imaginatif, -ive
fantasieren V/I ⟨*pas de ge-*, h.⟩ 1 rêver (**von** de); *abs* fantasmer; s'abandonner à son imagination 2 *im Fieber* divaguer; délirer 3 (*Unsinn reden*) radoter; *umg* délirer 4 MUS improviser
fantasievoll ADJ plein d'imagination; *Person a.* imaginatif, -ive
Fantast(in) M ⟨~en; ~en⟩ (F) ⟨~in; ~innen⟩ (homme *m*, femme *f*) fantasque *m/f*, fantaisiste *m/f*; esprit *m* romanesque, chimérique, extravagant
Fantasterei F ⟨~; ~en⟩ visions *fpl*; chimères *fpl*
fantastisch A ADJ 1 fantastique; romanesque; fantaisiste 2 (*unwirklich*) invraisemblable; incroyable; rocambolesque 3 *umg* (*großartig*) *umg* formidable; fantastique B *umg* ADV *umg* formidablement
Fantasy F ⟨~⟩ LITERATUR, FILM fantastique *m*
Farad N ⟨~(s); ~⟩ ELEK farad *m*
Faradaykäfig M ELEK cage *f* de Faraday
faradisch ADJ ELEK **~e Ströme** MPL courants *mpl* faradiques
Farbabstufung F gradation *f* de couleurs; fondu *m*; **Farbaufnahme** F *Vorgang* prise *f* de vue(s) (en) couleurs; (*Farbfoto*) photo *f* (en) couleur(s); **Farbauftrag** M application *f* (d'une couche) de peinture; **Farbband** N ⟨~(e)s; -bänder⟩ *e-r Schreibmaschine* ruban *m*

encreur; **Farbbeutel** M sachet m de peinture liquide; **Farbbild** N photo f (en) couleur(s); **Farbdia(positiv)** N diapositive f (en) couleur(s); **Farbdruck** M ⟨~(e)s; ~e⟩ impression f en couleurs; chromotypographie f; **Farbdrucker** M IT imprimante f couleur

Farbe F ⟨~; ~n⟩ 1 couleur f (a. Spielkartenfarbe, fig); des Gesichts a. teint m; **die ~n** e-s Landes, e-r Studentenverbindung les couleurs; fig **~ bekennen** jouer cartes sur table; fig **~ bekommen** Person prendre des couleurs; THEAT Spiel devenir plus coloré; gagner en couleur; **e-e gesunde ~ haben** avoir des couleurs; avoir bonne mine; fig **e-r Sache** (dat) **~ geben, verleihen** donner de la couleur à qc; **e-e gesunde ~ haben** avoir des couleurs; avoir bonne mine; fig **an ~ gewinnen, verlieren** gagner, perdre en pittoresque; Film, Abbildung **in ~** en couleurs 2 zum Anstreichen u. Malen peinture f; TYPO encre f d'imprimerie

farbecht ADJ grand teint (inv); **Farbechtheit** F solidité f des couleurs

Färbemittel N colorant m; agent m de coloration; TEX, für Haare a. teinture f

farbempfindlich ADJ Film orthochromatique; sensible aux couleurs; Wäsche qui n'est pas grand teint; **Farbempfindlichkeit** F FOTO sensibilité f chromatique, aux couleurs; der Wäsche sensibilité f des couleurs au lavage et à la lumière

färben ⟨h.⟩ A VT 1 colorer; Gewebe teindre; Glas etc leicht teinter; **blau** etc **~** colorer, teindre en bleu, etc; **j-m das Haar (blond** etc**) ~** teindre les cheveux à qn (en blond, etc) 2 fig Bericht etc déformer B VR **sich ~** Blätter, Früchte etc se colorer; **sich** (dat) **das Haar ~ (lassen)** se (faire) teindre les cheveux; se faire (faire) une coloration

Färben N ⟨~s⟩ coloration f; von Stoffen, Haaren teinture f

farbenblind ADJ daltonien, -ienne; **Farbenblindheit** F daltonisme m

Farbendruck etc → Farbdruck etc; **farbenfreudig, farbenfroh** ADJ coloré; °haut en couleur(s); **Farbenindustrie** F industrie f des colorants; **Farbenlehre** F ⟨~⟩ théorie f des couleurs; **Farbenpracht** F magnificence f, somptuosité f de couleurs

farbenprächtig ADJ aux couleurs magnifiques, somptueuses; **ein ~es Schauspiel** un spectacle °haut en couleurs

Farbensehen N PHYSIOL chromatopsie f; **Farbensinn** M ⟨~(e)s⟩ sens m des couleurs; **Farbenspiel** N jeu m de couleurs; effets mpl de lumière

Färber(in) M ⟨~s; ~⟩ (F) ⟨~in; ~innen⟩ teinturier, -ière m,f; **Färberdistel** F BOT carthame m

Färberei F ⟨~; ~en⟩ teinturerie f

Färberröte F BOT garance f

Farbfernsehen N télévision f en couleurs; **Farbfernseher** umg M umg télé f couleur; **Farbfernsehgerät** N téléviseur m (en) couleur(s); **Farbfilm** M film m en couleurs; FOTO a. pellicule f (en) couleur(s); **Farbfilter** M od N OPT, FOTO filtre, écran coloré; **Farbfleck** M tache f de couleur; **Farbfoto** N photo f (en) couleur(s); **Farbfotografie** F photographie f (en) couleur(s); **Farbgebung** F ⟨~⟩ coloris m

farbig ADJ coloré (a. fig); en couleurs; a. Hautfarbe de couleur

färbig ADJ österr coloré

Farbige(r) M/F(M) ⟨→ A⟩ homme m, femme f de couleur; **die ~n** les gens de couleur

Farbigkeit F ⟨~⟩ des Stils etc couleur f; coloris m

Farbkasten M boîte f de couleurs, de peinture; TYPO encrier m; **Farbkombination** F combinaison f de couleurs; **Farbkontrast** M opposition f de couleurs; contraste m des couleurs; **Farbkopie** F copie f en couleurs; **Farbkopierer** umg M, **Farbkopiergerät** N (photo)copieur m couleur

farblich A ADJ des couleurs; de la couleur; sur le plan des couleurs B ADV **etw ~ (aufeinander) abstimmen** accorder les couleurs de qc

Farblithografie, Farblithographie F chromo(lithographie) f

farblos ADJ sans couleur (a. fig); Gas incolore (a. fig); fig Person falot; **Farblosigkeit** F ⟨~⟩ manque m de couleur (a. fig)

Farbmischung F mélange m de couleurs; OPT **additive ~** synthèse additive de couleurs; OPT **subtraktive ~** synthèse soustractive de couleurs

Farbmonitor M moniteur m couleur(s); **Farbmuster** N e-s Stoffes etc dessin m, motif m en couleurs; **Farbnuance** F nuance f; **Farbpapier** N FOTO papier m de couleur; **Farbschicht** F couche f de peinture; **Farbskala** F échelle f, gamme f de couleurs; **Farbstift** M crayon m de couleur; **Farbstoff** M matière colorante; colorant m; TECH wasserunlöslicher a. pigment m; → a. Färbemittel; **Farbton** M ⟨~(e)s; -töne⟩ teinte f; ton m; coloris m; (Farbschattierung) nuance f; **Farbtopf** M pot m de peinture; **Farbtube** F tube m de peinture; **Farbtupfen** M, **Farbtupfer** umg M tache f de couleur

Färbung F ⟨~; ~en⟩ Vorgang teinture f; Eigenschaft coloration f; leichte teinte f (a. fig)

Farbwalze F TYPO rouleau encreur; **Farbwechsel** M changement m de couleur; **Farbzusammenstellung** F harmonie f des couleurs; arrangement m de couleurs

Farce F ⟨~; ~n⟩ THEAT farce f (a. GASTR, fig); **farcieren** VT ⟨pas de ge-, h.⟩ GASTR farcir

Farm F ⟨~; ~en⟩ 1 (grande) ferme f; in Amerika a. ranch m 2 (Tierfarm) ferme f d'élevage; **Farmer(in)** M ⟨~s; ~⟩ (F) ⟨~in; ~innen⟩ fermier, -ière m,f

Farn M ⟨~(e)s; ~e⟩ fougère f; pl **~e** t/t filicinées fpl

Farnkraut N → Farn; **Farnwedel** M branche f de fougère

Färöer die ~ PL les îles fpl Féroé

Färse F ⟨~; ~n⟩ AGR génisse f

Fasan M ⟨~(e)s; ~e(n)⟩ faisan m; **Fasanerie** F ⟨~; ~n⟩ faisanderie f

faschieren VT ⟨pas de ge-, h.⟩ österr GASTR passer au hachoir; °hacher; **Faschierte(s)** N ⟨→ A⟩ österr GASTR °hachis m

Fasching M ⟨~s; ~e ou ~s⟩ carnaval m

Faschingsball M bal m de carnaval; **Faschingsbrauch** etc → Fastnachtsbrauch etc; **Faschingsgesellschaft** etc → Karnevalsgesellschaft etc

Faschismus M ⟨~⟩ fascisme m; **Faschist(in)** M ⟨~en; ~en⟩ (F) ⟨~in; ~innen⟩ fasciste m/f; **faschistisch** ADJ fasciste

faschistoid ADJ fascisant

Fase F ⟨~; ~n⟩ TECH (Schrägkante) chanfrein m; biseau m

Faselei umg pej F ⟨~; ~en⟩ radotage m; âneries fpl

faseln umg pej VT u. VI ⟨-(e)le, h.⟩ radoter; umg dérailler; **dummes Zeug ~** débiter des âneries

fasen VT ⟨~(es)t, h.⟩ TECH (abkanten) chanfreiner; biseauter

Faser F ⟨~; ~n⟩ TEX, TECH, BIOL, von Fleisch, Gemüse fibre f; feine a. filament m; **synthetische ~** fibre synthétique; geh fig **mit allen ~n s-s Herzens an etw** (dat) **hängen** tenir à qc de tout(es les fibres de) son cœur, de tout son être

faserig ADJ TEX, BIOL, Papier fibreux, -euse; **~es Fleisch, Gemüse** viande filandreuse, légumes filandreux

fasern VI ⟨h.⟩ von Stoff s'effilocher

fasernackt umg ADJ nu comme un ver; umg à poil; **Faserpflanze** F plante f textile; **Faserschreiber** M → Filzschreiber; **Faserstoff** M TEX matière fibreuse, filamenteuse; fibre f

Fasnacht F südd, schweiz → Fastnacht

Fass N ⟨~es; ¨~er⟩ 1 tonneau m; großes, bauchiges a. tonne f (a. fig); meist für Wein a. fût m; barrique f (etwa 225 l); für Butter baratte f; für Teer, Heringe etc baril m; **in Fässer füllen** mettre en tonneau; **Bier** n **vom ~** (de la) bière (à la) pression; pression f; **frisch vom ~** fraîchement tiré 2 fig **ein ~ ohne Boden** un gouffre; umg **ein ~ aufmachen** umg faire la bringue; **das schlägt dem ~ den Boden aus** c'est le comble, le bouquet; **das bringt das ~ zum Überlaufen** c'est la goutte d'eau qui fait déborder le vase

Fassade F ⟨~; ~n⟩ BAU façade f (a. fig); großer Bauwerke frontispice m

Fassadenkletterer M ⟨~s; ~⟩ monte-en-l'air m; **Fassadenreiniger** M ⟨~s; ~⟩ ravaleur m

fassbar ADJ (wahrnehmbar) perceptible (a. fig); (begreifbar) concevable; compréhensible

Fassbier N bière f pression; **Fassbinder** M ⟨~s; ~⟩ bes österr tonnelier m

Fässchen N ⟨~s; ~⟩ tonnelet m; barillet m

fassen ⟨-(es)t, h.⟩ A VT 1 (greifen) prendre; schnell u. fest saisir; **e-n Verbrecher** etc **~** arrêter un criminel, etc; **bei, an der Hand ~** prendre, saisir par la main; **zu ~ bekommen**, umg **kriegen** attraper; empoigner; saisir; zum Hund **fass!** attrape-le!; mords-le! 2 → einfassen 3 Gefäß, Raum (aufnehmen können) (pouvoir) contenir; als Volumen cuber 4 MIL **Essen ~** manger la soupe 5 (formulieren) **etw in Worte** (akk) **~** exprimer qc (avec des mots); formuler qc; **e-n Begriff eng, weit ~** interpréter un concept au sens strict, au sens large 6 Entschluss, Vertrauen, Vorsatz etc prendre; Plan etc concevoir; **etw ins Auge ~** envisager qc; **keinen klaren Gedanken ~ können** ne pas arriver à rassembler ses idées; **sich** (dat) **ein Herz ~** prendre son courage à deux mains; **(wieder) Mut ~** (re)prendre courage 7 (begreifen, glauben) **etw nicht ~ können** ne pas pouvoir concevoir, comprendre, saisir bzw. croire qc; **es ist nicht zu ~!** c'est incroyable! B VI 1 TECH, Kupplung etc prendre; mordre 2 (greifen) **nach etw ~** prendre, schnell saisir, attraper qc; **in etw** (akk) **~** mettre la main dans qc; **an etw** (akk) **~** toucher qc C VR 1 **sich (wieder) ~** se reprendre; se ressaisir; (sich beruhigen) se calmer; se rassurer; → a. gefasst 2 → kurzfassen

Fassette etc → Facette etc

Fassgärung F fermentation f en tonneau(x)

fasslich ADJ compréhensible; clair; **leicht ~** a. à la portée de tous

Fasson F ⟨~; ~s⟩ (Schnitt, Art) façon f; (Form) forme f; Hut etc **aus der ~ sein** ne plus avoir de forme; **jeder muss nach s-r eigenen ~ selig werden** (à) chacun ses goûts

Fassonschnitt M Haarschnitt coupe f de cheveux (sans dégradé)

Fassung F ⟨~; ~en⟩ 1 e-r Glühbirne etc douille f; e-r Brille, e-s Edelsteins monture f 2 e-s literarischen Werks etc version f 3 ⟨sans pl⟩ (Selbstbeherrschung) contenance f; **die ~ bewahren** faire bonne contenance; **die ~ verlieren** perdre contenance; se déconcerter; **j-n aus der ~ bringen** décontenancer, déconcerter qn; **sich nicht aus der ~ bringen lassen** ne pas se laisser déconcerter; **nach ~ ringen** essayer de se reprendre, de retrouver une contenance; **er hat die schlechte Nachricht mit ~ getragen** il a gardé son calme en apprenant la mauvaise nouvelle

Fassungskraft F ⟨~⟩ *geistige* faculté *f* de compréhension; entendement *m*; **das geht über meine ~** cela me dépasse

fassungslos A ADJ décontenancé; *plus fort* stupéfait; **~ vor Schmerz sein** être pétrifié de douleur B ADV **~ dastehen** rester décontenancé; *plus fort* être stupéfait

Fassungslosigkeit F ⟨~⟩ stupéfaction *f*; *plus fort* stupeur *f*; **Fassungsvermögen** N ⟨~s⟩ *e-s Behälters etc* contenance *f*; capacité *f*

fast ADV presque; *vor Zahlen u. Zeitangaben a.* près de; **~ nie, immer** presque jamais, toujours; **~ nirgends, überall** pratiquement nulle part, partout; **~ nichts, alles** pratiquement rien, tout; **~ nur** ... *a.* ne ... guère que; **es waren ~ nur Deutsche da** il n'y avait pour ainsi dire que des Allemands; *mit Verben* → beinahe

fasten VI ⟨-ete, h.⟩ jeûner; ne rien manger

Fasten N ⟨~s⟩ jeûne *m*; **Fastengebot** N obligation (religieuse) de jeûner; **Fastenkur** F cure *f* d'amaigrissement par le jeûne; **Fastenpredigt** F sermon *m* de carême; **Fastenzeit** F carême *m*

Fast Food N ⟨~(s)⟩ 1 *Gastronomie* fast-food *m*; restauration *f* rapide 2 *Mahlzeit* repas *m* rapide

Fast-Food-Kette F chaîne *f* de restauration rapide; **Fast-Food-Restaurant** N fast-food *m*

Fastnacht F ⟨~⟩ (*~sdienstag*) mardi gras; (*Karneval*) carnaval *m*

Fastnachtsball M bal *m* de carnaval; **Fastnachtsbrauch** M coutume *f* de mardi gras, de carnaval; **Fastnachtsdienstag** M mardi gras; **Fastnachtsgesellschaft** *etc* → Karnevalsgesellschaft *etc*; **Fastnachtstreiben** N *réjouissances (publiques et populaires) accompagnant le carnaval*

Fasttag M jour *m* de jeûne

Faszination F ⟨~⟩ fascination *f*; **~ auf j-n ausüben** fasciner qn; *plus fort* exercer une irrésistible séduction sur qn

faszinieren VT ⟨*pas de ge-*, h.⟩ fasciner

fatal ADJ 1 (*misslich*) fâcheux, -euse; ennuyeux, -euse 2 (*verhängnisvoll*) fatal; **~er Irrtum** erreur fatale; **~e Folgen haben** avoir des conséquences graves

Fatalismus M ⟨~⟩ fatalisme *m*; **Fatalist(in)** M ⟨~en; ~en⟩ (F) ⟨~in; ~innen⟩ fataliste *m/f*; **fatalistisch** ADJ fataliste

Fata Morgana F ⟨~; -nen *ou* ~s⟩ *a. fig* mirage *m*

Fatum N ⟨~s; -ta⟩ PHIL fatum *m*; (*Schicksal*) destin *m*; (*Verhängnis*) fatalité *f*

Fatwa F ⟨~; ~s⟩ *od* N ⟨~s; ~s⟩ REL fatwa *f*

Fatzke *umg pej* M ⟨~n *ou* ~s; ~n *ou* ~s⟩ poseur *m*; fat *m*

fauchen VT *u.* VI ⟨h.⟩ 1 *Katze, Tiger* feuler 2 *fig Lokomotive* siffler en lâchant un jet de vapeur; *zornige Person* grogner

faul ADJ 1 *Person* paresseux, -euse; *plus fort* fainéant; *umg* flemmard; feignant; *sl* **~er Sack** *umg* cossard *m*; **zu ~ sein, etw zu tun** *umg* avoir la flemme de faire qc 2 *Früchte, Ei, Holz etc* pourri; **~e Stelle** *e-r Frucht a.* pourri *m*; **~er Zahn** dent gâtée; **~ werden** → faulen 3 *umg pej* **~e Ausrede** mauvaise excuse; **~er Kompromiss** compromis boiteux; **~e Sache** affaire *f* louche; **~er Witz** plaisanterie déplacée; **~er Zauber** bluff *m*; *umg* esbroufe *f*; *umg* bidon *m*; **an der Sache ist etwas ~** il y a quelque chose de louche dans cette affaire

Faulbaum M BOT bourdaine *f*

Fäule F ⟨~⟩ pourriture *f*

faulen VI ⟨s. *ou* h.⟩ pourrir; *Wasser a.* croupir

faulenzen VI ⟨-(es)t, h.⟩ paresser; *pej umg* avoir la flemme; *umg* tirer sa flemme; **Faulenzer(in)** M ⟨~s; ~⟩ (F) ⟨~in; ~innen⟩ *pej* paresseux, -euse *m,f*; fainéant(e) *m(f)*; *umg* flemmard(e) *m(f)*; feignant(e) *m(f)*; **Faulenzerei** F ⟨~⟩ *pej umg* flemmardise *f*; *umg* flemme *f*; *pej* fainéantise *f*; → *a.* Faulheit; **Faulenzerleben** N vie *f* de paresseux, de fainéant

Faulheit F ⟨~⟩ paresse *f*; *plus fort* fainéantise *f*; *umg pej* **vor ~ stinken** *umg* être flemmard, cossard

faulig ADJ *Geruch etc* putride; *Obst, Holz etc* pourri; *Wasser* croupissant; **~ werden** *Holz, Obst* pourrir; *Wasser a.* croupir

Fäulnis F ⟨~⟩ pourriture *f*; **in ~** (*akk*) **übergehen** → faulen

Fäulnisbakterien FPL bactéries *fpl* saprogènes; **Fäulniserreger** M agent *m* de la pourriture; **Fäulnisprozess** M (processus *m* de) putréfaction *f*

Faulpelz *umg pej* M → Faulenzer(in); **du ~!** *umg* tu es un sacré paresseux!; **ein ~ sein** *a. umg* être paresseux comme un loir *od* une couleuvre; *umg* avoir un poil dans la main

Faulschlamm M GEOL sapropel *m*; **Faultier** N 1 ZOOL paresseux *m* 2 *umg pej* → Faulenzer(in)

Faun M ⟨~(e)s; ~e⟩ MYTH, *fig* faune *m*

Fauna F ⟨~; -nen⟩ faune *f*

Faust F ⟨~; Fäuste⟩ 1 poing *m*; **e-e ~ machen** fermer le poing; **die Fäuste ballen** serrer les poings 2 *fig* **die ~** *od* **Fäuste in der Tasche ballen** *etwa* serrer les poings dans ses poches; se retenir; **mit der ~ auf den Tisch hauen** *od* **schlagen** *a. fig* frapper du poing sur la table; *umg* **das passt wie die ~ aufs Auge** (*passt nicht*) ça ne va pas du tout ensemble; ça vient comme un cheveu sur la soupe; (*passt genau*) ça va parfaitement ensemble; **etw auf eigene ~ tun** faire qc de son propre chef; **die ~ im Nacken spüren** être soumis à une *od* des pression(s); **mit eiserner ~** avec une poigne de fer

Faustabwehr F BALLSPIEL dégagement *m* du poing; **Faustball** M ⟨~(e)s⟩ SPORT balle *f* au poing

Fäustchen N ⟨~s; ~⟩ petit poing; *fig* **sich** (*dat*) **ins ~ lachen** rire sous cape; rire dans sa barbe

faustdick A ADJ gros, grosse comme le poing; *umg* **e-e ~e Lüge** un gros mensonge; *umg* un mensonge gros comme une maison B *umg* ADV **er hat es ~ hinter den Ohren** c'est un malin, un rusé; il a plus d'un tour dans son sac

Fäustel M ⟨~s; ~⟩ 1 BERGBAU masse *f* 2 → Faustkeil 3 *regional* (*Fausthandschuh*) moufle *f*

fausten VT ⟨-ete, h.⟩ *Torhüter* **(den Ball) ~** dégager du poing

Fausten N ⟨~s⟩ BALLSPIEL dégagement *m* du poing

Faustfeuerwaffe F arme *f* de poing; **faustgroß** ADJ gros, grosse comme le poing; **Fausthandschuh** M moufle *f*

Faustkampf M *geh* (*Boxkampf*), *in der Antike* pugilat *m*; **Faustkämpfer** M *geh* (*Boxer*), *in der Antike* pugiliste *m*; **Faustkeil** M VORGESCHICHTE coup-de-poing *m*

Fäustling M ⟨~s; ~e⟩ moufle *f*

Faustpfand N gage (mobilier); **Faustrecht** N ⟨~(e)s⟩ loi *f* du plus fort; **Faustregel** F règle générale

Faustschlag M coup *m* de poing

Fauteuil M ⟨~s; ~s⟩ *österr, schweiz* fauteuil *m*

Fauxpas M ⟨~; ~⟩ impair *m*; *umg* gaffe *f*; **e-n ~ begehen** faire, commettre un impair

Favela F ⟨~; ~s⟩ (*Slum*) favela *f*

favorisieren VT ⟨*pas de ge-*, h.⟩ (*bevorzugen*) favoriser; SPORT donner ... gagnant; **favorisiert** ADJT SPORT favori, -ite

Favorit(in) M ⟨~en; ~en⟩ (F) ⟨~in; ~innen⟩ *a.* SPORT favori, -ite *m,f*; **hoher, klarer ~** favori (incontesté); **als ~ ins Rennen gehen** partir favori

Fax N ⟨~; ~e⟩ TELEKOMMUNIKATION télécopie *f*; fax *m*

Faxanschluss M prise *f* de fax

faxen VT ⟨-(es)t, h.⟩ faxer

Faxen *umg* FPL (*dumme Späße*) bêtises *fpl*; (*Grimassen*) grimaces *fpl*; singeries *fpl*; **~ machen** *od* **schneiden** faire des grimaces, des singeries; **nur ~ im Kopf haben** n'avoir que des bêtises en tête; **lass die ~!** arrête de faire l'idiot!

Faxenmacher *umg* M ⟨~s; ~⟩ pitre *m*; clown *m*

Faxgerät N télécopieur *m*; fax *m*; **Faxnummer** F numéro *m* de télécopieur, de fax

Fayence F ⟨~; ~n⟩ faïence *f*

Fazenda F ⟨~; ~s⟩ *in Brasilien* fazenda *f*

Fazit N ⟨~s; ~e *ou* ~s⟩ résultat *m*; bilan *m*; conclusion *f*; **das ~ (aus etw) ziehen** faire le bilan (de qc)

FC M ⟨~⟩ ABK IN ZSSGN (Fußballclub) F.C. *m* (football club)

FCKW ABK (Fluorchlorkohlenwasserstoff[e]) CFC *m(pl)* (chlorofluorocarbone[s])

FDGB M ⟨~⟩ HIST *DDR* ABK (Freier Deutscher Gewerkschaftsbund) F.D.G.B. *m* (*centrale syndicale de l'ancienne RDA*)

FDJ F ⟨~⟩ HIST *DDR* ABK (Freie Deutsche Jugend) F.D.J. *f* (*organisation de jeunesse de l'ancienne RDA*)

FDP F ⟨~⟩ ABK 1 *in Deutschland* (*Freie Demokratische Partei*) F.D.P. *m* (parti libéral allemand) 2 *in der Schweiz* (*Freisinnig-Demokratische Partei*) P.R.D. *m* (Parti radical-démocrate)

F-Dur N fa *m* majeur

FD-Zug M (train) rapide *m*

Feber M ⟨~s; ~⟩ *österr* (mois *m* de) février *m*; → *a.* Januar

Febr. ABK (Februar) fév. (février)

Februar M ⟨~(s); ~e⟩ (mois *m* de) février *m*; → *a.* Januar

Fechtanzug M tenue *f* d'escrime; **Fechtbahn** F terrain *m*, piste *f* (d'escrime)

fechten VI ⟨ficht (du fichtst, ihr fechtet), focht, gefochten, h.⟩ 1 faire de l'escrime (*abs*); faire, tirer des armes (**mit j-m, gegen j-n** avec qn); **mit dem Degen ~** faire de l'escrime à l'épée 2 *geh fig* (*kämpfen*) se battre (**für, gegen** pour, contre)

Fechten N ⟨~s⟩ escrime *f*

Fechter(in) M ⟨~s; ~⟩ (F) ⟨~in; ~innen⟩ escrimeur, -euse *m,f*

Fechthandschuh M gant *m* d'escrime; **Fechtkunst** F (art *m* de l')escrime *f*; art *m* des armes; **Fechtmaske** F masque *m* d'escrime; **Fechtmeister** M maître *m* d'armes; **Fechtsaal** M salle *f* d'armes, d'escrime; **Fechtsport** M escrime *f*; **Fechtturnier** N tournoi *m* d'escrime

Feder F ⟨~; ~n⟩ 1 (*Vogelfeder*) plume *f*; (*Schwanzfeder, Schwungfeder*) penne *f*; (*Hutfeder*) plume *f* (de chapeau); **neue ~n bekommen** se remplumer; **leicht wie e-e ~ sein** être léger, -ère comme une plume; *fig* **sich mit fremden ~n schmücken** se parer des plumes du paon; *umg fig* **dabei ~n lassen** y laisser des plumes; *umg* **noch in den ~n liegen** être encore au lit, *umg* au plumard 2 (*Schreibfeder*) plume *f*; **zur ~ greifen** prendre la plume; **aus der ~ e-s bekannten Autors** de la plume d'un auteur connu; *fig* **e-e spitze ~ führen** avoir un style caustique 3 TECH ressort *m*;

TISCHLEREI languette *f*; **~ und Nut** languette *f* et rainure *f*; **e-e ~ spannen** tendre un ressort

Federball M ⟨~(e)s⟩ *Ball* ⟨*pl* ~̈e⟩ *u. Spiel* volant *m*; badminton *m*; **Federballschläger** M raquette *f* de volant, de badminton; **Federballspiel** N **1** ⟨*sans pl*⟩ volant *m*; badminton *m* **2** *Zubehör* volant *m*

Federbein N FLUG jambe *f* élastique (du train d'atterrissage); **Federbett** N couette *f*; *kleines* édredon *m*; **Federboa** F MODE boa *m*; **Federbusch** M **1** *e-s Vogels* aigrette *f* **2** *als Schmuck* panache *m*; *bes* MIL plumet *m*; **Federfuchser** M ⟨~s; ~⟩ *pej* **1** (*Pedant*) pinailleur *m*; ergoteur *m* **2** (*Schreiberling*) gratte-papier *m*

federführend ADJT compétent; responsable; **~ in etw** (*dat*) **sein** être responsable de qc

Federführung F **die ~ (bei** *od* **in etw** [*dat*]) **haben** avoir la responsabilité (de qc); **unter der ~ von** sous la responsabilité de

Federgewicht N, **Federgewichtler** M ⟨-lers; -ler⟩ SPORT poids *m* plume; **Federgewichtsklasse** F catégorie *f* (des) poids plume; **Federhalter** M porte-plume *m*; **Federkernmatratze** F matelas *m* à ressorts; **Federkiel** M (tuyau *m* de) plume *f*; **Federkissen** N coussin *m* de plumes; *im Bett* oreiller *m* de plumes; **Federkleid** *geh* N plumage *m*; livrée *f*; **Federkraft** F *als Eigenschaft* force *f* élastique; élasticité *f*; (*Kraft e-r Feder*) force *f* de ressort; **federleicht** ADJ léger, -ère comme une plume

Federlesen N **nicht viel ~(s) machen** ne pas prendre de gants (**mit j-m** avec qn); ne pas y aller par quatre chemins

Federmäppchen N ⟨~s; ~⟩, **Federmappe** F trousse *f* (d'écolier); *aus Holz od Metall* plumier *m*

federn ⟨-(e)re, h.⟩ **A** VT *Matratze* mettre des ressorts à; *Auto* équiper d'une suspension; TISCHLEREI langueter; **ein gut, schlecht gefederter Wagen** une voiture avec une bonne, mauvaise suspension **B** VI faire ressort; **in den Knien ~** GYMNASTIK prendre la position genoux fléchis

federnd ADJT qui fait ressort; *Bewegung* souple; *Gang, Schritt* élastique

Federnelke F BOT œillet frangé; mignardise *f*; **Federschmuck** M parure *f* de plumes; **Federstahl** M TECH acier *m* à ressorts

Federstrich M trait *m* de plume; **etw mit e-m ~ abschaffen** supprimer qc d'un trait de plume

Federung F ⟨~; ~en⟩ *e-s Fahrzeugs* suspension *f* (à ressorts); *bei Möbeln* ressorts *mpl*

Federvieh *umg* N volaille *f*; **Federwaage** F peson *m* à ressort; **Federweiße(r)** M ⟨→ A⟩ vin bourru; **Federwild** N *Jägersprache* gibier *m* à plumes; **Federwisch** M plumeau *m*; **Federwolke** F cirrus *m*; **Federzeichnung** F dessin *m* à la plume

Fee F ⟨~; ~n⟩ fée *f*; **gute, böse ~** bonne, mauvaise fée

Feedback N ⟨~s; ~s⟩ KYBERNETIK, (*Rückmeldung*) feed-back *m*

feenhaft ADJ féerique; *Person* d'une merveilleuse beauté; **Feenkönigin** F reine *f* des fées; **Feenreich** N ⟨~(e)s⟩ pays *m* des fées; *fig* univers *m* féerique

Fegefeuer N ⟨~s⟩ KATH purgatoire *m*

fegen **A** VT ⟨h.⟩ **1** *mit Besen* balayer; **(den Schornstein) ~** ramoner (la cheminée) **2** (*beseitigen*) **etw vom Tisch ~** envoyer valser qc; *fig* balayer qc d'un revers de main; *umg fig* SPORT **den Gegner vom Platz ~** gagner haut la main **B** VI ⟨s.⟩ *Schnellzug etc* passer en trombe; *Wind* **über die Ebene** *etc* **~** balayer la plaine, *etc*

Fehde F ⟨~; ~n⟩ HIST, *fig* querelle *f*; *geh* **mit j-m in ~ liegen** être en guerre avec qn

Fehdehandschuh *geh* M **j-m den ~ hinwerfen** jeter le gant à qn; **den ~ aufnehmen** relever le gant

Fehl *geh* M **ohne ~ (und Tadel)** irréprochable; sans défaut

Fehlalarm M fausse alerte; **Fehlanzeige** F *umg* (*nichts*) **~!** néant!; **fehlbar** ADJ faillible; **Fehlbarkeit** F ⟨~⟩ faillibilité *f*; **Fehlbelegung** F ⟨~; ~en⟩ *e-r Sozialwohnung* attribution abusive; **Fehlbesetzung** F *e-s Arbeitsplatzes* mauvaise attribution (d'un poste); THEAT mauvaise distribution (des rôles); **Fehlbestand** M stock manquant

Fehlbetrag M *bes* HANDEL déficit *m*; manque *m*; **e-n ~ (von … Euro) aufweisen** avoir un déficit (de … euros); *abs* être déficitaire; **e-n ~ decken** couvrir un déficit

Fehlbildung F MED malformation *f*; **Fehldiagnose** F erreur *f* de diagnostic; faux diagnostic; **Fehldruck** M ⟨~(e)s; ~e⟩ TYPO faute *f* d'impression, typographique; **Fehleinschätzung** F erreur *f* d'appréciation

fehlen VI *u.* VUNPERS ⟨h.⟩ **1** (*mangeln, nicht da sein*) manquer; faire défaut (*a.* JUR); *von Personen a.* être absent; ne pas être là; **es ~ zwei Bände dieses Werkes** *od* **zwei Bände dieses Werkes ~** il manque deux volumes à *od* de cet ouvrage; **wer fehlt heute?** qui manque aujourd'hui?; **mir ~ fünfzig Euro** il me manque cinquante euros; **es fehlt ihm nicht an Talent** (*dat*) *etc* il ne manque pas de talent, *etc*; *umg* **wo fehlt's denn?** qu'est-ce qui ne va pas?; *umg* qu'est-ce qui cloche?; **daran soll es nicht ~** qu'à cela ne tienne; **es an nichts ~ lassen** ne laisser manquer qn de rien **2** (*nötig sein*) manquer; faire faute; **ihr ~ noch zwei Punkte zum Matchgewinn** il lui manque encore deux points pour gagner le match; **es hätte nicht viel gefehlt, und ich wäre gefallen** j'ai failli tomber; un peu plus et je tombais; *iron* **das fehlte gerade noch!** il ne manquait plus que cela!; **das hätte gerade noch gefehlt!** il ne manquerait plus que cela! **3** (*vermisst werden*) manquer à; **die Kinder ~ ihr sehr** les enfants lui manquent beaucoup **4** *gesundheitlich* **fehlt Ihnen etwas?** vous n'êtes pas bien?; cela ne va pas? **5** *geh* **weit gefehlt!** vous n'y êtes pas!; erreur!; pas du tout!

Fehlen N ⟨~s⟩ manque *m*; défaut *m*; (*Abwesenheit*) absence *f*; → *a.* Fernbleiben

fehlend ADJT manquant; absent; **~er Betrag** déficit *m*; somme manquante

Fehlentscheidung F mauvaise décision

Fehler M ⟨~s; ~⟩ **1** (*Verstoß*) faute *f* (*a. moralischer,* SPORT); (*Irrtum*) erreur *f* (*a.* MATH, PHYS, PSYCH); **dummer ~** *a.* bévue *f*; *umg* gaffe *f*; **leichter, schwerer ~** faute légère, grave; **e-n ~ machen, begehen** faire, commettre une faute; **das ist nicht Ihr ~** ce n'est pas (de) votre faute; **ihm ist ein ~ unterlaufen** il s'est trompé **2** (*Mangel*) défaut *m*; vice *m*; TECH *a.* défectuosité *f*; *physischer, erblicher* tare *f*; **ein offensichtlicher ~** un vice apparent; *Ware* **mit kleinen ~n** avec de petits *od* légers défauts (de fabrication); **jeder hat s-e ~** tout le monde a des défauts; → *a.* null

Fehleranalyse F analyse *f* d'erreurs

fehlerfrei ADJ *u.* ADV **1** sans faute(s); correct (-ement); **ein ~es Französisch sprechen** parler un français impeccable **2** (*ohne Mangel*) sans défaut(s)

Fehlergrenze F tolérance *f*

fehlerhaft ADJ **1** plein de fautes; incorrect (*a. Satz, Ausdruck, Rechnung*) **2** TECH défectueux, -euse; plein de défauts; **~e Stelle** *im Stoff etc* défaut *m*

fehlerlos → fehlerfrei

Fehlermeldung F signalement *m* d'une erreur; IT message *m* d'erreur

Fehlerquelle F source *f*, cause *f* d'erreur(s); **e-e ~ ausschalten** supprimer une cause d'erreur(s)

Fehlerquote F pourcentage *m* d'erreurs; **Fehlersuche** F *beim Reparieren* détection *f* d'anomalies; IT détection *f* d'erreurs; **Fehlerzahl** F nombre *m* de fautes

Fehlfarbe F **1** *Zigarre* cigare *m* de second choix **2** (*fehlende Spielkarte*) carte manquante (dans la couleur demandée); (*Farbe, die nicht Trumpf ist*) couleur *f* qui n'est pas atout

Fehlgeburt F MED avortement *m* (naturel *od* spontané); fausse couche; **e-e ~ haben** faire une fausse couche

fehlgehen *geh* VI ⟨*irr, sép,* -ge-, s.⟩ **1** (*sich verlaufen*) s'égarer; se perdre; se fourvoyer **2** *Schuss* rater; manquer le but **3** *fig* faire fausse route; se tromper; **gehe ich fehl in der Annahme, dass …?** est-ce que je me trompe en supposant que …?

Fehlgriff M mauvais choix; erreur *f*; **Fehlhandlung** F **1** PSYCH → Fehlleistung **2** (*sich als falsch erweisende Handlung*) erreur *f*; **Fehlinformation** F mauvaise, fausse information; **Fehlinterpretation** F interprétation erronée; mauvaise interprétation

Fehlinvestition F HANDEL mauvais investissement; *umg* **dieser Computer war eine glatte ~** *umg* cet ordinateur, c'est de l'argent bien mal placé

Fehlkalkulation F mauvais calcul; **Fehlkauf** M mauvaise affaire; mauvais achat; **Fehlkonstruktion** F construction défectueuse

Fehlleistung F PSYCH **(freudsche) ~** acte manqué; *beim Schreiben od Sprechen* lapsus *m*

fehlleiten *geh* VT ⟨-ete, *sép,* -ge-, h.⟩ **1** *Sendung etc* **fehlgeleitet werden** s'égarer **2** *fig* diriger sur une fausse piste, sur une mauvaise route

Fehlmeldung F (*Falschmeldung*) fausse nouvelle; (*Fehlanzeige*) ratage *m*; **Fehlmenge** F HANDEL quantité, marchandise manquante; **Fehlpass** M SPORT mauvaise passe; **Fehlplanung** F (exemple *m* de) mauvaise planification; **Fehlprognose** F faux pronostic; prévision inexacte, erronée

Fehlschlag M échec *m*; affaire ratée

fehlschlagen VI ⟨*irr, sép,* -ge-, s.⟩ échouer; rater; ne pas réussir; **Fehlschluss** M conclusion erronée, fausse; **Fehlschuss** M coup manqué, raté; **Fehlspekulation** F mauvaise spéculation; **Fehlstart** M SPORT, FLUG départ manqué; faux départ

Fehltritt M **1** *beim Laufen od Steigen* faux pas (*a. fig*) **2** *moralischer* écart *m* (de conduite); *Mädchen, Frau* **e-n ~ begehen** fauter

Fehlurteil N erreur *f* de jugement; JUR mal-jugé *m*; **Fehlverhalten** N *in e-r Situation* réaction déplacée; PSYCH comportement inadapté; **Fehlversuch** M SPORT tentative ratée; **Fehlzeit** F (taux *m* d')absentéisme *m*

Fehlzündung F AUTO raté *m*; allumage défectueux; *umg fig* **~ haben** comprendre de travers

Feier F ⟨~; ~n⟩ **1** *private* fête *f*; (*Familienfeier*) *a.* réunion *f* (de famille); **e-e ~ veranstalten** organiser une fête **2** *e-s Ereignisses, Gedenktages etc geh* célébration *f*; (*Gedenkfeier*) *a.* cérémonies (commémoratives); *oft hum* **zur ~ des Tages** en l'honneur de ce grand jour; *umg* pour fêter ça

Feierabend M fin *f* de la journée de travail; **~ machen** finir de travailler; **um 5 Uhr ~ machen** *a.* sortir à 5 heures; *im Lokal* **(wir machen) ~!** on ferme!; **nach ~** après le travail; *umg fig*

jetzt ist aber ~! (*Schluss*) maintenant ça suffit!; assez!

Feierabendheim *ostdeutsch* → Altenheim

feierlich A ADJ solennel, -elle; *umg* das ist (schon) nicht mehr ~ ce n'est plus drôle du tout B ADV 1 solennellement; ~ begehen célébrer (solennellement); solenniser 2 (*mit Nachdruck*) solennellement; ~ erklären déclarer solennellement

Feierlichkeit F ⟨~; ~en⟩ 1 ⟨*sans pl*⟩ *Eigenschaft* solennité *f* 2 *Vorgang* cérémonie *f*; ~en *pl Veranstaltung* cérémonies *fpl*

feiern ⟨-(e)re, h.⟩ A VT j-n, etw ~ fêter qn, qc; *festlich, offiziell* etw ~ célébrer qc; s-n Abschied ~ fêter son départ; ein (kleines) Fest ~ faire une (petite) fête; e-n Geburtstag ~ fêter un anniversaire; ein gefeierter Künstler un artiste adulé; das muss gefeiert werden! il faut fêter ça!; ça se fête! B VI faire une fête; tüchtig ~ faire la fête; heute wird gefeiert aujourd'hui, on fait la fête *od* c'est (la) fête!

Feierschicht F (poste supprimé par suite d'un) chômage partiel; ~en einlegen s'arrêter de travailler en raison du chômage partiel

Feierstunde F cérémonie *f*

Feiertag M jour férié, de fête; gesetzlicher ~ fête légale; kirchlicher ~ fête de l'Église, religieuse; schöne ~e! (passez de) bonnes fêtes!

feiertags ADV les jours fériés; **Feiertagszuschlag** M prime *f*, indemnité *f* de jour férié

feig(e) A ADJ lâche; ~(e) sein *a.* manquer de courage B ADV lâchement; en lâche

Feige F ⟨~; ~n⟩ figue *f*

Feigenbaum M figuier *m*; **Feigenblatt** N feuille *f* de figuier; KUNST, *fig* feuille de vigne; **Feigenkaktus** M BOT raquette *f*; figuier *m* de Barbarie

Feigheit F ⟨~⟩ lâcheté *f*; couardise *f*; poltronnerie *f*

Feigling M ⟨~s; ~e⟩ lâche *m/f*; *umg* sei kein ~! *umg* ne te dégonfle pas!

Feigwarze F MED condylome *m*

feil ADJ 1 *geh pej Person* vénal; ~e Dirne courtisane *f* 2 *veraltet* (*verkäuflich*) à vendre

feilbieten *geh* VT ⟨*irr, sép*, -ge-, h.⟩ offrir; mettre en vente

Feile F ⟨~; ~n⟩ TECH lime *f*

feilen VT ⟨h.⟩ 1 limer; sich (*dat*) die Fingernägel ~ se limer les ongles 2 *fig* an e-m Text *etc* ~ peaufiner un texte, *etc*; an e-r Rede ~ *a.* fignoler un discours

feilschen VI ⟨h.⟩ *pej* um etw ~ marchander qc

Feilspäne MPL, **Feilstaub** M limaille *f*

fein A ADJ 1 fin (*a.* ~körnig) 2 *Geruch, Sinne* fin; ~er Unterschied nuance *f*; distinction subtile 3 *Haar* fin; *Gesicht* fin; délicat; *Stimme* petit 4 (*dünn*) fin; *Pinsel, Schrift* fin 5 (*edel*) *Obst* exquis; ~e Backwaren *fpl* pâtisserie(s) *f(pl)*; alles nur vom Feinsten tout ce qu'il y a de meilleur 6 (*vornehm*) raffiné; subtil; ein ~er Herr un monsieur distingué, très bien; *pej* er ist sich (*dat*) wohl zu ~ dafür il ne va pas s'abaisser à (faire) cela 7 (*einfühlsam*) *Humor* subtil; ein ~es Gespür für etw haben sentir qc intuitivement 8 *umg* (*nett*) *umg* sympa; *umg* ein ~er Kerl un chic type; *iron* du bist mir ein ~er Freund! on peut compter sur toi! 9 *umg* (*schön*) parfait; e-e ~e Sache *umg* un truc formidable B ADV 1 finement; ~ gemahlen finement moulu; moulu fin; ~ geschnitten coupé en petits morceaux; *fig* (coupé) fin; ~ schleifen polir; adoucir 2 (*gut*) bien; sich ~ machen se faire beau, belle; se mettre sur son trente et un; das hast du ~ gemacht! c'est très bien; comme tu as bien fait cela!; *umg* sie ist ~ heraus elle s'en est bien tirée; *umg* elle a eu du pot; Unterschiede ~ herausarbeiten établir de subtiles différences 3 *umg verstärkend* etw ~ säuberlich aufschreiben noter qc très soigneusement

Feinabstimmung F TECH syntonisation *f* de précision; réglage minutieux; **Feinarbeit** F travail *m* de précision; **Feinbäcker** M pâtissier *m*; **Feinbäckerei** F pâtisserie *f*; **Feinblech** N tôle fine, mince

Feind M ⟨~(e)s; ~e⟩ ennemi *m*; sich (*dat*) ~e machen se faire des ennemis; sich (*dat*) j-n zum ~(e) machen se faire un ennemi de qn; j-m, e-r Sache feind sein être hostile à qn, à qc; être ennemi de qn, de qc; ein ~ e-r Sache sein être hostile à une chose; ~ hört mit! des oreilles ennemies nous écoutent; zum ~ überlaufen passer à l'ennemi; *umg hum* (nichts wie) ran an den ~! allons-y!

Feindbild N idée *f* qu'on se fait de l'adversaire; *plus fort* cliché *m* de l'ennemi

Feindeshand *geh* F in ~ fallen tomber entre les mains de l'ennemi

Feindflug M MIL raid aérien

Feindin F ⟨~; ~nen⟩ ennemie *f*

feindlich A ADJ (*des Feindes*) ennemi; (*feindselig*) hostile B ADV j-m ~ gesinnt sein être hostile à qn

Feindlichkeit F ⟨~; ~en⟩ hostilité *f*

Feindschaft F ⟨~; ~en⟩ hostilité *f*; inimitié *f*; in ~ (*dat*) leben mit vivre en inimitié avec

feindselig A ADJ hostile B ADV avec hostilité; de manière hostile

Feindseligkeit F ⟨~; ~en⟩ hostilité *f*; die ~en einstellen, eröffnen cesser *od* suspendre, ouvrir les hostilités

Feineinstellung F réglage *m*, mise *f* au point précis(e), micrométrique

feinfühlend ADJT, **feinfühlig** ADJ sensible; feinfühlend, feinfühlig sein *a.* avoir une grande sensibilité

Feinfühligkeit F ⟨~⟩ tact *m*; finesse *f*; délicatesse *f*; **Feingebäck** N pâtisseries *fpl*; **Feingefühl** N ⟨~(e)s⟩ → Feinfühligkeit

Feingehalt M *e-s Metalls* titre *m*; degré *m* de fin; e-n ~ von … haben être au titre de …

feingemahlen, **feingeschnitten** ADJT → fein B 1; **feingliedrig** ADJ gracile; frêle

Feingold N or fin

Feinheit F ⟨~; ~en⟩ finesse *f*; *e-s Gesichts a.* délicatesse *f*; *fig a.* subtilité *f*; nuance *f*; *meist pl* die ~en *e-r Sprache etc* les subtilités

feinkörnig ADJ *Sand*, FOTO *etc* à grain fin

Feinkost F épicerie fine; **Feinkostgeschäft** N épicerie fine; traiteur *m*

feinmachen VR → fein B 2; **feinmaschig** ADJ à mailles étroites, serrées

Feinmechanik F mécanique *f* de précision; **Feinmechaniker(in)** M(F) mécanicien, -ienne *m,f* de précision; **Feinmessgerät** N instrument *m* de mesure de (haute) précision; **Feinmessung** F mesure *f* de précision; **Feinmetall** N métal fin; **feinporig** ADJ aux pores fins; **feinpulverig** ADJ pulvérulent; **Feinregulierung** F réglage *m* de précision; **Feinripp** M ⟨~s⟩, **Feinrippware** F ⟨-⟩ TEX tricot *m* à côtes fines; **feinschleifen** VT → fein B 1; **Feinschliff** M polissage fin; **Feinschmecker(in)** M ⟨~s; ~⟩ (F) ⟨~in; ~innen⟩ gourmet *m*; gastronome *m/f*; fine bouche, *umg* gueule; **Feinschmeckerlokal** N restaurant *m* gastronomique; **Feinschnitt** M *Tabak* tabac fin; **Feinsilber** N argent fin; **feinsinnig** ADJ subtil; fin; **Feinsinnigkeit** F ⟨~⟩ subtilité *f*; finesse *f*; **Feinstaub** M poussière fine; **Feinstaubplakette** F pastille verte; **Feinstruktur** F PHYS structure fine; **Feinstrumpfhose** F collant fin

Feinunze F e-e ~ Gold, Silber une once d'or fin, d'argent fin

Feinwaage F balance *f* de précision; **Feinwäsche** F lingerie fine; **Feinwaschmittel** N lessive *f* pour tissus délicats, fragiles

feist ADJ *pej* gras, grasse; obèse

feixen *umg* VI ⟨-(es)t, h.⟩ ricaner

Felchen M ⟨~s; ~⟩ ZOOL corégone *m*; féra *m*

Feld N ⟨~(e)s; ~er⟩ 1 ⟨*sans pl*⟩ (*Land[schaft]*) campagne *f*; auf freiem ~(e) en plein champ; en pleine, rase campagne 2 (*Acker*) champ *m*; das ~ bestellen cultiver la terre, les champs 3 (*umgrenztes Gebiet, Sportfeld*) terrain *m*; SPORT (*Mannschaftsfeld*) peloton *m*; *Sportmannschaft* im ~ überlegen sein être supérieur au milieu du terrain; e-n Spieler des ~es verweisen expulser un joueur du terrain; ein geschlossenes ~ von zwanzig Fahrern un peloton serré de vingt coureurs 4 (*Schlachtfeld*) champ *m*; ins ~ ziehen, rücken entrer en campagne 5 *fig* das ~ räumen battre en retraite; das ~ behaupten rester maître du terrain; das ~ beherrschen être maître du terrain; *geh* j-n aus dem ~(e) schlagen évincer, éliminer, écarter qn; *geh* gegen j-n, etw zu ~e ziehen faire la guerre à qn, à qc; j-m das ~ streitig machen disputer le terrain à qn; j-m das ~ überlassen laisser la place à qn; se retirer, *plus fort* battre en retraite devant qn; *geh* etw gegen j-n, etw ins ~ führen avancer, alléguer qc contre qn, contre qc 6 *e-s Formulars, Brettspiels* case *f* 7 *e-r Decke, Wand* panneau *m*; in ~er einteilen compartimenter 8 PHYS, MATH, IT, LING champ *m*; elektrisches ~ champ électrique 9 *fig* (*Bereich*) domaine *m*; (*Tätigkeitsfeld*) champ *m* d'activité; das ist ein weites ~ c'est un vaste sujet

Feldarbeit F travaux *mpl* agricoles, des champs; **Feldarbeiter(in)** M(F) ouvrier, -ière *m,f* agricole; **Feldbett** N lit *m* de camp; **Feldblume** F fleur *f* des champs; **Feldenergie** F PHYS énergie *f* du champ; **Feldflasche** F gourde *f*; **Feldforschung** F travaux *mpl* sur le terrain; **Feldfrucht** F fruit *m* des champs; **Feldgeistliche(r)** M → Militärgeistliche(r); **Feldgottesdienst** M service religieux en campagne

feldgrau ADJ *bes* MIL gris verdâtre (*inv*)

Feldhandball M ⟨~(e)s⟩ SPORT °handball *m* (en plein air); **Feldhase** M lièvre commun; **Feldherr** M HIST (grand) capitaine; général *m*; commandant *m* en chef; **Feldherrnkunst** F ⟨~⟩ stratégie *f*; **Feldhockey** N °hockey *m* sur gazon; **Feldhüter** M garde *m* champêtre; **Feldjäger** MPL MIL police *f* militaire; **Feldküche** F *bes* MIL cuisine roulante; **Feldlazarett** N hôpital *m* de campagne; **Feldlinie** F PHYS ligne *f* du champ; **Feldmarschall** M HIST MIL feld-maréchal *m*; **Feldmaß** N mesure *f* agraire; **Feldmaus** F campagnol *m*

Feldpost F poste *f* aux armées; **Feldpostbrief** M lettre *f* aux armées

Feldrain M limite *f*, bord *m*, lisière *f* d'un champ; **Feldsalat** M mâche *f*; doucette *f*; **Feldschütz** M ⟨~en; ~en⟩ garde *m* champêtre; **Feldspat** M MINER feldspath *m*; **Feldspieler(in)** M(F) SPORT joueur, -euse *m,f* (*sauf le gardien de but*); **Feldstärke** F PHYS intensité *f* du champ; **Feldstecher** M ⟨~s; ~⟩ OPT jumelles *fpl*; **Feldstein** M pierre *f* (dans un champ); **Feldüberlegenheit** F SPORT supériorité *f* sur le terrain; **Feldversuch** M essai *m* en conditions réelles; **Feldverweis** M SPORT expulsion *f*

Feld-Wald-und-Wiesen-… *umg* IN ZSSGN quelconque; **Feld-Wald-und-Wiesen-**

Maler(in) *umg pej* M(F) barbouilleur, -euse *m,f*
Feldwebel M ⟨~s; ~⟩ MIL sergent-chef *m*; maréchal *m* des logis-chef; *umg fig pej* adjudant *m*; **Feldweg** M chemin (rural); *unbefestigter* chemin *m* de terre
Feldweibel M ⟨~s; ~⟩ *schweiz* → Feldwebel
Feldzug M *a. fig* campagne *f*; **e-n ~ führen gegen** faire, mener (une) campagne contre
Felgaufschwung M TURNEN rétablissement *m* avec tour d'appui
Felge F ⟨~; ~n⟩ **1** TECH jante *f* **2** TURNEN tour *m* d'appui
Felgenbremse F frein *m* sur jante
Felgumschwung M TURNEN tour *m* d'appui
Fell N ⟨~(e)s; ~e⟩ **1** *lebender Tiere* poil *m*; *toter Tiere* peau *f*; *e-s Pferds a.* robe *f*; *e-s Schafs* toison *f*; *von Pelztieren* fourrure *f*; *wilder Tiere (Rehfell)* pelage *m*; **e-m Tier das ~ abziehen** dépouiller un animal; **mit ~ gefüttert** fourré; doublé de fourrure; *umg* **s-e ~e davonschwimmen sehen** voir s'envoler ses espérances **2** *umg fig des Menschen* **ein dickes ~ haben** être insensible; ne se formaliser de rien; **j-m das ~ über die Ohren ziehen** *umg* plumer qn; *umg* rouler qn; **j-m das ~ versohlen** *od* **gerben** *umg* flanquer une raclée à qn; **dir juckt wohl das ~?!** *umg* tu as envie de recevoir une raclée, une dégelée?!
Fellache M ⟨~n; ~n⟩, **Fellachin** F ⟨-in; -innen⟩ fellah *m/f*
Fellatio F ⟨~; -ones⟩ fellation *f*
Felljacke F veste *f* en peau de mouton
Fels M ⟨~en; ~en⟩ **1** ⟨*sans pl*⟩ *(Gestein)* → Felsen **2** *fig* **fest wie ein ~** ferme comme un roc; **wie ein ~ in der Brandung stehen** ne pas se laisser impressionner
Felsblock M ⟨~s; ¨~e⟩, **Felsbrocken** M bloc *m* de roche
Felsen M ⟨~s; ~⟩ rocher *m*; roc *m*
felsenfest **A** ADJ ferme (comme un roc); inébranlable **B** ADV dur comme fer; ferme(ment); **~ an etw** *(akk)* **glauben** croire dur comme fer à qc; **von etw ~ überzeugt sein** être convaincu fermement de qc
Felsengrab N tombeau pratiqué dans le roc; **Felsenklippe** F écueil *m*; brisant *m*; **Felsenküste** F côte rocheuse; **Felsenriff** N récif *m*; écueils *mpl*
felsig ADJ rocheux, -euse
Felsmalerei F peinture *f* rupestre; **Felsmassiv** N massif rocheux; **Felsschlucht** F ravin *m*; gorge *f*; **Felsspalte** F crevasse *f*, fissure *f*, fente *f* dans le roc(her); **Felsvorsprung** M promontoire rocheux; saillie rocheuse; **Felswand** F paroi rocheuse, de rocher; **Felszeichnungen** FPL dessins *mpl* rupestres
Feluke F ⟨~; ~n⟩ SCHIFF felouque *f*
Feme F ⟨~; ~n⟩ HIST (Sainte-)Vehme *f*; **Femegericht** N **1** tribunal secret **2** HIST cour *f* vehmique
feminin ADJ **1** *geh (weiblich)* féminin **2** *pej (unmännlich)* efféminé **3** GRAM féminin
Femininform F GRAM forme féminine; **Femininum** N ⟨~s; -na⟩ GRAM (genre *m*, nom *m*) féminin *m*
Feminismus M ⟨~⟩ féminisme *m*; **Feminist(in)** M ⟨~en; ~en⟩ (F) ⟨~in; ~innen⟩ féministe *m/f*; **feministisch** ADJ féministe
Fenchel M ⟨~s⟩ fenouil *m*; **Fenchelöl** N huile *f* de fenouil; **Fencheltee** M tisane *f* de fenouil
Fender M ⟨~s; ~⟩ SCHIFF défense *f*
Feng-Shui N ⟨~⟩ feng-shui *m*
Fenster N ⟨~s; ~⟩ fenêtre *f* *(a. IT, e-s Briefumschlags)*; croisée *f*; *(großes Glasfenster)* baie vitrée; *e-r Kirche* vitrail *m*; *e-s Flugzeugs, e-s Schiffs* °hublot *m*; **blindes ~** fausse fenêtre; **aus dem ~ sehen** regarder par la fenêtre; *umg fig* **das Geld zum ~ hinauswerfen** jeter l'argent par les fenêtres; *umg fig* **weg vom ~ sein** *umg* ne plus être dans la course
Fensterbank F ⟨~; ¨~e⟩ → Fensterbrett; **Fensterbogen** M arc *m* de décharge d'une fenêtre; **Fensterbrett** N rebord *m* de la fenêtre; **Fensterbriefumschlag** M enveloppe *f* à fenêtre; **Fensterbrüstung** F allège *f*; appui *m* de fenêtre; **Fensterflügel** M battant *m* de fenêtre; vantail *m*; **Fenstergitter** N barreaux *mpl*, grille *f* de fenêtre; **Fensterglas** N *Material, a.* OPT verre *m* à vitres; **Fenstergriff** M poignée *f* de fenêtre; **Fensterheber** M ⟨~s; ~⟩ AUTO lève-glace *m*; lève-vitre *m*; **Fensterkitt** M mastic *m* de vitrier; **Fensterkreuz** N croisée *f*; **Fensterkurbel** F AUTO manivelle *f* de lève-glace; **Fensterladen** M volet *m*; persienne *f*; contrevent *m*; **Fensterleder** N ⟨~s; ~⟩ peau *f* de chamois
fensterln VI ⟨h.⟩ *südd, österr* rendre visite à sa bien-aimée en grimpant par une échelle
fensterlos ADJ sans fenêtres
Fensternische F niche vitrée; **Fensteröffnung** F baie *f*; embrasure *f*; **Fensterplatz** M place *f* près de la fenêtre; *im Zug* coin *m* fenêtre; **Fensterputzer(in)** M ⟨~s; ~⟩ (F) ⟨~in; ~innen⟩ laveur, -euse *m,f* de carreaux; **Fensterrahmen** M châssis *m*, chambranle *m* de fenêtre; **Fensterrose** F *e-r Kirche* rosace *f*
Fensterscheibe F vitre *f*; carreau *m*; **e-e ~ einwerfen, zerschlagen** casser une vitre, un carreau
Fenstersims M *od* N rebord *m* de la fenêtre; **Fensterstock** M *österr* → Fensterrahmen
Fenstersturz M **1** BAU linteau *m* de fenêtre **2** HIST **Prager ~** défenestration *f* de Prague
Ferial... *österr* IN ZSSGN → Ferien...; **Ferialarbeit** F *österr* job *m* de vacances; **Ferialtag** M *österr* jour *m* de vacances, de congé
Ferien PL vacances *fpl*; *(Theaterferien, Werksferien)* fermeture annuelle; *(Gerichtsferien)* vacations *fpl*; **die großen ~** les grandes vacances; **schöne ~!** bonnes vacances!; **in die ~ fahren** partir en vacances; **~ machen in ...** passer ses vacances à *bzw.* en ...
Ferien... IN ZSSGN de vacances; vacancier, -ière; **Ferienarbeit** F job *m* de vacances; **Feriendorf** N village *m* de vacances; **Feriengast** M vacancier, -ière *m,f*; *im Sommer* estivant(e) *m(f)*; **Ferienhaus** N résidence *f* secondaire; *auf dem Land a.* maison *f* de campagne; *gemietetes* location *f*; **Ferienheim** N maison *f*, *für Kinder a.* colonie *f* de vacances; **Ferienjob** M job *m* de vacances; **Ferienklub** M club *m* de vacances; **Ferienkolonie** F colonie *f* de vacances; **Ferienkurs** M cours *m* de vacances, *im Sommer* d'été; **Ferienlager** N colonie *f*, camp *m* de vacances; **Ferienort** M ⟨~(e)s; ~e⟩ lieu *m* de vacances; *größerer* ville *f* touristique; **Ferienparadies** N paradis *m* pour les vacanciers, pour les vacances; **Ferienpläne** MPL projets *mpl* de vacances; **Ferienreise** F voyage *m* de vacances; **Ferienstimmung** F atmosphère *f*, ambiance *f* de vacances; **Ferientag** M jour *m* de vacances, de congé; **Ferienwoche** F semaine *m* de vacances, de congé; **Ferienwohnung** F location *f* (de vacances); **Ferienzeit** F (époque *f* des) vacances *fpl*
Ferkel N ⟨~s; ~⟩ **1** ZOOL porcelet *m*; goret *m*; *(Spanferkel)* cochon *m* de lait **2** *umg pej* petit cochon; **du altes ~!** *umg* vieux cochon!
Ferkelei F ⟨~; ~en⟩ *Handlung* cochonneries *fpl*; saletés *fpl*; *Zoten* histoires cochonnes
ferkeln VI ⟨-(e)le, h.⟩ **1** ZOOL mettre bas **2** *umg pej im Benehmen* se conduire comme un malpropre; faire des saletés; *(beschmutzen)* faire des cochonneries, des saletés
Fermate F ⟨~; ~n⟩ MUS point *m* d'orgue
Ferment N ⟨~(e)s; ~e⟩ ferment *m*; **Fermentation** F ⟨~; ~en⟩ fermentation *f*; **fermentieren** VT ⟨*pas de ge-*, h.⟩ faire fermenter
Fermium N ⟨~s⟩ CHEM fermium *m*
fern **A** ADJ *räumlich u. zeitlich* lointain; éloigné; **~e Länder** *npl* pays lointains; **in ~er Zeit** à une époque éloignée; **in nicht allzu ~er Zukunft** dans un avenir assez proche; **der Tag ist nicht mehr ~, an dem ...** le jour viendra où ... **B** ADV loin (von de); **~ von der Stadt leben** vivre, habiter loin de la ville; **von ~ (her)** de loin; *fig* **von ~ betrachtet** vu de loin; → fernhalten, fernliegen, fernstehen **C** *geh* PRÄP ⟨*dat*⟩ loin de; **~ der Heimat** loin de chez soi
fernab *geh* ADV *u.* PRÄP ⟨*gen*⟩ loin (de)
Fernabfrage F TEL interrogation *f* à distance; **Anrufbeantworter** *m* **mit ~** répondeur *m* avec interrogateur à distance
Fernamt N *früher* TEL central interurbain; *umg* inter *m*; **Fernauslöser** M FOTO dispositif *m* de déclenchement à distance; **Fernbeben** N tremblement *m* de terre (à grande distance)
fernbedienen VT ⟨*insép, pas de -ge-*, h., *les temps simples ne s'emploient pas dans une principale*⟩ télécommander
Fernbedienung F **1** *Vorgang* commande *f* à distance **2** *Gerät* télécommande *f*; **mit ~** télécommandé
fernbleiben *geh* VI ⟨*irr, sép*, -ge-, s.⟩ être absent; ne pas assister (*+dat* à); **unerlaubt ~** manquer sans autorisation; **der Arbeit, dem Unterricht ~** être absent à son travail, aux cours
Fernbleiben *geh* N ⟨~s⟩ absence *f*; *häufiges* absentéisme *m*; **unentschuldigtes ~** absence non excusée; **unerlaubtes ~** absence non autorisée
Fernblick M → Fernsicht; **Fernbrille** F lunettes *fpl* pour myopes
ferne *geh* ADV **von ~** de loin
Ferne F ⟨~; ~n⟩ **1** *räumliche* lointain *m*; **in der ~** au loin; dans le lointain; **aus der ~** de loin; **in weiter ~** tout au loin; *geh* **in die ~ ziehen** partir au loin **2** *(Zukunft)* avenir lointain; **das liegt noch in weiter ~** nous en sommes encore loin **3** *(Vergangenheit)* passé *m*; *Ereignis* **immer mehr in die ~ rücken** s'effacer des mémoires
ferner ADV **1** de plus; en outre; ensuite; *bei Rechnungen, Aufzählungen a.* item; **~ muss man bedenken, dass ...** de plus, en outre il faut considérer que ...; *umg* **das kommt unter „~ liefen"** ça n'est pas bien important; c'est accessoire **2** *geh* → fernerhin 1
fernerhin ADV **1** à l'avenir; **etw auch ~ tun** continuer à faire qc **2** → ferner 1
Fernexpress(zug) M (train *m*) rapide *m*; **Fernfahrer(in)** M(F) routier *m*; conductrice *f* de poids lourds (effectuant de longs trajets); **Fernfahrt** F long trajet; **Fernflug** M vol *m* long-courrier; **Ferngas** N ⟨~es⟩ gaz (transporté) à grande distance
ferngelenkt ADJT *a. fig* téléguidé
Ferngespräch N TEL communication interurbaine; *ins Ausland* communication internationale; **ein ~ aus New York** une communication de New York
ferngesteuert ADJT *a. fig* téléguidé
Fernglas N ⟨~es; ¨~er⟩ jumelles *fpl*
ferngucken *umg* VI ⟨*sép*, -ge-, h.⟩ *umg* regarder la télé

fernhalten *geh* ⟨*irr, sép,* -ge-, h.⟩ A VT j-n von j-m, etw ~ tenir qn à l'écart de qn, qc B VR sich von j-m, etw ~ se tenir éloigné, à l'écart de qn, qc; éviter qn; éviter de se mêler à qc

Fernheizung F chauffage urbain

fernher *geh* ADV de loin; → *a.* fern B

Fernkopie F TELEKOMMUNIKATION fax *m;* télécopie *f;* **Fernkopierer** M fax *m;* télécopieur *m;* **Fernkurs(us)** M cours *m* par correspondance; **Fernlaster** *umg* M, **Fernlastzug** M poids lourd (effectuant de longs trajets); **Fernlehrinstitut** N établissement *m* d'enseignement à distance; **Fernleihe** F ⟨~; ~n⟩ 1 *Dienststelle* service *m* de prêt à distance 2 ⟨*sans pl*⟩ *Leihverkehr* prêt *m* à distance; **Fernleitung** F TEL ligne *f* (à grande distance); circuit interurbain; *bes für Erdöl* pipe-line *m;* *für Erdgas* gazoduc *m;* **Fernlenkung** F → Fernsteuerung; **Fernlenkwaffe** F MIL engin téléguidé

Fernlicht N ⟨~(e)s⟩ AUTO feux *mpl* de route; phares *mpl;* das ~ einschalten allumer ses feux de route, ses phares

fernliegen VI ⟨*irr, sép,* -ge-, h.⟩ être loin; das liegt mir fern c'est loin de ma pensée; je n'y pense même pas; es liegt mir fern zu (*+inf*) je suis loin de (*+inf*)

Fernmeldeamt N bureau *m* des télécommunications; **Fernmeldedienst** M service *m* des télécommunications; **Fernmeldenetz** N réseau *m* des télécommunications; **Fernmeldesatellit** M satellite *m* de télécommunications; **Fernmeldetechnik** F ⟨~⟩ technique *f* des télécommunications; **Fernmeldeturm** M tour-relais *f* de télécommunication; **Fernmeldewesen** N ⟨~s⟩ télécommunications *fpl*

fernmündlich ADJ ⟨*épithète*⟩ *u.* ADV par téléphone

Fernost ⟨*sans article*⟩ l'Extrême- Orient *m;* in, nach ~ en Extrême- Orient

fernöstlich ADJ ⟨*épithète*⟩ d'Extrême- Orient; extrême-oriental

Fernreise F voyage *m* dans un pays lointain; **Fernrohr** N OPT lunette *f* d'approche; longue-vue *f;* ASTRON télescope *m;* lunette astronomique

Fernruf M appel interurbain, *ins Ausland* international; *auf Briefköpfen etc* téléphone *m;* **Fernschach** N (partie *f* d')échecs *mpl* par correspondance; **Fernschaltung** F commande *f* à distance; **Fernschreiben** N télex *m;* **Fernschreiber** M ⟨~s; ~⟩ télex *m;* *t/t* téléscripteur *m;* **Fernschuss** M SPORT tir *m* à distance

Fernsehabend M soirée *f* télé; **Fernsehansager(in)** M(F) présentateur, -trice *m,f* de la télévision; **Fernsehanstalt** F chaîne *f* de télévision; **Fernsehantenne** F antenne *f* de télévision; **Fernsehapparat** M téléviseur *m;* poste *m* de télévision; **Fernsehaufnahme** F prise *f* de vue(s) pour la télévision; **Fernsehauftritt** M passage *m* à la télé; **Fernsehbericht** M reportage télévisé; **Fernsehbild** N image (télévisée); **Fernsehbildschirm** M écran *m* (de télévision); **Fernsehdiskussion** F débat télévisé; **Fernsehempfang** M réception *f*

fernsehen VI ⟨*irr, sép,* -ge-, h.⟩ regarder la télévision

Fernsehen N ⟨~s⟩ télévision *f;* petit écran; *umg* télé *f;* digitales, hochauflösendes ~ télévision numérique, à haute définition; im ~ übertragen téléviser; retransmettre à la télévision

Fernseher *umg* M ⟨~s; ~⟩ 1 *Gerät* téléviseur *m;* *umg* télé(vision) *f* 2 *Person* téléspectateur *m*

Fernsehfassung F version *f* télé, pour la télévision; **Fernsehfilm** M téléfilm *m;* **Fernsehgebühren** FPL redevance *f* pour la télévision; **Fernsehgerät** N → Fernsehapparat; **Fernsehgesellschaft** F ⟨~; ~en⟩ chaîne privée de télévision; **Fernsehinterview** N interview télévisée; **Fernsehkamera** F caméra *f* de télévision; **Fernsehkanal** M canal *m* de télévision; **Fernsehlotterie** F loto *m* avec tirage en direct à la télévision; **Fernsehprogramm** N 1 *Sendungen, Heft* programme *m* de télévision 2 *Kanal* chaîne *f;* **Fernsehrechte** NPL droits *mpl* d'antenne; **Fernsehreihe** F série *f* d'émissions (ayant le même thème); **Fernsehreportage** F reportage télévisé, à la télévision; **Fernsehreporter(in)** M(F) reporter *m*, journaliste *m/f* à la télévision; **Fernsehröhre** F tube *m* cathodique (de téléviseur); **Fernsehsatellit** M satellite *m* de télévision; **Fernsehschirm** M écran *m* (de télévision); **Fernsehsender** M émetteur *m* de télévision; **Fernsehsendung** F émission *f* de télévision; **Fernsehserie** F série télévisée; **Fernsehshow** F show télévisé; **Fernsehspiel** N téléfilm *m;* **Fernsehspot** M spot télévisé; **Fernsehstück** N pièce *f* pour la télévision; *weitS.* téléfilm *m;* **Fernsehstudio** N studio *m* de télévision; **Fernsehtechniker(in)** M(F) technicien, -ienne *m,f* de télévision; **Fernsehturm** M tour *f* de télévision; **Fernsehübertragung** F retransmission *f* par télévision; *t/t* télédiffusion *f;* **Fernsehwerbung** F publicité *f* à la télévision; **Fernsehzeitschrift** F programme *m* de télévision; **Fernsehzuschauer(in)** M(F) téléspectateur, -trice *m,f*

Fernsicht F vue *f;* e-e gute ~ haben voir très loin

Fernsprech... *oft* ADMIN → *a.* Telefon...

Fernsprecher ADMIN M téléphone *m;* öffentlicher ~ téléphone public; publiphone *m*

Fernsprechnetz N réseau *m* téléphonique; **Fernsprechsäule** F *an der Autobahn etc* borne *f* d'appel; **Fernsprechtechnik** F ⟨~⟩ téléphonie *f;* **Fernsprechteilnehmer(in)** M(F) abonné(e) *m(f)* du téléphone; **Fernsprechverkehr** M communications *fpl* téléphoniques

fernstehen *geh* VI ⟨*irr, sép,* -ge-, h.⟩ j-m, e-r Sache ~ être étranger, -ère à qn, à qc

fernsteuern VT ⟨-(e)re, *sép,* -ge-, h.⟩ télécommander; téléguider (*a. fig*)

Fernsteuerung F commande *f* à distance; télécommande *f;* téléguidage *m* (*a. fig*); **Fernstraße** F grand axe (routier); **Fernstudium** N → Fernunterricht; **Ferntransport** M transport *m* à grande distance; **Fernübertragung** F télétransmission *f;* transmission *f* à distance; **Fernüberwachung** F télésurveillance *f;* **Fernunterricht** M téléenseignement *m;* enseignement *m* par correspondance; **Fernverkehr** M trafic *m* à grande distance; EISENBAHN trafic *m* des trains de grandes lignes; **Fernverkehrsmittel** N transports *mpl od* moyens *mpl* de transport à grande distance; **Fernverkehrsstraße** F route *f*, voie *f* à grande circulation; **Fernwahl** F ⟨~⟩ TEL sélection interurbaine automatique; **Fernwanderweg** M sentier *m* de grande randonnée; GR *m;* **Fernwärme** F chauffage urbain; **Fernweh** *geh* N ⟨~(e)s⟩ nostalgie *f* des pays lointains, du voyage; **Fernwirkung** F effet *m*, action *f* à distance; **Fernziel** N 1 *zeitlich* but *m*, objectif *m* à long terme 2 *räumlich* destination, *bes* MIL cible éloignée; **Fernzug** M train *m* de grande ligne

Ferrit M ⟨~s; ~e⟩ 1 CHEM ferrite *m* 2 METALL ferrite *f;* **Ferritantenne** F antenne *f* en ferrite

ferromagnetisch ADJ PHYS ferromagnétique; **Ferromagnetismus** M ferromagnétisme *m*

Ferse F ⟨~; ~n⟩ ANAT, *e-s Strumpfs* talon *m;* *fig* j-m (dicht) auf den ~n sein être aux trousses de qn; sich an j-s ~n (*akk*) heften être, marcher sur les talons de qn

Fersenbein N ANAT calcanéum *m*

Fersengeld *umg* N ~ geben tourner les talons

fertig ADJ 1 (*bereit*) prêt (zu, für à); sich ~ machen (für, zu) se préparer (pour, à); s'apprêter (pour, à); das Essen ist ~ le repas est prêt; das Essen ist ~! à table!; ~ zur Abfahrt prêt à partir 2 (*beendet, abgeschlossen*) fini; terminé; schon ~! ça y est!; ~ machen (*beenden*) finir; terminer; faire; (*bereit machen*) *Essen etc* faire; préparer; *umg fig* → fertigmachen A 2; ich bin (mit meiner Arbeit) ~ j'ai fini mon travail; *umg* mit ihm bin ich ~ (*auseinander*) c'est fini avec lui; ~ stellen achever; finir; terminer; *umg* mach, dass du ~ wirst! dépêche-toi de finir!; *fig* mit j-m, etw (nicht) ~ werden (ne pas) venir à bout de qn, de qc; (ne pas) avoir raison de qn, de qc; sehen Sie zu, wie Sie damit ~ werden! débrouillez-vous (comme vous pourrez)!; *umg* du machst jetzt deine Hausaufgaben, (und) ~ (ab)! tu fais tes devoirs immédiatement, un point c'est tout! → fertigbekommen, fertigbringen 3 (*ausgereift*) *Künstler etc* qui a acquis sa maturité 4 *umg* (*erschöpft*) *umg* à plat; *umg* crevé; *umg* claqué; ich bin völlig, total ~ *umg* je suis claqué, crevé, à plat 5 *umg* (*sprachlos*) jetzt bin ich aber ~! c'est le comble!; c'est le summum!

Fertigbau M ⟨~(e)s; ~ten⟩ *Gebäude* (construction *f* en) préfabriqué *m;* **Fertigbauteil** N (élément *m*) préfabriqué *m;* **Fertigbauweise** F préfabrication *f*

fertigbekommen *umg fig* VT ⟨*irr, sép, pas de* -ge-, h.⟩ etw ~ (*zu etw imstande sein*) arriver à faire qc

Fertigbeton M béton prêt à l'emploi

fertigbringen VT ⟨*irr, sép,* -ge-, h.⟩ 1 (*beenden*) arriver à finir 2 es ~ zu (*+inf*) être capable de (*+inf*); arriver à (*+inf*); er bringt es nicht fertig zu (*+inf*) (*er ist nicht in der Lage*) il est incapable de (*+inf*); (*er wagt es nicht*) il n'ose pas (*+inf*); *iron* das bringt er glatt fertig! il en est bien capable!; das Kunststück ~ zu (*+inf*) réussir le tour de force de (*+inf*)

fertigen VT ⟨h.⟩ fabriquer

Fertigerzeugnis N, **Fertigfabrikat** N produit fini; **Fertiggericht** N plat cuisiné; **Fertighaus** N maison préfabriquée

Fertigkeit F ⟨~; ~en⟩ 1 (*Geschicklichkeit*) dextérité *f;* adresse *f* 2 *meist* PL (*Fähigkeit*) habileté *f;* capacité *f;* *im Ausdruck* facilité *f* (d'élocution); große ~en im Basteln haben être un habile bricoleur

fertigkriegen *umg* VT → fertigbringen

fertigmachen ⟨*sép,* -ge-, h.⟩ A VT 1 (*beenden*) → fertig 2 2 *umg* j-n ~ (*zermürben*) *umg* pomper, user qn; (*deprimieren*) démoraliser qn; (*erledigen*) *im Sport etc* *umg* démolir qn; (*zusammenschlagen*) *umg* casser la figure à qn; (*töten*) *umg* faire la peau à qn; *umg* bousiller qn; *umg* (*zurechtweisen*) *umg* engueuler qn; *umg* den habe ich aber fertiggemacht! je lui ai donné une bonne leçon!; je l'ai achevé! B VR → fertig 1

Fertigmontage F montage *m* d'éléments préfabriqués; **Fertigprodukt** N produit fini; **fertigstellen** VT ⟨*sép,* -ge-, h.⟩ achever; finir; terminer; **Fertigstellung** F ⟨~⟩ achè-

vement *m; bes* TECH finissage *m*; **Fertigteil** N élément préfabriqué
Fertigung F ⟨~⟩ fabrication *f*; production *f*; **maschinelle ~** usinage *m*
Fertigungskosten PL frais *mpl* de fabrication, de production; **Fertigungsprozess** M processus *m* de fabrication; **Fertigungsstraße** F chaîne *f* de production; **Fertigungstechnik** F ⟨~⟩ technique *f* de fabrication, d'usinage
Fertigware F produit fini
fertigwerden VI → fertig 2
fes, Fes[1] N ⟨fes, Fes; fes, Fes⟩ MUS fa *m* bémol
Fes[2] M ⟨~es; ~(e)⟩ *Kopfbedeckung* fez *m*
fesch *umg* ADJ 1 *bes österr* → **adrett** 2 *österr* (*nett*) gentil, -ille
Fessel F ⟨~; ~n⟩ 1 liens *mpl*; (*Ketten*) chaînes *fpl*; fers *mpl*; *bei Tieren* entraves *fpl*; **j-m ~n anlegen** → fesseln; **j-m die ~n abnehmen** délier, détacher qn 2 *fig* entrave *f*; **die ~n sprengen** se libérer, se dégager de ses entraves 3 ANAT *beim Pferd* paturon *m*; *beim Menschen* **~n** *pl* attaches *fpl*
Fesselballon M ballon captif
fesseln VT ⟨fess(e)le, h.⟩ 1 lier; attacher; ligoter; *Tiere* entraver; **j-n an e-n Baum ~** attacher, lier qn à un arbre; **j-m die Hände ~** *a. fig* lier les mains de qn 2 *fig* **j-n ~** captiver qn; tenir qn sous son charme; **ans Bett, an den Rollstuhl gefesselt sein** être cloué au lit, dans son fauteuil roulant; SCHACH **e-e Figur ~** clouer une pièce
fesselnd ADJT *Buch, Film, Vortrag etc* captivant; *Geschichte, (Fußball)Spiel* passionnant
Fesselung F ⟨~; ~en⟩ SCHACH clouage *m*
fest A ADJ 1 (*nicht weich*) ferme (*a. Boden, Frucht, Fleisch*); *Masse* compact 2 *Aggregatzustand* solide; **~er Körper** corps *m* solide; **~e Nahrung** aliments solides, consistants; **~ werden** se solidifier; *Fette* se figer 3 (*haltbar*) *Material* solide; *Kleidung, Material a.* résistant; *Faden* fort; *Stoff* serré; **~er Knoten** nœud solide, serré 4 (*kräftig*) ferme; solide; *Stimme, Schritt* ferme; *Schlaf* profond; **~er Händedruck** poignée *f* de main ferme, solide 5 (*unveränderlich*) fixe; permanent; stable; **~e Regel** règle établie, ferme, *plus fort* immuable; **~e Umrisse** *mpl* contours nets 6 (*épithète*) (*konstant*) fixe; permanent; *Kosten, Anstellung, Wohnsitz* fixe; *Preise, Wechselkurs* ferme; **~es Einkommen** revenu régulier; **e-n ~en Freund, e-e ~e Freundin haben** avoir un(e) petit(e) ami(e); *umg* avoir un copain, une copine; avoir une relation (amoureuse) suivie; *fig* **in ~en Händen sein** *umg* être casé 7 HANDEL *Abmachung, Börse, Kurse* ferme; *Kapital* immobilisé 8 (*unumstößlich*) *Entschluss, Wille, Absicht* ferme; *Termin* fixe; **der ~en Überzeugung sein, dass …** avoir la (ferme) conviction que …; être intimement convaincu que … B ADV 1 ferme(ment); solidement; **~ stehen** être stable; *Schraube* **~ anziehen** serrer à fond; *Gegenstand* **~ anbringen** fixer 2 (*unumstößlich*) ferme(ment); **~ an etw** (*akk*) **glauben** croire fermement à qc; **etw ~ vereinbaren** fixer qc définitivement; **~ versprechen** promettre ferme, formellement; **sich** (*dat*) **etw ~ vornehmen** prendre la ferme résolution de faire qc; se jurer de faire qc 3 (*auf Dauer*) *Geld* **~ anlegen** immobiliser; **~ angestellt** qui a un emploi, un poste fixe; **~ angestellt sein** être employé; avoir un emploi fixe; **(mit j-m) ~ befreundet sein** être très ami(s) (avec qn); **~ besoldet** *Beamter* qui a un traitement de fonctionnaire 4 *umg a.* **~e** (*tüchtig*) *arbeiten* dur; *essen* copieusement; de bon appétit; **(immer) ~e!** °hardi!; allez-y *bzw.* vas-y!; **~ schlafen** dormir profondément; **~(e) zulangen** avoir un bon coup de fourchette
Fest N ⟨~(e)s; ~e⟩ fête *f* (*a. Feiertag*); *großes, offizielles* gala *m*; (*~lichkeiten*) fêtes commémoratives; (*Party*) fête (privée); **bewegliche, unbewegliche ~e** fêtes mobiles, fixes; **ein ~ feiern, veranstalten** faire, organiser une fête; *festlich* célébrer une fête; **(ein) frohes ~!** joyeuse(s) fête(s)!; **man muss die ~e feiern, wie sie fallen** toutes les occasions sont bonnes pour faire la fête
Festakt M cérémonie *f*
festangestellt ADJT → fest B 3
Festausschuss M comité *m* des fêtes
festbacken VI ⟨*irr, sép,* -ge-, s.⟩ *regional* GASTR attacher; **festgebacken sein** avoir attaché
festbeißen VR ⟨*irr, sép,* -ge-, h.⟩ *Hund etc* **sich in etw** (*dat*) **~** mordre qc sans lâcher prise; *fig* **sich an e-m Problem ~** s'acharner sur un problème
Festbeleuchtung F (grandes) illuminations
festbesoldet ADJT → fest B 3
festbinden VT ⟨*irr, sép,* -ge-, h.⟩ **~ (an** [*+dat*]**)** attacher (à, sur, contre); lier (à); SCHIFF *Boot* amarrer (à)
festdrehen VT ⟨*sép,* -ge-, h.⟩ serrer (à fond)
Festessen N festin *m*; banquet *m*; *am Heiligabend, zu Silvester* réveillon *m*
festfahren ⟨*irr, sép,* -ge-⟩ VI ⟨s.⟩ *u.* VR ⟨h.⟩ (*stecken bleiben*) **(sich) in etw** (*dat*) **~** être, rester bloqué dans qc; *fig* **die Diskussion hat sich** *od* **ist festgefahren** la discussion est bloquée, au point mort
festfressen VR ⟨*irr, sép,* -ge-, h.⟩ **sich ~** TECH (se) gripper; *fig Meinung, Gedanke* **sich in j-m ~** ne plus quitter qn
festfrieren VI ⟨*irr, sép,* -ge-, s.⟩ être pris dans la glace
Festgeld N FIN dépôt *m* à terme; **Festgewand** N → Festkleid; **Festhalle** F → Festsaal
festhalten ⟨*irr, sép,* -ge-, h.⟩ A VT (re)tenir; *fig* fixer; **etw im Bild ~** fixer qc par l'image; **(als Ergebnis) ~, dass …** (*konstatieren*) retenir (comme résultat) que … B VI **an etw** (*dat*) **~** rester attaché à qc; tenir à qc; conserver qc; **an j-m ~** se tenir à qn C VR **sich ~ (an** [*+dat*]**)** se tenir, s'accrocher (à)
festheften VT ⟨-ete, *sép,* -ge-, h.⟩ **etw (an etw** [*dat*]**) ~** attacher qc (à qc) (*mit e-r Nadel, Klammer, Reißzwecke* avec une épingle, un trombone, une punaise); *mit e-r Nadel a.* épingler qc à, sur qc
festigen VT (*u.* VR) ⟨h.⟩ **(sich) ~** (s')affermir; *Freundschaft* renforcer; *Macht a.* (se) consolider; *Währung* (se) stabiliser; **s-e Stellung ~** consolider, affermir sa position
Festiger M ⟨~s; ~⟩ fixateur *m*
Festigkeit F ⟨~⟩ fermeté *f* (*a. fig*); solidité *f*; *der Lage* stabilité *f*; *e-r Masse, des Charakters* consistance *f*; TECH résistance *f*; **Festigkeitslehre** F ⟨~⟩ théorie *f* de la résistance des matériaux
Festigung F ⟨~⟩ consolidation *f*; BÖRSE raffermissement *m*; stabilisation *f*; **die ~ des Friedens** la consolidation de la paix
Festival N ⟨~s; ~s⟩ festival *m*
festklammern ⟨-(e)re, *sép,* -ge-, h.⟩ A VT **etw (an etw** [*dat*]**) ~** attacher qc (à qc) avec une agrafe B VR **sich an j-m, etw ~** se cramponner à qn, à qc
festkleben ⟨*sép,* -ge-⟩ VT ⟨h.⟩ *u.* VI ⟨s.⟩ coller **(an etw** [*dat*] à qc)
Festkleid N, **Festkleidung** F tenue *f* de fête, de gala
festklemmen VT ⟨*sép,* -ge-, h.⟩ bloquer; coincer
festknoten VT ⟨-ete, *sép,* -ge-, h.⟩ **etw (an etw** [*dat*]**) ~** attacher, nouer qc (à qc)
Festkomitee N comité *m* des fêtes; **Festkonzert** N concert *m* de gala; **Festkörper** M PHYS (corps *m*) solide *m*; **Festkörperphysik** F physique *f* des solides
Festland N ⟨~(e)s⟩ 1 *Gegensatz: Insel* continent *m*; **das europäische ~** le continent européen 2 *Gegensatz: Meer* terre *f* ferme
Festlandsockel M plateau continental
festlegen ⟨*sép,* -ge-, h.⟩ A VT fixer; *Zeitpunkt, Einzelheiten e-s Plans etc a.* arrêter; *Reiseroute, Grenze, Richtlinien a.* établir; HANDEL *Kapital* immobiliser; *vertraglich* stipuler; **etw gesetzlich ~** stipuler, définir qc par la loi B VR **sich (auf etw** [*akk*]**) ~** s'engager (à qc); **ich habe mich noch nicht festgelegt** je ne suis pas encore fixé
Festlegung F ⟨~; ~en⟩ fixation *f*; *e-r Reiseroute, Grenze, Richtlinie, des Wegs* établissement *m*; HANDEL *von Kapital* immobilisation *f*; **vertragliche ~** stipulation *f*
festlich A ADJ de fête; (*feierlich*) solennel, -elle; **~e Stimmung** ambiance *f* de fête B ADV **~ begehen** fêter; célébrer; **~ geschmückt** décoré (pour une fête); **~ gekleidet** en habits de fête; endimanché
Festlichkeit F ⟨~; ~en⟩ 1 (*Fest*) festivité *f* 2 ⟨*sans pl*⟩ *e-r Veranstaltung* air *m*, caractère *m* de fête; solennité *f*
festliegen VI ⟨*irr, sép,* -ge-, h.⟩ *Datum etc* être fixé; *Schiff, Kapital* être immobilisé
festmachen ⟨*sép,* -ge-, h.⟩ A VT 1 *Gegenstand* **~ (an** [*+dat*]**)** fixer (à); attacher (à); *Schraube, Knoten* serrer; SCHIFF amarrer (à); **etw an der Wand ~** fixer qc au mur 2 *fig* (*vereinbaren*) *Termin, Treffpunkt etc* fixer; arrêter 3 (*ableiten*) **e-e Behauptung an etw** (*dat*) **~** baser une assertion sur qc B VI SCHIFF s'amarrer **(an** [*+dat*] à)
Festmahl *geh* N festin *m*; banquet *m*; **Festmeter** M *od* N mètre *m* cube
festnageln VT ⟨-(e)le, *sép,* -ge-, h.⟩ clouer **(an** [*+dat*] à); *umg fig* **j-n (auf etw** [*akk*]**) ~** coincer qn (sur, par qc)
festnähen VT ⟨*sép,* -ge-, h.⟩ coudre
Festnahme F ⟨~; ~n⟩ arrestation *f*; **vorläufige ~** arrestation provisoire
festnehmen VT ⟨*irr, sép,* -ge-, h.⟩ **j-n ~** arrêter qn; *vorläufig* appréhender qn
Festnetz N TEL réseau *m* fixe; **Festnetzanschluss** M (poste *m*) fixe *m*; **Festnetznummer** F numéro *m* de (téléphone) fixe; **Festnetztelefon** N (téléphone *m*) fixe *m*
Festofferte F HANDEL offre *f* ferme; **Festplatte** F IT disque dur; **Festplattenspeicher** F IT mémoire *f* à disque dur; **Festplatz** M place *f* des fêtes; **Festpreis** M HANDEL prix *m* fixe; **Festrede** F discours *m* de fête; **Festredner(in)** M(F) orateur, -trice *m,f* (de la fête)
festrennen VR ⟨*irr, sép,* -ge-, h.⟩ **sich ~** 1 *umg fig* (*sich verrennen*) se fourvoyer **(in e-r Sache** dans qc) 2 SPORT ne pas réussir à faire une percée
Festsaal M salle *f* des fêtes
festsaugen VR ⟨*sép,* -ge-, h.⟩ **sich ~ (an** [*+dat*]**)** *Tier* se fixer par succion (sur)
festschnallen VT (*u.* VR) ⟨*sép,* -ge-, h.⟩ **~ (an** [*+dat*]**)** fixer (à, sur); **(sich) ~ (an** [*+dat*]**)** (s')attacher (à, sur)
festschrauben VT ⟨*sép,* -ge-, h.⟩ visser **(an** [*+dat*] à)
festschreiben VT ⟨*irr, sép,* -ge-, h.⟩ *Gesetz etc* codifier; (*sanktionieren*) sanctionner
Festschrift F (livre *m* en) hommage *m* **(für j-n** à qn)
festsetzen ⟨-(es)t, *sép,* -ge-, h.⟩ A VT 1 *Preis,*

Löhne, Frist etc fixer; établir; *Termin a.* arrêter; → *a.* festlegen 2 *(gefangen nehmen)* emprisonner B VR **sich ~** 1 *Schmutz etc* se déposer 2 *fig Idee* **sich bei j-m ~** s'enraciner dans l'esprit de qn
Festsetzung F ⟨~; ~en⟩ fixation *f*; établissement *m*
festsitzen V/I ⟨irr, sép, -ge-, h.⟩ 1 *(gut halten) Keil etc* être solidement fixé; tenir bien 2 *(klemmen)* être coincé, enrayé, bloqué 3 *Fahrzeug etc, fig* être en panne; rester bloqué; *fig bei e-r Arbeit etc* être arrêté
Festspeicher M IT mémoire morte; **Festspiele** NPL festival *m*; **Festspielhaus** N théâtre *m* du festival

feststehen V/I ⟨irr, sép, -ge-, h.⟩ être certain; être (bien) établi; **es steht fest, dass ...** il est établi, avéré, certain que ...; il est de fait que ...; **so viel steht fest ...** ce qui est certain, c'est que ...; **immerhin** *od* **jedenfalls steht fest, dass ...** toujours est-il que ...
feststehend ADJT *Zeit, Stunde, Datum* fixe; *Sache, Sachverhalt* sûr; *Tatsache* certain; positif, -ive; **~e Redensart, Redewendung** locution toute faite
feststellbar ADJ *Tatsache* vérifiable; *Ursache* décelable; TECH qui peut être bloqué, calé
Feststellbremse F AUTO frein *m* à main
feststellen V/T ⟨sép, -ge-, h.⟩ 1 TECH bloquer; caler 2 *fig Tatsache* constater; *durch Prüfung* établir; *Ursache* déterminer; déceler; *Krankheit* diagnostiquer; *Irrtum, technische Fehler, Echtheit* constater; *(nachsehen)* vérifier; **~, dass ...** constater que ...; *nach Prüfung a.* établir que ...; **~, ob ...** vérifier si ...; **j-s Personalien ~** vérifier l'identité de qn; **der Arzt stellte als Ursache der Krankheit ... fest** le médecin constata que la maladie était due à ..., que la cause de la maladie était ...
Feststellhebel M levier *m* de blocage; **Feststellschraube** F vis *f* de blocage; **Feststelltaste** F *e-s Computers, e-r Schreibmaschine* touche *f* de verrouillage des majuscules
Feststellung F 1 *e-r Tatsache* constatation *f*; *e-r Ursache, der Identität* établissement *m*; *e-r Ursache a.* détermination *f*; *von Personalien etc* vérification *f* 2 *(Wahrnehmung, Erklärung)* constatation *f*; **die ~ machen, dass ...** constater que ...
Feststellungsklage F JUR action *f* en constatation (de droit)
Feststellvorrichtung F (dispositif *m* de) fixation *f*
Festtag M *kirchlicher, persönlicher* jour *m* de fête; *(Feiertag)* jour férié
festtreten V/T ⟨irr, sép, -ge-, h.⟩ *Erde etc* fouler; *auf dem Boden* écraser
Festung F ⟨~; ~en⟩ MIL forteresse *f*; *(befestigter Ort)* place forte
Festungsanlage F fortification(s) *f(pl)*; **Festungsgraben** M douve *f*; fossé *m* de forteresse; **Festungswall** M rempart *m*
Festveranstaltung F gala *m*
festverzinslich ADJ FIN à intérêts fixes; **~e Wertpapiere** *npl* valeurs *fpl* à revenu fixe
festwachsen V/I ⟨irr, sép, -ge-, s.⟩ s'attacher (**an** [+dat] à); adhérer (**an** [+dat] à); prendre
Festwagen M *bei Umzügen* char *m* de fête; **Festwiese** F champ *m* de foire; **Festwoche** F (période *f* du) festival *m*; **Festzelt** N tente *f*; chapiteau *m*; **Festzug** M cortège *m*; défilé *m*
Feta M ⟨~s⟩ GASTR feta *f*
fetal ADJ BIOL fœtal
Fete *umg* F ⟨~; ~n⟩ fête *f*; *von Jugendlichen* boum *f*
Fetisch M ⟨~es; ~e⟩ *a. fig* fétiche *m*; **Fetischismus** M ⟨~⟩ *a. fig* fétichisme *m*; **Fetischist(in)** M ⟨~en; ~en⟩ (F) ⟨~in; ~innen⟩ fétichiste *m/f*
fett A ADJ 1 *Nahrung, Lebewesen, Haut, Haar* gras, grasse 2 *pej Person (dick)* gros, grosse; *plus fort* obèse; **~ werden** grossir; engraisser; *Person a.* prendre de l'embonpoint 3 *fig (üppig)* gros, grosse; **~e Jahre** *npl* années *fpl* d'abondance; *umg* **~e Beute machen** *umg* faire une affaire juteuse 4 *Jugendsprache (hervorragend) umg* cool *(inv)*; **voll ~** *umg* trop bien B ADV **~ essen** manger gras; **~ drucken** imprimer en caractères gras
Fett N ⟨~(e)s; ~e⟩ PHYSIOL, GASTR, CHEM graisse *f*; *(Speisefett) a.* matières grasses; *am Fleisch* gras *m*; **pflanzliches, tierisches ~** graisse végétale, animale; CHEM **die ~e** les corps gras; BIOCHEMIE les lipides *mpl*; **~ ansetzen** *Mensch, Tier* engraisser; **das ~ (von etw) abschöpfen** dégraisser (qc); **im ~ schwimmen** *Soße etc* nager dans la graisse; *umg fig (wohlhabend sein)* rouler sur l'or; *umg fig* **sein ~ (ab)bekommen** *od* **(ab)kriegen** se faire moucher; *umg fig* **j-m sein ~ geben** donner à qn ce qu'il mérite; *umg fig* **(d)er hat sein ~ weg** ça lui apprendra
Fettablagerung F dépôt *m* de graisse; capiton *m*; **Fettabsaugung** F ⟨~; ~en⟩ MED liposuccion *f*; **Fettabscheider** M ⟨~s; ~⟩ WASSERBAU séparateur *m* de graisse; **Fettansatz** M graisse *f*
fettarm A ADJ peu gras, grasse; pauvre en matière(s) grasse(s); *Käse, Joghurt* allégé; maigre; *Milch* demi-écrémé B ADV **~ essen** ne pas manger gras
Fettauge N *in der Suppe, etc* **~n** PL yeux *mpl*
Fettdruck M ⟨~(e)s⟩ TYPO impression *f* en caractères gras
fetten ⟨-ete, h.⟩ A V/T graisser; TECH *a.* lubrifier B V/I *(Fett absondern)* graisser
Fettfleck(en) M tache *f* de graisse; **fettgedruckt** ADJT ⟨épithète⟩ imprimé en caractères gras; **Fettgehalt** M teneur *f* en matières grasses; **Fettgeschwulst** F lipome *m*; **Fettgewebe** N tissu adipeux; pannicule adipeux, graisseux; **fetthaltig** ADJ contenant des matières grasses; gras, grasse; *Gewebe* adipeux, -euse; **Fetthenne** F BOT orpin *m*
fettig ADJ *Kleidung, Papier* graisseux, -euse; *a. Haar, Haut* gras, grasse; *(ölig)* onctueux, -euse
Fettkloß *umg pej* M → Fettwanst; **Fettkohle** F charbon gras; **Fettleber** F MED cirrhose graisseuse; **fettleibig** *geh* ADJ obèse; **Fettleibigkeit** *geh* F ⟨~⟩ obésité *f*; embonpoint *m*; **fettlöslich** ADJ liposoluble
Fettnäpfchen N ⟨~s; ~⟩ *umg hum* **ins ~ treten** mettre les pieds dans le plat
Fettpflanze F plante grasse; **Fettpolster** N bourrelet *m* de graisse
fettreich A ADJ riche en matière(s) grasse(s) B ADV **~ essen** manger très gras
Fettsack *sl pej* M *umg* gros lard; **Fettsalbe** F PHARM pommade grasse; onguent *m*; **Fettsäure** F acide gras; **Fettschicht** F couche de graisse, adipeuse; **Fettstift** M 1 *zum Schreiben* crayon gras 2 *für die Lippen* pommade grasse; **Fettsucht** F ⟨~⟩ adipose *f*; *partielle* adiposité *f*; **fetttriefend** ADJT dégoulinant de graisse
Fettwanst *umg* M mastodonte *m*; *umg* gros lard; **ein ~ sein** être bouffi de graisse
Fettwulst M bourrelet *m* de graisse
Fetus M ⟨~ *ou* ~ses; ~se *ou* Feten⟩ BIOL fœtus *m*
Fetwa F → Fatwa
fetzen ⟨-(es)t⟩ A *umg* V/T ⟨h.⟩ arracher B *Jugendsprache* V/I 1 ⟨s.⟩ *(rasen) umg* foncer 2 ⟨h.⟩ *Musik, Film etc* **das fetzt!** *umg* ça déménage!
Fetzen M ⟨~s; ~⟩ 1 *(kleines Stück)* morceau *m*; bout *m*; lambeau *m (a. fig)*; *e-s Gesprächs* bribe *f*; **etw in lauter ~** *(akk)* **(zer)reißen** déchirer qc en mille morceaux; *Stoff* mettre qc en lambeaux; *umg* **(arbeiten,) dass die ~ fliegen** (travailler) avec rage 2 *umg pej (Kleid) umg* robe *f* riquiqui et moche
fetzig *umg* ADJ *(mitreißend) umg* qui déménage
feucht ADJ humide; *Boden, Gras a.* mouillé; *Haut* moite; **~e Hände haben** avoir les mains moites; **~ machen** humecter; **~ werden** s'humidifier; devenir humide; s'humecter; *umg* **das geht dich e-n ~en Dreck** *od* **Kehricht an!** *umg* occupe-toi de tes oignons!
Feuchtbiotop N *od* M biotope *m* humide
Feuchte *geh, t/t* F ⟨~⟩ humidité *f*
feuchtfröhlich ADJ *umg hum* **~er Abend** soirée bien arrosée et gaie
Feuchtgebiet N zone *f* humide
Feuchtigkeit F ⟨~⟩ humidité *f*; *der Haut* moiteur *f*; **vor ~** *(dat)* **(zu) schützen** protéger contre l'humidité
feuchtigkeitsbeständig ADJ imperméable, résistant à l'humidité; non hygroscopique; **Feuchtigkeitscreme** F crème hydratante; **Feuchtigkeitsgehalt** M teneur *f* en humidité; *t/t* hygrométricité *f*; *der Luft* état *m* hygrométrique; **Feuchtigkeitsgrad** M degré *m* d'humidité; *der Luft* degré *m* hygrométrique; **Feuchtigkeitsmenge** F quantité *f* d'humidité; **Feuchtigkeitsmesser** M ⟨~s; ~⟩ *bes* METEO hygromètre *m*; *t/t* psychromètre *m*; **Feuchtigkeitsmessung** F *bes* METEO hygrométrie *f*
feuchtkalt ADJ froid et humide
Feuchtraumkabel F câble *m* hydrofuge
feuchtwarm ADJ chaud et humide; *Klima a.* mou, molle
feudal ADJ 1 HIST féodal 2 *umg (luxuriös)* somptueux, -euse; luxueux, -euse; *umg* sélect; **Feudalherrschaft** F ⟨~⟩ HIST féodalité *f*
Feudalismus M ⟨~⟩ HIST féodalisme *m*; **feudalistisch** ADJ féodal
Feudalstaat M HIST État féodal; **Feudalsystem** N système féodal
Feudel M ⟨~s; ~⟩ *nordd* serpillière *f*
Feuer N ⟨~s; ~⟩ 1 feu *m*; *hell aufloderndes* flambée *f*; *(Brand) a.* incendie *m*; **~!** au feu!; **das olympische ~** la flamme olympique; **das ~ anzünden** allumer le feu; **wie ~ brennen** *Wunde etc* brûler comme du feu; **~ fangen** prendre feu; s'enflammer *(a. fig)*; **j-m ~ geben** donner du feu à qn; **~ an ein Haus legen** mettre le feu à, incendier une maison; **~ machen** faire du feu; **das ~ schüren** attiser le feu *(a. fig)*; **~ speien** vomir du feu; **~ speiend** qui crache du feu; **~ speiender Berg** volcan *m* (en éruption); **ins ~ werfen** jeter au feu; *für Zigarette* **haben Sie ~?** avez-vous du feu?; **bei, auf kleinem, schwachem ~** à petit feu 2 *fig in Wendungen* **dafür lege ich meine Hand ins ~** j'en mettrais ma main au feu; **für j-n, etw durchs ~ gehen** se mettre en quatre pour qn, pour qc; se jeter au, dans le feu pour qn; **etw aus dem ~ reißen** sauver qc in extremis; **mit dem ~ spielen** jouer avec le feu; *umg* **j-m ~ unter dem** *od* **unterm Hintern machen** *umg* secouer (les puces à) qn; *umg* faire sa fête à qn 3 SCHIFF *(Leuchtfeuer)* feu *m* 4 ⟨sans pl⟩ MIL feu *m*; *(Schusslinie)* tir *m*; *Befehl* **~!** feu!; **das ~ eröffnen** ouvrir le feu; **das ~ einstellen** cesser le feu; **~ geben** *(schießen)* faire feu; tirer 5 ⟨sans pl⟩ *fig (Funkeln)* éclat *m*; **das ~ in ihren Augen** l'éclat de, la flamme dans ses yeux; le feu de son regard 6 ⟨sans pl⟩ *fig (Schwung)* ardeur *f*; fougue *f*; *umg* **~ und Flamme für j-n, etw sein** être tout feu tout flamme pour qn, pour qc
Feueralarm M alerte *f* au feu; **Feueran-**

zünder M ⟨~s; ~⟩ allume-feu m; für Gas allume-gaz m; **Feuerbekämpfung** F lutte f contre le feu; **feuerbeständig** ADJ résistant au feu; ignifuge; **Feuerbestattung** F incinération f; crémation f; **Feuerbohne** F °haricot m d'Espagne; **Feuerdorn** M ⟨~(e)s; ~e⟩ BOT buisson-ardent m; pyracantha m; **Feuereifer** M zèle ardent; **Feuereinstellung** F MIL cessez-le-feu m

feuerfest ADJ (nicht brennbar) incombustible; (nicht entzündbar) ininflammable; Schüssel résistant od allant au feu; Ton, Ziegel réfractaire; Kleidung ignifugé; **~e Form** plat m à gratin; **~es Glas, Porzellan** verre m, porcelaine f à feu

Feuergefahr F danger m, risque m d'incendie; **feuergefährlich** ADJ inflammable

Feuergefecht N combat m; coups mpl de feu; **es kam zum ~** il y eut un échange de coups de feu

Feuerhaken M (Schüreisen) tisonnier m; attisoir m; pique-feu m; **Feuerland** N ⟨~s⟩ GEOG la Terre de Feu; **Feuerleiter** F am Haus échelle f de secours; der Feuerwehr grande échelle; **Feuerlöschboot** N bateau-pompe m; **Feuerlöscher** M ⟨~s; ~⟩ extincteur m; **Feuermelder** M ⟨~s; ~⟩ avertisseur m d'incendie

feuern ⟨-(e)re, h.⟩ A VT 1 Ofen alimenter 2 umg (werfen) jeter; umg balancer; umg **j-m eine ~** umg flanquer une baffe à qn 3 umg (entlassen) umg virer; **gefeuert werden** umg se faire virer B VI 1 mit Holz, Kohle chauffer 2 MIL (schießen) faire feu, tirer (**auf** [+akk] sur)

Feuerpause F MIL arrêt m du tir

Feuerprobe F HIST (Gottesurteil), TECH épreuve f du feu; fig **die ~ bestehen** passer le test

feuerrot ADJ rouge vif, feu, ardent (alle inv); Haar roux, rousse et flamboyant(e); von e-r Person **~ werden** devenir écarlate (**vor Scham** [dat] etc de honte, etc)

Feuersalamander M salamandre f terrestre

Feuersbrunst geh F grand incendie

Feuerschaden M dégâts causés par l'incendie; sinistre m; **Feuerschein** M am Kamin etc lueur f du feu; e-s Brands lueur f d'incendie; **Feuerschiff** N bateau-feu m; **Feuerschlucker(in)** umg M(F) cracheur, -euse m,f de feu; **Feuerschutz** M 1 (Brandschutz) protection f contre l'incendie 2 MIL appui m de feu

feuersicher → feuerfest

feuerspeiend ADJT qui crache du feu; **~er Berg** volcan m (en éruption)

Feuerspritze F lance f à incendie; **Feuerstätte** F foyer m; **Feuerstein** M MINER pierre f à feu; silex m; für Feuerzeug pierre f à briquet; **Feuerstelle** F foyer m; **Feuerstuhl** Jugendsprache M (grosse) moto; PS-starker gros cube; **Feuertaufe** F MIL, fig baptême m du feu; **Feuertod** M 1 HIST supplice m du feu 2 geh Unfall etc mort f dans les flammes; **Feuertreppe** F escalier m de secours; **Feuerüberfall** M MIL tir m de surprise

Feuerung F ⟨~⟩ 1 ⟨pl ~en⟩ Anlage, (das Heizen) chauffage m; chauffe f 2 (Heizmaterial) combustible m

Feuerungsanlage F (installation f de) chauffage m

Feuerversicherung F assurance f incendie; **feuerverzinkt** ADJT TECH galvanisé à chaud; **Feuerwache** F caserne f de pompiers; **Feuerwaffe** F arme f à feu; **Feuerwasser** umg N ⟨~s⟩ (Branntwein) eau-de-vie f

Feuerwehr F ⟨~; ~en⟩ (corps m des sapeurs-)pompiers mpl; **die ~ alarmieren** appeler les pompiers; umg fig **das geht ja wie die ~** ça va à toute vitesse

Feuerwehrauto N voiture f des pompiers; **Feuerwehrhaus** N caserne f de pompiers; **Feuerwehrleiter** F échelle f d'incendie, de pompiers; **Feuerwehrleute** PL (sapeurs-)pompiers mpl; **Feuerwehrmann** M ⟨~(e)s; -männer ou -leute⟩ (sapeur-)pompier m; **Feuerwehrschlauch** M tuyau m d'incendie

Feuerwerk N a. fig feu m d'artifice; **Feuerwerkskörper** M pièce f d'artifice; **Feuerzangenbowle** F punch à base de vin rouge et de rhum servi chaud et flambé; **Feuerzeug** N briquet m

Feuilleton N ⟨~s; ~s⟩ Zeitungsteil rubrique f culture; chronique f littéraire; a. feuilleton m; Beitrag article m de la rubrique culture

Feuilletonist M ⟨~en; ~en⟩ rédacteur m de la chronique od chroniqueur m littéraire (d'un journal); journaliste m écrivant pour la rubrique culture; **feuilletonistisch** ADJ de la rubrique culture; Stil de chronique littéraire; pej verbeux, -euse

Feuilletonstil M style m de chronique littéraire bzw. de la rubrique culture

feurig ADJ Person ardent; véhément; Rede enflammé; Pferd, Liebhaber fougueux, -euse; Wein généreux, -euse; Blick enflammé; de braise; Temperament, Farbe ardent

Fez umg M ⟨~es⟩ (Spaß, Unsinn) umg rigolade f; **~ machen** umg rigoler; umg faire le fou

ff. ABK (folgende [Seiten]) (et pages) suivantes

FF ABK (französischer Franc bzw. französische Francs) HIST FF (franc[s] français)

FH F ⟨~⟩ ABK → Fachhochschule

Fiaker M ⟨~s; ~⟩ österr fiacre m

Fiale F ⟨~; ~n⟩ ARCH pinacle m

Fiasko N ⟨~s; ~s⟩ fiasco m; THEAT a. four m; umg bide m; **ein ~ erleiden** od **erleben** essuyer un échec; umg ramasser une veste, une pelle

Fibel F ⟨~; ~n⟩ (Schulfibel) abécédaire m; alphabet m

Fiber F ⟨~; ~n⟩ BIOL, TEX fibre f

Fibrille F ⟨~; ~n⟩ BIOL fibrille f

Fibrin N ⟨~s⟩ BIOCHEMIE fibrine f

ficht → fechten

Fichte F ⟨~; ~n⟩ épicéa m; (Rotfichte) sapin m rouge

Fichtennadel F aiguille f d'épicéa; **Fichtennadelextrakt** M extrait m de pin (pour sels de bain)

Fichtenzapfen M cône m d'épicéa

Fick vulg M ⟨~s; ~s⟩ vulg baise f

ficken vulg VT u. VI ⟨h.⟩ vulg baiser (**j-n** od **mit j-m** qn)

fickerig ADJ regional nerveux, -euse

fidel umg ADJ gai; joyeux, -euse; enjoué

Fidschi N ⟨→ n/pr⟩ les (îles fpl) Fidji fpl

Fidschianer(in) M ⟨~s; ~⟩ (F) ⟨~in; ~innen⟩ Fidjien, -ienne m,f; **fidschianisch** ADJ fidjien, -ienne

Fieber N ⟨~s⟩ fièvre f (a. fig); (erhöhte Temperatur) température f; **hohes ~** forte fièvre; umg fièvre de cheval; **~ haben** avoir de la fièvre, de la température; **(bei j-m) ~ messen** prendre la température (de qn)

Fieberanfall M accès m, poussée f de fièvre; **Fieberfantasie** F divagations fpl, hallucinations fpl dues à la fièvre; (Fieberwahn) délire m fébrile

fieberfrei ADJ sans fièvre; Kranker **~ sein** ne plus avoir de fièvre, de température

fieberhaft A ADJ MED, a. fig fiévreux, -euse; fébrile B ADV fiévreusement; fébrilement; **~ nach etw suchen** chercher qc fébrilement

fieberig → fiebrig

fieberkrank ADJ fiévreux, -euse; fébrile; qui a de la température; **Fieberkurve** F courbe f de température; **Fiebermittel** N (remède m) fébrifuge m; **Fiebermücke** F ZOOL anophèle m

fiebern VI ⟨-(e)re, h.⟩ 1 avoir, faire de la fièvre; être fiévreux, -euse, fébrile; avoir de la température 2 fig **vor Aufregung** (dat) **~** être dans un état d'excitation fébrile; **nach etw ~** (sich sehnen) désirer ardemment qc

fiebersenkend ADJT fébrifuge; antithermique; **~es Mittel** (remède m) fébrifuge m

Fieberthermometer N thermomètre médical; **Fieberwahn** M délire m fébrile

fiebrig ADJ MED, a. fig fébrile; fiévreux, -euse

Fiedel F ⟨~; ~n⟩ hum (Geige) violon m; pej umg crincrin m

fiedeln VI ⟨-(e)le, h.⟩ hum od pej gratter, racler du violon

fiel → fallen

fiepen VI ⟨h.⟩ Hund couiner

fies umg ADJ (ekelhaft, widerwärtig, gemein) umg dégueulasse; umg vache; Trick a. sale; **das war wirklich ~ von ihm** umg c'était vraiment dégueulasse de sa part

Fiesling umg pej M ⟨~s; ~e⟩ umg sale type m; umg salaud m

Fifa, FIFA F ⟨Fifa, FIFA⟩ ABK (Fédération internationale de football association, Internationaler Fußballverband) FIFA f

Fight M ⟨~s; ~s⟩ SPORT combat m; lutte f

fighten VI ⟨-ete, h.⟩ SPORT lutter

Figur F ⟨~; ~en⟩ 1 EISLAUF, KUNST, RHET, MUS, MATH figure f 2 (Schachfigur) pièce f 3 (Körperwuchs) corps m; silhouette f; taille f; **sie hat e-e gute ~** elle est bien faite, proportionnée; elle a la taille bien prise; **die ~ zur Geltung bringen** mettre le corps, la silhouette en valeur; fig **e-e gute, schlechte ~ machen** od **abgeben** faire bonne, piètre figure 4 (Person) personnage m (a. in der Dichtung); THEAT a. rôle m 5 (kleine Statue) figurine f; statuette f

figurieren VI ⟨pas de ge-, h.⟩ Person **~ als** jouer le rôle de; **in e-r Liste ~** figurer sur une liste

figürlich RHET A ADJ figuré; **im ~en Sinn(e)** au (sens) figuré B ADV au figuré; figurément

Fiktion F ⟨~; ~en⟩ a. JUR fiction f

fiktiv ADJ fictif, -ive

File N ⟨~s; ~s⟩ → Datei

Filet N ⟨~s; ~s⟩ GASTR, TEX filet m; **Filetarbeit** F STICKEREI filet m; **Filetbraten** M GASTR rôti m dans le filet

filetieren VT ⟨pas de ge-, h.⟩ GASTR découper

Filetnadel F STICKEREI navette f; **Filetsteak** N GASTR steak m dans le filet

Filiale F ⟨~; ~n⟩ HANDEL succursale f

Filialleiter(in) M(F) directeur, -trice m,f de succursale

Filiation F ⟨~⟩ JUR (Abstammung) filiation f

Filigran N ⟨~s; ~e⟩, **Filigranarbeit** F filigrane m

Filipina F ⟨~; ~s⟩ Philippine f; **Filipino** M ⟨~s; ~s⟩ Philippin m

Filius M ⟨~; ~se⟩ hum umg fiston m

Film M ⟨~(e)s; ~e⟩ 1 FOTO (rouleau m de) pellicule f; **e-n ~ einlegen** mettre une pellicule, un rouleau de pellicule 2 (Kinofilm), TV film m; (~streifen) a. pellicule f; **e-n ~ drehen** tourner un film; **e-n ~ vorführen** projeter, passer, présenter un film; **in e-m ~ mitwirken, mitspielen** jouer dans un film; **der ~ läuft schon seit acht Wochen** ce film tient l'affiche depuis déjà huit semaines; umg fig **bei ihm ist der ~ gerissen** il a un trou 3 ⟨sans pl⟩ (~branche) cinéma m; **der deutsche ~** le cinéma allemand; umg **er ist beim ~** il est dans le cinéma; umg **zum ~ wollen** vouloir faire du cinéma 4 (dünne Schicht) pellicule f; film m

Filmarchiv N cinémathèque f; filmothèque f; **Filmatelier** N studio m de cinéma; **Filmaufnahme** F prise f de vue(s) cinématographique; **Filmbauten** NPL décors *mpl*; **Filmbericht** M documentaire *m*

Filmemacher(in) M(F) cinéaste *m/f*

Filmempfindlichkeit F FOTO sensibilité *f* du film

filmen ⟨h.⟩ A VT 1 filmer 2 *umg fig (hereinlegen)* **j-n ~** *umg* rouler qn B VI *Schauspieler* tourner, jouer dans un film; faire du cinéma

Filmen N ⟨~s⟩ tournage *m* d'un film

Filmfestival N, **Filmfestspiele** NPL festival *m* du film, de cinéma; **Filmfreund** M cinéphile *m*; **Filmindustrie** F industrie *f* du cinéma

filmisch ADJ du cinéma; à l'écran

Filmkamera F caméra *f*; **Filmkassette** F cartouche *f* de film; **Filmklub** M ciné-club *m*; **Filmkopie** F copie *f* de film; **Filmkritik** F 1 *Beurteilung* critique *f* de cinéma 2 ⟨*sans pl*⟩ *koll* critiques *mpl* de cinéma; **Filmkritiker(in)** M(F) critique *m* de cinéma; **Filmkulisse** F décors *mpl* (d'un film); **Filmkunst** F ⟨~⟩ cinéma *m*; art *m* cinématographique; **Filmleinwand** F écran *m*; **Filmmaterial** N 1 FOTO matériel *m* photo(graphique) 2 *zu e-m Thema* photo(graphie)s *fpl*; **Filmmusik** F musique *f* de film; **Filmpatrone** F FOTO cartouche *f* de pellicule; **Filmpreis** M *Auszeichnung* prix *m* de cinéma; **Filmpremiere** F première *f* (d'un film); **Filmproduzent(in)** M(F) producteur, -trice *m,f* (de cinéma); **Filmprojektor** M appareil *m* de projection cinématographique; **Filmregisseur(in)** M(F) metteur *m* en scène (de cinéma); réalisateur, -trice *m,f*

Filmriss M *umg fig* **e-n ~ haben** avoir un trou

Filmrolle F 1 *e-s Schauspielers* rôle *m* dans un film 2 TECH rouleau *m* de pellicule; (bobine *f* de) film *m*; **Filmschaffende(r)** M/F(M) ⟨→ A⟩ cinéaste *m/f*; **Filmschauspieler(in)** M(F) acteur, -trice *m,f* de cinéma; **Filmschnitt** M montage *m*; **Filmspule** F bobine *f* de film; **Filmstadt** F studios *mpl* de cinéma; **Filmstar** M vedette *f*, étoile *f*, star *f* de cinéma; vedette *f* de l'écran; **Filmsternchen** N starlette *f*; **Filmstoff** M sujet *m* de film; **Filmstreifen** M bande *f* de film; pellicule *f*; **Filmstudio** N studio *m* de cinéma; **Filmszene** F scène *f* (dans un film); **Filmtechnik** F cinématographie *f*; **Filmtheater** N cinéma *m*; **Filmtitel** M titre *m* de film; **Filmtransport** M FOTO entraînement *m* du film; **Filmverleih** M *Vorgang* distribution *f* de films; *Unternehmen* société *f* de distribution de films; **Filmvertrieb** M → Filmverleih; **Filmvorführer(in)** M ⟨~s; ~⟩ (F) ⟨~in; ~innen⟩ projectionniste *m/f*; **Filmvorführgerät** N → Filmprojektor; **Filmvorführung** F projection *f* de film; **Filmvorschau** F bande-annonce *f*; **Filmvorstellung** F séance *f* (de cinéma); **Filmzensur** F ⟨~⟩ censure *f* cinématographique

Filter M, *t/t meist* N ⟨~s; ~⟩ TECH, RADIO, AKUSTIK, OPT, *fig* filtre *m*; FOTO *a.* écran *m*; **Filteranlage** F TECH installation *f* de filtration, de filtrage; **Filtereinsatz** M cartouche filtrante; **Filterkaffee** M café *m* filtre; **Filtermundstück** N bout *m* filtre

filtern VT ⟨-(e)re, h.⟩ *Flüssigkeiten, Lichtstrahlen, Schwingungen, fig Informationen* filtrer; **den Kaffee ~** passer le café

Filterpapier N papier-filtre *m*; papier *m* emporétique; CHEM papier *m* joseph; **Filterpresse** F ⟨~; ~n⟩ TECH filtre-presse *m*; **Filterrückstand** M résidu *m* de filtrage; **Filtertuch** N ⟨~(e)s; -tücher⟩ tissu filtrant; **Filtertüte** F filtre *m* en papier

Filterung F ⟨~; ~en⟩ filtrage *m*; filtration *f*

Filterzigarette F cigarette *f* à (bout) filtre

Filtrat N ⟨~(e)s; ~e⟩ TECH filtrat *m*; **Filtration** F ⟨~; ~en⟩ TECH filtration *f*

filtrieren *Fachsprache* VT ⟨*pas de ge-*, h.⟩ filtrer (*a.* OPT); passer au filtre, à l'étamine

Filtrierpapier N → Filterpapier

Filz M ⟨~es; ~e⟩ 1 TEX feutre *m*; **aus ~** en feutre 2 *umg (Geizhals) umg* grigou *m*; pingre *m* 3 *umg pej (Kungelei) umg* magouillage *m*

filzen ⟨-(es)t, h.⟩ A *umg* VT *(durchsuchen)* fouiller B VI (se) feutrer

Filzhut M (chapeau *m* de) feutre *m*

filzig ADJ feutré

Filzlaus F ZOOL morpion *m*; **Filzpantoffel** M pantoufle *f* de feutre; **Filzpappe** F carton *m* feutre; **Filzschreiber** M → Filzstift; **Filzsohle** F semelle *f* de feutre; **Filzstift** M crayon-feutre *m*; stylo-feutre *m*; feutre *m*

Fimmel *umg* M ⟨~s; ~⟩ *(Verrücktheit)* manie *f*; **e-n ~ (für etw) haben** *umg* être toqué (de qc)

final ADJ *bes* GRAM final

Finale N ⟨~s; ~⟩ 1 MUS final(e) *m* 2 SPORT *(Endkampf, -spiel)* finale *f*; ⟨*sans pl*⟩ *(Endspurt)* finish *m*

Finalist(in) M ⟨~en; ~en⟩ (F) ⟨~in; ~innen⟩ SPORT finaliste *m/f*

Finalsatz M GRAM proposition finale

Finanz... IN ZSSGN *meist* financier, -ière; des finances; **Finanzabteilung** F service financier; **Finanzamt** N *Gebäude* perception *f*; *Behörde* fisc *m*; **Finanzausgleich** M péréquation financière; **Finanzausschuss** M comité financier; commission *f* des finances; **Finanzbeamte(r)** M, **Finanzbeamtin** F percepteur *m*; receveur *m* (des contributions); **Finanzbehörden** FPL autorités financières; **Finanzberater(in)** M(F) conseiller, -ère *m,f* financier, -ière; **Finanzbericht** M rapport financier, de trésorerie; **Finanzbuchhalter(in)** M(F) comptable *m/f* (en comptabilité financière *od* générale); **Finanzbuchhaltung** F comptabilité financière *od* générale

Finanzen FPL *(Finanzwesen, Finanzlage, umg private Finanzlage)* finances *fpl*; **die öffentlichen ~** les finances publiques; *umg* **mit meinen ~ steht es schlecht** mes finances ne sont pas brillantes

Finanzexperte M, **Finanzexpertin** F expert financier; **Finanzgericht** N tribunal compétent en matière fiscale; **Finanzgesetz** N loi *f* de finances; **Finanzgesetzgebung** F législation financière; **Finanzgruppe** F groupe financier, de financiers

Finanzhilfe F aide financière, pécuniaire; *aus öffentlichen Mitteln* subvention *f*; **staatliche ~** subvention de l'État

Finanzhoheit F souveraineté financière

finanziell A ADJ financier, -ière; **die ~en Verhältnisse** *npl* la situation financière; **~e Interessen** *npl* intérêts financiers, pécuniaires; **~e Schwierigkeiten** *fpl* difficultés financières; embarras *mpl* pécuniaires; **~e Sorgen haben** avoir des problèmes, des soucis d'argent B ADV financièrement; sur le plan financier; **~ gut gestellt sein** être aisé; **~ schlecht gestellt sein** être dans une situation matérielle précaire; **~ unterstützen** aider financièrement; *Institution etc* subventionner

Finanzier M ⟨~s; ~s⟩ financier *m*

finanzieren VT ⟨*pas de ge-*, h.⟩ financer; **Finanzierung** F ⟨~; ~en⟩ financement *m*

Finanzierungsart F mode *m* de financement; **Finanzierungsgesellschaft** F société *f* de financement; **Finanzierungskosten** PL frais *mpl* de financement; **Finanzierungsmittel** NPL moyens *mpl* de financement; **Finanzierungsplan** M plan *m*, programme *m* de financement

Finanzinstitut N établissement financier; **Finanzjahr** N année financière; **Finanzkontrolle** F WIRTSCH contrôle *m* des finances; **Finanzkraft** F ⟨~⟩ capacités financières; **finanzkräftig** ADJ économiquement fort; **Finanzkreise** MPL milieux financiers; **Finanzkrise** F crise financière; **Finanzlage** F ⟨~⟩ état *m* des finances; situation *f* de trésorerie; **Finanzloch** N trou financier; **Finanzmarkt** M marché financier; **Finanzminister** M ministre *m* des Finances; **Finanzministerium** N ministère *m* des Finances; **Finanzplan** M plan, programme financier; **Finanzplatz** M place financière; **Finanzpolitik** F politique financière; **Finanzreform** F réforme financière; **finanzschwach** ADJ économiquement faible; **Finanzsektor** M ⟨~s⟩ secteur financier; **Finanzspritze** *umg* F injection *f* de capitaux; **Finanzsystem** N système financier; **Finanzverwaltung** F administration *f* des Finances; trésorerie *f*; **Finanzwesen** N ⟨~s⟩ finances *fpl*; **Finanzwirtschaft** F ⟨~⟩ gestion *f* des finances; finances *fpl*; **Finanzwissenschaft** F science *f* des finances

Findelkind N enfant *m/f* trouvé(e)

finden ⟨findet, fand, gefunden, h.⟩ A VT 1 *(entdecken)* trouver; **(es ist) nicht zu ~** (c'est) introuvable; **was findet sie nur an ihm?** qu'est-ce qu'elle lui trouve? 2 *(bekommen) Arbeit, Wohnung etc* trouver; **die Kraft ~ zu** *(+inf)* trouver la force de *(+inf)*; **s-n eigenen Stil ~** trouver son (propre) style 3 *(heraus~) Lösung, Fehler etc* trouver; **das Passende ~** trouver ce qui convient; **ich habe noch keine Zeit dazu gefunden** je n'en ai pas encore trouvé le temps 4 *(vor~)* trouver; **ich fand ihn schlafend** je l'ai trouvé endormi 5 *(erfahren)* **Ruhe ~** trouver le repos; **den Tod ~** trouver la mort; **Freude daran ~ zu** *(+inf)* trouver du plaisir à *(+inf)*; **Hilfe bei j-m ~** trouver assistance auprès de qn 6 *(beurteilen)* trouver; **das finde ich nicht nett von dir** je ne trouve pas ça bien de ta part; **etw gut, dumm** *etc* **~** trouver qc bien, bête, *etc*; **ich finde, dass …** je trouve que …; **ich finde nichts dabei** je n'y vois aucun, pas de mal; *umg* **~ Sie nicht?** ne trouvez-vous pas?; **wie ~ Sie das Buch?** comment trouvez-vous ce livre? B VI *(gelangen)* **zu j-m ~** trouver où qn habite; **nach Hause ~** trouver le chemin de la maison; *a.* rentrer (chez soi); *fig* **zur Musik ~** découvrir la musique; *fig* **zu sich selbst ~** s'épanouir; trouver sa voie C VR **sich ~** se trouver; *von Partnern* se rencontrer; **es ~ sich immer Menschen, die …** il se trouve toujours des gens qui …; **… bis sich etw Besseres findet** en attendant mieux; *geh* **sich in sein Schicksal ~** accepter son sort; *plus fort* se résigner à son sort; **das wird sich schon alles ~** on verra bien; tout ira bien; tout finira (bien) par s'arranger; *hum* **da haben sich zwei gefunden** ils font bien la paire; → *a.* bereitfinden

Finder(in) M ⟨~s; ~⟩ (F) ⟨~in; ~innen⟩ personne *f* qui a trouvé *bzw.* qui trouvera; **der ehrliche ~ wird gebeten …** la personne qui trouvera … est priée de …

Finderlohn M récompense *f* (pour un objet trouvé)

findig ADJ ingénieux, -ieuse; inventif, -ive; **ein ~er Kopf sein** être ingénieux, inventif; avoir l'esprit ingénieux

Findling M ⟨~s; ~e⟩ 1 GEOL bloc *m* erratique 2 → Findelkind

Finesse F ⟨~; ~n⟩ 1 *(Trick)* bon truc; ruse *f*; *(Raffinesse)* astuce *f*; *umg* combine *f*; **mit allen ~n arbeiten** *umg* employer toutes les combi-

nes imaginables 2 *in der Ausstattung* raffinement *m*; **mit allen ~n** sophistiqué
fing → fangen
Finger M ⟨~s; ~⟩ 1 doigt *m*; **der kleine ~** le petit doigt; l'auriculaire *m*; **~ weg!** bas les mains, *umg* les pattes!; *umg* pas touche!; **~breit** → Fingerbreit 2 *mit präp* **etw an den ~n abzählen** compter qc sur ses doigts; *fig* **das kann man sich** *(dat)* **an den (fünf) ~n abzählen** cela saute aux yeux; **etw auf die ~ bekommen** recevoir une tape sur les doigts; *umg fig* **j-m auf die ~ klopfen** taper sur les doigts à qn; **j-m auf die ~ sehen** *od umg* **gucken** *a. fig* avoir qn à l'œil; *fig* **sich** *(dat)* **etw aus den ~n saugen** inventer qc; **durch die ~ rinnen** *Sand, fig Geld* filer entre les doigts, les mains; *umg fig* **etw in die ~ bekommen** *od* **kriegen** tomber sur qc; *umg fig* **ihm** *od* **ihn juckt es in den ~n, etw zu tun** ça le démange de faire qc; **sich** *(dat)* **in den ~ schneiden** se couper le doigt; *umg fig (sich irren) umg* se mettre le doigt dans l'œil; **mit ~n auf j-n zeigen** *a. fig* montrer qn du doigt; *umg fig* **sich** *(dat)* **die ~ danach lecken** *umg* s'en lécher les doigts; *umg fig* **j-n um den (kleinen) ~ wickeln** faire de qn tout ce que l'on veut; mener qn par le bout du nez; *umg* **was ihm unter die ~ kommt** ce qui lui tombe sous la main; *umg fig* **lass die ~ davon!** ne t'en mêle pas! 3 *mit Verb umg* **die ~ im Spiel haben** être impliqué dans l'affaire; *umg fig* **keinen ~ krumm machen, rühren** ne pas lever le petit doigt; *fig* **den ~ auf die Wunde legen** mettre le doigt sur la plaie; *umg fig* **lange ~ machen** avoir les doigts crochus; *fig* **sich** *(dat)* **die ~ nicht schmutzig machen** *moralisch* ne pas se salir les mains; *(nicht selbst [mit]arbeiten)* ne pas mettre la main à la pâte; *fig* **wenn man ihm den kleinen ~ reicht, nimmt er gleich die ganze Hand** si on lui donne (long comme) le doigt, il (en) prend (long comme) le bras; **sich** *(dat)* **die ~ verbrennen** *a. fig* se brûler les doigts 4 *e-s Handschuhs* doigt *m*
Fingerabdruck M ⟨~(e)s; -drücke⟩ empreinte digitale; **genetischer ~** empreinte génétique
fingerbreit ADJ (de la largeur) d'un doigt
Fingerbreit M ⟨~; ~⟩ doigt *m*; *fig* **keinen ~ nachgeben** ne pas reculer d'un pouce
fingerdick A ADJ de l'épaisseur d'un doigt B ADV **~ auftragen** mettre une bonne couche
Fingerfarben FPL couleurs *fpl* aux doigts
fingerfertig ADJ adroit, habile de ses doigts; **~ sein** *a.* avoir de la dextérité
Fingerfertigkeit F ⟨~⟩ dextérité *f*; doigté *m* (*a.* MUS); **fingerförmig** ADJ en forme de doigt; BOT digité; **Fingerglied** N ANAT phalange *f*; **Fingerhakeln** N ⟨~s⟩ *sport populaire variante du bras de fer pratiquée avec le doigt du milieu*; **Fingerhandschuh** M gant *m* à doigts; **Fingerhut** M 1 MODE dé *m* (à coudre) 2 BOT digitale *f*; **Fingerkraut** N ⟨~(e)s⟩ BOT potentille *f*; **Fingerkuppe** F bout *m* du doigt; **fingerlang** ADJ de la longueur d'un doigt; **Fingerling** M ⟨~s; ~e⟩ doigtier *m*
fingern ⟨-(e)re, h.⟩ A VT **etw aus der Tasche ~** extirper qc de sa poche B VI tripoter (an **etw** [dat] qc)
Fingernagel M ongle *m* (du doigt); **Fingerring** M bague *f*; *ohne Stein* anneau *m*; **Fingersatz** M MUS doigté *m*
Fingerspitze F bout *m* du doigt; *fig* **etw bis in die ~n sein** être qc jusqu'au bout des ongles
Fingerspitzengefühl N ⟨~s⟩ doigté *m*, tact *m* (**bei** dans; **für** en ce qui concerne); **Fingersprache** F langue *f* des signes; **Fingertier** N aye-aye *m*; **Fingerübung** F MUS exercice *m* de doigté; **Fingerzeig** M ⟨~(e)s; ~e⟩ indication *f*; *umg* tuyau *m*; → *a.* Hinweis 1, 3, Wink 2
fingieren VT ⟨*pas de ge-*, h.⟩ feindre; simuler
fingiert ADJT fictif, -ive; feint; simulé; **~e Rechnung** fausse facture
Finish N ⟨~s; ~s⟩ 1 SPORT finish *m* 2 *(Endbearbeitung)* finissage *m*
finit ADJ GRAM *Verbform* conjugué
Fink M ⟨~en; ~en⟩ pinson *m*
Finn-Dingi N ⟨~s; ~s⟩ *Segelboot* finn *m*
Finne¹ F ⟨~; ~n⟩ 1 *des Wals* nageoire dorsale; *des Hais* aileron dorsal 2 *e-s Hammers* panne *f* 3 *e-s Bandwurms* cysticerque *m*
Finne² M ⟨~n; ~n⟩, **Finnin** F ⟨-in; -innen⟩ Finlandais(e) *m(f)*
finnisch ADJ finlandais; *Sprache, Kultur* finnois; **der Finnische Meerbusen** le golfe de Finlande
Finnisch N ⟨~(s)⟩, **Finnische** N ⟨~n⟩ **(das)** Finnisch(e) *Sprache* le finnois
finnisch-ugrisch ADJ LING finno-ougrien, -ienne
Finnland N ⟨→ *n/pr*⟩ la Finlande; **Finnmark** F ⟨~; ~⟩ HIST *Währung* mark finlandais
Finnwal M ZOOL rorqual *m*; baleinoptère *m*
finster A ADJ sombre (*a. fig*); obscur; *geh* ténébreux, -euse; *plus fort* noir; **~e Nacht** nuit noire; **im Finstern** dans l'obscurité; dans l'ombre; **~ werden** commencer à faire sombre; *Himmel* s'obscurcir; *fig* **im Finstern tappen** tâtonner; ne pas savoir à quoi s'en tenir; *fig (mürrisch)* **ein ~es Gesicht machen** avoir l'air sombre; faire grise mine B ADV **~ dreinschauen** regarder d'un air sombre
Finsternis F ⟨~; ~se⟩ 1 obscurité *f*; ténèbres *fpl* 2 ASTRON éclipse *f*
Finte F ⟨~; ~n⟩ feinte *f* (*a.* FECHTEN); ruse *f*; piège *m*; **j-n durch e-e ~ täuschen, ablenken** *umg* feinter qn
Firewall F ⟨~; ~s⟩ IT pare-feu *m* *(inv)*
Firlefanz *umg* M ⟨~es⟩ 1 *(Unsinn)* bêtises *fpl*; sottises *fpl* 2 *(wertlose Gegenstände)* fanfreluches *fpl*
firm ADJ **in etw** *(dat)* **~ sein** être ferré, fort, *umg* calé en qc
Firma F ⟨~; -men⟩ entreprise *f*; maison *f* (de commerce); société *f*; **die ~ X** les établissements *mpl* X; **e-e ~ gründen** fonder une entreprise
Firmament *poet* N ⟨~(e)s; ~e⟩ *poet* firmament *m*
firmen VT ⟨h.⟩ KATH confirmer
Firmenaufdruck M *Briefkopf* en-tête *m*; **Firmenbezeichnung** F (énoncé *m* de la) raison sociale; **Firmeninhaber(in)** M(F) propriétaire *m/f* d'une entreprise; **Firmenkonto** N compte *m* de firme, de maison de commerce; **Firmenname** M raison sociale; dénomination *f* d'une entreprise; **Firmenschild** N plaque *f* *(avec la dénomination d'une entreprise)*; enseigne *f*; **Firmensitz** M siège social; **Firmensprecher(in)** M(F) porte-parole *m* d'une entreprise; **Firmenstempel** M cachet *m*, tampon *m* d'une entreprise; **Firmenverzeichnis** N annuaire *m* du commerce; **Firmenwagen** M voiture *f* de fonction; **Firmenzeichen** N marque *f* (de fabrique); logo *m*
firmieren VI ⟨*pas de ge-*, h.⟩ HANDEL **~ als …** avoir comme raison sociale …; **~ mit, unter dem Namen …** signer en indiquant comme raison sociale …
Firmling M ⟨~s; ~e⟩ KATH confirmand(e) *m(f)*; **Firmpate** M parrain *m* de confirmation; **Firmung** F ⟨~; ~en⟩ KATH confirmation *f*
Firn M ⟨~(e)s; ~e⟩ névé *m*; **Firnfeld** N champ *m* de névé; **Firngrenze** F limite *f* du névé
Firnis M ⟨~ses; ~se⟩ vernis *m*; **firnissen** VT ⟨h.⟩ vernir; enduire de vernis; *Keramik* vernisser
Firnschnee M → Firn
First M ⟨~(e)s; ~e⟩ *(Dachfirst)* faîte *m*
First Lady F ⟨~; ~s⟩ première dame; **Frankreichs ~** la première dame de France
Firstpfette F ⟨~; ~n⟩ faîtage *m*; panne faîtière; **Firstziegel** M (tuile) faîtière *f*; enfaîteau *m*
fis, Fis N ⟨fis, Fis; fis, Fis⟩ MUS fa *m* dièse
FIS F ⟨~⟩ ABK (Internationaler Skiverband) FIS *f* (Fédération internationale du ski)
Fisch M ⟨~es; ~e⟩ poisson *m*; ASTROL **~e** Poissons *mpl*; **gebratener ~** poisson frit; **~ ohne Gräten** poisson sans arêtes; **~e fangen** pêcher, prendre du poisson; **stumm wie ein ~ sein** être muet, muette comme une carpe; *umg* **weder ~ noch Fleisch sein** n'être ni chair ni poisson; **munter wie ein ~ im Wasser** gai comme un pinson; **sich wohlfühlen wie ein ~ im Wasser** être heureux comme un poisson dans l'eau; *umg* **das sind (für mich) kleine ~e** pour moi c'est *od* ce sont des broutilles; *fig* **die großen ~e fressen die kleinen** les gros poissons mangent les petits
Fischadler M ZOOL balbuzard *m*; **fischarm** ADJ peu poissonneux, -euse; **Fischauge(-nobjektiv)** N FOTO fish-eye *m*; **Fischbein(stäbchen)** N ⟨~s⟩ N baleine *f*; **Fischbesteck** N couvert *m* à poisson; **Fischbrötchen** N sandwich *m* au poisson; **Fischdampfer** M bateau *m* de pêche (à vapeur); chalutier *m* (à vapeur)
fischen VT *u.* VI ⟨h.⟩ 1 pêcher; *mit dem Schleppnetz* pêcher au chalut; **Forellen, Perlen ~** pêcher la truite, des perles; **im Fluss, Meer ~** pêcher dans la, en rivière, en mer 2 *fig* **etw aus etw ~** *störende Gegenstände* enlever qc de qc; **etw aus der Tasche ~** (re)tirer qc de sa poche; **j-n aus dem Wasser ~** tirer qn de l'eau; **im Trüben ~** pêcher en eau trouble
Fischen N ⟨~s⟩ pêche *f*; **~ verboten!** défense de pêcher!; pêche interdite!
Fischer M ⟨~s; ~⟩ pêcheur *m*; **Fischerboot** N barque *f* de pêche; **Fischerdorf** N village *m* de pêcheurs
Fischerei F ⟨~⟩ pêche *f*; **Fischereifahrzeug** N bateau *m* de pêche; **Fischereigrenze** F limite *f* de la zone de pêche; **Fischereihafen** M port *m* de pêche; **Fischereirecht** N droit *m* de pêche; **Fischereischein** M permis *m* de pêche
Fischernetz N filet *m* de pêche
Fischer(s)frau F femme *f* de pêcheur
Fischfabrik *umg* F conserverie *f* de poisson; **Fischfang** M ⟨~(e)s⟩ pêche *f*; **Fischfanggebiet** N zone *f* de pêche; **Fischfilet** N GASTR filet *m* de poisson; **Fischflosse** F nageoire *f*; **fischförmig** ADJ pisciforme; en forme de poisson; **Fischfrikadelle** F croquette *f* de poisson; **Fischfutter** N nourriture *f* pour poisson(s); **Fischgabel** F fourchette *f* à poisson; **Fischgericht** N (plat *m* de) poisson *m*; **Fischgeruch** M odeur *f* de poisson, *frischer Seefische a.* de marée; **Fischgeschäft** N poissonnerie *f*; **Fischgeschmack** M goût *m* de poisson; **Fischgräte** F arête *f* de poisson; **Fischgrätenmuster** N TEX chevron *m*; **Fischgründe** MPL pêcheries *fpl*; **Fischhandel** M commerce *m* de poisson; *(Seefischhandel)* mareyage *m*; **Fischhändler(in)** M(F) marchand(e) *m(f)* de poisson; poissonnier, -ière *m,f*; *(Seefisch-*

händler[in]) mareyeur, -euse *m,f*; **Fischhaut** F TECH chagrin *m*; **Fischkonserve** F conserve *f* de poisson; **Fischkopf** M *umg pej (Norddeutsche[r])* Allemand(e) *m(f)* du Nord; **Fischkunde** F ⟨~⟩ ichtyologie *f*; **Fischkutter** M chalutier *m*; **Fischlaich** M frai *m* (de poisson); **Fischmarkt** M marché *m* aux poissons; **Fischmehl** N farine *f* de poisson; **Fischmesser** N couteau *m* à poisson; **Fischnetz** N filet *m* de pêche; **Fischotter** M loutre *f*; **fischreich** ADJ poissonneux, -euse; **Fischreichtum** M ⟨~s⟩ abondance *f* de poissons; **Fischreiher** M ZOOL °héron cendré; **Fischrestaurant** N restaurant *m* de fruits de mer et de poisson; **Fischreuse** F nasse *f*; **Fischrogen** M œufs *mpl* de poisson; **Fischschuppe** F écaille *f* de poisson; **Fischschwanz** M queue *f* de poisson; **Fischschwarm** M banc *m* de poissons; **Fischstäbchen** NPL GASTR bâtonnets *mpl* de poisson; **Fischsterben** N ⟨~s⟩ mort *f* des poissons; **Fischsuppe** F soupe *f* de poisson; **Fischteich** M étang *m* à poissons; *zur Zucht* vivier *m*; **Fischtran** M huile *f* de poisson; **Fischvergiftung** F intoxication *f*, empoisonnement *m* par le poisson; **Fischzucht** F pisciculture *f*; **Fischzüchter** M pisciculteur *m*; **Fischzug** M coup *m* de filet

Fisimatenten *umg* PL **~ machen** faire des manières, des chichis

Fiskus M ⟨~; *rarement* -ken *ou* ~se⟩ fisc *m*; Trésor (public)

Fisole F ⟨~; ~n⟩ *österr* °haricot vert

Fissur F ⟨~; ~en⟩ MED fissure *f*

Fistel F ⟨~; ~n⟩ MED fistule *f*; **Fistelstimme** F *a.* MUS voix *f* de fausset

fit ADJ ⟨fitter, fitteste⟩ en forme; en bonne condition physique; bien entraîné; **~ bleiben** rester en forme; **sich ~ halten** s'entraîner pour rester en forme; **j-n (für etw) ~ machen** entraîner qn (à qc); *fig* **ein Unternehmen für etw ~ machen** préparer une entreprise à qc

Fitness F ⟨~⟩ (pleine) forme; bonne condition physique; **Fitnesscenter** N ⟨~s; ~⟩ institut *m*, centre *m* de remise en forme; **Fitnessraum** M salle *f* de musculation; **Fitnessstudio** N → Fitnesscenter; **Fitnesstraining** N entraînement *m* de remise en forme

Fittich *poet* M ⟨~(e)s; ~e⟩ aile *f*; *umg fig* **j-n unter s-e ~e nehmen** prendre qn sous son aile

Fitting N *oft* PL ⟨~s; ~s⟩ TECH raccord *m* de tube

fix A ADJ 1 HANDEL *(fest)* fixe; **~e Kosten** *pl* frais *mpl* fixes; **~es Gehalt** (traitement *m*) fixe *m*; *fig* **e-e ~e Idee** une idée fixe 2 *umg (gewandt, flink)* agile; *(schnell)* rapide; *umg* **~ und fertig** *(vorbereitet)* fin prêt; *(erschöpft)* éreinté; *umg* crevé; *umg* claqué B ADV vite; *umg* **mach ~!, (nun mal) ein bisschen ~!** presse-toi!; dépêche-toi!; *umg* et que ça saute!

fixen *Drogenjargon* VI ⟨-(es)t, h.⟩ se piquer; *umg* se shooter; *umg* se camer

Fixer(in) *Drogenjargon* M ⟨~s; ~⟩ F ⟨~in; ~innen⟩ *umg* camé(e) *m(f)*; **er ist ein ~** *a.* il se pique

Fixgeschäft N HANDEL opération *f*, transaction *f* à terme fixe

Fixierbad N FOTO bain fixateur, de fixage

fixieren VT ⟨*pas de ge-*, h.⟩ 1 *Zeitpunkt etc* fixer (*a.* CHEM, FOTO, MAL); **etw (schriftlich) ~** fixer qc 2 *(anschauen)* **j-n, etw ~** fixer (son regard, ses yeux sur) qn, qc 3 PSYCH **fixiert sein auf** *(+akk)* faire une fixation sur

Fixiermittel N FOTO fixateur *m*; **Fixiersalz** N FOTO sel fixateur

Fixierung F ⟨~; ~en⟩ *a. e-s Zeitpunkts*, CHEM, FOTO, MAL fixation *f* (PSYCH **auf** [+*akk*] sur)

Fixing N ⟨~s; ~s⟩ BÖRSE fixing *m*; fixage *m*

Fixkosten PL HANDEL frais *mpl* fixes; **Fixpunkt** M *a.* TECH point *m* de repère; **Fixstern** M étoile *f* fixe

Fixum N ⟨~s; Fixa⟩ HANDEL fixe *m*

Fjord M ⟨~(e)s; ~e⟩ fjord *od* fiord *m*

FKK N ⟨~⟩ ABK (Freikörperkultur) naturisme *m*; nudisme *m*; **FKK-Anhänger(in)** M(F) naturiste *m/f*; nudiste *m/f*; **FKK-Strand** M plage *f* de nudistes

flach A ADJ 1 *(eben) Gegend, Gelände, Brust* plat; *Küste* bas, basse; **mit der ~en Hand** du plat de la main; **~es Land** *im Gegensatz zum Gebirge* pays plat; **auf dem ~en Land** *im Gegensatz zur Stadt* en rase campagne 2 *(niedrig) Gewässer* peu profond; *Gebäude, Stirn* bas, basse; *Dach, Schuh, Absatz* plat; SPORT *Ball* au ras du sol; bas, basse; TENNIS *etc* au ras du filet 3 *(nicht tief) Teller* plat; *Atmung* faible 4 *fig pej (nichts sagend) Unterhaltung etc* plat; superficiel, -ielle B ADV **sich ~ hinlegen** se mettre à plat; s'allonger (par terre); **den Ball ~ spielen** faire une passe au ras du sol; **~ atmen** respirer faiblement; → *a.* flachfallen

Flachbau M ⟨~(e)s; ~ten⟩ construction basse; **Flachbauweise** F construction basse; **Flachbildschirm** M écran plat; **Flachdach** N toit plat; toit *m* en terrasse; **Flachdraht** M fil plat, aplati; **Flachdruck** M ⟨~(e)s⟩ TYPO impression *f* à plat

Fläche F ⟨~; ~n⟩ *(Oberfläche)* surface *f* (*a.* MATH); *berechnete* superficie *f*; aire *f*; *(Seitenfläche)* face *f*; *(Wasserfläche)* plan *m* d'eau; *(ausgedehnte Wasserfläche, Landfläche etc)* étendue *f* (d'eau, de terre, *etc*); **ebene, glatte, gekrümmte** *etc* **~** surface unie, lisse, courbe, *etc*; **auf e-r ~ von ... m²** sur une surface, superficie de ... m²

Flacheisen N fer (mé)plat, en bandes

Flächenaufteilung F division *f* de la surface, de la superficie; **Flächenausdehnung** F superficie *f*; étendue *f* d'une surface; **Flächenbelastung** F BAU charge *f* par unité de surface, au mètre carré; FLUG charge *f* alaire; **Flächenberechnung** F calcul *m* des surfaces; **Flächenblitz** M éclair diffus

Flächenbrand M incendie *m* qui se propage rapidement; *fig* **sich zu e-m ~ ausweiten** se propager rapidement

flächendeckend A ADJT global; complet, -ète B ADVL globalement; complètement

Flächeninhalt M superficie *f*; surface *f*; **Flächenmaß** N mesure *f* de surface; **Flächenmessung** F planimétrie *f*; **Flächennutzungsplan** M plan *m* d'occupation des sols; **Flächenstilllegung** F mise *f* en jachère; gel *m* des terres

flachfallen *umg* VI ⟨*irr, sép*, -ge-, s.⟩ tomber à l'eau

Flachfeile F lime plate; **Flachhang** M ⟨~(e)s; -hänge⟩ pente douce; **Flachheit** F ⟨~; ~en⟩ 1 ⟨*sans pl*⟩ forme plate 2 *fig* platitude *f*; banalité *f*; **Flachküste** F côte plate; **Flachland** N pays plat

flachlegen *umg* ⟨*sép*, -ge-, h.⟩ A VT *Gegner* terrasser; *umg (koitieren)* **j-n ~** *umg* se faire qn B VR **sich ~** s'allonger; s'étendre; se coucher

Flachmann *umg* M ⟨~(e)s; -männer⟩ *(Taschenflasche)* flasque *f* *(genre de gourde)*; **Flachmeißel** M burin *m*; **Flachpass** M FUSSBALL passe *f* au ras du sol; **Flachrelief** N SKULP bas-relief *m*

Flachs M ⟨~es⟩ 1 BOT lin *m* 2 *umg (Scherz)* blague *f*; **flachsblond** ADJ *Haare* d'un blond presque blanc; *Person* aux cheveux de lin

Flachschuss M FUSSBALL shoot *m* au ras du sol

flachsen *umg* VI ⟨-(es)t, h.⟩ *(scherzen) umg* blaguer; *umg* rigoler

flachsfarben ADJ (couleur) gris de lin; **Flachsfeld** N linière *f*; champ *m* de lin; **Flachsgarn** N fil *m* de lin

Flachsieb N tamis plat

Flachsspinnerei F filature *f* de lin

Flachstahl M acier (mé)plat; **Flachzange** F pince plate; **Flachziegel** M tuile plate

flackern VI ⟨-(e)re, h.⟩ *Licht* vaciller; trembloter; **s-e Augen begannen zu ~** une lueur passa dans ses yeux

Flackern N ⟨~s⟩ vacillement *m*

Fladen M ⟨~s; ~⟩ 1 GASTR galette *f* 2 *(Kuhfladen)* bouse *f* (de vache); **Fladenbrot** N *pain rond et plat (sans mie, à pâte non-levée)*

Flädlisuppe F *schweiz* consommé *m* aux lamelles de crêpes

Flagge F ⟨~; ~n⟩ *(Fahne)* drapeau *m*; *(Nationalflagge) a.* couleurs *fpl*; SCHIFF pavillon *m*; *(Signalflagge)* fanion *m*; **unter falscher ~** sous un faux pavillon; **unter französischer ~ fahren** battre pavillon français; naviguer sous le pavillon français; **die ~ hissen** °hisser le pavillon; **die ~ einholen** rentrer le pavillon; *fig* **(vor j-m) die ~ streichen** baisser pavillon (devant qn); *fig* **~ zeigen** annoncer la couleur

flaggen VI ⟨h.⟩ pavoiser; SCHIFF battre pavillon; arborer un pavillon; **die öffentlichen Gebäude haben geflaggt** les édifices publics ont pavoisé

Flaggenparade F cérémonie *f* des couleurs; **Flaggensignal** N SCHIFF signal *m* par fanions

Flaggoffizier M officier *m* général; amiral *m*; **Flaggschiff** N SCHIFF MIL vaisseau *m* amiral; *fig* produit *m* phare

flagrant ADJ *Widerspruch etc* flagrant

Flair N ⟨~s⟩ *(besondere Note)* note *f*; touche *f*; *(Atmosphäre)* atmosphère, ambiance (particulière); *(Reiz)* charme (particulier); **sich mit dem ~ e-s seriösen Geschäftsmannes** *etc* **umgeben** prendre, se donner des airs de commerçant sérieux, *etc*

Flak F ⟨~; ~(s)⟩ MIL canon antiaérien; *weitS.* défense antiaérienne; DCA *f* (défense contre avions)

Flak... IN ZSSGN *meist* antiaérien, -ienne; de DCA; **Flakartillerie** F artillerie antiaérienne

Flakon N *od* M ⟨~s; ~s⟩ flacon *m*

flambieren VT ⟨*pas de ge-*, h.⟩ GASTR flamber

Flame M ⟨~n; ~n⟩, **Flamin** *od* **Flämin** F ⟨Flamin *ou* Flämin; Flaminnen *ou* Fläminnen⟩ Flamand(e) *m(f)*

Flamenco M ⟨~(s); ~s⟩ MUS flamenco *m*

Flamingo M ⟨~s; ~s⟩ ZOOL flamant *m* (rose)

flämisch ADJ flamand

Flämisch N ⟨~(s)⟩, **Flämische** N ⟨~n⟩ **(das) Flämisch(e)** *Sprache* le flamand; **Flämisch sprechend** ⟨*épithète*⟩ qui parle flamand

Flamme F ⟨~; ~n⟩ 1 flamme *f*; **in ~n aufgehen** *(sich entzünden)* s'enflammer; *(verbrennen)* être la proie des flammes; **in ~n stehen** être en flammes; *umg fig* **Feuer und ~ sein** être tout feu tout flamme (**für j-n, etw** pour qn, qc) 2 *(Brennstelle)* feu *m*; **ein Herd mit drei ~n** une cuisinière à trois feux; **auf kleiner, großer ~ kochen** faire mijoter, faire cuire à feu vif 3 *umg iron (Geliebte) umg* béguin *m*

flammen *geh* VI ⟨h.⟩ 1 *([auf]lodern)* flamber 2 *fig Auge* lancer des éclairs

flammend ADJT ⟨*épithète*⟩ flamboyant; *fig Rede, Appell* enflammé; *Rot* ardent

Flammenmeer *geh* N mer *f* de flammes; **Flammentod** *geh* M mort *f* dans les flammes; **Flammenwerfer** M MIL lance-flammes *m*

Flammeri M ⟨~(s); ~s⟩ GASTR sorte *f* de gâteau de semoule

Flandern N ⟨→ n/pr⟩ GEOG la Flandre; *kulturhistorisch* les Flandres *fpl*

flandrisch ADJ flamand

Flanell M ⟨~s; ~e⟩ TEX flanelle *f*; **Flanellhemd** N chemise *f* de flanelle; **Flanellhose** F pantalon *m* de flanelle

flanieren VI ⟨*pas de ge-*, h. *ou* s.⟩ flâner; se balader

Flanke F ⟨~; ~n⟩ 1 (*Seite*) flanc *m* (*a.* MIL, *der Tiere*); **dem Feind in die ~ fallen** prendre l'ennemi de flanc 2 FUSSBALL centre *m*; **e-e ~ schlagen** centrer 3 TURNEN saut *m* de côté

flanken VT *u.* VI ⟨h.⟩ FUSSBALL centrer

Flankenangriff M MIL attaque *f* de flanc; **Flankenball** M centre *m*; **Flankendeckung** F, **Flankenschutz** M MIL flanc-garde *f*

flankieren VT ⟨*pas de ge-*, h.⟩ *Person, Gebäude* flanquer; **von s-r Leibwache flankiert** flanqué de ses gardes du corps; *fig* **~de Maßnahmen** *fpl* mesures *fpl* complémentaires

Flankierung F ⟨~⟩ flanquement *m*

Flansch M ⟨~(e)s; ~e⟩ TECH *von Rohren* bride *f*; collerette *f*; collet *m*; *von Profileisen* aile *f*

flanschen VT ⟨h.⟩ TECH brider; mettre une bride à

Flappe *umg bes nordd* F ⟨~; ~n⟩ moue *f*; **e-e ~ ziehen** faire la moue, *umg* la gueule

flapsig *umg* ADJ *Person, Benehmen, Sprache* désinvolte; (*oberflächlich*) léger, -ère; (*ohne Hemmungen*) sans complexes; (*zu unbekümmert*) trop décontracté; (*frech*) insolent; (*flegelhaft*) goujat; mufle

Fläschchen N ⟨~s; ~⟩ petite bouteille; PHARM (petit) flacon; fiole *f*; *für Säuglinge* biberon *m*

Flasche F ⟨~; ~n⟩ 1 bouteille *f*; *für Säuglinge* biberon *m*; (*Bierflasche*) *a.* canette *f*; **e-e ~ Wein** une bouteille de vin; **e-e halbe ~** une demi-bouteille; **in ~n** (*akk*) **füllen, auf ~n** (*akk*) **ziehen** mettre en bouteilles; embouteiller; **aus der ~ trinken** boire à même la bouteille, au goulot; *Säugling* **die ~ geben** donner le biberon; **mit der ~ aufziehen** élever au biberon; *fig* **zur ~ greifen** (se mettre à) boire, *umg* picoler 2 *umg fig* (*Versager*) *umg* nullard(e) *m(f)*; *umg* minable *m/f*; (*Feigling*) *umg* nouille *f*

Flaschenbier N bière *f* en bouteille(s); **Flaschenboden** M cul *m* de bouteille; **Flaschenbürste** F goupillon *m*; **Flaschengärung** F fermentation *f* en bouteille; **Flaschengas** N gaz *m* en bouteilles, sous pression; **Flaschengestell** N casier *m* à bouteilles; **Flaschenglas** N verre *m* à bouteilles; **flaschengrün** ADJ vert bouteille (*inv*); **Flaschenhals** M goulot *m*; *fig* (*Engpass*) goulot *od* goulet *m* d'étranglement; **Flaschenkind** N enfant élevé au biberon; **Flaschenkorb** M panier *m* à bouteilles; **Flaschenkürbis** M BOT gourde *f*; calebasse *f*; **Flaschenmilch** F lait *m* en bouteille(s); **Flaschenöffner** M ⟨~s; ~⟩ ouvre-bouteille *m*; décapsuleur *m*; **Flaschenpfand** N consigne *f*; **Flaschenpost** F bouteille *f* à la mer; **Flaschenreiniger** M ⟨~s; ~⟩ → Flaschenbürste; **Flaschenverschluss** M bouchon *m* (*classique, à visser, etc*); **Flaschenwein** M vin *m* en bouteille; **flaschenweise** ADV par bouteilles; **Flaschenzug** M TECH palan *m*

Flaschner M ⟨~s; ~⟩ *südd, schweiz* plombier *m*

Flatrate F ⟨~; ~s⟩ IT forfait *m* Internet illimité; TEL forfait *m* téléphone illimité; **Flatratesaufen** *umg* N *umg* forfait *m* cuite (*formule de certains bars proposant, moyennant une somme forfaitaire, une consommation d'alcool à volonté*)

Flatter *umg* **die ~ machen** *umg* se tirer; *umg* se barrer; *umg* se casser

Flattergeist M *von e-r Person* esprit *m* volage

flatterhaft ADJ inconstant; évaporé; (*untreu*) volage; **Flatterhaftigkeit** F ⟨~⟩ humeur changeante; inconstance *f*

flatterig ADJ 1 (*unruhig*) agité; nerveux, -euse 2 → flatterhaft

flattern VI ⟨-(e)re⟩ 1 ⟨s.⟩ *Vogel, Schmetterling* voltiger; voleter; *fig Karte, Einladung* **j-m auf den Tisch ~** *umg* atterrir sur le bureau de qn 2 ⟨h.⟩ *Segel, Fahne* battre; *Kleider, Haare, a. Fahne* flotter; **im Winde ~** flotter au (gré du) vent 3 ⟨h.⟩ TECH *Räder etc* flotter 4 ⟨h.⟩ *fig* (*unruhig sein*) *Herz* palpiter; *Puls* battre irrégulièrement; **j-s Nerven ~** *umg* qn a les nerfs en pelote

Flattern N ⟨~s⟩ 1 *der Vögel, Schmetterlinge* voltigement *m* 2 TECH *der Räder etc* flottement *m*; shimmy *m*

Flattertiere NPL chiroptères *mpl*

flattrig → flatterig

flau ADJ 1 *Wind, Brise* faible 2 (*übel*) faible; **mir ist (ganz) ~** *bes vor Hunger* je me sens défaillir; j'ai mal au cœur 3 HANDEL stagnant; **~e Börse** marché lourd, terne; **~ sein** *a.* stagner

Flaum M ⟨~(e)s⟩ *Bart*, ZOOL, BOT duvet *m*; **e-n ~ bekommen** se duveter

Flaumbart M, **Flaumfeder** F, **Flaumhaar** N duvet *m*

flaumig ADJ duveteux, -euse; BOT *a.* cotonneux, -euse

flaumweich ADJ doux, douce (au toucher)

Flausch M ⟨~(e)s; ~e⟩ TEX frise *f*; **flauschig** ADJ en *od* de frise

Flausen *umg* FPL (*törichte Gedanken*) **~ im Kopf haben** ne penser qu'à des bêtises; **j-m die ~ austreiben** rendre qn raisonnable

Flaute F ⟨~; ~n⟩ 1 SCHIFF calme plat (*a. fig*); *vorübergehende* accalmie *f* 2 HANDEL période creuse; morte-saison *f*; *bei Geschäften* calme plat; (*Absatzflaute*) mévente *f*; marasme *m* 3 *fig* (*Tiefpunkt*) point mort

fläzen ⟨-(es)t, h.⟩ *umg* VR **sich (in e-n Sessel, aufs Bett) ~** se vautrer (dans un fauteuil, sur son lit)

Flechte F ⟨~; ~n⟩ 1 MED dartre *f* 2 BOT lichen *m* 3 *geh* (*Haarflechte*) tresse *f*; natte *f*

flechten VT ⟨flicht, 2e *personne pl* flechtet, flocht, geflochten, h.⟩ *Haar, Korb, Kranz etc* tresser; *zopfförmig* natter; **Zöpfe ~** faire des nattes; natter les cheveux

Flechter(in) M ⟨~s; ~⟩ (F) ⟨~in; ~innen⟩ tresseur, -euse *m,f*

Flechtwerk N (ouvrage *m* en) treillis *m*; *Eisenbeton* ferraillage *m*; BAU *Ornament* entrelacs *mpl*; WASSERBAU clayonnage *m*; claie *f*; **mit ~ befestigen** clayonner

Fleck M ⟨~(e)s; ~e⟩ 1 tache *f* (*a. fig*, ASTRON); *an Obst a.* meurtrissure *f*; tavelure *f*; (*Hautfleck*) *a.* marque *f*; **blauer ~** bleu *m*; *t/t* ecchymose *f*; *im Auge* **blinder, gelber ~** tache *f* aveugle, jaune; **~e geben** *od* **machen** faire des taches; tacher; **e-n ~ entfernen** enlever une tache 2 (*Stelle, Ort*) endroit *m*; place *f*; lieu *m*; coin *m*; **das Herz auf dem rechten ~ haben** avoir bon cœur; **nicht vom ~ kommen** *Person, Fahrzeug, bei der Arbeit* ne pas avancer (d'un pouce); *Person, fig* piétiner; **sich nicht vom ~ rühren** ne pas bouger (de place); *fig* **vom ~ weg** sur-le-champ

Fleckchen N ⟨~s; ~⟩ coin *m*; terre *f*; **ein schönes ~ Erde** un coin ravissant

Flecken M ⟨~s; ~⟩ 1 → Fleck 1 2 (*Ortschaft*) village *m* 3 HIST (*größeres Dorf*) bourg *m*; bourgade *f*

Fleckenentferner M ⟨~s; ~⟩ détachant *m*

fleckenfrei, fleckenlos ADJ sans tache; immaculé

Fleckentferner M ⟨~s; ~⟩, **Fleckenwasser** N ⟨-wassers; -wässer⟩ détachant *m*

Fleckfieber N MED typhus *m* (exanthématique)

fleckig ADJ taché (*a. Obst*); *Haut a.* marqué

Flecktyphus M → Fleckfieber

fleddern VT ⟨-(e)re, h.⟩ *Leiche* dévaliser; piller

Fledermaus F ZOOL chauve-souris *f*

Fleece N ⟨~⟩ TEX laine *f* polaire; **Fleecejacke** F veste *f* en laine polaire

Flegel M ⟨~s; ~⟩ 1 mufle *m*; goujat *m* 2 AGR fléau *m*; **Flegelei** F ⟨~; ~en⟩ muflerie *f*; goujaterie *f*

flegelhaft ADJ **~es Benehmen** comportement *m* de mufle, de goujat

Flegeljahre NPL âge ingrat; **in die ~ kommen** arriver à l'âge ingrat; **aus den ~n heraus sein** ne plus être à l'âge ingrat

flegeln *umg* VR ⟨-(e)le, h.⟩ **sich (in e-n Sessel) ~** se vautrer (dans un fauteuil)

flehen VI ⟨h.⟩ supplier (**zu j-m** qn); implorer (**zu j-m** qn; **bei j-m um etw** qn de faire qc); (**bei j-m**) **um Gnade ~** demander grâce (à qn)

Flehen N ⟨~s⟩ supplication *f*; imploration *f*

flehentlich *geh* ADV instamment; **~ bitten** prier instamment; supplier; implorer

Fleisch N ⟨~(e)s⟩ 1 chair *f*; (*Fruchtfleisch*) *a.* pulpe *f*; GASTR viande *f*; **~ fressend** → fleischfressend 2 *fig* **aus ~ und Blut** en chair et en os; **j-m in ~ und Blut übergehen** passer dans les habitudes de qn; devenir une habitude chez qn; *geh* **sein eigen(es) ~ und Blut** *geh* la chair de sa chair; **sich** (*dat*) **ins eigene ~ schneiden** se faire (du) tort à soi-même; *umg* **vom ~(e) fallen** maigrir; *umg* décoller; REL **~ werden** s'incarner; REL **~ geworden** incarné

fleischarm A ADJ *Diät* avec très peu de viande B ADV **~ essen** manger très peu de viande

Fleischbeschau F ⟨~⟩ 1 inspection *f* sanitaire (de la viande de boucherie) 2 *umg fig hum umg* étalage *m* de viande; **Fleischbeschauer** M ⟨~s; ~⟩ inspecteur *m* sanitaire (de la viande de boucherie)

Fleischbrühe F bouillon *m* de viande; *kräftige* consommé *m*; **~ mit Ei** bouillon servi avec un œuf poché

Fleischeinlage F morceau(x) *m(pl)* de viande dans la soupe (*comme garniture*)

Fleischer M ⟨~s; ~⟩ boucher *m*; *bes für Schweinefleisch u. Wurstwaren* charcutier *m*

Fleischerei F ⟨~; ~en⟩ boucherie (-charcuterie) *f*; *für Schweinefleisch u. Wurstwaren* charcuterie *f*

Fleischergeselle M garçon *m* boucher; **Fleischerhaken** M allonge *f*; croc *m* à viande; **Fleischerinnung** F corporation *f* des bouchers; **Fleischerladen** M → Fleischerei; **Fleischermeister** M (maître *m*) boucher *m*

Fleischeslust *geh* F plaisirs *mpl* de la chair; concupiscence *f*; désirs charnels

Fleischextrakt M extrait *m* de viande; **fleischfarben** ADJ couleur chair (*inv*); BOT carné; **Fleischfaser** F fibre *f* de viande; *zähe* filandre *f*

fleischfressend ADJT carnivore; **~e Pflanzen** *fpl* plantes *fpl* carnivores

Fleischgericht N plat *m* de viande; **fleischgeworden** ADJT (*épithète*) REL incarné; **Fleischhauer** M ⟨~s; ~⟩ *österr* → Metzger(in)

fleischig ADJ charnu; BOT *a.* pulpeux, -euse

Fleischkäse M *pâté à base de viande de porc hachée*; **Fleischklopfer** M ⟨~s; ~⟩ GASTR battoir *m* à viande; **Fleischkloß** M 1 GASTR boulette *f* de viande (°hachée) 2 *pej* (*Dicke[r]*) mastodonte *m*; **Fleischklöß-**

F

chen N ⟨~s; ~⟩ GASTR boulette *f* de viande (°hachée); **Fleischkonserve** F conserve *f* de viande; **Fleischküchle** N ⟨~s; ~⟩ *südd*, **Fleischlaibchen** N ⟨-chens; -chen⟩, **Fleischlaberl** N ⟨-berls; -berln⟩, **Fleischlaiberl** N ⟨-berls; -berln⟩ *österr* GASTR boulette *f* de viande (°hachée)

fleischlich ADJ charnel, -elle; de la chair; **fleischlos** ADJ sans viande

Fleischmade F ZOOL asticot *m*; **Fleischpastete** F GASTR pâté *m* de viande; **Fleischpflanzerl** N ⟨~s; ~⟩ *südd* GASTR boulette *f* de viande (°hachée); **Fleischplatte** F GASTR assiette anglaise; **Fleischsaft** M jus *m* de viande; **Fleischsalat** M GASTR salade *f* de saucisse à la mayonnaise; **Fleischtomate** F (grosse) tomate (charnue); **Fleischton** M ⟨~(e)s; ⸚e⟩ MAL carnation *f*

Fleischtopf M marmite *f*; *fig* **sich nach den Fleischtöpfen Ägyptens sehnen** regretter le bon vieux temps

Fleischverbrauch M consommation *f* de viande; **Fleischvergiftung** F intoxication *f* par la viande

Fleischwaren FPL viande *f* et charcuterie *f*; **Fleisch- und Wurstwaren** boucherie-charcuterie *f*

Fleischwerdung F ⟨~⟩ REL incarnation *f*

Fleischwolf M °hachoir *m* (à viande); **etw durch den ~ drehen** passer qc au hachoir

Fleischwunde F blessure *f*; plaie *f*; **Fleischwurst** F *etwa* cervelas *m*

Fleiß M ⟨~es⟩ application *f*; *beharrlicher* assiduité *f*; *(Eifer)* zèle *m*; **mit großem ~ arbeiten** travailler avec application; *sprichw* **ohne ~ kein Preis** on n'a rien sans peine

fleißig A ADJ *Schüler, Arbeit* appliqué; *Besucher, Sammler, Leser etc* assidu; *(eifrig)* zélé B ADV avec application; avec zèle; assidûment; **~ üben** s'exercer avec application; **~ lernen** bien travailler; **~ besuchen** fréquenter assidûment; **~ studieren** être studieux, -ieuse

flektierbar ADJ GRAM *Substantiv, Adjektiv* déclinable; *Verb* conjugable

flektieren V/T ⟨*pas de ge-*, h.⟩ GRAM *Substantiv, Adjektiv* décliner; *Verb* conjuguer; **~de Sprachen** *fpl* langues flexionnelles

flennen *umg pej* V/I ⟨h.⟩ *(weinen)* pleurer; *umg* chialer; *bes Kinder* **(immer gleich) ~** *umg* pleurnicher

Flennen *umg pej* N ⟨~s⟩, **Flennerei** *umg pej* F ⟨~; ~en⟩ pleurnichement *m*; pleurnicherie *f*

fletschen V/T ⟨h.⟩ **die Zähne** *od* **mit den Zähnen ~** montrer les dents

Fleurop® F ⟨~⟩ Fleurop Interflora® *f*

Flex® F ⟨~; ~⟩ *umg (Trennschleifer)* meuleuse *f*; flex® *m*

flexen V/T *u.* V/I ⟨-(es)t, h.⟩ *umg (mit der Flex [be]arbeiten)* meuler

flexibel ADJ ⟨-bl-⟩ flexible; *Wechselkurs* flottant; *fig Bestimmung etc* élastique; souple; **flexible Altersgrenze** retraite *f* à la carte; **flexible Arbeitszeit** → Gleitzeit

flexibilisieren V/T ⟨*pas de ge-*, h.⟩ *Arbeitszeit etc* flexibiliser; moduler; *(lockern) Bestimmungen etc* assouplir

Flexibilität F ⟨~⟩ flexibilité *f*; *fig von Bestimmungen etc a.* souplesse *f*; élasticité *f*

Flexion F ⟨~; ~en⟩ GRAM flexion *f*

Flexionsendung F GRAM élément flexionnel

flicht → flechten

Flickarbeit F raccommodage *m*

flicken V/T ⟨h.⟩ *Wäsche, Kleider, Netz, Strumpf etc* raccommoder; *Wäsche, Kleider a.* mettre une pièce à; rapiécer; *Schlauch* réparer; mettre une rustine à; *umg* **etw notdürftig ~** *umg* rafistoler qc

Flicken M ⟨~s; ~⟩ MODE pièce *f*; *(Gummiflicken)* rustine *f*

Flickschuster M 1 cordonnier *m* 2 *pej (Pfuscher) umg* bousilleur *m*

Flickschusterei F ⟨~; ~en⟩ *pej (Pfusch)* travail bâclé; *umg* rafistolage *m*; *umg* bousillage *m*

Flickwerk N ⟨~(e)s⟩ *pej (Stückwerk)* rapiéçage *m*; assemblage *m* disparate; *(schlechte Arbeit) umg* rafistolage *m*; *umg* bousillage *m*; *geistiges* compilation *f*; **Flickzeug** N ⟨~(e)s⟩ *für Fahrzeuge* nécessaire *m* pour réparer les pneus

Flieder M ⟨~s; ~⟩ BOT lilas *m*; **Fliederbeere** F → Holunderbeere; **fliederfarben** ADJ lilas *(inv)*; **Fliederstrauch** M lilas *m*

Fliege F ⟨~; ~n⟩ 1 ZOOL mouche *f*; **kleine ~** moucheron *m*; ANGELSPORT **(künstliche) ~** mouche (artificielle); *umg fig* **zwei ~n mit e-r Klappe schlagen** faire d'une pierre deux coups; faire coup double; *fig* **keiner ~ etw zuleide tun** ne pas faire de mal à une mouche; *umg fig* **sie stört die ~ an der Wand** elle trouve à redire à tout; tout l'énerve; *umg* **mach die ~!** *umg* dégage!; *umg* tire-toi!; *sprichw* **in der Not frisst der Teufel ~n** *sprichw* faute de grives on mange des merles 2 *(Querbinder)* nœud *m* papillon 3 *(Bärtchen)* mouche *f*

fliegen ⟨fliegt, flog, geflogen⟩ A V/T 1 ⟨h.⟩ *Flugzeug* piloter; *Personen, Waren* transporter en avion 2 ⟨h. *ou* s.⟩ **e-e Kurve ~** prendre un virage (en volant); **e-e neue Strecke ~** *Pilot* prendre un nouvel itinéraire; *Fluggesellschaft* assurer une nouvelle liaison B V/I ⟨s.⟩ 1 voler *(a. Pilot)*; *im Flugzeug* prendre l'avion; aller en avion; SPORT faire de l'avion; **nach Paris ~** prendre l'avion pour Paris; aller en avion à Paris; **über etw** *(akk)* **(hinweg) ~** survoler qc 2 *geh fig (eilen)* **die Landschaft flog an uns** *(dat)* **vorüber** le paysage défilait à vive allure devant nous; **ich kann doch nicht ~!** je ne peux pas aller plus vite que la musique! 3 *Haar, Fahne etc* **im Wind ~** flotter au vent 4 *umg* **in die Luft ~** *(explodieren)* exploser; sauter 5 *umg (geschleudert werden)* **der Sand flog ihr ins Gesicht** elle a pris le sable en pleine figure; *Gegenstände* **durchs** *od* **aus dem Fenster ~** passer par la fenêtre; **aus der Kurve ~** sortir d'un virage; **die Bücher flogen in die Ecke** *umg* il, elle, *etc* a balancé les livres dans un coin 6 *umg (entlassen werden) umg* se faire virer; *umg* être flanqué à la porte; **von der Schule ~** être renvoyé de l'école 7 *umg (fallen)* tomber; **auf die Nase ~** *umg* se casser la figure; **über etw** *(akk)* **~** tomber en trébuchant sur qc; *fig* **durch die Prüfung ~** *umg* être collé, recalé (à l'examen); *umg* se faire étendre à l'examen; **in den Dreck** *etc* **~** s'étaler dans la boue, *etc* 8 *umg* **auf j-n, etw ~** *umg* adorer qn, qc

Fliegen N ⟨~s⟩ vol *m*

fliegend ADJT ⟨*épithète*⟩ volant; ZOOL **Fliegende Fische** *mpl* poissons volants; **~e Untertasse** soucoupe volante; **~er Händler** marchand ambulant; MED **~e Hitze** bouffée *f* de chaleur; **der Fliegende Holländer** → Holländer[1]; SPORT **~er Start** départ lancé; FLUG **~es Personal** personnel volant, navigant; volants *mpl*; **mit ~en Haaren** les cheveux flottants au vent; *fig* **mit ~en Fahnen** bannières déployées

Fliegendreck M chiures *fpl* de mouches; **Fliegenfänger** M ⟨~s; ~⟩ (papier *m*) tue-mouches *m*; **Fliegenfenster** N fenêtre grillagée; **Fliegengewicht** N, **Fliegengewichtler** M ⟨-lers; -ler⟩ SPORT poids *m* mouche; **Fliegengitter** N toile *f* métallique, grillage *m* contre les mouches; **Fliegenklatsche** F tapette *f*; **Fliegennetz** N *am Fenster etc* moustiquaire *f*; *für Pferde* émouchette *f*; **Fliegenpilz** M BOT fausse oronge; amanite *f* tue-mouches; **Fliegenschnäpper** M ⟨~s; ~⟩ ZOOL gobe-mouches *m*; **Fliegenschrank** M garde-manger *m*

Flieger M ⟨~s; ~⟩ 1 *(Pilot)* pilote *m*; aviateur *m* 2 MIL aviateur *m* 3 *umg (Flugzeug)* avion *m* 4 RADRENNEN sprinter *m*; **Fliegerabwehr** F MIL défense antiaérienne; défense *f* contre avions; DCA *f*; **Fliegeralarm** M alerte aérienne; **Fliegerangriff** M attaque aérienne

Fliegerei F ⟨~⟩ aviation *f*

Fliegerhorst M MIL base aérienne

Fliegerin F ⟨~; ~nen⟩ aviatrice *f*

fliegerisch ADJ ⟨*épithète*⟩ d'aviateur; de pilote

Fliegerjacke F blouson *m* d'aviateur; **Fliegerschule** F école *f* de pilotage; **Fliegerstaffel** F MIL escadrille *f* d'avions

fliehen ⟨flieht, floh, geflohen⟩ A *geh* V/T ⟨h.⟩ **j-n, etw ~** fuir qn, qc B V/I ⟨s.⟩ s'enfuir; prendre la fuite; **vor j-m, etw ~** fuir devant qn, qc; **zu j-m ~** se réfugier chez qn; **~ aus** s'enfuir de; *Gefangener a.* s'évader de; **ins Ausland ~** s'enfuir à l'étranger

fliehend ADJT *Stirn, Kinn* fuyant

Fliehkraft F PHYS force *f* centrifuge

Fliese F ⟨~; ~n⟩ carreau *m*; *(größere Platte)* dalle *f*; **mit ~n auslegen** carreler

fliesen V/T ⟨-(es)t, h.⟩ carreler

Fliesenleger M ⟨~s; ~⟩ carreleur *m*

Fließarbeit F ⟨~⟩ travail *m* à la chaîne

Fließband N ⟨~(e)s; ⸚er⟩ chaîne *f* (de montage); **am ~ arbeiten** travailler à la chaîne

Fließbandarbeit F → Fließarbeit; **Fließbandmontage** F montage *m* à la chaîne

fließen V/I ⟨-(es)t, fließt, floss, geflossen, s.⟩ couler; s'écouler; ELEK circuler; passer; *Geld* affluer; *Verkehr* être fluide; **~ in** *(+akk) Fluss* se jeter dans; *Wasser a.* se déverser dans; **~ durch** arroser; traverser; ELEK passer à travers; **aus etw ~** couler, sortir de qc; *fig* **aus j-s Feder ~** venir sous la plume de qn; *Sekt, Blut* **in Strömen ~** couler à flots; **reichlich ~** affluer; arriver de toutes parts; **(nur) spärlich ~** arriver au compte-gouttes; **es floss Blut** le sang a coulé

fließend A ADJT coulant; courant; **~es Wasser** eau courante; *fig* **~er Übergang** transition *f*, gradation *f* insensible; **die Grenzen sind ~** les limites ne sont pas fixes, définies; **sie spricht ein ~es Englisch** elle parle couramment l'anglais B ADVL couramment; **~ Französisch sprechen** parler couramment français; parler français couramment

Fließheck N AUTO arrière profilé; **Fließkomma** N IT virgule flottante

Flimmerhaare NPL, **Flimmerhärchen** NPL BIOL cils *mpl* vibratiles; **Flimmerkasten** M, **Flimmerkiste** F *umg hum, oft pej umg* téloche *f*

flimmern V/I ⟨-(e)re, h.⟩ *Stern, Film, Bildschirm* scintiller; *Bildschirm a.* papilloter; *Luft* vibrer; **es flimmert mir vor den Augen** j'ai des éblouissements

Flimmern N ⟨~s⟩ *e-s Sterns* scintillement *m*; *des Bildschirms a.* papillotage *m*; ASTRON, PHYS scintillation *f*; *der Luft* vibration *f*; *vor den Augen* éblouissement *m*; papillotement *m*

flink A ADJ *(rasch, behände)* leste; preste; *Person a.* agile; *Bewegung* alerte; *Person, Bewegung, Gang* rapide; vif, vive; **~ wie ein Wiesel** vif comme un écureuil B ADV avec agilité; rapidement

Flinkheit F ⟨~⟩ agilité *f*; rapidité *f*

Flinte F ⟨~; ~n⟩ fusil *m*; *fig* **die ~ ins Korn werfen** jeter le manche après la cognée; abandonner la partie

Flip M ⟨~s; ~s⟩ *Cocktail* flip *m*

Flipchart N ⟨~s; ~s⟩ *od* F ⟨~; ~s⟩ tableau *m*

à feuilles
Flipflop(s) M(PL) *Sandale(n)* tong(s) *f(pl)*
Flipper M ⟨~s; ~⟩, **Flipperautomat** M flipper *m*
flippern *umg* VI ⟨-(e)re, h.⟩ jouer au flipper; faire une partie de flipper
flippig *umg* ADJ 1 *(unstet)* instable; écervelé 2 *(verrückt) Aussehen, Verhalten umg* jeté; *(ausgefallen), Person* excentrique
flirren *geh* VI ⟨h.⟩ 1 *Luft* vibrer 2 *Insekten* bourdonner
Flirt M ⟨~s; ~s⟩ flirt *m*
flirten VI ⟨-ete, h.⟩ flirter
Flittchen *umg pej* N ⟨~s; ~⟩ *(leichtes Mädchen)* (petite) coureuse; *umg* grue *f*
Flitter M ⟨~s; ~⟩ paillettes *fpl*; clinquant *m* (*a. fig*); **Flittergold** N clinquant *m* d'or; **Flitterkram** *umg pej* M clinquant *m*
Flitterwochen FPL lune *f* de miel; **in die ~ fahren** partir en voyage de noces, en lune de miel; **sie sind noch in den ~** ils sont encore en pleine lune de miel; ils filent encore le parfait amour
Flitz(e)bogen *umg* M arc *m*; *fig* **gespannt sein wie ein Flitz(e)bogen(, ob ...)** être très curieux (de savoir si ...)
flitzen *umg* VI ⟨-(es)t, s.⟩ filer; courir; *umg* foncer
Flitzer *umg* M ⟨~s; ~⟩ *Auto* bolide *m*
floaten VI ⟨-ete, h.⟩ FIN flotter
Floating N ⟨~s; ~s⟩ FIN flottement *m*; flottaison *f*
flocht → flechten
Flöckchen N ⟨~s; ~⟩ petit flocon
Flocke F ⟨~; ~n⟩ 1 *von Schnee, Wolle etc* flocon *m*; **~n bilden** floconner 2 *von Staub pl* **~n** moutons *mpl*
Flockenbildung F CHEM floculation *f*; **Flockenblume** F centaurée *f*
flockig ADJ floconneux, -euse
Flockseide F bourre *f* de soie; frison *m*
flog → fliegen
floh → fliehen
Floh M ⟨~(e)s; ¨~e⟩ ZOOL puce *f*; *umg fig* **j-m e-n ~ ins Ohr setzen** mettre, fourrer une idée dans la tête de qn; *umg iron* **die Flöhe husten hören** se croire mieux au courant que les autres
flöhen ⟨h.⟩ A VT chercher des *bzw.* les puces à B VR **sich ~** chercher des *bzw.* les puces; *gegenseitig* se chercher des *bzw.* les puces
Flohmarkt M (marché *m* aux) puces *fpl*
Flom(en) M ⟨~(en)s⟩ *(Nierenfett)* graisse *f* des rognons (du porc, de l'oie)
Flop M ⟨~s; ~s⟩ 1 *umg (Fehlschlag) umg* bide *m*; **ein totaler ~ sein** *umg* faire un bide 2 *umg (Versager) umg* nullard *m*; *umg* tocard *m* 3 *im Hochsprung* fosbury-flop *m*
Floppy Disc, Floppy Disk F ⟨~; ~s⟩ IT disque *m* souple; disquette *f*
Flor[1] M ⟨~s; ~e⟩ *(Blumenflor)* profusion *f* de fleurs
Flor[2] M ⟨~s; ~e *ou rarement* ¨~e⟩ 1 *bei Samt, Plüsch, Teppichen* poil *m* 2 *(Trauerflor)* crêpe *m* de deuil 3 *(dünnes Gewebe)* voile *m* de carde
Flora F ⟨~; -ren⟩ flore *f*
Florentiner[1] M ⟨~s; ~⟩ *Gebäck* florentin *m*; gâteau *m* de Florence
Florentiner[2] M ⟨~s; ~⟩, **Florentinerin** F ⟨~in; ~innen⟩ Florentin(e) *m(f)*
Florenz N ⟨→ *n/pr*⟩ Florence
Florett N ⟨~(e)s; ~e⟩ *Fechtwaffe* fleuret *m*; **Florettfechten** N escrime *f* au fleuret; **Florettfechter(in)** M(F) fleurettiste *m/f*; **Florettseide** F TEX filoselle *f*; fleuret *m*
Florfliege F ZOOL chrysope *f*
Florian M ⟨→ *n/pr*⟩ *prénom*
Florida N ⟨→ *n/pr*⟩ la Floride

florieren VI ⟨*pas de ge-*, h.⟩ être florissant, prospère; prospérer
Florist(in) M ⟨~en; ~en⟩ (F) ⟨~in; ~innen⟩ fleuriste *m/f*
Floskel F ⟨~; ~n⟩ *formelhafte* phrase *f*; mot *m*; formule toute faite; *abgedroschene* cliché *m*; **nur aus ~n bestehen** consister uniquement en clichés; être creux, creuse
floskelhaft ADJ tout fait
floss → fließen
Floß N ⟨~es; ¨~e⟩ radeau *m*; *(Baumfloß)* train *m* de bois
Flosse F ⟨~; ~n⟩ 1 ZOOL nageoire *f*; *beim Hai etc* aileron *m* 2 FLUG stabilisateur *m* 3 *(Schwimmflosse)* palme *f* 4 *umg (Hand) umg* paluche *f*; **~n weg!** *umg* bas les pattes!
flößen VT ⟨-(es)t, h.⟩ *Holz etc* flotter; transporter par flottage
Flößer M ⟨~s; ~⟩ flotteur *m* de bois; **Flößerei** F ⟨~⟩ flottage *m*
Floßfahrt F descente *f* d'un fleuve en radeau
Flöte F ⟨~; ~n⟩ 1 MUS flûte *f*; **~ spielen** jouer de la flûte 2 *Trinkglas* flûte *f* 3 *beim Kartenspiel* séquence *f*; suite *f*
flöten ⟨-ete, h.⟩ A VT 1 MUS jouer à la flûte 2 *fig (einschmeichelnd sprechen)* susurrer B VI 1 MUS jouer de la flûte 2 *Amsel* siffler 3 *fig* susurrer 4 *umg* **~ gehen** *(verloren gehen)* être perdu; *umg* être fichu; *(kaputtgehen) umg* être fichu; *umg* péter
Flötenspiel N (sons *mpl*, *etc* de la) flûte *f*; **Flötenspieler(in)** M(F) joueur, -euse *m,f* de flûte; flûtiste *m/f*
Flötenton M *umg fig* **j-m die Flötentöne beibringen** apprendre la politesse à qn
Flötist(in) M ⟨~en; ~en⟩ (F) ⟨~in; ~innen⟩ flûtiste *m/f*
flott A ADJ 1 *umg (rasch)* rapide; *(schwungvoll) Musik, Tanz* entraînant; *Stil, Dialog* enlevé; *Gang* allègre 2 *umg (schick) Kleidung, Auto* qui a de l'allure; *(attraktiv)* qui a de la classe 3 *(munter, lebenslustig)* fringant; **sie führt ein ~es Leben** elle mène joyeuse vie 4 ⟨*attribut*⟩ *(fahrbereit)* **wieder ~ sein** *Schiff* être à flot; *umg Fahrzeug* être réparé B *umg* ADV 1 **~ arbeiten** travailler vite; être rapide 2 **~ gekleidet sein** avoir de l'allure
flottbekommen VT ⟨*irr, sép, pas de ge-*, h.⟩ → flottkriegen
Flotte F ⟨~; ~n⟩ SCHIFF, FLUG flotte *f*
Flottenmanöver N manœuvres navales; **Flottenstützpunkt** M base navale
Flottille F ⟨~; ~n⟩ flottille *f*
flottkriegen *umg* VT ⟨*sép*, -ge-, h.⟩ réparer; remettre en état; *umg* rafistoler; *Schiff* mettre à flot; *Auto* dépanner
flottmachen VT ⟨*sép*, -ge-, h.⟩ *Schiff* mettre à flot; *umg Auto etc* dépanner; **wieder ~** *a. umg fig Geschäft etc* remettre à flot; renflouer
Flöz N ⟨~es; ~e⟩ BERGBAU couche *f*; veine *f*; filon *m*
Fluch M ⟨~(e)s; ¨~e⟩ 1 *(Verwünschung)* malédiction *f*; imprécation *f*; **e-n ~ gegen j-n ausstoßen** lancer une malédiction contre qn 2 ⟨*sans pl*⟩ *(Unsegen, Unheil)* malédiction *f*; **ein ~ lastet** *od* **liegt auf etw, j-m** une malédiction pèse sur qc, qn; **das ist der ~ der bösen Tat** voilà où mène la méchanceté; **diese Krankheit ist ein ~** cette maladie est une malédiction 3 *Kraftwort* juron *m*; *gotteslästerlicher* blasphème *m*; **derber ~** gros juron; **Flüche ausstoßen** proférer des jurons
fluchbeladen *geh* ADJT chargé de malédiction(s); maudit
fluchen VI ⟨h.⟩ 1 *(Flüche ausstoßen)* dire des jurons; jurer; **auf j-n, etw ~** pester contre qn, qc; *umg* **~ wie ein Bierkutscher** jurer comme un charretier 2 *geh (verwünschen)* **j-m ~** maudire qn
Flucht[1] F ⟨~; ~en⟩ 1 ⟨*sans pl*⟩ *(Fliehen)* fuite *f* (**vor** [+*dat*] devant; **aus de**); *aus e-m Gefängnis etc a.* évasion *f*; **wilde ~** déroute *f*; **auf der ~** pendant la fuite; en fuyant; **auf der ~ sein** être en fuite; **die ~ ergreifen** prendre la fuite; s'enfuir; s'évader; *umg* prendre le large (*a. fig*); **j-n in die ~ schlagen** mettre qn en fuite, en déroute 2 *(Ausweichen)* fuite *f*; **die ~ in die Krankheit** la fuite dans la maladie; **die ~ vor der Verantwortung** la fuite devant les responsabilités; **~ nach vorn** fuite en avant; **die ~ nach vorn antreten** prendre le taureau par les cornes 3 WIRTSCH fuite *f*; évasion *f*
Flucht[2] F ⟨~; ~en⟩ BAU 1 *(~linie)* alignement *m*; *Häuser* **in e-r ~ stehen** être à l'alignement 2 *geh von Räumen* enfilade *f*; **e-e ~ von sechs Zimmern** une enfilade de six pièces
fluchtartig A ADJ précipité B ADV **etw ~ verlassen** quitter qc précipitamment, en °hâte, à la hâte
Fluchtauto N voiture *f* des fugitifs
flüchten ⟨-ete⟩ A VI ⟨s.⟩ **(vor j-m, etw) ~** s'enfuir (devant qn, qc); fuir (qn, qc *od* devant qn, qc); se sauver (de qn, qc); *Gefangene a.* s'évader (de qn, qc); **aus etw ~** s'enfuir, *Gefangene a.* s'évader de qc; **zu j-m ~** s'enfuir chez qn; *fig* **in Sachwerte ~** se réfugier dans des valeurs sûres; → *a.* fliehen B VR ⟨h.⟩ **sich ~ in etw** (*akk*), **zu j-m** se réfugier dans qc, chez qn; *fig* **sich in e-e Krankheit ~** se réfugier dans une maladie
Fluchtgefahr F danger *m* de fuite, d'évasion; **es besteht (bei ihm) ~** il risque de faire une tentative de fuite, d'évasion
Fluchthelfer(in) M(F) *a.* POL passeur, -euse *m,f*; **Fluchthilfe** F assistance *f* à une personne voulant passer illégalement une frontière
flüchtig A ADJ 1 *Verbrecher etc* en fuite; fugitif, -ive; en liberté 2 CHEM volatil 3 *fig (von kurzer Dauer)* fugitif, -ive; éphémère; **~er Blick** coup *m* d'œil; **~e Bekanntschaft** vague connaissance *f* 4 *(oberflächlich)* fait trop vite; peu soigné; °hâtif, -ive; superficiel, -ielle; **~e Arbeit** travail °hâtif B ADV 1 *(hastig)* à la hâte 2 *(beiläufig)* en passant 3 *(oberflächlich)* superficiellement; **etw ~ durchsehen, durchlesen** survoler, parcourir qc; **~ arbeiten** travailler sans soin, à la hâte; **~ grüßen** esquisser un salut; **ich kenne ihn nur ~** je ne le connais que vaguement; **sich ~ sehen** s'entrevoir; s'entrapercevoir
Flüchtigkeit F ⟨~; ~en⟩ 1 ⟨*sans pl*⟩ *(Hast)* °hâte *f* 2 ⟨*sans pl*⟩ CHEM volatilité *f* 3 *(Unzulänglichkeit)* négligence *f*; *(Gedankenlosigkeit)* inattention *f*
Flüchtigkeitsfehler M faute *f* d'inattention
Fluchtkapital N FIN capitaux partis à l'étranger
Flüchtling M ⟨~s; ~e⟩ réfugié(e) *m(f)*; *(auf der Flucht Befindlicher)* fugitif, -ive *m,f*; **politischer ~** réfugié politique
Flüchtlingsausweis M *document établissant le statut de réfugié politique*; **Flüchtlingselend** N misère *f* des réfugiés; **Flüchtlingsfamilie** F famille *f* de réfugiés; **Flüchtlingshilfe** F aide *f*, *finanzielle* allocation *f* aux réfugiés; **Flüchtlingslager** N camp *m* de réfugiés; **Flüchtlingsstrom** M afflux *m* de réfugiés
Fluchtlinie F BAU alignement *m*; OPT ligne *f* de fuite; **Fluchtplan** M plan *m* d'évasion; **Fluchtpunkt** M OPT point *m* de fuite; **Fluchtverdacht** M présomption *f* de fuite,

d'évasion; **fluchtverdächtig** ADJ susceptible de faire une tentative de fuite, d'évasion
Fluchtversuch M tentative *f* d'évasion, de fuite; **e-n ~ unternehmen** *od* **machen** tenter, essayer de s'évader, de fuir
Fluchtweg M **1** chemin pris par un fugitif; chemin *m* d'évasion **2** *zum Notausgang* parcours *m* à accomplir pour arriver à une sortie de secours; **sich** *(dat)* **e-n ~ offen halten** se ménager une porte de sortie
Flug M ⟨~(e)s; ~̈e⟩ *der Vögel, Insekten,* FLUG vol *m*; **auf dem ~ nach …** en allant à … en avion; **im ~** en volant; au vol; **im ~(e)** *fig* rapidement; **die Zeit vergeht (wie) im ~(e)** *a.* le temps passe (si) vite

F

Flugabwehr F MIL défense antiaérienne, contre avions; DCA *f*; **Flugabwehrkanone** F canon antiaérien, de DCA; **Flugabwehrrakete** F engin antiaérien
Flugangst F ⟨~⟩ peur *f* de prendre l'avion; **Flugasche** F TECH cendres volantes; escarbille *f*; **Flugbahn** F trajectoire *f*; **Flugball** M TENNIS volée *f*; **Flugbegleiter(in)** M(F) steward *m*; hôtesse *f* (de l'air); **Flugbenzin** N kérosène *m*; **flugbereit** ADJ en état de vol; prêt à décoller; **Flugbetrieb** M ⟨~(e)s⟩ → Flugverkehr; **Flugbeutler** M ⟨~s; ~⟩ ZOOL pétauroïde *m*; **Flugblatt** N tract *m*; **Flugboot** N hydravion *m*; **Flugdauer** F durée *f* de vol; **Flugdienst** M **1** *(Flugverkehr)* liaison aérienne régulière **2** → Flugsicherung; **Flugdienstleiter** M responsable *m* du contrôle de la navigation aérienne; **Flugdrache** M ZOOL dragon (volant); **Flugdrachen** M SPORT deltaplane *m*; **Flugechse** F ptérosaurien *m*; **Flugeigenschaften** FPL qualités *fpl* de vol
Flügel M ⟨~s; ~⟩ **1** ZOOL, FLUG, BOT, BAU, POL, MIL, SPORT aile *f* (*a. fig*); **mit den ~n schlagen** battre des ailes; *e-m Vogel, fig j-m* **die ~ beschneiden, stutzen** rogner les ailes à; *umg fig* **die ~ hängen lassen** être découragé; *geh Freude, Liebe* **j-m ~ verleihen** donner des ailes à qn; SPORT **die ~ wechseln** changer d'aile **2** *e-s Fensters etc* battant *m*; vantail *m*; *e-s Altars* volet *m* **3** MUS piano *m* à queue **4** ANAT *(Nasenflügel)* aile *f*; **rechter, linker ~ der Lunge** poumon droit, gauche **5** *e-r Windmühle* aile *f*; *e-s Propellers a.* pale *f* **6** *e-r Schraube* ailette *f*; oreille *f*
Flügelaltar M triptyque *m*; **Flügeldecke** F ZOOL élytre *m*; **Flügelfenster** N fenêtre *f* à battants, à vantaux; **flügelförmig** ADJ en forme d'aile; *t/t* aliforme; **Flügelfrucht** F BOT samare *f*; **Flügelhorn** N MUS bugle *m*; **Flügelkampf** M *bes* POL luttes *fpl* de fraction; **flügellahm** ADJ **1** *Vogel* blessé à l'aile; qui ne peut pas voler **2** *fig (geschwächt) Person* qui manque d'énergie; découragé; *Unternehmen* qui bat de l'aile; **Flügelmutter** F ⟨~; ~n⟩ TECH papillon *m*; écrou *m* à oreilles; **Flügelrad** N roue *f* à aubes, à palettes; **Flügelschlag** M coup *m*, battement *m* d'ailes; **Flügelschraube** F TECH vis *f* à papillon; **Flügelspannweite** F *e-s Vogels* envergure *f*; **Flügelstürmer** M SPORT ailier *m*; **Flügeltür** F porte *f* à deux battants, à vantaux
Flugerfahrung F *des Piloten* expérience *f* du pilotage; **flugfähig** ADJ en état de voler; **Flugfeld** N terrain *m*, champ *m* d'aviation; **Fluggast** M passager, -ère *m,f* (d'un avion)
flügge ADJ ⟨attribut⟩ capable de voler; prêt à quitter le nid; *umg fig Kinder* **~ sein** voler de ses propres ailes
Fluggeschwindigkeit F vitesse *f* de vol; **Fluggesellschaft** F compagnie aérienne; **Flughafen** M aéroport *m*; **Flughafenbus** M bus *m bzw.* navette *f* (transportant les passagers à l'aéroport); **Flughafengebühr** F taxe *f* d'aéroport; **Flughafer** M BOT folle avoine; **Flughalle** F → Flugzeughalle; **Flughaut** F *der Flattertiere* membrane *f* alaire; **Flughöhe** F °hauteur *f*, altitude *f* de vol; *e-s Geschosses* flèche *f* de trajectoire; **Flughörnchen** N ZOOL ptéromys *m*; **Flughund** M ZOOL roussette *f*; *t/t* ptéropodidé *m*; **Flugkapitän** M commandant *m* de bord; **Flugkörper** M missile *m*; **Fluglärm** M (nuisance acoustique liée aux) bruits *mpl* de la circulation aérienne; **Fluglehrer** M instructeur *m* de pilotage; moniteur *m* d'aviation; **Fluglinie** F **1** *Strecke* ligne aérienne **2** *(Fluggesellschaft)* compagnie aérienne, d'aviation; **Fluglotse** M contrôleur *m* de la navigation aérienne; aiguilleur *m* du ciel; **Flugmotor** M moteur *m* d'avion
Flugobjekt N objet volant; **unbekanntes ~** objet volant non identifié; ovni *m*
Flugpersonal N personnel volant, navigant; volants *mpl*; **Flugplan** M horaire *m* (d'avions); **Flugplatz** M aérodrome *m*; **Flugprüfung** F (examen *m* du) brevet *m* de pilote; **Flugreise** F voyage *m* en avion; **Flugroute** F route aérienne; itinéraire aérien
flugs ADV vite; en vitesse
Flugsand M *bei Dünen* sables mouvants; **Flugsaurier** M ptérosaurien *m*; **Flugschein** M **1** *(Ticket)* billet *m* d'avion **2** *für Piloten* brevet *m* de pilote; **Flugschneise** F couloir aérien; **Flugschreiber** M enregistreur *m* de vol; **Flugschrift** F → Flugblatt; **Flugschüler(in)** M(F) élève-pilote *m/f*; **Flugsicherheit** F ⟨~⟩ sécurité aérienne; **Flugsicherung** F ⟨~⟩ contrôle *m* de la navigation aérienne; **Flugsicherungsdienst** M (services *mpl* de) contrôle *m* de la navigation aérienne; **Flugsimulator** M simulateur *m* de vol; **Flugsport** M sports aériens; **Flugstaub** M METALL poussière folle, volante; **Flugsteig** M porte *f* (d'embarquement); **Flugstrecke** F itinéraire (aérien); trajet *m* en avion; **Flugstunde** F heure *f* de vol; **flugtauglich** ADJ **1** *Pilot* apte à piloter **2** *Flugzeug* en état de marche; **Flugtauglichkeit** F **1** *e-s Piloten* aptitude *f* au pilotage **2** *e-s Flugzeugs* navigabilité *f*; **Flugtechnik** F aéronautique *f*; **flugtechnisch** ADJ ⟨épithète⟩ aéronautique; **Flugticket** N billet *m* d'avion; **flugunfähig** ADJ *Vogel* incapable de voler; *Flugzeug* qui n'est pas en état de marche; *Pilot* qui n'est pas en mesure de piloter; **Flugverbindung** F *zwischen zwei Orten* liaison aérienne; *Anschluss* correspondance aérienne
Flugverkehr M trafic aérien; circulation aérienne; **e-n regelmäßigen ~ einrichten** établir un service aérien régulier
Flugwesen N ⟨~s⟩ aviation *f*; aéronautique *f*; **Flugzeit** F temps *m* de vol; **Flugzettel** M *österr* → Flugblatt
Flugzeug N ⟨~(e)s; ~e⟩ avion *m*; **im ~** en avion; **einmotoriges ~** monomoteur *m*; **zweimotoriges ~** bimoteur *m*; **dreimotoriges ~** trimoteur *m*; **viermotoriges ~** quadrimoteur *m*; **mit dem ~ fliegen** aller par *od* en avion; prendre l'avion
Flugzeugabsturz M écrasement *m* au sol; accident *m* d'avion; crash *m*; **Flugzeugabwehr** F → Flugabwehr; **Flugzeugbau** M ⟨~(e)s⟩ construction *f* aéronautique, d'avions; **Flugzeugbesatzung** F équipage *m* d'avion; **Flugzeugentführer** M pirate *m* de l'air; **Flugzeugentführung** F piraterie aérienne; détournement *m* d'avion; **Flugzeugführer(in)** M(F) pilote *m/f*; aviateur, -trice *m,f*; **Flugzeughalle** F °hangar *m* (d'avions, d'aviation); **Flugzeugindustrie** F industrie *f* aéronautique; **Flugzeugkabine** F cabine *f* (d'avion); **Flugzeugkatastrophe** F catastrophe aérienne; **Flugzeugkonstrukteur** M constructeur *m* d'avions; **Flugzeugmodell** N maquette *f* d'avion; **Flugzeugmotor** M → Flugmotor; **Flugzeugrumpf** M fuselage *m*; carlingue *f* (d'avion); **Flugzeugträger** M porte-avions *m*; **Flugzeugtyp** M type *m* d'avion; **Flugzeugunglück** N accident *m* d'avion; **Flugzeugwrack** N épave *f*; carcasse *f* d'un avion accidenté
Fluidum N ⟨~s; *rarement* -da⟩ *(Ausstrahlung)* fluide *m*; rayonnement *m*; *e-r Person a. geh* aura *f*; *e-r Stadt* atmosphère *f*; ambiance *f*
Fluktuation F ⟨~; ~en⟩ *(Schwankung)* fluctuation *f*; **~ der Arbeitskräfte** fluctuations *fpl* de la main-d'œuvre
fluktuieren *t/t* VI ⟨pas de ge-, h.⟩ fluctuer
Flunder F ⟨~; ~n⟩ ZOOL flet *m*
Flunkerei *umg* F ⟨~; ~en⟩ **1** ⟨sans pl⟩ *(Schwindeln)* art *m* de raconter des blagues, des histoires **2** *(Schwindel)* blague *f*; histoire (marseillaise)
flunkern *umg* VI ⟨-(e)re, h.⟩ *(schwindeln)* raconter des histoires (marseillaises), des blagues; *umg* blaguer
Flunsch *umg* M ⟨~(e)s; ~e⟩ moue *f*; **e-n ~ ziehen** faire la moue
Fluor N ⟨~s⟩ CHEM fluor *m*; **Fluorchlorkohlenwasserstoff** M chlorofluorocarbone *m*
Fluoreszenz F ⟨~⟩ PHYS fluorescence *f*; **fluoreszieren** VI ⟨pas de ge-, h.⟩ être fluorescent; **fluoreszierend** ADJT *Körper, Licht* fluorescent
fluorhaltig ADJ fluoritique
Fluorid N ⟨~(e)s; ~e⟩ fluorure *m*
Fluorit M ⟨~(e)s; ~e⟩ fluorine *f*
Fluorwasserstoff(säure) M(F) acide *m* fluorhydrique
Flur[1] M ⟨~(e)s; ~e⟩ *(Hausflur)* (°hall *m* d')entrée *f*; *(Treppenflur)* palier *m*; *e-r Wohnung* entrée *f*; vestibule *m*; antichambre *f*; *(Gang)* couloir *m*
Flur[2] F ⟨~; ~en⟩ **1** *geh (Feldflur)* terres *fpl*; champs *mpl*; *fig* **allein auf weiter ~ (stehen, sein)** (être) tout seul **2** *(~stück)* parcelle *f* (de terrain)
Flurbereinigung F ⟨~; ~en⟩ AGR remembrement *m* des terres; *fig* restructuration *f* (sur une grande échelle); **e-e ~ bei etw durchführen** restructurer qc
Flurbuch N cadastre *m*; **Flurgarderobe** F portemanteau *m*; **Flurkarte** F plan cadastral; **Flurname** M lieu-dit *m*; **Flurschaden** M dégât(s), dommage(s) causé(s) dans les *od* aux champs; **Flurstück** N *e-r Nutzfläche* parcelle *f* (de terrain)
Fluse F ⟨~; ~n⟩ petit poil; peluche *f*; *umg* pluche *f*
Flusensieb N *e-r Waschmaschine etc* filtre *m*
Fluss M ⟨~es; ~̈e⟩ **1** *(Strom)* fleuve *m*; *kleinerer, (Zufluss e-s größeren ~es)* rivière *f*; **schiffbarer ~** rivière navigable; *Stadt* **an e-m ~ liegen** être au bord d'un fleuve **2** ⟨sans pl⟩ *fig (Fließen) der Rede, des Verkehrs* flux *m*; **etw in ~** *(akk)* **bringen** mettre qc en train; **in ~** *(akk)* **kommen** *(vorankommen)* avancer; *Verkehr* devenir fluide; **in ~** *(dat)* **sein** *(sich ständig ändern)* changer sans cesse; *(im Gange sein)* être en cours; *Verkehr* être fluide **3** ⟨sans pl⟩ ELEK flux *m*
Flussaal M anguille *f*
flussabwärts ADV en aval; en descendant la rivière, le courant; **drei Kilometer ~** *liegen etc* trois kilomètres en aval; **~ fahren** descendre

la rivière
Flussarm M bras *m* de rivière; **toter ~** bras mort
flussaufwärts ADV en amont; en remontant la rivière, le courant; **drei Kilometer ~** *liegen etc* trois kilomètres en amont; **~ fahren** remonter la rivière
Flussbarbe F barbeau (commun); **Flussbarsch** M perche (commune); **Flussbett** N lit *m* de rivière, de fleuve
Flüsschen N ⟨~s; ~⟩ petite rivière
Flussdampfer M bateau *m* à vapeur (sur une rivière); **Flussdiagramm** N IT ordinogramme *m*; **Flussfisch** M poisson *m* de rivière; **Flussgebiet** N bassin *m* d'un fleuve; **Flussgottheit** F divinité *f* d'un fleuve; **Flusshafen** M port fluvial
flüssig A ADJ 1 *Körper, Zustand, Metall* liquide; *Gas* liquéfié; *Metall* fondu; à l'état liquide; **~e Luft** air *m* liquide; **~ werden** se liquéfier; devenir liquide; fondre; *Metall a.* entrer en fusion; **~ machen** liquéfier; fondre 2 HANDEL (*verfügbar*) liquide; disponible; **~e Mittel** *npl* liquidités *fpl*; trésorerie *f*; *umg* **ich bin im Augenblick nicht ~** *umg* je suis à sec, je ne suis pas en fonds pour le moment; → flüssigmachen 3 *fig Stil etc* aisé; coulant; fluide (*a. Verkehr*) B ADV *schreiben, sprechen* avec aisance, fluidité; **~ ernährt werden** *Kranker* absorber des aliments liquides
Flüssiggas N gaz liquéfié; **Flüssigkeit** F ⟨~; ~en⟩ 1 liquide *m* 2 ⟨*sans pl*⟩ (*flüssiger Zustand*) liquidité *f*; fluidité *f*; *fig des Stils etc* fluidité *f*; aisance *f*; facilité *f*
Flüssigkeitsbehälter M réservoir *m* de fluide, de liquide; **Flüssigkeitsbremse** F frein *m* hydraulique; **Flüssigkeitsmenge** F quantité *f* de liquide; **Flüssigkeitssäule** F colonne *f* de liquide; **Flüssigkeitsstand** M niveau *m*, °hauteur *f* de liquide
Flüssigkristallanzeige F affichage *m* à cristaux liquides; **Flüssigkristallbildschirm** M écran *m* à cristaux liquides; écran *m* LCD
flüssigmachen VT ⟨*sép*, -ge-, h.⟩ *Kapital* réaliser
Flüssigseife F savon *m* liquide
Flusskrebs M écrevisse *f*; **Flusslauf** M cours *m* d'une rivière; **Flussmittel** N METALL fondant *m*; **Flussmündung** F embouchure *f*; **Flusspferd** N hippopotame *m*; **Flussregulierung** F régularisation *f* du cours d'une rivière; **Flusssand** M sable *m* de rivière; **Flussschifffahrt** F navigation *f* fluviale; **Flussspat** M MINER fluorine *f*; *als Flussmittel a.* spath *m* fluor; **Flussufer** N rive *f*; bord *m* de rivière; *steiles* berge *f*; **Flusswasser** N ⟨~s⟩ eau *f* de rivière; **Flusswindung** F méandre *m*; sinuosité *f* d'une rivière
flüstern VT *u.* VI ⟨-(e)re, h.⟩ chuchoter; susurrer; **j-m etw ins Ohr ~** chuchoter qc à l'oreille de qn; *umg fig* **dem werde ich was ~!** je vais lui dire ma façon de penser!; *umg fig* **das kann ich dir ~!** *umg* tu l'as dit, bouffi!
Flüstern N ⟨~s⟩ chuchotement *m*
Flüsterpropaganda F téléphone *m* arabe; bouche à oreille *m*
Flüsterton M **im ~** en chuchotant
Flut F ⟨~; ~en⟩ 1 ⟨*sans pl*⟩ (*Gezeit*) marée montante *bzw.* °haute; flux *m*; pleine mer; **bei ~** à marée montante *bzw.* °haute; **die ~ setzt ein** la mer commence à monter 2 *geh* (*Wassermasse*) **~(en)** *geh* onde *f*; flots *mpl*; *hum* **sich in die (kühlen) ~en stürzen** se jeter à l'eau 3 *fig von Worten etc* flot *m*; déluge *m*; *von Tränen a.* torrent *m*; **e-e ~ von Fragen** un flot de questions
fluten ⟨-ete⟩ A VT ⟨h.⟩ SCHIFF noyer B *geh* VI ⟨s.⟩ (s'é)couler; *fig* **in etw** (*akk*) **~** *Menschenmenge* affluer dans qc; *Licht* inonder qc; *fig* **aus etw ~** sortir à flots de qc
Fluten N ⟨~s⟩ SCHIFF noyage *m*; *geh des Lichtes* ruissellement *m*
Fluthöhe F °hauteur *f* de la marée
Flutlicht N lumière *f* des projecteurs; **bei ~ spielen** jouer en nocturne, à *od* sous la lumière des projecteurs
Flutlichtanlage F éclairage (extérieur) aux projecteurs, à haute intensité lumineuse; **Flutlichtbeleuchtung** F éclairage *m* par projecteurs; **Flutlichtscheinwerfer** M projecteur *m* (à haute intensité lumineuse); **Flutlichtspiel** N SPORT match *m* en nocturne
flutschen *umg* VI 1 ⟨s.⟩ (*gleiten*) **j-m aus der Hand ~** glisser des mains de qn 2 ⟨h.⟩ *Arbeit etc* aller comme sur des roulettes
Flutwelle F raz-de-marée *m*; *in Flussmündungen* mascaret *m*
fm ABK (Festmeter) m³ (mètre cube)
FM ABK → Frequenzmodulation
f-Moll N ⟨~⟩ fa *m* mineur
focht → fechten
Fock F ⟨~; ~en⟩ SCHIFF (voile *f* de) misaine *f*; *beim Segelboot* foc *m*; **Fockmast** M mât *m* de misaine; **Focksegel** N voile *f* de misaine
föderal → föderativ; **Föderalismus** M ⟨~⟩ fédéralisme *m*; **Föderalist** M ⟨~en; ~en⟩ fédéraliste *m*; **föderalistisch** ADJ fédéraliste; **Föderation** F ⟨~; ~en⟩ fédération *f*; **föderativ** ADJ fédératif, -ive; fédéral
fohlen VI ⟨h.⟩ pouliner
Fohlen N ⟨~s; ~⟩ poulain *m*; *weibliches* pouliche *f*
Föhn M ⟨~(e)s; ~e⟩ 1 METEO fœhn *m* 2 (*Haartrockner*) sèche-cheveux *m*
föhnen VT ⟨h.⟩ sécher au sèche-cheveux; **sich** (*dat*) **die Haare ~** se sécher les cheveux (au sèche-cheveux)
Föhre F ⟨~; ~n⟩ BOT (*Kiefer*) pin *m* (sylvestre)
Fokus M ⟨~; ~se⟩ OPT, MED foyer *m*
fokussieren VT ⟨*pas de ge-*, h.⟩ 1 PHYS *Strahlen* focaliser 2 OPT *Linse, Objektiv* mettre au point
Folge F ⟨~; ~n⟩ 1 (*Aufeinanderfolge*) suite *f*; succession *f*; séquence *f*; série *f*; *e-r Sendereihe* épisode *m*; **e-e ~ von Bildern** une séquence d'images; **e-e ~ von Unglücksfällen** une série d'accidents; **in bunter ~** pêle-mêle; **in rascher ~** coup sur coup; **in der ~** *zeitlich* par la suite 2 (*Resultat*) conséquence *f*; suite *f*; *e-r Krankheit a.* séquelle *f*; **die ~n des Krieges** les conséquences de la guerre; **an den ~n e-r Operation sterben** mourir des suites d'une opération; **(böse) ~n haben** avoir des conséquences (fâcheuses); **etw zur ~ haben** entraîner qc; avoir qc pour conséquence; **~n nach sich ziehen** entraîner des conséquences; **die ~n tragen** subir les conséquences; **ohne ~n bleiben** rester sans conséquences, sans suites; **die ~ davon ist, dass …** il en résulte que … 3 *bes* ADMIN **e-r Sache** (*dat*) **~ leisten** *e-r Aufforderung, Anordnung etc* obéir à qc; ADMIN obtempérer à qc; *e-r Vorladung* se rendre à qc; *e-r Einladung* répondre à qc; accepter qc
Folgeerscheinung F conséquence *f*; *e-r Krankheit* séquelle *f*; **Folgekosten** PL coûts inhérents
folgen VI ⟨s.⟩ 1 (*nach~*) **j-m, e-r Sache ~** suivre qn, qc; **auf j-n, etw ~** succéder à qn, qc; **j-m im Amt ~** succéder à qn; prendre la succession de qn; remplacer qn; **die Ereignisse folgten rasch aufeinander** les événements se succédèrent avec rapidité; **sie folgte ihrem Mann nach Frankreich** elle a suivi son mari en France; **wie folgt** comme suit 2 (*resultieren*) **~ aus** résulter de; découler de; être la conséquence de; **daraus folgt(, dass …)** il en résulte (que …); il s'ensuit (que …) 3 (*sich richten nach*) suivre; **j-s Beispiel** (*dat*), **e-m Rat, s-n Neigungen ~** suivre l'exemple de qn, un conseil, ses penchants 4 *geistig* suivre; **können Sie ~?** vous me suivez?; vous y êtes? 5 (*beistimmen*) **ich kann Ihnen hierin nicht ~** là je ne suis pas d'accord avec vous 6 ⟨h.⟩ (*gehorchen*) obéir (**j-m** à qn)
folgend ADJT suivant; **am ~en Tag** le lendemain; le jour suivant, d'après; **aus ~en Gründen** pour les raisons suivantes; **im Folgenden** ci-après; dans ce qui suit; plus loin; **das Folgende** ce qui suit; **es handelt sich um Folgendes** voici *od* voilà ce dont il s'agit; **und ~e (Seiten)** et (pages) suivantes
folgendermaßen ADV de la manière, de la façon suivante; ainsi; comme suit; *am Satzanfang* voici, voilà comment …
folgenlos ADJ *u.* ADV sans conséquences; sans suites; sans résultat; **folgenreich** ADJ entraînant de nombreuses conséquences
folgenschwer ADJ lourd, gros, grosse de conséquences; grave; **e-e ~e Entscheidung** une décision lourde de conséquences
folgerichtig A ADJ logique; conséquent; **~e Argumentation** raisonnement *m* logique B ADV logiquement; **~ denken, handeln** *a.* raisonner, agir avec esprit de suite; être conséquent, logique
Folgerichtigkeit F logique *f*
folgern VT ⟨-(e)re, h.⟩ déduire, conclure (**aus** de); **daraus kann man ~, dass …** on peut en conclure, en déduire que …
Folgerung F ⟨~; ~en⟩ déduction *f*; conclusion *f*; **aus etw ~en ziehen** tirer des conséquences de qc
Folgesatz M GRAM proposition consécutive; **Folgeschaden** M dommages indirects; **Folgetonhorn** N *österr* avertisseur *m* à deux tons
folgewidrig A ADJ illogique; inconséquent B ADV illogiquement; contrairement à toute logique
Folgezeit F suite *f*; avenir *m*; **in der ~** à l'avenir; par la suite; désormais
folglich KONJ *u.* ADV par conséquent; en conséquence; (*also*) donc; ainsi
folgsam ADJ obéissant; docile; **Folgsamkeit** F ⟨~⟩ obéissance *f*; docilité *f*
Foliant M ⟨~en; ~en⟩ TYPO in-folio *m*; *weitS.* (*großes Buch*) pavé *m*
Folie F ⟨~; ~n⟩ 1 (*Metallfolie*) feuille *f* 2 (*Plastikfolie*) (film *m*) plastique *m* 3 (*Arbeitsfolie*) transparent *m*
Folienkartoffeln FPL GASTR pommes *fpl* de terre en papillotes
Folio(format) N ⟨~s; Folien *ou* ~s⟩ (N) *Papierformat* format *m* 21 × 33 cm
Folk M ⟨~s⟩ MUS (musique *f*) folk *m*
Folklore F ⟨~⟩ folklore *m*; **folkloristisch** ADJ folklorique
Folksänger(in) M(F) chanteur, -euse *m,f* de folk; **Folksong** M ⟨~s; ~s⟩ chanson *f* folk
Follikel M ⟨~s; ~⟩ BIOL follicule *m*; **Follikelsprung** M ovulation *f*
Folsäure F acide *m* folique
Folter F ⟨~; ~n⟩ 1 (*~ung*) *a.* HIST, *fig* torture *f*; supplice *m*; HIST *a.* question *f* 2 (*~werkzeug*) instrument *m* de torture; *fig* **j-n auf die ~ spannen** mettre qn à la torture
Folterbank F ⟨~; -bänke⟩ HIST chevalet *m* (de torture)
Folterer M ⟨~s; ~⟩ tortionnaire *m*
Folterinstrument N instrument *m* de torture; **Folterkammer** F HIST salle *f*, cham-

F

bre *f* des tortures; *fig* lieu *m* de supplice; **Folterknecht** M tortionnaire *m* (*a. fig*)

foltern V/T ⟨-(e)re, h.⟩ torturer; supplicier; HIST donner la question à; *a. geh fig* mettre au supplice

Folterqual F tourment *m*; torture *f*; *geh fig* **~en ausstehen** être au supplice

Folterung F ⟨~; ~en⟩ torture *f*; supplice *m*; **Folterwerkzeug** N instrument *m* de torture

Fon¹ N → Phon

Fon² ABK (Telefon) tél.; Tel

Fön® M ⟨~(e)s; ~e⟩ → Föhn 2

Fond¹ M ⟨~s; ~s⟩ (*Hintergrund, Rücksitz im Wagen*) arrière *m*; **im ~** *e-s Autos* à l'arrière

Fond² M ⟨~s; ~s⟩ GASTR fond *m*

Fondant M ⟨~s; ~s⟩ GASTR fondant *m*

Fonds M ⟨~; ~⟩ 1 FIN (*Rücklage*) fonds *m*; réserves *fpl*; **e-n ~ bilden** constituer des réserves 2 *geh* (*Grundstock*) base *f*

Fondsgeschäfte NPL BÖRSE opérations *fpl* sur fonds publics

Fondue F ⟨~; ~s⟩ *od* N ⟨~s; ~s⟩ GASTR (*Käsefondue*) fondue (savoyarde); (*Fleischfondue*) fondue bourguignonne; **Fonduegabel** F fourchette *f* à fondue; **Fondueset** N *od* M service *m* à fondue; **Fonduetopf** M caquelon *m*

Fonem N → Phonem

fönen V/T → föhnen

Fonetik *etc* → Phonetik *etc*

Fonogerät *etc* → Phonogerät *etc*

Fonologie *etc* → Phonologie *etc*; **Fonotypistin** F → Phonotypistin

fonstark ADJ bruyant

Fontäne F ⟨~; ~n⟩ (*Wasserstrahl*) jet *m* d'eau; (*Springbrunnen*) fontaine *f*

Fontanelle F ⟨~; ~n⟩ ANAT fontanelle *f*

Fonzahl F → Phonzahl

Football M ⟨~s⟩ football américain

foppen V/T ⟨h.⟩ (*anführen*) mystifier; *umg* se payer la tête de; (*necken, aufziehen*) mystifier; taquiner

Fopperei F ⟨~; ~en⟩ mystification *f*; taquinerie *f*

Fora PL → Forum

forcieren V/T ⟨*pas de ge-*, h.⟩ *Arbeit* accélérer; pousser; *Anstrengungen, Entwicklung* forcer; SPORT **das Tempo ~** forcer le rythme

Förde F ⟨~; ~n⟩ GEOG fjord *m*

Förderanlage F TECH installation *f* de transport, BERGBAU d'extraction; **Förderband** N ⟨~(e)s; -bänder⟩ TECH tapis roulant; convoyeur *m* (à bande); bande transporteuse

Förderer M ⟨~s; ~⟩ 1 *Person* protecteur *m*; (*Geldgeber*) sponsor *m* 2 → Förderanlage

Fördergeschwindigkeit F vitesse *f* de transport, BERGBAU d'extraction; **Fördergut** N produit transporté, matières transportées *bzw.* à transporter; BERGBAU produit extrait, matières extraites *bzw.* à extraire

Förderin F ⟨~; ~nen⟩ protectrice *f*; bienfaitrice *f*; (*Geldgeberin*) sponsor *m*

Förderkorb M BERGBAU cage *f* d'extraction; **Förderkreis** M cercle *m* des amis; amicale *f*; **Förderkurs** M SCHULE cours *m* de soutien; **Förderleistung** F capacité *f* d'extraction; *e-r Pumpe etc* débit *m*

förderlich ADJ profitable; utile; *für die Gesundheit* salutaire; **e-r Sache** (*dat*) **~ sein** être utile à qc

Fördermaschine F BERGBAU machine *f* d'extraction; **Fördermenge** F production (extraite); *von Erdöl a.* débit *m* d'extraction; **Fördermittel** N TECH transporteur *m*; moyen *m* de transport

fordern V/T ⟨-(e)re, h.⟩ 1 (*verlangen*) **etw von j-m ~** demander qc à qn; *plus fort* exiger qc de qn; *bes Recht* revendiquer qc auprès de qn; JUR *Strafe* requérir qc; **~, dass** demander, *plus fort* exiger que (+*subj*); **zu viel ~** demander trop; **Rechenschaft von j-m ~** demander des comptes à qn; **zahlreiche Menschenleben ~** faire de nombreuses victimes 2 (*Leistung abverlangen*) *Schüler, Sportler etc* pousser (à donner le maximum); exiger le maximum de 3 **j-n zum Duell ~** provoquer qn en duel

fördern V/T ⟨-(e)re, h.⟩ 1 *Bodenschätze* extraire; produire; *Flüssigkeiten mit Pumpe* refouler; **zutage ~** *Gegenstände, fig* mettre au jour; *fig a.* découvrir 2 *Bestrebungen, Beziehungen, Künstler* encourager; aider; soutenir; *Sportler, Künstler für Werbezwecke* sponsoriser; *Kunst* protéger; *Wissenschaft, Entwicklung* promouvoir; *Entwicklung a.* favoriser; *Schüler* pousser; *finanziell in der Ausbildung* aider; *Verdauung* aider; favoriser

Förderschacht M BERGBAU puits *m* d'extraction; **Förderschule** F *etwa* établissement scolaire spécialisé pour enfants handicapés *bzw.* inadaptés; **Förderstufe** F SCHULE classes *fpl* d'orientation; **Förderturm** M BERGBAU chevalement *m* (de mine)

Forderung F ⟨~; ~en⟩ 1 (*Verlangen*) demande *f*, *plus fort* exigence *f*, *rechtmäßige* revendication *f*, réclamation *f* (**nach** de); **übertriebene ~** demande exagérée, immodérée; **e-e ~ an j-n stellen** demander qc à qn; *plus fort* exiger qc de qn 2 HANDEL, JUR (*Schuldforderung*) créance *f*; **ausstehende ~** créance ouverte, à recouvrer; **e-e ~ an j-n haben** avoir une créance sur qn 3 *zum Duell* provocation *f* (en duel)

Förderung F ⟨~; ~en⟩ 1 *von Bodenschätzen* extraction *f*; *weitS.* production *f*; *e-r Pumpe* refoulement *m*; **maschinelle ~** extraction mécanique 2 *von Talenten, Projekten, Beziehungen etc* encouragement *m*; *der Kunst, Literatur* protection *f*; *der Wissenschaft etc a.* promotion *f*; *finanzielle in der Ausbildung* aide *f*; *durch e-n Sponsor* sponsoring *m*; **~ des Warenabsatzes** promotion *f* des ventes; **zur ~ von etw** pour aider, encourager, favoriser qc

Förderungsmaßnahme F mesure destinée à promouvoir, encourager qc; *staatliche* subvention *f*; **Förderungsmittel** NPL *staatliche* fonds *mpl*; **förderungswürdig** ADJ qui mérite d'être promu, encouragé; *finanziell durch den Staat* qui mérite d'être subventionné

Förderunterricht M cours *m* de soutien; **Förderwagen** M BERGBAU berline *f*; wagonnet *m*

Forelle F ⟨~; ~n⟩ ZOOL truite *f*; GASTR **~ blau** truite au bleu; **~ nach Müllerinart** truite (à la) meunière

Forellenzucht F élevage *m* de truites

Foren PL → Forum

forensisch ADJ JUR médico-légal; **~e Medizin** médecine légale

Forint M ⟨~(s); ~s, *mais* 10 ~⟩ *Währung* forint *m*

Forke F ⟨~; ~n⟩ (*Mistgabel*) fourche *f*

Form F ⟨~; ~en⟩ 1 (*Gestalt*) forme *f* (*a.* GRAM, JUR, MATH, MUS, PHIL *etc*); *e-s Schiffes, Autos etc a.* ligne *f*; **~en** *pl e-r Frau* formes *fpl*; **die ~ e-s Dreiecks haben** avoir la forme d'un triangle; **die ~ verlieren** *a. Kleidung* se déformer; **in ~ von** *od* + *gen* sous, en forme de; **in welcher ~?** sous quelle forme?; **in e-r anderen ~** sous une forme différente; **feste ~en annehmen** prendre forme; se concrétiser; **ernste, merkwürdige** *etc* **~en annehmen** prendre une tournure sérieuse, curieuse, *etc* 2 (*Darstellungsweise*) forme *f*; **dichterische ~** forme poétique; **~ und Inhalt** le fond et la forme; **etw in e-e angemessene ~ bringen** *od* **kleiden** donner une forme adéquate à qc 3 (*Umgangsform*) **in aller ~** en bonne (et due) forme; dans les formes; **der ~ halber** pour la forme; **die ~ wahren** (y) mettre les formes; **in höflicher ~** en y mettant les formes 4 ⟨*sans pl*⟩ *bes* SPORT forme *f*; **in ~** (*dat*) **sein** être en forme; **in guter, schlechter ~ sein** avoir une bonne, mauvaise condition physique; **in ~** (*akk*) **kommen** retrouver sa forme; **sich in ~** (*akk*) **bringen** se mettre en forme 5 (*Gussform, Kuchenform*) moule *m*; **in e-e ~ gießen** couler, jeter dans un moule; fondre; *Kuchen* **aus der ~ nehmen** démouler

formal A ADJ formel, -elle (*a.* KUNST, MATH, PHIL); qui concerne la forme; JUR **~er Fehler** vice *m* de forme B ADV du point de vue de la forme; quant à la forme; **~ richtig** conforme sur le plan de la forme

Formaldehyd M CHEM aldéhyde *m* formique; formaldéhyde *m*

Formalie F ⟨~; ~n⟩ *meist* PL règle *f* concernant la forme; *pl* **~n** *a.* formalités *fpl*

Formalin® N ⟨~s⟩ CHEM formol *m*

formalisieren V/T ⟨*pas de ge-*, h.⟩ structurer (sur le plan de la forme); **Formalisierung** F ⟨~; ~en⟩ structuration *f* (sur le plan de la forme); formalisation *f*; **Formalismus** M ⟨~; -men⟩ formalisme *m*; **Formalist** M ⟨~en; ~en⟩ formaliste *m*; **formalistisch** ADJ formaliste

Formalität F ⟨~; ~en⟩ formalité *f*; **e-e reine ~** une pure formalité; **alle ~en erledigt haben** avoir accompli toutes les formalités; être en règle

formaljuristisch, **formalrechtlich** ADJ sur le plan de la forme

Format N ⟨~(e)s; ~e⟩ 1 *e-s Buchs, Bilds*, IT format *m* 2 ⟨*sans pl*⟩ *fig e-r Persönlichkeit* envergure *f*; *von Personen, Sachen* classe *f*; **von internationalem ~** de classe internationale; **ein Politiker von ~** un homme politique d'envergure; **sie hat ~** elle a de la classe

formatieren V/T ⟨*pas de ge-*, h.⟩ IT formater; **Formatierung** F ⟨~; ~en⟩ IT formatage *m*

Formation F ⟨~; ~en⟩ *a.* MIL, GEOL, BOT formation *f*; **in geschlossener ~** en formation serrée

formbar ADJ plastique; *a. fig* malléable; **Formbarkeit** F ⟨~⟩ plasticité *f*; *a. fig* malléabilité *f*; **formbeständig** ADJ indéformable; **Formblatt** N ADMIN formulaire *m*

Formel F ⟨~; ~n⟩ formule *f* (*a.* MATH, CHEM, BIOL, *bei Rennwagen*); MOTORSPORT **~ 1** formule 1; **in der ~ 1 fahren** courir en formule 1; *fig* **auf die einfachste ~ gebracht** réduit à sa plus simple expression; en un mot; **dafür gibt es keine ~** il n'y a pas de recette (pour cela)

Formel-1-Fahrer M pilote *m* de formule 1; **Formel-1-Wagen** M voiture *f* de formule 1

formelhaft ADJ (*u.* ADV) succinct(ement); **Formelkram** *umg pej* M formalités *fpl*

formell A ADJ formel, -elle; fait selon, dans les formes, les règles B ADV selon les formes, les règles

Formelsammlung F *bes* MATH recueil *m* de formules

formen V/T ⟨h.⟩ former (*a. fig*); façonner; modeler; GIESSEREI mouler; **den Charakter ~** former le caractère

Formenlehre F ⟨~⟩ LING, BIOL morphologie *f*; **formenreich** ADJ aux formes variées; **Formenreichtum** M ⟨~s⟩ grande variété de formes

Former M ⟨~s; ~⟩ GIESSEREI mouleur *m*; **Formerei** F ⟨~; ~en⟩ moulerie *f*; atelier *m* de moulage

Formfehler M JUR vice *m* de forme; **Formgebung** F ⟨~; ~en⟩ façonnage *m*; (*Modellierung*) modelage *m*; **formgerecht** ADJ *u.* ADV dans les formes; en bonne (et due) forme

formieren V/T (*u.* V/R) ⟨*pas de ge-*, h.⟩ **(sich) ~**

(se) former; **sich zu e-m Zug ~** se former en cortège

Formierung F ⟨~; ~en⟩ *a.* MIL formation *f*

...förmig IN ZSSGN *meist* en forme de ...

Formkrise F SPORT *etc* méforme *f*

förmlich A ADJ 1 *(in aller Form)* dans les formes; en bonne (et due) forme; *(formell)* formel, -elle; *pej Person* cérémonieux, -ieuse; **es herrschte ein ~er Ton** il régnait une atmosphère cérémonieuse 2 *⟨épithète⟩ (regelrecht)* véritable B ADV 1 *(in aller Form)* dans les formes; en bonne (et due) forme; *(formell)* formellement; en termes formels; **j-n ~ um etw bitten** demander qc à qn dans les formes 2 *(gewissermaßen, buchstäblich)* littéralement; **er kniete ~ vor ihr** il était littéralement à genoux devant elle

Förmlichkeit F ⟨~; ~en⟩ formalité *f* (*a.* JUR); *(übertriebene Höflichkeit)* cérémonie *f*; **ohne ~en** sans cérémonie; *umg* sans chichis

formlos A ADJ *Gebilde, Körper* informe; sans forme; dépourvu de forme; *Antrag* informel, -elle; *Begrüßung* sans façons B ADV sans façons; sans formalités

Formlosigkeit F ⟨~⟩ 1 *e-s Gebildes, Körpers* absence *f* de formes 2 *(formlose Art)* absence *f* de formalité, de cérémonie; manque *m* de forme(s); **Formmangel** M JUR irrégularité *f*, vice *m* de forme

Formosa N ⟨→ *n/pr*⟩ HIST Formose

Formsache F formalité *f*; **das ist (e-e) reine ~** c'est une simple, pure formalité

formschön ADJ qui a une *bzw.* de belle(s) forme(s); **Formtief** N → Formkrise

Formular N ⟨~s; ~e⟩ formulaire *m*; imprimé *m*; **ein ~ ausfüllen** remplir un formulaire

formulieren V/T ⟨*pas de ge-*, h.⟩ formuler; exprimer; ADMIN *a.* libeller

Formulierung F ⟨~; ~en⟩ manière *f*, façon *f* d'exprimer *bzw.* de s'exprimer; formulation *f*; **das ist e-e treffende ~** c'est une expression qui convient; c'est une tournure, formule adéquate

Formung F ⟨~; ~en⟩ 1 *(Formgebung)* modelage *m* 2 *⟨sans pl⟩ fig (Prägung)* empreinte *f*

Formveränderung F déformation *f*; *absichtliche* changement *m* de forme; **formvollendet** ADJ parfait; de forme parfaite; **Formvorschrift** F JUR prescription *f* de forme; **formwidrig** ADJ *Verhalten etc* contraire aux formes

forsch A ADJ énergique; décidé; **mit ~en Schritten** d'un pas décidé B ADV énergiquement; avec énergie; **~ an etw** *(akk)* **herangehen** aborder qc de manière énergique

forschen V/I ⟨h.⟩ **nach etw, j-m ~** *(suchen)* rechercher qc, qn; **(nach etw) ~** *wissenschaftlich* faire des recherches (sur qc)

forschend ADJ *Blick* scrutateur, -trice; inquisiteur, -trice

Forscher(in) M ⟨~s; ~⟩ (F) ⟨~in; ~innen⟩ chercheur, -euse *m,f*; investigateur, -trice *m, f*; *(Entdecker[in])* explorateur, -trice *m,f*; **Forschergeist** M ⟨~(e)s⟩ esprit investigateur

Forschung F ⟨~; ~en⟩ recherche *f* (scientifique); investigation *f*; exploration *f*; **~ und Lehre** la recherche et l'enseignement; **~ auf e-m Gebiet** recherche dans un domaine; **(wissenschaftliche) ~ betreiben** faire de la recherche

Forschungsabteilung F service *m*, département *m* études et recherche; **Forschungsanstalt** F organisme *m*, centre *m* de recherche(s); **Forschungsarbeit** F travail *m* de recherche

Forschungsauftrag M mission *f* de recherche(s); **e-n ~ haben** être chargé de recherches, de faire des recherches

Forschungsgebiet N domaine *m*, champ *m* de recherches, d'investigations; **Forschungsinstitut** N institut *m* de recherche(s); **Forschungslabor(atorium)** N laboratoire *m* de recherche(s); **Forschungsmethode** F méthode *f* de recherche; *experimentelle* méthode expérimentale; **Forschungsmittel** NPL moyens *mpl* de recherche; **Forschungsreaktor** M NUKL réacteur expérimental

Forschungsreise F expédition *f* scientifique; voyage *m* d'exploration; **e-e ~ unternehmen** partir en exploration

Forschungssatellit M satellite *m* d'observation; **Forschungssemester** N semestre consacré à des recherches; **Forschungszentrum** N (grand) centre de recherche(s); **Forschungszweig** M secteur *m* de recherche(s)

Forst M ⟨~(e)s; ~e(n)⟩ forêt *f*; **staatlicher ~** forêt domaniale

Forstamt N administration *f* des Eaux et Forêts; **Forstbeamte(r)** M agent *m*, fonctionnaire *m* (de l'administration) des Eaux et Forêts

Förster M ⟨~s; ~⟩ garde forestier; agent technique forestier

Forstfrevel M délit forestier; **Forsthaus** N maison forestière; **Forstmeister** M inspecteur *m* des Eaux et Forêts; **Forstrecht** N ⟨~(e)s⟩ droit forestier; **Forstrevier** N zone forestière; **Forstschädling** M insecte *m* *bzw.* plante *f* nuisible à la forêt; **Forstverwaltung** F administration *f* des Eaux et Forêts; **Forstwesen** N ⟨~s⟩ Eaux et Forêts *fpl*; **Forstwirt** M ingénieur *m* des Eaux et Forêts; ingénieur forestier; **Forstwirtschaft** F ⟨~⟩ *Unterhaltung* économie, *Nutzung* exploitation forestière; sylviculture *f*; **forstwirtschaftlich** ADJ sylvicole; d'économie forestière; **Forstwissenschaft** F foresterie *f*; études *fpl* de gestion et de préservation de la forêt

Forsythie F ⟨~; ~n⟩ BOT forsythia *m*

fort ADV 1 *(weg)* parti; sorti; absent; **weit ~** loin; **~ mit dir!** vat'en!; *umg* fiche le camp!; *umg* **die Tasche ist ~** j'ai perdu *bzw.* je cherche *bzw. umg* je ne sais pas où est passé mon sac 2 **in e-m ~** sans arrêt; sans cesse; continuellement; **und so ~** et ainsi de suite

Fort N ⟨~s; ~s⟩ MIL fort *m*; *kleines* fortin *m*

fortan *geh* ADV 1 *(von nun an)* désormais; dorénavant 2 *(seitdem)* dès lors

fortbegeben *geh* V/R ⟨*irr, sép, pas de ge-*, h.⟩ **sich ~** s'en aller; partir

Fortbestand M ⟨~(e)s⟩ maintien *m*; *e-r Tradition a.*, BIOL *e-r Art* continuité *f*; *e-r Einrichtung, von Bräuchen* pérennité *f*; **den ~ sichern** assurer le maintien, *etc*

fortbestehen V/I ⟨*irr, sép, pas de ge-*, h.⟩ se maintenir; se perpétuer; continuer à exister

fortbewegen ⟨*sép, pas de ge-*, h.⟩ A V/T éloigner; écarter B V/R **sich ~** se déplacer

Fortbewegung F locomotion *f*; déplacement *m*

Fortbewegungsart F mode *m* de locomotion; **Fortbewegungsmittel** N moyen *m* de locomotion

fortbilden ⟨-ete, *sép*, -ge-, h.⟩ A V/T assurer la formation continue de B V/R **sich ~** se perfectionner; suivre un séminaire, *etc* de formation continue

Fortbildung F formation continue

Fortbildungskurs M, **Fortbildungslehrgang** M cours *m(pl)* de formation continue

fortbleiben V/I ⟨*irr, sép*, -ge-, s.⟩ rester parti, absent; ne pas (re)venir; **nicht lange ~** *a.* ne pas tarder à revenir

Fortbleiben N ⟨~s⟩ absence *f*

fortbringen V/T ⟨*irr, sép*, -ge-, h.⟩ 1 *(wegführen)* **j-n ~** emmener qn 2 *(forttragen)* **etw ~** emporter qc

Fortdauer F continuation *f*; *von Regen, Kälte, Fieber* persistance *f*

fortdauern V/I ⟨-(e)re, *sép*, -ge-, h.⟩ continuer; durer; *Kälte, Regen* persister; **fortdauernd** ADJ ⟨*épithète*⟩ continuel, -elle; *Kälte, Regen, Fieber, Müdigkeit* persistant

fortdürfen V/I ⟨*irr, sép*, -ge-, h.⟩ avoir la permission de s'en aller, de partir; **nicht ~** *a.* ne pas devoir partir, s'en aller

forte ADV MUS forte

Forte N ⟨~s; ~s *ou* -ti⟩ MUS forte *m*

forteilen *geh* V/I ⟨*sép*, -ge-, s.⟩ se dépêcher de partir; partir à la hâte

fortentwickeln ⟨-(e)le, *sép, pas de ge-*, h.⟩ A V/T → weiterentwickeln B V/R **sich ~** *meist* BIOL (continuer à) se développer; évoluer; *Technik, Wissenschaft etc* progresser; **Fortentwicklung** F développement ultérieur; *e-r Wissenschaft, Theorie* évolution (ultérieure)

fortfahren ⟨*irr, sép*, -ge-⟩ A V/T ⟨h.⟩ **j-n, etw ~** emmener qn, emporter qc (en voiture, *etc*) B V/I ⟨s.⟩ 1 *(wegfahren)* partir (en voiture, *etc*) 2 *(weitermachen)* continuer; **mit, in etw** *(dat)* **~** continuer qc; **~, etw zu tun** continuer à *od* de faire qc

Fortfall M ⟨~(e)s⟩ suppression *f*; **fortfallen** V/I ⟨*irr, sép*, -ge-, s.⟩ → wegfallen

fortfliegen V/I ⟨*irr, sép*, -ge-, s.⟩ 1 *Flugzeug, Vogel, Passagier* s'envoler (**nach** pour); *Vogel a.* prendre son vol; *Passagier a.* partir en avion (**nach** pour) 2 *(fortgeblasen werden)* être emporté (par le vent)

fortführen V/T ⟨*sép*, -ge-, h.⟩ 1 → wegführen 2 *(weiterführen)* continuer; *Firma* continuer; reprendre; **Fortführung** F continuation *f*; *e-r Firma* reprise *f*

Fortgang M ⟨~(e)s⟩ 1 *(Weggang)* départ (définitif) 2 *(Fortsetzung) e-r Arbeit, Handlung etc* continuation *f*; *der Geschäfte, Verhandlungen* poursuite *f*; développement *m*; **s-n ~ nehmen** continuer; se poursuivre; se développer

fortgehen V/I ⟨*irr, sép*, -ge-, s.⟩ 1 *(weggehen)* s'en aller, partir, sortir (**von de**) 2 → weitergehen 2

fortgeschritten ADJ *Zeit, Arbeit, Krankheit* avancé; **in ~em Alter** d'un âge avancé

Fortgeschrittene(r) M/F(M) ⟨→ A⟩ étudiant(e) *m(f)* avancé(e); non débutant(e) *m(f)*; **Französischkurs für ~** cours de français pour élèves avancés

Fortgeschrittenenkurs M cours supérieur

fortgesetzt ADJ ⟨*épithète*⟩ continu; continuel, -elle

fortissimo ADV MUS fortissimo

fortjagen V/T ⟨*sép*, -ge-, h.⟩ 1 *(wegjagen)* chasser 2 *(rauswerfen)* **j-n ~** mettre, *umg* flanquer qn à la porte

fortkommen V/I ⟨*irr, sép*, -ge-, s.⟩ 1 *(weiterkommen)* progresser; avancer (*a. fig*) 2 *von zu Hause etc* sortir, partir (de chez soi, *etc*); **mach, dass du fortkommst!** va-t'en!; *umg* sauve-toi!; *umg* fiche(-moi) le camp! 3 *Dinge (abhandenkommen)* disparaître

Fortkommen N 1 *auf e-m Weg* progression *f* 2 *bei der Arbeit, im Beruf etc* avancement *m*

fortkönnen V/I ⟨*irr, sép*, -ge-, h.⟩ pouvoir partir, s'en aller, sortir; **fortlassen** V/T ⟨*irr, sép*, -ge-, h.⟩ 1 laisser partir 2 → weglassen 2;

fortlaufen V/I ⟨*irr, sép*, -ge-, s.⟩ partir en courant; *(flüchten)* se sauver; s'enfuir; prendre la fuite

fortlaufend A ADJ continu; *Bemühung, Arbeit*

F

suivi **B** ADVL d'une façon continue, suivie; **~ nummeriert** *a.* numéroté consécutivement
fortleben VI ⟨*sép*, -ge-, h.⟩ *Erinnerung* rester vivant; *Werk* continuer de vivre; **in s-n Kindern, s-n Werken ~** *a.* se survivre dans ses enfants, dans ses œuvres
fortmachen *umg* VR ⟨*sép*, -ge-, h.⟩ **sich ~** s'en aller; *umg* débarrasser le plancher
fortmüssen VI ⟨*irr*, *sép*, -ge-, h.⟩ devoir partir, s'en aller; être obligé de partir, de s'en aller; *Dinge* devoir disparaître
fortpflanzen VR ⟨-(es)t, *sép*, -ge-, h.⟩ **sich ~** **1** BIOL se reproduire **2** PHYS se propager
Fortpflanzung F ⟨~⟩ **1** BIOL reproduction *f*; **geschlechtliche, künstliche, ungeschlechtliche ~** reproduction sexuée, artificielle, asexuée **2** PHYS propagation *f*
fortpflanzungsfähig ADJ BIOL capable de se reproduire
Fortpflanzungsfähigkeit F capacité *f* de reproduction; **Fortpflanzungsgeschwindigkeit** F PHYS vitesse *f* de propagation; **Fortpflanzungsorgane** NPL BIOL organes *mpl* de reproduction; **Fortpflanzungstrieb** M instinct reproducteur
forträumen VT ⟨*sép*, -ge-, h.⟩ enlever; ranger; **etw von e-r Stelle ~** débarrasser un endroit de qc
fortreisen VI ⟨-(es)t, *sép*, -ge-, s.⟩ partir en voyage
fortreißen VT ⟨-(es)t, *irr*, *sép*, -ge-, h.⟩ (arracher et) emporter, emmener; (**mit sich** [*dat*]) **~** *a. fig* entraîner
fortrennen VI ⟨*irr*, *sép*, -ge-, s.⟩ partir en courant; se sauver
Forts. ABK (Fortsetzung) suite
Fortsatz M ANAT appendice *m*; *e-s Knochens* apophyse *f*
fortschaffen VT ⟨*sép*, -ge-, h.⟩ emmener; (*beseitigen*) enlever; faire disparaître; **etw von e-r Stelle ~** débarrasser, déblayer un endroit de qc
fortscheren *umg* VR ⟨*sép*, -ge-, h.⟩ **sich ~** *umg* filer; *umg* ficher le camp
fortschicken VT ⟨*sép*, -ge-, h.⟩ *Brief etc* envoyer; expédier; **j-n ~** renvoyer qn; dire à qn de s'en aller; **j-n ~, etw zu holen** envoyer qn chercher qc
fortschleichen VI ⟨*irr*, *sép*, -ge-, s.⟩ (*u.* VR ⟨h.⟩) **(sich) ~** s'esquiver; s'éclipser; *umg* filer en douce; **sich aus etw ~** *a.* se glisser °hors de qc
fortschleppen ⟨*sép*, -ge-, h.⟩ **A** VT → wegschleppen **B** VR **sich (mühsam) ~** se traîner
fortschleudern VT ⟨-(e)re, *sép*, -ge-, h.⟩ lancer (au loin); **fortschmeißen** *umg* VT ⟨*irr*, *sép*, -ge-, h.⟩ jeter; **fortschreiben** VT ⟨*irr*, *sép*, -ge-, h.⟩ *Statistik* dénombrer d'une façon continue; *Plan* mettre à jour; **Fortschreibung** F *e-r Statistik* dénombrement (fait d'une façon continue à partir d'un recensement); *e-s Plans* mise *f* à jour; **fortschreiten** VI ⟨*irr*, *sép*, -ge-, s.⟩ *Krankheit*, *Inflation* progresser; *Zeit*, *Arbeit*, *Untersuchung* avancer
fortschreitend ADJT ⟨*épithète*⟩ progressif, -ive; **mit ~em Alter** en vieillissant
Fortschritt M *der Zivilisation*, *Technik*, *Wissenschaft*, *beim Lernen* progrès *m*; *von Arbeiten etc a.* avancement *m*; **~e machen** *Person* faire des progrès; *Arbeit etc* progresser; avancer; **große ~e machen** *a.* avancer à grands pas
fortschrittlich **A** ADJ *Idee etc* avancé; POL, *Persönlichkeit* progressiste; *Lösung*, *Einrichtung etc* moderne **B** ADV **~ gesinnt sein** avoir des idées avancées; POL être progressiste
fortschrittsfeindlich ADJ hostile au progrès; *Einstellung a.* conservateur, -trice; **Fortschrittsglaube** M foi *f* dans le, croyance *f* au progrès; **fortschrittsgläubig** ADJ qui croit au progrès
fortschwemmen VT ⟨*sép*, -ge-, h.⟩ emporter; *plus fort* entraîner; **fortgeschwemmt werden** être emporté par le(s) courant(s)
fortschwimmen VI ⟨*irr*, *sép*, -ge-, s.⟩ *Person* s'éloigner à la nage; *Gegenstand* être emporté (par le courant)
fortsehnen VR ⟨*sép*, -ge-, h.⟩ **sich ~** désirer (ardemment) partir
fortsetzen VT (*u.* VR) ⟨-(es)t, *sép*, -ge-, h.⟩ **(sich) ~** (se) continuer; (se) poursuivre; **fortgesetzt werden** *meist* se poursuivre; continuer; **s-n Weg ~** continuer, poursuivre son chemin; **s-e Studien ~** continuer ses études; **j-s Werk ~** continuer l'œuvre de qn
Fortsetzung F ⟨~; ~en⟩ **1** *e-r Arbeit etc* poursuite *f*; continuation *f*; *e-r Straße etc* prolongement *m*; continuation *f* **2** *e-s Texts*, *e-r Aufführung* suite *f*; **~ folgt** à suivre; la suite au prochain numéro; **~ auf Seite 8** (*dat*) suite à la page 8; **~ von Seite 1** suite de la page 1; **die ~ von etw bilden** faire suite à qc; **in ~en** (*dat*) **veröffentlichen** publier en feuilletons
Fortsetzungsroman M roman-feuilleton *m*
fortsollen VI ⟨*sép*, -ge-, h.⟩ devoir partir, s'en aller; *Dinge* devoir disparaître; **fortspülen** VT ⟨*sép*, -ge-, h.⟩ → fortschwemmen; **fortstehlen** VR ⟨*irr*, *sép*, -ge-, h.⟩ → fortschleichen; **fortstürzen** *umg* VI ⟨-(es)t, *sép*, -ge-, s.⟩ partir en catastrophe; **forttragen** VT ⟨*irr*, *sép*, -ge-, h.⟩ emporter; **forttreiben** ⟨*irr*, *sép*, -ge-⟩ **A** VT ⟨h.⟩ chasser; *Personen a.* éloigner; *Menschenmenge a.* écarter; → *a.* vertreiben A 1, 2 **B** VI ⟨s.⟩ *im Wasser* être emporté (par le courant); *Schiff* aller à la dérive
Fortuna F ⟨~⟩ MYTH la Fortune; *geh fig* fortune *f*; *geh* **~ war ihr hold** la fortune lui a souri
fortwähren *geh* VI ⟨*sép*, -ge-, h.⟩ durer; continuer
fortwährend **A** ADJT ⟨*épithète*⟩ continuel, -elle; constant **B** ADVL continuellement; constamment; **er klagt** *etc* **~** il n'arrête pas de se plaindre, *etc*
fortwerfen VT ⟨*irr*, *sép*, -ge-, h.⟩ jeter; lancer
fortwirken VI ⟨*sép*, -ge-, h.⟩ continuer à exercer son influence (**in j-m, etw** sur qn, qc); **in j-m, etw ~** *a.* continuer à influencer qn, qc
fortwollen VI ⟨*sép*, -ge-, h.⟩ vouloir s'en aller, partir; **fortzerren** VT ⟨*sép*, -ge-, h.⟩ entraîner; **fortziehen** ⟨*irr*, *sép*, -ge-⟩ **A** VT ⟨h.⟩ entraîner **B** VI ⟨s.⟩ partir; *aus der Wohnung* déménager; *aus der Stadt* quitter la ville; *Vögel* émigrer
Forum N ⟨~s; Foren *ou* Fora⟩ **1** HIST forum *m* **2** ⟨*pl* Foren⟩ (*Kreis interessierter Personen*) cercle *m*; **vor dem ~ der öffentlichen Meinung** *etc* devant l'opinion publique, *etc* **3** ⟨*pl* Foren⟩ (*Ort für Erörterungen*) tribune *f*; plate-forme *f*; **etw als ~ der politischen Auseinandersetzung benutzen** utiliser qc comme plate-forme de débats politiques **4** ⟨*pl* Foren⟩ (*öffentliche Aussprache*) débat public; discussion publique
fossil ADJ *Pflanze*, *Tier* fossile; **~e Brennstoffe** *mpl* combustibles *mpl* fossiles
Fossil N ⟨~s; ~ien⟩ GEOL, *fig* fossile *m*
fötal ADJ MED fœtal
Foto[1] N ⟨~s; ~s⟩, *schweiz a.* F ⟨~; ~s⟩ (*~grafie*) photo *f*; **auf dem ~** en photo; **ein ~ von j-m, etw machen** prendre qn, qc en photo
Foto[2] *umg* M ⟨~s; ~s⟩ *bes südd* (*~apparat*) appareil *m* (photo)
Fotoalbum N album *m* de photos; **Fotoamateur** M photographe *m* amateur; **Fotoapparat** M appareil *m* photo(graphique);
Fotoatelier N atelier *m* de photographe; **Fotoausrüstung** F équipement *m* photographique; **Fotochemie** F photochimie *f*; **fotoelektrisch** ADJ photo-électrique; **Fotoelement** N ELEK photocellule *f*; photopile *f*; **Fotofinish** N SPORT photo-finish *f*
fotogen ADJ photogénique
Fotogeschäft N magasin *m* de photographie; **im ~** chez le photographe
Fotograf(in) M ⟨~en; ~en⟩ (F) ⟨~in; ~innen⟩ photographe *m/f* (*professionelle[r]*) d'art);
Fotografie F ⟨~; ~n⟩ **1** ⟨*sans pl*⟩ *Verfahren* photographie *f* **2** (*Foto*) photographie *f*
fotografieren ⟨*pas de ge-*, h.⟩ **A** VT photographier; faire, prendre une photo *bzw.* des photos de; prendre en photo **B** VI faire, prendre une photo *bzw.* des photos; *als Hobby* faire de la photo; **gern ~** aimer la photo
fotografisch ADJ photographique
Fotohandy N TEL (téléphone *m*) portable *m* avec appareil photo intégré
Fotokopie F photocopie *f*; **fotokopieren** VT ⟨*pas de ge-*, h.⟩ photocopier; **Fotokopierer** *umg* M, **Fotokopiergerät** N photocopieur *m*; photocopieuse *f*
Fotolabor N laboratoire *m* photographique (professionnel); **fotomechanisch** ADJ photomécanique; **Fotometer** N ⟨~s; ~⟩ PHYS photomètre *m*; **Fotometrie** F ⟨~⟩ photométrie *f*; **Fotomodell** N **1** modèle *m* **2** *verhüllend* (*Prostituierte*) call-girl *f*; **Fotomontage** F photomontage *m*
Foton N → Photon
Fotopapier N papier *m* photographique; **Fotoreporter(in)** M(F) reporter *m/f* photographe; **Fotosafari** F safari-photo *m*; **Fotosatz** M ⟨~es⟩ TYPO photocomposition *f*; **Fotosphäre** F ⟨~⟩ ASTRON photosphère *f*; **Fotosynthese** F ⟨~⟩ BIOCHEMIE photosynthèse *f*; **Fototasche** F sac *m* pour appareil photo
Fotothek F ⟨~; ~en⟩ photothèque *f*
Fototherapie F MED photothérapie *f*; **Fototropismus** M ⟨~⟩ BOT phototropisme *m*
Fotovoltaik F ⟨~⟩ photovoltaïque *m*; **Fotovoltaikanlage** F panneaux *mpl* (solaires) photovoltaïques; **fotovoltaisch** ADJ photovoltaïque
Fotozelle F cellule *f* photo-électrique
Fötus M → Fetus
Fotze *vulg* F ⟨~; ~n⟩ (*Vulva*) *vulg* con *m*; *Schimpfwort sl* conasse *f*
Foul N ⟨~s; ~s⟩ SPORT coup défendu; FUSSBALL faute *f* (**an** [+*dat*] contre); **ein ~ begehen** contrevenir aux règles; *bes* FUSSBALL commettre une faute (**an j-m** contre qn)
Foulelfmeter M penalty dû à une faute
foulen ⟨h.⟩ SPORT **A** VT **j-n ~** commettre une faute contre qn **B** VI jouer incorrectement, d'une façon déloyale; contrevenir aux règles
Fox M ⟨~(es); ~e⟩ ABK **1** → Foxterrier **2** → Foxtrott; **Foxterrier** M ZOOL fox-terrier *m*; **Foxtrott** M ⟨~(e)s; ~e *ou* ~s⟩ *Tanz* fox-trot *m*
Foyer N ⟨~s; ~s⟩ *im Theater etc* foyer *m*
FPÖ F ⟨~⟩ ABK (Freiheitliche Partei Österreichs) F.P.Ö. *m* (*parti libéral autrichien de tendance nationaliste*)
fr ABK (franc) F (franc)
Fr ABK (Freitag) ven (vendredi)
fr. ABK (frei) franco
Fr. ABK (Frau) Mme *od* Mme (Madame)
Fracht F ⟨~; ~en⟩ **1** (*~gut*) chargement *m*; marchandise(s) *f(pl)*; *e-s Schiffs*, *Flugzeugs* fret *m*; *e-s Schiffs a.* cargaison *f* **2** (*~kosten*) prix *m*, frais *mpl* de transport; port *m*; *für Schiffs- u. Luftfracht* fret *m*

F

Frachtbrief M lettre *f* de voiture; *(Konnossement)* connaissement *m*; **Frachtdampfer** M → Frachter
Frachtenbahnhof M *österr* gare *f* de marchandises
Frachter M ⟨~s; ~⟩ cargo *m*; navire *m* de charge; **Frachtflugzeug** N avion-cargo *m*; avion *m* de transport; **frachtfrei** A ADJ franc, -che de port B ADV franco; **Frachtführer** M HANDEL transporteur *m*; **Frachtgeld** N → Fracht 2
Frachtgut N → Fracht 1; EISENBAHN marchandises (expédiées) en régime ordinaire; **als ~ (senden)** (expédier) en régime ordinaire
Frachtkahn M → Lastkahn; **Frachtkosten** PL frais *mpl* de transport; **Frachtraum** M *in e-m Schiff, Flugzeug* soute *f*; **Frachtschiff** N → Frachter; **Frachtstück** N colis *m*; **Frachttarif** M tarif *m* de fret; *als Tabelle a.* barème *m* d'expédition; **Frachtverkehr** M trafic *m* de marchandises; **Frachtversicherung** F assurance *f* marchandises
Frack M ⟨~(e)s; ⸚e⟩ habit *m*; frac *m*; **im ~** en habit
Frackschoß M basque *f*
Frage F ⟨~; ~n⟩ 1 *zur Beantwortung* question *f*; interrogation *f* (*a.* GRAM); **dumme ~!** quelle question!; **ohne ~** sans aucun doute; **e-e ~ (zu etw) haben** avoir une question (à propos de, concernant qc); **(j-m** *od* **an j-n) e-e ~ stellen** poser une question (à qn); **j-m ~n stellen** *a.* interroger, questionner qn; **an j-n e-e ~ richten** poser une question à qn; **e-e ~ beantworten, auf e-e ~ antworten** répondre à une question; **die ~ bejahen, verneinen** répondre affirmativement, négativement 2 *(Angelegenheit, Problem)* problème *m*; **e-e offene ~** une question non résolue; **e-e strittige ~** une question litigieuse; **die soziale ~** les problèmes sociaux; **es steht außer ~(, dass ...)** il n'y a pas de doute (que ...); cela ne fait pas de doute (que ...); **die ~ (ist), ob ...** la question (est) de savoir si ...; **es ist noch die ~, ob ...** reste à savoir si ...; **das ist (eben) die ~** c'est là *od* voilà la question; **das ist noch die ~!** c'est à savoir!; **es ist nur noch e-e ~ der Zeit** ce n'est plus qu'une question de temps; **in ~** → infrage
Fragebogen M questionnaire *m*; **Frageform** F GRAM forme interrogative; **Fragefürwort** N GRAM pronom interrogatif; *adjektivisch gebrauchtes* adjectif interrogatif
fragen ⟨h.⟩ A VT *u.* VI demander; **etwas ~** demander qc; poser une question; *(Fragen stellen)* **j-n (nach j-m, etw) ~** interroger, questionner qn (sur qn, qc); **j-n etw** *od* **nach etw ~** demander qc à qn; **(j-n) nach j-m ~** *(j-n sprechen wollen)* demander qn (à qn); **(j-n) nach j-m, j-s Befinden ~** demander (à qn) des nouvelles de qn; **nach j-m, etw nicht ~** *(sich nicht kümmern)* ne pas se soucier de qn, qc; *fig* **nicht lange ~** aller tout droit au but; ne pas tergiverser; *umg* **Fragen kostet nichts** demander ne coûte rien; *umg* **das fragst du noch?** tu n'as toujours pas compris, *umg* pigé? B VR **sich ~** se demander; **das frage ich mich auch** moi aussi je me pose la question C V/UNPERS **es fragt sich, ob ...** on se demande si ...; reste à savoir si ...
fragend A ADJT *Blick etc* interrogateur, -trice B ADVL **j-n ~ ansehen** interroger qn du regard; regarder qn d'un air interrogateur
Fragenkomplex M ensemble *m* de questions *bzw.* de problèmes
Fragepartikel F GRAM particule interrogative
Fragerei F ⟨~; ~en⟩ *pej* manie *f* de questionner; **diese ewige ~** cette manie perpétuelle de questionner; ces questions continuelles
Fragesatz M GRAM **(direkter, indirekter) ~** proposition interrogative (directe, indirecte)
Fragesteller(in) M ⟨~s; ~⟩ F ⟨~in; ~innen⟩ personne *f* qui pose une question; *in e-r Versammlung* interpellateur, -trice *m,f*
Fragestellung F (façon *f*, manière *f* de formuler la) question *f*; problème *m*; **bei dieser ~** la question ainsi formulée
Fragestunde F *im Parlament* heure *f* d'interpellations; **Frage-und-Antwort-Spiel** N jeu *m* de questions et de réponses; **Fragewort** N ⟨~(e)s; -wörter⟩ GRAM interrogatif *m*
Fragezeichen N GRAM, *fig* point *m* d'interrogation; *fig* **etw mit e-m großen ~ versehen** mettre qc en doute; *umg* **wie ein ~ dastehen** ne pas se tenir droit
fragil *geh* ADJ frêle; fragile
fraglich ADJ 1 *(unsicher)* incertain; douteux, -euse; problématique; discutable; **es ist ~, ob ...** on se demande si ...; reste à savoir si ... 2 ⟨épithète⟩ *(betreffend)* en question; en cause; **die ~e Angelegenheit** l'affaire en question
fraglos ADV incontestablement; sans aucun doute
Fragment N ⟨~(e)s; ~e⟩ fragment *m*; **fragmentarisch** ADJ fragmentaire
fragwürdig ADJ 1 *(Bedenken hervorrufend)* suspect; *(zweifelhaft)* douteux, -euse; *(anfechtbar)* discutable; **von ~em Wert sein** être d'un intérêt discutable 2 *(zwielichtig)* louche; équivoque
Fragwürdigkeit F ⟨~; ~en⟩ 1 *(Zweifelhaftigkeit)* caractère suspect, douteux, discutable 2 *(Zwielichtigkeit)* caractère *m* louche, équivoque
Fraktion F ⟨~; ~en⟩ 1 PARLAMENT groupe *m* parlementaire 2 *(Sondergruppe)* groupe *m* 3 CHEM fraction *f*
Fraktionsbeschluss M décision *f* de groupe parlementaire; **Fraktionsführer(in)** → Fraktionsvorsitzende(r); **fraktionslos** ADJ *Abgeordneter* non inscrit; **Fraktionssitzung** F réunion *f* de groupe parlementaire; **Fraktionsstärke** F POL 1 *(Mindestgröße)* nombre *m* minimum de membres requis pour constituer un groupe parlementaire 2 *(Fraktionsgröße)* nombre *m* de membres d'un groupe parlementaire; **Fraktionsvorsitzende(r)** M/F(M) président(e) *m(f)* de groupe parlementaire; **Fraktionszwang** M ⟨~(e)s⟩ discipline *f* de vote
Fraktur F ⟨~; ~en⟩ 1 MED fracture *f* 2 ⟨sans pl⟩ TYPO (écriture *f*) gothique *f*; *umg* **~ reden** ne pas mâcher ses mots; *umg* **mit j-m ~ reden** dire à qn ses quatre vérités; dire son fait à qn
Frakturschrift F → Fraktur 2
Franc M ⟨~; ~s, *mais* 5 ~⟩ HIST *Währung* franc *m*; **französischer, belgischer ~** franc français, belge
Franchise[1] N ⟨~⟩, **Franchising** N ⟨-sings⟩ WIRTSCH franchisage *m*; franchising *m*
Franchise[2] F ⟨~; ~n⟩ VERSICHERUNG franchise *f*
Franc-Zone F WIRTSCH zone *f* franc
frank ADV **~ und frei** franchement; sans ambages; carrément
Frank M ⟨→ *n/pr*⟩ *prénom*
Franke M ⟨~n; ~n⟩ 1 *(Bewohner von Franken)* Franconien *m* 2 HIST Franc *m*
Franken[1] N ⟨→ *n/pr*⟩ GEOG la Franconie
Franken[2] M ⟨~s; ~⟩ *Währung* franc *m* suisse
Frankenreich N HIST royaume franc; **Frankenwein** M vin *m* de Franconie
Frankfurt N ⟨→ *n/pr*⟩ **~ am Main** Francfort-sur-le-Main; **~ (Oder)** Francfort-sur-l'Oder
Frankfurter[1] A ADJ ⟨épithète; inv⟩ de Francfort; **~ Würstchen** *n(pl)* saucisse(s) *f(pl)* de Francfort B F ⟨~; ~⟩ *Wurst* saucisse *f* de Francfort
Frankfurter[2] M ⟨~s; ~⟩, **Frankfurterin** F ⟨-in; -innen⟩ Francfortois(e) *m(f)*; habitant(e) *m(f)* de Francfort
frankieren VT ⟨*pas de ge-*, h.⟩ *Postsendungen* affranchir
Frankiermaschine F machine *f* à affranchir; **Frankierung** F ⟨~; ~en⟩ 1 *Vorgang* affranchissement *m* 2 *(Porto)* port *m*; frais *mpl* de timbres
Fränkin F ⟨~; ~nen⟩ 1 *(Bewohnerin von Franken)* Franconienne *f* 2 HIST Franque *f*
fränkisch ADJ 1 *(das heutige Franken betreffend)* franconien, -ienne 2 *Sprache* francique 3 HIST franc, franque
franko ADV HANDEL franco
frankofon ADJ francophone; **Frankofonie** F ⟨~⟩ francophonie *f*
Frankokanadier(in) M(F) Canadien, -ienne *m,f* français(e), de langue française
frankophil ADJ francophile; **frankophon, Frankophonie** → frankofon, Frankofonie
Frankreich N ⟨→ *n/pr*⟩ la France; **Frankreichreise** F voyage *m* en France
Franse F ⟨~; ~n⟩ MODE frange *f*; *gedrehte* torsade *f*; **mit ~n besetzen** garnir de franges
fransen VI ⟨-(es)t, s.⟩ s'effilocher
fransig ADJ *(mit Fransen besetzt)* garni de franges; *(ausgefasert)* effiloché
Franz M ⟨→ *n/pr*⟩ *prénom*; REL **~ von Assisi** François *m* d'Assise
Franzbranntwein M ⟨~s⟩ PHARM alcool camphré (pour frictions)
Franziskaner(in) M ⟨~s; ~⟩ F ⟨~in; ~innen⟩ REL franciscain(e) *m(f)*; **Franziskanerkloster** N couvent *m* de franciscains; **Franziskanerorden** M ordre *m* des franciscains
Franzose M ⟨~n; ~n⟩ 1 GEOG Français *m*; **als ~** en tant que Français; **er ist (kein) ~** il (n')est (pas) français 2 *Schraubenschlüssel* clé anglaise
franzosenfeindlich ADJ francophobe; antifrançais; **franzosenfreundlich** ADJ francophile; **Franzosenkraut** N ⟨~(e)s⟩ BOT 1 *(Knopfkraut)* galinsoga *m* 2 *(Immergrün)* petite pervenche
Franzosentum N ⟨~(e)s⟩ caractère, esprit français; tradition, civilisation française
französieren VT ⟨*pas de ge-*, h.⟩ franciser; **Französierung** F ⟨~⟩ francisation *f*
Französin F ⟨~; ~nen⟩ Française *f*
französisch A ADJ français; de France; POL *in Zssgn* franco-...; **~es Bett** grand lit; lit *m* de deux personnes; **der ~e König** le roi de France; **die Französische Revolution** la Révolution française; **die ~e Schweiz** la Suisse romande; **die Französische Republik** la République française; **~-deutsch** *Wörterbuch etc* français-allemand; *Beziehungen, Grenze etc* franco-allemand; **auf ~e Art** à la française B ADV **~ aussehen** avoir l'air français; **ein Wort ~ aussprechen** prononcer un mot à la française
Französisch N ⟨~(s)⟩ *Sprache, Unterrichtsfach* français *m*; **~ sprechen, verstehen** parler français, comprendre le français; **fließend ~ sprechen** parler couramment français; **~ sprechend** francophone; **auf, in ~** *(dat)* en français; **sie ist gut in ~** elle est bonne en français; *umg* **sich auf ~ empfehlen** *od* **verabschieden** filer à l'anglaise
Französischarbeit F devoir *m* de français
Französische N ⟨~n⟩ *Sprache* **das ~** le français; **aus dem ~n** du français; **ins ~, im ~n** en

français
Französisch-Guayana N la Guyane française
Französischkurs M cours *m* de français; **Französischlehrer(in)** M(F) professeur *m/f* de français
Französisch-Polynesien N la Polynésie française
französischsprachig ADJ *Mensch, Land* de langue française; francophone; *(in französischer Sprache)* en français; *Literatur* d'expression française; **französischsprechend** ADJT → Französisch; **französischstämmig** ADJ d'origine française
Französischstunde F cours *m* de français; **Französischunterricht** M enseignement *m* du français; *Schulstunde* cours *m* de français
frappant ADJ frappant; *Ähnlichkeit a.* saisissant; **frappieren** V/T ‹*pas de ge-*, h.› frapper; **frappierend** ADJT → frappant
Fräse F ‹~; ~n› TECH 1 *Werkzeug* fraise *f* 2 *Maschine* fraiseuse *f*
fräsen V/T *u.* V/I ‹-(es)t, h.› fraiser
Fräser M ‹~s; ~› 1 *Werkzeug* fraise *f* 2 *Arbeiter* fraiseur *m*
Fräsmaschine F fraiseuse *f*
fraß → fressen
Fraß M ‹~es; ~e› 1 *umg pej (Essen) umg* bouffe *f* dégueulasse; *umg* malbouffe *f*; *umg* mauvaise bouffe 2 *(Tiernahrung)* nourriture *f*; **zum ~ vorwerfen** jeter en pâture; *fig pej* **j-m etw zum ~ hinwerfen** *od* **vorwerfen** livrer à qn qc en pâture 3 *durch Schädlinge* dommages causés par des insectes nuisibles
Frater M ‹~s; -tres› KATH frère *m*
fraternisieren V/I ‹*pas de ge-*, h.› fraterniser; **Fraternisierung** F ‹~› fraternisation *f*
Fratz M 1 *umg* ‹~es; ~e› *(niedliches Kind) umg* petit(e) môme *m/f*; petit garçon mignon, petite fille mignonne; **süßer ~** gamin(e) *m(f)* adorable; *Baby* bébé mignon 2 ‹~en; ~en› *bes österr (unartiges Kind)* gamin(e) *m(f)* insupportable
Fratze F ‹~; ~n› 1 *(hässliches Gesicht)* figure grimaçante, grotesque 2 *umg (Grimasse)* grimace *f*; **j-m ~n schneiden** faire des grimaces à qn 3 *umg pej (Gesicht) umg* tronche *f*
fratzenhaft ADJ grotesque
frau INDEF PR *oft hum* on *(lorsqu'il s'agit de femmes)*; **hier kann ~ sich wohlfühlen** ici on se sent bien; ici la femme que l'on est peut se sentir bien
Frau F ‹~; ~en› 1 *allgemein, (Ehefrau)* femme *f*; **junge ~** jeune femme; *jungverheiratete a.* jeune épouse; **die ~ des Hauses** la maîtresse de maison; **meine ~** ma femme; **wie geht es Ihrer ~?** comment va votre femme?; REL **Unsere Liebe ~** Notre Dame; **~ und Kind haben** avoir femme et enfant; **zur ~ nehmen** épouser 2 *vor Familiennamen* Madame; *Anrede* **~ X!** Madame!; *förmlich* **gnädige ~!** (Chère) Madame!; **~ Doktor!** MED docteur!; **~ Direktor, Präsidentin!** Madame la Directrice, la Présidente!; **die ~ Direktor, Präsidentin** *etc* Madame la Directrice, la Présidente, *etc*; *in Briefen* **Sehr geehrte ~ X, …** Madame, …; **Liebe ~ X, …** Chère Madame, …; **Sehr geehrte ~ Direktor, …** Madame la Directrice, …; *geh* **Ihre ~ Mutter** Madame votre mère
Frauchen *umg* N ‹~s; ~› *e-s Hundes* maîtresse *f*; *umg* mémère *f*
Frauenarbeit F travail féminin, de(s) femme(s); **Frauenarzt** M, **Frauenärztin** F gynécologue *m/f*; **Frauenbeauftragte** F ‹→ A› déléguée *f* à la condition féminine; **Frauenberuf** M métier féminin; profession féminine; **Frauenbewegung** F mouvement *m* féministe; **Frauenchor** M chorale *f*, KIRCHE chœur *m* de femmes; **Frauenemanzipation** F émancipation féminine; **Frauenfarn** M BOT fougère *f* femelle; *t/t* athyrium *m*; **Frauenfeind** M misogyne *m*; **frauenfeindlich** ADJ misogyne; **Frauenfrage** F problèmes *mpl* des femmes (dans la société); condition féminine; **Frauenfußball** M ‹~(e)s› football féminin; **Frauengesellschaft** F société dominée par les femmes; *(Matriarchat)* matriarcat *m*; **Frauenhaar** N 1 cheveu(x) *m(pl)* de femme 2 BOT cheveu *m* de Vénus; *t/t* adiantum *m*; **Frauenhaus** N centre *m* d'accueil pour femmes battues; **Frauenheilkunde** F gynécologie *f*; **Frauenheld** M *umg* tombeur *m*; homme *m* à femmes; **Frauenkleider** NPL vêtements *mpl* de femme; **in ~n** *verkleidet* déguisé en femme
Frauenklinik F établissement hospitalier spécialisé en gynécologie; *für Geburtshilfe* maternité *f*; **Frauenkloster** N couvent *m* de femmes; **Frauenkrankheit** F, **Frauenleiden** N affection *f* gynécologique; **Frauenmantel** M BOT alchémille *f*; manteau *m* de Notre-Dame; *t/t* alchimilla *f*; **Frauenministerin** F ministre *m* de la condition féminine; **Frauenquote** F pourcentage *m* de postes occupés par des femmes *(dans un parti, une organisation, etc)*; **Frauenrechtlerin** F ‹~; ~nen› féministe *f*; HIST suffragette *f*
Frauensache F **das ist ~** c'est une affaire de femmes
Frauenschuh M BOT sabot *m* de Vénus, de la Vierge; *t/t* cypripedium *m*; **Frauenstation** F *im Krankenhaus* service *m* de gynécologie et d'obstétrique; **Frauenstimme** F voix *f* de femme; **Frauentaxi** N taxi *m* pour femmes; **Frauenverband** M association, organisation féminine; **Frauenwahlrecht** N droit *m* de vote pour les femmes; **Frauenzeitschrift** F revue féminine; magazine féminin
Frauenzimmer *umg pej* N bonne femme
Fräulein N ‹~s; ~› 1 demoiselle *f* *(a. iron)*; *veraltet* TEL **das ~ vom Amt** la demoiselle des PTT 2 *vor Familiennamen* Mademoiselle *f*; *Anrede* **~ X!** Mademoiselle (X)!; *umg für Kellnerinnen* **~!** Madame!; *förmlich* **gnädiges ~!** Mademoiselle!; *in Briefen* **Sehr geehrtes ~ X, …** Mademoiselle, …; **Liebes ~ X, …** Chère Mademoiselle, …; *geh* **Ihr ~ Tochter, Schwester** Mademoiselle votre fille, sœur
fraulich ADJ féminin; **sie wirkt sehr ~** elle fait très femme
Fraulichkeit F ‹~› féminité *f*
frdl. ABK → freundlich
Freak M ‹~s; ~s› 1 *(Nichtbürgerliche[r])* freak *m/f* 2 *umg (Fan) umg* accro *m/f*; *umg* mordu(e) *m(f)*; *in Zssgn* **sie ist ein (absoluter) Tangofreak** *umg* c'est une accro du tango
frech A ADJ 1 *(unverschämt)* insolent, impertinent, effronté, *umg* culotté (**zu j-m** envers, avec qn); *umg* **~ wie Dreck, wie Oskar** effronté comme un moineau; **~ sein** *a. umg* avoir du toupet, du culot; *umg* ne pas manquer d'air, de culot 2 *(keck) Kleidung, Frisur* coquin; *umg* marrant; *Frisur a.* qui a du chien B ADV avec insolence, impertinence; **j-m ~ ins Gesicht sehen** *a.* lancer un regard effronté à qn
Frechdachs *umg oft hum* M insolent(e) *m(f)*; impertinent(e) *m(f)*; effronté(e) *m(f)*; **kleiner ~!** petit(e) impertinent(e)!
Frechheit F ‹~; ~en› insolence *f*; impertinence *f*; effronterie *f*; *umg* culot *m*; *umg* toupet *m*; **die ~ haben, zu** *(+inf)* avoir l'insolence, l'audace de *(+inf)*; *umg* **so e-e ~!** *umg* quel culot, *etc*!; **sich** *(dat)* **(gegenüber j-m) ~en erlauben** *od* **herausnehmen** être insolent (envers qn)
Freesie F ‹~; ~n› BOT freesia *m*
Freeware F ‹~› IT freeware *m*
Fregatte F ‹~; ~n› SCHIFF frégate *f*; *fig pej* **e-e alte ~** *umg* un vieux tableau
Fregattenkapitän M capitaine *m* de frégate

frei

A Adjektiv B Adverb

— A Adjektiv —

1 *(unabhängig)* libre; indépendant; *Land, Presse, Wahlen, Wechselkurs* libre; *Volk, Leben, Person a.* indépendant; HIST **~e Reichsstadt** ville libre impériale; PHIL **~er Wille** libre arbitre *m*; **~ bleiben** rester libre; **~ sein, etw zu tun** être libre de faire qc 2 *beruflich (nicht angestellt)* indépendant; qui travaille à son compte; ADMIN *a.* non-salarié; *Journalist, Fotograf a.* free-lance; **~er Beruf** profession libérale; **~er Mitarbeiter** collaborateur *m* ayant un statut de travailleur indépendant, en free-lance 3 *(wieder in Freiheit) Verbrecher* en liberté; sorti de prison; **j-n auf ~en Fuß setzen** relâcher qn; JUR relaxer qn; **~ bekommen** → freibekommen A; **~ geben** libérer; **~ lassen** → freilassen 4 *in moralischer Hinsicht* **~e Ansichten** *fpl* idées libertines; **~e Liebe** amour *m* libre; *Buch, Film etc* **(sehr) ~** (très) osé 5 *(offen) Straße etc* libre; **~es Gelände** terrain *m* vague; **auf ~em Feld** en plein champ; **unter ~em Himmel** en plein air; à la belle étoile; **in der ~en Natur** en pleine nature; **auf ~er Strecke** en pleine, rase campagne; **~ legen** → freilegen 6 *(unbesetzt) Platz etc* libre; **~e Stelle** emploi vacant; place vacante; **Zimmer ~** chambre à louer; **ein ~es Zimmer** une chambre (de) libre; BOXEN **Ring ~!** soigneurs °hors du ring!; *Platz* **~ halten** réserver; **Einfahrt ~ halten!** sortie de voitures!; **die Kreuzung, den Weg ~ machen** dégager le carrefour, la voie; **j-m e-n Platz ~ lassen** laisser une place à qn; **e-e Zeile ~ lassen** laisser une ligne en blanc; **ist dieser Platz ~?** cette place est-elle libre? 7 *(ungehindert)* libre; **~er Blick** vue dégagée; **~e Fahrt** voie *f* libre; PHYS **~er Fall** chute *f* libre; **~er Markt** marché *m* libre; **~e Meinungsäußerung** libre expression *f* d'opinion; **~er Wettbewerb** libre concurrence *f*; **e-r Sache** *(dat)* **~en Lauf lassen** donner libre cours à qc; **(die) ~e Wahl haben** être libre de choisir; **die Scheiben ~ machen** *von Schicht aus Wassertröpfchen* désembuer les vitres 8 *(nicht beeinträchtigt)* **~ von** sans; **(nicht) ~ von Fehlern** (qui n'est pas) sans fautes; **~ von Konservierungsstoffen** sans agents conservateurs; **~ von Sorgen sein** ne pas avoir de soucis; **sich von etw ~ machen** *von Verpflichtungen* se libérer de qc; *von Furcht, Traditionen* se débarrasser de qc; *von gesellschaftlichen Zwängen a.* s'affranchir de qc 9 *(verfügbar) Zeit, Telefonleitung* libre; *(arbeits~)* de congé; *(schul~)* de vacances; **ein ~er Nachmittag** un (e) après-midi (de) libre, de congé; **keinen ~en Augenblick haben** ne pas avoir un moment de libre *od* à soi; **sind Sie gerade ~?** vous avez un instant?; **~ bekommen** → freibekommen A; **~ geben** → freigeben 2; **~ haben** → freihaben; **~ machen** → freimachen B, C; **~ nehmen** → freinehmen 10 *(unentgeltlich) Eintritt etc* gratuit; libre; *Gepäck im Flugzeug* autorisé; HANDEL **~ Haus** franco à domicile; **alles ~ haben** n'avoir rien à payer; HANDEL être défrayé de tout; **~e Verpflegung haben** être nourri 11 *(nicht an e-e Vorlage*

gebunden) libre; **~e Rede** discours improvisé; **e-e ~e Rede halten** parler sans notes; **~e Übersetzung** traduction *f* libre **12** CHEM, PHYS libre; **~es Elektron, ~e Energie** électron *m*, énergie *f* libre; *bei e-r Reaktion* **~ werden** se dégager **13** SPORT *(anspielbar)* démarqué **14** POL *in Deutschland* **die Freien Demokraten** *mpl* les libéraux *mpl*; **Freie Demokratische Partei** parti libéral allemand **15** *Wendungen*: **~e Erfindung** pure invention; **~e Hand haben** avoir le champ libre; avoir les coudées franches; **j-m ~e Hand lassen** laisser le champ libre à qn; donner carte blanche à qn; **j-m völlig ~e Hand lassen** *a.* laisser toute latitude à qn; **~ ausgehen** *Kind* ne pas être puni; *Angeklagter* être relaxé; *beim Arzt* **machen Sie sich bitte ~!** déshabillez-vous, s'il vous plaît!; **bitte machen Sie den Oberkörper ~!** déshabillez-vous jusqu'à la ceinture, s'il vous plaît!; *Film* **~ ab 18** interdit aux moins de dix-huit ans; *bei e-m Angebot* **ich bin so ~!** vous permettez?

— **B** Adverb —

librement; **s-e Meinung ~ äußern** donner franchement, POL librement son avis; **sich ~ bewegen (können)** (pouvoir) se déplacer librement, en toute liberté; (pouvoir) circuler librement; **sich ~ entfalten** développer librement ses dons, *etc*; **~ herumlaufen** *Tier, Verbrecher* être en liberté; **~ praktizierender Arzt** médecin non-conventionné; **~ sprechen** *(ohne Konzept sprechen)* parler sans notes; **~ stehen** *(leer stehen)* être inoccupé, *Haus a.* inhabité; SPORT être démarqué; **~ stehend** *(alleinstehend) Gebäude* isolé; *(leer stehend)* libre; vide; *Haus a.* inhabité; inoccupé; **~ übersetzen** traduire librement; **~ erfunden** inventé de toutes pièces; **~ finanziert** financé par des fonds privés; **~ nach Goethe** d'après Goethe; → freistellen B

Freiaktie F HANDEL action gratuite; **Freibad** N piscine *f* en plein air; **Freiballon** M ballon *m* (libre); **Freibank** F ⟨~; ~e⟩ point *m* de vente de viande de dernière catégorie

freibekommen ⟨*irr, sép, pas de ge-*, h.⟩ **A** VT **j-n ~** obtenir la libération de qn; **e-n Tag ~** avoir, obtenir un jour de congé, de libre **B** *umg* VI avoir congé

Freiberufler(in) M ⟨~s; ~⟩ (F) ⟨~in; ~innen⟩ personne *f* travaillant à son compte; ADMIN non-salarié(e) *m(f)*

freiberuflich **A** ADJ qui travaille à son compte; ADMIN non-salarié; *Journalist, Fotograf* free-lance; *Arzt* non-conventionné **B** ADV **~ tätig sein** être, travailler à son compte; ADMIN avoir une profession non salariée; *Journalist, Fotograf* travailler en free-lance

Freibetrag M *(Steuerfreibetrag)* somme *f* non imposable; montant exonéré; *bei der Einkommensteuer* abattement *m* à la base; **Freibeuter** M ⟨~s; ~⟩ **1** HIST flibustier *m*; forban *m* **2** *fig pej* profiteur *m*; forban *m*; **Freibeuterei** F ⟨~⟩ **1** HIST flibusterie *f* **2** *fig pej* exploitation *f*; **Freibier** N bière gratuite; **freibleibend** ADJT *u.* ADVL HANDEL sans engagement; **Freibord** M SCHIFF franc-bord *m*; **Freibrief** M *fig* carte blanche (**für** pour)

Freiburg N ⟨→ *n/pr*⟩ *in der Schweiz* Fribourg; **~ im Breisgau** Fribourg-en-Brisgau

Freidemokrat(in) M(F) POL membre *m* du Parti libéral (allemand); **Freidenker** M libre penseur *m*; **Freidenkertum** N ⟨~s⟩ libre pensée *f*

Freie(s) N ⟨→ A⟩ **im ~n** en plein air; dehors; en pleine campagne; **ins ~ gehen** aller dehors; sortir; **im ~n übernachten** *a.* coucher à la belle étoile

freien *liter* VT (*u.* VI) **(um) ein Mädchen ~** rechercher, demander une jeune fille en mariage; *sprichw* **jung gefreit hat nie gereut** *sprichw* qui s'est marié tôt ne s'en est jamais encore repenti

Freier M ⟨~s; ~⟩ **1** *liter e-s Mädchens* prétendant *m* **2** *umg e-r Dirne umg* micheton *m*

Freiersfüße MPL *hum* **auf ~n gehen** chercher à se marier

Freiexemplar N exemplaire gratuit; spécimen *m*; **Freifahrkarte** F billet gratuit; *als Gewinn a.* billet offert; **Freifahrt** F voyage, parcours gratuit; **Freifläche** F espace *m* disponible; **Freifrau** F baronne *f*

Freigabe F *e-s Gefangenen* libération *f*; *e-r Bahnstrecke* mise *f* en service; *der Preise, Waren zum Verkauf, von Mieten, Wechselkursen* déblocage *m*; *e-s Presseartikels etc* autorisation *f* (de publication); **~ für den Verkehr** ouverture *f* à la circulation; *für e-n Film* **die ~ erteilen** accorder le visa de censure

Freigänger(in) M ⟨~s; ~⟩ (F) ⟨~in; ~innen⟩ détenu(e) *m(f)* en semi-liberté

freigeben VT ⟨*irr, sép*, -ge-, h.⟩ **1** *Gefangene, Preise, Weg* libérer; *Bahnstrecke* mettre en service; *Waren zum Verkauf, Preise, Löhne, Wechselkurse* débloquer; *Film* accorder le visa de censure à; *Presseartikel etc* autoriser la publication de; *Film* **freigegeben ab 18 Jahren** interdit aux moins de 18 ans; **für den Verkehr ~** ouvrir à la circulation **2** *in der Schule, im Betrieb* **j-m (e-n Tag) ~** donner (un jour de) congé à qn

freigebig ADJ généreux, -euse; **j-m gegenüber ~ sein** se montrer, être généreux avec qn

Freigebigkeit F ⟨~⟩ générosité *f*; libéralité *f*; **Freigehege** N *im Zoo* installation *f* où les animaux sont en semi-liberté; **Freigeist** M ⟨~(e)s; ~er⟩ libre penseur *m*; HIST libertin *m*; **freigeistig** ADJ de libre penseur; **Freigepäck** N franchise *f* de bagages; **Freigrenze** F *(Steuerfreigrenze)* seuil *m* de non-imposition

freihaben *umg* VT *u.* VI ⟨*irr, sép*, -ge-, h.⟩ *in der Schule, im Betrieb* ne pas travailler; être libre; *in der Dienststelle* ne pas être de service; **e-e Stunde ~** *als Freizeit* avoir une heure de libre; **zwei Tage ~** *als Urlaub, Ferien* avoir deux jours de vacances; → *a.* frei A 10

Freihafen M port franc

freihalten VT ⟨*irr, sép*, -ge-, h.⟩ **1** **j-n ~** tout payer à qn; inviter, régaler qn **2** *Platz* → frei A 6 **3** *Zeit* **sich** *(dat)* **den Montag** *etc* **~** se réserver le lundi, *etc* **4** *(schützen)* **etw von Schmutz ~** préserver qc de la saleté; **j-n von schädlichen Einflüssen ~** protéger qn contre des influences néfastes

Freihandel M WIRTSCH libre-échange *m*; **Freihandelszone** F zone *f* de libre-échange

freihändig ADJ *u.* ADV à main levée; *Rad fahren* sans tenir le guidon; *schießen* sans appui; ADMIN *verkaufen* à l'amiable; de gré à gré

Freihandzeichnen N, **Freihandzeichnung** F dessin *m* à main levée

Freiheit F ⟨~; ~en⟩ **1** ⟨*sans pl*⟩ liberté *f*; **~, Gleichheit, Brüderlichkeit** Liberté, Égalité, Fraternité; **persönliche, politische ~** liberté individuelle, politique; **wieder in ~** *(dat)* **sein** *Gefangener* être relâché; *Tier* être remis en liberté; **j-m völlige ~ lassen, gewähren** laisser, accorder toute liberté, toute latitude à qn **2** *(Vorrecht)* prérogative *f*; **dichterische ~** licence *f* poétique; **sich** *(dat)* **die ~ nehmen, etw zu tun** prendre la liberté de faire qc; **sich** *(dat)* **~en (gegenüber j-m) erlauben** *od* **herausnehmen** se permettre des libertés (envers qn); **sich** *(dat)* **e-r Frau gegenüber große ~en erlauben** *od* **herausnehmen** se permettre, prendre des privautés avec une femme

freiheitlich **A** ADJ libéral **B** ADV **~ gesinnt sein** être libéral; avoir l'esprit libéral

Freiheitsberaubung F JUR séquestration *f*; **Freiheitsdrang** M soif *f*, désir *m* de liberté; **Freiheitsentziehung** F privation *f* de liberté; **Freiheitsentzug** M JUR privation *f* de liberté; **Freiheitsgrad** M MATH, PHYS degré *m* de liberté; **Freiheitskampf** M lutte *f* de libération; **Freiheitskämpfer** M combattant *m* pour la liberté; **Freiheitskrieg** M guerre *f* de libération; **Freiheitsliebe** F amour *m* de la liberté; **freiheitsliebend** ADJT qui aime la liberté; **Freiheitssinn** M ⟨~(e)s⟩ sens *m* de la liberté; **Freiheitsstatue** F *im Hafen von New York* statue *f* de la liberté

Freiheitsstrafe F peine *f* de prison; **j-n zu drei Jahren ~ verurteilen** condamner qn à trois ans de prison

freiheraus ADV franchement; *umg* carrément

Freiherr M baron *m*

Freiin F ⟨~; ~nen⟩ baronne *f*

freikämpfen ⟨*sép*, -ge-, h.⟩ **A** VT libérer **B** VR **sich ~ (aus)** se dégager (de)

Freikarte F carte *f* d'entrée gratuite; billet gratuit, de faveur; exonéré *m*

freikaufen ⟨*sép*, -ge-, h.⟩ **A** VT *Gefangenen* racheter **B** VR **sich ~** racheter sa liberté

Freikirche F Église indépendante de l'État

freikommen VI ⟨*irr, sép*, -ge-, s.⟩ **aus e-m Griff ~** se libérer d'une prise; **aus dem Gefängnis ~** sortir de prison

Freikörperkultur F ⟨~⟩ naturisme *m*; nudisme *m*; **Freikorps** N HIST corps franc

Freiland N ⟨~(e)s⟩ AGR, GARTEN plein champ; plein air; **Freilandgemüse** N légumes *mpl* de plein champ; **Freilandsalat** M salade *f* de plein champ

freilassen VT ⟨*irr, sép*, -ge-, h.⟩ *Gefangenen* libérer; relâcher; JUR relaxer; *Tier* remettre en liberté; relâcher; HIST *Sklaven* affranchir; **gegen Kaution ~** relâcher sous caution

Freilassung F ⟨~; ~en⟩ *e-s Gefangenen* libération *f*; mise *f* en liberté; JUR relaxation *f*; HIST *e-s Sklaven* affranchissement *m*; **Freilauf** M TECH roue *f* libre

freilaufen VR ⟨*irr, sép*, -ge-, h.⟩ SPORT **sich ~** se démarquer

freilegen VT ⟨*sép*, -ge-, h.⟩ mettre au jour; dégager; *bei Ausgrabungen a.* découvrir

Freilegung F ⟨~⟩ mise *f* à jour; dégagement *m*; **Freileitung** F ELEK ligne (électrique) aérienne

freilich ADV **1** *(allerdings)* à vrai dire; **man muss ~ sagen, dass …** il faut pourtant *od* cependant dire que … **2** *bes südd (selbstverständlich)* bien sûr; évidemment; **(ja) ~!** mais oui!

Freilichtaufführung F représentation *f* en plein air; **Freilichtbühne** F théâtre *m* en plein air, de verdure; **Freilichtmuseum** N écomusée *m*; **Freilichttheater** N → Freilichtbühne

Freilos N billet de loterie gratuit

freimachen ⟨*sép*, -ge-, h.⟩ **A** VT *Postsendung* affranchir; *Weg, Scheiben* → frei A 6, 7 **B** *umg* VI *(nicht arbeiten) umg* ne pas aller bosser **C** *umg* VR **sich ~** *(sich freie Zeit nehmen)* se libérer; → *a.* frei A 8, 15

Freimaurer M franc-maçon *m*; **Freimaurerei** F ⟨~⟩ franc-maçonnerie *f*; **Freimaurerloge** F loge *f* (franc-)maçonnique

Freimut M franchise *f*; sincérité *f*; **freimütig** **A** ADJ franc, -che; sincère **B** ADV à cœur ouvert; franchement; sincèrement

freinehmen VT ⟨*irr, sép*, -ge-, h.⟩ **sich** *(dat)* **e-n Tag ~** prendre un jour de congé, de vacances

freipressen V/T ⟨-(es)t, *sép*, -ge-, h.⟩ libérer, délivrer (en faisant du chantage)
Freiraum M PSYCH liberté *f* (d'action, d'agir)
freischaffend ADJT *Künstler etc* indépendant
Freischärler M ⟨~s; ~⟩ franc-tireur *m*
freischießen V/R ⟨*irr*, *sép*, -ge-, h.⟩ **sich** (*dat*) **den Weg ~** se frayer un passage à coups de feu
Freischlag M HOCKEY, POLO coup franc
freischwimmen V/R ⟨*irr*, *sép*, -ge-, h.⟩ **sich ~** passer son brevet de natation (de quinze minutes de nage libre); *fig* acquérir son autonomie
Freischwimmer M nageur *m* qui possède le brevet de natation; *umg* **den ~ machen** passer son brevet de natation
freisetzen V/T ⟨-(es)t, *sép*, -ge-, h.⟩ 1 PHYS, CHEM dégager; libérer 2 *verhüllend* (*entlassen*) licencier; **freisinnig** *geh* ADJ aux vues larges; libéral; **freispielen** V/T (u. V/R) ⟨*sép*, -ge-, h.⟩ SPORT **(sich) ~** (se) démarquer
Freisprechanlage F, **Freisprecheinrichtung** F téléphone *m*, installation *f* téléphonique mains libres
freisprechen ⟨*irr*, *sép*, -ge-, h.⟩ A V/T 1 JUR acquitter; **j-n von e-m Verdacht ~** laver qn d'un soupçon 2 *Lehrling* remettre le CAP à B V/I TEL téléphoner avec un téléphone mains libres; → *a.* frei B
Freisprechung F ⟨~; ~en⟩ 1 JUR acquittement *m* 2 *e-s Lehrlings* remise *f* du CAP (+*gen* à); **Freispruch** M JUR acquittement *m*
Freistaat M État *m* libre; **der ~ Bayern, Sachsen** l'État libre de Bavière, de Saxe
Freistatt *geh* F ⟨~; ¨en⟩, **Freistätte** *geh* F asile *m*
freistehen ⟨*irr*, *sép*, -ge-, h.⟩ A V/I → frei B B V/UNPERS **es steht Ihnen frei zu** (+*inf*) vous êtes libre de (+*inf*); je vous laisse libre de (+*inf*)
freistehend ADJT → frei B
freistellen ⟨*sép*, -ge-, h.⟩ A V/T 1 **j-m ~, etw zu tun** laisser qn libre de faire qc 2 **~ (von)** *Person von e-r Aufgabe etc* libérer (de); *von Steuern etc* exempter (de); exonérer (de); **j-n vom Wehrdienst ~** exempter qn du service militaire 3 *verhüllend* (*entlassen*) licencier B V/R **sich ~** SPORT se démarquer
Freistellung F *von Steuern etc* franchise *f*; exemption *f*; exonération *f*; **~ vom Wehrdienst** exemption du service militaire
Freistempel M timbre imprimé (par la machine à affranchir)
Freistil M ⟨~s⟩ 1 SCHWIMMEN nage *f* libre 2 RINGEN lutte *f* libre; **Freistilringen** N lutte *f* libre; **Freistilringer** M lutteur *m* pratiquant la lutte libre; **Freistilschwimmen** N nage *f* libre
Freistoß M FUSSBALL coup franc; **Freistunde** F SCHULE heure creuse; **Freitag** M vendredi *m*; → *a.* Montag
freitägig ADJ ⟨*épithète*⟩ du vendredi; **freitäglich** ADJ ⟨*épithète*⟩ de tous les vendredis
freitags ADV le vendredi; tous les vendredis
Freitod M *verhüllend* suicide *m*; **freitragend** ADJT BAU en encorbellement; en porte-à-faux; **Freitreppe** F perron *m*; escalier extérieur; **Freiübungen** FPL TURNEN gymnastique *f*; **Freiumschlag** M enveloppe timbrée, affranchie; **Freiverkehr** M ZOLL, BÖRSE marché *m* libre; BÖRSE *a.* marché °hors cote
freiweg *umg* ADV *umg* tout de go; **etw ~ behaupten** affirmer carrément qc
Freiwild N *fig* proie *f*
freiwillig A ADJ volontaire; *Dienst, Hilfe etc* bénévole; *Handlung, Geständnis* spontané; (*freigestellt*) facultatif, -ive; **~e Feuerwehr** corps *m* de pompiers volontaires; **~er Helfer, ~e Helferin** aide *m/f* bénévole; **~e Sozialleistungen** *fpl* avantages sociaux; **~e Versicherung** assurance facultative B ADV volontairement; de plein gré; **sich ~ melden (zu)** se proposer (pour); MIL s'engager comme volontaire (dans); **~ Hilfe leisten** aider bénévolement; **~ gestehen** avouer spontanément
Freiwillige(r) M/F(M) ⟨→ A⟩ volontaire *m/f*; MIL engagé *m* volontaire; **~ vor!** que les volontaires se manifestent!
Freiwilligkeit F ⟨~⟩ caractère bénévole, facultatif, gracieux; *e-r Handlung, e-s Geständnisses* spontanéité *f*; **Freiwurf** M HANDBALL jet franc; WASSERBALL, BASKETBALL coup franc; **Freizeichen** N TEL 1 (*Wählton*) tonalité *f* 2 (*Freiton*) tonalité *f* signalisant que la ligne est libre; **Freizeichnungsklausel** F HANDEL clause *f* de responsabilité limitée, de non-responsabilité (pour le fret maritime)
Freizeit F 1 ⟨*sans pl*⟩ *e-r Person* heures *fpl* de loisir, de liberté; moments perdus; *soziologisch gesehen* loisirs *mpl*; temps *m* libre; **in der ~** pendant mes, *etc* loisirs; dans mon, *etc* temps libre 2 (*Zusammenkunft, Ferienfreizeit*) camp *m* de vacances
Freizeitangebot N activités *fpl* de loisir; **Freizeitbeschäftigung** F activité *f* de loisir; distraction *f*; **Freizeitgesellschaft** F société *f* de loisirs; **Freizeitgestaltung** F organisation *f* des loisirs; **Freizeithemd** N chemise *f* sport; **Freizeitindustrie** F ⟨~⟩ industrie *f* des loisirs; **Freizeitkleidung** F tenue sport, décontractée; **Freizeitpark** M parc *m* de loisirs
Freizeitwert M **e-n hohen ~ haben** offrir une large gamme de loisirs
Freizeitzentrum N centre *m* proposant des activités sportives et culturelles; centre socioculturel; *für Jugendliche* Maison *f* des jeunes; club *m* de jeunes
freizügig A ADJ 1 (*großzügig*) généreux, -euse (*a. finanziell*); *Auslegung* large 2 (*gewagt*) osé; *Einstellung* libre 3 *hinsichtlich Wohnsitz* libre de choisir son domicile; libre d'aller et venir B ADV généreusement; avec générosité; **~ Geld ausgeben** dépenser sans compter; **e-e Bestimmung ~ auslegen** ne pas observer une disposition à la lettre
Freizügigkeit F ⟨~⟩ 1 (*Großzügigkeit*) générosité *f* 2 ⟨*pl* ~en⟩ *moralische* liberté *f* 3 *hinsichtlich Wohnsitz* libre choix *m* du domicile; liberté *f* d'aller et venir, de circuler
fremd A ADJ 1 ⟨*épithète*⟩ étranger, -ère; **~e Länder** *npl* pays étrangers 2 ⟨*épithète*⟩ (*e-s anderen*) **~es Eigentum** bien *m*, propriété *f* d'autrui; **~e Gelder, Mittel** *npl* capitaux *mpl*, fonds *m* d'emprunt; **ohne ~e Hilfe** sans l'aide de personne, d'autrui; **sich in ~e Angelegenheiten einmischen** se mêler des affaires d'autrui; **in ~e Hände fallen, kommen** tomber dans, passer à des mains étrangères 3 (*unbekannt*) **in e-r Stadt ~ sein** ne pas connaître (du tout) une ville; **ich bin hier ~** je ne suis pas d'ici; **sie sind sich** (*dat*) **~** ils sont étrangers l'un à l'autre; **solche Gefühle sind ihm ~** de tels sentiments lui sont étrangers B ADV **~ tun** se montrer froid
Fremdarbeiter(in) *veraltend* M(F) travailleur, -euse *m,f* immigré(e); **fremdartig** ADJ étrange; **Fremdartigkeit** F ⟨~⟩ étrangeté *f*; **Fremdbestimmung** F ⟨~⟩ manipulation *f*
Fremde[1] F ⟨~⟩ *geh* (*unbekanntes Land*) **die ~** l'étranger *m*; **in der, in die ~** à l'étranger; en pays étranger; **in die ~ gehen** *a.* quitter le pays
Fremde[2] M/F ⟨→ A⟩ 1 (*Auswärtige[r]*) étranger, -ère *m,f* (à la ville, à la région, *etc*); (*Unbekannte[r]*) inconnu(e) *m(f)* 2 (*Besucher[in]*) visiteur *m*; touriste *m/f*
Fremdeinwirkung F ⟨~⟩ influence extérieure
fremdeln ⟨-(e)le, h.⟩, *schweiz* **fremden** ⟨-ete, h.⟩ V/I *Kind* avoir peur des étrangers
fremdenfeindlich ADJ xénophobe; (*rassistisch*) raciste
Fremdenführer(in) M(F) guide *m*; **Fremdenhass** M xénophobie *f*; (*Rassismus*) racisme *m*; **Fremdenheim** N pension *f* (de famille); **Fremdenlegion** F MIL Légion étrangère; **Fremdenlegionär** M légionnaire *m*; **Fremdenpolizei** F services *mpl* de la police appliquant la législation sur les étrangers; **Fremdenverkehr** M tourisme *m*
Fremdenverkehrsamt N syndicat *m* d'initiative; office *m* du tourisme; **Fremdenverkehrsort** M ⟨~(e)s; ~e⟩ centre *m* touristique; **Fremdenverkehrsverband** M association *f* touristique; **Fremdenverkehrsverein** M syndicat *m* d'initiative
Fremdenzimmer N chambre *f* (à louer)
Fremder M → Fremde[2]
Fremderregung F ELEK excitation indépendante; **Fremdfinanzierung** F financement *m* par capitaux empruntés
fremdgehen *umg* V/I ⟨*irr*, *sép*, -ge-, s.⟩ être infidèle; découcher
Fremdheit F ⟨~⟩ caractère étranger, insolite; **Fremdherrschaft** F ⟨~⟩ domination étrangère; **Fremdkapital** N capitaux empruntés, étrangers; **Fremdkörper** M MED corps étranger; *fig* élément étranger
fremdländisch ADJ étranger, -ère; (*exotisch*) exotique
Fremdling *oft poet* M ⟨~s; ~e⟩ étranger, -ère *m,f*; **Fremdsprache** F langue étrangère; **Fremdspracheninstitut** N école *f* de langues; **Fremdsprachenkenntnisse** FPL connaissances *fpl* en langues étrangères; *im Lebenslauf* langues maîtrisées; **Fremdsprachenkorrespondent(in)** M(F) secrétaire *m/f* bilingue *bzw.* trilingue; **Fremdsprachenunterricht** M enseignement *m* des langues étrangères; **fremdsprachig** ADJ *Mensch, Land* de langue étrangère; *Mensch a.* qui parle une langue étrangère; *Text, Unterhaltung, Unterricht etc* en langue étrangère; **fremdsprachlich** ADJ ⟨*épithète*⟩ *Wort* d'une langue étrangère; *Unterricht* des langues étrangères; **Fremdstoff** M 1 MED substance étrangère 2 (*Zusatzstoff*) additif *m*
Fremdwort N ⟨~(e)s; ¨er⟩ mot étranger; (*gelehrtes Wort*) mot savant; *fig* **Pünktlichkeit ist für ihn ein ~** il ne sait pas ce que c'est que d'être à l'heure
Fremdwörterbuch N dictionnaire *m* de mots d'origine étrangère (et de mots savants)
frenetisch ADJ *Beifall* frénétique
frequentieren V/T ⟨*pas de ge-*, h.⟩ fréquenter
Frequenz F ⟨~; ~en⟩ (*Häufigkeitsziffer, Pulsfrequenz*), LING, PHYS fréquence *f*; (*Besucherzahl*) fréquentation *f*; (*Verkehrsdichte*) densité *f* du trafic; **Frequenzband** N ⟨~(e)s; ¨er⟩ PHYS bande *f* de fréquences; **Frequenzbereich** M PHYS gamme *f* de fréquences; **Frequenzmesser** M ELEK fréquencemètre *m*; **Frequenzmodulation** F RADIO modulation *f* de fréquence; **frequenzmoduliert** ADJT en modulation de fréquence; **Frequenzwandler** M ⟨~s; ~⟩ ELEK changeur *m* de fréquence
Freske F ⟨~; ~n⟩, **Fresko** N ⟨-kos; -ken⟩ MAL fresque *f*
Freskomaler M peintre *m* de fresques; **Freskomalerei** F peinture *f* à fresque
Fressalien *umg oft hum* FPL victuailles *fpl*; *umg*

bouffe *f*
Fresse *sl* F ⟨~; ~n⟩ *(Mund, Gesicht)* *umg* gueule *f*; **j-m in die ~ hauen** *umg* casser la gueule à qn; **j-m die ~ polieren** *umg* abîmer, arranger le portrait de qn; **halt die ~!** *umg* (ferme) ta gueule!; *umg* ferme-la!; *umg* la ferme!; **meine ~!** oh! la vache!
fressen ⟨du frisst, er frisst, fraß, gefressen, h.⟩ **A** VT *u.* VI **1** *von Tieren* manger; **zu ~ geben** donner à manger; *umg fig* **friss, Vogel, oder stirb!** pas moyen de faire autrement!; il faut en passer par là **2** *sl oft pej von Menschen* *umg* bouffer; *(sich voll~)* bâfrer *(abs)*; s'empiffrer (de); *wie ein Schwein* se goinfrer (de); *sl* **sie frisst für drei** *umg* elle bouffe comme un ogre; *umg fig* **j-n gefressen haben** ne pas pouvoir voir qn (en peinture); *umg* avoir qn dans le nez; *umg fig* **etw gefressen haben** *(begriffen haben)* *umg* piger qc; *umg hum* **j-n zum Fressen gernhaben** adorer qn; *umg fig* **sie werden dich schon nicht ~!** ils ne te mangeront pas!; on ne te mangera pas!; *umg* **an j-m, etw e-n Narren gefressen haben** raffoler de qn, de qc; *umg* **~ wie ein Scheunendrescher** manger comme quatre; *umg* **die Weisheit (nicht) mit Löffeln gefressen haben** (ne pas) avoir la science infuse **3** *umg fig (verschlingen)* *umg* bouffer; *Auto* **zu viel Benzin ~** *umg* bouffer trop d'essence; *Autofahrer* **Kilometer ~** avaler, *umg* bouffer des kilomètres; **diese Anschaffung hat ein tiefes Loch in die Kasse gefressen** cet achat a fait un gros trou dans le budget **4** *Rost, Säure etc* ronger *(a. fig Kummer)*, corroder (**an etw** *[dat]* qc) **B** VR **sich durch, in etw** *(akk)* **~** pénétrer dans qc; *Rost* ronger qc
Fressen N ⟨~s⟩ **1** *der Tiere* nourriture *f*; *breiiges* pâtée *f* **2** *sl pej* → Fraß 1; *umg* **das ist ein gefundenes ~ für ihn** c'est une aubaine pour lui
Fresser M ⟨~s; ~⟩ **1** *Tier* mangeur *m* **2** *sl pej Mensch* glouton *m*; goinfre *m*
Fresserei *sl pej* F ⟨~⟩ *umg* bouffe *f*; *Art des Essens* gloutonnerie *f*; *nur vom Menschen* goinfrerie *f*; **die ~ steht bei ihm an erster Stelle** *umg* il passe son temps à bouffer; *umg* il n'y a que la bouffe qui compte pour lui
Fressgelage *umg* N *umg* étalage *m* de bouffe; *umg* boustifaille *f*; **Fressgier** F voracité *f*; gloutonnerie *f*; *nur vom Menschen* goinfrerie *f*; **fressgierig** ADJ vorace; glouton, -onne; goulu; *nur Mensch* goinfre; **Fresskorb** *umg* M *zur Verpflegung* panier *m* de pique-nique; *als Geschenk* corbeille garnie de victuailles; **Fressnapf** M *für Tiere* écuelle *f*; **Fresspaket** *umg* N colis *m* de victuailles, de bonnes choses; **Fresssack** *pej* M goinfre *m*; *umg* bâfreur *m*; glouton *m*; **Fresssucht** F ⟨~⟩ boulimie *f*; **Fresstrog** M auge *f*; **Fresswerkzeuge** NPL *der Insekten* mandibules *fpl*; **Fresszelle** F BIOL, MED phagocyte *m*
Frettchen N ⟨~s; ~⟩ ZOOL furet *m*
Freude F ⟨~; ~n⟩ **1** ⟨*sans pl*⟩ joie *f*, plaisir *m* (**an** *[+dat]* de); *laute* allégresse *f*; **~ am Schenken** joie d'offrir; **s-e ~ am Studieren** *etc* le plaisir que lui donnent ses études, *etc*; **vor ~** *(dat)* de joie; **zu meiner großen ~** à ma grande joie; **an etw** *(dat)* **~ haben** prendre plaisir à qc; aimer qc; **an j-m (s-e) ~ haben** trouver sa joie dans qn; **j-m ~ mit etw machen** *od* **bereiten** faire plaisir à qn avec qc; **j-m viel ~ machen** *a.* donner beaucoup de joie à qn; **j-m e-e ~ machen** faire plaisir à qn; **j-m die ~ verderben** gâter, gâcher le plaisir de qn; **vor ~** *(dat)* **außer sich** *(dat)* **sein** être transporté de joie; ne plus se sentir de joie; **j-s einzige ~ sein** être l'unique joie, le seul plaisir de qn; **sie spielte, dass es e-e wahre ~ war** c'était un plaisir de l'entendre jouer; **es ist e-e ~, das zu sehen** cela fait plaisir à voir; **es macht mir ~ zu sehen, wie …** cela me fait plaisir de voir comment …; *geh* **mit j-m Freud und Leid teilen** partager les joies et les peines de qn; *sprichw* **geteilte ~ ist doppelte ~** tout plaisir partagé est renforcé **2** *geh pl (Annehmlichkeit)* **die ~n des Landlebens, des Bergsteigens** les plaisirs *mpl* de la campagne, de l'alpinisme; **herrlich und in ~n leben** avoir la belle vie
Freudenfest N fête *f*
Freudengeheul N cris *mpl* d'allégresse; **in ein ~ ausbrechen** pousser des cris d'allégresse
Freudengesang M chant(s) *m(pl)* d'allégresse; **e-n ~ anstimmen** chanter son allégresse
Freudenhaus N maison close, de tolérance; **Freudenmädchen** N fille *f* de joie; **Freudenschrei** M cri *m* de joie, d'allégresse
Freudensprung M saut *m*; **Freudensprünge machen** sauter, gambader de joie
Freudentag M jour(née) *m(f)* de joie, d'allégresse
Freudentanz M danse *f* d'allégresse; **e-n ~ aufführen** danser de joie
Freudentaumel M transports *mpl* de joie; joie délirante; allégresse *f*; **im ~** en liesse
Freudentränen FPL larmes *fpl* de joie
freudestrahlend ADJT ⟨*épithète*⟩ *u.* ADVL rayonnant de joie; épanoui; **freudetrunken** *poet* ADJ fou, folle de joie
Freudianer(in) M ⟨~s; ~⟩ (F) ⟨~in; ~innen⟩ freudien, -ienne *m,f*; **freudianisch** ADJ freudien, -ienne
freudig **A** ADJ joyeux, -euse; *Nachricht etc* heureux, -euse; bon, bonne; **~es Ereignis** *(Geburt)* heureux événement **B** ADV avec joie; de bon cœur; **j-n ~ begrüßen** accueillir qn chaleureusement
freudlos ADJ sans joie; triste; *Leben a.* morose; morne; **Freudlosigkeit** F ⟨~⟩ tristesse *f*; morosité *f*
freudsch ADJ freudien, -ienne
freuen ⟨h.⟩ **A** VT **es freut mich zu** *(+inf)* je suis content, heureux, enchanté, ravi, *oft iron* bien aise de *(+inf)*; **es freut mich, dass** je suis heureux, *etc* que *(+subj)*; **das freut mich** j'en suis heureux, *etc*; cela me fait plaisir **B** VR **sich (über etw** *[akk]*, **an etw** *[dat]*) **~** être content, heureux, enchanté, ravi, se réjouir (de qc); **sich auf etw** *(akk)* **~** se réjouir (à l'avance) de qc; **sich sehr auf etw** *(akk)* **~** *a.* se faire une fête de (faire) qc; **sich (darüber) ~, dass** se réjouir de ce que *(+ind)*; se réjouir que *(+subj)*; être content, heureux que *(+subj)*; **wir ~ uns, Ihnen mitteilen zu können, dass** nous avons le plaisir de vous annoncer que *(+ind)*
Freund M ⟨~(e)s; ~e⟩ **1** ami *m*; *umg* copain *m*; **alter ~** ami de longue date; vieil ami; **enger ~** (ami) intime *m*; **gute**, *umg* **dicke ~e sein** être très amis; être comme les deux doigts de la main; **als ~ (mit j-m reden)** (parler) en ami (à qn); **~e gewinnen** se faire des amis; **er ist ein (guter, alter) ~ von mir** c'est un de mes (bons, vieux) amis; *sprichw* **~e in der Not gehen hundert auf ein Lot** *sprichw* c'est dans le besoin qu'on connaît ses vrais amis **2** *(Geliebter)* petit ami; *umg* copain *m* **3** *(Anhänger)* amateur *m*; **ein ~ klassischer Musik** *etc* un amateur de musique classique, *etc*; **kein ~ von etw sein** ne pas aimer qc; **ich bin kein ~ von vielen Worten** je n'aime pas les paroles inutiles **4** *Anrede* **liebe ~e!** chers amis!; **(mein) lieber ~!** *hum, mahnend* cher ami!; mon cher; **guter ~** *herablassend* mon ami!
Freundchen N ⟨~s; ~⟩ *drohend* **pass auf, ~!** gare à toi, mon petit ami!
Freundeskreis M (cercle *m* d')amis *mpl*
Freundin F ⟨~; ~nen⟩ **1** amie *f*; *umg* copine *f* **2** *(Geliebte)* petite amie; *umg* copine *f*
freundlich **A** ADJ **1** *Person* aimable; gentil, -ille; agréable; sympathique; **das ist sehr ~ von Ihnen** c'est très gentil de votre part; **zu j-m ~ sein** être aimable avec qn; **seien Sie bitte so ~ und …!** ayez l'obligeance de … *(+ inf)!*; **bitte recht ~!** un petit sourire!; souriez, s'il vous plaît! **2** *Dinge* agréable; *Empfang* aimable; cordial; *Ton* aimable; amical; *Atmosphäre* sympathique; *Wohnung, Miene* accueillant; *Zimmer, Farben a.* gai; *Wetter* beau; clément; **~e Stimmung, Tendenz** *an der Börse* tendance *f* favorable; *Briefschluss* **mit ~en Grüßen** veuillez agréer, Madame *bzw.* Monsieur, l'expression de mes sentiments distingués **B** ADV **1** aimablement; **j-n ~ empfangen** *a.* réserver un accueil amical à qn; bien recevoir qn **2** **ein Zimmer ~ gestalten** donner une note gaie à une pièce
freundlicherweise ADV aimablement; **er hat uns ~ geholfen** il a eu la gentillesse de nous aider
Freundlichkeit F ⟨~; ~en⟩ **1** *von Personen, e-s Empfangs etc* amabilité *f*; gentillesse *f*; **würden Sie die ~ haben zu** *(+inf)?* vous auriez l'obligeance de *(+inf)?*; **j-m e-e ~ erweisen** accorder une faveur à qn **2** ⟨*sans pl*⟩ *e-r Landschaft etc* aspect agréable, riant, gai
Freundschaft F ⟨~; ~en⟩ amitié *f*; **enge ~** étroite amitié; intimité *f*; **aus ~** par amitié; **mit j-m ~ schließen** devenir ami, se lier d'amitié avec qn; *sprichw* **kleine Geschenke erhalten die ~** *sprichw* les petits cadeaux entretiennent l'amitié
freundschaftlich **A** ADJ amical; **mit j-m auf ~em Fuße stehen** être bien avec qn; être en bons termes, rapports avec qn **B** ADV amicalement; **mit j-m ~ verkehren** avoir des rapports amicaux avec qn; **j-m ~ gesinnt sein** éprouver de l'amitié pour qn
Freundschaftsbesuch M visite amicale; **Freundschaftsbeweis** M témoignage *m*, preuve *f* d'amitié
Freundschaftsdienst M service *m* d'ami; **j-m e-n ~ erweisen** rendre un service d'ami à qn
Freundschaftspreis M prix *m* d'ami; **Freundschaftsspiel** N SPORT match amical; **Freundschaftsvertrag** M POL traité *m* d'amitié
Frevel *geh* M ⟨~s; ~⟩ *(Missetat)* méfait *m*; *(Verbrechen)* *geh* forfait *m*; REL sacrilège *m*
frevelhaft *geh* ADJ *Person* qui a commis un forfait, REL un sacrilège; *Handlung* REL sacrilège; **~er Leichtsinn** légèreté *f* impardonnable; **~e Tat** → Frevel
Frevelhaftigkeit *geh* F ⟨~⟩ caractère criminel, sacrilège
freveln *geh* VI ⟨-(e)le, h.⟩ (**an j-m, gegen etw**) **~** commettre un, se rendre coupable d'un forfait, REL sacrilège (contre qn, qc)
Freveltat F → Frevel
Frevler(in) *geh* M ⟨~s; ~⟩ (F) ⟨~in; ~innen⟩ auteur *m* d'un forfait; REL sacrilège *m/f*; profanateur, -trice *m,f*; *gotteslästerliche(r)* blasphémateur, -trice *m,f*
Frhr. ABK (Freiherr) baron
Friaul N ⟨→ *n/pr*⟩ le Frioul
Fridolin M ⟨→ *n/pr*⟩ *prénom*
Friede M ⟨~ns; ~n⟩ → Frieden; KIRCHE **~ sei mit euch!** la paix soit avec vous!
Frieden M ⟨~s; ~⟩ **1** POL paix *f*; **im ~** en temps de paix; **sozialer ~** paix sociale; **den ~ stören, brechen, bewahren** troubler, rompre, préserver la paix; **~ schließen** faire la paix (**mit j-m** avec qn); conclure la paix **2** *fig* paix *f*; PHIL **der ewige Frieden** la paix per-

F

pétuelle; **häuslicher ~** paix du ménage; **um des lieben ~s willen** pour avoir la paix; de guerre lasse; **(mit j-m) in ~ leben** vivre en paix (avec qn); *umg* **lass mich in ~!** laisse-moi tranquille!; *umg* fiche-moi, fous-moi la paix!; **dem ~ nicht trauen** être sur ses gardes; rester méfiant; REL **in ~ ruhen** reposer en paix

Friedensangebot N offre *f* de paix; **Friedensappell** M appel *m* pour la paix; **Friedensbedingungen** FPL conditions *fpl* de paix; **Friedensbemühungen** FPL efforts *mpl* en faveur de la paix; **Friedensbewegung** F mouvement *m* de la paix; **Friedensbruch** M rupture *f*, violation *f* de la paix

friedenserhaltend ADJT **~e Maßnahmen** FPL mesures *fpl* nécessaires au maintien de la paix

Friedensfest N fête *f* de la paix; **Friedensforschung** F recherche *f* sur la paix; **Friedensinitiative** F 1 *Bemühungen* initiative *f* pour la paix 2 *Gruppe* mouvement *m* pacifiste; **Friedenskonferenz** F conférence *f* de la paix; **Friedensnobelpreis** M prix *m* Nobel de la paix; **Friedenspfeife** F calumet *m* de la paix; **Friedenspolitik** F politique *f* de paix

Friedenspreis M **~ des Deutschen Buchhandels** prix de la paix décerné par les libraires et éditeurs allemands

Friedensprozess M processus *m* de paix; **Friedensrichter** M *früher* juge *m* de paix; **Friedensschluss** M conclusion *f* de la paix; **Friedenssicherung** F ⟨~⟩ (assurance *f* du) maintien *m* de la paix; **Friedensstifter(in)** M(F) pacificateur, -trice *m,f*; **Friedenstaube** F colombe *f* de la paix; **Friedenstruppe** F forces *fpl* de maintien de la paix; **Friedensverhandlungen** FPL négociations *fpl* sur la, de paix; **Friedensvermittler(in)** M(F) médiateur, -trice *m,f* de la paix; **Friedensvertrag** M traité *m* de paix

Friedenszeit F temps *m* de paix; **in ~en** (*dat*) en temps de paix

Friederike F ⟨→ *n/pr*⟩ *prénom*

friedfertig ADJ *Person, Volk* pacifique; paisible; **Friedfertigkeit** F ⟨~⟩ caractère *m*, humeur *f* pacifique, paisible

Friedhof M cimetière *m*

Friedhofsgärtnerei F service *m* d'entretien d'un *bzw.* du cimetière; **Friedhofskapelle** F chapelle *f* de cimetière; **Friedhofsruhe** F calme *m* (régnant dans un cimetière); *fig* silence *m* de mort

friedlich A ADJ 1 (*ohne Krieg*) pacifique; **auf ~em Wege** pacifiquement; **~e Nutzung der Atomenergie** utilisation *f* pacifique de l'énergie nucléaire 2 *Charakter, Landschaft etc* paisible; tranquille; calme; **sei doch ~!** garde ton calme! B ADV pacifiquement; paisiblement; tranquillement; **~ zusammenleben** vivre ensemble paisiblement, POL pacifiquement; POL *a.* cohabiter pacifiquement; **e-n Streit ~ beilegen** régler un conflit à l'amiable

Friedlichkeit F ⟨~⟩ 1 *von Absichten etc* caractère *m* pacifique 2 *e-r Landschaft* caractère *m* paisible; impression *f* de calme, paisible

friedliebend ADJT pacifique; **friedlos** *geh* → ruhelos

Friedrich M ⟨→ *n/pr*⟩ *prénom*; HIST **~ der Große** Frédéric II le Grand; HIST **~ Wilhelm** Frédéric-Guillaume *m*; *umg hum* **s-n ~ Wilhelm unter etw** (*akk*) **setzen** apposer sa signature au bas de qc

frieren ⟨friert, fror, gefroren⟩ A VI *u.* VUNPERS ⟨h.⟩ *von Lebewesen* avoir froid; *plus fort umg* (se) geler; **ich friere**, *geh* **mich friert**, *geh* **es friert mich** j'ai froid; *umg* je gèle; **ich friere an den Händen** j'ai froid aux mains; *umg* j'ai les mains gelées; **leicht ~** (*kälteempfindlich sein*) être frileux, -euse B VUNPERS ⟨h.⟩ (*ge~*) **es friert** il gèle; *umg* **es friert Stein und Bein** il gèle à pierre fendre C VI ⟨s.⟩ (*ge~*) *Boden, Wasser* geler; **steif gefroren sein** *Person* être glacé, gelé jusqu'aux os

Fries M ⟨~es; ~e⟩ BAU, TEX frise *f*

Friese M ⟨~n; ~n⟩, **Friesin** F ⟨-in; -innen⟩ Frison, -onne *m,f*

friesisch ADJ frison, -onne; **die Friesischen Inseln** *fpl* l'archipel Frison

Friesland N ⟨→ *n/pr*⟩ la Frise

frigid(e) ADJ PHYSIOL frigide; **Frigidität** F ⟨~⟩ frigidité *f*

Frikadelle F ⟨~; ~n⟩ GASTR boulette *f* de viande (°hachée)

Frikassee N ⟨~s; ~s⟩ GASTR fricassée *f*; *umg hum* **aus j-m ~ machen** réduire qn en bouillie; *umg* écrabouiller qn

frikativ ADJ PHON fricatif, -ive

Frikativ M ⟨~s; ~e⟩, **Frikativlaut** M PHON (consonne *f*) fricative *f*

Friktion F ⟨~; ~en⟩ TECH, PHYS, MED friction *f*

Frisbee® N ⟨~; ~s⟩, **Frisbeescheibe®** F frisbee® *m*

frisch A ADJ 1 *Lebensmittel, Person, Wunde, aufgetragene Farbe, Wäsche, Spur, Teint, Eindruck etc* frais, fraîche; *Wäsche a.* propre; *Spur, Eindruck a.* récent; *Blume* qu'on vient de cueillir; **j-n, etw in ~er Erinnerung haben** avoir qn, qc présent à la mémoire; **mit ~en Kräften** avec une nouvelle énergie; **~e Wäsche** du linge propre; **sich ~ machen** faire un brin, *umg* un bout de toilette; *umg* **~ und munter sein** être (reposé et) en pleine forme 2 (*kühl*) frais, fraîche; **es ist ~** il fait frais; **an die ~e Luft gehen** aller prendre l'air; **es weht ein ~er Wind** un vent frais souffle; *fig* un vent nouveau souffle 3 (*leuchtend*) *Farbe* vif, vive B ADV fraîchement; **~ gebügelt** qu'on vient de repasser; **~ gebacken** *Brot etc* frais, fraîche; qui sort du four; *umg fig* → frischgebacken 2; **~ gewaschen** *Person* qui vient de se laver; *Kleid etc* qu'on vient de laver; **~ gepresster Orangensaft** orange pressée; **~ rasiert** qui vient de se raser; **Vorsicht, ~ gestrichen!** attention, peinture fraîche!; **ein Bett ~ beziehen** changer les draps d'un lit; **sich ~ halten** *Lebensmittel* se garder frais; *sprichw* **~ gewagt ist halb gewonnen** *sprichw* la fortune sourit aux audacieux

Frische F ⟨~⟩ fraîcheur *f*; *umg* **in alter ~** en forme; *umg* d'attaque; *umg* **bis morgen in alter ~!** à demain!

Frischfleisch N viande fraîche

frischgebacken ADJ ⟨*épithète*⟩ 1 *Brot etc* → frisch B 2 *umg fig* **ein ~er Ingenieur, Leutnant** *etc* un ingénieur, un sous-lieutenant, *etc* frais émoulu d'une école; **ein ~er Ehemann** un homme qui vient de se marier; **ein ~er Anwalt** un avocat débutant

Frischgemüse N légumes frais, verts; **Frischhaltebeutel** M sachet *m* fraîcheur; **Frischhaltefolie** F film *m* plastique; **Frischhaltepackung** F emballage *m* fraîcheur (pour aliments); **Frischkäse** M fromage frais; **Frischling** M ⟨~s; ~e⟩ ZOOL, JAGD marcassin *m*; **Frischluft** F ⟨~⟩ air frais; **Frischluftzufuhr** F alimentation *f* en air frais; ventilation *f*

frischmachen VR → frisch A 1

Frischmilch F lait frais; **Frischobst** N fruits frais (cueillis); **Frischwasser** N ⟨~s⟩ *auf Schiffen* eau douce; TECH eau fraîche

frischweg ADV sans hésiter

Frischzellenbehandlung F MED traitement *m* à l'aide de cellules vivantes

Friseur M ⟨~s; ~e⟩ coiffeur *m*

Friseurin F ⟨~; ~nen⟩ *bes österr* coiffeuse *f*

Friseursalon M salon *m* de coiffure

Friseuse F ⟨~; ~n⟩ coiffeuse *f*

frisieren ⟨*pas de ge-*, h.⟩ A VT 1 *Haare* coiffer 2 *umg fig Zahlen, Bilanz* maquiller; *nach oben* gonfler; *Auto* gonfler le moteur de; *Motor* gonfler B VR **sich ~** se coiffer

Frisierkommode F coiffeuse *f*; **Frisiersalon** M → Friseursalon; **Frisiertisch** M, **Frisiertoilette** F coiffeuse *f*; **Frisierumhang** M peignoir *m*

Frisör M, **Frisöse** F → Friseur, Friseuse

frisst → fressen

Frist F ⟨~; ~en⟩ délai *m*; JUR *a.* terme *m*; HANDEL, JUR *a.* (*Fälligkeitsfrist, Verfallsfrist*) échéance *f*; **innerhalb e-r ~ von acht Tagen** dans les °huit jours; **innerhalb der ~** dans les délais; dans le délai imparti; **in kürzester ~** dans les plus brefs délais; **gesetzliche ~** délai légal; **nach Ablauf der ~** après expiration du délai; à terme échu; **die ~ läuft (am 31.12.) ab** le délai expire (le 31.12.); **e-e ~ einhalten, verlängern, verstreichen lassen** observer, proroger, laisser expirer un délai; **j-m e-e ~ setzen** fixer, donner un délai à qn

fristen VT ⟨-ete, h.⟩ **sein Dasein ~** *kümmerlich* tirer le diable par la queue; *mühsam* gagner péniblement sa vie

Fristenlösung F, **Fristenregelung** F JUR *législation allemande interdisant toute I.V.G. au-delà de trois mois*

fristgemäß, **fristgerecht** ADJ *u.* ADV dans les délais fixés, prescrits; **fristlos** ADJ *u.* ADV sans préavis

Fristüberschreitung F dépassement *m* de délai; **Fristverlängerung** F prolongation *f* de délai; **Fristversäumnis** F *od* N non-observation *f* de délai

Frisur F ⟨~; ~en⟩ coiffure *f*

Friteuse F → Fritteuse

Fritfliege F ZOOL oscine *f*

fritieren VT → frittieren

Frittate F ⟨~; ~n⟩ *österr* GASTR lamelle *f* de crêpes; **Frittatensuppe** F *österr* consommé *m* aux lamelles de crêpes

Fritte *umg* F ⟨~; ~n⟩ GASTR frite *f*; **Frittenbude** *umg* F snack *m*; friterie *f*

Fritteuse F ⟨~; ~n⟩ GASTR friteuse *f*

frittieren VT ⟨*pas de ge-*, h.⟩ GASTR frire

Frittüre F ⟨~; ~n⟩, **Fritüre** F ⟨-türe; -türen⟩ GASTR 1 *Fett, Speise* friture *f* 2 *Gerät* friteuse *f*

Fritz M ⟨→ *n/pr*⟩ *prénom*

frivol ADJ 1 (*schlüpfrig*) osé; *Witz a.* leste; grivois; *Bemerkung a.* licencieux, -ieuse; *Lied* leste; *plus fort* grivois 2 (*leichtfertig*) frivole; **Frivolität** F ⟨~; ~en⟩ 1 (*Schlüpfrigkeit*) caractère osé, *e-s Witzes a.* leste, *e-s Lieds a.* gaillard; *pl* **~en** propos licencieux 2 ⟨*sans pl*⟩ (*Leichtfertigkeit*) frivolité *f*

Frl. ABK (Fräulein) Mlle *od* Mlle (Mademoiselle)

froh A ADJ 1 (*erfreut*) heureux, -euse (**über** [+*akk*] de); (*fröhlich*) joyeux, -euse; **~ sein, zu** (+*inf*) *bzw.* **dass …** être content, heureux de (+*inf*) *bzw.* que … (+*subj*); **sie kann ~ sein, dass …** elle peut s'estimer heureuse de (+*inf*) *bzw.* que (+*subj*); **j-n ~ machen** rendre qn heureux, heureuse; **s-s Lebens nicht (mehr) ~ werden** ne pas profiter de l'existence; avoir de graves préoccupations 2 ⟨*épithète*⟩ (*Freude bringend*) joyeux, -euse; *Nachricht etc* bon, bonne; REL **die Frohe Botschaft** la bonne nouvelle; **~es Fest!** bonne fête!; **~e Ostern!** joyeuses Pâques!; bonnes fêtes de Pâques! B ADV **~ gelaunt** d'humeur joyeuse

frohgelaunt ADJ ⟨froher, am froh(e)sten gelaunt⟩ d'humeur joyeuse; **frohgemut** *geh* ADJ de bonne humeur
fröhlich A ADJ joyeux, -euse; *(lustig)* gai; *von Natur aus* jovial; *Menschenmenge a.* en liesse; **~e Weihnachten!** joyeux Noël! B ADV joyeusement; gaiement
Fröhlichkeit F ⟨~⟩ gaieté *f*; joie *f*; *als Charakterzug* jovialité *f*
frohlocken *geh* VI ⟨*pas de ge-*, h.⟩ **~ (über** [+*akk*]**)** jubiler (de); *innerlich* se réjouir (de); triompher; **(vor Glück, Freude** [*dat*]**) ~** exulter (de bonheur, de joie)
Frohlocken *geh* N ⟨~s⟩ exultation *f*
Frohnatur F ⟨~; ~en⟩ 1 *Person* heureuse nature; caractère gai 2 ⟨*sans pl*⟩ *Wesensart* nature joviale; jovialité *f*; **Frohsinn** M ⟨~(e)s⟩ bonne humeur; gaieté *f*; enjouement *m*
fromm A ADJ ⟨~er *ou* ≈er, ~ste *ou* ≈ste⟩ pieux, pieuse; *plus fort od pej* dévot; *fig* **~e Lüge** pieux mensonge; *fig* **~er Wunsch** vœu pieux; souhait *m* irréalisable; **er ist ~ wie ein Lamm** il est doux comme un agneau B ADV pieusement; dévotement; **~ tun** → frömmeln
Frömmelei F ⟨~⟩ *pej* bigoterie *f*
frömmeln VI ⟨-(e)le, h.⟩ *pej* affecter la dévotion
frommen *liter* VI ⟨h.⟩ **j-m ~** être utile à, servir à qn
Frömmigkeit F ⟨~⟩ piété *f*; dévotion *f*; **Frömmler(in)** M ⟨~s; ~⟩ (F) ⟨~in; ~innen⟩ *pej* dévot(e) *m(f)*; bigot(e) *m(f)*
Fron F ⟨~⟩ HIST, *geh fig* corvée *f*; **Fronarbeit** F, **Frondienst** M 1 HIST, *geh fig* corvée *f* 2 *schweiz* activité *f* bénévole (pour une commune, *etc*)
frönen *geh* VI ⟨h.⟩ **e-r Sache** *(dat)* **~** s'adonner, se livrer à qc
Fronleichnam M ⟨*souvent sans article; gen* ~(e)s⟩, **Fronleichnamsfest** N KATH Fête-Dieu *f*; **Fronleichnamsprozession** F procession *f* de la Fête-Dieu
Front F ⟨~; ~en⟩ MIL, POL, METEO, *fig* front *m*; MIL *a.* ligne *f*; BAU façade *f*; MIL **vorderste ~** première ligne; **an der ~** sur le *od* au front; en première ligne; **an der ~ sein** être au *od* sur le front; **an die ~ kommen** monter en ligne; *fig* **auf breiter ~** sur toute la ligne; *fig* **gegen j-n, etw ~ machen** faire front, résister à qn, qc; *fig* **zwischen die ~en geraten** être pris entre deux feux; *fig* **die ~en haben sich verhärtet** on note de part et d'autre un durcissement de la situation
Frontabschnitt M MIL secteur *m* du front
frontal A ADJ ⟨*épithète*⟩ de face; de front B ADV de face; de front; **~ zusammenstoßen** *Autos* se heurter de front, de plein fouet
Frontalangriff M MIL, *fig* attaque *f* de front; **Frontalunterricht** M *cours traditionnel où l'enseignant fait face à sa classe*; **Frontalzusammenstoß** M collision frontale
Frontantrieb M AUTO traction *f* avant; **Frontdienst** M MIL service *m* au front
Fronteinsatz M MIL **im ~** au front
Frontsoldat M soldat *m* de première ligne, du front; *des 1. Weltkriegs* poilu *m*; **Frontstellung** F *fig* hostilité ouverte; **Frontverlauf** M tracé *m* du front; **Frontwechsel** M *fig* changement *m* d'opinion; volte-face *f*
fror → frieren
Frosch M ⟨~(e)s; ≈e⟩ ZOOL grenouille *f*; *umg fig* **e-n ~ im Hals haben** avoir un chat dans la gorge; *umg* **sei kein ~!** allez, ne fais pas de manières!; ne te fais pas prier!
Froschaugen *umg fig* NPL yeux globuleux; **Froschlaich** M frai *m* de grenouille; **Froschlöffel** M BOT flûteau *m*; plantain *m* d'eau; *t/t* alisma *m*; **Froschlurche** MPL *t/t* anoures *mpl*; **Froschmann** M ⟨~(e)s; -männer⟩ homme-grenouille *m*
Froschperspektive F 1 FOTO **aus der ~** en contre-plongée 2 *fig pej* point *m* de vue de l'humble spectateur
Froschschenkel M cuisse *f* de grenouille; **Froschteich** M étang *m* (avec des grenouilles)
Frost M ⟨~(e)s; ≈e⟩ 1 *Wetter* gelée *f*; *andauernder* gel *m*; **bei ~** quand il gèle; **bei starkem ~** par forte gelée; **es herrscht ~** il a gelé 2 *(Kälteempfindung)* frisson *m*; **von ~ geschüttelt werden** avoir des frissons
frostbeständig ADJ résistant au gel
Frostbeule F MED engelure *f*
frösteln VI *u.* V/UNPERS ⟨-(e)le, h.⟩ **ich fröst(e)le**, *geh* **mich fröstelt**, *geh* **es fröstelt mich** je frissonne; j'ai des frissons; **leicht ~** être frileux; **mich durchläuft ein Frösteln** j'ai des frissons
frosten *t/t* VT ⟨-ete, h.⟩ surgeler
Froster M ⟨~s; ~⟩ *e-s Kühlschranks* freezer *m*; **Frostgefahr** F ⟨~⟩ danger *m*, risque *m* de gelée, de gel
frostig ADJ *Wetter etc* d'un froid glacial; *fig Empfang etc* glacial
Frostnacht F nuit *f* de gel; **Frostperiode** F (période *f* de) gel *m*; **Frostsalbe** F pommade *f* pour les engelures; **Frostschaden** M dégâts causés par le gel; **Frostschutz** M protection *f* contre le gel; **Frostschutzmittel** N (produit *m*) antigel *m*; **Frostwetter** N ⟨~s⟩ gel *m*
Frotté → Frottee
Frottee N *od* M ⟨~(s); ~s⟩ *Gewebe* tissu *m* éponge; **Frotteehandtuch** N ⟨~(e)s; -tücher⟩, **Frotteetuch** N ⟨-tuch(e)s; -tücher⟩ serviette *f* éponge
Frottéhandtuch *etc* → Frotteehandtuch *etc*
frottieren VT *(u.* V/R*)* ⟨*pas de ge-*, h.⟩ **(sich) ~** (se) frotter; (se) frictionner
Frotzelei *umg* F ⟨~; ~en⟩ taquinerie(s) *f(pl)*
frotzeln *umg* ⟨-(e)le, h.⟩ A VT railler; taquiner B VI **über j-n, etw ~** se moquer de qn, qc
Frucht F ⟨~; ≈e⟩ BOT, AGR, GASTR, *fig* fruit *m*; **~ bringend** fructueux, -euse; **Früchte tragen** porter des, *fig* ses fruits; *fig a.* fructifier; BIBEL, *fig* **die verbotene ~** le fruit défendu
fruchtbar ADJ AGR fertile; fécond; productif, -ive; *Lebewesen* fécond; *fig Fantasie* fertile; fécond; *Idee, Autor, Arbeit* fécond; *Verhandlungen, Zusammenarbeit etc* fructueux, -euse; *Tierart, fig Schriftsteller* **(sehr) ~** productif, -ive; prolifique; **~ machen** AGR fertiliser; *fig* rendre fructueux
Fruchtbarkeit F ⟨~⟩ fécondité *f*; fertilité *f*; productivité *f (alle a. fig)*; *(rasche Vermehrung)* prolifération *f*; **Fruchtbecher** M 1 *Eisbecher* coupe *f* de glace aux fruits 2 BOT cupule *f*; **Fruchtblase** F ANAT poche *f* des eaux; *t/t* cavité *f* amniotique; **Fruchtbonbon** N *od* M bonbon *m* aux fruits; **fruchtbringend** ADJT fructueux, -euse
Früchtchen *umg pej* N ⟨~s; ~⟩ **ein nettes, sauberes ~** *umg* un drôle de coco
Früchtebrot N *etwa* gâteau *m* aux fruits séchés
Fruchteis N glace *f* aux fruits
fruchten VI ⟨-ete, h.⟩ porter ses fruits; être fructueux, -euse; **etw ~** servir à qc; **(bei j-m) nichts ~** ne servir à rien (avec *bzw.* auprès de qn); rester infructueux (auprès de qn)
Fruchtfleisch N BOT pulpe *f*; chair *f*; **Fruchtfliege** F mouche *f* du vinaigre
Fruchtgeschmack M goût *m* de fruit(s); **mit ~** fruité
fruchtig ADJ *Duft, Geschmack, Wein* fruité
Fruchtknoten M BOT ovaire *m*
fruchtlos ADJ *(vergeblich)* inutile; infructueux, -euse; *(unergiebig)* stérile; sans résultat; **Fruchtlosigkeit** F ⟨~⟩ *(Vergeblichkeit)* inutilité *f*; *(Unergiebigkeit)* stérilité *f*
Fruchtpresse F presse-fruits *m*; pressoir *m*; **Fruchtsaft** M jus *m* de fruits; **Fruchtsaftgetränk** N boisson fruitée; **Fruchtsalat** M salade *f*, macédoine *f* de fruits; **Fruchtsäure** F acide contenu dans les fruits; **Fruchtsirup** M sirop *m* de fruits; **Fruchtwasser** N ⟨~s⟩ ANAT liquide *m* amniotique; **Fruchtwasseruntersuchung** F MED amniocentèse *f*; **Fruchtzucker** M fructose *m*
Fructose F ⟨~⟩ CHEM fructose *m*
frugal ADJ frugal
früh A ADJ *(frühzeitig) Obst etc, Jahreszeit* précoce; *(vorzeitig), a. Tod* prématuré; **trotz der ~en Stunde** malgré l'heure matinale; **am ~en Morgen** de bon matin; au petit matin; tôt le matin; **das ~e Mittelalter** le haut Moyen Âge; **der ~e Goethe** le jeune Goethe; Goethe dans ses premières œuvres B ADV tôt; de bonne heure; **so ~ wie möglich** le plus tôt possible; **~ am Abend** le soir de bonne heure; **heute ~** ce matin; **morgen ~** demain matin; **von ~ auf** depuis, dès l'enfance, le plus jeune âge; **von ~ bis spät** du matin au soir; **zehn Minuten zu ~** dix minutes trop tôt; **sie war zu ~ da** elle était (trop) en avance
frühauf ADV → früh B
Frühaufsteher(in) M ⟨~s; ~⟩ (F) ⟨~in; ~innen⟩ lève-tôt *m*; personne matinale; **~ sein** être matinal, du matin
Frühbarock N *od* M premier baroque; **Frühbeet** N couche *f*
Frühchen *umg* N ⟨~s; ~⟩ *(zu früh geborenes Kind)* prématuré(e) *m(f)*; enfant prématuré
frühchristlich ADJ des débuts du christianisme; **Frühdiagnose** F MED diagnostic fait assez tôt
Frühdienst M service *m* du matin; **~ haben** être du service du matin; être de service le matin
Frühe F ⟨~⟩ matin *m*; **in der ~** de bonne heure; de bon matin; **in aller ~** de grand matin; de très bonne heure
Frühehe F mariage contracté très tôt
früher A ADJ ⟨*épithète*⟩ 1 *(vergangen)* passé; **in ~en Zeiten** autrefois 2 *(ehemalig)* ancien, -ienne; ex-; **der ~e Präsident** l'ancien président; **ihr ~er Mann** son ex-mari B ADV 1 *(eher)* plus tôt; *fig* **~ oder später** tôt ou tard 2 *(einst)* autrefois; jadis; *bei Namensänderung* anciennement
Früherkennung F MED dépistage *m* précoce
frühestens ADV au plus tôt
Frühgeburt F *Entbindung* accouchement prématuré, avant terme; *Kind* prématuré(e) *m(f)*; enfant *m/f* prématuré(e); **Frühgemüse** N primeurs *fpl*; **Frühgeschichte** F ⟨~⟩ protohistoire *f*; **frühgeschichtlich** ADJ protohistorique; **Frühgotik** F débuts *mpl* du gothique; **frühgotisch** ADJ des débuts du gothique; **Frühgottesdienst** M premier service religieux, divin; **Frühgymnastik** F gymnastique matinale; **Frühherbst** M début *m* de l'automne
Frühjahr N printemps *m*; **im ~** au printemps
Frühjahrskollektion F MODE collection *f* de printemps; **Frühjahrsmesse** F foire *f* de printemps; **Frühjahrsmode** F mode *f* de printemps; **Frühjahrsmüdigkeit** F fatigue *f* (survenant au printemps); **Frühjahrsputz** M nettoyage *m* de printemps
Frühkartoffel F pomme de terre nouvelle
Frühling M ⟨~s; ~e⟩ printemps *m*; *fig* renou-

veau *m*; **im ~** au printemps
Frühlingsabend M soir *m* de printemps; **Frühlingsanfang** M début *m*, commencement *m* du printemps; **Frühlingsblume** F fleur *f* de printemps; **Frühlingsfest** N fête *f* de printemps; **frühlingshaft** ADJ printanier, -ière; **Frühlingsluft** F ⟨~⟩ air printanier; **Frühlingsmonat** M un *m* des mois du printemps; **Frühlingspunkt** M ⟨~(e)s⟩ ASTRON point vernal; **Frühlingsrolle** F GASTR pâté impérial; **Frühlingssonne** F soleil *m* de printemps; **Frühlingssuppe** F GASTR potage printanier; **Frühlingstag** M jour *m* de printemps; **Frühlingswetter** N ⟨~s⟩ temps printanier, de printemps; **Frühlingszeit** F ⟨~⟩ printemps *m*
Frühmesse F première messe (du matin); **frühmorgens** ADV de bon, grand matin; **Frühnebel** M brume matinale; brouillard matinal; **Frühobst** N fruits °hâtifs, précoces; primeurs *fpl*; **frühreif** ADJ **1** *Obst etc* °hâtif, -ive; précoce **2** *Kind* précoce; **Frührenaissance** F première Renaissance; **Frührente** F *wegen Krankheit* retraite anticipée; *(Vorruhestand)* préretraite *f*; **Frührentner(in)** M(F) *durch Krankheit* personne *f* percevant une pension d'invalidité; invalide *m/f* du travail; *im Vorruhestand* personne *f* en préretraite; préretraité(e) *m(f)*; **Frühschicht** F *Arbeit* poste *m* du matin; *Arbeiter* équipe *f* du matin; **Frühschoppen** M rencontre conviviale (dominicale) où on prend un pot, un apéritif; **Frühsommer** M début *m* de l'été; **Frühsport** M sport matinal; **Frühstadium** N débuts *mpl*; premier stade; **Frühstart** M SPORT → Fehlstart
Frühstück N petit-déjeuner *m*; **Übernachtung** *f* **mit ~** chambre *f* avec petit-déjeuner
frühstücken ⟨*insép*, h.⟩ **A** VT **etw ~** manger qc au petit-déjeuner **B** VI prendre son petit-déjeuner; *umg* petit-déjeuner
Frühstücksbrettchen N ⟨~s; ~⟩ planche *f*; **Frühstücksbüfett** N buffet *m* de petit-déjeuner; **Frühstücksei** N œuf à la coque (servi au petit-déjeuner); **Frühstücksfernsehen** N programme matinal de télévision; **Frühstückspause** F pause *f* du petit-déjeuner; **Frühstücksspeck** M bacon *m*; **Frühstückszeit** F heure *f* du petit-déjeuner
Frühwarnsystem N MIL système *m* de détection et de contrôle par radars; **Frühwerk** N *e-s Künstlers* premières œuvres; **frühzeitig** **A** ADJ **1** *(rechtzeitig)* à temps **2** *(vorzeitig)* précoce; prématuré **B** ADV **1** *(rechtzeitig)* à temps; de bonne heure **2** *(vorzeitig)* tôt; **Frühzeitigkeit** F ⟨~⟩ précocité *f*; **Frühzündung** F AUTO avance *f* à l'allumage
Fruktose F → Fructose
Frust *umg* M ⟨~(e)s⟩ frustration(s) *f(pl)*
frusten *umg* VT ⟨-ete, h.⟩ frustrer
Frustration F ⟨~; ~en⟩ PSYCH frustration *f*; **frustrieren** VT ⟨*pas de ge-*, h.⟩ frustrer; **frustrierend** ADJT frustrant
frz. ABK (französisch) français
F-Schlüssel M MUS clef *f* de fa
Ft ABK (Forint) FOR (forint)
FU ABK (Freie Universität [Berlin]) *une des universités de Berlin*
Fuchs M ⟨~es; ¨~e⟩ **1** ZOOL renard *m*; **junger ~** renardeau *m*; *umg fig* **alter ~** vieux renard; *umg fig* **schlauer ~** fin renard; malin *m*; *umg fig* **ein schlauer ~ sein** être rusé comme un renard; *in der Literatur* **Reineke ~** maître *m* Renard; *hum* **wo sich ~ und Hase Gute Nacht sagen** dans un coin perdu; *umg* dans un bled **2** *Pelz, Fell* renard *m* **3** *umg oft pej (rothaariger Mensch)* rouquin *m* **4** *Pferd* alezan *m* **5** *Schmetterling* **Großer, Kleiner ~** grande, petite tortue **6** *in e-r Studentenverbindung*: *jeune membre d'une corporation (étudiant au premier semestre)*
Fuchsbau M ⟨~(e)s; ~e⟩ tanière *f* du renard
fuchsen *umg* ⟨-(es)t, h.⟩ **A** VT *u.* VUNPERS *umg* turlupiner; agacer; **es fuchst mich(, dass)** ça m'agace (de *+inf od* que *+subj*) **B** VR **sich ~** (**über** [*+akk*]) être agacé (par); *umg* être en boule (à cause de)
Fuchsfalle F piège *m* à renard
Fuchsie F ⟨~; ~n⟩ BOT fuchsia *m*
fuchsig ADJ **1** *Haar* (très) roux, rousse **2** *umg (ärgerlich)* furieux, -ieuse; *umg* furax; furibond; **~ werden** se fâcher (tout rouge); devenir furieux
Füchsin F ⟨~; ~nen⟩ ZOOL renarde *f*
Fuchsjagd F chasse *f* au renard; **Fuchspelz** M renard *m*; **fuchsrot** ADJ (très) roux, rousse; **Fuchsschwanz** M **1** ZOOL queue *f* de renard **2** BOT *Zierpflanze* amarante *f*; queue-de-renard *f* **3** *Säge* (scie *f*) égoïne *f*
fuchsteufelswild *umg* ADJ furieux, -ieuse; furibond; *umg* furibard; **~ werden** *a.* se fâcher tout rouge; sortir de ses gonds; **~ sein** *a.* voir rouge
Fuchtel F ⟨~; ~n⟩ **1** *umg* ⟨*sans pl*⟩ **unter j-s ~** (*dat*) **stehen** être sous la coupe, férule de qn; **j-n unter s-r ~ haben** avoir qn sous sa coupe **2** *regional (herrschsüchtige Frau)* mégère *f*
fuchteln *umg* VI ⟨-(e)le, h.⟩ **mit den Armen** *etc* **~** gesticuler; **mit e-m Gegenstand ~** brandir un objet
fuchtig → fuchsteufelswild
Fudschijama ⟨→ *n/pr*⟩ **der ~** le Fuji-Yama
Fuffi *umg* M ⟨~s; ~s⟩ *Geldschein* billet *m* de cinquante euros, marks, *etc*
Fuffziger M ⟨~s; ~⟩ *regional* billet *m* de cinquante; *umg fig* **falscher ~** *(unaufrichtige Person)* *umg* faux jeton
Fug mit ~ (und Recht) à juste raison, titre; à bon droit
Fuge F ⟨~; ~n⟩ **1** *aus Holz*, BAU joint *m*; TECH, BAU *a.* jointure *f*; **aus den ~n gehen** *od* **geraten** se disjoindre; se déboîter; se disloquer (*a. fig*); *fig* se désagréger **2** MUS fugue *f*; **in Form e-r ~** fugué **3** LING jointure *f*; joncture *f*
fugen VT ⟨h.⟩ BAU **1** *(verbinden)* joindre; assembler **2** *(aus~)* jointoyer (**mit** de); *mit Kitt* mastiquer
fügen ⟨h.⟩ **A** VT **1** *(setzen)* **etw auf etw** (*akk*) **~** *Stein etc* poser, placer qc sur qc; *fig* **etw zu etw ~** ajouter qc à qc; **Wort an Wort ~** enchaîner des mots **2** *geh (zusammen~)* assembler; joindre; *fig* **etw zu e-m Ganzen ~** structurer qc de façon homogène; *fig* **fest gefügte Ordnung** ordre établi **3** *geh (bewirken)* **das Schicksal fügte es, dass** le destin a voulu que (*+subj*); **der Zufall hat es so gefügt** le hasard en a décidé ainsi **B** VR **sich ~** **1** *(sich ein~)* **sich in etw** (*akk*) **~** entrer dans, s'emboîter dans qc; **ein Fischerdorf fügte sich an das andere** les villages de pêcheurs se suivaient **2** *(gehorchen)* obéir; **sich j-m ~** obéir à qn **3** *(sich ergeben)* **sich in sein Schicksal ~** se résigner à son sort; **sich ins Unvermeidliche ~** *a.* se faire une raison; **sich in die Umstände ~** *a.* se plier aux circonstances; *geh* **man muss sich darein ~** il faut s'y faire; **sich e-m Befehl** *etc* **~** se soumettre, se plier, se conformer à un ordre, *etc*; *abs* s'exécuter **C** *geh* VUNPERS **es fügt sich, dass …** il se trouve que …; **es fügt sich gut, dass …** c'est un heureux hasard que (*+subj*); le hasard a voulu que (*+subj*)
fugenlos ADJ sans joints
füglich *geh* ADV avec raison; en toute justice
fügsam ADJ *Person, Charakter* docile; souple; *Wesen* facile; *Kind a.* maniable; *Tier* docile; **Fügsamkeit** F ⟨~⟩ docilité *f*; souplesse *f*
Fügung F ⟨~; ~en⟩ **1** *geh des Schicksals* arrêt *m* du destin; *(Vorsehung)* providence *f*; *(Zusammentreffen)* coïncidence *f*; **glückliche ~** heureuse coïncidence; **durch Gottes ~** par la volonté de Dieu **2** LING groupe *m*; syntagme *m*
fühlbar **A** ADJ **1** qui se fait sentir; *(berührbar)* tangible (*a. fig*); *(wahrnehmbar)* sensible **2** *fig (beträchtlich)* appréciable; *Unterschied, Fortschritt, Verbesserung* notable; *Fortschritt, Preiserhöhung etc* sensible; **deutlich ~** très sensible **B** ADV sensiblement; notablement; d'une façon appréciable
fühlen ⟨h.⟩ **A** VT **1** *(empfinden)* sentir; *lebhaft* ressentir; **j-n etw ~ lassen** faire sentir qc à qn **2** **j-m den Puls ~** tâter le pouls à qn **B** VI *abs (Gefühl haben)* réagir à des sensations; **an etw** (*dat*) **~** toucher, tâter qc; *fig* **j-m auf den Zahn ~** sonder qn; faire un sondage (*abs*); **nach etw ~** *tastend* chercher qc à tâtons; *in der Tasche etc* fouiller pour trouver qc; **mit j-m ~** sympathiser avec qn; *sprichw* **wer nicht hören will, muss ~** si tu m'avais écouté, ça ne serait pas arrivé **C** VR **sich verantwortlich für etw, j-n ~** se sentir responsable de qc, qn; **sich geschmeichelt, getroffen ~** se sentir flatté, visé; **sich als Fachmann, Held** *etc* **~** se prendre pour un expert, °héros, *etc*; *umg* **die fühlt sich aber!** *umg* elle ne se sent plus!
Fühler M ⟨~s; ~⟩ **1** *von Insekten* antenne *f*; *von Weichtieren* tentacule *m*; *umg fig* **s-e** *od* **die ~ ausstrecken** tâter, sonder le terrain **2** TECH *(Sensor)* capteur *m*
Fühlung F ⟨~⟩ → Kontakt
fuhr → fahren
Fuhrbetrieb M → Fuhrunternehmen
Fuhre F ⟨~; ~n⟩ **1** *(Wagenladung)* charretée *f*; **e-e ~ Holz** une charretée de bois **2** *(Transport)* transport *m*

führen
⟨h.⟩

A transitives Verb B intransitives Verb
C reflexives Verb

— A transitives Verb —

1 *(begleiten)* mener; conduire; guider; **e-n Blinden ~** guider un aveugle; **j-n in den Garten ~** conduire qn dans le jardin; **j-n über die Straße ~** faire traverser la rue à qn; **j-n bei** *od* **an der Hand ~** mener qn par la main; *fig* **j-n zum Altar ~** conduire qn à l'autel **2** *(bringen)* mener; amener; **ihre Studienreise führte sie nach Rom** son voyage d'études l'a conduite à Rome; **was führt Sie zu mir?** qu'est-ce qui vous amène ici? **3** *(befördern)* TECH *durch Schiene* guider; *Leitung* **Strom ~** conduire le courant; *Fluss* **Eis** *etc* **~** charrier des glaçons, *etc*; **Hochwasser ~** être en crue; **der Zug führt e-n Schlafwagen** le train a un wagon-lit **4** *(bewegen)* porter (**zu** à); *fig* **j-m etw vor Augen ~** mettre qc en évidence; montrer qc à qn; **die Gabel zum Mund ~** porter la fourchette à la bouche; **e-m Kind die Hand ~** guider la main d'un enfant **5** *(leiten)* diriger; conduire; MIL *a.* commander; *Unternehmen a.* gérer; *Geschäft, Haushalt a.* tenir; *Touristen* guider; **die Geschäfte ~** gérer les affaires; **e-e Klasse zum Abitur ~** mener une classe au bac (calauréat); **das Land ins Chaos ~** mener le pays à la ruine; *fig* **das Regiment ~** être le chef; *von e-r Frau* porter la culotte; **ein gut geführtes Unternehmen** une entreprise bien gérée **6** *(durch~) Gespräch* tenir; *Verhandlungen, Untersuchung* mener; **(die) Aufsicht ~** surveiller (**über j-n, etw** qn, qc); *abs* être de surveillance, de garde; **e-e glückliche Ehe ~** être heureux, -euse en ménage; **Krieg ~** faire la guerre (**gegen** à); **ein angenehmes Leben ~** mener une vie agréable; **das Protokoll ~** rédiger, tenir le procès-verbal; **e-n Prozess ~** être en procès (**gegen j-n** avec qn); **ein Telefongespräch ~** téléphoner; **den Vorsitz ~** présider (**über** [+akk], **bei** qc) 7 (*tragen*) avoir; **s-e Papiere** *etc* **mit sich** (*dat*) **~** avoir ses papiers, *etc* sur soi; **Gepäck mit sich** (*dat*) **~** avoir des bagages; **ein Wort ständig im Munde ~** avoir toujours un mot à la bouche 8 *Name, Titel* porter; **der Wagen führt das Kennzeichen …** la voiture est immatriculée …; *fig* **etwas im Schilde ~** avoir des desseins cachés; méditer un coup 9 (*anlegen u. pflegen*) *Kasse* tenir; *Buch, Tagebuch, Liste* tenir (**über** [+akk] sur) 10 (*auf~*) **j-n in e-r Liste ~** avoir le nom de qn sur une liste; **j-n in e-r Kartei ~** avoir qn dans un fichier; **wir ~ hier keinen Meier** on n'a, il n'y a pas de Meier ici 11 (*handhaben*) *Waffe, Pinsel, Feder, Kamera* manier 12 HANDEL *e-n Artikel* avoir; vendre; **diesen Artikel ~ wir nicht** nous ne faisons pas cet article

— **B** intransitives Verb —

1 *räumlich* mener, conduire (**nach, zu** à); *Tür etc* **auf die** *od* **zur Straße ~** (s')ouvrir, donner sur la rue; **auf j-s Spur(en)** (*akk*) **~** conduire sur les traces de qn; **zu etw ~** *a.* aboutir à qc (*a. fig*); *Straße etc* **durch etw ~** traverser qc; *sprichw* **alle Wege ~ nach Rom** *sprichw* tous les chemins mènent à Rome 2 SPORT (**mit 1:0, mit zwei Längen**) **~** mener (par un à zéro, de deux longueurs) 3 *fig* **das führt zu nichts** cela ne mène à rien; **wohin soll das noch ~?** où cela va-t-il encore nous mener, conduire?

— **C** reflexives Verb —

sich (gut, schlecht) ~ se conduire (bien, mal)

führend ADJT *Person* de premier plan; éminent; *im Sport* qui mène; qui est en tête; **~e Persönlichkeit** POL chef *m* de file; *Unternehmen* **~ sein in** (+*dat*) être le numéro un, le leader dans

Führer M ⟨~s; ~⟩ 1 *e-r Gruppe etc* chef *m*; dirigeant *m*; POL *a.* leader *m* 2 *für Touristen* guide *m* (*Person u. Buch*); *Buch* **~ durch, von Paris** guide de Paris; **sich** (*dat*) **e-n ~ nehmen** prendre un guide 3 *bes schweiz e-s Fahrzeugs* conducteur *m*; → *a.* Fahrer 4 *im Nationalsozialismus* **der ~** (*Hitler*) le führer

Führerausweis M *schweiz* → Führerschein; **Führereigenschaften** FPL qualités *fpl* de chef; **Führerhaus** N *e-s Lastwagens, Krans etc* cabine *f* du conducteur

Führerin F ⟨~; ~nen⟩ 1 *e-r Gruppe etc* chef *m* 2 *für Touristen* guide *f* 3 *bes schweiz e-s Fahrzeugs* conductrice *f*

Führerkabine F → Führerhaus; **Führerkult** M culte voué à une personnalité politique; culte *m* de la personnalité; **führerlos** ADJ *Fahrzeug* sans conducteur; *Flugzeug* sans pilote; *Personen* sans guide; *Land, Gruppe etc* sans chef; **Führernatur** F 1 ⟨*sans pl*⟩ *Wesensart* tempérament *m* de meneur d'hommes, de chef 2 *Person* meneur *m* d'hommes; chef *m*; **Führerraum** M FLUG poste *m*, cabine *f* de pilotage; **Führerschaft** F ⟨~⟩ 1 direction *f*; MIL commandement *m* 2 *coll* chefs *mpl*; dirigeants *mpl*; leaders *mpl*; MIL commandement *m*

Führerschein M permis *m* de conduire; **~ auf Probe** permis (de conduire) probatoire; **j-m den ~ entziehen** retirer le permis de conduire à qn; **den ~ machen** passer son permis (de conduire)

Führerscheinentzug M suspension *f* du permis de conduire; **Führersitz** M siège *m* du conducteur; **Führerstand** M *e-r Lok* poste *m* de mécanicien; *e-r Straßenbahn* poste *m* de conducteur

Fuhrmann M ⟨~(e)s; -männer *ou* -leute⟩ *e-s Fuhrwerks* charretier *m*; **Fuhrpark** M parc *m* (de véhicules)

Führung F ⟨~⟩ 1 *e-s Fahrzeugs* conduite *f*; *e-s Schiffs, Flugzeugs, Rennwagens* pilotage *m* 2 ⟨*pl* ~en⟩ *für Touristen* visite guidée, commentée 3 *e-r Gruppe, e-s Betriebs, Staats etc* direction *f* (*a. coll*); *coll* dirigeants *mpl*; MIL commandement *m* (*a. coll*); *e-s Unternehmens a.* gestion *f*; management *m*; **unter der ~ von** sous la direction de; **die ~ e-s Unternehmens übernehmen** prendre la direction d'une entreprise 4 SPORT **in ~** (*dat*) **liegen** *in e-m Rennen, in der Tabelle* être en tête; *im Spiel* mener (**mit 1:0** [par] 1 à 0); **mit zwei Punkten in ~** (*dat*) **liegen** avoir deux points d'avance; **in ~** (*akk*) **gehen** prendre la tête; passer en tête 5 *von Verhandlungen, Geschäften, e-r Untersuchung etc* conduite *f*; *von Geschäften, e-s Haushalts a.* gestion *f*; *der Geschäftsbücher* tenue *f*; *e-s Titels etc* port *m* 6 ⟨*pl* ~en⟩ TECH *Vorgang u. Vorrichtung bei Maschinenteilen, Werkstücken* guidage *m*; *Schiene* glissière *f* 7 (*Verhalten*) conduite *f*

Führungsanspruch M ambition *f* de diriger; **e-n ~ erheben** revendiquer la direction, la suprématie

Führungskraft F cadre supérieur; manager *m*; **Führungsrolle** F 1 TECH galet *m*, poulie *f*, rouleau *m* de guidage 2 *fig* rôle *m* de chef, POL *a.* de dirigeant, de leader; **Führungsschicht** F classe dirigeante; **Führungsschiene** F TECH glissière *f*, rail *m* de guidage; **Führungsspitze** F *e-s Unternehmens etc* top management *m*; °hauts responsables; **Führungsstab** M MIL, *e-s Unternehmens* état-major *m*; *e-s Unternehmens a.* staff *m*; **Führungsstil** M style *m* de management, de direction; **Führungstor** N, **Führungstreffer** M SPORT but *m* qui donne l'avantage; **Führungswechsel** M changement *m* de dirigeant(s), dans le management; **Führungszeugnis** N certificat *m* de bonne conduite; *polizeiliches* certificat *m* de bonnes vie et mœurs

Fuhrunternehmen N entreprise *f* de transport; **Fuhrunternehmer** M entrepreneur *m* de transport; **Fuhrwerk** N 1 charrette *f* 2 *österr* camion *m*

fuhrwerken *umg* VI ⟨h.⟩ (*herumhantieren*) s'affairer; s'agiter; **mit etw ~** agiter qc

Fülle F ⟨~⟩ abondance *f*; (*Überfülle*) opulence *f*; profusion *f*; (*Haarfülle*) épaisseur *f*; *körperliche* embonpoint *m*; corpulence *f*; *der Stimme, des Klangs* ampleur *f*; volume *m*; **e-e ~ von …** une abondance, une profusion de …; **in Hülle und ~** en abondance; à profusion; à foison

füllen ⟨h.⟩ A VT *Behälter, Tasche, Raum, Zeitung* remplir (**mit** de); *Kissen, Polster* rembourrer; GASTR farcir; *Bonbons* fourrer; **in etw** (*akk*) **~** verser dans qc; **in Fässer ~** mettre en tonneaux; **in Flaschen** (*akk*) **~** mettre en bouteilles; **in Säcke ~** mettre en sacs; ensacher B VR **sich ~** se remplir (**mit** de); *Raum a.* se garnir

Füllen *geh* N ⟨~s; ~⟩ → Fohlen

Füller M ⟨~s; ~⟩ 1 stylo *m* (à encre) 2 *Jargon Zeitungsartikel* bouche-trou *m*

Füllfederhalter M ⟨~s; ~⟩ stylo *m* (à encre); **Füllgewicht** N poids net à l'emballage

Füllhalter M ⟨~s; ~⟩ → Füllfederhalter; **Füllhalterfeder** F plume *f* de stylo

Füllhorn N corne *f* d'abondance

füllig ADJ *Figur* replet, -ète; rondelet, -ette; *Haar* épais, -aisse; bouffant

Füllmasse F rembourrage *m*; GASTR farce *f*; **Füllmaterial** N masse *f*, matière *f* de remplissage; **Füllort** M BERGBAU accrochage *m*; recette *f* d'encagement; **Füllsand** M GIESSEREI sable *m* de remplissage

Füllsel N ⟨~s; ~⟩ 1 *pej in e-m Text etc* remplissage *m* 2 GASTR farce *f*

Füllung F ⟨~; ~en⟩ 1 *Aktion* remplissage *m*; *in Fässer* mise *f* en tonneaux; *in Flaschen* mise *f* en bouteilles; *in Säcke* ensachage *m* 2 *Aktion, Material: von Kissen, Polstern* rembourrage *m* 3 *e-s Zahns* obturation *f*; plombage *m* 4 GASTR *aus Fleisch etc* farce *f*; *von Backwaren, Süßigkeiten* intérieur *m*; *oft* crème *f*, liqueur *f*, *etc* 5 BAU (*Mauerfüllung*) remplage *m*; (*Türfüllung*) panneau *m*

Füllwort N ⟨~(e)s; ¨er⟩ GRAM explétif *m*

fulminant ADJ *Erfolg* brillant; *Rede* enflammé

Fummel *umg* M ⟨~s; ~⟩ *pej* robe *f*; *umg* fringues *fpl* (*a. von Transvestiten*)

Fummelei *umg oft pej* F ⟨~; ~en⟩ tripotage *m*; trifouillage *m*; *erotische umg* pelotage *m*; *im Fußball* éternels dribbles

fummeln *umg* ⟨-(e)le, h.⟩ A VT **etw aus etw ~** sortir qc en fouillant dans qc; **etw in etw** (*akk*) **~** rentrer laborieusement qc dans qc B VI 1 **an, in etw** (*dat*) **~** tripoter qc 2 *sexuell* (**mit j-m**) **~** *umg* peloter qn 3 *im Fußball* dribbler (au lieu de shooter)

Fund M ⟨~(e)s; ~e⟩ objet trouvé; *glücklicher* trouvaille *f*; *von alten Kulturgütern* découverte *f*; **e-n ~ machen** trouver qc; faire une trouvaille

Fundament N ⟨~(e)s; ~e⟩ 1 BAU fondations *fpl*; **das ~ legen** faire, jeter les fondations 2 *fig* base *f*; *e-s Staats, e-r Theorie etc* fondement *m*; **das ~ zu etw legen** poser, jeter les bases, fondements de qc; créer la base de qc; **auf e-m soliden ~ stehen** être fondé, reposer sur des bases solides

fundamental ADJ fondamental; **Fundamentalismus** M ⟨~⟩ REL intégrisme *m*; POL extrémisme *m*; jusqu'au-boutisme *m*

Fundamentalist(in) M ⟨~en; ~en⟩ (F) ⟨~in; ~innen⟩ REL intégriste *m/f*; POL extrémiste *m/f*; jusqu'au-boutiste *m/f*; REL (**islamischer**) **~, (islamische) ~in** *a.* islamiste *m/f*

fundamentalistisch ADJ REL intégriste; POL intransigeant; extrémiste

fundamentieren VT ⟨*pas de ge-*, h.⟩ BAU faire les fondations de

Fundamentplatte F BAU plaque *f* de fondation

Fundbüro N bureau *m* des objets trouvés; **Fundgegenstand** M → Fundsache

Fundgrube F *fig* mine *f*; **das ist e-e wahre ~** c'est une véritable mine

Fundi *umg* M ⟨~s; ~s⟩, F ⟨~; ~s⟩ BRD extrémiste *m/f*; jusqu'au-boutiste *m/f* (dans le parti des Verts)

fundieren VT ⟨*pas de ge-*, h.⟩ *Gedanken etc* étayer

fundiert ADJT 1 *Kritik* (bien) fondé; *Argument etc* solide; valable; **~es Wissen** connaissances *fpl* solides 2 HANDEL consolidé

fündig ADJ BERGBAU exploitable; riche; **~ werden** découvrir un gisement exploitable; *fig* faire une trouvaille, une découverte; trouver qc

Fundort M endroit *m* où un objet a été trouvé; ARCHÄOLOGIE site *m* archéologique; **Fundsache** F objet trouvé; **Fundstelle** F → Fundort; **Fundunterschlagung** F JUR appropriation *f* d'objet(s) trouvé(s)

Fundus M ⟨~; ~⟩ 1 *e-s Theaters* magasin *m* (de décors, d'accessoires) 2 (*Grundstock*) fonds *m*; **e-n reichen ~ an etw** (*dat*) **haben** disposer d'un riche fonds de qc

fünf NUM cinq; *umg fig* **~(e) gerade sein lassen**

ne pas y regarder de trop près; passer sur qc; → *a.* acht A 1, 2
Fünf F ⟨~; ~en⟩ 1 *Zahl* (chiffre *m*, nombre *m*) cinq *m*; → *a.* Acht[1] 1, 2 2 *(Schulnote) (mangelhaft) in Frankreich etwa* six *m*, sept *m*, °huit *m* (sur vingt); **eine ~ schreiben, haben** avoir six, *etc* (sur vingt)
Fünfakter M ⟨~s; ~⟩ pièce *f* en cinq actes; **fünfbändig** *etc* → achtbändig *etc*; **Fünfeck** N ⟨~(e)s; ~e⟩ pentagone *m*; **fünfeckig** ADJ pentagonal; en forme de pentagone
fünfeinhalb NUM cinq et demi
Fünfer M ⟨~s; ~⟩ 1 *umg* pièce *f* de cinq cents 2 *südd, österr, schweiz (Fünf)* cinq *m*; → *a.* Fünf 2
fünferlei ADJ ⟨*inv*⟩ cinq sortes, espèces de …; cinq … différent(e)s; de cinq sortes, espèces différentes; **fünffach** A ADJ quintuple B ADV cinq fois plus; au quintuple; **Fünffache(s)** N ⟨→ A⟩ quintuple *m*
Fünffingerkraut N ⟨~(e)s⟩ BOT quintefeuille *f*; potentille rampante
fünfhundert NUM cinq cent(s)
Fünfhundertmarkschein M HIST billet *m* de cinq cents marks; **Fünfjahresplan** M plan quinquennal
fünfjährig ADJ *(fünf Jahre alt)* (âgé) de cinq ans; *(fünf Jahre lang)* de cinq ans; qui dure cinq ans; **Fünfjährige(r)** M/F(M) ⟨→ A⟩ garçon *m*, fille *f* de cinq ans; **fünfjährlich** ADV (ADJ) (qui revient) tous les cinq ans
Fünfkampf M LEICHTATHLETIK pentathlon *m*; **moderner ~** pentathlon moderne
Fünfkämpfer M pentathlonien *m*
Fünfling M ⟨~s; ~e⟩ un(e) *m(f)* des quintuplés; *pl* **~e** quintuplé(e)s *m(f) pl*
fünfmal ADV cinq fois; **fünfmalig** ADJ ⟨*épithète*⟩ répété cinq fois
Fünfmarkschein M HIST billet *m* de cinq marks; **Fünfmarkstück** N HIST pièce *f* de cinq marks; **Fünfpfennigstück** N HIST pièce *f* de cinq pfennigs; **Fünfprozentklausel** F POL clause *f* des cinq pour cent; **Fünfsilber** M ⟨~s; ~⟩, **Fünfsilbler** M ⟨-blers; -bler⟩ pentasyllabe *m*; **fünfstellig** ADJ *Zahl* de cinq chiffres; **Fünfsternehotel** N palace *m*; hôtel *m* catégorie luxe
fünft ADV **zu ~** à cinq; **zu ~ sein** être cinq
Fünftagewoche F semaine *f* de cinq jours
fünftausend NUM cinq mille
fünfte(r, -s) NUM cinquième; → *a.* achte(r, -s)
Fünftel N ⟨~s; ~⟩ cinquième *m*
fünftens ADV cinquièmement; en cinquième lieu
fünftürig ADJ à cinq portes, *Auto a.* portières
Fünfuhrtee M thé *m* de cinq heures
Fünfunddreißigstundenwoche F semaine *f* de trente-cinq heures
fünfzehn NUM quinze; **etwa, rund ~ (Personen)** une quinzaine (de personnes); → *a.* acht
fünfzeilig ADJ de cinq lignes
fünfzig NUM cinquante; **etwa, rund ~ (Personen)** une cinquantaine (de personnes); **etwa, rund ~ (Jahre alt) sein** avoir la cinquantaine; **um die ~ sein** avoir dans les cinquante ans; → *a.* achtzig
Fünfzig F ⟨~⟩ (chiffre *m*, nombre *m*) cinquante *m*
fünfziger ADJ ⟨*épithète; inv*⟩ **die ~ Jahre** NPL les années *fpl* cinquante
Fünfziger[1] *umg* M ⟨~s; ~⟩ 1 *Geldschein* billet *m* de cinquante 2 *Münze* pièce *f* de cinquante cents
Fünfziger[2] M ⟨~s; ~⟩, **Fünfzigerin** F ⟨-in; -innen⟩ → Fünfzigjährige(r); **Fünfzigerjahre** NPL **die ~** les années *fpl* cinquante; **fünfzigjährig** ADJ *(fünfzig Jahre alt)* (âgé) de cinquante ans; *Person a.* quinquagénaire; *(fünfzig Jahre lang)* de cinquante ans; qui dure cinquante ans; **Fünfzigjährige(r)** M/F(M) ⟨→ A⟩ quinquagénaire *m/f*; homme *m*, femme *f* de cinquante ans
Fünfzigmarkschein M HIST billet *m* de cinquante marks; **Fünfzigpfennigstück** N HIST pièce *f* de cinquante pfennigs
Fünfzimmerwohnung F appartement *m* de cinq pièces; cinq-pièces *m*
fungieren V/I ⟨*pas de ge-*, h.⟩ **~ als** *Person, Sache* faire fonction de; *Person a.* faire; exercer les fonctions de; *Sache a.* servir de
Funk M ⟨~s⟩ 1 *(drahtlose Übertragung)* radio *f*; **durch ~ übertragen** transmettre par radio; **über ~** *(akk)* par radio 2 *(Rundfunk)* radio *f*
Funkamateur M cibiste *m*; radioamateur *m*; **Funkanlage** F appareils *mpl*, matériel *m* radio; **Funkausstellung** F exposition *f* de la radio (et de la télévision); **Funkbake** F SCHIFF, FLUG radiobalise *f*; **Funkbild** N photo transmise par radio
Fünkchen N ⟨~s; ~⟩ → Funke 2
Funkdienst M services *mpl* de liaison radio
Funke M ⟨~ns; ~n⟩ 1 *a. fig* étincelle *f*; *glühender* flammèche *f*; **elektrischer ~** étincelle électrique; **~n schlagen** faire jaillir des étincelles; **~n sprühen** jeter des étincelles; **~n sprühend** jetant des étincelles; *fig* **da sprang der ~ über** ça a fait tilt; *fig* **arbeiten** *etc*, **dass die ~n fliegen** *od* **stieben** *umg* travailler, *etc* comme un dingue 2 *fig (geringes Maß)* **kein ~ Ehrgeiz** *etc* pas la moindre ambition, *etc*; **kein ~ Verstand** pas un grain de bon sens; **kein ~n Wahrheit** pas un mot de vrai; **ein ~n Hoffnung** une lueur, une étincelle d'espoir; **keinen ~n Ehrgefühl haben** n'avoir aucun sens de l'honneur; → *a.* zündend
funkeln V/I ⟨-(e)le, h.⟩ *Sterne, Augen, in der Sonne etc* étinceler; *Sterne a., Diamanten* scintiller
Funkeln N ⟨~s⟩ *der Sterne, Augen, in der Sonne* étincellement *m*; *der Sterne a., von Diamanten* scintillement *m*
funkelnagelneu *umg* ADJ flambant neuf, neuve
funken ⟨h.⟩ A V/T transmettre, émettre, par radio; **SOS ~** lancer un SOS B V/I ELEK produire une *od* des étincelle(s) C *umg fig* V/UNPERS **es hat gefunkt** *(es hat Krach gegeben) umg* ça a chié; *umg* ça a bardé; *(es ist gelungen)* ça a marché; *(sie haben sich verliebt)* ça a fait tilt; **es hat bei ihr gefunkt** *(sie hat verstanden) umg* elle a pigé; **wenn du nicht sofort Ruhe gibst, funkt es!** *umg* tu arrêtes tout de suite, sinon ça va barder!
Funken M ⟨~s; ~⟩ → Funke
Funkenbildung F formation *f* d'étincelle(s); **Funkenfänger** M ⟨~s; ~⟩ *am Schornstein* pare-étincelles *m*; **Funkenflug** M flammèches *fpl*; **funkenfrei** ADJ sans étincelles; **funkensprühend** ADJT ⟨*épithète*⟩ jetant des étincelles
Funkentstörung F antiparasitage *m*
Funker M ⟨~s; ~⟩ opérateur *m* radio; radio (-télégraphiste) *m*
Funkfeuer N FLUG, SCHIFF radiophare *m*; **Funkfrequenz** F fréquence *f* de radio; **Funkgerät** N (poste *m*) émetteur-récepteur *m*; **Funkgespräch** N conversation *f* radiotéléphonique; **funkgesteuert** ADJT radioguidé; **Funkhaus** N maison *f* de la radio; **Funkloch** N TEL zone *f* °hors réseau; **Funkmeldung** F → Funkspruch; **Funkmessgerät** N → Funkpeiler; **Funkmesstechnik** F radiogoniométrie *f*; radar *m*; **Funknavigation** F SCHIFF, FLUG radionavigation *f*; **Funknetz** N réseau *m* de stations de radio; **Funkortung** F SCHIFF, FLUG localisation *f* par radio; **Funkpeiler** M ⟨~s; ~⟩ SCHIFF, FLUG radiogoniomètre *m*; **Funkpeilung** F SCHIFF, FLUG localisation *f* par radio; repérage *m* par radiogoniomètre; **Funkrufdienst** M service *m* mobile de communications à distance; **Funksendung** F émission *f*, envoi *m* par radio; **Funksignal** N signal *m* radio(électrique); **Funksprechgerät** N (poste *m*) émetteur-récepteur *m*; *tragbares* talkie-walkie *m*; **Funksprechverkehr** M communications *fpl* par radio; **Funkspruch** M message *m* radio; radiotélégramme *m*; **Funkstation** F, **Funkstelle** F station *f* (de) radio(communication); **Funksteuerung** F radioguidage *m*
Funkstille F suspension *f*, interruption *f* des émissions radio; *fig* **bei ihm herrscht ~** il ne donne plus du tout de ses nouvelles
Funkstörung F parasites *mpl*; *absichtliche* brouillage *m*; **Funkstreife** F (patrouille *f* de) policiers *mpl* en voiture radio; **Funkstreifenwagen** M voiture *f* de radio de la police; **Funktaxi** N radio-taxi *m*; **Funktechnik** F ⟨~⟩ radiotechnique *f*; **Funktechniker** M radiotechnicien *m*; **Funktelefon** N radiotéléphone *m*; **Funktelegramm** N radiotélégramme *m*; radiogramme *m*
Funktion F ⟨~; ~en⟩ fonction *f* (*a.* MATH, BIOL, PHYSIOL, CHEM, TECH, LING); **beratende ~** fonction consultative; **in s-r ~ als …** dans sa fonction de …; en tant que …; **in ~ treten** entrer en fonction; **die ~ e-s … ausüben** exercer les fonctions de …
funktional ADJ *a.* LING fonctionnel, -elle; **Funktionalismus** M ⟨~⟩ *a.* ARCH fonctionnalisme *m*; **Funktionalität** F ⟨~; ~en⟩ fonctionnalité *f*
Funktionär(in) M ⟨~s; ~e⟩ (F) ⟨~in; ~innen⟩ *e-r Partei, Gewerkschaft etc* responsable *m/f*; permanent *m*; *(Sportfunktionär[in]) a.* directeur sportif
funktionell ADJ *a.* BIOL, MED, CHEM fonctionnel, -elle
funktionieren V/I ⟨*pas de ge-*, h.⟩ fonctionner; marcher
Funktionieren N ⟨~s⟩ fonctionnement *m*; marche *f*
funktionsfähig ADJ qui fonctionne; **funktionsgerecht** ADJ fonctionnel, -elle; **Funktionskleidung** F vêtements fonctionnels; **Funktionsstörung** F MED trouble fonctionnel; dysfonctionnement *m*; **Funktionstaste** F IT touche *f* de fonction; **funktionsunfähig** ADJ qui ne fonctionne pas; **Funktionswort** N ⟨~(e)s; -wörter⟩ GRAM mot *m* outil
Funkturm M tour émettrice de radio; **Funkuhr** F *öffentliche* horloge radiopilotée; *Armbanduhr* montre radiopilotée; *Wanduhr* pendule radiopilotée; **Funkverbindung** F liaison *f* radio; radiocommunication *f*; **Funkverkehr** M radiocommunications *fpl*; **Funkwagen** M → Funkstreifenwagen; **Funkwecker** M réveil radiopiloté
Funzel *umg pej* F ⟨~; ~n⟩ *(Lampe) umg* lumignon *m*; *umg* loupiote *f*
für PRÄP ⟨*akk*⟩ 1 *Ziel, Bestimmung* pour; à; de; **Zeitschriften** *fpl* **~ Kinder** journaux *mpl* pour enfants; **~ j-n arbeiten** travailler pour qn; **~ j-n bestimmt sein** être destiné à qn; **das ist ~ dich** c'est pour toi; **~ sich** *(allein)* (tout) seul; **~ sich leben, bleiben** vivre, rester seul; **das ist e-e Sache ~ sich** c'est une chose à part; c'est une autre affaire 2 *umg (gegen)* **~ die Grippe, den Husten** pour la grippe, la toux 3 *Preis* pour; **~ zehn Euro** pour dix euros; **~ diesen Preis** à ce prix 4 *Vergleich zur Norm* pour; **er ist groß ~ sein Alter** il est grand pour son âge; **es ist kalt ~ die Jahreszeit** il

fait froid pour la saison; **~ e-n Ausländer spricht er gut Deutsch** pour un étranger, il parle bien allemand **5** *(was betrifft)* quant à; pour; **um so besser ~ sie!** tant mieux pour elle!; **ich ~ meine Person** quant à moi; pour ma part; en ce qui me concerne **6** *(zugunsten)* en faveur de; pour; **~ j-n, etw sein** être pour qn, qc; **~ j-n einstehen, bürgen** répondre de qn; **das spricht ~ dich** cela parle en ta faveur; **das hat etwas, viel ~ sich** cela offre un, beaucoup d'avantage(s) **7** *zukünftiger Zeitpunkt, Zeitspanne* pour; **~ ein Jahr** pour un an; **~ immer** pour toujours; **ich habe ihn ~ nächsten Dienstag eingeladen** je l'ai invité pour mardi prochain **8** *mit Verben des Sagens, Meinens* **j-n ~ schuldig erklären** déclarer qn coupable; **j-n ~ e-n Narren halten** prendre qn pour un fou **9** *(an j-s Stelle)* pour; **~ j-n bezahlen** payer pour qn; **~ j-n einspringen** remplacer qn **10** *(um)* **Punkt ~ Punkt** point par point; **Schritt ~ Schritt** pas à pas; *fig* peu à peu; **Tag ~ Tag** jour après jour; **Wort ~ Wort** *(nacheinander, wörtlich)* mot à mot; *(wortgetreu)* mot pour mot **11** → *a. die betreffenden Verben, Substantive u. Adjektive*

Für N ⟨~s; ~⟩ pour *m*; **das ~ und Wider** le pour et le contre

Furan N ⟨~s; ~e⟩ CHEM furane *m*

Fürbitte F intercession *f*; **bei j-m ~ einlegen (für)** intercéder auprès de qn (pour)

Furche F ⟨~; ~n⟩ AGR sillon *m* *(a. im Gesicht, Gehirnfurche)*; **~n ziehen** creuser des sillons

furchig ADJ *Gesicht* sillonné de rides

Furcht F ⟨~⟩ crainte *f*, peur *f*, *vor Dingen, Prüfungen etc a.* appréhension *f* (**vor** [+*dat*] de); **~ vor j-m, etw haben** craindre qn, qc; **~ haben** avoir peur; **j-m ~ einflößen** inspirer de la crainte à qn; faire peur à qn; **~ einflößend, erregend** effrayant; qui fait peur; **aus ~ vor Strafe** par crainte de la punition; **aus ~, dass** de crainte, de peur de (+*inf*), que (+*subj*); **j-n in ~ und Schrecken versetzen** terroriser qn; *geh* **ohne ~ und Tadel** sans peur et sans reproche

furchtbar **A** ADJ **1** *(schrecklich)* terrible; effroyable; épouvantable; horrible; affreux, -euse; **e-e ~e Katastrophe** une terrible catastrophe; **das ist ja ~!** mais c'est terrible, affreux, épouvantable! **2** *umg (unangenehm) Hitze, Wetter* épouvantable; atroce; terrible; **ein ~es Kind** un enfant terrible, insupportable **3** *umg (groß, stark)* terrible; **~e Angst** peur *f* terrible; **ein ~er Schlag** un coup dur **B** ADV **1** *(schrecklich)* terriblement; horriblement; affreusement; d'une manière terrible, *etc*; **~ verunglücken** *tödlich* mourir dans un affreux accident; **sie sieht mit diesem Hut ~ aus** elle est affreuse avec ce chapeau **2** *umg (sehr)* très; terriblement; **~ schwierig** terriblement difficile; **~ dumm** très bête; **das ist ~ einfach** c'est simple comme bonjour; **sie ist ~ hässlich** elle est affreusement laide; **ich habe mich ~ gefreut** ça m'a fait énormément plaisir

furchteinflößend ADJT effrayant; qui fait peur

fürchten ⟨-ete, h.⟩ **A** VT craindre; *plus fort* redouter; **etw ~** *a.* appréhender qc; **den Tod ~** redouter la mort; **ich fürchte, es ist zu spät** *od* **dass es zu spät ist** je crains qu'il (ne) soit trop tard; **ich fürchte, ich habe ...** je crains d'avoir ...; **ich fürchte, er hat ...** je crains qu'il (n')ait ...; **j-n das Fürchten lehren** intimider qn; faire une peur bleue à qn; **ich werde dich das Fürchten lehren!** tu ne perds rien pour attendre!; **ein gefürchteter Prüfer** un examinateur redouté **B** VI **um j-n, etw ~** se faire du souci pour qn, qc **C** VR **sich (vor j-m, etw) ~** avoir peur (de qn, qc); craindre qn, qc; redouter qn, qc; **sich ~, etw zu tun** avoir peur de faire qc

fürchterlich → furchtbar

furchterregend ADJT effrayant; qui fait peur

furchtlos ADJ qui n'a peur de rien; intrépide; °hardi; **Furchtlosigkeit** F ⟨~⟩ intrépidité *f*; °hardiesse *f*

furchtsam ADJ craintif, -ive; peureux, -euse; timoré; **Furchtsamkeit** F ⟨~⟩ caractère peureux, craintif, timoré

füreinander ADV l'un(e) pour l'autre *bzw.* les un(e)s pour les autres

Furie F ⟨~; ~n⟩ MYTH, *fig pej* furie *f*

furios **A** ADJ exécuté avec brio **B** ADV avec brio

Furnier N ⟨~s; ~e⟩ feuille *f* de placage; placage *m*

furnieren VT ⟨*pas de ge-*, h.⟩ plaquer; *beidseitig* contre-plaquer; *Möbelstück* **Eiche furniert** en chêne plaqué

Furnierholz N bois *m* de placage; **Furnierung** F ⟨~; ~en⟩ placage *m*

Furore *Person, Theaterstück, Mode etc* **~ machen** faire fureur

fürs = **für das**; **~ Erste** pour le moment; provisoirement

Fürsorge F ⟨~⟩ *staatliche* assistance *f*; *(Sozialhilfe)* aide sociale; **(liebevolle) ~** sollicitude *f*; **mütterliche ~** sollicitude toute maternelle; **öffentliche ~** assistance publique

fürsorgeberechtigt ADJT qui a droit à l'aide sociale; **Fürsorgepflicht** F ⟨~⟩ JUR devoir *m* de prévoyance et d'assistance de l'employeur

fürsorglich **A** ADJ plein de sollicitude; qui prend bien soin de ... **B** ADV avec sollicitude; **Fürsorglichkeit** F ⟨~⟩ sollicitude *f*

Fürsprache F intercession *f*; intervention *f*; **bei j-m für j-n ~ einlegen** intervenir, intercéder auprès de qn pour, en faveur de qn

Fürsprecher(in) M(F) *e-r Sache, Person* avocat(e) *m(f)*

Fürst M ⟨~en; ~en⟩ prince *m*; **leben wie ein ~** vivre comme un prince; mener une vie de prince

Fürsten... IN ZSSGN de prince; princier, -ière; **Fürstenhof** M résidence *f* de prince(s); **Fürstenkrone** F couronne *f* de prince; **Fürstentitel** M titre *m* de prince

Fürstentum N ⟨~(e)s; ¨er⟩ principauté *f*; **das ~ Liechtenstein, Monaco** la principauté du Liechtenstein, de Monaco

Fürstin F ⟨~; ~nen⟩ princesse *f*

fürstlich **A** ADJ **1** ⟨*épithète*⟩ princier, -ière; de prince **2** *fig Empfang, Trinkgeld* somptueux, -euse; princier, -ière **B** ADV princièrement; comme un prince; **j-n ~ bewirten** recevoir qn princièrement; régaler qn; **j-n ~ empfangen** réserver un accueil princier, somptueux à qn; **~ leben** mener grand train; vivre dans le luxe

Fürstlichkeit F ⟨~; ~en⟩ prince *m*, princesse *f*

Furt F ⟨~; ~en⟩ gué *m*

Furunkel M *od* N ⟨~s; ~⟩ MED furoncle *m*

fürwahr *liter* ADV en vérité; certes; vraiment

Fürwort N ⟨~(e)s; ¨er⟩ GRAM pronom *m*; *adjektivisch gebrauchtes* adjectif pronominal

Furz *sl* M ⟨~es; ¨e⟩ *umg* pet *m*; **e-n ~ lassen** *umg* lâcher un pet

furzen *sl* VI ⟨-(es)t, h.⟩ *umg* péter

Fusel *umg pej* M ⟨~s; ~⟩ *umg* tord-boyaux *m*

Fusion F ⟨~; ~en⟩ WIRTSCH, POL, BIOL, NUKL fusion *f*

fusionieren VI ⟨*pas de ge-*, h.⟩ fusionner

Fusionsreaktor M NUKL réacteur *m* à fusion

Fuß M ⟨~es; ¨e⟩ **1** ANAT pied *m*; *südd, schweiz, österr a.* *(Bein)* jambe *f*; *von Tieren* patte *f*; *zum Hund* **bei ~!** au pied!; **zu ~** à pied; **zu ~ gehen** aller à pied; marcher; **gut, schlecht zu ~ sein** *Wanderer* être bon, mauvais marcheur; *ältere Person* marcher sans peine, avec difficulté; **sich j-m zu Füßen werfen** se jeter, tomber aux pieds de qn; **ich setze keinen ~ mehr in dieses Haus** je ne remettrai plus les pieds dans cette maison **2** *fig* **stehenden ~es** de ce pas; sur-le-champ; **wieder auf die Füße fallen** retomber sur ses pieds; *geh* **j-m zu Füßen liegen** être aux pieds de qn; *umg* **j-m auf die Füße treten** *(j-n drängen)* bousculer qn; *(j-n zurechtweisen)* passer un savon à qn; **auf eigenen Füßen stehen** être indépendant; *Jugendlicher* voler de ses propres ailes; **(festen) ~ fassen** arriver, réussir à s'imposer; **auf freiem ~ sein** être en liberté; **j-n auf freien ~ setzen** relâcher qn; JUR relaxer qn; **auf großem ~ leben** vivre sur un grand pied; **mit j-m auf gutem, schlechtem ~ stehen** être bien, mal avec qn; être en bons, mauvais termes avec qn; **mit j-m auf gespanntem ~ stehen** avoir des rapports tendus avec qn; **mit j-m auf freundschaftlichem ~ stehen** être en bons termes, rapports avec qn; *umg* **j-n auf dem falschen ~ erwischen** prendre qn au dépourvu; *umg* **wie eingeschlafene Füße schmecken** *umg* être dégueulasse; **~ breit** → Fußbreit **3** *tragender Teil e-s Geräts, Möbelstücks, Stielglases, e-r Lampe* pied *m*; **auf schwachen, schwankenden Füßen stehen** manquer de solidité; *Argument a.* ne pas tenir debout **4** *unterer Teil e-s Bergs, Strumpfs, e-r Säule* pied *m*; **am ~** (+*gen*) au pied de **5** *(Versfuß)* pied *m* **6** ⟨*pl* ~⟩ *Längenmaß* pied *m*

Fußabstreifer M ⟨~s; ~⟩, **Fußabtreter** M ⟨-ters; -ter⟩ *regional (Fußmatte)* paillasson *m*; *(Rost)* décrottoir *m*; **Fußangel** F *a. fig* chausse-trape *f*; **Fußbad** N bain *m* de pieds

Fußball M ⟨~(e)s; -bälle⟩ **1** *Ball* ballon *m* de football **2** ⟨*sans pl*⟩ *Spiel* football *m*; *umg* foot *m*; **~ spielen** jouer au football, *umg* au foot

Fußballanhänger(in) M(F) amateur *m* de, fervent(e) *m(f)* du football

Fußballen M (éminence formée sur la) plante antérieure du pied

Fußballer(in) *umg* M ⟨~s; ~⟩ (F) ⟨~in; ~innen⟩ → Fußballspieler(in)

Fußballfan M supporter *m* de football, *umg* de foot; **Fußballklub** M → Fußballverein; **Fußballmannschaft** F équipe *f* de football, *umg* de foot; **Fußballmeister** M champion *m* de football, *umg* de foot; **Fußballmeisterschaft** F championnat *m* de football, *umg* de foot; **Fußballplatz** M terrain *m* de football, *umg* de foot; **Fußballschuh** M chaussure *f* de football, *umg* de foot; **Fußballspiel** N match *m* de football, *umg* de foot; ⟨*sans pl*⟩ *als Sport* football *m*; *umg* foot *m*; **Fußballspieler(in)** M(F) joueur, -euse *m,f* de football, *umg* de foot; footballeur, -euse *m,f*; **Fußballtor** N but *m* de football; **Fußballtoto** N *od* M loto sportif; **Fußballtrainer(in)** M(F) entraîneur, -euse *m,f* de football; **Fußballverband** M fédération *f*, association *f* de football; **Fußballverein** M club *m* de football, *umg* de foot; **Fußballweltmeister** M champion *m* du monde de football; **Fußballweltmeisterschaft** F Coupe *f* du monde de football

Fußbank F ⟨~; -bänke⟩ petit banc, tabouret *m* pour les pieds; **Fußbett** N assise *f* du pied (dans des chaussures)

Fußboden M plancher *m*; sol *m*; **Fußbodenbelag** M revêtement *m* de sol; **Fußbodenheizung** F chauffage *m* par le sol, le plancher

Fußbreit M ⟨~; ~⟩ **keinen ~ (zurück)wei-**

F

chen ne pas reculer d'une semelle; ne pas céder d'un pouce

Fußbremse F frein *m* à pied

Fussel F ⟨~; ~n⟩ petit poil; peluche *f*; *umg* pluche *f*

fusselig ADJ (*voller Fusseln*) pelucheux, -euse; (*ausgefranst*) effiloché; *umg fig* **sich** (*dat*) **den Mund ~ reden** se tuer à répéter la même chose; *umg* perdre sa salive

fusseln VI ⟨-(e)le, h.⟩ pelucher

füßeln *umg* VI ⟨-(e)le, h.⟩ faire du pied (**mit j-m** à qn)

fußen VI ⟨-(es)t, h.⟩ **~ auf** (*+dat*) reposer, être basé, être fondé sur

Fußende N pied *m* (du lit)

Fußfall M ⟨~(e)s⟩ prosternation *f*; prosternement *m*; **e-n ~ vor j-m machen** *a. fig* se prosterner devant qn

fußfällig A ADJ prosterné B ADV **er bat ihn ~ …** prosterné, il lui demanda …

Fußfessel F **elektronische ~** bracelet *m* électronique

Fußgänger(in) M ⟨~s; ~⟩ (F) ⟨~in; ~innen⟩ piéton *m*; **Fußgängerbrücke** F passerelle *f* (réservée aux piétons); **Fußgängerschranke** F petite barrière de passage à niveau pour piétons; *in Frankreich* portillon *m* de passage à niveau; **Fußgängerüberweg** M passage *m* pour piétons; **Fußgängerzone** F zone piétonne, piétonnière

Fußgelenk N articulation *f* du pied; **Fußhebel** M pédale *f*

fußhoch A ADJ °haut d'un pied B ADV **das Wasser steht ~** on a de l'eau jusqu'aux chevilles

Fußkettchen N ⟨~s; ~⟩ *Schmuck* chaînette *f* autour du pied; **Fußknöchel** M ANAT cheville *f*; *t/t* malléole *f*; **fußkrank** ADJ qui a mal aux pieds; qui a des problèmes de pied(s); **Fußlage** F MED *bei der Geburt* présentation *f* du siège décompléte en mode des pieds

Fußleiden N affection *f* du pied; **ein ~ haben** avoir des problèmes de pied(s)

Fußleiste F plinthe *f*

Füßling M ⟨~s; ~e⟩ *e-s Strumpfs*, (*Socke*) protège-bas *m* (*inv*)

Fußmarsch M marche *f* (à pied); **das sind 20 km ~** ça fait 20 km à pied

Fußmatte F paillasson *m*; *im Auto* tapis *m* de sol; **Fußnagel** M ongle *m* (d'un orteil); **Fußnote** F note *f*, remarque *f* au bas de la page; **Fußpfad** M sentier *m*; **Fußpflege** F soins *mpl* des pieds; pédicurie *f*; **Fußpfleger(in)** M(F) pédicure *m/f*; **Fußpilz** M, **Fußpilzerkrankung** F mycose *f* du pied; **Fußpuder** M poudre *f*, talc *m* pour les pieds; **Fußpunkt** M 1 ASTRON nadir *m* 2 MATH des Lotes, *der Senkrechten* pied *m* (d'une perpendiculaire); **Fußraste** F *am Motorrad etc* repose-pied *m*; **Fußreflexzonenmassage** F MED massage *m* des zones réflexes (des pieds); **Fußring** M *e-s Vogels* bague *f*; **Fußsack** M chancelière *f*; **Fußschalter** M interrupteur *m* (à pied); **Fußschaltung** F *am Motorrad* changement *m* de vitesse à pédale; **Fußschemel** M → Fußbank; **Fußschweiß** M transpiration *f* des pieds; **Fußsohle** F plante *f* du pied; **Fußspitze** F pointe *f* du pied; **Fußsprung** M *im Schwimmsport* plongeon *m* les pieds en avant, les premiers; **Fußspur** F trace *f* de pas

Fußstapfe F ⟨~; ~n⟩, **Fußstapfen** M ⟨-ens; -en⟩ → Fußspur; *fig* **in j-s ~n** (*akk*) **treten** marcher sur, suivre les traces de qn

Fußstütze F repose-pied *m*; MED support *m* de voûte plantaire

Fußtritt M coup *m* de pied; **j-m, e-r Sache e-n ~ geben** *od* **versetzen** donner un coup de pied à qn, qc

Fußtruppe F MIL infanterie *f*; **Fußvolk** N 1 *fig pej* piétaille *f*; petits *mpl* 2 HIST MIL piétaille *f*; **Fußwanderung** F randonnée *f* pédestre; excursion *f* à pied; marche *f*; **Fußwaschung** F BIBEL lavement *m* des pieds; **Fußweg** M chemin (réservé aux piétons); (*Pfad*) sentier *m*; **Fußwurzel** F ANAT tarse *m*

Futon M ⟨~s; ~s⟩ futon *m*

futsch *umg* ADJ ⟨*attribut*⟩ (weg) perdu; (*kaputt*) *umg* fichu; *sl* foutu

Futter[1] N ⟨~s⟩ *für Tiere* nourriture *f*; (*Pflanzenfutter*) fourrage *m*; **(e-m Tier) ~ geben** donner à manger (à un animal)

Futter[2] N ⟨~s; ~⟩ 1 MODE, *e-s Briefumschlags* doublure *f*; **ausknöpfbares ~** doublure amovible 2 TECH (*Spannfutter*) mandrin *m*

Futteral N ⟨~s; ~e⟩ étui *m*; gaine *f*; *für e-n Schirm* fourreau *m*

Futtergetreide N céréales fourragères; **Futtergras** N herbe fourragère; **Futterhäuschen** N *für Vögel* abri *m* pour les oiseaux; **Futterkartoffel** F pomme de terre fourragère

Futterkrippe F râtelier *m*; mangeoire *f*; *umg fig* assiette *f* au beurre; *umg fig* **an der ~ sitzen** *umg* avoir le bon filon

Futtermittel NPL aliments *mpl* pour animaux, pour bétail

futtern *umg* VT *u.* VI ⟨-(e)re, h.⟩ (*essen*) *umg* bouffer

füttern[1] VT ⟨-(e)re, h.⟩ 1 *Tiere* donner à manger à; **mit etw ~** donner qc à manger à; *Nestvögel* donner la becquée à; *im Zoo* **bitte nicht ~!** prière de ne rien donner aux animaux 2 *Kinder, Kranke* faire manger 3 *fig* **e-n Computer mit Daten ~** alimenter un ordinateur en données

füttern[2] VT ⟨-(e)re, h.⟩ 1 MODE doubler (**mit** de); *mit Watte* ouater; *mit Pelz* fourrer; *adjt* **gefüttert** *Kleidungsstück, Briefumschlag* doublé 2 TECH revêtir; garnir (**mit** de)

Futternapf M *für Hunde etc* écuelle *f*; *für Vögel* mangeoire *f*; **Futterneid** M *beim Tier* jalousie, envie (éprouvée en voyant manger les autres); *umg fig* jalousie *f*; envie *f*; **Futterpflanze** F plante fourragère; **Futterplatz** M *für Wild* râtelier *m* à fourrage; **Futterraufe** F râtelier *m*; **Futterrübe** F betterave fourragère; **Futtersack** M musette *f*; **Futterseide** F soie *f* pour doublure; **Futtersilo** M *od* N silo *m* à fourrage; **Futterstoff** M tissu *m* pour doublure; **Futtertrog** M auge *f*; mangeoire *f*

Fütterung F ⟨~; ~en⟩ *von Vieh* alimentation *f*; **die ~ der Raubtiere** le repas des fauves

Futur N ⟨~s; ~e⟩ GRAM futur *m*; **(erstes) ~** futur simple; **zweites ~** futur antérieur

Futurismus M ⟨~⟩ KUNST futurisme *m*; **Futurist** M ⟨~en; ~en⟩ futuriste *m*; **futuristisch** ADJ futuriste

Futurologe M ⟨~n; ~n⟩, **Futurologin** F ⟨-in; -innen⟩ futurologue *m/f*; **Futurologie** F ⟨~⟩ futurologie *f*

Futurum N ⟨~s; -ra⟩ → Futur

G

G, g N ⟨G, g; G, g⟩ 1 *Buchstabe* G, g *m* 2 MUS sol *m*

G ABK 1 BÖRSE (*Geld*) demande; cours demandé 2 PHYS (*Gauß*) Gs (gauss)

g ABK (Gramm) g (gramme)

gab → geben

Gabardine M ⟨~s⟩ *od* F ⟨~⟩ TEX gabardine *f*

Gabe F ⟨~; ~n⟩ 1 *geh* (*Spende*) don *m*; (*Opfergabe*) offrande *f*; **e-e milde ~** une aumône; **j-n um e-e milde ~ bitten** demander l'aumône, la charité à qn 2 *geh* (*Geschenk*) présent *m*; **e-e ~ Gottes** un don du ciel 3 (*Begabung*) don *m*; **die ~ haben, etw zu tun** avoir le don de faire qc

Gabel F ⟨~; ~n⟩ 1 (*Essgabel*) fourchette *f* 2 (*Heugabel, Mistgabel, Fahrradgabel, Astgabel etc*) fourche *f*; (*Telefongabel*) support *m*; **Gabelbissen** M amuse-gueule *m*; (*Heringshappen*) filet *m* de hareng mariné (dans du vinaigre, *etc*); **Gabeldeichsel** F brancards *mpl*; limonière *f*; **gabelförmig** ADJ fourchu; **Gabelfrühstück** N lunch *m*; **Gabelkreuz** N croix *f* en forme d'Y

gabeln ⟨-(e)le, h.⟩ V/R **sich ~** bifurquer

Gabelschlüssel M clé plate à fourche; **Gabelstapler** M ⟨~s; ~⟩ chariot élévateur

Gabelung F ⟨~; ~en⟩ bifurcation *f*; (*Weggabelung a.*) fourche *f*

Gabelweihe F ZOOL milan rouge, royal; **Gabelzinke** F dent *f* de fourche(tte)

Gabentisch M table *f* des cadeaux, des présents

Gabi F ⟨→ *n/pr*⟩ *prénom*

Gabriel M ⟨→ *n/pr*⟩ *prénom*; BIBEL **der Erzengel ~** l'archange Gabriel *m*

Gabriela, **Gabriele** F ⟨→ *n/pr*⟩ *prénom*

Gabun N ⟨→ *n/pr*⟩ le Gabon; **Gabuner(in)** M ⟨~s; ~⟩ (F) ⟨~in; ~innen⟩ Gabonais(e) *m(f)*; **gabunisch** ADJ gabonais

G 8[1] F ⟨~⟩ ABK (Gruppe der 8) POL G8 *m*

G 8[2] N ⟨~⟩ ABK (achtjähriges Gymnasium) *enseignement secondaire en huit ans au lieu de neuf*

gackern VI ⟨-(e)re, h.⟩ 1 *Hühner* caqueter 2 *umg fig* (*laut kichern*) glousser; (*schwätzen*) caqueter; jacasser

Gackern N ⟨~s⟩ caquet(age) *m* (*a. fig*)

Gaffel F ⟨~; ~n⟩ SCHIFF corne *f*; **Gaffelsegel** N voile *f* à corne

gaffen VI ⟨h.⟩ *pej* regarder qn *bzw.* qc bouche bée; rester bouche bée; *umg* zieuter qn *bzw.* qc

Gaffer(in) M ⟨~s; ~⟩ (F) ⟨~in; ~innen⟩ *pej* curieux, -ieuse *m,f*; badaud(e) *m(f)*

Gag M ⟨~s; ~s⟩ 1 FILM, THEAT *etc* gag *m* 2 (*Besonderheit*) truc *m*

Gagat M ⟨~(e)s; ~e⟩ MINER jais *m*

Gage F ⟨~; ~n⟩ cachet *m*

gähnen VI ⟨h.⟩ bâiller; *fig* **ein ~der Abgrund** un gouffre béant; *fig* **es herrschte ~de Leere im Saal** la salle était déserte

Gähnen N ⟨~s⟩ bâillement *m*; **~ steckt an** bâiller est contagieux

Gajus M ⟨→ *n/pr*⟩ HIST Gaius *m*

Gala F ⟨~; ~s⟩ 1 *Kleidung* tenue *f* de gala; **in ~** (*dat*) *a.* en grande tenue 2 *Veranstaltung* gala *m*

Galaabend M soirée *f* de gala; **Galadiner** N dîner *m* de gala; **Galaempfang** M réception *f* de gala

galaktisch ADJ ASTRON galactique

Galan *umg pej* M ⟨~s; ~e⟩ (*Liebhaber*) amant *m*; *hum* galant *m*

galant A ADJ galant B ADV galamment

Galanterie F ⟨~; ~n⟩ galanterie *f*
Galapagosinseln FPL îles *fpl* Galapagos
Galauniform F grande tenue; **Galavorstellung** F (spectacle *m* à l'occasion d'un, soirée *f* de) gala *m*
Galaxie F ⟨~; ~n⟩ ASTRON galaxie *f*
Galaxis F ⟨~⟩ ASTRON Voie lactée
Galeere F ⟨~; ~n⟩ galère *f*
Galeerensklave M, **Galeerensträfling** M galérien *m*
Galerie F ⟨~; ~n⟩ BAU, BERGBAU, *(Kunstgalerie)* galerie *f*
Galerist(in) M ⟨~en; ~en⟩ (F) ⟨~in; ~innen⟩ galeriste *m/f*
Galgant M ⟨~(e)s; ~e⟩ BOT galanga *m*
Galgen M ⟨~s; ~⟩ **1** potence *f*; gibet *m*; **j-n zum (Tod am) ~ verurteilen** condamner qn à mort par pendaison **2** TECH *(Mikrofongalgen)* perche *f* (à son)
Galgenfrist F *a. fig hum* dernier sursis; **Galgenhumor** M humour *m* macabre; **Galgenstrick** *umg* M *Person* vaurien *m*; garnement *m*; **Galgenvogel** *umg* M *Person* gibier *m* de potence
Galicien N ⟨→ *n/pr*⟩ la Galice; **Galicier(in)** M ⟨~s; ~⟩ (F) ⟨~in; ~innen⟩ Galicien, -ienne *m,f*; habitant(e) *m(f)* de la Galice; **galicisch** ADJ galicien, -ienne
Galiläa N ⟨→ *n/pr*⟩ la Galilée; **Galiläer(in)** M ⟨~s; ~⟩ (F) ⟨~in; ~innen⟩ Galiléen, -ienne *m,f*; **galiläisch** ADJ galiléen, -ienne
Galilei M ⟨→ *n/pr*⟩ Galilée *m*
Galionsfigur F SCHIFF, *fig* figure *f* de proue
gälisch ADJ gaélique; *Sprache* **das Gälische** le gaélique
Galizien N ⟨→ *n/pr*⟩ la Galicie; **Galizier(in)** M ⟨~s; ~⟩ (F) ⟨~in; ~innen⟩ Galicien, -ienne *m,f*; habitant(e) *m(f)* de la Galicie; **galizisch** ADJ galicien, -ienne
Gallapfel M BOT noix *f* de galle
Galle[1] F ⟨~; ~n⟩ **1** PHYSIOL, *fig* bile *f*; *der Tiere, fig* fiel *m*; *meist von Fischen* amer *m*; **bitter wie ~** amer, amère comme chicotin; *fig* **mir kommt die ~ hoch, mir läuft die ~ über** la moutarde me monte au nez; → *a.* Gift **2** ANAT vésicule *f* biliaire
Galle[2] F ⟨~; ~n⟩ **1** BOT galle *f* **2** VET molette *f*
galle(n)bitter ADJ très amer, amère
Gallenblase F vésicule *f* biliaire; **Gallenkolik** F colique *f* hépatique
Gallenleiden N maladie bilieuse; **ein ~ haben** souffrir de la vésicule (biliaire)
Gallensäure F acide *m* biliaire
Gallenstein M calcul *m* biliaire; **er hat ~e** il a des calculs (dans la vésicule)
Gallenwege MPL voies *fpl* biliaires
Gallert N ⟨~(e)s; ~e⟩ gelée *f*; **gallertartig** ADJ gélatineux, -euse
Gallerte F ⟨~; ~n⟩ gelée *f*
gallertig ADJ gélatineux, -euse
Gallertmasse F masse gélatineuse
Gallien N ⟨→ *n/pr*⟩ HIST la Gaule; **Gallier(in)** M ⟨~s; ~⟩ (F) ⟨~in; ~innen⟩ Gaulois(e) *m(f)*
gallig ADJ **1** *(bitter wie Galle)* très amer, amère; amer, amère comme chicotin **2** *fig* fielleux, -euse; *Humor* grinçant
gallisch ADJ gaulois
Gallium N ⟨~s⟩ CHEM gallium *m*
Gallizismus M ⟨~; -men⟩ LING gallicisme *m*
Gallmücken FPL ZOOL cécidomyidés *mpl*
Gallone F ⟨~; ~n⟩ gallon *m*
galloromanisch ADJ gallo-romain
Gallwespe F ZOOL *(Eichengallwespe)* cynips *m*; *pl* **~n** *t/t* cynipidés *mpl*
Galopp M ⟨~s; ~s *ou* ~e⟩ galop *m*; **im ~** *a. fig* au galop; **in gestrecktem ~** au grand galop; à bride abattue; ventre à terre
Galopper M ⟨~s; ~⟩ **1** *Pferd* galopeur *m* **2** *Reiter* jockey *m*
galoppieren V/I ⟨*pas de ge-*, s.⟩ galoper; *fig* **~de Inflation** inflation galopante
Galopprennbahn F hippodrome (aménagé pour courses au galop); **Galopprennen** N course *f* au galop
Galosche *umg pej* F ⟨~; ~n⟩ (vieille) savate
galt → gelten
galvanisch ADJ galvanique; **~es Element** couple *m*, élément *m*, pile *f* électrique; MED **~er Strom** courant *m* galvanique
Galvaniseur M ⟨~s; ~e⟩ TECH galvaniseur *m*; **galvanisieren** V/T ⟨*pas de ge-*, h.⟩ TECH galvaniser
Galvano N ⟨~s; ~s⟩ TYPO galvano(type) *m*; **Galvanometer** N ⟨~s; ~⟩ ELEK galvanomètre *m*; **Galvanoplastik** F ⟨~⟩ TECH galvanoplastie *f*; TYPO galvanotypie *f*; **galvanoplastisch** ADJ galvanoplastique; **Galvanotechnik** F ⟨~⟩ galvanoplastie *f*
Gamasche F ⟨~; ~n⟩ guêtre *f*; jambière *f*
Gambe F ⟨~; ~n⟩ MUS viole *f* de gambe
Gambia N ⟨→ *n/pr*⟩ la Gambie; **Gambier(in)** M ⟨~s; ~⟩ (F) ⟨~in; ~innen⟩ Gambien, -ienne *m,f*; **gambisch** ADJ gambien, -ienne
Gambit N ⟨~s; ~s⟩ SCHACH gambit *m*
Gameboy® M ⟨~(s); ~s⟩ Gameboy® *m od f*
Gamet M ⟨~en; ~en⟩ BIOL gamète *m*
Gamma N ⟨~(s); ~s⟩ *Buchstabe* gamma *m*; **Gammaglobulin** N ⟨~s; ~e⟩ MED gammaglobuline *f*; **Gammastrahlen** MPL PHYS, MED rayons *mpl* gamma; **Gammastrahlung** F PHYS, MED rayonnement *m* gamma
Gammelei *umg* F ⟨~⟩ fainéantise *f*
Gammelfleisch *umg* N viande avariée
gammelig *umg* ADJ **1** *Person* négligé; débraillé **2** *Möbel, Kleidung* miteux, -euse **3** *Nahrungsmittel* pourri
Gammellook *umg* M look (sciemment) négligé
gammeln *umg* V/I ⟨-(e)le, h.⟩ **1** *Person umg* zoner; *umg* glander; traîner **2** *Nahrungsmittel etc* pourrir; s'abîmer
Gammler(in) *umg pej* M ⟨~s; ~⟩ (F) ⟨~in; ~innen⟩ *umg* traîne-savates *m*; *umg* glandeur, -euse *m,f*
gammlig ADJ → gammelig
Gamsbart M touffe *f* de poils de chamois *(ornant un chapeau tyrolien)*
Gämsbart M → Gamsbart; **Gämsbock** M chamois *m* (mâle)
Gämse F ⟨~; ~n⟩ chamois *m*
gang das ist ~ und gäbe c'est tout à fait courant
Gang M ⟨~(e)s; ¨~e⟩ **1** ⟨*pas de pl*⟩ *(Gehen, Bewegung)* marche *f*; **in ~ setzen, bringen** *Maschine* mettre en marche; actionner; *Gespräch etc* entamer; **wieder in ~ bringen** *Maschine* remettre en marche; **in ~ halten** *Maschine* maintenir en marche; *Gespräch etc* poursuivre; **in ~ kommen** *Maschine* se mettre en marche; *fig* démarrer; *Verhandlungen etc* **wieder in ~ kommen** reprendre son cours **2** ⟨*pas de pl*⟩ *(Verlauf) von Ereignissen, Verhandlungen* cours *m*; *von Geschäften* marche *f*; **im ~(e)** *od* **in ~ sein** être en cours; **gegen ihn ist etwas im ~(e)** on prépare quelque chose contre lui; **in vollem ~e sein** battre son plein; **s-n (gewohnten** *od* **geordneten) ~ gehen** aller son train; suivre son cours **3** ⟨*pas de pl*⟩ *(Gehweise)* démarche *f*; allure *f*; **j-n an s-m ~ erkennen** reconnaître qn à sa démarche; **s-n ~ beschleunigen** accélérer son allure; presser le pas **4** *(Besorgung)* démarche *f*; *(Rundgang)* tour *m*; **e-n ~ zur Post®, in die Stadt machen** aller à la poste, en ville *(pour régler qc)*; **j-m e-n ~ abnehmen** accomplir une démarche pour qn; **mein erster ~ führte mich zum** *od* **ins Rathaus** la première chose que j'ai faite, c'est d'aller à la mairie; **e-n schweren ~ vor sich** *(dat)* **haben** avoir une démarche pénible à faire; *geh* **j-n auf s-m letzten ~ begleiten** accompagner qn à sa dernière demeure; **e-n ~ nach Kanossa machen** s'humilier devant son adversaire **5** *(Flur)* couloir *m* *(a. im Zug, Bus, Flugzeug)*; corridor *m*; *(Durchgang)* passage *m*; *im Kino, Theater* allée *f*; **auf dem ~** dans le couloir **6** *unterirdischer* souterrain *m*; *von Tieren* galerie *f*; GEOL, BERGBAU filon *m*; veine *f* **7** ANAT canal *m* **8** GASTR service *m*; *(Gericht)* plat *m*; **ein Essen mit drei Gängen** un repas avec trois services, plats **9** AUTO vitesse *f*; **den ersten ~ einlegen** passer en première; **im zweiten ~ fahren** rouler en deuxième (vitesse); *umg fig* **e-n ~ zulegen, zurückschalten** accélérer, ralentir (un peu) **10** TECH *e-s Gewindes* spire *f*
Gangart F *a. e-s Pferdes* allure *f*; *fig* tactique *f*; *fig* **e-e andere ~ einlegen** changer de tactique
gangbar ADJ *a. fig* praticable; *fig* **ein ~er Weg** une voie possible
Gängelband N ⟨~(e)s; ¨~er⟩ lisière *f*; **j-n am ~ führen** tenir qn en laisse
Gängelei *umg pej* F ⟨~; ~en⟩ **diese ~ geht mir auf die Nerven** j'en ai assez de me faire commander
gängeln *umg pej* V/T ⟨-(e)le, h.⟩ commander; régenter; tenir la bride °haute à
Ganges ⟨→ *n/pr*⟩ **der ~** le Gange
gängig ADJ **1** *(üblich) Methode, Ausdruck, Münze etc* courant **2** *Produkt, Artikel* qui se vend bien **3** TECH *(beweglich)* **etw ~ machen** remettre qc en état
Gängigkeit F ⟨~⟩ **1** *e-r Methode, e-s Ausdrucks* caractère courant, fréquent **2** *e-s Produkts, Artikels* vente *f*, écoulement *m* facile; débit *m*
Gangplatz M FLUG aisle *f*; **Gangschaltung** F *im Auto* changement *m* de vitesse; *am Fahrrad* dérailleur *m*
Gangster M ⟨~s; ~⟩ gangster *m*; **Gangsterbande** F gang *m*; bande *f* de gangsters; **Gangsterboss** *umg* M *umg* caïd *m*; chef *m* de gang; **Gangsterbraut** *umg* F *umg* nana *f* de gangster; **Gangstertum** N ⟨~s⟩ gangstérisme *m*
Gangway F ⟨~; ~s⟩ SCHIFF, FLUG passerelle *f*
Ganove *umg* M ⟨~n; ~n⟩ malfaiteur *m*; type *m* du milieu; *umg* malfrat *m*
Gans F ⟨~; ¨~e⟩ ZOOL oie *f*; *fig* **dumme ~** dinde *f*; gourde *f*; *umg* cruche *f*
Gänschen N ⟨~s; ~⟩ **1** ZOOL petite oie; oison *m* **2** *umg fig* petite sotte
Gänseblümchen N pâquerette *f*; **Gänsebraten** M oie rôtie; rôti *m* d'oie; **Gänsebrust** F poitrine *f* d'oie; GASTR blanc *m* d'oie; **Gänseei** N œuf *m* d'oie; **Gänsefeder** F plume *f* d'oie; **Gänsefüßchen** *umg* NPL *(Anführungszeichen)* guillemets *mpl*; **Gänsefußgewächse** NPL BOT chénopodiacées *fpl*
Gänsehaut F *fig* chair *f* de poule; **e-e ~ haben, bekommen** avoir la chair de poule; **davon bekomme ich e-e ~** cela me donne la chair de poule
Gänsekeule F cuisse *f* d'oie; **Gänsekiel** M plume *f* d'oie *(servant à écrire)*; **Gänseklein** N ⟨~s⟩ GASTR abat(t)is *mpl* d'oie; **Gänseleber** F foie *m* d'oie; **Gänseleberpastete** F (pâté *m* de) foie gras
Gänsemarsch M **im ~** en file indienne; à la queue leu leu
Ganser M ⟨~s; ~⟩ *österr* jars *m*

Gänserich M ⟨~s; ~e⟩ jars *m*

Gänseschmalz N graisse *f* d'oie; **Gänsewein** *umg hum* M ⟨~(e)s⟩ eau *f*; *umg* flotte *f*

Ganter M ⟨~s; ~⟩ *nordd* jars *m*

Ganymed(es) M ⟨→ *n/pr*⟩ MYTH Ganymède *m*

ganz A ADJ 1 ⟨*épithète*⟩ (*gesamt*) tout; entier, -ière; **das ~e Brot** tout le pain; **die ~e Welt** le monde entier; **~ Paris** tout Paris; **in ~ Frankreich** dans toute la France; dans la France entière; **die ~e Zeit** tout le temps 2 ⟨*épithète*⟩ (*vollständig*) entier, -ière; MUS **~e Note** ronde *f*; MATH **~e Zahl** nombre entier; **ein ~es Brot** un pain entier; **sie hat ein ~es Brot gegessen** elle a mangé tout un pain; **e-e ~e Drehung um sich selbst** un tour complet, entier sur soi-même; *verstärkend* **drei ~e Stunden** trois grandes heures; trois heures entières; *umg fig* **ein ~er Kerl** *umg* un type bien; *umg* un vrai mec; *fig* **~e Arbeit leisten** faire du bon, *iron* du beau travail; **von ~em Herzen** de tout (mon, *etc*) cœur; **das macht im Ganzen zehn Euro** cela fait dix euros en tout, au total; **im Großen (und) Ganzen** en somme; somme toute; en gros; dans l'ensemble; en général; **wir waren im Ganzen zehn Personen** nous étions dix en tout (et pour tout) 3 *umg* ⟨*attribut*⟩ (unversehrt, *heil*) intact; entier, -ière; **etw wieder ~ machen** raccommoder, réparer, refaire qc 4 *umg* ⟨*épithète*⟩ (*alle*) **die ~en Leute** tout le monde; tous les gens 5 *umg* ⟨*épithète*⟩ *einschränkend* **~e drei Mann blieben übrig** seules trois personnes restèrent; il ne resta que trois personnes; **er bekommt ~e fünf Euro die Stunde** il n'a que cinq euros de l'heure; cinq euros de l'heure, c'est tout ce qu'il est payé 6 *umg* ⟨*épithète*⟩ (*ziemlich viel*) **e-e ~e Menge** une quantité assez importante; *umg* pas mal; **e-e ~e Menge Geld** *umg* pas mal d'argent; **e-e ~e Weile** un bon moment B ADV 1 (*vollkommen*) entièrement; complètement; **~ oder teilweise** entièrement ou en partie; **ein Buch ~ lesen** lire un livre en entier; **sich ~ s-r Arbeit widmen** se consacrer entièrement à son travail; **er ist ~ der Vater** c'est tout à fait son père; *umg* c'est son père tout craché; **er ist ~ der Mann dazu** il en est tout à fait capable; **~ Auge, Ohr sein** être tout yeux, oreilles *od* ouïe; **sie ist ~ Dame** elle fait très distingué; **das habe ich ~ vergessen** ça, j'ai complètement oublié 2 *verstärkend* tout; *plus fort* tout à fait; *meist bei Verben* entièrement; **sie ist ~ gerührt** elle est tout émue; **sie ist ~ zufrieden** elle est entièrement satisfaite; **~ schmutzige Hände** des mains toutes sales; **etw ~ Schlaues tun** faire qc de très intelligent; *umg* **das ist ~ egal** c'est tout à fait égal; *umg* **das ist mir ~ egal** ça m'est complètement égal; **~ wie du willst** *od* **meinst** c'est comme tu veux; **sind Sie ~ sicher?** êtes-vous tout à fait, absolument certain?; **~ gewiss** sans aucun doute; à coup sûr; très certainement; **~ recht!** c'est ça!; parfaitement!; **ein ~ klein wenig** un tout petit peu; un tant soit peu; **~ anders** tout (à fait) autre(ment); **das ist etwas ~ anderes** c'est tout (à fait) autre chose; **~ und gar** tout à fait; absolument; **~ und gar nicht** pas du tout; pas le moins du monde 3 *einschränkend* assez; pas mal; **es war ~ nett** c'était plutôt réussi; *anerkennend umg* c'était sympa; **die Bezahlung ist ~ gut** on est pas mal payé

Ganze(s) N ⟨→ A⟩ tout *m*; ensemble *m*; MATH entier *m*; **als ~s** en tant que tout; *umg* **aufs ~ gehen** aller droit au but; jouer, risquer le tout pour le tout; **aufs ~ gesehen** en tout et pour tout; **e-n Blick für das ~ haben** voir l'ensemble; **es geht ums ~** tout est en jeu; **das ~ gefällt mir nicht** toute cette histoire *bzw.* cette affaire ne me dit rien qui vaille

Gänze *geh* F **in s-r, ihrer ~** dans son ensemble; **zur ~** entièrement

Ganzheit F ⟨~; ~en⟩ ensemble *m*; totalité *f*; **ganzheitlich** ADJ global

Ganzheitsmedizin F ⟨~⟩ médecine globale; **Ganzheitsmethode** F PÄDAGOGIK méthode globale

ganzjährig A ADJ ⟨*épithète*⟩ qui dure (toute) une année B ADV (pendant) toute l'année; **~ geöffnet** ouvert toute l'année

Ganzkörpermassage F massage corporel

Ganzleder N *Buch* **in ~ (gebunden)** relié pleine peau

Ganzlederband M ⟨~(e)s; -bände⟩ livre, tome, *etc* relié pleine peau; *weitS.* reliure *f* pleine peau

ganzleinen ADJ TEX, TYPO tout toile

Ganzleinen N *Buch* **in ~ (gebunden)** relié pleine toile

Ganzleinenband M ⟨~(e)s; -bände⟩ livre, tome, *etc* relié pleine toile; *weitS.* reliure *f* pleine toile

gänzlich A ADJ total; entier, -ière; complet, -ète B ADV totalement; entièrement

ganzmachen V/T → ganz A 3

ganzseitig ADJ *u.* ADV *Anzeige etc* sur une page entière

ganztägig A ADJ ⟨*épithète*⟩ qui dure toute la journée B ADV **~ geöffnet** ouvert toute la journée

ganztags ADV (pendant) toute la journée; **Ganztagsbeschäftigung** F poste *m*, emploi *m* à plein temps; **Ganztagsschule** F *école avec des cours le matin et l'après-midi*

Ganzwortmethode F ⟨~⟩ PÄDAGOGIK méthode globale

gar[1] GASTR A ADJ à point; (assez) cuit B ADV **etw ~ kochen** cuire qc à point; **~ gekocht** cuit (à point)

gar[2] A ADV 1 **~ nicht** pas du tout; **~ nicht schlecht!**, **~ nicht (so) übel!** pas mal (du tout)!; **~ niemand** absolument personne; **~ nichts** rien du tout; absolument rien; **rein ~ nichts wissen** ne savoir rien de rien; **er hat ~ keine Geduld** il n'a pas du tout de patience *od* pas de patience du tout; **es besteht ~ kein Zweifel** il n'y a aucun doute 2 *südd, österr, schweiz* (*sehr*) très B *Partikel* **~ zu bescheiden** *etc* beaucoup trop, *geh* par trop modeste, *etc*; **~ zu gern würde ich** (*+inf*) j'aimerais tellement (*+inf*); **sie wird doch nicht ~ abgereist sein?** elle n'est tout de même pas partie?; **sie ist sehr eingebildet, und ~ ihre Mutter!** elle est très arrogante, mais ce n'est rien à côté de sa mère; **ich glaube ~, sie ist unglücklich** je dirais même, j'irais jusqu'à dire qu'elle est malheureuse; *umg* **sei nicht ~ so frech!** ne sois donc pas aussi insolent!; **~ mancher** maintes personnes; **oder ~** ou même

Garage F ⟨~; ~n⟩ garage *m*; (*Einzelgarage*) box *m*

Garageneinfahrt F entrée *f* d'un, de garage; *Aufschrift a.* sortie *f* de véhicule; **Garagenstellplatz** M box *m*; **Garagentor** N porte *f* de garage; **Garagenwagen** M voiture peu utilisée, garée en permanence dans un garage

garagieren V/T ⟨*pas de ge-*, h.⟩ *österr, schweiz* garer (dans un box *bzw.* un garage)

Garant M ⟨~en; ~en⟩ garant *m* (**für** de)

Garantie F ⟨~; ~n⟩ 1 *vom Hersteller* garantie *f*; *Ware* **ein Jahr ~ haben** être sous garantie un an; être un an sous garantie; être garanti un an; **darauf habe ich noch ~** c'est encore sous garantie; **mit, ohne ~** avec, sans garantie 2 (*Gewähr, Sicherheit*) sûreté *f*; **als ~** à titre de garantie; **die ~ für etw übernehmen** se porter garant de qc; *umg* **das ist unter ~ gelogen!** c'est sûrement des mensonges!

Garantieanspruch M droit *m* à une garantie (sur un article); **Garantieerklärung** F déclaration *f* de garantie; **Garantiefrist** F délai *m* de garantie

garantieren ⟨*pas de ge-*, h.⟩ A V/T garantir; **j-m etw ~** garantir qc à qn B V/I **für j-n, etw ~** se porter garant de qn, qc; **für den Erfolg ~** garantir le succès; *umg fig* **ich garantiere Ihnen, dass …** je vous garantis que …

garantiert ADVL **~ reine Wolle** garanti(e) pure laine; *umg fig* **das ist ~ gelogen** c'est sûrement des mensonges

Garantieschein M HANDEL bon *m*, certificat *m* de garantie; **Garantiestempel** M poinçon *m* de garantie; **Garantieübernahme** F acceptation *f* d'une garantie; **Garantievertrag** M HANDEL contrat *m* de garantie; POL traité *m* de garantie

Garantiezeit F délai *m* de garantie; **die ~ für meine Uhr ist abgelaufen** je n'ai plus de garantie sur ma montre; ma montre n'est plus sous garantie

Garaus M **j-m den ~ machen** donner le coup de grâce à qn; achever qn; **e-r Sache** (*dat*) **den ~ machen** se débarrasser de qc

Garbe F ⟨~; ~n⟩ (*Getreidegarbe, Geschossgarbe*) gerbe *f*

Garçonnière F ⟨~; ~n⟩ *österr* studio *m*

Gardasee der ~ le lac de Garde

Garde F ⟨~; ~n⟩ MIL garde *f*; *fig* **die alte ~** la vieille garde

Gardemaß N ⟨~es⟩ 1 HIST MIL taille requise pour faire partie de l'armée prussienne 2 *hum* **~ haben** être très grand

Gardenie F ⟨~; ~n⟩ BOT gardénia *m*

Gardeoffizier M officier *m* de la garde; **Garderegiment** N régiment *m* de la garde

Garderobe F ⟨~; ~n⟩ 1 ⟨*pas de pl*⟩ (*Kleider*) garde-robe *f*; **„für ~ wird nicht gehaftet!"** « la maison n'est pas responsable des vols éventuels » 2 (*Kleiderablage*) vestiaire *m*; (*Flurgarderobe*) portemanteau *m*; **etw an die ~ hängen** mettre qc au portemanteau 3 *in e-m Theater, Museum etc* vestiaire *m*; **etw an der ~ abgeben** laisser qc au vestiaire 4 *e-s Schauspielers im Theater etc* loge *f*

Garderobenfrau F dame *f* du vestiaire; **Garderobengebühr** F prix *m*, tarif *m* du vestiaire; **Garderobenhaken** M patère *f*; **Garderobenmarke** F, **Garderobennummer** F numéro *m* de vestiaire; **Garderobenständer** M portemanteau *m*

Garderobier M ⟨~s; ~s⟩ THEAT *für die Schauspieler* habilleur *m*

Garderobiere F ⟨~; ~n⟩ 1 THEAT *für die Schauspieler* habilleuse *f* 2 → Garderobenfrau

Gardine F ⟨~; ~n⟩ rideau *m*; *umg hum fig* **hinter schwedischen ~n** *umg* à l'ombre

Gardinenband N ⟨~(e)s; -bänder⟩ ruflette *f*; galon *m* (posé sur un rideau); **Gardinenhalter** M embrasse *f*; **Gardinenleiste** F rail *m* (pour rideaux)

Gardinenpredigt *umg* F (verte) semonce; *umg* savon *m*; **j-m e-e ~ halten** *umg* passer un savon à qn

Gardinenring M anneau *m* de rideau; **Gardinenstange** F tringle *f*, *aus Holz* barre *f* à rideaux

Gardist M ⟨~en; ~en⟩ MIL garde *m*

garen ⟨h.⟩ A V/T cuire (à point); **etw ~ lassen** faire cuire (à point) B V/I cuire

gären ⟨gärt, gärte *ou* gor, gegärt *ou* gegoren, h.⟩ A V/T faire fermenter; *Wein a.* faire cuver **B** VI *a. fig* fermenter **C** V/UNPERS *fig* **es gärt im Volk** le peuple est en effervescence

gargekocht ADJT, **garkochen** VT → gar[1] B

Gärmittel N ferment *m*

Garn N ⟨~(e)s; ~e⟩ fil *m*; *fig* **j-m ins ~ gehen** tomber, donner dans le panneau (tendu par qn)

Garnele F ⟨~; ~n⟩ crevette *f*

garnieren VT ⟨*pas de ge-*, h.⟩ garnir (**mit** de);

Garnierung F ⟨~; ~en⟩ garniture *f*

Garnison F ⟨~; ~en⟩ MIL garnison *f*

Garnison(s)stadt F ville *f* de garnison

Garnitur F ⟨~; ~en⟩ **1** (*Besatz, Verzierung*), GASTR garniture *f* **2** (*Satz zusammengehöriger Dinge*) ensemble *m*; assortiment *m* **3** (*Wäschegarnitur*) ensemble *m*; *für Damen a.* coordonnés *mpl*; (*a. Bettwäschegarnitur*) parure *f* **4** *umg fig von Sportlern etc* **die erste ~** l'élite *f*; les meilleurs *mpl*; *Spieler etc* **der zweiten ~** de deuxième ordre

Garnknäuel M *od* N peloton *m*, pelote *f* de fil; **Garnrolle** F bobine *f* de fil; **Garnspule** F can(n)ette *f*; **Garnsträhne** F écheveau *m* de fil

garstig ADJ (*böse*) méchant; (*abscheulich*) répugnant; (*hässlich*) affreux, -euse; **Garstigkeit** F ⟨~; ~en⟩ **1** méchanceté *f* (*a. Handlung, Äußerung*) **2** ⟨*pas de pl*⟩ *Aussehen* laideur repoussante

Garten M ⟨~s; ⸚⟩ jardin *m*; **botanischer, zoologischer ~** jardin botanique, zoologique; *umg fig* **quer durch den ~** très varié; **im ~ arbeiten** jardiner; faire son jardin

Gartenamt N service public chargé de l'entretien des parcs et des jardins; **Gartenanlage** F jardin(s) *m(pl)*; *öffentliche* jardin(s) public(s); **Gartenarbeit** F (travail *m* de) jardinage *m*; **Gartenarchitekt(in)** M(F) architecte *m/f* paysagiste; **Gartenbank** F ⟨~; -bänke⟩ banc *m* de jardin

Gartenbau M ⟨~(e)s⟩ horticulture *f*; **Gartenbauausstellung** F exposition *f* horticole; **Gartenbaubetrieb** M exploitation *f* horticole; **Gartenbauerzeugnis** N produit *m* horticole; **Gartenbaugesellschaft** F société *f* horticole; **Gartenbautechniker(in)** M(F) *etwa* ingénieur *m/f*, technicien, -ienne *m,f* horticole; **Gartenbauverein** M association *f* des horticulteurs et amateurs d'horticulture

Gartenblume F fleur *f* de jardin; **Gartencenter** N ⟨~s; ~⟩ jardinerie *f*; **Gartenerde** F (*Mutterboden*) terreau *m*; **Gartenfest** N (grande) fête dans un jardin; garden-party *f*; **Gartengerät** N outil *m* de jardinage; **Gartengestalter(in)** M(F) jardinier, -ière *m,f* paysagiste; **Gartengestaltung** F aménagement *m* de jardin(s); **Gartengrill** M barbecue *m*; **Gartenhäuschen** N cabane *f* (de jardin); **Gartenlaube** F tonnelle *f*; **Gartenlokal** N restaurant *m*, café *m* avec jardin; **Gartenmöbel** NPL meubles *mpl* de jardin; **Gartenparty** F → Gartenfest; **Gartenpflanze** F plante *f* de jardin; **Gartenschau** F exposition *f* horticole; **Gartenschere** F sécateur *m*; **Gartenschlauch** M tuyau *m* d'arrosage; **Gartenstadt** F cité-jardin *f*; **Gartenstuhl** M chaise *f* de jardin; **Gartentisch** M table *f* de jardin; **Gartenwirtschaft** F → Gartenlokal; **Gartenzaun** M clôture *f* de jardin; **Gartenzwerg** M **1** nain *m* de jardin **2** *umg fig pej* nabot *m*

Gärtner(in) M ⟨~s; ~⟩ (F) ⟨~in; ~innen⟩ jardinier, -ière *m,f*; (*Gartenbau Treibende[r]*) horticulteur, -trice *m,f*

Gärtnerei F ⟨~; ~en⟩ **1** *Betrieb* établissement *m* horticole; → *a.* Gartencenter **2** *umg* ⟨*pas de pl*⟩ (*Gartenarbeit*) jardinage *m*

Gärtnerinart F GASTR **nach ~** (servi) avec jardinière (de légumes)

gärtnern VI ⟨-(e)re, h.⟩ jardiner; faire du jardinage

Gärung F ⟨~; ~en⟩ fermentation *f*; *fig a.* effervescence *f*; agitation *f*; **zur ~ bringen** faire fermenter

Gärungsalkohol M alcool produit par fermentation; **Gärungsmittel** N ferment *m*; **Gärungsprozess** M processus *m* de fermentation; **Gärungsverfahren** N procédé *m* de fermentation; **Gärungsvorgang** M processus *m* de fermentation

Garzeit F (temps *m* de) cuisson *f*

Gas N ⟨~es; ~e⟩ **1** CHEM gaz *m*; **~ erzeugend** qui produit du gaz; générateur, -trice de gaz **2** ⟨*pas de pl*⟩ *im Haushalt* gaz *m*; **mit ~ heizen** avoir un chauffage au gaz; *umg* **den Topf aufs ~ stellen** mettre la casserole sur le feu **3** ⟨*pas de pl*⟩ *Treibstoff* gaz *mpl*; **~ geben** *a. umg fig* accélérer; *umg* appuyer sur le champignon; **das ~ wegnehmen** lever le pied **4** ⟨*pas de pl*⟩ *umg* (*~pedal*) accélérateur *m*; **aufs ~ treten** accélérer; *umg* mettre les gaz; **vom ~ gehen, den Fuß vom ~ nehmen** lever le pied de l'accélérateur

Gasableser M employé *m* du gaz (effectuant le relevé des compteurs); gazier *m*; **Gasanschluss** M raccordement *m*, branchement *m* au gaz; **Gasanzünder** M allume-gaz *m* (*inv*); **Gasaustausch** M BIOL, MED échange gazeux; **Gasaustritt** M échappement *m*, fuite *f* de gaz; **Gasbehälter** M gazomètre *m*; **Gasbeleuchtung** F éclairage *m* au gaz; **Gasbildung** F formation *f* de gaz; gazéification *f*; **Gasbrand** M MED gangrène gazeuse; **Gasbrenner** M brûleur *m* à gaz; bec *m* de gaz; **Gasdruck** M ⟨~(e)s; -drücke⟩ pression *f* de gaz; **Gasentladung** F ELEK décharge *f* dans les gaz; **Gasentwicklung** F ⟨~⟩ dégagement *m* de gaz; **Gasexplosion** F explosion *f* de gaz; **Gasfernleitung** F gazoduc *m*; **Gasfernversorgung** F distribution *f* de, alimentation *f* en, approvisionnement *m* en gaz à grande distance; **Gasfeuerung** F TECH foyer *m* à gaz; **Gasfeuerzeug** N briquet *m* à gaz; **Gasflamme** F flamme *f* du gaz; **Gasflasche** F bouteille *f* de gaz

gasförmig ADJ gazeux, -euse; **in ~en Zustand übergehen** passer à l'état gazeux; se gazéifier

Gasförmigkeit F ⟨~⟩ état gazeux; **gasgefüllt** ADJT rempli de gaz; **Gasgemisch** N mélange gazeux; **Gasgeruch** M odeur *f* de gaz; **Gasgewinnung** F production *f* de gaz

Gashahn M robinet *m* à gaz; *umg fig* **den ~ aufdrehen** se suicider au gaz

gashaltig ADJ qui contient du gaz

Gashebel M accélérateur *m*; (*Handgashebel*) manette *f* des gaz; **Gasheizung** F chauffage *m* au gaz; **Gasherd** M gazinière *f*; cuisinière *f* à gaz; **Gaskammer** F chambre *f* à gaz; **Gaskessel** M gazomètre *m*; **Gaskocher** M réchaud *m* à gaz; **Gaslampe** F lampe *f* à gaz; **Gaslaterne** F réverbère *m* (à gaz); bec *m* de gaz; **Gasleitung** F canalisation *f* de gaz; (*Überlandgasleitung*) gazoduc *m*; **Gaslicht** N lumière *f* diffusée par un éclairage au gaz; **Gas-Luft-Gemisch** N mélange *m* d'air et de gaz; **Gasmann** *umg* M ⟨~(e)s; -männer⟩ employé *m* du gaz; gazier *m*; **Gasmaske** F masque *m* à gaz; **Gasofen** M appareil *m* de chauffage, radiateur *m* à gaz; **Gasöl** N gas-oil *m*

Gasolin N ⟨~s⟩ gazoline *f*

Gasometer M ⟨~s; ~⟩ gazomètre *m*

Gaspatrone F cartouche *f* de gaz; **Gaspedal** N accélérateur *m*; **Gaspistole** F pistolet *m* à gaz; **Gasrohr** N tuyau *m* à gaz

Gässchen N ⟨~s; ~⟩ ruelle *f*

Gasschlauch M tuyau *m* (flexible) à gaz

Gasse F ⟨~; ~n⟩ **1** rue étroite; ruelle *f* **2** *österr* rue *f* **3** (*Durchgang*) passage *m*; **e-e ~ bilden** faire, former une °haie; **sich** (*dat*) **e-e ~ durch die Menge bahnen** se frayer un passage à travers la foule

Gassenhauer *umg* M ⟨~s; ~⟩ rengaine *f*; chanson *f*, refrain *m* populaire; **Gassenjunge** M gamin *m* des rues; **Gassenlokal** N *österr* restaurant *m*, café *m* donnant sur la rue; **gassenseitig** ADJ *österr* qui donne sur la rue; **Gassenwohnung** F *österr* appartement *m* donnant sur la rue

Gassi *umg* (**mit dem Hund**) **~ gehen** sortir le chien; *zum Hund* **komm, wir gehen ~!** *umg* allez, on va mener, mener!

Gast M ⟨~(e)s; ⸚e⟩ **1** *eingeladener* invité(e) *m(f)*; hôte *m*; *beim Essen a.* convive *m/f*; (*Besucher*) visiteur, -euse *m,f*; *e-s Landes, e-r Regierung etc, fig* hôte *m/f*; **ein willkommener, gern gesehener ~** un visiteur bienvenu; *bei e-m Empfang etc* **geladener ~** invité(e) *m(f)* (ayant une carte d'invitation); **ein ungebetener ~** une personne non invitée; *a. fig* un(e) intrus(e); **Gäste haben** *a.* avoir du monde; **Sie sind mein ~** (*ich bezahle Ihre Rechnung*) laissez, je vous invite *od* vous êtes mon invité; **j-n bei sich** (*dat*) **zu ~ haben** *unter mehreren* compter qn parmi ses invités; **gestern Abend hatte ich meine Schwester zu ~** hier, ma sœur a passé la soirée chez moi; **bei j-m zu ~ sein** être l'invité(e) de qn; **in e-r Stadt zu ~ sein** visiter une ville; *offiziell* être invité (officiellement) par une ville; **als ~ im Studio begrüßen wir …** pour notre émission nous avons le plaisir d'accueillir … comme invité **2** *e-s Restaurants* client(e) *m(f)*; consommateur, -trice *m,f*; *e-s Hotels* client(e) *m(f)*; hôte *m/f*; pensionnaire *m/f*; **regelmäßiger ~** habitué(e) *m(f)* **3** *Künstler* artiste invité

Gastanker M SCHIFF méthanier *m*

Gastarbeiter(in) *veraltend* M(F) travailleur, -euse *m,f* immigré(e); **Gastdirigent(in)** M(F) chef d'orchestre invité (à diriger un orchestre); hôte *m*; **Gastdozent(in)** M(F) professeur *m/f* (d'enseignement supérieur) invité(e)

Gästebuch N livre *m* d'hôtes, des visiteurs; **Gästehandtuch** N essuie-mains *m* (pour invités); **Gästehaus** N *e-s Hotels* annexe *f*; *der Regierung etc* résidence réservée aux invités (officiels); **Gäste-WC** N deuxième W.-C. *m*; **Gästezimmer** N chambre *f* d'hôte(s); *privates* chambre *f* d'ami(s)

Gastfamilie F famille *f* d'accueil; **gastfrei** ADJ hospitalier, -ière; **Gastfreiheit** F ⟨~⟩ hospitalité *f*; **gastfreundlich** ADJ hospitalier, -ière; **Gastfreundschaft** F ⟨~⟩ hospitalité *f*; **Gastgeber(in)** M ⟨~s; ~⟩ (F) ⟨~in; ~innen⟩ hôte, -esse *m,f*; **Gastgeschenk** N cadeau *m* (d'un invité à son hôte); **Gasthaus** N, **Gasthof** M **1** *mit Unterkunft* hôtel *m* **2** *ohne Unterkunft* restaurant *m*; *bes österr* (*Kneipe*) café *m*; bistro(t) *m* **3** (*Landgasthaus*) auberge *f*; **Gasthörer(in)** M(F) *e-r Universität* auditeur, -trice *m,f* libre

gastieren VI ⟨*pas de ge-*, h.⟩ se produire, jouer, donner des représentations (en tournée)

Gastkonzert N concert *m* (lors d'une tournée); **Gastland** N ⟨~(e)s; -länder⟩ pays *m* d'accueil

gastlich **A** ADJ *Person, Lokal etc* accueillant; hospitalier, -ière; **das ist ein ~es Haus** ils aiment bien recevoir, avoir des invités **B** ADV **~ aufnehmen** accueillir d'une façon hospita-

lière
Gastlichkeit F ⟨~⟩ hospitalité *f*; caractère hospitalier
Gastmahl *geh* N banquet *m*; festin *m*; **Gastmannschaft** F visiteurs *mpl*; équipe visiteuse; **Gastprofessor** M professeur invité
Gastrecht N ⟨~(e)s⟩ (droit *m* d')hospitalité *f*; **j-m ~ gewähren** donner, accorder l'hospitalité à qn; **j-m das ~ verweigern** refuser l'hospitalité à qn; **in e-m Land ~ genießen** recevoir l'hospitalité d'un pays
Gastredner(in) M(F) conférencier, -ière invité(e)
Gastritis F ⟨~; -tiden⟩ MED gastrite *f*
Gastrolle F THEAT, FILM *etc* rôle joué par un(e) artiste invité(e); *fig hum* **e-e (kurze) ~ geben** faire une brève visite; **mit … in e-r ~** avec la participation de …

G

Gastronom(in) M ⟨~en; ~en⟩ (F) ⟨~in; ~innen⟩ restaurateur, -trice *m,f*; *e-s vornehmen Restaurants a.* propriétaire *m/f* d'un restaurant gastronomique; **Gastronomie** F ⟨~⟩ 1 *Gewerbe* restauration *f*; hôtellerie *f* 2 *(Kochkunst)* gastronomie *f*; **gastronomisch** ADJ ⟨*épithète*⟩ 1 *(das Gaststättengewerbe betreffend)* hôtelier, -ière 2 *(die Kochkunst betreffend)* gastronomique
Gastroskop N ⟨~s; ~e⟩ MED gastroscope *m*; **Gastroskopie** F ⟨~⟩ MED gastroscopie *f*
Gastspiel N représentation *f*, spectacle *m* d'acteur(s), de chanteur(s), *etc* en tournée; *fig hum* **ein kurzes ~ geben** faire une brève apparition
Gastspielreise F tournée *f*; **Gaststätte** F restaurant *m*; *(Landgaststätte)* auberge *f*; **Gaststättengewerbe** N ⟨~s⟩ restauration *f*; hôtellerie *f*; **Gaststube** F salle *f* de restaurant
Gasturbine F turbine *f* à gaz
Gastvorlesung F *cours donné par un professeur invité*; **Gastvorstellung** F → Gastspiel; **Gastwirt(in)** M(F) restaurateur, -trice *m,f*; *(~[in] u. Hotelbesitzer[in])* hôtelier, -ière *m,f*; **Gastwirtschaft** F (petit) restaurant; *auf dem Land* auberge *f*
Gasuhr F compteur *m* à gaz; **Gasverbrauch** M consommation *f* de gaz; **Gasvergiftung** F intoxication *f* par le gaz; **Gasversorgung** F approvisionnement *m*, alimentation *f* en gaz; distribution *f* de gaz; **Gaswerk** N usine *f* à gaz; **Gaswolke** F nuage *m* de gaz (toxique); **Gaszähler** M compteur *m* à gaz; **Gaszufuhr** F admission *f*, arrivée *f* des gaz
Gat → Gatt
Gatt N ⟨~(e)s; ~en *ou* ~s⟩ SCHIFF 1 *(Loch)* trou *m* 2 *(Speigatt)* dalot *m*; *(Hellegatt)* magasin *m*
GATT N ⟨~⟩ ABK (General Agreement on Tariffs and Trade, Allgemeines Zoll- und Handelsabkommen) GATT *m* (Accord général sur les tarifs douaniers et le commerce)
Gatte *geh* M ⟨~n; ~n⟩ époux *m*; ADMIN conjoint *m*
Gattenliebe *geh* F ⟨~⟩ amour conjugal; **Gattenmord** JUR, *geh* M meurtre *m* d'un conjoint
Gatter N ⟨~s; ~⟩ 1 *(Gitter)* treillage *m*; treillis *m* (en lattes); barrière *f* à claire-voie 2 REITSPORT barre *f* 3 JAGD *(Gehege)* enclos *m* 4 ELEK porte *f*; **Gattertor** N porte *f* à claire-voie
Gattin *geh* F ⟨~; ~nen⟩ épouse *f*
Gattung F ⟨~; ~en⟩ BIOL, KUNST *etc* genre *m*; *weitS.* espèce *f*; sorte *f*
Gattungsbegriff M notion *f* générique; **Gattungsname** M BOT, ZOOL nom *m* générique; GRAM nom commun
Gau M ⟨~(e)s; ~e⟩ HIST *etwa* province *f*
GAU M ⟨~(s); ~s⟩ ABK (größter anzunehmender Unfall) accident majeur
Gaube F ⟨~; ~n⟩ chien-assis *m*
Gaucho M ⟨~(s); ~s⟩ gaucho *m*
Gaudi *umg* F ⟨~⟩ *bes südd, österr* plaisir *m*; amusement *m*; **zur ~ der Zuschauer** au grand amusement des spectateurs; **das war e-e richtige ~** on s'est bien amusé, *umg* marré
Gaukelei *geh* F ⟨~; ~en⟩ 1 *(Vorspiegelung)* illusions *fpl*; poudre *f* aux yeux 2 *(Possenspiel)* tours *mpl* de passe-passe
gaukeln *poet* V/I ⟨-(e)le, h., *doublé d'une indication de direction* s.⟩ *Schmetterling* voltiger
Gaukelspiel *geh* N *fig der Fantasie etc* mirage *m*
Gaukler M ⟨~s; ~⟩ saltimbanque *m*; HIST jongleur *m*; bateleur *m*; **Gauklerblume** F BOT mimulus *m*
Gaul M ⟨~(e)s; Gäule⟩ 1 *regional (Pferd)* cheval *m*; *sprichw* **e-m geschenkten ~ schaut man nicht ins Maul** à cheval donné on ne regarde pas les dents 2 *pej umg* canasson *m*
Gaullismus M ⟨~⟩ POL gaullisme *m*; **Gaullist(in)** M ⟨~en; ~en⟩ (F) ⟨~in; ~innen⟩ gaulliste *m/f*; **gaullistisch** ADJ gaulliste
Gaumen M ⟨~s; ~⟩ ANAT palais *m*; **harter ~** voûte palatine, du palais; **weicher ~** voile *m* du palais; *fig* **e-n feinen** *od* **verwöhnten ~ haben** avoir un fin palais; avoir le palais fin
Gaumenfreude F régal *m*; mets, plat, *etc* raffiné; **Gaumenkitzel** *geh* M régal *m* pour le palais; **Gaumenlaut** M PHON *vorderer* palatale *f*; *hinterer* son guttural; **Gaumenmandel** F ANAT amygdale palatine; **Gaumenplatte** F MED obturateur *m* du palais; palais artificiel; **Gaumen-R** N → Zäpfchen-R; **Gaumensegel** N ANAT voile *m* du palais; **Gaumenspalte** F MED scissure *f* du palais; gueule-de-loup *f*; **Gaumenzäpfchen** N luette *f*
Gauner M ⟨~s; ~⟩ 1 *pej* escroc *m* 2 *umg fig (gerissener Mensch)* rusé *m*; **Gaunerbande** F bande *f* d'escrocs
Gaunerei F ⟨~; ~en⟩ escroquerie *f*; filouterie *f*; friponnerie *f*
Gaunerin F ⟨~; ~nen⟩ rusée *f*
gaunern V/I ⟨-(e)re, h.⟩ faire de l'escroquerie
Gaunersprache F langue *f*, argot *m* du milieu; **Gaunerstück** N → Gaunerei
Gauß M ⟨~; ~⟩ PHYS gauss *m*
Gautschpresse F PAPIERHERSTELLUNG presse coucheuse
Gavotte F ⟨~; ~n⟩ MUS, *Tanz* gavotte *f*
Gazastreifen POL **der ~** la bande de Gaza
Gaze F ⟨~; ~n⟩ TEX gaze *f*
Gazelle F ⟨~; ~n⟩ gazelle *f*
Gazestreifen M bande *f* de gaze
GBl. ABK (Gesetzblatt) J.O. (Journal officiel)
G-Dur N sol *m* majeur
geachtet ADJT estimé; considéré; **sie ist bei ihm sehr ~** il la tient en °haute, grande estime
Geächtete(r) M/F(M) ⟨→ A⟩ proscrit(e) *m(f)*; °hors-la-loi *m*
Geächze N ⟨~s⟩ gémissement(s) *m(pl)*
geadert, geädert ADJT ANAT, *Marmor, Holz* veiné; *Blatt* nervuré
Gealbere *umg* N ⟨~s⟩ niaiseries *fpl*
geartet ADJT **anders ~** différent; **so ~ sein, dass …** être de nature à *(+inf)*; **er ist so ~** c'est sa nature, son caractère; il est comme ça
Geäst N ⟨~(e)s⟩ branchage *m*; ramure *f*
geb. ABK (geboren[e]) né(e)
Gebäck N ⟨~(e)s; ~e⟩ petits gâteaux; *ohne Füllung* gâteaux secs
gebacken PPERF → backen[1]
Gebäckstück N petit gâteau; **Gebäckzange** F pince *f* à gâteaux
Gebälk N ⟨~(e)s; ~e⟩ charpente *f*; poutrage *m*; *fig* **es knistert** *od* **kracht im ~** ça craque de partout
Geballer(e) *umg* N ⟨~(e)s⟩ coups *mpl* de feu
geballt ADJT ⟨*épithète*⟩ *a. fig Energie etc* concentré; MIL **~e Ladung** charge concentrée; *umg fig* **e-e ~e Ladung …** *umg* plein de …; → *a.* ballen
gebar → gebären
Gebärde F ⟨~; ~n⟩ geste *m*
gebärden V/R ⟨-ete, h.⟩ **sich ~** se conduire, se comporter (**wie toll** comme un fou furieux)
Gebärdenspiel N ⟨~(e)s⟩ mimique *f*; gestes *mpl*; **Gebärdensprache** F langage par gestes, gestuel
Gebaren N ⟨~s⟩ comportement *m*; attitude *f*
gebären V/T ⟨gebärt *ou geh* gebiert, gebar, geboren, h.⟩ donner naissance à *(a. fig)*; mettre au monde; *liter* enfanter; **geboren werden** naître; **er ist, wurde am … geboren** il est né, il naquit le …; *umg* **so ein Politiker muss erst noch geboren werden** un homme politique comme ça, on n'en fait plus; → *a.* geboren
gebärfähig ADJ *Frau* **im ~en Alter** en âge de procréer
gebärfreudig ADJ *Frau* prolifique; *hum* **ein ~es Becken** un bassin large
Gebärmutter F ⟨~; ⸚⟩ ANAT utérus *m*; **Gebärmutterhals** M col *m* de l'utérus; **Gebärmutterkrebs** M cancer *m* de l'utérus; **Gebärmuttersenkung** F descente *f* de l'utérus; **Gebärmutterspiegel** M spéculum utérin; **Gebärmuttervorfall** M prolapsus utérin
gebauchpinselt *umg hum* ADJT **sich ~ fühlen** se sentir flatté
Gebäude N ⟨~s; ~⟩ 1 bâtiment *m*; *großes, bemerkenswertes, fig* édifice *m*; *(großes Wohngebäude)* immeuble *m* 2 *fig geistiges* échafaudage *m*; **ein ~ von Lügen** un tissu de mensonges
Gebäudekomplex M ensemble *m* de bâtiments; **Gebäudereinigung** F ⟨~; ~en⟩ 1 ⟨*pas de pl*⟩ *Aktion* nettoyage *m* (de bureaux) 2 *Betrieb* entreprise *f* de nettoyage; **Gebäudeschaden** M dégâts causés à un bâtiment; **Gebäudeteil** M partie *f* d'un bâtiment; **Gebäudeversicherung** F assurance immobilière
Gebeine *geh* NPL ossements *mpl*
Gebell N ⟨~(e)s⟩ aboiement(s) *m(pl)*

geben
⟨gibt, gab, gegeben, h.⟩

A transitives Verb
B reflexives Verb
C unpersönliches Verb

— A transitives Verb —

1 donner; *(reichen, weiter~) a.* passer; *Brief zur Post, Zucker in den Tee etc* mettre; **j-m etw zu essen, trinken ~** donner qc à manger, à boire à qn; *Kuh, Ziege etc* **Milch ~** produire du lait; *am Telefon* **~ Sie mir bitte Herrn X!** vous pouvez me passer Monsieur X, s'il vous plaît?; **j-m etw in die Hand ~** mettre qc dans la main de qn; donner qc à qn (de la main à la main); *umg fig* **es j-m ~** donner à qn ce qu'il mérite; *mit Worten* dire à qn ses quatre vérités; *umg fig* **gib's ihm!** vas-y!; *geh* **gebe Gott, dass** fasse le Ciel que *(+subj)*; **es ist ihr nicht gegeben, freundlich zu sein** l'amabilité, ce n'est pas son fort; elle n'est pas aimable de nature; *sprichw* **Geben ist seliger denn Nehmen** il y a plus de bonheur à donner qu'à recevoir 2 *fig Antwort, Auskunft, Anregungen, Beispiel* donner; *Versprechen, Kredit, Rabatt, Zeichen etc* faire; **ein Fest ~** donner une fête; **die Ärzte ~ ihr nur noch ein paar Monate** les médecins ne lui

donnent que quelques mois à vivre **5** KARTENSPIEL *a. abs* donner; **wer gibt?** *a.* à qui la donne? **6** *(er~)* faire; **10 durch 2 gibt 5** 10 divisé par 2 fait *od* égale 5; **ein Wort gab das andere** un propos en amena un autre **5** THEAT *(darstellen)* jouer (le rôle de); *(aufführen)* jouer; **was wird heute Abend im Theater gegeben?** qu'est-ce qu'on joue ce soir au théâtre? **6** *(hervorbringen)* faire; **das gibt Flecken** ça fait des taches **7** *(äußern)* **etw von sich** *(dat)* **~** dire, proférer qc; **keinen Laut von sich** *(dat)* **~** ne pas souffler mot; ne pas proférer une parole **8** **j-m zu denken ~** donner à penser, à réfléchir à qn; **ich gebe Ihnen zu bedenken, dass ...** je vous signale que ...; vous devez considérer que ...; **j-m etw zu verstehen ~** faire comprendre qc à qn **9** **viel auf etw** *(akk)* **~** faire grand cas de qc; attacher, accorder beaucoup d'importance à qc; **darauf gebe ich nichts** je n'y attache aucune importance **10** **viel darum ~ zu** *(+inf)* donner cher pour *(+inf)*; **ich gäbe viel darum, wenn ...** je donnerais cher pour *(+inf)* **11** *(sich übergeben)* **etw von sich** *(dat)* **~** vomir, dégurgiter qc **12** *regional (hinzu~)* ajouter; **Salz an die Kartoffeln ~** saler, mettre du sel sur les pommes de terre

— **B** reflexives Verb —

1 **sich ungezwungen** *etc* **~** se montrer naturel, *etc* **2** **sich zu erkennen ~** se faire connaître; dévoiler son identité **3** *(nachlassen)* se calmer; **ihre Wut wird sich bald ~** sa colère va se calmer; **das wird sich schon ~** ça va s'arranger; *umg* ça va se tasser

— **C** unpersönliches Verb —

es gibt ... il y a ...; **es gibt Regen** on aura de la pluie; il va pleuvoir; **es gibt welche, die ...** il y en a qui ...; **es gibt Fälle, in denen ...** il y a, il est des cas où ...; **das gibt es nicht** cela n'existe pas; *Verbot* **das gibt's nicht!** c'est défendu!; pas question!; ça ne va pas!; **so etwas gibt es bei mir nicht** *(das tue ich nicht)* ça, je m'y refuse; *umg* très peu pour moi; *(das erlaube ich nicht)* c'est exclu!; pas question!; *umg fig* **da gibt's gar nichts** ça n'est pas possible; c'est °hors de question; **was gibt es?** qu'y a-t-il?; qu'est-ce qu'il y a?; **was gibt es Neues?** qu'y a-t-il de nouveau?; quoi de neuf?; **was gibt es heute zu essen?** qu'est-ce qu'il y a à manger, qu'est-ce qu'on mange aujourd'hui?; **was gibt es morgen im Fernsehen?** qu'est-ce qu'il y a demain à la télé?; *umg* **was gibt's denn da zu lachen?** qu'est-ce qu'il y a de drôle?; *umg* **gleich gibt's was!** *umg* tu vas voir!; *umg* ça va barder; *umg* **was es nicht alles gibt!** on en voit, des choses!; *umg* **gibt es dich auch noch?** alors, tu es toujours en vie?; ça fait une éternité qu'on ne t'a pas vu

gebenedeit ADJ REL béni

Geberlaune F ⟨~⟩ **in ~ sein** être d'humeur généreuse

Gebet N ⟨~(e)s; ~e⟩ prière *f*; *liturgisches a.* oraison *f*; **stilles ~** prière, oraison mentale; **das ~ des Herrn** l'oraison dominicale; le Notre Père; **ein ~ sprechen** dire une prière; *fig* **j-n ins ~ nehmen** *umg* sonner les cloches, passer un savon à qn

Gebetbuch N livre *m* de prières

gebeten PPERF → bitten

Gebetsmühle F moulin *m* à prières; **Gebetsteppich** M tapis *m* de prières

gebiert → gebären

Gebiet N ⟨~(e)s; ~e⟩ **1** GEOG région *f*; *(Zone)* zone *f*; *a.* POL territoire *m* **2** *fig* domaine *m*; sphère *f*; **auf dem ~ der Technik** *etc od* **auf technischem** *etc* **~** dans le domaine (de la) technique, *etc*

gebieten *geh* ⟨*irr, pperf* geboten, h.⟩ **A** VT commander; ordonner; **j-m etw ~** commander, ordonner, *plus fort* enjoindre à qn de faire qc; *Achtung, Schweigen* commander, imposer qc à qn **B** VI **1** commander; **über etw, j-n ~** régner sur qc, qn; être le maître de qc, qn **2** *(verfügen)* **über viel Geld** *(akk)* **~** disposer de beaucoup d'argent

Gebieter(in) *geh* M ⟨~s; ~⟩ F ⟨~in; ~innen⟩ maître, -esse *m,f* (über [+*akk*] de); **gebieterisch** *geh* ADJ impérieux, -ieuse; impératif, -ive

Gebietsabtretung F cession *f* d'un territoire; **Gebietsanspruch** M revendication territoriale, d'un territoire; **Gebietserweiterung** F agrandissement territorial, de territoire; **Gebietshoheit** F ⟨~⟩ souveraineté territoriale; **Gebietskörperschaft** F JUR collectivité territoriale; **Gebietsreform** F ADMIN restructuration *f* de collectivités territoriales; regroupement *m* de communes; **Gebietsstand** M situation territoriale; *weitS.* territoire *m*; **Gebietsverletzung** F violation territoriale, de territoire

gebietsweise ADV par régions; METEO **~ aufheiternd, Regen** éclaircies, pluies locales

Gebilde N ⟨~s; ~⟩ *(Gegenstand)* chose *f*; objet *m*; *als Ergebnis* produit *m*; *(Einrichtung)* organisme *m*

gebildet ADJT cultivé; **~ sein** *a.* avoir des lettres; **akademisch ~ sein** avoir fait des études universitaires; **vielseitig ~ sein** avoir une bonne culture générale

Gebildete(r) M/F(M) ⟨→ A⟩ personne cultivée

Gebimmel *umg* N ⟨~s⟩ tintement *m*

Gebinde N ⟨~s; ~⟩ *(Blumengebinde)* gerbe *f*; *(Bund)* botte *f*

Gebirge N ⟨~s; ~⟩ **1** (chaîne *f* de) montagnes *fpl*; *fig* **ein ~ von Abfall, Akten** une montagne de déchets, de dossiers; **ins ~ fahren** partir à la montagne **2** BERGBAU roche *f*

gebirgig ADJ montagneux, -euse

Gebirgsartillerie F artillerie *f* de montagne; **Gebirgsausläufer** M contrefort *m* (de montagne); **Gebirgsbach** M torrent *m*; **Gebirgsbahn** F chemin de fer *m* de montagne; **Gebirgsbewohner(in)** M(F) montagnard(e) *m(f)*; **Gebirgsbildung** F formation *f* de montagnes; *t/t* orogénèse *f*; **Gebirgsdorf** N village *m* de montagne; **Gebirgsgrat** M → Gebirgskamm

Gebirgsjäger M MIL soldat *m* de l'infanterie de montagne; *in Frankreich* chasseur alpin; *pl* **die ~** *Kampftruppe* le corps des chasseurs alpins

Gebirgskamm M crête *f*, arête *f* d'une chaîne de montagne; **Gebirgskette** F chaîne *f* de montagnes; **Gebirgsklima** N climat *m* de montagne; **Gebirgslandschaft** F paysage montagneux, de montagnes; **Gebirgsluft** F ⟨~⟩ air *m* de la montagne; **Gebirgsmassiv** N massif (montagneux); **Gebirgspass** M col *m*; **Gebirgsschlucht** F gorge *f*; ravin *m*; **Gebirgssee** M lac *m* de montagne; **Gebirgsstraße** F route *f* de montagne; **Gebirgstruppen** FPL troupes *fpl* de montagne; **Gebirgsvolk** N peuple *m* de montagnards; **Gebirgszug** M chaîne *f* de montagnes

Gebiss N ⟨~es; ~e⟩ **1** ANAT dentition *f*; dents *fpl*; **(künstliches) ~** dentier *m*; *umg* râtelier *m* **2** *am Zaum des Pferdes* mors *m*

gebissen PPERF → beißen

Gebläse N ⟨~s; ~⟩ TECH soufflerie *f*

geblasen PPERF → blasen

geblichen PPERF → bleichen[1], bleichen[2]

geblieben PPERF → bleiben

geblümt ADJT **1** *Stoff etc* à fleurs **2** *Stil* plein de fioritures

Geblüt *geh* N ⟨~(e)s⟩ sang *m*; lignée *f*; race *f*; **von edlem ~** (de famille) noble; **von königlichem ~** de sang royal

gebogen **A** PPERF → biegen **B** ADJT *Schnabel, Nase, Hörner* recourbé; *Linie, Gegenstand* courbe

geboren **A** PPERF → gebären **B** ADJT né; *Mädchenname* **~e X** née X; **sie ist eine ~e X** son nom de jeune fille est X; *fig* **der ~e Redner** un orateur-né; **zum Politiker, Schauspieler, Fußballer** *etc* **~ sein** être né, fait pour être politicien, acteur, footballeur, *etc*

geborgen **A** PPERF → bergen **B** ADJT en sécurité; à l'abri; °hors de danger; **sich (bei j-m) ~ fühlen** se sentir en sécurité (auprès de qn)

Geborgenheit F ⟨~⟩ sécurité *f*

geborsten PPERF → bersten

Gebot N ⟨~(e)s; ~e⟩ **1** REL commandement *m*; **die Zehn ~e** les dix commandements; le décalogue; *sprichw* **Not kennt kein ~** *sprichw* nécessité fait loi **2** HANDEL *bei Versteigerung* offre *f*; *höheres* enchère *f* **3** *fig* **es ist ein ~ der Vernunft, Höflichkeit** *etc* **zu** *(+inf)* la voix de la raison, le principe de la civilité, *etc* nous enjoint de *(+inf)*; la raison, la politesse, *etc* nous impose de *(+inf)*; **das ~ der Stunde** le mot d'ordre du moment; **das ~ der Stunde heißt ...** l'heure est à ...; *geh* **j-m zu ~e stehen** être à la disposition de qn

geboten **A** PPERF → bieten, gebieten **B** ADJT qui s'impose; impératif, -ive; requis; **Eile ist ~** il importe de faire vite; **Vorsicht ist ~** la prudence s'impose, est de mise; **mit dem ihm ~en Respekt** avec le respect qui lui est dû; **mit der ~en Sorgfalt** avec le soin requis

Gebotszeichen N *Verkehrszeichen* signal *m* d'obligation

Gebr. ABK (Gebrüder) HANDEL frères

Gebrabbel *umg pej* N ⟨~s⟩ paroles confuses; **ich verstehe sein ~ nicht** je ne comprends pas ce qu'il marmonne (entre ses dents), ce qu'il bafouille

gebracht PPERF → bringen

gebrannt PPERF → brennen

gebraten PPERF → braten

Gebratene(s) N ⟨→ A⟩ ce qui est rôti, grillé, frit

Gebräu N ⟨~(e)s; ~e⟩ *pej* breuvage *m*; mixture *f*

Gebrauch M ⟨~(e)s; Gebräuche⟩ **1** ⟨*pas de pl*⟩ usage *m*; *a. e-s Wortes, e-r List, des Verstandes etc* emploi *m*; utilisation *f*; *e-s Körperteils etc* usage *m*; *e-r Waffe, e-s Werkzeugs a.* maniement *m*; **von etw ~ machen** se servir de, faire usage de qc; employer qc; *von e-m Recht* user de qc; **in ~** en usage; employé; **etw in** *od* **im ~ haben** se servir de qc; utiliser qc; **in ~ kommen** devenir courant; se répandre; **außer ~** °hors d'usage; **außer ~ kommen** *Sitten, Wörter etc* tomber en désuétude; *Gegenstände* ne plus être employé; **zum äußeren, inneren, persönlichen ~** à usage externe, interne, personnel; **ein Artikel des täglichen ~s** un article courant; **vor ~ schütteln** agiter avant usage **2** *(Brauch)* coutume *f*; **die Sitten und Gebräuche** les us et coutumes

gebrauchen VT ⟨*pperf* gebraucht, h.⟩ **1** *(benutzen, verwenden)* employer; se servir de; utiliser; *Werkzeug etc a.* manier; **das ist nicht zu ~** c'est inutilisable; *Person, Sache* **zu nichts zu ~ sein** n'être bon à rien **2** *umg (benötigen)* **das kann ich gut ~** cela me sera très utile; ça peut (tout à fait) me servir; **ich könnte mal wieder Urlaub ~** j'aurais bien besoin de vacances; **er kann jetzt keine Krankheit ~** ce n'est pas le moment qu'il tombe malade

gebräuchlich ADJ courant; usuel, -elle; *Wörter meist* usité; courant; **nicht mehr ~ sein** ne plus être employé; **Gebräuchlichkeit** F

G

⟨~⟩ *e-s Wortes etc* emploi (courant)

Gebrauchsanleitung F, **Gebrauchsanweisung** F mode *m* d'emploi; **Gebrauchsartikel** M article *m*, produit *m* de consommation courante; **gebrauchsfähig** ADJ utilisable; **gebrauchsfertig** ADJ prêt à l'usage, à l'emploi; **Gebrauchsgegenstand** M objet *m* d'usage courant; **Gebrauchsgrafik** F arts graphiques appliqués; **Gebrauchsgrafiker(in)** M(F) graphiste *m/f*; *für Plakate* affichiste *m/f*; **Gebrauchsgüter** NPL biens *mpl* de consommation; **Gebrauchsliteratur** F ⟨~⟩ textes *mpl* à fonction utilitaire; **Gebrauchsmuster** N modèle déposé (d'utilité); **Gebrauchsmusterrecht** N droit relatif aux modèles déposés; **Gebrauchsmusterschutz** M protection *f* des modèles déposés; **Gebrauchsrecht** N droit *m* d'usage; **Gebrauchswert** M valeur *f* utilitaire, d'utilisation

G

gebraucht ADJT usagé; *(aus zweiter Hand)* d'occasion; **etw ~ kaufen** acheter qc d'occasion

Gebrauchtwagen M voiture *f* d'occasion; **Gebrauchtwagenhändler** M marchand *m* de voitures d'occasion; **Gebrauchtwagenmarkt** M marché *m* des voitures d'occasion

gebrechen *geh* V/UNPERS ⟨*irr, pperf* gebrochen, h.⟩ **es gebricht ihm an Erfahrung** *(dat)* l'expérience lui fait défaut

Gebrechen *geh* N ⟨~s; ~⟩ infirmité *f*

gebrechlich ADJ décrépit; **Gebrechlichkeit** F ⟨~⟩ décrépitude *f*

gebrochen **A** PPERF → brechen, gebrechen **B** ADJT **1** *seelisch* brisé; **mit ~em Herzen** le cœur brisé **2** *Lichtstrahl* réfracté; *Linie* brisé; *Farbe* cassé; *fig* **mit ~er Stimme** d'une voix étranglée, brisée **3** *Sprache* mauvais; **er spricht nur ein ~es Deutsch** il parle (très) mal allemand, un mauvais allemand **C** ADVL **~ Russisch** *etc* **sprechen** parler un mauvais russe, *etc*; baragouiner le russe, *etc*

Gebrüder PL **die ~ Grimm** les frères *mpl* Grimm; HANDEL **~ Meyer** Meyer frères

Gebrüll N ⟨~(e)s⟩ **1** *e-s Rindes* mugissement(s) *m(pl)*; beuglement(s) *m(pl)*; meuglement(s) *m(pl)*; *e-s Löwen* rugissement(s) *m(pl)*; *e-s Tigers* rauquement(s) *m(pl)* **2** *(Geschrei)* vociférations *fpl*; *von Kindern* °hurlements *mpl*; *hum* **auf sie mit ~!** à l'assaut!; à l'attaque! **3** *(lautes Weinen)* braillements *mpl*

Gebrumm(e) N ⟨~(e)s⟩ **1** *e-s Bären* grognement(s) *m(pl)*; *von Insekten* bourdonnement *m*; *e-s Motors* ronflement *m*; vrombissement *m* **2** *von Menschen* grognement(s) *m(pl)*; *mürrisches umg* ronchonnement(s) *m(pl)*; **zustimmendes ~(e)** grognement approbateur

Gebühr F ⟨~; ~en⟩ **1** *oft* PL **~en** taxe(s) *f(pl)*; *(Fernseh-, Rundfunkgebühr)* redevance *f*; *(Straßenbenutzungsgebühr)* péage *m*; *(Postgebühr)* tarif *m*; *(Vermittlungsgebühr)* commission *f*; *(Anwaltsgebühr)* honoraires *mpl*; **e-e ~ (auf etw** *[akk]***) erheben** percevoir une taxe (sur qc); *auf Postsendungen* **~ bezahlt Empfänger** (en) port dû; *Vermerk a.* ne pas affranchir **2** *geh* ⟨*pas de pl*⟩ **nach ~** convenablement; **über ~** excessivement; outre mesure

gebühren *geh* ⟨*pperf* gebührt, h.⟩ **A** V/I **j-m ~** être dû, due à qn; revenir à qn de droit; **ihm gebührt Achtung** le respect lui est dû; il a droit au respect; il mérite qu'on le respecte **B** V/UNPERS *u.* V/R **es gebührt sich nicht (für j-n) zu** *(+inf)* il ne convient pas (à qn) de *(+inf)*

Gebührenansage F TEL communication *f* de la taxe à payer; **Gebührenanzeiger** M compteur *m* téléphonique

gebührend **A** ADJT *(zukommend)* dû, due (j-m à qn); *(angemessen)* convenable; **in ~em Abstand** à une distance respectueuse; **j-m die ~e Achtung erweisen** témoigner à qn le respect qui lui est dû **B** ADVL comme il convient; comme il faut; dûment

gebührendermaßen, **gebührenderweise** ADV comme il convient; comme il faut; dûment

Gebühreneinheit F unité *f* de communication; **Gebührenerhöhung** F augmentation *f* de tarif, de taxe(s), de redevance(s); **Gebührenermäßigung** F réduction *f* de taxe(s), de droits; détaxe *f*; **gebührenfrei** **A** ADJ exempt de taxe(s) **B** ADV franco (de port); **Gebührenfreiheit** F ⟨~⟩ franchise *f*; **Gebührenmarke** F timbre fiscal; **Gebührenordnung** F tarif *m* des taxes *bzw.* des redevances; *der Ärzte etc* tarif *m* d'honoraires conventionnels

gebührenpflichtig ADJ payant; *Straße* à péage; **~e Verwarnung** contravention *f*

Gebührenrechnung F *e-s Rechtsanwalts etc* note *f* d'honoraires; **Gebührensatz** M taux *m* des taxes, des droits

gebührlich *geh* ADJ (qui est) dû, due

Gebumse N ⟨~s⟩ **1** *umg Geräusch* coups, bruits sourds **2** *sl sexuell sl* baise *f*

gebündelt ADJT *Papier* en liasse; *Holz* en fagot; *Strahlen* en faisceau

gebunden **A** PPERF → binden **B** ADJT **1** *Wärme* latent; CHEM fixé; MUS lié; legato; *Preise* imposé; fixe **2** *fig durch ein Versprechen, vertraglich* lié; engagé; **an** *(+akk)* **~** *an Regeln* assujetti à; soumis à; *an s-e Familie, e-e Firma, Traditionen* attaché à; *Person* **sich ~ fühlen** se sentir lié; *fig* **mir sind die Hände ~** j'ai les mains liées **3** **in ~er Rede** en vers **4** TYPO relié; **in Leinen ~** relié en toile

Gebundenheit F ⟨~⟩ *vertragliche* obligation *f*; engagement *m*; *an Regeln etc* assujettissement *m* **(an** *[+akk]* à); *(persönliche Bindung)* attachement *m* **(an** *[+akk]* à)

Geburt F ⟨~; ~en⟩ **1** *(das Geborenwerden)* naissance *f*; **die ~ Christi** la Nativité; **bei s-r ~** à sa naissance; *bei gleichem Subjekt a.* en naissant; **von ~ an blind** aveugle de naissance; **er ist von ~ Franzose** il est Français de naissance; **vor, nach Christi ~** avant, après Jésus-Christ; *geh* **von vornehmer ~** *geh* de noble extraction **2** *(Entbindung)* accouchement *m*; **leichte, schwere ~** accouchement facile, difficile; *umg fig* **das war e-e schwere ~** *umg* c'était laborieux

Geburtenbeschränkung F ⟨~⟩ limitation *f* des naissances; **Geburtenbuch** N *beim Standesamt* registre *m* d'état civil; **Geburtenhäufigkeit** F natalité *f*; **Geburtenkontrolle** F ⟨~⟩ contrôle *m* des naissances; orthogénie *f*; **Geburtenregelung** F ⟨~⟩ régulation *f*, planification *f* des naissances; **Geburtenregister** N → Geburtenbuch; **Geburtenrückgang** M baisse *f* de la natalité; dénatalité *f*

geburtenschwach ADJ à faible natalité; **~er Jahrgang** *a.* année creuse

geburtenstark ADJ à forte natalité

Geburtenstatistik F statistique *f* des naissances; **Geburtenüberschuss** M excédent *m* des naissances; **Geburtenzahl** F, **Geburtenziffer** F (taux *m* de) natalité *f*

gebürtig ADJ natif, -ive; né; de naissance; **(ein) ~er Deutscher sein** être Allemand de naissance; être né Allemand; **(ein) ~er Berliner sein** être natif de, originaire de Berlin, né à Berlin; **aus … ~ sein** être natif de …

Geburtsadel M noblesse *f* héréditaire; **Geburtsanzeige** F faire-part *m* de naissance; **Geburtsdatum** N date *f* de naissance; **Geburtsfehler** M malformation congénitale; **Geburtsgewicht** N poids *m* de, à la naissance; **Geburtshaus** N maison natale

Geburtshelfer M accoucheur *m*; **Arzt** *m* **und ~** obstétricien *m*; médecin accoucheur

Geburtshelferin F *Ärztin* obstétricienne *f*; *(Hebamme)* sage-femme *f*

Geburtshelferkröte F ZOOL alyte *m*; crapaud *m* accoucheur

Geburtshilfe F ⟨~⟩ **1** *Lehre* obstétrique *f* **2** *Hilfeleistung* **bei j-m ~ leisten** accoucher qn; assister qn lors de son accouchement

Geburtsjahr N année *f* de naissance; **Geburtsland** N ⟨~(e)s; -länder⟩ pays natal; **Geburtsname** M nom *m* de jeune fille; **Geburtsort** M lieu *m* de naissance; **Geburtsregister** N registre *m* d'état civil; **Geburtsschein** M → Geburtsurkunde; **Geburtsstadt** F ville natale; **Geburtsstunde** F heure *f* de naissance

Geburtstag M **1** *(Jahrestag der Geburt)* anniversaire *m*; **j-s ~ feiern** fêter l'anniversaire de qn; **~ haben** avoir son anniversaire; **ich habe heute ~** c'est mon anniversaire aujourd'hui; **j-m zum ~ gratulieren** souhaiter un bon anniversaire à qn; **was wünschst du dir zum ~?** qu'est-ce que tu veux pour ton anniversaire? **2** ADMIN *(Tag der Geburt)* jour *m* de naissance

Geburtstagsfeier F fête *f* d'anniversaire; **Geburtstagsgeschenk** N cadeau *m* d'anniversaire; **Geburtstagskarte** F carte *f* d'anniversaire; **Geburtstagskind** N *hum* personne *f* qui fête son anniversaire; **Geburtstagskuchen** M gâteau *m* d'anniversaire; **Geburtstagstorte** F → Geburtstagskuchen; **Geburtstagsüberraschung** F surprise (faite à qn pour son anniversaire); **Geburtstagswünsche** MPL *der Gratulanten* souhaits *mpl* (à l'occasion d'un anniversaire)

Geburtstrauma N traumatisme *m* de la naissance; **Geburtsurkunde** F acte *m* de naissance; *als Abschrift* extrait *m*, bulletin *m* de naissance; **Geburtsvorbereitungskurs** M cours *m* de préparation à l'accouchement; **Geburtsvorgang** M accouchement *m*; **Geburtswehen** FPL contractions *fpl*; *geh fig e-s Staates etc* débuts *mpl* difficiles; **Geburtszange** F MED forceps *m*; **Geburtszeit** F heure *f* de naissance

Gebüsch N ⟨~(e)s; ~e⟩ buissons *mpl*

Geck M ⟨~en; ~en⟩ *pej* dandy *m*

geckenhaft ADJ *pej* de dandy

Gecko M ⟨~s; ~s⟩ ZOOL gecko *m*

gedacht PPERF → denken, gedenken

Gedächtnis N ⟨~ses; ~se⟩ **1** mémoire *f*; **ein gutes, schlechtes ~ haben** avoir une bonne, mauvaise mémoire; *umg* **ein kurzes ~ haben** avoir la mémoire courte; **ein gutes ~ für Eigennamen** *etc* **haben** avoir la mémoire des noms propres, *etc*; **aus dem ~** de mémoire; **etw im ~ behalten** garder qc en mémoire; **etw noch im ~ haben** avoir qc encore à la mémoire; avoir gardé qc en mémoire; se souvenir de qc; **j-m etw ins ~ (zurück)rufen** rappeler qc à qn; remettre qc en mémoire à qn; **sein ~ anstrengen** faire un, des effort(s) de mémoire; **wenn mich mein ~ nicht trügt** si j'ai bonne mémoire **2** *(Andenken)* mémoire *f*; souvenir *m*; commémoration *f*; **zum ~ (an j-n, etw)** à la, en mémoire (de qn, qc); **zum ~ an etw** *(akk) a.* en souvenir, commémoration de qc

Gedächtnisfeier F commémoration *f* (*a.* REL); fête, cérémonie commémorative; **Gedächtnisgottesdienst** M messe

commémorative; **Gedächtnislücke** F trou *m* de mémoire; **Gedächtnisschwäche** F ⟨~⟩ manque *m*, défaillance *f* de mémoire; **Gedächtnisschwund** M perte *f* de (la) mémoire; amnésie *f*; **Gedächtnisstütze** F pense-bête *m*; **Gedächtnistraining** N entraînement *m* de la mémoire; **Gedächtnisübung** F exercice *m* de mémoire
gedämpft ADJT *Ton, Schall, Geräusch* assourdi; étouffé; *Farbe* doux, douce; atténué; *Licht* tamisé; *Stimmung* refroidi; **mit ~er Stimme** à mi-voix
Gedanke M ⟨~ns; ~n⟩ *(Überlegung)* pensée *f*; *(a. Einfall, Idee)* idée *f*; **der ~ an den Tod macht ihm Angst** il est effrayé à l'idée de mourir; **der bloße ~ daran macht ihr Freude** rien que d'y penser, cela lui fait plaisir; elle se réjouit rien que d'y penser; **~n sind frei** chacun a le droit de penser ce qu'il veut; **j-s ~n lesen** lire dans les pensées de qn; **j-s ~n aufgreifen** (re)prendre l'idée de qn; **s-n ~n nachhängen** suivre le cours de ses pensées; **das bringt mich auf einen ~n** cela me donne une idée; **j-n auf andere ~n bringen** changer les idées de *od* à qn; distraire qn; **plötzlich kam er auf e-n genialen ~n** il a eu un éclair de génie; *umg* **auf dumme ~n kommen** faire des bêtises; **in ~n** *(im Geiste)* mentalement; par la, en pensée; **in ~n bin ich bei ihm** je suis avec lui par la pensée; **etw in ~n tun** faire qc machinalement; **etw in ~n vorüberziehen lassen** passer qc mentalement en revue; **(ganz) in ~n sein** être dans la lune; ne pas faire attention; **in ~n versunken sein** être plongé dans ses pensées; être absorbé dans ses réflexions; être pensif; **sich mit dem ~n tragen** *od* **mit dem ~n spielen zu** *(+inf)* caresser l'idée de *(+inf)*; **sich mit dem ~n vertraut machen zu** *(+inf)* s'habituer à l'idée de *(+inf)*; **mit s-n ~n ganz woanders sein** avoir l'esprit, être tout à fait ailleurs; **wo bist du mit deinen ~n?** où as-tu la tête?; **sich** *(dat)* **über etw** *(akk)* **~n machen** *nachdenken* réfléchir à qc; reconsidérer qc; **er macht sich** *(dat)* **(so s-e) ~n über sie** *(akk)* il se pose des questions sur elle; **sich** *(dat)* **um j-n, etw** *od* **wegen j-m, etw ~n machen** *(sich sorgen)* se faire du souci pour qn, qc; *umg* **mach dir keine ~n!** ne t'en fais pas!; *umg* **kein ~ (daran)!** pas du tout!; loin de là!
Gedankenaustausch M ⟨~(e)s⟩ échange *m* d'idées, de vues; **Gedankenblitz** *umg hum* M éclair *m* de génie; **Gedankenflug** M envolée *f* (lyrique); **Gedankenfreiheit** F ⟨~⟩ liberté *f* de pensée; **Gedankengang** M enchaînement *m* des idées; *logischer* raisonnement *m*; **Gedankengut** N ⟨~(e)s⟩ idées *fpl*
gedankenlos A ADJ 1 *(geistesabwesend, zerstreut)* distrait 2 *(unüberlegt)* irréfléchi; inconsidéré B ADV 1 distraitement 2 inconsidérément; d'une manière irréfléchie
Gedankenlosigkeit F ⟨~; ~en⟩ 1 ⟨*pas de pl*⟩ *(Geistesabwesenheit, Zerstreutheit)* distraction *f* 2 ⟨*pas de pl*⟩ *(Unüberlegtheit)* irréflexion *f*; *plus fort* inconscience *f*; **aus ~** par distraction; par étourderie; par manque d'attention; par inadvertance 3 *(unüberlegte Bemerkung)* remarque inconsidérée
Gedankensprung M coq-à-l'âne *m*; **Gedankenstrich** M tiret *m*; **Gedankenübertragung** F transmission *f* de pensée; **gedankenverloren** ADJT *u.* ADVL perdu dans mes, *etc* pensées; **gedankenvoll** ADJ *(nachdenklich)* pensif, -ive; *(sorgenvoll)* soucieux, -ieuse; **Gedankenwelt** F ⟨~⟩ monde *m* des idées; monde idéal; pensée *f*
gedanklich ADJ ⟨*épithète*⟩ *u.* ADV en ce qui concerne les idées; du point de vue des idées; **ein ~er Fehler** un raisonnement faux; une erreur de raisonnement
Gedärm N ⟨~(e)s; ~e⟩ *meist* PL **~e** intestins *mpl*; *e-s Tieres* boyaux *mpl*; *(Eingeweide)* entrailles *fpl*
Gedeck N ⟨~(e)s; ~e⟩ 1 couvert *m* 2 *(Menü)* menu *m*
Gedeih M **auf ~ und Verderb** pour le meilleur et pour le pire
gedeihen VI ⟨gedeiht, gedieh, gediehen, s.⟩ 1 *Pflanzen etc* pousser bien; *Kinder a.* se développer bien; *wirtschaftlich* prospérer 2 *(fortschreiten)* progresser; **das Projekt ist so weit gediehen, dass ...** le projet en est venu à tel point que ...; **die Verhandlungen sind noch nicht so weit gediehen, dass ...** le stade des négociations n'est pas encore arrivé à un point où *(+inf)*
gedeihlich *geh* ADJ *(förderlich)* profitable; utile
gedenken *geh* VI ⟨*irr, pperf* gedacht, h.⟩ 1 **j-s, e-r Sache,** *schweiz* **j-m, e-r Sache ~** évoquer la mémoire de qn, le souvenir de qc 2 **etw zu tun ~** compter, penser faire qc; avoir l'intention, se proposer de faire qc
Gedenken *geh* N ⟨~s⟩ mémoire *f* (**an j-n** de qn); souvenir *m* (**an etw** *[akk]* de qc); **zum ~ an j-n, etw** à la, en mémoire de qn, qc; **e-e Minute stillen ~s** une minute de silence (**an** *[+akk]* à la mémoire de)
Gedenkfeier F cérémonie commémorative; commémoration *f*; **Gedenkgottesdienst** M messe *f* commémorative; **Gedenkmarke** F timbre commémoratif
Gedenkminute F minute *f* de silence; **e-e ~ (für ...) einlegen** observer une minute de silence (à la mémoire de ...)
Gedenkmünze F médaille commémorative; **Gedenkrede** F discours *m* en commémoration de qc, qn; **Gedenkstätte** F lieu *m* de mémoire; lieu commémoratif; **Gedenkstein** M pierre commémorative; **Gedenkstunde** F cérémonie commémorative; **Gedenktafel** F plaque commémorative; **Gedenktag** M (jour *m*) anniversaire *m*
Gedicht N ⟨~(e)s; ~e⟩ poésie *f*; poème *m*; **ein ~ aufsagen** réciter une poésie, un poème; *umg fig* **das war ein ~!** c'était divin!; *umg fig* **das Kleid ist ein ~** cette robe est adorable
Gedichtform F **in ~** en vers
Gedichtinterpretation F interprétation *f* d'un poème; **Gedichtsammlung** F recueil *m* de poèmes; anthologie *f* de poésie; **Gedichtzyklus** M cycle *m* (de poèmes)
gediegen ADJ 1 *Metall* natif, -ive; vierge; pur 2 *Möbel, Kleidung* de bonne qualité; *Möbel a.* bourgeois; *Kleidung a.* classique 3 *Kenntnisse, Wissen* solide; *Charakter* sérieux, -ieuse 4 *umg (komisch) umg* marrant; **du bist aber ~!** *(wunderlich)* tu es drôle, *umg* marrant(, toi)!
Gediegenheit F ⟨~⟩ 1 *von Metallen* pureté *f* 2 *von Möbeln, Kleidung etc* bonne qualité; *von Wissen etc* solidité *f*
gedieh → gedeihen
gediehen PPERF → gedeihen
Gedöns *umg* N ⟨~es⟩ *regional* 1 *(Getue)* manières *fpl* 2 *(Schnickschnack)* babioles *fpl*
Gedränge N ⟨~s⟩ cohue *f*; foule *f*; bousculade *f*; RUGBY mêlée *f*; **im ~** dans la cohue; dans la foule; dans la bousculade; **hier herrscht dichtes, ein großes ~** il y a foule ici; *fig zeitlich* **ins ~ kommen** être bousculé
gedrängt A ADJT *räumlich* serré; *zeitlich* pressé; *Inhaltsangabe etc* concis; *Stundenplan, Terminkalender etc* serré; **~e Übersicht** aperçu *m*; sommaire *m*; **dicht ~** très serré B ADVL **~ voll** comble
gedroschen PPERF → dreschen
gedrückt ADJT *seelisch* abattu; *allgemeine Stimmung* pesant; **Gedrücktheit** F ⟨~⟩ *e-r Person* abattement *m*; *der Stimmung* caractère pesant
gedrungen A PPERF → dringen B ADJT *Gestalt* trapu; ramassé
Gedudel *umg pej* N ⟨~s⟩ *umg* scie *f*; air ressassé; rengaine *f*
Geduld F ⟨~⟩ patience *f*; **~ haben** avoir de la patience; **mit j-m ~ haben** être patient avec qn; **keine ~ zu etw haben** ne pas avoir la patience de faire qc; **haben Sie bitte noch etwas ~!** veuillez patienter encore quelques instants!; **etw mit ~ ertragen** supporter qc avec patience; **sich in ~ fassen** prendre patience; **die ~ verlieren** perdre patience; s'impatienter; **mit s-r ~ am Ende sein** être à bout de patience; **meine ~ ist am Ende, jetzt reißt mir aber die ~** maintenant ma patience est à bout; **nur ~!** patience!; *umg hum* **mit ~ und Spucke (fängt man eine Mucke)** *etwa sprichw* patience et longueur de temps (font plus que force ni que rage)
gedulden V/R ⟨-ete, *pperf* geduldet, h.⟩ **sich ~** patienter; prendre patience; **~ Sie sich bitte (ein wenig)!** patientez (un peu), s'il vous plaît!
geduldig A ADJ patient; *sprichw* **Papier ist ~** *sprichw* le papier souffre tout B ADV patiemment; avec patience; **etw ~ über sich** *(akk)* **ergehen lassen** supporter patiemment qc
Geduldsarbeit F travail *m* de patience
Geduldsfaden M *umg* **mir reißt der ~** ma patience est à bout
Geduldsprobe F **j-n auf e-e ~ stellen** mettre la patience de qn à l'épreuve; **das war eine große** *od* **harte ~ für ihn** sa patience a été mise à rude épreuve
Geduld(s)spiel N (jeu *m* de) patience *f*
gedungen PPERF → dingen
gedurft PPERF → dürfen B
geeignet ADJT bon, bonne (**für** pour); propre (**für** à); *a. Augenblick, Maßnahme* approprié; convenable; *Personen* qualifié (**für** pour); apte (**für** à); *Bewerber* **~ sein** convenir, avoir le profil (requis) (**für** pour)
Geest F ⟨~; ~en⟩, **Geestland** N ⟨-land(e)s⟩ *régions morainiques sableuses de l'Allemagne du Nord*
Gefach N ⟨~(e)s; ~e *ou* ~er⟩ *(Fach)* casier *m*; *(Schublade)* tiroir *m*
Gefahr F ⟨~; ~en⟩ danger *m*; *liter* péril *m*; *(Wagnis)* risque *m*; **in ~** *(dat)* **sein** être en danger, péril; **außer ~ sein** être °hors de danger; **auf eigene ~** à mes, *etc* risques et périls; **j-n, etw in ~** *(akk)* **bringen** mettre qn, qc en danger; **~ bringend** dangereux, -euse; périlleux, -euse; **e-e ~ für j-n sein** *od* **darstellen** être dangereux, -euse pour qn; constituer un danger pour qn; **es besteht ~, dass die Deiche brechen** les digues risquent de se rompre; JUR **es ist ~ im Verzug** il y a péril en la demeure; **auf die ~ hin, alles zu verlieren** au risque de tout perdre; **~ laufen zu** *(+inf)* courir le risque, le danger de *(+inf)*; risquer de *(+inf)*; **sich in ~** *(akk)* **begeben** s'exposer à un danger; *sprichw* **wer sich in ~ begibt, kommt darin um** qui cherche le danger y périra
gefahrbringend ADJT dangereux, -euse; périlleux, -euse
gefährden VT ⟨-ete, *pperf* gefährdet, h.⟩ *Personen* mettre en danger; *Pläne, Frieden, Sicherheit, Versetzung etc* compromettre; *im Straßenverkehr etc a.* être un danger pour; **(ernstlich) gefährdet sein** *Personen* être (sérieusement) en danger; *Pläne, Frieden etc* être compromis; **gefährdete Jugend** jeunesse *f* en danger
Gefährdete(r) M/F(M) ⟨→ A⟩ personne *f* en danger (moral)
Gefährdung F ⟨~; ~en⟩ danger *m*; *der Sicherheit* atteinte *f* (+*gen* à); *(Bedrohung)* menace *f* (+*gen*

G

pour); **wegen ~ der Staatssicherheit** pour atteinte à la sécurité de l'État
gefahren PPERF → fahren
Gefahrenherd M foyer *m* de conflits, de troubles; **Gefahrenklasse** F *bei der Versicherung* catégorie *f* de risques; **Gefahrenmoment** N facteur *m* de risque; **Gefahrenquelle** F source *f* de danger; *für Unfälle a.* source *f* d'accidents
Gefahrenstelle F *Verkehrsschild* **allgemeine ~** danger
Gefahrenzone F zone dangereuse; **Gefahrenzulage** F indemnité *f* de risques
Gefahrguttransport M transport *m* de marchandises dangereuses
gefährlich ADJ dangereux, -euse; *plus fort, a. Lage, Unternehmen* périlleux, -euse; *fig hum* **ein Mann im ~en Alter** un homme en proie au démon de midi; **ein ~es Spiel treiben** jouer un jeu dangereux; *fig hum* **er könnte mir ~ werden** il ne me déplaît pas
Gefährlichkeit F ⟨~⟩ **die ~ e-s Gegners, e-r Krankheit** *etc* le danger que représente un adversaire, une maladie, *etc*
gefahrlos ADJ sans danger; sans risque
Gefahrlosigkeit F ⟨~⟩ absence *f* de danger, de risque
Gefährt *geh* N ⟨~(e)s; ~e⟩ véhicule *m*
Gefährte *geh* M ⟨~n; ~n⟩, **Gefährtin** *geh* F ⟨-in; -innen⟩ compagnon *m*, compagne *f*
gefahrvoll *geh* ADJ (très) dangereux, -euse; périlleux, -euse
Gefälle N ⟨~s; ~⟩ 1 *e-s Geländes* déclivité *f*; inclinaison *f*; *a. von Gewässern* pente *f*; ELEK chute *f*; **bei e-m ~ von 10 %** dans une pente de 10 % 2 *fig (Unterschied)* différence *f*; écart *m*; disparité *f*; **das soziale ~** l'écart *m* entre les couches sociales
gefallen[1] ⟨*irr, pperf* gefallen, h.⟩ A VI 1 plaire (**j-m** à qn); **wie gefällt Ihnen ...?** comment trouvez-vous ...?; que pensez-vous de ...?; **(wie) gefällt es Ihnen hier?** vous vous plaisez ici?; **mir gefällt es in Leipzig** j'aime beaucoup Leipzig; **das gefällt mir so an ihr, an diesem Buch** c'est ce que j'aime chez elle, dans ce livre; **es gefällt mir, wie er tanzt** j'aime la façon qu'il a de danser, sa façon de danser, comme il danse; *umg* **du gefällst mir (ganz und gar) nicht** *(du siehst krank aus)* tu as mauvaise mine; tu m'inquiètes!; *umg* **die Sache gefällt mir nicht** *umg* il y a du louche là-dedans, dans cette affaire 2 *umg* **sich** *(dat)* **alles ~ lassen** se laisser toujours faire, marcher sur les pieds; *umg* **sich** *(dat)* **nichts ~ lassen** ne pas se laisser faire; ne pas se laisser marcher sur les pieds; **sich** *(dat)* **e-n Vorwurf ~ lassen müssen** devoir admettre le bien-fondé d'un reproche; *umg* **das lasse ich mir ~!** ça fait plaisir, du bien!; *umg* **das lasse ich mir nicht (länger) ~** ça commence à bien faire; *umg* **das lasse ich mir noch ~, aber ...** passe encore (pour cette fois), mais ... B VR *pej* **sich** *(dat)* **in e-r Rolle ~** se (com)plaire dans un rôle; **er gefällt sich** *(dat)* **in Schmeicheleien, Beleidigungen** *(dat)* il se (com)plaît à flatter, offenser les gens
gefallen[2] A PPERF → fallen, gefallen[1] B ADJT **ein ~es Mädchen** une fille déshonorée; **ein ~er Engel** un ange déchu
Gefallen[1] M ⟨~s; ~⟩ service *m*; faveur *f*; **j-m e-n ~ tun** rendre un service à qn; *umg* **tu mir den ~ und ...!** tu pourrais ...
Gefallen[2] N ⟨~s⟩ **~ an etw** *(dat)* **finden** trouver, prendre (du) plaisir à (faire) qc; se plaire à faire qc; **aneinander ~ finden** se plaire; **er fand ~ an ihr** elle lui plut
Gefallene(r) M ⟨→ A⟩ (soldat *m*) mort *m* pour la patrie; soldat tombé au champ d'honneur
Gefallenendenkmal N monument *m* aux morts
gefällig ADJ 1 *Person* serviable; obligeant; **j-m ~ sein** être serviable, obligeant envers qn; obliger qn 2 *Anblick etc* agréable; plaisant 3 ⟨*attribut*⟩ **sonst noch etwas ~?** et avec cela?; vous désirez encore qc?; **..., wenn's ~ ist ...**, si vous n'avez rien contre; *als Drohung umg* **dann ist was ~!** *umg* ça va être sa fête, *zu j-m* ta fête!
Gefälligkeit F ⟨~; ~en⟩ 1 ⟨*pas de pl*⟩ *(Hilfsbereitschaft)* obligeance *f* 2 *(Gefallen)* service *m*; faveur *f*; **darf ich Sie um eine ~ bitten?** puis-je vous demander un service, une faveur?; voudriez-vous me faire plaisir?; **aus ~** par complaisance 3 ⟨*pas de pl*⟩ *(ansprechende Art)* attrait *m*; agrément *m*
Gefälligkeitsgutachten N *pej* expertise *f* de complaisance
gefälligst *umg* ADV s'il vous plaît; **machen Sie ~ die Tür zu!** vous ne pourriez pas fermer cette porte?; *iron* ayez la bonté de fermer cette porte; **halt ~ den Mund!** fais-moi le plaisir de te taire!
Gefallsucht F ⟨~⟩ coquetterie *f*; **gefallsüchtig** ADJ coquet, -ette
gefangen A PPERF → fangen B ADJT prisonnier, -ière; *(in Haft)* détenu; **~ halten** *Häftling* détenir; *Geisel* séquestrer; *Tier* enfermer; *geh fig (begeistern)* captiver; *geh fig* **j-s Aufmerksamkeit ~ halten** captiver l'attention de qn; **~ nehmen** faire prisonnier, -ière; capturer; *geh fig (beeindrucken, begeistern)* captiver; *geh* **~ setzen** mettre en prison
Gefangene(r) M/F(M) ⟨→ A⟩ prisonnier, -ière *m,f (a. Kriegsgefangene[r])*; *(Inhaftierte[r])* détenu(e) *m(f)*
Gefangenenaustausch M échange *m* de prisonniers; **Gefangenenhaus** N *österr* prison *f*; **Gefangenenlager** N camp *m* de prisonniers; **Gefangenentransport** M convoi *m* de prisonniers; **Gefangenenwagen** M voiture *f*, fourgon *m* cellulaire; **Gefangenenwärter(in)** M(F) → Gefängniswärter(in)
gefangenhalten VT → gefangen B
Gefangennahme F ⟨~⟩ MIL capture *f*; *von Geiseln* prise *f*
gefangennehmen VT → gefangen B
Gefangenschaft F ⟨~⟩ captivité *f (a. e-s Tiers)*; **in ~ geraten** être fait prisonnier; **er war ein Jahr in deutscher ~** il a été prisonnier un an en Allemagne; il a passé un an de captivité en Allemagne
gefangensetzen *geh* VT → gefangen B
Gefängnis N ⟨~ses; ~se⟩ 1 *(Strafanstalt)* prison *f*; maison *f* d'arrêt; **ins ~ kommen** aller en prison; **j-n ins ~ stecken, werfen, bringen** mettre, jeter, envoyer qn en prison; **im ~ sein** *od* **sitzen** être en prison; faire de la prison; **sie war ein Jahr im ~** elle a fait un an de prison 2 *(~strafe)* prison *f*; emprisonnement *m*; **j-n zu zwei Jahren ~ verurteilen** condamner qn à deux ans de prison; **mit ~ bestraft werden** *Person* être passible de prison; *Vergehen* être puni de prison; **darauf steht ~** c'est puni de prison
Gefängnisarzt M, **Gefängnisärztin** F médecin *m* pénitentiaire; **Gefängnisaufseher(in)** M(F) gardien, -ienne *m,f* de prison; **Gefängnisdirektor(in)** M(F) directeur, -trice *m,f* de prison; **Gefängnisgeistliche(r)** M aumônier *m* de prison; **Gefängnishof** M cour *f* de prison; préau *m*; **Gefängnisinsasse** M, **Gefängnisinsassin** F détenu(e) *m(f)*; **Gefängniskleidung** F uniforme *m* (de détenu[e]); **Gefängniskrankenhaus** N hôpital *m* (d'une prison); **Gefängnismauer** F mur *m* de prison; **Gefängnispersonal** N personnel *m* pénitentiaire, de prison
Gefängnisstrafe F (peine *f* d')emprisonnement *m*; (peine *f* de) prison *f*; **e-e ~ absitzen** faire son temps de prison; purger sa peine; **j-n zu e-r ~ von sechs Jahren verurteilen** condamner qn à six ans de prison; **bei ~** sous peine d'emprisonnement
Gefängniswärter(in) M(F) gardien, -ienne *m,f* de prison; *früher* geôlier *m*; **Gefängniszelle** F cellule *f* (de prison)
Gefasel *umg pej* N ⟨~s⟩ radotage *m*; verbiage *m*
Gefäß N ⟨~es; ~e⟩ 1 *(Behälter)* récipient *m* 2 ANAT, BOT vaisseau *m*; **Gefäßchirurgie** F chirurgie *f* vasculaire; **gefäßerweiternd** ADJT vasodilatateur; **Gefäßerweiterung** F vasodilatation *f*; **Gefäßkrankheit** F maladie *f* vasculaire; **Gefäßsystem** N système *m* vasculaire
gefasst A ADJT 1 *(beherrscht)* impassible (**angesichts** [+*gen*] devant); calme; **sie macht e-n ~en Eindruck** elle a l'air calme 2 **auf etw, alles, auf das Schlimmste ~ sein** s'attendre à qc, à tout, au pire; *umg* **er kann sich auf etw** *(akk)* **~ machen!** *umg* il ne perd rien pour attendre B ADVL avec calme; calmement
Gefasstheit F ⟨~⟩ calme *m*
gefäßverengend ADJT vasoconstricteur
Gefäßverengung F vasoconstriction *f*; **Gefäßverkalkung** F artériosclérose *f*; **Gefäßwand** F ANAT paroi *f* de vaisseau
Gefecht N ⟨~(e)s; ~e⟩ combat *m*; **j-m ein hartes ~ liefern** mener un dur combat contre qn; **außer ~ setzen** *a. fig* mettre °hors de combat; *fig* **im Eifer des ~s** dans le feu de l'action, du combat
Gefechtsabschnitt M secteur *m* de combat; **Gefechtsausbildung** F entraînement *m* (militaire au combat); **gefechtsbereit** ADJ prêt pour le combat
gefechtsklar ADJ *bes* SCHIFF paré pour le combat; **~ machen** sonner le branle-bas de combat
gefechtsmäßig A ADJ *Kleidung, Ausrüstung etc* de combat B ADV **~ ausgerüstet** en tenue de combat
Gefechtspause F accalmie *f* (du combat); **Gefechtsübung** F exercice *m* d'entraînement au combat
gefedert ADJT *Fahrzeug* suspendu; garni de ressorts; **gut ~ sein** avoir une bonne suspension; être bien suspendu; avoir de bons ressorts
gefeit ADJ **gegen etw ~ sein** être immunisé contre qc
gefestigt ADJT *Person, Charakter* stable; *Tradition* ancré; *Überzeugung* ferme; → *a.* festigen
Gefieder N ⟨~s; ~⟩ plumage *m*
gefiedert ADJ 1 ZOOL emplumé 2 BOT penné
Gefilde *poet* N ⟨~s; ~⟩ paysage *m*; région *f*; sphères *fpl*; *hum* **wieder in heimatlichen ~n sein** être rentré en pays connu, *zu Hause* dans ses foyers
gefingert ADJ BOT digité
geflammt ADJT *Stoff, Fliese* flammé
Geflecht N ⟨~(e)s; ~e⟩ 1 *aus Draht, Holz* treillis *m*; *aus Fäden, Bändern* entrelacement *m*; entrelacs *mpl* 2 *fig aus Linien, Wegen, Nerven, Adern etc* réseau *m*; **ein dichtes ~ aus Zweigen** des branchages entrelacés
gefleckt ADJ tacheté; moucheté; **rot** *etc* **~** avec des taches rouges, *etc*
geflissentlich A ADJ ⟨*épithète*⟩ intentionnel,

-elle B ADV intentionnellement; avec intention; **etw ~ übersehen** passer sur qc intentionnellement, exprès

geflochten PPERF → flechten

geflogen PPERF → fliegen

geflohen PPERF → fliehen

geflossen PPERF → fließen

Geflügel N ⟨~s⟩ volaille *f*; **Geflügelfarm** F ferme *f* (d'élevage) avicole; (ferme *f* d')élevage *m* de volailles; **Geflügelhaltung** F ⟨~⟩ aviculture *f*; élevage *m* de volailles; **Geflügelhändler(in)** M(F) marchand(e) *m(f)* de volaille(s); **Geflügelhandlung** F commerce *m* de volaille(s); **Geflügelkrankheit** F maladie *f* de la volaille; **Geflügelmarkt** M marché *m* à la volaille; **Geflügelpest** F VET peste *f* aviaire; **Geflügelsalat** M salade *f* de volaille; **Geflügelschere** F cisailles *fpl* à volaille

geflügelt ADJ *Samen, Insekten, Schraube* ailé; *fig* → *a.* Wort 5

Geflügelzucht F aviculture *f*; élevage *m* de volailles; **Geflügelzüchter(in)** M(F) aviculteur, -trice *m,f*

Geflüster N ⟨~s⟩ chuchotements *mpl*

gefochten PPERF → fechten

Gefolge N ⟨~s; ~⟩ suite *f*; *Begleitung a.* escorte *f*; *fig* **etw im ~ haben** être accompagné *bzw.* suivi de qc

Gefolgschaft F ⟨~; ~en⟩ 1 *(Anhänger)* partisans *mpl* 2 *⟨pas de pl⟩ (Gehorsam)* fidélité *f*; **j-m die ~ verweigern** refuser de suivre qn

Gefolgsmann M ⟨~(e)s; -männer *ou* -leute⟩ 1 partisan *m* 2 HIST vassal *m*

Gefrage N ⟨~s⟩ *pej* (sempiternelles) questions

gefragt ADJT *Ware, Person* demandé; **sehr ~ sein** être très demandé

gefräßig ADJ *Tiere* vorace; *Mensch* glouton, -onne; goinfre; **Gefräßigkeit** F ⟨~⟩ *von Tieren* voracité *f*; *von Menschen* gloutonnerie *f*; goinfrerie *f*

Gefreite(r) M ⟨→ A⟩ MIL *etwa* caporal *m*

gefressen PPERF → fressen

Gefrieranlage F installation *f* de congélation

gefrieren VI ⟨irr, pperf gefroren, s.⟩ geler

Gefrieren N ⟨~s⟩ congélation *f*; **zum ~ bringen** congeler

Gefrierfach N compartiment congélateur; *Eisfach* freezer *m*; **Gefrierfleisch** N viande congelée, surgelée; **gefriergetrocknet** ADJT lyophilisé; **Gefriergut** N aliments congelés, surgelés; surgelés *mpl*

Gefrierpunkt M PHYS point *m* de congélation; *(Nullpunkt)* zéro *m*; *Temperaturen* **über, unter dem ~** au-dessus, au-dessous de zéro

Gefrierraum M chambre *f* frigorifique; **Gefrierschrank** M congélateur *m*; **Gefrierschutzmittel** N (produit *m*) antigel *m*; **Gefriertruhe** F congélateur *m* (bahut); **Gefrierverfahren** N procédé *m* de congélation

gefroren PPERF → frieren, gefrieren

Gefror(e)ne(s) N ⟨→ A⟩ *südd, österr* glace *f*

Gefrotzel *umg pej* N ⟨~s⟩ moqueries *fpl*; railleries *fpl*

Gefuchtel *umg pej* N ⟨~s⟩ gesticulations *fpl*

Gefüge N ⟨~s; ~⟩ structure *f*; **soziales ~** structures sociales

gefügig ADJ docile; **(sich** *[dat]*) **j-n ~ machen** rendre qn docile; faire plier qn

Gefügigkeit F ⟨~⟩ docilité *f*

Gefühl N ⟨~s; ~e⟩ 1 *(Sinneswahrnehmung)* sensation *f*; *(Tastsinn)* toucher *m*; **kein ~ mehr in den Füßen haben** ne plus sentir ses pieds; *umg hum* **das ist ein ~ wie Weihnachten** c'est le septième ciel; *umg hum* **das ist das höchste der ~e** *(das ist das Äußerste, was möglich ist)* c'est le maximum 2 *seelisch* sentiment *m*; **kein ~ haben** être insensible **(für etw** à qc); **mit gemischten ~en** avec des sentiments mitigés; **ein Buch, Film mit (viel) ~** un livre, film très sentimental 3 *⟨pas de pl⟩ (Gespür)* sens *m* **(für** de); *(Intuition)* intuition *f*; *umg (Feinfühligkeit)* sensibilité *f*; tact *m*; **etw mit ~ machen** faire qc avec l'âme, avec sensibilité; **etw nach ~ tun** faire qc en suivant son intuition, intuitivement; **sich auf sein ~ verlassen** se fier à son intuition 4 *⟨pas de pl⟩ (Ahnung)* sentiment *m*; **ich habe das ~, dass …** j'ai le sentiment, l'impression que …; **etw im ~ haben** pressentir, sentir qc

gefühllos ADJ *a. fig* insensible **(gegenüber** à); dépourvu de sensibilité; *Person a.* dur; sec, sèche; **Gefühllosigkeit** F ⟨~⟩ *a. fig* insensibilité *f*

gefühlsarm ADJ peu sensible; **Gefühlsausbruch** M explosion *f* de sentiments; **gefühlsbetont** ADJT *Mensch* sentimental; *Reaktion* affectif, -ive; **Gefühlsduselei** *umg pej* F ⟨~; ~en⟩ sensiblerie *f*; sentimentalisme *m*; **gefühlskalt** ADJ insensible; froid *(a. frigide)*; **Gefühlskälte** F insensibilité *f*; froideur *f* *(a. Frigidität)*; **Gefühlsleben** N vie affective; sentiments *mpl*

gefühlsmäßig A ADJ *Handlung, Entscheidung* dicté par le cœur; → *a.* gefühlsbetont B ADV *(intuitiv)* par intuition; intuitivement; **~ handeln** suivre son intuition, son cœur

Gefühlsmensch M personne *f* de cœur; sentimental(e) *m(f)*; **Gefühlsnerv** M nerf sensoriel; **Gefühlsregung** F émotion *f*

Gefühlssache F **das ist ~** c'est une question de doigté

Gefühlssinn M ⟨~(e)s⟩ toucher *m*

Gefühlsüberschwang M accès *m* de joie, de tristesse, *etc*; **sie umarmte ihn in ihrem ~** emportée par l'émotion elle le serra sur son cœur

Gefühlswallung F vive émotion; sentiments passionnés; **freudige** *etc* **~** transports *mpl* de joie, *etc*

Gefühlswelt F ⟨~⟩ monde affectif

gefühlvoll A ADJ *(feinfühlend)* sensible (et sincère); *(gefühlsbetont)* sentimental B ADV avec âme; avec sentimentalité

gefüllt ADJT GASTR *mit Fleisch* farci; *Bonbons, Gebäck* fourré; *Gebäck a.* rempli

Gefummel *umg pej* N ⟨~s⟩ tripotage *m*; *umg* trifouillage *m*; *sexuell umg* pelotage *m*

gefunden PPERF → finden

gefurcht ADJT *Ackerboden* avec des sillons (profonds); *Gesicht* sillonné de rides

gefürchtet ADJT *Feind etc* redouté

gefüttert ADJT *Kleidungsstück, Briefumschlag* doublé; *mit Pelz, Filz* fourré

gegabelt ADJT fourchu; bifurqué

Gegacker N ⟨~s⟩ 1 *von Hühnern* caquetage *m* 2 *umg fig (Gekicher)* gloussements *mpl*

gegangen PPERF → gehen

gegeben A PPERF → geben B ADJT MATH *Größe* donné; **aus ~em Anlass** en raison d'un précédent; **im ~en Fall** *(in diesem Fall)* dans ce cas; *(gegebenenfalls)* le cas échéant; **unter den ~en Umständen** dans ces conditions; **zu ~er Zeit** en temps voulu, utile; au moment voulu; **etw als ~ voraussetzen** supposer que qc est un fait établi; **das ist das Gegebene** c'est ce qui convient

gegebenenfalls ADV le cas échéant

Gegebenheit F ⟨~; ~en⟩ donnée *f*; réalité *f*; fait *m*

gegen A PRÄP ⟨akk⟩ 1 *(entgegen), a. räumlich, fig* contre; **~ die Natur** contre (la) nature; **~ alle Erwartung** contre toute attente; contrairement à toute attente; **~ alle Vernunft** tout à fait déraisonnablement; de façon insensée; **das ist ~ die Abmachung** c'est contre ce qui a été convenu; **mit zwanzig ~ fünf Stimmen** avec vingt voix contre cinq; **~ j-n, etw sein** être contre qn, qc; **~ j-n gewinnen, spielen** gagner, jouer contre qn; **mit dem Kopf ~ etw stoßen** se taper la tête contre qc; **ein Mittel ~ Husten, Schmerzen** un remède contre, pour la toux, les douleurs; **Abneigung, Widerwillen** *etc* **~ etw empfinden** éprouver de l'aversion, de l'antipathie, *etc* pour qc 2 *(im Austausch für)* contre; en échange de; **etw ~ etw tauschen** échanger qc contre qc; **~ bar** contre paiement en espèces; **~ Einsendung von …** contre envoi de …; **~ Vorlage des Passes** sur présentation du passeport 3 *(im Vergleich zu)* comparé à; à côté de; par rapport à 4 *Richtungsangabe* vers 5 *zeitlich* vers; **~ sieben Uhr** vers (les) sept heures; **~ Abend** vers le soir; **~ Ende des 19. Jahrhunderts** vers la fin du XIXe siècle 6 *geh (gegenüber)* envers; avec; **streng ~ j-n sein** être sévère envers, avec qn; **taub, gefühllos** *etc* **~ etw sein** être sourd, insensible, *etc* à qc B ADV *vor Zahlen* près de; à peu près

Gegenangebot N offre faite en retour; **ein ~ machen** offrir qc, autre chose en retour

Gegenangriff M MIL, SPORT, *fig* contre-attaque *f*; **zum ~ übergehen** passer à la contre-attaque; contre-attaquer

Gegenantrag M POL, JUR *etc* contre-proposition *f*; **Gegenanzeige** F MED contre-indication *f*; **Gegenargument** N objection *f*; **Gegenaussage** F JUR déposition *f* contraire; **Gegenäußerung** F réplique *f*; **Gegenbehauptung** F affirmation *f* (du) contraire; **Gegenbeispiel** N exemple *m* (démontrant le) contraire; **Gegenbeschuldigung** F contre-accusation *f*

Gegenbesuch M visite (faite en retour); **j-m e-n ~ machen** rendre sa visite à qn

Gegenbewegung F mouvement contraire *(a.* MUS), opposé; POL réaction *f*

Gegenbeweis M preuve *f* (du) contraire; **den ~ antreten** fournir la preuve du contraire

Gegenbitte F prière, demande adressée en retour; **ich habe e-e ~ (an Sie)** j'ai aussi une prière à vous adresser, une demande à vous faire

Gegenbuchung F HANDEL contre-passation *f*

Gegend F ⟨~; ~en⟩ région *f*; *liter* contrée *f*; *(Landschaft)* paysage *m*; *landschaftlich schöne* site *m*; *(Umgebung)* environs *mpl*; alentours *mpl*; *(Stadtviertel)* quartier *m*; coin *m*; **in der ~ von** *od* **um Paris** dans la région parisienne; *umg fig* **durch die ~ fahren** *umg* faire une balade en voiture, *etc*; *umg fig* **in der ~ herumbrüllen** *umg* gueuler; **was machen Sie in dieser ~?** que faites-vous dans les parages, dans le coin?

Gegendarstellung F exposé *m* des faits (qui en contredit un autre); autre version *f* des faits; **Gegendemonstration** F contre-manifestation *f*

Gegendienst M service rendu en retour d'un autre; **j-m e-n ~ erweisen** payer qn de retour; renvoyer l'ascenseur

Gegendruck M ⟨~(e)s; ~e⟩ 1 TECH contre-pression *f* 2 *⟨pas de pl⟩ fig* résistance *f*

gegeneinander ADV l'un(e) contre l'autre *bzw.* les un(e)s contre les autres; **zwei Dinge ~ austauschen** échanger une chose contre une autre; **zwei Dinge ~ abgrenzen** différencier deux choses; *umg* **die zwei haben etw ~** ils ne s'aiment pas beaucoup, tous les deux; → gegeneinanderhalten, gegeneinander-

prallen, gegeneinanderstoßen
Gegeneinander N ⟨~s⟩ affrontement *m*
gegeneinanderhalten VT ⟨*irr, sép,* -ge-, h.⟩ 1 *(gegeneinanderdrücken)* appuyer l'un contre l'autre 2 *fig* confronter; *(vergleichen)* comparer; **gegeneinanderprallen** VI ⟨*sép,* -ge-, s.⟩ se heurter; entrer en collision; **gegeneinanderstoßen** ⟨*irr, sép,* -ge-⟩ A VT ⟨h.⟩ entrechoquer B VI ⟨s.⟩ s'entrechoquer; se heurter
Gegenentwurf M contre-projet *m*
Gegenfahrbahn F voie opposée; **der Wagen auf** *od* **von der ~** la voiture venant dans le sens inverse
gegenfinanzieren VT ⟨*insép, pas de -ge-,* h.⟩ financer (en réduisant des dépenses et en augmentant des impôts); **Gegenfinanzierung** F contre-financement *m*
Gegenforderung F revendication *f* en retour; compensation exigée; HANDEL créance *f* en contrepartie
Gegenfrage F question posée en retour; **e-e ~ stellen** poser une question en retour; **mit e-r ~ antworten** répondre par une question à une question
Gegengerade F SPORT ligne droite du côté opposé
Gegengewicht N *fig* contrepoids *m*; **ein ~ zu etw bilden** contrebalancer qc
Gegengift N contrepoison *m*; antidote *m*; **Gegengutachten** N contre-expertise *f*; **Gegenkandidat(in)** M(F) candidat(e) *m(f)* adverse; **Gegenklage** F JUR demande reconventionnelle; **Gegenkläger(in)** M(F) JUR demandeur *m*, demanderesse *f* reconventionnel, -elle
Gegenkurs M cap opposé; *fig* **auf ~ gehen** adopter une stratégie inverse
gegenläufig A ADJ qui marche en sens contraire; *fig Entwicklung etc* allant dans le sens opposé, contraire B ADV en sens contraire; *fig* dans le sens opposé
Gegenleistung F contrepartie *f*; service rendu en retour d'un autre; **als ~** en contrepartie; en récompense (**für** de)
gegenlenken VI ⟨*sép,* -ge-, h.⟩ redresser (un véhicule); donner un coup de volant à droite *bzw.* à gauche
gegenlesen VT ⟨*irr, sép,* -ge-, h.⟩ **e-n Text ~** relire un texte (écrit par qn d'autre)
Gegenlicht N ⟨~(e)s⟩ contre-jour *m*; **im ~** à contre-jour
Gegenlichtaufnahme F photo *f* à contre-jour; **Gegenlichtblende** F parasoleil *m*
Gegenliebe F ⟨~⟩ amour *m* réciproque; *fig* accueil *m* favorable; *fig* **~ finden, auf ~** *(akk)* **stoßen** recevoir un accueil favorable
Gegenmaßnahme F contre-mesure *f*; POL *a.* mesure *f* de rétorsion; **Gegenmittel** N antidote *m*; **Gegenoffensive** F MIL contre-offensive *f*; **Gegenpapst** M HIST antipape *m*; **Gegenpart** M 1 *Rolle* rôle opposé (à un autre) 2 *(Gegner)* antagoniste *m*; **Gegenpartei** F JUR partie *f* adverse; SPORT équipe *f* adverse; POL parti opposant; **Gegenplan** M contre-projet *m*; **Gegenpol** M antipode *m*; *fig* contraire *m*; **Gegenprobe** F contre-épreuve *f* (*a. bei e-r Abstimmung*); contre-essai *m*; **Gegenpropaganda** F contre-propagande *f*
Gegenreaktion F réaction *f* adverse; **das war e-e ~ auf** *(+akk)* c'était une réaction à
Gegenrechnung F HANDEL calcul *m* de contrôle; *fig* **e-e ~ aufmachen** opposer d'autres chiffres, une autre estimation
Gegenrede F 1 *geh (Erwiderung)* réplique *f* (à un discours); **Rede und ~** dialogue *m* 2 *(Widerrede)* objection *f*
Gegenreformation F HIST Contre-Réforme *f*; **Gegenrevolution** F contre-révolution *f*; **Gegenrichtung** F sens inverse, contraire, opposé
Gegensatz M 1 contraste *m*; *plus fort* antagonisme *m*; *(Gegenteil)* contraire *m*; *(Widerspruch)* opposition *f*; **e-n ~ (zu etw) bilden, im ~ (zu etw) stehen** contraster, faire un contraste (avec qc); **im ~ zu** contrairement à; au contraire de; par opposition à; **im ~ dazu** par contre; en revanche; **Gegensätze ziehen sich an** les extrêmes s'attirent 2 **Gegensätze** *mpl (Meinungsverschiedenheiten)* divergences *fpl* 3 MUS *e-r Fuge* contre-sujet *m*
gegensätzlich ADJ contraire; opposé; *Meinungen* divergent; **Gegensätzlichkeit** F ⟨~⟩ divergence *f*
Gegenschlag M *a. fig* riposte *f*; MIL, *fig* contre-attaque *f*; **zum ~ ausholen (gegen)** *a. fig* passer à la contre-attaque (contre)
Gegenseite F côté opposé; JUR, *fig* partie *f* adverse
gegenseitig A ADJ 1 *(wechselseitig)* réciproque; mutuel, -elle; **~e Abhängigkeit** *a.* interdépendance *f*; **~e Hilfe** *a.* entraide *f* 2 *(beidseitig)* commun; **in ~em Einvernehmen** d'un commun accord B ADV réciproquement; mutuellement; **sich** *(dat)* **~ helfen** *a.* s'entraider; **sich ~ töten** s'entretuer
Gegenseitigkeit F ⟨~⟩ réciprocité *f*; **auf ~ beruhen** être réciproque; **Versicherung** *f* **auf ~** assurance mutuelle
Gegenseitigkeitsabkommen N accord *m*, convention *f* de réciprocité
Gegensinn M ⟨~(e)s⟩ **im ~** dans la direction opposée
Gegenspieler(in) M(F) *(Gegner[in]) a.* SPORT adversaire *m/f*; POL opposant(e) *m(f)*; *a.* THEAT antagoniste *m/f*; **Gegenspionage** F contre-espionnage *m*; **Gegensprechanlage** F interphone® *m*; **Gegensprechverkehr** M TEL duplex *m*
Gegenstand M 1 *(Ding)* objet *m* 2 ⟨*pas de pl*⟩ *fig e-s Gesprächs etc* objet *m*; *e-r Dichtung etc* sujet *m*; *Person* **~ des allgemeinen Spottes, der Kritik** objet *m* de la risée publique, des critiques; **zum ~ haben** avoir pour objet, sujet 3 *österr (Schulfach)* matière *f*
gegenständig ADJ BOT opposé
gegenständlich ADJ concret, -ète; PHIL objectif, -ive; KUNST figuratif, -ive; **Gegenständlichkeit** F ⟨~⟩ caractère concret, KUNST figuratif
gegenstandslos ADJ 1 *Frage etc* sans objet; *Verdacht, Beschuldigung, Angst, Eifersucht* non fondé; **~ werden** devenir sans objet 2 KUNST non-figuratif, -ive; abstrait
gegensteuern VI ⟨-(e)re, *sép,* -ge-, h.⟩ 1 *bei e-m Fahrzeug* contrebraquer 2 *fig* rectifier le cours
Gegenstimme F 1 *bei e-r Wahl* voix *f* contre; **ohne ~ gewählt werden** être élu à l'unanimité 2 *(Stellungnahme dagegen)* avis *m* contraire
Gegenstoß M MIL contre-attaque (immédiate); **Gegenströmung** F *a. fig* contre-courant *m*; **Gegenstück** N 1 *entsprechendes* pendant *m*; *Person* homologue *m* 2 *(Gegenteil)* contraire *m*
Gegenteil N contraire *m*; opposé *m*; inverse *m*; **(ganz) im ~** (bien) au contraire; *Stimmung* **ins ~ umschlagen** changer brusquement du tout au tout; **j-s Behauptung ins ~ verkehren** déformer du tout au tout les propos de qn; **das ~ ist der Fall** c'est le contraire; **das genaue ~ von etw tun** *a.* prendre le contre-pied de qc
gegenteilig ADJ contraire; opposé; **~er Ansicht sein** être d'un avis contraire
Gegentor N, **Gegentreffer** M but marqué par l'adversaire
gegenüber A PRÄP ⟨*dat*⟩ 1 *örtlich* en face de; vis-à-vis de 2 *fig (in Bezug auf)* envers; à l'égard de; vis-à-vis de; **sein Verhalten, s-e Dankbarkeit mir ~** sa conduite, gratitude envers moi, à mon égard; **höflich, unfreundlich ~ j-m sein** être poli, désagréable envers, avec qn 3 *fig (im Vergleich zu)* par rapport à; comparé à; à côté de B ADV en face; vis-à-vis; **das Haus ~** la maison d'en face
Gegenüber N ⟨~s; ~⟩ vis-à-vis *m*
gegenüberliegen VI *u.* VR ⟨*irr, sép,* -ge-, h.⟩ **j-m, e-r Sache ~** être (situé) en face de qn, qc; faire face à qn, qc; **einander** *od* **sich ~** se faire face, vis-à-vis; être en face l'un(e) de l'autre *bzw.* les un(e)s des autres
gegenüberliegend ADJT ⟨*épithète*⟩ d'en face; opposé
gegenübersehen VR ⟨*irr, sép,* -ge-, h.⟩ **sich e-m Problem, j-m ~** être confronté à un problème, à qn
gegenübersetzen ⟨-(es)t, *sép,* -ge-, h.⟩ A VT **j-n j-m ~** mettre, faire asseoir qn en face de qn B VR **sich j-m ~** se mettre, s'asseoir, se placer en face de qn
gegenübersitzen VI *u.* VR ⟨-(es)t, *irr, sép,* -ge-, h.⟩ **j-m, sich ~** être assis en face de qn, être assis l'un en face de l'autre
gegenüberstehen VI *u.* VR ⟨*irr, sép,* -ge-, h.⟩ 1 *räumlich* **j-m, e-r Sache ~** être (debout) en face de qn, qc; **j-m plötzlich, unerwartet ~** se trouver nez à nez avec qn; **einander** *od* **sich ~** se faire face, vis-à-vis; être en face l'un(e) de l'autre *bzw.* les un(e)s des autres 2 *fig* **e-r Sache** *(dat)* **ablehnend, wohlwollend ~** être hostile, favorable à qc; **sich** *(dat)* **feindlich ~** se faire face en ennemis; **großen Problemen ~** être confronté à de graves problèmes
gegenüberstellen VT ⟨*sép,* -ge-, h.⟩ *vergleichend* mettre en parallèle; opposer (**j-m, e-r Sache** à qn, qc); confronter (**j-m, e-r Sache** avec qn, qc; *a.* JUR); **einander ~** mettre en face l'un de l'autre; *Personen a.* mettre en présence
Gegenüberstellung F opposition *f*; *a.* JUR confrontation *f*; *(Vergleich) a.* parallèle *m*; **gegenübertreten** VI ⟨*irr, sép,* -ge-, s.⟩ *a. fig* **~** *(+dat)* faire face à
Gegenuhrzeigersinn M **im ~** en sens inverse des aiguilles d'une montre
Gegenverkehr M circulation *f* (venant) en sens inverse; **Gegenvorschlag** M contre-proposition *f*
Gegenwart F ⟨~⟩ 1 *(jetzige Zeit)* présent *m*; époque actuelle, contemporaine; **die Kunst der ~** l'art contemporain 2 *(Anwesenheit)* présence *f*; **in s-r ~** en sa présence; lui présent; **in ~ Dritter** en présence d'une tierce personne, d'un tiers 3 GRAM présent *m*
gegenwärtig A ADJ 1 ⟨*épithète*⟩ *(jetzig)* actuel, -elle; présent 2 *geh (anwesend)* présent 3 *geh (erinnerlich)* **das ist mir nicht ~** je n'ai pas cela présent à l'esprit B ADV actuellement; à l'heure actuelle; en ce moment; à présent
gegenwartsbezogen ADJT qui se rapporte à l'époque contemporaine; **Gegenwartsform** F GRAM forme *f* du présent; **gegenwartsfremd** ADJ déphasé; **Gegenwartskunst** F ⟨~⟩ art contemporain; **Gegenwartsliteratur** F ⟨~⟩ littérature contemporaine; **gegenwartsnah** ADJ actuel, -elle; moderne; **Gegenwartswert** M HANDEL valeur actuelle
Gegenwehr F résistance *f*; défense *f*; **~ leisten** opposer une résistance; **keine ~ leisten**

ne pas opposer de résistance
Gegenwert M HANDEL contre-valeur f, équivalent m (in [+dat] en)
Gegenwind M vent m contraire, de face, SCHIFF debout; **~ haben** avoir le vent contraire, etc; **bei ~** par vent contraire, etc
Gegenwirkung F réaction f; **gegenzeichnen** V/T ‹-ete, sép, -ge-, h.› contresigner; **Gegenzeichnung** F contreseing m; **Gegenzeuge** M, **Gegenzeugin** F témoin m de la partie adverse
Gegenzug M 1 SCHACH etc, fig riposte f; fig **im ~** en contrepartie 2 BAHN train m venant en sens inverse
gegessen PPERF → essen
geglichen PPERF → gleichen
gegliedert ADJT structuré
geglitten PPERF → gleiten
geglommen PPERF → glimmen
Gegner(in) M ‹~s; ~› (F) ‹~in; ~innen› a. SPORT adversaire m/f; MIL ennemi(e) m(f); POL opposant(e) m(f); **ein ~ der Abtreibung** etc **sein** être un adversaire de l'avortement, etc; fig, SPORT **es mit e-m starken ~ zu tun haben** avoir affaire à forte partie; avoir un adversaire de taille
gegnerisch ADJ ‹épithète› a. SPORT adverse; d(e l)'adversaire; MIL a. ennemi
Gegnerschaft F ‹~› 1 Haltung antagonisme m 2 (die Gegner) adversaires mpl
gegolten PPERF → gelten
gegoren PPERF → gären
gegossen PPERF → gießen
gegr. ABK (gegründet) fondé
gegriffen PPERF → greifen
Gehabe N ‹~s› pej manières fpl; airs mpl
gehabt PPERF → haben
Gehackte(s) N ‹→ A› (Hackfleisch) viande °hachée
Gehalt[1] M ‹~(e)s; ~e› 1 CHEM etc teneur f (an [+dat] en) 2 gedanklicher substance f; idées fpl
Gehalt[2] N, österr a. M ‹~(e)s; ¨~er› von Angestellten salaire m; von Beamten traitement m
gehalten A PPERF → halten B geh ADJT ‹attribut› **~ sein, etw zu tun** être tenu de faire qc
gehaltlos ADJ 1 Nahrung sans valeur nutritive 2 fig Buch etc superficiel, -ielle; insignifiant; sans valeur; creux, creuse; **Gehaltlosigkeit** F ‹~› 1 der Nahrung manque m de valeur nutritive 2 fig insignifiance f; absence f de valeur; **gehaltreich** ADJ 1 Nahrung substantiel, -ielle; nutritif, -ive 2 fig Buch etc (au contenu) riche; profond
Gehaltsabrechnung F bulletin m de salaire; **Gehaltsabzug** M retenue f sur le salaire bzw. sur le traitement; **Gehaltsansprüche** MPL prétentions (salariales); **Gehaltsaufbesserung** F → Gehaltserhöhung; **Gehaltsbescheinigung** F attestation (délivrée par l'employeur) du salaire versé; **Gehaltsempfänger(in)** M(F) salarié(e) m(f); **Gehaltserhöhung** F augmentation f de salaire bzw. de traitement; **Gehaltsforderung** F revendication salariale; **Gehaltsfrage** F question f du salaire
Gehaltsgrenze F **oberste ~** salaire m maximum; **unterste ~** salaire m minimum
Gehaltsgruppe F catégorie f de salaires bzw. de traitements; **Gehaltskonto** N compte en banque (utilisé par l'employeur pour verser un salaire); **Gehaltskürzung** F diminution f de salaire
Gehaltsliste F livre m de paie; fig **auf j-s ~** (dat) **stehen** être employé par qn
Gehaltsnachzahlung F rappel m; **Gehaltsskala** F échelle f des salaires, des traitements; **Gehaltsstreifen** M bulletin m de salaire; **Gehaltsstufe** F für Angestellte classe f, grade m de salaire; für Beamte échelon m de traitement; **Gehaltsvorrückung** F ‹~; ~en› österr augmentation f de traitement; **Gehaltsvorschuss** M avance f sur le salaire, sur le traitement; **Gehaltsvorstellung** F, **Gehaltswunsch** M prétentions fpl; **Gehaltszahlung** F paiement m du salaire bzw. du traitement; **Gehaltszulage** F prime f
gehaltvoll ADJ a. fig substantiel, -ielle; riche
Gehämmer N ‹~s› martèlement m; bruit m de marteau
gehandikapt ADJT °handicapé
Gehänge N ‹~s; ~› 1 (Ohrgehänge) pendant m d'oreille; e-s Kronleuchters pendeloques fpl 2 JAGD (Ohren) oreilles (pendantes)
gehangen PPERF → hängen B
Gehängte(r) M/F(M) ‹→ A› pendu(e) m(f)
geharnischt ADJ Protest etc énergique; Rede, Antwort, Brief cinglant
gehässig ADJ méchant; (hasserfüllt) °haineux, -euse; **Gehässigkeit** F ‹~; ~en› 1 ‹pas de pl› Eigenschaft méchanceté f; (Hass) (sentiment m de) haine f 2 Äußerung **~en** pl méchancetés fpl
gehauen PPERF → hauen
gehäuft A ADJT **ein ~er Teelöffel ...** une bonne cuillère à café de ... B ADVL en grande quantité; (häufig) souvent
Gehäuse N ‹~s; ~› 1 e-r Uhr, e-s Messinstruments etc boîtier m; TECH carter m; cage f 2 ZOOL (Schneckengehäuse etc) coquille f 3 von Obst trognon m
gehbehindert ADJT à mobilité réduite
Gehbehinderte(r) M/F(M) ‹→ A› personne f à mobilité réduite
Gehege N ‹~s; ~› enclos m; im Tierpark enceinte f; fosse f; fig **j-m ins ~ kommen** marcher sur les plates-bandes, les brisées de qn; empiéter sur les attributions de qn
geheim ADJ 1 (verborgen) secret, -ète; (vertraulich) confidentiel, -ielle; **~ halten** tenir, garder secret, -ète; garder le secret de; **etw vor j-m ~ halten** cacher qc à qn; **streng ~** ultrasecret; top secret (inv); **im Geheimen** en secret; secrètement; → geheimtun 2 (unergründlich, mysteriös) mystérieux, -ieuse; **~e Kräfte** fpl pouvoirs mpl occultes
Geheimabkommen N accord secret; **Geheimagent(in)** M(F) agent secret od de renseignements; **Geheimbund** M société secrète; **Geheimdienst** M services secrets; **Geheimdiplomatie** F diplomatie secrète; **Geheimdokument** N document secret; **Geheimfach** N compartiment m bzw. tiroir m (à) secret; **Geheimgang** M passage secret; unterirdischer passage souterrain secret; **geheimhalten** V/T → geheim 1
Geheimhaltung F ‹~› secret m; **strikte ~** la plus grande discrétion; **zur ~ verpflichtet sein** être tenu au secret
Geheimhaltungspflicht F obligation f de garder, de conserver un secret; der Ärzte etc obligation f au secret professionnel
Geheimkode M code confidentiel; **Geheimkonto** N compte secret; **Geheimlehre** F doctrine f ésotérique et initiatique
Geheimnis N ‹~ses; ~se› 1 secret m; **ein ~ lüften** dévoiler, révéler un secret; **vor j-m ein ~ haben** cacher qc à qn; **vor j-m keine ~se haben** ne pas avoir de secrets pour qn; **ein ~ aus etw machen** faire un mystère de qc; **das ist ein offenes ~** c'est un secret de Polichinelle; **das ist das ganze ~!** c'est tout! 2 unergründliches mystère m; **die ~se des Meeres, der Natur** les mystères de l'océan, de la nature
Geheimniskrämer(in) umg M(F) cachottier, -ière m,f; **Geheimniskrämerei** umg F ‹~› cachotteries fpl; **Geheimnisträger** M porteur m de secret
Geheimnistuerei umg F ‹~› **Schluss mit der ~!** ça suffit, ces cachotteries, ces mystères!
geheimnisumwittert ADJT, **geheimnisumwoben** geh ADJT entouré de mystères
geheimnisvoll A ADJ mystérieux, -ieuse B ADV mystérieusement; **~ tun** faire des mystères
Geheimnummer F numéro secret; e-r Scheckkarte code confidentiel; **Geheimpolizei** F police secrète; **Geheimpolizist** M agent m de la police secrète; **Geheimrat** M ‹~(e)s; ¨~e› HIST etwa conseiller privé, secret
Geheimratsecken umg hum FPL tempes dégarnies; **er bekommt ~** il se dégarnit sur les tempes; ses tempes se dégarnissent
Geheimrezept N secret m; **Geheimsache** F affaire secrète; **Geheimschrift** F écriture secrète, chiffrée; chiffre m; **Geheimsender** M émetteur clandestin; **Geheimsitzung** F séance secrète; **Geheimsprache** F langage secret, codé; **Geheimtinte** F encre f sympathique; **Geheimtipp** M umg tuyau m; **Geheimtreppe** F escalier dérobé
geheimtun umg pej V/I ‹irr, sép, -ge-, h.› **(mit etw) ~** faire des mystères (de qc)
Geheimtür F porte dérobée, secrète; **Geheimwaffe** F arme secrète; **Geheimwissenschaft** F science secrète, occulte, ésotérique; **Geheimzahl** F code confidentiel; **Geheimzeichen** N signe secret
Geheiß geh N ‹~es› **auf ~ von ...** sur l'ordre de ...; **auf sein ~** sur son ordre
gehemmt ADJT Person complexé; inhibé

gehen
‹geht, ging, gegangen, s.›

A transitives Verb
B intransitives Verb
C reflexives Verb
D unpersönliches Verb

— **A** transitives Verb —
faire; **zwei Kilometer ~** faire deux kilomètres (à pied); **e-n Umweg ~** faire un détour
— **B** intransitives Verb —
1 (sich fortbewegen, irgendwohin begeben) aller; zu Fuß oft, a. SPORT marcher; (nicht fahren etc) aller à pied; **in ein Gebäude ~** entrer dans un bâtiment; **durch e-n Ort ~** passer par un village; traverser un village à pied; **über e-e Brücke ~** passer sur, par un pont; **über die Straße ~** traverser la rue; **auf die andere Seite ~** traverser; aller, passer de l'autre côté; **in das andere Zimmer ~** aller, passer dans l'autre pièce; **ins Wasser ~** a. fig aller dans l'eau; **nach rechts, links ~** aller, prendre à droite, gauche; **nach oben ~** monter; aller en °haut; **nach unten ~** descendre; aller en bas; **zu j-m ~** aller, se rendre chez qn; **zum Arzt ~** (aller) voir un médecin; aller chez le médecin; **schlafen, einkaufen, tanzen ~** aller se coucher, faire des courses, danser; **nach Hause ~** aller à la maison; rentrer chez soi; umg fig **wo sie geht und steht** partout où elle va 2 (weg~) s'en aller; partir; **aus dem Haus ~** sortir (de la maison); quitter la maison; **~ wir!** on part!; partons!; umg on s'en va!; **ich muss jetzt ~** il faut que je m'en aille, que je parte maintenant; geh **von j-m ~** (sterben) quitter qn; umg hum **gegangen werden** (entlassen werden) être prié de partir; umg fig **geh mir mit deinen Kommentaren** épargne-moi tes commentaires 3 fig **j-m bis an die Schulter ~** etc arriver à l'épaule, etc de qn; **in die**

Privatwirtschaft ~ *umg* commencer à travailler, aller dans le privé; **zum Film, zur Bühne ~** (commencer à) faire du cinéma, du théâtre; **nach München ~** *um dort zu leben* aller, partir (vivre) à Munich; **in sich** *(akk)* **~** faire un retour sur soi-même; *umg* **j-n ~ lassen** *(in Ruhe lassen)* laisser qn tranquille; **sich ~ lassen** se laisser aller; *umg* **mit j-m ~** *(ein Liebespaar sein)* sortir avec qn; **bei j-m ein und aus ~** avoir ses petites et grandes entrées chez qn; *umg* **geh nicht an meine Sachen!** ne touche pas à mes affaires!; **an die Arbeit ~** se mettre au travail, à travailler; **j-m aus dem Weg ~** éviter qn; *umg* **kurz, lang, schwarz** *od* **in Schwarz ~** s'habiller court, long, en noir; *zu e-m Maskenball etc* **als Indianer, Schneewittchen ~** se déguiser en Indien, Blanche-Neige; **sie geht auf die vierzig** elle va sur ses quarante ans; elle approche de la quarantaine **4** *(hineinpassen)* **in etw** *(akk)* **~** entrer dans qc; **es ~ hundert Personen in den Saal** cent personnes tiennent dans cette salle; il y a de la place pour cent personnes dans la salle; **wie viel Kilo ~ auf e-e Tonne?** combien y a-t-il de kilos dans une tonne?; combien une tonne fait-elle de kilos?; **das geht nicht in meine Tasche** cela ne tient pas dans ma poche **5** *Uhr, Maschine etc (funktionieren)* marcher; fonctionner; *Telefon, Klingel etc (läuten)* sonner; *Geschäfte* marcher; aller; *Laden* marcher; *Ware* se vendre; *Bus, Zug etc* partir; *Teig* lever; *Gerücht* courir; circuler; *Schaden* **in die Tausende ~** se chiffrer par milliers; *Aufatmen, Aufschrei etc* **durch den Saal ~** parcourir la salle; **diese Affäre ging durch die (ganze) Presse** toute la presse a parlé de cette affaire; **das Spiel, die Melodie geht so** ce jeu, cet air, c'est comme ça; **nach e-r Regel ~** suivre une règle; **wie geht Schach?** on y joue comment, aux échecs?; comment on joue aux échecs?; **wohin geht die Reise?** où allez-vous?; *Fenster* **nach Norden ~** donner au nord; *Straße* **nach Berlin ~** mener, aller à Berlin; **vor sich ~** se passer; **j-m über alles ~** passer avant tout pour qn; **das geht über meine Kräfte** cela dépasse mes forces; c'est au-dessus de mes forces; **das geht über meinen Horizont** cela me dépasse; **das geht nicht** c'est impossible; *(das passt nicht)* ça ne va pas; *(es ist nicht einzurichten)* je, tu, *etc* ne peux pas; **das geht zu weit** c'est trop; cela dépasse les limites, les bornes **6** *umg (so gerade angehen) umg* être potable; **das Wetter geht ja noch, aber das Hotel ist furchtbar** le temps, passe encore, mais l'hôtel est affreux

— **C** reflexives Verb —

in diesen Schuhen geht es sich gut on est à l'aise dans ces chaussures; on marche bien avec ces chaussures; **auf dieser Straße geht es sich gut** c'est agréable de marcher sur cette route

— **D** unpersönliches Verb —

1 *örtlich* **es geht hier nach X** ce chemin va, mène à X; **es geht ein leichter Wind** il y a un peu de vent **2** *zeitlich* **es geht auf** *od* **gegen zehn (Uhr)** il est près de *od* presque dix heures **3** *(ergehen)* **so geht es mir auch, mir geht es ähnlich** c'est pareil pour moi; c'est comme moi; *gesundheitlich, wirtschaftlich etc* **wie geht es Ihnen?** comment allez-vous?; *umg* **wie geht's(, wie steht's) ?** ça va?; **es geht** ça va; → *a.* gut B, schlecht B 3, 5 **4** *umg (so gerade angehen)* être moyen, pas mal; *wie hast du geschlafen? -* **es geht (so)** moyennement; pas mal **5** *(möglich sein)* **so gut es eben geht** tant bien que mal; vaille que vaille; **es geht nicht anders** on ne peut pas faire autrement; il faut en passer par là; **es wird schon ~!** ça va s'arranger!; *(wir werden es schon schaffen)* on y arrivera (bien)! **6** *(verlaufen)* **so geht es, wenn** ... c'est, voilà ce qui arrive, se passe quand ...; **es geht nichts über** *(+akk)* rien ne vaut ...; il n'y a rien de tel, de mieux que ...; **es geht alles nach Wunsch** tout va, marche comme on veut, à souhait; → *a.* gut B **7** *als Maßstab* **es geht immer (alles) nach ihm** il faut toujours faire comme il (le) veut; c'est toujours lui qui décide; **wenn es nach mir ginge** si ça dépendait de moi; **es geht nicht nach dem Alter, Äußeren** l'âge, le physique ne joue aucun rôle; **danach kann man nicht ~** ce n'est pas un critère **8** *(sich handeln)* **~ um** s'agir de; **es geht (mir) um ...** (pour moi,) il s'agit de ...; il y va de ...; **es geht um Leben und Tod** c'est une question de vie ou de mort; il y va de la vie ou de la mort; **es geht darum, wer zuerst ankommt** c'est à qui arrivera le premier; **ihm geht es nur ums Geld** il n'y a que l'argent qui l'intéresse; **worum geht es?** de quoi s'agit-il?; **darum geht es doch (hier) gar nicht** il ne s'agit pas du tout de cela; ce n'est pas du tout la question, le problème; *in e-r Diskussion etc* je ne parle pas de cela; **wenn es darum geht zu** *(+inf)* quand il s'agit de *(+inf)*

Gehen N ⟨~s⟩ *a.* SPORT marche *f*; **das ~ fällt ihm schwer** il a du mal à marcher; **das Kommen und ~** le va-et-vient; les allées et venues *fpl*

Gehenkte(r) M/F(M) ⟨→ A⟩ pendu(e) *m(f)*

gehenlassen VT *u.* V/R → gehen B 3

Geher(in) M ⟨~s; ~⟩ F ⟨~in; ~innen⟩ SPORT marcheur, -euse *m,f*

gehetzt ADJT *Mensch* bousculé; pressé

geheuer ADJ **nicht (ganz) ~** *(verdächtig)* suspect; *(unheimlich)* inquiétant; **das kommt mir nicht (ganz) ~ vor** *a.* il y a du louche là-dedans, là-dessous; c'est louche; **hier ist es nicht (ganz) ~** ce n'est pas très rassurant ici; *(hier spukt es)* la maison, la forêt, *etc* est °hantée; **ihm ist nicht (ganz) ~ zumute** il a un sentiment de malaise

Geheul N ⟨~(e)s⟩ **1** °hurlement(s) *m(pl)* **2** *umg pej umg* pleurnicheries *fpl*

Gehgips M plâtre *m* de marche; **Gehhilfe** F ⟨~; ~n⟩ appareil *m* orthopédique aidant à la marche

Gehilfe M ⟨~n; ~n⟩ assistant *m*; aide *m*; *(Ladengehilfe, Schreibgehilfe)* commis *m*

Gehilfin F ⟨~; ~nen⟩ assistante *f*; aide *f*

Gehirn N ⟨~(e)s; ~e⟩ *Organ* cerveau *m*; *t/t* encéphale *m*; *Substanz, fig* cervelle *f*; **sein ~ anstrengen** faire marcher sa cervelle, son cerveau

Gehirnblutung F hémorragie cérébrale; **Gehirnerschütterung** F commotion cérébrale; **Gehirnhälfte** F hémisphère cérébral; **Gehirnhaut** F méninge *f*; **Gehirnhautentzündung** F méningite *f*; **Gehirnschlag** M (attaque *f* d')apoplexie *f*; accident vasculaire cérébral; **Gehirnsubstanz** F substance cérébrale; **Gehirntätigkeit** F ⟨~⟩ activité cérébrale; **Gehirntumor** M tumeur cérébrale; **Gehirnwäsche** F lavage *m* de cerveau; **Gehirnwindung** F circonvolution cérébrale

gehoben A PPERF → heben B ADJT **1** *Stil, Sprache* soutenu **2** *fig* **~e Stimmung** atmosphère gaie, animée, où règne la bonne humeur **3** *sozial, beruflich* **~e Stellung** position élevée; **der ~e Mittelstand** la haute bourgeoisie; → Dienst 2 **4** *(anspruchsvoll)* **Güter** *npl* **des ~en Bedarfs** marchandises *fpl* de luxe

Gehöft N ⟨~(e)s; ~e⟩ ferme *f*

geholfen PPERF → helfen

Gehölz N ⟨~es; ~e⟩ **1** *(Wäldchen)* petit bois; *(Baumgruppe)* bosquet *m* **2** PL **~e** *(Holzgewächse)* plantes ligneuses

Gehör N ⟨~(e)s⟩ **1** *Sinn* ouïe *f*; MUS oreille *f*; MUS **das absolute ~ haben** avoir l'oreille absolue; **ein gutes ~ haben** avoir l'ouïe fine; MUS avoir de l'oreille; MUS **nach ~ spielen** jouer d'oreille **2** *geh* **j-m etw zu ~ bringen** présenter, exposer qc à qn; **j-m, e-r Sache ~ schenken** prêter l'oreille à qn, qc; écouter qn, qc; **(kein) ~ finden** (ne pas) réussir à se faire entendre (**bei j-m** par qn); **sich** *(dat)* **~ verschaffen** se faire entendre

gehorchen VI ⟨pperf gehorcht, h.⟩ *a.* TECH *Motor, Steuer, fig Beine etc* obéir; **aufs Wort ~** obéir au doigt et à l'œil; **s-e Stimme gehorchte ihm nicht mehr** il resta sans voix; il ne put proférer un son; **das Fahrzeug gehorchte ihr nicht mehr** elle a perdu le contrôle de son véhicule

gehören ⟨pperf gehört, h.⟩ A VI **1** *als Besitz* **j-m ~** appartenir, être à qn; *fig* **der Jugend gehört die Zukunft** l'avenir est aux jeunes; *geh fig* **mein Herz gehört e-m anderen** mon cœur appartient à un autre **2** *als Teil* **zu etw, j-m ~** faire partie de qc, qn; compter parmi qc, qn; *zu e-m Personenkreis a.* être du nombre de ...; *zu e-r bestimmten Kategorie* faire partie de ...; **das gehört zu deinen Pflichten** *a.* c'est de ton devoir; **das gehört nicht zum Thema** cela n'a rien à voir avec le sujet; **das gehört nicht hierher** cela n'a rien à voir (avec ça) **3** *(erforderlich sein)* **dazu gehört Zeit, Geld, Mut** il faut du temps, de l'argent, du courage pour (faire) cela; cela demande du temps, de l'argent, du courage; **es gehört nicht viel dazu** cela ne demande pas beaucoup d'efforts, de courage, *etc* **4** *(am Platze sein)* être à sa place; être rangé; **diese Sachen ~ in den Schrank** ces choses-là se rangent dans l'armoire; **du gehörst ins Bett** tu devrais être au lit; **er gehört ins Gefängnis** il mérite la prison; *umg südd* **er gehört verprügelt, eingesperrt** il mérite une volée, la prison B V/UNPERS *u.* V/R **es gehört sich zu** *(+inf)* il faut *(+inf)*; **das gehört sich (nicht)** cela (ne) se fait (pas); c'est (ce n'est pas) convenable; **wie es sich gehört** comme il faut; comme il se doit

Gehörgang M conduit auditif; **gehörgeschädigt** ADJT malentendant; déficient(e) auditif, -ive

gehörig A ADJ **1** *als Besitz* appartenant; **das ihm ~e Eigentum** la propriété qui lui appartient, lui appartenant **2** *als Teil* **zu etw ~** qui fait partie de qc **3** ⟨épithète⟩ *(gebührend)* convenable; dû, due; **in ~er Form** d'une façon convenable; JUR, ADMIN en bonne et due forme; **mit ~em Respekt** avec le respect voulu **4** *umg* ⟨épithète⟩ *(tüchtig, kräftig)* bon, bonne; grand; *umg* sacré; **e-e ~e Tracht Prügel** une bonne volée B *umg* ADV *(gebührend, kräftig)* comme il faut; joliment (bien); d'importance; **j-m ~ die Meinung sagen** dire à qn sa façon de penser, son fait, ses quatre vérités

Gehörknöchelchen NPL ANAT (chaîne *f* des) osselets *mpl* de l'oreille

gehörlos ADJ sourd; déficient(e) auditif, -ive

Gehörlose(r) M/F(M) sourd(e) *m(f)*; déficient(e) *m(f)* auditif, -ive

Gehörlosenschule F école *f* pour les sourds

Gehörlosigkeit F ⟨~⟩ surdité *f*

Gehörn N ⟨~(e)s; ~e⟩ *e-s Rindes, e-r Ziege etc* cornes *fpl*; *e-s Rehbocks* bois *mpl*

gehörnt ADJT **1** ZOOL à cornes; cornu **2** *fig hum Ehemann umg* cocu

gehorsam A ADJ obéissant; docile B ADV docilement; avec obéissance, docilité

Gehorsam M ⟨~s⟩ obéissance *f*; docilité *f*;

blinder ~ obéissance aveugle; soumission f; j-m ~ leisten obéir à qn; j-m den ~ verweigern refuser d'obéir à qn

Gehorsamkeit F ⟨~⟩ → Gehorsam

Gehorsamspflicht F ⟨~⟩ devoir m d'obéissance; **Gehorsamsverweigerung** F refus m d'obéissance; MIL insubordination f

Gehörsinn M ⟨~(e)s⟩ ouïe f; **Gehörverlust** M perte f de l'ouïe

Gehrock M redingote f

Gehrung F ⟨~; ~en⟩ TECH onglet m; biais m

Gehrungssäge F scie f à onglet; **Gehrungsschnitt** M coupe f d'onglet

Gehsteig M trottoir m

Gehtnichtmehr umg N bis zum ~ jusqu'à l'écœurement; das haben wir bis zum ~ geübt on a rabâché ça jusqu'à ce que mort s'ensuive; das habe ich dir doch bis zum ~ erklärt! c'est bien ce que je me suis tué à t'expliquer!

Gehupe umg pej N ⟨~s⟩ coups mpl de klaxon(s)

gehupft ADJT umg das ist ~ wie gesprungen cela revient au même; c'est bonnet blanc et blanc bonnet; umg c'est kif-kif (bourricot)

Gehverband M plâtre m de marche

Gehversuch M (die) erste(n) ~e machen Baby faire ses premiers pas (a. Erwachsener nach e-r Krankheit); apprendre à marcher

Gehwagen M déambulateur m; **Gehweg** M trottoir m

Geier M ⟨~s; ~⟩ vautour m; umg hol's der ~! umg la barbe!; umg weiß der ~! aucune idée!

Geifer M ⟨~s⟩ 1 (Speichel) bave f; wutschäumender écume f 2 geh pej venin m

geifern VI ⟨-(e)re, h.⟩ 1 baver 2 fig pej invectiver; vor Wut écumer de rage; gegen j-n ~ déblatérer contre qn; über etw (akk) ~ pester contre qc

Geige F ⟨~; ~n⟩ violon m; ~ spielen jouer du violon; im Orchester die ersten, zweiten ~n les premiers, deuxièmes violons; fig die erste ~ spielen tenir le premier rôle; fig die zweite ~ spielen jouer un rôle secondaire

geigen ⟨h.⟩ A VT e-e Melodie etc ~ jouer un air, etc au violon; umg j-m die Meinung ~ dire son fait à qn B VI jouer du violon

Geigenbau M ⟨~(e)s⟩ lutherie f; **Geigenbauer** M ⟨~s; ~⟩ luthier m; **Geigenbogen** M archet m (de violon); **Geigenhals** M manche m de violon; **Geigenkasten** M étui m à violon; **Geigenmusik** F musique f de bzw. pour violon; **Geigenspieler(in)** M(F) violoniste m/f; joueur, -euse m,f de violon

Geiger(in) M ⟨~s; ~⟩ (F) ⟨~in; ~innen⟩ violoniste m/f

Geigerzähler M PHYS compteur m Geiger

geil ADJ 1 (lüstern) lubrique; umg ein ~er Typ umg un chaud lapin; er ist ~ auf sie elle l'excite; umg fig er ist ganz ~ aufs Motorradfahren umg il prend son pied en faisant de la moto; umg la moto, ça le branche à fond 2 Jugendsprache (toll) umg cool (inv); top (inv); génial 3 BOT luxuriant; exubérant

Geilheit F ⟨~⟩ 1 (Lüsternheit) lubricité f 2 BOT exubérance f; luxuriance f

Geisel F ⟨~; ~n⟩ otage m; j-n als ~ nehmen prendre qn en otage

Geiselbefreiung F libération f des otages; **Geiseldrama** N prise f d'otages dramatique; **Geiselgangster** M preneur m d'otages

Geiselnahme F ⟨~; ~n⟩ prise f d'otages; **Geiselnehmer** M ⟨~s; ~⟩ preneur m d'otages

Geisha F ⟨~; ~s⟩ geisha f

Geiß F ⟨~; ~en⟩ südd, österr, schweiz (Ziege) chèvre f; **Geißblatt** N ⟨~(e)s⟩ BOT chèvrefeuille m; **Geißblattgewächse** NPL BOT caprifoliacées fpl; **Geißbock** M südd, österr, schweiz bouc m

Geißel F ⟨~; ~n⟩ 1 HIST, REL discipline f 2 geh fig fléau m 3 ZOOL flagelle m 4 regional (Peitsche) fouet m; verge f

geißeln VT ⟨-(e)le, h.⟩ 1 HIST, REL flageller 2 geh fig (anprangern) fustiger

Geißeltierchen N flagellé m

Geißelung F ⟨~; ~en⟩ 1 HIST, REL flagellation f 2 geh fig (Anprangerung) fustigation f

Geißfuß M 1 zum Ausziehen von Nägeln pied-de-biche m 2 ⟨pas de pl⟩ BOT herbe f aux goutteux; t/t ægopodium m; **Geißlein** geh N ⟨~s; ~⟩ chevreau m; chevrette f

Geist M ⟨~(e)s; ~er⟩ 1 ⟨pas de pl⟩ e-s Menschen, Werkes, e-r Zeit esprit m; e-s Volkes, e-r Kultur génie m; (Verstand) intelligence f; er hat ~ il a de l'esprit; il est spirituel; der ~ der Zeit l'esprit de l'époque; der ~ der französischen Sprache le génie de la langue française; geh wes ~es Kind er, sie etc ist quel type de personne il, elle, etc est; geh s-n od den ~ aufgeben rendre l'âme, le dernier soupir; umg fig (kaputtgehen) être cassé; se casser; rendre l'âme; ich werde im ~e bei dir sein je serai avec toi en pensée; etw im ~(e) vor sich (dat) sehen se représenter, s'imaginer qc; ich glaube, in s-m ~e zu handeln je crois agir en son sens; umg j-m (mit etw) auf den ~ gehen taper sur les nerfs de qn (avec qc); BIBEL der ~ ist willig, aber das Fleisch ist schwach l'esprit est prompt, (mais) la chair est faible 2 Mensch esprit m; ein großer ~ un grand esprit; un génie; hum ein unruhiger ~ sein ne pas tenir en place; hier od da scheiden sich die ~er sur cette question les avis diffèrent, sont partagés 3 (Hausgeist, Naturgeist) esprit m; (Gespenst) revenant m; fantôme m; hum ein dienstbarer ~ une aide; un(e) domestique; ein böser ~ un esprit malfaisant; der Heilige ~ le Saint-Esprit; umg bist du (denn) von allen guten ~ern verlassen! qu'est-ce qui te prend!; tu as perdu la tête!

Geisterbahn F train m fantôme; **Geisterbeschwörer** M ⟨~s; ~⟩ conjurateur m; (Totenbeschwörer) nécromancien m; **Geisterbeschwörung** F Heraufbeschwörung conjuration f (des esprits); Austreibung a. exorcisme m; **Geistererscheinung** F apparition f d'esprit(s); **Geisterfahrer(in)** M(F) automobiliste m/f roulant à contresens sur une autoroute; **Geistergeschichte** F ⟨~; ~n⟩ histoire f de revenants; **Geisterglaube** M croyance f aux esprits; **geisterhaft** ADJ fantomatique; Stimmung sinistre; inquiétant

Geisterhand F wie durch od von ~ comme animé, poussé, etc par une main invisible

Geisterhaus N maison °hantée

geistern VI ⟨-(e)re, s.⟩ rôder, errer (durch dans); diese Idee geistert immer noch in ihren Köpfen cette idée les °hante toujours

Geisterstadt F ville morte; **Geisterstimme** F voix caverneuse, d'un revenant, d'un fantôme; **Geisterstunde** F ⟨~⟩ heure f des revenants

geistesabwesend ADJ absent; distrait; zeitweilig ~ sein avoir des absences

Geistesabwesenheit F absence f; distraction f; **Geistesarbeiter** M travailleur intellectuel; **Geistesbildung** F ⟨~⟩ culture f; **Geistesblitz** umg M trait m de génie; saillie f; **Geistesgabe** F don m de l'esprit; **Geistesgegenwart** F présence f d'esprit; **geistesgegenwärtig** ADJ u. ADV avec (de la) présence d'esprit; avec (de l')à-propos; **Geistesgeschichte** F ⟨~⟩ histoire f des idées; **geistesgeschichtlich** A ADJ relatif, -ive à l'histoire des idées B ADV sur le plan de l'histoire des idées

geistesgestört ADJT atteint de troubles mentaux; ~ sein être atteint de troubles mentaux

Geistesgestörte(r) M/F(M) ⟨→ A⟩ aliéné(e) m(f); **Geistesgestörtheit** F ⟨~⟩ troubles mentaux; plus fort démence f; **Geistesgröße** F génie m; **Geisteshaltung** F état m, tournure f d'esprit; mentalité f; **Geisteskraft** F faculté mentale; **geisteskrank** ADJ malade mental; aliéné; **Geisteskranke(r)** M/F(M) malade m/f mental(e); aliéné(e) m(f); **Geisteskrankheit** F maladie mentale; aliénation mentale; **Geistesleben** N ⟨~s⟩ vie intellectuelle, spirituelle, de l'esprit; **Geistesrichtung** F tendance intellectuelle; **Geistesschwäche** F ⟨~⟩ déficience mentale; plus fort débilité mentale; **Geistesstörung** F trouble mental; aberration mentale; **Geistesströmung** F courant intellectuel, des idées; **Geistestätigkeit** F activité intellectuelle; **Geistesverfassung** F ⟨~⟩ moral m; état m, disposition f d'esprit; **geistesverwandt** ADJ qui a des affinités intellectuelles (mit avec); **Geistesverwirrung** F ⟨~⟩ égarement m; désordre m de l'esprit; **Geisteswissenschaften** FPL lettres fpl et sciences humaines; **Geisteswissenschaftler(in)** M(F) étudiant(e) m(f), spécialiste m/f en lettres et sciences humaines; **geisteswissenschaftlich** ADJ relatif, -ive aux lettres et sciences humaines; des lettres et sciences humaines; Studium littéraire

Geisteszustand M ⟨~(e)s⟩ santé mentale; équilibre mental; umg hum du solltest dich mal auf deinen ~ untersuchen lassen umg tu es complètement fêlé; umg il faut te faire soigner

geistig A ADJ ⟨épithète⟩ 1 (verstandesmäßig) intellectuel, -elle; PSYCH mental; (spirituell) spirituel, -elle; ~e Anstrengung effort intellectuel, cérébral; ~e Arbeit travail intellectuel; ~er Diebstahl plagiat m; ~es Eigentum propriété intellectuelle; j-s ~es Erbe l'héritage spirituel de qn; ~e Freiheit liberté f d'esprit; ~e Größe Eigenschaft grandeur f d'esprit; Person génie m; das ~e Leben la vie intellectuelle; ~e Nahrung nourriture intellectuelle; der ~e Urheber, umg Vater le père spirituel; l'auteur m; ~e Verfassung état m, disposition f d'esprit; moral m; sein Alter in ~er Frische verbringen ne rien perdre de ses facultés en vieillissant; vieillir en gardant toute son activité intellectuelle, ses facultés; etw vor s-m ~en Auge vorüberziehen lassen passer mentalement qc en revue 2 ~e Getränke npl spiritueux mpl B ADV intellectuellement; mentalement; ~ behindert °handicapé mental; ~ rege, träge sein être vif, lourd; ~ unbeweglich borné; ~ zurückgeblieben retardé mental; débile; umg ~ weggetreten sein umg être dans la lune; umg être à côté de ses pompes

Geistigkeit F ⟨~⟩ intellectualité f

geistlich ADJ ⟨épithète⟩ spirituel, -elle; (religiös) religieux, -ieuse; (kirchlich) clérical; ecclésiastique; ~es Lied chant religieux; ~e Musik musique sacrée; ~er Beistand assistance spirituelle; ~es Amt fonctions fpl ecclésiastiques; der ~e Stand le clergé

Geistliche(r) M ⟨→ A⟩ ecclésiastique m; (Pfarrer) KATH curé m; PROT pasteur m; (Feld-, Gefängnisgeistliche[r] etc) aumônier m

Geistlichkeit F ⟨~⟩ clergé m

geistlos ADJ stupide; dénué d'esprit; **Geistlosigkeit** F ⟨~; ~en⟩ 1 ⟨pas de pl⟩ Eigenschaft manque *m* d'esprit; stupidité *f* **2** *Handlung, Äußerung* stupidité *f*; **geistreich** **A** ADJ *(klug-witzig)* spirituel, -elle; fin; plein d'esprit; *(tiefgründig)* profond **B** ADV spirituellement; avec esprit; avec profondeur; **geistsprühend** ADJT pétillant d'esprit; **geisttötend** ADJT abrutissant; **geistvoll** ADJ plein d'esprit; profond

Geiz M ⟨~es⟩ avarice *f*

geizen V/I ⟨-(es)t, h.⟩ **mit etw ~** être avare de qc; lésiner sur qc; *iron* **sie geizt nicht mit ihren Reizen** elle n'est pas avare de ses charmes

Geizhals M avare *m*; pingre *m*; grippe-sou *m*

geizig ADJ avare; pingre; *umg* radin

Geizkragen *umg* M grippe-sou *m*; *umg* radin *m*

Gejammer(e) *umg pej* N ⟨~(e)s⟩ lamentations *fpl*; *umg* jérémiades *fpl*

Gejohle *umg pej* N ⟨~s⟩ beuglement *m*; *(Buhrufe)* °huées *fpl*

gekachelt ADJT carrelé

gekannt PPERF → kennen

Gekeife *umg pej* N ⟨~s⟩ criailleries *fpl*

Gekicher *umg pej* N ⟨~s⟩ ricanement *m*; rires étouffés

Gekläff(e) *umg pej* N ⟨~(e)s⟩ jappements *mpl*; glapissements *mpl*

Geklapper *umg pej* N ⟨~s⟩ *von Geschirr, e-r Schreibmaschine etc* cliquetis *m*; *von Störchen* craquètement *m*; claquement *m* de bec; *der Zähne, Absätze* claquement *m*

Geklimper *umg pej* N ⟨~s⟩ pianotage *m*

Geklingel *umg pej* N ⟨~s⟩ sonnerie (continuelle); tintement *m*

geklungen PPERF → klingen

Geknatter *umg pej* N ⟨~s⟩ *e-s Motors* pétarade *f*; *e-s Gewehrs* crépitement *m*; *e-r Fahne etc* claquement *m*

geknickt *umg fig* ADJT démoralisé; abattu; déprimé

gekniffen PPERF → kneifen

Geknister N ⟨~s⟩ *pej des Feuers* crépitement *m*; *des Papiers* froissement *m*

gekommen PPERF → kommen

gekonnt **A** PPERF → können B **B** ADJT parfait; **das war sehr ~** c'était parfait **C** ADVL parfaitement

gekörnt ADJT TECH granulé; en grenaille; GASTR *Brühe* granulé

Gekrächze N ⟨~s⟩ *von Raben* croassement *m*; *von Papageien, fig* cris *mpl* rauques

gekränkt ADJT vexé; offensé

Gekreisch(e) N ⟨~(e)s⟩ *von Menschen, Möwen etc* cris perçants; *bei Streit* criaillements *mpl*; *e-r Säge* grincement *m*; *von Reifen* crissement *m*

Gekritzel *umg pej* N ⟨~s⟩ griffonnage(s) *m(pl)*; gribouillage(s) *m(pl)*; gribouillis *m*; *klein u. schlecht lesbar* pattes *fpl* de mouches

gekrochen PPERF → kriechen

Gekröse N ⟨~s; ~⟩ **1** ANAT mésentère *m* **2** GASTR *von Kalb u. Lamm* fraise *f*

gekrümmt ADJT courbé

gekünstelt ADJ maniéré; *Benehmen, Lächeln a.* affecté; *Stil a.* recherché; artificiel, -ielle

Gel N ⟨~s; ~e⟩ gel *m*

Gelaber(e) *umg pej* N ⟨~(e)s⟩ bavardage *m*; verbiage *m*; *plus fort sl* conneries *fpl*

Gelächter N ⟨~s; ~⟩ **1** *(Lachen)* rires *mpl*; **schallendes ~** éclats *mpl* de rire; **in schallendes ~ ausbrechen** éclater de rire; s'esclaffer **2** ⟨*pas de pl*⟩ *(Gegenstand des ~s)* risée *f*

gelackmeiert *umg hum* ADJ ⟨*attribut*⟩ **ich bin ~** *od* **der Gelackmeierte** *umg* je me suis fait avoir, rouler

geladen **A** PPERF → laden¹, laden² **B** *umg* ADJT *(wütend)* **~ sein** être furieux, -ieuse; ne pas être à prendre avec des pincettes; **sie ist ~** *a.* elle va exploser; **auf j-n ~ sein** être furieux, -euse, *umg* avoir une dent contre qn

Gelage N ⟨~s; ~⟩ orgie *f*; *(Trinkgelage)* beuverie *f*

gelagert ADJT **schichtenförmig ~** stratifié; *fig* **dieser Fall ist anders ~** ce n'est pas le même cas; ce cas ne se présente pas de la même façon; → *a.* lagern

gelähmt ADJT paralytique; paralysé

Gelähmte(r) M/F(M) ⟨→ A⟩ paralytique *m/f*; paralysé(e) *m(f)*

Gelände N ⟨~s; ~⟩ *a.* MIL terrain *m*; **Geländeabschnitt** M section *f* de terrain; **Geländefahrt** F promenade *f* en terrain varié; **Geländefahrzeug** N (véhicule *m*) tout-terrain *m*; → *a.* Geländewagen; **geländegängig** ADJ *Fahrzeug* tout-terrain; **Geländekunde** F topographie *f*; **Geländelauf** M SPORT cross-country *m*

Geländer N ⟨~s; ~⟩ balustrade *f*; *e-r Treppe* rampe *f*; *e-r Brücke* parapet *m*; *e-s Schiffes* rambarde *f*

Geländereifen M pneu *m* tout terrain; **Geländeritt** M cross-country *m* équestre; **Geländespiel** N grand jeu (de plein air); **Geländesport** M sport *m* en terrain varié; **Geländeübung** F MIL (exercice *m* de) grandes manœuvres; **Geländewagen** M (véhicule *m*) tout-terrain *m*; quatre-quatre *m od f* (*inv*); 4 × 4 *f*

gelang → gelingen

gelangen V/I ⟨*pperf* gelangt, s.⟩ parvenir, arriver, accéder (**zu, nach** à); **in j-s Hände, Besitz** *(akk)* **~** parvenir entre les mains de qn; **ans Ziel ~** parvenir, arriver au but; atteindre le but; *Geheimnis, Skandal* **an die Öffentlichkeit ~** être divulgué au public; **zur Macht ~** parvenir, accéder, arriver au pouvoir; **zu Reichtum ~** faire fortune; **zu der Erkenntnis ~, dass …** se rendre compte, arriver à la conclusion que …

gelangweilt **A** ADJT *Person* qui s'ennuie; **er macht ein ~es Gesicht** il a l'air de s'ennuyer **B** ADVL **~ in der Ecke stehen** être debout dans un coin et s'ennuyer

gelassen **A** PPERF → lassen B, C **B** ADJT *(ruhig)* calme; tranquille; *(gefasst)* calme; *(gleichmütig)* flegmatique **C** ADVL avec calme; tranquillement; avec sang-froid; sans se départir de son flegme; **~ bleiben** rester calme; garder son calme, son sang-froid; **alles ~ hinnehmen** prendre les choses avec philosophie

Gelassenheit F ⟨~⟩ *(Ruhe)* calme *m*; tranquillité *f*; sang-froid *m*; *(Gefasstheit)* calme *m*; *(Gleichmut)* flegme *m*

Gelatine F ⟨~⟩ gélatine *f*

gelaufen PPERF → laufen

geläufig ADJ courant; *(vertraut)* familier, -ière; **das ist mir (nicht) ~** je (ne) connais (pas) bien

Geläufigkeit F ⟨~⟩ emploi courant; fréquence *f*

gelaunt ADJ **gut, schlecht ~ sein** être de bonne, mauvaise humeur

Geläut N ⟨~(e)s; ~e⟩ **1** *(Gesamtheit der Glocken)* sonnerie *f* **2** → Geläute

Geläute N ⟨~s⟩ *von Glocken* carillon *m*; sonnerie *f*; *e-s Schlittens* tintement *m* (de grelots); **unter dem ~ der Glocken** au son des cloches

gelb ADJ jaune; *Verkehrsampel* orange (*inv*); POL *pej* **die Gelbe Gefahr** le péril jaune; FUSSBALL **die Gelbe Karte** le carton jaune; **Gelbes Meer** mer *f* Jaune; *südd* **Gelbe Rübe** carotte *f*; TEL **Gelbe Seiten®** *fpl* pages *fpl* jaunes; **~ werden** devenir jaune; jaunir; *Ampel* passer à l'orange; **~ färben** teindre en jaune; **sich ~ färben** devenir jaune; jaunir

Gelb N ⟨~s; ~⟩ jaune *m*; couleur *f* jaune; **in ~** *(akk)* **gekleidet** (habillé) en jaune; **die Ampel steht auf, zeigt ~** le feu est à l'orange

Gelbe(s) N ⟨→ A⟩ jaune *m*; *(Eigelb)* jaune *m* (d'œuf); *umg* **das ist nicht das ~ vom Ei** *umg* ce n'est pas génial

gelbfärben V/T *u.* V/R → gelb

Gelbfieber N fièvre *f* jaune; **Gelbfilter** M FOTO filtre *m*, écran *m* jaune; **Gelbgold** N or *m* jaune; **gelbgrün** ADJ vert tirant sur le jaune; vert-jaune (*inv*); **Gelbkörper** M PHYSIOL corps *m* jaune; **Gelbkörperhormon** N PHYSIOL progestérone *f*; **gelblich** ADJ jaunâtre; **Gelbsucht** F ⟨~⟩ MED jaunisse *f*; **Gelbwurst** F *etwa* cervelas *m*; **Gelbwurzel** F curcuma *m*

Geld N ⟨~(e)s; ~er⟩ **1** ⟨*pas de pl*⟩ argent *m*; *(Währung, Kleingeld, Münzen)* monnaie *f*; **großes ~** (gros) billet(s) *m(pl)*; **kleines ~** monnaie *f* (d'appoint); **bares ~** argent liquide; *fig* **das ist bares ~** c'est de l'or en barre; cela vaut de l'or; **das ist hinausgeworfenes ~** c'est de l'argent jeté par les fenêtres; **~ verdienen** gagner de l'argent; **~, kein ~ bei sich** *(dat)* **haben** avoir de l'argent, ne pas avoir d'argent sur soi; **ohne e-n Pfennig ~ dastehen** être sans un *od* le sou; *umg fig* **j-m das ~ aus der Tasche ziehen** voler, *umg* plumer qn; *umg* **etw für teures ~ kaufen** acheter, payer qc cher; **das ist für ~ nicht zu haben, nicht mit ~ zu bezahlen** ça vaut son pesant d'or; ça n'a pas de prix; *umg fig* **im ~ schwimmen**, *umg* **~ wie Heu haben** rouler sur l'or; *umg* être plein aux as; *umg* avoir plein de fric; *umg* **ins ~ gehen** coûter cher; **zu ~ kommen** s'enrichir; *durch Erbschaft* hériter; **etw zu ~ machen** vendre qc; *Wertpapiere etc* convertir qc en argent; réaliser qc; *umg* **das große ~ machen** faire fortune; **sein ~ wert sein** valoir son prix; *umg* **nicht für ~ und gute Worte** à aucun prix; *fig* **das ~ liegt auf der Straße** on ramasse l'argent à la pelle; *sprichw* **~ (allein) macht nicht glücklich** *sprichw* l'argent ne fait pas le bonheur; *sprichw* **~ regiert die Welt** l'argent gouverne, mène le monde **2** *meist* PL **~er** *(finanzielle Mittel)* fonds *mpl*; capitaux *mpl*; sommes *fpl* d'argent; **öffentliche, staatliche ~er** fonds publics, de l'État; *Zuschüsse* subventions *fpl*; **verfügbare ~er** disponibilités *fpl* **3** *Börse (~kurs)* prix *m*, cours *m* d'achat

Geldadel M °hauts milieux de la finance; **Geldangelegenheit** F affaire, question d'argent, financière, pécuniaire; **Geldanlage** F placement *m* (d'argent, de capitaux); **Geldanleihe** F emprunt *m* (d'argent); **Geldanweisung** F mandat *m*; **Geldausgabe** F dépense (d'argent, financière); **Geldausgang** M BANK sortie *f* d'argent; **Geldautomat** M distributeur *m* (automatique) de billets; guichet *m* automatique; **Geldbetrag** M somme *f* (d'argent); montant *m*

Geldbeutel M *bes südd* porte-monnaie *m*; bourse *f*; *fig* **für jeden ~** à la portée de toutes les bourses

Geldbombe F *boîte métallique contenant la caisse d'un magasin et déposée dans le coffre-fort d'une banque*; **Geldbörse** F porte-monnaie *m*; bourse *f*; *für Geldscheine* portefeuille *m*; **Geldbrief** M *(Wertbrief)* lettre chargée; lettre *f* à valeur déclarée; **Geldbriefträger** M facteur *m (chargé de procéder au paiement de mandats à domicile)*; **Geldbuße** F amende *f*; **Geldeingang** M BANK rentrée *f* d'argent; **Geldeinnahme** F recette *f*; entrée *f* de caisse; **Geldeinwurf** M *bei Automaten* fente *f* (pour la pièce de monnaie); **Geldentwertung** F dépréciation *f*, dévalorisation *f* de la monnaie; érosion *f* monétaire; *(Inflation)* inflation *f*

Geldererwerb M **etw zum ~ tun** faire qc pour gagner sa vie; **s-m ~ nachgehen** gagner sa vie
Geldfälschung F faux-monnayage *m*; falsification *f* de monnaie; **Geldforderung** F créance *f* (d'argent); **Geldfrage** F question *f*, affaire *f* d'argent; **Geldgeber** M ⟨~s; ~⟩ FIN bailleur *m* de fonds; *(Sponsor)* sponsor *m*; **Geldgeschäft** N opération financière
Geldgeschenk N **j-m ein ~ machen** donner de l'argent comme cadeau à qn
Geldgier F rapacité *f*; cupidité *f*; **geldgierig** ADJ rapace; cupide; âpre au gain
Geldhahn M *umg* **j-m den ~ abdrehen** *od* **zudrehen** couper les vivres à qn
Geldheirat F mariage *m* d'intérêt; **Geldherrschaft** F ⟨~⟩ ploutocratie *f*; **Geldinstitut** N établissement financier, bancaire; **Geldkarte** F *etwa* carte *f* Moneo®; **Geldkatze** F HIST bourse *f*; **Geldknappheit** F manque *m* d'argent; **Geldkurs** M BÖRSE cours *m*, prix *m* d'achat
geldlich A ADJ ⟨épithète⟩ financier, -ière; pécuniaire B ADV financièrement; pécuniairement
Geldmangel M ⟨~s⟩ manque *m* d'argent; **Geldmarkt** M marché *m* monétaire
Geldmittel NPL fonds *mpl*; ressources pécuniaires, financières; **über ~** *(akk)* **verfügen** être en fonds
Geldnot F ennuis *mpl* d'argent; (graves) problèmes financiers, matériels; **in ~ sein** avoir des ennuis d'argent
Geldpolitik F politique monétaire, financière; **Geldpreis** M prix *m* en espèces; **Geldquelle** F ressources *fpl*; *(Einkommensquelle)* source *f* de revenus; **Geldrolle** F rouleau *m* de pièces de monnaie; **Geldsache** F affaire *f*, question *f* d'argent; question *f* d'intérêts
Geldsack M 1 sac *m* d'argent *(servant aux transports de fonds)* 2 *umg pej Person* **alter ~** *umg* vieux grigou
Geldschein M billet *m* de banque; **Geldschrank** M coffre-fort *m*; **Geldschuld** F dette *f* (d'argent)
Geldschwierigkeiten FPL ennuis *mpl* d'argent; problèmes financiers, matériels; **in ~ sein** avoir des problèmes financiers, matériels
Geldsendung F envoi *m* d'argent; **Geldsorgen** FPL soucis d'argent, financiers, matériels; **Geldsorten** FPL monnaies étrangères; espèces *fpl*; **Geldspende** F don *m* en argent
Geldstrafe F amende *f*; **Geldstück** N pièce *f* de monnaie; **Geldsumme** F somme *f* d'argent; **Geldtasche** F porte-monnaie *m*; *für Geldscheine* portefeuille *m*; *zum Umhängen* sacoche *f*
Geldtransport M transport *m* de fonds; **e-n ~ überfallen** attaquer un convoyeur de fonds
Geldumlauf M circulation *f* monétaire; **Geldumtausch** M change *m*; **Geldverkehr** M circulation *f*, trafic *m* monétaire, de l'argent
Geldverlegenheit F manque *m* d'argent; gêne *f*; **in ~ sein** *a.* être gêné, à court d'argent
Geldverschwendung F gaspillage *m* d'argent; **Geldwaschanlage** *umg* F institution *f* servant à blanchir de l'argent; **Geldwäsche** *umg fig* F blanchiment *m* de l'argent; **Geldwechsel** M change *m*; **Geldwechselautomat** M changeur *m* de monnaie; monnayeur *m*; **Geldwechsler** M ⟨~s; ~⟩ *Person* cambiste *m*; *Automat* changeur *m* de monnaie; monnayeur *m*; **Geldwert** M 1 *des Geldes* valeur *f* de l'argent 2 *e-r Sache* valeur *f* (en argent); **Geldwesen** N ⟨~s⟩ finances *fpl*; système *m* monétaire; **Geldwirtschaft** F économie monétaire, financière; finances *fpl*; **Geldzuwendung** F somme *f* d'argent; aide financière, matérielle; *(Schenkung)* don *m* (en argent)
Gelee N *od* M ⟨~s; ~s⟩ gelée *f*; **in ~** en gelée; en aspic
Geleefrucht F fruit gélifié
Gelege N ⟨~s; ~⟩ *(Eier e-s Vogelnestes)* ponte *f*
gelegen A PPERF → liegen B ADJT 1 *örtlich* situé; JUR, ADMIN sis; **am Wald ~es Haus** maison située au bord de la forêt; **nach Süden ~** exposé au sud; **nach der Straße ~** donnant sur la rue 2 *(passend)* convenable; *zeitlich a.* opportun; propice; **zu ~er Zeit** au bon moment; en temps opportun; **das kommt (mir) gerade ~** cela tombe bien; cela m'arrange; **das kommt mir nicht ~** cela ne m'arrange pas; cela tombe mal; **du kommst (mir) sehr ~** tu arrives juste au bon moment, *umg* à pic 3 *(wichtig sein)* → liegen 5
Gelegenheit F ⟨~; ~en⟩ occasion *f*; **bei ~** à l'occasion; **bei passender ~** en temps et lieu; si l'occasion se présente; **bei dieser ~** à cette occasion; **bei nächster ~** à la première occasion (venue); **bei jeder** *(umg* **passenden und unpassenden***)* **~** à tout propos; *umg* à tout bout de champ; **bei e-r festlichen ~** à l'occasion d'une fête; **ein Kaffeeservice für besondere ~en** un service à café pour les grandes occasions; **das ist die einzige ~ zu** *(+inf)* c'est l'occasion ou jamais de *(+inf)*; **~ haben zu** *(+inf)* avoir l'occasion de *(+inf)*; **j-m ~ geben zu** *(+inf)* donner, fournir à qn l'occasion de *(+inf)*; **es bot sich die ~ zu** *(+inf)* l'occasion de *(+inf)* s'est présentée; *sprichw* **~ macht Diebe** *sprichw* l'occasion fait le larron
Gelegenheitsarbeit F travail occasionnel; petit boulot; **~en machen** faire des petits boulots
Gelegenheitsarbeiter(in) M(F) travailleur *m*, -euse *f* occasionnel, -elle; **Gelegenheitsdichtung** F vers *mpl* de circonstance; **Gelegenheitsdieb** M voleur occasionnel; **Gelegenheitsjob** M petit boulot; **Gelegenheitskauf** M occasion *f*
gelegentlich A ADJ ⟨épithète⟩ occasionnel, -elle B ADV *(ab und zu)* de temps en temps; *(bei Gelegenheit)* à l'occasion; **gib mir das Buch ~ zurück** rends-moi le livre quand tu pourras; **kommen Sie ~ vorbei** passez (donc) me voir un de ces jours C *geh* PRÄP ⟨gen⟩ à l'occasion de
gelehrig ADJ docile; **Gelehrigkeit** F ⟨~⟩ docilité *f*
gelehrsam ADJ 1 → gelehrig 2 *geh (gelehrt)* savant; érudit; **Gelehrsamkeit** *geh* F ⟨~⟩ savoir *m*; érudition *f*
gelehrt ADJT savant; érudit; lettré; **ein ~er Mann** un savant; un érudit; **das Buch ist mir zu ~** le livre est trop savant pour moi
Gelehrte(r) M/F(M) ⟨→ A⟩ érudit(e) *m(f)*; *(Wissenschaftler[in])* savant *m*; *hum* **darüber streiten sich die ~n** ce n'est toujours pas prouvé
Gelehrtenstreit M controverse *f* scientifique; querelle *f* de savants, d'érudits
Gelehrtheit F ⟨~⟩ → Gelehrsamkeit
Geleise N ⟨~s; ~⟩ *österr, geh* → Gleis
Geleit N ⟨~(e)s; ~e⟩ 1 *geh (Begleitung)* escorte *f*; **j-m ~ geben** escorter qn; JUR **j-m sicheres, freies ~ zusichern** assurer la sécurité, la protection de qn (pour se rendre en un lieu); *geh* **j-m das letzte ~ geben** accompagner qn à sa dernière demeure 2 *(Eskorte)*, *a.* MIL escorte *f*
geleiten *geh* V/T ⟨-ete, *pperf* geleitet, h.⟩ conduire; accompagner; *zurück* raccompagner; *e-n offiziellen Gast*, *a.* MIL escorter; faire escorte à; *Schiff* escorter
Geleitschiff N escorteur *m*
Geleitschutz M MIL escorte *f*; **unter ~** sous (bonne) escorte
Geleitwort *geh* N ⟨~(e)s; ~e⟩ avant-propos *m*; avertissement *m* au lecteur; **Geleitzug** M SCHIFF, MIL convoi *m*
Gelenk N ⟨~(e)s; ~e⟩ ANAT, TECH articulation *f*; jointure *f*; TECH *a.* joint articulé; *(Scharnier)* charnière *f*; **Gelenkbus** M autobus articulé; **Gelenkentzündung** F inflammation *f* articulaire; arthrite *f*; **Gelenkfahrzeug** N véhicule articulé
gelenkig ADJ 1 *Person, Glieder* souple 2 TECH articulé; **Gelenkigkeit** F ⟨~⟩ souplesse *f*
Gelenkkapsel F ANAT capsule *f* articulaire; **Gelenkkette** F TECH chaîne *f* à maillons articulés; **Gelenkknorpel** M cartilage *m* articulaire; **Gelenkpfanne** F ANAT cavité *f* glénoïde; **Gelenkrheumatismus** M rhumatisme *m* articulaire; **Gelenkschmerz** M douleur *f* articulaire, dans les articulations; *t/t* arthralgie *f*; **Gelenkstange** F TECH barre articulée; **Gelenkwelle** F TECH arbre articulé, à cardan
gelernt ADJT ⟨épithète⟩ de métier; **er ist ~er Schlosser** il a appris le métier de serrurier
gelesen PPERF → lesen[1], lesen[2]
Geliebte(r) M/F(M) ⟨→ A⟩ 1 *außerehelich* amant *m*, maîtresse *f* 2 *geh* bien-aimé(e) *m(f)*; *Anrede* mon amour *m*; mon aimé(e) *m(f)*
geliefert ADJT *umg* **~ sein** *umg* être fichu, foutu
geliehen PPERF → leihen
gelieren V/I ⟨pas de ge-, h.⟩ se gélifier
Gelierzucker M sucre gélifiant; gélisuc® *m*
gelinde A *geh* ADJ *(mild, sanft)* léger, -ère; *Klima* doux, douce B ADV **~ gesagt** pour ne pas dire plus
gelingen V/I ⟨gelingt, gelang, gelungen, s.⟩ réussir; **es gelingt mir, etw zu tun** je réussis, je parviens, j'arrive à faire qc; **das ist mir gut gelungen** j'ai bien réussi; j'y suis bien arrivé; **sein Plan wird ihm ~** son plan va réussir
Gelingen N ⟨~s⟩ réussite *f*; succès *m*; **zum ~ beitragen** contribuer au succès, à la réussite; **gutes ~!** bonne chance!; **lassen Sie uns auf ein gutes ~ anstoßen!** buvons à notre *bzw.* votre réussite!
gelitten PPERF → leiden
gell[1] *geh* ADJ → gellend
gell[2] *südd*, **gelle** *regional* INT → gelt
gellen V/I ⟨h.⟩ résonner; retentir; **der Schrei gellt mir in den Ohren** le cri me perce les oreilles
gellend ADJT *Ton etc* aigu, -uë; perçant; strident
geloben *geh* V/T ⟨pperf gelobt, h.⟩ promettre solennellement; REL faire vœu de; **ich habe mir gelobt zu** *(+inf)* j'ai fait le vœu de *(+inf)*; **j-m Treue ~** jurer fidélité à qn; BIBEL **das Gelobte Land** la Terre promise
Gelöbnis *geh* N ⟨~ses; ~se⟩ promesse solennelle; vœu *m*
gelockt ADJT *Haar* bouclé
gelogen PPERF → lügen
gelöst ADJT *fig* décontracté; détendu; **Gelöstheit** F ⟨~⟩ décontraction *f*; *Atmosphäre, Stimmung* atmosphère détendue; ambiance décontractée
Gelse F ⟨~; ~n⟩ *österr* moustique *m*; cousin *m*
gelt INT *südd, österr* °hein?; n'est-ce pas?
gelten ⟨gilt, galt, gegolten, h.⟩ A V/T *(wert sein)* valoir; **viel, wenig ~** valoir beaucoup, peu; avoir beaucoup, peu de valeur; **sein Wort gilt viel** sa parole fait autorité; **viel bei j-m ~** jouir d'un grand crédit auprès de qn; **was gilt die Wette?** que parions-nous?

G

B V/I 1 (*gültig sein*) être valable; *Gesetz, Recht, Regelung, Preise etc* être en vigueur; **das gilt nicht** (*ist gegen die Spielregel*) ce n'est pas de jeu; cela ne vaut pas; (*zählt nicht*) cela ne compte pas; **die Wette gilt** le pari tient; **der Poststempel gilt als Nachweis** le cachet de la poste fait foi; **etw ~ lassen** admettre qc; **e-n Einwand nicht ~ lassen** ne pas accepter une objection; **das lasse ich ~!** ça, j'accepte 2 (*gehalten werden*) **~ als, für** être considéré comme; avoir la réputation de; *Person a.* passer pour; **für e-n** *od* **als Dummkopf ~** passer pour un imbécile; **es gilt als bewiesen, dass …** c'est un fait reconnu que …; on admet généralement que … 3 **~ für** (*sich beziehen auf*) valoir pour; être applicable à; s'appliquer à; **das gilt für alle** cela vaut, c'est valable pour tout le monde; **das gilt auch für dich** cela vaut aussi pour toi; tu es aussi visé 4 **j-m ~** (*j-n betreffen*) s'adresser à qn; **die Bemerkung gilt dir** cette remarque s'adresse à toi, te concerne C V/UNPERS 1 (*darauf ankommen*) **es gilt zu** (+*inf*) il s'agit de (+*inf*); c'est le moment de (+*inf*); **jetzt gilt es, die Nerven zu behalten** maintenant il s'agit de garder son calme; **es gilt e-n Versuch** cela vaut la peine d'essayer 2 *geh* (*auf dem Spiel stehen*) **es gilt unser Leben** il y va de notre vie

geltend ADJT 1 ‹*épithète*› (*gültig*) valable (**für** pour); applicable (**für** à); *bes Recht, Gesetz, Bestimmungen, Preise etc* en vigueur; *Währung* en cours; **die für uns ~en Vorschriften** les prescriptions qui nous concernent, nous concernant; **nach ~em Recht** d'après la législation en vigueur 2 **etw ~ machen** faire valoir qc; *Einfluss* exercer qc; *Bedenken, Argument, Entschuldigung* invoquer qc

Geltung F ‹~› 1 (*Gültigkeit*) validité *f*; (*Anwendbarkeit*) application *f*; **die ~ des Genfer Abkommens** l'application *f* de la Convention de Genève; **(keine) ~ (für etw, j-n) haben** (ne pas) être valable (pour qc, qn) 2 (*Ansehen*) autorité *f*; crédit *m*; **sich** (*dat*) **~ verschaffen** s'imposer; acquérir de l'autorité 3 (*Wirkung*) valeur *f*; **etw zur ~ bringen** mettre qc en valeur; faire valoir qc; **zur ~ kommen** être mis en valeur

Geltungsbedürfnis N ‹~ses› besoin *m* de briller, de se faire remarquer

Geltungsbereich M domaine *m*, champ *m* d'application; **in den ~ e-s Gesetzes fallen** tomber sous le coup d'une loi

Geltungsdauer F durée *f* de validité, d'application; **Geltungssucht** F ‹~› manie *f* de briller, de se faire remarquer; **Geltungstrieb** M ‹~(e)s› → Geltungsbedürfnis

Gelübde *geh* N ‹~s; ~› vœu *m*; **ein ~ ablegen** faire un vœu

gelungen A PPERF → gelingen B ADJT 1 (*gut, ansprechend*) réussi 2 *umg regional* drôle; impayable

Gelüst *geh* N ‹~(e)s; ~e› envie *f*; *liter* convoitise *f*; **ein ~ nach** *od* **auf etw** (*akk*) **haben** avoir envie de qc; *liter* convoiter qc

gelüsten *geh* V/UNPERS ‹-ete, *pperf* gelüstet, h.› **mich gelüstet, es gelüstet mich nach etw** j'ai envie, une envie de qc

GEMA F ‹~› ABK (Gesellschaft für musikalische Aufführungs- und mechanische Vervielfältigungsrechte) société *f* pour les droits d'audition et de reproduction mécanique de morceaux de musique; *in Frankreich etwa* SACEM *f*

gemach *geh* INT doucement!

Gemach *geh* N ‹~(e)s; ~̈er› pièce *f* (d'une demeure luxueuse); *pl* **die Gemächer** les appartements *mpl*; *iron* **sich in s-e Gemächer zurückziehen** se retirer dans ses appartements

gemächlich A ADJ tranquille B ADV tranquillement; **Gemächlichkeit** F ‹~› tranquillité *f*

gemacht ADJT **ein ~er Mann** un homme arrivé; → *a.* machen

Gemahl(in) *geh* M ‹~(e)s; ~e› F ‹~in; ~innen› époux *m*, épouse *f*; **wie geht es Ihrem Herrn ~, Ihrer Frau ~in?** comment va votre mari, Mme …?

gemahnen V/T ‹*pperf* gemahnt, h.› *geh* **(j-n) an etw** (*akk*) **~** rappeler qc (à qn)

Gemälde N ‹~s; ~› tableau *m*; peinture *f*; *auf Leinwand a.* toile *f*; **Gemäldeausstellung** F exposition *f* de tableaux, de peinture; **Gemäldegalerie** F musée *m* de peinture; **Gemäldesammlung** F collection *f* de tableaux

Gemarkung F ‹~; ~en› 1 *e-r Gemeinde* territoire (communal) 2 (*Grenze*) bornes *fpl*; limites *fpl*

gemasert ADJT *Holz etc* veiné; marbré

gemäß A ADJ (*entsprechend*) conforme (+*dat* à); approprié (+*dat* à) B PRÄP ‹*dat*› selon; suivant; d'après; *bes* ADMIN, JUR conformément à; ADMIN en vertu de

gemäßigt A ADJT modéré; *Klima(zone)* tempéré B ADVL avec modération; modérément

Gemäuer *geh* N ‹~s; ~› 1 (*Mauern*) murailles *fpl* 2 *altes, verfallenes* ruines *fpl*

Gemauschel *umg pej* N ‹~s› traficotage *m*; magouilles *fpl*

Gemecker *umg pej* N ‹~s› (*Nörgelei*) rouspétance *f*; **hör mit deinem ~ auf!** arrête de râler!

gemein A ADJ 1 (*niederträchtig*) *Person* méchant; *umg* vache; *Gesinnung* ignoble; abject; *Trick* sale; *Lachen* déplaisant; *Bemerkung* méchant; **~er Kerl** *umg* sale type *m*; *sl* salaud *m*; *umg* **das ist ~!** ce n'est pas gentil!; ce n'est pas chic!; *plus fort* c'est dégoûtant, *umg* vache!; *umg* **ich gewinne nie im Lotto - das ist ~** je ne gagne jamais au loto, ce n'est pas juste; **das ist ~ von dir!, du bist ~!** tu es méchant, *plus fort* dégoûtant! 2 ‹*épithète*› ZOOL, BOT commun 3 *geh* ‹*épithète*› (*gewöhnlich*) commun; ordinaire; **der ~e Mann** l'homme *m* du peuple; **der ~e Soldat** le simple soldat 4 *geh* (*gemeinsam*) **etw, nichts mit j-m ~ haben** avoir qc, n'avoir rien de commun avec qn; **er hat vieles mit s-m Vater ~** il a beaucoup de points communs avec son père 5 (*allgemein*) commun; (*öffentlich*) public, -ique; **das ~e Wohl** le bien, l'intérêt commun, public B ADV 1 **j-n ~ behandeln** ne pas être gentil, chic avec qn; *umg* être vache avec, envers qn 2 *umg* (*sehr*) très; **es tut ~ weh** ça fait très, horriblement mal

Gemeinbesitz M bien commun

Gemeinde F ‹~; ~n› 1 ADMIN commune *f*; *umg hum* **e-n Zug durch die ~ machen** *umg* faire la tournée des bistrots 2 (*Kirchengemeinde*) paroisse *f* 3 *beim Gottesdienst* assemblée *f* des fidèles; fidèles *mpl* 4 (*Zuhörerschaft*) public *m*; auditoire *m*; (*Gemeinschaft Gleichgesinnter*), *a.* REL communauté *f*

Gemeindeabgaben FPL taxes locales; **Gemeindeamt** N mairie *f* (d'une commune); **Gemeindebeamte(r)** M fonctionnaire, employé communal, municipal; **Gemeindebehörde(n)** F(PL) autorités municipales, communales; **Gemeindebezirk** M (territoire *m* d'une) commune *f*; **Gemeindediener(in)** *liter* M(F) employé(e) *m(f)* de mairie

gemeindeeigen ADJ municipal; **~ sein** être propriété de la commune

Gemeindegottesdienst M service, office religieux; KATH messe *f*; PROT culte *m*; service *m*; **Gemeindehaus** N KIRCHE maison *f* des œuvres paroissiales; **Gemeindehaushalt** M budget *m* de la commune; **Gemeindehelfer(in)** M(F) PROT diacre *m*; **Gemeindekasse** F caisse communale, municipale; **Gemeindemitglied** N KIRCHE paroissien, -ienne *m,f*; **Gemeindeordnung** F statuts *mpl* de la commune; législation administrative communale; **Gemeindepflege** F PROT œuvres sociales; **Gemeinderat** M ‹~(e)s; ~̈e› 1 *Gremium* conseil municipal 2 *Person* conseiller municipal; **Gemeinderätin** F conseillère municipale; **Gemeindesaal** M KIRCHE salle paroissiale; **Gemeindeschwester** F infirmière rétribuée par une paroisse *bzw.* une commune; **Gemeindesteuern** FPL impôts locaux

gemeindeutsch ADJ LING qui appartient à l'allemand commun

Gemeindeversammlung F assemblée communale; **Gemeindeverwaltung** F administration *f* de la commune; municipalité *f*; **Gemeindevorstand** M 1 *Gremium* administrateurs *mpl* de la commune 2 *Person* premier magistrat d'une commune; (*Bürgermeister*) maire *m*; **Gemeindewahl** F élections communales, municipales; **Gemeindezentrum** N foyer municipal

Gemeineigentum N JUR propriété publique, commune

gemeingefährlich ADJ *Handlung* qui constitue un danger public; **er ist ein ~er Verbrecher** ce criminel est un danger public

Gemeingut *geh* N ‹~(e)s› bien commun; *fig* patrimoine commun; *Redensart, Denkweise* **(zum) ~ werden** se répandre; *Redensart a.* se vulgariser; **der Garten ist ~ aller Bewohner** le jardin est propriété commune à tous les habitants

Gemeinheit F ‹~; ~en› 1 ‹*pas de pl*› *Gesinnung, Eigenschaft* méchanceté *f*; abjection *f*; caractère *m* ignoble 2 *Handlung* sale tour *m*; *umg* vacherie *f* 3 *umg* (*unerfreulicher Umstand*) **so e-e ~!** *umg* zut, flûte alors!

gemeinhin ADV communément; ordinairement; **Gemeinkosten** PL HANDEL frais généraux

Gemeinnutz M ‹~es› intérêt général; **~ geht vor Eigennutz** l'intérêt général prime l'intérêt particulier

gemeinnützig ADJ (reconnu) d'utilité publique; **~er Verein** association reconnue d'utilité publique

Gemeinplatz M lieu commun; banalité *f*

gemeinsam A ADJ 1 (*gemeinschaftlich*) commun; *Werk, Unternehmen, Eigentum* collectif, -ive; JUR indivis; conjoint; **~er Besitz** copossession *f*; propriété indivise; **~es Eigentum** copropriété *f*; **~e Erfindung** invention faite en commun; **~e Haftung** responsabilité collective, solidaire; **~es Konto** compte joint; HANDEL **der Gemeinsame Markt** le Marché commun; **~e Kasse machen** faire caisse commune; **~e Sache mit j-m machen** faire cause commune avec qn; *pej* être de connivence, *umg* de mèche avec qn 2 ‹*attribut*› (übereinstimmend) **die blauen Augen sind uns, ihnen (beiden)** *etc* **~** nous avons, ils ont, *etc* tous (les deux) les yeux bleus; **sie hat mit mir ~, dass sie gern kocht** nous avons en commun d'aimer faire la cuisine 3 MATH **der größte ~e Nenner** *od* **Teiler** le plus grand dénominateur *od* diviseur commun; **das kleinste ~e Vielfache** le plus petit multiple commun B ADV en commun; ensemble; **~ ausgeführte Arbeit** travail fait en commun, en collaboration; **~ verantwortlich** solidairement responsable; *geh* **~ durchs Leben gehen** unir sa vie; **das Haus gehört uns ~** la maison nous appartient en commun

Gemeinsamkeit F ‹~; ~en› 1 *Merkmal, Ei-*

genschaft point commun 2 ⟨*pas de pl*⟩ (*Verbundenheit*) communauté *f*
Gemeinschaft F ⟨~; ~en⟩ 1 *Gruppe* communauté *f*; collectivité *f*; (*Glaubensgemeinschaft*) communion *f* 2 ⟨*pas de pl*⟩ (*das Zusammen-, Verbundensein*) solidarité *f*; **eheliche ~** union conjugale; **häusliche ~** communauté *f* domestique; *e-s Paares* vie commune; **in ~** (*dat*) **mit** en collaboration, en coopération avec
gemeinschaftlich A ADJ ⟨*épithète*⟩ (en) commun; collectif, -ive; solidaire B ADV en commun
Gemeinschaftsanschluss M TEL ligne commune; **Gemeinschaftsantenne** F antenne collective; **Gemeinschaftsarbeit** F 1 ⟨*pas de pl*⟩ *Vorgang* travail *m* d'équipe 2 *Ergebnis* projet commun; **Gemeinschaftserziehung** F 1 (*Koedukation*) éducation *f* mixte 2 (*Sozialerziehung*) éducation civique; **Gemeinschaftsgefühl** N ⟨~s⟩ esprit *m* communautaire; sentiment *m* de solidarité; **Gemeinschaftsgeist** M ⟨~(e)s⟩ esprit *m* de solidarité; **Gemeinschaftskasse** F caisse commune; **Gemeinschaftsküche** F cuisine commune; **Gemeinschaftskunde** F ⟨~⟩ SCHULE éducation *f* civique, juridique et sociale; **Gemeinschaftsleben** N ⟨~s⟩ vie *f* communautaire; vie *f* de groupe; **Gemeinschaftspraxis** F cabinet médical en association; **Gemeinschaftsproduktion** F coproduction *f*; **Gemeinschaftsraum** M salle commune; **Gemeinschaftsschule** F école interconfessionnelle; **Gemeinschaftssendung** F RADIO, TV émission commune; **Gemeinschaftsverpflegung** F restauration *f* de collectivité; **Gemeinschaftswerbung** F publicité collective
Gemeinsinn M ⟨~(e)s⟩ sens civique, social; dévouement *m* à la collectivité; **Gemeinsprache** F langue commune; **gemeinverständlich** ADJ compréhensible; à la portée de tous (*a. adv*)
Gemeinwesen N ⟨~s; ~⟩ communauté *f*; **das staatliche ~** la chose publique
gemeinwirtschaftlich ADJ d'économie communautaire
Gemeinwohl N bien, intérêt public
Gemenge N ⟨~s; ~⟩ 1 (*Gemisch*) mélange *m* (*a.* CHEM) 2 (*Menschengewühl*) cohue *f*
gemessen A PPERF → messen B ADJT 1 (*würdevoll*) mesuré; *geh* **~en Schrittes** d'un pas mesuré; à pas comptés 2 ⟨*épithète*⟩ (*an~*) convenable; approprié; **in ~em Abstand, in ~er Entfernung** à (une) distance respectueuse
Gemetzel N ⟨~s; ~⟩ massacre *m*; carnage *m*; *umg* boucherie *f*
gemieden PPERF → meiden
Gemisch N ⟨~(e)s; ~e⟩ *a.* AUTO mélange *m*
gemischt ADJT *Klasse, Chor etc* mixte; *Abendgesellschaft etc* mélangé; *Gesamtgesellschaft* mêlé; TENNIS **~es Doppel** double *m* mixte; **ein ~es Eis** une glace panachée; **~e Kost** nourriture variée; **~er Salat** salade composée; **mit ~en Gefühlen** avec des sentiments mitigés
Gemischtwarenhandlung F épicerie *f*
Gemme F ⟨~; ~n⟩ camée *m*
gemocht PPERF → mögen B, C
gemolken PPERF → melken
Gemsbart *etc* → Gamsbart *etc*; **Gemsbock** M chamois *m* mâle
Gemse F → Gämse
Gemurmel N ⟨~s⟩ murmures *mpl*
Gemüse N ⟨~s; ~⟩ légume(s) *m(pl)*; *umg fig hum* **junges ~** *umg* de la jeunesse
Gemüse(an)bau M ⟨-(an)bau(e)s⟩ culture maraîchère; **Gemüsebeet** N carré *m*, plate-bande *f* de légumes; **Gemüsebeilage** F garniture *f* de légumes; **Gemüseeintopf** M potée *f* de légumes; **Gemüsegarten** M (jardin *m*) potager *m*
Gemüsegeschäft N marchand *m* de légumes; **im ~** chez le marchand de légumes
Gemüsehändler(in) M(F) marchand(e) *m(f)* de fruits et de légumes; fruitier *m*; *auf der Straße* marchand(e) *m(f)* des quatre-saisons; **Gemüsehandlung** F commerce *m* de fruits et légumes; **Gemüsekonserve** F conserve *f* de légumes; **Gemüsepflanze** F légume *m*; **Gemüseplatte** F jardinière *f*; **Gemüsesaft** M jus *m* de légumes; **Gemüsesuppe** F potage *m* aux légumes
gemusst PPERF → müssen B
gemustert ADJT *Stoff, Tapete* orné de dessins, de motifs; à dessins; à motifs; (*mit eingewebtem Muster*) façonné
Gemüt N ⟨~(e)s; ~er⟩ 1 (*Wesen*) nature *f*; tempérament *m*; **ein kindliches ~** une âme d'enfant; **ein weiches ~ haben** avoir bon cœur; être un cœur tendre; **ein sonniges ~ haben** avoir une heureuse nature; **das ist etwas fürs ~** c'est émouvant, touchant; **sich** (*dat*) **etw zu ~e führen** (*essen, trinken*) savourer qc; *Film* voir, *Buch* lire qc; (*beherzigen*) tenir compte de qc 2 *Person* **er ist ein einfaches ~** c'est un cœur simple; **die ~er haben sich erhitzt, beruhigt** les esprits se sont échauffés, calmés
gemütlich A ADJ 1 (*behaglich*) *Wohnung etc* accueillant; *Lokal etc* intime; (*angenehm*) sympathique; (*zwanglos*) *Essen etc* convivial; (*bequem*) confortable; **ein ~er Abend** une soirée sympathique; **~es Beisammensein** réunion conviviale; **hier ist es ~** c'est très agréable ici; c'est sympathique ici 2 *Personen* (*umgänglich*) facile à vivre; (*gelassen*) tranquille 3 *Tempo etc* tranquille B ADV 1 (*behaglich*) à son aise; (*bequem*) confortablement; (*ruhig*) tranquillement; **es sich** (*dat*) **~ machen** s'installer confortablement; **mach es dir ~!** *a.* fais comme chez toi!; **~ Kaffee trinken** boire tranquillement son café 2 (*gemächlich*) sans se presser; en prenant son temps; *plus fort* sans s'en faire
Gemütlichkeit F ⟨~⟩ 1 (*Behaglichkeit*) *e-r Wohnung etc* caractère accueillant; *e-s Lokals etc* intimité *f*; (*Bequemlichkeit*) confort *m*; (*Zwanglosigkeit*) convivialité *f*; caractère décontracté; *plus fort* caractère *m* sympathique 2 *von Personen* (*Gelassenheit*) calme *m*; (*Umgänglichkeit*) bon caractère; bonne nature 3 (*Gemächlichkeit*) **in aller ~** sans se presser; en prenant son temps; *umg* **da hört doch die ~ auf!** *umg* il ne faut pas pousser
gemütsarm ADJ insensible; froid; **Gemütsart** F nature *f*; tempérament *m*; **Gemütsbewegung** F émotion *f*; **gemütskrank** ADJ atteint de troubles psychiques; dépressif, -ive; **Gemütskrankheit** F troubles *mpl* psychiques; dépression *f*; **Gemütslage** F état *m* d'âme
Gemütsmensch *umg* M nature *f* placide; *iron* **du bist (vielleicht) ein ~!** tu ne t'en fais pas!
Gemütsregung F émotion *f*
Gemütsruhe F tranquillité *f* d'esprit; **in aller ~** en toute tranquillité
Gemütsverfassung F, **Gemütszustand** M état *m* d'âme
gemütvoll ADJ chaleureux, -euse
gen *poet* PRÄP ⟨*akk*⟩ (gegen) vers; **~ Süden** vers le sud
Gen N ⟨~s; ~e⟩ BIOL gène *m*
Gen. ABK (Genossenschaft) coopérative *f*
genannt PPERF → nennen
genant ADJ 1 *regional, geh* (*schüchtern*) timide; *in e-r bestimmten Situation* gêné; (*schamhaft*) pudique 2 *geh* (*peinlich*) gênant
genarbt ADJT *Leder* grenu; à grain
genas → genesen
genau A ADJ 1 (*exakt, mathematisch ~*) exact; *Angaben, Darstellung* précis; *Waage* juste; *Übersetzung a.* fidèle; **die ~e Zeit** l'heure exacte; **Genaueres erfahren Sie bei ...** pour plus de renseignements adressez-vous à ...; **ich weiß nichts Genaues** je n'ai pas de détails; je ne sais rien de précis 2 (*gründlich, sorgfältig*) *Arbeit etc* précis; *Person* **(peinlich) ~** méticuleux, -euse; minutieux, -ieuse; (*übergenau*) pointilleux, -euse; **sie ist in diesem Punkt sehr ~** elle est très pointilleuse sur ce point 3 (*streng*) **~e Einhaltung der Vorschriften** stricte observance du règlement 4 (*ausführlich*) *Bericht, Plan etc* détaillé B ADV 1 (*exakt*) exactement; **auf drei Dezimalen ~** à trois décimales près; **~ in der Mitte** juste, exactement au milieu; **~ um fünf Uhr** à cinq heures précises; **es ist ~ fünf Uhr** il est exactement cinq heures; **etw ~ angeben, berechnen** indiquer, calculer exactement qc; **etw ~(er) angeben** *a.* préciser qc; **~ gehen** *Uhr* être à l'heure; **~ passen** aller exactement 2 (*sorgfältig*) avec précision; **~ unterscheiden** faire exactement la différence, bien distinguer (**zwischen** [+*dat*] entre); *a. fig* **~ hinsehen** regarder de (très) près; **etw ~ nehmen** *wörtlich* prendre qc au pied de la lettre; **es (nicht so) ~ nehmen mit etw** (ne pas) être très regardant sur le chapitre de qc 3 (*streng*) strictement; **etw ~ befolgen** s'en tenir strictement à qc; **~ genommen** à vrai dire; strictement parlant 4 (*ausführlich*) **etw ~ berichten** faire un rapport, récit détaillé de qc 5 *verstärkend* exactement; tout à fait; absolument; *mit Verben* très bien; **~ dasselbe, das Gegenteil** exactement la même chose, le contraire; *als Ausruf* **(ja,) ~!** c'est tout à fait ça!; tout à fait!; exact(ement)!; **ganz ~!** absolument!; **j-n, etw (sehr) ~ kennen** connaître (très) bien qn, qc; **das weiß ich ~** je le sais très bien; j'en suis sûr; **ich weiß (es) nicht ~** je ne (le) sais pas exactement, au juste 6 (*eben, gerade*) (tout) juste; **das reicht ~ für vier** ça suffit tout juste pour quatre; il y en a juste assez pour quatre
genaugenommen ADVL → genau B 3
Genauigkeit F ⟨~⟩ 1 (*Exaktheit*) précision *f*; exactitude *f*; *a. e-r Waage* justesse *f*; *e-r Übersetzung* fidélité *f*; exactitude *f* 2 (*Sorgfalt*) minutie *f*; méticulosité *f*
genauso ADV pareillement; de même; aussi; **~ gut** tout aussi bien; tout autant; **das ist ~ richtig, gut (wie ...)** c'est tout aussi juste, bien (que ...); **ich denke ~** je pense tout à fait, exactement la même chose; je pense exactement pareil; → *a.* ebenso
genausogut ADV → genauso; **genausolang(e)**, **genausooft**, **genausosehr**, **genausoviel**, **genausowenig** ADV → ebenso
Genbank F ⟨~; ~en⟩ banque *f* de génotypes
Gendarm M ⟨~en; ~en⟩ HIST gendarme *m*;
Gendarmerie F ⟨~; ~n⟩ HIST gendarmerie *f*
Genealoge M ⟨~n; ~n⟩, **Genealogin** F ⟨-in; -innen⟩ généalogiste *m/f*; **Genealogie** F ⟨~; ~n⟩ généalogie *f*; **genealogisch** ADJ ⟨*épithète*⟩ généalogique
genehm *geh* ADJ **j-m ~ sein** convenir à qn
genehmigen V/T ⟨*pperf* genehmigt, h.⟩ A V/T *Einreise, Veranstaltung etc* autoriser; *bes* ADMIN *Antrag, Gesuch* agréer; approuver; **genehmigt** *unter e-m Schriftstück* vu, lu et approuvé B *umg* V/R **sich** (*dat*) **etw ~** s'offrir, se payer qc; **sich** (*dat*) **einen ~** s'accorder un petit verre
Genehmigung F ⟨~; ~en⟩ autorisation *f*;

G

bes ADMIN approbation *f*; agrément *m*; **e-e ~ erteilen** accorder une autorisation; **mit (freundlicher) ~ der, des ...** avec (l'aimable) autorisation de ...
Genehmigungsantrag M demande *f* d'autorisation
Genehmigungspflicht F ⟨~⟩ obligation *f* de solliciter une autorisation (préalable); **der ~ unterliegen** nécessiter une autorisation préalable
genehmigungspflichtig ADJ soumis à une autorisation préalable; **Genehmigungsvermerk** M visa *m*, mention *f* d'autorisation, d'approbation
geneigt ADJT **1** *Gelände, Fläche* incliné **2** *geh (wohlwollend)* bienveillant; **~e Leser!** aimables, chers lecteurs!; **ein ~es Ohr finden** trouver un accueil favorable; **j-m ~ sein** être bien disposé envers qn **3** *(bereit)* **~ sein, etw zu tun** être disposé, enclin, porté à faire qc
Geneigtheit F ⟨~⟩ **1** *geh (Wohlwollen)* bienveillance *f* **2** *(Bereitschaft)* disposition *f* (**zu** à)
Genera PL → Genus
General M ⟨~s; ~e *ou* ~̈e⟩ général *m*; **Herr ~!** *Anrede durch e-n Mann* mon général; *Anrede durch e-e Frau* général
Generalagent(in) M(F) agent général; **Generalagentur** F agence générale; **Generalamnestie** F amnistie générale; **Generalanwalt** M avocat général; **Generalbeauftragte(r)** M/F(M) délégué(e) *m(f)* général(e); **Generalbevollmächtigte(r)** M/F(M) mandataire général; fondé *m* de pouvoir ayant procuration générale; **Generalbundesanwalt** M *beim Bundesgerichtshof* procureur général; **Generaldirektion** F direction générale; **Generaldirektor** M (président)-directeur général; P.D.G. *od* P-DG *m*; **Generalfeldmarschall** M feld-maréchal *m*; **Generalgouverneur** M *e-r Kolonie* gouverneur général; **Generalinspekteur** M MIL inspecteur général de la « Bundeswehr »; **Generalinspektion** F inspection générale; **Generalintendant(in)** M(F) THEAT administrateur, -trice *m,f*
generalisieren V/T ⟨*pas de ge-*, h.⟩ généraliser; **Generalisierung** F ⟨~; ~en⟩ généralisation *f*
Generalissimus M ⟨~; -mi *ou* ~se⟩ MIL généralissime *m*
Generalität F ⟨~; ~en⟩ MIL **die ~** les généraux *mpl*
Generalklausel F JUR clause générale; **Generalkonsul** M consul général; **Generalkonsulat** N consulat général; **Generalleutnant** M MIL général *m* de division; *in der Bundeswehr* général *m* de corps d'armée; **Generalmajor** M MIL général *m* de brigade; *in der Bundeswehr* général *m* de division; **Generalmusikdirektor** M chef *m* d'orchestre (d'un opéra); **Generalprobe** F répétition générale; **Generalsekretär** M secrétaire général; **Generalstaatsanwalt** M *beim Oberlandesgericht* procureur général; **Generalstab** M MIL état-major *m* (général des armées)
Generalstabschef M chef *m* de l'état-major général; **Generalstabskarte** F carte *f* d'état-major; **Generalstabsoffizier** M officier *m* d'état-major
Generalstreik M grève générale; **generalüberholen** V/T ⟨*insép, pas de ge-*, h.⟩ *bes* TECH faire une révision complète, générale de; **Generalüberholung** F *bes* TECH révision complète, générale; **Generalversammlung** F assemblée générale; **Generalvertrag** M accord général; **Generalvertreter** M représentant, agent général; **Generalvertretung** F représentation, agence générale; **Generalvollmacht** F procuration générale; mandat général
Generation F ⟨~; ~en⟩ **1** BIOL *etc* génération *f*; **die jüngere ~** la jeune, nouvelle génération; **die ältere ~** la génération de nos parents **2** *(Bautyp von Geräten, Maschinen)* **die erste, zweite ~ von PCs** la première, deuxième génération de micro-ordinateurs
Generationenvertrag M ⟨~(e)s⟩ financement *m* des retraites par les générations ultérieures
Generationskonflikt M conflit *m* des générations; **Generationsproblem** N problème *m* de génération; **Generationsunterschied** M différence *f* de génération; **Generationswechsel** M **1** BIOL génération alternante **2** *fig* autre génération; relève *f* de génération
generativ ADJ **1** BIOL génératif, -ive **2** LING → Transformationsgrammatik
Generator M ⟨~s; -toren⟩ ELEK génératrice *f*; générateur *m*
generell **A** ADJ général **B** ADV généralement; en général
generös *geh* ADJ généreux, -euse
Generosität *geh* F ⟨~⟩ générosité *f*
Genese F ⟨~; ~n⟩ BIOL, MED, *fig* genèse *f*
genesen *geh* V/I ⟨-(es)t, genas, genesen, s.⟩ guérir; se rétablir; recouvrer la santé; **von e-r schweren Krankheit ~** guérir, se rétablir d'une grave maladie
Genesende(r) M/F(M) ⟨→ A⟩ convalescent(e) *m(f)*
Genesis F ⟨~⟩ genèse *f*; BIBEL **die ~** la Genèse
Genesung *geh* F ⟨~; ~en⟩ guérison *f*; convalescence *f*; rétablissement *m*; **s-e ~ macht gute Fortschritte** sa guérison est en bonne voie; **wir wünschen Ihnen baldige ~** nous vous souhaitons un prompt rétablissement; **sie ist auf dem Weg der ~** elle se remet de son opération, de la maladie, *etc*
Genesungsheim N maison *f* de convalescence; **Genesungsprozess** M processus *m* de guérison; **Genesungsurlaub** M congé *m* de convalescence
Genetik F ⟨~⟩ BIOL génétique *f*; **genetisch** ADJ génétique
Genezareth N ⟨→ *n/pr*⟩ BIBEL Génésareth; **der See ~** le lac de Tibériade; BIBEL la mer de Galilée
Genf N ⟨→ *n/pr*⟩ Genève
Genfer ADJ ⟨*épithète; inv*⟩ genevois; de Genève; **der ~ See** le lac Léman; **die ~ Konvention** la Convention de Genève
Genforscher(in) M(F) généticien, -ienne *m,f*; **Genforschung** F ⟨~⟩ (recherche *f*) génétique *f*
genial **A** ADJ génial; *Künstler* de génie; *iron* **das war wirklich ~!** quelle idée de génie!; c'était intelligent! **B** ADV d'une manière géniale
genialisch ADJ génial; de génie; *(exaltiert)* excentrique
Genialität F ⟨~⟩ génie *m*
Genick N ⟨~(e)s; ~e⟩ nuque *f*; *(Hals)* cou *m*; **j-n beim ~ packen** saisir, prendre qn à la nuque; **sich** *(dat)* **das ~ brechen** se rompre, se casser le cou; *umg fig* **das wird ihm noch das ~ brechen** *umg* il va encore se casser la figure, *s/* la gueule
Genickschlag M coup *m* à la nuque; **Genickschuss** M balle *f* dans la nuque; **Genickstarre** F *(Nackenstarre)* raideur *f* de la nuque
Genie N ⟨~s; ~s⟩ génie *m*; **ein verkanntes ~** un génie méconnu; **sie ist ein ~ im Geschichtenerzählen** elle raconte à merveille
genieren ⟨*pas de ge-*, h.⟩ **A** *geh* V/T gêner **B** V/R **sich ~** être, se sentir gêné; éprouver de la gêne; **sich vor j-m ~** se sentir gêné devant qn; **sich ~, etw zu tun** être gêné, avoir °honte de faire qc; **~ Sie sich nicht!** ne faites pas de manières!
genießbar ADJ consommable; *(essbar)* mangeable; *(noch trinkbar)* buvable; *(trinkbar)* potable; *umg fig* **er ist heute nicht ~** *umg* il est imbuvable aujourd'hui
genießen V/T ⟨-(es)t, genoss, genossen, h.⟩ **1** *geh (essen)* manger; *(trinken)* boire; *umg fig* **er ist heute nicht zu ~** *umg* il est imbuvable aujourd'hui **2** *fig, a. Vertrauen, Ruf, Vorteil etc* jouir de; *mit Behagen* savourer; prendre plaisir à; se délecter à; **bei j-m Kredit ~** avoir du crédit auprès de qn; **den Vorzug ~ zu** *(+inf)* jouir de l'avantage de *(+inf)*; **sein Leben ~** profiter de la vie; **e-e gute Erziehung genossen haben** avoir reçu une bonne éducation; être bien élevé
Genießer(in) M ⟨~s; ~⟩ (F) ⟨~in; ~innen⟩ jouisseur, -euse *m,f*; **er ist ein richtiger ~** c'est un bon vivant; *momentan beim Essen, Trinken etc* il savoure son repas, son vin, *etc*; **er ist ein stiller ~** il profite tranquillement de la vie
genießerisch **A** ADJ de jouisseur; qui dénote la jouissance **B** ADV en savourant; avec délice; en jouisseur
Geniestreich M coup *m* de génie; **Genietruppe** F *schweiz* MIL génie *m*
genital ADJ génital; **Genitalbereich** M parties génitales
Genitalien PL parties génitales; organes génitaux
Genitiv M ⟨~s; ~e⟩ GRAM génitif *m*; **Genitivobjekt** N complément *m* d'objet au génitif
Genius M ⟨~; -ien⟩ MYTH, *fig* génie *m*
Genmais M maïs *m* transgénique; **Genmanipulation** F manipulation *f* génétique; **genmanipuliert** ADJT génétiquement modifié; **Genmutation** F mutation *f* génétique
Genom N ⟨~s; ~e⟩ BIOL génome *m*
genommen PPERF → nehmen
Genörgel *umg pej* N ⟨~s⟩ **hör auf mit deinem ~!** arrête de râler!
genoss → genießen
Genosse M ⟨~n; ~n⟩ **1** POL, *bes als Anrede* camarade *m* **2** *geh (Gefährte)* compagnon *m*
genossen PPERF → genießen
Genossenschaft F ⟨~; ~en⟩ (société *f*) coopérative *f*; groupement coopératif; **genossenschaftlich** **A** ADJ coopératif, -ive **B** ADV en coopérative
Genossenschaftsbank F ⟨~; ~en⟩ coopérative *f* de crédit; **Genossenschaftsbetrieb** M ⟨~(e)s; ~e⟩ coopérative *f*; **Genossenschaftskasse** F caisse coopérative; **Genossenschaftsmitglied** N membre *m* d'une coopérative
Genossin F ⟨~; ~nen⟩ **1** POL, *bes als Anrede* camarade *f* **2** *geh (Gefährtin)* compagne *f*
Genotyp(us) M BIOL génotype *m*
Genozid *geh* M ⟨~(e)s; ~e *ou* ~ien⟩ génocide *m*
Genre N ⟨~s; ~s⟩ KUNST genre *m*; **Genrebild** N tableau *m* de genre; **Genremalerei** F ⟨~⟩ peinture *f* de genre
Gent N ⟨→ *n/pr*⟩ Gand
Gentechnik F ⟨~⟩ génie *m*, ingénierie *f* génétique; *Lebensmittel* **ohne ~** sans OGM
gentechnikfrei ADJ *u.* ADV sans OGM
gentechnisch **A** ADJ génétique **B** ADV génétiquement; **~ verändert** génétiquement modifié; transgénique

Gentechnologie F ⟨~⟩ génie *m*, ingénierie *f* génétique; **Gentest** M MED test *m* génétique; **Gentherapie** F ⟨~⟩ thérapie *f* génique

Gentleman M ⟨~s; -men⟩ gentleman *m*; → *a.* Agreement

Genua N ⟨→ *n/pr*⟩ Gênes

genug ADV assez; *(ausreichend)* suffisant; suffisamment; **~ Arbeit, Geld** *etc* **haben** avoir assez, suffisamment de travail, d'argent, *etc*; **es ist ~** c'est assez, suffisant; cela suffit; **mehr als ~ (sein)** (suffire) largement; *umg fig* **von etw ~ haben** en avoir assez de qc; *umg* en avoir plein le dos de qc; *umg* en avoir marre de qc; **man kann es nicht oft ~ wiederholen** on ne le répétera jamais assez; on ne saurait trop le répéter; **~ haben, um leben zu können** avoir de quoi vivre; **sich** *(dat)* **selbst ~ sein** se suffire à soi-même; **das ist mir nicht gut ~** je trouve que ça ne suffit pas, que ça laisse à désirer; **das Beste ist gerade gut ~ für sie** rien n'est trop beau pour elle; **ich kenne ihn gut ~, um zu** *(+inf)* je le connais suffisamment pour *(+inf)*; **dafür, dazu bist du noch nicht alt ~** tu es encore trop jeune pour ça; **lassen wir es (für heute) ~ sein** restons-en là (pour aujourd'hui); **von Schlagsahne** *etc* **kann sie (gar) nicht ~ kriegen** elle vendrait son âme pour de la chantilly, *etc*; **es ist schon traurig ~, dass ...** c'est déjà assez triste que ...; **nicht ~ (damit), dass er lügt, er stiehlt auch noch** non seulement il est menteur, en plus il est voleur; **~ (davon)!**, *geh* **lass es ~ sein!** *(hör auf)* cela suffit!; *geh* **~ der Worte!** *geh* trêve de paroles!

Genüge *geh* F ⟨~⟩ **zur ~** *(ausreichend)* suffisamment; en suffisance; *(reichlich)* abondamment; en abondance; **ich kenne ihn zur ~** je le connais (bien) assez; *geh* **j-m, e-r Sache ~ tun** satisfaire aux exigences de qn, à qc

genügen V/I ⟨*pperf* genügt, h.⟩ 1 *(ausreichen)* suffire; être suffisant; **das genügt vollauf** cela suffit amplement; c'est amplement suffisant; **das genügt mir** ça me suffit; **es genügt zu** *(+inf)* il suffit de *(+inf)*; il n'y a qu'à *(+inf)*; **ein Wink genügt, und schon ist er da** il n'y a qu'à lui faire signe et il arrive 2 *(entsprechen)* **e-r Sache** *(dat)* **(nicht) ~** *Anforderungen, Vorschriften, Pflichten etc* (ne pas) satisfaire à qc

genügend A ADJT suffisant B ADVL suffisamment; assez; **~ Zeit, Geld** *etc* suffisamment, assez de temps, d'argent, *etc*

genügsam A ADJ peu exigeant; content de peu; *im Trinken* sobre; *im Essen a.* frugal; pas difficile; **~ sein** *a.* se contenter de peu B ADV **~ leben** ne pas avoir de gros besoins; se contenter de peu

Genügsamkeit F ⟨~⟩ *geh* tempérance *f*; *im Trinken* sobriété *f*; *im Essen* frugalité *f*; **s-e ~** *a.* son peu d'exigences

Genugtuung F ⟨~; ~en⟩ satisfaction *f*; **es ist mir e-e ~ zu** *(+inf)* je suis (très) satisfait de *(+inf)*; **etw mit ~ feststellen** constater qc avec plaisir, satisfaction; *geh* **von j-m ~ für etw fordern** demander satisfaction, réparation à qn pour qc

genuin *geh* ADJ véritable

Genus N ⟨~; Genera⟩ GRAM genre *m*

Genuschel *umg pej* N ⟨~s⟩ **hör auf mit deinem ~!** arrête de manger tes mots!

Genuss M ⟨~es; Genüsse⟩ 1 ⟨*pas de pl*⟩ *von Ess-, Trinkbarem* consommation *f*; *(Gebrauch)* usage *m* 2 *(Wohlbehagen, Vergnügen)* plaisir *m*; *a. fig* jouissance *f*; **es war ein ~ (für mich), sie auf der Bühne zu sehen** c'était un vrai plaisir de la voir sur scène; **etw mit ~ essen, trinken** manger, boire qc en le savourant, avec délice, avec délectation; **ein Buch mit ~ lesen** se délecter à la lecture d'un livre 3 *fig* **in den ~ e-r Sache** *(gen)* **kommen** bénéficier de qc

genussfähig ADJ capable de prendre du plaisir (à qc); **genussfreudig** ADJ voluptueux, -euse; épicurien, -ienne; qui aime les plaisirs; **Genussgift** N denrée de luxe nocive

genüsslich A ADJ voluptueux, -euse B ADV voluptueusement; avec délectation

Genussmensch M épicurien, -ienne *m,f*; bon vivant *m*; **Genussmittel** N denrée *f* de luxe

genussreich ADJ plein de plaisirs; jouissif, -ive; **ein ~es Leben** une vie de plaisirs

Genusssucht F ⟨~⟩ hédonisme *m*; **genusssüchtig** ADJ jouisseur, -euse; hédoniste; **genussvoll** A *umg* ADJ extrêmement agréable B ADV avec un plaisir évident

genverändert ADJT génétiquement modifié; transgénique

geo..., **Geo...** IN ZSSGN géo...

Geobotanik F géobotanique *f*; **Geochemie** F géochimie *f*

Geodäsie F ⟨~⟩ géodésie *f*

Geodät M ⟨~en; ~en⟩ géodésien *m*; **geodätisch** ADJ géodésique

Geodreieck® N équerre *f*

Geograf(in) M ⟨~en; ~en⟩ (F) ⟨~in; ~innen⟩ géographe *m/f*; **Geografie** F ⟨~⟩ géographie *f*; **geografisch** ADJ géographique; **Geograph(in)**, **Geographie**, **geographisch** → Geograf(in), Geografie, geografisch

Geologe M ⟨~n; ~n⟩, **Geologin** F ⟨-in; -innen⟩ géologue *m/f*; **Geologie** F ⟨~⟩ géologie *f*; **geologisch** ADJ géologique; **Geometrie** F ⟨~⟩ géométrie *f*; **geometrisch** ADJ géométrique; **Geomorphologie** F géomorphologie *f*; **Geophysik** F géophysique *f*; **Geopolitik** F géopolitique *f*

geordnet ADJT *fig* en ordre; réglé; **in ~en Verhältnissen leben** mener une vie réglée; **~e Verhältnisse schaffen** mettre de l'ordre (**in etw** [*dat*] dans qc)

Georg M ⟨→ *n/pr*⟩ *prénom*; *Heiliger* Georges *m*; *Name englischer Könige* George *m*

Georgien N ⟨→ *n/pr*⟩ la Géorgie *(en Asie)*; **Georgier(in)** M ⟨~s; ~⟩ (F) ⟨~in; ~innen⟩ Géorgien, -ienne *m,f*

georgisch ADJ géorgien, -ienne; **die ~e Sprache** la langue géorgienne; le géorgien *m*

Geothermie F ⟨~⟩ géothermie *f*

geothermisch ADJ géothermique; **~e Energie** énergie *f* géothermique

Geowissenschaften FPL sciences *fpl* de la Terre; *t/t* géosciences *fpl*; **geozentrisch** ADJ ASTRON géocentrique

Gepäck N ⟨~(e)s⟩ bagages *mpl*; MIL paquetage *m*; **sein ~ aufgeben** (faire) enregistrer ses bagages; **mit leichtem ~ reisen** voyager avec peu de bagages

Gepäckabfertigung F 1 *Schalter* (guichet *m* d')enregistrement *m* des bagages 2 ⟨*pas de pl*⟩ *Vorgang* enregistrement *m* des bagages; **Gepäckablage** F *im Bus, Zug* porte-bagages *m*; **Gepäckannahme** F → Gepäckabfertigung, Gepäckaufbewahrung; **Gepäckaufbewahrung** F consigne *f*; **Gepäckaufbewahrungsschein** M ticket *m* de consigne; **Gepäckaufgabe** F → Gepäckabfertigung; **Gepäckausgabe** F 1 *Schalter* (guichet *m* de la) consigne *f* pour bagages à main ou enregistrés 2 ⟨*pas de pl*⟩ *Vorgang* remise *f* des bagages (à l'arrivée); **Gepäckbeförderung** F transport *m* des bagages; **Gepäckkontrolle** F contrôle *m* des bagages; **Gepäcknetz** N filet *m* d'un porte-bagages *(dans un train, etc)*; **Gepäckraum** M compartiment *m* à bagages; **Gepäckschalter** M guichet *m* des bagages; **Gepäckschein** M bulletin *m* d'enregistrement; **Gepäckschließfach** N (casier *m* de) consigne *f* automatique; **Gepäckstück** N bagage *m*; **Gepäcktasche** F *am Fahrrad etc* sacoche *f*; **Gepäckträger** M 1 *Person* porteur *m* 2 *am Fahrrad etc* porte-bagages *m*; **Gepäckversicherung** F assurance *f* des bagages; **Gepäckwagen** M fourgon *m* (à bagages)

Gepard M ⟨~s; ~e⟩ guépard *m*

gepfeffert ADJT 1 GASTR poivré 2 *umg fig Rechnung, Witz etc* salé; *Preise* excessif, -ive

gepfiffen PPERF → pfeifen

gepflegt A ADJT 1 *Stil, Äußeres, Kleidung etc* soigné; *Park, Garten* (bien) entretenu; *Haus* bien tenu 2 *(kultiviert) Unterhaltung* cultivé; *Ausdrucksweise* choisi; soigné; *Essen, Getränke* de choix; *Lokal, Hotel* de (grande) classe; *geh* **in ~er Umgebung speisen** dîner dans un cadre élégant; **ein ~es Bier** une bière bien servie B ADVL **sich ~ ausdrücken** s'exprimer en termes choisis; **~ essen gehen** aller dans un bon restaurant

Gepflegtheit F ⟨~⟩ 1 *in der äußeren Erscheinung* aspect, extérieur soigné 2 *des Stils, der Ausdrucksweise* caractère choisi, soigné; *der Unterhaltung* caractère cultivé

Gepflogenheit *geh* F ⟨~; ~en⟩ habitude *f*; coutume *f*

gepierct ADJT qui a un piercing; **~ sein** avoir un piercing

geplagt ADJT **er ist ein ~er Mann** il a la vie dure; il est bien à plaindre

Geplänkel N ⟨~s; ~⟩ MIL, *fig* escarmouche(s) *f(pl)*

Geplapper *umg* N ⟨~s⟩ *e-s Kindes* babillage *m*; *pej (leeres Gerede)* bavardage *m*; papotage *m*

Geplärr(e) *umg pej* N ⟨~(e)s⟩ *umg* braillement *m*; *e-s Radios etc* beuglement *m*

Geplätscher N ⟨~s⟩ *von Wasser* clapotis *m*; clapotement *m*; *fig Unterhaltung* **seichtes ~** conversation plate

Geplauder *geh* N ⟨~s⟩ causerie *f*

Gepolter N ⟨~s⟩ *(das Dröhnen)* fracas *m*; *(Radau)* vacarme *m*

Gepräge N ⟨~s; ~⟩ 1 MÜNZKUNDE empreinte *f* 2 *geh fig* ⟨*pas de pl*⟩ empreinte *f*; caractère *m*; **e-r Sache** *(dat)* **ihr ~ geben** marquer qc de son empreinte; donner à qc son caractère

Gepränge *geh* N ⟨~s⟩ faste *m*; pompe *f*; apparat *m*

gepriesen PPERF → preisen

gepunktet ADJ *Stoff* à pois

Gequake *umg* N ⟨~s⟩ 1 *von Fröschen* coassement *m*; *von Enten* coin-coin *mpl* 2 *umg pej* glapissements *mpl*

gequält ADJT *Lächeln* tendu; forcé; *Fröhlichkeit* feint

Gequassel *umg pej* N ⟨~s⟩ papotage *m*; cancans *mpl*

Gequatsche *umg pej* N ⟨~s⟩ papotage *m*; cancans *mpl*

Gequengel *umg pej* N ⟨~s⟩ *umg* pleurnicheries *fpl*

gequollen PPERF → quellen[1]

Ger M ⟨~(e)s; ~e⟩ HIST javelot *m*

gerade A ADJ 1 *Linie, Straße, Nase etc* droit; *(ohne Umweg)* direct; *(eben)* plan; égal; **in ~r Linie** en ligne droite; *bei Abstammung a.* en ligne directe 2 MATH pair B ADV 1 *(nicht krumm)* droit; **~ biegen** *(~ machen)* redresser; **~ halten** tenir droit; **sich ~ halten** se tenir droit; *umg* **~ machen** redresser; **~ sitzen** se tenir droit (en position assise); **sitz ~!** assieds-toi comme il faut!; tiens-toi droit!; **~ stehen** se tenir droit; **~ stellen** remettre droit; redresser 2 *(genau)* juste(ment); précisément; exactement; **~ (in**

G

dem Augenblick), als ... juste, précisément au moment où ...; **~ ein Jahr** juste un an; un an jour pour jour; **~ zur rechten Zeit** juste au bon moment; **~ recht kommen** venir à point; tomber à pic; **das geschieht dir ~ recht** c'est bien fait pour toi; tu ne l'as pas volé **3** *zeitlich (im Moment)* maintenant; justement; *(soeben)* tout à l'heure; **da wir ~ davon sprechen** puisque nous sommes justement en train d'en parler; **~ dabei sein, etw zu tun** être (précisément, justement) en train de faire qc; **ich wollte es ~ sagen** j'allais justement le dire; **ich wollte ~ gehen** j'étais sur le point de partir; **er ist ~ angekommen, eingeschlafen** il vient (juste[ment]) d'arriver, de s'endormir; **ich habe ~ noch gesehen, wie ...** j'ai juste eu le temps de voir comment ... **4** *(geradewegs)* droit; → *a.* geradeheraus **5** *(knapp)* juste; **~ so viel, dass ...** juste assez pour *(+inf)*; **~ noch rechtzeitig** juste encore à temps; *umg* **e-e Prüfung ~ so bestehen** avoir son examen de justesse **6** *(ausgerechnet)* justement; **warum ~ ich?** et pourquoi justement moi?; *ärgerlich* **musst du das ~ jetzt tun!** ce n'est vraiment pas le moment de faire ça!; **~ ihre Ehrlichkeit wurde ihr zum Verhängnis** c'est justement son honnêteté qui l'a perdue **7** *(besonders)* précisément; particulièrement; **sie ist nicht ~ e-e Schönheit** on ne peut pas dire que ce soit une beauté **8** *umg (erst recht)* **nun, jetzt ~!** maintenant raison de plus!; **jetzt tut er es ~** il le fait exprès maintenant

Gerade F ⟨~n; ~n⟩ **1** MATH droite *f* **2** SPORT ligne droite **3** BOXEN direct *m*

geradeaus ADV tout droit; *fig* **er ist immer sehr ~** il est toujours très direct

geradebiegen V/T *⟨irr, sép, -ge-, h.⟩ umg fig (in Ordnung bringen)* arranger; → *a.* gerade B 1; **geradehalten** V/T *u.* V/R → gerade B 1

geradeheraus ADV franchement; directement; *umg* carrément; **gerademachen** *umg* V/T → gerade B 1

geradenwegs → geradewegs

geradesitzen V/I → gerade B 1

geradeso ADV **sie macht es ~ wie ich** elle (le) fait exactement comme moi; **~ groß wie** (juste) aussi grand que

geradestehen V/I *⟨irr, sép, -ge-, h.⟩ fig* **für etw ~** prendre la responsabilité de qc; porter le chapeau pour qc; **für j-n ~** prendre la responsabilité pour qn; → *a.* gerade B 1

geradestellen V/T → gerade B 1

geradewegs ADV directement; tout droit; **~ auf sein Ziel zusteuern** se diriger droit au but

geradezu ADV vraiment; tout simplement; **das ist ~ ein Wunder** c'est tout simplement un miracle

Geradheit F ⟨~⟩ *(Offenheit)* franchise *f*; droiture *f*

geradlinig **A** ADJ **1** en ligne droite; rectiligne **2** *fig (aufrichtig)* droit; franc, franche **B** ADV **1 ~ verlaufen** faire une ligne droite **2** *fig* avec droiture; *bes in Äußerungen* franchement

Geradlinigkeit F ⟨~⟩ **1** disposition *f* rectiligne **2** *fig (Aufrichtigkeit)* droiture *f*; franchise *f*

gerammelt *umg* ADVL **~ voll** bondé; plein à craquer; *umg* archiplein; *Räume a. umg* archicomble

geändert ADJT **rot ~e Augen** NPL yeux rougis; **grün ~es Papier** papier bordé de vert

Gerangel *umg* N ⟨~s⟩ *a. fig* bagarre *f* **(um** pour)

Geranie F ⟨~; ~n⟩ géranium *m*

gerann → gerinnen

gerannt PPERF → rennen

Gerassel N ⟨~s⟩ bruit *m (+gen* de); *von Ketten etc* fracas *m*; cliquetis *m*; *von Wagen* roulement *m*

gerät → geraten[1]

Gerät N ⟨~(e)s; ~e⟩ **1** *einzelnes (Haushaltsgerät, Küchengerät)* ustensile *m*; *(Werkzeug, Gartengerät)* outil *m*; *feinmechanisches, (Messgerät)* instrument *m*; **elektrische ~e** appareils *mpl* électriques **2** *⟨pas de pl⟩ coll (~schaften)* outillage *m* **3** *(Radiogerät, Fernsehgerät)* poste *m* **4** PL **~e** *(Turngeräte)* agrès *mpl*

Gerätehaus N garage *m* des pompiers

geraten[1] V/I ⟨gerät, geriet, geraten, s.⟩ **1** *(zufällig gelangen)* tomber, arriver, se trouver pris (par °hasard); *umg* atterrir; **an j-n ~** tomber sur qn; *umg fig* **an den Richtigen, Falschen ~** tomber sur la bonne, mauvaise personne; **außer sich** *(akk od dat)* **~** *vor Zorn* sortir de ses gonds; *vor Ärger* se fâcher tout rouge; *vor Freude* ne pas se sentir de joie; **er geriet vor Wut außer sich** *(akk od dat) a.* la colère l'a mis °hors de lui; **in Gefahr ~** être soudain en danger; **in Gefangenschaft ~** être fait prisonnier; **in Misskredit, Not ~** tomber en discrédit, dans la misère; **in Panik ~** *umg* paniquer; **in e-n Sturm ~** être pris dans une tempête; **in Vergessenheit ~** tomber dans l'oubli; **in Wut, Zorn ~** entrer en fureur; se mettre en colère; **unter ein Auto ~** se faire écraser; passer sous une voiture **2** *(gelingen)* **(gut) ~** réussir; **schlecht ~** rater; **ihm gerät alles** tout lui réussit; **zu kurz, lang ~** *Pullover etc* être trop court, long; *hum Person* **er, sie ist zu kurz ~** *umg* il (elle) est court(e) sur pattes; **er, sie ist zu lang ~** *umg* c'est une grande perche **3** *(gleichen)* **nach dem Vater ~** tenir de, ressembler à son père

geraten[2] **A** PPERF → raten, geraten[1] **B** ADJT *⟨attribut⟩ (ratsam)* **es für ~ halten zu** *(+inf)* juger bon, utile de *(+inf)*; **das Geratenste wäre zu** *(+inf)* le mieux serait de *(+inf)*

Geräteraum M *für Sportgeräte* salle *f* des appareils; **Geräteschuppen** M remise *f* (à outils); **Geräteturnen** N exercices *mpl* aux agrès; **Geräteübung** F exercice *m* aux agrès; **Gerätewagen** M voiture *f* d'outillage

Geratewohl N **aufs ~** au hasard; au petit bonheur (la chance)

Gerätschaften FPL outillage *m*

Geratter *umg* N ⟨~s⟩ *e-s Zuges etc* roulement *m*

geräuchert ADJT fumé

geraucht ADJT → geräuchert

geraum *geh* ADJ *⟨épithète⟩* **seit ~er Zeit** depuis (assez) longtemps

geräumig ADJ spacieux, -ieuse; vaste; **Geräumigkeit** F ⟨~⟩ caractère spacieux; espace *m*

Geraune N ⟨~s⟩ chuchotement(s) *m(pl)*

Geräusch N ⟨~(e)s; ~e⟩ bruit *m*; **geräuscharm** ADJ *Gerät, Maschine* silencieux, -ieuse

Geräuschemacher(in) M(F) bruiteur, -euse *m,f*

geräuschempfindlich ADJ sensible au bruit; **Geräuschkulisse** F **1** *(Hintergrundgeräusch)* fond *m* sonore **2** THEAT bruitage *m*; **geräuschlos** **A** ADJ silencieux, -ieuse; *Gerät, Maschine a.* qui ne fait pas du tout de bruit **B** ADV silencieusement; sans faire de bruit; **Geräuschlosigkeit** F ⟨~⟩ absence *f* de bruit; silence *m*; *e-s Geräts, e-r Maschine* fonctionnement silencieux; **Geräuschpegel** M niveau *m* sonore; **geräuschvoll** **A** ADJ bruyant; plein de bruit **B** ADV bruyamment

gerben V/T ⟨h.⟩ tanner; *(zurichten)* corroyer; *fig* **von Wind und Wetter gegerbtes Gesicht** visage tanné

Gerber M ⟨~s; ~⟩ tanneur *m*

Gerbera F ⟨~; ~(s)⟩ gerbera *m*

Gerberei F ⟨~; ~en⟩ tannerie *f*

Gerberlohe F tan *m*

Gerbsäure F acide *m* tannique

Gerbung F ⟨~; ~en⟩ tannage *m*

Gerd M ⟨→ *n/pr*⟩ *prénom*

Gerda F ⟨→ *n/pr*⟩ *prénom*

gerecht **A** ADJ **1** *Richter, Urteil, Strafe, Note etc, a.* REL juste; *Richter, Urteil a.* équitable; **~ gegen j-n sein** être juste envers qn **2** *(gerechtfertigt)* justifié; *Zorn* légitime; **das ist nur ~** ce n'est que justice; **für e-e ~e Sache kämpfen** lutter pour une cause juste **3** *(angemessen)* justifié; *Lohn, Entschädigung* juste; **j-m ~ werden** apprécier qn à sa juste valeur; *plus fort* rendre justice à qn; **e-r Sache** *(dat)* **~ werden** apprécier qc à sa juste valeur; *e-r Aufgabe* venir à bout de qc; *Wünschen, Anforderungen etc* satisfaire à qc **B** ADV avec justice; justement; équitablement

Gerechte(r) M/F(M) ⟨→ A⟩ *a.* REL juste *m*; **den Schlaf des ~n schlafen** dormir du sommeil du juste

gerechterweise ADV pour être juste

gerechtfertigt ADJT justifié

Gerechtigkeit F ⟨~⟩ *a.* REL, *geh (Justiz)* justice *f*; *e-s Richters, Urteils a.* équité *f*; **ausgleichende ~** juste retour *m* des choses; *geh* **~ walten lassen** être juste; *geh* **j-m, e-r Sache ~ widerfahren lassen** rendre justice à qn, qc; **die ~ nimmt ihren Lauf** la justice suit son cours

Gerechtigkeitsgefühl N ⟨~s⟩ sentiment *m* de justice; **Gerechtigkeitsliebe** F ⟨~⟩ amour *m* de la justice; **gerechtigkeitsliebend** ADJT qui aime la justice; **Gerechtigkeitssinn** M ⟨~(e)s⟩ sens *m* de la justice

Gerede *umg pej* N ⟨~s⟩ bavardage(s) *m(pl)*; *leeres* verbiage *m*; *umg* blabla(bla) *m*; *(Klatsch)* cancans *mpl*; *(Gerücht)* rumeurs *fpl*; **das ~ der Leute** le qu'en-dira-t-on; **ins ~ kommen** faire jaser; **j-n ins ~ bringen** compromettre (la réputation de) qn

geregelt ADJT *⟨épithète⟩* réglé; régulier, -ière; **ein ~es Leben führen** mener une vie réglée

gereichen *geh* V/I *⟨pperf* gereicht, h.⟩ **es gereicht dir zum Vorteil** cela te donnera un avantage; **j-m zur Ehre, Schande ~** faire honneur, °honte à qn

gereift ADJT *charakterlich etc* mûri

gereizt **A** ADJT irrité **B** ADVL avec mauvaise humeur; **~ reagieren** manifester sa mauvaise humeur

Gereiztheit F ⟨~⟩ irritation *f*

Gerenne *umg* N ⟨~s⟩ → Rennerei

Gerhard M ⟨→ *n/pr*⟩ *prénom*

Geriater(in) M ⟨~s; ~⟩ (F) ⟨~in; ~innen⟩ gériatre *m/f*; **Geriatrie** F ⟨~⟩ gériatrie *f*; **geriatrisch** ADJ gériatrique

Gericht[1] N ⟨~(e)s; ~e⟩ JUR tribunal *m*; *(~shof)* cour *f* de justice; REL **das Jüngste** *od* **Letzte ~** le Jugement dernier; **Hohes ~!** Messieurs les juges, ...; **vor ~** *(dat)* en justice; devant le tribunal; **vor ~** *(akk)* **gehen** aller en justice; **e-e Sache vor ~** *(akk)* **bringen** porter, déférer une cause devant un tribunal; saisir un tribunal d'une cause; **vor ~** *(dat)* **stehen** être jugé; **vor ~** *(dat)* **erscheinen** comparaître en justice, devant un *bzw.* le tribunal; **vor ~** *(dat)* **aussagen** faire une déposition, témoigner (au tribunal); **j-n vor ~** *(dat)* **vertreten** représenter qn en justice; **~ halten** rendre la justice; *geh* **über j-n ~ halten** *od* **zu ~ sitzen** juger qn; *fig* **mit j-m (scharf** *od* **hart) ins ~ gehen** être très sévère envers qn; faire de vertes réprimandes à qn

Gericht[2] N ⟨~(e)s; ~e⟩ GASTR plat *m*; *(Spezialität)* spécialité *f*

gerichtlich **A** ADJ *⟨épithète⟩* judiciaire; *Medi-*

zin, Psychologie légal; **~e Schritte einleiten** introduire une action en justice (**gegen** contre) **B** ADV par voie de justice; **j-n ~ belangen** poursuivre qn en justice, devant un tribunal (**wegen** pour); intenter des poursuites judiciaires contre qn (**wegen** pour); **gegen j-n ~ vorgehen, etw ~ verfolgen** poursuivre qn, qc en justice
Gerichtsakten FPL dossier *m* judiciaire; **Gerichtsarzt** M, **Gerichtsärztin** F médecin *m* légiste; **gerichtsärztlich** ADJ ‹*épithète*› médico-légal; **Gerichtsassessor(in)** M(F) *etwa* auditeur *m* de justice
Gerichtsbarkeit F ‹~; ~en› juridiction *f*
Gerichtsbeamte(r) M officier *m*, fonctionnaire *m* de justice; magistrat *m*; **gerichtsbekannt** ADJ connu du tribunal; **Gerichtsbeschluss** M décision *f* judiciaire, du tribunal; **Gerichtsbezirk** M circonscription *f* judiciaire; ressort *m* de juridiction; **Gerichtsdiener** M huissier *m* (audiencier); **Gerichtsdolmetscher(in)** M(F) interprète *m/f* auprès des tribunaux; **Gerichtsentscheid** M ADMIN, **Gerichtsentscheidung** F décision *f* du tribunal; *weitS.* jugement *m*; **Gerichtsferien** PL vacations *fpl* (des tribunaux); **Gerichtsgebäude** N palais *m* de justice; **Gerichtsgebühren** FPL droits *mpl* de justice
Gerichtshof M cour *f* de justice; **Europäischer ~** Cour de justice de l'Union européenne; **Europäischer ~ für Menschenrechte** Cour européenne des droits de l'homme
Gerichtskosten PL frais *mpl* de justice; dépens *mpl*; **gerichtskundig** ADJ connu du tribunal; **Gerichtsmedizin** F ‹~› médecine légale; **Gerichtsmediziner(in)** M(F) médecin *m* légiste; **gerichtsmedizinisch** ADJ médicolégal; **gerichtsnotorisch** ADJ avéré; notoire; **Gerichtsordnung** F règlement *m* de procédure; **Gerichtspräsident(in)** M(F) président *m* du tribunal; **Gerichtsreferendar(in)** M(F) juriste *m/f* stagiaire; *in Frankreich* auditeur *m* de justice; **Gerichtsreporter(in)** M(F) chroniqueur, -euse *m,f* judiciaire; **Gerichtssaal** M salle *f* d'audience (d'un tribunal); prétoire *m*; **Gerichtssachverständige(r)** M/F(M) expert *m* auprès des tribunaux; **Gerichtsschreiber** M greffier *m*; **Gerichtsstand** M ‹~(e)s; ⸚e› lieu *m* de juridiction; tribunal compétent; juridiction compétente; **Gerichtstag** M, **Gerichtstermin** M jour *m* d'audience; **Gerichtsurteil** N jugement *m* du tribunal
Gerichtsverfahren N procédure *f* (judiciaire); **gegen j-n ein ~ einleiten** engager, entamer une procédure contre qn
Gerichtsverfassung F ‹~› organisation *f* judiciaire; **Gerichtsverhandlung** F débats *mpl* (judiciaires); audience *f*; **Gerichtsvollzieher(in)** M ‹~s; ~› (F) ‹~in; ~innen› huissier *m* de justice; **Gerichtsvorsitzende(r)** M/F(M) président *m* du tribunal
Gerichtsweg M voie *f* de justice; **auf dem ~** par voie de justice
Gerichtswesen N ‹~s› système *m* judiciaire; tribunaux *mpl*
gerieben **A** PPERF → reiben **B** *umg* ADJT → gerissen B
geriehen PPERF → reihen A 2
gering **A** ADJ peu (de); petit; peu important; *Anzahl, Menge, Einkommen* petit; *Kenntnisse* limité; *Unterschied, Abstand, Höhe, Druck, Temperatur etc* faible; *Summe, Preis* insignifiant; **von ~er Tiefe** peu profond; de faible profondeur; **von ~em Wert** de peu de valeur; **~e Aussichten auf Erfolg haben** avoir des chances minimes, réduites, assez minces de réussir; **(nur) e-e ~e Rolle spielen** avoir peu d'importance; ne pas jouer un rôle important **B** ADV **~ achten** (*missachten*) ne pas tenir compte de; *Gesundheit* ne pas faire attention à; (*~ schätzen*) mépriser; dédaigner; **~ schätzen** mépriser; dédaigner; **das kostet, ~ geschätzt, dreihundert Euro** j'estime que cela coûte au minimum trois cents euros, que cela coûte trois cents euros au bas mot
geringachten V/T → gering B; **Geringachtung** F mépris *m*; dédain *m*
geringer ADJ moindre; *Stellung, Position etc* inférieur (**als** à); *Summe etc* moins élevé; **in ~em Maße** à un degré moindre; **das ~e von zwei Übeln** de deux maux le moindre; **kein Geringerer als ...** ... en personne; **~ werden** diminuer; s'amoindrir
geringfügig **A** ADJ peu important; insignifiant; minime; (*nebensächlich*) accessoire **B** ADV d'une façon insignifiante; (*nebensächlich*) accessoirement; *zunehmen etc* légèrement
Geringfügigkeit F ‹~; ~en› **1** ‹*pas de pl*› *Art, Eigenschaft* caractère *m* accessoire; insignifiance *f*; **das Verfahren wegen ~ einstellen** rendre un non-lieu (pour insuffisance de charges) **2** (*Nebensächlichkeit*) détail (insignifiant, sans importance); (*Kleinigkeit*) chose *f* sans importance
geringschätzen V/T → gering B; **geringschätzig** **A** ADJ méprisant; dédaigneux, -euse **B** ADV avec mépris, dédain; dédaigneusement; **Geringschätzung** F ‹~› mépris *m*; dédain *m*
geringste(r, -s) ADJ (le, la) moindre; **beim ~n Anlass** pour un rien; à la moindre occasion; **das ist meine ~ Sorge** c'est le cadet de mes soucis; **das ist das Geringste, das man erwarten kann** c'est la moindre des choses; c'est bien le moins qu'on puisse attendre; **nicht das Geringste** absolument rien; rien du tout; **nicht im Geringsten** pas le moins du monde; **nicht die ~ Aussicht auf** (+*akk*) pas la moindre chance de ...; **nicht die ~ Ahnung** pas la moindre idée; **nicht die ~ Lust zu etw haben** ne pas avoir la moindre envie de faire qc; **nicht der ~ Zweifel** pas l'ombre d'un doute
geringstenfalls *geh* ADV au minimum; au bas mot
gerinnen V/I ‹gerinnt, gerann, geronnen, s.› *Blut* (se) coaguler; *Milch* (se) cailler; tourner
Gerinnsel N ‹~s; ~› MED *von Blut etc* caillot *m*
Gerinnung F ‹~› **1** MED coagulation *f* **2** *von Milch* caillage *m*
Gerinnungsenzym N enzyme *m od f* de coagulation; **Gerinnungsfaktor** M MED facteur *m* de coagulation; **gerinnungshemmend** ADJT MED anticoagulant; **Gerinnungsmittel** N MED coagulant *m*
Gerippe N ‹~s; ~› **1** ANAT squelette *m*; *umg fig hum* **ein wandelndes ~** un squelette ambulant; **bis zum ~ abgemagert sein** être squelettique; ne plus avoir que la peau sur les os **2** *fig* (*Gliederung*) charpente *f*; structure *f* **3** TECH squelette *m*; BAU charpente *f*; *e-s Schiffs, Flugzeugs* carcasse *f* **4** BOT *e-s Blatts* nervures *fpl*
gerippt ADJ *Stoff* côtelé; à côtes; *Blatt* nervuré
gerissen **A** PPERF → reißen **B** *umg* ADJT (*schlau*) rusé; roué; *umg* roublard; **ein ~er Bursche** *umg* un roublard
Gerissenheit F ‹~› ruse *f*; *umg* roublardise *f*
geritten PPERF → reiten
geritzt ADJT ‹*attribut*› *umg* **(die Sache) ist ~!** *umg* ça baigne!
Germ M ‹~(e)s› *od* F ‹~› *südd, österr* levure *f*
Germane M ‹~n; ~n›, **Germanin** F ‹-in; -innen› Germanique *m/f*; *hum* Germain(e) *m(f)*; HIST **die (alten) ~n** les Germains *mpl*
Germanien N ‹→ *n/pr*› HIST la Germanie
germanisch ADJ germanique; HIST germain; **~e Sprachen** *fpl* langues *fpl* germaniques; UNIVERSITÄT **Germanisches Seminar** département *m* d'allemand, *weitS.* des études germaniques
germanisieren V/T ‹*pas de ge-*, h.› germaniser; **Germanisierung** F ‹~› germanisation *f*
Germanismus M ‹~; -men› LING germanisme *m*; **Germanist(in)** M ‹~en; ~en› (F) ‹~in; ~innen› *Student(in)* germanisant(e) *m(f)*; étudiant(e) *m(f)* d'allemand, *weitS.* en langues germaniques; *Wissenschaftler(in)* germaniste *m/f*
Germanistik F ‹~› études *fpl* de langue, de littérature et de civilisation allemandes, *weitS.* des langues, littératures et civilisations germaniques; **~ studieren** faire des études d'allemand
germanistisch ADJ ‹*épithète*› d'allemand; *weitS.* des langues germaniques
Germanium N ‹~s› CHEM germanium *m*
Germknödel M *südd, österr*: *grosse boule de pâte levée fourrée à la confiture de prune*
gern(e) ADV ‹lieber, am liebsten› **1** (*mit Vergnügen, bereitwillig*) volontiers; *als Antwort* **~(e)!** *a.* avec plaisir!; je veux bien; **sehr ~(e)!** très volontiers!; **~ geschehen!** (il n'y a) pas de quoi!; **etw ~(e) tun** *meist* aimer faire qc; *plus fort* adorer faire qc; **~(e) lesen, tanzen, Auto fahren** aimer (bien) lire, danser, conduire; **etw ~ mögen, essen, trinken** aimer qc; **~ gesehen (sein)** *Gast* (être le) bienvenu; **das wird hier nicht ~ gesehen** c'est mal vu ici; on ne voit pas cela d'un bon œil ici; **ich bin ~(e) in Paris** j'aime bien être à Paris; **er hört es ~(e), wenn man ihn lobt** il aime les compliments; → gernhaben **2** (*gewöhnlich*) **er kommt ~(e) um diese Zeit** c'est l'heure à laquelle il aime bien passer, il passe toujours **3** *bei e-m Wunsch* **ich hätte ~(e) ...** je voudrais ...; **ich möchte ~ ins Kino gehen** j'aimerais bien aller, j'ai envie d'aller au cinéma **4** (*ohne Weiteres*) **das glaube ich ~(e)** je le crois volontiers; je veux bien le croire; **du kannst ~(e) dableiben!** tu peux rester, si tu veux!; **gut und ~(e) zehn Euro** plus de, au moins dix euros **5** *umg* (*oft, schnell, leicht*) souvent; **im Winter bekomme ich ~(e) Schnupfen** j'ai souvent des rhumes en hiver
Gernegroß *umg* M ‹~; ~e› vantard *m*; °hâbleur *m*
gerngesehen ADJT → gern(e) 1
gernhaben V/T ‹*irr, sép*, -ge-, h.› **etw ~** aimer qc; **j-n ~** aimer (bien) qn; avoir de l'affection pour qn; *umg* **der kann mich (mal) ~!** *umg* il m'embête!
Geröchel N ‹~s› râle(s) *m(pl)*
gerochen PPERF → riechen
Geröll N ‹~s; ~e› éboulis *m*; *am Wasser* galets *mpl*; **Geröllhalde** F éboulis *m*; **Geröllschicht** F couche *f* d'éboulis
geronnen PPERF → gerinnen, rinnen
Gerontologe M ‹~n; ~n›, **Gerontologin** F ‹-in; -innen› gérontologue *m/f*; **Gerontologie** F ‹~› gérontologie *f*
Gerste F ‹~› orge *f*
Gerstenbrot N pain *m* d'orge; **Gerstenfeld** N champ *m* d'orge; **Gerstenkorn** N **1** BOT grain *m* d'orge **2** MED orgelet *m*; **Gerstenmehl** N farine *f* d'orge; **Gerstensaft** M ‹~(e)s› *hum* (*Bier*) bière *f*
Gert → Gerhard
Gerte F ‹~; ~n› badine *f* (*a. Reitgerte*); baguette *f*; verge *f*
gertenschlank ADJ élancé; svelte
Gertrud F ‹→ *n/pr*› *prénom*
Geruch M ‹~(e)s; ⸚e› **1** odeur *f*; **der ~ nach**

od **von frischem Brot** l'odeur *f* du pain frais **2** ‹*pas de pl*› (*Geruchssinn*) odorat *m* **3** *geh* ‹*pas de pl*› *fig* **im ~ stehen zu** (*+inf*) avoir la réputation de (*+inf*)
geruchlos ADJ sans odeur; inodore; **Geruchlosigkeit** F ‹~› absence *f* d'odeur
Geruchsbelästigung F gêne causée par de mauvaises odeurs; nuisances olfactives; **geruchsempfindlich** ADJ sensible aux mauvaises odeurs; **geruchsfrei** ADJ sans odeur; inodore; **Geruchsnerv** M nerf olfactif; **Geruchsorgan** N organe olfactif; **Geruchssinn** M ‹~(e)s› odorat *m*; **Geruchsstoff** M substance perçue par l'odorat; **Geruchsvermögen** N pouvoir olfactif; **Geruchsverschluss** M *am Waschbecken etc* siphon *m*
Gerücht N ‹~(e)s; ~e› bruit *m*; rumeur(s) *f(pl)*; **ein ~ verbreiten, in die Welt** *od* **in Umlauf setzen** faire courir, répandre, propager un bruit; **es geht das ~, dass ...** on dit, raconte que ...; le bruit court que ...; *umg* **das halte ich für ein ~!** ce ne sont que des on-dit!
Gerüchteküche *umg pej* F officine *f* de fausses nouvelles
geruchtilgend ADJT désodorisant
gerüchtweise ADV par un bruit; par des bruits; **~ verlautet, dass ...** le bruit court que ...; **etw ~ hören** *od* **erfahren** entendre dire qc
gerufen PPERF → rufen
geruhen *geh, iron* V/I ‹*pperf* geruht, h.› **~, etw zu tun** condescendre à, daigner faire qc
gerührt ADJT *seelisch* touché; ému; **~ sein, werden** *a.* s'attendrir (**von etw** sur qc)
geruhsam **A** ADJ tranquille; calme **B** ADV tranquillement; avec calme; **Geruhsamkeit** F ‹~› tranquillité *f*
Gerumpel N ‹~s› tapage *m*; *e-s Wagens* roulement *m*
Gerümpel N ‹~s› *pej* bric-à-brac *m*; vieilleries *fpl*
Gerundium N ‹~s; -ien› GRAM gérondif *m*
Gerundiv N ‹~s; ~e› GRAM participe futur passif
gerungen PPERF → ringen
Gerüst N ‹~(e)s; ~e› **1** BAU échafaudage *m* **2** *fig e-s Aufsatzes etc* structure *f*; *e-s Romans etc* cadre *m*; **Gerüstbau** M ‹~(e)s› (construction *f* d'un) échafaudage *m*
Ges, ges N ‹Ges, ges; Ges, ges› MUS sol *m* bémol
Gesabber *umg pej* N ‹~s› **1** (*das Sabbern*) **hör auf mit dem ~!** arrête de baver! **2** *fig* (*dummes Gerede*) *umg* blabla(bla) *m*; *sl* conneries *fpl*
gesalzen **A** PPERF → salzen **B** ADJT → gepfeffert 2
gesammelt ADJT **1** *innerlich* recueilli **2** **die ~en Werke von George Sand** les œuvres complètes de George Sand
Gesamtansicht F vue d'ensemble, générale; **Gesamtaufkommen** N WIRTSCH produit total; **Gesamtauflage** F TYPO tirage global; **Gesamtausfuhr** F exportation totale, globale; **Gesamtausgabe** F TYPO (édition *f* des) œuvres complètes; **Gesamtausgaben** FPL FIN dépenses totales; ensemble *m* des dépenses; **Gesamtbegriff** M notion globale; **Gesamtbelastung** F charge(s) totale(s); **Gesamtbesitz** M totalité *f* des biens, de ce que qn possède; **Gesamtbetrag** M (montant *m*, chiffre *m*) total *m*; somme totale; **Gesamtbevölkerung** F (la) population dans son ensemble; **Gesamtbild** N tableau *m* d'ensemble; aperçu général; **gesamtdeutsch** ADJ concernant toute l'Allemagne, *bes* HIST l'Allemagne de l'Est et de l'Ouest; **Gesamtdurchschnitt** M moyenne générale
gesamte(r, -s) ADJ ‹*épithète*› total; global; (tout[e]) entier, -ière; l'ensemble, la totalité de ...
Gesamteindruck M impression générale, d'ensemble; **Gesamteinkommen** N revenu global, total; **Gesamtentwicklung** F évolution générale; **Gesamtergebnis** N résultat global, total; SPORT classement général; **Gesamterlös** M produit global; **Gesamtertrag** M HANDEL revenu global; AGR rendement global; **Gesamtfläche** F surface totale; **Gesamtforderung** F HANDEL créance totale, globale
Gesamtgewicht N poids total, en charge; **zulässiges ~** poids total autorisé
Gesamtheit F ‹~› **1** totalité *f*; ensemble *m*; tout *m*; **die ~ der Beamten** *etc a.* tous les fonctionnaires, *etc*; **... in ihrer ~ ...** dans leur ensemble; **etw in s-r ~ betrachten, analysieren** considérer, analyser qc dans son ensemble, globalement **2** (*Allgemeinheit*) collectivité *f*; **im Interesse der ~** dans l'intérêt de la collectivité
Gesamthochschule F *forme nouvelle d'université permettant aux étudiants une formation multidisciplinaire*; **Gesamthöhe** F °hauteur totale; *von Investitionen etc* chiffre global; **Gesamtinteresse** N intérêt général; **Gesamtkapital** N total *m* des capitaux; **Gesamtkatalog** M *e-r Bibliothek* catalogue général; **Gesamtkosten** PL totalité *f* des frais; **Gesamtkunstwerk** N œuvre *f* d'art qui réunit plusieurs genres, pluriforme; **Gesamtlage** F situation générale; **Gesamtlänge** F longueur totale; **Gesamtlast** F charge totale; **Gesamtleistung** F *e-r Maschine, e-s Arbeiters* rendement total; SCHULE *etc* travail *m* dans son ensemble; **Gesamtnote** F note globale; **Gesamtplan** M plan *m* d'ensemble; **Gesamtpreis** M prix total, global; **Gesamtproduktion** F production totale, globale; **Gesamtschaden** M totalité *f* des dommages; **Gesamtschau** F vue *f* d'ensemble; **Gesamtschuld** F HANDEL dette totale, globale; JUR dette solidaire
Gesamtschuldner M JUR codébiteur *m* solidaire; **als ~ haften** répondre solidairement
Gesamtschule F *établissement scolaire regroupant collège et lycée*; **Gesamtsieg** M SPORT victoire finale; **Gesamtsieger** M SPORT vainqueur final; **Gesamtstrafe** F cumul *m* de peines; **Gesamtsumme** F somme totale (**über** [*+akk*] de); **Gesamtüberblick** M, **Gesamtübersicht** F vue *f* d'ensemble; tour *m* d'horizon (**über** [*+akk*] de); **Gesamtumsatz** M chiffre d'affaires global; **Gesamtunterricht** M enseignement *m* pluridisciplinaire; **Gesamtverband** M fédération *f*; **Gesamtverlust** M totalité *f* des pertes; **Gesamtvermögen** N totalité *f* de la fortune, des biens; **Gesamtvolumen** N HANDEL volume global; **Gesamtwerk** N *e-s Künstlers* œuvre *m*; (*gesammelte Werke*) œuvres complètes; **Gesamtwert** M valeur totale, globale; **Gesamtwertung** F SPORT classement général; **Gesamtwirkung** F effet général; **Gesamtwirtschaft** F ‹~› économie *f* dans son ensemble; ensemble *m* de l'économie; **gesamtwirtschaftlich** **A** ADJ ‹*épithète*› pris dans un contexte économique **B** ADV dans un *bzw.* le contexte économique; **Gesamtwohl** N bien général; **Gesamtzahl** F nombre total; total *m*; totalité *f*
Gesamtzusammenhang M **etw im ~ betrachten** voir qc dans son ensemble
gesandt PPERF → senden 1
Gesandte(r) M/F(M) ‹→ A› envoyé(e) *m(f)* (*a.* HIST); *Titel* ministre *m* plénipotentiaire
Gesandtschaft F ‹~; ~en› légation *f*
Gesandtschaftsgebäude N légation *f*; **Gesandtschaftsrat** M ‹~(e)s; -räte› attaché *m* de légation
Gesang M ‹~(e)s; ¨~e› chant *m*; **Gesangbuch** N KIRCHE livre *m* de cantiques; **gesanglich** ADJ concernant le chant; de chant (-eur)
Gesangseinlage F intermède *m* de chant
Gesang(s)lehrer(in) M(F) professeur *m/f* de chant; **Gesang(s)stunde** F leçon *f* de chant; **Gesang(s)unterricht** M cours *mpl* de chant
Gesangverein M (société *f*) chorale *f*; *umg hum* **mein lieber Herr ~!** *umg* ça alors!
Gesäß N ‹~es; ~e› **1** ANAT fesses *fpl*; derrière *m* **2** *e-r Hose* fond *m* de culotte, de pantalon; **Gesäßbacke** F fesse *f*; **Gesäßfalte** F sillon fessier; raie *f* des fesses; **Gesäßmuskel** M muscle fessier; **Gesäßtasche** F *e-r Herrenhose* poche *f* revolver
gesättigt ADJT CHEM saturé; → *a.* sättigen
Gesäusel N ‹~s› **1** *des Windes* murmure *m*; *von Blättern* bruissement *m* **2** *umg pej* (*Schmeicheleien*) baratin *m*
gesch. ABK (geschieden) divorcé(e)
Geschädigte(r) M/F(M) ‹→ A› victime *f*; (*Benachteiligte[r]*) personne lésée; *durch Unglück* sinistré(e) *m(f)*
geschaffen PPERF → schaffen A 1, 2
geschafft ADJT *umg* (**ganz**) **~ sein** *umg* être (complètement) crevé
Geschäft N ‹~(e)s; ~e› **1** *Tätigkeit* affaire *f*; (*Handel*) *a.* marché *m*; commerce *m*; (*Abmachung*) accord *m*; BÖRSE, BANK transaction *f*; opération *f*; **ein ~ abschließen** conclure une affaire, un marché; **von ~en reden** parler affaires; **s-n ~en nachgehen** vaquer à ses affaires; **in ~en unterwegs sein** être en voyage d'affaires; **die ~e gehen gut, schlecht** les affaires vont, marchent bien, mal; **mit j-m ins ~ kommen** faire affaire avec qn; **mit j-m ein ~, ~e machen** faire une, des affaire(s) avec qn; **das** *od* **ein ~ mit der Angst machen** exploiter la peur des gens; **~ ist ~** les affaires sont les affaires **2** ‹*pas de pl*› (*Profit, Absatz*) bonnes affaires; *weitS.* profit *m*; (**mit etw**) **ein gutes, schlechtes ~ machen** gagner beaucoup d'argent, ne pas gagner d'argent (avec qc); **das ~ blüht** les affaires marchent très fort **3** (*Handelsunternehmen*) fonds *m* de commerce; (*Betrieb*) entreprise *f*; affaire *f*; **ins ~ gehen** aller travailler, *umg* bosser **4** (*Laden*) commerce *m*; *kleineres* boutique *f*; *größeres* magasin *m* **5** *fig* (*Aufgabe*) tâche *f*; travail *m*; **sein ~ verstehen** connaître son métier; **das ist ein undankbares ~** c'est une tâche ingrate **6** *umg, kinderspr* (*Notdurft*) **kleines, großes ~** petite, grosse commission; **sein ~ verrichten** faire ses besoins
Geschäftemacher M *pej* affairiste *m*; **Geschäftemacherei** F ‹~; ~en› *pej* affairisme *m*
geschäftig **A** ADJ affairé; actif, -ive **B** ADV d'une façon affairée; **~ hin und her eilen** aller et venir l'air affairé; **~ tun** s'agiter
Geschäftigkeit F ‹~› affairement *m*; activité *f*
geschäftlich **A** ADJ **1** d'affaires; en, des affaires; commercial; **~e Beziehungen** *fpl* relations *fpl* d'affaires; **in e-r ~en Angelegenheit** pour affaires **2** *fig* (*unpersönlich, sachlich*) formel, -elle; impersonnel, -elle; **wir besprechen zuerst das Geschäftliche** on règle d'abord les affaires; on parle d'abord des affaires **B** ADV **1** pour affaires; **~ unterwegs** en route, en

voyage pour affaires; **ich habe ~ in Paris zu tun** je suis à Paris pour affaires; **~ geht es ihm gut** ses affaires marchent, vont bien; *wie geht es Ihnen?* - **meinen Sie ~ oder privat?** vous voulez dire sur le plan professionnel ou sur le plan personnel? 2 *fig (sachlich)* d'un ton *bzw.* d'une manière formel, -elle, impersonnel, -elle

Geschäftsabschluss M conclusion *f* d'une affaire; **e-n ~ tätigen** conclure une affaire, un marché

Geschäftsadresse F adresse *f* d'une entreprise, *etc;* **das ist meine ~** voilà mon adresse professionnelle

Geschäftsanteil M part sociale; **Geschäftsanzeige** F annonce commerciale

Geschäftsaufgabe F cessation *f* de commerce; **Ausverkauf wegen ~** liquidation totale (pour cessation de commerce)

Geschäftsbedingungen FPL **allgemeine ~** conditions (générales) de vente

Geschäftsbereich M ressort *m;* **Minister** *m* **ohne ~** ministre *m* sans portefeuille

Geschäftsbericht M rapport *m* de gestion; *am Ende des Geschäftsjahres* rapport *m* de l'exercice; **Geschäftsbeziehungen** FPL relations commerciales; **Geschäftsbrief** M lettre d'affaires, commerciale; **Geschäftsbücher** NPL livres *mpl* de commerce; **Geschäftseröffnung** F ouverture *f* d'un commerce, d'un magasin; **geschäftsfähig** ADJ JUR ayant la capacité d'accomplir des actes juridiques; **Geschäftsfähigkeit** F ⟨~⟩ JUR capacité *f* d'accomplir des actes juridiques; **Geschäftsfeld** N domaine *m* d'activité; **Geschäftsfrau** F femme *f* d'affaires; **Geschäftsfreund** M partenaire *m;* relation *f* d'affaires

geschäftsführend ADJT ⟨*épithète*⟩ gérant, dirigeant les affaires; *Direktor* général; **~e Regierung** gouvernement *m* par intérim

Geschäftsführer(in) M(F) gérant(e) *m(f); e-r GmbH* gérant *m* de société; *Angestellte(r)* gérant(e) *m(f)* d'affaires; *e-s Verbandes etc* directeur, -trice *m,f*

Geschäftsführung F ⟨~⟩ 1 gérance *f*, gestion *f* (d'affaires); *e-r GmbH* gérance *f* de société; **die ~ übernehmen** prendre la direction des affaires 2 *Personen* direction *f* (d'une affaire, d'une entreprise)

Geschäftsgang M 1 ⟨*pas de pl*⟩ *Fortgang, Entwicklung* cours *m*, marche *f* des affaires 2 *(Besorgung)* démarche *f*; **Geschäftsgebaren** N comportement *m* en affaires; **Geschäftsgeheimnis** N secret *m* de fabrique; **Geschäftsgründung** F fondation *f* d'une entreprise; **Geschäftshaus** N maison *f* de commerce; immeuble *m* de bureaux; **Geschäftsinhaber(in)** M(F) exploitant(e) *m(f)*, propriétaire *m/f* d'un magasin, d'une entreprise; **Geschäftsinteresse** N intérêt commercial; intérêts *mpl* d'affaires

Geschäftsjahr N exercice *m;* année commerciale; **laufendes ~** exercice courant

Geschäftsjubiläum N anniversaire *m* de la fondation d'une entreprise, d'un commerce; **Geschäftskapital** N capital *m* d'exploitation

Geschäftskosten PL **auf ~** aux frais de la maison, de l'entreprise

geschäftskundig ADJ compétent en affaires

Geschäftslage F 1 situation des affaires, commerciale 2 *Gegend* **das ist e-e sehr gute ~** ce magasin, *etc* est très bien situé

Geschäftsleben N ⟨~s⟩ (vie *f* des) affaires *fpl;* **sich aus dem ~ zurückziehen** se retirer des affaires

Geschäftsleitung F → Geschäftsführung;

Geschäftsleute PL hommes *mpl* d'affaires; commerçants *mpl; coll* milieux *mpl* des affaires;

Geschäftslokal N local *m* à usage commercial, professionnel

Geschäftsmann M ⟨~(e)s; -leute⟩ homme *m* d'affaires; commerçant *m;* **~ sein** *a.* être dans les affaires; **er ist der geborene ~** il a le sens des affaires

geschäftsmäßig A ADJ 1 en affaires 2 *fig (sachlich, unpersönlich)* formel, -elle; impersonnel, -elle; froid B ADV 1 en affaires 2 *fig* d'une façon formelle, impersonnelle; **Geschäftsmethode** F méthode *f* en affaires; **Geschäftsmodell** N modèle *m* d'entreprise

Geschäftsordnung F règlement intérieur; **ein Antrag zur ~** une motion d'ordre

Geschäftspapiere NPL papiers *mpl* d'affaires; **Geschäftspartner(in)** M(F) partenaire *m/f* en affaires; **Geschäftspolitik** F stratégie commerciale; **Geschäftspraktiken** FPL *meist pej* pratiques *fpl* en affaires; **Geschäftsräume** MPL local *m* à usage commercial; **Geschäftsreise** F voyage *m* d'affaires; **Geschäftsreisende(r)** M voyageur *m* de commerce; représentant *m;* VRP *m;* **Geschäftsrisiko** N risque *m* (d'une opération commerciale); **Geschäftsrückgang** M ralentissement *m*, récession *f* des affaires; **geschäftsschädigend** ADJT qui constitue un préjudice (commercial); **Geschäftsschädigung** F préjudice (commercial); **Geschäftsschluss** M fermeture *f* des magasins, des bureaux; **Geschäftssinn** M ⟨~(e)s⟩ sens *m* des affaires; **Geschäftssitz** M siège social; **Geschäftsstelle** F *e-r Verwaltung, e-s Verbands* bureau *m; e-s Gerichts* greffe *m;* **Geschäftsstraße** F rue commerçante; **Geschäftsstunden** FPL → Geschäftszeit; **Geschäftstätigkeit** F activité commerciale; **Geschäftsträger** M DIPL chargé *m* d'affaires; **geschäftstüchtig** ADJ (bon) commerçant; habile, doué en affaires; **Geschäftstüchtigkeit** F habileté *f*, talent *m* en affaires; **Geschäftsübernahme** F reprise *f* d'un commerce, d'une affaire; **geschäftsunfähig** ADJ JUR qui n'a pas la capacité d'accomplir des actes juridiques; **Geschäftsunfähigkeit** F JUR incapacité *f* d'accomplir des actes juridiques; **Geschäftsverbindung** F relation commerciale; **Geschäftsverkehr** M mouvement *m* des affaires; relations *fpl* d'affaires; **Geschäftsviertel** N quartier *m* des affaires; *(Einkaufszentrum)* quartier commercial; **Geschäftsvorgang** M ADMIN *(Korrespondenz, Akte etc)* dossier *m;* **Geschäftswagen** M voiture *f* appartenant à l'entreprise, de service; **Geschäftswelt** F ⟨~⟩ monde *m* des affaires; **Geschäftswert** M valeur *f* d'un fonds de commerce, d'une entreprise; **Geschäftszeichen** N référence *f* (à rappeler); **Geschäftszeit** F *(Öffnungszeit)* heures *fpl* d'ouverture; *am Arbeitsplatz* horaire *m* de travail; **Geschäftszentrum** N centre *m* des affaires; **Geschäftszimmer** N bureau *m;* **Geschäftszweig** M secteur commercial

geschah → geschehen

Geschäker N ⟨~s⟩ badineries *fpl;* flirt *m*

Geschaukel *umg pej* N ⟨~s⟩ *im Auto, Schiff etc* ballottement *m*

gescheckt ADJ *Tier* pie *(inv)*

geschehen VI ⟨geschieht, geschah, geschehen, s.⟩ se passer; arriver; se produire; se faire; **etw ~ lassen** laisser faire qc; **was ist ~?** qu'est-ce qui s'est passé, est arrivé?; **er wusste nicht, wie ihm geschah** il ne réalisait pas ce qui lui arrivait; **als wäre nichts ~** comme si de rien n'était; **der Unfall geschah an dieser Stelle** l'accident s'est produit, s'est passé, est arrivé à cet endroit; **der Mord geschah aus Habgier** la cupidité a été le mobile du crime; **was auch ~ mag** quoi qu'il advienne, arrive; **was soll damit ~?** que faut-il en faire?; **es muss etwas ~** il faut faire quelque chose; **ist ihm etwas ~?** lui est-il arrivé quelque chose?; **es geschieht dir nichts**, *geh* **es wird dir kein Leid ~** on ne te fera pas de mal; **ihm ist Unrecht ~** on lui a fait du tort; **das geschieht ihm (ganz) recht** c'est bien fait pour lui; il n'a que ce qu'il mérite; *umg* il ne l'a pas volé; **es ist um ihn ~** *(er ist verloren)* c'en est fait de lui; *(er ist ganz verliebt)* il est éperdument amoureux; **was ~ ist, ist ~** ce qui est fait est fait

Geschehen *geh* N ⟨~s⟩ événements *mpl*

Geschehnis *geh* N ⟨~ses; ~se⟩ événement *m*

gescheit ADJ *(klug)* intelligent; judicieux, -ieuse; *(vernünftig)* raisonnable; sensé; *(begabt)* doué; **ein ~er Kopf** une personne intelligente; **sei doch ~!** sois donc raisonnable!; *umg* **du bist wohl nicht (ganz) ~!** tu es tombé sur la tête!; **ich kann daraus nicht ~ werden** je n'y comprends rien; *umg* **ich habe nichts Gescheites zum Anziehen** je n'ai rien à me mettre

Geschenk N ⟨~(e)s; ~e⟩ cadeau *m; geh* présent *m;* **j-m ein ~ machen** faire un cadeau à qn; **j-m etw zum ~ machen** faire cadeau de qc à qn; *fig* **ein ~ des Himmels** un don du ciel; *sprichw* **kleine ~e erhalten die Freundschaft** *sprichw* les petits cadeaux entretiennent l'amitié

Geschenkabonnement N abonnement *m* (offert à qn); **Geschenkartikel** MPL cadeaux *mpl;* **Geschenkband** N ⟨~(e)s; ¨er⟩ ruban *m* (pour paquet-cadeau); **Geschenkgutschein** M chèque-cadeau *m;* **Geschenkpackung** F paquet-cadeau *m;* **Geschenkpapier** N papier-cadeau *m;* **Geschenksendung** F *als Aufschrift* cadeau *m*

Geschichte F ⟨~; ~n⟩ 1 ⟨*pas de pl*⟩ *(Entwicklung), a. Schul-, Studienfach* histoire *f*; **~ machen, in die ~ eingehen** entrer dans l'histoire; **der ~ angehören** appartenir à, faire partie de l'histoire 2 *(Erzählung)* histoire *f; (Märchen)* conte *m* 3 *umg fig (Angelegenheit)* histoire *f;* affaire *f;* **e-e alte ~** une vieille histoire; **die ganze ~** toute cette histoire, affaire; *iron* **das ist ja e-e schöne ~!** c'est une sale affaire!; nous voilà dans de beaux draps!; *(iron* **schöne)** **~n machen** en faire de belles; **mach keine ~n!** ne fais pas d'histoires!; **es ist immer dieselbe ~** c'est toujours la même histoire

Geschichtenbuch N livre *m* de contes; **Geschichtenerzähler(in)** M(F) conteur, -euse *m,f*

geschichtlich A ADJ historique B ADV sur le plan historique; *erklären etc* historiquement

Geschichtsatlas M atlas *m* historique; **Geschichtsauffassung** F conception *f* de l'histoire; **Geschichtsbewusstsein** N prise *f* de conscience historique; **Geschichtsbild** N 1 représentation *f* (que l'on a, se fait) de l'histoire 2 KUNST tableau *m*, peinture *f* historique; **Geschichtsbuch** N livre *m* d'histoire; **Geschichtsdarstellung** F présentation *f* de l'histoire; **Geschichtsfälschung** F falsification *f* de l'histoire; **Geschichtsforscher(in)** M(F) historien, -ienne *m,f;* **Geschichtsforschung** F recherches *fpl* historiques; **Ge-**

schichtskenntnis F connaissance *f* de l'histoire; **Geschichtsklitterung** F ⟨~; ~en⟩ falsification *f* de l'histoire; **Geschichtslehrer(in)** M(F) professeur *m/f* d'histoire; **Geschichtsphilosophie** F philosophie *f* de l'histoire; **Geschichtsschreiber** M historien *m*; *e-s Fürsten* historiographe *m*; **Geschichtsschreibung** F historiographie *f*; **Geschichtsstudium** N études *fpl* d'histoire; **Geschichtsstunde** F cours *m* d'histoire; **Geschichtsunterricht** M enseignement *m* de l'histoire; *Unterrichtsstunde* cours *m* d'histoire; **Geschichtswerk** N ouvrage *m* d'histoire; **Geschichtswissenschaft** F histoire *f*; **Geschichtswissenschaftler(in)** M(F) historien, -ienne *m,f*; **Geschichtszahl** F date *f* d'histoire, historique

Geschick[1] *geh* N 1 ⟨~(e)s⟩ *(Schicksal)* sort *m*; destin *m*; destinée *f* 2 PL **~e** *(Umstände, Entwicklung)* destin *m*

Geschick[2] N ⟨~(e)s⟩ *(Geschicklichkeit)* habileté *f*; adresse *f*; *(Eignung)* aptitude *f*; talent *m*; **mit ~** avec habileté, adresse; **(ein) ~ für etw haben** avoir des aptitudes, du talent pour qc

Geschicklichkeit F ⟨~⟩ habileté *f*; adresse *f*; savoir-faire *m*; *(Fingerfertigkeit)* dextérité *f*; doigté *m*

Geschicklichkeitsfahren N ⟨~s⟩ course *f* d'obstacles; **Geschicklichkeitsprüfung** F épreuve *f* d'habileté; **Geschicklichkeitsspiel** N jeu *m* d'adresse

geschickt A ADJ 1 *(gewandt)* habile, adroit **(im Nähen** *etc* en couture, *etc)* 2 *südd Zeitpunkt, Vorschlag etc* bien choisi B ADV habilement; adroitement; **sich ~ aus der Affäre ziehen** se tirer habilement, adroitement d'affaire

Geschicktheit F ⟨~⟩ → Geschicklichkeit

geschieden A PPERF → scheiden B ADJT 1 *Eheleute* divorcé; **e-e ~e Frau** une femme divorcée; **ihr ~er Mann** son ex-mari; **s-e ~e Frau** son ex-femme 2 *fig* **wir sind ~e Leute** tout est fini entre nous

Geschiedene(r) M/F(M) ⟨→ A⟩ divorcé(e) *m(f)*

geschieht → geschehen

geschienen PPERF → scheinen

Geschimpfe *umg pej* N ⟨~s⟩ rouspétance *f*; *(Schimpfreden)* invectives *fpl*; injures *fpl*

Geschirr N ⟨~(e)s; ~e⟩ 1 *(Tafelgeschirr)* vaisselle *f*; *(Küchengeschirr)* batterie *f* de cuisine; **(das) ~ spülen** faire, laver la vaisselle 2 *von Zugtieren* °harnais *m*; *fig* **sich (mächtig) ins ~ legen** donner un coup de collier; *umg* en mettre un coup

Geschirrschrank M buffet *m*; **Geschirrspüler** M ⟨~s; ~⟩ 1 *Person* plongeur *m* 2 *umg* → Geschirrspülmaschine; **Geschirrspülmaschine** F lave-vaisselle *m*; **Geschirrspülmittel** N liquide *m*, produit *m* vaisselle; **Geschirrtuch** N ⟨~(e)s; ~̈er⟩ torchon *m*

Geschiss N ⟨~es⟩ *sl* **ein ~ um etw machen** *umg* faire tout un plat de qc; faire des histoires pour qc

geschissen PPERF → scheißen

geschlafen PPERF → schlafen

geschlagen A PPERF → schlagen B ADJT **e-e ~e Stunde** une heure entière

geschlängelt ADJT *Linie etc* sinueux, -euse; ondulé

geschlaucht ADJT *umg* **~ sein** *umg* être crevé

Geschlecht N ⟨~(e)s; ~er⟩ 1 BIOL sexe *m*; *hum* **das schöne ~** le beau sexe; *hum* **das schwache, starke ~** le sexe faible, fort 2 GRAM genre *m* 3 *(Familie)* famille *f*; *(Herrschergeschlecht)* dynastie *f*; **aus altem ~** d'une vieille famille; **das ~ der Karolinger** la dynastie des Carolingiens 4 *(Generation)* génération *f*; **vergangene, künftige ~er** les générations passées, à venir 5 ⟨*pas de pl*⟩ ANAT *(~steil)* sexe *m* 6 *poet (Gattung)* genre *m*; **das menschliche ~** le genre humain

Geschlechterfolge F lignée *f*; **Geschlechterrolle** F rôle sexuel; **Geschlechtertrennung** F séparation *f* des sexes

geschlechtlich A ADJ sexuel, -elle; **~e Aufklärung** éducation sexuelle; BIOL **~e Fortpflanzung** reproduction sexuée B ADV sexuellement; **mit j-m ~ verkehren** avoir des rapports sexuels avec qn

Geschlechtlichkeit F ⟨~⟩ sexualité *f*

Geschlechtsakt M acte sexuel; **Geschlechtsbestimmung** F détermination *f* du sexe; **Geschlechtschromosom** N chromosome sexuel; **Geschlechtsdrüse** F gonade *f*; **Geschlechtshormon** N hormone sexuelle; **geschlechtskrank** ADJ atteint d'une maladie sexuellement transmissible, d'une maladie vénérienne; **Geschlechtskrankheit** F maladie *f* sexuellement transmissible; MST *f*; maladie vénérienne; **Geschlechtsleben** N ⟨~s⟩ vie sexuelle; **geschlechtslos** ADJ BIOL, *fig* asexué

Geschlechtsmerkmal N **(primäres, sekundäres) ~** caractère sexuel (primaire, secondaire)

geschlechtsneutral ADJ qui n'est pas défini par l'appartenance à un sexe

Geschlechtsorgane NPL *bei der Frau* organes génitaux; *beim Mann* parties génitales; **Geschlechtspartner(in)** M(F) partenaire *m/f* sexuel, -elle; **geschlechtsreif** ADJ ayant atteint la maturité sexuelle; **Geschlechtsreife** F maturité sexuelle; **geschlechtsspezifisch** ADJ propre à un sexe; **Geschlechtsteil** N *od* M sexe *m*; *pl* **~e** parties génitales; **Geschlechtstrieb** M instinct sexuel; **Geschlechtsumwandlung** F changement *m* de sexe; **Geschlechtsunterschied** M différence *f* entre les sexes; **Geschlechtsverkehr** M rapports sexuels; relations sexuelles; **Geschlechtswort** N ⟨~(e)s; ~̈er⟩ GRAM article *m*; **Geschlechtszelle** F gamète *m*

geschlichen PPERF → schleichen

geschliffen A PPERF → schleifen[1] B ADJT *Stil etc* poli; *Manieren* raffiné; dégrossi; **Geschliffenheit** F ⟨~⟩ *des Stils* poli *m*; *der Manieren* finesse *f*

geschlossen A PPERF → schließen B ADJT fermé; *Reihe, Front etc* serré; *Widerstand* homogène; *Vokal* fermé; PSYCHIATRIE **~e Abteilung** secteur fermé; pavillon *m* des agités; **~e Gesellschaft** réunion privée; ADMIN **~e Ortschaft** localité *f*; **in sich** *(dat)* **~** *Darstellung, Vortrag etc* concis et homogène; *Persönlichkeit* équilibré; MIL **in ~er Formation** en formation serrée C ADVL *(alle[s] zusammen)* en bloc; MIL en formation serrée; *(einstimmig)* à l'unanimité; **~ für etw stimmen** voter en bloc pour qc; **~ hinter j-m stehen** faire bloc derrière qn

Geschlossenheit F ⟨~⟩ *e-r Reihe etc* caractère serré; *e-r Darstellung etc* concision *f*; homogénéité *f*; *e-r Persönlichkeit* équilibre *m*; *(Einstimmigkeit)* unanimité *f*

geschlungen PPERF → schlingen[1], schlingen[2]

Geschmack M ⟨~(e)s; ~̈e *ou umg hum* ~̈er⟩ 1 *a. fig* goût *m*; GASTR *a.* saveur *f*; **e-n bitteren ~ im Munde haben** *a.* avoir la bouche amère; **ohne ~** GASTR sans goût, saveur; insipide; fade; **nach meinem ~** à *od* de mon goût; **das ist nicht mein ~** ça ne me plaît pas; **(e-n guten) ~ haben** *Person* avoir du goût; *Essen* avoir bon goût; **keinen** *od* **e-n schlechten ~ haben** *Person* ne pas avoir de goût; *Essen* ne pas être bon; **an etw** *(dat)* **~ finden** trouver du goût, prendre goût à qc; **den ~ an etw** *(dat)* **verlieren** perdre le goût de qc; **auf den ~ kommen** y prendre goût; **gegen den guten ~ verstoßen** *Verhalten, Witz, Gegenstand* être de mauvais goût; *Person* avoir une attitude choquante; *umg hum* **(die) Geschmäcker sind verschieden** chacun ses goûts; tous les goûts sont dans la nature; **über ~ lässt sich nicht streiten** des goûts et des couleurs on ne discute pas 2 ⟨*pas de pl*⟩ *(~ssinn)* goût *m*

geschmacklich A ADJ ⟨*épithète*⟩ concernant le goût; de goût B ADV en ce qui concerne le goût; quant au goût

geschmacklos A ADJ 1 GASTR sans goût; insipide 2 *fig Person* qui manque de goût; *Dinge, Handlung* de mauvais goût; **es wäre ~ zu** *(+inf)* ce serait un manque de goût de *(+inf)* 3 *fig (taktlos)* qui manque de tact B ADV sans goût; **~ angezogen sein** être mis avec peu de goût, sans aucun goût

Geschmacklosigkeit F ⟨~; ~en⟩ 1 ⟨*pas de pl*⟩ *(Fadheit)* manque *m*, absence *f* de goût; insipidité *f* 2 ⟨*pas de pl*⟩ *(Taktlosigkeit)* mauvais goût 3 *Bemerkung, Sache* remarque *f*, chose *f* de mauvais goût

Geschmacksbildung F formation *f* du goût; **Geschmacksempfindung** F sensation gustative; **Geschmacksfrage** F affaire *f* de goût; **Geschmacksknospe** F ANAT papille gustative; **Geschmacksnerv** M nerf gustatif; **geschmacksneutral** ADJ sans goût défini

Geschmacksrichtung F 1 *von Eis etc* parfum *m* 2 *(Vorliebe)* goût *m*; **der ~ e-r Epoche entsprechen** correspondre au goût d'une époque

Geschmack(s)sache F **das ist Geschmack(s)sache** c'est une affaire, une question de goût

Geschmackssinn M ⟨~(e)s⟩ (sens *m* du) goût *m*; **Geschmacksstoff** M agent *m* de sapidité; **Geschmacksurteil** N jugement basé sur le goût

Geschmacksverirrung F aberration *f* du goût; faute *f* de goût; *hum* **unter ~** *(dat)* **leiden** faire *bzw.* avoir fait une énorme faute de goût, un mauvais choix

Geschmacksverstärker M exhausteur *m* (de goût); **Geschmackszusatz** M *in Lebensmitteln* parfum *m*

geschmackvoll A ADJ de bon goût B ADV avec goût

Geschmeide *geh* N ⟨~s; ~⟩ bijoux *mpl*; parure *f*

geschmeidig ADJ *Leder, Haut, Körper, Bewegung* souple; *(biegbar)* flexible; *Metall, Teig* malléable; **Geschmeidigkeit** F ⟨~⟩ souplesse *f*; flexibilité *f*; malléabilité *f*

Geschmeiß *geh pej* N ⟨~es⟩ *a. fig* vermine *f*

Geschmiere *umg pej* N ⟨~s⟩ *(schlecht Geschriebenes)* gribouillage *m*; *(schlecht Gemaltes)* barbouillage *m*

geschmissen PPERF → schmeißen

geschmolzen PPERF → schmelzen

Geschnatter N ⟨~s⟩ 1 *e-r Ente* nasillement(s) *m(pl)*; *e-r Gans* cris *mpl* 2 *umg pej* caquetage *m*; jacasseries *fpl*

Geschnetzelte(s) N ⟨→ A⟩ GASTR émincé *m* de viande

geschniegelt ADJT *umg* **~ (und gebügelt)** tiré à quatre épingles

geschnitten PPERF → schneiden

Geschnüffel *umg pej* N ⟨~s⟩ reniflements *mpl*

geschoben PPERF → schieben

gescholten PPERF → schelten

Geschöpf N ⟨~(e)s; ~e⟩ créature *f*

geschoren PPERF → scheren[1]

Geschoss[1] N ⟨~es; ~e⟩, *österr* **Geschoß**[1] N ⟨-ßes; -ße⟩ MIL, *fig* projectile *m*

Geschoss[2] N ⟨~es; ~e⟩, *österr* **Geschoß**[2] N ⟨-ßes; -ße⟩ BAU étage *m*

Geschossbahn, *österr* **Geschoßbahn** F trajectoire *f*

geschossen PPERF → schießen

Geschosshagel, *österr* **Geschoßhagel** M pluie *f* de projectiles

geschraubt ADJT *fig Stil* maniéré; *Sprache* affecté; **Geschraubtheit** F ⟨~⟩ caractère maniéré; affectation *f*

Geschrei *umg oft pej* N ⟨~s⟩ cris *mpl*; *plus fort* °hurlements *mpl*; *wütendes* vociférations *fpl*; *e-r Menge* clameurs *fpl*; **mit lautem ~** à grands cris; **ein großes ~ erheben** pousser les °hauts cris; *umg fig* **ein großes ~ wegen etw machen** *umg* faire tout un plat de qc; **etw mit großem ~ verlangen** réclamer qc à cor et à cri

Geschreibsel *umg pej* N ⟨~s⟩ griffonnage *m*; gribouillis *mpl*

geschrieben PPERF → schreiben

geschrie(e)n PPERF → schreien

geschritten PPERF → schreiten

geschunden PPERF → schinden

Geschütz N ⟨~es; ~e⟩ MIL pièce *f* (d'artillerie); *fig* **grobes** *od* **schweres ~ auffahren** employer les grands moyens

Geschützdonner M bruit *m* du canon; **Geschützfeuer** N feu *m* d'artillerie; canonnade *f*; **Geschützstand** M, **Geschützstellung** F MIL emplacement *m* de pièce

Geschwader N ⟨~s; ~⟩ SCHIFF, FLUG escadre *f*

Geschwafel *umg pej* N ⟨~s⟩ blabla(bla) *m*; verbiage *m*

Geschwätz *umg pej* N ⟨~es⟩ 1 bavardage(s) *m(pl)*; *leeres* verbiage *m*; *sich wiederholendes a.* radotage(s) *m(pl)*; **dummes ~** bêtises *fpl*; *sl* conneries *fpl* 2 *(Klatsch) umg* ragots *mpl*; potins *mpl*

geschwätzig ADJ *pej* bavard; **Geschwätzigkeit** F ⟨~⟩ *pej* volubilité *f*; loquacité *f*; *(Klatschsucht)* manie *f* de commérer, de cancaner

geschweift ADJT arrondi; galbé; TYPO **~e Klammer** accolade *f*

geschweige KONJ **~ (denn)** et encore moins

geschwiegen PPERF → schweigen

geschwind *bes südd* A ADJ rapide B ADV en vitesse; rapidement; *(für e-n bzw. in e-m Augenblick)* pour *bzw.* en une minute; pour *bzw.* en quelques instants

Geschwindigkeit F ⟨~; ~en⟩ *der Fortbewegung* vitesse *f*; allure *f*; *(Schnelligkeit)* rapidité *f*; **mit voller ~** à toute vitesse, allure; **mit großer** *od* **hoher ~** à grande vitesse; à vive allure; **mit e-r ~ von 50 km/h** à une, à la vitesse de 50 km/h; **mit überhöhter ~ fahren** faire un excès de vitesse

Geschwindigkeitsabfall M ⟨~(e)s⟩ perte *f* de vitesse; **Geschwindigkeitsanzeiger** M indicateur *m* de vitesse; **Geschwindigkeitsbegrenzung** F, **Geschwindigkeitsbeschränkung** F limitation *f* de vitesse; **Geschwindigkeitskontrolle** F contrôle *m* de vitesse; **Geschwindigkeitsmesser** M ⟨~s; ~⟩ compteur *m* de vitesse; tachymètre *m*

Geschwindigkeitsrausch M griserie *f* de la vitesse; **e-n ~ haben** être grisé par la vitesse

Geschwindigkeitsregler M régulateur *m* de vitesse; **Geschwindigkeitsrekord** M record *m* de vitesse; **Geschwindigkeitsüberschreitung** F excès *m* de vitesse

Geschwister NPL frère(s) *m(pl)* et sœur(s) *f(pl)*; **e-s meiner ~** un de mes frères *bzw.* une de mes sœurs

geschwisterlich ADJ fraternel, -elle

Geschwisterliebe F 1 amour fraternel 2 *(Inzest)* inceste *m* entre frère(s) et sœur(s); **Geschwisterpaar** N frère *m* et sœur *f*

geschwollen A PPERF → schwellen B B ADJT 1 MED enflé 2 *fig pej Rede, Stil* ampoulé; grandiloquent; pompeux, -euse C ADVL *fig pej* **sich ~ ausdrücken** s'exprimer avec grandiloquence

geschwommen PPERF → schwimmen

geschworen A PPERF → schwören B ADJT **ein ~er Gegner von etw** un ennemi juré de qc

Geschworene(r) M/F(M) ⟨→ A⟩ juré *m*; **die ~n** les jurés; le jury

Geschworenenbank F ⟨~; -bänke⟩ banc *m* des jurés; **Geschworenengericht** N → Schwurgericht

Geschwulst F ⟨~; ~̈e⟩ tumeur *f*

geschwunden PPERF → schwinden

geschwungen A PPERF → schwingen B ADJT courbe *(a. Linie)*; *Möbel, Form* galbé; ARCH *(bogenförmig)* cintré

Geschwür N ⟨~s; ~e⟩ ulcère *m*

gesehen PPERF → sehen

Geselchte(s) N ⟨→ A⟩ *südd, österr* viande fumée

Geselle M ⟨~n; ~n⟩ 1 *(Handwerksgeselle)* ouvrier qualifié; HIST *in Frankreich* compagnon *m* 2 *fig (Kerl)* gaillard *m*; **ein lustiger ~** *a.* un joyeux drille

gesellen V/R ⟨*pperf* gesellt, h.⟩ 1 **sich zu j-m ~** se joindre à qn; joindre qn; *sprichw* **Gleich und Gleich gesellt sich gern** *sprichw* qui se ressemble s'assemble 2 *fig (hinzukommen)* **sich zu etw ~** s'allier à qc

Gesellenbrief M certificat *m* d'aptitude professionnelle; CAP *m*; **Gesellenprüfung** F (examen *m* du) CAP *m*; **Gesellenstück** N ouvrage *m* à exécuter pour l'obtention d'un CAP

gesellig A ADJ 1 *Person* sociable; *Beisammensein, Abend etc* convivial 2 ZOOL, BIOL social B ADV **~ zusammensitzen** passer une soirée conviviale

Geselligkeit F ⟨~⟩ *von Personen* sociabilité *f*; **die ~ lieben** aimer la compagnie

Gesellschaft F ⟨~; ~en⟩ 1 POL, HIST *etc* société *f* 2 *(Vereinigung)* association *f*; *bes* HANDEL société *f*; **~ mit beschränkter Haftung (GmbH)** société *f* à responsabilité limitée (SARL); **~ des bürgerlichen Rechts** société *f* de droit civil; société civile 3 ⟨*pas de pl*⟩ *(Oberschicht)* **die vornehme, bessere ~** la haute société; le (grand) monde; **e-e Dame der ~** une femme du monde; **zur (besseren) ~ gehören** faire partie de la haute société 4 *(geladener Kreis)* réunion (mondaine); *(Abendgesellschaft)* soirée *f*; **e-e geschlossene ~** une réunion privée; **e-e ~ geben** donner une soirée; recevoir 5 ⟨*pas de pl*⟩ *(Beisammensein)* compagnie *f*; **j-m ~ leisten** tenir compagnie à qn; **sich in schlechter, guter ~ befinden** se trouver en mauvaise, bonne compagnie

Gesellschafter(in) M ⟨~s; ~⟩ F ⟨~in; ~innen⟩ 1 HANDEL *(Teilhaber[in])* associé(e) *m(f)*; sociétaire *m*; **stiller ~** bailleur *m* de fonds; commanditaire *m*; **persönlich haftender ~** associé personnellement responsable 2 *(Unterhalter[in])* **ein glänzender ~, e-e glänzende ~in sein** être brillant(e) en société; **sie hat e-e Stelle als ~in** elle est demoiselle, dame de compagnie

Gesellschafterversammlung F assemblée *f* des associés

gesellschaftlich A ADJ social; *Leben, Beziehungen, Verpflichtungen* mondain B ADV **~ anerkannt sein** être reconnu par la société; **~ niedrig gestellt sein** être en bas de l'échelle sociale

Gesellschaftsanzug M tenue *f* de soirée

gesellschaftsfähig ADJ *Person* sortable; **dieser Anzug ist nicht ~, in diesem Anzug bin ich nicht ~** je ne peux pas sortir avec ce costume

Gesellschaftsform F POL, JUR forme *f* de société; **Gesellschaftsinseln** FPL **die ~** les îles *fpl* de la Société; **Gesellschaftskapital** N capital social; **Gesellschaftskreis** M milieu (fréquenté); **Gesellschaftskritik** F ⟨~⟩ critique *f* de la société; **Gesellschaftskritiker(in)** M(F) observateur, -trice *m,f* critique de la société; **gesellschaftskritisch** ADJ qui critique la société; **Gesellschaftslehre** F 1 SCHULE instruction *f* civique 2 *(Soziologie)* sociologie *f*; **Gesellschaftsordnung** F ordre social; **Gesellschaftspolitik** F politique *f* sociale; **gesellschaftspolitisch** ADJ qui concerne la politique sociale; **Gesellschaftsraum** M → Gesellschaftszimmer; **Gesellschaftsrecht** N ⟨~(e)s⟩ législation *f* sur les sociétés; **Gesellschaftsreise** F voyage collectif; **Gesellschaftsschicht** F couche sociale; **Gesellschaftsspiel** N jeu *m* de société; **Gesellschaftssteuer** F impôt *m* sur l'acquisition de parts sociales; **Gesellschaftsstück** N THEAT comédie *f* de mœurs; **Gesellschaftssystem** N système social; **Gesellschaftstanz** M danse *f* de salon; **Gesellschaftsvermögen** N actif, patrimoine social; **Gesellschaftsvertrag** M 1 JUR contrat *m* de société 2 PHIL contrat social

Gesellschaftswissenschaft F sociologie *f*; **die ~en** les sciences sociales

gesellschaftswissenschaftlich ADJ des sciences sociales

Gesellschaftszimmer N *in Gasthäusern* salon *m*

gesessen PPERF → sitzen

Gesetz N ⟨~es; ~e⟩ loi *f*; *fig* **das ~ der Serie** le principe de la répétition; *fig* **es ist ein ungeschriebenes ~, dass …** il est tacitement admis que …; **vor dem ~** devant la loi; **nach dem ~** selon, d'après la loi; **im Namen des ~es** au nom de la loi; **(zum) ~ werden** passer en loi; **sich** *(dat)* **etw zum (obersten) ~ machen** ériger qc en principe; **unter das ~ fallen** tomber sous le coup de la loi; **ein ~ verabschieden** voter, adopter une loi; **mit dem ~ in Konflikt geraten** sortir de la légalité

Gesetzblatt N Journal officiel

Gesetzbuch N Code *m*; **Bürgerliches ~** Code civil

Gesetzentwurf M projet *m* de loi

Gesetzesänderung F amendement législatif; **Gesetzesauslegung** F interprétation *f* de la loi; **Gesetzesbestimmung** F disposition légale; **Gesetzesbrecher** M personne *f* ne respectant pas la loi; **Gesetzeshüter** M *oft iron* pandore *m*; **Gesetzesinitiative** F initiative législative, des lois

Gesetzeskonflikt M infraction *f* à la loi; **in ~** *(akk)* **geraten** entrer en conflit avec la loi

Gesetzeskraft F ⟨~⟩ force *f* de loi; **~ erlangen, haben** acquérir, avoir force de loi

gesetzeskundig ADJ **~ sein** connaître bien la loi

Gesetzeslücke F lacune *f* dans (le texte d')une loi; **Gesetzesnovelle** F loi additionnelle; **Gesetzessammlung** F recueil *m* de lois; **Gesetzestafel** F BIBEL table *f* de la Loi; **Gesetzestext** M texte de loi, législatif; **gesetzestreu** ADJ conforme à la loi; observant la loi; **Gesetzestreue** F respect *m* de la loi *bzw.* des lois; **Gesetzesübertretung** F violation *f* de, transgression *f* de, infraction *f* à la loi; **Gesetzesvorlage** F proposition *f*, projet *m* de loi; **Gesetzesvorschrift** F disposition, prescription légale; **Gesetzeswerk** N recueil *m* de lois

gesetzgebend ADJT *Gewalt, Versammlung* législatif, -ive; **Gesetzgeber** M ⟨~s; ~⟩ législateur *m*; **Gesetzgebung** F ⟨~⟩ législation *f*

gesetzlich A ADJ légal; *Erbe* légitime; **~er Feiertag** fête légale B ADV légalement; par la loi; **~ geschützt** protégé par la loi; *Marke a.* déposé; **~ vorgeschrieben, verboten** prescrit, interdit par la loi

G

Gesetzlichkeit F ⟨~⟩ 1 JUR légalité *f* 2 *(Gesetzmäßigkeit)* loi *f*; *(Regelmäßigkeit)* régularité *f*

gesetzlos ADJ sans loi; déréglé; **~er Zustand** (état *m* de) non-droit *m*; anarchie *f*

Gesetzlosigkeit F ⟨~⟩ absence *f* de lois

gesetzmäßig A ADJ 1 JUR légal; *(rechtmäßig)* légitime 2 *(regelmäßig)* régulier, -ière B ADV 1 JUR légalement; *(rechtmäßig)* légitimement 2 *(regelmäßig)* régulièrement

Gesetzmäßigkeit F ⟨~; ~en⟩ 1 JUR légalité *f*; *(Rechtmäßigkeit)* légitimité *f* 2 *(Regelmäßigkeit)* régularité *f*; **wirtschaftliche ~en** lois *fpl* économiques

gesetzt ADJT *(ruhig, besonnen)* posé; pondéré; sérieux, -ieuse; *Alter* mûr; **ein ~es Wesen haben** être d'un caractère posé; **ein Herr ~en Alters** un homme d'âge mûr

Gesetztheit F ⟨~⟩ pondération *f*

gesetzwidrig ADJ illégal; contraire à la loi; **Gesetzwidrigkeit** F ⟨~; ~en⟩ 1 ⟨pas de pl⟩ illégalité *f* 2 *(Rechtsbruch)* action illégale

Geseufze N ⟨~s⟩ soupirs *mpl*

ges. gesch. ABK (gesetzlich geschützt) *Marke* déposé

gesichert ADJT protégé; assuré; **e-e ~e Existenz** une existence assurée

Gesicht N ⟨~(e)s; ~er⟩ 1 figure *f*; visage *m*; ANAT face *f*; **mitten ins ~** en pleine figure; **ein finsteres ~ machen** avoir l'air sombre; faire grise mine; **ein trauriges ~ machen** avoir l'air triste; **er machte ein langes ~** son visage s'allongea; il avait l'air déçu; *umg* **er strahlt übers ganze ~** son visage rayonne; **sie ist ihrer Mutter wie aus dem ~ geschnitten** elle est tout le portrait de sa mère; *umg* c'est sa mère toute crachée; **die Enttäuschung stand ihr im ~ geschrieben** la déception se lisait sur son visage; *fig* **sein wahres ~ zeigen** montrer son vrai visage; jeter le masque; **viele bekannte ~er sehen** voir beaucoup de figures connues, de connaissances; **j-m (nicht) ins ~ sehen (können)** (ne pas pouvoir) regarder qn en face; **den Tatsachen ins ~ sehen** voir les choses en face; **die Sonne im ~ haben** avoir le soleil dans la figure; **j-m ins ~ lachen** rire au nez de qn; **j-m ins ~ lügen** mentir à qn avec aplomb; **j-m etw (glatt) ins ~ sagen** dire qc à qn en face; *umg fig* **j-m ins ~ springen** s'en prendre à qn; *umg* tomber sur qn; **j-m (nicht) zu ~ stehen** *Kleidung, Farbe etc* (ne pas) aller bien à qn; *fig Eigenschaft etc* (ne pas) aller à qn; *fig* **das war ein Schlag ins ~** c'était la claque; *plus fort* c'était un affront; *fig* **das ~ verlieren, wahren** perdre, sauver la face 2 *(Aussehen)* visage *m*; physionomie *f*; *e-r Stadt, e-s Landes* aspect *m*; **die Sache erhält ein anderes ~** l'affaire prend un autre aspect 3 *(Grimasse)* **~er schneiden** faire des grimaces 4 *geh* ⟨pas de pl⟩ *(Gesichtssinn)* vue *f*; **etw zu ~ bekommen** voir qc 5 ⟨pl ~e⟩ *(Vision)* vision *f*; **das Zweite ~** le don de double vue

Gesichtsausdruck M ⟨~(e)s; -drücke⟩ expression *f* du visage; air *m*; mine *f*; **Gesichtscreme** F crème *f* pour le visage; **Gesichtserker** M *umg hum (Nase) umg* pif *m*; **Gesichtsfarbe** F teint *m* (du visage)

Gesichtsfeld N champ visuel, de vision; **j-n aus dem ~ verlieren** perdre qn de vue

Gesichtsform F forme *f* du visage; **Gesichtshälfte** F côté *m* (du visage); **Gesichtskontrolle** *umg hum* F sélection *f* à l'entrée

Gesichtskreis M 1 *(Horizont)* horizon *m*; **s-n ~ erweitern** élargir son horizon 2 → Gesichtsfeld

gesichtslos ADJ sans personnalité

Gesichtsmaske F *als Verkleidung, in der Kosmetik, beim Fechten, (Schutzgesichtsmaske) etc* masque *m*; **Gesichtsmuskel** M muscle facial; **Gesichtsnerv** M nerf facial; **Gesichtspartie** F partie *f* du visage; **Gesichtspflege** F soins *mpl* du visage

Gesichtspunkt M point *m* de vue; angle *m*; aspect *m*; **unter diesem ~** sous, de ce point de vue; sous cet angle; **es kommt auf den ~ an** cela dépend du point de vue où l'on se place

Gesichtssinn M ⟨~(e)s⟩ (sens *m* de la) vue

Gesichtsverlust M **ohne ~** sans perdre la face; **das war ein ~ für ihn** il a perdu la face

Gesichtswasser N lotion *f* pour le visage; **Gesichtswinkel** M 1 *(Sehwinkel)* angle visuel; ANAT angle facial 2 → Gesichtspunkt

Gesichtszug M trait *m* (du visage); *pl* **Gesichtszüge** *a.* physionomie *f*

Gesims N ⟨~es; ~e⟩ BAU corniche *f*

Gesinde N ⟨~s; ~⟩ valets *mpl* et servantes *fpl*

Gesindel N ⟨~s⟩ *pej* racaille *f*; canaille *f*

gesinnt ADJ **feindlich ~** hostile; **demokratisch, republikanisch ~ sein** être démocrate, républicain; → gutgesinnt, schlechtgesinnt

Gesinnung F ⟨~; ~en⟩ convictions *fpl*; opinions *fpl*; sentiments *mpl*; **niedrige ~** bassesse *f*; **e-e aufrichtige, edle ~** des sentiments sincères, nobles; **staatsbürgerliche ~** civisme *m*

Gesinnungsfreund M, **Gesinnungsgenosse** M personne *f* qui partage les mêmes opinions, idées (politiques); *bes pej* acolyte *m*; **gesinnungslos** ADJ sans caractère; **Gesinnungslosigkeit** F ⟨~⟩ manque *m* de caractère; **Gesinnungsschnüffelei** F *pej* recherches indiscrètes sur les opinions (politiques) de qn; **Gesinnungstäter(in)** M(F) auteur *m* d'un délit agissant pour des motifs politiques; **gesinnungstreu** ADJ fidèle à une opinion; *plus fort* loyal; **Gesinnungstreue** F fidélité *f* à ses opinions; *plus fort* loyalité *f*

Gesinnungswandel M, **Gesinnungswechsel** M volte-face *f*; **e-n ~ vollziehen** retourner sa veste

gesittet A ADJ bien élevé; civilisé B ADV **sich ~ benehmen** se comporter en personne bien élevée

Gesocks *umg pej* N ⟨~⟩ racaille *f*; *sl* tas *m* de salauds

Gesöff *umg pej* N ⟨~(e)s; ~e⟩ bibine *f*; *zu dünn umg* lavasse *f*; *(schlechter Wein) a.* piquette *f*

gesoffen PPERF → saufen

gesogen PPERF → saugen

gesondert A ADJT séparé B ADVL à part; séparément

gesonnen A PPERF → sinnen B ADJT **~ sein, etw zu tun** être disposé à faire qc; avoir l'intention de faire qc

gesotten PPERF → sieden

Gesottene(s) N ⟨→ A⟩ GASTR *regional* bouilli *m*

Gespann N ⟨~(e)s; ~e⟩ 1 *(Zugtiere u. Wagen)* attelage *m* 2 *fig* couple *m*; *umg* tandem *m*

gespannt A ADJT 1 *Atmosphäre, Verhältnis, Beziehungen, Lage* tendu; **die ~e Lage auf dem Wirtschaftssektor** *a.* la tension dans le secteur économique 2 *(neugierig, erwartungsvoll)* **~e Aufmerksamkeit** attention tendue, soutenue; **~ sein** être curieux, impatient (**auf** [+akk] de savoir, connaître ...); **ich bin darauf ~** je suis curieux de le savoir; **ich bin ~, ob ...** je suis curieux de savoir si ... B ADVL **~ zuhören** écouter avec une attention soutenue; **etw ~ verfolgen** suivre qc avec grand intérêt; **~ auf etw** *(akk)* **warten** être curieux de savoir qc; attendre qc avec impatience

Gespanntheit F ⟨~⟩ 1 *der Lage, Atmosphäre, Beziehungen* tension *f* 2 *(Neugier, Erwartung)* vive impatience

Gespenst N ⟨~(e)s; ~er⟩ 1 *(Geist)* fantôme *m*; revenant *m*; spectre *m*; *fig* **~er sehen** se faire des idées 2 *geh fig* spectre *m*; **das (drohende) ~ des Krieges** le spectre (menaçant) de la guerre

Gespenstergeschichte F histoire *f* de revenants; **Gespensterglaube** M croyance *f* aux revenants; **gespensterhaft** ADJ fantomatique; à l'aspect de fantôme, de spectre; **Gespensterstunde** F heure *f* des revenants

gespenstig, gespenstisch ADJ *(geisterhaft)* fantomatique; *(beunruhigend)* inquiétant; *(unheimlich)* sinistre

gesperrt A ADJT 1 barré; interdit; **~ für LKW** interdit aux poids lourds 2 TYPO espacé B ADVL TYPO **etw ~ drucken** espacer qc

gespie(e)n PPERF → speien

Gespiele M ⟨~n; ~n⟩, **Gespielin** F ⟨-in; -innen⟩ 1 *geh (Spielgefährte)* compagnon *m*, compagne *f* de jeu 2 *pej (Geliebter)* amant *m*; *(Geliebte)* maîtresse *f*

Gespinst N ⟨~(e)s; ~e⟩ *(Gesponnenes)* fils *mpl*; *a. fig* tissu *m*; *von Raupen* cocon *m*; coque *f*; *fig* **ein ~ von Lügen** un tissu de mensonges

gesplissen PPERF → spleißen

gesponnen PPERF → spinnen

Gespons[1] M ⟨~es; ~e⟩ *geh hum (Ehemann)* époux *m*; *(Bräutigam)* marié *m*

Gespons[2] N ⟨~es; ~e⟩ *geh hum (Ehefrau)* épouse *f*; *(Braut)* mariée *f*

Gespött N ⟨~(e)s⟩ risée *f*; **zum ~ (der Leute) werden** devenir la risée, la fable des gens; **j-n zum ~ machen** tourner qn en dérision; **sich zum ~ machen** se rendre ridicule

Gespräch N ⟨~(e)s; ~e⟩ 1 *(Unterhaltung)* conversation *f*; entretien *m*; **mit j-m ein ~ (über etw, j-n) führen** avoir une conversation, un entretien avec qn (à propos de qc, qn); **mit j-m ins ~ kommen** entrer en conversation avec qn; *fig (Kontakt aufnehmen)* prendre contact avec qn; **(mit j-m) im ~ sein** être en pourparlers (avec qn); **das ~ auf etw** *(akk)* **bringen** amener la conversation sur qc; **~ unter vier Augen** (conversation *f* en) tête-à-tête *m*; *umg* conversation entre quatre yeux; **sie ist als neue Ministerin im ~** elle a des (fortes) chances de devenir ministre; **das ist im ~** ça va se faire 2 *(Thema)* sujet *m* de conversation; **das ist das ~ des Tages** tout le monde ne parle que de ça aujourd'hui; **er ist das ~ der ganzen Stadt** toute la ville parle de lui 3 TEL communication *f*, conversation *f* (téléphonique); **ein ~ anmelden** demander une communication; **ein ~ für Sie!** un appel pour vous!; on vous demande au téléphone

gesprächig ADJ bavard; loquace; **der Alkohol machte ihn ~** l'alcool lui a délié la langue

Gesprächigkeit F ⟨~⟩ loquacité *f*

gesprächsbereit ADJ prêt à discuter; *zu Verhandlungen a.* disposé à discuter, à négocier; **Gesprächsbereitschaft** F ⟨~⟩ bonne volonté (à discuter de qc)

Gesprächsdauer F TEL durée *f* d'une communication; **Gesprächsfetzen** M fragment *m* (d'une conversation); *pl* bribes *fpl* de conversation

Gesprächsform F ⟨~⟩ **in ~** sous forme dialoguée, de dialogue

Gesprächsgebühr F taxe *f* de communication; **Gesprächsgegenstand** M sujet *m*, thème *m* de conversation; **Gesprächskreis** M groupe *m* (de discussion); **Gesprächsleiter(in)** M(F) responsable *m/f* dans un groupe de discussion; **Gesprächspartner(in)** M(F) interlocuteur, -trice *m,f*; *am Telefon* correspondant(e) *m(f)*; **Gesprächspause** F interruption *f*, pause *f* (dans une discussion); **Gesprächsrunde** F table ronde; **Gesprächsstoff** M sujet(s) *m(pl)* de conversation; **Gesprächsteilnehmer(in)** M(F) participant(e) *m(f)*; **Gesprächsthema** N sujet *m* de conversation; thème *m* d'un entretien; **Gesprächstherapie** F psychothérapie *f* par entretien

gesprächsweise ADV (tout) en conversant; **etw ~ erwähnen** mentionner qc au cours d'une conversation

Gesprächszeit F TEL durée *f* d'une communication; **die ~ ist abgelaufen** la communication est terminée

gespreizt ADJT **1** écarté; **mit ~en Beinen** les jambes écartées **2** *fig pej (geziert)* affecté; recherché

Gespreiztheit F ⟨~⟩ *pej* affectation *f*; recherche *f*

Gespritzte(r) M ⟨→ A⟩ *südd, österr: boisson à base de vin et d'eau minérale gazeuse*

gesprochen PPERF → sprechen

gesprossen PPERF → sprießen

gesprungen PPERF → springen

Gespür N ⟨~s⟩ flair *m*; **sie hat ein (feines, gutes) ~ für Intrigen** intuitivement, elle se rend compte des intrigues

gest. ABK (gestorben) décédé

Gestade *poet* N ⟨~s; ~⟩ rivage *m*; grève *f*

Gestagen N ⟨~s; ~e⟩ hormone *f* gestagène

Gestalt F ⟨~; ~en⟩ **1** *(äußere Form, Erscheinung)* forme *f*; **in (der) ~ von** sous la forme de; *Personen a.* sous les traits de; **der Teufel in ~ e-r Schlange** le diable sous les traits d'un serpent; **(feste) ~ annehmen** prendre forme, corps; **e-r Sache** *(dat)* **~ geben** *od* **verleihen** donner une forme à qc; **sich in s-r wahren ~ zeigen** se montrer sous son vrai jour **2** *(Person), a. in der Literatur, Geschichte etc* personnage *m*; **historische, literarische ~** personnage *m* historique, littéraire; **e-e dunkle ~** une sombre silhouette; **zwielichtige ~en** des personnages louches **3** *(Körperbau)* taille *f*; stature *f*; **ein Mann von hagerer ~** un grand homme maigre; **er ist klein, groß von ~** il est petit, grand

gestalten ⟨-ete, *pperf* gestaltet, h.⟩ **A** V/T *Leben, Freizeit etc* organiser; *(anordnen)* arranger; *(e-e konkrete Form geben)* donner une forme à; *Garten, Park, Produkte a.* dessiner; *schöpferisch* créer; réaliser; *(formen)* former; modeler; **das Menü abwechslungsreich ~** varier le menu; **e-n Raum geschmackvoll ~** arranger une pièce avec goût; **ein Schaufenster ~** décorer une vitrine; **etw künstlerisch ~** donner une forme artistique à qc; **etw nach eigenen Entwürfen ~** réaliser qc d'après ses propres plans **B** V/R **sich ~** *(sich darbieten)* se présenter; **die Sache gestaltet sich anders als …** l'affaire prend une autre tournure que …

Gestalter(in) M ⟨~s; ~⟩ (F) ⟨~in; ~innen⟩ créateur, -trice *m,f*

gestalterisch ADJ ⟨*épithète*⟩ créateur, -trice

Gestaltlehre F morphologie *f*; **gestaltlos** ADJ informe; sans forme; *(amorph)* amorphe; **Gestaltlosigkeit** F ⟨~⟩ absence *f*, manque *m* de forme; **Gestaltpsychologie** F gestaltisme *m*

Gestaltung F ⟨~; ~en⟩ *des Lebens, der Freizeit, e-s Abends etc* organisation *f*; *e-s Raumes* décoration *f*; *(Konzeption)* conception *f*; *schöpferische* création *f*; réalisation *f*; *(Formung)* modelage *m*; **die architektonische ~ liegt in der Hand von …** la partie architecturale est réalisée par …

Gestaltungskraft F ⟨~⟩ potentiel *m* de créativité; **Gestaltungswille** M volonté créatrice

Gestammel N ⟨~s⟩ balbutiement *m*

gestand → gestehen

gestanden **A** PPERF → stehen, gestehen **B** ADJT ⟨*épithète*⟩ **ein ~er Mann** un homme fait; **ein ~er Politiker, Geschäftsmann** un homme politique, un homme d'affaires chevronné

geständig ADJ **~ sein** avouer; faire des aveux

Geständnis N ⟨~ses; ~se⟩ aveu *m*; JUR aveux *mpl*; **ein (umfassendes, volles) ~ ablegen** faire des aveux (complets); **ich muss dir ein ~ machen** je dois te faire un aveu

Gestänge N ⟨~s; ~⟩ TECH (système *m* de) tiges *fpl*, barres *fpl*

Gestank M ⟨~(e)s⟩ puanteur *f*; odeur nauséabonde; infection *f*; **ein fürchterlicher ~** une odeur abominable; une puanteur pestilentielle

Gestapo F ⟨~⟩ *im Nationalsozialismus* Gestapo *f*

gestatten ⟨-ete, *pperf* gestattet, h.⟩ **A** V/T permettre (**dass** que *+subj*); **j-m ~, etw zu tun** permettre à qn de faire qc; autoriser qn à faire qc; **j-m etw nicht ~** *a.* interdire qc à qn; **es ist nicht gestattet zu** *(+inf)* il est interdit de *(+inf)*; il n'est pas permis de *(+inf)*; *Höflichkeitsformel* **~ Sie?** vous permettez?; **~ Sie e-e Frage?** vous permettez que je vous pose une question?; *beim Vorstellen* **~, (Maria) Müller** permettez que je me présente: Maria Müller **B** V/R **sich** *(dat)* **etw ~** *od* **sich** *(dat)* **~, etw zu tun** se permettre de faire qc; prendre la liberté de faire qc; **wenn ich mir e-e Bemerkung ~ darf** si je peux me permettre de faire une réflexion

Geste F ⟨~; ~n⟩ geste *m*; **e-e freundliche ~** un geste aimable

Gesteck N ⟨~(e)s; ~e⟩ *(Blumengesteck)* composition florale

gestehen V/T *u.* V/I ⟨*irr, pperf* gestanden, h.⟩ avouer; **ich muss ~, dass …** j'avoue que …; je dois avouer que …; **offen gestanden …** (à parler) franchement …; à vrai dire …

Gestein N ⟨~(e)s; ~e⟩ **1** *(~sart)* roche *f* **2** ⟨*pas de pl*⟩ *coll* roches *fpl*

Gesteinsader F veine rocheuse; **Gesteinsart** F espèce *f* de roche; **Gesteinsbohrer** M fleuret *m* à roches; **Gesteinsbohrung** F forage *m* de roches; **Gesteinsbrocken** M rocher *m*; **Gesteinsformation** F formation *f* de roches; **Gesteinskunde** F ⟨~⟩ pétrographie *f*; *(Mineralogie)* minéralogie *f*; **Gesteinsmasse** F masse rocheuse; **Gesteinsprobe** F échantillon *m* de roche; **Gesteinsschicht** F couche rocheuse

Gestell N ⟨~(e)s; ~e⟩ **1** *(Unterbau)* châssis *m*; bâti *m*; *(Gerüst)* carcasse *f*; *umg fig* **zieh dein ~ ein!** pousse-toi! **2** *(Brillengestell)* monture *f* **3** *(Regal)* étagère *f*; *(Wäschegestell)* étendoir *m*; *(Bock, Stütze)* tréteau *m*; chevalet *m* **4** *umg fig (dürre Person)* échalas *m*

gestelzt ADJT *fig pej Stil* maniéré; *Sprache* affecté

gestern ADV hier; **~ Morgen, Abend** hier matin, soir; **~ vor e-r Woche** il y a eu, ça fait °huit jours hier; **~ in e-r Woche** dans °huit jours à partir d'hier; *umg fig* **ich bin nicht von ~** *umg* je ne suis pas né d'hier; je ne suis pas tombé de la dernière pluie

Gestern N ⟨~⟩ *(Vergangenheit)* passé *m*

gestiefelt ADJ botté; **Der Gestiefelte Kater** Le Chat botté; *umg fig hum* **~ und gespornt** prêt à partir

gestiegen PPERF → steigen

gestielt ADJ BOT pédonculé

Gestik F ⟨~⟩ gestes *mpl*

Gestikulation F ⟨~; ~en⟩ gesticulation *f*; **gestikulieren** V/I ⟨*pas de ge-*, h.⟩ gesticuler; faire des gestes

gestimmt ADJT **heiter, traurig ~ sein** être enjoué, triste

Gestirn N ⟨~(e)s; ~e⟩ astre *m*

gestirnt *geh* ADJ étoilé; constellé

gestoben PPERF → stieben

Gestöber N ⟨~s; ~⟩ *(Schneegestöber)* tourmente *f*, rafale *f* (de neige)

gestochen **A** PPERF → stechen **B** ADJT *Handschrift etc* très net, nette; calligraphié **C** ADVL **wie ~ schreiben** avoir une écriture calligraphiée; **~ scharfe Bilder** des photos très nettes

gestohlen **A** PPERF → stehlen **B** ADJT *umg* **du kannst mir ~ bleiben** tu peux rester où tu es

Gestöhn(e) *umg pej* N ⟨~(e)s⟩ gémissements *mpl*

gestorben PPERF → sterben

gestört ADJT *fig* **ein ~es Verhältnis zu j-m haben** ne plus *bzw.* pas s'entendre avec qn; **ein ~es Verhältnis zu etw haben** ne rien comprendre à qc; être brouillé avec qc; **geistig ~ sein** être dérangé

Gestose F ⟨~; ~n⟩ MED toxémie *f* gravidique

gestoßen PPERF → stoßen

Gestotter *umg pej* N ⟨~s⟩ bégaiement *m*; *beim Aufsagen von Gedichten etc* ânonnement *m*; *fig e-s Motors* ratés *mpl*

Gestrampel *umg* N ⟨~s⟩ gigotements *mpl*

Gesträuch N ⟨~(e)s; ~e⟩ buissons *mpl*; taillis *m*

gestreckt ADJT → Galopp

gestreift ADJ rayé; à raies; à rayures

gestreng *geh* ADJ sévère; strict; austère

gestrichelt ADJT **~e Linie** ligne discontinue, formée de petits traits

gestrichen **A** PPERF → streichen **B** ADJT **ein ~er Esslöffel Zucker** tout juste une cuillère de sucre; **Achtung, frisch ~!** attention à la peinture!; peinture fraîche! **C** ADVL **~ voll** *Glas etc* plein à ras bord; plein jusqu'au bord

gestrig ADJ ⟨*épithète*⟩ d'hier; **am ~en Tage** hier

gestritten PPERF → streiten

Gestrüpp N ⟨~(e)s; ~e⟩ **1** broussailles *fpl*; fourré *m* **2** *fig der Paragrafen etc* dédale *m*; maquis *m*

Gestühl N ⟨~(e)s; ~e⟩ *in Kirchen etc* bancs *mpl bzw.* chaises *fpl*; *(Chorgestühl)* stalles *fpl*

gestunken PPERF → stinken

Gestus *geh* M ⟨~⟩ **1** *(Habitus)* comportement *m*; attitude *f* **2** *(Gestik)* gestes *mpl*

Gestüt N ⟨~(e)s; ~e⟩ °haras *m*

Gesuch N ⟨~(e)s; ~e⟩ *(Antrag)* demande *f*; requête *f*; *(Petition)* pétition *f*; **ein ~ einreichen** présenter une requête, une pétition

gesucht ADJT **1** *(unnatürlich, geziert)* recherché; affecté; maniéré; précieux, -ieuse **2** *(begehrt, gefragt)* recherché; demandé **3** **polizeilich ~** recherché par la police

Gesudel N ⟨~s⟩ *pej Schrift* gribouillage *m*; *Ma-*

lerei etc barbouillage *m*; *umg plus fort* cochonnerie *f*
Gesülze *umg* N ⟨~s⟩ **ich bin dein ~ leid** *umg* j'en ai marre de t'entendre causer pour ne rien dire
Gesumm(e) N ⟨~(e)s⟩ *von Bienen* bourdonnement *m*; *(leises Singen)* fredonnement *m*; chantonnement *m*
gesund ADJ ⟨¨er *ou* ~er; ¨este *ou* ~este⟩ 1 *(nicht krank) Personen* en bonne santé; *Organ* en bon état; *fig wirtschaftlich* sain; **körperlich und geistig ~ sein** être sain de corps et d'esprit; **e-e ~e Gesichtsfarbe haben** avoir bonne mine; **ein ~es Herz haben** avoir le cœur solide; **~ und munter sein** être plein de santé; **wieder ~ werden** guérir; se rétablir; **j-n ~ machen** guérir qn; **j-n ~ pflegen** soigner qn; **bleib ~!** fais bien attention à toi!; *umg fig* **aber sonst bist du ~?** *umg* tu te sens bien?; → gesundschreiben 2 *(der Gesundheit zuträglich)* sain; *Klima a.* salubre; **Salat ist sehr ~** la salade, c'est bon pour la santé; *Lehre etc* **für j-n ganz ~ sein** faire du bien à qn; être salutaire à qn 3 *(kräftig)* vigoureux, -euse; **e-n ~en Schlaf haben** avoir un bon sommeil; **e-n ~en Appetit haben** avoir bon appétit, un solide appétit 4 *(richtig, vernünftig)* sain; **der ~e Menschenverstand** le bon sens; **ein ~es Urteil haben** juger sainement
gesundbeten VT ⟨*sép*, -ge-, h.⟩ guérir par des prières, des incantations, *etc*
Gesunde(r) M/F(M) ⟨→ A⟩ personne bien portante, en bonne santé
gesunden VI ⟨-ete, *pperf* gesundet, s.⟩ guérir; se rétablir; *fig Wirtschaft etc* se redresser
Gesundheit F ⟨~⟩ santé *f*; *des Klimas* salubrité *f*; **bei bester ~ sein** être en parfaite santé; se porter comme un charme; **von zarter ~ sein** être d'une santé délicate; avoir une petite santé; **vor ~ strotzen** respirer la santé; **auf j-s ~** *(akk)* **trinken** boire à la santé de qn; **~!** *beim Niesen* à vos *bzw.* tes souhaits!; *schweiz beim Trinken* à votre santé!
gesundheitlich A ADJ ⟨*épithète*⟩ de santé; **aus ~en Gründen** pour (des) raisons de santé; **der ~e Zustand** l'état *m* de santé B ADV **sich ~ nicht auf der Höhe fühlen** ne pas être en bonne forme; *plus fort* avoir une santé ébranlée; **wie geht es (Ihnen) ~?** comment va la santé?
Gesundheitsamt N service *m* de l'hygiène publique; *in Frankreich etwa* direction *f* de l'action sanitaire et sociale; *auf kommunaler Ebene* dispensaire *m*; **Gesundheitsapostel** M *hum umg* fana *m* de la santé; **Gesundheitsattest** N certificat *m* (sur l'état) de santé; **Gesundheitsbehörde** F → Gesundheitsamt
gesundheitsbewusst A ADJ soucieux, -ieuse de ma, ta, *etc* santé B ADV **~ leben** vivre sainement
Gesundheitsdienst M service *m* sanitaire, d'hygiène publique; **gesundheitsfördernd** ADJT salubre; **Gesundheitsfürsorge** F santé *f* publique; **Gesundheitsgefährdung** F mise *f* en danger de la santé; **gesundheitshalber** ADV pour (des) raisons de santé; **Gesundheitskontrolle** F contrôle *m*, inspection *f* sanitaire; **Gesundheitsminister(in)** M(F) ministre *m/f* de la santé; **Gesundheitspflege** F (soins *mpl* d')hygiène *f*; **Gesundheitspolitik** F politique *f* en matière de santé publique; **Gesundheitsreform** F *réforme du système de sécurité sociale*
Gesundheitsschaden M problèmes *mpl* de santé; lésion *f*; **Gesundheitsschäden hervorrufen** nuire à la santé
gesundheitsschädlich ADJ nocif, -ive; nuisible à la santé; *Klima* insalubre
Gesundheitsschuh M chaussure *f* orthopédique; **Gesundheitsschutz** M protection *f* de la santé; **Gesundheitswesen** N ⟨~s⟩ santé, hygiène publique; **Gesundheitszeugnis** N certificat *m* (sur l'état) de santé; **Gesundheitszustand** M ⟨~(e)s⟩ état *m* de santé
gesundmachen, gesundpflegen VT → gesund 1
gesundschreiben VT ⟨*irr, sép*, -ge-, h.⟩ *Arzt* **j-n ~** délivrer un certificat de guérison à qn
gesundschrumpfen *umg* ⟨-(e)st, *sép*, -ge-, h.⟩ A VT dégraisser les effectifs de B VR *Unternehmen* **sich ~** procéder à un dégraissage d'effectifs
Gesundung *geh* F ⟨~⟩ guérison *f*; rétablissement *m*; *fig wirtschaftliche etc* assainissement *m*; **finanzielle ~** assainissement des finances
gesungen PPERF → singen
gesunken PPERF → sinken
getäfelt ADJT garni de boiseries; lambrissé
getan PPERF → tun
Getändel *geh pej* N ⟨~s⟩ badinage (amoureux); flirt *m*
Gethsemane ⟨→ *n/pr*⟩ BIBEL Gethsémani
Getier *geh* N ⟨~(e)s⟩ 1 *(Tiere)* bêtes *fpl* 2 *(Tier)* bête *f*
getigert ADJ tigré
Getöse N ⟨~s⟩ 1 *(Tosen)* grondement *m*; *der Wellen* mugissement *m* 2 *(Lärm)* fracas *m*; vacarme *m*; bruit violent; **mit ~** avec fracas
getragen A PPERF → tragen B ADJT *Musik, Stimme* solennel, -elle
Getrampel *umg pej* N ⟨~s⟩ piétinement *m*; *vor Freude, Wut* trépignement *m*
Getränk N ⟨~(e)s; ~e⟩ boisson *f*
Getränkeausschank M débit *m* de boissons; **Getränkeautomat** M distributeur *m* de boissons; **Getränkedose** F canette *f*; **Getränkeindustrie** F industrie *f* des boissons; **Getränkekarte** F carte *f* des boissons; **Getränkemarkt** M débit *m* de boissons; **Getränkestand** M buvette *f*; **Getränkesteuer** F taxe *f* sur la consommation de boissons alcoolisées dans les débits de boissons
Getratsch(e) *umg pej* N ⟨~(e)s⟩ commérages *mpl*; racontars *mpl*; ragots *mpl*; potins *mpl*; *umg* cancans *mpl*
getrauen VR ⟨*pperf* getraut, h.⟩ **sich ~, etw zu tun** oser faire qc
Getreide N ⟨~s; ~⟩ céréales *fpl*; *(Korn)* grain(s) *m(pl)*; **Getreideanbau** M cultures céréalières; **Getreideart** F céréale *f*; **Getreidebau** M ⟨~(e)s⟩ → Getreideanbau; **Getreideeinfuhr** F importation *f* de céréales; **Getreideernte** F moisson *f*; **Getreidefeld** N champ *m* de céréales; **Getreidehandel** M commerce *m* des céréales, des grains; **Getreidekorn** N grain *m*; **Getreideland** N ⟨~(e)s; ¨er⟩ 1 pays (producteur) de céréales 2 ⟨*pas de pl*⟩ *(Ackerland)* champs *mpl* de céréales; **Getreideprodukt** N produit céréalier; **Getreideproduktion** F production céréalière; **Getreidesilo** M *od* N, **Getreidespeicher** M silo *m* à céréales
getrennt A ADJT séparé B ADVL séparément; **~ leben** *Eheleute* être séparés; **sie lebt von ihrem Mann ~** elle est séparée de son mari; **~ schreiben** écrire en deux mots; **~ zahlen** *in e-m Lokal* régler séparément l'addition
getrenntgeschlechtig ADJ BOT, ZOOL unisexué; BOT *a.* dicline
Getrenntschreibung F **die ~ von …** l'obligation *f* d'écrire … en deux mots
getreten PPERF → treten
getreu A ADJ *Bericht, Darstellung, Abbildung, a. geh Person* fidèle B PRÄP ⟨*dat*⟩ fidèle à; **~ s-m Motto** fidèle à sa devise
Getreue(r) M/F(M) ⟨→ A⟩ fidèle *m/f*; POL *a.* partisan *m*
getreulich *geh* ADV fidèlement
Getriebe N ⟨~s; ~⟩ 1 TECH mécanisme *m*, organes *mpl* de transmission; *(Rädergetriebe)* engrenage *m*; *beim Auto* boîte *f* de vitesses 2 *fig der Großstadt etc* agitation *f*
getrieben A PPERF → treiben B ADJT **~e Arbeit** ouvrage bosselé; bosselage *m*
Getriebeöl N huile de graissage, lubrifiante
Getriebeschaden M boîte de vitesses défectueuse; **mein Wagen hat e-n ~** ma boîte de vitesses est cassée
Getrippel N ⟨~s⟩ trottinement *m*
getroffen PPERF → treffen
getrogen PPERF → trügen
Getrommel N ⟨~s⟩ roulements *mpl* de tambour(s); *mit den Fingern* tambourinement *m*; pianotage *m*
getrost A *geh* ADJ **sei ~!** sois tranquille! B ADV en toute tranquillité; sans crainte; **du kannst dich ~ auf ihn verlassen** tu peux avoir toute confiance en lui
getrunken PPERF → trinken
Getto N ⟨~s; ~s⟩ ghetto *m*; **Gettoblaster** M ⟨~s; ~⟩ ghetto-blaster *m*; **Gettoisierung** F ⟨~; ~en⟩ *pej* ghettoïsation *f*
Getue *umg pej* N ⟨~s⟩ manières *fpl*; simagrées *fpl*; chichis *mpl*
Getümmel N ⟨~s; ~⟩ cohue *f*; *im Kampf* mêlée *f*
getüpfelt, getupft ADJ pointillé; moucheté; *Stoff* à pois
Getuschel *umg pej* N ⟨~s⟩ chuchotements *mpl*; *umg* messes basses
geübt ADJT *Auge, Ohr, Fachmann* exercé; *(erfahren)* expérimenté; **in etw** *(dat)* **~ sein** être entraîné à (faire) qc; avoir l'habitude de (faire) qc
Gevatter *liter* M ⟨~s *ou* ~n; ~n⟩ *liter* compère *m*
Geviert N ⟨~(e)s; ~e⟩ 1 *(Quadrat)* carré *m* 2 TYPO cadratin *m*
GEW F ⟨~⟩ ABK (Gewerkschaft Erziehung und Wissenschaft) *syndicat national des enseignants en Allemagne*
Gewächs N ⟨~es; ~e⟩ 1 *(Pflanze)* plante *f*; végétal *m* 2 *(Weinsorte)* cru *m* 3 MED excroissance *f*; tumeur *f*
gewachsen A PPERF → wachsen[1] B ADJT 1 *(natürlich entstanden)* naturel, -elle 2 *fig* **j-m ~ sein** être de taille à se mesurer avec, à tenir tête à qn; **e-r Sache** *(dat)* **~ sein** être à la hauteur de qc
Gewächshaus N serre *f*
gewagt A PPERF → wagen; *sprichw* **frisch ~ ist halb gewonnen** *sprichw* la fortune sourit aux audacieux B ADJT 1 *(kühn), a. Bemerkung* risqué; °hasardeux, -euse; **ein ~es Spiel spielen** jouer gros (jeu) 2 *(freizügig)* osé
gewählt A ADJT *Ausdruck, Geschmack* recherché B ADVL **sich ~ ausdrücken** s'exprimer d'une manière recherchée; parler en termes choisis
Gewähltheit F ⟨~⟩ *des Ausdrucks* recherche *f*
gewahr ADJ **j-n, etw** *od geh* **j-s, e-r Sache ~ werden** apercevoir qn; s'apercevoir de qc
Gewähr F ⟨~⟩ garantie *f*; **für etw ~ leisten, die ~ für etw übernehmen** garantir qc; *Angabe etc* **ohne ~** sous toutes réserves
gewähren ⟨*pperf* gewährt, h.⟩ A VT 1 *(zugestehen)* accorder; *(erlauben)* permettre; *Aufschub, Asyl, Kredit etc* accorder; *Vorteile, Vergünstigungen a.* octroyer; *Unterhalt, Kredit, Entschädigung a.* allouer; **j-m e-e Bitte ~** accéder à la

demande de qn; **j-m Einlass ~** permettre à qn d'entrer; **j-m in etw** *(akk)* **Einsicht ~** donner à qn un droit de regard dans qc; **j-m Schutz ~** accorder sa protection à qn **2** *(bieten)* offrir; *Vertrag* **Vorteile ~** *a.* présenter des avantages; **j-m Trost ~** consoler qn; **diese Terrasse gewährt e-n herrlichen Ausblick** on a une vue splendide de cette terrasse **B** VI **j-n ~ lassen** laisser faire qn

gewährleisten VT ‹-ete, *pperf* gewährleistet, h.› garantir; **Gewährleistung** F ‹~› garantie *f*

Gewahrsam M ‹~s› **1** *(Haft)* **(polizeilicher) ~** garde *f* à vue; **j-n in (polizeilichen) ~ nehmen** placer qn en garde à vue **2** *(Obhut)* garde *f*; **in sicherem ~** en lieu sûr; **etw in ~** *(akk)* **nehmen** exercer la garde de qc

Gewährsmann M ‹~(e)s; ~̈er *ou* -leute›, **Gewährsperson** F informateur, -trice *m,f* bien renseigné(e), fiable

Gewährung F ‹~› octroi *m*; *(Erlaubnis)* permission *f*

Gewalt F ‹~; ~en› **1** ‹*pas de pl*› *(Kraftanwendung, Zwang)* force *f*; *meist unrechtmäßige* violence *f*; **nackte ~** pure violence; *fig* **mit aller ~** à tout prix; à toute force; **mit roher** *od* **brutaler ~** avec brutalité; **mit sanfter ~** avec une douce violence; **mit ~ öffnen** *Tür etc* forcer; **j-n mit ~ zurückhalten** retenir qn de force; **~ anwenden** *meist rechtmäßig* employer la force; *meist unrechtmäßig* user de violence; *geh* **j-m ~ antun** brutaliser qn; *e-r Frau* violenter qn **2** *(Machtbefugnis) weltliche, geistliche, gesetzgebende etc* pouvoir *m*; JUR *a.* puissance *f*; **richterliche ~** pouvoir judiciaire; **elterliche ~** autorité, puissance parentale; **j-n, etw in s-e ~ bringen** s'emparer de qn, qc; **j-n in s-r ~ haben** avoir qn en son pouvoir; **sich in der ~ haben** se maîtriser; **in j-s ~** *(dat)* **stehen** *od* **sein** être au pouvoir de qn; **die ~ über etw** *(akk)* **verlieren** perdre le contrôle de qc **3** *geh (elementare Kraft) des Sturms etc* violence *f*; *a.* JUR **höhere ~** (cas *m* de) force majeure

Gewaltakt M acte *m* de violence; **Gewaltandrohung** F menace *f* de violence

Gewaltanwendung F *bes rechtmäßige* emploi *m* de la force; *bes unrechtmäßige* recours *m* à la violence; **unter ~** *(dat)* en employant la force

gewaltbereit ADJ prêt à user de violence

Gewalteinwirkung F **Spuren** *fpl* **von ~** *am Tatort* traces *fpl* de violence; *bei e-r Person* marques *fpl* de violence

Gewaltenteilung F séparation *f* des pouvoirs

gewaltfrei ADJ non-violent; POL pacifique; **Gewaltherrschaft** F ‹~› tyrannie *f*; despotisme *m*

gewaltig **A** ADJ **1** *(riesig)* énorme; *Bauwerk a.* monumental **2** *(eindrucksvoll)* impressionnant; **ein ~er Erfolg** *umg* un succès fou **3** *(mächtig)* puissant **B** *umg* ADV *(sehr)* énormément; extrêmement; terriblement; **da irren Sie sich ~** *a. umg* vous vous mettez le doigt dans l'œil (jusqu'au coude)

Gewaltkur *umg* F traitement de choc, radical; **gewaltlos** **A** ADJ non-violent **B** ADV sans violence; **Gewaltlosigkeit** F ‹~› non-violence *f*; **Gewaltmarsch** M marche forcée; **Gewaltmaßnahme** F mesure *f* de force; **Gewaltmensch** M personne violente

gewaltsam **A** ADJ *Tod* violent; *Trennung, Vertreibung etc* forcé; **~e Entführung** enlèvement *m*; **e-s ~en Todes sterben** mourir de mort violente **B** ADV par la force; de force; **~ zu Tode kommen** mourir de mort violente; *Tür etc* **~ öffnen** forcer

Gewaltsamkeit F ‹~› violence *f*; **Gewaltstreich** M coup *m* de force; **Gewalttat** F (acte *m* de) violence *f*; JUR voie *f* de fait; **Gewalttäter** M auteur *m* de violences; *(Verbrecher)* criminel *m*; **gewalttätig** ADJ violent; **Gewalttätigkeit** F violence *f*; **Gewaltverbrechen** N crime *m*; *(Bluttat)* crime de sang; **Gewaltverbrecher** M criminel *m*; **Gewaltverzicht** M engagement *m* à ne pas recourir à la force

Gewand *geh* N ‹~(e)s; ~̈er› robe *f*; habit *m*; vêtement *m*; *fig* **im neuen ~** sous un nouvel aspect

gewandet *geh, hum* ADJ ‹*épithète*› accoutré

Gewandmeister(in) M(F) THEAT costumier, -ière *m,f*

gewandt **A** PPERF → wenden **B** ADJ *(geschickt)* adroit; habile; *körperlich* leste; agile; *Umgangsformen, Stil etc* aisé; **in etw** *(dat)* **~ sein** être adroit, habile en ce qui concerne qc **C** ADV adroitement; agilement; aisément; **sich ~ ausdrücken** s'exprimer avec aisance

Gewandtheit F ‹~› adresse *f*; habileté *f*; savoir-faire *m*; *körperliche* agilité *f*; *der Umgangsformen etc* aisance *f*

gewann → gewinnen

gewärtig ADJ *geh* **e-r Sache** *(gen)* **~ sein** s'attendre à qc

Gewäsch *umg pej* N ‹~(e)s› bavardage *m*; *(Blödsinn) sl* conneries *fpl*

gewaschen PPERF → waschen

Gewässer N ‹~s; ~› eaux *fpl*; **stehende, fließende ~** eaux stagnantes, courantes

Gewässerbelastung F pollution *f* des eaux; **Gewässerkunde** F ‹~› hydrologie *f*; **Gewässerschutz** M mesures *fpl* contre la pollution des eaux

Gewatschel N ‹~s› dandinement *m*

Gewebe N ‹~s; ~› TEX, BIOL, *fig* tissu *m*; **Gewebekante** F MODE lisière *f*; **Gewebeprobe** F BIOL, MED prélèvement *m* (de tissu); **gewebeschonend** ADJT TEX qui protège, ménage les tissus; **Gewebeveränderung** F BIOL altération *f* tissulaire

Gewebsflüssigkeit F lymphe *f*

Gewehr N ‹~(e)s; ~e› fusil *m*; MIL **~ ab!** reposez arme(s)!; MIL **präsentiert das ~!** présentez arme(s)!; MIL **das ~ über!** arme sur l'épaule - droite!; *fig* **~ bei Fuß stehen** attendre (qn) de pied ferme

Gewehrkolben M crosse *f* (d'un fusil); **Gewehrkugel** F balle *f* (de fusil); **Gewehrlauf** M canon *m* (d'un fusil); **Gewehrmündung** F bouche *f* (d'un fusil); **Gewehrschuss** M coup *m* de fusil

Geweih N ‹~(e)s; ~e› bois *mpl*; ramure *f*; **Geweihfarn** M BOT platycerium *m*

gewellt ADJ ondulé

Gewerbe N ‹~s; ~› **1** *(berufsmäßige Tätigkeit)* métier *m* (*a. fig*); activité professionnelle (indépendante); **ein ehrliches, dunkles ~** un métier honnête, louche; **ein ~ betreiben** exercer un métier; *umg hum* **das horizontale ~** la prostitution; *hum* **das älteste ~ der Welt** le plus vieux métier du monde **2** ‹*pas de pl*› *(gewerbliche Wirtschaft)* activité artisanale, commerciale; industrie *f*

Gewerbeaufsicht F, **Gewerbeaufsichtsamt** N (service *m* de l')inspection *f* du travail; **Gewerbebetrieb** M établissement commercial; **Gewerbefreiheit** F libre exercice *m* d'une activité commerciale *bzw.* artisanale; **Gewerbegebiet** N zone industrielle; **Gewerbelehrer(in)** M(F) enseignant(e) *m(f)* dans un établissement d'enseignement professionnel; **Gewerbeordnung** F ‹~› code *m* de législation commerciale et du travail; **Gewerbepark** M parc industriel; zone *f* d'activités économiques; **Gewerbeschein** M licence *f*; autorisation *f* d'exercer une activité commerciale; **Gewerbeschule** F établissement *m* d'enseignement professionnel; **Gewerbesteuer** F taxe professionnelle; **gewerbetreibend** ADJT qui exerce une activité commerciale

Gewerbetreibende(r) M/F(M) ‹→ A› commerçant(e) *m(f)*; **selbstständiger ~r** travailleur indépendant

Gewerbezweig M secteur *m* d'activité commerciale

gewerblich **A** ADJ ‹*épithète*› industriel, -ielle *bzw.* commercial *bzw.* professionnel, -elle; **~er Arbeitnehmer** travailleur *m* (de l'industrie ou du commerce); ouvrier *m*; JUR **~es Eigentum** propriété industrielle; **~e Räume** *mpl* locaux professionnels *bzw.* à usage commercial; **für ~e Zwecke** pour usage professionnel **B** ADV **~ tätig sein** exercer une activité commerciale; **etw ~ nutzen** utiliser qc pour un usage commercial, professionnel

gewerbsmäßig **A** ADJ professionnel, -elle; JUR **~e Unzucht** prostitution *f* **B** ADV **e-e Tätigkeit ~ ausüben** exercer une activité à titre professionnel

Gewerkschaft F ‹~; ~en› syndicat *m*; organisation syndicale

Gewerkschafter(in) M ‹~s; ~› (F) ‹~in; ~innen› *Funktionär(in)* syndicaliste *m/f*; *Mitglied* syndiqué(e) *m(f)*; **sie ist e-e aktive ~in** c'est une militante syndicale

Gewerkschaftler(in) → Gewerkschafter(in)

gewerkschaftlich **A** ADJ syndical **B** ADV **~ organisiert sein** être syndiqué

Gewerkschaftsarbeit F ‹~› syndicalisme *m*; **Gewerkschaftsbeitrag** M cotisation syndicale; **Gewerkschaftsbewegung** F mouvement *m* syndicaliste; syndicalisme *m*; **Gewerkschaftsbund** M centrale syndicale

Gewerkschaftsebene F **auf ~** sur le plan syndical

Gewerkschaftsführer(in) M(F) leader syndical; **Gewerkschaftsfunktionär(in)** M(F) responsable *m/f* syndical(e), d'un syndicat; **Gewerkschaftshaus** N centrale syndicale; *in Frankreich* Bourse *f* du travail; **Gewerkschaftskongress** M congrès syndical; **Gewerkschaftsmitglied** N membre *m* d'un syndicat; syndiqué(e) *m(f)*; **Gewerkschaftspolitik** F politique syndicale; **Gewerkschaftsrecht** N droit syndical; **Gewerkschaftsversammlung** F réunion syndicale; **Gewerkschaftsvertreter(in)** M(F) représentant(e) syndical(e); *gewählte(r) a.* délégué(e) syndical(e); **Gewerkschaftszugehörigkeit** F appartenance *f* à un syndicat; syndicalisation *f*

gewesen **A** PPERF → sein[1] **B** ADJT *bes österr* ‹*épithète*› *(ehemalig)* ancien, -ienne; ex-...

gewichen PPERF → weichen[2]

Gewicht N ‹~(e)s; ~e› *a. fig* poids *m*; **Maße und ~e** poids *mpl* et mesures *fpl*; **spezifisches ~** poids spécifique; **ein ~ von fünf Kilo haben** peser cinq kilos; **nach ~ verkaufen** vendre au poids; *fig* **(großes) ~ haben** avoir du poids; *fig* **e-r Sache** *(dat)* **~ beimessen** accorder de l'importance à qc; *fig* **auf etw** *(akk)* **~ legen** attacher de l'importance à qc; *fig* **ins ~ fallen** compter; être important; avoir du poids, de l'importance; *fig* **s-e Meinung fällt nicht ins ~** *a.* son opinion importe peu *od* ne pèse pas lourd

gewichten VT ‹-ete, *pperf* gewichtet, h.› **1** *statistisch* pondérer **2** *schwerpunktmäßig* évaluer

Gewichtheben N ‹~s› SPORT poids et haltères *mpl*; haltérophilie *f*; **Gewichtheber** M ⟨~s; ~⟩ haltérophile *m*

gewichtig ADJ 1 *hum* (*dick*) volumineux, -euse; (*schwer*) pesant 2 *fig* (*bedeutsam*) *Frage, Entscheidung, Gründe etc* important; *Argument* de poids; **Gewichtigkeit** F ⟨~⟩ *fig* importance *f*; *e-s Arguments* poids *m*

Gewichtsabnahme F diminution *f* de poids; **Gewichtsanalyse** F CHEM dosage pondéral; gravimétrie *f*; **Gewichtsangabe** F déclaration *f* de poids; **Gewichtsgrenze** F limite *f* de poids; (*Höchstgewicht*) poids *m* maximum; **Gewichtsklasse** F SPORT, HANDEL catégorie *f* de poids; **Gewichtskontrolle** F vérification *f* du poids; **Gewichtskurve** F courbe de poids, pondérale; **Gewichtsverlagerung** F 1 déplacement *m* de poids 2 *fig* déplacement *m* du centre d'intérêt; **Gewichtsverlust** M perte *f* de poids; **Gewichtszunahme** F augmentation *f* de poids

gewieft *umg* ADJ *umg* débrouillard; malin, -igne

Gewieher N ⟨~s⟩ 1 *e-s Pferdes* °hennissement(s) *m(pl)* 2 *umg fig* gros (éclat de) rire

gewiesen PPERF → weisen

gewillt ADJ ⟨*attribut*⟩ **~ sein, etw zu tun** être disposé à faire qc; avoir l'intention de faire qc

Gewimmel N ⟨~s⟩ grouillement *m*; fourmillement *m*; pullulement *m*

Gewimmer N ⟨~s⟩ gémissement(s) *m(pl)*

Gewinde N ⟨~s; ~⟩ TECH filet(age) *m*; **Gewindebohrer** M taraud *m*; **Gewindebolzen** M boulon fileté; **Gewindegang** M filet *m*; spire *f*

Gewinn M ⟨~(e)s; ~e⟩ 1 HANDEL bénéfice *m*; profit *m*; gain *m*; BUCHHALTUNG **~ und Verlust** pertes et profits; **~ abwerfen, bringen** rapporter un bénéfice, du profit; **~ bringend** → gewinnbringend; **~e erzielen** réaliser, faire des bénéfices, des profits; **aus etw ~ ziehen** *od* **schlagen** tirer profit de qc; **mit ~ verkaufen** vendre avec bénéfice; **am ~ beteiligt sein** avoir sa part de bénéfices; **auf ~** (*akk*) **gerichtet sein** avoir un but lucratif 2 LOTTERIE *etc* gain *m*; **jedes zweite Los ist ein ~** il y a un numéro gagnant sur deux 3 ⟨*pas de pl*⟩ *fig* (*Nutzen*) avantage *m*; profit *m*; **ein Buch mit ~ lesen** tirer profit de sa lecture; **er war ein ~ für das Unternehmen** sa collaboration a été bénéfique à l'entreprise

Gewinnanteil M part *f* de bénéfice; **Gewinnausschüttung** F 1 WIRTSCH distribution *f*, répartition *f* des bénéfices 2 LOTTERIE paiement *m* de la somme gagnée; **Gewinnbeteiligung** F participation *f* aux bénéfices

gewinnbringend A ADJT 1 HANDEL lucratif, -ive; rentable 2 *fig* rentable; avantageux, -euse B ADVL **Geld ~ anlegen** faire un placement avantageux

Gewinnchance F chance *f* de gagner

gewinnen ⟨gewinnt, gewann, gewonnen, h.⟩ A V/T 1 SPORT, *fig*, *Krieg, Prozess, Zeit, Menschen, Vertrauen etc* gagner; *Preis a.* remporter; **(an) Boden ~** gagner du terrain; **auf j-n Einfluss ~** prendre de l'ascendant sur qn; **Freunde ~** se faire des amis; **die Oberhand ~** prendre le dessus; **die Überzeugung ~, dass …** acquérir la conviction que …; **j-n für sich, e-e Sache ~** gagner qn à soi, à une cause; **j-n als Mitarbeiter ~** réussir à s'adjoindre qn comme collaborateur; **dabei ist nichts gewonnen** on n'y gagne rien; cela ne nous avance pas; *sprichw* **wie gewonnen, so zerronnen** à peine gagné déjà dépensé 2 TECH, CHEM extraire, tirer **(aus de)**; (*erzeugen*) produire; (*erlangen*) obtenir; **Opium wird aus Mohn gewonnen** on extrait l'opium du pavot B V/I 1 **(in der Lotterie, beim Spiel** *etc*) **~** gagner (à la loterie, au jeu, *etc*); *fig* **bei j-m gewonnen haben** faire une bonne impression sur qn; *fig* **gewonnenes Spiel haben** avoir gagné la partie d'avance 2 (*zunehmen*) gagner **(an** [*+dat*] en); *Flugzeug* **an Höhe ~** prendre davantage d'altitude; *Fahrzeug* **an Geschwindigkeit ~** rouler plus vite; **die Sache gewinnt dadurch an Klarheit** la chose y gagne en clarté 3 (*sich vorteilhaft verändern*) gagner; **sie gewinnt durch ihre neue Frisur** elle a changé à son avantage grâce à sa nouvelle coiffure; **er gewinnt bei näherer Bekanntschaft** il gagne à être mieux connu

gewinnend ADJT *Lächeln* engageant; *Wesen* charmant; avenant

Gewinner(in) M ⟨~s; ~⟩ (F) ⟨~in; ~innen⟩ gagnant(e) *m(f)*

Gewinnermittlung F détermination *f*, calcul *m* des bénéfices; **Gewinnklasse** F LOTTERIE rang *m* (des gains); **Gewinnliste** F LOTTERIE liste *f* des numéros gagnants *bzw.* des gains; **Gewinnlos** N billet gagnant; **Gewinnnummer** F numéro gagnant; **Gewinnquote** F quote-part *f* de gain, HANDEL de bénéfice

Gewinnsatz M TENNIS (*gewonnener Satz*) set gagné; (*entscheidender Satz*) set décisif; **über drei Gewinnsätze spielen** jouer jusqu'à ce qu'un joueur gagne trois sets

Gewinnspanne F marge *f* bénéficiaire; **Gewinnstreben** N recherche *f* du gain, du bénéfice; **Gewinnsucht** F ⟨~⟩ avidité *f*; âpreté *f* au gain; **gewinnsüchtig** ADJ avide; âpre au gain

Gewinn-und-Verlust-Rechnung F compte *m* des pertes et profits

Gewinnung F ⟨~⟩ TECH, CHEM extraction *f*; (*Erzeugung*) production *f*; (*Erlangung*) obtention *f*

Gewinnvortrag M HANDEL report *m* des bénéfices; **Gewinnzahl** F numéro gagnant

Gewinsel N ⟨~s⟩ *pej* cris plaintifs; *fig* pleurnicheries *fpl*

Gewirr N ⟨~(e)s; ~e⟩ 1 *von Zweigen, Fäden etc* enchevêtrement *m* 2 *fig von Straßen, Vorschriften* dédale *m*; *von Stimmen* confusion *f*

gewiss A ADJ ⟨~er, ~este⟩ 1 ⟨*épithète*⟩ (*nicht näher bestimmt*) certain (*vorangestellt*); **ein ~er Herr Bauer** un certain monsieur Bauer; **~e Leute** certaines personnes; **ein ~es Etwas** un je-ne-sais-quoi; **in ~em Sinne** dans, en un certain sens; **in ~er Beziehung** d'un certain côté; **bis zu e-m ~en Grad** jusqu'à un certain point; **unter ~en Voraussetzungen** sous certaines conditions 2 (*sicher*) sûr; certain; **die Strafe ist ihr ~** elle est sûre d'être punie; **der Erfolg ist uns ~** notre succès est assuré; **so viel ist ~, dass …** ce qui est sûr, certain c'est que …; toujours est-il que …; **s-r Sache** (*gen*) **~ sein** être sûr de son fait B ADV certainement; sûrement; **ganz ~** sans aucun doute; très certainement; sans faute; à coup sûr; **wissen Sie es ganz ~?** vous en êtes vraiment sûr?; **(aber) ~!** (mais) certainement!; (mais) bien sûr!; mais oui!; *einschränkend* **er ist ~ nicht dumm(, aber …)** il n'est certainement pas bête(, mais …)

Gewissen N ⟨~s; ~⟩ conscience *f*; **ein gutes, schlechtes ~ haben** avoir bonne, mauvaise conscience; **ein reines ~ haben** avoir la conscience nette; **nach bestem Wissen und ~** en mon, ton, *etc* âme et conscience; **die Stimme des ~s** la voix de la conscience; **ruhigen ~s, mit gutem ~** la conscience tranquille; **das kann ich nicht mit meinem ~ vereinbaren** ma conscience me l'interdit; **j-m ins ~ reden** s'adresser, faire appel à la conscience de qn; **etw auf dem ~ haben** avoir qc sur la conscience; **j-n auf dem ~ haben** être responsable de la mort, de la ruine, *etc* de qn; *sprichw* **ein gutes ~ ist ein sanftes Ruhekissen** on dort mieux quand on a la conscience tranquille

gewissenhaft A ADJ consciencieux, -ieuse; scrupuleux, -euse B ADV consciencieusement; scrupuleusement; **Gewissenhaftigkeit** F ⟨~⟩ assiduité *f*; sérieux *m*; **gewissenlos** ADJ *u.* ADV sans scrupules; **Gewissenlosigkeit** F ⟨~⟩ absence *f* de scrupules

Gewissensbisse MPL remords *mpl*; **sich** (*dat*) **wegen etw ~ machen** avoir mauvaise conscience d'avoir fait qc

Gewissensentscheidung F choix moral; **Gewissenserforschung** F examen *m* de conscience; **Gewissensfrage** F cas *m* de conscience; **Gewissensfreiheit** F ⟨~⟩ liberté *f* de conscience

Gewissensgründe MPL **aus ~n** pour des raisons morales

Gewissenskonflikt M cas *m* de conscience; **Gewissensnot** F dilemme moral; **Gewissensqualen** FPL tourments *mpl* de la conscience

gewissermaßen ADV en quelque sorte; pour ainsi dire

Gewissheit F ⟨~⟩ certitude *f*; assurance *f*; **~ (über etw** [*akk*]**) erlangen** obtenir la certitude, l'assurance (de qc); **sich** (*dat*) **über etw** (*akk*) **~ verschaffen** s'assurer de qc; **(j-m) zur ~ werden** devenir une certitude (pour qn)

Gewitter N ⟨~s; ~⟩ *a. fig* orage *m*; **Gewitterfront** F front orageux

gewitterig → gewittrig

gewittern V/UNPERS ⟨-(e)re, *pperf* gewittert, h.⟩ **es gewittert** il y a, il fait de l'orage

Gewitterneigung F tendances orageuses; **Gewitterregen** M pluie *f* d'orage; **Gewitterschauer** M averse orageuse; **Gewitterstimmung** F *fig* atmosphère orageuse; **es herrscht ~** il y a de l'orage dans l'air

Gewitterwolke F nuage orageux; **Gewitterziege** *umg pej* F mégère *f*

gewittrig ADJ orageux, -euse

gewitzt ADJ rusé; malin, -igne

gewoben PPERF → weben

gewogen A PPERF → wiegen[1], wägen B ADJT *geh* **j-m ~ sein** être bien disposé envers qn; **der Chef ist ihm ~** *a.* il est dans les bonnes grâces, *umg* dans les petits papiers du patron

Gewogenheit *geh* F ⟨~⟩ bienveillance *f*

gewöhnen ⟨*pperf* gewöhnt, h.⟩ A V/T **j-n an etw** (*akk*) **~** habituer qn à qc; faire prendre, donner à qn l'habitude de qc; familiariser qn avec qc; **j-n an j-n ~** habituer qn à qn; **j-n daran ~, etw zu tun** habituer qn à faire qc B V/R **sich an etw** (*akk*) **~** s'habituer, se faire à qc; prendre l'habitude de qc; **man gewöhnt sich an alles** on s'habitue, se fait à tout; **sich an j-n ~** s'habituer à qn

Gewohnheit F ⟨~; ~en⟩ habitude *f*; (*Sitte, Brauch*) coutume *f*; **die Macht der ~** la force de l'habitude; **aus ~** par habitude; **die ~ haben, etw zu tun** avoir l'habitude, avoir coutume de faire qc; **e-e ~ annehmen** prendre une habitude; **sich** (*dat*) **etw zur ~ machen** prendre l'habitude de (faire) qc; **aus der ~ kommen** perdre l'habitude; **(j-m) zur ~ werden** devenir une habitude (chez *od* pour qn)

gewohnheitsgemäß ADV selon, suivant mon, ton, *etc* habitude; **gewohnheitsmäßig** A ADJ habituel, -elle B ADV par habitude

Gewohnheitsmensch M personne *f* qui tient à ses habitudes; **Gewohnheitsrecht** N ⟨~(e)s⟩ JUR droit coutumier; **Gewohn-**

heitssache F ⟨~⟩ question *f* d'habitude

Gewohnheitstier N *hum* personne *f* qui tient à ses sacro-saintes habitudes; **ein ~ sein** être esclave de ses habitudes; **der Mensch ist ein ~** *sprichw* l'habitude est une seconde nature

Gewohnheitstrinker(in) M(F) buveur invétéré; alcoolique *m/f*; **Gewohnheitsverbrecher(in)** M(F) récidiviste *m/f* (invétéré[e])

gewöhnlich A ADJ 1 ⟨*épithète*⟩ (*normal, durchschnittlich*) ordinaire; (*einfach*) simple; (*gewohnt*) habituel, -elle 2 *pej* (*ordinär*) vulgaire; commun B ADV 1 (*meist, üblicherweise*) **(für) ~** d'habitude; habituellement; d'ordinaire; **wie ~** comme d'habitude; comme à l'ordinaire; **~ etw tun** *a.* avoir l'habitude de faire qc 2 *pej* (*ordinär*) d'une façon vulgaire, commune

Gewöhnlichkeit F ⟨~⟩ *pej* caractère commun, vulgaire

gewohnt ADJ 1 ⟨*épithète*⟩ habituel, -elle; **zur ~en Stunde** à l'heure habituelle 2 ⟨*attribut*⟩ **etw** (*akk*) **~ sein** être habitué à qc; avoir l'habitude de qc; **(es) ~ sein, etw zu tun** être habitué à faire qc; avoir l'habitude de faire qc; **wie ~** comme d'habitude

gewöhnt ADJT **an etw, j-n ~ sein** être habitué, fait à qc, qn

Gewöhnung F ⟨~⟩ accoutumance *f* (**an** [+*akk*] à)

Gewölbe N ⟨~s; ~⟩ 1 *Decke* voûte *f*; *poet* **das ~ des Himmels** la voûte céleste 2 *Raum* cave (voûtée)

Gewölbebogen M arc *m* de voûte; arceau *m*; **Gewölbestein** M voussoir *m*

gewölbt ADJT *Oberfläche, Stirn etc* bombé; *Decke etc* voûté

gewollt A PPERF → wollen[1] B, C B ADJT voulu

gewonnen PPERF → gewinnen

geworben PPERF → werben

geworden PPERF → werden A, B

geworfen PPERF → werfen

gewrungen PPERF → wringen

Gewühl N ⟨~(e)s⟩ *pej e-r Menschenmenge* cohue *f*; **sich ins ~ stürzen** se mêler à la foule

gewunden A PPERF → winden[1] B ADJT *Flusslauf* sinueux, -euse; *Pfad* tortueux, -euse; *Säule* tors; *fig Stil* alambiqué; **spiralförmig ~** en spirale; spiralé

gewunken *umg* PPERF → winken

gewürfelt ADJT à carreaux; quadrillé

Gewürm N ⟨~(e)s; ~e⟩ (toutes sortes de) vers *mpl*; *geh pej* vermine *f*

Gewürz N ⟨~es; ~e⟩ épice *f*; condiment *m*; **Gewürzessig** M vinaigre aromatisé; **Gewürzgurke** F cornichon *m*; **Gewürzmischung** F assortiment *m*, mélange *m* d'épices; **Gewürznelke** F clou *m* de girofle; **Gewürzpflanze** F plante *f* aromatique

gewürzt ADJT épicé; relevé; *fig* **mit Humor ~** parsemé de remarques humoristiques

Gewürztraminer M ⟨~s; ~⟩ *Wein* gewurztraminer *m*

Gewusel *umg regional* N ⟨~s⟩ → Gewimmel

gewusst PPERF → wissen

Geysir M ⟨~s; ~e⟩ geyser *m*

gez. ABK (gezeichnet) signé

gezackt ADJT denté; *ungleichmäßig* dentelé

gezahnt, gezähnt ADJT BOT denté; dentelé

Gezänk N ⟨~(e)s⟩, **Gezanke** N ⟨-es⟩ *pej* disputes, querelles continuelles

Gezappel *umg pej* N ⟨~s⟩ gigotements *mpl*

gezeichnet ADJT 1 *Schriftstück* signé 2 *Gesicht vom Schicksal etc* marqué 3 *Tierfell* **hübsch ~ sein** avoir de beaux dessins

Gezeiten PL marée *f*; **Gezeitenkraftwerk** N usine *f* marémotrice; **Gezeitenstrom** M courant *m* de marée; **Gezeitenwechsel** M renversement *m* de marée

Gezeter N ⟨~s⟩ *pej* vociférations *fpl*; °hurlements *mpl*

geziehen PPERF → zeihen

gezielt A ADJT précis B ADVL de manière précise; *bes in der Werbung* **j-n ~ ansprechen** cibler qn

geziemen *geh* V/R ⟨*pperf* geziemt, h.⟩ **sich ~** convenir; être convenable; **es geziemt sich für ihn nicht zu** (+*inf*) il n'est pas convenable qu'il (+*subj*); **wie es sich geziemt** comme il faut; convenablement

geziemend *geh* A ADJT convenable; comme il faut; **mit dem ihm ~en Gehorsam** avec l'obéissance qu'il lui faut observer B ADVL convenablement; comme il faut

geziert ADJT *pej* affecté; maniéré; **Geziertheit** F ⟨~⟩ *pej* affectation *f*; préciosité *f*

gezinkt ADJT *Spielkarten* biseauté

Gezirp(e) N ⟨~(e)s⟩ *pej von Grillen, Zikaden* chant *m*; *t/t* stridulation *f*

gezogen A PPERF → ziehen B ADJT *Lauf e-r Feuerwaffe* rayé

Gezwitscher N ⟨~s⟩ gazouillement *m*; gazouillis *m*

gezwungen A PPERF → zwingen B ADJT *Lächeln, Fröhlichkeit, Haltung etc* forcé; contraint; (*steif*) guindé

gezwungenermaßen ADV forcément; **etw ~ tun** être forcé de faire qc

GG ABK → Grundgesetz

ggf. ABK (gegebenenfalls) le cas échéant

Ghana N ⟨→ *n/pr*⟩ le Ghana

Ghanaer(in) M ⟨~s; ~⟩ F ⟨~in; ~innen⟩ Ghanéen, -enne *m,f*

ghanaisch ADJ ghanéen, -enne; du Ghana

Ghetto N → Getto

Ghostwriter M ⟨~s; ~⟩ *umg* nègre *m*

Gibbon M ⟨~s; ~s⟩ ZOOL gibbon *m*

Gibraltar N ⟨→ *n/pr*⟩ Gibraltar; **die Straße von ~** le détroit de Gibraltar

gibt → geben

Gicht F ⟨~⟩ MED goutte *f*; **Gichtknoten** M nodosité goutteuse; **gichtkrank** ADJ goutteux, -euse; **Gichtkranke(r)** M/F(M) goutteux, -euse *m,f*

Giebel M ⟨~s; ~⟩ *e-s Hauses* pignon *m*; *bei Tempeln, über Portalen etc* fronton *m*; **Giebeldach** N toit *m* à pignon; **Giebelfenster** N fenêtre *f* de pignon; **Giebelhaus** N maison *f* à pignon; **Giebelseite** F pignon *m*; **Giebelwand** F pignon *m*

Gier F ⟨~⟩ désir ardent (**nach** de); avidité *f*; convoitise *f*; (*Lüsternheit*) lubricité *f*; *bes nach Geld* rapacité *f*; cupidité *f*; *im Essen* gloutonnerie *f*; voracité *f*

gieren V/I ⟨h.⟩ *geh* **nach etw ~** convoiter qc; désirer (avidement) qc; être avide de qc

gierig A ADJ avide (**nach** de); *bes nach Geld* cupide; *im Essen* glouton, -onne; vorace B ADV avec avidité, cupidité; *essen* avec voracité, gloutonnerie

Gießbach M torrent *m*

gießen ⟨-(es)t, gießt, goss, gegossen, h.⟩ A V/T 1 *Flüssigkeit* verser; *Blumen etc* arroser; **etw über etw** (*akk*) **~** (*verschütten*) renverser, répandre qc sur qc 2 METALL couler; *a. Glocken* fondre; *Statue etc a.* mouler B V/UNPERS *umg* **es gießt (in Strömen)** il pleut à verse, à torrents, à seaux; il pleut des cordes

Gießer M ⟨~s; ~⟩ fondeur *m*; SKULP mouleur *m*

Gießerei F ⟨~; ~en⟩ fonderie *f*

Gießform F moule *m*; matrice *f*; **Gießkanne** F arrosoir *m*; **Gießkannenprinzip** N ⟨~s⟩ *fig hum* saupoudrage *m*

Gift N ⟨~(e)s; ~e⟩ poison *m*; *tierisches* venin *m*; *umg fig hum* **ein blondes ~** une blonde platinée sexy; **~ nehmen** prendre du poison; (*sich vergiften*) s'empoisonner; *umg fig* **du kannst ~ darauf nehmen, dass ...** je parie tout ce que tu veux que ...; *fig* **das ist ~ für ihn** c'est très mauvais pour lui; ce n'est pas bon du tout pour lui; *fig* **~ und Galle spucken** *od* **speien** (*sehr wütend sein*) être fou, folle de rage; (*gehässig reagieren*) cracher son venin

Giftblatt *umg* N SCHULE (*Zeugnis*) bulletin *m* (scolaire); **Giftdrüse** F ZOOL glande *f* à venin

giften *umg* ⟨-ete, h.⟩ A V/T agacer; **das giftet mich sehr, schon lange** ça m'agace beaucoup, depuis longtemps B V/I (*gehässig sein*) dire des méchancetés C V/R **sich (über etw** [*akk*]**) ~** écumer de rage, se fâcher, *umg* être furax (à cause de qc)

Giftgas N gaz *m* toxique; **giftgrün** ADJ vert criard (*inv*)

giftig A ADJ 1 toxique; *Tiere* venimeux, -euse; *Pflanzen* vénéneux, -euse 2 *umg fig Blick, Bemerkung* venimeux, -euse; °haineux, -euse; **~ werden** (*gehässig werden*) devenir mauvais; (*wütend werden*) se fâcher B ADV **j-n ~ ansehen** jeter à qn des regards °haineux, venimeux

Giftigkeit F ⟨~⟩ 1 toxicité *f*; *von Tieren* venimosité *f* 2 *umg fig* venimosité *f*; méchanceté *f*

Giftküche F 1 *hum* (*Labor*) laboratoire *m* 2 *pej* (*Gerüchteküche*) officine *f* de fausses nouvelles; **Giftmischer(in)** *umg* M(F) 1 *pej* empoisonneur, -euse *m,f* 2 *hum* (*Apotheker[in]*) apothicaire *m*; **Giftmord** M empoisonnement *m*; **Giftmörder(in)** M(F) empoisonneur, -euse *m,f*; **Giftmüll** M déchets *mpl* toxiques; **Giftmülldeponie** F décharge *f* de déchets toxiques; **Giftmülltransport** M transport *m* de déchets toxiques; **Giftnudel** *umg pej* F *Person* personne médisante; vraie teigne; **Giftpfeil** M flèche empoisonnée; **Giftpflanze** F plante vénéneuse; **Giftpilz** M champignon vénéneux; **Giftschlange** F serpent venimeux; **Giftschrank** M armoire *f* aux poisons; **Giftspinne** F araignée venimeuse; **Giftstachel** M dard venimeux; **Giftstoff** M produit *m*, substance *f* toxique; **Giftwolke** F nuage *m* toxique; **Giftzahn** M 1 *e-r Schlange* crochet *m* (à venin) 2 *umg pej* → Giftzwerg; **Giftzettel** M → Giftblatt

Giftzwerg *umg pej* M vraie teigne; **er ist ein ~** *a.* il est mauvais *od* méchant comme une teigne

Gigabyte N giga-octet *m*

Gigant M ⟨~en; ~en⟩ MYTH, *fig* géant *m*; **gigantisch** ADJ *Bauwerk etc* gigantesque; colossal; *fig Erfolg etc* fabuleux, -euse

Gigolo M ⟨~s; ~s⟩ gigolo *m*

Gilde F ⟨~; ~n⟩ HIST gilde *od* guilde *f*

Gilgamesch M ⟨→ *n/pr*⟩ MYTH Gilgamesh *m*

gilt → gelten

Gimpel M ⟨~s; ~⟩ 1 ZOOL bouvreuil *m* 2 *fig pej* (*einfältiger Mensch*) nigaud *m*

Gin M ⟨~s; ~s⟩ gin *m*

ging → gehen

Ginkgo M ⟨~s; ~s⟩, **Ginko** M ⟨-kos; -kos⟩ BOT ginkgo *m*

Ginseng M ⟨~s; ~s⟩ BOT ginseng *m*

Ginster M ⟨~s; ~⟩ BOT genêt *m*

Gipfel M ⟨~s; ~⟩ 1 (*Berggipfel*) sommet *m*; cime *f* 2 *fig* (*Höhepunkt*) sommet *m*; apogée *m*; zénith *m*; **auf dem ~ des Ruhms** au sommet, à l'apogée de la gloire; **auf dem ~ s-s Erfolgs, künstlerischen Schaffens angelangt sein** être au zénith de la réussite, de sa carrière artistique 3 *fig pej* comble *m*; **das ist der ~ der Unverschämtheit!** c'est le comble de l'impertinence!; *umg* **das ist (doch) der ~!** c'est le comble, le bouquet! 4 POL (*~konferenz*) (conférence *f* au) sommet *m*

Gipfelgespräch N POL entretien(s) *m(pl)* au

sommet; **Gipfelkonferenz** F POL conférence *f* au sommet; **Gipfelkreuz** N croix *f* (au sommet d'une montagne)
gipfeln V/I ⟨-(e)le, h.⟩ **in etw** *(dat)* **~** culminer dans qc
Gipfelpunkt M 1 *(höchster Punkt)* point culminant 2 *fig (Höhepunkt)* sommet *m*; apogée *m*; zénith *m*; **Gipfeltreffen** N POL rencontre *f* au sommet
Gips M ⟨~es; ~e⟩ MINER gypse *m*; TECH, MED plâtre *m*; MED **in ~ legen** mettre dans le plâtre; plâtrer; MED **den Arm in ~ haben** avoir le bras dans le plâtre; avoir un bras plâtré
Gipsabdruck M ⟨~(e)s; -drücke⟩, **Gipsabguss** M (moulage *m* en) plâtre *m*; **Gipsbein** *umg* N jambe *f* dans le plâtre; jambe plâtrée; **Gipsbett** N MED coquille (plâtrée)
gipsen V/T ⟨-(es)t, h.⟩ *a.* MED plâtrer
Gipser M ⟨~s; ~⟩ plâtrier *m*
Gipsfigur F plâtre *m*; **Gipskorsett** N MED corset plâtré; **Gipskrawatte** F MED minerve *f*; **Gipsmaske** F masque *m* en plâtre; **Gipsmodell** N modèle *m* en plâtre; **Gipsverband** M plâtre *m*
Giraffe F ⟨~; ~n⟩ girafe *f*
Girant M ⟨~en; ~en⟩ FIN endosseur *m*
girieren V/T ⟨*pas de ge-*, h.⟩ endosser (**auf, an j-n** au profit de, en faveur de qn)
Girl N ⟨~s; ~s⟩ 1 *umg (Mädchen) umg* nénette *f* 2 *im Varietee etc* girl *f*
Girlande F ⟨~; ~n⟩ guirlande *f*; feston *m*
Girlie N ⟨~s; ~s⟩ *umg* girlie *f*; *umg* nana *f*
Giro N ⟨~s; ~s, *österr a.* -i⟩ FIN endos(sement) *m*; *(Überweisung)* virement *m*; **Girobank** F ⟨~; ~en⟩ banque *f* de virement; **Girokonto** N compte courant; **Giroverkehr** M opérations *fpl* de virement
girren V/I ⟨h.⟩ *Tauben, a. fig* roucouler
Gis, gis N ⟨Gis, gis; Gis, gis⟩ MUS sol *m* dièse
Gischt M ⟨~(e)s; ~e⟩ *od* F ⟨~; ~en⟩ écume *f*; embruns *mpl*
Gisela F ⟨→ *n/pr*⟩ *prénom*
Gitarre F ⟨~; ~n⟩ guitare *f*
Gitarrensaite F corde *f* de guitare; **Gitarrenspieler(in)** M(F) guitariste *m/f*
Gitarrist(in) M ⟨~en; ~en⟩ (F) ⟨~in; ~innen⟩ guitariste *m/f*
Gitter N ⟨~s; ~⟩ 1 *(Fenstergitter, Absperrgitter)* grille *f* (*a.* MATH, ELEK); *(Drahtgitter)* grillage *m*; *(Holzgitter)* treillis *m*; *umg fig* **hinter ~n** *umg* en taule; *umg fig* **j-n hinter ~** *(akk)* **bringen** *umg* envoyer qn en taule 2 *auf Landkarten* quadrillage *m* 3 CHEM, PHYS, OPT réseau *m*
gitterartig ADJ en forme de grille
Gitterbett(chen) N lit *m* à barreaux; **Gitterfenster** N fenêtre grillagée, à barreaux; **gitterförmig** ADJ *u.* ADV en forme de grille, de grillage; **Gittermast** M pylône *m*, poteau *m* en treillis; **Gitternetz** N *auf Landkarten* quadrillage *m*; **Gitterrost** M ⟨~(e)s; ~e⟩ grille *f*; **Gitterstab** M, **Gitterstange** F barreau *m* de grille; **Gitterstoff** M canevas *m*; **Gittertor** N porte grillagée, à claire-voie; **Gitterwerk** N ⟨~(e)s⟩ grillage *m*; treillis *m*; treillage *m*; **Gitterzaun** M clôture *f* à claire-voie; treillis *m*; treillage *m*
Glace F ⟨~; ~n⟩ *schweiz (Speiseeis)* glace *f*
Glacéhandschuh, Glaceehandschuh M gant *m* (en chevreau, agneau, *etc* glacé); *fig* **j-n mit ~en anfassen** prendre des gants avec qn
Glacéleder, Glaceeleder N peau glacée
glacieren V/T ⟨*pas de ge-*, h.⟩ GASTR glacer
Gladiator M ⟨~s; -toren⟩ HIST gladiateur *m*
Gladiole F ⟨~; ~n⟩ glaïeul *m*
Glamour M *od* N ⟨~s⟩ prestige *m*; fascination *f*; **Glamourgirl** N beauté *f*
Glanz M ⟨~es⟩ 1 *a. von Perlen, Augen* éclat *m*; *vom Haar, bes a. von Metallen* brillant *m*; *e-s Stoffes a.* lustre *m*; *hum iron* **welch ~ in meiner Hütte!** à quoi dois-je l'honneur de ta *bzw.* votre visite? 2 *geh fig* splendeur *f*; *umg* **e-e Prüfung mit ~ (und Gloria) bestehen** réussir °haut la main, avec les félicitations du jury à un examen; *umg iron* **er ist mit ~ und Gloria durchgefallen** *umg* il s'est fait étaler dans les grandes largeurs
glänzen V/I ⟨-(es)t, h.⟩ 1 briller; **vor Sauberkeit ~** briller comme un sou neuf 2 *fig* briller; **mit s-n Kenntnissen ~** briller par ses connaissances; **in e-r Rolle ~** exceller dans un rôle; *iron* **durch Abwesenheit ~** briller par son absence
glänzend A ADJT 1 brillant; éclatant; resplendissant 2 *fig* (très) brillant; *Zeugnis, Ergebnis etc a.* excellent; *Idee* lumineux, -euse; **in ~er Laune sein** être d'excellente humeur B ADVL 1 *(mit hervorragendem Ergebnis)* brillamment; **e-e Prüfung ~ bestehen** réussir brillamment à un examen 2 *(sehr gut)* très bien; **mir geht es ~** je vais très bien; **du siehst ~ aus** tu as une mine superbe, resplendissante; tu as l'air en pleine forme
Glanzgarn N fil glacé, lustré
Glanzleistung F *a. iron* brillante performance; **e-e schauspielerische ~** une brillante performance d'acteur
Glanzlicht N MAL rehaut *m*; *fig* **e-r Sache** *(dat)* **~er aufsetzen** rehausser l'effet, l'éclat de qc
glanzlos ADJ *a. fig* sans éclat; terne
Glanznummer F **diese Rolle ist ihre ~** ce rôle est son morceau de bravoure
Glanzpapier N papier glacé, satiné
Glanzpunkt M apogée *m*; **der ~ des Abends** le clou de la soirée; **die ~e ihrer Laufbahn** les instants les plus marquants de sa carrière
Glanzrolle F rôle brillant; *(Glanznummer)* morceau *m* de bravoure; **Glanzstück** N 1 *(Glanzleistung)* brillante performance 2 *(wertvolles Stück)* joyau *m*; **glanzvoll** A ADJ brillant; splendide; magnifique B ADV brillamment; magnifiquement; **Glanzzeit** F temps *m* de splendeur; *e-s Künstlers, Sportlers etc* apogée *m* de la carrière de …
Glarus M ⟨→ *n/pr*⟩ Glaris
Glas N ⟨~es; ~er⟩ 1 ⟨*pas de pl*⟩ *Material* verre *m*; **farbiges, getöntes ~** verre coloré, teinté; **aus ~** de, en verre; **unter ~** sous verre; *Aufschrift* **Vorsicht, ~!** fragile! 2 ⟨*pl* ~er, *mais* 2 ~ Bier⟩ *(Trinkglas)* verre *m*; *(Marmeladenglas)* pot *m*; *(Einmachglas)* bocal *m*; **aus e-m ~ trinken** boire dans un verre; **ein ~ Bier** un verre de bière; *fig* **zu tief ins ~ geschaut** *od* **geguckt haben** avoir bu un coup, un verre de trop 3 *(Brillenglas)* verre *m*; *geh (Brille) pl* **Gläser** lunettes *fpl* 4 *(Fernglas, Opernglas)* jumelles *fpl*
Glasarbeiter M verrier *m*; **glasartig** ADJ vitreux, -euse; **Glasauge** N œil *m* de verre; **Glasbaustein** M brique *f* de verre; **Glasbearbeitung** F travail *m*, façonnage *m* du verre; **Glasbläser** M souffleur *m* de verre; **Glasbläserei** F ⟨~; ~en⟩ 1 *Betrieb* verrerie *f* *(où l'on pratique le soufflage du verre)* 2 ⟨*pas de pl*⟩ *Gewerbe* fabrication *f* du verre soufflé
Gläschen N ⟨~s; ~⟩ petit verre; **ein ~ zu viel trinken** boire un verre, un coup de trop
Glasdach N toit en verre, vitré; verrière *f*
Glaser(in) M ⟨~s; ~⟩ (F) ⟨~in; ~innen⟩ vitrier *m*
Glaserei F ⟨~; ~en⟩ vitrerie *f*
Gläserklang *geh* M ⟨~(e)s⟩ choc *m* de verres
gläsern ADJ 1 ⟨épithète⟩ en, de verre 2 *Blick* vitreux, -euse
Glaserwerkstatt F atelier *m* de vitrier
Glasfaden M fil *m* de verre; **Glasfaser** F *für Isolierungen etc* fibre *f* de verre; OPT, TELEKOMMUNIKATION *etc* fibre *f* optique; **Glasfaserkabel** N câble *m* optique; **Glasfenster** N fenêtre vitrée; *e-s Schrankes etc* vitre *f*; **Glasfiberstab** M LEICHTATHLETIK perche *f* en fibre de verre; **Glasflasche** F bouteille *f* en verre; **Glasfluss** M ⟨~es⟩ strass *m*; **Glasgefäß** N récipient *m* en verre; **Glasgeschirr** N vaisselle *f* en verre; **Glasglocke** F cloche *f* (en verre); *e-r Uhr* globe *m*; **glashart** ADJ dur comme du verre
Glashaus N GARTEN serre *f*; *sprichw* **wer im ~ sitzt, soll nicht mit Steinen werfen** mieux vaut balayer devant sa porte (avant de critiquer)
Glashütte F verrerie *f*; cristallerie *f*
glasieren V/T ⟨*pas de ge-*, h.⟩ GASTR glacer; KERAMIK vernisser; émailler
glasig ADJ *a. fig Augen, Blick* vitreux, -euse; GASTR **Zwiebeln ~ werden lassen** faire blondir des oignons
Glasindustrie F industrie *f* du verre; verrerie *f*; **Glaskeramik** F vitrocéramique *f*
glasklar[1] ADJ *(klar wie Glas)* clair comme du cristal
glasklar[2] ADJ *fig (deutlich)* clair comme de l'eau de roche
Glaskolben M CHEM ballon *m*; **Glaskörper** M ANAT corps vitré; **Glaskugel** F boule *f* de verre; *e-r Wahrsagerin* boule *f* de cristal; *(Murmel)* bille *f* de verre; **Glasmalerei** F peinture *f* sur verre
Glasnost F ⟨~⟩ HIST POL glasnost *f*
Glasnudel F vermicelle chinois; **Glasofen** M four *m* de verrerie, à verre; **Glaspalast** *umg* M immeuble *m* avec une grande façade de verre; **Glaspapier** N papier *m* de verre; **Glasperle** F perle *f* de verre; **Glasplatte** F panneau *m*, plaque *f* de verre; **Glaspulver** N poudre *f* de verre; **Glasrahmen** M cadre *m* en verre; **Glasreiniger** M *Mittel* produit *m* à vitres; **Glasröhrchen** N petit tube de verre; **Glasscheibe** F vitre *f*; carreau *m*; *(Glasplatte)* plaque *f* de verre; **Glasscherbe** F morceau *m*, débris *m* de verre; *e-r Flasche* tesson *m*; **Glasschere** F ciseaux *mpl* à couper le verre; **Glasschleifer** M tailleur *m* de verre; *für Spiegel* polisseur *m*; **Glasschliff** M polissage *m* du verre; **Glasschneider** M *Instrument* coupe-verre *m*; **Glasschrank** M armoire vitrée; vitrine *f*; **Glasschüssel** F coupe *f*, saladier *m* en verre; **Glassplitter** M éclat *m* de verre; **Glasstöpsel** M bouchon *m* de *od* en verre; **Glastür** F porte vitrée
Glasur F ⟨~; ~en⟩ 1 *von Keramik* vernis *m*; émail *m*; *t/t* glaçure *f* 2 GASTR glaçage *m*
Glasversicherung F assurance *f* contre les bris de vitre; **Glasvitrine** F → Glasschrank; **Glaswand** F vitrage *m*; cloison *f* en verre; **Glaswaren** FPL verrerie *f*; **Glaswolle** F laine *f* de verre; **Glasziegel** M brique *f* de verre
glatt A ADJ 1 *Oberfläche, a. Haar, Haut etc* lisse; *Papier, Wasserfläche* uni; **~ bügeln** repasser; **~ bürsten** lisser avec une brosse; **~ drücken** planer à la machine à emboutir; **~ geschoren** tondu ras, de près; **~ hobeln** polir au rabot; **~ kämmen** peigner; **~ machen** *umg Rechnung etc* payer; **~ rasiert** rasé de près; **den Teig ~ rühren** mélanger la farine, les œufs, *etc* pour obtenir une pâte lisse; **~ schleifen** polir à la meule; **~ streichen** *Haar, Bart* lisser; *Geldschein* défroisser; **~ ziehen** *Betttuch etc* tirer; *fig* **~ wie ein Aal** → aalglatt 2 *Rechnung, Betrag* rond; *Schulnote* **e-e ~e Eins** *etwa* vingt sur vingt; MED **~er Bruch** fracture nette 3 *Straße, Pflaster (glitschig)* glissant; **es ist ~** ça glisse; c'est glissant 4 *pej Person, Art etc (allzu gewandt)* mielleux,

-euse; trop poli **5** ⟨épithète⟩ (*ohne Zwischenfall*) sans encombre; sans incident **6** *umg* ⟨*épithète*⟩ (*eindeutig*) vrai; pur (et simple); **das kostet mich ~e hundert Euro** cela me coûte tout simplement, tout bonnement cent euros; **das ist e-e ~e Lüge** c'est un pur mensonge; **das war ~er Mord** c'était un vrai crime; *fig hum* c'était du suicide **B** ADV **1** **~ anliegen** être moulant; **(etw) ~ rechts stricken** tricoter (qc) tout au point mousse **2** (*ohne Komplikationen*) sans problèmes; → glattgehen **3** *umg* (*rückhaltlos*) carrément; **etw ~ ablehnen, leugnen** refuser, nier qc (tout) net, carrément; **j-m etw ~ ins Gesicht sagen** dire qc à qn en face **4** *umg* (*eindeutig*) **der Wagen hätte ihn ~ überfahren** il s'en est fallu de peu et il se faisait écraser par cette voiture; un peu plus (et) il se faisait écraser par cette voiture; **er hätte ~ gewonnen** un peu plus (et) il gagnait; **das kostet ~ zweihundert Euro** ça fait tout bonnement deux cents euros; **das habe ich ~ vergessen** je l'ai carrément oublié; *a. iron* **das bringt er ~ fertig** il en est bien *od* tout à fait capable

glattbügeln, **glattbürsten**, **glattdrücken** VT → glatt A 1

Glätte F ⟨~⟩ **1** caractère *m* lisse; *der Fahrbahn* état glissant; → *a.* Straßenglätte **2** TECH lisse *f*; lissoir *m*

Glatteis N verglas *m*; *fig* **j-n aufs ~ führen** entraîner qn sur un terrain glissant; *plus fort* induire qn en erreur; **es herrscht ~** il y a du verglas

Glätteisen N **1** TECH polissoir *m* **2** *schweiz* (*Bügeleisen*) fer *m* à repasser

Glatteisgefahr F ⟨~⟩ danger *m* de verglas

glätten ⟨-ete, h.⟩ **A** VT **1** *Haar, Papier etc* lisser (*a.* TECH); *Zettel, Geldschein* défroisser; *Falten* faire disparaître; *fig* **die Wogen ~** calmer les esprits **2** *schweiz* (*bügeln*) repasser **B** VR **sich ~** *Meer, Wellen* se calmer; *Stirn* se dérider

glattgehen *umg* VI ⟨*irr, sép*, -ge-, s.⟩ marcher, aller comme sur des roulettes; **glattgeschoren**, **glatthobeln**, **glattkämmen** *etc* → glatt A 1

Glattwale MPL ZOOL balénidés *mpl*

glattweg *umg* ADV carrément; **etw ~ ablehnen** *a.* refuser qc tout net

glattziehen VT → glatt A 1

Glatze F ⟨~; ~n⟩ calvitie *f*; **e-e ~ haben** *a.* être chauve; **er bekommt e-e ~** il se dégarnit; il devient chauve

Glatzkopf M **1** *Kopf* crâne *m*, tête *f* chauve **2** *umg Mensch* chauve *m*; **glatzköpfig** ADJ chauve

Glaube M ⟨~ns⟩ **1** (*religiöse Überzeugung*) foi *f*, croyance *f* (**an** [+*akk*] en, dans, à); REL (*~nsbekenntnis*) religion *f*; **der ~ an Gott** la croyance en Dieu **2** (*innere Gewissheit*) foi *f* (**an** [+*akk*] en); **in gutem ~n handeln** agir de bonne foi, en toute bonne foi; **j-m ~n schenken** croire qn; **j-s Worten ~n schenken** croire ce que qn dit; *geh* ajouter foi aux dires de qn; **den ~n an j-n, etw verlieren** ne plus croire à qn, qc; **in dem ~n leben, dass ...** croire (toute sa vie) que ...; **j-n in s-m ~n lassen** ne pas enlever ses illusions à qn; **j-n im ~n lassen, dass ...** laisser croire à qn que ...

glauben ⟨h.⟩ **A** VT croire; **j-n etw ~ machen** faire croire qc à qn; **ich glaube es Ihnen** je vous crois; je le crois; *geh* **ich glaubte dich in Paris** je te croyais à Paris; **das kannst du mir ~** tu peux me croire, le croire; **das will ich ~, das glaube ich gerne** je le crois volontiers; **ich kann es kaum ~!** je n'en reviens pas!; j'ai de la peine à le croire!; *umg* **es ist nicht zu ~!** c'est incroyable!; ce n'est pas croyable!; **wer hätte das geglaubt?** qui l'eût cru?; **man sollte es nicht ~!** on ne (le) dirait pas!; *umg iron* **wer's glaubt, wird selig!** à d'autres!; **ich glaube, dass ...** je crois que ...; **~ Sie nur nicht, dass ...!** n'allez pas croire que ...!; **ich möchte fast ~, ...** je suis près de croire ...; je ne suis pas loin de croire ...; ..., **ob du es (nun) glaubst oder nicht** tu ne vas pas me croire, mais ...; **du glaubst (gar) nicht, wie ...** tu ne peux pas savoir comme ...; **das glaubst du doch** *od* **ja selbst nicht!** tu ne le crois pas toi-même! **B** VI croire; **j-m (aufs Wort) ~** croire qn (sur parole); **an j-n, etw ~** croire à *od* en qn, qc; **an Gott ~** croire en Dieu; **ich glaube nicht daran** je n'y crois pas; **ich glaube, ja** je crois que oui; **ich glaube, nein** je crois que non; **ich glaube schon!** je crois bien!; *umg fig* **dran ~ müssen** *bei Unangenehmem umg* y passer; (*sterben*) *umg* y rester; *umg* y laisser sa peau

Glauben M ⟨~s⟩ → Glaube

Glaubensartikel M article *m* de foi; **Glaubensbekenntnis** N REL, *fig* profession *f* de foi; REL Credo *m*; *fig* credo *m*; **Glaubensbruder** M coreligionnaire *m*

Glaubensdinge NPL **in ~n** en matière de religion

Glaubenseifer M zèle religieux; **Glaubensfrage** F question *f* de foi; **Glaubensfreiheit** F ⟨~⟩ liberté religieuse, du culte; **Glaubensgemeinschaft** F communauté religieuse; **Glaubensgenosse**, **Glaubensgenossin** M/F co-religionnaire *m/f*; **Glaubenslehre** F dogmatique *f*; **Glaubensrichtung** F tendance religieuse

Glaubenssache F question *f*, matière *f* de foi; *umg* **das ist ~** il faut y croire

Glaubenssatz M dogme *m*; **Glaubensspaltung** F schisme *m*; dissidence religieuse; **Glaubensstärke** F fermeté *f* de la foi; **Glaubensstreit** M controverse, querelle religieuse

Glaubersalz N ⟨~es⟩ CHEM sel *m* de Glauber

glaubhaft **A** ADJ crédible; croyable; vraisemblable; *Ausrede etc a.* valable; (*überzeugend*) convaincant; **etw ~ machen** rendre qc vraisemblable; établir la vraisemblance de qc **B** ADV avec vraisemblance; (*überzeugend*) d'une façon convaincante

Glaubhaftigkeit F ⟨~⟩ vraisemblance *f*; crédibilité *f*; **Glaubhaftmachung** F ⟨~⟩ JUR établissement *m* de la vraisemblance

gläubig **A** ADJ **1** REL croyant; **~ sein** *a.* avoir la foi; **ein ~er Christ** un chrétien convaincu, pratiquant **2** (*vertrauensvoll*) confiant **B** ADV **1** REL en pratiquant sa religion; (*fromm*) avec piété **2** (*vertrauensvoll*) avec confiance

Gläubige(r) M/F(M) ⟨→ A⟩ REL *meist* PL **die ~n** les fidèles *mpl*; les croyants *mpl*

Gläubiger(in) M ⟨~s; ~⟩ (F) ⟨~in; ~innen⟩ HANDEL créancier, -ière *m,f*

Gläubigkeit F ⟨~⟩ foi *f*

glaublich ADJ **das ist kaum ~** c'est à peine croyable

glaubwürdig **A** ADJ digne de foi; **aus ~er Quelle** d'une source sûre **B** ADV de façon crédible

Glaubwürdigkeit F ⟨~⟩ crédibilité *f*

Glaukom N ⟨~s; ~e⟩ MED glaucome *m*

glazial ADJ GEOL glaciaire

Glaziologie F ⟨~⟩ GEOL glaciologie *f*

gleich **A** ADJ **1** même; *a.* MATH, *t/t* égal; (*ähnlich*) pareil, -eille; (*identisch*) identique; (*~wertig*) équivalent; **im ~en Alter** du même âge; **zu ~en Teilen** à parts égales; **~es Recht für alle** les mêmes droits pour tous; **alle Menschen sind ~** tous les hommes sont égaux; **vier mal drei (ist) ~ zwölf** quatre fois trois égalent douze; **~er Meinung sein** être du même avis; **zur ~en Zeit** en même temps; simultanément; **~ bleiben** rester le *bzw.* la même; *Temperatur, Geschwindigkeit, Preise etc* rester constant; *umg* **das bleibt sich ~** cela revient au même; *umg* c'est tout comme; **~ bleibend** → gleichbleibend; *sprichw* **Gleich und Gleich gesellt sich gern** *sprichw* qui se ressemble s'assemble; **das kommt** *od* **läuft aufs** *od* **auf das Gleiche hinaus** c'est du pareil au même; cela revient au même; **das Gleiche gilt für ...** c'est pareil, la même chose pour ...; **er ist nicht mehr der Gleiche** il n'est plus le même; il a (beaucoup) changé; **Gleiches mit Gleichem vergelten** rendre la pareille; *geh* **ein Gleiches tun** faire de même **2** *umg* (*gleichgültig, egal*) égal; **das ist mir (ganz) ~** cela m'est (complètement) égal; **(ganz) ~, wann er kommt, ...** peu importe l'heure de son arrivée ... **B** ADV **1** *zeitlich* (*sofort*) tout de suite; immédiatement; (*bald*) bientôt; (*fast*) presque; **bis ~!** à tout à l'heure!; à tout de suite!; **(ich komme) ~!** (j'arrive) tout de suite!; **sag es doch ~!** dis-le donc tout de suite!; **~ als** juste comme; juste au moment où; **~ darauf, danach** tout de suite après; aussitôt après; **es ist ~ zehn Uhr** il est presque dix heures; **das Essen ist ~ fertig** le repas est tout de suite prêt; **das hört sich ~ ganz anders an!** je préfère cela!; j'aime mieux ça!; *umg* **warum nicht ~ so?** pourquoi ne pas l'avoir fait tout de suite?; *nach e-r Drohung etc a.* ça aurait été plus simple!; **mit e-r Antwort ~ bei der Hand sein** avoir la repartie facile; **~ heute** dès aujourd'hui; aujourd'hui même; **~ zu Anfang** dès le début **2** *räumlich* juste; **~ daneben, gegenüber** juste à côté, en face **3** (*genauso*) de la même façon, manière; (*ähnlich*) pareillement; (*identisch*) identiquement; *vergleichend* aussi; **~ geartet** similaire; **~ gekleidet sein** être habillé pareil; **~ gelagert** *Fall etc* semblable; similaire; **~ gesinnt sein** avoir les mêmes idées, intérêts, opinions; **~ Gesinnte(r)** → Gleichgesinnte(r); **~ lautend** → gleichlautend; **es geht uns allen ~** nous sommes tous dans le même cas; **~ groß** aussi grand; de (la) même grandeur; **~ schnell** aussi rapide, vite (**wie** que); à la même vitesse (**wie** que); **~ weit (entfernt)** à égale distance **C** *geh* PRÄP ⟨*dat*⟩ semblable à; **~ e-m König** *od* **e-m König ~** semblable à un roi; *geh* tel un roi **D** *Partikel* **1** *in Fragesätzen* déjà; **wie heißt er doch ~?** comment s'appelle-t-il déjà? **2** *Unmut ausdrückend* **dann kann ich es ja ~ bleiben lassen** si c'est comme ça, je peux carrément laisser tomber

gleichalt(e)rig ADJ du même âge; **gleichartig** **A** ADJ (*von gleicher Art*) de (la) même espèce, nature, sorte; (*ähnlich*) pareil, -eille; semblable; similaire; *Fall* analogue; PHYS homogène **B** ADV de la même manière, façon; (*ähnlich*) pareillement; semblablement;

Gleichartigkeit F ⟨~⟩ similitude *f*; similarité *f*; (*Ähnlichkeit*) ressemblance *f*; analogie *f*; PHYS homogénéité *f*; **gleichbedeutend** ADJT **1** qui signifie la même chose; **~ (mit)** qui a le même sens (que); identique, équivalent (à) **2** LING synonyme

gleichberechtigt ADJT égal en droits; **(mit j-m) ~ sein** avoir les mêmes droits (que qn)

Gleichberechtigung F ⟨~⟩ égalité *f* des droits; **politische ~** égalité *f* des droits sur le plan politique; **die ~ der Frauen** l'émancipation *f* des femmes; **die ~ von Mann und Frau** l'égalité *f* des droits des hommes et des femmes

gleichbleiben VI → gleich A 1; **gleichbleibend** ADJT ⟨*épithète*⟩ (qui reste) constant; *Barometerstand etc* stationnaire

G

gleichen ⟨gleicht, glich, geglichen, h.⟩ A VI j-m, e-r Sache ~ ressembler à qn, qc; **das gleicht e-m Wunder** cela tient du miracle B VR **sich** *(dat)* ~ se ressembler

gleichermaßen, **gleicherweise** ADV de la même manière, façon; de même

gleichfalls ADV *(in gleicher Weise)* également; pareillement; de même; *(auch)* également; aussi; **danke ~!** merci, (à) vous aussi!

gleichfarbig ADJ de la même couleur; **gleichförmig** ADJ *(einheitlich)*, *a.* PHYS uniforme; *(regelmäßig)* régulier, -ière; *(monoton)* monotone; **Gleichförmigkeit** F ⟨~⟩ uniformité *f*; *(Regelmäßigkeit)* régularité *f*; *(Monotonie)* monotonie *f*; **gleichgeartet** ADJT similaire; **gleichgelagert** ADJT → gleich B 3; **gleichgeschlechtig** ADJ BIOL du même sexe; **gleichgeschlechtlich** ADJ homosexuel, -elle; **gleichgesinnt** ADJ → gleich B 3; **Gleichgesinnte(r)** M/F(M) ⟨→ A⟩ personne animée des mêmes sentiments, partageant les mêmes idées, opinions; **gleichgestellt** ADJT au même rang, niveau

Gleichgewicht N ⟨~(e)s⟩ *a. fig* équilibre *m*; **das ~ der Kräfte** l'équilibre des forces; **mangelndes, gestörtes ~** déséquilibre *m*; **ökologisches ~** équilibre écologique; **das ~ verlieren, aus dem ~ kommen** perdre l'équilibre; **das ~ herstellen, etw ins ~ bringen** mettre qc en équilibre; équilibrer qc; **aus dem ~ bringen** faire perdre l'équilibre à; déséquilibrer; rompre l'équilibre de; *fig* ébranler; **das ~ halten** garder l'équilibre; **im ~** en équilibre

Gleichgewichtsorgan N ANAT organe équilibreur; **Gleichgewichtssinn** M ⟨~(e)s⟩ sens *m* de l'équilibre; **Gleichgewichtsstörung** F trouble *m* de l'équilibre; **Gleichgewichtsübung** F exercice *m* d'équilibre

gleichgültig A ADJ 1 *(teilnahmslos)* indifférent (**gegenüber** à) 2 *(mitleidslos)* insensible (**gegenüber** à) 3 ⟨attribut⟩ *(unwichtig, egal)* indifférent; égal; **s-e Ansichten sind mir ~** ses idées me sont indifférentes; **das ist mir ~** cela m'est égal, indifférent; **~, zu welcher Zeit** à n'importe quelle heure; quelle que soit l'heure (à laquelle …); **~, ob er kommt oder nicht** (peu importe) qu'il vienne ou non; **~, was du machst** quoi que tu fasses B ADV 1 *(teilnahmslos)* avec indifférence; **~ zuschauen** regarder d'un air indifférent 2 *(mitleidslos)* avec insensibilité

Gleichgültigkeit F ⟨~⟩ 1 *(Teilnahmslosigkeit, Desinteresse)* indifférence *f* (**gegenüber** envers) 2 *(Mitleidslosigkeit)* insensibilité *f* (**gegenüber** envers)

Gleichheit F ⟨~⟩ égalité *f*

Gleichheitsgrundsatz M ⟨~es⟩, **Gleichheitsprinzip** N ⟨-prinzips⟩, **Gleichheitssatz** M ⟨-satzes⟩ principe *m* de l'égalité (devant la loi); **Gleichheitszeichen** N MATH signe *m* égal

Gleichklang M 1 MUS consonance *f* 2 *fig* harmonie *f*

gleichkommen VI ⟨*irr, sép,* -ge-, s.⟩ **j-m ~** égaler qn; être l'égal de qn; **e-r Sache** *(dat)* **~** égaler qc; équivaloir à qc; **das kommt e-m Verbrechen gleich** cela équivaut à un crime; **im Hochsprung kommt ihm keiner gleich** il n'a pas son égal en saut en °hauteur; personne ne l'égale au saut en °hauteur

Gleichlauf M ⟨~(e)s⟩ TECH synchronisme *m*

gleichlaufen VI ⟨*irr, sép,* -ge-, s.⟩ être parallèle; marcher parallèlement; être synchronisé; **gleichlaufend** ADJT 1 parallèle (**mit** à) 2 TECH synchronisé; **gleichlautend** ADJT 1 *Abschrift* conforme; *Nachrichten etc* de la même teneur; identique; similaire 2 LING homophone

gleichmachen VT ⟨*sép,* -ge-, h.⟩ rendre égal; mettre sur un plan d'égalité; *a. fig* niveler; **etw dem Erdboden ~** raser qc

Gleichmacherei F ⟨~⟩ *pej* nivellement *m*

Gleichmaß N ⟨~es⟩ *der Bewegung* uniformité *f*; *(Symmetrie)* symétrie *f*

gleichmäßig A ADJ *Bewegung* uniforme; constant; *Verteilung* égal; *(regelmäßig)* régulier, -ière; *(eintönig)* monotone; *(symmetrisch)* symétrique B ADV **etw ~ verteilen** répartir qc également

Gleichmäßigkeit F ⟨~⟩ *der Bewegung* uniformité *f*; *(Regelmäßigkeit)* régularité *f*; *(Eintönigkeit)* monotonie *f*; *(Symmetrie)* symétrie *f*; **Gleichmut** M égalité *f* d'humeur; *meist pej* impassibilité *f*; *(Ausgeglichenheit)* sérénité *f*

gleichmütig ADJ *u.* ADV d'humeur égale; avec philosophie; *meist pej* impassible; **Gleichmütigkeit** F ⟨~⟩ → Gleichmut

gleichnamig ADJ du même nom; PHYS du même signe; MATH *Brüche* du même dénominateur; MATH **~ machen** réduire au même dénominateur

Gleichnis N ⟨~ses; ~se⟩ *(Parabel), bes* BIBEL parabole *f*; *(Sinnbild)* symbole *m*; **in ~sen sprechen** parler par paraboles, par métaphores, par symboles

gleichnishaft ADJ par paraboles

gleichordnen VT ⟨-ete, *sép,* -ge-, h.⟩ coordonner; **gleichrangig** A ADJ de la même importance B ADV sur le même niveau, plan; **gleichrichten** VT ⟨-ete, *sép,* -ge-, h.⟩ ELEK redresser

Gleichrichter M ⟨~s; ~⟩ ELEK redresseur *m*; **Gleichrichterröhre** F ELEK tube *m* redresseur; **Gleichrichtung** F ⟨~⟩ ELEK redressement *m*

gleichsam *geh* ADV pour ainsi dire; comme; en quelque sorte; **~, als ob …** comme si …

gleichschalten VT ⟨-ete, *sép,* -ge-, h.⟩ POL, *fig* mettre au pas; **Gleichschaltung** F ⟨~⟩ POL, *fig* mise *f* au pas; **gleichschenk(e)lig** ADJ MATH isocèle

Gleichschritt M ⟨~(e)s⟩ MIL pas cadencé; **im ~ marschieren** marcher au pas cadencé; **im ~, marsch!** en avant, marche!

gleichsehen VI *u.* VR ⟨*irr, sép,* -ge-, h.⟩ **j-m ~** ressembler à qn; **sich** *(dat)* **~** se ressembler

gleichseitig ADJ MATH équilatéral; **gleichsetzen** VT ⟨-(es)t, *sép,* -ge-, h.⟩ mettre sur le même plan, au même niveau; identifier (**etw mit etw** qc avec, à qc); **Gleichsetzung** F ⟨~; ~en⟩ mise *f* sur le même plan, au même niveau; identification *f* (**mit** à, avec)

Gleichstand M ⟨~(e)s⟩ SPORT égalité *f* (de points *bzw.* de buts); **den ~ erzielen** égaliser

gleichstehen VI ⟨*irr, sép,* -ge-, h.⟩ **j-m ~** égaler qn; **sie stehen gleich** SPORT *nach Punkten* ils sont à égalité

gleichstellen VT ⟨*sép,* -ge-, h.⟩ **j-n (mit) j-m ~** mettre qn au même niveau, sur le même plan d'égalité que qn; *sozial a.* assimiler qn à qn; **etw e-r Sache** *(dat)* *od* **mit etw ~** mettre qc au même niveau que qc; *Sachen* **einander ~** *a.* mettre sur un pied d'égalité

Gleichstellung F ⟨~⟩ mise *f* sur un pied d'égalité; *soziale* assimilation *f*; **Gleichstrom** M ELEK courant continu

gleichtun VT ⟨*irr, sép,* -ge-, h.⟩ **es j-m ~** faire comme qn; **es j-m an, in etw** *(dat)* **~** égaler qn en qc

Gleichung F ⟨~; ~en⟩ équation *f*; *fig* **diese ~ geht nicht auf** ce calcul est faux

gleichviel ADV peu importe; **~, ob …** peu importe que … *(+subj) od* si …

gleichwertig ADJ *Dinge, Leistung, Angebot etc* équivalent; CHEM de la même valence; *Gegner, fig* de même valeur; *Gegner a.* de même niveau; de force égale; **j-m ~ sein** valoir qn

Gleichwertigkeit F équivalence *f*; **gleichwink(e)lig** ADJ MATH équiangle; isogone

gleichwohl *geh* ADV néanmoins; pourtant

gleichzeitig A ADJ simultané; *Bewegungen a.* synchrone B ADV simultanément; en même temps; à la fois; **Gleichzeitigkeit** F ⟨~⟩ simultanéité *f*; synchronisme *m*

gleichziehen VI ⟨*irr, sép,* -ge-, h.⟩ combler la différence; **mit j-m ~** SPORT rattraper qn; arriver à la hauteur de qn; *fig* rattraper qn; *sozial* atteindre le même niveau que qn

Gleis N ⟨~es; ~e⟩ 1 voie (ferrée); rails *mpl*; *(Bahnsteig)* quai *m*; **totes ~** voie de garage, en impasse; **~e verlegen** poser des voies ferrées; **der Zug aus München hat Einfahrt auf ~ acht** le train en provenance de Munich entre en gare au quai °huit 2 *(Wagenspur)* ornière *f* 3 *fig Verhandlungen etc* **auf ein totes ~ geraten** aboutir à une impasse; *fig* **aus dem ~ kommen** *Person* avoir perdu toute orientation; **j-n aus dem ~ bringen** *od* **werfen** bouleverser l'existence de qn; **etw wieder ins (rechte) ~ bringen** remettre qc sur la bonne voie; arranger qc; **sich in ausgefahrenen ~en bewegen** suivre les sentiers battus

Gleisabschnitt M tronçon *m*, section *f* de voie ferrée; **Gleisanlage** F voies ferrées; **Gleisanschluss** M raccordement *m* de voie ferrée; **Gleisarbeiten** FPL travaux *mpl* sur la voie ferrée; **Gleisbau** M ⟨~(e)s⟩ construction *f* de voies ferrées; **Gleisbremse** F frein *m* de voie; **Gleiskette** F TECH chenille *f*; **Gleiskettenfahrzeug** N véhicule *m* à chenilles

gleißen *poet* VI ⟨-(es)t, h.⟩ étinceler; **~des Licht** lumière aveuglante

Gleitboot N hydroglisseur *m*

gleiten VI ⟨gleitet, glitt, geglitten⟩ 1 ⟨s.⟩ glisser; *fliegend* planer; **über etw** *(akk)* **~** glisser sur qc; *mit den Händen* passer les mains sur qc; effleurer qc des *od* avec les mains; **ins Wasser ~** entrer doucement dans l'eau; **j-m aus den Händen ~** glisser des mains de qn; **ein Lächeln glitt über ihr Gesicht** un sourire passa sur son visage 2 *umg* ⟨h.⟩ *in der Arbeitszeit* prendre un jour *bzw.* plusieurs jours de libre *(dans le cadre d'un horaire à la carte)*

Gleiten N ⟨~s⟩ glissement *m*

gleitend ADJT ⟨*épithète*⟩ *fig Preise, Lohnskala etc* mobile; **~e Arbeitszeit** horaires *mpl* à la carte, mobiles, variables; ADMIN horaires individualisés

Gleiter M ⟨~s; ~⟩ FLUG planeur *m*

Gleitfläche F TECH surface *f* de glissement

Gleitflug M vol plané; **im ~** en vol plané

Gleitflugzeug N planeur *m*; **Gleitklausel** F clause *f* d'un contrat prévoyant le réajustement de paiements; **Gleitkufe** F FLUG patin *m*; ski *m*; **Gleitmittel** N lubrifiant *m*; **Gleitschiene** F glissière *f*; **Gleitschirm** M SPORT parapente *m*; **Gleitschirmfliegen** N parapente *m*; **Gleitschirmflieger(in)** M(F) parapentiste *m/f*; **Gleitschuh** M patin *m*; **Gleitschutz** M AUTO antidérapant *m*; **Gleitsegeln** N ⟨~⟩ parapente *m*; **gleitsicher** ADJ antidérapant; **Gleitsichtbrille** F lunettes *fpl* à verres progressifs; **Gleitsichtglas** N verre progressif; **Gleittag** M jour *m* de libre *(dans le cadre du capital d'heures accumulées avec un horaire à la carte)*; **Gleitwachs** N *für Skier* fart *m*; **Gleitzeit** F ⟨~⟩ 1 *umg System* horaires *mpl* à la carte, mobiles, variables; ADMIN horaires individualisés 2 *(~spanne)* plage *f* mobile

Gletscher M ⟨~s; ~⟩ glacier m; **Gletscherbach** M torrent m glaciaire; **Gletscherbildung** F formation f de glaciers; **Gletscherbrand** M coup m de soleil (dû à la réflexion du soleil sur la neige); **Gletscherbrille** F lunettes fpl de protection °haute montagne; **Gletscherkunde** F glaciologie f; **Gletschersee** M lac m glaciaire; **Gletscherspalte** F crevasse f (d'un glacier); **Gletschertour** F excursion f sur les glaciers; **Gletscherzunge** F langue f glaciaire, d'un glacier

glibb(e)rig ADJ regional (glitschig) glissant; (schleimig) gluant

glich → gleichen

Glied N ⟨~(e)s; ~er⟩ 1 ANAT membre m; (Fingerglied, Zehenglied) phalange f; ZOOL e-s Wurms etc article m; segment m; **der Schreck fuhr ihm in alle ~er** la frayeur lui a coupé bras et jambes; **ich kann kein ~ mehr rühren** je ne peux même plus remuer le petit doigt 2 (Penis) **das männliche ~** le membre viril 3 fig e-r Gemeinschaft membre m 4 MIL etc rang m 5 e-r Kette maillon m; chaînon m 6 MATH e-r Gleichung terme m; LING e-s Satzes membre m; élément m 7 geh (Generation) génération f

Gliederfüßer M ⟨~s; ~⟩ ZOOL arthropode m; **gliederlahm** ADJ perclus

gliedern ⟨-(e)re, h.⟩ A VT (unterteilen) diviser, articuler (**in** [+akk] en); classifier (**nach** d'après); (anordnen) agencer; (strukturieren) structurer B VR **sich ~** se diviser, être divisé (**in** [+akk] en)

Gliederpuppe F große mannequin m; Kinderspielzeug poupée articulée; (Marionette) marionnette f; **Gliederreißen** umg N, **Gliederschmerz** M douleurs rhumatismales; **Gliedertier** N ZOOL articulé m

Gliederung F ⟨~; ~en⟩ (Unterteilung) division f; classement m; classification f; (Anordnung) disposition f; agencement m; (Struktur) structure f; e-s Buches, Aufsatzes plan m

Gliedmaßen FPL membres mpl; **Gliedsatz** M (proposition) subordonnée f; **Gliedstaat** M État m membre (d'une fédération); **gliedweise** ADV 1 ANAT membre par membre 2 MIL par rangs

glimmen VI ⟨glimmt, glomm ou glimmte, geglommen ou geglimmt, h.⟩ rougeoyer; **die Zigarette glimmte in der Dunkelheit** on apercevait la lueur d'une cigarette dans le noir; fig **in ihm glomm noch ein Fünkchen Hoffnung** il avait encore une faible lueur d'espoir

Glimmentladung F ELEK décharge f électrique à faible luminescence (dans les gaz)

Glimmer M ⟨~s; ~⟩ MINER mica m

glimmern VI ⟨-(e)re, h.⟩ luire faiblement

Glimmerschiefer M micaschiste m

Glimmlampe F ELEK lampe incandescente (au néon); **Glimmstängel** umg M umg clope f; umg sèche f

glimpflich A ADJ 1 (nicht schlimm) sans conséquences graves; Folgen pas trop graves 2 (nachsichtig, mild) Urteil clément B ADV 1 **~ davonkommen** s'en tirer à bon compte; **~ ausgehen** od **abgehen** se terminer sans trop de dégâts 2 (milde) **mit j-m ~ verfahren** se montrer clément, indulgent envers qn

Glissando N ⟨~s; ~s ou -di⟩ MUS glissando m

glitschen umg VI ⟨s.⟩ glisser; **j-m aus der Hand ~** glisser des mains de qn

glitschig ADJ glissant

glitt → gleiten

glitzern VI ⟨-(e)re, h.⟩ scintiller; étinceler

Glitzern N ⟨~s⟩ scintillement m

global A ADJ 1 (weltweit) mondial; planétaire; universel 2 (allgemein, alles umfassend) global; général B ADV 1 (weltweit) mondialement 2 (allgemein) globalement; **etw ~ betrachten** globaliser qc

globalisieren VT (u. VR) ⟨pas de ge-, h.⟩ (**sich ~** se) mondialiser; **in e-r globalisierten Welt** dans un monde globalisé

Globalisierung F ⟨~; ~en⟩ mondialisation f; **Globalisierungsgegner(in)** M(F) altermondialiste m/f; **Globalisierungskritik** F altermondialisme m; **Globalisierungskritiker(in)** M(F) altermondialiste m/f; **globalisierungskritisch** ADJ altermondialiste

Globetrotter(in) M ⟨~s; ~⟩ (F) ⟨~in; ~innen⟩ globe-trotter m/f

Globin N ⟨~s⟩ BIOL, CHEM globine f

Globulin N ⟨~s; ~e⟩ BIOL, CHEM globuline f

Globus M ⟨~ ou ~ses; -ben ou ~se⟩ globe m; (Erdkugel) globe (terrestre); Modell a. mappemonde f

Glöckchen N ⟨~s; ~⟩ a. BOT clochette f

Glocke F ⟨~; ~n⟩ 1 cloche f; (Türglocke, Tischglocke, Klingel) sonnette f; (Sturmglocke, Feuerglocke) tocsin m; umg fig **etw an die große ~ hängen** crier qc sur les toits; claironner qc; umg fig **wissen, was die ~ geschlagen hat** savoir à quoi s'en tenir 2 (Käseglocke, Kuchenglocke, Taucherglocke) cloche f 3 BOT Blüte clochette f 4 Hut (chapeau m) cloche f

Glockenblume F campanule f; **glockenförmig** ADJ en forme de cloche; BOT campanulé

Glockengeläut N ⟨~(e)s⟩ sonnerie f, tintement m des cloches; festliches a. carillon m

Glockengießer M fondeur m de cloches; **Glockengießerei** F fonderie f de cloches; **Glockenguss** M fonte f de cloches; **glockenhell** ADJ Stimme, Lachen etc cristallin; **Glockenklang** M son m des cloches; **Glockenläuten** N ⟨~s⟩ → Glockengeläut; **Glockenrock** M jupe f cloche

Glockenschlag M umg **mit dem ~** à l'heure tapante, précise

Glockenschwengel M battant m (de cloche); **Glockenseil** N corde f de cloche; **Glockenspiel** N 1 auf Rathaustürmen etc carillon m 2 Musikinstrument glockenspiel m; **Glockenstuhl** M (partie supérieure d'un) clocher m; **Glockenturm** M clocher m; frei stehender a. campanile m; (Rathausglockenturm) beffroi m; **Glockenzeichen** N signal m de la cloche

glockig → glockenförmig

Glöckner M ⟨~s; ~⟩ sonneur m (de cloches); carillonneur m

glomm → glimmen

Gloria N ⟨~s; ~s⟩ 1 KIRCHE gloria m 2 ⟨pas de pl⟩ iron (Ruhm) gloire f; → a. Glanz 2

Glorienschein M auréole f; gloire f

Glorifikation F ⟨~; ~en⟩ → Glorifizierung

glorifizieren VT ⟨pas de ge-, h.⟩ glorifier; **Glorifizierung** F ⟨~; ~en⟩ glorification f

Gloriole F ⟨~; ~n⟩ auréole f; nimbe m

glorios ADJ iron glorieux, -ieuse

glorreich ADJ glorieux, -ieuse

Glossar N ⟨~s; ~e⟩ glossaire m

Glosse F ⟨~; ~n⟩ 1 in Presse, Rundfunk etc commentaire m 2 in alten Handschriften glose f 3 fig (spöttische Bemerkung) commentaire spirituel, moqueur, plus fort caustique

glossieren VT ⟨pas de ge-, h.⟩ 1 in Presse, Rundfunk etc commenter 2 in alten Handschriften gloser 3 fig (spöttisch bemerken) faire des commentaires spirituels, moqueurs, plus fort caustiques sur

Glottis F ⟨~; -ides⟩ ANAT glotte f

Glotze umg F ⟨~; ~n⟩ umg télé f; umg téloche f

glotzen umg pej VI ⟨-(es)t, h.⟩ faire des yeux ronds; **glotz nicht so!** umg arrête de me, le, etc zieuter comme ça!

Gloxinie F ⟨~; ~n⟩ BOT gloxinia m

Glubschaugen NPL → Glupschaugen

gluck INT ~(, ~)! glouglou!; umg hum **~, ~ machen** (trinken) umg siroter; umg hum **~, ~, weg war er** Taucher etc glouglou, et °hop! il avait disparu

Glück N ⟨~(e)s⟩ (Glücklichsein) bonheur m; (Glücksfall) chance f; umg veine f; (Zufall) °hasard m; (Schicksal) fortune f; **junges ~** bonheur tout neuf; **eheliches, häusliches ~** bonheur conjugal, du foyer; **Hans im ~** etwa Jean le veinard; **viel ~!** bonne chance!; Bergmannsgruß **~ auf!**, Fliegergruß **~ ab!** bonne chance!; **auf gut ~** au petit bonheur; à l'aventure; au hasard; **zum ~** heureusement; par bonheur; **zu meinem ~** heureusement pour moi; **das ~ war auf s-r Seite** la chance était de son côté; **es war sein ~, dass ...** il a eu de la chance que ... (+ind); **es ist ein wahres ~, dass ...** quelle chance que ... (+subj); **welches ~, Sie hier zu treffen!** quelle chance de vous rencontrer ici!; **sie ist mein ganzes ~** elle est tout pour moi; **~ bedeuten** être de bon augure; **~ bringen** porter bonheur; **~ bringend** qui porte bonheur; **~ haben** avoir de la chance, umg du pot, umg de la veine; **~ im Unglück haben** avoir de la chance dans la malchance; umg **ein unverschämtes ~ haben** umg avoir une veine de cocu, de pendu; umg **mehr ~ als Verstand haben** avoir une chance inouïe; **das ~ haben zu** (+inf) avoir le bonheur de (+inf); **~ bei Frauen haben** avoir du succès auprès des femmes; **sein ~ machen** faire fortune; **da kannst du von ~ reden** od **sagen** tu peux t'estimer heureux; **j-s ~** (dat) **im Wege stehen** faire obstacle au bonheur de qn; geh **~ verheißend** propice; de bon augure; Lächeln prometteur, -euse; **das ~ hat ihn verlassen** la chance l'a abandonné; **sein ~ versuchen** tenter sa chance; **j-m ~ wünschen** souhaiter du bonheur à qn; für ein Vorhaben souhaiter bonne chance à qn; iron **sie weiß noch nichts von ihrem ~** elle ne sait pas encore ce qui l'attend; iron **du hast, das hat gerade noch zu meinem ~ gefehlt** il ne manquait plus que toi, que ça!; **man kann niemanden zu s-m ~ zwingen** on ne peut pas faire le bonheur des gens malgré eux; sprichw **~ und Glas, wie leicht bricht das!** le bonheur est chose fragile; sprichw **~ im Spiel, Unglück in der Liebe** sprichw heureux au jeu, malheureux en amour

glückbringend ADJT qui porte bonheur

Glucke F ⟨~; ~n⟩ (Bruthenne) couveuse f; fig (Mutter) mère f poule

glucken VI ⟨h.⟩ 1 Henne glousser; (brüten) couver 2 umg fig (herumsitzen) umg glander

glücken VI ⟨s.⟩ réussir; **etw ist mir geglückt** j'ai réussi à faire qc; **ein geglückter Versuch** une tentative réussie

gluckern VI ⟨-(e)re, h.⟩ Flüssigkeit faire glouglou; glouglouter

glücklich A ADJ 1 Personen heureux, -euse; **wunschlos ~ sein** être comblé 2 Dinge, Lösung, Ende etc bon, bonne; heureux, -euse; **e-e ~e Hand haben** avoir la main heureuse; **durch e-n ~en Zufall** par un heureux °hasard; **~e Reise!** bon voyage! B ADV 1 **~ verheiratet sein** être heureux en ménage 2 (erfolgreich, gut) bien; **ein ~ gewählter Zeitpunkt** un moment bien choisi, opportun; **~ ans Ziel kommen** arriver bien, à bon port; **etw ~ formulieren** bien formuler qc 3 (schließlich) finalement

Glückliche(r) M/F(M) ⟨→ A⟩ heureux, -euse m,f; **Sie ~(r)!** vous en avez, de la chance!; **wer ist denn der ~?** qui est l'heureux élu?;

G

sprichw **dem ~n schlägt keine Stunde** celui qui est heureux ne voit pas le temps passer

glücklicherweise ADV heureusement; par bonheur; **~ haben Sie …** heureusement que vous avez …; heureusement, vous avez …

glücklos ADJ qui n'a pas de chance

Glücksbringer M ⟨~s; ~⟩ *a. Person* porte-bonheur *m*

glückselig ADJ rayonnant (de bonheur); *geh* bienheureux, -euse; **Glückseligkeit** F ⟨~⟩ félicité *f*; REL béatitude *f*

glucksen V/I ⟨-(es)t, h.⟩ **1** → gluckern **2** *(lachen) a. Baby* glousser

Glücksfall M coup *m* de chance, *umg* de pot; heureux °hasard

Glücksfee F *im Märchen* bonne fée; *bei e-r Lotterie etc* personne *f* qui fait le tirage au sort; **j-s ~ sein** porter bonheur à qn

Glücksgefühl N sentiment *m* de bonheur; **Glücksgöttin** F ⟨~⟩ Fortune *f*; **Glückskäfer** M → Marienkäfer; **Glückskind** N *umg* veinard *m*; chanceux *m*; **Glücksklee** M trèfle *m* porte-bonheur; trèfle *m* à quatre feuilles; **Glückspfennig** M (pièce *f* d'un) pfennig *m* porte-bonheur

Glückspilz *umg* M *umg* veinard *m*; chanceux *m*; **ein ~ sein** *a. umg* avoir du pot

Glücksrad N roue *f* de la Fortune; **Glücksritter** M aventurier *m*

Glückssache F ⟨~⟩ question *f* de chance; **(das ist reine) ~!** c'est (uniquement) une question de chance!

Glücksschwein(chen) N (petit) cochon *m* porte-bonheur; **Glücksspiel** N jeu *m* de hasard; **Glücksspielautomat** M appareil *m* à sous; **Glücksspieler(in)** M(F) joueur, -euse *m,f*; **Glücksstern** M bonne étoile

Glückssträhne F période *f* de chance; **e-e ~ haben** être dans une bonne passe

Glückstag M jour *m* de chance

glückstrahlend ADJT rayonnant de bonheur *(a. advl)*; radieux, -ieuse

Glückstreffer M coup *m* de chance; **Glückszahl** F chiffre *m* porte-bonheur

glückverheißend *geh* ADJT propice; de bon augure; *Lächeln* prometteur, -euse

Glückwunsch M *zu e-m Erfolg* félicitations *fpl* (**zu** pour); *für die Zukunft* vœux *mpl* de bonheur; **herzlichen ~ (zum Geburtstag)!** bon anniversaire!; **j-m s-e Glückwünsche aussprechen, übermitteln** présenter, adresser ses félicitations à qn (**zu** de, pour)

Glückwunschadresse F adresse *f* de félicitations; **Glückwunschkarte** F carte *f* de félicitations; **Glückwunschschreiben** N lettre *f* de félicitations; **Glückwunschtelegramm** N télégramme *m* de félicitations

Glucose F → Glukose

Glühbirne F ampoule *f* (électrique); **Glühdraht** M ELEK filament *m*

glühen V/I ⟨h.⟩ **1** *Metall, Kohlen etc* être incandescent; **(rot) ~** rougeoyer **2** *fig Berge, Himmel etc* être embrasé; *Sonne* brûler; *Gesicht* être rouge, en feu; *Augen* briller; *geh* **vor Begeisterung ~** brûler d'enthousiasme; *geh* **vor Leidenschaft ~** être embrasé par la passion

glühend **A** ADJT **1** *Metall, Kohlen, Asche* rouge; incandescent; *geh* ardent; **(wie) auf ~en Kohlen sitzen** être sur des charbons ardents **2** *fig Sonne* ardent; *Gesicht* rouge; en feu; **~e Hitze** fournaise *f*; chaleur *f* torride **3** *fig (begeistert)* fervent; ardent; *Liebe* passionné; *Hass* violent; *Begeisterung* fervent; **ein ~er Verehrer** un fervent adorateur; **mit ~er Hingabe** avec ardeur, feu **B** ADVL **1** **~ heiß** brûlant; *Wetter* torride; **~ rot** chauffé au rouge **2** *fig* **j-n ~ hassen, verehren** °haïr qn avec violence, adorer qn avec ferveur; **j-n ~ beneiden** envier violemment qn

Glühfaden M ELEK filament *m*; **Glühkerze** F TECH bougie *f* de préchauffage; **Glühlampe** F lampe *f* (électrique) à incandescence; **Glühstrumpf** M TECH manchon *m* à incandescence; **Glühwein** M vin chaud; **Glühwürmchen** *umg* N ver luisant

Glukose F ⟨~⟩ CHEM glucose *m*

Glupschaugen NPL *nordd* yeux *mpl* à fleur de tête; *fig* **~ machen, bekommen** écarquiller les yeux

Glut F ⟨~; ~en⟩ **1** *(Holzglut, Kohlenglut)* braise *f*; *starke* brasier *m* **2** *geh fig e-r Leidenschaft etc* ardeur *f*; ferveur *f*; feu *m*; *des Hasses* violence *f* **3** *fig (Hitze) der Sonne* chaleur *f* torride; *(Röte)* rouge *m*

Glutamat N ⟨~(e)s; ~e⟩ CHEM, GASTR glutamate *m* (de sodium)

Glutamin N ⟨~s; ~e⟩ CHEM glutamine *f*

glutäugig ADJ aux yeux de braise

Gluten N ⟨~s⟩ *(Klebereiweiß)* gluten *m*; **glutenfrei** ADJ *u.* ADV sans gluten; **Glutenunverträglichkeit** F intolérance *f* au gluten

Gluthauch *poet* M souffle brûlant, embrasé; **Gluthitze** F chaleur *f* torride; fournaise *f*; **glutrot** ADJ embrasé; **glutvoll** ADJ *Mensch, Wesen* ardent; *a. Blick* passionné

Glykol N ⟨~s; ~e⟩ CHEM glycol *m*; **Glykolsäure** F CHEM acide *m* glycolique

Glyptothek F ⟨~; ~en⟩ glyptothèque *f*

Glyzerin N ⟨~s⟩ glycérine *f*

Glyzinie F ⟨~; ~n⟩ BOT glycine *f*

GmbH F ⟨~; ~s⟩ ABK (Gesellschaft mit beschränkter Haftung) SARL (société à responsabilité limitée)

g-Moll N MUS sol *m* mineur

Gnade F ⟨~; ~n⟩ *bes* REL grâce *f*; *(Wohlwollen)* bienveillance *f*; *(Milde)* clémence *f*; *(Erbarmen)* pitié *f*; **ohne ~** sans pitié; **aus ~ (und Barmherzigkeit)** par charité; *Herrscher* **von Gottes ~n** par la grâce de Dieu; de droit divin; HIST *Anrede* **Euer ~n** Votre Grâce; **um ~ bitten** demander grâce; **keine ~ kennen** être impitoyable; **vor** *od* **bei j-m, vor j-s Augen** *(dat)* **~ finden** trouver grâce devant qn, aux yeux de qn; *geh* **bei j-m in (hohen) ~n stehen** être dans les bonnes grâces de qn; **von j-m wieder in ~n aufgenommen werden** rentrer en grâce auprès de qn; **~ walten lassen, ~ vor** *od* **für Recht ergehen lassen** user de clémence; **j-m auf ~ und Ungnade ausgeliefert sein** être à la merci de qn; *iron hum* **die ~ haben, etw zu tun** avoir la bonté de faire qc

gnaden V/I **(dann) gnade mir, dir** *etc* **Gott!** malheur à moi, toi, *etc*!

Gnadenakt M acte *m*, mesure *f* de clémence; **Gnadenbeweis** M, **Gnadenbezeigung** F marque *f* de bienveillance

Gnadenbrot N **sein ~ essen** être nourri dans sa vieillesse en récompense des services rendus

Gnadenfrist F délai *m* de grâce

Gnadengesuch N recours *m* en grâce; **ein ~ einreichen** se pourvoir en grâce

gnadenlos ADJ sans pitié; **gnadenreich** *geh* ADJ plein de grâce; **Gnadenschuss** M, **Gnadenstoß** M coup *m* de grâce; **Gnadentod** M mort donnée par pitié; **gnadenvoll** *geh* ADJ plein de grâce

Gnadenweg M ⟨~(e)s⟩ JUR **auf dem ~** par une mesure de clémence

gnädig **A** ADJ *(wohlwollend)* bienveillant; *(milde)* clément; *(nachsichtig)* indulgent; *pej Ton, Miene etc* protecteur, -trice; **Gott sei uns ~!** que Dieu ait pitié de nous!; *Anrede geh* **~e Frau!, ~es Fräulein!** Madame!, Mademoiselle!; *liter* **~er Herr!** Monsieur!; *liter* **die Gnädig(st)e** *(die Hausherrin)* Madame; *geh, hum, iron* **meine Gnädigste!** ma chère! **B** ADV avec bienveillance, clémence, indulgence; **noch einmal ~ davonkommen** en être quitte à bon marché; s'en tirer à bon compte; *hum* **machen Sie es ~ (mit mir)!** grâce!; soyez indulgent (avec moi)!

Gneis M ⟨~es; ~e⟩ MINER gneiss *m*

Gnom M ⟨~en; ~en⟩ gnome *m*; *fig* nain *m*

gnomenhaft ADJ de gnome; *fig* de nain

Gnosis F ⟨~⟩ REL gnose *f*

Gnu N ⟨~s; ~s⟩ gnou *m*

Goal N ⟨~s; ~s⟩ *österr, schweiz* but *m*

Goalgetter M ⟨~s; ~⟩ *österr, schweiz* buteur *m*; **Goalkeeper** M *österr, schweiz* gardien *m* de but

Gobelin M ⟨~s; ~s⟩ *echter* gobelin *m*; *weitS. (Wandteppich)* tapisserie *f*

Gockel M ⟨~s; ~⟩ *südd* coq *m*; *umg hum* **wie ein verliebter ~** comme une vieille baderne amoureuse

Gockelhahn M → Gockel

Go-go-Girl N danseuse *f* dans une boîte de nuit, *etc*

Gokart M ⟨~(s); ~s⟩ kart *m*; **Gokartrennen** N course *f* de karting

Golanhöhen FPL GEOG plateau *m* du Golan

Gold N ⟨~(e)s⟩ or *m*; **olympisches ~** médaille *f* d'or (aux Jeux olympiques); **aus (reinem) ~** en or (pur); *fig* **treu wie ~** très fidèle; *fig* **~ wert sein** valoir son pesant d'or; *Information, Person* être précieux, -ieuse; *fig* **das ist mit ~ nicht zu bezahlen** cela n'a pas de prix; *fig* **~ in der Kehle haben** avoir une voix exceptionnellement belle; *sprichw* **es ist nicht alles ~, was glänzt** *sprichw* tout ce qui brille n'est pas or

Goldader F filon *m* d'or; **Goldammer** F ZOOL bruant *m* jaune; **Goldamsel** F ZOOL loriot *m*; merle *m* d'or

Goldauflage F **mit ~** (en) plaqué or

Goldbarren M lingot *m* d'or; **Goldbarsch** M sébaste *m*; **Goldbestand** M WIRTSCH encaisse-or *f*; **Goldblättchen** N paillette *f* d'or; **Goldblech** N plaqué *m* or (mince); **goldblond** ADJ blond doré *(inv)*; **Goldbrasse** F ZOOL daurade *od* dorade *f*; **goldbraun** ADJ mordoré; **Goldbrokat** M brocart *m* d'or; **Goldbronze** F bronze *m* d'or; **Goldbutt** M ZOOL plie *f*; **Golddeckung** F WIRTSCH couverture-or *f*; **Golddevisen** FPL devises-or *fpl*; **Golddoublé**, **Golddoublee** N plaqué *m* or; **Golddraht** M fil *m* d'or

golden ADJ **1** *(aus Gold)* en or; d'or; BIBEL *u. fig* **das Goldene Kalb** le veau d'or; *fig* **j-m ~e Brücken bauen** tendre la perche à qn **2** *(goldfarben)* doré; (couleur) or *(inv)*; **das Goldene Buch** *e-r Stadt* le livre d'or; MYTH **das Goldene Vlies** la Toison d'or **3** *fig* **~e Hochzeit** noces *fpl* d'or; **die ~e Mitte, der ~e Mittelweg** le juste milieu; **das ~e Zeitalter** l'âge *m* d'or; **die Goldenen Zwanzigerjahre** les années vingt; les années folles; **ein ~es Herz haben** avoir un cœur d'or

Golden Goal N ⟨~s; ~s⟩ FUSSBALL but *m* en or

Goldesel M *im Märchen* âne *m* aux ducats; *umg fig* poule *f* aux œufs d'or

goldfarben, **goldfarbig** ADJ doré; (couleur) or *(inv)*

Goldfasan M faisan doré; **Goldfeder** F plume *f* en or; **Goldfieber** N ruée *f* vers l'or

Goldfisch M poisson *m* rouge; *fig hum* **e-n ~ an der Angel haben** avoir trouvé un beau parti

Goldfolie F feuille *f* d'or; **Goldfüllung** F *im Zahn* plombage *m*, obturation *f* en or;

goldgefasst ADJT avec une monture en or; **Goldgehalt** M ⟨~(e)s⟩ MINER teneur *f* en or; *e-s Ringes, e-r Münze etc* titre *m* (d'or); **goldgelb** ADJ jaune d'or; **Goldgewinnung** F extraction *f*, récupération *f*, affinage *m*, production *f* de l'or; **goldglänzend** ADJT brillant comme de l'or; à reflets dorés; **Goldgräber** M ⟨~s; ~⟩ chercheur *m* d'or; **Goldgrube** F *a. fig* mine *f* d'or; *fig liter* pactole *m*; **Goldhähnchen** N ZOOL roitelet *m*; **goldhaltig** ADJ qui contient de l'or; MINER aurifère; **Goldhamster** M °hamster (doré)

goldig ADJ *Kind, Tier* adorable; *Kind a.* mignon, -onne; *Erwachsene(r)* charmant

Goldjunge M 1 *Kosewort* brave petit *m* 2 SPORT *sportif ayant cumulé les médailles d'or aux Jeux olympiques*; **Goldkette** F chaîne *f* en or; **Goldkind** *umg* N trésor *m*; bijou *m*; **Goldklumpen** M pépite *f*; **Goldkrone** F *a. am Zahn* couronne *f* en or; **Goldkurs** M cours *m* de l'or

Goldküste ⟨→ *n/pr*⟩ HIST **die ~** la Côte-de-l'Or

Goldlack M BOT giroflée *f* jaune; **Goldlegierung** F alliage *m* d'or; **Goldmädchen** N SPORT *sportive ayant cumulé les médailles d'or aux Jeux olympiques*; **Goldmark** F ⟨~; ~⟩ HIST mark-or *m*; **Goldmedaille** F médaille *f* d'or; **Goldmedaillengewinner(in)** M(F) médaille *f* d'or (*sportif*); **Goldmine** F mine *f* d'or; **Goldmünze** F pièce *f* d'or; **Goldpapier** N papier doré; **Goldparität** F ⟨~⟩ WIRTSCH parité-or *f*; **Goldplombe** F *im Zahn* plombage *m* en or; aurification *f*; **Goldpreis** M prix *m* de l'or; **Goldrand** M *e-r Tasse* filet, *e-r Brille* cercle, bord doré; **Goldrausch** M ⟨~es⟩ HIST, *fig* ruée *f* vers l'or; **Goldregen** M 1 BOT cytise *m* 2 *beim Feuerwerk etwa* bouquet *m* 3 *fig* (*Reichtum*) manne *f*; **goldrichtig** *umg* A ADJ très juste B INT *umg* impeccable!; absolument!; **Goldrute** F BOT verge *f* d'or; *t/t* solidago *m*; **Goldschmied(in)** M(F) orfèvre *m/f*; **Goldschmiedearbeit** F (pièce *f* d')orfèvrerie *f*; **Goldschmiedekunst** F ⟨~⟩ orfèvrerie *f*; **Goldschmuck** M bijou(x) *m(pl)* en or

Goldschnitt M dorure *f* sur tranche; **ein Buch mit ~** un livre doré sur tranche

Goldstaub M poussière *f* d'or; **Goldstück** N 1 (*Goldmünze*) pièce *f* d'or 2 *umg hum Person* perle *f*; **Goldsucher** M chercheur *m* d'or; **Goldton** M ⟨~s; -töne⟩ (brun) mordoré *m*; **Goldvorkommen** N gisement *m* d'or

Goldwaage F trébuchet *m*; **jedes Wort auf die ~ legen** *e-s anderen* prendre tout au pied de la lettre; *s-e eigenen Worte* peser ses mots

Goldwährung F monnaie-or *f*; **Goldwäscher** M ⟨~s; ~⟩ orpailleur *m*; **Goldwert** M ⟨~(e)s⟩ valeur-or *f*; **Goldzahn** M dent *f* en or

Golf[1] M ⟨~(e)s; ~e⟩ GEOG golfe *m*

Golf[2] N ⟨~s⟩ SPORT golf *m*; **~ spielen** jouer au golf

Golfball M balle *f* de golf

Golfer(in) M ⟨~s; ~⟩ (F) ⟨~in; ~innen⟩ golfeur, -euse *m,f*

Golfhose F pantalon *m* de golf; **Golfplatz** M terrain *m* de golf; **Golfschläger** M club *m* (de golf); **Golfspieler(in)** M(F) joueur, -euse *m,f* de golf; golfeur, -euse *m,f*

Golfstaat M pays *m* du golfe Persique

Golfstrom M ⟨~(e)s⟩ **der ~** le Gulf Stream

Golgatha N ⟨→ *n/pr*⟩ BIBEL le Golgotha

Goliath M ⟨→ *n/pr*⟩ BIBEL Goliath *m*

Gomera ⟨→ *n/pr*⟩ **(La) ~** l'île *f* de Gomera

Gomorrha N ⟨→ *n/pr*⟩ BIBEL Gomorrhe; → *a.* Sodom

Gonade F ⟨~; ~n⟩ BIOL gonade *f*

Gondel F ⟨~; ~n⟩ 1 SCHIFF gondole *f* 2 FLUG nacelle *f*; *e-r Seilbahn* cabine *f*; **Gondelbahn** F 1 (*Seilbahn*) funiculaire *m* 2 *schweiz* (*Sessellift*) télésiège *m*

gondeln *umg fig* VI ⟨-(e)le, s.⟩ aller, voyager (en prenant tout son temps); **durch etw ~** *a.* sillonner qc

Gondoliere M ⟨~; -ri⟩ gondolier *m*

Gong M ⟨~s; ~s⟩ gong *m*

gongen VI ⟨h.⟩ *Person* frapper un coup de gong; **es hat gegongt** le gong a retenti; **zum Essen ~** *Butler etc* donner un coup de gong pour annoncer le repas

Gongschlag M coup *m* de gong

gönnen ⟨h.⟩ A VT **j-m etw (von Herzen) ~** être content (de tout son cœur) pour qn; ne pas envier qc à qn; **ich gönne ihm s-n Erfolg** je suis content pour lui qu'il ait réussi; **er gönnt niemandem etwas** il est jaloux de tout le monde; *iron* **das gönne ich ihm** c'est bien fait pour lui B VR **sich** (*dat*) **etw ~** s'accorder, s'offrir qc; **sich** (*dat*) **nichts ~** se priver de tout

Gönner(in) M ⟨~s; ~⟩ (F) ⟨~in; ~innen⟩ protecteur, -trice *m,f*; (*Mäzen[in]*) mécène *m*; (*Wohltäter[in]*) bienfaiteur, -trice *m,f*; **gönnerhaft** ADJ *pej* protecteur, -trice; **Gönnermiene** F *pej* air protecteur

Gonokokkus M ⟨~; -kken⟩ MED gonocoque *m*

Gonorrhö(e) F ⟨~(e); -öen⟩ MED blennorragie *f*

Goodwill M ⟨~s⟩ 1 (*Wohlwollen*) bonne volonté 2 (*guter Ruf*) bonne réputation; **Goodwillreise** F, **Goodwilltour** F visite *f* d'amitié

gor → gären

Gör N ⟨~s; ~en⟩ *nordd, meist pej* 1 (*Kind*) *umg* moutard *m*; *umg* mioche *m/f*; *umg* gosse *m/f* 2 (*freches Mädchen*) (petite) chipie *f*

gordisch ADJ HIST **der Gordische Knoten** le nœud gordien; *fig* **den ~en Knoten zerhauen** couper, trancher le nœud gordien

Göre F ⟨~; ~n⟩ → Gör; **e-e echte Berliner ~** une vraie gamine de Berlin

Goretex® N ⟨~⟩ TEX goretex® *m*

Gorgonzola M ⟨~s; ~s⟩ *Käse* gorgonzola *m*

Gorilla M ⟨~s; ~s⟩ ZOOL, *a. umg fig* (*Leibwächter*) gorille *m*

Gosche(n) *umg südd, österr* F ⟨~(n); ~n⟩ *umg* gueule *f*; **halt die ~(n)!** *umg* la ferme!; *plus fort umg* ta gueule!

Gospel N *od* M ⟨~s; ~s⟩, **Gospelsong** M gospel *m*

goss → gießen

Gosse F ⟨~; ~n⟩ caniveau *m*; *fig pej* **in der ~ landen** *od* **enden** finir dans la rue; tomber dans le ruisseau

Gote M ⟨~n; ~n⟩ HIST PL **die ~n** les Goths *mpl*

Gotik F ⟨~⟩ 1 *Stil* gothique *m* 2 *Epoche* époque *f* gothique

gotisch ADJ gothique; **~e Schrift** (écriture *f*) gothique *f*

Gott M ⟨~es; ¨er⟩ 1 ⟨*pas de pl*⟩ REL, BIBEL Dieu *m*; **der liebe ~** le bon Dieu; **~ Vater** Dieu *m* le Père; **~ der Herr** le Seigneur; **das Wort ~es** la parole de Dieu; *umg fig* **in ~es Namen!** soit!; **e-e Gabe ~es** un don du Ciel; **ach (du lieber) ~!, mein ~!** mon Dieu!; bonté divine!; **großer ~!, ~ im Himmel!** grand Dieu!; **um ~es willen!** pour l'amour de Dieu!; *umg* **leider ~es!** malheureusement!; °hélas!; **~ sei Dank!** Dieu merci!; heureusement!; *geh* **bei ~!** pardi!; **~ behüte** *od* **bewahre!, da sei ~ vor!** Dieu m'en garde!; **gebe ~, dass …** Dieu veuille que … (*+subj*); **an ~ glauben** croire en Dieu; *südd, österr* **grüß ~!** bonjour! *bzw.* bonsoir!; **~ hab ihn selig** que Dieu ait son âme!; **ich schwöre es, so wahr mir ~ helfe** je le jure!; **~ steh mir bei!** que Dieu me vienne en aide!; **vergelt's ~!** Dieu vous le rende!; *geh* **so ~ will** si Dieu le veut; **~ weiß wie, wo** *etc* Dieu sait comment, où, *etc*; **er ist weiß ~ nicht dumm!** Dieu sait qu'il n'est pas bête!; il n'est pas bête du tout!; *umg* **bist du denn ganz von ~ verlassen!** *umg* tu es complètement cinglé!; *hum* **wie ihn, sie ~ erschaffen hat** tout(e) nu(e); *Männer a.* en costume d'Adam; *Frauen a.* en tenue d'Ève; *umg* **leben wie ~ in Frankreich** vivre comme un coq en pâte; *umg* **den lieben ~ e-n guten Mann sein lassen** *umg* se la couler douce; *umg* **er kennt ~ und die Welt** il connaît tout le monde; *sprichw* **~es Mühlen mahlen langsam** tout finit par se payer; *sprichw* **hilf dir selbst, so hilft dir ~!** *sprichw* aide-toi, le Ciel t'aidera!; *sprichw* **jeder für sich, ~ für uns alle** *sprichw* chacun pour soi et Dieu pour tous 2 MYTH dieu *m*; *umg* **er tanzt wie ein junger ~** il danse comme un dieu, avec une grâce aérienne; **er singt wie ein junger ~** il chante comme un dieu, divinement (bien); *umg* **es war ein Bild für die Götter** c'était un spectacle impayable; *umg* **das wissen die Götter** Dieu seul le sait

gottähnlich ADJ qui ressemble à Dieu

Gotterbarmen N **zum ~** à faire pitié; à fendre le cœur, l'âme

Götterbild N image *f*, représentation *f* d'un dieu; **Götterbote** M MYTH messager *m* des dieux; **Götterdämmerung** F MYTH crépuscule *m* des dieux; **Göttergatte** *umg hum* M cher époux

gottergeben ADJT soumis à la volonté divine

Göttergeschlecht N lignée *f* de dieux; **Götterglaube** M croyance *f* aux dieux; **göttergleich** ADJ semblable aux dieux; **Göttersage** F mythe *m*; **Götterspeise** F 1 ⟨*pas de pl*⟩ MYTH ambroisie *f* 2 GASTR entremets *m* à base de gélatine; **Göttertrank** M ⟨~(e)s⟩ *a. fig* nectar *m*; **Götterwelt** F monde *m* des dieux

Gottesacker *geh* M cimetière *m*; **Gottesanbeterin** F ⟨~; ~nen⟩ ZOOL mante religieuse; **Gottesbeweis** M preuve *f* de l'existence de Dieu; **Gottesdienst** M service (religieux); PROT culte *m*; KATH messe *f*; **Gottesfurcht** F vénération *f* de Dieu; (*Frömmigkeit*) piété *f*; **gottesfürchtig** ADJ très pieux, pieuse; **Gottesgabe** F don *m* du Ciel; **Gottesgnadentum** N ⟨~s⟩ HIST royauté *f* de droit divin; **Gotteshaus** *geh* N maison *f* de Dieu; église *f*; **Gotteslamm** N ⟨~(e)s⟩ (*Christus*) agneau *m* de Dieu; **Gotteslästerer** M blasphémateur *m*; **gotteslästerlich** ADJ blasphématoire; **Gotteslästerung** F blasphème *m*; **Gottesmann** *geh* M ⟨~(e)s; -männer⟩ homme *m* de Dieu; **Gottesmutter** F ⟨~⟩ mère *f* de Dieu; **Gottessohn** M ⟨~(e)s⟩ fils *m* de Dieu; **Gottesurteil** N HIST jugement *m* de Dieu; *t/t* ordalie *f*

Gottfried M ⟨→ *n/pr*⟩ *prénom*; HIST Godefroy *m*

gottgefällig *geh* ADJ agréable à Dieu; **gottgegeben** ADJT inévitable; **gottgesandt** ADJT envoyé de Dieu; **gottgeweiht** ADJT consacré à Dieu; **gottgewollt** ADJT voulu par Dieu; **gottgleich** ADJ égal à Dieu; divin

Gottheit F ⟨~; ~en⟩ divinité *f*

Göttin F ⟨~; ~nen⟩ déesse *f*

göttlich ADJ *a. fig* divin; **das Göttliche** le divin

gottlob A ADV heureusement B INT Dieu soit loué!; heureusement!

gottlos ADJ impie; irréligieux, -ieuse; (*atheistisch*) athée; **Gottlose(r)** M/F(M) ⟨→ A⟩ impie *m/f*; (*Atheist[in]*) athée *m/f*; **Gottlosigkeit** F

⟨~⟩ impiété *f*; irréligiosité *f*; *(Atheismus)* athéisme *m*

Gottmensch M ⟨~en⟩ *(Christus)* Fils *m* de Dieu fait homme; Homme-Dieu *m*

gottserbärmlich *umg* **A** ADJ pitoyable; *fig Hitze etc* insupportable; *umg* à crever **B** ADV pitoyablement; à faire pitié; **es war ~ kalt** *umg* on se caillait

gottsjämmerlich *umg* **A** ADJ lamentable **B** ADV lamentablement; **~ schreien** *a.* pousser des cris à fendre le cœur

Gottvater M ⟨~s⟩ Dieu *m* le Père

gottverdammt, **gottverflucht** *sl* ADJT ⟨*épithète*⟩ maudit; *plus fort* sacré *(vorangestellt)*; **gottvergessen** ADJT *Tat, Person (gottlos)* impie; irréligieux, -ieuse

gottverlassen ADJT **1** *(von Gott verlassen)* abandonné de Dieu **2** *umg Ort* perdu; au bout du monde; **ein ~es Nest** un trou perdu

Gottvertrauen N confiance *f* en Dieu; **gottvoll** *umg* ADJ *(köstlich)* impayable; inimitable; très drôle; délicieux, -ieuse

Götze M ⟨~n; ~n⟩ idole *f*; faux dieu

Götzenbild N idole *f*; **Götzendiener(in)** M(F) idolâtre *m/f*; **Götzendienst** M ⟨~(e)s⟩, **Götzenverehrung** F idolâtrie *f*

Gouda M ⟨~s; ~s⟩ *Käse* gouda *m*

Gouvernante F ⟨~; ~n⟩ gouvernante *f*

Gouverneur M ⟨~s; ~e⟩ gouverneur *m*

Grab N ⟨~(e)s; ⸚er⟩ tombe *f*; *(Grabmal)* tombeau *m*; *ausgehobenes* fosse *f*; **das Heilige ~** le Saint-Sépulcre; *geh* **zu ~e tragen** *a. fig* enterrer; *geh* **sein ~ in den Wellen finden** périr en mer; *fig* **mit e-m Fuß im ~(e) stehen** avoir un pied dans la tombe; *geh* **ein Geheimnis mit ins ~ nehmen** emporter un secret dans la tombe; *geh* **er ist s-r Frau ins ~ gefolgt** il est mort peu de temps après sa femme; *fig* **(sich** *[dat]***) sein eigenes ~ schaufeln** causer sa propre ruine; *umg fig* **sich im ~(e) herumdrehen** se retourner dans sa tombe; *umg* **schweigen wie ein ~** être muet, muette comme une tombe; *umg fig* **das bringt, du bringst mich noch (mal) ins ~** ça me tuera, tu me tueras

Grabbeigaben FPL ARCHÄOLOGIE mobilier *m* funéraire

Grabbeltisch M *regional* → Wühltisch

graben ⟨gräbt, grub, gegraben, h.⟩ **A** V/T *u.* V/I creuser; GARTEN bêcher; **nach Wasser ~** (creuser pour) chercher de l'eau; **s-e Zähne in etw** *(akk)* **~** planter ses dents dans qc **B** V/R **sich in etw** *(akk)* **~** *Hände, Zähne, Baggerschaufel etc* s'enfoncer (profondément) dans qc; *geh* **sich ins Gedächtnis ~** se graver dans la mémoire

Graben M ⟨~s; ⸚⟩ *a.* GEOL, *fig* fossé *m*; *im Ozean* fosse *f*; *vorübergehend ausgehobener, a.* MIL tranchée *f*; **e-n ~ ausheben** creuser un fossé, une tranchée

Grabenkampf M, **Grabenkrieg** M *a. fig* guerre *f* des tranchées

Gräberfeld N HIST tombes *fpl* (dans un champ); *angelegtes* cimetière *m*

Grabesdunkel *geh* N ténèbres *fpl*; **Grabeskälte** *geh* F froid sépulcral, d'outre-tombe; **Grabesruhe** F, **Grabesstille** F silence *m* de mort; **Grabesstimme** F ⟨~⟩ voix sépulcrale, caverneuse

Grabfund M objet(s) trouvé(s) dans un tombeau; **Grabgabel** F GARTEN fourche *f* (à bêcher); **Grabgesang** M chant *m* funèbre; **Grabhügel** M tertre *m* funéraire; HIST tumulus *m*; **Grabinschrift** F épitaphe *f*; inscription *f* sur une tombe; **Grabkammer** F chambre *f* funéraire; **Grabkapelle** F chapelle *f* funéraire; **Grabkreuz** N croix tombale; **Grablegung** F ⟨~⟩ *(~ Christi)* mise *f* au tombeau

Grabmal N ⟨~(e)s; -mäler *ou geh* ~e⟩ tombeau *m*; **das ~ des Unbekannten Soldaten** le tombeau du soldat inconnu

Grabpflege F entretien *m* de tombe(s); **Grabplatte** F pierre tombale; dalle *f* funéraire; **Grabrede** F discours *m*, oraison *f* funèbre; **Grabschänder(in)** M ⟨~s; ~⟩ (F) ⟨~in; ~innen⟩ profanateur *m* de sépulture; **Grabschändung** F profanation *f*, violation *f* de sépulture

grabschen → grapschen

Grabschmuck M décoration tombale; **Grabstätte** F (lieu *m* de) sépulture *f*; **Grabstein** M pierre tombale

gräbt → graben

Grabtuch N ⟨~(e)s⟩ REL **das ~ Christi** le saint suaire

Grabung F ⟨~; ~en⟩ creusage *od* creusement *m*; ARCHÄOLOGIE fouilles *fpl*

Grabungsfund M découverte *f* archéologique

Graburne F urne *f* funéraire

Gracht F ⟨~; ~en⟩ canal *m*

grad. ABK (graduiert) diplômé

Grad M ⟨~(e)s; ~e, *mais* 3 ~⟩ **1** *Maßeinheit,* GEOG, *fig* degré *m*; **in ~e einteilen** graduer; **zehn ~ Celsius** dix degrés centigrades; **es ist zwanzig ~ im Schatten, in der Sonne** il fait vingt (degrés) à l'ombre, au soleil; **bei (plus) zehn ~** à dix degrés; **bei minus zwanzig ~** à moins vingt degrés; **sich um hundertachtzig ~ drehen** faire demi-tour; *fig* faire volte-face; *Verbrennungen, a.* MATH *Gleichung* **ersten, zweiten ~es** du premier, second degré; **wir sind Verwandte dritten ~es** nous sommes parents au troisième degré; **in hohem ~e** extrêmement; **im höchsten ~e** au plus °haut point, degré; **bis zu e-m gewissen ~e** jusqu'à un certain point, degré **2** MIL grade *m*; **akademischer ~** grade universitaire

Gradation F ⟨~; ~en⟩ *t/t* gradation *f*

Gradbogen M éclimètre *m*; **Gradeinteilung** F graduation *f*

Gradient M ⟨~en; ~en⟩ PHYS, MATH gradient *m*

gradieren V/T ⟨*pas de ge-*, h.⟩ *(in Grade einteilen, abstufen)* graduer

Gradmesser M *fig* indicateur *m*; baromètre *m*; **Gradnetz** N *e-r Karte* quadrillage *m*

graduell ADJ graduel, -elle; **graduieren** V/T ⟨*pas de ge-*, h.⟩ **1** *an e-r Hochschule* conférer un titre universitaire à; *an e-r Fachhochschule* diplômer **2** → gradieren; **graduiert** ADJT qui a un titre universitaire; *an e-r Fachhochschule* diplômé; **Graduierte(r)** M/F(M) personne *f* ayant un titre universitaire; *an e-r Fachhochschule* diplômé(e) *m(f)*; **Graduierung** F ⟨~; ~en⟩ **1** *an e-r Hochschule* remise *f* d'un titre universitaire **2** TECH *etc* graduation *f*

Gradunterschied M différence *f* de degrés; **gradweise** ADV par degrés; graduellement

Graecum N ⟨~s⟩ *examen de grec ancien exigé pour les études de théologie, philosophie, etc*

Graf[1] M ⟨~en; ~en⟩ *Adliger* comte *m*

Graf[2] M MATH → Graph

Grafem M → Graphem

Grafenstand M ⟨~(e)s⟩ **1** *Stand* titre *m* de comte; **j-n in den ~ erheben** décerner à qn le titre de comte **2** *(die Grafen)* comtes *mpl*

Graffiti PL graffiti *mpl*; *in der U-Bahn etc a.* tags *mpl*

Grafie F ⟨~; ~n⟩ LING graphie *f*

Grafik F ⟨~; ~en⟩ **1** ⟨*pas de pl*⟩ *Technik, Kunst* arts *mpl* graphiques **2** *Kunstwerk* gravure *f*; estampe *f* **3** *(Schaubild)* MATH graphique *m*; *(Illustration)* illustration *f*; **Grafiker(in)** M ⟨~s; ~⟩ (F) ⟨~in; ~innen⟩ *(Werbe-, Gebrauchsgrafiker[in])* graphiste *m/f*; dessinateur, -trice *m,f*; *Künstler(in)* graveur *m*; dessinateur, -trice *m,f*; **Grafikkarte** F IT carte *f* graphique; **Grafikprogramm** N IT grapheur *m*

Gräfin F ⟨~; ~nen⟩ comtesse *f*

grafisch **A** ADJ graphique; **~e Darstellung** *(représentation f)* graphique *m*; **~er Zeichner** dessinateur *m* **B** ADV graphiquement

Grafit M ⟨~s; ~e⟩ MINER graphite *m*; **grafithaltig** ADJ graphiteux, -euse

gräflich ADJ du comte; comtal

Grafologe M ⟨~n; ~n⟩, **Grafologin** F ⟨-in; -innen⟩ graphologue *m/f*; **Grafologie** F ⟨~⟩ graphologie *f*; **grafologisch** ADJ graphologique

Grafschaft F ⟨~; ~en⟩ comté *m*

Grahambrot N pain *m* Graham *(variété de pain complet)*

Gral M ⟨~(e)s⟩ **der (Heilige) ~** le (Saint-)Graal

Gralshüter M gardien *m* du Graal; **Gralsritter** M chevalier *m* du Graal; **Gralssage** F légende *f* du Graal; **Gralssuche** F ⟨~⟩ quête *f* du Graal

gram *geh* ADJ **j-m ~ sein** garder rancune à qn

Gram *geh* M ⟨~(e)s⟩ chagrin *m*; affliction *f*

grämen *geh* V/R ⟨h.⟩ **sich ~** s'affliger (**über** *[+akk]* de); **sich zu Tode ~** mourir de chagrin; *fig* se consumer de chagrin

gramgebeugt *geh* ADJT courbé par le chagrin

grämlich ADJ morose; maussade; renfrogné

Gramm N ⟨~s; ~e, *mais* 2 ~⟩ gramme *m*

Grammatik F ⟨~; ~en⟩ *a. Buch* grammaire *f*; **grammatikalisch** ADJ grammatical

Grammatiker(in) M ⟨~s; ~⟩ (F) ⟨~in; ~innen⟩ grammairien, -ienne *m,f*

Grammatikregel F règle grammaticale, de grammaire

grammatisch **A** ADJ grammatical; de grammaire; **~es Subjekt** sujet apparent **B** ADV grammaticalement; du point de vue grammatical

Grammmolekül N molécule-gramme *f*

Grammofon, **Grammophon®** N ⟨~s; ~e⟩ phonographe *m*

gramvoll *geh* ADJ tout affligé; plein de chagrin

Granada N ⟨→ *n/pr*⟩ *Stadt* Grenade

Granat M ⟨~(e)s; ~e⟩ **1** MINER grenat *m* **2** ZOOL crevette grise; **Granatapfel** M BOT *Frucht* grenade *f*; *Baum* grenadier *m*; **Granatapfelsirup** M grenadine *f*

Granate F ⟨~; ~n⟩ obus *m*; *(Handgranate)* grenade *f*

granatenvoll *umg* ADJ *umg* complètement bourré

Granatschmuck M bijou(x) *m(pl)* en grenat; **Granatsplitter** M éclat *m* d'obus; **Granattrichter** M entonnoir *m*; **Granatwerfer** M ⟨~s; ~⟩ mortier *m*; lance-grenades *m*

Grand M ⟨~s; ~s⟩ *variante de « skat » où les valets sont atout*

Grande M ⟨~n; ~n⟩ **spanischer ~** grand *m* d'Espagne

Grandezza *geh* F ⟨~⟩ fière allure

Grandhotel N palace *m*

grandios ADJ grandiose

Grand Prix M ⟨~; ~⟩ Grand prix

Granit M ⟨~s; ~e⟩ granit(e) *m*; *fig* **(bei j-m) auf ~ beißen** se heurter à une opposition totale (de la part de qn)

Granitblock M ⟨~(e)s; ⸚e⟩ bloc *m* de granit(e)

graniten ADJ de granit(e); granitique

Granitfelsen M rocher *m* de granit(e), granitique; **Granitgestein** N roche *f* de granit(e)

Granne F ⟨~; ~n⟩ BOT barbe *f*
Granny Smith M ⟨~; ~⟩ *Apfel* granny smith *f*
grantig *umg südd, österr* ADJ grincheux, -euse; bourru; °hargneux, -euse
Granulat N ⟨~(e)s; ~e⟩ TECH, *bes* CHEM granules *mpl*; PHARM granulé *m*; **granulieren** ⟨*pas de ge-*⟩ A VT ⟨h.⟩ TECH, *bes* CHEM granuler B VI ⟨h. *ou* s.⟩ MED se couvrir de granulations
Grapefruit F ⟨~; ~s⟩ grape-fruit *m*; pamplemousse *m*
Graph M ⟨~en; ~en⟩ MATH graphe *m*
Graphem N ⟨~s; ~e⟩ LING graphème *m*;
Graphie F → Grafie
Graphik *etc* → Grafik *etc*
Graphit, **graphithaltig** → Grafit, grafithaltig
Graphologe M, **Graphologin** M/F *etc* → Grafologe *etc*
Grappa M ⟨~s; ~(s)⟩ *od* F ⟨~; ~(s)⟩ grappa *f*
grapschen *umg* ⟨-(es)t, h.⟩ A VT empoigner; prendre B VI **nach etw ~** (faire un mouvement rapide pour) prendre qc
Grapscher *umg* M ⟨~s; ~⟩ *umg* peloteur *m*
Gras N ⟨~es; ~er⟩ herbe *f*; *t/t* graminée *f*; *umg fig* **das ~ wachsen hören** se croire plus malin que les autres; *umg fig* **über etw** (*akk*) **~ wachsen lassen** passer l'éponge sur qc; *umg fig* **darüber ist längst ~ gewachsen** c'est oublié depuis longtemps; *umg fig* **wo er hinschlägt, wächst kein ~ mehr** il n'y va pas de main morte; *umg fig* **ins ~ beißen** *umg* claquer; *umg* crever; *umg* passer l'arme à gauche
grasbedeckt, **grasbewachsen** ADJT couvert d'herbe
Grasblüte F floraison *f* de l'herbe; **Grasboden** M sol, terrain couvert d'herbe; **Grasbüschel** N touffe *f* d'herbe; **Grasdecke** F couche *f* d'herbe
grasen VI ⟨-(es)t, h.⟩ *Vieh* brouter (l'herbe); paître
Gräser NPL *t/t* graminées *fpl*
Grasfleck M *auf Kleidern* tache *f* d'herbe; **Grasfresser** M ZOOL herbivore *m*; **Grasfrosch** M grenouille rousse; **grasgrün** ADJ vert-pré (*inv*); **Grashalm** M brin *m*, tige *f* d'herbe; **Grashüpfer** *umg* M (*Heuschrecke*) sauterelle *f*; **Grasland** N ⟨~(e)s⟩ prairie *f*; herbage *m*; **Grasmücke** F fauvette *f*; **Grasnarbe** F (couche *f* d')herbe *f*
Grass N ⟨~⟩ *Drogenjargon umg* marie-jeanne *f*; *weitS. umg* °hasch *m*
Grassamen M graine(s) *f(pl)* de graminées
grassieren VI ⟨*pas de ge-*, h.⟩ *Krankheit* sévir; *Mode etc* faire fureur; *Gerücht* courir; *Missstände* régner
grässlich ADJ atroce; *a. umg fig* horrible; affreux, -euse; épouvantable; **Grässlichkeit** F ⟨~; ~en⟩ *Eigenschaft, Handlung* atrocité *f*; horreur *f*
Grassteppe F steppe *f*; **Grasstreifen** M bande *f* de gazon; **Grasteppich** *geh* M pelouse *f*
Grat M ⟨~(e)s; ~e⟩ 1 *e-s Bergs, Dachs, Gewölbes* arête *f* 2 TECH *e-s Werkstücks* bavure *f*; *e-r Schneidfläche* morfil *m*
Gräte F ⟨~; ~n⟩ (*Fischgräte*) arête *f*
grätenlos ADJ sans arêtes; **Grätenschritt** M SKISPORT pas *m* en ciseaux
Gratifikation F ⟨~; ~en⟩ gratification *f*
Gratin N ⟨~s; ~s⟩ GASTR gratin *m*
gratinieren VT ⟨*pas de ge-*, h.⟩ GASTR gratiner
gratis ADV gratuitement; gratis
Gratisangebot N offre gratuite; **Gratisbeilage** F supplément gratuit; **Gratisexemplar** N exemplaire gratuit; **Gratismuster** N, **Gratisprobe** F échantillon gratuit;
Gratisvorstellung F représentation *bzw.* séance gratuite
Grätsche F ⟨~; ~n⟩ TURNEN *Stellung* position *f* jambes écartées; *Sprung* saut *m* jambes écartées; **in die ~ gehen** écarter les jambes
grätschen A VT ⟨h.⟩ **die Beine ~** écarter les jambes B VI ⟨s.⟩ sauter jambes écartées
Grätschsprung M saut *m* jambes écartées;
Grätschstellung F position *f* jambes écartées
Gratulant(in) M ⟨~en; ~en⟩ (F) ⟨~in; ~innen⟩ personne *f* présentant ses félicitations à qn; **sie empfing die ~en** elle a reçu les visiteurs venus la féliciter
Gratulation F ⟨~; ~en⟩ félicitations *fpl*
Gratulationsschreiben N lettre *f* de félicitations
gratulieren VI ⟨*pas de ge-*, h.⟩ **j-m zu etw ~** féliciter qn de qc; **j-m zum Geburtstag, Namenstag ~** souhaiter à qn un bon anniversaire, une bonne fête; **j-m zum Examen, Führerschein ~** féliciter qn pour sa réussite à l'examen, pour sa réussite à l'examen du permis de conduire; **(ich) gratuliere!** (mes) félicitations!; **da kannst du dir ~!** *a. iron* tu peux être fier, fière de toi!
Gratwanderung F 1 excursion *f* sur l'arête d'une montagne 2 *fig* difficile exercice *m* d'équilibre; **sich auf e-r ~ befinden** être sur la corde raide
grau ADJ gris; **der ~e Alltag** la grisaille (de la vie) quotidienne; *fig* **~e Eminenz** éminence grise; WIRTSCH **der ~e Markt** le marché gris; MED **der ~e Star** la cataracte lenticulaire; **in ~er Vorzeit** dans la nuit des temps; **~ gefleckt** tacheté de gris; **~ in ~ malen** peindre en grisaille; **~ meliert** *Haare* poivre et sel (*inv*); grisonnant; **~ werden** *Haare, Mensch* grisonner; *Himmel etc* devenir gris; grisailler; *fig* **alles ~ in ~ sehen, malen** voir tout en noir; être pessimiste; **der Himmel ist ~ in ~** il fait gris; le temps est gris; **~ ist alle Theorie** tout ça, c'est de la théorie
Grau N ⟨~s; ~⟩ 1 *Farbe* gris *m*; couleur grise; **in ~** *gekleidet* (habillé) en gris 2 *fig* (*Trostlosigkeit*) grisaille *f*
grauäugig ADJ aux yeux gris; **Graubart** *umg* M homme *m* à la barbe grisonnante; **graubärtig** ADJ à la barbe grisonnante; **graublau** ADJ gris bleu (*inv*); **Graubrot** N pain bis
Graubünden N ⟨→ *n/pr*⟩ les Grisons *mpl*; le canton des Grisons
Gräuel *geh* M ⟨~s; ~⟩ 1 (*~tat*) atrocité *f*; **die ~ e-s Krieges** les atrocités d'une guerre 2 (*etw Abstoßendes*) horreur *f*; **er ist mir ein ~** je ne peux pas le sentir; **das ist mir ein ~** j'ai horreur de cela
Gräuelmärchen N atrocités inventées;
Gräueltat F atrocité *f*
grauen[1] VI ⟨h.⟩ **der Tag, der Morgen graut** le jour commence à poindre, se lève
grauen[2] V/UNPERS ⟨h.⟩ **es graut mir, mir graut** (**vor** [+*dat*]) je frémis d'horreur (devant); **mir graut vor etw** *a.* j'ai horreur de qc; je redoute qc; **davor graut mir** *a.* cela me fait horreur
Grauen N ⟨~s⟩ horreur *f* (**vor** [+*dat*] de); épouvante *f*; **ein Bild des ~s** un spectacle horrible; **~ erregend** → grauenerregend; **von ~ gepackt** saisi d'horreur; **das ~ überkommt mich** l'horreur me saisit
grauenerregend ADJT qui fait frémir d'horreur; **grauenhaft**, **grauenvoll** ADJ *a. umg fig* horrible; épouvantable; affreux, -euse; atroce
Graugans F oie cendrée
graugefleckt ADJT → grau; **graugrün** ADJ gris-vert (*inv*); **grauhaarig** ADJ aux cheveux gris; gris
graulen *umg* ⟨h.⟩ A VT **j-n aus dem Haus, Zimmer ~** forcer qn à quitter la maison, la pièce (en le décourageant) B V/UNPERS **es grault mir, mich** (**vor** [+*dat*]) j'ai peur (de) C V/R **sich** (**vor j-m, etw**) **~** avoir peur (de qn, qc)
gräulich[1] ADJ *Farbe* grisâtre
gräulich[2] ADJ (*abstoßend*) atroce; abominable; horrible
graumeliert ADJT → grau
Graupapagei M perroquet gris cendré; jacquot *m*
Graupe F ⟨~; ~n⟩ *meist* PL **~n** (*Gerstengraupe*) orge, (*Weizengraupe*) blé mondé, perlé
Graupel F ⟨~; ~n⟩ *meist* PL **~n** grésil *m*
graupeln V/UNPERS ⟨-(e)le, h.⟩ **es graupelt** il tombe du grésil; il grésille
Graupelschauer M giboulée *f*
Graupensuppe F soupe *f* au blé mondé *bzw.* à l'orge mondé
Graus M ⟨~es⟩ 1 **es ist ein ~ mit ihr** avec elle, c'est l'horreur; *umg hum* **o ~!** horreur! 2 *poet* → Grausen
grausam A ADJ 1 (*brutal, roh*) cruel, -elle 2 (*schrecklich*), *a. umg fig* terrible; horrible; atroce B ADV 1 cruellement; d'une façon cruelle; **sich ~ rächen** se venger d'une façon cruelle 2 (*schrecklich*), *a. umg fig* terriblement; horriblement; atrocement; **~ ums Leben kommen** être mort dans des circonstances atroces
Grausamkeit F ⟨~; ~en⟩ 1 ⟨*pas de pl*⟩ *Wesensart* cruauté *f* 2 *Tat* acte *m* de cruauté
Grauschimmel M *Pferd* cheval gris
Grauschleier M **die Wäsche hat e-n ~** (à la lessive) le linge est gris
grausen → grauen[2]
Grausen N ⟨~s⟩ horreur *f*; *umg* **das kalte** *od* **große ~ kriegen** être saisi d'horreur; **sich mit ~ abwenden** se détourner avec horreur
grausig → grauenhaft
Grauspecht M pic cendré
Grauzone F **in der ~ zwischen Legalität und Illegalität** à la limite de la légalité et de l'illégalité
Graveur(in) M ⟨~s; ~e⟩ (F) ⟨~in; ~innen⟩ graveur, -euse *m,f*
Gravieranstalt F atelier *m*, établissement *m* de graveur; **Gravierarbeit** F 1 *Tätigkeit* travail *m* de graveur; gravure *f* 2 → Gravierung 1
gravieren VT ⟨*pas de ge-*, h.⟩ graver (**in** [+*akk*] dans)
gravierend ADJT *Beweise, Irrtum, Fehler* lourd de conséquences; *Unterschiede* gros, grosse; *Schwierigkeiten* sérieux, -ieuse; grave
Graviernadel F burin *m*
Gravierung F ⟨~; ~en⟩ 1 (*eingravierte Verzierung etc*) illustration, date, *etc* gravée 2 *Tätigkeit* gravure *f*
Gravimeter N ⟨~s; ~⟩ PHYS gravimètre *m*
Gravis M ⟨~; ~⟩ LING accent *m* grave
Gravitation F ⟨~⟩ PHYS gravitation *f*
Gravitationsfeld N champ *m* de gravitation; **Gravitationsgesetz** N loi *f* de la gravitation
gravitätisch A ADJ grave; sérieux, -ieuse B ADV avec gravité
Gravur F ⟨~; ~en⟩ → Gravierung 1
Grazie[1] F ⟨~⟩ (*Anmut*) grâce *f*
Grazie[2] F ⟨~; ~n⟩ MYTH, *fig hum od iron* **die drei ~n** les trois Grâces *fpl*
grazil ADJ gracile
graziös ADJ gracieux, -ieuse
Gräzist(in) M ⟨~en; ~en⟩ (F) ⟨~in; ~innen⟩ helléniste *m/f*
Greencard *f* ⟨~; ~s⟩ *in Deutschland* permis *m* de travail temporaire (accordé aux spécialis-

G

tes de l'informatique)

Gregor M ⟨→ n/pr⟩ *prénom*; *Papstname* Grégoire *m*

gregorianisch ADJ grégorien, -ienne; **der ~e Gesang** le chant grégorien; le plain-chant; **der ~e Kalender** le calendrier grégorien

Greif M ⟨~(e)s *ou* ~en; ~e(n)⟩ *Fabeltier* griffon *m*

Greifarm M TECH bras *m*; **Greifbagger** M excavateur *m* à benne preneuse

greifbar A ADJ 1 *Ware* disponible; **etw ~ haben** *(zur Hand haben)* avoir qc à portée de la main; *fig* **in ~er Nähe** à portée de la main 2 *fig* *(konkret)* tangible; *(deutlich)* concret, -ète; *Vorteil* palpable; **~e Form annehmen** prendre forme, tournure B ADV *fig* **~ nahe sein** être imminent

Greifbewegung F mouvement *m* (pour saisir qc)

greifen ⟨greift, griff, gegriffen, h.⟩ A V/T 1 *(er~)* saisir; prendre; *fig* **das ist mit Händen zu ~** c'est évident; cela saute aux yeux; **aus dem Leben gegriffen** pris sur le vif; *fig* **zum Greifen nahe** à portée de la main 2 *bei e-r Schätzung* **das ist zu hoch gegriffen** c'est trop (°haut, élevé) 3 MUS **e-n Akkord ~** plaquer un accord B V/I 1 **in die Tasche ~** porter la main à la poche; **in die Kasse ~** prendre de l'argent dans la caisse; *fig* **tief in den Beutel ~ müssen** devoir y mettre le prix; **nach etw ~** (chercher à) prendre, saisir qc; *umg* **in die Tasten ~** se mettre au piano; *umg* **in die Saiten ~** prendre sa guitare, *etc*; *fig* **um sich ~** *Feuer, Unsitte etc* se propager; *geh* **zu etw ~** prendre qc; avoir recours à qc; *geh* **zu e-r Methode, Maßnahme ~** recourir à une méthode, à une mesure; *geh* **zur Feder, zu den Waffen ~** prendre la plume, les armes; *geh* **zur Flasche, zu Drogen, zu Zigaretten ~** (se mettre à) boire, se droguer, fumer 2 *fig Maßnahme etc* être opérant; **zu kurz ~** ne pas avoir assez d'effet; **nicht (mehr) ~** ne plus avoir d'effet 3 TECH avoir prise; **nicht ~** patiner C *umg* V/R **sich** *(dat)* **etw, j-n ~** saisir, prendre qc, qn; *(fangen) a.* attraper qc, qn

Greifer M ⟨~s; ~⟩ TECH griffe *f*; *e-s Baggers* benne preneuse; *e-s Krans* grappin *m*

Greiffuß M ZOOL pied préhensile; **Greifvogel** M rapace *m* (diurne); oiseau *m* de proie; **Greifzange** F pince *f*; **Greifzirkel** M TECH compas *m* d'épaisseur

greinen *umg pej* V/I ⟨h.⟩ pleurnicher

greis *geh* ADJ très âgé; *poet* chenu; **~es Haupt** *poet* tête chenue

Greis M ⟨~es; ~e⟩ vieillard *m*

Greisenalter N vieillesse *f*; grand âge; **greisenhaft** ADJ *Aussehen* de vieillard; *Verhalten* sénile; **Greisenhaupt** *geh* N *poet* tête chenue

Greisin F ⟨~; ~nen⟩ vieille femme

grell A ADJ 1 *Licht* cru; éblouissant; aveuglant; *Farbe (auffallend)* voyant; *pej (schrill)* criard 2 *Ton* perçant; strident; *Stimme* perçant B ADV **~ beleuchten** éclairer crûment

grellbunt, **grellfarbig** ADJ aux couleurs voyantes, *pej* criardes

Grelle F ⟨~⟩, **Grellheit** F ⟨-heit⟩ *e-r Farbe, des Lichts* crudité *f*; *e-s Tons, der Stimme* caractère perçant

grellrot ADJ d'un rouge très vif, *pej* criard

Gremium N ⟨~s; -ien⟩ comité *m*; commission *f*; organisme *m*

Grenada N ⟨→ n/pr⟩ la Grenade; **Grenader(in)** M ⟨~s; ~⟩ F ⟨~in; ~innen⟩ Grenadin(e) *m(f)*

Grenadier M ⟨~s; ~e⟩ *(Infanteriesoldat)* fantassin *m*; HIST grenadier *m*

Grenadine F ⟨~⟩ GASTR, TEX grenadine *f*

grenadisch ADJ grenadin

Grenzabfertigung F accomplissement *m* des formalités à la frontière; **Grenzabkommen** N accord frontalier; convention frontalière; **Grenzabschnitt** M section *f* de frontière; **Grenzbahnhof** M gare *f* frontière; **Grenzbeamte(r)** M, **Grenzbeamtin** F *(Zollbeamter, Zollbeamtin)* agent *m* des douanes; **Grenzbefestigung** F fortification *f* de frontière; **Grenzbehörde(n)** F(PL) autorités frontalières; **Grenzbereich** M 1 ⟨*pas de pl*⟩ *(Grenzgebiet)* zone frontalière 2 *bes* TECH, *fig* limites *fpl*; **Grenzberichtigung** F rectification *f* de frontière; **Grenzbevölkerung** F population frontalière; **Grenzbewohner(in)** M(F) frontalier, -ière *m,f*; **Grenzbezirk** M zone frontalière; **grenzdebil** ADJ 1 MED débile léger, -ère 2 *umg pej (sehr dumm) umg* limite débile

Grenze F ⟨~; ~n⟩ 1 *e-s Staates, Landes etc* frontière *f*; *(Grenzgebiet)* confins *mpl*; **die ~ zu Frankreich** la frontière avec la France; **an der ~** à la frontière; *umg* **über die grüne ~ gehen** passer la frontière illégalement 2 *e-s Grundstücks, e-r Gemeinde etc, fig (Trennungslinie)* limite *f*; **die ~n zwischen ... sind fließend** il y a un glissement insensible entre ...; **e-e ~ ziehen** tracer une limite 3 *fig* frontière *f*; limite(s) *f(pl)*; bornes *fpl*; **innerhalb bestimmter ~n** dans une certaine limite; **an ~n, s-e ~n stoßen** être confronté à des, ses limites; **die ~n des Möglichen, der Wissenschaft** les limites du possible, de la science; **sich in ~n halten** *(nicht besonders gut, groß etc sein)* être, rester limité; *Leistungen a.* être moyen; **keine ~n kennen** ne pas connaître de bornes, de limites; **s-e ~n kennen** connaître ses limites; **j-m (keine) ~n setzen** (ne pas) imposer, assigner des limites à qn; **alles hat s-e ~n** il y a des limites à tout

grenzen V/I ⟨-(es)t, h.⟩ **an etw** *(akk)* **~** toucher (à) qc; *Länder etc a.* confiner à qc; *Grundstücke a.* être attenant, contigu, -guë à qc; *fig* friser qc; confiner à qc; *fig* **an Wahnsinn ~** confiner à, friser la folie; *fig* **das grenzt ans Wunderbare** cela tient du miracle, du prodige

grenzenlos A ADJ *(uneingeschränkt)* sans limites; illimité; *(sehr groß)* immense; *Macht* illimité; *Zorn, Liebe* sans limites; *Geduld* illimité; infini; *Bewunderung* sans bornes; *pej (maßlos)* démesuré B ADV infiniment; **~ dumm, leichtsinnig** *etc* d'une bêtise, d'une légèreté, *etc* sans bornes, sans limites

Grenzenlosigkeit F ⟨~⟩ immensité *f*

Grenzer *umg* M ⟨~s; ~⟩ 1 *(Grenzsoldat)* garde-frontière *m* 2 *(Grenzbewohner)* frontalier *m*

Grenzfall M cas *m* limite; **Grenzfläche** F PHYS surface *f* de séparation; **Grenzfluss** M fleuve *m* frontière; **Grenzformalitäten** FPL formalités *fpl* à la frontière; **Grenzgänger(in)** M ⟨~s; ~⟩ F ⟨~in; ~innen⟩ (travailleur, -euse *m,f*) frontalier, -ière *m,f*; **Grenzgebiet** N région frontalière, limitrophe; territoire frontalier; **Grenzgebirge** N montagne(s) *f (pl)* frontière(s); **Grenzkonflikt** M conflit frontalier, de frontière; **Grenzkontrolle** F 1 *Aktion* contrôle *m* à la frontière 2 *Person(en)* police *f* des frontières; **Grenzland** N ⟨~(e)s; ⸚er⟩ région frontalière; **Grenzlinie** F 1 (ligne *f* formant) frontière *f*, limite *f*; ligne *f* de la frontière 2 SPORT limites *fpl* (d'un terrain de jeu); **Grenzmauer** F mur *m* limitrophe; *gemeinsame* mur mitoyen; **grenznah** ADJ ⟨*épithète*⟩ situé près d'une *bzw.* de la frontière; **Grenzort** M localité *f* frontière; **Grenzpfahl** M poteau *m* frontière; **Grenzpolizei** F police *f* des frontières; **Grenzposten** M 1 *Person* garde-frontière *m* 2 *Stelle* poste *m* frontière; **Grenzschutz** M 1 protection *f* de la frontière 2 *umg* → Bundesgrenzschutz; **Grenzsicherung** F sécurité *f* des frontières; **Grenzsituation** F *fig* situation *f* limite; **Grenzsoldat** M garde-frontière *m*; **Grenzstadt** F ville frontière, frontalière; **Grenzstation** F gare *f* frontière; **Grenzstein** M borne *f* (frontière); **Grenzstreife** F patrouille *f* de gardes-frontières; **Grenzstreifen** M bande *f* frontière; **Grenzstreit(igkeit)** M(F) différend frontalier; **Grenzübergang** M 1 *Stelle* poste *m* frontière 2 *Aktion* franchissement *m*, passage *m* de la frontière; **grenzüberschreitend** ADJT ⟨*épithète*⟩ au-delà des frontières; **Grenzüberschreitung** F, **Grenzübertritt** M franchissement *m*, passage *m* de la frontière

Grenzverkehr M **(kleiner) ~** trafic frontalier

Grenzverlauf M tracé *m* de la frontière; **Grenzverletzung** F violation *f* de frontière; **Grenzvertrag** M traité *m* concernant la *bzw.* une frontière; **Grenzwall** M ouvrage *m* de fortification pour défendre une frontière; **Grenzwert** M 1 *(äußerster Wert)* valeur *f* limite 2 MATH limite *f*; **grenzwertig** ADJ *umg (gerade noch erträglich) umg* limite *(a. Humor, Person)*; **Grenzwissenschaft** F *discipline apparentée à deux ou plusieurs autres*; **Grenzzwischenfall** M incident *m* de frontière

Gretchen N ⟨→ n/pr⟩ *prénom*

Gretchenfrage *geh* F ⟨~⟩ *(Gewissensfrage)* cas *m* de conscience; *(entscheidende Frage)* question cruciale; **j-m die ~ stellen** placer qn devant un cas de conscience; poser à qn la question cruciale

Grete(l) F ⟨→ n/pr⟩ *prénom*

Greuel *etc* → Gräuel *etc*

greulich ADJ → gräulich[2]

Greyerzer M ⟨~s; ~⟩ *Käse* gruyère *m*

Griebe F ⟨~; ~n⟩ GASTR rillon *m*

Griebenschmalz N saindoux *m* contenant des rillons

Grieche M ⟨~n; ~n⟩, **Griechin** F ⟨-in; -innen⟩ Grec *m*, Grecque *f*

Griechenland N ⟨→ n/pr⟩ la Grèce

griechisch ADJ grec, grecque; de (la) Grèce; *in Zssgn* gréco-...

Griechisch N ⟨~(s)⟩, **Griechische** N ⟨~n⟩ **(das) Griechisch(e)** *Sprache* le grec

griechisch-katholisch ADJ grec-uni, grecque-unie; **griechisch-orthodox** ADJ orthodoxe grec, grecque; **griechisch-römisch** ADJ gréco-romain

Griesgram M ⟨~(e)s; ~e⟩ grincheux *m*; grognon *m*; **griesgrämig** ADJ grincheux, -euse; grognon

Grieß M ⟨~es; ~e⟩ GASTR semoule *f*

Grießbrei M (bouillie *f* de) semoule *f*; **Grießklößchen** N quenelle *f* à la semoule; **Grießmehl** N semoule *f*; **Grießnockerl** N *österr* quenelle *f* de semoule; **Grießpudding** M entremets *m* à base de semoule; **Grießsuppe** F potage *m* à la semoule

griff → greifen

Griff M ⟨~(e)s; ~e⟩ 1 *e-r Tür, e-s Degens, Hebels etc* poignée *f*; *e-s Topfes, e-r Pfanne* queue *f*; *e-s Werkzeugs, Messers, Schirms etc* manche *m* 2 *(das Greifen)* manipulation *f*; *(Geste)* geste *m*; SPORT prise *f*; **bei ihr sitzt jeder ~** elle fait ça très bien, *bes schnell* en un tournemain; *umg* MIL **~e kloppen** s'exercer au, faire du maniement d'armes; **durch e-n ~ in die Kasse** en prenant de l'argent dans la caisse; **(mit j-m, etw) e-n guten ~ tun** avoir la main heureuse (en choisissant qn, qc); **etw im ~ haben** *(etw gut können)* avoir l'habitude de (faire) qc; *(etw unter Kontrolle haben)* maîtriser qc; **etw in**

den ~ **bekommen** apprendre à faire qc; *Bewegung a.* contrôler qc; **mit e-m ~** d'un seul coup; **das ist mit e-m ~ getan** c'est fait en un tournemain, en un clin d'œil; **mit festem, eisernem ~** avec de la poigne **3** *e-s Stoffes* toucher *m*

griffbereit ADJ à portée de la main; **Griffbrett** N *e-r Geige etc* touche *f*

Griffel M ⟨~s; ~⟩ **1** *(Schreibgriffel)* crayon *m* d'ardoise **2** BOT style *m* **3** *umg meist pl (Finger)* doigt *m*; **Griffelkasten** M plumier *m*

griffig ADJ **1** *(handlich)* maniable; *fig Wort, Ausdruck etc* facile à utiliser; *Konzept a.* maniable **2** *(nicht gleitend)* antidérapant **3** *Stoff* qui a de la tenue **4** *österr Mehl* grossièrement moulu

Griffigkeit F ⟨~⟩ maniabilité *f*

Griffloch N MUS perce *f*; **Griffwechsel** M TURNEN changement *m* de prise

Grill M ⟨~s; ~s⟩ **1** *Gerät* gril *m*; barbecue *m*; *(~rost)* gril *m* **2** AUTO *(Kühlergrill)* calandre *f*

Grille F ⟨~; ~n⟩ **1** ZOOL grillon *m* **2** *geh (wunderlicher Einfall)* lubie *f*; idée *f* bizarre

grillen ⟨h.⟩ **A** VT (faire) griller; (faire) cuire, faire rôtir sur le gril *od* au barbecue **B** VI faire un barbecue **C** VR *hum* **sich (in der Sonne) ~** se bronzer; se dorer au soleil

Grillfest N barbecue *m*; **Grillgericht** M grillade *f*; **Grillgut** N ⟨~(e)s⟩ viande *f*, poisson *m, etc* qu'on peut faire griller

grillieren *schweiz* ⟨*pas de ge-*, h.⟩ → grillen

Grillparty F → Grillfest; **Grillplatz** M emplacement aménagé pour un barbecue; **Grillrestaurant** N restaurant spécialisé en grillades; **Grillrost** M grille *f* (d'un gril); **Grillspieß** M broche *f* (d'un gril); rôtissoire *f* (d'un barbecue); **Grillzange** F pincette *f* (pour barbecue); **Grillzeit** F temps *m* de cuisson

Grimasse F ⟨~; ~n⟩ grimace *f*; **~n schneiden** faire des grimaces

grimassieren VI ⟨*pas de ge-*, h.⟩ faire des grimaces

Grimm *geh* M ⟨~(e)s⟩ *geh* courroux *m*

Grimmdarm M ANAT côlon *m*

Grimmen *geh* N ⟨~s⟩ colique *f*; mal *m* au ventre

grimmig **A** ADJ **1** *(zornig)* furieux, -ieuse; *geh* courroucé **2** *fig (groß, stark)* terrible **B** ADV **1** furieusement; **~ lachen** avoir un mauvais rire **2** *fig* **es ist ~ kalt** il fait terriblement froid

Grind M ⟨~(e)s; ~e⟩ MED **1** *umg (Flechte)* dartre *f* **2** *regional (Wundschorf)* escarre *f*

grinsen VI ⟨-(es)t, h.⟩ ricaner

Grinsen N ⟨~s⟩ ricanement *m*

grippal ADJ ⟨*épithète*⟩ grippal; **~er Infekt** infection grippale

Grippe F ⟨~; ~n⟩ grippe *f*; **neue ~** grippe A; saisonale ~ grippe saisonnière

Grippeepidemie F épidémie *f* de grippe; **Grippeimpfung** F vaccination *f* contre la grippe; **grippekrank** ADJ grippé; **Grippevirus** N *od* M virus grippal; **Grippewelle** F épidémie *f* de grippe

Grips *umg* M ⟨~es⟩ cervelle *f*; *umg* jugeote *f*; **s-n ~ anstrengen** *umg* se creuser les méninges

Grislibär, **Grizzlybär** M grizzly *m*

grob **A** ADJ ⟨≃er; ≃ste⟩ **1** *Gewebe, Gesichtszüge* grossier, -ière; *Feile, Faser, Sand etc* gros, grosse **2** *(schwerwiegend)* grossier, -ière; grave; **ein ~er Fehler** une faute grossière; une grosse faute; **~e Fahrlässigkeit** grave *f* négligence; **~e Lüge** gros mensonge; **~er Unfug** (acte *m* provoquant un) trouble *m* de l'ordre public; *umg* **wir sind aus dem Gröbsten heraus** on a fait le plus dur, le plus gros; le plus difficile est passé **3** *Person* grossier, -ière; rude (**zu** avec; **gegenüber** envers) **4** *(ungefähr) Skizze etc* grossier, -ière; *Schätzung, Einstellung* approximatif, -ive; global; **in ~en Umrissen** *od* **Zügen** en gros; grosso modo; dans les grandes lignes **B** ADV **1** grossièrement; **etw ~ bearbeiten, behauen, schleifen** *etc* dégrossir qc; **~ mahlen** moudre grossièrement; **~ gemahlen** grossièrement moulu; **~ zerkleinern** concasser **2** *(schwerwiegend)* gravement; **~ fahrlässig** gravement négligent, imprudent **3** *(unhöflich) mit Worten* grossièrement; *körperlich* avec rudesse; **j-n ~ behandeln** traiter qn avec rudesse; rudoyer qn **4** *(ungefähr)* en gros; **~ gerechnet, geschätzt** en gros; **etw ~ überschlagen** évaluer qc en gros

Grobeinstellung F réglage grossier

grobgemahlen ADJT → grob B 1

Grobheit F ⟨~; ~en⟩ grossièreté *f*

Grobian M ⟨~(e)s; ~e⟩ *pej* mufle *m*; goujat *m*

grobkörnig ADJ à gros grains; **grobmahlen** VT → grob B 1; **grobmaschig** ADJ à grosses mailles; **grobschlächtig** ADJ *Gestalt* lourd; maladroit; *Gesichtszüge* grossier, -ière; gros, grosse

Grobschliff M ⟨~(e)s⟩ dégrossissage *m* à la meule; **Grobschnitt** M ⟨~(e)s⟩ *Tabak* gros tabac

Grog M ⟨~s; ~s⟩ grog *m*

groggy ADJ ⟨*attribut*⟩ BOXEN, *umg fig* groggy

grölen *umg pej* ⟨h.⟩ VT *u.* VI beugler; *umg* brailler

Groll *geh* M ⟨~(e)s⟩ rancune *f*; animosité *f*; *plus fort* rancœur *f*; **(e-n) ~ gegen j-n hegen** garder rancune à qn; **ohne ~** sans rancune

grollen *geh* VI ⟨h.⟩ **1** bouder; **j-m ~** garder rancune à qn (**wegen etw** de qc) **2** *Donner* gronder

Grollen N ⟨~s⟩ *des Donners* grondement *m*

Grönland N ⟨→ *n/pr*⟩ le Groenland

Grönländer(in) M ⟨~s; ~⟩ (F) ⟨~in; ~innen⟩ Groenlandais(e) *m(f)*; **grönländisch** ADJ groenlandais

Gros[1] N ⟨~; ~⟩ *(überwiegender Teil)* gros *m*; **das ~ des Heeres** le gros de l'armée

Gros[2] N ⟨~ses; ~se, *mais* 2 ~⟩ *Maßangabe* grosse *f*; douze douzaines *fpl*

Groschen M ⟨~s; ~⟩ **1** HIST *österreichische Währung* groschen *m* **2** *umg* HIST *(Zehnpfennigstück)* pièce *f* de dix pfennigs **3** *umg meist pl (Geld) umg* sou(s) *m(pl)*; *fig* **der ~ ist (bei ihm) gefallen** il a enfin compris; *umg* il a pigé

Groschenheft N *pej* petit illustré; **Groschenroman** M *pej* roman *m* de quatre sous

groß

A Adjektiv B Adverb

— **A** Adjektiv —

⟨größer, größte⟩ **1** *a. fig* grand; *dem Volumen nach oft* gros, grosse; *fig* **ein ~er Augenblick (für)** un moment important (pour); **~er Buchstabe** (lettre *f*) majuscule *f*, TYPO capitale *f*; **~er Fehler** grosse faute; **die ~en Ferien** les grandes vacances; **~es Geld** (gros) billet(s) *m (pl)*; *fig* **er ist meine ~e Liebe** mon grand amour, c'est lui; **das ~e Los** le gros lot; **ein ~er Mann** *körperlich* ~ un homme grand, de grande taille; *berühmt* un grand homme; **mit ~er Mühe** à grand-peine; SCHULE **~e Pause** récréation *f*; **~en Stils, im ~en Stil** de grand style; de grande envergure; en grand; *fig* **ein ~er Tag** un grand jour; **zum ~en Teil** en grande partie; MUS **~e Terz** tierce majeure; **in ~er Zahl** en grand nombre; **der ~e Zeh** le gros orteil; **der ~e Zeiger** *e-r Uhr* la grande aiguille; **in ~en Zügen** dans les grandes lignes; **gleich ~** de même taille, grandeur, grosseur; **wie ~ ist …?** combien mesure …?; quelle est la grandeur *bzw.* la grosseur de …?; **wie ~ sind Sie?** combien mesurez-vous?; quelle est votre taille?; **ich bin ein(en) Meter siebzig ~** je fais, mesure un mètre soixante-dix; **meine Überraschung war so ~, dass …** ma surprise fut telle, si grande que …; **im Großen wie im Kleinen** dans les petites choses comme dans les grandes; **im Großen (und) Ganzen** en somme; somme toute; en gros; dans l'ensemble; *umg* **darin ist er ~** il est fort dans ce domaine; **~ im Geschäft sein** faire de très bonnes affaires; **~e Angst, ~en Hunger, ~en Durst haben** avoir très peur, faim, soif; avoir grand-peur, grand-faim, grand-soif; **ein ~er Fußballfan, Dummkopf sein** être un grand amateur de foot, un grand nigaud; *fig* **~e Augen machen** ouvrir de grands yeux; écarquiller les yeux; *fig* **e-e ~e Rolle spielen** jouer un grand rôle; **~en Wert auf etw** *(akk)* **legen** attacher beaucoup d'importance à qc; *sl fig* **e-e ~e Schnauze haben** *umg* avoir une grande gueule; être fort en gueule **2** *(älter)* **mein ~er Bruder** mon grand frère; *von Kindern (der, die Älteste)* **das ist unsere Große, unser Großer** c'est notre aîné(e) **3** *(erwachsen)* grand; **Groß und Klein** petits et grands; **die Großen** les grands *mpl*; les grandes personnes; **wenn ich (erst) ~ bin** quand je serai grand; **~ werden** grandir; **mit Streit, Umzügen** *etc* **~ werden** passer son enfance au milieu des disputes, à déménager, *etc*; **mit Musik, Kunst** *etc* **~ werden** grandir dans une atmosphère musicale, artistique, *etc* **4** HIST **Karl der Große** Charlemagne; **Friedrich der Große** Frédéric le Grand; **Katharina die Große** Catherine la Grande

— **B** Adverb —

1 **j-n ~ ansehen** regarder qn avec de grands yeux; *umg* **~ daherreden** parler beaucoup pour ne rien dire; *kinderspr* **~ machen** faire sa grosse commission; **~ schreiben** *(in großer Schrift schreiben)* écrire gros; *umg* **~ in Form sein** être en grande, en pleine forme; **die Heizung ~ stellen** mettre le chauffage au maximum; **~ gemustert** à grands motifs; **~ kariert** à grands carreaux **2** *(aufwändig) umg* **~ ausgehen** sortir sans regarder à la dépense; *umg* faire la tournée des grands-ducs; *umg* **etw ~ feiern** faire une grande fête pour qc; *umg* **etw ~ herausbringen** mettre qc en vedette; **~ angelegt** *Angriff, Plan etc* de grande envergure; → großschreiben 2 **3** *umg (besonders)* beaucoup; **sich nicht ~ um etw kümmern** ne pas se soucier beaucoup de qc; **was gibt es da noch ~ zu überlegen?** qu'est-ce que tu attends *bzw.* vous attendez (pour te *bzw.* vous décider)?

Großabnehmer M acheteur *m* en gros; **Großadmiral** M grand amiral; **Großaktion** F campagne *f* de grande envergure; **Großaktionär(in)** M(F) gros actionnaire; **Großalarm** M alerte générale; **großangelegt** ADJT ⟨*épithète*⟩ *Angriff, Plan etc* de grande envergure; **Großangriff** M attaque *f* de grande envergure; **großartig** **A** ADJ grandiose; magnifique; imposant **B** ADV magnifiquement; à merveille; **Großartigkeit** F ⟨~⟩ caractère grandiose, imposant; grandeur *f*; magnificence *f*

Großaufnahme F gros plan; **in ~** en gros plan

Großauftrag M grosse commande; **Großbäckerei** F grande boulangerie; **Großbank** F ⟨~; ~en⟩ grande banque; **Großbaustelle** F grand chantier; **Großbetrieb** M grande entreprise; **Großbrand**

M grand incendie
Großbritannien N ⟨→ *n/pr*⟩ la Grande-Bretagne
Großbuchstabe M (lettre *f*) majuscule *f*; TYPO capitale *f*; **großbürgerlich** ADJ de la grande bourgeoisie; **Großbürgertum** N grande bourgeoisie
Größe F ⟨~; ~n⟩ 1 *Eigenschaft* grandeur *f* (*a. fig*); *dem Volumen nach oft* grosseur *f*; (*Ausmaße*) dimensions *fpl*; taille *f*; (*beim Menschen*) mesures *fpl*; *Abbildung etc* **in natürlicher, voller ~** grandeur nature; **Bälle** *etc* **in allen ~n** des balles, *etc* de toutes les tailles; *fig* **innere, wahre ~** vraie grandeur; grandeur d'âme 2 (*Körpergröße*) *e-s Wäsche- od Kleidungsstücks* taille *f*; (*Schuhgröße, Handschuhgröße, Hutgröße*) pointure *f*; (*Format*) format *m*; **welche ~ haben Sie?** quelle est votre taille *bzw.* pointure?; *bei Schuhen a.* vous chaussez du combien?; **ich habe ~ 42** je fais du 42; *bei Schuhen a.* je chausse du 42 3 ASTRON magnitude *f*; grandeur *f* 4 MATH, PHYS grandeur *f*; MATH *a.* quantité *f*; **gegebene, bekannte ~** donnée *f*; **unbekannte ~** *a. fig* inconnue *f* 5 *fig Person* sommité *f*; *im Sport etc* as *m*
Großeinkauf M achat *m* en gros; **e-n ~ machen** faire tous ses achats, toutes ses courses en même temps
Großeinsatz M opération *f* de grande envergure, de grand style; **großelterlich** ADJ ⟨*épithète*⟩ des grands-parents; **Großeltern** PL grands-parents *mpl*; **Großenkel(in)** M(F) → Urenkel(in)
Größenklasse F 1 catégorie *f* de grandeur 2 ASTRON magnitude *f*
Größenordnung F ordre *m* de grandeur; dimension *f*; **in e-r ~ von 30 %** de l'ordre de 30 %; dont le taux est de 30 %
großenteils ADV en grande partie
Größenunterschied M différence *f* de grandeur, de taille; **Größenverhältnis** N proportion *f*; **Größenwahn** M folie *f* des grandeurs; mégalomanie *f*; **größenwahnsinnig** ADJ qui a la folie des grandeurs; mégalomane
größer ADJ 1 plus grand; **der ~e Teil** la majeure, la plus grande partie; **~ machen** *Schrift, Kreis, Loch etc* agrandir; **j-n ~ machen** *od* **erscheinen lassen** grandir qn; **~ schreiben** écrire plus gros; **~ werden** *Lebewesen, Unzufriedenheit* grandir; *Familie, Firma, Stadt* s'agrandir; *Arbeitslosigkeit, Schulden, Bevölkerung* augmenter 2 (*ziemlich groß*) assez, relativement grand; **e-e ~e Summe** une assez grosse somme
Großfahndung F vaste opération *f* de recherches policières; recherches *fpl* dans toute une ville, tout un territoire, *etc*; **Großfamilie** F grande famille; **Großfeuer** N grand incendie; **großflächig** ADJ à grande surface; sur une grande surface; **Großflughafen** M aéroport *m* (international); **Großformat** N grand format; **Großfürst(in)** M(F) grand-duc *m*, grande-duchesse *f*; **großgemustert** ADJT à grands motifs
Großgrundbesitz M grande propriété foncière; **Großgrundbesitzer** M grand propriétaire terrien; *in Lateinamerika a.* latifondiste *m*; **Großhandel** M (commerce *m* de *od* en) gros *m*
Großhandelspreis M prix *m* de gros; **zum ~** au prix de gros
Großhandelsspanne F marge *f* des grossistes
Großhändler(in) M(F) grossiste *m/f*; commerçant *m* en gros; **Großhandlung** F commerce *m od* magasin *m* de gros; **großherzig** *geh* ADJ généreux, -euse; magnanime; **Großherzigkeit** *geh* F ⟨~⟩ générosité *f*; magnanimité *f*; **Großherzog(in)** M(F) grand-duc *m*, grande-duchesse *f*; **Großherzogtum** N grand-duché *m*; **Großhirn** N cerveau *m*; **Großhirnrinde** F écorce cérébrale; **Großindustrie** F grande, grosse industrie; **Großindustrielle(r)** M grand, gros industriel; **Großinquisitor** M HIST Grand Inquisiteur *m*
Grossist(in) M ⟨~en; ~en⟩ (F) ⟨~in; ~innen⟩ HANDEL grossiste *m/f*
großjährig *liter* ADJ majeur
Großkampftag M 1 journée *f* de grande bataille 2 *umg fig* dure journée; **Großkapital** N ⟨~s⟩ gros capital; **Großkapitalist** M grand capitaliste; **großkariert** ADJ à grands carreaux; **Großkatze** F grand félin; **Großkind** N *schweiz* petit-fils *m*; petite-fille *f*; **Großkonzern** M grand consortium; **Großkotz** *umg pej* M ⟨~es; ~e⟩ crâneur *m*; °hâbleur *m*; **großkotzig** *umg pej* ADJ *umg* crâneur, -euse; °hâbleur, -euse; **Großkotzigkeit** *umg* F ⟨~⟩ *umg* façons *fpl* de crâneur; °hâblerie *f*; **Großkrankenhaus** N grand complexe hospitalier; **Großküche** F cuisine *f* de collectivité; **Großkundgebung** F manifestation *f* monstre; **Großlautsprecher** M °haut-parleur géant; **Großmacht** F grande puissance; **Großmachtstellung** F position *f* de grande puissance; **Großmama** *umg* F mamie *f*; bonne-maman *f*; **Großmannssucht** F ⟨~⟩ *pej* folie *f* des grandeurs; **Großmarkt** M (*Verbrauchermarkt*) hypermarché *m*; (*Markthallen*) °halles *fpl*; **großmaschig** ADJ à grosses mailles; **Großmast** M SCHIFF grand mât; **Großmaul** *umg* N (*Prahler*) *umg* grande gueule; **Großmeister** M SCHACH, *der Freimaurer, e-s Ritterordens etc* grand maître; **Großmogul** M HIST Grand Mog(h)ol; **Großmut** F ⟨~⟩ générosité *f*; grandeur *f* d'âme; magnanimité *f*; **großmütig** ADJ généreux, -euse; magnanime
Großmutter F ⟨~; -mütter⟩ grand-mère *f*; *umg* **das kannst du deiner ~ erzählen!** à d'autres!; *umg* mon œil!
großmütterlich ADJ ⟨*épithète*⟩ de (la) grand-mère
Großneffe M petit-neveu *m*; **Großnichte** F petite-nièce *f*; **Großoffensive** F MIL offensive *f* de grande envergure; **Großonkel** M grand-oncle *m*; **Großpackung** F paquet géant; **Großpapa** *umg* M papi *od* papy *m*; grand-papa *m*; **großporig** ADJ *Haut* aux pores dilatés
Großraum M agglomération *f*; **im ~ Düsseldorf** *a.* dans la région urbaine de Düsseldorf
Großraumabteil N BAHN voiture *f* à couloir central, sans compartiments; *in Frankreich a.* voiture *f* corail; **Großraumbüro** N bureau collectif; **Großraumflugzeug** N gros-porteur *m*
großräumig A ADJ 1 (*viel Platz bietend*) spacieux, -ieuse 2 (*große Gebiete betreffend*) vaste B ADV sur une grande étendue, *fig* échelle; **die Unfallstelle ~ umfahren** faire un grand détour pour éviter le lieu de l'accident
Großraumlimousine F monospace *m od f*; **Großraumwagen** M *e-r Straßenbahn etc* voiture *f* à grande capacité; BAHN → Großraumabteil; **Großrechner** M IT gros ordinateur; **Großreinemachen** N *a. fig* nettoyage *m* en grand; **Großschnauze** F → Großmaul
großschreiben VT ⟨*irr, sép*, -ge-, h.⟩ 1 RECHTSCHREIBUNG *Wort* écrire avec une majuscule; **großgeschrieben werden** prendre une majuscule 2 *fig* **Sport wird heute großgeschrieben** le sport a de l'importance aujourd'hui 3 → groß B 1
Großschreibung F ⟨~⟩ emploi *m* des majuscules; **Großsegel** N SCHIFF grand-voile *f*
großspurig *pej* A ADJ fanfaron, -onne; *umg* crâneur, -euse B ADV **~ auftreten** *umg* faire le crâneur; se donner de grands airs
Großspurigkeit F ⟨~⟩ *pej* fanfaronnade *f*; vantardise *f*; **Großstadt** F grande ville; **Großstädter(in)** M(F) habitant(e) *m(f)* d'une grande ville; **Großstadtgetriebe** N ⟨~s⟩ agitation *f*, effervescence *f* (d'une grande ville); **großstädtisch** ADJ d'une grande ville
Großstadtluft F ⟨~⟩ air *m* d'une grande ville; **Großstadtmensch** M habitant(e) *m(f)* d'une grande ville; **Großstadtverkehr** M circulation *f*, trafic *m* d'une grande ville
Großtante F grand-tante *f*; **Großtat** F exploit *m*; °haut fait; *a. iron* prouesse *f*
größte(r, -s) ADJ le (la) plus grand(e); **der ~ Teil (ist ...)** la plupart (sont ...); la majeure, la plus grande partie (est ...); **mit dem ~n Vergnügen** avec le plus grand plaisir
Großteil M grande partie; **zum ~** en majeure partie; **zu e-m ~** en grande partie
größtenteils ADV pour la plupart; en majeure partie
Größtmaß N maximum *m*; **größtmöglich** ADJ ⟨*épithète*⟩ le plus grand possible
Großunternehmen N grande, grosse entreprise; **Großunternehmer(in)** M(F) patron, -onne *m,f* d'une grande entreprise; **Großvater** M grand-père *m*; **großväterlich** ADJ ⟨*épithète*⟩ de *bzw.* du grand-père; **Großveranstaltung** F grande réunion; *Demonstration* grande manifestation; **Großverbraucher** M gros consommateur; **Großverdiener** M gros salaire; **Großversandhaus** N grande maison de vente par correspondance; **Großvieh** N gros bétail; **Großwesir** M HIST grand vizir; **Großwetterlage** F situation météorologique générale; **Großwild** N gros gibier; **Großwildjagd** F chasse *f* aux grands animaux; **Großwildjäger** M chasseur *m* (de gros gibier); **großziehen** VT ⟨*irr, sép*, -ge-, h.⟩ élever
großzügig ADJ 1 (*nicht kleinlich*) *Mensch* généreux, -euse; (*tolerant*) large d'esprit, d'idées, de vues; (*liberal*) libéral; *Hilfe, Angebot etc* généreux, -euse; *Maßnahme* libéral; *Arbeitsbedingungen etc* non-directif, -ive 2 (*spendabel*) généreux, -euse 3 (*weiträumig*) vaste; spacieux, -ieuse; **Großzügigkeit** F ⟨~⟩ 1 *a. e-s Angebots etc* générosité *f*; (*Toleranz*) largeur *f* d'esprit, d'idées, de vues; (*Liberalität*) libéralité *f* 2 (*Freigebigkeit*) largesse *f* 3 (*Weiträumigkeit*) caractère spacieux
grotesk ADJ grotesque
Grotesk F ⟨~⟩ TYPO antique *f*
Groteske F ⟨~; ~n⟩ 1 *Ornament* grotesque *m od f* 2 LITERATUR poème *m*, anecdote *f*, comédie *f*, *etc* grotesque
groteskerweise ADV aussi grotesque que ce soit
Grotte F ⟨~; ~n⟩ grotte *f*
grottenschlecht *sl* ADJ *sl* nul, nulle à chier
grub → graben
Grubber M ⟨~s; ~⟩ AGR cultivateur *m* (*machine*)
Grübchen N ⟨~s; ~⟩ *im Gesicht* fossette *f*
Grube F ⟨~; ~n⟩ 1 fosse *f*; *sprichw* **wer andern e-e ~ gräbt, fällt selbst hinein** *sprichw* tel est pris qui croyait prendre 2 BERGBAU mine *f*; *im Tagebau a.* minière *f*
Grübelei F ⟨~; ~en⟩ ruminations *fpl*; *plus fort* (*Melancholie*) idées noires
grübeln VI ⟨-(e)le, h.⟩ (**über etw** [*akk*]) **~** ruminer (qc); *plus fort* (*melancholisch sein*) ressasser

G

des idées noires; **ins Grübeln kommen** se mettre à ruminer, *plus fort* à ressasser des idées noires

Grubenarbeiter M mineur *m*; **Grubenbahn** F chemin de fer minier; **Grubenbrand** M feu *m* dans une mine; **Grubengas** N grisou *m*; **Grubenhelm** M casque *m* de mineur; **Grubenlampe** F lampe *f* de mineur; **Grubenunglück** N catastrophe minière; **Grubenwasser** N ⟨~s⟩ eau *f* d'infiltration dans une mine; **Grubenwehr** F brigade *f* de sauvetage

Grübler(in) M ⟨~s; ~⟩ (F) ⟨~in; ~innen⟩ méditatif, -ive *m,f*

grüblerisch ADJ soucieux, -ieuse; **~ veranlagt** d'une nature à ruminer, *plus fort* à ressasser des idées noires

grüezi INT *schweiz* (*guten Morgen, guten Tag*) bonjour; (*guten Abend*) bonsoir

Gruft F ⟨~; ~̈e⟩ (*Gewölbe*) caveau *m*; (*Grab*) tombeau *m*

Grufti M ⟨~s; ~s⟩ *Jugendsprache umg* croulant(e) *m(f)*

grummeln VI ⟨-(e)le, h.⟩ *regional* **1** *Donner, Kanonen etc* gronder **2** (*brummen*) grommeler

grün ADJ **1** *Farbe, Salat, Tee etc, a. Obst* (*unreif*) vert; *fig* (*unerfahren*) inexpérimenté; novice; **~e Erbsen** *fpl* petits pois; **~er Hering** °hareng frais; **die Grüne Insel** l'Irlande *f*; *fig* **~er Junge** blanc-bec *m*; *fig* **~es Licht für etw geben** donner le feu vert à qc; *umg* **~e Minna** *der Polizei* panier *m* à salade; *fig* **~ vor Neid** pâle, blême d'envie; **~er Salat** salade verte; MED **der ~e Star** le glaucome; *fig* **am ~en Tisch** d'un point de vue bureaucratique, abstrait, théorique; *im Straßenverkehr* **~e Welle** feux coordonnés; AGR **Grüne Woche** semaine *f* de l'agriculture; *umg fig* **auf keinen ~en Zweig kommen** ne pas prospérer, réussir; **~ werden** devenir vert; *Natur* (*wieder ~ werden*) reverdir; *umg fig* **sich ~ und blau ärgern** se fâcher tout rouge; *umg* **j-n ~ und blau schlagen** *umg* tabasser qn; *umg fig* **j-m nicht ~ sein** ne pas porter qn dans son cœur; → *a.* Witwe **2** ÖKOL, POL vert; *umg* écolo; ADMIN **der Grüne Punkt** le point vert (*label sur l'emballage qui en garantit la reprise et le recyclage*)

Grün N ⟨~s; ~⟩ **1** *Farbe* vert *m*; couleur verte; **in ~** *gekleidet* (habillé) en vert; **die Ampel steht auf ~** *od* **zeigt ~** le feu est au vert; *im Straßenverkehr* **bei ~** au vert; *umg* **das ist dasselbe in ~** c'est du pareil au même; *umg* c'est kif-kif **2** ⟨*pas de pl*⟩ (*Pflanzen*) plantes *fpl*; verdure *f* **3** GOLF green *m*

Grünalgen FPL BOT algues vertes; *t/t* chlorophycées *fpl*; **Grünanlage** F (*Park*) parc *m*; (*Grünfläche*) **~n** *pl* espaces verts; **grünäugig** ADJ aux yeux verts; **grünblau** ADJ bleu vert (*inv*)

Grund M ⟨~(e)s; ~̈e⟩ **1** ⟨*pas de pl*⟩ (*Untergrund, Hintergrund*) fond *m*; **schwarz auf weißem ~** noir sur fond blanc **2** ⟨*pas de pl*⟩ *e-s Gewässers, Gefäßes etc* fond *m*; SCHIFF **auf ~ laufen** (s')échouer; *fig* **den Dingen, e-r Sache auf den ~ gehen** aller au fond des choses, de qc; *fig* **ich will der Sache** (*dat*) **auf den ~ gehen** *a.* je veux en avoir le cœur net; *fig* **von ~ aus** *od* **auf** de fond en comble; à fond; entièrement; radicalement; *fig* **von ~ auf verändert** *a.* changé du tout au tout; *geh* **im ~e s-s Herzens** au fond de son cœur; **im ~e (genommen)** dans le *od* au fond **3** ⟨*pas de pl*⟩ (*Grundlage*) **den ~ zu etw legen** établir les bases, poser les fondements de qc **4** ⟨*pas de pl*⟩ (*Erdboden*) sol *m*; **auf festem ~** sur un sol ferme; (*Grundbesitz*) **~ und Boden** terres *fpl*; terrain *m*; propriété foncière; *fig* **sich in ~ und Boden schämen** mourir de honte; *fig* **etw in ~ und Boden verdammen** condamner qc radicalement, absolument **5** (*Vernunftgrund*) raison *f*; (*Beweggrund*) motif *m*; mobile *m*; (*Ursache*) cause *f*; **(guten) ~ haben zu** (*+inf*) avoir de bonnes raisons, des raisons de (*+inf*); **allen ~ haben zu** (*+inf*) avoir (tout) lieu de (*+inf*); **~ zur Klage, Freude, Kritik haben** avoir des raisons de se plaindre, de se réjouir, de formuler des critiques; **~ zur Klage geben** donner matière à des plaintes; **~ zur Freude geben** être une raison de se réjouir; **~ zur Kritik, zum Lachen** *etc* **geben** prêter à la critique, à la plaisanterie, *etc*; **es besteht ~ zu der Annahme, dass …** on a des raisons, il y a lieu de supposer que …; **dazu ist kein ~ vorhanden** il n'y a aucune raison (à cela); **das ist kein ~ zur Aufregung** *etc* il n'y a pas de quoi s'affoler, *etc*; **und zwar aus gutem ~(e)** et pour cause; **das ist ein ~ mehr (zu** [*+inf*]**)** raison de plus (pour [*+inf*]); **ich habe meine Gründe** j'ai mes raisons; **ohne ~** sans raison; sans motif; **auf ~ von** en raison de; vu; **auf ~ s-s Könnens** en raison de ses compétences; **auf ~ e-s Gesetzes, Urteils** *etc* en vertu d'une loi, d'un jugement, *etc*; **auf ~ von Indizien** sur la base d'indices; sur des indices; **aus welchem ~?** pour quelle raison?; **aus dem einfachen ~(e), weil …** pour la simple raison que …; *umg hum* **aus diesem kühlen ~e** simplement pour cette raison; **aus gesundheitlichen Gründen** pour raison, pour des raisons de santé; **aus Gründen der Sicherheit** pour des raisons de sécurité; par mesure de sécurité; **zu ~e** → zugrunde

Grundakkord M MUS accord fondamental; **Grundanschauung** F convictions *fpl*, idées *fpl* de base; **grundanständig** ADJ foncièrement honnête; **Grundanstrich** M première couche (de peinture); fond *m*; apprêt *m*

Grundausbildung F MIL instruction *f* militaire (de base); **die ~ machen** faire ses classes

Grundausstattung F équipement *m* de base; **Grundbass** M MUS basse fondamentale; **Grundbedeutung** F sens premier, primitif; **Grundbedingung** F condition fondamentale; **Grundbegriff** M notion fondamentale; *pl* **~e** *e-s Fachgebiets* éléments *mpl*; rudiments *mpl*; **Grundbesitz** M propriété foncière; **Grundbesitzer** M propriétaire foncier, terrien; **Grundbestandteil** M élément constitutif, de base; **Grundbetrag** M montant *m* de base

Grundbuch N *etwa* registre *m* du bureau des hypothèques; **Grundbuchamt** N *etwa* bureau *m* (de conservation) des hypothèques; **Grundbuchauszug** M *etwa* extrait *m* du registre du bureau des hypothèques; **Grundbucheintragung** F *etwa* inscription *f* au registre du bureau des hypothèques

grundehrlich ADJ foncièrement honnête

Grundeigentum N → Grundbesitz; **Grundeigentümer** M → Grundbesitzer; **Grundeinstellung** F attitude fondamentale; **Grundeis** N glace *f* de fond

Grundel, Gründel F ⟨-; -n⟩ ZOOL gobie *m*; → *a.* Gründling

gründeln VI ⟨-(e)le, h.⟩ *Ente etc* barboter

Gründelwale MPL ZOOL *t/t* delphinaptéridés *mpl*

gründen ⟨-ete, h.⟩ **A** VT fonder; créer; **e-e Familie ~** fonder une famille; **etw auf etw** (*akk*) **~** baser qc sur qc **B** VI *u.* VR **auf etw** (*dat*) **~, sich auf etw** (*akk*) **~** se baser, se fonder sur qc; être basé, fondé sur qc

Gründer(in) M ⟨~s; ~⟩ (F) ⟨~in; ~innen⟩ fondateur, -trice *m,f*

Gründerjahre NPL *années d'expansion économique en Allemagne après 1870*

Grunderwerb M acquisition *f* de terrain, de terres; **Grunderwerb(s)steuer** F droits *mpl* de mutation

Gründerzeit F → Gründerjahre

grundfalsch ADJ absolument *od* entièrement, tout à fait faux, fausse

Grundfarbe F **1** *Farbenlehre* couleur *f* primaire **2** (*Grundierung*) fond *m*; apprêt *m*; **Grundfehler** M erreur foncière, fondamentale

Grundfesten *geh* PL bases *fpl*; **etw in s-n ~ erschüttern** ébranler qc jusque dans ses fondements; **j-n in s-n ~ erschüttern** ébranler qn dans ses convictions; **an den ~ von etw rütteln** mettre en cause les bases de qc

Grundfläche F *e-r Wohnung* surface *f*; MATH base *f*; **Grundform** F **1** forme *f* de base **2** GRAM infinitif *m*; **Grundformel** F formule fondamentale, de base; **Grundfrage** F question fondamentale; **Grundfrequenz** F PHYS, RADIO fréquence fondamentale; **Grundgebühr** F taxe *f* de base; TEL redevance *f* d'abonnement; *im Taxi* prise *f* en charge; **Grundgedanke** M idée, pensée fondamentale; **Grundgehalt** N salaire *m*, traitement *m* de base; **grundgescheit** ADJ très, extrêmement judicieux, -ieuse; **Grundgesetz** N loi fondamentale; POL (*Verfassung*) constitution *f*; **grundgütig** ADJ très bon, bonne; **Grundhaltung** F **1** *geistig* attitude fondamentale **2** *körperlich* position *f* de base; **Grundherr** M HIST seigneur *m*

grundieren VT ⟨*pas de ge-*, h.⟩ appliquer, passer la première couche sur; faire le fond de

Grundierfarbe F peinture *f* de fond; apprêt *m*

Grundierung F ⟨~; ~en⟩ **1** *Tätigkeit* application *f* de la première couche, du fond **2** *Ergebnis* première couche; fond *m*; apprêt *m*

Grundkapital N fonds, capital social; **Grundkenntnisse** FPL connaissances *fpl* élémentaires, de base; **Grundkurs** M cours *m* de débutants; *in der Oberstufe* cours *m* de base

Grundlage F base *f*; *e-r Theorie etc* fondement *m*; *pl* **~n** *e-r Wissenschaft a.* principes *mpl*; éléments *mpl*; **auf der ~ von** sur la base de; **etw auf e-e sichere ~ stellen** donner une base solide à qc; **jeder ~** (*gen*) **entbehren** être dénué de tout fondement; *umg* **etw essen, um e-e gute ~ zu haben** manger qc pour se caler l'estomac

Grundlagenforschung F recherche fondamentale; **Grundlasten** FPL charges foncières

grundlegend **A** ADJT fondamental; de base; **von ~er Bedeutung** d'une importance fondamentale, capitale **B** ADVL fondamentalement; essentiellement

gründlich **A** ADJ *Person* qui fait les choses à fond; minutieux, -ieuse; *Kenntnisse* solide; *Untersuchung* approfondi; *Arbeit etc* bien fait; minutieux, -ieuse; sérieux, -ieuse **B** ADV **1** à fond; minutieusement; soigneusement **2** *umg* (*gehörig*) tout à fait; complètement; **sich ~ täuschen** *umg* se tromper dans les grandes largeurs; **j-m ~ die Meinung sagen** dire son fait, ses quatre vérités à qn

Gründlichkeit F ⟨~⟩ *e-r Person* minutie *f*; sérieux *m*; *e-r Tätigkeit* soin *m*; *e-r Arbeit* qualité *f*

Gründling M ⟨~s; ~e⟩ ZOOL goujon *m*

Grundlinie F **1** MATH base *f* **2** SPORT ligne *f* de fond; **Grundlohn** M salaire *m* de base;

grundlos **A** ADJ **1** *Beschuldigung etc* dénué de fondement; pas fondé; gratuit **2** *Wasser, Tiefe* sans fond; insondable **B** ADV sans raison; sans motif; **Grundlosigkeit** F ⟨~⟩ **1** *e-s Verdachts etc* absence *f* de fondement; *e-r Be-*

G

hauptung etc gratuité *f* **2** *e-s Gewässers etc* profondeur *f* insondable; **Grundmauer** F mur *m* de fondation; *pl* **~n** *a.* fondations *fpl*; soubassement *m*; **Grundmoräne** F GEOL moraine *f* de fond; **Grundmuster** N schéma *m*; **Grundnahrungsmittel** N aliment *m* de base; **Grundnote** F MUS note fondamentale

Gründonnerstag M jeudi saint

Grundordnung F *bes* POL ordre fondamental, de base; POL **die freiheitlich-demokratische ~** les principes *mpl* de la démocratie libérale

Grundpfandrecht N ⟨~(e)s⟩ droit *m* de gage réel immobilier; **Grundpfeiler** M **1** BAU pilier *m* de fondation **2** *fig* pilier *m*, support *m*, soutien *m* (principal); **Grundplatte** F TECH plaque *f* d'assise, de base; **Grundpreis** M prix *m* de base; **Grundprinzip** N principe fondamental; **Grundrechenart**, **Grundrechnungsart** F opération fondamentale de l'arithmétique; **Grundrecht** N droit fondamental; **Grundregel** F règle fondamentale; **Grundrente** F **1** *(Mindestrente)* retraite *f* minimum *(servant de référence)* **2** *(Bodenrente)* rente foncière; **Grundriss** M **1** plan *m* (horizontal); coupe horizontale **2** *fig (Schema, Grundzug)* grandes lignes *fpl* **3** *als Leitfaden, Lehrbuch* précis *m* (+*gen* de)

Grundsatz M principe *m*; **ein Mann mit Grundsätzen** un homme à principes; **ich habe meine Grundsätze** j'ai mes principes; **(es) sich** *(dat)* **zum ~ machen zu** (+*inf*) se donner comme principe de (+*inf*)

Grundsatzdebatte F, **Grundsatzdiskussion** F discussion *f* de principe; **Grundsatzentscheidung** F décision *f* de principe; **Grundsatzerklärung** F déclaration *f* de principe; **Grundsatzfrage** F question *f* de principe

grundsätzlich **A** ADJ **1** *(grundlegend)* fondamental; **e-e ~e Einigung** un accord de principe, sur le fond, de base **2** *(prinzipiell)* de principe **B** ADV **1** *(grundlegend)* fondamentalement; **e-e Frage ~ erörtern** discuter sur le fond d'une question **2** *(aus Prinzip)* par principe **3** *(im Prinzip)* en principe

Grundsatzprogramm N programme limité à ses grandes lignes; **Grundsatzrede** F discours *m* (exposant des principes); **Grundsatzurteil** N JUR jugement *m* qui fait jurisprudence

grundschlecht ADJ *Person* foncièrement, *Sache* extrêmement mauvais

Grundschuld F ⟨~; ~en⟩ dette foncière; *(Hypothek)* hypothèque *f*

Grundschule F école *f* primaire; **Grundschüler(in)** M(F) écolier, -ière *m,f*; **Grundschullehrer(in)** M(F) instituteur, -trice *m,f*; professeur *m/f* des écoles

Grundstein M première pierre; **den ~ zu etw legen** *a. fig* poser la première pierre de qc

Grundsteinlegung F ⟨~; ~en⟩ pose *f* de la première pierre; **Grundstellung** F TURNEN position normale, fixe; FECHTEN position *f* en garde; SCHACH position *f* en début de jeu; **Grundsteuer** F impôt foncier; contribution foncière; **Grundstimme** F **1** *(Bassstimme)* basse *f* **2** *der Orgel* jeu *m* de fonds; **Grundstock** M base *f*; **Grundstoff** M **1** CHEM corps *m* simple **2** *in der Industrie* produit *m* de base; *(Rohstoff)* matière première; **Grundstoffindustrie** F industrie *f* de base; **Grundstück** N (parcelle *f* de) terrain *m*; terre *f*; bien immeuble, foncier; *a. bebautes* bien-fonds *m*

Grundstückseigentümer(in) M(F) propriétaire *m/f* d'un terrain, *etc*; **Grundstücksgesellschaft** F société immobilière; **Grundstücksmakler(in)** M(F) agent immobilier; **Grundstücksspekulation** F spéculation foncière

Grundstudium N premier cycle d'études universitaires; **Grundstufe** F **1** premier degré **2** GRAM positif *m* **3** SCHULE premier cycle de lycée (comprenant la 5ᵉ, 6ᵉ et 7ᵉ année de scolarité); **Grundtarif** M tarif *m* de base; **Grundtendenz** F tendance fondamentale; **Grundthema** N sujet, thème principal; **Grundton** M ⟨~(e)s; -töne⟩ **1** MUS son fondamental **2** MAL ton dominant; couleur, teinte dominante **3** *fig e-r Rede etc* ton général; **Grundübel** N source *f* de tous les maux; **Grundüberzeugung** F conviction fondamentale; **Grundübung** F TURNEN exercice *m* de base; **Grundumsatz** M PHYSIOL métabolisme basal

Gründung F ⟨~; ~en⟩ fondation *f* (*a.* BAU); création *f*

Gründungsfeier F cérémonie *f* de fondation; **Gründungsjahr** N année *f* de fondation; **Gründungskapital** N capital initial; **Gründungsmitglied** N membre fondateur; **Gründungsversammlung** F assemblée constitutive

Gründüngung F AGR engrais vert

Grundunterschied M différence fondamentale; **grundverkehrt** → grundfalsch; **Grundvermögen** N FIN capital immobilier; fortune immobilière; **grundverschieden** ADJ tout à fait, radicalement, fondamentalement différent; **Grundversorgung** F *mit Vorräten* approvisionnement *m*, ravitaillement *m* avec des aliments de base; *mit Strom, Wasser, Gas* distribution *f*; *von Kranken, Kindern* soins *mpl* élémentaires; *(Altersgrundversorgung)* retraite *f* de base; **Grundvoraussetzung** F condition impérative; **Grundwahrheit** F vérité fondamentale; **Grundwasser** N ⟨~s⟩ nappe *f* phréatique; **Grundwasserspiegel** M niveau *m* (de la nappe) phréatique; **Grundwert** M valeur fondamentale; *von Grundstücken* valeur foncière; **Grundwissen** N connaissances *fpl* de base, élémentaires; **Grundwissenschaft** F science *f* de base; **Grundwort** N ⟨~(e)s; -wörter⟩ GRAM mot déterminé

Grundwortschatz M vocabulaire *m* de base; **der französische ~** le français fondamental

Grundzahl F MATH *(Kardinalzahl)* nombre cardinal; *bei Potenzen* nombre *m*; **Grundzins** M ⟨~es; ~e⟩ *früher* redevance foncière; **Grundzug** M trait, caractère principal, fondamental; caractéristique *f*

Grüne[1] M/F ⟨→ A⟩ **1** POL membre *m* du parti écologiste allemand; **die ~n** les Verts *mpl* **2** *umg (Umweltschützer[in]) umg* écolo *m/f*

Grüne[2] N ⟨→ A⟩ **1** *Farbe* vert *m* **2** *(Natur)* nature *f*; *in e-r Landschaft* verdure *f*; *in e-r Stadt* espaces verts; **im ~n** dans la nature; **ins ~ fahren** aller au vert, dans la nature **3** *(Salat, Gemüse)* salade (verte) *bzw.* légumes verts; verdure *f*; *umg (Pflanzen)* plantes *fpl*

grünen *geh* V/I ⟨h.⟩ (re)verdir; verdoyer

Grüner M → Grüne[1]

Grünes N → Grüne[2]

Grünfink M verdier *m*; **Grünfläche** F espace vert; **Grünfutter** N fourrage vert; **grüngelb** ADJ jaune verdâtre *(inv)*; jaune tirant sur le vert; **Grüngürtel** M ceinture *f* d'espaces verts; **Grünkern** M ⟨~(e)s⟩ (grain *m* de) blé vert; **Grünkohl** M chou vert, frisé; **Grünland** N ⟨~(e)s⟩ GEOG prairies *fpl*; AGR pâturages *mpl*

grünlich ADJ verdâtre

Grünlilie F phalangère *f*; plante-araignée *f*; **Grünling** M ⟨~s; ~e⟩ **1** *Vogel* verdier *m* **2** *Pilz* tricholome *m* équestre; **Grünpflanze** F plante verte; **Grünschnabel** M *fig pej* blanc-bec *m*

Grünspan M ⟨~(e)s⟩ vert-de-gris *m*

Grünspecht M pivert *m*; **grünstichig** ADJ tirant sur le vert; **Grünstreifen** M *in der Straßenmitte* terre-plein central, *am Straßenrand* bas-côté *m* (planté d'arbustes, *etc*)

grunzen V/I ⟨-(es)t, h.⟩ grogner

Grunzen N ⟨~s⟩ grognement(s) *m(pl)*

Grünzeug *umg* N ⟨~(e)s⟩ *Gemüse etc* verdure *f*; légumes verts *bzw.* salade (verte)

Grüppchen N ⟨~s; ~⟩ petit groupe; *pej, meist* POL groupuscule *m*

Gruppe F ⟨~; ~n⟩ groupe *m* (*a.* WIRTSCH, MATH, CHEM); *(Kategorie, Klasse)* catégorie *f*; *(Gehaltsgruppe) a.* tranche *f*; *bei der Arbeit* équipe *f*; POL groupement *m*; **in ~n** en *od* par groupes

Gruppenarbeit F ⟨~⟩ travail *m* en groupe *bzw.* par groupes; **Gruppenaufnahme** F FOTO photo *f* de groupe; **Gruppenbild** N MAL tableau *m* de groupe; FOTO photo *f* de groupe; **Gruppenbildung** F formation *f* de groupes; **Gruppendynamik** F PSYCH dynamique *f* de groupe; **gruppendynamisch** ADJ PSYCH de dynamique de groupe; **Gruppenfoto** N photo *f* de groupe; **Gruppenführer(in)** M(F), **Gruppenleiter(in)** M(F) chef *m* de groupe; **Gruppenmitglied** N membre *m* d'un groupe, d'une équipe, *etc*; **Gruppenpsychologie** F psychologie *f* de groupe; **Gruppenreise** F voyage organisé; **Gruppenschaltung** F ELEK montage *m* par groupes; **Gruppensex** M échangisme *m*; **Gruppensieger** M SPORT vainqueur *m* d'un groupe; **gruppenspezifisch** ADJ propre à un groupe; **Gruppentherapie** F thérapie *f* de groupe; **Gruppenunterricht** M enseignement *m* par groupes; **Gruppenversicherung** F assurance de groupe, collective; **gruppenweise** ADV par groupes; **Gruppenzwang** M pression *f* du groupe

gruppieren V/T (*u.* V/R) ⟨*pas de ge-*, h.⟩ **(sich) ~** (se) grouper; **Gruppierung** F ⟨~; ~en⟩ groupement *m*; *in e-r Partei* fraction

Grus M ⟨~es; ~e⟩ GEOL fines *fpl*; menu *m*

Gruseleffekt M effet *m* qui glace d'horreur, d'épouvante; **Gruselfilm** M film *m* d'épouvante; *als Gattung (Horrorfilm)* film *m* d'horreur; **Gruselgeschichte** F, **Gruselmärchen** N histoire *f* qui donne le frisson, à faire dresser les cheveux

grus(e)lig ADJ qui donne le frisson; qui donne la chair de poule

gruseln V/T *u.* V/I ⟨-(e)le, h.⟩ **mir** *od* **mich gruselt** je frissonne d'épouvante, je suis terrifié (**bei dem Gedanken zu** [+*inf*] *bzw.*, **dass ...** à l'idée de [+*inf*])

Gruseln N ⟨~s⟩ frisson *m*; épouvante *f*; **j-n das ~ lehren** terrifier qn; glacer qn d'épouvante, d'horreur

Gruß M ⟨~es; ⸚e⟩ **1** *Wort, Geste* salut *m*; **militärischer ~** salut *m* militaire; **j-m die Hand zum ~ reichen** serrer la main à qn pour le saluer **2** *am Briefschluss* **(mit) freundliche(n) Grüße(n)** (recevez mes) sincères salutations; **(mit) herzliche(n) Grüße(n)** (cordiales) amitiés; je vous *bzw.* je t'embrasse; **viele Grüße** meilleurs souvenirs (**aus Berlin** de Berlin) **3** *aufgetragener* bonjour *m*; *unter Vertrauten* amitiés *fpl*; *vornehm* compliments *mpl*; respects *mpl*; **j-m von j-m Grüße bestellen** *od* **ausrichten** donner le bonjour à qn de la part de qn; transmettre les amitiés, *etc* de qn à qn; **(bestell** *od* **sag ihm) e-n schönen ~ von mir!** donne-lui le bonjour de ma part!; transmets-lui mes amitiés!; *meist in Briefen* **viele Grüße an Ihre Frau!** transmettez mes amitiés, *distanzierter* mes compliments, mes respects à votre femme!; **viele Grüße von meinem Bruder** mon frère vous adresse ses amitiés

grüßen ⟨-(es)t, h.⟩ **A** V/T **1** dire bonjour à; *a. fig* saluer; *südd, österr* **grüß (dich, euch, Sie) Gott!** bonjour! *bzw.* bonsoir!; *umg* **grüß dich!** salut!; KATH **Gegrüßet seist du, Maria** Je vous salue, Marie **2** *(Grüße übermitteln)* **~ Sie ihn von mir!** donnez-lui le bonjour de ma part!; transmettez-lui mes amitiés!; **er lässt Sie ~** il vous donne le bonjour **B** V/I dire bonjour; saluer; **militärisch ~** faire le salut militaire; **meine Mutter lässt ~** (tu as *bzw.* vous avez) le bonjour de ma mère

Grußformel F (formule *f* de) salut *m*; **grußlos** ADV sans saluer

Grützbeutel M MED kyste sébacé

Grütze F ⟨~; ~n⟩ **1** gruau *m*; *Süßspeise* **rote ~** *gelée à base de fruits rouges* **2** *umg fig* ⟨*pas de pl*⟩ *(Verstand)* cervelle *f*; *umg* jugeote *f*; **nicht viel ~ im Kopf haben** ne pas avoir beaucoup de cervelle, *umg* jugeote

G-Schlüssel M MUS clef *f* de sol

Gspusi *umg südd, österr* N ⟨~s; ~s⟩ **1** *(Geliebte[r])* petit(e) ami(e) **2** *(Liebschaft)* liaison amoureuse

Guajave F ⟨~; ~n⟩ BOT goyavier *m*

Guanako N *od* M ⟨~s; ~s⟩ ZOOL guanaco *m*

Guano M ⟨~s⟩ guano *m*

Guatemala N ⟨→ *n/pr*⟩ le Guatemala

Guatemalteke M ⟨~n; ~n⟩, **Guatemaltekin** F ⟨-in; -innen⟩ Guatémaltèque *m/f*; **guatemaltekisch** ADJ guatémaltèque

Guave F ⟨~; ~n⟩ *Frucht* goyave *f*

Guayana → Guyana

gucken *umg* ⟨h.⟩ **A** V/T **Fernsehen, e-n Film ~** regarder *umg* la télé, un film **B** V/I **1** **(nach etw, j-m, auf etw, j-n) ~** regarder, *umg* zieuter, *umg* viser (qc, qn); **guck mal!** regarde!; **nicht ~!** ne regarde(z) pas!; **lass (mich) mal ~!** fais voir!; montre! **2** *(hervorsehen)* dépasser (aus de); *fig* **der Schalk guckt ihm aus den Augen** il a un regard fripon, malin **3** *(dreinblicken)* **böse, freundlich, dumm ~** avoir l'air méchant, aimable, bête

Guckfenster N vasistas *m*

Gucki *umg* M ⟨~s; ~s⟩ *für Dias* visionneuse *f*

Guckindieluft *umg* M ⟨~⟩ étourdi *m*;

Guckkastenbühne F scène moderne fermée par un rideau; **Guckloch** N trou *m* (pour regarder qc); *in e-r Tür etc* judas *m*

Gudrun F ⟨→ *n/pr*⟩ *prénom*

Guerilla[1] F ⟨~; ~s⟩ *Krieg, Truppe* guérilla *f*

Guerilla[2] M ⟨~(s); ~s⟩ *Kämpfer* guérillero *m*

Guerillakämpfer M guérillero *m*; **Guerillakrieg** M guérilla *f*

Guerillero M ⟨~s; ~s⟩ guérillero *m*

Gugelhupf M ⟨~(e)s; ~e⟩ *südd, österr* GASTR kouglof *m*

Güggeli N ⟨~s; ~⟩ *schweiz* poulet rôti

Guido M ⟨→ *n/pr*⟩ *prénom*

Guillotine F ⟨~; ~n⟩ guillotine *f*

guillotinieren V/T ⟨*pas de ge-*, h.⟩ guillotiner

Guinea N ⟨→ *n/pr*⟩ la Guinée

Guinea-Bissau N ⟨→ *n/pr*⟩ la Guinée-Bissau

Guineer(in) M ⟨~s; ~⟩ (F) ⟨~in; ~innen⟩ Guinéen, -éenne *m,f*; **guineisch** ADJ guinéen, -éenne

Gulasch N *od* M ⟨~(e)s; ~e *ou* ~s⟩ GASTR goulache *od* goulasch *f od m*; **Gulaschkanone** F MIL *hum* (cuisine *f*) roulante *f*; **Gulaschsuppe** F soupe *f* de goulache

Gulden M ⟨~s; ~⟩ HIST *Währung* florin *m*; **holländischer ~** florin *m*

gülden *poet* ADJ doré

Gülle F ⟨~⟩ *südd, schweiz* AGR lisier *m*; purin *m*

Gully M *od* N ⟨~s; ~s⟩ bouche *f* d'égout

gültig ADJ *a. fig* valable; JUR *a.* valide; *Geld* qui a cours; **für ~ erklären** déclarer valable; JUR *a.* valider

Gültigkeit F ⟨~⟩ validité *f*; **~ haben** être valable

Gültigkeitsbereich M domaine *m* de validité; **Gültigkeitsdauer** F durée *f*, période *f* de validité

Gummi[1] N *od* M ⟨~s; ~(s)⟩ *Material* caoutchouc (vulcanisé); *(Bestandteil der ~harze)* gomme *f*; **aus ~** en caoutchouc; **mit ~ überziehen** caoutchouter

Gummi[2] M ⟨~s; ~s⟩ **1** *(Radiergummi)* gomme *f* **2** *umg (Präservativ) umg* capote anglaise

Gummi[3] *umg* N ⟨~s; ~s⟩ *(~ring, ~band)* élastique *m*

Gummiadler *umg hum* N poulet rôti (coriace); **Gummiarabikum** N ⟨~s⟩ gomme *f* arabique; **gummiartig** ADJ caoutchouteux, -euse; qui a la consistance du caoutchouc; **Gummiball** M balle *f*, *großer* ballon *m* de caoutchouc; **Gummiband** N ⟨~(e)s; -bänder⟩ élastique *m*; **Gummibärchen** N ⟨~s; ~⟩ *Süsswaren* ourson *m* en gomme gélifiée; **Gummibaum** M **1** *Zimmerpflanze* caoutchouc *m* **2** *(Kautschukbaum)* hévéa *m*; **Gummiboot** N canot *m* pneumatique; **Gummidichtung** F TECH joint *m* en caoutchouc

gummieren V/T ⟨*pas de ge-*, h.⟩ engommer; **Gummierung** F ⟨~; ~en⟩ engommage *m*

Gummihandschuh M gant *m* en *od* de caoutchouc; **Gummiharz** N gomme-résine *f*; **Gummihöschen** N, **Gummihose** F culotte *f* en *od* de caoutchouc; **Gummiknüppel** M matraque *f* (en *od* de caoutchouc); **Gummimantel** M imperméable *m* en caoutchouc; **Gummimatte** F tapis *m* en *od* de caoutchouc; **Gummiparagraf**, **Gummiparagraph** *umg* M loi *f* élastique; **Gummipuppe** F poupée *f* en caoutchouc; **Gummireifen** M pneu(matique) *m*; **Gummiring** M *auf Einmachgläsern, Flaschen etc* caoutchouc *m*; *Büroartikel etc* élastique *m*; *beim Wurfspiel* rond *m* en caoutchouc; **Gummischlauch** M tuyau *m* en *od* de caoutchouc; **Gummischuh** M chaussure *f* en caoutchouc; **Gummischürze** F tablier *m* en caoutchouc; **Gummisohle** F semelle *f* en *od* de caoutchouc; **Gummistiefel** M botte *f* en *od* de caoutchouc; **Gummistrumpf** M *(Stützstrumpf)* bas *m* à varices; **Gummitier** N *Spielzeug* animal *m* en caoutchouc; **Gummiüberzug** M revêtement *m* en *od* de caoutchouc; **Gummiunterlage** F *im Bett* alaise *od* alèze *f*; **Gummizelle** F cabanon *m*; **Gummizug** M MODE (bande *f*) élastique *m*

Günsel M ⟨~s; ~⟩ BOT *t/t* ajuga *f*

Gunst F ⟨~⟩ faveur(s) *f(pl)*; bonnes grâces; **die ~ des Augenblicks** le moment propice, favorable; **die ~ der Stunde nutzen** profiter d'une *bzw.* de l'occasion propice; **j-s ~ erlangen, gewinnen** s'attirer les bonnes grâces de qn; obtenir, gagner les bonnes grâces, *e-r Frau* les faveurs de qn; **j-m e-e ~ erweisen, gewähren** faire, accorder une faveur à qn; **in j-s ~** *(dat)* **stehen** être dans les bonnes grâces de qn; **zu ~en** → zugunsten; **zu s-n ~en** en sa faveur; à son profit

Gunstbezeigung *geh* F (marque *f* de) faveur *f*; **Gunstgewerblerin** F ⟨~; ~nen⟩ *hum* péripatéticienne *f*

günstig **A** ADJ favorable (**für** à); *Zeitpunkt, Wetter a.* propice; *Angebot, Preis etc* intéressant; avantageux, -euse; *Vorzeichen* heureux, -euse; **e-e ~e Gelegenheit** une occasion favorable, propice; **bei ~em Wetter** si le temps le permet; *Haus* **in ~er Lage** bien situé; **ein ~es Licht auf j-n, etw werfen** montrer qn, qc sous un jour favorable; **im ~sten Falle** en mettant les choses au mieux **B** ADV favorablement; d'une façon propice; **sich ~ auswirken** avoir des effets, conséquences favorables; **etw ~ kaufen** acheter qc à un prix intéressant, avantageux; *geh* **j-n ~ stimmen** mettre qn de son côté

günstig(st)enfalls ADV en mettant les choses au mieux

Günstling M ⟨~s; ~e⟩ *pej e-s Gönners* protégé *m*; *e-s Herrschers* favori *m*

Günstlingswirtschaft F ⟨~⟩ *pej* favoritisme *m*

Günt(h)er M ⟨→ *n/pr*⟩ *prénom*

Guppy M ⟨~s; ~s⟩ ZOOL guppy *m*

Gurgel F ⟨~; ~n⟩ gorge *f*; *Inneres* gosier *m*; **j-m die ~ durchschneiden** couper la gorge à qn; égorger qn; **j-m an die ~ springen** sauter à la gorge de qn

gurgeln V/I ⟨-(e)le, h.⟩ **1** *mit Mundwasser etc* se gargariser **2** *(sprudeln, blubbern) Wasser* gargouiller

Gurgelwasser N ⟨~s; -wässer⟩ gargarisme *m*

Gürkchen N ⟨~s; ~⟩ cornichon *m*

Gurke F ⟨~; ~n⟩ **1** BOT concombre *m*; *kleine* cornichon *m*; **saure ~** cornichon au vinaigre **2** *umg hum (Nase) umg* pif *m* **3** *umg pej (Auto) umg* vieux tacot

gurken *umg* V/I ⟨s.⟩ *umg* faire une virée (en bagnole)

Gurkenglas N ⟨~es; -gläser⟩ bocal *m* de cornichons; **Gurkenhobel** M râpe *f* (à concombre); **Gurkenkraut** N ⟨~(e)s⟩ *(Dill)* aneth *m*; *(Borretsch)* bourrache officinale; **Gurkensalat** M salade *f* de concombres

gurren V/I ⟨h.⟩ roucouler

Gurt M ⟨~(e)s; ~e⟩ *(Riemen)* sangle *f*; *(Gürtel, Sicherheitsgurt)* ceinture *f*

Gürtel M ⟨~s; ~⟩ ceinture *f*; *umg fig* **den ~ enger schnallen** *umg* se serrer la ceinture

Gürtellinie F ceinture *f*; *fig* **unterhalb der ~** *(unfair)* qui n'est pas fair-play; *Witz etc* douteux, -euse; **ein Schlag unter die ~** *a. umg fig* un coup bas

Gürtelreifen M pneu *m* à carcasse radiale; pneu radial; **Gürtelrose** F ⟨~⟩ MED zona *m*; **Gürtelschlaufe** F passant *m* de ceinture; **Gürtelschnalle** F boucle *f* de ceinture; **Gürteltasche** F (sac *m*) banane *f*; **Gürteltier** N tatou *m*

gürten *geh* ⟨-ete, h.⟩ **A** V/T ceindre **B** V/R **sich mit s-m Schwert, e-r Schärpe ~** ceindre son épée, une écharpe

Gurtmuffel *umg* M *personne qui n'aime pas mettre de ceinture de sécurité en voiture*; **Gurtstraffer** M ⟨~s; ~⟩ AUTO rétracteur *m* de ceinture de sécurité

Guru M ⟨~s; ~s⟩ REL, *a. fig* gourou *m*

GUS ABK (Gemeinschaft Unabhängiger Staaten) **die ~** la CEI (Communauté des États indépendants)

Guss M ⟨~es; ¨~e⟩ **1** TECH coulage *m*; coulée *f*; METALL *a.* fonte *f*; **aus e-m ~** d'un seul jet; *fig* **wie aus e-m ~** sans défaut; impeccable **2** *umg (Regenguss)* ondée *f*; averse *f*; *(Wasserguss)* douche *f* **3** GASTR *(Zuckerguss, Schokoladenguss) etc* glaçage *m*

Gussbeton M béton coulé; **Gusseisen** N fonte *f*; **gusseisern** ADJ en fonte; **Gussform** F moule *m*; **Gussnaht** F bavure *f*; **Gussstahl** M acier *m* au creuset; acier fondu

Gustav M ⟨→ *n/pr*⟩ *prénom*

gustieren V/T ⟨*pas de ge-*, h.⟩ *geh* **1** *(Gefallen finden an)* se délecter de **2** *(gutheißen)* apprécier

3 *a.* VT/I *österr* (*kosten, genießen, prüfen*) goûter
Gusto M ⟨~s; ~s⟩ (*Neigung, Geschmack*) goût *m*; **je nach ~** comme je, tu, *etc* veux, *etc*

gut

A Adjektiv **B** Adverb

— **A** Adjektiv —

⟨besser, beste⟩ 1 bon, bonne; *prädikativ* (*~ gelungen, ~ gemacht etc*) bien; *Wetter* beau, belle; **~er Anzug** beau costume, complet; costume *m* du dimanche; *umg* **~e Butter** du beurre; **zu ~er Letzt** enfin; en définitive; **ein ~er Mensch** un homme, une femme de cœur; **~e Menschen** des gens de bien; **~e Nerven** *mpl* nerfs *mpl* solides; **ein ~(er) Teil** une bonne partie; **~e zehn Minuten** dix bonnes minutes; **~e dreißig Prozent** plus de, au moins trente pour cent; **der ~e Ton** le bon ton; **die ~e alte Zeit** le bon vieux temps; *umg iron Anrede* **~e Frau!, ~er Mann!** *umg* ma brave dame!; *umg* mon brave!; **Gut und Böse** le bien et le mal; *umg iron* **jenseits von Gut und Böse sein** *umg* ne plus être dans le coup; *umg* être largué; **der Schauspieler, Film** *etc* **war ~** l'acteur, le film, *etc* était bien; **zu j-m ~ sein** être bon pour qn; *umg* **j-m ~ sein** aimer (bien) qn; **seien Sie so ~ und …** veuillez …; voulez-vous avoir la bonté de …; *iron* **du bist (aber) ~!** tu es bien bon!; *Mittel etc* **für** *od* **zu, gegen etw ~ sein** être bon pour *od* à, contre qc; **für alles, zu allem ~ sein** être bon à tout; **sich** (*dat*) **zu ~ für etw sein** estimer s'abaisser en faisant qc; **für, zu nichts ~ sein** n'être bon, propre à rien; **wer weiß, wozu das ~ ist** qui sait, cela peut être utile; qui sait à quoi cela peut bien servir; **es wird noch alles ~ werden** tout s'arrangera; **mir ist nicht ~** je ne me sens pas bien; (*mir ist übel*) j'ai mal au cœur; **es ist ~** *od* **wie ~, dass du gekommen bist** heureusement que tu es venu; **es wäre ~, wenn …** ce serait bien de (*+inf*); *Lob* **~ (so)!** bien!; **(also** *od* **nun) ~!** (*ich bin einverstanden*) bon!; bien!; soit!; **schon ~!** allons, allons!; *umg* **jetzt ist es aber ~!** *umg* ça commence à bien faire!; *umg* **lassen wir es ~ sein!** restons-en là!; c'est bon!; n'en parlons plus!; n'insistons pas!; *umg* **lassen wir es für dieses Mal ~ sein** *a.* passe pour cette fois; **(das ist ja) alles ~ und schön, aber …** tout cela est bien beau, mais … 2 *Schulnote* bien; *in Frankreich* quatorze *m*, *im Zeugnis a.* quinze *m* (sur vingt); **e-e ~e Note** une bonne note; **die Note „Gut"** *bei e-r Prüfung* la mention « bien »; *Schulnote* **sehr ~** très bien; *in Frankreich* seize *m*, dix-sept *m*, dix-huit *m*, dix-neuf *m*, vingt *m* (sur vingt) 3 *bei Wünschen etc* **~en Morgen!, ~en Tag!** bonjour (monsieur, madame, mademoiselle, mesdames et messieurs, *umg in e-m Restaurant, Geschäft a.* messieurs dames)!; **~en Abend!** bonsoir (monsieur, *etc*)!; **~e Nacht!** bonne nuit (monsieur, *etc*)!; **~e Besserung!** meilleure santé!; bon rétablissement!; **~e Reise!** bon voyage!; **ein ~es neues Jahr!** bonne année!

— **B** Adverb —

bien; **etw ~ können** savoir bien faire qc; maîtriser qc; **~ riechen** sentir bon; **~ schmecken** être bon; avoir un bon goût; **~ schwimmen, singen** *etc* bien nager, chanter, *etc*; **das fängt ja ~ an!** ça commence bien!; *umg* **etw, j-n ~ finden** trouver qc, qn bien, *Speisen* bon; **~ gehen** (*~ ausgehen*) se terminer bien; bien finir; (*~ verlaufen*) se passer bien; *Geschäft* bien marcher; **~ gehend** *Geschäft* prospère; florissant; **ob das wohl ~ geht?** comment ça va finir?, *umg* tourner?; **es ist noch einmal ~ gegangen** ça a failli mal finir, *umg* mal tourner; **es geht ihm ~** *gesundheitlich* il va bien; il se porte bien; *geschäftlich* ses affaires vont bien; **es ~ haben** avoir la vie belle; *bes finanziell* ne pas être à plaindre; **es bei j-m ~ haben** être bien chez qn; **du hast ~ lachen** tu peux bien rire; **du hast ~ reden** tu en parles à ton aise; **~ gemacht!** bien!; bravo!; *umg* **mach's ~!** bonne chance!; *bei Unangenehmem* bon courage!; (*tschüss!*) *umg* salut!; **das macht sich ~** cela fait bien; cela a de l'allure; **s-e Sache ~ machen** être compétent; *umg* bien faire son boulot; **es ~ meinen (mit j-m)** vouloir du bien (à qn); avoir de bonnes intentions (envers qn); **~ gemeint sein** partir d'une bonne intention; **nicht ~ auf j-n zu sprechen sein** ne pas avoir une bonne opinion de qn; (*mit j-m Streit haben*) en vouloir à qn; avoir une dent contre qn; **~ aussehend** bien de sa personne; beau, bel, belle; **~ besetzt** *Zug, Saal etc* plein; *umg* **~ betucht** *umg* qui a du fric; *umg* friqué; **~ bezahlt** bien payé; **~ dotiert** bien rémunéré; **~ erhalten** en bon état; *umg* **~ gebaut** *Frau* bien faite, *umg* foutue; *Mann* bien fait, bâti; **~ gekleidet** qui est bien habillé; **~ gelaunt** de bonne humeur; *umg* bien luné; **~ gemeint** qui part d'une bonne intention; fait avec les meilleures intentions; **~ gestellt sein** avoir une bonne situation; *finanziell* vivre à l'aise; **es ~ getroffen haben** être bien tombé; **~ gewachsen sein** être bien fait de sa personne; **~ situiert** fortuné; aisé; **~ sitzend** *Kleid etc* qui va très bien (à qn); **~ unterrichtet** bien informé; **aus ~ unterrichteten Kreisen** de milieux bien informés; **~ verdienend** qui gagne bien sa vie; qui a un bon salaire; *fig* **auf ~ Deutsch** en clair; **das ist ~ möglich** c'est bien possible; **es kann ~ sein, dass …** il se pourrait bien que …; **~ zehn Jahre** dix bonnes années; **vor ~ zehn Jahren** il y a, cela fait bien dix ans; *umg* **~ und gern** au moins; **kurz und ~** bref; en un mot; enfin; **so ~ wie alles, nichts** presque tout, rien; **so ~ ich kann** aussi bien que je peux; → guthaben, gutmachen, gutstehen *etc*

Gut N ⟨~(e)s; ¨er⟩ 1 (*Besitz*), *a.* JUR, WIRTSCH, PHIL, REL bien *m*; **sein (ganzes) Hab und ~** tous ses biens; tout son avoir; *sprichw* **unrecht ~ gedeihet nicht** *od* **tut selten gut** *sprichw* bien mal acquis ne profite jamais 2 (*Landgut*) domaine *m*; (*Gutshof*) ferme *f* 3 (*Transportgut*) marchandise(s) *f(pl)*

Gutachten N ⟨~s; ~⟩ expertise *f*; **ein ~ einholen** demander une expertise

Gutachter(in) M ⟨~s; ~⟩ (F) ⟨~in; ~innen⟩ expert *m*; **gutachterlich** A ADJ dans une expertise B ADV par expertise

gutartig ADJ 1 *Tier* pas méchant (de nature); inoffensif, -ive; *Mensch* facile à vivre; accommodant; qui a une nature facile 2 MED bénin, -igne; **Gutartigkeit** F ⟨~⟩ 1 *e-s Tiers* nature pas méchante; *e-s Menschen* caractère *m* facile 2 MED bénignité *f*

gutaussehend, **gutbesetzt**, **gutbetucht** *etc* → gut B

gutbürgerlich A ADJ bourgeois; **~e Küche** cuisine bourgeoise B ADV **~ essen** manger de la cuisine bourgeoise

gutdotiert ADJT → gut B

Gutdünken N ⟨~s⟩ **nach (meinem, deinem** *etc*) **~** comme bon me, te, *etc* semble; à ma, ta, *etc* guise

Gute(s) N ⟨→ A⟩ 1 bien *m*; **etwas ~s** *Speise* quelque chose de bon; *Material* quelque chose de bonne qualité; *Handlung* quelque chose de bien; *Arbeit* quelque chose de bien fait; **~s mit Bösem vergelten** rendre le mal pour le bien; **(j-m) ~s tun** faire du bien (à qn); **des ~n zu viel tun** exagérer; *bei Arbeiten etc* vouloir trop bien faire; **das ist zu viel des ~n** c'en est trop; **sein ~s haben** avoir du bon; **sich zum ~n wenden** bien tourner; prendre bonne tournure; **man hört nur ~s (von …)** on ne dit que du bien (de …); **j-m etw im ~n sagen** dire qc à qn en toute amitié, gentiment; **im ~n auseinandergehen** se quitter bons amis; **wir haben uns im ~n wie im Bösen bemüht** on a fait tout notre possible 2 *bei Wünschen* **alles ~!** *zu e-r bevorstehenden Aufgabe* bonne chance!; *bes bei Unangenehmem* bon courage!; *zum Geburtstag, Jahreswechsel* meilleurs vœux!; **j-m zum Geburtstag alles ~ wünschen** souhaiter un bon anniversaire à qn

Güte F ⟨~⟩ 1 *e-r Person* bonté *f*; *umg* **ach du meine** *od* **liebe ~!** mon Dieu!; *geh* **hätten** *od* **haben Sie die ~ zu** (*+inf*) veuillez (*+inf*); *geh a.* ayez la bonté, l'obligeance de (*+inf*); **e-n Vorschlag zur ~ machen** proposer un arrangement à l'amiable, un compromis; **in (aller) ~** en toute amitié 2 *e-r Ware* qualité *f*; **erster ~** de première qualité

Güteklasse F HANDEL catégorie *f* de qualité

Gutenachtgeschichte F histoire (*lue bzw. racontée à un enfant au moment du coucher*); **Gutenachtkuss** M baiser *m* pour dire bonne nuit

Güterabfertigung F 1 *Stelle* bureau *m* d'expédition des marchandises 2 (*das Abfertigen*) (formalités *fpl* d')expédition *f* des marchandises; **Güteraustausch** M échange *m* de biens économiques; **Güterbahnhof** M gare *f* de marchandises; **Güterfernverkehr** M trafic *m* de marchandises à grande distance; **Gütergemeinschaft** F JUR communauté *f* de biens

guterhalten ADJT en bon état

Güterkraftverkehr M trafic routier de marchandises; **Güternahverkehr** M trafic *m* de marchandises à petite, courte distance

Güterrecht N ⟨~(e)s⟩ JUR droit *m* concernant les biens; **eheliches ~** droit concernant les biens matrimoniaux

Güterstand M JUR régime matrimonial; **Gütertransport** M transport *m* de(s) marchandises; **Gütertrennung** F JUR séparation *f* de biens; **Güterverkehr** M trafic *m* de marchandises; **Güterwagen** M wagon *m* de marchandises; **Güterzug** M train *m* de marchandises

Gütesiegel N HANDEL label *m* de qualité; **Gütestelle** F JUR bureau *m* de conciliation; **Gütetermin** M JUR jour fixé pour, date *f* de l'audience de conciliation; **Güteverfahren** N JUR procédure *f* de conciliation; **Güteverhandlung** F JUR audience *f* de conciliation; **Gütevorschriften** FPL HANDEL règlement *m* concernant la qualité; **Gütezeichen** N HANDEL label *m* de qualité

gutgebaut, **gutgehen**, **gutgehend** *etc* → gut B

gutgesinnt ADJ **(j-m) ~ sein** être bien disposé, intentionné (à l'égard de qn)

gutgläubig A ADJ de bonne foi B ADV de bonne foi; en toute bonne foi; **Gutgläubigkeit** F bonne foi

guthaben VT/I ⟨*irr, sép*, -ge-, h.⟩ **ich habe bei ihm zehn Euro gut** il me doit dix euros

Guthaben N ⟨~s; ~⟩ avoir *m*

gutheißen VT ⟨*irr, sép*, -ge-, h.⟩ approuver; **gutherzig** ADJ bon, bonne; qui a bon cœur; **Gutherzigkeit** F ⟨~⟩ bonté *f* (du cœur); bon cœur

gütig A ADJ bon, bonne; *geh, iron* **mit Ihrer ~en Erlaubnis** avec votre aimable permission; *geh, iron* **(Sie sind) zu ~!** vous êtes trop bon, aimable! B ADV avec bonté; *geh* **Sie wer-**

den mich ~st entschuldigen vous voudrez bien m'excuser

gütlich A ADJ ‹épithète› (à l')amiable; **~e Einigung** arrangement *m* (à l')amiable; **auf ~em Wege** à l'amiable B ADV 1 à l'amiable; **sich ~ einigen** s'arranger à l'amiable 2 **sich an etw** (*dat*) **~ tun** se régaler de qc

gutmachen V/T ‹sép, -ge-, h.› *Fehler, Verschulden* réparer; *Versäumtes, Verlust* rattraper; regagner; **wie kann ich (Ihnen) das ~?** comment pourrais-je vous remercier?; **sie hat an ihm viel gutzumachen** elle a beaucoup de torts (envers lui) à réparer

gutmütig ADJ bon, bonne; bon enfant; **er ist ~** il a bon caractère; *umg* c'est une bonne pâte

Gutmütigkeit F ‹~› bon caractère; bonté *f*; bonhomie *f*

gutnachbarlich ADJ **~e Beziehungen** FPL relations *fpl* de bon voisinage

Gutsbesitzer(in) M(F) propriétaire *m/f* d'un domaine, d'une ferme

Gutschein M bon *m* (**für, auf** [+*akk*] pour)

gutschreiben V/T ‹irr, sép, -ge-, h.› FIN **j-m e-n Betrag ~** créditer (le compte de) qn d'une somme; passer, porter une somme au crédit de qn; **e-n Betrag e-m Konto ~** créditer un compte d'une somme

Gutschrift F FIN 1 *Betrag* crédit *m*; avoir *m* 2 *Bescheinigung* avis *m* de crédit

Gutshaus N manoir *m*; maison *f* d'habitation d'un domaine; **Gutsherr** M 1 propriétaire *m* d'un domaine, d'un manoir 2 HIST seigneur *m*; **Gutsherrin** F propriétaire *f* d'un domaine, d'un manoir; **Gutshof** M ferme *f* (d'un domaine)

gutsituiert, **gutsitzend** ADJT → gut B

gutstehen ‹irr, sép, -ge-, h.› A V/I **mit j-m ~** être en bons termes avec qn B *umg* V/R **sich bei etw ~** trouver son compte à qc

gutstellen *umg* V/R ‹sép, -ge-, h.› **sich mit j-m ~** se mettre bien avec qn

Gutsverwalter M administrateur *m*, intendant *m* d'un domaine; **Gutsverwaltung** F administration *f* d'un domaine

Guttapercha F ‹~› *od* N ‹~(s)› gutta-percha *f*

guttun V/I ‹irr, sép, -ge-, h.› *Wärme, Arznei etc* faire du bien; *fig, iron* **das tut ihm (ganz) gut** cela lui fait beaucoup de bien; **gut daran tun zu** (+*inf*) faire bien de (+*inf*)

guttural ADJ PHON guttural

Guttural M ‹~s; ~e›, **Gutturallaut** M PHON gutturale *f*

gutunterrichtet, **gutverdienend** ADJT → gut B

gutwillig A ADJ (plein) de bonne volonté B ADV de bon gré; de bonne grâce; **Gutwilligkeit** F ‹~› bonne volonté

Guyana N ‹→ n/pr› la Guyana; **Guyaner(in)** M ‹~s; ~› (F) ‹~in; ~innen› Guyanais(e) *m(f)*; **guyanisch** ADJ guyanais

GVO MPL ABK (gentechnisch veränderte Organismen) OGM *mpl*

gymnasial ADJ ‹épithète› *Oberstufe* du lycée; *Unterricht* au lycée

Gymnasialbildung F études *fpl* secondaires; **Gymnasiallehrer(in)** M(F) professeur *m/f* de lycée; **Gymnasialunterricht** M enseignement *m* secondaire

Gymnasiast(in) M ‹~en; ~en› (F) ‹~in; ~innen› lycéen, -éenne *m,f*; *der unteren Klassen a.* collégien, -ienne *m,f*

Gymnasium N ‹~s; -ien› 1 lycée *m* (avec un cycle d'enseignement de 9 ans); **humanistisches, altsprachliches ~** lycée classique (avec dominantes latin et grec); **neusprachliches ~** lycée moderne (avec deux langues vivantes obligatoires); **mathematisch-naturwissenschaftliches ~** lycée *m* moderne (avec dominantes sciences et mathématiques) 2 ANTIKE gymnase *m*

Gymnastik F ‹~› gymnastique *f*; **Gymnastikanzug** M justaucorps *m*; body *m*; **Gymnastiklehrer(in)** M(F) professeur *m/f* de gymnastique; **Gymnastikstunde** F cours *m* de gymnastique

gymnastisch ADJ (de) gymnastique

Gynäkologe M ‹~n; ~n›, **Gynäkologin** F ‹-in; -innen› gynécologue *m/f*; **Gynäkologie** F ‹~› gynécologie *f*; **gynäkologisch** ADJ gynécologique

Gyros N ‹~; ~› GASTR gyros *m*

Gyroskop N ‹~s; ~e› gyroscope *m*

G 20 F ‹~› ABK (Gruppe der 20) POL G20 *m*; **G-20-Staat** M pays *m* du G20

H

H, h N ‹H, h; H, h› 1 *Buchstabe* H, h *m* 2 MUS si *m*

H ABK (Herren) Messieurs

h ABK (*hora; Stunde, bei Angabe der Uhrzeit: Uhr*) h (heure[s]); **4 h** 4 heures; **um 8h** à 8 h

ha[1] ABK (Hektar) ha (hectare)

ha[2] INT *Überraschung, Triumph* ah!; °ha!

Haar N ‹~(e)s; ~e› (*Haupthaar*) cheveu *m*; (*Körperhaar*), ZOOL, BOT, TEX, *e-s Pinsels etc* poil *m*; *coll* **das ~** les cheveux; *volles, langes* la chevelure; **blonde ~e** *od* **blondes ~ haben** avoir les cheveux blonds; **die ~e** *od* **das ~ lang, kurz tragen** avoir les cheveux longs, courts; **sich** (*dat*) **die ~e machen** se coiffer; **sich** (*dat*) **die ~e schneiden lassen** se faire couper les cheveux; **sich** (*dat*) **aufs ~ gleichen** se ressembler comme deux gouttes d'eau; **um ein ~ wäre er ums Leben gekommen** il s'en est fallu d'un rien qu'il n'échappe à la mort; un peu plus il était mort, il mourait; **um ein ~ wäre es schiefgegangen** il s'en est fallu de peu; *umg* un peu plus, et ça y était; *umg* il était moins une; **~ breit** → Haarbreit; **mit Haut und ~ fressen** avaler tout entier, tout cru; *umg hum* **j-m die ~e vom Kopf fressen** ruiner qn; *umg fig* **ein ~ in der Suppe finden** trouver à critiquer, à redire; **j-m kein ~ krümmen** ne pas toucher (à) un cheveu de qn; *umg* **bei etw ~e lassen (müssen)** y laisser des plumes; *umg* **kein gutes ~ an j-m, etw lassen** ne dire que du mal de qn, qc; démolir qn, qc (complètement); *hum* **~e auf den Zähnen haben** ne pas se laisser marcher sur les pieds; **sich** (*dat*) **in die ~e geraten** *od umg* **kriegen** s'empoigner; *umg* se voler dans les plumes; *Frauen a. umg* se crêper le chignon; **sich** (*dat*) **in den ~en liegen** se battre; *umg* **an den ~en herbeigezogen** tiré par les cheveux; **sich** (*dat*) **(vor Verzweiflung) die ~e raufen** s'arracher les cheveux (de désespoir); *umg* **dabei stehen einem die ~e zu Berge** cela (vous) fait dresser les cheveux sur la tête; *umg* **deshalb lasse ich mir keine grauen ~e wachsen** je ne m'en fais pas pour ça; je ne me fais pas de souci à ce sujet

Haaransatz M racine *f* des cheveux; *als Linie* naissance *f* des cheveux; **Haarausfall** M chute *f* des cheveux; **Haarbalg** M follicule pileux; **Haarballen** M *im Tiermagen* ægagropile *m*; bézoard *m*; **Haarband** N ‹~(e)s; -bänder› ruban *m* dans les cheveux; serre-tête *m*; **Haarboden** M ANAT cuir chevelu

haarbreit ADV tout près, à deux doigts (vor [+*dat*] de)

Haarbreit N **nicht (um) ein ~** pas d'un pouce

Haarbürste F brosse *f* (à cheveux); **Haarbüschel** N touffe *f* de cheveux *bzw.* de poils; **Haarcreme** F crème *f* capillaire; crème *f* (de soins) pour les cheveux

haaren V/I (*u.* V/R) ‹h.› **(sich) ~** *Tiere* perdre ses poils

Haarentferner M ‹~s; ~›, **Haarentfernungsmittel** N (d)épilatoire *m*

Haaresbreite F **um ~** de peu; de justesse; **um ~ dem Tod entgehen** échapper de peu, de justesse à la mort; **nicht um ~** pas d'un pouce

Haarfarbe F couleur *f* des cheveux; **Haarfärbemittel** N teinture *f* capillaire, pour les cheveux; **haarfein** ADJ fin comme un cheveu; *Unterschied etc* subtil; *Sprung, Riss* minuscule; très fin; imperceptible; **Haarfestiger** M ‹~s; ~› fixateur *m*; **Haarfollikel** N ANAT → Haarbalg; **Haargarn** N TEX fil *m* de poil animal; **Haargefäß** N ANAT (vaisseau *m*) capillaire *m*; **Haargel** N gel *m* (capillaire);

haargenau *umg* A ADJ très, extrêmement exact, précis B ADV très exactement, précisément; avec une précision absolue

haarig ADJ 1 *Körperteil* velu; *Mensch* poilu 2 *umg* (*schwierig*) difficile; ardu; *umg* coton (*inv*); (*heikel*) délicat

Haarklammer F pince *f* à cheveux; **Haarkleid** *geh* N ZOOL pelage *m*

haarklein ADV (jusque) dans les moindres détails; par le menu; **j-m etw ~ erklären** expliquer qc par le menu à qn; expliquer tout en détail à qn

Haarklemme F → Haarklammer; **Haarknoten** M chignon *m*; **Haarkranz** M 1 *um e-e Glatze* couronne *f* de cheveux 2 *Zopf* natte *f*, tresse *f* en diadème, en couronne; **Haarlack** M laque *f*; **Haarlocke** F boucle *f* (de cheveux); **haarlos** ADJ glabre; sans cheveu(x) *bzw.* poil(s); **Haarmode** F coiffure *f* (à la mode); **Haarnadel** F épingle *f* à cheveux; **Haarnadelkurve** F virage *m* en épingle à cheveux; **Haarnetz** N résille *f*; filet *m*; **Haaröl** N huile *f* capillaire; **Haarpflege** F soins *mpl* capillaires, du cheveu, des cheveux; **Haarpflegemittel** N soin *m* capillaire; **Haarpinsel** M pinceau fin; **Haarpracht** F chevelure *f* magnifique; **Haarriss** M TECH fissure très fine; **Haarröhrchen** N PHYS tube *m* capillaire

haarscharf A ADJ (*klar*) très net, nette; (*genau*) très précis B ADV 1 (*klar, genau*) très nettement; avec une extrême netteté, précision 2 (*ganz dicht, nah*) de justesse; de peu; **~ danebengehen** *a. fig* manquer, rater de justesse, de peu

Haarschleife F nœud *m* (dans les cheveux); **Haarschmuck** M parure *f* pour *bzw.* dans les cheveux; **Haarschneidemaschine** F tondeuse *f* (électrique)

Haarschnitt M coupe *f* de cheveux; **j-m e-n kurzen, modernen ~ machen** faire à qn une coupe, une coiffure courte, moderne

Haarseite F *bei Leder, Fell* côté *m* poil, fleur; **Haarsieb** N tamis très fin

Haarspalter M ‹~s; ~› *pej* coupeur *m* de cheveux en quatre; chinois *m*

Haarspalterei F ‹~; ~en› *pej* chinoiseries *fpl*; subtilités *fpl*; **das ist doch ~!** c'est couper les cheveux en quatre; ce sont des chinoiseries; moi j'appelle ça chercher la petite bête

haarspalterisch ADJ *pej* méticuleux, -euse à l'excès; tatillon, -onne; chinois

Haarspange F barrette *f*

Haarspitze F pointe *f* (d'un cheveu); **Haar-**

spray N od M laque *f*; **Haarsträhne** F mèche *f* (de cheveux); **Haarstrang** M BOT peucedanum *m*; **haarsträubend** ADJ **1** (*entsetzlich*) effarant; monstrueux, -euse **2** (*unerhört*) inouï; (*unglaublich*) invraisemblable; absurde; **Haarteil** N postiche *m*; **Haartolle** F toupet *m*; *bei Herrenfrisuren in den 60er Jahren a.* banane *f*; **Haartracht** F coiffure *f*; **Haartrockner** M ⟨~s; ~⟩ séchoir *m* à cheveux; sèche-cheveux *m*; **Haarwäsche** F lavage *m* des cheveux; *beim Friseur* shampooing *m*; **Haarwaschmittel** N shampooing *m*; **Haarwasser** N ⟨~s; -wässer⟩ lotion *f* capillaire; **Haarwild** N gibier *m* à poil; **Haarwuchs** M **1** *Vorgang* pousse *f* des cheveux **2** (*Haare*) cheveux *mpl*; *voller* chevelure *f*; *bei Tieren, am Körper* poils *mpl*; pelage *m*; **Haarwuchsmittel** N produit *m* capillaire (pour la pousse des cheveux)

Haarwurzel F racine *f* d'un *bzw.* des cheveu(x), *bei Tieren, am Körper* d'un *bzw.* des poil(s); **bis zu den ~n erröten** rougir jusqu'à la racine des cheveux, jusqu'au blanc des yeux

H

Haarzwiebel F ANAT bulbe pileux

Hab *geh* **~ und Gut** N biens *mpl*; avoir *m*; **sein ganzes ~ und Gut verlieren** perdre tous ses biens; tout perdre

Habachtstellung F → Habtachtstellung

Habe *geh* F ⟨~⟩ biens *mpl*; **bewegliche ~** biens mobiliers; **persönliche ~** effets (personnels)

haben ⟨hat, hatte, gehabt, h.⟩ **A** VT avoir; (*besitzen*) *a.* posséder; **Zeit ~** avoir le, du temps; **ein Euro hat hundert Cent** un euro vaut cent cents; cent cents font un euro; **e-e Stunde hat sechzig Minuten** il y a soixante minutes dans une heure; une heure fait soixante minutes; **wir ~ heute Montag, den 1. April** aujourd'hui nous sommes lundi, le 1er avril; **wir ~ März, Sommer** nous sommes en mars, en été; **hier, da hast du Geld** tiens, voilà de l'argent; *geh* **~ Sie schönen Dank!** je vous remercie!; **das hat etwas Beruhigendes** c'est rassurant; ça rassure; *umg* **was hast du (denn)?** mais qu'est-ce que tu as?; *umg* **hast du was?** il y a quelque chose qui ne va pas?; ça ne va pas?; *umg* **wie hätten Sie's denn gern?** qu'est-ce que vous voulez?; *beim Friseur etc* qu'est-ce qu'on vous fait?; *Nachricht* **woher ~ Sie das?** d'où tenez-vous cela?; **ich habe es aus guter Quelle** je le tiens de bonne source; *beim Diktieren* **~ Sie „kommen"?** avez-vous écrit, mis « kommen »?; *umg* **das kann ich nicht ~** (*ertragen, leiden*) je ne supporte pas ça; *umg* **da ~ wir's!** (*das war zu erwarten*) ça y est!; (*so ist es also*) nous y voilà!; **ich hab's** (*gefunden*) j'ai trouvé; je l'ai; **jetzt hab ich ihn** (*erwischt*) je le tiens maintenant; *umg* **die ~'s ja** (*sie sind reich*) *umg* ils ont du blé; ils ont les moyens; **es gut, schlecht ~** avoir la vie belle; ne pas avoir la vie facile; **es schwer ~** avoir du mal; avoir une vie difficile; **es eilig ~** être pressé; **es gemütlich ~** être bien (installé); *umg* **(alles) wie gehabt** on a déjà vu, connu ça; ça n'est pas nouveau; *umg* **das werden wir gleich ~** ça ne sera pas long; il n'y en a pas pour longtemps; je vous trouve, dis, *etc* ça tout de suite; HANDEL **zu ~ sein** être en vente; s'acheter; se vendre; HANDEL **das ist nicht mehr zu ~** il n'y en a plus; on n'en trouve plus; **sie, er ist noch zu ~** elle, il est encore à marier; elle, il est encore libre; *umg* **dafür bin ich immer zu ~** pour ça, je suis toujours partant, je ne dis jamais non; *umg* **für so etwas bin ich nicht zu ~** *umg* ça ne me dit rien; *umg* c'est pas mon truc; *umg* **man hat jetzt wieder kurze Röcke** la mode est de nouveau aux jupes courtes; c'est de nouveau la mode des jupes courtes; **~ wollen, dass ...** vouloir, désirer que ... (*+subj*); **er will es so ~** il le veut ainsi; c'est son idée (à lui); **du hast es ja so ~ wollen** tu l'as voulu; *hum* **wer hat, der hat** (*besser etwas als gar nichts*) c'est toujours ça de pris; (*wer hat, kann sich vieles leisten*) quand on a les moyens ...; *hum* **was man hat, das hat man** *sprichw* mieux vaut tenir que courir; **ich habe zu** (*+inf*) j'ai à, je dois, il me faut (*+inf*); **ich habe zu tun** j'ai à faire; **etw zu bedeuten ~** vouloir dire qc; signifier qc; **j-m etw zu verdanken ~** devoir qc à qn; **das hat nichts zu sagen** cela ne veut rien dire; **das hat hier nichts zu suchen** cela n'a rien à faire ici; **du hast zu gehorchen** tu dois obéir; il faut que tu obéisses; **er hat etwas Geheimnisvolles** *etc* **an sich** (*dat*) il y a quelque chose de mystérieux, *etc* en lui; **an ihr habe ich e-e richtige Freundin** c'est vraiment une amie pour moi; c'est une véritable amie; **weißt du überhaupt, was du an mir hast?** tu sais la chance que tu as avec moi?; *umg* **es am Magen ~** avoir des problèmes d'estomac; **was hat es mit diesem Fall auf sich?** quelle est l'importance de cette affaire?; **damit hat es nichts auf sich** c'est sans importance; cela n'a pas d'importance; cela ne tire pas à conséquence; **etwas, viel für sich ~** ne pas être (du tout) à dédaigner; avoir beaucoup, pas mal d'avantages; *Argument etc* être (très) plausible; **etwas gegen j-n, etw ~** avoir quelque chose contre qn, qc; **alle Kollegen gegen sich ~** avoir tous ses collègues contre soi; **hinter sich** (*dat*) **~** *Arbeit, Examen* en avoir fini, terminé avec; *Operation* avoir subi; *fig* **es in sich** (*dat*) **~** être très difficile; réserver des surprises; *umg* **es mit j-m ~** avoir une liaison, des rapports avec qn; **viel, wenig von etw ~** profiter bien, peu de qc; tirer beaucoup, peu de profit de qc; **viel (wenig) von j-m ~** (ne pas) profiter (beaucoup) de la présence de qn; **nichts von etw ~** ne pas profiter de qc; ne tirer aucun profit de qc; **er hat wenig vom Leben** il profite peu de la vie; **das hat man nun von s-r Gutmütigkeit!** voilà ce que c'est que d'être bon!; *Eigenschaft etc* **von j-m ~** tenir de qn; **er hat das von s-m Vater** il tient cela de son père; **sie hat etwas von e-r Schauspielerin (an sich** [*dat*]**)** elle a quelque chose d'une actrice; **j-n vor sich** (*dat*) **~** avoir qn devant soi; se trouver devant qn; **etw vor sich** (*dat*) **~** être à la veille de qc; *weiter entfernt* avoir qc en perspective; **ich habe e-e schwere Aufgabe vor mir** *a.* une tâche difficile m'attend; **er hat das Leben noch vor sich** (*dat*) il a encore la vie devant lui **B** V/AUX avoir; *bei reflexiver Konstruktion* être **C** V/UNPERS *bes südd, schweiz* **es hat** (*es gibt*) il y a **D** *umg* V/R **sich ~** faire des façons; **hab dich nicht so!** ne fais pas tant de façons, de manières!; **damit hat sich's** c'est tout; c'est fini

Haben N ⟨~s⟩ HANDEL avoir *m*; crédit *m*; **Soll und ~** doit et avoir; débit et crédit

Habenichts M ⟨~(es); ~e⟩ *umg* sans-le-sou *m*

Habenseite F ⟨~⟩ HANDEL côté *m* avoir, crédit; **Habenzinsen** MPL intérêts créditeurs

Habgier F cupidité *f*; rapacité *f*; **habgierig** ADJ cupide; rapace

habhaft ADJ ⟨attribut⟩ **j-s, e-r Sache ~ werden** se saisir de, s'emparer de, mettre la main sur qn, qc

Habicht M ⟨~s; ~e⟩ autour *m*

Habichtsnase F nez en bec d'aigle, busqué

Habilitation F ⟨~; ~en⟩ UNIVERSITÄT *etwa* doctorat *m* d'État

Habilitationsschrift F UNIVERSITÄT *etwa* thèse *f* d'un doctorat d'État

habilitieren V/I (*u.* V/R) ⟨*pas de ge-*, **h.**⟩ UNIVERSITÄT **(sich) ~** *etwa* passer un doctorat d'État

Habitat N ⟨~s; ~e⟩ BIOL habitat *m*

Habitus M ⟨~⟩ **1** *geh* (*Erscheinungsbild*) aspect extérieur; (*Haltung*) attitude *f*; (*Benehmen*) comportement *m* **2** MED habitus *m*

Habseligkeiten FPL affaires *fpl*; effets *mpl*

Habsucht F ⟨~⟩ → Habgier; **habsüchtig** → habgierig

Habtachtstellung F MIL, *fig* garde-à-vous *m*; **in ~ stehen** être au garde-à-vous

hach INT *Überraschung, Begeisterung* ah!; oh!; *Triumph* ah!; *Verachtung* bof!

Hachse F ⟨~; ~n⟩ **1** GASTR jarret *m* **2** *umg hum pl* **~n** *umg* pattes *fpl*; *umg* quilles *fpl*; *umg* guibol(l)es *fpl*

Hack N ⟨~s⟩ *regional* viande °hachée; **Hackbank** F ⟨~; ~̈e⟩ METZGEREI étal *m*; **Hackbeil** N couperet *m*; **Hackbraten** M rôti *m* de viande °hachée; **Hackbrett** N **1** GASTR °hachoir *m*; planche *f* à °hacher **2** MUS tympanon *m*

Hacke[1] F ⟨~; ~n⟩ AGR, GARTEN °houe *f* (à bras); (*Kreuzhacke*) pioche *f*; (*Gartenhacke*) binette *f*; serfouette *f*

Hacke[2] F ⟨~; ~n⟩ *regional* (*Absatz, Ferse*) talon *m*; **die ~n zusammenschlagen** claquer les talons; *umg fig* **sich** (*dat*) **die ~n nach etw ablaufen** courir partout pour trouver qc

hacken ⟨h.⟩ **A** V/T *mit dem Messer etc* °hacher; *mit der Hacke*, GARTEN, AGR biner; °houer; **Holz ~** casser du bois **B** V/I **1** (*mit der Hacke arbeiten*) piocher; biner **2** *Vogel* **nach j-m, etw ~** donner des coups de bec à qn, qc; **j-m** *od* **j-n in den Finger ~** donner des coups de bec dans le doigt de qn

Hackepeter M ⟨~s; ~⟩ GASTR chair *f* à saucisse(s)

Hacker M ⟨~s; ~⟩ *Jargon* IT pirate *m*

Hackfleisch N viande °hachée; *umg* **aus j-m ~ machen** *umg* casser la figure à qn

Hackfrucht F AGR plante sarclée; **Hackklotz** M billot *m*; **Hackmesser** N °hachoir *m*; **Hackordnung** F VERHALTENSFORSCHUNG ordre *m* °hiérarchique; *fig* (rapports *mpl* de force dans une) °hiérarchie *f*

Häcksel N od M ⟨~s⟩ AGR paille °hachée; foin °haché; **Häckselmaschine** F °hache-paille *m*

häckseln V/T ⟨-(e)le, h.⟩ *Heu, Stroh* °hacher

Häcksler M ⟨~s; ~⟩ °hache-paille *m*

Hacksteak N steak °haché

Hader *geh* M ⟨~s⟩ (*Streit*) querelle *f*; (*Zwietracht*) dissension *f*; discorde *f*; **Haderlump** M *österr* voyou *m*; vaurien *m*

hadern V/I ⟨-(e)re, h.⟩ **1** **mit j-m ~** (*streiten*) se quereller, se disputer avec qn **2** **mit s-m Schicksal ~** (*unzufrieden sein*) s'en prendre au destin

Hades M ⟨~⟩ MYTH enfers *mpl*

Hafen[1] M ⟨~s; ~̈⟩ SCHIFF, *fig* port *m*; **e-n ~ anlaufen** toucher un port; faire escale dans un port; **aus dem ~ auslaufen** quitter le port; *hum* **in den ~ der Ehe einlaufen** se marier; *hum* convoler en justes noces

Hafen[2] M ⟨~s; ~⟩ *südd, schweiz, österr* → Topf, Schüssel

Hafenamt N capitainerie *f*; autorités *fpl* du port; **Hafenanlagen** FPL installations *fpl* portuaires; **Hafenarbeiter** M docker *m*; **Hafenbahn** F chemin *m* de fer d'un port; **Hafenbecken** N bassin *m* portuaire, d'un port; **Hafenbehörde** F autorités *fpl* du port; **Hafeneinfahrt** F entrée *f* d'un port; **Hafengebiet** N zone *f* portuaire; **Hafengebühren** FPL, **Hafengeld** N taxe *f* portuaire; **Hafenkneipe** F bistro(t) *m* d'un port; **Hafenmeister** M capitaine *m* de port; *e-s Binnenhafens* garde-port *m*; **Hafenordnung** F règlement *m* portuaire, d'un port; **Hafenpolizei** F police *f* portuaire, du port; **Hafenrundfahrt** F visite *f* du port; tour *m* du port en bateau; **Hafenstadt** F ville *f* portuaire; **Hafenviertel** N quartier *m* du port

Hafer M ⟨~s⟩ avoine *f*; *umg fig* **ihn sticht der ~** *vor Freude, Übermut etc* il ne se sent plus

Haferbrei M porridge *m*; bouillie *f* d'avoine; **Haferflocken** FPL flocons *mpl* d'avoine; **Haferflockenbrei** M bouillie *f* (de flocons) d'avoine; **Hafergrütze** F gruau *m* d'avoine

Haferlschuh M *chaussure basse de montagne*

Hafermehl N farine *f* d'avoine; **Haferschleim** M crème *f* d'avoine; **Haferstroh** N paille *f* d'avoine

Haff N ⟨~(e)s; ~s *ou* ~e⟩ GEOG °haff *m*; lagune *f*

Haflinger M ⟨~s; ~⟩ *Pferderasse* °haflinger *m*

Hafner M ⟨~s; ~⟩ *südd, österr, schweiz* **1** *(Ofensetzer)* fumiste *m* **2** *(Töpfer)* potier *m*

Haft F ⟨~⟩ détention *f*; emprisonnement *m*; **in ~** en (état de) détention; **in ~ nehmen** mettre en état de détention; **aus der ~ entlassen** relâcher; remettre en liberté

Haftanstalt F maison *f* d'arrêt; **Haftaussetzung** F suspension *f* de peine

haftbar ADJ responsable; **j-n für etw ~ machen** rendre, tenir qn responsable de qc

Haftbarkeit F ⟨~⟩ responsabilité *f*

Haftbefehl M mandat *m* d'arrêt, de dépôt; **(e-n) ~ erlassen** lancer, décerner un mandat d'arrêt, de dépôt; **gegen j-n ~ erlassen** placer qn sous mandat d'arrêt

Haftbeschwerde F appel *m* contre un mandat d'arrêt; **Haftdauer** F durée *f* de la détention

Haftel N ⟨~s; ~(n)⟩ *südd, österr* agrafe *f*

haften[1] VI ⟨-ete, h.⟩ *(fest~)* adhérer, tenir (**an** [+*dat*] à); *(kleben)* coller (à); *Autoreifen* adhérer; *Duft, Parfüm, Geruch etc* **an j-m, in j-s Haaren ~** être sur qn, dans les cheveux de qn; *Blick* **auf j-m ~** rester (posé, fixé) sur qn; **im Gedächtnis ~** être gravé dans la mémoire; **~ bleiben (an etw** [*dat*]**)** adhérer, tenir, rester attaché à qc; *Schmutz* coller, rester collé, rester attaché à qc; *Blick* rester fixé (sur qc); ne pas se détacher (de qc); **an j-m ~ (bleiben)** *Makel* (pour)suivre qn; **im Gedächtnis ~ bleiben** rester gravé, se graver dans la mémoire

haften[2] VI ⟨-ete, h.⟩ *(einstehen)*, JUR **für j-n, etw ~** être responsable de qn, qc; répondre, être garant de qn, qc; HANDEL **mit s-m persönlichen Vermögen ~** être responsable, tenu à concurrence de sa fortune personnelle; HANDEL **persönlich ~der Gesellschafter** associé *m* personnellement responsable

haftenbleiben VI → haften[1]

Haftentlassung F mise *f* en liberté; **Haftentschädigung** F indemnisation *f* pour détention illégale; **Hafterleichterung** F adoucissement *m* de la détention

haftfähig[1] ADJ *Material etc* adhésif, -ive

haftfähig[2] ADJ JUR incarcérable

Haftfähigkeit[1] F ⟨~⟩ *von Materialien etc* adhérence *f*; pouvoir adhésif

Haftfähigkeit[2] F ⟨~⟩ JUR **die ~ des Angeklagten wurde bestätigt** rien ne s'opposa à l'incarcération de l'accusé

Häftling M ⟨~s; ~e⟩ détenu(e) *m(f)*; prisonnier, -ière *m,f*

Haftnotiz F post-it® *m*

Haftpflicht F responsabilité *f* (civile)

haftpflichtig ADJ responsable

haftpflichtversichert ADJT qui a une assurance de responsabilité civile; **Haftpflichtversicherung** F assurance *f* (de) responsabilité civile

Haftprüfung F JUR examen *m* de la validité de la détention

Haftreifen M pneu *m* à fort coefficient d'adhérence

Haftrichter(in) M(F) *juge chargé(e) des décisions concernant l'application des peines de détention provisoire*

Haftschale F OPT verre *m* de contact

Haftstrafe F détention *f*; **haftunfähig** ADJ JUR dont l'état de santé ne permet pas le placement en détention

Haftung[1] F ⟨~⟩ PHYS, TECH adhérence *f*

Haftung[2] F ⟨~⟩ JUR responsabilité *f* (**für** de); **Gesellschaft** *f* **mit beschränkter ~ (GmbH)** société *f* à responsabilité limitée (SARL); HANDEL **für ... wird keine ~ übernommen** nous déclinons toute responsabilité en cas de ...

Haftungsausschluss M exclusion *f* de la responsabilité; non-responsabilité *f*; **Haftungsbeschränkung** F limitation *f* de la responsabilité; **Haftungsgrenze** F limite *f* de la responsabilité; **Haftungsklage** F action *f* en responsabilité; **Haftungsumfang** M étendue *f* de la responsabilité

Hafturlaub M permission *f* de sortie; **Haftverschonung** F dispense *f* de peine

Hagebutte F ⟨~; ~n⟩ **1** *(Frucht der Heckenrose)* fruit *m* de l'églantier; gratte-cul *m* **2** *umg (Heckenrose)* églantier *m*; **Hagedorn** M ⟨~(e)s; ~e⟩ aubépine *f*

Hagel M ⟨~s; ~⟩ *a. fig* grêle *f*; **Hagelkorn** N ⟨~(e)s; -körner⟩ **1** METEO grêlon *m* **2** MED chalazion *m*

hageln V/UNPERS ⟨-(e)le, h.⟩ **es hagelt** il grêle; il tombe de la grêle; *fig* **es hagelte Schläge, Vorwürfe, faule Eier** les coups, reproches, œufs pourris pleuvaient, tombaient

Hagelschaden M dommage causé par la grêle; **Hagelschauer** M averse *f* de grêle; **Hagelschlag** M (chute *f* de) grêle *f*; **Hagelversicherung** F assurance *f* contre la grêle; **Hagelwetter** N orage accompagné de grêle; **Hagelzucker** M (gros) sucre cristallisé

hager ADJ (grand[e] et) sec, sèche; maigre; *Gesicht* émacié; *Arme, Beine* grêle; **Hagerkeit** F ⟨~⟩ maigreur *f*

Hagestolz *liter* M ⟨~es; ~e⟩ vieux garçon

haha INT °ha, °ha!

Häher M ⟨~s; ~⟩ ZOOL geai *m*

Hahn M ⟨~(e)s; ⸚e⟩ **1** ZOOL coq *m*; *umg* **danach, nach ihm kräht kein ~** personne ne s'en soucie, ne se soucie de lui; *umg* **~ im Korb sein** avoir (toute) une cour (autour de soi); *meist pej* être le coq du village **2** TECH *(Wasserhahn, Gashahn etc)* robinet *m*; *e-s Fasses a.* cannelle *f*; **den ~ aufdrehen, zudrehen** ouvrir, fermer le robinet **3** *e-r Schusswaffe* chien *m*

Hähnchen N ⟨~s; ~⟩ **1** ZOOL petit coq **2** GASTR poulet *m*

Hahnenfuß M BOT renoncule *f*; **Hahnenfußgewächse** NPL *t/t* renonculacées *fpl*; **Hahnenkamm** M ZOOL crête *f* d'un coq; **Hahnenkampf** M combat *m* de coqs

Hahnenschrei M chant *m* du coq; **beim** *od* **mit dem ersten ~** dès le *od* au chant du coq; dès l'aube

Hahnentritt M *im Ei* germe *m* de l'œuf; *t/t* cicatricule *f*; **Hahnentrittmuster** N TEX pied-de-poule *m*

Hahnrei *geh* M ⟨~(e)s; ~e⟩ cocu *m*

Hai M ⟨~(e)s; ~e⟩, **Haifisch** M requin *m*; **Haifischflossensuppe** F potage *m* aux ailerons de requin

Hain *poet* M ⟨~(e)s; ~e⟩ bosquet *m*; bois *m*; **Hainbuche** F charme *m*

Haiti N ⟨→ *n/pr*⟩ Haïti *f*

haitianisch, haitisch ADJ °haïtien, -ienne

Häkchen N ⟨~s; ~⟩ **1** *(kleiner Haken)* crochet *m*; MODE petite agrafe; *sprichw* **was ein ~ werden will, krümmt sich beizeiten** il faut commencer à s'exercer de bonne heure **2** *auf e-r Liste etc* signe *m*; trait *m*; **ein ~ an etw** *(akk)* **machen** cocher qc **3** *umg (Auslassungszeichen)* apostrophe *f*; *(Cedille)* cédille *f*

Häkelarbeit F travail *m*, ouvrage *m* au crochet; **Häkeldecke** F couverture *f* au crochet

Häkelei F ⟨~; ~en⟩ → Häkelarbeit

Häkelmuster N point *m* de crochet

häkeln ⟨-(e)le, h.⟩ **A** VT faire, exécuter au crochet **B** VI faire du crochet

Häkelnadel F crochet *m*

haken ⟨h.⟩ **A** VT **1** *(befestigen)* **etw an etw** *(akk)* **~** accrocher, attacher qc à qc **2** FUSSBALL faire un croc-en-jambe à **B** VI *(klemmen)* se coincer; rester accroché, bloqué, coincé

Haken M ⟨~s; ~⟩ **1** *a. zum Aufhängen, beim Schreiben* crochet *m*; TECH *für Lasten* croc *m*; *(Kleiderhaken)* patère *f*; portemanteau *m*; *(Angelhaken)* hameçon *m*; MODE agrafe *f*; **an e-n ~ hängen** accrocher; **vom ~ nehmen** décrocher; *Hase, a. fig* **(e-n) ~ schlagen** faire un *bzw.* des crochet(s); *fig* changer brutalement la direction **2** BOXEN **linker, rechter ~** crochet *m* du gauche, du droit **3** *umg fig (Schwierigkeit)* °hic *m*; *umg* os *m*; **die Sache hat e-n ~** il y a un °hic, *umg* un os; **der ~ an** *od* **bei der Sache ist, dass ...** le hic là-dedans, c'est que ...

hakenförmig **A** ADJ en forme de crochet; crochu **B** ADV **~ gebogen** crochu

Hakenkreuz N svastika *m*; *im Nationalsozialismus* croix gammée; **Hakennase** F nez crochu

halal ADJ REL °halal *(inv)*

Halali N ⟨~s; ~(s)⟩ JAGD hallali *m*

halb **A** ADJ demi; la moitié de; **ein ~er** *od* **~es Liter** un demi-litre; **e-e ~e Stunde** une demi-heure; **ein ~er Tag** une demi-journée; **ein ~es Dutzend** une demi-douzaine; **ein ~es Jahr** six mois; **ein ~es Brot, e-e ~e Flasche** la moitié d'un pain, d'une bouteille; un demi-pain, une demi-bouteille; **~ Frankreich, die ~e Stadt, die ~e Wahrheit** la moitié de la France, de la ville, de la vérité; **auf ~er Höhe** à mi-°hauteur; *e-r Straße* à mi-côte; **auf ~em Wege** à mi-chemin; à moitié chemin; **zum ~en Preis** à moitié prix; **Kinder zahlen den ~en Preis** les enfants paient demi-place, demi-tarif; **es ist ~ vier** il est trois heures et demie; *umg* **es ist ~** il est la demie; *umg* **fünf Minuten vor, nach ~** (à) vingt-cinq, trente-cinq; MUS **~e Note** blanche *f*; *fig* **e-e ~e Ewigkeit** une éternité; **nur mit ~em Ohr zuhören** n'écouter que d'une oreille; **das ist nichts Halbes und nichts Ganzes** cela n'est ni fait ni à faire; *umg* **ich mache keine ~en Sachen** je ne fais rien, pas les choses à moitié; avec moi, c'est tout ou rien; **sie ist (doch) noch ein ~es Kind** c'est encore presque un(e) enfant **B** ADV à moitié; à demi; **~ automatisch** semi-automatique; **~ blind** à demi, à moitié aveugle; **~ erfroren** *a. fig* à moitié gelé; **~ erwachsen** *adj* adolescent; presque adulte; **~ fertig** à moitié terminé; **~ gar** à moitié cuit; **~ geschlossen** à moitié fermé; *Augen, Lippen, Blüte, Fensterladen* mi-clos; **etw nur ~ glauben, verstehen** ne croire, comprendre qc qu'à moitié; *fig* **das ist ~ geschenkt** c'est pratiquement, quasiment donné; **~ leer** à moitié vide;

H

~ nackt à moitié, à demi nu; **~ offen** à moitié, à demi ouvert; entrouvert; **~ reif** à moitié mûr; **~ roh** à moitié cru; **~ tot** à moitié mort; **~ verdaut** *a. fig* à moitié digéré; **~ verfault** à moitié pourri; **~ verhungert** à moitié mort de faim; **~ voll** à moitié plein; **~ wach** à moitié réveillé; **~ so groß** *etc* deux fois, moitié moins grand, *etc*; **nicht ~ so groß sein (wie)** ne pas faire la moitié (de); **es ist ~ so schlimm** *od umg* **wild** ce n'est pas si grave; il n'y a que demi-mal; **~ so viel (wie)** moitié moins (que); la moitié (de); **nicht ~ so viel (wie)** pas la moitié (de); **~ und ~** *Mischung* moitié, moitié; *umg fig (mittelmäßig)* moyennement; **~ ..., ~ ...** moitié ..., moitié ...; mi-..., mi-...; → halbfest, halbgebildet, halbrund *etc*

Halbaffe M lémurien *m*; **halbamtlich** ADJ semi-officiel, -ielle; officieux, -ieuse; **halbautomatisch** ADJ → halb B; **Halbbildung** F pseudo-culture *f*; culture superficielle; vernis *m* de culture; **halbbitter** ADJ *Schokolade* noir extra fin; **halbblind** ADJ → halb B; **Halbblut** N ⟨~(e)s⟩ *Pferd* demi-sang *m*; *Mensch* métis *m*

Halbbruder M demi-frère *m*; **~ väterlicherseits, mütterlicherseits** frère consanguin, utérin

Halbdunkel N demi-obscurité *f*; pénombre *f*; **Halbedelstein** M pierre fine

halbe-halbe *umg* ADV **mit j-m ~ machen** *umg* faire, partager moitié-moitié avec qn

halber PRÄP ⟨*gen*⟩ à *od* pour cause de; **der Form ~** pour la forme; **der Ordnung ~** pour être en règle

halberfroren, halberwachsen ADJ → halb B; **Halbfabrikat** N HANDEL demi-produit *m*; semi-produit *m*; produit semi-fini; **halbfertig** ADJ → halb B; **halbfest** ADJ *Käse etc* ferme; **halbfett** ADJ *Käse* allégé; *Druck etc* demi-gras; **Halbfinale** N demi-finale *f*; **Halbfinalist(in)** M(F) demi-finaliste *m/f*; **halbgar** ADJ → halb B; **halbgebildet** ADJT qui manque de culture; peu cultivé; **Halbgefrorene(s)** N ⟨→ A⟩ GASTR parfait *m*; crème glacée; **halbgeschlossen** ADJT → halb B; **Halbgeschoss**, *österr* **Halbgeschoß** N BAU entresol *m*; mezzanine *f*; **Halbgeschwister** PL demi-frère(s) *m(pl)* et demi-sœur(s) *f(pl)*

Halbgott M MYTH demi-dieu *m*; *umg iron* **die Halbgötter in Weiß** les hommes *mpl* en blanc

Halbheit F ⟨~; ~en⟩ demi-mesure *f*; imperfection *f*; insuffisance *f*; **sich nicht mit ~en abgeben** ne pas se contenter de demi-mesures; *bei der Arbeit etc* ne pas faire les choses à moitié

halbherzig A ADJ sans conviction, enthousiasme B ADV mollement; sans conviction, enthousiasme; **Halbherzigkeit** F ⟨~⟩ manque *m* de conviction, d'enthousiasme; tiédeur *f*; **halbhoch** A ADJ pas très °haut B ADV à mi-°hauteur

halbieren V/T ⟨*pas de ge-*, h.⟩ partager en deux (parties égales); GEOMETRIE *a.* bissecter

Halbinsel F presqu'île *f*; *große* péninsule *f*; **die Iberische ~** la péninsule Ibérique

Halbjahr N semestre *m*; six mois *mpl*

Halbjahresbericht M rapport semestriel; **Halbjahresbilanz** F bilan semestriel; **Halbjahresschrift** F publication, revue semestrielle; **Halbjahresversammlung** F assemblée semestrielle; **Halbjahreszeugnis** N bulletin *m* du premier semestre

halbjährig ADJ de six mois

halbjährlich A ADJ semestriel, -ielle B ADV semestriellement; par semestre; *bezahlen, erscheinen* tous les six mois

Halbkreis M demi-cercle *m*; **halbkreisförmig** ADJ demi-circulaire; semi-circulaire; **Halbkugel** F hémisphère *m*; **halbkugelförmig** ADJ hémisphérique

halblang ADJ (de)mi-long, -gue; *umg* **(nun) mach (aber) mal ~!** n'en rajoute pas!; n'exagère pas!

halblaut ADJ *u.* ADV à mi-voix

Halbleder N ⟨~s⟩ *Buch* **in ~ gebunden** en demi-reliure peau

halbleer ADJ → halb B

Halbleinen N ⟨~s⟩ toile métisse; métis *m*; *Buch* **in ~ gebunden** en demi-reliure toile

Halbleiter M ELEK semi-conducteur *m*; **Halblinke(r)** M ⟨→ A⟩ SPORT inter *m* gauche

halbmast ADV en berne; **~ flaggen** mettre les pavillons, les drapeaux en berne; **die Fahnen wehen auf ~** les drapeaux sont en berne

Halbmesser M ⟨~s; ~⟩ MATH rayon *m*; **Halbmetall** N CHEM métalloïde *m*; **halbmilitärisch** ADJ paramilitaire; **Halbmonatsschrift** F publication, revue bimensuelle

Halbmond M 1 ASTRON premier *bzw.* dernier quartier (de lune); **heute ist ~** la lune est aujourd'hui au premier *bzw.* dernier quartier 2 *fig Form* croissant *m*; *am Fingernagel* lunule *f*

halbmondförmig ADJ en (forme de) croissant; **halbnackt, halboffen** ADJ → halb B; **halboffiziell** ADJ semi-officiel, -ielle; officieux, -ieuse; **Halbpension** F ⟨~⟩ demi-pension *f*; **Halbrechte(r)** M ⟨→ A⟩ SPORT inter *m* droit; **halbreif, halbroh** ADJ → halb B; **halbrund** ADJ semi-circulaire; semi-cylindrique; **Halbrund** N *e-s Theaters etc* hémicycle *m*; **Halbschatten** M pénombre *f*; **Halbschlaf** M demi-sommeil *m*; **Halbschuh** M chaussure basse; **Halbschürze** F (petit) tablier *m*; **Halbschwergewicht** N BOXEN poids mi-lourd; **Halbschwester** F demi-sœur *f*; **Halbseide** F étoffe *f* mi-soie; soie mélangée de coton; **halbseiden** ADJ 1 mi-soie; soie et coton 2 *fig Methoden, Person* douteux, -euse; *Person, Hotel, Milieu* louche

halbseitig A ADJ *Anzeige* sur une demi-page; **~e Lähmung** hémiplégie *f* B ADV *gesperrt etc* d'un côté; **~ gelähmt** hémiplégique

Halbstarke(r) *umg pej* M ⟨→ A⟩ *umg* loubard *m*; blouson-noir *m*; **Halbstiefel** M bottillon *m*; bottine *f*; **halbstündig** ADJ d'une demi-heure; **halbstündlich** A ADJ qui a lieu toutes les demi-heures B ADV toutes les demi-heures; **Halbstürmer** M SPORT inter *m*

halbtägig A ADJ d'une demi-journée B ADV **j-n ~ beschäftigen** employer qn à mi-temps, *unregelmäßig* à la demi-journée

halbtags ADV à mi-temps

Halbtagsarbeit F → Halbtagsbeschäftigung; **halbtagsbeschäftigt** ADJT employé à mi-temps; **Halbtagsbeschäftigte(r)** M/F(M) ⟨→ A⟩ employé(e) *m(f)* à mi-temps; **Halbtagsbeschäftigung** F (emploi *m*, travail *m* à) mi-temps *m*; **Halbtagshilfe** F aide *f* à mi-temps, *unregelmäßig* à la demi-journée; **Halbtagskraft** F employé(e) *m(f)* à mi-temps

Halbton M ⟨~(e)s; -töne⟩ 1 MUS demi-ton *m* 2 MAL pénombre *f*; demi-teinte *f*

halbtot ADJ → halb B; **halbtrocken** ADJ *Wein* demi-sec, demi-sèche; **halbverdaut, halbverfault, halbverhungert** ADJT → halb B

Halbvokal M semi-voyelle *f*

halbvoll, halbwach ADJ → halb B

Halbwahrheit F demi-vérité *f*; **Halbwaise** F orphelin(e) *m(f)* de père *bzw.* de mère

halbwegs ADV passablement; à peu près

Halbwelt F ⟨~⟩ demi-monde *m*; **Halbweltdame** F demi-mondaine *f*; **Halbwertszeit** F NUKL demi-vie *f*; période *f*; **halbwild** ADJ à moitié, à demi sauvage; **Halbwissen** N connaissances superficielles; **halbwüchsig** ADJ adolescent; **Halbwüchsige(r)** M/F(M) ⟨→ A⟩ adolescent(e) *m(f)*; **Halbzeit** F SPORT mi-temps *f*; **Halbzeitpfiff** M coup *m* de sifflet de mi-temps; **Halbzeug** N ⟨~(e)s⟩ INDUSTRIE demi-produits *mpl*

Halde F ⟨~; ~n⟩ 1 BERGBAU terri(l) *m*; °halde *f*; *bei Schmelzhütten* crassier *m*; *fig* **auf ~ liegen** rester invendu; *fig* **auf ~ produzieren** produire trop 2 *geh (Bergabhang)* versant *m*

half → helfen

Hälfte F ⟨~; ~n⟩ moitié *f*; **zur ~ voll, fertig** *etc* à moitié plein, terminé, *etc*; **die Bevölkerung besteht zur ~ aus ...** la moitié de la population se compose de ...; **zur ~ an etw** *(dat)* **beteiligt sein** être de moitié dans qc; **die Kosten (je) zur ~ tragen** supporter (chacun) la moitié des frais; **um die ~ teurer, billiger** (de) moitié plus cher, meilleur marché *od* moins cher; **Kinder zahlen die ~** les enfants payent demi-tarif, *bei Bahn, Bus etc a.* demi-place; *umg fig* **sie hat die ~ vergessen** elle (en) a oublié la moitié; *umg hum* **meine bessere ~** ma (chère, tendre) moitié; SPORT **die eigene ~** ma, notre, *etc* moitié de terrain; **die gegnerische ~** la moitié de terrain adverse

Halfter[1] N *od* M ⟨~s; ~⟩ *für Pferde* licou *m*

Halfter[2] F ⟨~; ~n⟩ *od* N ⟨~s; ~⟩ *für Pistolen* gaine *f*; étui *m*

halftern V/T ⟨-(e)re, h.⟩ mettre le licou à

Hall M ⟨~(e)s; ~e⟩ bruit *m*; son *m*; *(Widerhall)* écho *m*

Halle F ⟨~; ~n⟩ *(großer Saal)* (grande) salle; *(Empfangshalle, Bahnhofshalle, Schalterhalle, Messehalle)* °hall *m*; *(Sporthalle)* salle *f* (omnisports); *(Turnhalle)* gymnase *m*; *(Tennishalle)* court couvert; *(Markthalle)* °halle *f*; marché couvert; *(Werkhalle)* atelier *m*; bâtiment *m*; °hall *m*; *(Flugzeughalle)* °hangar *m*; *iron* **in diesen heiligen ~n** dans ces lieux (sacro-saints)

halleluja INT 1 REL alléluia! 2 *fig hum* °hourra!

hallen V/I ⟨h.⟩ résonner; faire écho; *plus fort* retentir

Hallenbad N piscine couverte; **Hallenbahn** F SPORT piste couverte; **Hallenhandball** M °handball *m* en salle; **Hallenmeister** M champion *m* sur piste couverte; **Hallenmeisterschaft** F championnat *m* sur piste couverte, en salle, indoor; **Hallenplatz** M TENNIS court couvert; **Hallensaison** F RADRENNEN *etc* saison *f* sur piste couverte; TENNIS saison *f* sur court couvert; saison *f* d'hiver; **Hallensport** M sport *m* en salle; **Hallenturnen** N gymnastique *f* dans le gymnase; **Hallenwettkampf** M compétition *f* sur piste couverte

Hallig F ⟨~; ~en⟩ *îlot bas sur la côte ouest du Schleswig-Holstein*

Hallimasch M ⟨~(e)s; ~e⟩ BOT armillaire *m* de miel

hallo INT 1 *Zuruf* °hep!; °hé!; *aus der Ferne* ohé! 2 *Ausdruck der Überraschung* **aber ~!** tiens, tiens! 3 *umg Gruß umg* salut! 4 TEL allô!

Hallo N ⟨~s; ~s⟩ cris *mpl* (de joie); **mit großem ~** à grands cris

Hallodri *umg südd, österr* M ⟨~s; ~(s)⟩ *umg* (petit) rigolo *m*

Halloween N ⟨~(s); ~s⟩ halloween *f*

Halluzination F ⟨~; ~en⟩ hallucination *f*; **~en haben** avoir des hallucinations

halluzinieren V/I ⟨*pas de ge-*, h.⟩ *t/t* avoir une hallucination *bzw.* des hallucinations

Halm M ⟨~(e)s; ~e⟩ BOT tige *f*; chaume *m*; *kleiner* brin *m*; *(Trinkhalm)* paille *f*; chalumeau *m*; **die Ernte auf dem ~ verkaufen** vendre la récolte sur pied
Halma N ⟨~s⟩ *Brettspiel* °halma *m*; **Halmabrett** N échiquier *m* du halma; **Halmafigur** F pion *m* du halma
Halmfrucht F céréale *f*
Halo M ⟨~(s); ~s *ou* -lonen⟩ PHYS °halo *m*
Halogen N ⟨~s; ~e⟩ CHEM halogène *m*; **Halogenlampe** F lampe *f* halogène; **Halogenscheinwerfer** M phare *m* halogène, à iode
Hals M ⟨~(e)s; ¨~e⟩ 1 ANAT cou *m*; *(Kehle)* gorge *f*; *e-s Pferdes* encolure *f*; *Fleisch* **vom ~** dans le collier; *bei Hammel- u. Kalbfleisch a.* dans le collet; *umg* **etw in den falschen ~ kriegen** *(sich verschlucken)* avaler qc de travers; *fig (falsch verstehen)* prendre qc mal, de travers; *Wort etc* **im ~e stecken bleiben** rester dans la gorge, en travers (de la gorge); *umg* **e-n langen ~ machen** allonger, tendre le cou; **sich** *(dat)* **den ~ nach j-m, etw verrenken** tendre le cou pour voir qn, qc; **j-m um den ~ fallen** sauter, se jeter au cou de qn; *umg* **sich j-m an den ~ werfen** se jeter à la tête de qn; *umg* **j-m den ~ umdrehen** tordre le cou à qn; **sich** *(dat)* **den ~ brechen** se casser, se rompre le cou; *umg fig* **das wird ihm den ~ brechen** il va se casser la figure; cela va lui casser les reins; *umg* **j-n, etw auf dem** *od* **am ~ haben** avoir qn, qc sur le dos, sur les bras; *umg* **zu viel am ~ haben** être débordé; avoir trop (de choses) à faire; *umg* **j-m die Polizei** *etc* **auf den ~ hetzen** lâcher la police, *etc* aux trousses de qn; *umg* **sich** *(dat)* **j-n, etw vom ~(e) schaffen** se débarrasser de qn, qc; *Sache a.* se défaire de qc; *umg* **j-m etw, j-n vom ~(e) halten** épargner qc, qn à qn; *umg* **bleib mir damit vom ~(e)!** laisse-moi tranquille, *umg* fiche-moi la paix avec ça!; *umg* **es hängt mir zum ~(e) heraus** *umg* j'en ai plein le dos, ras le bol, marre, ma claque; *umg* **bis zum** *od* **über den ~ in Schulden stecken** être endetté jusqu'au cou; **aus vollem ~(e) lachen** rire à gorge déployée, aux éclats; **aus vollem ~(e) schreien** crier à tue-tête, à pleine gorge; *umg* **~ über Kopf** précipitamment; en toute °hâte; à la hâte; *umg* **er hat sich ~ über Kopf in sie verliebt** il a eu le coup de foudre pour elle; *umg* **mir steht das Wasser bis zum ~** j'ai des ennuis par-dessus la tête; je suis à bout, *umg* au fond du trou; *a. finanziell umg* je suis dans le pétrin; *umg* **sie kann den ~ nicht voll (genug) kriegen** elle n'en a jamais assez; elle n'est jamais contente 2 *fig (Flaschenhals, Knochenhals etc)* col *m*; *(Flaschenhals) a.* goulot *m*; *e-r Geige etc* manche *m*; MUS *(Notenhals)* manche *m*; *umg hum* **e-r Flasche den ~ brechen** faire un sort à une bouteille
Halsabschneider *umg* M ⟨~s; ~⟩ usurier *m*; voleur *m*; requin *m*; **halsabschneiderisch** ADJ *Person* âpre au gain; rapace; *Methoden etc* de requin; **Halsausschnitt** M MODE encolure *f*; échancrure *f*; décolleté *m*; **Halsband** N ⟨~(e)s; -bänder⟩ *Schmuck, für Tiere* collier *m*; **halsbrecherisch** ADJ périlleux, -euse; casse-cou *(inv)*
Halse F ⟨~; ~n⟩ SCHIFF virement *m* lof pour lof
halsen VI ⟨-(es)t, h.⟩ SCHIFF virer lof pour lof
Halsentzündung F inflammation *f* de la gorge; **halsfern** ADJ *Mode* décolleté; loin du cou; **Halskette** F collier *m*; *für Medaillons etc* chaîne *f*; **Halskrause** F 1 MODE collerette *f*; fraise *f* 2 ZOOL *bei Vögeln* fraise *f*
Halslänge F longueur *f* du cou; PFERDERENNEN **um e-e ~ gewinnen** gagner d'une encolure
halsnah ADJ *Mode* ras du cou
Hals-Nasen-Ohren-Arzt M, **Hals-Nasen-Ohren-Ärztin** F oto-rhino-laryngologiste *m/f*
Halsschlagader F carotide *f*
Halsschmerzen MPL mal *m* de gorge; **~ haben** avoir mal à la gorge
Halsschmuck M collier *m*; **halsstarrig** A ADJ entêté; têtu (comme une mule, un mulet); opiniâtre; obstiné B ADV avec entêtement, opiniâtreté, obstination; **Halsstarrigkeit** F ⟨~⟩ entêtement *m*; opiniâtreté *f*; obstination *f*; **Halsstück** N GASTR collier *m*; *bei Hammel- u. Kalbfleisch a.* collet *m*; **Halstuch** N ⟨~(e)s; -tücher⟩ foulard *m*; *für Frauen a.* fichu *m*
Hals- und Beinbruch INT *hum* **~!** bonne chance!; *umg* merde puissance treize!
Halsweh *umg* N ⟨~(e)s⟩ → Halsschmerzen; **Halsweite** F encolure *f*; **Halswirbel** M ANAT vertèbre cervicale
halt[1] INT *(stopp)* stop! *(a. auf Verkehrsschildern)*; °halte!; arrête(z)!; **~ mal!** un moment!; (une) minute!; **das Signal steht auf Halt** le signal est en position d'arrêt
halt[2] *Partikel südd, österr, schweiz (nun einmal)* alors; eh bien; enfin; **das ist ~ so** ma foi *od* eh bien, c'est comme ça
Halt M ⟨~(e)s; ~e *ou* ~s⟩ 1 ⟨*pas de pl*⟩ *(Stütze)* appui *m*; **keinen ~ haben** *Person* n'avoir rien pour se tenir; *Gegenstand* ne pas tenir, être soutenu; **e-n ~ suchen** chercher une prise, quelque chose pour se tenir; **~ finden** *Füße, Hände etc* avoir, trouver un appui; **den ~ verlieren** perdre l'équilibre; **in diesen Schuhen haben deine Füße keinen ~** tes pieds ne sont pas bien maintenus dans ces chaussures 2 ⟨*pas de pl*⟩ *fig* appui *m*; soutien *m*; **er hat an s-m Onkel e-n großen ~** son oncle l'aide beaucoup; son oncle lui est d'un grand appui, soutien; **ein Mensch ohne (inneren, moralischen) ~** un homme sans soutien, appui moral 3 *(Anhalten)* arrêt *m*; → haltmachen
haltbar ADJ 1 *Material, Kleidung etc* solide; résistant; *Lebensmittel* qui se conserve (bien); **mindestens ~ bis …** à consommer de préférence avant le … 2 *fig These, Behauptung* soutenable; défendable
Haltbarkeit F ⟨~⟩ *von Material* solidité *f*; résistance *f*; *von Lebensmitteln* (durée *f* de) conservation *f*
Haltbarkeitsdatum N date *f* limite de conservation; **Haltbarkeitsdauer** F délai *m*, durée *f* de conservation
Haltebogen M MUS liaison *f*; **Haltebucht** F *an der Straße* aire *f* de stationnement; **Haltegriff** M poignée *f*; **Haltegurt** M ceinture *f* (de sécurité); **Haltelinie** F *auf der Straße* ligne *f* d'arrêt, de stop

halten
⟨hält, hielt, gehalten, h.⟩

A transitives Verb B intransitives Verb
C reflexives Verb

— A transitives Verb —

1 *(fest~)* tenir; **etw am Griff, an e-m Ende ~** tenir qc par la poignée, par un bout; **etw in der Hand, gegen das Licht ~** tenir qc dans la main, à contre-jour; **j-n an der Hand, in den Armen ~** tenir qn par la main, dans ses bras; **sich** *(dat)* **den Bauch, Kopf ~** se tenir le ventre, la tête; **haltet den Dieb!** au voleur! 2 SPORT *Schuss, Ball* arrêter; *(nicht abgeben)* garder; retenir 3 *(be~)* garder; *fig* **sein Geschäft ~ können** pouvoir continuer, garder son commerce 4 *Tier, Fahrzeug etc* avoir 5 *(beibe~) Ton, Takt, Vorsprung, Gleichgewicht* garder; *Geschwindigkeit, a. Gleichgewicht* maintenir; *Position* conserver; *Rekord* détenir; **Diät ~** faire, suivre un régime, être au régime; **den Kurs ~** maintenir le cap 6 *(aufrechter~) These, Behauptung, Forderung etc* **sich nicht ~ lassen** ne pas être soutenable, défendable; être insoutenable, indéfendable; **mit j-m Kontakt, Verbindung ~** garder, maintenir le contact avec qn; rester en contact, en relation avec qn 7 *(ein~) Ordnung, Frieden* maintenir; *Ruhe* garder; **etw in Ordnung ~** tenir qc en ordre; **gute Nachbarschaft ~** entretenir de bonnes relations de voisinage, avec ses voisins 8 *(zurück~)* retenir; **dich hält hier niemand** personne ne te retient, ne te dit de rester; **mich hält hier nichts** je n'ai aucune attache ici; je n'ai rien qui me retienne ici; **er war nicht mehr zu ~** on ne pouvait plus le tenir; **es hielt ihn nicht lange in s-r Stellung** il n'est pas resté longtemps dans cet emploi, à ce poste; *fig* **da gab es kein Halten mehr** rien ne put l'arrêter *bzw.* les arrêter, le *bzw.* les retenir 9 *Wort, Versprechen* tenir; *Gebot* observer; **was man versprochen hat, muss man auch ~** *sprichw* chose promise, chose due; *fig* **der Film hielt nicht, was er versprochen hatte** j'attendais *bzw.* on attendait plus, davantage de ce film; ce film n'a pas tenu ses promesses 10 *(lassen)* maintenir; tenir; **etw in e-m guten Zustand ~** maintenir qc en bon état; **das Essen warm ~** tenir le manger au chaud; **etw versteckt, verschlossen ~** garder qc secret, enfermé; **sich durch Sport fit ~** faire du sport pour rester en forme; **j-n in Atem ~** tenir qn en haleine; **j-n bei Laune ~** n'avoir pas intérêt à contrarier qn; **j-n in Bewegung ~** faire courir qn; **j-n auf dem Laufenden ~** tenir qn au courant 11 *(verfahren)* faire; procéder; **es mit der Bequemlichkeit ~** ne pas s'en faire; **ich halte es damit so** moi, je fais comme ça; c'est comme ça que je fais; **~ Sie es damit** *od* **das können Sie ~, wie Sie wollen** faites comme vous voudrez; **ich halte es lieber mit Peter, Eiscreme, Kartenspielen** je préfère Pierre, la glace, jouer aux cartes; **ich halte es da mit Platon, der …** je pense comme Platon qui …; je suis l'exemple de Platon qui …; **wie haltet ihr es mit …?** comment faites-vous avec …?; qu'en est-il de …? 12 *(behandeln)* traiter; **j-n streng ~** traiter qn sévèrement 13 *(ab~, machen)* faire; *Rede, Ansprache* faire; prononcer; *Gottesdienst* célébrer; *umg* faire; *Unterricht, Vorlesung* faire; **s-n Mittagsschlaf ~** faire la sieste; **s-n Winterschlaf ~** hiberner; **Gericht über j-n ~** juger qn; **Hochzeit ~** se marier; *geh* fêter ses noces; **Unterricht ~** faire cours; *in der Grundschule* faire la classe; **Wache ~** monter la garde 14 *(gestalten)* **das Schreiben ist in e-m höflichen Ton gehalten** la lettre est rédigée en termes polis; **das Zimmer ist in Braun** *(dat)* **gehalten** (c'est) le brun (qui) domine dans cette pièce; cette pièce est entièrement dans les tons bruns 15 *(einschätzen)* **etw, j-n für etw, j-n ~** considérer, regarder qc, qn comme qc, qn; tenir qc, qn pour qc, qn; *fälschlicherweise* prendre qc, qn pour qc, qn; **für etw, j-n gehalten werden** *a.* passer pour qc, qn; **ich halte ihn für e-n bedeutenden Künstler** je le considère comme, je le tiens pour un grand artiste; **ich halte ihn für klug** je le crois, juge intelligent; **ich habe sie für Brüder gehalten** je les ai pris pour des frères; **für wie alt ~ Sie mich?** quel âge me donnez-vous?; *umg* **wofür ~ Sie mich eigentlich?** pour qui me prenez-vous?; **es für gut ~ zu** *(+inf) bzw.,* **dass …** trouver, juger, croire bon de *(+inf) bzw.* que …

H

(+subj); **ich halte es für meine Pflicht zu** (+inf) je considère comme mon devoir de (+inf); je juge *od* crois de mon devoir de (+inf) **16** (urteilen) **viel von j-m, große Stücke auf j-n ~** avoir, tenir qn en grande, °haute estime; avoir une °haute opinion de qn; estimer beaucoup qn; **ich halte wenig, nichts von ihm** je l'estime peu, ne l'estime pas; **viel von etw ~** penser beaucoup de bien de qc; faire grand cas de qc; **wenig von etw ~** ne pas penser beaucoup de bien de qc; faire peu de cas de qc; **nichts von etw ~** ne penser aucun bien de qc; **was ~ Sie davon?** qu'en pensez-vous?

— **B** intransitives Verb —

1 *(Halt haben) Seil, Farbe, Haar, Brücke etc* tenir **2** *(von Dauer sein) Kleidung, Gerät, Freundschaft, Bündnis etc* durer; *Kleidung* **lange ~** *a.* faire de l'usage, un bon usage **3** *(an~)* s'arrêter; *umg* stopper; *umg fig* **halt (mal)!** *umg* minute!; un instant!; attends *bzw.* attendez!; **Halten verboten!** défense de s'arrêter! **4** SPORT arrêter, bloquer le ballon **5** **an sich** *(akk)* **~** se retenir; se contenir **6** **auf sich** *(akk)* **~** prendre soin de sa personne; **auf etw** *(akk)* **~** *(zielen)* viser qc; SCHIFF mettre le cap sur; *fig (Wert legen)* tenir à qc; attacher de l'importance à qc **7** **zu j-m ~** être avec qn; être du côté de qn

H

— **C** reflexives Verb —

sich ~ **1** *(sich behaupten, bleiben) Regierung etc* se maintenir au pouvoir; *Wetter, Preise, Kurse, Theaterstück etc* se maintenir; MIL tenir **2** *Körperhaltung* **sich aufrecht ~** se tenir droit; *stehend* se tenir debout; **sich schlecht ~** se tenir mal, voûté; **sich vor Wut nicht mehr ~ können** être fou de colère, de rage; être °hors de soi; **sich vor Lachen nicht mehr ~ können** rire à gorge déployée; avoir le fou rire **3** *(sich bewähren)* **sich gut, tapfer ~** se comporter bien, courageusement **4** *(bleiben)* **sich rechts, links ~** tenir sa droite, sa gauche; **sich hinter j-m ~** rester, être derrière qn; *Bücher, Schlager etc* **sich an der Spitze ~** être, rester en tête du palmarès; tenir la vedette **5** **sich an j-n, etw ~** s'en tenir à qn, qc **6** *(nicht verderben) Lebensmittel* se conserver; se garder; *Blumen etc* tenir; *umg fig* **sie hat sich gut gehalten (für ihr Alter)** elle est encore bien (pour son âge); *umg* elle est bien conservée; elle ne fait pas son âge

Halteplatz M *für Taxis etc* station *f*; **Haltepunkt** M point *m* d'arrêt

Halter M ⟨~s; ~⟩ **1** *(Fahrzeughalter)* détenteur *m*; *(Tierhalter)* propriétaire *m* **2** *(~ung)* support *m*; *(Werkzeughalter)* porte-outil *m*; *(Kerzenhalter)* bougeoir *m*; *(Handtuchhalter)* porte-serviettes *m*; *(Toilettenpapierhalter)* porte-papier *m*

Halterin F ⟨~; ~nen⟩ *(Fahrzeughalterin)* détentrice *f*; *(Tierhalterin)* propriétaire *f*

Halterung F ⟨~; ~en⟩ TECH support *m*

Halteseil N °hauban *m*; **Haltesignal** N signal *m* d'arrêt; **Haltestelle** F arrêt *m*

Halteverbot N **1** *Verbot* défense *f*, interdiction *f* de s'arrêter **2** *Verkehrszeichen* **absolutes, eingeschränktes ~** arrêt, stationnement interdit **3** *Zone* (zone *f* d')arrêt interdit; **der Wagen steht im ~** la voiture est en arrêt interdit

Halteverbotsschild N panneau *m* d'arrêt interdit

Haltevorrichtung F TECH dispositif *m* de support, de fixation, d'attache; **~ für etw** dispositif pour tenir qc

haltlos ADJ **1** *Person (labil)* instable; sans volonté; mou, molle **2** *Verdacht, Behauptung etc (unbegründet)* sans fondement; qui ne repose sur rien; injustifié; **Haltlosigkeit** F ⟨~⟩ **1** *(Labilität)* instabilité *f*; manque *m*, absence *f* de volonté; inconsistance morale **2** *(Unbegründetheit)* absence *f* de fondement; caractère *m* arbitraire; arbitraire *m*

haltmachen VI ⟨sép, -ge-, h.⟩ s'arrêter; *um zu rasten* faire (une) °halte; *fig* **vor nichts, niemandem ~** ne reculer devant rien, personne

Haltung F ⟨~; ~en⟩ **1** *(Pose, Einstellung)* attitude *f*; *(Körperhaltung)* tenue *f*; position *f* (*a. von Körperteilen*); *in Gesellschaft* maintien *m*; *vornehme, würdevolle* port *m*; *ungewöhnliche* posture *f*; **e-e aufrechte, gute, schlechte ~ haben** se tenir droit, bien, mal; **die aufrechte ~ des Menschen** la station verticale, debout de l'homme; **e-e drohende ~ annehmen** prendre une attitude menaçante; **starre ~** immobilisme *m*; MIL **~ annehmen** se mettre au garde-à-vous **2** ⟨pas de pl⟩ *(Fassung)* contenance *f*; **~ bewahren** garder bonne contenance **3** *(Tierhaltung)* élevage *m*

Haltungsfehler M mauvaise position, attitude; MED attitude vicieuse; **Haltungsnote** F SPORT note *f* d'attitude, de tenue; **Haltungsschaden** M MED déformation *f* pathologique (du squelette)

Halunke M ⟨~n; ~n⟩ escroc *m*; *hum* canaille *f*; coquin *m*

Hamamelis F ⟨~⟩ BOT hamamélis *m*

Hämatin N ⟨~s⟩ MED hématine *f*

Hämatit M ⟨~s; ~e⟩ MINER hématite *f*

Hämatologe M ⟨~n; ~n⟩, **Hämatologin** F ⟨-in; -innen⟩ MED hématologue *m/f*; hématologiste *m/f*; **Hämatologie** F ⟨~⟩ hématologie *f*

Hämatom N ⟨~s; ~e⟩ MED hématome *m*

Hamburg N ⟨→ n/pr⟩ °Hambourg

Hamburger[1] M ⟨~s; ~ *ou* ~s⟩ GASTR °hamburger *m*

Hamburger[2] M ⟨~s; ~⟩, **Hamburgerin** F ⟨-in; -innen⟩ habitant(e) *m(f)* de Hambourg; °Hambourgeois(e) *m(f)*

Häme *geh* F ⟨~⟩ fiel *m*; venin *m*; méchanceté *f*

hämisch ADJ méchant; *Ton, Worte* fielleux, -euse; *Worte a.* venimeux, -euse

Hammel M ⟨~s; ~⟩ **1** ZOOL, GASTR mouton *m* **2** *sl Schimpfwort* **(blöder) ~** *umg* (espèce *f* d')abruti *m*; *sl* connard *m*

Hammelbein N *umg* **j-m die ~e lang ziehen** secouer les puces à qn

Hammelfleisch N mouton *m*; **Hammelherde** F **1** ZOOL troupeau *m* de moutons **2** *umg pej* moutons *mpl* de Panurge; **Hammelkeule** F gigot *m* de mouton; **Hammelragout** N ragoût *m* de mouton; **Hammelschulter** F épaule *f* de mouton; **Hammelsprung** M POL système de scrutin parlementaire où le décompte des voix est fait au moment où les députés entrent par des portes différentes

Hammer M ⟨~s; ⸚⟩ **1** marteau *m* (*a.* TECH, ANAT, MUS, SPORT); **~ und Sichel** la faucille et le marteau **2** *fig* **unter den ~ kommen** être vendu aux enchères; passer sous le marteau; *umg fig* **ein dicker ~** *(grober Fehler)* une grosse bourde; *umg fig* **das war vielleicht ein ~!** *Überraschung* tu parles d'une surprise!; *Unverschämtheit umg* quel sale coup!; *umg* quelle saloperie!; *umg fig* **das ist der ~!** *(das ist super)* c'est génial, super!; *(das ist das Letzte)* c'est le bouquet!; *umg fig* **j-m zeigen, wo der ~ hängt** *(j-m gehörig die Meinung sagen, j-n zurechtweisen)* *umg* sonner les cloches à qn; *umg* remonter les bretelles à qn; dire ses quatre vérités à qn

Hämmerchen N ⟨~s; ~⟩ martelet *m*; petit marteau

Hammergriff M SPORT poignée *f* du marteau; **Hammerhai** M requin *m* marteau; **Hammerkopf** M tête *f* du marteau

hämmern ⟨-(e)re, h.⟩ **A** VT **1** *Metalle* marteler **2** *fig pej* **ein Stück auf dem Klavier ~** jouer un morceau (mal et) fort, *umg* massacrer un morceau au piano; *umg* **j-m etw in den Schädel ~** faire rentrer qc dans la tête de qn **B** VI **1** *mit dem Hammer* donner des coups de marteau **2** *fig (schlagen)* taper; *Herz* battre (fort); **mit der Faust gegen die Tür ~** tambouriner contre la porte; *pej* **auf dem Klavier ~** taper sur, marteler les touches du piano

Hammerschlag M **1** coup *m* de marteau **2** *(Abgang beim Schmieden)* battitures *fpl*; **Hammerstiel** M manche *m* du marteau; **Hammerwerfen** N ⟨~s⟩ SPORT lancer *m*, lancement *m* du marteau; **Hammerwerfer** M ⟨~s; ~⟩ SPORT lanceur *m* de marteau; **Hammerwerk** N **1** *(Hammerschmiede)* martellerie *f* **2** *e-s Klaviers* marteaux *mpl*; **Hammerwurf** M **1** ⟨pas de pl⟩ → Hammerwerfen **2** *einzelner Wurf* lancer *m* du marteau

Hammondorgel F orgue *m* °Hammond

Hämoglobin N ⟨~s⟩ MED hémoglobine *f*

Hämophilie F ⟨~; ~n⟩ MED hémophilie *f*

Hämorrhagie F ⟨~; ~n⟩ MED hémorragie *f*

Hämorr(ho)iden FPL MED hémorroïdes *fpl*

Hampelmann M ⟨~(e)s; -männer⟩ *a. fig* pantin *m*

hampeln *umg* VI ⟨-(e)le, h.⟩ s'agiter; *umg* gigoter

Hamster M ⟨~s; ~⟩ °hamster *m*; **Hamsterbacken** *umg* FPL bonnes (grosses) joues

Hamsterer *umg* M ⟨~s; ~⟩ personne *f* qui aime avoir, se faire des réserves

Hamsterkauf M *in Krisenzeiten* (achat *m* de) réserves *fpl*; *im Krieg etc* (achat *m* de) ravitaillement *m*

hamstern VT *u.* VI ⟨-(e)re, h.⟩ faire des réserves (**etw** de qc); stocker

Hand F ⟨~; ⸚e⟩ **1** ANAT, FUSSBALL main *f*; FUSSBALL **~!** main! **2** *mit adj* **in andere Hände übergehen** changer de mains; passer en d'autres mains; **mit bewaffneter ~** à main armée; *umg* **in festen Händen sein** *umg* être casé; **die flache ~** le plat de la main; **in französischer** *etc* **~ sein** être entre les *od* aux mains des Français, *etc*; **freie ~ haben** avoir les mains libres; avoir le champ libre; avoir des coudées franches; avoir carte blanche; **j-m freie ~ lassen** laisser les mains libres, le champ libre à qn; donner carte blanche à qn; **mit geübter ~** d'une main experte, exercée; **sie hat dabei e-e glückliche ~ gehabt** là, elle a eu la main heureuse; **bei j-m in guten Händen sein** être en bonnes mains auprès de *od* chez qn; **die hohle ~** le creux de la main; **kalte Hände haben** avoir les mains froides; **von langer ~ vorbereitet** préparé de longue date; **mit leeren Händen dastehen** rester là les mains vides; **letzte ~ (an etw** *[akk]***) anlegen** mettre la dernière main (à qc); donner le dernier coup de lime (à qc); **linker ~, zur linken ~** à gauche; **mit der linken ~ schreiben, nähen** écrire, coudre de la *od* avec la *od* avec sa main gauche; *umg* **zwei linke Hände haben** être la maladresse en personne; **e-e lockere** *od* **lose ~ haben** *(gern schlagen)* avoir la main leste; **die öffentliche ~** les pouvoirs publics; **rechter ~, zur rechten ~** à droite; *fig* **j-s rechte ~ sein** être le bras droit de qn; **bei j-m in schlechten Händen sein** être en mauvaises mains auprès de *od* chez qn; **schmutzige Hände haben** avoir les mains sales; **e-e sichere ~ haben** avoir la main sûre; **mit starker ~** fermement; avec fermeté; **e-e starke ~ brauchen** *umg* avoir besoin de la poigne de qn; **j-m etw zu treuen Händen überlassen** confier qc à qn; **durch viele Hände gehen** passer par beaucoup de mains; **mit vollen Händen ausgeben** dépenser sans compter; **von zarter ~** par une main de femme; **~ breit, voll** → Handbreit, Handvoll **3** *mit num* **aus erster, zweiter ~** de première, seconde main **4** *mit pron* **alle** *od* **beide Hände voll zu tun haben** avoir du travail par-dessus la tête; avoir du pain sur la planche; **mit beiden Händen zugreifen** saisir l'occasion; sauter sur l'occasion **5** *mit adv* **j-m die ~ darauf geben** en donner sa parole (d'honneur) à qn; **Hände hoch!** °haut les mains!; **Hände weg (von …)!** ne touche(z) pas (à …); *umg* pas touche!; *umg* bas les pattes **6** *mit präp* **an ~ von** *od (+gen)* à l'aide de; au moyen de; en s'appuyant sur; **j-m etw an die ~ geben** donner qc à qn (pour l'aider à …); **j-m an die ~ gehen** aider qn; prêter la main à qn; donner un coup de main à qn; mettre la main à la pâte *(abs)*; **etw an der ~ haben** disposer de qc; avoir qc à (sa) disposition, à portée de main; **j-n an der ~ halten** tenir qn par la main; **~ an sich** *(akk)* **legen** attenter à ses jours; **j-n an die ~ nehmen** prendre qn par la main; **(klar) auf der ~ liegen** être évident, clair; tomber sous le sens; **j-n auf Händen tragen** être aux petits soins pour qn; dorloter qn; **~ aufs Herz!** dis-moi franchement!; **j-m aus der ~ fressen** manger dans la main de qn; *fig* faire tout ce que qn veut; **etw aus der ~ geben** *(weggeben)* donner qc; *(aufgeben)* abandonner qc; **etw aus der ~ legen** poser, laisser qc; **(j-m) aus der ~ lesen** lire dans les lignes de la main (de qn); **j-m etw aus der ~ schlagen** faire tomber qc des mains de qn; **aus der ~ zeichnen** dessiner à main levée; **etw bei der ~ haben** *Gegenstand, Mittel* avoir qc sous la main; *Ausrede, Antwort* avoir qc tout prêt; *geh* **j-n bei der ~ nehmen** prendre qn par la main; **mit e-r Antwort rasch bei der ~ sein** avoir la repartie prompte, facile; **mit e-m Verbot** *etc* **rasch bei der ~ sein** faire vite pour, se dépêcher d'interdire qc, *etc*; **die ~ gegen j-n erheben** lever la main sur qn; **bei e-r Sache die ~ im Spiel haben** être mêlé à qc; avoir trempé dans qc; **~ in ~ arbeiten** travailler en se complétant; bien collaborer; **j-m in die Hände arbeiten** faire le jeu de qn; **j-m etw in die ~ drücken** mettre qc dans la main de qn; **in j-s Hände fallen** tomber entre *od* dans les mains de qn; **~ in ~ gehen** aller, marcher la main dans la main; *fig* aller de pair; ne pas aller l'un sans l'autre; se compléter; **etw (fest) in der ~ haben** *fig* avoir qc (bien) en main; **j-n in der ~ haben** tenir qn sous sa coupe; **etw in der ~ halten** tenir qc à la main, *umschlossen* dans la main; **in die Hände klatschen** taper, frapper dans ses mains; *vor Freude* battre des mains; **dafür lege ich meine ~ ins Feuer** j'en mettrais ma main au feu; **die Hände in den Schoß legen** rester les bras croisés; se croiser les bras; **in j-s ~** *(dat)* **liegen** être, reposer entre les mains de qn; *fig* **etw in die ~ nehmen** prendre qc en main; **j-m etw in die Hände spielen** faire parvenir qc à qn; livrer qc à qn; **j-m etw in die ~ versprechen** promettre qc à qn sur son honneur; **s-e Hände in Unschuld waschen** s'en laver les mains; **mit ~ anlegen** donner un coup de main; mettre la main à la pâte; *umg* **mit Händen und Füßen reden** parler avec ses mains; **mit der ~ schreiben** écrire à la main; **sich mit Händen und Füßen gegen etw wehren** faire des pieds et des mains pour ne pas faire qc; s'opposer à qc de toutes ses forces; *geh* **mit s-r Hände Arbeit** en travaillant de ses mains; par son travail; *umg* **die Hände über dem Kopf zusammenschlagen** *vor Entrüstung* lever les bras au ciel; *vor Staunen* (en) être tout stupéfait; n'en pas revenir; **(bei j-m) um j-s ~ anhalten** demander la main de qn (à qn); **unter der ~** en sous-main; sous le manteau; clandestinement; **etw unter der ~ erfahren** apprendre qc de manière non officielle; **etw unter der ~ verkaufen** vendre qc en sous-main; **von ~ zu ~** de main en main; **etw von ~ bedienen, betätigen** commander, actionner, manœuvrer qc à la main; **die Arbeit geht ihr rasch von der ~** elle travaille vite (et bien); elle va vite à faire son travail; elle est rapide dans son travail; **die Hände von etw lassen** ne pas toucher à qc; *fig* ne pas se mêler de qc; **von s-r Hände Arbeit leben** vivre du travail de ses mains; **von der ~ in den Mund leben** vivre au jour le jour; **etw von der ~ weisen** repousser, rejeter qc; **das ist nicht von der ~ zu weisen** c'est bien probable, possible; c'est à considérer; **man konnte nicht die ~ vor (den) Augen sehen** on n'y voyait (strictement) rien, goutte; il faisait noir comme dans un four; *auf Briefen* **zu Händen von …** à l'attention de …; **etw zur ~ haben** *Gegenstand, Mittel* avoir qc sous la main; *Ausrede, Antwort* avoir qc tout prêt **7** *mit Verb* **j-m die ~ geben** *od* **drücken** serrer la main à qn; **mir sind die Hände gebunden** j'ai les mains liées; **j-m die ~ reichen** *zum Gruß, helfend* tendre la main à qn; **j-m die ~ schütteln** serrer la main à qn; *sprichw* **e-e ~ wäscht die andere** un (petit) service en vaut un autre **8** *mit subst* **~ und Fuß haben** tenir debout; être sensé; reposer sur des bases solides; **weder ~ noch Fuß haben** n'avoir ni queue ni tête

Handabzug M TYPO, FOTO épreuve *f*

Handantrieb M TECH commande manuelle, à la main; **mit ~** à commande manuelle; commandé à la main

Handapparat M **1** TEL combiné *m* **2** *Bücher* appareil *m* critique

Handarbeit F **1** ⟨*pas de pl*⟩ *(manuelle Arbeit)* travail manuel; **das ist ~** c'est fait (à la) main; **etw in ~** *(dat)* **herstellen** faire qc à la main **2** *fertiges Werk* ouvrage fait (à la) main **3** *(Nadelarbeit)* travaux *mpl* d'aiguille; *als Schulfach* couture *f*

Handarbeiter(in) M(F) travailleur, -euse *m,f* manuel, -elle

Handarbeitslehrerin F professeur *m* de couture; **Handarbeitsunterricht** M enseignement *m* de la couture (et des travaux d'aiguille)

Handaufheben N ⟨~s⟩ **durch ~ abstimmen** voter à main levée

Handauflegen N ⟨~s⟩, **Handauflegung** F ⟨-legung⟩ imposition *f* des mains

Handball M **1** ⟨*pas de pl*⟩ *Sportart* °handball *m*; **~ spielen** jouer au handball **2** *Ball* ballon *m* de handball

Handballen M ANAT éminence formée sur la paume de la main; *t/t am Daumen* éminence thénar; *am kleinen Finger* éminence hypothénar

Handballer(in) M ⟨~s; ~⟩ (F) ⟨~in; ~innen⟩ → Handballspieler(in); **Handballmannschaft** F équipe *f* de handball; **Handballplatz** M terrain *m* de handball; **Handballspiel** N *Match* match *m* de handball; *Sportart* °handball *m*; **Handballspieler(in)** M(F) °handballeur *m*; joueur, -euse *m,f* de handball

Handbedienung F TECH commande manuelle, à la main; **Handbesen** M balayette *f*

Handbetrieb M ⟨~(e)s⟩ actionnement *m* à la main; **mit, für ~** actionné à la main

handbetrieben ADJT *Gerät* à main; *Anlage* à commande manuelle

Handbewegung F geste *m* de la main; **Handbibliothek** F appareil *m* critique; *Nachschlagewerke* usuels *mpl*; **Handbohrer** M vrille *f*; **Handbrause** F douchette *f*; **handbreit** ADJ large comme la main; de la largeur de la main

Handbreit F ⟨~; ~⟩ largeur *f* de la main; **e-e, zwei ~ über dem Boden** à une dizaine, vingtaine de centimètres au-dessus du sol

Handbremse F frein *m* à main; **Handbuch** N manuel *m*

Händchen N ⟨~s; ~⟩ petite main; *kinderspr* menotte *f*; *umg* **~ halten** se tenir par la main; *umg* **ein ~ für etw haben** avoir le coup de main pour qc

Handcreme F crème *f* pour les mains; **Handdruck** M TYPO *Vorgang u. Ergebnis* impression *f* à la main; **Handdusche** F → Handbrause

Händedruck M ⟨~(e)s; -drücke⟩ poignée *f* de main

Händeklatschen N ⟨~s⟩ *(Beifallklatschen)* applaudissements *mpl*; **s-n Verein durch ~ anfeuern** encourager son club en frappant dans ses mains

Handel M ⟨~s⟩ **1** WIRTSCH commerce *m*, négoce *m* (**mit** de); *a. illegal* trafic *m* (**mit** de); **~ und Gewerbe, Industrie** le commerce et l'industrie; **~ treiben** faire du commerce; commercer; *pej* trafiquer; **~ treibend** commerçant; **~ Treibender** commerçant *m*; **im ~ sein** être, se trouver dans le commerce; **nicht (mehr) im ~** °hors commerce; introuvable; **in den ~ bringen** introduire, lancer dans le commerce, sur le marché; commercialiser; lancer **2** *(Geschäft)* marché *m*; affaire *f*; **e-n ~ abschließen** conclure un marché; *geh* **~ und Wandel** le mode de vie; les activités (d'un pays, *etc*) **3** *(Vereinbarung)* marché *m*; accord *m*

Händel *geh* MPL querelle *f*; dispute *f*; **mit j-m ~ haben** se quereller, se disputer avec qn; **~ suchen** chercher querelle (à qn)

Handelfmeter M FUSSBALL penalty dû à une faute de main

handeln ⟨-(e)le, h.⟩ **A** V/T **an der Börse gehandelt werden** se négocier, être négocié, être traité à la Bourse; **der Dollar wurde gestern zu 1 Euro gehandelt** hier le dollar était coté à 1 euro; *fig* **er wird als Nachfolger für den Präsidenten gehandelt** il est question de lui pour succéder à la présidence **B** V/I **1** *(sich verhalten, eingreifen)* agir; **nicht reden, ~!** pas de discours, des actes! **2** *(Handel treiben)* faire du commerce; **mit** *od* ADMIN **in etw** *(dat)* **~** faire le commerce de qc; **mit j-m ~** marchander, négocier avec qn **3** *(feilschen)* marchander (**um etw** qc); **um jeden Cent ~** marchander sou à sou; **um den Preis ~** discuter le prix; **er lässt (nicht) mit sich** *(dat)* **~** on (ne) peut (pas) marchander, négocier avec lui; *fig* on (ne) peut (pas) discuter avec lui; il (n')est (pas) très accommodant **4** *Buch etc* **von etw ~** traiter de qc; avoir qc pour sujet **C** V/UNPERS **es handelt sich um …** il s'agit de …; il est question de …; **worum handelt es sich?** de quoi s'agit-il?; de quoi est-il question?; **es handelt sich darum, ob …** il s'agit de savoir si …; **es handelt sich darum, dass …** *(es ist wichtig)* l'important, l'essentiel c'est que …; il faut (surtout) que … *(+subj)*; *(es geht um)* il s'agit de *(+inf)*; **es handelt sich um Folgendes** voici de quoi il s'agit, de quoi il est question; voici ce dont il s'agit; **darum handelt es sich nicht** ce n'est pas de cela qu'il s'agit, qu'il est question

Handeln N ⟨~s⟩ **1** *(Vorgehen)* action *f*; procédés *mpl*; **gemeinsames ~** action commune; **zum ~ entschlossen** décidé à agir **2** HANDEL marchandage *m*

Handelsabkommen N accord commercial; **Handelsagent(in)** M(F) *österr* → Han-

H

delsvertreter(in); **Handelsagentur** F agence commerciale; **Handelsakademie** F *österr* école supérieure de commerce; **Handelsartikel** M article *m* de commerce, de vente; **Handelsattaché** M attaché commercial; **Handelsbank** F ⟨~; ~en⟩ banque commerciale, de commerce; **Handelsbeschränkungen** FPL restrictions commerciales; **Handelsbeziehungen** FPL relations commerciales

Handelsbilanz F **1** *e-s Landes* balance commerciale; **passive, aktive ~** balance commerciale déficitaire *od* en déficit, excédentaire *od* en excédent **2** *e-r Firma* bilan commercial

Handelsbilanzdefizit N déficit *m* de balance commerciale; **Handelsbilanzüberschuss** M excédent *m* de balance commerciale

Handelsblatt N journal *m*, revue *f* d'économie; **Handelsdelegation** F délégation commerciale

handelseinig, handelseins ADJ **(mit j-m) handelseinig, handelseins sein** être d'accord (avec qn); **(mit j-m) handelseinig, handelseins werden** tomber, se mettre d'accord (avec qn)

Handelsembargo N embargo *m* (économique); **Handelsfirma** F maison *f* de commerce; **Handelsflagge** F pavillon *m* (des navires marchands); **Handelsflotte** F flotte marchande, de commerce; **Handelsfreiheit** F liberté *f* du commerce; **Handelsgericht** N tribunal *m* de commerce

Handelsgesellschaft F société commerciale, de commerce; **offene ~** société *f* en nom collectif

Handelsgesetz N loi commerciale, sur le commerce; **Handelsgesetzbuch** N ⟨~(e)s⟩ code *m* de commerce; **Handelsgröße** F *e-s Produkts* modèle, format commercial; **Handelshafen** M port *m* de commerce; **Handelshaus** *geh* N maison *f* de commerce; **Handelskammer** F chambre *f* de commerce; **Handelskette** F chaîne *f*, groupe *m* de distribution; **Handelsklasse** F catégorie *f*; **Handelskorrespondenz** F ⟨~⟩ correspondance commerciale; **Handelsmacht** F puissance commerciale; **Handelsmarine** F marine marchande, de commerce; **Handelsmarke** F marque *f* de commerce; **Handelsmesse** F foire commerciale; **Handelsminister(in)** M(F) ministre *m/f* du Commerce; **Handelsmission** F mission commerciale; **Handelsmonopol** N monopole commercial; **Handelsname** M nom commercial; **Handelsniederlassung** F établissement commercial; succursale *f*; **Handelsorganisation** F organisation commerciale; **Handelspartner** M partenaire commercial; **Handelsplatz** M place commerciale et financière; **Handelspolitik** F politique commerciale; **handelspolitisch** ADJ de la *od* concernant la politique commerciale; politico-économique; **Handelsrecht** N ⟨~(e)s⟩ législation commerciale; droit commercial; **handelsrechtlich** ADJ de droit commercial; **Handelsregister** N registre *m* du commerce; **Handelsreisende(r)** M/F(M) ⟨→ A⟩ représentant(e) *m(f)*, voyageur *m* de commerce; *früher* commis *m* voyageur; **Handelsrichter** M juge *m* du *od* au tribunal de commerce; juge *m* consulaire; **Handelsschiff** N navire marchand, de commerce; **Handelsschifffahrt** F navigation commerciale; **Handelsschranken** FPL barrières commerciales

Handelsschule F école commerciale, de commerce; **höhere ~** *etwa* école commerciale du second degré

Handelsschüler(in) M(F) élève *m/f*, étudiant(e) *m(f)* d'une école de commerce; **Handelsspanne** F marge commerciale; **Handelssperre** F embargo *m*; **Handelssprache** F langue commerciale, du commerce; **Handelsstadt** F ville commerçante, marchande; **Handelsstraße** F HIST (grande) route marchande

handelsüblich ADJ en usage dans le commerce; *Format, Bezeichnung etc* commercial; **~er Rabatt** rabais usuel

Handelsunternehmen N entreprise commerciale; **Handelsverbindungen** FPL relations commerciales; **Handelsverbot** N interdiction *f* de faire du commerce, de commercer; **Handelsverkehr** M trafic commercial; échanges commerciaux; **Handelsvertrag** M traité *m* de commerce; **Handelsvertreter(in)** M(F) représentant(e) *m(f)* de commerce; VRP *m*; **Handelsvertretung** F représentation *f* de commerce; *(Handelsmission)* mission commerciale; **Handelsvolumen** N ⟨~s⟩ volume *m* des échanges commerciaux; **Handelsware** F article *m* de commerce, de vente; **Handelsweg** M voie commerciale; **Handelswert** M valeur marchande, commerciale; **Handelszentrum** N capitale commerciale

handeltreibend ADJT ⟨épithète⟩ commerçant; **Handeltreibende(r)** M/F(M) ⟨→ A⟩ commerçant(e) *m(f)*

händeringend **A** ADJT ⟨épithète⟩ se tordant les mains **B** ADVL en se tordant les mains; *fig* désespérément; **~ e-n Nachfolger suchen** chercher désespérément un successeur

Händeschütteln N ⟨~s⟩ poignées *fpl* de main; **Händetrockner** M sèche-mains *m*

Handexemplar N exemplaire *m* dont on se sert continuellement, qu'on a toujours sous la main; *(Autorenexemplar)* exemplaire *m* d'auteur; **Handfeger** M ⟨~s; ~⟩ petit balai; balayette *f*; **Handfertigkeit** F ⟨~⟩ dextérité *f*; habileté manuelle; **Handfesseln** FPL menottes *fpl*; **handfest** ADJ *a. fig Beweis etc* solide; *Mahlzeit* solide; qui tient au ventre; consistant; *Streit* gros, grosse; *a. Prügelei* sérieux, -ieuse; *Skandal* gros, grosse; retentissant; *umg* sacré; *Lüge* grossier, -ière; **Handfeuerlöscher** M extincteur *m* (à main); **Handfeuerwaffe** F arme à feu individuelle, portative; **Handfläche** F intérieur *m*, creux *m* de la main; *(Handteller)* paume *f*

handgearbeitet ADJT fait (à la) main; **handgefertigt** ADJT fait (à la) main; **handgeknüpft** ADJT noué à la main

Handgeld N *bei Vertragsabschluss* arrhes *fpl*; acompte *m*; provision *f*

Handgelenk N poignet *m*; *umg fig* **etw aus dem ~ schütteln (können)** faire qc sans peine, avec facilité, sans (aucune) difficulté

handgemacht ADJT fait (à la) main; **handgemalt** ADJT peint à la main

handgemein *geh* ADJ **~ werden** en venir aux mains

Handgemenge N ⟨~s; ~⟩ mêlée *f*; **es kam zu e-m ~** ils en vinrent aux mains

handgenäht ADJT cousu (à la) main

Handgepäck N bagages *mpl* à main

handgeschöpft ADJT *Papier* (fabriqué) à la main, à la cuve; **handgeschrieben** ADJT écrit à la main; manuscrit; **handgesteuert** ADJT à commande manuelle; **handgestrickt** ADJT tricoté (à la) main; **handgewebt** ADJT tissé à la main

Handgranate F grenade *f* à main

handgreiflich **A** ADJ **1** *(offensichtlich)* évident; palpable **2** *(tätlich)* **~ werden** en venir aux mains, aux coups; JUR passer aux voies de fait; **e-e ~e Auseinandersetzung** un différend au cours duquel on en vient aux mains **B** ADV **j-m etw ~ vor Augen führen** faire toucher du doigt qc à qn

Handgreiflichkeit F ⟨~; ~en⟩ **1** ⟨pas de pl⟩ *(Offensichtlichkeit)* évidence *f* **2** *(Tätlichkeit)* bagarre *f*; JUR voie *f* de fait; **es kam zu ~en** on en vint aux mains

Handgriff M **1** *(Bewegung)* geste *m* (précis); *pl* **~e** *oft* manipulations *fpl*; manœuvres *fpl*; maniement *m*; **die exakten ~e e-s Chirurgen** la précision des gestes d'un chirurgien; **mit wenigen ~en** en deux temps (et) trois mouvements **2** *an Geräten, Koffern etc* poignée *f*; *(Bedienungshandgriff)* manette *f*

handgroß ADJ grand comme la main

Handhabe F ⟨~; ~n⟩ **e-e ~ gegen j-n haben** avoir une raison d'agir contre qn; avoir une preuve, une arme contre qn; **das Gesetz bietet keine ~ dagegen** la loi n'offre aucun recours, ne permet pas d'intervenir dans ce cas

handhaben VT ⟨insép, ge-, h.⟩ **1** *Werkzeug, Gerät etc* manier; manipuler; se servir de **2** *Regelung, Vorschrift etc* appliquer; **Handhabung** F ⟨~; ~en⟩ **1** *e-s Geräts etc* maniement *m*; manipulation *f* **2** *e-r Regelung etc* application *f*

Handharmonika F MUS harmonica *m* à main; **Handharpune** F °harpon lancé à la main; **Handhebel** M levier *m*; *kleiner* manette *f*

Handheld M *od* N ⟨~s; ~s⟩ IT assistant *m* électronique

Handicap N ⟨~s; ~s⟩ SPORT, *fig* °handicap *m*

handicapen VT ⟨h.⟩ SPORT, *fig* °handicaper

Handikap → Handicap

handikapen → handicapen

Handkante F tranchant *m* de la main; **Handkantenschlag** M coup porté avec le bord de la main; **Handkarre** F, **Handkarren** M charrette *f* à bras; **Handkoffer** M valise *f*; **handkoloriert** ADJT colorié à la main; **Handkurbel** F manivelle *f*

Handkuss M baisemain *m*; *umg hum* **etw mit ~ annehmen, tun** ne pas se faire prier pour faire, accepter qc

Handlanger M ⟨~s; ~⟩ **1** *(Helfer)* manœuvre *m*; aide *m*; *e-s Maurers* aide-maçon *m*; *pej* larbin *m* **2** *fig pej* homme *m* de main **(für** de**)**

Handlangerdienste MPL *pej* **j-m ~ leisten** être l'homme de main de qn

Handlauf M *am Treppengeländer* main courante

Händler(in) M ⟨~s; ~⟩ (F) ⟨~in; ~innen⟩ marchand(e) *m(f)*; *(Kaufmann, Kauffrau)* commerçant(e) *m(f)*; **Händlerrabatt** M rabais *m*, remise *f* accordé(e) aux marchands

Handlesekunst F ⟨~⟩ chiromancie *f*

handlich ADJ *Gegenstand, Format, Auto etc* maniable; *kleinere Gegenstände a.* bien en main; *Buch* d'un format pratique; *(leicht zu handhaben)* d'emploi, d'utilisation facile; facile à manier; **Handlichkeit** F ⟨~⟩ maniabilité *f*; facilité *f* d'emploi; maniement *m* facile

Handlinie F ligne *f* de la main; **Handliniendeutung** F ⟨~⟩ chiromancie *f*

Handlung F ⟨~; ~en⟩ **1** *(Tat)* acte *m*; **strafbare ~** délit *m*; acte criminel **2** *e-s Romans, Theaterstücks etc* action *f*; **Einheit der ~** unité *f* d'action; **Ort der ~** lieu *m* de l'action **3** HANDEL magasin *m*; boutique *f*

Handlungsablauf M déroulement *m* de l'action; **Handlungsbevollmächtigte(r)** M/F(M) fondé *m* de pouvoir; mandataire commercial

handlungsfähig ADJ capable, à même, en

mesure d'agir; JUR ayant la capacité d'exercice; **~ sein** avoir la capacité d'exercice
Handlungsfähigkeit F ⟨~⟩ capacité *f*, possibilité *f* d'agir; JUR capacité *f* d'exercice; **Handlungsfreiheit** F ⟨~⟩ liberté *f* d'action, d'agir; **handlungsreich** ADJ *Geschichte etc* riche en événements; **Handlungsreisende(r)** M/F(M) → Handelsreisende(r); **Handlungsschema** N (type *m*, modèle *m* d')intrigue *f*; **Handlungsspielraum** M marge *f* de manœuvre; liberté *f* d'action; **handlungsunfähig** ADJ incapable (d'agir); impuissant; JUR incapable; **Handlungsunfähigkeit** F incapacité *f* d'agir; impuissance *f*; JUR incapacité *f*; **Handlungsverlauf** M déroulement *m* de l'action; **Handlungsvollmacht** F procuration commerciale; **Handlungsweise** F façon *f*, manière *f* d'agir; (*Vorgehen*) procédés *mpl*
Handmixer M mixeur *m*; **Handmühle** F moulin *m* (à café, à poivre, *etc*)
Handout N ⟨~s; ~s⟩ information *f*; documentation *f*
Handpflege F manucure *f*; **Handpresse** F presse *f* à bras; **Handpuppe** F marionnette *f* à gaine; **Handrad** N TECH volant *m*; **Handreichung** F ⟨~; ~en⟩ service *m*; aide *f*; **Handrücken** M dos *m*, revers *m* de la main; **Handsäge** F scie *f* à main; **Handsatz** M ⟨~es⟩ TYPO composition manuelle, à la main; **Handschaltung** F AUTO changement *m* de vitesse à la main
Handschelle F menotte *f*; **j-m ~n anlegen** passer les menottes à qn
Handschlag M (*Händedruck*) poignée *f* de main; **j-n mit ~ begrüßen** serrer la main à qn; saluer qn d'une poignée de main; **etw durch ~ bekräftigen** confirmer qc en topant dans la main de qn; *umg fig* **keinen ~ tun** ne pas bouger le petit doigt; *umg* ne pas en fiche (une rame)
Handschrift F 1 (*Schriftzüge*) écriture *f*; **e-e schöne ~ haben** avoir une belle écriture 2 *fig* griffe *f*; **dieses Bild, Denkmal** *etc* **verrät die ~ der Künstlerin** on reconnaît bien là la griffe, le coup de patte de l'artiste 3 HIST *Schriftwerk* manuscrit *m*
Handschriftendeutung F ⟨~⟩ graphologie *f*; **Handschriftenkunde** F ⟨~⟩ paléographie *f*; **Handschriftenprobe** F lignes, *etc* manuscrites; *bei Tests* exemple *m*, échantillon *m* d'écriture; **Handschriftensammlung** F collection *f* de manuscrits
handschriftlich A ADJ écrit à la main; manuscrit B ADV **etw ~ hinzufügen** (r)ajouter qc à la main
Handschuh M gant *m*; (*Fausthandschuh*) moufle *f*; **(sich** [*dat*]**) ~e anziehen** mettre des, ses gants; se ganter; **(sich** [*dat*]**) die ~e ausziehen** enlever, ôter ses gants; se déganter
Handschuhfach N boîte *f* à gants; vide-poches *m*
Handschuhgröße F pointure *f* (de gants); **~ sieben haben** avoir du sept comme pointure
Handschuhmacher(in) M ⟨~s; ~⟩ (F) ⟨~in; ~innen⟩ gantier, -ière *m,f*
Handseife F savon *m* pour les mains; **handsigniert** ADJT signé; **Handspiegel** M miroir *m* à main; **Handspiel** N ⟨~(e)s⟩ FUSSBALL (faute *f* de) main *f*
Handstand M TURNEN appui tendu; **e-n ~ machen** faire l'arbre
Handsteuerung F commande manuelle, à la main
Handstreich M *bes* MIL coup *m* de main; **im ~ nehmen** prendre par surprise
Handtasche F sac *m* à main; **Handteller** M ANAT paume *f* (de la main)
Handtuch N ⟨~(e)s; -tücher⟩ serviette *f* (de toilette); (*Küchenhandtuch*) essuie-main(s) *m*; *umg hum* **ein schmales ~** (*dünne Person*) un sac d'os; **das ~ werfen** *beim Boxen*, *a. fig* jeter l'éponge
Handtuchhalter M porte-serviettes *m*
Handumdrehen N **im ~** en un tour de main; en un tournemain; *umg* en cinq sec
handverlesen ADJT trié à la main; *fig* trié sur le volet
Handvermittlung F TEL système manuel
Handvoll F ⟨~; ~⟩ poignée *f*; **e-e ~ Kirschen, Leute** une poignée de cerises, de gens
Handwaffe F arme *f* de main; **Handwagen** M charrette *f* à bras
handwarm A ADJ pas trop chaud; à température moyenne; tiède B ADV **etw ~ waschen** laver qc à l'eau tiède, à température moyenne
Handwaschbecken N petit lavabo; **Handwäsche** F 1 *Vorgang* lessive *f*, lavage *m* à la main 2 *Wäschestücke* petite lessive; linge lavé à la main; **Handwebstuhl** M métier *m* à main
Handwerk N *a. fig* métier *m*; *coll* artisanat *m*; **sein ~ verstehen** *a. fig* connaître son métier; **j-m ins ~ pfuschen** empiéter sur le domaine de qn; *umg* marcher sur les plates-bandes de qn; **j-m das ~ legen** mettre fin, un terme aux activités, agissements de qn; couper court aux agissements, menées de qn; *sprichw* **~ hat goldenen Boden** *sprichw* on gagne bien sa vie en étant artisan; *umg* **Klappern gehört zum ~** il faut savoir se vendre, se mettre en avant
Handwerker(in) M ⟨~s; ~⟩ (F) ⟨~in; ~innen⟩ *selbstständige(r)* artisan *m*, femme *f* artisan; **die ~ im Haus haben** avoir les ouvriers dans la maison
handwerklich A ADJ ⟨*épithète*⟩ (*das Handwerk betreffend*) artisanal; **~e Fähigkeiten** aptitudes manuelles B ADV **e-e ~ gute Leistung** un travail de bon ouvrier
Handwerksbetrieb M (petite) entreprise artisanale; **Handwerksgeselle** M compagnon *m* artisan; **Handwerkskammer** F chambre *f* des métiers; **Handwerksmeister** M maître *m* artisan; **Handwerksordnung** F Code *m* de l'artisanat; **Handwerksrolle** F registre *m* des métiers; **Handwerkszeug** N ⟨~(e)s⟩ 1 outils *mpl*; outillage *m* 2 *fig* outils *mpl* de travail
Handwörterbuch N dictionnaire *m* d'un format moyen; **Handwurzel** F ANAT carpe *m*
Handy N ⟨~(s); ~s⟩ TEL (téléphone *m*) portable *m*; **Handynummer** F numéro *m* du (téléphone) portable
Handzeichen N signe *m* de la main; *bei Abstimmungen* **um ein ~ bitten** demander de lever la main
Handzeichnung F dessin *m* (à la main); **Handzettel** M tract *m*
hanebüchen *geh* ADJ inouï; incroyable
Hanf M ⟨~(e)s⟩ chanvre *m*; **Hanf(an)bau** M culture *f* du chanvre; **Hanffaser** F fibre *f* de chanvre; *coll* filasse *f* (du chanvre)
Hänfling M ⟨~s; ~e⟩ ZOOL linotte *f*
Hanfseil N corde *f*, cordage *m* de chanvre
Hang M ⟨~(e)s; ¨~e⟩ 1 ⟨*pas de pl*⟩ (*Neigung*) penchant *m*, tendance *f*, inclination *f* **(zu** à, pour); propension *f* **(zu** à); **e-n ~ zum Alkohol haben** avoir un penchant pour l'alcool 2 (*Abhang*) pente *f*; talus *m*
Hangar M ⟨~s; ~s⟩ FLUG °hangar *m*
Hängebacke F joue pendante; bajoue *f*; **Hängebahn** F (*Schwebebahn*) monorail suspendu; **Hängebank** F ⟨~; ¨~e⟩ BERGBAU recette *f*; **Hängebauch** M *umg* (grosse) bedaine; **Hängeboden** M soupente *f*; **Hängebrücke** F pont suspendu; **Hängebrust** F poitrine tombante; **Hängelampe** F suspension *f*
hangeln V/I ⟨-(e)le, h. *ou* s.⟩ (*u.* V/R) **(sich) ~** avancer, progresser en suspension
Hängematte F °hamac *m*
hangen *schweiz, regional* → hängen B; *geh* **mit Hangen und Bangen** avec angoisse

hängen

A transitives Verb **B** intransitives Verb
C reflexives Verb

— **A** transitives Verb —

⟨*régulier*, h.⟩ 1 (*auf~*) suspendre **(an** [+*akk*] à); **die Kleider in den Schrank ~** pendre les vêtements dans l'armoire; **den Schal über den Stuhl ~** poser le foulard sur le dossier de la chaise 2 *mit Haken, Nagel, Klammer etc* accrocher **(an** [+*akk*] à); *fig* **sein Herz an etw** (*akk*) **~** s'attacher à qc 3 (*~ lassen*) laisser pendre; **die Arme ~ lassen** *meist* être bras ballants; avoir, rester les bras ballants; **ein Bein aus dem Bett, ins Wasser ~** laisser pendre une jambe °hors du lit, dans l'eau; *fig* **den Kopf ~ lassen** être découragé, déprimé; **den Kopf nicht ~ lassen** *a.* faire contre mauvaise fortune bon cœur 4 (*er~*) pendre; **Tod durch Hängen** mort *f* par pendaison; *umg fig* **mit Hängen und Würgen** de justesse; *umg* ric-rac; *sprichw* **die kleinen Diebe hängt man, die großen lässt man laufen** *etwa* les petits pâtissent plus pour leurs fautes que les grands

— **B** intransitives Verb —

⟨hängt, hing, gehangen, h. *ou südd, österr, schweiz* s.⟩ 1 (*herunter~*) pendre; *oft* être suspendu; **~ lassen** *Arme, Flügel etc* laisser pendre; **die Hängenden Gärten der Semiramis** les jardins suspendus de Babylone; **mit ~dem Kopf** (la) tête baissée; *fig* la tête basse; **mit ~der Zunge** °hors d'haleine; à bout de souffle 2 (*befestigt sein*) être accroché, suspendu **(an** [+*dat*] à); **~ bleiben** *an e-m Haken etc* rester accroché **(an** [+*dat*] à); (*haften bleiben*) rester fixé, collé, attaché; attacher, coller **(an** [+*dat*] à); **~ lassen** *Hut etc* (*vergessen*) laisser; oublier; *Wäsche, Bild etc* laisser (accroché, suspendu); **das Bild hängt schief** le tableau penche, est penché; **der Baum hängt voller Früchte** l'arbre est couvert, chargé de fruits; **der Schrank hängt voller Kleider** l'armoire est pleine, remplie de vêtements 3 (*fest~*) être, rester accroché; se prendre; **mit etw an etw** (*dat*) **~** rester accroché avec, par qc à qc; se prendre qc à, dans qc; **an s-n Schuhen hängt Schmutz** il y a de la saleté à, sous ses chaussures; *fig* **an j-m, etw ~** être attaché, tenir à qn, qc; *fig Verdacht* **an j-m ~ bleiben** poursuivre qn; *fig* **sein Blick blieb an ihrem Collier ~** son regard s'arrêta, vint se fixer sur le collier qu'elle portait; *fig* **an e-m Faden ~** ne tenir qu'à un fil; *fig* **an j-s Lippen ~** être suspendu aux lèvres de qn; *fig* **es bleibt immer etwas ~** il en reste *bzw.* restera toujours quelque chose; *fig* **davon ist nicht viel ~ geblieben** il n'en est pas resté grand-chose 4 *umg fig Personen* **aus dem Fenster ~** être penché à la fenêtre; **(dauernd) am Telefon ~** être pendu (continuellement) au téléphone; **vor dem Fernseher ~** rester (collé) devant la télé; **im Sessel ~** être affalé, vautré dans le fauteuil; **in der Kneipe ~** traîner au bistro(t) 5 (*erhängt sein*) être pendu

H

6 *(ab~)* **an j-m, etw ~** dépendre de qn, de qc; **es hängt alles an ihm** tout dépend de lui; ça ne tient qu'à lui **7** *bei e-r schwierigen Sache* **~ (bleiben)** être arrêté, bloqué; ne pas (pouvoir) avancer; *beim Sprechen* avoir un trou; *umg* **j-n ~ lassen** *umg* laisser qn dans le pétrin; laisser tomber qn; *umg* laisser qn en plan; **sich ~ lassen** se laisser aller; ne rien faire; baisser les bras

— **C** reflexives Verb —

⟨*régulier*, h.⟩ **sich an j-n, etw ~** s'accrocher à qn, qc; *umg* coller qn; *im Auto etc* suivre qn de très près; *emotional* se raccrocher à qn, qc; *Geruch etc* s'imprégner, s'incruster sur (les vêtements, *etc* de) qn, dans qc; *umg fig* **sich ans Telefon ~** passer un *bzw.* des coup(s) de fil

hängenbleiben V/I → hängen B 2, 3, 7; **hängenlassen** V/T *u.* V/R → hängen B 1, 2, 7

Hängeohr N oreille pendante; **Hängepartie** F SCHACH partie ajournée; **Hängepflanze** F plante retombante

Hänger M ⟨~s; ~⟩ **1** MODE *Kleid* robe *f*, *Mantel* manteau *m* ample **2** *umg* (*Anhänger*) remorque *f*

Hängeschrank M élément suspendu; **Hängeschultern** FPL épaules tombantes

hängig ADJ *schweiz* **1** (*unerledigt*) *Fragen* en suspens; non résolu **2** JUR (*anhängig*) en instance

Hanglage F *e-s Grundstücks* terrain *m* en pente; *Haus* **mit** *od* **in ~** sur (un) terrain en pente

Hanna(h), Hanne F ⟨→ *n/pr*⟩ *prénom*; BIBEL Anne *f*

Hannover N ⟨→ *n/pr*⟩ °Hanovre

Hans M ⟨→ *n/pr*⟩ *prénom*; **~ im Glück** *Märchenfigur* Jeannot *m* la Chance; Jean le Bienheureux; *fig umg* veinard *m*; **~ Guckindieluft** étourdi *m*

Hansaplast® N ⟨~(e)s⟩ sparadrap *m*; pansement adhésif; tricostéril® *m*

Hänschen N ⟨~s; ~⟩ *sprichw* **was ~ nicht lernt, lernt Hans nimmermehr** ce que l'on n'apprend pas étant jeune, on ne l'apprendra jamais

Hansdampf *umg* M ⟨~(e)s; ~e⟩ **(ein) ~ in allen Gassen sein** être partout à la fois; *geschäftlich* être un brasseur d'affaires

Hanse F ⟨~⟩ HIST **die ~** la Hanse

Hanseat(in) M ⟨~en; ~en⟩ (F) ⟨~in; ~innen⟩ °hanséate *m/f*

hanseatisch ADJ °hanséatique

Hänselei F ⟨~; ~en⟩ taquinerie *f*

hänseln V/T ⟨-(e)le, h.⟩ taquiner; *umg* asticoter; *umg* chiner

Hansestadt F ville *f* °hanséatique

Hanswurst M ⟨~(e)s; ~e *ou hum* -würste⟩ **1** (*Dummkopf*) (pauvre) clown *m*; pantin *m* **2** THEAT HIST °hanswurst *m*

Hantel F ⟨~; ~n⟩ SPORT haltère *m*; **Hantelübung** F exercice *m* avec des haltères

hantieren V/I ⟨*pas de ge-*, h.⟩ **mit etw ~** manier, manipuler qc; s'occuper avec qc

hapern V/UNPERS ⟨-(e)re, h.⟩ **1** (*nicht klappen*) **es hapert mit etw** il y a qc qui cloche, qui ne va *od* marche pas dans qc; **im Französischen hapert es noch bei ihm** il a encore des difficultés, des problèmes en français **2** (*mangeln*) **es hapert an etw** (*dat*) il manque qc; **bei mir hapert es immer an der Zeit** c'est toujours le temps qui me manque

haploid ADJ BIOL haploïde

Häppchen N ⟨~s; ~⟩ (*Bissen*) petite bouchée; (*Canapé*) canapé *m*; (*kleiner Appetithappen*) amuse-gueule *m*

Happen *umg* M ⟨~s; ~⟩ bouchée *f*; *fig* **ein fetter ~** un pactole; **e-n ~ essen** manger un petit morceau, une bricole

Happening N ⟨~s; ~s⟩ °happening *m*

happig *umg* ADJ exagéré; *Preis a.* exorbitant; fantaisiste

happy *umg* ADJ ⟨*attribut*⟩ heureux, -euse; content

Happy End N ⟨~(s); ~s⟩ °happy end *m od f*

Happy Hour F ⟨~; ~s⟩ °happy hour *f*

Harakiri N ⟨~(s); ~s⟩ °hara-kiri *m*; **~ machen** *od* **begehen** se faire hara-kiri

Harald M ⟨→ *n/pr*⟩ *prénom*

Harass M ⟨~es; ~e⟩ *schweiz* **1** (*Lattenkiste*) cageot *m*; *kleinerer* cagette *f* **2** (*Getränkekasten*) caisse *f*; **zwei ~e Bier** deux caisses de bière

Härchen N ⟨~s; ~⟩ petit cheveu *bzw.* poil

Hardcover N ⟨~s; ~s⟩ *Buch* volume *m*, livre *m* à couverture rigide

Hardtop N *od* M ⟨~s; ~s⟩ **1** *Dach* °hard-top *m* **2** *Wagen* cabriolet *m* avec °hard-top

Hardware F ⟨~; ~s⟩ IT matériel *m*; °hardware *m*; **Hardwareingenieur** M ingénieur *m* (en) °hardware

Harem M ⟨~s; ~s⟩ *a. fig hum* °harem *m*

Haremsdame F femme *f* d'un °harem; *bes in der Kunst* odalisque *f*; **Haremswächter** M gardien *m* de harem

hären *geh* ADJ ⟨*épithète*⟩ en poil (de chèvre)

Häresie F ⟨~; ~n⟩ hérésie *f*

Häretiker M ⟨~s; ~⟩ hérétique *m*

häretisch ADJ hérétique

Harfe F ⟨~; ~n⟩ °harpe *f*

Harfenist(in) M ⟨~en; ~en⟩ (F) ⟨~in; ~innen⟩ °harpiste *m/f*

Harfenspiel N °harpe *f*; **Harfenspieler(in)** M(F) joueur, -euse *m,f* de harpe

Harke F ⟨~; ~n⟩ *nordd* râteau *m*; *umg fig* **ich werde ihm zeigen, was e-e ~ ist** je vais lui montrer qui je suis, de quel bois je me chauffe

harken V/T ⟨h.⟩ *nordd* râtisser

Harlekin M ⟨~s; ~e⟩ arlequin *m*

Harm *poet* M ⟨~(e)s⟩ peine *f*; affliction *f*; chagrin *m*

härmen *geh* V/R ⟨h.⟩ **sich ~** s'affliger, se chagriner, se tourmenter (**um** de)

harmlos **A** ADJ *Tier, Mensch, Medikament* (*ungefährlich*) inoffensif, -ive; *Mensch* (*arglos, naiv*) naïf, -ive; pas méchant; *Miene, Vergnügen* innocent; *Bemerkung, Vorfall* anodin; *Witz, Frage* innocent; anodin; *Witz a.* gentil, -ille; *umg* pas (bien) méchant; *Verletzung, Unfall, Operation* sans gravité; *Krankheit* bénin, -igne **B** ADV **~ aussehen** *Lebewesen* avoir l'air inoffensif; *Sache* avoir l'air anodin; **~ dreinschauen** regarder innocemment; *Krankheit, Operation* **~ verlaufen** se dérouler d'une façon bénigne, sans gravité

Harmlosigkeit F ⟨~⟩ caractère inoffensif, anodin; innocence *f*; *e-s Menschen a.* naïveté *f*; *e-s Medikaments* innocuité *f*

Harmonie F ⟨~; ~n⟩ MUS, *fig* harmonie *f*; (*Eintracht*) *a.* accord *m*

Harmonielehre F ⟨~⟩ MUS (théorie *f* de l')harmonie *f*

harmonieren V/I ⟨*pas de ge-*, h.⟩ *Personen* s'accorder, s'entendre (**mit** avec); *Farben etc* s'accorder, s'harmoniser (**mit** avec); **miteinander ~** *Menschen* s'accorder; s'entendre; *Farben* s'harmoniser

Harmonika F ⟨~; ~s *ou* -ken⟩ harmonica *m*

harmonisch ADJ MUS, *fig* harmonieux, -ieuse; HARMONIELEHRE, MATH harmonique

harmonisieren V/T ⟨*pas de ge-*, h.⟩ MUS, *fig* harmoniser; **Harmonisierung** F ⟨~; ~en⟩ harmonisation *f*

Harmonium N ⟨~s; -ien⟩ MUS harmonium *m*

Harn M ⟨~(e)s; ~e⟩ urine *f*; **~ lassen** uriner

Harnblase F vessie *f*; **Harndrang** M besoin *m* d'uriner

harnen *geh* V/I ⟨h.⟩ uriner

Harnentleerung F évacuation *f* de l'urine; MED miction *f*; **Harnglas** N urinal *m*

Harnisch M ⟨~s; ~e⟩ HIST (*Brustharnisch*) cuirasse *f*; (*Rüstung*) armure *f*; °harnais *m*; *fig* **j-n in ~ bringen** mettre qn en colère; exaspérer qn; faire sortir qn de ses gonds; *fig* **in ~ (über etw, j-n) geraten** s'emporter; se mettre en colère (contre qc, qn)

Harnlassen N ⟨~s⟩ MED miction *f*; **Harnleiter** M uretère *m*; **Harnröhre** F urètre *m*; **Harnsäure** F ⟨~⟩ acide *m* urique; **Harnstein** M MED calcul *m* urinaire; **Harnstoff** M urée *f*

harntreibend ADJT diurétique; **~es Mittel** diurétique *m*

Harnvergiftung F urémie *f*; **Harnverhaltung** F rétention *f* d'urine; *t/t* ischurie *f*; **Harnwege** MPL voies *fpl* urinaires; **Harnzwang** M MED strangurie *f*

Harpune F ⟨~; ~n⟩ °harpon *m*

Harpunier M ⟨~s; ~e⟩ °harponneur *m*

harpunieren ⟨*pas de ge-*, h.⟩ **A** V/T °harponner **B** V/I chasser au harpon

Harpunieren N ⟨~s⟩ °harponnage *m*

Harpunierer M ⟨~s; ~⟩ → Harpunier

Harpyie F ⟨~; ~n⟩ MYTH, ZOOL °harpie *f*

harren *geh* V/I ⟨h.⟩ **j-s** *od* **auf j-n, e-r Sache** (*gen*) *od* **auf etw** (*akk*) **~** attendre (avec impatience *bzw.* espoir *bzw.* nostalgie) qn, qc; **ich harre der Dinge, die da kommen sollen** j'attends; je laisse venir les choses

harsch ADJ **1** (*vereist*) gelé; (ver)glacé; *Schnee* tôlé **2** *fig* (*barsch*) dur; sans ménagement

Harsch M ⟨~(e)s⟩ neige tôlée; **harschig** ADJ *Schnee* tôlé

hart **A** ADJ ⟨"er, "este⟩ *Material etc* dur (*a. fig Arbeit, Droge, Kampf, Wasser, Winter, Worte, Zeiten, Konsonant, Akzent, Realität, Mensch*); *fig Zeiten a.* difficile; *Winter a.* rigoureux, -euse; rude; *Los, Schicksal* cruel, -elle; *Kritik, Maßnahme, Strafe, Urteil* sévère; *Währung* fort; *Kindheit* difficile; *Aufprall, Stoß, Kontrast* violent; *Pornografie* °hard (*inv*); SPORT **~es Spiel** jeu *m*, match *m* rude; *Boxer* **~ im Nehmen sein** encaisser bien (les coups); **~ wie Stahl** dur comme l'airain, le fer; **~ zu j-m sein** être dur avec qn; **~ werden** *Material* durcir; *Person* se durcir; devenir dur; **es ist sehr ~ für mich, das zu hören** c'est très dur pour moi d'entendre ça **B** ADV **1** *schlagen, aufprallen* violemment; *fig* durement; avec dureté; *Stoff, Material* **sich ~ anfühlen** être dur au toucher; **ein Ei ~ kochen** faire un œuf dur; **~ machen** durcir; **~ aneinandergeraten** se disputer violemment; **j-n ~ anfassen** *od* **anpacken** traiter qn durement, avec dureté; se montrer dur avec qn; *Arbeit etc* **j-n ~ ankommen** coûter (beaucoup), sembler dur à qn; **es kommt mich ~ an zu** (*+inf*) il m'en coûte beaucoup, cela me semble dur de (*+inf*); **~ arbeiten** travailler dur; *fig* **~ bleiben** rester inflexible; ne pas céder; **~ durchgreifen** prendre des mesures énergiques, sévères; *Unglück, Krankheit etc* **j-n ~ treffen** éprouver qn durement, cruellement; toucher qn durement; **~ bedrängt** attaqué, assailli de toutes parts *od* de tous côtés; acculé; **~ gefroren** gelé; **~ gekocht** *Ei* dur; **~ umkämpft** qui est l'objet, l'enjeu d'une lutte acharnée; **es geht ~ auf ~** c'est maintenant que tout se joue; **wenn es ~ auf ~ geht** *od* **kommt** en cas de coup dur **2** **~ an** (*dicht an*) tout près de; **~ an der Grenze des Erlaubten** à la limite de ce qui est permis; SCHIFF **~ am Wind segeln** naviguer au plus près du lis du vent

hartbedrängt ADJT → hart B 1

Härte F ⟨~; ~n⟩ **1** *von festen Stoffen, Wasser, Strahlen, e-s Kontrastes* dureté *f*; *von Metallen a.* trempe *f* **2** ⟨*pas de pl*⟩ *fig e-r Strafe, e-s Schicksals etc* dureté *f*; *e-s Urteils, e-r Maßnahme meist* sévérité f; rigueur f; e-s Kampfes, im Sport rudesse f; e-s Kampfes, Aufpralls violence f 3 ⟨pas de pl⟩ e-r Person dureté f (**gegenüber j-m** envers qn); (Zähigkeit, Ausdauer) endurance f 4 unbillige, unsoziale (grave) inégalité f; injustice f; iniquité f 5 Jugendsprache **das ist die ~!** positiv umg (c'est) génial, super!; umg c'est le pied!; negativ umg c'est une horreur!; c'est nul!; umg c'est dégueulasse

Härteausgleich M indemnité f compensatoire; **Härtebad** N TECH bain m de trempe

Härtefall M a. umg fig Person cas m (difficile); **sozialer ~** cas social

Härtegrad M (degré m de) dureté f, METALL trempe f; des Wassers degré m, titre m hydrotimétrique

härten ⟨-ete, h.⟩ A VT durcir; Metall tremper B VI (se) durcir

Härteofen M four m à tremper, de trempe; **Härteparagraf**, **Härteparagraph** M paragraphe destiné à corriger l'injustice de certaines mesures; **Härteprüfung** F contrôle m de dureté; durch Versuch essai m de dureté

Härter M ⟨~s; ~⟩ durcisseur m

Härteskala F MINER échelle f de Mohs; **Härtestufe** F → Härtegrad; **Härtetest** M 1 TECH test m de dureté 2 fig épreuve f

Hartfaser F fibre dure; **Hartfaserplatte** F panneau m d'aggloméré, de fibre dur

hartgefroren ADJT gelé; **hartgekocht** ADJT Ei dur

Hartgeld N ⟨~(e)s⟩ pièces fpl de monnaie

hartgesotten ADJT (unnachgiebig) dur; (abgebrüht) insensible; umg dur à cuire; **ein ~er Bursche** umg un dur à cuire

Hartglas N verre trempé; **Hartgummi** N od M ⟨~s⟩ ébonite f

hartherzig A ADJ Person insensible; sans cœur; qui a le cœur dur od sec; dur; Verhalten impitoyable; insensible; **~ sein** avoir le cœur dur, sec B ADV avec dureté; durement; sans pitié

Hartherzigkeit F ⟨~⟩ e-r Person dureté f, sécheresse f de cœur; des Verhaltens etc dureté f; froideur f

Hartholz N bois dur; **Hartkäse** M fromage m à pâte pressée; **hartlöten** VT u. VI ⟨-ete, sép, -ge-, h.⟩ braser; **Hartmetall** N alliage dur

hartnäckig A ADJ Person, Widerstand, Vorurteil, Schnupfen etc tenace; Widerstand, Anstrengungen, Husten opiniâtre; Person, Widerstand a. obstiné; Kälte persistant B ADV avec obstination; **~ bei s-r Meinung bleiben** s'obstiner, s'entêter dans son opinion; **~ schweigen** garder un silence obstiné; Kälte, Gerücht etc **sich ~ halten** persister

Hartnäckigkeit F ⟨~⟩ (Zähigkeit) opiniâtreté f; (Beharrlichkeit) ténacité f; (Eigensinn) obstination f; e-r Krankheit persistance f

Hartplatz M SPORT terrain m en dur; **Hartriegel** M ⟨~s; ~⟩ BOT cornouiller m

hartumkämpft ADJT → hart B 1

Härtung F ⟨~; ~en⟩ durcissement m; von Metall trempe f; trempage m

Hartweizen M blé dur; **Hartweizengrieß** M semoule f de blé dur; **Hartwurst** F saucisson sec

Harz[1] N ⟨~es; ~e⟩ BOT résine f

Harz[2] ⟨→ n/pr⟩ GEOG **der ~** le Harz

harzen ⟨-(es)t, h.⟩ A VT **geharzter Wein** vin résiné B VI Baum, Holz perdre de la résine

Harzer ADJ ⟨inv⟩ **~ Käse, Roller** fromage m du Harz

harzig ADJ 1 résineux, -euse 2 regional, schweiz Verkehr ralenti; Verhandlung qui piétine, n'avance pas

Hasardeur M ⟨~s; ~e⟩ (Glücksspieler) joueur m; a. fig umg flambeur m; fig risque-tout m

Hasardspiel N jeu m de hasard; fig entreprise °hasardeuse

Hasch umg N ⟨~s⟩ umg °hasch m

Haschee N ⟨~s; ~s⟩ GASTR °hachis m

haschen[1] geh ⟨h.⟩ A VT (fangen) attraper, saisir (au vol) B VI **nach etw, j-m ~** chercher à attraper, à saisir qc, qn; fig **nach Beifall, Ruhm ~** être avide d'applaudissements, de gloire

haschen[2] umg VI ⟨h.⟩ (Haschisch rauchen) fumer du haschisch

Häschen N ⟨~s; ~⟩ (junger Feldhase) levraut m; (kleines Kaninchen) petit lapin; Kosewort **mein ~** mon (petit) lapin; mon chou

Hascher(in) umg M ⟨~s; ~⟩ (F) ⟨~in; ~innen⟩ fumeur, -euse m,f de haschisch

Häscher liter M ⟨~s; ~⟩ poursuivant m; pej sbire m

Hascherl umg N ⟨~s; ~n⟩ südd, österr **armes ~!** pauvre petit(e)!

Haschisch M od N ⟨~(s)⟩ °ha(s)chi(s)ch m

Haschmich umg M **e-n (kleinen) ~ haben** avoir un grain; umg être un peu fêlé

Hase M ⟨~n; ~n⟩ lièvre m; (Stallhase) lapin m; GASTR **falscher ~** rôti m de viande °hachée; umg fig **ein alter ~** un vieux routier; un homme d'expérience; umg **da liegt der ~ im Pfeffer** voilà le hic; umg **wissen, wie der ~ läuft** umg connaître le truc, la musique; savoir comment cela marche; umg hum **mein Name ist ~(, ich weiß von nichts)** je n'en sais rien; sprichw **viele Hunde sind des ~n Tod** c'est la loi du nombre

Hasel F ⟨~; ~n⟩, **Haselbusch** M noisetier m; coudrier m; **Haselhuhn** N gélinotte f; **Haselkätzchen** N BOT chaton m de noisetier; **Haselmaus** F muscardin m; **Haselnuss** F 1 Nuss noisette f 2 → Hasel(nuss)strauch; **Hasel(nuss)strauch** M noisetier m; coudrier m

Hasenbraten M lièvre rôti; rôti m de lièvre; **Hasenfell** N peau f de lièvre; **Hasenfuß** M, **Hasenherz** N fig pej poule mouillée; peureux, -euse m,f; **Hasenjagd** F chasse f au lièvre; **Hasenkeule** F GASTR cuisse f de lièvre; **Hasenklein** N ⟨~s⟩ GASTR → Hasenpfeffer

Hasenpanier N **das ~ ergreifen** prendre la poudre d'escampette; se sauver à toutes jambes

Hasenpfeffer M GASTR civet m de lièvre

hasenrein ADJ fig **nicht (ganz) ~** louche

Hasenrücken M GASTR râble m de lièvre; **Hasenscharte** F MED bec-de-lièvre m

Haspel F ⟨~; ~n⟩ od M ⟨~s; ~⟩ für Garn etc dévidoir m; (Förderwinde) treuil m

haspeln VT ⟨-(e)le, h.⟩ dévider; (hochwinden) guinder

Hass M ⟨~es⟩ °haine f (**gegen, auf** [+akk] de); **~ auf etw, j-n empfinden** geh avoir qc, qn en °haine; détester qc, qn

hassen VT ⟨-(es)t, h.⟩ détester; °haïr; **~ wie die Pest** °haïr comme la peste

hassenswert ADJ °haïssable; odieux, -ieuse

hasserfüllt A ADJT rempli, plein de haine; °haineux, -euse B ADVL **j-n ~ anblicken** regarder qn avec °haine

Hassgefühle NPL sentiments mpl de haine

hässlich ADJ 1 (nicht schön) laid; vilain; umg moche; **sehr ~** a. °hideux, -euse; **~ wie die Nacht** laid comme un pou, comme un singe, comme les sept péchés capitaux; **~ aussehen** être laid; **~ machen** enlaidir 2 fig (gemein) détestable; Wort vilain; **~ zu j-m sein** être affreux avec qn; **es ist ~ zu lügen** c'est laid od vilain de mentir 3 fig (unangenehm) affreux, -euse; Lage a. atroce; horrible

Hässlichkeit F ⟨~⟩ laideur f; fig atrocité f; horreur f

Hassliebe F °haine-passion f; **~ für j-n empfinden** être partagé entre l'amour et la haine envers, vis-à-vis de qn

Hasstirade F tirade °haineuse

hassverzerrt ADJT Blick, Gesicht °haineux, -euse; plein de haine; Gesicht a. tordu, défiguré par la haine

hast → haben

Hast F ⟨~⟩ (Eile) °hâte f; (Überstürzung) précipitation f; **in wilder ~** en toute °hâte; précipitamment; **ohne ~** tranquillement

haste umg = **hast du**; **(was) ~, was kannste** à toute vitesse; aussi vite qu'il, elle, etc pouvait

hasten VI ⟨-ete, s.⟩ se hâter; se presser; se dépêcher; **zum Ausgang, nach Hause ~** se hâter vers la sortie, de rentrer chez soi

hastig A ADJ pressé; précipité; Bewegung brusque B ADV à la hâte; en (toute) °hâte; précipitamment; **~ sprechen** parler avec précipitation; **nicht so ~!** pas si vite!

hat → haben

Hätschelei F ⟨~; ~en⟩ câlins mpl; câlineries fpl; cajoleries fpl

Hätschelkind N enfant gâté; umg chouchou m; fig enfant chéri

hätscheln VT ⟨-(e)le, h.⟩ (liebkosen) cajoler; (verzärteln) dorloter; choyer; (verwöhnen) gâter; a. fig Star, Künstler etc choyer

hatschi INT atchoum!

hatte → haben

Hattrick M SPORT coup m du chapeau

Hatz F ⟨~; ~en⟩ 1 JAGD chasse f à courre; **~ auf** (+akk) chasse à 2 fig (Hetzjagd) chasse f (**auf** [+akk] à); campagne f (**auf** [+akk] contre) 3 umg fig, bes südd (Hast) course f

hatzi → hatschi

Hau umg M **e-n ~ (weg)haben** umg être cinglé, givré

Häubchen N ⟨~s; ~⟩ 1 bonnet m; a. (Schwesternhäubchen, Kellnerinnenhäubchen) coiffe f 2 fig (Sahnehäubchen) (petit) chapeau m (de chantilly)

Haube F ⟨~; ~n⟩ 1 bonnet m; a. (Schwesternhaube) coiffe f; e-r Ordensschwester cornette f; umg hum **j-n unter die ~ bringen** marier, umg caser qn; umg hum **unter die ~ kommen** se marier; umg hum **unter der ~ sein** être marié, umg casé 2 ZOOL °huppe f; °houppe f 3 südd, österr (Mütze) bonnet m 4 (Motorhaube) capot m 5 (Trockenhaube) casque m de coiffeur; séchoir m 6 (Sahnehaube) auf Kuchen etc (petit) chapeau m (de chantilly)

Haubenlerche F alouette °huppée; cochevis m; **Haubenmeise** F mésange °huppée; **Haubentaucher** M grèbe °huppé

Haubitze F ⟨~; ~n⟩ MIL obusier m; umg **voll wie e-e ~ sein** umg être soûl comme un Polonais

Hauch M ⟨~(e)s; ~e⟩ (Atemhauch, Lufthauch), a. fig souffle m; (dünne Schicht) fine couche; **ein ~ antiken Geistes** un souffle d'esprit antique; **der ~ e-s Lächelns** l'ombre f d'un sourire; Zartes, Duftiges **ein ~ von …** un soupçon de …; **ein ~ Puder** un soupçon de poudre; **ein ~ von Rosenduft** un léger parfum de rose

hauchdünn A ADJ Schicht, Scheibe, Porzellan etc très fin; Gewebe, Vorsprung minime; Mehrheit très faible B ADV **etw ~ auftragen** appliquer une couche très fine de qc

hauchen VT u. VI ⟨h.⟩ souffler; fig Worte susurrer; **in die Hände ~** souffler dans ses doigts; PHON **das H ~** od **gehaucht aussprechen** prononcer l'h aspiré; faire entendre l'aspiration du h

hauchfein ADJ très fin

H

Hauchlaut M son expiré; **mit ~ (aus)sprechen** aspirer
hauchzart ADJ très fin; *Gewebe a. geh* arachnéen, -enne
Haudegen M (**alter**) ~ (vieux) baroudeur
Haue F ⟨~; ~n⟩ 1 *umg* ⟨*pas de pl*⟩ (*Prügel*) *umg* raclée *f*; ~ **kriegen** recevoir une correction, des coups, *umg* une raclée; **gleich gibt's ~!** ça va tomber! 2 *südd, österr* (*Hacke*) °houe *f*
hauen ⟨haut, haute *ou* hieb, gehauen *ou umg* gehaut, h.⟩ A V/T 1 BERGBAU abattre; SKULP **in Stein, Marmor** (*akk*) ~ tailler, sculpter dans la pierre, dans le marbre; *Stufen etc* **in den Fels** ~ tailler, creuser dans le roc 2 *umg* (*hinein~*) **die Axt in den Baumstamm** ~ enfoncer, planter la hache dans le tronc d'arbre; **Löcher ins Eis** ~ faire des trous dans la glace 3 *umg* (*schlagen*) battre; frapper; *umg* taper; **haut ihn!** tapez dessus!; *umg* cognez-le!; *fig* **j-n übers Ohr** ~ rouler, escroquer, estamper, *umg* avoir qn 4 *umg* (*schleudern, werfen*) **etw irgendwohin** ~ *umg* balancer qc quelque part, n'importe où; **ein Steak in die Pfanne** ~ mettre un steak dans la poêle; *fig* **j-n in die Pfanne** ~ battre qn à plate couture; **j-m etw um die Ohren** ~ lancer, *umg* balancer qc à la figure de qn; **sich ins Bett** ~ *umg* aller au pieu; *umg* se pieuter; *fig* **das haut mich (glatt) vom Stuhl** *od* **Hocker!** *umg* j'en tombe, il y a de quoi tomber à la renverse!; *sl* j'en suis sur le cul! B *umg* V/I 1 (*schlagen*) frapper; *umg* cogner; **nach j-m** ~ essayer de frapper qn, de donner des coups à qn; **j-m auf die Finger** ~ taper, donner un coup sur les doigts de qn 2 (*stoßen*) (**mit etw**) **gegen etw** ~ se cogner (qc) contre qc C V/R *umg* **sich** ~ (*sich schlagen*) se battre
Hauer M ⟨~s; ~⟩ 1 BERGBAU piqueur *m*; °haveur *m* 2 JAGD *des Keilers* défense *f*; *pl a.* broches *fpl*
Häufchen N ⟨~s; ~⟩ petit tas; *von Personen* poignée *f*; petit nombre; **wie ein ~ Elend aussehen** avoir l'air malheureux, *umg* tristounet, d'une pauvre petite chose; *kinderspr* (**s**)**ein ~ machen** *kinderspr* faire son caca
häufeln V/T ⟨-(e)le, h.⟩ mettre en tas; GARTEN, AGR butter
Haufen M ⟨~s; ~⟩ 1 (*Berg*) tas *m*; *meist wirrer* amas *m*; *sehr großer* monceau *m*; **auf e-n ~ werfen** jeter, mettre en tas; **auf e-m ~ liegen** être en tas; *umg* **ich habe noch nie so viele Idioten auf e-m ~ gesehen** je n'ai jamais vu tant d'imbéciles réunis, à la fois; *umg* **j-n über den ~ rennen, fahren** renverser qn; *umg* **j-n über den ~ schießen** abattre qn (d'un coup de feu); *umg* **über den ~ werfen** *Pläne etc* bouleverser; bousculer; *umg* chambarder; *umg* chambouler 2 *umg* (*Kothaufen*) crotte *f* 3 *umg* (*große Menge*) **ein ~ …** un *od* des tas de …; un monceau de …; **ein ~ Geschenke** un tas, un monceau de cadeaux; **e-n ~ Bücher besitzen** posséder des tas de livres; **ein ~ Geld** beaucoup d'argent; **ein ~ Arbeit, Unsinn** une quantité, un tas, plein de travail, d'idioties 4 (*Menschenhaufen*) tas *m* de gens; foule *f*; (*Schar*) troupe *f*; bande *f*; MIL détachement *m*; peloton *m*; **ein ganzer ~ Kinder** *a.* une ribambelle d'enfants
häufen ⟨h.⟩ A V/T (*an~*) entasser (**auf** [+*akk*] sur); *Ämter, Strafen etc* cumuler; **zwei gehäufte Teelöffel** deux cuillerées à café bien pleines B V/R **sich ~** 1 (*sich an~, auf~*) s'entasser; s'amasser; s'amonceler; s'accumuler 2 *fig Fälle, Vorkommnisse* se multiplier
Haufendorf N village-tas *m*
haufenweise *umg* ADV *umg* en masse; en quantité; **~ Geld verdienen** *umg* gagner un argent fou; **~ Eis essen** manger des quantités de glace
Haufenwolke F cumulus *m*
häufig A ADJ fréquent B ADV souvent; fréquemment; **~ vorkommen** arriver souvent, fréquemment; *Wort in e-m Text etc* être fréquent; **sehr ~ vorkommen** *a.* abonder; **~ ins Theater gehen** aller souvent au théâtre; fréquenter les théâtres
Häufigkeit F ⟨~; ~en⟩ fréquence *f*
Häuflein N ⟨~s; ~⟩ → Häufchen
Häufung F ⟨~; ~en⟩ 1 (*Anhäufung*) accumulation *f* 2 *fig von Fällen, Vorkommnissen* multiplication *f* 3 JUR (*Ämterhäufung*) *etc* cumul *m*
Hauhechel F ⟨~⟩ BOT bugrane *f*; *t/t* ononis *m*; **Hauklotz** M billot *m*
Haupt *geh* N ⟨~(e)s; Häupter⟩ 1 (*Kopf*) tête *f*; **erhobenen, gesenkten ~es** (la) tête °haute, baissée; **ein greises ~** une tête chenue; **gekrönte Häupter** des têtes couronnées 2 *fig* (*Führer*) chef *m*
Hauptabnehmer M HANDEL premier, principal client; **Hauptachse** F MATH axe principal; *e-r Ellipse* axe focal; grand axe; **Hauptaktionär** M actionnaire principal
Hauptakzent M 1 PHON accent principal 2 *fig* accent *m*; **den ~ auf etw** (*akk*) **legen** mettre l'accent sur qc
Hauptaltar M maître-autel *m*; **Hauptamt** N bureau central (*a.* TEL)
hauptamtlich A ADJ *Tätigkeit* professionnel, -elle; *Person* qui exerce sa fonction à titre professionnel B ADV à titre professionnel; **~ tätig sein** exercer sa fonction à titre professionnel
Hauptangeklagte(r) M/F(M) principal(e) accusé(e) *m(f)*; **Hauptanklagepunkt** M principal chef d'accusation; **Hauptanliegen** N but, objectif principal; objectif premier; **Hauptanschluss** M TEL ligne principale; **Hauptanteil** M majeure partie; plus grosse *od* grande part; **Hauptarbeit** F ⟨~⟩ gros *m* de l'ouvrage; majeure partie du travail; **Hauptargument** N argument principal; **Hauptattraktion** F principale attraction; clou *m*
Hauptaugenmerk N **sein ~ auf etw** (*akk*) **richten** faire principalement attention à qc
Hauptausgang M sortie principale; **Hauptbahnhof** M gare centrale; **Hauptbelastungszeuge** M principal témoin à charge
Hauptberuf M profession (régulière, principale); métier (régulier, principal); **er ist im ~ Steuerberater** conseiller fiscal, c'est sa profession principale
hauptberuflich A ADJ professionnel, -elle B ADV à titre professionnel
Hauptbeschäftigung F occupation, activité principale; **Hauptbestandteil** M élément, composant, constituant principal; **Hauptbuch** N HANDEL grand-livre *m*; **Hauptbuchhalter** M chef *m* comptable; **Hauptdarsteller(in)** M(F) FILM, THEAT *etc* acteur *m*, actrice *f* principal(e); **Hauptdeck** N SCHIFF pont principal; **Haupteinfahrt** F, **Haupteingang** M entrée principale; **Haupteinnahmequelle** F source principale de revenus
Häuptel N ⟨~s; ~(n)⟩ *südd, österr* GASTR tête *f*; **Häuptelsalat** M *südd, österr* laitue *f*
Haupterbe M, **Haupterbin** F héritier, -ière *m,f* principal(e)
Hauptеslänge *geh* F **j-n um ~ überragen** dépasser qn d'une tête
Hauptfach N STUDIUM, SCHULE matière principale; **Französisch als** *od* **im ~ studieren** avoir le français comme matière principale
Hauptfehler M principal défaut; (*Irrtum*) erreur principale; **Hauptfeind** M principal ennemi; **Hauptfeld** N SPORT peloton *m*; **Hauptfeldwebel** M sergent-major *m*; **Hauptfigur** F *a. fig* personnage principal; *fig a.* protagoniste *m/f*; **Hauptfilm** M *e-s Programms* grand film; film principal; **Hauptforderung** F principale revendication, exigence; HANDEL créance principale; **Hauptgang** M 1 GASTR plat principal; plat *m* de résistance 2 *in e-m Gebäude* couloir principal; **Hauptgebäude** N bâtiment, édifice principal; *e-s Schlosses a.* corps *m* de logis; **Hauptgedanke** M idée principale, maîtresse; **Hauptgefreite(r)** M MIL caporal-chef *m*; brigadier-chef *m*; **Hauptgericht** N GASTR plat de résistance, principal; **Hauptgeschäft** N 1 *Gebäude* maison *f* mère; magasin, établissement principal 2 (*Hauptumsatz*) plus grosses ventes
Hauptgeschäftsstelle F bureau, secrétariat principal; agence principale; **Hauptgeschäftsstraße** F grande rue commerçante; **Hauptgeschäftsstunden** FPL, **Hauptgeschäftszeit** F heures *fpl* de grande affluence, de pointe
Hauptgewicht N ⟨~(e)s⟩ *fig* **das ~ auf etw** (*akk*) **legen** donner du poids, de l'importance principalement à qc
Hauptgewinn M gros lot; **Hauptgrund** M raison principale; **Haupthaar** *geh* N ⟨~(e)s⟩ cheveux *mpl*; chevelure *f*; **Haupthahn** M TECH robinet principal; **Haupthandlung** F *e-s Dramas etc* action principale; **Hauptinteresse** N principal intérêt; **Hauptkabel** N câble principal; **Hauptkasse** F caisse principale, centrale; **Hauptkatalog** M catalogue principal; **Hauptklage** F JUR demande principale; **Hauptkläger(in)** M(F) JUR demandeur, -eresse *m,f* principal(e); **Hauptlast** F *a. fig* charge principale; **Hauptleitung** F *Rohre* conduite principale; ELEK ligne principale; **Hauptleute** *pl von* Hauptmann
Häuptling M ⟨~s; ~e⟩ chef *m* de tribu
Hauptmahlzeit F repas principal; **Hauptmann** M ⟨~(e)s; -leute⟩ MIL capitaine *m*; (*Räuberhauptmann etc*) chef *m*; **Hauptmasse** F gros *m*
Hauptmenü N IT menu principal; **zum ~ zurückkehren** revenir au menu principal
Hauptmerkmal N caractère principal; **Hauptmieter(in)** M(F) locataire *m/f* principal(e); **Hauptmotiv** N principal mobile; raison, cause principale; MUS thème dominant; MAL motif dominant; **Hauptnahrung** F nourriture principale; **Hauptnenner** M MATH dénominateur commun; **Hauptniederlassung** F établissement principal; **Hauptort** M 1 (*Zentrum*) centre *m* 2 ADMIN *e-s Departements, Arrondissements* chef-lieu *m*; *e-s Kantons* capitale cantonale
Hauptperson F personnage principal; *fig* **sie will immer die ~ sein** elle veut toujours avoir le premier rôle
Hauptportal N portail central; grand portail; **Hauptpost** F, **Hauptpostamt** N poste centrale; **Hauptprobe** F dernière répétition avant la générale; (*Generalprobe*) générale *f*; **Hauptproblem** N problème-clé *m*; **Hauptpunkt** M point principal, essentiel; **Hauptquartier** N MIL grand quartier général; **Hauptquelle** F *a. fig* source principale; **Hauptredner(in)** M(F) principal orateur; **Hauptregel** F principale règle; **Hauptreisezeit** F pleine saison (des voyages, du tourisme)
Hauptrolle F premier rôle; rôle principal; **die ~ spielen** *Person, a. fig* jouer le premier rôle, le rôle principal; *Geld etc* jouer un rôle pri-

mordial
Hauptsache F ⟨~⟩ principal *m*; **in der ~** principalement; **das ist die ~** c'est le principal; *umg* **~, du bist hier** l'essentiel, c'est que tu sois là
hauptsächlich A ADJ ⟨*épithète*⟩ principal; capital; (*wesentlich*) essentiel, -ielle B ADV principalement; avant tout; surtout
Hauptsaison F pleine saison; **Hauptsatz** M 1 GRAM (proposition) principale *f* 2 *e-r Wissenschaft* principe *m* 3 MUS thème principal; **Hauptschalter** M 1 ELEK commutateur, interrupteur principal 2 *am Bahnhof, in der Bank etc* guichet principal; **Hauptschiff** N *e-r Kirche* grande nef; nef principale; **Hauptschlagader** F aorte *f*; **Hauptschlüssel** M passe-partout *m*; **Hauptschulabschluss** M certificat *m* de fin d'études primaires
Hauptschuld F faute principale; **die ~ an etw** (*dat*) **tragen** être le principal fautif, responsable de qc
Hauptschuldige(r) M/F(M) principal(e) coupable *m/f*, fautif, -ive *m,f*
Hauptschule F *école de fin de scolarité (cycle d'enseignement primaire long)*; **Hauptschüler(in)** M(F) *élève de la 5ᵉ à la 9ᵉ ou 10ᵉ(österr 8ᵉ) année préparant le certificat de fin d'études primaires*; **Hauptschullehrer(in)** M(F) *professeur enseignant dans le cycle d'enseignement primaire long*
Hauptschwierigkeit F principale difficulté; **Hauptsehenswürdigkeit** F principale curiosité; **Hauptseminar** N UNIVERSITÄT séminaire *m* de deuxième cycle; **Hauptsendezeit** F heure(s) *f(pl)* de grande écoute; **Hauptsicherung** F ELEK coupe-circuit principal; **Hauptsitz** M siège *m* (principal, central); **Hauptsorge** F principal souci; **Hauptspeicher** M IT mémoire centrale; **Hauptstadt** F capitale *f*; *fig* métropole *f*; **Hauptstädter(in)** M(F) habitant(e) *m(f)* de la capitale; **hauptstädtisch** ADJ d'une *bzw.* de la capitale; *fig* métropolitain; **Hauptstraße** F grand-rue *f*; rue principale; **Hauptstrecke** F EISENBAHN grande ligne; **Hauptstudium** N second cycle d'études universitaires; **Haupttäter(in)** M(F) auteur principal; **Haupttätigkeit** F principale occupation, activité; **Hauptteil** M (*wichtigster Teil*) partie principale; (*größter Teil*) majeure partie; **Hauptthema** N sujet principal; MUS thème principal
Hauptton M ⟨~(e)s; -töne⟩ 1 MUS tonalité *f* 2 ⟨*pas de pl*⟩ PHON accent principal, primaire; *fig* **den ~ auf etw** (*akk*) **legen** mettre l'accent sur qc
Haupttreffer M LOTTERIE gros lot; **Haupttribüne** F tribune principale; **Hauptunterschied** M principale différence; différence capitale, essentielle; **Hauptursache** F principale cause; **Hauptverantwortliche(r)** M/F(M) responsable *m/f* (principal[e], en chef) (**für** pour, de); **Hauptverdiener** M ⟨~s; ~⟩ *in e-r Familie* personne *f* qui a le plus fort salaire, qui gagne le plus; **Hauptverhandlung** F JUR débats *mpl*; **Hauptverkehr** M majeure partie de la circulation; **Hauptverkehrsstraße** F rue *f bzw.* route *f* à grande circulation; (grande) artère; **Hauptverkehrszeit** F heures *fpl* de pointe, d'affluence; **Hauptversammlung** F *e-r AG* assemblée générale; **Hauptverwaltung** F administration centrale; **Hauptwache** F commissariat principal; **Hauptwachtmeister** M brigadier-chef *m*; **Hauptwerk** N 1 *e-s Künstlers* ouvrage principal 2 *e-r Firma* usine principale, mère; **Hauptwohnsitz** M résidence principale; **Hauptwort** N ⟨~(e)s; -wörter⟩ GRAM nom *m*; substantif *m*; **Hauptzähler** M TECH compteur principal; **Hauptzeuge** M, **Hauptzeugin** F principal témoin; **Hauptziel** N principal but; objectif principal; **Hauptzug** M 1 EISENBAHN train régulier 2 *Eigenschaft* trait essentiel, principal, dominant; **Hauptzweck** M principal but
hau ruck INT oh! °hisse!
Hauruckverfahren *umg* N **im ~** à la va-vite
Haus N ⟨~es; Häuser⟩ 1 *Gebäude* maison *f*; **das Weiße ~** la Maison Blanche; *geh* **das ~ Gottes** *od* **des Herrn** la maison du Seigneur; **die Dame, der Herr des ~es** la maîtresse, le maître de maison; **der Sohn, die Tochter des ~es** le fils, la fille de la maison; **~ und Hof** ferme *f* et terres *fpl*; **~ und Hof verspielen** perdre toute sa fortune au jeu; **das ~ besorgen** tenir la maison; *umg* **j-m das ~ einrennen** *umg* assiéger qn; (venir) °harceler qn; **ein großes ~ führen** recevoir beaucoup; **das ~ hüten** garder la maison; *umg* **das (ganze) ~ auf den Kopf stellen** *umg* mettre tout sens dessus-dessous; *umg* tout retourner dans la maison; **j-m das ~ verbieten** fermer, refuser sa porte à qn; **~ an ~ wohnen** habiter, être porte à porte (**mit j-m** avec qn); **aus dem ~ gehen** sortir (de la maison, de chez soi); **aus gutem ~e sein** être de bonne famille; **unsere Kinder sind schon aus dem ~** (*wohnen nicht mehr hier*) nos enfants n'habitent déjà plus avec nous, ont déjà quitté la maison; **außer ~ essen** dîner, déjeuner, manger en ville; HANDEL **frei ~** franco à domicile; **im ~** dans *od* à la maison; ADMIN **Herrn X, im ~** e Monsieur X, service X; **im ~(e) s-r Eltern** chez ses parents; **ins ~ liefern** livrer à domicile; **j-n ins ~ nehmen** prendre qn chez soi; *umg* **j-m ins ~ schneien** arriver chez qn à l'improviste, sans prévenir; *umg* tomber sur qn; *umg* **j-m ins ~ stehen** (bientôt) tomber sur qn; *Schlechtes a.* menacer qn; *umg* pendre au nez de qn; **nach ~(e)** à la maison; chez soi; **kommen Sie gut nach ~e!** bon retour!; rentrez bien!; **nach ~e gehen, zurückkehren** rentrer à la maison, chez soi; **von ~ aus** d'origine; de naissance; *fig* dans le fond; **von ~ aus Lehrer sein** être professeur à l'origine, au départ, de formation; **von ~ zu ~** de porte en porte; **von ~ zu ~ gehen** *a.* faire du porte-à-porte; **zu ~(e)** à la maison; chez soi; **bei uns zu ~e** chez nous; **zu ~e bleiben** rester à la maison, chez soi; **sich (wie) zu ~e fühlen** se sentir (comme) chez soi; **ist Herr X zu ~e?** Monsieur X est-il chez lui?; **wo ist er zu ~e?** d'où vient-il, est-il (originaire)?; **in Berlin zu ~e sein** *Person* être de Berlin; *Sitte etc* être originaire de, venir de Berlin; **er ist bei uns wie zu ~e** il est pour ainsi dire de la famille; **tun Sie so, als ob Sie zu ~e wären!** faites comme chez vous!; **ich bin für niemanden zu ~e** je n'y suis pour personne; *fig* **in etw** (*dat*) **zu ~e sein** s'y connaître en qc; connaître qc à fond 2 (*Theater*) théâtre *m*; **das große, kleine ~** la grande, petite salle; **volles, leeres ~** salle *f* comble, vide; **vor ausverkauftem** *od* **vollem ~ spielen** jouer à bureaux fermés; **vor leerem ~ spielen** jouer devant une salle vide 3 (*Parlament*) Assemblée *f*; Chambre *f* 4 (*Unternehmen, Dynastie*), ASTROL maison *f*; **Saturn steht im achten ~** Saturne est en maison °huit 5 (*Hotel, Restaurant, Geschäft etc*) maison *f*; **das erste ~ am Platz(e)** le meilleur restaurant, hôtel, *etc*, la meilleure maison, adresse de l'endroit; **e-e Spezialität des ~es** une spécialité de la maison 6 (*Schneckenhaus*) coquille *f*; *kinderspr* maison *f* 7 *umg hum* (*Person*) **fideles ~** rigolo *m*; gai luron; joyeux drille; **na, altes ~!** alors, (mon) vieux!; *umg* alors, vieille branche!
Hausaltar M autel domestique, privé; **Hausangestellte(r)** M/F(M) employé(e) *m(f)* de maison; **Hausanschluss** M *für Gas, Wasser, Telefon etc* branchement *m* domestique, d'abonné; **Hausanzug** M costume *m*, tenue *f* d'intérieur; **Hausapotheke** F pharmacie (familiale); **Hausarbeit** F 1 *im Haushalt* travaux ménagers, domestiques, du ménage 2 *für die Schule* devoirs *mpl*; travail *m* à la maison; *für die Universität a.* dissertation *f*; mémoire *m*
Hausarrest M 1 JUR résidence surveillée; **j-n unter ~** (*akk*) **stellen** placer qn en résidence surveillée; **unter ~** (*dat*) **stehen** être en résidence surveillée 2 *für Kind* privation *f* de sortie; **~ haben** être privé de sortie
Hausarzt M, **Hausärztin** F médecin *m* de famille; **Hausaufgabe** F devoir *m*; **Hausaufsatz** M rédaction faite à la maison; **hausbacken** ADJ *pej* terre-à-terre; prosaïque; *Frau a. umg* popote; **Hausball** M bal (privé); **Hausbar** F *Möbelstück* bar *m* de salon; *Alkoholvorrat* bar *m*; **Hausbau** M ⟨~(e)s⟩ construction *f* d'une maison; **Hausbesetzer(in)** M ⟨~s; ~⟩ (F) ⟨~in; ~innen⟩ squatte(u)r *m*; **Hausbesetzung** F squat *m*; **Hausbesitzer(in)** M(F) propriétaire *m/f* (d'une maison); **Hausbesorger(in)** M ⟨~s; ~⟩ (F) ⟨~in; ~innen⟩ *österr* concierge *m/f*
Hausbesuch M *e-s Arztes* visite *f*; **bei j-m e-n ~ machen** visiter qn
Hausbewohner(in) M(F) habitant(e) *m(f)* de la maison; (*Mieter[in]*) locataire *m/f*; **Hausboot** N péniche *f*, bateau *m* (servant d'habitation)
Häuschen N ⟨~s; ~⟩ 1 (*kleines Haus*) petite maison; maisonnette *f*; (*Bretterhäuschen*) cabane *f*; *umg* **j-n (ganz) aus dem ~ bringen** mettre qn dans tous ses états; faire perdre la tête à qn; *umg* **(ganz) aus dem ~ kommen** *od* **geraten** se mettre dans tous ses états; perdre la tête; *umg* **(ganz) aus dem ~ sein** être dans tous ses états; *vor Freude* être fou de joie 2 *umg* (*Toilette*) *umg* petit coin
Hausdame F gouvernante *f*; (*Gesellschafterin*) dame *f* de compagnie; **Hausdetektiv** M surveillant *m* (de magasin); **Hausdiener** M garçon *m* de service; homme *m* à tout faire; **Hausdrache(n)** *umg pej* M mégère *f*; dragon *m*; **Hausdurchsuchung** F → Haussuchung; **hauseigen** ADJ *Herstellung* propre; *Parkplatz etc* privé; **Hauseigentümer(in)** M(F) propriétaire *m/f* (d'une maison); **Hauseinfahrt** F porte cochère; **Hauseingang** M entrée *f* (de la maison); **Hauseinrichtung** F installation *f*, aménagement *m*, mobilier *m* (d'une maison)
hausen *umg* VI ⟨-(es)t, h.⟩ 1 *pej od hum* (*wohnen*) *umg pej* zoner; *umg* crécher; habiter; loger 2 *pej* (*wüten*) **übel, schlimm ~** se comporter en sauvage(s), en barbare(s); saccager tout
Häuserblock M ⟨~(e)s; ~s *ou* -blöcke⟩ pâté *m* de maisons; **Häuserfront** F front *m*; **Häusergruppe** F groupe *m* de maisons; **Häusermakler(in)** M(F) agent immobilier; **Häusermeer** N mer *f*, océan *m* de maisons; **Häuserreihe** F rangée *f* de maisons
Hausflur M vestibule *m*; entrée *f*
Hausfrau F 1 *den Haushalt führend* ménagère *f*; mère *f* de famille; femme *f* au foyer; **e-e gute ~ sein** être une bonne ménagère 2 (*Frau des Hauses*) maîtresse *f* de maison 3 *südd, österr* (*Zimmerwirtin*) logeuse *f*
Hausfrauenart F GASTR **nach ~** bonne femme

H

Hausfrauenverein M association *f* de(s) femmes au foyer

hausfraulich ADJ de (bonne) ménagère; ménager, -ère

Hausfreund M 1 ami *m* de la maison 2 *hum (Liebhaber)* amant (attitré); **Hausfriede(n)** M 1 *unter Hausbewohnern* relations *fpl* de bon voisinage; *in der Familie* paix *f* des ménages 2 JUR inviolabilité *f* du domicile; **Hausfriedensbruch** M JUR violation *f* de domicile; **Hausgarten** M jardin *m* autour de la maison

Hausgebrauch M **für den ~** à usage domestique; *fig* pour mon, ton, *etc* usage personnel

Hausgeburt F accouchement *m* à la maison, à domicile; **Hausgehilfin** F aide-ménagère *f*; *(Dienstmädchen)* bonne *f*; *Berufsbezeichnung* employée *f* de maison; **Hausgeist** M 1 *(Schutzgeist)* ange gardien 2 *hum* fée *f* du logis; **hausgemacht** ADJT *Lebensmittel* (fait) maison *(inv)*; *fig Reformen, Entwurf* maison *(inv)*; **Hausgemeinschaft** F (communauté *f* d')habitants *mpl* d'un immeuble; **Hausgötter** MPL dieux *mpl* domestiques, du foyer

Haushalt M ⟨~(e)s; ~e⟩ 1 *privater* foyer *m*; ménage *m*; **ein ~ mit fünf Personen** une famille de cinq personnes; **e-n eigenen ~ haben** avoir son propre intérieur, foyer; être dans ses meubles; **e-n gemeinsamen ~ führen** être en ménage; **(j-m) den ~ führen** tenir le ménage (de qn); **im ~ mithelfen** aider dans la maison, dans le ménage; **den ~ versorgen** vaquer aux soins du ménage; s'occuper de son ménage, de son intérieur; **im ~ der Eltern leben** vivre chez ses parents 2 *öffentlicher* budget *m*; **den ~ verabschieden** voter, adopter le budget

haushalten V/I ⟨*irr, sép*, -ge-, h.⟩, **Haus halten** *a. fig* économiser (**mit etw** qc); être économe (**mit etw** de qc)

Haushälterin F ⟨~; ~nen⟩ gouvernante *f*

haushälterisch A ADJ économe B ADV avec économie; économiquement; **mit etw ~ umgehen** économiser, épargner qc

Haushaltsabfälle MPL ordures ménagères; **Haushaltsartikel** M article *m* de ménage; **Haushaltsausgleich** M ADMIN équilibre *m* budgétaire; **Haushaltsausschuss** M ADMIN commission *f* du budget; **Haushaltsberatungen** FPL délibérations *fpl* budgétaires; **Haushaltsbuch** N carnet *m* de dépenses (ménagères); **Haushaltsbudget** N budget *m* de la maison, du ménage; **Haushaltsdebatte** F discussion *f* budgétaire; **Haushaltsdefizit** N déficit *m* budgétaire; **Haushaltsfehlbetrag** M déficit *m* budgétaire; **Haushaltsfragen** FPL questions *fpl*, problèmes *mpl* budgétaires

Haushaltsführung F gestion *f* de la maison; *finanzielle* gestion *f* budgétaire; **doppelte ~** entretien *m* de deux ménages

Haushaltsgegenstand M ustensile *m* de ménage; **Haushaltsgeld** N argent *m* (pour les dépenses) du ménage; **Haushaltsgerät** N appareil ménager; **Haushaltsgesetz** N loi *f* budgétaire; loi *f* de finances; **Haushaltshilfe** F *Person* aide-ménagère *f*; **Haushaltsjahr** N ADMIN exercice *m*; année *f* budgétaire; **Haushaltskasse** F 1 caisse *f* (du ménage) 2 *Geld* argent *m* du ménage; **Haushaltskonsolidierung** F consolidation *f* du budget; **Haushaltslage** F situation *f* budgétaire; **Haushaltsloch** N trou *m* dans le budget; **Haushaltsmittel** NPL fonds *mpl* budgétaires; **Haushaltsordnung** F règlement *m* budgétaire; **Haushaltspackung** F paquet familial; boîte familiale; **Haushaltsplan** M budget *m*; **Haushaltspolitik** F politique *f* budgétaire; **haushaltspolitisch** ADJ budgétaire; *Sprecher etc* du budget; **Haushaltsposten** M poste *m* budgétaire; **Haushaltsvolumen** N volume *m* budgétaire; **Haushaltsvorstand** M chef *m* de famille; **Haushaltswaage** F balance *f* de ménage; **Haushaltswaren** FPL articles ménagers, de ménage

Haushaltung F ⟨~; ~en⟩ 1 ⟨*pas de pl*⟩ *(Haushaltsführung)* gestion *f* de la maison 2 ADMIN *(Haushalt)* foyer *m*; ménage *m*; famille *f*

Haushaltungskosten PL dépenses ménagères, du ménage; **Haushaltungsschule** F école ménagère

Hausherr M 1 *(Familienoberhaupt)* maître *m* de maison; *(Gastgeber)* hôte *m* 2 JUR *(Besitzer)* propriétaire *m* 3 *südd, österr* propriétaire *m* (d'une maison); **Hausherrin** F 1 *(Familienoberhaupt)* maîtresse *f* de maison; *(Gastgeberin)* hôtesse *f* 2 *südd, österr* propriétaire *f* (d'une maison)

haushoch A ADJ de la hauteur d'une maison; *fig Überlegenheit* écrasant; *Niederlage, Sieg* immense B ADV *fig* **~ gewinnen** gagner °haut la main; **j-m ~ überlegen sein** être supérieur à qn et de loin; SPORT **j-n ~ schlagen** écraser, enfoncer qn; battre qn à plate couture

Haushuhn N poule *f* domestique; **Haushund** M chien *m* domestique

hausieren V/I ⟨*pas de ge-*, h.⟩ **mit etw ~ (gehen)** *a. fig pej* colporter qc

Hausieren N ⟨~s⟩ colportage *m*; **~ verboten!** colportage interdit!

Hausierer(in) M ⟨~s; ~⟩ (F) ⟨~in; ~innen⟩ démarcheur, -euse *m,f*; colporteur, -euse *m,f*

hausintern ADJ interne; intérieur

Hausjurist(in) M(F), **Hausjustitiar(in)** M(F) juriste employé(e) par une entreprise; **Hauskaninchen** N lapin *m* domestique; **Hauskapelle**[1] F REL chapelle particulière; **Hauskapelle**[2] F MUS orchestre privé; **Hauskatze** F chat *m* domestique; **Hauskleid** N robe-tablier *f*; tenue *f*, robe *f* d'intérieur; **Hauskonzert** N matinée, soirée musicale (chez qn); **Hauskorrektur** F TYPO correction faite à l'imprimerie même; **Hauslehrer(in)** M(F) précepteur, -trice *m,f*; instituteur, -trice privé(e)

häuslich A ADJ 1 ⟨*épithète*⟩ *(im Haus, das Haus betreffend)* domestique; *Arbeiten a.* à la maison; *Angelegenheit* privé; **~es Glück** bonheur *m* domestique, du foyer; **am ~en Herd** au foyer (domestique) 2 *Person* casanier, -ière; **~ sein** aimer rester à la maison; aimer son chez-soi; être un homme, une femme d'intérieur B ADV **sich ~ einrichten** s'installer; se mettre dans ses meubles; se créer un intérieur agréable; *umg* **sich ~ bei j-m niederlassen** s'installer (confortablement) chez qn

Häuslichkeit F ⟨~⟩ *e-r Person* amour *m* de son chez-soi, de son intérieur, de la vie de famille

Hausmacherart F GASTR **nach ~** maison

Hausmacherwurst F saucisson *m* maison; **Hausmädchen** N bonne *f*; **Hausmann** M homme *m* au foyer; **Hausmannskost** F cuisine *f* maison, familiale; **Hausmantel** M robe *f* de chambre; peignoir *m*; **Hausmarke** F 1 HANDEL marque *f* (de la) maison 2 *(Eigentumszeichen)* marque *f* du propriétaire 3 *umg (bevorzugtes Getränk)* boisson préférée; *in e-m Lokal* marque *f* maison; *Cocktail etc* spécialité *f* de la maison; **Hausmaus** F souris commune, domestique; **Hausmeister(in)** M(F) concierge *m/f*; **Hausmitteilung** F *in e-r Firma* note *f* de service; *unter Kollegen* note *f*; *für Kunden* circulaire *f* (d'information); **Hausmittel** N remède *m* de bonne femme; **Hausmüll** M ordures ménagères; **Hausmusik** F musique (jouée) en famille; **Hausmutter** F ⟨~; -mütter⟩ *e-s Heims* directrice *f* d'un foyer; *e-r Jugendherberge* mère *f* aubergiste; **Hausmütterchen** *umg* N *oft pej* petite mère de famille; *umg* bobonne *f*; **Hausnummer** F numéro *m* (de la maison); **Hausordnung** F règlement intérieur (de la maison); **Hauspersonal** N personnel *m* (de la maison); gens *mpl bzw. fpl* de maison

Hausputz M nettoyage *m* (de la maison); **~ machen** faire le grand nettoyage; nettoyer (à fond) toute la maison

Hausrat M ⟨~(e)s⟩ mobilier *m* et ustensiles *mpl* de ménage; **Hausratversicherung** F assurance mobilière; **Hausrecht** N ⟨~(e)s⟩ droit *m* du maître de la maison; **Haussammlung** F collecte *f*, quête *f* à domicile; **Hausschlachtung** F abattage pratiqué à domicile par un particulier; **Hausschlüssel** M clé *f* de la maison; **Hausschuh** M pantoufle *f*; *(hoher Damenhausschuh)* mule *f*; **Hausschwamm** M BOT mérule *m od f*; **Hausschwein** N cochon *m*

Hausse F ⟨~; ~n⟩ WIRTSCH °hausse *f*

Haussegen M *umg hum* **bei ihnen hängt der ~ schief** *umg* le torchon brûle; *umg* il y a de l'eau dans le gaz (à la maison)

Haussier M ⟨~s; ~s⟩ WIRTSCH °haussier *m*

Hausspinne F araignée *f* domestique; *t/t* tégénaire *f*

Hausstand M foyer *m*; ménage *m*; **e-n (eigenen) ~ gründen** fonder un foyer

Hausstauballergie F allergie *f* à la poussière domestique

Haussuchung F ⟨~; ~en⟩ JUR perquisition *f*; visite *f* domiciliaire; **(bei j-m) e-e ~ machen** *od* **vornehmen** perquisitionner (chez qn)

Haussuchungsbefehl M JUR mandat *m* de perquisition; **Haustelefon** N téléphone intérieur; **Haustier** N animal *m* domestique; **Haustochter** F *regional, bes schweiz: (jeune) employée de maison qui vit avec la famille*

Haustür F porte *f* d'entrée; *umg fig* **das Meer, die Berge direkt vor der ~ haben** avoir la mer, la montagne à sa porte; habiter en bord de mer, au pied de la montagne

Haustyrann *umg* M tyran *m* domestique; **Hausvater** M *e-s Heims* directeur *m* d'un foyer; *e-r Jugendherberge* père *m* aubergiste

Hausverbot N interdiction *f* d'entrer dans une maison, un restaurant, *etc*; **~ haben** ne pas avoir le droit d'entrer (dans la maison, le restaurant, *etc*); **j-m ~ erteilen** interdire à qn l'entrée (de la maison, du restaurant, *etc*)

Hausverwalter(in) M(F) gérant(e) *m(f)* (d'un immeuble *bzw.* d'immeubles); *in Häusern mit Eigentumswohnungen* syndic *m*; **Hausverwaltung** F *Tätigkeit u. Person(en)* gérance *f* d'un immeuble *bzw.* d'immeubles; **Hauswart** M ⟨~(e)s; ~e⟩ *regional* → Hausmeister(in); **Hauswirt(in)** M(F) propriétaire *m/f* (d'une maison); **Hauswirtschaft** F ⟨~⟩ économie *f* domestique; *mit Heimgestaltung* arts ménagers; *Lehrfach* enseignement ménager

hauswirtschaftlich ADJ ménager, -ère

Hauswirtschaftslehrerin F professeur *f* d'enseignement ménager; **Hauswirtschaftsleiterin** F intendante *f*; économe *f*; **Hauswirtschaftsmeisterin** F diplômée *f* d'économie domestique; **Hauswirtschaftsschule** F école ménagère

Hauswurz F ⟨~; ~en⟩ BOT joubarbe *f*; **Hauszeitschrift** F journal *m* d'entreprise; **Hauszelt** N (tente *f*) canadienne *f*

Haut F ⟨~; Häute⟩ ANAT, *a. von Obst, Tomaten etc, auf der Milch* peau *f*; *e-r Zwiebel a.* pelure *f*; *e-s Schiffs etc* revêtement *m*; *(abgezogene Tierhaut) a.* dépouille *f*; *umg fig* **e-e ehrliche ~** un brave homme; une brave femme; un brave type; **meine ~ schält sich** je pèle; **e-m Tier die ~ abziehen** dépouiller, dépiauter un animal; **nass bis auf die ~** trempé jusqu'aux os; *umg fig* **mit ~ und Haar(en)** tout entier; entièrement; corps et âme; **mit ~ und Haar verschlingen** avaler tout entier, tout cru; *umg* **nur noch ~ und Knochen sein** n'avoir plus que la peau et les os; être maigre comme un clou, coucou; *umg* **j-m unter die ~ gehen** donner le frisson à qn; *umg fig* **sich auf die faule ~ legen, auf der faulen ~ liegen** *umg* flemmarder; *umg* tirer sa flemme; **mit heiler ~ davonkommen** en sortir indemne, sain et sauf; s'en tirer; *umg* **aus der ~ fahren** sortir de ses gonds; se mettre °hors de soi; **es ist zum Aus-der-Haut-Fahren** c'est à vous faire sortir de vos gonds; c'est à vous mettre °hors de vous; *umg* **niemand kann aus s-r ~ (heraus)** on ne se change, *umg* refait pas; on est comme on est; *sprichw* chassez le naturel, il revient au galop; **s-e (eigene) ~ retten** sauver sa peau; *umg* **ich möchte nicht in s-r ~ stecken** je ne voudrais pas être à sa place; **s-e ~ zu Markte tragen** risquer sa peau; *umg hum* **viel ~ zeigen** ne pas être avare de ses charmes; montrer généreusement ses charmes; **sich s-r ~ wehren** défendre sa peau; vendre cher sa peau; *umg* **sich in s-r ~ wohlfühlen** être, se trouver bien dans sa peau; *umg* **sich in s-r ~ nicht wohlfühlen** se sentir mal à l'aise; être mal dans sa peau

Hautabschürfung F éraflure *f*; écorchure *f*; **Hautarzt** M, **Hautärztin** F dermatologue *m/f*; **Hautatmung** F BIOL respiration cutanée; **Hautausschlag** M éruption cutanée; exanthème *m*

Häutchen N ⟨~s; ~⟩ pellicule *f*; ANAT, BOT *a.* membrane *f*; cuticule *f*

Hautcreme F crème *f* pour la peau

häuten ⟨-ete, h.⟩ A VT *Tier* dépouiller; dépiauter B VR ZOOL **sich ~** muer; faire peau neuve; se dépouiller

hauteng ADJ collant; moulant

Hautevolee F ⟨~⟩ *oft pej umg* gratin *m*; *umg* °haute *f*; haute volée

Hautfalte F pli cutané; **Hautfarbe** F couleur *f* de (la) peau; **Hautfetzen** M (lambeau *m* de) peau *f*; **Hautflügler** MPL ZOOL *t/t* hyménoptères *mpl*; **hautfreundlich** ADJ doux, douce pour la peau; qui n'irrite pas (la peau)

Hautgout M ⟨~s⟩ 1 *(Wildgeschmack)* goût *m* de faisandé; **~ annehmen** se faisander; **mit ~** faisandé 2 *fig* atmosphère *f* (typique)

Hautjucken N ⟨~s⟩ démangeaison(s) *f(pl)*; *t/t* prurit *m*; **Hautkontakt** M contact *m* physique; *allgemein a.* présence *f* physique; **Hautkrankheit** F maladie *f* de (la) peau; *t/t* dermatose *f*; **Hautkrebs** M MED cancer cutané, de la peau; **Hautleiden** N → Hautkrankheit

hautnah A ADJ 1 ANAT sous-cutané 2 *fig (sehr nah)* immédiat 3 *umg fig (anschaulich, packend)* prenant; saisissant B ADV 1 *(sehr nah)* de tout, très près; **mit etw ~ in Berührung kommen** être, se trouver en contact étroit, immédiat avec qc; SPORT **j-n ~ decken** marquer qn de près 2 *umg fig (anschaulich)* de façon prenante, saisissante

Hautöl N huile *f* pour le corps; **Hautpflege** F soins *mpl* de la peau; **Hautpflegemittel** N produit *m* pour (les soins de) la peau; **Hautpilz** M MED champignon *m*; *t/t* dermatophyte *m*; **Hautreizung** F irritation *f* de la peau; **Hautschere** F ciseaux *mpl* à peau; **hautschonend** ADJ qui protège la peau; dermo-protecteur, -trice; **Hauttransplantation** F greffe *f*, transplantation *f* de (la) peau; **Hauttyp** M type *m* de peau; **Hautübertragung** F → Hauttransplantation

Häutung F ⟨~; ~en⟩ ZOOL mue *f*

Hautunreinheit F impureté *f* de la peau; **hautverträglich** ADJ *Seife etc* doux, douce

Havanna[1] N ⟨→ n/pr⟩ GEOG la Havane

Havanna[2] F ⟨~; ~s⟩ *Zigarre* °havane *m*

Havarie F ⟨~; ~n⟩ 1 SCHIFF, FLUG avarie *f* 2 *an Maschinen etc* dommage *m*; panne *f* 3 *österr* AUTO *(Unfall)* accident *m*; *(Schaden)* dommage(s) *m(pl)*

havarieren VI ⟨*pas de ge-*, h.⟩ 1 *Schiff, Flugzeug* avoir une avarie 2 *österr Auto* avoir un accident; être endommagé

Hawaii N ⟨→ n/pr⟩ (les îles *fpl*) Hawaii

Haxe F *südd* → Hachse

Hbf. ABK (Hauptbahnhof) gare centrale

H-Bombe F bombe *f* H, à hydrogène

h. c. ABK (honoris causa) honoris causa

HDTV N ⟨~⟩ ABK (High Definition Television) TVHD *f*

H-Dur N si *m* majeur

he *umg* INT 1 *Zuruf* °hé! 2 *bei Empörung* °hé!; *bei Verwunderung* °holà! 3 *bei Fragen* °hein?

Headset N ⟨~(s); ~s⟩ set *m* mains libres

Hearing N ⟨~(s); ~s⟩ *bes* POL audition *f* d'experts

Hebamme F sage-femme *f*

Hebebühne F TECH plate-forme élévatrice; *in Autoreparaturwerkstätten* pont élévateur; **Hebefigur** F SPORT saut porté

Hebel M ⟨~s; ~⟩ TECH, PHYS levier *m*; **e-n ~ ansetzen** engager un levier; *fig* **hier müssen wir den ~ ansetzen** c'est par là qu'il faut attaquer, commencer; *umg fig* **alle ~ in Bewegung setzen** mettre tout en œuvre; remuer ciel et terre; *umg fig* **am längeren ~ sitzen** être en position de force; être le plus fort (par ses relations, son influence, *etc*)

Hebelarm M bras *m* de levier; **Hebelgesetz** N loi *f* d'équilibre du levier; **Hebelkraft** F force *f* d'un levier; **Hebelwirkung** F effet *m* de levier

heben ⟨hebt, hob, gehoben, h.⟩ A VT 1 *(hoch~) Last* soulever; lever; *Brücke, Wasserspiegel etc* (sur)élever; *Arm etc* lever; **die Hand zum Schwur ~** lever la main pour prêter serment; **j-n vom Stuhl ~** descendre qn de sa chaise; **e-n Sack vom Wagen ~** prendre un sac sur la voiture; **j-n in den Sattel ~** mettre qn en selle; *geh* **die Stimme ~** élever, °hausser la voix; **sich** *(dat)* **e-n Bruch ~** attraper, se faire une °hernie; *umg* **einen ~** boire un coup 2 *(bergen) gesunkenes Schiff* relever; *Schatz* déterrer 3 *fig Niveau, Ansehen etc* améliorer; *Niveau a.* relever; *Stimmung* faire monter B VR **sich ~** 1 *Vorhang, Nebel etc* se lever; GEOL *Erdboden* se soulever 2 *fig Niveau, Ansehen, Stimmung etc* s'améliorer; *Niveau a.* s'élever

Heber M ⟨~s; ~⟩ *(Saugheber)* siphon *m*; *(Stechheber)* pipette *f*

Hebesatz M STEUERWESEN taux *m* de perception; **Hebevorrichtung** F appareil *m* de levage; **Hebewerk** N *(Schiffshebewerk)* ascenseur *m* à bateaux; *(Hebevorrichtung)* appareil *m* de levage; **Hebewinde** F cric *m*

Hebräer M ⟨~s; ~⟩ Hébreu *m*

hebräisch ADJ hébraïque; *m a.* hébreu; **die ~e Sprache** la langue hébraïque; l'hébreu *m*

Hebräisch N ⟨~(s)⟩, **Hebräische** N ⟨~n⟩ **(das) Hebräisch(e)** *Sprache* l'hébreu *m*

Hebriden PL **die ~** les îles *fpl* Hébrides

Hebung F ⟨~; ~en⟩ 1 *e-r Last* levage *m*; GEOL soulèvement *m* 2 *(Bergung) e-s Schiffes* relevage *m*; *e-s Schatzes* déterrement *m* 3 ⟨*pas de pl*⟩ *fig des Niveaus* élévation *f*; relèvement *m*; *des Ansehens, der Stimmung, Laune* amélioration *f*; **zur ~ unseres Wohlbefindens** pour nous remonter (le moral); pour nous sentir mieux 4 METRIK temps fort; syllabe accentuée

Hechel F ⟨~; ~n⟩ SPINNEREI peigne *m*; séran (-çoir) *m*

hecheln[1] ⟨-(e)le, h.⟩ A VT TEX peigner; sérancer B VI *pej* **über j-n, etw ~** jaser sur qn, qc; médire de qn, qc

hecheln[2] VI ⟨-(e)le, h.⟩ *Hund, fig* °haleter

Hecht M ⟨~(e)s; ~e⟩ ZOOL brochet *m*; *umg fig* **der ~ im Karpfenteich sein** réveiller, dynamiser son entourage; *umg fig* **ein toller ~** *umg* un type, mec super; *umg* un crack

hechten VI ⟨-ete, s.⟩ plonger; faire un plongeon

Hechtrolle F TURNEN saut *m* boulet; **Hechtsprung** M TURNEN saut *m* de carpe; SCHWIMMEN plongeon *m* (la tête la première)

Hechtsuppe F *umg* **es zieht wie ~** il y a un *bzw.* des gros courant(s) d'air

Heck N ⟨~(e)s; ~e *ou* ~s⟩ arrière *m*; SCHIFF *a.* poupe *f*; **Heckantrieb** M traction *f* arrière

Hecke F ⟨~; ~n⟩ °haie *f*

Heckenrose F *Strauch* églantier *m*; *Blüte* églantine *f*; **Heckenschere** F sécateur *m*; **Heckenschütze** M *pej* tireur caché, embusqué

Heckfenster N lunette *f* arrière; **Heckflosse** F AUTO bé(c)quet *m*; **Heckklappe** F AUTO °hayon *m*; **hecklastig** ADJ trop chargé à l'arrière

Heckmeck *umg pej* M ⟨~s⟩ *(Umstände)* chichis *mpl*; *(Gerede)* baratin *m*

Heckmotor M moteur *m* arrière; **Heckscheibe** F lunette *f*, vitre *f* arrière; **Hecktür** F °hayon *m*

heda INT °hé! là-bas!; °holà!

Hedgefonds M FIN fonds *m* de couverture

Hedonismus M ⟨~⟩ PHIL hédonisme *m*

Hedschra F ⟨~⟩ *im Islam* hégire *f*

Hedwig F ⟨→ n/pr⟩ *prénom*

Heer N ⟨~(e)s; ~e⟩ MIL, *fig* armée *f*; *fig* **ein ~ von Journalisten** *etc* une armée de journalistes, *etc*

Heeresbericht M communiqué *m* des opérations

Heeresbestände MPL stocks *mpl* de l'armée; **aus amerikanischen ~n** provenant des surplus américains

Heeresdienst M service *m* dans l'armée; **Heeresleitung** F (°haut) commandement des armées; état-major *m*

Heerführer M chef *m* d'une armée; général *m*; **Heerlager** N camp *m*

Heerschar F REL **die himmlischen ~en** l'armée *f*, la milice céleste; *umg fig* **ganze ~en von …** une armée, une foule, des quantités de …

Heerstraße F HIST route *f* militaire, stratégique; **Heerwesen** N ⟨~s⟩ armée *f*; affaires *fpl* militaires

Hefe F ⟨~; ~n⟩ levure *f*; *zum Backen meist* levure *f* de boulanger; *(Bodensatz in Bier, Wein), a. geh pej* lie *f*

Hefebrot N pain *m* à la levure de boulanger; **Hefegebäck** N pâtisseries *fpl*, petits gâteaux fait(e)s avec une pâte levée

Hefekloß M *sorte de beignet de pâte levée (cuit à la vapeur ou dans l'eau)*; *umg hum* **aufgehen** *od* **auseinandergehen wie ein ~** grossir (à vue d'œil); prendre (rapidement) des kilos; *umg* enfler

Hefekuchen M gâteau fait avec une pâte

H

levée; **Hefepilz** M levure *f*; **Hefeteig** M pâte levée; **Hefeteilchen** N *regional* petit gâteau, pâtisserie *f* fait(e) avec une pâte levée; **Hefezopf** M *genre de brioche en forme de natte tressée*

Heft¹ N ⟨~(e)s; ~e⟩ 1 *(Schreibheft)* cahier *m*; *kleines* carnet *m* 2 *e-r Zeitschrift* numéro *m*; *(Lieferung)* fascicule *m* 3 *bes schweiz (Zeitschrift)* revue *f*

Heft² *geh* N ⟨~(e)s; ~e⟩ *e-s Messers, Werkzeugs* manche *m*; *fig* **das ~ in der Hand haben** tenir les commandes, le gouvernail; mener la barque; *fig* **j-m das ~ aus der Hand nehmen** reprendre la direction d'une affaire à qn; reprendre les commandes à qn

Heftchen N ⟨~s; ~⟩ 1 *(kleines Heft)* petit cahier; *(Block)* carnet *m* 2 *(Fahrscheinheftchen etc)* carnet *m* 3 *oft pej (Comicheftchen, Romanheftchen etc)* revue *f*

Heftdraht M BUCHBINDEREI fil *m* métallique pour coudre

heften ⟨-ete, h.⟩ A V/T 1 *mit Reißzwecken* fixer, *mit Heftklammern* agrafer (**an** [+*akk*] à) 2 MODE bâtir; faufiler 3 BUCHBINDEREI coudre; *Buch* **geheftet** broché 4 *(ab~)* classer; agrafer; **etw in e-n Ordner ~** mettre, ranger qc dans un classeur 5 *geh fig* **den Blick, die Augen auf j-n, etw ~** fixer, attacher son regard, ses yeux sur qn, qc B V/R 1 **sich auf j-n, etw ~** *Blick, Augen* s'arrêter, rester fixé sur qn, qc 2 **sich an j-s Fersen** *(akk)* **~** suivre qn pas à pas; rester sur les talons de qn

Hefter M ⟨~s; ~⟩ 1 *(Heftapparat)* agrafeuse *f* 2 → Schnellhefter; **Heftfaden** M, **Heftgarn** N fil *m* à bâtir; faufil *m*

heftig A ADJ *Angriff, Schmerzen, Gewitter, Hass, Kritik, Reaktion etc* violent; *Regen* fort; *Liebe* vif, vive; intense; ardent; *Verlangen* ardent; *Schnupfen* gros, grosse; **~e Vorwürfe** *mpl* reproches véhéments; **~er Wortwechsel** altercation *f*; échange *m* de paroles vives; *Person* **~ werden** s'emporter B ADV violemment; **~ reagieren** réagir violemment

Heftigkeit F ⟨~⟩ violence *f*

Heftklammer F agrafe *f*; **Heftmaschine** F BUCHBINDEREI couseuse *f*; BÜRO agrafeuse *f*; **Heftnaht** F couture bâtie; faufilure *f*; **Heftpflaster** N pansement adhésif; sparadrap *m*; **Heftrand** M marge *f* de cahier; **Heftstich** M MODE point *m* de bâti; **Heftzwecke** F punaise *f*

Hege F ⟨~⟩ FORSTWESEN protection *f*; conservation *f*

Hegemonie F ⟨~; ~n⟩ POL hégémonie *f*

hegen V/T ⟨h.⟩ 1 *Wild* protéger; conserver; prendre soin de; *Pflanzen* soigner; *geh Menschen* prendre soin de; **etw ~ und pflegen** prendre grand soin de qc; **j-n ~ und pflegen** entourer qn de ses soins, de soins attentifs 2 *fig Zweifel, Verdacht, Hass* nourrir; *Hoffnung* nourrir; caresser; *Gedanken, Plan* nourrir; caresser; chérir

Hehl N *od* M **kein(en) ~ aus etw machen** ne pas dissimuler, cacher qc; ne pas faire mystère de qc; **er macht kein(en) ~ daraus** il ne s'en cache pas; il n'en fait pas mystère

Hehler(in) M ⟨~s; ~⟩ (F) ⟨~in; ~innen⟩ receleur, -euse *m,f*

Hehlerei F ⟨~; ~en⟩ recel *m*

hehr *geh* ADJ *Augenblick, Ideal, Anblick* sublime; *Anblick a.* majestueux, -euse

hei INT ah!

heia *kinderspr* **~ machen** faire dodo

Heia *kinderspr* F ⟨~; ~s⟩, **Heiabett** *kinderspr* N *kinderspr* dodo *m*; **in die Heia gehen** aller au dodo

Heide¹ M ⟨~n; ~n⟩ REL païen *m*

Heide² F ⟨~; ~n⟩ 1 GEOG lande *f*; bruyère *f*; **die Lüneburger ~** les Landes *fpl* de Lüneburg 2 BOT bruyère *f*

Heideblume F fleur *f* de bruyère; **Heideboden** M terre *f* de bruyère; **Heidekraut** N ⟨~(e)s⟩ BOT bruyère *f*; **Heidelandschaft** F (paysage *m* de) landes *fpl*

Heidelbeere F myrtille *f*

Heidenangst *umg* F ⟨~⟩ peur bleue; *umg* frousse *f* terrible; **e-e ~ (vor etw** [+*dat*]**) haben** avoir la frousse, la trouille (de qc)

Heidenarbeit *umg* F ⟨~⟩ travail *m* énorme; *umg* boulot *m* monstre

Heidengeld *umg* N ⟨~(e)s⟩ argent fou; **ein ~ kosten** coûter un argent fou, les yeux de la tête, *umg* la peau des fesses

Heidenlärm *umg* M *umg* vacarme de tous les diables; *umg* boucan *m* du diable; **e-n ~ machen** *a.* faire un bruit d'enfer

Heidenspaß *umg* M ⟨~es⟩ plaisir fou, inouï; **e-n ~ machen** être très amusant

Heidenspektakel *umg* M → Heidenlärm

Heidentum N ⟨~s⟩ 1 *Zustand* paganisme *m* 2 *Personen* païens *mpl*

heidi INT et °hop (là)!

Heidi F ⟨→ *n/pr*⟩ *prénom*

Heidin F ⟨~; ~nen⟩ REL païenne *f*

heidnisch ADJ païen, -enne

Heidschnucke F ⟨~; ~n⟩ ZOOL mouton *m* des Landes de Lüneburg

Heike F ⟨→ *n/pr*⟩ *prénom*

heikel ADJ ⟨-kl-⟩ 1 *Sache* délicat; *in moralischer Hinsicht a.* scabreux, -euse 2 *Person beim Essen* difficile

heil ADJ *Person* indemne; sain et sauf, saine et sauve; *Sache* intact; entier, -ière; **mit ~er Haut davonkommen** en sortir indemne, sain et sauf; s'en tirer; *fig* **die ~e Welt** un monde intact; *fig* **(noch) in e-r ~en Welt leben** vivre dans un monde (encore) intact, préservé; **noch ~ sein** être indemne *bzw.* intact; *verletzter Arm etc* **wieder ~ sein** être guéri; **etw ~ überstehen** sortir indemne de qc

Heil N ⟨~s⟩ REL, *fig* salut *m*; **sein ~ in der Flucht, im Alkohol suchen** chercher son salut dans la fuite, dans l'alcool; *bes* HIST **~ dem Sieger, dem Kaiser!** vive le vainqueur, l'empereur!

Heiland M ⟨~(e)s; ~e⟩ 1 ⟨*pas de pl*⟩ REL Sauveur *m* 2 *geh fig* sauveur *m*; messie *m*

Heilanstalt F maison *f* de santé; **Heilbad** N 1 bain médicinal 2 *Ort* ville *f* d'eaux; station thermale

heilbar ADJ guérissable; curable; **Heilbarkeit** F ⟨~⟩ curabilité *f*

Heilbehandlung F traitement thérapeutique, curatif; **Heilberuf** M *ärztlich* profession médicale, *nicht ärztlich* paramédicale; **heilbringend** ADJT 1 REL qui apporte le salut 2 MED thérapeutique; **Heilbutt** M ZOOL flétan *m*

heilen A V/T ⟨h.⟩ *a. fig* guérir (**von** de); **als geheilt entlassen werden** sortir guéri; *fig* **von s-m Wahn geheilt** guéri de ses illusions; *umg fig* **davon bin ich geheilt** j'en suis guéri, revenu; ça m'a passé; *sprichw* **vorbeugen ist besser als ~** *sprichw* mieux vaut prévenir que guérir B V/I ⟨s.⟩ (se) guérir

Heilerde F ⟨~; ~n⟩ terre médicamenteuse; **Heilerfolg** M réussite *f*, succès *m* thérapeutique; **Heilfasten** N jeûne *m* thérapeutique; **heilfroh** *umg* ADJ ⟨*attribut*⟩ très content, heureux, -euse; *umg* vachement content; **Heilgymnastik** F gymnastique corrective; kinésithérapie *f*

heilig A ADJ 1 saint; **der ~e Paulus** saint Paul; **die ~e Elisabeth** sainte Elisabeth; **der Heilige Abend** la veille, le soir de Noël; **die Heilige Dreifaltigkeit** la Sainte-Trinité; **die Heilige Familie** la Sainte Famille; **der Heilige Geist** le Saint-Esprit; l'Esprit-Saint; **die Heiligen Drei Könige** les Rois mages; **das Heilige Land** la Terre sainte; **die ~e Messe** la sainte messe; **die Heilige Nacht** la nuit de Noël; HIST **das Heilige Römische Reich Deutscher Nation** le Saint-Empire romain germanique; **die Heilige Schrift** l'Écriture sainte; **der Heilige Stuhl** le Saint-Siège; **der Heilige Vater** le Saint-Père 2 *(geweiht), a. geh fig* sacré *(nachgestellt)*; **~es Feuer** feu sacré; **~e Stille** silence religieux; **~er Zorn** juste colère; **das ist meine ~e Pflicht** c'est un devoir sacré pour moi; **es ist mein ~er Ernst** je suis tout ce qu'il y a de plus sérieux; **mein Urlaub, meine Arbeit ist mir ~** les vacances, le travail, pour moi c'est sacré; **ihm ist nichts ~** il ne respecte rien; **ich schwöre bei allem, was mir ~ ist** je jure par tout ce qui m'est le plus sacré; **etw Heiliges** qc de sacré; **mein Heiligstes** ce que j'ai de plus sacré; *umg* **s-e ~e Not mit etw, j-m haben** avoir bien du mal, *umg* avoir du fil à retordre avec qc, qn B ADV **hoch und ~ schwören(, dass …)** jurer ses grands dieux (que …); **hoch und ~ versprechen(, dass …)** promettre solennellement (que …); KATH **~ machende Gnade** grâce sanctifiante; → heilighalten, heiligsprechen

Heiligabend M veille *f*, soir *m* de Noël

Heilige(r) M/F(M) ⟨→ A⟩ saint(e) *m(f)*; *umg iron* **ein sonderbarer** *od* **komischer ~r** un original; *umg* un type, mec bizarre; *umg* un drôle de paroissien, de coco; *umg* **er ist nicht gerade ein ~r** ce n'est pas un (petit) saint, un enfant de chœur

heiligen V/T ⟨h.⟩ sanctifier; *(weihen)* consacrer; **der Zweck heiligt die Mittel** la fin justifie les moyens; *Vaterunser* **geheiligt werde dein Name** que ton nom soit sanctifié

Heiligenbild N image sainte, d'un *bzw.* d'une saint(e); **Heiligenfigur** F *Statue* statue *f* d'un *bzw.* d'une saint(e); **Heiligenlegende** F légende *f* (d'un saint)

Heiligenschein M auréole *f* (*a. fig*); nimbe *m*; **mit e-m ~ umgeben** auréoler (*a. fig*); nimber

Heiligenschrein M châsse *f*; **Heiligenverehrung** F vénération *f* des saints

heilighalten V/T ⟨*irr, sép*, -ge-, h.⟩ *j-s Andenken etc* tenir pour sacré; *Brauch, Sitte* observer religieusement

Heiligkeit F ⟨~⟩ sainteté *f*; *e-r Sache* caractère sacré; **Seine ~** *(der Papst)* Sa Sainteté

heiligmachend ADJT → heilig B

heiligsprechen V/T ⟨*irr, sép*, -ge-, h.⟩ KATH canoniser; **Heiligsprechung** F ⟨~; ~en⟩ canonisation *f*

Heiligtum N ⟨~s; ¨~er⟩ sanctuaire *m*; *fig* **diese Fotos sind ihr ~** elle tient énormément à ces photos

Heiligung *geh* F ⟨~⟩ sanctification *f*

Heilkraft F vertu curative, thérapeutique, médicinale

heilkräftig ADJ qui a des vertus curatives, thérapeutiques, médicinales; curatif, -ive; *Pflanze* médicinal; **~e Wirkung** vertu *f* thérapeutique; *fig* effet *m* salutaire

Heilkräuter NPL herbes médicinales; simples *mpl*; **Heilkunde** F ⟨~⟩ médecine *f*; **heilkundig** ADJ qui a des connaissances médicales; qui est versé dans la médecine; **Heilkundige(r)** M/F(M) ⟨→ A⟩ personne versée dans la médecine

heillos A ADJ *(gewaltig)* terrible; énorme; incroyable; **ein ~es Durcheinander** un désordre invraisemblable, incroyable; *fig* une terrible, énorme confusion B ADV *zerstritten, verworren, verschuldet etc* terriblement; énormément; incroyablement

Heilmethode F méthode curative; thérapie *f*; **Heilmittel** N remède *m*; (*Arznei*) médicament *m*; **Heilpädagoge** M, **Heilpädagogin** F éducateur, -trice *m,f* spécialisé(e), *in e-r Einrichtung a.* dans un institut médico-éducatif; **Heilpädagogik** F pédagogie curative, spéciale; **Heilpflanze** F plante médicinale; **Heilpraktiker(in)** M(F) praticien, -ienne *m,f* de médecines parallèles
Heilquelle F source *f* d'eau thermale; *pl* **~n** *meist* eaux thermales; **Heilsalbe** F pommade *f*; onguent *m*
heilsam ADJ salutaire
Heilsarmee F ⟨~⟩ Armée *f* du Salut; **Angehörige(r)** *m/f(m)* **der ~** salutiste *m/f(m)*
Heilsbotschaft F message *m* de salut
Heilschlaf M cure *f* de sommeil; **Heilschlamm** M boue *f* thérapeutique; **Heilserum** N sérum *m* thérapeutique
Heilsgeschichte F ⟨~⟩ histoire sacrée; **Heilslehre** F doctrine *f* de salut
Heilsplan M ⟨~(e)s⟩ **der (göttliche) ~** le plan divin, providentiel
Heilstätte F maison *f* de santé; *für Lungenkranke a.* sanatorium *m*
Heilung F ⟨~; ~en⟩ *e-s Kranken, e-r Krankheit, Verletzung*, BIBEL guérison *f*; *e-r Wunde* cicatrisation *f*
Heilungsprozess M processus *m* de guérison
Heilverfahren N 1 *Methode* procédé *m* thérapeutique; médication *f* 2 *Kur* → Heilbehandlung; **Heilwasser** N ⟨~s; ⁓̈⟩ eau minérale; **Heilwirkung** F effet thérapeutique, curatif
Heilzweck M **zu ~en** à des fins thérapeutiques, curatives
heim ADV à la maison; → *a.* heimgehen, heimdürfen *etc*
Heim N ⟨~(e)s; ~e⟩ 1 ⟨*pas de pl*⟩ (*Zuhause*) maison *f*; chez-soi *bzw.* chez-moi, *etc m*; intérieur *m*; foyer *m*; **ein eigenes ~ haben** avoir un chez-soi 2 (*Kinderheim, Studentenheim*) foyer *m*; (*Altersheim*) maison *f* de retraite; (*Obdachlosenheim*) asile *m* (de nuit)
Heimabend M soirée *f* (au foyer de jeunesse, *etc*)
Heimarbeit F travail *m* à domicile; **Heimarbeiter(in)** M(F) travailleur, -euse *m,f* à domicile
Heimat F ⟨~⟩ patrie *f*; (*~land*) pays (natal); *e-r Spezialität etc* lieu *m* d'origine; **neue, zweite ~** nouvelle, seconde patrie; **in meiner ~** dans mon pays
Heimatadresse F, **Heimatanschrift** F adresse *f* de l'expéditeur, *e-r Sache, Ware* du lieu d'origine; **Heimatdichter(in)** M(F) poète *m* du terroir; **Heimatdichtung** F littérature *f*, poésie *f* du terroir; **Heimatdorf** N village natal, d'origine; **Heimaterde** F terre natale; sol natal; **Heimatfilm** M film *m* régionaliste (sentimental); **Heimatgefühl** N (sentiment *m* d')attachement *m* à son pays; **Heimathafen** M port *m* d'attache; **Heimatkunde** F ⟨~⟩ *Schulfach* géographie *f* et culture d'une région; **heimatkundlich** ADJ de la géographie locale, régionale; **Heimatland** N ⟨~(e)s; -länder⟩ pays natal, d'origine; patrie *f*
heimatlich ADJ de mon, ton, *etc* pays; *Land etc* natal; **~e Klänge** des airs de mon, ton, *etc* pays; **den ~en Boden betreten** mettre le pied sur, fouler le sol natal
heimatlos ADJ sans patrie; apatride; *fig* (*entwurzelt*) déraciné; **Heimatlose(r)** M/F(M) ⟨→ A⟩ sans-patrie *m/f*; (*Staatenlose[r]*) apatride *m/f*; **Heimatlosigkeit** F ⟨~⟩ (*Staatenlosigkeit*) apatridie *f*; statut *m* d'apatride; *fig* (*das Entwurzeltsein*) déracinement *m*
Heimatmuseum N musée local, régional; écomusée *m*; **Heimatort** M 1 lieu *m* d'origine 2 → Heimathafen; **Heimatrecht** N droit *m* de domicile; **Heimatroman** M roman *m* régionaliste; **Heimatstadt** F ville d'origine, natale; patrie *f*; **Heimatverein** M association *f* folklorique; **heimatvertrieben** ADJT déplacé; expulsé; **Heimatvertriebene(r)** M/F(M) personne déplacée, expulsée
heimbegeben *geh* V/R ⟨*irr, sép, pas de ge-*, h.⟩ **sich ~** se rendre chez soi; rentrer (à la maison, chez soi); **heimbegleiten** V/T ⟨-ete, *sép, pas de ge-*, h.⟩ raccompagner; accompagner, ramener, reconduire chez lui; **heimbringen** V/T ⟨*irr, sép*, -ge-, h.⟩ 1 → heimbegleiten 2 (*heimtragen, -befördern*) ramener; rapporter (à la maison, chez soi)
Heimchen N ⟨~s; ~⟩ 1 ZOOL grillon *m* domestique 2 *umg pej* **~ (am Herd)** brave (petite) ménagère *f*
Heimcomputer M micro-ordinateur *m*
heimdürfen V/I ⟨*irr, sép*, -ge-, h.⟩ avoir la permission de, pouvoir, *verneint* ne pas devoir rentrer (chez soi)
Heimeinweisung F placement *m* *von Jugendlichen* en foyer, *von Kranken* en maison de santé, *von alten Menschen* en maison de retraite
heimelig ADJ douillet, -ette; intime; où l'on est bien
Heimerzieher(in) M(F) éducateur, -trice *m,f*; **Heimerziehung** F éducation *f* en foyer
heimfahren ⟨*irr, sép*, -ge-⟩ A V/T ⟨h.⟩ **j-n ~** ramener qn chez soi B V/I ⟨s.⟩ rentrer chez soi
Heimfahrt F (voyage *m* de) retour *m*; **auf der ~** au retour; en rentrant; **auf der ~ sein** être sur le chemin du retour
heimfinden V/I ⟨*irr, sép*, -ge-, h.⟩ trouver le chemin pour rentrer, le chemin de la maison; **heimfliegen** V/I ⟨*irr, sép*, -ge-, s.⟩ rentrer (par avion); **heimführen** V/T ⟨*sép*, -ge-, h.⟩ reconduire, ramener chez lui, chez elle, *etc*
Heimgang *geh fig geh* décès *m*; *liter* trépas *m*; **Heimgegangene(r)** *geh fig* M/F(M) ⟨→ A⟩ *liter* défunt(e) *m(f)*; *liter* trépassé(e) *m(f)*
heimgehen V/I ⟨*irr, sép*, -ge-, s.⟩ 1 rentrer (chez soi, à la maison) 2 *geh fig* (*sterben*) décéder; *liter* trépasser
heimgeschädigt ADJT qui a souffert d'un séjour en foyer
heimholen V/T ⟨*sép*, -ge-, h.⟩ 1 **j-n ~** aller chercher qn (pour le ramener chez lui, à la maison); faire rentrer qn (chez lui, à la maison) 2 *geh fig* **Gott hat sie zu sich heimgeholt** le Seigneur l'a rappelée à lui
heimisch ADJ 1 (*ein~*) *Bevölkerung, Industrie, Produkte etc* du pays; local; *Pflanze, Tier* indigène; *an e-m Ort* **~ sein** *Pflanze, Tier* habiter (qc); *Tier a.* vivre 2 ⟨*épithète*⟩ (*zum Heim gehörend*) familier, -ière; **an den ~en Herd zurückkehren** revenir chez soi, dans ses foyers 3 (*vertraut*) familier, -ière; **sich ~ fühlen** se sentir chez soi; **~ werden** s'acclimater
Heimkehr F ⟨~⟩ retour *m* (chez soi, au pays); **bei s-r ~** en rentrant; à son retour
heimkehren V/I ⟨*sép*, -ge-, s.⟩ rentrer; retourner chez soi, à la maison *bzw.* au pays, dans son pays
Heimkehrer M ⟨~s; ~⟩ 1 (*Kriegsheimkehrer*) ancien prisonnier de guerre; rapatrié *m* 2 (*Urlaubsheimkehrer*) personne *f* qui revient
Heimkind N enfant *m* vivant dans un foyer, (placé) en foyer; **Heimkino** N 1 projection privée d'un film 2 *umg hum* (*Fernsehen*) *umg* télé *f*
heimkommen V/I ⟨*irr, sép*, -ge-, s.⟩ rentrer; revenir; **heimkönnen** V/I ⟨*irr, sép*, -ge-, h.⟩ pouvoir rentrer (chez soi); **heimlaufen** V/I ⟨*irr, sép*, -ge-, s.⟩ (*heimgehen*) rentrer (chez soi) à pied; *schnell* courir à la maison, chez soi; rentrer (chez soi) en courant
Heimleiter(in) M(F) directeur, -trice *m,f* du foyer, de l'asile de nuit, *etc*; **Heimleitung** F direction *f* du foyer, de l'asile de nuit, *etc*
heimleuchten V/I ⟨-ete, *sép*, -ge-, h.⟩ *umg fig* **j-m ~** dire ses quatre vérités, son fait à qn
heimlich A ADJ secret, -ète; (*~ u. illegal*) clandestin; → heimlichtun B ADV en secret; secrètement; (*insgeheim*) en cachette; (*verstohlen*) en catimini; (*~ u. illegal*) clandestinement; subrepticement; (*~ u. schnell*) à la dérobée; furtivement; *umg* **~, still und leise** discrètement; *umg* en douce
Heimlichkeit F ⟨~; ~en⟩ 1 ⟨*pas de pl*⟩ (*Heimlichsein*) secret *m*; clandestinité *f*; **in aller ~** très secrètement; en grand, dans le plus grand secret 2 (*Heimlichtuerei*) secret *m*; cachotterie *f*
Heimlichtuer(in) M ⟨~s; ~⟩ (F) ⟨~in; ~innen⟩ cachottier, -ière *m,f*; **Heimlichtuerei** F ⟨~; ~en⟩ cachotterie(s) *f(pl)*; **heimlichtun** V/I ⟨*irr, sép*, -ge-, h.⟩ faire des cachotteries
Heimmannschaft F SPORT équipe *f* qui reçoit
heimmüssen V/I ⟨*irr, sép*, -ge-, h.⟩ devoir rentrer (chez soi); **ich muss heim** il faut que je rentre (*subj*)
Heimniederlage F SPORT défaite *f* à domicile; **Heimordnung** F règlement *m* (intérieur); **Heimplatz** M place *f* en foyer; **Heimrecht** N SPORT droit *m* de jouer sur son propre terrain
Heimreise F voyage *m* de retour; **die ~ antreten** rentrer (chez soi); s'en retourner; prendre le chemin du retour; **auf der ~** au retour; en rentrant; **auf der ~ sein** être sur le chemin du retour
heimschicken V/T ⟨*sép*, -ge-, h.⟩ renvoyer chez soi
Heimsieg M SPORT victoire *f* à domicile; **Heimspiel** N SPORT match *m* à domicile; **Heimstatt** *geh* F ⟨~⟩, **Heimstätte** F patrie *f*; refuge *m*; asile *m*
heimsuchen V/T ⟨*sép*, -ge-, h.⟩ *Krieg, Epidemie etc* éprouver; *Katastrophe, Seuche etc* frapper; affliger; *Feinde, Ungeziefer etc* infester; *Geister* °hanter; *hum Verwandte etc* envahir; **e-e schwer heimgesuchte Stadt** une ville très éprouvée, presque entièrement sinistrée
Heimsuchung F ⟨~; ~en⟩ (*Schicksalsprüfung*) épreuve *f*; (*Geißel*) fléau *m*; KATH **Mariä ~** la Visitation de la Vierge
heimtragen V/T ⟨*irr, sép*, -ge-, h.⟩ porter chez soi, à la maison
Heimtrainer M °home-trainer *m*; vélo *m* d'appartement; **Heimtücke** F ⟨~⟩ *von Personen* sournoiserie *f*; *e-r Krankheit etc* caractère insidieux; *plus fort* traîtrise *f*; perfidie *f*
heimtückisch ADJ *Person, Handlung* sournois; *plus fort* traître; perfide; **e-e ~e Krankheit** une maladie traître, insidieuse
Heimvorteil M SPORT avantage *m* de jouer sur son terrain
heimwärts ADV (*nach Hause*) chez soi; à la maison; en direction de la maison, de chez soi; (*in die Heimat*) vers son pays; **~ ziehen** prendre le chemin de la maison
Heimweg M chemin *m* du retour; **auf dem ~** sur le chemin du retour; en retournant à la maison, chez soi; en rentrant; **sich auf den ~ machen** prendre le chemin du retour; reprendre le chemin de la maison
Heimweh N mal *m* du pays; *fig* nostalgie *f*

(**nach** de); ~ **haben** avoir le mal du pays; ~ **nach etw haben** avoir la nostalgie de qc; s'ennuyer de qc; regretter qc

heimwehkrank ADJ qui a le mal du pays

Heimwerker(in) M ⟨~s; ~⟩ F ⟨~in; ~innen⟩ bricoleur, -euse *m,f*

heimwollen VI ⟨*irr, sép*, -ge-, h.⟩ vouloir rentrer (chez soi, à la maison, dans son pays)

heimzahlen VT ⟨*sép*, -ge-, h.⟩ **j-m etw** ~ se venger auprès de qn de qc; **es j-m** ~ rendre la pareille à qn; rendre à qn la monnaie de sa pièce; **das werde ich dir ~!** tu me le paieras!

heimziehen ⟨*irr, sép*, -ge-, s.⟩ A VI rentrer (chez soi, à la maison, dans son pays) B V/UNPERS **es zieht mich heim** *in die Heimat* j'ai le mal du pays; *nach Hause* j'ai envie de rentrer chez moi

Heini *umg* M ⟨~s; ~s⟩ *Schimpfwort* imbécile *m*; **Sie ~!** (espèce d')imbécile!; *umg* pauvre mec!

Heinrich M ⟨→ *n/pr*⟩ 1 *prénom* 2 HIST Henri *m*; *Kaiser* ~ **IV.** Henri IV

Heinz M ⟨→ *n/pr*⟩ *prénom*

Heinzelmännchen N *im Märchen* petit nain (qui fait le travail des humains); lutin *m*

Heirat F ⟨~; ~en⟩ mariage *m*; **standesgemäße** ~ mariage de convenance; **nicht standesgemäße** ~ mésalliance *f*

heiraten ⟨-ete, h.⟩ A VT épouser; se marier avec; **j-n aus Liebe, s-s Geldes wegen** ~ épouser qn par amour, pour son argent B VI se marier; **sie hat nach Frankreich geheiratet** elle s'est mariée avec un Français (et vit en France)

Heiraten N ⟨~s⟩ mariage *m*

Heiratsabsicht F intention *f* de se marier; **(ernsthafte) ~en haben** projeter (sérieusement) de se marier; avoir (vraiment) l'intention de se marier

Heiratsalter N ⟨~s⟩ âge *m* où, auquel on se marie; (*Ehemündigkeit*) âge *m* nubile; **Heiratsannonce** F annonce matrimoniale

Heiratsantrag M demande *f* en mariage; **j-m e-n ~ machen** demander qn en mariage

Heiratsanzeige F 1 → Heiratsannonce 2 (*Vermählungsanzeige*) faire-part *m* de mariage; **Heiratserlaubnis** F ⟨~⟩ autorisation *f* de mariage

heiratsfähig ADJ en âge de se marier; *t/t*, ADMIN nubile; **~e Tochter** fille *f* à marier; **im ~en Alter** en âge de se marier

Heiratsfähigkeit F nubilité *f*; **Heiratskandidat(in)** M(F) *hum* candidat(e) *m(f)* au mariage; prétendant *m*; **heiratslustig** ADJ *hum* qui a envie de se marier; **Heiratsschwindel** M escroquerie *f* au mariage; **Heiratsschwindler(in)** M(F) escroc *m* au mariage; **Heiratsurkunde** F acte *m* de mariage; *als Abschrift* extrait *m*, bulletin *m* de mariage; **Heiratsvermittler(in)** M(F) marieur, -ieuse *m,f*; *gewerbsmäßige(r)* agent matrimonial; **Heiratsvermittlung** F 1 *Tätigkeit* mise *f* en rapport de personnes désirant se marier 2 *Büro* agence matrimoniale; **Heiratsversprechen** N promesse *f* de mariage

heischen *geh* VT ⟨h.⟩ **Bewunderung, Zustimmung** ~ *Aktionen, Dinge* forcer l'admiration, l'approbation; *Personen* être avide d'admiration, d'approbation

heiser ADJ *Person, Stimme, Hals* enroué; *Stimme, Schrei a.* rauque; *Stimme durch vieles Schreien* éraillé; ~ **werden** s'enrouer; **ich bin** ~ je suis enroué(e)

Heiserkeit F ⟨~⟩ enrouement *m*

heiß A ADJ 1 (très) chaud; (*glühend* ~) brûlant; *Klima* torride; **(kochend)** ~ bouillant; **~es Bad** bain très chaud; **~e Chemie** radiochimie *f*; GASTR **~e Würstchen** *npl* saucisses chaudes; NUKL **~e Zelle** cellule chaude; laboratoire *m* de haute activité; **mir ist** ~ j'ai chaud; *umg hum* **~!** (*nahe am gesuchten Gegenstand*) tu brûles!; **~e Tränen vergießen** pleurer à chaudes larmes; ~ **machen** (faire) chauffer; *sprichw* **was ich nicht weiß, macht mich nicht** ~ je préfère, il vaut mieux ne rien savoir 2 *fig Wunsch, Liebe etc* ardent; *Kampf, Diskussion etc* acharné; passionné; *umg* **~en Dank!** mille fois merci! 3 (*aufreizend*) excitant; (*sexy*) *a.* sexy (*inv*); torride; *Musik, Rhythmus* chaud; torride; *umg* d'enfer; *umg* **ein ~er Typ** *umg* un mec cool 4 *umg fig* (*kritisch*) chaud; délicat; (*gefährlich*) chaud; brûlant; explosif, -ive; POL **~er Draht** téléphone *m* rouge; **ein ~es Thema** un sujet brûlant, explosif; **der Boden wurde ihm zu** ~ il sentit que cela devenait malsain, dangereux pour lui 5 *umg fig Tipp etc* sûr; **ein ~er Favorit** *umg* un super favori; **auf e-r ~en Spur sein** être sur une piste brûlante 6 *umg Tier* (*brünstig*) en chaleur; *umg Personen* **(ganz)** ~ **auf etw** (*akk*) **sein** *umg* être un fan, un mordu de qc; *umg* être accro avec qc; → heißmachen B ADV 1 (très) chaud; ~ **laufen** TECH chauffer; *sprichw* **es wird nichts so ~ gegessen, wie es gekocht wird** au début les choses apparaissent pires qu'elles ne sont; tout s'arrange avec le temps; **es läuft mir ~ und kalt den Rücken hinunter** j'en ai des sueurs froides; j'en ai froid dans le dos 2 *fig* **etw ~ ersehnen** désirer qc ardemment; ~ **ersehnt** ardemment désiré; **j-n, etw ~ (und innig) lieben** aimer profondément qn, aimer beaucoup qc; ~ **geliebt** passionnément, ardemment aimé; ~ **umkämpft** qui est objet d'une lutte âpre, acharnée; ~ **umstritten** passionnément, ardemment disputé; très contesté; *umg* **es ging ~ her** *umg* ça chauffait, bardait

heißblütig ADJ 1 (*leicht aufbrausend*) irascible; impétueux, -euse; qui a le sang chaud 2 (*feurig*) ardent; *Liebhaber etc* fougueux, -euse; **ein ~er Südländer** un méridional au sang chaud

heißen ⟨-(es)t, heißt, hieß, geheißen, h.⟩ A *geh* VT 1 (*nennen*) appeler; **j-n willkommen** ~ souhaiter la bienvenue à qn; **das heiße ich korrekt handeln** voilà ce que j'appelle agir correctement 2 (*befehlen*) **j-n etw tun** ~ dire, *geh* enjoindre à qn de faire qc; **er hieß mich warten** il me dit d'attendre B VI 1 (*den Namen haben*) s'appeler; se nommer; **ich heiße Peter** je m'appelle Pierre; **ich heiße mit Nachnamen Merkel** mon nom de famille est Merkel; **wie ~ Sie?** comment vous appelez-vous?; quel est votre nom?; **wie heißt dieses Buch, diese Straße?** comment s'appelle ce livre, cette rue?; **nach j-m** ~ porter le nom de qn; **so wahr ich … heiße** aussi vrai que je m'appelle …; **und wie sie alle ~** et ainsi de suite; je ne les citerai pas tous 2 (*bedeuten*) signifier; vouloir dire; **soll das ~, dass …?** est-ce que cela signifie, veut dire que …?; **was soll das (denn) ~?** qu'est-ce que cela signifie, veut dire?; *umg* **was heißt hier: wir?** *umg* comment ça, nous?; *umg* **das will (et)was ~** ce n'est pas peu dire; c'est quelque chose; **das will nichts ~** cela ne veut rien dire, ne signifie rien, n'a pas d'importance; **das hieße alles vergessen** cela équivaudrait, reviendrait à tout oublier; ce serait tout oublier; **das soll nicht ~, dass …** cela ne veut pas dire, ne signifie pas que …; ce n'est pas pour cela que …; **er weiß, was es heißt …** il sait ce que c'est que de …; **was** *od* **wie heißt „Haus" auf Französisch?** comment dit-on « Haus » en français?; *erklärend, berichtigend* **das heißt** c'est-à-dire; **das heißt so viel wie …** cela revient à dire que …; autant dire que … C V/UNPERS 1 **es heißt, (dass) …** on dit que …; **wie es heißt, kommt sie morgen** il paraît qu'elle vient, arrive demain; **damit es nicht heißt …** pour *od* afin que l'on ne dise pas que …; pour *od* afin qu'il ne soit pas dit que … 2 (*gelten*) **nun heißt es, die Zähne zusammenbeißen** il s'agit maintenant de serrer les dents; **da heißt es aufgepasst** c'est là qu'il s'agit de faire attention, qu'il faut faire attention 3 (*geschrieben stehen*) être écrit; **wie es bei Goethe heißt** comme on peut le lire dans Goethe; comme l'a écrit, le dit Goethe; **es heißt an dieser Stelle …** il est dit, nous lisons à cet endroit …

heißersehnt, **heißgeliebt** ADJT → heiß B 2

Heißhunger M *umg* fringale *f* (*a. fig*); *fig* **e-n ~ auf etw** (*akk*) **haben** *umg* avoir une fringale de qc

heißhungrig ADJ affamé; **heißlaufen** VI → heiß B 1

Heißluft F ⟨~⟩ air chaud; **Heißluftballon** M ballon *m* à air chaud; montgolfière *f*; **Heißluftheizung** F chauffage *m* à air chaud; **Heißluftherd** M four *m* à chaleur tournante; **Heißlufttrockner** M séchoir *m* à air chaud

heißmachen *umg* VT ⟨*sép*, -ge-, h.⟩ **j-n** ~ *umg* allumer qn; **j-m die Hölle** ~ °harceler qn; mener une vie d'enfer à qn; → *a.* heiß A 1

Heißmangel F machine *f* à repasser; repasseuse *f*; **Heißsporn** *geh* M ⟨~(e)s; ~e⟩ tête, cervelle brûlée; **heißumkämpft**, **heißumstritten** ADJT → heiß B 2; **Heißwasserbereiter** M ⟨~s; ~⟩ chauffe-eau *m*; **Heißwasserspeicher** M chauffe-eau *m* à accumulation

heiter ADJ 1 *Wetter* beau, bel, belle; *Himmel* serein; clair; ~ **bis wolkig** clair à nuageux, à couvert 2 *Person, Wesen etc* (*lustig*) gai; enjoué; (*abgeklärt*) serein 3 *Musik, Muster etc* (*fröhlich*) gai; *Szene, Zwischenfall, Geschichte etc* (*amüsant*) amusant; *umg iron* **das kann ja ~ werden!** *umg* ça promet!; ça commence bien!

Heiterkeit F ⟨~⟩ 1 *innere, abgeklärte* sérénité *f* 2 (*Fröhlichkeit*) gaîté *od* gaieté *f*; enjouement *m*; *plus fort* hilarité *f*; **allgemeine ~ erregen** déclencher, provoquer l'hilarité générale

Heiterkeitsausbruch M accès *m* d'hilarité; (*Gelächter*) éclat(s) *m(pl)* de rire

Heiterkeitserfolg M **e-n ~ erzielen, ein ~ werden** déclencher l'hilarité générale

heizbar ADJ qui peut être chauffé; avec chauffage; **~e Heckscheibe** lunette arrière chauffante

Heizdecke F couverture chauffante, électrique; **Heizelement** N élément *m* de chauffage

heizen VT *u.* VI ⟨-(es)t, h.⟩ chauffer; **e-n Raum** ~ chauffer une pièce; **mit Kohle, Gas** *etc* ~ se chauffer au charbon, au gaz, *etc*; **der Ofen heizt gut** le poêle chauffe bien

Heizen N ⟨~s⟩ chauffage *m*; TECH chauffe *f*

Heizer M ⟨~s; ~⟩ TECH, *früher a. bei Lokomotiven, Schiffen* chauffeur *m*

Heizfaden M *e-r Röhre* filament *m*; **Heizfläche** F surface *f* de chauffe; **Heizgerät** N appareil *m* de chauffage; radiateur *m*; **Heizkeller** M → Heizraum; **Heizkessel** M chaudière *f*; **Heizkissen** N coussin électrique, chauffant; **Heizkörper** M radiateur *m*; **Heizkosten** PL frais *mpl* de chauffage; **Heizkraftwerk** N centrale *f* thermique; **Heizlüfter** M radiateur (électrique) soufflant; **Heizmaterial** N combustible(s) *m(pl)*; **Heizofen** M radiateur *m*; **Heizöl** N fuel *m*; mazout *m*; **Heizöltank** M réservoir *m* à mazout; **Heizperiode** F période *f* de chauffage; **Heizplatte** F 1 (*Kochplatte*) plaque *f* électrique **2** *(Warmhalteplatte)* chauffe-plats *m*; **Heizraum** M chaufferie *f*; chambre *f* de chauffe; **Heizrippe** F élément *m* d'un radiateur; **Heizrohr** N tuyau *m* de chauffage; **Heizschlange** F serpentin chauffant; **Heizsonne** F radiateur *m* parabolique; **Heizspirale** F résistance chauffante (en spirale); **Heizstrahler** M radiateur (électrique) rayonnant

Heizung F ⟨~; ~en⟩ chauffage *m*; **die ~ anstellen, abstellen** mettre, arrêter le chauffage

Heizungsanlage F installation *f* de chauffage; **Heizungskeller** M chaufferie *f*; **Heizungskosten** PL frais *mpl* de chauffage; **Heizungsmonteur** M installateur *m* de chauffage; chauffagiste *m*; **Heizungsrohr** N tuyau *m* de chauffage; **Heizungstank** M réservoir *m*, cuve *f* à mazout; **Heizungstechnik** F ⟨~⟩ technique *f* de chauffage; **Heizungstechniker** M technicien *m* du chauffage

Heizwert M pouvoir *m* calorifique

Hektar N *od* M ⟨~s; ~e, *mais* 3 ~⟩ hectare *m*

Hektik F ⟨~⟩ agitation *f*; énervement *m*; fébrilité *f*; *(Hetze)* bousculade *f*

hektisch ADJ *Person* énervé; nerveux, -euse; *Stadtleben etc* trépidant; *Bewegung* nerveux, -euse; fébrile; *Eile* fiévreux, -euse; fébrile; **(nun mal) nicht so ~!** doucement!

Hektografie F ⟨~; ~n⟩ polycopie *f*; **hektografieren** V/T ⟨*pas de ge-*, h.⟩ polycopier; **Hektogramm** N hectogramme *m*; **Hektographie, hektographieren** → Hektografie, hektografieren; **Hektoliter** M *od* N hectolitre *m*

helau INT *im Karneval* °hourra!

Held M ⟨~en; ~en⟩ *a. (Romanheld), fig* °héros *m*; *in Heldensagen a.* preux *m*; HIST *DDR* **~ der Arbeit** °héros *m* du travail socialiste; THEAT **jugendlicher ~** jeune premier *m*; *fig* **der ~ des Tages** le héros du jour; *umg* **kein ~ in etw** *(dat)* **sein** ne pas être très fort, très calé en qc; *iron* **du bist mir ein ~!** bravo, tu as réussi, gagné!; *umg* (on peut dire que) tu es un sacré numéro!

Heldenbrust F *iron* noble poitrine; **Heldendichtung** F poésie *f* héroïque; **Heldenepos** N épopée *f*; **Heldengedicht** N poème *m* héroïque; **heldenhaft** ADJ héroïque; **Heldenlied** N poème *m*, chanson *f* héroïque; *im mittelalterlichen Frankreich* chanson *f* de geste; **Heldenmut** M héroïsme *m*; **heldenmütig** ADJ héroïque; **Heldensage** F légende *f* héroïque

Heldenstück N *iron* **das war kein ~** ce n'était pas très glorieux; ce n'était pas vraiment un exploit

Heldentat F action *f* héroïque, d'éclat; °haut fait *m*; *a. iron* exploit *m*; prouesse *f*; **Heldentenor** M fort ténor *m*

Heldentod *geh* M mort *f* héroïque; **den ~ sterben** mourir au champ d'honneur

Heldentum N ⟨~s⟩ héroïsme *m*

Heldin F ⟨~; ~nen⟩ héroïne *f*

Helena F ⟨→ *n/pr*⟩ MYTH, HIST Hélène *f*

Helene F ⟨→ *n/pr*⟩ *prénom*

helfen V/I ⟨hilft, half, geholfen, h.⟩ aider, assister, *Notleidenden a.* secourir, *durch Mitarbeit a.* seconder (j-m qn); *Mittel, Maßnahme meist* servir; **j-m bei der Arbeit ~** aider qn dans son travail; **j-m auf die Beine ~** aider qn à se relever; *fig* remettre qn à flot; **j-m in den, aus dem Mantel ~** aider qn à mettre, ôter son manteau; *umg* **j-m aus der Patsche ~** *umg* dépanner qn; *umg* **j-m auf die Sprünge ~** mettre qn sur la voie; **j-m über die Straße ~** aider qn à traverser la rue; **j-m aus e-r Verlegenheit ~** tirer qn d'embarras; **sich** *(dat)* **gegenseitig ~** s'entraider; **sich** *(dat)* **zu ~ wissen** savoir se débrouiller; être débrouillard; avoir de la ressource; savoir s'y prendre; **sich** *(dat)* **nicht mehr zu ~ wissen** ne plus savoir quoi *od* que faire, comment (s')en sortir, à quel saint se vouer; **wir wussten uns nicht anders zu ~ (als zu** [+*inf*]**)** il n'y avait pas d'autre moyen, solution (que de [+*inf*]); **ich kann mir nicht ~, (aber) ich muss lachen** je ne peux pas m'empêcher de rire; **ihm ist nicht mehr zu ~** on ne peut plus rien (faire) pour lui; il est perdu; *umg fig* **ihm ist nicht zu ~** c'est un cas désespéré; *Medikament* **gegen** *od* **bei Zahnschmerzen ~** être bon pour, contre le mal de dents; **was hilft es, wenn man ihn bestraft?** à quoi bon le punir?; **das hilft nichts** cela ne sert à rien; **damit ist mir nicht geholfen** cela ne me sert à rien; **was hilft das Klagen?** à quoi sert de se plaindre?; à quoi bon se plaindre?; **hier hilft kein Schreien** inutile de crier; rien ne sert de crier; **es hilft alles nichts(, er tut es trotzdem)** on a beau faire *od* dire, rien n'y fait(, il le fera quand même); **es hilft alles nichts(, wir müssen gehen)** il n'y a rien à faire(, il faut s'en aller); *drohend umg* **dir werde ich ~!** attends un peu que je t'aide!; tu veux que je t'aide!; *sprichw* **hilf dir selbst, so hilft dir Gott!** *sprichw* aide-toi, le Ciel t'aidera

Helfer(in) M ⟨~s; ~⟩ (F) ⟨~in; ~innen⟩ aide *m/f*; auxiliaire *m/f*; assistant(e) *m(f)*; **ein freiwilliger, ehrenamtlicher ~** un aide bénévole; **~ in Steuersachen** conseiller fiscal; conseil fiscal; **ein ~ in der Not** une planche de salut

Helfershelfer M *pej* acolyte *m*; homme *m* de main; *(Komplize)* complice *m*

Helga F ⟨→ *n/pr*⟩ *prénom*

Helgoland N ⟨→ *n/pr*⟩ Helgoland *f*; HIST Héligoland *f*

Helikopter M ⟨~s; ~⟩ hélicoptère *m*

Heliografie, Heliographie F ⟨~⟩ TYPO héliographie *f*; **Heliogravüre** F ⟨~; ~n⟩ TYPO héliogravure *f*; **Helioskop** N ⟨~s; ~e⟩ ASTRON hélioscope *m*; **Heliotherapie** F MED héliothérapie *f*; **Heliotrop**[1] N ⟨~s; ~e⟩ BOT héliotrope *m*; **Heliotrop**[2] M ⟨~s; ~e⟩ MINER héliotrope *m*

heliozentrisch ADJ ASTRON héliocentrique

Helium N ⟨~s⟩ CHEM hélium *m*; **Heliumkern** M NUKL noyau *m* d'hélium; hélion *m*

hell **A** ADJ **1** *(nicht dunkel), a. Farbe, Stimme, Klang, etc* clair; *Bier, Tabak* blond; *(leuchtend)* lumineux, -euse; *Stern* brillant; **es ist schon ~er Tag** il fait déjà grand jour; **es wird (schon) ~** il commence à faire jour, clair; **im Sommer bleibt es lange ~** en été, il fait jour longtemps **2** *fig Person* intelligent; **ein ~er Kopf** un esprit lucide, intelligent; **ein ~er Moment** un moment de lucidité **3** ⟨*épithète*⟩ *umg fig Begeisterung, Freude etc* (le plus) complet, (la plus) complète; *Freude a.* parfait; sans mélange; **in ~en Scharen** en foule; en grand nombre; **s-e ~e Freude an etw** *(dat)* **haben** être très content de voir qc; éprouver un véritable plaisir à voir, à faire qc; **in ~er Verzweiflung** complètement désespéré; **(das wäre) ~er Wahnsinn** (ce serait de la) pure folie, folie pure **B** ADV **~ brennen** brûler avec une flamme claire; **~ erleuchtet** très éclairé; illuminé; **~ glänzen** jeter un, briller d'un vif éclat; **~ glänzend** brillant d'un vif éclat; qui jette un vif éclat; **~ klingen, tönen** rendre un son clair; **~ leuchten** *Lampe etc* éclairer bien; **~ leuchtend** lumineux, -euse; *Lampe* qui éclaire bien; → *a.* Mond 1

Hellas N ⟨→ *n/pr*⟩ HIST l'Hellade *f*

hellauf ADV **~ begeistert sein** être très, complètement enthousiaste; **~ lachen** éclater de rire

hellblau ADJ bleu clair *(inv)*; **hellblond** ADJ blond pâle *(inv)*; blond clair *(inv)*; **hellbraun** ADJ brun clair *(inv)*; **Helldunkel** N MAL clair-obscur *m*

helle ADJ ⟨*attribut*⟩ *regional (aufgeweckt) umg* futé

Helle(s) *umg* N ⟨→ A⟩ *(helles Bier)* bière blonde

Hellebarde F ⟨~; ~n⟩ °hallebarde *f*

Hellegat(t) N ⟨~(e)s; ~s⟩ SCHIFF soute *f*

Hellene M ⟨~n; ~n⟩, **Hellenin** F ⟨-in; -innen⟩ HIST Hellène *m/f*; **hellenisch** ADJ hellène; *bes Sprache, Kultur etc* hellénique

Hellenismus N ⟨~⟩ HIST hellénisme *m*; **hellenistisch** ADJ hellénistique

Heller M ⟨~s; ~⟩ HIST *etwa* denier *m*; liard *m*; *fig* **auf ~ und Pfennig** au cent près; *umg* **keinen (roten) ~ wert sein** ne pas valoir un sou; *umg* **keinen (roten) ~ haben** *umg* n'avoir pas un rond

hellerleuchtet ADJT → hell B

helleuchtend ADJT → hell B

hellgelb ADJ jaune clair *(inv)*; **hellglänzend** ADJT → hell B; **hellgrau** ADJ gris clair *(inv)*; **hellgrün** ADJ vert clair *(inv)*; **hellhäutig** ADJ à, qui a la peau claire

hellhörig ADJ **1** *Gebäude, Wohnung* sonore **2** *Person* attentif, -ive; **~ werden** devenir attentif; commencer à avoir des soupçons; **j-n ~ machen** mettre la puce à l'oreille de qn

hellicht ADJ → helllicht

Helligkeit F ⟨~; ~en⟩ clarté *f*; *e-r Lichtquelle*, TV luminosité *f*; *a.* ASTRON éclat *m*

Helligkeitseinstellung F TV réglage *m* de la luminosité; **Helligkeitsgrad** M degré *m* de clarté, de luminosité; **Helligkeitsregler** M ELEK variateur *m* de lumière

hellleuchtend ADJT → hell B

helllicht ADJ **am ~en Tag(e)** en plein jour

Hel(l)mut(h) M ⟨→ *n/pr*⟩ *prénom*

hellrot ADJ rouge clair *(inv)*

hellsehen V/I ⟨*les temps simples ne s'emploient pas dans une principale*; -ge-, h.⟩ voir, lire l'avenir; **~ (können)** avoir le don de seconde, de double vue

Hellseher(in) M(F) voyant(e) *m(f)*

hellseherisch ADJ **~e Fähigkeiten** don *m* de double *od* seconde vue, de voyance

hellsichtig ADJ *(scharfblickend)* lucide; *(weitblickend)* clairvoyant; **hellwach** ADJ **1** tout à fait éveillé **2** *umg fig (aufgeweckt)* éveillé; malin; vif, vive

Helm M ⟨~(e)s; ~e⟩ **1** MIL, *(Schutzhelm)* casque *m*; HIST °heaume *m* **2** BAU *(Turmhelm)* comble *m*; **Helmbusch** M panache *m*; *kleiner* plumet *m*

Helvetien N ⟨→ *n/pr*⟩ HIST l'Helvétie *f*; **Helvetier** MPL Helvètes *mpl*; **helvetisch** ADJ helvétique

hem → hm

Hemd N ⟨~(e)s; ~en⟩ *(Oberhemd)* chemise *f*; *(Herrenunterhemd)* maillot *m* de corps; *(Damenunterhemd)* chemisette *f*; **nass bis aufs ~ sein** être complètement trempé; *umg* être trempé jusqu'aux os; *fig* **kein ~ auf dem Leibe haben** n'avoir même pas une chemise à se mettre; *umg pej* **s-e Gesinnung wie das** *od* **sein ~ wechseln** changer d'opinion comme de chemise; **sein letztes ~ (für j-n) hergeben** donner jusqu'à sa dernière chemise (à, pour qn); *umg fig* **j-n bis aufs ~ ausziehen** mettre qn sur la paille; dépouiller complètement qn; *umg* **das zieht einem ja das ~ aus!** c'est fou!; *umg* c'est dingue!; *sprichw* **das ~ ist mir näher als der Rock** *sprichw* charité bien ordonnée commence par soi-même

Hemdbluse F chemisier *m*; **Hemdblusenkleid** N robe *f* chemisier; **Hemdbrust** F plastron *m*

H

Hemdchen N ⟨~s; ~⟩ petite chemise
Hemdenknopf M bouton *m* de chemise; **Hemdenmatz** *umg hum* M ⟨~es; ~̈e *ou* ~e⟩ petit enfant en chemise
Hemdhose F *veraltend* chemise-culotte *f*; **Hemdkragen** M col *m* (de chemise); *abknöpfbarer* faux col
Hemdsärmel M manche *f* de chemise; **in ~n** en bras, en manches de chemise
hemdsärmelig ADJ **1** en bras, en manches de chemise **2** *umg fig (leger)* décontracté; *pej* cavalier, -ière
Hemisphäre F ⟨~; ~n⟩ hémisphère *m*; **die nördliche, südliche ~** l'hémisphère nord, sud
hemmen V/T ⟨h.⟩ **1** *(verlangsamen) Bewegung* ralentir; freiner; *Entwicklung a.* retarder; TECH, *Prozess* arrêter; *fig (behindern)* entraver; **j-n in s-r Entwicklung ~** retarder, freiner l'évolution, le développement de qn; retarder, freiner qn dans son évolution, développement **2** *(beeinträchtigen) physisch, psychisch* inhiber; **sich gehemmt fühlen** *vorübergehend* se sentir gêné, paralysé; *ständig* avoir des complexes
Hemmnis N ⟨~ses; ~se⟩ obstacle *m*, entrave *f* (**für** à, pour)
Hemmschuh M **1** EISENBAHN sabot *m* d'arrêt **2** *fig* boulet *m*, frein *m* (**für** pour)
Hemmung F ⟨~; ~en⟩ **1** *(Verlangsamung)* ralentissement *m*; freinage *m*; *(Stoppen)* arrêt *m*; *(Blockierung)* blocage *m* **2** *physisch, psychisch* inhibition *f* **3** PL **~en** *(Gehemmtheit)* complexes *mpl*; **(keine) ~en haben** (ne pas) avoir des complexes; **sie hatte ~en, danach zu fragen** elle hésitait à, n'osait pas le demander; *(sie hatte Bedenken) a.* elle avait des scrupules à le demander; **er kennt keine ~en** il est sans-gêne
hemmungslos **A** ADJ déchaîné; sans frein; *(skrupellos)* sans scrupules; impudent **B** ADV sans retenue; sans gêne; *(skrupellos)* sans scrupules; impudemment; sans vergogne; **~ weinen** pleurer sans retenue
Hemmungslosigkeit F ⟨~⟩ manque *m* de retenue; *(Skrupellosigkeit)* absence *f* de scrupules; impudence *f*
Hendl N ⟨~s; ~(n)⟩ *bayrisch, österr* poulet *m*; GASTR poulet rôti
Hengst M ⟨~es; ~e⟩ étalon *m*; **Hengstfohlen** N poulain *m* (mâle)
Henkel M ⟨~s; ~⟩ anse *f*; **Henkelkorb** M panier *m* à anse(s); **Henkelkrug** M cruche *f* à anse(s); **Henkelmann** *umg* M ⟨~(e)s; ~̈er⟩ gamelle *f*; **Henkeltopf** M pot *m* à anse(s)
henken *geh* V/T ⟨h.⟩ pendre
Henker M ⟨~s; ~⟩ bourreau *m*; *sl* **geh zum ~!** *sl* fous le camp!; *umg* tire-toi!; *sl* va-t'en au diable!; *sl* **weiß der ~!** *umg* j'en sais rien!; *umg* **hol's der ~!** *umg* mince *od umg* merde alors!
Henkersknecht M valet *m* du bourreau; **Henkersmahlzeit** F dernier repas d'un condamné; *fig hum* dernier (bon) repas
Henna F ⟨~⟩ *od* N ⟨~(s)⟩ °henné *m*
Henne F ⟨~; ~n⟩ **1** ZOOL poule *f*; **Eier legende ~** (poule) pondeuse *f* **2** BOT **fette ~** orpin *m*
Heparin N ⟨~s⟩ MED héparine *f*
Hepatitis F ⟨~; -itiden⟩ MED hépatite *f*; **~ A, B** hépatite (virale) A, B
her ADV **1** *Richtung (hier~)* par ici; **~ zu mir!** (viens *bzw.* venez) ici!; **~ damit!** donne(z)-le(-moi)!; **Bier ~!** je veux *bzw.* on veut de la bière!; **von … ~** (du côté) de …; **von Norden, Süden ~** du nord, sud; **von weit ~** de loin; **ein Wort vom Lateinischen ~ erklären** expliquer un mot en partant du latin; **wo ist er ~?** d'où est-il, vient-il?; **hinter j-m ~ sein** être aux trousses de qn; *fig (kontrollieren)* contrôler qn en permanence; *verliebt* courir après qn; **hinter e-r Sache ~ sein** être à la poursuite, recherche de qc; *fig* **damit ist es nicht weit ~** ce n'est pas extraordinaire, *umg* pas terrible, *umg* pas génial; *fig* **mit s-n Kenntnissen ist es nicht weit ~** il ne sait pas grand-chose **2** *Zeit* **von früher ~** d'autrefois; **es ist (schon) lange ~(, dass …)** il y a, cela fait (déjà) longtemps (que …); **wie lange ist es ~, dass wir uns gesehen haben?** combien y a-t-il de temps que nous nous sommes vus?; on ne s'est pas vu depuis combien de temps?; **das ist ein Jahr ~** cela fait un an; il y a un an **3** *fig (ausgehend von)* **von der Form, Konzeption ~ sehr interessant** très intéressant du point de vue de, de par la forme, la conception; **von der Sache ~ gerechtfertigt** qui, en fait *od* sur le fond, se justifie *od* est justifié; → *a.* hin 1
herab *geh* ADV **von oben ~** d'en °haut; *fig* **sie sah ihn von oben ~ an** elle le regarda de haut, avec dédain; elle le toisa; → *a.* herunter
herabbegeben *geh* V/R ⟨*irr, sép, pas de ge-*, h.⟩ **sich ~** descendre
herabblicken *geh* V/I ⟨*sép*, -ge-, h.⟩ regarder vers le bas; **von etw ~** regarder du haut de qc; **auf die Stadt** *etc* **~** regarder la ville, *etc* en bas; *fig* **auf j-n ~** regarder qn de haut; **verächtlich auf j-n ~** regarder qn avec mépris, dédain
herabhängen → herunterhängen
herablassen ⟨*irr, sép*, -ge-, h.⟩ **A** *geh* V/T faire *bzw.* laisser descendre; *Jalousien, Zugbrücke etc* baisser **B** V/R **1** *geh* **sich ~** se laisser descendre **2** *fig* **sich ~, etw zu tun** s'abaisser à faire qc; *auf e-e Bitte hin* condescendre à, daigner faire qc
herablassend **A** ADJT condescendant; dédaigneux, -euse; °hautain **B** ADVL avec condescendance, dédain, °hauteur; **Herablassung** F ⟨~⟩ condescendance *f*; dédain *m*; °hauteur *f*; **herabmindern** V/T ⟨-(e)re, *sép*, -ge-, h.⟩ **1** *(verringern)* diminuer **2** *fig (herabsetzen)* (r)abaisser; déprécier; *Gefahr* minimiser; **herabsehen** V/I ⟨*irr, sép*, -ge-, h.⟩ → herabblicken
herabsenken *geh* V/R ⟨*sép*, -ge-, h.⟩ **sich ~** tomber; *Nacht, Nebel* **sich auf etw** *(akk)* **~** tomber, descendre sur qc
herabsetzen V/T ⟨-(es)t, *sép*, -ge-, h.⟩ **1** *Preis, Ware* baisser; *Kosten, Preis a.* diminuer; *Gebühren, Geschwindigkeit, Strafe* réduire; **e-e Ware im Preis ~** baisser le prix d'une marchandise; **zu herabgesetztem Preis** à prix réduit; au rabais **2** *fig Ansprüche* rabattre de; *Verdienste, Leistung, Fähigkeiten* minimiser; déprécier; réduire; *Wert, Bedeutung* minimiser; *Person* déprécier; dénigrer
Herabsetzung F ⟨~; ~en⟩ **1** *der Preise etc* abaissement *m*; diminution *f*; réduction *f* **2** *fig von Verdiensten, Fähigkeiten etc* dépréciation *f*; dévalorisation *f*; *von Personen a.* dénigrement *m*
herabsinken V/I ⟨*irr, sép*, -ge-, s.⟩ **1** *geh (nach unten sinken)* tomber, descendre (**auf** [+*akk*] sur) **2** *fig* tomber de plus en plus bas; **auf ein niedriges Niveau ~** tomber à un niveau très bas; baisser; tomber bien bas; *pej* **zum Alkoholiker** *etc* **~** devenir alcoolique, *etc*
herabsteigen *geh* → hinuntersteigen; **herabstürzen** *geh* → hinunterstürzen
herabwürdigen V/T ⟨*sép*, -ge-, h.⟩ déprécier; **Herabwürdigung** F ⟨~; ~en⟩ dépréciation *f*; **herabziehen** *geh* → herunterziehen
Heraldik F ⟨~⟩ héraldique *f*; **Heraldiker** M ⟨~s; ~⟩ héraldiste *m*; **heraldisch** ADJ héraldique
heran ADV **nur ~!** approche(z), avance(z) donc!; **(dicht) an etw** *(akk)* **~** tout près de qc; tout contre qc
heranarbeiten V/R ⟨-ete, *sép*, -ge-, h.⟩ **sich (an etw, j-n) ~** s'approcher avec difficulté de qc, qn
heranbilden V/T (*u.* V/R) ⟨-ete, *sép*, -ge-, h.⟩ (**sich ~** se) former; **Heranbildung** F formation *f*
heranbringen V/T ⟨*irr, sép*, -ge-, h.⟩ **1** **j-n, etw (an j-n, etw) ~** approcher, *näher* rapprocher qn, qc (de qn, qc) **2** *fig* **j-n an etw** *(akk)* **~** faire connaître qc à qn; familiariser qn avec qc
heranfahren V/I ⟨*irr, sép*, -ge-, s.⟩ **an etw, j-n ~** s'approcher de qc, qn; **rechts ~** serrer à droite
heranführen V/T ⟨*sép*, -ge-, h.⟩ **j-n an etw** *(akk)* **~** amener qn à qc; *fig* initier qn à qc
herangehen V/I ⟨*irr, sép*, -ge-, s.⟩ **1** **an etw, j-n ~** s'approcher de qc, qn; **näher ~** se rapprocher; venir plus près **2** *fig* **an ein Problem** *etc* **~** s'attaquer à, aborder un problème, *etc*
heranholen V/T ⟨*sép*, -ge-, h.⟩ aller chercher; **herankämpfen** V/R ⟨*sép*, -ge-, h.⟩ SPORT **sich ~** essayer de rattraper (**an j-n** qn)
herankommen V/I ⟨*irr, sép*, -ge-, s.⟩ **1** **an etw, j-n ~** s'approcher de qc, qn; **nahe an etw, j-n ~** se rapprocher de qc, qn; **j-n an sich** *(akk)* **~ lassen** laisser qn approcher; **die Dinge an sich** *(akk)* **~ lassen** laisser venir (les événements); voir venir **2** *zeitlich* approcher **3** **an etw** *(akk)* **~** *(heranreichen)* atteindre qc; *fig (bekommen)* avoir accès à qc **4** *fig* **an j-n ~** *(Kontakt aufnehmen)* approcher qn; établir le contact avec qn; *(j-m gleichkommen)* égaler qn
heranlassen V/T ⟨*irr, sép*, -ge-, h.⟩ **1** **j-n, etw an j-n, etw ~** laisser qn, qc approcher *bzw.* toucher qn, qc **2** *fig* **j-n an sich** *(akk)* **~** laisser qn approcher; être accessible à qn; **niemand(en) an sich** *(akk)* **~** être inaccessible (à tous)
heranmachen *umg* V/R ⟨*sép*, -ge-, h.⟩ **sich an etw** *(akk)* **~** *(anfangen)* aborder qc; se mettre à faire qc; *(in Angriff nehmen)* s'attaquer, s'atteler à qc; **sich an j-n ~** *(anreden)* accoster qn *(a. pej)*; *oft pej* entreprendre qn; *in sexueller Absicht umg* draguer qn
herannahen *geh* V/I ⟨*sép*, -ge-, s.⟩ s'approcher
herannehmen V/T ⟨*irr, sép*, -ge-, h.⟩ *zu Dienstleistungen etc* mettre à contribution; **j-n (hart) ~** ne pas ménager qn; demander beaucoup (d'efforts) à qn
heranpirschen V/R ⟨*sép*, -ge-, h.⟩ **(sich) an etw, j-n ~** se glisser vers qc, qn; (s')approcher à pas de loup de qc, qn
heranreichen V/I ⟨*sép*, -ge-, h.⟩ **1** **an etw** *(akk)* **~** atteindre qc **2** *fig* **an j-n, etw ~** égaler qn, qc
heranreifen V/I ⟨*sép*, -ge-, s.⟩ *Personen* mûrir; arriver à maturité; *Sachen, Projekt, Plan, Entschluss* mûrir; prendre forme; **zur Künstlerin ~** devenir une véritable artiste
heranrücken ⟨*sép*, -ge-⟩ **A** V/T ⟨h.⟩ **etw an etw, j-n ~** approcher qc de qc, qn **B** V/I ⟨s.⟩ **an etw, j-n ~** s'approcher de qc, qn; **er rückte näher an sie heran** il se rapprocha d'elle; **das Osterfest rückt heran** on s'approche de Pâques; Pâques approche
heranrufen V/T ⟨*irr, sép*, -ge-, h.⟩ appeler; *Taxi* °héler; **heranschaffen** V/T ⟨*sép*, -ge-, h.⟩ rapprocher, amener vers soi
heranschleichen ⟨*irr, sép*, -ge-⟩ V/I ⟨s.⟩ *u.* V/R ⟨h.⟩ **(sich) an etw, j-n ~** se glisser vers qc, qn; (s')approcher à pas de loup de qc, qn
herantasten V/R ⟨-ete, *sép*, -ge-, h.⟩ **sich an etw, j-n ~** s'approcher en tâtonnant, à tâtons

de qc, qn; *fig an e-e Lösung* procéder par tâtonnements, par approches successives pour trouver qc; *an ein Problem* aborder prudemment qc; *an e-e Person* faire prudemment, peu à peu connaissance de qn

herantragen VT ‹*irr, sép*, -ge-, h.› **1** (*herbeitragen*) apporter **2** *fig* **etw an j-n ~** *Anliegen etc* transmettre, communiquer, faire part de qc à qn

herantreten VI ‹*irr, sép*, -ge-, s.› **1** **(an j-n, etw) ~** s'approcher (de qn, qc) **2** *fig* **an j-n (mit e-r Bitte) ~** s'adresser à qn (pour demander qc)

heranwachsen VI ‹*irr, sép*, -ge-, s.› grandir; *Kinder a.* devenir des adultes; **zu etw ~** devenir qc; **die ~de Generation** la jeune génération

Heranwachsende(r) M/F(M) ‹→ A› adolescent(e) *m(f)*; JUR personne *f* entre 18 et 21 ans

heranwagen V/R ‹*sép*, -ge-, h.› **sich an j-n, etw ~** oser s'approcher de qn, qc; **sich an e-e Aufgabe ~** (oser) se mesurer à une tâche; se risquer à entreprendre une tâche

heranwinken VT ‹*sép*, -ge-, h.› **j-n ~** faire signe à qn d'approcher, de s'approcher; **ein Taxi ~** faire signe à un taxi

heranziehen ‹*irr, sép*, -ge-› **A** VT ‹h.› **1** *zu sich: Gegenstand* rapprocher; attirer à soi **2** *Personen zu Zahlungen* mettre à contribution; *zu e-r Arbeit* faire appel à (**zu etw** pour faire qc); *als Fachmann* appeler; consulter; **j-n zum Wehrdienst ~** appeler, enrôler qn **3** *Tiere, Kinder* élever; *Pflanzen* faire pousser **4** *Belege, Material etc* se servir de; mettre à contribution; faire intervenir; tenir compte de **B** VI ‹s.› s'approcher

herauf ADV **hier, da ~!** par ici!; par là!; **von unten ~** d'en bas

heraufarbeiten → hocharbeiten

heraufbemühen *geh* ‹*sép, pas de ge-*, h.› **A** VT **j-n ~** prier qn de monter; faire monter qn **B** V/R **sich ~** se donner la peine de monter

heraufbeschwören VT ‹*irr, sép, pas de ge-*, h.› *Erinnerungen, Vorstellungen* évoquer; *Krise, Gefahr* provoquer; causer; susciter

heraufbitten VT ‹*irr, sép*, -ge-, h.› **j-n ~** prier qn de monter

heraufblicken VI ‹*sép*, -ge-, h.› regarder (en °haut); **sie blicken zu uns herauf** ils nous regardent

heraufbringen VT ‹*irr, sép*, -ge-, h.› *Dinge* monter; **j-n mit ~** faire monter qn chez soi

heraufdämmern VI ‹-(e)re, *sép*, -ge-, s.› *Morgen, Tag* se lever; poindre; *fig Zeitalter* naître

heraufdringen VI ‹*irr, sép*, -ge-, s.› monter; **der Lärm dringt bis zu uns herauf** le bruit monte, arrive jusqu'à nous

heraufdürfen *umg* VI ‹*irr, sép*, -ge-, h.› pouvoir monter; avoir la permission de monter; **herauffahren** ‹*irr, sép*, -ge-› VT ‹h.› *u.* VI ‹s.› monter; **heraufführen** VT *u.* VI ‹*sép*, -ge-, h.› conduire (ici, à cet endroit); **heraufgehen** VI ‹*irr, sép*, -ge-, s.› monter

heraufholen VT ‹*sép*, -ge-, h.› *Dinge* aller chercher; rapporter; monter; *Personen* faire monter

heraufklettern VI ‹-(e)re, *sép*, -ge-, s.› grimper (à l'échelle, sur la montagne, jusqu'ici); **auf etw** (*akk*) **~** gravir qc; *auf Berg, Fassade a.* escalader qc

heraufkommen VI ‹*irr, sép*, -ge-, s.› monter; **heraufkönnen** *umg* VI ‹*irr, sép*, -ge-, h.› pouvoir monter; **heraufsehen** VI ‹*irr, sép*, -ge-, h.› → heraufblicken; **heraufsetzen** VT ‹-(es)t, *sép*, -ge-, h.› *Preis etc* augmenter; majorer; **Heraufsetzung** F ‹~; ~en› augmentation *f*; majoration *f*; **heraufsteigen** VI ‹*irr, sép*, -ge-, s.› monter (**auf** [+*akk*] sur); **heraufziehen** ‹*irr, sép*, -ge-› **A** VT ‹h.› monter; *Anker* remonter **B** VI ‹s.› **1** *in e-e höhere Etage* monter **2** *Gewitter, Unheil etc* approcher

heraus ADV **1** dehors; **unten ~** par en bas; **von innen ~** de l'intérieur; **aus e-m Gefühl des Mitleids ~** par pitié; **aus der Überzeugung ~, dass ...** convaincu que ...; **~ aus den Federn!** (allez) debout!; lève-toi *bzw.* levez-vous!; *umg* **~ damit!** donne(z)-le!; montre(z)-le!; **~ mit der Sprache!** di(te)s-le!; parle(z) donc!; → *a.* hinaus 1 **2** *umg* **~ sein** (*draußen sein*) être sorti; *Blüten* être sorti; avoir percé; *Sterne* être apparu; (*entfernt sein*) être enlevé; (*überstanden haben*) s'en être sorti; *Buch etc* être paru, sorti; *Gesetz* être publié; (*ausgesprochen sein*) être dit; (*feststehen*) être sûr; ne plus faire de doute; **ihr Blinddarm ist ~** on lui a enlevé l'appendice; **aus dem Alter ~ sein, wo man ...** avoir passé l'âge de (+ *inf*); **aus dem Gröbsten ~ sein** avoir fait, surmonté le plus gros, le plus difficile; **fein ~ sein** s'en être (bien) sorti, tiré; **nun ist es ~** (*gesagt*) maintenant c'est dit

herausangeln VT ‹-(e)le, *sép*, -ge-, h.› *umg* **(sich** [*dat*]**) j-n aus e-r Gruppe ~** prendre, *umg* pêcher qn dans un groupe

herausarbeiten ‹-ete, *sép*, -ge-, h.› **A** VT **1** *aus Stein, Holz* sculpter **2** *fig Gedanken, Unterschiede etc* faire ressortir; mettre en relief **B** V/R **sich ~** se dégager avec effort; *a. fig* s'en sortir

herausbekommen VT ‹*irr, sép, pas de ge-*, h.› **1** *Nagel, Splitter etc* arriver, parvenir à enlever, à faire sortir; *Fleck* arriver à enlever, à faire partir **2** *Geheimnis, Unbekanntes* découvrir; *Aufgabe* (parvenir à, finir par) résoudre; *Lösung, a.* MATH (parvenir à, finir par) trouver; *Sinn* (parvenir, arriver à) comprendre, saisir; **etw aus j-m ~** arracher qc à qn; (réussir à) faire parler qn de qc; **aus ihm ist nichts herauszubekommen** on ne peut rien en tirer; impossible de le faire parler; **ich versuchte herauszubekommen, wo er gestern war** j'essayai de savoir où il était hier **3** *als Wechselgeld* **Sie bekommen zehn Euro heraus** je vous rends dix euros **4** *Wort umg* (pouvoir) sortir

herausbilden V/R ‹-ete, *sép*, -ge-, h.› **sich ~** se former

herausbitten VT ‹*irr, sép*, -ge-, h.› **j-n ~** demander à qn, prier qn de sortir, venir

herausblicken VI ‹*sép*, -ge-, h.› **aus dem Fenster ~** regarder par la fenêtre

herausbrechen ‹*irr, sép*, -ge-› **A** VT ‹h.› enlever **B** VI ‹s.› **1** se détacher **2** *fig Gefühle* exploser

herausbringen VT ‹*irr, sép*, -ge-, h.› **1** (*nach außen bringen*) apporter (**j-m etw** qc à qn); *Personen* (*begleiten*) reconduire; raccompagner **2** (*veröffentlichen*) sortir; *fig* **etw, j-n groß ~** mettre qc, qn en vedette **3** *umg* → herausbekommen 1, 2, 4; **er brachte kein Wort heraus** il ne put sortir un seul mot

herausdrängen ‹*sép*, -ge-› VI ‹s.› (*u.* V/R ‹h.› **(sich)**) **~** sortir en se pressant, se bousculant; **herausdrehen** VT ‹*sép*, -ge-, h.› *Verschraubtes* dévisser; **herausdringen** VI ‹*irr, sép*, -ge-, s.› *Flüssigkeit, Rauch etc* sortir; *Lärm etc* venir (jusqu'à nous, *etc*); **herausdrücken** VT ‹*sép*, -ge-, h.› **1** (*herauspressen*) faire sortir (**aus** de) **2** (*vorwölben*) *Körperteil* faire ressortir; *Brust a.* bomber; redresser; **herausdürfen** VI ‹*irr, sép*, -ge-, h.› pouvoir sortir; avoir la permission de sortir

herausfahren ‹*irr, sép*, -ge-› **A** VT ‹h.› **1** *Fahrzeug, Person* sortir (**aus** de) **2** SPORT **den dritten Platz** *etc* **~** obtenir la troisième place, *etc* **B** VI ‹s.› **1** sortir (**aus** de) **2** *umg fig Wort, Bemerkung* échapper; **das ist mir so herausgefahren** cela m'a échappé **3** *umg fig* **aus dem Bett ~** se lever en sursaut, précipitamment; **aus dem Mantel ~** enlever précipitamment son manteau

herausfallen VI ‹*irr, sép*, -ge-, s.› **1** tomber (**aus** de) **2** *fig aus dem Rahmen* sortir (**aus** de);

herausfiltern VT ‹-(e)re, *sép*, -ge-, h.› **1** filtrer **2** *fig* filtrer; choisir

herausfinden ‹*irr, sép*, -ge-, h.› **A** VT découvrir; **wie haben Sie das herausgefunden?** comment avez-vous trouvé, découvert cela? **B** VI (*u.* V/R) **(sich) ~** *aus e-m Raum* trouver la sortie (**aus** de)

herausfischen *umg* VT ‹*sép*, -ge-, h.› pêcher (**aus** dans); **sich** (*dat*) **das Beste ~** prendre le meilleur

herausfliegen VI ‹*irr, sép*, -ge-, s.› **1** s'envoler; sortir (**aus** de) **2** *umg fig* → hinausfliegen;

herausfließen VI ‹*irr, sép*, -ge-, s.› couler, sortir (**aus** de)

Herausforderer M ‹~s; ~›, **Herausforderin** F ‹~in; ~innen› personne *f* qui lance un défi; provocateur, -trice *m,f*; SPORT challenger *m*

herausfordern ‹-(e)re, *sép*, -ge-, h.› **A** VT **1** *Personen* défier; lancer un défi à; provoquer; SPORT défier (pour son titre); **er hat mich dazu herausgefordert** il m'a provoqué; il m'y a poussé; **j-n zu etw ~** provoquer, défier qn à qc; **j-n zum Duell ~** provoquer qn en duel **2** *Kritik, Widerspruch etc* provoquer; susciter; **sein Schicksal ~** braver son destin **B** VI **zu etw ~** *zum Widerspruch, Protest* susciter, provoquer qc; *zur Kritik a.* faire naître, entraîner qc; *zum Tanzen etc* inciter à, donner envie de faire qc

herausfordernd **A** ADJT provocant; de défi **B** ADVL **j-n ~ anblicken** regarder qn d'un air provocant, provocateur, de défi

Herausforderung F ‹~; ~en› **1** *a.* SPORT défi *m*; **die ~ annehmen** accepter le défi **2** (*Provokation*) provocation *f* (**zu** à)

herausfühlen VT ‹*sép*, -ge-, h.› sentir; deviner; **herausführen** ‹*sép*, -ge-, h.› **A** VT **1** *aus e-r Krise etc* faire sortir (**aus** de); *Personen a.* aider à sortir (de) **2** (*herausbegleiten*) (r)accompagner (à la sortie); reconduire **B** VI *Weg etc* conduire dehors; *a. Tür aus e-m Zimmer* mener à l'extérieur

Herausgabe F ‹~› **1** *e-s Besitzes etc* restitution *f*; remise *f*; *e-r Geisel* libération *f*; JUR **Klage auf ~** action *f* en restitution **2** *e-r Zeitschrift etc* publication *f*; *e-s Buches a.* édition *f*

herausgeben ‹*irr, sép*, -ge-, h.› **A** VT **1** (*herausreichen*) passer (au dehors, à l'extérieur) **2** *Besitz etc* restituer; remettre; *Gefangenen, Verbrecher* livrer; *Geisel* libérer **3** *Zeitschrift etc* publier; *Buch, Text a.* éditer **4** *als Wechselgeld* rendre **B** VI *als Wechselgeld* rendre la monnaie; **j-m falsch ~** se tromper en rendant la monnaie; **können Sie mir auf zwanzig Euro** (*akk*) **~?** pouvez-vous me rendre la monnaie sur vingt euros?

Herausgeber(in) M ‹~s; ~› (F) ‹~in; ~innen› *e-s Buches* éditeur *m*; *e-r Zeitschrift* directeur, -trice *m,f* de la publication

herausgehen VI ‹*irr, sép*, -ge-, s.› **1** *nach außen* sortir (**aus** de); *fig* **aus sich** (*dat*) **~** sortir de sa réserve; se laisser aller (à parler) **2** (*sich entfernen lassen*) *Nagel, Korken etc* sortir (**aus** de); *Fleck* partir (de)

herausgreifen VT ‹*irr, sép*, -ge-, h.› prendre (au hasard) (**aus** parmi)

herausgucken *umg* VI ‹*sép*, -ge-, h.› **1** *Gegenstand* sortir, dépasser (**aus** de) **2** **aus dem Fenster ~** regarder par la fenêtre

heraushaben *umg* VT ‹*irr, sép*, -ge-, h.› **1** (*entfernt haben*) *Splitter, Nagel etc* être arrivé à faire sortir **2** *Personen* **j-n aus e-m Verein** *etc* **~**

H

wollen vouloir faire partir, exclure qn d'une association, *etc*; **er wollte die Mieter aus der Wohnung** ~ il voulait se débarrasser des locataires **3** *(herausgefunden haben)* **savoir**; *a. Lösung, Rätsel, Rechenaufgabe etc* avoir trouvé; **was hast du heraus?** qu'est-ce que tu as trouvé?; quel est ton résultat? **4** *(beherrschen)* **etw** ~ savoir s'y prendre

heraushalten ⟨*irr, sép,* -ge-, h.⟩ **A** VT **1** *Hand* tendre, *Gegenstand* tendre, tenir à l'extérieur, au dehors **2** *umg fig (nicht verwickeln)* ~ **(aus)** tenir à l'écart (de); ne pas mêler (à) **B** VR **sich aus etw** ~ ne pas se mêler de qc; se tenir à l'écart de qc; **halt dich da heraus!** ne t'en mêle pas!

heraushängen **A** VT ⟨*sép,* -ge-, h.⟩ **1** *Schild etc* suspendre; accrocher **2** *umg fig* **den Lehrer, Direktor** ~ **(lassen)** *umg* faire son numéro de prof, directeur **B** VI ⟨*irr, sép,* -ge-, h.⟩ ~ **(aus)** *aus e-m Fenster* pendre (par); *aus der Tasche* sortir (de)

heraushauen VT ⟨*irr, sép,* -ge-, h.⟩ **1** enlever **2** *umg fig (befreien)* tirer, sortir (**aus** de)

herausheben ⟨*irr, sép,* -ge-, h.⟩ **A** VT **1** (faire) sortir (**aus** de) **2** *fig* faire ressortir; mettre en relief; souligner **B** VR **sich** ~ se détacher (**aus** de); *Gegenstände a.* ressortir (de)

heraushelfen VI ⟨*irr, sép,* -ge-, h.⟩ **j-m aus etw** ~ aider qn à sortir de qc; *fig* **j-m aus e-r Verlegenheit, Notlage** ~ tirer qn d'embarras, d'une mauvaise passe; aider qn à s'en tirer

herausholen VT ⟨*sép,* -ge-, h.⟩ **1** *aus e-r Tasche etc* sortir, retirer (**aus** de); *aus dem Bett* tirer (de); **etw (aus e-m Haus** *etc***)** ~ aller chercher qc (dans une maison, *etc*) **2** *umg fig Antwort* **aus j-m** ~ tirer de qn; arracher à qn; *Gewinn* **aus etw** ~ tirer de qc; SPORT **e-n Vorsprung** ~ réussir à avoir une avance; **das Letzte aus sich** *(dat)* ~ tirer le maximum de soi-même

heraushören VT ⟨*sép,* -ge-, h.⟩ *(unterscheiden)* percevoir; distinguer; *(erkennen)* percevoir; sentir; **herausjagen** VT ⟨*sép,* -ge-, h.⟩ chasser (**aus** de)

herauskehren VT ⟨*sép,* -ge-, h.⟩ *Eigenschaft, Verhalten* montrer; faire voir; **den Vorgesetzten** ~ jouer ostensiblement son rôle de chef; **die feine Dame** ~ se donner des airs de grande dame

herausklettern VI ⟨-(e)re, *sép,* -ge-, s.⟩ se hisser (**aus** °hors de); sortir (en escaladant, grimpant, se hissant)

herausklingeln VT ⟨-(e)le, *sép,* -ge-, h.⟩ **j-n** ~ (sonner pour) faire sortir qn

herauskommen VI ⟨*irr, sép,* -ge-, s.⟩ **1** *aus e-m Raum, Land etc* sortir (**aus** de); *Auto* **aus e-r Nebenstraße** ~ déboucher d'une rue latérale; **aus dem Staunen nicht** ~ ne pas revenir de son étonnement; **aus dem Lachen nicht** ~ ne plus, pas pouvoir s'arrêter de rire; avoir le fou rire **2** *umg als Resultat bei Verhandlungen etc* **bei etw** ~ résulter de qc; **was kommt (bei der Aufgabe) heraus?** quel est ton, *etc* résultat?; que trouves-tu *bzw.* trouvez-vous?; *fig* **auf dasselbe** ~ revenir au même; **dabei kommt nichts heraus** cela ne mène, ne sert à rien; **es wird nichts Gutes dabei** ~ il n'en sortira rien de bon; **das kommt dabei heraus, wenn man lügt** voilà ce qui arrive quand on ment **3** *umg Verborgenes* se savoir; **wenn es nur nicht herauskommt** pourvu que cela ne se sache pas, ne transpire pas **4** *umg* **mit etw** ~ *(zur Sprache bringen) Wunsch* venir avec qc; *Thema* parler de qc **5** *Neuerscheinung etc* sortir; **mit e-m neuen Produkt** ~ sortir, lancer un nouveau produit; *umg fig Künstler, Produkt etc* **groß** ~ être lancé **6** *umg (aus der Übung kommen)* perdre l'habitude, la main; *(aus dem Takt kommen)* perdre le rythme, la mesure **7** *beim Kartenspiel* jouer sa première carte; commencer à jouer; **mit Herz** ~ jouer cœur (en premier) **8** *schweiz (ausgehen)* se terminer

herauskönnen *umg* VI ⟨*irr, sép,* -ge-, h.⟩ pouvoir sortir (**aus** de); **niemand kann aus s-r Haut heraus** on ne se change, *umg* refait pas; on est comme on est; *sprichw* chassez le naturel, il revient au galop

herauskriechen VI ⟨*irr, sép,* -ge-, s.⟩ sortir *(Personen* en rampant); **herauskriegen** *umg* VT ⟨*sép,* -ge-, h.⟩ → herausbekommen;

herauskristallisieren VR ⟨*sép, pas de ge-,* h.⟩ **sich** ~ *fig* se cristalliser; ressortir; se former; se préciser; **herauslassen** *umg* VT ⟨*irr, sép,* -ge-, h.⟩ **1** *nach draußen* faire *bzw.* laisser sortir (**aus** de); *Gefangene* relâcher **2** *(weglassen) Dinge, Farben etc* ne pas prendre, mettre, utiliser; *Überlegungen, Aspekt etc* laisser de côté; négliger; **herauslaufen** VI ⟨*irr, sép,* -ge-, s.⟩ **1** sortir (en courant) **2** *(herausfließen)* sortir, couler (**aus** de); **herauslegen** VT ⟨*sép,* -ge-, h.⟩ sortir

herauslesen VT ⟨*irr, sép,* -ge-, h.⟩ **1** *(entfernen)* enlever **2** **etw aus etw** ~ *aus e-m Buch* deviner, percevoir qc à la lecture de qc; *aus e-m Blick* lire qc dans, sur qc; *aus e-m Verhalten* voir qc dans qc

herauslocken VT ⟨*sép,* -ge-, h.⟩ **1** attirer; *Personen* faire sortir; *vom Wetter* inciter à sortir **2** *Geheimnis* arracher (**aus j-m** à qn); *Geld* soutirer (à qn); **herauslösen** ⟨-(es)t, *sép,* -ge-, h.⟩ **A** VT enlever; CHEM éliminer **B** VR **sich** ~ se détacher; **herauslügen** VR ⟨*irr, sép,* -ge-, h.⟩ **sich** ~ s'en tirer, se tirer d'affaire par un *bzw.* des mensonge(s); **herausmachen** *umg* ⟨*sép,* -ge-, h.⟩ **A** VT enlever; ôter; *Fleck* enlever; faire partir **B** VR **sich** ~ (bien) se développer; *junges Mädchen* devenir une belle (et grande) jeune fille; *nach e-r Krankheit* (bien) se remettre; *a. finanziell* se refaire une santé

herausmüssen *umg* VI ⟨*irr, sép,* -ge-, h.⟩ **1** *Person* **er muss heraus** il faut qu'il sorte; *(aufstehen müssen)* **sie muss jeden Morgen früh heraus** elle doit se lever tôt tous les matins **2** **der Zahn muss heraus** il faut arracher la dent **3** *(gesagt werden müssen)* **das musste heraus** *umg* il fallait que ça sorte, que je, *etc* le dise

herausnehmen ⟨*irr, sép,* -ge-, h.⟩ **A** VT **etw (aus etw)** ~ prendre qc (dans qc); retirer qc (de qc); TECH enlever, ôter qc (de qc); *umg* **j-m den Blinddarm, die Mandeln** ~ enlever l'appendice, les amygdales à qn; AUTO **den Gang** ~ mettre au point mort; enlever la vitesse; **j-n aus der Schule** ~ retirer qn de l'école **B** *umg* VR **sich** *(dat)* **etw** ~ se permettre de faire qc; **sich** *(dat)* **zu viel** ~ se permettre un peu trop

herauspauken *umg* VT ⟨*sép,* -ge-, h.⟩ **j-n (aus e-r Sache)** ~ tirer qn de qc

herausplatzen *umg* VI ⟨-(es)t, *sép,* -ge-, s.⟩ *vor Lachen* éclater de rire; **mit e-r Neuigkeit** ~ crier une nouvelle

herauspressen VT ⟨-(es)t, *sép,* -ge-, h.⟩ **1** *Flüssigkeit* faire sortir, exprimer (**aus** de) **2** *fig* **etw aus j-m** ~ extorquer qc à qn

herausputzen VT (*u.* VR) ⟨-(es)t, *sép,* -ge-, h.⟩ **(sich)** ~ bien (s')habiller; *Frau* (s')habiller coquettement; (se) pomponner; **sich** ~ *a.* se mettre sur son trente et un

herausragen VI ⟨*sép,* -ge-, h.⟩ **1** **aus etw** ~ dépasser (de) qc; *Gebäude a.* dominer qc; s'élever au-dessus de qc **2** *fig* **über etw, j-n** ~ être supérieur à qc, qn; être bien au-dessus de qn, qc

herausragend ADJT *fig* excellent; *Forscher* éminent; **von** ~**er Bedeutung** de la plus °haute importance

herausreden VR ⟨-ete, *sép,* -ge-, h.⟩ **sich** ~ s'en tirer par de belles paroles; trouver des excuses

herausreißen VT ⟨*irr, sép,* -ge-, h.⟩ *Haare, Pflanze* arracher; *Haare, Fliesen etc* enlever; **j-n aus s-r Arbeit, dem Schlaf** ~ tirer qn de son travail, de son sommeil; arracher qn à son travail, à son sommeil; **j-n aus s-r vertrauten Umgebung** ~ arracher qn à son environnement, entourage habituel; *umg fig* **das hat ihn herausgerissen** cela l'a tiré d'affaire, d'embarras

herausrücken ⟨*sép,* -ge-⟩ *umg* **A** VT ⟨h.⟩ *(hergeben)* donner; *Geld a. umg* lâcher; **wieder** ~ redonner; rendre **B** VI ⟨s.⟩ **mit etw** ~ donner qc; sortir qc; **mit der Sprache** ~ parler; raconter; s'expliquer; *(gestehen)* lâcher le morceau; **mit der Wahrheit** ~ dire, avouer la vérité; **mit s-n Bedenken, Fragen** ~ (oser) exprimer ses scrupules, ses questions

herausrufen VT ⟨*irr, sép,* -ge-, h.⟩ **j-n** ~ appeler qn; dire à qn de venir, de sortir; THEAT rappeler qn; **etw zum Fenster** ~ crier qc par la fenêtre

herausrutschen VI ⟨*sép,* -ge-, s.⟩ **1** glisser, sortir (**aus** de) **2** *umg fig Wort etc* échapper; **das ist mir nur so herausgerutscht** ça m'a échappé

herausschälen VR ⟨*sép,* -ge-, h.⟩ **sich** ~ **als** apparaître comme; **sich (aus etw)** ~ se préciser (à partir de qc)

herausschauen VI ⟨*sép,* -ge-, h.⟩ *bes südd* **1** → heraussehen **2** *umg fig als Gewinn etc* **dabei schaut nicht viel für mich heraus** ça ne va pas me rapporter grand-chose

herausschießen VI ⟨*irr, sép,* -ge-⟩ **1** ⟨h.⟩ **zum Fenster** *etc* ~ tirer par la fenêtre, *etc* **2** ⟨s.⟩ **(aus etw)** ~ sortir précipitamment (de qc); s'élancer, se précipiter °hors de qc *bzw.* dehors; *Flüssigkeit* jaillir (de qc)

herausschinden *umg* VT ⟨*irr, sép,* -ge-, h.⟩ *Vorteil, Gewinn* tirer; *Geld, Zeit* gagner

herausschlagen ⟨*irr, sép,* -ge-⟩ **A** VT ⟨h.⟩ **1** faire sortir; enlever; *aus der Hand* faire tomber (des mains) **2** *umg fig Geld, Zeit* gagner; *Vorteil, Gewinn* **aus, bei etw** ~ tirer de qc **B** VI ⟨s.⟩ *Flammen* jaillir, sortir (**aus** de)

herausschleudern VT ⟨-(e)re, *sép,* -ge-, h.⟩ projeter; éjecter; *bei e-m Unfall* **aus dem Auto herausgeschleudert werden** être projeté °hors de, être éjecté de la voiture

herausschlüpfen VI ⟨*sép,* -ge-, s.⟩ **1** sortir (**aus** de) **2** *fig Bemerkung etc* échapper; **herausschmecken** VT ⟨*sép,* -ge-, h.⟩ reconnaître (le goût de); **herausschmuggeln** → hinausschmuggeln; **herausschneiden** VT ⟨*irr, sép,* -ge-, h.⟩ couper, *Verzierung, Muster etc* découper (**aus** dans, de); *schlechte, faule Stelle, a.* MED enlever; **herausschrauben** VT ⟨*sép,* -ge-, h.⟩ dévisser; **herausschreiben** VT ⟨*irr, sép,* -ge-, h.⟩ extraire (**aus** de); **herausschreien** VT ⟨*irr, sép,* -ge-, h.⟩ crier

heraussehen VI ⟨*irr, sép,* -ge-, h.⟩ **1** **aus dem Fenster** *etc* ~ regarder par la fenêtre, *etc* **2** *fig (hervorsehen)* **(aus etw)** ~ dépasser (de qc); *aus e-r Tasche etc* sortir (de qc)

heraußen ADV *südd, österr (hier draußen)* ici; *(draußen)* dehors; là(-dehors)

herausspringen VI ⟨*irr, sép,* -ge-, s.⟩ **1** **(aus etw, aus dem Fenster)** ~ sauter (de qc, par la fenêtre) **2** *(sich lösen)* sortir; se défaire; *Sicherung* sauter **3** *umg fig als Gewinn etc* rapporter; **dabei wird für uns nicht viel** ~ cela ne nous rapportera pas grand-chose; on n'y gagnera pas grand-chose

herausspritzen VI ⟨-(es)t, *sép,* -ge-, s.⟩ jaillir, gicler (aus de); **heraussprudeln** VI ‹-(e)le, *sép*, -ge-, s.› sortir à gros bouillons (aus de)

herausstehen VI ‹*irr*, *sép*, -ge-, h.› (*vorspringen*) faire saillie; **aus etw ~** dépasser (de) qc

herausstehlen V/R ‹*irr*, *sép*, -ge-, h.› **sich ~** s'esquiver (aus de)

heraussteigen VI ‹*irr*, *sép*, -ge-, s.› sortir (aus de)

herausstellen ‹*sép*, -ge-, h.› A VT 1 *nach draußen* sortir; mettre dehors 2 *fig* (*hervorheben*) mettre en évidence, relief; souligner; **groß ~** mettre en vedette B V/R **sich ~** s'avérer; se révéler; apparaître; **das wird sich bald ~** on le saura, verra bientôt; **sich als wahr, falsch ~** s'avérer (être) vrai, faux; **die Sache stellte sich als Betrug heraus** il s'est avéré que l'affaire était une escroquerie; l'affaire s'est avérée, révélée être une escroquerie

herausstrecken VT ‹*sép*, -ge-, h.› tendre (aus, zu par); **j-m die Zunge ~** tirer la langue à qn

herausstreichen VT ‹*irr*, *sép*, -ge-, h.› 1 (*wegstreichen*) barrer 2 (*hervorheben*) faire valoir; souligner; **herausströmen** VI ‹*sép*, -ge-, s.› *Luft* sortir (aus de); *Wasser* sortir, couler à flots (de); *Menschen* sortir en foule, déferler (de); **herausstürmen** VI ‹*sép*, -ge-, s.› se précipiter au dehors, à l'extérieur; sortir précipitamment, brusquement (aus de)

herausstürzen VI ‹-(es)t, *sép*, -ge-, s.› 1 (*herausfallen*) **(aus etw, aus dem Fenster) ~** tomber (de qc, par la fenêtre) 2 (*herauseilen*) sortir précipitamment (aus de); se précipiter (au) dehors

heraussuchen VT ‹*sép*, -ge-, h.› chercher (aus dans, parmi, au milieu de); **heraustragen** VT ‹*irr*, *sép*, -ge-, h.› sortir; **heraustreiben** VT ‹*irr*, *sép*, -ge-, h.› chasser; *Vieh* faire sortir; faire quitter l'étable

heraustreten VI ‹*irr*, *sép*, -ge-, s.› 1 sortir; **auf den Balkon ~** sortir sur le balcon; *zu Repräsentationszwecken* apparaître sur le balcon 2 *fig* (*hervortreten*) ressortir

herauswachsen VI ‹*irr*, *sép*, -ge-, s.› sortir (aus de); **sie ist aus ihren Kleidern herausgewachsen** ses vêtements ne lui vont plus, sont devenus trop petits *bzw.* trop courts

herauswagen V/R ‹*sép*, -ge-, h.› **sich ~** oser sortir (aus de); **herauswaschen** VT ‹*irr*, *sép*, -ge-, h.› *Fleck, Schmutz* laver; enlever (avec de l'eau et du savon); **herauswerfen** → hinauswerfen

herauswinken VT ‹*sép*, -ge-, h.› **j-n ~** faire signe à qn de sortir

herauswirtschaften VT ‹-ete, *sép*, -ge-, h.› *Gewinn* économiser (aus sur)

herauswollen *umg* VI ‹*irr*, *sép*, -ge-, h.› 1 vouloir sortir (aus de) 2 **mit der Sprache nicht (recht) ~** hésiter à parler, à s'expliquer; tourner autour du pot

herausziehen ‹*irr*, *sép*, -ge-› A VT ‹h.› 1 *aus dem Wasser etc* sortir, (re)tirer (aus de); *Schublade* tirer; *ganz* sortir; *Nagel etc* arracher; enlever; *Zahn* arracher; *t/t* extraire 2 *Truppenteil etc* retirer (aus de) B VI ‹s.› **aus der Stadt ~** quitter la ville; **aufs Land ~** s'installer, se retirer à la campagne

herb ADJ 1 *im Geschmack* âpre; *Wein* sec, sèche 2 *fig Enttäuschung* amer, -ère; *Schicksal* âpre; sévère; *Schönheit, Charakter, Wesen* austère; *Kritik, Worte* sévère

Herbarium N ‹~s; -ien› herbier *m*

herbei ADV **~!** venez!; approchez!

herbeibringen VT ‹*irr*, *sép*, -ge-, h.› apporter; **herbeieilen** VI ‹*sép*, -ge-, s.› accourir; **herbeiführen** VT ‹*sép*, -ge-, h.› *Ereignis, Niederlage, Tod etc* causer; provoquer; entraîner; occasionner; *Begegnung* ménager; *Zusammenarbeit etc* mettre en œuvre; *Entscheidung* entraîner; provoquer

herbeiholen VT ‹*sép*, -ge-, h.› aller chercher; **~ lassen** envoyer chercher

herbeikommen VI ‹*irr*, *sép*, -ge-, s.› (s')approcher; venir

herbeilassen V/R ‹*irr*, *sép*, -ge-, h.› **sich zu etw ~** consentir, condescendre à qc

herbeilaufen VI ‹*irr*, *sép*, -ge-, s.› accourir; **herbeilocken** VT ‹*sép*, -ge-, h.› attirer; *durch angenehmen Geruch* allécher; **herbeireden** VT ‹-ete, *sép*, -ge-, h.› *Unglück etc* provoquer, susciter par ses paroles; **herbeirufen** VT ‹*irr*, *sép*, -ge-, h.› appeler; *Taxi* °héler; **herbeischaffen** VT ‹*sép*, -ge-, h.› *Gegenstände* apporter; *Beweismaterial, Unterlagen* procurer; fournir; **herbeisehnen** VT ‹*sép*, -ge-, h.› → herbeiwünschen; **herbeiströmen** VI ‹*sép*, -ge-, s.› affluer; arriver, accourir en foule, en masse

herbeiwinken VT ‹*sép*, -ge-, h.› **j-n ~** faire signe à qn de venir, d'approcher; faire signe pour que qn vienne, (s')approche

herbeiwünschen VT ‹*sép*, -ge-, h.› **etw ~** souhaiter, désirer la venue, l'approche de qc; **j-n ~** souhaiter, désirer voir qn, la venue de qn

herbeizaubern VT ‹-(e)re, *sép*, -ge-, h.› *a. fig* faire apparaître, venir par magie; **herbeizitieren** VT ‹*sép*, *pas de ge-*, h.› convoquer, faire venir

herbekommen VT ‹*irr*, *sép*, *pas de ge-*, h.› se procurer; **wo soll ich e-n Ersatzmann ~?** où voulez-vous que je me procure, que je trouve un remplaçant?

herbemühen *geh* ‹*sép*, *pas de ge-*, h.› A VT **j-n ~** prier qn de venir; faire venir qn B V/R **sich ~** *geh* prendre, se donner la peine de venir

herbeordern VT ‹-(e)re, *sép*, *pas de ge-*, h.› **j-n ~** ordonner à qn de venir; donner l'ordre à qn de venir

Herberge F ‹~; ~n› 1 (*Unterkunft*) gîte *m* 2 (*Wirtshaus*) auberge *f* 3 (*Jugendherberge*) auberge *f* de (la) jeunesse

Herbergseltern PL parents *mpl* aubergistes; **Herbergsmutter** F ‹~; ~› mère *f* aubergiste; **Herbergsvater** M père *m* aubergiste

Herbert M ‹→ n/pr› *prénom*

herbestellen VT ‹*sép*, *pas de ge-*, h.› donner rendez-vous à; faire venir; **herbeten** VT ‹-ete, *sép*, -ge-, h.› *fig pej* réciter (machinalement); débiter

Herbheit F ‹~› 1 *im Geschmack* âpreté *f*; *des Weins* caractère sec 2 *fig des Charakters, der Gesichtszüge etc* austérité *f*; *e-r Kritik* sévérité *f*

herbitten VT ‹*irr*, *sép*, -ge-, h.› **j-n ~** prier qn de venir

Herbizid N ‹~s; ~e› herbicide *m*

herbringen VT ‹*irr*, *sép*, -ge-, h.› *Sache* apporter; *Person, Sache* amener

Herbst M ‹~es; ~e› automne *m*; **im ~** en automne; **es wird ~** l'automne arrive; c'est bientôt l'automne

Herbstabend M soir *m*, soirée *f* d'automne; **Herbstanfang** M début *m*, commencement *m* de l'automne; **Herbstblume** F fleur *f* d'automne; **Herbstfärbung** F teintes d'automne, automnales; **Herbstferien** PL vacances *fpl* d'automne; **Herbstkollektion** F MODE collection *f* d'automne; **Herbstlaub** N feuilles *fpl* d'automne

herbstlich A ADJ d'automne; de l'automne; automnal B ADV comme en automne; **~ kühles Wetter** *im Herbst* temps frais d'automne; *wie im Herbst* temps frais comme en automne

Herbstmesse F HANDEL foire *f* d'automne; **Herbstmode** F mode *f* d'automne; **Herbstmonat** M mois *m* d'automne; **Herbstnebel** M brouillard *m* d'automne; **Herbstpunkt** M ‹~(e)s› ASTRON point automnal; **Herbstsonne** F soleil *m* d'automne; **Herbsttag** M jour *m* d'automne; **Herbstwetter** N temps *m* d'automne; **Herbstzeitlose** F ‹~; ~n› BOT colchique *m*

Herd M ‹~(e)s; ~e› 1 (*Küchenherd*) cuisinière *f*; fourneau *m*; **etw auf den ~ stellen** mettre qc sur le feu; **etw vom ~ nehmen** retirer qc du feu 2 *fig* **am häuslichen ~** chez soi; *umg fig* **den ganzen Tag am ~ stehen** passer sa journée dans la cuisine, à cuisiner, au fourneau; *sprichw* **eigener ~ ist Goldes wert** rien ne vaut son, un bon chez-soi 3 *fig e-r Krankheit, e-s Erdbebens, Brandes etc* foyer *m*

Herde F ‹~; ~n› 1 *a. fig pej* troupeau *m* 2 *geh* (*Gemeinde*) *liter, oft hum* ouailles *fpl*

Herdengeist M ‹~es› esprit *m* grégaire; **Herdenmensch** M *pej* mouton *m* (de Panurge); **Herdentier** N 1 animal *m* grégaire, qui vit en troupeaux 2 *fig pej* mouton *m* (de Panurge); **Herdentrieb** M ‹~(e)s› instinct *m* grégaire

Herdfeuer N feu *m* (dans le fourneau, dans la cuisinière); **Herdplatte** F plaque (chauffante)

hereditär *t/t* ADJ héréditaire

hereilen VI ‹*sép*, -ge-, s.› accourir

herein ADV **~!** entrez!; **hier ~!** entrez (par) ici!; **nur ~ (mit euch)!** entrez donc!; **immer ~, meine Herrschaften!** entrez, Mesdames et Messieurs!; **von draußen ~** du dehors; de l'extérieur; **zum Fenster ~** par la fenêtre

hereinbekommen *umg* VT ‹*irr*, *sép*, *pas de ge-*, h.› 1 RADIO, TV *Sender* recevoir; capter 2 *Ware etc* recevoir

hereinbemühen *geh* ‹*sép*, *pas de ge-*, h.› A VT **j-n ~** prier qn d'entrer; faire entrer qn; **darf ich Sie ~?** *geh* si vous voulez bien vous donner la peine d'entrer! B V/R **sich ~** *geh* prendre, se donner la peine d'entrer

hereinbitten VT ‹*irr*, *sép*, -ge-, h.› **j-n ~** prier qn d'entrer; faire entrer qn

hereinblicken VI ‹*sép*, -ge-, h.› **ins Zimmer ~** regarder dans la pièce; **zum Fenster ~** regarder par la fenêtre

hereinbrechen VI ‹*irr*, *sép*, -ge-, s.› *Wassermassen etc* faire irruption; *Nacht* tomber; *Unwetter, Unheil* **(über etw, j-n) ~** s'abattre (sur qc, qn)

hereinbringen VT ‹*irr*, *sép*, -ge-, h.› 1 apporter; *Person, Tier* **mit ~** faire entrer; amener 2 *umg* (*hereinbekommen*) arriver, parvenir à (faire) rentrer

hereindrängen → hineindrängen

hereindringen VI ‹*irr*, *sép*, -ge-, s.› pénétrer; **der Lärm dringt (zu uns) herein** le bruit extérieur nous parvient; on entend le bruit extérieur

hereindürfen *umg* VI ‹*irr*, *sép*, -ge-, h.› pouvoir entrer; avoir la permission d'entrer; **Hunde dürfen hier nicht herein** les chiens ne sont pas admis

hereinfallen VI ‹*irr*, *sép*, -ge-, s.› 1 *Licht etc* entrer; **in etw** (*akk*) **~** *a.* tomber dans qc 2 *umg fig* → reinfallen

hereinführen ‹*sép*, -ge-, h.› A VT introduire; faire entrer B VI *Weg etc* conduire à l'intérieur

hereingehen VI ‹*irr*, *sép*, -ge-, s.› 1 (r)entrer 2 (*Platz finden*) trouver place (in [+*akk*] dans); **es gehen noch zwei Personen herein** il y a encore de la place pour deux personnes

hereinholen VT ⟨sép, -ge-, h.⟩ 1 *Person* faire entrer; amener; aller chercher; *Sache* aller chercher; rentrer 2 *fig Aufträge etc* aller prendre; **hereinkommen** VI ⟨irr, sép, -ge-, s.⟩ 1 entrer 2 *umg fig Waren* arriver; *Geld* rentrer; **hereinkönnen** *umg* VI ⟨irr, sép, -ge-, h.⟩ pouvoir (r)entrer; **hereinkriegen** *umg* VT ⟨sép, -ge-, h.⟩ → hereinbekommen; **hereinlassen** VT ⟨irr, sép, -ge-, h.⟩ faire *bzw.* laisser entrer

hereinlegen VT ⟨sép, -ge-, h.⟩ 1 **etw (in etw** [akk]**) ~** mettre, poser qc (dans qc) 2 *umg fig* **j-n ~** attraper, *umg* avoir, *umg* posséder, *umg* rouler qn

hereinnehmen VT ⟨irr, sép, -ge-, h.⟩ 1 *Sache* rentrer; **mit ~** *Sache* amener; *Tier, Person a.* faire entrer 2 *fig Aufträge, Teilhaber etc* prendre; *Person in e-e Gruppe a.* faire entrer; *Posten in e-e Liste* mettre; prendre

hereinplatzen *umg* VI ⟨sép, -ge-, s.⟩ entrer à l'improviste, sans crier gare; faire irruption

H

hereinregnen V/UNPERS ⟨-ete, sép, -ge-, h.⟩ **es regnet (ins Zimmer) herein** la pluie entre dans la pièce; il pleut dans la pièce

hereinreichen ⟨sép, -ge-, h.⟩ A VT passer **(in** [+akk] dans); *Papiere* apporter; **etw zum Fenster ~** passer qc par la fenêtre B VI → hineinreichen B

hereinreiten ⟨irr, sép, -ge-⟩ A *umg fig* VT ⟨h.⟩ → reinreiten B VI ⟨s.⟩ entrer à cheval; **hereinrollen** VT ⟨sép, -ge-, h.⟩ rentrer

hereinrufen VT ⟨irr, sép, -ge-, h.⟩ 1 **j-n ~** appeler qn; dire à qn de venir, d'entrer 2 **etw zum Fenster ~** crier qc par la fenêtre

hereinschaffen VT ⟨sép, -ge-, h.⟩ rentrer; **hereinschauen** VI ⟨sép, -ge-, h.⟩ *bes südd* → hereinsehen; **hereinscheinen** VI ⟨irr, sép, -ge-, h.⟩ *Sonne, Licht* pénétrer, entrer **(in** [+akk] dans); **hereinschleichen** VI ⟨irr, sép, -ge-, s.⟩ (*u.* VR) ⟨h.⟩ **(sich) ~** se glisser, entrer furtivement **(in** [+akk] dans); **hereinschmuggeln** → hineinschmuggeln

hereinschneien ⟨sép, -ge-⟩ A V/UNPERS ⟨h.⟩ **es schneit (ins Zimmer) herein** il neige à l'intérieur; la neige entre (dans la pièce) B *umg fig* VI ⟨s.⟩ **bei j-m ~** arriver chez qn à l'improviste, sans prévenir; *umg* débarquer chez qn; **hereingeschneit kommen** arriver inopinément; tomber du ciel

hereinsehen VI ⟨irr, sép, -ge-, h.⟩ 1 **ins Zimmer, zum Fenster ~** regarder dans la pièce, par la fenêtre; **die Nachbarn können ~** les voisins peuvent voir chez nous 2 *umg fig* **bei j-m ~** passer voir qn

hereinspazieren *umg* VI ⟨sép, pas de ge-, s.⟩ (r)entrer; **er kam hereinspaziert** il est (r)entré (tout simplement, tout tranquillement, sans s'en faire); **nur hereinspaziert, meine Damen und Herren!** par ici, Messieurs Dames!; entrez donc (, je vous en prie)!

hereinstellen VT ⟨sép, -ge-, h.⟩ rentrer; **hereinströmen** VI ⟨sép, -ge-, s.⟩ *Luft, Gas* entrer **(in etw** [akk] dans qc); pénétrer (qc); *Wasser* entrer à flots (dans qc); *Menschen* entrer en masse, en foule, affluer (dans qc); **hereinstürmen** VI ⟨sép, -ge-, s.⟩ se précipiter, se presser à l'intérieur; **hereinstürzen** VI ⟨-(es)t, sép, -ge-, s.⟩ *Person in e-n Raum etc* entrer précipitamment **(in** [+akk] dans); *a. Wasser* faire irruption (dans); **hereintragen** VT ⟨irr, sép, -ge-, h.⟩ rentrer, apporter **(in** [+akk] dans); **hereintreten** VI ⟨irr, sép, -ge-, s.⟩ entrer **(in** [+akk] dans)

hereinwagen VR ⟨sép, -ge-, h.⟩ **sich (in etw** [akk]**) ~** se risquer (à entrer), oser entrer (dans qc)

hereinwinken VT ⟨sép, -ge-, h.⟩ **j-n ~** faire signe à qn d'entrer

hereinwollen *umg* VI ⟨irr, sép, -ge-, h.⟩ vouloir entrer

herfahren ⟨irr, sép, -ge-⟩ A VT ⟨h.⟩ *Sache* apporter; *Sache, Person* amener (en voiture, en camion, *etc*) B VI ⟨s.⟩ 1 *nach hier* venir (en voiture, *etc*) 2 **vor j-m ~** précéder qn; aller, rouler devant qn; **hinter j-m ~** suivre qn; **neben j-m ~** aller, rouler à côté, à la hauteur de qn

Herfahrt F **auf der ~** en venant (ici)

herfallen VI ⟨irr, sép, -ge-, s.⟩ **über j-n ~** se jeter, se ruer, fondre sur qn; assaillir qn; *mit Vorwürfen* accabler qn de reproches; *mit Fragen* assaillir qn de questions; **über etw** (akk) **~** se jeter sur qc; *fig pej* critiquer (férocement), déchirer qc; **über sein Essen ~** se jeter sur la nourriture

herfinden VI ⟨irr, sép, -ge-, h.⟩ trouver (qn, qc, le chemin de qc); **wie hast du hergefunden?** comment as-tu fait pour nous trouver?

herführen ⟨sép, -ge-, h.⟩ A VT amener; **was führt dich her?** qu'est-ce qui t'amène?; *hum* quel bon vent t'amène? B VI *Weg, Spur* mener, conduire ici

Hergang M ⟨~(e)s⟩ déroulement *m*, succession *f* des faits; **den ~ erzählen** *a.* raconter comment la chose s'est passée

hergeben VT ⟨irr, sép, -ge-, h.⟩ 1 (*reichen*) donner; **gib mal her!** donne! 2 **(wieder) ~** redonner; rendre 3 (*weggeben*) donner; *fig* **s-n Namen für etw ~** prêter, donner son nom à qc; *fig* **sich für etw ~** se prêter à qc; consentir à faire qc 4 *fig* (*ergiebig sein*) *Boden etc* produire; *Material, Unterlagen* **viel ~** être utile; **das Thema gibt wenig, viel her** il y a peu, beaucoup à dire sur ce sujet

hergebracht ADJT ⟨épithète⟩ traditionnel, -elle; établi; en *od* d'usage; **am Hergebrachten festhalten** tenir à la tradition, à la coutume, à l'usage établi

hergehen ⟨irr, sép, -ge-, s.⟩ A VI 1 **vor j-m ~** précéder qn; marcher devant qn; **(dicht) hinter j-m ~** suivre qn (de près); marcher derrière qn; **neben j-m ~** marcher à côté, à la hauteur de qn 2 *umg* **sie ging her und holte ...** elle alla chercher ... 3 *österr, südd* (*herkommen*) venir; **geh her zu mir!** viens là (, près de moi)! B *umg* V/UNPERS **es geht hoch her** la joie bat son plein, est à son comble; **gestern ging es hoch her** *bei e-m Fest umg* ça donnait hier soir; **es geht heiß her** *umg* ça chauffe; *umg* ça barde; *umg* ça pète; **bei der Diskussion ging es heiß her** *umg* ça a chauffé pendant la discussion

hergehören VI ⟨sép, pperf hergehört, h.⟩ → hierher

hergelaufen ADJT ⟨épithète⟩ venu on ne sait d'où

herhaben *umg* VT ⟨irr, sép, -ge-, h.⟩ **wo hat sie das her?** où a-t-elle pris, *umg* pêché cela?; *Ideen, Ausdrücke etc* où a-t-elle entendu cela?; où est-ce qu'elle va chercher ça?

herhalten ⟨irr, sép, -ge-, h.⟩ A VT tendre; **halte den Teller her!** tends ton assiette! B VI **(für etw, j-n) ~ müssen** devoir payer (pour qc, qn); faire les frais (de qc); être mis à contribution; **als etw ~ müssen** *Gegenstände* devoir servir de qc; *Personen* devoir faire, jouer qc

herholen VT ⟨sép, -ge-, h.⟩ aller chercher; *fig* **ein weit hergeholter Vergleich** une comparaison tirée par les cheveux

herhören VI ⟨sép, -ge-, h.⟩ écouter; *umg* **alle mal ~!** écoutez tous!

Hering M ⟨~s; ~e⟩ 1 ZOOL °hareng *m*; **grüner, gesalzener, geräucherter ~** °hareng frais, salé, saur *od* fumé; *umg hum* **wie die ~e sitzen** *bzw.* **stehen** être serrés comme des sardines, *umg* comme des °harengs 2 *umg fig* (*schmächtige Person*) **ein ~ sein** *umg* être maigre comme un °hareng saur 3 (*Zeltpflock*) piquet *m* (de tente)

Heringsfang M ⟨~(e)s⟩ pêche *f* au hareng; **Heringsfänger** M *Schiff* °harenguier *m*; **Heringsfilet** N filet *m* de hareng; **Heringsrogen** M œufs *mpl* de hareng; **Heringssalat** M salade *f* de harengs (saurs); **Heringsschwarm** M banc *m* de harengs

herinnen ADV *südd, österr* (*hier drinnen*) ici; (*innen*) dedans; là(-dedans)

herjagen ⟨sép, -ge-⟩ A VT ⟨h.⟩ 1 (*heranjagen*) faire venir 2 **j-n vor sich** (dat) **~** chasser qn devant soi B VI ⟨s.⟩ **hinter j-m, etw ~** *a. fig* courir après qn, qc

herkommen VI ⟨irr, sép, -ge-, s.⟩ 1 (*herbeikommen*) venir (ici); **komm her!** viens (ici)!; **wo kommst du her?** d'où viens-tu? 2 (*abstammen*) **~ von** venir de; *Dinge a.* provenir de; **wo kommt dieses Wort her?** d'où vient ce mot?

herkömmlich ADJ traditionnel, -elle; classique; établi; en *od* d'usage

herkriegen *umg* VT ⟨sép, -ge-, h.⟩ se procurer; **wo hat sie das hergekriegt?** *umg* où a-t-elle péché ça?

Herkules M ⟨~; ~se⟩ 1 ⟨pas de pl⟩ MYTH, ASTRON Hercule *m* 2 *fig* hercule *m*; **Herkulesarbeit** F *fig* travail *m* de Romain

Herkunft F ⟨~⟩ origine *f*; *e-r Ware a.* provenance *f*; **einfacher ~ sein** être d'origine populaire

Herkunftsbezeichnung F HANDEL appellation *f*, désignation *f* d'origine; **Herkunftsland** N ⟨~(e)s; -länder⟩ pays *m* d'origine, HANDEL *a.* de provenance; **Herkunftsort** M ⟨~(e)s; ~e⟩ lieu *m* d'origine

herlaufen VI ⟨irr, sép, -ge-, s.⟩ 1 (*herbeilaufen*) venir; accourir 2 **vor j-m ~** courir devant qn; **hinter j-m ~** courir derrière, *a. fig* après qn; **neben j-m ~** courir à côté, à la hauteur de qn

herleiten ⟨-ete, sép, -ge-, h.⟩ A VT **etw (aus, von etw) ~** *Recht etc* tirer, faire découler qc (de qc); *Wort* dériver qc (de qc); *logisch* déduire qc (de qc) B VR **sich (aus, von etw) ~** *Wort* dériver, provenir, découler, être tiré, *Recht etc* découler, provenir (de qc)

herlocken VT ⟨sép, -ge-, h.⟩ attirer; *durch Geruch* allécher

hermachen *umg* ⟨sép, -ge-, h.⟩ A VT **wenig ~** *Geschenk etc* faire peu d'effet; *Person* être (tout à fait) quelconque; **viel ~** *Geschenk etc* faire beaucoup d'effet; *Person* avoir de l'allure; *umg* en jeter; **nichts ~** *Geschenk etc* être (un peu) minable; *Person* avoir l'air minable; faire minable B VR **sich über etw** (akk) **~** se jeter, se précipiter sur qc; **sich über e-e Arbeit ~** se mettre au travail sans attendre; se lancer dans un travail; *pej* **sich über j-n ~** se jeter, se ruer, fondre sur qn

Hermann M ⟨→ n/pr⟩ *prénom*; HIST **~ der Cherusker** Arminius *m*

Hermaphrodit M ⟨~en; ~en⟩ hermaphrodite *m*

Hermelin[1] N ⟨~s; ~e⟩ *Tier* hermine *f*

Hermelin[2] M ⟨~s; ~e⟩ *Pelz* hermine *f*

Hermeneutik F ⟨~⟩ herméneutique *f*; **hermeneutisch** ADJ herméneutique

Hermes M ⟨→ n/pr⟩ MYTH Hermès *m*

hermetisch A ADJ hermétique B ADV **~ verschlossen** fermé hermétiquement

hermüssen *umg* VI ⟨irr, sép, -ge-, h.⟩ **es muss sofort ein Arzt her** il (nous) faut tout de suite un médecin; **der Schlüssel muss wieder her** il faut retrouver la clé

hernach ADV *regional* après (coup); ensuite; (*später*) plus tard

hernehmen VT ⟨irr, sép, -ge-, h.⟩ 1 (*beschaffen*) prendre; **wo soll ich das Geld ~?** où est-ce que je prendrais l'argent? 2 *fig regional* **j-n ~** *Nachricht, Krankheit* éprouver, secouer, *Sport* épuiser qn; *(tadeln) umg* disputer, gronder, réprimander qn

Hernie F ⟨~; ~n⟩ *t/t* MED °hernie *f*

hernieder *geh* ADV d'en °haut; en bas

heroben ADV *südd, österr (hier oben)* ici; *(droben)* là-haut; en °haut

Herodes M ⟨→ *n/pr*⟩ HIST Hérode *m*

Heroe *geh* M ⟨~n; ~n⟩ °héros *m*

Heroin[1] F ⟨~; ~nen⟩ *(Heldin)*, THEAT héroïne *f*

Heroin[2] N ⟨~s⟩ *Droge* héroïne *f*

Heroine F ⟨~; ~n⟩ THEAT héroïne *f*

heroinsüchtig ADJ héroïnomane; **Heroinsüchtige(r)** M/F(M) héroïnomane *m/f*

heroisch ADJ héroïque; **~e Tat** acte *m* d'héroïsme

heroisieren V/T ⟨*pas de ge-*, h.⟩ faire un héros de; transformer en héros

Heroismus M ⟨~⟩ héroïsme *m*

Herold M ⟨~(e)s; ~e⟩ 1 HIST °héraut *m* 2 *geh fig* messager *m*

Herpes M ⟨~⟩ MED herpès *m*

Herr M ⟨~(e)n; ~en⟩ 1 *allgemein, a. vor Familiennamen* monsieur *m*; SPORT **die Abfahrt der Herren** la descente hommes; **Alter ~** SPORT vétéran *m*; *e-r Studentenverbindung* ancien *m*; *umg* **mein Alter ~** *umg* mon vieux; *umg* mon paternel; **~ X** monsieur X; *Anrede* **~ X!** Monsieur (X)!; **~ Doktor!** MED docteur!; **~ Ober!** garçon!; **~ Hauptmann, Oberst** *etc* mon capitaine, mon colonel, *etc*; **der ~ Direktor, Präsident** *etc* monsieur le directeur, le président, *etc*; *geh* **Ihr ~ Vater** monsieur votre père; *in Briefen* **Sehr geehrter ~ X!** Monsieur, ...; **Lieber ~ X!** Cher Monsieur, ...; **Sehr geehrter ~ Direktor!** Monsieur le Directeur, ...; **Sehr geehrte ~en!** Messieurs, ...; **die ~en ...** messieurs ...; **meine ~en** Messieurs; *umg fig* **meine ~(e)n!** ça alors!; *umg* mince!, *umg* nom d'une pipe! 2 *(Gebieter), a. e-s Tiers* maître *m*; HIST *(Adliger)* seigneur *m*; **ein hoher ~** un °haut personnage; *hum* **die ~en der Schöpfung** les hommes; **der ~ des Hauses** le maître de maison; **~ im Hause sein** être (le) maître chez soi; **sein eigener ~ sein** être son propre maître; **~ und Gebieter** seigneur et maître; *geh* **aus aller ~en Länder** des quatre coins du monde; **~ über etw, j-n sein** être maître de qc, qn; **~ über Leben und Tod sein** avoir droit de vie et de mort sur qn; **~ der Lage sein** être maître de la situation; **e-r Sache, j-s ~ werden** se rendre maître de qc, qn; venir à bout de qc, qn; maîtriser qc, qn; *sprichw* **wie der ~, sos Gescherr** *sprichw* tel maître, tel valet 3 REL *(Gott)* **der ~** le Seigneur; *umg* **~ des Himmels!** juste Ciel!; Seigneur!; *hum* **ein großer Jäger** *etc* **vor dem ~n** un grand chasseur, *etc* devant l'Éternel 4 *Tanzpartner* cavalier *m*

Herrchen *umg* N ⟨~s; ~⟩ *e-s Hundes* maître *m*

Herreise F **auf der ~** en venant (ici)

herreisen V/I ⟨-(es)t, *sép*, -ge-, s.⟩ venir ici

Herrenabend M soirée *f* entre hommes; **Herrenanzug** M costume *m*, complet *m* (d'homme); **Herrenartikel** MPL articles *mpl* pour hommes; **Herrenausstatter** M ⟨~s; ~⟩ magasin *m* de prêt-à-porter masculin

Herrenbegleitung F **in ~** *(dat)* **sein** être accompagné (d'un homme)

Herrenbekanntschaft F **e-e ~ machen** rencontrer un homme; faire la connaissance d'un homme; **~en haben** connaître, fréquenter des hommes

Herrenbekleidung F ⟨~⟩ → Herrenkonfektion; **Herrenbesuch** M visite *f* d'un homme, d'un monsieur *bzw.* d'hommes, de messieurs; **Herrendoppel** N SPORT double *m* messieurs; **Herreneinzel** N SPORT simple *m* messieurs; **Herrenfahrrad** N bicyclette *f*, vélo *m* d'homme; **Herrenfriseur** M coiffeur *m* pour hommes

Herrengesellschaft F **in ~** *(dat)* en compagnie masculine

Herrenhandschuh M gant *m* d'homme; **Herrenhaus** N manoir *m*; **Herrenhemd** N chemise *f* d'homme; **Herrenhut** M chapeau *m* d'homme; **Herrenkleidung** F vêtements d'hommes, masculins; **Herrenkonfektion** F prêt-à-porter masculin; confection masculine, pour hommes

herrenlos A ADJ abandonné; *Tier a.* sans maître; JUR **~es Gut** bien vacant; JUR **~e Sache** épave *f* B ADV **~ herumliegen** traîner

Herrenmagazin N magazine masculin, pour hommes; **Herrenmannschaft** F équipe masculine; **Herrenmantel** M manteau *m* d'homme; **Herrenmensch** M maître *m*; **Herrenmode** F mode masculine; **Herrenoberbekleidung** F vêtements *mpl* pour, d'hommes; prêt-à-porter masculin; **Herrenpilz** M *österr* bolet *m*; **Herrenrad** N vélo *m* (d')homme; **Herrensalon** M *Friseur* salon *m* de coiffure pour hommes, pour messieurs; **Herrenschlafanzug** M pyjama *m* d'homme; **Herrenschneider(in)** M(F) tailleur *m* pour hommes; **Herrenschnitt** M *Damenfrisur* coupe *f* de cheveux très courte; **Herrenschuh** M chaussure *f* d'homme

Herrensitz M 1 *(Herrenhaus)* manoir *m* 2 ⟨*pas de pl*⟩ REITSPORT **im ~** à l'écuyère

Herrentoilette F toilettes *fpl*, W.-C. *mpl* pour hommes; **Herrenunterwäsche** F sous-vêtements masculins; **Herrenwitz** M histoire grivoise; *plus fort* histoire *f*, plaisanterie *f* de corps de garde

Herrgott *umg* M ⟨~s⟩ **der ~** Dieu *m*; le Seigneur; **vor s-m ~** devant Dieu; *sl* **~ (noch mal)!** *sl* bon Dieu!; *sl* nom de Dieu!

Herrgottsfrühe F **in aller ~** de grand matin

Herrgottsschnitzer M *südd, österr* sculpteur *m* de crucifix

herrichten ⟨-ete, *sép*, -ge-, h.⟩ A V/T *(bereitstellen)* préparer; *(in Ordnung bringen)* arranger; *gründlicher, umfassender* aménager; **wieder ~** remettre en état; **wieder neu ~** remettre à neuf B V/R **sich ~** *bes südd, österr (sich zurechtmachen)* s'arranger

Herrin F ⟨~; ~nen⟩ maîtresse *f*; **~ über j-n, etw sein** être maître de qn, qc

herrisch A ADJ *Charakter etc* autoritaire; impérieux, -ieuse; **in ~em Ton** *a.* d'un ton cassant B ADV **~ auftreten** être, se comporter de façon (très) autoritaire

herrje(mine) *umg* INT mon Dieu!; bonté divine!; grand Dieu!

herrlich A ADJ magnifique; splendide; *Essen* excellent B ADV **~ und in Freuden leben** vivre dans l'abondance

Herrlichkeit F ⟨~; ~en⟩ 1 ⟨*pas de pl*⟩ *(das Herrlichsein)* splendeur *f*; magnificence *f*; gloire *f*; **die ~ Gottes** la gloire de Dieu; *iron* **ist das die ganze ~?** c'est tout? 2 *(herrliche Sache)* merveille *f*

Herrschaft F ⟨~; ~en⟩ 1 ⟨*pas de pl*⟩ domination *f* (**über** [+*akk*] sur, de); *im Staat* pouvoir *m*; *(~sform)* gouvernement *m*; *fig* suprématie *f*; prééminence *f*; **die ~ der Vernunft, Mode** l'empire *m*, le règne de la raison, mode; **die ~ des Volkes** la souveraineté du peuple; **unter j-s ~** *(dat)* **stehen** être sous la domination de qn 2 ⟨*pas de pl*⟩ *fig (Kontrolle)* contrôle *m*; **die ~ über sein Fahrzeug verlieren** perdre le contrôle de son véhicule 3 PL **meine ~en!** Mesdames et Messieurs!; *umg* Messieurs Dames!; *iron zu Kindern* **aber meine ~en!** voyons Messieurs *bzw.* Mesdemoiselles!; *umg hum* **meine alten ~en** *umg* mes vieux; **die ~en sind nicht zu Hause** monsieur et madame sont sortis; **darf ich die ~en bitten, mir zu folgen** je vous prie, Mesdames, Messieurs, de bien vouloir me suivre; si ces messieurs et dames veulent bien me suivre? 4 *früher (Dienstherrschaft)* maîtres *mpl*; **meine ~ ist** *od* **meine ~en sind ausgegangen** monsieur et madame sont sortis 5 *umg* **~ (noch mal)!** *umg* nom d'un chien!

herrschaftlich ADJ 1 HIST *Schloss etc* seigneurial 2 *fig Wohnung etc* somptueux, -euse; luxueux, -euse

Herrschaftsanspruch M prétention *f* à la domination

Herrschaftsbereich M domaine *m* de souveraineté; **im britischen ~** dans, sur les territoires sous domination britannique

Herrschaftsform F forme *f* de pouvoir, de domination; POL système *m* de gouvernement; **Herrschaftssystem** N POL système *m* de gouvernement

herrschen V/I ⟨h.⟩ 1 POL **(über j-n, etw) ~** être le(s) maître(s) (de qn, qc); *Partei, Person* avoir le pouvoir (sur qn, qc); *Fürsten* régner (sur qn, qc) 2 *fig* régner; **es herrscht ...** *oft* il y a ...; **es herrscht Ordnung, Frieden, Schweigen** l'ordre, la paix, le silence règne; **es herrscht starker Verkehr** il y a beaucoup de circulation; **bei uns herrscht (große) Freude, Trauer** tout le monde, toute la famille, *etc* est en joie, en deuil; **es herrscht die Ansicht, dass ...** on pense généralement que ...

herrschend ADJT 1 POL *König* régnant; **die ~e Partei** le parti au pouvoir; **die ~en Klassen** les classes dirigeantes 2 *fig* **die augenblicklich ~e Stimmung** l'atmosphère, l'ambiance qui règne en ce moment, actuellement; **der ~e Geschmack** le goût du jour; **die ~e Meinung** l'opinion courante, la plus répandue; **die ~e Ordnung** l'ordre établi; **die ~en Vorurteile** les préjugés habituels, classiques, les plus répandus; **die ~e Wohnungsnot** le manque actuel de logements

Herrscher(in) M ⟨~s; ~⟩ F ⟨~in; ~innen⟩ 1 POL souverain(e) *m(f)*; *(Monarch[in])* monarque *m* 2 *fig* maître *m* (**über j-n, etw** de qn, qc)

Herrschergeschlecht N, **Herrscherhaus** N dynastie *f*; **Herrscherpaar** N (couple *m* de) souverains *mpl*; *(Fürsten- bzw. Königspaar)* couple princier *bzw.* royal

Herrschsucht F ⟨~⟩ besoin *m* de domination

herrschsüchtig ADJ dominateur, -trice; qui aime dominer; despotique; **er ist ~** *a.* c'est un despote

herrufen V/T ⟨*irr, sép*, -ge-, h.⟩ 1 **j-n ~** appeler qn 2 **etw hinter j-m ~** crier qc à qn

herrühren V/I ⟨*sép*, -ge-, h.⟩ **von j-m, etw ~** (pro)venir de qn, qc

hersagen V/T ⟨*sép*, -ge-, h.⟩ dire; réciter; *gedankenlos* débiter; **herschaffen** V/T ⟨*sép*, -ge-, h.⟩ apporter; *umg a. Person* amener; **herschauen** V/I ⟨*sép*, -ge-, h.⟩ *bes südd* → hersehen; **herschicken** V/T ⟨*sép*, -ge-, h.⟩ envoyer (ici)

herschleichen V/I ⟨*irr, sép*, -ge-, s.⟩ 1 *(heranschleichen)* s'approcher furtivement, à pas de loup 2 **hinter j-m ~** suivre qn à pas de loup

hersehen V/I ⟨*irr, sép*, -ge-, h.⟩ 1 regarder (**zu j-m** en direction de qn); **sieh mal her!** regarde un peu! 2 **hinter j-m ~** suivre qn des yeux, du regard

herstammen V/I ⟨*sép*, -ge-, h.⟩ **wo stammt er her?** d'où est-il originaire?; **wo stammt dieses Zitat her?** d'où vient cette citation?

herstellen VT ⟨*sép*, -ge-, h.⟩ **1** *(platzieren)* mettre, poser ici; **stell dich her (zu mir)!** viens (te mettre) là (près de moi) **2** *(produzieren)* fabriquer; faire; produire **3** *Verbindung, Gleichgewicht etc* établir; *Frieden, Verbindung, Gleichgewicht, Ordnung* **wieder ~** rétablir

Hersteller(in) M ⟨~s; ~⟩ F ⟨~in; ~innen⟩ **1** HANDEL fabricant *m*; *(Produzent[in])* producteur, -trice *m,f* **2** *im Buchverlag* technicien, -ienne *m,f* de la fabrication

Herstellerfirma F maison, firme productrice

Herstellung F ⟨~⟩ **1** INDUSTRIE fabrication *f*; production *f* **2** *fig e-r Funkverbindung, von Beziehungen etc* établissement *m*; *des Friedens, der Gesundheit* rétablissement *m* **3** *im Buchverlag* (service *m*) fabrication *f*

Herstellungsfehler M vice *m*, défaut *m* de fabrication; **Herstellungskosten** PL frais *mpl* de fabrication; coût *m* de la fabrication; **Herstellungsland** N pays producteur, qui fabrique qc; **Herstellungspreis** M prix *m* de (revient à la) fabrication; **Herstellungsverfahren** N procédé *m* de fabrication

hertragen VT ⟨*irr, sép*, -ge-, h.⟩ **1** *(herantragen)* apporter **2** **etw vor, hinter j-m ~** précéder, suivre qn en portant qc

hertreiben VT ⟨*irr, sép*, -ge-, h.⟩ **1** *(herantreiben)* pousser vers moi, nous, *etc* **2** **etw, j-n vor sich** *(dat)* **~** pousser, chasser qc, qn devant soi

Hertz N ⟨~; ~⟩ PHYS °hertz *m*

herüben ADV *südd, österr* de ce côté-ci; par ici

herüber ADV de ce côté-ci; *Richtung* vers ici

herüberbitten VT ⟨*irr, sép*, -ge-, h.⟩ **j-n ~** demander à qn de venir

herüberblicken VI ⟨*sép*, -ge-, h.⟩ → herübersehen; **herüberbringen** VT ⟨*irr, sép*, -ge-, h.⟩ *Sachen* apporter; → *a.* hinüberbringen

herübergeben VT ⟨*irr, sép*, -ge-, h.⟩ passer; donner; **herüberheben** VT ⟨*irr, sép*, -ge-, h.⟩ *Sache* passer, *Person* faire passer (de ce côté-ci) (**über** [+*akk*] par-dessus)

herüberholen VT ⟨*sép*, -ge-, h.⟩ aller chercher

herüberklettern VI ⟨-(e)re, *sép*, -ge-, s.⟩ **über etw** *(akk)* **~** (réussir à) passer (par-dessus) qc

herüberkommen VI ⟨*irr, sép*, -ge-, s.⟩ **1** *hierher* venir; *umg* **kommt doch zum Kaffee herüber!** venez donc prendre le café avec nous **2** **über etw** *(akk)* **~** passer (par-dessus) qc; *über e-n Fluss, e-e Straße etc a.* traverser qc

herüberreichen ⟨*sép*, -ge-, h.⟩ **A** VT **j-m etw ~** passer qc à qn; *über etw* passer par-dessus **B** VI *(sich erstrecken)* venir, arriver, s'étendre jusqu'ici

herüberretten → hinüberretten

herüberschaffen VT ⟨*sép*, -ge-, h.⟩ transporter, amener de ce côté(-ci), ici; **herüberschallen** VI ⟨*sép*, -ge-, h.⟩ (par)venir (jusqu'à nous, *etc*); **herüberschicken** VT ⟨*sép*, -ge-, h.⟩ *Personen* envoyer

herübersehen VI ⟨*irr, sép*, -ge-, h.⟩ **1** **(zu j-m) ~** regarder (en direction de, vers qn) **2** **über etw** *(akk)* **~** regarder par-dessus qc

herübersetzen[1] VR ⟨-(es)t, *sép*, -ge-, h.⟩ **sich ~** venir s'asseoir ici, de ce côté-ci

herübersetzen[2] VT ⟨-(es)t, *sép* (er übersetzt her), *pas de ge-*, h.⟩ LING traduire dans sa langue maternelle; **Herübersetzung** F traduction *f* dans sa langue maternelle; *in der Schule etc* version *f*

herüberwehen ⟨*sép*, -ge-⟩ **A** VT ⟨h.⟩ chasser; apporter **B** VI **1** ⟨h.⟩ *Wind* souffler de ce côté-ci, dans cette direction **2** ⟨s.⟩ *Geruch, Ton etc* être apporté par le vent; **herüberwerfen** VT ⟨*irr, sép*, -ge-, h.⟩ (re)jeter de ce côté-ci; **herüberziehen** ⟨*irr, sép*, -ge-⟩ **A** VT ⟨h.⟩ tirer de ce côté-ici **B** VI ⟨s.⟩ *in e-e neue Wohnung* s'installer ici

herum ADV **1** *räumlich* **um … ~** autour de; **die Gegend um Paris ~** les environs, les alentours de Paris; la région autour de Paris; **um die Ecke ~** au coin de la rue, de la maison, *etc*; **hier ~!** par ici!; **links ~!** (tournez) à gauche!; **richtig, verkehrt ~** (tourné) du bon, du mauvais côté; *Richtung* dans le bon, mauvais sens; **im Kreis ~** en rond; en cercle; *umg* **(immer) um j-n ~ sein** être toujours après qn; s'occuper sans arrêt, sans cesse de qn; *umg fig* **~ sein** *Neuigkeit etc* avoir fait le tour (du voisinage, du village, *etc*); être connu de tous; → *a.* rundherum, ringsherum **2** **um … ~** *zeitlich* autour de; aux alentours de; vers **3** **um … ~** *bei Zahlenangaben* autour de; environ; à peu près **4** *umg* **~ sein** *(vorbei sein)* être fini, passé, terminé

herumalbern *umg* VI ⟨-(e)re, *sép*, -ge-, h.⟩ dire, faire des sottises, âneries; *umg* débloquer; *nur im Verhalten umg* faire l'imbécile

herumärgern *umg* VR ⟨-(e)re, *sép*, -ge-, h.⟩ **sich mit etw, j-m ~** avoir du fil à retordre, du mal avec qc, qn

herumbasteln *umg* VI ⟨-(e)le, *sép*, -ge-, h.⟩ **an etw** *(dat)* **~** bricoler à qc

herumbekommen VT ⟨*irr, sép, pas de ge-*, h.⟩ → herumkriegen

herumbinden VT ⟨*irr, sép*, -ge-, h.⟩ **etw um etw ~** mettre qc autour de qc

herumblättern VI ⟨-(e)re, *sép*, -ge-, h.⟩ **in etw** *(dat)* **~** feuilleter qc

herumbrüllen *umg* VI ⟨*sép*, -ge-, h.⟩ *umg* gueuler; **herumbummeln** *umg* VI ⟨-(e)le, *sép*, -ge-⟩ **1** ⟨s.⟩ *(spazieren)* flâner; *umg* se balader; *pej* traîner dans les rues **2** ⟨h.⟩ *(trödeln)* traînasser; *umg* lambiner

herumdoktern *umg* VI ⟨-(e)re, *sép*, -ge-, h.⟩ **1** **an e-r Krankheit, e-m Kranken ~** essayer de soigner une maladie, un malade tant bien que mal **2** *fig* **an e-m Aufsatz ~** peiner sur, essayer de faire une dissertation; **an e-r Maschine** *etc* **~** bricoler (sur), essayer de réparer une machine, *etc*

herumdrehen ⟨*sép*, -ge-, h.⟩ **A** VT tourner; *Verkehrtliegendes* retourner; **den Schlüssel zweimal ~** fermer à double tour; *umg* **j-m die Worte im Mund ~** faire dire à qn ce qu'il n'a pas dit **B** *umg* VI **an etw** *(dat)* **~** toucher à qc; tourner qc **C** VR **sich ~** se retourner (**zu j-m** vers qn); faire volte-face; **sich im Kreis ~** tourner en rond

herumdrücken *umg* VR ⟨*sép*, -ge-, h.⟩ **1** **sich um etw ~** *um e-e Aufgabe etc* se dérober à qc **2** **sich in Lokalen, auf der Straße ~** traîner (dans) les cafés, dans la rue

herumdrucksen *umg* VI ⟨-(es)t, *sép*, -ge-, h.⟩ hésiter à dire qc; bafouiller

herumerzählen *umg* VT ⟨*sép*, -ge-, h.⟩ **etw (überall) ~** (aller) raconter qc (partout, à tout le monde)

herumexperimentieren *umg* VI ⟨*sép, pas de ge-*, h.⟩ **(an etw, j-m) ~** expérimenter, faire des essais, des expériences (sur qc, qn)

herumfahren ⟨*irr, sép*, -ge-⟩ **A** VT ⟨h.⟩ promener en voiture, *etc* **B** VI ⟨s.⟩ **1** **um etw ~** contourner qc; *ganz herum* faire le tour de qc; **um die Straßenecke ~** tourner le coin de la rue **2** *ziellos* circuler; **in e-m Land, e-r Stadt ~** circuler en voiture, *etc* dans un pays, dans une ville; sillonner un pays, une ville en voiture, *etc* **3** **mit den Händen in der Luft ~** gesticuler **4** *Person vor Schreck etc* se retourner brusquement; **erschrocken ~** se retourner terrifié

herumflattern VI ⟨-(e)re, *sép*, -ge-, s.⟩ voltiger

herumfliegen VI ⟨*irr, sép*, -ge-, s.⟩ **1** **um etw ~** contourner qc; *ganz herum* voler autour de qc; faire le tour de qc **2** *ziellos* voler **3** *umg fig Gegenstände* traîner

herumfragen *umg* VI ⟨*sép*, -ge-, h.⟩ **überall (in der Stadt) ~** demander un peu partout, de tous côtés (dans la ville)

herumfuchteln *umg* VI ⟨-(e)le, *sép*, -ge-, h.⟩ **mit etw (vor j-s Nase** [*dat*]**) ~** agiter qc, jouer avec qc (sous le nez de qn); **mit den Händen in der Luft ~** gesticuler

herumführen ⟨*sép*, -ge-, h.⟩ **A** VT **1** **j-n um etw ~** *um ein Hindernis* faire contourner qc à qn; *ganz herum* faire faire le tour de qc à qn **2** **j-n in e-m Museum, e-r Stadt ~** guider qn dans un musée, une ville; faire visiter un musée, une ville à qn; faire faire le tour à qn d'un musée, d'une ville **3** **etw um etw ~** *(herumlegen)* faire contourner qc par qc **B** VI *Weg etc* **um etw ~** contourner qc; *ganz herum* faire le tour de qc

herumfuhrwerken *umg* VI ⟨*sép*, -ge-, h.⟩ **mit etw an etw** *(dat)* **~** bricoler à, après, sur qc avec qc

herumfummeln *umg* VI ⟨-(e)le, *sép*, -ge-, h.⟩ **an etw, j-m ~** tripoter qc, qn

herumgammeln *umg* VI ⟨-(e)le, *sép*, -ge-, h.⟩ *Personen* traîner; *umg* glander; passer son temps à traîner

herumgeben VT ⟨*irr, sép*, -ge-, h.⟩ faire passer, circuler

herumgehen VI ⟨*irr, sép*, -ge-, s.⟩ **1** **um etw ~** *um ein Hindernis* contourner qc; *um e-e Statue etc* faire le tour de qc; *umg Straße, Seil etc* faire le tour de qc; **hinten, vorne ~** passer par derrière, par devant **2** *ziellos* marcher; se promener **3** *(die Runde machen)* faire le tour **4** *Gegenstand (herumgereicht werden)* circuler; faire le tour; passer de main en main; **~ lassen** faire circuler **5** *Gerücht etc* courir; *Problem, Melodie* **das geht mir im Kopf herum** cela me trotte dans la tête **6** *umg Zeit* passer

herumgeistern *umg* VI ⟨-(e)re, *sép*, -ge-, s.⟩ se promener; apparaître par-ci par-là; *fig Ideen etc* être présent; **in j-s Kopf** *(dat)* **~** trotter dans la tête de qn

herumgondeln *umg* VI ⟨-(e)le, *sép*, -ge-, s.⟩ *umg* se balader; voyager

herumgreifen VI ⟨*irr, sép*, -ge-, h.⟩ **um etw ~** *ganz herum* faire le tour de qc avec les mains; *halb herum* passer la main derrière qc

herumhacken *umg* VI ⟨*sép*, -ge-, h.⟩ **1** *mit e-r Hacke etc* **auf etw** *(dat)* **~** piocher qc **2** *fig* **auf j-m ~** attaquer, critiquer qn constamment, sans cesse; **alle hacken auf ihm herum** tout le monde lui tombe dessus

herumhängen *umg* VI ⟨*irr, sép*, -ge-, h.⟩ **1** être pendu un peu partout **2** *fig (herumlungern)* traîner; *umg* glander

herumhantieren *umg* VI ⟨*sép, pas de ge-*, h.⟩ **an etw** *(dat)* **~** s'affairer, travailler à qc; s'occuper de qc; **mit etw ~** manipuler, manier qc

herumhorchen *umg* VI ⟨*sép*, -ge-, h.⟩ **(überall) ~** écouter (partout); se renseigner

herumirren VI ⟨*sép*, -ge-, s.⟩ errer; **ziellos ~** errer comme un âme en peine

herumkommandieren *umg* VT ⟨*sép, pas de ge-*, h.⟩ **j-n ~** mener qn à la baguette

herumkommen VI ⟨*irr, sép*, -ge-, s.⟩ **1** *um e-e Ecke* tourner (le coin de la rue) **2** *umg (vorbeikommen können)* avoir la place de, pouvoir passer **3** *umg (umfassen können)* pouvoir faire le tour de **4** *umg in e-m Land* circuler; *in der Welt* voyager; **er kommt viel herum** il circule, voyage beaucoup **5** *umg fig* **um etw ~** *um e-e Strafe, Aufgabe* réussir à, pouvoir éviter qc; *umg* passer au travers de qc; **wir werden**

nicht darum ~ zu (+*inf*) on ne peut pas faire autrement que de (+*inf*)

herumkrabbeln *umg* VI ⟨-(e)le, *sép*, -ge-, s.⟩ *Kleinkinder* marcher à quatre pattes; **Ameisen krabbeln an etw** (*dat*) **herum** il y a plein de fourmis sur qc

herumkramen *umg* VI ⟨*sép*, -ge-, h.⟩ **in etw** (*dat*) **~** (far)fouiller dans qc

herumkrebsen *umg* VI ⟨*sép*, -ge-, s.⟩ avoir du mal à s'en sortir

herumkriegen *umg* VT ⟨*sép*, -ge-, h.⟩ **1** *Zeit* passer; tuer **2** (*überreden*) faire céder; *sexuell umg* avoir; *umg* tomber; **er hat mich herumgekriegt** il est arrivé à ses fins

herumkritisieren *umg* VI ⟨*sép*, *pas de ge-*, h.⟩ **an j-m, etw ~** critiquer qn, qc

herumkurven *umg* VI ⟨*sép*, -ge-, s.⟩ **in der Gegend ~** sillonner, parcourir la région

herumkutschieren *umg* ⟨*sép*, *pas de ge-*⟩ **A** VT promener (en voiture, *etc*) **B** VI ⟨s.⟩ se promener, *umg* se balader (en voiture, *etc*)

herumlaufen VI ⟨*irr*, *sép*, -ge-, s.⟩ **1** *ziellos* courir; (*gehen*) se promener; *in der Stadt a.* flâner; *Tiere, Gefangene etc* **frei ~** être en liberté **2** **um etw ~** *a. Zaun etc* faire le tour de **3** *umg fig* **barfuß, im Bademantel ~** se promener pieds nus, en peignoir; **schlecht gekleidet ~** *umg* être mal fringué; **wie läufst du wieder herum!** *umg* qu'est-ce que c'est que cette allure?

herumliegen VI ⟨*irr*, *sép*, -ge-, h.⟩ **1** **um etw ~** se trouver autour de qc; **die um die Stadt ~den Dörfer** les villages autour, à l'entour de la ville **2** *umg Gegenstände* traîner; *Papier a.* être éparpillé, dispersé; **etw ~ lassen** laisser traîner qc **3** *umg Personen* (*faul* ~) être paresseusement allongé, couché; se prélasser

herumlümmeln *umg* VR ⟨-(e)le, *sép*, -ge-, h.⟩ **sich ~** se vautrer; **herumlungern** *umg* VI ⟨-(e)re, *sép*, -ge-, h.⟩ traîner; *umg* glander

herummäkeln *umg* VI ⟨-(e)le, *sép*, -ge-, h.⟩, **herummeckern** *umg* VI ⟨-(e)re, *sép*, -ge-, h.⟩, **herumnörgeln** VI ⟨-(e)le, *sép*, -ge-, h.⟩ n'être jamais content; *umg* râler; **an etw, j-m herummäkeln, herummeckern, herumnörgeln** critiquer qc, qn; trouver à redire à qc, qn; *umg* râler sans arrêt contre qc, qn

herumpfuschen *umg* VI ⟨*sép*, -ge-, h.⟩ **an etw** (*dat*) **~** mal réparer, mal faire, *etc* qc; saboter qc; **an j-m ~** mal soigner qn; *Friseur, Arzt etc umg* rater qn

herumplagen VR ⟨*sép*, -ge-, h.⟩, **herumquälen** VR ⟨*sép*, -ge-, h.⟩ *umg* **sich mit etw herumplagen, herumquälen** se donner beaucoup de mal avec qc; *umg* **sich mit j-m ~** avoir du mal avec qn

herumrätseln *umg* VI ⟨-(e)le, *sép*, -ge-, h.⟩ **an etw** (*dat*) **~** essayer de, chercher à deviner qc; chercher la solution de qc

herumreden *umg* VI ⟨-ete, *sép*, -ge-, h.⟩ **um etw ~** ne pas oser aborder (directement) qc; **d(a)rum ~** tourner autour du pot

herumreichen ⟨*sép*, -ge-, h.⟩ **A** VT faire passer, circuler; *umg fig* **j-n (überall) ~** emmener, présenter qn partout **B** VI *Band etc* **um etw (nicht) ~** (ne pas) faire le tour de qc

herumreisen VI ⟨-(es)t, *sép*, -ge-, s.⟩ voyager; **in der Welt ~** courir le monde

herumreißen VT ⟨*irr*, *sép*, -ge-, h.⟩ *Reiter sein Pferd* faire changer brusquement de direction à; **das Steuer ~** *beim Fahrzeug* donner un brusque coup de volant, *beim Schiff* de barre

herumreiten VI ⟨*irr*, *sép*, -ge-, s.⟩ **1** *ziellos* se promener à cheval **2** **um etw ~** contourner qc à cheval; *ganz* faire le tour de qc à cheval **3** *umg fig* **(immer) auf etw** (*dat*) **~** insister sur qc; *auf Prinzipien* être à cheval sur qc **4** *umg fig* (*kritisieren*) **(ständig) auf j-m ~** être (toujours) après qn

herumrennen *umg* VI ⟨*irr*, *sép*, -ge-, s.⟩ **1** *ziellos* courir (par-ci, par-là) **2** **um etw ~** *ganz* courir autour de qc; *um die Ecke* tourner (le coin de la rue) en courant

herumscharwenzeln *umg pej* VI ⟨-(e)le, *sép*, *pas de ge-*, s.⟩ **um j-n ~** *umg* faire de la lèche à qn; *umg* lécher les bottes à qn

herumschlagen ⟨*irr*, *sép*, -ge-, h.⟩ **A** VT (*herumwickeln*) **etw um etw ~** mettre, enrouler qc autour de qc **B** *umg* VR **sich mit j-m ~** se battre avec qn; **sich mit Problemen ~** se débattre, se colleter avec des problèmes

herumschleichen VI ⟨*irr*, *sép*, -ge-, s.⟩ **um etw, j-n ~** rôder autour de qc, qn

herumschleppen *umg* VT ⟨*sép*, -ge-, h.⟩ **etw mit sich** (*dat*) **~** traîner qc avec soi; *umg* trimbaler qc; *fig Krankheit, Probleme* traîner qc

herumschnüffeln VI ⟨-(e)le, *sép*, -ge-, h.⟩ **1** *Hund* renifler (**an j-m, etw** qn, qc) **2** *umg fig* fureter; *umg* fouiner; **überall ~** *umg* fourrer son nez, fureter partout; **in fremden Angelegenheiten ~** *umg* fourrer son nez dans les affaires d'autrui

herumsitzen VI ⟨*irr*, *sép*, -ge-, h.⟩ **1** **um etw, j-n ~** être assis autour de qc, qn **2** *umg* **(untätig) ~** être, rester assis sans rien faire

herumspazieren *umg* VI ⟨*sép*, *pas de ge-*, s.⟩ se promener; *umg* se balader

herumspielen *umg* VI ⟨*sép*, -ge-, h.⟩ **mit, an etw** (*dat*) **~** jouer avec qc

herumspionieren *umg* VI ⟨*sép*, *pas de ge-*, h.⟩ espionner (partout)

herumsprechen VR ⟨*irr*, *sép*, -ge-, h.⟩ **sich ~** se savoir; s'ébruiter; **es hatte sich herumgesprochen, dass …** on a su que …; le bruit s'est répandu que …

herumspringen VI ⟨*irr*, *sép*, -ge-, s.⟩ sauter; cabrioler

herumspuken *umg* VI ⟨*sép*, -ge-, h.⟩ **in, auf etw** (*dat*) **~** °hanter qc; *fig hum* **die Kinder spuken auf dem Dachboden herum** on entend les enfants qui jouent au grenier; *fig* **in j-s Kopf** (*dat*) **~** °hanter l'esprit, les pensées de qn; **ich möchte wissen, was in s-m Kopf herumspukt** j'aimerais bien savoir ce qu'il a en, dans la tête

herumstehen VI ⟨*irr*, *sép*, -ge-, h.⟩ **1** **um etw, j-n ~** faire (le) cercle autour de qc, qn **2** *umg* **(untätig) ~** rester là sans rien faire **3** *umg Dinge* traîner

herumstöbern *umg* VI ⟨-(e)re, *sép*, -ge-, h.⟩ **in etw** (*dat*) **~** (far)fouiller dans qc

herumstochern *umg* VI ⟨-(e)re, *sép*, -ge-, h.⟩ **in etw** (*dat*) **~** *mit e-m Stock etc* fouiller dans qc; *im Feuer* tisonner qc; **im Essen ~** jouer avec sa fourchette; *fig* manger sans appétit; picorer; **in den Zähnen ~** se curer les dents

herumstreichen VI ⟨*irr*, *sép*, -ge-, s.⟩, **herumstreifen** VI ⟨*sép*, -ge-, s.⟩ rôder (**um** autour de)

herumstreiten *umg* VR ⟨*irr*, *sép*, -ge-, h.⟩ **sich mit j-m ~** se disputer avec qn

herumstreunen VI ⟨*sép*, -ge-, s.⟩ vagabonder; **herumstreunend** ADJT *Hund etc* errant; **herumstrolchen** VI ⟨*sép*, -ge-, s.⟩ traîner; vagabonder; **herumsuchen** VI ⟨*sép*, -ge-, h.⟩ chercher partout

herumtanzen VI ⟨*sép*, -ge-, s.⟩ **1** **um etw ~** danser autour de qc **2** → Nase

herumtelefonieren *umg* VI ⟨*sép*, *pas de ge-*, h.⟩ téléphoner partout; **herumtoben** VI ⟨*sép*, -ge-, h. *ou* s.⟩, **herumtollen** VI ⟨*sép*, -ge-, h. *ou* s.⟩ *Kind(er), Tier(e) etc* faire le(s) fou(s)

herumtragen *umg* VT ⟨*irr*, *sép*, -ge-, h.⟩ **1** **etw mit sich** (*dat*) **~** porter qc avec soi; *fig Probleme, Ideen etc* traîner qc avec soi **2** (*hin und her tragen*) porter, promener dans ses bras **3** *fig pej* (*weitererzählen*) raconter; divulguer; colporter

herumtrampeln VI ⟨-(e)le, *sép*, -ge-, h. *ou* s.⟩ **1** **auf etw** (*dat*) **~** piétiner qc **2** *umg fig* **auf j-s Gefühlen, Nerven ~** mettre la sensibilité, les nerfs de qn à rude épreuve; *fig* **auf j-m ~** critiquer sans cesse qn; °harceler qn de ses critiques

herumtreiben *umg* VR ⟨*irr*, *sép*, -ge-, h.⟩ **sich (auf den Straßen) ~** traîner (*umg* les rues)

Herumtreiber(in) *umg* M ⟨~s; ~⟩ (F) ⟨~in; ~innen⟩ **1** vagabond(e) *m(f)* **2** *fig* traîneur, -euse *m,f*; *bes abends, auf Partys etc umg* noceur, -euse *m,f*

herumtrödeln *umg* VI ⟨-(e)le, *sép*, -ge-, h.⟩ perdre son temps; lanterner; *umg* lambiner

herumwandern VI ⟨-(e)re, *sép*, -ge-, s.⟩ **1** *umg ziellos* se promener **2** **um etw ~** faire le tour de qc à pied

herumwerfen ⟨*irr*, *sép*, -ge-, h.⟩ VT **1** *umg* (*umherwerfen*) jeter; *Sachen im Zimmer* jeter partout, n'importe où **2** (*drehen*) **den Kopf ~** tourner la tête brusquement; **das Steuer ~** *beim Fahrzeug* donner un brusque coup de volant, *beim Schiff* de barre

herumwickeln VT ⟨-(e)le, *sép*, -ge-, h.⟩ **etw um etw ~** enrouler, *nachlässig* entortiller qc autour de qc

herumwirbeln VI ⟨-(e)le, *sép*, -ge-, s.⟩ tournoyer; tourbillonner

herumwühlen VI ⟨*sép*, -ge-, h.⟩ **in etw** (*dat*) **~** *a. fig* fouiller dans qc; *in e-r Schublade a.* tout retourner (dans un tiroir)

herumwurschteln, **herumwursteln** *umg* VI ⟨-(e)le, *sép*, -ge-, h.⟩ *umg* bricoler; **an etw** (*dat*) **herumwurschteln, herumwursteln** s'affairer à qc tant bien que mal; **mit etw herumwurschteln, herumwursteln** tripoter qc

herumzeigen *umg* VT ⟨*sép*, -ge-, h.⟩ montrer partout, à tout le monde; **herumzicken** VI *umg pej* ⟨*sép*, -ge-, h.⟩ **1** (*Ärger machen*) *umg* faire des emmerdes **2** (*herummeckern, –mosern*) *umg* rouspéter

herumziehen ⟨*irr*, *sép*, -ge-⟩ **A** VI ⟨s.⟩ **1** *Nomaden etc* mener une vie de nomades; *umg fig* **in den Kneipen ~** faire le tour des cafés **2** **um etw ~** *Prozession etc* passer autour de qc; faire le tour de qc **B** VR ⟨h.⟩ **sich um etw ~** *Graben, Mauer etc* faire le tour de qc; entourer qc

herunten ADV *südd, österr* (*hier unten*) ici; (*drunten*) en bas

herunter ADV **1** en bas; vers le bas; **~ (da)!** descends *bzw.* descendez (de là)!; **~ vom Sofa!** descends *bzw.* descendez du canapé!; **das ist von oben ~ befohlen worden** c'est un ordre venu d'en °haut; → *a.* hinunter, herab **2** *umg* **~ sein** *Jalousien, Autofenster* être baissé; *Fieber* être tombé; *fig wirtschaftlich* être ruiné; *gesundheitlich* être dans un sale état; **(völlig) mit den Nerven ~ sein** être à bout de nerfs

herunterbekommen VT ⟨*irr*, *sép*, *pas de ge-*, h.⟩ **1** *Essen* arriver à avaler; **keinen Bissen ~** ne pas pouvoir avaler une bouchée **2** *Gegenstand* arriver à descendre **3** *Fieber* arriver à faire baisser **4** *Schmutz etc* arriver à enlever

herunterbeten *umg pej* VT ⟨-ete, *sép*, -ge-, h.⟩ débiter; réciter (machinalement)

herunterbitten VT ⟨*irr*, *sép*, -ge-, h.⟩ **j-n ~** demander à qn de descendre

herunterbrennen VI ⟨*irr*, *sép*, -ge-, s.⟩ **1** *Feuer* **~ lassen** laisser presque s'éteindre; **das Feuer ist (schon) ganz heruntergebrannt** le feu est (déjà) presque éteint **2** *Haus* brûler entièrement; *Kerzen* brûler, se consumer complètement, jusqu'au bout **3** ⟨h.⟩ *Sonne* brûler

herunterbringen VT ⟨irr, sép, -ge-, h.⟩ descendre; apporter en bas; **herunterdrücken** VT ⟨sép, -ge-, h.⟩ 1 *Taste etc* appuyer sur; *Türklinke* baisser 2 *Preise, Fieber* faire baisser

herunterfahren ⟨irr, sép, -ge-⟩ A VT ⟨h.⟩ 1 **j-n, etw ~** descendre qn, qc 2 TECH *Kapazität, Anlage etc* ralentir; IT *Computer, Programm etc* éteindre 3 *fig (verringern)* ralentir B VI ⟨s.⟩ *mit dem Aufzug, e-m Fahrzeug etc* descendre (**zu j-m** vers qn)

herunterfallen VI ⟨irr, sép, -ge-, s.⟩ tomber (**von** de); **vom Tisch, von der Leiter ~** tomber (du haut) de la table, de l'échelle; **die Treppe (von oben) ~** tomber du haut, en bas de l'escalier; **mir ist die Gabel heruntergefallen** j'ai laissé tomber ma fourchette

herunterfliegen VI ⟨irr, sép, -ge-, s.⟩ 1 *Vogel* descendre 2 *umg fig* → herunterfallen

heruntergehen VI ⟨irr, sép, -ge-, s.⟩ 1 *(nach unten gehen)*, FLUG descendre; FLUG **auf 5000 Meter ~** redescendre à 5000 mètres; *umg* **vom Stuhl, Tisch ~** descendre de la chaise, de la table 2 *Preise, Temperatur, Fieber* baisser; AUTO **mit der Geschwindigkeit ~** réduire la vitesse; **mit dem Preis ~** baisser le prix; **um drei Euro ~** baisser (le prix) de trois euros; *Temperatur* **um 15° ~, auf 10° ~** baisser de 15°; descendre à 10° 3 *umg (sich lösen)* se détacher; se décoller; se défaire

heruntergekommen ADJ *moralisch, beruflich* tombé bien bas; *im Aussehen* négligé; *wirtschaftlich* ruiné; *Gebäude* mal entretenu; (laissé) à l'abandon; *plus fort* délabré; **er sieht ~ aus** il a l'air d'un clochard; **sie ist gesundheitlich (sehr) ~** elle est (très) marquée par la maladie

herunterhandeln VT ⟨-(e)le, sép, -ge-, h.⟩ **den Preis (um 10 Euro) ~** faire baisser le prix (de 10 euros); **j-n ~** faire baisser le prix à qn; **ich habe ihn um 50 Euro ~ können** j'ai réussi à lui faire baisser le prix de 50 euros

herunterhängen VI ⟨irr, sép, -ge-, h.⟩ pendre, tomber (**von** de); **herunterhauen** → runterhauen

herunterhelfen VI ⟨irr, sép, -ge-, h.⟩ **j-m (von etw) ~** aider qn à descendre (de qc)

herunterholen ⟨sép, -ge-, h.⟩ A VT *a. mit e-m Schuss etc* descendre (**von** de) B VR *sl* **sich** *(dat)* **einen ~** *umg* se branler

herunterklappen VT ⟨sép, -ge-, h.⟩ rabattre

herunterkommen VI ⟨irr, sép, -ge-, s.⟩ 1 *(nach unten kommen)* descendre (**zu j-m** vers qn) 2 *fig (verkommen) Person* se clochardiser; *moralisch, beruflich, durch Alkohol etc* tomber bien bas; *durch Krankheit* décliner; *Gebäude* se dégrader; *Unternehmen* baisser; décliner; tomber 3 *umg fig* **von e-r Droge, vom Alkohol ~** *umg* décrocher; **von e-r schlechten Note ~** améliorer sa note

herunterkriegen *umg* VT ⟨sép, -ge-, h.⟩ → herunterbekommen

herunterladbar ADJ IT téléchargeable; **herunterladen** VT ⟨irr, sép, -ge-, h.⟩ IT télécharger (**von** de); **Herunterladen** N ⟨~s⟩ IT téléchargement *m*

herunterlassen VT ⟨irr, sép, -ge-, h.⟩ faire *bzw.* laisser descendre; *Autofenster, Jalousien etc* baisser; **die Hose ~** baisser sa culotte, son pantalon

herunterlaufen → hinunterlaufen

herunterleiern *umg pej* VT ⟨-(e)re, sép, -ge-, h.⟩ *Gedicht etc* débiter, réciter machinalement, d'une façon monotone

heruntermachen *umg* VT ⟨sép, -ge-, h.⟩ 1 *(herabsetzen)* **j-n ~** démolir qn; *umg* descendre qn; **etw ~** *umg* descendre qc 2 *(zurechtweisen)* remettre à sa place; *(zusammenstauchen) umg* engueuler

herunternehmen VT ⟨irr, sép, -ge-, h.⟩ descendre; **etw von etw ~** *vom Tisch etc* enlever qc de qc; *vom Teller* prendre qc dans qc; **j-n von der Schule ~** retirer qn de l'école; **die Arme ~** baisser les bras; laisser retomber ses bras

herunterpurzeln *umg* VI ⟨-(e)le, sép, -ge-, s.⟩ dégringoler; **die Treppe, vom Stuhl ~** tomber, dégringoler dans l'escalier, de la chaise

herunterputzen → runterputzen; **herunterrasseln** *umg* ⟨-(e)le, sép, -ge-⟩ A VT ⟨h.⟩ *Gedicht etc* débiter, réciter, dire à toute vitesse B VI ⟨s.⟩ *Rollladen, Gitter etc* tomber; dégringoler; **herunterreißen** VT ⟨irr, sép, -ge-, h.⟩ 1 *(nach unten reißen)* faire tomber 2 *(abreißen)* arracher, retirer, enlever (**von** de); **herunterrieseln** VI ⟨-(e)le, sép, -ge-, s.⟩ tomber; **herunterrutschen** VI ⟨sép, -ge-, s.⟩ glisser (jusqu'en bas); *Hose* descendre

herunterschalten VI ⟨-ete, sép, -ge-, h.⟩ *beim Fahrzeug* rétrograder (**in den zweiten Gang** en seconde)

herunterschauen VI ⟨sép, -ge-, h.⟩ → herabblicken; **herunterschlagen** VT ⟨irr, sép, -ge-, h.⟩ 1 *(abschlagen)* abattre 2 *Kragen* baisser; rabattre; **herunterschlucken** → hinunterschlucken

herunterschrauben VT ⟨sép, -ge-, h.⟩ 1 *Docht etc* baisser 2 *fig* **s-e Ansprüche ~** en rabattre

heruntersehen VI ⟨irr, sép, -ge-, h.⟩ → herabblicken; **heruntersetzen** VT ⟨-(es)t, sép, -ge-, h.⟩ → herabsetzen; **herunterspielen** *umg* VT ⟨sép, -ge-, h.⟩ 1 *Musikstück* jouer d'une traite 2 *fig Angelegenheit* dédramatiser; *Risiken etc* minimiser; **heruntersteigen** → hinuntersteigen; **herunterstürzen** → hinunterstürzen; **heruntertragen** VT ⟨irr, sép, -ge-, h.⟩ descendre; **heruntertropfen** VI ⟨sép, -ge-, s.⟩ (dé)goutter, *umg* dégouliner (**von** de); **herunterwerfen** → hinunterwerfen; **herunterwirtschaften** *umg* VT ⟨-ete, sép, -ge-, h.⟩ couler; ruiner; **herunterwürgen** VT ⟨sép, -ge-, h.⟩ avaler avec peine; avoir du mal, se forcer à avaler

herunterziehen ⟨irr, sép, -ge-⟩ A VT ⟨h.⟩ 1 tirer (vers le bas); *Hose, Zugfenster* baisser; **s-e Mütze bis über die Ohren ~** enfoncer son béret jusqu'aux oreilles 2 *fig pej Menschen* entraîner sur la mauvaise pente B VI ⟨s.⟩ **(e-e Etage tiefer) ~** descendre d'un étage

hervor *geh* ADV **~ mit euch!** sortez de là!

hervorblicken VI ⟨sép, -ge-, h.⟩ *Gegenstände* dépasser; *Mond, Sonne* apparaître; se montrer; **ich sehe, wie er hinter etw** *(dat)* **hervorblickt** je le vois passer sa tête derrière qc

hervorbrechen *geh* VI ⟨irr, sép, -ge-, s.⟩ *Pflanze* sortir; percer; *Gefühle* apparaître; surgir; se faire jour

hervorbringen VT ⟨irr, sép, -ge-, h.⟩ 1 *Produkt* produire; *Baum: Früchte etc* produire; donner; *Land* **e-n großen Schriftsteller, Maler ~** engendrer un grand écrivain, peintre 2 *Laut* produire; émettre

hervordringen VI ⟨irr, sép, -ge-, s.⟩ sortir *(Menschen* en masse, en foule) (**aus** de); *Geräusch* venir (de)

hervorgehen VI ⟨irr, sép, -ge-, s.⟩ **~ aus** *(stammen von)* sortir de; *als Folge* résulter, s'ensuivre de; *Kinder aus e-r Ehe* être issu, né de; **aus etw als Sieger ~** sortir vainqueur de qc; **daraus geht hervor, dass …** il en résulte que …

hervorheben VT ⟨irr, sép, -ge-, h.⟩ *(herausstellen)* faire ressortir; mettre en évidence, en relief; *(betonen)* souligner; TYPO *in e-m Text* mettre en relief; **Hervorhebung** F ⟨~⟩ mise *f* en évidence, en relief; **hervorholen** VT ⟨sép, -ge-, h.⟩ sortir (**aus** de); **hervorkehren** VT ⟨sép, -ge-, h.⟩ *Eigenschaften etc* montrer; faire voir; **hervorkommen** VI ⟨irr, sép, -ge-, s.⟩ *aus e-m Versteck* sortir (**aus** de); *Sonne, Mond* apparaître; se montrer; percer (derrière les nuages); **hervorkriechen** VI ⟨irr, sép, -ge-, s.⟩ sortir *(Person* en rampant) (**unter etw** *[dat]* de dessous qc); ramper en dehors; **hervorlocken** VT ⟨sép, -ge-, h.⟩ inciter à sortir, attirer (**aus** de)

hervorquellen VI ⟨irr, sép, -ge-, s.⟩ *Rauch, Wasser etc* sortir; *plus fort* jaillir; *Augen* ressortir; *Haare* **unter der Mütze ~** dépasser du bonnet

hervorragen VI ⟨sép, -ge-, h.⟩ 1 *aus dem Wasser etc* émerger, sortir (**aus** de); *aus e-r Menge* dépasser (**aus etw** qc); BAU faire saillie; (s')avancer 2 *fig Leistung etc* **aus etw ~** être supérieur à qc; surpasser qc

hervorragend A ADJ excellent; remarquable; extraordinaire; *bes Qualität* supérieur; **er ist an dem Erfolg in ~em Maße beteiligt** le succès est dû en grande partie à ses efforts; **Hervorragendes leisten** faire des choses extraordinaires, remarquables B ADVL à la perfection; d'une façon extraordinaire, excellente

hervorrufen VT ⟨irr, sép, -ge-, h.⟩ 1 *(herausrufen)* appeler; *Schauspieler* rappeler 2 *fig (verursachen)* faire naître (**bei j-m** chez qn); *Eindruck* donner (à qn); **Bewunderung, Interesse bei j-m ~** susciter l'admiration, l'intérêt de qn; **Gelächter, Ärger bei j-m ~** provoquer les rires, la colère de qn

hervorschauen VI ⟨sép, -ge-, h.⟩ → hervorblicken

hervorschießen VI ⟨irr, sép, -ge-, s.⟩ *Wasser* jaillir; *Person, Tier* **aus etw ~** sortir comme une flèche de qc

hervorspringen VI ⟨irr, sép, -ge-, s.⟩ 1 **hinter etw** *(dat)* **~** s'élancer, bondir de derrière qc 2 *(vorspringen)* BAU faire saillie; *Nase, Kinn* être proéminent

hervorsprudeln VI ⟨-(e)le, sép, -ge-, s.⟩ jaillir, sortir à gros bouillons (**aus** de); **hervorstechen** VI ⟨irr, sép, -ge-, h.⟩ *fig* se faire remarquer; sauter aux yeux; **hervorstechend** ADJ qui saute aux yeux; frappant; *Merkmal* dominant; **hervorstehen** VI ⟨irr, sép, -ge-, h.⟩ BAU faire saillie; (s')avancer; *Augen, Wangenknochen, Nase, Kinn* être saillant; *Nase, Kinn a.* être proéminent; **hervorstehend** ADJ BAU qui fait saillie; *Zähne* qui avancent; *Wangenknochen, Augen* saillant; *Augen a.* exorbité; **hervorsuchen** VT ⟨sép, -ge-, h.⟩ chercher (**aus** au milieu de, parmi, dans le tas de, dans)

hervortreten VI ⟨irr, sép, -ge-, s.⟩ 1 **hinter etw** *(dat)* **~** sortir de (derrière) qc; apparaître derrière qc 2 *(vorspringen)* BAU faire saillie; (s')avancer; *Augen* être globuleux; *Muskeln* saillir 3 *Mond etc* apparaître 4 *(sichtbar werden)* se révéler; se dessiner; apparaître; *fig* ressortir; *Linien, Umrisse etc* se dessiner 5 *fig (sich hervortun)* se distinguer

hervortun VR ⟨irr, sép, -ge-, h.⟩ **sich mit, bei, als etw ~** se distinguer, se faire remarquer, se signaler avec, en faisant, comme qc

hervorwagen VR ⟨sép, -ge-, h.⟩ **sich ~** oser sortir (**aus** de); se risquer dehors; **hervorzaubern** VT ⟨-(e)re, sép, -ge-, h.⟩ faire apparaître comme par enchantement

hervorziehen VT ⟨irr, sép, -ge-, h.⟩ **etw aus, hinter, unter etw** *(dat)* **~** tirer qc de, de derrière, de dessous qc

herwagen VR ⟨sép, -ge-, h.⟩ **sich ~** oser venir

Herweg M **auf dem ~** en venant (ici)

herwinken VT ⟨sép, -ge-, h.⟩ *Person* faire signe à (qn) de venir, d'approcher; *Taxi* °héler; faire signe à

Herz N ⟨~ens; ~en⟩ 1 ANAT, *fig* cœur *m*; *geh, oft hum* **die Dame s-s ~ens** la dame de ses pensées; **mitten ins ~ treffen** toucher en plein cœur; *fig* toucher profondément; **das ~ klopft mir bis zum Halse** mon cœur bat la chamade, bat à se rompre; *fig* **ein gutes ~ haben** avoir bon cœur; **ein ~ für Tiere, Kinder haben** aimer les animaux, les enfants; **kein ~ (im Leibe) haben** n'avoir pas de cœur; manquer de cœur; **das ~ auf dem rechten Fleck haben** avoir bon cœur; **das ~ auf der Zunge haben** ne rien garder pour soi; se confier facilement; **im Grunde s-s ~ens** au fond de son cœur; **aus tiefstem ~en** du fond du cœur; du plus profond de mon, son, *etc* cœur; **von ~en gern!** de bon, de grand cœur!; de tout mon, son, *etc* cœur; **das kommt von ~en** c'est de bon cœur; **mit ganzem ~en bei der Sache sein** mettre tout son cœur à l'ouvrage; **etw leichten ~ens tun** faire qc d'un cœur léger; **etw schweren ~ens tun** faire qc le cœur gros; **es ist ihm schwer ums ~** il a le cœur gros; **j-m das ~ schwer machen** faire de la peine à qn; **j-n an sein ~ drücken** presser qn sur, serrer qn contre son cœur; **das schnürt mir das ~ zusammen** cela me serre le cœur; **das zerreißt mir das ~** cela me crève, déchire, fend le cœur; *geh* **das ~ blutet ihm** son cœur saigne; **j-s ~ höher schlagen lassen** enthousiasmer qn; *geh* **ihm lacht das ~ im Leibe** il a, se sent le cœur en fête; **das liegt mir am ~en** cela me tient à cœur; j'ai cela à cœur; **j-m etw ans ~ legen** confier qc à qn; **etw auf dem ~en haben** avoir qc sur le cœur; **du weißt nicht, wie es mir ums ~ ist** tu ne connais pas mes ennuis, mes peines; **j-m sein ~ ausschütten** dire, confier ses soucis, sa peine à qn; **j-m das ~ brechen** briser le cœur à qn; **an gebrochenem ~en sterben** mourir de chagrin; *geh* **j-m sein ~ schenken** offrir son cœur à qn; *geh* **sein ~ an j-n verlieren** tomber amoureux de qn; **daran hängt mein ~** j'y suis très attaché; j'y tiens beaucoup; *geh* **mein ~ gehört dem Theater** j'ai la passion du théâtre; ma passion, c'est le théâtre; **etw, j-d ist mir ans ~ gewachsen** je suis très, profondément attaché à qc, qn; **j-n in sein ~ geschlossen haben** aimer qn de tout cœur; **sich** *(dat)* **etw zu ~en nehmen** prendre qc à cœur; **j-n, etw auf ~ und Nieren prüfen** (vouloir) voir ce que vaut qn, qc; **sich** *(dat)* **ein ~ fassen** prendre son courage à deux mains; **das ~ zu etw haben** avoir le courage, le cœur de faire qc; **etw (nicht) übers ~ bringen** (ne pas) avoir le cœur, le courage de faire qc; *umg hum* **ihm fiel** *od* **rutschte das ~ in die Hose** *umg* il s'est dégonflé; **s-m ~en e-n Stoß geben** faire un effort (sur soi-même); se résoudre à faire qc; **ein ~ und e-e Seele sein** être très unis; ne faire qu'un; être comme les deux doigts de la main; **alles, was das ~ begehrt** tout ce que l'on désire, souhaite; *liter* **ein Kind unter dem ~en tragen** *liter* porter un enfant dans son sein; **haben Sie doch ein ~ (mit ihr)!** ayez pitié (d'elle)!; **Hand aufs ~!** dis-moi franchement; *Kosewort* **mein (liebes) ~!** mon cœur!; *sprichw* **wes das ~ voll ist, des geht der Mund über** c'est le cœur qui déborde; c'est le trop-plein d'émotions qui me, te, *etc* fait parler 2 *Spielkartenfarbe* cœur *m*

herzallerliebste(r, -s) ADJ *(entzückend)* adorable; *(niedlich)* très mignon, -onne; **Herzallerliebste(r)** M/F(M) ⟨→ A⟩ bien-aimé(e) *m(f)*

Herzanfall M crise *f* cardiaque; **Herzass** N *Spielkarte* as *m* de cœur

herzaubern V/T ⟨-(e)re, *sép*, -ge-, h.⟩ *a. fig* faire apparaître, venir par magie

Herzbeschwerden FPL troubles *mpl* cardiaques; **Herzbeutel** M ANAT péricarde *m*; **Herzbeutelentzündung** F péricardite *f*

Herzblatt N 1 *e-r Pflanze* feuille centrale 2 *Kosewort* **mein ~** mon cœur; mon chéri *bzw.* ma chérie

Herzbube M *Spielkarte* valet *m* de cœur

Herzchen N ⟨~s; ~⟩ 1 *(kleines Herz)* petit cœur 2 *Kosewort* **mein ~** mon cœur; mon chéri *bzw.* ma chérie; *Kind a.* mon petit cœur 3 *pej (naive Person)* naïf, -ïve *m,f*

Herzchirurg(in) M(F) chirurgien *m* cardiologue; **Herzchirurgie** F chirurgie *f* du cœur, cardiaque; **Herzdame** F *Spielkarte* dame *f* de cœur

Herzegovina ⟨→ *n/pr*⟩ **die ~** l'Herzégovine *f*

herzeigen *umg* V/T ⟨*sép*, -ge-, h.⟩ montrer

Herzeleid *geh* N affliction *f*

herzen *geh* V/T ⟨-(es)t, h.⟩ cajoler; embrasser

Herzensangelegenheit F affaire *f* de cœur; **Herzensbildung** *geh* F ⟨~⟩ noblesse *f* de cœur; **Herzensbrecher** M bourreau *m* des cœurs; **herzensgut** ADJ très bon, bonne; qui a un cœur d'or; **Herzensgüte** *geh* F bonté *f* de cœur

Herzenslust F **nach ~** selon l'humeur; comme, quand on veut; autant que l'on désire; **nach ~ essen** *a.* manger à satiété, tout son soûl; **nach ~ schlafen** *a.* dormir tout son soûl; **nach ~ singen** *a.* chanter à cœur joie

Herzenssache F → Herzensangelegenheit

Herzenswunsch M plus grand, plus cher désir; vœu le plus cher; **das ist sein ~** c'est son plus grand, plus cher désir

herzerfrischend ADJT frais, fraîche; rafraîchissant; *Art, Lachen* spontané; naturel, -elle; **herzergreifend** *geh* ADJT poignant; émouvant; touchant

herzerschütternd *geh* ADJT, **herzerweichend** ADJT émouvant; poignant; **herzerschütternd, herzerweichend weinen** pleurer à vous déchirer le cœur

Herzfehler M *angeborener* malformation *f* cardiaque; *erworbener* lésion *f* cardiaque; **e-n ~ haben** *a.* avoir un souffle au cœur

Herzflimmern N MED fibrillation *f*

Herzform F **in ~** en forme de cœur

herzförmig ADJ en forme de cœur; BOT, ZOOL cordiforme

Herzgegend F ⟨~⟩ région *f* du cœur; **Herzgeräusch** N MED souffle *m* au cœur, cardiaque

herzhaft A ADJ 1 *(kräftig) Händedruck etc* vigoureux, -euse; *Kuss a.* chaleureux, -euse; *Lachen, Gähnen* grand 2 *Essen (nahrhaft)* consistant; nourrissant; qui tient au ventre; *im Geschmack* bien épicé; relevé B ADV 1 *(kräftig)* vigoureusement; chaleureusement; courageusement; **~ gähnen** bâiller comme une carpe; **~ zulangen** se servir copieusement 2 **(gern) ~ essen** aimer manger des, les plats nourrissants, consistants; **~ schmecken** avoir un goût relevé

herziehen ⟨*irr, sép*, -ge-⟩ A V/T ⟨h.⟩ **etw hinter sich** *(dat)* **~** traîner qc derrière soi; **etw zu sich** *(dat)* **~** tirer qc à soi B V/I 1 ⟨s.⟩ *(umziehen)* (venir) s'installer (ici) 2 ⟨s.⟩ *(mitgehen)* **neben, vor, hinter j-m, etw ~** marcher, aller à côté de, devant, derrière qn, qc 3 *umg fig* ⟨h. *ou* s.⟩ **über j-n ~** casser du sucre sur le dos de qn

herzig ADJ mignon, -onne; un amour de …; gentil, -ille

Herzinfarkt M infarctus *m* du myocarde; **Herzinsuffizienz** *t/t* F → Herzschwäche; **Herzkammer** F ANAT ventricule *m*; **Herzkirsche** F BOT bigarreau *m*; **Herzklappe** F ANAT valvule *f* (du cœur); **Herzklappenentzündung** F endocardite *f*; **Herzklappenfehler** M MED lésion *f*, anomalie *f* valvulaire

Herzklopfen N MED palpitations *fpl*; battements *mpl* de cœur; **mit ~** le cœur battant; **ich habe, bekomme ~** mon cœur bat; j'ai le cœur qui bat

Herzkönig M *Spielkarte* roi *m* de cœur

herzkrank ADJ (qui souffre d'une affection) cardiaque; **~ sein** être cardiaque; avoir le cœur malade; être malade du cœur

Herzkranke(r) M/F(M) cardiaque *m/f*; **Herzkrankheit** F affection *f*, maladie *f* du cœur, cardiaque; *t/t* cardiopathie *f*; **Herzkranzgefäße** NPL ANAT vaisseaux *mpl* coronaires; **Herz-Kreislauf-Erkrankung** F maladie *f* cardio-vasculaire; **Herzleiden** N affection *f*, maladie *f* du cœur, cardiaque

herzlich A ADJ *(freundschaftlich)* cordial; *(warm)* chaleureux, -euse *(a. Empfang, Worte, Ton, Beifall)*; **~e Grüße (an** [+akk]**)** *am Briefschluss: sehr vertraut* je vous *bzw.* t'embrasse *(abs)*; *distanzierter* (mes) amitiés (à …); *mündlich* **~e Grüße an Otto!** tu diras *bzw.* vous direz le bonjour à Otto!; *umg* bien le bonjour à Otto!; **~en Dank!** un grand merci (**für** pour)!; **~en Glückwunsch!** félicitations!; **mein ~(st)es Beileid!** sincères condoléances!; mes condoléances les plus sincères! B ADV 1 cordialement; chaleureusement; **~ gern** avec (le plus) grand plaisir; très, bien volontiers; **Sie sind ~ eingeladen** vous êtes cordialement invité; **~ willkommen!** soyez le *bzw.* la bienvenu(e)!; **j-m ~ danken** remercier qn beaucoup, de tout cœur; **~ lachen** rire de bon cœur; bien rire; **~st** *am Briefschluss* (mes) sincères amitiés; (bien) cordialement 2 *umg (sehr)* très; **~ wenig** très, bien peu; **es geht ihm ~ schlecht** il va très mal

Herzlichkeit F ⟨~⟩ cordialité *f*

herzlos ADJ sans cœur; insensible; dur; **ein ~er Mensch** un *bzw.* une sans-cœur

Herzlosigkeit F ⟨~⟩ manque *m* de cœur; insensibilité *f*; dureté *f*

Herz-Lungen-Maschine F cœur-poumon artificiel; **Herzmassage** F massage *m* cardiaque; **Herzmittel** *umg* N (remède *m*) tonique *m* pour le cœur; **Herzmuskel** M myocarde *m*; **Herzmuskelentzündung** F myocardite *f*; **Herzmuskelerkrankung** F affection *f* du myocarde; *chronische* myocardie *f*

Herzog(in) M ⟨~s; ⸚e⟩ (F) ⟨~in; ~innen⟩ duc *m*, duchesse *f*

herzoglich ADJ ⟨*épithète*⟩ ducal; de duc

Herzogtum N ⟨~s; -tümer⟩ duché *m*

Herzoperation F opération *f* cardiaque, du cœur; **Herzpatient(in)** M(F) cardiaque *m/f*; malade *m/f* du cœur; **Herzrhythmus** M rythme *m* cardiaque; **Herzrhythmusstörungen** FPL arythmie *f* cardiaque; troubles *mpl* du rythme cardiaque

Herzschlag M 1 *(Puls)* pulsation *f*; *(Herzklopfen)* battement(s) *m(pl)* de cœur; *geh* **e-n ~ lang** l'espace d'une seconde; **er hat e-n schnellen, verlangsamten ~** son cœur bat vite, au ralenti 2 MED *(Herzversagen)* crise *f* cardiaque

Herzschmerzen MPL douleurs *fpl* cardiaques; **Herzschrittmacher** M stimulateur *m* cardiaque; pacemaker *m*; **Herzschwäche** F insuffisance *f* cardiaque; **Herzspezialist(in)** M(F) cardiologue *m/f*; **Herzstillstand** M arrêt *m* cardiaque, du cœur; **Herzstück** N cœur *m*; **Herztätigkeit** F ⟨~⟩ fonctionnement *m* du cœur; fonction *f* cardiaque; **Herztod** M mort *f* par arrêt cardiaque; **Herztöne** MPL bruits *mpl* du cœur; **Herz-**

H

transplantation F greffe *f* du cœur; transplantation *f* cardiaque
herzu *geh* ADV → herbei
Herzverfettung F dégénérescence graisseuse du cœur; **Herzverpflanzung** F → Herztransplantation; **Herzversagen** N crise *f* cardiaque
herzzerreißend **A** ADJT déchirant **B** ADVL **~ weinen, schreien** pleurer, crier à vous déchirer le cœur
Hesse M ⟨~n; ~n⟩ habitant *m* de la Hesse; °Hessois *m*
Hessen N ⟨→ *n/pr*⟩ la Hesse
Hessin F ⟨~; ~nen⟩ habitante de la Hesse; °Hessoise *f*
hessisch ADJ de (la) Hesse; °hessois
Hetäre F ⟨~; ~n⟩ HIST, *fig* hétaïre *f*
Hetero *Jargon* M ⟨~s; ~s⟩ *umg* hétéro *m*
heterogen ADJ hétérogène; **Heterosexualität** F hétérosexualité *f*; **heterosexuell** ADJ hétérosexuel, -elle

H

Hethiter M ⟨~s; ~⟩ HIST Hittite *m*
Hetzartikel M *pej* article provocateur, polémique, incendiaire; **Hetzblatt** N *pej* journal *m* (politique) de caractère diffamatoire
Hetze F ⟨~; ~n⟩ **1** *(Eile)* course (continuelle); bousculade *f*; *bei e-r Arbeit etc* °hâte *f*; **das war heute wieder e-e ~!** quelle course aujourd'hui encore! **2** *⟨pas de pl⟩ pej (Hetzreden)* propos incendiaires, °haineux (**gegen** contre) **3** *Jägersprache* → Hetzjagd 1
hetzen ⟨-(es)t⟩ **A** VT ⟨h.⟩ **1** **ein Tier zu Tode ~** forcer un animal; **die Hunde auf ein Tier ~** lâcher les chiens sur un animal **2** *Personen (jagen)* faire courir; **die Hunde auf j-n ~** lâcher les chiens sur qn; **die Polizei auf j-n ~** lancer la police à la recherche, poursuite de qn **3** *Personen (antreiben)* presser; bousculer **B** VI **1** ⟨h.⟩ *pej* **gegen j-n ~** tenir des propos incendiaires contre qn **2** ⟨s.⟩ *(eilen)* courir **C** VI ⟨s.⟩ *(u.* VR*)* ⟨h.⟩ **(sich) ~** *(sich beeilen)* se dépêcher; se hâter
Hetzer(in) M ⟨~s; ~⟩ (F) ⟨~in; ~innen⟩ *pej* personne *f* qui tient des propos incendiaires; agitateur, -trice *m,f*; provocateur, -trice *m,f*
Hetzerei F ⟨~; ~en⟩ **1** *⟨pas de pl⟩ (Eile)* course (continuelle); bousculade *f*; *bei e-r Arbeit etc* °hâte *f*; *umg* presse *f* **2** *pej (Agitation)* attaques répétées, campagne *f* de dénigrement (**gegen** contre); *Äußerung* provocation *f*; propos *m* incendiaire (**gegen** contre)
hetzerisch ADJ *pej* incendiaire; provocateur, -trice
Hetzhund M chien courant; **Hetzjagd** F **1** *auf Wild* chasse *f* à courre **2** *fig (Hast)* course *f*; bousculade *f*; **Hetzkampagne** F campagne *f* de dénigrement, de diffamation (**gegen** contre); **Hetzpropaganda** F propagande de haine, agressive; **Hetzschrift** F écrit *m* polémique, incendiaire (**gegen** contre)
Heu N ⟨~(e)s⟩ **1** foin *m*; **~ machen** faire les foins **2** *umg fig (Geld) umg* blé *m*; **Geld wie ~ haben** *umg* être plein aux as
Heuboden M grenier *m* à foin; fenil *m*
Heuchelei F ⟨~; ~en⟩ hypocrisie *f*
heucheln ⟨-(e)le, h.⟩ **A** VT feindre; affecter; simuler **B** VI faire l'hypocrite
Heuchler(in) M ⟨~s; ~⟩ (F) ⟨~in; ~innen⟩ hypocrite *m/f*
heuchlerisch **A** ADJ hypocrite **B** ADV avec hypocrisie; hypocritement; en hypocrite
heuen VI ⟨h.⟩ *regional* faire les foins
heuer ADV *südd, österr, schweiz* cette année
Heuer F ⟨~; ~n⟩ SCHIFF **1** *(Lohn)* paie *f* de marin **2** *(Anstellung)* enrôlement *m*; **auf e-m Schiff ~ als Koch nehmen** s'enrôler comme cuisinier sur un bateau
Heuernte F fenaison *f*; récolte *f* des foins; **Heufieber** N MED fièvre *f* des foins; **Heugabel** F fourche *f* (à faner, à foin); **Heuhaufen** M meule *f*, tas *m* de foin
Heulboje F **1** SCHIFF bouée *f* à sifflet **2** *umg pej* chanteur, -euse *m,f* qui pleure, qui bêle
heulen VI ⟨h.⟩ **1** *Sirene, Sturm, Wind, Wolf, Hund, Motor* °hurler; *umg* **~ wie ein Schlosshund** pleurer comme un veau; *fig* **mit den Wölfen ~** °hurler avec les loups **2** *umg (weinen)* pleurer; *plus fort* °hurler; **das ~de Elend haben** → Elend; *umg* **es ist zum Heulen** c'est à pleurer **3** BIBEL, *fig* **es wird Heulen und Zähneklappern** *od* **Zähneknirschen sein** *od* **herrschen** il y aura des pleurs et des grincements de dents
Heuler M ⟨~s; ~⟩ **1** ZOOL bébé *m* phoque; jeune phoque *m* **2** *umg (Heulton)* bruit *m* de sirène; °hurlement *m* **3** *umg (tolles Ding)* **das ist der (absolute) ~!** c'est génial, super!; *iron* **das ist der letzte ~!** *Film, Buch etc* c'est une horreur!; *Person* c'est le dernier des derniers!
Heulerei *umg pej* F ⟨~⟩ pleurnicheries *fpl*
Heulsuse *umg pej* F ⟨~; ~n⟩ pleurnicheuse *f*; **Heulton** M °hurlement *m*
Heumahd F fenaison *f*; fauchaison *f*; **Heupferd** N sauterelle *f*
heurig ADJ *⟨épithète⟩ südd, österr, schweiz* de cette année; **~er Wein** vin de l'année, nouveau
Heurige(r) M ⟨→ A⟩ *bes österr* **1** *Wein* vin nouveau **2** *Lokal: auberge où l'on sert le vin nouveau*
Heuristik F ⟨~⟩ (h)euristique *f*; **heuristisch** ADJ (h)euristique
Heuschnupfen M rhume *m* des foins; **Heuschober** M *südd, österr* **1** *Haufen* meule *f* de foin **2** *Scheune* fenil *m*; **Heuschrecke** F ⟨~; ~n⟩ sauterelle *f*; **Heustadel** M *südd, österr, schweiz* grange *f*; fenil *m*
heute ADV aujourd'hui; **~ Morgen** *od* **früh, Mittag, Nachmittag, Abend, Nacht** ce matin, ce midi, cet après-midi, ce soir, cette nuit; **bis ~ Abend!** à ce soir!; **noch ~** aujourd'hui *(+futur)*; *(noch immer)* encore aujourd'hui; **~ in acht Tagen** aujourd'hui en °huit; **~ vor vierzehn Tagen** il y a aujourd'hui quinze jours; **von ~ an** *od* **ab** à partir d'aujourd'hui; **bis ~** jusqu'à aujourd'hui *od* jusqu'aujourd'hui; *weitS.* jusqu'à maintenant, présent; **das ist genug für ~** cela suffit, c'est assez pour aujourd'hui; **von ~ auf morgen** du jour au lendemain; *umg* **lieber ~ als morgen** le plus tôt sera le mieux; **die Frau, die Jugend von ~** la femme, la jeunesse *od* les jeunes d'aujourd'hui; **das Heute** le présent
heutig ADJ *⟨épithète⟩* d'aujourd'hui; *(gegenwärtig)* actuel, -elle; **der ~e Tag, Abend** cette journée, ce soir; **die ~e Jugend, Zeit** la jeunesse d'aujourd'hui, l'époque actuelle; **bis auf den ~en Tag** jusqu'à aujourd'hui *od* jusqu'aujourd'hui
heutzutage ADV aujourd'hui; de nos jours; actuellement
Heuwagen M chariot *m* à foin *bzw.* de foin; **Heuwender** M ⟨~s; ~⟩ faneuse *f*
Hexadezimalsystem N ⟨~s⟩ MATH, IT système hexadécimal; **Hexaeder** N ⟨~s; ~⟩ hexaèdre *m*; **Hexagon** N ⟨~s; ~e⟩ MATH hexagone *m*; **hexagonal** ADJ hexagonal; **Hexagramm** N ⟨~s; ~e⟩ polygone étoilé à six pointes
Hexameter M ⟨~s; ~⟩ METRIK hexamètre *m*
Hexe F ⟨~; ~n⟩ sorcière *f*; *fig pej* **e-e alte ~** une vieille sorcière; *oft hum* **e-e kleine ~** *frech* une petite garce, peste; *attraktiv* une (belle) petite chipie
hexen VI ⟨-(es)t, h.⟩ être sorcier, -ière; faire de la sorcellerie; *umg* **ich kann doch nicht ~!** mais je ne peux pas faire plus vite!; je ne peux pas faire de miracle!
Hexenhaus N maison *f* de sorcière; **Hexenhäuschen** N *(Knusperhäuschen)* maison *f* de pain d'épices; **Hexenjagd** F chasse *f* aux sorcières *(a. fig* **auf** *[+akk]* contre)
Hexenkessel M *fig* enfer *m*; **das Stadion glich e-m ~** au stade, c'était l'enfer
Hexenmeister M sorcier *m*; **Hexenprozess** M procès *m* contre les sorcières; **Hexensabbat** M sabbat *m* (des sorcières); **Hexenschuss** M MED lumbago *m*; **Hexenstich** M MODE point *m* de chausson; **Hexenverbrennung** F supplice *m* du feu (infligé aux sorcières); **Hexenverfolgung** F chasse *f* aux sorcières; **Hexenwahn** M croyance *f* aux sorcières
Hexer M ⟨~s; ~⟩ sorcier *m*
Hexerei F ⟨~; ~en⟩ sorcellerie *f*; **das ist doch keine ~** cela n'est pas sorcier
hfl ABK (holländischer Gulden) HIST FL (florin des Pays-Bas)
hg ABK (Hektogramm) hg (hectogramme)
hg. ABK (herausgegeben) édité
Hg. ABK (Herausgeber) éditeur
HGB N ⟨~⟩ ABK (Handelsgesetzbuch) code *m* de commerce
Hiatus M ⟨~; ~⟩ LING hiatus *m*
Hibiskus M ⟨~; -ken⟩ BOT hibiscus *m*
hick *umg* INT °hic!; °hip!
Hickhack *umg* N *od* M ⟨~s; ~s⟩ histoires *fpl*, tiraillements *mpl* (**um** à propos de)
hicks *umg* INT °hic!; °hip!
hicksen *umg* VI ⟨h.⟩ avoir le hoquet
hie ADV **~ und da** → hier
hieb → hauen
Hieb M ⟨~(e)s; ~e⟩ *a. beim Fechten* coup *m*; *umg pl* **~e** *(Schläge)* coups *mpl*; **~e bekommen** recevoir une correction; **gleich setzt es ~e!** *umg* ça va barder!
hieb- und stichfest ADJ *Alibi, Beweis etc* solide; à toute épreuve; en béton
Hiebwaffe F arme tranchante, de taille
hielt → halten
hienieden *poet* ADV ici-bas; en ce bas monde
hier ADV ici; *in Bezug auf Ferner- od Zurückliegendes, fig (in diesem Punkt)* là; *Namensaufruf* **~!** présent!; **~ (nimm)!** tiens!; prends!; *umg* **du ~?** tiens, tu es là, toi?; **ich bin nicht von ~** je ne suis pas d'ici; **~ entlang** *(auf diesem Weg)* par ici; par là; **~ drinnen, oben** *etc* ici; **von ~ aus** d'ici; **von ~ an** *räumlich* à partir d'ici; *zeitlich* à partir de là; **~ und da** *od* **dort** par-ci, par-là *(a. zeitlich)*; çà et là; ici et là; *geh* **~ und heute** *od* **jetzt** sur-le--champ; **dies Buch ~** ce livre-ci; le livre que voici; *umg* **der, die, das ~** celui-ci, celle-ci, ceci; **~ hast du fünf Euro** voilà cinq euros; **~ sein** être ici, là, présent; **~ ist, sind ...** voici, voilà ...; **~ bin ich!** me voici!; me voilà!; **~ bin ich, und ~ bleibe ich** j'y suis, j'y reste; TEL **~ ist Müller** c'est Monsieur Müller (à l'appareil); RADIO, TEL **~ ist Köln** ici Cologne; **wo ist ~ e-e Telefonzelle?** où y a-t-il une cabine téléphonique (ici)?; *umg* **es steht mir bis ~** *umg* j'en ai jusque-là; **~ täuschen Sie sich** là vous vous trompez; → hierbehalten, hierbleiben, hierlassen
hieran ADV à cela; à ceci; **~ habe ich ihn erkannt** je l'ai reconnu à cela; **im Anschluss ~** après cela
Hierarchie F ⟨~; ~n⟩ °hiérarchie *f*
hierarchisch ADJ °hiérarchique
hierauf ADV **1** *räumlich* là-dessus; sur cela **2** *zeitlich* sur ce; là-dessus; après cela; *(infolgedessen)* après quoi **3** *fig* à cela; **~ kann ich nicht antworten** je ne peux pas répondre à cela
hieraus ADV de cela; de là; de ceci; **~ folgt, dass ...** il en résulte que ...; il résulte de ceci, de cela que ...

hierbehalten VT ⟨*irr, sép, pas de ge-*, h.⟩ garder (ici)
hierbei ADV 1 *räumlich* tout près; (*daneben*) à côté 2 (*was das angeht*) à ce sujet 3 *zeitlich* en faisant, disant, *etc* cela; en même temps; (*bei dieser Gelegenheit*) à cette occasion
hierbleiben VI ⟨*irr, sép*, -ge-, s.⟩ rester ici; **hiergeblieben!** reste(z) ici *od* là!
hierdurch ADV 1 *räumlich* par ici 2 *ursächlich* par ce moyen
hierein ADV ici; là-dedans
hierfür ADV pour cela; pour ceci
hiergegen ADV 1 *räumlich*, *fig* contre cela; contre ceci 2 (*im Gegensatz hierzu*) par contre
hierher ADV ici; par ici; de ce côté-ci; **bis ~ und nicht weiter** jusque-là et pas plus; → hierhergehören, hierherholen, hierherkommen, *etc*
hierhergehören VI ⟨*sép*, hierhergehört, h.⟩ *Gegenstand* être à sa place (ici); *fig* **das gehört nicht hierher** cela n'a rien à faire ici; cela est °hors de propos ici
hierherholen VT ⟨*sép*, -ge-, h.⟩ aller chercher; **hierherkommen** VI ⟨*irr, sép*, -ge-, s.⟩ venir ici; **hierherschicken** VT ⟨*sép*, -ge-, h.⟩ envoyer ici; **hierherstellen** VT ⟨*sép*, -ge-, h.⟩ poser, mettre ici, là
hierherüber ADV vers ici
hierherum ADV 1 (*in diese Richtung*) par ici 2 *umg* (*hier irgendwo*) par ici; par là; *umg* dans ce coin-ci; *umg* dans le coin
hierherziehen VI (*umziehen*) (venir) s'installer ici
hierhin ADV ici; **bis ~** jusque-là; jusqu'ici; **~ und dorthin** çà et là; **bald ~, bald dorthin** tantôt ici, tantôt là
hierhinauf ADV par ici; par là; **der Weg geht ~** le chemin monte par ici
hierhinaus ADV par ici; par là; là-dehors; **~!** sort *bzw.* sortez ici!; **hierhindurch** ADV par ici; par là; **hierhinein** ADV par ici; par là; là-dedans; **~!** entre(z) (par) ici, là!
hierhinunter ADV par ici; par là; **der Weg geht ~** le chemin descend par ici
hierin ADV 1 *räumlich* là-dedans; dans cela, ceci 2 *fig* en cela; **~ hat er recht** en cela il a raison
hierlassen VT ⟨*irr, sép*, -ge-, h.⟩ laisser ici
hiermit ADV 1 avec cela; avec ceci; **~ bin ich einverstanden** je suis d'accord avec cela; là, je suis d'accord 2 ADMIN **~ teile ich Ihnen mit, dass ...** par la présente je vous fais savoir que ...; **~ wird bescheinigt, dass ...** je certifie que ... 3 *weitS.* **~ erkläre ich die Sitzung für eröffnet** je déclare la séance ouverte; **~ ist der Fall erledigt** de cette façon, maintenant, comme cela le cas est réglé
hiernach ADV 1 *zeitlich* après cela; là-dessus 2 (*demgemäß*) d'après cela; (*demzufolge*) par conséquent; en conséquence
Hieroglyphe F ⟨~; ~n⟩ hiéroglyphe *m*; **Hieroglyphenschrift** F écriture *f* hiéroglyphique; **hieroglyphisch** ADJ hiéroglyphique
hierüber ADV 1 *räumlich* là-dessus; par-dessus; *ohne Kontakt* au-dessus 2 (*diesbezüglich*) là-dessus; à ce sujet; **~ ist nichts bekannt** à ce sujet, on ne sait rien; **~ ärgere ich mich** cela me met en colère 3 *geh zeitlich* là-dessus; **~ schlief er ein** là-dessus il s'endormit
hierum ADV 1 *räumlich* autour de cela; (*hierherum*) par ici 2 *fig* **~ handelt es sich jetzt nicht** il ne s'agit pas de cela pour l'instant
hierunter ADV 1 *räumlich* là-dessous; dessous 2 *unter e-r Menge* parmi eux 3 *fig* **was verstehen Sie ~?** qu'entendez-vous par là?
hiervon ADV de cela; de ceci; *unbetont* en; **~ weiß ich nichts** de cela, je n'en *od* je ne sais rien; **genug ~!** assez sur ce chapitre!
hiervor ADV 1 *räumlich* devant cela, ceci; là-devant 2 *fig* de cela; en; **~ habe ich keine Angst** je n'ai pas peur de cela; cela ne me fait pas peur; **der Himmel bewahre uns ~!** le ciel nous en préserve!
hierzu ADV 1 (*zu diesem Zweck*) pour cela; à cet effet 2 (*hinzu*) **~ kommt noch ...** ajoutez à cela ...; à cela s'ajoute ... 3 (*diesbezüglich*) à ce sujet
hierzulande ADV ici; dans ce pays
hiesig ADJ ⟨*épithète*⟩ d'ici; **die ~e Gegend** la, cette région
hieß → heißen
hieven VT ⟨h.⟩ SCHIFF, *fig* °hisser
Hi-Fi ABK (High Fidelity) °hi-fi *f* (°haute-fidélité); **Hi-Fi-Anlage** F chaîne *f* °hi-fi
high *umg* ADJ ⟨*attribut*⟩ *umg* défoncé; **~ sein** *a. umg* planer
Highlife *umg* N ⟨~(s)⟩ (la) belle, grande vie; **~ machen** faire la fête
Highlight N ⟨~(s); ~s⟩ moment, temps fort; **die ~s des Abends waren ...** les moments, temps forts de la soirée étaient ...
High Society F ⟨~⟩ °haute société
Hightech... IN ZSSGN °high-tech (*inv*)
hihi(hi) INT °hi, °hi, °hi!
Hilde F, **Hildegard** F ⟨→ *n/pr*⟩ *prénom*
Hilfe F ⟨~; ~n⟩ 1 (*Hilfeleistung*) aide *f*; secours *m*; assistance *f*; REITSPORT **~n** aides *fpl*; **Erste ~** *Kenntnis, Technik* secourisme *m*; *am Unfallort* premiers soins; **(finanzielle) ~** aide (financière); **mit ~ von** *Sache* à l'aide de; au moyen de; *Person* avec l'aide de; **(j-n) um ~ bitten** demander le secours, l'aide, l'assistance (de qn); demander du secours, de l'aide, de l'assistance (à qn); **~ holen** aller chercher de l'aide, du secours; **j-m ~ leisten** prêter assistance à qn; secourir qn; porter secours à qn; **j-m zu ~ kommen** venir en aide à, au secours de, à la rescousse de qn; **etw zu ~ nehmen** s'aider de qc; **j-n zu ~ rufen** appeler qn à son secours, à son aide; **um ~ rufen** appeler, crier au secours; **sich ~ suchend an j-n wenden** s'adresser à qn pour lui demander de l'aide; demander (de l')aide à qn; **(zu) ~!** au secours!; **sie war uns e-e sehr wertvolle ~** elle nous était d'une aide précieuse, d'un secours précieux 2 (*Hilfskraft*) aide *m/f*; auxiliaire *m/f*; (*zusätzliche Kraft*) extra *m*
Hilfeleistung F aide *f*; secours *m*; assistance *f*; MED *a.* soins *mpl*; JUR **unterlassene ~** non-assistance *f* à personne en danger
Hilferuf M appel *m* au secours
Hilfestellung F *beim Turnen* aide *f*; **j-m ~ geben** aider qn
hilfesuchend ADVL **sich ~ an j-n wenden** s'adresser à qn pour lui demander de l'aide; demander (de l')aide à qn
hilflos ADJ 1 (*ohne Hilfe, schutzlos*) sans défense; désarmé; (*ratlos*) désemparé; (*machtlos*) impuissant; (*verwirrt*) en désarroi; (*in Not*) en détresse; *Kranker, Greis* impotent 2 (*unbeholfen*) maladroit
Hilflosigkeit F ⟨~⟩ 1 (*Not*) détresse *f*; (*Ratlosigkeit*) perplexité *f*; **in e-m Zustand völliger ~** dans un état d'abandon complet 2 (*Unbeholfenheit*) maladresse *f*
hilfreich *geh* A ADJ 1 (*hilfsbereit*) serviable; secourable; **e-e ~e Hand** une main secourable 2 (*nützlich*) utile B ADV **j-m ~ zur Seite stehen** tendre à qn une main secourable
Hilfsaktion F secours *mpl* (**für** pour, à); **Hilfsarbeiter(in)** M(F) manœuvre *m*; ouvrier, -ière *m,f* non spécialisé(e), sans qualification
hilfsbedürftig ADJ qui a besoin d'aide, d'être aidé, d'être secouru; défavorisé; démuni; **~e Personen** *a.* des personnes *fpl* dans le besoin
Hilfsbedürftigkeit F besoin *m*; *plus fort* indigence *f*; gêne *f*; dénuement *m*; **hilfsbereit** ADJ serviable; **Hilfsbereitschaft** F serviabilité *f*; **Hilfsdienst** M service *m*, association *f* d'aide, d'assistance, de secours; **Hilfsfonds** M fonds *m* de secours; **Hilfsgelder** NPL secours *mpl* (en argent); subsides *mpl*; **Hilfskomitee** N comité *m* de secours; **Hilfskonstruktion** F construction *f* provisoire; **Hilfskraft** F *Person* aide *m/f*; auxiliaire *m/f*; **Hilfslehrer(in)** M(F) *an der Grundschule* instituteur, -trice *m,f* suppléant(e); *am Gymnasium* maître, -esse *m,f* auxiliaire; **Hilfslinie** F GEOMETRIE ligne *f* subsidiaire; MUS ligne *f* supplémentaire; **Hilfsmaßnahme** F mesure *f* d'aide; secours *m*
Hilfsmittel N *materiell* aide *f*; *finanziell* aide (financière); subvention *f*; *zur Arbeit* instrument *m*, outil *m* de travail; (*Hilfsquelle*) ressource *f*; (*Ausweg*) expédient *m*; **e-e Übersetzung ohne ~ machen** faire une traduction sans (l'aide d'un *bzw.* de) dictionnaire(s)
Hilfsmotor M moteur *m* auxiliaire; **Hilfsorganisation** F organisation *f* d'aide humanitaire; **Hilfspersonal** N personnel *m* auxiliaire; **Hilfspolizist** M contractuel *m*; **Hilfsprogramm** N programme *m* d'aide; **Hilfsschule** F *früher* classes *fpl* de perfectionnement; **Hilfsschwester** F aide soignante; **Hilfstruppen** FPL troupes *fpl* auxiliaires; **Hilfsverb** N GRAM (verbe *m*) auxiliaire *m*
Hilfswerk N *karitatives* œuvre *f* de bienfaisance, d'assistance; KIRCHE œuvres *fpl*; **das Evangelische ~** *etwa* Centre social protestant; **Technisches ~** *in Deutschland* organisation *f* des secours techniques; *in Frankreich etwa* plan *m* ORSEC
Hilfswissenschaft F science *f* accessoire
hilft → helfen
Himalaja ⟨→ *n/pr*⟩ **der ~** l'Himalaya *m*
Himbeere F ⟨~; ~n⟩ *Frucht* framboise *f*; *Strauch* framboisier *m*
Himbeereis N glace *f* à la framboise; **Himbeergeist** M ⟨~(e)s⟩ framboise *f*; **Himbeermarmelade** F confiture *f* de framboise(s); **Himbeersaft** M jus *m* de framboise(s); **Himbeersirup** M sirop *m* de framboise(s); **Himbeerstrauch** M framboisier *m*; **Himbeerzunge** F MED langue framboisée
Himmel M ⟨~s; ~⟩ *a.* REL, *fig* ciel *m*; (*Betthimmel*) *a.* baldaquin *m*; **bedeckter, blauer ~** ciel couvert, bleu; **am ~** dans le ciel; *umg* **aus heiterem ~** sans crier gare; sans prévenir; d'une façon (tout à fait) inattendue; **wie ein Blitz aus heiterem ~ (kommen)** (éclater) comme un coup de tonnerre; REL **im ~** au ciel; REL **Vater unser(, der du bist) im ~** Notre père qui êtes aux cieux; **unter freiem ~** en plein air; *poet* **unter deutschem ~** en terre allemande; en pays allemand; **zwischen ~ und Erde** entre ciel et terre; GASTR **~ und Erde** *plat de compote de pommes et de purée de pommes de terre (accompagné de boudin)*; *Hüpfspiel* **~ und Hölle** marelle *f*; **ein Geschenk, e-e Strafe des ~s** un don, une punition du ciel; **in den ~ kommen** aller au ciel; REL **in den** *od* **zum ~ auffahren** monter au ciel; REL **aufgefahren in den ~** est monté aux cieux; **um ~s willen!** pour l'amour du ciel, de Dieu!; au nom du ciel!; *umg* **(ach, du lieber) ~!** bonté du ciel!; mon Dieu!; *umg* **~ noch mal!**, *sl* **~, (Kreuz,) Donnerwetter!** *sl* bon Dieu!; *sl* nom de Dieu!; *sl* tonnerre de Dieu!; *sl* **~, Arsch und Zwirn** *od* **Wolkenbruch!** *sl* sacré nom de Dieu, d'un chien!; **dem ~ sei Dank!** grâce au ciel!; *umg* **(das)**

weiß der ~! Dieu seul le sait; *umg* weiß der ~, wann, warum, wie *etc* ... Dieu sait quand, pourquoi, comment, *etc* ...; *geh* der ~ auf Erden le paradis sur terre; *umg* j-n, etw in den ~ heben porter qn, qc aux nues; *umg* im siebten ~ sein être au septième ciel; être aux anges; *umg* das Blaue vom ~ (herunter)lügen mentir comme un arracheur de dents; *geh* der ~ hängt für ihn voller Geigen il voit la vie, tout en rose; ~ und Hölle in Bewegung setzen remuer ciel et terre; mettre tout en œuvre; das schreit zum ~ c'est révoltant; *umg* das stinkt zum ~ c'est un véritable scandale; solche Erfolge fallen nicht (einfach) vom ~ ça ne tombe pas tout rôti dans le bec; *sprichw* es ist noch kein Meister vom ~ gefallen *etwa* il y a un commencement à tout

himmelangst *umg* ADV mir ist ~ j'ai une peur terrible, *umg* une de ces frousses

Himmelbett N lit *m* à baldaquin; **himmelblau** ADJ bleu ciel (*inv*); azur(é)

Himmeldonnerwetter *sl* INT ~ (noch einmal)! *sl* sacré nom de Dieu!; *sl* tonnerre de Dieu!

Himmelfahrt F ⟨~⟩ 1 BIBEL (Christi) ~ ascension *f* de Jésus-Christ 2 *als Fest* l'Ascension *f*; Mariä ~ l'Assomption *f*

Himmelfahrtskommando N 1 *Unternehmen* mission *f* suicide, kamikaze 2 *Personen* kamikazes *mpl*; **Himmelfahrtsnase** *umg hum* F nez retroussé, en trompette

Himmelfahrtstag M (jour *m* de) l'Ascension *f*; am ~ à l'Ascension; le jour de l'Ascension

Himmelherrgott *sl* INT ~ (noch einmal)! *sl* (sacré) nom de Dieu!

himmelhoch A ADJ (*sehr hoch*) immense; gigantesque B ADV ~ jauchzend(, zu Tode betrübt) (tantôt) transporté d'allégresse(, tantôt complètement déprimé); j-m ~ überlegen sein être bien, nettement supérieur à qn

Himmelreich N REL royaume *m* des cieux; *umg* ein ~ für e-e Tasse Kaffee *etc* je donnerais tout, n'importe quoi pour une tasse de café, *etc*; *fig* des Menschen Wille ist sein ~ *etwa* l'homme n'est heureux que lorsqu'il peut agir à sa guise

Himmelsachse F ⟨~⟩ ASTRON axe *m* du monde; **Himmelsäquator** M ASTRON équateur *m* céleste; **Himmelsbote** *poet* M ange *m*; **Himmelsbraut** *poet* F religieuse *f*

Himmelschlüssel M *od* N, **Himmelschlüsselchen** N ⟨~s; ~⟩ BOT primevère *f*

himmelschreiend ADJ *Ungerechtigkeit etc* révoltant; criant; *Dummheit, Unsinn* sans nom

Himmelserscheinung F phénomène *m* céleste; **Himmelskönigin** F KATH reine *f* du ciel; **Himmelskörper** M ASTRON corps *m* céleste; **Himmelskugel** F ASTRON sphère *f* céleste; **Himmelskunde** F ⟨~⟩ astronomie *f*; **Himmelsleiter** F BOT valériane grecque; *t/t* polemonium *m* cœruleum; **Himmelsmacht** *poet* F force divine, céleste

Himmelsrichtung F point cardinal; *fig* aus allen ~en de toutes les directions; de partout; *fig* in alle ~en verstreut sein être dispersés aux quatre coins du monde

Himmelsschlüssel M *od* N, **Himmelsschlüsselchen** N ⟨~s; ~⟩ BOT primevère *f*; **Himmelstor** *poet* N porte *f* du ciel; **Himmelszelt** *poet* N firmament *m*

himmelwärts *geh* ADV vers le ciel

himmelweit A ADJ *Unterschied etc* énorme B ADV ich bin ~ davon entfernt zu (+*inf*) je suis bien loin de (+*inf*)

himmlisch ADJ 1 ⟨épithète⟩ REL céleste; der ~e Vater le Père céleste; die ~en Heerscharen l'armée céleste 2 *umg fig* (*großartig*) divin; sublime

hin ADV 1 *räumlich* nach Norden, Süden ~ vers le nord, sud; *fig* nach außen ~ vu de l'extérieur, du dehors; (*dem äußeren Schein nach*) d'apparence; vor sich (*akk*) ~ devant soi; *umg* nichts wie ~! qu'est-ce qu'on attend!; *umg* wo ist sie ~? (*hingegangen, hingefahren*) où est-elle allée?; zehn Kilometer ~, zehn Kilometer her dix kilomètres aller, dix kilomètres retour; dix kilomètres pour (y) aller, dix kilomètres pour (en) revenir; *umg fig* Gesetz ~, Gesetz her peu importe la loi; *umg fig* Regen ~, Regen her qu'il pleuve ou pas; ~ und her bewegen *schwingend* balancer; (*schütteln*) agiter; sich ~ und her bewegen *schwingend, schaukelnd* se balancer; *heftig* s'agiter; TECH *etc* aller et venir; ~ und her gehen *in e-m Zimmer etc* marcher de long en large; aller et venir; *nervös* faire les cent pas; *Schiff* von den Wellen ~ und her geworfen werden être ballotté par les vagues; ~ und her reißen, zerren *a. fig* tirailler; auf s-m Stuhl ~ und her rutschen remuer sur sa chaise; ~ und her schwanken *Schiff, Baum etc* se balancer; *Person* chanceler; dieses ständige *od* ewige Hin und Her ce va-et-vient perpétuel, continuel, permanent; cet éternel va-et-vient; *fig* Hin und Her valse-hésitation *f*; ~ und zurück aller et retour; zweimal Köln ~ und zurück deux allers et retours (pour) Cologne 2 *zeitlich* gegen Abend ~ vers le soir; quand vient le soir; zum Winter ~ en allant vers l'hiver; über *od* durch Jahrzehnte ~ durant des décennies; ~ und wieder de temps en temps; de temps à autre; par-ci, par-là; es ist noch einige Zeit ~, bis ... on a encore un peu de temps avant que ... (+*subj*); *umg fig* nach langem Hin und Her après bien des discussions 3 *fig* auf s-e Bitte, Einladung ~ à la suite de, sur sa demande, son invitation; auf s-e Annonce ~ en réponse à son annonce; auf die Gefahr ~ zu (+*inf*) au risque de (+*inf*); von widerstreitenden Gefühlen ~ und her gerissen werden être ballotté, tiraillé entre des sentiments contraires; ~ und her raten faire mille suppositions; se perdre en conjectures; ~ und her reden discuter sans fin; *umg* das reicht nicht ~ und nicht her ce n'est pas assez; ça ne suffit pas; on est loin du compte; ~ und her überlegen peser le pour et le contre 4 ~ sein *umg* (*kaputt sein*) être *umg* fichu, *umg* bousillé, *umg* esquinté, *sl* foutu; *umg* (*weg sein*) *Gegenstand* avoir disparu; *umg* (*erschöpft sein*) être *umg* claqué, éreinté, mort; *sl* (*tot sein*) *sl* être crevé, clamsé; *umg* dann ist unsere Ruhe ~ alors c'en est fini de notre tranquillité; on peut dire adieu à notre tranquillité; finie, la tranquillité; *umg* von j-m, etw ganz ~ sein (*hingerissen*) être enthousiasmé, *umg* emballé par qn, qc

hinab → hinunter

hinan *geh* → hinauf

hinarbeiten V/I ⟨-ete, *sép*, -ge-, h.⟩ auf etw (*akk*) ~ travailler à qc, en vue de qc

hinauf ADV en °haut; dort ~! par là!; monte(z) là!; ~ haben wir drei Stunden gebraucht en montant, pour monter, à la montée nous avons mis trois heures; den Fluss ~ en remontant la rivière; bis zum Gipfel ~ jusqu'au sommet

hinaufarbeiten → hocharbeiten; **hinaufbegleiten** V/T ⟨-ete, *sép*, *pas de ge-*, h.⟩ accompagner jusqu'en °haut; **hinaufbemühen** → heraufbemühen; **hinaufblicken** ⟨*sép*, -ge-, h.⟩ → hinaufsehen; **hinaufbringen** → heraufbringen; **hinauffahren** ⟨*irr*, *sép*, -ge-⟩ V/T ⟨h.⟩ *u.* V/I ⟨s.⟩ monter; **hinaufführen** V/T *u.* V/I ⟨*sép*, -ge-, h.⟩ conduire, mener (jusqu')en °haut; **hinaufgehen** V/I ⟨*irr*, *sép*, -ge-, s.⟩ monter (*a. fig Preis, Temperatur etc*); aller en °haut

hinaufhelfen V/I ⟨*irr*, *sép*, -ge-, h.⟩ j-m (die Treppe) ~ aider qn à monter (les escaliers)

hinaufklettern V/T *u.* V/I ⟨-(e)re, *sép*, -ge-, s.⟩ etw (*akk*) *od* auf etw (*akk*) ~ grimper sur qc

hinaufkommen V/I ⟨*irr*, *sép*, -ge-, s.⟩ monter; *mit Mühe* arriver à monter, à grimper (jusqu'en °haut); **hinauflassen** V/T ⟨*irr*, *sép*, -ge-, h.⟩ faire *bzw.* laisser monter; **hinauflaufen** V/I ⟨*irr*, *sép*, -ge-, s.⟩ monter (en courant)

hinaufreichen ⟨*sép*, -ge-, h.⟩ A V/T tendre; passer B V/I bis zu etw ~ atteindre qc

hinaufschauen ⟨*sép*, -ge-, h.⟩ *bes südd* → hinaufsehen; **hinaufschicken** V/T ⟨*sép*, -ge-, h.⟩ envoyer en °haut; faire monter

hinaufschwingen V/R ⟨*irr*, *sép*, -ge-, h.⟩ sich (auf etw [*akk*]) ~ s'élancer (sur qc)

hinaufsehen V/I ⟨*irr*, *sép*, -ge-, h.⟩ regarder vers le haut; regarder en °haut; zu j-m ~ lever les yeux vers qn; *fig* vénérer qn; regarder qn avec respect et admiration

hinaufsetzen V/T ⟨-(es)t, *sép*, -ge-, h.⟩ 1 mettre dessus, là-haut; etw auf etw (*akk*) ~ mettre qc sur (le haut de) qc 2 *fig* (*erhöhen*) augmenter; majorer

hinaufspringen V/I ⟨*irr*, *sép*, -ge-, s.⟩ sauter dessus; auf etw (*akk*) ~ sauter sur qc

hinaufsteigen V/I ⟨*irr*, *sép*, -ge-, s.⟩ (auf etw [*akk*]) ~ monter (sur qc)

hinauftragen V/T ⟨*irr*, *sép*, -ge-, h.⟩ monter

hinaufwagen V/R ⟨*sép*, -ge-, h.⟩ sich (auf etw [*akk*]) ~ oser monter (sur qc)

hinaufwerfen V/T ⟨*irr*, *sép*, -ge-, h.⟩ jeter, lancer (en °haut); j-m etw ~ jeter, lancer qc à qn

hinaufziehen ⟨*irr*, *sép*, -ge-⟩ A V/T ⟨h.⟩ monter; *Rollladen etc* remonter; *Last* °hisser; guinder B V/I ⟨s.⟩ *a. in e-e höhere Etage* monter C V/R ⟨h.⟩ *Schmerzen* sich bis in die Schulter ~ remonter jusqu'à l'épaule; sich den Berg ~ *Wald* s'étendre jusqu'en °haut de la montagne; *Straße* monter jusqu'en °haut de la montagne

hinaus ADV 1 *räumlich* dehors; ~! sors *bzw.* sortez (d'ici)!; dehors!; prends *bzw.* prenez la porte!; ~ mit ihm! qu'il sorte!; *umg* flanquez-le dehors, à la porte!; ~ mit den Ruhestörern! à la porte, dehors, °hors d'ici les tapageurs!; zum Fenster ~ par la fenêtre; durch die Tür ~ par la porte; über die Grenze ~ au-delà de la frontière 2 *zeitlich* auf Monate ~ pour des mois; pour de longs mois; über den ersten April ~ au-delà du premier avril; über dieses Alter bin ich ~ j'ai dépassé l'âge, cet âge-là; *fig* über solche Kleinigkeiten ist er ~ il ne s'arrête plus à ce genre de détails 3 darüber ~ (*außerdem*) de plus; en outre

hinausbefördern V/T ⟨-(e)re, *sép*, *pas de ge-*, h.⟩ etw ~ sortir; enlever qc; *fig* j-n ~ faire sortir qn; mettre qn à la porte

hinausbegeben *geh* V/R ⟨*irr*, *sép*, *pas de ge-*, h.⟩ sich ~ sortir; **hinausbegleiten** V/T ⟨-ete, *sép*, *pas de ge-*, h.⟩ raccompagner; reconduire; **hinausbemühen** *geh* ⟨*sép*, *pas de ge-*, h.⟩ V/R sich ~ prendre, se donner la peine de sortir

hinausbeugen V/R ⟨*sép*, -ge-, h.⟩ sich ~ se pencher au dehors; sich zum Fenster ~ se pencher à la fenêtre

hinausbitten V/T ⟨*irr*, *sép*, -ge-, h.⟩ j-n ~ demander à qn de sortir (d'une pièce, *etc*)

hinausblicken ⟨*sép*, -ge-, h.⟩ → hinaussehen

hinausbringen V/T ⟨*irr*, *sép*, -ge-, h.⟩ 1 *Sache* sortir; mettre dehors; *zu j-m* apporter (dehors); *Person* raccompagner 2 *fig* (*weiterbringen*) es über etw (*akk*) (nicht) ~ (ne pas) dépasser

qc; (ne pas) aller au-delà de qc
hinausdrängen ‹*sép*, -ge-› A VT ‹h.› pousser dehors B VI ‹s.› [*u.* VR ‹h.›] (**sich**) ~ sortir en se pressant, se bousculant; se presser, se bousculer pour sortir; **hinausdringen** VI ‹*irr, sép*, -ge-, s.› *Geräusch etc* sortir; **hinausdürfen** VI ‹*irr, sép*, -ge-, h.› pouvoir, *verneint* ne pas devoir sortir; avoir la permission, le droit de sortir; **hinauseilen** VI ‹*sép*, -ge-, s.› sortir en courant, en °hâte
hinausekeln *umg* VT ‹-(e)le, *sép*, -ge-, h.› **j-n** ~ dégoûter, écœurer qn (jusqu'à ce qu'il parte)
hinausfahren ‹*irr, sép*, -ge-› A VT ‹h.› sortir, *weiter weg* emmener (en voiture) B VI ‹s.› 1 *(nach draußen fahren)* sortir (**aus** de); *Schiff a.* prendre la mer 2 *(wegfahren)* partir (**nach** à); **aufs Land** ~ aller à la campagne
hinausfinden VI ‹*irr, sép*, -ge-, h.› trouver la sortie; **hinausfliegen** VI ‹*irr, sép*, -ge-, s.› 1 *Vogel etc* s'envoler; sortir 2 *umg aus e-m Auto, bei e-m Unfall etc* être éjecté 3 *umg fig bes am Arbeitsplatz* être mis, *umg* flanqué, *umg* fichu, *sl* foutu à la porte; *bes aus e-r Wohnung, e-m Lokal etc* se faire jeter, *umg* vider 4 *umg fig (hinausfallen)* tomber, dégringoler (**aus** de)
hinausführen ‹*sép*, -ge-, h.› A VT **j-n** ~ conduire qn dehors, jusqu'à la porte, *etc*; reconduire qn B VI *Weg* conduire dehors
hinausgehen VI ‹*irr, sép*, -ge-, s.› 1 *Person* sortir (**aus** de); aller dehors; *Waren etc* **in alle Welt** ~ aller dans le monde entier 2 *Fenster, Tür* **auf den Hof** ~ donner sur la cour; **nach Norden, Süden** ~ être exposé au nord, sud 3 *fig* **über etw** *(akk)* ~ dépasser qc; être au-dessus de qc; aller au-delà de qc; **über s-e Befugnisse** ~ *a.* outrepasser ses droits, ses pouvoirs
hinaushalten VT ‹*irr, sép*, -ge-, h.› *Hand* tendre, *Gegenstand* tendre, tenir à l'extérieur, au dehors
hinaushängen ‹*sép*, -ge-, h.› A VT *Gegenstand* suspendre; accrocher B VI ‹*irr*› ~ (**aus**) *aus e-m Fenster* pendre (par)
hinaushelfen VI ‹*irr, sép*, -ge-, h.› **j-m** ~ aider qn à sortir, à descendre
hinausjagen VT ‹*sép*, -ge-, h.› chasser; **hinauskatapultieren** VT ‹*sép, pas de ge-*, h.› 1 catapulter (°hors de …); éjecter 2 *umg fig umg* éjecter
hinauskommen VI ‹*irr, sép*, -ge-, s.› 1 sortir; *aus e-m Land* pouvoir quitter (**aus etw** qc); *mit Mühe* arriver à, parvenir à, pouvoir sortir 2 **über etw** *(akk)* (**nicht**) ~ (ne pas) dépasser qc
hinauskomplimentieren VT ‹*sép, pas de ge-*, h.› éconduire poliment; **hinauskönnen** *umg* VI ‹*irr, sép*, -ge-, h.› pouvoir sortir; **hinauslassen** VT ‹*irr, sép*, -ge-, h.› laisser *bzw.* faire sortir
hinauslaufen VI ‹*irr, sép*, -ge-, s.› 1 *Person* sortir (en courant) 2 *fig* **auf etw** *(akk)* ~ aboutir à qc; **das läuft auf dasselbe hinaus** cela revient au même; **das läuft darauf hinaus, dass …** cela revient à dire que …
hinauslehnen VR ‹*sép*, -ge-, h.› **sich** ~ se pencher au dehors; **sich zum Fenster** ~ se pencher à la fenêtre
hinausmüssen *umg* VI ‹*irr, sép*, -ge-, h.› devoir sortir
hinausragen VI ‹*sép*, -ge-, h.› **über j-n, etw** ~ dépasser qn, qc; *a. fig* dominer qn, qc; *geistig a.* être supérieur à qn, qc; *Gebäude a.* s'élever au-dessus de qc
hinausreichen ‹*sép*, -ge-, h.› A VT passer B VI **über etw** *(akk)* ~ dépasser qc
hinausschaffen VT ‹*sép*, -ge-, h.› sortir; **hinausschauen** ‹*sép*, -ge-, h.› *bes südd* → hinaussehen
hinausscheren *umg* VR ‹*sép*, -ge-, h.› **scher dich hinaus!** *umg* fiche, *sl* fous le camp!; *umg* casse-toi!
hinausschicken VT ‹*sép*, -ge-, h.› 1 *Briefe etc, Personen für e-n Auftrag* envoyer 2 *nach draußen* faire sortir; **hinausschieben** VT ‹*irr, sép*, -ge-, h.› 1 *aus e-m Raum* sortir (**aus** de); pousser dehors 2 *zeitlich* reporter; remettre (à plus tard); différer; retarder
hinausschießen ‹*irr, sép*, -ge-› VI 1 ‹h.› tirer (**zum Fenster** par la fenêtre) 2 ‹s.› *Person* sortir précipitamment; s'élancer, se précipiter dehors 3 ‹s.› *fig* **über das Ziel** ~ aller trop loin; dépasser son objectif
hinausschleichen ‹*irr, sép*, -ge-› VI ‹s.› [*u.* VR ‹h.›] (**sich**) ~ se glisser dehors; sortir furtivement; **hinausschleppen** ‹*sép*, -ge-, h.› A VT traîner dehors; sortir avec peine (**aus** de) B VR **sich** ~ sortir tant bien que mal, avec peine; se traîner au dehors; **hinausschleudern** VT ‹-(e)re, *sép*, -ge-, h.› → herausschleudern
hinausschmeißen *umg* VT ‹*irr, sép*, -ge-, h.› 1 *Gegenstand* jeter, *umg* balancer (dehors) 2 *fig* **j-n** ~ *bes am Arbeitsplatz* mettre, *umg* flanquer, *umg* fiche(r), *sl* foutre qn à la porte; *bes aus e-r Wohnung, e-m Lokal etc* jeter, *umg* vider qn
hinausschmuggeln VT ‹-(e)le, *sép*, -ge-, h.› *Ware* (faire) sortir, passer en contrebande, *a. Dokumente etc* illégalement, en fraude, clandestinement, en cachette; *Personen* faire sortir, passer (la frontière) illégalement, clandestinement
hinaussehen VI ‹*irr, sép*, -ge-, h.› regarder dehors; **zum Fenster** ~ regarder par la fenêtre
hinaussetzen ‹-(es)t, *sép*, -ge-, h.› A VT *Gegenstand* sortir; mettre dehors; *umg Person* faire sortir; mettre dehors B VR **sich** ~ s'asseoir dehors; **sich auf den Balkon** ~ s'asseoir sur le balcon
hinausstehlen VR ‹*irr, sép*, -ge-, h.› **sich** ~ s'éclipser; s'esquiver; **hinausstellen** VT ‹*sép*, -ge-, h.› 1 *Gegenstand* mettre dehors; sortir 2 SPORT *Spieler* expulser; **hinausströmen** VI ‹*sép*, -ge-, s.› *Menschen* sortir en foule; déferler; *Wasser* sortir à flots; **hinausstürmen** VI ‹*sép*, -ge-, s.› s'élancer, se précipiter au dehors, à l'extérieur
hinausstürzen ‹-(es)t, *sép*, -ge-› A VI ‹s.› 1 *(hinausfallen)* tomber (au) dehors, à l'extérieur 2 *(hinauseilen)* sortir précipitamment (**aus** de); se précipiter (au) dehors; **zur Tür** ~ se précipiter vers la porte B VR ‹h.› **sich aus dem Fenster** ~ se jeter par la fenêtre
hinaustragen VT ‹*irr, sép*, -ge-, h.› sortir; *Person, Tier a.* emmener, *Sache a.* emporter (à l'extérieur); **hinaustreiben** VT ‹*irr, sép*, -ge-, h.› chasser (**aus** de); *Vieh auf die Weide* mener au pré; **hinaustreten** VI ‹*irr, sép*, -ge-, s.› sortir
hinauswachsen VI ‹*irr, sép*, -ge-, s.› **über etw** *(akk)* ~ dépasser qc; *fig* **über j-n** ~ surpasser qn; **über sich** *(akk)* **selbst** ~ se surpasser
hinauswagen VR ‹*sép*, -ge-, h.› **sich** ~ oser sortir; **sich über etw** *(akk)* ~ se risquer à, oser dépasser, franchir qc; oser aller au-delà de qc
hinausweisen ‹*irr, sép*, -ge-, h.› A VT éconduire; montrer la porte à B VI *Symbol etc* **über sich** *(akk)* ~ signifier, impliquer davantage
hinauswerfen VT ‹*irr, sép*, -ge-, h.› 1 *Gegenstand* jeter (dehors); **etw zum Fenster** ~ *a. fig Geld* jeter qc par la fenêtre 2 *umg fig* **j-n** ~ *bes am Arbeitsplatz etc* mettre, *umg* flanquer qn à la porte; *bes Mieter, Gast etc* jeter, *umg* vider qn; **j-n aus der Schule** ~ renvoyer qn de l'école 3 *fig* **e-n Blick** ~ jeter un coup d'œil, un regard à l'extérieur, (au) dehors
hinauswollen VI ‹*irr, sép*, -ge-, h.› 1 *umg* vouloir sortir 2 *fig* **auf etw** *(akk)* ~ vouloir en venir à qc; **hoch** ~ avoir de grandes ambitions; avoir des visées, des vues ambitieuses; **zu hoch** ~ viser trop °haut
Hinauswurf *umg* M renvoi *m*; mise *f* à la porte
hinausziehen ‹*irr, sép*, -ge-› A VT ‹h.› 1 *(nach draußen ziehen)* sortir; tirer 2 *(in die Ferne ziehen)* **es zieht ihn in die Natur, aufs Meer hinaus** il est attiré par la nature, par la mer 3 *(in die Länge ziehen)* faire traîner (en longueur); *(verzögern)* retarder B VI ‹s.› 1 sortir (**aus** de); **zur Stadt** ~ sortir de la ville; **in die Natur** ~ aller dans la nature 2 *beim Wohnungswechsel* **aufs Land** ~ s'installer, se retirer à la campagne C VR ‹h.› **sich** ~ *(sich hinziehen)* traîner en longueur; se prolonger; *(sich verzögern)* être retardé, repoussé
hinauszögern ‹-(e)re, *sép*, -ge-, h.› A VT retarder B VR **sich** ~ être retardé, repoussé
hinbegeben VR ‹*irr, sép, pas de ge-*, h.› **sich** ~ s'y rendre; **sich zu j-m** ~ se rendre chez qn
hinbekommen *umg* VT ‹*irr, sép*, -ge-, h.› 1 *(schaffen)* **es, die Sache** ~ y arriver 2 *(in den Ursprungszustand versetzen)* **etw wieder** ~ réussir, parvenir à réparer, à arranger qc
hinbemühen *geh* ‹*sép, pas de ge-*, h.› A VT **j-n** ~ prier qn d'y aller B VR **sich** ~ se donner la peine d'y aller
hinbiegen *umg* VT ‹*irr, sép*, -ge-, h.› arranger; **wie hat er das hingebogen?** (je me demande) comment il a fait, comment il s'est débrouillé
hinblättern *umg* VT ‹-(e)re, *sép*, -ge-, h.› *umg* raquer; (**j-m**) **etw** ~ *umg* allonger qc (à qn)
Hinblick M **im** *od* **in** ~ **auf** *(+akk) (in Anbetracht)* compte tenu de; en considération de; en tenant compte de; *(in Bezug auf)* en ce qui concerne
hinblicken ‹*sép*, -ge-, h.› → hinsehen
hinbringen VT ‹*irr, sép*, -ge-, h.› 1 *Person* (y) emmener; *im Fahrzeug* (y) conduire; *Sache* apporter (**j-m** à qn); *im Auto etc* **wo soll ich Sie ~?** où dois-je vous conduire?; où est-ce que je vous emmène? 2 *Zeit* passer (**mit etw** à faire qc)
hindenken VI ‹*irr, sép*, -ge-, h.› **wo denkst du hin!** tu n'y penses pas!; jamais de la vie!
hinderlich ADJ gênant; embarrassant; **j-m, e-r Sache** ~ **sein** gêner qn, qc; faire obstacle à qn, qc; **e-r Sache** *(dat)* ~ **sein** *a.* entraver qc
hindern VT ‹-(e)re, h.› 1 **j-n (daran) ~, etw zu tun** empêcher qn de faire qc 2 *(behindern)* gêner; déranger; **j-n bei der Arbeit** ~ gêner, déranger qn dans son travail; **meine Verletzung hindert mich beim Schreiben** ma blessure me gêne pour écrire
Hindernis N ‹~ses; ~se› *a.* SPORT obstacle *m*; *a.* JUR empêchement *m*; **e-e Reise mit ~sen** un voyage riche en péripéties; *fig* **j-m ~se in den Weg legen** mettre des bâtons dans les roues à qn
Hindernisbahn F piste *f* d'obstacles; **Hindernislauf** M LEICHTATHLETIK steeple *m*; **Hindernisrennen** N PFERDESPORT course *f* d'obstacles; steeple-chase *m*
Hinderungsgrund M (cause *f*, motif *m* d')empêchement *m*; **das ist (für mich) kein** ~ ce n'est pas un problème, une raison (pour moi)
hindeuten VI ‹-ete, *sép*, -ge-, h.› **auf etw** *(akk)* ~ montrer qc du doigt; *fig* annoncer, indiquer qc; **alles deutet darauf hin, dass …** tout donne à penser, permet de croire que …
Hindi N ‹~› *Sprache* °hindi *m*
hindrängen ‹*sép*, -ge-› A VT ‹h.› **j-n zu**

H

etw ~ pousser qn vers qc B VI ⟨s.⟩ [u. VR ⟨h.⟩] **(sich) zu j-m, etw ~** se presser, se pousser, se bousculer vers qn, qc
Hindu M ⟨~(s); ~(s)⟩ Hindou *m*
Hinduismus M ⟨~⟩ hindouisme *m*
hinduistisch ADJ hindou
Hindukusch ⟨→ *n/pr*⟩ **der ~** l'Hindu Kuch *m*
hindurch ADV 1 *räumlich* **durch etw ~** à travers qc; en passant par qc; en traversant qc; *durch ein Hindernis* au travers de qc; **mitten, quer ~** à travers (qc) 2 *zeitlich* durant; pendant; **das ganze Jahr ~** (pendant, durant) toute l'année; l'année durant; *bei verneintem Satz* de toute l'année; **Jahre ~** des années durant, entières; pendant des années; **die ganze Zeit ~** tout le temps
hindurchfahren VI ⟨*irr, sép*, -ge-, s.⟩ **durch etw ~** traverser qc; passer par qc; **mitten ~** passer en plein milieu, au beau milieu (**durch** de)
hindurchführen VI ⟨*sép*, -ge-, h.⟩ *Weg etc* passer à travers (**durch** qc)
hindurchgehen VI ⟨*irr, sép*, -ge-, s.⟩ **durch etw ~** *Schuss, Person, Weg* traverser qc; *umg (passen)* passer par qc; **unter etw** *(dat)* **~** passer sous qc
hindürfen *umg* VI ⟨*irr, sép*, -ge-, h.⟩ pouvoir y aller; avoir la permission, le droit d'y aller; **nicht ~** ne pas devoir y aller; ne pas avoir la permission d'y aller
hineilen VI ⟨*sép*, -ge-, s.⟩ y courir; y voler; **zu j-m ~** courir vers *bzw.* chez qn
hinein ADV 1 *räumlich* dedans; **nur ~!** entre(z) donc!; **~ mit dir!** allez, rentre!; **in etw** *(akk)* **~** dans qc; **mitten ~** au beau milieu, en plein milieu (**in etw** [*akk*] de qc) 2 *zeitlich* **bis in den Mai ~** jusqu'en mai; **bis in den Frühling, Morgen ~** jusqu'au printemps, matin; **bis in die Nacht ~** jusque tard dans la nuit
hineinbegeben *geh* VR ⟨*irr, sép, pas de ge-*, h.⟩ **sich in etw** *(akk)* **~** entrer dans qc
hineinbeißen VI ⟨*irr, sép*, -ge-, h.⟩ mordre dedans; **in etw** *(akk)* **~** mordre dans qc
hineinbekommen VT ⟨*irr, sép, pas de ge-*, h.⟩ **etw (in etw** [*akk*]**) ~** parvenir, arriver à (faire) rentrer qc (dans qc)
hineinbemühen → hereinbemühen
hineinblicken VI ⟨*sép*, -ge-, h.⟩ → hineinsehen
hineinbringen VT ⟨*irr, sép*, -ge-, h.⟩ *fig* **Schwung, Ordnung in etw** *(akk)* **~** mettre de l'entrain, de l'ordre dans qc
hineindenken VR ⟨*irr, sép*, -ge-, h.⟩ **sich in j-n, in j-s Lage ~** se mettre à la place, dans la peau de qn; s'identifier avec qn; **sich in ein Problem ~** entrer dans un problème; bien s'imaginer un problème
hineindrängen ⟨*sép*, -ge-⟩ A VT ⟨h.⟩ **j-n in etw** *(akk)* **~** pousser qn dans qc B VI ⟨s.⟩ [u. VR ⟨h.⟩] **(sich) (in etw** [*akk*]**) ~** se pousser, se presser, se bousculer pour entrer (dans qc); s'engouffrer (dans qc); entrer en foule (dans qc)
hineindürfen → hereindürfen
hineinfahren ⟨*irr, sép*, -ge-⟩ A VT ⟨h.⟩ *Fahrzeug, Dinge* rentrer (**in** [*+akk*] dans); **j-n in die Stadt ~** emmener, conduire qn en ville B VI ⟨s.⟩ 1 **in etw** *(akk)* **~** entrer dans qc; *in e-e Straße etc* s'engager dans qc 2 *in ein anderes Fahrzeug* rentrer dans qc
hineinfallen VI ⟨*irr, sép*, -ge-, s.⟩ tomber (dedans); **in etw** *(akk)* **~** tomber dans qc
hineinfinden VR ⟨*irr, sép*, -ge-, h.⟩ *fig* **sich in etw** *(akk)* **~** *(sich vertraut machen)* se faire à, se familiariser avec qc; *geh (sich abfinden)* se résigner à qc
hineinfressen VT ⟨*irr, sép*, -ge-, h.⟩ *Zorn, Ärger* **in sich** *(akk)* **~** ravaler
hineinführen ⟨*sép*, -ge-, h.⟩ A VT *Personen* introduire; faire entrer B VI *Weg etc* **in etw** *(akk)* **~** conduire, mener dans qc
hineingeboren ADJT **in e-e Zeit, Gesellschaft ~ werden** être né, naître à une époque, dans une société
hineingeheimnissen *umg* VT ⟨*sép, pperf* hineingeheimnisst, h.⟩ **etw in etw** *(akk)* **~** voir dans qc des mystères qui n'y sont pas
hineingehen VI ⟨*irr, sép*, -ge-, s.⟩ 1 *(eintreten)* entrer; **in etw** *(akk)* **~** entrer dans qc; *in e-n Gang, e-e Straße* s'engager dans qc 2 *Nagel etc* entrer; s'enfoncer; pénétrer 3 *fig (Platz finden)* tenir; **in den Saal gehen zweihundert Personen hinein** deux cents personnes tiennent dans la salle; la salle peut contenir deux cents personnes
hineingeraten VI ⟨*irr, sép, pperf* hineingeraten, s.⟩ **in etw** *(akk)* **~** tomber, arriver, se trouver pris, *umg* atterrir dans qc; **in e-n Streit, e-e Schlägerei ~** être pris dans, se trouver mêlé à une dispute, une rixe
hineinhelfen VI ⟨*irr, sép*, -ge-, h.⟩ **j-m ~** aider qn à entrer; **j-m in den Mantel ~** aider qn à enfiler, mettre son manteau
hineininterpretieren VT ⟨*sép, pas de ge-*, h.⟩ **etw in e-n Text ~** voir dans un texte des choses qui n'y sont pas
hineinklettern VI ⟨-(e)re, *sép*, -ge-, s.⟩ grimper (dedans); **in etw** *(akk)* **~** grimper dans qc
hineinknien VR ⟨*sép*, -ge-, h.⟩ *fig* **sich in e-e Arbeit ~** s'atteler à un travail; se plonger dans un travail
hineinkommen VI ⟨*irr, sép*, -ge-, s.⟩ 1 *(hineingelangen)* entrer 2 *(eintreten)* entrer (**in** [*+akk*] dans) 3 *umg (hineinsollen)* entrer; se mettre; *(hinzugefügt werden), bes* GASTR venir s'ajouter; être mis; **hineinkönnen** *umg* VI ⟨*irr, sép*, -ge-, h.⟩ pouvoir (r)entrer; **hineinkriegen** *umg* ⟨*sép*, -ge-, h.⟩ → hineinbekommen
hineinlangen *umg* VI ⟨*sép*, -ge-, h.⟩ mettre, plonger la main dedans; **in etw** *(akk)* **~** mettre, plonger la main dans qc
hineinlassen VT ⟨*irr, sép*, -ge-, h.⟩ laisser *bzw.* faire entrer
hineinlaufen VI ⟨*irr, sép*, -ge-, s.⟩ 1 *Person* entrer (en courant) (**in** [*+akk*] dans); **in ein Auto ~** se faire accrocher par une voiture 2 *Flüssigkeit* couler dedans; **in etw** *(akk)* **~** couler dans qc
hineinlegen VT ⟨*sép*, -ge-, h.⟩ 1 mettre dedans; **etw in etw** *(akk)* **~** mettre qc dans qc; **sein ganzes Gefühl, s-e ganze Liebe in etw** *(akk)* **~** mettre toute son âme, tout son amour dans qc 2 *umg fig* → hereinlegen 2
hineinlesen ⟨*irr, sép*, -ge-, h.⟩ → hineininterpretieren
hineinmanövrieren VT (u. VR) ⟨*sép, pas de ge-*, h.⟩ **j-n (sich) in e-e schwierige Lage ~** mettre qn (se mettre) dans une situation difficile
hineinnehmen VT ⟨*irr, sép*, -ge-, h.⟩ *Sache* rentrer; *Person, Tier* **mit ~** faire entrer
hineinpassen VI ⟨-(es)t, *sép*, -ge-, h.⟩ (r)entrer (**in** [*+akk*] dans); *fig* **in etw** *(akk)* **~** aller avec qc
hineinpfuschen VI ⟨*sép*, -ge-, h.⟩ **j-m in s-e Arbeit ~** intervenir dans, saboter le travail de qn
hineinplatzen → hereinplatzen
hineinpressen VT ⟨-(es)t, *sép*, -ge-, h.⟩ faire entrer de force (**in** [*+akk*] dans); **etw in ein Schema ~** faire entrer qc (de force) dans un schéma
hineinprojizieren VT ⟨*sép, pas de ge-*, h.⟩ **etw in etw, j-n ~** projeter qc dans qc, sur qn
hineinragen VI ⟨*sép*, -ge-, h.⟩ avancer, entrer (*in* [*+akk*] dans); dépasser; *fig in e-e Epoche* se prolonger (**in** [*+akk*] jusqu'à)
hineinreden ⟨-ete, *sép*, -ge-, h.⟩ A VI 1 **in j-s Ansprache, in die Stille ~** interrompre le discours de qn, le silence 2 *fig* **in etw** *(akk)* **~** se mêler de qc; intervenir dans qc; **j-m in s-e Angelegenheiten ~** se mêler des affaires de qn B VR **sich in Zorn ~** s'échauffer en parlant
hineinregnen V/UNPERS ⟨-ete, *sép*, -ge-, h.⟩ **es regnet ins Haus, durchs Dach, bei uns hinein** il pleut dans la maison, à travers le toit, chez nous
hineinreichen ⟨*sép*, -ge-, h.⟩ A VT passer (**in** [*+akk*] dans, **zum Fenster** par la fenêtre) B VI **in etw** *(akk)* **~** *räumlich* aller, s'étendre jusqu'à qc; entrer dans qc; atteindre qc; *zeitlich* se prolonger, durer jusqu'à qc
hineinreißen VT ⟨*irr, sép*, -ge-, h.⟩ *fig* **j-n in etw** *(akk)* **~** engager, entraîner qn dans qc; → *a.* reinreiten
hineinreiten ⟨*irr, sép*, -ge-⟩ A *umg fig* VT ⟨h.⟩ → reinreiten B VI ⟨s.⟩ **(in etw** [*akk*]**) ~** entrer à cheval (dans qc)
hineinrennen *umg* VI ⟨*irr, sép*, -ge-, s.⟩ entrer (en courant); **in sein Verderben ~** courir à sa perte
hineinriechen → reinriechen
hineinrufen VI (u. VT) ⟨*irr, sép*, -ge-, h.⟩ **(etw) in etw** *(akk)* **~** crier (qc) dans qc
hineinschaffen VT ⟨*sép*, -ge-, h.⟩ rentrer
hineinschauen VI ⟨*sép*, -ge-, h.⟩ *bes südd* 1 → hineinsehen 2 *(besuchen)* **bei j-m ~** passer voir qn
hineinschieben VT ⟨*irr, sép*, -ge-, h.⟩ pousser, *in die Tasche etc* mettre dedans; **etw in etw** *(akk)* **~** pousser *bzw.* mettre qc dans qc
hineinschießen VI ⟨*irr, sép*, -ge-⟩ 1 ⟨h.⟩ **in etw, in die Menge ~** tirer dans qc, dans la foule 2 ⟨s.⟩ *Person, Fahrzeug* entrer brusquement, en force; *Wasser* entrer avec force
hineinschleichen VI ⟨*irr, sép*, -ge-, s.⟩ (u. VR) ⟨h.⟩ **(sich) in etw** *(akk)* **~** se glisser dans qc; entrer furtivement, se faufiler dans qc
hineinschleppen ⟨*sép*, -ge-, h.⟩ A VT rentrer avec peine; traîner (jusque dans la maison, *etc*) B VR **sich ~** entrer tant bien que mal, avec peine; se traîner (jusque dans la maison, *etc*)
hineinschlittern VI ⟨-(e)re, *sép*, -ge-, s.⟩ *umg fig* **in etw** *(akk)* **~** glisser dans qc; déraper, sombrer (progressivement) dans qc
hineinschlüpfen VI ⟨*sép*, -ge-, s.⟩ se glisser dedans; **in etw** *(akk)* **~** se glisser dans qc; *in ein Kleidungsstück* enfiler qc
hineinschmuggeln VT ⟨-(e)le, *sép*, -ge-, h.⟩ *Ware* (faire) (r)entrer, passer en contrebande, *a. Dokumente etc* illégalement, en fraude, clandestinement, en cachette; *Personen* faire (r)entrer, passer (la frontière) illégalement, clandestinement
hineinschreiben VT ⟨*irr, sép*, -ge-, h.⟩ **etw in etw** *(akk)* **~** écrire, inscrire qc dans qc
hineinschütten VT ⟨-ete, *sép*, -ge-, h.⟩ **etw in etw** *(akk)* **~** verser qc dans qc; *umg* **etw in sich** *(akk)* **~** avaler, *umg* s'enfiler, *umg* s'envoyer qc
hineinsehen VI ⟨*irr, sép*, -ge-, h.⟩ regarder dedans; **in etw** *(akk)* **~** regarder dans qc; **man kann bei den Nachbarn ~** on peut voir chez les voisins
hineinsetzen ⟨-(es)t, *sép*, -ge-, h.⟩ A VT mettre dedans; **etw in etw** *(akk)* **~** mettre qc dans qc B VR **sich ~** s'asseoir dedans, *ins Hausinnere* à l'intérieur; **sich in etw** *(akk)* **~** s'asseoir dans qc; *fig Staub in Ecken etc* se loger, se nicher dans qc
hineinspielen VI ⟨*sép*, -ge-, h.⟩ jouer un (certain) rôle; avoir une (certaine) importance;

entrer en ligne de compte

hineinstechen VI ⟨irr, sép, -ge-, h.⟩ in etw (akk) ~ piquer dans qc

hineinstecken VT ⟨sép, -ge-, h.⟩ 1 etw in etw (akk) ~ mettre, fourrer, tiefer enfoncer qc dans qc 2 umg s-e Nase in etw, alles ~ mettre, umg fourrer son nez dans qc, partout 3 umg Geld in etw (akk) ~ engager, mettre, placer de l'argent dans qc; viel Arbeit in etw (akk) ~ investir beaucoup de travail dans qc

hineinsteigern VR ⟨-(e)re, sép, -ge-, h.⟩ sich in s-n Zorn, in große Verzweiflung ~ s'abandonner, se laisser aller à la colère, au désespoir

hineinstoßen VT ⟨irr, sép, -ge-, h.⟩ pousser, Messer etc planter dedans; etw in etw (akk) ~ pousser bzw. planter qc dans qc

hineinstürzen ⟨-(es)t, sép, -ge-⟩ A VI ⟨s.⟩ 1 (hineinfallen) tomber dedans; in etw (akk) ~ tomber dans qc 2 (in etw [akk]) ~ Personen entrer précipitamment (dans qc); Wassermassen faire irruption (dans qc) B VR ⟨h.⟩ sich in etw (akk) ~ se jeter, se précipiter dans qc

hineintragen VT ⟨irr, sép, -ge-, h.⟩ rentrer; etw in etw (akk) ~ porter, rentrer qc dans qc; Schmutz, Unruhe ins Haus ~ amener de la saleté, du désordre dans la maison

hineintreiben VT ⟨irr, sép, -ge-, h.⟩ etw in etw (akk) ~ Vieh etc faire entrer qc dans qc; Keil etc enfoncer, chasser qc dans qc; fig j-n in etw (akk) ~ acculer, réduire qn à qc

hineintun umg VT ⟨irr, sép, -ge-, h.⟩ mettre (dedans); etw in etw (akk) ~ mettre qc dans qc; e-n Blick in etw (akk) ~ jeter un coup d'œil dans qc

hineinversetzen VR ⟨-(es)t, sép, pas de ge-, h.⟩ sich in j-n, in j-s Lage ~ se mettre à la place de qn

hineinwachsen VI ⟨irr, sép, -ge-, s.⟩ 1 Pflanzen ins Haus pousser, entrer à l'intérieur; in etw (akk) ~ pousser dans qc; Fingernagel ins Fleisch a. rentrer dans qc 2 umg er wird in den Mantel ~ il va grandir et le manteau lui ira 3 fig in e-e Aufgabe ~ s'adapter peu à peu, se faire à une tâche

hineinwagen VR ⟨sép, -ge-, h.⟩ sich ~ oser entrer; se risquer à l'intérieur

hineinwerfen VT ⟨irr, sép, -ge-, h.⟩ jeter dedans; etw in etw (akk) ~ jeter qc dans qc; e-n Blick in etw (akk) ~ jeter un coup d'œil dans qc

hineinwollen umg VI ⟨irr, sép, -ge-, h.⟩ vouloir (r)entrer; fig das will mir nicht in den Kopf hinein je ne comprends pas cela; je n'arrive pas à m'y faire

hineinwürgen VT ⟨sép, -ge-, h.⟩ se forcer à avaler qc

hineinziehen ⟨irr, sép, -ge-⟩ A VT ⟨h.⟩ etw in etw (akk) ~ tirer qc dans qc; j-n in etw (akk) ~ faire (r)entrer (de force) qn dans qc; fig entraîner qn dans qc; fig in e-e Sache hineingezogen werden être mêlé à une affaire B VI ⟨s.⟩ 1 entrer (in [+akk] dans) 2 beim Wohnungswechsel in die Stadt ~ s'installer en ville

hineinzwängen ⟨sép, -ge-, h.⟩ A VT faire entrer de force B VR sich ~ entrer de force; sich in die Hose ~ essayer de rentrer dans son pantalon

hinfahren ⟨irr, sép, -ge-⟩ A VT ⟨h.⟩ Person (y) conduire, emmener (en voiture, etc); Lasten transporter, emmener, charrier à un endroit, chez qn, etc; wo soll ich Sie ~? où dois-je vous conduire?; où est-ce que je vous emmène? B VI ⟨s.⟩ 1 (y) aller (en voiture, etc); wo fährt der Zug hin? où va ce train?; ich würde gern einmal ~ je voudrais bien y aller 2 (streichen) mit der Hand über etw (akk) ~ passer la main sur qc

Hinfahrt F aller m; auf der ~ à l'aller

hinfallen VI ⟨irr, sép, -ge-, s.⟩ tomber (Gegenstände par terre); mit dem Fahrrad ~ tomber de vélo, bicyclette

hinfällig ADJ 1 (ungültig) Bestimmung etc annulé; geh, JUR caduc, -uque; (überholt) Methode, Prinzipien etc qui n'a plus cours; dépassé 2 (gebrechlich) affaibli; diminué; Greis décrépit; usé; **Hinfälligkeit** F ⟨~⟩ 1 (Ungültigkeit) nullité f; geh, JUR caducité f 2 (Gebrechlichkeit) faiblesse f extrême; fragilité f

hinfinden VI ⟨irr, sép, -ge-, h.⟩ savoir y aller; trouver son chemin; **hinfliegen** VI ⟨irr, sép, -ge-, s.⟩ 1 Vögel y aller; mit dem Flugzeug prendre l'avion pour y aller; y aller en avion 2 umg fig (hinfallen) → hinschlagen 2

Hinflug M (vol m) aller m; auf dem ~ à l'aller

hinfort geh ADV dorénavant; désormais

hinführen ⟨sép, -ge-, h.⟩ A VT (y) conduire B VI Weg etc y mener, conduire; fig wo soll das ~? où cela va-t-il nous mener, conduire?; wo soll das ~, wenn …? a. où allons-nous si …?

hing → hängen

Hingabe F ⟨~⟩ 1 (Aufopferung) dévouement m; sollicitude f; j-n mit ~ pflegen soigner qn avec dévouement 2 (Leidenschaft) passion f; enthousiasme m; ferveur f; mit ~ Geige spielen jouer du violon avec passion

Hingang geh M ⟨~(e)s⟩ geh trépas m

hingeben ⟨irr, sép, -ge-, h.⟩ A geh VT donner; ich würde alles ~ je donnerais, sacrifierais tout; sein Leben für etw ~ donner sa vie pour qc B VR sich e-r Sache (dat) ~ s'adonner à qc; e-r Aufgabe, Arbeit etc a. se consacrer à qc; sexuell sich j-m ~ se donner à qn; sich e-r Sache mit Leib und Seele ~ se donner corps et âme à qc; er gab sich dem Genuss der Musik hin il s'adonna, s'abandonna au plaisir de la musique; sich der Hoffnung ~, dass … nourrir l'espoir que …; sich der Illusion ~, dass … céder, s'adonner à l'illusion que …

Hingebung F ⟨~⟩ dévouement m

hingebungsvoll A ADJ 1 (aufopfernd) Pflege, Person dévoué 2 (leidenschaftlich) passionné B ADV 1 avec (un grand) dévouement 2 avec passion, ferveur; passionnément

hingegen KONJ par contre; au contraire; en revanche

hingegossen ADJT umg hum wie ~ daliegen être étalé, nonchalamment allongé (sur un divan, etc)

hingehen VI ⟨irr, sép, -ge-, s.⟩ 1 an e-n Ort y aller; ~ zu aller à, vers, in j-s Haus chez; da gehe ich nicht hin je n'y vais pas; wo gehst du hin? où vas-tu?; hin- und zurückgehen aller et revenir; fig sie ging hin und gab ihm e-e Ohrfeige elle l'a (tout simplement) giflé 2 umg fig (hinführen) wo geht es hier hin? où mène, va ce chemin, cette rue?; wo geht der Weg hin? où mène, conduit ce chemin? 3 zeitlich passer; s'écouler; Monate gingen darüber hin des mois passèrent, s'écoulèrent 4 (hingleiten) über etw (akk) ~ Blick etc passer, glisser sur qc 5 geh (weggehen) s'en aller; REL gehet hin in Frieden! allez en paix! 6 (durchgehen) das mag diesmal noch ~ (cela) passe encore pour cette fois

hingehören VI ⟨sép, pperf hingehört, h.⟩ être à sa place; wo gehört das hin? où faut-il mettre cela?; umg ça va où?; leg es dahin, wo es hingehört remets-le à sa place

hingelangen VI ⟨sép, pperf hingelangt, s.⟩ y accéder

hingeraten VI ⟨irr, sép, pperf hingeraten, s.⟩ umg passer; wo ist das ~? où est-ce que c'est passé?; wo sind wir denn hier ~? umg mais où est-ce que l'on a atterri?

hingerissen ADJT ⟨attribut⟩ → hinreißen 1;

hingezogen ADVL → hinziehen A 3

hingleiten VI ⟨irr, sép, -ge-, s.⟩ über etw (akk) ~ glisser sur qc; ihre Hand, ihr Blick glitt darüber hin sa main, son regard glissa par-dessus

hinhalten VT ⟨irr, sép, -ge-, h.⟩ 1 j-m etw ~ Hand tendre, Sachen a. présenter qc à qn 2 fig (warten lassen) j-n ~ faire attendre qn; tenir qn en haleine; j-n mit Versprechungen ~ payer qn de promesses

Hinhaltetaktik F temporisation f; tactique f dilatoire; dérobades fpl

hinhängen umg VT ⟨sép, -ge-, h.⟩ Mantel, Bild etc suspendre; accrocher

hinhauchen VT ⟨sép, -ge-, h.⟩ Worte souffler; chuchoter; dire dans un souffle; ein hingehauchter Kuss un baiser léger

hinhauen umg ⟨irr, sép, -ge-, h.⟩ A VT 1 Arbeit umg bâcler; torcher 2 (hinschmeißen) umg balancer; umg ficher, sl foutre en l'air; fig den ganzen Kram ~ umg tout envoyer promener, balader B VI 1 (schlagen) mit etw ~ frapper avec qc 2 fig (klappen, richtig sein) marcher; umg coller C VR sich ~ s'étendre; s'allonger; (schlafen gehen) umg aller au pieu; umg aller se pieuter D V/UNPERS es hat mich hingehauen les bras m'en sont tombés; umg j'étais scié

hinhocken VR ⟨sép, -ge-, h.⟩ sich ~ s'asseoir; se poser

hinhören VI ⟨sép, -ge-, h.⟩ écouter

Hinkebein umg N 1 Bein jambe raide 2 Person boiteux, -euse m,f

Hinkelstein M menhir m

hinken VI 1 ⟨h.⟩ boiter; clopiner; fig clocher; leicht ~ boitiller; fig der Vergleich hinkt la comparaison est boiteuse, cloche 2 ⟨s.⟩ (hinkend gehen) über die Straße ~ traverser la rue en boitant

Hinken N ⟨~s⟩ claudication f

hinkend A ADJT boiteux, -euse; fig qui cloche B ADVL en boitant; umg clopin-clopant

hinknien VI ⟨sép, -ge-, s.⟩ (u. VR) ⟨h.⟩ (sich) ~ se mettre à genoux; a. zum Beten s'agenouiller

hinkommen VI ⟨irr, sép, -ge-, s.⟩ 1 (kommen) venir (zu etw à qc; zu j-m chez qn); wie kommt man hin? comment peut-on y aller?; wie ist das da hingekommen? comment ça a pu arriver là?; comment se fait-il que ce soit là?; fig ich komme nirgends hin je ne vais nulle part; je ne sors pas; fig wo kämen od kommen wir hin, wenn …? où allons-nous, où irions-nous si …? 2 fig (wegkommen) umg passer; wo ist meine Brille hingekommen? umg où sont passées mes lunettes? 3 umg (hingehören) être à sa place; wo kommt das hin? où faut-il mettre cela?; ça va où? 4 umg (auskommen) mit etw ~ y arriver avec qc; avoir assez de qc; wir kommen mit der Zeit hin nous avons assez de temps 5 umg (stimmen) être, tomber juste; correspondre; das kommt genau, ungefähr hin ça correspond exactement, à peu près

hinkriegen ⟨sép, -ge-, h.⟩ → hinbekommen

hinlänglich A ADJ suffisant B ADV suffisamment; ~ bekannt sein être assez, relativement connu

hinlassen umg VT ⟨irr, sép, -ge-, h.⟩ j-n ~ permettre à qn d'aller, d'y aller; (y) laisser aller qn

hinlaufen VI ⟨irr, sép, -ge-, s.⟩ courir, (zu Fuß gehen) aller (zu à, vers, in j-s Haus chez); umg pej (andauernd) zum Anwalt, Arzt ~ être constamment (umg fourré) chez l'avocat, le médecin

hinlegen ⟨sép, -ge-, h.⟩ A VT 1 poser; met-

H

tre; **leg es hin, wo es hingehört** remets-le à sa place; **j-m etw ~** poser, mettre qc à *od* pour qn **2** *(weglegen)* (re)poser; ranger **3** *(zu Bett bringen)* mettre au lit; coucher **4** *umg (bezahlen)* allonger; *umg* raquer **5** *umg (mustergültig ausführen)* exécuter; faire une démonstration de; **e-e gute Rede ~** faire la démonstration d'un bon discours; **e-n Tango ~** faire une belle démonstration de tango **B** V/R **sich ~** **1** s'allonger; s'étendre; *ins Bett* se coucher; *Kranker a.* s'aliter **2** *umg (hinfallen) umg* s'étaler; *fig* **da legst du dich (lang) hin!** *umg* ça t'en bouche un coin!

hinlenken V/T ‹*sép*, -ge-, h.› **1** diriger, conduire (**zu** vers, sur); *Schritte* diriger **2** *fig* **das Gespräch auf etw** *(akk)* **~** amener la conversation sur qc; **die Aufmerksamkeit auf etw** *(akk)* **~** attirer l'attention sur qc

hinmachen ‹*sép*, -ge-, h.› **A** V/T **1** *umg (anbringen)* mettre **2** *sl (umbringen)* supprimer; *umg* zigouiller **B** *umg* V/I **da hat ein Hund hingemacht** un chien a fait là; **überall ~** faire partout

H

hinmüssen *umg* V/I ‹*irr, sép*, -ge-, h.› devoir y aller; **ich muss unbedingt hin** il faut que j'y aille absolument; je dois absolument y aller

hinnehmen V/T ‹*irr, sép*, -ge-, h.› **1** *umg* **j-n, etw mit ~** emmener qn, qc **2** *fig (dulden)* supporter; tolérer; *(akzeptieren)* accepter; **etw als selbstverständlich ~** accepter qc comme allant de soi *od* comme naturel

hinpassen *umg* V/I ‹-(es)t, *sép*, -ge-, h.› être à sa place *(a. Personen)*; convenir; **das passt hier nicht hin** *Bild etc* cela ne fait pas bien ici; *Wort etc* cela n'est pas à sa place, ne convient pas ici

hinpflanzen ‹-(es)t, *sép*, -ge-, h.› **A** V/T planter **B** *umg* V/R **sich vor j-n ~** (venir) se planter devant qn

hinreichen ‹*sép*, -ge-, h.› **A** V/T **j-m etw ~** *Gegenstand* passer, *Hand* tendre qc à qn **B** V/I **1** *(ausreichen)* suffire; être suffisant **2** *(sich erstrecken)* venir, arriver, s'étendre (**bis zu etw** jusqu'à qc)

hinreichend **A** ADJ/T suffisant **B** ADV/L suffisamment

Hinreise F aller *m*; **auf der ~** à l'aller; en y allant

hinreisen V/I ‹-(es)t, *sép*, -ge-, s.› y aller; s'y rendre

hinreißen V/T ‹*irr, sép*, -ge-, h.› **1** *(begeistern)* enthousiasmer; transporter; **das Publikum zu Beifallsstürmen ~** arracher des applaudissements aux spectateurs; **hingerissen vor Begeisterung** transporté d'enthousiasme; **von etw, j-m hingerissen sein** être enthousiasmé, ravi, *umg* emballé par qc, qn **2** *(verleiten)* **j-n zu etw ~** entraîner qn à (faire) qc; **sich zu e-r Bemerkung ~ lassen** se laisser aller, entraîner à faire une remarque

hinreißend **A** ADJ/T superbe; ravissant; *Rhythmus, Musik a.* entraînant **B** ADV/L à ravir; superbement

hinrichten V/T ‹-ete, *sép*, -ge-, h.› **j-n ~** exécuter qn

Hinrichtung F ‹~; ~en› exécution (capitale)

Hinrichtungskommando N peloton *m* d'exécution

hinschaffen V/T ‹*sép*, -ge-, h.› (y) transporter; **wo haben sie es hingeschafft?** où l'ont-ils transporté?

hinschauen ‹*sép*, -ge-, h.› *bes südd* → hinsehen; **hinscheiden** *geh* V/I ‹*irr, sép*, -ge-, s.› *liter* passer de vie à trépas; *liter* trépasser; **hinschicken** V/T ‹*sép*, -ge-, h.› envoyer (**zu** à, chez)

hinschielen V/I ‹*sép*, -ge-, h.› **zu j-m ~** regarder qn du coin de l'œil; *fig* guigner, lorgner qn

hinschlagen V/I ‹*irr, sép*, -ge-› **1** ‹h.› *(schlagen)* taper; frapper; donner un coup **2** *umg* ‹s.› *(hinfallen)* tomber (comme une masse); *umg* s'étaler (de tout son long); *umg* ramasser une bûche, pelle

hinschleichen V/I ‹*irr, sép*, -ge-, s.› (*u.* V/R ‹h.›) **(sich) zu j-m, e-r Sache ~** s'approcher doucement, sans bruit, à pas de loup de qn, qc; se glisser vers qn, qc

hinschleppen ‹*sép*, -ge-, h.› **A** V/T **1** *Lasten, Person* traîner (**zu** vers, à) **2** *fig (verzögern)* faire traîner, durer **B** V/R **sich ~** *a. fig* se traîner (**zu** vers, à)

hinschmeißen *umg* ‹*irr, sép*, -ge-, h.› → hinwerfen; **hinschmelzen** V/I ‹*irr, sép*, -ge-, s.› **1** *geh (schmelzen)* fondre **2** *umg hum Person* fondre; sentir son cœur se fondre; **hinschmieren** *umg* V/T ‹*sép*, -ge-, h.› *schreibend* griffonner; gribouiller *(a. malend)*

hinschreiben ‹*irr, sép*, -ge-, h.› **A** V/T écrire **B** *umg* V/I *(an j-n schreiben)* **da schreiben wir mal hin** on va lui, leur, *etc* écrire

hinsegeln V/I ‹-(e)le, *sép*, -ge-, s.› **1** s'y rendre en bateau à voile **2** *umg fig (hinfallen) umg* faire un vol plané; *umg* (aller) valdinguer; *umg* valser

hinsehen V/I ‹*irr, sép*, -ge-, h.› regarder (**zu j-m** qn); **ohne hinzusehen** les yeux fermés; **ich kann (gar) nicht ~** je ne peux pas voir ça; **bei genauerem Hinsehen** en (y) regardant de plus près

hinsetzen ‹-(es)t, *sép*, -ge-, h.› **A** V/T *Sache* mettre; poser; *Person* asseoir; *bei der Tischordnung umg* **wo setzen wir ihn hin?** où va-t-on le placer, l'asseoir? **B** V/R **sich ~** s'asseoir; **sich ~ und e-n Brief schreiben** se mettre à écrire une lettre; *umg fig* **sie wird sich ~, wenn du ihr das erzählst!** *umg* si tu lui racontes ça, elle va en être baba, *sl* en rester sur le cul

Hinsicht F **in anderer ~** d'un autre point de vue; **in dieser ~** à cet égard; sur ce point; **in e-r ~ (haben Sie recht)** en un sens (vous avez raison); **in gewisser ~** dans un certain sens; d'un certain point de vue; à certains égards; **in jeder ~** à tous égards; à tout point de vue; **das ist in keiner ~ gut** *etc* c'est mauvais, *etc* à tout point de vue; **in politischer ~** du, au point de vue politique; **in ~ auf** *(+akk)* compte tenu de

hinsichtlich PRÄP ‹*gen*› en ce qui concerne; pour ce qui est de; quant à; au niveau de

hinsinken *geh* V/I ‹*irr, sép*, -ge-, s.› s'affaisser; **tot ~** tomber (raide) mort; **ohnmächtig ~** s'évanouir

Hinspiel N SPORT match *m* aller

hinstellen ‹*sép*, -ge-, h.› **A** V/T **1** *an e-e Stelle* mettre; poser; **stell die Vase so hin, dass …** mets, pose le vase de telle façon que … *(+subj)*; **ich stelle dir das Mittagessen (fertig) hin** je te prépare tout pour midi **2** *(abstellen)* déposer **3** *fig* **etw, j-n als etw ~** proposer qc, qn comme qc; donner qc, qn en qc; *fälschlich* présenter qc, qn comme qc; faire passer qc, qn pour qc; **etw so ~, als ob …** présenter qc comme si … **B** V/R **sich ~** **1** *an e-e Stelle* se mettre; se planter; *wartend* se poster; **sich gerade ~** (venir) se mettre, se camper bien droit; **sich hinten ~** se mettre derrière **2** *fig* **sich als etw ~** se poser en qc; se faire passer pour qc; se donner pour qc

hinstrecken ‹*sép*, -ge-, h.› **A** V/T **1** *Gegenstand, Hand* tendre **2** *geh* **j-n ~** étendre qn (par terre) **B** V/R **sich ~** **1** *Personen* s'étendre; s'allonger **2** *(sich erstrecken)* s'étendre, aller (**bis** jusqu'à)

hinströmen V/I ‹*sép*, -ge-, s.› *Menschen* y aller en masse, en foule; déferler

hinstürzen V/I ‹-(es)t, *sép*, -ge-, s.› **1** *(hinfallen)* tomber; faire une chute **2** *(eilen)* se précipiter (**zu** vers); **die Nachbarn stürzen alle hin** les voisins s'y précipitent tous

hintansetzen *geh* V/T ‹-(es)t, *sép*, -ge-, h.›, **hintanstellen** *geh* V/T ‹*sép*, -ge-, h.› *(zurückstellen)* faire passer au second plan, en dernier; *(vernachlässigen)* ne guère tenir compte de; négliger

hinten ADV à l'arrière; derrière; *in e-r Reihe* en arrière; *(im Hintergrund)* au fond; *(am Ende)* à la fin; à la queue; *(auf der Rückseite) bei Dokumenten, Schriftstücken etc* au dos; au verso; *bei Kleidungsstücken* derrière; dans le dos; *bei Stoffen etc* à l'envers; *(da~)* là-bas; **ein nach ~ gelegenes Zimmer** une pièce sur l'arrière, la cour, *etc*; **~ im Saal** au fond de la salle; **~ im Auto** à l'arrière, au fond de la voiture; **~ im Zug** en queue du train; **~ im Buch** à la fin du livre; **~ in der Kehle** dans le fond de la gorge; **weiter ~** *a. in e-m Buch* plus loin; **von ~** par, de derrière; **von weit ~** de très loin; du fin fond de …; *umg hum* **von ~ durch die Brust ins Auge** *(umständlich)* en cherchant midi à quatorze heures; *umg* **j-n am liebsten von ~ sehen** se passer volontiers de (la présence de) qn; **von ~ nach vorn(e)** d'arrière en avant; *(falsch herum)* à l'envers; **~ und vorn ein Loch haben** être troué devant et derrière; *umg* **~ und vorn(e) bedient werden** être servi comme un(e) prince(sse), un roi *bzw.* une reine; *umg* **~ und vorn(e) nicht stimmen** être entièrement, complètement faux; être archifaux; *umg* **nicht mehr wissen, wo ~ und vorn(e) ist** être (tout) sens dessus dessous; être tout retourné; être (tout) déboussolé; **~ stehen** *in e-m Raum* se trouver, être au fond; *in e-r Reihe* se trouver, être à la fin *od* à la queue; *im Kino etc* **~ sitzen** être assis au fond, à l'arrière, derrière; **von ~ gesehen** vu de derrière, de dos; **von vorn(e) bis ~** du début à la fin; *umg fig* complètement; entièrement; **(von) ~ anfangen** commencer par la fin; **sich ~ anstellen** faire la queue; **~ anstellen!** à la queue!; **sich ~ anschließen** suivre derrière; *umg* **ich habe ~ (doch) keine Augen!** je ne peux pas avoir les yeux partout!

hintendran *umg* ADV à l'arrière; au dos; derrière

hintendrauf *umg* ADV à l'arrière; au dos; derrière; **j-m ein paar ~ geben** donner une fessée à qn

hintenherum ADV **1** *räumlich* par derrière; **~ gehen** aller par derrière **2** *umg fig (heimlich)* **etw ~ besorgen, kaufen, bekommen** se procurer, acheter, avoir qc en sous-main; **ich habe ~ erfahren, dass …** j'ai appris d'une façon détournée que … **3** *umg (am Gesäß)* aux fesses; **sie ist ~ dick** elle a des grosses fesses *bzw.* des °hanches fortes

hintenhinaus ADV **nach ~ wohnen** être logé sur le derrière

hintenüber ADV en arrière; à la renverse; **hintenüberfallen** V/I ‹*irr, sép*, -ge-, s.› tomber à la renverse

hinter PRÄP *Lage* ‹*dat*›, *Richtung* ‹*akk*› derrière; *Reihenfolge* après; **die Tür ~ sich** *(dat)* **zumachen** fermer la porte derrière soi; **~ meinem Rücken** *a. fig* derrière mon dos; *fig* à mon insu; **gleich ~ Köln** tout de suite après Cologne; **e-r ~ dem anderen** l'un derrière l'autre; à la, en file indienne; à la queue leu leu; **~ j-m, etw stehen** *a. fig* être derrière qn, qc; **das hätte ich ~ der Sache nicht vermutet** je n'aurais jamais supposé cela sous, derrière cette affaire; **etw ~ sich** *(akk)* **bringen** venir à bout de qc; **etw ~ sich** *(dat)* **haben** *Arbeit etc* en avoir fini, terminé avec qc; *Operation etc* avoir subi qc; **das liegt ~ uns** c'est fini, terminé; **das Schlimmste haben wir ~ uns** le plus dur est fait, passé; *umg* **sich ~ etw** *(akk)* **klemmen** s'atteler à qc; prendre l'affaire, *etc* en main; *umg* **~ etw** *(akk)* **kommen** *(entdecken)* découvrir qc; s'apercevoir de qc; *(verstehen)* comprendre, saisir qc; **~ der Zeit zurückbleiben** être en retard sur son époque, sur son temps

Hinterachse F *im Auto* pont *m* arrière; **Hinteransicht** F vue *f* de derrière; **Hinterausgang** M sortie *f*, porte *f* de derrière; **Hinterbacke** *umg* F fesse *f*; **Hinterbänkler** M ⟨~s; ~⟩ *im Parlament* député des derniers rangs, peu important; *umg* député *m* lambda

Hinterbein N patte *f*, *bes e-s Pferdes* jambe *f* de derrière; **sich auf die ~e stellen** se dresser sur les pattes de derrière; *umg fig* se cabrer; regimber; ruer dans les brancards; *umg fig* **sich auf die ~e setzen** s'accrocher; *umg* bosser

Hinterbliebene(r) M/F(M) ⟨→ A⟩ survivant(e) *m(f)*; **die trauernden ~n** la famille (du défunt)

Hinterbliebenenrente F pension *f* de réversion

hinterbringen VT ⟨*irr, insép, pas de ge-*, h.⟩ j-m etw ~ rapporter qc à qn

hintere(r, -s) ADJ ⟨*épithète*⟩ de derrière; dernier, -ière; arrière; *bes Körperteile* postérieur; dernier, -ière; **die ~n Reihen** *fpl* les derniers rangs; **~ Seite** derrière *m*; arrière *m*; dos *m*

hintereinander ADV **1** *räumlich* l'un(e) derrière l'autre *bzw.* les un(e)s derrière les autres **2** *zeitlich* l'un(e) après l'autre *bzw.* les un(e)s après les autres; à la suite; **viermal ~** quatre fois de suite, consécutives, d'affilée

hintereinanderfahren VI ⟨*irr, sép*, -ge-, s.⟩ rouler l'un derrière l'autre; se suivre (en voiture, *etc*); **hintereinandergehen** VI ⟨*irr, sép*, -ge-, s.⟩ marcher l'un derrière l'autre

hintereinanderweg *umg* ADV à la suite; l'un(e) après l'autre

Hintereingang M entrée *f*, porte *f* de derrière; **hinterfotzig** *sl, bayrisch umg* ADJ sournois; *umg* faux jeton; **hinterfragen** VT ⟨*insép, pas de ge-*, h.⟩ s'assurer de; *(in Zweifel ziehen)* remettre en question; **Hinterfuß** M pied *m*, patte *f* de derrière; **Hintergedanke** M arrière-pensée *f*; **hintergehen** VT ⟨*irr, insép, pas de ge-*, h.⟩ abuser; tromper; duper; **Hintergehung** F ⟨~; ~en⟩ tromperie *f*; **Hinterglasmalerei** F peinture *f* sur verre

Hintergrund M *a.* MAL, THEAT fond *m*; *Perspektive* arrière-plan *m*; **auf blauem ~** sur fond bleu; **im ~** à l'arrière-plan; *fig* **in den ~ drängen** reléguer au second plan, à l'arrière-plan; *fig* **in den ~ treten** *Sache* passer au second plan; *Person* jouer un rôle effacé; *fig* **sich im ~ halten, im ~ bleiben** rester dans l'ombre; *pl* **Hintergründe** *fig* arrière-plan *m*; tenants *mpl* et aboutissants *mpl*; dessous *mpl* (d'une affaire); **politische Hintergründe** des dessous politiques

hintergründig ADJ *Lächeln* énigmatique; *Humor* subtil; *Sinn* complexe; profond

Hintergrundinformation F information *f* sur les dessous, les raisons (**über** [+akk] de); tenants *mpl* et aboutissants *mpl* (**über** [+akk] de); **Hintergrundmusik** F musique *f* de fond

Hinterhalt M ⟨~(e)s; ~e⟩ embuscade *f*; guet-apens *m*; **in e-n ~ locken, geraten** attirer, tomber dans une embuscade; **j-n aus dem ~ überfallen** assaillir, attaquer qn par surprise

hinterhältig ADJ sournois; dissimulé; insidieux, -ieuse; **Hinterhältigkeit** F ⟨~⟩ sournoiserie *f*

Hinterhand F ⟨~⟩ **1** *des Pferdes* arrière-main *f* **2** *beim Kartenspiel* **in der ~ sitzen** *od* **sein** jouer le dernier; *fig* **etw in der ~ haben** avoir qc en réserve

Hinterhaus N maison *f*, bâtiment *m* (derrière un bâtiment principal au fond d'une cour); **er wohnt im ~** *a.* il habite au fond de la cour

hinterher ADV **1** *zeitlich* après (coup) **2** *räumlich* derrière (*a. Rangfolge*); après **3** *umg fig* **j-m ~ sein** *(verfolgen)* être à la poursuite de qn; *umg fig* **mit, in etw** *(dat)* **~ sein** *(hinterherhinken)* être en retard, à la traîne dans qc; *umg fig* **(sehr) ~ sein, dass …** *(bedacht sein)* être très attentif, faire très attention à ce que … (+*subj*)

hinterherfahren VI ⟨*irr, sép*, -ge-, s.⟩ (j-m) ~ suivre (qn) (en voiture, *etc*)

hinterhergehen VI ⟨*irr, sép*, -ge-, s.⟩ j-m ~ suivre qn

hinterherhinken VI ⟨*sép*, -ge-, s.⟩ *a. fig* être à la traîne; **in der Entwicklung ~** se développer, évoluer avec (un certain) retard; être en retard dans son développement, son évolution

hinterherkommen VI ⟨*irr, sép*, -ge-, s.⟩ (j-m) ~ suivre (qn)

hinterherlaufen, hinterherrennen VI ⟨*irr, sép*, -ge-, s.⟩ **j-m, e-r Sache ~** *a. umg fig* courir après qn, qc

hinterherspionieren VI ⟨*sép, pas de ge-*, h.⟩ j-m ~ espionner qn; surveiller qn; suivre qn pour l'espionner

Hinterhof M arrière-cour *f*; **Hinterindien** N l'Indochine *f*; **Hinterkeule** F cuisse *f*; *vom Hammel, Lamm* gigot *m*; *vom Reh* cuissot *m*; *vom Kalb* cuisseau *m*

Hinterkopf M ANAT occiput *m*; *umg* **etw im ~ haben** avoir qc en tête, présent à l'esprit; *umg* **etw im ~ behalten** ne pas perdre de vue qc

Hinterlader M ⟨~s; ~⟩ WAFFENTECHNIK arme *f* se chargeant par la culasse; **Hinterland** N ⟨~(e)s⟩ arrière-pays *m*

hinterlassen VT ⟨*irr, insép, pas de ge-*, h.⟩ laisser; JUR **etw testamentarisch ~** léguer qc (par testament)

Hinterlassenschaft F ⟨~; ~en⟩ héritage *m*; succession *f*

hinterlastig ADJ trop chargé à l'arrière; **Hinterlauf** M ZOOL patte *f* de derrière

hinterlegen VT ⟨*insép, pas de ge-*, h.⟩ *Wertpapiere, Geld* déposer; mettre en dépôt; consigner; **etw als Pfand ~** laisser qc en gage

Hinterlegung F ⟨~; ~en⟩ dépôt *m*; consignation *f*; *e-s Pfandes* nantissement *m*; **gegen ~ von** moyennant le dépôt de

Hinterleib M ZOOL abdomen *m*; **Hinterlist** F perfidie *f*; **hinterlistig** ADJ perfide

hinterm *umg* = **hinter dem**

Hintermann M ⟨~(e)s; ⸚er⟩ **1** personne *f* qui est derrière qn; *in der Schule*, MIL voisin *m* de derrière; **mein, dein** *etc* **~** la personne derrière moi, toi, *etc* **2** *fig (Drahtzieher)* personne *f* qui tire les ficelles

Hintermannschaft F SPORT arrières *mpl*; défense *f*

hintern *umg* = **hinter den**

Hintern *umg* M ⟨~s; ~⟩ derrière *m*; *umg* postérieur *m*; fesses *fpl*; **j-m den ~ versohlen** donner une fessée à qn; fesser qn; **j-n** *od* **j-m in den ~ treten** botter le derrière, les fesses de qn; donner un coup de pied dans le derrière de qn; *fig* **j-m in den ~ kriechen** lécher les bottes de qn; *umg* faire de la lèche à qn; *fig* **sich auf den ~ setzen** *(sich anstrengen)* s'accrocher; *umg* bosser; *(überrascht sein)* en tomber assis, *sl* sur le cul; *(auf den Hintern fallen)* tomber sur les fesses; **Pfeffer** *od* **Hummeln im ~ haben** *(nicht still sitzen können)* ne pas tenir en place; s'agiter; *(temperamentvoll sein) umg* péter le feu; **ich könnte mir vor Wut in den ~ beißen** je me donnerais, pourrais me donner des claques

Hinterpfote F patte *f* de derrière

Hinterrad N roue *f* arrière, de derrière; **Hinterradachse** F → Hinterachse; **Hinterradantrieb** M ⟨~(e)s⟩ traction *f* arrière; **Hinterradbremse** F frein *m* arrière

hinterrücks ADV par derrière

hinters *umg* = **hinter das**

Hinterschinken M jambon *m*; **Hinterseite** F derrière *m*; arrière *m*; dos *m*; **Hintersinn** M ⟨~(e)s⟩ double sens *m*; *bei Äußerungen etc* sous-entendu *m*; **hintersinnig** ADJ à double sens; ambigu, -guë; **Hintersitz** M siège *m* arrière; fond *m*

hinterste(r, -s) ADJ dernier, -ière; **am ~n Ende** tout au bout; tout à la fin; **in der ~n Reihe** au dernier rang

Hintersteven M SCHIFF étambot *m*; **Hinterteil** *umg* N *(Gesäß)* derrière *m*; *pej bes von Frauen* croupe *f*; *a. von Tieren* arrière-train *m*

Hintertreffen N **ins ~ geraten** perdre du terrain

hintertreiben VT ⟨*irr, insép, pas de ge-*, h.⟩ *Reform, Gesetz* empêcher; *Pläne* contrecarrer; déjouer; faire échouer

Hintertreppe F escalier(s) *m(pl)* de service; **Hintertupfingen** *umg hum* N ⟨→ *n/pr*⟩ *umg* Trifouillis-les-Oies; **Hintertür** F porte *f* de derrière

Hintertürchen N ⟨~s; ~⟩ *fig* **sich** *(dat)* **ein ~ offen halten** se ménager une porte de sortie

Hinterwäldler M ⟨~s; ~⟩ *umg* plouc *m*; rustaud *m*; rustre *m*

hinterziehen VT ⟨*irr, insép, pas de ge-*, h.⟩ détourner; soustraire; **Steuern ~** frauder le fisc

Hinterziehung F ⟨~; ~en⟩ détournement *m*; soustraction *f*; *von Steuern* fraude *f*

Hinterzimmer N pièce *f* de derrière

hintragen VT ⟨*irr, sép*, -ge-, h.⟩ (y) porter; **etw zu j-m ~** porter qc à, chez qn

hintreiben ⟨*irr, sép*, -ge-⟩ **A** VT ⟨h.⟩ *Herde etc* (y) mener, pousser; **die Sehnsucht trieb ihn zu ihr hin** la nostalgie l'a poussé vers elle; il est venu vers elle, poussé par la nostalgie **B** VI ⟨s.⟩ *auf dem Wasser* flotter; *plus fort* dériver

hintreten VI ⟨*irr, sép*, -ge-⟩ **1** ⟨s.⟩ **zu j-m ~** s'avancer vers qn; s'approcher de qn; **vor j-n ~** se présenter devant qn **2** ⟨h.⟩ poser, mettre le pied; *gegen etw* buter

hintun *umg* VT ⟨*irr, sép*, -ge-, h.⟩ (y) mettre; **wo soll ich das ~?** où dois-je mettre cela?; *fig* **ich weiß nicht, wo ich ihn ~ soll** *(… woher ich ihn kenne)* je ne sais pas d'où je le connais; je ne le remets pas

hinüber ADV **1** de l'autre côté; **über** (+*akk*) **~** par-dessus; **bis zum anderen Ufer ~** jusqu'à l'autre rive **2** *umg fig* **~ sein** *(kaputt, verdorben sein)* être abîmé, *umg* fichu, *sl* foutu; *(tot sein) umg* avoir passé l'arme à gauche; *sl* être clamsé; *(bewusstlos sein) umg* être dans les vapes; *(betrunken sein) umg* avoir sa dose; *umg* être raide

hinüberblicken VI ⟨*sép*, -ge-, h.⟩ **1 über etw, j-n ~** regarder par-dessus qc, qn; *über e-n Fluss etc* regarder, voir de l'autre côté (du fleuve, *etc*) **2 zu j-m, etw ~** regarder qn, qc

hinüberbringen VT ⟨*irr, sép*, -ge-, h.⟩ *Gegenstände* porter (**zu j-m** à, chez qn); **j-n, etw über den Fluss ~** faire passer le fleuve à qn, qc; **das Boot wird Sie ~** le bateau va vous conduire, mener, transporter de l'autre côté; **j-n über die Straße ~** faire traverser la rue à qn

hinüberfahren ⟨*irr, sép*, -ge-⟩ **A** VT ⟨h.⟩

H

j-n, etw über den Fluss ~ transporter, faire passer qn, qc de l'autre côté du fleuve; faire passer le fleuve à qn, qc **B** VI ⟨s.⟩ **(über e-n Fluss, e-e Brücke) ~** traverser (un fleuve, un pont); **~ zu, nach …** aller à …
hinüberführen ⟨*sép*, -ge-, h.⟩ **A** VT *Person* faire traverser (j-n qn, j-n **über etw** [*akk*] qc à qn) **B** VI *Straße etc* **(über etw** [*akk*]**) ~** mener, conduire de l'autre côté (de qc)
hinübergehen VI ⟨*irr*, *sép*, -ge-, s.⟩ **1** **(über etw** [*akk*]**) ~** *über e-e Straße, Brücke etc* traverser (qc); **auf die andere Seite ~** aller de l'autre côté **2** **ins Nebenzimmer, zu Freunden ~** aller dans la pièce voisine, chez des amis **3** *geh* (*sterben*) *liter* trépasser
hinüberhelfen VI ⟨*irr*, *sép*, -ge-, h.⟩ **j-m über etw** (*akk*) **~** *über e-e Straße etc* aider qn à traverser qc; *über e-e Mauer etc* aider qn à passer par-dessus qc; *fig über Schwierigkeiten etc* aider qn à surmonter, à résoudre qc
hinüberklettern VI ⟨-(e)re, *sép*, -ge-, s.⟩ **über etw** (*akk*) **~** (réussir à) passer par-dessus qc
hinüberkommen VI ⟨*irr*, *sép*, -ge-, s.⟩ **1** *auf die andere Seite* passer de l'autre côté **2** (*~ können*) pouvoir passer de l'autre côté; *über ein Hindernis* pouvoir passer par-dessus **(über etw** [*akk*] qc) **3** *umg* (*besuchen*) **zu j-m ~** venir chez qn; venir voir qn
hinüberkönnen *umg* VI ⟨*irr*, *sép*, -ge-, h.⟩ **1** *auf die andere Seite* pouvoir passer de l'autre côté; **über die Grenze können wir nicht mehr hinüber** nous ne pouvons plus passer, traverser la frontière **2** *über ein Hindernis* **über etw** (*akk*) **nicht ~** ne pas pouvoir passer par-dessus qc
hinüberlassen VT ⟨*irr*, *sép*, -ge-, h.⟩ laisser *bzw.* faire passer de l'autre côté; **nach Frankreich ~** laisser passer en France
hinüberlaufen VI ⟨*irr*, *sép*, -ge-, s.⟩ aller, courir, passer de l'autre côté; **über e-e Straße ~** traverser une rue en courant
hinüberreichen ⟨*sép*, -ge-, h.⟩ **A** VT **j-m etw ~** passer qc à qn **(über den Tisch** *etc* par-dessus la table, *etc*) **B** VI **1** (*sich erstrecken*) s'étendre **(bis** jusqu'à) **2** (*lang genug sein*) aller, venir **(bis** jusqu'à)
hinüberretten ⟨-ete, *sép*, -ge-, h.⟩ **A** VT *Vermögen, Gegenstände etc* sauver; mettre à l'abri, en sécurité; *Tradition, Werte etc* préserver; sauver; garder intact **B** VR **sich ~** *Personen* trouver refuge; se mettre à l'abri; *Tradition, Werte etc* survivre; se maintenir
hinüberschwimmen VI ⟨*irr*, *sép*, -ge-, s.⟩ **über e-n Fluss ~** traverser une rivière à la nage; **zur Insel, zum anderen Ufer ~** nager jusqu'à l'île, jusqu'à l'autre rive
hinübersehen ⟨*irr*, *sép*, -ge-, h.⟩ → hinüberblicken
hinübersetzen¹ VR ⟨-(es)t, *sép*, -ge-, h.⟩ **sich ~** s'asseoir de l'autre côté; *zu j-m* s'asseoir à côté (de qn)
hinübersetzen² VT ⟨-(es)t, *sép* (er übersetzt hin), *pas de ge-*, h.⟩ LING traduire dans une langue étrangère
Hinübersetzung F traduction *f* dans une langue étrangère; *in der Schule* thème *m*
hinüberspielen ⟨*sép*, -ge-, h.⟩ **A** VT *Ball* passer **B** VI *Farben* **ins Rote ~** tirer sur le rouge
hinüberspringen VI ⟨*irr*, *sép*, -ge-, s.⟩ sauter de l'autre côté; **über etw** (*akk*) **~** franchir qc d'un bond; **über e-n Graben, e-e Mauer ~** sauter par-dessus un fossé, un mur; *umg* **schnell zum Bäcker ~** courir vite chez le boulanger
hinübersteigen VI ⟨*irr*, *sép*, -ge-, s.⟩ **über etw** (*akk*) **~** passer par-dessus qc; *mit e-m Schritt* enjamber qc
hinübertragen VT ⟨*irr*, *sép*, -ge-, h.⟩, **hinübertransportieren** VT ⟨*sép*, *pas de ge-*, h.⟩ (trans)porter de l'autre côté; **etw zu j-m ~** (trans)porter qc chez qn
hinüberwechseln VI ⟨-(e)le, *sép*, -ge-, h. *ou* s.⟩ passer (**zu** à); **auf die andere Straßenseite ~** traverser; changer de trottoir; **in e-n neuen Beruf ~** changer de métier; **zu e-r anderen Partei ~** changer de parti; passer dans un autre parti
hinüberwerfen VT ⟨*irr*, *sép*, -ge-, h.⟩ jeter, *Ball* lancer de l'autre côté; **etw über etw** (*akk*) **~** jeter qc par-dessus qc; **e-n Blick ~** jeter un coup d'œil, un regard de l'autre côté; **hin- über- und herüberwerfen** lancer et relancer
hinüberziehen ⟨*irr*, *sép*, -ge-⟩ **A** VT ⟨h.⟩ tirer de l'autre côté **B** VI ⟨s.⟩ **1** passer (**auf die andere Seite** de l'autre côté; **zu, nach** à) **2** *in e-e andere Wohnung* s'installer de l'autre côté, vis-à-vis, dans une autre ville, *etc* **C** VR ⟨h.⟩ **sich ~** s'étendre, *Schmerz etc* aller (**bis zu** jusqu'à)
hin- und herbewegen VT ⟨*sép*, *pas de ge-*, h.⟩ faire aller et venir; → *a.* hin 1
hin- und herfahren VI ⟨*irr*, *sép*, -ge-, s.⟩ aller et revenir; *mit Zug, Schiff, Bus etc* faire l'aller et retour; (*pendeln*) faire la navette
hin- und hergehen VT → hin 1
hin- und herpendeln VI ⟨-(e)le, *sép*, -ge-, s.⟩ *zwischen zwei Orten* faire la navette
Hin- und Rückfahrt F aller (et) retour *m* (**mit dem Schiff** *etc* par bateau, *etc*); **Hin- und Rückflug** M aller (et) retour *m* (par avion); vol *m* aller (et) retour; **Hin- und Rückreise** F aller (et) retour *m*; **Hin- und Rückweg** M aller (et) retour *m*
hinunter ADV en bas; vers le bas; **~ (da)!** descends *bzw.* descendez (de là)!; **dort ~!** (descends *bzw.* descendez) par là!; **(den Fluss) ~ ging die Fahrt sehr schnell** en descendant, pour descendre (le fleuve) le voyage a été très rapide; **weiter ~** plus bas; **bis ins Tal ~** jusque dans la vallée
hinunterblicken VI ⟨*sép*, -ge-, h.⟩ regarder vers le bas; regarder en bas; **auf etw** (*akk*) **~** regarder qc en bas; *fig* **auf j-n ~** regarder qn de haut
hinunterbringen VT ⟨*irr*, *sép*, -ge-, h.⟩ *Dinge* descendre; *Personen* (r)accompagner jusqu'en bas; **hinunterfahren** ⟨*irr*, *sép*, -ge-⟩ VT ⟨h.⟩ *u.* VI ⟨s.⟩ descendre; **hinunterfallen** → herunterfallen; **hinunterführen** VT *u.* VI ⟨*sép*, -ge-, h.⟩ conduire, mener (jusqu')en bas; **hinuntergehen** VI ⟨*irr*, *sép*, -ge-, s.⟩ descendre; **hinunterkippen** *umg* VT ⟨*sép*, -ge-, h.⟩ *Getränk umg* descendre; *umg* siffler; **hinunterklettern** VI ⟨-(e)re, *sép*, -ge-, s.⟩ descendre; **hinunterkommen** VI ⟨*irr*, *sép*, -ge-, s.⟩ descendre; *mit Mühe* parvenir à, arriver à, pouvoir descendre; **hinunterlassen** VT ⟨*irr*, *sép*, -ge-, h.⟩ faire *bzw.* laisser descendre
hinunterlaufen VI ⟨*irr*, *sép*, -ge-, s.⟩ **1** descendre (en courant); *schnell* dévaler **2** **an etw** (*dat*) **~** *Flüssigkeit* couler le long de qc; dévaler qc; **es lief mir eiskalt den Rücken hinunter** j'en avais froid dans le dos; j'en avais des sueurs froides
hinunterreichen ⟨*sép*, -ge-, h.⟩ **A** VT tendre; passer **B** VI *Seil etc* aller jusqu'en bas; atteindre le fond
hinunterrollen ⟨*sép*, -ge-⟩ **A** VT ⟨h.⟩ (faire) rouler, descendre en bas **B** VI ⟨s.⟩ rouler (de haut) en bas; **den Hang ~** rouler en bas de la pente
hinunterrufen VT ⟨*irr*, *sép*, -ge-, h.⟩ **etw (zu) j-m ~** crier qc à qn (qui est) en bas
hinunterrutschen VI ⟨*sép*, -ge-, s.⟩ glisser (jusqu'en bas); **den Hang ~** glisser le long de la pente
hinunterschauen ⟨*sép*, -ge-, h.⟩ *bes südd* → hinunterblicken; **hinunterschicken** VT ⟨*sép*, -ge-, h.⟩ envoyer; faire descendre; **hinunterschlingen** VT ⟨*irr*, *sép*, -ge-, h.⟩ avaler; *gierig umg* engouffrer; engloutir; ingurgiter; **hinunterschlucken** VT ⟨*sép*, -ge-, h.⟩ **1** avaler **2** *umg fig Zorn, Ärger* ravaler; *Enttäuschung, Kränkung, Kritik* encaisser; *Tränen* retenir; **hinuntersehen** ⟨*irr*, *sép*, -ge-, h.⟩ → hinunterblicken
hinunterspringen VI ⟨*irr*, *sép*, -ge-, s.⟩ sauter en bas; descendre d'un bond; **von etw ~** sauter du haut de qc
hinunterspülen VT ⟨*sép*, -ge-, h.⟩ **1** *im Ausguss, WC etc* faire partir; faire descendre **2** *umg Tablette, Bissen etc* faire descendre, passer; *fig Kummer, Ärger etc* noyer
hinuntersteigen VT *u.* VI ⟨*irr*, *sép*, -ge-, s.⟩ descendre; **den Berg ~** descendre de la montagne
hinunterstoßen VT ⟨*irr*, *sép*, -ge-, h.⟩ **etw, j-n (von etw) ~** faire tomber qc, qn (d'un coup de coude, *etc*) (du haut de qc)
hinunterstürzen ⟨-(es)t, *sép*, -ge-⟩ **A** VT ⟨h.⟩ **1** *Person von e-m Turm etc* précipiter, faire tomber, *Gegenstand a.* lancer (en bas) (**von** du haut de) **2** *umg fig Getränk umg* descendre; *umg* siffler **B** VI ⟨s.⟩ **1** (*hinunterfallen*) tomber (**von** du haut de) **2** (*hinuntereilen*) descendre précipitamment; *umg* dégringoler **C** VR ⟨h.⟩ **sich ~** se précipiter, se jeter en bas; **sich von e-m Turm ~** se jeter, se précipiter du haut d'une tour
hinuntertragen VT ⟨*irr*, *sép*, -ge-, h.⟩ descendre; **hinunterwagen** VR ⟨*sép*, -ge-, h.⟩ **sich ~** oser descendre
hinunterwerfen VT ⟨*irr*, *sép*, -ge-, h.⟩ jeter, lancer (en bas); *unabsichtlich* faire tomber; **e-n Blick ~** jeter un coup d'œil en bas
hinunterwürgen → herunterwürgen; **hinunterziehen** ⟨*irr*, *sép*, -ge-⟩ **A** VT ⟨h.⟩ tirer (vers le bas) **B** VI ⟨s.⟩ *a. in e-e tiefere Etage* descendre **C** VR ⟨h.⟩ **sich ~** descendre, s'étendre (**bis** jusqu'à)
hinwagen VR ⟨*sép*, -ge-, h.⟩ **sich ~** oser, se risquer à y aller
hinweg ADV **1** *geh* **~ (mit dir)!** va-t'en! **2** *räumlich* **über etw** (*akk*) **~** par-dessus qc; *über Hindernisse a.* par- -delà qc; *fig* **über unsere Köpfe** *od* **uns ~** sans nous consulter; sans s'occuper de nous **3** *zeitlich* **über Jahre ~** durant des années; des années durant
Hinweg M aller *m*; **auf dem ~** à l'aller; en y allant; **für den ~** à, pour l'aller
hinweggehen VI ⟨*irr*, *sép*, -ge-, s.⟩ (*nicht beachten*) **über etw** (*akk*) **~** ne pas s'arrêter à qc; passer outre à, sur qc
hinweghelfen VI ⟨*irr*, *sép*, -ge-, h.⟩ **j-m über e-e Schwierigkeit ~** aider qn à surmonter une difficulté; **j-m über e-e schwere Zeit ~** aider qn à passer une phase difficile, des heures difficiles
hinwegkommen VI ⟨*irr*, *sép*, -ge-, s.⟩ **über etw** (*akk*) **~** *über Enttäuschungen* surmonter qc; *über e-n Verlust* (arriver, parvenir à) se consoler de qc; **ich komme darüber nicht hinweg** je ne m'en remets pas; je n'arrive pas à m'en consoler
hinwegraffen *geh* VT ⟨*sép*, -ge-, h.⟩ *Menschenleben* emporter; *geh* enlever
hinwegsehen VI ⟨*irr*, *sép*, -ge-, h.⟩ (*unbeachtet lassen*) **über etw** (*akk*) **~** fermer les yeux, passer sur qc
hinwegsetzen ⟨-(es)t, *sép*, -ge-⟩ **A** VI ⟨s. *ou* h.⟩ **über ein Hindernis ~** sauter par-dessus

un obstacle B VR ⟨h.⟩ **sich über etw** (akk) ~ ne pas tenir compte de qc; ne pas respecter qc

hinwegtäuschen VT ⟨sép, -ge-, h.⟩ **j-n über etw** (akk) ~ empêcher qn de voir qc; **das täuscht darüber hinweg, dass …** a. cela cache, masque le fait que …; **das täuscht nicht darüber hinweg, dass …** on voit bien que …

hinwegtrösten VT ⟨-ete, sép, -ge-, h.⟩ **j-n über etw** (akk) ~ consoler qn de qc

Hinweis M ⟨~es; ~e⟩ 1 (Mitteilung) indication f; précision f; (Auskunft) renseignement m (**auf** [+akk] au sujet de); **ein wertvoller ~** une indication, précision utile; **j-m e-n ~ geben** donner un renseignement, une indication à qn; bei Straftaten **~e aus der Bevölkerung** indices, renseignements donnés, fournis par la population; **wenn ich mir den ~ erlauben darf** si je peux od puis me permettre de vous donner cette précision, ce conseil 2 ADMIN **unter ~ auf** (+akk) en se référant à; en renvoyant à 3 (Anzeichen) indication f (**auf** [+akk] sur); **es gibt nicht den geringsten ~, dass …** rien ne permet de penser, de conclure que … (+subj) 4 (Verweis) renvoi m (**auf** [+akk] à)

hinweisen ⟨irr, sép, -ge-, h.⟩ A VT **j-n auf etw** (akk) ~ faire observer, faire remarquer qc à qn; signaler, indiquer qc à qn; **ich weise Sie darauf hin, dass …** je vous fais remarquer, je vous signale que … B VI **auf etw** (akk) ~ indiquer, signaler qc; **ich weise darauf hin, dass …** je fais remarquer que …

hinweisend ADJT GRAM Fürwort démonstratif, -ive

Hinweisschild N ⟨~(e)s; ~er⟩ panneau indicateur; **Hinweistafel** F tableau indicateur

hinwenden VR ⟨irr, sép, -ge-, h.⟩ **sich zu j-m ~** a. fig se tourner vers qn; fig **nicht wissen, wo man sich ~ soll** ne pas savoir où aller, quelle direction prendre; an Personen ne pas savoir à qui s'adresser

Hinwendung F ⟨~⟩ (Zuneigung) sollicitude f

hinwerfen ⟨irr, sép, -ge-, h.⟩ A VT 1 jeter (par terre); **den Tieren Futter ~** jeter de la nourriture aux animaux 2 fig Zeichnung etc esquisser; Geschriebenes griffonner; écrire à la hâte; Bemerkung lancer; jeter; **e-e leicht hingeworfene Bemerkung** une remarque lancée, jetée à la légère 3 umg Arbeit etc umg envoyer promener, balader; umg ficher, sl foutre en l'air; **alles, den ganzen Kram ~** tout envoyer promener, etc; umg tout plaquer B VR **sich ~** se jeter par terre

hinwirken VI ⟨sép, -ge-, h.⟩ **auf etw** (akk) ~ tendre, viser à qc; **bei j-m darauf ~, dass …** faire pression sur qn pour que … (+subj); insister auprès de qn pour que … (+subj)

hinwollen umg VI ⟨irr, sép, -ge-, h.⟩ vouloir y aller; **wo willst du hin?** où vas-tu (umg comme ça)?

Hinz M umg pej **~ und Kunz** Pierre et Paul

hinzählen VT ⟨sép, -ge-, h.⟩ **ich zähle ihm das Geld hin** je compte devant lui l'argent qui lui est dû

hinziehen ⟨irr, sép, -ge-⟩ A VT ⟨h.⟩ 1 **etw zu sich** (dat) ~ rapprocher qc (vers soi); tirer qc vers soi 2 zeitlich (hinauszögern) retarder; (in die Länge ziehen) (faire) traîner en longueur; faire durer 3 fig **j-n zu sich** (dat) ~ durch s-e Anziehungskraft etc attirer qn; **ich fühle mich zu ihm hingezogen** je me sens attiré par lui B VI ⟨s.⟩ 1 an e-n Ort aller, se rendre (**zu** à) 2 (umziehen) s'y installer C VR ⟨h.⟩ **sich ~** 1 zeitlich (sich in die Länge ziehen) traîner en longueur; (sich verzögern) être retardé; **etw zieht sich über mehrere Wochen hin** qc s'étend sur plusieurs semaines 2 räumlich s'étendre (**bis nach** jusqu'à)

hinzielen VI ⟨sép, -ge-, h.⟩ **auf etw** (akk) ~ viser, tendre à qc

hinzu ADV en plus

hinzubekommen VT ⟨irr, sép, pas de ge-, h.⟩ avoir, recevoir en plus (**zu** de)

hinzufügen VT ⟨sép, -ge-, h.⟩ ajouter (**zu** à); **ich möchte noch ~, dass …** je voudrais encore ajouter que …

Hinzufügung F ⟨~; ~en⟩ addition f; zu e-m Text a. adjonction f

hinzugesellen VR ⟨sép, pperf hinzugesellt, h.⟩ **sich (zu) j-m ~** se joindre, s'associer à qn

hinzukommen VI ⟨irr, sép, -ge-, s.⟩ 1 (sich anschließen) s'y ajouter; s'y joindre 2 überraschend survenir; **ich kam gerade hinzu, als …** j'arrivai, je survins au moment où … 3 Dinge (venir) s'y ajouter; **es kam noch e-e Lungenentzündung hinzu** une pneumonie vint encore s'ajouter à cela; **es kommt noch hinzu, dass …** ajoutez (à cela) que …

hinzurechnen VT ⟨-ete, sép, -ge-, h.⟩ ajouter au compte; compter en plus; **hinzusetzen** VT ⟨-(es)t, sép, -ge-, h.⟩ ajouter

hinzuverdienen VT ⟨sép, pas de ge-, h.⟩ **(etwas) ~** se faire des à-côtés; **sie hat (sich** [dat]**) 300 Euro hinzuverdient** elle s'est fait 300 euros d'à-côtés

hinzuzählen VT ⟨sép, -ge-, h.⟩ ajouter; **hinzuziehen** VT ⟨irr, sép, -ge-, h.⟩ Arzt, Fachmann etc avoir recours à; faire appel à; faire venir

Hinzuziehung F ⟨~⟩ **unter ~ e-s Fachmanns, der einschlägigen Literatur** en ayant recours à un spécialiste, à la littérature spécialisée

Hiob M ⟨→ n/pr⟩ Job m

Hiobsbotschaft F nouvelle désastreuse; très mauvaise nouvelle

Hip-Hop M ⟨~s⟩ MUS °hip-hop m

Hippe F ⟨~; ~n⟩ GARTEN serpette f; Attribut des Todes faux f

hipp, hipp, hurra! INT °hip, °hip, °hip, °hourra!

Hippie M ⟨~s; ~s⟩ °hippie od °hippy m/f

Hippodrom N od M ⟨~s; ~e⟩ hippodrome m

Hippokrates M ⟨→ n/pr⟩ MED Hippocrate m

Hirn N ⟨~(e)s; ~e⟩ 1 Organ cerveau m 2 (~masse), GASTR, fig (Verstand) cervelle f; umg **sein ~ anstrengen** faire marcher sa cervelle, son cerveau; umg **sich** (dat) **das ~ zermartern** umg se casser (la tête); se creuser la tête; umg se fatiguer les méninges; umg **das kann nur e-m kranken ~ entsprungen sein** c'est une idée de fou, umg de cinglé

Hirnanhang(s)drüse F hypophyse f; **Hirnerschütterung** F schweiz → Gehirnerschütterung

Hirngespinst N ⟨~(e)s; ~e⟩ chimère f; élucubration f; **e-m ~ nachhängen** caresser une chimère

Hirnhautentzündung F méningite f; **hirnlos** ADJ pej sans cervelle; écervelé; étourdi; **Hirnrinde** F cortex cérébral; écorce cérébrale; **hirnrissig** umg pej ADJ umg cinglé; umg fêlé; Idee etc de fou; **Hirnschale** F ANAT boîte crânienne; crâne m; **Hirnschlag** M → Gehirnschlag; **Hirntod** M mort cérébrale; **Hirntumor** M tumeur f au cerveau; **hirnverbrannt** umg ADJT → hirnrissig; **Hirnwindung** F circonvolution cérébrale

Hiros(c)hima N ⟨→ n/pr⟩ Hiroshima

Hirsch M ⟨~(e)s; ~e⟩ cerf m

Hirschantilope F cervicapre m; **Hirschbraten** M rôti m de cerf; **Hirschfänger** M couteau m de chasse; **Hirschgeweih** N bois mpl de bzw. du cerf; ramure f (de cerf); **Hirschhornsalz** N ⟨~es⟩ carbonate m d'ammonium; **Hirschkäfer** M ZOOL cerf-volant m; **Hirschkalb** N faon m; **Hirschkeule** F cuissot m de cerf; **Hirschkuh** F biche f; **Hirschleder** N cuir m de cerf; vom Damhirsch daim m; **hirschledern** ADJ en daim; **Hirschrücken** M GASTR râble m de cerf; **Hirschzunge** F BOT scolopendre f

Hirse F ⟨~; ~n⟩ mil m; millet m; **Hirsebrei** M bouillie f de millet

Hirt M ⟨~en; ~en⟩ berger m; liter pâtre m

Hirte M ⟨~n; ~n⟩ 1 geh → Hirt 2 fig REL pasteur m; **der Gute ~** le Bon Pasteur

Hirtenamt N KATH fonction pastorale, de pasteur; **Hirtenbrief** M KATH lettre pastorale; mandement m; **Hirtendichtung** F poésie pastorale, bucolique; **Hirtenflöte** F pipeau m; **Hirtengedicht** N poème pastoral, bucolique; **Hirtenhund** M chien m de berger; Rasse berger m; **Hirtenjunge** M (jeune) berger m; **Hirtenknabe** poet M poet jeune pâtre m; poet pastoureau m; **Hirtenlied** N chanson de berger, pastorale; **Hirtenmädchen** N (jeune) bergère f; **Hirtenroman** M roman pastoral; **Hirtenspiel** N pastorale f; **Hirtenstab** M 1 geh °houlette f 2 e-s Bischofs crosse f; **Hirtentäschel** N ⟨~s; ~⟩, **Hirtentäschelkraut** N ⟨~(e)s⟩ BOT bourse-à-pasteur f

Hirtin F ⟨~; ~nen⟩ bergère f

His, his N ⟨His, his; His, his⟩ MUS si m dièse

Hisbollah F ⟨~⟩ °Hezbollah m

Hispanist(in) M ⟨~en; ~en⟩ (F) ⟨~in; ~innen⟩ hispaniste m/f; hispanisant(e) m(f)

Hispanistik F ⟨~⟩ études fpl hispaniques

hissen VT ⟨-(es)t, h.⟩ Fahne, Segel °hisser

Histamin N ⟨~s; ~e⟩ MED histamine f

Histologe M ⟨~n; ~n⟩, **Histologin** F ⟨-in; -innen⟩ MED histologiste m/f; **Histologie** F ⟨~⟩ histologie f; **histologisch** ADJ histologique

Histörchen N ⟨~s; ~⟩ hum historiette f; anecdote f

Historie geh F ⟨~⟩ histoire f

Historienbild N tableau m historique; **Historienmalerei** F peinture f historique

Historiker(in) M ⟨~s; ~⟩ (F) ⟨~in; ~innen⟩ historien, -ienne m,f

historisch ADJ historique

Hit umg M ⟨~(s); ~s⟩ 1 MUS umg tube m 2 fig succès m; (Mode) mode f

Hitlergruß M HIST salut hitlérien; **Hitlerjugend** F HIST jeunesses hitlériennes; **Hitlerjunge** M HIST membre m des jeunesses hitlériennes

Hitliste F (liste f du) °hit-parade m; **Hitparade** F palmarès m; a. Sendung °hit-parade m

Hitze F ⟨~⟩ chaleur f (a. fig, ZOOL); MED **fliegende ~** bouffée f de chaleur; **es herrscht große ~** il fait très chaud; **bei dieser ~** par cette chaleur; **etw bei schwacher ~ kochen** cuire qc à feu doux; (faire) mijoter qc; **~ abweisend** isolant; fig **in ~ geraten** s'échauffer; fig **sich in ~ reden** s'échauffer, s'exciter (en parlant); **in der ~ des Gefechts** dans le feu de l'action, du combat

hitzeabweisend ADJT isolant; **hitzebeständig** ADJ réfractaire; thermostable; résistant à la chaleur; **Hitzebeständigkeit** F résistance f à la chaleur; **Hitzebläschen** N bouton m de chaleur; **hitzeempfindlich** ADJ sensible à la chaleur; **Hitzeempfindlichkeit** F sensibilité f à la chaleur

hitzefrei ADJ ⟨attribut⟩ **~ haben** avoir congé à cause de la chaleur

Hitzegrad M degré m de chaleur; **Hitzeperiode** F période f de (grande, grosse) chaleur; bes im Sommer canicule f; **Hitzeschild** M ⟨~(e)s; ~e⟩ RAUMFAHRT bouclier m thermi-

H

que; **Hitzewallung** F MED bouffée *f* de chaleur; **Hitzewelle** F 1 METEO vague *f* de chaleur 2 MED bouffée *f* de chaleur

hitzig ADJ 1 *(jähzornig)* irascible; emporté; *(wütend)* furieux, -ieuse; *(erregt)* excité; *Debatte etc* passionné; âpre; violent; **nicht so ~!** doucement!; du calme!; ne t'emballe pas! 2 *(leidenschaftlich)* ardent; *Temperament* chaud; fougueux, -euse 3 *Tier (läufig)* en chaleur

Hitzkopf M tête brûlée; excité *m*; **hitzköpfig** ADJ coléreux, -euse; emporté; **Hitzschlag** M MED coup *m* de chaleur

HIV N ⟨~(s); ~(s)⟩ ABK (human immunodeficiency virus) HIV *m*; VIH *m* (virus de l'immunodéficience humaine); **HIV-infiziert** ADJT infecté par le HIV; **HIV-negativ** ADJ séronégatif, -ive; **HIV-positiv** ADJ séropositif, -ive; **HIV-Virus** M *od* N virus *m* HIV

Hiwi M ⟨~s; ~s⟩ *Universitätsjargon: étudiant(e) effectuant divers travaux auprès d'un(e) professeur d'université*

HJ F ⟨~⟩ ABK HIST (Hitlerjugend) jeunesses hitlériennes

hl ABK (Hektoliter) hl (hectolitre)

Hl. ABK (Heilige[r]) St (saint) *bzw.* Ste (sainte)

hm INT °hem!; *fragend* °hein?

H-Milch F lait *m* UHT, longue conservation

h-Moll N MUS si *m* mineur

HNO-Arzt M, **HNO-Ärztin** F *umg* oto-rhino *m/f*; ORL *m/f*

Hoax M ⟨~; ~es⟩ IT hoax *m*

hob → heben

Hobby N ⟨~s; ~s⟩ °hobby *m*; passe-temps favori; *umg* dada *m*

Hobbygärtner(in) M(F) jardinier, -ière *m,f* amateur; **~(in) sein** *a.* aimer (bien) jardiner

Hobbykoch M, **Hobbyköchin** F cuisinier, -ière *m,f* amateur; **Hobbyraum** M atelier *m* (de bricolage)

Hobel M ⟨~s; ~⟩ *(Holzhobel)* rabot *m*; *Küchengerät* râpe *f*; **Hobelbank** F ⟨~; -bänke⟩ établi *m* (de menuisier)

hobeln V/T *u.* V/I ⟨-(e)le, h.⟩ raboter; *sprichw* **wo gehobelt wird, fallen Späne** *sprichw* on ne fait pas d'omelette sans casser des œufs

Hobeln N ⟨~s⟩ rabotage *m*

Hobelspäne MPL copeaux *mpl*

hoch

A Adjektiv **B** Adverb

— A Adjektiv —

⟨hohe; höher, höchste⟩ 1 *(von großer Höhe)* °haut; **hohe Schuhe** *mit hohem Schaft* chaussures montantes; *mit hohem Absatz* chaussures *fpl* à °haut talon; *Damenschuhe a.* talons °hauts; **hohe Stirn** front °haut; *geh* **von hohem Wuchs, von hoher Gestalt** de haute taille, stature; de grande taille; **auf hoher See** en °haute, pleine mer; au large; **zwei Meter ~ sein** avoir deux mètres de haut; être °haut de deux mètres; **ein zwei Meter hoher Zaun** une clôture de deux mètres de haut(eur); une clôture °haute de deux mètres; **das Haus ist vier Stockwerke ~** la maison a quatre étages; **der Schnee liegt zwanzig Zentimeter ~** il y a vingt centimètres de neige; **wie ~ ist der Montblanc?** quelle est la hauteur, l'altitude du mont Blanc?; *umg fig* **das ist mir zu ~** *umg* c'est trop calé pour moi; ça me dépasse 2 *(in großer Höhe)* °haut; élevé; *fig* **im hohen Norden** dans le *od* au Grand Nord 3 *fig (qualitativ, wert- u. mengenmäßig groß)* grand; *Kosten, Verlust, Preis, Zahl, Geldstrafe, Gehalt, Zinsen, Miete, Gewicht, Standard* élevé; *Preis, Lohn, Niveau, Temperatur a.* °haut; *Gehalt, Konzentration* °haut; fort; *Gehalt, Niederlage, Gewinn, Betrag, Zinsen* gros, grosse; *Geschwindigkeit, Verantwortung, Niederlage, Sieg* grand; *Ansehen* °haut; *Fieber, Summe, Spielkarte* fort; *Verlust, Niederlage, Verantwortung, Strafe* sévère; **hohes Alter** grand âge; **im hohen Alter** très âgé; **hoher Blutdruck** hypertension *f*; **hohe Drehzahl** nombre élevé de tours; **mit hoher Geschwindigkeit** à grande vitesse; **in hohem Maße** dans une large mesure; **hohe Ziele haben** avoir de grandes ambitions, des visées ambitieuses; **e-e hohe Meinung von j-m haben** avoir une °haute opinion de qn; **wie ~ ist die Summe?** à combien se monte, s'élève la somme? 4 *fig in e-r Rangfolge: Beamter, Würdenträger etc* °haut; *Posten a.* élevé; *Offizier* de haut rang; **hoher Adel** °haute noblesse; **hoher Feiertag** grande fête; grand jour de fête; **hoher Gast** hôte *m* illustre; **Hohes Gericht!** Messieurs de la Cour!; **von hoher Geburt** de haute naissance; **von hohem Rang** de haut rang; *umg fig* **ein hohes Tier** *umg* une huile; *umg* une grosse légume; **es ist mir e-e hohe Ehre (zu …)** c'est un grand honneur pour moi (de …) 5 MUS *Ton* aigu; *Stimme* °haut; *Note* **das hohe C** le do six 6 MATH **vier ~ fünf** quatre puissance cinq; **vier ~ zwei** *meist* quatre au carré; **vier ~ drei** *meist* quatre au cube

— B Adverb —

1 *(in großer Höhe)* en °haut; **~ oben (auf** *[+dat]***)** tout en °haut (de); **~ über** *(+dat)* très °haut au-dessus de; **drei Treppen ~ wohnen** habiter au troisième (étage); *geh* **~ zu Ross** à cheval; monté, perché sur son cheval; REL, *geh* **vom Himmel ~** du haut des cieux; **~ fliegen** voler °haut, à °haute altitude; **~ liegen** *Ort* être situé en altitude; **der Schnee liegt ~** il y a beaucoup de neige; *Wasser* **~ stehen** être °haut; **die Sonne steht ~ (am Himmel)** le soleil est °haut (dans le ciel) 2 *(nach oben)* **Hände ~!** °haut les mains!; *beim Turnen* **Arme ~!** levez les bras!; *fig* **Kopf ~!** du courage!; **sich ~ auftürmen** s'entasser à une grande °hauteur; **~ emporragen** s'élever très °haut; **etw ~ in die Luft werfen** lancer qc °haut dans l'air, très °haut; **ein ~ aufgeschossenes Mädchen** une jeune fille élancée, longue; → hocherhoben, hochgewachsen 3 *fig qualitativ, wert- u. mengenmäßig* très; *geh* **~ achten** *Personen* avoir beaucoup de considération pour; tenir, avoir en °haute, en grande estime; *a. Dinge* estimer, respecter beaucoup; **~ geachtet** très estimé; **j-m etw ~ anrechnen** être très reconnaissant de qc à qn; savoir beaucoup de gré à qn de qc; **~ gewinnen** SPORT gagner °haut la main; remporter une grande victoire; **~ verlieren** SPORT essuyer une lourde défaite; **~ gewinnen, verlieren** *beim Glücksspiel* gagner, perdre gros, beaucoup; **~ verschuldet** très, lourdement endetté; surendetté; **~ spielen** jouer gros; **etw ~ und heilig versprechen** promettre qc solennellement; **etw ~ und heilig versichern** jurer ses grands dieux que …; **~ angesehen** très estimé, considéré; **zu ~ bemessen** fixé, calculé trop °haut; **~ bezahlt** très bien payé; **~ dotiert** bien rémunéré; **~ entwickelt** *Völker, Land etc* (très) développé, évolué; *Technik a.* sophistiqué; **das ist zu ~ gegriffen** c'est trop; **~ geschätzt** fort, très estimé, considéré; **~ industrialisiert** très, °hautement industrialisé; CHEM **~ konzentriert** très concentré; **~ qualifiziert** °hautement qualifié; **~ radioaktiv** *adj* très, °hautement, fortement radioactif, -ive; **~ versichert sein** *Person* avoir une assurance très élevée; *Sache* être assuré pour une grosse, forte somme; **wie ~ schätzen Sie das?** à combien évaluez-vous, estimez-vous cela?; **er ist ~ in den Achtzigern** il a quatre-vingts ans largement passés; il a près de quatre-vingt-dix ans; → hochbegabt, hochbeglückt, hochgestellt *etc* 4 MUS **~ singen, spielen** chanter, jouer °haut; → *a.* hochspielen

Hoch N ⟨~s; ~s⟩ 1 METEO anticyclone *m*; zone *f* de haute pression 2 *(Hochruf)* vivat *m*; **ein ~ auf j-n ausbringen** pousser des vivats en l'honneur de qn; **ein dreifaches ~ auf** *(+akk)* trois vivats pour …; **ein ~ der** *od* **auf die Köchin!** vive la cuisinière!

hochachtbar ADJ fort, très estimable; **hochachten** *geh* V/T → hoch B 3

Hochachtung F grande *od* °haute estime, profond(s) respect(s) (**vor** *[+dat]* pour); *am Briefschluss geh* **mit vorzüglicher ~** veuillez agréer *od* je vous prie de bien vouloir agréer, Monsieur *bzw.* Madame, l'assurance de ma considération distinguée

hochachtungsvoll ADV *am Briefschluss* veuillez agréer, Monsieur *bzw.* Madame, l'expression de mes salutations distinguées; **Hochadel** M °haute noblesse; **hochaktuell** ADJ très actuel, -elle; **Hochalpen** PL °hautes Alpes; **hochalpin** ADJ des °hautes Alpes; alpin; **Hochaltar** M maître-autel *m*; **Hochamt** N KATH grand-messe *f*; **hochangesehen** ADJT → hoch B 3; **hochanständig** ADJ très honnête, loyal; **Hochantenne** F antenne aérienne, extérieure

hocharbeiten V/R ⟨-ete, *sép*, -ge-, h.⟩ **sich ~** réussir, parvenir à force de travail (**zu …** à devenir …); s'élever à la force du poignet (**zu …** au rang de …)

hochaufgeschossen ADJ → hoch B 2; **hochauflösend** ADJT TV °haute définition *(inv)*; **Hochbahn** F métro aérien; **Hochbarock** N *od* M °haut-baroque *m*

Hochbau M ⟨~(e)s⟩ *Sektor* bâtiment *m*; **Hoch- und Tiefbau** bâtiment et travaux publics; génie civil

Hochbauingenieur(in) M(F) ingénieur *m/f* (des travaux) du bâtiment; **Hochbautechniker(in)** M(F) technicien, -ienne *m,f* du bâtiment; **Hochbauunternehmen** N entreprise *f* du bâtiment

hochbedeutsam ADJ de la plus °haute importance; très important; **hochbefriedigt** ADJT très, entièrement, pleinement satisfait; **hochbegabt** ADJ surdoué; **Hochbegabte(r)** M/F(M) ⟨→ A⟩ surdoué(e) *m(f)*; **Hochbegabtenförderung** F *bourses accordées aux élèves extrêmement doués*; **hochbeglückt** ADJT très heureux, -euse; comblé; **hochberühmt** ADJ très célèbre; illustre; **hochbetagt** ADJ très vieux, vieil, vieille; très âgé; *poet* chargé d'ans

Hochbetrieb M ⟨~(e)s⟩ activité *f* intense; **es herrscht ~** *(es gibt viel zu tun)* il règne une grande, intense activité; il y a beaucoup d'activité; *(es sind viele Leute da)* il y a beaucoup de monde, un monde fou

hochbezahlt ADJT → hoch B 3; **hochbinden** V/T ⟨*irr, sép*, -ge-, h.⟩ relever; **hochblicken** V/I ⟨*sép*, -ge-, h.⟩ lever les yeux, le regard; **Hochblüte** F *fig* apogée *m*; **hochbocken** V/T ⟨*sép*, -ge-, h.⟩ *Auto etc* soulever; **hochbringen** V/T ⟨*irr, sép*, -ge-, h.⟩ 1 *in e-e höhere Etage etc* monter 2 *fig wirtschaftlich etc* relever (le niveau de); *gesundheitlich* remonter; remettre sur pied 3 *umg fig (aufbringen)* mettre en rage; **Hochburg** F *fig* fief *m*; **hochdeutsch** ADJ allemand standard; °haut allemand (*a.* LING); **hochdienen** V/R ⟨*sép*, -ge-, h.⟩ **sich ~** gravir les échelons; **hochdotiert** ADJT → hoch B 3

Hochdruck[1] M ⟨~(e)s⟩ 1 TECH °haute pression; METEO °hautes pressions 2 *umg fig* **mit**

od **unter ~ arbeiten** travailler d'arrache-pied, avec acharnement; **um die Weihnachtszeit herrscht hier ~** au moment de Noël, il y a un travail fou *od* c'est la bousculade; à Noël, c'est le moment de presse **3** MED *(Bluthochdruck)* hypertension *f*; *umg* tension *f*

Hochdruck² M ⟨~(e)s⟩ TYPO impression *f* en relief

hochdrücken V/T ⟨*sép*, -ge-, h.⟩ pousser vers le haut

Hochdruckgebiet N → Hoch 1; **Hochebene** F (°haut) plateau

hochelegant ADJ très élégant; **hochempfindlich** ADJ *Messinstrumente etc* très sensible; *Film* ultrasensible; **hochentwickelt** ADJT → hoch B 3

hochentzückt, hocherfreut ADJT tout à fait ravi; très enchanté, comblé (**über** *[+akk]* de); **er war darüber hochentzückt, hocherfreut** cela lui a fait un immense plaisir

hocherhoben ADJT levé; **mit ~en Händen** les bras levés; les mains en l'air; **~en Hauptes** la tête °haute

hocherstaunt ADJT très étonné; **hochexplosiv** ADJ très explosif, -ive

hochfahren ⟨*irr, sép*, -ge-⟩ **A** *umg* V/T ⟨h.⟩ **1** **j-n, etw ~** monter qn, qc **2** TECH *Kapazität, Anlage, Reaktor, Produktion* accélérer; IT *Computer, Programm etc* initialiser **B** V/I ⟨s.⟩ **1** *mit dem Aufzug, e-m Fahrzeug etc* monter; *fig* **nach Oslo, Hamburg** *etc* **~** monter à Oslo, Hambourg, *etc* **2** *fig erschrocken* se dresser en sursaut; *aufbrausend* s'emporter; monter sur ses grands chevaux; **aus dem Schlaf ~** se réveiller, s'éveiller en sursaut

hochfahrend ADJT *fig* arrogant; °hautain; **hochfein** ADJ très fin; extra; **Hochfinanz** F ⟨~⟩ °haute finance; **hochfliegen** V/I ⟨*irr, sép*, -ge-, s.⟩ *Flugzeug etc* monter; *bei Explosionen etc* être projeté en l'air; **hochfliegend** ADJT *fig* ambitieux, -ieuse; qui vise °haut; *Pläne a.* vaste

Hochform F ⟨~⟩ grande forme; **in ~ sein** être en pleine forme

Hochformat N format vertical; *t/t* format *m* à la française; **Hochfrequenz** F °haute fréquence; **Hochfrisur** F (coiffure *f* aux) cheveux relevés; **Hochgarage** F parking *m* à étages; **hochgeachtet** ADJT très estimé; **hochgebildet** ADJT très, extrêmement cultivé; **Hochgebirge** N °haute montagne; **Hochgebirgsausrüstung** F équipement *m* de haute montagne; **Hochgebirgspflanze** F plante *f* de haute montagne; **Hochgebirgstour** F course *f*, randonnée *f* en °haute montagne; **hochgeehrt** ADJT très honoré; **Hochgefühl** N euphorie *f*; ivresse *f*; délice *m*

hochgehen V/I ⟨*irr, sép*, -ge-, s.⟩ **1** *Ballon etc* monter; *Vorhang* se lever **2** *umg (nach oben gehen)* monter; **die Treppe ~** monter l'escalier **3** *umg (explodieren)* sauter; **etw ~ lassen** faire sauter qc **4** *fig Preise* monter **5** *umg (wütend werden)* s'emballer; monter sur ses grands chevaux **6** *umg (entdeckt werden)* être démantelé, arrêté; s'être fait prendre; **e-e Bande ~ lassen** prendre, arrêter un gang

hochgeistig ADJ très abstrait; **hochgelehrt** ADJ très savant; érudit; *oft iron* docte; **Hochgenuss** M délice *m*; *umg* régal *m*; **Hochgesang** M REL hymne *f*; **hochgeschätzt** ADJT fort, très estimé, considéré; **hochgeschlossen** ADJT *Kleid* montant

Hochgeschwindigkeitszug M train *m* à grande vitesse; TGV *m*

hochgesteckt ADJT **1** *Haar* relevé **2** *fig* **~e Ziele** *npl* des visées (trop) ambitieuses; des objectifs (trop) ambitieux

hochgestellt ADJT *fig* °haut placé; de haut rang; **e-e ~e Persönlichkeit** un personnage °haut placé

hochgestochen *umg pej* ADJT prétentieux, -ieuse; *Ausdrucksweise etc a.* ampoulé; **hochgewachsen** ADJT de haute taille, stature; de grande taille; **hochgezüchtet** ADJT *Tierrasse etc* sélectionné; *umg Motor* poussé

Hochglanz M brillant *m*; poli *m*; **ein Foto in ~** une photo sur papier brillant; **etw auf ~ bringen** *Auto etc* polir, faire briller, astiquer qc; *fig* **die Wohnung auf ~ bringen** astiquer toute la maison; faire le grand ménage; **auf ~ polieren** *Schuhe etc* faire briller

hochglänzend ADJT fort, très brillant

Hochgotik F gothique rayonnant

hochgradig **A** ADJ fort; intense **B** ADV à un °haut degré

hochhackig ADJ à talons °hauts; **~e Schuhe** des talons °hauts

hochhalten V/T ⟨*irr, sép*, -ge-, h.⟩ **1** lever; *im Augenblick* tenir levé; **er hält den Arm hoch** il a *od* tient le bras levé **2** *fig* **j-s Andenken ~** tenir qn en °haute, en grande estime

Hochhaus N tour *f*; immeuble *m*

hochheben V/T ⟨*irr, sép*, -ge-, h.⟩ *Last* soulever; *Kleid etc* relever; *Hand, Arm* lever

hochheilig ADJ très saint; *fig iron* sacro-saint

hochherrschaftlich **A** ADJ *Wohnung etc* somptueux, -euse; luxueux, -euse **B** ADV **in ihrem Haus geht es ~ zu** ils mènent grand train, un grand train de vie

hochherzig *geh* ADJ généreux, -euse; magnanime; **Hochherzigkeit** *geh* F ⟨~⟩ générosité *f*; magnanimité *f*

hochindustrialisiert ADJT → hoch B 3; **hochintelligent** ADJ très, extrêmement intelligent; **hochinteressant** ADJ très, tout à fait intéressant; intéressant au plus °haut point; **hochjagen** V/T ⟨*sép*, -ge-, h.⟩ *Schlafende etc* faire lever; *umg Motor* pousser; *umg* emballer; **hochjubeln** *umg* V/T ⟨-(e)le, *sép*, -ge-, h.⟩ chanter les louanges de; **hochkämmen** V/T ⟨*sép*, -ge-, h.⟩ *Haar* relever

hochkant ADV debout; TECH de chant; **~ stellen** mettre, poser de *od* sur chant; *umg* **j-n ~ hinauswerfen** *umg* flanquer qn carrément à la porte; *umg* **~ hinausfliegen** se faire jeter; *umg* être flanqué à la porte

hochkarätig ADJ **1** *Diamant etc* de fort carat; très pur **2** *umg fig Person* extrêmement compétent; *Politiker, Manager etc a.* d'envergure; de valeur

Hochkirche F *in England* °Haute Église

hochklappen V/T ⟨*sép*, -ge-, h.⟩ relever; **hochklettern** *umg* V/I ⟨-(e)re, *sép*, -ge-, s.⟩ grimper (**an e-m Seil** à une corde, **an e-r Wand** le long d'un mur)

hochkommen *umg* V/I *u.* V/UNPERS ⟨*irr, sép*, -ge-, s.⟩ **1** *(heraufkommen)* monter; *mit Mühe* arriver à monter **2** *aus dem Magen* revenir; *fig* **es kommt mir hoch, wenn ich das sehe** je suis écœuré, ça m'écœure quand je vois ça **3** *(sich erheben)* se lever; *mit Mühe* arriver à se lever **4** *fig wirtschaftlich etc* prospérer; **wieder ~** *Land* se redresser; *nach finanziellen Schwierigkeiten* remonter la pente; *Kranker* se remettre; se rétablir **5** *fig beruflich* réussir; faire son chemin **6** **wenn es hochkommt** tout au plus; au maximum; en mettant les choses au mieux

Hochkonjunktur F **1** WIRTSCH conjoncture *f* très favorable; boom *m*; **auf dem Immobilienmarkt herrscht ~** c'est le boom sur le marché de l'immobilier **2** *fig* période *f* de grande prospérité

hochkonzentriert ADJT très concentré (*a.* CHEM); **hochkrempeln** V/T ⟨-(e)le, *sép*, -ge-, h.⟩ *Ärmel etc* retrousser; relever

hochkriegen *umg* V/T ⟨*sép*, -ge-, h.⟩ *Arm etc* arriver à, pouvoir lever; *Koffer etc* arriver à, pouvoir soulever; *sl* **keinen (mehr) ~** *sl* ne plus pouvoir bander

Hochlage F °hauteur *f*; **in den ~n der Eifel** sur les °hauteurs de l'Eifel

Hochland N ⟨~(e)s; -länder⟩ °hauts plateaux; °hautes terres

hochleben V/I ⟨*sép*, -ge-, h.⟩ **j-n, etw ~ lassen** porter un toast à (la santé de) qn, à qc; boire à la santé de qn, à qc; pousser des vivats en l'honneur de qn, à qc; **er lebe hoch!, hoch soll er leben!** vive X!

hochlegen V/T ⟨*sép*, -ge-, h.⟩ **1** *umg Buch etc* ranger (sur une étagère, *etc*) **2** *Kopf, Bein etc* mettre, placer plus °haut; *Beine a.* surélever

Hochleistungs... IN ZSSGN TECH à °haut, grand rendement; à grande puissance; **Hochleistungsreaktor** M NUKL réacteur *m* à grande puissance, à °haut *od* grand rendement; **Hochleistungssport** M sport *m* de compétition, de haut niveau

Hochmittelalter N Moyen Âge *(XIe-XIVe siècle)*; **hochmodern** ADJ ultramoderne; **Hochmoor** N marais *m*, tourbière *f* (de montagne)

Hochmut M orgueil *m*; °hauteur *f*; *geh* superbe *f*; *sprichw* **~ kommt vor dem Fall** il ne faut pas être trop orgueilleux

hochmütig ADJ orgueilleux, -euse; °hautain; plein de morgue

hochnäsig ADJ arrogant; qui prend des airs °hautains; présomptueux, -euse; **Hochnäsigkeit** F ⟨~⟩ arrogance *f*; présomption *f*

Hochnebel M couche, nappe de brouillard élevée; *t/t* stratus *m*

hochnehmen V/T ⟨*irr, sép*, -ge-, h.⟩ **1** *(anheben)* soulever; *Kind* prendre sur le bras, dans ses bras **2** *umg (nach oben nehmen)* **etw (mit) ~** monter qc; **j-n (mit) ~** faire monter qn (chez soi) **3** *umg fig (verspotten)* se moquer de; *umg* faire marcher **4** *umg fig (verhaften) umg* épingler; *umg* cueillir

Hochofen M °haut fourneau

hochoffiziell ADJ très officiel, -ielle; **hochpäppeln** *umg* V/T ⟨-(e)le, *sép*, -ge-, h.⟩ *umg* retaper; refaire une santé à; **Hochparterre** N rez-de-chaussée surélevé; **Hochplateau** N °haut plateau; **hochpolitisch** ADJ °hautement, éminemment politique; **hochprozentig** ADJ *Lösung* (très) concentré; à un °haut pourcentage de ...; *Getränk* fortement alcoolisé; très fort; **hochqualifiziert** ADJT → hoch B 3; **Hochrad** N bicycle *m*; **hochradioaktiv** ADJ → hoch B 3; **hochragen** V/I ⟨*sép*, -ge-, h.⟩ s'élever; se dresser; **hochrangig** ADJ *Politiker, Funktionär, Offizier, Besetzung* de haut rang

hochranken ⟨*sép*, -ge-⟩ V/I ⟨s.⟩ (*u.* V/R ⟨h.⟩ **(sich) (an etw** *[dat]*)) **~** grimper (à qc)

hochrappeln *umg* V/R ⟨-(e)le, *sép*, -ge-, h.⟩ **sich (wieder) ~** *Kranker* se refaire une santé; *umg* se retaper; remonter la pente; *im Kampf Unterlegener* reprendre le dessus, *umg* du poil de la bête

hochrechnen V/T ⟨-ete, *sép*, -ge-, h.⟩ estimer; faire, établir une estimation de; **Hochrechnung** F estimation *f*

hochreißen V/T ⟨*irr, sép*, -ge-, h.⟩ *Arme, Gewicht* lever brusquement; *Flugzeug* redresser brusquement

Hochrelief N KUNST °haut-relief *m*; **Hochrenaissance** F apogée *m* de la Renaissance; **Hochrippe** F GASTR entrecôte *f*

hochrot ADJ tout rouge; *bes Gesicht* cramoisi; écarlate; **sie wurde ~ im Gesicht** elle est devenue écarlate

Hochruf M vivat *m*; *pl* **~e** *e-r Menge a.* acclama-

H

tions *fpl*

hochrutschen *umg* VI ⟨*sép*, -ge-, s.⟩ remonter

Hochsaison F pleine saison; **in, während der ~** en pleine saison; en plein milieu de la saison

hochschätzen VT ⟨*sép*, -ge-, h.⟩ → hoch B 3; **Hochschätzung** F ⟨~⟩ °haute estime

hochschaukeln *umg* ⟨-(e)le, *sép*, -ge-, h.⟩ **A** VT monter en épingle **B** V/R **sich (gegenseitig) ~** s'exciter, se monter la tête mutuellement

hochschieben *umg* VT ⟨*irr*, *sép*, -ge-, h.⟩ remonter

hochschlagen ⟨*irr*, *sép*, -ge-⟩ **A** VT ⟨h.⟩ *Kragen etc* relever **B** VI ⟨s.⟩ *Flammen* s'élever; *Wasser, Wellen* se soulever; **e-e Welle der Begeisterung, Entrüstung schlug hoch** une vague d'enthousiasme, de déception se souleva, s'éleva

hochschnellen VI ⟨*sép*, -ge-, s.⟩ faire un bond; *fig Preise* monter en flèche; **Hochschrank** M °haute armoire

hochschrauben ⟨*sép*, -ge-, h.⟩ **A** VT *a. fig* faire monter **B** V/R **sich ~** *Flugzeug* monter en spirale

Hochschulabschluss M diplôme *m* universitaire; **mit ~** diplômé de l'université

Hochschulabsolvent(in) M(F) diplômé(e) *m(f)* de l'université; **Hochschulbildung** F ⟨~⟩ formation *f* universitaire; **Hochschuldiplom** N diplôme *m* de l'enseignement supérieur, d'études supérieures

Hochschule F établissement *m* d'enseignement supérieur; *(Universität)* université *f*; *in Eigennamen* école supérieure; **pädagogische ~** institut *m* universitaire de formation des professeurs d'école; **technische ~** établissement supérieur d'enseignement scientifique *bzw.* de formation d'ingénieurs

Hochschüler(in) M(F) étudiant(e) *m(f)*

Hochschullehrer(in) M(F) professeur *m/f* de l'enseignement supérieur; professeur *m/f* d'université; universitaire *m/f*; **Hochschulreform** F réforme *f* de l'enseignement supérieur; **Hochschulreife** F niveau *m* du baccalauréat; **Hochschulstudium** N études *fpl* universitaires; **Hochschulwesen** N enseignement supérieur

hochschwanger ADJ en état de grossesse avancée

Hochsee F ⟨~⟩ °haute mer; large *m*; **Hochseefischer** M pêcheur de haute mer, °hauturier; **Hochseefischerei** F pêche °hauturière; grande pêche; **Hochseeflotte** F flotte *f* de haute mer; **Hochseejacht** F yacht *m* de croisière; **hochseetüchtig** ADJ de haute mer

Hochseil N corde *f* (raide); **Hochseilakt** M numéro *m* de funambule; **Hochseilartist(in)** M(F) funambule *m/f*; danseur, -euse *m,f* de corde

Hochsicherheitstrakt M quartier *m* de haute sécurité; **Hochsitz** M JAGD affût perché

Hochsommer M plein été; **im ~** au cœur, au plus fort de l'été; en plein été

hochsommerlich **A** ADJ de plein été **B** ADV **es ist ~ warm** il fait chaud comme en plein été

Hochspannung F **1** ELEK °haute tension **2** ⟨*pas de pl*⟩ *fig* grande tension; **es herrscht ~** *a.* il y a de l'électricité dans l'air

Hochspannungskabel N câble *m* à °haute tension; **Hochspannungsleitung** F ligne *f* à °haute tension; **Hochspannungsmast** M pylône *m*; **Hochspannungsnetz** N réseau *m* à °haute tension; **Hochspannungsstrom** M courant *m* à °haute tension

hochspielen VT ⟨*sép*, -ge-, h.⟩ monter en épingle; accorder trop d'importance à

Hochsprache F langue cultivée, standard; **hochsprachlich** **A** ADJ de la langue cultivée, standard **B** ADV en langue cultivée, standard

hochspringen VI ⟨*irr*, *sép*, -ge-, s.⟩ **1** sauter, bondir (**vor Freude** de joie); **an j-m ~** sauter sur qn **2** SPORT sauter en °hauteur

Hochspringer(in) M ⟨~s; ~⟩ (F) ⟨~in; ~innen⟩ SPORT sauteur, -euse *m,f* en °hauteur; **Hochsprung** M SPORT saut *m* en °hauteur

höchst ADV extrêmement; très; tout à fait; **das war ~ unnötig** c'était on ne peut plus inutile, tout à fait inutile; **~ lächerlich** *a.* du dernier ridicule; **~ überrascht** *a.* au comble de la surprise

Höchstalter N âge *m* maximum, limite

Hochstamm M GARTEN °haute tige; **hochstämmig** ADJ GARTEN à °haute tige; **Hochstand** M JAGD affût perché; **Hochstapelei** F ⟨~; ~en⟩ imposture *f*; **hochstapeln** VI ⟨-(e)le, *sép*, -ge-, h.⟩ commettre une imposture; **Hochstapler(in)** M ⟨~s; ~⟩ (F) ⟨~in; ~innen⟩ imposteur *m*

Höchstbeanspruchung F TECH effort *m* maximum; **Höchstbelastung** F charge *f* limite, maximum

Höchstbetrag M (montant *m*, somme *f*) maximum *m*; **bis zu e-m ~ von …** jusqu'à concurrence de …

Höchstbietende(r) M ⟨→ A⟩ le plus offrant; **Höchstdauer** F durée maximum, maxima(le); **Höchstdosis** F dose maximum, maxima(le)

höchste(r, -s) ADJ le (la) plus °haut(e); le (la) plus élevé(e); *fig a.* le (la) plus grand(e); souverain; suprême; TECH, PHYS, HANDEL, ADMIN maximum (*f u. pl a.* maxima); maximal; **der ~ Genuss** la plus grande jouissance; **das ~ Glück** le plus grand bonheur; le comble du bonheur; **das ~ Gut** le bien le plus précieux; **das ~ Wesen** l'Être suprême; **die ~ Stufe der Vollendung** le plus °haut degré de (la) perfection; *fig* **an ~r Stelle** en °haut lieu; **auf ~r Ebene** au plus °haut niveau; **im ~n Fall(e)** au pire *bzw.* au mieux; tout au plus; **in ~r Gefahr sein** être en très grand danger; **im ~n Grade** *od* **Maße** au plus °haut point, degré; **mit ~r Eile** en toute °hâte; **von ~r Wichtigkeit** de la plus °haute importance; d'une importance capitale; **es ist ~ Zeit** il est grand temps; → *a.* hoch

hochstecken VT ⟨*sép*, -ge-, h.⟩ **1** *Haar etc* relever **2** *fig* **s-e Ziele ~** avoir de hautes visées; **hochgesteckte Ziele** *npl* des visées (trop) ambitieuses; des objectifs (trop) ambitieux

hochstehend ADJT *fig* d'un °haut niveau

hochsteigen VI ⟨*irr*, *sép*, -ge-, s.⟩ **1** *Ballon, Raketen, Rauch etc* monter; s'élever **2** *Person* (**die Leiter**) **~** monter (à, sur, en °haut de l'échelle) **3** *fig Tränen, Emotionen* monter

hochstellen VT ⟨*sép*, -ge-, h.⟩ **1** mettre, placer en °hauteur **2** *(hochklappen)* relever; *Stühle* mettre sur la *bzw.* les table(s)

hochstemmen VT ⟨*sép*, -ge-, h.⟩ soulever

höchstenfalls ADV tout au plus

höchstens ADV **1** tout au plus; au maximum **2** *(bestenfalls)* au mieux **3** *(außer)* sauf; excepté; **sie isst kein Fleisch, ~ im Urlaub** elle ne mange pas de viande, sauf *od* excepté *od* tout au plus en vacances

Höchstfall M **im ~** tout au plus; au maximum

Höchstform F (très) grande forme; SPORT **er war in ~** il était au mieux de sa forme, avait une forme splendide

Höchstgebot N offre *f* maximum; **gegen ~** au plus offrant

Höchstgeschwindigkeit F vitesse *f* maximum; vitesse maximale; **zulässige ~** vitesse limite

Höchstgewicht N poids *m* maximum; **Höchstgrenze** F plafond *m*; maximum *m*

hochstilisieren VT ⟨*sép*, *pas de ge-*, h.⟩ *pej* **ein Bild** *etc* **zu e-m Kunstwerk ~** faire d'un tableau *etc* un chef-d'œuvre

Hochstimmung F ⟨~⟩ bonne humeur; ambiance extrêmement gaie; euphorie *f*; **in ~ sein** *Personen* être de très bonne humeur, extrêmement gai; **hier herrscht ~** *umg* il y a de l'ambiance ici; *plus fort* on est en pleine euphorie, c'est l'euphorie ici

Höchstlast F charge maximum, maxima(le); **Höchstleistung** F SPORT meilleure performance (*a. fig*); record *m*; *e-r Fabrik etc* rendement *m* maximum; *e-s Motors* puissance *f* maximum; **Höchstmaß** N ⟨~es⟩ maximum *m* (**an** [+*dat*] de)

höchstmöglich ADJ ⟨*épithète*⟩ le plus °haut, le plus grand … possible; maximum; **höchstpersönlich** **A** ADJ ⟨*épithète*⟩ *Entscheidung, Angelegenheit* tout, très personnel, -elle; tout à fait privé **B** ADV en personne

Höchstpreis M prix *m* maximum, plafond

hochstreifen VT ⟨*sép*, -ge-, h.⟩ *Ärmel etc* retrousser; relever

höchstrichterlich ADJ ⟨*épithète*⟩ de la Cour suprême; *in Frankreich* de la Cour de cassation

Höchstsatz M taux *m* maximum; **Höchststand** M niveau *m* maximum; *der Sonne* °hauteur maximum, maxima(le); **Höchststrafe** F peine maximum, maxima(le)

Hochstuhl M *für Kinder* chaise °haute

höchstwahrscheinlich ADJ (*u.* ADV) très probable(ment); très vraisemblable(ment); **Höchstwert** M valeur *f* maximum; **höchstzulässig** ADJ ⟨*épithète*⟩ *Geschwindigkeit, Gesamtgewicht, Personenzahl etc* maximum autorisé

Hochtal N °haute vallée; **Hochtechnologie** F technologie *f* de pointe

Hochtour F **auf ~en laufen** TECH tourner à plein régime; *fig Vorbereitungen etc* battre son plein

hochtourig ADJ à grande vitesse de régime; **hochtrabend** ADJT grandiloquent; **hochtreiben** VT ⟨*irr*, *sép*, -ge-, h.⟩ *umg (hinauftreiben)*, *a. fig Preise etc* faire monter; **hochverdient** ADJT *Person* de grand mérite; très méritant; *Erfolg etc* bien mérité

hochverehrt ADJT très honoré; **unser ~er Präsident** notre très honoré président; **~es Publikum!** très cher public!

Hochverrat M °haute trahison

Hochverräter M **ein ~ sein** être coupable de haute trahison

hochverschuldet, **hochversichert** ADJT → hoch B 3; **hochverzinslich** ADJ produisant des intérêts élevés

Hochwald M (°haute) futaie

Hochwasser N ⟨~s; ~⟩ **1** *e-s Flusses* crue *f*; *(Überschwemmung)* inondation *f*; **~ führen** être en crue; *umg hum* **~ haben** avoir un feu de plancher **2** *(höchster Flutstand)* marée °haute

Hochwassergefahr F danger *m* de crue, d'inondation; **Hochwasserkatastrophe** F inondation *f* catastrophique; grave(s) inondation(s) *f(pl)*; **Hochwassermarke** F marque *f* indiquant la hauteur de la (plus grande) crue; **Hochwasserschaden** M dégâts causés par l'inondation; **Hochwasserstand** M niveau *m* de la crue

hochwerfen VT ⟨*irr*, *sép*, -ge-, h.⟩ jeter en °haut, en l'air; *Arme* lever brusquement;

hochwertig ADJ de qualité supérieure; *Erz etc* de haute teneur; *a. Nahrungsmittel* riche; **Hochwild** N grand gibier; **hochwillkommen** ADJ tout à fait bienvenu; **hochwirksam** ADJ très efficace; **hochwuchten** *umg* VT ⟨-ete, *sép*, -ge-, h.⟩ °hisser

Hochwürden *Anrede* **(Euer** *od* **Eure) ~** mon Père; monsieur le Curé, l'Abbé

Hochzahl F MATH exposant *m*

Hochzeit[1] F *Feier* mariage *m*; noce(s) *f(pl)*; **grüne ~** jour *m* du mariage; **silberne, goldene, diamantene, eiserne ~** noces d'argent, d'or, de diamant, de platine; **~ haben** se marier; *umg fig* **auf allen ~en tanzen** être partout à la fois; tout faire (en même temps); *umg fig* **man kann nicht auf zwei ~en tanzen** on ne peut être à la fois au four et au moulin

Hochzeit[2] *geh* F *(Blütezeit)* apogée *m*

Hochzeiter(in) M ⟨~s; ~⟩ (F) ⟨~in; ~innen⟩ *regional* marié(e) *m(f)*; **hochzeitlich** ADJ de mariage; de noce

Hochzeitsanzeige F faire-part *m* de mariage; **Hochzeitsbrauch** M coutume *f* de mariage; **Hochzeitsfeier** F, **Hochzeitsfest** N célébration *f* du mariage; noce *f*; **Hochzeitsflug** M ZOOL vol nuptial; **Hochzeitsgast** M invité(e) *m(f)* (au mariage, à la noce); **Hochzeitsgeschenk** N cadeau *m* de mariage; **Hochzeitsgesellschaft** F noce *f*; **Hochzeitskleid** N **1** *(Brautkleid)* robe *f* de mariée **2** ZOOL robe nuptiale; **Hochzeitskuchen** M gâteau *m* de mariage; **Hochzeitskutsche** F calèche *f* des mariés *bzw.* pour le mariage; **Hochzeitsmahl** *geh* N repas *m*, festin *m* de noces; **Hochzeitsmarsch** M MUS marche nuptiale; **Hochzeitsnacht** F nuit *f* de noces; **Hochzeitspaar** N mariés *mpl*; **Hochzeitsreise** F voyage *m* de noces; **Hochzeitstag** M **1** *(Tag der Hochzeit)* jour *m* du mariage, de la noce **2** *Jahrestag* anniversaire *m* du *od* de mariage; **Hochzeitstermin** M date *f* du mariage; **Hochzeitszug** M cortège de mariage, nuptial

hochziehen ⟨*irr*, *sép*, -ge-, h.⟩ **A** VT **1** *Last* monter; *a. Fahne etc* °hisser; *Jalousie* remonter; *Vorhang, Zugbrücke* lever; *Hose etc* remonter; relever; *Schultern, Augenbrauen* °hausser; **die Nase ~** renifler **2** *Flugzeug* redresser; *Segelflugzeug* faire monter **3** *Mauer etc* ériger; construire **B** VR **sich an etw** *(dat)* **~** se hisser à qc; *umg fig* se complaire, trouver plaisir à se plaindre de qc, à critiquer qc, *etc*

Hochzinspolitik F politique *f* de taux d'intérêts élevés

hochzüchten VT ⟨-ete, *sép*, -ge-, h.⟩ *fig Gefühl* **in j-m ~** encourager, cultiver chez qn; → *a.* hochgezüchtet

Hocke F ⟨~; ~n⟩ position accroupie; *(Hocksprung)* saut groupé; **in die ~ gehen** s'accroupir; **e-e ~ über etw** *(akk)* **machen** faire un saut groupé par-dessus qc

hocken **A** VI ⟨h. *ou südd* s.⟩ **1** *(kauern)* être, se tenir accroupi; *ängstlich in e-r Ecke etc a.* être blotti **2** *umg (sitzen)* être assis; **die ganze Zeit zu Hause ~** rester tout le temps à la maison; **am Schreibtisch ~** être, rester (tout le temps) assis à son bureau **B** VR ⟨h.⟩ **sich ~** **1** s'accroupir; **sich hinter das Sofa ~** s'accroupir derrière le canapé **2** *südd (sich setzen)* s'asseoir

Hocker M ⟨~s; ~⟩ tabouret *m*; escabeau *m*

Höcker M ⟨~s; ~⟩ *des Kamels etc*, ANAT, *im Gelände* bosse *f*

höckerig ADJ **1** *(uneben)* plein de bosses; bosselé **2** *(bucklig)* bossu

Höckerschwan M cygne tuberculé

Hockey N ⟨~s⟩ °hockey *m*; **Hockeyplatz** M terrain *m* de hockey; **Hockeyschläger** M crosse *f* de hockey; **Hockeyspiel** N match *m* de hockey; **Hockeyspieler(in)** M(F) °hockeyeur, -euse *m,f*; joueur, -euse *m,f* de hockey

Hockstellung F position accroupie

Hoden M ⟨~s; ~⟩ testicule *m*; **Hodenbruch** M MED °hernie scrotale; **Hodensack** M scrotum *m*; bourses *fpl*

Hof M ⟨~(e)s; ¨-e⟩ **1** *e-s Hauses* cour *f*; *e-s Klosters, Gefängnisses a.* préau *m*; **auf dem ~** dans la cour **2** *(Bauernhof)* ferme *f*; *in Südfrankreich a.* mas *m* **3** *(Königshof, Fürstenhof)* cour *f*; **~ halten** résider; séjourner; **bei** *od* **am ~e** à la cour **4** **e-r Frau den ~ machen** faire la cour à, courtiser une femme **5** *des Mondes, der Sonne* °halo *m*

Hofamt N charge *f* à la cour; **Hofball** M bal *m* à la cour; **Hofbeamte(r)** M officier *m* de la cour; **Hofdame** F dame *f* d'honneur; **Hofetikette** F étiquette *f* (à la cour); **hoffähig** ADJ HIST admis à la cour; *fig* → gesellschaftsfähig

Hoffart *liter* F ⟨~⟩ orgueil *m* (*a.* REL); *geh* superbe *f*; morgue *f*; **hoffärtig** *liter* ADJ orgueilleux, -euse; plein de superbe

hoffen VT *u.* VI ⟨h.⟩ espérer; **auf etw** *(akk)* **~** espérer qc; **~ wir das Beste!** espérons; **ich hoffe, dass es euch gut geht** j'espère que vous allez bien; **ich will nicht ~, dass …** j'espère bien que … ne …; **ich hoffe zu gewinnen** j'espère gagner; **ich hoffe es** j'espère bien; je l'espère; **ich hoffe nicht!** j'espère que non!

hoffentlich ADV j'espère *bzw.* espérons que …; pourvu que …; **~ kommt er bald** j'espère *bzw.* espérons qu'il va bientôt venir; *Antwort* **~!** espérons-le! *bzw.* je l'espère!; **~ nicht!** espérons *bzw.* j'espère que non!

Hoffnung F ⟨~; ~en⟩ espoir *m*; espérance *f*; **~ auf etw** *(akk)* espoir de, en qc; **~ haben** avoir de l'espoir; **die ~ haben zu** *(+inf)* avoir l'espoir de *(+inf)*; **wieder ~ schöpfen** reprendre espoir; **ich bin in meinen ~en enttäuscht worden** mes espoirs, espérances ont été déçu(e)s; **sich** *(dat)* **~en machen** espérer **(auf etw** *[akk]* qc); **mach dir keine ~en!** ne te fais pas d'illusions!; **j-m ~en machen** donner l'espoir à qn **(dass** que *[+ind]*); **s-e ~ auf etw, j-n setzen** placer, mettre son espoir, ses espérances en qc, qn; **das ist meine einzige, letzte ~** c'est mon seul, dernier espoir; **zu den schönsten ~en berechtigen** donner de grands espoirs, de grandes espérances; **es besteht ~, dass er überlebt** il a des chances de survivre, de s'en sortir; **in der ~ leben, dass … vivre** dans, avec l'espoir que …; *Briefschluss* **in der ~ zu …** dans l'espoir de …; *geh* **guter ~ sein** *(schwanger sein)* être dans une position intéressante; attendre un enfant

hoffnungsfroh *geh* ADJ plein d'espoir; confiant

hoffnungslos **A** ADJ sans espoir; désespéré; *fig* **ein ~er Fall** un cas désespéré **B** ADV sans espoir; **sie hat sich ~ verrannt** elle est irrémédiablement dans l'impasse; **er ist ~ verliebt** il est éperdument amoureux

Hoffnungslosigkeit F ⟨~⟩ désespoir *m*; **die ~ s-r Lage** sa situation désespérée

Hoffnungsschimmer M lueur *f* d'espoir, d'espérance; **Hoffnungsträger(in)** M(F) espoir *m*

hoffnungsvoll ADJ **1** *(zuversichtlich)* confiant; optimiste **2** *(vielversprechend)* qui promet (beaucoup); *Anfang a.* prometteur; plein de promesses; **ein ~er junger Mann** un jeune homme qui promet, dont on attend beaucoup

Hofgang M *im Gefängnis* promenade *f*; **Hofgesellschaft** F cour *f*; **hofhalten** VI → Hof 3; **Hofhund** M chien *m* de garde

hofieren *geh* VT ⟨*pas de ge-*, h.⟩ courtiser; faire la cour à

höfisch ADJ courtois

Hofknicks M (profonde) révérence

höflich **A** ADJ poli; courtois **B** ADV poliment; courtoisement; **wir bitten Sie ~ zu …** nous vous prions poliment de …; **wir machen Sie ~(st) darauf aufmerksam, dass …** nous vous faisons poliment remarquer que …

Höflichkeit F ⟨~; ~en⟩ **1** ⟨*pas de pl*⟩ *Verhalten, Eigenschaft* politesse *f*; courtoisie *f*; **aus ~** par politesse, *etc*; *hum* **darüber schweigt des Sängers ~** dans ce cas, le tact impose la discrétion **2** *Äußerung, Geste* politesse *f*; geste *m* de courtoisie

Höflichkeitsbesuch M visite *f* de politesse, de courtoisie; **Höflichkeitsbezeigung** *geh* F ⟨~; ~en⟩ (marque *f* de) politesse *f*; **Höflichkeitsfloskel** F, **Höflichkeitsformel** F formule *f* de politesse

Hoflieferant M fournisseur *m* de la cour

Höfling M ⟨~s; ~e⟩ *a. fig pej* courtisan *m*

Hofmarschall M maréchal *m* du palais; **Hofmeister** M intendant *m* de la cour; *(Hauslehrer)* précepteur *m*; **Hofnarr** M bouffon *m* (de la cour); fou *m* du roi; **Hofrat** M ⟨~(e)s; -räte⟩ HIST, *noch österr* conseiller *m* de la cour; **Hofschranze** F ⟨~; ~n⟩ *od* M ⟨~n; ~n⟩ *pej* (vil) courtisan *m*; **Hofstaat** M ⟨~(e)s⟩ cour *f*

HO-Geschäft N HIST DDR *magasin géré par l'État*

hohe(r, -s) → hoch

Höhe F ⟨~; ~n⟩ **1** *Ausdehnung, Lage* °hauteur *f*; *über dem Meeresspiegel*, GEOG, FLUG altitude *f*; BAU **lichte ~** °hauteur *f* libre, de l'ouverture; **in tausend Meter ~** à une altitude, °hauteur de mille mètres; à mille mètres d'altitude, de hauteur; **auf gleicher ~ (mit)** à la même °hauteur (que); **auf halber ~** à mi-hauteur; *e-r Straße etc* à mi-côte; **in die ~ sehen, werfen** regarder, jeter en l'air, en °haut; **in die ~ ragen** s'élever, se dresser, s'élancer (vers le ciel); *Pflanzen* **in die ~ schießen** monter (en graine); **in die ~ steigen** monter, s'élever (dans les airs); BIBEL **Ehre sei Gott in der ~!** gloire à Dieu au plus °haut des cieux! **2** *(Landerhebung)* °hauteur *f*; *fig* **die ~n und Tiefen des Lebens** les °hauts *mpl* et les bas *mpl* de la vie **3** GEOMETRIE, ASTRON, MUS °hauteur *f*; AKUSTIK **~n und Bässe** aigu *m* et grave *m* **4** *e-r Summe etc* montant *m*; somme *f*; *e-r Zahl* nombre *m*; *e-r Temperatur* °hauteur *f*; *Betrag* **in ~ von** d'un montant de; se montant à; *Betrag* **bis zu e-r ~ von** jusqu'à concurrence de; **die ~ der Strafe festsetzen** fixer la peine **(auf** *[+akk]* à); *Preise* **in die ~ treiben** faire monter **5** *(Linie)* SCHIFF **auf der ~ von** à la hauteur de; **auf der ~ der Laterne dort** à la hauteur de ce lampadaire là-bas; **auf gleicher ~ fahren** rouler à la même °hauteur **6** *fig (Gipfel)* sommet *m*; faîte *m*; **auf der ~ s-s Ruhms** au faîte, au sommet, à l'apogée de sa gloire; **auf der ~ s-s Schaffens** au sommet, au faîte de sa carrière; **auf der ~ der Zeit sein** être à la page; *umg* **ich bin heute nicht ganz auf der ~** aujourd'hui, je ne me sens pas tout à fait bien, en forme; *umg* **das ist (doch) die ~!** c'est le comble!

Hoheit F ⟨~; ~en⟩ **1** ⟨*pas de pl*⟩ *(Souveränität)* souveraineté *f* **(über** *[+akk]* sur) **2** *Titel* altesse *f*; **Seine** *bzw.* **Ihre Königliche, Kaiserliche ~** Son Altesse royale, impériale; **(Eure) ~** Votre Altesse **3** *geh* ⟨*pas de pl*⟩ *(Würde)* majesté *f*

hoheitlich ADJ de souveraineté; régalien, -ienne

H

Hoheitsgebiet N territoire national; **auf deutschem ~** sur le *od* en territoire allemand **Hoheitsgewässer** NPL eaux territoriales; **Hoheitsrechte** NPL droits *mpl* de souveraineté; **hoheitsvoll** A ADJ majestueux, -euse B ADV avec majesté; majestueusement; **Hoheitszeichen** N emblème *m*, insigne *m* de (la) souveraineté, d'une nation

Hohelied N ⟨Hohen Lied(e)s⟩ BIBEL **das ~** le Cantique des cantiques; *geh fig* **das ~ der Liebe, Freundschaft** l'hymne *m* à, la glorification, la célébration de l'amour, l'amitié

Höhenangabe F indication *f* d'altitude, de hauteur; **Höhenangst** F ⟨~⟩ peur *f* de l'altitude; acrophobie *f*; **Höhenflug** M 1 FLUG vol *m* à °haute altitude 2 *fig* envolée *f*; **Höhenkrankheit** F ⟨~⟩ mal *m* d'altitude, des montagnes; **Höhenlage** F altitude *f*; **Höhenluft** F ⟨~⟩ air *m* des montagnes; **Höhenmarke** F repère *m* de nivellement; **Höhenmesser** M altimètre *m*; **Höhenmessung** F mesure *f* de l'altitude; altimétrie *f*; **Höhenruder** N FLUG gouvernail *m*, gouverne *f* de profondeur

Höhensonne[1] F ⟨~⟩ METEO ensoleillement *m* à °haute altitude, en °haute montagne

Höhensonne®[2] F *Gerät* lampe *f* à bronzer, à rayons ultraviolets; **~ bekommen** être traité aux (rayons) ultraviolets

Höhenstrahlung F rayons *mpl* cosmiques; **Höhenstraße** F route *f* sur les °hauteurs; **Höhenunterschied** M différence *f* de niveau; dénivellement *m*; **höhenverstellbar** ADJ à °hauteur variable; **Höhen(wander)weg** M sentier *m* de haute montagne; **Höhenzug** M chaîne *f* de collines, de montagnes

Hohepriester M ⟨Hohen Priesters; Hohen Priester⟩ BIBEL grand prêtre

Höhepunkt M *a. e-s Festes* point culminant; *e-r Epoche, des Ruhms etc* apogée *m*; *des Lebens* le plus beau moment; *e-r Krankheit* paroxysme *m*; moment crucial; crise *f*; *e-r Krise* paroxysme *m*; *e-s Dramas* point culminant; péripétie *f*; nœud *m*; *(Orgasmus)* orgasme *m*; plaisir *m*; **als die Krise ihren ~ erreicht hatte** au plus fort de la crise; **auf dem ~ s-r Macht sein** être à l'apogée, au faîte de son pouvoir

höher A ADJ plus °haut, plus élevé (**als** que); *Stockwerk, Temperatur, Geschwindigkeit* supérieur (**als** à); **fünf Meter ~ sein als** avoir cinq mètres de plus que; **~e Ansprüche stellen** exiger plus; **~e Beamtenlaufbahn** carrière *f* de haut fonctionnaire; **auf ~en Befehl** par ordre supérieur; *fig* **auf ~er Ebene** sur un plan plus élevé; à un niveau supérieur; **~e Gewalt** cas *m* de force majeure; **~e Mathematik** mathématiques supérieures; **sich zu Höherem berufen fühlen** se sentir une vocation plus élevée, plus noble; se sentir appelé à de plus grandes tâches, à des tâches plus nobles B ADV plus °haut; **immer ~** de plus en plus °haut; **~ achten** estimer plus; **~ bewerten** mieux noter, coter; **~ hängen** (sus)pendre, accrocher plus °haut; → hoch, höhergestellt, höhergruppieren *etc*

höherachten, höherbewerten VT → höher B; **höhergestellt** ADJT (plus) °haut placé; d'un rang supérieur, plus élevé; **höhergruppieren** VT ⟨*sép, pas de ge-*, h.⟩ classer dans une catégorie supérieure; *Beamte etc* reclasser; **höherschrauben** VT ⟨*sép*, -ge-, h.⟩ *Preise* faire monter, *umg* grimper; **höherstufen** VT ⟨*sép*, -ge-, h.⟩ classer dans une catégorie supérieure; *Beamte etc* reclasser

hohl A ADJ *a. fig Kopf, Klang, Wangen etc* creux, -euse; **~es Gerede** paroles creuses; propos *mpl* vides; **die ~e Hand** le creux de la main B ADV **~ klingen** sonner creux

hohläugig ADJ aux yeux enfoncés

Höhle F ⟨~; ~n⟩ 1 GEOL caverne *f*; *(a. Tropfsteinhöhle)* grotte *f* 2 *wilder Tiere* tanière *f*; *fig* **sich in die ~ des Löwen begeben** *od* **wagen** se jeter dans la gueule du loup 3 *pej (Haus, Wohnung)* bouge *m*; trou *m* 4 *(Augenhöhle)* orbite *f*

Hohleisen N TECH gouge *f*

höhlen VT ⟨h.⟩ creuser; évider

Höhlenbär M ours *m* des cavernes; **Höhlenbewohner(in)** M(F) habitant(e) *m(f)* des cavernes; troglodyte *m*; **Höhlenforscher(in)** M(F) spéléologue *m/f*; **Höhlenforschung** F spéléologie *f*; **Höhlenmalerei** F peinture *f* rupestre, des cavernes; **Höhlenmensch** M homme *m* des cavernes; **Höhlenzeichnung** F dessin *m* rupestre

Hohlheit F ⟨~⟩ *a. fig pej* vide *m*; vacuité *f*; **Hohlkehle** F BAU moulure concave, creuse; gorge *f*; **Hohlkopf** *umg pej* M tête *f* sans cervelle; imbécile *m/f*; **hohlköpfig** *umg pej* ADJ qui est sans cervelle; imbécile; stupide; **Hohlkörper** M corps creux; **Hohlkreuz** N MED lordose *f*; **Hohlmaß** N *Maßeinheit, Gefäß* mesure *f* de capacité; **Hohlnadel** F MED aiguille creuse; **Hohlraum** M espace vide, creux; cavité *f*; vide *m*; creux *m*; **Hohlraumversiegelung** F AUTO injection *f* d'anticorrosif dans les parties creuses; **Hohlsaum** M ourlet *m* à jours; **Hohlschliff** M rectification *f* concave, en creux; **Hohlspiegel** M miroir *m* concave; **Hohltier** NPL **~e** cœlentérés *mpl*

Höhlung F ⟨~; ~en⟩ 1 creux *m*; cavité *f* 2 ⟨*pas de pl*⟩ *(das Aushöhlen)* creusement *m*; évidage *m*

Hohlvene F veine *f* cave; **hohlwangig** ADJ *Person* qui a des, aux joues creuses; *Gesicht* émacié; **Hohlweg** M chemin creux; **Hohlziegel** M brique, *Dachziegel* tuile creuse

Hohn M ⟨~(e)s⟩ *(Verhöhnung)* dérision *f*; *(Sarkasmus)* sarcasme *m*; *(Verachtung)* mépris *m*; *(Spott)* raillerie *f*; **e-r Sache** *(dat)* **zum ~** au mépris de qc; *fig* **das ist der reinste ~** c'est une pure dérision

höhnen *geh* VI ⟨h.⟩ ... **höhnte er** dit-il d'un ton sarcastique; ironisa-t-il

Hohngelächter N rire méprisant, sarcastique, insultant; ricanement *m*

höhnisch A ADJ *Miene, Lächeln, Gesicht* plein de mépris; railleur, -euse; moqueur, -euse; *a. Person* méprisant B ADV **~ lachen, grinsen** ricaner

hoho INT °ho! °ho!; oh! oh!; *erstaunt a.* oh là, là!; *verachtend* bof!

Hokkaido M ⟨~s; ~s⟩, **Hokkaidokürbis** M BOT potimarron *m*

Hokuspokus M ⟨~⟩ 1 *(Zauberei)* tour *m* de passe-passe, de magie 2 *Zauberformel* abracadabra *m*; *hum* **~ Fidibus (dreimal schwarzer Kater)** abracadabra 3 *fig pej (Unsinn)* gamineries *fpl*; sottises *fpl*; *(Drum und Dran) umg* attirail *m*; *umg* fourbi *m*

hold ADJ 1 *geh* **j-m ~ sein** *Person* être favorable à qn; **das Glück ist ihm ~** la fortune lui sourit 2 *poet (lieblich)* gracieux, -ieuse

Holder M ⟨~s; ~⟩ *südd* sureau *m*

Holding F ⟨~; ~s⟩, **Holdinggesellschaft** F HANDEL °holding *m*

holdselig *poet* ADJ gracieux, -ieuse; plein de grâce

holen ⟨h.⟩ A VT 1 *(hingehen u. herbringen)* aller chercher; aller prendre; *(ab~)* venir chercher; venir prendre; **zur Bank gehen und Geld ~** aller chercher de l'argent à la banque; **etw aus der Tasche** *etc* **~** sortir qc de sa poche, de son sac, *etc*; **j-n aus dem Bett ~** tirer qn du lit 2 *umg fig Preis, Medaille etc umg* décrocher; *Punkte* remporter; marquer; **den Sieg ~** remporter, *umg* décrocher la victoire; **Luft ~** respirer; *nach e-r Anstrengung* reprendre son souffle, sa respiration; *umg fig* **bei ihm ist nichts zu ~** il n'y a rien à en tirer B VR **sich** *(dat)* **bei j-m Rat ~** demander conseil à qn; prendre conseil de qn; *umg* **sich** *(dat)* **e-e Erkältung ~** prendre froid; *umg* **sich** *(dat)* **e-n Schnupfen ~** attraper un rhume; *umg fig* **sich** *(dat)* **den Tod ~** *umg* attraper la crève

Holger M ⟨→ *n/pr*⟩ *prénom*

holla INT °holà!; °hé!

Holland N ⟨→ *n/pr*⟩ la Hollande; *fig* **(nun ist) ~ in Not** nous voilà dans de beaux draps

Holländer[1] M ⟨~s; ~⟩ 1 *Einwohner* °Hollandais *m*; **der Fliegende ~** MYTH le Hollandais volant; *Oper* le Vaisseau fantôme 2 *(~ Käse)* °hollande *m* 3 *Kinderfahrzeug* cyclorameur *m*

Holländer[2] ADJ ⟨*épithète, inv*⟩ °hollandais; de Hollande; **~ Käse** fromage *m* de Hollande

Holländerin F ⟨~; ~nen⟩ °Hollandaise *f*

holländisch ADJ °hollandais; de Hollande; GASTR **~e Soße** sauce hollandaise

Holländisch N ⟨~(s)⟩, **Holländische** N ⟨~n⟩ **(das) Holländisch(e)** *Sprache* le hollandais

Hollandrad N bicyclette °hollandaise

Hölle F ⟨~; ~n⟩ enfer *m*; *fig* **die grüne ~** la forêt vierge; REL **abgestiegen zur ~** descendu aux enfers; **in die ~ kommen** aller en enfer; *geh* **zur ~ mit ihr!** qu'elle aille au diable!; **zur ~ damit!** au diable tout cela!; *umg* **j-m die ~ heißmachen** rendre la vie dure à qn; **j-m das Leben zur ~ machen** rendre la vie impossible à qn; **das ist für sie die ~ auf Erden** c'est l'enfer pour elle; elle vit un calvaire; *fig* **das ist die (reinste) ~** c'est un enfer; *umg* **da war die ~ los** c'était l'enfer, *umg* infernal

Höllenangst *umg* F **e-e ~ haben** avoir une peur terrible, bleue; *umg* avoir la frousse

Höllenbrut F engeance infernale; **Höllenfahrt** F REL, MYTH descente *f* aux enfers; **Höllenfürst** M ⟨~en⟩ REL prince *m* des enfers, des ténèbres; **Höllenhund** M MYTH Cerbère *m*

Höllenlärm *umg* M vacarme, tapage infernal; *umg* boucan *m* de tous les diables, du diable; **e-n ~ machen** *a. umg* faire un barouf, un raffut du diable

Höllenmaschine *umg* F machine infernale

Höllenqual *umg* F supplice, martyre infernal; **~en ausstehen** souffrir mille morts; être à la torture

Höllenspektakel M → Höllenlärm; **Höllenstein** M ⟨~(e)s⟩ PHARM nitrate *m* d'argent

Höllentempo *umg* N **in** *od* **mit e-m ~ fahren** aller, rouler à un train d'enfer

Holler M ⟨~s; ~⟩ *südd, österr* sureau *m*

Hollerithmaschine F machine *f* (comptable) à cartes perforées

höllisch A ADJ 1 ⟨*épithète*⟩ *(der Hölle)* de l'enfer 2 *fig (schrecklich) Schmerzen etc* atroce; épouvantable 3 *umg fig (groß) Angst* affreux, -euse; atroce; *Lärm, Tempo umg* infernal; d'enfer; **~en Respekt vor j-m haben** craindre qn terriblement B *umg* ADV affreusement; atrocement; *umg* diablement; **man muss dabei ~ aufpassen** il faut (y) faire extrêmement attention; **~ wehtun** faire affreusement, atrocement, horriblement mal

Hollywoodschaukel F balancelle *f*

Holm M ⟨~(e)s; ~e⟩ 1 *e-r Axt, e-s Ruders* manche *m* 2 *e-r Leiter* montant *m* 3 FLUG longeron *m* 4 *am Barren* barre *f*

Holocaust M ⟨~(s); ~s⟩ holocauste *m*

Holografie F ‹~; ~n› OPT holographie *f*; **holografisch** ADJ 1 *(eigenhändig geschrieben)* olographe 2 OPT holographique; **Hologramm** N ‹~s; ~e› OPT hologramme *m*; **Holographie** F, **holographisch** ADJ → Holografie, holografisch
holperig → holprig
holpern V/I ‹-(e)re› 1 ‹s.› *Wagen* cahoter; *Person* trébucher 2 ‹h.› *beim Sprechen, Lesen* trébucher (sur les mots)
holprig A ADJ 1 *Weg* cahoteux, -euse; *Straßenpflaster* inégal 2 *Verse* raboteux, -euse; *Stil* rocailleux, -euse; °heurté; raboteux, -euse; *Fremdsprache* hésitant B ADV **etw ~ vortragen** lire, réciter qc d'une façon °heurtée, en trébuchant sur les mots
Holschuld F JUR créance *f* quérable
holterdiepolter *umg* ADV précipitamment (et à grand bruit)
holüber INT *zum Fährmann* ohé! passeur!
Holunder M ‹~s; ~› 1 *Strauch* sureau *m* 2 ‹*pas de pl*› *(~beeren)* baies *fpl* de sureau; **Holunderbeere** F baie *f* de sureau; **Holunderstrauch** M sureau *m*; **Holundertee** M infusion *f* de sureau
Holz N ‹~es; ¨er› 1 ‹*pas de pl*› *Material* bois *m*; **aus ~** de, en bois; *fig Mensch* **nicht aus ~ sein** ne pas être de bois; **~ verarbeitend** travaillant le bois; **~ verarbeitende Industrie** industrie *f* de transformation du bois; *umg fig* **viel ~** *bes Geld* un beau, *umg* sacré paquet; *umg hum* **sie hat viel ~ vor der Hütte** *umg* il y a du monde au balcon 2 *(~sorte)* bois *m*; *fig* **aus dem gleichen ~ (geschnitzt) sein** être de la même trempe; être tout pareil; **sie ist aus anderem ~ (geschnitzt)** elle n'a pas le même tempérament, caractère; elle n'est pas de la même trempe 3 TENNIS *etc* bois *m*; **den Ball mit dem ~ schlagen, treffen** faire un bois 4 ‹*pl* ~› KEGELN quille *f*; **gut ~!** bonne chance! 5 ‹*pas de pl*› MUS **das ~** les bois *mpl* 6 ‹*pas de pl*› *Jägersprache (Gehölz)* bois *m*
Holzapfel M pomme *f* sauvage; **Holzarbeiter** M bûcheron *m*; **Holzart** F espèce *f*, sorte *f* de bois; essence *f*
Holzauge N *hum* **~, sei wachsam!** il s'agit d'ouvrir l'œil *(umg,* et le bon!)
Holzbalken M poutre *f* de, en bois; **Holzbank** F ‹~; -bänke› banc *m* de, en bois; **Holzbearbeitung** F travail *m* du bois; **Holzbein** N jambe *f* de bois; **Holzbläser** M MUS joueur *m* d'un instrument à vent en bois
Holzblasinstrument N MUS instrument *m* à vent en bois; *pl* **~e** bois *mpl*
Holzblock M ‹~(e)s; -blöcke› bloc *m* de bois; **Holzbock** M 1 ZOOL *Zecke* tique *f* 2 *Gerät* chevalet *m*; **Holzboden** M → Holzfußboden; **Holzbohrer** M 1 TECH foret *m* (à bois, de charpentier); *großer* tarière *f* 2 PL ZOOL xylophages *mpl*; **Holzbottich** M cuve *f* (en bois)
Hölzchen N ‹~s; ~› 1 petit bout de bois; *fig* **vom ~ aufs Stöckchen kommen** se perdre dans les détails 2 *(Streichholz)* allumette *f*
Holzdach N toit *m* en, de bois; **Holzdübel** M cheville *f* de bois
holzen V/I ‹-(es)t, h.› *Sportjargon* jouer brutalement
hölzern ADJ 1 de, en bois 2 *fig (steif)* raide; contraint
Holzfäller M ‹~s; ~› bûcheron *m*; **Holzfaserplatte** F panneau *m*, plaque *f* de fibres de bois; **Holzfeile** F lime *f*, râpe *f* à bois; **holzfrei** ADJ *Papier* de bonne qualité; sans fibres de bois; **Holzfußboden** M plancher *m* en bois; **holzgeschnitzt** ADJT taillé dans le bois; **holzgetäfelt** ADJT lambrissé;

Holzhacker M *bes österr* bûcheron *m*; **holzhaltig** ADJ *Papier* fait de pâte de bois; **Holzhammer** M maillet *m*; **Holzhammermethode** *umg hum* F ‹~› manière forte; **Holzhandel** M commerce *m* du bois; **Holzhändler(in)** M(F) marchand(e) *m(f)* de, négociant(e) *m(f)* en bois; **Holzhaus** N maison *f* de, en bois
holzig ADJ ligneux, -euse; *Gemüse, Obst* filandreux, -euse
Holzindustrie F ‹~› industrie *f* du bois; **Holzkiste** F caisse *f* en bois; **Holzkitt** M futée *f*; **Holzklotz** M 1 bloc *m* de bois; *(Hackklotz)* billot *m* 2 *Spielzeug* cube *m* en bois 3 *fig pej* lourdaud *m*; **Holzkohle** F charbon *m* de bois
Holzkohlenfeuer N feu *m* au charbon de bois; **Holzkohlengrill** M barbecue *m* à charbon de bois
Holzkopf M 1 *e-r Puppe etc* tête *f* de, en bois 2 *umg pej umg* taré(e) *m(f)*; *umg* demeuré(e) *m(f)*; **Holzlatte** F latte *f* de bois; **Holzleim** M colle *f* à bois; **Holzleiste** F baguette *f* de bois; **Holzlöffel** M cuillère *f* en bois; **Holzmaserung** F veines *fpl* du bois; madrure *f*; **Holzmaß** N unité *f* de mesure du bois; **Holzmehl** N farine *f* de bois; *von Holzwürmern* vermoulure *f*; **Holzofenbrot** N pain cuit au feu de bois; **Holzpantine** F *regional*, **Holzpantoffel** M sabot *m*; **Holzpflock** M piquet *m* (en, de bois); **Holzplatte** F plaque *f* de, en bois; **Holzrahmen** M cadre *m*, châssis *m* en bois; **Holzscheit** N bûche *f*; *kleines* billette *f*; **Holzschneider** M graveur *m* sur bois; **Holzschnitt** M gravure *f* sur bois; **holzschnittartig** ADJ *fig* sans nuance; *plus fort* simpliste; **Holzschnitzer** M sculpteur *m* sur bois; **Holzschnitzerei** F sculpture *f* sur bois; **Holzschraube** F vis *f* à bois; **Holzschuh** M sabot *m*; **Holzschuppen** M bûcher *m*; **Holzschutzmittel** N produit *m* de protection, de traitement du bois; **Holzspielzeug** N jouet(s) *m(pl)* en bois; **Holzsplitter** M éclat *m* de bois; *am Holz* picot *m*; *in der Haut* écharde *f*; **Holzstäbchen** N baguette *f* (de bois); *eckiges* bûchette *f*; **Holzstapel** M, **Holzstoß** M pile *f* de bois; **Holztäfelung** F lambris *m*; boiserie *f*; lambrissage *m*; **Holzteer** M goudron *m* de bois; **Holztreppe** F escalier *m* de, en bois
holzverarbeitend ADJT ‹*épithète*› travaillant le bois; **~e Industrie** industrie *f* de transformation du bois
Holzvered(e)lung F traitement *m* du bois; **Holzverkleidung** F revêtement *m* en bois; boiserie *f*; **Holzvertäfelung** F boiserie *f*; lambris(sage) *m*; **Holzwaren** FPL articles *mpl* en bois
Holzweg M *fig* **auf dem ~ sein** faire fausse route; se tromper; faire erreur
Holzwirtschaft F ‹~› industrie forestière, du bois; **Holzwolle** F fibre *f* de bois; **Holzwurm** M ver *m* du bois
Homebanking N ‹~s› banque *f* à domicile
Homeland N HIST °homeland *m*; bantoustan *m*
Homepage F ‹~; ~s› IT *(Startseite)* page *f* d'accueil; *(offizielle Website)* site Web (officiel); *persönliche* page personnelle
Homer M ‹→ *n/pr*› Homère *m*
homerisch ADJ homérique; **ein ~es Gelächter** un rire homérique
Hometrainer M °home-trainer *m*; vélo *m* d'appartement
Hommage *geh* F ‹~; ~n› hommage *m* (an [+*akk*] à)
Homo *umg* M ‹~s; ~s› *umg* homo *m*; **Homo-Ehe** *umg* F *association enregistrée administrativement de couples homosexuels (assimilée au mariage)*; *in Frankreich etwa* pacs *m*
homoerotisch *geh* ADJ homosexuel, -elle
homofon ADJ LING homophone
Homofon N ‹~s; ~e› LING homophone *m*; **Homofonie** F ‹~› LING, MUS homophonie *f*
homogen ADJ homogène; **homogenisieren** V/T ‹*pas de ge-*, h.› homogénéiser; *fig* rendre homogène; harmoniser; **Homogenisierung** F ‹~› homogénéisation *f*; **Homogenität** F ‹~› homogénéité *f*
Homograf, **Homograph** M ‹~s; ~e› LING homographe *m*
homolog ADJ homologue
homonym ADJ LING homonyme
Homonym N ‹~s; ~e› LING homonyme *m*
Homonymie F ‹~› LING homonymie *f*
Homöopath(in) M ‹~en; ~en› (F) ‹~in; ~innen› MED homéopathe *m/f*
Homöopathie F ‹~› MED homéopathie *f*
homöopathisch MED A ADJ *Mittel* homéopathique; *Arzt* homéopathe B ADV **~ behandeln** traiter par l'homéopathie
homophil ADJ homophile
homophon ADJ → homofon; **Homophon** N → Homofon; **Homophonie** F → Homofonie; **Homosexualität** F homosexualité *f*; **homosexuell** ADJ homosexuel, -elle; **Homosexuelle(r)** M/F(M) ‹→ A› homosexuel, -elle *m,f*
Honduras N ‹→ *n/pr*› le Honduras
Hongkong N ‹→ *n/pr*› Hongkong
Honig M ‹~s; ~e› miel *m*; *umg* **j-m ~ um den Bart** *od* **Mund** *od* **ums Maul schmieren** passer de la pommade à qn
Honigbiene F abeille *f* (mellifique); **Honigbrötchen** N petit pain tartiné avec du miel; **Honigdachs** M ratel *m*; *t/t* mellivora *m*; **honigfarben** ADJ couleur (de) miel; **honiggelb** ADJ (jaune comme le) miel; **Honigkuchen** M pain *m* d'épice
Honigkuchenpferd *umg hum* N **strahlen** *od* **lachen wie ein ~** sourire béatement; avoir un sourire béat
Honiglecken *umg* N **das ist kein ~** *umg* ce n'est pas de la tarte, du gâteau
Honigmelone F *variété de melon très sucrée*; **Honigmond** M *hum* lune *f* de miel
honigsüß A ADJ 1 sucré, doux, douce comme le miel 2 *fig pej Person, Worte, Lächeln etc* mielleux, -euse; *Miene, a. Lächeln, Worte etc* doucereux, -euse; *Person a.* tout sucre tout miel B ADV *fig* **~ lächeln** avoir un sourire doucereux, mielleux
Honigwabe F rayon *m* (de miel); **Honigwein** M hydromel *m*
Honneurs *geh* PL **die ~ machen** accueillir les invités; faire les honneurs de la maison
Honolulu N ‹→ *n/pr*› Honolulu
Honorar N ‹~s; ~e› honoraires *mpl*; **Honorarforderung** F honoraires demandés, exigés; **Honorarprofessor(in)** M(F) professeur *m/f* honoraire
Honoratioren PL notables *mpl*
honorieren V/T ‹*pas de ge-*, h.› 1 **etw ~** verser des honoraires pour qc; rétribuer qc; **e-e Tätigkeit mit tausend Euro ~** verser des honoraires de mille euros pour un travail; **die Arbeit wird gut honoriert** le travail est bien rétribué 2 *fig (belohnen)* récompenser (**j-n für etw** qn pour qc); *(würdigen)* apprécier; estimer à sa juste valeur 3 FIN *Wechsel* honorer
Honorierung F ‹~; ~en› 1 versement *m* des honoraires; rétribution *f* 2 *fig (Belohnung)* récompense *f*; *(Würdigung)* reconnaissance *f* 3 FIN acceptation *f*
honorig *geh* ADJ honorable; honnête

Hooligan M ⟨~s; ~s⟩ °houligan *m*
hopfen VT ⟨h.⟩ *Bier* °houblonner
Hopfen M ⟨~s; ~⟩ °houblon *m*; *umg* **bei ihm ist ~ und Malz verloren** il est incorrigible; on ne peut rien en tirer
Hopfenstange F **1** perche *f* à °houblon **2** *umg fig Frau umg* (grande) perche; *umg* grande bringue; *Mann* échalas *m*
hopp **A** INT °hop!; **~, ~!** allez, °hop!; **~, ~, ins Bett!** allez, °hop! au lit! **B** ADV **das geht ~(, ~)** ça ne traîne pas; ça va très vite; *umg* **mach mal ein bisschen ~(, ~)!** presse-toi un peu!; *umg* et que ça saute!; *umg* allez, active un peu!
hoppeln VI ⟨-(e)le, s.⟩ *Kaninchen* sauter; bondir
hoppla INT °hop là!; *beim Stolpern* °holà!
hoppnehmen *umg* VT ⟨irr, sép, -ge-, h.⟩ *(festnehmen) umg* choper; *umg* épingler
hops **A** INT °hop! **B** *umg* ADJ ⟨attribut⟩ **~ sein** *(verloren sein)* être perdu; *(tot sein) sl* être clamsé; *(kaputt sein) umg* être fichu
Hops M ⟨~es; ~e⟩ saut *m*; gambade *f*
hopsa(sa) *kindersprr* INT °hop!
hopsen *umg* VI ⟨-(es)t, s.⟩ sautiller *(a. pej beim Tanzen)*; sauter; gambader
Hopser *umg* M ⟨~s; ~⟩ saut *m*; gambade *f*
Hopserei *umg* F ⟨~; ~en⟩ *a. pej beim Tanzen* sautillement *m*
hopsgehen *umg* VI ⟨irr, sép, -ge-, s.⟩ *(verloren gehen)* se perdre; *(sterben) sl* clamser; *umg* claquer; *(kaputtgehen)* se casser; **hopsnehmen** → hoppnehmen
Hörapparat M prothèse auditive
Horaz M ⟨→ n/pr⟩ Horace *m*
hörbar ADJ audible; perceptible; **kaum ~** presque inaudible
hörbehindert ADJT malentendant; **Hörbereich** M zone *f* d'audibilité; **Hörbuch** N livre-cassette *m*
horchen VI ⟨h.⟩ écouter; prêter l'oreille; **an der Tür, Wand ~** écouter à la porte, coller son oreille au mur; **horch!** écoute!
Horcher(in) M ⟨~s; ~⟩ (F) ⟨~in; ~innen⟩ personne *f* qui écoute (aux portes); *sprichw* **der ~ an der Wand hört s-e eigene Schand** celui qui écoute aux portes risque d'entendre parler de ses défauts
Horchgerät N FLUG appareil *m* de repérage par le son; SCHIFF hydrophone *m*
Horchposten M MIL poste *m* d'écoute; *fig hum* **auf ~ gehen** se mettre à son poste d'écoute
Horde[1] F ⟨~; ~n⟩ *(Schar)* °horde *f*; bande *f*; **e-e ~ Kinder** *od* **von Kindern** une bande d'enfants
Horde[2] F ⟨~; ~n⟩ *(Lattengestell)* claie *f*
hören ⟨h.⟩ **A** VT *(vernehmen)* entendre; *(an~)* écouter; **Radio ~** écouter la radio; **die Messe ~** entendre la messe; **e-e Vorlesung ~** suivre un cours (à l'université); **bei Professor B. Geschichte ~** suivre les cours d'histoire du professeur B.; **die Zeugen ~** entendre les témoins; **wenn man ihn hört ...** à l'entendre (parler) ...; **ich habe ihn sagen ~, (dass) ...** je l'ai entendu dire que ...; **j-n kommen ~** entendre qn venir; **ich habe es von ihm selbst gehört** il me l'a dit lui-même; c'est lui qui me l'a dit; **ich will nichts mehr davon ~** je ne veux plus en entendre parler; **etwas von j-m ~** avoir des nouvelles de qn; **wir haben lange nichts von ihm gehört** nous n'avons pas eu de ses nouvelles depuis longtemps; cela fait longtemps qu'il ne nous a pas donné signe de vie; **man hörte nie wieder etwas von ihm** on n'a plus jamais eu de ses nouvelles; **lass mal etwas von dir ~!** donne-nous de tes nouvelles à l'occasion; **sie lässt nichts von sich ~** elle ne donne pas, aucun signe de vie; *umg* **das ist das Neueste, was ich höre** première nouvelle; *iron* **ich höre (ja) schöne Dinge von dir** on en raconte de belles sur ton compte; **das lässt sich ~** voilà qui s'appelle parler; voilà une bonne parole; **das lässt sich schon eher ~** c'est déjà mieux; **lass ~!** raconte!; *umg* **der kriegt was zu ~!** il va m'entendre! **B** VI *(verstehen)* entendre; *(zu~)* écouter; **schlecht, schwer ~** entendre mal; être dur d'oreille; **gut ~** avoir l'oreille, l'ouïe fine; **auf dem linken Ohr schlecht ~** entendre mal de l'oreille gauche; **nur auf e-m Ohr ~** n'entendre que d'une oreille; **ich habe davon gehört** j'en ai entendu parler; **ich habe gehört, dass ...** j'ai entendu dire que ...; on m'a dit que ...; **ich habe gehört, wie er die Treppe hinunterfiel** je l'ai entendu tomber dans les escaliers; **wie ich höre ...** à ce qu'on dit ...; il paraît que ...; *umg* **nicht ~ wollen** *(ungehorsam sein)* ne pas vouloir écouter, obéir; *sprichw* **wer nicht ~ will, muss fühlen** voilà ce qui arrive quand on n'écoute pas (les conseils); *umg* **dabei vergeht einem Hören und Sehen** c'est à vous couper le souffle; **auf die Nachrichten ~** *(aufmerksam verfolgen)* écouter les informations; **auf j-s Rat** *(akk)* **~** *(befolgen)* écouter, suivre les conseils de qn; **auf j-n ~** écouter qn; *plus fort* obéir à qn; **auf den Namen Felix ~** s'appeler Félix; **von j-m ~** avoir des nouvelles de qn; **lass bald von dir ~** donne-nous bientôt de tes nouvelles; **Sie werden (noch) von mir ~!** *a. drohend* vous aurez de mes nouvelles!; **hörst du?** tu entends?; **hörst du!** tu entends!; tu m'entends bien!; *umg* **hör mal!** dis donc!; *umg* **hör doch mal!** écoute!; *vorwurfsvoll umg* **(na) hör mal!** voyons!; dis donc!; **hört, hört!** tiens! tiens!; **ich höre** j'écoute; je vous *bzw.* t'écoute; **man höre und staune** écoutez (-moi) bien; vous n'en croirez pas vos oreilles; vous me croirez si vous voulez
Hörensagen N **etw, j-n (nur) vom ~ kennen** avoir (seulement) entendu parler de qc, qn
hörenswert ADJ qui mérite d'être entendu, écouté
Hörer M ⟨~s; ~⟩ **1** *Person* auditeur *m* **2** *(Telefonhörer)* combiné *m*; récepteur *m* (téléphonique); **den ~ abnehmen** décrocher; **den ~ auflegen** raccrocher
Hörerbrief M lettre *f* d'auditeur; *pl* **~e** courrier *m* des auditeurs
Hörerin F ⟨~; ~nen⟩ auditrice *f*; **verehrte ~nen und Hörer!** chers auditeurs!
Hörerkreis M public *m*; auditeurs *mpl*; **Hörerpost** F courrier *m* des auditeurs; **Hörerschaft** F ⟨~; ~en⟩ RADIO auditeurs *mpl*; *e-r Vorlesung etc* auditoire *m*; **Hörerwünsche** MPL souhaits *mpl*, désirs *mpl* des auditeurs
Hörfehler M **1** erreur *f* de compréhension **2** MED défaut *m* de l'ouïe; **Hörfolge** F RADIO série *f*, feuilleton *m* radiophonique; **Hörfunk** M radio *f*; **Hörgerät** N prothèse auditive; **Hörgeräteakustiker(in)** M(F) audioprothésiste *m/f*
hörgeschädigt ADJT malentendant
Hörgeschädigte(r) M/F(M) ⟨→ A⟩ malentendant(e) *m(f)*
hörig ADJ **1** HIST serf, serve **2** *fig* esclave; *bes sexuell* dépendant; **er ist ihr ~** *a. sexuell* il lui est entièrement soumis
Hörigkeit F ⟨~⟩ **1** HIST servage *m* **2** *fig* sujétion *f*; esclavage *m*; *sexuell* dépendance *f*; soumission *f*
Horizont M ⟨~(e)s; ~e⟩ *a. fig* horizon *m*; **am ~** à l'horizon; **hinter dem ~** derrière, au-delà de l'horizon; *fig* **der geistige ~** l'horizon intellectuel; **s-n ~ erweitern** élargir son horizon; **e-n engen ~ haben** avoir l'esprit étroit, étriqué; être borné; **das geht über s-n ~** cela le dépasse; c'est au-dessus de sa portée
horizontal ADJ horizontal; *umg hum* **das ~e Gewerbe** le plus vieux métier du monde; la prostitution
Horizontalbewegung F mouvement horizontal
Horizontale F ⟨~; ~n⟩ (ligne *f*) horizontale *f*; ASTRON ligne *f* d'horizon; *hum* **sich in die ~ begeben** *umg* prendre la position horizontale; se coucher; s'allonger
Hormon N ⟨~s; ~e⟩ hormone *f*
hormonal ADJ hormonal
Hormonbehandlung F traitement hormonal
hormonell **A** ADJ hormonal **B** ADV **~ bedingt** hormonal; d'origine hormonale
Hormonhaushalt M équilibre hormonal; **Hormonpräparat** N produit *m* à base d'hormones; **Hormonspiegel** M taux d'hormone(s), hormonal; **Hormonspritze** F piqûre *f* d'hormone(s)
Hörmuschel F *am Telefon* écouteur *m*
Horn N ⟨~(e)s; ⸚er⟩ **1** ZOOL, *fig* corne *f*; *umg fig* **sich** *(dat)* **die Hörner abstoßen** jeter sa gourme; *umg fig* **s-m Ehemann Hörner aufsetzen** *umg* faire porter des cornes à son mari; *umg* faire son mari cocu **2** ⟨pl ~e⟩ *Material* corne *f* **3** *Trinkgefäß* corne *f* (à boire) **4** MUS cor *m*; *(Jagdhorn, Waldhorn)* cor *m* de chasse; **ins ~ stoßen** sonner du cor; *umg fig* **(immer) in das gleiche ~ stoßen** être (toujours) du même avis **5** *Warngerät* corne *f*; *(Hupe)* avertisseur *m*; klaxon *m* **6** *umg fig (Beule)* bosse *f*
Hornberger ADJ ⟨inv⟩ **ausgehen wie das ~ Schießen** n'aboutir à rien; finir en queue de poisson
Hornblende F ⟨~⟩ MINER °hornblende *f*; **Hornbrille** F lunettes *fpl* d'écaille
Hörnchen N ⟨~s; ~⟩ **1** petite corne **2** *Gebäck* croissant *m* **3** ZOOL *pl* sciuridés *mpl*
hörnen *umg hum* VT ⟨h.⟩ *umg* faire cocu; *umg* cocufier
hörnern ADJ de, en corne
Hörnerv M nerf auditif
Hornhaut F **1** *(verhärtete Haut)* callosité *f*; *(Schwiele)* durillon *m* **2** *am Auge* cornée *f*; **Hornhautentzündung** F inflammation *f* de la cornée; *t/t* kératite *f*; **Hornhautübertragung** F greffe cornéenne; *t/t* kératoplastie *f*
Hornhecht M ZOOL orphie *f*
hornig ADJ de, en corne
Hornisse F ⟨~; ~n⟩ frelon *m*
Hornissennest N nid *m* de frelons; **Hornissenstich** M piqûre *f* de frelon
Hornist(in) M ⟨~en; ~en⟩ (F) ⟨~in; ~innen⟩ MUS corniste *m/f*; cornettiste *m/f*
Hornkamm M peigne *m* de, en corne; **Hornklee** M lotier *m*; **Hornknopf** M bouton *m* en, de corne; **Hornkraut** N ⟨~(e)s⟩ BOT céraiste *m*
Hornochse *umg* M imbécile *m/f*; *umg* andouille *f*; **ich ~!** qu'est-ce que je suis bête!
Horntier N cavicorne *m*; **Hornvieh** N **1** ZOOL bêtes *fpl* à cornes; *t/t* bovidés *mpl* **2** *umg fig* → Hornochse
Hörorgan N (organe *m* de l')ouïe *f*
Horoskop N ⟨~s; ~e⟩ horoscope *m*; **j-m das ~ stellen** faire, dresser l'horoscope de qn
horrend ADJ énorme; *Preis a.* exorbitant
horrido INT *hum* °hourra!; youpi!
Hörrohr N **1** *Hörgerät* cornet *m* acoustique **2** *(Stethoskop)* stéthoscope *m*
Horror M ⟨~s⟩ horreur *f*; PHIL **~ vacui** horreur du vide; **e-n ~ vor etw** *(dat)* **haben** avoir horreur de qc; détester qc

Horrorfilm M film *m* d'épouvante
Horrortrip *umg* M *im Drogenrausch umg* trip *m*; *umg* défonce *f*; *fig* **das war der reinste ~** c'était l'horreur, l'enfer
Hörsaal M salle *f* (de conférences, de cours); amphithéâtre *m*; *fig* **der ganze ~ applaudierte** tout l'amphithéâtre, toute la salle applaudissait
Hörschwelle F seuil *m* d'audibilité
Horsdœuvre N ⟨~(s); ~s⟩ °hors-d'œuvre *m*
Hörspiel N pièce *f* radiophonique; **Hörspielautor(in)** M(F) auteur *m* de pièces radiophoniques
Horst¹ M ⟨~(e)s; ~e⟩ **1** *(Vogelhorst)* aire *f* **2** *(Fliegerhorst)* base aérienne
Horst² M ⟨→ n/pr⟩ *prénom*
horsten V/I ⟨-ete, h.⟩ *Raubvögel* faire son aire; airer
Hörsturz M MED perte passagère de l'audition; *t/t* hypoacousie *f* brusque
Hort M ⟨~(e)s; ~e⟩ **1** *poet (Schatz)* trésor *m* **2** *geh (sicherer Ort)* refuge *m*; asile *m*; *(Stätte)* **~ des Lasters** antre *m*, repaire *m* du vice **3** *(Kinderhort)* garderie *f* (d'enfants)
horten V/T ⟨-ete, h.⟩ *Waren* stocker; *Geld* thésauriser
Hortensie F ⟨~; ~n⟩ hortensia *m*
Hörtest M test auditif; **Hörvermögen** N ⟨~s⟩ capacité auditive
Hörweite F ⟨~⟩ portée *f* de la voix; **in, außer ~** à, °hors de portée de la voix; **er ist schon außer ~** il ne peut plus nous entendre
Höschen N ⟨~s; ~⟩ **1** *(kleine kurze Hose)* petite culotte; *(kleine lange Hose)* petit pantalon; *umg hum* **heiße ~** mini-short *m* **2** *(Damenslip)* slip *m*
Hose F ⟨~; ~n⟩ *lange* pantalon *m*; *kurze* culotte *f*; *(kurze Sommerhose)* short *m*; → *a.* Unterhose; **in die ~ machen** faire dans sa culotte; *umg fig* **(sich** [*dat*]**) (vor Angst) in die ~(n) machen** *umg* faire dans sa culotte; *umg fig* **j-m die ~n stramm ziehen** donner une fessée à qn; *umg fig* **(zu Hause) die ~n anhaben** *Frau* porter la culotte; *umg* **die ~ voll haben** avoir fait dans sa culotte; *fig (Angst haben) umg* avoir la trouille, la frousse, les jetons; *umg* **die ~n voll kriegen** *umg* (se) prendre, recevoir une raclée; *umg fig* **die ~n runterlassen** jouer cartes sur tables; *umg fig* **in die ~(n) gehen** *umg* foirer; *umg* **tote ~ sein** *umg* être, faire un bide, un flop; *umg* avoir foiré; *umg* **hier ist tote ~** *umg* c'est mort ici
Hosenanzug M tailleur-pantalon *m*; **Hosenaufschlag** M revers *m* de pantalon; **Hosenbandorden** M ⟨~s⟩ ordre *m* de la Jarretière; **Hosenbein** N jambe *f* de pantalon
Hosenboden M fond *m* de pantalon, de culotte; *umg fig* **j-m den ~ stramm ziehen** donner une fessée à qn; *umg fig* **sich auf den ~ setzen** s'accrocher; *umg* bosser
Hosenbügel M cintre *m* pour pantalon; **Hosenbügler** M ⟨~s; ~⟩ presse-pantalon *m*; **Hosenbund** M ceinture *f* de pantalon, de culotte; **Hosenfutter** N doublure *f* de pantalon; **Hosenklammer** F pince *f* (de pantalon); **Hosenknopf** M bouton *m* de culotte; **Hosenlatz** M **1** *e-r Latzhose* bavette *f* **2** *regional (Hosenschlitz)* braguette *f*; *e-r Lederhose* pont *m*; **Hosenmatz** *umg hum* M bambin *m*; *umg* marmot *m*; **Hosennaht** F couture *f* de pantalon; **Hosenrock** M jupe-culotte *f*; **Hosenrolle** F THEAT rôle d'homme joué par une femme; **Hosenscheißer** *sl* M *(Feigling) umg* dégonflé *m*; *sl* foireux, -euse *m*, *f*; **Hosenschlitz** M braguette *f*; **Hosentasche** F poche *f* (de pantalon, de culotte); **Hosenträger** MPL bretelles *fpl*
hosianna INT REL hosanna!
Hosianna N ⟨~s; ~s⟩ REL hosanna *m*
Hospital N ⟨~s; ~e *ou* -täler⟩ *für Kranke* hôpital *m*
Hospitalismus M ⟨~⟩ MED hospitalisme *m*
Hospitant(in) M ⟨~en; ~en⟩ (F) ⟨~in; ~innen⟩ *an Schulen* stagiaire *m/f*; *an Hochschulen* auditeur *m* libre
hospitieren V/I ⟨*pas de ge-*, h.⟩ **(bei j-m) ~** assister au cours (de qn); **in e-r Schulstunde, Vorlesung ~** assister (comme stagiaire, auditeur libre) à un cours
Hospiz N ⟨~es; ~e⟩ hospice *m*
Hostess F ⟨~; ~en⟩ hôtesse *f*
Hostie F ⟨~; ~n⟩ REL hostie *f*
Hot Dog M *od* N ⟨~s; ~s⟩ °hot-dog *m*
Hotel N ⟨~s; ~s⟩ hôtel *m*; **Hotelangestellte(r)** M/F(M) employé(e) *m(f)* d'hôtel; **Hotelbar** F bar *m* d'un *bzw.* de l'hôtel
Hotelbetrieb M **1** *(Hotel)* établissement hôtelier; hôtellerie *f* **2** ⟨*pas de pl*⟩ activité hôtelière; **der ~ ruht** l'hôtel est fermé
Hotelboy M ⟨~s; ~s⟩ chasseur *m*; groom *m*; **Hoteldetektiv(in)** M(F) détective *m* d'hôtel *bzw.* de l'hôtel; **Hoteldieb(in)** M(F) rat *m* d'hôtel; **Hoteldiener** M garçon *m* d'hôtel; **Hoteldirektor(in)** M(F) directeur, -trice *m,f* d'hôtel; **Hotelfach** N ⟨~(e)s⟩ hôtellerie *f*; **Hotelfachschule** F école d'hôtellerie, hôtelière; **Hotelführer** M *Buch* guide *m* des hôtels; **Hotelgast** M client(e) *m(f)*, pensionnaire *m/f* d'un hôtel; **Hotelgewerbe** N industrie hôtelière; hôtellerie *f*; **Hotelhalle** F °hall *m* d'un *bzw.* de l'hôtel
Hotelier M ⟨~s; ~s⟩ hôtelier *m*
Hotelkette F chaîne hôtelière; **Hotelküche** F cuisine *f* de l'hôtel *bzw.* d'hôtel; **Hotelpage** M → Hotelboy; **Hotelportier** M portier *m* d'hôtel *bzw.* de l'hôtel; **Hotelschiff** N péniche-hôtel *f*; **Hotel- und Gaststättengewerbe** N hôtellerie *f* et restauration *f*; **Hotelverzeichnis** N liste *f* des hôtels; **Hotelzimmer** N chambre *f* d'hôtel
Hotline F ⟨~; ~s⟩ ligne directe; °hotline *f*
hott INT *zu Pferden (vorwärts, nach rechts)* °huhau!; °hue!; → *a.* hü
Hottentotte M ⟨~n; ~n⟩, **Hottentottin** F ⟨-in; -innen⟩ Hottentot(e) *m(f)*; *fig pej* **wie die ~n** comme des, comme une bande de sauvages
HP ABK (Halbpension) demi-pension
hPa ABK (Hektopascal) hPa (hectopascal)
HR ABK (Hessischer Rundfunk) *radio et télévision régionales de Hesse (Francfort)*
Hr. ABK (Herr) M. (monsieur)
Hrn. ABK (Herrn) M. (monsieur)
hrsg. ABK (herausgegeben) édité
Hrsg. ABK (Herausgeber) éditeur
Hs. ABK (Handschrift) manuscrit
HTML F ⟨~⟩ ABK (Hypertext Mark-up Language) IT HTML *m*
hu INT **1** *zum Erschrecken* °hou! **2** *bei Angst, Kälte* brrr!; *bei Ekel umg* pouah!; berk!
hü INT *zu Pferden (vorwärts)* °hue!; *(nach links)* dia!; *(halt)* °halte!; *umg fig* **einmal ~ und einmal hott sagen** changer d'avis comme de chemise; *umg fig* **der eine will ~, der andere hott** l'un tire à °hue et l'autre à dia
Hub M ⟨~(e)s; ≃e⟩ TECH **1** *e-s Kolbens* course *f* **2** *(Hebebewegung)* élévation *f*
Hubbel M ⟨~s; ~⟩ *regional* bosse *f*
Hubbrücke F pont levant
hüben ADV de ce côté-ci; **~ und drüben** des deux côtés; de ce côté-ci et de l'autre; **~ wie drüben** de ce côté-ci comme de l'autre
Hubert M ⟨→ n/pr⟩ *prénom*
Hubertusjagd F chasse *f* à la Saint-Hubert
Hubhöhe F °hauteur *f* d'élévation; **Hubraum** M AUTO, TECH cylindrée *f*
hübsch **A** ADJ **1** *Frau etc* joli; **sich ~ machen** se faire belle; *umg hum* **na, ihr Hübschen!** *zu Frauen* alors, mes jolies!; *iron* **da habt ihr (ja) was Hübsches angerichtet!** eh bien! vous en avez fait du joli! **2** *umg* ⟨*épithète*⟩ *(ziemlich groß) umg* joli; *umg* assez conséquent; **ein ~es Stück Arbeit** *umg* un joli travail; **e-e ~e Summe** *umg* une jolie somme **B** ADV **1** joliment **2** *umg* **sei ~ artig!** sois bien sage!; **geh ~ nach Hause!** va gentiment à la maison!; **das werde ich ~ bleiben lassen** je m'en garderai bien
Hubschrauber M ⟨~s; ~⟩ hélicoptère *m*; **Hubschrauberlandeplatz** M héliport *m*; **Hubstapler** M ⟨~s; ~⟩ chariot élévateur
huch INT *Schrecken* °hou!
Hucke F ⟨~; ~n⟩ **1** *regional* fardeau *m*, charge *f* (porté[e] sur le dos) **2** *umg* **j-m die ~ volllügen** mentir effrontément à qn; *umg* **j-m die ~ vollhauen** *umg* flanquer une volée, une raclée à qn; *umg* **die ~ vollkriegen** *umg* recevoir, se prendre une volée, une raclée; *umg* **sich** *(dat)* **die ~ volllachen** *umg* rire comme un bossu
huckepack *umg* ADV **j-n, etw ~ tragen, nehmen** porter, prendre qn, qc sur son dos
Huckepackverkehr M transport multimodal
Hudelei *umg regional* F ⟨~; ~en⟩ bâclage *m*
hud(e)lig *umg regional* **A** ADJ bâclé; saboté **B** ADV sans soin; n'importe comment
hudeln *umg regional* V/I ⟨-(e)le, h.⟩ bâcler; saboter; **bei etw ~** saboter qc; bâcler qc; **nur nicht ~!** doucement!; pas de précipitation!
Huf M ⟨~(e)s; ~e⟩ sabot *m*
Hufeisen N fer *m* (à cheval); **hufeisenförmig** ADJ en (forme de) fer à cheval; **Huflattich** M tussilage *m*; pas-d'âne *m*; **Hufnagel** M clou *m* à ferrer; **Hufschlag** M (bruit *m* du) pas *m* d'un cheval; **Hufschmied** M maréchal-ferrant *m*
Hüftbein N os *m* iliaque
Hüfte F ⟨~; ~n⟩ °hanche *f*; **sich in den ~n wiegen** se déhancher; se dandiner; **die Hände in die ~n gestemmt** les mains sur les °hanches
Hüftgegend F région *f* des °hanches; **Hüftgelenk** N articulation *f* de la hanche; **Hüftgürtel** M, **Hüfthalter** M gaine *f*
hüfthoch **A** ADJ qui arrive à °hauteur de hanches **B** ADV jusqu'aux °hanches; **~ im Wasser stehen** être dans l'eau jusqu'à la taille
Hüfthose F MODE pantalon *m* taille basse
Huftiere NPL ongulés *mpl*
Hüftknochen M → Hüftbein; **hüftlahm** ADJ *Pferd* déhanché; **Hüftleiden** N mal *m* chronique à la hanche; **Hüftschwung** M SPORT tour *m* de hanche; **Hüftumfang** M, **Hüftweite** F tour *m* de hanches
Hügel M ⟨~s; ~⟩ colline *f*; monticule *m*; coteau *m*; *kleiner* butte *f*; **Hügelgrab** N tumulus *m*
hüg(e)lig ADJ vallonné; couvert de collines; accidenté
Hügelkette F (chaîne *f*, suite *f* de) collines *fpl*; coteaux *mpl*; **Hügelland** N ⟨~(e)s; -länder⟩ pays de collines, vallonné
Hugenotte M ⟨~n; ~n⟩, **Hugenottin** F ⟨-in; -innen⟩ °huguenot(e) *m(f)*
Hugo M ⟨→ n/pr⟩ *prénom*
huh → hu
hüh → hü
Huhn N ⟨~(e)s; ≃er⟩ **1** ZOOL poule *f*; *junges*, GASTR poulet *m*; *(junge Henne)* poulette *f*; *gemästetes* poularde *f*; poulet *m* de grain; **gebratenes ~** poulet rôti; **gekochtes ~** poule *f* au pot; *hum* **mit den Hühnern aufstehen, zu**

Bett *od* **schlafen gehen** se lever, se coucher avec les poules; *umg* **herumlaufen wie ein aufgescheuchtes ~** courir, s'agiter dans tous les sens; *umg* **da lachen ja die Hühner** c'est tout simplement ridicule, risible; *fig* **das ~, das goldene Eier legt, schlachten** tuer la poule aux œufs d'or; *sprichw* **ein blindes ~ findet auch (ein) mal ein Korn** même un imbécile fait parfois des trouvailles **2** *umg fig* **ein dummes ~** une dinde; une oie; **ein verrücktes ~** un foufou, une fofolle

Hühnchen N ⟨~s; ~⟩ poulet *m*; poulette *f*; *fig* **mit j-m (noch) ein ~ zu rupfen haben** avoir un compte à régler avec qn

Hühnerauge N MED cor *m*; œil-de-perdrix *m*; *umg fig* **j-m auf die ~n treten** blesser qn; piquer qn au vif

Hühneraugenpflaster N coricide adhésif; **Hühnerbrühe** F bouillon *m* de poule; **Hühnerbrust** F MED thorax *m* en carène; **Hühnerei** N œuf *m* de poule; **Hühnerfarm** F élevage *m* (industriel) de poules *bzw.* de poulets; **Hühnerfrikassee** N fricassée *f* de poulet; **Hühnerfutter** N nourriture *f* pour les poules; **Hühnerhabicht** M autour *m* (des palombes); **Hühnerhaltung** F ⟨~⟩ élevage *m* de poules; **Hühnerhaus** N poulailler *m*; **Hühnerhof** M basse-cour *f*; **Hühnerhund** M chien *m* d'arrêt; **Hühnerklein** N ⟨~s⟩ GASTR abattis *mpl* de poulet; **Hühnerleiter** F échelle *f* de poulailler; **Hühnermist** M fiente *f* de poule; **Hühnerpest** F peste *f* aviaire; **Hühnerrasse** F race *f* de poules; **Hühnerschenkel** M GASTR cuisse *f* de poule(t); **Hühnerstall** M poulailler *m*; **Hühnerstange** F perchoir *m*; juchoir *m*; **Hühnersuppe** F potage *m* à base de bouillon de poule; **Hühnervögel** MPL gallinacés *mpl*; **Hühnervolk** N poules *fpl*; **Hühnerzucht** F élevage *m* de poules

huhu INT **1** *umg Zuruf* °hou! °hou! **2** *Erschrecken* °hou!

hui INT **1** *bruit du vent* **2** *schnelle Bewegung* °hop!; *umg* **in e-m** *od* **im Hui** en un clin d'œil **3** *umg* **außen ~ und innen pfui** *od* **oben ~ und unten pfui** l'extérieur, c'est tout beau, mais l'intérieur …

Huld *poet* F ⟨~⟩ bonnes grâces; faveur *f*; **j-m s-e ~ schenken** *od* **erweisen** accorder sa faveur à qn; être bien disposé envers qn

huldigen *geh* V/I ⟨h.⟩ **1** **j-m ~** rendre hommage à qn **2** **e-r Sache** *(dat)* **~** *geh* professer qc; se déclarer en faveur, être partisan de qc; *dem Sport, dem Alkohol, Glücksspiel etc* s'adonner à qc

Huldigung *geh* F ⟨~; ~en⟩ *a.* HIST hommage *m*; **j-m s-e ~ darbringen** rendre hommage à qn

huldreich, **huldvoll** *poet* ADJ gracieux, -ieuse

Hülle F ⟨~; ~n⟩ **1** *(Umhüllung)* enveloppe *f*; *über Möbeln, Kleidung* °housse *f*; *(Buchhülle)* couvre-livre *m*; liseuse *f*; *(Plattenhülle)* pochette *f*; *(Ausweishülle, Schirmhülle etc)* étui *m*; *geh* **die sterbliche ~** *geh* la dépouille mortelle **2** BOT involucre *m* **3** *umg hum (Kleidung)* **die** *od* **s-e** *od* **alle ~n fallen lassen** se dénuder; se mettre (tout) nu **4** *fig* **in ~ und Fülle** en abondance; à profusion; à foison

hüllen V/T ⟨h.⟩ **j-n, etw in etw** *(akk)* **~** envelopper qn, qc dans qc; *fig* **sich in Schweigen ~** s'enfermer dans le silence; garder le silence; **in Wolken** *etc* **gehüllt** enveloppé de nuages, *etc*; **in Dunkel gehüllt** plongé dans l'obscurité

hüllenlos ADJ **1** *(unverhüllt)* sans masque; sans fard; à nu **2** *hum (nackt)* tout nu; *hum* en costume d'Ève *bzw.* d'Adam

Hülse F ⟨~; ~n⟩ **1** BOT cosse *f*; gousse *f* **2** *e-r Patrone, Granate*, TECH douille *f*; TECH *a.* fourreau *m* **3** *(Etui)* étui *m*; *(Filmhülse)* boîte *f*

Hülsenfrüchte FPL *Früchte* légumes secs; *Pflanzen* légumineuses *fpl*

human **A** ADJ humain; *fig a.* à visage humain **B** ADV humainement; avec humanité

Humanbiologie F biologie *f* (appliquée à l'homme); **Humangenetik** F génétique humaine

humanisieren V/T ⟨*pas de ge-*, h.⟩ humaniser

Humanismus M ⟨~⟩ humanisme *m*

Humanist M ⟨~en; ~en⟩ HIST, PHIL, LITERATUR, *(Altsprachler)*, *fig* humaniste *m*

humanistisch **A** ADJ humaniste; *Gymnasium, Studium etc* classique **B** ADV **~ gebildet** qui a fait ses humanités, des études classiques

humanitär ADJ humanitaire; **~e Hilfe** aide *f* humanitaire

Humanität F ⟨~⟩ humanité *f*

Humankapital N WIRTSCH capital humain; **Humanmedizin** F médecine *f*; **Humanmediziner(in)** M(F) médecin *m*; **Humanversuch** M essai *m* clinique (sur un être humain)

Humbug *umg pej* M ⟨~s⟩ *umg* fumisterie *f*; bluff *m*

Hummel F ⟨~; ~n⟩ bourdon *m*; *fig hum* **e-e wilde ~** *Mädchen* une (petite) fille très vive

Hummer M ⟨~s; ~⟩ °homard *m*; **Hummercocktail** M salade *f* de homard; **Hummergabel** F fourchette *f* à °homard; **Hummerkrabbe** F bouquet *m*; crevette *f* rose; **Hummerschere** F pince *f* de homard; **Hummersuppe** F bisque *f* de homard

Humor M ⟨~s⟩ humour *m*; **schwarzer ~** humour noir; **der britische, rheinische ~** l'humour britannique, rhénan; **(Sinn** *m* **für) ~ haben** avoir (le sens) de l'humour; *umg fig* **du hast vielleicht ~!** tu veux rire!; c'est une plaisanterie!; tu plaisantes!; **etw mit ~ nehmen** *od* **tragen** prendre, supporter qc avec humour; **mit ~ geht alles besser** avec de l'humour tout va mieux; *sprichw* **~ ist, wenn man trotzdem lacht** l'humour consiste à rire malgré tout

Humoreske F ⟨~; ~n⟩ LITERATUR conte *m*, récit *m* humoristique

humorig ADJ plein d'humour

Humorist(in) M ⟨~en; ~en⟩ (F) ⟨~in; ~innen⟩ humoriste *m/f*

humoristisch ADJ humoristique

humorlos ADJ sans humour; qui manque d'humour; **Humorlosigkeit** F ⟨~⟩ manque *m* d'humour; **humorvoll** ADJ plein d'humour

humpeln V/I ⟨-(e)le, h., *doublé d'une indication de direction* s.⟩ boiter; clopiner; *umg* aller clopin-clopant; *mit Richtungsangabe* aller, entrer, *etc* en boitant, clopinant

Humpen M ⟨~s; ~⟩ °hanap *m*

Humus M ⟨~⟩ humus *m*; **Humusboden** M, **Humuserde** F humus *m*; terreau *m*; **humusreich** ADJ riche en humus; **Humusschicht** F couche *f* d'humus

Hund M ⟨~(e)s; ~e⟩ **1** ZOOL chien *m*; **Vorsicht, bissiger ~!** chien méchant!; attention au chien!; **~e sind an der Leine zu führen** les chiens doivent être tenus en laisse; prière de tenir les chiens en laisse; **wie ~ und Katze leben** vivre comme chien et chat; *umg* **bekannt sein wie ein bunter ~** être connu comme le loup blanc; *umg* **mit allen ~en gehetzt sein** être rusé, malin; avoir plus d'un tour dans son sac; *umg fig* **da liegt der ~ begraben** *umg* voilà le hic; *umg* **vor die ~e gehen** *umg* crever; *sl* être foutu; *umg hum* **da wird der ~ in der Pfanne verrückt** c'est incroyable, invraisemblable; *umg* **das ist zum Junge-Hunde-Kriegen!** *umg* c'est à, il y a de quoi se taper la tête contre les murs!; il y a de quoi s'arracher les cheveux!; *umg* **auf den ~ gekommen sein** *wirtschaftlich* être sur la paille; *umg* être fauché, dans la purée, dans la dèche; *gesundheitlich* être mal en point; *umg* être démoli; *moralisch* être tombé bien bas; *umg* **j-n auf den ~ bringen** ruiner qn; mettre qn sur la paille; *umg* **das ist ein dicker ~!** *(grober Fehler) umg* c'est une énorme *od* grosse gaffe *od* boulette!; *Unverschämtheit* quel culot, *umg* toupet!; *umg* je rêve!; *umg* c'est pas vrai!; *umg* **damit kann man keinen ~ hinter dem Ofen hervorlocken** cela n'intéresse, n'attire personne; **es ist ein Wetter, dass man keinen ~ vor die Tür jagen möchte** il fait un temps à ne pas mettre un chien dehors; *fig* **man soll keine schlafenden ~e wecken** il vaut mieux ne pas y toucher; *sprichw* **~e, die bellen, beißen nicht** *sprichw* chien qui aboie ne mord pas; *sprichw* **viele ~e sind des Hasen Tod** c'est la loi du nombre; *sprichw* **den Letzten beißen die ~e** malheur au dernier **2** *umg pej (Person)* **ein blöder, dummer ~** un imbécile; *sl* un enfoiré; **ein feiger ~** un lâche; *umg* un dégonflé; *umg* une lavette; **ein gemeiner ~** *umg* une vache; *sl* un salaud **3** BERGBAU berline *f*

Hündchen N ⟨~s; ~⟩ petit chien; jeune chien *m*; *zärtlich* chien-chien *m (a. iron)*; toutou *m*

Hundeart espèce *f* canine, de chiens; **Hundeausstellung** F exposition canine, de chiens; **Hundebandwurm** M ténia *m* échinocoque; **Hundebiss** M morsure *f* de chien; **Hundeblick** M *fig* regard *m* de chien fidèle; **Hundedressur** F dressage *m* de chiens

hundeelend *umg* ADJ ⟨*attribut*⟩ *u.* ADV **mir ist ~, ich fühle mich ~** je suis malade comme une bête, un chien; je me sens très mal

Hundefloh M puce *f* de chien; **Hundefriedhof** M cimetière *m* de chiens; **Hundefutter** N nourriture *f* pour chiens; **Hundegebell** N aboiement(s) *m(pl)* (de chien[s]); **Hundehalsband** N collier *m* de chien; **Hundehalter** M propriétaire *m* de *bzw.* du chien; **Hundehütte** F niche *f* (à chien)

hundekalt *umg* ADJ ⟨*attribut*⟩ **es ist ~** il fait un froid de canard, de chien

Hundekälte *umg* F froid *m* de canard, de loup; **Hundeklo** *umg* N toilettes *fpl* pour chiens; **Hundekorb** M, **Hundekörbchen** N corbeille *f* de chien; **Hundekot** M crotte *f* de chien; **Hundekuchen** M biscuit(s) *m(pl)* pour chiens; **Hundeleben** *umg fig* N vie *f* de chien; **Hundeleine** F laisse *f*; **Hundemarke** F plaque *f* d'identité du chien; *Steuermarke* plaque fiscale

hundemüde *umg* ADJ ⟨*attribut*⟩ *umg* crevé; *umg* claqué; *umg* vanné; éreinté

Hundenase F truffe *f*; nez *m* du chien; **Hundepfote** F patte *f* du chien; **Hunderasse** F race *f* de chiens; **Hunderennen** N course *f* de lévriers

hundert NUM cent; *umg* **auf ~ sein** être en rage; *umg* être furax; → *a.* Hundert[1]

Hundert[1] N ⟨~s; ~e⟩ cent *m (Menge u. Einheit)*; *Einheit a.* centaine *f*; **~e** (*od* **hunderte**) **von …** des centaines de …; **etwa, rund ~ (Personen)** une centaine (de personnes); **vier** *etc* **vom ~** quatre, *etc* pour cent; **zu ~en** (*od* **hunderten**) par centaines; **es geht in die ~e** cela se chiffre par centaines

Hundert[2] F ⟨~; ~en⟩ *Zahl* (chiffre *m*, nombre

m) cent *m*
hunderteins NUM cent un
Hunderter M ⟨~s; ~⟩ **1** MATH centaine *f* **2** *umg Geldschein* billet *m* de cent
hunderterste(r, -s) NUM cent (et) unième
Hunderterstelle F centaine *f*
hundertfünfzigprozentig ADJ *a. umg fig* à plus de cent pour cent; **Hundertjahrfeier** F (fête *f* du) centenaire *m*
hundertjährig ADJ *(hundert Jahre alt)* (âgé) de cent ans; *Person a.* centenaire; *Dinge* séculaire; *(hundert Jahre lang)* de cent ans; qui dure cent ans; *Jubiläum* centenaire; **der Hundertjährige Krieg** la guerre de Cent Ans
Hundertjährige(r) M/F(M) ⟨→ A⟩ centenaire *m/f*; homme *m* (femme *f*) de cent ans
hundertmal ADV **1** *(hundert Male)* cent fois **2** *umg fig (sehr viel, sehr oft)* cent fois; **ich habe dir schon ~ gesagt, dass …** je t'ai dit cent fois que …
Hundertmarkschein M HIST billet *m* de cent marks; **Hundertmeterlauf** M course *f* de cent mètres; **hundertpro** *umg* ADV à cent pour cent; à tous les coups; **hundertprozentig** ADJ *u.* ADV *a. umg fig* à cent pour cent; *fig a.* absolument; **Hundertschaft** F ⟨~; ~en⟩ unité *f*, groupe *m* de cent …; centaine *f* (de …)
hundertste(r, -s) NUM centième; **vom Hundertsten ins Tausendste kommen** s'éloigner du sujet
hundertstel ADJ ⟨inv⟩ centième; **drei ~ Millimeter** trois centièmes de millimètre
Hundertstel N ⟨~s; ~⟩ centième *m*; **Hundertstelsekunde** F centième *m* de seconde
hunderttausend NUM cent mille
Hunderttausend N cent mille *m*; centaine *f* de mille; **~e** *(od* **hunderttausende)** **von …** des centaines de milliers de …
hundertundeins NUM cent un
Hundesalon M boutique *f* de toilettage; **Hundescheiße** *sl* F *sl* merde *f* de chien; **Hundeschlitten** M traîneau tiré par des chiens
Hundeschnauze F museau *m* du chien; *umg fig* **kalt wie e-e ~ sein** être très froid, dur; *plus fort umg* être (une peau de) vache
Hundesohn M *pej sl* salaud *m*; **Hundesteuer** F taxe *f* sur les chiens; **Hundewetter** *umg* N temps *m* de chien; **Hundezucht** F élevage *m* de chiens; **Hundezwinger** M chenil *m*
Hündin F ⟨~; ~nen⟩ chienne *f*
hündisch **A** ADJ **1** *Ergebenheit etc* servile; rampant; *Person, Gehorsam, Angst* servile; lâche **2** *(gemein)* misérable; abject; infâme **B** ADV **j-m ~ ergeben sein** être entièrement soumis à qn
hundserbärmlich *umg* **A** ADJ **1** *(hundeelend)* malade comme un chien, une bête; atrocement mal **2** *(sehr schlecht)* *umg* minable; lamentable; en dessous de tout **3** *(hundsgemein)* *umg* vache; *sl* dégueulasse **B** ADV **1** *(sehr)* affreusement; atrocement; *umg* vachement **2** *(sehr schlecht)* atrocement, affreusement mal
Hundsfott *sl pej* M ⟨~(e)s; ~e *ou* -fötter⟩ *sl* salaud *m*
hundsgemein *umg* ADJ *umg* dégoûtant; *umg* vache; *sl* dégueulasse; **Hundsgemeinheit** *umg* F *umg* vacherie *f*; *umg* saloperie *f*
hundsmiserabel *umg* ADJ ⟨-bl-⟩ **1** *(sehr schlecht)* très mauvais; *umg* minable; nul, nulle **2** *(hundeelend)* malade comme un chien, une bête
Hundsrose F rose *f* sauvage; églantine *f*; **Hundsstern** M Sirius *m*; **Hundstage** MPL canicule *f*; jours *mpl* caniculaires, de canicule; **Hundsveilchen** N violette *f* inodore
Hüne M ⟨~n; ~n⟩ géant *m*
Hünengrab N tombe *f* mégalithique; **hünenhaft** ADJ gigantesque
Hunger M ⟨~s⟩ *a. geh fig* faim *f* (**auf** [+akk], *fig* **nach** de); *(Hungersnot)* famine *f*; **(keinen) ~ haben** (ne pas) avoir faim; **großen ~ haben** *umg* avoir très faim; **~ haben wie ein Bär** *od* **Wolf** avoir une faim de loup; *umg* avoir la dalle; **~ bekommen** (commencer à) avoir faim; **~ leiden** souffrir de la faim; **vor ~**, *geh* **hungers sterben** mourir de faim, d'inanition; **s-n ~ stillen** apaiser, calmer sa faim; *umg* **guten ~!** bon appétit!; *umg hum* **der ~ treibt's hinein** quand on a faim on mange de tout; *sprichw* **~ ist der beste Koch** quand on a faim, on mange de tout
Hungerblume F drave *f*; **Hungergefühl** N sensation *f* de faim; **Hungerjahr** N année *f* de famine, de disette; **Hungerkünstler** M jeûneur *m*; **Hungerkur** F diète absolue; **Hungerleider** *umg pej* M ⟨~s; ~⟩ *umg* crève-la-faim *m*; **Hungerlohn** M salaire *m* de misère
hungern ⟨-(e)re, h.⟩ **A** V/I **1** *(Hunger leiden)* ne pas manger à sa faim; souffrir de la faim; *(ohne Nahrung bleiben)* rester sans manger; *freiwillig* jeûner; **j-n ~ lassen** donner peu *bzw.* ne rien donner à manger à qn **2** *fig* **nach etw ~** avoir faim, soif de qc; *plus fort* être affamé de qc **B** *geh* V/UNPERS **mich hungert** j'ai faim; *fig* **mich hungert nach …** j'ai faim de …; j'aspire à … **C** V/R **sich schlank ~** jeûner, se priver pour maigrir; **sich zu Tode ~** se laisser mourir de faim
Hungersnot F famine *f*; disette *f*
Hungerstreik M grève *f* de la faim; **in den ~ treten** faire la grève de la faim
Hungertod M mort *f* par inanition; **den ~ sterben** mourir de faim
Hungertuch N **am ~ nagen** ne pas manger à sa faim; souffrir de la faim
hungrig ADJ **1** qui a faim; *plus fort* affamé; **ich bin ~** j'ai faim; **~ machen** donner faim; **auf etw** *(akk)* **~ sein** avoir faim de qc **2** *geh fig* avide (**nach** de)
Hunne M ⟨~n; ~n⟩ °Hun *m*
Hunni *umg* M ⟨~s; ~s⟩ **1** HIST *(100 DM)* billet *m* de cent marks **2** *(100 Euro)* billet *m* de cent euros
Hupe F ⟨~; ~n⟩ klaxon® *m*; avertisseur *m*
hupen V/I ⟨h.⟩ klaxonner; donner un coup de klaxon
hupfen *südd, österr* → hüpfen; *umg* **das ist gehupft wie gesprungen** cela revient au même; c'est bonnet blanc et blanc bonnet
hüpfen V/I ⟨s.⟩ sauter; *leichtfüßig* sautiller; *fig Herz* bondir, sauter (de joie)
Hüpfer M ⟨~s; ~⟩ *(Sprung)* bond *m*; saut *m*; **Hüpfspiel** N *der Kinder* marelle *f*
Hupkonzert *umg hum* N concert *m* de klaxons, d'avertisseurs; **Hupsignal** N coup *m* de klaxon; **Hupverbot** N interdiction *f* de klaxonner; **Hupzeichen** N coup *m* de klaxon
Hürde F ⟨~; ~n⟩ **1** SPORT °haie *f*; **e-e ~ nehmen** franchir, sauter une °haie **2** *fig* obstacle *m*; **e-e ~ nehmen** franchir un obstacle **3** *für Obst, Vieh* claie *f*
Hürdenlauf M course *f* de haies; **Hürdenläufer(in)** M(F) coureur, -euse *m,f* de haies; **Hürdenrennen** N course *f* de haies
Hure F ⟨~; ~n⟩ *pej sl* putain *f*
huren V/I ⟨h.⟩ *pej umg* coucher à droite et à gauche; BIBEL forniquer
Hurenbock *sl* M *Schimpfwort umg* sale coureur *m*; **Hurenkind** N TYPO veuve *f*; **Hurensohn** M *Schimpfwort sl* fils *m* de pute
Hurerei F ⟨~; ~en⟩ *pej umg* coucheries *fpl*; BIBEL fornication *f*
Huronsee der ~ le lac Huron
hurra INT °hourra!; **~** *(od* **Hurra) rufen, schreien** pousser des °hourras; crier °hourra
Hurra N ⟨~s; ~s⟩ °hourra *m*; **ein dreifaches ~** un triple °hourra; **j-n mit lautem ~ empfangen** accueillir qn par des °hourras; → *a.* hurra
Hurrapatriot M *pej* chauvin *m*; patriotard *m*; **Hurrapatriotismus** M *pej* patriotisme cocardier; chauvinisme *m*; **Hurraruf** M °hourra *m*
Hurrikan M ⟨~s; ~s⟩ °hurricane *m*
hurtig ADJ *(schnell)* rapide; prompt; *(flink u. gewandt)* leste; alerte
Husar M ⟨~en; ~en⟩ HIST MIL °hussard *m*
Husarenstück(chen) N exploit, coup de force audacieux
husch **A** INT **und ~ war sie weg** et °hop! la voilà partie; **~, ~(, ins Bett)!** vite! vite! (au lit!) **B** ADV **das geht immer ~, ~** ça va toujours très vite; c'est toujours fait, expédié en un rien de temps
huschen V/I ⟨s.⟩ **1** se glisser rapidement (**ins Zimmer** *etc* dans la pièce, *etc*); **durch, über etw** *(akk)* **~** traverser, passer rapidement qc **2** *fig Schatten, Licht etc* passer; **ein Lächeln huschte über ihr Gesicht** un sourire passa sur, éclaira brièvement son visage
Hussein M ⟨→ n/pr⟩ HIST, POL °Husseïn *m*
hüsteln V/I ⟨-(e)le, h.⟩ toussoter; tousser légèrement
Hüsteln N ⟨~s⟩ toussotement *m*
husten ⟨-ete, h.⟩ **A** V/T **Blut ~** cracher du *bzw.* le sang; *umg fig* **ich werde dir was ~** *umg* tu peux toujours courir, te fouiller; tu peux attendre longtemps **B** V/I **1** tousser **2** *umg fig* **auf etw** *(akk)* **~** *umg* se moquer, se fiche(r) de qc comme de l'an quarante, du tiers comme du quart
Husten M ⟨~s; ~⟩ toux *f*; **~ haben** tousser
Hustenanfall M quinte *f*, accès *m* de toux; **Hustenbonbon** N *od* M bonbon *m* contre, pour la toux; **Hustenmittel** N remède *m* contre la toux; antitussif *m*; **Hustenreiz** M envie *f* de tousser; **Hustensaft** M sirop *m* (contre, pour la toux); **hustenstillend** ADJT qui calme la toux; antitussif, -ive; **Hustentropfen** MPL gouttes *fpl* contre, pour la toux
Hut[1] M ⟨~(e)s; ≃e⟩ *a. fig,* TECH, BOT *(Pilzhut)* chapeau *m*; **e-n ~ tragen** porter un chapeau; **ohne ~ gehen** sortir sans chapeau; **den ~ aufsetzen, abnehmen** mettre, enlever *od* ôter son chapeau; **(vor j-m) den ~ ziehen** *zum Gruß* se découvrir (devant qn); saluer (qn) d'un coup de chapeau; *umg fig vor Bewunderung* tirer son chapeau à qn; *umg fig* **s-n ~ nehmen (müssen)** (devoir) rendre son tablier; *umg fig* **~ ab (vor e-r solchen Leistung)!** *umg* chapeau!; je tire mon chapeau (devant une telle performance); *umg fig* **zwei Dinge unter e-n ~ bringen** concilier deux choses; *umg fig* **alle unter e-n ~ bringen** satisfaire tout le monde; *umg fig* **das ist (doch) ein alter ~** ce n'est pas nouveau; je connais ça depuis longtemps; *umg* c'est de l'histoire ancienne; *umg fig* **damit habe ich nichts am ~** *umg* ce n'est pas ma tasse de thé, mon truc; *umg fig* **das kannst du dir an den ~ stecken!** *umg* tu peux te le mettre (là) où je pense!; *umg fig* **da geht einem (ja) der ~ hoch!** c'est trop fort!; cela dépasse les bornes, les limites!
Hut[2] *geh* F ⟨~⟩ **auf der ~ sein** être, se tenir sur ses gardes (**vor j-m** devant qn); **vor j-m, etw auf der ~ sein** *a.* prendre garde à qn, qc
Hutablage F porte-chapeaux *m*; **Hutband** N ⟨~(e)s; -bänder⟩ ruban *m* de chapeau

H

hüten ⟨-ete, h.⟩ A V/T *Tiere, Kinder, Haus etc* garder; **das Bett ~ müssen** devoir garder le lit, rester couché; **ein Geheimnis ~** garder un secret; **etw eifersüchtig, sorgfältig ~** garder qc jalousement, soigneusement B V/R **sich vor j-m, etw ~** se garder de, prendre garde à qn, qc; se méfier de qn, qc; **sich ~, etw zu tun** se garder de faire qc; *umg* **ich werde mich ~!** je m'en garderai bien!

Hüter(in) M ⟨~s; ~⟩ (F) ⟨~in; ~innen⟩ gardien, -ienne *m,f*; *von Vieh* gardeur, -euse *m,f*; *hum* **die ~ des Gesetzes** les représentants *mpl* de l'ordre

Hutfabrik F usine *f* de chapeaux; **Hutfeder** F plume *f* de chapeau; **Hutfilz** M feutre *m* pour *od* à chapeaux; **Hutform** F 1 forme *f* de chapeau 2 TECH forme *f* à chapeaux; conformateur *m*; *t/t* marotte *f*; **Hutfutter** N doublure *f* de chapeau; **Hutgeschäft** N chapellerie *f*; boutique *f* de chapeaux, de modiste; **Hutkrempe** F bord *m* de chapeau; **Hutmacher(in)** M ⟨~s; ~⟩ (F) ⟨~in; ~innen⟩ chapelier, -ière *m,f*; modiste *m/f*; **Hutmode** F chapeaux *mpl*; **Hutnadel** F épingle *f* à chapeau; **Hutrand** M bord *m* du chapeau; **Hutschachtel** F carton *m* à chapeau(x)

Hutsche F ⟨~; ~n⟩ *südd, österr* balançoire *f*

Hutschnur *umg fig* F **das geht (mir) über die ~!** *umg* j'en ai ras le bol!; c'est trop fort!; cela dépasse les bornes, les limites!

Hutständer M porte-chapeaux *m*; *im Schaufenster* support *m* à chapeaux; champignon *m*; **Hutstumpen** M fond *m* de chapeau; calotte *f*

Hütte F ⟨~; ~n⟩ 1 *(einfache Behausung)* cabane *f*; °hutte *f*; *kleine, elende* cahute *f*; *der Eingeborenen* case *f*; *(Berghütte)* refuge *m*; *Roman* **Onkel Toms ~** la Case de l'oncle Tom 2 *fig pej (Haus) umg* bicoque *f*; *umg* baraque *f* 3 TECH usine *f* sidérurgique *od* métallurgique; forge *f* 4 SCHIFF dunette *f*

Hüttenabend M soirée *f* en refuge, en chalet; **Hüttenarbeiter** M ouvrier *m* métallurgiste; **Hüttenindustrie** F industrie *f* métallurgique; **Hüttenkäse** M *fromage blanc à gros caillots*; cottage® *m*; **Hüttenkunde** F ⟨~⟩ métallurgie *f*; **Hüttenschuh** M *chausson tricoté à semelle de cuir souple*; **Hüttenwerk** N → Hütte 3; **Hüttenwesen** N ⟨~s⟩ métallurgie *f*

hutz(e)lig *umg* ADJ ratatiné

Hutzelmännchen N petit nain; *fig* petit vieux; **Hutzelweiblein** N petite vieille

Hyäne F ⟨~; ~n⟩ hyène *f*; *fig* requin *m*; vautour *m*

Hyazinthe F ⟨~; ~n⟩ jacinthe *f*

hybrid ADJ *t/t*, *bes* BIOL hybride

Hybridantrieb M TECH système *m* de propulsion hybride; **Hybridauto** N voiture *f* hybride

Hybride F ⟨~; ~n⟩ *od* M ⟨~n; ~n⟩ BIOL hybride *m*; **Hybridfahrzeug** N véhicule *m* hybride, bicarburant; **Hybridzüchtung** F hybridation *f*; *Pflanze, Tier* hybride *m*

Hybris *geh* F ⟨~⟩ orgueil *m*

Hydra F ⟨~; -dren⟩ MYTH, *fig* hydre *f*

Hydrant M ⟨~en; ~en⟩ bouche *f* d'eau, d'incendie

Hydrat N ⟨~(e)s; ~e⟩ CHEM hydrate *m*

Hydraulik F ⟨~⟩ hydraulique *f*; **hydraulisch** ADJ hydraulique

hydrieren V/T ⟨*pas de ge*, h.⟩ CHEM hydrogéner

Hydrobiologie F hydrobiologie *f*; **Hydrodynamik** F hydrodynamique *f*; **hydrodynamisch** ADJ hydrodynamique; **Hydrografie** F ⟨~⟩ hydrographie *f*; **hydrografisch** ADJ hydrographique; **Hydrographie**, **hydrographisch** → Hydrografie, hydrografisch

Hydrokultur F GARTEN culture *f* hydroponique

Hydrologie F ⟨~⟩ hydrologie *f*

Hydrolyse F ⟨~; ~n⟩ CHEM hydrolyse *f*; **Hydrometer** N ⟨~s; ~⟩ hydromètre *m*

hydrophil ADJ BIOL, CHEM hydrophile

hydrophob ADJ BIOL, CHEM hydrophobe

Hydrosphäre F hydrosphère *f*; **Hydrostatik** F ⟨~⟩ hydrostatique; **hydrostatisch** ADJ hydrostatique; **Hydrotechnik** F ⟨~⟩ hydrotechnique; **Hydrotherapie** F hydrothérapie *f*

Hydroxid N ⟨~(e)s; ~e⟩ CHEM hydroxyde *m*

Hygiene F ⟨~⟩ hygiène *f*; **hygienisch** ADJ hygiénique

Hygrometer N ⟨~s; ~⟩ hygromètre *m*

hygroskopisch ADJ hygroscopique

Hymen N *od* M ⟨~s; ~⟩ ANAT hymen *m*

Hymne F ⟨~; ~n⟩ hymne *m*; REL hymne *m od f*; **hymnisch** ADJ hymnique; **Hymnus** *geh* M ⟨~; -nen⟩ → Hymne

Hype M ⟨~s; ~s⟩ 1 *(Medienspektakel)* battage *m* publicitaire 2 *(Täuschung)* bluff *m*

hyperaktiv ADJ hyperactif, -ive; **Hyperaktivität** F ⟨~⟩ hyperactivité *f*

Hyperbel F ⟨~; ~n⟩ MATH, RHET hyperbole *f*; **Hyperbelfunktion** F MATH fonction *f* hyperbolique

hyperbolisch ADJ MATH, RHET hyperbolique

hyperkorrekt ADJ hypercorrect

Hyperlink M ⟨~s; ~s⟩ IT hyperlien *m*

hypermodern ADJ ultramoderne; **hypersensibel** ADJ ⟨-bl-⟩ hypersensible

Hypertext M IT hypertexte *m*

Hypertonie F ⟨~; ~n⟩ MED 1 *(Bluthochdruck)* hypertension *f* 2 *der Muskeln, des Auges* hypertonie *f*; **Hypertoniker** M ⟨~s; ~⟩ MED hypertendu *m*

Hypertrophie F ⟨~⟩ MED, *fig* hypertrophie *f*

Hypnose F ⟨~; ~n⟩ hypnose *f*; **unter ~ stehen** être sous hypnose; **j-n in ~** *(akk)* **versetzen** hypnotiser qn

hypnotisch ADJ hypnotique; **Hypnotiseur** M ⟨~s; ~e⟩ hypnotiseur *m*; **hypnotisieren** V/T ⟨*pas de ge-*, h.⟩ hypnotiser

Hypochonder M ⟨~s; ~⟩ hypocondriaque *m*; **Hypochondrie** F ⟨~; ~n⟩ hypocondrie *f*; **hypochondrisch** ADJ hypocondriaque

Hypophyse F ⟨~; ~n⟩ ANAT hypophyse *f*

Hypotaxe F ⟨~; ~n⟩ GRAM hypotaxe *f*

Hypotenuse F ⟨~; ~n⟩ MATH hypoténuse *f*

Hypothek F ⟨~; ~en⟩ *a. fig* hypothèque *f*; **e-e ~ aufnehmen** prendre une hypothèque; **mit e-r ~ belasten** *a. fig* hypothéquer; grever d'une hypothèque

hypothekarisch A ADJ hypothécaire B ADV **~ sichern** garantir par une hypothèque; hypothéquer; **~ belastet** hypothéqué; grevé d'une hypothèque *bzw.* d'hypothèques

Hypothekenanleihe F emprunt *m* hypothécaire, sur hypothèque(s); **Hypothekenbank** F ⟨~; ~en⟩ banque *f* hypothécaire; **Hypothekenbrief** M *in Deutschland* lettre *f* hypothécaire; **Hypothekendarlehen** N prêt *m* hypothécaire, sur hypothèque(s); **Hypothekeneintragung** F inscription *f* d'une hypothèque; **hypothekenfrei** ADJ libre, franc, franche d'hypothèques; **Hypothekengläubiger** M créancier *m* hypothécaire; **Hypothekenpfandbrief** M lettre *f* de gage hypothécaire; **Hypothekenschuld** F dette *f* hypothécaire; **Hypothekenschuldner** M débiteur *m* hypothécaire; **Hypothekenzinsen** MPL intérêts *mpl* hypothécaires

Hypothese F hypothèse *f*; **hypothetisch** ADJ hypothétique

Hypotonie F ⟨~; ~n⟩ MED 1 *(niedriger Blutdruck)* hypotension *f* 2 *der Muskeln, des Auges* hypotonie *f*; **Hypotoniker** M ⟨~s; ~⟩ MED hypotendu *m*

Hysterie F ⟨~; ~n⟩ hystérie *f*

Hysteriker(in) M ⟨~s; ~⟩ (F) ⟨~in; ~innen⟩ hystérique *m/f*

hysterisch ADJ hystérique; **~er Anfall** crise *f* d'hystérie

Hz ABK (Hertz) Hz (hertz)

I

I, i N ⟨I, i; I, i⟩ *Buchstabe* I, i *m*; *fig* **das Tüpfelchen auf dem i** la dernière touche; **das sitzt wie das Tüpfelchen auf dem i** ça va parfaitement; **(vollendet) bis auf das Tüpfelchen auf dem i** parfait jusque dans les moindres détails

i INT *Abscheu* pouah!; ah!; *umg* **~ bewahre!**, *umg* **~ wo!** mais non!; *umg* pensez-vous!; pas du tout!; jamais de la vie!

i. ABK (im, in) *bei Ortsnamen* → in[1]

i. A. ABK (im Auftrag) HANDEL p.o. (par ordre)

iah INT *Esel* °hi-han!

iahen V/I ⟨*pas de ge-*, h.⟩ *Esel* braire

i. Allg. ABK (im Allgemeinen) généralement; en général

IATA F ⟨~⟩ ABK (International Air Transport Association, Internationaler Luftverkehrsverband) A.I.T.A. *f* (Association internationale des transports aériens)

ib. ABK (ibidem) ibid.

IBAN F ⟨~⟩ ABK (International Banking Account Number) IBAN *m*

ibd. ABK (ibidem) ibid.

Iberer M ⟨~s; ~⟩ Ibère *m*

iberisch ADJ ibérique; *bes die alte Sprache betreffend* ibère; **die Iberische Halbinsel** la péninsule Ibérique

Ibis M ⟨~ses; ~se⟩ ZOOL ibis *m*

IC® M ⟨~(s); ~(s)⟩ ABK (Intercity) train *m* rapide intervilles

ICE® M ⟨~(s); ~(s)⟩ ABK (Intercity-Express) *etwa* TGV *m* (train à grande vitesse)

ich PERS PR je *bzw.* j'; *betont* moi; **~ habe es getan** c'est moi qui l'ai fait; **~ bin es!** c'est moi!; **hier bin ~!** me voici!; me voilà!; **wenn ~ nicht gewesen wäre …** sans moi …; *umg* **~ Esel!** fou que je suis!; pauvre imbécile que je suis!

Ich N ⟨~(s); ~(s)⟩ *a.* PSYCH moi *m*

Ichbewusstsein N conscience *f* du moi; **ichbezogen** ADJ égocentrique; **Ichbezogenheit** F ⟨~⟩ égocentrisme *m*; **Icherzähler** M narrateur *m* à la première personne

Ichform F **in der ~ (schreiben)** (écrire) à la première personne

Ichgefühl N ⟨~s⟩ conscience *f* du moi; **Ichlaut** M PHON *im Deutschen* prononciation *f* du « ch » après les voyelles « e » et « i » et après l'umlaut; **Ichsucht** F ⟨~⟩ égoïsme *m*; **ichsüchtig** ADJ égoïste

Ichthyosaurier M ZOOL ichtyosaure *m*

Icon N ⟨~s; ~s⟩ IT icône *f*; icone *m*

ideal A ADJ idéal B ADV **~ gelegen sein** être situé à un endroit idéal, d'une façon idéale

Ideal N ⟨~s; ~e⟩ idéal *m*; **noch ~e haben** avoir encore des idéaux

Idealbild N idéal *m*; modèle *m*; **er entspricht dem ~ e-s Vaters** il correspond à l'idéal du père

Idealfall M cas idéal; idéal *m*; **im ~** dans le meilleur des cas

Idealfigur F corps parfait; **Idealgewicht** N poids idéal

idealisieren V/T ⟨*pas de ge-*, h.⟩ idéaliser; **Idealisierung** F ⟨~; ~en⟩ idéalisation *f*

Idealismus M ⟨~⟩ idéalisme *m*; **Idealist(in)** M ⟨~en; ~en⟩ (F) ⟨~in; ~innen⟩ idéaliste *m/f*; **idealistisch** ADJ idéaliste

Idealtypus M type idéal; **Idealwert** M valeur idéale

Idee F ⟨~; ~n⟩ **1** idée *f*; **e-e fixe ~** une idée fixe; **e-e ~ haben** avoir une idée; **wer hat dich auf diese ~ gebracht?** qui t'a donné cette idée?; **er kam auf die ~ zu** (*+inf*) il lui vint (à) l'idée de (*+inf*); il eut l'idée de (*+inf*); **was für e-e ~!** quelle idée! **2** ⟨*pas de pl*⟩ (*Kleinigkeit*) rien *m*; soupçon *m*; **e-e ~ Zucker** un soupçon de sucre; **e-e ~ dunkler** un rien plus sombre

ideell ADJ idéal

ideenarm ADJ *Werk etc* pauvre en idées; *Person* peu inventif, -ive; **Ideendrama** N drame *m*, théâtre *m* d'idées; **ideenreich** ADJ *Werk etc* riche en idées; *Person* plein d'idées; inventif, -ive; **Ideenreichtum** M ⟨~s⟩ abondance *f* d'idées

Identifikation F ⟨~; ~en⟩ identification *f*; **identifizierbar** ADJ identifiable

identifizieren ⟨*pas de ge-*, h.⟩ **A** V/T identifier **B** V/R **sich mit etw, j-m ~** s'identifier à qc, qn

Identifizierung F ⟨~; ~en⟩ identification *f*

identisch ADJ identique (**mit** à)

Identität F ⟨~⟩ identité *f*; **die ~ e-r Person feststellen** établir l'identité d'une personne

Ideologe M ⟨~n; ~n⟩, **Ideologin** F ⟨-in; -innen⟩ idéologue *m/f*; **Ideologie** F ⟨~; ~n⟩ idéologie *f*; **ideologisch** ADJ idéologique

Idiom N ⟨~s; ~e⟩ idiome *m*

Idiomatik F ⟨~⟩ locutions *fpl*, tournures *fpl*, expressions *fpl* idiomatiques

idiomatisch ADJ idiomatique; **~e Redewendung** locution *f*, tournure *f*, expression *f* idiomatique

Idiosynkrasie F ⟨~; ~n⟩ PHYSIOL, *fig* idiosyncrasie *f*

Idiot(in) M ⟨~en; ~en⟩ (F) ⟨~in; ~innen⟩ *umg pej*, MED idiot(e) *m(f)*; *umg* **so ein ~!** quel idiot!

Idiotenhang, **Idiotenhügel** *umg hum* M montagne *f* à vaches; **idiotensicher** *umg hum* ADJ (d'utilisation) simple, facile

Idiotie F ⟨~; ~n⟩ *umg pej*, MED idiotie *f*

idiotisch ADJ *umg pej* idiot; **Idiotismus** M ⟨~; -men⟩ **1** ⟨*pas de pl*⟩ MED idiotie *f* **2** LING idiotisme *m*

Idol N ⟨~s; ~e⟩ idole *f*

i. d. R. ABK (in der Regel) en règle générale

Idyll N ⟨~s; ~e⟩ tableau *m* idyllique

Idylle F ⟨~; ~n⟩ **1** *Gedicht* idylle *f* **2** *fig* tableau *m* idyllique

idyllisch **A** ADJ idyllique **B** ADV **~ gelegen** situé dans un paysage idyllique

IG F ⟨~⟩ ABK (Industriegewerkschaft) **~ Metall, Bergbau** syndicat *m* de la métallurgie, des mines

Igel M ⟨~s; ~⟩ ZOOL °hérisson *m*; **Igelfisch** M ZOOL diodon *m*; **Igelschnitt** *umg hum* M (coupe *f* en) brosse *f*

igitt(igitt) INT *umg* pouah!; *umg* be(u)rk!

Iglu M *od* N ⟨~s; ~s⟩ igloo *od* iglou *m*

Ignorant(in) M ⟨~en; ~en⟩ (F) ⟨~in; ~innen⟩ ignorant(e) *m(f)*; **Ignoranz** F ⟨~⟩ ignorance *f*

ignorieren V/T ⟨*pas de ge-*, h.⟩ **j-n ~** ignorer qn; **etw ~** ne pas tenir compte de qc; *Bemerkung* ne pas relever qc

IHK F ⟨~⟩ ABK (Industrie- und Handelskammer) C.C.I. *f* (Chambre de commerce et d'industrie)

ihm PERS PR (*dat de* er, es) lui; *unverbunden* à lui; **ich gebe ~ das Buch** je lui donne le livre; **ich glaube (es) ~** je le crois

ihn PERS PR (*akk de* er) le, *vor Vokal u. „stummem h"* l'; *nach präp, unverbunden, als Antwort* lui; **ich sehe ~** je le vois; **er kämpft gegen ~** il lutte contre lui

ihnen PERS PR (*dat* PL *de* er, sie, es) leur; *nach präp* eux *bzw.* elles; *unverbunden, als Antwort* à eux *bzw.* à elles; **ich gebe ~ das Geld** je leur donne l'argent; **er war bei ~** il était chez eux *bzw.* elles

Ihnen PERS PR (*dat de* Sie) vous; *unverbunden, als Antwort* à vous; **ich danke ~!** je vous remercie!

ihr[1] PERS PR (*dat de* sie) lui; *nach präp* elle; *unverbunden, als Antwort* à elle; **ich habe es ~ gesagt** je le lui ai dit

ihr[2] PERS PR (*nominatif* PL *de* du) vous; *in der Anrede mit folgendem subst* vous autres; **was wollt ~?** que voulez-vous?; **~ Spanier** vous autres Espagnols

ihr[3] POSS PR **A** ADJT **1** son *bzw.* sa *bzw.* ses; *bei mehreren Besitzern* leur(s); **~e Tante** sa *bzw.* leur tante; **~e Kinder** ses *bzw.* leurs enfants; *betont* **~ Bruder** son frère à elle *bzw.* leur frère à eux *bzw.* à elles; **meine und ~e Schwester** ma sœur et la sienne *bzw.* la leur **2** *in der Anrede* **Ihr** votre; *pl* **Ihre** vos; **Ihre Kinder** vos enfants; **Ihr Herr Vater** Monsieur votre père **3** **Ihre Majestät** Sa Majesté; *Briefschluss* **Ihr Peter Kunz** bien à vous, Peter Kunz; cordialement, Peter Kunz **B** SUBST **der, die, das ~e** (*od* **Ihre**) le sien, la sienne; *bei mehreren Besitzern* le, la leur; *in der Anrede* **der, die, das Ihre** le, la vôtre; **tun Sie das Ihre** faites ce que vous avez à faire

ihrer[1] *geh* PERS PR (*gen de* sie) d'elle; *pl* d'eux *bzw.* d'elles; **man hat sich ~ bemächtigt** on s'est emparé d'elle *bzw.* d'eux *bzw.* d'elles; **ich gedenke ~** je pense à elle *bzw.* à eux *bzw.* à elles

ihrer[2] POSS PR **1** de son *bzw.* de sa *bzw.* de ses; *bei mehreren Besitzern* de leur(s); **e-r ~ Freunde** un de ses *bzw.* de leurs amis **2** *in der Anrede* **Ihrer** de votre *bzw.* de vos

Ihrer *geh* PERS PR (*gen de* Sie) de *bzw.* à vous

ihrerseits ADV de sa *bzw.* de leur part; de son *bzw.* de leur côté; *in der Anrede* **Ihrerseits** de votre part, côté

ihresgleichen PRON ⟨*inv*⟩ son *bzw.* sa semblable *bzw.* ses semblables; son pareil *bzw.* sa pareille *bzw.* ses pareil(le)s; *pl* leur(s) pareil(s) *bzw.* leur(s) pareille(s); *in der Anrede* **Ihresgleichen** votre pareil(le) *bzw.* vos pareil(le)s; **sie verkehrt nur mit ~** elle ne fréquente que ses semblables

ihretwegen ADV **1** (*wegen ihr*) à cause d'elle; (*wegen ihnen*) à cause d'eux *bzw.* d'elles; *in der Anrede* **Ihretwegen** à cause de vous **2** (*ihr zuliebe*) pour elle; (*ihnen zuliebe*) pour eux *bzw.* elles; *in der Anrede* **Ihretwegen** pour vous **3** (*von ihr aus*) en ce qui la concerne; quant à elle; (*von ihnen aus*) en ce qui les concerne; quant à eux *bzw.* elles; *in der Anrede* **Ihretwegen** en ce qui vous concerne; quant à vous

ihretwillen ADV **um ~** (par égard) pour elle *bzw.* eux *bzw.* elles

ihrige *geh* POSS PR **der, die, das ~** (*od* **Ihrige**) le sien, la sienne; *bei mehreren Besitzern* le, la leur; *in der Anrede* **der, die, das Ihrige** le, la vôtre

i. J. ABK (im Jahre) en (l'an)

Ikarus M ⟨→ *n/pr*⟩ MYTH Icare *m*

Ikebana N ⟨~(s)⟩ ikebana *m*

Ikone F ⟨~; ~n⟩ icône *f*

ikr ABK (isländische Krone) I.S.K. (couronne islandaise)

IKRK N ⟨~(s)⟩ ABK (Internationales Komitee vom Roten Kreuz) C.I.C.R. *m* (Comité international de la Croix-Rouge)

Ilias F ⟨~⟩ Iliade *f*

ill. ABK (illustriert) illustré

illegal ADJ (*u.* ADV) illégal(ement); **Illegalität** F illégalité *f*

illegitim ADJ (*u.* ADV) illégitime(ment); **Illegitimität** F illégitimité *f*

illoyal ADJ déloyal; (*gesetzwidrig*) illégal; **Illoyalität** F déloyauté *f*; (*Gesetzwidrigkeit*) illégalité *f*

Illumination F ⟨~; ~en⟩ illumination *f*

illuminieren V/T ⟨*pas de ge-*, h.⟩ illuminer; MAL enluminer; **Illuminierung** F ⟨~; ~en⟩ illumination *f*; MAL enluminure *f*

Illusion F ⟨~; ~en⟩ illusion *f* (*a.* MAL); **sich** (*dat*) **~en machen (über** [*+akk*]) se faire des illusions (sur); **mach dir keine ~en!** ne te fais pas d'illusions!; **j-m s-e ~en nehmen, rauben, zerstören** désillusionner qn; faire perdre, enlever ses illusions à qn

illusionär *geh* ADJ illusoire

Illusionist M ⟨~en; ~en⟩ **1** *geh* rêveur *m*; utopiste *m* **2** (*Zauberkünstler*) illusionniste *m*

illusorisch ADJ illusoire

illuster *geh* ADJ ⟨-tr-⟩ illustre

Illustration F ⟨~; ~en⟩ illustration *f*; **zur ~** pour illustrer

illustrativ ADJ qui sert d'illustration

Illustrator(in) M ⟨~s; -toren⟩ (F) ⟨~in; ~innen⟩ illustrateur, -trice *m,f*; **illustrieren** V/T ⟨*pas de ge-*, h.⟩ *a. fig* illustrer; **Illustrierte** F ⟨→ A⟩ revue *f*; illustré *m*; magazine *m*

Iltis M ⟨~ses; ~se⟩ ZOOL putois *m*

im = in dem

Image N ⟨~(s); ~s⟩ image *f* (de marque); **sein ~ pflegen** soigner son image de marque

Imagepflege F ⟨~⟩ fait *m* de soigner son image de marque; **Imageverlust** M atteinte *f* à l'image de marque; *plus fort* perte *f* de prestige

imaginär ADJ imaginaire (*a.* MATH); **Imagination** *geh* F ⟨~; ~en⟩ imagination *f*

Imam M ⟨~s; ~s *ou* ~e⟩ imam *m*

Imbiss M ⟨~es; ~e⟩ casse-croûte *m*; *vornehmer, in Gesellschaft* lunch *m*; collation *f*; **Imbissbude** *umg* F, **Imbisshalle** F, **Imbissstand** M buvette *f*; **Imbissstube** F snack(-bar) *m*; buvette *f*

Imitat N ⟨~s; ~e⟩ imitation *f*; **Imitation** F ⟨~; ~en⟩ imitation *f* (*a.* MUS); **Imitator** M ⟨~s; -toren⟩ imitateur *m*; **imitieren** V/T ⟨*pas de ge-*, h.⟩ imiter

Imker M ⟨~s; ~⟩ apiculteur *m*

Imkerei F ⟨~⟩ apiculture *f*

immanent ADJ immanent; **Immanenz** F ⟨~⟩ immanence *f*

immateriell ADJ immatériel, -ielle

Immatrikulation F ⟨~; ~en⟩ **1** *an der Universität* inscription *f* à l'université, à la faculté **2** *schweiz e-s Fahrzeugs* immatriculation *f*

immatrikulieren ⟨*pas de ge-*, h.⟩ **A** V/T *schweiz Fahrzeug* immatriculer **B** V/R **sich (an der Hochschule) ~** s'inscrire (à l'université, à la faculté)

Imme *poet* F ⟨~; ~n⟩ abeille *f*

immens ADJ *Glück, Erfolg* immense; *Summe, Leistung* énorme; *Reichtum, Summe a.* colossal

immer ADV toujours; *vor komp meist* de plus en plus; **für ~** pour toujours; **~ noch** toujours; encore; **noch ~ nicht** toujours pas; **wie ~** comme toujours; comme d'habitude; **~ wenn ...** toutes les fois que ...; (à) chaque fois que ...; **~ mal wieder** de temps en temps; **~ wieder** tout le temps; à plusieurs reprises; **ich habe dir ~ wieder gesagt, dass ...** je te l'ai dit et redit que …; **~ geradeaus** toujours tout droit; **~ besser** de mieux en mieux; **~ besser werden** s'améliorer; **~ mehr** de plus en plus; **~ weniger** de moins en moins; **~ weniger werden** diminuer; **~ schlechter, schlimmer** de plus en plus mauvais, mal; de pire en pire; *umg* **das wird ja ~ schöner** c'est de mieux en mieux; **~ vier** *(je vier)* par quatre; **~ während** perpétuel, -elle; éternel, -elle; **~ währender Kalender** calendrier perpétuel; *umg* **~ her damit!** donne *bzw.* donnez toujours!; **wer, was, wann, wo es auch ~ sein mag** qui, quoi, à quel moment, où que ce soit; → *a.* **auch** B 3

immerdar *poet* ADV toujours; à jamais; **immerfort** ADV continuellement; constamment; toujours; sans arrêt, cesse

immergrün ADJ BOT à feuilles persistantes

Immergrün N ⟨~s; ~e⟩ BOT pervenche *f*

immerhin ADV après tout; toujours est-il que; tout compte fait; toutefois; **~ hat er Geld** après tout, il a de l'argent; **das ist ~ etwas** c'est toujours ça de gagné, de pris; *einräumend* **~! (er hat es geschafft)** tout de même! (il a réussi)

Immersion F ⟨~; ~en⟩ ASTRON, OPT immersion *f*

immerwährend ADJ perpétuel, -elle; éternel, -elle; **~er Kalender** calendrier perpétuel

immerzu ADV toujours; constamment; continuellement; **es klingelt ~** ça n'arrête pas de sonner

Immigrant(in) M ⟨~en; ~en⟩ (F) ⟨~in; ~innen⟩ immigré(e) *m(f)*; immigrant(e) *m(f)*; **Immigration** F ⟨~; ~en⟩ immigration *f*; **immigrieren** VI ⟨*pas de ge-*, s.⟩ immigrer

Immission F ⟨~; ~en⟩ ÖKOL nuisance *f*

Immissionsschutz M ÖKOL protection *f* contre les nuisances

Immobilie F ⟨~; ~n⟩ bien immeuble, immobilier

Immobilienfonds M fonds immobilier; **Immobiliengesellschaft** F société immobilière; **Immobilienhandel** M commerce immobilier; **Immobilienhändler(in)** M(F), **Immobilienmakler(in)** M(F) agent immobilier; **Immobilienverwalter(in)** M(F) gérant(e) *m(f)* d'immeubles; **Immobilienverwaltung** F gérance *f* d'immeubles

Immortelle F ⟨~; ~n⟩ BOT immortelle *f*

immun ADJ 1 POL qui jouit de l'immunité parlementaire *bzw.* diplomatique 2 MED, *a. fig* **gegen etw ~ sein** être immunisé contre qc; **gegen etw ~ machen** immuniser contre qc

immunisieren VT ⟨*pas de ge-*, h.⟩ immuniser (**gegen** contre); **Immunisierung** F ⟨~; ~en⟩ immunisation *f* (**gegen** contre)

Immunität F ⟨~⟩ MED immunité *f* (**gegen** contre); POL immunité parlementaire; DIPL immunité diplomatique

Immunologie F ⟨~⟩ MED immunologie *f*

Immunschwäche F MED déficience *f* immunitaire; **Immunsystem** N MED système *m* immunitaire

Impedanz F ⟨~; ~en⟩ ELEK impédance *f*

Imperativ M ⟨~s; ~e⟩ GRAM (mode *m*) impératif *m*; PHIL **kategorischer ~** impératif catégorique

Imperfekt N ⟨~s; ~e⟩ GRAM imparfait *m*

Imperialismus M ⟨~⟩ impérialisme *m*; **Imperialist** M ⟨~en; ~en⟩ impérialiste *m*; **imperialistisch** ADJ impérialiste

Imperium N ⟨~s; -ien⟩ HIST, *fig* empire *m*

impertinent ADJ impertinent; insolent; **Impertinenz** F ⟨~; ~en⟩ impertinence *f*; insolence *f*

Impfarzt M *médecin qui vaccine*

impfen VT ⟨h.⟩ **j-n ~** vacciner qn (**gegen** contre); inoculer un vaccin (de qc) à qn; **sich ~ lassen** se faire vacciner

Impfling M ⟨~s; ~e⟩ *vor der Impfung* sujet *m* à vacciner; *nach der Impfung* sujet tout nouvellement vacciné; **Impflokal** N lieu *m* de vaccination; **Impfpass** M carnet *m* de vaccinations; **Impfpflicht** F ⟨~⟩ vaccination *f* obligatoire; **impfpflichtig** ADJ obligé de se faire vacciner; **Impfschäden** MPL complications *fpl* après la vaccination; **Impfschein** M certificat *m* de vaccination; **Impfschutz** M protection assurée par un vaccin; **Impfstoff** M vaccin *m*

Impfung F ⟨~; ~en⟩ vaccination *f*; **zweite, dritte ~** premier, deuxième rappel

Impfzwang M vaccination *f* obligatoire

Implantat N ⟨~(e)s; ~e⟩ MED implant *m*; **Implantation** F ⟨~; ~en⟩ MED implantation *f*; **implantieren** VT ⟨*pas de ge-*, h.⟩ MED implanter

Implikation F ⟨~; ~en⟩ *bes* LOGIK implication *f*

implizieren VT ⟨*pas de ge-*, h.⟩ *t/t* impliquer

implizit ADJ implicite

implizite ADV implicitement

implodieren VI ⟨*pas de ge-*, s.⟩ *Fernsehgerät* imploser; **Implosion** F ⟨~; ~en⟩ implosion *f*

Imponderabilien *geh* PL impondérables *mpl*

imponieren VI ⟨*pas de ge-*, h.⟩ **j-m (durch, mit etw) ~** impressionner qn (par qc); en imposer à qn (par qc); **das imponiert mir nicht** cela ne m'impressionne pas

imponierend ADJ imposant; *Leistung a.* impressionnant

Imponiergehabe N allures *fpl* de fanfaron; fanfaronnades *fpl*

Import M ⟨~(e)s; ~e⟩ HANDEL importation *f*

Importeur M ⟨~s; ~e⟩ importateur *m*

Import-Export M import-export *m*

Importfirma F firme *f*, maison *f* d'importation; **Importhandel** M (commerce *m* d')importation *f*; **Importhändler** M importateur *m*

importieren VT ⟨*pas de ge-*, h.⟩ importer (*a.* IT)

Importieren N ⟨~s⟩ importation *f*

Importland N pays importateur; **Importüberschuss** M excédent *m* d'importation; **Importware** F marchandise *f* d'importation; *(eingeführte Ware)* marchandise importée; *pl* **~n** *a.* importations *fpl*

imposant ADJ imposant; *Schauspiel, Leistung* impressionnant

impotent ADJ PHYSIOL, *fig* impuissant; **Impotenz** F ⟨~⟩ PHYSIOL, *fig* impuissance *f*

imprägnieren VT ⟨*pas de ge-*, h.⟩ *Stoff* imperméabiliser; *Holz* imprégner (**mit** de); **Imprägnierung** F ⟨~; ~en⟩ *von Stoff* imperméabilisation *f*; *von Holz* imprégnation *f*

Impresario M ⟨~s; ~s⟩ THEAT imprésario *m*

Impression F ⟨~; ~en⟩ impression *f*

Impressionismus M ⟨~⟩ impressionnisme *m*; **Impressionist** M ⟨~en; ~en⟩ impressionniste *m*; **impressionistisch** ADJ impressionniste

Impressum N ⟨~s; -ssen⟩ TYPO mentions légales; PRESSE ours *m*; **Impressumseite** F TYPO *e-s Buchs* page *f* de copyright

Imprimatur N ⟨~s⟩ 1 TYPO bon *m* à tirer 2 KIRCHE imprimatur *m*

Improvisation F ⟨~; ~en⟩ improvisation *f*

improvisieren VT *u.* VI ⟨*pas de ge-*, h.⟩ improviser; **improvisiert** *a.* impromptu

Impuls M ⟨~es; ~e⟩ PHYS, PSYCH, *fig* impulsion *f*; **seinen ~en nachgeben** obéir, céder à ses impulsions; **die Diskussion hat ihr neue ~e gegeben** la discussion lui a donné une nouvelle impulsion

Impulsgenerator M ELEK générateur *m*, émetteur *m* d'impulsions

impulsiv A ADJ impulsif, -ive B ADV impulsivement; **~ handeln** agir impulsivement, de façon impulsive

imstande ADJ ⟨*attribut*⟩ **~ sein, etw zu tun** être capable, en état, en mesure de faire qc; **er ist nicht einmal ~ zu** *(+inf)* il n'est même pas capable de *(+inf)*; *umg* **er ist ~ und …** il est bien capable de *(+inf)*

in¹ PRÄP 1 *Lage ⟨dat⟩* à; (innerhalb) dans; en *(a. bei weiblichen Ländernamen, Provinzen, Erdteilen); bei Straßennamen unübersetzt*; **~ Rom** à Rome; **~ Le Mans** au Mans; **~ Paris spazieren gehen** se promener dans Paris; **~ Dänemark** au Danemark; **~ Deutschland** en Allemagne; **~ Europa** en Europe; **~ ganz Europa** dans toute l'Europe; **im Ausland** à l'étranger; **im Süden (von)** au sud (de); **~ der Mitte** au milieu; **~ der Kirche** à l'église; **~ der Schule** à l'école; **im Theater** au théâtre; **im Gefängnis, Exil** en prison, exil; **~ der Stadt** en ville; **~ der Stadt wohnen** habiter en ville; **~ der Beethovenstraße wohnen** habiter rue Beethoven; **~ e-r großen Firma beschäftigt sein** être employé dans une grande entreprise; **der Beste ~ der Klasse** le meilleur de la classe; **~ meinem Zimmer** dans ma chambre; **~ der Bibel** dans la Bible; **im Deutschen, Französischen** en allemand, français; **er ist gut ~ Mathematik** il est bon, fort en maths 2 *Richtung ⟨akk⟩* à; en; **~s Ausland** à l'étranger; **~ die Stadt fahren** aller en ville 3 *auf die Frage wann? ⟨dat⟩, auf die Frage bis wann? ⟨akk⟩* en; dans; à; pendant; *od unübersetzt*; **~ drei Tagen, Minuten** dans trois jours, minutes; **heute ~ acht Tagen** d'ici °huit jours; aujourd'hui en °huit; **~ diesem Jahr** cette année; **im 20. Jahrhundert** au XXᵉ siècle; **~ den Ferien** pendant les vacances; **~ meinem ganzen Leben** de toute ma vie; **~ diesen Tagen** ces jours-ci; **zweihundert Euro ~ der Woche verdienen** gagner deux cents euros par semaine 4 *Art u. Weise ⟨dat⟩ od ⟨akk⟩* en; à; de; **~ strengem Ton** d'un ton sévère; **~ Leder gebunden** relié en peau; **~ Stein gehauen** taillé dans la pierre; **im Geiste** en esprit; en pensée; par la pensée; **~ dieser Farbe** de, dans cette teinte; **im übertragenen Sinn** au sens figuré; **~ meinen Augen** à mes yeux 5 HANDEL *⟨dat⟩* **~ Geschäften unterwegs sein** être en voyage d'affaires; **~ Sportartikeln handeln** faire le commerce d'articles de sport; *umg* être dans les articles de sport 6 *bei Personen ⟨dat⟩* **~ j-m e-n guten Mitarbeiter haben** avoir en qn un bon collaborateur

in² ADJ ⟨*attribut*⟩ *umg (in Mode)* **~ sein** *umg* être branché, « in »

in…, In… IN ZSSGN *zur Bezeichnung des Gegenteils* in…

inadäquat *geh* ADJ inadéquat

inaktiv ADJ inactif, -ive; **Inaktivität** F ⟨~⟩ inactivité *f*

inakzeptabel *geh* ADJ ⟨-bl-⟩ inacceptable

Inangriffnahme F ⟨~; ~n⟩ ADMIN mise *f* en route

Inanspruchnahme F ⟨~; ~n⟩ *(Nutzung)* utilisation *f*; *(Belastung)* exigence *f*; **wir wollen die ~ s-r Hilfe vermeiden** nous voulons éviter de lui demander son aide

Inaugenscheinnahme F ⟨~; ~n⟩ ADMIN inspection *f*

Inauguraldissertation F thèse *f* (de doctorat)

Inbegriff M incarnation *f*; **der ~ der Schönheit** *etc* l'incarnation de la beauté, *etc*

inbegriffen ADJ *u.* ADV (y) compris; **Bedie-**

nung ~ service compris; **in dem Preis ist alles ~** tout est compris, inclus dans le prix

Inbesitznahme F ⟨~; ~n⟩ ADMIN prise *f* de possession; **Inbetriebnahme** F ⟨~; ~n⟩ ADMIN, **Inbetriebsetzung** F ⟨-ung; -ungen⟩ ADMIN mise *f* en service; BERGBAU, *e-s landwirtschaftlichen Betriebs a.* mise *f* en exploitation

Inbild *geh* N incarnation *f*

Inbrunst *geh* F ⟨~⟩ ferveur *f*; ardeur *f*; **inbrünstig** *geh* A ADJ fervent; ardent B ADV avec ferveur, ardeur

Inbusschlüssel® M TECH clé *f* pour vis à six pans creux; clé Allen; **Inbusschraube** F vis *f* à six pans creux

Indefinitpronomen N GRAM pronom, *adjektivisch gebrauchtes* adjectif indéfini

indem KONJ 1 *(während)* pendant que; tandis que; *bei gleichem Subjekt* en *(+ppr)*; **~ er dies sagte, zog er sich zurück** (tout) en disant cela, il se retira 2 *(dadurch, dass)* en *(+ppr)*; **man erreicht das, ~ man …** on obtient cela en (faisant) …

Inder(in) M ⟨~s; ~⟩ (F) ⟨~in; ~innen⟩ Indien, -ienne *m,f*; habitant(e) *m(f)* de l'Inde

indes(sen) A ADV 1 *zeitlich* pendant ce temps; sur ces entrefaites; **~(sen) war es Herbst geworden** entre-temps l'automne était arrivé 2 *einschränkend* pourtant; néanmoins; cependant; **man muss ~(sen) zugeben, dass …** il faut pourtant, néanmoins, cependant admettre que … B *geh* KONJ *(während)* pendant que; tandis que; *(wohingegen)* tandis que; cependant que

Index M ⟨~(es); ~e *ou* -dizes⟩ 1 WIRTSCH, MATH, STATISTIK indice *m* 2 *(Verzeichnis)* index *m*; HIST KATH **ein Buch auf den ~ setzen** mettre un livre à l'index; **auf dem ~ stehen** être à l'index

Indexklausel F clause *f* d'indexation; **Indexzahl** F, **Indexziffer** F indice *m*

Indianer(in) M ⟨~s; ~⟩ (F) ⟨~in; ~innen⟩ Indien, -ienne *m,f* (d'Amérique); Amérindien, -ienne *m,f*; **Indianerhäuptling** M chef indien; **Indianerkrapfen** M *österr* GASTR tête *f* de nègre; **Indianerreservat** N réserve *f* d'Indiens; **Indianersprache** F langue amérindienne; **Indianerstamm** M tribu *f* d'Indiens

indianisch ADJ indien, -ienne; amérindien, -ienne

Indien N ⟨→ *n/pr*⟩ l'Inde *f*

Indienststellung F ⟨~; ~en⟩ ADMIN mise *f* en service, *e-r Person* en fonction

indifferent *geh* ADJ *a.* CHEM, PHYS indifférent (**gegenüber** à); **Indifferenz** *geh* F ⟨~; ~en⟩ *a.* CHEM, PHYS indifférence *f* (**gegenüber** à)

indigniert *geh* ADJ indigné; **über j-s Verhalten** *(akk)* **~ sein** être indigné par le comportement de qn

Indigo M *od* N ⟨~s; ~s⟩ *Farbstoff* indigo *m*; **indigoblau** ADJ bleu indigo *(inv)*

Indikation F ⟨~; ~en⟩ MED indication *f*; **ethische ~** motif *m* éthique autorisant une interruption de grossesse; **eugenische ~** motif *m* thérapeutique autorisant une interruption de grossesse quand la santé de l'enfant est en danger; **medizinische ~** motif *m* thérapeutique autorisant une interruption de grossesse quand la santé de la mère est en danger; **soziale ~** indication *f* autorisant une interruption de grossesse en cas de détresse économique

Indikativ M ⟨~s; ~e⟩ GRAM (mode *m*) indicatif *m*; **im ~ stehen** être à l'indicatif

Indikator M ⟨~s; -toren⟩ WIRTSCH, TECH, CHEM indicateur *m*

Indio M ⟨~s; ~s⟩ Indien *m* (d'Amérique centrale *bzw.* du Sud)

indirekt A ADJ indirect; GRAM **~e Rede** discours, style indirect; GRAM **~er Fragesatz** proposition interrogative indirecte; interrogation indirecte B ADV indirectement; **~ beeinflussen** influencer indirectement

indisch ADJ indien, -ienne; de l'Inde; HIST *a.* des Indes; **der Indische Ozean** l'océan Indien

indiskret A ADJ indiscret, -ète B ADV indiscrètement

Indiskretion F ⟨~; ~en⟩ indiscrétion *f*; **e-e ~ begehen** commettre une indiscrétion

indiskutabel ADJ ⟨-bl-⟩ inadmissible

indisponiert *geh* ADJ indisposé

Individual… IN ZSSGN individuel, -elle; **Individualhaftung** F responsabilité individuelle

individualisieren V/T ⟨*pas de ge-*, h.⟩ individualiser

Individualismus M ⟨~⟩ individualisme *m*;

Individualist(in) M ⟨~en; ~en⟩ (F) ⟨~in; ~innen⟩ individualiste *m/f*; **individualistisch** ADJ individualiste; **Individualität** F ⟨~; ~en⟩ individualité *f*

Individualpsychologie F psychologie individuelle; **Individualrecht** N droit individuel, de l'individu; **Individualverkehr** M trafic *m* des véhicules particuliers

Individuation F ⟨~; ~en⟩ PHIL, PSYCH individuation *f*

individuell A ADJ individuel, -elle B ADV individuellement; **das ist ~ verschieden** c'est selon les cas; cela varie en fonction des cas

Individuum N ⟨~s; -duen⟩ individu *m*; *pej* **ein zweifelhaftes ~** un individu douteux, louche

Indiz N ⟨~es; ~ien⟩ *(Anzeichen)* indice *m* (**für** de) *(a.* JUR)

Indizienbeweis M JUR preuve *f* par indices

indiziert ADJ 1 MED indiqué 2 HIST KATH mis à l'index

Indochina N l'Indochine *f*; **indochinesisch** ADJ indochinois; **Indoeuropäer(in)** M(F) Indo-Européen, -éenne *m,f*; **indoeuropäisch** ADJ indo-européen, -éenne; **Indogermane** M, **Indogermanin** F Indo-Européen, -éenne *m,f*; **indogermanisch** ADJ indo-européen, -éenne

Indoktrination F ⟨~; ~en⟩ endoctrinement *m*

indoktrinieren V/T ⟨*pas de ge-*, h.⟩ endoctriner (**mit etw** avec qc)

indolent *geh* ADJ *a.* MED indolent; **Indolenz** *geh* F ⟨~⟩ *a.* MED indolence *f*

Indonesien N ⟨→ *n/pr*⟩ l'Indonésie *f*; **Indonesier(in)** M ⟨~s; ~⟩ (F) ⟨~in; ~innen⟩ Indonésien, -ienne *m,f*

indonesisch ADJ indonésien, -ienne; **die ~e Sprache** la langue indonésienne; l'indonésien *m*

Indonesisch N ⟨~(s)⟩, **Indonesische** N ⟨~n⟩ (**das**) **Indonesisch(e)** *Sprache* l'indonésien *m*

Indossament N ⟨~s; ~e⟩ FIN endos (-sement) *m*; **Indossant** M ⟨~en; ~en⟩ FIN endosseur *m*; **Indossat** M ⟨~en; ~en⟩, **Indossatar** M ⟨~s; ~e⟩ FIN endossataire *m*

indossieren V/T ⟨*pas de ge-*, h.⟩ FIN endosser

Induktion F ⟨~; ~en⟩ ELEK, BIOL, LOGIK induction *f*

Induktionsheizung F chauffage *m* à induction; **Induktionsherd** M cuisinière *f* à induction; **Induktionskochfeld** N plaque *f* de cuisson à induction; **Induktionsmaschine** F ELEK machine *f* à induction; **Induktionsofen** M METALL four *m* à induction; **Induktionsspule** F ELEK bobine *f* d'induction; **Induktionsstrom** M ELEK courant induit

induktiv ADJ LOGIK, ELEK inductif, -ive; **Induktivität** F ⟨~; ~en⟩ inductivité *f*

Induktor M ⟨~s; -toren⟩ ELEK inducteur *m*

industrialisieren V/T ⟨*pas de ge-*, h.⟩ industrialiser; **Industrialisierung** F ⟨~⟩ industrialisation *f*

Industrie F ⟨~; ~n⟩ industrie *f*; **chemische, verarbeitende ~** industrie chimique, de transformation

Industrie… IN ZSSGN industriel, -ielle; **Industrieabwässer** NPL eaux industrielles usées; **Industrieaktie** F action industrielle; **Industrieanlage** F installation industrielle; usine *f*; **Industrieansiedlung** F implantation industrielle; **Industriearbeiter(in)** M(F) ouvrier, -ière *m,f* de l'industrie; **Industrieausstellung** F exposition industrielle; **Industriebauten** MPL constructions industrielles; **Industrieberater** M conseiller *m* dans une entreprise industrielle; **Industriebetrieb** M exploitation, entreprise industrielle; **Industrieerzeugnis** N produit industriel; **Industriegebiet** N *e-s Lands* région industrielle; *e-r Stadt* zone industrielle; **Industriegelände** N terrain industriel; **Industriegesellschaft** F société industrielle; **Industriegewerkschaft** F → IG; **Industriekapitän** M capitaine *m* d'industrie; gros industriel; **Industriekauffrau** F, **Industriekaufmann** M agent technico-commercial; **Industrieland** N ⟨~(e)s; -länder⟩ pays industriel; **Industrielandschaft** F paysage industriel

industriell ADJ industriel, -ielle; **~e Revolution** révolution industrielle

Industrielle(r) M ⟨→ A⟩ industriel *m*

Industriemagnat M gros industriel; **Industriemesse** F foire industrielle; **Industriemüll** M déchets industriels; **Industrienorm** F norme industrielle; **Industriepark** M zone industrielle; **Industrieprodukt** N produit industriel; **Industrieroboter** M robot industriel; **Industriespionage** F espionnage industriel; **Industriestaat** M État industriel, industrialisé; **Industriestadt** F ville industrielle; **Industriestandort** M lieu *m* d'implantation industrielle; **Industrie- und Handelskammer** F ⟨~; ~n⟩ Chambre *f* de commerce et d'industrie; **Industrieunternehmen** N entreprise industrielle; **Industriezeitalter** N ⟨~s⟩ époque industrielle; **Industriezentrum** N centre industriel; **Industriezweig** M secteur industriel

induzieren V/T ⟨*pas de ge-*, h.⟩ ELEK, LOGIK induire

ineffektiv ADJ *Maßnahme, Medikament etc* inefficace

ineinander ADV l'un(e) dans l'autre *bzw.* les un(e)s dans les autres; *Personen* **~ aufgehen** vivre l'un pour l'autre; *Farben etc* **~ übergehen** se confondre; **~ verschlungen sein** être entrelacés, *Menschen* enlacés; → ineinanderfließen, ineinanderfügen, ineinandergreifen *etc*

ineinanderfließen V/I ⟨*irr, sép*, -ge-, s.⟩ se confondre; *Flüssigkeiten, Farben* se mélanger;

ineinanderfügen V/T ⟨*sép*, -ge-, h.⟩ emboîter; assembler; *Rohre a.* aboucher; **ineinandergreifen** V/I ⟨*irr, sép*, -ge-, h.⟩ *Zahnräder etc* s'engrener; *Falze, Nuten* s'emboîter; *fig* s'enchaîner

Ineinandergreifen N ⟨~s⟩ **das ~ der Ereignisse** l'enchaînement *m* des événements

ineinanderpassen V/I ⟨*sép*, -ge-, h.⟩ s'emboîter

ineinanderschieben ⟨*irr, sép*, -ge-, h.⟩ A

VT faire entrer l'un dans l'autre; emboîter; *mit Gewalt* télescoper **B** VR **sich ~** s'emboîter; *mit Gewalt* se télescoper; **bei dem Unfall haben sich die Wagen ineinandergeschoben** dans l'accident les voitures se sont télescopées
ineinanderstecken VT ⟨*sép*, -ge-, h.⟩ emboîter; assembler
infam ADJ infâme; **Infamie** F ⟨~; ~n⟩ infamie *f*
Infant M ⟨~en; ~en⟩ infant *m*
Infanterie F ⟨~; ~n⟩ MIL infanterie *f*; **Infanteriebataillon** N bataillon *m* d'infanterie; **Infanterieregiment** N régiment *m* d'infanterie
Infanterist M ⟨~en; ~en⟩ MIL fantassin *m*
infantil ADJ *a. fig* infantile; **Infantilismus** M ⟨~⟩ infantilisme *m*
Infantin F ⟨~; ~nen⟩ infante *f*
Infarkt M ⟨~(e)s; ~e⟩ MED infarctus *m*
Infekt M ⟨~(e)s; ~e⟩ MED infection *f*; **grippaler ~** infection grippale
Infektion F ⟨~; ~en⟩ MED **1** *(Ansteckung)* contagion *f* **2** *umg (Entzündung)* infection *f*
Infektionsgefahr F *(Ansteckungsgefahr)* danger *m* de contagion; **Infektionsherd** M foyer *m* d'infection; **Infektionskrankheit** F maladie infectieuse
infektiös ADJ infectieux, -ieuse
Inferiorität *geh* F ⟨~⟩ infériorité *f*
infernalisch ADJ infernal
Inferno *geh* N ⟨~s⟩ *a. fig* enfer *m*
Infiltration F ⟨~; ~en⟩ MED, POL, *fig* infiltration *f*
infiltrieren ⟨*pas de ge-*⟩ **A** VT ⟨h.⟩ POL s'infiltrer dans **B** VI ⟨s.⟩ *a. fig* s'infiltrer
infinit ADJ GRAM **~e Verbformen** FPL modes impersonnels du verbe
infinitesimal ADJ MATH infinitésimal; **Infinitesimalrechnung** F MATH calcul infinitésimal
Infinitiv M ⟨~s; ~e⟩ GRAM (mode *m*) infinitif *m*; **Infinitivendung** F terminaison *f*, désinence *f* de l'infinitif; **infinitivisch** **A** ADJ infinitif, -ive **B** ADV à l'infinitif; **Infinitivsatz** M proposition infinitive
infizieren ⟨*pas de ge-*, h.⟩ **A** VT MED infecter; contaminer; **er hat mich mit seiner Grippe infiziert** il m'a passé sa grippe **B** VR **sich (mit etw) ~** attraper qc
Infizierung F ⟨~; ~en⟩ *(Ansteckung)* contagion *f*
in flagranti *geh* ADV en flagrant délit
Inflation F ⟨~; ~en⟩ WIRTSCH inflation *f*; **schleichende ~** inflation rampante
inflationär, inflationistisch ADJ inflationniste
Inflationsrate F taux *m* d'inflation
Influenz F ⟨~; ~en⟩ PHYS influence *f*
Info[1] N ⟨~s; ~s⟩ *umg (Informationsblatt)* feuille *f* d'information
Info[2] F ⟨~; ~s⟩ *umg* **1** *(Unterrichtung, Mitteilung, Hinweis) umg* info *f* **2** *(Auskunft[sstelle])* → Information 1, 2
infolge PRÄP ⟨*gen*⟩ par suite de; en conséquence de; à la suite de; **~ s-r Erkrankung** par suite de sa maladie
infolgedessen ADV par conséquent; en conséquence; à la suite de quoi
Infopost F *im Postverkehr* imprimé *m*
Informant(in) M ⟨~en; ~en⟩ (F) ⟨~in; ~innen⟩ informateur, -trice *m,f*
Informatik F ⟨~⟩ informatique *f*; **Informatiker(in)** M ⟨~s; ~⟩ (F) ⟨~in; ~innen⟩ informaticien, -ienne *m,f*
Information F ⟨~; ~en⟩ **1** information *f*, renseignement *m* (**über** [*+akk*] sur); **zu Ihrer ~** pour votre information; **~en einholen** s'informer; se renseigner; **weitere ~en erhalten Sie bei ...** pour de plus amples informations adressez-vous à ...; **nach anderslautenden ~en** selon d'autres informations **2** *Büro* bureau *m* de renseignements; *Stand* stand *m* d'information
Informationsaustausch M échange *m* d'informations; **Informationsblatt** N journal *m* d'information; **Informationsbüro** N agence *f*, bureau *m* d'information, de renseignements
Informationsfluss M circulation *f* de l'information; **der ~ stockt** les informations ne passent pas
Informationsgesellschaft F ⟨~⟩ société *f* de l'information; **Informationsmaterial** N documentation *f*; **Informationsquelle** F source *f* (d'une information); **Informationsreise** F voyage *m* d'information; **Informationsstand** M ⟨~(e)s; -stände⟩ **1** *Stelle* stand *m* d'information **2** ⟨*pas de pl*⟩ *(Kenntnisstand)* niveau *m* d'information; **Informationssystem** N système *m* d'informations; **Informationstechnik** F ⟨~⟩, **Informationstechnologie** F technologies *fpl* de l'information; **Informationstheorie** F théorie *f* de l'information; **Informationsverarbeitung** F traitement *m* de l'information; **Informationszentrum** N centre *m* d'information
informativ ADJ instructif, -ive; **informatorisch** ADJ à titre d'information
informell ADJ sans cérémonie, protocole, façons; *Treffen, Gespräch* informel, -elle
informieren ⟨*pas de ge-*, h.⟩ **A** VT **~ (über** [*+akk*]) informer (de, sur); renseigner (sur) **B** VR **sich ~ (über** [*+akk*]) s'informer (de, sur); se renseigner (sur)
Infostand *umg* M stand *m* d'information
Infothek F ⟨~; ~en⟩ stand *m* d'information *(équipé d'un ordinateur à la disposition du public)*
infrage ADV **(nicht) ~ kommen** (ne pas) entrer en ligne de compte; **j-d, etw kommt (nicht) ~** il (n')est (pas) question de qn, qc; **(das) kommt ~!** (il n'en est) pas question!; **nicht ~ kommen** *Sache a.* être °hors de question; *als Täter etc* être °hors de cause; **etw ~ stellen** remettre qc en question, en cause
infrarot ADJ infrarouge
Infrarotheizung F chauffage *m* par, à infrarouge; **Infrarotstrahler** M radiateur *m* à infrarouge
Infraschall M AKUSTIK infrason *m*; **Infrastruktur** F infrastructure *f*
Infusion F ⟨~; ~en⟩ MED perfusion *f*
Ing. ABK → Ingenieur(in)
Inge F ⟨→ *n/pr*⟩ *prénom*
Ingenieur(in) M ⟨~s; ~e⟩ (F) ⟨-in; -innen⟩ ingénieur *m/f*; **beratender ~** ingénieur-conseil *m*; **leitender ~** ingénieur en chef
Ingenieurbüro N bureau *m* d'ingénieurs; **Ingenieurschule** F école *f* d'ingénieurs; **Ingenieurwesen** N ⟨~s⟩ génie *m* (civil)
Ingredienzien NPL *bes* PHARM ingrédients *mpl*
Ingrid F ⟨→ *n/pr*⟩ *prénom*
Ingrimm *geh* M fureur, rage contenue
Ingwer M ⟨~s⟩ gingembre *m*; **Ingwerbier** N boisson gazeuse au gingembre
Inh. ABK → Inhaber(in)
Inhaber(in) M ⟨~s; ~⟩ (F) ⟨~in; ~innen⟩ *e-s Geschäfts etc* propriétaire *m/f*; *e-r Wohnung* occupant(e) *m(f)*; *e-s Amts, Titels, Passes, Kontos etc* titulaire *m/f*; HANDEL *e-s Wechsels, Schecks, von Wertpapieren etc* porteur *m*; détenteur, -trice *m,f* (*a. e-s Rekords*)
Inhaberpapier N FIN titre *m* au porteur; **Inhaberschuldverschreibung** F FIN obligation *f* au porteur
inhaftieren VT ⟨*pas de ge-*, h.⟩ emprisonner; mettre en état de détention
Inhaftierte(r) M/F(M) ⟨→ A⟩ détenu(e) *m(f)*; **Inhaftierung** F ⟨~; ~en⟩ emprisonnement *m*; mise *f* en état de détention
Inhalation F ⟨~; ~en⟩ MED inhalation *f*
inhalieren ⟨*pas de ge-*, h.⟩ MED **A** VT faire des inhalations de; inhaler **B** VI faire des inhalations
Inhalt M ⟨~(e)s; ~e⟩ **1** *e-s Gefäßes etc* contenu *m* **2** *(Gehalt), a. e-s Begriffs etc* contenu *m*; *Gegensatz zu Form a.* fond *m*; *(Wortlaut) a.* teneur *f*; **den ~ e-s Gesprächs, e-s Buchs wiedergeben** rendre le contenu d'une conversation, d'un livre; **~ und Form e-s Gedichts** le fond *od* le contenu et la forme d'une poésie; **der Brief hatte folgenden ~** le contenu de la lettre était le suivant; *Schriftstück* **folgenden ~s** disant que ...; disant ceci: ... **3** GEOMETRIE *(Flächeninhalt)* surface *f*; superficie *f*; aire *f*; *(Rauminhalt)* volume *m*; capacité *f* **4** *(~sverzeichnis)* table *f* des matières
inhaltlich **A** ADJ qui concerne le contenu; du contenu **B** ADV quant au, en ce qui concerne le contenu; **~ abweichen** différer quant au contenu; **formal gut, aber ~ schlecht** bon quant à la forme, mais mauvais quant au fond
Inhaltsangabe F *e-r Erzählung* résumé *m*; sommaire *m*; FILM synopsis *m od f*; **e-e ~ von etw machen** faire un résumé de qc; résumer qc
Inhaltsberechnung F détermination *f e-r Fläche* de la surface, *e-s Körpers* du volume, de la capacité; **Inhaltserklärung** F *e-r Warensendung* déclaration *f* du contenu; **inhaltsleer, inhaltslos** ADJ *Leben, Tage* vide; *Sätze, Rede* creux, creuse; **inhaltsreich** ADJ substantiel, -ielle; profond; **inhaltsschwer** ADJ profond; **Inhaltsübersicht** F, **Inhaltsverzeichnis** N table *f* des matières
inhärent *geh* ADJ *a.* PHIL inhérent (**e-r Sache** [*dat*] à qc); **Inhärenz** F ⟨~⟩ PHIL inhérence *f*
inhomogen ADJ qui manque d'homogénéité; PHYS non-homogène
inhuman ADJ inhumain; **Inhumanität** F ⟨~⟩ inhumanité *f*
Initialbuchstabe M lettre initiale
Initiale F ⟨~; ~n⟩ initiale *f*
initialisieren VT ⟨*pas de ge-*, h.⟩ IT initialiser; **Initialisierung** F ⟨~; ~en⟩ IT initialisation *f*
Initialzündung F TECH amorçage *m*
Initiation F ⟨~; ~en⟩ VÖLKERKUNDE, SOZIOLOGIE initiation *f*
Initiationsritus M rite *m* d'initiation
initiativ ADJ **~ werden** prendre l'initiative
Initiativbewerbung F candidature spontanée
Initiative F ⟨~; ~n⟩ **1** initiative *f* (*a. im Parlament*); **auf j-s ~** (*akk*) **(hin)** sur *od* à l'initiative de qn; **die ~ ergreifen** prendre l'initiative; **aus eigener ~ handeln** agir de sa propre initiative **2** → Bürgerinitiative
Initiativrecht N ⟨~(e)s⟩ droit *m* d'initiative parlementaire
Initiator(in) M ⟨~s; -toren⟩ (F) ⟨~in; ~innen⟩ promoteur, -trice *m,f*
initiieren *geh* VT ⟨*pas de ge-*, h.⟩ initier
Injektion F ⟨~; ~en⟩ MED injection *f*; **j-m e-e ~ geben** faire une injection à qn
Injektionsnadel F aiguille *f* hypodermique; **Injektionsspritze** F seringue *f* hypodermique, à injections
Injektor M ⟨~s; -toren⟩ TECH injecteur *m*
injizieren VT ⟨*pas de ge-*, h.⟩ injecter; **j-m etw ~** injecter qc à qn; faire une injection, une piqûre de qc à qn; **j-m etw in den Arm ~** faire une injection, une piqûre de qc dans le bras

de qn
Injurie *geh* F ⟨~; ~n⟩ *bes* JUR injure *f*; outrage *m*
Inka M ⟨~(s); ~(s)⟩ Inca *m*; **Inkareich** N Empire *m* inca
Inkarnation F ⟨~; ~en⟩ REL, *fig* incarnation *f*
Inkasso N ⟨~s; ~s *ou* -kassi⟩ FIN encaissement *m*; recouvrement *m*; **zum ~** pour encaissement
Inkassobüro N bureau *m* d'encaissement; **Inkassogeschäft** N opérations *fpl* d'encaissement, de recouvrement; **Inkassovollmacht** F procuration *f* pour encaisser de l'argent
Inkaufnahme F ⟨~⟩ ADMIN **unter ~** *(dat)* **von …** en acceptant …
inkl. ABK → inklusive
Inklination F ⟨~; ~en⟩ ASTRON, PHYS, MATH inclinaison *f*
inkludieren *bes österr* V/T ⟨*pas de ge-*, h.⟩ inclure; **die Getränke sind bei diesem Angebot inkludiert** les boissons sont comprises dans cette offre
inklusive ADV *u.* PRÄP ⟨*gen*⟩ y compris; inclusivement; **~ (der) Verpackung** y compris l'emballage; emballage compris
inkognito ADV incognito; **~ reisen** voyager incognito
Inkognito N ⟨~s; ~s⟩ incognito *m*; **das ~ wahren** garder l'incognito
inkohärent ADJ incohérent; **Inkohärenz** F ⟨~; ~en⟩ incohérence *f*
inkompatibel ADJ ⟨-bl-⟩ IT, JUR, POL incompatible; **Inkompatibilität** F incompatibilité *f*
inkompetent ADJ incompétent; **Inkompetenz** F incompétence *f*
inkongruent ADJ GEOMETRIE non-coïncident; **Inkongruenz** F non-coïncidence *f*
inkonsequent **A** ADJ inconséquent **B** ADV inconséquemment; **Inkonsequenz** F inconséquence *f*
inkonsistent ADJ inconsistant
inkonstant ADJ inconstant
Inkontinenz F ⟨~; ~en⟩ MED incontinence *f*
inkonvertibel ADJ ⟨-bl-⟩ inconvertible
inkorrekt **A** ADJ **1** *Auskunft, Übersetzung* inexact; *Satz* incorrect **2** *Verhalten, Kleidung* incorrect **B** ADV incorrectement; **Inkorrektheit** F incorrection *f*
Inkrafttreten N ⟨~s⟩ entrée *f* en vigueur; **am Tag des ~s** le jour d'entrée en vigueur
Inkreis M GEOMETRIE cercle inscrit
inkriminieren V/T ⟨*pas de ge-*, h.⟩ *bes* JUR accuser (d'un crime); incriminer
Inkubation F ⟨~; ~en⟩ MED, BIOL incubation *f*
Inkubationszeit F période *f* d'incubation
inkulant ADJ HANDEL non coulant (en affaires)
Inkunabel F ⟨~; ~n⟩ TYPO incunable *m*
Inland N ⟨~(e)s⟩ intérieur *m* du pays; **im ~** à l'intérieur du pays; **im ~ hergestellt** fabriqué dans le pays; **(gültig) im In- und Ausland** (valable) dans le pays et à l'étranger, à l'intérieur du pays et à l'étranger
Inlandeis N GEOL glacier continental; inlandsis *m*
Inländer(in) M ⟨~s; ~⟩ (F) ⟨~in; ~innen⟩ habitant(e) *m(f)* du pays; indigène *m/f*; **~** *pl a.* nationaux *mpl*
Inlandflug M vol intérieur
inländisch ADJ du pays; intérieur; indigène; national; **~e Erzeugnisse** *npl* produits *mpl* indigènes, du pays
Inlandsabsatz M débouchés *mpl* sur le marché intérieur; **Inlandsanleihe** F emprunt intérieur, national; **Inlandserzeugnis** N produit *m* indigène, du pays; **Inlandsmarkt** M marché intérieur, national; **Inlandsnachfrage** F demande intérieure, du marché intérieur; **Inlandsporto** N port *m* en régime intérieur; **Inlandsverkehr** M trafic intérieur
Inlaut M PHON (lettre *f*) médiale *f*; **inlautend** ADJT PHON à l'intérieur du mot
Inlay N ⟨~s; ~s⟩ *Zahnfüllung* inlay *m*
Inlett N ⟨~(e)s; ~s *ou* ~e⟩ TEX °housse *f*, enveloppe *f* d'édredon *bzw.* de couette
inliegend ADJT *u.* ADVL *bes österr* ADMIN ci-joint; ci-inclus
Inliner M ⟨~s; ~⟩, **Inlineskate** M ⟨-ates; -ates⟩ roller *m*; **inlineskaten** V/I ⟨*insép*, -ete, inlinegeskatet, h. *ou* s.⟩ faire du roller; **Inlineskater(in)** M(F) rolleur, -euse *m,f*
inmitten *geh* PRÄP ⟨*gen*⟩ au milieu de
innehaben V/T ⟨*irr, sép*, -ge-, h.⟩ *Stellung, Amt* occuper; *Rekord* détenir
innehalten V/I ⟨*irr, sép*, -ge-, h.⟩ s'arrêter; **mitten im Satz ~** s'arrêter au milieu de la phrase; **in der Arbeit ~** s'arrêter dans son travail
innen ADV dedans; à l'intérieur; intérieurement; SPORT *(auf der Innenbahn)* sur la piste intérieure; LEICHTATHLETIK dans le couloir intérieur; *(~ im Spielfeld)* à l'intérieur; **nach ~** à *od* vers l'intérieur; au *od* en dedans; **nach ~ aufgehen** s'ouvrir vers l'intérieur; **von ~ (heraus)** du dedans; de l'intérieur; **die Tür ist von ~ abgeschlossen** la porte est fermée à clé de l'intérieur
Innen… IN ZSSGN *meist* intérieur; **Innenansicht** F intérieur *m*; vue intérieure; **Innenantenne** F antenne intérieure; **Innenarchitekt(in)** M(F) architecte *m/f* d'intérieur; **Innenarchitektur** F architecture *f* d'intérieur; **Innenaufnahme** F FOTO, FILM intérieur *m*; **Innenausstattung** F aménagement intérieur; **Innenbahn** F SPORT piste intérieure; LEICHTATHLETIK couloir intérieur; **Innenbeleuchtung** F éclairage intérieur; **Innenbezirk** M *e-r Stadt* quartier *m* du centre ville
Innendienst M service intérieur, interne; **im ~ (tätig) sein** travailler à l'intérieur (d'une entreprise *bzw.* d'une administration, *etc*)
Innendruck M ⟨~(e)s⟩ TECH pression intérieure, interne, à l'intérieur; **Inneneinrichtung** F aménagement *m* (intérieur); **Innenfläche** F surface intérieure; **Innenhof** M cour intérieure; **Innenkante** F (re)bord intérieur; **Innenleben** N ⟨~s⟩ vie intérieure (*a.* PHIL); sentiments *mpl*; âme *f*; **Innenminister(in)** M(F) ministre *m* de l'Intérieur; **Innenministerium** N ministère *m* de l'Intérieur; **Innenpolitik** F politique intérieure; **Innenpolitiker(in)** M(F) politicien, -ienne *m,f*, homme *m* politique s'occupant des affaires intérieures d'un pays; **innenpolitisch** ADJ de (la) politique intérieure; concernant la politique intérieure; **Innenraum** M intérieur *m*; *im Auto* habitacle *m*; **Innenseite** F côté *m*, face *f* interne, intérieur(e); *e-s Stoffs* envers *m*; **Innensenator** M *BRD* ministre *m* des affaires intérieures *(à Brême, Hambourg, Berlin)*; **Innenspiegel** M rétroviseur intérieur; **Innenstadt** F centre *m* (de la) ville; **Innenstürmer** M SPORT inter *m*; intérieur *m*; **Innentasche** F poche intérieure; **Innentemperatur** F température intérieure; **Innenwand** F cloison *f*; **Innenwelt** F ⟨~⟩ monde intérieur; **Innenwinkel** M MATH angle *m* interne
innerbetrieblich ADJ interne (à l'entreprise)
innerdeutsch ADJ interallemand; **~e Angelegenheiten** *fpl* affaires *fpl* internes de l'Allemagne
innere(r, -s) ADJ ⟨*épithète*⟩ intérieur; interne; **~r Halt** soutien, appui moral; **~ Krankheiten** *fpl* maladies *fpl* internes; **~r Monolog** monologue intérieur; **~ Stimme** voix intérieure; **~ Verletzungen** *fpl* blessures *fpl* internes
Innere(s) N ⟨→ A⟩ intérieur *m*; centre *m*; *fig e-s Menschen* for intérieur; dedans *m*; **im Innern (des Landes** *etc*) à l'intérieur (du pays, *etc*); **in meinem Innern** dans mon for intérieur; **Ministerium des Innern** → Innenministerium
Innereien FPL abats *mpl*
innereuropäisch ADJ intereuropéen, -éenne
innerhalb PRÄP ⟨*gen*⟩ *u.* ADV **1** *örtlich* à l'intérieur (de); (au-de)dans (de) **2** *zeitlich* en; **~ kurzer Zeit** en peu de temps; **~ von fünf Minuten war alles aufgegessen** tout a été mangé en (moins de) cinq minutes; **~ von drei Tagen musst du das Geld zurückzahlen** tu dois rendre cet argent avant trois jours, dans les trois jours qui viennent
innerlich **A** ADJ *(innen befindlich)* intérieur; interne; *Arznei* **zur ~en Anwendung** pour usage interne **B** ADV **1** intérieurement **2** *fig* dans mon, ton, *etc* for intérieur
innerörtlich ADJ local; *Verkehr* en agglomération; **innerstädtisch** ADJ local
innerste(r, -s) ADJ le plus profond; intime; **im ~n Winkel s-s Herzens** au plus profond de son cœur; **s-e ~n Gedanken** ses pensées intimes, les plus cachées; **meiner ~n Überzeugung nach** selon ma conviction intime
Innerste(s) N ⟨→ A⟩ partie la plus interne, profonde; âme *f*; cœur *m*; **im ~n des Landes** au cœur du pays; **j-n bis ins ~ treffen** toucher qn au plus profond de lui-même; **in s-m ~n** dans son for intérieur; au fond de lui-même
innert PRÄP ⟨*gen*⟩ *schweiz, österr* → innerhalb 2
innewerden *geh* V/I ⟨*irr, sép*, -ge-, s.⟩ **e-r Sache** *(gen)* **~** se rendre compte de qc; s'apercevoir de qc
innewohnen *geh* V/I ⟨*sép*, -ge-, h.⟩ **e-r Sache** *(dat)* **~** être inhérent, immanent à qc; **die dem Menschen ~den Kräfte** les forces inhérentes, immanentes à l'homme
innig **A** ADJ **1** *(tief empfunden)* cordial; tendre; *Freundschaft* sincère; *Wunsch* ardent; **j-m s-n ~sten Dank sagen** remercier qn de tout son cœur, très cordialement; **mein ~ster Wunsch** mon vœu le plus cher; *plus fort* mon plus ardent désir **2** *(sehr eng)* intime (*a.* CHEM); **ein ~es Verhältnis zu j-m haben** être très lié avec qn **B** ADV **1** *(tief empfunden)* cordialement; tendrement; **sich ~ lieben** s'aimer tendrement **2** *(sehr eng)* intimement; **~ verbunden sein** être intimement lié
Innigkeit F ⟨~⟩ ardeur *f*; chaleur *f*; cordialité *f*; tendresse *f*
inniglich *geh* → innig
Innovation F ⟨~; ~en⟩ innovation *f*
innovativ ADJ innovateur, -trice
Innovator M ⟨~s; -toren⟩ innovateur *m*
innovatorisch ADJ innovateur, -trice
Innozenz M ⟨→ *n/pr*⟩ *prénom*; *Papstname* Innocent *m*
Innsbruck N ⟨→ *n/pr*⟩ Innsbruck
Innung F ⟨~; ~en⟩ corporation *f*; corps *m* de métier; *(Handwerkskammer)* chambre *f* des métiers; *umg fig* **du blamierst die ganze ~** tu nous rends tous ridicules
Innungskrankenkasse F caisse *f* maladie d'une corporation; **Innungsmeister** M chef *m* d'une corporation; **Innungsversammlung** F assemblée *f* d'une corporation; **Innungswesen** N ⟨~s⟩ corporatisme

m

inoffiziell A ADJ non officiel, -ielle; *(halb amtlich)* officieux, -ieuse B ADV de manière non officielle; *(halbamtlich)* officieusement

inoperabel ADJ ⟨-bl-⟩ MED inopérable

inopportun *geh* ADJ inopportun

in petto *umg* **etw ~ haben** avoir qc en réserve

in puncto PRÄP *⟨suivi d'un substantif sans article⟩* en ce qui concerne; quant à; côté; **~ Kleidung** en ce qui concerne l'habillement; quant à l'habillement; *umg* question habillement

Input M *od* N ⟨~s; ~s⟩ IT entrée *f*

Inquisition F ⟨~⟩ HIST Inquisition *f*

Inquisitionsgericht N HIST tribunal *m* de l'Inquisition

Inquisitor M ⟨~s; -toren⟩ HIST inquisiteur *m*

I.N.R.I. ABK (Jesus Nazarenus Rex Judaeorum) I.N.R.I.

ins = **in das**; **~ Kino gehen** aller au cinéma; **~ Stottern kommen** se mettre à bégayer; **~ Französische übersetzen** traduire en français; **es geht ~ zweite Jahr, dass ...** il y a bientôt deux ans que ...

Insasse M ⟨~n; ~n⟩, **Insassin** F ⟨-in; -innen⟩ *e-s Autos* occupant(e) *m(f)*; *e-s Zuges* voyageur, -euse *m,f*; *e-s Flugzeuges etc* passager, -ère *m,f*; *e-s Heims* pensionnaire *m/f*; *e-s Gefängnisses* détenu(e) *m(f)*; *umg* pensionnaire *m/f*

Insassenversicherung F assurance *f* des personnes transportées

insb(es). ABK → insbesond(e)re

insbesond(e)re ADV en particulier; spécialement; surtout

Inschrift F inscription *f*; *an Gebäuden a.* épigraphe *f*; *auf Grabsteinen a.* épitaphe *f*; *auf Münzen a.* légende *f*

inseitig ADJ *u.* ADV du côté intérieur; à l'intérieur

Insekt N ⟨~s; ~en⟩ insecte *m*; **Staaten bildende ~en** insectes sociaux; **~en fressend** → insektenfressend

Insektenbekämpfung F lutte *f* contre les insectes; **Insektenforscher(in)** M(F) entomologiste *m/f*; **insektenfressend** ADJT *⟨épithète⟩* insectivore; *Pflanzen a.* carnivore; **Insektenfresser** MPL insectivores *mpl*; **Insektengift** N insecticide *m*; **Insektenkunde** F ⟨~⟩ entomologie *f*; **Insektenpulver** N poudre *f* insecticide; **Insektenspray** N *od* M bombe *f* insecticide; **Insektenstich** M piqûre *f* d'insecte; **Insektenvernichtungsmittel** N, **Insektenvertilgungsmittel** N insecticide *m*

Insektizid N ⟨~s; ~e⟩ insecticide *m*

Insel F ⟨~; ~n⟩ GEOG île *f*; *kleine* îlot *m* *(a. fig Sprachinsel etc)*; *(Verkehrsinsel)* îlot directionnel; refuge *m*; **die ~ Malta** l'île de Malte; **die ~n über dem Winde** les îles *fpl* du Vent; **die ~n unter dem Winde** les îles *fpl* Sous-le-Vent

Inselberg M GEOL inselberg *m*; **Inselbewohner(in)** M(F) insulaire *m/f*; habitant(e) *m(f)* d'une île; **Inselgruppe** F archipel *m*; groupe *m* d'îles; **Inselkette** F arc *m*, guirlande *f* insulaire; **Insellage** F insularité *f*; **Inselmeer** N archipel *m*; vaste ensemble *m* d'îles

inselreich ADJ riche en îles, en îlots

Inselreich N royaume *m* insulaire; **Inselstaat** M État *m* insulaire; **Inselvolk** N peuple *m* insulaire; **Inselwelt** F monde *m* insulaire

Insemination F ⟨~; ~en⟩ BIOL insémination *f*; **natürliche, künstliche ~** insémination naturelle, artificielle

Inserat N ⟨~(e)s; ~e⟩ annonce *f*; **ein ~ in die Zeitung setzen** mettre, faire passer une annonce dans le journal

Inseratenteil M *e-r Zeitung* (partie réservée aux) petites annonces; **Inserent(in)** M ⟨~en; ~en⟩ (F) ⟨~in; ~innen⟩ annonceur, -euse *m,f*

inserieren V/I *(u.* V/T*)* *⟨pas de ge-,* h.⟩ **(etw) ~** mettre, faire passer une annonce (pour chercher, vendre, *etc* qc)

Insertion F ⟨~; ~en⟩ *e-r Anzeige* publication *f*, passage *m* (d'une annonce)

insgeheim ADV en secret; secrètement

insgesamt ADV en tout; au total; **~ belaufen sich die Kosten auf** *(+akk)* les frais se montent en tout, au total à

Insider M ⟨~s; ~⟩ initié *m*; **Insidergeschäft** N, **Insiderverstoß** M délit *m* d'initié

Insignien PL insignes *mpl*

insistieren V/I *⟨pas de ge-,* h.⟩ *geh* **auf etw** *(dat)* **~** insister sur qc

inskribieren *⟨pas de ge-,* h.⟩ *österr* UNIVERSITÄT A V/T s'inscrire à un cours de, en B V/I s'inscrire

Inskription F ⟨~; ~en⟩ *österr* UNIVERSITÄT inscription *f* (à l'université)

insofern A ADV sur ce point; **~ hat er recht** sur ce point il a raison; **~ kann ich ihn verstehen** sur ce point je le comprends B KONJ 1 **~, als ...** dans la mesure où ...; pour autant que ...; **er hat ~ unrecht, als ...** il a tort dans la mesure où ..., pour autant que ... 2 *(falls)* **~ er nichts dagegen hat** s'il n'a pas d'objection; à moins qu'il (n')ait une objection

insolvent ADJ HANDEL, JUR insolvable; **Insolvenz** F ⟨~; ~en⟩ insolvabilité *f*

insoweit → insofern

in spe ADJ *⟨inv, précédé d'un subst⟩* futur *(vorangestellt)*; **ein Künstler ~** *a.* un artiste en herbe

Inspekteur M ⟨~s; ~e⟩ MIL inspecteur *m*

Inspektion F ⟨~; ~en⟩ inspection *f* *(a. Behörde)*; TECH révision *f*; **das Auto muss zur ~** il faut faire réviser la voiture

Inspektionsfahrt F, **Inspektionsreise** F tournée *f*, voyage *m* d'inspection

Inspektor(in) M ⟨~s; -toren⟩ (F) ⟨~in; ~innen⟩ 1 *Beamter* fonctionnaire *m* des cadres moyens 2 *Prüfer(in)* inspecteur, -trice *m,f*

Inspiration F ⟨~; ~en⟩ inspiration *f*

inspirieren V/T *⟨pas de ge-,* h.⟩ **j-n ~** inspirer qn; **j-n ~, etw zu tun** donner à qn l'idée de faire qc; **sich von etw, j-m ~ lassen** s'inspirer de qc, qn

Inspizient(in) M ⟨~en; ~en⟩ (F) ⟨~in; ~innen⟩ THEAT *etc* régisseur *m*; chef *m* de plateau

inspizieren V/T *⟨pas de ge-,* h.⟩ inspecter; **Inspizierung** F ⟨~; ~en⟩ inspection *f*

instabil ADJ *Konstruktion, Atomkern etc* instable; **Instabilität** F instabilité *f*

Installateur M ⟨~s; ~e⟩ 1 *(Klempner)* plombier *m* 2 *(Heizungsinstallateur, Elektroinstallateur, Gasinstallateur)* installateur *m*; **Installation** F ⟨~; ~en⟩ installation *f* *(a.* IT*)*

installieren V/T *⟨pas de ge-,* h.⟩ installer *(a.* IT*)*; **Installierung** F ⟨~⟩ installation *f*

instand ADV **~ besetzen** squatter *od* squattériser (et rénover); **~ halten** maintenir en bon état, en état de marche; entretenir; **~ setzen** remettre en bon état, à neuf; réparer; **j-n ~ setzen, etw zu tun** donner à qn la possibilité de faire qc; permettre à qn de faire qc

Instandbesetzer M ⟨~s; ~⟩ squatter *m* (qui rénove un local); **Instandbesetzung** F squat *m* (et rénovation *f*); **Instandhaltung** F ⟨~⟩ entretien *m*; maintien *m* en bon état, en état de marche; **Instandhaltungskosten** PL frais *mpl* d'entretien

inständig A ADJ *⟨épithète⟩* instant; pressant; **~e Bitte** *a.* demande pressante; **auf sein ~es Bitten hin** sur ses instances B ADV instamment; avec insistance; **j-n ~ bitten, etw zu tun** prier qn instamment de faire qc

Instandsetzung F ⟨~; ~en⟩ remise *f* en (bon) état, à neuf; réparation *f*; réfection *f*; restauration *f*; **Instandsetzungsarbeiten** FPL travaux *mpl* de réparation, de remise en état, de réfection; **Instandsetzungskosten** PL frais *mpl* de remise en état, de réparation, de réfection

Instanz F ⟨~; ~en⟩ 1 *(Stelle für Entscheidungen)* autorité *f*; **zuständige ~** service administratif compétent 2 JUR instance *f*; **zuständige ~** instance compétente; **in erster ~ (zuständig sein)** (être compétent pour juger) en première instance; **in höherer ~** en instance supérieure; **Urteil** *n* **in letzter ~** jugement *m* en dernière instance, en dernier ressort; **in letzter ~ entscheiden** juger en dernière instance

Instanzenweg M ADMIN voie *f* °hiérarchique; JUR instances *fpl*; ADMIN **auf dem ~** par la voie °hiérarchique; **den ~ durchlaufen** ADMIN passer par la voie °hiérarchique; JUR passer par toutes les instances

Instinkt M ⟨~(e)s; ~e⟩ instinct *m*; **aus ~** instinctivement; *(unwillkürlich) a.* d'instinct; *(vom Instinkt gesteuert) a.* par instinct

instinktiv A ADJ instinctif, -ive; *(unwillkürlich) a.* spontané; automatique B ADV instinctivement; *(vom Instinkt gesteuert) a.* par instinct; *(unwillkürlich)* d'instinct; spontanément; automatiquement

instinktlos A ADJ *Verhalten* qui manque de tact; *Äußerung* grossier, -ière B ADV *sich verhalten* sans tact; *sich äußern* grossièrement; **Instinktlosigkeit** F ⟨~; ~en⟩ 1 *⟨pas de pl⟩ Verhalten* manque *m* de tact 2 *Äußerung* grossièreté *f*

instinktmäßig → instinktiv

Institut N ⟨~(e)s; ~e⟩ *(Forschungsinstitut)* institut *m* **(für** de); *(Lehranstalt) a.* école *f*; institution *f*

Institution F ⟨~; ~en⟩ *a. fig* institution *f*; **internationale, politische ~en** institutions internationales, politiques

institutionalisieren *⟨pas de ge-,* h.⟩ A V/T institutionnaliser B V/R **sich ~** s'institutionnaliser; **Institutionalisierung** F ⟨~; ~en⟩ institutionnalisation *f*

institutionell ADJ institutionnel, -elle

instruieren V/T *(u.* V/R*)* *⟨pas de ge-,* h.⟩ **(sich) ~** (s')instruire, (s')informer **(über** *[+akk]* de)

Instrukteur M ⟨~s; ~e⟩ instructeur *m*

Instruktion F ⟨~; ~en⟩ instruction *f*; MIL *(formelle Anweisung)* consigne *f*; **~en erhalten** recevoir des instructions

instruktiv ADJ instructif, -ive

Instruktor M ⟨~s; -toren⟩ *österr, schweiz* instructeur *m*

Instrument N ⟨~(e)s; ~e⟩ 1 MUS instrument *m* (de musique); **ein ~ spielen** jouer d'un instrument 2 *(Gerät, Werkzeug)*, *fig* instrument *m*

instrumental ADJ MUS, TECH instrumental; **Instrumentalbegleitung** F MUS accompagnement d'instruments, instrumental

Instrumentalist(in) M ⟨~en; ~en⟩ (F) ⟨~in; ~innen⟩ MUS instrumentiste *m/f*

Instrumentalmusik F musique instrumentale

Instrumentarium N ⟨~s; -rien⟩ 1 TECH instruments *mpl*; équipement *m*; MUS instruments *mpl* (de musique) 2 *geh (sämtliche Mittel)* arsenal *m*; appareil *m*

Instrumentenbau M ⟨~(e)s⟩ fabrication *f* d'instruments de musique; **Instrumentenbrett** N TECH tableau *m* de bord; **Instrumentenflug** M FLUG vol *m* aux instruments; **Instrumentenmacher** M fabricant *m* d'instruments de musique; **Instrumententafel** F TECH tableau *m* de bord

instrumentieren VT ⟨*pas de ge-*, h.⟩ MUS orchestrer; **Instrumentierung** F ⟨~; ~en⟩ MUS orchestration *f*

Insubordination *geh* F ⟨~; ~en⟩ insubordination *f*

Insuffizienz F ⟨~; ~en⟩ MED insuffisance *f*

Insulaner(in) M ⟨~s; ~⟩ (F) ⟨~in; ~innen⟩ insulaire *m/f*

insular ADJ insulaire

Insulin® N ⟨~s⟩ BIOCHEMIE, PHARM insuline *f*; **Insulinschock** M MED choc *m* d'insuline, insulinique

insultieren VT ⟨*pas de ge-*, h.⟩ *bes österr* insulter

inszenieren VT ⟨*pas de ge-*, h.⟩ 1 THEAT, FILM, *fig* mettre en scène; THEAT *a.* monter; FILM *a.* réaliser; *fig* arranger 2 *pej* (*anzetteln*) manigancer; manœuvrer; **Inszenierung** F ⟨~; ~en⟩ 1 THEAT, FILM, *fig* mise *f* en scène; FILM *a.* réalisation *f* 2 *pej* (*Anzettelung*) manigances *fpl*; manœuvres *fpl*

intakt ADJ intact; *Landschaft* resté intact; vierge; *Wirtschaft, Organismus* sain; *Maschine etc* **noch ~ sein** être encore en état de marche; marcher encore

Intarsie F ⟨~; ~n⟩ marqueterie *f*

integer ADJ ⟨-gr-⟩ intègre

integral ADJ intégral

Integral N ⟨~s; ~e⟩ MATH intégrale *f*; **Integralhelm** M casque intégral; **Integralrechnung** F calcul intégral

Integration F ⟨~; ~en⟩ intégration *f* (*a.* WIRTSCH, POL, MATH); **die europäische ~** l'intégration de l'Europe, européenne; **soziale ~** intégration sociale

Integrationspolitik F politique *f* d'intégration; **Integrationsprozess** M processus *m* d'intégration

integrierbar ADJ intégrable

integrieren VT ⟨*pas de ge-*, h.⟩ intégrer; ELEK **integrierte Schaltung, integrierter Schaltkreis** circuit intégré; IT **integrierte Datenverarbeitung** traitement intégré de(s) données

integrierend ADJT ⟨*épithète*⟩ intégrant; **~er Bestandteil** partie intégrante

Integrität F ⟨~⟩ intégrité *f*

Intellekt M ⟨~(e)s⟩ intellect *m*; **intellektuell** A ADJ intellectuel, -elle B ADV intellectuellement

Intellektuelle(r) M/F(M) ⟨→ A⟩ intellectuel, -elle *m,f*

intelligent A ADJ *a.* IT intelligent; **~er Roboter** robot intelligent B ADV intelligemment; *umg iron* **das hast du (ja) sehr ~ gemacht!** c'est très intelligent de ta part!

Intelligenz F ⟨~⟩ 1 intelligence *f*; **künstliche ~** intelligence artificielle 2 (*geistig führende Schicht*) intellectuels *mpl*; intelligentsia *f*

Intelligenzbestie *umg* F *umg* cerveau *m*; *im Studium etc* bête *f* à concours; **Intelligenzler** M ⟨~s; ~⟩ *pej umg* intello *m*; **Intelligenzquotient** M quotient intellectuel; **Intelligenzschicht** F intelligentsia *f*; **Intelligenztest** M test *m* d'intelligence

Intendant(in) M ⟨~en; ~en⟩ (F) ⟨~in; ~innen⟩ THEAT directeur, -trice *m,f*; RADIO, TV directeur, -trice *m,f* général(e); **Intendanz** F ⟨~; ~en⟩ 1 *Amt* fonction *f* de directeur 2 *Büro* bureau *m* du directeur

intendieren *geh* VT ⟨*pas de ge-*, h.⟩ viser

Intensität F ⟨~⟩ intensité *f*

intensiv A ADJ intensif, -ive; *Schmerz, Lärm, Licht, Farbe, Geruch etc a.* intense; AGR **~e Bewirtschaftung** culture intensive; **~e Wirtschaft** économie intensive, poussée B ADV intensivement; intensément; **~ arbeiten** travailler intensivement; **~ nachdenken** réfléchir intensément; **sich ~ mit etw beschäftigen** s'occuper intensivement, intensément de qc

intensivieren VT ⟨*pas de ge-*, h.⟩ intensifier; rendre intensif, -ive, plus intense; **Intensivierung** F ⟨~; ~en⟩ intensification *f*

Intensivkurs M cours intensif; **Intensivstation** F unité *f* de soins intensifs; service *m* de réanimation

Intention F ⟨~; ~en⟩ intention *f*

inter..., Inter... IN ZSSGN inter...

Interaktion F PSYCH, SOZIOLOGIE interaction *f*; **interaktiv** ADJ IT interactif, -ive; conversationnel, -elle

Intercity® M ⟨~s; ~s⟩ train *m* rapide intervilles; **Intercity-Express®, Intercity-Expresszug** M *etwa* TGV *m*; train *m* à grande vitesse; **Intercityzug** M → Intercity®

Interdependenz *t/t* F ⟨~⟩ interdépendance *f*

interdisziplinär ADJ interdisciplinaire

interessant A ADJ intéressant; **sich ~ machen** se rendre intéressant; *pej* faire l'intéressant B ADV d'une manière, façon intéressante

interessanterweise ADV **~ wurde diese Frage ausgeklammert** curieusement, cette question n'a pas été abordée

Interesse N ⟨~s; ~n⟩ intérêt *m*; **öffentliche, private ~n** intérêts publics, privés; **mangelndes ~** manque *m* d'intérêt; **berechtigtes ~** intérêt *m* légitime; **gemeinsame ~n haben** avoir des intérêts communs; **aus ~** par intérêt; **mit ~** avec intérêt; **für** *od* **an etw** (*dat*) **~ haben** s'intéresser à qc; **was für, welche ~n haben Sie?** à quoi vous intéressez-vous?; *Sache* **bei j-m ~ finden** intéresser qn; **j-s ~n vertreten, wahrnehmen** représenter, défendre les intérêts de qn; **das geschah in deinem ~** cela s'est fait dans ton intérêt; **es liegt in deinem ~ zu** (+ *inf*) il est, c'est dans *od* de ton intérêt de (+ *inf*)

interessehalber ADV par curiosité; par simple intérêt

interesselos A ADJ sans intérêt; indifférent B ADV sans intérêt; **~ dabeisitzen** rester là indifférent

Interesselosigkeit F ⟨~⟩ manque *m* d'intérêt; indifférence *f*

Interessenausgleich M conciliation *f* d'intérêts contraires; **Interessenbereich** M, **Interessengebiet** N domaine auquel on s'intéresse; **Interessengegensatz** M intérêts *mpl* contraires; WIRTSCH conflit *m* d'intérêts; **Interessengemeinschaft** F 1 *von Personen* communauté *f* d'intérêts 2 WIRTSCH groupement *m* d'intérêt économique; **Interessengruppe** F groupement *m* d'intérêts; *bes* POL groupe *m* de pression; lobby *m*; **Interessenkollision** F collision *f* d'intérêts; **Interessenkonflikt** M conflit *m* d'intérêts; **Interessenlage** F intérêts *mpl*; **Interessensphäre** F sphère *f* d'influence

Interessent(in) M ⟨~en; ~en⟩ (F) ⟨~in; ~innen⟩ personne intéressée; amateur *m*; **e-n ~en für etw finden** trouver qn qui s'intéresse à qc; trouver un amateur pour qc

Interessentenkreis M groupe *m* de gens intéressés, d'intéressés

Interessenverband M groupement *m* d'intérêts; → *a.* Interessengruppe; **Interessenvereinigung** F *Gruppe* groupement *m* d'intérêts; *Vorgang* association *f* des intérêts; **Interessenvertreter** M représentant *m* des intérêts, des intéressés; **Interessenvertretung** F représentation *f* des intérêts

interessieren ⟨*pas de ge-*, h.⟩ A VT intéresser; **es interessiert mich, ob ...** je voudrais bien savoir si ...; je suis curieux de savoir si ...; **das interessiert mich nicht!** cela ne m'intéresse pas! B V/R **sich für etw, j-n ~** s'intéresser à qc, qn; **sich nicht mehr für etw ~** *a.* se désintéresser de qc

interessiert A ADJT **ein ~er Mensch** un homme qui s'intéresse à tout, à beaucoup de choses; **an etw** (*dat*) **~ sein** s'intéresser à qc; **wir wären daran ~ zu** (+*inf*) cela nous intéresserait de (+*inf*) B ADVL **~ zuschauen** regarder avec intérêt

Interface N ⟨~; ~s⟩ IT interface *f*

Interferenz F ⟨~; ~en⟩ PHYS, OPT, LING interférence *f*

Interferon N ⟨~s; ~e⟩ MED interféron *m*

interfraktionell ADJ POL entre les groupes parlementaires

intergalaktisch ADJ ASTRON intergalactique

Interieur N ⟨~s; ~s *ou* ~e⟩ *a.* MAL intérieur *m*

Interim *geh* N ⟨~s; ~s⟩ intérim *m*

interimistisch *geh* A ADJ intérimaire; provisoire B ADV par intérim

Interimslösung F solution *f* provisoire; **Interimsregierung** F gouvernement *m* provisoire, intérimaire; **Interimsschein** M WIRTSCH certificat *m* provisoire; **Interimstrainer** M entraîneur *m* provisoire

Interjektion F ⟨~; ~en⟩ GRAM interjection *f*

interkonfessionell ADJ interconfessionnel, -elle

interkontinental ADJ intercontinental; **Interkontinentalrakete** F missile intercontinental; **Interkontinentalwaffen** FPL armes intercontinentales

interkulturell ADJ interculturel, -elle

Intermezzo N ⟨~s; ~s *ou* -zzi⟩ THEAT, MUS, *fig* intermède *m*; MUS *a.* intermezzo *m*

intern ADJ interne; **~e Angelegenheiten** *fpl* affaires *fpl* internes

Interna PL affaires *fpl* internes

internalisieren VT ⟨*pas de ge-*, h.⟩ PSYCH intérioriser; *Werte* assimiler

Internat N ⟨~(e)s; ~e⟩ internat *m*; pensionnat *m*; pension *f*

international ADJ international; **Internationale Atomenergiebehörde** Commission internationale de l'énergie atomique; **Internationaler Gerichtshof** Cour internationale de justice; **Internationales Olympisches Komitee** Comité international olympique; **Internationaler Währungsfonds** Fonds monétaire international

Internationale F ⟨~; ~n⟩ POL, *a. Lied* Internationale *f*

internationalisieren VT ⟨*pas de ge-*, h.⟩ internationaliser; **Internationalisierung** F ⟨~⟩ internationalisation *f*

Internationalismus M internationalisme *m*; **Internationalität** F ⟨~⟩ internationalité *f*

Internatsschule F internat *m*; pensionnat *m*; **Internatsschüler(in)** M(F) élève *m/f* d'internat

Interne(r) M/F(M) ⟨→ A⟩ interne *m/f*; élève *m/f* d'internat

Internet N ⟨~s⟩ Internet *m*; **mobiles ~** Internet avec connexion Wi-Fi®; **im ~ surfen** surfer, naviguer sur Internet; **ins ~ gehen** aller sur Internet; **per, über das ~** via Internet

Internetadresse F adresse *f* Internet; **Internetanschluss** M connexion *f* Internet; **Internetauftritt** M *Vertretensein* présence *f* sur Internet; (*Homepage*) page *f* d'accueil; **Internetauktion** F vente *f* aux enchères sur Internet; **internetbasiert** A ADJT sur Internet **B** ADV via Internet; **Internetcafé** N cybercafé *m*; **internetfähig** ADJ *Handy etc* avec connexion Internet; **Internetforum** N forum *m* de discussion (sur Internet); **Internethandel** M e-commerce *m*; **Internethändler(in)** M(F) e-commerçant(e) *m(f)*; **Internethandy** N portable *m* avec connexion Internet; **Internetkriminalität** F cybercriminalité *f*; **Internetnutzer(in)** M(F) internaute *m/f*; **Internetportal** N portail *m* Internet; **Internetprovider** M fournisseur *m* d'accès (à Internet); **Internetseite** F page *f* Web; **Internetsurfer(in)** M(F) internaute *m/f*; **Internetverbindung** F connexion *f* Internet; **Internetzugang** M accès *m* à Internet

internieren V/T ⟨*pas de ge-*, h.⟩ MIL interner; MED hospitaliser

Internierte(r) M/F(M) ⟨→ A⟩ interné(e) *m(f)* (politique); **Internierung** F ⟨~; ~en⟩ internement *m*; **Internierungslager** N camp *m* d'internement

Internist(in) M ⟨~en; ~en⟩ (F) ⟨~in; ~innen⟩ MED (médecin *m*) spécialiste *m/f* des maladies internes; interniste *m/f*

interparlamentarisch ADJ interparlementaire

Interpellation F ⟨~; ~en⟩ POL interpellation *f*

interpellieren V/I ⟨*pas de ge-*, h.⟩ POL interpeller

interplanetar(isch) ADJ interplanétaire

Interpol F ⟨~⟩ ABK (Internationale kriminalpolizeiliche Organisation) Interpol *m* (Organisation internationale de police criminelle)

Interpolation F ⟨~; ~en⟩ interpolation *f*

interpolieren V/T ⟨*pas de ge-*, h.⟩ MATH *etc* interpoler

Interpret(in) M ⟨~en; ~en⟩ (F) ⟨~in; ~innen⟩ interprète *m/f*; **Interpretation** F ⟨~; ~en⟩ *bes* THEAT, MUS interprétation *f*; (*Textinterpretation*) explication *f* (de texte)

interpretieren V/T ⟨*pas de ge-*, h.⟩ *bes* THEAT, MUS interpréter; SCHULE *etc* expliquer; commenter

interpunktieren V/T ⟨*pas de ge-*, h.⟩ ponctuer; *abs a.* mettre la ponctuation; **Interpunktion** F ⟨~⟩ ponctuation *f*; **Interpunktionszeichen** N signe *m* de ponctuation

Interrailkarte F EISENBAHN carte *f* Inter-Rail

Interregio M ⟨~s; ~s⟩ *in Deutschland* train interrégional (*rapide desservant régulièrement les grandes gares et circulant toutes les deux heures*)

Interregnum N ⟨~s; -gnen *ou* -gna⟩ POL interrègne *m*

interrogativ ADJ GRAM interrogatif, -ive

Interrogativpronomen N pronom, *adjektivisches* adjectif interrogatif; **Interrogativsatz** M proposition interrogative

interstellar ADJ ASTRON interstellaire; **~e Materie** matière *f* interstellaire

Intervall N ⟨~s; ~e⟩ *a.* MUS, MATH intervalle *m*; **Intervallschaltung** F ELEK contact *m* pour balayage intermittent; **Intervalltraining** N SPORT entraînement fractionné

intervenieren *geh* V/I ⟨*pas de ge-*, h.⟩ *bes* MIL, POL intervenir; DIPL (*protestieren*) émettre une protestation diplomatique (**bei j-m gegen etw** auprès de qn contre qc)

Intervention F ⟨~; ~en⟩ *bes* MIL, POL intervention *f*; DIPL (*Protest*) protestation *f* diplomatique; **bewaffnete ~** intervention armée

Interview N ⟨~s; ~s⟩ interview *f*; **(j-m) ein ~ geben** donner, accorder une interview (à qn)

interviewen V/T ⟨*pas de ge-*, h.⟩ **j-n ~** interviewer qn

Interviewer(in) M ⟨~s; ~⟩ (F) ⟨~in; ~innen⟩ interviewer *m*; intervieweur, -euse *m,f*; MARKTFORSCHUNG enquêteur, -euse *m,f*

Interzonenverkehr M *früher* trafic *m* interzone; **Interzonenzug** M *früher* train *m* interzone

Inthronisation F ⟨~; ~en⟩ intronisation *f*

inthronisieren V/T ⟨*pas de ge-*, h.⟩ introniser

Intifada F ⟨~⟩ POL intifada *f*

intim ADJ **1** (*sehr nahe, eng*) intime (*a. behaglich*); **~e Beziehungen** *fpl innig, a. sexuell* relations *fpl* intimes; **mit j-m (sehr) ~ sein** *eng befreundet* être un (ami) intime de qn **2** (*genau*) **er ist ein ~er Kenner der französischen Literatur** il connaît parfaitement la littérature française; il a une connaissance approfondie de la littérature française

Intimbereich M **1** (*Intimsphäre*) vie privée; intimité *f* **2** (*Genitalbereich*) sexe *m*; *beim Mann* parties *fpl* (génitales); *bei der Frau* organes génitaux; **Intimhygiene** F hygiène *f* intime

Intimität F ⟨~; ~en⟩ **1** ⟨*pas de pl*⟩ (*Innigkeit*) intimité *f* **2** (*Vertraulichkeit*) **~en austauschen** échanger des confidences **3** PL **~en** *Äußerungen* familiarités *fpl*; (*sexuelle Handlungen*) rapports *mpl* (intimes)

Intimleben N vie *f* intime; **Intimpflege** F toilette *f* intime; **Intimsphäre** F intimité *f*; **Intimspray** M *od* N déodorant *m* intime

Intimus M ⟨~; -mi⟩ *hum* intime *m*

intolerant ADJ intolérant (**gegenüber** envers); **Intoleranz** F intolérance *f* (**gegenüber** envers)

Intonation F ⟨~; ~en⟩ MUS, PHON intonation *f*

intonieren V/T ⟨*pas de ge-*, h.⟩ **1** MUS (*anstimmen*) entonner **2** PHON placer un accent *bzw.* des accents (de hauteur) sur

Intoxikation F ⟨~; ~en⟩ MED intoxication *f*

intramuskulär ADJ MED intramusculaire

Intranet N ⟨~s; ~s⟩ Intranet *m*

intransitiv ADJ GRAM intransitif, -ive

intravenös ADJ MED intraveineux, -euse

intrigant ADJ intrigant

Intrigant(in) M ⟨~en; ~en⟩ (F) ⟨~in; ~innen⟩ intrigant(e) *m(f)*

Intrige F ⟨~; ~n⟩ intrigue *f*; **~n spinnen** intriguer

intrigieren V/I ⟨*pas de ge-*, h.⟩ intriguer (**gegen** contre)

Introduktion *geh* F ⟨~; ~en⟩ *a.* MUS introduction *f*

Introspektion F ⟨~; ~en⟩ PSYCH introspection *f*

introvertiert ADJ introverti; **Introvertiertheit** F ⟨~⟩ introversion *f*

Intuition F ⟨~; ~en⟩ intuition *f*; **sich auf s-e ~ verlassen** se fier à son intuition; **auf e-e ~ warten** attendre l'inspiration

intuitiv **A** ADJ intuitif, -ive **B** ADV intuitivement

intus *umg* ADV **etw ~ haben** (*begriffen haben*) *umg* avoir pigé qc; (*im Gedächtnis haben*) savoir, retenir qc; (*verzehrt haben*) avoir avalé qc; avoir bu *bzw.* mangé qc; **e-n ~ haben** *umg* être éméché, pompette

invalid(e) ADJ invalide

Invalide M ⟨~n; ~n⟩ invalide *m*

Invalidenheim N établissement *m* pour les invalides

Invalidenrente F *früher, schweiz* pension *f* d'invalidité; **~ beziehen** toucher une pension d'invalidité

Invalidenversicherung F *früher, schweiz* assurance *f* invalidité

Invalidität F ⟨~⟩ invalidité *f*

invariabel ADJ ⟨-bl-⟩ invariable

Invasion F ⟨~; ~en⟩ *a. fig* invasion *f*

Inventar N ⟨~s; ~e⟩ **1** (*Einrichtungsgegenstände*) mobilier *m*; équipement *m*; *e-s landwirtschaftlichen Betriebs* cheptel *m*; **lebendes, totes ~** cheptel vif, mort **2** *Verzeichnis* inventaire *m*; **das ~ aufnehmen** faire, dresser, établir l'inventaire

inventarisieren V/T ⟨*pas de ge-*, h.⟩ inventorier; dresser, faire, établir l'inventaire de

Inventarrecht N ⟨~(e)s⟩ JUR bénéfice *m* d'inventaire; **Inventarstück** N article, objet inventorié; pièce *f* d'inventaire; **Inventarverzeichnis** N inventaire *m*

Inventur F ⟨~; ~en⟩ HANDEL inventaire *m*; **~ machen** faire l'inventaire, son inventaire

Inversion F ⟨~; ~en⟩ *t/t* inversion *f*

Inversionswetterlage F METEO inversion *f* thermique, de température

investieren V/T ⟨*pas de ge-*, h.⟩ **~(in** [+*akk*]**)** **1** *Geld* investir, placer (dans); **Kapital in ein** *od* **e-m Unternehmen ~** investir, placer des capitaux dans une entreprise **2** *Zeit, Energie etc* investir (dans)

investigativ *geh* ADJ *Bericht, Reporter* d'investigation; **~er Journalismus** journalisme *m* d'investigation

Investition F ⟨~; ~en⟩ **1** (*Geldanlage*) investissement *m*; **ausländische, öffentliche, private ~en** investissements étrangers, publics, privés; **laufende ~en** investissements en cours **2** (*Aufwendung*) dépense *f*

Investitionsanleihe F emprunt *m* d'investissement

Investitionsbank F ⟨~⟩ **Europäische ~** Banque européenne d'investissement

Investitionsbereitschaft F ⟨~⟩ propension *f* à investir; **Investitionsförderung** F incitation *f* à l'investissement; *mit Geld* aide *f* à l'investissement; **Investitionsgesellschaft** F société *f* d'investissement; **Investitionsgüter** NPL produits *mpl*, biens *mpl* d'investissement; **Investitionshilfe** F aide *f* aux investissements; **Investitionskosten** PL frais *mpl* d'investissement; **Investitionskredit** M crédit *m* d'investissement; **Investitionslenkung** F ⟨~⟩ orientation *f*, direction *f* des investissements; **Investitionsprogramm** N programme *m* d'investissement; **Investitionstätigkeit** F ⟨~⟩ activité *f* dans le secteur des investissements; **Investitionsvorhaben** N projet *m* d'investissement

Investitur F ⟨~; ~en⟩ POL, HIST REL investiture *f*

Investment N ⟨~s; ~s⟩ FIN investissement *m*; **Investmentfonds** M fonds commun de placement; **Investmentgesellschaft** F société *f* d'investissement; **Investmentklub** M club *m* d'investissement; **Investmentpapier** N, **Investmentzertifikat** N certificat *m* d'investissement

Investor M ⟨~s; -toren⟩ WIRTSCH investisseur *m*

in vitro *t/t* in vitro

In-vitro-Fertilisation F ⟨~; ~en⟩ MED fécondation *f* in vitro

inwendig **A** ADJ intérieur **B** ADV à l'intérieur; au-dedans; *fig* intérieurement; *umg* **etw in- und auswendig kennen** connaître qc comme sa poche

inwieweit, **inwiefern** **A** ADV *fragend* dans quelle mesure **B** KONJ jusqu'à quel point; dans quelle mesure; **inwiefern, inwieweit wir damit das Richtige getroffen haben, wissen wir noch nicht** nous ne savons pas encore jusqu'à quel point *od* dans quelle mesure nous avons pris la bonne décision

Inzahlungnahme F ⟨~⟩ HANDEL reprise *f*

Inzest M ⟨~es; ~e⟩ inceste *m*

Inzucht F ⟨~⟩ consanguinité *f*; ZOOL croisement *m* entre individus apparentés; **~ treiben** contracter des unions consanguines; *umg* se marier entre cousins

inzwischen ADV **1** *(seitdem)* entre-temps; depuis **2** *(unterdessen)* pendant ce temps(-là); sur ces entrefaites; **wir haben uns ~ erkundigt** entre-temps nous nous sommes renseignés **3** *(währenddessen)* pendant ce temps-là; entre-temps **4** *(bis dahin)* d'ici-là

IOK N ⟨~(s)⟩ ABK (Internationales Olympisches Komitee) CIO *m* (Comité international olympique)

Ion N ⟨~s; ~en⟩ PHYS, CHEM ion *m*

Ionenaustausch M échange *m* d'ions; **Ionenaustauscher** M ⟨~s; ~⟩ échangeur *m* d'ions; **Ionenbeschleuniger** M ⟨~s; ~⟩ accélérateur *m* d'ions; **Ionenstrahl** M faisceau *m* ionique

Ionisation F ⟨~; ~en⟩ PHYS, CHEM ionisation *f*

ionisch ADJ GEOG ionien, -ienne; *Vers, Säule* ionique; **die Ionischen Inseln** *fpl* les îles Ioniennes; **das Ionische Meer** la mer Ionienne; **die ~e Sprache, das Ionische** l'ionien *m*

ionisieren VT ⟨*pas de ge-*, h.⟩ PHYS, CHEM ioniser; **Ionisierung** F ⟨~; ~en⟩ ionisation *f*

Ionosphäre F ⟨~⟩ ionosphère *f*

iPad® N ⟨~(s); ~s⟩ iPad® *m* (*tablette électronique*)

iPhone® N ⟨~(s); ~s⟩ iPhone® *m*

iPod® M ⟨~(s); ~s⟩ iPod® *m*

i-Punkt M point *m* sur le i

IQ M ⟨~(s); ~(s)⟩ ABK (Intelligenzquotient) QI *m* (quotient intellectuel)

i. R. ABK (im Ruhestand) en retraite

Irak N ⟨→ *n/pr*⟩ *od* **der ~** l'Irak *od* l'Iraq *m*; **im ~** en Irak *od* Iraq

Iraker(in) M ⟨~s; ~⟩ (F) ⟨~in; ~innen⟩ Irakien, -ienne *od* Iraquien, -ienne *m,f*

irakisch ADJ irakien, -ienne *od* iraquien, -ienne; de l'Irak *od* l'Iraq

Iran N ⟨→ *n/pr*⟩ *od* **der ~** l'Iran *m*; **im ~** en Iran

Iraner(in) M ⟨~s; ~⟩ (F) ⟨~in; ~innen⟩ Iranien, -ienne *m,f*

iranisch ADJ iranien, -ienne; de l'Iran; **~e Sprachen** *fpl* langues iraniennes

irden ADJ en terre cuite; en grès; **~es Geschirr** vaisselle *f* en terre cuite, en grès

irdisch ADJ terrestre; REL de ce monde; *(diesseitig)* d'ici-bas; **alles Irdische** (toutes) les choses terrestres, de ce monde

Ire M ⟨~n; ~n⟩ Irlandais *m*

Irene F ⟨→ *n/pr*⟩ *prénom*

irgend ADV **1** *umg* **~ so ein Dummkopf** un imbécile quelconque **2** *(irgendwie)* **wenn du ~ kannst** ... si cela t'est possible ...; si tu as la moindre possibilité ...

irgendein INDEF PR **A** ADJT **~ Buch** n'importe quel livre; un livre quelconque; **ohne ~ Hilfsmittel** sans aucune aide; **~e andere** quelqu'une d'autre; *umg* **~ Esel hat behauptet** ... un idiot quelconque a affirmé que ... **B** SUBST quelqu'un; une personne quelconque; *(gleichgültig wer)* n'importe qui; n'importe lequel; **~er wird sich schon finden** on trouvera bien quelqu'un; **~es von den Mädchen** n'importe laquelle des filles

irgendeinmal ADV un jour; une fois; **wenn er ~ kommen sollte** si jamais il vient; s'il vient un jour

irgendetwas INDEF PR quelque chose; *(gleichgültig was)* n'importe quoi; **habt ihr ~ gesehen?** avez-vous vu quelque chose?; *was können wir ihm schenken?* **~** n'importe quoi

irgendjemand INDEF PR quelqu'un; une personne quelconque; *(gleichgültig wer)* n'importe qui; **kennst du ~en, der ...?** connais-tu quelqu'un qui ...?; *wen sollen wir hinschicken?* **~en** n'importe qui

irgendwann ADV un jour; *(gleichgültig wann)* n'importe quand; à n'importe quel moment; **~ werden wir uns wiedersehen** on se reverra un jour ou l'autre

irgendwas *umg* INDEF PR quelque chose; *(gleichgültig was)* n'importe quoi

irgendwelche INDEF PR PL quelconques; *bei verneintem Sinn* aucun(e)s; **ohne ~ Kosten** sans aucuns frais; **wenn ~ Komplikationen auftreten sollten** s'il y avait des complications quelconques

irgendwer INDEF PR quelqu'un; *(gleichgültig wer)* n'importe qui; **~ wird sich schon dafür interessieren** quelqu'un va bien s'y intéresser; → *a.* irgendjemand

irgendwie ADV n'importe comment; de n'importe quelle façon; **~ wird es schon gehen** cela ira d'une façon ou d'une autre; *umg* **ich habe mich ~ gefreut** cela m'a fait plaisir (quelque part)

irgendwo ADV quelque part; *(gleichgültig wo)* n'importe où; **ich habe ihn ~ schon einmal gesehen** je l'ai déjà vu quelque part

irgendwoher ADV (de) quelque part; **~ kenne ich ihn** je l'ai déjà vu quelque part

irgendwohin ADV quelque part; *(gleichgültig wohin)* n'importe où; **wir fahren ~, wo es warm ist** nous irons quelque part où il fait chaud

irgendworan ADV **~ wird sie schon Freude haben** il doit bien y avoir quelque chose qui lui fera plaisir

Iridium N ⟨~s⟩ CHEM iridium *m*

Irin F ⟨~; ~nen⟩ Irlandaise *f*

Iris[1] F ⟨~; ~⟩ ANAT, BOT iris *m*

Iris[2] F ⟨→ *n/pr*⟩ *prénom*

irisch ADJ irlandais; d'Irlande; **die Irische Republik** la république d'Irlande; **die Irische See** la mer d'Irlande

Irisch N ⟨~(s)⟩, **Irische** N ⟨~n⟩ (das) Irisch(e) *Sprache* l'irlandais *m*

irisieren VI ⟨*pas de ge-*, h.⟩ s'iriser

IRK N ⟨~(s)⟩ ABK (Internationales Rotes Kreuz) Croix-Rouge internationale

Irland N ⟨→ *n/pr*⟩ l'Irlande *f*

Irländer(in) M ⟨~s; ~⟩ (F) ⟨~in; ~innen⟩ → Ire, Irin

irländisch → irisch

Irokese M ⟨~n; ~n⟩, **Irokesin** F ⟨-in; -innen⟩ Iroquois(e) *m(f)*

Irokesenschnitt M *Frisur* coiffure *f* à l'iroquois

Ironie F ⟨~; ~n⟩ ironie *f*; **~ des Schicksals** ironie du sort

ironisch **A** ADJ ironique; **~ werden** faire de l'ironie **B** ADV ironiquement; d'une façon ironique

ironisieren VT ⟨*pas de ge-*, h.⟩ ironiser

irr → irre A

irrational ADJ PSYCH, MATH irrationnel, -elle; **Irrationalismus** M ⟨~; -men⟩ PSYCH, PHIL irrationalisme *m*

irre **A** ADJ **1** fou, (fol,) folle; MED *a.* aliéné; dément; *(verwirrt)* dérangé; **~ Gedanken** *mpl* pensées *fpl*, idées *fpl* de fou **2** *umg (groß, toll)* *umg* dément; *umg* dingue; *umg* super *(inv)*; **ein ganz ~r Typ** *umg* un type dingue **B** *umg* ADV *umg* vachement; **~ komisch** *umg* vachement drôle

Irre[1] F ⟨~⟩ **j-n in die ~ führen** égarer qn; *fig* → irreführen

Irre[2] M/F ⟨→ A⟩ *(Wahnsinnige[r])* fou *m*, folle *f*; MED *a.* aliéné(e) *m(f)*; dément(e) *m(f)*; *umg* **ein armer ~r** un pauvre fou

irreal ADJ irréel, -éelle

Irrealis M ⟨~; -les⟩ GRAM (mode *m*) irréel *m*

Irrealität F ⟨~; ~en⟩ irréalité *f*

irreführen VT ⟨*sép*, -ge-, h.⟩ induire en erreur; tromper; abuser; **sich durch etw ~ lassen** se laisser induire en erreur par qc; se laisser prendre à qc

irreführend ADJT trompeur, -euse; faux, fausse; peu clair; **Irreführung** F ⟨~⟩ fait *m* d'induire en erreur; **irregehen** *geh* VI ⟨*irr, sép*, -ge-, s.⟩ **1** *(sich verirren)* se perdre; s'égarer **2** *fig* → irren B

irregulär ADJ irrégulier, -ière

irreleiten *geh* VT ⟨-ete, *sép*, -ge-, h.⟩ **1** *Sendung, Waren etc* **irregeleitet werden** s'égarer **2** *fig (täuschen)* tromper; abuser; induire en erreur

irrelevant ADJ insignifiant (**für** pour); sans importance (pour)

irremachen VT ⟨*sép*, -ge-, h.⟩ déconcerter; dérouter; désorienter; **er lässt sich nicht ~** il ne se laisse pas déconcerter, dérouter

irren ⟨h.⟩ **A** VI **1** ⟨s.⟩ *(umher~)* errer; **er irrt durch die Stadt** il erre à travers la ville **2** *geistig* se tromper; faire erreur; se fourvoyer; *sprichw* **Irren** (*od* **~**) **ist menschlich** *sprichw* l'erreur est humaine **B** VR **sich ~** se tromper; faire erreur, fausse route; **sich im Datum, in der Straße ~** se tromper de date, de rue; **sich in j-m ~** se tromper sur le compte de qn; **sich um e-n Euro ~** se tromper d'un euro; **wenn ich mich nicht irre** si je ne me trompe, m'abuse; si j'ai bonne mémoire; sauf erreur de ma part; *umg* **da irrst du dich gewaltig!** là, tu te trompes drôlement!; *umg* là, tu te fourres le doigt dans l'œil!

Irrenanstalt F *pej* maison *f* de fous; **Irrenarzt** M, **Irrenärztin** F *pej* psychiatre *m/f*

Irrenhaus N *pej* maison *f* de fous; *umg* **reif fürs ~ sein** *umg* être bon pour l'asile; *umg* **es geht hier zu wie in e-m ~** on se croirait dans une maison de fous

irreparabel ADJ ⟨-bl-⟩ irréparable; MED *Schäden* irréversible

Irrer M → Irre[2]

Irresein N ⟨~s⟩ **manisch-depressives ~** folie maniaco-dépressive; **jugendliches ~** démence *f* précoce, juvénile

irreversibel ADJ ⟨-bl-⟩ irréversible

irrewerden VI ⟨*irr, sép*, -ge-, s.⟩ *fig* **an j-m, etw ~** ne plus comprendre qn, qc; être déconcerté par qn, qc

Irrfahrt F odyssée *f*; **die ~en des Odysseus** les aventures *fpl* d'Ulysse

Irrgarten M labyrinthe *m*; dédale *m*; **Irrglaube(n)** M idée fausse; REL hétérodoxie *f*; hérésie *f*; **Irrgläubige(r)** M/F(M) REL hétérodoxe *m/f*; hérétique *m/f*

irrig ADJ *Ansicht* erroné

irrigerweise ADV par erreur

Irritation F ⟨~; ~en⟩ **1** *(Verwirrung)* confusion *f*; trouble *m* **2** *(Reizung)*, *a. fig*, MED irritation *f*

irritieren VT ⟨*pas de ge-*, h.⟩ **1** *(stören, verwirren)* déranger; déconcerter; troubler **2** *(reizen, ärgern)* irriter

Irrläufer M POST® envoi égaré; **Irrlehre** F doctrine erronée, hétérodoxe; hérésie *f*; **Irrlicht** N feu follet

Irrsinn M ⟨~(e)s⟩ folie *f*; MED *a.* aliénation mentale; démence *f*; *umg* **das ist ja ~!** c'est de la folie!

irrsinnig **A** ADJ **1** (de) fou, folle; MED *a.* aliéné; dément; **ein ~er Gedanke** une idée insensée, de fou **2** *umg fig* terrible; *umg* **~er Durst** soif *f* terrible **B** *umg* ADV terriblement; *umg* vachement; **~ komisch** terriblement, *umg* vachement drôle

Irrsinnige(r) M/F(M) ⟨→ A⟩ fou *m*, folle *f*; MED *a.* aliéné(e) *m(f)*; *umg* **wie ein ~r arbeiten** travailler comme un fou

Irrtum M ⟨~s; -tümer⟩ erreur *f*; *(Versehen)* méprise *f*; **ein gewaltiger ~** une erreur capitale; **im ~ sein** être dans l'erreur; se tromper; **e-n ~ begehen** faire, commettre une erreur; HANDEL **~ vorbehalten** sauf erreur ou omission

irrtümlich A ADJ ⟨*épithète*⟩ erroné B ADV par erreur; (*aus Versehen*) *a.* par méprise; **j-n ~ für j-n halten** prendre qn par méprise, par erreur pour qn

irrtümlicherweise → irrtümlich B

Irrung *poet* F ⟨~; ~en⟩ erreur *f*

Irrweg M mauvaise voie; *fig* fausse piste; *fig* **auf e-m ~ sein** faire fausse route; *fig* **j-n auf e-n ~ führen** induire qn en erreur

Irrwisch M ⟨~(e)s; ~e⟩ *a. fig Person* feu follet

Isar ⟨→ *n/pr*⟩ **die ~** l'Isar *m*

Ischias N *od* M, *t/t* MED F ⟨~⟩ sciatique *f*; **Ischiasnerv** M nerf *m* sciatique

ISDN N ⟨~⟩ ABK (Integrated Services Digital Network, Dienste integrierendes digitales Fernmeldenetz) RNIS *m* (réseau numérique à intégration de services)

Isegrim M ⟨~s⟩ *in Tierfabeln* Ysengrin *od* Isengrin *m*

Isis F ⟨→ *n/pr*⟩ MYTH Isis *f*

Islam M ⟨~(s)⟩ REL islamisme *m*; islam *m*

islamisch ADJ islamique; POL **die Islamische Heilsfront** le Front islamique du salut; **die ~e Welt, die ~en Völker** l'Islam *m*

Islamist(in) M ⟨~en; ~en⟩ (F) ⟨~in; ~innen⟩ islamiste *m/f*; **islamistisch** ADJ islamiste

Island N ⟨→ *n/pr*⟩ l'Islande *f*

Isländer(in) M ⟨~s; ~⟩ (F) ⟨~in; ~innen⟩ Islandais(e) *m(f)*

isländisch ADJ islandais; d'Islande

Isländisch N ⟨~(s)⟩, **Isländische** ⟨~n⟩ **(das) Isländisch(e)** *Sprache* l'islandais *m*

ISO F ⟨~⟩ ABK (International Organization for Standardization) ISO *f*

Isobare F ⟨~; ~n⟩ METEO isobare *f*

Isolation F ⟨~; ~en⟩ isolement *m* (*a.* ELEK, POL); (*Wärmeisolation, Schallisolation*) isolation *f*; (*Isoliermaterial*) isolant *m*; (*Wärmeisolation*) *a.* calorifuge *m*

Isolationismus M ⟨~⟩ POL isolationnisme *m*

Isolationshaft F (régime *m* d')isolement *m* cellulaire

Isolator M ⟨~s; -toren⟩ isolateur *m*

Isolde F ⟨→ *n/pr*⟩ *prénom*; *Sagengestalt* Iseu(l)t *f*

Isolierband N ⟨~(e)s; -bänder⟩ ruban isolant; chatterton *m*

isolieren V/T ⟨*pas de ge-*, h.⟩ isoler; *gegen Wärmeverlust* calorifuger

Isolierkanne F thermos® *m*; **Isoliermaterial** N isolant *m*; matière isolante; **Isolierpappe** F carton isolant; **Isolierschicht** F couche isolante; **Isolierstation** F MED service *m* des contagieux

Isolierung F ⟨~; ~en⟩ isolement *m* (*a. fig von Kranken etc*); → *a.* Isolation

Isomatte F natte isolante (aluminisée)

isomer ADJ CHEM, NUKL isomère; **Isomerie** F ⟨~⟩ CHEM, NUKL isomérie *f*; **isometrisch** ADJ MATH, PHYSIOL isométrique

ISO-Norm F norme *f* ISO

Isotherme F ⟨~; ~n⟩ METEO isotherme *f*; **isotonisch** ADJ PHYS, BIOL isotonique

Isotop N ⟨~s; ~e⟩ CHEM, NUKL isotope *m*; **radioaktives ~** isotope radioactif; radio-isotope *m*

Israel N ⟨→ *n/pr*⟩ Israël *m*

Israeli M ⟨~(s); ~(s)⟩, F ⟨~; ~(s)⟩ Israélien, -ienne *m,f*

israelisch ADJ israélien, -ienne

Israelit(in) M ⟨~en; ~en⟩ (F) ⟨~in; ~innen⟩ Israélite *m/f*; **israelitisch** ADJ israélite

isst → essen

ist → sein[1]

Istanbul N ⟨→ *n/pr*⟩ Istanbul

Istbestand M quantité réelle; stock réel; *von Menschen* effectif *m* (réel)

Isthmus M ⟨~; -men⟩ isthme *m*

Istrien N ⟨→ *n/pr*⟩ l'Istrie *f*

Iststärke F MIL effectif réel

IT F ⟨~⟩ ABK (Informationstechnologie) informatique *f*; technologie *f* de l'information

Italianist(in) M ⟨~en; ~en⟩ (F) ⟨~in; ~innen⟩ italianiste *m/f*; italianisant(e) *m(f)*

Italien N ⟨→ *n/pr*⟩ l'Italie *f*

Italiener(in) M ⟨~s; ~⟩ (F) ⟨~in; ~innen⟩ Italien, -ienne *m,f*

italienisch ADJ italien, -ienne; POL *in Zssgn* italo-…

Italienisch N ⟨~(s)⟩, **Italienische** N ⟨~n⟩ **(das) Italienisch(e)** *Sprache* l'italien *m*

Italowestern M western-spaghetti *m*

iterativ ADJ GRAM, MATH itératif, -ive

Ithaka N ⟨→ *n/pr*⟩ l'Ithaque *f*

i. Tr. ABK (in der Trockenmasse) sur (la) matière sèche

IT-Spezialist(in) M(F) informaticien, -ienne *m,f*

i-Tüpfelchen N point *m* sur le i; **bis aufs ~ (genau), bis aufs (letzte) ~** jusque dans les moindres détails

i. V. ABK (in Vertretung) par intérim

Ivorer(in) M ⟨~s; ~⟩ (F) ⟨~in; ~innen⟩ Ivoirien, -ienne *m,f*; **ivorisch** ADJ ivoirien, -ienne

Iwan M 1 ⟨→ *n/pr*⟩ *prénom*; HIST **~ der Schreckliche** Ivan *m* le Terrible 2 *umg pej* ⟨~s; ~s⟩ Russe *m*

IWF M ⟨~⟩ ABK (Internationaler Währungsfonds) FMI *m* (Fonds monétaire international)

J

J, j N ⟨J, j; J, j⟩ *Buchstabe* J, j *m*

J ABK (Joule) J (joule)

ja ADV *u.* KONJ 1 *als Antwort* oui; *höflich* oui, Monsieur (Madame, *etc*); **~ gewiss!, ~ freilich!** bien sûr!; mais certainement!; **~ doch!, aber ~!** mais oui!, *widersprechend a.* mais si!; **ich glaube ~** je crois que oui; **wenn ~(, dann)** si oui 2 *feststellend* **das ist ~ furchtbar** mais c'est terrible; **da ist** *od* **kommt er ~!** mais le voilà!; *iron* **das ist ~ e-e schöne Geschichte!** en voilà une belle histoire!; **du weißt ~** tu sais bien 3 *verstärkend* **~ sogar** et même; voire (même); **Hunderte, ~ Tausende** des centaines, même des milliers; des centaines, que dis-je, des milliers; **tu das ~ nicht!** ne fais surtout pas cela!; **du kommst mit, ~?** tu viens, oui? 4 *einleitend* **~, da fällt mir noch ein, dass …** ah oui, il me vient encore à l'idée que …; mais j'y pense, …; **~, weißt du denn nicht, dass …** mais tu ne sais donc pas que …; **~, wer kommt denn da!** tiens, qui est-ce qui arrive là! 5 INT *umg* **~ zum Donnerwetter!** mais sapristi!; **ach ~!** mais oui!; **ach ~?** ah bon?; **na ~!** *zögernd* eh bien!; *tröstend* allons!; *bedauernd* tant pis!

Ja N ⟨~(s); ~(s)⟩ oui *m*; **das ~** le oui; **~ sagen** *zustimmend* dire oui; *hypothetisch* dire que oui; **zu etw ~ sagen** consentir à qc; **nicht ~ und nicht Nein sagen** ne dire ni oui ni non; **mit e-m lauten ~** par un oui bien proféré; **mit ~ antworten** répondre affirmativement; **mit ~ stimmen** voter pour

Jacht F ⟨~; ~en⟩ SCHIFF yacht *m*; **Jachthafen** M port *m* de plaisance; **Jachtklub** M yacht-club *m*

Jäckchen N ⟨~s; ~⟩ (petite) veste; (*Babyjäckchen*) brassière *f*

Jacke F ⟨~; ~n⟩ 1 MODE veste *f*; (*Herrenjacke*) *a.* veston *m*; *sportliche* blouson *m*; (*Uniformjacke*) vareuse *f* 2 *umg fig* **j-m die ~ vollhauen** *umg* flanquer une raclée à qn; *umg* **das ist ~ wie Hose** *umg* c'est kif-kif

Jackenkleid N tailleur *m* robe; **Jackentasche** F poche *f* de veste

Jacketkrone F MED couronne *f* (en) céramique; jaquette *f*

Jackett N ⟨~s; ~e *ou* ~s⟩ veston *m*; veste *f*

Jackpot M ⟨~s; ~s⟩ jackpot *m*; **den ~ gewinnen**, *umg* **knacken** toucher le jackpot

Jade M ⟨~(s)⟩ *od* F ⟨~⟩ MINER jade *m*; **jadegrün** ADJ vert jade (*inv*)

Jagd F ⟨~; ~en⟩ 1 chasse *f* (**auf** [+*akk*] de, à) (*a. koll*); **hohe, niedere ~** chasse au grand, au menu gibier; **auf die ~ gehen** aller à la chasse; **~ machen auf** (+*akk*) faire la chasse à (*a. fig*); *fig* pourchasser 2 (*Verfolgung*) **~ auf Verbrecher machen** faire la chasse aux malfaiteurs 3 *fig* **die ~ nach dem Glück** la course au bonheur; MYTH **die Wilde ~** la chasse infernale

Jagdaufseher M garde-chasse *m*; **Jagdausrüstung** F équipement *m* pour la chasse; **jagdbar** ADJ que l'on peut chasser; **Jagdbeute** F gibier abattu; **Jagdbomber** M MIL chasseur *m* bombardier; **Jagdfalke** M faucon (dressé pour la chasse); **Jagdfieber** N excitation *f* fébrile (du chasseur); **Jagdflieger** M MIL 1 *Person* pilote *m* de chasse 2 → Jagdflugzeug; **Jagdflugzeug** N MIL avion *m* de chasse; chasseur *m*; **Jagdfrevel** M délit *m* de chasse; *Wilderei* braconnage *m*; **Jagdgebiet** N territoire *m* de chasse; **Jagdgeschwader** N MIL escadre *f* de chasse; **Jagdgesellschaft** F chasse *f*; **Jagdgewehr** N fusil *m* de chasse

Jagdglück N **kein ~ haben** revenir bredouille

Jagdgründe MPL → Jagdgebiet, Jagdrevier; *fig u. iron* **in die ewigen ~ eingehen** (*sterben*) gagner le pays des chasses heureuses

Jagdhorn N cor *m* de chasse; **Jagdhund** M chien *m* de chasse; **Jagdhütte** F pavillon *m* de chasse; **Jagdmesser** N couteau *m* de chasse; **Jagdpächter** M locataire *m* de chasse; **Jagdpanzer** M MIL chasseur *m* de chars; **Jagdrecht** N droit *m* de chasse(r); **Jagdrennen** N PFERDESPORT steeple-chase *m*; **Jagdrevier** N (terrain *m* de) chasse *f*; chasse gardée; **Jagdsaison** F saison *f* de la chasse

Jagdschein M permis *m* de chasse; *umg fig* **den** *od* **e-n ~ haben** (*nicht zurechnungsfähig sein*) *umg* avoir un grain

Jagdschloss N château *m* (*servant à la chasse*); **Jagdschlösschen** N pavillon *m* de chasse; **Jagdspringen** N ⟨~s; ~⟩ PFERDESPORT jumping *m*; **Jagdstaffel** F MIL escadron *m* de chasse; **Jagdszene** F MAL scène *f* de chasse; **Jagdunfall** M accident *m* de chasse; **Jagdwaffe** F arme *f* de chasse; **Jagdwesen** N ⟨~s⟩ (tout ce qui concerne la) chasse; **Jagdwurst** F *saucisse fumée à l'ail*; **Jagdzeit** F → Jagdsaison

jagen ⟨h.⟩ A V/T 1 chasser; **Hasen ~** chasser le lièvre 2 (*weg~*) chasser; **j-n aus dem Haus(e) ~** chasser qn de la maison; *umg* **j-n zum Teufel ~** envoyer qn au diable; **j-n in die Flucht ~** faire fuir qn 3 (*verfolgen*) poursuivre; pourchasser; **die Polizei jagte den Verbrecher** la police poursuivait, pourchassait le criminel 4 *fig umg* **sein Vermögen durch**

die Kehle ~ boire sa fortune; *umg* SPORT **den Ball, das Leder ins Netz ~** envoyer le ballon dans le but, dans le filet B VI 1 chasser; aller à la chasse 2 ‹s.› *fig* aller, courir à toute vitesse; *umg* foncer; **nach Glück ~** ‹h.› courir après le bonheur C V/R 1 *fig* **sich ~** *Ereignisse, Gedanken* se bousculer; *Nachrichten* se succéder, se suivre rapidement 2 *fig* **sich** *(dat)* **e-e Kugel durch den Kopf ~** se brûler la cervelle

Jagen N ‹~s› chasse *f*; **~ verboten!** chasse interdite!

Jäger[1] M ‹~s; ~› MIL, FLUG chasseur *m*; *Flugzeug a.* avion *m* de chasse

Jäger[2] M ‹~s; ~›, **Jägerin** F ‹~in; ~innen› chasseur, -euse *m,f*; VÖLKERKUNDE **~ und Sammler** *m(pl)* chasseur(s) et cueilleur(s) *m(pl)*

Jägerart F GASTR **nach** *od* **auf ~** chasseur *(inv)*

Jägerhut M chapeau tyrolien; **Jägerlatein** N *(Jägersprache)* argot *m* des chasseurs; *(übertreibende Erzählung)* gasconnades *fpl*; **Jägerschnitzel** N GASTR escalope *f* chasseur; **Jägersprache** F argot *m* des chasseurs

Jaguar M ‹~s; ~e› ZOOL jaguar *m*

jäh *geh* A ADJ 1 *(plötzlich)* subit; soudain; brusque; **ein ~er Ruck** une secousse brusque; **ein ~er Tod** une mort subite, soudaine 2 *(steil)* abrupt; raide; escarpé; à pic; **ein ~er Abgrund** un profond précipice B ADV 1 *(plötzlich)* subitement; soudain(ement); brusquement 2 *(steil) Gelände* **~ abfallen** tomber à pic

jählings *geh* → jäh B

Jahr N ‹~(e)s; ~e› 1 *als Einheit* an *m*; *im Hinblick auf Dauer od Inhalt* année *f*; **ein halbes ~** six mois; **anderthalb ~e** un an et demi; dix-huit mois; **im ~, pro ~** par an; **in e-m ~ sind wir fertig** dans un an *od* d'ici un an on aura terminé; **in e-m ~ haben wir drei Reisen gemacht** nous avons fait trois voyages en un an 2 *kalendarisch* **das ~ 1945** l'année 1945; **das neue ~** la nouvelle année; **im ~(e) 1948** en 1948; **bis zum ~ 2010** jusqu'à l'an 2010; **in den dreißiger ~en** dans les années trente; **in diesem ~, dieses ~** cette année; **im Laufe des ~es** dans le courant de l'année; **im Laufe des ~es 1990** au cours de l'année 1990; **im letzten ~, letztes ~** l'année dernière, passée; l'an dernier, passé; **im nächsten ~, nächstes ~** l'année prochaine; l'an prochain; **(heute) vor e-m ~** il y a un an (aujourd'hui); **der Mann des ~es** l'homme de l'année; **j-m ein gutes neues ~ wünschen** souhaiter la, une bonne année à qn 3 *in Wendungen* **das ganze ~ hindurch** (pendant) toute l'année; **jedes ~** chaque année; tous les ans; **alle zwei ~e** tous les deux ans; un an sur deux; **~ für ~** tous les ans; chaque année; année après année; **mit den ~en** avec les années, le temps, l'âge; **seit ~en** depuis des années; **seit ~ und Tag** depuis bien longtemps; **auf ~ und Tag** jour pour jour; **vor ~ und Tag** il y a bien longtemps; BIBEL **die sieben fetten und die sieben mageren ~e** les sept années d'abondance et les sept années de famine 4 *Alter* **ein Junge von zehn ~en** un garçon de dix ans; **Kinder ab drei ~en** les enfants à partir de trois ans; **Jugendliche unter 16 ~en** les jeunes de moins de seize ans; **mit fünfzig ~en** à cinquante ans; **zwanzig ~e alt sein** avoir vingt ans; être âgé de vingt ans; **er ist fünfzig ~e alt geworden** il a atteint la cinquantaine; **das wird sich mit den ~en verlieren** cela disparaîtra avec l'âge; **in den besten ~en sein** être dans la force de l'âge; **in die ~e kommen** vieillir

jahraus ADV **~, jahrein** tous les ans; chaque année; année après année

Jahrbuch N annuaire *m*

Jährchen N ‹~s; ~› *hum* **ein paar ~** PL quelques années; **ein paar ~ auf dem Buckel haben** ne plus être tout jeune, de première jeunesse

jahrein → jahraus

jahrelang A ADJ ‹épithète› (qui dure) des années; **~e Erfahrung** des années d'expérience B ADV pendant des années; *(seit Jahren)* depuis des années; **das kann ~ dauern** ça peut durer des années; **ich habe ihn ~ nicht mehr gesehen** je ne l'ai pas vu depuis des années

jähren V/R ‹h.› **ihr Todestag jährt sich zum dritten Mal** ça fait trois ans qu'elle est morte; **heute jährt sich der Tag, an dem ...** *od* **heute jährt es sich, dass ...** il y a *od* voilà aujourd'hui un an que ...

Jahresabonnement N abonnement annuel, d'un an; **Jahresabrechnung** F compte(s) *m(pl)* de fin d'année; **Jahresabschluss** M HANDEL compte *m* de fin d'année; **Jahresabschlussprämie** F prime *f* de fin d'année; **Jahresanfang** M commencement *m*, début *m* de l'année; **Jahresausgaben** FPL dépenses annuelles; **Jahresausgleich** M STEUER péréquation annuelle; **Jahresausklang** *geh* M → Jahresende; **Jahresausstoß** M WIRTSCH rendement annuel; **Jahresbeginn** M → Jahresanfang; **Jahresbeitrag** M cotisation annuelle; **Jahresbericht** M compte rendu, rapport annuel; **Jahresbestleistung** F SPORT record annuel; **Jahresbilanz** F bilan annuel

Jahresdurchschnitt M moyenne annuelle; **im ~** en moyenne par an

Jahreseinkommen N revenu(s) annuel(s); **Jahreseinnahme** F recette annuelle; **Jahresende** N fin *f* d(e l)'année; **Jahresertrag** M rendement annuel; **Jahresetat** M WIRTSCH budget annuel

Jahresfrist F ‹sans article ni pl› délai m d'un an; **binnen, in(nerhalb) ~** avant, d'ici un an; **nach ~** au bout d'un an

Jahresgehalt N salaire annuel; *für Beamte* traitement annuel; **Jahresgewinn** M bénéfice annuel; **Jahreshälfte** F moitié *f* de l'année; **Jahreshauptversammlung** F assemblée générale annuelle; **Jahreskarte** F carte annuelle; **Jahreslohn** M salaire annuel; **Jahresmitte** F milieu *m* de l'année

Jahresmittel N → Jahresdurchschnitt

Jahresplan M plan annuel; **Jahresproduktion** F production annuelle; **Jahresrate** F annuité *f*; WIRTSCH tranche annuelle; **Jahresring** M *im Holz* cerne *m*; anneau, cercle annuel; **Jahresrückblick** M rétrospective *f* (de l'année écoulée); **Jahrestag** M (jour *m*) anniversaire *m*; **Jahrestagung** F congrès annuel

Jahresumsatz M HANDEL chiffre d'affaires annuel; **e-n ~ von ... haben** réaliser un chiffre d'affaires de ... par an

Jahresurlaub M congé annuel; **Jahresverbrauch** M consommation annuelle; **Jahreswagen** M *voiture achetée au rabais par une personne travaillant dans une usine d'automobiles et revendue au bout d'un an*

Jahreswechsel M **zum ~ kündigen** donner son congé à la fin de l'année; **mit den besten Wünschen zum ~!** avec mes *bzw.* nos meilleurs vœux pour le nouvel an, pour la nouvelle année!

Jahreswende F **die ~** la fin de l'année; **zur ~** en fin *f* d'année; → *a.* Jahreswechsel

Jahreszahl F année *f*; date *f*; *auf Münzen a.* millésime *m*; **Jahreszeit** F saison *f*; **jahreszeitlich** ADJ saisonnier, -ière; **Jahreszins** M intérêts annuels

Jahrgang M ‹~(e)s; -gänge› 1 *von Personen* année *f*; *von Hochschulabsolventen* promotion *f*; MIL classe *f*; **ein geburtenschwacher ~** une année à faible natalité; **er ist ~ 1950** il est né en 1950 2 *von Wein* année *f*; millésime *m*; **ein guter ~** un bon millésime 3 *e-r Zeitschrift* année *f*

Jahrhundert N ‹~s; ~e› siècle *m*; **das 20. ~** le XXe siècle; **im 17. ~** au XVIIe siècle

jahrhundertealt ADJ séculaire; **jahrhundertelang** A ADJ ‹épithète› qui a duré des siècles; séculaire B ADV pendant des siècles; *(seit Jahrhunderten)* depuis des siècles

Jahrhundertfeier F (fête *f* du) centenaire *m*

Jahrhundertwende F **die ~** la fin du siècle; **zur ~** en fin *f* de siècle; *bes zum 20. Jahrhundert* **um die ~** autour de 1900

...jährig IN ZSSGN *Alter* de ... ans; qui a ... ans; *Dauer* de ... années

jährlich A ADJ annuel, -elle B ADV par an; tous les ans; **zweimal ~** deux fois par an; **~ bezahlen** payer par an, annuellement

Jahrmarkt M foire *f*; kermesse *f*; **Jahrmarktsbude** F stand *m* de foire; baraque *f* de forain; **Jahrmarktshändler(in)** M(F) marchand(e) forain(e), de foire; forain(e) *m(f)*; **Jahrmillionen** FPL des millions d'années; **Jahrtausend** N ‹~s; ~e› millénaire *m*; **Jahrtausendfeier** F (fête *f* du) millénaire *m*; **Jahrtausendwende** F fin *f* du millénaire

Jahrzehnt N ‹~(e)s; ~e› période *f* de dix ans; décennie *f*; décade *f*; **das erste ~ unseres Jahrhunderts** la première décennie de notre siècle

jahrzehntelang A ADJ ‹épithète› qui a duré des dizaines d'années B ADV pendant des dizaines d'années; *(seit Jahrzehnten)* depuis des dizaines d'années

Jähzorn M 1 *Anfall* colère subite; violent accès de colère 2 *als Eigenschaft* irascibilité *f*; humeur *f* colérique; **jähzornig** ADJ colérique; coléreux, -euse; irascible

Jakob M ‹→ n/pr› *prénom*; BIBEL Jacob *m*; *umg* **das ist auch nicht der wahre ~** ce n'est pas ce qu'il me, te, *etc* faut, convient; ce n'est pas de mon, ton, *etc* goût

Jakobiner MPL HIST Jacobins *mpl*; **Jakobinermütze** F HIST bonnet phrygien; **Jakobinertum** N ‹~s› jacobinisme *m*

Jakobsleiter F BIBEL échelle *f* de Jacob; **Jakobsmuschel** F ZOOL, GASTR coquille *f* Saint-Jacques

Jalousie F ‹~; ~n› store vénitien

Jalta N ‹→ n/pr› Yalta; **Jalta-Konferenz** F HIST conférence *f* de Yalta

Jamaika N ‹→ n/pr› la Jamaïque; **Jamaikakoalition** F POL coalition jamaïcaine

Jamaikaner(in) M ‹~s; ~› (F) ‹~in; ~innen› Jamaïcain(e) *od* Jamaïquain(e) *m(f)*

jamaikanisch ADJ jamaïcain *od* jamaïquain; de la Jamaïque

Jamaikarum M rhum *m* de la Jamaïque

Jambe F ‹~; ~n› → Jambus; **jambisch** ADJ ïambique; iambique; **Jambus** M ‹~; -ben› METRIK ïambe *od* iambe *m*

Jammer M ‹~s› 1 *(Elend)* misère *f*; détresse *f*; **ein Bild des ~s** une image de désolation; **es ist ein ~** c'est lamentable; *umg* ça fait pitié 2 *(Wehklagen)* plaintes *fpl*

Jammerbild N image *f* de désolation; **Jammergestalt** F figure *f* pitoyable; **Jammerlappen** *umg* M *umg* chiffe molle; *umg* mollasson *m*

jämmerlich A ADJ 1 *(ärmlich, bedauernswert)* lamentable; pitoyable; **e-e ~e Existenz** une existence misérable, pitoyable 2 *pej (schlecht)*

J

lamentable; er gab e-e ~e Vorstellung la représentation qu'il a donnée a été lamentable; *fig* il s'est couvert de ridicule B ADV 1 *(erbärmlich)* ~ aussehen avoir l'air lamentable; ~ weinen pleurer lamentablement 2 *(übermäßig)* ~ frieren avoir terriblement froid 3 *(schlecht)* ~ abschneiden avoir des résultats lamentables; mir ist ~ zumute je me sens dans un état lamentable

Jämmerlichkeit F ⟨~⟩ caractère *m*, état *m* lamentable

jammern ⟨-(e)re, h.⟩ A *geh* V/T j-n ~ faire pitié à qn; inspirer de la pitié à qn; es jammert einen, zu ... cela fait pitié de ... B V/I 1 *(laut klagen)* gémir 2 ~ (über [+akk], um) *(sich beklagen)* se lamenter (sur); se plaindre (de)

Jammern N ⟨~s⟩ lamentations *fpl*; plaintes *fpl*

jammerschade ADJ *umg* es ist ~ c'est vraiment, très dommage (um pour)

Jammertal N REL *u. fig* vallée *f* de misère; **jammervoll** → jämmerlich

Jam-Session F ⟨~; ~s⟩ MUS séance de jazz improvisée; *umg* bœuf *m*

Jamswurzel F BOT igname *f*

Jan. ABK (Januar) janv. (janvier)

Janker M ⟨~s; ~⟩ *veste bavaroise en laine feutrée*

Jänner M ⟨~s; ~⟩ *österr* → Januar

Januar M ⟨~(s); ~e⟩ (mois *m* de) janvier *m*; Anfang ~ début janvier; Mitte ~ mi-janvier; Ende ~ fin janvier; im (Monat) ~ en janvier; au mois de janvier; der 1. ~ le premier janvier; le Jour de l'An; heute ist der 5. ~ aujourd'hui, c'est le cinq janvier; nous sommes le cinq janvier; am 14. ~ le quatorze janvier; Berlin, den 11. ~ 2002 Berlin, le onze janvier 2002

Januskopf M tête *f* de Janus

Japan N ⟨→ *n/pr*⟩ le Japon

Japaner(in) M ⟨~s; ~⟩ (F) ⟨~in; ~innen⟩ Japonais(e) *m(f)*

japanisch ADJ japonais; du Japon; nippon, -o(n)ne; das Japanische Meer la mer du Japon

Japanisch N ⟨~(s)⟩, **Japanische** N ⟨~n⟩ (das) Japanisch(e) *Sprache* le japonais

Japanologie F ⟨~⟩ langue et civilisation japonaises

Japanpapier N (papier *m*) japon *m*

Japs *umg pej* M ⟨~en *ou* ~es; ~en *ou* ~e⟩ *(Japaner) umg* Jap *m*

japsen *umg* V/I ⟨-(es)t, h.⟩ °haleter; être °hors d'haleine, à bout de souffle

Japser *umg* M ⟨~s; ~⟩ °halètement *m*

Jargon M ⟨~s; ~s⟩ jargon *m*; *pej a.* argot *m*

Jasager(in) M ⟨~s; ~⟩ (F) ⟨~in; ~innen⟩ homme *m*, femme *f* qui dit toujours oui, qui dit oui à tout

Jasmin M ⟨~s; ~e⟩ BOT *echter* jasmin *m*; Falscher ~ seringa *m*

Jasmintee M thé *m* au jasmin

Jaspis M ⟨~ *ou* ~ses; ~se⟩ MINER jaspe *m*

Jastimme F *bei Wahlen* voix *f* pour; oui *m*

jäten V/T *u.* V/I ⟨-ete, h.⟩ sarcler; désherber; Unkraut ~ arracher, enlever les mauvaises herbes; sarcler

Jauche F ⟨~; ~n⟩ AGR purin *m*

jauchen V/T ⟨h.⟩ fumer (au purin)

Jauche(n)fass N tonneau *m* à purin; **Jauche(n)grube** F fosse *f* à purin

jauchzen V/I ⟨-(es)t, h.⟩ pousser des cris de joie, d'allégresse; exulter

Jauchzen N ⟨~s⟩ cris *mpl* de joie, d'allégresse; **Jauchzer** M ⟨~s; ~⟩ cri *m* de joie, d'allégresse

jaulen V/I ⟨h.⟩ glapir *(a. fig)*

Jaulen N ⟨~s⟩ glapissement(s) *m(pl)*

Jause F ⟨~; ~n⟩ *österr (Zwischenmahlzeit)* casse-croûte *m*; *für Kinder* goûter *m*

Java N ⟨→ *n/pr*⟩ Java *f*

Javaner(in) M ⟨~s; ~⟩ (F) ⟨~in; ~innen⟩ Javanais(e) *m(f)*; **javanisch** ADJ javanais

Javasee die ~ la mer de Java

jawohl, *umg* **jawoll** ADV oui!; bien!; certainement!; parfaitement!

Jawort N ⟨~(e)s; ~e⟩ consentement *m* au mariage; j-m sein ~ geben consentir à épouser qn

Jazz M ⟨~⟩ MUS jazz *m*; ~ spielen faire du jazz

Jazzband F orchestre *m* de jazz

jazzen V/I ⟨-(es)t, h.⟩ faire du jazz

Jazzfan M amateur *m* de jazz; **Jazzkeller** M *umg* boîte *f* de jazz; **Jazzmusik** F musique *f* de jazz; **Jazztrompete** F trompette *f* de jazz

je A ADV 1 *zeitlich* jamais; haben Sie ~ so etwas gehört? avez-vous jamais entendu une chose pareille?; ohne ihn ~ gesehen zu haben sans l'avoir jamais vu; sollte er ~ kommen si jamais il venait; seit eh und ~ depuis toujours 2 *vor Mengenangaben* ~ zwei und zwei deux à deux; deux par deux; deux à la fois; wir haben ~ fünf Euro bekommen nous avons touché chacun cinq euros; die kosten ~ e-n Euro c'est un euro la pièce; in Schachteln zu ~ zwanzig Stück par paquets de vingt 3 *(pro)* ~ Monat, Einwohner *etc* par mois, habitant, *etc* 4 ~ nach *Größe, Alter etc* selon; suivant; ~ nachdem c'est selon; ça dépend; ~ nachdem, ob *od* wie ... selon que *(+ind)*; suivant que *(+ind)* B KONJ *mit komp* ~ ..., desto *od* umso ... plus ..., plus ...; ~ eher, desto besser le plus tôt sera le mieux; ~ mehr, desto besser plus il y en a, mieux ça vaut C INT ach ~!, o ~! mon Dieu!

Jeans F(PL) ⟨~; ~⟩ jean *m od* jeans *mpl*; **Jeansjacke** F veste *f* en jean; **Jeansstoff** M jean *m*

jede(r, -s) INDEF PR A ADJT 1 (~[r, -s] *Einzelne) aus e-r Menge* chaque; ~s einzelne Buch chaque livre en particulier; ~s beliebige Buch n'importe quel livre; ~s Wort war zu verstehen on a compris chaque mot; ~s Haus (hier) hat e-n Garten chaque maison (ici) a un jardin; *sprichw* ~r Tag hat s-e Sorgen *sprichw* à chaque jour suffit sa peine 2 *verabsolutierend (alle)* tout; ~s Haus hat ein Dach toute maison a un toit; auf ~n Fall en tout cas; de toute façon; in ~r Hinsicht à tous points de vue; ~r andere tout autre; *sprichw* ~s Ding hat zwei Seiten *sprichw* toute médaille a son revers 3 *mit Zeitangaben (immer)* tout; *(häufig, immer wieder)* chaque; *(bald, sofort) a.* d'un ... à l'autre; ~n Augenblick à tout moment; à chaque instant; d'un moment à l'autre; bei ~r Gelegenheit à chaque occasion; en toute occasion; ~n Tag, mit ~m Tag chaque jour; tous les jours; wir erwarten ~n Tag s-e Rückkehr nous attendons son retour d'un jour à l'autre 4 *mit Zahlenangaben* ~s dritte Haus une maison sur trois; ~r fünfte Einwohner un habitant sur cinq 5 *nach „ohne"* aucun; nul, nulle; ohne ~n Zweifel sans aucun doute; sans nul doute; *in Vergleichen* mehr als ~r andere plus que tout autre; plus qu'aucun autre B SUBST 1 *(der Einzelne)* chacun(e); ~r von uns chacun de nous; ~s dieser Bücher chacun de ces livres; chaque livre; *sprichw* ~m das Seine *sprichw* à chacun son dû; ~r nach s-m Geschmack à chacun son goût; *sprichw* ~r ist sich selbst der Nächste *sprichw* charité bien ordonnée commence par soi-même 2 *generalisierend* ~r, der *(wer auch immer)* quiconque; tous ceux qui; toute personne qui; ~r spricht davon tout le monde en parle; das kann ~m passieren cela peut arriver à tout le monde; alles und ~s absolument tout; tout sans exception

jedenfalls ADV en tout cas; de toute façon

jeder → jede(r, -s)

jederlei ADJ ⟨inv⟩ de toutes sortes; auf ~ Weise de toutes sortes de façons

jedermann INDEF PR tout le monde; das ist nicht ~s Sache ce n'est pas du goût de tout le monde

jederzeit ADV à tout moment

jedes → jede(r, -s)

jedesmal → Mal[2]

jedoch KONJ pourtant; cependant; toutefois; ich bin ~ gern bereit, ... je suis cependant prêt à ...

jedwede(r, -s) *liter* → jede(r, -s) A 1, B 1

Jeep® M ⟨~s; ~s⟩ AUTO jeep® *f*

jegliche(r, -s) → jede(r, -s) A 1, B 1

jeher ADV von ~ de tout temps; depuis toujours

Jehova M REL die Zeugen *mpl* ~s les Témoins *mpl* de Jéhovah

Jelängerjelieber N ⟨~s; ~⟩ BOT *(Geißblatt)* chèvrefeuille *m*

jemals ADV jamais; → *a.* je A 1

jemand INDEF PR ⟨*gen* ~(e)s, *dat* ~(em), *akk* ~(en)⟩ 1 *affirmativ u. in Fragen* quelqu'un; es kommt ~ quelqu'un vient; ist ~ hier? y a-t-il quelqu'un?; spricht hier ~ Deutsch? y a-t-il quelqu'un qui parle allemand?; ~ anders quelqu'un d'autre; ~ Fremdes quelqu'un d'étranger 2 *bei verneintem Sinn* personne; ohne ~en zu grüßen sans saluer personne; ohne ~en beleidigen zu wollen sans vouloir offenser personne; weder er noch sonst ~ ni lui ni personne (d'autre)

Jemand M ⟨~s⟩ *hum* ein gewisser ~ ... il y a quelqu'un qui ...; *hum* un quidam ...

Jemen ⟨→ *n/pr*⟩ N *od* der ~ le Yémen

Jemenit(in) M ⟨~en; ~en⟩ (F) ⟨~in; ~innen⟩ Yéménite *m/f*

jemenitisch ADJ du Yémen; yéménite

jemine → je C

Jena N ⟨→ *n/pr*⟩ Iéna

Jenaer ADJ ⟨inv⟩ d'Iéna; ~ Glas® *n* verre *m* à feu; *etwa* pyrex® *m*

jene(r, -s) DEM PR A ADJT ce ...-là *(vor Vokal u. stummem „h")* cet ...-là, cette ...-là, *pl* ces ...-là; ~ Leute *pl* ces gens-là; es war ~r Mann c'était cet homme-là; *geh* an ~m Tage ce jour-là; *geh* in, zu ~r Stunde à cette heure-là; *geh* in, zu ~r Zeit en ce temps-là B SUBST celui-là *m*, celle-là *f*; *mpl* ceux-là; *fpl* celles-là; ~s cela; cette chose-là; bald dieser, bald ~r tantôt celui-ci, tantôt celui-là; von diesem und ~m sprechen parler de choses et d'autres

Jens M ⟨→ *n/pr*⟩ *prénom*

jenseitig *geh* ADJ ⟨*épithète*⟩ de l'autre côté; du côté opposé; (qui est) au-delà; das ~e Ufer la rive opposée

jenseits A ADV de l'autre côté; *fig* ~ von Gut und Böse *Nietzsche* au-delà du bien et du mal; *hum (unbeschreiblich)* indescriptible B PRÄP ⟨gen⟩ au-delà de; de l'autre côté de; par-delà; ~ des Atlantiks *a.* outre-Atlantique; ~ des Rheins outre-Rhin

Jenseits N ⟨~⟩ REL das ~ l'au-delà *m*; l'autre monde *m*; im ~ dans l'au-delà; dans l'autre monde; *umg* ins ~ befördern expédier dans l'autre monde

Jeremia(s) M ⟨→ *n/pr*⟩ BIBEL Jérémie *m*

Jericho N ⟨→ *n/pr*⟩ Jéricho

Jersey[1] M ⟨~; ~s⟩ *Stoff* jersey *m*

Jersey[2] N ⟨~s; ~s⟩ *Sporthemd* polo *m*; *für Frauen* jersey *m*

Jerusalem N ⟨→ *n/pr*⟩ Jérusalem

Jesaja M ⟨→ *n/pr*⟩ BIBEL Isaïe *m*

Jesse M ⟨→ *n/pr*⟩ BIBEL Jessé *m*

J

Jesuit M ⟨~en; ~en⟩ jésuite *m*
Jesuitenorden M ordre *m* des jésuites; **Jesuitenpater** M père *m* jésuite; **Jesuitenschule** F collège *m* de jésuites; **Jesuitentum** N ⟨~s⟩ jésuitisme *m*
jesuitisch ADJ jésuite; jésuitique *(beide a. pej)*
Jesus M ⟨Jesu⟩ Jésus *m*; **~ Christus** ⟨*gen* Jesu Christi⟩ Jésus-Christ *m*
Jesuskind N enfant *m* Jésus
Jet M ⟨~s; ~s⟩ *(Düsenflugzeug)* jet *m*
Jetlag M ⟨~s; ~s⟩ effets *mpl* du décalage horaire
Jeton M ⟨~s; ~s⟩ jeton *m*
Jet-Set M ⟨~s; ~s⟩ jet-set *m od f*
jetten *umg* V/I ⟨-ete, s.⟩ voyager en jet; **nach New York ~** *a.* sauter dans l'avion pour New York
jetzig ADJ ⟨*épithète*⟩ actuel, -elle; présent; d'aujourd'hui; **die ~e Generation** la génération d'aujourd'hui; **in der ~en Zeit** à l'heure actuelle
jetzt ADV **1** *zeitlich* maintenant; **~, wo …** maintenant que …; **~ oder nie!** maintenant ou jamais!; **eben ~** à l'instant (même); **gleich ~** tout de suite; **noch ~** encore maintenant; **er ist ~ erst angekommen** il vient seulement d'arriver; **bis ~** jusqu'à maintenant; jusqu'à présent; jusqu'ici; **von ~ an, ab** à partir de maintenant; dorénavant; désormais; **~ ist es passiert!** ça y est(, c'est arrivé)! **2** *umg verstärkend* **wo war das ~ gleich?** *umg* c'était où déjà?; **was willst du denn ~ noch?** *umg* qu'est-ce que tu veux encore?
Jetztzeit F ⟨~⟩ (temps *m*) présent *m*; temps actuel
jeweilig ADJ ⟨*épithète*⟩ **1** *zeitlich* du moment; de l'époque; **die ~e Witterung** les conditions météorologiques du moment; **den ~en Umständen entsprechend** selon les circonstances du moment **2** *(zugehörig, zugewiesen)* respectif, -ive; **die ~en Rechte der Erben** les droits respectifs des héritiers
jeweils ADV (à) chaque fois; **er schickte ~ hundert Euro** il a envoyé (à) chaque fois cent euros; **zwei Pausen von ~ zehn Minuten** deux pauses de dix minutes chacune
Jg. ABK (Jahrgang) année *f*
Jh. ABK (Jahrhundert) s. (siècle)
JH ABK (Jugendherberge) A.J. (auberge de jeunesse)
jiddisch ADJ yiddish; LING, *liter* judéo-allemand
Jiddisch N ⟨~(s)⟩, **Jiddische** N ⟨~n⟩ **(das) Jiddisch(e)** *Sprache* le yiddish
Jingle M ⟨~(s); ~(s)⟩ *Werbesprache* jingle *m*
Jiu-Jitsu N ⟨~(s)⟩ *veraltend* SPORT jiu-jitsu *m*
Joachim M ⟨→ *n/pr*⟩ *prénom*
Job M ⟨~s; ~s⟩ **1** *umg vorübergehend, fest umg* job *m*; *umg* boulot *m* **2** IT tâche *f*; travail *m*
jobben *umg* V/I ⟨h.⟩ *vorübergehend umg* faire des petits boulots; *länger umg* bosser
Jobber M ⟨~s; ~⟩ **1** BÖRSE, *umg pej* boursicoteur *m* **2** *umg (Gelegenheitsarbeiter)* personne *f* qui fait des petits boulots
Jobbörse F bourse *f* de l'emploi; **Jobcenter** N ⟨~s; ~⟩ *in Frankreich etwa* Pôle *m* emploi
Jobkiller *Jargon* M installation *f*, mesure *f*, *etc* qui supprime des emplois; **der ~ Computerisierung** l'informatisation mangeuse d'emplois
Jobsharing N ⟨~s⟩ partage *m* du travail
Jobsuche *umg* F *umg* recherche *f* d'un job, d'un emploi; **auf ~ sein** *umg* être à la recherche d'un job, d'un emploi
Jobticket N carte *f* d'abonnement aux transports en commun *(prise en charge [en partie] par l'employeur)*; **Jobverlust** *umg* M perte *f* d'emploi

Joch N ⟨~(e)s; ~e⟩ **1** AGR, *fig* joug *m*; *fig* **unter j-s ~** *(dat)* **(sein, leben)** (être, vivre) sous le joug de qn; **das ~ abschütteln** secouer le joug **2** HIST **zwei ~ Ochsen** deux paires de bœufs **3** *österr: mesure de superficie (30 à 55 ares)* **4** GEOG col *m* **5** ARCH palée *f*
Jochbein N ANAT os *m* malaire, de la pommette
Jochen M ⟨→ *n/pr*⟩ *prénom*
Jockei → Jockey
Jockey M ⟨~s; ~s⟩ jockey *m*
Jod N ⟨~(e)s⟩ CHEM iode *m*
jodeln V/T *u.* V/I ⟨-(e)le, h.⟩ jodler *od* iodler
jodhaltig ADJ iodé
Jodler M ⟨~s; ~⟩ **1** *Gesang* tyrolienne *f* **2** *Person* chanteur *m* de tyrolienne; **Jodlerin** F ⟨~; ~nen⟩ chanteuse *f* de tyrolienne
Jodsalz N sel iodé; **Jodtinktur** F PHARM teinture *f* d'iode; **Jodverbindung** F CHEM combinaison *f* de l'iode; **Jodvergiftung** F intoxication (causée) par l'iode; **Jodwasserstoff** M CHEM acide *m* iodhydrique
Joga M *od* N → Yoga
joggen V/I ⟨h.⟩ faire du jogging; jogger; **er ist zum Büro gejoggt** il est allé au bureau en joggant
Jogger(in) M ⟨~s; ~⟩ (F) ⟨~in; ~innen⟩ joggeur, -euse *m,f*
Jogging N ⟨~s⟩ jogging *m*; **Jogginganzug** M jogging *m*
Joghurt M *od* N ⟨~s; ~(s)⟩ yaourt *od* yog(h)ourt *m*; **Joghurtbecher** M pot *m* de yaourt *od* yog(h)ourt
Jogi M → Yogi
Jogurt M *od* N → Joghurt
Johann M ⟨→ *n/pr*⟩ *prénom*
Johanna F ⟨→ *n/pr*⟩ *prénom*; HIST **die heilige ~** Jeanne *f* d'Arc
Johannes M ⟨→ *n/pr*⟩ *prénom*; *Papst- u. Heiligenname* Jean *m*; BIBEL **~ der Evangelist** Jean l'Évangéliste; BIBEL **~ der Täufer** saint Jean-Baptiste
Johannesevangelium N évangile *m* selon saint Jean
Johannis N ⟨~⟩ REL → Johannistag
Johannisbeere F **Rote, Weiße ~** groseille rouge, blanche; **Schwarze ~** cassis *m*
Johannisbeerlikör M liqueur *f* de groseilles; *aus schwarzen Beeren* cassis *m*; **Johannisbeermarmelade** F confiture *f* de groseilles *bzw.* de cassis; **Johannisbeersaft** M jus *m* de groseilles *bzw.* de cassis
Johannisbrot N BOT caroube *f*; **Johannisbrotbaum** M caroubier *m*
Johannisfeuer N feux *mpl* de la SaintJean; **Johanniskraut** N BOT millepertuis (commun); herbe *f* de Saint-Jean; **Johannistag** M **der ~** la Saint-Jean; **am ~** à la Saint-Jean
Johanniter M ⟨~s; ~⟩ chevalier hospitalier de Saint-Jean de Jérusalem; **Johanniterorden** M ordre *m* de Saint-Jean de Jérusalem
johlen V/I ⟨h.⟩ °hurler; **~de Menge** foule °hurlante
Joint *umg* M ⟨~s; ~s⟩ *umg* joint *m*
Joint Venture N ⟨~(s); ~s⟩ WIRTSCH joint venture *f*
Jo-Jo N ⟨~s; ~s⟩ *Spiel* yo-yo *m*
Joker M ⟨~s; ~⟩ *Spielkarte* joker *m*
Jolle F ⟨~; ~n⟩ SCHIFF *Segelboot* bateau *m* à voile; *Beiboot* canot *m*
Jongleur M ⟨~s; ~e⟩ jongleur *m*; **jonglieren** V/T *u.* V/I ⟨*pas de ge-*, h.⟩ jongler **(mit** avec)
Joppe F ⟨~; ~n⟩ **1** *(Lodenjacke)* veste *f* (de loden) **2** *(Hausjacke)* veste *f* (d'intérieur); *gestrickte a.* gilet *m*
Jordan M ⟨→ *n/pr*⟩ **der ~** le Jourdain; *fig hum* **über den ~ gehen** partir pour l'autre monde; faire le grand voyage

Jordanien N ⟨→ *n/pr*⟩ la Jordanie
Jordanier(in) M ⟨~s; ~⟩ (F) ⟨~in; ~innen⟩ Jordanien, -ienne *m,f*; **jordanisch** ADJ jordanien, -ienne
Jörg M ⟨→ *n/pr*⟩ *prénom*
Josef M ⟨→ *n/pr*⟩ *prénom*
Josefine F ⟨→ *n/pr*⟩ *prénom*
Joseph M ⟨→ *n/pr*⟩ *prénom*
Josephine F ⟨→ *n/pr*⟩ *prénom*
Jot N ⟨~; ~⟩ *Buchstabe* j *m*; lettre *f* j
Jota N ⟨~(s); ~s⟩ *griechischer Buchstabe* iota *m*; *fig* **kein ~** pas un iota
Joule N ⟨~(s); ~⟩ PHYS joule *m*
Journal N ⟨~s; ~e⟩ **1** HANDEL livre-journal *m*; journal *m* **2** *geh (Zeitschrift, Zeitung)* journal *m*
Journalismus M ⟨~⟩ journalisme *m*; **Journalist(in)** M ⟨~en; ~en⟩ (F) ⟨~in; ~innen⟩ journaliste *m/f*; **Journalistenverband** M association *f* des journalistes; **Journalistik** F ⟨~⟩ journalisme *m*
journalistisch **A** ADJ journalistique **B** ADV **~ tätig sein** travailler dans le journalisme
jovial ADJ *(leutselig)* aimable; affable; aimable; *([betont] wohlwollend)* bienveillant (et condescendant); **Jovialität** F ⟨~⟩ affabilité *f*; amabilité *f*; *(Wohlwollen)* bienveillance *f*
Joystick M ⟨~s; ~s⟩ IT manette *f*; manche *m* à balai
jr. ABK (junior) fils
Jubel M ⟨~s⟩ allégresse *f*; jubilation *f*; **in ~** *(akk)* **ausbrechen** exulter; déborder de joie
Jubeljahr N REL jubilé *m*; *fig* **alle ~e einmal** très rarement
jubeln V/I ⟨-(e)le, h.⟩ exulter; *laut* pousser des cris d'allégresse, de joie; **über etw** *(akk)* **~** se réjouir vivement de qc
Jubelpaar N couple *m* qui fête un anniversaire de mariage; **Jubelruf** M cri *m* d'allégresse, de joie
Jubilar(in) M ⟨~s; ~e⟩ (F) ⟨~in; ~innen⟩ celui, celle qui fête un anniversaire important, un jubilé, *etc*
Jubiläum N ⟨~s; -äen⟩ anniversaire *m*; **fünfundzwanzigjähriges ~** vingt-cinquième anniversaire; **fünfzigjähriges ~** cinquantenaire *m*; jubilé *m*; **hundertjähriges ~** centenaire *m*; **sein fünfundzwanzigjähriges ~ feiern** fêter son vingt-cinquième anniversaire
Jubiläumsausgabe F édition *f* du cinquantenaire, du centenaire, *etc*; **Jubiläumsfeier** F fête *f*, cérémonie *f* d'anniversaire
jubilieren *geh* V/I ⟨*pas de ge-*, h.⟩ **freudig ~** *Kinder* pousser des cris de joie; *poet Vögel* gazouiller gaiement; → *a.* jubeln
juchhe INT °hourra!; *umg* youpi!
Juchten(leder) M *od* N ⟨~s⟩ (N) cuir *m* de Russie
juchzen *umg* → jauchzen
Juchzer *umg* → Jauchzer
jucken ⟨h.⟩ **A** V/T *u.* V/I *u.* V/UNPERS **1** *physisch* démanger; *umg* gratter; **es juckt (mich)** cela me démange, *umg* me gratte; **es juckt mich am Ohr** *umg* j'ai l'oreille qui me gratte; **ihn juckt der Mückenstich** sa piqûre de moustique le démange, *umg* le gratte; **ihm juckt der Kopf** il a la tête qui le démange, *umg* le gratte **2** *(Jucken hervorrufen)* **der Stoff juckt sie** le tissu la gratte **3** *umg fig (reizen, verlocken)* **es juckt mich, das zu probieren** j'ai envie, cela me tente d'essayer; *(interessieren)* **denkst du, das juckt mich?** *umg* si tu crois que ça m'intéresse! **B** *umg* V/R **sich ~** *(sich kratzen)* se gratter
Jucken N ⟨~s⟩ démangeaison(s) *f(pl)*; **Juckpulver** N poil *m* à gratter; **Juckreiz** M démangeaison *f*
Judäa N ⟨→ *n/pr*⟩ HIST la Judée
Judaismus M ⟨~⟩ judaïsme *m*; **Judaistik**

F ⟨~⟩ études hébraïques et juives

Judas M ⟨→ n/pr⟩ BIBEL, *fig* Judas *m*; **~ Ischariot** Judas Iscariote *m*

Jude M ⟨~n; ~n⟩ Juif *m*

judenfeindlich ADJ antisémite; **Judenfriedhof** M cimetière juif; **Judenstern** M étoile juive; **Judentum** N ⟨~s⟩ judaïsme *m*; *t/t* judéité *f*; *koll* Juifs *mpl*; **Judenverfolgung** F persécution *f* des Juifs; **Judenviertel** N quartier juif

Judikative F ⟨~; ~n⟩ POL, JUR pouvoir *m* judiciaire

Jüdin F ⟨~; ~nen⟩ Juive *f*; **jüdisch** ADJ juif, juive; HIST, REL judaïque; *in Zssgn* judéo-…

Judith F ⟨→ n/pr⟩ *prénom*

Judo N ⟨~(s)⟩ SPORT judo *m*

Jugend F ⟨~⟩ **1** *Lebensalter* jeunesse *f*; **Kindheit und ~** enfance *f* et adolescence *f*; **in meiner ~** dans ma jeunesse; **von ~ an, auf** dès ma, ta, *etc* jeunesse; **frühe ~** première jeunesse; *hum* **zweite ~** seconde jeunesse **2** *koll* jeunesse *f*; (les) adolescents *mpl*; **die ~ von heute** la jeunesse d'aujourd'hui; **die deutsche ~** la jeunesse allemande; *sprichw* **~ hat keine Tugend** *etwa sprichw* il faut que jeunesse se passe

Jugendalter N jeunesse *f*; **Jugendamt** N service *m* d'aide sociale à l'enfance; **Jugendarbeit** F ⟨~⟩ **1** *(Arbeit der Jugendlichen)* travail *m* des enfants mineurs **2** *(Jugendpflege)* œuvres *fpl* pour la jeunesse; **Jugendarbeitslosigkeit** F chômage *m* des jeunes; **Jugendarrest** M détention spéciale pour délinquants mineurs; **Jugendaustausch** M échange *m* de jeunes; **Jugendbewegung** F HIST mouvement *m* de jeunesse vers 1900; **Jugendbild** N *Foto* photo *f*, *Gemälde* portrait *m* de jeunesse; **Jugendbuch** N livre *m* pour la jeunesse; **Jugendbücherei** F bibliothèque *f* pour la jeunesse; **Jugenderinnerungen** FPL souvenirs *mpl* de jeunesse; **Jugendfilm** M film *m* pour la jeunesse; **jugendfrei** ADJ *Film* permis, autorisé aux mineurs; **Jugendfreund(in)** M(F) ami(e) *m(f)* d'enfance; **Jugendfunk** M RADIO émission *f* pour les jeunes; **Jugendfürsorge** F aide sociale à l'enfance; **jugendgefährdend** ADJT qui représente un danger moral pour la jeunesse; **Jugendgericht** N tribunal *m* pour les mineurs; *in Frankreich für Jugendliche bis 16* tribunal *m* pour enfants; **Jugendgruppe** F groupe *m* de jeunes; **Jugendheim** N foyer *m*, maison *f* de jeunes; **Jugendherberge** F auberge *f* de (la) jeunesse; **Jugendherbergsausweis** M carte *f* des auberges de jeunesse; **Jugendhilfe** F aide *f* à l'enfance; **Jugendjahre** NPL années *fpl* d'enfance; jeunesse *f*; **Jugendkriminalität** F délinquance *f* juvénile; **Jugendlager** N camp *m* de jeunesse; **Jugendleiter(in)** M(F) moniteur, -trice *m,f* d'enfants

jugendlich **A** ADJ jeune; juvénile; **ein ~es Aussehen** un air jeune; **ein ~es Kleid** une robe jeune **B** ADV **~ aussehen** avoir l'air jeune; faire jeune; **sich ~ kleiden** s'habiller jeune

Jugendliche(r) M/F(M) ⟨→ A⟩ adolescent(e) *m(f)*; JUR mineur *m* de 14 à 18 ans; *koll* **die ~n** *meist* les jeunes *mpl*; **~n ist der Zutritt verboten** interdit aux moins de dix-huit ans

Jugendlichkeit F ⟨~⟩ jeunesse *f*; **Jugendliebe** F amour *m* de jeunesse; **Jugendliteratur** F littérature *f* pour la jeunesse; **Jugendmannschaft** F SPORT équipe *f* de jeunes; **Jugendorganisation** F organisation *f* de jeunesse; **Jugendpfleger(in)** M(F) éducateur, -trice *m,f*; **Jugendpolitik** F politique *f* pour la jeunesse; **Jugendpsychologie** F psychologie *f* de la jeunesse; **Jugendrichter** M juge *m* pour enfants; **Jugendschutz** M protection *f* des mineurs; **Jugendschutzgesetz** N loi *f* sur la protection des mineurs; **Jugendsprache** F langue *f* des jeunes; **Jugendstadium** N BIOL jeunesse *f*; *von Tieren a.* phase *f* de croissance; **Jugendstil** M ⟨~(e)s⟩ KUNST, ARCH art nouveau; **Jugendstrafanstalt** F centre *m* d'éducation surveillée; **Jugendstrafe** F condamnation pénale pour mineurs; **Jugendstrafrecht** N droit pénal des délinquants mineurs; **Jugendstreich** M fredaine *f* de jeunesse; **Jugendsünde** F ⟨*souvent pl*⟩ péché *m* de jeunesse; **Jugendtraum** M rêve *m* de jeunesse; **Jugendverband** M organisation *f* de la jeunesse; **Jugendweihe** F *bes Ostdeutschland*: *introduction solennelle (des adolescents) dans le monde des adultes*

Jugendwerk N **1** *e-s Dichters etc* œuvre *f* de jeunesse **2** **Deutsch-Französisches ~** Office franco-allemand pour la Jeunesse

Jugendzeit F (années *fpl* de) jeunesse *f*; **Jugendzeitschrift** F magazine *m* pour la jeunesse; **Jugendzentrum** N maison *f* des jeunes

Jugoslawe M ⟨~n; ~n⟩ HIST Yougoslave *m*

Jugoslawien N ⟨→ n/pr⟩ HIST la Yougoslavie

Jugoslawin F ⟨~; ~nen⟩ HIST Yougoslave *f*

jugoslawisch ADJ HIST yougoslave; de (la) Yougoslavie

juhu INT *jubelnd* °hourra!; *umg* youpi!; *auf sich aufmerksam machend* ohé!; °hé!; °hep!

Juice M ⟨~; ~s⟩ *(Fruchtsaft)* jus *m* de fruit; *(Gemüsesaft)* jus *m* de légume(s)

Ju-Jutsu N ⟨~(s)⟩ SPORT jujitsu *m*

Jukebox F ⟨~; ~es⟩ juke-box *m*

Julei → Juli

Juli M ⟨~(s); ~s⟩ (mois *m* de) juillet *m*; → *a.* Januar

Julia F ⟨→ n/pr⟩ *prénom*; **Romeo und ~** Roméo et Juliette

Jülich N ⟨→ n/pr⟩ Juliers

Julimonarchie F HIST monarchie *f* de Juillet; **Julirevolution** F HIST les trois Glorieuses; Révolution *f* de Juillet

Julius M ⟨→ n/pr⟩ *prénom*

Jumbo-Jet M ⟨~(s); ~s⟩ jumbo-jet *m*; gros porteur

Jumper M ⟨~s; ~⟩ MODE pull-over *m*

jun. ABK (junior) junior

jung **A** ADJ ⟨=er, =ste⟩ **1** *Lebensalter* jeune; **die ~en Leute** les jeunes *mpl*; **Jung und Alt** jeunes et vieux; tout le monde; *fig poet* **der ~e Tag** le jour naissant **2** *(mit den Eigenschaften der Jugend)* **er hat noch ~e Beine** il a encore de bonnes jambes; **e-e ~e Stimme** une voix jeune **3** *(seit Kurzem, neu [gegründet])* **die ~en Eheleute** les jeunes mariés; **ein ~es Unternehmen** une jeune entreprise **4** GASTR **~e Erbsen** petits pois extra-fins; **ein ~er Wein** un primeur **5** *bes Werbesprache* **~e Mode** mode *f* jeune; **~e Farben** couleurs *fpl* jeunes **B** ADV **1** *Lebensalter* **~ heiraten** se marier jeune **2** *(jugendlich, frisch)* **~ aussehen** avoir l'air jeune; faire jeune; **sich ~ fühlen** se sentir jeune **3** *(seit Kurzem)* **~ verliebt sein** être amoureux depuis peu

Jungarbeiter M jeune travailleur *m*; **Jungbrunnen** *poet* M fontaine *f* de Jouvence

Junge¹ M ⟨~n; ~n, *umg a.* Jungs⟩ *(Knabe)* garçon *m*; *umg im Kartenspiel* valet *m*; *umg* **alter ~!** mon vieux!; *umg* mon pote!; *hum* vieille branche!; *umg* SCHIFF **blaue Jungs** *umg* cols-bleus *mpl*; *umg* gars *mpl* de la marine; **dummer ~** nigaud *m*; **kleiner ~** petit garçon; *umg* **schwerer ~** mauvais garçon; *umg* **~, ~!** *umg* bigre!; mes amis!

Junge² N ⟨→ A⟩ *e-s Tieres* petit *m*; **~ *pl* werfen** mettre bas; faire des petits; *umg* **~ haben** avoir des petits

jungen V/I ⟨h.⟩ mettre bas

jungenhaft ADJ gamin; **Jungenstreich** M polissonnerie *f*; farce *f*

jünger ADJ **1** plus jeune; *bei Verwandtschaftsbezeichnungen* cadet, -ette; **mein ~er Bruder** mon (frère) cadet; **meine Schwester ist ein Jahr ~ als ich** ma sœur a un an de moins que moi; **~ als dreißig (Jahre) sein** avoir moins de trente ans; **sie sieht ~ aus, als sie ist** elle paraît, *umg* fait plus jeune qu'elle n'est; elle ne fait pas son âge; **dieses Kleid macht dich ~** cette robe te rajeunit **2** *(relativ jung)* **ein ~er Herr** un monsieur assez jeune **3** *zeitlich* **~en Datums** de date récente

Jünger(in) M ⟨~s; ~⟩ (F) ⟨~in; ~innen⟩ REL, *fig* disciple *m/f*

Jüngere(r) M/F(M) ⟨→ A⟩ **die ~n unter uns** les plus jeunes d'entre nous; *bei Eigennamen* **der ~** le Jeune; **Hans Holbein der ~** Hans Holbein le Jeune

Junges N → Junge²

Jungfer F ⟨~; ~n⟩ *pej* **alte ~** vieille fille

Jungfernfahrt F voyage inaugural; premier voyage; **Jungfernhäutchen** N ⟨~s; ~⟩ ANAT hymen *m*

Jungferninseln FPL **die ~** les îles *fpl* Vierges

Jungfernkranz *poet* M couronne virginale; **Jungfernrede** F premier discours; **Jungfernreise** F → Jungfernfahrt; **Jungfernschaft** *liter* F ⟨~⟩ virginité *f*; **Jungfernzeugung** F BIOL parthénogénèse *f*

Jungfrau F **1** vierge *f*; REL **die Heilige ~** la (Sainte) Vierge; HIST **die ~ von Orléans** Jeanne d'Arc; la pucelle d'Orléans **2** ASTROL Vierge *f*

jungfräulich ADJ virginal; *fig* vierge; **Jungfräulichkeit** F ⟨~⟩ virginité *f*

Junggeselle M célibataire *m*; vieux garçon; **eingefleischter ~** célibataire endurci

Junggesellenbude *umg* F *umg* piaule *f* de vieux garçon; **Junggesellendasein** N vie *f* de célibataire, de garçon; **Junggesellenwirtschaft** *umg* F désordre *m* (de célibataire); **Junggesellenwohnung** F garçonnière *f*

Junggesellin F célibataire *f*

Junglehrer(in) M(F) enseignant(e) *m(f)* stagiaire; professeur *m/f* stagiaire; **Jungliberale(r)** M/F(M) jeune libéral(e) *m(f)*

Jüngling *geh* M ⟨~s; ~e⟩ adolescent *m*; *iron* jouvenceau *m*

Jungs *umg* MPL → Junge¹

Jungsein N ⟨~s⟩ jeunesse *f*; **Jungsozialist(in)** M(F) jeune socialiste *m/f*

jüngst *geh* ADV *(neulich)* tout dernièrement, récemment

jüngste(r, -s) ADJ **1** le (la) plus jeune; *verwandtschaftlich* **meine ~ Schwester** la plus jeune de mes sœurs; ma plus jeune sœur; **unser Jüngster** notre petit dernier; *altersmäßig* **sie ist nicht mehr die Jüngste** elle n'est plus toute jeune **2** *(letzte)* dernier, -ière; le (la) plus récent(e); **die ~n Ereignisse** les derniers, récents événements; **in ~r Zeit** ces derniers temps; REL **das Jüngste Gericht** le Jugement dernier; **der Jüngste Tag** le jour du Jugement dernier

Jungsteinzeit F néolithique *m*

Jungtier N jeune bête *f*; **Jungunternehmer(in)** M(F) jeune chef *m* d'entreprise; **jungverheiratet** ADJT nouvellement marié; **Jungverheiratete** PL ⟨→ A⟩ jeunes mariés *mpl*; **jungverliebt** ADJT → jung B 3; **jungvermählt** *geh* ADJT nouvellement marié; **Jungvermählte** *geh* PL ⟨→ A⟩ jeunes

mariés *mpl*; **Jungvieh** N jeune bétail *m*
Juni M ⟨~(s); ~s⟩ (mois *m* de) juin *m*; → *a.* Januar; **Junikäfer** M °hanneton *m* de la Saint-Jean, de juin
junior ADJ *im Verhältnis zum Vater* junior; HANDEL fils; **Palme ~** Palme junior; *Firma* **Müller ~** Müller fils
Junior M ⟨~s; -oren⟩ **1** *(Sohn)* junior *m*; HANDEL fils *m* du patron **2** SPORT junior *m*; **Juniorchef** M HANDEL fils *m* du patron
Juniorenmannschaft F SPORT équipe *f* junior; **Juniorenmeister** M champion *m* des juniors; **Juniorenmeisterschaft** F championnat *m* des juniors
Juniorpartner(in) M(F) HANDEL partenaire *m/f* junior
Junker M ⟨~s; ~⟩ HIST °hobereau *m* (*a. pej*); *preußischer a.* junker *m*
Junkfood *n* ⟨~(s)⟩ *umg* malbouffe *f*
Junkie *sl* M ⟨~s; ~s⟩ junkie *m*
Junkmail F IT spam *m*; pourriel *m*
Junktim N ⟨~s; ~s⟩ interdépendance *f*; *von Gesetzesvorlagen* groupement *m*
Juno **1** F ⟨→ *n/pr*⟩ MYTH Junon *f* **2** → Juni
Junta F ⟨~; -ten⟩ POL junte *f*
Jüpchen N ⟨~s; ~⟩ *regional* MODE brassière *f*
Jupiter **1** M ⟨→ *n/pr*⟩ MYTH Jupiter *m* **2** ASTRON **(der) ~** Jupiter
jur. ABK (juristisch) juridique
Jura[1] ⟨*sans article ni pl*⟩ *Studienfach* (le) droit *m*; **~ studieren** faire des études de droit
Jura[2] M ⟨~s⟩ **1** GEOL jurassique *m* **2** GEOG Jura *m*; **der Schweizer ~** le Jura suisse
Jurastudent(in) M(F) étudiant(e) *m(f)* en droit; **Jurastudium** N études *fpl* de droit
Jürgen M ⟨→ *n/pr*⟩ *prénom*
Jurisdiktion F ⟨~; ~en⟩ juridiction *f*
Jurisprudenz *geh* F ⟨~⟩ droit *m*
Jurist(in) M ⟨~en; ~en⟩ F ⟨~in; ~innen⟩ juriste *m/f*; *(Rechtsgelehrte[r])* jurisconsulte *m/f*; *Student(in)* étudiant(e) *m(f)* en droit
Juristendeutsch N *pej* langage *m* du Palais
Juristerei F ⟨~⟩ *hum* droit *m*
juristisch ADJ juridique; de droit; **~e Fakultät** faculté *f* de droit; **~e Person** personne morale, juridique, civile
Juror(in) M ⟨~s; -roren⟩ F ⟨~in; ~innen⟩ membre *m* d'un *bzw.* du jury
Jurte F ⟨~; ~n⟩ *Nomadenhütte* yourte *f*
Jury F ⟨~; ~s⟩ jury *m*
Jus[1] N ⟨~⟩ *bes österr, schweiz* → Jura[1]
Jus[2] F, *südd a.* N, *schweiz a.* M ⟨~⟩ GASTR jus *m* de viande; *schweiz* jus *m* de fruit *bzw.* de légume(s)
Juso M ⟨~s; ~s⟩ ABK → Jungsozialist(in)
just *liter, hum* ADV juste(ment)
justieren V/T ⟨*pas de ge-*, h.⟩ **1** *Werkstück* ajuster (*a.* MÜNZWESEN) **2** TYPO justifier **3** *Messgerät* régler; mettre au point
Justierer M ⟨~s; ~⟩ **1** TECH ajusteur *m* **2** TYPO justificateur *m*; **Justierung** F ⟨~; ~en⟩ **1** TECH ajustage *m* **2** TYPO justification *f* **3** *e-s Messgeräts* réglage *m*; mise *f* au point; **Justierwaage** F MÜNZWESEN ajustoir *m*
just in time ADVL WIRTSCH *(zeitlich aufeinander abgestimmt)* en flux tendu; **Just-in-time--Produktion** F WIRTSCH production *f* en flux tendu(s)
Justitia F ⟨→ *n/pr*⟩ *Göttin* la Justice (*a. fig*); *Standbild* statue *f* de la Justice
Justitiar(in) M(F) → Justiziar(in)
Justiz F ⟨~⟩ justice *f*; **Justizbeamte(r)** M fonctionnaire *m*, officier *m* de justice; *höherer a.* magistrat *m* (judiciaire); **Justizbehörden** FPL autorités *fpl* judiciaires; **Justizgebäude** N palais *m* de justice
Justiziar(in) M ⟨~s; ~e⟩ F ⟨~in; ~innen⟩ conseiller *m* juridique
Justizirrtum M erreur *f* judiciaire; **Justizminister** M ministre *m* de la Justice; *in Frankreich a.* Garde *m* des Sceaux; **Justizministerium** N ministère *m* de la Justice; **Justizmord** M condamnation *f* (à mort) d'un innocent; **Justizvollzugsanstalt** F ADMIN établissement *m* pénitentiaire
Jute F ⟨~⟩ TEX jute *m*; **Jutesack** M sac *m* de jute; **Jutetasche** F sac *m* de jute
Jütland N ⟨→ *n/pr*⟩ le Jutland *od* Jylland
Jutta F ⟨→ *n/pr*⟩ *prénom*
Juwel N ⟨~s; ~en, *fig* ~e⟩ **1** joyau *m*; bijou *m*; *(Edelstein)* pierre précieuse **2** *fig* joyau *m*; bijou *m*; *von e-r Person* perle *f*
Juwelendiebstahl M vol *m* de bijoux, de pierres précieuses; **Juwelenhandel** M commerce *m* de pierres précieuses; joaillerie *f*; bijouterie *f*; **Juwelenhändler(in)** M(F) joaillier, -ière *m,f*; bijoutier, -ière *m,f*
Juwelier(in) M ⟨~s; ~e⟩ F ⟨~in; ~innen⟩ bijoutier, -ière *m,f*; joaillier, -ière *m,f*; **Juweliergeschäft** N bijouterie *f*
Jux *umg* M ⟨~es; ~e⟩ plaisanterie *f*; *umg* blague *f*; **aus ~ (und Tollerei)** par plaisanterie; pour blaguer, rigoler; **sich** *(dat)* **e-n ~ machen** faire une bonne plaisanterie, blague; se payer une rigolade
jwd *umg u. hum* ADV *(aus berlinerisch „janz (ganz) weit draußen")* *umg* dans un coin paumé; *umg* au bout du monde

K

K, k N ⟨K, k; K, k⟩ *Buchstabe* K, k *m*
K ABK (Kelvin) K (Kelvin)
Kabale *poet* F ⟨~; ~n⟩ intrigue *f*; *Schiller* **~ und Liebe** Intrigue et Amour
Kabarett N ⟨~s; ~s *ou* ~e⟩ **1** *Ensemble* chansonniers *mpl*; *Bühne* théâtre *m* de chansonniers; **politisches ~** chansonniers *mpl* **2** *Show* spectacle *m* de chansonniers
Kabarettist(in) M ⟨~en; ~en⟩ F ⟨~in; ~innen⟩ chansonnier, -ière *m,f*
kabarettistisch ADJ de cabaret; de chansonniers
Kabarettprogramm N revue *f* de chansonniers
Kabbala F ⟨~⟩ REL kabbale *f*; cabale *f*; **Kabbalist** M ⟨~en; ~en⟩ cabaliste *m*; **kabbalistisch** ADJ cabalistique
Kabbelei *umg* F ⟨~; ~en⟩ *umg* chamaillerie(s) *f(pl)*
kabbeln *umg* V/R ⟨-(e)le, h.⟩ **sich ~** *umg* se chamailler
Kabel N ⟨~s; ~⟩ ELEK *(Stahltrosse) u. früher (Telegramm)* câble *m*; **Kabelanschluss** M (connexion *f*, raccordement *m* au) réseau câblé; **Kabelbrand** M incendie *m* d'origine électrique
Kabelfernsehen N télévision *f* par câble; **~ haben** être abonné au câble
Kabeljau M ⟨~s; ~e *ou* ~s⟩ cabillaud *m*; morue fraîche
Kabellänge F SCHIFF *Längenmaß* encablure *f*; **Kabelleger** M ⟨~s; ~⟩ SCHIFF câblier *m*; **Kabelmantel** M armure *f* d'un câble
kabeln V/T *u.* V/I ⟨-(e)le, h.⟩ câbler
Kabelnachricht F *früher* câble *m*; **Kabelrolle** F bobine *f* (pour câble); **Kabelschacht** M chambre *f*, boîte *f* de raccordement de lignes souterraines; **Kabelschuh** M cosse *f* (de câble); **Kabeltrommel** F tambour *m* de câble
Kabine F ⟨~; ~n⟩ SCHIFF, FLUG, *in Kaufhäusern, Schwimmbädern, von Seilbahnen* cabine *f*; FLUG *a.* carlingue *f*; habitacle *m*; *(Wahlkabine)* isoloir *m*
Kabinenbahn F télécabine *f*; **Kabinenkoffer** M malle-cabine *f*; **Kabinenroller** M scooter caréné à trois roues
Kabinett N ⟨~s; ~e⟩ **1** *Raum* cabinet *m* **2** POL ministère *m* **3** *Wein* → Kabinettwein
Kabinettsbeschluss M décision ministérielle; **Kabinettsbildung** F formation *f* d'un ministère; **Kabinettskrise** F crise ministérielle; **Kabinettsliste** F liste *f* des ministres; **Kabinettsmitglied** N membre *m* du ministère; **Kabinettssitzung** F conseil *m* des ministres
Kabinettstück(chen) N *früher* pièce rare, précieuse; *fig* morceaux choisis; perle *f*; **Kabinettwein** M vin *m* de vendange sélectionnée
Kabis M ⟨~⟩ *südd, schweiz* chou blanc
Kabrio, Kabriolett N ⟨~s; ~s⟩ (voiture *f*) décapotable *f*; cabriolet *m*
Kabuff *umg, a. pej* N ⟨~s; ~s⟩ *umg* cagibi *m*; réduit *m*
Kabuki N ⟨~⟩ *japanisches Theater* kabuki *m*
Kabul N ⟨→ *n/pr*⟩ Kaboul
Kachel F ⟨~; ~n⟩ carreau *m* (de faïence); **mit ~n auslegen** carreler
kacheln V/T ⟨-(e)le, h.⟩ carreler
Kachelofen M poêle *m* de faïence
Kachexie F ⟨~; ~n⟩ MED cachexie *f*
kackbraun *sl* ADJ brun, marron sale *(inv)*; brunâtre
Kacke *sl* F ⟨~⟩ *sl* merde *f*; **jetzt ist die ~ am Dampfen** *sl* cette fois, on est dans la merde; *sl* on est dans un foutu merdier
kacken *sl* V/T *u.* V/I ⟨h.⟩ *sl* chier
Kacker *sl* M ⟨~s; ~⟩ *umg* sale type *m*, *umg* mec *m*
Kadaver M ⟨~s; ~⟩ cadavre *m*; **Kadavergehorsam** M *pej* obéissance *f* aveugle
Kadenz F ⟨~; ~en⟩ MUS cadence *f*
Kader M, *schweiz* N ⟨~s; ~⟩ MIL, POL, *in der Wirtschaft* cadre *m*; SPORT sélection *f*; **Kaderabteilung** F HIST *DDR* service *m* du personnel; **Kaderleiter** M HIST *DDR* chef *m* du service du personnel; **Kaderschmiede** *umg hum, oft pej* F grande(s) école(s)
Kadett M ⟨~en; ~en⟩ **1** HIST MIL cadet *m* (de l'armée) **2** *umg* gars *m*; type *m*
Kadi M ⟨~s; ~s⟩ **1** ISLAM cadi *m* **2** *umg fig (Richter)* juge *m*; *umg* **j-n vor den ~ schleppen** traîner qn devant le juge; *umg* **zum ~ laufen** faire un procès
Kadmium N ⟨~s⟩ CHEM cadmium *m*
Käfer M ⟨~s; ~⟩ **1** ZOOL insecte *m*; *t/t* coléoptère *m*; *großer a.* scarabée *m* **2** *umg* **ein flotter ~** *Mädchen umg* une belle, une super nana **3** *umg (VW) umg* coccinelle *f*
Kaff *umg pej* N ⟨~s; ~e *ou* ~s⟩ *umg* trou *m*; *umg* bled *m*
Kaffee M ⟨~s; ~s⟩ café *m*; **e-e Tasse ~** une tasse de café; **koffeinfreier ~** café décaféiné; **schwarzer ~** café noir; **~ mit Milch** café au lait; *im Lokal* (café) crème *m*; *umg fig* **das ist kalter ~** c'est de l'histoire ancienne; *umg* c'est du réchauffé; **~ kochen, machen** faire du café; **~ trinken** prendre du café; *am Nachmittag* prendre le café; **j-n zum ~ einladen** inviter qn à prendre le café
Kaffeeanbau M ⟨~(e)s⟩ culture *f* du café; **Kaffeeautomat** M distributeur *m* de café; **Kaffeebar** F café-bar *m*; **Kaffeebohne** F grain *m* de café; **kaffeebraun** ADJ (couleur) café *(inv)*; **Kaffeedurst** *umg* M envie *f* de café; **Kaffee-Ernte** F cueillette *f* du café; **Kaffee-Ersatz** M succédané *m*, ersatz

K

m de café; **Kaffee-Extrakt** M essence f de café; **Kaffeefahrt** F 1 *Ausflug* excursion f avec pause café 2 *Werbefahrt* excursion f (avec pause café) organisée à des fins publicitaires; **Kaffeefilter** M filtre m à café (*a. Filterpapier, -tüte*); **Kaffeegeschirr** N → Kaffeeservice
Kaffeehaus N *bes österr* café m (typiquement viennois) (*établissement*)
Kaffeekanne F cafetière f; **Kaffeeklatsch** *umg* M (*commérages lors d'une*) *réunion de dames prenant le café ou le thé*; **Kaffeekränzchen** N 1 *Treffen*: *réunion d'un petit groupe de femmes se rencontrant régulièrement pour prendre le café et bavarder* 2 *Frauen*: *petit groupe de femmes se rencontrant régulièrement pour prendre le café et bavarder*; **Kaffeelöffel** M cuillère f à café; **Kaffeemaschine** F cafetière f électrique; *große* percolateur m; **Kaffeemühle** F moulin m à café; **Kaffeepause** F pause f café; **Kaffeeplantage** F plantation f de café; **Kaffeerösterei** F établissement m de torréfaction; **Kaffeesahne** F crème f à café
Kaffeesatz M marc m de café; **aus dem ~ lesen** lire l'avenir dans le marc de café
Kaffeeservice N service m à café; **Kaffeesorte** F sorte f de café; **Kaffeesteuer** F impôt m sur le café; **Kaffeestrauch** M caféier m; **Kaffeetafel** F → Kaffeetisch
Kaffeetante *umg* F **e-e ~ sein** adorer le café; être un grand buveur, une grande buveuse de café
Kaffeetasse F tasse f à café; **Kaffeetisch** M table mise pour le café; **Kaffeewärmer** M couvre-théière m; cosy m; **Kaffeewasser** N eau f pour le café
Kaffer M 1 ⟨~n; ~n⟩ Cafre m 2 *umg* ⟨~s; ~⟩ *Schimpfwort* imbécile m; rustre m
Käfig M ⟨~s; ~e⟩ cage f; *fig* **in e-m goldenen ~ sitzen** être dans une prison dorée
Käfighaltung F élevage industriel
kafkaesk *geh* ADJ kafkaïen, -ïenne
Kaftan M ⟨~s; ~e⟩ caf(e)tan m
kahl ADJ *Kopf* chauve; *Baum, Landschaft, Wand etc* nu; dénudé; **~ fressen** dévorer toutes les feuilles de; ravager; **~ werden** *Mensch* devenir chauve; *Baum* perdre ses feuilles; **~ geschoren** *Person* qui a la tête rasée; **~ geschorener Kopf** crâne rasé; **Karl der Kahle** Charles le Chauve
Kahlfraß M ⟨~es⟩ ravages, dégâts (causés aux cultures par les insectes); **kahlfressen** V/T, **kahlgeschoren** ADJ/T → kahl; **Kahlheit** F ⟨~⟩ *des Kopfes* calvitie f; *e-s Baumes, e-r Landschaft etc* nudité f; **Kahlkopf** M 1 *Kopf* tête f chauve 2 *umg Person* chauve m; **kahlköpfig** ADJ chauve; **Kahlschlag** M FORSTWIRTSCHAFT coupe f à blanc(-étoc); blanc-étoc m; *fig* coupe f sombre
Kahn M ⟨~(e)s; ⸚e⟩ 1 (*Boot*) barque f; (*Lastkahn*) péniche f; chaland m; **~ fahren** aller, se promener en barque; faire un tour en barque 2 *umg pej* (*Schiff*) rafiot m 3 *umg hum* (*Bett*) *umg* pieu m; *umg* plumard m 4 *umg* MIL (*Gefängnis*) *umg* taule f 5 *umg pl* **Kähne** (*große Schuhe*) *sl* péniches *fpl*
Kahnfahrt F, **Kahnpartie** F promenade f, tour m en barque
Kai M ⟨~s; ~s⟩ quai m; **am ~ liegen** être à quai
Kaiman M ⟨~s; ~e⟩ ZOOL caïman m
Kaimauer F mur m de *od* du quai
Kain M ⟨→ n/pr⟩ BIBEL Caïn m
Kainsmal N ⟨~(e)s; ~e⟩ signe m de Caïn
Kairo N ⟨→ n/pr⟩ Le Caire
Kaiser M ⟨~s; ~⟩ empereur m; *fig* **sich um des ~s Bart streiten** se disputer, se quereller pour des riens, pour des vétilles; BIBEL **gebet dem ~, was des ~s ist** rendez à César ce qui est à César
Kaiseradler M ZOOL aigle impérial; **Kaiserfleisch** N *südd, österr* GASTR lard fumé; poitrine fumée
Kaiserin F ⟨~; ~nen⟩ impératrice f
Kaiserkrone F 1 couronne impériale 2 BOT fritillaire impériale; **Kaiserkrönung** F couronnement m de l'empereur; **kaiserlich** ADJ impérial; **Kaisermantel** M ZOOL tabac m d'Espagne; **Kaiserreich** N empire m; **Kaiserschmarren** M *österr, südd: plat sucré composé d'une crêpe épaisse coupée en morceaux mélangés à des raisins secs*; **Kaiserschnitt** M MED césarienne f
Kaiserwetter N *hum* temps, soleil radieux; **es herrscht ~** le soleil est de la fête
Kajak M ⟨~s; ~s⟩ kayak *od* kayac m; **~ fahren** faire du kayak
Kajakfahrer(in) M(F) kayakiste m/f
Kajal N ⟨~(s)⟩ khôl m; **Kajalstift** M crayon m khôl
Kajüte F ⟨~; ~n⟩ SCHIFF cabine f
Kakadu M ⟨~s; ~s⟩ ZOOL cacatoès m
Kakao M ⟨~s; ~s⟩ cacao m; *Getränk a.* chocolat m; *umg fig* **j-n durch den ~ ziehen** *umg* se payer la tête de qn; *umg* casser du sucre sur le dos de qn
Kakaobaum M cacaoyer m; cacaotier m; **Kakaobohne** F fève f de cacao; **Kakaobutter** F beurre m de cacao; **Kakaoplantage** F plantation f de cacaoyers; cacaoyère f; cacaotière f; **Kakaopulver** N cacao m en poudre; **Kakaoschote** F cabosse f de cacaoyer
kakeln V/I ⟨-(e)le, h.⟩ *nordd* 1 (*gackern*) glousser 2 *umg* (*schwatzen*) caqueter
Kakerlak M ⟨~s *ou* ~en; ~en⟩ blatte f; cafard m
Kaki F ⟨~; ~s⟩ *Frucht* kaki m
Kakofonie, Kakophonie F ⟨~; ~n⟩ MUS, LING cacophonie f
Kaktee F ⟨~; ~n⟩ cactus m; *pl* **~n** *t/t* cact(ac)ées *fpl*
Kaktus M ⟨~; -teen⟩ cactus m; **Kaktusfeige** F figue f de Barbarie
Kalabrien N ⟨→ n/pr⟩ la Calabre
Kalahari ⟨→ n/pr⟩ GEOG **die ~** le Kalahari
Kalamität *geh* F ⟨~; ~en⟩ embarras m; malchance f; *plus fort* désastre m; *geh* calamité f
Kalander M ⟨~s; ~⟩ TECH calandre f
kalandern V/T ⟨-(e)re, *pas de ge-*, h.⟩ TECH calandrer
Kalaschnikow F ⟨~; ~s⟩ MIL kalachnikov f
Kalauer M ⟨~s; ~⟩ calembour m
kalauern V/I ⟨-(e)re, h.⟩ faire des calembours
Kalb N ⟨~(e)s; ⸚er⟩ 1 ZOOL, GASTR veau m; (*Hirschkalb etc*) faon m; BIBEL, *fig* **das Goldene ~ anbeten** adorer le veau d'or 2 *fig Schimpfwort umg* veau m; nigaud m
kalben V/I ⟨h.⟩ vêler; *Gletscher* s'effriter dans la mer
Kalberei *umg* F ⟨~; ~en⟩ folâtrerie f
kalbern *umg* V/I ⟨-(e)re, h.⟩ folâtrer; faire le fou, la folle
Kalbfleisch N veau m
Kalbsbraten M rôti m de veau; **Kalbsbries** N ris m de veau; **Kalbsbrust** F poitrine f de veau; **Kalbsfilet** N filet m de veau; **Kalbsfrikassee** N fricassée f de veau; **Kalbshachse** F, *südd* **Kalbshaxe** F jarret m de veau; **Kalbskotelett** N côte(lette) f de veau; **Kalbsleber** F foie m de veau; **Kalbsleberwurst** F saucisse f de foie de veau (à tartiner); **Kalbsleder** N veau m; box m; **Kalbsmedaillon** N médaillon m de veau; **Kalbsmilch** F → Kalbsbries; **Kalbsniere** F rognon m de veau; **Kalbsnierenbraten** M rognonnade f; **Kalbsnuss** F noix f de veau; **Kalbsragout** N ragoût m de veau; **Kalbsroulade** F paupiette f de veau; **Kalbsschnitzel** N escalope f de veau
Kalbsvögerl N ⟨~s; ~(n)⟩ *österr: mets en sauce composé de jarret de veau en morceaux*
Kaldaunen FPL tripes *fpl*
Kalebasse F ⟨~; ~n⟩ *Frucht u. Gefäß* calebasse f
Kaledonien N ⟨→ n/pr⟩ HIST la Calédonie
Kaleidoskop N ⟨~s; ~e⟩ kaléidoscope m
kalendarisch ADJ conforme au calendrier
Kalendarium N ⟨~s; -ien⟩ calendrier m
Kalender M ⟨~s; ~⟩ calendrier m; (*Volkskalender, Bauernkalender*) almanach m; (*Taschenkalender*) agenda m; **immerwährender ~** calendrier perpétuel; *fig* **e-n Tag im ~ (rot) anstreichen** marquer un jour d'une pierre blanche
Kalenderblatt N feuille f de calendrier; **Kalendergeschichte** F histoire f d'almanach; **Kalenderjahr** N année civile; **Kalendermonat** M mois civil; **Kalenderspruch** M dicton m, maxime f de calendrier; **Kalendertag** M jour civil, solaire; **Kalenderwoche** F semaine f (de l'année)
Kalesche F ⟨~; ~n⟩ *früher* calèche f
Kalfakter M ⟨~s; ~⟩, **Kalfaktor** M ⟨-tors; -toren⟩ 1 *oft pej* homme m, garçon m à tout faire 2 *im Gefängnis etwa* homme m de corvée
kalfatern V/T ⟨-(e)re, *pas de ge-*, h.⟩ SCHIFF calfater
Kalfatern N ⟨~s⟩, **Kalfaterung** F ⟨-ung⟩ SCHIFF calfatage m
Kali N ⟨~s; ~s⟩ CHEM potasse f
Kaliber N ⟨~s; ~⟩ calibre m (*a. umg fig*); *umg fig a.* acabit m; *umg* **der ist vom gleichen ~** il est du même acabit, *umg* calibre; *umg* **kleineren, größeren ~s sein** *umg* être de petit, de grand calibre; *Person* être de petite, de grande envergure
kalibrieren V/T ⟨*pas de ge-*, h.⟩ calibrer
Kalidünger M engrais m potassique
Kalif M ⟨~en; ~en⟩ calife m
Kalifat N ⟨~(e)s; ~e⟩ califat m
Kalifornien N ⟨→ n/pr⟩ la Californie; **der Golf von ~** le golfe de Californie
Kalifornier(in) M ⟨~s; ~⟩ (F) ⟨~in; ~innen⟩ Californien, -ienne m,f; **kalifornisch** ADJ californien, -ienne
Kaliko M ⟨~s; ~s⟩ TEX calicot m
Kalilauge F potasse f caustique; **Kalisalz** N sel m potassique, de potassium
Kalium N ⟨~s⟩ CHEM potassium m; **Kaliumkarbonat** N carbonate m de potassium; **Kaliumpermanganat** N permanganate m de potassium
Kaliwerk N mines *fpl* de potasse
Kalk M ⟨~(e)s; ~e⟩ chaux f; (*~stein*) calcaire m; CHEM, MED calcium m; **fetter, magerer ~** chaux grasse, maigre; **gebrannter** *od* **ungelöschter ~** chaux vive; **gelöschter ~** chaux éteinte, hydratée; **mit ~ düngen** chauler; *umg* **bei dir rieselt schon der ~!** *umg* tu commences à devenir gâteux
Kalkablagerung F dépôt m calcaire; **Kalkbildung** F formation f de calcaire; **Kalkboden** M sol m, terre f calcaire; **Kalkbrennerei** F chaufournerie f; **Kalkdüngung** F AGR chaulage m
kalken V/T ⟨h.⟩ 1 *Wände etc* passer à la chaux; enduire de chaux; blanchir à la chaux 2 AGR chauler
Kalkfelsen M roche f, rocher m calcaire; **Kalkgrube** F fosse f à chaux
kalkhaltig ADJ calcaire (*a. Wasser*); **stark ~es Wasser** eau f très calcaire

Kalkhütte F → Kalkbrennerei
kalkig ADJ *(kalkhaltig)* calcaire; *(weiß wie Kalk)* blanc, blanche
Kalkmangel M ⟨~s⟩ MED manque *m* de calcium; **Kalkofen** M four *m* à chaux; chaufour *m*; **Kalksandstein** M grès *m* calcaire; **Kalkspat** M calcite *f*; **Kalkstein** M calcaire *m*; pierre *f* à chaux
Kalkül MATH M ⟨~s; ~e⟩, *geh fig* N *od* M ⟨~s; ~e⟩ calcul *m*; **etw ins ~ ziehen** tenir compte de qc dans ses calculs
Kalkulation F ⟨~; ~en⟩ HANDEL, *fig* calcul(s) *m(pl)*; **nach meiner ~** selon mes calculs
Kalkulationsfehler M erreur *f* dans les calculs
Kalkulator M ⟨~s; -toren⟩ *Beruf* responsable *m* de la comptabilité analytique; *(berechnender Mensch)* calculateur *m*; **kalkulatorisch** ADJ de calcul(s)
kalkulierbar ADJ prévisible
kalkulieren V/T *u.* V/I ⟨*pas de ge-*, h.⟩ calculer
Kalkutta N ⟨→ *n/pr*⟩ Calcutta
kalkweiß ADJ blanc, blanche comme (la) neige; *fig (kreidebleich)* blanc, blanche comme un linge
Kalmar M ⟨~s; ~e⟩ ZOOL cal(a)mar *m*; **Gemeiner ~** encornet *m*
Kalorie F ⟨~; ~n⟩ calorie *f*
kalorienarm **A** ADJ pauvre en calories; hypocalorique **B** ADV **~ essen, kochen** manger, cuisiner léger
kalorienbewusst **A** ADJ qui tient compte de la valeur calorique des aliments **B** ADV en faisant attention à la valeur calorique des aliments
Kaloriengehalt M valeur *f* calorique; **Kalorienmenge** F quantité *f* de calories
kalorienreich **A** ADJ riche en calories **B** ADV **~ essen** manger une nourriture riche; **~ kochen** faire une cuisine riche (en calories)
Kalorienverbrauch M consommation *f* de calories
kalt **A** ADJ ⟨⸚er, ⸚este⟩ *a. fig* froid; **ihn packte ~es Entsetzen** il fut frappé de terreur; **~e Füße haben** avoir froid aux pieds; *umg fig* **~e Füße bekommen** *od* **kriegen** *umg* avoir la trouille; **~es Licht** lumière froide; **~er Prunk, ~e Pracht** faste *m* sévère; **~er Schauer** frisson *m*; **~er Schweiß** sueur froide; **~e Wut** colère froide; *fig* **~ bleiben** garder son sang-froid; rester impassible, calme; *Speisen etc* **~ werden** se refroidir; **es ist ~ (draußen)** il fait froid (dehors); **mir ist ~** j'ai froid; **mir wird ~** je commence à avoir froid; → kaltlassen **B** ADV froidement; **j-n ~ ansehen** regarder qn froidement; **(sich) ~ duschen** se doucher à l'eau froide; prendre une douche froide; **~ essen** manger froid; **~ lächeln** avoir un sourire figé; *umg pej* **~ lächelnd** *mit subst* cynique; *mit Verb* cyniquement; *Getränke* **~ stellen** mettre au frais; **es überläuft mich ~(, wenn)** cela me donne le frisson (quand); cela me fait froid dans le dos (quand); **~ geschlagen** *Öl* pressé à froid
Kaltaushärtung F METALL trempe *f* à froid; **kaltbleiben** V/I → kalt A; **Kaltblut** N cheval *m* de trait *(lourd et puissant)*; **Kaltblüter** M ⟨~s; ~⟩ ZOOL animal *m* à sang froid
kaltblütig **A** ADJ *fig (ruhig)* qui garde son sang-froid; impassible; *pej* qui est sans scrupules, sans pitié **B** ADV *(ruhig)* avec sang-froid; impassiblement; *pej* froidement; de sang-froid; **er hat ihn ~ umgebracht** il l'a abattu froidement
Kaltblütigkeit F ⟨~⟩ *a. pej* sang-froid *m*
Kälte F ⟨~⟩ froid *m*; *(Gefühlskälte)* froideur *f*; **wir haben zwanzig Grad ~** il fait moins vingt (degrés); **vor ~ zittern** trembler de froid; **die ~ der Luft** la température froide de l'air; **j-n mit ~ empfangen** recevoir qn avec froideur
kältebeständig ADJ résistant au froid; **Kältebeständigkeit** F résistance *f* au froid
Kälteeinbruch M METEO arrivée subite du froid
kälteempfindlich ADJ sensible au froid; *Person* frileux, -euse; **Kälteempfindlichkeit** F sensibilité *f* au froid
Kältegefühl N sensation *f* de froid; **Kältegrad** M degré *m* de froid; **Kältemaschine** F machine *f* frigorifique; **Kälteperiode** F période *f* de froid; **Kältepol** M pôle *m* du froid; **Kälteschauer** M frisson *m* de froid; **Kältestarre** F ZOOL engourdissement *m* (dû à l'hibernation); **Kältesturz** M METEO refroidissement subit; **Kältetechnik** F ⟨~⟩ technique *f* du froid; froid industriel, artificiel
Kältetod M **er erlitt den ~** il est mort de froid
Kältewelle F METEO vague *f* de froid
Kaltfront F METEO front froid
kaltgeschlagen ADJT → kalt B
Kalthaus N GARTEN serre froide
kaltherzig ADJ insensible; qui n'a pas de cœur; **Kaltherzigkeit** F ⟨~⟩ insensibilité *f*; manque *m* de cœur
kaltlächelnd → kalt A
kaltlassen *umg* V/T ⟨*irr, sép*, -ge-, h.⟩ **das lässt mich kalt** cela ne me fait ni chaud ni froid; cela me laisse froid
Kaltleim M colle *f* à froid; **Kaltluft** F ⟨~⟩ air froid; **Kaltluftfront** F METEO front froid
kaltmachen *umg* V/T ⟨*sép*, -ge-, h.⟩ **j-n ~** *sl* refroidir qn; *umg* descendre qn
Kaltmamsell F *personne dans un restaurant qui prépare les plats froids, les sandwichs, etc*; **Kaltmiete** F loyer *m* sans charges; **Kaltnadelradierung** F gravure *f* à la pointe sèche; *Ergebnis a.* pointe-sèche *f*; **Kaltschale** F *soupe de fruits servie froide*; **kaltschnäuzig** *umg* **A** ADJ insensible; froid **B** ADV froidement; **Kaltschnäuzigkeit** *umg* F ⟨~⟩ insensibilité *f*; froideur *f*; **Kaltstart** M AUTO démarrage *m* à froid; IT redémarrage *m* à froid
kaltstellen *umg* V/T ⟨*sép*, -ge-, h.⟩ **j-n ~** *umg* mettre qn sur une voie de garage; *hohe Beamte etc* limoger qn; **kaltgestellt werden** être mis sur la touche; → *a.* kalt B
Kaltwasserbehandlung F traitement *m* hydrothérapique à froid; **Kaltwelle** F *beim Friseur* permanente *f* à froid
Kalvarienberg M BIBEL Calvaire *m*; *Wallfahrtsstätte* calvaire *m*
Kalvinismus M ⟨~⟩ calvinisme *m*; **Kalvinist(in)** M ⟨~en; ~en⟩ (F) ⟨~in; ~innen⟩ calviniste *m/f*; **kalvinistisch** ADJ calviniste; de Calvin
Kalypso F ⟨→ *n/pr*⟩ MYTH Calypso *f*
Kalzium N ⟨~s⟩ CHEM calcium *m*
kam → kommen
Kamarilla *geh* F ⟨~; -llen⟩ POL camarilla *f*
Kambium N ⟨~s; -ien⟩ BOT cambium *m*
Kambodscha N ⟨→ *n/pr*⟩ le Cambodge
Kambodschaner(in) M ⟨~s; ~⟩ (F) ⟨~in; ~innen⟩ Cambodgien, -ienne *m,f*; **kambodschanisch** ADJ cambodgien, -ienne
Kambrium N ⟨~s⟩ GEOL cambrien *m*
Kamee F ⟨~; ~n⟩ camée *m*
Kamel N ⟨~s; ~e⟩ **1** ZOOL chameau *m*; *weibliches* chamelle *f*; *pl* **~e** *t/t* camélidés *mpl* **2** *umg pej (Dummkopf) umg* bêta *m*, bêtasse *f*; *umg* ballot *m*; **Kamelhaar** N poil *m* de chameau; **Kamelhaarmantel** M manteau *m* en poil de chameau
Kamelie F ⟨~; ~n⟩ camélia *m*
Kamelmilch F lait *m* de chamelle; **Kamelstute** F chamelle *f*; **Kameltreiber** M **1** chamelier *m* **2** *umg pej (Araber) umg pej* bougnoule *m*
Kamera F ⟨~; ~s⟩ FILM, TV caméra *f*; *(Fotoapparat)* appareil *m* photo(graphique); **vor der ~ stehen** être devant la caméra
Kameraassistent(in) M(F) assistant(e)-caméraman *m(f)*
Kamerad M ⟨~en; ~en⟩ *a. (Schulkamerad)*, MIL camarade *m*
Kameraderie F ⟨~⟩ *meist pej* complaisance *f*; loyauté *f* servile **(j-m gegenüber** envers qn); **aus falsch verstandener ~** par fausse solidarité
Kameradin F ⟨~; ~nen⟩ *(a. Schulkameradin)* camarade *f*; **Kameradschaft** F ⟨~⟩ camaraderie *f*; **kameradschaftlich** **A** ADJ de camarade **B** ADV en camarade; en bon(s) camarade(s); **Kameradschaftlichkeit** F ⟨~⟩ (bonne) camaraderie; **Kameradschaftsgeist** M esprit *m* de camaraderie
Kamerafrau F cadreuse *f*; opératrice *f*; **Kameraführung** F façon *f* de diriger, de manier la caméra; **Kameramann** M ⟨~(e)s; -männer *ou* -leute⟩ cadreur *m*; cameraman *m*; opérateur *m*; **kamerascheu** ADJ qui fuit, qui craint les photographes; **Kamerateam** N équipe *f* de cadreurs, de cameramen, d'opérateurs
Kamerun N ⟨→ *n/pr*⟩ le Cameroun
Kameruner(in) M ⟨~s; ~⟩ (F) ⟨~in; ~innen⟩ Camerounais(e) *m(f)*; **kamerunisch** ADJ camerounais
Kamikaze M ⟨~; ~⟩ kamikaze *m*; **Kamikazefahrer** *umg* M kamikaze *m* du volant; **Kamikazeflieger** M kamikaze *m*
Kamille F ⟨~; ~n⟩ camomille *f*; **Echte ~** petite camomille; camomille sauvage
Kamillentee M (infusion *f* de) camomille *f*
Kamin M, *schweiz* N ⟨~s; ~e⟩ cheminée *f* *(a. Felsspalte)*; **offener ~** cheminée *f*; **am ~** au coin du feu; *umg* **etw in den ~ schreiben** *umg* faire son deuil de qc
Kaminaufsatz M → Kaminsims; **Kaminbank** F chenet *m*; **Kaminfeger** M ⟨~s; ~⟩ *bes südd* ramoneur *m*; **Kaminfeuer** N feu *m* de cheminée; **Kamingespräch** N *bes* POL entretien *m* au coin du feu; **Kaminkehrer** M ⟨~s; ~⟩ *regional* → Kaminfeger; **Kaminsims** M *od* N tablette *f* de cheminée
Kamm M ⟨~(e)s; ⸚e⟩ **1** *(Haarkamm)* peigne *m*; **alles über e-n ~ scheren** mettre tout dans le même sac **2** ZOOL *des Hahns etc* crête *f*; *des Pferdes etwa* nuque *f*; *bei Schlachtvieh* collier *m*; *umg fig* **ihm schwillt der ~** *(er wird zornig)* il monte sur ses ergots; *(er wird hochmütig)* il devient arrogant **3** *(Gebirgskamm)* crête *f*; arête *f* **4** *(Wellenkamm)* crête *f* **5** TEX peigne *m*
Kämmchen N ⟨~s; ~⟩ petit peigne; *im Haar* peigne *m*
kämmen ⟨h.⟩ **A** V/T peigner **B** V/R **sich ~** se peigner
Kammer F ⟨~; ~n⟩ **1** *(Raum)* petite pièce; *(Dachkammer)* mansarde *f* **2** JUR, POL, TECH, *(Verband)* chambre *f* **3** *e-r Schleuse* sas *m* **4** MIL magasin *m* d'habillement **5** ANAT ventricule *m*; **Kammerchor** M chœur *m* de musique de chambre; **Kammerdiener** M *früher* valet *m* de chambre
Kämmerei F ⟨~; ~en⟩ ADMIN administration *f* des finances municipales
Kämmerer → Stadtkämmerer
Kammerfrau F *früher* femme *f* de chambre; **Kammergericht** N HIST cour *f* suprême; **Kammerherr** M HIST chambellan *m*; **Kammerjäger** M spécialiste chargé des opérations de déparasitage; **Kammer-**

K

kätzchen *umg* N → Kammerzofe; **Kammerkonzert** N concert *m* de musique de chambre

Kämmerlein N ⟨~s; ~⟩ *hum* **im stillen ~** dans mon, ton, *etc* coin

Kammermusik F musique *f* de chambre; **Kammerorchester** N orchestre *m* de chambre; **Kammersänger(in)** M(F) 1 *Titel: titre de distinction accordé à un(e) excellent(e) chanteur (-euse) d'opéra* 2 *(Kammermusiker[in])* chanteur, -euse *m,f* de musique de chambre; **Kammerspiel** N, **Kammerspiele** PL (petit) théâtre; **Kammerton** M MUS la *m* normal; diapason *m*; **Kammerzofe** F *früher* femme *f* de chambre

Kammgarn N *Garn* laine peignée; *Gewebe* peigné *m*; **Kammmacher** M ⟨~s; ~⟩ fabricant *m* de peignes; peignier *m*; **Kammmuschel** F ZOOL peigne *m*

Kampagne F ⟨~; ~n⟩ *bes* POL campagne *f*; **e-e ~ führen** faire campagne (**für** pour; **gegen** contre)

Kampanien N ⟨→ *n/pr*⟩ la Campanie

Kämpe M ⟨~n; ~n⟩ *früher bzw. hum od iron* guerrier *m*; **ein wackerer ~** un vaillant guerrier

Kampf M ⟨~(e)s; ⁼e⟩ MIL, SPORT *etc* combat *m*; *fig meist* lutte *f*; **innerer ~** lutte intérieure; **der ~ ums Dasein** la lutte pour la vie, pour l'existence; **der ~ zwischen den Geschlechtern** la lutte des sexes; **ein ungleicher ~** un combat inégal; **j-m, e-r Sache** *(dat)* **den ~ ansagen** déclarer la guerre à qn, qc; **den ~ bestehen** gagner le combat, la lutte; **sich** *(dat)* **e-n erbitterten ~ liefern** se livrer une lutte sans merci, un combat acharné; **der ~ tobt** le combat fait rage; *hum* **auf in den ~!** à l'attaque!; **~ dem Alkohol!** à bas l'alcool!; *umg* **war das ein ~**(, **bis ...** *+ind*)! quel mal on a eu (pour *+inf*)!

Kampfabschnitt M MIL secteur *m* de combat; **Kampfabstimmung** F POL vote âprement disputé; **Kampfansage** F *fig* déclaration *f* de guerre; **Kampfanzug** M MIL tenue *f* de combat; **Kampfbahn** F *(Stadion)* stade *m*; *(Arena)* arène *f*; **kampfbereit** ADJ prêt à combattre, au combat; **Kampfeinheit** F MIL unité *f* de combat

kämpfen ⟨h.⟩ A VT *geh* **e-n schweren Kampf ~** livrer un rude, dur combat; **den letzten Kampf ~** livrer le dernier combat B VI combattre (**gegen j-n** qn, contre qn); se battre (**mit** avec; **gegen** contre); *fig* lutter (**gegen** contre; **für, um** pour; **mit sich** avec soi-même); **für e-e Idee ~** se battre, militer pour une idée; **miteinander ~** se (com)battre; **mit sich ~** lutter avec soi-même; **mit dem Schlaf ~** lutter contre le sommeil; **mit dem Tode ~** lutter contre la mort; **mit den Tränen ~** être au bord des larmes; se retenir de pleurer; **mit großen Schwierigkeiten zu ~ haben** avoir à lutter contre de grandes difficultés; **um s-e Existenz ~** *materiell* lutter pour son existence C VR **sich durch den Dschungel** *etc* **~** se frayer un chemin à travers la jungle, *etc*

Kampfer M ⟨~s⟩ camphre *m*

Kämpfer[1] M ⟨~s; ~⟩ BAU *e-s Gewölbes* sommier *m*; *e-s Fensters* traverse *f* (de fenêtre)

Kämpfer[2] M ⟨~s; ~⟩, **Kämpferin** F ⟨~in; ~innen⟩ *(Kämpfende[r])*, MIL combattant(e) *m(f)*; *fig (~natur)* battant(e) *m(f)* (**für** de)

kämpferisch ADJ *a. fig* combatif, -ive; *fig* militant

Kämpfernatur F ⟨~; ~en⟩ tempérament *m* de battant, de lutteur; **e-e ~ sein** être un battant, un lutteur

Kampferöl N CHEM huile *f* du camphrier; PHARM huile camphrée

kampferprobt ADJT qui a l'expérience du combat; aguerri; **kampffähig** ADJ capable de, en état de combattre, se battre

Kampffähigkeit F ⟨~⟩ capacité *f* de, aptitude *f* à combattre, se battre; **Kampffisch** M ZOOL combattant *m*; **Kampfflieger** M pilote *m* de combat; **Kampfflugzeug** N avion *m* de combat; **Kampfführung** F conduite *f* du combat; tactique *f*; **Kampfgas** N gaz *m* de combat; **Kampfgebiet** N zone *f* de combat, d'opérations militaires; **Kampfgeist** M esprit combatif; **Kampfgerät** N MIL engin *m*; **Kampfgericht** N SPORT jury *m*

Kampfgeschehen N combat *m*; **mitten im ~** dans le feu de l'action

Kampfgetümmel N mêlée *f*; **Kampfgruppe** F groupement *m* tactique

Kampfhahn M 1 coq *m* de combat 2 *umg fig umg* bagarreur, -euse *m,f*

Kampfhandlung F action *f* militaire; **Kampfhubschrauber** M hélicoptère *m* de combat; **Kampfhund** M chien *m* de combat; **Kampfkraft** F force combative; potentiel combatif; combativité *f*; **Kampflärm** M bruit *m* du combat; **Kampflied** N chant *m* de combat; chant guerrier; **kampflos** ADJ *u.* ADV sans résistance; **Kampflust** F ardeur *f* au combat; humeur belliqueuse; combativité *f*; **kampflustig** ADJ combatif, -ive; belliqueux, -euse; **Kampfmaßnahme** F mesure *f* de lutte; action *f* (militaire); **Kampfmittel** N moyen *m*, engin *m* de combat; **Kampfpanzer** M char *m* de combat, d'assaut; **Kampfparole** F mot *m* d'ordre; **Kampfpause** F interruption *f* du combat *od* des combats; **Kampfplatz** M 1 MIL lieu *m* du combat 2 *fig* théâtre *m* du combat; **Kampfpreis** M HANDEL prix compétitif; **Kampfrichter** M SPORT arbitre *m*; juge *m*; **Kampfschrift** F texte *m* polémique; *(Flugblatt)* tract *m*; *(Pamphlet)* pamphlet *m*; **Kampfsport** M sport *m* de combat; **Kampfstätte** F 1 MIL champ *m* de bataille 2 SPORT lieu *m* de la compétition; **Kampfstier** M taureau *m* de combat

Kampfstoffe MPL moyens offensifs; *Gase* gaz *mpl* de combat; **biologische ~** armes *fpl* biologiques

Kampftruppen FPL troupes combattantes, de combat

kampfunfähig ADJ incapable de combattre, de se battre; °hors de combat; **~ machen** mettre °hors de combat

Kampfunfähigkeit F inaptitude *f* à, incapacité *f* de combattre, se battre; **Kampfverband** M groupement *m*, formation *f* de combat; **Kampfwagen** M char *m* de combat

kampieren VI ⟨*pas de ge-*, h.⟩ camper

Kamuffel *umg* N ⟨~s; ~⟩ *Schimpfwort* nigaud *m*

Kanada N ⟨→ *n/pr*⟩ le Canada

Kanadier M ⟨~s; ~⟩ 1 Canadien *m* 2 SPORT canadienne *f*; **Kanadierin** F ⟨~; ~nen⟩ Canadienne *f*

kanadisch ADJ canadien, -ienne; du Canada

Kanaille F ⟨~; ~n⟩ *pej* canaille *f*

Kanake M ⟨~n; ~n⟩ 1 *(Südseeinsulaner)* Canaque *m* 2 *sl Schimpfwort* barbare *m*; étranger *m*

Kanal M ⟨~s; Kanäle⟩ 1 *a.* ANAT, TV, *fig* canal *m*; TV **auf ~ zwei umschalten** *umg* passer sur la 2; *umg fig* **den ~ voll haben** *(e-r Sache überdrüssig sein) umg* en avoir marre; *umg* en avoir plein le dos; *(betrunken sein) umg* être bourré 2 *(Abwasserkanal)* égout *m* 3 GEOG **der ~** la Manche

Kanalarbeiter M égoutier *m*; *umg fig* POL lampiste *m*; **Kanalbau** M ⟨~(e)s; ~ten⟩ construction *f* d'un canal; **Kanaldeckel** M plaque *f* d'égout; **Kanalgebühr** F taxe *f* de déversement à l'égout

Kanalinseln FPL **die ~** les îles *fpl* Anglo-Normandes

Kanalisation F ⟨~; ~en⟩ 1 *(Stadtentwässerung)* égouts *mpl*; *mit Hausanschlüssen* tout-à-l'égout *m*; **das Haus ist an die ~ angeschlossen** la maison a le tout-à-l'égout 2 ⟨*pas de pl*⟩ → Kanalisierung

Kanalisationsnetz N, **Kanalisationssystem** N réseau *m* de tout-à-l'égout

kanalisieren VT ⟨*pas de ge-*, h.⟩ *Fluss, fig* canaliser; *Stadt etc* établir les égouts de, dans

Kanalisierung F ⟨~; ~en⟩ *e-s Flusses* canalisation *f*; *e-r Stadt etc* établissement *m* des égouts

Kanalschacht M puits *m* d'accès aux égouts; **Kanaltunnel** M tunnel *m* sous la Manche; **Kanalüberquerung** F traversée *f* de la Manche

Kanapee N ⟨~s; ~s⟩ 1 *(Sofa)* canapé *m* 2 GASTR canapé *m*

Kanaren PL ⟨→ *n/pr*⟩ **die ~** les Canaries *fpl*

Kanari M ⟨~s; ~⟩ *umg südd, österr*, **Kanarienvogel** M canari *m*; serin *m*

kanarisch ADJ canarien, -ienne; **die Kanarischen Inseln** *fpl* les (îles *fpl*) Canaries *fpl*

Kandare F ⟨~; ~n⟩ mors *m*; *fig* **j-n an die ~ nehmen** serrer la bride à qn

Kandelaber M ⟨~s; ~⟩ candélabre *m*

Kandidat(in) M ⟨~en; ~en⟩ (F) ⟨~in; ~innen⟩ candidat(e) *m(f)*; **j-n als Kandidaten aufstellen** présenter qn comme candidat

Kandidatenliste F liste *f* de(s) candidats

Kandidatur F ⟨~; ~en⟩ candidature *f* (**auf** [*+akk*] à)

kandidieren VI ⟨*pas de ge-*, h.⟩ se porter candidat (**für** à, pour); poser sa candidature (**für** à)

kandieren VT ⟨*pas de ge-*, h.⟩ enrober de sucre glace; glacer; confire

kandiert ADJT **~e Früchte** FPL fruits confits

Kandis M ⟨~⟩, **Kandiszucker** M sucre *m* candi

Kaneel M ⟨~s; ~e⟩ *(Zimt)* cannelle *f* (de Ceylan)

Känguru(h) N ⟨~s; ~s⟩ kangourou *m*

Kanin N ⟨~s; ~e⟩ peau *f* de lapin

Kaninchen N ⟨~s; ~⟩ lapin *m*; *weibliches* lapine *f*; *wildes* (lapin *m* de) garenne *m*; *umg* **sie vermehren sich wie die ~** *umg hum* ils se reproduisent comme des lapins

Kaninchenbau M ⟨~(e)s; ~e⟩ terrier *m* de lapin; **Kaninchenfell** N peau *f* de lapin; **Kaninchenrasse** F race *f* de lapins; **Kaninchenstall** M clapier *m*; **Kaninchenzucht** F élevage *m* de lapins; **Kaninchenzüchter(in)** M(F) éleveur, -euse *m,f* de lapins

Kanister M ⟨~s; ~⟩ bidon *m*; jerrycan *m*

kann → können

Kannbestimmung F JUR disposition facultative

Kännchen N ⟨~s; ~⟩ petit pot; **ein ~ Kaffee** *im Café* une cafetière de deux tasses

Kanne F ⟨~; ~n⟩ pot *m*; broc *m*; *(Milchkanne)* pot *m* à lait; *(große Milchkanne)* bidon *m* de lait; *(Gießkanne)* arrosoir *m*

Kannelierung F ⟨~; ~en⟩ cannelure *f*

kannenweise ADV un pot, *etc* après l'autre; par pots, *etc*

Kannibale M ⟨~n; ~n⟩, **Kannibalin** F ⟨-in; -innen⟩ cannibale *m/f*; **kannibalisch** A ADJ de cannibale(s) B ADV en cannibale(s);

Kannibalismus M ⟨~⟩ cannibalisme *m*

kannte → kennen

Kanon M ⟨~s; ~s⟩ MUS, KATH, KUNST, *(Richtschnur)* canon *m*
Kanonade F ⟨~; ~n⟩ 1 MIL canonnade *f* 2 *umg fig (Flut)* rafale *f*; *umg* flopée *f*; **e-e ~ von Flüchen** une bordée d'injures
Kanone F ⟨~; ~n⟩ 1 MIL canon *m*; bouche *f* à feu; *fig* **mit ~n auf Spatzen schießen** prendre un marteau pour écraser une mouche 2 *fig* SPORT *etc* as *m*; crack *m* 3 *umg (Revolver) umg* pétard *m* 4 *umg* **das ist unter aller ~** c'est au-dessous de tout
Kanonenboot N canonnière *f*; **Kanonendonner** M grondement *m* de canon; **Kanonenfutter** *umg pej* N *umg* chair *f* à canon; **Kanonenkugel** F boulet *m* de canon; **Kanonenofen** M poêle *m* cylindrique en fonte
Kanonenrohr N canon *m* d'une bouche à feu; *umg* **heiliges ~!** *umg* sacré nom d'un chien!
Kanonenschlag M 1 *Feuerwerkskörper* pétard *m* 2 *(Knall)* coup *m* de canon; **Kanonenschuss** M coup *m* de canon
Kanonier M ⟨~s; ~e⟩ canonnier *m*
Kanoniker M ⟨~s; ~⟩, **Kanonikus** M ⟨-kus; -ker⟩ KIRCHE chanoine *m*
kanonisch ADJ canonique; KATH **~es Recht** droit *m* canon
kanonisieren V/T ⟨*pas de ge-*, h.⟩ KATH canoniser
Kanope F ⟨~; ~n⟩ *(Totenurne)* canope *m*
Kanossa N ⟨→ *n/pr*⟩ Canossa; *geh fig* **e-n Gang nach ~ machen** aller à Canossa; s'humilier devant son adversaire
Kantate[1] F ⟨~; ~n⟩ MUS cantate *f*
Kantate[2] PROT **der Sonntag ~** le quatrième dimanche après Pâques
Kante F ⟨~; ~n⟩ *e-s Gegenstands* bord *m*; *e-s Steins, Balkens*, MATH arête *f*; *(Skikante)* carre *f*; MODE (re)bord *m*; *(Webkante)* lisière *f*; **scharfe ~** arête vive; *umg fig* **etwas auf die hohe ~ legen** mettre de l'argent de côté
kanten V/T ⟨-ete, h.⟩ 1 *(rechtwinklig behauen) Holz* équarrir; *Stein* tailler (à arête vive) 2 *(auf die Kante stellen)* mettre sur l'arête; SKISPORT **die Skier ~** se mettre sur ses carres
Kanten M ⟨~s; ~⟩ *nordd: des Brotes (Anschnitt)* entame *f*; *(Endstück)* croûton *m*; trognon *m*
Kantersieg M SPORT victoire *f* sans appel
Kantholz N bois équarri
kantig ADJ à arête(s) vive(s); *Gesicht* anguleux, -euse
Kantine F ⟨~; ~n⟩ cantine *f*; *in e-m größeren Betrieb a.* restaurant *m* d'entreprise
Kantinenessen N repas *m* de cantine; **Kantinenwirt(in)** M(F) directeur, -trice *m,f* de cantine
Kanton M ⟨~s; ~e⟩ *in Belgien, Frankreich, in der Schweiz* canton *m*
kantonal ADJ cantonal
Kantonist *umg* M ⟨~en; ~en⟩ **ein unsicherer ~** une personne peu fiable; *umg* un fumiste
Kantonsregierung F *schweiz* Conseil *m* d'État; **Kantonsschule** F *schweiz etwa* collège *m* et lycée *m*
Kantor M ⟨~s; -toren⟩ HIST cantor *m*; *heute* organiste *m* et chef *m* de la chorale *(d'une église)*
Kanu N ⟨~s; ~s⟩ canoë *m*; **~ fahren** faire du canoë
Kanufahrer(in) M(F) canoéiste *m/f*
Kanüle F ⟨~; ~n⟩ canule *f*
Kanusport M (sport *m* du) canoë *m*; canoéisme *m*
Kanute M ⟨~n; ~n⟩, **Kanutin** F ⟨-in; -innen⟩ canoéiste *m/f*
Kanzel F ⟨~; ~n⟩ 1 KIRCHE chaire *f*; **die ~ besteigen** monter en chaire; **von der ~ herab verkünden** annoncer en chaire 2 FLUG *(Pilotenkanzel)* cockpit *m* 3 *(Hochsitz)* affût perché
kanzerogen ADJ cancérigène; cancérogène
kanzerös ADJ cancéreux, -euse
Kanzlei F ⟨~; ~en⟩ *e-s Regierungschefs*, DIPL, HIST chancellerie *f*; *e-s Gerichts* greffe *m*; *e-s Anwalts* cabinet *m*; *e-s Notars* étude *f*; ADMIN bureau *m*; secrétariat *m*
Kanzler M ⟨~s; ~⟩ POL, DIPL chancelier *m*; *e-r Hochschule etwa* directeur administratif; **Kanzleramt** N 1 *Posten* fonctions *fpl* de chancelier 2 *Dienststelle* chancellerie *f*; **Kanzlerin** F ⟨~; ~nen⟩ POL chancelière *f*; **Kanzlerkandidat(in)** M(F) candidat(e) *m(f)* à la chancellerie; **Kanzlerschaft** F ⟨~⟩ cancellariat *m*; **Kanzlerwahl** F élection *f* d'un chancelier
Kanzone F ⟨~; ~n⟩ MUS canzone *f*
Kaolin N *od* M ⟨~s; ~e⟩ MINER kaolin *m*
Kap N ⟨~s; ~s⟩ GEOG cap *m*; **das ~ der Guten Hoffnung** le cap de Bonne-Espérance; **~ Hoorn** le cap Horn
Kap. ABK (Kapitel) chap. (chapitre)
Kapaun M ⟨~s; ~e⟩ ZOOL chapon *m*
Kapazität F ⟨~; ~en⟩ 1 *(Fassungs-, Leistungsvermögen)* capacité *f* 2 *(Könner)* sommité *f*
Kapazitätsauslastung F utilisation maximale de la capacité
Kapee *umg* **schwer von ~ sein** *umg* avoir la comprenette difficile *od* lente *od* un peu dure
Kapelle[1] F ⟨~; ~n⟩ KIRCHE chapelle *f*
Kapelle[2] F ⟨~; ~n⟩ MUS orchestre *m*; *(Blechmusikkapelle) u.* MIL fanfare *f*; MIL *a.* musique *f*; *(Blaskapelle)* harmonie *f*
Kapellmeister M 1 *(Dirigent)* chef *m* d'orchestre 2 *e-r Kirchenkapelle* maître *m* de chapelle 3 MIL chef *m* de musique
Kaper[1] F ⟨~; ~n⟩ *Gewürz* câpre *f*
Kaper[2] M ⟨~s; ~⟩ HIST corsaire *m*
kapern V/T ⟨-(e)re, h.⟩ 1 *Schiff* capturer 2 *umg fig* **j-n, etw ~** *umg* mettre le grappin sur qn, sur qc; *umg* **j-n für e-e Arbeit ~** convaincre qn de faire un travail; *umg* **(sich** [*dat*]**) e-e Frau, e-n Mann ~** *umg* (se) dégotter une femme, un homme
Kapernsoße F sauce *f* aux câpres; **Kapernstrauch** M câprier *m*
Kaperschiff N HIST corsaire *m*; navire armé en course
Kaperung F ⟨~; ~en⟩ HIST SCHIFF prise *f*
Kapetinger MPL HIST Capétiens *mpl*
kapieren *umg* V/T *u.* V/I ⟨*pas de ge-*, h.⟩ *umg* piger; **kapiert?** c'est bien compris?
kapillar ADJ MED capillaire
Kapillare F ⟨~; ~n⟩ PHYS tube *m* capillaire; ANAT → Kapillargefäß
Kapillargefäß N (vaisseau *m*) capillaire *m*
kapital ADJ capital; **ein ~er Hirsch** un super-be cerf
Kapital N ⟨~s; ~ien *ou* ~e⟩ 1 *einzelnes, bestimmtes* capital *m*; *als unbestimmte Geldsummen* capitaux *mpl*; fonds *mpl*; *fig* **aus etw ~ schlagen** exploiter qc à son avantage; tirer profit, parti de qc; monnayer qc 2 ⟨*pas de pl*⟩ **das ~** *(die Kapitalisten)* les capitalistes *mpl*
Kapitalabwanderung F émigration *f* de capitaux; **Kapitalanlage** F placement *m*, investissement *m* de capitaux; **Kapitalanteil** M part *f* du *od* de capital; **Kapitalaufstockung** F augmentation *f* du *od* de capital; **Kapitalausfuhr** F exportation *f* de capitaux; **Kapitalbedarf** M besoins *mpl* de capitaux; **Kapitalbeschaffung** F recherche *f*, obtention *f* de capitaux; **Kapitalbesitz** M propriété *f* en capitaux; **Kapitalbeteiligung** F participation *f* au *od* en capital; **Kapitalbildung** F ⟨~⟩ formation *f*, constitution *f* de *od* du capital; **Kapitalbindung** F immobilisation *f* de capitaux
Kapitälchen N ⟨~s; ~⟩ TYPO petite capitale
Kapitaleigner M propriétaire *m* du capital, de capitaux; **Kapitaleinkünfte** FPL revenus *mpl* du capital *bzw.* des capitaux; **Kapitaleinlage** F apport *m* de capitaux; mise *f* de fonds; **Kapitalerhöhung** F augmentation *f* de capital; **Kapitalertrag** M revenu *m* du capital; **Kapitalertrag(s)steuer** F impôt *m* sur le revenu du capital; **Kapitalflucht** F fuite *f* de capitaux; **Kapitalgeber** M bailleur *m* de fonds; apporteur *m* de capitaux; **Kapitalgesellschaft** F société *f* de capitaux; **Kapitalhilfe** F aide *f* en capital, en capitaux; **kapitalintensiv** ADJ à forte intensité de capital; **Kapitalinvestition** F investissement *m* de capital *od* de capitaux
Kapitalisation F ⟨~; ~en⟩ capitalisation *f*; **kapitalisieren** V/T ⟨*pas de ge-*, h.⟩ capitaliser; **Kapitalisierung** F ⟨~; ~en⟩ capitalisation *f*
Kapitalismus M ⟨~⟩ capitalisme *m*; **Kapitalist(in)** M ⟨~en; ~en⟩ (F) ⟨~in; ~innen⟩ capitaliste *m/f*; **kapitalistisch** ADJ capitaliste
Kapitalkonto N compte *m* de capital; **kapitalkräftig** ADJ disposant de capitaux; ayant de gros moyens; **Kapitalmarkt** M marché des capitaux, financier
Kapitalverbrechen N crime capital
Kapitalverflechtung F interdépendance *f* des capitaux; **Kapitalvermögen** N capital *m*; **Kapitalzins** M intérêts *mpl* du capital
Kapitän M ⟨~s; ~e⟩ SCHIFF, SPORT capitaine *m*; SCHIFF MIL commandant *m*; *(Flugkapitän)* commandant *m* de bord; **~ zur See** capitaine de vaisseau
Kapitänleutnant M lieutenant *m* de vaisseau
Kapitänspatent N brevet *m* de capitaine
Kapitel N ⟨~s; ~⟩ *a.* KIRCHE chapitre *m*; *fig* **das ist ein ~ für sich** c'est toute une affaire; *fig* **das ist ein anderes ~** c'est une autre histoire
Kapitell N ⟨~s; ~e⟩ ARCH chapiteau *m*
Kapitelsaal M KATH salle *f* du chapitre; salle *f* capitulaire; **Kapitelüberschrift** F titre *m* de chapitre
Kapitol ⟨→ *n/pr*⟩ **das ~** *in Rom* le Capitole
Kapitulation F ⟨~; ~en⟩ *a. fig* capitulation *f*; **bedingungslose ~** capitulation sans conditions
kapitulieren V/I ⟨*pas de ge-*, h.⟩ *a. fig* capituler **(vor** [+*dat*]**)** devant)
Kaplan M ⟨~s; Kapläne⟩ vicaire *m*; *(Hauskaplan)* chapelain *m*
Kapodaster M ⟨~s; ~⟩ MUS capodastre *m*
Kapok M ⟨~s⟩ *Faser* kapok *od* capoc *m*
Kapotthut M *früher* capote *f*
Kappe F ⟨~; ~n⟩ 1 *(Mütze)* bonnet *m* *(a. Narrenkappe)*; *(Priesterkappe, Mönchskappe)* calotte *f*; *umg* **etw auf s-e (eigene) ~ nehmen** prendre qc sous son bonnet 2 *am Schuh: vorne* bout dur; *hinten* contrefort *m* 3 *(Verschlusskappe)* capuchon *m* *(a. e-s Füllers)*; *e-r Flasche* bouchon *m* 4 BERGBAU flandre *f*; rallonge *f* 5 TECH *(Radkappe) etc* chape *f*
kappen V/T ⟨h.⟩ 1 *(abschneiden)* couper; *fig Ausgaben* réduire 2 ZOOL *(kastrieren)* castrer; châtrer
Kappenabend M *regional* soirée *f* de carnaval *(au cours de laquelle les participants portent un bonnet de fou)*
Kappes M ⟨~⟩ *regional* 1 *(Weißkohl)* chou blanc 2 *umg (Unsinn)* âneries *fpl*

K

Käppi N ⟨~s; ~s⟩ casquette *f*; MIL calot *m*

Kapriole F ⟨~; ~n⟩ *a.* REITSPORT cabriole *f*

kaprizieren *geh* V/R ⟨*pas de ge-*, h.⟩ **sich auf etw** (*akk*) **~** vouloir à tout prix qc

kapriziös ADJ capricieux, -ieuse

Kapsel F ⟨~; ~n⟩ *a.* ANAT, BOT, PHARM, RAUMFAHRT, (*Flaschenverschluss*) capsule *f*; **Kapselriss** M MED déchirure *f* d'une capsule articulaire

Kapstadt N ⟨→ *n/pr*⟩ Le Cap

Käpten M ⟨~s; ~s⟩ *nordd* → Kapitän

kaputt *umg* ADJ **1** (*entzwei*) *umg* cassé; *umg* foutu; **e-e ~e Ehe** un couple qui ne s'entend plus; un mariage brisé; **ein ~er Fuß** un pied cassé; **was ist denn jetzt ~?** qu'est-ce qui s'est passé (encore)?; **~ machen** *Sachen* démolir; casser **2** (*erschöpft*) *umg* crevé; *umg* claqué; **völlig, total ~ sein** *a. umg* être complètement HS **3** (*verrückt, krankhaft*) *umg* foutu; **ein ~er Typ** *umg* un mec foutu; une épave

kaputtgehen *umg* V/I ⟨*irr, sép*, -ge-, s.⟩ **1** *Sachen* s'abîmer; *feste Gegenstände* se casser **2** *Tiere u. Pflanzen* crever **3** *Beziehungen* se défaire **4** *Menschen* se détruire

kaputtkriegen *umg* V/T ⟨*sép*, -ge-, h.⟩ (arriver à) casser; **hast du das auch (schon) kaputtgekriegt!** tu es arrivé à le casser

kaputtlachen *umg* V/R ⟨*sép*, -ge-, h.⟩ **sich ~** se tordre de rire; *umg* se fendre la gueule

kaputtmachen *umg* V/T ⟨*sép*, -ge-, h.⟩ **1** → kaputt 1 **2** *fig* **das macht einen (ganz) kaputt** cela me, te, *etc* tue

Kapuze F ⟨~; ~n⟩ capuchon *m*; (*Mönchskapuze*) *a.* capuce *m*

Kapuziner M ⟨~s; ~⟩ **1** REL capucin *m* **2** *österr* (*Kaffee mit Milch*) café *m* au lait; **Kapuzineraffe** M ZOOL capucin *m*; sapajou *m*; **Kapuzinerkresse** F BOT capucine *f*; **Kapuzinermönch** M capucin *m*; **Kapuzinerorden** M ordre *m* des capucins

Kap Verde N ⟨~⟩ **(das) ~** le Cap-Vert

Kapverdier(in) M ⟨~s; ~⟩ (F) ⟨~in; ~innen⟩ Cap-Verdien, -ienne *m,f*

kapverdisch ADJ cap-verdien, -ienne; **die Kapverdischen Inseln** *fpl* les îles *fpl* du Cap-Vert

Kar N ⟨~(e)s; ~e⟩ GEOL cirque *m* glaciaire

Karabiner M ⟨~s; ~⟩ carabine *f*; mousqueton *m*; **Karabinerhaken** M (porte-)mousqueton *m*

Karacho *umg* N ⟨~s⟩ **mit ~** à toute vitesse, allure; AUTO *umg* à fond la caisse; *umg* à pleins tubes

Karaffe F ⟨~; ~n⟩ carafe *f*; *kleine* carafon *m*

Karambolage F ⟨~; ~n⟩ **1** BILLARD carambolage *m* **2** *umg* (*Zusammenstoß*) collision *f*; (*Massenkarambolage*) carambolage *m*

Karambole[1] F ⟨~; ~n⟩ BOT carambole *f*

Karambole[2] F ⟨~; ~n⟩ BILLARD carambole *f*; **karambolieren** V/I ⟨*pas de ge-*, h.⟩ **1** BILLARD caramboler **2** *umg* (*zusammenstoßen*) entrer en collision (**mit** avec); se heurter (**mit** à)

Karamel(l) M ⟨~s⟩ caramel *m*; **Karamelbonbon** M *od* N caramel *m*

Karamelle F ⟨~; ~n⟩ caramel *m*; **Karamellpudding** M *etwa* crème *f* au caramel; **Karamellzucker** M sucre caramélisé

Karaoke N ⟨~(s)⟩ karaoké *m*

Karat N ⟨~(e)s; ~e, *mais* 24 ~⟩ carat *m*

Karate N ⟨~(s)⟩ karaté *m*; **Karateschlag** M coup *m* de karaté

...karätig ADJ IN ZSSGN à ... carats

Karausche F ⟨~; ~n⟩ ZOOL carassin *m*

Karavelle F ⟨~; ~n⟩ HIST SCHIFF caravelle *f*

Karawane F ⟨~; ~n⟩ caravane *f*

Karawanenstraße F route *f* de caravanes

Karawanserei F ⟨~; ~en⟩ caravansérail *m*

Karbid N ⟨~(e)s; ~e⟩ **1** carbure *m* **2** ⟨*pas de pl*⟩ (*Kalziumkarbid*) carbure *m* de calcium; **Karbidlampe** F lampe *f* à acétylène, à carbure

Karbol N ⟨~s⟩, **Karbolsäure** F CHEM phénol *m*

Karbonat N ⟨~(e)s; ~e⟩ CHEM carbonate *m*; **Karbonsäure** F CHEM carboxyle *m*; acide *m* carboxylique

Karbunkel M ⟨~s; ~⟩ MED anthrax *m*

Kardamom M *od* N ⟨~s; ~e(n)⟩ BOT, *Gewürz* cardamome *f*

Kardanantrieb M TECH transmission *f* par cardan; **Kardangelenk** N joint *m* de cardan; **Kardantunnel** M AUTO tunnel *m* de cardan; **Kardanwelle** F arbre *m* de transmission

Kardätsche F ⟨~; ~n⟩ brosse *f* de pansage

kardätschen V/T ⟨*pas de ge-*, h.⟩ *Pferd* brosser

Karde F ⟨~; ~n⟩ **1** BOT cardère *f*; chardon *m* à foulon **2** TEX carde *f*

Kardinal M ⟨~s; -näle⟩ KATH, ZOOL cardinal *m*; **Kardinalbischof** M cardinal-évêque *m*

Kardinalfehler M erreur fondamentale, grave; **Kardinaltugend** F vertu cardinale; **Kardinalzahl** F nombre cardinal

Kardiogramm N ⟨~s; ~e⟩ MED cardiogramme *m*; **Kardiologe** M ⟨~n; ~n⟩ cardiologue *m*; **Kardiologie** F ⟨~⟩ cardiologie *f*; **Kardiologin** F ⟨~; ~nen⟩ cardiologue *f*

Karenz F ⟨~; ~en⟩ → Karenzzeit; **Karenztage** MPL *les premiers jours d'arrêt de travail pour lesquels les travailleurs ne sont pas payés*; **Karenzzeit** F délai *m* de carence

Karettschildkröte F caret *m*; tortue *f* à écaille

Karfiol M ⟨~s⟩ *südd, österr* chou-fleur *m*

Karfreitag M Vendredi saint

Karfunkel M ⟨~s; ~⟩ **1** MINER escarboucle *f* **2** *umg* → Karbunkel

karg **A** ADJ *Lohn* maigre; *Boden* pauvre; aride; **~es Mahl** repas frugal, chiche; **mit etw ~ sein** → kargen **B** ADV **~ bemessen sein** être compté avec parcimonie

kargen *geh* V/I ⟨h.⟩ **mit etw ~** être parcimonieux, -ieuse de qc; **mit Worten ~** être avare de paroles

Kargheit *geh* F ⟨~⟩ pauvreté *f*; maigreur *f*; *e-r Mahlzeit a.* frugalité *f*; *des Bodens* pauvreté *f*; aridité *f*

kärglich **A** ADJ maigre; pauvre **B** ADV pauvrement

Kargo M ⟨~s; ~s⟩ HANDEL cargaison *f*

Karibik F ⟨→ *n/pr*⟩ **die ~** *Meer* la mer des Antilles *od* des Caraïbes; *Inseln* les Antilles *fpl*; les îles *fpl* Caraïbes

karibisch ADJ caraïbe; **das Karibische Meer** la mer des Antilles *od* des Caraïbes; **die Karibischen Inseln** *fpl* les Antilles *fpl*; les îles *fpl* Caraïbes

kariert **A** ADJ/T *Papier, Heft* quadrillé; *Stoff* à carreaux; **blau-weiß ~** à carreaux bleu(s) et blanc(s) **B** ADV/I *umg pej* **~ reden** *umg* raconter n'importe quoi; *umg* **guck nicht so ~!** *umg* prends pas l'air idiot!

Karies F ⟨~⟩ MED, *bes* ZAHNMEDIZIN carie *f*

Karikatur F ⟨~; ~en⟩ caricature *f*; **Karikaturist(in)** M ⟨~en; ~en⟩ (F) ⟨~in; ~innen⟩ caricaturiste *m/f*

karikaturistisch ADJ caricatural

karikieren V/T ⟨*pas de ge-*, h.⟩ caricaturer; faire une caricature de

Karin F ⟨→ *n/pr*⟩ *prénom*

kariös ADJ carié

Karitas → Caritas

karitativ ADJ charitable

Karkasse F ⟨~; ~n⟩ *von Geflügel*, TECH carcasse *f*

Karl M ⟨→ *n/pr*⟩ *prénom*; **~ der Große** Charlemagne *m*; **~ der Kahle** Charles *m* le Chauve; **~ der Kühne** Charles *m* le Téméraire; **~ V.** Charles *m* Quint; **~ Martell** Charles *m* Martel

Karlsbad N ⟨→ *n/pr*⟩ Karlovy Vary

Karma N ⟨~s⟩ REL karma *m*

Karmelit(in) M ⟨~en; ~en⟩ (F) ⟨~in; ~innen⟩, **Karmeliter(in)** M ⟨-ers; -er⟩ (F) ⟨-erin; -erinnen⟩ carme *m*, carmélite *f*; **Karmeliterorden** M ordre *m* des carmes

Karmesin N ⟨~s⟩ carmin *m*; **karmesinrot** ADJ carmin (*inv*)

Karmin N ⟨~s⟩ carmin *m*; **karminrot** ADJ carmin (*inv*)

Karneol M ⟨~s; ~e⟩ MINER cornaline *f*

Karneval M ⟨~s; ~e *ou* ~s⟩ carnaval *m*; **im, an, zu ~** pendant le carnaval; **~ feiern** fêter le carnaval

Karnevalist M ⟨~en; ~en⟩ animateur *m* du carnaval

karnevalistisch ADJ carnavalesque

Karnevalsgesellschaft F société *f*, réunion *f*, association *f* carnavalesque; **Karnevalskostüm** N costume *m* de carnaval; **Karnevalsorden** M décoration *f* carnavalesque; **Karnevalsprinz(essin)** M(F) prince *m*, princesse *f* du carnaval; **Karnevalssitzung** F soirée *f* de carnaval (*avec chansons, danses, etc*); **Karnevalstage** MPL jours *mpl* du, de carnaval; **Karnevalsverein** M *association destinée à perpétuer la tradition du carnaval*; **Karnevalszug** M cortège *m* de *od* du carnaval

Karnickel N ⟨~s; ~⟩ **1** *regional* → Kaninchen **2** *umg fig* **so ein ~!** *umg* quel crétin!; quel idiot!; **ich war das ~!** c'est moi qui ai fait la bourde

karnivor ADJ *t/t* carnivore; **Karnivoren** MPL ZOOL, BOT carnivores *mpl*

Kärnten N ⟨→ *n/pr*⟩ la Carinthie

Kärntner(in) M ⟨~s; ~⟩ (F) ⟨~in; ~innen⟩ habitant(e) *m(f)* de la Carinthie; **kärntnerisch** ADJ de la Carinthie

Karo N ⟨~s; ~s⟩ carreau *m* (*a. Spielkartenfarbe*); **Karoass** N *Spielkarte* as *m* de carreau

Karolinger MPL HIST Carolingiens *mpl*

Karomuster N **mit ~** à carreaux

Karosse F ⟨~; ~n⟩ carrosse *m*

Karosserie F ⟨~; ~n⟩ carrosserie *f*; **Karosseriebau** M ⟨~(e)s⟩ carrosserie *f*

Karotin N ⟨~s⟩ BIOCHEMIE carotène *m*

Karotte F ⟨~; ~n⟩ carotte *f*

Karpaten PL **die ~** les Carpates *fpl*

Karpfen M ⟨~s; ~⟩ carpe *f*; *junger a.* carpeau *m*

Karpfenteich M étang *m* de carpes; *umg fig* **der Hecht im ~ sein** réveiller, dynamiser son entourage

Karpfenzucht F carpiculture *f*

Karre F ⟨~; ~n⟩ **1** (*Gefährt*) charrette *f*; *kleine* carriole *f*; (*Gepäckkarre*) chariot *m*; (*Schubkarre*) brouette *f*; *umg fig* **die ~, den Karren aus dem Dreck ziehen** remettre les choses en ordre; **die ~, den Karren einfach laufen lassen** laisser aller les choses; *umg fig* **j-m an die ~, den Karren fahren** attaquer qn rudement; *umg* rentrer dans le lard à qn **2** *umg* (*Fahrrad*) *umg* bécane *f*; clou *m*; (*Auto*) *umg* bagnole *f*; *umg* **die alte ~** *umg* la vieille bagnole

Karree N ⟨~s; ~s⟩ carré *m*

karren V/T ⟨h.⟩ charrier; *mit e-r Schubkarre* brouetter

Karren M ⟨~s; ~⟩ **j-n vor s-n ~ spannen** se servir de qn pour arriver à ses fins; → *a.* Karre 1

Karrette F ⟨~; ~n⟩ *schweiz* **1** (*Schubkarre*) brouette *f* **2** (*Einkaufswagen*) caddie® *m*

Karriere F ⟨~; ~n⟩ **1** carrière *f*; **~ machen** faire carrière **2** PFERDESPORT galop *m* de course

Karrierefrau F femme *f* qui fait carrière; *pej* femme *f* carriériste; **Karrieremacher** M ⟨~s; ~⟩ *pej* carriériste *m*

Karrierist(in) M ⟨~en; ~en⟩ (F) ⟨~in; ~innen⟩ *pej* carriériste *m/f*

Karsamstag M samedi saint

Karst M ⟨~(e)s; ~e⟩ GEOL karst *m*

karstig ADJ karstique

kart. ABK (kartoniert) cartonné

Kartätsche F ⟨~; ~n⟩ 1 HIST MIL boîte *f* à mitraille 2 BAU taloche *f*

Kartause F ⟨~; ~n⟩ *Kloster* chartreuse *f*

Kartäuser M ⟨~s; ~⟩ 1 chartreux *m* 2 → Kartäuserlikör

Kartäuserin F ⟨~; ~nen⟩ *Nonne* chartreuse *f*

Kartäuserlikör M chartreuse *f*; **Kartäusermönch** M chartreux *m*; **Kartäuserorden** M ordre *m* des chartreux

Kärtchen N ⟨~s; ~⟩ petite carte

Karte F ⟨~; ~n⟩ carte *f*; *(Speisekarte) a.* menu *m*; *für Zug, Flugzeug* billet *m*; *für Bus, U-Bahn* ticket *m*; *für Kino, Theater, Oper* place *f*; billet *m*; *im Restaurant* **die ~ bitte!** la carte, s'il vous plaît!; FUSSBALL **(j-m) die Gelbe, Rote ~ (zeigen)** (montrer à qn) le carton jaune, rouge; FUSSBALL **die Gelb-Rote ~** le second carton jaune; **gezinkte ~n** cartes biseautées; AUTO **die grüne ~** la carte verte; **gute, schlechte ~n haben** avoir du jeu *od* un beau jeu, ne pas avoir de jeu; **e-e ~ ablegen** écarter une carte; **e-e ~ abwerfen** se défausser d'une carte; **nach der ~ essen** manger à la carte; **die ~n mischen** battre, mélanger les cartes; **~n spielen** jouer aux cartes; **die ~n verteilen** distribuer les cartes; *fig* **alle ~n in der Hand haben** avoir toutes les cartes en main; **j-m in die ~n sehen** regarder le jeu, les cartes de qn; *fig* **sich** *(dat)* **nicht in die ~n sehen lassen** cacher son jeu; *fig* **mit offenen ~n spielen** jouer cartes sur table; *fig* **mit verdeckten ~n spielen** cacher son jeu; *fig* **die ~n aufdecken, (offen) auf den Tisch legen** découvrir son jeu; montrer ses cartes; **alles auf e-e ~ setzen** mettre tous ses œufs dans le même panier; **j-m die ~n legen, j-m aus den ~n wahrsagen** tirer, faire les cartes à qn

Kartei F ⟨~; ~en⟩ fichier *m*; **Karteikarte** F fiche *f*; **Karteikasten** M fichier *m*; boîte *f* à fiches; **Karteileiche** F *hum* 1 *Karte: fiche au contenu devenu caduc* 2 *Person: membre enregistré mais qui n'existe que sur le papier*

Kartell N ⟨~s; ~e⟩ WIRTSCH, POL cartel *m*; **Kartellamt** N office *m* des cartels; **Kartellbehörde(n)** F(PL) autorités *fpl* qui réglementent les cartels; **Kartellbildung** F cartellisation *f*; formation *f* de cartels; **Kartellgesetz** N loi *f* sur les cartels; **Kartellrecht** N ⟨~(e)s⟩ législation *f* anti-trusts; **Kartellverbot** N interdiction *f* des cartels

karten *umg* VI ⟨h.⟩ *umg* taper le carton

Kartenbrief M carte-lettre *f*; **Kartengruß** M court message de carte postale

Kartenhaus N 1 SCHIFF chambre *f* des cartes 2 *aus Spielkarten* château *m* de cartes; **einstürzen wie ein ~** s'écrouler comme un château de cartes

Kartenkunststück N tour *m* de cartes; **Kartenlegen** N ⟨~s⟩ cartomancie *f*; **Kartenleger(in)** M ⟨~s; ~⟩ (F) ⟨~in; ~innen⟩ tireur, -euse *m,f* de cartes; cartomancienne *f*; **Kartenlesen** N lecture *f* d'une carte; **Kartenspiel** N jeu *m* de cartes; *Einzelspiel* partie *f* de cartes; **Kartenspieler(in)** M/F joueur, -euse *m,f* de cartes; **Kartenständer** M support *m* (pour cartes de géographie); **Kartentelefon** N téléphone *m* à cartes; **Kartenverkauf** M vente *f* de billets; **Kartenvorverkauf** M réservation *f*, location *f* des places

Karthager(in) M ⟨~s; ~⟩ (F) ⟨~in; ~innen⟩ HIST Carthaginois(e) *m(f)*; **karthagisch** ADJ HIST carthaginois

Karthago N ⟨→ *n/pr*⟩ HIST Carthage

Kartoffel F ⟨~; ~n⟩ 1 BOT pomme *f* de terre; *umg* patate *f*; **~n schälen** éplucher, peler des pommes de terre; *umg* **j-n wie e-e heiße ~ fallen lassen** *umg* laisser tomber qn comme une vieille chaussette; *sprichw* **die dümmsten Bauern haben die größten ~n** *sprichw* aux innocents les mains pleines 2 *umg fig* → Kartoffelnase

Kartoffelacker M → Kartoffelfeld; **Kartoffel(an)bau** M ⟨~(e)s⟩ culture *f* de la pomme de terre; **Kartoffelauflauf** M gratin *m* de pommes de terre; gratin dauphinois; **Kartoffelbrei** M purée *f* de pommes de terre; **Kartoffelchips** MPL chips *fpl*; **Kartoffelernte** F récolte *f* de *od* des pommes de terre; **Kartoffelfeld** N champ *m* de pommes de terre; **Kartoffelfeuer** N feu *m* de fanes de pommes de terre; **Kartoffelgratin** N → Kartoffelauflauf; **Kartoffelkäfer** M doryphore *m*; **Kartoffelklöße** MPL, *südd* **Kartoffelknödel** MPL quenelles *fpl* de pommes de terre; **Kartoffelknolle** F tubercule *m* de pomme de terre; **Kartoffelkraut** N ⟨~(e)s⟩ fanes *fpl* de pommes de terre; **Kartoffelmehl** N fécule *f* de pommes de terre; **Kartoffelmus** N → Kartoffelbrei; **Kartoffelnase** *umg* F *umg* nez *m* en patate; **Kartoffelpresse** F presse-purée *m*; **Kartoffelpuffer** M *genre de galette de pommes de terre râpées*; **Kartoffelpüree** N → Kartoffelbrei; **Kartoffelquetsche** F → Kartoffelpresse; **Kartoffelsalat** M salade *f* de pommes de terre; **Kartoffelschale** F pelure *f* de pommes de terre; **Kartoffelschälmaschine** F machine *f* à éplucher les pommes de terre; **Kartoffelstampfer** M pilon *m* presse-purée; **Kartoffelstärke** F ⟨~⟩ fécule *f*, amidon *m* de pomme de terre; **Kartoffelstock** M ⟨~(e)s⟩ *schweiz* → Kartoffelbrei; **Kartoffelsuppe** F soupe *f* de pommes de terre

Kartograf(in) M ⟨~en; ~en⟩ (F) ⟨~in; ~innen⟩ cartographe *m/f*; **Kartografie** F ⟨~⟩ cartographie *f*; **kartografisch** ADJ cartographique; **Kartogramm** N ⟨~s; ~e⟩ cartogramme *m*; **Kartograph(in)**, **Kartographie**, **kartographisch** → Kartograf(in), Kartografie, kartografisch

Karton M ⟨~s; ~s⟩ *Pappe, Behälter*, KUNSTWISSENSCHAFT carton *m*

Kartonage F ⟨~; ~n⟩ cartonnage *m*; **Kartonagenfabrik** F cartonnerie *f*

kartoniert ADJT *Buch* cartonné

Kartothek F ⟨~; ~en⟩ fichier *m*

Kartusche F ⟨~; ~n⟩ 1 ARCH cartouche *m* 2 MIL gargousse *f*

Karussell N ⟨~s; ~e *ou* ~s⟩ manège *m*; **~ fahren** faire un tour de manège; *umg fig* **mit j-m ~ fahren** *umg* passer un savon à qn

Karwoche F semaine sainte

Karzer M ⟨~s; ~⟩ *früher* 1 *Raum: pièce dans un lycée ou une université où ont lieu les heures de colles* 2 *Strafe* colle *f*

karzinogen ADJ MED *t/t* cancérigène; carcinogène

Karzinom N ⟨~s; ~e⟩ MED *t/t* carcinome *m*

Kasache M ⟨~n; ~n⟩, **Kasachin** F ⟨-in; -innen⟩ Kazakh(e) *m(f)*; **kasachisch** ADJ kazakh; du Kazakhstan

Kasachstan N ⟨→ *n/pr*⟩ le Kazakhstan

Kasack M ⟨~s; ~s⟩, *österr* F ⟨~; ~s⟩ casaque *f*

Kaschemme *umg pej* F ⟨~; ~n⟩ *(Spelunke)* bouge *m*

kaschieren VT ⟨*pas de ge-*, h.⟩ 1 *(verbergen)* cacher; dissimuler; masquer 2 *Pappe* recouvrir, habiller de papier de couleur

Kaschmir[1] N ⟨→ *n/pr*⟩ GEOG le Cachemire

Kaschmir[2] M ⟨~s; ~e⟩ TEX cachemire *m*; **Kaschmirschal** M châle *m* de cachemire; **Kaschmirziege** F chèvre *f* du Cachemire

Käse M ⟨~s; ~⟩ 1 fromage *m* 2 *umg pej (Unsinn)* âneries *fpl*; **Käseauflauf** M GASTR soufflé *m* au fromage; **Käseblatt** *umg pej* N *umg* feuille *f* de chou; **Käsebrot** N tartine *f* de fromage; **Käsebrötchen** N sandwich *m* au fromage; **Käseecke** F portion *f* de fromage fondu; **Käsefondue** N fondue *f*

Käsefüße *umg pej* MPL **~ haben** puer des pieds

Käsegebäck N biscuits *mpl* au fromage; **Käsegeschäft** N fromagerie *f*; **Käseglocke** F cloche *f* à fromage; **Käseherstellung** F fabrication *f* du fromage

Kasein N ⟨~s⟩ CHEM caséine *f*

Käsekuchen M gâteau *m* au fromage blanc

Kasematte F ⟨~; ~n⟩ MIL casemate *f*

Käsemesser N couteau *m* à fromage

käsen VI ⟨-(es)t, h.⟩ faire du fromage

Käseplatte F *Platte mit Käse* plateau *m* de fromages; *Geschirr* plateau *m* à fromages

Käserei F ⟨~; ~en⟩ *Fabrik* fromagerie *f*

Käserinde F croûte *f* du fromage

Kaserne F ⟨~; ~n⟩ caserne *f*

Kasernenhof M cour *f* de (la) caserne; **Kasernenhofton** M ⟨~(e)s; -töne⟩ ton *m* de commandement

kasernieren VT ⟨*pas de ge-*, h.⟩ caserner

Kasernierung F ⟨~; ~en⟩ casernement *m*

Käsesahnetorte F → Käsetorte; **Käseschmiere** F BIOL, MED enduit sébacé; *t/t* vernix *f* caseosa; **Käsestange** F allumette *f* au fromage; **Käseteller** M assiette *f* de fromage(s); **Käsetorte** F *(Käsekuchen)* gâteau *m* au fromage blanc; *(Käsesahnetorte)* gâteau fourré au fromage blanc et à la crème

käseweiß *umg* ADJ pâle; **~ werden** devenir blanc comme un linge

käsig ADJ 1 semblable au fromage 2 *umg fig (blass)* pâle; *plus fort* blanc, blanche comme un linge; *(nicht braun) umg* blanc, blanche comme un cachet d'aspirine

Kasino N ⟨~s; ~s⟩ 1 *(Offizierskasino)* mess *m* 2 *(Spielkasino)* casino *m* 3 *(Speiseraum)* → Kantine

Kaskade F ⟨~; ~n⟩ cascade *f* (*a.* ZIRKUS, ELEK)

kaskadenförmig ADJ *u.* ADV en cascade

Kaskoversicherung F AUTO *Vollkasko* assurance *f* tous risques; → *a.* Teilkaskoversicherung

Kaspar M ⟨→ *n/pr*⟩ *prénom*; REL Gaspard *m*

Kasper M ⟨~s; ~⟩ 1 *(Puppe)* guignol *m* 2 *umg fig* guignol *m*

Kasperl M ⟨~s; ~(n)⟩ *österr*, **Kasperle** N *od* M ⟨-les; -le⟩ *südd* guignol *m*

Kasper(le)puppe F guignol *m*; **Kasper(le)theater** N guignol *m*

Kaspisch ADJ **das ~e Meer** la mer Caspienne

Kassa F ⟨~; -en⟩ *österr* → Kasse

Kassageschäft N HANDEL opération *f* au comptant; **Kassakurs** M cours *m* au comptant; **Kassamarkt** M marché *m* au comptant

Kassandra F ⟨→ *n/pr*⟩ MYTH Cassandre *f*; **Kassandraruf** *geh* M prophétie *f* pessimiste *(à la manière de Cassandre)*

Kassation F ⟨~; ~en⟩ JUR cassation *f*

Kassationshof M Cour *f* de cassation

Kasse F ⟨~; ~n⟩ caisse *f* (*a. Kinokasse, Krankenkasse*); THEAT *a.* bureau *m* de location; **die ~ führen** tenir la caisse; **~ machen** faire sa caisse, *privat* ses comptes; **gemeinsame ~ ma-**

chen faire bourse commune; **getrennte ~ machen** faire bourse à part; payer chacun sa part; **(gut) bei ~ sein** être en fonds; **knapp, schlecht bei ~ sein** ne pas être en fonds; être à court d'argent; *umg* **j-n zur ~ bitten** présenter la facture à qn; **gegen ~ (verkaufen)** (vendre) au comptant

Kasseler N ⟨~s; ~⟩, **Kasseler Rippenspeer** M *od* N GASTR côte de porc salée et fumée

Kassenabschluss M arrêté *m* de caisse; **Kassenarzt** M, **Kassenärztin** F médecin conventionné; **kassenärztlich** ADJ ⟨*épithète*⟩ concernant les médecins conventionnés; **Kassenausgänge** MPL sorties *fpl* de caisse; **Kassenbeleg** M bon *m* de caisse; **Kassenbericht** M relevé *m* de caisse; **Kassenbestand** M encaisse *f*; avoir *m*, solde *m* en caisse; **Kassenbon** M ticket *m* de caisse; **Kassenbrille** *umg* F lunettes payées par la Sécurité sociale; **Kassenbuch** N livre *m* de caisse; **Kasseneingänge** MPL recettes *fpl*

Kassenerfolg M film *m*, pièce *f* à succès; **ein ~ sein** *a.* remplir les caisses

Kassenfehlbetrag M déficit *m* de caisse; **Kassenführer(in)** M(F) caissier, -ière *m,f*; **Kassenführung** F gestion *f*, tenue *f* de caisse; **Kassengestell** *umg* N *e-r Brille* monture de lunettes payée par la Sécurité sociale; **Kassenlage** F situation *f* de la caisse; **Kassenmagnet** *umg* M 1 *Person umg* tête *f* d'affiche; *Sänger* chanteur *m* à succès 2 *Sache* article-vedette *m*; **Kassenpatient(in)** M(F) patient(e) *m(f)*, client(e) *m(f)* affilié(e) obligatoirement à une caisse (d'assurance); **Kassenprüfung** F vérification *f* de caisse; **Kassenraum** M caisse *f*; **Kassenschalter** M guichet *m* de la caisse

Kassenschlager *umg* M → Kassenmagnet; **ein ~ sein** faire recette

Kassenschluss M fermeture *f* de caisse; **Kassenstand** M état *m* de la caisse; **Kassenstunden** FPL heures *fpl* (d'ouverture de la caisse)

Kassensturz *umg* M **~ machen** faire l'état de sa caisse; *fig* faire ses comptes

Kassenwart M ⟨~(e)s; ~e⟩ trésorier *m*; **Kassenzettel** M *Bon* ticket *m* de caisse; *Quittung* facture *f*

Kasserolle F ⟨~; ~n⟩ casserole *f*

Kassette F ⟨~; ~n⟩ 1 *Behälter* boîte *f*; coffret *m*; cassette *f* 2 (*Tonbandkassette, Videokassette*) cassette *f* 3 *für Bücher, Schallplatten* coffret *m* 4 BAU caisson *m* 5 FOTO châssis *m*

Kassettendeck N platine *f* à cassettes; **Kassettendecke** F BAU plafond *m* à caissons; **Kassettenrekorder** M lecteur *m* de cassettes; magnétophone *m* à cassettes

Kassiber *Jargon* M ⟨~s; ~⟩ *Jargon* bifton *od* biffeton *m*

Kassier M ⟨~s; ~e⟩ *südd, österr, schweiz* → Kassierer(in)

kassieren ⟨*pas de ge-*, **h.**⟩ A V/T 1 *Geld etc* encaisser 2 JUR *Urteil* casser 3 *umg fig* (*einstecken müssen*) encaisser 4 *umg fig* (*wegnehmen*) retirer B V/I (*ab~*) encaisser; *umg fig* **er hat ganz schön kassiert** (*bei e-m Geschäft*) *umg* il a fait son beurre

Kassierer(in) M ⟨~s; ~⟩ (F) ⟨~in; ~innen⟩ caissier, -ière *m,f*

Kastagnette F ⟨~; ~n⟩ castagnette *f*

Kastanie F ⟨~; ~n⟩ 1 (*Rosskastanie*) *Frucht* marron *m* (d'Inde); *Baum* marronnier *m* 2 (*Edelkastanie, echte ~*) *Frucht* châtaigne *f*; GASTR marron *m*; *Baum* châtaignier *m*; **geröstete ~n** marrons grillés, chauds; **kandierte ~n** marrons glacés; *umg* **für j-n die ~n aus dem Feuer holen** tirer les marrons du feu pour qn

Kastanienbaum M → Kastanie 1, 2; **kastanienbraun** ADJ marron (*inv*); *Haare* châtain

Kästchen N ⟨~s; ~⟩ coffret *m* (*a. Schmuckkästchen*); *auf Formularen etc* case *f*

Kaste F ⟨~; ~n⟩ caste *f*

kasteien V/R ⟨*pas de ge-*, **h.**⟩ **sich ~** se mortifier

Kasteiung F ⟨~; ~en⟩ mortification *f*

Kastell N ⟨~s; ~e⟩ 1 HIST *römisch* fort romain; place fortifiée romaine 2 *Burg* château fort

Kastellan M ⟨~s; ~e⟩ intendant *m* d'un château

Kasten M ⟨~s; ~̈⟩ 1 *Behälter* boîte *f*; *größerer* caisse *f* (*a. Bierkasten*); coffre *m*; *umg* (*Briefkasten*) boîte *f* aux lettres; *Brief* **in den ~ werfen** mettre à la boîte 2 SPORT plinth *m* 3 *südd, österr, schweiz* (*Schrank*) armoire *f* 4 *umg pej* (*Auto*) *umg* caisse *f*; (*Haus*) bloc *m* (de béton); (*Radio, Fernseher etc*) *umg* engin *m*; *umg* **etwas auf dem ~ haben** être doué, *umg* calé 5 *umg* FOTO, FILM **wir haben das Foto, die Szene im ~** la photo est faite, la scène est tournée

Kastenbrot N *pain cuit dans un moule rectangulaire*; *Weißbrot* pain *m* de mie; **Kastenform** F GASTR moule *m* à cake; **Kastenkuchen** M gâteau *m* en forme de cake; **Kastenwagen** M (*Lieferwagen*) camionnette (fermée); fourgonnette *f*

Kastenwesen N ⟨~s⟩ *bes* REL système *m* de castes

Kastilien N ⟨→ *n/pr*⟩ la Castille

Kastrat M ⟨~en; ~en⟩ castrat *m*; **Kastratenstimme** F voix *f* de castrat; **Kastration** F ⟨~; ~en⟩ castration *f*; **Kastrationskomplex** M complexe *m* de castration

kastrieren V/T ⟨*pas de ge-*, **h.**⟩ castrer; châtrer; **Kastrierung** F ⟨~; ~en⟩ castration *f*

Kasuistik F ⟨~⟩ casuistique *f*

kasuistisch ADJ de casuiste

Kasus M ⟨~; ~⟩ GRAM cas *m*; **Kasusendung** F terminaison *f*, désinence *f* qui marque le cas

Kat *umg* M ⟨~s; ~s⟩ ABK (Katalysator) catalyseur *m*; pot *m* catalytique

Katabolismus M ⟨~⟩ PHYSIOL catabolisme *m*

Katafalk M ⟨~s; ~e⟩ catafalque *m*

Kataklysmus M ⟨~; -men⟩ GEOL cataclysme *m*

Katakombe F ⟨~; ~n⟩ catacombe *f*

Katalane M ⟨~n; ~n⟩, **Katalanin** F ⟨-in; -innen⟩ Catalan(e) *m(f)*

katalanisch ADJ catalan; **die ~e Sprache** la langue catalane; le catalan

Katalanisch N ⟨~(s)⟩, **Katalanische** N ⟨~n⟩ **(das) Katalanisch(e)** *Sprache* le catalan

Katalepsie F ⟨~; ~n⟩ MED catalepsie *f*

kataleptisch ADJ MED cataleptique

Katalog M ⟨~(e)s; ~e⟩ catalogue *m*; **katalogisieren** V/T ⟨*pas de ge-*, **h.**⟩ cataloguer; **Katalogisierung** F ⟨~; ~en⟩ catalogage *m*; **Katalogpreis** M prix *m* de catalogue

Katalonien N ⟨→ *n/pr*⟩ la Catalogne

Katalysator M ⟨~s; -toren⟩ 1 CHEM catalyseur *m* 2 AUTO catalyseur *m*; pot *m* catalytique; **geregelter ~** catalyseur réglé; **ungeregelter ~** catalyseur non réglé 3 *geh fig* catalyseur *m*

Katalysatortechnik F technique *f* catalyseur; **Katalysatorwagen** M voiture *f* à pot catalytique, à catalyseur

Katalyse F ⟨~; ~n⟩ CHEM catalyse *f*

katalysieren V/T ⟨*pas de ge-*, **h.**⟩ CHEM catalyser

katalytisch ADJ CHEM catalytique

Katamaran M *od* N ⟨~s; ~e⟩ catamaran *m*

Kataplexie F ⟨~; ~n⟩ MED cataplexie *f*

Katapult M *od* N ⟨~(e)s; ~e⟩ catapulte *f*

katapultieren V/T ⟨*pas de ge-*, **h.**⟩ catapulter

Katapultstart M FLUG (décollage *m* par) catapultage *m*

Katar N ⟨→ *n/pr*⟩ le Qatar

Katarakt[1] M ⟨~(e)s; ~e⟩ *e-s Flusses* cataracte *f*

Katarakt[2] F ⟨~; ~e⟩ MED cataracte *f*

Katarer(in) M ⟨~s; ~⟩ (F) ⟨~in; ~innen⟩ Qatari(e) *m(f)*; **katarisch** ADJ qatari; du Qatar

Katarr(h) M ⟨~(h)s; ~(h)e⟩ MED catarrhe *m*; *umg* (*Schnupfen*) rhume *m*

Kataster M *od* N ⟨~s; ~⟩ cadastre *m*; **Katasteramt** N cadastre *m*; **Katasterauszug** M extrait cadastral

katastrophal ADJ catastrophique

Katastrophe F ⟨~; ~n⟩ catastrophe *f*

Katastrophenalarm M alerte *f* à la catastrophe; **Katastrophendienst** M organisation *f* des secours en cas de catastrophe; *etwa* plan *m* ORSEC; **Katastropheneinsatz** M intervention *f* des secours en cas de catastrophe; **Katastrophengebiet** N région touchée par une catastrophe; région sinistrée; **Katastrophenschutz** M 1 *Organisation* organisme chargé des mesures à prendre en cas de catastrophe 2 *Aktionen* mesures préventives pour empêcher une catastrophe

Katauto *umg* N voiture *f* à catalyseur, à pot catalytique

Kate F ⟨~; ~n⟩ chaumière *f*

Katechese F ⟨~; ~n⟩ REL catéchèse *f*; *Unterricht* catéchisme *m*

Katechet(in) M ⟨~en; ~en⟩ (F) ⟨~in; ~innen⟩ catéchiste *m*, (dame *f*) catéchiste *f*; **Katechismus** M ⟨~; -men⟩ (livre *m* de) catéchisme *m*; **Katechist** M ⟨~en; ~en⟩ catéchiste *m* (indigène)

Katechumene M ⟨~n; ~n⟩ REL catéchumène *m*

Kategorie F ⟨~; ~n⟩ catégorie *f* (*a.* PHIL)

kategorisch A ADJ catégorique (*a.* PHIL); PHIL **~er Imperativ** impératif catégorique B ADV catégoriquement

Katenbrot N *sorte de pain noir au goût prononcé*; **Katenwurst** F *etwa* saucisson fumé

Kater M ⟨~s; ~⟩ 1 ZOOL matou *m*; chat *m* (mâle); **der Gestiefelte ~** le Chat botté; *fig* **verliebt sein wie ein ~** être éperdument amoureux 2 *umg fig* **e-n ~ haben** *umg* avoir la gueule de bois; avoir mal aux cheveux

Katerfrühstück N *petit-déjeuner à base de hareng mariné que l'on prend lorsqu'on a la gueule de bois*; **Katerstimmung** *umg* F *umg* gueule *f* de bois

kath. ABK (katholisch) cath., cathol. (catholique)

Katharer M ⟨~s; ~⟩ REL cathare *m*

Katharina F ⟨→ *n/pr*⟩ *prénom*; HIST **~ die Große** Catherine *f* la Grande

Katharsis F ⟨~⟩ PHIL catharsis *f*

Käthe F ⟨→ *n/pr*⟩ *prénom*

Katheder N *od* M ⟨~s; ~⟩ chaire *f*

Kathedrale F ⟨~; ~n⟩ cathédrale *f*

Kathete F ⟨~; ~n⟩ MATH côté *m* de l'angle droit

Katheter M ⟨~s; ~⟩ MED sonde *f*

Kathode F ⟨~; ~n⟩ ELEK cathode *f*

Katholik(in) M ⟨~en; ~en⟩ (F) ⟨~in; ~innen⟩ catholique *m/f*

Katholikentag M congrès *m* des catholiques

katholisch ADJ catholique; **~er Pfarrer** curé *m*

Katholizismus M ⟨~⟩ catholicisme *m*

Kation N ⟨~s; -onen⟩ CHEM cation *m*

Katode → Kathode

Kattun M ⟨~s; ~e⟩ toile *f* de coton; cotonnade *f*; *bedruckter* indienne *f*

Katz F *umg* **~ und Maus mit j-m spielen** jouer au chat et à la souris avec qn; *umg* **das ist für die ~** c'est en pure perte, en vain; *umg* c'est pour des prunes

Katzbuckelei F *pej* ⟨~⟩ courbettes *fpl*

katzbuckeln VI ⟨-(e)le, h.⟩ *pej* faire des courbettes (**vor** [+*dat*] devant)

Kätzchen N ⟨~s; ~⟩ **1** ZOOL petit(e) chat(te) *m(f)* (*a. Kosewort*); *junges* chaton *m* **2** BOT chaton *m*

Katze F ⟨~; ~n⟩ **1** ZOOL chat *m*; *weibliche* chatte *f*; *pl* **~n** *t/t* félins *mpl*; félidés *mpl*; **wie Hund und ~ leben** vivre comme chien et chat; *umg* **die ~ im Sack kaufen** acheter les yeux fermés; *umg* **die ~ aus dem Sack lassen** livrer un secret; *umg* abattre son jeu; *umg* **wie die ~ um den heißen Brei herumgehen** *umg* tourner autour du pot; *sprichw* **bei Nacht sind alle ~n grau** *sprichw* la nuit, tous les chats sont gris; *sprichw* **die ~ lässt das Mausen nicht** *sprichw* qui a bu boira; *sprichw* chassez le naturel, il revient au galop; *sprichw* **wenn die ~ nicht im Hause ist, tanzen die Mäuse auf dem Tisch** *sprichw* quand le chat n'est pas là, les souris dansent **2** HIST SCHIFF (*Lederpeitsche*) **neunschwänzige ~** chat *m* à neuf queues

Katzenauge N **1** ZOOL œil *m* de chat **2** MINER œil-de-chat *m* **3** *umg* (*Rückstrahler*) catadioptre *m*; cataphote *m*

Katzenbuckel M dos *m* de chat; **e-n ~ machen** faire le gros dos

Katzenfell N peau *f* de chat

katzenfreundlich *umg pej* ADJ mielleux, -euse; **~ sein** *a.* faire patte de velours

Katzengold N MINER **1** mica *m* jaune **2** pyrite *f*; **Katzenhai** M roussette *f*; chat *m* de mer; **Katzenjammer** *umg* M *umg* (coup *m* de) déprime *f*; **Katzenmusik** *umg pej* F musique cacophonique, dissonante; **Katzenpfötchen** N BOT pied-de-chat *m*; *t/t* antennaria *f* dioica; **Katzenpfote** F patte *f* de chat; **Katzensilber** N mica blanc; argent *m* de chat

Katzensprung *umg* M **es ist nur ein ~ (von hier)** c'est à deux pas d'ici

Katzentisch *umg hum* M petite table (*où mangent les enfants*)

Katzenwäsche *umg* F toilette *f* de chat; **~ machen** faire une toilette de chat; se laver le bout du nez

Katzenzunge F *Schokolade* langue-de-chat *f* en chocolat

Katz-und-Mausspiel N jeu *m* du chat et de la souris

Kauapparat M appareil masticateur; **Kaubewegung** F mouvement *m* de mastication

Kauderwelsch N ⟨~(s)⟩ *unverständliches* charabia *m*; baragouin *m*; (*Sprachmischung*) sabir *m*; (*Fachkauderwelsch*) jargon *m*

kauderwelschen VI ⟨*insép*, ge-, h.⟩ parler petit-nègre

kauen VT *u.* VI ⟨h.⟩ mâcher; mastiquer; *langsam* mâchonner; **(die) Nägel, an den Nägeln ~** se ronger les ongles; *umg fig* **daran** (*dat*) **wirst du zu ~ haben** *umg* cela va te donner du fil à retordre

kauern ⟨-(e)re, h.⟩ **A** VI *Zustand* être accroupi, blotti, tapi **B** V/R **sich ~** s'accroupir; *um sich zu verstecken* se blottir; se tapir

Kauf M ⟨~(e)s; Käufe⟩ **1** achat *m*; **etw zum ~ anbieten** mettre qc en vente **2** *als Rechtsgeschäft* vente *f* **3** *fig* **etw in ~ nehmen** être prêt à accepter qc

Kaufbedingungen FPL conditions *fpl* d'achat

kaufen VT *u.* VI ⟨h.⟩ **1** acheter (**von j-m** à qn; **für j-n** à, pour qn; **bei j-m** chez qn); **bei j-m ~** *a.* se fournir chez qn; **etw für zehn Euro ~** acheter qc dix euros; (*im Wert von zehn Mark*) acheter qc pour dix euros **2** *beim Spiel* **Karten ~** piocher **3** *umg* (*bestechen*) **Zeugen** *etc* **~** acheter des témoins, *etc* **4** *umg* **dafür kann ich mir nichts ~!** *umg* cela ne m'avance à rien!; *umg* **den werde ich mir ~!** il me le paiera!

Käufer(in) M ⟨~s; ~⟩ (F) ⟨~in; ~innen⟩ (*Kunde, Kundin*) client(e) *m(f)*; (*Abnehmer[in]*) preneur, -euse *m,f*; acheteur, -euse *m,f*; *bei Grundstücken, Kunstgegenständen etc* acquéreur *m*; preneur, -euse *m,f*; **e-n ~ finden** trouver preneur, *etc*

Käuferkreis M groupe *m* de consommateurs; **Käuferschicht** F catégorie *f* d'acheteurs

Kauffrau F **1** (*Geschäftsfrau*) commerçante *f*; marchande *f* **2** (*kaufmännische Angestellte*) employée *f* de commerce; **Kaufhaus** N grand magasin; **Kaufhausdetektiv** M détective *m* de grand magasin; **Kaufinteresse** N intention *f* d'acheter, d'acquérir; **Kaufkraft** F *des Geldes, Käufers* pouvoir *m* d'achat; **Kaufladen** M *a. Spielzeug* épicerie *f*; **Kaufleute** PL commerçants *mpl*

käuflich **A** ADJ **1** *Ware* à vendre; **~e Liebe** prostitution *f* **2** *pej Amt, Person* vénal **B** ADV **etw ~ erwerben** faire l'acquisition de qc; acheter qc

Kauflust F ⟨~⟩ envie *f*, désir *m* d'acheter;

Kaufmann M ⟨~(e)s; -leute⟩ **1** (*Geschäftsmann*) commerçant *m*; (*Großhändler*) négociant *m* **2** (*kaufmännischer Angestellter*) employé *m* de commerce

kaufmännisch **A** ADJ commercial; **~er Angestellter** employé *m* de commerce **B** ADV **~ ausgebildet** qui a reçu une formation commerciale; **~ tätig** qui travaille dans le secteur commercial

Kaufpreis M, **Kaufsumme** F prix *m* d'achat; **Kaufrausch** M frénésie *f* de consommation; **Kaufsumme** F → Kaufpreis; **Kaufverhalten** N comportement *m* du consommateur; **Kaufvertrag** M contrat *m* de vente; **Kaufwert** M valeur marchande

Kaufzwang M ⟨~(e)s⟩ obligation *f* d'achat; *Schild* **kein ~** entrée libre

Kaugummi M *od* N ⟨~s; ~s⟩ chewing-gum *m*

Kaukasien N ⟨→ *n/pr*⟩ le Caucase; **Kaukasier(in)** M ⟨~s; ~⟩ (F) ⟨~in; ~innen⟩ Caucasien, -ienne *m,f*; **kaukasisch** ADJ caucasien, -ienne

Kaukasus ⟨→ *n/pr*⟩ **der ~** le Caucase

Kaulquappe F ⟨~; ~n⟩ têtard *m*

kaum ADV à peine; ne … guère; **es ist ~ zu glauben** c'est à peine croyable; **es besteht ~ Hoffnung** il n'y a guère d'espoir; **~, dass er den Mund aufmachte** il a à peine ouvert la bouche; c'est à peine s'il a ouvert la bouche; **er ist ~ sechs Jahre (alt)** il a à peine six ans; **man sieht ~ etwas** *vor Dunkelheit etc* on n'y voit guère; *von e-m Schaden etc* on le *od* la voit à peine; **ich kann es ~ erwarten zu** (*+inf*) j'ai °hâte de (*+inf*); *als Antwort* **wohl ~, ich glaube ~** je ne le pense guère; je n'arrive pas à le croire; **~ hatte er es gesagt, als** … il avait à peine dit cela que …

Kaumuskel M ANAT *meist* PL **~n** muscles masticateurs; *t/t* **großer ~** *t/t* masséter *m*

kausal ADJ *geh*, GRAM causal

Kausalgesetz N ⟨~es⟩ *bes* PHIL loi *f* de causalité

Kausalität F ⟨~; ~en⟩ causalité *f*

Kausalitätsprinzip N PHIL principe *m* de causalité

Kausalkette F PHIL, LOGIK enchaînement *m* logique; **Kausalsatz** M GRAM (proposition *f*) causale *f*; proposition circonstancielle de cause; **Kausalzusammenhang** M PHIL, LOGIK relation *f* de cause à effet; lien causal

Kausativ N ⟨~s; ~e⟩ GRAM (verbe *m*) factitif *m*

Kaustik F ⟨~⟩ OPT caustique *f*; **kaustisch** ADJ OPT caustique

Kautabak M tabac *m* à chiquer; (*Priem*) chique *f*

Kaution F ⟨~; ~en⟩ (*Bürgschaftssumme*) caution *f* (*a. Mietkaution*); (*Sicherheitsleistung*) cautionnement *m*; **e-e ~ stellen** verser une caution; **gegen ~ freilassen** mettre en liberté sous caution

Kautschuk M ⟨~s; ~e⟩ caoutchouc *m*; **Kautschukbaum** M °hévéa *m*; **Kautschukgewinnung** F récolte *f* du caoutchouc; **Kautschukmilch** F latex *m*

Kauwerkzeuge NPL organes masticateurs, de la mastication

Kauz M ⟨~es; Käuze⟩ **1** ZOOL chouette *f*; (*Waldkauz*) chat-huant *m*; °hulotte *f*; (*Steinkauz*) chevêche *f* **2** *umg fig* (*Sonderling*) **ein komischer ~** *umg* un drôle de zèbre

Käuzchen N ⟨~s; ~⟩ ZOOL (chouette *f*) chevêche *f*

kauzig ADJ bizarre

Kavalier M ⟨~s; ~e⟩ **1** (*ritterlicher Mann*) homme galant; gentleman *m*; **~ sein** être galant; **ein ~ der alten Schule** un galant homme; **~ am Steuer** conducteur courtois; *hum* **der ~ genießt und schweigt** un galant homme sait rester discret **2** *früher, hum* (*Begleiter e-r Dame*) cavalier *m* **3** HIST (*Edelmann*) gentilhomme *m*

Kavaliersdelikt N peccadille *f*

Kavalier(s)start M démarrage *m* en trombe *od* sur les chapeaux de roues

Kavallerie F ⟨~; ~n⟩ cavalerie *f*; **schwere ~** grosse cavalerie; **leichte ~** cavalerie légère

Kavallerist M ⟨~en; ~en⟩ MIL cavalier *m*

Kaverne F ⟨~; ~n⟩ **1** *unterirdisch* entrepôt souterrain (*destiné au stockage d'installations techniques, militaires ou de détritus*) **2** MED caverne *f*

kavernös ADJ MED, GEOL caverneux, -euse

Kaviar M ⟨~s; ~e⟩ caviar *m*

KB ABK (Kilobyte) Ko (kilo-octet)

kcal ABK (Kilokalorie) kcal (kilocalorie)

keck ADJ **1** (*frech*) °hardi; effronté **2** (*flott*) *Hut etc* coquet, -ette; qui a de l'allure

Keeper M ⟨~s; ~⟩ *österr* gardien *m* de but

Kefir M ⟨~s⟩ kéfir *od* képhir *m*

Kegel M ⟨~s; ~⟩ **1** KEGELSPIEL quille *f*; **die ~ aufsetzen, aufstellen** redresser les quilles; quiller **2** MATH, TECH, (*Bergkegel*) cône *m* **3** TYPO corps *m* **4** (*Lichtkegel*) faisceau lumineux **5** *umg* **mit Kind und ~** avec armes et bagages; *umg* avec toute la smala

Kegelabend M soirée *f* de jeu de quilles; **Kegelbahn** F piste *f* de quilles; **Kegelbruder** M copain *m* au jeu de quilles; **kegelförmig** ADJ conique; **Kegelklub** M club *m* de joueurs de quilles; **Kegelkugel** F boule *f* (du jeu de quilles); **Kegelmantel** M MATH surface *f* conique; aire latérale du cône

kegeln VI ⟨-(e)le, h.⟩ jouer aux quilles

Kegeln N ⟨~s⟩ jeu *m* de quilles

Kegelprojektion F KARTOGRAFIE projection *f* conique; **Kegelschieben** N ⟨~s⟩ *regional* → Kegelspiel; **Kegelschnitt** M MATH (section *f*) conique *f*; **Kegelspiel** N jeu *m* de quilles; **Kegelsport** M → Kegelspiel; **Kegelstumpf** M MATH tronc *m* de cône; cône tronqué

Kegler(in) M ⟨~s; ~⟩ (F) ⟨~in; ~innen⟩ joueur, -euse *m,f* de quilles

Kehlbalken M BAU faux entrait

Kehle F ⟨~; ~n⟩ 1 ANAT gorge *f*; **e-e trockene ~ haben** avoir le gosier en pente; *umg fig* **j-m das Messer an die ~ setzen** mettre, tenir le couteau sous, sur la gorge de qn; **j-m an die ~ springen** sauter à la gorge de qn; *umg* **sich** *(dat)* **die ~ aus dem Hals schreien** crier à pleine gorge; s'époumoner; *umg fig* **etw in die falsche ~ bekommen** prendre qc de travers; *fig* **es schnürt mir die ~ zu** j'en ai la gorge serrée; **aus voller ~** à pleine gorge 2 BAU *(Hohlkehle)* gorge *f*; *(Dachkehle)* noue *f*

kehlig ADJ guttural

Kehlkopf M larynx *m*; **Kehlkopfdeckel** M épiglotte *f*; **Kehlkopfentzündung** F, **Kehlkopfkatarr(h)** M laryngite *f*; **Kehlkopfkrebs** M cancer *m* du larynx; **Kehlkopfmikrofon** N laryngophone *m*; **Kehlkopfschnitt** M laryngotomie *f*; **Kehlkopfspiegel** M laryngoscope *m*; miroir laryngien

Kehllaut M PHON laryngale *f*

Kehraus M ⟨~⟩ fin *f* (d'une fête); *Tanz* dernière danse; **den ~ machen** finir la fête

Kehrblech N *regional* pelle *f* (à ordures)

Kehre F ⟨~; ~n⟩ 1 *(Wegbiegung)* tournant *m*; virage *m* 2 TURNEN saut latéral dorsal

kehren¹ VT *u.* VI ⟨h.⟩ *(fegen)* balayer; *fig* **vor s-r eigenen Tür ~** balayer devant sa porte

kehren² ⟨h.⟩ A VT *(wenden)* tourner; **j-m den Rücken ~** tourner le dos à qn; **das Oberste zuunterst ~** mettre tout sens dessus dessous; **(rechtsum) kehrt!** demi-tour (à droite)! B VR **sich nicht an etw** *(akk)* **~** ne faire aucun cas de qc; ne pas faire attention à qc; *fig* **in sich** *(akk)* **gekehrt** pensif, -ive; songeur, -euse; plongé dans ses pensées

Kehricht M *od* N ⟨~s⟩ 1 *geh* *(Zusammengekehrtes)* balayures *fpl*; *umg* **das geht dich e-n feuchten ~ an!** *umg* occupe-toi de tes oignons 2 *schweiz* *(Müll)* ordures *fpl*

Kehrmaschine F balayeuse *f*; **Kehrreim** M refrain *m*; **Kehrschaufel** F pelle *f* à ordures

Kehrseite F 1 *(Rückseite)* revers *m*; *e-r Münze a.* côté *m* pile; *fig* *(Schattenseite)* **die ~ der Medaille** le revers de la médaille 2 *e-s Stoffes* envers *m* 3 *hum* *(Rücken)* dos *m*; *(Gesäß)* *umg* postérieur *m*

kehrt! → kehren² A

kehrtmachen VI ⟨*sép*, -ge-, h.⟩ faire demi-tour; *rasch* faire volte-face *(a.* MIL)

Kehrtwendung F MIL, *fig* volte-face *f*

Kehrwert M MATH nombre *m* inverse

keifen VI ⟨h.⟩ criailler; *umg* glapir; **e-e ~de Frau** une femme criarde; une braillarde

Keiferei F ⟨~; ~en⟩ *e-r Person* criailleries *fpl*

Keil M ⟨~(e)s; ~e⟩ 1 *zum Spalten* coin *m*; *zum Unterlegen* cale *f*; *fig* **e-n ~ zwischen zwei Menschen treiben** semer la zizanie entre deux personnes 2 MASCHINENBAU clavette *f* 3 MODE soufflet *m*

Keilabsatz M semelle compensée

Keile *umg regional* F ⟨~⟩ *umg* raclée *f*; volée *f*

keilen ⟨h.⟩ A VT 1 *(spalten)* enfoncer un coin dans; *(einschlagen)* enfoncer (**in** *[+akk]* dans) 2 *umg* *(anwerben)* *umg* racoler B *umg* VR **sich ~** se battre

Keiler M ⟨~s; ~⟩ ZOOL sanglier *m* (mâle)

Keilerei *umg* F ⟨~; ~en⟩ bagarre *f*; rixe *f*

keilförmig ADJ *u.* ADV en (forme de) coin; ANAT, BOT, *Schrift* cunéiforme

Keilhose F (pantalon *m*) fuseau *m*; **Keilriemen** M AUTO courroie *f* (de ventilateur); **Keilschrift** F écriture *f* cunéiforme

Keim M ⟨~(e)s; ~e⟩ 1 BIOL, *fig* germe *m*; **~e treiben** germer; *fig* **im ~ vorhanden sein** se trouver à l'état embryonnaire, latent; **etw im ~ ersticken** étouffer qc dans l'œuf 2 MED *meist pl* **~e** germes *mpl*

Keimblatt N 1 BOT cotylédon *m* 2 ANAT feuillet *m* embryonnaire; **Keimdrüse** F glande sexuelle; gonade *f*; **Keimdrüsenhormon** N hormone sexuelle

keimen VI ⟨h.⟩ germer; *fig a.* naître

keimfähig ADJ qui peut germer; qui a un pouvoir germinatif; **keimfrei** ADJ PHARM, CHEM aseptique; *Nahrungsmittel* stérilisé; *Milch, Butter a.* pasteurisé

Keimling M ⟨~s; ~e⟩ BOT, BIOL embryon *m*; **Keimscheibe** F BIOL cicatricule *f*; disque germinatif

keimtötend ADJT stérilisant; antiseptique; **~e Mittel** *npl* antiseptiques *mpl*

Keimung F ⟨~; ~en⟩ germination *f*

Keimzelle F 1 BIOL gamète *m* 2 *fig* foyer *m*; source *f*

kein INDEF PR 1 ADJT ⟨*f* ~e, *pl* ~e⟩ ne … pas de; *plus fort* ne … point de; *ohne Verb* pas, point de; *bei „sein"* pas un(e) *od* des; **hast du ~ Taschentuch?** n'as-tu pas de mouchoir?; **bitte, ~en Wein!** pas de vin, s'il vous plaît!; **~ Gedanke!** pas question!; certainement pas!; **ich habe ~e Zeit** je n'ai pas le temps; **ich habe ~e Ahnung, wo er ist** je n'ai aucune idée de l'endroit où il est; j'ignore tout à fait où il est; **das ist ~ Schmetterling** ce n'est pas un papillon; **du bist ~ Kind mehr** tu n'es plus un enfant; *umg* **es ist noch ~e fünf Minuten her** il n'y a (même) pas cinq minutes; **das sind ~e Deutschen** ce ne sont pas des Allemands; **~ anderer als X** nul autre que X; X lui-même, en personne; **es verging ~ Tag …** pas un jour ne se passa …; il ne se passa pas un jour …; **~ englisches Buch in s-r Bibliothek!** pas un seul, aucun livre anglais dans sa bibliothèque!; **das Stück hat gar ~en Erfolg gehabt** la pièce n'a eu aucun succès; **er hat gar ~ Vertrauen** il n'a aucune confiance, pas la moindre confiance; **das ist ~e schlechte Idee** ce n'est pas une mauvaise idée; **~ Mensch** personne, nul ne … 2 SUBST ⟨*m* ~er, *f* ~e, *n* ~[e]s, *pl* ~e⟩ aucun(e) … ne; *plus fort* nul, nulle … ne; personne … ne; pas un(e) … ne; **es gefällt mir ~er (von beiden)** aucun (des deux) ne me plaît; ni l'un ni l'autre ne me plaisent; **~e** *auf Fragebogen* néant; **ich habe ~en** *als Antwort* je n'en ai pas; **es war ~e von ihnen** ce n'était aucune d'elles *od* d'entre elles; **~er weiß es** personne ne le sait; **Zeit habe ich ~e** je n'ai pas le temps

keinerlei ADJ ⟨*inv*⟩ ne … aucun; aucun … ne; **er hat ~ Fortschritte gemacht** il n'a fait aucun progrès

keinesfalls ADV (ne *+Verb*) en aucun cas; nullement; pas du tout; aucunement; **ich werde ~ nachgeben** je ne céderai en aucun cas

keineswegs ADV (ne *+Verb*) pas du tout, absolument pas

keinmal ADV pas une (seule) fois; *sprichw* **einmal ist ~** *sprichw* une fois n'est pas coutume

Keks M, *österr* N ⟨~(es); ~(e)⟩ biscuit *m*; gâteau sec; *umg* **das, der geht mir auf den ~!** *umg* cela, il me casse les pieds

Kelch M ⟨~(e)s; ~e⟩ BOT, KATH *(Messkelch)* calice *m*; KATH *(Speisekelch)* ciboire *m*; PROT *(Abendmahlskelch)* coupe *f*; *(Sektkelch)* coupe *f* à champagne; *geh* **den (bitteren) ~ bis zur Neige leeren (müssen)** boire le calice jusqu'à la lie; *fig* **der ~ ist an uns vorübergegangen** nous l'avons échappé belle

Kelchblatt N BOT sépale *m*; **kelchförmig** ADJ en forme de calice, de coupe; BOT caliciforme; **Kelchglas** N ⟨~es; ¨~er⟩ (verre *m* en forme de) coupe *f*

Kelle F ⟨~; ~n⟩ 1 *(Schöpfkelle)* louche *f* 2 *(Maurerkelle)* truelle *f* 3 *(Signalkelle des Verkehrspolizisten)* *etwa* bâton blanc

Keller M ⟨~s; ~⟩ cave *f*; *kleiner* caveau *m*; *(Weinkeller)* cellier *m*; chai *m*; *umg Preise etc* **in den ~ gehen, fallen** dégringoler; KARTENSPIEL *umg* **im ~ sein** avoir des points en moins

Kellerassel F ZOOL cloporte *m*; **Kellerbar** F cave *f*; **Kellerdecke** F plafond *m* de la cave

Kellerei F ⟨~; ~en⟩ caves *fpl*; *(Weingut)* domaine *m* vinicole

Kellerfalte F MODE pli creux; **Kellerfenster** N soupirail *m*; **Kellergeschoss**, *österr* **Kellergeschoß** N sous-sol *m*; **Kellergewölbe** N voûtes *fpl* de la cave; **Kellerkind** *umg* N *enfant élevé dans des conditions de grande pauvreté*; **Kellerlokal** N cave *f*; **Kellermeister** M maître *m* de chai; **Kellertheater** N théâtre *m* en sous-sol; **Kellertreppe** F escalier *m* de la cave; **Kellertür** F porte *f* de la cave

Kellerwohnung F appartement *m* en sous-sol; **e-e ~ haben** habiter au sous-sol

Kellner M ⟨~s; ~⟩ garçon *m* (de café, de restaurant); serveur *m*

Kellnerin F ⟨~; ~nen⟩ serveuse *f* (de café, de restaurant)

kellnern *umg* VI ⟨h.⟩ travailler comme serveur, serveuse

Kelte M ⟨~n; ~n⟩ Celte *m*

Kelter F ⟨~; ~n⟩ pressoir *m*

Kelterei F ⟨~; ~en⟩ pressoir *m*

keltern VT ⟨-(e)re, h.⟩ presser; passer au pressoir

keltisch ADJ celtique *od* celte; des Celtes

Kelvin … Grad ~ … degré(s) *m(pl)* Kelvin

Kemenate F ⟨~; ~n⟩ HIST salle chauffée *od* appartement *m* des femmes *(dans un château fort)*

Kendo N ⟨~(s)⟩ SPORT kendo *m*

Kenia N ⟨→ *n/pr*⟩ le Kenya

Kenianer(in) M ⟨~s; ~⟩ (F) ⟨~in; ~innen⟩ Kenyan(e) *m(f)*; **kenianisch** ADJ kenyan

Kennbuchstabe M lettre *f* d'identification; **Kenndaten** PL code *m* d'identification

kennen ⟨kennt, kannte, gekannt, h.⟩ A VT 1 connaître; **s-n Goethe ~** connaître les œuvres de Goethe; posséder Goethe; **ihre Freude kannte keine Grenzen** il éprouvait une joie sans bornes; *umg* **da kennst du mich aber schlecht** *umg* alors là, tu me connais mal; *umg* **da kenne ich nichts** je ne me laisserai pas faire 2 **~ lernen** → kennenlernen A B VR 1 **sich ~** se connaître; **wir ~ uns schon (lange)** nous nous connaissons déjà (depuis longtemps); **sich vor Zorn nicht mehr ~** ne plus se connaître de colère 2 **sich ~ lernen** → kennenlernen B

kennenlernen ⟨*sép*, -ge-, h.⟩ A VT **j-n, etw ~** faire la connaissance de qn, qc; **es freut mich, Sie kennengelernt zu haben** (je suis) enchanté d'avoir fait votre connaissance; **wenn Sie ihn einmal kennengelernt haben** … une fois que vous le connaîtrez …; *drohend* **du wirst mich noch ~!** tu vas voir qui je suis!; tu vas voir de quel bois je me chauffe! B VR **sich ~** faire connaissance; se connaître; **wir haben uns voriges Jahr kennengelernt** nous nous sommes connus, nous avons fait connaissance l'année dernière

Kenner(in) M ⟨~s; ~⟩ (F) ⟨~in; ~innen⟩ connaisseur, -euse *m,f* (**von** en)

Kennerblick M regard *m*, coup d'œil *m* du *od* de connaisseur; **mit ~** en connaisseur

Kennermiene F airs *mpl* de connaisseur; **mit ~** en connaisseur
Kennerschaft F ⟨~⟩ connaissances *fpl*
Kennfarbe F couleur distinctive; **Kennkarte** *früher* F carte *f* d'identité
kenntlich ADJ **~ sein** être reconnaissable (**an** [*+dat*] à); **etw ~ machen** marquer qc; rendre qc reconnaissable
Kenntnis F ⟨~; ~se⟩ 1 connaissance *f* (**in** [*+dat*] en); **einige ~se im Italienischen haben** avoir quelques notions d'italien; connaître un peu l'italien 2 ⟨*pas de pl*⟩ **~ von etw haben** avoir connaissance de qc; être informé de qc; **etw zur ~ nehmen, von etw ~ nehmen** prendre connaissance, note, acte de qc; **er hat zur ~ genommen, dass …** il a pris note, connaissance du fait que …; **j-n von etw in ~ setzen** informer qn de qc; mettre qn au courant de qc; *geh* **das entzieht sich meiner ~** je n'en ai pas connaissance; je l'ignore; *geh* **es ist uns zur ~ gelangt, dass …** nous avons appris que …; nous avons été informés de …
Kenntnisnahme F ⟨~⟩ ADMIN **mit der Bitte um ~** pour information; ADMIN **zu Ihrer ~** pour votre information
kenntnisreich *geh* ADJ qui possède de vastes connaissances (en la matière); qui a des connaissances étendues (en la matière); savant
Kenntnisstand M ⟨~(e)s⟩ niveau *m* de connaissances
Kennung F ⟨~; ~en⟩ 1 SCHIFF, FLUG signalisation *f* 2 VET marque *f*; **Kennwort** N ⟨~(e)s; ⁼er⟩ *für Eingeweihte* mot *m* de passe; *bei Rundfunk- u. Zeitungseinsendungen* (mot *m*) code *m*; **Kennzahl** F indice *m*
Kennzeichen N 1 (*Merkmal*) marque distinctive; signe particulier, distinctif; caractéristique *f*; (*Erkennungsmerkmal*) signe *m* de reconnaissance; *Pass* **unveränderliche, besondere ~** signes particuliers 2 AUTO **amtliches, polizeiliches ~** numéro *m* d'immatriculation
kennzeichnen V/T ⟨-ete, h.⟩ marquer; indiquer; *beschreibend* caractériser; **kennzeichnend** ADJT typique (**für** de); caractéristique (**für** de)
Kennzeichnung F 1 (*das Kennzeichnen*) marquage *m* 2 (*Kennzeichen*) signe distinctif; marque distinctive; **Kennziffer** F indice *m*; *e-s Logarithmus* caractéristique *f*
Kenotaph N ⟨~s; ~e⟩ cénotaphe *m*
Kentaur → Zentaur
kentern V/I ⟨-(e)re, s.⟩ *Schiff* chavirer
Keramik F ⟨~; ~en⟩ céramique *f*; **Keramikmotor** M moteur *m* céramique
keramisch ADJ ⟨*épithète*⟩ céramique
Keratin N ⟨~s; ~e⟩ BIOCHEMIE kératine *f*
Kerbe F ⟨~; ~n⟩ entaille *f*; (en)coche *f*; *zum Einrasten* cran *m*; *umg fig* **in dieselbe ~ hauen, schlagen** suivre le même but; enfoncer le clou
Kerbel M ⟨~s⟩ cerfeuil *m*
kerben V/T ⟨h.⟩ entailler; (en)cocher; faire une (en)coche, une entaille à
Kerbholz *umg fig* N **etw auf dem ~ haben** avoir commis un méfait, un mauvais coup
Kerbtier N insecte *m*
Kerker M ⟨~s; ~⟩ HIST cachot *m*; geôle *f*; **Kerkermeister** M HIST geôlier *m*; **Kerkerstrafe** F HIST peine *f* du cachot
Kerl *umg* M ⟨~s; ~e, *nordd* ~s⟩ *umg* type *m*; *umg* gars *m*; *umg* gaillard *m*; **armer ~** *umg* pauvre type *m*, bougre *m*; **blöder ~** idiot *m*; *sl* con *m*; **kleiner ~** *umg* petit gosse, bonhomme; petit *m*; **ein lieber ~** un gentil garçon *beziehungsweise* une gentille fille
Kerlchen *umg* N ⟨~s; ~⟩ *umg* petit mec; (*kleiner Junge*) *umg* petit bonhomme, gosse

Kern M ⟨~(e)s; ~e⟩ 1 *von Steinobst* noyau *m*; *von Kernobst* pépin *m*; *von Nüssen* amande *f*; *von Holz* cœur *m* 2 *fig* cœur *m*; noyau *m*; **der harte ~** le noyau (dur); *der Getreuen* le noyau des fidèles; **zum ~ der Sache kommen** entrer dans le vif du sujet; en venir au cœur de l'affaire; **das ist der ~ des Problems** c'est le cœur du problème; **in ihm steckt ein guter ~** il a un bon fond 3 GIESSEREI, PHYS (*Atomkern*) noyau *m*; (*Reaktorkern*) cœur *m* 4 METEO centre *m* 5 BIOL noyau *m*; nucléus *m*
Kernbrennstoff M combustible *m* nucléaire, atomique; **Kernchemie** F chimie *f* nucléaire; **Kernenergie** F énergie *f* nucléaire; **Kernexplosion** F explosion *f* nucléaire, atomique; **Kernfach** N SCHULE matière principale; **Kernforschung** F recherche *f* nucléaire; **Kernfrage** F question principale, cruciale, essentielle; **Kernfrucht** F fruit *m* à pépins; **Kernfusion** F fusion *f* nucléaire; **Kerngehäuse** N *von Äpfeln etc* trognon *m*
kerngesund ADJ **~ sein** être en parfaite santé; se porter comme un charme
Kernholz N ⟨~es⟩ bois parfait; duramen *m*
kernig ADJ 1 *Obst* à pépins 2 *fig Person* fort; vigoureux, -euse; *Gesundheit* robuste; *umg Spruch* cru
Kernkompetenz F compétence *f* clé
Kernkraft F énergie *f* nucléaire; **Kernkraftgegner(in)** M(F) antinucléaire *m/f*; **Kernkraftwerk** N centrale *f* nucléaire, atomique; **Kernladung** F charge *f* du noyau; **Kernladungszahl** F numéro *m*, nombre *m* atomique
kernlos ADJ sans pépins
Kernobst N fruits *mpl* à pépins; **Kernphysik** F physique *f* nucléaire; **Kernphysiker(in)** M/F atomiste *m/f*; **Kernpunkt** M point essentiel, principal; **Kernreaktion** F réaction *f* nucléaire; **Kernreaktor** M réacteur *m* nucléaire; **Kernsatz** M 1 (*wichtigster Satz*) idée principale, essentielle 2 LING proposition principale; **Kernschatten** M OPT, ASTRON ombre absolue
Kernschmelze F ⟨~⟩ PHYS NUKL fusion *f* du cœur (du réacteur)
Kernseife F savon *m* de Marseille; **Kernspaltung** F fission *f* nucléaire; **Kernspintomograf** M ⟨~en; ~en⟩ MED appareil *m* RMN; **Kernspintomografie** F MED RMN *f* (résonance magnétique nucléaire); **Kernspintomograph**, **Kernspintomographie** → Kernspintomograf, Kernspintomografie; **Kernstrahlung** F ⟨~⟩ radiation *f* nucléaire; **Kernstück** N partie essentielle; cœur *m*; **Kerntechnik** F technique *f* nucléaire; **Kernteilung** F BIOL division *f* du noyau; **Kerntruppe** F MIL troupe *f* d'élite; **Kernumwandlung** F PHYS transmutation *f* nucléaire; **Kernverschmelzung** F 1 PHYS fusion *f* nucléaire 2 BIOL fusion *f* des noyaux; **Kernwaffe** F arme *f* nucléaire
kernwaffenfrei ADJ dénucléarisé; **~e Zone** zone dénucléarisée
Kernwaffenversuch M essai *m*, expérience *f* nucléaire; **Kernwaffenverzicht** M dénucléarisation *f*; **Kernzeit** F ARBEITSRECHT plage *f* d'horaires fixe (*dans le cadre d'horaires individualisés*)
Kerosin N ⟨~s⟩ CHEM kérosène *m*
Kerze F ⟨~; ~n⟩ 1 (*Wachskerze, Stearinkerze etc*) bougie *f*; chandelle *f*; *in der Kirche* cierge *m* 2 SPORT chandelle *f* 3 AUTO (*Zündkerze*) bougie *f*
kerzengerade ADJ *u.* ADV tout droit; **sich ~ halten** se tenir droit comme un i, comme un cierge

Kerzengießer M ciergier *m*; **Kerzenhalter** M bougeoir *m*; **Kerzenleuchter** M chandelier *m*
Kerzenlicht N éclairage *m* aux bougies, aux chandelles; lumière *f* de bougie(s); **bei ~ essen** dîner aux chandelles; **bei ~ schreiben** écrire à la (lumière d'une) bougie
Kerzenschein M lueur *f* de bougie(s); **Kerzenständer** M chandelier *m*; **Kerzenstummel** M bout *m* de chandelle
Kescher M ⟨~s; ~⟩ (*Fangnetz*) *für Fische* truble *f*; *kleiner* épuisette *f*; *für Schmetterlinge* filet *m*
kess ADJ 1 (*frech*) déluré; polisson, -onne; (*unverfroren*) °hardi 2 (*flott, hübsch*) **ein ~es Mädchen** une fille qui a de l'allure, du chic, du chien
Kessel M ⟨~s; ~⟩ 1 (*Wasserkessel*) bouilloire *f*; (*Waschkessel*) lessiveuse *f*; (*Einmachkessel*) stérilisateur *m* 2 TECH (*Dampfkessel, Heizkessel*) chaudière *f*; (*Gaskessel*) chaudière *f* à gaz 3 GEOG vallée encaissée, en cuvette; **die Stadt liegt (wie) in e-m ~** la ville est située (comme) dans une cuvette 4 *e-s Fuchs-, Dachsbaues* mère *f*; *e-r Treibjagd* centre *m* (d'une battue); rond *m*
Kesselfleisch N *regional* GASTR poitrine de porc bouillie (*préparée après l'abattage d'un cochon*); **Kesselflicker** M ⟨~s; ~⟩ *früher* rétameur *m*; **Kesselhaus** N chaufferie *f*; **Kesseljagd** F → Kesseltreiben; **Kesselpauke** F MUS timbale *f*; **Kesselschmied** M chaudronnier *m*; **Kesselschmiede** F chaudronnerie *f*; **Kesselstein** M ⟨~(e)s⟩ tartre *m*
Kesseltreiben N ⟨~s; ~⟩ 1 JAGD chasse *f* en chaudron 2 *fig* poursuite acharnée (**gegen** contre)
Kesselwagen M 1 *Waggon* wagon-citerne *m* 2 *Auto* camion-citerne *m*
Ket(s)chup M *od* N ⟨Ket(s)chup(s); Ket-(s)chups⟩ ketchup *m*
Kettcar® M ⟨~s; ~s⟩ kart *m* (pour enfants)
Kette F ⟨~; ~n⟩ 1 *allgemein*, GEOG, TECH, WEBEREI, *fig* chaîne *f*; (*Postenkette*) cordon *m*; (*Fessel*) **~n** *pl* fers *mpl*; **e-e ~ bilden** faire la chaîne; **e-n Hund an die ~ legen** attacher un chien; mettre un chien à la chaîne; **j-n in ~n legen** enchaîner qn; mettre qn aux fers; **e-e ~ von Ereignissen** une suite d'événements 2 *Schmuck: aus Metall* chaîne *f*; *aus Perlen, Edelsteinen etc* collier *m* 3 (*Ladenkette, Hotelkette etc*) chaîne *f* 4 JAGD (*Schar*) compagnie *f* 5 FLUG formation *f*, patrouille *f* de trois avions volant en triangle
Kettelmaschine F remmailleuse *f*
ketteln V/T ⟨-(e)le, h.⟩ remmailler
ketten V/T ⟨-ete, h.⟩ (*anbinden*) attacher (**an** [*+akk*] à); *fig* **j-n an sich ~** s'attacher qn
Kettenantrieb M transmission *f* par chaîne; **Kettenbrief** M chaîne *f*; **Kettenfahrzeug** N véhicule *m* à chenille; **Kettengerassel** N bruit *m*, cliquetis *m* de chaînes; **Kettenglied** N chaînon *m*; maille *f*; maillon *m*; **Kettenhemd** N HIST cotte *f* de mailles; **Kettenhund** M chien *m* de garde (attaché); **Kettenkarussell** N *manège à sièges suspendus par des chaînes*; **Kettenrad** N roue dentée; pignon *m*; **Kettenraucher(in)** M(F) fumeur, -euse *m,f* invétéré(e); grand(e) fumeur, -euse *m,f*; **Kettenreaktion** F réaction *f* en chaîne (*a. fig*); **Kettenreim** M rime enchaînée; **Kettensäge** F scie *f* à chaîne; **Kettenschluss** M LOGIK sorite *m*; **Kettenschutz** M *e-s Fahrrads* carter *m*; **Kettenstich** M MODE point *m* de chaînette
Kettfaden M, **Kettgarn** N fil *m* de chaîne
Ketzer(in) M ⟨~s; ~⟩ (F) ⟨~in; ~innen⟩ *a. fig* hérétique *m/f*
Ketzerei F ⟨~; ~en⟩ *a. fig* hérésie *f*

K

ketzerisch ADJ *a. fig* hérétique
Ketzerverfolgung F persécution *f* des hérétiques
keuchen VI **1** ⟨h.⟩ *atmen, a. fig* °haleter; MED anhéler; **er keuchte vor Anstrengung** l'effort le faisait haleter; il haletait d'épuisement **2** ⟨s.⟩ **der Zug keuchte über den Berg** le train °haletait pour gravir la montagne
Keuchen N ⟨~s⟩ respiration °haletante; MED anhélation *f*
Keuchhusten M coqueluche *f*
Keule F ⟨~; ~n⟩ **1** *Waffe* massue *f* **2** TURNEN massue *f*; mil *m* **3** GASTR *vom Hasen, Huhn etc* cuisse *f*; *vom Rind* culotte *f*; *vom Hammel* gigot *m*; *vom Hochwild* cuissot *m*
Keulenärmel M manche *f* à gigot; **keulenförmig** ADJ en (forme de) massue; BOT, ZOOL *a.* claviforme; **Keulenschlag** M coup *m* de massue (*a. fig*); **Keulenschwingen** N TURNEN gymnastique rythmique avec deux massues
keusch ADJ (*züchtig*) chaste; (*schamvoll*) pudique
Keuschheit F ⟨~⟩ (*Züchtigkeit*) chasteté *f*; (*Schamhaftigkeit*) pudicité *f*; **Keuschheitsgelübde** N vœu *m* de chasteté; **Keuschheitsgürtel** M HIST ceinture *f* de chasteté
Keyboard N ⟨~s; ~s⟩ **1** MUS orgue *m* électronique **2** IT clavier *m*
kfm. ABK (kaufmännisch) commercial
Kfm. ABK (Kaufmann) commerçant
Kfor F ⟨~⟩ ABK (Kosovo Force) MIL KFOR *f*; **Kfor-Truppen** FPL MIL troupes *fpl* de la KFOR
K-Frage *umg* F ⟨~⟩ POL question *f* K (*concernant la désignation du candidat à la chancellerie*)
Kfz N ⟨~(s); ~(s)⟩ ABK (Kraftfahrzeug) véhicule *m* automobile
Kfz-Brief *etc* → Kraftfahrzeugbrief *etc*; **Kfz-Werkstatt** F garage *m* auto; atelier *m* de réparation
kg ABK (Kilogramm) kg (kilogramme)
KG F ⟨~; ~s⟩ ABK (Kommanditgesellschaft) société *f* en commandite
kgl., **Kgl.** ABK (königlich, Königlich) royal
Khaki[1] N ⟨~⟩ *Farbe* kaki *m*
Khaki[2] M ⟨~⟩ *Stoff* toile *f* kaki
khakifarben ADJ kaki ⟨*inv*⟩
Khmer M ⟨~; ~⟩ Khmer *m*; **die roten ~** les Khmers rouges
kHz ABK (Kilohertz) kHz (kilohertz)
KI F ⟨~⟩ ABK (künstliche Intelligenz) I.A. *f* (intelligence artificielle)
Kibbuz M ⟨~; -zim *ou* ~e⟩ kibboutz *m*
Kiberer *umg pej österr* M ⟨~s; ~⟩ *umg* flic *m* (de la brigade criminelle)
Kichererbse F pois *m* chiche
kichern VI ⟨-(e)re, h.⟩ *Person* glousser; ricaner; *verstohlen* rire sous cape
Kichern N ⟨~s⟩ rires étouffés; *verstohlenes* rire *m* sous cape
Kick *umg* M ⟨~(s); ~s⟩ **1** FUSSBALL coup *m* **2** (*Nervenkitzel*) grand frisson (*fig*)
Kickboard N ⟨~s; ~s⟩ trottinette *f*
kicken *umg* ⟨h.⟩ **A** VT **den Ball ~** taper dans le ballon; **den Ball ins Tor ~** envoyer le ballon dans les buts **B** VI jouer au foot(ball)
Kicker *umg* M ⟨~s; ~(s)⟩ footballeur *m*; **Kickstarter** M kick *m*
kidnappen VT ⟨h.⟩ kidnapper
Kidnapper(in) M ⟨~s; ~⟩ (F) ⟨~in; ~innen⟩ kidnappeur, -euse *m,f*
Kidnapping N ⟨~s; ~s⟩ kidnapping *m*
Kids *umg* NPL (*Kinder*) *umg* gosses *mpl*; (*Jugendliche*) *umg* ados *mpl*
Kiebitz M ⟨~es; ~e⟩ **1** ZOOL vanneau *m* **2** *umg* (*Zuschauer*) spectateur *m*
kiebitzen *umg* VI ⟨-(es)t, h.⟩ *beim Kartenspiel etc* faire galerie (autour de joueurs de cartes, *etc*)
Kiefer[1] M ⟨~s; ~⟩ ANAT mâchoire *f*
Kiefer[2] F ⟨~; ~n⟩ BOT pin *m*
Kieferchirurgie F chirurgie *f* dentaire; **Kieferhöhle** F sinus *m* maxillaire; **Kieferhöhlenentzündung** F inflammation *f* des sinus maxillaires; **Kieferknochen** M os *m* maxillaire
Kiefernholz N bois *m* de pin; **Kiefernnadel** F aiguille *f* de pin; **Kiefernzapfen** M pomme *f* de pin; cône *m*
Kieferorthopädie F orthodontie *f*
kieken VI ⟨h.⟩ *nordd* → gucken
Kieker *umg* M **j-n auf dem ~ haben** (*argwöhnisch beobachten*) *umg* avoir qn à l'œil; (*wiederholt kritisieren*) avoir qn dans le collimateur
kieksen VI ⟨-(es)t, h.⟩ *regional* **1** (*schreien*) pousser un petit cri aigu **2** (*stechen*) piquer
Kiel[1] M ⟨~(e)s; ~e⟩ SCHIFF (*Grundbalken*) quille *f*; (*Rumpf im Wasser*) carène *f*; **ein Schiff auf ~ legen** *zum Bauen* commencer la construction d'un navire; *zur Reparatur* mettre un navire en carène
Kiel[2] M ⟨~(e)s; ~e⟩ (*Federkiel*) tuyau *m* de plume; *früher* (*Schreibfeder*) plume *f*
kielholen VT ⟨h.⟩ SCHIFF mettre, abattre en carène
Kiellinie F SCHIFF ligne *f* de file
kieloben ADV la quille en l'air; **~ liegen** avoir la quille en l'air
Kielraum M (fond *m* de) cale *f*
Kielwasser N ⟨~s; ~⟩ sillage *m*; *fig* **in j-s ~** (*dat*) **schwimmen, segeln** marcher dans le sillage de qn
Kiemen FPL branchies *fpl*; **Kiemenatmung** F respiration branchiale; **Kiemendeckel** M opercule *m*; **Kiemenspalte** F fente branchiale
Kien M ⟨~(e)s⟩ bois *m* résineux; (*Kiefernholz*) bois *m* de pin; **Kienapfel** M pomme *f* de pin; **Kienholz** N ⟨~es⟩ bois *m* de pin; **Kienspan** M torche *f* de pin
Kiepe F ⟨~; ~n⟩ *regional* °hotte *f*
Kies M ⟨~es; ~e⟩ **1** gravier(s) *m(pl)*; *grober* cailloux *mpl* **2** MINER pyrite *f* **3** ⟨*pas de pl*⟩ *umg fig* (*Geld*) *umg* fric *m*; *umg* pognon *m*
Kiesel M ⟨~s; ~⟩ galet *m*; caillou *m*; **Kieselalge** F BOT diatomée *f*; **Kieselerde** F silice *f*
kieselsauer ADJ **kieselsaures Natrium, Kalium** silicate de sodium, de potassium
Kieselsäure F ⟨~⟩ acide *m* silicique; **Kieselstein** M galet *m*; caillou *m*
Kiesgrube F carrière *f* de gravier(s); gravière *f*; **Kiesweg** M chemin recouvert de gravier(s)
Kiew N ⟨→ *n/pr*⟩ Kiev
Kiez M ⟨~es; ~e⟩ **1** *bes berlinerisch* quartier *m*; coin *m* **2** *Jargon* (*Strich*) *umg* quartier chaud
kiffen *Jargon* VI ⟨h.⟩ fumer de l'herbe
kikeriki *kinderspr* INT cocorico!
Kiki M ⟨~s⟩ *Jugendsprache pej* **1** (*überflüssiges Zeug*) fanfreluches *fpl* **2** (*Unsinn*) bêtises *fpl*
Kikuju MPL *afrikanisches Volk* Kikouyous *od* Kikuyus *mpl*
Kilimandscharo ⟨→ *n/pr*⟩ **der ~** le Kilimandjaro
killekille *kinderspr* INT guili-guili
killen *umg* VT ⟨h.⟩ *umg* descendre
Killer *umg* M ⟨~s; ~⟩ tueur *m*; **(bezahlter) ~** tueur *m* à gages
Killersatellit *umg* M satellite *m* tueur; **Killerspiel** *umg* N jeu *m* de tueurs
Kilo N ⟨~s; ~s, *mais* 5 ~⟩ kilo *m*; **Kilobit** N kilobit *m*; **Kilobyte** N kilo-octet *m*; **Kilogramm** N kilogramme *m*; **Kilohertz** N kilohertz *m*; **Kilojoule** N kilojoule *m*; **Kilokalorie** F kilocalorie *f*
Kilometer M ⟨~s; ~⟩ kilomètre *m*; **30 ~ in der Stunde** 30 km à l'heure; *umg* **~ fressen** *umg* bouffer du kilomètre, des kilomètres
Kilometerfresser *umg* M *umg* personne *f* qui bouffe du kilomètre; **Kilometergeld** N indemnité *f* kilométrique; **kilometerlang** **A** ADJ long, -gue de plusieurs kilomètres **B** ADV sur des kilomètres; **Kilometerpauschale** F indemnité *f* kilométrique; **Kilometerstand** M nombre *m* de kilomètres, kilométrage *m* au compteur; **Kilometerstein** M borne *f* kilométrique
kilometerweit ADV à des kilomètres; **~ fahren** faire des kilomètres; **~ gehen** faire des kilomètres (à pied)
Kilometerzähler M compteur *m* kilométrique
Kilovolt N kilovolt *m*; **Kilowatt** N kilowatt *m*; **Kilowattstunde** F kilowattheure *f*
Kilt M ⟨~(e)s; ~s⟩ MODE, *a. Damenrock* kilt *m*
Kimme F ⟨~; ~n⟩ **1** (*Kerbe*) entaille *f* **2** *bei Waffen* cran *m* de mire
Kimmung F ⟨~⟩ SCHIFF **1** ligne *f* d'horizon **2** (*Luftspiegelung*) mirage *m*
Kimono M ⟨~s; ~s⟩ kimono *m*
Kind N ⟨~(e)s; ~er⟩ enfant *m/f*; **kleines ~** petit(e) enfant; *hum* **das ~ im Mann(e)** l'enfant *m* qui sommeille dans tout homme; **unschuldig wie ein neugeborenes ~** innocent comme l'enfant qui vient de naître; *umg* **j-m ein ~ machen** *umg* faire un enfant à qn; **j-n an ~es statt annehmen** adopter qn; **kein ~ mehr sein** ne plus être un enfant; *umg* **kein ~ von Traurigkeit sein** *umg* ne pas engendrer la mélancolie; être un gai luron; **von ~ auf, an** depuis *od* dès l'enfance; **~er Gottes** enfants *mpl* de Dieu; *geh* **ein ~ der Liebe** un enfant de l'amour; *fig* **ein ~ s-r Zeit sein** être de son temps; **da sieht man, wes Geistes ~ er ist** on voit là quel genre d'esprit c'est, d'où il tient ses idées; **er ist ein großes ~** c'est un grand enfant; *umg* **sich bei j-m lieb ~ machen** s'attirer les grâces de qn; *umg* **lieb ~ bei j-m sein** *umg* être le chouchou *bzw.* la chouchoute de qn; *Anrede umg* **mein (liebes) ~!** mon enfant!; ma chère enfant!; *umg* **~er, ~er!** allons, les *od* mes enfants!; **das ~ beim (rechten) Namen nennen** appeler les choses par leur nom; appeler un chat un chat; **das ~ mit dem Bade ausschütten** jeter le bébé avec l'eau du bain; *umg* **wir werden das ~ schon schaukeln** *umg* on va goupiller l'affaire; *umg* **wie sag ich's meinem ~e?** comment vais-je faire pour (le) lui dire?; *umg fig* **das ~ muss e-n Namen haben** il faut lui donner un nom; **sich freuen wie ein ~** se réjouir comme un enfant; **das weiß doch jedes ~** tout le monde sait cela; c'est élémentaire; **aus ~ern werden Leute** les enfants grandissent; *sprichw* petit poisson deviendra grand; *sprichw* **gebranntes ~ scheut das Feuer** *sprichw* chat échaudé craint l'eau froide; *sprichw* **~er und Narren sagen die Wahrheit** *sprichw* la vérité sort de la bouche des enfants; *sprichw* **kleine ~er kleine Sorgen, große ~er große Sorgen** *sprichw* petits enfants petits soucis, grands enfants grands soucis
Kindbett N ⟨~(e)s⟩ couches *fpl*; **Kindbettfieber** N fièvre puerpérale; **Kindchen** N ⟨~s; ~ *ou* Kinderchen⟩ petit enfant; bébé *m*; *Anrede* mon petit, ma petite
Kinderarbeit F ⟨~⟩ travail *m* des enfants; **kinderarm** ADJ qui a peu d'enfants; **Kinderarmut** F **1** (*Armut bei Kindern*) pauvreté *f* des enfants **2** (*Kindermangel*) manque *m* d'en-

fants; **Kinderarzt** M pédiatre *m*; **Kinderärztin** F pédiatre *f*; **Kinderaugen** NPL yeux *mpl* d'enfant; **Kinderausweis** M carte *f* d'identité d'enfant; **Kinderbekleidung** F vêtements *mpl* d'enfant(s); **Kinderbesteck** N couvert *m* d'enfant; **Kinderbetreuung** F 1 *Tätigkeit* garde *f* d'enfants 2 *Einrichtung* garderie *f*; **Kinderbett** N lit *m* d'enfant; **Kinderbuch** N livre *m* pour enfants, d'enfant; **Kinderchor** M chorale *f* d'enfants; **Kinderdorf** N village *m* d'enfants

Kinderei F ⟨~; ~en⟩ enfantillage *m*

Kinderermäßigung F réduction *f* (pour) enfant(s); *bei Steuern etc* réduction *f* pour charge de famille; **Kindererziehung** F éducation *f* des enfants; **Kinderfahrrad** N vélo *m* d'enfant; **kinderfeindlich** ADJ hostile aux enfants; **Kinderfest** N fête *f* d'enfants; **Kinderfilm** M film *m* pour enfants; **Kinderfrau** F, **Kinderfräulein** N bonne *f* d'enfants; **Kinderfreibetrag** M STEUERWESEN part *f* enfants

Kinderfreund(in) M(F) ami(e) *m(f)* des enfants; **ein ~ sein** aimer les enfants

kinderfreundlich ADJ *Mensch* qui aime les enfants; *Möbel, Hotel etc* adapté aux enfants

Kinderfunk M émission enfantine; **Kindergarten** M jardin *m* d'enfants; *in Frankreich e-r staatlichen Schule angegliedert* école maternelle; **Kindergärtnerin** F jardinière *f* d'enfants; *Frankreich, in der Schule* institutrice *f* d'école maternelle; **Kindergeld** N ⟨~(e)s⟩ allocations familiales; **Kindergottesdienst** M PROT culte *m*, KATH messe *f* pour les enfants

Kinderhand F main *f* d'enfant; **von ~ (gezeichnet)** fait par un enfant

Kinderheilkunde F pédiatrie *f*; **Kinderheim** N maison *f*, foyer *m* d'enfants; **Kinderhort** M garderie *f*; **Kinderjahre** NPL (années *fpl* d')enfance *f*; **Kinderkarussell** N manège *m* pour enfants; **Kinderklinik** F, **Kinderkrankenhaus** N hôpital *m*, clinique *f* pour enfants

Kinderkrankheit F maladie infantile; *fig pl* **~en** défauts *mpl* de jeunesse

Kinderkriminalität F délinquance *f* juvénile; **Kinderkrippe** F crèche *f*; **Kinderlachen** N rire(s) *m(pl)* d'enfant(s); *von Säuglingen* risette *f*; **Kinderladen** M 1 *Geschäft* magasin *m* pour enfants 2 *Kindergarten* crèche parentale

Kinderlähmung F ⟨~⟩ **(spinale) ~** poliomyélite *f*; *umg* polio *f*

kinderleicht *umg* ADJ enfantin; **das ist ~** c'est enfantin; c'est simple comme bonjour; c'est un jeu d'enfant

kinderlieb ADJ qui aime les enfants

Kinderliebe F amour *m* pour les enfants; **Kinderlied** N chanson pour enfants, enfantine

kinderlos ADJ sans enfants; **~es Ehepaar** ménage *m* sans enfants

Kinderlosigkeit F ⟨~⟩ absence *f* d'enfants; **Kindermädchen** N bonne *f* d'enfants; **Kindermärchen** N conte *m* pour enfants; **Kindermord** M infanticide *m*; **Kindermörder(in)** M(F) infanticide *m/f*

Kindermund M bouche *f* d'enfant; *fig* **Ausspruch** *m* **aus ~** mot *m* d'enfant

Kindernahrung F aliments *mpl* pour enfants; **Kindernarr** M, **Kindernärrin** F personne *f* qui adore les enfants; **Kinderpflegerin** F assistante maternelle; nurse *f*; **Kinderpopo** *umg* M fesses *fpl* de bébé; **Kinderpornografie**, **Kinderpornographie** F pornographie *f* à caractère pédophile; **Kinderpsychologe** M, **Kinderpsychologin** F psychologue *m/f* pour enfants; **Kinderpsychologie** F psychologie *f* de l'enfant; **Kinderpuder** M talc *m*, poudre *f* pour bébés

kinderreich ADJ qui a beaucoup d'enfants; **~e Familie** famille nombreuse

Kinderreichtum M ⟨~s⟩ grand nombre d'enfants; **Kinderreisepass** M passeport *m* enfant; **Kinderschänder** M ⟨~s; ~⟩ délinquant sexuel (*qui abuse d'enfants*); **Kinderschar** F bande *f* d'enfants; **Kinderschreck** M ⟨~s⟩ croque-mitaine *m*

Kinderschuh M chaussure *f* d'enfant; *fig* **den ~en entwachsen sein** être sorti de l'enfance; **noch in den ~en stecken** n'en être qu'à ses débuts, à l'état embryonnaire

Kinderschwester F puéricultrice *f*; **Kindersegen** M ⟨~s⟩ grand nombre d'enfants; **Kindersendung** F émission *f* pour enfants; **kindersicher** ADJ conforme aux normes de sécurité pour enfants; **Kindersitz** M AUTO, *am Fahrrad* siège *m* pour enfant; **Kindersoldat** M enfant-soldat *m*

Kinderspiel N *a. fig* jeu *m* d'enfant; *fig* **das ist ein ~** c'est un jeu d'enfant; → *a.* kinderleicht

Kinderspielplatz M terrain *m* de jeux (pour enfants); **Kinderspielzeug** N jouet *m* d'enfant; **Kindersprache** F ⟨~⟩ langage enfantin, des enfants; **Kinderstar** M ⟨~s; ~s⟩ *bes* KINO enfant *m* vedette; **Kinderstation** F *im Krankenhaus* service *m* pour enfants; **Kindersterblichkeit** F mortalité *f* infantile

Kinderstube F *fig* **e-e gute, schlechte ~ haben** être bien, mal élevé; avoir reçu une bonne, mauvaise éducation

Kinderstunde F ⟨~⟩ RADIO, TV émission enfantine; **Kindertagesstätte** F garderie *f*; **Kinderteller** M 1 *Teller* assiette *f* d'enfant 2 *Portion im Restaurant* portion *f*, menu *m* enfant; **Kinderwagen** M poussette *f* (*a. zusammenklappbar*); landau *m*; **Kinderzahl** F nombre *m* d'enfants; **Kinderzeichnung** F dessin *m* d'enfant; **Kinderzimmer** N chambre *f* d'enfant(s)

Kindesalter N ⟨~s⟩ enfance *f*; **im ~** en bas âge

Kindesbeine NPL **von ~n an** dès ma, ta, *etc* plus tendre enfance; dès mon, ton, *etc* plus jeune âge

Kindesentführung F enlèvement *m* d'enfant

Kindeskind N **Kinder und ~er** enfants et petits-enfants *mpl*

Kindesmissbrauch M violences sexuelles sur enfant; **Kindesmisshandlung** F sévices, mauvais traitements infligés à un enfant; **Kindesmord** M infanticide *m*; **Kindesmörder(in)** M(F) infanticide *m/f*; **Kindesmutter** ADMIN F mère *f* de l'enfant; **Kindestötung** F infanticide *m*; **Kindesvater** ADMIN M père *m* de l'enfant

Kindfrau F 1 *Frau* femme-enfant *f* 2 (*frühreifes Mädchen*) nymphette *f*

kindgemäß ADJ adapté à l'enfant

Kindheit F ⟨~⟩ enfance *f*; **von ~ an** dès l'enfance; **von frühester ~ an** dès ma, ta, *etc* plus tendre enfance

Kindheitserinnerung F souvenir *m* d'enfance

kindisch *meist pej* A ADJ puéril; naïf, naïve; *im Alter* gâteux, -euse; *umg* gaga; **~es Wesen** puérilité *f*; **sei nicht ~!** ne fais pas l'enfant! B ADV **sich ~ benehmen** faire l'enfant; *pej* être puéril

kindlich ADJ enfantin; d'enfant; d'un enfant; de l'enfant; *im Verhältnis zu den Eltern* filial; **~er Gehorsam** obéissance filiale *bzw.* de l'enfant

Kindsbewegung F MED mouvement *m* de l'enfant, du fœtus

Kindskopf *umg fig* M 1 *liebevoll umg* gamin *m* 2 *pej* niais *m*; nigaud *m*; **sei kein ~!** ne fais pas l'imbécile

Kindslage F MED présentation *f* de l'enfant, du fœtus; **Kindsmutter** F → Kindesmutter; **Kindspech** N PHYSIOL méconium *m*

Kind(s)taufe F baptême *m*

Kindstod M **plötzlicher ~** mort subite du nourrisson

Kinematik F ⟨~⟩ PHYS cinématique *f*; **kinematisch** ADJ cinématique; **Kinematografie**, **Kinematographie** F ⟨~⟩ cinématographie *f*

Kinetik F ⟨~⟩ 1 PHYS cinétique *f* 2 KUNST art *m* cinétique

kinetisch ADJ cinétique

King *umg* M ⟨~(s); ~s⟩ *umg* chef *m*

Kinkerlitzchen *umg* PL (*Nichtigkeiten*) futilités *fpl*; (*Albernheiten*) niaiseries *fpl*

Kinn N ⟨~(e)s; ~e⟩ menton *m*; **Kinnbart** M bouc *m*; **Kinnhaken** M crochet *m* à la mâchoire; uppercut *m*; **Kinnlade** F mâchoire inférieure; **Kinnriemen** M jugulaire *f* (*d'un casque*)

Kino N ⟨~s; ~s⟩ cinéma *m*; **Kinobesuch** M fréquentation *f* des cinémas; **Kinobesucher(in)** M(F) spectateur, -trice *m,f*; personne *f* qui va au cinéma; **Kinofilm** M film *m*; **Kinogänger(in)** M ⟨~s; ~⟩ (F) ⟨~in; ~innen⟩ habitué(e) *m(f)* du cinéma; cinéphile *m/f*; **Kinokarte** F billet *m*, place *f* de cinéma; **Kinokasse** F caisse *f* de cinéma; **Kinoleinwand** F écran *m* de cinéma; **Kinoplakat** N affiche *f* de cinéma; **Kinoprogramm** N programme *m* de cinéma; **Kinoreklame** F 1 *im Kino* publicité *f* au cinéma 2 *für Filme* publicité *f* pour un film; **Kinosaal** M salle *f* de cinéma; **Kinovorführung** F, **Kinovorstellung** F séance *f* de cinéma; **Kinowerbung** F ⟨~⟩ publicité *f* au cinéma

Kintopp *umg hum od pej* M *od* N ⟨~s; ~s *ou* ~̈e⟩ *umg* ciné *m*; *sl* cinoche *m*

Kiosk M ⟨~(e)s; ~e⟩ kiosque *m*

Kipfel N ⟨~s; ~⟩, **Kipferl** N ⟨-erls; -erln⟩ *südd, österr* croissant *m*

Kippe F ⟨~; ~n⟩ 1 (*Müllkippe*) décharge *f* (publique) 2 *umg* **auf der ~ stehen** (*drohen umzufallen*) être sur le point de tomber; être en porte-à-faux; (*gefährdet sein*) *Unternehmen* être sur le point de faire faillite; être sur la corde raide; (*ungewiss sein*) être incertain; *umg* **der Schüler steht auf der ~** l'élève n'est pas sûr de passer dans la classe supérieure 3 TURNEN bascule *f* 4 *umg* (*Zigarettenstummel*) *umg* mégot *m*

kippeln *umg* V/I ⟨-(e)le, h.⟩ **(mit dem Stuhl) ~** se balancer sur sa chaise

kippen A V/T ⟨h.⟩ 1 (*neigen, stürzen*) faire basculer; culbuter 2 (*schütten*) verser; *umg* **einen ~** *umg* s'en jeter un 3 *umg* (*abbrechen*) arrêter; stopper; (*zurückziehen*) supprimer; (*absetzen*) renverser B V/I ⟨s.⟩ 1 basculer; **vom Stuhl ~** basculer et tomber de sa chaise 2 *fig* (*sich wenden*) *Spiel etc* basculer; *Wetter* changer (brusquement) 3 ÖKOL **der See ist gekippt** l'équilibre biologique du lac est rompu

Kipper M ⟨~s; ~⟩ 1 *LKW* camion *m* à benne basculante 2 → Kippvorrichtung

Kippfenster N fenêtre basculante; **Kipplader** M ⟨~s; ~⟩ → Kipper 1

Kipplore F wagonnet *m* à benne basculante; **Kippschalter** M interrupteur *m* à bascule; **kippsicher** ADJ stable; **Kippständer** M *am Motorrad etc* béquille *f*; **Kippvorrich-**

tung F basculeur *m*; culbuteur *m*; **Kippwagen** M → Kipplore
Kir M ⟨~s; ~s⟩ *Getränk* kir *m*; **~ royal** kir royal
Kirche F ⟨~; ~n⟩ **1** *Gebäude* église *f*; PROT *in Frankreich meist* temple *m*; *fig* **die ~ im Dorf lassen** garder tout son bon sens; ne pas exagérer **2** *Institution* Église *f* **3** ⟨*pas de pl*⟩ (*Gottesdienst*) service (religieux); KATH *a.* messe *f*; office *m*; PROT *a.* culte *m*; **in die ~ gehen** aller à l'église, KATH *a.* à la messe; *regelmäßig a.* fréquenter l'église; *umg* **das ist so sicher wie das Amen in der ~** c'est sûr comme deux et deux font quatre; c'est sûr et certain
Kirchenälteste(r) M ⟨→ A⟩ ancien *m* d'une paroisse; **Kirchenamt** N *Stellung* fonction *f* ecclésiastique; *Behörde* autorité *f* ecclésiastique; **Kirchenasyl** N accueil *m* de réfugiés dans une église; **Kirchenaustritt** M retrait *m* de l'Église; **Kirchenbank** F ⟨~; ¨~e⟩ banc *m* d'église; **Kirchenbann** M excommunication *f*; **Kirchenbuch** N registre paroissial; **Kirchenchor** M chœur paroissial; **Kirchendiener** M sacristain *m*; suisse *m*; bedeau *m*; **kirchenfeindlich** ADJ anticlérical; **Kirchenfenster** N vitrail *m*; **Kirchenfest** N fête religieuse, de l'Église; **Kirchenfürst** *geh* M prince *m* de l'Église; **Kirchengemeinde** F paroisse *f*; **Kirchengeräte** NPL objets sacrés, du culte; **Kirchengeschichte** F histoire *f* de l'Église; **Kirchenglocke** F cloche *f* (d'une église); **Kirchenhoheit** F ⟨~⟩ *des Staates* droits *mpl* de l'État vis-à-vis des Églises; **Kirchenjahr** N année *f* liturgique; **Kirchenkonzert** N concert spirituel
Kirchenlicht *hum* N **kein (großes) ~ sein** ne pas être une lumière
Kirchenlied N cantique *m*
Kirchenmaus *umg hum* F **arm wie e-e ~** pauvre comme Job
Kirchenmusik F ⟨~⟩ musique sacrée, religieuse; **Kirchenrat** M **1** PROT *Titel etwa* conseiller *m* ecclésiastique **2** → Kirchenvorstand; **Kirchenrecht** N ⟨~(e)s⟩ droit *m* ecclésiastique; KATH *a.* droit *m* canon(ique); **Kirchenschiff** N nef *f*; **Kirchenspaltung** F schisme *m*; **Kirchenstaat** M ⟨~(e)s⟩ HIST États de l'Église, pontificaux; **Kirchensteuer** F impôt destiné à l'Église; *in Frankreich etwa* denier *m* du culte
Kirchentag M **Deutscher Evangelischer ~** congrès *m* de l'Église protestante allemande
Kirchenton(art) M(F) MUS mode *m* ecclésiastique; **Kirchentür** F portail *m* d'église; **Kirchenuhr** F horloge *f* de l'église; **Kirchenvater** M Père *m* de l'Église; **Kirchenverfolgung** F persécution *f* de l'Église; **Kirchenvorstand** M conseil administratif d'une paroisse; KATH *a.* conseil curial; conseil *m* de fabrique; **Kirchenzeitung** F journal religieux
Kirchgang M **beim ~** en allant à l'église
Kirchgänger(in) M ⟨~s; ~⟩ (F) ⟨~in; ~innen⟩ personne *f* qui va à l'église; *regelmäßig* pratiquant(e) *m(f)*; **Kirchhof** M *regional* cimetière *m*
kirchlich **A** ADJ de l'Église; ecclésiastique; **~er Feiertag** fête de l'Église, religieuse; **~e Trauung** mariage religieux; *Trauungsfeier* bénédiction nuptiale **B** ADV **sich ~ trauen lassen** se marier à l'église
Kirchspiel N, **Kirchsprengel** M paroisse *f*; **Kirchturm** M clocher *m*; **Kirchturmpolitik** F politique *f* de clocher; **Kirchturmspitze** F pointe *f* de clocher; flèche *f*; **Kirchturmuhr** F horloge *f* du clocher; **Kirchweih** F ⟨~; ~en⟩ (*Kirmes*) kermesse *f*; **Kirchweihe** F KIRCHE consécration *f* d'une église
Kirgise M ⟨~n; ~n⟩ Kirghiz *m*
Kirgisien N ⟨→ *n/pr*⟩ la Kirghizie
Kirgisin F Kirghize *f*; **kirgisisch** ADJ kirghiz
Kirgistan N ⟨→ *n/pr*⟩ le Kirghizistan
Kiribati N ⟨→ *n/pr*⟩ GEOG Kiribati *m*
Kirmes F ⟨~; ~sen⟩ kermesse *f*; *in Nordfrankreich a.* ducasse *f*; *weitS.* fête foraine; **Kirmesbude** F baraque foraine
kirre *umg* ADJ **j-n ~ machen** amadouer, apprivoiser qn
kirremachen V/T → kirre
Kirsch M ⟨~(e)s; ~⟩ → Kirschwasser; **Kirschbaum** M cerisier *m*; **Kirschbaumholz** N bois *m* de cerisier
Kirschblüte F fleur *f* de cerisier; *Zeit* floraison *f* des cerisiers; **das Land der ~** le pays des cerisiers en fleurs
Kirsche F ⟨~; ~n⟩ *Frucht* cerise *f*; *Baum* cerisier *m*; **mit ihm ist nicht gut ~n essen** il n'est pas commode; c'est un mauvais coucheur
Kirschkern M noyau *m* de cerise; **Kirschkuchen** M tarte *f* aux cerises; **Kirschlikör** M liqueur *f* de cerises; **Kirschlorbeer** M laurier-cerise *m*; **kirschrot** ADJ (rouge) cerise (*inv*); **Kirschsaft** M jus *m* de cerises; **Kirschstein** M → Kirschkern; **Kirschtomate** F tomate *f* cerise
Kirschtorte F tarte *f* aux cerises; **Schwarzwälder ~** (gâteau *m*) forêt-noire *m*
Kirschwasser N ⟨~s; ~⟩ kirsch *m*
Kissen N ⟨~s; ~⟩ coussin *m*; (*Kopfkissen*) oreiller *m*; **Kissenbezug** M enveloppe *f*, °housse *f* de coussin; *des Kopfkissens* taie *f* d'oreiller; **Kissenfüllung** F garniture intérieure d'un coussin *bzw.* d'un oreiller; **Kissenschlacht** *umg* F *umg* bataille *f* de polochons
Kiste F ⟨~; ~n⟩ **1** *größere* caisse *f*; (*kleinere, a. Zigarrenkiste*) boîte *f* **2** *umg* (*Auto*) *umg* bagnole *f*; *umg* caisse *f*; (*Flugzeug*) coucou *m*; *umg* zinc *m* **3** *umg* (*Bett*) *umg* pieu *m* **4** *umg* (*Fernseher*) *umg* télé *f*
kistenweise ADV par caisses
Kisuaheli N ⟨~(s)⟩ *Sprache* souahéli *m*
Kita F ⟨~; ~s⟩ ABK (Kindertagesstätte) garderie *f*
Kitsch M ⟨~(e)s⟩ kitsch *m*; *einzelnes Stück* objet *m* kitsch, de mauvais goût; *Echtes vortäuschend* toc *m*
kitschig ADJ kitsch (*inv*)
Kitt M ⟨~(e)s; ~e⟩ mastic *m*
Kittchen *umg* N ⟨~s; ~⟩ *umg* taule *f*; **ins ~ kommen, wandern** *umg* aller en taule; *umg* se faire coffrer
Kittel M ⟨~s; ~⟩ **1** (*Arbeitskittel*) blouse *f*; (*Bauernkittel*) *a.* sarrau *m* **2** (*Bluse*) chemisier *m* **3** *südd* (*Jackett*) veste *f* **4** *österr* (*Rock*) jupe *f*; **Kittelkleid** N robe-tablier *f*; **Kittelschürze** F blouse *f* sans manches
kitten V/T ⟨-ete, h.⟩ mastiquer; *fig* cimenter; **ihre Ehe lässt sich nicht mehr ~** leur mariage est un constat d'échec
Kitz N ⟨~es; ~e⟩ (*Rehkitz*) faon *m*; (*Ziegenkitz*) chevreau *m*; chevrette *f*
Kitzel M ⟨~s⟩ **1** (*Reiz*) attrait *m* **2** (*Kitzeln*) chatouillement *m*
kitzelig ADJ chatouilleux, -euse; *fig Frage, Angelegenheit* délicat
kitzeln V/T *u.* V/I ⟨-(e)le, h.⟩ chatouiller; *fig den Gaumen etc* flatter
Kitzler M ⟨~s; ~⟩ ANAT clitoris *m*
kitzlig → kitzelig
Kiwi¹ F ⟨~; ~s⟩ BOT kiwi *m*
Kiwi² M ⟨~s; ~s⟩ ZOOL kiwi *m*
kJ ABK (Kilojoule) kJ (kilojoule)
k.k. ABK (kaiserlich-königlich) *Monarchie* austro-hongrois
KKW N ⟨~(s); ~s⟩ ABK (Kernkraftwerk) centrale *f* nucléaire
Klabautermann M ⟨~(e)s; -männer⟩ SCHIFF *génie protecteur ou annonciateur de naufrage*
klack INT *bei festen Körpern* clac!; *bei Tropfen* flac!
klacken *umg* V/I ⟨h.⟩ claquer
Klacks *umg* M ⟨~es; ~e⟩ **1** (*Klecks*) giclée *f*; **ein ~ Sahne** un peu de chantilly **2** *fig* broutille *f*; rien *m*; **das ist nur ein ~** c'est une babiole
Kladde F ⟨~; ~n⟩ *regional* **1** (*erste Niederschrift*) brouillon *m* **2** (*Geschäftsbuch*) main courante; brouillard *m* **3** (*Heft*) cahier *m* de brouillon
kladderadatsch INT patatras!
Kladderadatsch *umg* M ⟨~(e)s; ~e⟩ (*Zusammenbruch*) débâcle *f*; faillite *f*; (*Skandal*) scandale *m*
klaffen V/I ⟨h.⟩ être béant; **e-e ~de Wunde** une plaie béante; **in der Wand klafft ein Riss** il y a une fente béante dans le mur; *fig* **dazwischen klafft ein gewaltiger Unterschied** il y a une différence énorme entre les deux
kläffen V/I ⟨h.⟩ japper; glapir
Kläffen N ⟨~s⟩ jappement(s) *m(pl)*
Kläffer M ⟨~s; ~⟩ *pej* roquet *m*
Klafter M *od* N ⟨~s; ~⟩ *früher* **1** *Raummaß für Holz etwa* corde *f* (de bois) **2** *Längenmaß* brasse *f*
Klage F ⟨~; ~n⟩ **1** (*Wehklage, Beschwerde*) plainte *f*; **~ führen über** (+*akk*) se plaindre de; **es wurden ~n laut, dass ...** on s'est plaint du fait que ...; **keinen Grund zur ~ haben** ne pas avoir à se plaindre **2** JUR plainte *f*; action *f*; demande *f* en justice; **gerichtliche ~** action en justice; **e-e ~ einreichen** *Strafrecht* déposer une plainte; *Zivilrecht* intenter, introduire une action; **~ erheben** intenter une action (**gegen j-n** contre qn); **~ auf Schadenersatz** action en dommages-intérêts
Klageabweisung F JUR rejet *m* de la demande; débouté *m*; **Klageerhebung** F JUR introduction *f* de l'action, de l'instance; **Klagefrist** F délai *m* pour intenter une action
Klagelied N complainte *f*; *fig* **ein ~ anstimmen** se répandre en lamentations, *umg* en jérémiades
Klagemauer F *in Jerusalem* mur *m* des Lamentations
klagen ⟨h.⟩ **A** V/T **j-m etw ~** se plaindre de qc à qn; **j-m sein Leid ~** confier sa douleur, sa peine à qn **B** V/I **1** se plaindre (**über** [+*akk*] de); se lamenter; **wir haben keinen Grund zu ~** nous n'avons aucune raison de nous plaindre; **sie klagt über Kopfschmerzen** elle se plaint de maux de tête **2** JUR *Strafrecht* porter plainte; déposer une plainte (**auf** [+*akk*] en; **gegen** contre; **wegen** pour); *Zivilrecht* intenter une action (**auf** [+*akk*] en; **gegen** contre; **wegen** pour); *weitS. a.* faire un procès (**gegen** à); **auf Schadenersatz ~** intenter une action en dommages-intérêts
klagend ADJT **1** plaintif, -ive; dolent **2** JUR **die ~e Partei** → Kläger(in)
Klagepunkt M JUR chef *m* d'accusation; motif *m* de plainte
Kläger(in) M ⟨~s; ~⟩ (F) ⟨~in; ~innen⟩ JUR plaignant(e) *m(f)*; *im Zivilprozess* demandeur, -eresse *m,f*; *sprichw* **wo kein ~ ist, ist auch kein Richter** à défaut de plaignant point de juge; point de juge sans plaignant
Klagerücknahme F désistement *m* d'instance; **Klageruf** M cri plaintif; plainte *f*; **Klageschrift** F JUR mémoire *m*; demande, requête (introductive d'instance)
Klageweg M JUR **auf dem ~, im ~** par introduction d'action
Klageweib N pleureuse *f*
kläglich **A** ADJ (*beklagenswert*) lamentable; dé-

plorable; *(bemitleidenswert)* pitoyable; **ein ~er Rest** de pauvres restes *mpl* B ADV lamentablement; pitoyablement; **er hat ~ versagt** il a échoué lamentablement

klaglos ADV sans se plaindre; sans faire de difficultés

Klamauk *umg* M ⟨~s⟩ *(Lärm)* chahut *m*; *umg* boucan *m*; potin *m*; *pej* THEAT comédie bouffonne

klamm ADJ *Wäsche* froid et humide; *Finger* engourdi; *geh* gourd; *umg* **~ sein** *(wenig Geld haben)* *umg* être à sec

Klamm F ⟨~; ~en⟩ GEOG gorge *f*

Klammer F ⟨~; ~n⟩ 1 *(Wäscheklammer)* pince *f* à linge; *(Haarklammer)* pince *f* (à cheveux); *(Zahnklammer)* appareil *m* dentaire; *(Wundklammer)* agrafe *f* (de chirurgie); *(Hosenklammer)* pince *f* (de pantalon); *(Heftklammer)* agrafe *f*; *(Büroklammer)* trombone *m*; attache *f* de bureau; *(Bauklammer)* agrafe *f* 2 TYPO *runde* parenthèse *f*; **eckige ~** crochet *m*; **geschweifte ~** accolade *f*; **(etw) in ~n (setzen)** (mettre qc) entre parenthèses; **~ auf, ~ zu** (ouvrez la) parenthèse, fermez la parenthèse 3 MATH parenthèse *f*; **die ~n auflösen** supprimer, effectuer les parenthèses

Klammeraffe M ZOOL atèle *m*; IT arobas *m*; **Klammerausdruck** M ⟨~(e)s; -ausdrücke⟩ MATH expression *f* entre parenthèses

Klammerbeutel M sac *m* à pinces à linge; *umg* **mit dem ~ gepudert sein** *(nicht ganz bei Verstand sein)* être tombé sur la tête; avoir une araignée dans le plafond

Klammergriff M SPORT clé *f*; **er hat bei ihm e-n ~ angesetzt** il lui a fait une clé

klammern ⟨-(e)re, h.⟩ A V/T agrafer; *mit Heftmaschine* agrafer; *mit Büroklammer* attacher; *Wunde* fermer au moyen d'agrafes; → *a.* anklammern B V/I BOXEN s'étreindre; faire du corps à corps C V/R **sich an j-n, etw ~** se cramponner, s'accrocher à qn, qc; **sich an e-e Hoffnung ~** se cramponner à un espoir

klammheimlich *umg* A ADJ ⟨épithète⟩ secret, -ète B ADV secrètement

Klamotte *umg* F ⟨~; ~n⟩ 1 PL **~n** *(Kleider)* *umg* fringues *fpl*; *(Kram)* bric-à-brac *m* 2 *pej* THEAT farce *f*; vaudeville *m*

Klamottenkiste *umg* F malle *f* de vieux vêtements; *fig* **etw aus der ~ hervorholen** ressortir qc

Klampfe F ⟨~; ~n⟩ 1 *umg hum* MUS guitare *f* 2 *österr (Bauklammer)* agrafe *f*

klamüsern *umg* V/T → auseinanderklamüsern

Klan M ⟨~s; ~e⟩ clan *m*

klang → klingen

Klang M ⟨~(e)s; ~̈e⟩ son *m*; *e-s Radios etc* sonorité *f*; **beim ~ der Glocken** au son des cloches; **e-n guten ~ haben** rendre un bon son; *Radio* avoir une bonne sonorité; *fig* **sein Name hat e-n guten ~** il a une bonne réputation *(sur le plan professionnel)*

Klanganalyse F PHYS analyse *f* du son; **Klangbild** N tonalité *f*; **Klangfarbe** F sonorité *f*; *e-r Stimme, e-s Instruments* timbre *m*; *e-s Radios* tonalité *f*; **Klangfarberegler** M dispositif *m* de réglage de la tonalité; **Klangfigur** F PHYS figure *f* acoustique; **Klangfülle** F sonorité *f*

klanglich A ADJ sonore B ADV au point de vue (du) son *bzw.* (de la) sonorité

klanglos A ADJ *Stimme* sourd; *Instrument* sans résonance B ADV *umg* **sang- und ~** sans tambour ni trompette

Klangregler M → Klangfarberegler; **klangvoll** ADJ sonore; *Titel, Name* qui sonne bien

Klappbett N lit pliant; **Klappbrücke** F pont basculant; **Klappdeckel** M couvercle *m* à charnière

Klappe F ⟨~; ~n⟩ 1 TECH clapet *m*; abattant *m*; ANAT, BIOL valvule *f*; MUS *e-r Trompete etc* clef *od* clé *f*; *am Briefkasten* volet *m*; *e-s Briefumschlages* rabat *m*; *(Hosenklappe)* pont *m*; *(Taschenklappe)* rabat *m*; *umg* **~ zu, Affe tot** l'affaire est close 2 FILM clap *m*; claquette *f* 3 *sl (Mund)* *sl* gueule *f*; **halt die ~!** *umg* ferme-la!; *umg* boucle-la!; **e-e große ~ haben** *sl* avoir une grande gueule

klappen ⟨h.⟩ A V/T **nach oben ~** relever; **nach unten ~** rabattre; **zur Seite ~** rabattre sur le côté B *umg* V/I *(gelingen)* bien marcher; *umg* coller; **na, klappt's?** alors, ça marche?; **es wird schon ~** ça ira; ça va marcher

Klappentext M texte *m* de présentation (de la jaquette d'un livre); **Klappenventil** N clapet *m*

Klapper F ⟨~; ~n⟩ crécelle *f*; *für Kinder* °hochet *m*

klapperdürr *umg* ADJ maigre comme un clou

Klappergestell *umg* N *umg* squelette ambulant; *hum Fahrzeug* vieux clou *m*; *umg* vieille bagnole

klapperig ADJ *Tisch etc* branlant *(a. fig)*; *umg* bringuebalant

Klapperkasten *umg* M, **Klapperkiste** *umg* F *(altes Fahrzeug)* vieux clou; *Auto a.* guimbarde *f*

klappern V/I ⟨-(e)re, h.⟩ *Geschirr, Schreibmaschine* cliqueter; *Storch* craqueter; claquer du bec; *Mühle* faire tic-tac; *Fensterladen, Absätze* claquer; **mit den Zähnen ~** claquer des dents

Klappern N ⟨~s⟩ *von Geschirr, der Schreibmaschine etc* cliquetis *m*; *des Storches* craquètement *m*; claquement *m* de bec; *der Mühle* tic-tac *m*; *der Zähne, Absätze* claquement *m*

Klapperschlange F serpent *m* à sonnettes

Klapperstorch *umg kindersprKinder* M cigogne *f*; **der ~ hat das Kind gebracht** la cigogne a apporté le bébé; *in Frankreich* on a trouvé le bébé *Jungen* dans un chou, *Mädchen* dans une rose

Klappfenster N vasistas *m*; **Klappmesser** N couteau pliant; **Klapprad** N bicyclette pliante

klapprig → klapperig

Klappsitz M siège *m* rabattable; *(Notsitz)* strapontin *m*; **Klappstuhl** M chaise pliante; *ohne Lehne* pliant *m*; **Klapptisch** M table pliante; **Klappzylinder** M chapeau *m* claque

Klaps *umg* M ⟨~es; ~e⟩ 1 *(leichter Schlag)* petite tape 2 **e-n ~ haben** *umg* être un peu fêlé

Klapsmühle *umg pej* F maison *f* de fous

klar A ADJ 1 clair *(a. Flüssigkeit, Himmel, Stimme, Blick)*; *Glas a.* transparent; *Wasser, Luft* pur; *fig* **e-n ~en Blick haben** être clairvoyant, lucide; **nicht ganz ~ im Kopf sein** n'avoir pas toute sa tête 2 *(deutlich)* net, nette; *(offenbar)* évident; **ein ~er Unterschied** une nette différence; *umg* **das ist ~ wie Klärchen** *od* **Kloßbrühe** c'est clair comme de l'eau de roche; **~e Verhältnisse schaffen** mettre les choses au clair; **das ist mir ~** je le sais bien; je le comprends bien; **das ist mir nicht ~** je ne comprends pas très bien; **sich** *(dat)* **über etw** *(akk)* **im Klaren sein** se rendre (bien) compte de qc; **sich** *(dat)* **über etw** *(akk)* **~ werden** commencer à comprendre qc; *umg* **(na) ~!** bien sûr!; *umg* **alles ~?** tout est clair?; *umg drohend* **ist das ~?** c'est clair?; SCHIFF MIL **~ zum Gefecht!** paré pour le combat! B ADV clairement; nettement; **~ und deutlich** nettement; **~ sehen** voir clair; **~ siegen** remporter nettement la victoire; **~ denkend** qui a les idées claires

Klara F ⟨→ n/pr⟩ *prénom*

Kläranlage F station *f* d'épuration; **Klärbecken** N bassin *m* d'épuration

Klarblick M clairvoyance *f*

klarblickend ADJT clairvoyant; **klardenkend** ADJT → klar B

Klare(r) M ⟨→ A⟩ (verre *m* d')eau-de-vie *f*

klären ⟨h.⟩ A V/T 1 *Unklarheiten* éclaircir; *Problem* élucider; *Situation* clarifier; *Frage* tirer au clair 2 *Flüssigkeiten* épurer B V/I SPORT dégager C V/R **sich ~** s'éclaircir

klargehen *umg* V/I ⟨irr, sép, -ge-, s.⟩ se passer bien; *umg* **das geht klar** ça ne fait pas de problème

Klarheit F ⟨~⟩ clarté *f*; *fig a.* netteté *f*; évidence *f*; **in etw** *(akk)* **~ bringen** éclaircir qc; **sich** *(dat)* **über etw** *(akk)* **~ verschaffen** s'informer au sujet de qc

Klarinette F ⟨~; ~n⟩ clarinette *f*; **Klarinettist(in)** M ⟨~en; ~en⟩ (F) ⟨~in; ~innen⟩ clarinettiste *m/f*

klarkommen V/I ⟨irr, sép, -ge-, s.⟩ *umg* **mit j-m nicht ~** ne pas (bien) s'entendre avec qn; *umg* **kommst du klar?** *umg* tu t'en sors?

Klarlack M vernis transparent

klarlegen V/T ⟨sép, -ge-, h.⟩ mettre, tirer au clair; **j-m etw ~** expliquer, faire comprendre qc à qn

klarmachen V/T ⟨sép, -ge-, h.⟩ 1 *umg* **j-m etw ~** expliquer, faire comprendre qc à qn; *umg* **sich** *(dat)* **etw ~** se rendre compte de qc 2 SCHIFF appareiller

Klärschlamm M boues *fpl* d'épuration

klarsehen V/I ⟨irr, sép, -ge-, h.⟩ *fig* y voir clair

Klarsicht F *fig* clairvoyance *f*; lucidité *f*; **Klarsichtfolie** F film transparent; **klarsichtig** ADJ clairvoyant; lucide; **Klarsichtigkeit** F ⟨~⟩ → Klarsicht; **Klarsichtpackung** F emballage transparent

Klarspüler M, **Klarspülmittel** N produit *m* de rinçage

klarstellen V/T ⟨sép, -ge-, h.⟩ **etw ~** tirer qc au clair; **das will ich jetzt ~** je veux que ce soit clair

Klarstellung F ⟨~; ~en⟩ mise *f* au point

Klartext M texte déchiffré *bzw.* non chiffré; *fig* **im ~** en clair

Klärung F ⟨~; ~en⟩ 1 *von Unklarheiten* éclaircissement *m*; *e-s Problems* élucidation *f* 2 *von Flüssigkeiten* épuration *f*

klarwerden V/R → klar A 2

Klärwerk N station *f* d'épuration

klasse *umg* A ADJ ⟨inv⟩ *umg* chouette; *umg* super *(inv)*; **das ist ~!** *umg* c'est chouette!; *umg* c'est super! B ADV *umg* super bien C INT *umg* chouette!

Klasse F ⟨~; ~n⟩ SCHULE, MATH, BIOL, SOZIOLOGIE *etc* classe *f*; *(Güteklasse)* qualité *f*; SPORT, *Führerschein* catégorie *f*; LOTTERIE tranche *f*; *Fahrkarte f* **erster, zweiter ~** billet *m* de première, de seconde (classe); SCHULE **in der ersten ~ sein** être au cours élémentaire première année; BAHN **erster ~ fahren** voyager en première; **etw in ~n einteilen** classer, classifier qc; **die herrschende ~** la classe dirigeante; **die besitzenden ~n** les classes possédantes; **erster ~** de première qualité; *umg* **das ist ganz große ~!** *umg* c'est chouette!; *umg* c'est super!

Klassement N ⟨~s; ~s⟩ classement *m* *(a.* SPORT)

Klassenarbeit F contrôle *m*; *früher* composition *f*; *umg* **e-e ~ in Mathe schreiben** *umg* faire un contrôle de maths

Klassenausflug M sortie *f* scolaire; **Klassenbeste(r)** M/F(M) premier, -ière *m,f* de la classe; **Klassenbewusstsein** N conscience *f* de classe; **Klassenbuch** N cahier *m* de classe; **Klassenfahrt** F voyage *m* scolaire;

K

Klassenfeind M ennemi *m* de classe; **Klassengemeinschaft** F ⟨~⟩ (*geistige Haltung e-r Schulklasse*) esprit *m* de classe; **Klassengesellschaft** F société *f* de classes; **Klassenhass** M °haine *f* de classe; **Klassenjustiz** F justice *f* de classe; **Klassenkamerad(in)** M(F) camarade *m/f* de classe; **Klassenkampf** M lutte *f* des classes; **Klassenlehrer(in)** M(F) professeur *m/f* principal(e); **klassenlos** ADJ sans classes; **Klassenlotterie** F loterie *f* par classes; **Klassenspiegel** M SCHULE plan *m* de la classe; **Klassensprecher(in)** M(F) délégué(e) *m(f)* de classe; **Klassentreffen** N réunion *f* d'anciens élèves; **Klassenunterschied** M différence *f* entre les classes

Klassenziel N **er hat das ~ nicht erreicht** il n'a pas réussi à passer (dans la classe supérieure)

Klassenzimmer N (salle *f* de) classe *f*

Klasseweib *umg* N *umg* femme *f* super

Klassifikation F ⟨~; ~en⟩ classification *f*; classement *m*; **klassifizieren** V/T ⟨*pas de ge-*, h.⟩ classer; *wissenschaftlich a.* classifier; **Klassifizierung** F ⟨~; ~en⟩ classification *f*; classement *m*

Klassik F ⟨~⟩ classicisme *m*; période *f* classique

Klassiker M ⟨~s; ~⟩ (auteur *m*) classique *m*

klassisch ADJ classique; **das ~e Altertum** l'Antiquité classique

Klassizismus M ⟨~⟩ classicisme *m*; **klassizistisch** ADJ (de style) classique

K

klatsch INT flac!

Klatsch *umg* M ⟨~(e)s⟩ (*Geschwätz*) commérage(s) *m(pl)*; cancans *mpl*; *umg* ragot(s) *m(pl)*; **~ und Tratsch** *umg* ragots et potins *mpl*

Klatschbase *umg* F commère *f*; concierge *f*

Klatsche F ⟨~; ~n⟩ (*Fliegenklatsche*) tapette *f*

klatschen ⟨h.⟩ **A** V/T *Takt* battre; **j-m Beifall ~** applaudir qn; **etw an die Wand ~** faire claquer qc contre le mur **B** V/I **1** *Geräusch* battre (**gegen etw** contre qc); fouetter (**gegen etw** qc); *Segel im Wind* claquer; **der Regen klatscht gegen die Fensterscheiben** la pluie bat contre les vitres; **die Wellen ~ gegen die Ufermauer** les vagues fouettent le quai; **in die Hände ~** battre des mains **2** (*applaudieren*) applaudir **3** *umg* (*schwätzen*) faire des commérages, *umg* des ragots (**über j-n** sur qn)

Klatschgeschichte *umg* F *umg* ragot *m*; **Klatschkolumnist(in)** M(F) *pej* chroniqueur, -euse mondain(e); **Klatschmaul** *umg* N concierge *m/f*; commère *f*; **Klatschmohn** M ⟨~(e)s⟩ coquelicot *m*; **klatschnass** *umg* ADJ trempé jusqu'aux os; **Klatschspalte** *umg* F rubrique *f* des ragots mondains; **Klatschsucht** F ⟨~⟩ manie *f* de commérer, de cancaner; **klatschsüchtig** ADJ qui a la manie de commérer, de cancaner; **Klatschtante** *umg pej* F, **Klatschweib** *umg pej* N commère *f*

klauben V/T ⟨h.⟩ *regional*, BERGBAU (*aussondern*) trier

Klaue F ⟨~; ~n⟩ **1** ZOOL (*Hufklaue*) onglon *m*; (*Kralle*) griffe *f*; *der Raubvögel* serre *f*; *fig* **in j-s ~n** (*akk*) **geraten** tomber sous la griffe de qn; **j-n in s-e ~n bekommen** faire tomber qn sous ses griffes **2** *umg pej* (*Handschrift*) *umg* écriture *f* de cochon; **s-e ~ kann niemand lesen** personne ne peut lire ses pattes de mouche; **e-e furchtbare ~ haben** avoir une écriture épouvantable

klauen *umg* V/T *u.* V/I ⟨h.⟩ *umg* faucher; *umg* piquer

Klauenseuche F VET **Maul- und ~** fièvre aphteuse

Klaus M ⟨→ *n/pr*⟩ *prénom*

Klause F ⟨~; ~n⟩ **1** *in e-m Kloster* cellule *f*; (*Einsiedelei*) *a. fig* ermitage *m* **2** GEOG cluse *f*; défilé *m*

Klausel F ⟨~; ~n⟩ clause *f*

Klausner M ⟨~s; ~⟩ ermite *m*; solitaire *m*

Klaustrophobie F claustrophobie *f*

Klausur F ⟨~; ~en⟩ **1** REL, *fig* clôture *f* **2** (*Prüfungsarbeit*) épreuve écrite (d'examen universitaire); (*Klassenarbeit*) contrôle *m*; **e-e ~ schreiben** passer l'écrit d'un examen (universitaire)

Klausurtagung F réunion *f* à huis clos

Klaviatur F ⟨~; ~en⟩ clavier *m*

Klavichord N ⟨~(e)s; ~e⟩ clavicorde *m*

Klavier N ⟨~s; ~e⟩ piano *m*

Klavierauszug M partition *f* pour piano; **Klavierbauer** M ⟨~s; ~⟩ facteur *m* de pianos; **Klavierbegleitung** F accompagnement *m* au piano; **Klavierhocker** M tabouret *m* de piano; **Klavierkonzert** N *Komposition* concerto *m* pour piano; *Veranstaltung, Solokonzert* récital *m* de piano; **Klavierlehrer(in)** M(F) professeur *m/f* de piano; **Klaviermusik** F ⟨~⟩ piano *m*; **Klavierspieler(in)** M(F) pianiste *m/f*; **Klavierstimmer** M ⟨~s; ~⟩ accordeur *m*; **Klavierstück** N morceau *m* de piano; **Klavierstunde** F leçon *f* de piano; **Klavierunterricht** M cours *mpl* de piano; **Klaviervirtuose** M, **Klaviervirtuosin** F pianiste *m/f* virtuose; virtuose *m/f* du piano

Klebeband N ⟨~(e)s; ⸗er⟩ ruban adhésif; **Klebebindung** F TYPO reliure *f* sans couture, arraphique; **Klebeecke** F *bei Fotos* coin gommé; **Klebefolie** F film adhésif

kleben ⟨h.⟩ **A** V/T coller (**an** [+*akk*] sur; **auf** [+*akk*] sur); **etw mit Tesafilm ~** coller qc avec du scotch; scotcher qc; *umg* **j-m eine ~** *umg* en coller, en flanquer une à qn **B** V/I **1** (*fest~*) coller (**an** [+*dat*] à); **~ bleiben** rester collé **2** *umg für Sozialversicherung* cotiser **3** *umg* **an s-m Posten ~** s'accrocher à son poste; *umg* **~ bleiben** (*in der Schule sitzen bleiben*) (devoir) redoubler

klebenbleiben *umg* V/I → kleben B 3

Kleber M ⟨~s; ~⟩ **1** *umg* (*Leim*) colle *f* **2** BOT, CHEM gluten *m*; colle végétale

Klebestift M bâton *m* de colle; **Kleb(e)streifen** M ruban adhésif

klebrig ADJ *Sache* poisseux, -euse; *pej Mensch* collant

Klebstoff M colle *f*

Kleckerfritze *umg* M ⟨~n; ~n⟩ petit sale; *umg* petit cochon; **Kleckerkram** *umg pej* M broutilles *fpl*; **Kleckerliese** *umg* F ⟨~; ~n⟩ petite sale; *umg* petite cochonne

kleckern *umg* V/I ⟨-(e)re⟩ **1** ⟨h.⟩ (*Flecken machen*) faire des taches (**auf** [+*akk*] sur); ⟨s.⟩ (*tropfenweise zu Boden fallen*) goutter **2** ⟨h.⟩ faire demi-mesure; **nicht ~, sondern klotzen** faire les choses à fond, comme il faut

kleckerweise *umg* ADV petit à petit; au compte-gouttes

Klecks M ⟨~es; ~e⟩ tache *f*; (*Tintenklecks*) *a.* pâté *m*; (*Senfklecks, Mayonnaisenklecks*) giclée *f*

klecksen V/I ⟨-(es)t, h.⟩ faire des taches, des pâtés; *Schreibfeder* cracher

Kleckser *umg* M ⟨~s; ~⟩ **1** → Klecks **2** (*Schmierer*) barbouilleur *m*; **Kleckserei** *umg* F ⟨~; ~en⟩ barbouillage *m*

Klee M ⟨~s⟩ trèfle *m*; *umg* **j-n über den grünen ~ loben** porter qn aux nues

Kleeblatt N **1** BOT feuille *f* de trèfle; **vierblättriges ~** trèfle *m* à quatre feuilles **2** *fig* trio *m* **3** (*Autobahnkleeblatt*) échangeur *m*

Kleiber M ⟨~s; ~⟩ ZOOL sittelle *f*

Kleid N ⟨~(e)s; ~er⟩ **1** (*Damenkleid*) robe *f* **2** *meist* PL **~er** vêtements *mpl*; habits *mpl*; *sprichw* **~er machen Leute** *sprichw* l'habit fait l'homme

kleiden ⟨-ete, h.⟩ **A** V/T **1** (*an~*) habiller; vêtir **2** (*stehen*) aller à; habiller; **dieser Anzug kleidet ihn gut** ce costume lui va bien **3** **etw in Worte ~** trouver les mots pour exprimer qc; exprimer qc (par des mots, par des paroles) **B** V/R **sich ~** s'habiller

Kleiderablage F vestiaire *m*; **Kleiderbad** N bain *m* chimique pour le nettoyage des vêtements; **Kleiderbügel** M cintre *m*; **Kleiderbürste** F brosse *f* à habits; **Kleiderhaken** M patère *f*; portemanteau *m*; **Kleiderhülle** F °housse *f* protège-vêtements; **Kleiderkammer** F *bes* MIL magasin *m* d'habillement; **Kleiderrock** M robe-chasuble *f*; **Kleidersack** M sac *m* de vêtements; **Kleidersammlung** F collecte *f* de vieux vêtements; **Kleiderschrank** M **1** armoire *f* à vêtements; (armoire-)penderie *f* **2** *umg fig* (*großer, kräftiger Mann*) *umg* armoire *f* à glace; **Kleiderständer** M portemanteau *m*; **Kleiderstange** F tringle *f* à vêtements

kleidsam ADJ seyant; qui va, habille bien

Kleidung F ⟨~; ~en⟩ vêtements *mpl*; habillement *m*

Kleidungsstück N vêtement *m*

Kleie F ⟨~; ~n⟩ *von Getreide* son *m*; *grobe* bran *m*

klein **A** ADJ **1** *Ausmaße, Menge, Bedeutung* petit; (*~ u. zierlich*) menu; **sehr ~** *Summe etc a.* minime; *Raum a.* exigu, -guë; MATH **unendlich ~** infiniment petit; **verschwindend ~** minime; **winzig ~** minuscule; **~er Buchstabe** (lettre *f*) minuscule *f*; **das ~e Einmaleins** la table de multiplication de 1 à 10; **im ~en Kreis** dans l'intimité; MUS **~e Terz** tierce mineure; **~e Ursache, große Wirkung** petites causes grands effets; **in ~er Zahl** peu nombreux; **im Kleinen wie im Großen** dans les petites choses comme dans les grandes; **e-e Welt im Kleinen** un monde en miniature; *umg beim Bezahlen* **haben Sie es ~?** vous avez de la monnaie?; **~ machen** *Holz etc* casser; *fig* → kleinmachen A 2; **sich ~ machen** se faire tout petit (*a. fig*); *umg* **~, aber oho** petit, mais un peu là; **~, aber fein** petit, mais raffiné **2** *Alter* petit; **mein ~er Bruder** mon petit frère; **Klein Bärbel** la petite Barbara; **Groß und Klein** petits et grands; **von ~ auf** dès l'enfance **3** *fig* **~e Leute** petites gens; (*Kinder*) petit monde; **der ~e Mann** l'homme *m* de la rue; Monsieur *m* Tout-le-monde; **aus ~en Verhältnissen stammen** être d'origine modeste **B** ADV **ein ~ wenig** un petit peu; *umg* **~ anfangen** débuter modestement; **~ beigeben** baisser pavillon; battre en retraite; baisser le ton; **~ hacken** *Fleisch* °hacher menu; **Holz ~ hacken** faire du petit bois; *umg* **etw kurz und ~ schlagen** réduire qc en miettes; mettre qc en pièces, en morceaux; **~ schneiden** couper en petits morceaux; GASTR °hacher; **~ schreiben** (*in kleiner Schrift schreiben*) écrire petit; **~ stellen** *Gas etc* baisser; **~ werden** rapetisser; diminuer; **~ gedruckt** imprimé en petits caractères; **~ Gedruckte(s)** → Kleingedruckte(s); **~ gemustert** à petits motifs; **~ kariert** *Muster* à petits carreaux; → *a.* kleinkriegen, kleinschreiben *etc*

Klein N ⟨~s⟩ GASTR abat(t)is *mpl*

Kleinaktionär M petit actionnaire; **Kleinanzeige** F petite annonce

Kleinarbeit F ⟨~⟩ travail de détail, méticuleux; **in mühevoller ~** en travaillant méticuleusement

Kleinasien N l'Asie Mineure

Kleinbetrieb M petite entreprise, exploitation; **Kleinbildkamera** F appareil *m* photo format 24 × 36; **Kleinbuchstabe** M (lettre *f*) minuscule *f*; **Kleinbühne** F petit théâtre; **Kleinbürger(in)** M(F) petit(e) bourgeois(e) *m(f)*; **kleinbürgerlich** ADJ de la petite bourgeoisie; **Kleinbürgertum** N petite bourgeoisie; **Kleinbus** M minibus *m*; petit car

kleiner ADJ 1 plus petit; *(geringer)* moindre; **das ~e Übel** le moindre mal; **~ machen, werden** rapetisser; diminuer 2 *(ziemlich klein)* assez, relativement petit; pas très grand

Kleinfamilie F famille *f* parents-enfants; SOZIOLOGIE famille restreinte; **Kleinformat** N petit format; **Kleingärtner** M jardinier amateur; *in Schrebergärten* locataire *m* d'un jardin ouvrier; **kleingedruckt** ADJT → klein B

Kleingedruckte(s) N ⟨→ A⟩ 1 TYPO ce qui est imprimé en petits caractères 2 *fig* **das ~** les petits caractères

Kleingeld N ⟨~(e)s⟩ monnaie *f*; *umg iron* **das nötige ~ haben** avoir l'argent nécessaire

kleingemustert ADJT à petits motifs

kleingläubig ADJ de peu de foi; **Kleingläubigkeit** F manque *m* de foi

kleinhacken V/T → klein B

Kleinhandel M commerce *m* de détail; **Kleinheit** F ⟨~⟩ petitesse *f* *(a. fig)*; **Kleinhirn** N cervelet *m*

Kleinholz N ⟨~es⟩ petit bois; **~ machen** faire du petit bois; *umg* **aus etw ~ machen** mettre qc en pièces; réduire qc en miettes; *umg* **aus j-m ~ machen** °hacher qn menu comme chair à pâté

Kleinigkeit F ⟨~; ~en⟩ 1 *(bedeutungslose Sache)* (petit) rien; bagatelle *f*; futilité *f*; vétille *f*; *umg iron* **es kostet die ~ von e-r Million** cela coûte la bagatelle d'un million 2 *(ein wenig)* **e-e ~** un petit quelque chose; **e-e ~ essen, schenken** *etc* manger, offrir, *etc* un petit quelque chose 3 *(leichte Aufgabe)* bagatelle *f*; peu *m* de chose; rien *m*

Kleinigkeitskrämer(in) M(F) tatillon, -onne *m,f*; *umg* pinailleur, -euse *m,f*; **ein ~ sein** *a.* être tatillon, -onne; chercher la petite bête

kleinkariert ADJT 1 *Muster* → klein B 2 *umg fig pej (kleinlich)* mesquin; *(engstirnig)* borné

Kleinkind N petit(e) enfant; **Kleinkram** *umg* M *(kleine Dinge)* petites choses; babioles *fpl*; *(Kleinigkeiten)* babioles *fpl*; broutilles *fpl*; **Kleinkrieg** M 1 POL guérilla *f* 2 *fig (ständige Reibereien)* petite guerre; *umg* guéguerre *f*

kleinkriegen *umg* V/T ⟨*sép*, -ge-, h.⟩ **j-n ~** faire céder qn; venir à bout de qn; **er ist nicht kleinzukriegen** pas moyen d'en venir à bout; **etw ~** venir à bout de qc; *(auf-, verbrauchen)* manger qc; *Erbschaft etc* dissiper qc

Kleinkunstbühne F petit théâtre de cabaret; *etwa* café-théâtre *m*; **Kleinlaster** *umg*, **Kleinlastwagen** M camionnette *f*

kleinlaut ADJ *u.* ADV penaud; décontenancé; **~ werden** baisser le ton; perdre (de) son aplomb; *(zurückstecken)* mettre de l'eau dans son vin; **j-n ~ machen** rabattre le caquet à qn; **~ antworten** répondre d'une petite voix

kleinlich A ADJ *(übergenau)* pointilleux, -euse; *(engstirnig)* borné; *(nicht großzügig)* mesquin B ADV *bei Kleinigkeiten* de manière pointilleuse; *(engstirnig)* de manière bornée; avec étroitesse d'esprit; *(nicht großzügig)* avec mesquinerie; **Kleinlichkeit** F ⟨~; ~en⟩ mesquinerie *f* *(a. Knausrigkeit)*; *(Engstirnigkeit)* étroitesse *f*, petitesse *f* d'esprit; *Handlung* petitesse *f*

kleinmachen ⟨*sép*, -ge-, h.⟩ A V/T 1 *Holz etc* casser 2 *umg fig große Geldscheine* faire la monnaie de; changer B V/R **sich ~** se faire tout petit *(a. fig)*

Kleinmöbel PL petits meubles; **Kleinmut** *geh* M *geh* pusillanimité *f*; **kleinmütig** *geh* ADJ *geh* pusillanime; **Kleinmütigkeit** *geh* F ⟨~⟩ → Kleinmut

Kleinod *geh* N ⟨~(e)s; ~e *ou* -odien⟩ joyau *m* *(a. fig)*

kleinschneiden V/T → klein B

kleinschreiben V/T ⟨*irr, sép*, -ge-, h.⟩ 1 RECHTSCHREIBUNG écrire avec une minuscule; **kleingeschrieben werden** prendre une minuscule 2 *fig* **kleingeschrieben werden** ne venir qu'au second rang; ne pas avoir d'importance 3 → klein B

Kleinschreibung F ⟨~⟩ emploi *m* des minuscules; **Kleinsparer** M petit épargnant; **Kleinstaat** M petit État; **Kleinstadt** F petite ville; ville *f* de province; **Kleinstädter(in)** M(F) habitant(e) *m(f)* d'une petite ville; provincial(e) *m(f)*; **kleinstädtisch** ADJ de petite ville; provincial

Kleinstbetrieb M micro-entreprise *f*

kleinste(r, -s) ADJ le (la) plus petit(e); *(geringste)* le (la) moindre; **bis ins Kleinste** jusque dans les moindres détails

kleinstellen V/T → klein B

Kleinstlebewesen N micro-organisme *m*

Kleintier N petit animal domestique; *pl* **~e** *a.* volaille *f* et lapins *mpl*; **Kleintransport** M petit transport; **Kleintransporter** M petit camion; camionnette *f*; **Kleinunternehmen** N petite entreprise; **Kleinverbraucher** M petit consommateur; **Kleinverdiener** M personne *f* à faible revenu; *koll* les petits salaires

Kleinvieh N petit bétail; *umg* **~ macht auch Mist** tout est bon à prendre

Kleinwagen M petite voiture, cylindrée; **Kleinwild** N menu gibier

kleinwüchsig ADJ de petite taille; MED anormalement petit

Kleister M ⟨~s; ~⟩ colle *f* d'amidon

Klematis F ⟨~; ~⟩ BOT clématite *f*

Klemens M ⟨→ n/pr⟩ *prénom*; *Papstname* Clément *m*

Klementine F ⟨~; ~n⟩ BOT clémentine *f*

Klemme F ⟨~; ~n⟩ 1 TECH pince *f* 2 ELEK borne *f* 3 *umg fig* **in der ~ sein** *umg* être dans le pétrin; être dans l'embarras, dans une mauvaise passe *(a. finanziell)*; être coincé; **j-m aus der ~ helfen** tirer qn d'embarras; tirer une épine du pied à qn

klemmen ⟨h.⟩ A V/T serrer; coincer; **die Mappe unter den Arm ~** mettre sa serviette sous le bras B V/I se coincer; rester coincé; **die Schublade klemmt** le tiroir coince C V/R 1 **sich ~** se pincer; **sich** *(dat)* **die Finger in der Tür ~** se coincer les doigts dans la porte 2 *umg fig* **sich hinter etw** *(akk)* **~** s'atteler à qc; prendre l'affaire, *etc* en main

Klemmhefter M, **Klemmmappe** F classeur *m*, chemise *f* à pince

Klempner M ⟨~s; ~⟩ 1 *(Installateur)* plombier *m* 2 *(Blechschmied)* ferblantier *m*

Kleopatra F ⟨→ n/pr⟩ Cléopâtre *f*

Klepper M ⟨~s; ~⟩ *pej umg* canasson *m*; **Kleppermantel** M imperméable *m* en caoutchouc

Kleptomane M ⟨~n; ~n⟩ kleptomane *od* cleptomane *m*; **Kleptomanie** F ⟨~⟩ kleptomanie *od* cleptomanie *f*; **Kleptomanin** F ⟨~; ~nen⟩ kleptomane *od* cleptomane *f*; **kleptomanisch** ADJ atteint de kleptomanie *od* cleptomanie; kleptomane *od* cleptomane

klerikal ADJ clérical

Kleriker M ⟨~s; ~⟩ ecclésiastique *m*

Klerus M ⟨~⟩ clergé *m*

Klette F ⟨~; ~n⟩ 1 BOT bardane *f* 2 *umg fig Person umg* crampon *m*; *umg* pot *m* de colle; *umg* **wie e-e ~ an j-m hängen** ne pas lâcher, quitter qn d'une semelle; *umg* **wie (die) ~n aneinanderhängen** être inséparables; *umg* être comme cul et chemise

Kletterei F ⟨~; ~en⟩ escalade(s) *f(pl)*

Kletterer M ⟨~s; ~⟩, **Kletterin** F ⟨-in; -innen⟩ *a.* RADSPORT grimpeur, -euse *m,f*; **Klettergerüst** N portique *m*; **Klettermaxe** *umg hum* M ⟨~s; ~⟩ 1 *Kind umg* (petit) singe *m* 2 *(Fassadenkletterer)* monte-en-l'air *m*

klettern V/I ⟨-(e)re, s.⟩ grimper (**auf** [+*akk*] sur; **an** [+*dat*] à); *geschickt* escalader (**auf etw** [+*akk*] qc); *mühsam* gravir (**auf etw** [+*akk*] qc); SPORT faire de l'escalade

Klettern N ⟨~s⟩ SPORT escalade *f*

Kletterpartie F exercice *m* d'escalade; *umg Wanderung* randonnée *f* en montagne avec escalade; **Kletterpflanze** F plante grimpante; **Kletterrose** F rosier grimpant; **Kletterseil** N TURNEN corde *f* (lisse); BERGSTEIGEN corde *f* d'alpinisme; **Kletterstange** F TURNEN perche *f*; **Klettertau** N TURNEN corde *f* (lisse); **Kletterübung** F exercice *m* de grimper, d'escalade; **Kletterwand** F SPORT espaliers *mpl*

Klettverschluss® M (fermeture *f*, bande *f*) velcro® *m*

Kletze F ⟨~; ~n⟩ *südd, österr* poire séchée

Kletzenbrot N *südd, österr* gâteau *m* aux poires (et aux pommes) séchées

Kleve N ⟨→ n/pr⟩ Clèves

klick INT clic!; clic-clac!; *umg fig* **da machte es bei mir ~** ça a fait tilt

klicken V/I ⟨h.⟩ faire clic; IT cliquer (**auf** [+*akk*] sur)

Klicker M ⟨~s; ~⟩ *regional (Murmel)* bille *f*

Klient M ⟨~en; ~en⟩ client *m*

Klientel F ⟨~; ~en⟩ clientèle *f*

Klientin F ⟨~; ~nen⟩ cliente *f*

Kliff N ⟨~(e)s; ~e⟩ falaise *f*

Klima N ⟨~s; ~s *ou* -mate⟩ *a. fig* climat *m*; **soziales ~** climat social

Klimaänderung F changement *m* de climat

Klimaanlage F climatiseur *m*; climatisation *f*; **mit ~** climatisé; à air conditionné

Klimaerwärmung F réchauffement *m* climatique; **Klimaforscher(in)** M(F) climatologue *m/f*; **Klimaforschung** F climatologie *f*; **Klimakammer** F TECH chambre *f* climatique; **Klimakarte** F carte *f* climatologique; **Klimakatastrophe** F catastrophe *f* climatique

Klimakiller *umg* M *élément nocif pour le climat*; **alte Kühlschränke sind echte ~** *umg* les vieux frigos sont super nocifs pour le climat

klimakterisch ADJ MED de la ménopause

Klimakterium N ⟨~s⟩ MED ménopause *f*

Klimakunde F ⟨~⟩ climatologie *f*; **klimaneutral** ADJ climatiquement neutre; **Klimapolitik** F politique *f* climatique; **klimaschonend** A ADJT écologique B ADVL de manière écologique; **Klimaschutz** M protection *f* du climat; **Klimaschwankung** F variation *f* de climat; oscillation *f* climatique; **Klimatechnik** F ⟨~⟩ technique *f* de climatisation

klimatisch A ADJ *(épithète)* climatique; **die ~en Verhältnisse** les conditions climatiques B ADV du point de vue du climat; en ce qui concerne le climat

klimatisieren V/T ⟨*pas de ge-*, h.⟩ climatiser

Klimatisierung F ⟨~; ~en⟩ climatisation *f*; conditionnement *m* d'air

Klimatologie F ⟨~⟩ climatologie *f*

Klimaveränderung F changement *m* climatique; **Klimawandel** M changement *m* climatique; **Klimawechsel** M changement *m* de climat

Klimax F ⟨~; ~e⟩ RHET climax *m*

Klimazone F zone *f* climatique

K

Klimbim *umg* M ⟨~s⟩ *umg* tralala *m*
Klimmzug M TURNEN traction *f* (à la barre fixe)
Klimperei *umg pej* F ⟨~; ~en⟩ pianotage *m*
Klimperkasten *umg pej* M (mauvais) piano
klimpern VI ⟨-(e)re, h.⟩ 1 **mit etw ~** faire sonner, tinter qc 2 *umg pej auf dem Klavier* pianoter; *auf der Gitarre umg* gratter (**auf** [+ *dat*] de)
kling INT ding!
Klinge F ⟨~; ~n⟩ lame *f*; *geh* (**mit j-m**) **die ~n kreuzen** *a. fig* croiser le fer (avec qn); *umg fig* **j-n über die ~ springen lassen** (*töten*) passer qn au fil de l'épée
Klingel F ⟨~; ~n⟩ sonnette *f*; (*Fahrradklingel a.*) timbre *m*
Klingelbeutel M KIRCHE *etwa* corbeille *f* pour faire la quête; **den ~ herumgehen lassen** faire la quête
Klingeldraht M fil *m* de sonnerie
klingeling INT drelin, drelin!
Klingelknopf M bouton *m* de sonnette
klingeln ⟨-(e)le, h.⟩ A VT **j-n aus dem Schlaf ~** faire sortir qn du lit (en sonnant) B VI sonner; **nach j-m ~** sonner qn C V/UNPERS **es klingelt** on sonne; *umg* **es hat bei mir geklingelt** (*ich habe es begriffen*) ça a fait tilt
Klingeln N ⟨~s⟩ sonnerie *f*
Klingelton M ⟨~(e)s; ~̈e⟩ *e-s Handys* sonnerie *f*; **Klingelzeichen** N coup *m* de sonnette
klingen VI ⟨klingt, klang, geklungen, h.⟩ *Glocken, Metall, Gläser* tinter; *Stimmen* résonner; **mir ~ die Ohren** les oreilles me tintent, me sonnent; *umg fig* **die Ohren müssen dir geklungen haben** les oreilles ont dû te tinter; **dieser Vorname klingt gut** c'est un joli prénom; **es klingt mir noch in den Ohren** je l'entends encore; **das klingt seltsam** cela paraît étrange; **das klingt schon besser** c'est déjà mieux; **das klingt wie ein Märchen** cela ressemble à un conte de fées; **das klingt, als ob …** on dirait que …; **das klingt, als ob du böse auf mich wärest** serais-tu (par hasard) fâché contre moi?; **das klingt, als ob geschossen würde** on dirait qu'on a tiré des coups de feu
klingend ADJT METRIK féminin; **in ~er Münze bezahlen** payer en espèces sonnantes et trébuchantes
klingling → klingeling
Klinik F ⟨~; ~en⟩ 1 *private* clinique *f*; *öffentliche* hôpital *m* 2 ⟨*pas de pl*⟩ (*Unterricht*) clinique *f*; **Kliniker** M ⟨~s; ~⟩ 1 *Arzt* chef *m* de clinique 2 *Student* interne *m*; **Klinikum** N ⟨~s; -ka *ou* -ken⟩ 1 centre hospitalier universitaire 2 ⟨*pas de pl*⟩ *im Studium* internat *m*
klinisch A ADJ clinique B ADV d'un point de vue clinique; **~ tot** cliniquement mort
Klinke F ⟨~; ~n⟩ 1 (*Türklinke*) poignée *f* de porte; *umg* **die Bewerber gaben sich** (*dat*) **den ganzen Tag über die ~ in die Hand** *umg* les candidats ont défilé toute la journée; *umg pej* **~n putzen** faire du porte à porte 2 TECH cliquet *m*
Klinkenputzer *umg pej* M *Verkäufer* colporteur *m*; *Bettler* mendiant *m* (qui sonne aux portes)
Klinker M ⟨~s; ~⟩ BAU clinker *m*; **Klinkerbau** M ⟨~(e)s; ~ten⟩ BAU construction *f* en clinker
klinschig ADJ *nordd* → klitschig
klipp A INT **~, klapp!** tic tac! B ADV *umg* **~ und klar** très clairement
Klipp M ⟨~s; ~s⟩ 1 (*Schmuckklipp*) clip *m* 2 (*Haarklipp*) pince *f* à cheveux; barrette *f*
Klippe F ⟨~; ~n⟩ *a. fig* écueil *m*
Klipper M ⟨~s; ~⟩ SCHIFF clipper *m*
Klippfisch M 1 GASTR morue salée 2 ZOOL (*Seewolf*) anarrhique *m* loup
klirren VI ⟨h.⟩ *Ketten, Waffen* cliqueter; *Fensterscheiben* vibrer; trembler; *Geschirr, Gläser* s'entrechoquer; **~de Kälte, ~der Frost** froid *m* de canard
Klirren N ⟨~s⟩ *von Ketten, Waffen* cliquetis *m*; *von Fensterscheiben* vibrement *m*; tremblement *m*; *von Geschirr, Gläsern* choc *m*
Klirrfaktor M ELEK coefficient *m* de distorsion
Klischee N ⟨~s; ~s⟩ TYPO, *fig* cliché *m*; **Klischeebild** N stéréotype *m*; **klischeehaft** ADJ stéréotypé; plein de clichés, de lieux communs; **Klischeevorstellung** F cliché *m*; image stéréotypée
Klischieranstalt F TYPO clicherie *f*; **klischieren** VT ⟨*pas de ge-*, h.⟩ TYPO clicher; **Klischieren** N ⟨~s⟩ TYPO clichage *m*
Klistier N ⟨~s; ~e⟩ MED lavement *m*; **Klistierspritze** F poire *f* à lavement
Klitoris F ⟨~; ~ *ou* -torides⟩ clitoris *m*
Klitsche *umg pej* F ⟨~; ~n⟩ (*ärmliches Landgut*) petit domaine; (*kleiner Betrieb*) *umg* petite boîte; (*Schmierentheater*) théâtre *m* de patronnage
klitschenass *umg* ADJ trempé jusqu'aux os, comme une soupe
klitschig ADJ *regional Gebäck* pâteux, -euse
klitschnass → klitschenass
klitzeklein *umg* ADJ tout petit; minuscule
Klo *umg* N ⟨~s; ~s⟩ toilettes *fpl*; waters *mpl*; *umg* petit coin; **aufs ~ müssen** avoir envie d'aller aux toilettes
Kloake F ⟨~; ~n⟩ *a.* ZOOL, *fig* cloaque *m*
Kloben M ⟨~s; ~⟩ (*Holzkloben*) bûche *f*
klobig ADJ *Gegenstand* massif, -ive; grossier, -ière; *fig Person* lourdaud; balourd; (*grob*) rustre
Klobrille *umg* F lunette *f* des W.-C.; **Klobürste** *umg* F balayette *f* (à W.-C.); **Klodeckel** *umg* M couvercle *m* (de la cuvette) des W.-C.; **Klofrau** *umg* F *umg* dame *f* pipi
Klon M ⟨~s; ~e⟩ BIOL clone *m*
klonen VT ⟨h.⟩ BIOL cloner
Klonen N ⟨~s⟩ BIOL clonage *m*; **therapeutisches ~** clonage thérapeutique
klönen *umg nordd* VI ⟨h.⟩ bavarder; causer
Klopapier *umg* N papier *m* hygiénique
klopfen ⟨h.⟩ A VT *Teppich* battre; *Fleisch* attendrir; *Steine* casser; **e-n Nagel in die Wand ~** enfoncer un clou dans le mur B VI *an die Tür etc* frapper, taper, *stärker* cogner (**an** [+*akk*] à); *Herz, Puls* battre; *Motor* cogner; *umg fig* **auf den Busch ~** tâter, sonder le terrain, prendre la température (auprès de qn); **j-m auf die Finger ~** taper sur les doigts de qn; *fig* faire la leçon à qn; **mit ~dem Herzen** le cœur battant C V/UNPERS **es klopft** on frappe
Klopfen N ⟨~s⟩ 1 (*Herzklopfen*) battement *m* 2 *des Teppichs etc* battage *m* 3 *des Motors* cliquetis *m*; cognement *m* 4 *an der Tür* coups *mpl*; **ein ~ hören** entendre frapper (à la porte)
klopffest ADJ *Kraftstoff* antidétonant
Klopffestigkeit F *von Kraftstoff* pouvoir antidétonant; **Klopfsauger** M aspiro-batteuse *f*
Klopfzeichen N **~ geben** frapper; taper; *Eingeschlossene etc* donner signe de vie en frappant, en tapant; **~ hören** entendre frapper, taper
Klöppel M ⟨~s; ~⟩ 1 *e-r Klingel* marteau *m*; *e-r Glocke* battant *m* 2 (*Werkzeug*) batte *f* 3 TEX fuseau *m* (à dentelle); **Klöppelarbeit** F ⟨~⟩ travail *m* aux fuseaux
klöppeln ⟨-(e)le, h.⟩ A VI faire de la dentelle aux fuseaux B VT **e-e Decke ~** faire une nappe en dentelle
Klöppeln N ⟨~s⟩ travail *m* aux fuseaux
Klöppelspitze F dentelle *f* aux fuseaux
kloppen *umg* V/R ⟨h.⟩ **sich ~** (**mit j-m**) se bagarrer (avec qn)
Klöpplerin F ⟨~; ~nen⟩ dentellière *f*
Klops M ⟨~es; ~e⟩ *nordd* (grosse) quenelle; (*bes Fleischklops*) boulette *f*; *umg* **da hast du dir aber e-n ~ geleistet!** *umg* tu as fait une boulette!
Klosett N ⟨~s; ~e *ou* ~s⟩ cabinets *mpl*; **Klosettbecken** N cuvette *f* de W.-C.; **Klosettbrille** F lunette *f* de W.-C.; **Klosettbürste** F balai *m* de cabinets, de W.-C.; **Klosettdeckel** M couvercle *m* de W.-C.; **Klosettpapier** N papier *m* hygiénique, de cabinets
Kloß M ⟨~es; ~̈e⟩ (grosse) quenelle; (*bes Fleischkloß*) boulette *f*; *umg* **e-n ~ im Hals haben** avoir la gorge serrée; avoir un nœud dans la gorge
Kloßbrühe F jus *m*, bouillon *m* de boulettes; *umg* **das ist klar wie ~** c'est clair comme de l'eau de roche
Klößchen N ⟨~s; ~⟩ GASTR (petite) boulette
Kloster N ⟨~s; ~̈⟩ monastère *m*; couvent *m*; **ins ~ gehen** entrer au couvent, dans les ordres; *Frau a.* prendre le voile; *Mann a.* prendre l'habit
Klosterbruder M frère lai, convers; **Klostergarten** M jardin *m* du monastère, du couvent; **Klosterkirche** F église *f* du monastère, du couvent
klösterlich ADJ du monastère; du couvent; *a. fig* monastique; monacal
Klosterschule F école conventuelle
Klotz M ⟨~es; ~̈e⟩ 1 (*Holzklotz*) bloc *m* de bois; bille *f*; (*Hackklotz*) billot *m*; *umg* **j-m ein ~ am Bein sein** être un fardeau, un boulet pour qn; *sprichw* **auf e-n groben ~ gehört ein grober Keil** à rudesse répond rudesse 2 (*Bauklotz*) cube *m* 3 *fig* (*unbeholfene Person*) lourdaud *m*; balourd *m*; **ungehobelter ~** rustre *m*; ours mal léché
klotzen → kleckern
klotzig A ADJ massif, -ive; grossier, -ière B *umg* ADV énormément; *umg* drôlement; **sie verdient ~** (**Geld**) elle gagne énormément d'argent
Klub M ⟨~s; ~s⟩ 1 club *m* 2 *österr* (*Fraktion*) groupe *m* parlementaire; **klubeigen** ADJ qui appartient à un *od* au club; **Klubgarnitur** F fauteuil(s) *m(pl)* et canapé *m*; **Klubhaus** N club *m*; **Klubjacke** F veste *f* club; **Klubkamerad(in)** M(F) camarade *m/f* de club; **Klubmitglied** N membre *m* d'un club; **Klubobmann** M *österr* → Fraktionsvorsitzende(r); **Klubsessel** M fauteuil *m* club; **Kluburlaub** M vacances *fpl* (en) club
Kluft[1] F ⟨~; ~̈e⟩ (*Spalte*) crevasse *f*, faille *f* (**zwischen** [+*dat*] entre); *fig* fossé *m*, clivage *m* (**zwischen** [+ *dat*] entre)
Kluft[2] F ⟨~; ~en⟩ 1 *uniformähnliche* uniforme *m*; **die ~ der Pfadfinder** l'uniforme des scouts 2 *umg* (*Kleidung*) *umg* fringues *fpl*
klug ⟨~̈er, ~̈ste⟩ A ADJ (*intelligent*) intelligent; (*weise*) sage; (*gescheit*) judicieux, -ieuse; **ich bin so ~ wie vorher** je n'en suis pas plus avancé; **er wird nie ~ werden** il n'apprendra jamais rien; il ne s'assagira jamais; **aus ihm werde ich nicht ~** je ne le comprends pas; **ich kann daraus nicht ~ werden** je n'y comprends rien; *sprichw* **der ~e Mann baut vor** *etwa sprichw* prudence est mère de sûreté; *sprichw* **der Klügere gibt nach** *sprichw* c'est le plus sage qui cède B ADV (*intelligent*) intelligemment; *umg* **~ reden** se vouloir plus intelligent, plus savant que les autres
klugerweise ADV sagement; **~ etw gemacht haben** avoir bien fait de, avoir été sage de, avoir eu raison de faire qc
Klugheit F ⟨~; ~en⟩ 1 ⟨*pas de pl*⟩ intelligence *f*; (*Weisheit*) sagesse *f* 2 PL **~en** (*kluge Bemerkungen*) sentences *fpl*

K

klugreden *umg* VI → klug B
Klugscheißer *sl* M personne f qui se veut plus intelligente que les autres, qui a toujours raison; *umg* donneur m de leçons
Klumpatsch *umg pej* M ⟨~(e)s⟩ *umg* bazar m; *umg* fourbi m
Klümpchen N ⟨~s; ~⟩ grumeau m
klumpen VI ⟨h.⟩ *Pudding, Soße etc* faire des grumeaux
Klumpen M ⟨~s; ~⟩ morceau m; *im Pudding, in Soßen etc* grumeau m; **ein ~ Butter, Erde** une motte de beurre, de terre; **ein ~ Gold** une pépite
Klumpfuß M pied bot
klumpig ADJ qui contient des grumeaux; grumeleux, -euse
Klüngel M ⟨~s; ~⟩ *pej* clique f
Klüngelei F ⟨~; ~en⟩ *pej* fait m de former un clan; *(Vetternwirtschaft)* népotisme m
klüngeln *umg* VI ⟨-(e)le, h.⟩ former une clique, un clan
Kluniazenser M ⟨~s; ~⟩ REL cluniste m; **kluniazensisch** ADJ clunisien, -ienne
Klunker *umg* F ⟨~; ~n⟩ *od* M ⟨~s; ~⟩ *(Schmuckstein)* caillou m; *pl* **~(n)** *a.* quincaillerie f
Klüver M ⟨~s; ~⟩ SCHIFF foc m; **Klüverbaum** M SCHIFF (mât m de) beaupré m; bout-dehors m de foc
km ABK (Kilometer) km (kilomètre)
km^2 ABK (Quadratkilometer) km^2 (kilomètre carré)
km^3 ABK (Kubikkilometer) km^3 (kilomètre cube)
km/h, km/st ABK (Kilometer pro Stunde) km/h (kilomètre-heure)
KMU NPL ABK (kleine und mittlere Unternehmen) PME *fpl*
kn SCHIFF ABK (Knoten) nœud
knabbern VT *u.* VI ⟨-(e)re, h.⟩ grignoter (**an etw** *[dat]* qc)
Knabe *geh* M ⟨~n; ~n⟩ (jeune) garçon m; *umg* **alter ~!** mon vieux!
Knabenbekleidung F vêtements *mpl* pour garçonnets; **Knabenchor** M chorale f de (jeunes) garçons
knabenhaft ADJ d'adolescent; *von e-m Mädchen* **~e Figur** allure garçonnière
Knabenstimme F voix f de jeune garçon
knack INT crac!; clac!
Knackarsch *umg* M 1 *(straffes Gesäß)* *umg* beau petit cul 2 *fig (Mann mit straffem Gesäß)* *umg* mec m avec un beau petit cul; *(Frau mit straffem Gesäß)* *umg* nana f avec un beau petit cul
Knäckebrot N *etwa* pain suédois
knacken ⟨h.⟩ A VT 1 *Nuss* casser 2 *umg Geldschrank* forcer; *Auto* cambrioler; **den Kode ~** découvrir le code B VI 1 craquer; *in den Ohren* claquer; **es knackt im (Telefon)Hörer** on entend un déclic dans l'appareil 2 *umg fig* **an etw** *(dat)* **zu ~ haben** *umg* en baver avec qc 3 *umg (schlafen)* *umg* pioncer
Knacken N ⟨~s⟩ 1 *umg e-s Geldschranks* percement m; forcement m 2 *der Glieder, Äste etc* craquement m; *im Telefon* déclic m
Knacker M ⟨~s; ~⟩ 1 *umg* **ein alter ~** *umg* un vieux schnock *od* schnoque 2 *regional* → Knackwurst
knackfrisch *umg* ADJ frais, fraîche à croquer
Knacki *umg* M ⟨~s; ~s⟩ *umg* taulard m
knackig *umg* ADJ 1 *Apfel etc* croquant 2 *fig Person* (beau, belle) à croquer; *Körperteil* à croquer
Knacklaut M PHON coup m de glotte; **Knackpunkt** *umg* M point crucial
knacks INT crac!
Knacks *umg* M ⟨~es; ~e⟩ 1 *Geräusch* craquement m 2 *(Riss)* fêlure f; **e-n ~ haben** *Geschirr etc* être fêlé; *gesundheitlich* avoir un problème de santé; *geistig umg* être cinglé, fêlé; *Ehe, Freundschaft* être ébranlé
Knackwurst F *etwa* saucisse f de Francfort
Knall M ⟨~(e)s; ~e⟩ 1 *e-s Reifens, e-r Bombe* éclatement m; *e-s Sprengkörpers* explosion f; *bei Gasen etc* déflagration f; *e-s Schusses* détonation f; *e-r Peitsche, Tür* claquement m; *bei e-m Zusammenstoß* choc m; *der Schallmauer* bang m 2 ⟨*pas de pl*⟩ *umg* **~ und Fall** *od* **~ auf Fall** brusquement; tout à coup; subitement 3 ⟨*pas de pl*⟩ *umg* **e-n ~ haben** *umg* être cinglé, marteau
knallblau *umg* ADJ d'un bleu éclatant
Knallbonbon M *od* N bonbon m à pétard; **Knalleffekt** *umg* M effet m de surprise
knallen ⟨h.⟩ A VT *umg* **j-m eine ~** *umg* en flanquer une à qn; **die Tür ~** claquer la porte; FUSSBALL **den Ball ins Tor ~** envoyer le ballon dans le but B VI *Schuss, Knallkörper* péter; *(detonieren)* détoner; *umg (schießen)* tirer; *Tür, Peitsche etc* claquer; *(platzen)* éclater (avec bruit); *Korken* sauter; *Sonne* taper; *umg* **vor, gegen etw** *(akk)* **~** se heurter violemment contre qc; **den Pfropfen ~ lassen** faire sauter le bouchon; **es knallte zweimal** il y a eu deux détonations; *umg* **setz dich, oder es knallt!** *umg* assieds-toi ou ça va barder!
knalleng *umg* ADJ *umg* moulant
Knaller *umg* M ⟨~s; ~⟩ 1 *(Knallkörper)* pétard m 2 *(Riesenüberraschung)* *umg* bombe f; sensation f; → *a.* Knüller 3 *pej (Knallkopf)* idiot m; *umg* dingue m; **Knallerbse** F bombe algérienne; *weitS.* pétard m; **Knallerei** *umg* F ⟨~; ~en⟩ *(Gewehrknallerei), von Feuerwerk* détonations *fpl*; *von Türen, Peitschen* claquements *mpl*; **Knallfrosch** M pétard m; **Knallgas** N gaz détonant
knallgelb *umg* ADJ d'un jaune éclatant; **knallgrün** *umg* ADJ d'un vert éclatant; **knallhart** *umg* A ADJ *Bursche, Film* brutal; *Geschäft* très dur B ADV durement; brutalement; **knallheiß** *umg* ADJ brûlant
knallig *umg* ADJ *Farben* éclatant; vif, vive
Knallkopf *umg* M idiot m; *umg* dingue m; **Knallkörper** M pétard m
knallrot *umg* ADJ d'un rouge éclatant, *umg* pétant; *Person* **~ werden** devenir rouge comme une tomate
knallvoll *umg* ADJ bondé; plein comme un œuf
knapp ADJ *u.* ADV 1 *Lebensmittel, Geld etc* rare; *Zeit* limité; *Vorräte etc* **~ werden** se raréfier; → knapphalten 2 *(wenig)* juste; *Stil* concis; **mit ~en Worten** succinctement; en peu de mots; **ein Meter Stoff für e-n Rock ist zu ~** un mètre de tissu est trop juste pour une jupe; **~ hinter der Linie** juste derrière la ligne 3 *(eng)* trop juste, étroit, serré 4 *(gerade noch)* tout juste; de justesse; **die ~e Mehrheit** la faible majorité; **mit ~er Not** de justesse; **~ bemessen sein** être calculé très juste; *Zeit* être limité, compté; *umg* **…, und nicht zu ~!** *umg* … et comment!
knappbemessen ADJT → knapp 4
Knappe M ⟨~n; ~n⟩ 1 HIST écuyer m 2 *(Bergmann)* mineur m
knapphalten VT ⟨*irr, sép,* -ge-, h.⟩ **j-n ~** user de parcimonie envers qn; **er wurde zu Hause sehr knappgehalten** chez lui il n'a pas été gâté
Knappheit F ⟨~⟩ *der Vorräte, des Geldes, der Zeit* manque m (**an** *[+dat]* de); *von Lebensmitteln etc a.* rareté f; pénurie f (**an** *[+dat]* de); *des Stils* concision f
Knappschaft F ⟨~; ~en⟩ *etwa* corporation f des mineurs
knapsen *umg* VI ⟨-(es)t, h.⟩ économiser (**mit** sur)
Knarre F ⟨~; ~n⟩ 1 *(Klapper)* crécelle f 2 *umg (Gewehr)* *umg* flingue m
knarren VI ⟨h.⟩ *Tür, Bett, Äste* grincer; *Diele* craquer
Knarren N ⟨~s⟩ grincement m; *der Diele* craquement m; *e-r Knarre* bruit m de crécelle
Knast *umg* M ⟨~(e)s; ~e *ou* ¨~e⟩ *(Gefängnis)* *umg* taule f; **~ schieben** *umg* être en taule; *umg* être en cabane
Knastbruder *umg* M *umg* taulard m
Knatsch *umg* M ⟨~(e)s⟩ dispute f; **~ miteinander haben** se disputer; *(zerstritten sein)* être brouillés; **es hat ~ gegeben** *umg* il y a eu du grabuge
knatschen *umg regional* VI ⟨h.⟩ se lamenter; *Kinder umg* pleurnicher
knatschig ADJ *regional* grognon *(a. f)*
knattern VI ⟨-(e)re, h.⟩ *Motorrad* pétarader; *Maschinengewehr* crépiter; *Fahne* claquer
Knattern N ⟨~s⟩ *e-s Motorrads* pétarade f; *e-s Maschinengewehrs* crépitement m; *e-r Fahne* claquement m
Knäuel M *od* N ⟨~s; ~⟩ 1 *Garn, Wolle* pelote f; *Papier* boule f 2 *fig (Durcheinander)* enchevêtrement m; *von Menschen* mêlée f
Knauf M ⟨~(e)s; Knäufe⟩ *e-s Schwerts, e-s Stocks* pommeau m; pomme f; *e-r Tür* bouton m
Knauser *umg* M ⟨~s; ~⟩ *umg* radin m; pingre m; **Knauserei** *umg* F ⟨~; ~en⟩ pingrerie f; *im Kleinen a.* économie f de bouts de chandelle
knaus(e)rig *umg* ADJ *umg* radin; pingre; **knausern** *umg* VI ⟨-(e)re, h.⟩ *umg* être radin; compter ses sous; **mit etw ~** être avare de qc
knautschen ⟨h.⟩ A VT froisser B VI se froisser
Knautschlack(leder) M(N) cuir verni fripé; **Knautschzone** F AUTO zone f déformable, froissable
Knebel M ⟨~s; ~⟩ 1 bâillon m 2 *e-r Säge* garrot m; **Knebelknopf** M *Knopfart* bûche f
knebeln VT ⟨-(e)le, h.⟩ *a. fig* bâillonner
Knecht M ⟨~(e)s; ~e⟩ valet m; AGR *a.* garçon m de ferme; BIBEL serviteur m; **~ Ruprecht** le Père Fouettard
knechten *geh* VT ⟨-ete, h.⟩ asservir; assujettir; **knechtisch** *geh* ADJ servile; bas, basse; **Knechtschaft** *geh* F ⟨~⟩ servitude f; esclavage m
kneifen ⟨kneift, kniff, gekniffen, h.⟩ A VT pincer; **j-n**, *a. v/i* **j-m in den Arm ~** pincer le bras de qn B *umg* VI *(sich drücken)* *umg* se dégonfler (**vor** *[+dat]* devant)
Kneifer M ⟨~s; ~⟩ pince-nez m; **Kneifzange** F tenailles *fpl* (de menuisier)
Kneipe *umg* F ⟨~; ~n⟩ *(Wirtschaft)* *umg* bistro(t) m; café m; *umg* (mas)troquet m
Kneipenwirt M, **Kneipier** *umg* M ⟨-iers; -iers⟩ patron m de café
kneippen *umg* VI ⟨h.⟩ faire une cure hydrothérapique Kneipp
Kneippkur F cure f hydrothérapique Kneipp
Knesset(h) F ⟨~(h)⟩ POL Knesset f
Knete *umg* F ⟨~⟩ 1 *(Knetmasse)* pâte f à modeler 2 *umg (Geld)* *umg* pognon m; *umg* fric m
kneten VT ⟨-ete, h.⟩ *Teig etc* pétrir; malaxer; **e-e Form aus Ton ~** faire un modelage en terre
Knetgummi N *od* M pâte f à modeler; **Knetmaschine** F pétrin m mécanique; **Knetmasse** F pâte f à modeler
Knick M ⟨~(e)s; ~e⟩ *Papier, Stoff* pli m; *Straße, Metall* coude m; *umg* **e-n ~ in der Optik haben** *umg* être bigleux, -euse
Knickebein M ⟨~s⟩ GASTR *crème onctueuse utilisée pour remplir les chocolats, les œufs de Pâques, etc*
Knickei N œuf fêlé
knicken A VT ⟨h.⟩ *Papier etc* plier; *Zweige* briser B VI ⟨s.⟩ plier; *Zweige* se casser

K

Knicker[1] *umg pej* M ⟨~s; ~⟩ *(Geizhals) umg* radin *m*; pingre *m*

Knicker[2] M ⟨~s; ~⟩ *regional (Murmel)* bille *f*

Knickerbocker PL pantalon *m* de golf; knickerbockers *mpl*

knick(e)rig *umg* ADJ *umg* radin

Knicks M ⟨~es; ~e⟩ révérence *f*; **e-n ~ machen** faire la *od* une révérence

knicksen V/I ⟨-(es)t, h.⟩ faire la *od* une révérence

Knie N ⟨~s; ~⟩ 1 ANAT genou *m*; **auf die ~ fallen (vor j-m)** *a. fig* se mettre à genoux (devant qn); **auf den ~n liegen** être à genoux; **bis an, über die ~ im Schlamm stecken** être dans la boue jusqu'aux genoux; **j-n auf ~n bitten** supplier qn à genoux; **in die ~ gehen** *(umfallen)* tomber à genoux; *(sich knien)* se mettre à genoux; s'agenouiller; *fig* fléchir les genoux; **in die ~ sinken** tomber à genoux; **sich auf die ~ werfen** se jeter à genoux; *umg* **er bekam, hatte weiche ~** ses genoux se dérobaient sous lui; *umg fig* **etw übers ~ brechen** expédier qc; *umg* **j-n übers ~ legen** donner une fessée à qn; *geh* **j-n in die ~ zwingen** briser la résistance de qn 2 *e-s Flusses, Rohres etc* coude *m*

Kniebank F ⟨~; ⁼e⟩ agenouilloir *m*; **Kniebeuge** F flexion *f* de genoux; REL génuflexion *f*; **Kniebundhose** F knickers *mpl*

Kniefall M **e-n ~ vor j-m machen** se mettre aux genoux de qn; **e-n ~ tun** se mettre à genoux; tomber à genoux

kniefällig ADV **j-n ~ bitten** prier qn à genoux

kniefrei ADJ laissant voir le(s) genou(x)

Kniegelenk N articulation *f* du genou

kniehoch ADJ *u.* ADV jusqu'aux genoux; à la hauteur des genoux; **der Schnee liegt ~** la neige arrive jusqu'aux genoux

Kniekehle F jarret *m*; creux *m* du genou

knielang ADJ descendant jusqu'aux genoux

knien ⟨kniet, kniete, gekniet, h.⟩ A V/I être à genoux B V/R **sich ~** s'agenouiller; se mettre à genoux; *umg* **sich in die Arbeit ~** se plonger dans son travail

Knies *umg* M ⟨~⟩ 1 *(Streit)* dispute *f*; querelle *f*; **mit j-m ~ haben** être brouillé avec qn; être en froid avec qn 2 *(Schmutz)* crasse *f*

Kniescheibe F rotule *f*; **Knieschoner** M ⟨~s; ~⟩, **Knieschützer** M ⟨-ers; -er⟩ genouillère *f*; **Kniesehnenreflex** M réflexe rotulien; **Kniestrumpf** M chaussette (montante); **knietief** ADJ *u.* ADV jusqu'aux genoux

kniff → kneifen

Kniff M ⟨~(e)s; ~e⟩ 1 *(Kneifen)* pincement *m* 2 *(Trick)* truc *m*; artifice *m*; **den ~ heraushaben** connaître le truc 3 *im Stoff etc* pli *m*

kniff(e)lig ADJ délicat; épineux, -euse

Knigge M ⟨~(s)⟩ guide *m* des bonnes manières

Knilch *umg* M ⟨~s; ~e⟩ *umg* (sale) mec *m*; *umg* loustic *m*

knipsen *umg* ⟨-(es)t, h.⟩ A V/T 1 *Fahrkarte* poinçonner 2 FOTO photographier; prendre en photo B V/I 1 FOTO prendre une photo *bzw.* des photos 2 **mit den Fingern ~** claquer des doigts

Knirps M ⟨~es; ~e⟩ *umg (kleiner Junge) umg* marmot *m*; *umg* môme *m*; bout *m* de chou

knirschen V/I ⟨h.⟩ *Schnee, Sand* crisser; **mit den Zähnen ~** grincer des dents

Knirschen N ⟨~s⟩ *von Schnee, Sand* crissement *m*; *der Zähne* grincement *m*

knistern V/I ⟨-(e)re, h.⟩ *Feuer* pétiller; *Seide* froufrouter; *Papier* produire un froissement

Knistern N ⟨~s⟩ *des Feuers* pétillement *m*; *der Seide* froufrou(tement) *m*; *des Papiers* froissement *m*

Knittelverse MPL vers *mpl* à quatre temps rimant deux à deux

Knitterfalte F (faux) pli; **~n in s-m Rock haben** avoir sa jupe froissée, pleine de plis

knitterfest, **knitterfrei** ADJ *Stoff* infroissable

knittern ⟨-(e)re, h.⟩ A V/T froisser B V/I se froisser; se chiffonner; *Haut* se friper

Knittern N ⟨~s⟩ froissement *m*; chiffonnement *m*

Knobelbecher M 1 *(Würfelbecher)* cornet *m* à dés; gobelet *m* 2 *umg Soldatensprache* botte (courte)

knobeln V/I ⟨-(e)le, h.⟩ 1 *mit Würfeln* jouer aux dés, *mit Streichhölzern, Strohhalmen* tirer à la courte paille (**um e-e Runde** pour savoir qui va payer la tournée) 2 *umg (überlegen)* cogiter (**an** [*+dat*] sur)

Knoblauch M ⟨~(e)s⟩ ail *m*; **mit ~ würzen** ailler

Knoblauchbutter F beurre *m* à l'ail; **Knoblauchknolle** F tête *f* d'ail; **Knoblauchöl** N essence *f* d'ail; **Knoblauchpresse** F ⟨~; ~n⟩ presse-ail *m*; **Knoblauchsalz** N sel aromatisé à l'ail; **Knoblauchwurst** F saucisson *m* à l'ail; **Knoblauchzehe** F gousse *f* d'ail

Knöchel M ⟨~s; ~⟩ *am Fuß* cheville *f*; *am Finger* jointure *f*, nœud *m* du doigt; **Knöchelbruch** M fracture *f* malléolaire

knöchellang ADJ *Rock, Kleid* (descendent) jusqu'à la cheville; **knöcheltief** ADJ *u.* ADV jusqu'aux chevilles

Knochen M ⟨~s; ~⟩ os *m*; **sich** *(dat)* **die ~ brechen** se rompre les os; *umg fig* **j-m alle ~ (einzeln) brechen** briser les os à qn; *umg* **bis auf die ~** complètement; tout à fait; *umg* **sich bis auf die ~ blamieren** se ridiculiser pour le restant de ses jours; se rendre parfaitement ridicule; *umg* **die Nachricht ist ihm in die ~ gefahren** la nouvelle lui a coupé bras et jambes; *umg* **mir tun alle ~ weh** j'ai les membres rompus

Knochenarbeit *umg* F *umg* travail *m* d'Hercule; **Knochenasche** F cendre *f* d'os; *(weißgebrannte Knochen)* os calcinés; **Knochenbau** M ⟨~(e)s⟩ ossature *f*; charpente (osseuse); **knochenbrecherisch** *umg* ADJ *umg* casse-cou *(inv)*; **Knochenbruch** M fracture *f*; **Knochenfraß** M ⟨~es⟩ MED carie *f* des os; **Knochengerüst** N squelette *m*; **knochenhart** *umg* ADJ *umg* dur comme du bois; **Knochenhaut** F ⟨~⟩ périoste *m*; **Knochenhautentzündung** F périostite *f*; **Knochenmark** N moelle osseuse, des os; **Knochenmehl** N ⟨~(e)s⟩ poudre *f* d'os; **Knochenmühle** *umg* F bagne *m* *(fig)*; **Knochensäge** F scie *f* à os; **Knochenschinken** M jambon *m* à l'os; **Knochenschwund** M atrophie *f* des os; **Knochensplitter** M éclat *m* d'os; **knochentrocken** *umg* ADJ très sec, sèche; **Knochentuberkulose** F tuberculose osseuse

knöchern ADJ *(aus Knochen)* en os; *(knochig)* osseux, -euse

knochig ADJ osseux, -euse; *Körperbau, Gesicht a.* anguleux, -euse

knock-out ADJ *u.* ADV knock-out; **j-n ~ schlagen** mettre qn K.-O., knock-out

Knock-out M ⟨~(s); ~s⟩ knock-out *m*

Knödel M ⟨~s; ~⟩ GASTR *bes südd, österr* → Kloß

Knöllchen N ⟨~s; ~⟩ 1 BOT petit tubercule 2 *umg fig (Strafzettel)* papillon *m*; *umg* contredanse *f*

Knolle F ⟨~; ~n⟩ BOT tubercule *m*; *(Zwiebel)* bulbe *m*; oignon *m*

Knollenblätterpilz M amanite *f*; **Knollengewächs** N plante *f* à tubercules; **Knollennase** F nez *m* en patate

knollig ADJ BOT tubéreux, -euse; tuberculeux, -euse; *Nase* en patate

Knopf M ⟨~(e)s; ⁼e⟩ 1 bouton *m*; **e-n ~ annähen** coudre un bouton; **der ~ ist ab (-gegangen)** le bouton est parti, a sauté, manque; *umg* **es sich** *(dat)* **an den Knöpfen abzählen(, ob …)** *etwa* jouer à pile ou face (pour savoir si …); **auf den ~ drücken** appuyer sur le bouton; presser le bouton 2 *umg (Kind)* bout *m* de chou

Knopfdruck M **auf ~** en appuyant sur un bouton; **ein ~ genügt** il suffit d'appuyer sur le, *od allgemeiner* un bouton

knöpfen V/T ⟨h.⟩ boutonner

Knopfleiste F boutonnière *f*; **Knopfloch** N boutonnière *f*; **Knopflochstich** M MODE point *m* de boutonnière; **Knopfreihe** F rangée *f* de boutons; **Knopfzelle** F ELEK pile *f* bouton

Knorpel M ⟨~s; ~⟩ ANAT cartilage *m* *(a. im Braten etc)*

knorp(e)lig ADJ cartilagineux, -euse; *weitS. Braten a.* nerveux, -euse

Knorren M ⟨~s; ~⟩ *(Auswuchs an Bäumen)* loupe *f*; *(knorriges Stück Holz)* morceau *m* de bois noueux; *(Baumstumpf)* souche *f*

knorrig ADJ noueux, -euse; *fig* bourru

Knospe F ⟨~; ~n⟩ *(Baumknospe)*, ZOOL bourgeon *m*; *(Blütenknospe)* bouton *m*; *t/t* gemme *f*; **~n treiben** *Baum* bourgeonner; *Blume* faire des boutons

knospen *geh* V/I ⟨h.⟩ *Baum* bourgeonner; *Blume* boutonner

Knötchen N ⟨~s; ~⟩ petit nœud; MED nodule *m*

knoten V/T ⟨-ete, h.⟩ *(zusammen~)* nouer; *abs* faire un nœud

Knoten M ⟨~s; ~⟩ 1 BOT, ASTRON, PHYS, SCHIFF, *fig* nœud *m*; **e-n ~ machen** faire un nœud (**ins Taschentuch** à son mouchoir); SCHIFF **zwanzig ~ machen** filer vingt nœuds 2 *Frisur* chignon *m* 3 MED nodosité *f*; *(Nervenknoten, Lymphknoten)* ganglion *m*; *(Gichtknoten)* tophus *m*

Knotenbildung F MED formation *f* de nodosités, *von Nerven-, Lymphknoten* de ganglions, *von Gichtknoten* de tophus; **knotenförmig** ADJ MED qui a la forme d'une nodosité; **Knotenpunkt** M *(Verkehrsknotenpunkt)* carrefour *m*; *(Eisenbahnknotenpunkt)* nœud *m* ferroviaire; TOPOGRAFIE, OPT point nodal

Knöterich M ⟨~s; ~e⟩ BOT renouée *f*

knotig ADJ *allgemein, Finger, Hand, Wurzel, Holz* noueux, -euse; BOT, GEOL noduleux, -euse; MED qui présente des nodosités

Know-how N ⟨~(s)⟩ savoir-faire *m*

Knubbel *umg regional* M ⟨~s; ~⟩ grosseur *f* *(au bras, etc)*

knubbeln *umg regional* V/R ⟨-(e)le, h.⟩ **sich ~** *umg Menschen* s'agglutiner; s'entasser

Knuff M ⟨~(e)s; ⁼e⟩ petit coup; bourrade *f*

knuffen V/T ⟨h.⟩ **j-n ~** donner un petit coup, une bourrade à qn

knuffig *umg* ADJ *umg* craquant

Knülch *umg* M ⟨~s; ~e⟩ → Knilch

knülle *umg* ADJ *(betrunken) umg* rond; *umg* paf *(inv)*

knüllen ⟨h.⟩ A V/T *Papier* froisser; mettre en boule; **etw in den Koffer** *etc* **~** mettre qc en chiffon dans la valise, *etc* B V/I se chiffonner; se froisser

Knüller *umg* M ⟨~s; ~⟩ article *m*, film *m*, livre *m*, *etc* à succès; produit *m* vedette; JOURNALISMUS °hit *m*; article accrocheur

knüpfen V/T ⟨h.⟩ 1 TEX, *Krawatte, Schuhbänder* nouer; *(anknoten)* attacher (**an** [*+akk*] à) 2 *fig*,

Verbindungen nouer; **an Wien ~ sich für mich die schönsten Erinnerungen** Vienne est associée, liée à mes meilleurs souvenirs; **die Bande enger, fester ~** resserrer les liens; **Bedingungen an etw** *(akk)* **~** mettre, rattacher des conditions à qc

Knüppel M ⟨~s; ~⟩ 1 gourdin *m*; trique *f*; *der Polizei* matraque *f*; *umg* **j-m (e-n) ~ zwischen die Beine werfen** mettre des bâtons dans les roues de qn 2 FLUG *(Steuerknüppel)* manche *m* (à balai); AUTO *(Schaltknüppel)* levier *m* de vitesse

knüppeldick *umg* ADV **es kommt immer gleich ~** un malheur n'arrive jamais seul; **es kam ~** *umg* on a (sacrément) morflé, dégusté

Knüppelschaltung F AUTO vitesses *fpl* au plancher

knurren VI ⟨h.⟩ 1 *Hund, fig* gronder 2 *Magen* gargouiller; **mir knurrt der Magen** j'ai l'estomac qui gargouille

Knurren N ⟨~s⟩ 1 *e-s Hundes* grondement *m* 2 *des Magens* gargouillement *m*; borborygme *m* 3 *e-r Person* bougonnement *m*; ronchonnement *m*; grognement *m*

Knurrhahn M *Fisch* grondin *m*

knurrig ADJ ronchonneur, -euse

Knusperhäuschen N maisonnette *f* de pain d'épice

knusp(e)rig ADJ croustillant

Knute F ⟨~; ~n⟩ knout *m* *(fouet constitué de plusieurs lanières de cuir)*; *fig* **unter j-s ~** sous la domination de qn; *fig* **j-n unter s-r ~ haben** tenir, avoir qn sous sa domination

knutschen *umg* VI ⟨h.⟩ *umg* se bécoter

Knutscherei *umg* F ⟨~; ~en⟩ *umg* fricassée *f* de museaux

Knutschfleck *umg* M suçon *m*

k. o. ABK (knock-out) ADJ *u.* ADV K.-O.; **j-n ~ schlagen** mettre qn K.-O.; *umg fig* **~ sein** *umg* être K.-O.; *umg* être H.S.

K. o. ABK (Knock-out) M ⟨~; ~⟩ K.-O. *m*; **Sieger** *m* **durch ~** vainqueur *m* par K.-O.

Koagulation F ⟨~⟩ CHEM coagulation *f*; **koagulieren** VI ⟨*pas de ge-*, h.⟩ CHEM coaguler

Koala M ⟨~s; ~s⟩ ZOOL koala *m*

koalieren VI ⟨*pas de ge-*, h.⟩, **koalisieren** VI ⟨*pas de ge-*, h.⟩ *bes* POL se coaliser (**mit** avec)

Koalition F ⟨~; ~en⟩ *bes* POL coalition *f* (**mit** avec); **mit j-m e-e ~ eingehen, bilden** former une coalition, se coaliser avec qn

Koalitionsfreiheit F ⟨~⟩ liberté *f* de coalition; **Koalitionspartei** F parti *m* de coalition; **Koalitionspartner** M partenaire *m* de coalition; **Koalitionsregierung** F gouvernement *m* de coalition

koaxial ADJ coaxial

Kobalt N ⟨~s⟩ CHEM cobalt *m* *(a. Farbe)*; **Kobaltblau** N bleu *m* de cobalt; **Kobaltbombe** F bombe *f* au cobalt

Koben M ⟨~s; ~⟩ *(Schweinekoben)* étable *f* à cochons; porcherie *f*

Koblenz N ⟨→ *n/pr*⟩ Coblence

Kobold M ⟨~(e)s; ~e⟩ lutin *m*; *in deutschen Märchen* kobold *m*

Kobra F ⟨~; ~s⟩ cobra *m*

Koch M ⟨~(e)s; ~e⟩ cuisinier *m*; *sprichw* **Hunger ist der beste ~** la faim donne des talents de cuisinier; *sprichw* **viele Köche verderben den Brei** *sprichw* trop de cuisiniers gâtent la sauce

Kochbeutel M sachet *m* de cuisson; **Reis** *m* **im ~** riz *m* en sachet

Kochbuch N livre *m* de cuisine; **kochecht** ADJ → kochfest; **Kochecke** F coin-cuisine *m*

köcheln VI ⟨-(e)le, h.⟩ cuire à petit feu; mijoter; *hum Person* aimer faire la cuisine

Köchelverzeichnis N ⟨~ses⟩ MUS catalogue *m* Köchel

kochen ⟨h.⟩ A VT *Flüssigkeiten, Wäsche* faire bouillir; *Speisen* faire cuire; *(garen)* cuire; **Eier ~** faire cuire des œufs; **Essen ~** faire, préparer le repas; **Tee, Kaffee ~** faire du thé, du café; **was kochst du heute?** qu'est-ce que tu fais à manger aujourd'hui?; **gekochter Schinken** du jambon blanc, cuit; *sprichw* **es wird überall nur mit Wasser gekocht** les gens sont partout les mêmes; c'est partout pareil; ailleurs ce n'est pas mieux B VI 1 *Flüssigkeiten, fig* bouillir; *Speisen* cuire; **er kochte vor Wut** il bouillait de rage; **das Blut kocht ihm in den Adern** le sang lui bout dans les veines 2 *Personen* faire la cuisine; cuisiner; **~ können** savoir cuisiner; savoir faire la cuisine; **sie kocht gut** elle fait bien la cuisine; elle cuisine bien

Kochen N ⟨~s⟩ *von Speisen* cuisson *f*; *(Sieden)* ébullition *f*

kochendheiß ADJ → heiß A 1

Kocher M ⟨~s; ~⟩ réchaud *m*

Köcher M ⟨~s; ~⟩ *für Pfeile* carquois *m*; *(Behälter für Fernglas etc)* étui *m*

kochfertig ADJ prêt à cuire; **kochfest** ADJ *Wäsche, Textilien* qui peut bouillir

Kochgelegenheit F (utilisation *f* de la) cuisine possible; **Kochgeschirr** N gamelle *f*

Köchin F ⟨~; ~nen⟩ cuisinière *f*

Kochkäse M *etwa* fromage fondu; **Kochkiste** F marmite norvégienne; **Kochkunst** F art *m* culinaire; cuisine *f*; **Kochkurs(us)** M cours *m* de cuisine; **Kochlöffel** M cuillère *f* en bois; **Kochmulde** F table *f* de cuisson; **Kochmütze** F toque *f* (de cuisinier); **Kochnische** F coin *m* cuisine; cuisinette *f*; **Kochplatte** F *e-s Herdes* plaque *f* électrique; *(Kocher)* réchaud *m* (électrique); **Kochsalz** N ⟨~es⟩ CHEM sel *m*; chlorure *m* de sodium; **Kochsalzlösung** F solution *f* de chlorure de sodium; **Kochtopf** M casserole *f* *(a. mit Stiel)*; *(Bratentopf)* faitout *m*; *aus Gusseisen* cocotte *f*; *größer* marmite *f*; **Kochwäsche** F lessive *f* à 95°

Kode M ⟨~s; ~s⟩ code *m*

Kodein N ⟨~s⟩ PHARM codéine *f*

Köder M ⟨~s; ~⟩ appât *m* *(a. fig)*; amorce *f*; *künstlicher* leurre *m*

ködern VT ⟨-(e)re, h.⟩ *a. fig* appâter (**mit** avec, par); *fig* attirer, allécher (**mit** avec)

Kodex M ⟨~(es); ~e *ou* Kodizes⟩ 1 *(alte Handschrift)* manuscrit ancien 2 JUR code *m*; *(Ehrenkodex)* code *m* de l'honneur

kodieren VT ⟨*pas de ge-*, h.⟩ coder; **Kodierung** F ⟨~; ~en⟩ codage *m*

kodifizieren VT ⟨*pas de ge-*, h.⟩ codifier; **Kodifizierung** F ⟨~⟩ codification *f*

Koedukation F ⟨~⟩ éducation *f* mixte; mixité *f*

Koeffizient M ⟨~en; ~en⟩ coefficient *m*

Koexistenz F ⟨~⟩ coexistence *f*; **friedliche ~** coexistence pacifique

Koffein N ⟨~s⟩ caféine *f*

koffeinfrei ADJ décaféiné; **koffeinhaltig** ADJ qui contient de la caféine

Koffer M ⟨~s; ~⟩ *(Handkoffer)* valise *f*; *(großer Reisekoffer)* malle *f*; **s-e ~ packen** faire ses valises *(a. fig)*; *fig* plier bagage; **aus dem ~ leben** être sans cesse en déplacement; *umg* vivre entre deux trains *od* deux avions

Kofferkuli M chariot *m*; caddie® *m*; **Kofferradio** N radio portative; **Kofferraum** M AUTO coffre *m*

Kognak M ⟨~s; ~s⟩ eau-de-vie *f* de vin; *inkorr* cognac *m*; **Kognakschwenker** M ⟨~s; ~⟩ verre *m* à cognac

kognitiv ADJ cognitif, -ive

Kohabitation F ⟨~⟩ 1 *geh (Geschlechtsverkehr)* acte sexuel; coït *m* 2 POL *in Frankreich* cohabitation *f*

kohärent ADJ cohérent

Kohärenz F ⟨~⟩ cohérence *f*; **Kohäsion** F ⟨~⟩ cohésion *f*; **Kohäsionskraft** F force *f* de cohésion; **kohäsiv** ADJ cohésif, -ive

Kohl M ⟨~(e)s; ~e⟩ 1 BOT chou *m*; *umg* **das macht den ~ (auch) nicht fett** cela ne m'avance, t'avance, *etc* pas beaucoup 2 *umg pej* ⟨*pas de pl*⟩ bêtises *fpl*; âneries *fpl*

Kohldampf *umg* M **~ haben** *umg* avoir la dent; **~ schieben** *umg* se serrer la ceinture; *umg* danser devant le buffet

Kohle F ⟨~; ~n⟩ 1 MINER, CHEM charbon *m*; *(Steinkohle)* °houille *f*; *(Braunkohle)* lignite *m*; **(wie) auf glühenden ~n sitzen** être sur des charbons ardents 2 MAL fusain *m*; **mit ~ zeichnen** dessiner au fusain, au charbon; charbonner 3 *umg (Geld) a. pl* **~n** *umg* pognon *m*; *umg* fric *m*

Kohlefilter M filtre *m* à charbon

kohlen VI ⟨h.⟩ 1 SCHIFF charbonner 2 *(ohne Flamme brennen)* charbonner 3 *umg (lügen) umg* frimer; bluffer

Kohlenbergbau M exploitation *f* de la houille, du charbon; **Kohlenbergwerk** N mine *f* de charbon; *(Steinkohlenbergwerk)* °houillère *f*; **Kohlenbunker** M soute *f* à charbon; **Kohlendioxid** N gaz *m* carbonique; **Kohlengrube** F mine *f* de charbon; *(Steinkohlengrube)* °houillère *f*; **Kohlengrus** M fines *fpl* de houille, de charbon; **Kohlenhändler** M marchand *m* de charbon; charbonnier *m*; **Kohlenheizung** F chauffage *m* au charbon; **Kohlenhydrat** N hydrate *m* de carbone; **Kohlenkasten** M caisse *f* à charbon; **Kohlenkeller** M cave *f* à charbon; **Kohlenmeiler** M meule *f* (de charbonnier); **Kohlenmonoxid** N oxyde *m* de carbone

Kohlenpott *umg* **der ~** la Ruhr

Kohlenrevier N région °houillère

kohlensauer ADJ CHEM carbonaté; *bei Salzen* carbonate *m* de …; **kohlensaures Natron** carbonate de soude

Kohlensäure F ⟨~⟩ CHEM acide *m* carbonique; *in Getränken* gaz *m* carbonique; *Mineralwasser* **ohne ~** non gazeuse; *Getränk* **mit ~ versetzen** gazéifier; **kohlensäurehaltig** ADJ *Getränk* gazeux, -euse; gazéifié; **Kohlenschaufel** F pelle *f* à charbon; **Kohlenstaub** M poussière *f* de charbon; **Kohlenstoff** M carbone *m*; **Kohlenvorkommen** N gisement *m* de charbon, de houille

Kohlenwasserstoff M hydrocarbure *m*; **gesättigter, ungesättigter ~** hydrocarbure saturé, non saturé

kohlenwasserstoffhaltig ADJ carburant

Kohleofen M poêle *m* à charbon; *(Küchenkohleofen)* fourneau *m* à charbon; **Kohlepapier** N papier *m* carbone; **Kohlepfennig** M ⟨~s⟩ *taxe sur l'électricité prélevée à titre de subvention pour le charbon*; **Kohlepräparat** N PHARM préparation *f* de charbon

Köhler M ⟨~s; ~⟩ charbonnier *m*

Kohlestift M fusain *m*; **Kohletablette** F pastille *f* de charbon; **Kohlezeichnung** F (dessin *m* au) fusain *m*

Kohlkopf M chou *m*; **Kohlmeise** F (mésange *f*) charbonnière *f*; **kohlrabenschwarz** *umg* ADJ noir comme (du) jais, du charbon

Kohlrabi M ⟨~(s); ~(s)⟩ chou-rave *m*; **Kohlroulade** F GASTR chou farci; **Kohlrübe** F 1 rutabaga *m* 2 *österr* chou-rave *m*; **kohl-**

schwarz ADJ noir comme (du) jais, du charbon; **Kohlsprossen** FPL *österr* chou *m* de Bruxelles; **Kohlstrunk** M trognon *m* de chou; **Kohlsuppe** F soupe *f* aux choux; **Kohlweißling** M ⟨~s; ~e⟩ ZOOL piéride *f* du chou

Kohorte F ⟨~; ~n⟩ HIST cohorte *f*

Koinzidenz F ⟨~; ~en⟩ coïncidence *f*

Koitus M ⟨~; ~⟩ coït *m*

Koje F ⟨~; ~n⟩ 1 SCHIFF cabine *f*; *(Schlafstelle)* couchette *f* 2 *umg hum (Bett) umg* pieu *m*; **in die ~ gehen** *umg* aller au pieu

Kojote M ⟨~n; ~n⟩ coyote *m*

Koka F ⟨~; ~⟩ BOT coca *m*

Kokain N ⟨~s⟩ cocaïne *f*; **Kokainsucht** F cocaïnomanie *f*; **kokainsüchtig** ADJ cocaïnomane; **Kokainsüchtige(r)** M/F(M) ⟨→ A⟩ cocaïnomane *m/f*

Kokarde F ⟨~; ~n⟩ cocarde *f*; **Kokardenblume** F BOT gaillardia *od* gaillarde *f*

kokeln *umg* VI ⟨-(e)le, h.⟩ jouer avec du feu

kokett ADJ coquet, -ette

Koketterie ⟨~; ~n⟩ coquetterie *f*

kokettieren VI ⟨*pas de ge-*, h.⟩ 1 *Frau* faire la coquette; *Mann* faire le joli cœur; **mit j-m ~** faire du charme à qn 2 *fig* **mit etw ~** jouer avec qc; **mit s-m Alter ~** jouer de son âge

Kokke F ⟨~; ~n⟩, **Kokkus** M ⟨-us; Kokken⟩ *Bakterie* coccus *od* coque *m*

Kokolores *umg* M ⟨~⟩ *(Unsinn)* idioties *fpl*; *(Getue)* manières *fpl*; chichis *mpl*

Kokon M ⟨~s; ~s⟩ cocon *m*

Kokosbutter F beurre *m* de coco; **Kokosfaser** F fibre *f* de coco; **Kokosfett** N ⟨~(e)s⟩ graisse *f* de coco; **Kokosflocken** FPL flocons *mpl* de coco; **Kokosmatte** F natte *f*, paillasson *m* en (fibre de) coco; **Kokosmilch** F lait *m* de coco; **Kokosnuss** F noix *f* de coco; coco *m*; **Kokosöl** N huile *f* de coco; **Kokospalme** F cocotier *m*; **Kokosraspel** PL noix *f* de coco râpée; **Kokosteppich** M tapis *m* (en fibre) de coco

Kokotte *geh* F ⟨~; ~n⟩ cocotte *f*

Koks M ⟨~es; ~e⟩ 1 *(Kohlenkoks)* coke *m* 2 ⟨*pas de pl*⟩ *umg (Geld) umg* fric *m*; *umg* blé *m* 3 ⟨*pas de pl*⟩ *Jargon (Kokain) umg* coke *f*

koksen *Jargon* VI ⟨-(es)t, h.⟩ *umg* sniffer de la coke

Koksofen M four *m* à coke

Kolanuss F noix *f* de cola

Kolben M ⟨~s; ~⟩ 1 TECH piston *m* 2 CHEM *rund* ballon *m*; *enghalsig* cornue *f*; *(Destillierkolben)* alambic *m* 3 *am Gewehr* crosse *f* 4 BOT *Blütenstand* panicule *f*; spadice *m*; *(Maiskolben)* épi *m* 5 *umg (dicke Nase) umg* pif *m*; **Kolbendichtung** F TECH garniture *f* de piston; **Kolbendruck** M ⟨~(e)s; -drücke⟩ pression *f* de piston; **kolbenförmig** ADJ BOT en forme de spadice; paniculiforme; *mit ~em Blütenstand* spadicé; spadiciflore

Kolbenfresser *umg* M AUTO **ich habe e-n ~** *umg* j'ai coulé une bielle

Kolbenhals M *e-s Destillierkolbens* goulot *m*; **Kolbenhirse** F BOT millet *m* à grappes; **Kolbenhub** M course *f* du *od* de piston; **Kolbenkompressor** M compresseur *m* à piston; **Kolbenmotor** M moteur *m* à piston; **Kolbenring** M TECH segment *m* de piston

Kolchosbauer M kolkhozien *m*

Kolchose F ⟨~; ~n⟩ kolkhoze *m*

Kolibakterien FPL colibacilles *mpl*

Kolibri M ⟨~s; ~s⟩ colibri *m*

Kolik F ⟨~; ~en⟩ colique *f*

Kolitis F ⟨~; -tiden⟩ MED colite *f*

Kolkrabe M grand corbeau

kollabieren VI ⟨*pas de ge-*, s.⟩ MED être victime d'un collapsus

Kollaborateur M ⟨~s; ~e⟩ *bes* POL collaborateur *m*; **Kollaboration** F ⟨~⟩ *bes* POL collaboration *f*

kollaborieren VI ⟨*pas de ge-*, h.⟩ *bes* POL collaborer (**mit** avec)

Kollagen N ⟨~s; ~e⟩ BIOCHEMIE collagène *m*

Kollaps M ⟨~es; ~e⟩ MED collapsus *m*

kollateral ADJ *bes* BOT collatéral; **Kollateralschaden** M MIL, POL dégât, dommage collatéral

Kolleg N ⟨~s; ~s⟩ 1 cours *m* (à l'université) 2 *der Jesuiten* collège *m*

Kollege M ⟨~n; ~n⟩ *(Arbeitskollege)* collègue *m*; *(Fachkollege)* confrère *m*; *(Amtskollege)* homologue *m*; **Herr ~!** cher collègue!

Kollegenkreis M collègues *mpl*

Kollegheft N classeur *m* (d'étudiant); cahier *m* de cours

kollegial A ADJ de collègue; de confrère; confraternel, -elle; **~es Verhältnis** bons rapports entre collègues; **~ sein** se montrer affable; faire preuve de bonne camaraderie; **mit ~em Gruß** salutations confraternelles B ADV en collègue; en confrère; **~ handeln** faire preuve de bonne camaraderie

Kollegialität F ⟨~⟩ bons rapports entre collègues; confraternité *f*; *e-r Person* affabilité *f*

Kollegin F ⟨~; ~nen⟩ *(Arbeitskollegin)* collègue *f*; *(Fachkollegin)* consœur *f*; *(Amtskollegin)* homologue *f*

Kollegium N ⟨~s; -ien⟩ corps *m*; *(Lehrerkollegium)* enseignants *mpl*, professeurs *mpl* (d'une école); *(Ärztekollegium)* (ensemble *m* des) médecins *mpl* (d'un hôpital, *etc*)

Kollegmappe F porte-documents *m*; **Kollegstufe** F *BRD: modèle d'enseignement du 2e cycle du second degré offrant des cours qui préparent aux études universitaires et à la formation professionnelle*; *etwa* classes terminales

Kollekte F ⟨~; ~n⟩ KIRCHE quête *f*; **Kollektion** F ⟨~; ~en⟩ collection *f*

kollektiv ADJ collectif, -ive

Kollektiv N ⟨~s; ~e *ou* ~s⟩ *(Gemeinschaft)* collectivité *f*; *(Team)* équipe *f*; STATISTIK collectif *m*; **Kollektivbewusstsein** N conscience collective; **Kollektiveigentum** N propriété collective; **Kollektivhaftung** F responsabilité collective

kollektivieren VT ⟨*pas de ge-*, h.⟩ collectiviser; **Kollektivismus** M ⟨~⟩ collectivisme *m*; **kollektivistisch** ADJ collectiviste

Kollektivschuld F ⟨~⟩ responsabilité, faute collective

Kollektivum N ⟨~s; -va⟩ GRAM (nom *m*) collectif *m*

Kollektivvertrag M contrat collectif; **Kollektivwirtschaft** F économie *f* collectiviste

Kollektor M ⟨~s; -toren⟩ ELEK collecteur *m*

Koller *umg* M ⟨~s; ~⟩ crise *f* de rage; **e-n ~ kriegen** *umg* piquer une crise de rage

kollern ⟨-(e)re⟩ A VT ⟨h.⟩ faire rouler, *umg* dégringoler B VI 1 ⟨s.⟩ *regional* rouler (**hinunter** [+ *akk*] le long de); *umg* dégringoler (la pente, *etc*) 2 ⟨h.⟩ *Truthahn* glouglouter

kollidieren *geh* VI ⟨*pas de ge-*, h. *ou* s.⟩ entrer en collision (**mit** avec); *zeitlich* tomber en même temps (**mit** que); coïncider (**mit** avec); *fig* être incompatible (avec)

Kollier N ⟨~s; ~s⟩ *Schmuck* collier *m*

Kollision F ⟨~; ~en⟩ collision *f* (*a. fig*); *fig a.* conflit *m*; **mit dem Gesetz in ~ geraten** entrer en conflit avec la loi

Kollisionskurs M **auf ~ gehen** jouer la politique du pire

Kolloquium N ⟨~s; -ien⟩ colloque *m*

Köln N ⟨→ *n/pr*⟩ Cologne

Kölner[1] ADJ ⟨*inv*⟩ de Cologne; **die ~ Bucht** le bassin de Cologne; **der ~ Dom** la cathédrale de Cologne

Kölner[2] M ⟨~s; ~⟩, **Kölnerin** F ⟨-in; -innen⟩ habitant(e) *m(f)* de Cologne

kölnisch ADJ de Cologne; **Kölnischwasser** N ⟨~s; ~⟩ eau *f* de Cologne

Kolon N ⟨~s; ~s *ou* Kola⟩ ANAT côlon *m*

kolonial ADJ colonial

Kolonialgebiet N territoire colonial; **Kolonialherrschaft** F ⟨~⟩ domination coloniale

kolonialisieren VT ⟨*pas de ge-*, h.⟩ coloniser; **Kolonialisierung** F ⟨~; ~en⟩ colonisation *f*

Kolonialismus M ⟨~⟩ colonialisme *m*; **kolonialistisch** ADJ colonialiste

Kolonialkrieg M guerre coloniale; **Kolonialmacht** F puissance coloniale; **Kolonialpolitik** F politique coloniale; **Kolonialstil** M ⟨~(e)s⟩ ARCH style colonial; **Kolonialwaren** FPL épicerie *f*; *aus überseeischen Ländern* denrées coloniales; **Kolonialwarengeschäft** *früher* N épicerie *f*; **Kolonialwarenhändler(in)** M(F) épicier, -ière *m,f*; **Kolonialzeit** F ⟨~⟩ époque coloniale

Kolonie F ⟨~; ~n⟩ colonie *f* (*a.* BIOL, *Ferienkolonie*); **Kolonisation** F ⟨~; ~en⟩ colonisation *f*; **kolonisieren** VT ⟨*pas de ge-*, h.⟩ coloniser; **Kolonisierung** F ⟨~; ~en⟩ colonisation *f*; **Kolonist** M ⟨~en; ~en⟩ colon *m*

Kolonne F ⟨~; ~n⟩ colonne *f* (*a.* MIL, TYPO, *Zahlenkolonne*); *(Wagenkolonne)* file *f*; *(Arbeitskolonne)* équipe *f*; groupe *m*; **~ fahren** rouler les uns derrière les autres

Kolonnenspringer *umg* M *automobiliste qui, dans un embouteillage, profite d'un intervalle entre deux véhicules pour s'y faufiler*

Kolophonium N ⟨~s⟩ colophane *f*

Koloratur F ⟨~; ~en⟩ MUS vocalise *f*; **~ singen** faire des grandes vocalises

Koloraturarie F air *m* à grandes vocalises; **Koloratursängerin** F (chanteuse *f*) colorature *f*

kolorieren VT ⟨*pas de ge-*, h.⟩ colorier

Kolorieren N ⟨~s⟩, **Kolorierung** F ⟨~⟩ coloriage *m*

Kolorit N ⟨~(e)s; ~e *ou* ~s⟩ MAL, MUS, *fig* coloris *m*

Koloss M ⟨~es; ~e⟩ *a. fig* colosse *m*; **der ~ von Rhodos** le colosse de Rhodes; *fig* **~ auf tönernen Füßen** colosse aux pieds d'argile

kolossal ADJ 1 colossal 2 *umg fig umg* monstre; *umg* bœuf *(inv)*; *umg* **ein ~er Erfolg** *umg* un succès monstre

Kolossalfilm M film *m* à grand spectacle; **Kolossalgemälde** N peinture, œuvre monumentale

Kolosserbrief M BIBEL Épître *f* aux Colossiens

Kolosseum ⟨~s⟩ **das ~** *in Rom* le Colisée

Kolostrum N ⟨~s⟩ PHYSIOL colostrum *m*

Kolportage F ⟨~; ~n⟩ 1 *e-s Gerüchts* propagation *f* *(d'une rumeur)* 2 *(~literatur)* littérature *f* de gare 3 *pej (Bericht)* récit *m* visant à colporter des faits scandaleux; **Kolportageroman** M roman *m* de quatre sous

Kolporteur *geh* M ⟨~s; ~e⟩ *von Gerüchten etc geh* colporteur *m*; **kolportieren** *geh* VT ⟨*pas de ge-*, h.⟩ *Gerüchte etc* colporter

Kolumbianer(in) M ⟨~s; ~⟩ (F) ⟨~in; ~innen⟩ Colombien, -ienne *m,f*; **kolumbianisch** ADJ colombien, -ienne

Kolumbien N ⟨→ *n/pr*⟩ la Colombie

Kolumbus M ⟨→ *n/pr*⟩ **(Christoph) ~** Christophe Colomb *m*

Kolumne F ⟨~; ~n⟩ TYPO, *(Zahlenkolonne)* co-

K

lonne *f*; *e-r Zeitung* chronique *f*
Kolumnentitel M TYPO titre courant
Kolumnist(in) M ⟨~en; ~en⟩ F ⟨~in; ~innen⟩ *e-r Zeitung* chroniqueur, -euse *m,f*
Koma N ⟨~s; ~s *ou* ~ta⟩ MED coma *m*; **im ~ liegen** être dans le coma
Komasaufen *umg* N excès *mpl* d'alcool (*pouvant aller jusqu'au coma*)
Kombi M ⟨~(s); ~s⟩ commerciale *f*; break *m*; **Kombinat** N ⟨~(e)s; ~e⟩ *in der Planwirtschaft* combinat *m*
Kombination F ⟨~; ~en⟩ combinaison *f*; *Herrenanzug* ensemble *m*; (*gedankliche Verknüpfung*) déduction *f*; SKISPORT **alpine, nordische ~** combiné alpin, nordique
Kombinationsgabe F ⟨~⟩ perspicacité *f*; **Kombinationsschloss** N cadenas *m* à combinaisons; **Kombinationstherapie** F *bei Aids* trithérapie *f*
Kombinatorik F ⟨~⟩ MATH analyse *f* combinatoire; **kombinatorisch** ADJ combinatoire
kombinieren V/T ⟨*pas de ge-*, h.⟩ combiner (**mit** avec); *fig gedanklich* déduire
Kombiwagen M (voiture *f*) commerciale *f*; break *m*; **Kombizange** F pince universelle
Kombüse F ⟨~; ~n⟩ SCHIFF cuisine *f* de bord
Komet M ⟨~en; ~en⟩ ASTRON comète *f*
Kometenbahn F orbite *f* cométaire; **kometenhaft** ADJ *fig Aufstieg etc* fulgurant; **Kometenschweif** M queue *f* de comète
Komfort M ⟨~s⟩ confort *m*; **mit allem ~** avec tout le confort
komfortabel ADJ ⟨-bl-⟩ confortable
Komfortwohnung F appartement *m* tout confort, grand standing
Komik F ⟨~⟩ *a.* THEAT, KINO comique *m*
Komiker(in) M ⟨~s; ~⟩ F ⟨~in; ~innen⟩ 1 (*Schauspieler[in]*) (acteur *m*, actrice *f*) comique *m/f* 2 (*Unterhalter[in]*) amuseur, -euse *m,f*; (*Witzbold*) farceur, -euse *m,f*; *umg* rigolo, -ote *m,f*
komisch A ADJ 1 (*lustig*) comique; **~e Oper** opéra-comique *m*; **~e Rolle** rôle *m* comique 2 (*seltsam, sonderbar*) drôle; étrange; bizarre; **ein ~er Einfall** une drôle d'idée; **das kommt mir ~ vor** cela me semble bizarre B ADV d'une drôle de façon
komischerweise *umg* ADV **~ sagt man ...** ce qui est drôle c'est qu'on dit ...
Komitee N ⟨~s; ~s⟩ comité *m*
Komma N ⟨~s; ~s *ou* ~ta⟩ 1 GRAM, MATH virgule *f*; **drei ~ fünf** trois virgule cinq; **dreißig ~ zwei Grad** trente degrés et deux dixièmes; **e-e Stelle hinter dem ~** un chiffre après la virgule; *umg* **in null ~ nix** *umg* en moins de deux 2 MUS comma *m*
Kommafehler M faute *f* de virgule
Kommandant M ⟨~en; ~en⟩ 1 MIL commandant *m* (de place) 2 FLUG *etc* commandant *m* de bord; **Kommandantur** F ⟨~; ~en⟩ bureau *m* du commandant; **Kommandeur** M ⟨~s; ~e⟩ MIL commandant *m*; chef *m*; **kommandieren** V/T *u.* V/I ⟨*pas de ge-*, h.⟩ commander
Kommanditgesellschaft F société *f* en commandite (simple); **Kommanditist** M ⟨~en; ~en⟩ HANDEL commanditaire *m*
Kommando N ⟨~s; ~s⟩ 1 (*Befehl, Befehlsgewalt*) commandement *m*; **das ~ führen, haben** avoir le commandement (**über** [*+akk*] de); **wie auf ~** comme sur commandement; **das ~ zum Rückzug geben** donner l'ordre de la retraite; **alles hört auf mein ~!** à mon commandement! 2 (*Abteilung mit Sonderauftrag*) commando *m*
Kommandobrücke F SCHIFF passerelle *f* de manœuvre, de commandement; **Kommandokapsel** F RAUMFAHRT module *m* de commande; **Kommandozentrale** F poste central de commandement

kommen
⟨kommt, kam, gekommen, s.⟩

A intransitives Verb B unpersönliches Verb

— A intransitives Verb —
1 venir; (*an~*) arriver; **ich komme ja schon!** j'arrive!; **da kommt er ja!** le voilà!; **er kam und setzte sich neben uns** il vint s'asseoir près de nous; *hum* **komm ich heut nicht, komm ich morgen** tu *etc* ne perds rien pour attendre 2 (*irgendwohin ~*) **ins Gefängnis ~** aller, être mis en prison; **in e-n Laden** *etc* **~** entrer dans un magasin; **viel unter Leute ~** voir beaucoup de monde 3 (*irgendwoher ~*) **aus e-m Haus** *etc* **~** sortir d'une maison, *etc* 4 (*gelangen*) **ans Ziel ~** atteindre son but; **auf die Welt ~** venir au monde; **durch e-e Stadt** *etc* **~** passer par, traverser une ville, *etc*; **wie komme ich zum Bahnhof?** quel est le chemin de la gare? 5 *mit pperf:* **geritten, gelaufen ~** venir, arriver à cheval, en courant; **angefahren, angebraust** *etc* **~** → anfahren B 2, anbrausen *etc* 6 *fig* (*erreichen*) **wie weit sind wir das letzte Mal gekommen?** où en sommes-nous restés la dernière fois?; **wie weit bist du mit deiner Arbeit gekommen?** où en es-tu de ton travail? 7 (*e-n Platz bekommen*) **die Vase kommt auf den Tisch** le vase se met sur la table 8 (*geschehen, eintreten*) **das kam für ihn unerwartet** il ne s'y attendait pas; **ich habe es ~ sehen** je l'ai vu venir; **was auch ~ mag** quoi qu'il arrive; *umg* **das musste ja so ~** *umg* ça n'a pas raté; **komme, was da wolle!** advienne que pourra! 9 (*sich benehmen*) *umg* **so darfst du mir nicht ~!** ce n'est pas comme ça qu'on me traite!; *umg* **wenn Sie mir so ~ ...** si vous le prenez sur ce ton-là ...; *umg* **j-m dumm ~** être insolent vis-à-vis de qn; *umg* **der soll mir nur ~!** *umg* qu'il vienne s'y frotter! 10 *umg* (*lästig werden*) **da könnte ja jeder ~** si tout le monde faisait comme toi *bzw.* vous!; **komm mir (bloß) nicht mit ...** ne viens pas encore me dire que ... 11 **auf etw** (*akk*) **~** (*den Einfall haben*) trouver qc; avoir l'idée de qc; **auf die Idee, den Gedanken ~** avoir l'idée (de); **ich komme nicht auf s-n Namen** son nom m'échappe; **wie ~ Sie darauf?** qu'est-ce qui vous a donné cette idée?; **auf diese Lösung wäre ich nicht gekommen** je n'aurais pas eu l'idée de cette solution; **auf etw** (*akk*) **zu sprechen ~** en venir à parler de qc; **hinter etw** (*akk*) **~** découvrir qc; (*verstehen*) comprendre qc 12 **j-n ~ lassen** faire venir qn; **sich** (*dat*) **etw ~ lassen** faire venir qc 13 *fig* **auf j-n nichts ~ lassen** ne pas tolérer que l'on dise du mal de qn 14 **auf j-n ~** (*j-m zufallen*) revenir à qn 15 (*stammen*) **aus Berlin ~** être (originaire) de Berlin; **aus guter Familie ~** être de bonne famille 16 **von etw ~** (*herrühren*) venir de qc; provenir de qc; **das kommt davon** voilà ce que c'est!; **das kommt davon, wenn man sich nicht warm genug anzieht!** voilà ce qui arrive quand on ne se couvre pas assez! 17 (*[wieder]erlangen*) **wieder zu Kräften ~** reprendre des forces; **wie komme ich zu dieser Ehre?** que me vaut cet honneur?; **(wieder) zu sich** (*dat*) **~** revenir à soi; reprendre connaissance, ses esprits 18 *Unheil etc* **über j-n ~** s'abattre sur qn; frapper qn 19 **um etw ~** (*etw verlieren*) perdre qc 20 **zu etw ~** (*Zeit finden*) trouver le temps de faire qc; **ich bin noch nicht dazu gekommen** je n'ai pas encore eu le temps (de m'en occuper); **zu nichts ~** ne pas arriver à faire quoi que ce soit 21 (*gebracht werden*) **die Nachrichten ~ um sieben** les nouvelles sont à sept heures 22 *umg* (*sein, sich befinden*) **da vorn kommt e-e Tankstelle** tiens, voilà une station d'essence 23 *umg* **komm, gib her!** allez, donne!; *umg* **komm, komm** (*Ermahnung*) allons, allons 24 *umg sexuell* jouir 25 *umg* (*kosten*) revenir à; coûter; *umg* faire; **wie teuer ~ die Möbel?** combient coûtent, font les meubles?; **alles zusammen kommt auf 80 Euro** cela revient à 80 euros en tout

— B unpersönliches Verb —
(*sich ergeben*) **daher kommt es, dass ...** de là vient que ...; **wie kommt es, dass ...?** comment se fait-il que ... (*+subj*)?; **es wird noch so weit** *od* **dahin ~, dass wir ...** on en viendra à (*+inf*); on en arrivera encore au point où ...; *umg* **so weit kommt es noch(, dass ...)** il ne manquerait plus que ça (que ...); **es kam, wie es ~ musste** *umg* c'était couru d'avance; **es kam zu e-r Schießerei** il y a eu des coups de feu; **wie es gerade kommt** suivant les cas, les circonstances

Kommen N ⟨~s⟩ venue *f*; (*Ankunft*) arrivée *f*; **das ~ und Gehen** les allées et venues *fpl*; (*Hin und Her*) le va-et-vient
kommend ADJT (*künftig*) à venir; futur; (*nächste*) prochain; **die ~e Generation** la génération à venir, future; **~e Woche** la semaine qui vient, prochaine; **das Kommende** ce qui va arriver, venir
kommensurabel ADJ ⟨-bl-⟩ *geh*, *a.* MATH commensurable
Kommentar M ⟨~s; ~e⟩ commentaire *m*; **kein ~!** sans commentaire!
kommentarlos A ADJ libre de tout commentaire B ADV sans commentaire
Kommentator(in) M ⟨~s; -toren⟩ F ⟨~in; ~innen⟩ commentateur, -trice *m,f*; **kommentieren** V/T ⟨*pas de ge-*, h.⟩ commenter
Kommerz M ⟨~es⟩ *pej* commerce *m*; négoce *m*
kommerzialisieren V/T ⟨*pas de ge-*, h.⟩ commercialiser; **Kommerzialisierung** F ⟨~⟩ commercialisation *f*; **kommerziell** ADJ commercial
Kommerzienrat M ⟨~(e)s; -räte⟩ *früher: etwa* conseiller *m* de commerce
Kommilitone M ⟨~n; ~n⟩, **Kommilitonin** F ⟨-in; -innen⟩ camarade *m/f* (d'études)
Kommiss *umg* M ⟨~es⟩ (*Militär[dienst]*) *umg* régiment *m*
Kommissar(in) M ⟨~s; ~e⟩ F ⟨~in; ~innen⟩ (*Polizeikommissar[in]*) inspecteur *m* de police; ADMIN, POL commissaire *m/f*
Kommissär M ⟨~s; ~e⟩ *schweiz, österr* → Kommissar(in)
Kommissariat N ⟨~(e)s; ~e⟩ commissariat *m*; *österr* (*Polizeirevier*) commissariat *m* de police
kommissarisch ADJ 1 (*vorübergehend*) provisoire; intérimaire; **~er Direktor** suppléant *m* du directeur 2 (*auftragsweise*) par un commissaire
Kommissbrot N pain noir (*de forme rectangulaire, à base de farine grossière*)
Kommission F ⟨~; ~en⟩ commission *f*; **Europäische ~** Commission européenne; HANDEL **in ~ nehmen** prendre en commission, en dépôt
Kommissionär M ⟨~s; ~e⟩ HANDEL commissionnaire *m*
Kommissionsbuchhandel M *librairie intermédiaire entre l'édition et la librairie de détail*; **Kommissionsgeschäft** N HANDEL commission *f*; **Kommissionsver-**

kauf M vente *f* à la commission, pour le compte d'un tiers; **Kommissionsware** F marchandise *f* en commission

Kommittent M ⟨~en; ~en⟩ HANDEL commettant *m*; **kommittieren** V/T ⟨*pas de ge-*, h.⟩ HANDEL commissionner

kommod ADJ *bes österr* confortable

Kommode F ⟨~; ~n⟩ commode *f*

Kommodore M ⟨~s; ~n *ou* ~s⟩ SCHIFF, FLUG MIL chef *m* d'escadre

kommunal ADJ communal; municipal; **auf ~er Ebene** sur le plan communal

Kommunalanleihe F emprunt communal, municipal; **Kommunalbeamte(r)** M, **Kommunalbeamtin** F fonctionnaire *m/f* communal(e), municipal(e); **Kommunalbehörde** F service communal, municipal; *pl* **~n** *a.* autorités communales, municipales

kommunalisieren V/T ⟨*pas de ge-*, h.⟩ communaliser; municipaliser; **Kommunalisierung** F ⟨~⟩ communalisation *f*

Kommunalobligation F obligation communale; **Kommunalpolitik** F politique communale; **kommunalpolitisch** ADJ de (la) politique communale; **Kommunalverwaltung** F administration communale; **Kommunalwahl** F élection municipale, communale

Kommunarde M ⟨~n; ~n⟩ **1** HIST communard *m* **2** *e-r Kommune* membre *m* d'une communauté

Kommune F ⟨~; ~n⟩ **1** ADMIN commune *f*; HIST **die (Pariser) ~** la Commune **2** (*Wohngemeinschaft*) communauté *f*

Kommunikant(in) M ⟨~en; ~en⟩ (F) ⟨~in; ~innen⟩ KATH communiant(e) *m(f)*

Kommunikation F ⟨~⟩ communication *f*; **elektronische ~** communications *fpl* électroniques

Kommunikationsmittel NPL moyens *mpl* de communication; **Kommunikationsschwierigkeiten** FPL difficultés *fpl* de communication; **Kommunikationswissenschaft** F ⟨~⟩ sciences *fpl* de la communication; **Kommunikationszentrum** N centre *m* de rencontre

kommunikativ ADJ (*mitteilsam*) communicatif, -ive; (*der Kommunikation*) de communication

Kommunikee N → Kommuniqué

Kommunion F ⟨~; ~en⟩ KATH communion *f*; **zur ~ gehen** (aller) communier; **zur ersten (heiligen) ~ gehen** faire sa première communion

Kommunionkelch M ciboire *m*; **Kommunionkind** N premier, -ière communiant(e) *m(f)*; **Kommunionkleid** N aube *f* (*de communion*); **Kommunionunterricht** M enseignement religieux qui prépare à la communion

Kommuniqué N ⟨~s; ~s⟩ communiqué *m*

Kommunismus M ⟨~⟩ communisme *m*; **Kommunist(in)** M ⟨~en; ~en⟩ (F) ⟨~in; ~innen⟩ communiste *m/f*

kommunistisch ADJ communiste; **das Kommunistische Manifest** le Manifeste communiste; **~e Partei** parti *m* communiste

kommunizieren V/I ⟨*pas de ge-*, h.⟩ **1** *geh, a.* PHYS communiquer; **~de Röhren** *fpl* vases communicants **2** KATH communier

Kommutation F ⟨~; ~en⟩ MATH commutation *f*

kommutieren V/T ⟨*pas de ge-*, h.⟩ MATH, TECH, LING commuter

Komödiant(in) M ⟨~en; ~en⟩ (F) ⟨~in; ~innen⟩ *meist fig* comédien, -ienne *m,f*; *pej* cabotin(e) *m(f)*

komödiantisch **A** ADJ de comédien, -ienne; *pej* cabotin **B** ADV en comédien, -ienne

Komödie F ⟨~; ~n⟩ *a. fig* comédie *f*; *fig* **~ spielen** jouer la comédie

Komoren PL ⟨→ *n/pr*⟩ **die ~** les Comores *fpl*

Komorer(in) M ⟨~s; ~⟩ (F) ⟨~in; ~innen⟩ Comorien, -ienne *m,f*; **komorisch** ADJ comorien, -ienne

Kompagnon M ⟨~s; ~s⟩ HANDEL associé *m*

kompakt ADJ compact

Kompaktanlage F MUS minichaîne *f*; **Kompaktschallplatte** → CD; **Kompaktski** M ski compact

Kompanie F ⟨~; ~n⟩ MIL, *früher a.* HANDEL compagnie *f*; **Kompaniechef** M, **Kompanieführer** M MIL commandant *m* de (la) compagnie

Komparation F ⟨~; ~en⟩ GRAM comparaison *f*

Komparativ M ⟨~s; ~e⟩ GRAM comparatif *m*

Komparse M ⟨~n; ~n⟩, **Komparsin** F ⟨-in; -innen⟩ FILM, THEAT figurant(e) *m(f)*; THEAT *a.* comparse *m/f*

Kompass M ⟨~es; ~e⟩ boussole *f*; SCHIFF *a.* compas *m*; **Kompassnadel** F aiguille *f* de la boussole; aiguille aimantée

kompatibel ADJ ⟨-bl-⟩ MED, IT, LING, *von Ämtern* compatible (**mit** avec); **Kompatibilität** F ⟨~; ~en⟩ compatibilité *f* (**mit** avec) (*a.* IT)

Kompendium *geh* N ⟨~s; -ien⟩ (*Handbuch*) manuel *m*; (*Abriss*) abrégé *m*

Kompensation F ⟨~; ~en⟩ *a.* PSYCH compensation *f*; **Kompensationsgeschäft** N WIRTSCH opération *f* de compensation; **Kompensator** M ⟨~s; -toren⟩ OPT, TECH compensateur *m*

kompensieren ⟨*pas de ge-*, h.⟩ **A** V/T *a.* PSYCH compenser (**durch, mit** par) **B** V/I PSYCH faire de la compensation; compenser (*abs*); **Kompensierung** F ⟨~⟩ → Kompensation

kompetent ADJ compétent; **in dieser Sache bin ich nicht ~** je ne suis pas compétent en la matière

Kompetenz F ⟨~; ~en⟩ compétence *f*; attributions *fpl*; **s-e ~(en) überschreiten** outrepasser les limites de sa compétence; **in j-s ~** (*akk*) **fallen** relever de la compétence de qn

Kompetenzbereich M domaine *m* de compétence; **das fällt nicht in meinen ~** cela n'entre pas dans mes compétences

Kompetenzstreit(igkeiten) M(FPL) conflit *m* de compétence; **Kompetenzüberschreitung** F abus *m* de compétence

Kompilation *geh, oft pej* F ⟨~; ~en⟩ compilation *f*; **kompilieren** *geh* V/T ⟨*pas de ge-*, h.⟩ compiler (*a.* IT, *pej*); **Kompilierung** F ⟨~; ~en⟩ IT compilation *f*

Komplement N ⟨~(e)s; ~e⟩ *geh*, MATH, MED complément *m*

komplementär *geh* ADJ complémentaire

Komplementär M ⟨~s; ~e⟩ HANDEL commandité *m*

Komplementärfarbe F couleur *f* complémentaire; **Komplementärwinkel** M MATH angle *m* complémentaire

Komplet N ⟨~s; ~s⟩ MODE ensemble *m*

komplett **A** ADJ **1** complet, -ète; *umg* **wir sind ~** nous sommes au complet **2** *österr* (*voll besetzt*) *Straßenbahn etc* complet, -ète **3** *umg* (*absolut*) **das ist ~er Wahnsinn** *umg* c'est absolument dingue **B** ADV complètement

komplettieren V/T ⟨*pas de ge-*, h.⟩ compléter

komplex ADJ complexe; MATH **~e Zahlen** *fpl* nombres *mpl* complexes

Komplex M ⟨~es; ~e⟩ **1** (*Gebäudekomplex, Fragenkomplex etc*) ensemble *m*; (*Industriekomplex, Gebäudekomplex a.*) complexe *m*; (*Häuserkomplex*) pâté *m* de maisons **2** PSYCH complexe *m*; **~e haben** avoir, faire des complexes; *umg* être complexé; **da(von) bekomme ich ~e** ça me donne des complexes

Komplikation F ⟨~; ~en⟩ complication *f*

Kompliment N ⟨~(e)s; ~e⟩ compliment *m*; **j-m ein ~ machen** faire un compliment à qn (**über** [+*akk*] sur); **mein ~!** mes compliments!

komplimentieren V/T ⟨*pas de ge-*, h.⟩ *geh* **j-n in den Sessel ~** inviter poliment qn à s'asseoir; *iron, verhüllend* **j-n aus dem Zimmer ~** éconduire qn poliment

Komplize M ⟨~n; ~n⟩ complice *m*

komplizieren V/T (*u.* V/R) ⟨*pas de ge-*, h.⟩ **(sich) ~** (se) compliquer

kompliziert ADJT compliqué; MED **~er Bruch** fracture compliquée

Kompliziertheit F ⟨~⟩ complexité *f*

Komplizin F ⟨~; ~nen⟩ complice *f*

Komplott N ⟨~(e)s; ~e⟩ complot *m*; **ein ~ schmieden** tramer un complot

Komponente F ⟨~; ~n⟩ (*Bestandteil*) composant *m*; PHYS *von Kräften* composante *f*; *fig* (*Aspekt*) composante *f*; **komponieren** V/T *u.* V/I ⟨*pas de ge-*, h.⟩ MUS, *geh fig* composer; **Komponist(in)** M ⟨~en; ~en⟩ (F) ⟨~in; ~innen⟩ MUS compositeur, -trice *m,f*; **Komposition** F ⟨~; ~en⟩ MUS, *geh fig* composition *f*

Kompositum N ⟨~s; -ta⟩ GRAM mot composé

Kompost M ⟨~(e)s; ~e⟩ compost *m*; **mit ~ düngen** composter

Komposthaufen M compost *m*

kompostieren V/T ⟨*pas de ge-*, h.⟩ **1** (*zu Kompost verarbeiten*) mettre en compost **2** (*mit Kompost düngen*) composter

Kompott N ⟨~(e)s; ~e⟩ compote *f*

Kompresse F ⟨~; ~n⟩ MED compresse *f*

Kompression F ⟨~; ~en⟩ PHYS, TECH, MED compression *f*

Kompressionsverband M MED bandage *m* de compression; **Kompressionswärme** F PHYS chaleur dégagée à la compression

Kompressor M ⟨~s; -ssoren⟩ TECH compresseur *m*; **Kompressormotor** M moteur *m* à suralimentation

komprimieren V/T ⟨*pas de ge-*, h.⟩ PHYS, TECH, *fig* comprimer; IT *Daten* compacter; comprimer; compresser

Komprimieren N ⟨~s⟩, **Komprimierung** F ⟨-ung; -ungen⟩ IT compactage *m*; compression *f*

Kompromiss M ⟨~es; ~e⟩ compromis *m* (**zwischen** [+*dat*] entre); **e-n ~ schließen** faire un compromis; **zu keinem ~ bereit sein** n'être prêt à aucun compromis

kompromissbereit ADJ prêt à (faire) un compromis; **Kompromissbereitschaft** F ⟨~⟩ esprit *m* de compromis; **kompromisslos** **A** ADJ intransigeant; inflexible **B** ADV avec intransigeance, inflexibilité

Kompromisslösung F solution *f* de compromis; **Kompromissvorschlag** M proposition *f* de compromis

kompromittieren V/T (*u.* V/R) ⟨*pas de ge-*, h.⟩ **(sich) ~** (se) compromettre; **Kompromittierung** F ⟨~⟩ compromission *f*

Komptabilität F ⟨~⟩ comptabilité *f*

Komtess F ⟨~; ~en⟩, **Komtesse** F ⟨-esse; -essen⟩ comtesse (non mariée)

Komtur M ⟨~s; ~e⟩ *e-s Ordens* commandeur *m*

Kondensat N ⟨~(e)s; ~e⟩ PHYS condensat *m*; **Kondensation** F ⟨~; ~en⟩ PHYS, CHEM condensation *f*; **Kondensationspunkt** M point *m* de condensation; **Kondensationswärme** F chaleur *f* de condensation

Kondensator M ⟨~s; -toren⟩ ELEK condensateur *m*; TECH condenseur *m*; **kondensieren** PHYS ⟨*pas de ge-*, h.⟩ A VT condenser B VI se condenser; **Kondensierung** F ⟨~; ~en⟩ condensation *f*

Kondensmilch F lait concentré; **Kondensstreifen** M FLUG traînée *f* de condensation; **Kondenswasser** N ⟨~s⟩ eau *f* de condensation

Kondition F ⟨~; ~en⟩ 1 ⟨*pas de pl*⟩ *bes* SPORT condition *f*; **keine ~ haben** manquer d'entraînement; *fig* ne pas être résistant 2 HANDEL, BANKWESEN *meist pl* **~en** conditions *fpl*

konditional ADJ *bes* GRAM conditionnel, -elle

Konditional M ⟨~s; ~e⟩ GRAM (mode *m*) conditionnel *m*; **Konditionalsatz** M (proposition *f*) conditionnelle *f*

konditionell ADJ qui concerne la forme physique; **in bester ~er Verfassung** en pleine forme (physique)

konditionieren VT ⟨*pas de ge-*, h.⟩ TECH, PSYCH conditionner; **konditioniert** ADJT conditionné; **Konditionierung** F ⟨~⟩ TECH, PSYCH conditionnement *m*

Konditionsschwäche F mauvaise forme (physique); **Konditionstraining** N entraînement *m* pour se mettre en forme

Konditor M ⟨~s; -toren⟩ pâtissier *m*

Konditorei F ⟨~; ~en⟩ pâtisserie *f*

Kondolenzbesuch M visite *f* de condoléances; **Kondolenzbrief** M lettre *f* de condoléances; **Kondolenzkarte** F carte *f* de condoléances

kondolieren VI ⟨*pas de ge-*, h.⟩ **j-m ~** présenter, faire ses condoléances à qn (**zum Tod von** ... pour la mort de ...)

Kondom N ⟨~s; ~e⟩ préservatif *m*

Kondor M ⟨~s; ~e⟩ ZOOL condor *m*

Kondukteur(in) M ⟨~s; ~e⟩ (F) ⟨~in; ~innen⟩ *schweiz* (*Schaffner[in]*) receveur, -euse *m,f*

Konfekt N ⟨~(e)s; ~e⟩ confiserie *f*; sucreries *fpl*; (*Pralinen*) chocolats *mpl*; **Konfektdose** F bonbonnière *f*

Konfektion F ⟨~; ~en⟩ 1 *Anfertigung von Kleidung* confection *f* 2 *Kleidung* prêt-à-porter *m*

Konfektionär M ⟨~s; ~e⟩ confectionneur *m*; **konfektionieren** VT ⟨*pas de ge-*, h.⟩ confectionner

Konfektionsanzug M costume *m* de prêt-à-porter; **Konfektionsartikel** MPL articles *mpl* de prêt-à-porter; **Konfektionsgeschäft** N magasin *m* de prêt-à-porter; **Konfektionsgröße** F taille *f*; **Konfektionsindustrie** F industrie *f* du prêt-à-porter

Konferenz F ⟨~; ~en⟩ conférence *f*; (*Lehrerkonferenz*) conseil *m* de classe; **Konferenzbeschluss** M décision *f* de (la) conférence; **Konferenzdolmetscher(in)** M(F) interprète *m/f* de conférence; **Konferenzraum** M salle *f* de conférence; **Konferenzschaltung** F RADIO, TV, TEL (branchement *m*) multiplex *m*; **Konferenzteilnehmer(in)** M(F) participant(e) *m(f)* à une conférence; **Konferenztisch** M table *f* de conférence; **Konferenzzimmer** N salle *f* de conférence

konferieren VI ⟨*pas de ge-*, h.⟩ conférer (**mit j-m über etw** [*akk*] avec qn au sujet de qc)

Konfession F ⟨~; ~en⟩ religion *f*; confession *f*; **welcher ~ gehören Sie an?** quelle est votre religion?

konfessionell ADJ confessionnel, -elle

konfessionslos ADJ qui n'appartient à aucune religion; sans religion

Konfetti N ⟨~(s)⟩ confettis *mpl*

Konfident M ⟨~en; ~en⟩ *österr* (*Spitzel*) indicateur *m*

Konfiguration F ⟨~; ~en⟩ configuration *f* (*a.* CHEM, IT)

konfigurieren VT ⟨*pas de ge-*, h.⟩ IT configurer

Konfirmand M ⟨~en; ~en⟩ PROT confirmand *m*

Konfirmandenunterricht M instruction religieuse des confirmands

Konfirmandin F ⟨~; ~nen⟩ PROT confirmande *f*

Konfirmation F ⟨~; ~en⟩ PROT confirmation *f*; **ich habe Sonntag ~** dimanche, je fais ma confirmation

konfirmieren VT ⟨*pas de ge-*, h.⟩ PROT confirmer; donner la confirmation à; **ich werde Ostern konfirmiert** je vais recevoir la confirmation, faire ma confirmation à Pâques

Konfiserie F ⟨~; ~n⟩ *bes schweiz: Pralinen, Teegebäck etc, Geschäft* confiserie *f*

konfiszieren VT ⟨*pas de ge-*, h.⟩ *bes* JUR confisquer; **Konfiszierung** F ⟨~; ~en⟩ confiscation *f*

Konfitüre F ⟨~; ~n⟩ confiture *f*

Konflikt M ⟨~(e)s; ~e⟩ conflit *m*; **mit j-m, etw in ~ geraten** entrer en conflit avec qn, qc; **mit dem Gesetz in ~ geraten sein** avoir des problèmes avec la justice

konfliktfrei ADJ non conflictuel, -elle; **konfliktgeladen** ADJT conflictuel, -elle; **konfliktscheu** ADJ qui fuit les conflits

Konfliktsituation F situation conflictuelle; **Konfliktstoff** M sujet *m* de conflit(s)

Konföderation F ⟨~; ~en⟩ confédération *f*; **Konföderierte(r)** M/F(M) ⟨→ A⟩ confédéré(e) *m(f)*

konform A ADJ conforme (**mit** à) B ADV conformément; **~ gehen** être d'accord avec qn, qc; **Claudia geht mit Nina darin ~, dass ...** Claudia et Nina sont d'accord sur le fait que ...; Claudia est d'accord avec Nina en ce qui concerne...

konformgehen VI → konform B

Konformismus M ⟨~⟩ conformisme *m*; **Konformist(in)** M ⟨~en; ~en⟩ (F) ⟨~in; ~innen⟩ conformiste *m/f*; **konformistisch** ADJ conformiste; **Konformität** *geh* F ⟨~⟩ conformité *f*

Konfrontation F ⟨~; ~en⟩ confrontation *f*; POL affrontement *m*

Konfrontationskurs M **auf ~ gehen** (être prêt à) risquer la confrontation

konfrontieren VT ⟨*pas de ge-*, h.⟩ confronter (**mit j-m** avec qn; **mit etw** à qc)

konfus ADJ (*verworren*) embrouillé; confus; *Person* (*verwirrt*) dérouté; **ich bin ganz ~** j'ai l'esprit confus; mes idées sont confuses, embrouillées

Konfusion *geh* F ⟨~; ~en⟩ confusion *f*

Konfuzianismus M ⟨~⟩ PHIL confucianisme *m*

Konfuzius M ⟨→ *n/pr*⟩ PHIL Confucius *m*

kongenial *geh* ADJ proche du génie (de qn); d'un génie égal (à); **Kongenialität** *geh* F ⟨~⟩ égalité *f* de génie

Konglomerat N ⟨~(e)s; ~e⟩ GEOL conglomérat *m*; *fig* mélange confus

Kongo[1] ⟨→ *n/pr*⟩ **der ~** *Fluss* le Congo

Kongo[2] N ⟨→ *n/pr*⟩ *od* **der ~** *Staat* le Congo; **die Republik ~** la République du Congo; **die Demokratische Republik ~** la République démocratique du Congo

Kongolese M ⟨~n; ~n⟩, **Kongolesin** F ⟨-in; -innen⟩ Congolais(e) *m(f)*; **kongolesisch** ADJ congolais

Kongregation F ⟨~; ~en⟩ KATH congrégation *f*

Kongress M ⟨~es; ~e⟩ congrès *m*

Kongresshalle F palais *m* des congrès;

Kongressmitglied N → Kongressteilnehmer(in); **Kongressstadt** F ville *f* de congrès; **Kongressteilnehmer(in)** M(F) congressiste *m/f*; **Kongresszentrum** N centre *m* de congrès

kongruent ADJ MATH coïncident; **Kongruenz** F ⟨~⟩ MATH, *fig* coïncidence *f*; GRAM accord *m*; **kongruieren** VI ⟨*pas de ge-*, h.⟩ MATH, *fig* coïncider; GRAM s'accorder

K.-o.-Niederlage F K.-O. *m*

Konifere F conifère *m*

König M ⟨~s; ~e⟩ roi *m* (*a. Spielkarte, Schachfigur*); **der ~ der Lüfte** (*Adler*) le roi des oiseaux; **der ~ der Tiere** *od* **der Wüste** le roi des animaux; **die Heiligen Drei ~e** les Rois mages; **das Fest der Heiligen Drei ~e** la fête, le jour des Rois; l'Épiphanie *f*; **bei uns ist der Kunde ~** chez nous le client est roi

Königin F ⟨~; ~nen⟩ reine *f* (*a. der Bienen*); SCHACH *a.* dame *f*; *poet* **die ~ meines Herzens** la dame de mon cœur; BOT **~ der Nacht** cierge *m*

Königinmutter F reine *f* mère; **Königinpastete** F GASTR bouchée *f* à la reine

königlich A ADJ royal; de *bzw.* du roi; **Königliche Hoheit** Altesse royale B ADV royalement; *umg* **sich ~ amüsieren** s'amuser comme un fou; **j-n ~ bewirten** recevoir qn royalement, comme un roi

Königreich N royaume *m*

Königsadler M → Steinadler; **Königsberg** N ⟨→ *n/pr*⟩ Kaliningrad; **königsblau** ADJ bleu roi (*inv*); **Königsfamilie** F famille royale; **Königsfarn** M BOT osmonde royale; fougère *f* à fleurs; **Königshaus** N maison royale; **Königshof** M cour *f* du roi; **Königskerze** F BOT bouillon blanc; **Königskind** N *Junge* fils *m* de roi; prince *m*; *Mädchen* fille *f* de roi; princesse *f*; **Königskobra** F ZOOL cobra royal; **Königskrone** F couronne royale; **Königskuchen** M *etwa* cake *m*; **Königspaar** N couple royal; **Königspalme** F BOT roi *m* des palmiers; **Königsschießen** N *etwa* concours *m* de tir; **Königsschloss** N château royal; **Königssohn** M fils *m* de roi; prince *m*; **Königstiger** M ZOOL tigre royal; **Königstitel** M titre *m* de roi; **Königstochter** F fille *f* de roi; princesse *f*; **königstreu** ADJ royaliste; **Königstreue** F royalisme *m*; **Königstreue(r)** M ⟨→ A⟩ royaliste *m*; **Königswasser** N ⟨~s⟩ CHEM eau régale

Königtum N ⟨~s; -tümer⟩ royauté *f*

konisch ADJ conique; en forme de cône

Konjugation F ⟨~; ~en⟩ GRAM, BIOL conjugaison *f*

Konjugationstabelle F GRAM tableau *m* de conjugaison

konjugierbar ADJ conjugable

konjugieren VT ⟨*pas de ge-*, h.⟩ GRAM conjuguer; **konjugiert werden** se conjuguer

Konjunktion F ⟨~; ~en⟩ GRAM, ASTRON conjonction *f*

Konjunktiv M ⟨~s; ~e⟩ GRAM (mode *m*) subjonctif *m*; **konjunktivisch** ADJ *u.* ADV au subjonctif; avec le subjonctif

Konjunktur F ⟨~; ~en⟩ conjoncture *f* (économique); **rückläufige ~** récession *f*

Konjunkturabschwächung F fléchissement *m*, recul *m* de l'activité économique; **Konjunkturanstieg** M conjoncture ascendante; accroissement *m* de l'activité économique; reprise conjoncturelle; **Konjunkturaufschwung** M essor *m* économique; boom *m*; **konjunkturbedingt** A ADJ déterminé par les fluctuations de la conjoncture B ADV en fonction de la situation économique; **Konjunkturbelebung** F reprise *f*, relance *f*, redressement *m* de l'activité écono-

K

mique; **Konjunkturbericht** M rapport *m* sur la situation économique, sur la conjoncture

konjunkturell ADJ de la conjoncture; conjoncturel, -elle

Konjunkturentwicklung F évolution *f* de la conjoncture, économique; **Konjunkturkrise** F crise conjoncturelle, de l'activité économique; **Konjunkturlage** F situation *f* de l'économie; conjoncture *f*; **Konjunkturpolitik** F politique *f* conjoncturelle

konjunkturpolitisch ADJ *u.* ADV du point de vue de la politique conjoncturelle; **~e Erwägungen** *fpl* considérations *fpl* (politiques) sur la conjoncture

Konjunkturrückgang M récession *f*; **Konjunkturschwankung** F fluctuation *f* de la conjoncture, des marchés; **Konjunkturspritze** *umg* F mesure *f* de relance (économique); **Konjunkturumschwung** M renversement *m* de la conjoncture; **Konjunkturzyklus** M cycle conjoncturel

konkav ADJ concave

Konklave N ⟨~s; ~n⟩ KATH conclave *m*

Konklusion F ⟨~; ~en⟩ LOGIK conclusion *f*

Konkordanz F ⟨~; ~en⟩ *t/t* (*a. Bibelkonkordanz*), GEOL concordance *f*; **Konkordat** N ⟨~(e)s; ~e⟩ KATH concordat *m*

konkret ADJ concret, -ète; **im ~en Fall** le cas échéant; **ein ~er Vorschlag** une proposition pratique, concrète; **~e Formen annehmen** prendre forme; se concrétiser

konkretisieren V/T ⟨*pas de ge-*, h.⟩ concrétiser; (*näher ausführen*) préciser

Konkretum N ⟨~s; -ta⟩ GRAM terme, mot concret

Konkubinat N ⟨~(e)s; ~e⟩ JUR concubinage *m*; **mit j-m im ~ leben** vivre en concubinage avec qn

Konkubine F ⟨~; ~n⟩ *a. fig* concubine *f*

Konkurrent(in) M ⟨~en; ~en⟩ (F) ⟨~in; ~innen⟩ concurrent(e) *m(f)*; compétiteur, -trice *m,f*

Konkurrenz F ⟨~; ~en⟩ **1** concurrence *f*; **außer ~** °hors concours; **j-m ~ machen** faire concurrence à qn; concurrencer qn **2** (*Konkurrent*) **das ist unsere ~** c'est notre concurrent; **sonst gehe ich zur ~** sinon j'irai ailleurs

konkurrenzfähig ADJ compétitif, -ive; capable de supporter la concurrence; **Konkurrenzkampf** M concurrence *f*; compétition *f*; **konkurrenzlos** ADJ défiant toute concurrence; °hors concours; *Sportler, Ware a.* sans rival; **Konkurrenzunternehmen** N entreprise concurrente

konkurrieren V/I ⟨*pas de ge-*, h.⟩ **mit j-m (um etw) ~** être en concurrence, rivaliser avec qn (pour obtenir qc); **damit können wir nicht ~** nous ne pouvons pas soutenir, supporter la concurrence

Konkurs M ⟨~es; ~e⟩ HANDEL faillite *f*; **betrügerischer ~** banqueroute frauduleuse; **in ~ gehen, ~ machen** faire faillite; **(den) ~ anmelden** se déclarer en faillite; déposer son bilan

Konkursantrag M demande *f* de mise en faillite, de déclaration de faillite; **Konkurseröffnung** F ouverture *f* de la faillite; **Konkursmasse** F actif *m* de la faillite; **Konkursverfahren** N procédure *f* de faillite; **Konkursverwalter** M syndic *m* (d'une faillite)

können ⟨kann, konnte, h.⟩ **A** V/AUX *de mode* ⟨*pperf* können⟩ **1** (*vermögen*) pouvoir; **das hätte ich tun ~** j'aurais pu le faire; **ich kann Ihnen nicht sagen, wie ich mich freue** je ne peux pas vous dire à quel point je me réjouis; **~ Sie mir sagen, wie ich zum Bahnhof komme?** pourriez-vous *od* pouvez-vous m'indiquer le chemin de la gare?; **ich kann es Ihnen nicht sagen** je ne peux, pourrais, saurais (pas) vous le dire; **man kann nie wissen** on ne sait jamais **2** (*beherrschen*) savoir; **fahren, schwimmen, nähen, tanzen** *etc* **~** savoir conduire, nager, coudre, danser, *etc* **3** (*dürfen*) pouvoir; **jetzt kannst du kommen** maintenant tu peux venir; *sl* **du kannst mich mal!** *umg* tu peux (toujours) courir, y aller!; **hier kannst du nicht parken** tu ne peux pas te garer ici **4** (*möglich sein*) **er kann den Brief verloren haben** il se peut qu'il ait perdu la lettre; **es kann sein, dass …** il se peut que … (*+subj*); **das kann nicht sein** c'est impossible; *umg* **kann sein** c'est possible; **ich kann mich auch täuschen** il se peut aussi que je me trompe; je peux aussi me tromper; **er kann jeden Augenblick kommen** il peut arriver d'un moment à l'autre; **du könntest recht haben** il se pourrait que tu aies raison **5** (*Grund haben, berechtigt sein*) **das kann man wohl sagen!** ça, on peut le dire; *umg* **ich kann dir sagen!** je t'assure!; *umg* **sie kann einem leidtun** elle (me, *etc*) fait pitié **6 man konnte so laut rufen …** on avait beau crier … **B** V/T *u.* V/I ⟨*pperf* gekonnt⟩ **1** (*vermögen*) pouvoir; **ich kann heute nicht** je ne peux pas aujourd'hui; **ich kann nicht mehr!** je n'en peux plus!; **ich kann nicht anders** je ne peux pas faire autrement; **so gut ich kann** de mon mieux; **er lief, was er konnte** il courut tant qu'il put; *umg* **(es) mit j-m (gut) ~** bien s'entendre avec qn **2** (*beherrschen*) savoir; **er kann etwas** il est capable; **er kann Englisch** il sait l'anglais; (*sprechen*) il parle anglais; **etw auswendig ~** savoir qc par cœur; **das muss man ~** il faut savoir le faire **3** (*für etw ~*) **ich kann nichts dafür** je n'y peux rien; **er kann nichts dafür, dass …** ce n'est pas sa faute si …

Können N ⟨~s⟩ savoir(-faire) *m*; capacités *fpl*; **e-e Probe s-s ~s geben** donner un échantillon de ce que l'on sait faire, *Virtuose etc* de son talent

Könner(in) M ⟨~s; ~⟩ (F) ⟨~in; ~innen⟩ personne *f* très capable; champion *m*, -onne *f*; as *m*; *umg* crack *m*

Konnotation F ⟨~; ~en⟩ LOGIK, LING connotation *f*

konnte → können

Konrad M ⟨→ *n/pr*⟩ *prénom*

Konrektor(in) M(F) directeur, -trice adjoint(e), sous-directeur, -trice *m,f* (d'une école primaire)

Konsekration F ⟨~; ~en⟩ KATH consécration *f*

konsekutiv ADJ GRAM consécutif, -ive; **Konsekutivdolmetschen** N ⟨~s⟩ interprétation consécutive; **Konsekutivsatz** M GRAM (proposition) consécutive *f*

Konsens *geh* M ⟨~es; ~e⟩ consensus *m*

konsequent ADJ **1** (*folgerichtig*) logique; conséquent **2** (*beharrlich*) résolu; ferme

konsequenterweise ADV logiquement

Konsequenz F ⟨~; ~en⟩ **1** ⟨*pas de pl*⟩ (*Folgerichtigkeit*) logique *f*; *e-r Person a.* esprit *m* de suite; **mit äußerster ~** avec une parfaite logique **2** (*Folge*) conséquence *f*; **die ~en tragen** subir les conséquences; **die ~en aus etw ziehen** tirer les conséquences de qc

konservativ ADJ conservateur, -trice; **Konservative(r)** M/F(M) ⟨→ A⟩ conservateur, -trice *m,f*

Konservator M ⟨~s; -toren⟩ *von Kunstdenkmälern* conservateur *m*

Konservatorium N ⟨~s; -ien⟩ Conservatoire *m* (**für Musik** de musique)

Konserve F ⟨~; ~n⟩ conserve *f*; *hum* **Musik** *f* **aus der ~** musique *f* en conserve

Konservenbüchse F, **Konservendose** F boîte *f* de conserve; **Konservenvergiftung** F empoisonnement dû à des conserves

konservieren V/T ⟨*pas de ge-*, h.⟩ conserver; **Konservierung** F ⟨~⟩ conservation *f*; **Konservierungsmittel** N, **Konservierungsstoff** M conservateur *m*; agent *m* de conservation

konsistent ADJ consistant; **Konsistenz** F ⟨~⟩ consistance *f*

Konsole F ⟨~; ~n⟩ console *f* (*a. elektronisches Gerät*)

konsolidieren V/T ⟨*pas de ge-*, h.⟩ consolider; **Konsolidierung** F ⟨~; ~en⟩ consolidation *f*

Konsonant M ⟨~en; ~en⟩ consonne *f*

konsonantisch ADJ consonantique

Konsorten MPL *pej* consorts *mpl*

Konsortium N ⟨~s; -ien⟩ consortium *m*

Konspiration F ⟨~; ~en⟩ conspiration *f*

konspirativ ADJ conspirateur, -trice; **e-e ~e Wohnung** un repaire d'agitateurs

konspirieren V/I ⟨*pas de ge-*, h.⟩ conspirer (**gegen** contre)

konstant **A** ADJ constant **B** ADV constamment; (*beharrlich*) avec persistance

Konstante F ⟨~(n); ~n⟩ MATH, PHYS, *fig* constante *f*

Konstantin M ⟨→ *n/pr*⟩ *prénom*; HIST Constantin *m*

Konstantinopel N ⟨→ *n/pr*⟩ HIST Constantinople

Konstanz[1] *geh* F ⟨~⟩ constance *f*

Konstanz[2] N ⟨→ *n/pr*⟩ GEOG Constance

Konstanze F ⟨→ *n/pr*⟩ *prénom*

konstatieren *geh* V/T ⟨*pas de ge-*, h.⟩ constater; **Konstatierung** F ⟨~⟩ constatation *f*

Konstellation F ⟨~; ~en⟩ ASTRON (*Sternbild*) constellation *f*; ASTROL aspect *m*; *fig* situation *f*; conjoncture *f*

konsterniert ADJT interdit; consterné (**über** [*+akk*] par)

Konstituente F ⟨~; ~n⟩ LING constituant *m*; **konstituieren** V/T (*u.* V/R) ⟨*pas de ge-*, h.⟩ **(sich) ~** (se) constituer

konstituierend ADJT constituant; **~e Versammlung** assemblée constituante

Konstituierung F ⟨~⟩ constitution *f*; **Konstitution** F ⟨~; ~en⟩ MED, CHEM, POL constitution *f*; **Konstitutionalismus** M ⟨~⟩ système constitutionnel; constitutionnalisme *m*

konstitutionell ADJ constitutionnel, -elle; **~e Monarchie** monarchie constitutionnelle

konstitutiv *geh* ADJ constitutif, -ive

konstruieren V/T ⟨*pas de ge-*, h.⟩ BAU, TECH, MATH, GRAM construire; *fig* inventer; **der Fall ist konstruiert** le cas est inventé

Konstrukt N ⟨~(e)s; ~e⟩ LING construction *f*; **Konstrukteur(in)** M ⟨~s; ~e⟩ (F) ⟨~in; ~innen⟩ constructeur, -trice *m,f*; **Konstruktion** F ⟨~; ~en⟩ BAU, GRAM, MATH, TECH construction *f*

Konstruktionsbüro N bureau *m* d'études; **Konstruktionsfehler** M défaut *m* de construction

konstruktiv ADJ constructif, -ive; **Konstruktivismus** M ⟨~⟩ KUNST constructivisme *m*

Konsul M ⟨~s; ~n⟩ consul *m*

konsularisch ADJ consulaire; **~es Korps** corps *m* consulaire; **~e Vertretung** représentation *f* consulaire

Konsulat N ⟨~(e)s; ~e⟩ consulat *m*

Konsultation *geh* F ⟨~; ~en⟩ consultation *f*; **konsultativ** *geh* ADJ consultatif, -ive; **kon-**

sultieren *geh* VT ‹*pas de ge-*, h.› consulter
Konsum M ‹~s› *(Verbrauch)* consommation *f*; **übermäßiger ~** surconsommation *f*
Konsumartikel M article *m* de consommation
Konsumation F ‹~; ~en› *österr, schweiz* plats et consommations *mpl (pris dans un restaurant)*
Konsument(in) M ‹~en; ~en› F ‹~in; ~innen› consommateur, -trice *m,f*
Konsumgenossenschaft F coopérative *f* de consommation; **Konsumgesellschaft** F société *f* de consommation; **Konsumgüter** NPL biens *mpl* de consommation
konsumieren VT ‹*pas de ge-*, h.› consommer; **Konsumierung** F ‹~; ~en› consommation *f*
Konsumverhalten N comportement *m* du consommateur; **Konsumverzicht** M ‹~(e)s› refus *m* de la surconsommation; **Konsumzwang** M ‹~(e)s› incitation *f* à la consommation
Kontakt M ‹~(e)s; ~e› **1** contact *m* (**mit** avec); *fig a.* relation *f*, rapport *m* (**mit** avec); **mit j-m ~ aufnehmen** entrer en contact, se mettre en contact, prendre contact avec qn; **mit j-m ~ haben, in ~** *(dat)* **stehen** être en contact avec qn **2** ELEK *(Kontaktstelle)* plot *m*
Kontaktabzug M FOTO planche *f* de contact; **Kontaktadresse** F adresse *f* d'une personne à contacter; **Kontaktanzeige** F annonce *f* pour recherche de contacts; **kontaktarm** ADJ qui a peu de contact avec le monde extérieur; **Kontaktaufnahme** F prise *f* de contact; **Kontakt(bereichs)beamte(r)** M îlotier *m*; **Kontaktdaten** NPL coordonnées *fpl*; **kontaktfreudig** ADJ qui entre facilement en contact avec les gens, avec qn; liant; **Kontaktgift** N insecticide *m* par contact; **Kontakthof** M *cour intérieure d'un bordel où les clients peuvent aborder les prostituées*
kontaktieren *geh* VT ‹*pas de ge-*, h.› contacter
Kontaktlinse F lentille *f* de contact; **kontaktlos** ADJ qui n'a pas de contact avec le monde extérieur; **Kontaktmann** M ‹~(e)s; -männer *ou* -leute› agent *m* (de liaison); **Kontaktperson** F PSYCH personne avec laquelle qn est en relation; MED personne *f* en contact avec le foyer de contagion; **Kontaktsperre** F JUR isolement *m*; **Kontaktstudium** N formation *f* complémentaire du troisième cycle
Kontamination F ‹~; ~en› *der Umwelt* contamination *f*; **kontaminieren** VT ‹*pas de ge-*, h.› contaminer
Kontemplation *geh* F ‹~; ~en› contemplation *f*; **kontemplativ** *geh* ADJ contemplatif, -ive
Konter M ‹~s; ~› SPORT contre *m*; **Konteradmiral** M SCHIFF MIL vice-amiral *m*
Konterfei N ‹~s; ~s *ou* ~e› *geh, hum* portrait *m*
kontern VT *u.* VI ‹-(e)re, h.› BOXEN parer; *a. fig* riposter (à)
Konterrevolution F contre-révolution *f*; **Konterschlag** M SPORT contre *m*
Kontext M ‹~(e)s; ~e› contexte *m*
Kontinent M ‹~(e)s; ~e› continent *m*
kontinental ADJ continental
Kontinentalklima N ‹~s› climat continental; **Kontinentalsockel** M plateau continental; **Kontinentalsperre** F ‹~› HIST Blocus continental; **Kontinentalverschiebung** F dérive *f* des continents
Kontingent N ‹~(e)s; ~e› HANDEL, MIL contingent *m* (**an** [*+dat*] en, de)
kontingentieren VT ‹*pas de ge-*, h.› contingenter
kontinuierlich *geh* ADJ continu
Kontinuität *geh* F ‹~› continuité *f*
Kontinuum N ‹~s; -nua *ou* -nuen› *t/t* continuum *m*
Konto N ‹~s; -ten› compte *m*; **laufendes ~** compte courant; **überzogenes ~** compte à découvert; **e-e Summe von e-m ~ abheben** retirer une somme d'un compte; prélever une somme sur un compte; **ein ~ einrichten, eröffnen** ouvrir un compte; **auf s-m ~ haben** *Geld* avoir sur son compte; *fig Tat* avoir sur la conscience; **ein ~ bei der Bank haben** avoir un compte en banque; **sein ~ überziehen** mettre son compte à découvert; *umg* **das geht auf mein ~** c'est moi qui paie; *fig* c'est de ma faute
Kontoabschluss M arrêté *m* de compte; **Kontoauszug** M relevé *m* de compte; **Kontobewegung** F mouvement *m* de compte; **Kontobuch** N livre *m* de comptes; **Kontoeröffnung** F ouverture *f* d'un compte; **Kontoführung** F ‹~› tenue *f* de compte; **Kontoführungsgebühr** F frais *mpl* de tenue de compte; **Kontoinhaber(in)** M(F) titulaire *m/f* d'un compte; **Kontokorrent** N ‹~s; ~e› compte courant; **Kontonummer** F numéro *m* de compte
Kontor N ‹~s; ~e› *früher* bureau *m*; *umg* **das war (für ihn) ein Schlag ins ~** cela a été un coup dur, *umg* un sale coup (pour lui)
Kontorist(in) M ‹~en; ~en› F ‹~in; ~innen› employé(e) *m(f)* de bureau
Kontorsion F ‹~; ~en› MED contorsion *f*
Kontostand M état *m* de compte; **Kontoüberziehung** F découvert *m* (de compte) (**von** de)
kontra PRÄP ‹*akk*›, ADV contre
Kontra N ‹~s; ~s› contre *m*; **(das) Pro und (das) ~** le pour et le contre; **j-m ~ geben** KARTENSPIEL contrer qn; *umg fig* riposter vertement à qn; répondre à qn à sa façon; KARTENSPIEL **ich sage ~** je contre
Kontrabass M contrebasse *f*
Kontrahent(in) M ‹~en; ~en› F ‹~in; ~innen› *(Gegner[in])* adversaire *m/f*; *e-s Vertrags* contractant(e) *m(f)*
kontrahieren ‹*pas de ge-*, h.› **A** VT **1** GRAM *(zusammenziehen)* contracter **2** JUR, HANDEL *(vereinbaren)* contracter **3** MED contracter **B** VI *u.* VR MED **(sich) ~** se contracter
Kontraindikation F MED contre-indication *f*
Kontrakt M ‹~(e)s; ~e› contrat *m*; **mit j-m e-n ~ schließen** passer un contrat avec qn
Kontraktion F ‹~; ~en› contraction *f*
Kontrapunkt M MUS contrepoint *m*
kontrapunktisch ADJ MUS contrapuntique
konträr *geh* ADJ contraire
Kontrast M ‹~(e)s; ~e› contraste *m*; **e-n ~ bilden zu, in** *od* **im ~ stehen zu** contraster avec; faire contraste avec
Kontrasteinlauf M MED lavement baryté
kontrastieren *geh* VI ‹*pas de ge-*, h.› contraster (**mit** avec); faire contraste (**mit** avec)
kontrastiv ADJ contrastif, -ive; **~e Linguistik** linguistique contrastive
Kontrastmittel N MED produit *m* de contraste; **Kontrastprogramm** N RADIO, TV programme *m* de rechange; **kontrastreich** ADJ *a. fig* riche en contrastes; contrasté; **Kontrastwirkung** F effet *m* de contraste
Kontrazeption F ‹~› MED contraception *f*; **Kontrazeptivum** N ‹~s; -va› MED contraceptif *m*
Kontrollabschnitt M coupon *m* de contrôle; **Kontrollapparat** M appareil *m* de contrôle; **Kontrollausschuss** M commission *f* de contrôle; **Kontrollbereich** M zone *f*, région *f*, sphère *f* de contrôle, contrôlée
Kontrolle F ‹~; ~n› **1** *(Überwachung, Überprüfung)* contrôle *m*; **scharfe, strenge ~** contrôle sévère; **unter ~** *(dat)* **stehen** être contrôlé; **(die) ~ über etw** *(akk)* **ausüben** exercer un contrôle sur qc; **in e-e ~ kommen** *umg* tomber sur un contrôle **2** *(Herrschaft)* contrôle *m*; **etw unter ~** *(dat)* **haben** être maître de qc; contrôler qc; **etw unter ~** *(akk)* **bringen** se rendre maître de qc; maîtriser qc; **die ~ über etw** *(akk)* **verlieren** perdre le contrôle de qc; **die ~ über sich** *(akk)* **verlieren** perdre son contrôle; **außer ~ geraten** échapper au contrôle; **etw e-r ~ unterziehen** soumettre qc à un contrôle
Kontrolleur(in) M ‹~s; ~e› F ‹~in; ~innen› contrôleur, -euse *m,f*
Kontrollfunktion F fonction *f* de contrôle; **Kontrollgang** M *e-s Nachtwächters etc* ronde *f*; **Kontrollgerät** N appareil *m*, instrument *m* de contrôle; **Kontrollgruppe** F MED, PSYCH, SOZIOLOGIE groupe *m* témoin
kontrollierbar ADJ contrôlable
kontrollieren VT ‹*pas de ge-*, h.› contrôler; **die Fahrkarten ~** contrôler les billets, les tickets; *weitS.* **ein Gebiet ~** *(beherrschen)* contrôler une région; **etw, j-n auf etw** *(akk)* **(hin) ~** contrôler qc, qn quant à qc
kontrolliert **A** PPERF → kontrollieren **B** ADVL **aus ~ ökologischem, biologischem Anbau** issu de l'agriculture biologique contrôlée
Kontrollinstrument N → Kontrollgerät; **Kontrollkommission** F commission *f* de contrôle; **Kontrolllampe** F lampe *f* témoin; **Kontrollnummer** F numéro *m* de contrôle; **Kontrollorgan** N organe *m*, organisme *m* de contrôle; **Kontrollpunkt** M poste *m*, point *m* de contrôle; **Kontrollschild** N AUTO *schweiz* plaque *f* d'immatriculation; **Kontrollstab** M NUKL barre *f* de contrôle; **Kontrollstempel** M cachet *m*, marque *f* de contrôle; **Kontrollturm** M FLUG tour *f* de contrôle; **Kontrollvermerk** M mention *f* de contrôle; **Kontrollzentrum** N centre *m* de contrôle
kontrovers *geh* ADJ *(gegensätzlich)* contraire; *(umstritten)* controversé; discuté
Kontroverse *geh* F ‹~; ~n› controverse *f*
Kontur F ‹~; ~en› contour *m*; *fig* **~ gewinnen** prendre forme
Konturenstift M crayon *m* à lèvres
konturieren *geh* VT ‹*pas de ge-*, h.› esquisser
Konvektor M ‹~s; -toren› *Heizkörper* convecteur *m*
konvenieren *geh, österr* VI ‹*pas de ge-*, h.› **j-m ~** convenir à qn
Konvent M ‹~(e)s; ~e› **1** KIRCHE *(Zusammenkunft)* assemblée *f* **2** *(Kloster)* couvent *m* **3** HIST *(Nationalkonvent)* **der ~** la Convention (nationale)
Konvention F ‹~; ~en› convention *f* (*a.* POL); *(Regeln der Gesellschaft) pl* **~en** conventions (sociales); **die Genfer ~** la Convention de Genève
Konventionalstrafe F JUR peine conventionnelle; dédit *m*
konventionell ADJ **1** conventionnel, -elle; **~e Waffen** *fpl* armes conventionnelles **2** *(förmlich)* formel, -elle
konvergent ADJ *geh*, MATH convergent; **Konvergenz** F ‹~; ~en› *geh*, MATH, OPT convergence *f*; **Konvergenzkriterium** N *für den EU-Beitritt* critère *m* de convergence; **konvergieren** VI ‹*pas de ge-*, h.› *geh*, MATH converger
Konversation F ‹~; ~en› conversation *f*; **~ machen** faire la conversation

Konversationslexikon N dictionnaire *m* encyclopédique; encyclopédie *f*

Konversion F ⟨~; ~en⟩ REL, FIN, JUR, PSYCH conversion *f*

Konverter M ⟨~s; ~⟩ 1 METALL convertisseur *m* 2 FOTO doubleur *m* de focale 3 NUKL réacteur régénérateur 4 RADIO convertisseur *m* de fréquence

konvertibel ⟨-bl-⟩, **konvertierbar** ADJ FIN convertible; **Konvertierbarkeit** F ⟨~⟩ FIN convertibilité *f*; **konvertieren** ⟨*pas de ge-*⟩ A VT ⟨h.⟩ FIN, IT convertir B VI ⟨h. *ou* s.⟩ REL se convertir (**zu** à); **Konvertierung** F ⟨~; ~en⟩ conversion *f* (*a.* REL, FIN, IT)

Konvertit(in) M ⟨~en; ~en⟩ (F) ⟨~in; ~innen⟩ REL converti(e) *m(f)*

konvex ADJ convexe

Konvikt N ⟨~(e)s; ~e⟩ 1 KIRCHE petit séminaire 2 *österr* (*Internat*) internat religieux

Konvoi M ⟨~s; ~s⟩ convoi *m*; **im ~ fahren** rouler en convoi

Konvulsion F ⟨~; ~en⟩ MED convulsion *f*; **konvulsiv(isch)** ADJ convulsif, -ive

konzedieren *geh* VT ⟨*pas de ge-*, h.⟩ (*zugestehen, einräumen*) concéder

Konzentrat N ⟨~(e)s; ~e⟩ (produit *m*) concentré *m*

Konzentration F ⟨~; ~en⟩ concentration *f*

Konzentrationsfähigkeit F capacité *f* de concentration; **Konzentrationslager** N camp *m* de concentration; **Konzentrationsschwäche** F baisse *f* de concentration

konzentrieren ⟨*pas de ge-*, h.⟩ A VT concentrer (**auf** [+*akk*] sur) B VR **sich ~** se concentrer (**auf** [+*akk*] sur)

konzentriert A ADJT concentré B ADVL avec concentration; d'une façon concentrée

konzentrisch ADJ concentrique

Konzept N ⟨~(e)s; ~e⟩ 1 (*Rohfassung*) brouillon *m* 2 (*Plan*) plan *m*; idée *f*; programme *m*; **aus dem ~ kommen** perdre le fil (de son discours); s'embrouiller; **j-n aus dem ~ bringen** faire perdre le fil à qn; troubler qn; **das passt ihr nicht ins ~** cela ne rentre pas dans ses intentions, projets

Konzeption F ⟨~; ~en⟩ conception *f*

konzeptionell *geh* ADJ conceptionnel, -elle

konzeptionslos *geh* ADJ sans concepts

Konzeptpapier N papier *m* brouillon

Konzern M ⟨~(e)s; ~e⟩ WIRTSCH groupe *m*; trust *m*; konzern *m*

Konzert N ⟨~(e)s; ~e⟩ *Veranstaltung* concert *m*; *e-s Solisten* récital *m*; *Musikstück* concerto *m*; **ins ~ gehen** aller au concert, *e-s Solisten* à un récital

Konzertabend M concert *m* (ayant lieu le soir); **Konzertagentur** F agence *f* de concerts

konzertant ADJ MUS concertant

Konzertflügel M piano *m* de concert

konzertiert ADJT **~e Aktion** action concertée

Konzertkarte F billet *m*, place *f* de concert; **Konzertmeister** M premier violon; **Konzertprogramm** N programme *m* de concert; **Konzertreise** F tournée *f*; **Konzertsaal** M salle *f* de concert; **Konzertsänger(in)** M(F) chanteur *m*, cantatrice *f* de concert

Konzession F ⟨~; ~en⟩ 1 (*Zugeständnis*) concession *f*; **j-m ~en machen** faire des concessions à qn 2 HANDEL licence *f*; **j-m e-e ~ erteilen** accorder une licence à qn

Konzessionär ADMIN M ⟨~s; ~e⟩ concessionnaire *m*

konzessionieren ADMIN VT ⟨*pas de ge-*, h.⟩ **j-n ~** donner une concession à qn; **etw ~** donner qc en concession

konzessionsbereit ADJ prêt à faire des concessions; **Konzessionsinhaber** M concessionnaire *m*; titulaire *m* de la *bzw.* d'une concession

konzessiv ADJ GRAM concessif, -ive; **Konzessivsatz** M GRAM proposition concessive

Konzil N ⟨~s; ~e *ou* ~ien⟩ concile *m*

konziliant *geh* ADJ conciliant; **Konzilianz** *geh* F ⟨~⟩ esprit conciliant

konzipieren *geh* VT ⟨*pas de ge-*, h.⟩ *Text* préparer; ébaucher; *Produkt* concevoir

konzis ADJ concis

Kooperation F ⟨~; ~en⟩ coopération *f*

kooperationsbereit, **kooperativ** ADJ coopératif, -ive

kooperieren VI ⟨*pas de ge-*, h.⟩ coopérer

Koordinate F ⟨~; ~n⟩ MATH, GEOG coordonnée *f*

Koordinatenachse F MATH axe *m* de coordonnées; **Koordinatenkreuz** N MATH repère cartésien; **Koordinatensystem** N MATH système *m* de coordonnées

Koordination F ⟨~; ~en⟩ coordination *f*

Koordinator(in) M ⟨~s; -toren⟩ (F) ⟨~in; ~innen⟩ coordinateur, -trice *m,f*; **koordinieren** VT ⟨*pas de ge-*, h.⟩ coordonner; **Koordinierung** F ⟨~; ~en⟩ coordination *f*

Kopeke F ⟨~; ~n⟩ *Münze* kopeck *m*

Kopenhagen N ⟨→ *n/pr*⟩ Copenhague

Köper M ⟨~s; ~⟩ TEX sergé *m*

kopernikanisch ADJ copernicien, -ienne; **das ~e Weltsystem** le système de Copernic

Kopernikus M ⟨→ *n/pr*⟩ Copernic *m*

Kopf M ⟨~(e)s; ~̈e⟩ 1 ANAT tête *f*; **~ an ~** coude à coude; *fig* **über j-s ~** (*akk*) **hinweg entscheiden** décider sans s'occuper de qn, sans consulter qn; **von ~ bis Fuß** de la tête aux pieds; **bis über den ~ (in Arbeit, Schulden stecken)** (avoir du travail, des dettes) par-dessus la tête; **aus dem ~ (hersagen)** (réciter) de mémoire; **mit klarem ~** à tête reposée; **~ hoch!** courage!; *umg* **sie wird dir schon nicht den ~ abreißen!** *umg* elle ne te mangera pas!; *umg* **das hältst du im ~ nicht aus!** *umg* c'est à devenir dingue!; **e-n klaren ~ behalten** garder la tête froide; **e-n roten ~ bekommen** rougir; **s-n ~ durchsetzen** parvenir à ses fins; *umg* **sich** (*dat*) **die Köpfe einschlagen** *umg* se taper dessus; **nicht auf den ~ gefallen sein** avoir du plomb dans la cervelle; **sich** (*dat*) **an den ~ fassen** se prendre la tête à deux mains; **das geht mir nicht aus dem ~** cela ne me sort pas de la tête; **das will mir nicht in den ~ (gehen)** je n'arrive pas à comprendre ça; *umg* je n'arrive pas à me mettre ça dans la tête; **sich** (*dat*) **etw durch den ~ gehen lassen** réfléchir à *od* sur qc; **es soll immer nach ihrem ~ gehen** elle n'en fait qu'à sa tête; **s-n eigenen ~ haben** avoir ses idées bien à soi; avoir la tête dure; **etw im ~ haben** avoir qc en tête; *umg* **er hat nur das im ~** il n'a que ça en tête; **den ~ hängen lassen** être découragé, déprimé; *umg* **den ~ hinhalten müssen** *umg* porter le chapeau; *umg* trinquer (**für** pour); *umg* **sein ganzes Geld auf den ~ hauen** *umg* claquer tout son fric; **den ~ kosten** coûter la vie; *umg* **j-n (um) e-n ~ kürzer machen** couper la tête à qn; **mit dem ~ nicken** faire (signe que) oui de la tête; acquiescer de la tête; **im ~ rechnen** calculer de tête, mentalement; *Gedanke* **durch den ~ schießen** venir à, traverser l'esprit; **sich** (*dat*) **etw aus dem ~ schlagen** s'ôter qc de la tête, de l'esprit; **ich bin wie vor den ~ geschlagen** les bras m'en tombent; **den ~ schütteln** *missbilligend* secouer la tête (en signe de désapprobation); *verneinend* faire non de la tête; dire non en °hochant la tête; **(um) e-n ~ größer sein als j-d** avoir une tête de plus que qn; dépasser qn d'une tête; **(um) e-n ~ kleiner sein als j-d** avoir une tête de moins que qn; **mir raucht der ~** j'ai la tête qui fume; *umg* **nicht (ganz) richtig im ~ sein** *umg* avoir un grain; **sich** (*dat*) **etw in den ~ setzen** se mettre qc dans la tête; **auf dem ~ stehen** *Mensch* avoir la tête en bas; *Bild etc* être à l'envers; **ich weiß nicht, wo mir der ~ steht** je ne sais pas où donner de la tête; **mir steht nicht der ~ danach** je n'ai pas la tête à ça; **in den** *od* **zu ~ steigen** *a. fig* monter à la tête; **alles auf den ~ stellen** mettre tout sens dessus dessous; *umg* **und wenn du dich auf den ~ stellst** quoi que tu fasses; **j-n vor den ~ stoßen** choquer, brusquer qn; **j-m den ~ verdrehen** tourner la tête à qn; **den ~ verlieren** perdre la tête; **gleich den ~ verlieren** *a.* se noyer dans un verre d'eau; **die Arbeit wächst mir über den ~** je suis débordé de travail; **die Schwierigkeiten wachsen mir über den ~** je suis noyé dans, submergé par les difficultés; **j-m den ~ waschen** laver la tête à qn; *umg fig* passer un savon à qn; **j-m etw an den ~ werfen** *a. umg fig* jeter qc à la tête de qn; **s-n ~ wetten(, dass ...)** donner, mettre sa tête à couper (que ...); **sich** (*dat*) **den ~ (über etw** [*akk*]**) zerbrechen** se casser la tête (sur qc); se creuser la cervelle (sur qc); **j-m etw auf den ~ zusagen** dire qc sans détours à qn; **die Köpfe zusammenstecken** comploter; **es geht um ~ und Kragen** il y va de ma, ta, sa, *etc* vie; **~ und Kragen riskieren** risquer sa vie; **den ~ in den Sand stecken** adopter la politique de l'autruche; **den ~ aus der Schlinge ziehen** se tirer d'affaire; s'en tirer; **mit dem ~ durch die Wand wollen** vouloir l'impossible; *sprichw* **was man nicht im ~ hat, muss man in den Beinen haben** *sprichw* quand on n'a pas de tête, il faut avoir des jambes; → kopfstehen 2 *fig* (*Person*) esprit *m*; personne *f*; **ein kluger ~** une personne intelligente; **pro ~** par personne; par tête 3 *e-s Briefs etc* en-tête *m*; *e-s Nagels etc* tête *f*; *e-s Tisches* °haut *m*; *e-r Münze* face *f*; *e-r Pfeife* tête *f*; *innen* fourneau *m*; **~ oder Zahl?** pile ou face? 4 (*Kohlkopf*) chou *m*; (*Salatkopf*) salade *f*

Kopf-an-Kopf-Rennen N course *f* (au) coude à coude; **Kopfarbeit** F ⟨~⟩ travail intellectuel; **Kopfarbeiter** M travailleur intellectuel; **Kopfbahnhof** M gare *f* terminus, de tête de ligne; **Kopfball** M FUSSBALL tête *f*; **Kopfballtor** N but (marqué) de la tête; **Kopfbedeckung** F coiffure *f*; chapeau *m*; *hum* couvre-chef *m*; **Kopfbewegung** F mouvement *m* de la tête

Köpfchen N ⟨~s; ~⟩ petite tête; *umg* **~ haben** être intelligent, ingénieux, -ieuse; être malin

köpfen VT ⟨h.⟩ 1 *j-n* décapiter; couper la tête à; *mit dem Fallbeil* guillotiner; *fig hum Flasche* (*öffnen*) ouvrir; **sie haben drei Flaschen geköpft** *umg* ils ont descendu trois bouteilles 2 SPORT **(den Ball) ~** faire une tête

Köpfen N ⟨~s⟩ 1 *als Todesstrafe* décapitation *f* 2 SPORT tête *f*; **beim ~** en faisant une tête

Kopfende N tête *f*; *des Bettes* tête *f* du lit; chevet *m*; **Kopffüßer** M ⟨~s; ~⟩ ZOOL céphalopode *m*; **Kopfgeld** N prime *f*; **Kopfgeldjäger** M chasseur *m* de primes; **Kopfgrippe** F grippe *f* encéphalitique; **Kopfhaar** N cheveux *mpl*; chevelure *f*; **Kopfhaltung** F port *m* de tête; **Kopfhaut** F ⟨~⟩ cuir chevelu

Kopfhöhe F **in ~** à °hauteur de tête

Kopfhörer M casque *m*

...köpfig ADJ IN ZSSGN à ... têtes; **ein fünfköpfiger Ausschuss** une commission de cinq membres; **e-e vierköpfige Familie** une famille de quatre personnes

Kopfkissen N oreiller *m*; **Kopfkissenbezug** M taie *f* d'oreiller; **Kopflage** F MED présentation *f* de la tête

Kopflänge F tête *f*; **um e-e ~** d'une tête

kopflastig ADJ *Fahrzeug* trop chargé à l'avant; *fig pej* (trop) intellectuel, -elle

Kopflaus F pou *m*; **Kopflehne** F appui(e)-tête *m*

kopflos A ADJ *fig* (*unüberlegt*) irréfléchi; (*gedankenlos*) écervelé; (*in Panik*) affolé; **j-n ~ machen** faire perdre la tête à qn; **~ werden** s'affoler B ADV **~ handeln** agir de manière irréfléchie

Kopflosigkeit F ⟨~⟩ (*Unüberlegtheit*) étourderie *f*; (*Verwirrung*) affolement *m*; **Kopfnicken** N ⟨~s⟩ °hochement *m* de tête (*zustimmend* en signe d'approbation); **Kopfnuss** *umg* F 1 (*Schlag*) petit coup contre la tête; *etwa* chiquenaude *f* 2 (*Denkaufgabe*) casse-tête *m*; **Kopfputz** M → Kopfschmuck; **kopfrechnen** V/I ⟨*seulement inf*⟩ calculer de tête

Kopfrechnen N calcul mental; **Kopfsalat** M laitue *f*

kopfscheu ADJ **j-n ~ machen** effaroucher qn; **~ werden** s'effaroucher

Kopfschmerzen MPL mal *m* de *od* à la tête; maux *mpl* de tête; **~ haben** avoir mal à la tête; *fig* **(j-m) ~ machen** *od* **bereiten** causer des soucis (à qn)

Kopfschmerztablette F cachet *m* contre le mal de tête; **Kopfschmuck** M parure *f* de la tête; **Kopfschuppen** FPL pellicules *fpl*

Kopfschuss M balle *f* dans la tête; *umg fig* **e-n ~ haben** *umg* être un peu fêlé

Kopfschütteln N ⟨~s⟩ °hochement *m* de tête (*missbilligend* en signe de désapprobation, *verneinend* en signe de refus); **kopfschüttelnd** ADV en °hochant, en secouant la tête; **Kopfschutz** M (*Helm*) casque *m*; (*Mütze*) bonnet *m*; **Kopfsprung** M plongeon *m*

Kopfstand M ⟨~(e)s; -stände⟩ TURNEN poirier *m*; **e-n ~ machen** faire le poirier

kopfstehen V/I ⟨*irr, sép*, -ge-, h.⟩ *Zustand* avoir la tête en bas; *Vorgang* capoter; *umg fig* être sens dessus dessous; **ganz Paris stand kopf** tout Paris était sens dessus dessous

Kopfsteinpflaster N pavé *m*; **Kopfsteuer** F impôt *m* par tête; **Kopfstimme** F MUS voix *f* de tête; fausset *m*; **Kopfstoß** M FUSSBALL tête *f*; BOXEN coup *m* de tête; **Kopfstück** N TECH tête *f*; GASTR moitié *f* qui touche la tête; **Kopfstütze** F AUTO repose-tête *m*; **Kopftuch** N ⟨~(e)s; -tücher⟩ foulard *m*; **kopfüber** ADV la tête la première; **Kopfverband** M bandage *m* de la tête

Kopfverletzung F blessure *f* à la tête; **e-e ~ haben** être blessé à la tête

Kopfwäsche F 1 shampooing *m* 2 *umg fig umg* savon *m*; **Kopfweh** *umg* N ⟨~(e)s⟩ → Kopfschmerzen; **Kopfweide** F BOT saule (coupé en) têtard; **Kopfwunde** F plaie *f* à la tête

Kopfzerbrechen N ⟨~s⟩ souci *m*; tracas *m*; **j-m (großes) ~ machen** donner (bien) du souci à qn; **sich** (*dat*) **über etw** (*akk*) **kein ~ machen** ne pas se faire de soucis pour qc

Kopie F ⟨~; ~n⟩ 1 (*Abschrift, Nachbildung*), KINO copie *f* 2 (*Fotokopie*) (photo)copie *f* 3 FOTO (*Abzug*) épreuve *f* 4 *fig* imitation *f*

Kopieranstalt F FOTO laboratoire *m* photographique; KINO laboratoire *m* cinématographique

kopieren V/T ⟨*pas de ge-*, h.⟩ *a. fig* copier; FOTO *a.* tirer une épreuve *bzw.* des épreuves de

Kopierer *umg* M ⟨~s; ~⟩, **Kopiergerät** N photocopieur *m*; photocopieuse *f*

Kopierpapier N 1 *zum Fotokopieren* papier *m* pour photocopieur 2 FOTO papier *m* photographique

Kopilot(in) M(F) copilote *m/f*

Kopist M ⟨~en; ~en⟩ copiste *m*

Koppel[1] F ⟨~; ~n⟩ 1 (*Tiere*) chiens *bzw.* chevaux couplés; (*Hundekoppel*) *a.* meute *f* (à la couple) 2 (*Weide*) pâturage *m* 3 MUS accouplement *m*

Koppel[2] N ⟨~s; ~⟩ MIL ceinturon *m*

koppeln V/T ⟨-(e)le, h.⟩ 1 *Tiere*, TECH, ELEK coupler (**an** [+*akk*] à); ELEK *a.* accoupler (à); RAUMFAHRT amarrer (à) 2 *fig* associer (**an** [+*akk*] à)

Koppelschloss N MIL boucle *f* de ceinturon

Kopp(e)lung F ⟨Kopp(e)lung; Kopp(e)lungen⟩ 1 TECH, ELEK couplage *m*; RAUMFAHRT amarrage *m* 2 *fig* association *f* (**an** [+*akk*] à)

Kopplungsmanöver N RAUMFAHRT manœuvre *f* d'amarrage

Koproduktion F coproduction *f*; **Koproduzent(in)** M(F) coproducteur, -trice *m,f*

Kopte M ⟨~n; ~n⟩ Copte *m*; **koptisch** ADJ copte

Kopula F ⟨~; ~s *ou* -lae⟩ GRAM copule *f*; **Kopulation** F ⟨~; ~en⟩ BIOL copulation *f*; **kopulieren** V/I ⟨*pas de ge-*, h.⟩ BIOL copuler

Koralle F ⟨~; ~n⟩ corail *m*

Korallenbank F ⟨~; -bänke⟩ banc *m* de coraux; **Korallenfischer** M pêcheur *m* de corail; corailleur *m*; **Koralleninsel** F île corallienne; **Korallenkette** F collier *m* de corail; **Korallenriff** N récif corallien, de corail; **korallenrot** ADJ (de) corail (*inv*)

Koran M ⟨~s; ~e⟩ Coran *m*

Korb M ⟨~(e)s; ¨~e⟩ 1 *ohne Henkel* corbeille *f*; (*Henkelkorb, Einkaufskorb, Basketballkorb*) panier *m*; (*Tragkorb*) °hotte *f*; (*Ballonkorb*) nacelle *f*; (*Bienenkorb*) ruche *f*; → *a.* Förderkorb 2 *fig* refus *m*; **j-m e-n ~ geben** éconduire qn; **e-n ~ bekommen** essuyer un refus; être éconduit

Korbball M ⟨~(e)s⟩ *sport proche du basket-ball*; **Korbblütler** M ⟨~s; ~⟩ BOT compos(ac)ée *f*

Körbchen N ⟨~s; ~⟩ 1 petite corbeille; petit panier 2 BOT capitule *m* 3 (*Hundekörbchen*) corbeille *f*; *umg fig* **husch, husch ins ~!** *umg* allez, au plumard! 4 *beim BH* bonnet *m*

Korbflasche F bouteille clissée; *große* bonbonne *od* bombonne *f*; **Korbflechter(in)** M ⟨~s; ~⟩ F ⟨~in; ~innen⟩ vannier, -ière *m,f*; **Korbgeflecht** N (ouvrage *m* de) vannerie *f*; *um e-e Flasche* clisse *f*; **Korbmacher(in)** M(F) vannier, -ière *m,f*; **Korbmöbel** NPL meubles *mpl* en rotin, *aus Weidengeflecht* en osier; **Korbsessel** M fauteuil *m* en rotin, en osier; **Korbwagen** M voiture *f* d'enfant en rotin, en osier; **Korbwaren** FPL (articles *mpl* de) vannerie *f*; **Korbweide** F saule *m* des vanniers; saule *m* osier; **korbweise** ADV par paniers; **Korbwurf** M SPORT tir *m* au panier

Kord M ⟨~(e)s; ~e *ou* ~s⟩ velours côtelé

Kordel F ⟨~; ~n⟩ (*Schnur*) cordon *m*

Kordhose F, **Kordjeans** PL pantalon *m* en velours côtelé

Kordon *geh* M ⟨~s; ~s⟩ MIL, POLIZEI cordon *m*

Kordsamt M velours côtelé

Korea N ⟨→ *n/pr*⟩ la Corée; **die Republik ~** (*Südkorea*) la République de Corée; **die Demokratische Volksrepublik ~** (*Nordkorea*) la République populaire démocratique de Corée

Koreakrieg M ⟨~(e)s⟩ HIST guerre *f* de Corée

Koreaner(in) M ⟨~s; ~⟩ F ⟨~in; ~innen⟩ Coréen, -éenne *m,f*

koreanisch ADJ coréen, -éenne; de (la) Corée

Korfu N ⟨→ *n/pr*⟩ Corfou

Koriander M ⟨~s; ~⟩ coriandre *f*

Koriandoli N ⟨~(s); ~⟩ *österr* confetti *m*

Korinth N ⟨→ *n/pr*⟩ Corinthe; **der Golf von ~** le golfe de Corinthe

Korinthe F ⟨~; ~n⟩ raisin *m* de Corinthe

Korinthenkacker *sl* M *sl* enculeur *m* de mouches; tatillon *m*

Korinther M ⟨~s; ~⟩ BIBEL Corinthien *m*; **Korintherbrief** M BIBEL Épître *f* aux Corinthiens

korinthisch ADJ corinthien, -ienne; **~es Kapitell** chapiteau corinthien; **~e Säulenordnung** ordre corinthien

Kork M ⟨~(e)s; ~e⟩ liège *m*

Korkeiche F chêne-liège *m*

Korken M ⟨~s; ~⟩ bouchon *m*; **nach ~ schmecken** avoir un goût de bouchon

Korkenzieher M ⟨~s; ~⟩ tire-bouchon *m*; **Korkenzieherlocke** F anglaise *f*

Kormoran M ⟨~s; ~e⟩ ZOOL cormoran *m*

Korn[1] N ⟨~(e)s; ¨~er⟩ 1 ⟨*pl* ~e⟩ (*Getreide*) céréales *fpl*; *gedroschenes* grain(s) *m(pl)* 2 (*einzelnes Getreidekorn, Reiskorn, Pfefferkorn, Sandkorn, Salzkorn etc*) grain *m* 3 (*Samenkorn*) graine *f* 4 ⟨*pas de pl*⟩ FOTO, TYPO *etc* grain *m* 5 ⟨*pl* ~e⟩ *an Handfeuerwaffen* guidon *m*; **j-n aufs ~ nehmen** avoir qn dans le collimateur; **etw aufs ~ nehmen** attaquer, critiquer qc

Korn[2] M ⟨~(e)s; ~⟩ *umg* (*~branntwein*) eau-de-vie *f* de grain

Kornblume F bleuet *m*; **kornblumenblau** ADJ bleu bleuet (*inv*); *umg* (*betrunken*) *umg* complètement noir; **Kornbranntwein** M eau-de-vie *f* de grain

Körnchen N ⟨~s; ~⟩ petit grain; PHARM granule *m*; *fig* **ein ~ Wahrheit** un brin de vérité

Kornelkirsche F BOT *Pflanze* cornouiller *m* mâle; *Frucht* cornouille *f*

körnen V/T ⟨h.⟩ 1 (*zerkleinern*) grener; *Metall* grenailler 2 (*körnig machen*) grener; *Leder* greneler; **gekörntes Leder** cuir grené

Körnerfresser M 1 ZOOL granivore *m* 2 *umg hum pej*: *personne qui se nourrit essentiellement de céréales*; **Körnerfutter** N grain(s) *m(pl)*

Kornett N ⟨~(e)s; ~e *ou* ~s⟩ MUS cornet *m* à pistons

Kornfeld N champ *m* de blé

körnig ADJ (*aus Körnern*) granuleux, -euse; (*rau*) *a.* grenu

Kornkammer F *fig* grenier *m* (à blé); **Kornspeicher** M grenier *m* (à grain); silo *m* à céréales

Körnung F ⟨~; ~en⟩ 1 (*Struktur des Gesteins*) grenu *m* 2 TECH grenage *m*

Korona F ⟨~; -nen⟩ 1 *der Sonne* couronne *f* solaire 2 *umg fig* (*Schar*) bande *f*; clique *f*

Koronararterie F artère *f* coronaire; **Koronargefäß** N ANAT vaisseau *m* coronaire

Körper M ⟨~s; ~⟩ ANAT, PHYS corps *m* (*a. fig u. vom Wein*); GEOMETRIE solide *m*; **am ganzen ~ zittern** trembler de tout son corps

Körperbau M ⟨~(e)s⟩ constitution *f*; stature *f*; **Körperbeherrschung** F maîtrise *f* du corps; **körperbehindert** ADJ °handicapé (physique); **Körperbehinderte(r)** M/F(M) °handicapé(e) *m(f)* (physique); **Körperbewegung** F mouvement *m* du corps; **Körperertüchtigung** F éducation *f* physique; **Körperfunktion** F fonction (corporelle, physiologique); **Körpergeruch** M odeur corporelle; **Körpergewicht** N ⟨~(e)s⟩ poids *m* (du corps); **Körpergröße** F taille *f*; **Körperhaar** N poil *m*; **Körperhaltung** F maintien *m*; tenue *f*; **Körperhy-**

giene F hygiène corporelle; **Körperkontakt** M contact *m* physique; **Körperkraft** F force *f* physique
körperlich ADJ *a.* PHIL corporel, -elle; *den menschlichen Körper betreffend meist* physique; MED somatique; **körperlos** ADJ sans corps; incorporel, -elle
Körpermaße NPL mesures *fpl*; **Körperöffnung** F orifice *m* du corps; **Körperpflege** F soins corporels, du corps; **Körperpuder** M talc *m*; **Körperscanner** M scanner corporel
Körperschaft F ⟨~; ~en⟩ corps *m*; organisme *m*; **~ des öffentlichen Rechts, öffentlich-rechtliche ~** personne morale de droit public
Körperschaft(s)steuer F impôt *m* sur les bénéfices des sociétés, des personnes morales; **Körperschwäche** F ⟨~⟩ faiblesse *f* physique; **Körpersprache** F ⟨~⟩ langage *m* du corps; **Körperteil** M partie *f* du corps; **Körpertemperatur** F température *f* du corps
Körperverletzung F JUR coups et blessures *mpl*; **vorsätzliche, fahrlässige ~** coups et blessures volontaires, involontaires
Körperwärme F chaleur *f* du corps
Korporation *geh* F ⟨~; ~en⟩ 1 JUR → Körperschaft 2 *studentische etwa* corporation *f* (d'étudiants)
Korps N ⟨~; ~⟩ MIL, DIPL corps *m*; **das diplomatische ~** le corps diplomatique
Korpsgeist *geh* M ⟨~(e)s⟩ esprit *m* de corps; **Korpsstudent** M étudiant *m* membre d'une corporation
korpulent ADJ corpulent; **Korpulenz** F ⟨~⟩ corpulence *f*; embonpoint *m*
Korpus[1] M ⟨~; ~se⟩ 1 *umg hum* (*Körper*) corps *m* 2 (*Christusfigur*) christ *m* 3 ⟨*pas de pl*⟩ (*Möbelkorpus etc*) corps *m*
Korpus[2] N ⟨~; -pora⟩ LING corpus *m*
Korpuskel N ⟨~s; ~n⟩ *od* F ⟨~; ~n⟩ PHYS corpuscule *m*
Korreferat N compte rendu *m* du second rapporteur; **Korreferent(in)** M(F) second rapporteur; co-rapporteur *m*
korrekt ADJ 1 (*richtig*) *Auskunft etc* exact; *Satz* correct 2 (*angemessen*) *Verhalten, Kleidung* correct
korrekterweise ADV correctement
Korrektheit F ⟨~⟩ (*Genauigkeit*) exactitude *f*; (*korrektes Verhalten*) correction *f*
Korrektiv *geh* N ⟨~s; ~e⟩ correctif *m*
Korrektor(in) M ⟨~s; -toren⟩ (F) ⟨~in; ~innen⟩ TYPO, *bei Prüfungen* correcteur, -trice *m,f*
Korrektur F ⟨~; ~en⟩ 1 correction *f* 2 TYPO *Vorgang* correction *f* (des épreuves); (*~fahne*) épreuve *f*; **erste, dritte, letzte ~** épreuve en première, en tierce, en bon à tirer; **~ lesen** corriger les épreuves
Korrekturabzug M TYPO épreuve *f*; **Korrekturband** N ⟨~(e)s; -bänder⟩ *der Schreibmaschine* ruban correcteur; **Korrekturfahne** F TYPO épreuve *f*; **Korrekturlesen** N correction *f* des épreuves; **Korrekturtaste** F *der Schreibmaschine* touche *f* de correction; **Korrekturzeichen** N TYPO signe *m* de correction
Korrelat *geh* N ⟨~(e)s; ~e⟩ corrélatif *m*; **Korrelation** *geh* F ⟨~; ~en⟩ corrélation *f*; **korrelativ** *geh* ADJ corrélatif, -ive; **korrelieren** *geh* V/I ⟨*pas de ge-*, h.⟩ être en corrélation (**mit** avec)
Korrepetitor(in) M ⟨~s; -toren⟩ (F) ⟨~in; ~innen⟩ MUS répétiteur, -trice *m,f*
Korrespondent(in) M ⟨~en; ~en⟩ (F) ⟨~in; ~innen⟩ 1 *e-r Zeitung etc* correspondant(e) *m(f)* 2 *in e-r Firma* correspondancier, -ière *m,f* 3 *Geschäftspartner(in)* correspondant(e) *m(f)*
Korrespondenz F ⟨~; ~en⟩ correspondance *f*; **mit j-m in ~** (*dat*) **stehen** correspondre avec qn; entretenir une correspondance avec qn; **die ~ führen** faire la correspondance
Korrespondenzbüro N agence *f* de presse
korrespondieren V/I ⟨*pas de ge-*, h.⟩ 1 correspondre (**mit** avec) 2 *geh* (*entsprechen*) correspondre (**mit** à)
Korridor M ⟨~s; ~e⟩ *a. fig* couloir *m*; corridor *m*
Korrigenda PL *Verzeichnis* errata *m*
korrigieren ⟨*pas de ge-*, h.⟩ A V/T corriger; *Zahl* **nach oben, unten ~** revoir à la hausse, baisse B V/R **sich ~** se corriger
Korrigieren N ⟨~s⟩ correction *f*
korrodieren ⟨*pas de ge-*⟩ A V/T ⟨h.⟩ corroder B V/I ⟨s.⟩ se corroder
Korrosion F ⟨~; ~en⟩ corrosion *f*
korrosionsbeständig ADJ résistant à la corrosion; **Korrosionsschutz** M anticorrosif *m*
korrosiv ADJ corrosif, -ive
korrumpieren V/T ⟨*pas de ge-*, h.⟩ corrompre
korrupt ADJ corrompu
Korruption F ⟨~; ~en⟩ corruption *f*
Korsage F ⟨~; ~n⟩ bustier *m*
Korsar M ⟨~en; ~en⟩ HIST SCHIFF corsaire *m*
Korse M ⟨~n; ~n⟩ Corse *m*
Korsett N ⟨~s; ~s *ou* ~e⟩ TEX, MED corset *m*; **Korsettstange** F baleine *f* de corset
Korsika N ⟨→ *n/pr*⟩ la Corse
Korsin F ⟨~; ~nen⟩ Corse *f*; **korsisch** ADJ corse; de la Corse
Korso M ⟨~s; ~s⟩ 1 (*Umzug*) corso *m* 2 (*Straße*) promenade *f*; cours *m*
Kortex M ⟨~(es); ~e *ou* -tizes⟩ MED, BIOL cortex *m*; **kortikal** ADJ MED, BIOL cortical
Kortison N ⟨~s⟩ cortisone *f*
Korund M ⟨~(e)s; ~e⟩ MINER corindon *m*
Korvette F ⟨~; ~n⟩ SCHIFF corvette *f*
Korvettenkapitän M capitaine *m* de corvette
Koryphäe F ⟨~; ~n⟩ génie *m*; sommité *f*
Kosak M ⟨~en; ~en⟩ Cosaque *m*
Kosakenmütze F chapka *f*
Koschenille F ⟨~; ~n⟩ 1 ZOOL cochenille *f* 2 *Farbstoff* carmin *m*; **Koschenilleschildlaus** F cochenille *f*
koscher ADJ GASTR kascher *od* casher (*inv*); *umg fig* **nicht ~** louche
K.-o.-Schlag M K.-O. *m*; knock-out *m*
Koseform F diminutif *m*
kosen *poet* ⟨-(es)t, h.⟩ A V/T câliner B V/I **mit j-m ~** câliner qn
Kosename M petit nom; diminutif *m*; **Kosewort** N ⟨~(e)s; -wörter⟩ mot *m* tendre; terme *m* d'affection
K.-o.-Sieg M victoire *f* par knock-out
Kosinus M ⟨~; ~ *ou* ~se⟩ MATH cosinus *m*
Kosmetik F ⟨~⟩ soins *mpl* de beauté; **Kosmetikabteilung** F rayon *m* (des) cosmétiques; **Kosmetikartikel** M produit *m* de beauté; cosmétique *m*
Kosmetikerin F ⟨~; ~nen⟩ esthéticienne *f*
Kosmetikindustrie F industrie *f* des cosmétiques; **Kosmetikkoffer** M vanity-case *m*; **Kosmetiksalon** M institut *m* de beauté; **Kosmetiktasche** F trousse *f* de maquillage
Kosmetikum N ⟨~s; -ka⟩ produit *m* de beauté; cosmétique *m*
kosmetisch ADJ cosmétique; **~e Chirurgie** chirurgie *f* esthétique; **~es Mittel** → Kosmetikum; **~e Operation** opération *f* de chirurgie esthétique
kosmisch ADJ cosmique
Kosmologie F ⟨~; ~n⟩ cosmologie *f*; **kosmologisch** ADJ cosmologique
Kosmonaut(in) M ⟨~en; ~en⟩ (F) ⟨~in; ~innen⟩ cosmonaute *m/f*
Kosmopolit M ⟨~en; ~en⟩ cosmopolite *m*; **kosmopolitisch** ADJ cosmopolite
Kosmos M ⟨~⟩ cosmos *m*
Kosovare M ⟨~n; ~n⟩, **Kosovarin** F ⟨-in; -innen⟩ Kosovar(e) *m(f)*
Kosovo ⟨→ *n/pr*⟩ **der** *od* **das ~** le Kosovo
Kosovoalbaner(in) M(F) Albanais(e) *m(f)* du Kosovo; **Kosovokrieg** M ⟨~(e)s⟩ guerre *f* du Kosovo
Kost F ⟨~⟩ nourriture *f*; aliments *mpl*; *fig* **das ist leichte ~** c'est facile à digérer; **deutsche ~** cuisine allemande; **(freie) ~ und Logis haben** être logé et nourri
kostbar ADJ *a. fig* précieux, -ieuse; *Schmuck, Möbel* de valeur
Kostbarkeit F ⟨~; ~en⟩ 1 ⟨*pas de pl*⟩ grande valeur 2 *Gegenstand* objet précieux, de (grande) valeur; **dieses Buch ist e-e ~** ce livre a une grande valeur
kosten[1] ⟨-ete, h.⟩ A V/T (*probieren*) goûter; *bes Wein* déguster; **~ Sie (ein) mal!** goûtez un peu!; **~ Sie mal diese Soße!** goûtez-moi cette sauce! B V/I **von etw ~** goûter à, de qc
kosten[2] V/T ⟨-ete, h.⟩ (*e-n Preis haben*) coûter; **viel (Geld) ~** coûter cher; **wenig ~** ne pas coûter cher; être bon marché; **wie viel, was kostet das?** combien cela coûte-t-il?; *umg* combien ça coûte?; **das hat ihn viel gekostet** cela lui a coûté cher; *fig* cela lui a beaucoup coûté; *fig* **es kostete ihn viel Überwindung zu** (*+inf*) cela lui a beaucoup coûté de (*+inf*); *geh* il lui en a coûté de (*+inf*); **viel Mühe ~** donner beaucoup de peine; **das wird ihn seine Karriere ~** cela va lui coûter sa carrière; **es sich** (*dat od akk*) **etwas ~ lassen** ne reculer devant aucune dépense; **das lasse ich mir etwas ~** je suis prêt à y mettre le prix; **koste es** *od* **es koste, was es wolle** à tout prix; coûte que coûte
Kosten PL coût *m*; (*~aufwand*) frais *mpl*; (*Ausgaben*) dépenses *fpl*; **fixe ~** charges *fpl* fixes; **laufende ~** dépenses courantes; **keine ~ scheuen** ne pas regarder à la dépense; **~ verursachen** occasionner, faire des frais; **auf ~ von** aux frais de; à la charge de; *fig* aux dépens de; *fig* **auf ~ anderer** aux dépens d'autrui; **das geht auf meine ~** c'est moi qui paie; **mit ~ verbunden sein** entraîner des frais, des dépenses; **auf s-e ~ kommen** trouver son compte (**bei j-m** auprès de, chez qn; **bei etw** à qc); **zuzüglich der ~** plus les frais; **zur Deckung der ~** pour couvrir les frais, les dépenses; → kostendeckend, kostensparend
Kostenaufstellung F état *m*, relevé *m* des frais; **Kostenaufwand** M frais *mpl*; **Kostenbeitrag** M participation *f* aux frais; **Kostenberechnung** F calcul *m* des frais; **Kostendämpfung** F réduction *f* des coûts, des frais; **Kostendämpfungsgesetz** N *loi visant à réduire les frais des assurances*; **kostendeckend** ADJT couvrant les frais; rentable; **Kostendeckung** F couverture *f* des coûts, frais; **Kostenersparnis** F économie *f* (de frais); **Kostenerstattung** F remboursement *m* des frais; **Kostenexplosion** F explosion *f* des coûts; **Kostenfaktor** M facteur *m* de coût(s); **Kostenfestsetzung** F taxation *f* des frais; → *a.* Kostenaufstellung; **Kostenfrage** F question *f* de prix; **kostenfrei** ADJ sans frais; exempt de frais; franco; → *a.* kostenlos
kostengünstig A ADJ avantageux, -euse B ADV à peu de frais; **kostenintensiv** ADJ très coûteux, -euse; **kostenlos** ADJ (ADV) gratuit

(--ement); à titre gratuit
Kosten-Nutzen-Analyse F analyse *f* coûts-avantages
kostenpflichtig A ADJ ADMIN payant; **etw ist für j-n ~** qn est tenu de payer les frais de qc B ADV *widerrechtlich abgestellte Fahrzeuge* **~ abgeschleppt werden** être mis en fourrière contre paiement
Kostenpunkt M coût *m*; prix *m*; **Kostenrechnung** F calcul *m* des frais; **Kostensenkung** F diminution *f* des frais, coûts; **kostensparend** ADJT qui épargne des dépenses; qui fait faire des économies; **Kostenstelle** F centre *m* d'imputation des charges; section *f* des frais; **Kostenübernahme** F prise *f* en charge des frais
Kostenvoranschlag M devis *m*; **e-n ~ machen** établir un devis
kostenwirksam ADJ rentable
Kostgänger M ⟨~s; ~⟩ pensionnaire *m*; **Kostgeld** N ⟨~(e)s⟩ pension *f*
köstlich A ADJ *Speise etc* délicieux, -ieuse; exquis; *a. fig Anekdote, Witz* savoureux, -euse B ADV **sich ~ amüsieren** s'amuser merveilleusement bien; **das schmeckt ~** c'est délicieux
Köstlichkeit F ⟨~; ~en⟩ 1 ⟨*pas de pl*⟩ caractère délicieux, savoureux 2 *Sache* délice *m*
Kostprobe F 1 morceau *m*, petit bout, un petit peu (pour y goûter) 2 *fig des Könnens* échantillon *m*; **kostspielig** ADJ coûteux, -euse; **Kostspieligkeit** F ⟨~⟩ coût, prix élevé
Kostüm N ⟨~s; ~e⟩ MODE tailleur *m*; THEAT, *Verkleidung* costume *m*; **Kostümball** M bal costumé; **Kostümbildner(in)** M ⟨~s; ~⟩ (F) ⟨~in; ~innen⟩ costumier, -ière *m,f*; **Kostümfest** N bal costumé
kostümieren VT (*u.* VR) ⟨*pas de ge-*, h.⟩ **(sich) ~** (se) costumer, (*verkleiden*) *a.* (se) déguiser (**als** en)
Kostümierung F ⟨~; ~en⟩ déguisement *m*
Kostümjacke F veste *f* de tailleur; **Kostümprobe** F THEAT répétition *f* en costume; **Kostümrock** M jupe *f* (d'un tailleur); **Kostümverleih** M location *f* de costumes
Kostverächter M **kein ~ sein** apprécier la bonne chère; *fig* être un bon vivant
K.-o.-System N SPORT (système *m* d')élimination directe
Kot M ⟨~(e)s; ~e *ou* ~s⟩ 1 excréments *mpl*; *von Tieren a.* crotte *f* 2 *liter* (*Straßenschlamm*) boue *f*
Kotangens M ⟨~; ~⟩ MATH cotangente *f*
Kotau M ⟨~s; ~s⟩ **(vor j-m) s-n** *bzw.* **e-n ~ machen** faire des courbettes (à qn)
Kotelett N ⟨~s; ~s⟩ GASTR côtelette *f*; *größeres a.* côte *f*
Koteletten PL (*Backenbart*) favoris *mpl*; pattes *fpl*
Köter *umg pej* M ⟨~s; ~⟩ *umg* cabot *m*
Kotflügel M AUTO aile *f*
Kothurn M ⟨~s; ~e⟩ HIST THEAT cothurne *m*
kotieren VT ⟨*pas de ge-*, h.⟩ BÖRSE coter; **Kotierung** F ⟨~⟩ BÖRSE cotation *f*
Kotten M ⟨~s; ~⟩ *nordd* baraque *f*
Kotzbrocken *sl* M *sl* bâton merdeux
Kotze[1] F ⟨~⟩ *sl* (*Erbrochenes*) *sl* dégueulis *m*
Kotze[2] F ⟨~; ~n⟩ *südd, österr* (*Decke*) couverture *f* en bure; (*Umhang*) cape *f* en bure
kotzelend *sl* ADJ → kotzübel
kotzen *sl* VI ⟨-(es)t, h.⟩ *umg* dégobiller; *sl* dégueuler; **es ist zum Kotzen!** *umg* merde alors!
Kotzen M ⟨~s; ~⟩ → Kotze[2]
kotzlangweilig *sl* ADJ *umg* rasoir (*inv*)
kotzübel ADJ *sl* **mir ist ~** *sl* j'ai envie de dégueuler
KP F ⟨~⟩ ABK (Kommunistische Partei) P.C. *m* (Parti communiste)
KPD F ⟨~⟩ ABK (Kommunistische Partei Deutschlands) HIST *ancien parti communiste allemand*
KPÖ F ⟨~⟩ ABK (Kommunistische Partei Österreichs) Parti communiste autrichien
kr ABK (Krone) *Währung* couronne
Kr. ABK (Kreis) district
Krabbe F ⟨~; ~n⟩ 1 ZOOL (*Krebs*) crabe *m*; (*Garnele*) crevette *f* 2 *umg hum* (*Kind*) **e-e süße ~** une gamine adorable
Krabbelalter N âge *m* où un enfant marche à quatre pattes; **Krabbelgruppe** F garderie parentale pour les enfants (entre six et quinze mois); **Krabbelkind** *umg* N enfant *m* qui marche à quatre pattes
krabbeln ⟨-(e)le⟩ A *umg* VT ⟨h.⟩ (*kitzeln*) *umg* gratter B VI ⟨s.⟩ *Kinder* marcher à quatre pattes; *Insekten* courir; *durcheinander* grouiller; **da krabbelt e-e Ameise** il y a une fourmi
krach INT **~ (bum)!** patatras!
Krach M ⟨~(e)s; ~̈e⟩ 1 ⟨*pas de pl*⟩ (*Lärm*) bruit *m*; *von Personen a.* vacarme *m*; *umg* boucan *m*; *umg* tapage *m*; *umg* raffut *m*; *plötzlicher, starker* fracas *m*; **mit e-m lauten ~** avec fracas; **~ machen** faire du bruit; **~ schlagen** faire un esclandre 2 *umg* (*Streit*) dispute *f*; querelle *f*; **mit j-m ~ haben** être en brouille, être brouillé avec qn; **mit j-m ~ anfangen** se brouiller avec qn; **das gibt ~** *umg* ça va chauffer; *umg* il va y avoir du grabuge 3 HANDEL (*Börsenkrach*) krach *m*; débâcle (financière)
krachen VI 1 (*a.* V/UNPERS) ⟨h.⟩ faire du bruit; *Eis, Balken, Zwieback* craquer; *Holz etc im Feuer, Schuss* éclater; *Knallkörper* péter; **er schlug die Tür zu, dass es krachte** il claqua la porte avec fracas; **plötzlich krachte ein Schuss** on entendit soudain un coup de feu; *umg* **..., dass es nur so kracht** ... avec rage; *umg* **auf der Autobahn hat es wieder gekracht** *umg* ça a encore cartonné sur l'autoroute; *umg* **..., sonst kracht's!** *umg* ... sinon, ça va barder! 2 ⟨s.⟩ (*zusammenstürzen*) *Eis, Balken* s'effondrer (avec fracas) 3 ⟨s.⟩ *umg Fahrzeug* **gegen, in etw** (*akk*) **~** s'écraser contre qc
Kracher *umg* M ⟨~s; ~⟩ (*Knallkörper*) pétard *m*
Kracherl N ⟨~s; ~n⟩ *südd, österr* limonade *f*
krachledern *umg* ADJ en peau *od* cuir
krächzen VI ⟨-(es)t, h.⟩ *Rabe, Krähe* croasser; *Papagei* crier; *Person* parler d'une voix rauque; *Stimme* graillonner
kracken VT ⟨h.⟩ CHEM craquer
Krad N ⟨~(e)s; ~̈er⟩ *bes* MIL moto *f*; **Kradfahrer(in)** M(F) motocycliste *m/f*
kraft PRÄP ⟨*gen*⟩ en vertu de; par; **~ s-s Amtes** en vertu de sa charge, de ses fonctions; **~ (des) Gesetzes** en vertu de la loi
Kraft F ⟨~; ~̈e⟩ 1 *seelische, moralische, physische,* PHYS force *f*; (*Lebenskraft*) vigueur *f*; *fig* puissance *f*; *fig* **treibende ~** moteur *m*; *Person a.* animateur, -trice *m,f*; instigateur, -trice *m,f*; **aus eigener ~** tout seul; **mit aller ~** de toutes mes, tes, *etc* forces; **mit letzter ~** avec mes, tes, *etc* dernières forces; **mit vereinten Kräften** tous ensemble; **wieder zu Kräften kommen** reprendre des forces; **das geht über meine Kräfte** c'est au-dessus de mes forces; **was in meinen Kräften steht** ce qui est en mon pouvoir 2 JUR, POL **in ~ treten, sein, bleiben** entrer, être, rester en vigueur; **etw in ~ setzen** mettre qc en vigueur; **außer ~ setzen** déclarer sans effet; **ein Gesetz außer ~ setzen** abroger, annuler une loi; **außer ~ treten** cesser d'être en vigueur 3 (*Arbeitskraft*) collaborateur, -trice *m,f*
Kraftakt M grand effort physique; *fig* tour *m* de force; **Kraftanstrengung** F (grand) effort; **Kraftarm** M PHYS bras *m* de la force motrice; **Kraftaufwand** M efforts *mpl*; dépense *f*, déploiement *m* de forces; **Kraftausdruck** M ⟨~(e)s; -drücke⟩ gros mot; **Kraftbrühe** F consommé *m*; bouillon *m*
Kräfteausgleich M ⟨~(e)s⟩ équilibre *m* des forces; **Kräfteparallelogramm** N PHYS parallélogramme *m* des forces
Kräftespiel N action *f* des forces; **Politik im ~ wirtschaftlicher Interessen** la politique au carrefour des intérêts économiques; **das politische ~** l'échiquier *m* des forces politiques
Kräfteverhältnis N proportion *f* des forces; **Kräfteverschleiß** M usure *f* des forces
Kraftfahrer(in) ADMIN M(F) conducteur, -trice *m,f* (d'un véhicule automobile); (*Autofahrer[in]*) automobiliste *m/f*; (*Lkw-Fahrer[in]*) camionneur *m*; (*Fernfahrer[in]*) routier, -ière *m,f*
Kraftfahrsport M sport *m* automobile; automobilisme *m*
Kraftfahrzeug N véhicule *m* automobile; **Kraftfahrzeugbrief** M *document établi lors de la mise en circulation d'un véhicule et qui suit ses propriétaires successifs*; **Kraftfahrzeughalter** M propriétaire *m* d'un véhicule automobile; **Kraftfahrzeughändler** M négociant *m* en (véhicules) automobiles; **Kraftfahrzeugindustrie** F industrie *f* automobile; **Kraftfahrzeugkennzeichen** N numéro *m* d'immatriculation (d'un véhicule automobile); **Kraftfahrzeugmechaniker(in)** M(F) mécanicien-auto(mobile) *m*, mécanicienne-auto(mobile) *f*; **Kraftfahrzeugschein** M *in Frankreich* carte grise; *in Deutschland* titre *m* de propriété d'un véhicule automobile
Kraftfahrzeugsteuer F impôt *m* sur les véhicules automobiles; *in Frankreich* vignette *f* (automobile); **ich habe die ~ noch nicht bezahlt** je n'ai pas encore payé l'impôt pour ma voiture *bzw.* acheté la vignette auto
Kraftfahrzeugversicherung F assurance *f* automobile; **Kraftfahrzeugzulassungsstelle** F *in Frankreich* Service *m* des cartes grises; *in Deutschland* service *m* d'immatriculation des véhicules automobiles
Kraftfeld N PHYS champ *m* de force; **Kraftfutter** N AGR aliments concentrés
kräftig A ADJ *Person* fort; vigoureux, -euse; *Nahrung* substantiel, -ielle; *Mahlzeit umg* solide; *Farbton* vif, vive; **ein ~er Schluck** une grande gorgée B ADV (*stark*) vigoureusement; (*sehr*) fortement; *Körper* **~ gebaut sein** être robuste; *umg* **j-n ~ verhauen** *umg* administrer une bonne raclée à qn; *beim Essen* **~ zulangen** se servir largement
kräftigen ⟨h.⟩ A VT fortifier; *a. abs* donner des forces (j-n à qn); **das kräftigt die Muskeln** cela fortifie les muscles B VR **sich ~** se fortifier
kräftigend ADJT fortifiant; revigorant
kraftlos ADJ sans force; faible
Kraftlosigkeit F ⟨~⟩ manque *m* de force; faiblesse *f*; **Kraftmaschine** F machine motrice; moteur *m*; **Kraftmeier** *umg pej* M ⟨~s; ~⟩ gros bras; **Kraftmeierei** *umg pej* F ⟨~⟩ fait *m*, manie *f* de vanter sa force; **Kraftmensch** M athlète *m*; hercule *m*; **Kraftmesser** M dynamomètre *m*; **Kraftpaket** *umg* N athlète *m*; **Kraftprobe** F épreuve *f* de force; **Kraftprotz** *umg* M ⟨~es; ~e⟩ gros bras; **Kraftrad** N ADMIN motocyclette *f*; **Kraftreserven** FPL réserves *fpl* de puissance, *von Personen* de forces; **Kraftsport** M → Schwerathletik; **Kraftstoff** M carburant *m*; (*Benzin*) essence *f*; **Kraftstoffanzeiger** M ⟨~s; ~⟩ indicateur *m* de carburant, d'essence; **Kraftstoffbehälter** M réservoir *m* de carburant, d'essence; **Kraftstoffverbrauch** M consommation *f* de carburant,

de combustible, d'essence; **Kraftstoffzufuhr** F arrivée *f* de carburant, d'essence; **kraftstrotzend** ADJT plein de vigueur; vigoureux, -euse; **Kraftübertragung** F transmission *f* d'énergie, de force motrice; **Kraftübung** F SPORT exercice *m* de force; **Kraftverkehr** M ADMIN circulation *f* automobile; **Kraftverschwendung** F gaspillage *m* d'énergie; **kraftvoll** ADJ vigoureux, -euse; **Kraftwagen** M ADMIN (voiture *f*) automobile *f*; **Kraftwerk** N centrale *f* (électrique); *(Kernkraftwerk)* centrale *f* nucléaire; *(Wasserkraftwerk)* centrale *f* hydro-électrique; **Kraftwort** N ⟨~(e)s; ~e *ou* -wörter⟩ gros mot

Kragen M ⟨~s; ~⟩ col *m*; **j-n beim ~ packen** saisir qn au collet; **es geht ihm an den ~** ça va aller mal pour lui; **es geht um Kopf und ~** → Kopf 1; *umg* **mir platzt gleich der ~** *umg* je vais piquer une crise; *umg* je vais exploser

Kragenbär M ZOOL ours *m* à collier, de l'Himalaya

Kragenweite F encolure *f*; *umg fig* **das ist meine ~** c'est mon genre, *umg* mon type

Kragstein M BAU console *f*; corbeau *m*

Krähe F ⟨~; ~n⟩ corneille *f*; *sprichw* **e-e ~ hackt der anderen kein Auge aus** *sprichw* les loups ne se mangent pas entre eux

krähen V/I ⟨h.⟩ *Hahn* chanter; **der kleine Kerl krähte vor Vergnügen** le petit poussait des cris de joie; *umg fig* **danach kräht kein Hahn (mehr)** personne, nul ne s'en soucie (plus)

Krähen N ⟨~s⟩ chant *m* (du coq); **Krähenfüße** *umg* MPL 1 *an den Augen* pattes-d'oie *fpl* 2 *(schlechte Schrift)* pattes *fpl* de mouche; **Krähennest** N 1 nid *m* de corneille 2 SCHIFF nid *m* de pie

Krakau N ⟨→ *n/pr*⟩ Cracovie

Krake M ⟨~n; ~n⟩ pieuvre *f*; poulpe *m*

Krakeel *umg pej* M ⟨~s⟩ *umg* raffut *m*; *umg* boucan *m*

krakeelen *umg pej* V/I ⟨*pas de ge-*, h.⟩ *umg* faire du raffut, du boucan; *umg* gueuler

Krakeeler *umg pej* M ⟨~s; ~⟩ tapageur *m*

Krakelei *umg pej* F ⟨~; ~en⟩ griffonnage *m*

krakelig *umg pej* ADJ griffonné; **~e Schrift** écriture tremblée

krakeln *umg pej* V/I ⟨-(e)le, h.⟩ griffonner

kraklig → krakelig

Kral M ⟨~s; ~e *ou* ~s⟩ kraal *m*

Kralle F ⟨~; ~n⟩ ANAT, *fig*, *pej* griffe *f*; *der Raubvögel* serre *f*; **die ~n zeigen** *a. fig* montrer ses griffes; **die ~n einziehen** rentrer ses griffes; *poet* **in den ~n des Todes** dans les griffes de la mort

krallen ⟨h.⟩ A V/T 1 *(mit den Krallen packen)* saisir avec les griffes 2 *(krümmen)* **s-e Finger um etw ~** serrer qc entre ses doigts 3 *umg (klauen)* *umg* faucher 4 *umg (packen)* empoigner; **den werde ich mir ~!** *umg* je vais lui régler son compte! B V/R **sich an j-n, etw ~** s'agripper à qn, à qc; **ihre Nägel krallten sich ins Kissen** elle enfonça ses ongles dans l'oreiller; **s-e Hand krallte sich um den Revolver** sa main s'accrochait au revolver

Kram *umg* M ⟨~(e)s⟩ 1 *(Zeug)* *umg* fourbi *m*; *umg* bataclan *m*; **alter ~** *umg* bric-à-brac *m* 2 *(Angelegenheit)* choses *fpl* (à régler); affaires *fpl*; **das passt mir nicht in den ~** cela ne m'arrange pas; **den ganzen ~ hinschmeißen, hinwerfen** *umg* envoyer tout promener; **mach doch deinen ~ alleine!** débrouille-toi tout seul!

kramen V/I ⟨h.⟩ 1 *umg* **in etw** *(dat)* **~** fouiller dans qc 2 *schweiz (einkaufen)* faire des emplettes

Krämer(in) M ⟨~s; ~⟩ F ⟨~in; ~innen⟩ (petit) épicier *m*, (petite) épicière *f*; **Krämerseele** F *pej* esprit mesquin; *Person a.* pingre *m*

Kramladen *umg pej* M bazar *m* (où l'on trouve de tout)

Krampe F ⟨~; ~n⟩ TECH cavalier *m*; crampon *m*

Krampf M ⟨~(e)s; ≈e⟩ 1 MED crampe *f*; spasme *m*; **er bekam e-n ~** il fut pris d'une crampe; **sich in Krämpfen winden** être en proie à d'horribles crampes 2 *umg* ⟨*pas de pl*⟩ *(Unsinn)* *umg* foutaise *f*; *sl* connerie *f*; **das ist doch (alles) ~!** *umg* c'est de la foutaise!

Krampfader F varice *f*

krampfartig ADJ spasmodique; comme une crampe *bzw.* des crampes

krampfen V/T *(u.* V/R*)* ⟨h.⟩ **(sich) ~** (se) crisper; **sich um, in etw** *(akk)* **~** s'agripper à qc

krampfhaft A ADJ 1 MED spasmodique; convulsif, -ive 2 *fig Bemühungen etc* laborieux, -ieuse B ADV 1 MED spasmodiquement; convulsivement 2 *fig (mühsam)* laborieusement; *(verbissen)* désespérément; **sich ~ bemühen** se donner un mal fou, faire des efforts désespérés **(zu** *[+inf]* pour *[+inf]*); *a. fig* **sich ~ an etw** *(akk)* **klammern** s'accrocher désespérément à qc

krampflösend, krampfstillend ADJT antispasmodique

Kran M ⟨~(e)s; ≈e⟩ 1 TECH grue *f* 2 *regional (Wasserhahn)* robinet *m*; *(Zapfhahn)* robinet *m* de tonneau; chantepleure *f*; **Kranführer(in)** M(F) conducteur, -trice *m,f* de grue; grutier *m*

krängen V/I ⟨h.⟩ SCHIFF gîter; donner de la bande; **Krängung** F ⟨~⟩ SCHIFF gîte *f*; bande *f*

Kranich M ⟨~s; ~e⟩ ZOOL grue *f*

krank ADJ *u.* ADV ⟨≈er, ≈ste⟩ 1 malade; **~ vor Eifersucht** malade de jalousie; **~ werden** tomber malade; → krankärgern, krankfeiern, krankmelden *etc* 2 JAGD blessé

krankärgern *umg* V/R ⟨-(e)re, *sép*, -ge-, h.⟩ **sich ~** être furax, furibard; se fâcher tout rouge; **ich könnte mich ~** je pourrais en faire une maladie

Kranke(r) M/F(M) ⟨→ A⟩ malade *m/f*

kränkeln V/I ⟨-(e)le, h.⟩ être maladif, -ive; être de santé délicate

kranken V/I ⟨h.⟩ *fig* **an etw** *(dat)* **~** souffrir de qc

kränken ⟨h.⟩ A V/T blesser; vexer; **j-n in s-r Ehre ~** blesser qn dans son honneur B V/UNPERS **es kränkt mich, dass …** cela me blesse, me vexe que …

Krankenanstalt F ADMIN hôpital *m*; **Krankenbericht** M feuille *f* d'observation; bulletin *m* de santé; **Krankenbesuch** M visite *f* à un malade; *e-s Arztes* visite *f*

Krankenbett N lit *m* de malade; **vom ~ aus** de son lit de malade

Krankenblatt N dossier *m* médical; **Krankengeld** N indemnité journalière; **Krankengeschichte** F dossier médical; *(Krankheitsvorgeschichte)* anamnèse *f*; **Krankengymnast(in)** M ⟨~en; ~en⟩ F ⟨~in; ~innen⟩ kinésithérapeute *m/f*; **Krankengymnastik** F gymnastique médicale; kinésithérapie *f*

Krankenhaus N hôpital *m*; **j-n in ein ~ einliefern** hospitaliser qn; **j-n in ein ~ einweisen** faire hospitaliser qn; **im ~ liegen** être à l'hôpital; être hospitalisé; **j-n aus dem ~ entlassen** autoriser qn à sortir de l'hôpital

Krankenhausaufenthalt M séjour *m* à l'hôpital; hospitalisation *f*; **Krankenhausinfektion** F infection nosocomiale; **Krankenhauskost** F nourriture *f* de l'hôpital

krankenhausreif *umg* ADJ **j-n ~ schlagen** *umg* démolir qn; envoyer qn à l'hôpital

Krankenkasse F caisse *f* (de) maladie; **Krankenkost** F alimentation *f* d'un malade; *(Diät)* régime *m*; **Krankenlager** *geh* N 1 *(Bett)* lit *m* de malade 2 *(Zeit)* alitement *m*; **Krankenpflege** F soins infirmiers; **Krankenpfleger** M infirmier *m*; **Krankenpflegerin** F aide soignante; **Krankensaal** M salle *f* d'hôpital; **Krankenschein** M *in Deutschland*: *formulaire délivré par la caisse de maladie permettant à l'assuré de se faire soigner par un médecin agréé auprès de ladite caisse*; *in Frankreich etwa* feuille *f* de soins; **Krankenschwester** F infirmière *f*

Krankenstand M taux *m* de malades; *österr* **im ~ sein** être en congé de maladie

Krankenstation F *e-s Heims etc* infirmerie *f*; **Krankentransport** M transport *m* d'un malade *bzw.* de malades; **Krankenversichertenkarte** F carte *f* d'assuré(e) social(e); *in Frankreich a.* carte Vitale

Krankenversicherung F assurance *f* maladie; **private ~** assurance maladie privée

Krankenversicherungskarte F → Krankenversichertenkarte; **Krankenwagen** M ambulance *f*; **Krankenzimmer** N chambre *f* de malade *bzw.* d'hôpital

krankfeiern *umg* V/I ⟨-(e)re, *sép*, -ge-, h.⟩ se faire passer pour malade; pratiquer l'absentéisme; **krankhaft** ADJ *a. fig* maladif, -ive

Krankheit F ⟨~; ~en⟩ maladie *f*; affection *f*; **e-e ~ (auf j-n) übertragen** transmettre une maladie (à qn); **an e-r ~ leiden** souffrir d'une maladie; **an e-r ~ sterben** mourir d'une maladie; **nach schwerer ~** après une grave maladie

Krankheitsbericht M → Krankenbericht; **Krankheitsbescheinigung** F certificat *m* de maladie; **Krankheitsbild** N tableau *m* clinique; **krankheitserregend** ADJT pathogène; **Krankheitserreger** M agent *m* pathogène

Krankheitsfall M **im ~** en cas de maladie

krankheitshalber ADV pour cause de maladie

Krankheitsherd M foyer *m* de (la) maladie; **Krankheitskeim** M germe *m* pathogène; **Krankheitssymptom** N symptôme *m* d'une maladie; **Krankheitsverlauf** M déroulement *m* de la maladie

kranklachen *umg* V/R ⟨*sép*, -ge-, h.⟩ **sich ~** mourir, se tordre de rire **(über** *[+akk]* à propos de; au sujet de)

kränklich ADJ maladif, -ive; **~ aussehen** avoir l'air maladif

krankmachen *umg* V/I ⟨*sép*, -ge-, h.⟩ → krankfeiern

krankmelden V/R ⟨-ete, *sép*, -ge-, h.⟩ **sich ~** se faire porter malade

Krankmeldung F avis *m* d'arrêt (de travail pour) maladie

krankschreiben V/T ⟨*irr*, *sép*, -ge-, h.⟩ **j-n ~** mettre qn en arrêt de travail; **sich ~ lassen** se faire mettre en arrêt de travail

Kränkung F ⟨~; ~en⟩ vexation *f*

Kranwagen M camion-grue *m*

Kranz M ⟨~es; ≈e⟩ couronne *f* (*a.* TECH *u. fig*); **e-n ~ niederlegen** déposer une couronne; **e-n ~ binden** *od* **flechten** tresser une couronne

Kranzarterie F ANAT artère *f* coronaire

Kränzchen N ⟨~s; ~⟩ 1 petite couronne 2 *fig (Damenkränzchen etc)* (petit) cercle (de dames)

kranzförmig ADJ en (forme de) couronne; **Kranzgefäße** NPL ANAT vaisseaux *mpl* coronaires; **kranzgeschmückt** ADJT orné d'une couronne, de couronnes; **Kranzgesims** N BAU corniche *f*; **Kranzniederle-**

gung F dépot *m* de couronne; **Kranzspende** F *bei Beerdigungen* don *m* de couronne(s)

Krapfen M ⟨~s; ~⟩ *Gebäck etwa* beignet *m*

Krapp M ⟨~(e)s⟩ garance *f*; **Krapprot** N alizarine *f*; garance *f*

krass A ADJ *Unterschied* gros, grosse; marquant; prononcé; *Gegensatz* vif, vive; *Unrecht* grave; *Fehler* grossier, -ière; *Irrtum, Widerspruch* flagrant; **das ist etwas ~** c'est un peu fort; *bes Jugendsprache* **voll ~** *(toll) umg* super cool *(inv)*; *(schlimm) umg* dégueu *(inv)* B ADV **sich ~ ausdrücken** s'exprimer crûment

Krater M ⟨~s; ~⟩ cratère *m*; **kraterförmig** ADJ en forme de cratère; **Kraterlandschaft** F paysage *m* volcanique; **Kratersee** M lac *m* de cratère

Kratzbürste *umg* F personne *f* revêche; **kratzbürstig** *umg* ADJ revêche; **Kratzbürstigkeit** *umg* F ⟨~⟩ caractère *m* revêche

Kratze F ⟨~; ~n⟩ grattoir *m*

Krätze F ⟨~⟩ MED, VET gale *f*

kratzen ⟨-(es)t, h.⟩ A VT 1 gratter; *(schaben)* racler; *mit Krallen, Fingernägeln* griffer 2 *(hinein~)* graver 3 *(weg~)* gratter; *stärker* racler 4 *umg (stören)* déranger; **das kratzt mich nicht** ça me laisse froid B VI 1 *(jucken)* gratter 2 *(brennen)* irriter; gratter; **dieser Pullover kratzt (auf der Haut)** ce pull gratte C VR **sich ~** se gratter; **sich am Kopf ~** se gratter la tête; **sich blutig ~** se gratter jusqu'au sang D V/UNPERS **es kratzt (mir** *od* **mich) im Hals** j'ai la voix enrouée

Kratzen N ⟨~s⟩ grattement *m*; grattage *m*; raclage *m*

Kratzer M ⟨~s; ~⟩ 1 *auf der Haut* égratignure *f*; *an Möbeln etc* rayure *f*; éraflure *f* 2 TECH racloir *m*

kratzfest ADJ *Lack etc* résistant aux éraflures

Kratzfuß M *früher* (profonde) révérence; *hum* **e-n ~ machen** *umg* faire des salamalecs

kratzig ADJ *Stoff* rêche; *Stimme* rauque

Kratzputz M BAU sgraffite *m*; **Kratzspur** F rayure *f*; éraflure *f*; **Kratzwunde** F égratignure *f*

Kraul N ⟨~s⟩ *Schwimmstil* crawl *m*; *bei Wettkämpfen* **hundert Meter ~** cent mètres nage *f* libre

kraulen[1] VT ⟨h.⟩ *Haar, Hund etc* gratter doucement

kraulen[2] VI ⟨h. *ou* s.⟩ SCHWIMMSPORT crawler; nager le crawl

Kraulen N ⟨~s⟩, **Kraulschwimmen** N crawl *m*; **Kraulstil** M style crawlé; crawl *m*

kraus ADJ 1 *Haar* crépu; *(gelockt) a.* BOT frisé; *Gewebe* froncé; → krausziehen 2 *pej (wirr)* embrouillé; **~e Vorstellungen** *fpl* des idées *fpl* bizarres

Krause F ⟨~; ~n⟩ 1 *(Halskrause)* collerette *f*; HIST fraise *f* 2 *im Haar* chevelure crépue

kräuseln ⟨-(e)le, h.⟩ A VT *Haar* friser; *Stoff durch Kräuselfalten* froncer; *kreppartig* crêper; *Wasserfläche* rider B VR **sich ~** *Haar, Faser* friser; *Blatt, Gewebe* se cloquer; *Stoff a.* (se) froncer; *Wasserfläche* se rider; onduler

Kraushaar N *starkes* cheveux crépus; *leichtes* cheveux frisés; **kraushaarig** ADJ qui a des cheveux crépus, *leicht* frisés; *Hund etc* qui a le poil frisé; **Krauskopf** M 1 (personne *f* qui a la) tête crépue 2 TECH fraise *f* conique à bois

krausziehen VT ⟨irr, sép, -ge-, h.⟩ **die Stirn ~** froncer les sourcils

Kraut N ⟨~(e)s; Kräuter⟩ 1 BOT herbe *f*; plante herbacée; *pl* **Kräuter** herbes *fpl*; *(Küchenkräuter)* fines herbes; *(Heilkräuter)* herbes, plantes médicinales; *umg* **dagegen ist kein ~ gewachsen** il n'y a pas de remède à cela 2 ⟨pas de pl⟩ *von Kartoffeln etc* fanes *fpl*; **ins ~ schießen** monter en graine; *fig Unsitten etc* se propager rapidement; se généraliser; *fig* **hier sieht es aus wie ~ und Rüben** c'est un vrai bazar 3 ⟨pas de pl⟩ *bes südd, österr* chou *m*

Kräuterbad N bain *m* aux herbes; **Kräuterbutter** F beurre *m* aux fines herbes; **Kräuteressig** M vinaigre *m* aux fines herbes; **Kräuterkäse** M fromage *m* aux fines herbes; **Kräuterlikör** M liqueur *f* aux herbes; **Kräutersammler(in)** M(F) herboriseur, -trice *m,f*; **Kräutertee** M tisane *f*; infusion *f*

krautig ADJ herbacé

Krautjunker *früher iron* M °hobereau *m*; gentilhomme campagnard; **Krautkopf** M chou *m*; **Krautsalat** M salade *f* de chou; **Krautwickel** M *südd, österr* → Kohlroulade

Krawall M ⟨~s; ~e⟩ 1 *(Aufruhr)* bagarrre *f*; *stärker* émeute *f* 2 ⟨pas de pl⟩ *umg (Lärm)* tapage *m*; chahut *m*; **Krawallmacher** *umg* M ⟨~s; ~⟩ casseur *m*

Krawatte F ⟨~; ~n⟩ cravate *f*

Krawattenknoten M nœud *m* de cravate; **Krawattenmuffel** *umg* M *personne qui n'aime pas les cravates*; **Krawattennadel** F épingle *f* de cravate

Krawattenzwang M obligation *f* de porter une cravate; **in diesem Restaurant herrscht ~** dans ce restaurant la cravate est de rigueur

kraxeln *umg bes südd, österr* VI ⟨-(e)le, s.⟩ grimper

Kreatin N ⟨~s⟩ BIOCHEMIE créatine *f*

Kreation F ⟨~; ~en⟩ MODE création *f*; **kreativ** A ADJ créatif, -ive B ADV en faisant preuve de créativité; **Kreativität** F ⟨~⟩ créativité *f*; **Kreatur** F ⟨~; ~en⟩ créature *f*; *fig pej* courtisan *m*

kreatürlich *geh* ADJ de la créature; propre à la créature

Krebs M ⟨~es; ~e⟩ 1 ZOOL *(Krebstier)* crustacé *m*; *(Flusskrebs)* écrevisse *f*; *(Krabbe)* crabe *m* 2 MED cancer *m*; **~ erregend, erzeugend** cancérigène 3 ASTROL Cancer *m*

krebsartig ADJ cancéreux, -euse; *ohne Krebs zu sein* cancériforme

Krebsbekämpfung F lutte *f* contre le cancer

krebsen VI ⟨-(es)t, h.⟩ 1 *(Krebse fangen)* pêcher des écrevisses 2 *umg fig* ne pas avancer; **mit etw zu ~ haben** ne pas avancer dans qc

Krebserkrankung F maladie cancéreuse; **krebserregend, krebserzeugend** ADJT cancérigène; **Krebsforschung** F cancérologie *f*; recherche *f* sur le cancer; **Krebsforschungszentrum** N centre *m* de recherche(s) contre le cancer; **Krebsfrüherkennung** F dépistage *m* précoce du cancer

Krebsgang M ⟨~(e)s⟩ marche *f* à reculons; *fig* **den ~ gehen** progresser à reculons

Krebsgeschwulst F tumeur cancéreuse; **Krebsgeschwür** N ulcère cancéreux; *fig* chancre *m*; **krebskrank** ADJ cancéreux, -euse; **Krebskranke(r)** M/F(M) cancéreux, -euse *m,f*; **Krebsleiden** N cancer *m*; **krebsrot** ADJ rouge comme une écrevisse; **Krebsschere** F pince *f* d'écrevisse; **Krebssuppe** F bisque *f* d'écrevisses; **Krebstiere** NPL crustacés *mpl*

Krebsverdacht M **es besteht ~** on peut supposer qu'il s'agit d'un cancer

Krebsvorsorge F dépistage *m* du cancer; **Krebsvorsorgeuntersuchung** F examen *m* de dépistage du cancer; **Krebszelle** F cellule cancéreuse

kredenzen *geh, hum* VT ⟨-(es)t, *pas de ge-*, h.⟩ *Getränk* verser; offrir

Kredit[1] M ⟨~(e)s; ~e⟩ 1 *(Darlehen)* crédit *m*; **auf ~** à crédit; **(j-m) ~ geben** faire crédit (à qn); **j-m e-n ~ gewähren** accorder un crédit à qn; **e-n ~ aufnehmen** recourir, avoir recours à un crédit 2 ⟨pas de pl⟩ *fig* crédit *m*; **~ haben, genießen** avoir du crédit (**bei j-m** auprès de qn)

Kredit[2] N ⟨~s; ~s⟩ *(Habenseite)* crédit *m*

Kreditabteilung F service *m* des crédits; **Kreditanstalt** F établissement *m* de crédit; **Kreditantrag** M demande *f* de crédit; **Kreditaufnahme** F emprunt *m*; **Kreditauftrag** M ordre *m* de crédit; **Kreditbank** F ⟨~; ~en⟩ banque *f* de crédit; **Kreditbrief** M lettre *f* de crédit; accréditif *m*; **Kreditbüro** N bureau *m* de crédit; **kreditfähig** ADJ → kreditwürdig; **Kreditfähigkeit** F ⟨~⟩ → Kreditwürdigkeit; **Kreditgeber** M ⟨~s; ~⟩ prêteur *m*; bailleur *m* de fonds; **Kreditgeschäft** N opération *f* de crédit; **Kreditgrenze** F limite *f* de crédit; **Kredithai** *umg pej* M requin *m* de la finance (spécialisé dans les crédits)

kreditieren VT ⟨pas de ge-, h.⟩ HANDEL, FIN créditer; **j-m e-n Betrag ~, j-n für e-n Betrag ~** créditer qn d'une somme; porter une somme au crédit de qn

Kreditinstitut N établissement *m* de crédit

Kreditkarte F carte *f* de crédit; **mit ~ bezahlen** payer avec une carte de crédit

Kreditkauf M achat *m* à crédit; **Kreditlinie** F ligne *f* de crédit; **Kreditmarkt** M marché *m* du crédit; **Kreditnehmer** M ⟨~s; ~⟩ emprunteur *m*; **Kreditrahmen** M montant *m* du découvert autorisé; **Kreditwesen** N crédit *m*; **Kreditwirtschaft** F ⟨~⟩ (instituts *mpl* de) crédit *m*; **kreditwürdig** ADJ à qui l'on peut faire crédit; solvable; **Kreditwürdigkeit** F ⟨~⟩ solvabilité *f*; **Kreditzinsen** MPL taux *m* d'intérêts de l'emprunt; **Kreditzusage** F promesse *f* de crédit

Kredo N ⟨~s; ~s⟩ KATH Credo *m*; *geh fig* credo *m*

kregel ADJ ⟨-gl-⟩ *regional* alerte; *geistig a.* éveillé

Kreide F ⟨~; ~n⟩ 1 GEOL, *(Tafelkreide, Schneiderkreide)* craie *f*; *für Kreidezeichnungen* pastel *m*; **mit ~ zeichnen** dessiner au pastel *bzw.* à la craie; **bei j-m in der ~ stehen** avoir une ardoise chez qn; **mit hundert Euro in der ~ stehen** devoir cent euros 2 ⟨pas de pl⟩ *(~zeit)* crétacé *m*

kreidebleich ADJ blanc, blanche comme un linge

Kreidefels(en) M falaise *f* de craie; **Kreideformation** F GEOL formation crétacée; **kreidehaltig** ADJ crayeux, -euse; **Kreidestift** M (crayon *m*) pastel *m*; **kreideweiß** ADJ blanc, blanche comme un linge; **Kreidezeichnung** F dessin *m* au pastel; **Kreidezeit** F ⟨~⟩ crétacé *m*; période crétacée

kreieren VT ⟨pas de ge-, h.⟩ *Mode, Stil,* THEAT *Rolle* créer; **Kreierung** F ⟨~⟩ création *f*

Kreis M ⟨~es; ~e⟩ 1 *a.* MATH, *fig* cercle *m*; *(Runde)* rond *m*; *von Dichtern, Künstlern* cercle *m*; **im ~(e) der Familie, s-r Freunde** dans le cercle de la famille, de ses amis; **im kleinen ~(e)** dans l'intimité; **im engsten ~e** dans la plus stricte intimité; **in politischen, gebildeten** *etc* **~en** dans les milieux politiques, cultivés, *etc*; **weite ~e der Bevölkerung** une grande partie de la population; **die Quadratur des ~es** la quadrature du cercle; MATH **e-n ~ beschreiben** tracer un cercle; **e-n ~ bilden** former un cercle; **e-n ~ um j-n bilden, sich im ~ um j-n herumstellen** faire (un) cercle autour de qn; *Vogel, Flugzeug* **~e ziehen** décrire des cercles; *fig* **die Affäre zieht immer weitere ~e** l'affaire prend des proportions; *fig* **den**

K

~ schließen fermer le cercle; **sich im ~(e) setzen** s'asseoir en rond, en cercle; **im ~ herumgehen, herumrennen** tourner en rond; **sich im ~(e) drehen** tourner sur soi-même; *a. fig* tourner en rond; **mir dreht sich alles im ~(e)** j'ai la tête qui tourne **2** ADMIN district *m*; *in Frankreich etwa* canton *m* **3** ELEK circuit *m*
Kreisabschnitt M GEOMETRIE segment *m* de cercle; **Kreisarzt** M, **Kreisärztin** F médecin de district (attaché aux services de la santé publique); **Kreisausschnitt** M GEOMETRIE secteur *m* circulaire; **Kreisbahn** F ASTRON, RAUMFAHRT orbite *f*; **Kreisbewegung** F mouvement *m* circulaire; **Kreisbogen** M GEOMETRIE arc *m* de cercle
kreischen V/I ⟨h.⟩ *Mensch, Möwe etc* pousser des cris perçants; *Möwe, Papagei* crier; *Mensch bei Streit* criailler; *Säge* grincer; *Reifen* crisser
Kreischen N ⟨~s⟩ *von Menschen, Möwen etc* cris perçants; *von Menschen bei Streit* criaillement(s) *m(pl)*; *von Sägen* grincement *m*; *von Reifen* crissement *m*
Kreisdurchmesser M diamètre *m* du cercle
Kreisel M ⟨~s; ~⟩ **1** *Kinderspielzeug* toupie *f* **2** *umg* (*Kreisverkehr*) sens *m* giratoire; rond-point *m* **3** PHYS gyrostat *m*; **Kreiselbewegung** F mouvement *m* gyroscopique; **Kreiselkompass** M compas *m* gyroscopique; gyrocompas *m*; **Kreiselpumpe** F TECH pompe *f* centrifuge
kreisen ⟨-(es)t⟩ **A** V/T ⟨h.⟩ **die Arme ~** décrire des cercles avec les bras **B** V/I ⟨h. *ou* s.⟩ tourner (**um** autour de); *Raubvogel, Flugzeug* décrire des cercles; *Flasche, Becher* circuler à la ronde; *Blut* circuler; **die Flasche ~ lassen** faire circuler la bouteille à la ronde; *Blut* **in den Adern ~** circuler dans les veines; *fig* **um etw ~** *Diskussion etc* tourner autour de qc; *Gedanken a.* revenir sans cesse à qc
Kreisfläche F superficie *f* du cercle
kreisförmig **A** ADJ circulaire **B** ADV **sich ~ aufstellen** former un cercle; **~ gebogen** formant un cercle
kreisfrei ADJ ADMIN *BRD* **~e Stadt** ville indépendante
Kreishandwerkerschaft F ⟨~; ~en⟩ groupement *m* de corporations d'artisans d'un district, d'un « kreis »; **Kreisinhalt** M → Kreisfläche
Kreislauf M **1** *in der Natur, des Wassers etc* cycle *m*; *der Wirtschaft* circuit *m* **2** (*Blutkreislauf*) circulation (sanguine); **Kreislaufkollaps** M MED collapsus *m*; **Kreislaufstörungen** FPL MED troubles *mpl* de la circulation, circulatoires; **Kreislaufversagen** N MED arrêt *m* circulatoire
Kreislinie F ligne *f* circulaire; MATH circonférence *f*; **Kreismittelpunkt** M centre *m* du cercle; **Kreisring** M MATH couronne *f* (circulaire); **kreisrund** ADJ rond; en forme de cercle; **Kreissäge** F **1** TECH scie *f* circulaire **2** *umg hum* (*Strohhut*) canotier *m*; **Kreissegment** N → Kreisabschnitt; **Kreissektor** M → Kreisausschnitt
kreißen *geh* V/I ⟨-(es)t, h.⟩ MED être en travail
Kreißsaal M salle *f* d'accouchement
Kreisstadt F chef-lieu *m* de canton; **Kreistag** M POL conseil *m* de canton; **Kreisumfang** M circonférence *f*; **Kreisverkehr** M VERKEHRSWESEN sens *m* giratoire; rond-point *m*; **Kreisverwaltung** F administration *f* du canton; **Kreiswehrersatzamt** N bureau *m* du service national
Krem F ⟨~; ~s⟩ → Creme
Krematorium N ⟨~s; -ien⟩ four *m* crématoire; *Gebäude* crématorium *m*
Kreml M ⟨~s⟩ **der ~** le Kremlin
Krempe F ⟨~; ~n⟩ *e-s Hutes* bord *m*
Krempel *umg, oft pej* M ⟨~s⟩ *umg* fourbi *m*; *umg* bataclan *m*; *alter a.* bric-à-brac *m*
krempeln V/T ⟨-(e)le, h.⟩ **die Ärmel nach oben ~** retrousser ses manches
Kren M ⟨~(e)s⟩ *österr* raifort *m*
Kreole M ⟨~n; ~n⟩, **Kreolin** F ⟨-in; -innen⟩ Créole *m/f*; **kreolisch** ADJ créole
krepieren V/I ⟨*pas de ge-*, s.⟩ **1** *Geschoss* éclater; exploser **2** *umg Tier* crever; *sl Mensch sl* crever (**an** [*+dat*] de)
Krepp M ⟨~s; ~s *ou* ~e⟩ TEX crêpe *m*; **Krepppapier** N papier *m* crépon; **Kreppsohle** F semelle *f* (de) crêpe
Kresse F ⟨~; ~n⟩ cresson *m*
Kreta N ⟨→ *n/pr*⟩ la Crète
Krethi und Plethi *umg pej* PL Pierre et Paul; toutes sortes de gens
Kretin M ⟨~s; ~s⟩ *a. fig pej* crétin *m*
Kretinismus M ⟨~⟩ MED crétinisme *m*
kretisch ADJ crétois; de Crète
kreucht alles, was da ~ und fleucht tout ce qui rampe, tout ce qui vole
kreuz ADV **~ und quer** dans tous les sens
Kreuz N ⟨~es; ~e⟩ **1** croix *f*; **das Rote ~** la Croix-Rouge; **das Eiserne ~** la Croix de fer; ASTRON **das ~ des Südens** la Croix du Sud; **ans ~ schlagen** mettre en croix; crucifier; REL **das ~ machen** faire le signe de (la) croix; *als Unterschrift* **drei ~e machen** faire trois croix; *umg* **drei ~e hinter j-m machen** être content d'être débarrassé de qn; **zu ~e kriechen** courber l'échine; *umg* **es ist ein ~ mit ihm** c'est la croix et la bannière avec lui; **über ~** en croix; **über ~ legen** *etc* mettre en croix; disposer en forme de croix; **mit j-m über ~ sein** *od* **stehen** être fâché avec qn **2** ⟨*pas de pl*⟩ ANAT reins *mpl*; *beim Pferd* croupe *f*; *umg fig* **j-n aufs ~ legen** *umg* avoir qn; *sl Frau sl* se taper qn **3** *Spielkartenfarbe* trèfle *m*; **~ ist Trumpf** atout trèfle; **~ spielen** jouer trèfle **4** MUS dièse *m*
Kreuzabnahme F MAL descente *f* de croix; **Kreuzass** N *Spielkarte* as *m* de trèfle; **Kreuzband** N **1** ANAT ligament croisé **2** *um e-e Drucksache* bande *f*; **Kreuzbein** N ANAT sacrum *m*; **Kreuzblütler** M ⟨~s; ~⟩ BOT crucifère *f*; cruciféracée *f*; **kreuzbrav** ADJ sage comme une image; **Kreuzchen** N ⟨~s; ~⟩ petite croix
kreuzen ⟨-(es)t⟩ **A** V/T ⟨h.⟩ **1** croiser (*a. Straße, Beine*); **die Klingen ~** croiser le fer **2** BIOL croiser (**mit** avec) **B** V/I ⟨h. *ou* s.⟩ SCHIFF croiser; *Segelschiff* (**gegen den Wind**) **~** louvoyer **C** V/R ⟨h.⟩ **sich ~** se croiser
Kreuzen N ⟨~s⟩ croisement *m* (*a.* BIOL); SCHIFF *gegen den Wind* louvoiement *m*
Kreuzer M ⟨~s; ~⟩ **1** SCHIFF yacht *m* (de croisière); MIL croiseur *m* **2** HIST *Münze* kreuzer *m*
Kreuzestod *geh* M mort *f* sur la croix
Kreuzfahrer M HIST croisé *m*; **Kreuzfahrt** F **1** SCHIFF croisière *f* **2** → Kreuzzug
Kreuzfeuer N *fig* feux croisés; **im ~ der Fragen** sous les feux croisés des questions; **ins ~ (der Kritik) geraten** être pris sous les feux de la critique; **im ~ der Kritik stehen** être la cible des critiques
kreuzfidel *umg* ADJ gai comme un pinson; **ein ~er Bursche** un gai luron
kreuzförmig ADJ cruciforme; *a. adv* en (forme de) croix
Kreuzgang M cloître *m*; **Kreuzgegend** F région *f* lombaire, des reins; **Kreuzgelenk** N TECH → Kardangelenk; **Kreuz(grat)gewölbe** N voûte *f* d'arêtes; **Kreuzhacke** F pioche *f*; **Kreuzherren** MPL KIRCHE KATH chanoines *mpl* de la Sainte-Croix
kreuzigen V/T ⟨h.⟩ crucifier; **Kreuzigung** F ⟨~; ~en⟩ *a.* MAL crucifixion *f*; mise *f* en croix; *Hinrichtungsart* supplice *m* de la croix; crucifiement *m*
Kreuzkümmel M cumin *m*
kreuzlahm *umg* ADJ éreinté
Kreuzmast M SCHIFF mât *m* d'artimon; dernier mât à gréement carré; **Kreuzotter** F vipère (commune); **Kreuzreim** M rimes croisées, alternées; **Kreuzrippengewölbe** N ARCH voûte *f* sur croisée d'ogives; **Kreuzritter** M HIST **1** *beim Kreuzzug* croisé *m* **2** (*Deutschordensritter*) chevalier *m* teutonique; **Kreuzschlitzschraube** F vis *f* cruciforme; **Kreuzschlitzschraubenzieher** M tournevis *m* cruciforme; **Kreuzschlüssel** M clé *f* en croix
Kreuzschmerzen MPL mal *m* de reins; douleurs *fpl* dans les reins; **~ haben** avoir mal aux reins
Kreuzschnabel M ZOOL bec-croisé *m*; **Kreuzspinne** F ZOOL épeire *f* diadème; **Kreuzstich** M MODE point *m* de croix
Kreuzung F ⟨~; ~en⟩ **1** *von Linien, Straßen* croisement *m*; *von Verkehrswegen a.* carrefour *m*; *von Straßen a.* intersection *f* **2** BIOL croisement *m*; *als Ergebnis, von Tieren u. Pflanzen a.* hybride *m*
kreuzunglücklich *umg* ADJ malheureux, -euse comme une pierre
Kreuzungspunkt M croisement *m*; intersection *f*
Kreuzverband M MED bandage croisé
Kreuzverhör N JUR contre-interrogatoire *m*; *fig* interrogatoire serré; **j-n ins ~ nehmen** soumettre qn à un interrogatoire serré, à un feu roulant de questions
Kreuzweg M **1** (*Wegkreuzung*) croisée *f* des chemins; carrefour *m* **2** REL chemin *m* de croix; **Kreuzwegstation** F REL station *f* du chemin de croix
kreuzweise ADV en (forme de) croix; en se croisant; *sl* **er kann mich (mal) ~!** *sl* je lui dis merde!; *sl* qu'il me foute la paix!
Kreuzworträtsel N mots croisés
Kreuzzeichen N KIRCHE signe *m* de (la) croix; **das ~ machen** faire le signe de (la) croix
Kreuzzug M HIST *u. fig* croisade *f*
Krevette F ⟨~; ~n⟩ crevette *f*
kribbelig *umg* ADJ **1** (*gereizt, nervös*) nerveux, -euse; énervé; **~ werden** devenir nerveux, -euse, impatient **2** (*kribbelnd*) qui picote, démange
kribbeln V/I *u.* V/UNPERS ⟨-(e)le, h.⟩ **1** (*jucken*) picoter; **es kribbelt mir in der Nase** j'ai des picotements dans le nez; j'ai le nez qui me chatouille; **es kribbelt mir in den Füßen** j'ai des fourmillements dans les pieds; *fig* **es kribbelt mir in den Fingern, es zu tun** cela me démange de le faire **2** (*wimmeln*) fourmiller; grouiller
Kribbeln N ⟨~s⟩ **1** (*Jucken*) picotement *m*; chatouillement *m* **2** (*Wimmeln*) fourmillement *m*; grouillement *m*
kribblig → kribbelig
krickeln *umg* V/T ⟨-(e)le, h.⟩ griffonner
Krickente F ZOOL sarcelle *f* d'hiver
Kricket N ⟨~s⟩ SPORT cricket *m*
kriechen V/I ⟨kriecht, kroch, gekrochen, s.⟩ ramper; *umg* (*langsam fahren*) avancer comme une tortue *od* des tortues; traîner; **auf allen vieren ~** ramper; *fig pej* **vor j-m ~** ramper devant qn; être à plat ventre devant qn
Kriecher *umg pej* M ⟨~s; ~⟩ *umg* lèche-bottes *m*; **ein ~ sein** *a.* ramper
Kriecherei F ⟨~; ~en⟩ *pej* basse flatterie; *umg* lèche *f*
kriecherisch ADJ *pej* rampant; servile; obsé-

quieux, -ieuse
Kriechspur F AUTOBAHN voie réservée aux véhicules lents; **Kriechstrom** M ELEK courant *m* de fuite superficielle
Kriechtempo N *pej* **im ~ fahren** rouler au pas
Kriechtier N reptile *m*
Krieg M ⟨~(e)s; ~e⟩ guerre *f* (**gegen** contre); **der Kalte ~** la guerre froide; **totaler ~** guerre totale; **~ der Sterne** guerre des étoiles; **der ~ bricht aus** la guerre éclate; **e-m Land den ~ erklären** déclarer la guerre à un pays; **~ führen** faire la guerre (**gegen** à); **~ führend** belligérant; **im ~** pendant la guerre; **im ~ gewesen sein** avoir fait la guerre; avoir été à la guerre; **in den ~ ziehen** partir à la guerre
kriegen *umg* ⟨h.⟩ A VT (*bekommen*) avoir; recevoir; *Geld a.* toucher; *Flüchtende, Krankheit* attraper; **wir werden sie schon ~** on les aura; on les attrapera; **davon kriegst du nichts** tu n'en auras pas; **sie kriegt ein Kind** elle attend un bébé; **sie hat ein Kind gekriegt** elle a eu un bébé; **Hunger ~** commencer à avoir faim; **Schläge ~** recevoir des coups; **e-n Schnupfen ~** attraper un rhume; **da kriegte ich es mit der Angst** j'ai commencé à avoir peur; **er kriegt es mit mir zu tun** il aura affaire à moi; **du kriegst gleich eine, ein paar!** tu veux une claque, une paire de claques?; → *a.* bekommen A B V/R **sich ~** *Liebespaar* être réunis; **am Ende ~ sie sich dann** cela finit par un mariage
Krieger M ⟨~s; ~⟩ guerrier *m*; *fig* **die alten ~** les vétérans; *umg* les vieux de la vieille; *umg fig* **ein müder ~** *energielos umg* un mou
Kriegerdenkmal N monument *m* aux morts
kriegerisch ADJ belliqueux, -euse; guerrier, -ière
Kriegerwitwe F veuve *f* de guerre
kriegführend ADJT belligérant
Kriegführung F manière *f* de faire la guerre; (*Leitung*) conduite *f* de la guerre; **psychologische ~** guerre *f* psychologique
Kriegsanleihe F emprunt *m* de guerre; **Kriegsausbruch** M ⟨~(e)s⟩ commencement *m* de la guerre; **Kriegsauszeichnung** F décoration *f* militaire, de guerre; **kriegsbedingt** ADJT dû à, lié à la guerre; **kriegsbedroht** ADJT menacé par la guerre; **Kriegsbeginn** M commencement *m* de la guerre
Kriegsbeil N °hache *f* de guerre; *hum* **das ~ begraben, ausgraben** enterrer, déterrer la hache de guerre
Kriegsbemalung F **in voller ~** *Indianer* qui a mis toutes ses peintures de guerre
Kriegsbereitschaft F **in ~ sein** être prêt à entrer en guerre
Kriegsberichterstatter M correspondant *m* de guerre, aux armées; **kriegsbeschädigt** ADJT mutilé de guerre; **Kriegsbeschädigte(r)** M ⟨→ A⟩ mutilé *m* de guerre; (*Schwerbeschädigter*) *a.* invalide *m* de guerre; *inkorr* grand mutilé de guerre; **Kriegsbeute** F butin *m* (*pendant une guerre*); **Kriegsblinde(r)** M aveugle *m* de guerre; **Kriegsdienst** M service *m* militaire; **Kriegsdienstverweigerer** M ⟨~s; ~⟩ objecteur *m* de conscience; **Kriegsdienstverweigerung** F objection *f* de conscience; **Kriegseintritt** M ⟨~(e)s⟩ entrée *f* en guerre; **Kriegsende** N ⟨~s⟩ fin *f* de la guerre; **Kriegsentschädigung** F indemnité(s) *f(pl)* de guerre; **Kriegserklärung** F déclaration *f* de guerre (**an** [+*akk*] à)
Kriegsfall M **im ~** en cas de guerre
Kriegsfilm M film *m* de guerre; **Kriegsflagge** F pavillon *m* de guerre; **Kriegsflotte** F flotte *f* de guerre; **Kriegsflugzeug** N avion *m* de l'armée de l'air; **Kriegsfolgen** FPL conséquences *fpl*, séquelles *fpl* de la guerre; **Kriegsführung** F → Kriegführung
Kriegsfuß M *hum* **mit j-m auf (dem) ~ stehen** être sur le pied de guerre, *umg* en bisbille avec qn; *hum* **mit etw auf (dem) ~ stehen** *umg* être brouillé avec qc
Kriegsgebiet N zone *f* d'action (militaire); **Kriegsgefahr** F danger *m* de guerre; **Kriegsgefangene(r)** M prisonnier *m* de guerre; **Kriegsgefangenenlager** N camp *m* de prisonniers de guerre
Kriegsgefangenschaft F captivité *f*; **in ~ sein** être prisonnier de guerre; **in ~ geraten** être fait prisonnier (de guerre); **aus der ~ entlassen werden** être libéré
Kriegsgegner M 1 (*Feind*) adversaire *m* 2 (*Pazifist*) pacifiste *m*
Kriegsgericht N conseil *m* de guerre; **j-n vor ein ~ stellen** traduire, faire passer qn en conseil de guerre
Kriegsgeschrei N cris *mpl* de guerre; **Kriegsgewinnler** M ⟨~s; ~⟩ *pej* profiteur *m* de guerre; **Kriegsgott** M dieu *m* de la guerre; **Kriegsgräber** NPL tombes *fpl* de soldats, militaires; **Kriegsgräberfürsorge** F œuvres *fpl* de cimetières militaires; **Kriegsgräuel** MPL horreurs *fpl* de la guerre; **Kriegshafen** M port *m* de guerre, militaire; **Kriegshandlung** F fait *m*, opération *f* de guerre; **Kriegshinterbliebene(n)** PL veuves et orphelins *mpl* de guerre; **Kriegsindustrie** F industrie *f* de guerre; **Kriegsjahr** N année *f* de guerre; **Kriegskamerad** M compagnon *m* d'armes; **Kriegslist** F ⟨~⟩ *a. fig* ruse *f* de guerre; stratagème *m*; **Kriegsmarine** F marine *f* de guerre; **Kriegsmaschinerie** F *pej* potentiel *m* de guerre; **Kriegsmaterial** N matériel *m* de guerre; **Kriegsminister** M *früher* ministre *m* de la Guerre; **Kriegsministerium** N *früher* ministère *m* de la Guerre; **kriegsmüde** ADJ las, lasse de la guerre; **Kriegsopfer** N victime *f* de (la) guerre
Kriegspfad M *hum* **auf dem ~ sein** être sur le sentier de la guerre
Kriegsrat M ⟨~(e)s⟩ *hum* **~ halten** tenir (un) conseil de guerre
Kriegsrecht N ⟨~(e)s⟩ droit *m* de la guerre; **Kriegsschäden** MPL dommages *mpl* de guerre; **Kriegsschauplatz** M théâtre *m* des opérations (militaires), des hostilités; **Kriegsschiff** N navire *m* de guerre; **Kriegsschuld** F ⟨~⟩ responsabilité *f* de la guerre; **Kriegsschulden** FPL dettes *fpl* de guerre
Kriegsspiel N 1 MIL exercice *m*, manœuvre *f* militaire 2 *Kinderspiel* **sie hat ihrem Sohn das ~ verboten** elle a interdit à son fils de jouer à la guerre
Kriegsspielzeug N jouet(s) guerrier(s); **Kriegsstärke** F ⟨~⟩ effectif *m* de guerre; **Kriegstanz** M danse *f* de guerre; **Kriegsteilnehmer** M *Soldat* combattant *m*; *Land* belligérant *m*; **Kriegstrauung** F mariage contracté en temps de guerre; **Kriegstreiber** *geh pej* M belliciste *m*; fauteur *m* de guerre; **kriegsuntauglich** ADJ inapte au service militaire; **Kriegsverbrechen** N crime *m* de guerre; **Kriegsverbrecher** M criminel *m* de guerre; **Kriegsverbrechertribunal** N Tribunal pénal international; **Kriegsverletzung** F blessure *f* de guerre; **kriegsversehrt** ADJT mutilé de guerre; **Kriegsversehrte(r)** M invalide *m*, mutilé *m* de guerre; **Kriegsveteran** M ancien combattant; **Kriegsvorbereitungen** FPL préparatifs *mpl* de guerre; **Kriegswaise** F orphelin(e) *m(f)* de guerre; *in Frankreich* pupille *m/f* de la Nation; **Kriegswirren** PL désordres *mpl*, troubles *mpl* de la guerre; **Kriegswirtschaft** F économie *f* de guerre; **Kriegszeit** F temps *m* de guerre
Kriegszustand M ⟨~(e)s⟩ état *m* de guerre; **sich im ~ befinden** être en guerre
Krill M ⟨~(e)s; ~e⟩ ZOOL krill *m*
Krim ⟨→ *n/pr*⟩ **die ~** la Crimée
Krimi *umg* M ⟨~(s); ~(s)⟩ *Film, Roman umg* policier *m*; *umg* polar *m*
Kriminalbeamte(r) M fonctionnaire *m*, agent *m* de la police judiciaire; **Kriminalfall** M affaire criminelle; **Kriminalfilm** M film policier; **Kriminalgeschichte** F 1 *Erzählung* histoire policière 2 ⟨*pas de pl*⟩ (*Geschichte der Kriminalität*) histoire *f* de la criminalité
kriminalisieren VT ⟨*pas de ge-*, h.⟩ 1 (*kriminell erscheinen lassen*) criminaliser 2 (*kriminell machen*) pousser à des actes criminels
Kriminalist(in) M ⟨~en; ~en⟩ F ⟨~in; ~innen⟩ criminaliste *m/f*; **Kriminalistik** F ⟨~⟩ criminalistique *f*; **kriminalistisch** ADJ criminalistique; **Kriminalität** F ⟨~⟩ criminalité *f*; *bes in sozialer Hinsicht* délinquance *f*
Kriminalkommissar(in) M(F) inspecteur *m* de la police judiciaire; **Kriminalpolizei** F police *f* judiciaire; **Kriminalpsychologie** F psychologie criminelle; **Kriminalroman** M roman policier; **Kriminalstatistik** F statistique *f* de la criminalité, de la délinquance; **Kriminalstück** N THEAT pièce policière; **Kriminaltechnik** F technique *f* criminalistique
kriminell ADJ criminel, -elle; *umg* **sein Fahrstil ist wirklich ~** il a un style de conduite meurtrier; *übertreibend* **es ist ~, dies wegzuwerfen** c'est criminel de jeter ça
Kriminelle(r) M/F(M) ⟨→ A⟩ criminel, -elle *m,f*
Kriminologe M ⟨~n; ~n⟩, **Kriminologin** F ⟨-in; -innen⟩ criminologue *m/f*; **Kriminologie** F ⟨~⟩ criminologie *f*
Krimkrieg M HIST guerre *f* de Crimée; **Krimsekt** M (vin *m*) mousseux *m* de Crimée
Krimskrams *umg* M ⟨~(es)⟩ babioles *fpl*; bricoles *fpl*
Kringel M ⟨~s; ~⟩ 1 (*Kreis*) petit rond, cercle; (*Schnörkel*) fioriture *f* 2 *Gebäck etc: pâtisserie de forme ronde*
kringelig ADJ *Haar* crépu; *Zeichnung* plein de fioritures; *umg* **sich ~ lachen** se tordre de rire
kringeln V/R ⟨-(e)le, h.⟩ **sich ~** *Haare etc* boucler; frisotter; *umg* **sich ~ vor Lachen** se tordre de rire
Krinoline F ⟨~; ~n⟩ HIST MODE crinoline *f*
Kripo F ⟨~⟩ ABK (Kriminalpolizei) P.J. *f* (police judiciaire)
Krippe F ⟨~; ~n⟩ 1 (*Futterkrippe*) mangeoire *f* 2 (*Weihnachtskrippe*) crèche *f* (de Noël) 3 → Kinderkrippe
Krippenfigur F personnage *m* de crèche; *aus der Provence* santon *m*; **Krippenspiel** N crèche vivante
Krise F ⟨~; ~n⟩ *a.* MED, WIRTSCH crise *f*; WIRTSCH *a.* malaise *m*; **e-e ~ durchmachen** traverser une crise
kriseln V/UNPERS ⟨-(e)le, h.⟩ **es kriselt** il y a des problèmes; une crise se prépare
krisenanfällig ADJ sensible aux crises; fragile; **krisenfest** ADJ *Beruf, Unternehmen, Branche* à l'abri de, qui ne connaît pas de crises; *Arbeitsplatz* sûr; stable; *Währung* solide; *Geldanlage* sûr; *Regierung* qui résiste aux crises
Krisengebiet N région *f* en crise; **Krisen-**

K

herd M foyer *m* de crise; **Krisenjahr** N année *f* de crise; **Krisenmanagement** N gestion *f* de crise; **Krisenreaktionszentrum** N POL cellule *f* de crise; **Krisenstab** M cabinet *m* de crise; **Krisenzeit** F temps *m*, période *f* de crise

Kristall[1] M ⟨~s; ~e⟩ MINER, PHYS, CHEM cristal *m*

Kristall[2] N ⟨~s⟩ *Glas* cristal *m*; *(Gegenstände aus ~)* cristaux *mpl*

Kristallbildung F cristallisation *f*

kristallen ADJ en cristal

kristallförmig ADJ en forme de, qui a la forme d'un cristal

Kristallglas N ⟨~es; -gläser⟩ 1 *Trinkgefäß* verre *m* en cristal 2 *⟨pas de pl⟩ Material* cristal *m*

kristallin(isch) ADJ *bes* MINER cristallin

Kristallisation F ⟨~; ~en⟩ cristallisation *f*

kristallisieren V/I *⟨pas de ge-, h.⟩* cristalliser

kristallklar ADJ *Wasser, Stimme, Ton* cristallin; *Wasser a.* limpide

Kristallkugel F boule *f* de cristal; **Kristallleuchter** M lustre *m* en cristal; **Kristallnacht** F HIST *(Reichskristallnacht)* Nuit *f* de Cristal; **Kristallschale** F coupe *f* de cristal; **Kristallschleiferei** F cristallerie *f*; **Kristallwaren** FPL cristaux *mpl*; **Kristallzucker** M sucre cristallisé

Kriterium N ⟨~s; -ien⟩ critère *m* (**für** de); SPORT critérium *m*

Kritik F ⟨~; ~en⟩ critique *f* (**an** *[+dat]* de); PHIL **die ~ der reinen Vernunft** la critique de la raison pure; **e-e ~ schreiben, lesen** faire, lire une critique; **an etw** *(dat)*, **j-m ~ üben** faire la critique de qc, de qn; critiquer qc, qn; **über jede ~ erhaben** défiant toute critique; *umg* **unter aller ~** au-dessous de tout; **der Film hat e-e gute ~** la critique du film est bonne

Kritikaster *geh pej* M ⟨~s; ~⟩ ergoteur *m*

Kritiker(in) M ⟨~s; ~⟩ (F) ⟨~in; ~innen⟩ critique *m/f*

kritikfähig ADJ 1 *(fähig, Kritik zu akzeptieren)* capable d'accepter les critiques 2 *(fähig, Kritik zu üben)* qui a le sens critique; **Kritikfähigkeit** F ⟨~⟩ 1 *(Fähigkeit, Kritik zu akzeptieren)* capacité *f* d'accepter les critiques 2 *(Fähigkeit, Kritik zu üben)* sens *m* critique

kritiklos A ADJ qui manque d'esprit critique B ADV sans critiquer; **etw ~ hinnehmen** accepter qc sans critiquer

Kritiklosigkeit F ⟨~⟩ manque *m* d'esprit critique

kritisch A ADJ 1 *a.* MED, NUKL, *Lage etc* critique; **das ~e Alter** l'âge critique *(a. e-r Frau)*; **der ~e Apparat** l'appareil critique; **der ~e Punkt** le point critique 2 *Bemerkung, Urteil etc* critique; *Person* **~ sein** avoir l'esprit critique B ADV **etw ~ betrachten** considérer qc d'un œil critique

kritisieren V/T *⟨pas de ge-, h.⟩* 1 critiquer; **er hat immer etwas zu ~** il trouve toujours qc à redire, à critiquer 2 *(als Kritiker besprechen)* **ein Theaterstück ~** faire la critique d'une pièce de théâtre

Kritizismus M ⟨~⟩ PHIL criticisme *m*

Krittelei F ⟨~; ~en⟩ *pej* ergotage *m*

kritteln V/I ⟨-(e)le, h.⟩ *pej* ergoter; chercher la petite bête

Kritzelei *umg* F ⟨~; ~en⟩ griffonnage *m*

kritzeln *umg* V/T *u.* V/I ⟨-(e)le, h.⟩ griffonner; gribouiller

Kroate M ⟨~n; ~n⟩ Croate *m*

Kroatien N ⟨→ *n/pr*⟩ la Croatie

Kroatin F ⟨~; ~nen⟩ Croate *f*; **kroatisch** ADJ croate

Kroatisch N ⟨~(s)⟩, **Kroatische** N ⟨~n⟩ (das) **Kroatisch(e)** *Sprache* le croate

Kroatzbeere F *regional* mûre *f*

kroch → kriechen

Krocket N ⟨~s⟩ *Spiel* croquet *m*

Krokant M ⟨~s⟩ nougatine *f*

Krokette F ⟨~; ~n⟩ croquette *f*

Kroko *umg* N ⟨~(s); ~s⟩ *umg* croco *m*

Krokodil N ⟨~s; ~e⟩ crocodile *m*

Krokodilleder N cuir *m*, peau *f* de crocodile; **aus ~** en crocodile

Krokodilstränen *umg* FPL larmes *fpl* de crocodile

Krokodilwächter M ZOOL pluvian *m*

Krokotasche *umg* F *umg* sac *m* en croco

Krokus M ⟨~; ~ *ou* ~se⟩ BOT crocus *m*

Krone F ⟨~; ~n⟩ 1 *(Königskrone, Zahnkrone, Herrscherhaus)*, TECH, *fig* couronne *f*; **die ~ der Schöpfung** le couronnement de la création; **das setzt allem die ~ auf** c'est le comble; *iron* c'est le bouquet; *umg* **einen in der ~ haben** *umg* avoir un petit verre dans le nez; *umg* **was ist dir in die ~ gefahren?** quelle mouche t'a piqué? 2 *(Wellenkrone)* crête *f*; *(Baumkrone)* cime *f*; *(Blumenkrone)* corolle *f* 3 *des Hirschgeweihs* couronnure *f* 4 *Währung* couronne *f*; **schwedische ~** couronne suédoise

krönen V/T ⟨h.⟩ *a. fig* couronner; **j-n zum Kaiser ~** couronner qn empereur; **von Erfolg gekrönt** couronné de succès; **der ~de Abschluss** le bouquet final

Kronenkorken M → Kronkorken

Kronerbe M, **Kronerbin** F héritier, -ière *m,f* de la couronne; **Kronjuwelen** NPL joyaux *mpl* de la couronne; **Kronkolonie** F colonie *f* de la Couronne; **Kronkorken** M capsule *f* *(d'une bouteille)*; **Kronleuchter** M lustre *m*; **Kronprinz** M prince héritier, royal; HIST: *in Deutschland a.* Kronprinz *m*; *in Frankreich a.* dauphin *m*; **Kronprinzessin** F princesse royale; HIST: *in Deutschland a.* femme *f* du Kronprinz; *in Frankreich a.* dauphine *f*; **Kronschatz** M trésor *m* de la couronne

Krönung F ⟨~; ~en⟩ *a. fig* couronnement *m*

Krönungssaal M salle *f* du couronnement; **Krönungsstadt** F ville *f* du couronnement, du sacre

Kronzeuge M, **Kronzeugin** F 1 témoin principal (à charge) 2 *personne qui témoigne contre ses complices en échange d'une rémission de peine*; repenti *m*

Kropf M ⟨~(e)s; ~̈e⟩ 1 MED goitre *m* 2 *bei Vögeln* jabot *m*

kröpfen V/T ⟨h.⟩ 1 JAGD *(fressen)* déglutir 2 TECH, BAU couder (en angle droit)

Kröpfung F ⟨~; ~en⟩ 1 JAGD déglutition *f* 2 TECH coude *m*

Kroppzeug *umg pej* N ⟨~(e)s⟩ 1 *(Kinder)* *umg* marmaille *f* 2 *(Zeug)* bricoles *fpl*; babioles *fpl*

kross ADJ *nordd* croustillant

Krösus M ⟨~ *ou* ~ses; ~se⟩ *hum* **ein ~ sein** être riche comme Crésus

Kröte F ⟨~; ~n⟩ 1 ZOOL crapaud *m* 2 *umg fig* **e-e kleine, freche ~** une petite effrontée 3 *umg fig pl* **~n** *umg* fric *m*; *umg* pognon *m*; *pej* **die paar ~n** *(das bisschen Geld)* *umg* ces quelques sous

Krötenwanderung F migration *f* de crapauds

Krs. ABK (Kreis) district

Krücke F ⟨~; ~n⟩ 1 *Gehhilfe* béquille *f*; **auf** *od* **an ~n** *(dat)* **gehen** marcher avec des béquilles 2 *(Griff an Stock, Schirm)* poignée *f* 3 *umg pej (Versager)* *umg* minable *m*; *umg* nul *m* 4 *(schlecht funktionierendes Ding)* *umg* camelote *f*; *umg* **diese ~ von Wecker** *umg* cette saleté de réveil

Krückstock M canne *f*

krud(e) *geh* ADJ grossier, -ière

Krug M ⟨~(e)s; ~̈e⟩ 1 *(bes Tonkrug)* cruche *f*; *kleiner* pichet *m*; *(großer Tonkrug)* jarre *f*; *(Bierkrug)* chope *f*; *sprichw* **der ~ geht so lange zum Brunnen, bis er bricht** *sprichw* tant va la cruche à l'eau (qu'à la fin elle se casse) 2 *regional (Wirtshaus)* café *m*

Krume F ⟨~; ~n⟩ 1 *(Ackerkrume)* terre *f* arable 2 *(Brotkrume)* mie *f* de pain

Krümel M ⟨~s; ~⟩ miette *f*

krümelig ADJ qui s'émiette; *(bröckelig)* friable; *(voller Krümel)* couvert de miettes

krümeln ⟨-(e)le, h.⟩ A V/T *(zer~)* émietter B V/I *Brot etc* s'émietter; *Person* faire des miettes

krümlig → krümelig

krumm A ADJ 1 *(gebogen)* courbe; *(verbogen)* tordu *(a. Nase, Stange, Baumstamm)*; de travers; *(alters~)* courbé; *Rücken, Schultern* voûté; *Wirbelsäule* dévié; **~e Beine** *npl* jambes torses, *o-förmig* arquées; *umg fig* **keinen Finger ~ machen** ne pas remuer le petit doigt; **e-n ~en Rücken machen** courber le dos 2 *umg fig* **~e Touren** *fpl* tripotages *mpl*; *umg* **ein ~es Ding drehen** faire qc de louche, de suspect; *umg* **auf die ~e Tour** de manière illégale, malhonnête; *umg* **~e Touren machen** *umg* monter des coups tordus B ADV **etw ~ biegen** tordre qc; **~ gewachsen sein** *Baum etc* avoir poussé de travers; *umg* **j-n ~ und lahm schlagen** réduire qn en miettes; → krummlachen, krummlegen, krummnehmen

krummbeinig ADJ **~ sein** avoir les jambes torses, *o-förmig* arquées

krummbiegen V/T → krumm B

krümmen ⟨h.⟩ A V/T courber; *fig* **keinen Finger ~** ne pas remuer le petit doigt; **j-m kein Haar ~** → Haar B V/R **sich ~** se tordre; se (re)courber; *Holz a.* gauchir; **sich vor Schmerzen, Lachen ~** se tordre de douleur, de rire; *sprichw* **früh krümmt sich, was ein Häkchen werden will** les dispositions naturelles se montrent de bonne heure

Krümmer M ⟨~s; ~⟩ TECH coude *m*

krummgewachsen ADJT → krumm B

Krummhorn N MUS cromorne *m*

krummlachen *umg* V/R *⟨sép, -ge-, h.⟩* **sich (über etw** *[akk]***) ~** se tordre de rire (à propos de qc); **sich krumm- und schieflachen** se tordre de rire

krummlegen *umg* V/R *⟨sép, -ge-, h.⟩* **sich ~** s'imposer des privations; *umg* se décarcasser

krummmachen *umg* V/T → krumm A 1

krummnehmen *umg* V/T *⟨irr, sép, -ge-, h.⟩* **etw ~** prendre qc de travers

Krummsäbel M cimeterre *m*; **Krummstab** M KIRCHE crosse *f*

Krümmung F ⟨~; ~en⟩ courbure *f* *(a.* GEOMETRIE, *der Wirbelsäule)*; incurvation *f*; *e-s Weges, Flusses* coude *m*

Krümmungskreis M GEOMETRIE cercle *m* de courbure; **Krümmungslinie** F GEOMETRIE (ligne *f* de) courbure *f*; **Krümmungsradius** M GEOMETRIE rayon *m* de courbure

krumpfecht ADJ, **krumpffrei** ADJ TEX irrétrécissable

Krupp M ⟨~s⟩ MED croup *m*

Kruppe F ⟨~; ~n⟩ croupe *f*

Krüppel M ⟨~s; ~⟩ estropié(e) *m(f)*; *fig* **j-n zum ~ schlagen** *od* **machen** estropier qn

krüpp(e)lig ADJ *Mensch* estropié; *Baum* tordu

Krustazeen FPL *t/t* crustacés *mpl*

Kruste F ⟨~; ~n⟩ croûte *f* *(a.* MED)

Krustentiere NPL ZOOL crustacés *mpl*

krustig ADJ couvert d'une croûte

Krux F → Crux

Kruzifix N ⟨~es; ~e⟩ crucifix *m*

Krypta F ⟨~; -ten⟩ crypte *f*; **kryptisch** *geh* ADJ *geh* abscons

Krypton N ⟨~s⟩ CHEM krypton *m*

KSZE F ABK (Konferenz über Sicherheit und Zusammenarbeit in Europa) CSCE *f* (Conférence sur la sécurité et la coopération en Europe)

Kt. ABK (Kanton) canton

Kto. ABK (Konto) compte

Kuba N ⟨→ *n/pr*⟩ Cuba

Kubaner(in) M ⟨~s; ~⟩ (F) ⟨~in; ~innen⟩ Cubain(e) *m(f)*; **kubanisch** ADJ cubain; de Cuba

Kübel M ⟨~s; ~⟩ *(Eimer)* seau *m*; *(Kasten)* bac *m* *(a. für Pflanzen)*; *(Holzkübel)* baquet *m*; *(Förderkübel), e-r Lore etc* benne *f*; *(Blumenkübel)* caisse *f*; *umg* **es gießt wie aus ~n** il pleut à seaux

Kubik... IN ZSSGN ... cube; **Kubikmeter** M *od* N mètre *m* cube; *Holzmaß* stère *m*; **Kubikwurzel** F racine *f* cubique; **Kubikzahl** F cube *m* (d'un nombre); **Kubikzentimeter** M *od* N centimètre *m* cube

kubisch ADJ cubique

Kubismus M ⟨~⟩ MAL cubisme *m*; **Kubist** M ⟨~en; ~en⟩ MAL cubiste *m*; **kubistisch** ADJ MAL cubiste

Kubus M ⟨~; Kuben⟩ MATH *u. Würfel* cube *m*

Küche F ⟨~; ~n⟩ cuisine *f* *(a. Einrichtung u. Kochkunst)*; **kalte ~** repas froids; **warme ~** plats chauds; **gutbürgerliche, französische ~** cuisine bourgeoise, française; *umg fig* **in Teufels ~ kommen** se mettre dans de beaux draps; *umg fig* **j-n in Teufels ~ bringen** mettre qn dans de beaux draps

Kuchen M ⟨~s; ~⟩ gâteau *m*; *(Obstkuchen)* tarte *f*; **ein Stück(chen) ~** un morceau de gâteau; *im Geschäft* une part de gâteau; **~ backen** faire un *bzw.* des gâteau(x)

Küchenabfälle MPL ordures ménagères

Kuchenbäcker M pâtissier *m*

Küchenbenutzung F **mit ~** avec possibilité de se servir; avec usage de la cuisine

Kuchenblech N plaque *f* (à pâtisserie)

Küchenchef M chef *m* de cuisine; chef *m* cuisinier; **Küchendienst** M corvée *f* de cuisine; **Küchenfee** *umg hum* F *hum* cordon-bleu *m*

Kuchenform F moule *m* à gâteau; **Kuchengabel** F fourchette *f* à gâteau

Küchengeräte NPL ustensiles de cuisine, ménagers

Kuchenglocke F cloche *f* (à gâteau)

Küchenhandtuch N essuie-mains *m*; **Küchenherd** M cuisinière *f*; **Küchenhilfe** F aide-cuisinière *f*; **Küchenjunge** M marmiton *m*; **Küchenkräuter** NPL fines herbes; **Küchenlatein** *iron* N latin *m* de cuisine; **Küchenmaschine** F robot (ménager)

Küchenmeister M chef *m* cuisinier; → Schmalhans

Küchenmesser N couteau *m* de cuisine; **Küchenmöbel** NPL meubles *mpl* de cuisine; **Küchenpersonal** N personnel *m* de cuisine

Kuchenplatte F *Geschirr* plat *m* à gâteau; assiette *f* à gâteaux; GASTR assiette *f* de gâteaux; **Kuchenrad** N, **Kuchenrädchen** N roulette *f* à pâtisserie

Küchenschabe F ZOOL blatte *f*; cafard *m*; **Küchenschelle** F BOT pulsatille *f*; **Küchenschrank** M placard *m* de cuisine; *(Büfett)* buffet *m* de cuisine; **Küchenschürze** F tablier *m* de cuisine

Kuchenteig M pâte *f* (à gâteau); **Kuchenteller** M *Geschirr* assiette *f* à dessert; GASTR assiette *f* de gâteaux

Küchentisch M table *f* de cuisine; **Küchenuhr** F pendule *f* de cuisine; **Küchenwaage** F balance *f* de cuisine

Kuchenzange F pince *f* à gâteau(x)

Küchenzeile F cuisine intégrée; **Küchenzettel** M menu *m* (pour la semaine)

Küchlein N ⟨~s; ~⟩ **1** → Küken **2** GASTR petit gâteau

kucken V/I ⟨h.⟩ *regional* → gucken

kuckuck INT coucou!

Kuckuck M ⟨~s; ~e⟩ **1** ZOOL coucou *m*; *umg* **zum ~ (noch mal)!** *umg* nom d'une pipe!; *umg* **hol's der ~!** que le diable l'emporte!; *umg* **geh zum ~!** va-t'en au diable!; *umg* **(das) weiß der ~!** va savoir!; *umg* **mein ganzes Gehalt ist zum ~** *umg* tout mon salaire y est passé; *umg* **warum, wie, wo** *etc*, **zum ~, ist ...?** *umg* pourquoi, comment, où, *etc* est ..., nom d'une pipe! **2** *umg fig (Siegel des Gerichtsvollziehers)* scellés *mpl*

Kuckucksei N œuf *m* de coucou; *fig* cadeau empoisonné; **j-m ein ~ ins Nest legen** faire un cadeau empoisonné à qn

Kuckuckskind *umg* N enfant *m/f* d'un autre père; **Kuckucksuhr** F (pendule *f* à) coucou *m*

Kuddelmuddel *umg* M *od* N ⟨~s⟩ *umg* embrouillamini *m*

Kufe F ⟨~; ~n⟩ *(Schlittenkufe, Flugzeugkufe)* patin *m*; *(Schlittschuhkufe)* lame *f*

Küfer M ⟨~s; ~⟩ **1** *südd, schweiz* tonnelier *m* **2** *(Weinküfer)* caviste *m*; maître *m* de chai

Kugel F ⟨~; ~n⟩ **1** *(runder Körper)* boule *f*; *umg* **e-e ruhige ~ schieben** *umg* se la couler douce **2** *(Gewehrkugel, Pistolenkugel)* balle *f*; *(Kanonenkugel)* boulet *m*; **von e-r ~ getroffen werden** être atteint, touché par une balle **3** MATH sphère *f* **4** SPORT *beim ~stoßen* poids *m* **5** *e-s ~lagers, ~schreibers etc* bille *f*

Kugelabschnitt M MATH segment *m* sphérique (à une base); **Kugelausschnitt** M MATH secteur *m* sphérique; **Kugelblitz** M METEO boule *f* de feu

Kügelchen N ⟨~s; ~⟩ petite boule; *aus Papier, Brot* boulette *f*

Kugeldistel F boulette *f*; *t/t* échinops *m*; **Kugeldurchmesser** M diamètre *m* de la sphère; **Kugelfang** M pare-balles *m*; *als Erdwall* butte *f* de tir; **kugelförmig** ADJ (de forme) sphérique; en forme de boule; **Kugelgelenk** N **1** ANAT énarthrose *f* **2** TECH joint *m* à rotule; **Kugelhagel** M grêle *f* de balles

kugelig ADJ rond comme une boule

Kugelkopf M boule *f*; **Kugelkopfmaschine** F machine *f* (à écrire) à boule; **Kugellager** N TECH roulement *m* à billes

kugeln ⟨-(e)le⟩ **A** V/T ⟨h.⟩ faire rouler **B** V/I ⟨s.⟩ rouler comme une boule **C** V/R ⟨h.⟩ **sich ~** se rouler; *umg* **sich vor Lachen ~** se tordre de rire

kugelrund ADJ (tout) rond; *hum Person a.* boulot, -otte

Kugelschreiber M stylo *m* (à) bille; stylo-bille *m*; **Kugelsegment** N → Kugelabschnitt; **Kugelsektor** M → Kugelausschnitt; **kugelsicher** ADJ à l'épreuve des balles; *Weste* pare-balles *(inv)*; *Fahrzeug* blindé; **Kugelstoßen** N ⟨~s⟩ SPORT lancer *m* du poids; **Kugelstoßer(in)** M ⟨~s; ~⟩ (F) ⟨~in; ~innen⟩ SPORT lanceur, -euse *m,f* de poids

kuglig → kugelig

Kuh F ⟨~; ⸚e⟩ ZOOL vache *f*; REL, *umg fig* **heilige ~** vache sacrée; *umg pej* **dumme ~** *umg* crétine *f*

Kuhaugen *umg* NPL *umg* yeux bovins; **Kuhdorf** *umg pej* N *umg* bled *m*; *umg* trou *m*; **Kuheuter** N pis *m* de vache; GASTR tétine *f*; **Kuhfladen** M bouse *f* de vache; **Kuhglocke** F cloche *f* de vache; clarine *f*; **Kuhhandel** *umg pej* M marchandage *m*

Kuhhaut F *umg* **das geht auf keine ~!** c'est inouï, incroyable!

Kuhherde F troupeau *m* de vaches; **Kuhhirt(in)** M(F) vacher, -ère *m,f*

kühl **A** ADJ frais, fraîche; *fig meist* froid; **~ werden** se rafraîchir; *fig* **ein ~er Empfang** un accueil froid; **e-n ~en Kopf bewahren** garder la tête froide **B** ADV *(abweisend)* froidement; **etw ~ lagern** conserver qc au frais

Kühlabteil N *e-s Kühlschranks* compartiment *m* (d'un réfrigérateur); **Kühlaggregat** N groupe *m* frigorifique; **Kühlanlage** F installation *f* frigorifique, de réfrigération; **Kühlbox** F glacière *f*

Kuhle *umg* F ⟨~; ~n⟩ *(Mulde)* creux *m*

Kühle F ⟨~⟩ fraîcheur *f*; *fig a.* froideur *f*; **in der ~** au frais

kühlen V/T ⟨h.⟩ TECH refroidir; *Lebensmittel* réfrigérer; *Getränk* rafraîchir; *Sekt* frapper

Kühler M ⟨~s; ~⟩ **1** TECH refroidisseur *m*; AUTO radiateur *m*; CHEM réfrigérant *m* **2** *(Sektkühler)* seau *m* à glace; **Kühlerfigur** F mascotte *f* qui orne le bouchon de radiateur (d'une voiture); **Kühlergrill** M AUTO calandre *f*; **Kühlerhaube** F AUTO capot *m*

Kühlflüssigkeit F liquide de refroidissement, réfrigérant; **Kühlgebläse** N ventilateur *m* de refroidissement; **Kühlgut** N marchandises *fpl* à réfrigérer; **Kühlhaus** N entrepôt *m* frigorifique; **Kühlkette** F HANDEL chaîne *f* frigorifique; **Kühlmittel** N → Kühlflüssigkeit; **Kühlraum** M chambre froide, frigorifique; **Kühlrippe** F ailette *f* de refroidissement, de réfrigération; **Kühlschlange** F serpentin *m* de refroidissement, de réfrigération; **Kühlschrank** M réfrigérateur *m*; frigidaire *m*; **Kühltasche** F sac *m* isotherme; **Kühltheke** F vitrine *f* frigorifique; **Kühltruhe** F congélateur-bahut *m*; **Kühlturm** M TECH tour *f* de refroidissement

Kühlung F ⟨~; ~en⟩ TECH refroidissement *m*; *von Lebensmitteln* réfrigération *f*; **sich** *(dat)* **~ verschaffen** se rafraîchir

Kühlvorrichtung F dispositif *m* de refroidissement; refroidisseur *m*; réfrigérant *m*; **Kühlwagen** M *(Eisenbahnkühlwagen)* wagon *m* frigorifique; *Lastwagen* camion *m* frigorifique; **Kühlwasser** N ⟨~s; ⸚⟩ eau *f* de refroidissement

Kuhmilch F lait *m* de vache; **Kuhmist** M fumier *m* de vache

kühn ADJ °hardi; *plus fort* audacieux, -ieuse; *(verwegen)* téméraire; *(unerschrocken)* intrépide; **ein ~er Entschluss** une décision °hardie; **das übertrifft meine ~sten Träume** cela dépasse mes plus beaux rêves

Kühnheit F ⟨~; ~en⟩ °hardiesse *f*; *plus fort* audace *f*; *(Verwegenheit)* témérité *f*; *(Unerschrockenheit)* intrépidité *f*

Kuhpocken PL VET *u. Impfstoff* vaccine *f*; **Kuhstall** M étable *f* (à vaches)

kuhwarm ADJ **~e Milch** lait fraîchement trait

kujonieren *umg pej* V/T ⟨pas de ge-, h.⟩ tracasser; *Vorgesetzter* brimer

k. u. k. *österr* HIST ABK (kaiserlich und königlich) impérial et royal; **die ~ Monarchie** l'empire austro-hongrois

Küken N ⟨~s; ~⟩ **1** ZOOL poussin *m* **2** *umg fig (kleines Kind)* *umg* mioche *m/f*; *Mädchen* oie blanche; enfant *f* **3** TECH clé *od* clef *f*; noix *f*

Kukuruz M ⟨~es⟩ *österr* maïs *m*

kulant ADJ *Verkäufer etc* arrangeant; *Haltung* accommodant; *Preis* avantageux, -euse; **Kulanz** F ⟨~⟩ HANDEL souplesse *f* en affaires; bonne volonté; **auf ~** sans faire payer (le client)

Kuli[1] M ⟨~s; ~s⟩ *(Arbeiter), fig* coolie *m*

Kuli[2] *umg* M ⟨~s; ~s⟩ *(Kugelschreiber)* stylo *m* (à bille); *umg* bic® *m*

kulinarisch ADJ culinaire

Kulisse F ⟨~; ~n⟩ **1** THEAT *Bühnendekoration* décors *mpl*; *Raum* coulisse(s) *f(pl)*; *fig* **hinter den ~n** dans les coulisses; **hinter die ~n**

K

schauen regarder en coulisse **2** *fig (Hintergrund, Umgebung)* décor *m* **3** TECH, FIN coulisse *f*
Kulissenschieber *umg* M THEAT machiniste *m*; **Kulissenwechsel** M THEAT changement *m* de décors; *fig* changement *m* de décor
Kulleraugen *umg hum* NPL grands yeux vifs
kullern *umg* V/I ‹-(e)re, s.› rouler
Kulmination F ‹~; ~en› ASTRON, *fig* culmination *f*; **Kulminationspunkt** M ASTRON, *fig* point culminant; **kulminieren** V/I ‹*pas de ge-*, h.› culminer **(in** [+*dat*] dans)
Kult M ‹~(e)s; ~e› culte *m*; **mit etw, j-m e-n ~ treiben** rendre un culte à qc, à qn; idolâtrer qc, qn
Kultbild N idole *f*; **Kultbuch** N livre *m* culte; **Kultfigur** F idole *f*; **Kultfilm** M film *m* culte; **Kulthandlung** F cérémonie cultuelle
kultig ADJ *Jugendsprache* mythique; ‹*épithète*› *a.* culte
kultisch ADJ du culte; cultuel, -elle
Kultivator M ‹~s; -toren› AGR *Gerät* cultivateur *m*
kultivieren V/T ‹*pas de ge-*, h.› *a. fig* cultiver
kultiviert **A** ADJT *Person* évolué; *Benehmen* élégant; *(gepflegt)* soigné **B** ADVL **~ speisen** faire un repas gastronomique; **sich ~ benehmen** avoir de bonnes manières
Kultivierung F ‹~› AGR *e-r Fläche* mise *f* en culture; *von Pflanzen* culture *f*; *fig e-r Freundschaft* entretien *m*; *fig des Geschmacks* affinement *m*
Kultstätte F lieu *m* de culte; lieu sacré
Kultur F ‹~; ~en› **1** *e-s Volkes, e-r Gesellschaft* civilisation *f*; *(persönliche Bildung, verfeinerte Lebensweise)* culture *f*; *(Lebensart)* savoir-vivre *m*; **die ~ des Abendlandes** la civilisation occidentale; **ein Mensch ohne ~** un homme dépourvu de culture, inculte **2** AGR, FORSTWIRTSCHAFT, BIOL, *von Bakterien etc* culture *f*
Kulturabkommen N accord culturel; **Kulturamt** N *e-r Stadt etc* service culturel; **Kulturattaché** M attaché culturel; **Kulturaustausch** M échange(s) culturel(s); **Kulturbanause** M *pej hum* personne *f* sans culture générale; ignorant *m*; **Kulturbeilage** F *e-r Zeitung* supplément culturel; **Kulturbetrieb** M ‹~(e)s› vie culturelle; **Kulturbeutel** M trousse *f* de toilette; **Kulturboden** M **1** AGR sol cultivé **2** *Land* pays civilisé; pays *m* qui a un passé culturel; **Kulturdenkmal** N monument *m* historique
kulturell **A** ADJ culturel, -elle **B** ADV du point de vue culturel; **~ hochstehend** d'un °haut niveau culturel
Kulturepoche F époque culturelle; **Kulturerbe** N héritage, patrimoine culturel; **kulturfeindlich** ADJ ennemi de, hostile à la civilisation; **Kulturfilm** M (film *m*) documentaire *m*; **Kulturfonds** M fonds culturel; **Kulturgeschichte** F histoire *f* de la civilisation *bzw.* des civilisations; **kulturgeschichtlich** ADJ qui se rapporte à l'histoire de la civilisation; **Kulturgut** N patrimoine culturel; **kulturhistorisch** ADJ → kulturgeschichtlich; **Kulturhoheit** F ‹~› souveraineté culturelle; **Kulturkreis** M sphère culturelle; culture *f*; **Kulturkritik** F critique *f* de la civilisation; **Kulturlandschaft** F **1** *Landschaft* paysage culturel **2** ‹*pas de pl*› *fig (Kulturleben)* vie culturelle; **Kulturleben** N ‹~s› vie culturelle; **kulturlos** ADJ inculte; **Kulturlosigkeit** F ‹~› absence *f* de culture; **Kulturmagazin** N magazine culturel; **Kulturpessimismus** M pessimisme *m* à l'égard de la civilisation; **Kulturpflanze** F plante cultivée; **Kulturpolitik** F ‹~› politique culturelle; **kulturpolitisch** ADJ relatif, -ive à la politique culturelle; **Kulturraum** M aire culturelle; **Kulturrevolution** F révolution culturelle; **Kulturschaffende(r)** M ‹→ A› HIST *DDR* créateur *m*; artiste *m*; **Kulturschande** F *pej* atteinte *f* à la civilisation; **Kulturschock** M SOZIOLOGIE choc *m* des cultures; **Kultursoziologie** F sociologie *f* de la culture; **Kultursprache** F langue culturelle; **Kulturstaat** M État civilisé; **Kulturstufe** F degré *m* de civilisation; **Kulturszene** F ‹~› scène culturelle; **Kulturtasche** F trousse *f* de toilette; **Kulturträger** M *personne ou institution contribuant à la diffusion de la culture*; **Kulturvolk** N peuple civilisé; **Kulturzentrum** N centre culturel
Kultusgemeinde F communauté religieuse (dans la diaspora); **Kultusminister(in)** M(F) *in Deutschland* ministre *m/f* des Affaires culturelles; *in Frankreich* ministre *m/f* de l'Éducation nationale; **Kultusministerium** N *in Deutschland* ministère *m* des Affaires culturelles; *in Frankreich* ministère *m* de l'Éducation
Kumarin N ‹~s› coumarine *f*
Kumaron N ‹~s› CHEM coumarone *f*
Kümmel M ‹~s; ~› **1** *Pflanze, Gewürz* carvi *m* **2** *Branntwein* kummel *m*; **Kümmelbranntwein** M kummel *m*; **Kümmelkäse** M fromage *m* au cumin; **Kümmelschnaps** M → Kümmel 2
Kummer M ‹~s› chagrin *m*; souci(s) *m(pl)*; **j-m ~ machen** donner du souci à qn; *umg* **ich bin ~ gewohnt** *umg* je n'en suis pas à une déception près
Kummerbund M ‹~(e)s; ~e› MODE ceinture *f* de smoking; **Kummerkasten** *umg* M *boîte aux lettres où l'on dépose, dans une école, une entreprise, ses suggestions, ses réclamations, etc*
kümmerlich ADJ **1** *(schwächlich u. klein)* chétif, -ive; malingre **2** *(arm)* pauvre; misérable **3** *pej (nicht ausreichend)* maigre
kümmern ‹-(e)re, h.› **A** V/T **das kümmert mich nicht** je ne m'en soucie pas; **was kümmert ihn das?** en quoi cela le regardet-il?; **was kümmert dich das?** qu'est-ce que cela peut te faire? **B** *geh* V/I *(nicht gedeihen)* dépérir **C** V/R **sich um j-n, etw ~** *(sorgen für)* s'occuper de qn, qc; *(beachten)* se soucier de qn, de qc; **sich darum ~, dass …** faire en sorte que … *(+subj)*; veiller à ce que … *(+subj)*; **sich nicht um das Gerede ~** ne pas se soucier du qu'en dira-t-on; **~ Sie sich um Ihre (eigenen) Angelegenheiten!** occupez-vous de vos affaires!; mêlez-vous, occupez-vous de ce qui vous regarde!
Kümmernis *geh* F ‹~; ~se› chagrin *m*
Kummerspeck M *umg* **~ ansetzen** *umg* faire du lard parce qu'on a des soucis
kummervoll ADJ plein de chagrin
Kumpan *umg, oft pej* M ‹~s; ~e› *(Kamerad)* *umg* copain *m*; *(Mittäter)* complice *m*; comparse *m*; acolyte *m*
Kumpel M ‹~s; ~ *ou umg* ~s› **1** BERGWERK mineur *m* **2** *umg (Kamerad)* *umg* copain *m*; *umg* pote *m*
kumpelhaft ADJ familier, -ière
Kumquat F ‹~; ~s› BOT kumquat *m*
Kumulation F ‹~; ~en› → Kumulierung; **kumulativ** ADJ cumulatif, -ive; **Kumulierung** F ‹~; ~en› *(Anhäufung)* accumulation *f*; *von Ämtern, Strafen etc* cumul *m*
Kumulus M ‹~; -li› METEO cumulus *m*
kündbar ADJ *Vertrag* résiliable; qui peut être dénoncé; *Stellung* dont le contrat peut être résilié; *Wohnung* dont le bail peut être résilié; *Arbeitnehmer, Mieter* congédiable
Kunde[1] M ‹~n; ~n› HANDEL client *m*; **Dienst *m* am ~n** service *m* du client
Kunde[2] *geh* F ‹~; ~n› *(Nachricht)* nouvelle *f*; *(Kenntnis)* connaissance *f*; **~ von etw haben** avoir connaissance de qc; **j-m von etw ~ geben** donner des nouvelles de qc à qn
Kunde[3] F ‹~; ~n› *österr (Kundschaft)* clientèle *f*
künden *geh* ‹-ete, h.› **A** V/T *(auf etw hindeuten)* **etw ~** annoncer qc **B** V/I *(von etw zeugen)* **von etw ~** témoigner de qc
Kundenberatung F conseil *m* au client
Kundenbesuch M **~e machen** visiter les clients
Kundencenter N centre *m* d'accueil de la clientèle; **Kundendienst** M service *m* après-vente; **Kundenfang** M ‹~(e)s› *pej* racolage commercial; chasse *f* au client; **Kundenkarte** F *e-s Geschäfts* carte *f* de fidélité; *e-r Bank* carte *f* badge; **Kundenkartei** F fichier *m* clients; **Kundenkredit** M crédit *m* au client; **Kundenkreis** M clientèle *f*; **Kundenstamm** M clientèle fixe, habituelle; **Kundenwerbung** F prospection *f* de la clientèle
kundgeben *geh* V/T ‹*irr, sép,* -ge-, h.› faire connaître; manifester; révéler; **Kundgebung** F ‹~; ~en› *Veranstaltung* manifestation *f*; réunion *f* politique
kundig ADJ connaisseur; expert; *geh* **e-r Sache** *(gen)* **~ sein** être connaisseur en qc; *geh* **des Lesens und Schreibens ~** qui sait lire et écrire; *geh* **sich über etw** *(akk)* **~ machen** se renseigner sur qc; **mit ~em Blick** d'un air connaisseur
kündigen ‹h.› **A** V/T *Vertrag, Abkommen etc* résilier; dénoncer; **s-e Stellung ~** donner sa démission; **s-e Wohnung ~** donner son congé à son propriétaire; *fig* **j-m die Freundschaft ~** rompre avec qn **B** V/I **j-m ~** *e-m Arbeitnehmer* licencier qn; *e-m Mieter* donner congé à qn **(zum Quartalsende** pour la fin du trimestre); **sie hat gekündigt** *Arbeit* elle a donné sa démission; *Wohnung* elle a donné son congé **(zum 31. Dezember** pour le 31 décembre); *e-m Arbeitnehmer a.* **ihm wurde gekündigt**, *umg a. v/t* **er wurde gekündigt** il a été licencié, *umg* renvoyé
Kündigung F ‹~; ~en› *e-s Vertrags* résiliation *f*; *durch den Arbeitgeber* licenciement *m*; *durch den Arbeitnehmer* démission *f*; MIETRECHT congé *m*; **ordentliche ~** ARBEITSRECHT licenciement *m*, MIETRECHT congé *m* en règle; **fristlose ~** ARBEITSRECHT licenciement *m*, MIETRECHT congé *m* sans préavis
Kündigungsfrist F ARBEITSRECHT délai *m* de préavis; MIETRECHT préavis *m*; *bei Geldern* délai-congé *m*; *bei Verträgen* délai *m* de résiliation; **mit sechswöchiger ~** avec un délai de préavis de six semaines
Kündigungsgrund M *des Arbeitgebers* motif *m* de licenciement; *des Arbeitnehmers* motif *m* de démission; **Kündigungsrecht** N *des Arbeitgebers* droit *m* de licenciement; **Kündigungsschreiben** N *des Arbeitgebers* lettre *f* de licenciement; *des Arbeitnehmers* lettre *f* de démission; **Kündigungsschutz** M ARBEITSRECHT protection *f* contre les licenciements abusifs; MIETRECHT protection *f* du locataire; **Kündigungstermin** M date *f* limite, échéance *f* du préavis, du congé, *bei Verträgen* de la résiliation
Kundin F ‹~; ~nen› cliente *f*
Kundschaft F ‹~› clientèle *f*; **ich habe ~ im Laden** j'ai des clients (dans le magasin)
Kundschafter M ‹~s; ~› éclaireur *m*
kundtun *geh* V/T ‹*irr, sép,* -ge-, h.› faire connaître; *Meinung* manifester; professer
künftig **A** ADJ futur; à venir **B** ADV à l'avenir;

K

dorénavant; désormais; **künftighin** *geh* ADV désormais
Kungelei *umg pej* F ⟨~; ~en⟩ manigance *f*
kungeln *umg pej* VI ⟨-(e)le, h.⟩ manigancer (um etw qc)
Kung-Fu N ⟨~(s)⟩ SPORT kung-fu *m*
Kunibert M ⟨→ *n/pr*⟩ *prénom*
Kunigunde F ⟨→ *n/pr*⟩ *prénom*
Kunst F ⟨~; ~̈e⟩ art *m*; **angewandte ~** arts appliqués; **die bildenden Künste, die bildende ~** les arts plastiques; *oft* les beaux-arts; **die schönen Künste** les beaux-arts; **die Schwarze ~** *(Magie)* la magie; *(Buchdruck)* l'imprimerie *f*; **e-e brotlose ~ sein** ne pas nourrir son homme; être peu lucratif, -ive; *umg fig* **das ist keine ~** ce n'est pas difficile; *umg* ce n'est pas sorcier; **mit s-r ~ am Ende sein** être au bout de son latin; *umg* **was macht die ~?** comment ça marche?; **nach allen Regeln der ~** dans, selon toutes les règles de l'art
Kunstakademie F académie *f* des beaux-arts; *in Frankreich* école *f* des beaux-arts; **Kunstauktion** F vente *f* aux enchères d'objets d'art; **Kunstausstellung** F exposition *f* d'œuvres d'art; **Kunstbanause** M *pej* ignorant *m* en matière d'art; béotien, -ienne *m,f*; **Kunstband** M livre *m* d'art; **kunstbegeistert** ADJT passionné d'art
Kunstbesitz M collection *f* d'objets d'art; **~ der Stadt München** patrimoine culturel de la ville de Munich
Kunstbetrachtung F interprétation *f* d'œuvres d'art; **Kunstdarm** M peau *f* (de saucisson) artificielle; **Kunstdenkmal** N monument (classé); **Kunstdiebstahl** M vol *m* d'œuvres d'art; **Kunstdrechsler** M tabletier *m*; **Kunstdruck** M ⟨~(e)s; ~e⟩ gravure *f*; reproduction *f*; **Kunstdünger** M engrais *m* chimique; **Kunsteis** N glace artificielle; **Kunsteisbahn** F patinoire *f*; **Kunsterziehung** F éducation *f* artistique; *Schulfach* dessin *m*; **Kunstexperte** M, **Kunstexpertin** F expert(e) *m(f)* en matière d'art; **Kunstfahrer(in)** M(F) acrobate *m/f* sur cycle; **Kunstfälschung** F falsification *f* d'objets d'art; *Ergebnis* faux *m* (en matière d'art); **Kunstfaser** F fibre *f* synthétique; **Kunstfehler** M MED faute médicale; **kunstfertig** ADJ habile; adroit; **Kunstfertigkeit** F ⟨~⟩ habileté *f*; adresse *f*; **Kunstflieger(in)** M(F) pilote *m* d'acrobatie aérienne; **Kunstflug** M ⟨~(e)s; -flüge⟩ acrobatie aérienne; voltige *f*; **Kunstform** F forme *f* artistique; **Kunstführer** M guide *m* de tourisme culturel; **Kunstgalerie** F galerie *f* d'art; **Kunstgegenstand** M objet *m* d'art; **Kunstgenuss** M jouissance *f*, plaisir *m* esthétique; **kunstgerecht** **A** ADJ conforme aux règles de l'art **B** ADV conformément aux, dans les règles de l'art; **Kunstgeschichte** F histoire *f* de l'art
kunstgeschichtlich **A** ADJ d'histoire de l'art **B** ADV du point de vue de l'histoire de l'art; **~ interessiert sein** s'intéresser à l'histoire de l'art
Kunstgewerbe N ⟨~s⟩ arts décoratifs, appliqués; **kunstgewerblich** ADJ des arts décoratifs, appliqués; **Kunstgriff** M artifice *m*; procédé *m*; truc *m*; *pl* **~e** *a.* ficelles *fpl* (du métier); **Kunsthalle** F salle d'exposition (d'œuvres d'art) municipale; **Kunsthandel** M commerce *m* d'art; **Kunsthändler(in)** M(F) marchand(e) *m(f)* d'art; **Kunsthandlung** F magasin *m* d'objets d'art; **Kunsthandwerk** N artisanat *m* d'art; **Kunsthandwerker(in)** M(F) artisan *m* d'art; **Kunstharz** N résine artificielle, synthétique; **Kunstherz** N cœur artificiel; **Kunsthistoriker(in)** M(F) historien, -ienne *m,f* d'art; **Kunsthochschule** F → Kunstakademie; **Kunsthonig** M miel artificiel; **Kunstkalender** M calendrier *m* d'art; **Kunstkenner(in)** M(F) connaisseur, -euse *m,f* en matière d'art; **Kunstkritik** F critique *f* d'art; **Kunstkritiker(in)** M(F) critique *m/f* d'art; **Kunstleder** N similicuir *m*; skaï® *m*
Künstler(in) M ⟨~s; ~⟩ (F) ⟨~in; ~innen⟩ artiste *m/f*; *umg fig (Meister)* **er ist ein ~ im Vordrängeln** *umg* c'est un champion de la resquille; *umg iron* **du bist mir aber ein ~!** *umg* t'es vraiment champion!
Künstlerhand F **von ~** de la main d'un artiste
künstlerisch **A** ADJ *Person* artiste; *Sache* artistique **B** ADV artistiquement; du point de vue artistique; **~ begabt** doué pour les arts; **~ wertvoll sein** avoir une valeur artistique; **etw ~ gestalten** donner une forme artistique à qc
Künstlerkolonie F colonie *f* d'artistes; **Künstlerkreise** MPL milieux *mpl* d'artistes; **Künstlerleben** N vie *f* d'artiste; **Künstlerlokal** N café *m* d'artistes, littéraire; **Künstlername** M pseudonyme *m*; **Künstlerpech** *umg hum* N ⟨~(e)s⟩ petit malheur; **Künstlertum** N ⟨~s⟩ génie *m* artistique; **Künstlerwerkstatt** F atelier *m* d'artiste
künstlich **A** ADJ artificiel, -ielle; **~e Befruchtung** insémination artificielle; **~e Ernährung** alimentation artificielle; **~es Gebiss** dentier *m* **B** ADV artificiellement; *umg* **sich ~ aufregen** s'énerver inutilement
Künstlichkeit F ⟨~⟩ caractère artificiel
Kunstlicht N ⟨~(e)s⟩ lumière artificielle; **Kunstliebhaber(in)** M(F) amateur *m* d'art; **Kunstlied** N lied *m*; **kunstlos** ADJ dépourvu d'art; simple; **Kunstmaler(in)** M(F) artiste *m/f* peintre; **Kunstmarkt** M marché *m* de l'art; **Kunstmuseum** N musée *m* d'art; **Kunstpause** F silence éloquent; **Kunstpostkarte** F carte postale d'art; **Kunstprodukt** N **1** *künstlerisches* produit *m* artistique **2** *künstliches* produit artificiel; **Kunstrasen** M gazon artificiel; **kunstreich** ADJ *(kunstvoll)* fait avec art; *(geschickt)* ingénieux, -ieuse; **Kunstreiter(in)** M(F) écuyer, -ère *m,f*; **Kunstrichtung** F tendance *f* de l'art; **Kunstsachverständige(r)** M/F(M) → Kunstexperte; **Kunstsammler(in)** M(F) collectionneur, -euse *m,f* d'art; **Kunstsammlung** F collection *f* d'objets d'art
Kunstschätze MPL trésors *mpl* (artistiques); **die ~ Italiens** les trésors de l'art italien
Kunstschmied M ferronnier *m* (d'art); **Kunstschütze** M, **Kunstschützin** F artiste *m/f* de tir; **Kunstschwimmen** N ballet *m* nautique; **Kunstschwimmer(in)** M(F) nageur, -euse *m,f* pratiquant le ballet nautique; **Kunstseide** F rayonne *f*; soie artificielle; **Kunstsinn** M ⟨~(e)s⟩ sens *m*, goût *m* artistique; **Kunstsprache** F langue artificielle; **Kunstspringen** N ⟨~s⟩ plongeons *mpl* de tremplin; **Kunstspringer(in)** M(F) plongeur, -euse *m,f* au tremplin; **Kunststoff** M matière *f* plastique; plastique *m*
kunststopfen VT *u.* VI ⟨*les formes séparées des temps simples ne s'emploient pas*, -ge-, h.⟩ MODE stopper
Kunststück N *(Glanzleistung)* tour *m* de force; *(Geschicklichkeitskunststück)* tour *m* d'adresse; *(Zauberkunststück)* tour *m* de prestidigitation; *(Kartenkunststück)* tour *m* de cartes; *umg* **das ist kein ~** ce n'est pas difficile; *umg* ce n'est pas sorcier; *umg iron* **~!** ce n'est pas étonnant!
Kunststudent(in) M(F) étudiant(e) *m(f)* des beaux-arts; **Kunsttischler** M ébéniste *m*; **Kunstturnen** N gymnastique *f* artistique; **Kunstturner(in)** M(F) gymnaste *m/f* artistique; **Kunstverstand** M connaissance *f* de l'art; **kunstvoll** **A** ADJ fait avec (beaucoup d')art **B** ADV avec art; **Kunstwerk** N œuvre *f* d'art; **Kunstwissenschaft** F sciences *fpl* de l'art; **Kunstwort** N ⟨~(e)s; -wörter⟩ mot formé artificiellement
kunterbunt **A** ADJ **1** *(bunt)* bariolé **2** *(abwechslungsreich)* (très) varié **B** ADV *(durcheinander)* pêle-mêle
Kupee N → Coupé
Kupfer N ⟨~s⟩ **1** *Metall* cuivre *m*; **etw in ~** *(akk)* **stechen** graver qc sur cuivre **2** *(~geschirr)* cuivres *mpl*
Kupferblech N feuille *f* de cuivre; cuivre laminé; **Kupferdraht** M fil *m* de cuivre; **Kupferdruck** M ⟨~(e)s; ~e⟩ impression *f* en taille-douce; **kupferfarben** ADJ cuivré; **Kupfergeld** N ⟨~(e)s⟩ monnaie *f* de cuivre; **kupferhaltig** ADJ qui contient du cuivre; cuprifère; **Kupferkessel** M chaudron *m* en cuivre; **Kupferlegierung** F alliage *m* de cuivre; **Kupfermünze** F pièce *f* de cuivre
kupfern ADJ *(aus Kupfer)* de, en cuivre; *(wie Kupfer)* cuivré
Kupferrohr N tuyau *m* en cuivre; **kupferrot** ADJ cuivré; **Kupferschmied** M chaudronnier *m*
Kupferstecher M ⟨~s; ~⟩ graveur *m* sur cuivre; *umg hum* **mein (lieber) Freund und ~!** *umg* mon vieux pote!
Kupferstich M gravure *f* sur cuivre; **Kupfersulfat** N ⟨~(e)s⟩ CHEM sulfate *m* de cuivre; **Kupfervitriol** N ⟨~s⟩ CHEM vitriol de cuivre, bleu; **Kupferzeit** F ⟨~⟩ âge *m* du cuivre
kupieren VT ⟨*pas de ge-*, h.⟩ **1** *Hunde-, Pferdeschwanz* écourter; *Hundeohren, Pflanzen* tailler **2** MED juguler; enrayer
Kupon M ⟨~s; ~s⟩ **1** *(Abschnitt)* talon *m* **2** *(Zinsschein)* coupon *m* (d'intérêt)
Kuppe F ⟨~; ~n⟩ **1** *(Fingerkuppe etc)* bout *m* **2** *(Bergkuppe)* sommet (arrondi); *Überholen verboten* **vor e-r ~** en °haut de côte
Kuppel F ⟨~; ~n⟩ *innere* coupole *f*; *äußere* dôme *m*; **kuppelartig** ADJ semblable à, comme un dôme, une coupole; **Kuppelbau** M ⟨~(e)s; ~ten⟩ bâtiment *m* à dôme, à coupole; **Kuppeldach** N dôme *m*; toit *m* en coupole
Kuppelei F ⟨~; ~en⟩ *(Zuhälterei)* proxénétisme *m*; *früher u. umg (Eheanbahnung): fait d'arranger des rencontres en vue de mariages*; **~ betreiben** *als Zuhälter* faire le proxénète; faire du proxénétisme; *Eheanbahnung* faire l'entremetteur, -euse
Kuppelgrab N tombeau *m* à coupole
kuppeln ⟨-(e)le, h.⟩ **A** VT TECH (ac)coupler; ELEK accoupler; **etw an etw** *(akk)* **~** *Anhänger etc* atteler qc à qc **B** VI AUTO *(ein~)* embrayer; *(aus~)* débrayer
Kuppler(in) M ⟨~s; ~⟩ (F) ⟨~in; ~innen⟩ *pej* entremetteur, -euse *m,f*
Kupplung F ⟨~; ~en⟩ **1** TECH, ELEK accouplement *m* **2** *(Anhängerkupplung etc)* coupleur *m* **3** AUTO embrayage *m*; **(auf) die ~ treten**, *beim Motorrad* **die ~ ziehen** débrayer; **die ~ kommen lassen** embrayer
Kupplungshebel M poignée *f* d'embrayage; **Kupplungspedal** N AUTO pédale *f* d'embrayage
Kur F ⟨~; ~en⟩ cure *f*; **in** *od* **zur ~ fahren** aller faire une cure; aller prendre les eaux; **e-e ~ machen** faire une cure
Kür F ⟨~; ~en⟩ TURNEN exercices *mpl* libres; EISKUNSTLAUF *etc* figures *fpl* libres; **die ~ ge-**

K

winnen EISKUNSTLAUF remporter l'épreuve des figures libres
Kurarzt M médecin *m* curiste
Kuratel F ⟨~; ~en⟩ JUR curatelle *f*; **j-n unter ~** *(akk)* **stellen** mettre qn en, placer qn sous curatelle, tutelle
Kurator M ⟨~s; -toren⟩ administrateur *m* *(d'une fondation, etc)*; **Kuratorium** N ⟨~s; -ien⟩ conseil *m* d'administration; comité *m*
Kuraufenthalt M séjour *m* dans une station thermale, *etc*; **Kurbad** N station thermale; ville *f* d'eaux
Kurbel F ⟨~; ~n⟩ manivelle *f*
kurbeln V/I ⟨-(e)le, h.⟩ tourner la manivelle; *umg fig (das Lenkrad drehen)* manœuvrer
Kurbelwelle F TECH arbre-manivelle *m*; vilebrequin *m*
Kürbis M ⟨~ses; ~se⟩ **1** BOT courge *f*; *großer* potiron *m*; *(Flaschenkürbis)* calebasse *f* **2** *umg fig (Kopf) umg* citron *m*; *umg* cafetière *f*; **Kürbisflasche** F calebasse *f*; **Kürbiskern** M graine *f* de courge; **Kürbissuppe** F soupe *f* au potiron
Kurde M ⟨~n; ~n⟩, **Kurdin** F ⟨-in; -innen⟩ Kurde *m/f*
kurdisch ADJ kurde
Kurdisch N ⟨~(s)⟩, **Kurdische** N ⟨~n⟩ **(das) Kurdisch(e)** *Sprache* le kurde
kuren *umg* V/I ⟨h.⟩ faire une cure
küren *geh* V/T ⟨h.⟩ élire (**zur Königin** reine)
Kürettage F ⟨~; ~n⟩ MED curetage *m*
Kürette F ⟨~; ~n⟩ MED curette *f*
Kurfürst M HIST prince électeur; Électeur *m*; **Kurfürstin** F HIST femme *f* d'un prince électeur; **kurfürstlich** ADJ HIST du prince électeur
Kurgast M curiste *m/f*; **Kurhaus** N établissement thermal; **Kurheim** N *établissement (municipal) destiné au logement des curistes*; **Kurhotel** N hôtel thermal
Kurie F ⟨~; ~n⟩ KATH curie *f*
Kurier M ⟨~s; ~e⟩ coursier *m*; messager *m*; **Kurierdienst** M messagerie *f* (rapide)
kurieren V/T ⟨pas de ge-, **h.**⟩ *Person, Krankheit* guérir; **j-n ~** guérir qn (**von etw** de qc); *umg fig* **davon bin ich (gründlich) kuriert** j'en suis (complètement) guéri
kurios ADJ curieux, -ieuse; bizarre
kurioserweise ADV curieusement
Kuriosität F ⟨~; ~en⟩ **1** ⟨*pas de pl*⟩ *Eigenschaft* singularité *f*; bizarrerie *f* **2** *Gegenstand* curiosité *f*
Kuriosum *geh* N ⟨~s; -sa⟩ *Gegenstand* curiosité *f*; *Sachverhalt* fait curieux; phénomène *m*; aspect *m* insolite de la situation
Kurisch ADJ GEOG **das ~e Haff** la lagune de Courlande; **die ~e Nehrung** la presqu'île de Neringa
Kurkapelle F orchestre *m* d'une station thermale, *etc*; **Kurkarte** F carte *f* de curiste; **Kurklinik** F clinique *f* d'une station thermale, *etc*; **Kurkonzert** N concert *m* pour les curistes
Kurkuma F ⟨~; -kumen⟩ BOT curcuma *m*
Kurlaub M ⟨~(e)s; ~e⟩ *vacances combinées avec une cure*
Kürlauf M EISKUNSTLAUF figures *fpl* libres
Kurort M *mit Heilquellen* station thermale; ville *f* d'eaux; *(Luftkurort)* station *f* climatique; **Kurpackung** F *für die Haare* masque *m* capillaire; **Kurpark** M parc *m* d'une station thermale, *etc*
Kurpfuscher(in) M(F) *pej* charlatan *m*; **Kurpfuscherei** F *pej* charlatanisme *m*; **Kurpromenade** F promenade *f* d'une station thermale, *etc*
Kurs M ⟨~es; ~e⟩ **1** SCHIFF route *f*; FLUG *meist* cap *m* (*a. fig*); *e-r Rennstrecke* parcours *m*; POL orientation *f*; **~ nehmen auf** *(+akk)* faire route pour, vers; mettre le cap sur; **den ~ halten** maintenir sa route, FLUG, *fig* son cap; **den ~ ändern** changer de route, FLUG, *fig* de cap; *fig* **der neue ~** la nouvelle orientation; *fig* **ein harter, weicher ~** une orientation rigoureuse, souple **2** *(Lehrgang)* cours *m*; **an e-m ~ teilnehmen** suivre un cours **3** BÖRSE cours *m*; *von Geld a.* circulation *f*; **zum ~ von** au cours de; **hoch im ~ stehen** être bien coté (en bourse); *fig* avoir la cote (**bei** chez)
Kursaal M casino *m*
Kursabbröck(e)lung F effritement *m* des cours; **Kursabschlag** M HANDEL déport *m*; **Kursabweichung** F SCHIFF déviation *f* de la route, FLUG, *fig* du cap; **Kursänderung** F **1** SCHIFF changement *m* de route, FLUG de cap; → *a.* 3 **2** HANDEL changement *m*, variation *f* du *od* des cours **3** *fig* changement *m* de cap *od* d'orientation; **Kursangleichung** F ajustement *m* des cours; **Kursanstieg** M °hausse *f* des cours; **Kursbeginn** M *Unterricht* début *m*, commencement *m* des cours; **Kursbericht** M → Kurszettel; **Kursbesserung** F amélioration *f* des cours; **Kursbewegung** F mouvement *m* des cours; **Kursblatt** N → Kurszettel; **Kursbuch** N EISENBAHN indicateur *m* des chemins de fer
Kurschatten *umg hum* M: *personne de l'autre sexe avec qui on sympathise pendant la durée d'une cure*
Kürschner M ⟨~s; ~⟩ fourreur *m*; **Kürschnerei** F ⟨~; ~en⟩ **1** ⟨*pas de pl*⟩ *Handwerk* pelleterie *f* **2** *Werkstatt* atelier *m* de fourreur
Kurseinbruch M effondrement *m*, chute *f* des cours; **Kursentwicklung** F mouvement *m*, tendance *f* des cours; **Kursfestsetzung** F cotation *f*; fixation *f* du cours
Kursfeststellung F fixation *f* du cours; **ohne amtliche ~** sans cote
Kursfeuerwerk N explosion *f* des cours; **Kursgewinn** M *Wertpapiere* bénéfice *m* sur le cours; *Devisen* bénéfice *m* de change
kursieren V/I ⟨pas de ge-, **h.** ou **s.**⟩ *Geld* circuler; être en circulation; *Gerücht* courir
kursiv TYPO **A** ADJ italique **B** ADV en italique; en caractères italiques
Kursivschrift F TYPO italique *m*; caractères *mpl* italiques
Kurskorrektur F changement *m* d'orientation (*a. fig*), de trajectoire; **Kursleiter(in)** M(F) professeur *m/f*; **Kursnotierung** F cotation *f*
kursorisch **A** ADJ cursif, -ive **B** ADV **etw ~ durchsehen** voir qc rapidement
Kursrisiko N risque *m* de perte sur les cours; **Kursrückgang** M BÖRSE baisse *f* des cours; **Kursschwankung** F BÖRSE fluctuation *f* des cours; **Kursstand** M niveau *m* des cours; **Kurssteigerung** F °hausse *f*, montée *f* des cours; **Kurssturz** M chute *f*, effondrement *m* des cours; **Kurssystem** N SCHULE système *m* de cours; **Kursteilnehmer(in)** M(F) élève *m/f* d'un cours; participant(e) *m(f)* au cours
Kursus M ⟨~; Kurse⟩ → Kurs 2
Kursverlust M *Wertpapiere* perte *f* sur le(s) cours; *Devisen* perte *f* au change; **Kurswagen** M EISENBAHN voiture directe; **Kurswechsel** M changement *m* d'orientation, de cap; **Kurswert** M *e-r Aktie* cote *f* (d'une action); **Kurszettel** M cote *f* (de la bourse)
Kurtage F → Courtage
Kurtaxe F taxe *f* de séjour
Kurtisane F ⟨~; ~n⟩ *früher* courtisane *f*
Kurve F ⟨~; ~n⟩ **1** MATH, MED, *fig* courbe *f*; *Flugzeug* **e-e ~ beschreiben, ziehen** décrire une courbe **2** *e-r Straße* virage *m*; tournant *m*; **gefährliche ~** virage dangereux; **e-e ~ machen** décrire une courbe; **hier macht die Straße e-e scharfe ~** ici il y a un virage serré; **in der ~** dans le virage; **die ~ nehmen, in die ~ gehen** prendre le virage; **sich in die ~ legen** se pencher en prenant le virage; *umg fig* **die ~ nicht kriegen** *umg* ne pas y arriver; *umg fig* **die ~ kratzen** se sauver; *umg* filer; *unbemerkt* s'éclipser **3** *umg (weibliche Rundungen) pl* **~n** rondeurs *fpl*
kurven V/I ⟨s.⟩ **1** *Fahrzeug* virer; **um die Ecke ~** prendre le prochain tournant **2** *umg (umherfahren)* **durch etw ~** sillonner qc; parcourir qc
Kurvendiskussion F MATH étude *f* de courbes; **Kurvenlage** F AUTO tenue *f* en virage; **Kurvenlineal** N pistolet *m* (à dessin)
kurvenreich ADJ **1** *Straße* sinueux, -euse; avec de, aux nombreux virages; **~e Strecke!** virages! **2** *umg hum Frau* aux formes rondes
Kurverwaltung F service administratif d'une station thermale, *etc*
kurz **A** ADJ ⟨~er, ~este⟩ **1** *räumlich* court **2** *zeitlich* court; *Begegnung, Gespräch* bref, brève; *(von kurzer Dauer)* de courte durée; *umg* **ein ~es Gedächtnis haben** avoir la mémoire courte; *umg fig* **~en Prozess machen** faire peu de façons (**mit j-m** avec qn); en finir rapidement (**mit etw** avec qc); expédier qc; mener qc rondement; ne pas y aller par quatre chemins (et …); mener l'affaire, les choses rondement (et …); **auf ~e Sicht** à court terme; **in ~en Worten** en peu de mots; **~e Zeit** peu de temps; **in ~er Zeit** en peu de temps; *(bald)* bientôt; dans peu de temps; **seit Kurzem** depuis peu; **vor ~er Zeit, vor Kurzem** il y a peu de temps, quelques jours; récemment; il n'y a pas longtemps; **bis vor Kurzem** jusqu'à une date récente; il y a encore peu de temps; **binnen Kurzem** d'ici peu; sous peu; dans peu de temps; prochainement **B** ADV *(mit wenigen Worten)* brièvement; **~ vorher** peu de temps avant; **~ darauf, danach** peu après; **es ist ~ vor drei (Uhr)** il va bientôt être trois heures; il est près de trois heures; **es ist ~ nach fünf (Uhr)** il est cinq heures passées; **~ vor dem Bankrott stehen** être près de, sur le point de faire faillite; **~ hinter Paris** un peu après Paris; **über ~ oder lang** tôt ou tard; un jour ou l'autre; **~ und bündig, ~ gesagt** sans détours; clairement; **~ (und gut)** bref; en un mot; enfin; *umg* **~ und schmerzlos** d'un seul coup; sans ménagement; sans histoires; *fig* **~ angebunden sein** se montrer brusque, sec, sèche; **~ entschlossen** vite décidé; sans réfléchir longtemps; GASTR **~ gebraten** saisi; **das hat nur ~ gedauert** cela n'a pas duré longtemps; **~ geschoren** tondu; **~ bei j-m hereinschauen, vorbeikommen** passer chez qn dire un petit bonjour; **bei etw zu ~ kommen** ne pas avoir son compte de qc; **um es ~ zu machen** pour abréger; *umg* **mach's ~!** fais vite!; sois bref, brève!; *umg* **etw ~ und klein schlagen** réduire qc en miettes; mettre qc en pièces, en morceaux; → kurzfassen, kurzhalten, kurzschließen *etc*
Kurzarbeit F ⟨~⟩ chômage partiel; **kurzarbeiten** V/I ⟨-ete, *sép*, -ge-, h.⟩ être en chômage partiel; **Kurzarbeiter(in)** M(F) chômeur, -euse *m,f* partiel, -ielle; personne *f* en chômage partiel
kurzärm(e)lig ADJ à manches courtes; **kurzatmig** ADJ qui a le souffle court; MED dyspnéique; **Kurzatmigkeit** F ⟨~⟩ MED dyspnée *f*; **kurzbeinig** ADJ *Person* qui a les jambes courtes; *Tier* court sur pattes; **Kurzbericht** M bref compte rendu; **Kurzbio-**

grafie, **Kurzbiographie** F biographie succinte
Kürze F ⟨~⟩ 1 *zeitlich* brièveté *f*; **in ~** *(dat)* sous peu; **in aller ~** en peu de mots; *sprichw* **in der ~ liegt die Würze** les plaisanteries les plus courtes sont les meilleures 2 *räumlich* peu *m* de longueur
Kürzel N ⟨~s; ~⟩ STENOGRAFIE signe *m*; *(Abkürzung)* abréviation *f*; *von Großbuchstaben* sigle *m*
kürzen V/T ⟨-(es)t, h.⟩ 1 *Kleidungsstück, Text* raccourcir **(um** de); *Text a.* abréger; *Ausgaben, Löhne etc* réduire, diminuer **(um** de); *adjt* **gekürzte Ausgabe, Fassung** édition, version abrégée 2 MATH simplifier
kurzentschlossen ADJT → kurz B
kürzer ADJ *u.* ADV plus court; **~ machen** raccourcir; **~ werden** (se) raccourcir; **den Kürzeren ziehen** tirer le mauvais numéro; → kürzertreten
kurzerhand ADV sans hésiter; sans autre forme de procès
kürzertreten V/I ⟨*irr, sép*, **-ge-**, **h.** *ou* **s.**⟩ *(sparen)* réduire ses dépenses; *(sich schonen)* se ménager; ménager ses forces
kürzeste(r, -s) ADJ le (la) plus court(e); **in ~r Zeit** dans les plus brefs délais; le plus vite possible
kurzfassen V/R ⟨-(es)t, *sép*, **-ge-**, **h.**⟩ **sich ~** être bref, brève; s'expliquer en peu de mots; **fasse dich kurz!** sois bref, brève!
Kurzfassung F version abrégée; **Kurzfilm** M (film *m* de) court métrage; **Kurzform** F abréviation *f*; *e-s Namens* diminutif *m*
kurzfristig ADJ *u.* ADV à court terme; *Wechsel* à échéance courte; **etw ~ absagen** décommander qc peu de temps avant; **~ lieferbar** livrable dans un court délai
kurzgebraten ADJT GASTR saisi
Kurzgeschichte F nouvelle *f*; conte *m*
kurzgeschoren ADJT tondu
Kurzhaarfrisur F **e-e ~ haben** avoir les cheveux courts
kurzhaarig ADJ *Mensch* qui a les cheveux courts; *Tier* à poils ras
kurzhalten V/T ⟨*irr, sép*, **-ge-**, **h.**⟩ *fig* **j-n ~** donner peu d'argent à qn
kurzlebig ADJ *a. fig* éphémère; *fig* de courte durée; **Kurzlebigkeit** F ⟨~⟩ caractère *m* éphémère
kürzlich ADV récemment; dernièrement; **erst ~** tout récemment, dernièrement
kurzmachen V/T → kurz B
Kurzmeldung F flash *m* (d'information); **Kurznachricht** F TEL *(SMS)* message court; **Kurznachrichten** FPL flash *m* (d'information); **Kurzparker** M ⟨~s; ~⟩ personne *f* qui stationne pour une courte durée; **Kurzparkzone** F zone bleue; **Kurzreferat** N exposé *m* de courte durée
kurzschließen ⟨*irr, sép*, **-ge-**, **h.**⟩ A V/T ELEK mettre en court-circuit; court-circuiter B V/R *umg fig* **sich mit j-m ~** contacter qn
Kurzschluss M ELEK court-circuit *m*
Kurzschlusshandlung F action irréfléchie; **e-e ~ begehen** agir sur un coup de tête
Kurzschrift F sténographie *f*; **Kurzschuljahr** N année scolaire raccourcie
kurzsichtig ADJ 1 MED myope 2 *fig Person, Politik* imprévoyant; à courte vue; **~ sein** *Person* manquer de perspicacité
Kurzsichtige(r) M/F(M) ⟨→ A⟩ 1 MED myope *m/f* 2 *fig* personne *f* qui a la vue courte
Kurzsichtigkeit F ⟨~⟩ 1 MED myopie *f* 2 *fig* imprévoyance *f*; manque *m* de perspicacité; **infolge s-r ~** parce qu'il ne voit pas plus loin que le bout de son nez
kurzstielig ADJ 1 *Geräte* à manche court 2 BOT à tige courte
Kurzstrecke F SPORT petite, courte distance; **Kurzstreckenflug** M vol *m* court-courrier; **Kurzstreckenlauf** M SPORT sprint *m*; course *f* de vitesse sur petite distance; **Kurzstreckenläufer(in)** M(F) SPORT sprinter *m*; coureur, -euse *m,f* de vitesse sur petite distance; **Kurzstreckenrakete** F missile *m* à courte portée; **Kurzstunde** F SCHULE heure de cours raccourcie
kurztreten V/I ⟨*irr, sép*, **-ge-**, **h.** *ou* **s.**⟩ *(sparen)* réduire ses dépenses; *(sich schonen)* se ménager; ménager ses forces
kurzum ADV bref; enfin; en un mot
Kürzung F ⟨~; ~en⟩ 1 *e-s Kleidungsstücks, Texts* raccourcissement *m*; *der Ausgaben, des Budgets* réduction *f*; diminution *f* 2 MATH simplification *f*
Kurzurlaub M petites vacances; **Kurzwahl** F TEL composition *f* rapide; **Kurzwahltaste** F TEL touche *f* de composition rapide; **Kurzwaren** FPL (articles *mpl* de) mercerie *f*; **Kurzwarenhändler(in)** M(F) mercier, -ière *m,f*; **Kurzwarenhandlung** F mercerie *f*
Kurzweil F ⟨~⟩ divertissement *m*; amusement *m*; passe-temps *m*; **zur ~** pour notre, *etc* divertissement, amusement
kurzweilig ADJ divertissant; plaisant; amusant
Kurzwelle F PHYS, RADIO onde courte; **Kurzwellenbereich** M ⟨~(e)s⟩ gamme *f* des ondes courtes; **Kurzwellensender** M (poste) émetteur *m* à ondes courtes; **Kurzwort** N ⟨~(e)s; -wörter⟩ LING abréviation *f*; **Kurzzeitgedächtnis** N ⟨~ses⟩ mémoire *f* à court terme; **kurzzeitig** A ADJ momentané; passager, -ère B ADV momentanément; passagèrement
kusch INT 1 **~!** *zum Hund* couché! 2 **~!** *sl bes österr (halt's Maul) sl* ta gueule!
kuschelig ADJ *Stoff* douillet, -ette; *Kissen, Wolle* moelleux, -euse
kuscheln ⟨-(e)le, h.⟩ A V/I se blottir l'un contre l'autre B V/R **sich ~** se blottir **(an** *[+akk]* contre; **in** *[+akk]* dans)
Kuscheltier N animal *m* en peluche; peluche *f*; **kuschelweich** ADJ doux, douce; moelleux, -euse
kuschen V/I *u.* V/R ⟨h.⟩ **(sich) ~** *Hund* se coucher; **kusch dich!** *zum Hund* couché!; *umg fig* **(vor j-m) ~** *umg* s'écraser (devant qn); s'aplatir (devant qn)
kuschlig → kuschelig
Kusine F ⟨~; ~n⟩ cousine *f*
Kuskus M *od* N ⟨~⟩ GASTR couscous *m*
Kuss M ⟨~es; Küsse⟩ baiser *m*; **j-m e-n ~ geben** donner un baiser à qn; embrasser qn; *Briefschluss* **viele Küsse** je vous, t'embrasse; **Gruß und ~ (deine) …** salut et grosses bises …
Küsschen N ⟨~s; ~⟩ petit baiser; *umg* bise *f*
kussecht ADJ *Lippenstift* qui tient; tenace
küssen ⟨h.⟩ A V/T embrasser; **die Erde, das Kruzifix ~** baiser la terre, le crucifix; **j-n auf den Mund, die Wange ~** embrasser qn sur la bouche, sur la joue; **j-m die Hand ~** baiser la main de qn; *südd, österr* **küss die Hand!** mes hommages, Madame! B V/R **sich ~** s'embrasser
Kusshand F **j-m e-e ~ zuwerfen** envoyer un baiser de la main à qn; *umg fig* **mit ~** avec le plus grand plaisir
Küste F ⟨~; ~n⟩ *Ufer* côte *f*; *Gebiet* littoral *m*; **die bretonische ~** la côte bretonne
Küstenbewohner(in) M(F) habitant(e) *m(f)* de la côte; **Küstendampfer** M caboteur *m*; **Küstenfahrzeug** N → Küstenschiff; **Küstenfischerei** F pêche côtière; **Küstengebiet** N zone côtière; littoral *m*; **Küstengebirge** N montagnes littorales; **Küstengewässer** NPL eaux territoriales; **Küstenschiff** N (bateau *m*) côtier *m*; **Küstenschifffahrt** F cabotage *m*; navigation côtière; **Küstenstadt** F ville côtière, du littoral; **Küstenstraße** F route côtière; **Küstenstrich** M littoral *m*; **Küstenwacht** F (service *m* de) surveillance *f* des côtes
Küster M ⟨~s; ~⟩ sacristain *m*; bedeau *m*
Kustos M ⟨~; -toden⟩ *e-r Bibliothek etc* conservateur *m*
Kutschbock M siège *m* du cocher
Kutsche F ⟨~; ~n⟩ 1 HIST *geschlossene* diligence *f* *(a. Postkutsche)*; *offene* calèche *f*; *prächtige* carrosse *m*; *(Mietkutsche)* fiacre *m* 2 *umg hum (altes Auto) umg* bagnole *f*; *umg* caisse *f*
Kutschenschlag M porte *f*, portière *f* de diligence, calèche, carrosse
Kutscher M ⟨~s; ~⟩ cocher *m*
kutschieren ⟨*pas de ge-*⟩ A V/T ⟨h.⟩ **j-n ~** *mit e-r Kutsche* conduire qn en calèche, *etc*; *umg (irgendwohin fahren) im Auto* conduire, promener qn; *im Kinderwagen* promener qn B V/I 1 ⟨h.⟩ *(e-e Kutsche fahren)* conduire une diligence, une calèche, un carrosse 2 ⟨s.⟩ *mit e-r Kutsche* rouler en diligence, en calèche, en carrosse 3 *umg* ⟨s.⟩ *mit e-m Auto, Wohnmobil etc* **durch Frankreich ~** parcourir, sillonner la France (**mit** en)
Kutte F ⟨~; ~n⟩ froc *m*
Kutteln FPL *bes südd, österr, schweiz* GASTR tripes *fpl*
Kutter M ⟨~s; ~⟩ SCHIFF cotre *m*; *(Fischkutter)* chalutier *m*
Kuvert N ⟨~s; ~s⟩ 1 *regional (Briefumschlag)* enveloppe *f* 2 *geh (Gedeck)* couvert *m*
Kuvertüre F ⟨~; ~n⟩ GASTR couverture *f*
Kuwait N ⟨→ n/pr⟩ le Koweït
Kuwaiter(in) M ⟨~s; ~⟩ (F) ⟨~in; ~innen⟩, **Kuwaiti** M/F ⟨Kuwaiti; Kuwaitis⟩ Koweïtien, -ienne *m,f*
kuwaitisch ADJ koweïtien, -ienne
kV ABK (Kilovolt) kV (kilovolt)
kW ABK (Kilowatt) kW (kilowatt)
KW ABK 1 *(Kurzwelle)* O.C. *fpl* (ondes courtes) 2 *(Kalenderwoche)* semaine *f* (de l'année)
kWh ABK (Kilowattstunde) kWh (kilowattheure)
Kybernetik F ⟨~⟩ cybernétique *f*; **kybernetisch** ADJ cybernétique
Kykladen PL **die ~** les Cyclades *fpl*
kyrillisch ADJ cyrillique
KZ N ⟨~(s); ~(s)⟩ ABK (Konzentrationslager) camp *m* de concentration; **KZ-Häftling** M prisonnier, -ière *m,f* d'un camp de concentration

L

L, l N ⟨L, l; L, l⟩ *Buchstabe* L, l *m*
l ABK 1 *(Liter)* l (litre) 2 *(Leu)* leu
l. ABK (links) à gauche
L. ABK *(Lira)* HIST LIT (lire)
Lab N ⟨~(e)s; ~e⟩ présure *f*
labb(e)rig *umg pej* ADJ *(fade)* fade; *(weichlich)* gélatineux, -euse; flasque; → *a.* schlabberig
Label N ⟨~s; ~s⟩ 1 *(Warenetikett)* label *m* 2 *(Schallplattenetikett)* étiquette *f* de disque; *(Schallplattenfirma)* marque *f* de disque
Labello® M ⟨~(s); ~s⟩ stick labial
laben *geh* ⟨h.⟩ A V/T *(erquicken)* rafraîchir B

L

V/R **sich an etw** (*dat*) ~ se rafraîchir (en buvant, en mangeant qc); *fig* (*weiden*) se délecter à *od* de qc; savourer qc

labern *umg pej* ⟨-(e)re, h.⟩ **A** V/T **dummes Zeug** ~ débiter des âneries **B** V/I *umg* jacter; causer

labial ADJ labial

Labial M ⟨~s; ~e⟩, **Labiallaut** M PHON (consonne) labiale *f*

labil ADJ *Person, Charakter, Gleichgewicht* instable; MED, *Gesundheitszustand* précaire; *Charakter a.* inconstant; **Labilität** F ⟨~⟩ PHYS, *e-r Person* instabilité *f*; MED *a.* fragilité *f*

labiodental ADJ PHON labiodental

Labiodental M PHON (consonne) labiodentale *f*

Labkraut N BOT gaillet *m*; **Labmagen** M caillette *f*

Labor N ⟨~s; ~s *ou* ~e⟩ *Kurzwort* laboratoire *m*

Laborant(in) M ⟨~en; ~en⟩ (F) ⟨~in; ~innen⟩ préparateur, -trice *m,f*; laborantin(e) *m(f)*; **Laboratorium** N ⟨~s; -ien⟩ laboratoire *m*

laborieren V/I ⟨*pas de ge-*, h.⟩ *umg* **an etw** (*dat*) ~ travailler à qc; *umg* **an e-r Krankheit** ~ être travaillé par une maladie

Laborversuch M expérience *f*, *Test* essai *m* de laboratoire

Labrador[1] M ⟨~s; ~e⟩ *Hund* labrador *m*

Labrador[2] N ⟨→ *n/pr*⟩ GEOG le Labrador

Labsal *geh* N ⟨~(e)s; ~e⟩ (*Erquickung*) rafraîchissement *m*; (*Genuss*) délectation *f*

Labskaus N ⟨~⟩ GASTR *plat composé de viande salée, de pommes de terre, de poisson, de concombres et d'oignons*

Labung *geh* F ⟨~; ~en⟩ → Labsal

Labyrinth N ⟨~(e)s; ~e⟩ labyrinthe *m*; dédale *m* (*beide a. fig*); **labyrinthisch** ADJ labyrinthique; dédaléen, -éenne

Lachanfall M (accès *m*, crise *f* de) fou rire; **er bekam e-n** ~ il a été pris de fou rire

Lache[1] *umg* F ⟨~; ~n⟩ (*Gelächter*) (façon *f* de) rire *m*

Lache[2] F ⟨~; ~n⟩ (*Pfütze*) flaque *f* (d'eau)

lächeln V/I ⟨-(e)le, h.⟩ sourire (**über etw** [*akk*] de qc; **zu etw** à qc); **über etw** (*akk*) ~ *a.* se moquer un peu de qc; **freundlich** ~ sourire aimablement; **gezwungen** ~ avoir un sourire contraint, gêné

Lächeln N ⟨~s⟩ sourire(s) *m(pl)*; **mit e-m kleinen** ~ en esquissant un sourire

lachen ⟨h.⟩ **A** V/T **Tränen** ~ rire aux larmes; **da gibt es nichts zu** ~ il n'y a pas de quoi rire; **er hat nichts zu** ~ pour lui la vie est dure, difficile; *umg* **das wäre doch gelacht, wenn** ... *umg* ce serait la meilleure, si ...; ce serait bien le diable, si ... **B** V/I rire (**über** [*+akk*] de); **über j-n, etw** ~ *a.* se moquer de qn, qc; **aus vollem Halse** ~ rire à pleine gorge, à gorge déployée; **schallend** ~ éclater, pouffer de rire; rire aux éclats; **albern, höhnisch** ~ ricaner; *umg* **dass ich nicht lache!** laissez-moi rire!; vous me faites rire!; **du hast gut** ~ tu peux rire; **der ~de Dritte** un troisième larron; *sprichw* **wer zuletzt lacht, lacht am besten** *sprichw* rira bien qui rira le dernier **C** V/R **sich** (*dat*) **ins Fäustchen** ~ se réjouir du malheur d'autrui; → *a.* kaputtlachen, kranklachen *etc*

Lachen N ⟨~s⟩ rire *m*; **höhnisches** ~ ricanement *m*; **in lautes** ~ **ausbrechen** éclater, pouffer de rire; **sich vor** ~ **nicht halten können** être écroulé (de rire); *umg* **sich** (*dat*) **den Bauch halten vor** ~ se tenir les côtes de rire; **sich vor** ~ **biegen** se tordre de rire; *umg* **vor** ~ **platzen** pouffer de rire

Lacher M ⟨~s; ~⟩ **1** *Person* rieur *m*; **die** ~ **auf s-r Seite haben** avoir les rieurs de son côté **2** (*kurzes Lachen*) petit rire; (bref) éclat de rire

Lacherfolg M **ein** ~ **sein, e-n** ~ **haben** faire rire (tout le monde)

lächerlich **A** ADJ ridicule; *weitS.* risible; **das ist ~!** (*unsinnig*) c'est absurde!; **sich** ~ **machen** se rendre ridicule; se couvrir de ridicule; **j-n** ~ **machen** tourner qn en ridicule; ridiculiser qn; rendre qn ridicule; **sich** (*dat*) ~ **vorkommen** se sentir ridicule; **etw ins Lächerliche ziehen** tourner qc en ridicule **B** ADV (*sehr*) ~ **billig** ridiculement bon marché

Lächerlichkeit F ⟨~; ~en⟩ ridicule *m*; (*Kleinigkeit*) bagatelle *f*; **der** ~ **preisgeben** tourner en ridicule; ridiculiser

Lachfältchen N ⟨~s; ~⟩ patte-d'oie *f*

Lachgas N gaz hilarant; **lachhaft** ADJ (*nicht ernst zu nehmen*) ridicule; risible; **Lachkrampf** M rire convulsif; fou rire; **Lachmöwe** F mouette rieuse

Lachs M ⟨~es; ~e⟩ saumon *m*

Lachsalve F éclat *m* de rire

Lachsersatz M succédané *m* de saumon; **Lachsfang** M pêche *f* au saumon; **lachsfarben**, **lachsrot** ADJ saumon (*inv*); **Lachsschinken** M filet *m* de porc fumé

Lachtaube F tourterelle rieuse

Lack M ⟨~(e)s; ~e⟩ **1** *farblos* vernis *m*; *farbig* laque *f*; (*Autolack*) peinture *f*; *umg fig* **fertig ist der ~!** *umg* l'affaire est liquidée! **2** (*Siegellack*) cire *f* à cacheter

Lackaffe *umg* M *umg* gommeux *m*; **Lackarbeit** F ouvrage verni; laque *m*

Lackel M ⟨~s; ~⟩ *pej südd, österr* lourdaud *m*; goujat *m*; **so ein ~!** quel maladroit!; *plus fort* quel goujat!

Lackfarbe F laque *f*; peinture laquée, brillante; émail *m*

lackieren V/T ⟨*pas de ge-*, h.⟩ **1** TECH laquer; *Holz* vernir; *Auto* peindre; (**sich** [*dat*]) **die Nägel** ~ se vernir les ongles; **ein Auto neu** ~ repeindre (la carrosserie d')une voiture **2** *umg fig* **j-n** ~ (*hereinlegen*) *umg* rouler qn

Lackierer M ⟨~s; ~⟩ vernisseur *m*; (*Autolackierer*) peintre *m* au pistolet; **Lackiererei** F ⟨~; ~en⟩ atelier *m* de peinture, de laquage (au pistolet); **Lackierung** F ⟨~; ~en⟩ *Schicht* enduit *m*, couche *f* de vernis; (*Lack*) laque *f*; (*Lackieren*) laquage *m*; **Lackierwerkstatt** F → Lackiererei

Lackleder N (cuir *m*) verni *m*; **lackmeiern** *umg* → gelackmeiert

Lackmus N ⟨~⟩ CHEM tournesol *m*; **Lackmuspapier** N CHEM papier *m* de tournesol

Lackreiniger M ⟨~s; ~⟩ polish *m*; **Lackschaden** M peinture abîmée; **Lackschicht** F → Lackierung; **Lackschuhe** MPL chaussures vernies

Lactose F → Laktose

Lade F ⟨~; ~n⟩ (*Truhe*) coffre *m*; bahut *m*; **Ladebaum** M *auf e-m Schiff* mât *m*, corne *f* de charge; *auf dem Kai* mât *m* de charge; derrick *m*; **Ladebühne** F plate-forme *f*, quai *m* de chargement; **Ladefläche** F surface *f* de chargement; **Ladegerät** N ELEK chargeur *m* de batterie; **Ladegeschwindigkeit** F MIL rapidité *f* de tir, de chargement; **Ladegewicht** N *e-s Wagens etc* (*Höchstgewicht*) charge *f* limite

Ladehemmung F TECH enrayage *m*; *fig hum* ~ **haben** être dur à la détente; avoir la comprenette difficile

Ladekran M grue *f* de chargement; **Ladeluke** F FLUG portes *fpl* des soutes à fret; SCHIFF écoutille *f*; **Lademast** M → Ladebaum

laden[1] V/T ⟨lädt, 2e *personne pl* ladet, lud, geladen, lad(e)!, h.⟩ **1** MIL, ELEK, IT charger; **scharf** ~ charger à balle **2** *Wagen, Schiff etc* (*befrachten*) charger; *Waren etc* (*ver~*) charger (**auf** [*+akk*] sur); *auf ein Schiff* embarquer **3** *fig* **e-e Schuld auf sich** (*akk*) ~ se rendre coupable d'une faute; commettre une faute; **die Verantwortung auf sich** ~ assumer, endosser la responsabilité; *umg* **auf j-n geladen** (*wütend*) **sein** → geladen; *umg hum* **er hat schwer geladen** *umg* il a un bon coup dans le nez, dans l'aile

laden[2] V/T ⟨lädt *ou* ladet, lud, geladen, lad(e)!, h.⟩ **1** (*ein~*) inviter; convier; **Vorstellung** *f* **vor geladenen Gästen** représentation *f* pour invités, sur invitation **2** JUR **vor Gericht** ~ citer, convoquer en justice

Laden M ⟨~s; ⸚⟩ **1** boutique *f*; *größerer* magasin *m* **2** *fig umg* **den** ~ **dichtmachen** *umg* fermer boutique; *umg* **den** ~ **schmeißen** *umg* faire marcher l'affaire; (*zurechtkommen*) se débrouiller **3** (*Fensterladen*) volet *m*

Ladenbesitzer(in) M(F) propriétaire *m/f*, patron, -onne *m,f* d'un magasin; **Ladendieb(in)** M(F) voleur, -euse *m,f* (à l'étalage); **Ladendiebstahl** M vol *m* à l'étalage; **Ladeneinrichtung** F mobilier *m*, installation *f* de magasin; **Ladenfront** F rangée *f* de boutiques; **Ladengalerie** F galerie marchande; **Ladenhüter** *umg* M *umg* rossignol *m*; **Ladeninhaber(in)** M(F) → Ladenbesitzer(in); **Ladenkasse** F caisse enregistreuse; **Ladenkette** F chaîne *f* de magasins; **Ladenmiete** F loyer *m* de magasin; **Ladenpassage** F galerie marchande; **Ladenpreis** M prix *m* de vente; **Ladenschild** N enseigne *f*; **Ladenschluss** M fermeture *f* des magasins; **Ladenschlussgesetz** N BRD loi *f* fixant l'heure de fermeture des magasins; **Ladenschlusszeit** F heure *f* de fermeture des magasins; **Ladenstraße** F rue commerçante; **Ladentisch** M comptoir *m*

Ladeplatz M SCHIFF embarcadère *m*; débarcadère *m*; **Laderampe** F rampe *f* de chargement; quai découvert; **Laderaum** M **1** capacité *f* de chargement **2** SCHIFF, FLUG soute *f*; SCHIFF *a.* cale; **Ladevorrichtung** F MIL mécanisme *m* de chargement; **Ladewiderstand** M ELEK résistance *f* de charge; **Ladezeit** F SCHIFF (e)starie *f*; ELEK durée *f* de charge *f*

lädieren V/T ⟨*pas de ge-*, h.⟩ endommager (*a. fig*); *Lack, Politur etc a.* abîmer; *Haut* blesser légèrement; égratigner; érafler; écorcher

Ladung F ⟨~; ~en⟩ **1** (*zu befördernde Güter*) charge *f*; (*Wagenladung*) chargement *m*; *e-s Schiffes* cargaison *f*; fret *m*; **e-e** ~ **Bananen** un chargement de bananes; **die** ~ **verstauen** arrimer le chargement **2** *e-r Feuerwaffe*, ELEK charge *f*; **geballte** ~ charge massive, concentrée **3** JUR (*Vorladung*) citation *f*; assignation *f* **4** *umg* (*Menge*) tas *m*; montagne *f*; **e-e** ~ **Touristen** une cargaison, fournée de touristes; **e-e volle** ~ **Dreck** un monceau de saletés, d'ordures

Lafette F ⟨~; ~n⟩ MIL affût *m*

Laffe M ⟨~n; ~n⟩ *umg* (*Geck*) (jeune) fat *m*; dandy *m*

lag → liegen

Lage F ⟨~; ~n⟩ **1** (*räumliches Verhältnis*) situation *f*; position *f*; emplacement *m*; *e-s Gebäudes nach Wind u. Sonne* exposition *f*; orientation *f*; *e-s Hauses, e-r Stadt etc* site *m* **2** *fig* (*Umstände, augenblickliche Verhältnisse*) situation *f*; position *f*; état *m*; circonstances *fpl*; conditions *fpl*; conjoncture *f*; **neue politische** ~ nouvelle donne politique; *umg* **die** ~ **peilen** tâter le terrain; **bei der augenblicklichen** ~ dans la conjoncture présente; **in e-r kritischen** ~ **sein** être dans une situation critique; être dans une position, une posture délicate; **versetzen Sie sich in meine** ~ mettez-vous à ma place; **in der** ~

sein, zu *(+inf)* être en état, à même, en mesure de *(+inf)*; **j-n in die ~ versetzen, zu** *(+inf)* mettre qn à même de *(+inf)*; **nach ~ der Dinge** en l'état actuel des choses **3** *meist* PL SCHWIMMSPORT **4×100 m ~n** 4×100 m quatre nages; **200 m ~n** 200 m quatre nages **4** MUS registre *m*; **die hohen ~n** les notes élevées **5** *(Schicht)* assise *f*; couche *f*; lit *m*; GEOL strate *f* **6** *umg* ~ *(Runde)* **Bier** tournée *f* de bière; *umg* **e-e neue ~ ausgeben** *umg* remettre ça

Lagebericht M exposé *m* de la situation; **e-n kurzen ~ geben** donner un aperçu de la situation

Lagebesprechung F analyse *f* de la situation; *klärende* mise *f* au point; **Lagebestimmung** F détermination *f* de la position; FLUG orientation *f*

Lagenschwimmen N quatre nages *fpl*; **Lagenstaffel** F *Wettbewerb* relais *m* quatre nages; *Mannschaft* équipe *f* de relais quatre nages; **lagenweise** ADJ *u.* ADV par couches; par lits

Lageplan M plan *m* topographique; topographie *f*

Lager N ⟨~s; ~⟩ **1** *(Bett)* couche *f*; lit *m*; *(Schlafstätte)* gîte *m* **2** MIL *(Feldlager)* camp *m*; campement *m* **3** *für Flüchtlinge, Jugendliche etc* camp *m* *(a.* POL, *fig)*; **das gegnerische ~** le camp adverse, ennemi; **in zwei ~** *(akk)* **gespalten** partagé en deux camps, *pej* clans **4** ⟨*pl a.* ⸗⟩ *(Warenlager)* magasin *m*; dépôt *m*; entrepôt *m*; *am Hafen* dock *m*; *(Vorrat)* stock *m*; réserve *f*; provisions *fpl*; fonds *m*; **auf ~ haben, nehmen** avoir, prendre en stock; **ein ~ wieder auffüllen, ergänzen** réapprovisionner, compléter un stock; *umg fig* **etw auf ~ haben** avoir qc en réserve; *umg* **e-n Witz auf ~ haben** *a.* en connaître une bien bonne **5** GEOL gisement *m*; *t/t* gîte *m* **6** TECH coussinet *m*; palier *m*

Lageraufseher M garde-magasin *m*

Lagerbestand M marchandises *fpl* en stock, en magasin; stock *m*; **den ~ aufnehmen** faire, dresser, établir l'inventaire (des marchandises en stock)

Lagerbier N bière *f* de garde; **lagerfähig** ADJ qui se conserve; **Lagerfeuer** N feu *m* de camp(ement), de bivouac; **Lagerfläche** F surface *f*, superficie *f* de magasin; **Lagergebühr** F, **Lagergeld** N droits *mpl* de magasinage, d'emmagasinage; **Lagerhalle** F entrepôt *m*; dépôt *m*; magasin *m*; *am Hafen* dock *m*; **Lagerhaltung** F stockage *m*; magasinage *m*; entreposage *m*; **Lagerhaltungskosten** PL frais *mpl* de stockage; **Lagerhaus** N → Lagerhalle

Lagerist M ⟨~en; ~en⟩ magasinier *m*

Lagerkosten PL frais *mpl* de stockage; **Lagerleben** N vie *f* des camps; **Lagerleiter** M chef *m* de camp

lagern ⟨-(e)re, h.⟩ **A** V/T **1** *(hinlegen)* coucher; étendre (par terre); **der Kopf des Kranken soll hoch, niedrig gelagert werden** la tête du malade doit être tenue surélevée, baissée **2** HANDEL *Waren* emmagasiner; stocker; entreposer; *Wein* mettre en cave **3** TECH monter; loger **B** V/I **1** *(ruhen)* reposer; être couché, étendu **2** HANDEL *Waren* être en magasin **3** *Wein* être en cave; *Holz* être sur *od* en chantier **4** TECH être logé, monté **5** *fig*, *Wolken* **über etw** *(dat)* **~** recouvrir qc **6** *(kampieren)* camper; bivouaquer **7** *fig* **dieser Fall ist anders gelagert** c'est un cas différent **C** V/R **sich ~** se coucher; reposer

Lagern N ⟨~s⟩ **1** couchage *m* **2** HANDEL (em)magasinage *m*; stockage *m* **3** *von Wein* mise *f* en cave; *von Holz* mise *f* en *od* sur chantier **4** TECH montage *m*; logement *m*

Lagerobst N fruits *mpl* de garde; **Lagerort** M, **Lagerplatz** M *(Rastplatz)* gîte *m*; lieu *m* de repos; *für Waren* lieu *m* de stockage; **Lagerraum** M → Lager 4; **Lagerschein** M warrant *m*; **Lagerschuppen** M °hangar *m*; **Lagerspeicher** M → Lagerhalle; **Lagerstatt** *geh* F lit *m*; *liter* couche *f*; **Lagerstätte** F **1** → Lagerstatt **2** MINER, GEOL gisement *m*; dépôt *m* **3** → Lagerhalle; **Lagerung** F ⟨~⟩ **1** HANDEL *(Einlagern)* (em)magasinage *m*; stockage *m*; *von Wein* mise *f* en cave; conservation *f* **2** *des Kopfes etc* position *f* **3** TECH *e-r Maschine* logement *m*; **Lagerungskosten** PL frais *mpl* de stockage; **Lagerverwalter** M magasinier *m*; **Lagerzeit** F HANDEL (durée *f* de) magasinage *m*

Lago Maggiore ⟨→ *n/pr*⟩ **der ~** le lac Majeur

Lagune F ⟨~; ~n⟩ lagune *f*; **Lagunenstadt** F *(Venedig)* ville *f* des lagunes; Venise *f*

lahm ADJ **1** MED *(gelähmt)* paralysé; perclus **2** *umg fig (wie gelähmt)* paralysé; *(kraftlos)* sans force; mou, molle; *umg* gnangnan; *(schleppend)* languissant; *(langweilig)* barbant; rasant; **~e Entschuldigung** mauvaise excuse; **~er Typ** mou *m*; **~er Witz** plaisanterie ennuyeuse; → lahmlegen

Lahmarsch *sl* M *umg* mollasson, -onne *m,f*; **lahmarschig** *sl* ADJ *umg* mollasson, -onne

Lahme(r) M/F(M) ⟨→ A⟩ paralytique *m/f*; perclus(e) *m(f)*

lahmen V/I ⟨h.⟩ être boiteux, -euse; boiter; traîner la jambe

lähmen V/T ⟨h.⟩ **1** MED paralyser; frapper de paralysie; rendre perclus; **halbseitig gelähmt** *t/t* hémiplégique; **an den Beinen gelähmt** paralysé, perclus des jambes **2** *fig* paralyser; *(erstarren lassen)* glacer *(par exemple* les esprits*)*; **vor Schreck wie gelähmt sein** être comme paralysé, perclus de terreur

lähmend ADJT paralysant

Lahmheit F ⟨~⟩ **1** MED *t/t* claudication *f*; VET boiterie *f* **2** *fig* manque *m* d'énergie, de vigueur, de force

lahmlegen V/T ⟨*sép*, -ge-, h.⟩ *Aktivität, Verkehr, Wirtschaft* paralyser; **Lahmlegen** N ⟨~s⟩, **Lahmlegung** F ⟨-ung⟩ paralysie *f*

Lähmung F ⟨~; ~en⟩ MED paralysie *f (a. fig)*; **einseitige ~** *t/t* hémiplégie *f*; **~ der unteren Körperhälfte** *t/t* paraplégie *f*

Lähmungserscheinungen FPL signes *mpl* avant-coureurs de la paralysie

Laib M ⟨~(e)s; ~e⟩ **~ Brot** miche *f* de pain; **~ Käse** meule *f* de fromage

Laich M ⟨~(e)s; ~e⟩ frai *m*

laichen V/I ⟨h.⟩ frayer

Laichen N ⟨~s⟩ frai *m*; *der Heringe* relouage *m*

Laichplatz M frayère *f*; **Laichzeit** F (saison *f*, époque *f* du) frai *m*; *der Heringe* relouage *m*; *der Lachse* montaison *f*

Laie M ⟨~n; ~n⟩ **1** REL laïque *od* laïc *m*; séculier *m* **2** *(Uneingeweihter)* profane *m*; ignorant *m*; *(Neuling)* novice *m*; *pej (Dilettant)* amateur *m*; **ein blutiger ~** un parfait profane; *umg* **da staunt der ~ und der Fachmann wundert sich** c'est complètement inexplicable

Laienbruder M REL frère lai, convers; **laienhaft** **A** ADJ de profane; de novice; d'amateur **B** ADV en profane; *pej* en amateur; **Laienprediger** M REL prédicateur *m* laïque; **Laienpriester** M REL prêtre séculier; **Laienrichter** M JUR *(Geschworener)* juré *m*; *(Beisitzer) etwa* assesseur *m* non juriste; **Laienschauspieler** M comédien *m* amateur; **Laienspiel** N pièce jouée par des amateurs; **Laienspielgruppe** F troupe *f* de théâtre amateur; **Laienstand** M statut *m* laïque; **Laientheater** N théâtre *m* de comédiens amateurs

Laizismus M ⟨~; -men⟩ laïcisme *m*

Lakai M ⟨~en; ~en⟩ HIST laquais *m*; valet *m* de pied; *fig* laquais *m*; valet *m*; **lakaienhaft** **A** ADJ de laquais; servile **B** ADV en (vrai) laquais; servilement

Lake F ⟨~; ~n⟩ saumure *f*

Laken N ⟨~s; ~⟩ drap *m* de lit

lakonisch ADJ laconique

Lakritze F ⟨~; ~n⟩ réglisse *f*; **Lakritz(en)stange** F bâton *m* de réglisse

Laktase F ⟨~; ~n⟩ CHEM, BIOL lactase *f*

Laktation F ⟨~⟩ PHYSIOL lactation *f*

Laktose F ⟨~⟩ CHEM lactose *m*; **laktosefrei** ADJ sans lactose; **Laktoseunverträglichkeit** F intolérance *f* au lactose

lala *umg* **so ~** *(einigermaßen)* *umg* comme ci, comme ça; *umg* couci-couça

lallen V/T *u.* V/I ⟨h.⟩ bégayer; balbutier

Lallen N ⟨~s⟩ bégaiement *m*; balbutiement *m*

Lama[1] N ⟨~s; ~s⟩ ZOOL lama *m*

Lama[2] M ⟨~(s); ~s⟩ REL lama *m*; **Lamaismus** M ⟨~⟩ REL lamaïsme *m*

Lambada F ⟨~; ~s⟩ *od* M ⟨~(s); ~s⟩ *Tanz* lambada *f*

Lambdasonde F AUTO sonde *f* lambda

Lambrusco M ⟨~⟩ *Wein* lambrusco *m*

Lamé, Lamee M ⟨-(s); -s⟩ TEX lamé *m*

Lamelle F ⟨~; ~n⟩ ELEK, TECH lame *f*; lamelle *f (a.* BOT*)*

lamellenförmig ADJ en lamelle; lamellé; lamellaire

lamentieren *umg pej* V/I ⟨*pas de ge-*, h.⟩ se lamenter (**über** *[+akk]* sur)

Lamentieren *umg pej* N ⟨~s⟩ lamentations *fpl*; *umg* jérémiades *fpl*

Lamento *umg pej* N ⟨~s; ~s⟩ → Lamentieren

Lametta N ⟨~s⟩ lamelles *fpl* d'argent *bzw.* d'or

Laminat N ⟨~(e)s; ~e⟩ BAU stratifié *m*; **Laminatboden** M sol stratifié

laminieren V/T ⟨*pas de ge-*, h.⟩ *(mit e-r Transparentfolie überziehen)* plastifier; **laminierter Einband** couverture plastifiée

Lamm N ⟨~(e)s; ⸗er⟩ **1** ZOOL agneau *m*; *weibliches* agnelle *f*; *fig* **sanft, geduldig wie ein ~** doux, douce comme un agneau; *fig* **unschuldig wie ein ~** innocent comme l'enfant qui vient de naître; *geh* **sich wie ein ~ zur Schlachtbank führen lassen** accepter son sort avec résignation **2** REL **das ~ Gottes** l'Agneau de Dieu

Lammbraten M rôti *m* d'agneau

Lämmchen N ⟨~s; ~⟩ agnelet *m*; petit agneau

lammen V/I ⟨h.⟩ agneler

Lammfell N peau *f*, toison *f* d'agneau; **Lammfleisch** N (viande *f* d')agneau *m*; **lammfromm** ADJ doux, douce comme un agneau; **Lammkeule** F gigot *m* d'agneau; **Lammkotelett** N côtelette *f*, *im Restaurant a.* côte *f* d'agneau; **Lammrücken** M GASTR selle *f* d'agneau

Lämpchen N ⟨~s; ~⟩ petite lampe

Lampe[1] F ⟨~; ~n⟩ lampe *f*; *(Taschenlampe)* lampe de poche; **die ~ brennt** la lampe est allumée; *umg* **(sich** *[dat]***) e-n auf die ~ gießen** *umg* s'humecter le gosier

Lampe[2] M *umg* **Meister ~** *(Hase)* lièvre *m*

Lampenfieber N *umg* trac *m*; **~ haben** *umg* avoir le trac

Lampenlicht N ⟨~(e)s⟩ lumière *f* de la lampe; **bei ~ arbeiten** travailler à la lumière artificielle, à la lampe

Lampenschirm M abat-jour *m*

Lampion M ⟨~s; ~s⟩ lanterne vénitienne; lampion *m*; **Lampionblume** F BOT physalis *m*

Lamprete F ⟨~; ~n⟩ ZOOL lamproie *f*

lancieren *geh* VT ⟨*pas de ge-*, **h.**⟩ lancer (*a.* HANDEL)

Land N ⟨~(e)s⟩ 1 *im Gegensatz zum Meer* terre *f*; **~ (in Sicht)!** (la) terre!; **zu ~e und zu Wasser, zu Wasser und zu ~e** sur terre et sur mer; **e-e Stadt zu Wasser und zu ~e angreifen** attaquer une ville par terre et par mer; **an ~ gehen** débarquer; descendre à terre; *Matrosen* (*Landgang haben*) aller à terre; *umg fig* **(sich** [*dat*]**) etw an ~ ziehen** *umg* décrocher qc; *umg fig* **(sich** [*dat*]**) j-n an ~ ziehen** *umg* mettre le grappin sur qn; *fig* **(wieder) ~ sehen** arriver au bout du tunnel; *fig* **kein ~ mehr sehen** ne plus savoir comment s'en sortir; être sans espoir 2 (*Boden*) terre *f*; sol *m*; **unbebautes ~** terre inculte 3 (*einzelnes Grundstück*) terre *f*; champ *m*; terrain *m*; **ein Stück ~** un lopin de terre; un bout de terrain 4 **flaches**, *umg* **plattes ~** pays plat; pays de plaines; plaine *f* 5 *im Gegensatz zur Stadt* campagne *f*; **auf dem ~ wohnen** habiter (à) la campagne; **aufs ~ ziehen** aller vivre à la campagne 6 ⟨*pl* ⸚er⟩ POL pays *m*; *Bundesland der BRD, Österreichs* land *m*; **außer ~es sein** être °hors du pays; *umg* **wieder im ~e sein** *umg* être de retour au pays; **~ und Leute kennen** avoir vu du pays; **j-n des ~es verweisen** expulser qn du pays; JUR bannir qn; **hier zu ~e** → hierzulande; *fig* **viele Jahre gingen ins ~** bien des années s'écoulèrent; **andere Länder, andere Sitten** autres pays, autres mœurs 7 BIBEL **das Heilige ~** la Terre sainte; **das Gelobte ~** la Terre promise

landab → landauf

Landabtretung F cession *f* de terrain; **Landadel** M aristocratie terrienne; **Landammann** M *schweiz* président *m* du Conseil d'État; **Landarbeit** F travaux *mpl* agricoles, des champs; **Landarbeiter(in)** M(F) ouvrier, -ière *m,f* agricole; **Landarzt** M, **Landärztin** F médecin *m* de campagne

Landauer M ⟨~s; ~⟩ HIST *Gefährt* landau *m*

landauf ADV **~, landab** en parcourant le pays de long en large

landaus ADV **~, landein** partout; *mit e-m Verb der Bewegung* dans tous les sens

Landbau M ⟨~s⟩ agriculture *f*; **Landbesitz** M propriété foncière, territoriale; bien-fonds *m*; **Landbevölkerung** F population rurale; **Landbrot** N pain *m* de campagne; **Landbrücke** F isthme *m*; **Landbutter** F beurre fermier

Landeanflug M phase *f* d'approche; **Landebahn** F piste *f* d'atterrissage; **Landeerlaubnis** F autorisation *f* d'atterrir; **Landefähre** F RAUMFAHRT (*Mondlandefähre*) module *m* lunaire; LEM *m*; **Landegeschwindigkeit** F FLUG vitesse *f* à l'atterrissage *od* d'atterrissage

landein → landaus; **landeinwärts** ADV vers l'intérieur du pays, des terres

Landeklappe F FLUG volet *m*; **Landemanöver** N manœuvre *f* d'atterrissage

landen ⟨-ete⟩ A VT ⟨h.⟩ 1 MIL *Truppen* mettre à terre; débarquer; FLUG *Flugzeug* poser 2 *umg* **e-n Treffer ~** réussir un coup; BOXEN **e-n Kinnhaken bei s-m Gegner ~** décocher un crochet au menton, à la mâchoire de son adversaire B VI ⟨s.⟩ 1 SCHIFF (*anlegen*) toucher terre; aborder; accoster 2 FLUG atterrir; (*aufsetzen*) se poser; **auf dem Mond ~** atterrir sur la Lune; alunir 3 *umg fig Person, Brief umg* atterrir; **bei j-m nicht ~ können** ne pas avoir de chance, de crédit, d'autorité auprès de qn; **auf den Füßen ~** retomber sur ses pieds; **im Gefängnis, in e-r Kneipe ~** *umg* échouer en prison, dans un bistrot; SPORT **auf dem dritten Platz ~** *umg* échouer à la troisième place

Landen N ⟨~s⟩ 1 SCHIFF (*Anlegen*) accostage *m* 2 *von Truppen* mise *f* à terre; débarquement *m* 3 FLUG, RAUMFAHRT atterrissage *m*

Landenge F isthme *m*

Landepiste F FLUG → Landebahn; **Landeplatz** M FLUG terrain *m* d'atterrissage; SCHIFF débarcadère *m*

Länder → Land 6

Ländereien PL terres *fpl*

Länderkammer F *BRD* chambre *f* des länder; **Länderkampf** M SPORT compétition internationale; FUSSBALL *etc* match international; **Länderkunde** F ⟨~⟩ géographie *f*; **Ländermannschaft** F SPORT équipe nationale; **Ländername** N nom *m* de pays; **Länderspiel** N FUSSBALL match international

Landesamt N *BRD* **statistisches ~** institut *m* de la statistique du land

Landesangehörige(r) M/F(M) ressortissant(e) *m(f)*; **die ~n** les ressortissants; les nationaux

Landesbehörde F *BRD* autorité *f* du land; **Landesbischof** M PROT *etwa* évêque *m* de l'église régionale; **Landesbrauch** M coutume *f*, usage *m* du pays

Landesebene F **auf ~** à l'échelon, au niveau du land

Landesfarben FPL couleurs nationales; **Landesflagge** F drapeau national; **Landesfürst(in)** M(F) HIST prince (princesse) régnant(e); souverain(e) *m(f)*; **Landesgericht** N *österr* cour fédérale (de grande instance); **Landesgrenze** F frontière nationale, du pays; *innerhalb der BRD* limite *f* du land, d'un land; **Landeshauptmann** M ⟨*pl* -hauptmänner *ou* -hauptleute⟩ *österr* chef *m* de l'administration d'une province; **Landeshauptstadt** F capitale *f*; **Landeshoheit** F ⟨~⟩ souveraineté *f*; **Landesinnere(s)** N ⟨→ A⟩ intérieur *m* du pays; **Landeskirche** F PROT *etwa* église régionale; **Landeskunde** F géographie *f* et civilisation *f* d'un pays; **landeskundig** ADJ connaissant tout le pays; **landeskundlich** ADJ qui concerne la géographie et la civilisation d'un pays; civilisationnel, -elle; **Landesliste** F POL liste électorale du land; **Landesmutter** *geh* F ⟨~; -mütter⟩ souveraine *f*; **Landesregierung** F gouvernement *m* (du pays), *BRD* du land; **Landesrekord** M SPORT record national; **Landessprache** F langue nationale, du pays

Landesteg M passerelle *f* de débarquement

Landestracht F costume régional, local, national; **landesüblich** ADJ usité, en usage, d'usage dans le pays; **Landesvater** *geh* M souverain *m*; **Landesverrat** M (crime *m* de) trahison *f*; **Landesverräter(in)** M(F) traître *m*, traîtresse *f* à son pays; **Landesversicherungsanstalt** F → LVA; **Landesverteidigung** F défense nationale, du territoire; **Landesverweisung** F *bes österr* bannissement *m*; proscription *f*; *e-s Landfremden* expulsion *f*

Landeswährung F unité *f* monétaire du pays; **in ~** en monnaie nationale, du pays

Landeswappen N armoiries nationales; **landesweit** ADJ à l'échelon du land *bzw.* du pays, national; **Landeszentralbank** F ⟨~; ~en⟩ *BRD etwa* banque centrale d'un land

Landeverbot N FLUG interdiction *f* d'atterrissage; **Landezeichen** N FLUG signal *m* d'atterrissage; **Landezone** F FLUG zone *f* d'atterrissage; MIL zone *f* de débarquement

Landflucht F exode rural; **Landfracht** F HANDEL (prix *m* de) transport *m* par terre; roulage *m*; **Landfrau** F fermière *f*; paysanne *f*;

Landfriede(n) M HIST paix publique; **Landfriedensbruch** M JUR troubles apportés à l'ordre public; **Landfunk** M RADIO radio *f*, émission *f* agricole

Landgang M ⟨~(e)s⟩ SCHIFF **~ erhalten** avoir permission de descendre à terre

Landgericht N tribunal *m* de grande instance; **landgestützt** ADJ MIL basé à terre; **Landgewinnung** F conquête *f* des terrains sur la mer; **Landgraf** M HIST landgrave *m*; **Landgräfin** F HIST landgrav(in)e *f*; **Landgut** N domaine rural; terre *f*; propriété rurale; **Landhaus** N maison *f* de campagne; **Landjäger** M 1 HIST gendarme *m* à pied 2 *Art Wurst umg* gendarme *m*; **Landjugend** F jeunesse *f* des campagnes, rurale; **Landkarte** F carte *f* (géographique); **Landkreis** M ADMIN *etwa* district *m*; **landläufig** ADJ courant; **Landleben** N vie *f* à la campagne

Ländler M ⟨~s; ~⟩ ländler *m* (*danse populaire allemande et autrichienne très proche de la valse*)

Landleute PL 1 gens *mpl* de la campagne; campagnards *mpl* 2 *geh pl von* Landmann

ländlich ADJ rural; *geh* champêtre; de la campagne; (*dörflich*) villageois; (*einfach, bäurisch*) campagnard; **~es Gebiet** zone rurale

Landluft F air *m* de la campagne; grand air; **Landmann** *geh* M ⟨~(e)s; -leute⟩ fermier *m*; paysan *m*; **Landmaschinen** FPL matériel *m* aratoire; machines *fpl* agricoles; **Landmesser** M ⟨~s; ~⟩ arpenteur *m*; géomètre *m*; **Landmine** F mine *f* terrestre; **Landpartie** F partie *f* de campagne; excursion *f* à la campagne; **Landpfarrer** M curé *m* de campagne, de village; **Landplage** F calamité publique; fléau *m*; **Landpomeranze** *umg pej* F campagnarde *f*; villageoise *f*; **Landrat** M ⟨~(e)s; -räte⟩ 1 *BRD etwa* sous-préfet *m* 2 *schweiz* Grand Conseil; **Landratsamt** N *etwa* sous-préfecture *f*; **Landratte** *umg* F *Person umg* terrien *m*; **Landregen** M pluie persistante; **Landrücken** M °hauteurs *fpl*; °hauts *mpl*

Landschaft F ⟨~; ~en⟩ paysage *m*; contrée *f*; site *m*; *fig* **die politische ~** le paysage politique

landschaftlich ADV **~ sehr schöne Gegend** contrée *f* pittoresque

Landschaftsaufnahme F (photo *f* de) paysage *m*; **Landschaftsbild** N panorama *m*; MAL paysage *m*; **Landschaftsgarten** M jardin anglais; **Landschaftsgärtner** M jardinier *m* paysagiste; **Landschaftsgärtnerei** F aménagement *m* de paysages, d'espaces verts; **Landschaftsmaler** M (peintre *m*) paysagiste *m*; **Landschaftsmalerei** F (peinture *f* de) paysage *m*; **Landschaftspflege** F gestion *f* de l'espace; **Landschaftsschutz** M sauvegarde *f* des paysages; **Landschaftsschutzgebiet** N site protégé

Landschulheim N classe verte; **Landseite** F côté *m* (de la) terre

Landser M ⟨~s; ~⟩ HIST (simple) soldat *m*

Landsitz M propriété *f* à la campagne; (*Herrensitz*) manoir *m*; **sich auf s-n ~ zurückziehen** se retirer sur ses terres

Landsknecht M HIST lansquenet *m*; **Landsleute** *pl von* Landsmann

Landsmann M ⟨~(e)s; -leute⟩, **Landsmännin** F ⟨-in; -innen⟩ compatriote *m/f*; **was ist er für ein ~?** de quel pays est-il?; **was für ein ~ sind Sie?** quelle est votre nationalité?; **wir sind Landsleute** nous sommes du même pays, *aus derselben Gegend* de la même région

Landsmannschaft F *BRD organisation des expulsés, des réfugiés allemands (des territoi-*

res annexés)

Landspitze F pointe f de terre; *(Vorgebirge)* cap m; **Landstraße** F route départementale; *früher* grand-route f; **Landstreicher(in)** M ⟨~s; ~⟩ (F) ⟨~in; ~innen⟩ vagabond(e) *m(f)*; chemineau m; **Landstreicherei** F ⟨~⟩ vagabondage m; **Landstreitkräfte** FPL MIL forces *fpl* terrestres, de terre; **Landstrich** M étendue f de pays; contrée f; région f; **Landsturm** M HIST landsturm m; *in Frankreich etwa* réserve f de l'armée territoriale; **Landtag** M *BRD u. österr* parlement m d'un land; **Landtagsabgeordnete(r)** M/F(M) *BRD u. österr* député m d'un parlement de land

Landung F ⟨~; ~en⟩ **1** FLUG atterrissage m **2** SCHIFF accostage m **3** MIL *von Truppen* débarquement m; mise f à terre

Landungsboot N MIL canot m de débarquement; **Landungsbrücke** F SCHIFF débarcadère m; appontement m; **Landungsplatz** M SCHIFF lieu m de débarquement; **Landungssteg** M → Landesteg; **Landungsstelle** F → Landungsplatz; **Landungstruppen** FPL MIL troupes *fpl* de débarquement

Landurlaub M SCHIFF permission f de (descendre à) terre; **Landvermessung** F arpentage m; *als Wissenschaft* géodésie f; **Landvogt** M HIST *etwa* bailli m

Landweg M **1** *(Feldweg)* chemin rural **2** *(Verkehrsweg zu Lande)* voie f de terre, terrestre; **auf dem ~(e)** par voie de terre

Landwehr F HIST landwehr f; *in Frankreich etwa* → Landsturm; **Landwein** M vin m de pays; **Landwind** M vent m de terre; **Landwirt(in)** M(F) agriculteur, -trice *m,f*; exploitant(e) *m(f)* agricole; **Landwirtschaft** F **1** agriculture f **2** *(Landgut)* exploitation f agricole

landwirtschaftlich ADJ agricole; *wissenschaftlich* agronome; **~er Betrieb** exploitation f agricole; **~e Erzeugnisse** produits *mpl* agricoles; **~e Genossenschaft** coopérative f agricole; **~e Hochschule** *etwa* école supérieure d'agriculture

Landwirtschaftsausstellung F exposition f agricole; **Landwirtschaftskammer** F chambre f d'agriculture; **Landwirtschaftslehre** F agronomie f; **Landwirtschaftsmesse** F salon m de l'agriculture; **Landwirtschaftsminister(in)** M(F) ministre *m/f* de l'Agriculture; **Landwirtschaftsministerium** N ministère m de l'Agriculture; **Landwirtschaftsschule** F école f d'agriculture; **Landwirtschaftswissenschaft** F agronomie f

Landzunge F langue f de terre; presqu'île f

lang **A** ADJ ⟨≈er, ≈ste⟩ **1** *räumlich* long, longue; **zwanzig Meter ~** long, longue *od* d'une longueur de vingt mètres; de vingt mètres de long; **e-n Finger ~** de la longueur d'un doigt; **gleich ~ sein** être de (la) même longueur; avoir la même longueur; **~e Beine** grandes jambes; *umg* **in Lang** *gekleidet* en robe longue; **etw von ~er Hand vorbereiten** préparer qc de longue main, de longue date; *fig* **~ und breit, des Langen und Breiten** *(ausführlich)* longuement; en détail; de façon détaillée; en long et en large; *umg fig* **~e Finger machen** *umg* piquer; *umg* **ein ~es Gesicht machen** *umg* faire une mine de dix pieds de long; *umg* **~e Zähne machen** *(etw nicht essen mögen)* *umg* manger qc du bout des dents **2** *zeitlich* **~e Zeit** longtemps; **vor ~er Zeit** il y a bien longtemps; **auf ~e Sicht** à longue portée; **~er Rede kurzer Sinn** (enfin) bref; en un mot; pour résumer **B** ADV longtemps; longuement; **ein Jahr ~** pendant, durant une année *bzw.* un an; (pendant) une année entière; **den ganzen Tag ~** toute la journée; **sein Leben ~** toute sa vie; sa vie durant; **einige Zeit ~** pendant quelque temps; **~ anhaltender Regen** pluie de longue durée, persistante; **~ ersehnt** (qu'on a) longuement désiré; **~ gestreckt** allongé; long, longue; *daliegen* étendu de tout son long; **~ gezogen** *Ton* prolongé; soutenu; → *a.* lange

langanhaltend ADJT → lang B

langärm(e)lig ADJ à manches longues; **langatmig** ADJ qui a des longueurs; *Buch, Vortrag* assommant; *Bericht, Rede* verbeux, -euse; **Langatmigkeit** F ⟨~⟩ verbosité f; **langbeinig** ADJ qui a de grandes jambes, les jambes longues

lange ADV ⟨länger, am längsten⟩ **1** *zeitlich* longtemps; **wie ~ wollen Sie bleiben?** combien de temps pensez-vous rester?; **wie ~ sind Sie schon hier?** depuis quand êtes-vous ici?; **er hat mir ~ nicht geschrieben** il ne m'a pas écrit depuis longtemps; **ich habe ihn ~ nicht gesehen** il y a longtemps que je ne l'ai vu; **er braucht ~, um zu** *(+inf)* il est long, lent à *(+inf)*; il lui faut longtemps pour *(+inf)*; **schon ~** depuis longtemps; **das ist schon ~ her** ça fait (bien) longtemps; il y a beau temps, bien longtemps de cela; **wie ~ soll ich denn warten?** il faut que j'attende combien de temps?; **warten Sie schon ~?** y a-t-il longtemps que vous attendez?; *umg* **da kannst du ~ warten!** *umg* tu peux toujours attendre!; **so ~, wie ...** tant que ...; aussi longtemps que ...; **er ist noch ~ nicht fertig** *mit e-r Arbeit* il n'est pas près de finir; il est loin d'avoir terminé; *zum Ausgehen* il est loin d'être prêt; **~ bevor ...** longtemps, bien avant que ... *(+subj)*; **nicht ~ darauf** peu (de temps) après; **nicht erst ~ fragen** ne pas poser trop de questions; aller droit au but; *sprichw* **was ~ währt, wird endlich gut** *sprichw* tout vient à point à qui sait attendre **2** *(bei Weitem)* **das ist (noch) ~ nicht alles** (et) ce n'est pas tout; **er ist ~ nicht so klug wie sie** il est loin d'être aussi intelligent qu'elle; **~ nicht so schön** beaucoup moins beau; **er ist noch ~ kein Künstler** il est loin d'être un artiste

Länge F ⟨~; ~n⟩ **1** *räumlich* longueur f; long m; **drei Meter in der ~** trois mètres de long (-ueur); **e-e ~ von drei Metern haben** avoir trois mètres de long; **der ~ nach** en longueur; dans le sens de la longueur; **der ~ nach hinfallen** tomber de tout son long, de toute sa hauteur **2** *(Körpergröße)* taille f; grandeur f; °haute stature **3** *zeitlich* durée f; **sich in die ~ ziehen** traîner en longueur; *Roman, Theaterstück etc* **~n haben** avoir des longueurs **4** GEOG longitude f; **bei 10° östlicher ~** à dix degrés de longitude est **5** SPORT **mit e-r (halben) ~ Vorsprung siegen** gagner avec une (demi-)longueur d'avance; *umg* **um ~n gewinnen** gagner avec plusieurs longueurs d'avance; *fig* gagner haut-la-main; *umg* **um ~n verlieren** finir loin derrière; *fig* être battu à plate(s) couture(s)

langen *umg* ⟨h.⟩ **A** VT *(darreichen)* (faire) passer; présenter; tendre; **j-m e-e ~** *umg* flanquer une gifle à qn **B** VI **1** *(ausreichen)* *ohne genaue Zeitangabe* aller (loin); *mit genauer Angabe der Zeit od des Zwecks* aller (jusque); suffire (**für** pour); **das langt bis morgen** *Vorrat* avec ça on ira, tiendra jusqu'à demain; *Arbeit* ça suffit pour aujourd'hui; **das langt für zwei Wochen** ça suffit pour deux semaines; **der Vorrat langt nicht** les réserves ne suffisent pas; **jetzt langt es mir aber!** j'en ai assez maintenant! **2** *([er]reichen)* atteindre; **ich kann nicht so weit ~** je ne peux pas y accéder **3** *(greifen)* **nach etw ~** prendre, saisir, *umg* attraper qc; **sie langte in die Tasche** elle porta la main à la poche

Längeneinheit F unité f de longueur; **Längengrad** M GEOG degré m de longitude; **Längenkreis** M GEOG méridien m; **Längenmaß** N mesure f de longueur; **Längenmessung** F mesure f des longueurs; **Längenunterschied** M différence f de longueur

länger ADJ *u.* ADV **1** *räumlich* plus long, longue; **~ machen** allonger; MODE rallonger; **~ werden** s'allonger **2** *zeitlich* plus longtemps; *(ziemlich lang)* assez longtemps; **~e Zeit** quelque temps; pendant un certain temps; **tausend Jahre und ~** mille ans et plus; **ein Tag ~** un jour de plus; **je ~, je** *od* **desto lieber** le plus longtemps sera le mieux; plus cela durera, mieux cela vaudra; **werden Sie ~ hierbleiben?** resterez-vous ici quelque temps?; **es ist schon ~ her, dass ...** il y a déjà un certain temps que ...

langersehnt ADJT → lang B

Langeweile F ⟨~⟩ ennui m; **~ haben** s'ennuyer; **aus ~** par ennui; **vor ~ vergehen** mourir d'ennui

Langfinger M *hum (Dieb)* voleur m; *umg* chapardeur m; **Langform** F forme intégrale, complète; *e-s Namens* nom (en) entier; **langfristig** ADJ *u.* ADV à long terme; *Kredit, Wechsel* à longue échéance

langgehen *umg* VI ⟨*irr, sép*, -ge-, s.⟩ → *a.* entlanggehen; **wissen, wo's langgeht** s'y connaître; **ich werd ihm (schon) zeigen, wo's langgeht** je vais lui apprendre à vivre; je vais lui faire voir de quel bois je me chauffe

langgestreckt ADJT *u.* ADVL, **langgezogen** ADJT → lang B; **Langhaardackel** M basset m à poil long; **langhaarig** ADJ qui a les cheveux longs; aux cheveux longs; *Tier* à poil long; **Langholz** N ⟨~es⟩ *koll* troncs *mpl* d'arbre; bois m en grume

langjährig ADJ qui existe depuis des années; *Freundschaft a.* de longue date; **~e Erfahrung** longue expérience; **~er Freund** vieil ami

Langlauf M *(Skilanglauf)* ski m de fond; **Langläufer(in)** M(F) *(Skilangläufer[in])* skieur, skieuse *m,f* de fond; **Langlaufloipe** F piste f de ski de fond; **Langlaufski** M ski m de fond; **langlebig** ADJ BIOL qui vit longtemps; de longue vie; HANDEL durable; **Langlebigkeit** F ⟨~⟩ BIOL longévité f; HANDEL solidité f

länglich ADJ allongé; oblong, oblongue; de forme allongée

langmähnig ADJ *Tier* qui a une longue crinière; *Person pej (langhaarig) umg* chevelu

Langmut *geh* F ⟨~⟩ *geh* longanimité f; patience f; **langmütig** *geh* ADJ *geh* qui a de la longanimité; patient

Langobarden MPL Lombards *mpl*; **langobardisch** ADJ lombard

Langohr N *hum (Esel)* âne m; **Meister ~** maître Aliboron

längs **A** PRÄP ⟨*gen ou dat*⟩ le long de; **~ dem Flusse** *od* **des Flusses** le long de la rivière, du fleuve **B** ADV dans le sens de la longueur; en longueur; **~ gestreift** rayé dans le sens de la longueur; *Stoff* à rayures longitudinales; **das Bett ~ an die Wand stellen** placer le lit le long du mur

Längsachse F axe longitudinal

langsam **A** ADJ **1** lent; *nur von Personen* long, longue; *Gang, Trott etc* petit; **~er werden** ralentir; *(sich verlangsamen)* se ralentir **2** *(allmählich)* graduel, -elle; progressif, -ive **B** ADV **1** lentement; avec lenteur; doucement; **~, aber sicher** lentement mais sûrement; **immer ~!**

doucement!; *umg* tout doux!; *umg* mollo!; ~ **fahren!** au pas!; **~er fahren** ralentir; réduire la vitesse; **~er gehen** ralentir sa marche; *als j-d* marcher moins vite (que qn); *sprichw* **wer ~ geht, kommt auch zum Ziel** *sprichw* qui va lentement va sûrement 2 *(allmählich)* petit à petit; peu à peu; **~ merkte sie, was er wollte** elle comprit peu à peu, elle commença à comprendre ce qu'il voulait

Langsamkeit F ⟨~⟩ lenteur *f*; longueur *f*

Längsbalken M BAU longrine *f*

Langschiff N BAU grande nef; **Langschläfer(in)** M(F) lève-tard *m/f*; *umg* grand(e) dormeur (dormeuse)

längsgestreift ADJ → längs B; **Längslinie** F ligne longitudinale

Langspielplatte F trente-trois tours *m*; disque *m* microsillon de longue durée

Längsrichtung F sens de la longueur, longitudinal; **Längsschnitt** M section, coupe longitudinale; **Längsseite** F longueur *f*; SCHIFF flanc *m*; **längsseits** ADV SCHIFF le long du bord; **Längsstreifen** M bande, raie, rayure longitudinale

längst ADV 1 *zeitlich (schon lange)* **(schon) ~** depuis longtemps; il y a longtemps; **e-e ~ vergangene Epoche** une époque éloignée, très ancienne 2 *(bei Weitem)* **er ist ~ nicht so klug wie …** il est loin d'être aussi intelligent que …; **~ nicht so schön** beaucoup moins beau; **das ist (noch) ~ nicht alles** (et) ce n'est pas tout(, loin de là)

längste(r, -s) ADJ le (la) plus long(ue); **Sie sind die ~ Zeit hier gewesen** vous ne resterez pas plus longtemps ici

längstens ADV au plus tard

langstielig ADJ 1 *Geräte* à manche long; **~es Glas** verre *m* à pied 2 *Blume etc* à tige longue

Längsträger M TECH longeron *m*

Langstrecke F SPORT course *f* de fond; **Langstreckenflug** M vol *m* long-courrier, à longue distance; **Langstreckenflugzeug** N (avion *m*) long-courrier *m*; **Langstreckenlauf** M course *f* de fond; **Langstreckenläufer(in)** M(F) coureur, -euse *m, f* de fond; **Langstreckenrakete** F fusée *f* à longue portée; **Langstreckenrekord** M SPORT record *m* de fond

Languste F ⟨~; ~n⟩ langouste *f*

Langweile F → Langeweile

langweilen ⟨h.⟩ A V/T **j-n ~** ennuyer qn B V/R **sich ~** s'ennuyer; **sich zu Tode ~** s'ennuyer à mourir; mourir d'ennui

Langweiler(in) *umg* M ⟨~s; ~⟩ (F) ⟨~in; ~innen⟩ *umg* raseur, -euse *m,f*

langweilig ADJ ennuyeux, -euse; ennuyant; *Personen* pesant; *umg* **so was Langweiliges!** *umg* quelle barbe!; **hier ist es ~** ici on s'ennuie; **mir ist es ~** je m'ennuie

Langwelle F RADIO grandes ondes; PHYS onde longue; **Langwellenbereich** M gamme *f* des grandes ondes; **Langwellensender** M (poste) émetteur *m* à grandes ondes; **langwierig** ADJ qui dure (depuis) longtemps; long, longue; de longue haleine; *Arbeit a.* pénible; de patience; *Verhandlungen* laborieux, -ieuse; **Langwierigkeit** F ⟨~⟩ longue durée; longueur *f*

Langzeitarbeitslose(r) M/F(M) chômeur, -euse *m,f* de longue durée; **Langzeitarbeitslosigkeit** F chômage *m* de longue durée; **Langzeitgedächtnis** N mémoire *f* à long terme; **Langzeitprognose** F prévision *f* à long terme; **Langzeitstudie** F observation *f* de longue durée; **Langzeitwirkung** F effet *m* à long terme

Lanolin N ⟨~s⟩ CHEM lanoline *f*

Lanze F ⟨~; ~n⟩ lance *f*; *fig* **e-e ~ für j-n brechen** prendre la défense de qn; se faire le champion de qn

lanzenförmig ADJ en forme de lance; BOT, ZOOL *t/t* lancéolé

Lanzenstechen N ⟨~s⟩ HIST joute *f*; tournoi *m*; **Lanzenstich** M, **Lanzenstoß** M coup *m* de lance

Lanzette F ⟨~; ~n⟩ MED lancette *f*; **Lanzettfisch(chen)** M(N) ZOOL *t/t* amphioxus *m*; **lanzettförmig** ADJ lancéolé

Laos N ⟨→ *n/pr*⟩ le Laos

Laote M ⟨~n; ~n⟩ Laotien *m*; **Laotin** F ⟨-in; -innen⟩ Laotienne *f*

laotisch ADJ laotien, -ienne (*a. Sprache*); du Laos

Laotse M ⟨→ *n/pr*⟩ Lao Tseu *od* Laozi *m*

lapidar *geh* ADJ laconique; *geh* lapidaire

Lapidarium N ⟨~s; -ien⟩ lapidaire *m*

Lapislazuli M ⟨~; ~⟩ MINER lapis(-lazuli) *m*

Lappalie F ⟨~; ~n⟩ bagatelle *f*; vétille *f*; détail *m*; *umg* broutille *f*; *plus fort* (un) rien

Lappe M ⟨~n; ~n⟩ Lapon *m*

Lappen M ⟨~s; ~⟩ 1 *(Wischlappen)* chiffon *m*; torchon *m*; *umg fig* **das ist mir durch die ~ gegangen** *umg* cela m'est passé sous le nez 2 ANAT, BOT lobe *m* 3 *umg (Geldschein)* billet *m*; HIST **ein brauner ~** un billet de 50 DM

läppern V/R ⟨-(e)re, h.⟩ *umg* **das läppert sich** cela s'accumule; *umg* cela finit par faire

lappig ADJ 1 BOT, ANAT lobé 2 *umg (schlaff)* lâche; flasque; *Stoff* fatigué

Lappin F ⟨~; ~nen⟩ Lapon(n)e *f*

läppisch *umg* ADJ ridicule; inepte; *bes Person* niais

Lappland N ⟨→ *n/pr*⟩ la Laponie; **Lappländer(in)** M ⟨~s; ~⟩ (F) ⟨~in; ~innen⟩ → Lappe, Lappin; **lappländisch** ADJ lapon

Lapsus M ⟨~; ~⟩ lapsus *m*

Laptop M ⟨~s; ~s⟩ IT (ordinateur *m*) portable *m*

Lärche F ⟨~; ~n⟩ BOT mélèze *m*

Largo N ⟨~(s); ~s *ou* -ghi⟩ MUS largo *m*

larifari *umg* INT *umg* chansons que tout cela!

Larifari *umg* N ⟨~s; ~s⟩ sottises *fpl*; billevesées *fpl*

Lärm M ⟨~s⟩ bruit *m*; *(Gepolter, Getöse)* vacarme *m*; *von Menschen* tapage *m*; chahut *m*; *fig* **viel ~ um nichts** beaucoup de bruit pour rien; **(um j-n, etw) ~ machen** faire du bruit, du tapage (autour de qn, qc); **~ schlagen** *(alarmieren)* donner l'alerte, l'alarme

Lärmbekämpfung F lutte *f* contre le bruit; **Lärmbelästigung** F pollution *f* sonore; nuisances *fpl* sonores; **Lärmbelastung** F exposition *f* aux bruits; **lärmempfindlich** ADJ sensible au(x) bruit(s)

lärmen V/I ⟨h.⟩ faire du bruit, du vacarme

Lärmen N ⟨~s⟩ tapage *m*; vacarme *m*

lärmend ADJT bruyant; *(wild)* turbulent; **~e Menge** cohue *f*

Lärmpegel M niveau *m* sonore; **Lärmschutz** M protection *f*, dispositions *fpl* contre le bruit; **Lärmschutzwall** M, **Lärmschutzwand** F mur *m* antibruit, de protection acoustique

Larve F ⟨~; ~n⟩ 1 ZOOL larve *f* 2 *(Maske)* masque *m*

Laryngitis F ⟨~; -tiden⟩ MED laryngite *f*; **Laryngoskop** N ⟨~s; ~e⟩ MED laryngoscope *m*

Larynx M ⟨~; Laryngen⟩ ANAT larynx *m*

las → lesen[1], lesen[2]

Lasagne PL GASTR lasagnes *fpl*

lasch A ADJ 1 *(kraftlos) Händedruck, Bewegung* mou, molle 2 *(wirkungslos) Maßnahme* inefficace 3 *(nicht streng) Erziehung* laxiste B ADV **etw ~ handhaben** traiter qc, s'occuper de qc avec laxisme; **~ gewürzt** fade

Lasche F ⟨~; ~n⟩ *an Schuhen etc* languette *f*; MODE patte *f*; languette *f*; TECH, *e-r Eisenbahnschiene* éclisse *f*

Laschheit F ⟨~⟩ *(Kraftlosigkeit)* mollesse *f*; *(Wirkungslosigkeit)* inefficacité *f*; *(fehlende Strenge)* laxisme *m*

Laser M ⟨~s; ~⟩ TECH, MED, IT laser *m*; **Laserdruck** M IT impression *f* laser; **Laserdrucker** M IT imprimante *f* laser; **Laserkanone** F canon *m* laser; **Lasermedizin** F ⟨~⟩ médecine *f* au laser; **Laserpointer** M pointeur *m* laser; **Lasershow** F spectacle *m* laser

Laserstrahl M faisceau *m*, rayon *m* laser; MED **Behandlung mit ~en** lasérothérapie *f*

Lasertechnik F technique *f* laser; **Lasertherapie** F thérapie *f* laser; **Laserwaffe** F arme *f* laser

lasieren V/T ⟨*pas de ge-*, h.⟩ MAL vernir; **Lasierung** F ⟨~⟩ → Lasur

lassen ⟨lässt, ließ, lasse *ou* lass!, h.⟩ A V/AUX *de mode* ⟨*pperf* lassen⟩ 1 *(zu~)* laisser; *(nicht hindern)* ne pas empêcher de *(+inf) od* que … ne *(+subj)*; tolérer, admettre, accepter, souffrir que … *(+subj)*; permettre de *(+inf) od* que … *(+subj)*; **j-n etw tun ~** laisser faire qc à qn; **das Licht brennen ~** laisser la lumière allumée 2 *(veran~)* faire; *wenn ein Gang damit verbunden ist* envoyer; **j-n etw tun ~** faire faire qc à qn; **den Arzt holen ~** envoyer chercher le médecin; **j-n etw wissen ~** informer qn de qc; faire savoir qc à qn; **ich lasse ihn grüßen** transmettez-lui mes salutations; saluez-le de ma part 3 ⟨*1re personne du pl de l'impératif*⟩ **lass, lasst uns gehen!** partons! B V/T ⟨*pperf* gelassen⟩ 1 *(über~)* laisser; céder; abandonner; **j-m etw ~** laisser, céder, abandonner qc à qn 2 *(zubilligen)* **sie ist bescheiden, das muss man ihr ~** elle est modeste, il faut le reconnaître 3 *(geben)* **j-m Zeit ~** laisser, donner, accorder du temps à qn; **~ Sie mir Zeit zu** *(+akk) od*, **um … zu** *(+inf)* laissez-moi, *etc* le temps de *(+inf)* 4 *(unter~)* ne pas faire; renoncer à; s'abstenir de; se passer de; **~ Sie das (sein)!** laissez cela!; assez!; **lass das!** arrête!; **~ wir das!** *(reden wir nicht mehr darüber)* laissons cela!; passons!; n'en parlons plus!; → *a.* tun A1, bleiben 5 **lass ihn erst so alt sein wie du …** attends qu'il ait ton âge … 6 *(verlieren)* quitter; **sein Leben für das Vaterland ~** donner sa vie, se sacrifier pour la patrie; **etw nicht aus den Augen ~** ne pas quitter des yeux qc 7 *(unterbringen) von Sachen* placer; *von Personen* loger 8 *(be~)* **~ wir alles beim Alten!** laissons les choses comme par le passé!; **j-n in dem Glauben ~, dass …** laisser qn croire (faussement) que … 9 *(zurück~)* laisser; abandonner; *fig* **j-n weit hinter sich** *(dat)* **~** laisser qn loin derrière soi; distancer qn; surclasser qn; **er lässt viel Geld in der Kneipe** il laisse beaucoup d'argent au café 10 *(herein~)* **niemand zu sich** *(dat)* **~** ne recevoir personne; n'être là pour personne; **j-n ins Haus ~** laisser entrer qn C V/I ⟨*pperf* gelassen⟩ *(ab~)* **von etw ~** renoncer à qc; **ich kann nicht von ihm ~** je ne peux pas me séparer de lui; **er lässt nicht von ihr** il ne la quitte pas D V/R ⟨*pperf* lassen⟩ *Stoff* **sich gut waschen ~** se laver bien; être facile à laver; **das lässt sich nicht beschreiben** c'est indescriptible, indicible; **da lässt sich nichts machen** on ne peut rien y faire; il n'y a rien à faire; **es lässt sich nicht leugnen, dass …** on ne peut nier que … (ne) *(+subj)*; **ich habe mir sagen ~ …** j'ai appris …; on m'a dit …; je me suis laissé dire …; **~ Sie sich** *(dat)* **Zeit!** prenez votre temps!

lässig A ADJ *(unbekümmert)* insouciant; nonchalant; *umg* cool; *(gleichgültig)* indifférent; *Klei-*

dung décontracté; *Haltung* désinvolte B ADV 1 (*unbekümmert*) avec insouciance, nonchalance, désinvolture; (*gleichgültig*) avec indifférence; ~ **gekleidet** habillé de manière décontractée; *umg* habillé décontracté 2 *umg* (*mühelos*) facilement; sans peine; **das schaffst du ~** tu y arriveras sans peine

Lässigkeit F ⟨~⟩ (*Unbekümmertheit*) insouciance *f;* nonchalance *f;* décontraction *f;* (*Gleichgültigkeit*) indifférence *f;* laisser-aller *m; in der Haltung* désinvolture *f*

lässlich ADJ KATH véniel, -ielle

Lasso M *od* N ⟨~s; ~s⟩ lasso *m*

Last F ⟨~; ~en⟩ 1 (*Traglast*) charge *f;* fardeau *m* (*a. fig*); *fig* poids *m;* **j-m zur ~ fallen** importuner qn; être à charge à qn; **j-m etw zur ~ legen** accuser qn de qc; attribuer, imputer, reprocher qc à qn; **zu j-s ~en gehen** incomber à qn; être à la charge de qn; **zu ~en e-r Sache gehen** être, se faire au détriment de qc; HANDEL **etw zu j-s ~en buchen** porter qc au débit de qn; **zu ~en des Versicherten** à la charge de l'assuré 2 SCHIFF cargaison *f;* fret *m* 3 **~en** *pl* (*Abgaben*) impôts *mpl;* charges publiques

Lastauto N camion *m;* poids lourd

lasten VI ⟨-ete, h.⟩ peser; **auf etw** (*dat*) **schwer ~** peser d'un grand poids sur qc; *fig Verantwortung* **auf j-s Schultern** (*dat*) **~** peser sur les épaules de qn; **diese Schuld lastet auf mir** cette dette me pèse; **auf dem Unternehmen ~ schwere Schulden** la firme est grevée de lourdes dettes; **auf dem Haus ~ große Hypotheken** la maison est fortement hypothéquée; **~de Schwüle** chaleur lourde, écrasante

Lastenaufzug M monte-charge *m;* élévateur *m;* **Lastenausgleich** M péréquation *f,* répartition *f* des charges

Laster[1] N ⟨~s; ~⟩ 1 (*schlechte Neigung, Charakterfehler*) vice *m;* (*Untugend*) mauvaise habitude; **e-m ~ frönen** être l'esclave d'un vice 2 *umg fig* **ein langes ~** *umg* un grand escogriffe, échalas

Laster[2] *umg* M ⟨~s; ~⟩ → Lastwagen

Lästerer M ⟨~s; ~⟩ 1 médisant *m;* calomniateur *m;* dénigreur *m* 2 (*Gotteslästerer*) blasphémateur *m*

lasterhaft ADJ vicieux, -ieuse; *Person a.* immoral; *Leben* dépravé; dissolu; **Lasterhaftigkeit** F ⟨~⟩ dépravation *f;* immoralité *f;* **Lasterhöhle** *umg pej* F lieu *m* de perdition, de débauche

Lästerin F ⟨~; ~nen⟩ 1 médisant(e) *f;* calomniatrice *f* 2 (*Gotteslästerin*) blasphématrice *f*

lästerlich A ADJ médisant; (*gottes~*) blasphématoire; (*gottlos*) impie; (*schändlich*) infâme B ADV **~ fluchen** jurer comme un charretier

Lästermaul *umg* N *umg* mauvaise langue; langue *f* de vipère; → *a.* Lästerer, Lästerin

lästern VT *u.* VI ⟨-(e)re, h.⟩ *pej* **über j-n ~** dire du mal de, médire de qn; dénigrer qn; casser du sucre sur le dos de qn; **(wider) Gott ~** blasphémer, jurer Dieu

Lästern N ⟨~s⟩ → Lästerung; **Lästerrede** F propos calomnieux, outrageants, injurieux, diffamatoires

Lästerung F ⟨~; ~en⟩ 1 dénigrement *m;* médisance *f;* **~en** *Worte a.* propos médisants 2 (*Gotteslästerung*) blasphème *m*

lästig ADJ (*aufdringlich*) importun; (*unangenehm*) ennuyeux, -euse; embarrassant; (*unbequem*) incommode; (*hinderlich*) gênant; (*ermüdend, störend*) fatigant; **j-m ~ werden, fallen** importuner, incommoder, gêner qn

lästigfallen, lästigwerden VI → lästig

Lastkahn M péniche *f;* chaland *m;* **Lastkraftwagen** M ADMIN → Lastwagen; **Lastkraftwagenfahrer(in)** M(F) ADMIN → Lastwagenfahrer(in)

Last-Minute-... IN ZSSGN de dernière minute

Last-Minute-Angebot N offre *f* de dernière minute; **Last-Minute-Flug** M vol *m* de dernière minute; **Last-Minute-Urlaub** M vacances *fpl* de dernière minute

Lastschrift F FIN note *f* de débit; poste débiteur; **Lastschriftanzeige** F FIN avis *m* de prélèvement; **Lastschriftverfahren** N FIN (système *m* de) prélèvement *m* automatique; **Lasttier** N bête *f* de somme; **Lastwagen** M camion *m;* poids lourd; **Lastwagenfahrer(in)** M(F) chauffeur *m,* conducteur, -trice *m,f* de camion; camionneur, -euse *m,f;* routier *m;* **Lastzug** M camion *m* à remorque

Lasur F ⟨~; ~en⟩ vernis *m;* MAL *a.* glacis *m;* **Lasurfarbe** F MAL couleur transparente; **Lasurstein** M MINER lapis(-lazuli) *m;* lazulite *m;* pierre *f* d'azur

lasziv ADJ lascif, -ive; **Laszivität** F ⟨~; ~en⟩ lascivité *f*

Latein N ⟨~s⟩ le latin; la langue latine; *fig* **mit s-m ~ am Ende sein** ne plus savoir quoi faire; y perdre son latin

Lateinamerika N l'Amérique latine; **lateinamerikanisch** ADJ latino-américain

Lateiner M ⟨~s; ~⟩ latiniste *m*

lateinisch ADJ latin; **~e Schrift** caractères romains

Lateinisch N ⟨~(s)⟩, **Lateinische** N ⟨~n⟩ **(das) Lateinisch(e)** le latin

Lateinschule F HIST *etwa* collège *m;* **Lateinunterricht** M cours *m* de latin

latent ADJ BIOL, MED, PSYCH latent

Latenz F ⟨~⟩ MED, PSYCH latence *f*

lateral ADJ latéral

Laterne F ⟨~; ~n⟩ (*Straßenlaterne*) réverbère *m;* lampadaire *m;* (*Handlaterne*) lanterne *f;* (*Schiffslaterne*) fanal *m;* SPORT, *fig* **die rote ~** la lanterne rouge

Laternenpfahl M (poteau *m* de) réverbère *m,* lampadaire *m*

Latex M ⟨~; Latizes⟩ latex *m*

Latifundien NPL grandes propriétés foncières, rurales

latinisieren VT ⟨*pas de ge-*, h.⟩ latiniser; **Latinisierung** F ⟨~⟩ latinisation *f*

Latinismus M ⟨~; -men⟩ latinisme *m;* **Latinist(in)** M ⟨~en; ~en⟩ (F) ⟨~in; ~innen⟩ latiniste *m/f*

Latinum N ⟨~s⟩ **das große (kleine) ~** *niveau de connaissances du latin correspondant à 6 (4) ans d'études*

Latrine F ⟨~; ~n⟩ latrines *fpl;* MIL *im Freien* feuillées *fpl*

Latrinengerücht *umg pej* N, **Latrinenparole** *umg pej* F *umg* canard *m; umg* bobard *m*

Lats M ⟨~; ~⟩ *Währung* lats *m*

Latsche[1] F ⟨~; ~n⟩ BOT pin nain de montagne

Latsche[2] *umg* F ⟨~; ~n⟩ → Latschen

latschen *umg* A VI ⟨s.⟩ (*marschieren, spazieren*) marcher; se balader; déambuler; (*nachlässig gehen*) *umg* traîner la jambe, la patte B VT ⟨h.⟩ (*ohrfeigen*) **j-m e-e ~** donner une gifle, *umg* une claque à qn

Latschen *umg* M ⟨~s; ~⟩ (*Schuh*) *umg* godasse *f; umg* pompe *f;* (*Hausschuh, Pantoffel*) pantoufle *f; umg* savate *f; umg fig* **aus den ~ kippen** (*ohnmächtig werden*) *umg* tomber dans les pommes; (*sehr überrascht sein*) *sl* en tomber sur le cul

Latschenkiefer F → Latsche[1]

Latte F ⟨~; ~n⟩ 1 (*Holzstange*) latte *f;* SPORT barre *f* 2 *umg fig* **lange ~** *umg* asperge *f; umg fig* **e-e lange ~ Schulden** une quantité, *umg* un tas de dettes

Latte macchiato M ⟨~; ~s⟩ (latte *m*) macchiato *m*

Lattenkiste F caisse *f* à claire-voie; cageot *m;* **Lattenrost** M claie *f;* **Lattenverschlag** M cagibi *m,* réduit *m* à claire-voie; **Lattenzaun** M palissade *f;* clôture *f* en lattes, à claire-voie

Lattich M ⟨~(e)s; ~e⟩ BOT laitue *f*

Latz M ⟨~es; ⸚e⟩ 1 *e-r Schürze, e-s Rocks etc* bavette *f; sl* **j-m e-e vor den ~ knallen** (*j-m e-n Schlag versetzen*) *umg* flanquer un coup, un jeton à qn; (*j-n scharf zurechtweisen*) remettre qn vertement à sa place 2 *für Kinder* bavoir *m;* bavette *f* 3 (*Hosenlatz*) pont *m* (de pantalon)

Lätzchen N ⟨~s; ~⟩ bavoir *m*

Latzhose F *modische,* (*Kinderlatzhose*) salopette *f;* (*Arbeitslatzhose*) bleu *m* de travail

lau ADJ tiède (*a. fig*); attiédi; *fig* sans flamme; indifférent; *Luft, Wetter* doux, douce; **ein ~er Wind** un vent tiède, doux; un zéphir

Laub N ⟨~(e)s⟩ feuillage *m;* feuilles *fpl; geh* frondaison *f;* **~ tragend** feuillu

Laubbaum M (arbre *m*) feuillu *m;* arbre *m* à feuilles caduques

Laube F ⟨~; ~n⟩ 1 *gewölbte, aus grünen Zweigen* tonnelle *f;* (*Gartenhäuschen*) cabane *f,* maisonnette *f* de jardin 2 BAU arcades *fpl* 3 *umg fig* **fertig ist die ~!** (*das wäre geschafft*) c'est fini!; *umg* c'est liquidé!

Laubengang M 1 GARTEN (*Pergola*) pergola *f;* charmille *f* 2 BAU arcades *fpl;* **Laubenkolonie** F jardins familiaux, *liter* ouvriers

Laubfrosch M grenouille verte; rainette *f;* **Laubgehölze** NPL, **Laubhölzer** NPL arbres *mpl,* arbrisseaux *mpl* et arbustes *mpl* feuillus; **Laubhüttenfest** N *der Juden* fête *f* des Cabanes; **Laubsäge** F scie *f* à découper, à chantourner; **Laubsägearbeiten** FPL (travaux *mpl* de) découpage *m,* chantournage *m; als Resultat* travaux *mpl* en bois découpé; **Laubsänger** M ZOOL pouillot *m;* **Laubsauger** M TECH souffleuse *f* à feuilles; **laubtragend** ADJT feuillu; **Laubwald** M bois *m,* forêt *f* de feuillus; **Laubwerk** *geh* N feuillage *m; geh* frondaison *f;* BAU rinceaux *mpl*

Lauch M ⟨~(e)s; ~e⟩ poireau *m; als Gattung* ail *m*

Laudatio F ⟨~; -tiones⟩ discours *m* à la louange d'une personnalité importante; **die ~ auf j-n halten** prononcer un discours à la louange de qn

Lauer F ⟨~⟩ *umg* **auf der ~ sein, liegen** être, se tenir aux aguets; **sich auf die ~ legen** se mettre aux aguets

lauern *umg* VI ⟨-(e)re, h.⟩ **auf etw** (*akk*) **~** guetter qc; *hinterhältig* épier qc; être à l'affût de qc; **auf j-n ~** guetter qn

Lauf M ⟨~(e)s; Läufe⟩ 1 (*Laufen*) course *f* (*a.* SPORT); **im vollen ~** en pleine course 2 ⟨*pas de pl*⟩ *fig* (*Fortgang*) cours *m;* courant *m;* marche *f;* train *m;* **im ~e der Zeit** avec le temps; à la longue; **den Dingen ihren ~ lassen** laisser les choses suivre leur cours; **das ist der ~ der Welt** ainsi va le monde; **s-n Tränen freien ~ lassen** donner libre cours à ses larmes; **im ~e des Monats** dans le courant du mois 3 (*Flusslauf*) cours *m* 4 *e-s Gewehrs* canon *m;* **etw vor den ~ bekommen** *umg* avoir qc à portée de fusil, au bout du canon 5 *der Jagdtiere u. Hunde* (*Bein*) jambe *f;* patte *f* 6 MUS (*schnelle Tonfolge*) roulade *f*

Laufbahn F 1 (*Berufsweg*) carrière *f;* **e-e ~ einschlagen** commencer, embrasser une carrière 2 *für Wettrennen* piste *f* de course

Laufbursche M garçon *m* de courses, de

L

magasin

laufen ⟨läuft, lief, gelaufen, lauf(e)!⟩ A VT ⟨s.⟩ courir; *Strecke* parcourir; faire; **er ist vier Kilometer in e-r Stunde ge~** il a fait quatre kilomètres en une heure; **Schlittschuh ~** patiner; **Ski ~** faire du ski B VI ⟨s.⟩ 1 *(rennen)* courir; *(gehen)* aller (à pied); **hin und her ~** *(auf und ab gehen)* aller et venir; faire les cent pas; **j-m in die Arme ~** tomber sur qn; **in ein Auto ~** °heurter une voiture; **das Kind lernt ~** l'enfant apprend à marcher; **in jeden Film ~** courir les cinémas; **~ lassen** *e-n Täter absichtlich* relâcher, *unabsichtlich umg* laisser filer 2 *von Empfindungen* **ein Schauer lief mir über den Rücken** j'en eus un frisson dans le dos; **es lief mir dabei kalt über den Rücken** cela m'a fait froid dans le dos 3 **ins Geld ~** être coûteux, -euse, onéreux, -euse; **unter j-s Namen** *(dat)* **~** marcher, être sous le nom de qn; *umg* **die Sache ist ge~** *(entschieden)* l'affaire est décidée; les jeux sont faits 4 *(gültig sein)* être valable, valide; **die Versicherung läuft noch bis Jahresende** l'assurance vient à expiration à la fin de l'année; **die Zinsen ~ ab ersten Januar** les intérêts courent à partir du premier janvier 5 SCHIFF **ein Schiff vom Stapel ~ lassen** lancer un navire; **auf Grund ~** échouer; **auf e-e Mine ~** °heurter une mine 6 *Rad* tourner; *Maschinen, Motor* fonctionner; marcher; **auf Hochtouren ~** tourner à un régime élevé; *a. fig* tourner à plein régime; *umg* **das Geschäft läuft gut, schlecht** les affaires vont bien, mal 7 *Film (gezeigt werden)* passer; *Verhandlungen (im Gang sein)* être en cours 8 *(fließen)* couler; **mir läuft die Nase** j'ai le nez qui coule; **das Wasser ~ lassen** faire couler l'eau 9 *(ver~)* **durch, über etw** *(akk)* **~** passer par qc; **die Straße läuft über den Berg** la route passe par la montagne; **mit etw parallel ~** être parallèle à qc C V/UNPERS ⟨h.⟩ **es läuft sich hier gut** on marche sans peine ici D V/R ⟨h.⟩ **sich müde ~** se fatiguer à force de marcher; **sich** *(dat)* **die Füße wund ge~ haben** avoir les pieds écorchés à force de marcher

Laufen N ⟨~s⟩ *(Rennen)* course *f*; *(Gehen)* marche *f*

laufend A ADJT courant; **~e Ausgaben** *fpl* dépenses courantes; **im ~en Monat** dans le courant, au cours du mois; **~er** (HANDEL *a.* **~es**) **Meter** mètre courant; **~e Nummer** numéro *m* d'ordre, de série; **~e Arbeiten** *fpl* travaux *mpl* en cours; **am ~en Band** *(unaufhörlich)* sans arrêt; sans interruption; **auf dem Laufenden sein** être au courant; **j-n (über etw** *[akk]***) auf dem Laufenden halten** tenir qn au courant (de qc) B ADVL *(regelmäßig)* régulièrement; constamment; en permanence; *(die ganze Zeit)* tout le temps

laufenlassen VT → laufen B 1

Läufer M ⟨~s; ~⟩ 1 SPORT coureur *m*; FUSSBALL demi *m* 2 SCHACH fou *m* 3 *(schmaler Teppich)* tapis *m*; *(Tischläufer)* chemin *m* de table; *(Treppenläufer)* tapis *m* d'escalier 4 TECH curseur *m*; ELEK induit *m*; rotor *m*

Lauferei *umg* F ⟨~; ~en⟩ *um etw zu besorgen* allées et venues *fpl*; **viel ~ mit etw haben** avoir à faire beaucoup d'allées et venues, de démarches pour qc; *umg* devoir courir beaucoup *od* partout pour qc; **j-m viel ~ machen** faire courir qn partout; faire faire beaucoup de démarches à qn

Läuferin F ⟨~; ~nen⟩ SPORT coureuse *f*;

läuferisch A ADJ *Talent, Können* pour la course B ADV en ce qui concerne la technique de la course

Lauffeuer N *fig* **die Nachricht verbreitete sich wie ein ~** la nouvelle se répandit comme une traînée de poudre

lauffreudig ADJ SPORT qui aime courir; **Laufgewicht** N poids-curseur *m*; poids *m* mobile; **Laufgitter** N *für Kinder* parc *m*; **Laufgraben** M MIL boyau *m*

läufig ADJ *Hündin* **~ sein** être en chaleur

Laufjunge M → Laufbursche; **Laufkatze** F TECH palan *m*, chariot *m*, treuil *m* roulant; **Laufkran** M grue roulante; pont roulant; **Laufkunde** M HANDEL client *m* de passage; **Laufkundschaft** F HANDEL clientèle *f* de passage

Laufmasche F maille filée, qui file; **ich habe e-e ~ im Strumpf, mein Strumpf hat e-e ~** mon bas a filé

Laufpass M *umg* **j-m den ~ geben** *umg* larguer qn; *bei e-m Liebesverhältnis a.* laisser tomber qn

Laufplanke F planche *f*; SCHIFF traversine *f*; **Laufrad** N *e-r Turbine* roue *f* (à aubes); *bei Lokomotiven* roue porteuse; **Laufschiene** F glissière *f*

Laufschritt M pas *m* (de) gymnastique, de course; **im ~** au pas de course

Laufstall M, **Laufställchen** N parc *m* (à bébé); **Laufsteg** M *für Mannequins* podium *m*; SCHIFF passerelle *f*; passavant *m*; **Laufstil** M SPORT style *m* (de course); **Laufvogel** M (oiseau *m*) coureur *m*; **Laufwerk** N TECH, *der Uhr* mécanisme *m*; *(Diskettenlaufwerk)* lecteur *m* de disquettes; *des Eisenbahnwagens* mécanisme *m* de roulement

Laufzeit F 1 FIN, JUR *(Dauer)* terme *m*; durée *f* (de validité); validité *f*; *aufs Ende bezogen* échéance *f*; **ein Kredit mit dreimonatiger ~** un crédit de 3 mois 2 SPORT temps chronométré, du parcours; **j-s ~ stoppen** chronométrer qn 3 *von Postsendungen* temps *m* d'acheminement 4 *e-s Films (Vorführzeit)* durée *f* de projection; *(Spieldauer)* passage *m* à l'affiche

Laufzettel M note *f*, fiche *f* de marche à suivre

Lauge F ⟨~; ~n⟩ 1 CHEM solution alcaline 2 *für die Wäsche* lessive *f*

laugenartig ADJ alcalin

Laugenbad N MED bain alcalin; **Laugenbrezel** F bretzel *m*

Lauheit F ⟨~⟩ tiédeur *f* *(a. fig)*; *fig* indifférence *f*

Laune F ⟨~; ~n⟩ *(Stimmung)* humeur *f*; *(Vergnügtheit)* enjouement *m*; *(Einfall, Grille)* caprice *m*; fantaisie *f*; lubie *f*; **guter, schlechter ~ sein, gute, schlechte ~ haben** être de bonne, mauvaise humeur; **bei ~** de bonne humeur; **~ des Schicksals** caprice du sort, du destin; **~n haben** avoir des sautes d'humeurs; faire des caprices; être lunatique

launenhaft ADJ capricieux, -ieuse; *Mensch a.* lunatique; *Schicksal a.* changeant; *Wetter* instable; **Launenhaftigkeit** F ⟨~⟩ humeur capricieuse, changeante; caprices *mpl*; bizarrerie(s) *f(pl)*; **launig** ADJ enjoué; d'un caractère gai; *(witzig)* plein d'humour; amusant; divertissant; drôle; **launisch** ADJ *nur von Menschen (mürrisch)* de mauvaise humeur; *(wechselhaft)* capricieux, -ieuse; lunatique

Laus F ⟨~; Läuse⟩ pou *m*; *umg fig* **ihm ist e-e ~ über die Leber gelaufen** *umg* il est de mauvais poil; **j-m Läuse in den Pelz setzen** donner du fil à retordre à qn

Lausbube *umg* M gamin *m* espiègle; galopin *m*; (petit) garnement, coquin; **Lausbubenstreich** M espièglerie *f*; (mauvais) tour *m*; farce *f*; **lausbübisch** *umg* ADJ espiègle; *umg* farceur; *mit weiblichem subst* de farceur

Lauschangriff M opération *f* de mise sur écoute

lauschen VI ⟨h.⟩ 1 *j-m, j-s Worten etc (zuhören)* écouter (attentivement); prêter l'oreille (à) 2 *(horchen)* tendre l'oreille; être aux écoutes; **an der Tür ~** écouter aux portes

Lauschen N ⟨~s⟩ écoute *f*, espionnage *m*; **j-n beim ~ ertappen** surprendre qn en train d'espionner, d'écouter aux portes

Lauscher[1] MPL ⟨~s; ~⟩ JAGD *(Ohren)* oreilles *fpl*

Lauscher[2] M, **Lauscherin** F ⟨~in; ~innen⟩ *Person* oreille indiscrète; *plus fort* espion, -ionne *m,f*

lauschig ADJ *Ort* retiré; intime; discret, -ète; **~es Plätzchen** charmant petit coin; coin retiré et discret

Lausebengel *umg* M, **Lausejunge** *umg* M (mauvais) garnement *m*; vaurien *m*; petit voyou

lausekalt *umg* ADJ **es ist ~** *umg* il fait sacrément froid; il fait un froid de canard

lausen VT *(u.* VR*)* ⟨-(es)t, h.⟩ **(sich) ~** (s')épouiller; *umg fig* **ich denk, mich laust der Affe** *umg* j'en suis baba, sur le cul

lausig *umg* A ADJ *(schäbig)* *umg* minable; *(widerwärtig)* rebutant; *umg* sale; **e-e ~e Arbeit** un sale travail; **das kostet ein ~es Geld** *(sehr viel)* cela coûte les yeux de la tête B ADV *umg* sacrément; **es ist ~ kalt** *umg* il fait sacrément froid; il fait un froid de canard

Lausitz ⟨→ *n/pr*⟩ GEOG **die ~** la Lusace

laut[1] A ADJ *Stimme*, MUS fort; *Geräusch, Kinder etc* bruyant; **mit ~er Stimme** d'une voix forte; **~es Gelächter** éclats *mpl* de rire; **~ werden** *Stimmen* s'élever; *fig Nachricht, Gerücht* se répandre; s'ébruiter B ADV fort; °haut; à voix °haute; à °haute voix; *(geräuschvoll)* bruyamment; **~ denken** penser tout °haut; **~ aufschreien** pousser un (des) cri(s); **~ lachen** rire aux éclats; **~ lesen** lire à voix °haute; **das kann man (aber) ~ sagen** on peut le dire tout °haut

laut[2] PRÄP ⟨*gen ou dat*⟩ ADMIN conformément à; d'après; selon

Laut M ⟨~(e)s; ~e⟩ son *m* *(a.* PHON*)*; **keinen ~ von sich geben** ne pas émettre le moindre son; JAGD **~ geben** donner de la voix

Lautangleichung F PHON assimilation *f* de sons; **Lautbildung** F PHON articulation *f*; **Lautbildungslehre** F PHON phonétique *f*

Laute F ⟨~; ~n⟩ MUS luth *m*

lauten VI ⟨-ete, h.⟩ être; s'énoncer; **wie lautet die Antwort?** quelle est la réponse?; JUR **das Urteil lautet auf drei Jahre Gefängnis** il a été condamné à, le tribunal a prononcé une peine de trois ans de prison; **der Vertrag lautet also: …** le contrat s'énonce comme suit: …; *geh* **auf j-s Namen** *(akk)* **~** être au nom de qn

läuten VT *u.* VI *u.* V/UNPERS ⟨-ete, h.⟩ sonner; **die Glocke läutet** la cloche sonne; **es, j-d läutet** *an der Tür* on sonne; **es läutet zur Messe** on sonne la messe; **es läutet Mittag** midi sonne; **es läutet drei Uhr** trois heures sonnent; *fig* **ich habe ~ hören, dass …** j'ai entendu dire que …

lauter[1] *geh* ADJ *Metalle (rein)* pur; sans alliage; *fig (ohne Falsch)* pur; sincère; intègre

lauter[2] ADV *(nichts als, nur)* ne … que; rien que; **das sind ~ Lügen** il n'y a que des mensonges; c'est un tissu de mensonges; **das ist ~ dummes Zeug** cela ne tient pas debout; **vor ~ Freude sprang sie in die Luft** elle a sauté, bondi de joie

Lauterkeit F ⟨~⟩ pureté *f*; *fig*, POL intégrité *f*

läutern *geh* VT *(u.* VR*)* ⟨-(e)re, h.⟩ 1 purifier; épurer; *Glas, Metalle* affiner; *Flüssigkeit* clarifier; décanter; filtrer 2 *fig* **(sich) ~** (se) purifier; (s')épurer; (s')affiner; **Läuterung** F ⟨~⟩ 1 purification *f*; épuration *f*; *von Glas, Metallen* af-

finage *m od* affinement *m*; *e-r Flüssigkeit* clarification *f*; décantage *m*; décantation *f* **2** *geh fig* purification *f*; affinement *m*
Läutewerk N sonnerie *f* (électrique); timbre *m* électrique
Lautgesetz N LING loi *f* phonétique
lauthals ADV **~ lachen, protestieren** rire, protester à gorge déployée; **~ singen** chanter à tue-tête, à plein gosier, à pleine gorge
Lautlehre F phonétique *f*; **lautlich** ADJ phonétique
lautlos **A** ADJ silencieux, -ieuse; **~e Stille** silence profond, religieux **B** ADV silencieusement; sans bruit; en silence
Lautlosigkeit F ⟨~⟩ silence *m* (absolu, profond)
lautmalend ADJT onomatopéique; **~er Ausdruck** onomatopée *f*
Lautmalerei F *t/t* onomatopée *f*
Lautschrift F transcription *f*, écriture *f* phonétique; **Lautsprecher** M °haut-parleur *m*; **Lautsprecheranlage** F enceinte *f* acoustique; **Lautsprecherbox** F baffle *m*; **Lautsprechermembran** F diaphragme *m*, membrane *f* de haut-parleur; **Lautsprecherwagen** M voiture *f* à °haut-parleur; **Lautsprecherwerbung** F publicité *f* par °haut-parleur
lautstark **A** ADJ bruyant **B** ADV bruyamment
Lautstärke F intensité *f*, volume *m* (sonore); *der Stimme* puissance vocale; **mit voller ~** *Musik, Radio* à plein volume; *umg* à pleins tubes
Lautstärkeregler M régulateur *m* du volume (sonore); **Lautverschiebung** F LING mutation *f* consonantique; **Lautverzerrung** F distorsion *f* (du son); **Lautwandel** M, **Lautwechsel** M LING changement *m* phonétique
lautwerden V/I → laut[1] A
Läutwerk N → Läutewerk
Lautzeichen N PHON signe *m* phonétique
lauwarm ADJ → lau
Lava F ⟨~; Laven⟩ lave *f*; **lavaartig** ADJ lavique; **Lavastrom** M coulée *f* de lave
Lavendel M ⟨~s; ~⟩ BOT lavande *f*; **Lavendelfeld** N lavandière *f*; **Lavendelöl** N huile *f*, essence *f* de lavande; **Lavendelwasser** N ⟨~s⟩ (eau *f* de) lavande *f*
lavieren V/I ⟨*pas de ge-*, h.⟩ SCHIFF louvoyer (*a. fig*); *fig* biaiser
Lawine F ⟨~; ~n⟩ avalanche *f* (de neige); *fig* **e-e ~ von Reklamationen** une avalanche de réclamations
lawinenartig ADJ *u.* ADV en avalanche; comme une avalanche (*a. fig*); *fig* **~ zunehmen, anwachsen** faire boule de neige
Lawinengefahr F risque *m*, danger *m* d'avalanche
lax ADJ relâché; laxiste; *Stil* lâche; **~e Moral** morale facile, relâchée
Laxativ N ⟨~s; ~e⟩ laxatif *m*
Laxheit F ⟨~⟩ relâchement *m*; laxisme *m*; permissivité *f*
Layout N ⟨~s; ~s⟩ TYPO maquette *f*; ELEK schéma *m* de montage; agencement *m*; **Layouter(in)** M ⟨~s; ~⟩ (F) ⟨~in; ~innen⟩ maquettiste *m/f*
Lazarett N ⟨~(e)s; ~e⟩ MIL hôpital *m* militaire; **Lazarettschiff** N navire-hôpital *m*
l. c. ABK (loco citato) loc. cit. (à l'endroit cité)
LCD ABK (liquid crystal display, Flüssigkristallanzeige) affichage *m* à cristaux liquides; **LCD-Anzeige** F affichage *m* à cristaux liquides; **LCD-Bildschirm** M écran *m* LCD; écran *m* à cristaux liquides
leasen V/T ⟨-(es)t, h.⟩ acheter en leasing
Leasing N ⟨~s; ~s⟩ leasing *m*; crédit-bail *m*; location-vente *f*; **Leasingfirma** F société *f* de leasing
Lebedame F demi-mondaine *f*; cocotte *f*;
Lebemann M ⟨~(e)s; ⸚er⟩ viveur *m*; *umg* fêtard *m*; *umg* noceur *m*
leben ⟨h.⟩ **A** V/T vivre; **sein eigenes Leben ~** vivre sa vie; **sie lebt ein unbeschwertes Leben** elle mène une vie insouciante **B** V/I **1** vivre; (*am Leben sein*) être en vie; être vivant; exister; **er wird nicht mehr lange ~** il n'en a plus pour longtemps (à vivre); **(genug) zu ~ haben** avoir de quoi vivre; **flott, auf großem Fuße ~** mener (un) grand train; vivre sur un grand pied; **zu ~ verstehen** savoir vivre; **noch ~** être encore de ce monde; **solange ich lebe** ... tant que je vivrai ...; **von s-r Hände Arbeit ~** vivre de son travail, de ses mains; **auf Kosten anderer ~** vivre aux dépens, *umg* aux crochets des autres; **~ und ~ lassen** il faut vivre et laisser vivre; **leb(e) wohl, ~ Sie wohl!** adieu!; **es lebe die Freiheit!** vive la liberté! **2** (*wohnen*) vivre; **er lebt in Paris** (*dat*) il vit à, il habite (à) Paris **3** **nur für j-n, etw ~** ne vivre que pour qn, qc; **er lebt nur dafür** c'est sa raison de vivre **4** (*fortbestehen*) **s-e Dichtungen werden ewig ~** ses poèmes sont impérissables **5** (*Leben zeigen*) être animé; exister; s'agiter; se mouvoir **C** V/R *u.* V/UNPERS **hier lebt es sich gut** il fait bon vivre ici
Leben N ⟨~s; ~⟩ **1** vie *f*; **das tägliche ~** la vie quotidienne; **sein ~ fristen** vivoter; *pej* végéter; **sein ~ lassen** donner sa vie (**für j-n** pour qn); **sein ~ wagen** risquer sa vie; **das nackte ~ retten** → nackt; **sich** (*dat*) **das ~ nehmen** se suicider; mettre fin à ses jours; **j-n das ~ kosten** coûter la vie à qn; **j-m das ~ retten** sauver la vie à qn; **j-n am ~ erhalten** maintenir qn en vie; *geh* **e-m Kind das ~ schenken** donner la vie, le jour à un enfant; **j-m das ~ schwer machen** *od* **sauer machen** rendre la vie dure à qn; **sich** (*dat*) **das ~ schwer machen** se compliquer la vie; **das ist kein ~!** ce n'est pas une vie!; **am ~ sein** être en vie; vivre; **keiner blieb am ~** aucun n'a survécu; personne n'en a réchappé; *geh* **aus dem ~ scheiden** quitter la vie; **sich durchs ~ schlagen** lutter (pour vivre); **er spielt für sein ~ gern** il adore jouer; il aime le jeu par-dessus tout; **etw ins ~ rufen** donner naissance à, créer, fonder qc; mettre qc sur pied; **ins ~ zurückrufen** ramener à la vie; **wieder ins ~ rufen** faire renaître; **mit dem ~ davonkommen** en réchapper; avoir la vie sauve; survivre; échapper à la mort; **etw mit s-m ~ büßen, bezahlen** expier qc par sa mort; **j-m nach dem ~ trachten** en vouloir à la vie de qn; **ums ~ kommen, (bei e-m Unfall) sein ~ verlieren** trouver la mort (dans un accident); *umg* **nie im ~!** jamais de la vie!; **zeit meines ~s, mein ganzes ~ lang** toute ma vie **2** *in Wendungen mit Tod: Kampf* **auf ~ und Tod** à mort; **es geht um ~ und Tod** c'est une question de vie ou de mort; **zwischen ~ und Tod schweben** être entre la vie et la mort **3** (*Lebenskraft*) vie *f*; vigueur *f*; (*Lebhaftigkeit*) vivacité *f*; entrain *m*; (*Geschäftigkeit*) mouvement *m*; animation *f*; **voller ~** plein de vigueur, de vie, de vivacité, d'entrain; **~ in etw bringen** animer qc; faire le boute-en-train; **neues ~ bekommen** se ranimer; **etw zu neuem ~ erwecken** faire revivre qc; ressusciter qc **4** (*Lebensbeschreibung*) vie *f*; biographie *f* **5** (*die Wirklichkeit*) nature *f*; vie *f*; **aus dem ~ gegriffen** pris sur le vif **6** *koll* (les) êtres vivants; **die Erhaltung des menschlichen ~s** la protection de la vie humaine **7** (*Lebewesen*) être vivant; créature (vivante); **das werdende ~** l'enfant à naître; → *a.* Menschenleben
lebend **A** ADJT vivant; *von Sachen* vif, vive; **die wild ~en Tiere** les animaux vivant en liberté; **die ~en Sprachen** les langues vivantes **B** ADVL **~ gebärend** ZOOL vivipare
Lebende(r) M/F(M) ⟨→ A⟩ vivant(e) *m(f)*
lebendgebärend ADJT → lebend B; **Lebendgewicht** N FLEISCHEREI poids vif
lebendig ADJ *u.* ADV **1** (*lebend*) vivant; vif, vive; **bei ~em Leibe begraben werden** être enterré vivant; **bei ~em Leibe verbrannt werden** être brûlé vif; **j-n tot oder ~ ausliefern** livrer qn mort ou vif; **in j-m ~ werden** *Gefühle* naître, apparaître chez qn; *Erinnerungen* remonter, ressurgir en qn **2** (*lebhaft*) vivant; vif, vive; plein de vie, de vivacité; **~er Vortrag e-s Gedichts** façon vivante de réciter des vers
Lebendige(r) M/F(M) ⟨→ A⟩ vivant(e) *m(f)*
Lebendigkeit F ⟨~⟩ vivacité *f*; entrain *m*
Lebensabend M vieux jours; **Lebensabschnitt** M période *f* de la vie; **Lebensalter** N âge *m*; **Lebensangst** F peur *f* de vivre; **Lebensanschauung** F conception *f* de la vie, de l'existence; **Lebensarbeit** F → Lebenswerk; **Lebensarbeitszeit** F activité *f*; (durée *f* de la) vie active; **Lebensart** F **1** (*Lebensweise*) manière *f* de vivre; (genre *m*, train *m* de) vie *f* **2** (*Benehmen*) savoir-vivre *m*; (bonnes) manières *fpl*
Lebensaufgabe F tâche *f* de toute une vie; **sich** (*dat*) **etw zur ~ machen** se consacrer tout entier, -ière à qc
Lebensbaum M **1** BOT thuya *m* **2** REL arbre *m* de vie; **Lebensbedingungen** FPL conditions *fpl* de vie; **lebensbedrohend** ADJT qui menace, met en danger la vie; **lebensbejahend** ADJT optimiste; **Lebensbereich** M environnement *m*; milieu *m* (social); sphère *f*; **Lebensbeschreibung** F biographie *f*
Lebensdauer F durée *f* de la vie; STATISTIK longévité *f*; *e-s Geräts*, PHYS, CHEM *e-s Elements* durée *f* de vie; **lange ~** longévité *f*
Lebenselixier N élixir *m* de longue vie
Lebensende N ⟨~s⟩ fin *f*; **bis an mein ~** jusqu'à ma mort, mon dernier jour
Lebenserfahrung F expérience *f* de la vie, du monde; **lebenserhaltend** ADJT vital; **Lebenserinnerungen** FPL mémoires *fpl*; **Lebenserwartung** F espérance *f* de vie
lebensfähig ADJ MED, BIOL viable; **Lebensfähigkeit** F ⟨~⟩ MED, BIOL viabilité *f*
Lebensform F forme *f* de vie; mode *m* d'existence; **lebensfremd** ADJ qui ne connaît rien de la vie; inadapté; **Lebensfreude** F joie *f* de vivre; **lebensfroh** ADJ heureux, -euse de vivre; plein de joie de vivre; gai; **Lebensführung** F manière *f* de vivre; vie *f*
Lebensgefahr F danger *m* de mort; **unter ~** au péril de ma (sa, *etc*) vie; **für j-n besteht (keine) ~** qn (n')est (pas) en danger de mort
lebensgefährlich **A** ADJ très dangereux, -euse; **~e Krankheit** grave maladie *f* **B** ADV **~ verletzt (sein être)** gravement, grièvement blessé
Lebensgefährte M compagnon *m*; **Lebensgefährtin** F compagne *f*; **Lebensgefühl** N conscience *f* de vivre; (*Daseinsfreude*) joie *f* de vivre
Lebensgeister MPL **j-s ~ wecken** faire reprendre ses esprits à qn
Lebensgemeinschaft F communauté *f* de vie; **Lebensgeschichte** F biographie *f*; **Lebensgewohnheiten** FPL mode *m* de vie; façon *f* de vivre; habitudes *fpl*; **lebensgroß** ADJ grandeur nature
Lebensgröße F grandeur *f* nature; **in voller ~** grandeur nature; *hum* en chair et en os
Lebenshaltung F, **Lebenshaltungs-**

L

kosten PL coût *m* de la vie; **Lebenshilfe** F assistance *f*

Lebensinhalt M raison *f* de vivre; **Sport ist sein ganzer ~** le sport est toute sa vie

Lebensjahr N année *f*; **im** *od* **in s-m dreißigsten ~** à l'âge de trente ans; dans sa trentième année; **mit, nach Vollendung des achtzehnten ~(e)s** à dix-huit ans révolus

Lebenskraft F vitalité *f*; force vitale; vigueur *f*; énergie *f*; **Lebenskünstler(in)** M(F) personne *f* qui sait vivre, se débrouiller; bon vivant

Lebenslage F situation *f* (de la vie); **in allen ~n** quelle que soit la situation

lebenslang **A** ADJ qui dure toute une vie **B** ADV la vie durant; jusqu'à la mort

lebenslänglich ADJ JUR à perpétuité; à vie; perpétuel, -elle; *von Renten etc* viager, -ère; *umg* **„~" bekommen** être condamné à perpétuité, *sl* à perpète

Lebenslauf M vie *f*; *schriftlicher* curriculum vitae *m*; CV *m*; **Lebenslinie** F HANDLESEKUNST ligne *f* de vie; **Lebenslust** F ⟨~⟩ joie *f* de vivre; *weitS.* gaieté *f*; **lebenslustig** ADJ qui aime la vie, vivre; heureux, -euse de vivre; *weitS.* gai; **Lebensmitte** F *poet* midi *m* de la vie

Lebensmittel NPL aliments *mpl*; produits *mpl*, denrées *fpl* alimentaires; *(Verpflegung)* vivres *mpl*; **leicht verderbliche ~** denrées périssables

Lebensmittelabteilung F rayon *m* (d')alimentation; **Lebensmittelchemie** F chimie *f* alimentaire; **Lebensmittelfolie** F film *m* plastique pour contact alimentaire; **Lebensmittelgeschäft** N épicerie *f*; magasin *m* d'alimentation; **Lebensmittelgesetz** N loi *f* sur les denrées alimentaires; **Lebensmittelhandel** M commerce *m* de produits alimentaires; alimentation *f*; *im engeren Sinne* épicerie *f*; **Lebensmittelhändler(in)** M(F) épicier, -ière *m,f*; **Lebensmittelindustrie** F industrie *f* agro-alimentaire; **Lebensmittelkarte** F carte *f*, ticket *m* de rationnement; **Lebensmittelknappheit** F pénurie *f* alimentaire, de vivres; **Lebensmittelvergiftung** F intoxication *f* alimentaire; **Lebensmittelversorgung** F ravitaillement *m*; approvisionnement *m* (en vivres); **Lebensmittelvorräte** MPL stocks *mpl* de produits alimentaires

lebensmüde ADJ dégoûté de la vie; *geh* las, lasse de vivre; fatigué de l'existence; *hum* **du bist wohl ~!** (ce que tu fais,) c'est du suicide!

Lebensmut M courage *m* de vivre; **keinen ~ mehr haben** être las, lasse de vivre; n'avoir plus le courage de vivre

lebensnah ADJ proche de la vie; près de la réalité; concret, -ète; **Lebensnerv** M centre *m* vital; **lebensnotwendig** ADJ nécessaire, indispensable à l'existence, à la vie; vital; **Lebenspartner(in)** M(F) compagnon *m*, compagne *f*

Lebenspartnerschaft F (**eingetragene**) **~** partenariat civil enregistré

Lebensqualität F qualité *f* de la vie; **Lebensraum** M espace vital; **Lebensretter(in)** M(F) sauveteur *m*; **Lebensstandard** M niveau *m* de vie; **Lebensstellung** F *(lebenslängliche Berufsstellung)* emploi *m* à vie; **Lebensstil** M style *m*, genre *m* de vie; **lebenstüchtig** ADJ capable de s'organiser; pratique; **Lebensüberdruss** M dégoût *m* de la vie; **Lebensumstände** PL conditions *fpl* de vie; **lebensunfähig** ADJ MED, BIOL non viable

Lebensunterhalt M subsistance *f*; entretien *m*; **für j-s ~ aufkommen** pourvoir à la subsistance de qn; faire vivre qn; **s-n ~ verdienen** gagner sa vie

lebensuntüchtig ADJ incapable de s'organiser; **Lebensversicherung** F assurance-vie *f*; assurance *f* sur la vie

Lebenswandel M vie *f*; conduite *f*; mœurs *fpl*; **lockerer ~** mœurs légères; **untadeliger ~** conduite irréprochable

Lebensweise F **1** mode *m* de vie **2** *(Gewohnheiten)* habitudes *fpl*; mœurs *fpl*

Lebenswerk N œuvre *f* (de toute une vie); **es war sein, ihr ~** ce fut l'œuvre de sa vie

lebenswert ADJ digne d'être vécu; **lebenswichtig** ADJ vital *(a. Organ)*; de première nécessité; d'intérêt vital; d'importance vitale

Lebenszeichen N signe *m* de vie; **(k)ein ~ von sich geben** (ne pas) donner signe de vie *(a. fig: [nichts] von sich hören lassen)*

Lebenszeit F durée *f* de la vie; **auf ~** pour (toute) la vie; *Haft* à perpétuité; *Berufung, Amt* à vie; *von Renten* viager, -ère

Leber F ⟨~; ~n⟩ foie *m* (a. GASTR); GASTR **saure ~** *foie de veau ou de bœuf émincé, cuit dans une sauce au vinaigre*; *umg fig* **frei, frisch von der ~ weg reden** parler franchement, à cœur ouvert; *umg* **sich** *(dat)* **etw von der ~ reden** *umg* dire ce qu'on a sur le cœur

Leberblümchen N, **Leberblume** F (anémone *f*) hépatique *f*; **Leberentzündung** F hépatite *f*; **Leberfleck** M grain *m* de beauté; MED nævus *m*; **Leberhaken** M BOXEN crochet (porté) au foie; **Leberkäse** M *sorte de pain de viande*; **Leberknödel** M *südd, österr* boulette *f*, quenelle *f* de foie; **Leberknödelsuppe** F *südd, österr*: *bouillon avec, comme garniture, des boulettes de foie*; **leberkrank** ADJ malade du foie; **Leberkrankheit** F maladie *f* du foie; troubles *mpl* hépatiques; **Leberkrebs** M cancer *m* du foie; **Leberleiden** N → Leberkrankheit; **Leberpastete** F pâté *m* de foie; **Lebertran** M huile *f* de foie de morue

Leberwurst F pâté *m* de foie *(sous forme de saucisson)*; *umg fig* **die gekränkte** *od* **beleidigte ~ spielen** *umg* prendre la mouche

Leberzirrhose F MED cirrhose *f*

Lebewesen N être vivant; BIOL organisme *m*

Lebewohl *geh* N ⟨~(e)s; ~e *ou* ~s⟩ adieu *m*; **j-m ~ sagen** dire adieu à qn

lebhaft **A** ADJ vif, vive *(a. Beifall, Diskussion, Erinnerung, Fantasie, Farbe)*; plein de vie, de vivacité; alerte; *Kind* vivant; éveillé; *Unterhaltung, Streit* animé; *Handel* actif, -ive; **~e Fantasie** *a.* imagination débordante; **j-n, etw in ~er Erinnerung haben** garder de qn, de qc un souvenir vivant; **~es Interesse** vif intérêt; HANDEL **die Nachfrage nach Kaffee war sehr ~** les demandes de café ont été très actives; **~er Verkehr** circulation *f* intense; **~ werden** s'animer **B** ADV avec vivacité, animation; vivement; de façon vivante; **sich** *(dat)* **etw ~ vorstellen können** se représenter qc comme si on le voyait, de façon vivante; **sich ~ an j-n, etw erinnern** garder un souvenir très vivant de qn, qc

Lebhaftigkeit F ⟨~⟩ vivacité *f*; entrain *m*; animation *f*; HANDEL activité *f*

Lebkuchen M pain *m* d'épice

leblos ADJ sans vie; inanimé; **Leblosigkeit** F ⟨~⟩ absence *f* de vie; froideur *f*

Lebtag M *umg* **das habe ich mein ~ nicht gesehen** (de ma vie,) je n'ai jamais vu cela

Lebzeiten FPL **zu s-n ~** de son vivant; **zu ~ meines Vaters** du vivant de mon père

lechzen *geh* V/I ⟨-(es)t, h.⟩ **nach Wasser ~** mourir de soif; *fig* **nach etw ~** *(verlangen)* être assoiffé de qc; **danach ~, etw zu tun** brûler de faire qc

leck ADJ **das Fass ist ~** le tonneau fuit, coule, a une fuite; **das Schiff ist ~** le navire fait eau; **~ schlagen** → leckschlagen

Leck N ⟨~(e)s; ~e⟩ *in Fässern etc* fuite *f*; *e-s Schiffs* voie *f* d'eau; **ein ~ bekommen** faire eau

lecken[1] V/I ⟨h.⟩ *(undicht sein) Fass etc* avoir une fuite; couler; fuir; *Schiff* faire eau

lecken[2] V/T *u.* V/I (V/R) ⟨h.⟩ *mit der Zunge* lécher; *Hund etc* **sich ~** se lécher; **an etw** *(dat)* **~** lécher qc; *umg* **sie sieht immer wie geleckt aus** elle est toujours tirée à quatre épingles; *sl* **leck mich!** *sl* fous-moi la paix!; *sl* va te faire foutre!

lecker **A** ADJ *(wohlschmeckend)* délicieux, -ieuse; exquis; *(appetitanregend)* appétissant *(a. fig Person)* **B** ADV **das schmeckt ~** c'est délicieux

Leckerbissen M gourmandise *f*; friandise *f*; morceau *m* de choix; régal *m* *(a. fig)*; **ein musikalischer ~** un régal musical

Leckerei F ⟨~; ~en⟩ **1** → Leckerbissen **2** **~en** PL *(Süßigkeiten)* sucreries *fpl*; friandises *fpl* **3** *umg* *(Gelecke)* lèchement *od* léchage *m* (continuel)

Leckermaul *umg* N, **Leckermäulchen** *umg* N ⟨-mäulchens; -mäulchen⟩ *(Feinschmecker)* fine bouche *f*; *umg* fine gueule *f*; *(Schlemmer)* gourmand *m*; *(Süßschnabel)* qui est friand, gourmand de sucreries

leckschlagen V/I ⟨*irr, sép*, -ge-, s.⟩ SCHIFF avoir une voie d'eau

LED F ⟨~; ~s⟩ ABK (light emitting diode) LED *f*; diode électroluminiscente

led. ABK (ledig) célibataire

LED-Anzeige F affichage *m* par LED

Leder N ⟨~s; ~⟩ **1** cuir *m*; *weiches, für Handschuhe etc* peau *f*; **aus ~** de *od* en cuir; **in ~ gebunden** relié (en) cuir; *Fleisch* **das ist zäh wie ~** *umg* c'est de la semelle **2** *umg* *(Fußball)* ballon *m* **3** *umg* **gegen j-n, etw vom ~ ziehen** fulminer contre qn, qc; *umg* déblatérer contre qn, qc; *umg* **j-m ans ~ gehen** *umg* taper sur qn

Leder(ein)band M reliure *f* (en) cuir, (en) peau; **Lederflicken** M pièce *f* de cuir; **Lederhandschuh** M gant *m* de peau; **Lederhaut** F ANAT derme *m*; *des menschlichen Auges* sclérotique *f*; **Lederhose** F culotte *f* de peau; *lange* pantalon *m* de cuir; **Lederimitation** F imitation-cuir *f*; similicuir *m*; **Lederjacke** F blouson *m*, veste *f* de *od* en cuir; **Lederkoffer** M valise *f* en cuir; **Lederlappen** M peau *f* de chamois; **Ledermantel** M manteau *m* de cuir; **Ledermappe** F serviette *f* en cuir

ledern[1] V/T ⟨-(e)re, h.⟩ passer à la peau de chamois

ledern[2] ADJ de *od* en cuir; *Haut* comme du cuir; tanné; *Fleisch* dur (*umg* comme de la semelle); coriace

Lederpolster N coussin *m* (recouvert) de cuir; **Lederriemen** M courroie *f* de cuir; *langer, schmaler* lanière *f* de cuir; **Lederrücken** M *e-s Buches* (reliure *f* à) dos *m* basane; **Lederschlaufe** F passant *m* (de cuir); **Lederschuh** M chaussure *f* de cuir; **Lederschurz** M tablier *m* de cuir; **Ledersessel** M fauteuil *m* de cuir; **Ledersohle** F semelle *f* de cuir; **Lederwaren** FPL articles *mpl* de cuir, de maroquinerie; **Lederwarengeschäft** N maroquinerie *f*

ledig ADJ **1** *(unverheiratet)* célibataire; **~ bleiben** rester célibataire; **~e Mutter** mère *f* célibataire; **sie ist noch ~** elle n'est pas encore mariée **2** *geh* **e-r Pflicht, Aufgabe** *(gen)* **~ sein** être dégagé, libéré, débarrassé d'une obligation, d'une tâche

Ledige(r) M/F(M) ⟨→ A⟩ célibataire *m/f*

lediglich ADV *(nur, nichts als)* seulement; purement; uniquement; *plus fort* purement et simplement

L

Lee F ⟨~⟩ SCHIFF côté *m* sous le vent
leer A ADJ 1 vide; *(geleert)* vidé; *(unbesetzt)* inoccupé; libre; vacant; *Blatt, Seite (unbeschrieben)* blanc; vierge; **~er Raum** vide *m*; *umg* **~ machen** vider 2 *fig (inhaltslos)* creux, creuse; vide de sens; *(eitel)* vain; *(unbegründet)* sans fondement; **~er Blick** regard vide, inexpressif; *umg* **~es Geschwätz** *umg* blablabla *m*; *umg* du vent; *umg* **~es Gerede** verbiage *m*; vain bavardage; **~e Worte** *npl* rien que des paroles; (des) paroles *fpl* en l'air; **~e Versprechungen** *fpl* promesses vaines; *umg* promesses en l'air B ADV **~ ausgehen** rester, revenir les mains vides; *umg* rester chocolat; **~ gefegt** désert; **die Straßen waren plötzlich (wie) ~ gefegt** les rues s'étaient vidées brusquement, en un clin d'œil; **~ stehen** être vacant, libre, vide; **~ stehend** *Zimmer, Haus etc* inoccupé; *Betten, Zimmer a.* libre; → leerlaufen
Leere[1] F ⟨~⟩ *(Leersein)* vide *m (a. fig)*; *fig* **die innere ~** le vide intérieur, de l'âme
Leere[2] N ⟨→ A⟩ *(leerer Raum)* vide *m*; **ein Schlag ins ~** un coup d'épée dans l'eau
leeren ⟨h.⟩ A VT vider; *Grube etc* vidanger; faire la vidange de; **den Briefkasten ~** faire la levée; **der Briefkasten wird täglich fünfmal geleert** il y a cinq levées par jour B VR **sich ~** se vider; *Behälter* être en vidange
Leeren N ⟨~s⟩ vidage *m*; *e-r Grube etc* vidange *f*; *des Briefkastens* levée *f*
Leeres N → Leere[2]
Leerfahrt F trajet *m* à vide; *e-r Lokomotive* parcours *m* °haut le pied; **leergefegt** ADJT → leer B; **Leergewicht** N poids *m* à vide; tare *f*; **Leergut** N emballages *mpl* destinés au recyclage; *(leere Flaschen)* bouteilles consignées
Leerlauf M 1 *e-r Maschine* marche *f* à vide 2 *e-s Getriebes, Motors* point mort; **im ~ hinunterfahren** descendre moteur débrayé 3 *fig* passage *m* à vide; phase improductive; piétinement *m*; **~ haben** tourner à vide
leerlaufen VI ⟨irr, sép, -ge-, s.⟩ *Maschine, Motor etc* marcher, tourner à vide; *(sich leeren)* se vider; être en vidange; **leermachen** *umg* VT → leer A 1; **leerstehen** VI, **leerstehend** ADJT → leer B
Leertaste F *e-r Tastatur* barre *f* d'espacement; **Leerung** F ⟨~; ~en⟩ vidage *m*; *e-s Briefkastens* levée *f*
leewärts ADV SCHIFF sous le vent
Lefze F ⟨~; ~n⟩ babine *f*
legal ADJ légal; **legalisieren** VT ⟨pas de ge-, h.⟩ légaliser; **Legalisierung** F ⟨~; ~en⟩ légalisation *f*; **Legalität** F ⟨~⟩ légalité *f*
Legasthenie F ⟨~; ~n⟩ dyslexie *f*
Legastheniker(in) M ⟨~s; ~⟩ (F) ⟨~in; ~innen⟩ dyslexique *m/f*
Legat[1] M ⟨~en; ~en⟩ KATH légat *m*
Legat[2] N ⟨~(e)s; ~e⟩ JUR legs *m*
Legationsrat M ⟨~(e)s; -räte⟩ conseiller *m* de légation
Legebatterie F batterie *f* d'élevage; **Legehenne** F poule pondeuse
legen ⟨h.⟩ A VT mettre; poser; placer; *Leitung, Rohre, Fußboden, Minen etc* poser; *Eier* pondre; *Wäsche* plier; FUSSBALL *Gegner* plaquer; **Gas, Wasser, elektrisches Licht ~** installer le gaz, l'eau, l'électricité; **etw auf die Erde ~** mettre qc, poser qc par terre; **etw an s-n Ort, an den richtigen Platz ~** remettre qc à sa place; **(großen) Wert auf etw** *(akk)* **~** attacher une grande importance à qc; → *a.* beiseitelegen B VR **sich ~** *Person* se mettre; se coucher; s'étendre; *Wind* tomber; se calmer; *Zorn, Aufregung etc* se calmer; s'apaiser; tomber; **sich ins Bett, sich schlafen ~** (aller) se coucher; aller au lit; **sich aufs Bett ~** s'allonger, s'étendre sur le lit; *Schiff* **sich auf die Seite ~** donner de la bande; **der Qualm legt sich mir auf die Brust** la fumée m'étouffe; **das legt sich mir schwer auf die Seele** ça me pèse
Legen N ⟨~s⟩ *von Leitungen, Rohren, Minen* pose *f*; *von Gas, Licht* installation *f*; *von Eiern* ponte *f*
legendär ADJ légendaire
Legende F ⟨~; ~n⟩ *von Heiligen* légende *f (a. Bildunterschrift, Zeichenerklärung, falsche Behauptung)*; **zur ~ werden** entrer dans la légende
leger A ADJ *(ungezwungen, lässig) Benehmen, Person, Ton* naturel, -elle; décontracté; *(betont lässig)* désinvolte; *Kleidung* décontracté; sport *(inv)* B ADV d'une manière décontractée
Leggings, Leggins PL MODE caleçon *m*
Leghenne F → Legehenne
legieren VT ⟨pas de ge, h.⟩ 1 *Metalle* allier 2 GASTR lier
Legieren N ⟨~s⟩, **Legierung** F ⟨-; -en⟩ *von Metallen* alliage *m*
Legion F ⟨~; ~en⟩ légion *f (a. fig für Masse, Menge)*; **Legionär** M ⟨~s; ~e⟩ légionnaire *m*; **Legionärskrankheit** F légionellose *f*; maladie *f* du légionnaire; **Legionelle** F ⟨~; ~n⟩ MED légionelle *f*
legislativ ADJ POL législatif, -ive; **Legislative** F ⟨~; ~n⟩ POL pouvoir législatif; **Legislatur** F ⟨~; ~en⟩, **Legislaturperiode** F POL législature *f*
legitim ADJ légitime; **Legitimation** F ⟨~; ~en⟩ légitimation *f*; **Legitimationspapier** N pièce justificative; **legitimieren** ⟨pas de ge-, h.⟩ A VT légitimer B VR **sich ~** justifier de son identité; produire une pièce d'identité; **Legitimität** F ⟨~⟩ légitimité *f*
Leguan M ⟨~s; ~e⟩ ZOOL iguane *m*
Legwarmer M *meist pl* ⟨~s; ~(s)⟩ jambière *f*
Lehen N ⟨~s; ~⟩ HIST fief *m*
Lehm M ⟨~(e)s; ~e⟩ (terre *f*) glaise *f*; BAU torchis *m*; **Lehmboden** M sol glaiseux; *als Fußboden* terre battue; **Lehmgrube** F glaisière *f*; **lehmhaltig** ADJ glaiseux, -euse; **Lehmhütte** F cabane *f* en torchis; **lehmig** ADJ glaiseux, -euse
Lehne F ⟨~; ~n⟩ 1 *e-r Bank, e-s Stuhls* dos *m*; dossier *m*; *(Seitenlehne)* bras *m*; accoudoir *m* 2 *südd, österr (Berghang)* pente (douce); versant *m*
lehnen ⟨h.⟩ A VT appuyer, adosser (**an etw** *[akk] od* **gegen etw** à, contre qc) B VI *u.* VR **an etw** *(dat)* **~, sich an etw** *(akk)* **~** s'appuyer, s'adosser contre *od* à qc; **sich aus dem Fenster ~** se pencher par, à la fenêtre
Lehnsessel M fauteuil *m*
Lehnsgut N HIST fief *m*; **Lehnsherr** M HIST suzerain *m*; **Lehnsmann** M ⟨~(e)s; ⸚er *ou* -leute⟩ HIST vassal *m*; homme *m* lige
Lehnstuhl M fauteuil *m*
Lehnswesen N ⟨~s⟩ HIST régime féodal; féodalité *f*
Lehnwort N ⟨~(e)s; ⸚er⟩ LING emprunt *m*; **ein ~ aus dem Mongolischen** un mot emprunté au mongol
Lehramt N poste *m* d'enseignant, d'enseignement (primaire *od* secondaire); **höheres ~** professorat *m*
Lehramtskandidat(in) M(F) ADMIN professeur *m/f* stagiaire; candidat(e) *m(f)* à un poste dans l'enseignement secondaire
Lehranstalt F ADMIN établissement *m* scolaire; école *f*; **höhere ~** lycée *m*; collège *m*
Lehrauftrag M **e-n ~ haben** être chargé de cours
Lehrbeauftragte(r) M(F) chargé *m* de cours; **Lehrbefähigung** F aptitude *f* à enseigner; **Lehrberechtigung** F certificat *m* d'aptitude au professorat; **Lehrberuf** M 1 *(Beruf des Lehrers)* profession *f* d'enseignant; enseignement *m* 2 *(Ausbildungsberuf)* profession *f* exigeant un apprentissage; **Lehrbetrieb** M *e-r Universität* cours *mpl*; **Lehrbrief** M certificat *m* d'apprentissage
Lehrbuch N manuel *m*; cours *m*; méthode *f*; *kurz gefasstes* précis *m*; abrégé *m*; **~ für Physik** manuel, cours, *etc* de physique
Lehre[1] F ⟨~; ~n⟩ 1 *(Lehrmeinung, Anschauung)* doctrine *f*; théorie *f* 2 *(Belehrung)* enseignement *m*; leçon *f*; *e-r Fabel (Lehrsatz)* morale *f*; **lassen Sie sich das e-e ~ sein!** que cela vous serve de leçon!; **das ist mir e-e heilsame ~ gewesen** cela m'aura servi de leçon 3 *(Lehrzeit)* apprentissage *m*; **in die ~ gehen** faire un, son apprentissage
Lehre[2] F ⟨~; ~n⟩ TECH *(Kaliber)* calibre *m*; jauge *f*; gabarit *m*
lehren VT ⟨h.⟩ enseigner; **j-n etw ~** apprendre qc à qn; **j-n lesen ~** apprendre à lire à qn; **die Erfahrung lehrt, dass ...** l'expérience nous apprend que ...
Lehren N ⟨~s⟩ enseignement *m*; instruction *f*
Lehrer(in) M ⟨~s; ~⟩ (F) ⟨~in; ~innen⟩ enseignant(e) *m(f)*; *e-r Grundschule* instituteur, -trice *m,f*; *seit 1990 a.* professeur *m/f* des écoles; *e-r höheren Schule* professeur *m/f*; *umg* prof *m/f*
Lehrerausbildung F formation *f* des enseignants; **Lehreraustausch** M échange *m* de professeurs; **Lehrerberuf** M profession *f* de professeur; **Lehrerbildung** F formation *f* des enseignants; **lehrerhaft** ADJ *pej* pédant; sentencieux, -ieuse; **Lehrerhandbuch** N livre *m* du maître; **Lehrerkollegium** N personnel enseignant (d'un établissement scolaire); **Lehrerkonferenz** F *etwa* conseil *m* de classe; **Lehrermangel** M ⟨~s⟩ pénurie *f* d'enseignants; **Lehrerschaft** F ⟨~⟩ *koll* corps enseignant; **Lehrerschwemme** *umg* F pléthore *f* d'enseignants; **Lehrerzimmer** N salle *f* des professeurs
Lehrfach N 1 → Lehramt 2 matière *f*; discipline *f*; **Lehrfilm** M (film *m*) documentaire *m*; film éducatif; **Lehrfreiheit** F ⟨~⟩ liberté *f* de l'enseignement; **Lehrgang** M cours *m*; *kurzer* stage *m*; *(Fachlehrgang)* séminaire *m*; **Lehrgangsteilnehmer(in)** M(F) participant(e) *m(f)* à un cours; **Lehrgebäude** N *fig* système *m* didactique
Lehrgeld N **~ zahlen** apprendre qc à ses dépens
lehrhaft ADJ didactique
Lehrherr(in) M(F) *früher* maître *m* d'apprentissage; **Lehrjahr** N année *f* d'apprentissage; **Lehrjunge** M → Lehrling; **Lehrkörper** M ADMIN *e-r Hauptschule* (corps *m* des) instituteurs *mpl*; *e-r höheren Schule* corps professoral, des professeurs; professeurs *mpl*; *e-r Hochschule* corps enseignant; **Lehrkraft** F → Lehrer(in); **Lehrling** M ⟨~s; ~e⟩ apprenti(e) *m(f)*; **Lehrlingsausbildung** F formation *f* des apprentis; **Lehrmädchen** N apprentie *f*; **Lehrmeister(in)** M(F) 1 → Lehrherr(in) 2 *fig* maître *m* à penser; **Lehrmethode** F méthode *f* d'enseignement; **Lehrmittel** NPL matériel *m* pédagogique; **Lehrpersonal** N personnel enseignant; **Lehrpfad** M circuit éducatif; **Lehrplan** M plan *m* d'études; programme *m* scolaire; **Lehrprobe** F *etwa* leçon *f* test; **lehrreich** ADJ instructif, -ive; *(erbaulich)* édifiant; **Lehrsatz** M thèse *f*; MATH théorème *m*; REL dogme *m*; **Lehrstelle** F place *f* d'apprenti; **Lehrstoff** M programme *m*
Lehrstuhl M chaire *f* (de professeur); **~ für Chemie** chaire de chimie
Lehrtätigkeit F enseignement *m*; professorat *m*; **Lehrtochter** F *schweiz* apprentie *f*; **Lehrveranstaltung** F cours *m* (d'université); **Lehrvertrag** M contrat *m*

d'apprentissage; **Lehrwerk** N ouvrage *m* pédagogique; traité *m*; **Lehrwerkstatt** F atelier *m* d'apprentissage; **Lehrzeit** F apprentissage *m*

Lei *pl von* Leu[2]

Leib M ⟨~(e)s; ~er⟩ *geh* (*Körper*) corps *m*; *geh* (*Bauch, Unterleib*) ventre *m*; MED, ANAT abdomen *m*; **etw am eigenen ~ erfahren, spüren** apprendre qc à ses dépens; **am ganzen ~e zittern** trembler de tous ses membres, comme une feuille; *umg* **j-m zu ~e rücken** °harceler qn; **e-r Sache zu ~e rücken** attaquer qc; **bei lebendigem ~e verbrennen** brûler vif, vive; **die Rolle ist ihm (wie) auf den ~ geschrieben** *od* **geschnitten** ce rôle est fait pour lui; **mit ~ und Seele** corps et âme; de toute mon (ton, *etc*) âme; de tout mon (ton, *etc*) cœur; *umg* **sich** (*dat*) **j-n vom ~e halten** tenir qn à distance; *umg* **er hält sich** (*dat*) **alle Unannehmlichkeiten vom ~e** il se soustrait à tous les désagréments; *umg* **bleib mir damit vom ~e!** laisse-moi tranquille, en paix avec ça!

Leibarzt M *e-s Königs, Papstes etc* médecin personnel

Leibchen N ⟨~s; ~⟩ *österr, schweiz* **1** (*Herrenunterhemd*) maillot *m* de corps **2** (*Trikot*) maillot *m*

leibeigen ADJ HIST serf, serve; **Leibeigene(r)** M/F(M) ⟨→ A⟩ serf, serve *m,f*; **Leibeigenschaft** F ⟨~⟩ servage *m*

leiben V/I **das ist er, wie er leibt und lebt** on le reconnaît bien là; *umg* c'est lui tout craché

Leiberl N ⟨~s; ~n⟩ *österr* → Leibchen 1, 2

Leibeserziehung F éducation *f* physique; **Leibesfrucht** F MED embryon *m*; fœtus *m*; REL fruit *m* des entrailles; **Leibesfülle** F corpulence *f*; embonpoint *m*

Leibeskräfte FPL **aus ~n** de toutes mes (tes, *etc*) forces; **aus ~n schreien** crier de toutes ses forces

Leibesübungen FPL *Unterricht* éducation *f* physique; *Übungen* exercices *mpl* physiques; **Leibesvisitation** F fouille corporelle

Leibgarde F gardes *mpl* du corps; **Leibgericht** N plat préféré

leibhaftig ADJ (*zu Fleisch geworden*) incarné; (*selbst*) lui-même, elle-même, *etc*; en personne; en chair et en os; **ich sehe ihn ~ vor mir** je le vois devant moi en chair et en os; **der Leibhaftige** le diable

leiblich ADJ **1** (*körperlich*) corporel, -elle; du corps; physique; **~es Wohl** bien-être *m* (physique); **~e Genüsse** *mpl*, **Freuden** *fpl* jouissances, joies matérielles, physiques **2** (*blutsverwandt*) **~e Eltern** parents *mpl* biologiques; vrais parents; **sein ~er Sohn** son vrai fils; JUR **~e Brüder** frères germains

Leibrente F rente viagère

Leibschmerzen MPL **~ haben** avoir mal au ventre; souffrir de douleurs abdominales

Leibspeise F plat préféré; **Leibwache** F gardes *mpl* du corps; **Leibwächter** M garde *m* du corps; *umg* gorille *m*; **Leibwäsche** F sous-vêtements *mpl*

Leiche F ⟨~; ~n⟩ cadavre *m*; corps *m*; *fig* **über ~n gehen** être sans scrupules; passer sur des cadavres; *umg* **nur über meine ~!** tant que je serai vivant, il n'en est pas question!

Leichenbeschauer M médecin *m* légiste; **Leichenbestatter** M ⟨~s; ~⟩ ordonnateur *m* des pompes funèbres; *umg* croque-mort *m*

Leichenbittermiene F *umg* **e-e ~ machen** faire une mine, tête d'enterrement

leichenblass ADJ blême; livide; pâle comme un mort; blanc, blanche comme un linge

Leichenfledderei F ⟨~; ~en⟩ pillage *m* de cadavres; **Leichenfledderer** M ⟨~s; ~⟩ auteur *m* d'un pillage de cadavres; **Leichengeruch** M odeur cadavéreuse, de cadavre; **Leichengift** N *t/t* virus *m* cadavérique; **Leichenhalle** F chapelle *f* mortuaire; funérarium *m*; *in e-m Krankenhaus* morgue *f*; **Leichenöffnung** F autopsie *f*; **Leichenraub** M rapt *m* de cadavre; **Leichenrede** F oraison *f* funèbre; **Leichenschänder** M viol(at)eur *m* de cadavres; **Leichenschändung** F **1** → Grabschändung **2** *sexuelles Vergehen* viol commis sur un cadavre; **Leichenschau** F constatation *f* de décès; *e-s durch gewaltsamen Tod Verstorbenen* examen médico-légal; **Leichenschauhaus** N morgue *f*; **Leichenschmaus** M *hum* repas *m* d'enterrement; **Leichenstarre** F rigidité *f* cadavérique; **Leichenträger** M porteur *m* (de cercueil); *umg* croque-mort *m*; **Leichentuch** N ⟨~(e)s; -tücher⟩ linceul *m*; **Leichenverbrennung** F crémation *f*; incinération *f* (des morts); **Leichenwagen** M corbillard *m*; fourgon *m* funéraire, mortuaire; **Leichenzug** *geh* M convoi *m*, cortège *m* funèbre

Leichnam *geh* M ⟨~(e)s; ~e⟩ corps *m*; cadavre *m*

leicht **A** ADJ **1** *im Gewicht, a. fig: Speise, Schlag, Strafe, Fehler, Zweifel, Kleidung, Musik*, METEO léger, -ère; (*bekömmlich*) digeste; facile à digérer; **~es Fieber** un peu de fièvre; **~es Mädchen** fille légère **2** (*einfach, keine Schwierigkeiten bietend*) facile; *geh* aisé; **~ zu** (+*inf*) facile à (+*inf*); **es ist ganz ~** c'est tout simple; **das ist ihm ein Leichtes** ce n'est qu'un jeu pour lui **B** ADV légèrement; (*einfach*) facilement; aisément; (*schnell*) facilement; vite; (*gut*) fort; bien; **~ bekleidet** légèrement vêtu; **~ bewaffnet** équipé d'armes légères; **~ entzündlich** (facilement) inflammable; **~ gekleidet** légèrement vêtu; **~ verdaulich** digeste; facile à digérer; léger, -ère; **~ verderblich** périssable; **~ verletzt** légèrement blessé; **~ Verletzte(r)** → Leichtverletzte(r); **~ verständlich** facile à comprendre; **~ verwundet** légèrement blessé; **~ Verwundete(r)** → Leichtverletzte(r); **es ~ haben** avoir la belle vie; **j-m etw ~ machen** *Entscheidung* faciliter qc à qn; **es j-m ~ machen** rendre les choses faciles à qn; **sich** (*dat*) **die Arbeit ~ machen** se faciliter la tâche; **sich** (*dat*) **e-e Entscheidung nicht ~ machen** ne pas prendre une décision à la légère; **es sich** (*dat*) **~ machen** ne pas se compliquer la vie; **etw ~er machen** alléger, soulager qc (*beide a. fig*); *nur fig* faciliter qc; **es fällt mir ~ zu** (+*inf*) il m'est facile de (+*inf*); **das fällt ihm ~** cela n'est pas difficile pour lui; **es fällt ihm alles ~** il réussit tout sans peine; il a beaucoup de facilités; **das ist ~ gesagt** cela est facile à dire; c'est vite dit; **das ist ~er gesagt als getan** c'est plus facile à dire qu'à faire; **er wird ~ böse** il se fâche facilement; il a vite fait de se fâcher; **es kann ~ anders kommen** il se peut bien que les choses tournent autrement; **es ist ~ möglich, dass er nicht kommt** il est fort possible qu'il ne vienne pas; **es könnte ~ sein, dass ...** il se pourrait bien que ... (+*subj*); → leichtnehmen

Leichtathlet(in) M(F) athlète *m/f*; **Leichtathletik** F athlétisme *m*; **leichtathletisch** ADJ athlétique; **Leichtbauweise** F construction légère; **leichtbekleidet** ADJT → leicht B; **Leichtbeton** M béton léger; **leichtbewaffnet** ADJT, **leichtentzündlich** ADJ → leicht B

Leichter M ⟨~s; ~⟩ SCHIFF allège *f*

leichtern V/T ⟨-(e)re, h.⟩ SCHIFF alléger

leichtfallen V/I → leicht B

leichtfertig **A** ADJ **1** (*unüberlegt*) irréfléchi; inconsidéré **2** (*leichtsinnig*) étourdi; écervelé; léger, -ère **3** (*oberflächlich*) superficiel, -ielle; frivole **B** ADV à la légère; **Leichtfertigkeit** F ⟨~⟩ étourderie *f*; légèreté *f*; frivolité *f*

leichtflüssig ADJ CHEM fusible; **Leichtfuß** *umg hum* M étourdi(e) *m(f)*; **leichtfüßig** ADJ leste; agile; **leichtgekleidet** ADJ → leicht B; **Leichtgewicht** N, **Leichtgewichtler** M ⟨-lers; -ler⟩ SPORT poids léger; **Leichtgewichtsklasse** F catégorie *f* des poids légers; **leichtgläubig** ADJ crédule; naïf, naïve; **Leichtgläubigkeit** F crédulité *f*; naïveté *f*; **leichthin** ADV à la légère; sans réfléchir

Leichtigkeit F ⟨~⟩ **1** *e-r Bewegung, e-s Gegenstands* légèreté *f* **2** *fig* facilité *f*; **mit ~** facilement; aisément; *plus fort* °haut la main **3** (*Behändigkeit*) agilité *f*; aisance *f*; souplesse *f*

Leichtindustrie F industrie des biens de consommation, légère; **leichtlebig** ADJ insouciant; superficiel, -ielle; *umg* qui ne s'en fait pas; **Leichtlebigkeit** F ⟨~⟩ insouciance *f*; **Leichtlohngruppe** F (catégorie *f* des) bas salaires; **leichtlöslich** ADJ qui se dissout facilement; **leichtmachen** V/T *u.* V/R → leicht B; **Leichtmatrose** M matelot léger; **Leichtmetall** N métal léger; **Leichtmetallbau** M construction *f* en métal léger

leichtnehmen V/T ⟨*irr, sép*, -ge-, h.⟩ prendre à la légère; **nehmen Sie es leicht!** *umg* ne vous en faites pas!

Leichtöl N huile légère; **Leichtsinn** M ⟨~(e)s⟩ **1** → Leichtfertigkeit **2** (*Unvorsichtigkeit*) imprudence *f*; insouciance *f*; *plus fort* inconscience *f*; **leichtsinnig** **A** ADJ **1** (*leichtfertig*) léger, -ère **2** (*unvorsichtig*) imprudent; insouciant; *plus fort* inconscient **B** ADV imprudemment; avec insouciance; à la légère; **leichtsinnigerweise** ADV imprudemment; avec insouciance; à la légère; **Leichtsinnigkeit** F ⟨~⟩ → Leichtsinn; **Leichtsinnsfehler** M faute *f* d'étourderie, d'inattention; **leichtverdaulich** ADJ, **leichtverderblich** ADJ, **leichtverletzt** ADJT → leicht B; **Leichtverletzte(r)** M/F(M) blessé(e) léger (légère); personne légèrement blessée; **leichtverständlich** ADJ, **leichtverwundet** ADJT → leicht B; **Leichtverwundete(r)** → Leichtverletzte(r)

leid ADJ ⟨*inv*⟩ **etw ~ werden** se lasser de qc; **ich bin es ~, das immer wieder zu sagen** je suis las, lasse de (devoir) toujours répéter la même chose; → leidtun

Leid N ⟨~(e)s⟩ **1** mal *m*; (*Unrecht*) tort *m*; **j-m ein ~ antun, zufügen** faire du mal, du tort à qn; **zu ~e tun** → zuleide **2** (*Unglück*) malheurs *mpl*; (*Kummer*) chagrin(s) *m(pl)*; peines *fpl*; (*Schmerz*) souffrance *f*; douleur *f*; **j-m sein ~ klagen** confier ses peines, ses malheurs à qn; *sprichw* **geteiltes ~ ist halbes ~** peine partagée mieux se supporte **3** → leidtun

Leideform F GRAM forme, voix passive; passif *m*

leiden ⟨leidet, litt, gelitten, h.⟩ **A** V/T **1** (*ertragen*) souffrir; subir; supporter; endurer; **Durst, Hunger ~** souffrir de la soif, de la faim; être altéré, affamé; **Schaden ~** subir des dommages; souffrir **2** *geh* (*zulassen*) **die Sache leidet keinen Aufschub** l'affaire ne souffre point de retard, de délai **3** (*gernhaben*) **j-n, etw ~ können** aimer bien qn, qc; **ich kann ihn gut ~** je l'aime bien; *umg* je le trouve sympa; **j-n, etw nicht ~ können** ne pas pouvoir souffrir qn, qc; **(bei j-m) wohlgelitten sein** être dans les bonnes grâces (de qn) **B** V/I **an e-r Krankheit ~** souffrir, être atteint d'une maladie; **er leidet darunter** il en souf-

L

fre; **sie leidet darunter, dass sie von den anderen nicht akzeptiert wird** elle souffre de ne pas être acceptée par les autres
Leiden N ⟨~s; ~⟩ *(Schmerzen, Qual)* souffrance *f*; douleur *f*; peines *fpl*; *(Krankheit)* mal *m*; MED affection *f*; REL **das ~ (und Sterben) Christi** la Passion (du Christ)
leidend ADJT souffrant
Leidenschaft F ⟨~; ~en⟩ passion *f*; *(glühende ~) geh* ardeur *f*; *(inbrünstige ~)* ferveur *f*; **Spielen ist s-e ~** il a la passion du jeu
leidenschaftlich A ADJ passionné; *(feurig)* fougueux, -euse; *(glühend) geh* ardent; brûlant; fervent B ADV passionnément; *geh* ardemment; avec passion, ferveur; **j-n ~ lieben** aimer qn passionnément, à la folie; **etw ~ gern tun** adorer faire qc
Leidenschaftlichkeit F ⟨~⟩ ferveur *f*; *geh* ardeur *f*; chaleur *f*; feu *m*; *liter* flamme *f*; *(Heftigkeit)* fougue *f*; violence *f*
leidenschaftslos ADJ sans passion *(a. adv)*; *(gleichmütig)* détaché; impassible; indifférent; froid; **Leidenschaftslosigkeit** F ⟨~⟩ absence *f* de passion; impassibilité *f*; détachement *m*; indifférence *f*
Leidensgefährte M, **Leidensgefährtin** F, **Leidensgenosse** M, **Leidensgenossin** F compagnon *m*, compagne *f* d'infortune; **~n sein** être logé à la même enseigne
Leidensgeschichte F REL Passion *f*; *fig* **j-s ~** le calvaire, toutes les misères, peines de qn
Leidensweg M REL chemin *m* de croix; *fig* calvaire *m*
leider ADV malheureusement; **~ (nein)!** °hélas (non)!; **~ Gottes!** à mon grand regret!; **~ muss ich Sie verlassen** il faut malheureusement que je vous quitte
leidgeprüft ADJT éprouvé (par la souffrance, le chagrin, *etc*)
leidig ADJ fâcheux, -euse; déplaisant; désagréable; *(verwünscht)* maudit
leidlich A ADJ *(erträglich)* supportable; *(halbwegs gut)* passable B ADV passablement; *umg* pas trop mal; *wie geht es?* **so ~** tout doucement; *umg* comme ci, comme ça
Leidtragende(r) M/F(M) ⟨→ A⟩ 1 *(Trauernde[r])* personne *f* qui est en deuil; **die ~n** la famille du défunt 2 *(Opfer)* victime *f*; **der ~ bei etw sein** faire les frais de qc; être la victime dans qc
leidtun VI ⟨*irr, sép*, -ge-, h.⟩ **es tut mir leid, dass ...** *od* **zu** *(+inf)* je suis désolé que ... *(+subj) od* de ce que ... *(+ind od subj) od* de *(+inf)*; je regrette que ... *(+subj) od* de *(+inf)*; **das tut mir (sehr) leid** *(ich bedaure es)* j'en suis navré, (très) désolé; je le regrette (beaucoup); *umg* **tut mir leid** *(ich kann es nicht ändern)* je regrette; tant pis (pour toi, vous); **er tut mir leid, es tut mir leid um ihn** il me fait pitié; je le plains
leidvoll *geh* ADJ douloureux, -euse
Leidwesen N ⟨~s⟩ **zu meinem (großen) ~** à mon grand regret
Leier F ⟨~; ~n⟩ MUS lyre *f*; *(Drehleier)* vielle *f*; ASTRON Lyre *f*; *umg pej* **es ist immer die alte ~** *(dasselbe)* c'est toujours la même chanson, rengaine, le même refrain
Leierkasten M orgue *m* de Barbarie; **Leierkastenmann** M ⟨~(e)s; -männer⟩ joueur *m* d'orgue de Barbarie
leiern VT *u.* VI ⟨-(e)re, h.⟩ *umg* 1 *(kurbeln)* **nach oben, unten ~** lever, baisser (au moyen d'une manivelle) 2 *(herunter~)* débiter (d'une voix monotone); psalmodier
Leiharbeit F travail *m* intérimaire; **Leiharbeiter(in)** M(F) intérimaire *m/f*; **Leihbibliothek** F, **Leihbücherei** F bibliothèque *f* de prêt
leihen VT ⟨leiht, lieh, geliehen, h.⟩ 1 *(ver~)* prêter; *gegen Entgelt* louer 2 *(ent~)* emprunter; *gegen Entgelt* louer; **(sich [dat]) etw von j-m ~** emprunter qc à qn 3 *geh fig* **~ Sie mir für e-n Augenblick Ihre Aufmerksamkeit** accordez-moi un moment d'attention
Leihgabe F prêt *m*; **Leihgebühr** F *bei e-r Leihbibliothek* droits *mpl* (de prêt); *(Mietgebühr)* frais *mpl* de location
Leihhaus N mont-de-piété *m*; *städtisches* crédit municipal; **meine Uhr ist im ~** j'ai mis ma montre en gage
Leihmutter F ⟨~; ⸚⟩ mère porteuse; **Leihmutterschaft** F statut *m* de mère porteuse; **Leihschein** M bulletin *m* de prêt; récépissé *m*; reçu *m*; **Leihvertrag** M contrat *m* de louage, de location; **Leihwagen** M voiture *f* de location; **leihweise** ADV à titre de prêt; en prêt; *gegen Entgelt* en location
Leim M ⟨~(e)s; ~e⟩ colle (forte); glu *f*; *umg* **aus dem ~ gehen** se décoller; se démancher; se disloquer *(a. fig)*; *umg fig* **j-m auf den ~ gehen** *umg* se faire avoir, *umg* rouler par qn
leimen VT ⟨h.⟩ coller; enduire de colle; encoller; *umg fig* **j-n ~** duper, *umg* rouler, *umg* avoir qn
Leimfarbe F peinture *f* à la colle; détrempe *f*; **Leimkraut** N ⟨~(e)s⟩ BOT silène *m*
Lein M ⟨~(e)s; ~e⟩ *Pflanze* lin *m*; *Samen* graines *fpl* de lin
Leine F ⟨~; ~n⟩ corde *f*; *(Zügel)* guide *f*; *für Hunde* laisse *f*; SCHIFF *(dünnes Tau)* ligne *f*; *Hund* **an der ~ führen, an die ~ nehmen** tenir en laisse; *umg fig* **j-n an der ~ haben** tenir qn en laisse; *umg* mener qn par le bout du nez; *umg fig* **~ ziehen** *(ausreißen) umg* ficher, *sl* foutre le camp
leinen ADJ *(aus Leinen)* de *od* en toile
Leinen N ⟨~s; ~⟩ *Faser* lin *m*; *Gewebe* toile *f* (de lin); *Buch* **in ~ gebunden** relié (en) toile
Leinenband M ⟨~(e)s; ⸚e⟩, **Leineneinband** M ⟨-einband(e)s; -einbände⟩ reliure *f* (en) toile; **Leinenkleid** N robe *f* de lin; **Leinenschuh** M chaussure *f* de toile; *mit Bastsohle* espadrille *f*; **Leinentasche** F sac *m* de toile; **Leinentuch** N ⟨~(e)s; ⸚er⟩ drap *m*; toile *f*; **Leinenzeug** N ⟨~(e)s⟩ toile *f*
Leinkraut N ⟨~(e)s⟩ BOT linaire *f*; **Leinöl** N huile *f* de lin; **Leinsaat** F, **Leinsamen** M graine *f* de lin; linette *f*; **Leintuch** N ⟨~(e)s; ⸚er⟩ drap *m* de lit
Leinwand F ⟨~⟩ 1 *Gewebe* toile *f* *(a.* MAL) 2 *(Kinoleinwand)* écran *m*; **auf die ~ bringen** porter à l'écran
Leinzeug N ⟨~(e)s⟩ toile *f*
Leipzig ⟨→ *n/pr*⟩ Leipzig
Leipziger ADJ ⟨*inv*⟩ GASTR **~ Allerlei** *etwa* macédoine *f* (de légumes)
leise A ADJ *(kaum hörbar)* bas, basse; *Geräusch, fig Zweifel* léger, -ère; **~ Musik** musique douce; **auf ~n Sohlen, mit ~n Schritten** à pas feutrés; à pas de loup; **bei der ~sten Gefahr** au moindre danger; **mit ~r Stimme** à voix basse; tout bas; *fig* **nicht die ~ste Ahnung von etw haben** ne pas avoir la moindre idée de qc B ADV sans bruit; tout bas; **etw ~ sagen** dire qc à voix basse; **~ sprechen** parler doucement; *Radio etc* **~r stellen** baisser; *fig* **nicht im Leisesten** pas le moins du monde
Leisetreter M ⟨~s; ~⟩ *pej* personne *f* qui n'a pas le courage de ses opinions; *liter* couard *m*
Leiste F ⟨~; ~n⟩ 1 BAU, TISCHLEREI *etc (Sockelleiste)* plinthe *f*; *(schmale Zierleiste)* baguette *f*; *(Gardinenleiste)* tringle *f* à glissière 2 *bei Geweben* lisière *f* 3 ANAT aine *f*
leisten ⟨-ete, h.⟩ A VT 1 *(bieten, gewähren)* faire; **j-m Gesellschaft ~** tenir compagnie à qn 2 *(vollbringen)* faire; accomplir; **gute Arbeit ~** faire du bon travail 3 *(schaffen, liefern)* produire; rendre; **die Maschine leistet 60 PS** la machine, le moteur a une puissance de 60 ch (chevaux) B *umg* VR **sich** *(dat)* **etw ~** *(gönnen)* se payer, s'offrir qc; *(erlauben)* se permettre qc; **da haben sie sich** *(dat)* **wieder etw geleistet!** *umg* ils en ont encore fait de belles!
Leisten M ⟨~s; ~⟩ SCHUHMACHEREI forme *f*; *umg* **alles über e-n ~ schlagen** mettre tout sur le même pied, *pej* dans le même sac
Leistenbruch M MED °hernie (inguinale); **Leistengegend** F ⟨~⟩ ANAT région inguinale; **Leistenzerrung** F MED claquage *m* dans la région de l'aine
Leistung F ⟨~; ~en⟩ 1 *(das Geleistete)* performance *f*; exploit *m* *(beide a.* SPORT); travail (exécuté, accompli); *(Ergebnis)* résultat *m*; **die schulischen ~en** les résultats *mpl* scolaires; **das war e-e ~!** c'était une belle performance! 2 *(Erfolg, Ertrag) e-s Unternehmens, Arbeiters, e-r Maschine* rendement *m*; production *f*; *e-r Maschine a.* performances *fpl*; travail *m*; TECH puissance *f*; **nach ~ bezahlen** payer au rendement 3 HANDEL, JUR *(Zahlung)* prestation *f*; *e-r Versicherung a.* indemnisation *f*; **die sozialen ~en** *e-s Unternehmens* les prestations sociales
Leistungsabfall M *geistiger*, PHYSIOL, TECH diminution *f* des performances; **Leistungsbilanz** F HANDEL balance *f* des opérations courantes; **Leistungsdruck** M ⟨~(e)s⟩ *bei der Arbeit* obligation *f* de rendement; SPORT, SCHULE obligation *f* de réussir; pression *f*; *plus fort* stress *m*; **Leistungsempfänger(in)** M(F) bénéficiaire *m/f* d'une prestation; **Leistungserbringer** M ⟨~s; ~⟩ prestataire *m*
leistungsfähig ADJ performant; *Person a.* efficace; efficient; productif, -ive; *Motor* puissant; *Maschine a.* productif, -ive; à °haut rendement; *finanziell* **~** *a.* financièrement solide
Leistungsfähigkeit F ⟨~⟩ 1 *e-s Arbeiters* capacité productive, de production; productivité *f*; rendement *m*; *e-s Motors* puissance *f*; *e-r Person, e-s Unternehmens* efficacité *f*; *e-s Autos* performance *f* 2 *körperliche* forme *f*; condition *f* physique; **leistungsfördernd** ADJ qui stimule le rendement, la productivité; *Maßnahme* incitatif, -ive; **leistungsgerecht** ADJ proportionnel, -elle au rendement, SCHULE *a.* aux résultats obtenus; *Bezahlung* adéquat; **Leistungsgesellschaft** F société compétitive, basée sur la compétition, la réussite; **Leistungsgrenze** F ⟨~⟩ rendement maximal; *e-r Maschine* puissance *f* limite; *e-r Person* les limites *fpl* de qn; **Leistungskontrolle** F SCHULE contrôle *m* des connaissances, des résultats; **Leistungskurs** M SCHULE (matière *f* à) option *f* à programme renforcé; **Leistungskurve** F courbe *f* de puissance; **Leistungslohn** M salaire *m* au rendement; **Leistungsnachweis** M attestation *f* des résultats (obtenus); **leistungsorientiert** ADJ fondé sur le principe de la réussite; **Leistungsprinzip** N ⟨~s⟩ loi *f* de la performance; *in der Ausbildung* sélection *f*; **Leistungsprüfung** F SCHULE contrôle *m* des connaissances; examen *m*; *für Maschinen* contrôle *m* de rendement; *für Fahrzeuge* épreuve *f* d'endurance; **leistungsschwach** ADJ peu performant; *Schüler* faible; **Leistungssport** M sport *m* de compétition; **Leistungsstand** M niveau *m* de productivité; **leistungsstark** ADJ (très) performant; *Schüler* fort; **Leistungssteigerung** F *e-s Arbeiters, Unternehmens* accroissement *m* du rendement; *e-r Maschine a.* augmentation *f* de puissance; **Leistungsstufe** F TECH (niveau *m* de) puis-

sance *f*; **Leistungstest** M test *m*; **Leistungsträger** M moteur *m*, pilier *m* d'une équipe; **Leistungsvergleich** M comparaison *f* des résultats; *(Wettbewerb)* concours *m*; SPORT *a.* compétition *f*; **Leistungsvermögen** N → Leistungsfähigkeit; **Leistungsverweigerung** F *gesellschaftliche* contestation *f*, rejet *m* de la sélection; SCHULE *a.* refus *m* de travailler; **Leistungsverzeichnis** N JUR cahier *m* des charges; **Leistungszentrum** N SPORT centre *m* d'entraînement pour sportifs de haut niveau; **Leistungszulage** F prime *f* de rendement

Leitartikel M éditorial *m*; article *m* de fond; **Leitbild** N modèle *m*

Leite F ⟨~; ~n⟩ *südd, österr* pente *f*

leiten V/T ⟨-ete, h.⟩ **1** *((hin)führen)* conduire; **sich von etw ~ lassen** se laisser guider, influencer par qc **2** *Amt, Unternehmen, Geschäft* diriger; gérer; *Schule, Orchester* diriger; *Versammlung, Verhandlung* présider; *Staatsgeschäfte* régir; administrer; **etw ~** *a.* être à la tête de qc; **die Aussprache ~** diriger, animer les débats **3** *Wasser* amener **4** ELEK, PHYS *Strom, Wärme* conduire

leitend ADJT **1** *(führend)* directeur, -trice; dirigeant; *bei Berufen* en chef; *fig* **~er Gedanke** idée directrice, générale; **~e Stellung** position dirigeante, de cadre; **~er Angestellter** cadre supérieur; **~er Arzt** médecin-chef *m* **2** ELEK, PHYS conducteur, -trice; **nicht ~** non-conducteur, -trice

Leiter[1] M ⟨~s; ~⟩ PHYS conducteur *m*

Leiter[2] F ⟨~; ~n⟩ *Gerät* échelle *f* *(a. fig)*; *e-s Leiterwagens* ridelle *f*

Leiter(in) M ⟨~s; ~⟩ (F) ⟨~in; ~innen⟩ *e-s Unternehmens, e-r Abteilung* chef *m*; directeur, -trice *m,f*; *e-r Filiale* gérant(e) *m(f)*; *e-s Orchesters* chef *m* d'orchestre; *e-r Versammlung* président(e) *m(f)*; *e-r Schule* chef *m* d'établissement; **kaufmännischer, technischer ~** directeur commercial, technique

Leitersprosse F échelon *m*; **Leiterwagen** M chariot *m* à ridelles

Leitfaden M *(Lehrbuch)* guide *m*; précis *m*; *(roter Faden)* fil conducteur; **leitfähig** ADJ ELEK, PHYS conducteur, -trice; **Leitfähigkeit** F ⟨~⟩ ELEK conductivité *f*; conductibilité *f* *(a.* PHYS*)*; **Leitgedanke** M idée directrice, générale; **Leithammel** M *e-r Schafherde* bélier conducteur; *fig pej* meneur *m*; **Leithund** M JAGD limier *m*; **Leitkegel** M *an Fahrbahnen* cône *m* de chantier; **Leitlinie** F *auf Straßen* bande, ligne blanche; MATH, *fig* ligne directrice; *fig für das Vorgehen a.* ligne *f* de conduite; **Leitmotiv** N MUS, *e-s Buchs, fig* leitmotiv *m*; **Leitplanke** F *an Straßen* glissière *f* de sécurité; **Leitsatz** M principe (directeur); directive *f*; **Leitschiene** F TECH, BAHN contre-rail *m*; **Leitspruch** M maxime *f*; devise *f*; **Leitstern** M étoile conductrice; *geh fig* guide *m*

Leitung F ⟨~; ~en⟩ **1** *e-s Betriebs* direction *f*; conduite *f*; *e-r Filiale (Verwaltung)* gestion *f*; administration *f*; *e-r Sportveranstaltung* organisation *f*; *e-r Versammlung (Vorsitz)* présidence *f*; *e-r Veranstaltung, als Einrichtung* comité directeur; *Orchester* **unter der ~ von** sous la direction, baguette de; **die ~ von etw haben** être à la tête de qc **2** ⟨*pas de pl*⟩ PHYS conduction *f* **3** *für Wasser, Gas* conduite *f*; conduit *m*; *(~snetz)* canalisation *f* **4** ELEK, TEL ligne *f* (électrique, téléphonique); ELEK conduite *f*; *(Kabel)* câble *m*; *(Stromkreis)* circuit *m*; *unter der Erde* canalisation *f*; **direkte ~** ligne directe; **~en legen** poser, installer des lignes; TEL **in der ~ bleiben** rester en ligne; TEL **es ist j-d in der ~** il y a qn sur la *od* en ligne; **die ~ ist besetzt** la ligne est occupée; *umg fig* **e-e lange ~ haben** *umg* avoir la comprenette difficile

Leitungsdraht M TEL, ELEK fil *m* (téléphonique, électrique); ligne *f*; **Leitungskabel** N AUTO câble, fil conducteur; **Leitungsmast** M poteau *m* électrique; pylône *m*; **Leitungsnetz** N *für Gas, Wasser,* ELEK canalisation *f*; ELEK réseau *m*; secteur *m*; TEL réseau *m* téléphonique; **Leitungsrohr** N conduite *f*; conduit *m*; **Leitungswasser** N ⟨~s⟩ eau *f* du robinet; **Leitungswiderstand** M ELEK résistance *f* de ligne

Leitwährung F monnaie *f*, devise *f* de référence; **Leitwerk** N FLUG gouvernes *fpl*; empennages *mpl*; **Leitwert** M PHYS, ELEK conductance *f*; **Leitzahl** F FOTO nombre-guide *m*; **Leitzins** M taux directeur

Lek M ⟨~; ~⟩ *Währung* lek *m*

Lektion F ⟨~; ~en⟩ *(Lehrstunde)* leçon *f*; *fig* **j-m e-e ~ erteilen** faire la leçon à qn

Lektor(in) M ⟨~s; -toren⟩ (F) ⟨~in; ~innen⟩ *e-s Verlages, an e-r Universität* lecteur, -trice *m,f*

Lektorat N ⟨~(e)s; ~e⟩ *im Verlag* comité *m* de lecture; *an e-r Universität* poste *m* de lecteur, -trice; **lektorieren** V/T ⟨*pas de ge-*, h.⟩ VERLAGSWESEN *(begutachten)* lire et juger; *(für die Veröffentlichung vorbereiten)* éditer

Lektüre F ⟨~; ~n⟩ lecture *f* *(a. Lesestoff)*

Lemming M ⟨~s; ~e⟩ ZOOL lemming *m*

Lende F ⟨~; ~n⟩ **1** *geh,* ANAT **~n** PL reins *mpl*; lombes *mpl*; *weitS. (Hüfte)* °hanche *f* **2** → Lendenstück

Lendenbraten M GASTR → Lendenstück; **Lendengegend** F ⟨~⟩ ANAT région *f* lombaire; reins *mpl*; **lendenlahm** ADJ brisé; rompu; *fig* faible; qui manque de nerf; sans énergie; **Lendenmuskel** M muscle *m* lombaire; **Lendenschurz** M pagne *m*; **Lendenstück** N GASTR filet *m*; *vom Rind* aloyau *m*; *vom Kalb* longe *f*; **Lendenwirbel** M ANAT vertèbre *f* lombaire

Lenin M ⟨→ *n/pr*⟩ Lénine *m*

Leninismus M ⟨~⟩ POL léninisme *m*; **Leninist** M ⟨~en; ~en⟩ léniniste *m*; **leninistisch** ADJ léniniste

lenkbar ADJ TECH maniable; manœuvrable; *Rakete* téléguidé; *Person* docile; maniable

lenken V/T ⟨h.⟩ *Auto* conduire; *Rennwagen, Flugzeug* piloter; *Rakete* téléguider; *Menschen (leiten)* guider; diriger; *Staat (regieren)* diriger; gouverner; **gelenkte Wirtschaft** économie dirigée; **die Blicke, Aufmerksamkeit auf sich** *(akk)* **~** attirer les regards, l'attention sur soi; **den Verdacht auf j-n ~** attirer, faire porter les soupçons sur qn; **das Gespräch auf etw** *(akk)* **~** amener la conversation sur qc; **sich ~ lassen** se laisser conduire, guider, *etc*; *Person (gefügig sein)* être docile, maniable

Lenker M ⟨~s; ~⟩ **1** *(Fahrer)* conducteur *m*; chauffeur *m*; *geh e-s Staates* celui qui tient les rênes de l'État **2** *am Fahrrad* guidon *m*; *e-s Autos* volant *m*; **Lenkflugkörper** M MIL engin téléguidé; **Lenkrad** N volant *m*; **Lenkradschaltung** F AUTO changement *m* de vitesse au volant; **Lenkradschloss** N AUTO antivol *m*; **Lenksäule** F AUTO colonne *f* de direction; **Lenkstange** F *am Fahr-, Motorrad* guidon *m*; **Lenkung** F ⟨~; ~en⟩ **1** ⟨*pas de pl*⟩ *(das Lenken) e-s Autos* direction *f*; conduite *f*; *e-s Rennwagens, Flugzeugs* pilotage *m*; *e-s Staates* gouvernement *m* **2** *(Lenkrad etc)* direction *f*

Lenz *poet* M ⟨~es; ~e⟩ printemps *m*; *poet* renouveau *m*; *fig* **~ des Lebens** printemps de la vie; jeunesse *f*; **zwanzig ~e** *(Jahre)* **zählen** *liter* avoir vingt printemps

Leo M ⟨→ *n/pr*⟩ *prénom*; *Papstname* Léon *m*

Leonardo da Vinci M ⟨→ *n/pr*⟩ Léonard de Vinci *m*

Leopard M ⟨~en; ~en⟩ léopard *m*

Leopardenfell N peau *f* de léopard

Lepra F ⟨~⟩ lèpre *f*; **Leprakranke(r)** M/F(M) lépreux, -euse *m,f*

Lerche F ⟨~; ~n⟩ alouette *f*

lernbar ADJ qui s'apprend; qu'on peut apprendre; **Lernbegier(de)** F avidité *f* d'apprendre; **lernbegierig** ADJ désireux, -euse, *plus fort* avide d'apprendre; studieux, -ieuse; **lernbehindert** ADJ PÄDAGOGIK inadapté (mental); **Lernbehinderte(r)** M/F(M) PÄDAGOGIK inadapté(e) mental(e); enfant inadapté; **Lerneifer** M désir *m* d'apprendre

lernen V/T *u.* V/I ⟨h.⟩ apprendre; étudier; *abs a.* travailler; *(in der Lehre sein)* être en apprentissage; **etw auswendig ~** apprendre qc par cœur; **lesen ~** apprendre à lire; **Französisch ~** apprendre le français; **e-n Beruf ~** apprendre un métier; **etw von j-m gelernt haben** *a.* tenir qc de qn; **aus etw ~** *(e-e Lehre ziehen)* faire son profit de qc; tirer la leçon de qc; **daraus ~ wir, dass …** cela nous apprend que …

Lernen N ⟨~s⟩ étude *f*; *e-s Handwerkers* apprentissage *m*; **das ~ fällt ihm schwer** il apprend avec difficulté

Lerner(in) M ⟨~s; ~⟩ (F) ⟨~in; ~innen⟩ LING apprenant(e) *m(f)*; **lernfähig** ADJ capable d'apprendre; **Lernmittel** NPL fournitures *fpl* scolaires; matériel *m* scolaire; **Lernmittelfreiheit** F ⟨~⟩ gratuité *f* du matériel scolaire; **Lernprozess** M PSYCH, PÄDAGOGIK processus *m* d'acquisition, d'assimilation des connaissances; *allgemein* apprentissage *m*

Lernschwäche F **e-e ~ haben** avoir du mal à apprendre

Lernsoftware F didacticiel *m*; logiciel éducatif; **Lernspiel** N jeu éducatif; **Lernstoff** M programme *m* (d'étude); **Lernziel** N objectif *m* pédagogique

Lesart F *(Fassung)* variante *f*; version *f*; *(Deutung)* interprétation *f*; **andere ~** variante *f*

lesbar ADJ *(leserlich)* lisible; *(zu entziffern)* déchiffrable; *Buch* facile à lire; facilement accessible; **Lesbarkeit** F ⟨~⟩ lisibilité *f*

Lesbe *umg* F ⟨~; ~n⟩ lesbienne *f*

Lesbierin F ⟨~; ~nen⟩ lesbienne *f*

lesbisch ADJ lesbien, -ienne

Lese F ⟨~; ~n⟩ *(Weinlese)* vendanges *fpl*

Lesebrille F lunettes *fpl* pour lire; **Lesebuch** N (recueil *m* de) morceaux choisis; *für Anfänger a.* livre *m* de lecture; **Lesegerät** N IT lecteur *m*; **lesehungrig** ADJ avide de lecture

lesen[1] ⟨liest, las, gelesen, h.⟩ **A** V/T *Text* lire *(a.* IT*)*; *(entziffern)* déchiffrer; *(deuten)* interpréter; expliquer; UNIVERSITÄT *(Vorlesung halten)* faire un cours (de, sur); **haben Sie etwas zu ~?** avez-vous de quoi lire?; **genau ~** lire de près; **flüchtig ~** parcourir; **Brecht mit s-n Schülern ~** interpréter Brecht avec ses élèves; **j-s Gedanken ~** lire dans les pensées de qn; REL **die Messe ~** dire, célébrer la messe; **aus der Hand ~** lire les lignes de la main; **zwischen den Zeilen ~** lire entre les lignes **B** V/R **sich leicht ~ lassen** être facile à lire; être d'une lecture agréable, facile; **das liest sich wie ein Roman** cela se lit comme un roman

lesen[2] V/T ⟨liest, las, gelesen, h.⟩ **1** *(sammeln)* **Ähren ~** glaner; **Reisig ~** ramasser du bois mort; **Trauben ~** vendanger **2** *Erbsen (ver~)* trier

Lesen N ⟨~s⟩ *e-s Texts* lecture *f*; *(Entziffern)* déchiffrement *m*; **beim ~ Ihres Namens** en lisant votre nom

lesenswert ADJ qui mérite d'être lu

Leseprobe F *e-s Buches* extrait *m* de texte; échantillon *m* de lecture; *in der Werbung* spéci-

men *m*; THEAT lecture *f*; **Lesepult** N pupitre *m*; *in der Kirche* lutrin *m*
Leser(in) M ⟨~s; ~⟩ F ⟨~in; ~innen⟩ lecteur, -trice *m,f*; *koll* **die ~** le public (de lecteurs)
Leseratte *umg hum* F grand(e) lecteur (lectrice); *umg* fana *m/f* de lecture; **sie ist e-e ~ a.** elle aime bouquiner
Leserbrief M **1** lettre *f* de lecteur **2** PL **~e** *Zeitungsrubrik* courrier *m* des lecteurs
Lese-Rechtschreib-Schwäche F PSYCH, MED dyslexie *f*
leserlich **A** ADJ lisible **B** ADV lisiblement
Leserschaft F ⟨~⟩ (cercle *m* de) lecteurs *mpl*; public *m*; **Leserzuschrift** F lettre *f* de lecteur (d'un journal, *etc*)
Lesesaal M salle *f* de lecture; **Lesestoff** M lecture *f*; **Lesezeichen** N marque-page *m*; signet *m*; **Lesezirkel** M cercle *m* de lecture
Lesotho N ⟨→ *n/pr*⟩ le Lesotho
Lesung F ⟨~; ~en⟩ lecture *f* (*a.* PARLAMENT, REL); *Gesetzesentwurf* **in erster ~ angenommen** voté en première lecture
Lethargie F ⟨~⟩ léthargie *f* (*a. fig*)
lethargisch ADJ léthargique (*a. fig*)
Lette M ⟨~n; ~n⟩, **Lettin** F ⟨-in; -innen⟩ Letton, -onne *m,f*
Letter F ⟨~; ~n⟩ TYPO (*Druckbuchstabe*) lettre *f* d'imprimerie; caractère *m* (d'imprimerie)
lettisch ADJ letton, -onne (*a. Sprache*)
Lettland N ⟨→ *n/pr*⟩ la Lettonie
Letzt zu guter ~ pour terminer; en définitive; finalement; en fin de, au bout du compte
letzte(r, -s) **A** ADJ ⟨*épithète*⟩ dernier, -ière; (*endgültig*) définitif, -ive; (*vorig*) passé; REL **Letzte Ölung** extrême-onction *f*; **Letzter Wille** → Wille; **das ~ Wort haben** avoir le dernier mot; **die ~ Hand an etw** (*akk*) **legen** mettre la dernière main à qc; **~n Endes** en fin de, au bout du compte; finalement; **in ~r Zeit** ces derniers temps; **in den ~n Jahren** ces dernières années; **~n Sonntag** dimanche dernier, passé; **zum (dritten und) ~n Mal** pour la (troisième et) dernière fois; **bis auf den ~n Mann kämpfen** lutter, combattre jusqu'au dernier **B** SUBST **der, die Letzte** le dernier, la dernière; **das Letzte** la dernière chose; la fin; **j-n zum Letzten treiben** pousser qn à la dernière extrémité; **der Letzte des Monats** le dernier jour du mois; **er war der Letzte, der kam** il a été le dernier à venir; **er ist der Letzte, dem ich mich anvertrauen würde** c'est le dernier à qui je me confierais; **bis aufs Letzte** totalement; **bis zum Letzten** jusqu'à la dernière limite; jusqu'au bout; **sein Letztes hergeben** *umg* donner jusqu'à sa dernière chemise; (*alles aufbieten*) faire l'impossible; *umg pej* **das ist doch das Letzte!** *umg* c'est la fin de tout!; c'est au-dessous de tout!; *sprichw* **den Letzten beißen die Hunde** *etwa* malheur au dernier; BIBEL **die Letzten werden die Ersten sein** les derniers seront les premiers
letztendlich ADV en fin de compte
letztens ADV **1** (*vor Kurzem*) dernièrement; récemment; l'autre jour **2** *in Aufzählungen* en dernier (lieu); pour finir
letztere(r, -s) ADJ, **Letztere(r, -s)** SUBST ce (cette) dernier (-ière)
letztgenannt ADJT mentionné, cité en dernier; **der Letztgenannte** le dernier nommé, mentionné, cité
letzthin ADV → letztens 1; **letztlich** ADV au bout du, en fin de compte
letztwillig **A** ADJ testamentaire; **~e Verfügung** disposition *f* testamentaire; testament *m* **B** ADV **~ über etw** (*akk*) **verfügen** prendre des dispositions testamentaires au sujet de qc
Leu[1] M ⟨~en; ~en⟩ *poet* (*Löwe*) lion *m*
Leu[2] M ⟨~; Lei⟩ *Währung* leu *m*
Leuchtboje F SCHIFF bouée lumineuse; **Leuchtbombe** F bombe éclairante; **Leuchtdiode** F LED *f*; diode électroluminiscente; **Leuchtdiodenanzeige** F affichage *m* par LED; **Leuchtdraht** M ELEK filament *m* de lampe à incandescence
Leuchte F ⟨~; ~n⟩ lampe *f*; (appareil *m* d')éclairage *m*; *umg fig* **er ist keine große ~** *umg* ce n'est pas une lumière
leuchten V/I ⟨-ete, h.⟩ luire; donner de la lumière; être lumineux, -euse; (*glänzen*) reluire; *Augen, Gesicht* briller; (*strahlen*) rayonner; (*funkeln*) étinceler; **j-m ~** éclairer qn; **j-m ins Gesicht ~** éclairer le visage de qn; *fig* **ihre Augen leuchteten vor Freude** elle rayonnait de joie
Leuchten N ⟨~s⟩ éclat *m*; rayonnement *m*; (*Funkeln*) étincellement *m*
leuchtend ADJT lumineux, -euse (*a. fig*); *Farben* vif, vive; éclatant (*a. fig*); **ein ~es Beispiel** un exemple éclatant
Leuchter M ⟨~s; ~⟩ (*Kerzenleuchter*) chandelier *m*; bougeoir *m*; *großer, mehrarmiger* candélabre *m*; (*Kronleuchter*) lustre *m*
Leuchtfarbe F couleur phosphorescente, fluorescente; **Leuchtfeuer** N SCHIFF, FLUG balise *f*; feu *m* (de signalisation); **Leuchtgas** N gaz *m* d'éclairage; **Leuchtkäfer** M ver luisant; luciole *f*; **Leuchtkörper** M lampe *f*; corps lumineux; **Leuchtkraft** F ⟨~⟩ pouvoir éclairant; ASTRON luminosité *f*; intensité lumineuse; **Leuchtkugel** F balle traçante; **Leuchtpatrone** F cartouche éclairante; **Leuchtpistole** F pistolet *m* lance-fusées; **Leuchtrakete** F fusée éclairante; **Leuchtreklame** F enseigne lumineuse; **Leuchtröhre** F tube luminescent, fluorescent; **Leuchtschrift** F inscription lumineuse; *bewegliche, mit Tagesnachrichten* journal lumineux; **Leuchtsignal** N MIL signal lumineux; **Leuchtspurgeschoss**, *österr* **Leuchtspurgeschoß** N balle traçante; **Leuchtstift** M surligneur *m*; **Leuchtstoff** M substance luminescente; **Leuchtstofflampe** F, **Leuchtstoffröhre** F tube fluorescent; **Leuchtturm** M phare *m*; **Leuchtturmwärter(in)** M(F) gardien, -ienne *m,f* de phare; **Leuchtziffer** F chiffre lumineux; **Leuchtzifferblatt** N cadran lumineux
leugnen V/T ⟨-ete, h.⟩ nier; dénier; (*bestreiten*) contester; **es ist nicht zu ~, es lässt sich nicht ~, dass …** on ne peut nier que … (*+ind*); il est incontestable que … (*+ind*); **ich leugne es nicht** je ne dis pas le contraire; **alles Leugnen half ihm nichts** toutes ses dénégations ne lui servirent à rien
Leugnen N ⟨~s⟩, **Leugnung** F ⟨~⟩ contestation *f*; dénégation *f*
Leukämie F ⟨~; ~n⟩ MED leucémie *f*
Leukoplast® N ⟨~(e)s⟩ sparadrap *m*
Leukozyt M ⟨~en; ~en⟩ MED leucocyte *m*; globule blanc
Leumund *geh* M ⟨~(e)s⟩ réputation *f*; **e-n guten, schlechten ~ haben** avoir une bonne, mauvaise réputation
Leumundszeugnis N certificat *m* de moralité; *schweiz* → Führungszeugnis
Leute PL gens *mpl bzw. fpl*; monde *m*; personnes *fpl*; **alle ~** tout le monde; tous les gens; **es waren viele ~ da** il y avait beaucoup de monde; **gewisse ~** certaines personnes; **20 ~** 20 personnes; **die jungen ~** les jeunes; **die kleinen ~** les petites gens; **die feinen ~** les gens bien; *iron* le beau monde; **fremde ~** des étrangers *mpl*; **die armen ~** (*nicht reichen*) les gens pauvres; les pauvres; (*bemitleidenswerten*) les pauvres gens; *umg* **meine, deine** *etc* **~** (*Angehörigen*) ma, ta, *etc* famille; les miens, tiens, *etc*; **was werden die ~ dazu sagen?** qu'en dira-t-on?; qu'en diront les gens?; **unter die ~ gehen** voir du monde; *umg* **unter die ~ bringen** divulguer; faire circuler
Leuteschinder M *pej* exploiteur *m*
Leutnant M ⟨~s; ~s *ou* ~e⟩ MIL sous-lieutenant *m*; SCHIFF **~ zur See** enseigne *m* (de vaisseau) de deuxième classe
leutselig ADJ affable; bienveillant; **Leutseligkeit** F ⟨~⟩ affabilité *f*; bienveillance *f*
Leviten PL *umg* **j-m die ~ lesen** *umg* faire la morale à qn; *plus fort* dire ses quatre vérités à qn
Levkoje F ⟨~; ~n⟩ BOT giroflée *f*
Lew M ⟨~(s); ~a⟩ *Währung* lev *m*
lexikalisch ADJ lexical
Lexikograf(in) M ⟨~en; ~en⟩ F ⟨~in; ~innen⟩ lexicographe *m/f*; **Lexikografie** F ⟨~⟩ lexicographie *f*; **lexikografisch** ADJ lexicographique; **Lexikograph(in), Lexikographie, lexikographisch** → Lexikograf(in), Lexikografie, lexikografisch; **Lexikologe** M ⟨~n; ~n⟩, **Lexikologin** F ⟨-in; -innen⟩ F lexicologue *m/f*; **Lexikologie** F ⟨~⟩ lexicologie *f*; **lexikologisch** ADJ lexicologique
Lexikon N ⟨~s; -ka⟩ **1** dictionnaire *m* encyclopédique; (*Konversationslexikon*) encyclopédie *f*; (*kleineres, Fachlexikon*) lexique *m* **2** *umg* (*Wörterbuch*) dictionnaire *m* **3** LING (*Wortschatz*) lexique *m*
Lezithin N ⟨~s⟩ CHEM lécithine *f*
lfd. ABK (laufend) courant
lfr ABK (luxemburgischer Franc) HIST FL (franc luxembourgeois)
LG N ⟨~⟩ ABK (Landgericht) *etwa* tribunal *m* de grande instance
Liaison F ⟨~; ~s⟩ **1** *veraltend* (*Liebesverhältnis*) liaison (amoureuse) **2** PHON liaison *f*
Liane F ⟨~; ~n⟩ BOT liane *f*
Libanese M ⟨~n; ~n⟩, **Libanesin** F ⟨-in; -innen⟩ Libanais(e) *m(f)*; **libanesisch** ADJ libanais
Libanon ⟨→ *n/pr*⟩ **1** *Staat* **der ~** *od* ~ N le Liban **2** *Gebirge* **der ~** le Liban
Libelle F ⟨~; ~n⟩ **1** ZOOL libellule *f* **2** TECH niveau *m* d'eau, à bulle
liberal ADJ libéral; **Liberale(r)** M/F(M) ⟨→ A⟩ libéral(e) *m(f)*; **liberalisieren** V/T ⟨*pas de ge-*, h.⟩ libéraliser; **Liberalisierung** F ⟨~; ~en⟩ libéralisation *f*; **Liberalismus** M ⟨~⟩ libéralisme *m*; **Liberalität** F ⟨~⟩ libéralisme *m*
Liberia N ⟨→ *n/pr*⟩ le Libéria; **Liberianer(in)** M ⟨~s; ~⟩ F ⟨~in; ~innen⟩ Libérien, -ienne *m,f*; **liberianisch** ADJ libérien, -ienne
Libero M ⟨~s; ~s⟩ FUSSBALL libéro *m*
libidinös ADJ PSYCH libidineux, -euse
Libido F ⟨~⟩ PSYCH libido *f*
Librettist(in) M ⟨~en; ~en⟩ F ⟨~in; ~innen⟩ MUS librettiste *m/f*
Libretto N ⟨~s; ~s *ou* -tti⟩ MUS livret *m*
Libyen N ⟨→ *n/pr*⟩ la Libye
Libyer(in) M ⟨~s; ~⟩ F ⟨~in; ~innen⟩ Libyen, -enne *m,f*
libysch ADJ libyen, -enne; **die Libysche Wüste** le désert de Libye
licht ADJ **1** *geh* (*hell*) lumineux, -euse; *von Farben* clair **2** (*dünn*) **~es Haar** chevelure *f* rare; cheveux clairsemés **3** BAU **~e Höhe** °hauteur *f* de l'ouverture; °hauteur *f* libre; BAU, TECH **~e Weite** *e-s Rohres* diamètre intérieur; calibre *m*; *e-r Tür, e-s Fensters* écartement *m*
Licht N ⟨~(e)s; ~er⟩ **1** lumière *f*; (*Helle*) clarté *f*; (*Tageslicht*) jour *m*; **elektrisches ~** lumière, éclairage *m* électrique; **gedämpftes, mildes**

~ lumière tamisée, douce; **~ machen, das ~ anmachen** allumer (la lumière); faire de la lumière; **das ~ ausmachen** éteindre la lumière; **das ~ ist an, aus** la lumière est allumée, éteinte; **etw gegen das ~ halten** tenir qc à contre-jour; *geh* **das ~ der Welt erblicken** *geh* voir le jour; *sprichw* **wo ~ ist, da ist auch Schatten** *sprichw* toute médaille a son revers **2** *fig* lumière *f*; *umg* **da ging mir ein ~ auf** tout à coup, j'ai vu clair *od* j'ai réalisé; ça a fait tilt; **~ in etw** *(akk)* **bringen** éclaircir qc; tirer qc au clair; **das ~ scheuen** redouter, fuir la lumière; **ein (un)günstiges ~ auf j-n, etw werfen** montrer, présenter qn, qc sous un jour (dé)favorable; **etw ans ~ bringen** mettre qc au (grand) jour; dévoiler qc; **ans ~ kommen** apparaître, *plus fort* éclater au grand jour; **j-n hinters ~ führen** tromper qn; donner le change à qn; **sich hinters ~ führen lassen** se laisser abuser, leurrer; **etw ins rechte ~ rücken** montrer qc sous son vrai jour; **das wirft ein schlechtes ~ auf Sie** cela vous discrédite; cela fait tort à votre réputation; **bei ~ besehen** en y regardant de près; en examinant l'affaire de près; *(wenn ich es mir recht überlege)* à tout prendre **3** *(Kerze)* bougie *f*; *(Talglicht)* chandelle *f*; *(Kirchenlicht)* cierge *m*; *umg* **j-m ein ~ aufstecken** ouvrir les yeux à qn; éclairer la lanterne de qn; BIBEL **sein ~ nicht unter den Scheffel stellen** ne pas mettre la lumière sous le boisseau; *umg fig* **er ist kein großes ~** → Leuchte **4** JAGD *(Auge)* œil *m*

Lichtanlage F installation *f* d'éclairage; **automatische ~** minuterie *f*

lichtarm ADJ peu éclairé; **Lichtbad** N MED bain *m* de lumière; **Lichtbehandlung** F MED héliothérapie *f*; photothérapie *f*; **lichtbeständig** ADJ résistant à la lumière; *Stofffarben* grand teint *(inv)*; **Lichtbild** N *(Passbild)* photo *f* (d'identité); *(Dia)* diapositive *f*; **Lichtbildervortrag** M conférence *f* avec projection de diapositives; **lichtblau** ADJ bleu clair *(inv)*; **Lichtblick** M *fig* éclaircie *f*; lueur *f* d'espoir; rayon *m* de soleil; **Lichtbrechung** F PHYS réfraction *f*; **Lichtbündel** N faisceau lumineux; **lichtdurchlässig** ADJ translucide; diaphane; *(durchsichtig)* transparent; **Lichtdurchlässigkeit** F translucidité *f*; *(Durchsichtigkeit)* transparence *f*; **lichtecht** ADJ *Stofffarben* grand teint *(inv)*; → *a.* lichtbeständig; **Lichteffekt** M effet lumineux; **Lichteinfall** M incidence *f* (de la lumière); **Lichteinwirkung** F action *f* de la lumière; **lichtelektrisch** ADJ PHYS photo-électrique; **lichtempfindlich** ADJ FOTO sensible à la lumière; photosensible; **Lichtempfindlichkeit** F FOTO sensibilité *f* à la lumière; photosensibilité *f*

lichten[1] ‹-ete, h.› **A** V/T *Wald* éclaircir; *fig a.* décimer **B** V/R **sich ~** s'éclaircir *(a. fig)*

lichten[2] V/T ‹-ete, h.› SCHIFF **den Anker ~** lever l'ancre

Lichterglanz M *von Kerzen* éclat *m* des bougies, *von elektrischem Licht* des lumières

lichterloh ADV **~ brennen** être en flammes; *plus fort* flamber

Lichtermeer N océan *m* de lumières

Lichtfilter M FOTO filtre (coloré); **Lichtfleck** M PHYS spot *m*; tache lumineuse; **lichtgeschützt** ADJT à l'abri de la lumière

Lichtgeschwindigkeit F vitesse *f* de la lumière; vitesse-lumière *f*; **mit ~** à la vitesse-lumière

Lichtgriffel M crayon *m* optique; **Lichthof** M **1** cour vitrée **2** FOTO °halo *m*

Lichthupe F appel *m* de phare; **die ~ betätigen** faire un appel de phare

Lichtjahr N année-lumière *f*; **Lichtkegel** M PHYS faisceau lumineux; pinceau *m* de lumière; **Lichtmaschine** F dynamo *f*; **Lichtmast** M lampadaire *m*; pylône *m*

Lichtmess KATH **Mariä ~** la Chandeleur

Lichtmesser M ‹~s; ~› PHYS photomètre *m*; **Lichtnelke** F BOT lychnis *m*; *rote, weiße a.* compagnon *m*; **Lichtorgel** F batterie *f* de projecteurs (réglée sur la musique); **Lichtpause** F copie *f* héliographique; photocalque *m*; **Lichtpausverfahren** N héliographie *f*; **Lichtpunkt** M point lumineux; TV spot *m*; **Lichtquelle** F source de lumière, lumineuse; **Lichtreflex** M reflet *m*; **Lichtreklame** F → Leuchtreklame; **Lichtsatz** M TYPO photocomposition *f*; **Lichtschacht** M puits *m* de jour, de lumière; *im Keller* soupirail *m*; **Lichtschalter** M commutateur *m*; interrupteur *m*; **Lichtschein** M lueur *f*; reflet *m*; **lichtscheu** ADJ qui craint, fuit la lumière, le jour; **Lichtschranke** F barrage *m* photo-électrique; œil *m* électrique; **Lichtschutzfaktor** M indice *m* de protection (solaire); **Lichtseite** F *fig* jour *m* favorable; bon côté; **Lichtsignal** N signal lumineux, optique

Lichtspiele NPL, **Lichtspielhaus** N, **Lichtspieltheater** N cinéma *m*

Lichtstärke F puissance, intensité lumineuse; OPT luminosité *f*; PHYS luminance *f*; **Lichtstrahl** M rayon *m* de lumière; PHYS rayon lumineux; **Lichtstreifen** M filet *m*, traînée *f* de lumière; **lichtundurchlässig** ADJ opaque

Lichtung F ‹~; ~en› *im Wald* clairière *f*

Lichtverhältnisse NPL *bei natürlichem Licht* lumière *f*; *bei künstlichem Licht* (conditions *fpl* d')éclairage *m*; **Lichtwelle** F PHYS onde lumineuse; **Lichtwerbung** F → Leuchtreklame

Lid N ‹~(e)s; ~er› paupière *f*; **Lidschatten** M ombre *f*, fard *m* à paupières; **Lidschlag** M battement *m* de cils, de paupières; **Lidstrich** M (trait *m* d')eye-liner *m*

lieb ADJ *(teuer)* cher, chère; *(zärtlich geliebt)* chéri; *(angenehm, willkommen)* agréable; *(freundlich)* gentil, -ille; *plus fort* charmant; *(artig)* gentil, -ille; **mein ~er Freund!** *hum, mahnend* cher ami!; mon cher!; *iron* mon vieux!; *iron* **das ~e Geld** le maudit argent; **der ~e Gott** le bon Dieu; *umg* **(du) ~er Gott!** mon Dieu!; *umg* **ach, du ~e Güte!** bonté du ciel!; *umg* **den ~en langen Tag** toute la sainte journée; **Unsere Liebe Frau** la Sainte Vierge; Notre-Dame; *im Brief* **Lieber Herr X, …** Cher Monsieur, …; **ein ~er Junge** un gentil garçon; *umg pej* **sich bei j-m ~ Kind machen** se faire bien voir de qn; s'insinuer dans les bonnes grâces de qn; **j-n ~ behalten** continuer d'aimer qn; garder de l'affection pour qn; **j-n ~ gewinnen** prendre qn en affection; se prendre d'amitié, d'affection pour qn; **einander ~ gewinnen** s'attacher l'un à l'autre; **e-e ~ gewordene Gewohnheit** une bonne vieille habitude; **j-n, etw ~ haben** (bien) aimer qn, qc; **das ist ~ von dir!** c'est gentil de ta part; **es ist sehr ~ von Ihnen, dass Sie gekommen sind** c'est très aimable à vous d'être venu; **seien Sie so ~ und geben Sie mir das Buch** auriez-vous l'amabilité de me passer le livre; **es wäre mir ~, wenn …** j'aimerais que … *(+subj)*; **wenn Ihnen Ihr Leben ~ ist …** si vous tenez à la vie …; **er erhielt mehr, als ihm ~ war** il a obtenu plus qu'il ne souhaitait

liebäugeln V/I ‹-(e)le, *insép*, ge-, h.› **mit etw ~** convoiter, *umg* lorgner qc; **mit e-r Reise ~** caresser l'idée de faire un voyage

liebbehalten V/T → lieb

Liebchen N ‹~s; ~› bien-aimée *f*; amoureuse *f*; *pej* maîtresse *f*

Liebe[1] F ‹~› **1** amour *m* *(pl a. f)*; *(Zuneigung)* affection *f*; **heftige, leidenschaftliche ~** amour passionné; passion *f*; **zärtliche ~** tendresse *f*; **christliche ~** charité (chrétienne); **~ zu j-m, zu etw** amour pour qn, de qc; **aus ~ zu s-r Mutter** par amour pour sa mère; **bei aller ~, aber …** je t'aime, l'aime, *etc* bien, mais …; **in ~** affectueusement; **~ auf den ersten Blick** coup *m* de foudre; *bei Dingen a.* coup *m* de cœur; *hum* **~ geht durch den Magen** *etwa* on s'attache qn en lui mijotant de bons petits plats; *sprichw* **~ macht blind** l'amour est aveugle; *sprichw* **alte ~ rostet nicht** *sprichw* on revient toujours à ses premières amours **2** *(geliebte Person)* amour *m*; **er war ihre große ~** il a été l'amour de sa vie; *umg* **sie ist e-e alte ~ von mir** *umg* c'est une ancienne petite amie à moi

Liebe[2] M/F ‹→ A› **mein ~r!** mon cher!; **meine ~!** ma chère!; **meine ~n** ceux que j'aime; ma famille; *als Anrede, je nach den Personen* mes chers frères (et sœurs), *etc*

liebebedürftig ADJ qui a besoin d'amour, d'affection; **Liebedienerei** F ‹~› *pej* basse, vile complaisance; empressement *m* servile; **Liebelei** F ‹~; ~en› petite intrigue amoureuse; passade *f*; amourette *f*; *umg* béguin *m*

lieben ‹h.› **A** V/T aimer; *(mögen)* bien aimer; avoir de l'affection pour; **j-n ~** *sexuell* faire l'amour avec qn; **j-n zärtlich ~** aimer tendrement qn; être plein de tendresse pour qn; **j-n heiß und innig ~** aimer passionnément qn; aimer qn à la folie; **j-n abgöttisch ~** adorer, *pej* idolâtrer qn; **es ~, etw zu tun** aimer faire qc **B** V/R **sich** *(sich selbst od einander)* **~** s'aimer; *zärtlich* se chérir; *sexuell* faire l'amour; *sprichw* **was sich liebt, das neckt sich** qui s'aime, se chamaille

liebend **A** ADJT aimant; affectueux, -euse; **die Liebenden** les amants *mpl*; les amoureux *mpl* **B** ADVL **ich möchte ~ gern …** j'aimerais beaucoup …

liebenswert ADJ charmant; (d'un naturel) agréable

liebenswürdig ADJ aimable; affable; gentil, -ille; **~ zu j-m sein** être aimable envers qn; **das ist sehr ~ von Ihnen** c'est très aimable *od* gentil à vous; vous êtes très gentil; **seien Sie doch bitte so ~ und benachrichtigen Sie ihn** veuillez avoir l'amabilité de le prévenir

liebenswürdigerweise ADV par amabilité, gentillesse; **Liebenswürdigkeit** F ‹~; ~en› amabilité *f*; gentillesse *f*; affabilité *f*

lieber ADV plus volontiers; *(eher)* plutôt; mieux; de préférence; **ich trinke ~ Wein als Bier** j'aime mieux le vin que la bière; je préfère le vin à la bière; **~ sterben als leiden** plutôt mourir que souffrir; **ich sähe es ~, wenn …** je préférerais, j'aimerais mieux que … *(+subj)*; **das ist mir ~** j'aime mieux cela; **bleiben wir ~ hier!** restons plutôt ici; **nichts** *od* **ich wüsste nicht, was ich ~ täte!** je ne demande pas mieux!

Lieber M → Liebe[2]

Liebesabenteuer N, **Liebesaffäre** F aventure amoureuse; *flüchtiges* passade *f*; → *a.* Liebelei; **Liebesbeweis** M preuve *f* d'amour; **Liebesbeziehung** F liaison (amoureuse); **Liebesbrief** M lettre *f* d'amour; *kurzer a. geh* billet doux; **Liebesdienst** M faveur *f*; service *m* d'ami; *aus Mildtätigkeit* œuvre *f* de charité

Liebeserklärung F déclaration *f* (d'amour); **e-e ~ machen** déclarer sa flamme

Liebesgedicht N poème *m* d'amour; **Liebesgeschichte** F histoire *f* d'amour; **Lie-**

L

besgeständnis N tendre aveu *m*; → *a.* Liebeserklärung; **Liebesglück** N bonheur *m* d'aimer; **Liebesgott** M MYTH Amour *m*; Cupidon *m*; **Liebesgöttin** F MYTH déesse *f* de l'amour; Vénus *f*; **Liebesheirat** F mariage *m* d'amour, *geh* d'inclination; **liebeskrank** ADJ malade d'amour

Liebeskummer M chagrin *m* d'amour; **sie hat ~** elle a un chagrin d'amour

Liebesleben N ⟨~s⟩ vie amoureuse; **Liebeslied** N chanson *f* d'amour; **Liebeslust** F plaisir *m* d'amour

Liebesmüh(e) F **verlorene ~(e)** peine perdue

Liebesnest N nid *m* d'amoureux; **Liebespaar** N couple *m* d'amoureux; **Liebespärchen** N (couple *m* d')amoureux *mpl*; *iron* tourtereaux *mpl*; **Liebesroman** M roman *m* d'amour; **Liebesschwur** M serment *m* d'amour; **Liebesspiel** N jeu *m* érotique; **Liebesszene** F scène *f* d'amour; **liebestoll** ADJ fou, folle d'amour; **Liebestrank** M philtre *m* d'amour; aphrodisiaque *m*; **Liebesverhältnis** N liaison (amoureuse)

liebevoll A ADJ aimant; tendre; affectueux, -euse B ADV (*mit viel Liebe*) avec amour; (*zärtlich*) tendrement

liebgewinnen VT, **liebgeworden** ADJT, **liebhaben** VT → lieb

Liebhaber M ⟨~s; ~⟩ 1 *e-r Frau* (*Verehrer*) amoureux *m*; (*Anbeter*) soupirant *m*; (*Geliebter*) amant *m*; *von e-r Frau unterhaltener* gigolo *m* 2 THEAT **jugendlicher ~** jeune premier 3 *e-r Sache* amateur *m*

Liebhaberei F ⟨~; ~en⟩ goût, intérêt particulier; violon *m* d'Ingres; **aus ~** en amateur, dilettante

Liebhaberin F ⟨~; ~nen⟩ 1 THEAT **jugendliche ~** jeune première 2 *e-r Sache* amateur *m*

Liebhaberpreis M prix *m* d'amateur; **Liebhaberstück** N pièce *f* de collection; **Liebhaberwert** M ⟨~(e)s⟩ valeur affective

liebkosen *geh* VT ⟨-(es)t, *insép*, geliebkost *ou* liebkost, h.⟩ caresser; câliner; cajoler; **Liebkosung** *geh* F ⟨~; ~en⟩ caresse *f*; câlinerie *f*; cajolerie *f*

lieblich ADJ *Menschen, Gesicht etc* gracieux, -ieuse; plein de grâce; mignon, -onne; *Düfte, Geschmack* (*köstlich*) délicieux, -ieuse; exquis; suave; *Wein* moelleux; *Gegend* charmant; riant

Liebling M ⟨~s; ~e⟩ 1 préféré(e) *m(f)*; *e-s Publikums umg* coqueluche *f*; *e-s Lehrers umg* chouchou, -oute *m,f* 2 *Kosename* chéri(e) *m(f)*; **mein ~!** *zu e-m Mann* mon chéri; mon trésor; *zu e-r Frau* ma chérie; mon trésor

Lieblings... IN ZSSGN favori, -ite; préféré; de prédilection; **Lieblingsbeschäftigung** F occupation favorite, préférée; **Lieblingsbuch** N livre préféré, de chevet; **Lieblingsgericht** N plat favori, préféré; régal *m*; **Lieblingslektüre** F lecture favorite, préférée; **Lieblingsspeise** F plat favori, préféré; régal *m*; **Lieblingsthema** N sujet favori, de prédilection

lieblos A ADJ sans amour; (*hartherzig*) sec, sèche; dur; (*gefühllos*) sans cœur; insensible; froid; indifférent B ADV sans amour; sans cœur; avec indifférence; **j-n ~ behandeln** (*gefühllos*) traiter qn avec indifférence; **etw ~ behandeln** traiter qc sans soin

Lieblosigkeit F ⟨~⟩ sécheresse *f*, froideur *f*, dureté *f* (de cœur)

Liebreiz *geh* M ⟨~es⟩ charme(s) *m(pl)*; attraits *mpl*; (*Anmut*) grâces *fpl*

Liebschaft F ⟨~; ~en⟩ liaison *f*; flirt *m*; *flüchtige* passade *f*; amourette *f*; → *a.* Liebelei; **~en** *pl* amours *fpl od mpl*; affaires *fpl* de cœur

liebste(r, -s) A ADJ qui est le plus cher, la plus chère; qu'on aime le mieux; qu'on préfère; favori, -ite; **meine ~ CD** mon CD préféré B ADV **am ~n würde ich** (+*inf*) je préférerais (+*inf*); **das mag ich am ~n** c'est ce que je préfère

Liebste(r) M/F(M) ⟨→ A⟩ → Geliebte(r); *als Anrede* → Liebe[2], Liebling 2

Liebstöckel N *od* M ⟨~s; ~⟩ BOT ache *f* de montagne; livèche *f*

Liechtenstein N ⟨→ *n/pr*⟩ le Liechtenstein; **Liechtensteiner(in)** M ⟨~s; ~⟩ (F) ⟨~in; ~innen⟩ habitant(e) *m(f)* du Liechtenstein; **liechtensteinisch** ADJ du Liechtenstein

Lied N ⟨~(e)s; ~er⟩ chanson *f*; chant *m*; poème *m* lyrique; (*vertontes Gedicht*) chant *m*; romance *f*; (*deutsches Kunstlied*) lied *m*; (*Kirchenlied*) chant *m* d'église; cantique *m*; *umg* **das ist das Ende vom ~** voilà la fin de l'histoire; cela devait finir ainsi; *umg* **es ist immer dasselbe** *od* **das alte ~** c'est toujours la même chanson, rengaine, le même refrain; **davon kann ich ein ~ singen** j'en sais qc; je suis bien payé pour le savoir

Liederabend M récital *m* de chant; **Liederbuch** N recueil *m* de chansons

liederlich A ADJ 1 (*unordentlich*) désordonné; (*nachlässig*) négligent; **~e Arbeit** travail mal fait, bâclé 2 *Leben(swandel)* dissolu; déréglé; **~es Frauenzimmer** femme *f* de mauvaise vie, de mœurs légères; dévergondée *f*; **~er Kerl** débauché *m*; *umg* noceur *m*; *umg* fêtard *m* B ADV **~ angezogen sein** être débraillé, négligé

Liederlichkeit F ⟨~⟩ 1 (*Unordnung*) désordre *m*; (*Nachlässigkeit*) négligence *f*; manque *m* de soin 2 (*ausschweifendes Leben*) libertinage *m*; légèreté *f* de mœurs; dévergondage *m*

Liedermacher(in) M ⟨~s; ~⟩ (F) ⟨~in; ~innen⟩ (*Komponist u. Texter*) auteur-compositeur *m*, auteur-compositrice *f*; (*Komponist, Texter u. Sänger*) auteur-compositeur-interprète *m*, auteur-compositrice-interprète *f*; **Liederzyklus** M cycle *m* de romances, de lieder (lieds)

lief → laufen

Lieferabkommen N accord *m* de livraison

Lieferant(in) M ⟨~en; ~en⟩ (F) ⟨~in; ~innen⟩ fournisseur *m*; **Lieferanteneingang** M entrée *f* de service

Lieferauftrag M ordre *m* de livraison, de livrer

lieferbar ADJ livrable; disponible; **sofort ~** en magasin; en stock; immédiatement livrable

Lieferbedingungen PL conditions *fpl* de livraison; **Lieferfirma** F fournisseur *m*

Lieferfrist F délai *m* de livraison; **die ~ einhalten, überschreiten** respecter, dépasser les délais de livraison

Liefergarantie F garantie *f* de livraison; **Lieferkosten** PL frais *mpl* de livraison; **Lieferland** N pays *m* fournisseur; **Liefermenge** F quantité livrée, à livrer

liefern VT ⟨-(e)re, h.⟩ 1 fournir; livrer; **ins Haus ~** livrer à domicile; **frei Haus ~** livrer franco à domicile; **j-m etw ~** fournir, livrer qc à qn 2 **j-m e-e Schlacht ~** livrer bataille à qn; **sich** (*dat*) **e-n spannenden Kampf ~** se livrer un combat passionnant; *umg* **er ist geliefert** *umg* il est foutu; c'est un homme fini

Lieferort M lieu *m* de livraison; **Lieferpreis** M prix *m* à la livraison; **Lieferrückstand** M retard(s) *m(pl)* de livraison; **Lieferschein** M bon *m*, bulletin *m* de livraison; **Lieferschwierigkeiten** FPL difficultés *fpl* de livraison; **Liefertag** M jour *m* de livraison; **Liefertermin** M date *f* de livraison

Lieferung F ⟨~; ~en⟩ 1 (*das Liefern*) livraison *f*; fourniture *f*; **zahlbar bei ~** payable à la livraison; **~ frei Haus** livraison franco (à) domicile; **~ gegen Barzahlung** livraison contre paiement comptant; **~ gegen Nachnahme** livraison contre remboursement 2 (*das Gelieferte*) livraison *f*; (*Sendung*) envoi *m*; **die Annahme e-r ~ verweigern** refuser de prendre livraison 3 BUCHHANDEL (*Teil e-s Buches*) livraison *f*; fascicule *m*; **das Werk erscheint in ~en** l'ouvrage paraît par livraisons

Liefervertrag M contrat *m* de livraison; **Lieferverzug** M retard *m* de livraison; **Lieferwagen** M voiture *f* de livraison; camionnette *f*; fourgonnette *f*; **Lieferzeit** F → Lieferfrist; **Lieferzettel** M → Lieferschein

Liege F ⟨~; ~n⟩ (*Sofa*) divan *m*; (*Klappbett*) lit pliant; (*Gartenliege*) chaise longue; **Liegegeld** N SCHIFF surestarie *f*; **Liegekur** F cure *f* de repos

liegen ⟨liegt, lag, gelegen, h. *ou südd, österr, schweiz* s.⟩ VI 1 (*in der Horizontalen sein*) *von Menschen* être couché, étendu, allongé; *von Sachen* être placé, situé; **~ bleiben** *am Boden, im Bett* rester couché, étendu (*par terre, au lit*); *nach e-m Fall* ne pas se relever; **er liegt mit Grippe im Bett** il est au lit avec la grippe; **auf dem Boden ~** être couché à même le sol 2 (*sich befinden*) *Menschen u. Sachen* se trouver; être; **das Buch liegt hier** voilà le livre; **hier liegt es** le voici; **es ~ viele Bücher auf dem Tisch** il y a beaucoup de livres sur la table; *fig* **die Entscheidung liegt bei ihm** la décision dépend de lui; c'est à lui de décider; *fig* **der Gewinn liegt bei zwei Millionen** le gain s'élève à environ deux millions; **der Ton liegt auf der letzten Silbe** l'accent est sur la dernière syllabe; *fig* **die ganze Last liegt auf mir, auf meinen Schultern** c'est moi qui porte toute la charge; *fig* **das liegt nicht in Ihrem Interesse** ce n'est pas dans votre intérêt; *fig* **das lag nicht in meiner Absicht** cela n'était pas dans mes intentions; *fig* **wie die Dinge ~** dans ces conditions; dans cet état de choses; *Fahrzeug* **gut auf der Straße ~** avoir une bonne tenue de route; **das Wort liegt mir auf der Zunge** j'ai le mot sur le bout de la langue; **~ bleiben** *Waren* (*nicht verkauft werden*) ne pas se vendre; (*nicht abgeholt werden*) rester en souffrance (*a. Briefe*); **unterwegs ~ bleiben** rester en chemin; *Auto* tomber en panne; **die Arbeit bleibt ~** le travail ne se fait pas, reste en suspens; **etw ~ lassen** laisser qc (dans un endroit); (*vergessen*) oublier (d'emporter) qc; *Arbeit* laisser qc de côté, *umg* en plan; *plus fort* abandonner qc 3 (*gelegen sein*) être situé; *Stadt* **am Fluss ~** être sur le fleuve; **die Stadt liegt nördlich von Berlin** la ville est située au nord de Berlin; **zwei Kilometer von der Stadt entfernt ~** être à deux kilomètres de la ville; **nach Süden ~** être exposé au sud, au midi; **das Zimmer liegt zur Straße, nach dem Hof zu** la chambre donne sur la rue, sur la cour; **dicht neben etw** (*dat*) **~** être attenant, contigu à qc; **das liegt nicht auf meinem Weg** cela n'est pas sur mon chemin 4 (*vorhanden sein*) **es liegt Schnee** il y a de la neige; **es ~ 30 cm Schnee** il y a 30 cm de neige; **~ bleiben** *Schnee* tenir 5 (*wichtig sein*) **mir liegt daran, dass** *od* **mir ist daran gelegen, dass ...** je tiens à ce que ... (+*subj*); **es liegt mir daran, Sie zu überzeugen** je tiens à vous convaincre; **es ist ihr viel daran gelegen** elle y tient beaucoup; elle y attache une grande importance 6 (*zurückzuführen sein*) **an j-m, etw ~** tenir à qn, qc; **woran liegt es?** à quoi est-ce dû?; à quoi cela tient-il?; **an wem liegt das?** *a.* à qui la faute?; **an mir soll es nicht ~** je ne m'y opposerai pas; **daran soll es nicht ~!** qu'à cela ne tienne!; **die Schuld liegt nicht bei mir** ce n'est pas (de) ma faute; **der Unterschied liegt darin, dass ...** la différence consiste en ce que …; **die Ursache liegt anderswo** cela tient à autre chose; il faut chercher la cause ailleurs 7 MIL **vor e-r Stadt ~** camper devant une ville

liegenbleiben VI → liegen 1, 2, 4

liegend ADJT couché; *von Häusern etc* situé; **tief in den Höhlen ~e Augen** yeux enfoncés (dans les orbites); **im Hafen ~e Schiffe** navires mouillés dans le port

liegenlassen VT → liegen 2, links

Liegenschaften FPL immeubles *mpl*; biens fonciers, immobiliers

Liegeplatz M *im Liegewagen* couchette *f*; SCHIFF mouillage *m*; **Liegesitz** M *im Auto* siège *m* couchette; **Liegestatt** *geh* F ⟨~; ⸚en⟩ lit *m*; *geh* couche *f*; **Liegestuhl** M chaise longue; fauteuil *m* de relaxation

Liegestütz M ⟨~(e)s; ~e⟩ traction *f*; **~e machen** faire des tractions, *umg* des pompes

Liegewagen M *im Zug* wagon-couchettes *m*; voiture-couchettes *f*; **Liegewiese** F pelouse autorisée pour le repos

lieh → leihen

lies! → lesen[1], lesen[2]

Lieschen N ⟨→ *n/pr*⟩ 1 ⟨→ *n/pr*⟩ *prénom*; **~ Müller** M(ada)me *f* Tartempion 2 ⟨~s; ~⟩ BOT **Fleißiges ~** impatiente *f*

ließ → lassen

Lift M ⟨~(e)s; ~e *ou* ~s⟩ 1 *(Fahrstuhl)* ascenseur *m*; *(Lastenaufzug)* monte-charge *m* 2 *(Sessellift)* télésiège *m*; *(Schlepplift)* remonte-pente *m*; téléski *m*; *umg* tire-fesses *m*; **Liftboy** M liftier *m*; garçon *m* d'ascenseur

liften VT ⟨-ete, h.⟩ *(straffen) Gesicht* faire un lifting (de); *umg* **sich ~ lassen** se faire faire un lifting

Liga F ⟨~; -gen⟩ ligue *f*; SPORT division *f*; **~ für Menschenrechte** Ligue des droits de l'homme (et du citoyen)

Ligament N ⟨~(e)s; ~e⟩ ANAT ligament *m*

Ligatur F ⟨~; ~en⟩ MUS liaison *f*; MED, TYPO ligature *f*

light ADJ ⟨*postposé*⟩ allégé

Ligurien N ⟨→ *n/pr*⟩ la Ligurie

Liguster M ⟨~s; ~⟩ BOT troène *m*

liieren VT *u.* VR ⟨*pas de ge-*, h.⟩ **er ist mit ihr liiert** il a une liaison avec elle; **diese drei Firmen haben sich liiert** ces trois firmes se sont associées

Likör M ⟨~s; ~e⟩ liqueur *f*; **Likörglas** N verre *m* à liqueur; **Likörwein** M vin liquoreux

lila ADJ ⟨*inv*⟩ lilas (*inv*); *(dunkel~)* violet, -ette; *(hell~)* mauve; **~ färben** teindre en lilas, *etc*

Lila N ⟨~s; ~⟩ lilas *m*; couleur *f* lilas; *(Dunkellila)* violet *m*; *(Helllila)* mauve *m*; **in ~ gekleidet** (habillé) en mauve, *etc*

lilafarben ADJ, **lilafärben** VT, **lilafarbig** ADJ → lila

Lilie F ⟨~; ~n⟩ BOT lys *od* lis *m*

Liliengewächse NPL liliacées *fpl*

Liliputaner(in) M ⟨~s; ~⟩ (F) ⟨~in; ~innen⟩ *(Zwerg[in])* lilliputien, -ienne *m,f*

lim MATH ABK (Limes) lim (limite)

Limburg N ⟨→ *n/pr*⟩ 1 *in der BRD* Limburg 2 *in Belgien u. Holland* le Limbourg; **Limburger** M ⟨~s; ~⟩, **Limburger Käse** M limbourg *m (fromage belge à pâte molle)*

Limes M ⟨~; ~⟩ 1 ⟨→ *n/pr*⟩ HIST **der ~** le Limes 2 MATH limite *f*

Limette F citron vert

Limit N ⟨~s; ~s⟩ limite *f*

Limite F ⟨~; ~n⟩ *schweiz* → Limit

limitieren VT ⟨*pas de ge-*, h.⟩ limiter (**auf** [+*akk*] à)

Limo *umg* F ⟨~; ~s⟩ ABK (Limonade) limonade *f*

Limonade F ⟨~; ~n⟩ limonade *f*

Limone F ⟨~; ~n⟩ 1 BOT limon *m* 2 → Limette

Limousine F ⟨~; ~n⟩ berline *f*; conduite intérieure

lind *poet* ADJ doux, douce

Linde F ⟨~; ~n⟩ tilleul *m*

Lindenallee F allée *f* de tilleuls; chemin bordé de tilleuls; **Lindenbaum** M → Linde; **Lindenblüte** F fleur *f* de tilleul; **Lindenblütentee** M infusion *f* de tilleul

lindern VT ⟨-(e)re, h.⟩ *Schmerz* calmer; apaiser; soulager; *Not, Armut* soulager

Linderung F ⟨~⟩ soulagement *m*; apaisement *m*; **j-m (rasche, augenblickliche) ~ bringen** apporter un soulagement (immédiat) à qn

lindgrün ADJ (vert) tilleul (*inv*)

Lindwurm M MYTH dragon *m*

Lineal N ⟨~s; ~e⟩ règle *f*

linear ADJ linéaire

Linguist(in) M ⟨~en; ~en⟩ (F) ⟨~in; ~innen⟩ linguiste *m/f*; **Linguistik** F ⟨~⟩ linguistique *f*; **linguistisch** ADJ linguistique

Linie F ⟨~; ~n⟩ 1 ligne *f* (*a. Buslinie, Straßenbahnlinie*, EISENBAHN, SCHIFF, FLUG, MIL, *fig*); *Bus etc* **die ~ zwei nehmen** prendre le deux; *umg* **auf die (schlanke) ~ achten** surveiller sa ligne; *fig* **auf der ganzen ~** sur toute la ligne; *fig* **in erster, zweiter ~** en premier, second lieu; MIL **in vorderster ~** en première ligne 2 *(Familienzweig)* ligne *f*; branche *f*; **absteigende, aufsteigende ~** ligne descendante, ascendante; **in direkter ~** en ligne directe; **die ältere, jüngere ~** la branche aînée, cadette

Linienblatt N feuille *f* de papier réglé; transparent *m*; **Linienbus** M bus *m* de ligne; **Linienflug** M vol régulier; **Linienflugzeug** N avion *m* de ligne; **Linienführung** F tracé *m*; **Linienmaschine** F avion *m* de ligne; **Liniennetz** N réseau *m*; **Linienpapier** N papier réglé; **Linienrichter(in)** M(F) FUSSBALL juge *m/f* de touche; TENNIS juge *m/f* de ligne; **Linienschiff** N paquebot *m* de grande ligne; **linientreu** ADJ *pej* fidèle à la ligne (du parti); de stricte observance (politique); *fig a. umg* pur et dur; **Linienverkehr** M service régulier (de transport)

linieren VT ⟨*pas de ge-*, h.⟩ régler; ligner; **Linierung** F ⟨~; ~en⟩ réglage *m*

liniieren → linieren; **Liniierung** F ⟨~; ~en⟩ réglage *m*

link *umg* ADJ louche; douteux, -euse; **~e Touren** manœuvres *fpl* louches; **ein ~er Vogel** un drôle d'oiseau, *umg* de coco

Link M *od* N ⟨~s; ~s⟩ IT lien *m*

linke(r, -s) ADJ ⟨*épithète*⟩ gauche (*a. fig*, POL); **~r Hand** à gauche; **~ Seite** côté *m* gauche; gauche *f*; *e-s Stoffes etc* envers *m*; **~ Masche** maille *f* à l'envers; **der ~ Flügel** *e-r Partei* l'aile gauchisante; **auf der ~n Seite** à gauche; du côté gauche; *fig* **mit dem ~n Bein, Fuß zuerst aufstehen** se lever du pied gauche

Linke[1] F ⟨→ A⟩ 1 *(linke Seite, Hand)* gauche *f*; **zur ~n** à gauche; **zu meiner ~n** à ma gauche 2 BOXEN gauche *f* 3 POL **die ~** la gauche

Linke[2] M/F ⟨→ A⟩ POL homme *m*, femme *f* de gauche; *plus fort* gauchiste *m/f*

linken[1] *umg* VT ⟨h.⟩ *(reinlegen) umg* rouler; gruger

linken[2] ⟨h.⟩ IT A VT mettre en lien B VI **~ auf** (+*akk*) créer un lien vers

Linker M → Linke[2]

linkisch ADJ gauche; maladroit; embarrassé; emprunté; **~es Wesen** gaucherie *f*; maladresse *f*

links ADV à gauche; *von Stoffen* à l'envers; **~ von …** à (la) gauche de …; **~ von ihm** à sa gauche; **~ abbiegen** tourner à gauche; **~ fahren** rouler à gauche; tenir sa gauche; **~ schreiben** écrire de la main gauche; POL **~ sein, stehen** être de gauche; **~ überholen** doubler à gauche; *umg* **j-n ~ liegen lassen** battre froid à qn; ignorer qn; *umg* **etw mit ~ machen** *umg* faire qc facilement, comme de rien, *umg* les doigts dans le nez

Linksabbieger M ⟨~s; ~⟩ personne *f bzw.* véhicule *m* tournant à gauche; **Linksabbiegerspur** F couloir *m* de gauche; **Linksaußen** M ⟨~; ~⟩ FUSSBALL *etc* ailier *m* gauche

linksbündig A ADJ TYPO justifié à gauche B ADV **e-n Text ~ schreiben** écrire à gauche

Linksdrall M TECH torsion *f* à gauche; *fig* tendance *f* à gauche; **Linksdrehung** F rotation *f* à gauche; **Linksextremismus** M POL extrémisme *m* de gauche; **Linksextremist(in)** M(F) POL extrémiste *m/f* de gauche; **linksextremistisch** ADJ POL d'extrême gauche; **Linksgewinde** N *bei Schrauben etc* pas *m* à gauche; **Linkshänder(in)** M ⟨~s; ~⟩ (F) ⟨~in; ~innen⟩ gaucher, -ère *m,f*; **linkshändig** A ADJ gaucher, -ère B ADV de la main gauche; **linksherum** ADV à gauche; **Linkskurve** F virage *m* à gauche; **Linkspartei** F parti *m* de gauche; **linksradikal** ADJ d'extrême gauche; **linksrheinisch** ADJ de la rive gauche du Rhin; **Linksruck** M POL glissement *m*, poussée *f* à gauche; **linksseitig** ADJ du côté gauche; **linksum** ADV à gauche; MIL **~!** à gauche, gauche!; **Linksverkehr** M circulation *f* à gauche

Linnen *liter* N ⟨~s; ~⟩ → Leinen

Linoleum N ⟨~s⟩ linoléum *m*; **Linolschnitt** M linogravure *f*

Linse F ⟨~; ~n⟩ BOT, OPT lentille *f*; *des Auges* cristallin *m*

linsen *umg* VI ⟨h.⟩ regarder furtivement; **nach j-m ~** *umg* mater qn

Linsengericht N plat *m* de lentilles (*a.* BIBEL, *fig*); **Linsensuppe** F soupe *f* aux lentilles

Lippe F ⟨~; ~n⟩ lèvre *f*; **sich** (*dat*) **auf die ~n beißen** se mordre les lèvres; **sie konnte kein Wort über die ~n bringen** elle n'a pas pu prononcer un seul mot; **das soll nicht über meine ~n kommen** cela ne sortira pas de ma bouche; *fig* **an j-s ~n hängen** être suspendu aux lèvres de qn; **j-m etw von den ~n ablesen** lire qc sur les lèvres de qn; *umg fig* **e-e ~ riskieren** *umg* ouvrir sa grande gueule

Lippenbalsam M baume *m* à lèvres; **Lippenbekenntnis** N *pej* déclaration *f* peu sincère; **Lippenblütler** MPL BOT labiées *fpl*; **Lippenstift** M (bâton *m* de) rouge *m* à lèvres

liquid ADJ FIN liquide; disponible; *(solvent)* solvable; **~e Mittel** *pl* liquidités *fpl*

Liquidation F ⟨~; ~en⟩ FIN, JUR liquidation *f*; *e-s Arztes (Rechnung)* note *f* d'honoraires

liquidieren VT ⟨*pas de ge-*, h.⟩ HANDEL liquider (*a. fig töten*); **Liquidierung** F ⟨~; ~en⟩ HANDEL liquidation *f* (*a. fig Tötung*); **Liquidität** F ⟨~⟩ HANDEL liquidité(s) *f(pl)*; disponibilités *fpl*

Lira[1] F ⟨~; Lire⟩ HIST **(italienische) ~** lire (italienne)

Lira[2] F ⟨~; ~⟩ *Währung* **(maltesische, türkische) ~** lire (maltaise, turque)

Lispellaut M son zézayé

lispeln VI ⟨-(e)le, h.⟩ zézayer; *fig* murmurer; chuchoter

Lispeln N ⟨~s⟩ zézaiement *m*; *umg* zozotement *m*

Lissabon N ⟨→ *n/pr*⟩ Lisbonne

List F ⟨~; ~en⟩ ruse *f*; astuce *f*; artifice *m*; *umg* **mit ~ und Tücke** à grand renfort d'astuce; **e-e ~ anwenden, zu e-r ~ greifen** recourir à une ruse

Liste F ⟨~; ~n⟩ liste *f*; **e-e ~ aufstellen** dresser, établir une liste; **auf e-r ~ stehen** figurer sur une liste; **in e-e ~ eintragen** inscrire, porter sur une liste; **auf die schwarze ~ setzen** mettre sur la liste noire

listenmäßig ADV **~ erfassen** recenser par liste

Listenpreis M prix *m* de catalogue; **Listenwahl** F POL (élection *f* au) scrutin *m* de liste

listig A ADJ rusé; astucieux, -ieuse; *(bauernschlau)* finaud; *umg* roublard B ADV astucieusement

Litanei F ⟨~; ~en⟩ 1 REL litanies *fpl* 2 *fig pej* litanie *f*

Litas M ⟨~; ~⟩ *Währung* litas *m*

Litauen N ⟨→ *n/pr*⟩ la Lituanie; **Litauer(in)** M ⟨~s; ~⟩ (F) ⟨~in; ~innen⟩ Lituanien, -ienne *m,f*; **litauisch** ADJ lituanien, -ienne *(a. Sprache)*

Liter M *od* N ⟨~s; ~⟩ litre *m*; **ein ~ Wein** un litre de vin

literarisch A ADJ littéraire B ADV **~ gebildeter Mensch** personne lettrée; lettré *m*

Literat(in) M ⟨~en; ~en⟩ (F) ⟨~in; ~innen⟩ homme *m*, femme *f* de lettres; *pej* littérateur *m*; **die ~en** les gens *mpl* de lettres

Literatur F ⟨~; ~en⟩ littérature *f*; **schöne ~** belles-lettres *fpl*; **einschlägige ~** ouvrages *mpl* de référence

Literaturangabe F indication *f* bibliographique; **~n** bibliographie *f*

Literaturbeilage F *e-r Zeitung* supplément *m* littéraire; **Literaturgattung** F genre *m* littéraire; **Literaturgeschichte** F histoire *f* de la littérature; **Literaturkritik** F critique *f* littéraire; **Literaturkritiker** M critique *m* littéraire; **Literaturnachweis** M bibliographie *f*; **Literaturpreis** M prix *m* littéraire, de littérature; **Literaturverzeichnis** N bibliographie *f*

Literaturwissenschaft F lettres *fpl*; **vergleichende ~** littérature comparée

literweise ADV par litres; au litre; **sie trinkt ~ Milch** elle boit des litres de lait

Litfaßsäule F colonne *f* d'affichage; colonne *f* Morris

Lithium N ⟨~s⟩ CHEM lithium *m*; **Lithiumbatterie** F pile *f* au lithium

Lithografie F ⟨~; ~n⟩ lithographie *f*; **lithografisch** ADJ lithographique; **Lithographie, lithographisch** → Lithografie, lithografisch

Lithotripsie F ⟨~; ~n⟩ MED lithotritie *f*; **Lithotripter** M ⟨~s; ~⟩ MED lithotriteur *m*

Litschi F ⟨~; ~s⟩ BOT litchi *m*; letchi *m*

litt → leiden

Liturgie F ⟨~; ~n⟩ REL liturgie *f*

liturgisch ADJ liturgique

Litze F ⟨~; ~n⟩ *(Kordel)* cordon *m*; *(Tresse)* galon *m*; *(Borte)* liseré *m*; *(Drahtseil)* toron *m*

live ADV *u.* ADJ ⟨attribut⟩ TV, RADIO en direct; **(etw) ~ senden** retransmettre (qc) en direct; **~ singen** chanter en direct

Livesendung F émission *f* en direct

Livree F ⟨~; ~n⟩ livrée *f*

livriert ADJ en livrée

Lizentiat[1] M → Lizenziat[1]

Lizentiat[2] N → Lizenziat[2]

Lizenz F ⟨~; ~en⟩ licence *f* *(a.* JUR*)*; HANDEL concession *f*; VERLAGSWESEN *a.* cession *f* de droits; *(Genehmigung)* autorisation *f*; **in ~** sous licence; **e-e ~ erteilen, zurückziehen** accorder, retirer une licence

Lizenzabgabe F taxe *f* de licence; **Lizenzantrag** M demande *f* de licence; **Lizenzausgabe** F édition publiée avec l'autorisation de ...; **Lizenzgebühr** F droit *m* de licence

Lizenziat[1] M ⟨~en; ~en⟩ *schweiz (Inhaber e-s ~s)* licencié *m*

Lizenziat[2] N ⟨~s; ~e⟩ *schweiz: akademischer Grad* licence *f*

Lizenzinhaber M détenteur *m*, titulaire *m* d'une licence; HANDEL *a.* concessionnaire *m*; **Lizenznehmer** M ⟨~s; ~⟩ cessionnaire *m*; **Lizenzvertrag** M contrat *m* de licence; VERLAGSWESEN *a.* contrat *m* de cession de droits

Lkw M ⟨~(s); ~s⟩ ABK → Lastwagen; **Lkw-Fahrer** M → Lastwagenfahrer(in); **Lkw-Maut** F péage *m* pour poids lourds

lm PHYS ABK (Lumen) lm (lumen)

Ln. ABK ([in] Leinen) BUCHWESEN relié pleine toile

Lob[1] N ⟨~(e)s⟩ *(anerkennende Worte)* louange *f*; éloge *m*; **j-m ~ spenden** faire l'éloge de qn; *geh* **des ~es voll sein für j-n, etw** dire le plus grand bien de qn, qc; **für etw ~ ernten** recevoir des éloges pour qc; **(ein) ~ für etw verdienen** mériter des éloges pour qc

Lob[2] M ⟨~(s); ~s⟩ *bes* TENNIS lob *m*

Lobby F ⟨~; ~s⟩ POL lobby *m*; groupe *m* de pression; **Lobbyismus** M ⟨~⟩ POL, WIRTSCH lobbying *m*; **Lobbyist(in)** M ⟨~en; ~en⟩ (F) ⟨~in; ~innen⟩ membre *m* d'un lobby

Lobelie F ⟨~; ~n⟩ BOT lobélia *m*; lobélie *f*

loben V/T *(u.* V/R*)* ⟨h.⟩ (se) louer **(für etw** de, pour qc); faire des compliments à **(für etw** sur qc); faire l'éloge de; **j-n überschwänglich,** *umg* **über den grünen Klee ~** couvrir qn de fleurs; **da lobe ich mir ...** parlez-moi de ...

lobend A ADJ élogieux, -ieuse B ADV **j-n, etw ~ erwähnen** mentionner, citer qn, qc en termes élogieux

lobenswert ADJ louable; méritoire

Lobgesang M REL hymne *f* (à la gloire de Dieu); **Lobhudelei** F ⟨~; ~en⟩ *pej* adulation *f*, encensement *m* **(auf** [+akk] de)

löblich ADJ → lobenswert

Loblied N panégyrique *m*; → *a.* Lobgesang; *fig* **ein ~ auf j-n, etw singen, anstimmen** chanter les louanges, faire le panégyrique de qn, qc

lobpreisen *poet* V/T ⟨-(es)t, lobpreist, lobpreiste *ou* lobpries, gelobpreist *ou* lobgepriesen, zu lobpreisen, lobpreise!, h.⟩ glorifier; **Lobpreisung** *poet* F ⟨~; ~en⟩ louanges *fpl*; *plus fort* glorification *f*; **Lobrede** F éloge *m*

Loch N ⟨~(e)s; ¨~er⟩ 1 trou *m*; *(Öffnung)* ouverture *f*; ASTRON **schwarzes ~** trou noir; **ein ~ bohren** percer un trou **(in die Wand** dans le mur); **Löcher im Strumpf haben** avoir des chaussettes trouées; *umg* **j-m ein ~ in den Bauch fragen** cribler qn de questions; *umg* **auf** *od* **aus dem letzten ~ pfeifen** être au bout du rouleau; **trinken,** *sl* **saufen wie ein ~** *umg* boire comme un trou; *sl* se soûler (comme un cochon) 2 *umg pej (Behausung)* taudis *m*; bouge *m* 3 ⟨pas de pl⟩ *umg (Gefängnis) umg* trou *m*; *umg* taule *f*; **ins ~ stecken** *umg* mettre en taule; *umg* coffrer

Locheisen N TECH emporte-pièce *m*; poinçon *m*

lochen V/T ⟨h.⟩ TECH *Blech* poinçonner; *Fahrkarte* composter; poinçonner; *Schriftstück* perforer; *Nadel* percer

Lochen N ⟨~s⟩ poinçonnage *od* poinçonnement *m*; perforage *m*; perforation *f*; perçage *m*

Locher M ⟨~s; ~⟩ 1 *für Akten* perforateur *m*; *für Lochkarten* perforatrice *f*; perforeuse *f* 2 *Arbeiter* poinçonneur *m*

löch(e)rig ADJ troué; *plus fort* plein, criblé de trous

löchern *umg* V/T ⟨-(e)re, h.⟩ **j-n ~(, etw zu tun)** *umg* tanner qn (pour qu'il fasse qc); **j-n mit Fragen ~** cribler, °harceler qn de questions

Lochkarte F carte perforée; **Lochmaschine** F poinçonneuse *f*; **Lochpresse** F TECH poinçonneuse *f*; **Lochstanze** F TECH poinçonneuse *f*; **Lochstickerei** F broderie anglaise; **Lochstreifen** M bande perforée; **Lochung** F ⟨~; ~en⟩ *als Handlung* poinçonnage *od* poinçonnement *m*; perforage *m*; perforation *f*; perçage *m*; *als Resultat* trou *m*; perforation *f*; **Lochzange** F TECH emporte-pièce *m*; *früher für Fahrscheine* pince *f* (à poinçonner)

Locke F ⟨~; ~n⟩ boucle *f*; **in ~n legen** boucler; friser

locken[1] V/T *(u.* V/R **sich ~***)* ⟨h.⟩ *Haar* boucler; *plus fort* friser

locken[2] V/T ⟨h.⟩ 1 *(ködern)* appâter; amorcer; *Vögel durch Rufe* piper; **~ aus** faire sortir de; **~ in** *(+akk)* attirer dans 2 *fig (an~)* attirer; *(ver~)* séduire; **es lockte sie, das Angebot anzunehmen** cette offre la tentait

löcken V/I ⟨h.⟩ *geh* **wider den Stachel ~** regimber; se rebeller

lockend ADJT *(ver~)* attrayant; attirant; séduisant

Lockenkopf M tête bouclée; **Lockenwickler** M rouleau *m*; bigoudi *m*

locker A ADJ 1 *Seil, Gewebe, Knoten* lâche; relâché; *Seil a.* mou, molle; mal tendu; *Schraube* desserré; *Griff, Stuhlbein, Zahn etc (wackelnd)* branlant; *Brot* léger, -ère; **~er Boden** terre meuble; GYMNASTIK **ganz ~** (tout) en souplesse; **~ sein** *(wackeln)* branler *(a. Zahn)*; **~ werden** → lockern B; **~ machen** → lockern A; *Seil etc* **~ lassen** relâcher; donner du mou 2 *Person (entspannt)* décontracté 3 *fig Sitten* léger, -ère; *Moral, Disziplin* relâché; *Leben* déréglé; dissolu; **ein ~es Leben führen** avoir des mœurs légères; mener joyeuse vie; *umg* **~er Vogel** personne (de mœurs) légère(s); débauché(e) *m(f)* B ADV *Schraube* **~ sitzen** être desserré; avoir du jeu; *fig* **das Geld sitzt ihm ~** *(er gibt viel Geld aus)* il est dépensier; *(er ist freigebig)* il est généreux; **etw ~ handhaben** manier, appliquer qc de façon libérale; ne pas appliquer qc avec trop de rigueur; *umg* **~ vom Hocker** *umg* cool; relax(e)

lockerlassen *umg* V/I ⟨irr, sép, -ge-, h.⟩ **nicht ~** insister; *plus fort* s'obstiner; **er lässt nicht locker** *a.* il n'en démord pas

lockermachen *umg* V/T ⟨sép, -ge-, h.⟩ *Geld umg* lâcher

lockern ⟨-(e)re, h.⟩ A V/T *Zügel, Seil* relâcher; *Seil a.* détendre; *Schraube, Knoten* desserrer; *Boden* ameublir; *Muskeln* assouplir; détendre; *scharfe Bestimmungen* assouplir; **s-n Griff ~** relâcher son étreinte B V/R **sich ~** *Griff, Seil* se relâcher *(a. Disziplin)*; *Seil a.* se détendre; *Schraube* se desserrer

Lockerung F ⟨~; ~en⟩ relâchement *m*; *e-r Schraube, e-s Knotens* desserrage *m*; *von scharfen Bestimmungen* assouplissement *m*; *der Muskeln* assouplissement *m*; détente *f*

Lockerungsübung F exercice *m* d'assouplissement

lockig ADJ bouclé; *plus fort* frisé

Lockmittel N appât *m*; amorce *f* *(beide a. fig)*; **Lockruf** M appel *m*; **Lockspitzel** M agent provocateur; **Lockung** *geh* F ⟨~; ~en⟩ séduction *f*; *(Versuchung)* tentation *f*; *(Reiz)* attrait *m*; attirance *f*; **Lockvogel** M 1 JAGD appeau *m* 2 *fig* personne *f* qui attire qn dans un piège

Loden M ⟨~s; ~⟩ loden *m*; **Lodenmantel** M manteau *m* en loden; **Lodenstoff** M → Loden

L

lodern VI ⟨-(e)re, h.⟩ *Flammen* monter; s'élever; *Feuer u. fig* brûler; lancer des flammes; flamber; flamboyer *(a. fig)*
lodernd ADJT flamboyant; ardent
Löffel M ⟨~s; ~⟩ **1** cuiller *f*; cuillère *f*; *Maßangabe* **~ (voll)** cuillerée *f*; *umg fig* **j-n über den ~ barbieren** *od* **balbieren** *umg* rouler, feinter qn **2** *(Ohr) des Hasen, umg des Menschen* oreille *f*; *umg fig* **die ~ spitzen** tendre l'oreille; *umg* ouvrir ses esgourdes
Löffelbagger M pelle *f* mécanique; **Löffelbiskuit** N *od* M biscuit *m* à la cuillère; boudoir *m*; **Löffelente** F souchet *m*; **löffelförmig** ADJ en forme de cuillère; BOT cochléariforme; **Löffelkraut** N BOT, *t/t* cochléaria *m*
löffeln VT ⟨-(e)le, h.⟩ manger à la cuillère
Löffelreiher M ZOOL spatule *f*; **Löffelstiel** M manche *m* de cuillère; **Löffelvoll** M → Löffel 1; **löffelweise** ADV par cuillerées
log → lügen
Log N ⟨~s; ~e⟩ SCHIFF loch *m*
Logarithmentafel F MATH table *f* de logarithmes; **logarithmisch** ADJ logarithmique; **Logarithmus** M ⟨~; -men⟩ MATH logarithme *m*
Logbuch N SCHIFF journal *m*, livre *m* de bord
Loge F ⟨~; ~n⟩ *(Pförtnerloge)*, THEAT, FREIMAUEREI loge *f*
Logenbruder M FREIMAUEREI frère *m*; franc-maçon *m*; *umg* frère *m* Trois-points; **Logenmeister** M FREIMAUEREI vénérable *m*
Loggia F ⟨~; -ien⟩ loggia *f*
Logierbesuch M pensionnaire(s) *m(pl)*, *f(pl)*; **~ haben** loger du monde (chez soi)
logieren VT *u.* VI ⟨*pas de ge-*, h.⟩ loger (**bei j-m** chez qn); **in e-m Hotel ~** loger dans un hôtel
Logiergast M pensionnaire *m/f*
Logik F ⟨~⟩ logique *f*; **Logiker** M ⟨~s; ~⟩ logicien *m*
Logis N ⟨~; ~⟩ **1** logement *m* **2** SCHIFF poste *m* d'équipage
logisch **A** ADJ logique; *umg* **ist doch ~** *(klar, selbstverständlich)* c'est clair; évidemment **B** ADV logiquement; **(nicht) ~ denken können** (ne pas) avoir l'esprit logique
logischerweise ADV logiquement
Logistik F ⟨~⟩ PHIL, HANDEL, MIL logistique *f*; **Logistiker(in)** M ⟨~s; ~⟩ (F) ⟨~in; ~innen⟩ PHIL, HANDEL, MIL logisticien, -ienne *m,f*; **logistisch** ADJ logistique
logo *umg* ADJ ⟨*attribut*⟩ **(ist doch) ~!** évidemment!
Logo M *od* N ⟨~s; ~s⟩ logo *m*
Logopäde M ⟨~n; ~n⟩, **Logopädin** F ⟨~in; -innen⟩ orthophoniste *m/f*; **Logopädie** F ⟨~⟩ orthophonie *f*
Lohe[1] F ⟨~; ~n⟩ *(Gerberlohe)* tan *m*
Lohe[2] F ⟨~; ~n⟩ *poet (lodernde Flamme[n])* flamme(s) *f(pl)*; flambée *f*; embrasement *m*; brasier *m*
lohen[1] VT ⟨h.⟩ GERBEREI tanner
lohen[2] VI ⟨h.⟩ *poet (lodern)* flamboyer; flamber
Lohgerber M tanneur *m*; **Lohgerberei** F tannerie *f*
Lohn M ⟨~(e)s; ~̈e⟩ **1** *(Arbeitslohn)* salaire *m*; paie *od* paye *f*; rémunération *f*; rétribution *f*; **gleiche Arbeit, gleicher ~** à travail égal, salaire égal; **e-n ~ von … bekommen** toucher un salaire de …; **vom ~ einbehalten** retenir sur le salaire **2** ⟨*pas de pl*⟩ *(Belohnung)* récompense *f*; **zum ~** pour récompense; **zum ~ für** en récompense de
Lohnabbau M réduction *f* des salaires; **lohnabhängig** ADJ salarié; **Lohnabhängige(r)** M/F(M) ⟨→ A⟩ salarié(e) *m(f)*; **Lohnabrechnung** F feuille *f* de paie; **Lohnabzüge** MPL retenues *fpl* sur le salaire; **Lohnanspruch** M *Anrecht* droit *m* au salaire; *Forderung* revendication salariale, de salaire; **Lohnanstieg** M °hausse *f*, montée *f* des salaires; **Lohnarbeit** F travail salarié; **Lohnarbeiter(in)** M(F) (ouvrier *m*, ouvrière *f*) salarié(e) *m(f)*; **Lohnausfall** M perte *f* de salaire
Lohnausgleich M *Ausgleichszahlung* compensation *f* (de salaire); *Arbeitszeitverkürzung* **bei vollem ~** sans diminution de salaire
Lohnauszahlung F paye *od* paie *f*; **Lohnbescheinigung** F attestation *f* de salaire; **Lohnbuchhalter** M payeur-comptable *m*; **Lohnbuchhaltung** F comptabilité *f* des salaires; **Lohnbüro** N bureau *m* de paie; **Lohneinbuße** F perte *f* de salaire; **Lohnempfänger(in)** M(F) salarié(e) *m(f)*
lohnen ⟨h.⟩ **A** VT **1** **j-m etw ~** récompenser, payer qn de qc (**mit, durch etw** par qc); **er hat es mir schlecht gelohnt** il m'en a mal récompensé **2** **es lohnt die Mühe, Arbeit** cela vaut la peine **B** VR **sich ~** *(einträglich sein)* être profitable, rentable, payant; *(der Mühe wert sein)* valoir la peine; *umg* valoir le coup; **das lohnt sich nicht** cela n'en vaut pas la peine; *umg* le jeu n'en vaut pas la chandelle; **lohnt es sich wirklich zu** *(+inf)*? est-ce bien la peine de *(+inf)*?
löhnen VT ⟨h.⟩ **1** *liter* **j-n ~** payer qn **2** *umg (zahlen)* **hundert Euro ~** *umg* allonger cent euros
lohnend ADJT qui vaut la peine; profitable; *(einträglich)* rentable; payant; *(bereichernd)* enrichissant; intéressant; **~e Beschäftigung** emploi lucratif
Lohnentwicklung F évolution *f* des salaires; **Lohnerhöhung** F augmentation *f* de salaire; **Lohnfestsetzung** F détermination *f* du salaire
Lohnforderung F *(Forderung auf Lohnerhöhung)* revendication salariale; **~en durchsetzen** faire aboutir des revendications salariales
Lohnfortzahlung F **~ im Krankheitsfall** maintien *m* du paiement du salaire en cas de maladie
Lohngefälle N écart *m* des salaires; **Lohngefüge** N structure *f* des salaires; **Lohngruppe** F catégorie salariale; **lohnintensiv** ADJ à fort coût de main-d'œuvre; **Lohnkampf** M lutte *f* pour l'augmentation des salaires; **Lohnkosten** PL coûts salariaux, de la main-d'œuvre; charges salariales; **Lohnkurve** F STATISTIK courbe *f* des salaires; **Lohnkürzung** F réduction *f* de(s) salaire(s); **Lohnliste** F bordereau *m* des salaires; **Lohnnachzahlung** F rappel *m* de salaire; **Lohnnebenkosten** PL charges sociales sur salaire; **Lohnniveau** N niveau *m* du salaire, des salaires; **Lohnpfändung** F saisie-arrêt *f* sur le salaire; **Lohnpolitik** F politique salariale, des salaires; **Lohn-Preis--Spirale** F spirale *f* des prix et des salaires; **Lohnrunde** F négociations salariales; **Lohnskala** F éventail *m* des salaires; **Lohnsteuer** F impôt *m* sur le(s) salaire(s); **Lohnsteuerjahresausgleich** M remboursement annuel du trop-perçu (fiscal); **Lohnsteuerkarte** F carte *f* d'imposition; **Lohnstopp** M blocage *m* des salaires; **Lohnstreifen** M bulletin *m* de salaire, paie; **Lohnstückkosten** PL coût *m* de la main-d'œuvre à l'unité; coût *m* unitaire des salaires; **Lohntarif** M barème *m* des salaires; **Lohntüte** F enveloppe *f* de paie
Löhnung F ⟨~; ~en⟩ MIL solde *f*; *für Offiziere* paie *f*
Lohnverhandlungen FPL négociations salariales
Lohnverzicht M **ohne ~** à salaire égal; sans diminution des salaires
Lohnzahlung F *Handlung* paiement *m* des salaires; paie *f (a. Lohn)*; **Lohnzettel** M bulletin *m* de salaire, paie
Loipe F ⟨~; ~n⟩ piste *f* de ski de fond
Lok F ⟨~; ~s⟩ *Kurzform von* Lokomotive
lokal ADJ local
Lokal N ⟨~(e)s; ~e⟩ *(Gaststätte)* restaurant *m*; café *m*; bar *m*
Lokalanästhesie F MED anesthésie locale; **Lokalanzeiger** M, **Lokalblatt** N journal, courrier local; **Lokalderby** N SPORT rencontre *f* de deux équipes voisines; FUSSBALL derby *m*; **Lokalfernsehen** N télévision (privée) locale
lokalisierbar ADJ localisable; **lokalisieren** VT ⟨*pas de ge-*, h.⟩ localiser *(a.* MED*)*; **Lokalisierung** F ⟨~; ~en⟩ localisation *f (a.* MED*)*
Lokalität F *(Raum)* local *m*; **die ~en** les lieux *mpl*; la disposition des lieux
Lokalkolorit N couleur locale; **Lokalmatador** M célébrité locale; °héros local; **Lokalnachrichten** FPL informations locales; *e-r Zeitung* chronique locale; **Lokalpatriotismus** M esprit *m* de clocher; **Lokalradio** N radio locale; **Lokalredakteur** M correspondant local; **Lokalsender** M RADIO radio locale; TV télévision (privée) locale; **Lokalteil** M *e-r Zeitung* chronique locale; **Lokaltermin** M JUR descente *f* sur les lieux; reconstitution *f*
Lokalverbot N **~ haben, bekommen** se voir interdire l'accès d'un établissement
Lokalzeitung F → Lokalanzeiger
Lokativ M ⟨~s; ~e⟩ GRAM (cas *m*) locatif *m*
Lokführer(in) M(F) mécanicien, -ienne *m,f*
Lokomotive F ⟨~; ~n⟩ locomotive *f*; **Lokomotivführer(in)** M(F) mécanicien, -ienne *m,f*
Lokus *umg* M ⟨~; ~ *ou* ~se⟩ W.-C. *mpl*; waters *mpl*; *umg* petit coin
Lollo rosso M ⟨~; ~s⟩ GASTR (salade *f*) lollo rosso *f*
Lombardei ⟨→ *n/pr*⟩ **die ~** la Lombardie
Lombardgeschäft N FIN prêt *m* sur gages; prêt *m*, avance *f* sur titres; **Lombardkredit** M crédit *m*, avance *f* sur gage; prêt *m* sur titres; **Lombardsatz** M taux *m* des avances sur titres, sur gages
London N ⟨→ *n/pr*⟩ Londres; **Londoner** **A** M ⟨~s; ~⟩ Londonien *m* **B** ADJ ⟨*inv*⟩ londonien, -ienne; de Londres; **Londonerin** F ⟨~; ~nen⟩ Londonienne *f*
Longdrink M ⟨~s; ~s⟩ long drink *m*
Longe F ⟨~; ~n⟩ REITEN longe *f*
Look M ⟨~s; ~s⟩ look *m*; **j-m e-n neuen ~ geben** *umg* relooker qn; **sich** *(dat)* **e-n neuen ~ geben** *umg* se relooker
Looping M ⟨~s; ~s⟩ FLUG looping *m*
Lorbeer M ⟨~s; ~en⟩ *Baum, Gewürz* laurier *m*; *fig* **~en ernten** cueillir des lauriers; *umg fig* **sich auf s-n ~en ausruhen** se reposer, s'endormir sur ses lauriers
Lorbeerbaum M laurier *m*; **lorbeerbekränzt** ADJT ceint de lauriers; *liter* lauré; **Lorbeerblatt** N feuille *f* de laurier; **Lorbeergewächs(e)** N(PL) lauracée(s) *f(pl)*; **Lorbeerkranz** M couronne *f* de laurier
Lord M ⟨~s; ~s⟩ lord *m*
Lore F ⟨~; ~n⟩ wagonnet *m* (à bascule)
Lorgnette F ⟨~; ~n⟩ face-à-main *m*
Lorgnon N ⟨~s; ~s⟩ lorgnon *m*; monocle *m*
los **A** ADJ ⟨*attribut*⟩ *u.* ADV **1** *(ab)* détaché; *(locker)* qui ne tient pas *od* plus; **der Hund ist von der Kette ~** le chien s'est détaché (de sa chaîne);

fig **der Teufel, die Hölle ist ~** *umg* il y a du grabuge, du chambard 2 **j-n ~ sein** être débarrassé de qn; **etw ~ sein,** *geh* **e-r Sache** *(gen)* **~ und ledig sein** être débarrassé de qc; **mein Geld bin ich ~** j'en suis pour mon argent 3 **es ist etw ~** il se passe qc; **was ist ~?** qu'est-ce qu'il y a?; qu'est-ce qui se passe?; *umg* **da ist was ~!** *umg* il y a du sport!; **was ist denn mit dir ~?** *umg* qu'est-ce qui t'arrive?; *umg* **es ist nicht viel ~ mit ihm** il n'est pas très fort; on ne peut pas attendre grand-chose de lui; *umg* ce n'est pas un as B INT **~!** *(ab)* allons!; allez!; partons!; partez!; **~, ~!** *(schnell, schnell)* vite, vite!; allez, °hop!; → *a.* Platz 5

Los N ⟨~es; ~e⟩ 1 *(Losen)* sort *m*; **etw durchs ~ entscheiden** tirer qc au sort; **das ~ über etw** *(akk)* **entscheiden lassen** s'en remettre au sort pour qc 2 *(Lotterielos)* billet *m* de loterie; *(Gewinn)* lot *m*; **das große ~ ziehen, gewinnen** gagner le gros lot *(a. fig)* 3 *geh (Schicksal)* sort *m*; destinée *f*; destin *m*; **ein schweres ~ haben** avoir une vie difficile; passer par de dures, rudes épreuves 4 *(Warenposten)* lot *m*

losballern *umg* VI ⟨-(e)re, *sép*, -ge-, h.⟩ *umg* se mettre à tirailler, à pétarader, *Jargon* MIL à péter

lösbar ADJ *Problem*, CHEM soluble; MATH (ré)soluble

losbekommen VT ⟨*irr, sép, pas de ge-*, h.⟩ parvenir à détacher; **losbinden** VT ⟨*irr, sép*, -ge-, h.⟩ détacher; *Hände, Knoten a.* délier; **losbrechen** ⟨*irr, sép*, -ge-⟩ A VT ⟨h.⟩ détacher (en rompant); rompre B VI ⟨s.⟩ se détacher; se rompre; *Gewitter* éclater; *Sturm, Jubel* se déchaîner

Löscharbeit F extinction *f* du feu; **Löschblatt** N (papier) buvard *m*; **Löschboot** N bateau-pompe *m*; **Löscheimer** M seau *m* à incendie

löschen[1] VT ⟨h.⟩ 1 *Licht, Feuer, Kalk* éteindre; *Feuer a.* étouffer; *fig Durst* apaiser; étancher; **s-n Durst ~** *a.* se désaltérer 2 *Text, Bandaufnahme* effacer *(a.* IT*)*; *(streichen)* rayer; biffer; *Eintrag in e-m Register, e-r Liste* radier; *Hypothek* purger

löschen[2] VT ⟨h.⟩ SCHIFF *Ladung* débarquer; décharger

Löschen[1] N ⟨~s⟩ 1 *von Feuer, Licht* extinction *f* 2 *von Geschriebenem, e-r Bandaufnahme* effacement *m*; *e-r Eintragung in e-m Register* radiation *f*; *e-r Hypothek* purge *f*

Löschen[2] N ⟨~s⟩ SCHIFF *der Ladung* débarquement *m*; déchargement *m*

Löschfahrzeug N autopompe *f*; **Löschkalk** M chaux éteinte; **Löschkopf** M ELEK tête *f* d'effacement; **Löschmannschaft** F pompiers *mpl*; **Löschpapier** N (papier) buvard *m*; **Löschtaste** F touche *f* d'effacement; **Löschtrupp** M → Löschmannschaft; **Löschung** F ⟨~; ~en⟩ → Löschen[1], Löschen[2]; **Löschwasser** N eau *f* (pour éteindre le feu); **Löschzug** M autopompes *fpl*

losdonnern *umg* VI ⟨-(e)re, *sép*, -ge-⟩ 1 ⟨s.⟩ *(schnell losfahren)* partir comme un bolide 2 ⟨h.⟩ *fig im Zorn* exploser; éclater

lose A ADJ 1 *(locker)* → locker A 1 2 *(beweglich, einzeln)* mobile; *Blätter* volant; *Waren* en vrac; non emballé; *(einzeln)* au détail 3 *Sitten* léger, légère; *(frech)* **~ Reden** *fpl* propos *mpl* (très) libres; → *a.* Mundwerk, Maul 2 B ADV lâchement; **~ befestigt** légèrement attaché; **~ binden** nouer sans serrer

Loseblattsammlung F édition *f* à feuille(t)s mobiles

Lösegeld N rançon *f*; **von j-m ~ fordern** exiger une rançon de qn

loseisen *umg* ⟨-(es)t, *sép*, -ge-, h.⟩ A VT 1 *(freimachen)* **j-n von j-m ~** détacher, libérer qn de qn; **j-n von etw ~** arracher qn à qc 2 **etw bei j-m ~** soutirer qc à qn B VR **sich von j-m ~** se libérer, se détacher de qn; **sich von etw ~** se dégager, se libérer de qc

losen VI ⟨-(es)t, h.⟩ **(um etw)** tirer (qc) au sort

lösen ⟨-(es)t, h.⟩ A VT 1 *(los~, trennen)* détacher; enlever; *Geleimtes* décoller; **das Fleisch (des Huhns** *etc***) von den Knochen ~** désosser le poulet, *etc* 2 *Geschnürtes* défaire; délier; dénouer; *Schraube* desserrer *(a. fig Bindungen)*; *Griff a.* relâcher; *Bremse* débloquer; desserrer; *fig* **j-m die Zunge ~** délier la langue à qn 3 *Aufgabe, Widerspruch, Rätsel* résoudre 4 *Vertrag* résilier; *Verlobung* annuler 5 CHEM *(auf~)* dissoudre **(in** *[+dat]* dans) 6 MED *Husten, Krampf* faire disparaître; faire passer 7 *Fahrkarte* prendre 8 *fig* **gelöste Stimmung** atmosphère détendue B VR **sich ~** 1 *(sich los~, trennen)* se détacher *(a. fig* **von j-m** *de qn)*; se séparer; *Geschnürtes* se défaire; se délier; se dénouer; *Geleimtes* se décoller 2 *(sich lockern)* se desserrer *(a. Bremse, fig)*; RADSPORT, RENNSPORT se détacher 3 CHEM se dissoudre **(in** *[+dat]* dans) 4 MED *Husten, Krampf* disparaître; passer

Losentscheid M (décision *f* par) tirage *m* au sort

Loser M ⟨~s; ~⟩ *sl (Verlierer)* raté *m*; perdant *m*

losfahren VI ⟨*irr, sép*, -ge-, s.⟩ *(abfahren)* partir (en voiture, train, *etc*); *nur von Fahrzeugen (anfahren)* démarrer; **auf etw** *(akk)* **~** *(zufahren)* foncer sur qc

losgehen VI ⟨*irr, sép*, -ge-, s.⟩ 1 *umg (abgehen)* → lösen B 1, 2 2 *Gewehr, Schuss* partir 3 **gerade auf sein Ziel ~** aller droit à son but; **auf j-n ~** foncer sur qn; *(angreifen)* prendre qn à partie; tomber sur qn à bras raccourcis; **aufeinander ~** se ruer l'un sur l'autre; en venir aux mains 4 *umg (anfangen)* commencer; *umg* démarrer; *Streit, Krieg etc* éclater; **ich glaub, es geht los!** *umg* c'est pas sérieux!; *umg plus fort* ça va pas la tête? 5 *(weggehen)* partir; s'en aller

losgelöst ADJT **~ von** séparé, détaché de

loshaben *umg* VT ⟨*irr, sép*, -ge-, h.⟩ **(in e-r Sache) etw ~** être fort, *umg* calé (en qc)

loshaken VT ⟨*sép*, -ge-, h.⟩ décrocher; **loskaufen** VT *u.* VR ⟨*sép*, -ge-, h.⟩ REL racheter *(a. Sklaven)*; *Geiseln* faire libérer contre rançon

loskommen VI ⟨*irr, sép*, -ge-, s.⟩ 1 *umg (wegkommen)* partir; s'en aller 2 **von etw ~** *(frei werden)* parvenir à se dégager, se libérer de qc; **von j-m ~** se détacher de qn; *für immer* se libérer de qn; **ich komme nicht davon los** *von dem Gedanken* je n'arrive pas à m'en défaire

loskriegen *umg* VT ⟨*sép*, -ge-, h.⟩ → losbekommen

loslassen VT ⟨*irr, sép*, -ge-, h.⟩ 1 *Gegenstand* laisser échapper; lâcher; *Hund* lâcher; **lassen Sie los!** lâchez tout! 2 *Häftling* relâcher 3 *umg pej (ansetzen)* **j-n auf j-n, etw ~** lâcher qn sur qn, qc

loslaufen VI ⟨*irr, sép*, -ge-, s.⟩ 1 *(weglaufen)* partir en courant 2 *(zu laufen beginnen)* se mettre à courir; *in e-r Gruppe* prendre le départ

loslegen *umg* VI ⟨*sép*, -ge-, h.⟩ *(beginnen)* se lancer (dans des explications, un travail, *etc*); s'y mettre; *umg* démarrer (sur les chapeaux de roues); **leg los!** vas-y, raconte!

löslich ADJ CHEM, *Kaffee etc* soluble **(in** *[+dat]* dans); **nicht ~** non soluble; insoluble; **leicht ~** qui se dissout facilement; **schwer ~** peu soluble

Löslichkeit F ⟨~⟩ solubilité *f*

loslösen ⟨-(es)t, *sép*, -ge-, h.⟩ A VT → lösen A 1 B VR **sich ~** → lösen B 1, 2; **Loslösung** F séparation *f*; enlèvement *m*; *von Geleimtem* décollage *od* décollement *m*

losmachen VT *(u.* VR*)* ⟨*sép*, -ge-, h.⟩ (se) détacher; (se) défaire; SCHIFF *Segel, Taue* larguer; *fig (frei machen)* **sich ~ von** *e-r Verpflichtung* se dégager, se libérer de

losmarschieren VI ⟨*sép, pas de ge-*, s.⟩ *(aufbrechen)* se mettre en marche; *auf ein Ziel* marcher directement; **losplatzen** VI ⟨-(es)t, *sép*, -ge-, s.⟩ *umg (in Lachen ausbrechen)* éclater, *umg* pouffer de rire; **losrasen** VI ⟨-(es)t, *sép*, -ge-, s.⟩ partir à toute vitesse, *umg* à fond de train; *Fahrzeug a. umg* partir sur les chapeaux de roues

losreißen ⟨*irr, sép*, -ge-, h.⟩ A VT arracher B VR **sich ~** *Tier* se détacher; *Person* **sich ~ von** s'arracher de; *fig* se détacher de; s'arracher à

Löß, Löss M ⟨~es; ~e⟩ GEOL lœss *m*

lossagen VR ⟨*sép*, -ge-, h.⟩ **sich von j-m, etw ~** se désolidariser de qn, qc; renoncer à qn, qc

Lößboden M, **Lössboden** M GEOL lœss *m*

losschießen VI ⟨*irr, sép*, -ge-⟩ 1 ⟨s.⟩ *umg* **auf j-n ~** *(losstürzen)* se précipiter, se jeter sur qn 2 ⟨h.⟩ *umg fig* **na, schieß mal los!** *(erzähle) umg* vas-y, raconte!

losschlagen ⟨*irr, sép*, -ge-, h.⟩ A VT 1 *Brett* détacher, enlever (à coups de hache, *etc*) 2 *umg Waren* vendre à bas prix; brader B VI MIL lancer une attaque; attaquer par surprise; **auf j-n ~** taper, *umg* cogner sur qn; **blind auf j-n ~** taper sur qn comme un sourd

losschnallen VT *(u.* VR*)* ⟨*sép*, -ge-, h.⟩ **(sich) ~** (se) détacher; **losschnüren** VT ⟨*sép*, -ge-, h.⟩ détacher (en enlevant les cordes); **losschrauben** VT ⟨*sép*, -ge-, h.⟩ dévisser; déboulonner

lossprechen VT ⟨*irr, sép*, -ge-, h.⟩ REL absoudre; donner l'absolution à; **j-n ~ von** *e-r Verpflichtung* déclarer qn quitte de

Lossprechung F ⟨~⟩ KATH absolution *f*

lossteuern VI ⟨-(e)re, *sép*, -ge-, s.⟩ **~ (auf** *[+akk]***)** mettre le cap (sur); faire route (vers); *fig* **auf j-n ~** se diriger vers qn; *im Gespräch* **aufs Ziel ~** aller droit au but

losstürzen *umg* VI ⟨-(es)t, *sép*, -ge-, s.⟩ 1 **auf j-n ~** → losschießen 1 2 *(davonrennen)* → losrasen

lostrennen VT *(u.* VR*)* ⟨*sép*, -ge-, h.⟩ **(sich) ~** (se) détacher; (se) défaire; *Genähtes* (se) découdre

Losung[1] F ⟨~; ~en⟩ MIL *(Erkennungswort)* mot *m* de passe; *(Parole)* mot *m* d'ordre; *(Motto)* devise *f*

Losung[2] F ⟨~⟩ JAGD *von Rotwild* fumées *fpl*; *von Schwarzwild* laissées *fpl*

Lösung F ⟨~; ~en⟩ 1 CHEM solution *f* 2 MATH, *fig, e-s Rätsels* solution *f* **(für** de); *(~svorschlag) a.* formule *f* **(für** de**)** 3 *e-s Vertrags* annulation *f*; résiliation *f*; *e-r Verbindung, Verlobung* rupture *f*

Lösungsmittel N CHEM (dis)solvant *m*

Losungswort N ⟨~(e)s; ~e⟩ → Losung[1]

Losverkäufer(in) M(F) vendeur, -euse *m,f* de billets de loterie

loswerden VT ⟨*irr, sép*, -ge-, s.⟩ se débarrasser de; *umg durch Verkauf* se défaire de; *umg* **sein Geld ~** (y) laisser son argent; **j-n nicht ~ können** ne pas pouvoir se débarrasser, se dépêtrer de qn

loszerren *umg* VT ⟨*sép*, -ge-, h.⟩ détacher (en tiraillant)

losziehen *umg* VI ⟨*irr, sép*, -ge-, s.⟩ 1 **gegen j-n ~** *umg* déblatérer contre qn; *umg* taper sur qn 2 *(weggehen)* partir

Lot N ⟨~(e)s; ~e⟩ BAU fil *m* à plomb; SCHIFF sonde *f*; MATH verticale *f*; perpendiculaire *f*; **das ~ fällen** abaisser la perpendiculaire; *fig* **e-e Sache wieder ins ~ bringen** remettre une affaire en ordre; **nicht im ~** pas d'aplomb *(a. fig)*

Lötapparat M appareil *m* de soudage, à souder, à braser; **Lötblei** N BAU fil *m* à plomb; SCHIFF sonde *f*

loten V/T ⟨-ete, h.⟩ **1** BAU prendre l'aplomb de; plomber **2** SCHIFF sonder

löten V/T ⟨-ete, h.⟩ souder; *t/t* braser

Löten N ⟨~s⟩ soudure *f*; soudage *m*; *(Hartlöten)* brasure *f*; brasage *m*; **Lötfett** N TECH pâte *f* à souder; fondant *m*; **Lötflamme** F flamme *f* de lampe à souder, de chalumeau

Lothar M ⟨→ *n/pr*⟩ *prénom*

Lothringen N ⟨→ *n/pr*⟩ la Lorraine; **Lothringer(in)** M ⟨~s; ~⟩ (F) ⟨~in; ~innen⟩ Lorrain(e) *m(f)*; **lothringisch** ADJ de la Lorraine; lorrain

Lotion F ⟨~; ~en⟩ lotion *f*

Lötkolben M fer *m* à souder; **Lötlampe** F lampe *f* à souder; **Lötmetall** N soudure *f*; *zum Hartlöten* brasure *f*; **Lötnaht** F → Lötstelle

Lotos M ⟨~; ~⟩ lotus *m*; **Lotosblume** F (fleur *f* de) lotus *m*; **Lotossitz** M ⟨~es⟩ position *f* du lotus

lotrecht **A** ADJ vertical; perpendiculaire **B** ADV à plomb; d'aplomb; verticalement; perpendiculairement; BAU **nicht ~ stehen** porter à faux

Lötrohr N TECH chalumeau *m*

Lotse M ⟨~n; ~n⟩ SCHIFF pilote *m* *(a. fig)*

lotsen V/T ⟨-(es)t, h.⟩ SCHIFF piloter *(a. fig)*

Lotsenboot N bateau *m* pilote; **Lotsendienst** M SCHIFF pilotage *m*; **Lotsenfisch** M pilote *m*

Lötstelle F soudure *f*; brasure *f*

Lotterie F ⟨~; ~n⟩ loterie *f*; **(in der) ~ spielen** jouer à la loterie

Lotteriegewinn M lot *m*; gain *m* à la loterie; **Lotterielos** N billet *m* de loterie; numéro *m*; **Lotteriespiel** N loterie *f*; *fig a.* entreprise °hasardeuse, risquée

Lotterleben N *pej* **ein ~ führen** mener une vie déréglée, de bohème; *plus fort* mener une vie dissolue, de débauche

Lotterwirtschaft F ⟨~⟩ *pej umg* pagaille *f*

Lotto N ⟨~s; ~s⟩ *Lotterie, Gesellschaftsspiel* loto *m*; **~ spielen** jouer au loto

Lottospiel N loto *m*; **Lottozahlen** FPL *bei der Ziehung* numéros gagnants, sortants (du loto)

Lotung F ⟨~; ~en⟩ BAU prise *f* d'aplomb; SCHIFF sondage *m*

Lötwasser N TECH eau *f* à souder; **Lötzinn** N étain *m* (à souder)

Louisiana N ⟨→ *n/pr*⟩ la Louisiane

Löwe M ⟨~n; ~n⟩ lion *m* *(a. fig)*; ASTROL Lion *m*; **junger ~** lionceau *m*; *fig* **wie ein ~ kämpfen** se battre comme un lion

Löwen... IN ZSSGN *oft* léonin; **Löwenanteil** M part *f* du lion; **Löwenbändiger(in)** M ⟨~s; ~⟩ (F) ⟨~in; ~innen⟩ dompteur, -euse *m,f* de lions; **Löwengrube** F fosse *f* aux lions; **Löwenjagd** F chasse *f* au(x) lion(s); **Löwenjäger** M chasseur *m* de lions; **Löwenmähne** F crinière *f* *(a. fig)*; **Löwenmaul** N ⟨~(e)s⟩, **Löwenmäulchen** N ⟨-mäulchens; -mäulchen⟩ BOT gueule-de-loup *f*; muflier *m*; **Löwenzahn** M ⟨~(e)s⟩ BOT pissenlit *m*; dent-de-lion *f*

Löwin F ⟨~; ~nen⟩ lionne *f*

loyal ADJ loyal; POL loyaliste; **Loyalität** F ⟨~⟩ loyauté *f*; POL loyalisme *m*

LP F ⟨~; ~s⟩ ABK (Langspielplatte) trente-trois tours *m*

LPG F ⟨~; ~s⟩ HIST *DDR* ABK (landwirtschaftliche Produktionsgenossenschaft) coopérative *f* de production agricole

LSD N ⟨~(s)⟩ *Droge* LSD *m*

lt. ABK (laut) d'après

Luchs M ⟨~es; ~e⟩ lynx *m*; *(Nordluchs)* loup-cervier *m*; *fig* **Augen wie ein ~ haben** avoir des yeux de lynx; **er passt auf wie ein ~** rien ne lui échappe

Luchsauge N *fig* **~n haben** avoir des yeux de lynx

Lücke F ⟨~; ~n⟩ lacune *f*; vide *m* *(beide a. fig)*; *(Zahnlücke)* dent manquante; *in e-r Mauer*, MIL brèche *f*; *(Parklücke)* place *f* (de parking, pour se garer); *fig* **e-e ~ ausfüllen** combler une lacune; boucher un trou; **sein Tod hat e-e große ~ hinterlassen** sa mort a laissé un grand vide

Lückenbüßer *umg* M *umg* bouche-trou *m*; **lückenhaft** ADJ plein de lacunes; *(unvollständig)* défectueux, -euse; incomplet, -ète; *Gedächtnis* défaillant; **Lückenhaftigkeit** F ⟨~⟩ lacunes *fpl*; **lückenlos** ADJ sans lacunes; *(vollständig)* complet, -ète; **Lückentext** M texte *m* à trous

lud → laden[1], laden[2]

Luder N ⟨~s; ~⟩ *umg Schimpfwort für e-e Frau umg* garce *f*; *sl* salope *f*; *für e-n Mann sl* salopard *m*; *umg* saligaud *m*; **armes ~** pauvre diable, -esse, bougre, -esse; **dummes ~** niais(e) *m(f)*; imbécile *m/f*; **falsches ~** *umg* faux jeton; **faules ~** flemmard(e) *m(f)*; **sie ist ein kleines ~** c'est une coquine

Ludwig M ⟨→ *n/pr*⟩ *prénom*; HIST **~ XIV.** Louis XIV

Luffa F ⟨~; ~s⟩ BOT luffa *od* loofa *m*; **Luffaschwamm** M éponge végétale

Luft F ⟨~; ⸚e⟩ **1** air *m*; atmosphère *f*; **gute, frische ~** bon air; air frais; **schlechte, verbrauchte ~** air vicié, irrespirable; **stickige ~** air confiné; *umg* **die ~ verpesten** empester l'atmosphère; **in die ~ sprengen** faire sauter; **in die ~ fliegen** sauter **2** *(Atem)* souffle *m*; **(tief) ~ holen** respirer (profondément, à fond); **keine ~ bekommen** avoir la respiration coupée; étouffer; manquer d'air; *umg* **(frische) ~ schnappen** prendre l'air, le frais; *umg fig* **nach ~ schnappen** être à bout de souffle; *umg* **ihr blieb die ~ weg** elle en avait le souffle coupé **3** *fig* **von ~ und Liebe leben** vivre d'amour et d'eau fraîche; **sich in ~ auflösen** se volatiliser; *umg* tomber à l'eau; **das ist aus der ~ gegriffen** c'est inventé de toutes pièces; c'est pure invention; *umg* **das hängt alles noch in der ~** tout est encore en suspens; rien n'est moins sûr; **das liegt in der ~** c'est dans l'air; **es liegt etw in der ~** il y a qc dans l'air, qc qui se prépare; *von Gefühlen* **sich ~ machen** se manifester; *umg* **s-m Ärger** *etc* **~ machen** laisser libre cours à sa colère, *etc*; **s-m Herzen, sich** *(dat)* **~ machen** dire ce qu'on a sur le cœur; *umg* se décharger; *umg* **die ~ ist rein** le champ est libre; on peut y aller; il n'y a pas de danger; *umg* **es ist dicke ~** il y a de l'orage dans l'air; *umg* **er ist ~ für mich** il n'existe pas pour moi; *umg* **er geht immer gleich in die ~** *umg* il a la tête près du bonnet; *umg* **j-n an die (frische) ~ setzen** mettre, *umg* flanquer qn à la porte; *umg* **halt die ~ an!** *(sei still) umg* ferme-la!; *umg* boucle-la!

Luft... IN ZSSGN *oft* aérien, -ienne; **Luftabwehr** F MIL défense *f* contre avions *(abk* DCA); défense antiaérienne; **Luftangriff** M MIL raid *m* (aérien); attaque aérienne; **Luftaufnahme** F (prise *f* de) vue aérienne; **Luftbad** N bain *m* d'air; **Luftballon** M *für Kinder* ballon *m* (gonflable); FLUG ballon *m*; *t/t* aérostat *m*; **Luftbefeuchter** M ⟨~s; ~s⟩ *Behälter* saturateur *m*; *Gerät* humidificateur *m*; **Luftbelastung** F pollution *f* (de l'air); **Luftbewegung** F déplacement *m* d'air; METEO vents *mpl*; **Luftbild** N vue aérienne; **Luftblase** F bulle *f* d'air; *im Guss* soufflure *f*; **Luft-Boden-Rakete** F missile *m* air-sol; **Luftbrücke** F pont aérien

Lüftchen N ⟨~s; ~⟩ souffle *m* (d'air); **es weht kein ~** il n'y a pas un souffle d'air

luftdicht **A** ADJ hermétique; étanche, imperméable à l'air **B** ADV hermétiquement; **Luftdichte** F PHYS densité *f* atmosphérique, de l'air; **Luftdruck** M ⟨~(e)s⟩ PHYS pression *f* atmosphérique; *e-s Reifens* pression de gonflage; *nach e-r Explosion* souffle *m*; **Luftdruckmesser** M ⟨~s; ~⟩ → Barometer, Manometer; **luftdurchlässig** ADJ perméable à l'air; **Luftdurchlässigkeit** F perméabilité *f* à l'air; **Luftdüse** F *im Vergaser* buse *f*, diffuseur *m* d'air; **Lufteintritt** M entrée *f* d'air

lüften V/T ⟨-ete, h.⟩ *Zimmer, Kleider, Betten* aérer; *Hut, Schleier* soulever; *fig* **ein Geheimnis ~** dévoiler, révéler un secret

Lüften N ⟨~s⟩ *von Betten, Zimmern, Kleidern* aération *f*; *fig e-s Geheimnisses* dévoilement *m*; révélation *f*

Lüfter M ⟨~s; ~⟩ ventilateur *m*

Luftfahrt F ⟨~⟩ navigation aérienne; *(~technik)* aéronautique *f*; **Luft- und Raumfahrt** navigation aérospatiale

Luftfahrtgesellschaft F compagnie aérienne, de transports aériens; **Luftfahrtwesen** N ⟨~s⟩ → Luftfahrt; **Luftfahrzeug** N ADMIN aéronef *m*; **Luftfeuchtigkeit** F humidité *f* de l'air, atmosphérique; **Luftfilter** M *od* N filtre *m* à air; **Luftfracht** F fret aérien; **luftgekühlt** ADJT refroidi par air; à refroidissement par air; **luftgetrocknet** ADJT séché à l'air; **Luftgewehr** N carabine *f* à air comprimé; **Lufthauch** *geh* M souffle *m*; **Lufthoheit** F souveraineté aérienne; **Lufthülle** F atmosphère *f*

luftig ADJ *Raum* bien aéré; *Kleidung (leicht)* léger, -ère

Luftikus *umg pej* M ⟨~(ses); ~se⟩ écervelé *m*

Luftkanal M canal *m*, conduit *m* d'air; évent *m*; **Luftkissen** N coussin *m* pneumatique; *e-s ~fahrzeugs* coussin *m* d'air; **Luftkissenfahrzeug** N aéroglisseur *m*; **Luftklappe** F clapet *m* de ventilation; AUTO volet *m* d'air; *e-r Heizung* volet *m* d'aération; **Luftkorridor** M FLUG couloir aérien; **Luftkrieg** M guerre aérienne; **Luftkühlung** F ⟨~⟩ TECH refroidissement *m* par air; **Luftkurort** M station *f* climatique; **Luftlandetruppe** F MIL troupe aéroportée, *(Hubschrauberluftlandetruppe)* héliportée

luftleer ADJ vide d'air; évacué; **~er Raum** vide *m*; *fig* **Politik im ~en Raum** politique *f* irréaliste

Luftlinie F ligne droite; **~ 1500 km** *bzw.* **1500 km ~** 1500 km en ligne droite, à vol d'oiseau

Luftloch N BAU bouche *f* d'aération; soupirail *m*; TECH évent *m*; FLUG trou *m* d'air; **Luft-Luft-Rakete** F missile *m* air-air; **Luftmangel** M ⟨~s⟩ manque *m* d'air; **Luftmasche** F maille *f* en l'air; **Luftmassen** FPL METEO masses *fpl* d'air; **Luftmatratze** F matelas *m* pneumatique; **Luftmine** F mine aérienne; **Luftpirat** M pirate *m* de l'air; **Luftpiraterie** F piraterie *f* de l'air; **Luftpolster** N matelas *m* d'air

Luftpost F poste aérienne; **mit, per ~** par avion

Luftpostbrief M lettre *f* par avion; **Luftpostleichtbrief** M aérogramme *m*; **Luftpostzuschlag** M surtaxe aérienne

Luftpumpe F pompe *f* à air; *für Fahrrad* pompe *f* à bicyclette; **Luftraum** M espace aérien; **Luftreinhaltung** F protection *f* (de la pureté) de l'air; **Luftreinigung** F désinfection *f*, épuration *f* de l'air; **Luftret-**

tungsdienst M secours *m* d'urgence par hélicoptère; **Luftröhre** F ANAT trachée (-artère) *f*; **Luftröhrenschnitt** M trachéotomie *f*; **Luftsack** M AUTO → Airbag; ZOOL sac aérien; **Luftschacht** M BERGBAU puits *m* d'aérage, d'aération; BAU gaine *f* d'aération, de ventilation; **Luftschicht** F couche *f* d'air; **Luftschiff** N *t/t* aérostat *m*; *lenkbares* dirigeable *m*; **Luftschifffahrt** F *t/t* aérostation *f*; **Luftschlacht** F bataille aérienne; **Luftschlange** F serpentin *m*; **Luftschleuse** F TECH sas *m*; RAUMFAHRT module-écluse *m*

Luftschlösser NPL **~ bauen** bâtir des châteaux en Espagne

Luftschraube F FLUG hélice *f*

Luftschutz M défense passive; **Luftschutzbunker** M, **Luftschutzkeller** M, **Luftschutzraum** M abri antiaérien; **Luftschutzübung** F exercice *m* de défense passive

Luftsicherheitsgebühr F *auf Flughäfen* taxe *f* de sûreté; **Luftsog** M remous *m*, appel *m* d'air; **Luftsperre** F FLUG barrage aérien; *Verbot* interdiction *f* de survol; **Luftspieg(e)lung** F mirage *m*; **Luftsprung** M saut *m*; cabriole *f*; **Luftstreitkräfte** FPL, **Luftstreitmacht** F forces aériennes; **Luftstrom** M, **Luftströmung** F courant *m* (d'air, atmosphérique); **Luftstützpunkt** M MIL base aérienne; **Lufttaxe** F, **Lufttaxi** N avion-taxi *m*; **Lufttemperatur** F température *f* de l'air; **Luftüberlegenheit** F MIL suprématie aérienne

Lüftung F ⟨~; ~en⟩ *von Betten, Kleidern, Zimmern* aération *f*; TECH ventilation *f*; aérage *m*; → *a.* Lüftungsanlage

Lüftungsanlage F installation *f* d'aérage, d'aération; **Lüftungsklappe** F clapet *m* de ventilation; → *a.* Luftklappe; **Lüftungsschacht** M → Luftschacht

Luftveränderung F ⟨~⟩ changement *m* d'air

Luftverkehr M trafic aérien; **ziviler ~** aviation civile

Luftverpestung F *pej* pollution *f* atmosphérique, de l'air; **Luftverschmutzung** F pollution *f* atmosphérique, de l'air; **Luftverteidigung** F défense antiaérienne; **Luftverunreinigung** F → Luftverschmutzung; **Luftwaffe** F ⟨~⟩ armée *f* de l'air; **Luftwaffenstützpunkt** M base aérienne

Luftweg M **auf dem ~** par avion

Luftwege MPL ANAT voies *fpl* respiratoires; **Luftwiderstand** M PHYS résistance *f* de l'air; **Luftzufuhr** F ⟨~⟩ amenée *f*, adduction *f* d'air; **Luftzug** M courant *m* d'air

Lug M ⟨~(e)s⟩ **~ und Trug** (purs) mensonges; fraude *f*

Lüge F ⟨~; ~n⟩ mensonge *m*; **j-n der ~ bezichtigen** accuser qn d'avoir menti; **j-n ~n strafen** convaincre qn de mensonge; *sprichw* **~n haben kurze Beine** *etwa* la vérité finit toujours par se savoir *od* par éclater

lugen VI ⟨h.⟩ *regional, bes schweiz* guetter; (*herausgucken*) **aus etw ~** dépasser de qc; sortir de qc

lügen VI ⟨lügt, log, gelogen, h.⟩ mentir; *umg* **er lügt wie gedruckt** il ment comme un arracheur de dents; il ment comme il respire; *sprichw* **wer einmal lügt, dem glaubt man nicht, und wenn er auch die Wahrheit spricht** on ne croit plus aux menteurs

Lügen N ⟨~s⟩ mensonge(s) *m(pl)*

Lügendetektor M détecteur *m* de mensonge; **Lügengewebe** N tissu *m* de mensonges; **lügenhaft** ADJ *pej von Personen* menteur, -euse; *von Sachen* mensonger, -ère; **Lügenmärchen** N mensonge *m*; **Lügenmaul** *umg* N → Lügner(in); **Lügennetz** N → Lügengewebe

Lügner(in) M ⟨~s; ~⟩ (F) ⟨~in; ~innen⟩ menteur, -euse *m,f*; **lügnerisch** ADJ → lügenhaft

Luise F ⟨→ *n/pr*⟩ *prénom*

Lukas[1] M ⟨→ *n/pr*⟩ **1** *prénom* **2** *Evangelist* Luc *m*

Lukas[2] M ⟨~; ~⟩ *Kräftemesser* tête *f* de Turc; **hau den ~!** vas-y, frappe!

Lukasevangelium N Évangile *m* selon saint Luc

Luke F ⟨~; ~n⟩ (*Dachluke*) lucarne *f*; SCHIFF écoutille *f*

lukrativ ADJ lucratif, -ive

lukullisch *geh* ADJ somptueux, -euse; **~es Essen** festin *m*

Lulatsch M ⟨~(e)s; ~e⟩ *umg* **langer ~** *umg* (grande) perche; asperge *f*

lullen VT ⟨h.⟩ **ein Kind in den Schlaf ~** endormir un enfant en chantonnant

Lumbago F ⟨~⟩ MED lumbago *m*

Lumberjack M ⟨~s; ~s⟩ blouson *m*

Lumen N ⟨~; ~⟩ PHYS lumen *m*

Lümmel M ⟨~s; ~⟩ **1** *pej* (*Flegel*) mufle *m*; goujat *m* **2** *umg* (*Bengel*) garnement *m*

Lümmelei F ⟨~; ~en⟩ muflerie *f*; *umg* goujaterie *f*

lümmelhaft ADJ *pej* grossier, -ière; malpoli; comme un mufle

lümmeln *umg pej* V/R ⟨-(e)le, h.⟩ **sich aufs Bett, in e-n Sessel ~** *umg* se vautrer sur le lit, dans un fauteuil

Lump M ⟨~en; ~en⟩ *pej* canaille *f*; crapule *f*; **kleiner ~** *umg* petite fripouille

lumpen *umg* ⟨h.⟩ **A** VI *umg* faire la java **B** V/R **sich nicht ~ lassen** bien faire les choses

Lumpen M ⟨~s; ~⟩ **1** (*Lappen*) chiffon *m* **2** PL *pej* (*zerlumpte Kleider*) guenilles *fpl*; °haillons *mpl*; **Lumpengesindel** N *pej* racaille *f*; **Lumpenhändler** M chiffonnier *m*; **Lumpenkerl** M *pej* → Lump; **Lumpenpack** N → Lumpengesindel; **Lumpenproletariat** N sous-prolétariat *m*; **Lumpensammler** M **1** chiffonnier *m* **2** *hum* (*letzte Fahrgelegenheit*) *umg* balai *m*

Lumperei F ⟨~; ~en⟩ *pej* **1** (*Gemeinheit*) canaillerie *f*; *umg* saloperie *f*; crasse *f*; tour *m* de cochon **2** (*Kleinigkeit*) misère *f*; affaire *f* de rien

lumpig ADJ *pej* (*kümmerlich*) misérable; minable; (*niederträchtig*) sordide; **um ein paar ~e Cent** pour quelques misérables sous

Lunch M ⟨~(e)s; ~(e)s⟩ lunch *m*; **lunchen** VI ⟨h.⟩ prendre un lunch; **Lunchpaket** N repas froid; panier-repas *m*

Lüneburg N ⟨→ *n/pr*⟩ Lunebourg

Lüneburger Heide ⟨→ *n/pr*⟩ **die ~** la lande de Lunebourg

Lunge F ⟨~; ~n⟩ ANAT poumon *m* (*oft pl*); FLEISCHEREI mou *m*; MED **eiserne ~** poumon d'acier; *fig* **grüne ~** *e-r Stadt* poumon *m* (d'une ville); **auf** *od* **über die ~ rauchen** avaler la fumée; *umg* **er hat es auf der ~** il a des ennuis pulmonaires; *umg fig* **sich** (*dat*) **die ~ aus dem Halse, Leibe schreien** s'époumoner

Lungen… IN ZSSGN *oft* pulmonaire; **Lungenbläschen** N ANAT vésicule *f* pulmonaire; **Lungenbraten** M *österr* filet *m* de bœuf; **Lungenembolie** F MED embolie *f* pulmonaire; **Lungenemphysem** N MED emphysème *m* pulmonaire; **Lungenentzündung** F pneumonie *f*; **Lungenflügel** M poumon *m*; **Lungenhaschee** N GASTR °hachis *m* de mou; **lungenkrank** ADJ malade des poumons; **Lungenkranke(r)** M/F(M) personne atteinte d'une affection pulmonaire; **Lungenkraut** N BOT pulmonaire *f*; **Lungenkrebs** M cancer *m* du poumon; **Lungenlappen** M ANAT lobe *m* du poumon; **Lungenspitze** F ANAT sommet *m* du poumon; **Lungentuberkulose** F tuberculose *f* pulmonaire

Lungenzug M **e-n ~ machen** avaler la fumée

lungern *umg* VI ⟨-(e)re, h. *et* s.⟩ *umg* glander; fainéanter

Lunte F ⟨~; ~n⟩ **1** *zum Anzünden* mèche *f*; *umg fig* **~ riechen** découvrir, éventer la mèche **2** JAGD (*Schwanz*) queue *f*

Lupe F ⟨~; ~n⟩ loupe *f*; **mit der ~ betrachten** regarder à la loupe; *umg fig* **etw unter die ~ nehmen** examiner qc sous toutes les coutures

lupenrein ADJ *Edelstein* de la plus belle eau; sans la moindre impureté; *fig* irréprochable

lupfen *südd, schweiz, österr*, **lüpfen** VT ⟨h.⟩ soulever

Lupine F ⟨~; ~n⟩ BOT lupin *m*

Lurch M ⟨~(e)s; ~e⟩ amphibien *m*

Lurex® N ⟨~⟩ lurex® *m*

Lust F **1** ⟨~⟩ (*Neigung*) envie *f*; **ich bekomme ~ zu** (*+inf*) l'envie me prend de (*+inf*); **~ haben zu** (*+inf*) avoir envie de (*+inf*); **er hat zu nichts ~** rien ne le tente; **~ auf etw** (*akk*) **haben** avoir envie de qc; **etw nach ~ und Laune machen** faire qc à sa guise; **die ~ wird ihm vergangen sein** il en aura perdu l'envie; **die ~ zu etw verlieren** perdre toute envie de faire qc **2** ⟨~⟩ (*Freude*) plaisir *m*; joie *f*; (*sinnlicher Genuss*) jouissance *f*; *plus fort* volupté *f*; **~ an etw** (*dat*) **haben** prendre plaisir à qc; **er arbeitet, dass es e-e ~ ist** c'est un plaisir de le voir travailler; **~ der Sinne** plaisir des sens; **mit ~ und Liebe arbeiten** avoir du cœur à l'ouvrage **3** ⟨~; ≈e⟩ (*sinnliche Begierde*) désir *m*; convoitise *f*; **fleischliche Lüste** concupiscence *f*; désirs charnels

Lustbarkeit *geh* F ⟨~; ~en⟩ divertissement *m*; **~en** réjouissances *fpl*

Lüster M ⟨~s; ~⟩ (*Kronleuchter*), TECH (*Glasur*) lustre *m*; **Lüsterklemme** F ELEK domino *m*

lüstern ADJ (*gierig*) plein de convoitise (**nach, auf** [*+akk*] pour); (*geil*) lubrique; *geh* concupiscent; **Lüsternheit** F ⟨~⟩ lubricité *f*

Lustgefühl N sentiment *m* de plaisir

lustig **A** ADJ **1** (*fröhlich*) *von Personen u. Sachen* gai; joyeux, -euse; *nur von Personen a.* plein d'entrain; jovial **2** (*komisch, witzig*) amusant; drôle; comique; *umg* rigolo, -ote; *umg* marrant; *umg iron* **das kann ja ~ werden!** *umg* ça promet! **3** **sich über j-n, etw ~ machen** se moquer, rire de qn, qc; *nur über Personen* rire aux dépens de qn; *umg* se payer la tête de qn; **alles macht sich über ihn ~** il est la risée de tout le monde **B** ADV gaiement; joyeusement; **es geht ~ zu** on s'amuse bien

Lustigkeit F ⟨~⟩ gaieté *f*; humeur joyeuse

Lüstling M ⟨~s; ~e⟩ *pej, hum* satyre *m*; *umg* chaud lapin

lustlos ADJ sans envie, entrain, ressort; apathique; *Börse, fig* terne; **Lustlosigkeit** F ⟨~⟩ manque *m* d'entrain; apathie *f*; **Lustmolch** *umg hum* M → Lüstling; **Lustmord** M meurtre *m* avec viol; **Lustmörder** M auteur *m* d'un meurtre avec viol

Lustprinzip N ⟨~s⟩ PSYCH principe *m* de plaisir; **nach dem ~ leben** vivre selon le principe de plaisir

Lustschloss N château *m* de plaisance; **Lustspiel** N comédie *f*; **Lustspieldichter** M auteur *m* de comédies; **lustvoll** **A** ADJ voluptueux, -euse; jouissif, -ive **B** ADV avec volupté; **lustwandeln** *geh* VI ⟨-(e)le, *insép*, ge-, s.⟩ se promener; déambuler

Luther M ⟨→ *n/pr*⟩ REL Luther *m*

Lutheraner(in) M ⟨~s; ~⟩ F ⟨~in; ~innen⟩ REL luthérien, -ienne *m,f*
lutherisch ADJ REL luthérien, -ienne; **Luthertum** N ⟨~s⟩ REL luthéranisme *m*
lutschen V/T *u.* V/I ⟨h.⟩ sucer (an **etw** [*dat*] qc)
Lutscher M ⟨~s; ~⟩ sucette *f*
lütt ADJ *nordd* petit
Lüttich N ⟨→ *n/pr*⟩ Liège
Luv F ⟨~⟩ SCHIFF côté *m* du vent; lof *m*
luven V/I ⟨h.⟩ SCHIFF aller au lof; lofer
luvwärts ADV SCHIFF au vent
Lux N ⟨~; ~⟩ PHYS lux *m*
Luxemburg N ⟨→ *n/pr*⟩ 1 *Staat, belgische Provinz* le Luxembourg 2 *Stadt* Luxembourg
Luxemburger(in) M ⟨~s; ~⟩ F ⟨~in; ~innen⟩ Luxembourgeois(e) *m(f)*; **luxemburgisch** ADJ luxembourgeois
luxuriös ADJ luxueux, -euse; somptueux, -euse
Luxus M ⟨~⟩ luxe *m*; somptuosité *f*; **im ~ leben** vivre dans le luxe; **ich kann mir diesen ~ nicht leisten** je ne peux pas m'offrir ce luxe
Luxus... IN ZSSGN *oft* de luxe; **Luxusartikel** M article *m* de luxe; **Luxusausführung** F modèle *m* de luxe; **Luxusausgabe** F édition *f* de luxe; **Luxusdampfer** M paquebot *m* de luxe; **Luxusgüter** NPL articles *mpl* de luxe; **Luxushotel** N hôtel *m* de luxe; palace *m*; **Luxuskabine** F cabine *f* de luxe; **Luxussteuer** F taxe *f* de luxe
Luzern N ⟨→ *n/pr*⟩ Lucerne
Luzerne F ⟨~; ~n⟩ BOT luzerne *f*
Luzifer M ⟨→ *n/pr*⟩ REL Lucifer *m*
LVA F ⟨~⟩ ABK (Landesversicherungsanstalt) *dans les Länder, société d'assurance pour les retraites des ouvriers*
Lw ABK (Lew[a]) *Währung* LVA (lev[a])
LW ABK (Langwelle) GO (grandes ondes)
Lychee F ⟨~; ~s⟩ BOT litchi *m*; letchi *m*
Lycra® N ⟨~(s)⟩ lycra® *m*
lymphatisch ADJ PHYSIOL lymphatique
Lymphdrüse F → Lymphknoten
Lymphe F ⟨~; ~n⟩ PHYSIOL lymphe *f*; **Lymphgefäß** N vaisseau *m* lymphatique; **Lymphknoten** M ganglion *m* lymphatique
lynchen V/T ⟨h.⟩ lyncher; **Lynchjustiz** F lynchage *m*
Lyoner F ⟨~; ~⟩ **~ (Wurst)** *etwa* cervelas *m* (haché fin et cuit)
Lyra F ⟨~; -ren⟩ MUS lyre *f*; ASTRON Lyre *f*
Lyrik F ⟨~⟩ poésie *f* (lyrique); **Lyriker(in)** M ⟨~s; ~⟩ F ⟨~in; ~innen⟩ poète *m*; **lyrisch** A ADJ (*die Lyrik betreffend*) poétique; (*gefühlvoll*) lyrique B ADV sur le mode lyrique
Lyzeum N ⟨~s; -een⟩ *früher* lycée *m* de jeunes filles; *schweiz* lycée *m* classique
LZB F ⟨~⟩ → Landeszentralbank

M

M, m N ⟨M, m; M, m⟩ *Buchstabe* M, m *m*
m ABK (Meter) m (mètre)
m² ABK (Quadratmeter) m² (mètre carré)
m³ ABK (Kubikmeter) m³ (mètre cube)
mA ABK (Milliampere) mA (milliampère)
MA ABK (Mittelalter) M.A. (Moyen Âge)
M. A. ABK (Magister Artium) *etwa* maîtrise *f*
Mäander M ⟨~s; ~⟩ méandre *m*
Maar N ⟨~(e)s; ~e⟩ cratère *m* d'un volcan éteint; *t/t* maar *m*
Maas ⟨→ *n/pr*⟩ **die ~** la Meuse
Maastricht N ⟨→ *n/pr*⟩ Maastricht *od* Maëstricht
Maat M ⟨~(e)s; ~e(n)⟩ 1 SCHIFF matelot *m* 2 SCHIFF MIL (second) maître
Mach N ⟨~s; ~⟩ PHYS Mach *m*
Machart F MODE façon *f*; coupe *f*; genre *m*; **machbar** ADJ réalisable; faisable; **Machbarkeit** F ⟨~⟩ faisabilité *f*
Mache *umg* F ⟨~⟩ 1 (*Anfertigung*) fabrication *f*; MODE façon *f*; **etw in der ~ haben** être occupé à réaliser, à faire qc 2 (*Vortäuschung*) *umg* frime *f*

machen

⟨h.⟩

A transitives Verb B intransitives Verb
C reflexives Verb

— A transitives Verb —

1 (*herstellen, erledigen, ausführen*) faire; *Examen a.* passer; *Fehler a.* commettre; *Komma, Punkt etc* mettre; **noch einmal ~** refaire; **(sich** [*dat*]**) etw ~ lassen** (se) faire faire qc; **e-n Besuch (bei j-m) ~** rendre visite à qn; aller voir qn; **Feuer ~** faire du feu; **j-m ein Geschenk ~** faire un cadeau à qn; **ein lautes Geschrei ~** pousser les °hauts cris; **Hochzeit ~** se marier; *umg* **e-r Frau ein Kind ~** *umg* faire un enfant à une femme; **Licht ~** faire de la, allumer la lumière; **Schulden ~** contracter des dettes; **Spaß ~** plaisanter; **ein Vermögen ~** faire fortune; **was macht er?** *beruflich* que fait-il dans la vie?; (*wie geht es ihm*) comment va-t-il?; comment se porte-t-il?; **was macht die Arbeit, Gesundheit?** comment va le travail, la santé?; **was machst du morgen zum Mittagessen?** qu'est-ce que tu fais (à manger) demain pour le déjeuner?; **sie macht es nicht unter 200 Euro** (*dat*) elle prend au moins 200 euros; **was soll ich nur ~?** (*was tun?*) que faire?; *umg* **~ wir!** entendu!; d'accord!; *umg* **(da ist) nichts zu ~** (il n'y a) rien à faire; **dagegen ist nichts zu ~** on ne peut rien y faire; **es so ~, dass ...** faire en sorte que ... (*+subj*); **das macht man so** voilà comment il faut faire; *umg* on fait comme ça; **so etwas macht man nicht** cela ne se fait pas; *umg* **mit mir könnt ihr es ja ~!** *umg* vous me prenez pour un idiot!; **er lässt alles mit sich ~** on fait de lui ce qu'on veut; **von sich reden ~** faire parler de soi; *umg* **er wird es nicht mehr lange ~** il n'en a plus pour longtemps 2 (*Zustand verändern*) *mit Adjektiv* rendre; *mit Verb* faire; **j-n gesund ~** guérir, rétablir qn; rendre la santé à qn; **j-n glücklich ~** rendre qn heureux; **mach es dir bequem!** mets-toi à l'aise!; *umg* **mach's gut!** (*auf Wiedersehen*) *umg* salut!; (*alles Gute*) bonne chance!; **diese Frisur macht dich älter, jünger** cette coiffure te vieillit, rajeunit; **j-n glauben ~** faire croire à qn 3 (*ergeben*) **was** *od* **wie viel macht das?** combien cela fait-il?; *umg* ça fait combien?; **das macht zusammen zehn Euro** le tout fait dix euros; *umg* ça fait dix euros en tout; **2 mal 2 macht 4** 2 fois 2 font 4 4 (*verursachen*) donner; **j-m Arbeit ~** donner, faire du travail à qn; **Appetit, Durst ~** donner de l'appétit, soif; **es macht mir viel Mühe zu** (*+inf*) j'ai bien du mal, de la peine à (*+inf*); **j-m Sorgen ~** causer des soucis à qn 5 *umg* (*spielen*) jouer; *fig* **den Nikolaus ~** *umg* jouer les pères Noël 6 *umg* (*in Ordnung bringen*) **das Zimmer ~** faire la chambre 7 (*schaden*) **das macht nichts!** cela ne fait rien!; **das macht ihm nichts** cela ne lui importe guère; cela ne lui fait rien 8 *mit Präposition* **etw aus** *bzw.* **mit etw ~** faire qc de *bzw.* avec qc; **das ist wie für Sie gemacht** on dirait que c'est fait (exprès) pour vous; **etw zu Geld ~** faire argent de qc; vendre qc; **j-n zu s-m Freund ~** faire de qn son ami; **j-n zum General ~** faire qn général

— B intransitives Verb —

1 faire; **j-n ~ lassen** laisser faire qn; *umg* **lass mich nur ~** laisse-moi (donc) faire 2 *umg* (*sich beeilen*) **schnell ~** se dépêcher; se presser; **ich muss ~, dass ich nach Hause komme** je dois me dépêcher de rentrer à la maison; **mach, dass du wegkommst!** *umg* tire-toi!; **(nun) mach schon!** dépêche-toi! 3 (*ändern*) **das macht müde, hungrig, dick** ça fatigue, ça donne faim, ça fait grossir 4 *umg* HANDEL **er macht in Küchengeräten** il est dans les appareils ménagers 5 *umg* (*s-e Notdurft verrichten*) **ins Bett, in die Hose ~** *umg* faire au lit, dans sa culotte 6 *umg* **auf vornehm ~** faire l'élégant; **auf feine Dame ~** jouer la grande dame; **auf alt gemacht** *Möbel, Lampe etc* à l'ancienne

— C reflexives Verb —

1 *von Personen* **sich ~** se faire; se rendre; *umg* (*sich entwickeln*) progresser; faire des progrès; **sich nützlich ~** se rendre utile; **sich verständlich ~** se faire comprendre; **ein gemachter Mann** un homme arrivé; → *a.* schönmachen 2 *von Sachen* **sich bezahlt ~** en valoir la peine; **sich gut ~** faire (un) bon effet; faire (une) bonne impression; **dieser Hut macht sich gut** ce chapeau fait bien, bel effet; **wenn es sich ~ lässt** si c'est possible 3 *mit Präposition* **sich an etw** (*akk*) **~** se mettre à qc; entreprendre qc; **sich** (*dat*) **nichts aus j-m, etw ~** ne pas faire grand cas de qn, qc; n'avoir que faire de qn, qc; **ich mache mir nicht viel** *bzw.* **gar nichts daraus** *a.* cela me laisse froid; ça ne m'intéresse pas du tout; *umg* **mach dir nichts draus!** ne t'en fais pas!; **sich** (*dat*) **etw zur Aufgabe ~** se donner pour tâche de faire qc; **sich** (*dat*) **j-n zum Freund, Feind ~** se faire un ami, un ennemi de qn; → *a.* daranmachen 4 **sich** (*dat*) **Feinde ~** se faire des ennemis; **sich** (*dat*) **(wegen etw, um j-n) Sorgen ~** se faire du souci (à cause de qc, au sujet de qn); s'inquiéter de qc, qn; **sich** (*dat*) **ein paar schöne Stunden, e-n schönen Abend ~** passer un bon moment, une bonne soirée

Machenschaften FPL *pej* machinations *fpl*; intrigues *fpl*; **geheime ~** menées *fpl*; *umg* micmac *m*
Macher M ⟨~s; ~⟩ décideur *m*; battant *m*
Macherlohn M MODE main-d'œuvre *f*; façon *f*
Machete F ⟨~; ~n⟩ machette *f*
Machiavelli M ⟨→ *n/pr*⟩ HIST Machiavel *m*; **Machiavellismus** M ⟨~⟩ machiavélisme *m*; **machiavellistisch** ADJ machiavélique
Macho *umg* M ⟨~(s); ~s⟩ macho *m*
Macht F ⟨~; ⸚e⟩ pouvoir *m*; *bes* POL, *fig* puissance *f*; *gesetzmäßige* autorité *f*; *geistige* ascendant *m*; (*Kraft*) force *f*; (*Vollmacht*) faculté *f*; **geistliche, weltliche ~** pouvoir spirituel, temporel; **die himmlischen Mächte** les puissances célestes; **~ über Leben und Tod** droit *m* de vie et de mort; **die ~ der Gewohnheit** la force de l'habitude; **die ~ des Stärkeren** la loi du plus fort; **die ~ ergreifen** prendre le pouvoir; **an der ~ sein, bleiben** être, rester au pouvoir; **mit aller ~** de toute ma, ta, sa, *etc* force; **über j-n ~ haben** avoir de l'ascendant, de l'autorité sur qn; *sprichw* **~ geht vor Recht** *sprichw* la force prime le droit; **~ haben zu** (*+inf*) avoir le pouvoir de (*+inf*); **es steht nicht mehr in s-r ~ zu** (*+inf*) il n'a plus le pouvoir de, il n'est plus en mesure de (*+inf*); **sie tut alles, was in ihrer ~ steht** elle fait tout son possible
Machtanspruch M **Machtansprüche erheben** réclamer le pouvoir

M

Machtbefugnis F pouvoir *m*; autorité *f*; **Machtbereich** M ressort *m*; compétence *f*; **Machtblock** M ⟨~(e)s; -blöcke⟩ POL bloc *m* de puissances; **Machtergreifung** F prise *f* du, accession *f* au pouvoir; **Machtfrage** F question *f* de puissance; **Machtfülle** F plénitude *f* de la puissance; **Machtgefüge** N structures *fpl* du pouvoir; **Machtgier** F soif *m* de pouvoir; **Machthaber** M ⟨~s; ~⟩ homme *m* au pouvoir; détenteur *m* du pouvoir; dirigeant *m*; **Machthunger** M soif *f* de pouvoir; **machthungrig** ADJ avide de pouvoir

mächtig A ADJ 1 *bes* POL puissant 2 *(sehr groß)* immense; énorme; colossal; *umg* **~en Bammel haben** *umg* avoir une frousse, trouille terrible; *umg* **~en Hunger haben** *umg* crever de faim 3 **e-r Sprache** *(gen)* **~ sein** posséder, maîtriser une langue; **s-r Sinne ~ sein** être en possession de toutes ses facultés mentales; **s-r** *(gen)* **nicht ~ sein** ne pas se dominer, se maîtriser; ne pas être maître de soi-même B ADV *umg (sehr) umg* vachement; énormément; **~ schreien** crier très fort

Mächtige(r) M ⟨→ A⟩ homme puissant; **die ~n** les (hommes) puissants

Mächtigkeit F ⟨~⟩ 1 *(Macht)* puissance *f (a.* POL*)* 2 *(Größe, Dicke)* ampleur *f*; *e-r Schicht* largeur *f*; épaisseur *f*

Machtkampf M lutte *f* pour le pouvoir

machtlos ADJ impuissant; faible; sans autorité; **dagegen ist man ~** on ne peut rien y faire

Machtlosigkeit F ⟨~⟩ impuissance *f*; faiblesse *f*; manque *m* d'autorité; **Machtmissbrauch** M ⟨~(e)s⟩ abus *m* de pouvoir; **Machtmittel** N instrument *m* du pouvoir; **Machtpolitik** F politique *f* de force

Machtposition F puissance *f*; **e-e ~ innehaben** avoir de la puissance

Machtprobe F épreuve *f* de force; (partie *f* de) bras *m* de fer; **Machtstellung** F → Machtposition; **Machtstreben** N aspirations *fpl* à la puissance; recherche *f* du pouvoir; course *f* au pouvoir; **Machtübernahme** F prise *f* de *bzw.* du pouvoir; **Machtverhältnisse** NPL structures *fpl* du pouvoir; rapports *mpl* de force; **Machtverteilung** F répartition *f* des pouvoirs; **machtvoll** ADJ puissant; imposant; **Machtvollkommenheit** F omnipotence *f*; pouvoir absolu, discrétionnaire; **Machtwechsel** M changement *m* de pouvoir

Machtwort N ⟨~(e)s; ~e⟩ acte *m* d'autorité; parole *f* énergique; **ein ~ sprechen** faire acte, preuve d'autorité

Machtzuwachs M accroissement *m*, augmentation *f* de pouvoir; renforcement *m* de *bzw.* du pouvoir

Machwerk N *pej* ouvrage minable, bâclé; **übles ~** *Buch etc* ouvrage abject, ignoble

Macke *umg* F ⟨~; ~n⟩ 1 *(Tick)* tic *m*; manie *f* 2 *(Fehler)* défaut *m*

Macker *umg* M ⟨~s; ~⟩ 1 *(Freund) umg* pote *m* 2 *pej umg* mec *m*

MAD M ⟨~(s)⟩ ABK (Militärischer Abschirmdienst) service *m* de sécurité militaire en Allemagne; *in Frankreich etwa* DST *f* (Direction de la surveillance du territoire)

Madagaskar N ⟨→ *n/pr*⟩ Madagascar; **Madagasse** M ⟨~n; ~n⟩, **Madagassin** F ⟨-in; -innen⟩ Malgache *m/f*; **madagassisch** ADJ malgache *(a. Sprache)*

Madam *umg hum* F ⟨~; ~s *ou* ~en⟩ 1 *(rundliche Frau) umg* matrone *f*; **die ~ vom ersten Stock** *a.* la dame du premier 2 *regional (Ehefrau) umg* bonne femme

Mädchen N ⟨~s; ~⟩ 1 fille *f*; *umg hum* **für kleine ~ müssen** *umg* aller au petit coin 2 *(Liebste)* **sein ~** son (sa petite) amie 3 *(Dienstmädchen)* bonne *f*; *fig* **~ für alles** bonne *f* à tout faire

mädchenhaft A ADJ de jeune fille; de petite fille B ADV en, comme une jeune fille

Mädchenhandel M traite *f* des blanches; **Mädchenhändler** M personne *f* qui fait la traite des blanches; **Mädchenheim** N foyer *m* de jeunes filles; **Mädchenname** M 1 *Vorname* nom *m* de fille; prénom féminin 2 *von verheirateten Frauen* nom *m* de jeune fille; **Mädchenpensionat** N pensionnat *m*, institution *f* de jeunes filles; **Mädchenschule** F école *f* de (jeunes) filles; **Mädchenzimmer** N 1 chambre *f* de jeune fille 2 *des Dienstmädchens* chambre *f* de bonne

Made F ⟨~; ~n⟩ asticot *m*; ver *m*; *umg* **wie die ~ im Speck leben** vivre comme un coq en pâte

Madeira 1 N ⟨→ *n/pr*⟩ *Insel* Madère 2 M ⟨~s; ~s⟩ *Wein* madère *m*; vin *m* de Madère

Madeirawein M → Madeira 2

Mädel *umg, regional* N ⟨~s; ~, *umg* ~s⟩ → Mädchen 1, 2

Mädesüß N ⟨~; ~⟩ BOT reine *f* des prés

madig ADJ plein, rempli de vers; *Obst* véreux, -euse; → madigmachen

madigmachen *umg* VT ⟨sép, -ge-, h.⟩ **etw, j-n ~** dénigrer, *umg* débiner qc, qn; **j-m etw ~** dégoûter qn de qc

Madonna F ⟨~; -nnen⟩ Vierge *f*; *Bild, Statue a.* madone *f*; **die Sixtinische ~** la Vierge de saint Sixte

Madonnenbild N (image *f* de la) madone *f*; **madonnenhaft** ADJ *u.* ADV qui ressemble à une madone; comme une madone; *Lächeln etc* virginal

Madrid N ⟨→ *n/pr*⟩ Madrid

Madrigal N ⟨~s; ~e⟩ madrigal *m*

Maestro M ⟨~s; ~s *ou* -stri⟩ MUS maestro *m*

Mafia F ⟨~; ~s⟩ maf(f)ia *f*; **Mafiamethoden** FPL méthodes mafieuses

mafios ADJ maf(f)ieux, -ieuse

Mafioso M ⟨~s; -si⟩ membre *m* de la maf(f)ia; maf(f)ieux *m*

mag → mögen

Mag. *österr* ABK (Magister) *diplômé d'un grade universitaire*

Magazin N ⟨~s; ~e⟩ 1 *(Lager)* entrepôt *m*; dépôt *m* 2 *Zeitschrift*, TV, RADIO magazine *m* 3 *e-r Waffe, für Filme, Dias etc* magasin *m*

Magd F ⟨~; ⸚e⟩ servante *f*; BIBEL *a.* vierge *f*

Magda, **Magdalena** F ⟨→ *n/pr*⟩ *prénom*

Magdeburg N ⟨→ *n/pr*⟩ Magdebourg

Magen M ⟨~s; ⸚ *ou* ~⟩ estomac *m*; **den ~ auspumpen** faire un lavage d'estomac (**j-m** à qn); **schwer im ~ liegen** peser sur l'estomac; rester sur l'estomac *(a. fig)*; *umg* **diese Geschichte liegt mir im ~** je n'ai toujours pas digéré cette histoire; **sich** *(dat)* **den ~ verderben** se donner une indigestion; *umg* se détraquer l'estomac; **auf nüchternen ~** à jeun; *umg* **mir knurrt der ~** *umg* j'ai des gargouillis dans l'estomac; *vor Hunger umg* j'ai une fringale; *umg* **bei diesem Anblick drehte sich mir der ~ um** à cette vue, en voyant ça, je me suis trouvé mal

Magenausgang M ANAT pylore *m*

Magenbeschwerden FPL indigestion *f*; troubles *mpl* d'estomac, gastriques; **~ haben** avoir l'estomac dérangé

Magenbitter M ⟨~s; ~⟩ liqueur amère; amer *m*; **Magenblutung** F gastrorragie *f*

Magen-Darm-Kanal M estomac *m* et intestin *m*; tube digestif; **Magen-Darm-Katarr(h)** M gastro-entérite *f*

Magendrücken N lourdeur *f*, pesanteur *f* d'estomac; **Mageneingang** M ANAT cardia *m*; **Magenentzündung** F inflammation *f* d'estomac; *t/t* gastrite *f*; **Magenerweiterung** F MED dilatation *f* d'estomac; *t/t* gastrectasie *f*; **Magenfahrplan** *umg hum* M régime *m* alimentaire; **magenfreundlich** ADJ bon, bonne pour l'estomac; (très) digeste; **Magengegend** F ⟨~⟩ région *f* épigastrique; *t/t* épigastre *m*; **Magengeschwür** N ulcère *m* d'estomac; **Magengrube** F creux *m* de l'estomac; **Magenhaken** M BOXEN coup *m*, crochet *m* à l'estomac; **Mageninhalt** M ⟨~(e)s⟩ contenu *m* de l'estomac; **Magenkatarr(h)** M gastrite *f*

Magenknurren N ⟨~s⟩ *Geräusch* gargouillement *m*, *umg* gargouillis *m* (de l'estomac); borborygmes *mpl*; **~ haben** *(Hunger haben)* avoir l'estomac creux

Magenkrampf M crampe *f* d'estomac

magenkrank ADJ qui souffre de l'estomac; **~ sein** avoir des problèmes d'estomac; souffrir de maux d'estomac

Magenkrankheit F maladie *f* de l'estomac; **Magenkrebs** M ⟨~es⟩ cancer *m* de l'estomac; **Magenleiden** N maux *mpl* d'estomac; **Magenmund** M ANAT cardia *m*; **Magenpförtner** M ANAT pylore *m*; **Magensaft** M suc *m* gastrique; **Magensäure** F acidité *f* gastrique; **Magenschleimhaut** F muqueuse *f* de l'estomac; **Magenschleimhautentzündung** F gastrite *f*

Magenschmerzen MPL maux *mpl* d'estomac; **~ haben** avoir mal au ventre

Magensonde F sonde *f* pour l'estomac; **Magenspiegelung** F gastroscopie *f*; **Magenspülung** F lavage *m* d'estomac; **Magenverstimmung** F embarras *m* gastrique; indigestion *f*; **Magenwand** F paroi stomacale

mager ADJ maigre *(a.* TYPO*)*; *(dünn)* fluet, -ette; *Kost* maigre; frugal; *fig (dürftig)* maigre *(vorangestellt)*; **~(er) werden** maigrir; **~es Fleisch** maigre *m*; *fig*, BIBEL **die sieben ~en Jahre** les années de vaches maigres

Magerkäse M fromage *m* maigre; **Magerkeit** F ⟨~⟩ maigreur *f*; *fig* pauvreté *f*; **Magerkohle** F charbon *m* maigre; **Magermilch** F lait écrémé; **Magerquark** M fromage blanc maigre; **Magersucht** F anorexie *f*; **magersüchtig** ADJ anorexique; **Magersüchtige(r)** M/F(M) anorexique *m/f*

Magie F ⟨~⟩ magie *f*; **schwarze, weiße ~** magie noire, blanche

Magier M ⟨~s; ~⟩ magicien *m*

magisch ADJ magique

Magister M ⟨~s; ~⟩ 1 *Titel* maîtrise *f* 2 *Titelinhaber* titulaire *m/f* d'une maîtrise

Magistrat M ⟨~(e)s; ~e⟩ municipalité *f*; autorités municipales

Magistratsbeamte(r) M, **Magistratsbeamtin** F fonctionnaire municipal; **Magistratsbeschluss** M décision *f* de la municipalité, des autorités municipales

Magma N ⟨~s; -men⟩ magma *m*

Magnat M ⟨~en; ~en⟩ magnat *m*

Magnesia F ⟨~⟩ magnésie *f*; oxyde *m* de magnésium

Magnesium N ⟨~s⟩ magnésium *m*; **magnesiumhaltig** ADJ magnésien, -ienne; magnésifère

Magnet M ⟨~(e)s *ou* ~en; ~e(n)⟩ *a. fig* aimant *m*; **Magnetaufzeichnung** F enregistrement *m* au magnétophone; IT enregistrement *m* magnétique; **Magnetbahn** F train *m* à sustentation magnétique; **Magnetband** N ⟨~(e)s; -bänder⟩ IT bande *f* magnétique; **Magnetbandgerät** N IT enregistreur *m* magnétique; **Magnetbildverfahren** N

M

technique *f* magnétoscopique; **Magneteisenstein** M aimant naturel; magnétite *f*; **Magnetfeld** N champ *m* magnétique
magnetisch ADJ magnétique (*a. fig*); **magnetisieren** V/T ‹*pas de ge-*, h.› aimanter; *Personen* magnétiser; **Magnetisierung** F ‹~; ~en› aimantation *f*; *von Personen* magnétisation *f*
Magnetismus M ‹~› magnétisme *m*
Magnetit M ‹~s; ~e› GEOL magnétite *f*
Magnetkarte F carte *f* magnétique; **Magnetkern** M noyau *m* magnétique; **Magnetnadel** F aiguille aimantée
Magnetofon, **Magnetophon®** N ‹~s; ~e› magnétophone *m*
Magnetplatte F disque *m* magnétique; **Magnetpol** M pôle *m* d'aimant; *der Erde* pôle *m* magnétique (terrestre)
Magnetron N ‹~s; ~e› PHYS magnétron *m*
Magnetschalter M interrupteur *m* magnétique; **Magnetschwebebahn** F train *m* à sustentation magnétique; **Magnetspule** F bobine *f* d'électro-aimant; **Magnetstreifen** M piste *f* magnétique; **Magnetzündung** F allumage *m* par magnéto
Magnifikat N ‹~(s); ~s› KATH, MUS magnificat *m*
Magnifizenz F ‹~; ~en› *Anrede* **Eure ~** *etwa* Monsieur le Recteur (de l'Université)
Magnolie F ‹~; ~n› magnolia *m*; *Baum* magnolier *m*
mäh INT bê!
Mahagoni(holz) N ‹~s› (bois *m* d')acajou *m*
Maharadscha M ‹~s; ~s› mahara(d)jah *m*
Maharani F ‹~; ~s› maharani *f*
Mahd¹ F ‹~; ~en› *regional* **1** (*Mähen*) coupe *f*; fauche *f* **2** (*Heu*) foin *m*
Mahd² N ‹~(e)s; Mähder› *österr*, *schweiz* (*Bergwiese*) alpage *m*
Mähdrescher M AGR moissonneuse-batteuse *f*
mähen¹ V/T ‹h.› *Gras* faucher; *Rasen* tondre; *Getreide a.* moissonner
mähen² V/I ‹h.› *Schafe* bêler
Mäher(in) M ‹~s; ~› (F) ‹~in; ~innen› (*Grasmäher[in]*) faucheur, -euse *m,f*; (*Getreidemäher[in]*) moissonneur, -euse *m,f*
Mahl *geh* N ‹~(e)s; ⸚er *ou* ~e› repas *m*; *feierliches* festin *m*; banquet *m*
mahlen V/T ‹*pperf* gemahlen, h.› moudre; (*zerkleinern*) broyer; écraser; *zu Pulver* pulvériser; triturer; *sprichw* **wer zuerst kommt, mahlt zuerst** les premiers arrivés sont les premiers *od* les mieux servis
Mahlgut N ‹~(e)s› blé *m*, avoine *f*, *etc* à moudre; (*das Gemahlene*) mouture *f*; **Mahlstein** M meule *f*; **Mahlstrom** M SCHIFF maelstrom *m*; **Mahltrommel** F tambour *m* de broyage; **Mahlwerk** N rouage *m* (d'un moulin); **Mahlzahn** M ANAT molaire *f*
Mahlzeit F repas *m*; **gesegnete ~!** bon appétit!; *umg Gruß* **~!** *umg* salut!; *umg iron* **prost ~!** *umg* ça promet!; *umg* nous voilà bien!
Mähmaschine F *für Gras* faucheuse *f*; *für Getreide* moissonneuse *f*
Mahnbescheid M sommation *f* de paiement; (lettre *f* de) rappel *m*; **Mahnbrief** M (lettre *f* d')exhortation *f*; HANDEL (lettre *f* de) rappel *m*; (lettre *f* d')avertissement *m*
Mähne F ‹~; ~n› crinière *f* (*a. fig hum*)
mahnen ‹h.› **A** V/T **1** **j-n ~ (, etw zu tun)** exhorter qn à faire qc; sommer qn à *od* de faire qc; **j-n an etw** (*akk*), **wegen etw ~** rappeler qc à qn; faire souvenir de qc à qn **2** HANDEL **j-n ~** adresser un rappel à qn; **j-n wegen e-r Schuld ~** rappeler une dette à qn; réclamer le paiement d'une dette à qn **B** *geh* V/I **an etw** (*akk*) **~** rappeler qc
Mahngebühr F frais *mpl* de sommation; **Mahnmal** N ‹~(e)s; ~e› monument *m*; **Mahnschreiben** N → Mahnbrief
Mahnung F ‹~; ~en› **1** (*Ermahnung*) exhortation *f*; (*Warnung*) avertissement *m* **2** (*Erinnerung*) rappel *m*; HANDEL *a.* sommation *f*; JUR mise *f* en demeure
Mahnverfahren N JUR procédure *f* d'avertissement, de mise en demeure, de sommation; **Mahnwache** F (manifestation *f* de) protestation silencieuse
Mähre F ‹~; ~n› °haridelle *f*; *pej* rosse *f*; canasson *m*
Mai M ‹~(e)s *ou* ~; ~e› (mois *m* de) mai *m*; **der Erste ~** le Premier mai; *fig* **wie einst im ~** comme au bon vieux temps; → *a.* Januar
Maibaum M arbre *m* de mai; **Maibowle** F punch froid aromatisé (*à la reine des bois*)
Maid *poet* F ‹~; ~en› jouvencelle *f*
Maifeier F fête *f* du Premier mai; **Maiglöckchen** N BOT muguet *m*; **Maikäfer** M °hanneton *m*; **Maikundgebung** F manifestation *f* du Premier mai
Mail F ‹~; ~s› IT mail *m*
Mailand N ‹→ *n/pr*› Milan
Mailbox F **1** IT boîte *f* aux lettres **2** *e-s Mobiltelefons* boîte vocale
mailen ‹h.› IT **A** V/T **j-m etw ~** envoyer qc à qn par mail *od* e-mail **B** V/I **j-m ~** envoyer un mail *od* e-mail à qn
Mailing N ‹~s; ~s› HANDEL mailing *m*; **Mailingliste** F IT liste *f* de diffusion
Mailserver M IT serveur *m* de messagerie (électronique)
Main ‹→ *n/pr*› **der ~** le Main
Mainacht F nuit *f* de mai
Mainz N ‹→ *n/pr*› Mayence
Mairitterling M BOT mousseron *m*
Mais M ‹~es; ~e› maïs *m*; **Maisbrei** M bouillie *f* de maïs; **Maisbrot** N pain *m* de maïs
Maische F ‹~; ~n› trempe *f*; moût *m*
maischen V/T ‹h.› pressurer; passer au pressoir
Maisflocken FPL flocons *mpl* de maïs; **maisgelb** ADJ jaune maïs (*inv*); **Maiskolben** M épi *m* de maïs; **Maiskorn** N grain *m* de maïs; **Maismehl** N farine *f* de maïs
Maisonette F ‹~; ~s›, **Maisonettewohnung** F duplex *m*
Maisonnette F ‹~; ~s›, **Maisonnettewohnung** F duplex *m*
Maisstärke F amidon *m* de maïs
Majestät F ‹~; ~en› **1** ‹*pas de pl*› (*Erhabenheit*) majesté *f* **2** *Titel* majesté *f*; **(Eure) ~** *Anrede für den König od Kaiser* Sire, *für die Königin od Kaiserin* Votre Majesté; **Seine ~ der Kaiser** Sa Majesté l'empereur
majestätisch ADJ majestueux, -euse
Majestätsbeleidigung F crime *m* de lèse-majesté
Majolika F ‹~; -ken *ou* ~s› majolique *f*
Majonäse → Mayonnaise
Major M ‹~s; ~e› *der Infanterie, Luftwaffe* commandant *m*; *der Kavallerie, Artillerie* chef *m* d'escadron; *in nichtfranzösischen Armeen a.* major *m*
Majoran M ‹~s; ~e› marjolaine *f*
Majordomus M ‹~; ~› HIST maire *m* du palais; majordome *m*
Majorität F ‹~; ~en› *bes* POL majorité *f*
Majoritätsbeschluss M décision *f* majoritaire, à *od* de la majorité
Majuskel F ‹~; ~n› (lettre *f*) majuscule *f*; TYPO capitale *f*
makaber ADJ ‹-br-› macabre
Makadam M *od* N ‹~s; ~e› macadam *m*
Makak M ‹~s *ou* -kaken; -kaken› ZOOL macaque *m*
Makedonien → Mazedonien
Makel *geh* M ‹~s; ~› tache *f*; tare *f*
Mäkelei F ‹~; ~en› *pej* critique mesquine; ergotage *m*
mäkelig ADJ *pej* qui critique tout; *im Essen etc* difficile
makellos ADJ immaculé; sans tache, défaut; (*tadellos*) impeccable; **Makellosigkeit** F ‹~› caractère immaculé; perfection *f*
makeln V/T (*u.* V/I) ‹-(e)le, h.› **(mit) etw ~** faire le courtier, le courtage de qc
mäkeln V/I ‹-(e)le, h.› *pej* **an etw** (*dat*) **~** ergoter sur qc; **an allem ~** trouver à redire à tout
Make-up N ‹~s; ~s› maquillage *m*; **Make-up-Entferner** M ‹~s; ~› démaquillant *m*
Maki M ‹~s; ~s› ZOOL maki *m*
Makkaroni PL macaronis *mpl*
Makler(in) M ‹~s; ~› (F) ‹~in; ~innen› courtier, -ière *m,f*; (*Börsenmakler[in]*) *a.* agent *m* de change; (*Immobilienmakler[in]*) agent immobilier; **Maklerbüro** N, **Maklerfirma** F firme *f*, maison *f* de courtage; *für Immobilien* agence immobilière; **Maklergebühr** F, **Maklerprovision** F courtage *m*
Mako F ‹~; ~s› *od* M *od* N ‹~(s); ~s› coton égyptien
Makramee N ‹~(s)› macramé *m*
Makrele F ‹~; ~n› ZOOL maquereau *m*
Makro N ‹~s; ~s› IT macro *f*
makro…, **Makro…** IN ZSSGN macro…
Makrobiotik F ‹~› macrobiotique *f*; **makrobiotisch** ADJ macrobiotique; **Makrokosmos** M macrocosme *m*; **Makromolekül** N macromolécule *f*
Makrone F ‹~; ~n› GASTR macaron *m*
Makroökonomie F macroéconomie *f*; **makroökonomisch** ADJ macroéconomique; **Makrostruktur** F *t/t* macrostructure *f*
Makulatur F ‹~; ~en› TYPO papier *m* de rebut; *umg* **~ reden** débiter des bêtises, des âneries
mal ADV **1** MATH fois; **zwei ~ fünf ist zehn** deux fois cinq (font) dix; **im Format fünf ~ neun** dans le format cinq sur neuf **2** *umg* (*einmal*) **denken Sie ~ …** figurez-vous que …; **sie ist nicht ~ hübsch** elle n'est même pas jolie **3** *umg als Verstärkung* **Augenblick ~!** attends *bzw.* attendez un instant!; **guck ~!** regarde!; **zeig ~!** fais voir!
Mal¹ N ‹~(e)s; ~e *ou* ⸚er› **1** (*Verfärbung in der Haut*) marque *f*; (*Muttermal*) tache *f* de vin; envie *f* **2** (*Zeichen*) signe *m*; marque *f* **3** SPORT terme *m*; but *m*
Mal² N ‹~(e)s; ~e› *zeitlich* fois *f*; **das erste, letzte, beim ersten, letzten ~** la première, dernière fois; **zum ersten, letzten ~** pour la première, dernière fois; **beide ~(e)** les deux fois; **dieses ~** cette fois; **mit e-m ~** (*plötzlich*) tout à *od* d'un coup; **einige ~(e)** plusieurs fois; **manches ~** mainte(s) fois; bien des fois; **voriges, das vorige ~** la dernière fois; **von ~ zu ~** de plus en plus; **jedes ~** chaque fois; toutes les fois; **jedes ~ wenn …** chaque fois que …; toutes les fois que …; **ein paar ~** quelques fois; plusieurs fois; **das nächste ~, nächstes ~** la prochaine fois
Malachit M ‹~s; ~e› malachite *f*
malad(e) ADJ *regional umg* patraque
Malaie M ‹~n; ~n›, **Malaiin** F ‹-in; -innen› Malais(e) *m(f)*
malaiisch ADJ malais
Malaria F ‹~› malaria *f*; paludisme *m*; **Malariaanfall** M crise *f*, accès *m* de paludisme; **Malariamücke** F anophèle *m*
Malawi N ‹→ *n/pr*› le Malawi
Malawier(in) M ‹~s; ~› (F) ‹~in; ~innen› Malawien, -ienne *m,f*; **malawisch** ADJ mala-

wien, -ienne
Malaysia N ⟨→ n/pr⟩ la Malaisie; la Malaysia; **Malaysier(in)** M ⟨~s; ~⟩ (F) ⟨~in; ~innen⟩ Malaysien, -ienne m,f
malaysisch ADJ malaysien, -ienne
Malbuch N album m à colorier
Malediven FPL **die ~** les îles fpl Maldives
Malediver(in) M ⟨~s; ~⟩ (F) ⟨~in; ~innen⟩ Maldivien, -ienne m,f; **maledivisch** ADJ maldivien, -ienne
malen ⟨h.⟩ A VT u. VI peindre (**auf** [+akk bzw. dat] sur); **j-n ~** faire le portrait de qn; **wie gemalt** beau comme une image; **sich ~ lassen** se faire peindre; faire faire son portrait B VR **sich** (selbst) **~** se peindre; geh **auf s-m Antlitz malt sich Entsetzen** la terreur se reflète, se dépeint sur son visage
Malen N ⟨~s⟩ peinture f
Maler M ⟨~s; ~⟩ a. (Anstreicher) peintre m; Künstler (artiste m) peintre m; **Malerarbeiten** FPL peintures fpl; **Maleratelier** N atelier m, studio m de peintre
Malerei F ⟨~; ~en⟩ 1 ⟨pas de pl⟩ (Malen) peinture f; (Malkunst) a. art m de peindre 2 (Gemälde) tableau m; peinture f
Malerin F ⟨~; ~nen⟩ peintre m; **malerisch** ADJ pittoresque
Malermeister M peintre m; **Malerpinsel** M e-s Anstreichers brosse f (à peindre); **Malerwerkstatt** F Handwerksbetrieb atelier m de peinture
Malheur umg N ⟨~s; ~e ou ~s⟩ (petit) malheur; **mir ist ein ~ passiert** j'ai fait une bêtise
Mali N ⟨→ n/pr⟩ le Mali; **Malier(in)** M ⟨~s; ~⟩ (F) ⟨~in; ~innen⟩ Malien, -ienne m,f
maligne ADJ MED malin, maligne; **~r Tumor** tumeur maligne
Malignität F ⟨~⟩ MED malignité f
malisch ADJ malien, -ienne; du Mali
maliziös geh ADJ malicieux, -ieuse
Malkasten M boîte f de couleurs
Mallorca N ⟨→ n/pr⟩ (l'île f de) Majorque
mal|nehmen VT u. VI ⟨irr, sép, -ge-, h.⟩ multiplier (**mit** avec)
Malnehmen N multiplication f
Maloche umg F ⟨~⟩ umg boulot (dur); **malochen** umg VI ⟨pas de ge-, h.⟩ umg boulonner; umg bosser; umg trimer
Malta N ⟨→ n/pr⟩ (l'île f de) Malte
Maltechnik F manière f de peindre; procédé m de peinture
Malteser(in) M ⟨~s; ~⟩ (F) ⟨~in; ~innen⟩ Maltais(e) m(f)
Malteserhilfsdienst M œuvres hospitalières de l'ordre de Malte; **Malteserkreuz** N croix f de Malte; **Malteserorden** M ⟨~s⟩ ordre m de Malte; **Malteserritter** M chevalier m de Malte
maltesisch ADJ maltais; de Malte
malträtieren VT ⟨pas de ge-, h.⟩ maltraiter; **Malträtierung** F ⟨~; ~en⟩ mauvais traitement (**von** infligé à); (Misshandlung) maltraitance f (de)
Malus M ⟨~ ou ~ses; ~ ou ~se⟩ VERSICHERUNG malus m
Malve F ⟨~; ~n⟩ mauve f
Malz N ⟨~es⟩ malt m; **Malzbier** N bière f de malt; **Malzbonbon** M bonbon m à l'extrait de malt
Malzeichen N signe m de multiplication
mälzen VT ⟨-(es)t, h.⟩ malter
Mälzerei F ⟨~; ~en⟩ Fabrik malterie f
Malzextrakt M extrait m de malt; **Malzkaffee** M (café m de) malt m; **Malzzucker** M maltose m
Mama umg kinderspr, geh F ⟨~; ~s; a. → n/pr⟩ maman f; geh **die Frau ~** Madame votre mère
Mamba F ⟨~; ~s⟩ ZOOL mamba m
Mambo M ⟨~(s); ~s⟩ od F ⟨~; ~s⟩ Tanz mambo m
Mami umg kinderspr F ⟨~; ~s; a. → n/pr⟩ maman f
Mammografie, **Mammographie** F mammographie f
Mammon M ⟨~s⟩ **der schnöde ~** le vil argent; **dem ~ dienen** adorer le veau d'or
Mammut N ⟨~s; ~e ou ~s⟩ ZOOL mammouth m; **Mammutbaum** M sequoia m; **Mammutsitzung** F séance f interminable, umg marathon; **Mammutunternehmen** N entreprise f gigantesque; géant m; **Mammutveranstaltung** F Konzert concert m gigantesque; Demonstration manifestation f monstre
mampfen umg VT u. VI ⟨h.⟩ umg bouffer; umg s'empiffrer (**etw** de qc)
Mamsell F ⟨~; ~en ou ~s⟩ früher (Fräulein) mademoiselle f
man¹ INDEF PR on; nach „si", „ou", „où", „et", „que" oft l'on; **wenn ~ will** si l'on veut; **~ muss es glauben** il faut le croire; **~ sagt** on dit; **wenn ~ ihn hört, sollte ~ glauben ...** à l'entendre, on croirait ...; **~ kann nie wissen** on ne sait jamais; **wie soll ~ wissen ...** et le moyen de savoir ...; comment savoir ...; **hat ~ es Ihnen nicht ausgerichtet?** vous n'avez pas été informé?; on ne vous l'a pas dit?; **so etwas tut ~ nicht** ça ne se fait pas; **~ versteht sein eigenes Wort nicht** on ne s'entend pas; GASTR **~ nehme ...** prendre ...
man² umg, bes nordd ADV (nur) **~ zu!** umg vas-y!; allons-y!; **denn ~ los!** allons!; partons!
Management N ⟨~s; ~s⟩ management m
managen VT ⟨h.⟩ 1 e-n Sportler être (le) manager de; e-n Künstler être (l')impresario de 2 umg (zustande bringen) Geschäft etc arranger; (bewältigen) Krise etc gérer
Manager(in) M ⟨~s; ~⟩ (F) ⟨~in; ~innen⟩ manager m; e-s Künstlers imprésario od impresario m; agent m (artistique); **Managerkrankheit** F troubles mpl circulatoires dus au stress
manch INDEF PR A ADJT ⟨a. ~er, ~e, ~es⟩ maint(e); plus d'un(e); **~e** pl nombre de; beaucoup de; bien des; **~ einer** certains; certaines personnes; **~es Mal** bien des fois; **~er reiche Mann, ~ ein reicher Mann** plus d'un riche; **so ~es Buch** tant de livres B SUBST ⟨~er, ~e, ~es⟩ il en est qui; **~e** pl certains; quelques personnes; **~es** bien des choses; **man sagt so ~es** il se, on dit bien des choses
mancherlei INDEF PR ⟨inv⟩ A ADJT divers; différents B SUBST toutes sortes de choses
mancherorts geh ADV en divers endroits, lieux, pays, etc
manchmal ADV quelquefois; parfois
Mandant(in) M ⟨~en; ~en⟩ (F) ⟨~in; ~innen⟩ e-s Rechtsanwalts client(e) m(f)
Mandarin M ⟨~s; ~e⟩ mandarin m
Mandarine F ⟨~; ~n⟩ mandarine f; **Mandarinente** F canard mandarin
Mandat N ⟨~(e)s; ~e⟩ mandat m; **Mandatar** M ⟨~s; ~e⟩ mandataire m
Mandatsgebiet N (territoire m sous) mandat m
Mandel F ⟨~; ~n⟩ 1 BOT amande f; **gebrannte ~n** amandes grillées; pralines fpl 2 ANAT amygdale f; **sich** (dat) **die ~n herausnehmen lassen** se faire enlever les amygdales
Mandelaugen NPL yeux mpl en amande; **Mandelbaum** M amandier m; **Mandelblüte** F fleur f d'amandier; Blütezeit floraison f des amandiers; **Mandelentzündung** F angine f tonsillaire; t/t amygdalite f; **mandelförmig** ADJ qui a la forme d'une amande; en amande; t/t amygdaloïde; **Mandelkern** M amande f; **Mandelkleie** F son m d'amandes; **Mandelmilch** F lait m d'amandes; GASTR a. orgeat m; **Mandelöl** N huile f d'amandes; **Mandeloperation** F ablation f des amygdales; t/t amygdalectomie f; **Mandelsplitter** MPL amandes effilées
Mandoline F ⟨~; ~n⟩ mandoline f
Mandolinenspieler(in) M(F) mandoliniste m/f
Mandragora F ⟨~; -goren⟩, **Mandragore** F ⟨-; -n⟩ BOT mandragore f
Mandrill M ⟨~s; ~e⟩ ZOOL mandrill m
Manege F ⟨~; ~n⟩ in e-r Reitschule manège m; im Zirkus piste f
Manfred M ⟨→ n/pr⟩ prénom
Manga N od M ⟨~s; ~s⟩ Comic manga m
Mangan N ⟨~s⟩ manganèse m; **Manganerz** N minerai m de manganèse; **manganhaltig** ADJ manganésifère; manganésien, -ienne; **Mangansäure** F acide m manganique
Mangel¹ F ⟨~; ~n⟩ (Wäschemangel) machine f à repasser; repasseuse f; umg fig **j-n in die ~ nehmen, in der ~ haben** umg cuisiner qn
Mangel² M ⟨~s; ~̈⟩ 1 ⟨pas de pl⟩ (Fehlen) manque m, insuffisance f (**an** [+dat] de); an Lebensmitteln a. pénurie f (**an** [+dat] de); **aus ~ an Gelegenheit** faute d'occasion; (par) manque d'occasion; **wegen** od **aus ~ an Beweisen** faute de, en l'absence de preuves; **daran ist kein ~** il y en a assez; ce n'est pas ce qui manque 2 ⟨pas de pl⟩ (Not) besoin m; **~ leiden** être dans l'indigence, le dénuement 3 meist PL (Fehler) e-s Menschen défaut m; e-r Sache a. vice m; imperfection f
Mangelberuf M profession f où on manque de personnel qualifié; **Mangelerscheinung** F MED trouble m, symptôme m de carence
mangelhaft A ADJ 1 (fehlerhaft) défectueux, -euse; (unvollkommen) imparfait; (unzureichend) insuffisant; déficient 2 Schulnote → Fünf 2 B ADV **~ vorbereitet sein** être préparé insuffisamment
Mängelhaftung F responsabilité f des vices, des défauts de fabrication, de la marchandise
Mangelkrankheit F maladie f de carence
mangeln¹ VT ⟨-(e)le, h.⟩ Wäsche repasser (avec une machine)
mangeln² VI u. V/UNPERS ⟨-(e)le, h.⟩ (fehlen) manquer; faire défaut; **es mangelt an Geld** etc (dat) l'argent, etc manque; on manque d'argent, etc; **es mangelt mir an nichts** je ne manque de rien; j'ai tout ce qu'il (me) faut; **~de Sorgfalt** négligence f; **~de Einsicht** manque m de jugement; **wegen ~der Nachfrage** la demande faisant défaut
Mängelrüge F réclamation f (pour vice ou défaut de fabrication)
mangels PRÄP ⟨gen⟩ à défaut de; faute de; en l'absence de
Mangelware F marchandise f rare; fig **... ist, sind ~** on manque de ...; **gute Lexikografen sind ~** les bons lexicographes sont une denrée rare
Mangelwäsche F linge m à repasser
Mango F ⟨~; ~s⟩ BOT mangue f; **Mangobaum** M manguier m
Mangold M ⟨~(e)s; ~e⟩ BOT b(l)ette f
Mangrove F ⟨~; ~n⟩ mangrove f
Manie F ⟨~; ~n⟩ manie f; **bei j-m zur ~ werden** devenir une manie chez qn
Manier F ⟨~; ~en⟩ 1 ⟨pas de pl⟩ (Art u. Weise) manière f; façon f; KUNST a. style m 2 (Benehmen) **~en** pl manières fpl; façons fpl; **keine ~en**

haben manquer de manières; **j-m ~en beibringen** enseigner la politesse à qn
manieriert ADJ maniéré; affecté; **Manieriertheit** F ⟨~; ~en⟩ maniérisme *m*; affectation *f*
Manierismus M ⟨~⟩ maniérisme *m*
manierlich ADJ **1** qui a de bonnes manières; qui se tient bien; poli **2** *umg fig* convenable
manifest ADJ évident; visible
Manifest N ⟨~(e)s; ~e⟩ manifeste *m*
Manifestant M ⟨~en; ~en⟩ *österr, schweiz* manifestant *m*; **Manifestation** F ⟨~; ~en⟩ manifestation *f*; **manifestieren** V/T (*u.* V/R) ⟨*pas de ge-*, h.⟩ **(sich) ~** (se) manifester
Maniküre F ⟨~; ~n⟩ (*Handpflege, Handpflegerin*) manucure *f*
maniküren V/T ⟨*pas de ge-*, h.⟩ *Hände* soigner; **j-n ~** faire les mains de qn; manucurer qn
Maniok M ⟨~s; ~s⟩ BOT manioc *m*
Manipulation F ⟨~; ~en⟩ manipulation *f*
manipulierbar ADJ manipulable; **manipulieren** V/T ⟨*pas de ge-*, h.⟩ manipuler; **Manipulierung** F ⟨~; ~en⟩ manipulation *f*
manisch ADJ maniaque; **manisch-depressiv** ADJ maniacodépressif, -ive
Manitu M ⟨→ *n/pr*⟩ *bei den Indianern* Manitou *m*
Manko N ⟨~s; ~s⟩ **1** (*Mangel*) manque *m* **2** (*Nachteil*) inconvénient *m* **3** HANDEL déficit *m*
Mann M ⟨~(e)s; ⸚er⟩ **1** (*männliche Person*) homme *m*; **ein ~ der Tat** un homme d'action; **alter ~** vieillard *m*; vieux *m*; *Anrede* **guter ~!** mon brave!; **ein ganzer ~ sein** être (vraiment) un homme; être un vrai homme; **ein gemachter ~ sein** être un homme arrivé; **~s genug sein, etw zu tun** être homme à faire qc; **s-n ~ stehen** faire ses preuves; **sie standen zusammen wie ein ~** ils se serraient les coudes; ils faisaient bloc; **an den rechten ~ kommen** trouver l'homme qu'il faut; **s-e Ware an den ~ bringen** placer sa marchandise; **~ gegen ~ kämpfen** combattre corps à corps; **von ~ zu ~** d'homme à homme; *sprichw* **ein ~, ein Wort** *etwa sprichw* chose promise, chose due; *sprichw* **selbst ist der ~!** *Aufforderung* prends-toi en mains et fais-le toi-même!; *umg* **los, ~!** allons, dépêche-toi!; *umg* **(mein lieber) ~!** *umg* eh bien, mon vieux!; *umg* **~ Gottes!** mon Dieu!; grand Dieu! **2** (*Ehemann*) mari *m*; *umg hum* **j-n an den ~ bringen** *umg* caser qn; **~ und Frau werden** se marier; s'épouser **3** ⟨*pas de pl*⟩ (*Mensch*) homme *m*; **der ~ auf der Straße** l'homme de la rue **4** MYTH **der ~ im Mond** l'homme *m* de la lune; **der schwarze, wilde ~** le croque-mitaine; *umg* **den wilden ~ spielen** (*toben*) se déchaîner; se démener **5** ⟨*pl ~*⟩ *als Zählgröße, a.* SCHIFF tête *f*; personne *f*; **pro ~** par tête; **alle ~ an Deck!** tout le monde sur le pont!; **~ über Bord!** un homme à la mer!; **mit ~ und Maus untergehen** périr corps et biens **6** LEHNSWESEN **~en** *pl* hommes *mpl* de guerre; vassaux *mpl*
Manna N ⟨~(s)⟩ *od* F ⟨~⟩ BIBEL manne *f*
mannbar *geh* ADJ en âge de se marier; *Mädchen* nubile; *Jungen* pubère
Männchen N ⟨~s; ~⟩ **1** (*kleiner Mann*) petit homme; *gezeichnetes* bonhomme *m* **2** ZOOL mâle *m* **3** *Hunde etc* **~ machen** faire le beau
Manndeckung F SPORT marquage *m*; **~ spielen** marquer son adversaire
Mannequin N ⟨~s; ~s⟩ mannequin *m*
Männerberuf M métier *m* d'homme; **Männerchor** M chœur *m* d'hommes
Männerfang *umg* M **auf ~ (aus)gehen** *umg* draguer (dans les boîtes)
Männerfeindin F femme *f* qui déteste les hommes; **männerfeindlich** ADJ *t/t* androphobe; **Männerfreundschaft** F amitié *f* entre hommes; **Männergesangverein** M orphéon *m*; chorale *f* d'hommes; **Männergesellschaft** F société dominée par les hommes; **Männerherrschaft** F ⟨~⟩ domination *f* des hommes sur les femmes; (*Patriarchat*) patriarcat *m*
Männerkleider NPL vêtements *mpl* d'homme; **in ~n** *verkleidet* déguisé en homme
männermordend *umg hum* ADJT *umg* qui est croqueuse d'hommes
Männersache F affaire *f* d'homme; **Männerstation** F *im Krankenhaus* service hospitalier réservé aux hommes; **Männerstimme** F voix *f* d'homme, mâle; **Männertreu** F ⟨~; ~⟩ BOT véronique *f*; **Männerwelt** F ⟨~⟩ *hum* monde masculin
Männerwirtschaft F *hum* **das ist ja e-e richtige ~!** ça fait bien intérieur de célibataire!
Mannesalter *geh* N âge *m* viril; **im besten ~ stehen** être dans la force, la fleur de l'âge
Manneskraft F **1** *hum, veraltend* (*Potenz*) virilité *f* **2** *geh* ⟨*pas de pl*⟩ (*Leistungskraft des Mannes*) force virile
mannhaft ADJ (*unerschrocken*) viril; (*mutig*) *geh* vaillant; brave; digne d'un homme; (*entschlossen*) résolu; **Mannhaftigkeit** F ⟨~⟩ virilité *f*; qualités viriles
mannigfach, **mannigfaltig** **A** ADJ varié; multiple; divers; diversifié **B** ADV diversement; de différentes manières; **Mannigfaltigkeit** F ⟨~⟩ variété *f*; diversité *f*
Mannjahr N HANDEL homme-année *f*
Männlein N ⟨~s; ~⟩ petit homme; (petit) bonhomme; *umg hum* **~ und Weiblein** hommes et femmes
männlich ADJ **1** BOT, ZOOL mâle **2** GRAM, METRIK, *Vorname, Bevölkerung etc* masculin **3** (*zum Mann geworden*) viril; **Männlichkeit** F ⟨~⟩ virilité *f* (*a. fig*); masculinité *f*
Männlichkeitskult M ⟨~(e)s⟩, **Männlichkeitswahn** M ⟨-wahn(e)s⟩ machisme *m*
Mannloch N TECH trou *m* d'homme
Mannomann *umg* INT *umg* ben alors!; *bei Entsetzen umg* aïe!
Mannsbild *umg* N *bes südd, österr umg* gaillard *m*
Mannschaft F ⟨~; ~en⟩ **1** SPORT équipe *f* **2** FLUG, SCHIFF équipage *m* **3** MIL hommes *mpl* (de troupe); soldats *mpl*; **Offiziere und ~en** officiers et soldats; **vor versammelter ~** en présence de la troupe rassemblée; *fig* **der Lehrer hat ihn vor versammelter ~ gelobt** le professeur l'a félicité devant toute la classe **4** *umg* (*Arbeitsmannschaft*) équipe *f*
mannschaftlich ADJ ⟨*épithète*⟩ SPORT d'équipe
Mannschaftsaufstellung F SPORT composition *f* de l'équipe; **Mannschaftsfahrer** M RADSPORT équipier *m*; **Mannschaftsführer** M SPORT capitaine *m* (de l'équipe); **Mannschaftsgeist** M ⟨~(e)s⟩ SPORT esprit *m* d'équipe; **Mannschaftskampf** M SPORT épreuve *f* par équipes; **Mannschaftskapitän** M SPORT capitaine *m* (de l'équipe); **Mannschaftsraum** M SCHIFF local réservé à l'équipage; **Mannschaftsrennen** N RADSPORT course *f* par équipes; **Mannschaftsspiel** N SPORT jeu *m* d'équipe; **Mannschaftssport** M (*~art*) sport *m* d'équipe; *koll* sports *mpl* d'équipe; **Mannschaftsunterkunft** F MIL cantonnement *m* pour les hommes, la troupe; **Mannschaftswagen** M camion *m* pour le transport des troupes *bzw.* des policiers; **Mannschaftswertung** F SPORT classement *m* par équipe; **Mannschaftswettbewerb** M SPORT → Mannschaftskampf
mannshoch ADJ à °hauteur d'homme; **mannstoll** *umg* ADJ nymphomane
Mannweib N *pej* femme *f* hommasse; virago *f*
Manometer N ⟨~s; ~⟩ **1** PHYS manomètre *m* **2** *umg* **~!** *umg* ben alors!; *bei Entsetzen umg* aïe!
Manöver N ⟨~s; ~⟩ *a. fig* manœuvre *f*; **Manöverkritik** F ⟨~⟩ MIL analyse *f* critique de manœuvres; *fig* bilan *m* critique; **Manöverleitung** F direction supérieure des manœuvres
manövrieren V/T *u.* V/I ⟨*pas de ge-*, h.⟩ manœuvrer
Manövrieren N ⟨~s⟩ manœuvres *fpl*
manövrierfähig ADJ manœuvrable; **manövrierunfähig** ADJ non manœuvrable; SCHIFF *a.* désemparé
Mansarde F ⟨~; ~n⟩ mansarde *f*
Mansardenfenster N mansarde *f*; lucarne *f*; **Mansardenwohnung** F logement mansardé; **Mansardenzimmer** N mansarde *f*
manschen *umg* V/I ⟨h.⟩ **im Dreck ~** tripoter (dans) la boue; **im Essen ~** jouer avec son manger
Manschette F ⟨~; ~n⟩ **1** *am Hemd* manchette *f* **2** *für Blumentöpfe* cache-pot *m* (en papier) **3** TECH manchon *m*; collier *m* de serrage; *zum Abdichten* (anneau-)joint *m*; garniture *f* **4** *umg fig* **~n haben** *umg* avoir la frousse, la trouille
Manschettenknopf M bouton *m* de manchette
Mantel M ⟨~s; ⸚⟩ **1** *Kleidung* manteau *m* **2** *fig* (*Deckmantel*) manteau *m*; voile *m*; **der ~ des Schweigens, Vergessens** le voile du silence, de l'oubli **3** MATH *e-s Zylinders, Kegels* surface convexe latérale; TECH *e-s Maschinenteils* revêtement *m*; enveloppe *f*; *e-s Kabels* gaine *f*; *e-s Reifens* bandage *m* (pneumatique); pneu *m*; *e-s Geschosses* chemise *f*; enveloppe *f*
Mäntelchen N ⟨~s; ~⟩ petit manteau; mantelet *m*; *fig* **e-r Sache** (*dat*) **ein ~ umhängen** pallier, déguiser, enrober qc; *fig* **sein ~ nach dem Wind hängen** retourner sa veste
Mantelfutter N MODE doublure *f*; **Mantelgesetz** N loi-cadre *f*; **Mantelkleid** N robe-manteau *f*; **Mantelkragen** M col *m* de manteau; **Manteltarif** M, **Manteltarifvertrag** M ARBEITSRECHT convention collective (*réglant les conditions de travail, la durée de travail, les congés, etc*); **Manteltasche** F poche *f* de manteau
Mantille F ⟨~; ~n⟩ mantille *f*
Manual N ⟨~s; ~e⟩, **Manuale** N ⟨~(s); ~(n)⟩ MUS clavier *m*
Manuela F ⟨→ *n/pr*⟩ *prénom*
manuell **A** ADJ manuel, -elle **B** ADV manuellement
Manufaktur F ⟨~; ~en⟩ manufacture *f*
Manuskript N ⟨~(e)s; ~e⟩ manuscrit *m*; *e-r Rede etc* texte *m*
Maoismus M ⟨~⟩ POL maoïsme *m*; **Maoist(in)** M ⟨~en; ~en⟩ (F) ⟨~in; ~innen⟩ maoïste *m/f*; **maoistisch** ADJ maoïste
Mao Tse-tung M ⟨→ *n/pr*⟩ HIST Mao Zedong *od* Mao Tsé-toung *m*
Mäppchen N ⟨~s; ~⟩ (*Schreibmäppchen*) trousse *f* (d'écolier)
Mappe F ⟨~; ~n⟩ **1** (*Aktentasche*) serviette *f*; (*Schulmappe*) cartable *m*; sac *m* (d'écolier) **2** (*Sammelmappe*) dossier *m*; chemise *f*; *für Zeichnungen* carton *m*
Mär *poet* F ⟨~; ~en⟩ **1** (*Kunde*) nouvelle *f* **2** (*überlieferte Erzählung*) fable *f*; conte *m*
Marabu M ⟨~s; ~s⟩ ZOOL marabout *m*
Maracuja F ⟨~; ~s⟩ *Frucht* maracuja *m*
Marathon M ⟨~s; ~s⟩, **Marathonlauf** M

M

marathon *m*; **Marathonläufer(in)** M(F) coureur, -euse *m,f* de marathon; **Marathonsitzung** F séance *f* marathon; **Marathonveranstaltung** F (grande) réunion interminable

Märchen N ⟨~s; ~⟩ 1 conte *m* (de fées); *a. fig* histoire *f*; légende *f* 2 *fig* (*Lüge*) histoire(s) *f(pl)*; *geh* fable *f*; **Märchenbuch** N livre *m*, recueil *m* de contes; **Märchenerzähler(in)** M(F) conteur, -euse *m,f*; **Märchenfee** F fée *f* d'un conte; **Märchenforschung** F étude *f* des contes de fées; **Märchengestalt** F personnage *m* d'un, de conte de fées; **märchenhaft** ADJ 1 (*von der Art e-s Märchens*) que l'on dirait tiré d'un conte de fées; (*feenhaft*) féerique 2 (*wunderbar*) fabuleux, -euse; (*sagenhaft*) *a.* incroyable; fantastique; **Märchenland** N ⟨~(e)s⟩ pays *m* où se jouent les contes de fées; *fig* pays enchanteur, de rêve; **Märchenprinz** M *fig* prince charmant; **Märchenschloss** N château *m* féerique; **Märchenstunde** F TV émission *f* de contes de fées; **Märchenwelt** F ⟨~⟩ monde fabuleux, féerique; *fig* monde irréel

Marder M ⟨~s; ~⟩ martre *f*

Margarete F ⟨→ *n/pr*⟩ *prénom*

Margarine F ⟨~⟩ margarine *f*

Marge F ⟨~; ~n⟩ *bes* HANDEL marge *f*

Margerite F ⟨~; ~n⟩ BOT marguerite *f*

marginal ADJ *a.* SOZIOLOGIE marginal

Marginalie F ⟨~; ~n⟩ annotation *f*; *fig* problème *m* annexe

Margit F ⟨→ *n/pr*⟩ *prénom*

Margot F ⟨→ *n/pr*⟩ *prénom*

Margret F ⟨→ *n/pr*⟩ *prénom*

Maria F ⟨→ *n/pr*⟩ *prénom*; REL **(die Jungfrau) ~** la (Sainte) Vierge; la Vierge Marie; BIBEL **~ Magdalena** Marie-Madeleine *f*; HIST **~ Stuart** Marie Stuart *f*; **Mariä Verkündigung** *f* l'Annonciation *f*

Marianne F ⟨→ *n/pr*⟩ *prénom*

Marie F ⟨→ *n/pr*⟩ *prénom*

Marienbild N (image *f* de la) madone *f*; Vierge *f*; **Mariendichtung** F poésie *f* à la gloire de la Vierge Marie; **Marienkäfer** M coccinelle *f*; **Marienkult** M culte marial; marianisme *m*; **Marienverehrung** F adoration *f* de la Vierge

Marihuana N ⟨~s⟩ marijuana *f*; *umg* marie-jeanne *f*

Marille F ⟨~; ~n⟩ *österr* (*Aprikose*) abricot *m*; **Marillenknödel** M *österr: boule de pomme de terre, de mie de pain ou de semoule fourrée à l'abricot, bouillie et servie chaude comme dessert*

Marinade F ⟨~; ~n⟩ marinade *f*

Marine F ⟨~; ~n⟩ marine *f*; **Marineattaché** M MIL attaché naval; **marineblau** ADJ bleu marine (*inv*); **Marineinfanterie** F infanterie *f* de marine; **Marineinfanterist** M fusilier marin; marine *m*; **Marineoffizier** M officier *m* de marine; **Marinestützpunkt** M base navale

marinieren VT ⟨*pas de ge-*, h.⟩ GASTR (faire) mariner

Marion F ⟨→ *n/pr*⟩ *prénom*

Marionette F ⟨~; ~n⟩ marionnette *f* (à fils); *fig* fantoche *m*; marionnette *f*

Marionettenregierung F gouvernement *m* fantoche; **Marionettenspieler(in)** M(F) marionnettiste *m/f*; montreur *m* de marionnettes; **Marionettentheater** N (théâtre *m* de) marionnettes *fpl*

maritim ADJ maritime

Mark¹ F ⟨~; ~ *ou umg hum* ~̈er⟩ *Währung* mark *m*; HIST **Deutsche ~** mark allemand; deutsche mark *m*; *umg* **keine müde ~** pas un centime; *umg* **die schnelle ~ machen** *umg* (se) faire facilement du fric; *umg* **jede ~ (dreimal) umdrehen** *umg* être près de ses sous

Mark² N ⟨~(e)s⟩ 1 ANAT, BOT moelle *f*; (*Fruchtmark*) pulpe *f*; *fig* **j-n bis ins ~ treffen** glacer qn jusqu'à la moelle; *Geräusch* **j-m durch ~ und Bein gehen** faire frissonner qn; faire grincer qn des dents; *umg fig* **j-m das ~ aus den Knochen saugen** exploiter qn d'une façon éhontée; sucer qn jusqu'à la moelle 2 GASTR coulis *m*; → *a.* Tomatenmark

Mark³ F ⟨~; ~en⟩ HIST marche *f*; **~ Brandenburg** Marche de Brandebourg

markant ADJ (*bedeutend*) marquant (*a. Persönlichkeit*); *Gesicht(szug) etc* marqué; prononcé

Marke F ⟨~; ~n⟩ 1 (*Markierung*) marque *f*; repère *m* 2 (*Briefmarke*) timbre(-poste) *m*; (*Spielmarke*) jeton *m*; (*Essensmarke, Wertmarke etc*) ticket *m*; (*Gebührenmarke*) timbre *m* 3 HANDEL (*Warenzeichen, Produkt*) marque *f*; JUR nom déposé; marque déposée 4 SPORT jalon *m* 5 *umg* **das ist vielleicht e-e ~!** *umg* c'est un (drôle de) numéro!

Markenartikel M article *m*, produit *m* de marque; **Markenbutter** F beurre *m* de qualité; **Markenerzeugnis** N, **Markenfabrikat** N produit *m* de marque; **Markenimage** N image *f* de marque; **Markenname** M nom *m* de marque; **Markenprodukt** N produit *m* de marque; **Markenschutz** M protection *f* des marques de fabrique; **Markentreue** F fidélité *f* à une marque; **Markenware** F produits *mpl* de marque; **Markenzeichen** N 1 HANDEL (*Warenzeichen*) marque *f* (de fabrique); *im Kleidungsstück* griffe *f* 2 *fig* trait *m* caractéristique

Marker M ⟨~s; ~⟩ *Stift* marqueur *m*

Märker PL → Mark¹

markerschütternd ADJT *Schrei* déchirant; perçant

Marketender(in) M ⟨~s; ~⟩ (F) ⟨~in; ~innen⟩ HIST vivandier, -ière *m,f*

Marketing N ⟨~s⟩ marketing *m*

Markgraf M, **Markgräfin** F HIST margrave *m/f*; **markgräflich** ADJ ⟨*épithète*⟩ de margrave

markieren VT ⟨*pas de ge-*, h.⟩ 1 (*kennzeichnen*) marquer 2 *umg* (*vortäuschen*) simuler; feindre; faire semblant de (*+inf*); **den starken Mann ~** *umg* jouer les gros durs; *abs* **sie markiert nur** elle fait semblant

Markierung F ⟨~; ~en⟩ 1 ⟨*pas de pl*⟩ (*das Markieren*) marquage *m*; repérage *m* 2 (*Kennzeichen*) marque *f*; repère *m*

Markierungsfähnchen N fanion *m* de jalonnement; **Markierungslinie** F marquage *m*; tracé *m*

markig ADJ *fig* énergique; vigoureux, -euse; *plus fort* truculent

märkisch ADJ GEOG de la marche; (*der Mark Brandenburg*) de la Marche de Brandebourg

Markise F ⟨~; ~n⟩ store *m*

Markklößchen N boulette *f* de moelle; **Markklößchensuppe** F soupe *f* aux boulettes de moelle; **Markknochen** M os *m* à moelle

Markstein M borne *f*; *fig* date *f* historique; événement marquant; **ein ~ in der Geschichte sein** faire date dans l'histoire

Markstück N ⟨~(e)s; ~e⟩ HIST (pièce *f* d'un) mark *m*; **markstückgroß** ADJ de la taille d'un mark

Markt M ⟨~(e)s; ~̈e⟩ 1 (*Wochenmarkt*) marché *m*; (*Jahrmarkt, Viehmarkt*) foire *f*; **heute ist ~ in …** aujourd'hui, il y a *od* c'est jour de marché à …; **auf den ~ gehen** aller au marché 2 (*~platz*) (place *f* du) marché *m* 3 (*Handel, Geldverkehr*) marché *m*; (*Absatzmarkt*) débouché *m*; **der Gemeinsame ~** le Marché commun; **ein Erzeugnis auf den ~ bringen** commercialiser, lancer un produit; mettre un produit sur le marché; **auf den ~ kommen** être mis sur le marché, en vente

Marktabsprache F entente *f* (illicite) de producteurs; **Marktanalyse** F analyse *f* du (*bzw.* des) marché(s); **Marktanteil** M part *f* de marché; **Marktbedürfnisse** NPL nécessités *fpl*, besoins *mpl* du marché; demande *f* sur le marché; **marktbeherrschend** ADJT qui est numéro un sur, domine le marché; ayant une position-clé sur le marché; **Marktbeherrschung** F domination *f* du marché; **Marktbeobachtung** F observation *f* des tendances du marché; **Marktbericht** M cours *m* du marché; **Marktentwicklung** F évolution *f* du marché; **Markterschließung** F ouverture *f* du *bzw.* d'un marché; **marktfähig** ADJ vendable; **Marktflecken** M bourg *m*; *kleiner* bourgade *f*; **Marktforscher(in)** M(F) prospecteur, -trice *m,f* (de marchés); **Marktforschung** F étude *f* de marché; **Marktfrau** F marchande *f*; **marktführend** ADJT qui domine le marché; **Marktführer** M leader *m* sur le marché; **marktgängig** ADJ HANDEL qui se vend bien; **marktgerecht** ADJ approprié au marché; **Markthalle** F marché couvert; °halle *f*; **marktkonform** → marktgerecht; **Marktkorb** M panier *m* à provisions; **Marktlage** F ⟨~⟩ situation *f*, condition *f* du marché; **Marktlücke** F créneau *m* (*a. fig*); **Marktnische** F niche *f* (de marché); **Marktordnung** F 1 WIRTSCH organisation *f*, réglementation *f* du marché 2 *auf dem Marktplatz* organisation *f* des marchés et foires; **Marktplatz** M place *f* du marché; **Marktpreis** M prix *m* du marché; **Marktrecht** N HIST droit *m* de tenir marché; **Marktschreier** M vendeur *m* à la criée; bonimenteur *m*; **marktschreierisch** ADJ tapageur, -euse; **Marktschwankungen** FPL fluctuations *fpl* du marché; **Marktstand** M étal *m*; **Marktstudie** F étude *f* du marché; **Markttag** M jour *m* de marché; **Marktweib** *umg* N matrone *f*; **Marktwert** M ⟨~(e)s⟩ valeur marchande; prix courant

Marktwirtschaft F ⟨~⟩ économie *f* de marché; **freie ~** (économie *f* de) libre concurrence *f*; économie libérale; **soziale ~** économie sociale de marché

marktwirtschaftlich ADJ d'économie de marché

Markus M ⟨→ *n/pr*⟩ *prénom*; *Evangelist* Marc *m*; **Markusevangelium** N Évangile *m* selon saint Marc

Marlene F ⟨→ *n/pr*⟩ *prénom*

Marmelade F ⟨~; ~n⟩ confiture *f*

Marmeladenbrot N tartine *f* de confiture; **Marmeladenglas** N pot *m* de confiture

Marmor M ⟨~s; ~e⟩ marbre *m*; **Marmorader** F veine *f* de marbre; **Marmorblock** M ⟨~(e)s; -blöcke⟩ bloc *m* de marbre; **Marmorbruch** M marbrière *f*; carrière *f* de marbre

marmorieren VT ⟨*pas de ge-*, h.⟩ marbrer; **Marmorierung** F ⟨~; ~en⟩ marbrure *f*

Marmorkuchen M gâteau marbré

marmorn ADJ de *od* en marbre; *fig a.* marmoréen, -éenne

Marmorplatte F plaque *f* de marbre; **Marmorsäule** F colonne *f* de marbre; **Marmorstatue** F statue *f* de *od* en marbre; marbre *m*; **Marmortafel** F table *f* de marbre; marbre *m*

marode ADJ pourri

M

Marodeur M ⟨~s; ~e⟩ maraudeur *m*
Marokkaner(in) M ⟨~s; ~⟩ F ⟨~in; ~innen⟩ Marocain(e) *m(f)*
marokkanisch ADJ marocain
Marokko N ⟨→ *n/pr*⟩ le Maroc
Marone F ⟨~; ~n⟩ 1 *(Esskastanie)* marron *m* 2 *Pilz* bolet *m* fauve
Maroni PL *südd, österr* marrons *mpl*
Marotte F ⟨~; ~n⟩ marotte *f*; manie *f*
Mars[1] M ⟨→ *n/pr*⟩ ASTRON **(der) ~** Mars
Mars[2] M ⟨~; ~e⟩ SCHIFF °hune *f*
Marsbewohner M Martien *m*
marsch INT **~!** allons! en route!; *umg* **~, hinaus!** °hors d'ici!; dehors!; *umg* **an die Arbeit, ~!** et maintenant, au travail!; *umg* **~ (~), ins Bett!** allez, allez! au lit!
Marsch[1] M ⟨~(e)s; ⸚e⟩ MUS, MIL, *fig* marche *f*; *umg fig* **j-m den ~ blasen** *umg* sonner les cloches à qn
Marsch[2] F ⟨~; ~en⟩ GEOG terre basse et fertile (conquise sur la mer)
Marschall M ⟨~s; -schälle⟩ maréchal *m*
Marschall(s)stab M bâton *m* de maréchal
Marschbefehl M ordre *m* de marche; **marschbereit** ADJ prêt à partir; MIL *a.* prêt à, capable d'entrer en campagne; **Marschflugkörper** M MIL missile *m* de croisière; **Marschgepäck** N bagages *mpl* de route
marschieren V/I ⟨*pas de ge-*, s.⟩ marcher
Marschkolonne F colonne *f*, groupe *m* de marche
Marschland N ⟨~(e)s⟩ → Marsch[2]
Marschmusik F musique *f* militaire; marches *fpl*; **Marschordnung** F ordre *m* de marche; **Marschrichtung** F direction *f* (de marche); *fig* ligne *f* de conduite; **Marschroute** F itinéraire *m*; tracé *m* de route; *fig* ligne *f* de conduite; **Marschtempo** N ⟨~s⟩ allure *f*, cadence *f*, vitesse *f* (de marche); **Marschverpflegung** F approvisionnement *m*, vivres *mpl* de route; **Marschziel** N but *m*, MIL objectif *m* de marche
Marsmensch M Martien *m*
Marsrahe F SCHIFF vergue *f* de hune; **Marssegel** N SCHIFF °hunier *m*; **Marsstenge** F SCHIFF mât *m* de hune
Marstall M HIST écuries *fpl* (d'un prince)
Marter *geh* F ⟨~; ~n⟩ torture *f*; martyre *m*
Marterl N ⟨~s; ~n⟩ *bayrisch, österr* calvaire *m*
martern *geh* V/T ⟨-(e)re, h.⟩ torturer; martyriser; *seelisch* tourmenter
Marterpfahl M poteau *m* de torture(s); **Martertod** *geh* M martyre *m*; **Marterwerkzeug** N instruments *mpl* de torture
Martha F ⟨→ *n/pr*⟩ *prénom*
martialisch *geh* ADJ martial
Martin M ⟨→ *n/pr*⟩ *prénom*; **der heilige ~** saint Martin *m*
Martina F ⟨→ *n/pr*⟩ *prénom*
Martini N ⟨~⟩ → Martinsfest
Martinique N ⟨→ *n/pr*⟩ la Martinique
Martinsfest N la Saint-Martin; **Martinsgans** F GASTR oie *f* de la Saint-Martin; **Martinshorn** N avertisseur *m* à deux tons *(des voitures de pompiers, de la police, etc)*; **Martinstag** M (la) Saint-Martin
Märtyrer(in) M ⟨~s; ~⟩ F ⟨~in; ~innen⟩ martyr(e) *m(f)*; **Märtyrergeschichte** F histoire *f* des martyrs; **Märtyrertod** M martyre *m*; **Märtyrertum** N ⟨~s⟩ martyre *m*
Martyrium N ⟨~s; -ien⟩ martyre *m*
Marxismus M ⟨~⟩ marxisme *m*; **Marxist(in)** M ⟨~en; ~en⟩ F ⟨~in; ~innen⟩ marxiste *m/f*; **marxistisch** ADJ marxiste
März M ⟨~(es); ~e⟩ (mois *m* de) mars *m*; → *a.* Januar
Märzenbecher M BOT nivéole *f*
Marzipan N, *österr* M ⟨~s; ~e⟩ pâte *f* d'amandes; **Marzipanbrot** N *sucrerie à la pâte d'amandes en forme de petit pain*; **Marzipankartoffel** F *sucrerie à la pâte d'amandes en forme de petite pomme de terre*
Mascara F ⟨~; ~s⟩ mascara *m*; fard *m* pour cils
Masche F ⟨~; ~n⟩ 1 *(Schlinge)* maille *f*; **feste ~** maille serrée; *fig* **durch die ~n des Gesetzes schlüpfen** passer à travers les mailles de la justice 2 *österr (Schleife)* nœud *m* 3 *umg (Trick) umg* combine *f*; truc *m*; **die neueste ~** la dernière mode
Maschendraht M grillage *m*; treillis *m* métallique; **Maschendrahtzaun** M grillage *m*; **Maschenreihe** F rangée *f* de mailles; **Maschenzahl** F ⟨~⟩ nombre *m* de mailles
Maschine F ⟨~; ~n⟩ 1 TECH machine *f*; *umg e-s Autos umg* moulin *m* 2 *(Schreibmaschine)* machine *f* (à écrire); **(etw mit der) ~ schreiben** taper (qc) à la machine; dactylographier (qc) 3 *umg (Motorrad) umg* machine *f*; *(Auto) umg* grosse bagnole; *(Flugzeug)* appareil *m* 4 *umg (dicke Frau) umg* grosse dondon
maschinegeschrieben ADJT tapé à la machine; dactylographié
maschinell A ADJ ⟨*épithète*⟩ mécanique; **~e Einrichtung** machinerie *f* B ADV à la machine; mécaniquement; **~ hergestellt** fait à la machine
Maschinenbau M ⟨~(e)s⟩ construction *f* mécanique; *Lehrfach* mécanique *f*; **Maschinenbauer(in)** M ⟨~s; ~⟩ F ⟨~in; ~innen⟩ constructeur, -trice *m,f* mécanicien(ne); constructeur, -trice *m,f* de machines; **Maschinenbauingenieur(in)** M(F) ingénieur *m/f* mécanicien(ne); **Maschinenfabrik** F atelier *m* de constructions mécaniques; **maschinengeschrieben** → maschinegeschrieben; **maschinengestrickt** ADJT tricoté à la machine; **Maschinengewehr** N mitrailleuse *f*; **Maschinenhaus** N salle *f* des machines; **Maschinenlärm** M vacarme *m* des machines; **Maschinenlaufzeit** F durée *f* d'utilisation des équipements; **maschinenlesbar** ADJ IT lisible, exploitable par (un) ordinateur; **Maschinenmeister** M chef mécanicien; THEAT (chef *m*) machiniste *m*; **Maschinenöl** N huile *f* à machine; **Maschinenpark** M parc *m* de machines; **Maschinenpistole** F mitraillette *f*; pistolet mitrailleur; **Maschinenraum** M, **Maschinensaal** M salle *f* des machines; **Maschinensatz** M ⟨~es⟩ TYPO composition *f* mécanique; **Maschinenschaden** M avarie *f* de machine; **Maschinenschlosser(in)** M ajusteur-mécanicien *m*, ajusteuse-mécanicienne *f*; **Maschinenschreiben** N ⟨~s⟩ dactylographie *f*
Maschinenschrift F dactylographie *f*; **in ~** dactylographié; tapé à la machine
Maschinenwärter(in) M(F) mécanicien, -ienne *m,f* d'entretien; **maschinenwaschbar** ADJ lavable en machine; **Maschinenzeitalter** N ⟨~s⟩ âge *m*, ère *f* de la machine
Maschinerie F ⟨~; ~n⟩ machinerie *f*; *fig* machine *f*
maschineschreiben V/I → Maschine 2
Maschinist M ⟨~en; ~en⟩ chef mécanicien; mécanicien *m* d'entretien
Maser F ⟨~; ~n⟩ veine *f*
maserig ADJ veiné; madré
Masern FPL MED rougeole *f*
Maserung F ⟨~; ~en⟩ veines *fpl*; nervures *fpl* de bois
Maske F ⟨~; ~n⟩ 1 *a. fig*, MED, *Person* masque *m*; *(Halbmaske)* loup *m*; **die ~ abnehmen, fallen lassen** se démasquer; lever, jeter le masque *(beide a. fig)*; **j-m die ~ abreißen** arracher le masque à qn; démasquer qn *(beide a. fig)* 2 THEAT maquillage *m* 3 FOTO, TYPO cache *m* 4 IT *auf dem Bildschirm* grille *f* d'écran
Maskenball M bal masqué, costumé; **Maskenbildner(in)** M ⟨~s; ~⟩ F ⟨~in; ~innen⟩ maquilleur, -euse *m,f*
Maskerade F ⟨~; ~n⟩ mascarade *f*
maskieren ⟨*pas de ge-*, h.⟩ A V/T 1 **j-n ~** masquer qn; *(verkleiden)* déguiser qn **(als** en**)** 2 *fig (tarnen)* **etw ~** masquer qc B V/R **sich ~** se masquer; *(sich verkleiden)* se déguiser **(als** en**)**
Maskierung F ⟨~; ~en⟩ *(Verkleidung)* déguisement *m*; *(Kostüm)* costume *m*
Maskottchen N ⟨~s; ~⟩ mascotte *f*; porte-bonheur *m*
maskulin ADJ masculin
Maskulinform F GRAM forme masculine
Maskulinum N ⟨~s; -na⟩ (genre, nom) masculin *m*
Masochismus M ⟨~⟩ masochisme *m*; **Masochist(in)** M ⟨~en; ~en⟩ F ⟨~in; ~innen⟩ masochiste *m/f*; **masochistisch** ADJ masochiste
maß → messen
Maß[1] N ⟨~es; ~e⟩ 1 *(~einheit, Größe)* mesure *f*; **~ nehmen** prendre les mesures **(bei** de**)**; **nach ~** sur mesure; *fig* **mit zweierlei ~ messen** avoir *od* faire deux poids, deux mesures; *geh* **ein gerüttelt ~ an** *(+dat)* une bonne dose de; **das ~ ist voll!** la coupe est pleine!; ça dépasse les bornes! 2 *(Verhältnis)* proportions *fpl* 3 *(Ausmaß)* dimension *f*; étendue *f*; **ein hohes ~ an Vollkommenheit erreichen** atteindre un °haut degré de perfection; **in begrenztem, beschränktem ~(e)** dans une moindre mesure; **in gewissem ~(e)** dans une certaine mesure; **in hohem ~(e)** à un °haut degré; dans une large mesure; **in höchstem ~(e)** au plus °haut point, degré; **in stärkerem ~(e)** dans une plus forte proportion; **in vollem ~(e)** pleinement; **in zunehmendem ~(e)** de plus en plus; **in dem ~(e) wie …** (au fur et) à mesure que …; dans la mesure où …; **in e-m ~(e), dass …** au point de *(+inf)*; au point que … *(+subj)* 4 *fig (Grenzen)* bornes *fpl*; limite(s) *f(pl)*; *(Mäßigung)* modération *f*; **~ halten** → maßhalten; **weder ~ noch Ziel kennen** être sans mesure; n'avoir pas, manquer de mesure; **das übersteigt alles ~** cela dépasse toute mesure; **jedes ~ verlieren** perdre toute mesure; **alles mit, in ~en** n'abusez pas; pas d'excès!; avec mesure; **ohne ~ und Ziel** outre mesure; à l'excès; *geh* **über alle, die ~en** *(sehr)* extrêmement; excessivement; *(maßlos)* à l'excès; *geh* à outrance
Maß[2] F ⟨~; ~(e), *mais* 2 ~⟩ *südd, österr (Liter)* litre *m* (de bière)
Massage F ⟨~; ~n⟩ massage *m*; **Massagebehandlung** F massages *mpl*; **Massagegerät** N masseur *m*; **Massageinstitut** N cabinet *m* de travail d'un masseur; **Massageöl** N huile *f* de massage; **Massagesalon** M *verhüllend* établissement *m* de massage thaïlandais; **Massagestab** M vibromasseur *m*
Massai M/F ⟨~; ~⟩ Masaï *od* Massaï *m/f*
Massaker N ⟨~s; ~⟩ massacre *m*; carnage *m*; **massakrieren** V/T ⟨*pas de ge-*, h.⟩ massacrer
Maßanalyse F CHEM analyse *f* volumétrique; titrage *m*; **Maßangabe** F indication *f* d'unité de mesure; **Maßanzug** M costume *m*, complet *m* (fait) sur mesure(s)
Maßarbeit F travail *m* (fait) sur mesure; *umg fig* **das war ~** *umg* c'était du sur mesure
Masse F ⟨~; ~n⟩ 1 *(formloser Stoff)* masse *f*; TECH *(Gussmasse)* coulée *f*; **e-e klebrige ~** une pâte gluante; **e-e undefinierbare ~** une

M

substance indéfinissable **2** *(Menge)* masse *f*, quantité *f* (**an** *[+dat]*, **von** de); *umg* **er hat e-e (ganze) ~ Bücher** *umg* il a un tas de livres; **sie kamen in ~n** *(dat)* ils accoururent en foule, en masse, en grand nombre; *umg* **die ~ machts** c'est la quantité qui compte **3** *(Menschenmenge)* masse *f*; foule *f*; **die breite ~** la grande masse **4** PHYS masse *f* **5** ELEK masse *f*; terre *f* **6** JUR *(Konkursmasse)* masse *f*; **mangels ~** pour insuffisance d'actifs; *fig hum ausfallen etc* faute de participants, spectateurs, *etc*

Maßeinheit F unité *f* de mesure; **Maßeinteilung** F graduation *f*

Massel¹ F ⟨~; ~n⟩ TECH gueuse *f*

Massel² M ⟨~s⟩ *umg (Glück) umg* veine *f*; **~ haben** *a. umg* avoir la baraka

Massenabfertigung F *pej* **das ist die reinste ~** *umg* c'est l'usine, une véritable usine; *beim Arzt a.* c'est soigner les malades en série; *in der Mensa a.* c'est de la restauration en série

Massenabsatz M vente *f* en grandes quantités; **Massenandrang** M affluence *f*; **Massenangriff** M MIL attaque massive; **Massenanziehung** F PHYS gravitation *f*; **Massenarbeitslosigkeit** F chômage généralisé; **Massenartikel** M article *m* de série; **Massenaufgebot** N mise en action massive (**an** *[+ dat]* de); **Massenauflage** F TYPO gros tirage; **Massenbewegung** F mouvement *m* de masse; **Massendemonstration** F manifestation *f* de masse; **Massenentlassung** F licenciement collectif, massif; **Massenerhebung** F levée *f* en masse; **Massenfabrikation** F fabrication *f* en grande(s) série(s); **Massenflucht** F ⟨~⟩ exode *m*; **Massengesellschaft** F civilisation *f* de masse; **Massengrab** N fosse commune; **Massengüter** NPL marchandises *fpl* en vrac, de gros tonnage; **massenhaft** ADJ ⟨épithète⟩ *u. umg* ADV en masse(s); **Massenherstellung** F → Massenfabrikation; **Massenhinrichtung** F exécutions *fpl* en masse; **Massenhysterie** F hystérie collective; **Massenkarambolage** F collision *f* en chaîne; carambolage *m*; **Massenkundgebung** F manifestation *f* de masse; **Massenmedien** NPL mass media *mpl*; **Massenmord** M massacre *m*; *plus fort* hécatombe *f*; **Massenmörder(in)** M(F) tueur, -euse *m,f*; **Massenorganisation** F organisation *f* de masse; **Massenproduktion** F production *f* en grande(s) série(s); **Massenpsychologie** F psychologie *f* des foules; **Massenpsychose** F psychose collective; **Massenquartier** N (centre *m* d')hébergement *m* de masse; **Massensport** M sport *m* populaire; **Massensterben** N hécatombe *f*; **Massenstreik** M grève massive, *plus fort* générale; **Massentierhaltung** F élevage industriel; **Massentourismus** M tourisme *m* de masse; **Massentransport** M transport collectif, de masse; **Massenveranstaltung** F manifestation *f*, concert *m*, spectacle *m*, *etc* qui attire une foule de participants *bzw.* spectateurs; **Massenverhaftung** F arrestation massive, en masse; **Massenverkehrsmittel** N moyen *m* de transport de masse; **Massenvernichtung** F destruction massive; **Massenvernichtungsmittel** N moyen *m* de destruction, d'extermination massive; **Massenvernichtungswaffen** FPL armes *fpl* de destruction massive; **Massenversammlung** F rassemblement *m* de masse, populaire; **Massenwahn** M → Massenhysterie; **Massenware** F marchandise fabriquée en série; **massenweise** ADV massivement; *umg* en masse; en foule; **massenwirksam** ADJ qui a de l'effet, qui agit sur les masses; **Massenwirkung** F effet *m* sur les masses

Masseur(in) M ⟨~s; ~e⟩ (F) ⟨~in; ~innen⟩ masseur, -euse *m,f*

Masseuse F **1** *(Masseurin)* masseuse *f* **2** *(Prostituierte)* femme *f* qui pratique le massage thaïlandais

Maßgabe F **mit der ~, etw zu tun** avec l'ordre de faire qc; *geh* **nach ~** *(+gen)* en raison de; suivant; conformément à

maßgearbeitet ADJT sur mesure

maßgebend ADJ *Faktor etc* déterminant; *(entscheidend)* décisif, -ive; *Urteil, Einfluss, Buch* qui fait autorité; *Person a.* compétent; *Kreise* autorisé; *Meinung* qui a de l'influence

maßgeblich **A** ADJ décisif, ive; *Person a.* compétent; **ich erfahre von ~er Seite** j'apprends de source autorisée **B** ADV de manière décisive; valablement; **~ an etw** *(dat)* **beteiligt sein** jouer un rôle de premier plan dans qc

maßgerecht ADJ qui a les mesures, les dimensions prescrites; **maßgeschneidert** ADJT sur mesure; *fig* adapté; qui convient

maßhalten VI ⟨*irr, sép, -ge-*, h.⟩ garder la mesure; éviter les excès; **im Essen ~** manger avec modération

massieren VT ⟨*pas de ge-*, h.⟩ **1** MED masser **2** SPORT, MIL *(verstärken)* masser; *Truppen a.* concentrer; *fig* **massiert auftreten** se multiplier

massig **A** ADJ massif, -ive; compact **B** *umg* ADV *(viel) umg* en masse; **er hat ~ Geld** *umg* il a plein de fric; **wir haben ~ Zeit** on a tout le temps

mäßig ADJ **1** *(maßhaltend)* modéré; mesuré; *im Essen a.* frugal; *im Essen u. Trinken, Genuss a.* sobre **2** *(gering)* moyen, -enne; modéré *(a. Interesse, Preis)*; *Einkommen* modeste; **schwache bis ~e Winde** vents faibles et modérés **3** *(mittel~)* médiocre

mäßigen *geh* ⟨h.⟩ **A** VT modérer; *(mildern)* tempérer; *Ansprüche a.* rabaisser; diminuer; **das Tempo ~** ralentir **B** VR **sich ~** se modérer; **~ Sie sich!** *a.* calmez-vous!

Mäßigkeit F ⟨~⟩ **1** *(Mäßigung)* modération *f*; *im Essen a.* frugalité *f*; *im Genuss, Essen u. Trinken a.* sobriété *f*; tempérance *f* **2** *(Mittelmäßigkeit)* médiocrité *f*

Mäßigung F ⟨~⟩ modération *f*

massiv **A** ADJ **1** *Metalle, Holz* massif, -ive; *Holz a.* plein; TECH *(aus e-m Stück)* monobloc *(inv)* **2** *(heftig) Kritik, Drohungen etc* violent; *Forderung* extrême; *Druck* énorme; *umg* **~ werden** devenir grossier; se laisser aller à des injures **B** ADV massivement; solidement; **~ gebaut** construit en dur

Massiv N ⟨~s; ~e⟩ GEOG massif *m*; **Massivbau** M ⟨~(e)s; ~ten⟩, **Massivbauweise** F construction en dur, massive; **Massivgold** N or massif; **massivwerden** *umg* VI → massiv A 2

Maßkrug M chope *f* à bière (d'un litre)

Maßliebchen N ⟨~(e)s; ~⟩ BOT pâquerette *f*

maßlos **A** ADJ extrême; *Übertreibung, Ansprüche* démesuré; *Ehrgeiz* sans bornes; **im Essen, Trinken ~ sein** manger, boire excessivement; **er hat ~e Ansprüche** ses prétentions dépassent toute mesure **B** ADV excessivement; **er ist ~ eitel** il est d'une vanité sans bornes, limites; **er ist ~ erregt** il est complètement, absolument °hors de lui; **sie übertreibt ~** elle exagère terriblement

Maßlosigkeit F ⟨~⟩ démesure *f*; excès *m*

Maßnahme F ⟨~; ~n⟩ mesure *f*; disposition *f*; **~n treffen, ergreifen** prendre des mesures, dispositions; **einschneidende ~n ergreifen** trancher dans le vif; **~n zur Verhütung von ...** mesures préventives contre ...

Maßregel F directive *f*; instruction *f*; **maßregeln** VT ⟨-(e)le, *insép*, ge-, h.⟩ **j-n ~** *(ermahnen)* rappeler qn à l'ordre; *(bestrafen)* infliger une punition à qn; sévir contre qn; **Maßreg(e)lung** F *(Ermahnung)* rappel *m* à l'ordre; *(Bestrafung)* punition *f*; **Maßschneider(in)** M(F) tailleur *m*, couturière *f* (travaillant sur mesure); **Maßschuhe** MPL chaussures *fpl* sur mesure

Maßstab M **1** *(Norm)* norme *f*; règle *f*; critère *m*; **e-n ~ an etw** *(akk)* **legen** appliquer une norme, un critère à qc; **e-n anderen ~ anlegen** appliquer un autre critère; **j-n, etw zum ~ nehmen** prendre qn, qc pour modèle; **das ist für mich kein ~** ce n'est pas un critère pour moi **2** *auf Landkarten etc* échelle *f*; **im ~ 1:100000** à l'échelle de 1/100000e; **in verkleinertem ~** à échelle réduite; en réduction **3** *fig* échelle *f*; mesure *f*; **in großem ~** sur une grande échelle

maßstab(s)gerecht, **maßstab(s)getreu** ADJ *u.* ADV à l'échelle

maßvoll ADJ *Mensch, Forderungen* modéré; *Urteil* mesuré; *Mensch a.* sobre; plein de modération

Mast¹ M ⟨~(e)s; ~e(n)⟩ **1** SCHIFF mât *m*; **die ~en** *a.* la mâture **2** *(Fahnenmast, Zeltmast)* mât *m*; *(Telegrafenmast)* poteau *m*; *(Hochspannungsmast)* pylône *m*

Mast² F ⟨~; ~en⟩ AGR engraissement *od* engraissage *m*; *von Geflügel a.* gavage *m*

Mastbaum M SCHIFF mât *m*

Mastdarm M ANAT rectum *m*

mästen VT ⟨-ete, h.⟩ engraisser; *Geflügel a.* gaver

Master M ⟨~s; ~⟩ *akademischer Grad* master *m*

Mastfutter N fourrage *m* d'engraissement; **Mastgans** F oie engraissée, gavée

Mastix M ⟨~(es)⟩ mastic *m*

Mastkorb M SCHIFF °hune *f*

Mastkur F cure *f* d'engraissement; **Mastochse** M bœuf engraissé; **Mastschwein** N cochon gras, engraissé, qu'on engraisse

Mästung F ⟨~⟩ → Mast²

Masturbation F ⟨~; ~en⟩ masturbation *f*; **masturbieren** VI ⟨*pas de ge-*, h.⟩ se masturber

Mastvieh N bétail *m* à l'engrais

Matador M ⟨~s; ~e⟩ matador *m*

Match N, *schweiz* M ⟨~(e)s; ~s *ou* ~e⟩ match *m*; **Matchball** M balle *f* de match; **Matchsack** M sacoche *f*

Mate M ⟨~⟩ maté *m*

Material N ⟨~s; ~ien⟩ **1** *(Stoff)* matière *f*; *(Werkstoff)* matériau(x) *m(pl)*; *(Rohmaterial)* matière première; *(Büromaterial, schulisches ~)* fournitures *fpl* **2** *(Ausrüstung)* matériel *m*; équipement *m*; *(Werkzeug)* outillage *m* **3** *(Unterlagen, Beweismaterial)* matériel *m*; matériaux *mpl*; **Materialanforderung** F demande *f* de matériel *bzw.* de fournitures; **Materialaufwand** M dépenses *fpl* en matières (premières) et fournitures; **Materialausgabe** F ⟨~⟩ distribution *f* de matériel; **Materialbedarf** M besoin *m* de matériel; **Materialbeschädigung** F dégât causé au matériel; **Materialentnahme** F prélèvement *m* de matière, de matériel; **Materialermüdung** F fatigue *f*, usure *f* du matériel; **Materialfehler** M défaut *m* de matériel

Materialismus M ⟨~⟩ matérialisme *m*; **dialektischer, historischer ~** matérialisme dialectique, historique

Materialist(in) M ⟨~en; ~en⟩ (F) ⟨~in; ~innen⟩ matérialiste *m/f*; **materialistisch** ADJ matérialiste

Materialkosten PL frais *mpl* de matériel;

M

frais *mpl* de fournitures; **Materiallager** N dépôt *m* de matériel; **Materialprobe** F prélèvement *m* de matière; **Materialprüfung** F essai *m*, contrôle *m*, examen *m* des matériaux; **Materialschaden** M dégât matériel

Materialschlacht F MIL bataille *f* de matériel; *fig* **das war e-e richtige ~** ils ont employé les grands moyens

Materialschuppen M remise *f*, °hangar *m* à matériaux; **Materialverbrauch** M consommation *f* des matériaux

Materie *t/t* F ⟨~; ~n⟩ matière *f*

materiell A ADJ 1 PHYS, PHIL, FIN, HANDEL matériel, -ielle 2 *pej* (*materialistisch*) matérialiste B ADV 1 matériellement 2 *pej* d'une façon matérialiste; **~ eingestellt sein** avoir des idées matérialistes; être matérialiste

Matetee M maté *m*

Mathe *umg* F ⟨~⟩ *umg* maths *fpl*

Mathematik F ⟨~⟩ mathématiques *fpl*; **reine, angewandte, höhere ~** mathématiques pures, appliquées, transcendantes

Mathematiker(in) M ⟨~s; ~⟩ (F) ⟨~in; ~innen⟩ mathématicien, -ienne *m,f*; **mathematisch** ADJ mathématique

Mathilde F ⟨→ *n/pr*⟩ *prénom*

Matinee F ⟨~; ~n⟩ séance théâtrale, musicale, *etc* ayant lieu la matinée

Matjes M ⟨~; ~⟩, **Matjeshering** M (jeune) °hareng mariné dans du sel

Matratze F ⟨~; ~n⟩ matelas *m*

Matratzenlager N matelas *m(pl)* à même le sol; **Matratzenschoner** M protège-matelas *m*; *als Auflage a.* couvre-matelas *m*

Mätresse F ⟨~; ~n⟩ HIST favorite *f*

matriarchalisch ADJ matriarcal; **Matriarchat** N ⟨~(e)s; ~e⟩ matriarcat *m*

Matrikel F ⟨~; ~n⟩ matricule *f*; registre *m*; **Matrikelnummer** F numéro *m* d'immatriculation; matricule *f*

Matrix F ⟨~; -izes⟩ *t/t* matrice *f*; **Matrixdrucker** M IT imprimante matricielle

Matrize F ⟨~; ~n⟩ 1 TYPO, MATH matrice *f* 2 *für die Schreibmaschine* stencil *m*

Matrone F ⟨~; ~n⟩ matrone *f*

Matrose M ⟨~n; ~n⟩ matelot *m* (*a.* MIL); marin *m*

Matrosenanzug M costume marin; **Matrosenkragen** M col marin; **Matrosenmütze** F béret marin

Matsch *umg* M ⟨~(e)s⟩ 1 (*breiige Masse*) bouillie *f* 2 (*Schlamm*) boue *f*; gadoue *f* 3 (*Schneematsch*) neige fondue, fondante

matschen *umg* VI ⟨h.⟩ **(im Dreck) ~** jouer avec la boue

matschig *umg* ADJ 1 (*breiig*) *umg* en marmelade; *Früchte* blet, blette 2 (*schlammig*) boueux, -euse; bourbeux, -euse 3 *durch Schnee* couvert de neige fondante

matt ADJ 1 *Personen* (*erschöpft*) épuisé; exténué; (*schwach*) faible (*a. fig Lächeln, Stimme, Entschuldigung etc*); *Angriff a.* qui manque de vigueur, de force 2 (*glanzlos*) mat; (*trübe*) terne; *Farben a.* pâle; *Licht* tamisé; *Blick* mourant; languissant 3 *Foto, Papier, Gold* mat; *Glas* dépoli 4 SCHACHSPIEL mat; **j-n ~ setzen** faire qn mat

Matte[1] F ⟨~; ~n⟩ (*Flechtwerk*) natte *f*; *aus Stroh* paillasson *m*; SPORT tapis *m*; *umg fig* **auf der ~ stehen** être à pied d'œuvre; (*fertig sein*) être fin prêt

Matte[2] F ⟨~; ~n⟩ *schweiz, poet* (*Gebirgswiese*) alpage *m*; pâturage *m* de haute montagne

Matterhorn ⟨→ *n/pr*⟩ **das ~** le (mont) Cervin

Mattglas N verre mat, dépoli; **Mattgold** N or mat

Matthäus M ⟨→ *n/pr*⟩ *prénom*; *Evangelist* Matthieu *m*; **Matthäusevangelium** N Évangile *m* selon saint Matthieu

Matthäuspassion MUS **die ~** la Passion selon saint Matthieu

Mattheit F ⟨~⟩ 1 (*Glanzlosigkeit*) matité *f*; ton, coloris mat; *des Blicks* langueur *f*; *von Glas etc* dépoli *m* 2 *fig* langueur *f*; faiblesse *f*

Matthias M ⟨→ *n/pr*⟩ *prénom*

mattieren VT ⟨*pas de ge-*, h.⟩ dépolir; TECH *Glas a.* mater; *Silber, Gold etc* matir

Mattigkeit F ⟨~⟩ (*Schwäche*) fatigue *f*; lassitude *f*; faiblesse *f*; (*Erschöpfung*) épuisement *m*; abattement *m*

Mattscheibe F TV petit écran; FOTO verre dépoli; *umg fig* **~ haben** *umg* avoir un passage à vide

mattsetzen VT → matt 4

Matura F ⟨~⟩ *österr, schweiz* baccalauréat *m*

Maturand(in) M ⟨~en; ~en⟩ (F) ⟨~in; ~innen⟩ *schweiz* bachelier, -ière *m,f*

Maturant(in) M ⟨~en; ~en⟩ (F) ⟨~in; ~innen⟩ *österr* bachelier, -ière *m,f*

maturieren VI ⟨*pas de ge-*, h.⟩ *österr* passer le baccalauréat

Matz *umg hum* M ⟨~es; ~e *ou* ⁓̈e⟩ **kleiner ~** petit bonhomme

Mätzchen *umg* N ⟨~s; ~⟩ 1 (*Unsinn*) bêtise *f*; **~ machen** (*Dummheiten machen*) faire des bêtises; (*sich zieren*) minauder; faire des simagrées; **(Kinder,) lasst die ~!** arrêtez vos bêtises! 2 (*Tricks*) blague *f*; farce *f*; **... und keine ~!** ... et pas de blague!; ... et pas d'histoires!

Matze(n) F ⟨~; ~n⟩ (M) ⟨~ns; ~n⟩ pain *m* azyme

Mauer F ⟨~; ~n⟩ mur *m*; *koll* muraille *f*; **die Berliner ~** le mur de Berlin; **die Chinesische ~** la Muraille de Chine; *geh* **e-e ~ des Schweigens** un mur de silence

Mauerbau M ⟨~(e)s⟩ construction *f* d'un mur; HIST **der (Berliner) ~** la construction du mur de Berlin

Mauerblümchen N jeune fille *f*, femme *f* qui fait tapisserie; **Mauerbrecher** M HIST MIL bélier *m*; **Mauerfalke** M crécerelle *f*; **Mauerkranz** M, **Mauerkrone** F couronne murale; **Mauerläufer** M ZOOL grimpereau *m* des murailles

mauern ⟨-(e)re, h.⟩ A VT maçonner B VI SPORT bétonner; KARTENSPIEL garder ses cartes maîtresses

Maueröffnung F *für Fenster etc* baie *f*; **Mauerpfeffer** M BOT poivre *m* de la muraille; orpin *m* âcre; **Mauerritze** F lézarde *f*; fente *f*; **Mauerschau** F THEAT récit *m* synchrone d'un événement °hors scène; **Mauersegler** M ZOOL (grand) martinet *m*; **Mauerstein** M pierre taillée, de taille; **Mauervorsprung** M encorbellement *m*; saillie *f*, rebord *m* (d'un mur); **Mauerwerk** N (*Mauern*) murs *mpl*; (*gemauertes Gefüge*) maçonnerie *f*; **Mauerziegel** M brique *f*

Maul N ⟨~(e)s; Mäuler⟩ 1 *bei Tieren* gueule *f*; *der Pferde* bouche *f* 2 *sl pej* (*Mund*) *umg* gueule *f*; *umg* bec *m*; **ein freches, loses ~ haben** *umg* n'avoir pas sa langue dans sa poche; **das ~ (weit) aufreißen, ein großes ~ haben** *umg* être fort en gueule; *umg* avoir une grande gueule; **halts ~!** *umg* (ferme) ta gueule!; *umg* ferme-la!; **j-m das ~ stopfen** *umg* rabattre le caquet de qn; *umg* clouer le bec à qn; **j-m Honig ums ~ schmieren, j-m ums ~ gehen** *umg* faire du plat à qn; **er hat vier hungrige Mäuler zu stopfen** il a quatre ventres creux à nourrir

Maulaffe M *pej* **~n feilhalten** bayer aux corneilles

Maulbeerbaum M mûrier *m*; **Maulbeere** F mûre *f*

maulen *umg pej* VI ⟨h.⟩ grogner; (*schmollen*) bouder; *umg* faire la gueule; (*schimpfen*) *umg* rouspéter; *umg* râler

Maulesel M (petit) mulet; **maulfaul** *umg* ADJ peu loquace; **Maulheld** *umg* M *umg* grande gueule; *umg* fort *m* en gueule

Maulkorb M muselière *f*; **e-m Hund e-n ~ anlegen** mettre une muselière à un chien; *fig* **der Presse, Opposition** *etc* **e-n ~ anlegen** museler la presse, l'opposition, *etc*

Maulsperre F MED *t/t* trisme *m*; **Maultaschen** FPL GASTR: *ravioles farcies de viande, d'épinards, d'oignons et de fines herbes*; **Maultier** N mulet *m*; mule *f*; **Maultierpfad** M sentier *m*, chemin *m* de mulet, muletier; **Maultrommel** F MUS guimbarde *f*; **Maul- und Klauenseuche** F VET fièvre aphteuse; **Maulwurf** M ZOOL taupe *f* (*a. fig: Spion*); **Maulwurfshügel** M taupinière *f*

maunzen *umg* VI ⟨-(es)t, h.⟩ miauler

Maure M ⟨~n; ~n⟩ Maure *od* More *m*

Maurer(in) M ⟨~s; ~⟩ (F) ⟨~in; ~innen⟩ maçon *m*; *umg hum* **pünktlich wie die ~** réglé comme une horloge

Maurerarbeit F maçonnage *m*; maçonnerie *f*; **Maurergeselle** M compagnon *m*, ouvrier *m* maçon; **Maurerhandwerk** N ⟨~(e)s⟩ métier *m* de maçon; **Maurerkelle** F truelle *f*; **Maurerlehrling** M apprenti *m* maçon; **Maurermeister** M maçon *m*

Mauretanien N ⟨→ *n/pr*⟩ la Mauritanie

Mauretanier(in) M ⟨~s; ~⟩ (F) ⟨~in; ~innen⟩ Mauritanien, -ienne *m,f*

mauretanisch ADJ mauritanien, -ienne

maurisch ADJ maure *od* more; mauresque *od* moresque

Mauritier(in) M ⟨~s; ~⟩ (F) ⟨~in; ~innen⟩ Mauricien, -ienne *m,f*; **mauritisch** ADJ mauricien, -ienne

Mauritius N ⟨→ *n/pr*⟩ GEOG (l'île *f*) Maurice

Maus F ⟨~; Mäuse⟩ 1 ZOOL souris *f* (*a.* IT); *umg hum* **weiße Mäuse** (*Verkehrspolizei*) motards *mpl*; *umg fig* **weiße Mäuse sehen** *umg* avoir des hallucinations; *umg* **e-e graue ~** un personnage falot, insignifiant; *umg fig* **da beißt die ~ keinen Faden ab** il n'y a rien à faire; on ne peut rien y changer 2 *umg Kosewort umg* petit rat 3 *umg pl* **Mäuse** (*Geld*) *umg* pépètes *fpl*; *umg* fric *m*; **hundert Mäuse** *umg* cent balles *fpl*

Mauschelei *umg pej* F ⟨~; ~en⟩ *umg* magouille *f*; *umg* magouillage *m*

mauscheln *umg pej* VI ⟨-(e)le, h.⟩ *umg* magouiller; (*mogeln*) tricher

Mauscheln N ⟨~s⟩ yiddis(c)h *m*; *fig* bredouillement *m*

Mäuschen N ⟨~s; ~⟩ 1 petite souris; souriceau *m*; *umg* **da hätte ich ~ sein wollen** j'aurais aimé être une petite souris (pour voir, entendre) 2 *umg fig Kosewort umg* petit chou; *umg* petit rat

mäuschenstill *umg* A ADJ **es ist ~** on entendrait voler une mouche B ADV **sich ~ verhalten** *umg* ne (pas) piper mot; ne pas dire (un) mot; (*sich nicht bewegen*) ne pas bouger

Mäusebussard M buse *f* variable

Mausefalle F souricière *f*

Mäusegift N mort-aux-rats *f*

Mauseloch N trou *m* de souris

Mäusemelken *umg hum* N **es ist zum ~!** c'est à s'arracher les cheveux!

mausen ⟨-(es)t, h.⟩ A VT *umg* (*stehlen*) *umg* chiper; *umg* faucher B VI *regional von Katzen* prendre, attraper des souris

Mäuseplage F invasion *f* de souris

Mauser F ⟨~⟩ ZOOL mue *f*; **in der ~ sein** être en mue; muer

Mäuserich *umg* M ⟨~s; ~e⟩ souris *f* mâle

mausern VR ⟨-(e)re, h.⟩ **sich ~** 1 ZOOL muer; être en mue 2 *umg fig* faire peau neuve;

sich zum Schriftsteller ~ se transformer en écrivain
mausetot *umg* ADJ raide mort
mausgrau ADJ gris souris *(inv)*
mausigmachen *umg* V/R *⟨sép, -ge-, h.⟩* **sich ~** devenir insolent
Mausklick M ⟨~s; ~s⟩ IT clic *m* (de la souris); **per ~** en un clic de souris
Mausoleum N ⟨~s; -een⟩ mausolée *m*
Mauspad N ⟨~s; ~s⟩ IT tapis *m* (de souris)
Maustaste F IT bouton *m* (de souris); **linke, rechte ~** bouton gauche, droit de la souris
Mauszeiger M IT pointeur *m* (de la souris)
Maut F ⟨~; ~en⟩ *bes österr* péage *m*; **Mautgebühr** F péage *m*; **Mautstraße** F route *f* à péage
m. a. W. ABK (mit anderen Worten) en d'autres termes
Max M **1** ⟨→ *n/pr*⟩ *prénom* **2** *umg* GASTR **strammer ~** *œuf sur le plat sur du jambon et du pain*
Maxi N ⟨~s⟩ **~ tragen** porter une maxijupe, *etc*
Maxi-CD F maxi CD *m*
maximal **A** ADJ maximum, *f od pl a.* maxima; maximal **B** ADV au maximum; **das reicht für ~ zehn Personen** cela suffit pour dix personnes au maximum
Maximalforderung F exigence *f* maximum; **Maximalgeschwindigkeit** F vitesse maximale; vitesse *f* limite; limite *f* de vitesse; **Maximalwert** M valeur *f* maximum
Maxime F ⟨~; ~n⟩ maxime *f*
maximieren V/T *⟨pas de ge-, h.⟩ t/t* maxim(al)iser; **Maximierung** F ⟨~; ~en⟩ *t/t* maximisation *f*
Maximilian M ⟨→ *n/pr*⟩ *prénom*; *Kaisername* Maximilien *m*
Maximum N ⟨~s; -ma⟩ maximum *m* (an *[+dat]* de)
Maxisingle F 45 tours *m* double durée
Maya M ⟨~(s); ~(s)⟩ Maya *m*
Maya... IN ZSSGN maya *(inv)*
Mayonnaise F ⟨~; ~n⟩ mayonnaise *f*
MAZ F ⟨~⟩ TV ABK (magnetische Bildaufzeichnung) enregistrement *m* sur bande magnétique
Mazedonien N ⟨→ *n/pr*⟩ la Macédoine; **Mazedonier(in)** M ⟨~s; ~⟩ (F) ⟨~in; ~innen⟩ Macédonien, -ienne *m,f*
mazedonisch ADJ macédonien, -ienne
Mäzen(in) M ⟨~s; ~e⟩ (F) ⟨~in; ~innen⟩ mécène *m/f*
Mäzenatentum N ⟨~s⟩ mécénat *m*; protection *f*
Mazurka F ⟨~s; -ken *ou* ~s⟩ mazurka *f*
mb ABK (Millibar) mb (millibar)
MB IT ABK (Megabyte) Mo *m* (méga-octet)
mbH ABK (mit beschränkter Haftung) à responsabilité limitée
Md. ABK (Milliarde[n]) milliard(s)
MdB, **M. d. B.** ABK (Mitglied des Bundestags) membre *m* du Bundestag
MdL, **M. d. L.** ABK (Mitglied des Landtags) membre *m* du Landtag
MdNR *österr* ABK (Mitglied des Nationalrats) membre *m* du Nationalrat
MDR M ⟨~⟩ (Mitteldeutscher Rundfunk) *radio et télévision régionales allemandes (Leipzig)*
m. E. ABK (meines Erachtens) à mon avis
Mechanik F ⟨~; ~en⟩ PHYS, TECH mécanique *f*; *(Mechanismus)* mécanisme *m*
Mechaniker(in) M ⟨~s; ~⟩ (F) ⟨~in; ~innen⟩ mécanicien, -ienne *m,f*; **mechanisch** ADJ mécanique; *fig* machinal
mechanisieren V/T *⟨pas de ge-, h.⟩* mécaniser; **Mechanisierung** F ⟨~⟩ mécanisation *f*
Mechanismus M ⟨~; -men⟩ mécanisme *m*
Mechatronik F ⟨~⟩ mécatronique *f*
Meckerecke *umg* F rubrique *f* des critiques des lecteurs
Meckerei *umg* F ⟨~; ~en⟩ *umg* rouspétance *f*
Meckerer *umg* M ⟨~s; ~⟩, **Meckerfritze** *umg* M ⟨-itzen; -itzen⟩ *umg* rouspéteur *m*; *umg* râleur *m*; **ein ~ sein** chercher la petite bête
Meckerliese *umg* F ⟨~; ~n⟩ *umg* râleuse *f*; *umg* (vieille) ronchon
meckern V/I ⟨-(e)re, h.⟩ **1** *Ziege* bêler **2** *umg fig (nörgeln) umg* râler; *umg* rouspéter; *umg* ronchonner
Meckern N ⟨~s⟩ **1** *der Ziege* bêlement *m* **2** *fig* chevrotement *m* **3** *umg fig (Nörgeln) umg* rouspétance *f*; grognement *m*; *umg* ronchonnement *m*; **Meckerziege** F → Meckerliese
Meckifrisur *umg* F, **Meckischnitt** *umg* M cheveux *mpl* en brosse
Mecklenburg N ⟨→ *n/pr*⟩ le Mecklembourg; **Mecklenburg-Vorpommern** N le Mecklembourg-Poméranie occidentale
med. ABK (medizinisch) médical
Medaille F ⟨~; ~n⟩ médaille *f*; **j-n mit e-r ~ auszeichnen** décerner une médaille à qn
Medaillon N ⟨~s; ~s⟩ médaillon *m* (*a.* GASTR)
Medea F ⟨→ *n/pr*⟩ MYTH Médée *f*
medial ADJ SPIRITISMUS médiumnique; **~e Fähigkeiten** *fpl* médiumnité *f*
Mediation F ⟨~; ~en⟩ médiation *f*; **Mediator(in)** M ⟨~s; -toren⟩ (F) ⟨~in; ~innen⟩ médiateur, -trice *m,f*
Medien PL → Medium; **Mediendesigner(in)** M(F) infographiste *m/f*; **Medienereignis** N événement *m* médiatique; **Medienforschung** F recherches *fpl* sur les médias; **Mediengestalter(in)** M(F) réalisateur, -trice *m,f* médias; **Mediengewerkschaft** F syndicat *m* des médias; **Medienkonzern** M groupe *m* de communication; **Medienlandschaft** F ⟨~⟩ paysage *m* médiatique; **Medienpolitik** F politique *f* des médias; **Medienverbund** M ⟨~(e)s⟩ **1** *beim Unterrichten* combinaison *f* de plusieurs supports pédagogiques **2** HANDEL groupe *m* de communication; **medienwirksam** ADJ médiatique
Medikament N ⟨~(e)s; ~e⟩ médicament *m*, remède *m* (**gegen** contre)
medikamentös **A** ADJ médicamenteux, -euse **B** ADV **~ behandeln** soigner avec des médicaments
Meditation F ⟨~; ~en⟩ méditation *f*
Meditationsübung F exercice *m* de méditation
meditativ ADJ méditatif, -ive
mediterran ADJ méditerranéen, -éenne
meditieren V/I *⟨pas de ge-, h.⟩* méditer (**über** *[+akk]* sur)
medium ADJ *⟨inv⟩* GASTR à point
Medium N ⟨~s; -ien⟩ **1** *(Kommunikationsmittel)* média *m*; **elektronische Medien** médias électroniques; **die Neuen Medien** les nouveaux médias **2** *(Unterrichtsmittel)* support(s) *m(pl)* pédagogique(s) **3** *geh (Mittler)* véhicule *m* **4** ESOTERIK médium *m* **5** GRAM voix moyenne **6** PHYS milieu *m*
Medizin F ⟨~; ~en⟩ **1** *⟨pas de pl⟩ (Heilkunde)* médecine *f* **2** *(Arznei)* médicament *m*, remède *m* (**gegen** contre)
Medizinball M médecine-ball *m*
Mediziner(in) M ⟨~s; ~⟩ (F) ⟨~in; ~innen⟩ **1** *(Arzt)* médecin *m*; *(Ärztin)* femme *f* médecin **2** *(Medizinstudent[in])* étudiant(e) *m(f)* en médecine
medizinisch ADJ de médecine; *(ärztlich)* médical; *(arzneilich)* médicinal; **~e Fakultät** faculté *f* de médecine; **~-technische Assistentin** assistante, auxiliaire médicale
Medizinmann M ⟨~(e)s; ¨er⟩ **1** *bei Naturvölkern* sorcier *m*; guérisseur *m* **2** *umg hum umg* toubib *m*; **Medizinstudent(in)** M(F) étudiant(e) *m(f)* en médecine; **Medizinstudium** N études *fpl* de médecine
Medusa F ⟨→ *n/pr*⟩ MYTH Méduse *f*
Meduse F ⟨~; ~n⟩ ZOOL méduse *f*
Medusenhaupt N tête *f* de Méduse
Meer N ⟨~(e)s; ~e⟩ mer *f*; *fig a.* océan *m*; **das Kaspische ~** la (mer) Caspienne; **das Tote ~** la mer Morte; **am ~** au bord de la mer; **aufs offene ~ hinausfahren** gagner la haute mer; *fig* **ein ~ von ...** une mer de ...
Meerbarbe ⟨~; ~n⟩ F ZOOL *t/t* mullidé *m*; **Rote ~** rouget *m* barbet
meerblau ADJ bleu de mer
Meerblick M **ein Haus, Zimmer mit ~** une maison, chambre *bzw.* pièce avec vue sur la mer
Meerbusen M golfe *m*; **Meerenge** F détroit *m*; canal *m*
Meeresarm M bras *m* de mer; **Meeresbiologie** F océanographie *f* biologique; **Meeresboden** M fond *m* de la mer; **Meeresbrandung** F brisant *m*; ressac *m*; **Meeresforschung** F recherche *f* océanographique; océanographie *f*; **Meeresfrüchte** FPL fruits *mpl* de mer; **Meeresgottheit** F divinité marine, de la mer; **Meeresgrund** M ⟨~(e)s⟩ fond *m* de la mer; **Meereshöhe** F ⟨~⟩ niveau *m* de la mer; **Meereskunde** F ⟨~⟩ océanographie *f*; **Meeresrauschen** N bruit *m* des vagues
Meeresspiegel M surface *f*, niveau *m* de la mer; **über, unter dem ~** au-dessus, au-dessous du niveau de la mer
Meeresströmung F courant *m*; **Meeresufer** N bord *m*, rivage *m* de la mer; côte *f*; **Meeresverschmutzung** F pollution *f* de la mer
Meergott M dieu marin, de la mer; **Meergöttin** F déesse marine, de la mer; **meergrün** ADJ vert d'eau *(inv)*; glauque; **Meerjungfrau** F sirène *f*; **Meerkatze** F guenon *f*; *t/t* cercopithèque *m*; **Meerrettich** M raifort *m* (sauvage); **Meersalz** N ⟨~es⟩ sel marin; **Meerschaum** M ⟨~(e)s⟩ MINER écume *f* de mer; *t/t* magnésite *f*; **Meerschaumpfeife** F pipe *f* d'écume (de mer); **Meerschweinchen** N ⟨~s; ~⟩ cochon *m* d'Inde; *Versuchstier* cobaye *m*; **Meerungeheuer** N monstre marin; **Meerwasser** N ⟨~s⟩ eau *f* de mer; eau salée; **Meerwasserbehandlung** F MED traitement *m* à l'eau de mer
Meeting N ⟨~s; ~s⟩ assemblée *f*; réunion *f*; meeting *m*
mega..., **Mega...** IN ZSSGN méga(-)...
Megabit N mégabit *m*; **Megabyte** N méga-octet *m*
Megafon N ⟨~s; ~e⟩ mégaphone *m*
Megahertz N mégahertz *m*
Megalith M ⟨~s *ou* ~en; ~e(n)⟩ mégalithe *m*; **Megalithgrab** N tombe *f* mégalithique; **megalithisch** ADJ mégalithique
Megaphon N → Megafon
Megäre *geh* F ⟨~; ~n⟩ mégère *f*
Megastar M ⟨~s; ~s⟩ mégastar *f*; **Megatonne** F mégatonne *f*; **megatrendy** *umg* ADJ *⟨inv⟩ umg* hyperbranché; **Megawatt** N mégawatt *m*
Mehl N ⟨~(e)s; ~e⟩ **1** farine *f* **2** *(pulverförmiger Stoff)* poudre *f*; substance pulvérisée
mehlig ADJ **1** *(mit Mehl)* farineux, -euse **2** *(wie*

M

Mehl) farinacé; *Früchte* farineux, -euse
Mehlkäfer M ZOOL *t/t* ténébrion *m*
Mehlsack M sac *m* à farine; **umfallen wie ein ~** tomber comme une masse
Mehlschwitze F ⟨~; ~n⟩ GASTR roux *m*; **Mehlsieb** N tamis *m* (à farine); MÜLLEREI blutoir *od* bluteau *m*; **Mehlspeise** F entremets *m* (à base de farine, semoule, *etc*); *österr* entremets sucré; **Mehlstaub** M poussière *f* de farine; **Mehltau** M *Pflanzenkrankheit* mildiou *m*; **Mehlwurm** M ver *m* de farine
mehr A INDEF PR 1 plus; *vor Substantiven* plus de; **etwas ~** un peu plus; **immer ~, ~ und ~** de plus en plus; **noch ~** (...) encore plus (de ...); **er will noch ~** *a.* il en veut encore, davantage; **~ oder weniger** plus ou moins; **nicht ~ und nicht weniger** ni plus ni moins; **die einen ~, die anderen weniger** les uns davantage, les autres moins; plus ou moins, selon les gens; **je ~ ... desto ...** plus ..., plus ...; **je ~ man ihm gibt, desto ~ will er** plus on lui en donne, plus il en demande; *umg* **das schmeckt nach ~** cela a un goût de revenez-y 2 *in Vergleichen* plus; *vor Substantiven* plus de; **~ als** *vor Zahlen* plus de; **~ als zwanzig Euro** plus de vingt euros; **~ Autos als Leute** plus de voitures que de gens; **~ als genug** plus qu'assez; **das war ~ als großzügig** c'était plus que généreux; **~ als nötig** plus qu'il ne faut *bzw.* fallait, *etc*; **das ist ~, als ich sagen kann** c'est plus que je ne puis dire; **umso ~, als** d'autant plus que 3 *nachgestellt* de plus; **fünf Euro ~** cinq euros de plus; **(dies ist) ein Grund ~ zu** (+ *inf*) raison de plus pour (+ *inf*); **und anderes ~** et d'autres choses encore; **und dergleichen ~** et autres choses semblables B ADV 1 *(in größerem Maß, eher)* plus; davantage; **~ nicht?, nicht ~?** pas plus *od* davantage?; c'est tout?; **wenn Sie ~ darüber wissen wollen** si vous voulez en savoir davantage; **er ist ~ Schauspieler als Politiker** il est plus acteur qu'homme politique; **~ schlecht als recht** tant bien que mal 2 *verneint zur Bezeichnung e-s Endes* **nicht ~** ne ... plus; **nichts ~** plus rien; **ich nehme nichts ~** *beim Essen* je n'en veux plus; ça suffit pour moi; **es war keiner, niemand ~ da** il n'y avait plus personne; **du bist doch kein Kind ~** tu n'es plus un enfant; **sie lebt,** *geh* **ist nicht ~** elle n'est plus de ce monde
Mehr N ⟨~(s)⟩ plus *m* (**an** [+*dat*] de); *(Zuwachs)* augmentation *f* (**an** [+*dat*] de); *(Überschuss)* surplus *m* (**an** [+*dat*] de); excédent *m* (**an** [+*dat*] de)
Mehrarbeit F travail *m* supplémentaire; surcroît *m* de travail; **Mehraufwand** M surcroît *m* de dépenses; **Mehrausgaben** FPL dépenses *fpl* supplémentaires; **mehrbändig** ADJ en plusieurs volumes; **Mehrbedarf** M besoins *mpl* supplémentaires; **Mehrbelastung** F surcharge *f*; charge *f* supplémentaire; **Mehrbereichsöl** N huile *f* multigrade; **mehrdeutig** ADJ ambigu, -uë; *pej* équivoque; **Mehrdeutigkeit** F ⟨~; ~en⟩ ambiguïté *f*; *pej* équivoque *f*; **mehrdimensional** ADJ à plusieurs dimensions; **Mehreinnahme** F excédent *m* de recettes
mehren *geh* V/T (*u.* V/R) ⟨h.⟩ **(sich) ~** (se) multiplier; augmenter; (s')accroître; BIBEL **seid fruchtbar und mehret euch** croissez et multipliez-vous
mehrere INDEF PR plusieurs; *(verschiedene)* divers; différents; **~ von ihnen** plusieurs d'entre eux; **zu ~n sein** être plusieurs
mehreres INDEF PR diverses choses; **mehrerlei** ADJ ⟨*inv*⟩ de plusieurs, de diverses espèces, sortes
Mehrerlös M, **Mehrertrag** M surplus *m*, excédent *m* de bénéfices, de recettes
mehrfach A ADJ ⟨*épithète*⟩ multiple; **in ~er Hinsicht** sous plusieurs rapports B ADV à différentes reprises; de façon réitérée, répétée
Mehrfachbesteuerung F imposition cumulative, multiple
Mehrfache(s) N ⟨→ A⟩ multiple *m* (**an** [+*dat*] de); **Mehrfachschalter** M ELEK commutateur *m* multiple; **Mehrfachsteckdose** F ELEK prise *f* multiple; multiprise *f*; **Mehrfachstecker** M ELEK fiche *f* multiple
Mehrfamilienhaus N maison *f* où habitent plusieurs familles; **Mehrfarbendruck** M ⟨~(e)s; ~e⟩ impression *f* polychrome; polychromie *f*; **mehrfarbig** ADJ à plusieurs couleurs; *t/t* polychrome
mehrgängig ADJ **~es Gewinde** pas *m* multiple
mehrgeschossig ADJ à plusieurs étages
mehrgleisig A ADJ *a. fig* à plusieurs voies B ADV **~ vorgehen** s'engager sur plusieurs voies, suivre plusieurs pistes (en même temps)
Mehrheit F ⟨~; ~en⟩ majorité *f*; **die große ~ der Franzosen** la grande majorité des Français; **sich der ~ anschließen** rallier, rejoindre la majorité; **mit einfacher ~** à la majorité simple; **mit großer, knapper ~** avec une large, courte majorité; **in der ~ sein** être en majorité
mehrheitlich A ADJ ⟨*épithète*⟩ majoritaire B ADV en majorité
Mehrheitsaktionär(in) M(F) actionnaire *m/f* majoritaire
Mehrheitsbeschluss M décision *f* majoritaire, à la majorité (des voix); **durch ~** à la majorité (des voix)
mehrheitsfähig ADJ susceptible d'obtenir la majorité
Mehrheitsregierung F gouvernement *m* majoritaire, de la majorité; **Mehrheitsverhältnisse** NPL positions *fpl* majoritaires; **Mehrheitswahlrecht** N scrutin *m* majoritaire
mehrjährig ADJ de plusieurs années; *t/t*, BOT pluriannuel, -elle; **Mehrkosten** PL frais *mpl* supplémentaires; surcoût *m*; **mehrmalig** ADJ ⟨*épithète*⟩ répété; réitéré; *(häufig)* fréquent; **mehrmals** ADV plusieurs fois; à plusieurs reprises; **mehrmotorig** ADJ à plusieurs moteurs
Mehrparteiensystem N pluripartisme *m*; **Mehrphasen...** IN ZSSGN polyphasé; **Mehrphasenstrom** M ⟨~(e)s⟩ courant (alternatif) polyphasé; **mehrphasig** ADJ ELEK polyphasé; **Mehrplatzrechner** M, **Mehrplatzsystem** N IT système *m* multiposte; **mehrpolig** ADJ ELEK multipolaire; **Mehrpreis** M supplément *m* (de prix)
mehrreihig ADJ à plusieurs rangs, rangées; **mehrschichtig** ADJ à plusieurs couches; *fig* complexe; **mehrseitig** ADJ *Vertrag* multilatéral; *Brief, Schriftstück* de plusieurs pages; **mehrsilbig** ADJ à *od* de plusieurs syllabes; polysyllabique; **Mehrsitzer** M ⟨~s; ~⟩ FLUG multiplace *m*; **mehrsitzig** ADJ multiplace; **mehrsprachig** ADJ *Person* polyglotte; *Text* plurilingue; **Mehrsprachigkeit** F ⟨~⟩ capacité *f* de parler plusieurs langues; plurilinguisme *m*; **mehrstellig** ADJ *Zahl* à plusieurs chiffres; **mehrstimmig** ADJ MUS à plusieurs voix; polyphonique; **mehrstöckig** ADJ à plusieurs étages; **Mehrstufenrakete** F fusée *f* à plusieurs étages; fusée-gigogne *f*; **mehrstufig** ADJ → mehrstöckig; **mehrstündig** ADJ de plusieurs heures; **mehrtägig** ADJ de plusieurs jours
Mehrteiler M TV feuilleton *m*; **mehrteilig** ADJ en plusieurs parties; **Mehrverbrauch** M consommation *f* supplémentaire; augmentation *f*, dépassement *m* de consommation; **Mehrwegflasche** F bouteille consignée; **Mehrwegverpackung** F emballage consigné; **Mehrwert** M ⟨~(e)s⟩ plus-value *f*; STEUERWESEN valeur ajoutée; **mehrwertig** ADJ CHEM polyvalent; **Mehrwertsteuer** F taxe *f* à la valeur ajoutée (*abk* TVA); **mehrwöchig** ADJ de plusieurs semaines; **Mehrzahl** F ⟨~⟩ 1 *(Mehrheit)* la plupart; majeure partie 2 GRAM pluriel *m*; **mehrzellig** ADJ BIOL pluricellulaire; polycellulaire
Mehrzweck... IN ZSSGN polyvalent; à usages multiples; **Mehrzweckhalle** F salle polyvalente
meiden V/T ⟨meidet, mied, gemieden, h.⟩ éviter; fuir
Meierei F ⟨~; ~en⟩ *regional (Molkerei)* laiterie *f*
Meile F ⟨~; ~n⟩ HIST mille *m*; HIST *in Frankreich a.* lieue *f*; **englische ~** mille anglais; *umg* **das riecht man drei ~n gegen den Wind** on le sent à cent lieues à la ronde
Meilenstein M pierre *f*, borne *f* milliaire; *fig* étape importante
meilenweit ADJ *u.* ADV à plusieurs lieues de distance; **~ gehen** faire des kilomètres; marcher pendant des kilomètres; *umg fig* **~ davon entfernt sein zu** (+*inf*) être à cent lieues de (+*inf*)
Meiler M ⟨~s; ~⟩ *(Kohlenmeiler)* meule *f*; *(Atommeiler)* pile *f* atomique; réacteur *m* nucléaire
mein POSS PR A ADJT mon *bzw.* ma; **~ Fuß tut mir weh** j'ai mal au pied; **~e Damen und Herren** Mesdames, Messieurs; *geh* **dieser ~ Sohn** mon fils que voici; **e-r ~er Freunde** (l')un de mes amis; **das ist ~ Buch** c'est mon livre (à moi) B SUBST **der, die, das ~e** (*od* **Meine**) le mien *bzw.* la mienne; **das ist ~s, ~er** c'est à moi; c'est le mien *bzw.* la mienne; *geh* **die Meinen** (*od* **~en**) les miens; ma famille; *geh* **er ist ~** il est à moi; il m'appartient
Meineid M ⟨~(e)s; ~e⟩ parjure *m*; faux serment; **e-n ~ leisten, schwören** faire un faux serment; se parjurer
meineidig ADJ parjure; **~ werden** se parjurer
meinen ⟨h.⟩ A V/T 1 *(glauben)* croire; s'imaginer; *(der Meinung sein)* **~, dass ...** être d'avis que ... (+ *ind*); penser que ... (+ *ind*); **was meinst du dazu?** quel est ton avis?; qu'en penses-tu?; **das will ich ~** je le crois bien; j'en suis sûr; **man sollte ~, ...** on dirait que ...; on croirait que ...; **~ Sie das ernst?** vous parlez sérieusement? 2 *(als Ziel im Auge haben)* entendre, vouloir dire (**mit** par); **damit sind Sie gemeint** c'est à vous que cela s'adresse; **das habe ich nicht so gemeint** je n'ai pas voulu te *bzw.* vous vexer; **wie ~ Sie das?, was ~ Sie damit?** que voulez-vous dire par là?; qu'entendez-vous par là?; **ich meine damit ...** je veux dire par là ... 3 *(gesinnt sein)* **es gut mit j-m ~** vouloir du bien à qn; **ich habe es gut gemeint** je croyais bien faire; c'était avec *od* dans une bonne intention; **es war nicht böse gemeint** c'était sans mauvaise intention; ce n'était pas méchant; *umg* **die Sonne meint es gut mit uns** il fait agréablement chaud B V/I 1 *(denken)* penser; **ich meine nur (so)** ce n'est qu'une supposition; **wie ~ Sie?** vous disiez, Monsieur (Madame)?; *hum* **wie ~?** plaît-il?; **~ Sie?** croyez-vous?; **wie du meinst** comme tu veux 2 *bes vor, nach direkter Rede (sagen)* dire
meiner *geh* PERS PR (*gen de* ich) de moi; **gedenke ~** souviens-toi de moi; **als sie ~ ansichtig wurde** à ma vue; lorsqu'elle me vit
meinerseits ADV de ma part; de mon côté;

als Kompliment **ganz ~** tout le plaisir est pour moi
meinesgleichen PRON ⟨inv⟩ mon *bzw.* ma pareil(le), semblable *bzw.* mes semblables *bzw.* pareil(le)s
meinetwegen ADV 1 *(wegen mir)* à cause de moi; *(mir zuliebe)* pour moi; **er hat es ~ getan** il l'a fait pour moi, par égard pour moi, pour me faire plaisir 2 *(von mir aus)* quant à moi; en ce qui me concerne; **~!** soit!; je veux bien!; d'accord!
meinetwillen ADV **um ~** (par égard) pour moi
meinige *geh* POSS PR **der, die, das ~** (*od* **Meinige**) le mien *bzw.* la mienne; **die Meinigen** (*od* **~n**) les miens; ma famille
Meinung F ⟨~; ~en⟩ opinion *f*; avis *m*; **die öffentliche ~** l'opinion (publique); **vorgefasste ~** idée préconçue; préjugé *m*; prévention *f*; **meiner ~ nach** à mon avis; selon moi; **ich bin der ~, dass …** je suis d'avis que …; mon opinion est que …; **sich** *(dat)* **e-e ~ bilden** se faire une opinion; **s-e ~ sagen** exprimer, manifester son opinion; *umg* **j-m s-e** *od* **die ~ sagen** dire à qn ses quatre vérités; **s-e ~ ändern** changer d'avis, d'opinion; **anderer ~ sein** être d'un autre avis; **geteilter, verschiedener ~ sein** avoir des avis différents, des opinions divergentes; **darüber kann man verschiedener ~ sein** c'est une affaire d'opinion; **j-s ~** *(gen)* **sein** être de l'avis de qn; **mit j-m einer ~ sein** être du même avis que qn; **ich werde niemand um s-e ~ fragen** je ne prendrai l'avis de personne; **entgegen e-r weitverbreiteten ~** contrairement à ce que pensent beaucoup
Meinungsäußerung F manifestation *f*, expression *f* d'une opinion; **freie ~** liberté *f* d'opinion
Meinungsaustausch M échange *m* de vues; **meinungsbildend** ADJT qui influence l'opinion; **Meinungsbildung** F prise *f* de position; *von außen* formation *f* de l'opinion; **Meinungsforscher(in)** M(F) sondeur, -euse *m,f*; **Meinungsforschung** F sondage *m* d'opinion publique; **Meinungsforschungsinstitut** N institut *m* d(e sondage de l)'opinion publique; **Meinungsfreiheit** F ⟨~⟩ liberté *f* d'opinion; **Meinungsstreit** M différend *m*; dispute *f*; **Meinungsumfrage** F sondage *m* d'opinion; **Meinungsumschwung** M revirement *m* (d'opinion); **Meinungsverschiedenheit** F *(unterschiedliche Auffassung)* divergence *f* (de vues, d'opinions); *(Unstimmigkeit)* différend *m*; désaccord *m*
Meise F ⟨~; ~n⟩ mésange *f*; *umg fig* **e-e ~ (unterm Pony) haben** *umg* être dingue, toqué; *umg* débloquer
Meißel M ⟨~s; ~⟩ ciseau *m*; burin *m*
meißeln V/T ⟨-(e)le, h.⟩ ciseler; travailler au ciseau, au burin; *Statue* sculpter
Meiß(e)ner ADJ ⟨inv⟩ **Meiß(e)ner Porzellan** N porcelaine *f* de Saxe; saxe *m*
meist ADV la plupart du temps; *plus fort* le plus souvent; *(gewöhnlich)* d'ordinaire; **es waren ~ ältere Männer, die …** il s'agissait le plus souvent *od* surtout d'hommes âgés qui …
meistbietend A ADJT *(épithète)* qui offre le plus B ADVL **~ verkaufen** vendre au plus offrant
Meistbietende(r) M/F(M) ⟨→ A⟩ le plus offrant; dernier enchérisseur
meiste(r, -s) ADJ *u.* INDEF PR la plupart de(s); *bei Abstrakta a.* le plus de; le (la) plus grand(e); **die ~n** la plupart; le plus grand nombre; la majorité; **das ~** le plus; la plus grande partie; **er hat das ~ Geld** c'est lui qui a le plus d'argent; **am ~n** le plus
meistens ADV la plupart du temps; *plus fort* le plus souvent; *(gewöhnlich)* d'ordinaire
meistenteils → meist
Meister M ⟨~s; ~⟩ 1 *im Handwerk* maître *m*; patron *m*; *in der Fabrik etwa* chef *m* d'équipe; contremaître *m*; **~ werden**, *umg* **s-n ~ machen** passer son brevet de maîtrise 2 SPORT champion *m* 3 *fig (Könner) umg* as *m*; *umg* champion *m*; **er ist ein ~ s-s Fachs** il est maître en son art; **er ist ein großer ~ im Schachspiel** c'est un excellent joueur d'échecs; **ein ~ auf dem Klavier** un (pianiste) virtuose; *sprichw* **es ist noch kein ~ vom Himmel gefallen** *sprichw* c'est en forgeant qu'on devient forgeron 4 *Künstler* **die alten ~** les maîtres anciens 5 *umg Anrede umg* patron *m*; *umg* chef *m*
Meisterbrief M brevet *m* de maîtrise; **Meisterdieb** M roi *m* des voleurs; **meisterhaft** A ADJ magistral B ADV *fig* à la perfection; avec maestria
Meisterhand F **von ~** de main de maître
Meisterin F ⟨~; ~nen⟩ 1 *im Handwerk* patronne *f*; *als Diplom* **sie ist ~** elle a passé son brevet de maîtrise 2 SPORT championne *f* 3 *fig (Könnerin) umg* championne *f*
Meisterleistung F SPORT performance *f* de champion; *fig* performance *f*; exploit *m*; *in der Schule etc* résultat *m* remarquable; **meisterlich** → meisterhaft
meistern V/T ⟨-(e)re, h.⟩ venir à bout de; maîtriser; *Schwierigkeiten a.* vaincre; surmonter
Meisterprüfung F *im Handwerk* examen *m* de maîtrise; **Meisterschaft** F ⟨~; ~en⟩ 1 *(Können)* maîtrise *f*; perfection *f* 2 SPORT championnat *m*; **Meisterschaftsspiel** N match *m* de championnat; **Meisterschaftstitel** M SPORT titre *m* de champion; **Meisterschüler(in)** M(F) élève *m/f* d'un(e) professeur, d'un(e) artiste célèbre; **Meistersinger** M ⟨~s; ~⟩ HIST maître-chanteur *m*; **Meisterstück** N chef-d'œuvre *m* (*a. fig*); **Meistertitel** M SPORT titre *m* de champion; **Meisterwerk** N chef-d'œuvre *m* (*a. fig*)
Meistgebot → Höchstgebot
meistgekauft ADJT qui se vend le mieux; **meistgelesen** ADJT le (la) plus lu(e); **meistgenannt** ADJT cité le plus souvent
Mekka N 1 ⟨→ *n/pr*⟩ La Mecque 2 ⟨~s⟩ *fig* la Mecque (**für de**)
Melancholie F ⟨~; ~n⟩ mélancolie *f*
Melancholiker(in) M ⟨~s; ~⟩ (F) ⟨~in; ~innen⟩ mélancolique *m/f*; **melancholisch** ADJ mélancolique
Melange F ⟨~; ~n, *mais* 2 ~⟩ 1 *(Mischung)* mélange *m* 2 *österr* café *m* au lait
Melanom N ⟨~s; ~e⟩ MED mélanome *m*
Melanzani PL *österr* aubergines *fpl*
Melasse F ⟨~; ~n⟩ mélasse *f*
Melchior M ⟨→ *n/pr*⟩ REL Melchior *m*
Melde F ⟨~; ~n⟩ BOT arroche *f*; belle-dame *f* (des jardins)
Meldeamt → Einwohnermeldeamt; **Meldefrist** F délai *m* de déclaration, *zur Einschreibung* d'inscription; **Meldegänger** M ⟨~s; ~⟩ MIL agent *m* de liaison; estafette *f*; **Meldeliste** F SPORT liste *f* des inscriptions, des engagements
melden ⟨-ete, h.⟩ A V/T **j-m etw ~** annoncer qc à qn; informer qn de qc; *förmlich* notifier qc à qn; *amtlich* rapporter qc à qn; MIL faire rapport de qc à qn; **j-n ~** *Besuch* annoncer qn; *(anzeigen)* dénoncer qn (**bei** à); **er ist als vermisst gemeldet** il est porté disparu; *in Zeitung, Rundfunk* **aus Berlin wird gemeldet …** on annonce de Berlin …; *umg* **du hast hier nichts zu ~** tu n'as rien à dire dans cette affaire B V/R **sich ~** *für etw* se présenter; TEL répondre; SCHULE lever le doigt; *(von sich hören lassen)* se manifester; *zum Examen etc* se faire inscrire; MIL se présenter; **sich bei der Polizei ~** se présenter à la police; **sich auf ein Inserat ~** répondre à une annonce; **wenn es dir zu kalt wird, melde dich** si tu as trop froid, dis-le; **meldet euch mal wieder!** faites-nous *bzw.* faites-moi signe!; → krankmelden
Meldepflicht F déclaration *f* obligatoire (d'arrivée, de maladies contagieuses, *etc*); MIL obligation *f* de se présenter; *polizeiliche* obligation *f* de déclarer son lieu de résidence; **meldepflichtig** ADJ soumis à déclaration
Meldeschein M **polizeilicher ~** fiche *f* de déclaration à la police
Meldeschluss M clôture *f* des déclarations, SPORT des inscriptions, des engagements
Meldestelle F **(polizeiliche) ~** → Einwohnermeldeamt
Meldezettel M *für Hotelgäste* fiche *f* de voyageurs, d'arrivées
Meldung F ⟨~; ~en⟩ 1 *(Information)* annonce *f*; MIL rapport *m*; *(Zeitungsmeldung, Radiomeldung)* information *f*; *(Nachricht)* nouvelle *f*; message *m* (*a.* IT, MIL, TEL); *Zeitungsrubrik* **letzte ~en** Dernière Heure; **über etw** *(akk)* **~ machen, erstatten** rendre compte de qc; MIL faire (un) rapport de qc 2 *(Anmeldung)* inscription *f* 3 *(Wortmeldung)* (demande *f* d')intervention *f*
meliert ADJT *Stoff, Wolle* chiné; *Haar* **(grau) ~** grisonnant; poivre et sel *(inv)*
Melisse F ⟨~; ~n⟩ mélisse *f*
Melissengeist® M ⟨~(e)s⟩ eau *f* de mélisse
melken V/T ⟨*régulier ou* molk, gemolken, h.⟩ *Kuh* traire; **frisch gemolkene Milch** lait cru tout frais
Melken N ⟨~s⟩ traite *f*
Melker(in) M ⟨~s; ~⟩ (F) ⟨~in; ~innen⟩ trayeur, -euse *m,f*; **Melkmaschine** F trayeuse *f*; **Melkschemel** M tabouret *m*
Melodie F ⟨~; ~n⟩ air *m*; mélodie *f*
melodiös, melodisch ADJ *(klangvoll)* mélodieux, -ieuse; *(e-e Melodie enthaltend)* mélodique
Melodram N ⟨~s; ~en⟩, **Melodrama** N mélodrame *m*; **melodramatisch** ADJ mélodramatique
Melone F ⟨~; ~n⟩ 1 BOT melon *m*; *(Wassermelone)* pastèque *f* 2 *umg Hut* (chapeau *m*) melon *m*
Membran F ⟨~; ~en⟩ ANAT, TECH membrane *f*; PHYS, CHEM *a.* diaphragme *m*
Memme *liter* F ⟨~; ~n⟩ lâche *m/f*; poltron, -onne *m,f*
Memoiren PL mémoires *mpl*
Memorandum N ⟨~s; -den *ou* -da⟩ mémoire *m*; mémorandum *m*; **memorieren** V/T ⟨*pas de ge-*, h.⟩ apprendre par cœur; mémoriser
Memorystick® M ⟨~s; ~s⟩ IT Memory Stick® *m*
Menage F ⟨~; ~n⟩ *für Essig, Öl etc* huilier *m*
Menagerie F ⟨~; ~n⟩ ménagerie *f*
mendelsch ADJ BIOL **~e Gesetze** lois de Mendel
Menetekel N ⟨~s; ~⟩ BIBEL, *fig* avertissement *m* fatidique
Menge F ⟨~; ~n⟩ 1 *(Anzahl)* quantité *f*; grand nombre; *(Vielzahl)* masse *f*; *umg* tas *m*; **e-e ganze ~ …** beaucoup de …; *umg* pas mal de …; **in ~n** *(dat)* en quantité; *umg* **in rauen ~n** *umg* en masse; *umg* **jede ~ …** *umg* des masses de … 2 *(Menschenmenge)* foule *f*; multitude *f* 3 MATH ensemble *m*
mengen V/T ⟨h.⟩ mêler; *(ver~)* *Zutaten etc* mélanger
Mengenangabe F indication *f* de quantités; **Mengenbeschränkung** F restriction quantitative; **Mengeneinheit** F unité

f de quantité; **Mengenlehre** F ⟨~⟩ MATH théorie *f* des ensembles; **mengenmäßig** A ADJ ⟨épithète⟩ quantitatif, -ive B ADV quantitativement; en ce qui concerne la quantité; **Mengenrabatt** M rabais *m* de quantité

Menhir M ⟨~s; ~e⟩ menhir *m*

Meningitis F ⟨~; -itiden⟩ MED méningite *f*

Meniskus M ⟨~; -ken⟩ ANAT, PHYS ménisque *m*

Mennige F ⟨~⟩ minium *m*

Mennonit(in) M ⟨~en; ~en⟩ (F) ⟨~in; ~innen⟩ REL mennonite *m/f*

Menopause F ménopause *f*

Menorca N ⟨→ *n/pr*⟩ (l'île *f* de) Minorque

Mensa F ⟨~; ~s *ou* -sen⟩ restaurant *m* universitaire; *umg* resto U *m*

Mensch M ⟨~en; ~en⟩ *Gattung* homme *m*; *einzelner a.* individu *m*; personne *f*; **jeder ~** chacun; tout le monde; **kein ~** personne; **er ist auch nur ein ~** c'est un homme comme nous; *fig* **ein neuer ~ werden** faire peau neuve; *fig* **nur noch ein halber ~ sein** n'avoir plus figure humaine; *umg fig* **wie die ersten ~en, wie der erste ~** *umg* empoté; *umg* godiche; *Spiel* **~ ärgere dich nicht** (jeu *m* des) petits chevaux; *umg* **~, das gibt's doch nicht!** *umg* c'est pas vrai!; *umg* **~ Meier!** *umg* ça alors!; *sprichw* **der ~ denkt, Gott lenkt** *sprichw* l'homme propose, Dieu dispose; **~en verachtend** inhumain

Menschenaffe M singe *m* anthropoïde; **menschenähnlich** ADJ qui ressemble à l'homme; *t/t* anthropoïde

Menschenalter N âge *m* d'homme; **vor e-m ~** *etwa* il y a deux générations

Menschenansammlung F, **Menschenauflauf** M attroupement *m*; **Menschenbild** N conception *f* de l'homme; **Menschenfeind(in)** M(F) misanthrope *m/f*; **menschenfeindlich** ADJ misanthrope; misanthropique; (*unmenschlich*) inhumain; **Menschenfeindlichkeit** F ⟨~⟩ misanthropie *f*; (*Unmenschlichkeit*) inhumanité *f*

Menschenfresser(in) M(F) cannibale *m/f*; *im Märchen, fig* ogre *m*, ogresse *f*; *hum* **ich bin doch kein ~!** je ne suis pas un ogre!

Menschenfreund(in) M(F) philanthrope *m/f*; altruiste *m/f*; **menschenfreundlich** ADJ *a. fig* humain; PHIL philanthropique; (*humanitär*) humanitariste; **Menschenfreundlichkeit** F ⟨~⟩ philanthropie *f*; altruisme *m*; **Menschenführung** F ⟨~⟩ conduite *f* des hommes; art *m* de diriger les hommes

Menschengedenken N **seit ~** de mémoire d'homme; de temps immémorial

Menschengeschlecht *geh* N ⟨~(e)s⟩ **das ~** le genre humain

Menschengestalt F forme humaine; **der Teufel in ~** le diable sous une forme humaine

Menschenhai M requin bleu

Menschenhand F **von ~ geschaffen** fait par l'homme; *weitS.* artificiel, -ielle

Menschenhandel M trafic *m* des hommes; **Menschenjagd** F chasse *f* à l'homme

Menschenkenner(in) M(F) **ein ~, e-e ~in sein** connaître bien la nature humaine

Menschenkenntnis F ⟨~⟩ connaissance *f* des hommes; psychologie *f*; **Menschenkette** F chaîne humaine; **Menschenkind** N être humain

Menschenleben N vie humaine; **viele ~ kosten** faire de nombreuses victimes; **es sind keine ~ zu beklagen** il n'y a pas eu de morts, de victimes; on ne déplore aucune victime

menschenleer ADJ *Straße* dépeuplé; *Land etc* désert

Menschenliebe F philanthropie *f*; amour *m* des hommes; **Menschenmasse** F, **Menschenmenge** F foule *f* (de gens)

menschenmöglich ADJ ⟨*attribut*⟩ humainement possible; **ich werde alles Menschenmögliche tun** je ferai tout mon possible

Menschenopfer N victime *f*; *Handlung* sacrifice humain; **Menschenpotenzial** N potentiel humain; **Menschenraub** M rapt *m*; **Menschenrechte** NPL droits *mpl* de l'homme; **Menschenrechtler(in)** M ⟨~s; ~⟩ (F) ⟨~in; ~innen⟩ activiste *m/f* des droits de l'homme

Menschenrechtskonvention F **Europäische ~** Convention européenne des Droits de l'Homme

Menschenrechtsorganisation F organisation *f* de défense des droits de l'homme; **Menschenrechtsverletzung** F atteinte *f* aux droits de l'homme; **menschenscheu** ADJ peu sociable; sauvage; **Menschenscheu** F insociabilité *f*; **Menschenschinder** M exploiteur *m*; vautour *m*

Menschenschlag M ⟨~(e)s⟩ (sorte *f* de) gens *mpl*; race *f*; **das ist ein ganz anderer ~** c'est une tout autre sorte de gens; ce sont des gens complètement différents

Menschenseele F âme *f*; **es war keine ~ da** il n'y avait pas âme qui vive; *umg* il n'y avait pas un chat

Menschenskind *umg* INT **~(er)!** *umg* ça alors!; *umg* nom d'un chien, d'une pipe!

Menschensohn M ⟨~(e)s⟩ BIBEL Fils *m* de l'homme; **menschenunwürdig** ADJ indigne; **menschenverachtend** ADJT inhumain

Menschenverstand M **der gesunde ~** le bon sens; le sens commun

Menschenwürde F dignité humaine, d'homme; **menschenwürdig** ADJ humain; digne (de l'homme)

Menschheit F ⟨~⟩ humanité *f*; genre humain

Menschheitsentwicklung F ⟨~⟩ évolution *f*, développement *m* de l'humanité; **Menschheitsgeschichte** F ⟨~⟩ histoire *f* de l'humanité; **Menschheitstraum** M rêve *m* de l'humanité

menschlich ADJ 1 humain; (*human*) *a.* tolérant; indulgent 2 *umg fig* (*annehmbar*) acceptable; convenable

Menschlichkeit F ⟨~⟩ humanité *f*

Menschwerdung F ⟨~⟩ BIBEL incarnation *f*

Menstruation F ⟨~; ~en⟩ MED règles *fpl*; *t/t* menstrues *fpl*; **menstruieren** V/I ⟨*pas de ge-*, h.⟩ MED avoir ses règles

Mensur F ⟨~; ~en⟩ 1 FECHTEN mesure *f*; distance *f* 2 MUS étalon *m* (des tuyaux d'orgue, *etc*)

mental ADJ mental; **Mentalität** F ⟨~; ~en⟩ mentalité *f*

Menthol N ⟨~s⟩ menthol *m*

Mentor M ⟨~s; -toren⟩ 1 *liter* mentor *m*; guide *m* 2 *im Referendariat* conseiller *m* pédagogique

Menu *schweiz*, **Menü** N ⟨Menus, Menüs; Menus, Menüs⟩ GASTR, IT menu *m*

Menuett N ⟨~s; ~e *ou* ~s⟩ menuet *m*

Menüleiste F *e-s Computers* barre *f* de menus

Mephisto, Mephistopheles M ⟨→ *n/pr*⟩ MYTH Méphisto(phélès) *m*

mephistophelisch ADJ de Méphistophélès; méphistophélique

Mergel M ⟨~s; ~⟩ GEOL marne *f*; **Mergeldüngung** F AGR marnage *m*; **Mergelgrube** F marnière *f*

Meridian M ⟨~s; ~e⟩ méridien *m*; **meridional** ADJ méridional

Meringe F ⟨~; ~n⟩ meringue *f*

Merino M ⟨~s; ~s⟩, **Merinoschaf** N mérinos *m*; **Merinowolle** F laine *f* mérinos

merkantil ADJ mercantile; **Merkantilismus** M ⟨~⟩ mercantilisme *m*; **merkantilistisch** ADJ mercantiliste

Merkblatt N notice *f*; aide-mémoire *m*

merken ⟨h.⟩ A V/T **etw ~** apercevoir qc; s'apercevoir de qc; remarquer qc; **davon habe ich nichts gemerkt** je ne me suis rendu compte de rien; **der Fehler ist kaum zu ~** le défaut est à peine perceptible, se voit à peine; *umg* **merkst du was?** *umg* tu ne remarques rien?; **er ließ mich ~, dass …** il m'a fait sentir que …; **ich ließ sie nicht ~, dass …** je leur ai laissé ignorer que …; je ne leur ai pas fait voir que …; *umg iron* **du merkst aber auch alles!** *umg* (enfin!) c'est pas trop tôt!; *umg* tu as enfin pigé! B V/R **sich** (*dat*) **etw ~** retenir, (bien) remarquer qc; **~ Sie sich** (*dat*) **die Autonummer!** prenez, relevez le numéro de la voiture!; **das werde ich mir ~** *um es heimzuzahlen* je m'en souviendrai; j'en prends bonne note; **~ Sie sich** (*dat*), **dass …** sachez que …; **~ Sie sich das (genau)!** tenez-le-vous pour dit!; prenez-en bonne note!

merklich A ADJ sensible; perceptible; (*sichtbar*) visible; (*deutlich*) notable; **kaum ~** à peine sensible; imperceptible B ADV sensiblement; **kaum ~** imperceptiblement

Merkmal N ⟨~s; ~e⟩ (*Kennzeichen*) caractéristique *f*; signe distinctif, caractéristique; (*Anzeichen*) indice *m*; *e-r Krankheit* symptôme *m*; (*Eigentümlichkeit*) caractère (distinctif); attribut *m*; **allgemeine ~e** caractéristiques *fpl*; **besondere ~e** signes particuliers

Merksatz M, **Merkspruch** M vers *m* mnémotechnique; (*Sentenz*) proverbe *m*; dicton *m*

Merkur M ⟨→ *n/pr*⟩ ASTRON **(der) ~** Mercure; **Merkurstab** M MYTH caducée *m*

merkwürdig ADJ curieux, -ieuse; bizarre; étrange; **~!** c'est bien curieux!

merkwürdigerweise ADV **~ hat er …** chose curieuse, bizarre, remarquable, il a …; **er ist ~ nicht gekommen** il est étonnant qu'il ne soit pas venu

Merkwürdigkeit F ⟨~; ~en⟩ curiosité *f*; singularité *f*; particularité *f*; **Merkzettel** M feuille *f* de notes; pense-bête *m*

Merowinger M ⟨~s; ~⟩ HIST Mérovingien *m*

Merzerisation F ⟨~; ~en⟩ mercerisation *f*; mercerisage *m*; **merzerisieren** V/T ⟨*pas de ge-*, h.⟩ merceriser

meschugge *umg* ADJ ⟨*attribut*⟩ *umg* piqué; *umg* cinglé; *umg* barjo(t)

Mesolithikum N ⟨~s⟩ mésolithique *m*

Mesopotamien N ⟨→ *n/pr*⟩ le Mésopotamie

Mesozoikum N ⟨~s⟩ ère *f* secondaire

messbar ADJ mesurable

Messbecher M verre, gobelet gradué; **Messbild** N GEOG photogramme *m*

Messbuch N KATH livre *m* de messe; missel *m*; **Messdiener** M KATH enfant *m* de chœur

Messe[1] F ⟨~; ~n⟩ KATH, MUS messe *f*

Messe[2] F ⟨~; ~n⟩ (*Warenmesse*) foire *f*; *weitS.* exposition *f*; *in Namen a.* salon *m*

Messe[3] F ⟨~; ~n⟩ SCHIFF carré *m* (des officiers); mess *m*

Messebesucher(in) M(F) visiteur, -euse *m,f* de la foire; **Messebeteiligung** F participation *f* à la foire; **Messegelände** N parc *m* des expositions; **Messehalle** F °hall *m* d'exposition; **Messekatalog** M catalogue *m* de la foire *od* de l'exposition; **Messeleitung** F direction *f* de la foire

messen ⟨du misst, er misst, maß, gemessen, h.⟩ A V/T mesurer; prendre la mesure

de; VERMESSUNGSWESEN arpenter; *Winkel* relever; TECH jauger; **Fieber ~** *a.* prendre la température; *geh* **j-n mit geringschätzigen Blicken ~** dévisager, toiser qn; **gemessen an** *(+dat)* comparé à **B** VI avoir; *Personen a.* mesurer; faire; **zwei Meter in der Breite ~** avoir deux mètres de large; **er misst 1,50 m** il mesure 1,50 m; il a 1,50 m de haut **C** V/R **sich mit j-m ~** se mesurer à *od* avec qn; **er kann sich mit ihr nicht ~** il ne peut se mesurer avec elle; il ne l'égale pas; **ihre Produkte können sich mit den unsrigen nicht ~** on ne peut pas comparer leurs produits avec les nôtres
Messeneuheit F nouveauté présentée à la foire
Messer[1] N ⟨~s; ~⟩ couteau *m*; *(Taschenmesser) a.* canif *m*; *(Rasiermesser)* rasoir *m*; *(Klinge)* lame *f*; **mit ~ und Gabel essen** manger avec un couteau et une fourchette; **ein Kampf bis aufs ~** un combat à outrance, à mort; *fig* **j-m das ~ an die Kehle, auf die Brust setzen** mettre le couteau sur *od* sous la gorge à *od* de qn; *fig* **j-n ans ~ liefern** livrer qn au bourreau; *fig* **auf des ~s Schneide stehen** ne tenir qu'à un fil; *fig* **j-m ins (offene) ~ laufen** tomber dans le piège de qn; *umg* MED **unters ~ müssen** *umg* devoir passer sur le billard
Messer[2] M ⟨~s; ~⟩ → Messgerät
Messerbänkchen N ⟨~s; ~⟩ porte-couteau *m*
Messergebnis N mesure *f*
Messergriff M, **Messerheft** N manche *m* de couteau; **Messerheld** M → Messerstecher; **Messerklinge** F lame *f* de couteau; **Messerrücken** M dos *m* d'un couteau; **messerscharf** ADJ tranchant (comme un couteau); *fig Verstand* aigu, aiguë; pénétrant; *Kritik* incisif, -ive; **Messerschmied** M coutelier *m*
Messerspitze F pointe *f* de couteau; **e-e ~ Zimt** une pincée de cannelle
Messerstecher M ⟨~s; ~⟩ voyou *m* qui a le couteau facile; **Messerstecherei** F ⟨~; ~en⟩ rixe *f*, bataille *f* au couteau; **Messerstich** M coup *m* de couteau; **Messerwerfer(in)** M ⟨~s; ~⟩ (F) ⟨~in; ~innen⟩ lanceur, -euse *m,f* de couteaux
Messestadt F ville *f* de foires *bzw.* d'expositions; **Messestand** M stand *m*; **Messeteilnehmer(in)** M(F) participant(e) *m(f)* à une foire *bzw.* une exposition; *(Aussteller[in])* exposant(e) *m(f)*
Messezeit F **zur ~** pendant la durée de la foire
Messfehler M erreur *f* de mesure; **Messfühler** M TECH capteur *m*; **Messgefäß** N CHEM éprouvette graduée; burette *f*; **Messgenauigkeit** F précision *f* de mesure; **Messgerät** N instrument *m* de mesure
Messgewand N KATH chasuble *f*
Messglas N → Messgefäß
Messias M ⟨~⟩ REL **der ~** le Messie *m*
Messing N ⟨~s⟩ laiton *m*; cuivre *m* jaune; **Messingblech** N tôle *f* de laiton; *dünnes* clinquant *m*; **Messingdraht** M fil *m* de laiton; **Messinghahn** M robinet *m* en laiton; **Messingrohr** N tube *m* en laiton; **Messingschild** N plaque *f* en cuivre (jaune); **Messingschraube** F vis *f* en laiton; **Messingstange** F *zur Verzierung* tringle *f* de *od* en laiton
Messinstrument N instrument *m* de mesure; **Messkelch** M KATH calice *m*; **Messlatte** F mire *f*; règle graduée; *fig* critère *m*; **Messopfer** N KATH sacrifice *m* de la messe; **Messstab** M jalon *m*; **Messtechnik** F ⟨~⟩ métrologie *f*; **Messtisch** M GEOG planchette *f*; **Messtischblatt** N carte *f* topographique à l'échelle de 1/25000[e]
Messung F ⟨~; ~en⟩ mesurage *m*; mensuration *f*; VERMESSUNGSWESEN arpentage *m*; *e-s Winkels* relevé *m*; TECH jaugeage *m*
Messverfahren N procédé *m*, méthode *f* de mesure; **Messwein** M ⟨~(e)s⟩ KATH vin *m* de messe; **Messwert** M valeur mesurée; **Messzylinder** M éprouvette graduée
Mestize M ⟨~n; ~n⟩, **Mestizin** F ⟨-in; -innen⟩ métis, -isse *m,f*
MESZ ABK (mitteleuropäische Sommerzeit) heure *f* d'été de l'Europe centrale
Met M ⟨~(e)s⟩ hydromel *m*
Metabolismus M ⟨~⟩ BIOL métabolisme *m*
Metall N ⟨~s; ~e⟩ métal *m*; **~ verarbeitende Industrie** industrie *f* métallurgique; métallurgie *f*
Metallarbeiter M (ouvrier *m*) métallurgiste *m*; **Metallbauer(in)** M ⟨~s; ~⟩ (F) ⟨~in; ~innen⟩ ajusteur, -euse *m,f*; **Metallbearbeitung** F travail *m* des métaux; **Metallbeschlag** M garniture *f*, ornement *m* en métal; **Metalldraht** M fil *m* métallique
metallen ADJ ⟨*épithète*⟩ de métal; *(metallisch)* métallique
Metaller *umg* M ⟨~s; ~⟩ *umg* métallo *m*
Metallfolie F feuille *f* métallique; clinquant *m*; **Metallgehalt** M *e-s Erzes* teneur *f* en métal; **Metallgeld** N pièces *fpl* (de monnaie); espèces sonnantes; **Metallglanz** M éclat *m* métallique; **metallhaltig** ADJ métallifère
metallic ADJ ⟨*inv*⟩ métallisé; **Metallickierung** F peinture métallisée
Metallindustrie F industrie *f* métallurgique; métallurgie *f*
metallisch ADJ métallique; **metallisieren** V/T ⟨*pas de ge-*, h.⟩ métalliser
Metallkunde F ⟨~⟩ métallographie *f*; **Metallsäge** F scie *f* à métaux
Metallurgie F ⟨~⟩ métallurgie *f*
metallverarbeitend ADJT → Metall
Metamorphose F ⟨~; ~n⟩ métamorphose *f*
Metapher F ⟨~; ~n⟩ métaphore *f*; **metaphorisch** ADJ métaphorique
Metaphysik F métaphysique *f*; **metaphysisch** ADJ métaphysique
Metasprache F ⟨~⟩ LING métalangage *m*; métalangue *f*
Metastase F ⟨~; ~n⟩ MED métastase *f*
Meteor M ⟨~s; ~e⟩ météore *m* (igné); **meteorisch** ADJ météorique
Meteorit M ⟨~en *ou* ~s; ~e(n)⟩ météorite *m od f*
Meteorkrater M cratère *m* météorique
Meteorologe M ⟨~n; ~n⟩, **Meteorologin** F ⟨-in; -innen⟩ météorologue *m/f*; météorologiste *m/f*; **Meteorologie** F ⟨~⟩ météorologie *f*; **meteorologisch** ADJ météorologique
Meteorstein M pierre *f* météorique; météorite *m od f*
Meter M *od* N ⟨~s; ~⟩ mètre *m*; **vier ~ breit, hoch, lang** quatre mètres de large, de haut, de long; **nach ~n messen** métrer
meterdick ADJ (de plus) d'un mètre d'épaisseur; **meterhoch** ADJ (de plus) d'un mètre de haut; **meterlang** ADJ (de plus) d'un mètre de longueur; **Metermaß** N mètre *m* (à ruban); **Meterware** F marchandise *f* au mètre; **meterweise** ADV par mètres
Methadon N ⟨~s⟩ PHARM méthadone *f*
Methan N ⟨~s⟩, **Methangas** N ⟨-gases⟩ méthane *m*
Methanol N ⟨~s⟩ méthanol *m*
Methode F ⟨~; ~n⟩ méthode *f*; **Methodik** F ⟨~; ~en⟩ méthodologie *f*; **methodisch** ADJ méthodique; **Methodist(in)** M ⟨~en; ~en⟩ (F) ⟨~in; ~innen⟩ REL méthodiste *m/f*; **methodistisch** ADJ REL méthodiste
Methodologie F ⟨~; ~n⟩ méthodologie *f*
Methusalem M ⟨→ *n/pr*⟩ **(so) alt wie ~** vieux comme Mathusalem
Methyl N ⟨~s⟩ méthyle *m*; **Methylalkohol** M ⟨~s⟩ alcool *m* méthylique
Methylen N ⟨~s⟩ méthylène *m*
Metier N ⟨~s; ~s⟩ profession *f*; métier *m*; **das ist nicht mein ~** je ne suis pas du métier
Metonymie F ⟨~; ~n⟩ métonymie *f*
Metrik F ⟨~; ~en⟩ métrique *f*; **metrisch** ADJ métrique
Metro F ⟨~; ~s⟩ métro *m*
Metronom N ⟨~s; ~e⟩ métronome *m*
Metropole F ⟨~; ~n⟩ métropole *f*
Metropolit M ⟨~en; ~en⟩ REL métropolite *m*
Metrum N ⟨~s; -tren⟩ *Versmaß* mètre *m*
Mett N ⟨~(e)s⟩ *regional* viande hachée (de porc)
Mette F ⟨~; ~n⟩ KATH matines *fpl*
Metteur(in) M ⟨~s; ~e⟩ (F) ⟨~in; ~innen⟩ TYPO metteur, -euse *m,f* (en pages)
Mettwurst F *saucisse (fumée) de porc ou de bœuf*
Metzelei F ⟨~; ~en⟩ carnage *m*; tuerie *f*; boucherie *f*
Metzger(in) M ⟨~s; ~⟩ (F) ⟨~in; ~innen⟩ boucher, -ère *m,f*; *(Schweinemetzger[in])* charcutier, -ière *m,f*
Metzgerei F ⟨~; ~en⟩ boucherie *f*; *(Schweinemetzgerei)* charcuterie *f*
Metzgerladen M → Metzgerei
Meuchelmord M assassinat *m*; **Meuchelmörder(in)** M(F) assassin *m*; femme *f* assassin
meucheln *geh* V/T ⟨-(e)le, h.⟩ assassiner
meuchlings *geh pej* ADV traîtreusement; perfidement
Meute F ⟨~; ~n⟩ meute *f* (*a. fig*)
Meuterei F ⟨~; ~en⟩ mutinerie *f*; *weitS.* émeute *f*
Meuterer M ⟨~s; ~⟩ mutin *m*
meutern VI ⟨-(e)re, h.⟩ **1** se mutiner, se révolter (**gegen** contre) **2** *umg fig umg* râler (**gegen** contre)
Mexikaner(in) M ⟨~s; ~⟩ (F) ⟨~in; ~innen⟩ Mexicain(e) *m(f)*; **mexikanisch** ADJ mexicain
Mexiko N ⟨→ *n/pr*⟩ **1** *Land* le Mexique **2** *Stadt* **~(-Stadt)** Mexico
MEZ ABK (mitteleuropäische Zeit) heure *f* de l'Europe centrale
Mezzosopran M mezzo-soprano *m*
MFG, Mfg. ABK → Mitfahrgelegenheit
mg ABK (Milligramm) mg (milligramme)
MG N ⟨~(s); ~(s)⟩ ABK (Maschinengewehr) mitrailleuse *f*
mhd. ABK (mittelhochdeutsch) moyen °haut allemand
MHz ABK (Megahertz) MHz (mégahertz)
Mi ABK (Mittwoch) mer (mercredi)
Miasma N ⟨~s; -men⟩ miasme *m*
miau INT miaou!
miauen VI ⟨*pas de ge-*, h.⟩ miauler
Miauen N ⟨~s⟩ miaulement *m*
mich PERS PR *(akk de* ich*)* me; *unverbunden* moi; **ich kenne ~** je me connais; **für ~** pour moi
Michael M ⟨→ *n/pr*⟩ *prénom*; BIBEL **der Erzengel ~** l'archange Michel *ou* Michaël *m*
Michel M ⟨~s; ~⟩ *pej* **der deutsche ~** l'Allemand moyen petit-bourgeois
Michelangelo M ⟨→ *n/pr*⟩ Michel-Ange *m*
mick(e)rig *umg* ADJ *umg* riquiqui *(inv)*; *umg* minable
Mickymaus F ⟨~⟩ Mickey *m*
Midlife-Crisis F ⟨~⟩ crise *f* de la quarantai-

M

ne *bzw.* cinquantaine

mied → meiden

Mieder N ⟨~s; ~⟩ *Oberbekleidung* corselet *m*; *Unterbekleidung* corset *m*; gaine *f*; **Miederhöschen** N gaine-culotte *f*; **Miederwaren** FPL gaines *fpl* et corsets *mpl*

Mief *umg* M ⟨~(e)s⟩ odeur *f* de renfermé; *fig* **der ~ der Kleinstadt** l'atmosphère étriquée des petites villes

miefen *umg* VI ⟨h.⟩ *umg* schlinguer *od* chelinguer

Miene F ⟨~; ~n⟩ mine *f*; *(Ausdruck)* air *m*; **ohne e-e ~ zu verziehen** sans broncher; **gute ~ zum bösen Spiel machen** faire contre mauvaise fortune bon cœur; **~ machen, etw zu tun** s'apprêter à faire qc

Mienenspiel N ⟨~(e)s⟩ jeu *m* de physionomie; mimique *f*

mies *umg* ADJ *umg* minable; *sl* dégueulasse; *Mensch (fies) umg* moche; **sich ~ fühlen** se sentir mal; → miesmachen

Miese *umg* PL ⟨→ A⟩ *beim Kartenspiel* points *mpl* en moins; *auf dem Konto* **in den ~n sein** être dans le rouge

Miesepeter *umg* M ⟨~s; ~⟩ *umg* (vieux) bougon *m*; (vieux) grincheux *m*; **miesepet(e)rig** *umg* ADJ *umg* bougon, -onne; grincheux, -euse

miesmachen *umg* VT ⟨*sép*, -ge-, h.⟩ **1** *(schlechtmachen) umg* descendre; *umg* esquinter; *Person a.* taper sur **2** **j-m etw ~** dégoûter qn de qc; **j-m den Urlaub ~** *umg* bousiller les vacances de qn

Miesmacher *umg* M défaitiste *m/f*; *(Spielverderber)* rabat-joie *m*

Miesmuschel F moule *f*

Mietausfall M perte *f* de loyer; **Mietauto** N voiture *f* de location; *(Taxi)* taxi *m*; **Mietbeihilfe** F allocations *fpl* de logement; **Mietdauer** F durée *f* de la location *bzw.* du bail

Miete¹ F ⟨~; ~n⟩ **1** *(Wohnungsmiete)* loyer *m*; *von Autos, Maschinen etc* (prix *m* de) location *f*; **s-e ~ bezahlen** payer son loyer; *umg* **das ist schon die halbe ~** c'est presque gagné **2** *(Mietverhältnis)* location *f*; louage *m*; **zur ~ haben** avoir en location; **zur ~ wohnen** être locataire (**bei j-m** de qn)

Miete² F ⟨~; ~n⟩ AGR meule *f*; *im Boden* silo (souterrain)

Mieteinnahme F revenu locatif

mieten VT ⟨-ete, h.⟩ louer

Mieter(in) M ⟨~s; ~⟩ (F) ⟨~in; ~innen⟩ locataire *m/f*; **Mieterhöhung** F augmentation *f*, majoration *f* de loyer

Mieterschutz M défense *f* des locataires

mietfrei ADV (avec logement) gratuit; sans payer de loyer

Mietgesetz N loi *f* sur les loyers; **Mietkauf** M location-vente *f*; **Mietpartei** F colocataire *m/f*; **Mietpreis** M (prix *m* de) location *f*; loyer *m*; **Mietrecht** N ⟨~(e)s⟩ législation *f* des baux

Mietshaus N immeuble locatif; maison *f* de rapport; **Mietskaserne** F *pej* caserne *f*

Mietspiegel M barème *m* des loyers; **Mietverhältnis** N location *f*; **Mietvertrag** M bail *m*; contrat *m* de location; **Mietvorauszahlung** F arrhes *fpl*; **Mietwagen** M voiture *f* de location; **mietweise** ADV en louage; en location; **Mietwert** M valeur locative; **Mietwohnung** F appartement loué *bzw.* à louer; **Mietwucher** M °hausse abusive, illicite des loyers; **Mietzins** M ⟨~es; ~e⟩ ADMIN, *regional* loyer *m*

Mieze F ⟨~; ~n⟩ **1** *umg (Katze)* minet, -ette *m,f*; *umg* minou *m* **2** *umg (Mädchen) umg* nana *f*; *umg* nénette *f*; **Miezekatze** *kinderspr* F → Mieze 1

Migräne F ⟨~; ~n⟩ migraine *f*

Migrant(in) M ⟨~en; ~en⟩ (F) ⟨~in; ~innen⟩ SOZIOLOGIE migrant(e) *m(f)*

Migration F ⟨~; ~en⟩ SOZIOLOGIE, BIOL migration *f*

Migrationshintergrund M *Person* **mit ~** issu de l'immigration

Mikado N ⟨~s; ~s⟩ mikado *m*

Mikro *umg* N ⟨~s; ~s⟩ micro *m*

mikro..., Mikro... IN ZSSGN micro(-)...

Mikrobe F ⟨~; ~n⟩ microbe *m*

Mikrobiologie F microbiologie *f*; **Mikrochemie** F microchimie *f*

Mikrochip M IT puce *f*; **Mikrocomputer** M micro-ordinateur *m*; **Mikroelektronik** F micro-électronique *f*; **Mikrofaser** F TEX microfibre *f*; **Mikrofiche** M *od* N ⟨~s; ~s⟩ microfiche *f*; **Mikrofilm** M microfilm *m*

Mikrofon N ⟨~s; ~e⟩ microphone *m*; **Mikrogramm** N microgramme *m*; **Mikrokosmos** M microcosme *m*; **Mikrometer** M *ou* N micromètre *m*

Mikronesien N ⟨→ *n/pr*⟩ la Micronésie; **Mikronesier(in)** M ⟨~s; ~⟩ (F) ⟨~in; ~innen⟩ Micronésien, -ienne *m,f*; **mikronesisch** ADJ micronésien, -ienne

Mikroorganismus M micro-organisme *m*

Mikrophon N → Mikrofon

Mikropille F *zur Empfängnisverhütung* pilule minidosée

Mikroprozessor M microprocesseur *m*

Mikroskop N ⟨~s; ~e⟩ microscope *m*; **Mikroskopie** F ⟨~⟩ microscopie *f*; **mikroskopieren** VT ⟨*pas de ge-*, h.⟩ étudier au microscope; **mikroskopisch** ADJ microscopique

Mikrostruktur F *t/t* microstructure *f*; **Mikrowelle** F **1** ELEK micro-onde *f* **2** *umg Gerät* micro-ondes *m*; **Mikrowellenherd** M four *m* à micro-ondes; **Mikrozensus** M ⟨~⟩ STATISTIK recensement trimestriel

Milan M ⟨~s; ~e⟩ ZOOL milan *m*

Milbe F ⟨~; ~n⟩ ZOOL acarien *m*

Milch F ⟨~⟩ **1** lait *m* (*a.* BOT); **~ geben** *Kuh etc* donner du lait; **~ gebend** *Vieh* laitier, -ère; BOT lactescent; **wie ~ und Blut aussehen** avoir un teint de lis; **das Land, wo ~ und Honig fließt** BIBEL une contrée où ruissellent lait et miel; *fig* la terre d'abondance **2** CHEM émulsion *f* **3** *der Fische* laitance *f*; laite *f*

Milchbar F milk-bar *m*; **Milchbart** *umg* M blanc-bec *m*; **Milchbrei** M bouillie *f* au lait; **Milchbrot** N pain *m* au lait; **Milchbrötchen** N petit pain au lait; **Milchdrüse** F glande *f* mammaire; **Milcheiweiß** N protéine *f* du lait; **Milchflasche** F bouteille *f* à lait; *für den Säugling* biberon *m*; **Milchgang** M ANAT canal *m* galactophore, lactifère; **milchgebend** ADJT → Milch 1; **Milchgebiss** N dents *fpl* de lait; **Milchgeschäft** N laiterie *f*; crémerie *f*; **Milchgesicht** N → Milchbart; **Milchglas** N **1** *zum Trinken* verre *m* à lait **2** ⟨*pas de pl*⟩ TECH verre dépoli, opalin; **Milchhändler(in)** M(F) crémier, -ière *m,f*

milchig ADJ laiteux, -euse

Milchkaffee M café *m* au lait; *im Lokal a.* café *m* crème; *umg* crème *m*; **Milchkalb** N veau *m* de lait; **Milchkännchen** N petit pot à lait; **Milchkanne** F pot *m*, *große aus Metall* bidon *m* à lait; **Milchkuh** F vache *f* à lait; (vache) laitière *f*; **Milchladen** M laiterie *f*; crémerie *f*

Milchling M ⟨~s; ~e⟩ BOT lactaire *m*

Milchmädchenrechnung *umg* F mauvais calcul; **Milchmann** *umg* M ⟨~(e)s; ⸚er⟩ laitier *m*; **Milchmixgetränk** N milk-shake *m*; **Milchprodukte** NPL produits laitiers; laitages *mpl*; **Milchpulver** N lait *m* en poudre; **Milchpumpe** F tire-lait *m*; **Milchreis** M riz *m* au lait; **Milchsaft** M BOT suc laiteux; PHYSIOL *t/t* chyle *m*; **Milchsäure** F acide *m* lactique; **Milchsäuregärung** F fermentation *f* lactique; **Milchschokolade** F chocolat *m* au lait; **Milchschorf** M MED croûtes *fpl* de lait; gourme *f*; **Milchstraße** F ASTRON Voie lactée; **Milchstraßensystem** N galaxie *f*; **Milchsuppe** F soupe *f* au lait; **Milchtopf** M pot *m* à *od* au lait; **Milchtüte** F brique *f* de lait; **Milchvieh** N bétail laitier; bêtes laitières; **milchweiß** ADJ d'un blanc laiteux; **Milchwirtschaft** F laiterie *f*; **Milchzahn** M dent *f* de lait; **Milchzucker** M lactose *m*

mild **A** ADJ **1** *Klima, Licht, Luft, Seife etc* doux, douce; *Klima, Wetter a.* clément; *Kaffee, Tabak* léger, -ère; *Essen* peu épicé; **das Wetter ist ~er geworden** le temps s'est (r)adouci **2** *Worte, Kritik* peu sévère; *Richter etc a.* clément (*a. Urteil*); indulgent; *Strafe* léger, -ère; *Blick* indulgent; **~e Gabe** don *m* charitable; aumône *f* **B** ADV **~ gewürzt** peu épicé; **~(e) lächeln** sourire d'un air indulgent

milde → mild

Milde F ⟨~⟩ douceur *f*; clémence *f*; *(Nachsicht) a.* indulgence *f*; *geh* mansuétude *f*; **~ walten lassen** exercer sa clémence; se montrer clément

mildern VT ⟨-(e)re; h.⟩ *Schmerzen* (r)adoucir; *Worte, Kritik* modérer; *geh* tempérer; *Strafe* atténuer; alléger; JUR **~de Umstände** *mpl* circonstances atténuantes

Milderung F ⟨~⟩ (r)adoucissement *m*; *(Mäßigung)* modération *f*; *e-r Strafe* atténuation *f*; réduction *f*

mildherzig ADJ qui a le cœur tendre

mildtätig ADJ charitable; bienfaisant; **für ~e Zwecke** pour des œuvres de charité, de bienfaisance

Mildtätigkeit F ⟨~⟩ charité *f*; bienfaisance *f*

Milieu N ⟨~s; ~s⟩ *a.* BIOL, *fig* milieu *m*; BIOL, SOZIOLOGIE *a.* environnement *m*; **milieubedingt** ADJT conditionné, déterminé par le milieu; **milieugeschädigt** ADJT victime *f* de son environnement, milieu; **Milieustudie** F étude *f* d'un milieu

militant ADJ militant

Militär¹ N ⟨~s⟩ armée *f*; **zum ~ gehen** entrer dans l'armée

Militär² M ⟨~s; ~s⟩ officier supérieur; (°haut) militaire

Militärakademie F École *f* militaire; **Militärarzt** M, **Militärärztin** F médecin *m* des armées; **Militärattaché** M attaché *m* militaire; **Militärbehörde** F autorité *f* militaire; **Militärbündnis** N alliance *f* militaire; **Militärdienst** M ⟨~(e)s⟩ service *m* (militaire); **Militärdiktatur** F dictature *f* militaire; **Militärexperte** M expert *m* en *od* des questions militaires; **Militärflugzeug** N avion *m* militaire; **Militärgefängnis** N prison *f* militaire; **Militärgeistliche(r)** M aumônier *m* (militaire); **Militärgericht** N tribunal *m* militaire; **Militärherrschaft** F → Militärdiktatur

Militaria PL décorations *fpl*, armes *fpl*, objets *mpl*, *etc* militaires

militärisch ADJ militaire; *fig* martial

militarisieren VT ⟨*pas de ge-*, h.⟩ militariser; **Militarisierung** F ⟨~⟩ militarisation *f*

Militarismus M ⟨~⟩ militarisme *m*; *pej a.* caporalisme *m*; **Militarist** M ⟨~en; ~en⟩ militariste *m*; **militaristisch** ADJ militariste (*a. fig pej*)

Militärjunta F junte *f* militaire; **Militärka-**

pelle F musique f militaire; **Militärmacht** F puissance f militaire; **Militärmarsch** M marche f (militaire); **Militärmusik** F musique f militaire; **Militärpolizei** F police f militaire; **Militärputsch** M putsch m; coup m d'État militaire; **Militärregierung** F gouvernement m militaire; **Militärseelsorge** F aumônerie f aux armées; **Militärstützpunkt** M base f militaire; **Militärtransport** M convoi m, transport m militaire; **Militärwesen** N ⟨~s⟩ questions fpl, affaires fpl militaires

Military F ⟨~; ~s⟩ REITSPORT concours complet

Militärzeit F ⟨~⟩ (temps m de) service m militaire

Miliz F ⟨~; ~en⟩ milice f; **Milizsoldat(in)** M(F) milicien, -ienne m,f

Milkshake M ⟨~s; ~s⟩ milk-shake m

Mill. ABK (Million[en]) million(s)

Mille umg N ⟨~; ~⟩ *(1000 Euro)* mille euros mpl; **drei ~** trois mille euros

Millennium N ⟨~s; -ien⟩ *(Jahrtausend)* millénaire m

Milliampere N milliampère m

Milliardär(in) M ⟨~s; ~e⟩ (F) ⟨~in; ~innen⟩ milliardaire m/f

Milliarde F ⟨~; ~n⟩ milliard m

Milliardenhöhe F **in ~** qui se chiffre par milliards; de plusieurs milliards

Milliardenkredit M crédit m d'un milliard bzw. de plusieurs milliards

Millibar N millibar m; **Milligramm** N milligramme m; **Milliliter** M od N millilitre m

Millimeter M od N millimètre m; **Millimeterarbeit** umg F ⟨~⟩ travail m au millimètre près; travail m de précision; **Millimeterpapier** N ⟨~s⟩ papier millimétré od millimétrique

Million F ⟨~; ~en⟩ million m

Millionär(in) M ⟨~s; ~e⟩ (F) ⟨~in; ~innen⟩ millionnaire m/f; **mehrfacher ~** multimillionnaire m

Millionenauflage F **in ~** en un million bzw. en plusieurs millions d'exemplaires

Millionenerbschaft F héritage m de plusieurs millions; **millionenfach** A ADJ *Auflage etc* de plusieurs millions B ADV par millions; en millions; **Millionengeschäft** N affaire f d'un million bzw. de plusieurs millions; **Millionengewinn** M 1 *Ertrag* profit m d'un million bzw. de plusieurs millions 2 *im Lotto* lot m d'un million bzw. de plusieurs millions

Millionenheer N **ein ~ von ...** un million bzw. des millions de ...

Millionenhöhe F **in ~** qui se chiffre par millions; de plusieurs millions

Millionenkredit M crédit m d'un million bzw. de plusieurs millions; **Millionenschaden** M dommage m d'un million bzw. de plusieurs millions; **millionenschwer** umg ADJ umg qui pèse des millions; *Person a.* multimillionnaire; **Millionenstadt** F ville f d'un million bzw. de plusieurs millions d'habitants

millionste(r, -s) ADJ millionième

Millionstel N ⟨~s; ~⟩ millionième m

Milz F ⟨~; ~en⟩ ANAT rate f; **Milzbrand** M ⟨~(e)s⟩ (maladie f du) charbon m; anthrax m

Mime geh M ⟨~n; ~n⟩ acteur m

mimen V/T ⟨h.⟩ 1 *(darstellen)* mimer 2 *(vortäuschen) Gefühl etc* feindre; faire semblant de *(+inf)*; *Person a.* simuler 3 THEAT jouer; interpréter

Mimik F ⟨~⟩ mimique f

Mimikry F ⟨~⟩ ZOOL mimétisme m; fig camouflage m

mimisch A ADJ ⟨épithète⟩ mimique B ADV **etw ~ darstellen** représenter qc en mimant

Mimose F ⟨~; ~n⟩ 1 BOT mimosa m 2 fig sensitif, -ive m,f; **er ist e-e ~** il a une sensibilité d'écorché vif; il prend facilement la mouche

mimosenhaft ADJ hypersensible; hypersensitif, -ive

min., Min. ABK (Minute[n]) mn (minute[s])

Minarett N ⟨~s; ~s ou ~e⟩ minaret m

mind. ABK (mindestens) au moins

minder geh ADV moins; **nicht ~** ne pas moins; **mehr oder ~** plus ou moins

minderbegabt ADJ peu doué; **Minderbegabte(r)** M/F(M) ⟨→ A⟩ peu doué(e) m(f); **Minderbegüterte(r)** M/F(M) ⟨→ A⟩ peu fortuné(e) m(f); économiquement faible m/f; *plus fort* indigent(e) m(f)

minderbemittelt ADJ qui a de petits moyens; peu fortuné; *plus fort* indigent; *umg pej* **er ist geistig ~** umg il est limité, débile

Minderbemittelte(r) M/F(M) ⟨→ A⟩ personne sans fortune, peu fortunée; *plus fort* indigent(e) m(f)

mindere(r, -s) ADJ moindre; *(weniger wert)* inférieur

Minderheit F ⟨~; ~en⟩ minorité f; **in der ~ sein** être en minorité

Minderheitenfrage F problème m des minorités; **Minderheitenschutz** M protection f des minorités

Minderheitsregierung F gouvernement m de (la) minorité; **minderjährig** ADJ mineur; **Minderjährige(r)** M/F(M) ⟨→ A⟩ mineur(e) m(f); **Minderjährigkeit** F ⟨~⟩ minorité f

mindern V/T (u. V/R) ⟨-(e)re, h.⟩ **(sich) ~** diminuer; (s')amoindrir; (se) réduire; *Preis* rabaisser; *Wert* (se) déprécier; **Minderung** F ⟨~; ~en⟩ diminution f; amoindrissement m; *der Preise* réduction f; *des Wertes* dépréciation f

minderwertig ADJ inférieur; d'une valeur inférieure; HANDEL de mauvaise qualité; **Minderwertigkeit** F infériorité f; HANDEL mauvaise qualité; médiocrité f

Minderwertigkeitsgefühl N sentiment m d'infériorité; **Minderwertigkeitskomplex** M complexe m d'infériorité

Minderzahl F ⟨~⟩ → Minderheit

Mindest... IN ZSSGN minimum *(inv)*; minimal; **Mindestalter** N âge m minimum (requis); **Mindestanforderung** F exigence f minimum; **Mindestarbeitszeit** F durée de travail minimale; **Mindestbesteuerung** F taux minimal d'imposition; **Mindestbetrag** M (montant m, somme f) minimum m

mindeste(r, -s) ADJ le (la) moindre; **das Mindeste** od **~** le moins; la moindre chose; le minimum; **zum Mindesten** od **~n** au moins; pour le moins; *(wenigstens)* au minimum; **nicht im Mindesten** od **~n** pas le moins du monde; nullement

Mindesteinkommen N revenu m minimum

mindestens ADV au moins; pour le moins; *(wenigstens)* au minimum

Mindestforderung F exigence minimale; **Mindestgebot** N enchère f minimum; **Mindestgeschwindigkeit** F vitesse f minimum; **Mindestgewicht** N poids m minimum; **Mindesthaltbarkeitsdatum** N date f limite de conservation; **Mindestlohn** M salaire m minimum; **Mindestmaß** N (strict) minimum m **(an** [+dat] de); **Mindestpreis** M prix m minimum, plancher; **Mindeststrafe** F peine f minimum; **Mindestwert** M valeur f minimum

Mine F ⟨~; ~n⟩ 1 *(Bergwerk)* mine f 2 MIL mine f 3 *(Bleistiftmine)* mine f (de crayon); *(Kugelschreibermine)* recharge f

Minenfeld N terrain miné, truffé de mines; *im Wasser* eaux minées; **Minengürtel** M ceinture f de mines; **Minenleger** M ⟨~s; ~⟩ *Schiff* mouilleur m de mines; *Panzer* char m poseur de mines; **Minenräumboot** N dragueur m de mines; **Minenräumtrupp** M équipe f de déminage; **Minenräumung** F déminage m; **Minensperre** F SCHIFF barrage m de mines; **Minensuchboot** N → Minenräumboot; **Minensuchgerät** N (appareil) détecteur m de mines; **Minensuchtrupp** M équipe f de sondage; **Minenwerfer** M MIL lance-mines, -bombes, -torpilles m; mortier m de tranchée; minenwerfer m

Mineral N ⟨~s; ~e ou ~ien⟩ minéral m; **Mineralbad** N station thermale; **Mineralbrunnen** M source f d'eau minérale; **Mineraldünger** M engrais minéraux

Mineralien NPL minéraux mpl; **Mineraliensammlung** F collection f de minéraux, de pierres

mineralisch ADJ minéral

Mineralisierung F ⟨~⟩ minéralisation f

Mineraloge M ⟨~n; ~n⟩, **Mineralogin** F ⟨-in; -innen⟩ minéralogiste m/f; **Mineralogie** F ⟨~⟩ minéralogie f; **mineralogisch** ADJ minéralogique

Mineralöl N huile minérale; *weitS.* pétrole m; **Mineralölgesellschaft** F société pétrolière; **Mineralölindustrie** F industrie pétrolière; **Mineralölsteuer** F impôt m sur les huiles minérales

Mineralquelle F source f d'eau minérale; **Mineralsalz** N sel minéral; **Mineralstoff** M substance minérale; **Mineralwasser** N ⟨~s; -wasser, *sortes* -wässer⟩ eau minérale *(mit Kohlensäure* gazeuse)

Minerva F ⟨→ n/pr⟩ MYTH Minerve f

mini ADJ ⟨inv⟩ mini *(inv)*

Mini umg M ⟨~s; ~s⟩ *(~rock)* minijupe f

mini..., Mini... IN ZSSGN mini...

Miniatur F ⟨~; ~en⟩ miniature f; **in ~** en miniature

Miniaturausgabe F édition f (en) miniature; umg **Max ist die ~ meines Mannes** Max, c'est le portrait de mon mari en plus petit

Miniaturbild N → Miniatur; **Miniaturmalerei** F miniature f

Minibar F minibar m; **Minibus** M minibus m; **Minidisc®** F ⟨~; ~s⟩ IT minidisque m; **Minigolf** N ⟨~s⟩ golf m miniature; **Minijob** M umg mini-job m; **Minikleid** N minirobe f

minimal A ADJ minime; minimal B ADV très légèrement; à peine

Minimal... IN ZSSGN minimum *(inv)*; minimal; → *a.* Mindest...; **Minimalforderung** F exigence f minimum; **minimalinvasiv** ADJ MED *Eingriff, Chirurgie etc* non invasif, -ive; **Minimalkonsens** M accord m minimum; **Minimalwert** M valeur f minimum

minimieren V/T ⟨pas de ge-, h.⟩ t/t minimiser; **Minimierung** F ⟨~; ~en⟩ t/t minimisation f

Minimum N ⟨~s; -ma⟩ minimum m **(an** [+dat] de); **auf ein ~ beschränken** restreindre au minimum; minimiser

Minimumthermometer N thermomètre m à minima

Minipille umg F minipilule f; pilule minidosée; **Minirock** M minijupe f; **Minislip** M cache-sexe m

Minister(in) M ⟨~s; ~⟩ (F) ⟨~in; ~innen⟩ ministre m/f **(für** de); femme f ministre; **Frau ~!** Madame la od le ministre!

Ministeramt N poste ministériel

M

Ministerialbeamte(r) M, **Ministerialbeamtin** F fonctionnaire *m/f* de *od* dans un ministère; **Ministerialdirektor(in)** M(F) chef *m* de section dans un ministère; *in Frankreich etwa* directeur général; **Ministerialdirigent(in)** M(F) *in Frankreich etwa* sous-directeur *m* d'un bureau; **Ministerialerlass** M arrêté, décret ministériel; ordonnance ministérielle; **Ministerialrat** M ⟨~(e)s; -räte⟩, **Ministerialrätin** F ⟨-in; -innen⟩ *in Frankreich etwa* administrateur civil

ministeriell ADJ ministériel, -ielle

Ministerium N ⟨~s; -ien⟩ ministère *m*

Ministerkonferenz F conférence interministérielle; **Ministerposten** M ministère *m*; portefeuille *m* (ministériel); **Ministerpräsident(in)** M(F) **1** Premier ministre **2** *e-s deutschen Bundeslandes* président(e) *m(f)* du Conseil (des ministres); **Ministerrat** M ⟨~(e)s⟩ conseil *m* des ministres; **Ministerwechsel** M changement *m* de ministre; remaniement *m* (dans le gouvernement)

Ministrant(in) M ⟨~en; ~en⟩ F ⟨~in; ~innen⟩ KATH enfant *m* de chœur; servant *m*

Minivan M AUTO minivan *m*

Minna F **1** ⟨→ n/pr⟩ *prénom* **2** ⟨~; ~s⟩ *umg fig* **die grüne ~** *umg* le panier à salade; *umg* **j-n zur ~ machen** mettre qn plus bas que terre

Minne F ⟨~⟩ HIST amour *m* (courtois); **Minnedienst** M hommage *m* (du chevalier servant); **Minnelied** N chanson *f* d'amour; **Minnesang** M ⟨~(e)s⟩ LITERATUR poésie *f* de troubadour; **Minnesänger** M ménestrel *m*; *in Nordfrankreich a.* trouvère *m*; *in Südfrankreich a.* troubadour *m*

Minorität F ⟨~; ~en⟩ minorité *f*

Minotaurus M ⟨→ n/pr⟩ MYTH Minotaure *m*

minus ADV *bes* MATH, *bei Temperaturangaben* moins; → *a.* plus

Minus N ⟨~; ~⟩ **1** HANDEL déficit *m*; **im ~ sein** être dans le rouge; **~ machen** perdre de l'argent **2** MATH *Zeichen* moins *m* **3** *fig* (*Nachteil*) °handicap *m*

Minusbetrag M déficit *m*

Minuskel F ⟨~; ~n⟩ (lettre *f*) minuscule *f*

Minuspol M ELEK pôle négatif; **Minuspunkt** M **1** SPORT *etc* point *m* en moins **2** *fig* mauvais point; **Minuszeichen** N signe *m* moins

Minute F ⟨~; ~n⟩ minute *f* (*a.* MATH *Bogenminute*); **auf die ~** à la minute; ponctuellement; **in letzter ~** à la dernière minute; au dernier moment; **keine ruhige ~ haben** ne pas avoir une minute de repos

minutenlang **A** ADJ ⟨épithète⟩ qui dure une minute *bzw.* plusieurs minutes; **es entstand e-e ~e Pause** il y a eu une interruption de plusieurs minutes **B** ADV pendant plusieurs minutes

minutenweise ADJ *u.* ADV à chaque minute; par minute; minute par minute

Minutenzeiger M aiguille *f* des minutes; grande aiguille

minutiös **A** ADJ minutieux, -ieuse; méticuleux, -euse **B** ADV minutieusement; méticuleusement

minütlich **A** ADJ **in ~en Abständen** à une minute d'intervalle **B** ADV toutes les minutes

minuziös → minutiös

Minze F ⟨~; ~n⟩ menthe *f*

Mio. ABK (Million[en]) million(s)

mir PERS PR (*dat de* ich) me; *nach präp* moi; *betont* à moi; **ein Freund von ~** un de mes amis; *umg* **von ~ aus** de ma part; *als Ausruf* soit!; je veux bien!; *umg* **~ nichts, dir nichts** de but en blanc; *umg* tout de go; *umg* **rühr ~ das nicht an!** ne touche pas à ça!; *sprichw* **wie du ~, so ich dir** *sprichw* œil pour œil, dent pour dent

Mirabelle F ⟨~; ~n⟩ mirabelle *f*

Misanthrop *geh* M ⟨~en; ~en⟩ misanthrope *m*

Mischbatterie F robinet mélangeur; **Mischbrot** N pain bis; **Mischehe** F mariage *m* mixte

mischen ⟨h.⟩ **A** V/T **1** (*ver~*) mêler; mélanger; faire un mélange de; *Flüssigkeiten a.* couper; **mit Wasser ~** couper d'eau; *fig* **mit gemischten Gefühlen** avec des sentiments mitigés, contradictoires **2** RADIO, TV mixer; combiner **3** *Karten* battre; mêler; **~ und geben** faire les cartes **B** V/R **1** (*sich ver~*) **sich ~** se mélanger; se mêler **2** (*sich ein~*) **sich in fremde Angelegenheiten ~** se mêler des, s'immiscer dans les affaires d'autrui **3** **sich ins Gespräch, unters Volk ~** se mêler à la conversation, à la foule

Mischen N ⟨~s⟩ mélange *m* (*a.* CHEM); mixtion *f* (*a.* PHARM)

Mischer M ⟨~s; ~⟩ *Maschine* tambour mélangeur

Mischfarbe F couleur composée; **Mischform** F mélange *m*; **Mischfutter** N fourrage *m* mixte; **Mischgemüse** N jardinière *f*; macédoine *f* de légumes; **Mischgetränk** N → Mixgetränk; **Mischgewebe** N tissu mélangé; **Mischkalkulation** F calcul *m* de rentabilité mixte; **Mischkost** F alimentation équilibrée; **Mischkultur** F AGR polyculture *f*; **Mischling** M ⟨~s; ~e⟩ métis *m*; BIOL hybride *m*

Mischmasch *umg* M ⟨~(e)s; ~e⟩ *umg* salade *f*; *umg* méli-mélo *m*

Mischmaschine F tambour mélangeur

Mischpoke F ⟨~⟩ *umg pej* (*Verwandtschaft*) tribu *f*

Mischpult N pupitre *m*, console *f* de mixage; **Mischsprache** F langue *f* mixte; *weitS. mit Französisch, Spanisch, Portugiesisch* créole *m*; **Mischtrommel** F tambour mélangeur

Mischung F ⟨~; ~en⟩ *a. fig* mélange *m*; (*Pralinenmischung*) *etc* assortiment *m*

Mischungsverhältnis N proportions *fpl* de mélange; dosage *m*

Mischwald M forêt *f* (à peuplement) mixte

miserabel ADJ ⟨-bl-⟩ **1** (*sehr schlecht*) piètre (*vorangestellt*); **ich fühle mich ~** je me sens très mal; *umg* je suis mal fichu **2** *pej* (*jämmerlich*) lamentable; *umg* minable; *Wetter* pourri; affreux, -euse; *Essen* abominable; *Film, Buch* atroce

Misere F ⟨~; ~n⟩ situation *f* déplorable; *finanzielle* détresse *f*; misère *f*

Miserere N ⟨~(s)⟩ **1** REL miséréré *od* miserere *m* **2** MED colique *f* de miséréré *od* miserere

misogyn *geh* ADJ misogyne; **Misogynie** *geh* F ⟨~⟩ misogynie *f*

Mispel F ⟨~; ~n⟩ *Frucht* nèfle *f*; *Baum* néflier *m*

Miss F ⟨~; ~es⟩ (*Schönheitskönigin*) miss *f*; **die amtierende ~ Germany** l'actuelle Miss Allemagne

missachten V/T ⟨-ete, *pas de ge-*, h.⟩ **1** (*gering schätzen*) estimer peu; *plus fort* dédaigner; mépriser **2** (*nicht beachten*) ne pas respecter; ignorer

Missachtung F **1** (*Geringschätzung*) peu *m* d'estime; *plus fort* dédain *m*; mépris *m*; mésestime *f* **2** (*Nichtbeachtung*) non-respect *m*; **unter ~** (*+gen*) au mépris de

missbehagen *geh* V/I ⟨*pas de ge-*, h.⟩ **j-m ~** déplaire à qn

Missbehagen N malaise *m*; déplaisir *m*

Missbildung F malformation *f*; *plus fort* difformité *f*

missbilligen V/T ⟨*pas de ge-*, h.⟩ désapprouver; réprouver

Missbilligung F désapprobation *f*; réprobation *f*; (*Tadel*) blâme *m*

Missbrauch M **1** (*übermäßiger Gebrauch*) abus *m*; *e-s Medikaments a.* usage abusif; (*falscher Gebrauch*) mauvais usage **2** (*Entweihung*) profanation *f*

missbrauchen V/T ⟨*pas de ge-*, h.⟩ **1** (*übermäßig gebrauchen*) abuser de; (*falsch gebrauchen*) faire mauvais usage de **2** (*entweihen*) profaner **3** *Personen für die eigenen Zwecke* profiter de **4** *geh* (*vergewaltigen*) abuser de

missbräuchlich ADJ abusif, -ive

missdeuten V/T ⟨-ete, *pas de ge-*, h.⟩ mal interpréter, comprendre; se méprendre sur

Missdeutung F fausse, mauvaise interprétation; méprise *f*

missen *geh* V/T ⟨-(es)t, h.⟩ (*entbehren*) se passer de; **etw nicht ~ mögen** ne pas vouloir se passer de qc

Misserfolg M échec *m*; SPORT *a.* contre-performance *f*; **e-n ~ haben** ne pas réussir; subir, essuyer un échec

Missernte F mauvaise récolte

Missetat *geh* F méfait *m*; délit *m*; **Missetäter(in)** *geh* M(F) malfaiteur *m*; *geh* scélérat(e) *m(f)*

missfallen *geh* V/I ⟨*irr, pas de ge-*, h.⟩ **j-m ~** déplaire à qn

Missfallen N ⟨~s⟩ déplaisir *m*, mécontentement *m* (**über** [*+akk*] au sujet de); **j-s ~ erregen** provoquer le mécontentement de qn; **sein ~ über etw** (*akk*) **ausdrücken** manifester, exprimer son mécontentement au sujet de qc

Missfallensäußerung F, **Missfallenskundgebung** F manifestation *f*, expression *f* de mécontentement

missfällig *liter* ADV **sich ~ über j-n, etw äußern** critiquer, blâmer qn, qc

missgebildet ADJT mal formé; **Missgeburt** F enfant *m/f* mal formé(e); **missgelaunt** *geh* ADJ de mauvaise humeur; **Missgeschick** N **1** (*Unglück*) malchance *f*; malheur *m* **2** (*ärgerlicher Vorfall*) mésaventure *f*; **Missgestalt** F **1** difformité *f*; *plus fort* monstruosité *f* **2** (*missgestaltetes Wesen*) être *m* difforme; avorton *m*; monstre *m*; **missgestaltet** ADJT déformé; **missgestimmt** *geh* ADJT de mauvaise humeur

missglücken V/I ⟨*pas de ge-*, s.⟩ *Versuch etc* ne pas réussir; *Plan* échouer; *Kuchen etc* rater; **es ist ihm missglückt** il n'a pas réussi; il a échoué

missgönnen V/T ⟨*pas de ge-*, h.⟩ **j-m etw ~** envier qc à qn; **j-m sein Glück ~** être jaloux du bonheur de qn

Missgriff M erreur *f*; faute *f*; **Missgunst** F envie *f*; jalousie *f*; **missgünstig** ADJ envieux, -ieuse; jaloux, -ouse

misshandeln V/T ⟨-(e)le, *pas de ge-*, h.⟩ maltraiter; *plus fort* brutaliser; **Misshandlung** F mauvais traitements; sévices *mpl*; maltraitance *f*

Mission F ⟨~; ~en⟩ mission *f*; REL **äußere, innere ~** missions étrangères, intérieures; **in geheimer ~** en mission secrète

Missionar(in) M ⟨~s; ~e⟩ F ⟨~in; ~innen⟩ missionnaire *m/f*; **missionarisch** **A** ADJ missionnaire **B** ADV comme (un *bzw.* une) missionnaire

missionieren V/T ⟨*pas de ge-*, h.⟩ évangéliser; **Missionierung** F ⟨~⟩ évangélisation *f*

Missionschef M DIPL chef *m* de mission; **Missionsgesellschaft** F société *f* des missions (étrangères); **Missionsschwester** F sœur *f* missionnaire; **Missionsstation** F mission *f*

Missklang M **1** MUS dissonance *f* **2** *fig* désaccord *m*

Misskredit M **j-n in ~ bringen** discréditer qn; jeter le discrédit sur qn; **in ~ geraten** tom-

ber en discrédit
misslang → misslingen
misslich ADJ déplaisant; fâcheux, -euse; contrariant; **missliebig** geh ADJ qui n'est pas bien vu; impopulaire
misslingen VI ⟨misslingt, misslang, misslungen, s.⟩ → missglücken
Missmanagement N mauvais management; mauvaise gestion
Missmut M mauvaise humeur; morosité f; **missmutig** ADJ de mauvaise humeur; morose
missraten VI ⟨irr, pas de ge-, s.⟩ → missglücken
Missstand M abus m; plus fort situation f intenable; bes in der Verwaltung irrégularité f; **soziale Missstände** inégalités sociales choquantes
Missstimmung F mauvaise ambiance
misst → messen
Misston M ⟨~(e)s; ~̈e⟩ son faux, discordant; dissonance f; fig fausse note
misstrauen VI ⟨pas de ge-, h.⟩ **j-m, e-r Sache ~** se méfier, geh se défier de qn, de qc; ne pas avoir confiance en qn, qc
Misstrauen N ⟨~s⟩ méfiance f, défiance f (**gegen** à l'égard de); manque m de confiance; **j-s ~ erregen** éveiller la méfiance de qn; **gegen j-n, etw ~ haben, hegen** avoir, éprouver de la méfiance à l'égard de qn, qc
Misstrauensantrag M motion f de censure; **Misstrauensvotum** N vote m de défiance
misstrauisch ADJ méfiant, défiant (**gegenüber** à l'égard de); (argwöhnisch) soupçonneux, -euse (**gegenüber** à l'égard de); **j-n ~ machen** éveiller la méfiance de qn
Missverhältnis N disproportion f; (Ungleichheit) disparité f; décalage m; différence f; **... stehen in e-m ~ (zueinander)** il y a une disproportion entre ...
missverständlich ADJ qui prête à (des) malentendus; équivoque; **Missverständnis** N ⟨~ses; ~se⟩ 1 malentendu m 2 (Streitigkeit) désaccord m; **missverstehen** VT ⟨irr, pas de ge-, h.⟩ mal comprendre
Misswahl F élection f d'une miss
Misswirtschaft F ⟨~⟩ mauvaise gestion, administration; gabegie f
Mist M ⟨~(e)s⟩ 1 AGR fumier m; umg **das ist nicht auf s-m ~ gewachsen** ce n'est pas de son crû; ça ne vient pas de lui 2 umg (Unsinn) âneries fpl; sl conneries fpl; umg **~ bauen** sl faire des conneries; **mach doch deinen ~ alleine!** tu n'as qu'à te débrouiller!; débrouille-toi! 3 umg (Schund) umg saloperie f; fig **so ein ~!** umg zut alors!; sl merde alors!
Mistbeet N GARTEN couche f
Mistel F ⟨~; ~n⟩ gui m
misten ⟨-ete, h.⟩ A VT 1 (düngen) fumer 2 (aus~) nettoyer; ranger B VI Tiere fienter
Mistfink umg M 1 (Schmutzfink) umg cochon, -onne m,f 2 (Mistkerl) sl salaud m; **Mistforke** F → Mistgabel; **Mistfuhre** F Ladung chargement m de fumier; Transport transport m de fumier; **Mistgabel** F fourche f à fumier; **Mistgrube** F fosse f à fumier; **Misthaufen** M (tas m de) fumier m; **Mistkäfer** M bousier m; **Mistkerl** sl M sl salaud m; **Miststück** sl N umg ordure f; Frau sl salope f; **Mistvieh** sl N 1 Tier umg sale bête f 2 Mensch umg ordure f; Mann a. umg fumier m; **Mistwetter** umg N ⟨~s⟩ umg temps m de chien, de cochon
mit A PRÄP ⟨dat⟩ 1 (zusammen mit) avec; (in Begleitung von) accompagné de; **komm ~ mir** viens avec moi; **~ j-m gehen** accompagner qn; **ich fühle ~ Ihnen** je vous comprends très bien; bei e-m traurigen Anlass je suis de tout cœur avec vous; **sich ~ j-m schlagen** se battre contre od avec qn; umg **nicht ~ mir!** umg on ne m'aura od ne me la fait pas!; umg je ne marche pas! 2 Inhalt de; **ein Teller ~ Obst** une assiette de fruits 3 Mittel avec; de; par; à; en; **j-m ~ den Augen folgen** suivre qn des yeux; **~ Bleistift schreiben** écrire au crayon; **~ dem Finger berühren** toucher du doigt; **~ Gold bezahlen** payer en or; **~ e-m Tritt, Stich** etc d'un coup de pied, de couteau, etc; **~ der Post®** par la poste 4 Verkehrsmittel en; **~ der Bahn, dem Schiff, dem Auto** en train, bateau, voiture; **~ dem Rad** à bicyclette; à od en vélo 5 begleitender Umstand à; Art u. Weise avec; en; à; par; **das Kind ~ den blauen Augen** l'enfant aux yeux bleus; **Zimmer** n **~ zwei Betten** chambre f à deux lits; **~ dem Glas in der Hand** le verre à la main; **~ Tränen in den Augen** les larmes aux yeux; **~ Absicht** avec intention; à dessein; **~ Hilfe** → mithilfe; **~ Gewalt** de force; **~ Muße** à loisir; **~ Recht** à juste titre; à bon droit; **~ Vergnügen** avec plaisir; **~ lauter Stimme** à °haute voix; **~ gutem Gewissen** en toute conscience; **~ e-r Mehrheit von ...** à une majorité de ...; **~ zwölf zu fünf Stimmen** par douze voix à cinq; **~ e-m Wort** en un mot; **~ anderen Worten** en d'autres termes; **~ Butter kochen** faire la cuisine au beurre; **~ Verlust verkaufen** vendre à perte 6 zeitlich **~ jedem Tag** de jour en jour; chaque jour; **~ der Zeit** peu à peu; à la longue; **~ e-m Mal** tout d'un coup; **~ zwanzig Jahren** à (l'âge de) vingt ans 7 sonstige Bezüge **es ~ dem Schreiben eilig haben** être pressé d'écrire; **wie weit sind Sie ~ Ihrer Arbeit?** où en êtes-vous de votre travail?; **Böses ~ Gutem vergelten** rendre le bien pour le mal; **was ist ~ ihm?** que lui est-il arrivé?; **es ist aus ~ ihm** c'en est fait de lui; **~ diesen Dingen geht es wie ~ ...** il en est de ces choses comme de ...; umg **raus ~ dir!** umg fous le camp! B ADV 1 (neben anderen) en; y; **~ dabei sein** en être; y assister; **~ enthalten** y compris; **~ dazugehören** en faire partie; umg **~ zu den besten Schülern zählen** figurer parmi les, être un des meilleurs élèves 2 Beteiligung **~ anpacken** aider (**bei etw** à qc); umg mettre la main à la pâte; **etw nicht ~ ansehen können** ne pas supporter le spectacle, la vue de qc; **ich werde für dich ~ bezahlen** je payerai pour nous deux 3 umg **da ... ~** avec ça 4 umg **~ sein** y être (aussi); être de la partie; **warst du gestern nicht ~?** tu n'y étais pas hier?
Mitangeklagte(r) M/F(M) coaccusé(e) m(f)
Mitarbeit F ⟨~⟩ 1 (Mitwirkung) collaboration f; coopération f; **unter ~** (dat) **von ...** en collaboration avec ... 2 im Unterricht participation f; **mündliche ~** participation orale
mitarbeiten VI ⟨-ete, sép, -ge-, h.⟩ 1 **an etw** (dat) **~** an e-m Werk etc collaborer à qc 2 im Unterricht etc participer 3 umg (ebenfalls arbeiten) travailler aussi
Mitarbeiter(in) M(F) collaborateur, -trice m, f; **Mitarbeiterstab** M cercle m, équipe f de collaborateurs; **Mitbegründer(in)** M(F) cofondateur, -trice m,f
mitbekommen VT ⟨irr, sép, pas de ge-, h.⟩ 1 (erhalten) recevoir; (mitnehmen) emporter; als Mitgift avoir en dot 2 umg (verstehen) umg piger; **mitbenutzen** VT ⟨-(es)t, sép, pas de ge-, h.⟩ jouir de, utiliser en commun
Mitbenutzung F jouissance, utilisation commune; **Mitbesitz** M possession commune, indivise; copropriété f; **Mitbesitzer(in)** M(F) copossesseur m; codétenteur m; e-s Hauses etc copropriétaire m/f
mitbestimmen ⟨sép, pas de ge-, h.⟩ A VT influencer B VI bei e-r Entscheidung participer, prendre part à une décision; im Betrieb prendre part à la gestion; **Mitbestimmung** F ⟨~⟩ participation f; im Betrieb cogestion f
Mitbestimmungsrecht N droit m de participation; im Betrieb droit m de cogestion (du personnel)
Mitbewerber(in) M(F) concurrent(e) m(f); POL a. colistier m
Mitbewohner(in) M(F) e-s Hauses voisin(e) m(f); colocataire m/f; e-r Wohnung **mein, dein** etc **~** la personne avec qui je partage, tu partages, etc l'appartement
mitbringen VT ⟨irr, sép, -ge-, h.⟩ 1 Personen, Tiere amener; Dinge (r)apporter (avec soi); Unterlagen, Zeugen fournir; **etw aus der Stadt, von der Reise ~** rapporter qc de la ville, du voyage 2 fig Fähigkeiten être doué de; Voraussetzungen, Zeit avoir; hum gutes Wetter apporter; amener
Mitbringsel N ⟨~s; ~⟩ petit cadeau; (Andenken) souvenir m
Mitbürger(in) M(F) concitoyen, -enne m,f; **liebe ~innen und ~!** chers concitoyens!
mitdenken VI ⟨irr, sép, -ge-, h.⟩ (**bei etw**) **~** beim Zuhören suivre qc attentivement; bei der Arbeit participer activement (à qc); **er denkt nie mit** il ne fait aucun effort intellectuel
mitdürfen VI ⟨irr, sép, -ge-, h.⟩ umg (**mit j-m**) **~** pouvoir aller, partir, sortir avec qn, accompagner qn
Miteigentümer(in) M(F) copropriétaire m/f
miteinander ADV l'un(e) avec l'autre bzw. les un(e)s avec les autres; (gemeinsam) ensemble; umg **ihr seid Betrüger, alle ~!** vous êtes une bande de gangsters!; umg **~ gehen** (befreundet sein) sortir ensemble
Miteinander N ⟨~(s)⟩ vie commune; cohabitation f
mitentscheidend ADJT également décisif, -ive
Miterbe M, **Miterbin** F cohéritier, -ière m, f
miterleben VT ⟨sép, pas de ge-, h.⟩ 1 (mitmachen) participer à; vivre 2 (sehen) assister à; voir
mitessen ⟨irr, sép, mitgegessen, h.⟩ A VT manger ... avec B VI (**bei j-m**) **~** déjeuner, dîner avec qn; **die Augen essen mit** la présentation des plats compte beaucoup
Mitesser M MED comédon m; point noir
mitfahren VI ⟨irr, sép, -ge-, s.⟩ (**mit j-m**) **~** partir avec qn (en voiture, en bateau, etc); accompagner qn
Mitfahrgelegenheit F place f dans une voiture (pour un certain trajet); **biete ~ nach ...** offre place pour aller à ...; **suche ~ nach ...** cherche voiture allant à ...
Mitfahrzentrale F organisme m d'auto-stop
mitfühlen ⟨sép, -ge- h.⟩ A VT compatir à B VI **mit j-m ~** prendre part à la tristesse, la peine, etc de qn; **mitfühlend** ADJT compatissant
mitführen VT ⟨sép, -ge-, h.⟩ Gepäck, Güter etc porter; transporter; von Flüssen charrier; Zug **e-n Schlafwagen ~** comporter, comprendre un waggon-lit
mitgeben VT ⟨irr, sép, -ge-, h.⟩ **j-m etw ~** donner qc à qn; **j-m Wissen fürs Leben ~** pourvoir, munir qn de connaissances pour la vie
mitgefangen ADJT (**mitgegangen,**) **~, mitgehangen** etwa tu ne vas pas te bzw. vous n'allez pas vous tirer comme ça
Mitgefangene(r) M/F(M) compagnon m, compagne f de captivité, in e-r Zelle de cellule; JUR codétenu(e) m(f); **Mitgefühl** N ⟨~s⟩ sympathie f; (Mitleid) compassion f; **mitge-**

hangen → mitgefangen

mitgehen VI ‹irr, sép, -ge-, s.› 1 **(mit j-m) ~** aller avec qn; accompagner qn; *umg* **etw ~ lassen** *umg* faucher qc 2 *Zuhörer* **(mit dem Vortragenden) ~** être enthousiasmé (par le conférencier); → *a.* mitgefangen

mitgenommen *umg* ADJT *Möbel umg* esquinté; *Bücher, Kleider etc umg* bousillé; *Menschen (erschöpft) umg* vanné; *umg* crevé

Mitgift F ‹~; ~en› dot *f*; **Mitgiftjäger** M coureur *m* de dot

Mitglied N membre *m*; affilié(e) *m(f)*; adhérent(e) *m(f)*; **neues ~** recrue *f*; nouveau membre; nouvel(le) inscrit(e)

Mitgliederversammlung F assemblée générale; **Mitgliederzahl** F nombre *m* des membres

Mitgliedsausweis M carte *f* (de membre); **Mitgliedsbeitrag** M cotisation *f*

Mitgliedschaft F ‹~› affiliation *f*

Mitgliedskarte F carte *f* (de membre); **Mitgliedsland** N ‹~(e)s; -länder›, **Mitgliedsstaat** M pays *m*, État *m* membre

mithaben *umg* VT ‹irr, sép, -ge-, h.› avoir apporté, emporté

mithalten VI ‹irr, sép, -ge-, h.› *im Tempo* suivre le rythme (**mit** de); *bei e-r Diskussion* participer (**mit** à); *bei e-m Wettbewerb etc* **~ können** tenir le coup

mithelfen VI ‹irr, sép, -ge-, h.› coopérer (**bei** à); prêter son concours, son assistance (**bei** à)

Mithelfer(in) M(F) aide *m/f*; *pej* complice *m/f*; **Mitherausgeber(in)** M(F) coéditeur, -trice *m,f*

mithilfe PRÄP ‹gen›, ADV **~ von** *Sache* à l'aide de; au moyen de; *Person* avec l'aide de

Mithilfe F ‹~› concours *m*; coopération *f*; assistance *f*

mithin ADV donc; par conséquent

M

mithören VT ‹sép, -ge-, h.› 1 *zufällig* entendre par °hasard 2 *(auch anhören)* écouter 3 *(abhören) Funk-, Telefongespräch* intercepter; *hum* **Feind hört mit!** des oreilles ennemies nous écoutent!

Mitinhaber(in) M(F) codétenteur, -trice *m,f*; *e-r Firma* associé(e) *m(f)*; **mitkämpfen** VI ‹sép, -ge-, h.› prendre part, participer au combat, à la lutte; **Mitkämpfer(in)** M(F) compagnon *m*, compagne *f* d'armes, de lutte; **Mitkläger(in)** M(F) JUR codemandeur, -eresse *m,f*

mitklingen VI ‹irr, sép, -ge-, h.› sonner en même temps; PHYS résonner; *fig* vibrer; **in ihrer Stimme klang Trauer mit** il y avait de la tristesse dans sa voix

mitkommen VI ‹irr, sép, -ge-, s.› 1 **(mit j-m) ~** venir avec qn; accompagner qn 2 *fig geistig* suivre; *in der Schule* pouvoir suivre; *umg* **da komme ich nicht mit** *umg* je ne pige pas; *(das verstehe ich nicht)* cela me dépasse; c'est trop fort pour moi

mitkönnen VI ‹irr, sép, -ge-, h.› *umg* **(mit j-m) ~** *(mitgehen können)* pouvoir aller, partir, sortir *bzw.* venir avec qn; pouvoir accompagner qn

mitkriegen *umg* VT ‹sép, -ge-, h.› → mitbekommen

Mitläufer(in) M(F) *pej* suiveur, -euse *m,f*; mouton *m*; **Mitläufertum** N ‹~s› *pej* suivisme *m*; **Mitlaut** M consonne *f*

Mitleid N ‹~(e)s› pitié *f*; compassion *f*; *(Erbarmen)* apitoiement *m*; **mit j-m ~ bekommen** prendre qn en pitié; **~ erregen** faire pitié; **j-s ~ erregen** apitoyer qn; **~ erregend** → mitleiderregend; **mit j-m ~ haben** avoir pitié de qn; avoir de la compassion pour qn; **aus ~ mit** par pitié pour

Mitleidenschaft F ‹~› **etw in ~ ziehen** *(beschädigen)* endommager qc; *Medikament etc* affecter, toucher qc; **j-n in ~ ziehen** affecter qn; porter atteinte à qn

mitleiderregend ADJT qui fait pitié; pitoyable

mitleidig A ADJ compatissant; charitable B ADV avec pitié

mitleid(s)los ADJ impitoyable; sans pitié; **mitleid(s)voll** ADJ compatissant; plein de pitié

mitliefern VT ‹-(e)re, sép, -ge-, h.› HANDEL livrer … avec; **sie lieferte den Grund dafür gleich mit** elle en a tout de suite donné la raison

mitmachen ‹sép, -ge-, h.› A VT 1 *(dabei sein, teilnehmen)* prendre part, participer à; *Mode, Lehrgang etc* suivre 2 *umg (miterledigen) umg* se taper aussi 3 *umg (erleiden)* subir; passer par; *umg* se taper; **er hat viel mitgemacht im Leben** *umg* il en a vu de toutes les couleurs; *Kummer etc a.* il a subi, traversé bien des épreuves dans sa vie; *umg* **das mache ich nicht mit** *umg* je ne marche pas B VI 1 être de la partie; y être; **bei etw ~** prendre part, participer à qc 2 *(dem Beispiel der anderen folgen)* faire comme les autres 3 *umg (funktionieren)* **nicht mehr ~** *umg* flancher; **meine Beine machen nicht mehr mit** *umg* mes jambes n'en peuvent plus; **heute macht das Wetter nicht mit** aujourd'hui le temps n'est pas de la partie

Mitmensch M prochain *m*

mitmischen *umg* VI ‹sép, -ge-, h.› **bei etw ~** participer, prendre part à qc; *pej* se mêler de qc; **überall ~** être (présent) partout

mitmüssen VI ‹irr, sép, -ge-, h.› *umg* **(mit j-m) ~** être obligé, forcé d'aller avec qn

Mitnahme F ‹~› **unter ~ von …** en emportant …; **die ~ von Hunden ist nicht gestattet** les chiens ne sont pas admis

Mitnahmepreis M prix emporté, à emporter; **zum ~ von …** au prix emporté de …

mitnehmen VT ‹irr, sép, -ge-, h.› 1 *Sachen* prendre; emporter; *Personen* emmener; *Passagiere* prendre; *Pizza etc* **zum Mitnehmen** à emporter 2 *umg fig auf der Reise* **e-e Stadt ~** (profiter de l'occasion pour) visiter une ville; **e-n Verdienst nebenbei ~** profiter de l'occasion pour faire un bénéfice 3 *(in Mitleidenschaft ziehen) Menschen* malmener; éprouver; *(erschöpfen)* épuiser; exténuer; *Dinge* endommager; *plus fort* abîmer; *umg* bousiller

mitnichten *geh* ADV nullement; pas du tout; *liter* point du tout

Mitra F ‹~; -tren› mitre *f*

mitrauchen ‹sép, -ge-, h.› A VT **eine ~** fumer aussi une cigarette B VI *passiv* inhaler la fumée des fumeurs

mitrechnen ‹-ete, sép, -ge-, h.› A VT *(hinzurechnen)* inclure, comprendre dans le compte; ajouter; **… mitgerechnet** … y compris; **… nicht mitgerechnet** … non compris; **die Kinder nicht mitgerechnet** sans compter les enfants B VI 1 *mit j-m* calculer avec qn 2 *(mitzählen)* compter

mitreden ‹-ete, sép, -ge-, h.› A VT *fig* **auch ein Wort** *od* **Wörtchen mitzureden haben** avoir son mot à dire; avoir voix au chapitre; **Sie haben hier nichts mitzureden** cela ne vous regarde pas B VI prendre part à la conversation, à la discussion; **du kannst (hier) doch gar nicht ~** tu n'en sais rien; tu n'as rien à dire

mitreisen VI ‹-(es)t, sép, -ge-, s.› **(mit j-m) ~** voyager avec qn

Mitreisende(r) M/F(M) *(Begleiter[in])* compagnon *m*, compagne *f* de voyage; *im selben Zug, Abteil etc* voyageur, -euse *m,f* dans le même train, compartiment, *etc*

mitreißen VT ‹irr, sép, -ge-, h.› emporter; *fig (begeistern)* entraîner; enthousiasmer; **mitreißend** ADJT *Redner* captivant; *Spiel* passionnant; *Musik* entraînant

mitsammen ADV *regional, österr* ensemble

mitsamt PRÄP ‹dat› avec

mitschicken VT ‹sép, -ge-, h.› **etw (mit etw) ~** envoyer qc avec (qc), en même temps (que qc); *im Brief etc (beilegen)* joindre qc (à qc); inclure qc (dans qc)

mitschleppen *umg* VT ‹sép, -ge-, h.› *etw Schweres umg* trimbal(l)er; *(tragen, mitnehmen) umg* traîner; **mitschneiden** VT ‹irr, sép, -ge-, h.› enregistrer; **Mitschnitt** M enregistrement *m*

mitschreiben ‹irr, sép, -ge-, h.› A VT **etw ~** prendre qc en note B VI prendre des notes

Mitschuld F ‹~› complicité *f* (**an** [+dat] dans); **mitschuldig** ADJ complice (**an** [+dat] de); **Mitschuldige(r)** M/F(M) complice *m/f* (**an** [+dat] de); **Mitschüler(in)** M(F) camarade *m/f* d'école, de classe, d'études

mitschwingen VI ‹irr, sép, -ge-, h.› PHYS *Saite* vibrer en même temps; *Töne* résonner; *fig* → mitklingen

mitsingen ‹irr, sép, -ge-, h.› A VT **etw ~** chanter aussi qc B VI **(mit j-m) ~** chanter avec qn

mitsollen VI ‹sép, -ge-, h.› *umg* **(mit j-m) ~** devoir aller, partir, sortir avec qn

mitspielen ‹sép, -ge-, h.› A VT *ein Spiel* jouer aussi B VI 1 prendre part, participer au jeu; être de la partie; THEAT jouer; figurer 2 *Gründe etc* entrer en jeu 3 *fig* **j-m übel ~** jouer un mauvais, sale tour à qn; *umg* **wenn das Wetter mitspielt** si le temps le permet, est de la partie

Mitspieler(in) M(F) partenaire *m/f*; *e-r Mannschaft* membre *m* de l'équipe; *(Gegner[in])* adversaire *m/f*; **Mitspracherecht** N ‹~(e)s› droit *m* d'intervention; *(Mitbestimmungsrecht)* participation *f*; **Mitstreiter(in)** *geh* M(F) compagnon *m*, compagne *f* d'armes, de lutte

Mittag M ‹~s; ~e› 1 midi *m*; **heute, morgen, gestern, Montag ~** aujourd'hui, demain, hier, lundi à midi; **am ~** à midi; **über ~** à midi; pendant l'heure de midi; **(zu) ~ essen** déjeuner; *umg* **~ machen** faire la pause de midi; aller déjeuner 2 *regional* → Nachmittag

Mittagessen N déjeuner *m*

mittäglich ADJ de midi

mittags ADV 1 à midi; **es ist 12 Uhr ~** il est midi 2 *regional* → nachmittags

Mittagsausgabe F *e-r Zeitung* édition *f* de midi; **Mittagsglut** F, **Mittagshitze** F chaleur *f* de midi

Mittagslinie F ASTRON (ligne *f*) méridienne *f*; **Mittagsmahl** *geh* N repas *m* de midi; déjeuner *m*

Mittagspause F pause *f* de midi; *weitS. a.* heure *f* du déjeuner; **sie hat (jetzt) ~** *a.* elle est allée déjeuner

Mittagsruhe F, **Mittagsschlaf** M sieste *f*; **Mittagsruhe, Mittagsschlaf halten** faire la sieste

Mittagsstunde F heure *f* de midi; **Mittagstisch** M table *f* du déjeuner; *im Restaurant etc (Mittagessen)* table *f* d'hôte

Mittagszeit F (heure *f* de) midi *m*; **um die ~** vers midi

mittanzen VI ‹-(es)t, sép, -ge-, h.› se mêler à la danse; danser avec les autres

Mittäter(in) M(F) complice *m/f*; **Mittäterschaft** F ‹~› complicité *f*

Mitte F ‹~; ~n› milieu *m*; *(Mittelpunkt)* centre *m* (*a.* POL); **in der ~** au milieu; **in die ~ nehmen** mettre, placer entre (nous, eux, *etc*); **~ Januar** (à la) mi-janvier; **sie ist ~ dreißig** elle a dans les 35 ans; ~ **des 19. Jahrhunderts** au milieu du XIXe siècle; **die goldene ~** le juste milieu; **e-r aus unserer ~** l'un des nôtres, d'entre nous; **in unserer ~** parmi nous; **das Reich der ~** le Céleste Empire; la Chine; *umg fig* **ab durch die ~!** *umg* débarrasse-moi *bzw.* débarrassez-moi le plancher!; *umg* dégage *bzw.* dégagez!; *umg* du large!

mitteilbar ADJ communicable

mitteilen ⟨*sép*, -ge-, h.⟩ **A** VT **j-m etw ~** communiquer, faire savoir qc à qn; informer qn de qc **B** *geh* VR **sich j-m ~** *Personen* s'ouvrir à qn; s'épancher auprès de qn; *vertraulich* faire ses confidences à qn; *Freude, Erregung etc* se communiquer à, gagner qn

mitteilsam ADJ communicatif, -ive; expansif, -ive; **Mitteilsamkeit** F ⟨~⟩ expansivité *f*; épanchement *m*

Mitteilung F ⟨~; ~en⟩ communication *f*; information *f*; *amtliche* notification *f*; avis *m*; *vertrauliche* confidence *f*; aveu *m*; **j-m von etw ~ machen** communiquer, faire savoir qc à qn; informer qn de qc

Mitteilungsbedürfnis N ⟨~ses⟩ besoin *m* de s'épancher

Mittel N ⟨~s; ~⟩ **1** *(Hilfsmittel)* moyen *m*; *(Ausweg)* expédient *m*; **mit allen ~n versuchen, etw zu tun** essayer de faire qc par tous les moyens; **~** *pl* **und Wege finden** trouver le(s) moyen(s) (, **etw zu tun** de faire qc); **(nur) ~ zum Zweck sein** (n')être (qu')un moyen pour atteindre le but **2** PL *(Geldmittel)* moyens *mpl*; **öffentliche ~** fonds publics **3** *zur Reinigung, Pflege etc* produit *m*; *(Heilmittel)* remède *m* **(gegen** à**)** **4** MATH, METEO *(~wert, Durchschnitt)* moyenne *f*; **arithmetisches ~** moyenne arithmétique; **im ~** en moyenne

Mittelalter N ⟨~s⟩ Moyen Âge *m*; **mittelalterlich** ADJ **1** HIST médiéval; du Moyen Âge; *pej* moyenâgeux, -euse **2** *Personen* d'un certain âge; **Mittelamerika** N l'Amérique centrale; **Mittelamerikaner(in)** M(F) habitant(e) *m(f)* d'Amérique centrale; **mittelamerikanisch** ADJ centraméricain

mittelbar ADJ indirect; JUR médiat

mitteldeutsch ADJ d'Allemagne *od* de l'Allemagne centrale; **Mitteldeutsche(r)** M/F(M) habitant(e) *m(f)* du centre de l'Allemagne; Allemand(e) *m(f)* du centre; **Mitteldeutschland** N l'Allemagne centrale

Mittelding *umg* N ⟨~s; ~e⟩ chose *f* intermédiaire, compromis *m* **(zwischen** [+dat] entre); **ein ~ gibt es nicht** c'est à prendre ou à laisser

Mitteleuropa N l'Europe centrale; **Mitteleuropäer(in)** M(F) habitant(e) *m(f)* d'Europe centrale

mitteleuropäisch ADJ du centre de l'Europe; d'Europe *od* de l'Europe centrale; **~e Zeit** → MEZ

mittelfein ADJ GASTR mi-fin

Mittelfeld N FUSSBALL milieu *m* du terrain; **Mittelfeldspieler** M FUSSBALL milieu *m* de terrain; **Mittelfinger** M doigt *m* du milieu; majeur *m*; **mittelfristig** ADJ *Kredit, Planung* à moyen terme; **Mittelgang** M *im Zug* couloir central, du milieu; *im Flugzeug* allée centrale; **Mittelgebirge** N moyenne montagne; **Mittelgewicht** N, **Mittelgewichtler** M ⟨-lers; -ler⟩ SPORT poids moyen; **mittelgroß** ADJ de taille moyenne; **Mittelhand** F ⟨~⟩ ANAT *t/t* métacarpe *m*; **Mittelhandknochen** MPL ANAT os métacarpiens; **Mittelhochdeutsch** ADJ moyen °haut allemand; **Mittelklasse** F HANDEL, SOZIOLOGIE classe moyenne; **Mittelklassehotel** N hôtel *m* (de) moyenne catégorie; **Mittelklassewagen** M voiture *f* de classe moyenne; **Mittelläufer** M SPORT demi-centre *m*; **Mittellinie** F ligne médiane; *auf der Straße* ligne blanche; TENNIS ligne médiane de service; FUSSBALL ligne *f* de *od* du milieu; **mittellos** ADJ dépourvu de *od* sans moyens, ressources; **Mittellosigkeit** F ⟨~⟩ absence *f* de ressources; dénuement *m*; **Mittelmächte** FPL puissances *fpl* de l'Europe centrale; **Mittelmaß** N taille moyenne; *(Durchschnitt)* moyenne *f*; *pej* médiocrité *f*; **mittelmäßig** ADJ *pej* médiocre; **Mittelmäßigkeit** F *pej* médiocrité *f*

Mittelmeer das ~ la (mer) Méditerranée

Mittelmeerklima N climat méditerranéen; **Mittelmeerländer** NPL pays méditerranéens; **Mittelmeerraum** M ⟨~(e)s⟩ bassin *m* de la Méditerranée; **Mittelmeerunion** F POL Union *f* pour la Méditerranée

Mittelohrentzündung F otite *f*

Mittelpunkt M *a. fig* centre *m*; **im ~ stehen** être au centre de l'intérêt

mittels PRÄP ⟨*gen*⟩ à l'aide de

Mittelscheitel M raie *f* au milieu; **Mittelschicht** F ⟨~⟩ SOZIOLOGIE classes moyennes (de la société); **Mittelschiff** N ARCH nef centrale; **Mittelschule** F **1** *(Realschule)* collège *m* **2** *österr, schweiz* lycée *m*

Mittelsmann M ⟨~(e)s; -leute *ou* -männer⟩ médiateur, -trice *m,f*; intermédiaire *m/f*

Mittelstand M ⟨~(e)s⟩ classe moyenne

mittelständisch ADJ de (la) classe moyenne; **~e Betriebe** *mpl* petites et moyennes entreprises *(abk* PME *fpl)*

Mittelstellung F ⟨~⟩ position *f* intermédiaire; **Mittelstrecke** F SPORT demi-fond *m*

Mittelstreckenlauf M (course *f* de) demi-fond *m*; **Mittelstreckenläufer(in)** M(F) coureur, -euse *m,f* de demi-fond; **Mittelstreckenrakete** F MIL fusée *f* de portée moyenne

Mittelstreifen M *auf der Autobahn* bande médiane; **Mittelstück** N morceau *m* du milieu; **Mittelstufe** F SCHULE premier cycle *(comprenant la 8e, 9e, 10e année scolaire)*; *bei Sprachkursen etc* cours moyen; **Mittelstürmer** M FUSSBALL avant-centre *m*

Mittelweg M *fig* moyen terme; compromis *m*; **der goldene ~** le juste milieu

Mittelwelle F RADIO, PHYS onde moyenne

Mittelwellenbereich M gamme *f* des ondes moyennes; **Mittelwellensender** M (poste) émetteur *m* à ondes moyennes

Mittelwert M MATH, STATISTIK (valeur) moyenne *f*; **Mittelwort** N ⟨~(e)s; -wörter⟩ GRAM participe *m*

mitten ADV **1** *räumlich* **~ in, auf, unter** *(+ dat, mouvement + akk)* au (beau) milieu de; **~ durch** à travers; **~ auf der Straße** au beau milieu de la rue; **er hielt ~ im Satz inne** il s'arrêta au beau milieu de la phrase; **~ unter ihnen** parmi eux; **~ entzwei-** *od* **durchbrechen** se casser en deux **2** *zeitlich* **~ am Tag, in der Nacht, im Winter** en plein jour, en pleine nuit, en plein hiver

mittendrin ADV juste au milieu; au (beau) milieu; en plein milieu

mittendurch ADV tout au travers; **er schnitt den Apfel ~** il coupa la pomme en deux

mittenmang *umg nordd* ADV au (beau) milieu

Mitternacht F ⟨~⟩ minuit *m*

mitternächtlich ADJ ⟨*épithète*⟩ de minuit; **zu ~er Stunde** à, vers minuit

Mitternachtsmesse F messe *f* de minuit; **Mitternachtssonne** F ⟨~⟩ soleil *m* de minuit

Mittfasten PL KATH mi-carême *f*

Mittler(in) M ⟨~s; ~⟩ (F) ⟨~in; ~innen⟩ médiateur, -trice *m,f*

mittlere(r, -s) ADJ **1** *(in der Mitte befindlich)* du milieu; TECH, GEOG médian; *(im Mittelpunkt gelegen)* central; **der Mittlere Osten** le Moyen-Orient **2** *(dazwischenliegend)* du milieu; *fig* intermédiaire **3** *(durchschnittlich)* moyen, -enne; **~n Alters** entre deux âges; d'un certain âge

Mittlerrolle F rôle *m* de médiateur

mittlerweile ADV *(in der Zwischenzeit)* en attendant; *a. (seitdem)* entre-temps

Mittsommer M (période *f* du) solstice *m* d'été; **Mittsommerfest** N Saint-Jean *f*; **Mittsommernacht** F *(Sommernacht)* nuit *f* de plein été; *(Nacht der Sommersonnenwende)* nuit *f* du solstice d'été

mittun VT ⟨*irr, sép*, -ge-, h.⟩ *regional* → mitmachen

Mittwoch M ⟨~(e)s; ~e⟩ mercredi *m*; → *a.* Montag

mittwochs ADV le mercredi; tous les mercredis

mitunter ADV de temps en temps; parfois

mitverantwortlich ADJ coresponsable **(für** de**)**; **Mitverantwortung** F coresponsabilité *f*, responsabilité partagée **(für** de**)**; **Mitverfasser(in)** M(F) coauteur *m*

Mitverschulden N **eigenes ~** faute partagée

mitversichern VT ⟨-(e)re, *sép, pas de ge-*, h.⟩ coassurer; **bei den Eltern mitversichert sein** être assuré avec les parents; *Sache* **mitversichert sein** être compris dans l'assurance

Mitversicherte(r) M/F(M) coassuré(e) *m(f)*; **Mitversicherung** F coassurance *f*; **Mitwelt** F ⟨~⟩ contemporains *mpl*

mitwirken VI ⟨*sép*, -ge-, h.⟩ **1** **bei, an etw** *(dat)* **~** collaborer, participer, prendre part, contribuer à qc **2** THEAT jouer

Mitwirkende(r) M/F(M) ⟨→ A⟩ participant(e) *m(f)*; KINO, THEAT acteur, -trice *m,f*

Mitwirkung F ⟨~⟩ concours *m*; collaboration *f*; participation *f* **(bei** à**)**; **unter (der) ~ von** avec le concours de; en collaboration avec

Mitwisser(in) M ⟨~s; ~⟩ (F) ⟨~in; ~innen⟩ complice *m/f*; *e-s Geheimnisses* dépositaire *m/f*; **Mitwisserschaft** F ⟨~⟩ complicité *f*

mitwollen *umg* VI ⟨*irr, sép*, -ge-, h.⟩ **(mit j-m) ~** vouloir aller, partir, sortir avec qn

mitzählen VT *u.* VI ⟨*sép*, -ge-, h.⟩ compter (aussi)

mitziehen ⟨*irr, sép*, -ge-⟩ **A** VT ⟨h.⟩ entraîner **B** VI **1** ⟨s.⟩ **(mit j-m) ~** partir avec qn **2** ⟨h.⟩ *umg fig* suivre

Mix *umg* M ⟨~; ~e⟩ mélange *m*

Mixbecher M shaker *m*

mixen VT ⟨-(es)t, h.⟩ *Getränk etc* mélanger; TV, RADIO mixer

Mixer M ⟨~s; ~⟩ **1** *Person* barman *m* **2** *Küchenmaschine* mixe(u)r *m*; **Mixgetränk** N boisson (mélangée); *(Cocktail)* cocktail *m*

Mixtur F ⟨~; ~en⟩ **1** PHARM composition *f*; mixture *f* **2** MUS *e-r Orgel* fourniture *f*

MKS F ⟨~⟩ ABK (Maul- und Klauenseuche) VET fièvre aphteuse

ml ABK (Milliliter) ml (millilitre)

mm ABK (Millimeter) mm (millimètre)

mm^2 ABK (Quadratmillimeter) mm^2 (millimètre carré)

mm^3 ABK (Kubikmillimeter) mm^3 (millimètre cube)

MMS *Dienst* M ⟨~⟩, *Nachricht* F ⟨~; ~⟩ ABK (Multimedia Messaging Service) TEL MMS *m*; **j-m e-e ~ schicken** envoyer un (message) MMS à qn

Mnemotechnik F mnémotechnique *f*; **mnemotechnisch** ADJ mnémotechnique

Mo ABK (Montag) lun (lundi)

Mob M ⟨~s⟩ *pej* populace *f*; racaille *f*

mobben VT ⟨h.⟩ °harceler sur le lieu de tra-

M

vail

Mobbing N ⟨~s⟩ °harcèlement moral au travail

Möbel N ⟨~s; ~⟩ meuble *m*; **Möbelausstellung** F exposition *f* de meubles; *Messe a.* salon *m* de l'ameublement; **Möbelfabrik** F fabrique *f* de meubles; **Möbelgeschäft** N magasin *m* d'ameublement; **Möbelhändler** M marchand *m* de meubles; **Möbelindustrie** F industrie *f* du meuble, de l'ameublement; **Möbellager** N entrepôt *m* de meubles; **Möbelpacker** M déménageur *m*; **Möbelpolitur** F produit *m* d'entretien pour meubles; **Möbelschreiner** M menuisier *m* (en meubles); ébéniste *m*; **Möbelspediteur** M déménageur *m*; **Möbelspedition** F entreprise *f* de déménagement et de transport de meubles; **Möbelstoff** M tissu *m* d'ameublement; **Möbelstück** N meuble *m*; **Möbeltischler** M → Möbelschreiner; **Möbelwagen** M camion *m* de déménagement

mobil ADJ **1** *(beweglich)* mobile; → mobilmachen **2** *umg (rüstig)* dispos; alerte

Mobile N ⟨~s; ~s⟩ mobile *m*

Mobilfunk M radiotéléphonie *f*; téléphonie *f* sans fil; **Mobilfunknetz** N réseau *m* de radiotéléphonie

Mobiliar N ⟨~s⟩ mobilier *m*; ameublement *m*

Mobilisation F ⟨~; ~en⟩ mobilisation *f*; **mobilisieren** V/T ⟨*pas de ge-*, h.⟩ *a. fig*, MIL mobiliser; **Mobilisierung** F ⟨~; ~en⟩ mobilisation *f*

Mobilität F ⟨~⟩ mobilité *f*; **geistige ~** agilité *f* d'esprit

mobilmachen V/I ⟨*sép*, –ge-, h.⟩ MIL mobiliser

Mobilmachung F ⟨~; ~en⟩ MIL mobilisation *f*; **Mobiltelefon** N (téléphone *m*) mobile *m*; radiotéléphone *m*; **Mobiltelefonie** F téléphonie *f* mobile

M

möblieren V/T ⟨*pas de ge-*, h.⟩ meubler; **möbliertes Zimmer** chambre meublée; *umg hum* **möblierter Herr** locataire *m* en garni, en meublé; **möbliert wohnen** habiter une chambre meublée *bzw.* un appartement meublé

Möblierung F ⟨~; ~en⟩ ameublement *m*

Moçambique → Mosambik

mochte, **möchte** → mögen

Möchtegern... *hum* IN ZSSGN qui se prétend ...; soi-disant ...; **Möchtegernkünstler(in)** M(F) soi-disant artiste *m/f*

modal ADJ modal; **Modalität** F ⟨~; ~en⟩ modalité *f*

Modalsatz M proposition adverbiale de manière; **Modalverb** N (verbe *m*) auxiliaire *m* de mode; verbe *m* de modalité

Mode F ⟨~; ~n⟩ mode *f*; **die neueste ~** le dernier cri; **(in) ~ sein** être à la mode, *umg* dans le vent; **in ~ kommen** devenir à la mode; *umg* monter; **aus der ~ kommen** passer de mode; **sich nach der ~ kleiden** s'habiller à la mode; **mit der ~ gehen** suivre la mode

Modeartikel M article *m* de mode; nouveauté *f*; **Modearzt** M médecin *m* à la mode; **Modeausdruck** M ⟨~(e)s; -drücke⟩ expression *f* à la mode, *umg* branchée; **Modeberuf** M métier *m* à la mode, très demandé, prisé; **modebewusst** ADJ qui suit la mode; *umg* branché; **Modebranche** F mode *f*; **Modedesigner(in)** M(F) styliste *m/f* de mode; **Modefarbe** F couleur *f*, coloris *m* (à la) mode; **Modegeschäft** N magasin *m* de modes

Modehaus N **1** → Modegeschäft **2** atelier *m* de couture; **die großen Modehäuser** la haute couture; les grands couturiers

Modeheft N, **Modejournal** N journal *m* de mode; **Modekrankheit** F maladie *f* à la mode

Model[1] M ⟨~s; ~⟩ *Form* moule *m*; *für Stoffdruck* gaufrure *f*

Model[2] N ⟨~s; ~s⟩ *(Fotomodell)* modèle *m*

Modell N ⟨~s; ~e⟩ **1** HANDEL, TECH modèle *m*; *(Bauart)* type *m*; *(Muster)* prototype *m*; *(verkleinerte Nachbildung)* maquette *f*; modèle réduit **2** *(Fotomodell)*, MAL *etc* modèle *m*; mannequin *m*; **(j-m) ~ stehen** servir de modèle (à qn); poser comme modèle (pour qn) **3** *fig (Vorbild)* modèle *m*

Modellbau M ⟨~(e)s⟩ TECH modélisme *m*; **Modellbauer** M ⟨~s; ~⟩ modéliste *m*; **Modellbaukasten** M boîte *f* de construction métallique, de modèles réduits

Modellcharakter M **~ haben** (pouvoir) servir de modèle

Modelleisenbahn F modèle réduit de chemin de fer; chemin *m* de fer miniature

Modelleur M ⟨~s; ~e⟩ modeleur *m*

Modellflugzeug N maquette *f* d'avion

modellieren V/T ⟨*pas de ge-*, h.⟩ modeler

Modellierholz N ébauchoir *m*; spatule *f* à modeler; **Modelliermasse** F pâte *f* à modeler; **Modellierwachs** N cire *f* à modeler

Modellkleid N modèle *m*; **Modellversuch** M essai *m* sur modèle réduit; expérience *f* sur maquette; **Modellvertrag** M traité-type *m*; **Modellzeichner(in)** M(F) modéliste *m/f*

Modem N ⟨~s; ~s⟩ IT modem *m*

Modemacher(in) M(F) grand couturier; créateur, -trice *m,f* de mode

Modena N ⟨→ *n/pr*⟩ Modène

Modenarr M, **Modenärrin** F esclave *m/f* de la mode

Modenschau F défilé *m* de mode

Modepuppe *umg pej* F poupée *f*

Moder M ⟨~s⟩ **1** *(Fäulnis)* pourriture *f*; pourri *m* **2** *regional (Schlamm)* bourbe *f*; vase *f*

moderat ADJ modéré

Moderation F ⟨~; ~en⟩ présentation *f*

Moderator(in) M ⟨~s; -toren⟩ (F) ⟨~in; ~innen⟩ présentateur, -trice *m,f*

Modergeruch M ⟨~(e)s⟩ odeur *f* de pourri, de moisi

moderieren V/T ⟨*pas de ge-*, h.⟩ *Sendung, Show etc* présenter; *Diskussion* diriger; *abs* **heute moderiert ...** aujourd'hui, c'est ... qui présente l'émission

moderig ADJ pourri; moisi; *Geruch* putride

modern[1] V/I ⟨-(e)re, s.⟩ pourrir

modern[2] ADJ moderne; *(nach der neuesten Mode)* à la mode; **~e Malerei** peinture *f* moderne, d'avant-garde

Moderne F ⟨~⟩ *Epoche* temps *mpl* modernes; époque *f* moderne; *Kunstrichtung* moderne *m*; **modernisieren** V/T ⟨*pas de ge-*, h.⟩ moderniser; mettre au goût du jour; **Modernisierung** F ⟨~; ~en⟩ modernisation *f*; **Modernismus** M ⟨~⟩ modernisme *m*; **Modernität** F ⟨~⟩ modernité *f*

Modesalon M maison *f* de couture; **Modeschau** F → Modenschau; **Modeschmuck** M bijoux *mpl* (de) fantaisie; **Modeschöpfer(in)** M(F) grand couturier; créateur, -trice *m,f* de mode; **Modeschöpfung** F création *f* de mode; **Modeschriftsteller(in)** M(F) auteur *m* à la mode; **Modetanz** M danse *f* à la mode; **Modetrend** M tendance *f* de la mode; **Modewaren** FPL articles *mpl* de mode; **Modewelt** F ⟨~⟩ monde *m* de la mode, de la haute couture; **Modewort** N ⟨~(e)s; -wörter⟩ mot *m* à la mode, du jour; **Modezar** M *hum* pape *m* de la mode; **Modezeichner(in)** M(F) modéliste *m/f*; **Modezeitschrift** F journal *m* de mode

Modifikation F ⟨~; ~en⟩ modification *f*; **modifizieren** V/T ⟨*pas de ge-*, h.⟩ modifier; **Modifizierung** F ⟨~; ~en⟩ modification *f*

modisch ADJ à la mode; *umg* dans le vent

Modistin F ⟨~; ~nen⟩ modiste *f*

modrig → moderig

Modul[1] N ⟨~s; ~e⟩ IT, TECH module *m*

Modul[2] M ⟨~s; ~n⟩ MATH, PHYS module *m*

Modulation F ⟨~; ~en⟩ modulation *f*; **Modulator** M ⟨~s; -toren⟩ modulateur *m*; **modulieren** V/T ⟨*pas de ge-*, h.⟩ moduler

Modus M ⟨~; -di⟩ **1** GRAM mode *m* **2** *fig (Art u. Weise)* mode *m*; méthode *f*; manière *f*

Mofa N ⟨~s; ~s⟩ cyclomoteur *m*; mobylette® *f*; *umg* mob *f*; **Mofafahrer(in)** M(F) cyclomotoriste *m/f*

Mogelei *umg* F ⟨~; ~en⟩ tricherie *f*

mogeln *umg* V/I ⟨-(e)le, h.⟩ tricher

Mogeln *umg* N ⟨~s⟩ tricherie *f*

Mogelpackung F emballage trompeur

mögen ⟨h.⟩ **A** V/AUX *de mode* ⟨mag *ou* möchte; mochte; *pperf* mögen⟩ **1** *Möglichkeit* (se) pouvoir; être possible; **das mag sein** cela se peut; c'est possible; *als Antwort* peut-être; **sie mochte zwölf Jahre alt sein** elle pouvait avoir douze ans; **mag sein, dass ...** il se peut que ... *(+subj)*; **wo er wohl sein mag, wo mag er wohl sein?** où peut-il bien être?; **wie mag es ihr wohl gehen?** je me demande comment elle va; **... und wie sie alle heißen ~** ... ou autres **2** *einräumend, verallgemeinernd* **was man auch immer sagen mag** quoi que l'on dise; **er mag es nun zugestehen oder leugnen ...** qu'il le nie ou (qu'il) l'avoue ...; **wie sie auch sein ~ ...** quels qu'ils soient ...; **mag er auch noch so reich sein ...** si riche qu'il soit ...; **er mochte noch so viel bitten** il eut beau prier, supplier **3** *geh Optativ, Imperativ* **möge dieser Tag ...** puisse ce jour ...; **~ sie sich darüber beklagen!** qu'ils s'en plaignent! **4** *(Lust haben)* avoir envie de; *(gern ~, lieben)* aimer *(geh* à); prendre plaisir à; *(wünschen)* vouloir; désirer; **lieber ~** aimer mieux; préférer; **was möchten Sie trinken?** qu'est-ce que vous prenez?; **ich möchte gern etwas essen** je voudrais bien manger qc; **ich möchte so gern** *(+inf)* j'aimerais tant *(+inf)*; **da hätte ich dabei sein ~** j'aurais bien voulu être là; **ich möchte nicht stören, aber ...** je ne voudrais pas déranger, mais ...; **ich mag ihn nicht sehen** je ne veux pas le voir **B** V/T ⟨mag *ou* möchte; mochte; gemocht⟩ **j-n, etw ~** aimer qn, qc; **was möchten Sie?** que désirez-vous?; qu'est-ce que vous désirez?; **ich mag so etwas nicht** je n'aime pas ces choses-là; **er mag mich nicht** il ne m'aime pas (beaucoup) **C** V/I ⟨mag *ou* möchte; mochte; gemocht⟩ vouloir (bien); **ich mag heute nicht** aujourd'hui, je n'ai pas envie; **ich möchte nach Hause** je voudrais rentrer à la maison

Mogler(in) *umg* M ⟨~s; ~⟩ (F) ⟨~in; ~innen⟩ tricheur, -euse *m,f*

möglich ADJ possible; *(ausführbar)* faisable; praticable; *(etwaig)* éventuel, -elle; **er macht alle ~en Geschäfte** il fait toutes sortes d'affaires; **er verkauft alles Mögliche** il vend de tout, *pej* n'importe quoi; **alles Mögliche tun, um zu** *(+ inf)* employer toutes sortes de moyens pour *(+ inf)*; **ich halte es für ~** je crois que c'est possible; **... wo ~ ...** si possible; **wie war so etwas ~?** comment cela a-t-il pu se faire?; comment est-ce possible?; **nicht ~!** pas possible!; **es war mir nicht ~, eher zu kommen** il ne m'a pas été possible de venir plus tôt; **so bald wie ~** dès que possible; **so schnell, gut** *etc* **wie** *od* **als ~** le plus vite, le

mieux, *etc* possible; aussi vite, bien, *etc* que possible; **so wenig Fehler wie ~** le moins de fautes possible
möglicherweise ADV (*vielleicht*) peut-être; il se peut que … (*+subj*); il est possible que … (*+subj*); (*eventuell*) éventuellement; (*wahrscheinlich*) probablement
Möglichkeit F ⟨~; ~en⟩ possibilité *f*; (*möglicher Fall*) éventualité *f*; (*Gelegenheit*) chance *f*; occasion *f*; **nach ~** autant que possible; si possible; **es besteht die ~, dass …** il est possible, il se peut que … (*+subj*); **es gab keine ~ zu** (*+inf*) il n'y avait pas moyen de (*+inf*); **es gibt nur e-e einzige ~** il n'y a qu'un seul moyen, qu'une seule chance, possibilité; *umg* **ist denn das die ~!** *umg* c'est pas possible!
Möglichkeitsform F GRAM subjonctif *m*
möglichst A ADV 1 (*so viel wie möglich*) autant que possible 2 (*wenn möglich*) si possible 3 (*so … wie möglich*) le plus *bzw.* moins … possible; **~ schnell, wenig** le plus vite, le moins possible B SUBST **ich werde mein Möglichstes tun** je ferai de mon mieux, (tout) mon possible
Mogul M ⟨~s; ~n⟩ HIST Mog(h)ol *m*; *fig* roi *m*
Mohair M ⟨~s⟩ mohair *m*
Mohammed M ⟨→ *n/pr*⟩ 1 *Prophet* Mahomet *m* 2 *prénom*
Mohammedaner(in) *umg* M ⟨~s; ~⟩ (F) ⟨~in; ~innen⟩ musulman(e) *m(f)*; *veraltend* mahométan(e) *m(f)*; **mohammedanisch** *umg* ADJ musulman; *veraltend* mahométan
Mohär M → Mohair
Mohikaner M ⟨~s; ~⟩ *fig* **der letzte ~** le dernier des Mohicans
Mohn M ⟨~(e)s; ~e⟩ 1 BOT pavot *m*; (*Klatschmohn*) coquelicot *m* 2 *auf Gebäck etc* graines *fpl* de pavot
Mohnblume F → Mohn 1; **Mohnblüte** F fleur *f* de pavot, de coquelicot; **Mohnbrötchen** N petit pain aux graines de pavot; **Mohngewächse** NPL *t/t* papavéracées *fpl*; **Mohnkapsel** F capsule *f* de pavot; **Mohnkuchen** M gâteau *m* aux graines de pavot; **Mohnsamen** M graine *f* de pavot; **Mohnzopf** M *gâteau en forme de tresse fourré aux graines de pavot*
Mohr *liter* M ⟨~en; ~en⟩ Maure *od* More *m*
Möhre F ⟨~; ~n⟩ carotte *f*
Mohrenkopf M GASTR (*Negerkuss*) tête-de-nègre *f*
Möhrensaft M jus *m* de carotte
Mohrrübe F *nordd* carotte *f*
Moiré M *od* N ⟨~s; ~s⟩ moire *f*
mokant A ADJ moqueur, -euse; railleur, -euse B ADV **~ lächeln** sourire d'un air moqueur
Mokassin M ⟨~s; ~s *ou* ~e⟩ mocassin *m*
Mokick N ⟨~s; ~s⟩ vélomoteur *m*
mokieren V/R ⟨*pas de ge-*, h.⟩ **sich über j-n, etw ~** se moquer de qn, qc
Mokka M ⟨~s; ~s⟩ (café *m*) moka *m*; **Mokkalöffel** M cuillère *f* à moka; **Mokkatasse** F tasse *f* à moka
Mol N ⟨~(e)s; ~e⟩ CHEM mole *f*
Molch M ⟨~(e)s; ~e⟩ ZOOL triton *m*
Moldau ⟨→ *n/pr*⟩ *Fluss* **die ~** la Moldau; la Vltava
Moldawien N ⟨→ *n/pr*⟩ la Moldavie; **Moldawier(in)** M ⟨~s; ~⟩ (F) ⟨~in; ~innen⟩ Moldave *m/f*; **moldawisch** ADJ moldave
Mole F ⟨~; ~n⟩ môle *m*; jetée *f*
Molekül N ⟨~s; ~e⟩ molécule *f*
molekular ADJ moléculaire; **Molekularbiologie** F biologie *f* moléculaire; **Molekulargewicht** N poids *m* moléculaire
molk → melken
Molke F ⟨~; ~n⟩ petit-lait *m*
Molkerei F ⟨~; ~en⟩ laiterie *f*; **Molkereibutter** F beurre laitier; **Molkereierzeugnisse** NPL produits laitiers; **Molkereigenossenschaft** F coopérative laitière; **Molkereiprodukt** N produit laitier
Moll N ⟨~⟩ mode, ton mineur
mollig *umg* A ADJ 1 (*weich*) douillet, -ette; *Zimmer* (*angenehm warm*) à bonne température; à température agréable; bien chaud; *Wärme* agréable 2 (*rundlich*) rondelet, -ette; grassouillet, -ette B ADV **~ warm** bien chaud
Molluske F ⟨~; ~n⟩ ZOOL mollusque *m*
Moloch *geh* M ⟨~s; ~e⟩ **der ~ Krieg** *etwa* le fléau de la guerre
Molotowcocktail M cocktail *m* Molotov
Molton M ⟨~s; ~s⟩ TEX molleton *m*
Molukken PL **die ~** les Moluques *fpl*
Moment[1] M ⟨~(e)s; ~e⟩ (*Augenblick*) moment *m*; instant *m*; **im ~** en ce moment; pour l'instant; **im ~ braucht sie nichts** pour le moment *od* pour l'instant, elle n'a besoin de rien; **in diesem ~** à ce moment-là; à cet instant; **im nächsten ~** l'instant d'après; un moment après; **im ersten ~** tout d'abord; **im letzten ~** au dernier moment; **bis zum letzten ~ warten** attendre la dernière minute; **der richtige ~** le (bon) moment; **sie muss jeden ~ kommen** elle doit arriver d'un moment à l'autre; **(e-n) ~, bitte!** un moment, s'il vous plaît!; *umg* **~ mal!** attends *bzw.* attendez un peu!
Moment[2] N ⟨~(e)s; ~e⟩ 1 (*ausschlaggebender Umstand*) facteur *m*; élément *m*; (*Gesichtspunkt*) point *m* de vue 2 PHYS moment *m*
momentan A ADJ (*vorübergehend*) momentané; (*gegenwärtig*) actuel, -elle; présent B ADV momentanément; pour l'instant; en ce moment; (*gegenwärtig*) actuellement
Momentaufnahme F instantané *m*
Monaco N ⟨→ *n/pr*⟩ Monaco
Monade F ⟨~; ~n⟩ monade *f*
Mona Lisa F ⟨→ *n/pr*⟩ MAL la Joconde
Monarch(in) M ⟨~en; ~en⟩ (F) ⟨~in; ~innen⟩ monarque *m*
Monarchie F ⟨~; ~n⟩ monarchie *f*
monarchisch ADJ monarchique; **Monarchist(in)** M ⟨~en; ~en⟩ (F) ⟨~in; ~innen⟩ monarchiste *m/f*; **monarchistisch** ADJ monarchiste
Monat M ⟨~s; ~e⟩ mois *m*; **am 12. dieses ~s** le 12 de ce mois; **Ende dieses ~s** à la fin du mois, de ce mois; HANDEL fin courant; **im ~ Mai** au mois de mai; **pro ~, im ~** par mois; **sie ist im fünften ~** elle est enceinte de quatre mois; *umg* elle est dans son *od* au cinquième mois
monatelang ADJ ⟨*épithète*⟩ *u.* ADV (pendant) des mois entiers; des mois durant
monatlich A ADJ mensuel, -elle; **~e Zahlung** paiement *m* par mensualités; mensualité *f* B ADV (*jeden Monat*) tous les mois; mensuellement; (*im Monat*) par mois; **~ zahlen** payer par mensualités
Monatsabschluss M bilan mensuel; **Monatsanfang** M début *m* du mois; **Monatsaufstellung** F état mensuel; **Monatsauszug** M relevé mensuel; **Monatsbeitrag** M cotisation mensuelle; **Monatsbericht** M rapport mensuel, du mois; **Monatsbetrag** M mensualité *f*; **Monatsbezüge** PL traitement mensuel; appointements mensuels; **Monatsbinde** F serviette *f* hygiénique; **Monatsblutung** F règles *fpl*; **Monatsdurchschnitt** M moyenne mensuelle; **Monatseinkommen** N revenu mensuel; **Monatsende** N fin *f* de mois; **Monatserste(r)** M premier *m* du mois
Monatsfrist F **in, binnen ~** dans l'espace, dans le délai d'un mois
Monatsgehalt N salaire mensuel; **Monatskarte** F carte (d'abonnement) mensuelle; **Monatsletzte(r)** M dernier *m* du mois; **Monatslohn** M salaire mensuel; **Monatsmiete** F loyer mensuel; **Monatsmitte** F milieu *m* du mois; **Monatsrate** F mensualité *f*; **Monatsschrift** F revue mensuelle; périodique mensuel; **Monatsumsatz** M chiffre *m* d'affaires mensuel; **Monatsverdienst** M revenu mensuel; **monatsweise** ADV par mois; mensuellement; **Monatszeitschrift** → Monatsschrift
Mönch M ⟨~(e)s; ~e⟩ moine *m*; religieux *m*
mönchisch ADJ de moine; monacal; (*klösterlich*) monastique
Mönchskloster N monastère *m* (d'hommes); **Mönchskutte** F froc *m*; habit monacal; **Mönchsorden** M ordre *m* monastique; **Mönchszelle** F cellule *f*
Mond M ⟨~(e)s; ~e⟩ 1 lune *f*; ASTRON Lune *f*; **abnehmender ~** lune décroissante; déclin *m*, décours *m* de la lune; **zunehmender ~** lune croissante; croissant *m*; **wir haben zunehmenden, abnehmenden ~** c'est la lune croissante, décroissante; **der ~ scheint (hell)** il fait (un beau) clair de lune; **zum ~ fahren, fliegen** aller sur la Lune; **auf dem ~ landen** alunir; atterrir sur la lune; *umg fig* **hinter** *od* **auf dem ~ leben** *umg* retarder; retarder sur son temps; *umg* **ich könnte ihn auf den ~ schießen** qu'il aille au diable!; *umg* **in den ~ gucken** *umg* être chocolat; *umg* l'avoir dans le baba, dos; *umg fig* **meine Uhr geht nach dem ~** ma montre est détraquée 2 *poet* (*Monat*) mois *m*; lune *f*
Mondamin® N ⟨~s⟩ *etwa* maïzena® *f*
mondän ADJ mondain
Mondaufgang M lever *m* de la lune; **Mondauto** N voiture *f* lunaire; **Mondbahn** F ASTRON orbite *f* de la Lune; **mondbeschienen** ADJT éclairé par la, *poet* baigné de lune; **Mondfähre** F → Mondlandefähre; **Mondfinsternis** F éclipse *f* de Lune; **mondförmig** ADJ en forme de lune, de croissant; BOT luné; **Mondgebirge** NPL montagnes *fpl* lunaires; **Mondgesicht** N ⟨~s; ~er⟩ *hum* visage tout rond; *umg* bouille ronde
mondhell ADJ éclairé par la lune; **es ist ~** il fait clair de lune
Mondjahr N année *f* lunaire; **Mondkalb** *umg* N *umg* ballot *m*; *umg* taré *m*; **Mondkrater** M cratère *m* lunaire; **Mondlandefähre** F module *m* lunaire; **Mondlandschaft** F paysage *m* lunaire; **Mondlandung** F alunissage *m*; atterrissage *m* sur la Lune; **Mondlicht** N ⟨~(e)s⟩ clair *m* de lune; lumière *f* de la lune; **Mondnacht** F nuit *f* de lune, éclairée par la lune; **Mondoberfläche** F ⟨~⟩ surface *f* lunaire, de la Lune; **Mondphase** F phase *f* de la Lune; **Mondrakete** F fusée *f* lunaire
Mondschein M ⟨~(e)s⟩ clair *m* de lune; **bei(m) ~** au clair de (la) lune; *umg* **du kannst mir mal im ~ begegnen** *umg* fiche-moi la paix!
Mondsichel F croissant *m* (de lune); **Mondsonde** F sonde *f* lunaire; **Mondstein** M MINER pierre *f* de lune; **mondsüchtig** ADJ somnambule; **Mondsüchtige(r)** M/F(M) somnambule *m/f*; **Mondumlaufbahn** F orbite *f* lunaire; **Monduntergang** M coucher *m* de la lune; **Mondwechsel** M ASTRON changement *m* de lune; phase *f* de la lune; *t/t* lunaison *f*
Monegasse M ⟨~n; ~n⟩, **Monegassin** F ⟨-in; -innen⟩ Monégasque *m/f*; **monegassisch** adj monégasque; de Monaco
Monem N ⟨~s; ~e⟩ LING monème *m*
monetär ADJ ⟨*épithète*⟩ monétaire

Moneten *umg* PL *umg* fric *m; umg* sous *mpl; umg* pognon *m*
Mongole M ⟨~n; ~n⟩, **Mongolin** F ⟨-in; -innen⟩ Mongol(e) *m(f)*
Mongolei ⟨→ *n/pr*⟩ **die ~** la Mongolie
mongolisch ADJ mongol(ique)
Mongolismus M ⟨~⟩ *veraltend* MED mongolisme *m*; **mongoloid** ADJ *veraltend* MED mongolien, -ienne
monieren V/T ⟨*pas de ge-*, h.⟩ blâmer; critiquer
Monika F ⟨→ *n/pr*⟩ *prénom*
Monitor M ⟨~s; ~e *ou* -toren⟩ IT écran *m*; PHYS, MED moniteur *m*
Monitoring N ⟨~s; ~s⟩ (activités *fpl* de) surveillance *f*
mono *umg* ADV *umg* en mono; **~ und stereo abspielbar** *Platte, Kassette* à gravure universelle
mono..., Mono... IN ZSSGN mono...
monochrom ADJ monochrome
monogam ADJ monogame; **Monogamie** F ⟨~⟩ monogamie *f*
Monografie F monographie *f*; **Monogramm** N ⟨~s; ~e⟩ monogramme *m*; **Monographie** F → Monografie
Monokel N ⟨~s; ~⟩ monocle *m*
Monokultur F AGR monoculture *f*
Monolith M ⟨~s *ou* ~en; ~e(n)⟩ monolithe *m*
Monolog M ⟨~(e)s; ~e⟩ monologue *m*; **e-n ~ halten** tenir un monologue
monologisch ADJ *u.* ADV en forme de, sous la forme d'un monologue; **monologisieren** V/I ⟨*pas de ge-*, h.⟩ monologuer
monoman ADJ monomane; monomaniaque; **Monomanie** F monomanie *f*
Monopol N ⟨~s; ~e⟩ monopole *m* (**auf** [*+akk*] de)
monopolisieren V/T ⟨*pas de ge-*, h.⟩ monopoliser; **Monopolisierung** F ⟨~⟩ monopolisation *f*
Monopolist M ⟨~en; ~en⟩ monopoliste *m*
Monopolstellung F position *f*, situation *f* de monopole
Monopoly® N ⟨~⟩ monopoly® *m*
Monotheismus M ⟨~⟩ monothéisme *m*; **Monotheist** M ⟨~en; ~en⟩ monothéiste *m*; **monotheistisch** ADJ monothéiste
monoton ADJ monotone; **Monotonie** F ⟨~; ~n⟩ monotonie *f*
Monotype® F ⟨~; ~s⟩ TYPO monotype® *f*
Monoxid N monoxyde *m*
Monsignore M ⟨~; -ri⟩ KATH monsignore *m*
Monster N ⟨~s; ~⟩ monstre *m*
Monstranz F ⟨~; ~en⟩ ostensoir *m*
monströs ADJ monstrueux, -euse; **Monstrosität** F ⟨~; ~en⟩ monstruosité *f*
Monstrum N ⟨~s; -ren⟩ monstre *m*
Monsun M ⟨~s; ~e⟩ mousson *f*
Montag M lundi *m*; **am ~** le lundi; **jeden ~** tous les lundis; **letzten ~** lundi dernier; **e-s ~s** un lundi; **den ganzen ~ (über)** lundi, toute la journée; **~ in 14 Tagen** lundi en quinze; **~ vor 8 Tagen** il y a 8 jours, lundi dernier; **heute ist ~, der 5. Oktober** nous sommes le lundi 5 octobre; *umg* **(e-n) blauen ~ machen** *umg* se faire porter pâle le lundi
Montagabend M lundi *m* soir; **montagabends** ADV les lundis soir
Montage F ⟨~; ~n⟩ TECH, FOTO, FILM *etc* montage *m*; *(Zusammenbauen)* assemblage *m*; *umg* **auf ~ sein** être parti en chantier
Montageband N ⟨~(e)s; -bänder⟩ chaîne *f* de montage; **Montagehalle** F °hall *m* de montage; **Montagekosten** PL frais *mpl* de montage
montägig ADJ ⟨*épithète*⟩ du lundi; **montäglich** ADJ ⟨*épithète*⟩ de tous les lundis
Montagmittag M lundi *m* à midi; **Montagmorgen** M lundi *m* matin; **montagmorgens** ADV les lundis matin; **Montagnachmittag** M lundi *m* après-midi; **montagnachmittags** ADV les lundis après-midi
montags ADV le lundi; tous les lundis
Montagvormittag M lundi *m* matin
Montanindustrie F industrie minière; industrie *f* du charbon et de l'acier; **Montanunion** F ⟨~⟩ Communauté européenne du charbon et de l'acier; CECA *f*; **Montanwirtschaft** F → Montanindustrie
Montblanc ⟨→ *n/pr*⟩ **der ~** le mont Blanc
Montenegriner(in) M ⟨~s; ~⟩ (F) ⟨~in; ~innen⟩ Monténégrin(e) *m(f)*; **montenegrinisch** ADJ monténégrin
Montenegro N ⟨→ *n/pr*⟩ GEOG le Monténégro
Monteur M ⟨~s; ~e⟩ monteur *m*; installateur *m*; **montieren** V/T ⟨*pas de ge-*, h.⟩ *(zusammenbauen)* monter; assembler; *(einrichten, aufstellen, anschließen)* installer
Montreal N ⟨→ *n/pr*⟩ Montréal
Montur *umg* F ⟨~; ~en⟩ *umg* attirail *m*; **in voller ~** °harnaché de pied en cap
Monument N ⟨~(e)s; ~e⟩ monument *m*
monumental ADJ monumental
Monumentalbau M ⟨~(e)s; ~ten⟩ construction monumentale; **Monumentalfilm** M film *m* à grande mise en scène
Moonboots MPL moonboots *mpl*
Moor N ⟨~(e)s; ~e⟩ *(Sumpf)* marais *m*; marécage *m*; *(Torfmoor)* tourbière *f*; **Moorbad** N bain *m* de boue; **Moorhuhn** N foulque *f*
moorig ADJ marécageux, -euse
Moorland N ⟨~(e)s⟩ terrain marécageux; marécages *mpl*; **Moorleiche** F cadavre momifié (par le marais); **Moorpackung** F → Moorbad
Moos N ⟨~es; ~e⟩ **1** BOT mousse *f*; **Isländisches ~** lichen *m* d'Islande; *umg fig* **~ ansetzen** prendre de la bouteille **2** *umg* ⟨*pas de pl*⟩ *(Geld)* *umg* fric *m* **3** *südd, österr, schweiz (Moor)* marais *m*; marécage *m*
moosartig ADJ mousseux, -euse; **Moosbeere** F canneberge *f*; **moosbewachsen** ADJT couvert de mousse(s); moussu; **Moosfarn** M sélaginelle *f*; **moosgrün** ADJ vert mousse *(inv)*
moosig ADJ moussu
Moosrose F *Blume etwa* rose *f* pompon; *Strauch etwa* rosier *m* pompon
Mop M → Mopp
Moped N ⟨~s; ~s⟩ vélomoteur *m*; **Mopedfahrer(in)** M(F) vélomotoriste *m/f*
Mopp M ⟨~s; ~s⟩ balai *m* à franges
moppen V/T *u.* V/I ⟨h.⟩ nettoyer (avec le balai à franges)
Mops M ⟨~es; ⸚e⟩ **1** *Hund* carlin *m* **2** *umg fig umg* petit(e) gros, grosse
mopsen *umg* ⟨-(es)t, h.⟩ **A** V/T *umg* chiper; *umg* faucher; *umg* piquer **B** V/R **sich ~** *umg* se raser; *umg* se barber; **mopsfidel** *umg* ADJ *Person* gai comme un pinson; *Gruppe, Gesellschaft* très gai
Moral F ⟨~⟩ **1** *(Sittenlehre)* morale *f*; *(Sittlichkeit)* moralité *f*; bonnes mœurs; **doppelte ~** morale hypocrite **2** *e-r Erzählung etc* morale *f*; moralité *f*; **das ist die ~ von der Geschichte** voilà la morale de l'histoire! **3** *(seelische Verfassung)* moral *m*
Moralapostel M *pej* moralisateur *m*; **Moralbegriff** M conception *f* de la morale
moralisch ADJ moral; **~e Pflicht** devoir *m*; *umg* **den** *od* **e-n Moralischen haben** *umg* avoir un coup de déprime; *umg* avoir le cafard
moralisieren V/I ⟨*pas de ge-*, h.⟩ moraliser; faire la morale; **Moralist(in)** M ⟨~en; ~en⟩ (F) ⟨~in; ~innen⟩ moraliste *m/f*; *pej* moralisateur, -trice *m,f*; **moralistisch** ADJ moraliste; *pej* moralisateur, -trice
Moralphilosophie F philosophie morale; **Moralprediger(in)** M(F) *pej* moralisateur, -trice *m,f*; sermonneur, -euse *m,f*
Moralpredigt F sermon *m*; **j-m e-e ~ halten** faire la morale à qn
Moralvorstellung F idée *f*, conception *f* de la morale
Moräne F ⟨~; ~n⟩ GEOL moraine *f*
Morast M ⟨~(e)s; ~e *ou* Moräste⟩ bourbe *f*
morastig ADJ bourbeux, -euse
Moratorium N ⟨~s; -ien⟩ moratoire *m*; délai *m*
morbid ADJ morbide; **Morbidität** F ⟨~⟩ morbidité *f*
Morchel F ⟨~; ~n⟩ morille *f*
Mord M ⟨~(e)s; ~e⟩ meurtre *m*, assassinat *m* (**an** [*+dat*] de); crime *m* (**an** [*+dat*] sur); **e-n ~ begehen** commettre un meurtre; *umg* **das gibt ~ und Totschlag** *umg* ça va barder; *umg* ça va chauffer; *umg fig* **das ist (der reinste** *od* **glatter) ~!** *umg* c'est terriblement dangereux!; c'est du suicide!
Mordanklage F **unter ~ stehen** être inculpé, sous l'inculpation de meurtre
Mordanschlag M attentat *m* (**auf** [*+akk*] contre, à la vie de); **Morddrohung** F menace *f* de mort
morden V/T *u.* V/I ⟨-ete, h.⟩ assassiner
Mörder(in) M ⟨~s; ~⟩ (F) ⟨~in; ~innen⟩ meurtrier, -ière *m,f*; assassin *m*; criminel, -elle *m,f*
Mördergrube F **aus s-m Herzen keine ~ machen** parler franchement, à cœur ouvert
mörderisch *umg* ADJ terrible; *umg* d'enfer; *umg* dingue; *Hitze, Klima, Temperaturen a.* mortel, -elle; *Kälte umg* de chien; *umg* de canard; *Geschwindigkeit* infernal
Mordfall M affaire *f* de meurtre; **im ~ ...** dans l'affaire criminelle ...
Mordgedanke M pensée meurtrière, criminelle, de meurtre; **Mordinstrument** N instrument *m* du crime
Mordkommission F *etwa* brigade criminelle; **Mordnacht** F nuit *f* du meurtre, du crime; **Mordprozess** M procès *m* du crime, du meurtre
mords... *umg* IN ZSSGN *(sehr) umg* vachement; *umg* rudement
Mords... *umg* IN ZSSGN *umg* extraordinaire; *pej umg* monstre; *umg* d'enfer
Mordsache F affaire criminelle, de meurtre
Mordsangst *umg* F *umg* frousse *f*, trouille *f* monstre; **Mordsarbeit** *umg* F ⟨~⟩ travail fou; **Mordsding** *umg* N ⟨~(e)s; ~er⟩ *umg* gros truc; *umg* machin *m* énorme; **Mordsgedränge** *umg* N presse *f*, bousculade *f* épouvantable, terrible; **mordsgefährlich** *umg* ADJ *umg* vachement dangereux, -euse
Mordsgeld *umg* N **ein ~ verdienen** gagner un argent fou, *umg* fric fou
Mordsgeschrei *umg* N **ein ~ erheben** pousser des cris, clameurs terribles; *um zu protestieren* pousser les °hauts cris
Mordsglück *umg* N chance *f* extraordinaire; *umg* bol *m* d'enfer; *umg* veine *f* de cocu; **Mordshunger** *umg* M faim *f* de loup; *umg* fringale *f*; **Mordskälte** *umg* F *umg* froid *m* de canard, de chien; **Mordslärm** *umg* M *umg* boucan *m* (d'enfer); *umg* tapage infernal; **mordsmäßig** *umg* ADJ *umg* épouvantable; *umg* énorme; *umg* dingue; **Mordsschreck** *umg* M *umg* trouille *f* épouvantable
Mordsspaß *umg* M ⟨~es⟩ plaisir fou; **das war ein ~** *umg* c'était le pied
Mordsstimmung *umg* F *umg* ambiance *f* d'enfer, dingue, du tonnerre

Mordswut *umg* F *umg* rogne *f* terrible; **e-e ~ haben** *a. umg* avoir la haine
Mordverdacht M **unter ~** *(dat)* **stehen** être soupçonné de meurtre
Mordversuch M tentative *f* d'assassinat, de meurtre; **Mordwaffe** F arme *f* du crime; **Mordwerkzeug** N instrument *m* du crime
Mores PL *umg* **ich werde ihn ~ lehren!** *umg* il va m'entendre!
morgen ADV *(am nächsten Tag)* demain; **~ früh, Mittag, Abend** demain matin, à midi, soir; **~ in acht Tagen** demain en huit; **~ ist Montag** demain, c'est lundi; c'est demain lundi; *fig* **die Technik von ~** la technique de demain, de l'avenir; **bis ~!** à demain!; **etw (bis) auf ~ verschieben** ajourner, remettre qc au lendemain; *umg* **~ ist auch noch ein Tag** ça peut attendre demain; *sprichw* **~, ~, nur nicht heute, sagen alle faulen Leute** *sprichw* il ne faut pas remettre au lendemain ce qu'on peut faire le jour même
Morgen[1] M ⟨~s; ~⟩ **1** *(früher Vormittag)* matin *m*; *(Vormittag)* matinée *f*; **heute ~** ce matin; **gestern, Freitag ~** hier, vendredi matin; **am ~**, *geh* **des ~s** le matin; **e-s (schönen) ~s** un (beau) matin; **am anderen, nächsten ~** le lendemain matin; **guten ~!** bonjour!; **j-m e-n guten ~ wünschen** souhaiter le bonjour à qn; *geh* **der ~ des Lebens** *geh* l'aube *f* de la vie **2** ⟨*pas de pl*⟩ *poet (Osten) poet* levant *m*
Morgen[2] M ⟨~s; ~⟩ *Feldmaß* arpent *m*; acre *m*
Morgen[3] N ⟨~⟩ *(Zukunft)* lendemain *m*; futur *m*
Morgenandacht F prières *fpl* du matin; **Morgenausgabe** F édition *f* du matin; **Morgenblatt** N journal *m*, quotidien *m* du matin; **Morgendämmerung** F aube *f*; petit jour
morgendlich ADJ ⟨*épithète*⟩ du matin; matinal
Morgenessen N *schweiz* petit-déjeuner *m*; **Morgengabe** F cadeau *m* de noce (du mari à sa femme); **Morgengebet** N prière *f* du matin
Morgengrauen N ⟨~s⟩ aube *f*; **im ~** à l'aube; au petit jour
Morgengruß M bonjour *m*; **Morgengymnastik** F gymnastique matinale; **Morgenkaffee** M *regional* petit-déjeuner *m*; **Morgenland** N ⟨~(e)s⟩ Orient *m*; Levant *m*; **morgenländisch** ADJ oriental; levantin
Morgenluft F air *m* du matin; *fig* **~ wittern** flairer la bonne occasion
Morgenmantel M → Morgenrock; **Morgenmuffel** *umg* M personne *f* qui est de mauvaise humeur le matin; **Morgenpost** F distribution *f*, courrier *m* du matin; **Morgenrock** M peignoir *m*; robe *f* de chambre; **Morgenrot** N aurore *f*
morgens ADV le matin; **um acht Uhr ~** à huit heures du matin; **von ~ bis abends** du matin au soir
Morgensonne F ⟨~⟩ soleil *m* du matin, levant; **Morgenstern** M ⟨~s⟩ étoile *f* du matin, du berger
Morgenstunde F heure matinale; **zu früher ~** de grand matin; *sprichw* **Morgenstund hat Gold im Mund** le monde appartient à ceux qui se lèvent tôt
Morgentau M rosée *f* (du matin); **Morgentoilette** F toilette *f* du matin; **Morgenzeitung** F journal *m* du matin; **Morgenzug** M train *m* du matin
morgig ADJ ⟨*épithète*⟩ de demain; **der ~e Tag** le lendemain
Moritat F ⟨~; ~en⟩ ballade *f* populaire
Moritz M ⟨→ *n/pr*⟩ *prénom*
Mormone M ⟨~n; ~n⟩, **Mormonin** F ⟨~in; -innen⟩ mormon(e) *m(f)*
Morphem N ⟨~s; ~e⟩ LING morphème *m*
Morpheus M ⟨→ *n/pr*⟩ MYTH Morphée *m*; *geh fig* **in ~' Armen liegen** être dans les bras de Morphée
Morphinismus M ⟨~⟩ morphinomanie *f*; **Morphinist(in)** M ⟨~en; ~en⟩ (F) ⟨~in; ~innen⟩ morphinomane *m/f*
Morphium N ⟨~s⟩ morphine *f*; **Morphiumspritze** F piqûre *f* de morphine; **morphiumsüchtig** ADJ morphinomane
Morphologie F ⟨~⟩ BIOL, MED, LING, GEOL morphologie *f*; **morphologisch** ADJ *t/t* morphologique
morsch ADJ *(verfault)* pourri; *(wurmstichig)* vermoulu; *fig a.* caduc, caduque
Morsealphabet, **Morse-Alphabet** N alphabet *m* morse; **Morseapparat** M, **Morsegerät** N télégraphe *m* morse
morsen V/T ⟨-(es)t, h.⟩ télégraphier, émettre en morse
Mörser M ⟨~s; ~⟩ *a.* MIL mortier *m*
Morsezeichen N signal *m* en morse
Mortalität F ⟨~⟩ mortalité *f*
Mörtel M ⟨~s; ~⟩ mortier *m*; gâchis *m*; **Mörtelkelle** F truelle *f*
Mosaik N ⟨~s; ~e(n)⟩ *a. fig* mosaïque *f*; **Mosaik(fuß)boden** M carrelage *m* de mosaïque; **Mosaikstein** M *a. fig* pièce *f* de mosaïque
Mosambik N ⟨→ *n/pr*⟩ le Mozambique; **Mosambikaner(in)** M ⟨~s; ~⟩ (F) ⟨~in; ~innen⟩ Mozambicain(e) *m(f)*; **mosambikanisch** ADJ mozambicain
Moschee F ⟨~; ~n⟩ mosquée *f*
Moschus M ⟨~⟩ musc *m*; **Moschusochse** M ovibos *m*
Möse *vulg* F ⟨~; ~n⟩ *vulg* con *m*
Mosel ⟨→ *n/pr*⟩ **die ~** la Moselle
mosern *umg* V/I ⟨-(e)re, h.⟩ *umg* criticailler; *umg* râler
Moses M ⟨→ *n/pr*⟩ Moïse *m*
Moskau N ⟨→ *n/pr*⟩ Moscou
Moskito M ⟨~s; ~s⟩ moustique *m*; **Moskitonetz** N moustiquaire *f*
Moslem M ⟨~s; ~s⟩ musulman *m*; **moslemisch** ADJ musulman
Moslime F ⟨~; ~n⟩ musulmane *f*
Most M ⟨~(e)s; ~e⟩ **1** *für Wein* moût *m* **2** *südd (Obstsaft)* jus *m* de fruit (trouble); *südd, österr, schweiz (Apfelwein)* cidre *m*; *(Birnenmost)* poiré *m*
Mostrich M ⟨~s⟩ *regional* moutarde *f*
Motel N ⟨~s; ~s⟩ motel *m*
Motette F ⟨~; ~n⟩ MUS motet *m*
Motiv N ⟨~s; ~e⟩ **1** *(Beweggrund)* motif *m*; *für Verbrechen* mobile *m* **2** MUS, MAL, *auf Stoffen, Porzellan etc* motif *m*; *in der Kunst a.* thème *m*
Motivation F ⟨~; ~en⟩ motivation *f*
Motivforschung F *bes* PSYCH études *fpl* de motivation
motivieren V/T ⟨*pas de ge-*, h.⟩ motiver; **Motivierung** F ⟨~; ~en⟩ motivation *f*
Moto-Cross N ⟨~; ~e⟩ motocross *m*
Motor M ⟨~s; -toren⟩ AUTO, TECH, *fig* moteur *m*; **Motorblock** M ⟨~s; -blöcke⟩ AUTO bloc moteur; **Motorboot** N canot *m*, *größeres* bateau *m* à moteur; **Motorbremse** F frein *m* (au) moteur
Motorenbau M ⟨~(e)s⟩ construction *f* de moteurs; **Motorengebrumm** N, **Motorenlärm** M ronflement *m* de moteur
Motorfahrzeug N véhicule *m* à moteur; **Motorgeräusch** N bruit *m*, ronflement *m* de moteur; **Motorhaube** F capot *m* (de moteur)
Motorik F ⟨~⟩ PHYSIOL motricité *f*; **motorisch** ADJ PHYSIOL moteur, -trice
motorisieren V/T ⟨*pas de ge-*, h.⟩ motoriser; *umg* **sind Sie motorisiert?** *umg* êtes-vous motorisé?
Motorisierung F ⟨~⟩ motorisation *f*
Motorjacht F yacht *m* à moteur; **Motorleistung** F puissance motrice, du moteur; **Motoröl** N huile *f* à moteur; **Motorpumpe** F motopompe *f*; pompe *f* à moteur
Motorrad N moto *f*; *veraltend* motocyclette *f*; **~ fahren** faire de la moto; **mit dem ~ fahren** aller en moto
Motorradbrille F lunettes *fpl* de motocycliste; **Motorradfahrer(in)** M(F) motocycliste *m/f*; **Motorradrennen** N course *f* motocycliste; **Motorradsport** M sport *m* motocycliste; motocyclisme *m*
Motorraum M compartiment *m* moteur; **Motorroller** M scooter *m*; **Motorsäge** F scie *f* à moteur; **Motorschaden** M panne *f* de moteur; **Motorschiff** N bateau *m* à moteur; **Motorsport** M sport automobile, motocycliste, *etc*; **Motorwäsche** F nettoyage *m* du moteur; **Motorwechsel** M changement *m* de moteur
Motte F ⟨~; ~n⟩ mite *f*; *umg* **du kriegst die ~n!** *umg* c'est pas croyable quand même!; *umg* on croit rêver!
Mottenfraß M ravages causés par les mites
Mottenkiste F *umg fig* **etw aus der ~ hervorholen** ressortir qc de vieux, d'ancien
Mottenkugel F boule *f* de naphtaline; **Mottenloch** N trou *m* de mite; **Mottenpulver** N (poudre *f*) antimite *m*; **mottenzerfressen** ADJT mité
Motto N ⟨~s; ~s⟩ devise *f*; *e-s Buches, Kapitels* épigraphe *f*; **unter e-m ~ stehen** avoir comme thème, leitmotiv; **das Fest steht unter dem ~ …** le leitmotiv de cette fête est …
motzen *umg* V/I ⟨-(es)t, h.⟩ *umg* râler; *umg* ronchonner
Mountainbike N ⟨~s; ~s⟩ vélo *m* tout terrain; VTT *m*; **Mountainbiker(in)** M ⟨~s; ~⟩ (F) ⟨~in; ~innen⟩ vététiste *m/f*
Moussaka N ⟨~s; ~s⟩ *od* F ⟨~; ~s⟩ GASTR moussaka *f*
moussieren V/I ⟨*pas de ge-*, h.⟩ mousser
Möwe F ⟨~; ~n⟩ mouette *f*; *große* goéland *m*
Mozambique → Mosambik
Mozart M ⟨→ *n/pr*⟩ MUS Mozart *m*; **Mozartkugel** F *bouchée de cholocat fourrée de praliné et de pâte d'amandes*; **Mozartzopf** M catogan *m*
Mozzarella M ⟨~s; ~s⟩ *Käse* mozzarella *f*
MP F ⟨~; ~s⟩ ABK (Maschinenpistole) mitraillette *f*
MP3 ⟨*sans article*⟩ ABK (Moving Pictures Experts Group Layer 3) MP3 *m*; **MP3-Player** M baladeur *m* MP3
Mrd. ABK (Milliarde[n]) milliard(s)
MS **1** *(multiple Sklerose)* sclérose *f* en plaques **2** *(Motorschiff)* bateau *m* à moteur
Ms. ABK (Manuskript) ms. (manuscrit)
MS-Kranke(r) M/F(M) personne atteinte de sclérose en plaques
M+S-Reifen M pneu *m* neige
MTA F ⟨~; ~s⟩ ABK (medizinisch-technische Assistentin) assistante, auxiliaire médicale
mtl. ABK (monatlich) mensuel(lement)
Mücke F ⟨~; ~n⟩ moustique *m*; cousin *m*; *umg* **aus e-r ~ e-n Elefanten machen** se faire une montagne de qc; *umg* **die** *od* **e-e ~ machen** *umg* ficher le camp; *umg* se tirer
Muckefuck *umg* M ⟨~s⟩ ersatz *m* de café
mucken *umg* V/I ⟨h.⟩ *umg* rouspéter
Mucken *umg* PL caprices *mpl*; *umg* lubies *fpl*; **die Sache hat ihre ~** *umg* il y a qc qui cloche dans cette affaire; l'affaire ne tourne pas rond; *umg* il y a un os; **der Motor hat s-e ~** le moteur a des ratés

Mückenschwarm M essaim *m* de moustiques, de moucherons; **Mückenstich** M piqûre *f* de moustique
Muckis *umg hum* PL muscles *mpl*; *(Bizeps) umg* biscoteaux *mpl*
Mucks M ⟨~es; ~e⟩ *umg* **keinen ~ sagen, von sich geben** *umg* ne pas ouvrir le bec; ne (pas) piper mot
mucksen *umg* ⟨-(es)t, h.⟩ **A** V/I **1** *(sprechen)* **nicht ~** ne (pas) piper mot **2** *(sich bewegen)* bouger **3** *(murren) umg* râler; **ohne zu ~** sans broncher, rechigner **B** V/R **sich nicht ~** *(nicht sprechen)* ne (pas) piper mot; *(sich nicht bewegen)* ne pas bouger
mucksmäuschenstill → mäuschenstill
müde ADJ **1** *(erschöpft)* fatigué; **~ sein** être fatigué; *(schläfrig sein)* avoir sommeil; **zum Umfallen ~ sein** tomber de fatigue; *fig* **ein ~s Lächeln** un faible sourire; *geh* un sourire las; **~ machen** fatiguer; **~ werden** se fatiguer **2** *(überdrüssig)* **e-r Sache** *(gen)* **~ sein** *od* **es ~ sein, etw zu tun** être dégoûté, las de (faire) qc; **er wird (es) nicht ~ zu** *(+inf)* il ne se lasse pas de *(+inf)* **3** *umg fig* **keine ~ Mark** *umg* pas un sou
Müdigkeit F ⟨~⟩ fatigue *f*; *(Schläfrigkeit)* sommeil *m*; **vor ~ umfallen** tomber de fatigue; **nur keine ~ vorschützen!** inutile de prétexter la fatigue!
Mudschahed M ⟨~; -heddin⟩ POL moudjahid *m*
Müesli *schweiz* → Müsli
Muff M ⟨~(e)s; ~e⟩ manchon *m*
Muffe F ⟨~; ~n⟩ TECH manchon *m*; raccord *m*; *umg* **(vor etw, j-m) ~(n) haben** *umg* avoir la trouille (de qn, qc)
Muffel *umg* M ⟨~s; ~⟩ grincheux, -euse *m,f*
muffelig *umg* ADJ grincheux, -euse; *umg* bougon, -onne
muffeln *umg* V/UNPERS ⟨-(e)le, h.⟩ **es muffelt** ça sent le renfermé, le moisi
Muffelwild N → Mufflon
Muffensausen *umg* N ⟨~s⟩ *umg* trouille *f*; **~ haben** *umg* avoir la trouille
muffig **A** ADJ **1** *(dumpf, moderig riechend)* qui sent le renfermé, le moisi; **~er Geruch** odeur *f* de renfermé, de moisi **2** *umg* → muffelig **B** ADV **~ riechen** sentir le renfermé, le moisi
Muffin M ⟨~s; ~s⟩ GASTR muffin *m*
mufflig → muffelig
Mufflon M ⟨~s; ~s⟩ mouflon *m*
muh INT meuh!
Mühe F ⟨~; ~n⟩ peine *f*; mal *m*; *(Anstrengung)* effort *m*; **mit Müh(e) und Not** à grand-peine; **~ machen** donner de la peine; **viel ~ kosten** demander beaucoup de peine; **sich** *(dat)* **~ geben zu** *(+inf)* s'efforcer de *od* à *(+inf)*; **sich** *(dat)* **(bei** *od* **mit etw) ~ geben** se donner de la peine *od* du mal (pour qc); SCHULE *a.* faire des efforts; **sich** *(dat)* **die ~ machen zu** *(+inf)* se donner, prendre la peine de *(+inf)*; **es macht mir ~, ich habe ~ zu** *(+inf)* j'ai de la peine, du mal à *(+inf)*; *umg* **gib dir keine ~!** ne te fatigue pas!; *umg* laisse tomber!; **machen Sie sich** *(dat)* **(meinetwegen) keine ~!** ne vous dérangez pas (pour moi)!; **keine ~ scheuen** ne pas ménager sa peine; **verlorene ~** peine perdue; **die Sache ist die** *od* **der ~** *(gen)* **wert, lohnt die ~** la chose en vaut la peine
mühelos ADV sans peine; facilement; **Mühelosigkeit** F ⟨~⟩ facilité *f*
muhen V/I ⟨h.⟩ meugler
mühen V/R ⟨h.⟩ **sich ~(, etw zu tun)** se donner de la peine, du mal (pour faire qc); s'efforcer (de faire qc)
mühevoll ADJ pénible; plein de difficultés; **Mühewaltung** F ⟨~⟩ ADMIN peine *f*; bons soins
Muhkuh *kinderspr* F vache *f*
Mühlbach M bief *m*; chenal *m*
Mühle F ⟨~; ~n⟩ **1** moulin *m*; *Fabrik* minoterie *f*; *fig* **das ist Wasser auf s-e ~** c'est de l'eau à son moulin **2** *Brettspiel* marelle *f*; *Figur* trois pions *mpl* en ligne; **~ spielen** jouer à la marelle **3** *umg fig* **alte ~** *Auto umg* vieille bagnole, caisse; *umg* vieux tacot, clou; *Flugzeug umg* vieux coucou
Mühlespiel N jeu *m* de la marelle
Mühlgraben M auges *fpl*
Mühlhausen N ⟨→ *n/pr*⟩ Mulhouse
Mühlrad N roue *f* de moulin; **Mühlstein** M meule *f* (de moulin)
Mühsal *geh* F ⟨~; ~e⟩ peines *fpl*
mühsam ADJ, **mühselig** *geh* ADJ pénible; laborieux, -ieuse; *(schwierig)* ardu; *(ermüdend)* fatigant
Mukoviszidose F ⟨~; ~n⟩ MED mucoviscidose *f*
Mulatte M ⟨~n; ~n⟩, **Mulattin** F ⟨-in; -innen⟩ mulâtre, -esse *m,f*
Mulch M ⟨~(e)s; ~e⟩ GARTEN couverture *f* (d'herbe sèche, *etc*); *aus Rinde* écorce *f* de pin broyée; *aus Stroh* paillis *m*
mulchen V/I *u.* V/T ⟨h.⟩ GARTEN **(den Boden) ~** couvrir le sol d'herbe sèche, *etc*; *mit Stroh* pailler
Mulde F ⟨~; ~n⟩ **1** *(Vertiefung)* dépression *f* de terrain; creux *m* **2** *regional (Trog)* bac *m*; auge *f*; *zum Backen* pétrin *m*
Muli N ⟨~s; ~s⟩ mulet *m*; mule *f*
Mull M ⟨~(e)s⟩ gaze *f*
Müll M ⟨~s⟩ *(Hausmüll)* ordures (ménagères); *(Industriemüll)* déchets (industriels); **etw in den ~ werfen** jeter qc à la poubelle
Müllabfuhr F *Vorgang* enlèvement *m* des ordures; *Unternehmen* service *m* de voirie
Mullah M ⟨~s; ~s⟩ REL mollah *m*
Müllauto N benne *f* à ordures; **Müllbeutel** M sac *m* poubelle
Mullbinde F bande *f* de gaze
Müllcontainer M conteneur *m* pour ordures ménagères *bzw.* déchets industriels; **Mülldeponie** F décharge (publique); **Mülleimer** M poubelle *f*; **Müllentsorgung** F collecte *f* et traitement *m* (des ordures)
Müller(in) M ⟨~s; ~⟩ (F) ⟨~in; ~innen⟩ meunier, -ière *m,f*
Müllerinart F GASTR **nach ~** meunière
Müllfahrer M éboueur *m*; **Müllgrube** F fosse *f*, décharge *f* aux ordures; **Müllhalde** F décharge *f*
Müllkippe F décharge (municipale); **wilde ~** décharge *f* sauvage
Müllkutscher M → Müllfahrer; **Müllmann** M ⟨~(e)s; -männer⟩ éboueur *m*; *umg* boueux *m*; **Müllsack** M sac *m* poubelle; **Müllsammelstelle** F déchetterie *f*; **Müllschlucker** M vide-ordures *m*; **Mülltonne** F poubelle *f*; **Mülltrennung** F tri sélectif des ordures *bzw.* des déchets; **Mülltüte** F → Müllsack; **Müllverbrennung** F incinération *f* des ordures ménagères; **Müllverbrennungsanlage** F usine *f*, unité *f* d'incinération des ordures ménagères; **Müllverbrennungsofen** M four *m* d'incinération des ordures ménagères; **Müllverwertung** F récupération *f*, recyclage *m* des ordures ménagères; **Müllwagen** M → Müllauto; **Müllwerker** *t/t* M ⟨~s; ~⟩ éboueur *m*
Mullwindel F lange *m*
mulmig *umg* ADJ *Situation* qui sent le roussi; **mir ist ~** je me sens mal
Multi *umg* M ⟨~s; ~s⟩ WIRTSCH multinationale *f*
multi…, Multi… IN ZSSGN multi…
multiethnisch ADJ *Staat, Gesellschaft, Bevölkerung, Zusammensetzung* multiethnique; **multifunktional** ADJ polyvalent; **multikulti** *umg* ADJ ⟨*attribut, inv*⟩ multiculturel, -elle; **multikulturell** ADJ multiculturel, -elle; **multilateral** ADJ multilatéral
Multimedia… IN ZSSGN multimédia *(f inv)*
multimedial ADJ multimédia *(f inv)*
Multimediaprodukt N produit *m* multimédia; **Multimedia-Show** F spectacle *m* multimédia
Multimillionär(in) M(F) multimillionnaire *m/f*; **multinational** ADJ multinational
multipel ADJ ⟨-pl-, *épithète*⟩ multiple; → *a.* MS
Multiple-Choice-Frage F question *f* à choix multiple; **Multiple-Choice-Fragebogen** M questionnaire *m* à choix multiple; QCM *m*; **Multiple-Choice-Test** M test *m* avec des questions à choix multiple
Multiplikand M ⟨~en; ~en⟩ MATH multiplicande *m*; **Multiplikation** F ⟨~; ~en⟩ multiplication *f*; **Multiplikationszeichen** N signe *m* de (la) multiplication; **Multiplikator** M ⟨~s; -toren⟩ multiplicateur *m*; *fig* propagateur, -trice *m,f*; **multiplizieren** V/T ⟨*pas de ge-*, h.⟩ multiplier (**mit** par)
Multivitaminsaft M jus (de fruits) multivitaminé
Mumbai N ⟨→ *n/pr*⟩ GEOG Mumbai
Mumie F ⟨~; ~n⟩ momie *f (a. fig)*; **mumifizieren** V/T ⟨*pas de ge-*, h.⟩ momifier; **Mumifizierung** F ⟨~; ~en⟩ momification *f*
Mumm *umg* M ⟨~s⟩ *(Mut) umg* cran *m*; *(Kraft)* punch *m*; **keinen ~ (in den Knochen) haben** *umg* manquer de cran; *umg* avoir du sang de navet
Mummelgreis *umg* M *umg* vieux gaga
Mümmelmann *umg hum* M ⟨~(e)s; -männer⟩ lièvre *m*
Mummenschanz M ⟨~es⟩ mascarade *f*
Mumpf M ⟨~s⟩ *schweiz* → Mumps
Mumpitz *umg* M ⟨~es⟩ *umg* foutaise *f*
Mumps M ⟨~⟩ oreillons *mpl*
München N ⟨→ *n/pr*⟩ Munich; **Münchener** → Münchner; **Münchenerin** → Münchnerin
Münchner **A** ADJ ⟨*inv*⟩ de Munich; munichois **B** M ⟨~s; ~⟩ Munichois *m*
Münchnerin F ⟨~; ~nen⟩ Munichoise *f*
Mund M ⟨~(e)s; ¨er⟩ **1** bouche *f*; *umg* **~ und Nase aufsperren** *umg* en être baba; *umg* **den ~ halten** *umg* la fermer; *umg* la boucler; *umg fig* **den ~ nicht aufkriegen** *umg* ne pas desserrer les dents; *umg fig* **e-n großen ~ haben**, *umg* **den ~ voll nehmen** faire l'important; *umg* se faire mousser; **j-m den ~ verbieten** défendre, interdire à qn de parler; *umg* **j-m den ~ wässrig machen** faire venir l'eau à la bouche de qn; *fig* **sich** *(dat)* **den ~ verbrennen** s'attirer des ennuis par ses indiscrétions; **j-n auf den ~ küssen** embrasser qn sur la bouche; *umg* **nicht auf den ~ gefallen sein** *umg* ne pas avoir la langue dans sa poche; **das habe ich aus ihrem ~ noch nie gehört** elle ne m'en a jamais parlé; *Schimpfwort etc* je ne lui ai jamais entendu ce mot-là dans la bouche; **Sie nehmen mir das Wort aus dem ~** c'est justement ce que j'allais dire; **wie aus einem ~(e)** comme un seul homme; *geh* **aus berufenem ~e** *geh* de source autorisée; **in aller ~e sein** être dans toutes les bouches, sur toutes les lèvres; *umg* **j-m die Worte im ~ verdrehen** déformer les paroles de qn; *umg fig Worte etc* **in den ~ nehmen** *umg* utiliser qc; **j-m etw in den ~ legen** faire dire qc à qn; *(manipulieren)* suggérer qc à qn; **mit vollem ~ sprechen** parler la bouche pleine; **j-m nach dem ~(e) reden** passer de la pommade à qn; complaire à

qn; *umg* **j-m über den ~ fahren** rabrouer qn; **von ~ zu ~** de bouche à oreille; **j-n von ~ zu ~ beatmen** faire du bouche-à-bouche à qn; **zum ~(e) führen** porter à la bouche; **~ voll** → Mundvoll 2 *(Öffnung)* ouverture *f*; orifice *m*

Mundart F dialecte *m*; patois *m*; **Mundartdichter(in)** M(F) poète *m*, poétesse *f* écrivant en dialecte, en patois; **Mundartdichtung** F littérature dialectale; **Mundartforschung** F ⟨~⟩ dialectologie *f*; **mundartlich** ADJ dialectal

Munddusche F hydropulseur *m*

Mündel N *od* M ⟨~s; ~⟩ pupille *m/f*; **mündelsicher** ADJ *Anlage, Wertpapier* de père de famille; de tout repos

munden *geh* VI ⟨-ete, h.⟩ **j-m ~** être au goût de qn; plaire à qn; **sich** *(dat)* **etw ~ lassen** manger, boire qc de bon cœur

münden VI ⟨-ete, h. *ou* s.⟩ **in etw** *(akk)* **~** *Fluss* se jeter dans qc; *Weg, Gespräch etc* déboucher sur qc

mundfaul *umg* ADJ *umg* pas très bavard; peu loquace; **Mundfäule** F MED *t/t* stomatite ulcéreuse; **mundgeblasen** ADJT *Glas* soufflé

mundgerecht ADJ 1 **etw in ~e Stücke schneiden** couper qc en petits morceaux (pour le manger plus facilement) 2 *fig* **j-m etw ~ machen** *umg* mâcher le travail à qn

Mundgeruch M **(schlechter) ~** mauvaise haleine; **~ haben** avoir mauvaise haleine

Mundharmonika F harmonica *m*; **Mundhöhle** F cavité buccale

mündig ADJ 1 majeur; **~ werden** atteindre sa majorité; devenir majeur 2 *fig* responsable

Mündigkeit F ⟨~⟩ 1 majorité *f* 2 *fig* responsabilité *f*

mündigwerden ADJ → mündig

mündlich A ADJ verbal; *a. Examen* oral B ADV de vive voix; oralement; **alles Weitere ~!** le reste lors de notre prochaine rencontre!

Mundpartie F partie buccale; **Mundpflege** F hygiène *f* buccale *bzw.* dentaire; **Mundpropaganda** F bouche *m* à oreille; **Mundraub** M JUR vol *m* de denrées alimentaires; **Mundschenk** M ⟨~en; ~en⟩ HIST échanson *m*; **Mundschutz** M MED masque *m*; SPORT protège-dents *m*; **Mundspiegel** M MED *t/t* stomatoscope *m*

M-und-S-Reifen M pneu *m* neige

Mundstellung F position *f* de la bouche; **Mundstück** N *e-r Pfeife* bec *m*; *e-r Zigarette* bout *m*; *e-s Blasinstruments* embouchure *f*; *e-r Oboe, e-s Saxofons* bec *m*

mundtot ADJ **j-n ~ machen** museler qn

Mündung F ⟨~; ~en⟩ 1 *e-s Flusses* embouchure *f* 2 *e-s (Geschütz)Rohres* bouche *f*; *e-r Feuerwaffe* gueule *f*

Mündungsarm M bras *m* d'une embouchure; **Mündungsfeuer** N lueur *f* (d'une bouche à feu); **Mündungsgebiet** N embouchure *f*

Mundvoll M ⟨~; ~⟩ bouchée *f*; **ein ~ Fleisch** une bouchée de viande; **ein ~ Wein** une gorgée de vin

Mundwasser N ⟨~s; -wässer⟩ eau *f* dentifrice

Mundwerk *umg* N **ein freches** *od* **loses ~ haben** *umg* avoir la langue bien pendue; **ein großes ~ haben** *umg* avoir une grande gueule

Mundwinkel M commissure *f* des lèvres

Mund-zu-Mund-Beatmung F bouche-à-bouche *m*

Mungo M ⟨~s; ~s⟩ ZOOL mungo *m*

Munition F ⟨~⟩ munitions *fpl*

Munitionsbestand M stock *m* de munitions; **Munitionsfabrik** F fabrique *f* de munitions; **Munitionslager** N dépôt *m* de munitions; **Munitionsschuppen** M °hangar *m* aux munitions; **Munitionszug** M train *m*, convoi *m* de munitions

munkeln *umg* VT *u.* VI ⟨-(e)le, h.⟩ chuchoter; **man munkelt, dass …** on chuchote que …

Münster N 1 ⟨~s; ~⟩ cathédrale *f* 2 ⟨→ *n/pr*⟩ *Stadt* Münster

munter ADJ 1 *(fröhlich)* gai; de bonne humeur; *(lebhaft)* vif, vive; plein d'entrain; *(flink)* alerte 2 *(wach)* éveillé

Munterkeit F ⟨~⟩ *(Fröhlichkeit)* gaieté *f*; enjouement *m*; *(Lebhaftigkeit)* vivacité *f*; entrain *m*; **Muntermacher** *umg* M excitant *m*; remontant *m*

Münzamt N, **Münzanstalt** F hôtel *m* de la Monnaie; **Münzautomat** M distributeur *m* (automatique) **(für Getränke, Zigaretten** *etc* de boissons, cigarettes, *etc*)

Münze F ⟨~; ~n⟩ 1 pièce *f* (de monnaie); *pl* **~n** *a.* monnaie *f*; **bare,** *geh* **klingende ~** argent comptant; espèces sonnantes et trébuchantes; *fig* **etw für bare ~ nehmen** prendre qc pour argent comptant; *fig* **j-m etw mit gleicher ~ heimzahlen** rendre à qn la monnaie de sa pièce 2 *(Münzstätte)* Monnaie *f* 3 *(Gedenkmünze, Schaumünze)* médaille *f*

Münzeinwurf M fente *f* pour les jetons, pièces

münzen VT ⟨-(es)t, h.⟩ battre; frapper; *fig* **das ist auf mich gemünzt** c'est moi qui suis visé

Münzensammlung F collection *f* de pièces de monnaie *bzw.* de médailles; collection *f* numismatique

Münzfälscher(in) M(F) faux-monnayeur *m*; **Münzfälschung** F fabrication *f* de fausse monnaie; **Münzfernsprecher** M téléphone *m* à pièces; **Münzfuß** M titre *m*, valeur *f* des monnaies, des espèces; étalon *m* monétaire; **Münzhoheit** F monopole *m* de la frappe des monnaies; **Münzkabinett** N cabinet *m* de médailles; **Münzkunde** F ⟨~⟩ numismatique *f*; **Münzprägung** F frappe *f* des monnaies; **Münzrecht** N ⟨~(e)s⟩ droit *m* de battre monnaie; **Münzsammlung** → Münzensammlung; **Münzstätte** F hôtel *m* de la Monnaie; **Münzstempel** M coin *m*; poinçon *m*; **Münztankstelle** F distributeur *m* automatique d'essence; **Münzvertrag** M convention *f* monétaire; **Münzwechsler** M ⟨~s; ~⟩ changeur *m* de monnaie; **Münzwesen** N ⟨~s⟩ monnayage *m*; administration *f*, direction *f* des monnaies

Muräne F ⟨~; ~n⟩ ZOOL murène *f*

mürbe ADJ 1 *Fleisch* tendre; *Teig, Gebäck* friable; *Apfel etc* farineux, -euse; **das Fleisch ~ klopfen** attendrir la viande 2 *Gewebe* mûr; usé; *Holz* cassant 3 *fig (zermürbt)* épuisé; → *a.* mürbemachen

mürbemachen VT ⟨*sép*, -ge-, h.⟩ **j-n ~** *umg* avoir qn à l'usure

Mürb(e)teig M GASTR pâte brisée

Mürbheit F ⟨~⟩ *des Fleischs* tendreté *f*; *des Gebäcks* friabilité *f*

Mure F ⟨~; ~n⟩ coulée *f* de boue

Murks *umg* M ⟨~es⟩ *umg* bousillage *m*; travail bâclé; **~ machen** *a.* bâcler son travail

murksen *umg* VI ⟨-(es)t, h.⟩ *umg* bousiller, bâcler son travail

Murmel F ⟨~; ~n⟩ bille *f*

murmeln VT *u.* VI ⟨-(e)le, h.⟩ murmurer; susurrer

Murmeln N ⟨~s⟩ murmure *m*; susurrement *m*

Murmeltier N marmotte *f*; *umg* **schlafen wie ein ~** *umg* dormir comme un loir

murren VI ⟨h.⟩ grogner, grommeler **(über** [+*akk*] de)

Murren N ⟨~s⟩ grognement *m*; murmures *mpl*; **ohne ~ gehorchen** obéir sans murmurer

mürrisch ADJ de mauvaise humeur; *(griesgrämig)* grincheux, -euse; *(brummig)* grognon, -onne; *(unfreundlich)* renfrogné; **~er Mensch** grognon *m*

Mus N ⟨~es; ~e⟩ *aus Obst* compote *f*; marmelade *f*; *aus Kartoffeln* purée *f*; *umg* **j-n zu ~ schlagen** *umg* casser la gueule à qn; *umg* **etw zu ~ schlagen** *umg* réduire qc en bouillie

Muschel F ⟨~; ~n⟩ 1 ZOOL coquillage *m*; *(Miesmuschel)* moule *f*; *Schale allein* coquille *f*; *große a.* conque *f* 2 TEL *(Hörmuschel)* écouteur *m*; *(Sprechmuschel)* microphone *m* 3 ANAT *(Ohrmuschel)* pavillon *m* auriculaire; **Muschelbank** F ⟨~; -bänke⟩ SCHIFF banc *m* de moules; **muschelförmig** ADJ en forme de coquille; **muschelhaltig** ADJ GEOL coquilleux, -euse; coquillier, -ière; **Muschelkalk** M ⟨~(e)s⟩ *t/t* calcaire coquillier; **Muschelschale** F coquille *f*; coquillage *m*

Muschi F ⟨~; ~s⟩ 1 *kinderspr (Katze)* minou *m* 2 *umg (Vulva) umg* chatte *f*

Muse F ⟨~; ~n⟩ MYTH Muse *f*; *fig (Person, die j-n inspiriert)* muse *f*; **die leichte ~** la poésie *bzw.* musique légère; *hum* **von der ~ geküsst werden** être inspiré par la Muse

museal ADJ de musée

Muselman(in) M ⟨~en; ~en⟩ (F) ⟨~in; ~innen⟩ *hum* musulman(e) *m(f)*

Musensohn M *liter, hum (Dichter)* poète *m*; **Musentempel** M *hum* théâtre *m*

Museum N ⟨~s; -een⟩ musée *m*

Museumsführer[1] M *Buch* guide *m* du musée

Museumsführer[2] M, **Museumsführerin** F guide *m/f* de musée

Museumspädagoge M, **Museumspädagogin** F responsable *m/f* des activités pédagogiques dans un musée; **museumsreif** *umg iron* ADJ qui a valeur d'antiquité; **Museumsstück** N pièce *f* de musée; antiquité *f*; **Museumswärter(in)** M(F) gardien, -ienne *m,f* de musée

Museumswert M *umg* **diese Lampe hat (schon) ~** cette lampe est (déjà) une pièce de musée, une antiquité

Musical N ⟨~s; ~s⟩ comédie musicale

Musicbox F ⟨~; ~es⟩ → Musikautomat

Musik F ⟨~; ~en⟩ musique *f*; **~ machen** faire de la musique; **mit ~ geht alles besser** avec de la musique, tout est plus facile; *umg* **das ist ~ in meinen Ohren** j'aime à te *bzw.* vous l'entendre dire; *umg* je bois du petit-lait

Musikalien PL partitions *fpl*; **Musikalienhändler** M marchand *m* de musique; **Musikalienhandlung** F magasin *m* de musique

musikalisch ADJ 1 *(die Musik betreffend)* musical; de musique 2 *(begabt, empfänglich für Musik)* doué pour la musique; musicien, -ienne; **~ sein** *a.* avoir de l'oreille

Musikalität F ⟨~⟩ 1 *e-r Person* sens *m* de la musique 2 *e-r Sache* musicalité *f*

Musikant(in) M ⟨~en; ~en⟩ (F) ⟨~in; ~innen⟩ musicien, -ienne (ambulant[e])

Musikantenknochen *umg* M ANAT petit juif

Musikautomat M juke-box *m*

Musikbegleitung F **mit ~** avec de la musique; *fig* sur un fonds de musique

Musikbox F → Musikautomat; **Musikdirektor** M chef *m* de musique, d'orchestre; **Musikdrama** N drame musical

Musiker(in) M ⟨~s; ~⟩ (F) ⟨~in; ~innen⟩ musicien, -ienne *m,f*

Musikerziehung F éducation musicale; **Musikfestspiele** NPL festival *m* de musique; **Musikgeschichte** F histoire *f* de la musique; **Musikhochschule** F conservatoire m (de musique); **Musikinstrument** N instrument m de musique; **Musikkapelle** F orchestre m; **Musikkassette** F cassette f audio; **Musikkenner(in)** M(F) mélomane m/f; **Musikkorps** N MIL musique f; orchestre m; **Musikkritiker(in)** M(F) critique m/f musical(e); **Musiklehrer(in)** M(F) professeur m/f de musique; **Musikliebhaber(in)** M(F) amateur m de musique; **Musikpädagoge** M, **Musikpädagogin** F professeur m/f de musique; **Musikschule** F école f de musique; **Musikstück** N morceau m de musique; **Musikstunde** F leçon f de musique; **Musiktheorie** F théorie f de la musique; **Musiktherapie** F musicothérapie f; **Musiktruhe** F meuble m radio-phono; **Musikunterricht** M leçons fpl, cours mpl de musique

Musikus umg M ⟨~; ~se⟩ musicien m

Musikveranstaltung F séance musicale; concert m; e-s Solisten récital m; **Musikverein** M société musicale, philharmonique, de musique; **Musikverlag** M maison f d'édition musicale; éditeur m de musique; **Musikwissenschaft** F Studienfach musicologie f; **Musikwissenschaftler(in)** M(F) musicologue m/f; **Musikzimmer** N salon m de musique

musisch ADJ artiste; a. advl Menschen **~ (veranlagt) sein** avoir des dons d'artiste; **die ~en Fächer** les matières fpl artistiques

musizieren VI ⟨pas de ge-, h.⟩ faire de la musique

Muskat M ⟨~(e)s; ~e⟩ (~nuss) (noix f) muscade f; (~blüte) macis m; **Muskatblüte** F ⟨~⟩ macis m

Muskateller M ⟨~s; ~⟩ Rebsorte, Wein muscat m; **Muskatellerbirne** F poire musquée; muscadelle f; **Muskatellertraube** F, **Muskatellerwein** M muscat m

Muskatnuss F noix f muscade

Muskel M ⟨~s; ~n⟩ muscle m; **s-e ~n spielen lassen** faire jouer ses muscles

Muskelanstrengung F effort m musculaire; **Muskelentzündung** F myosite f; **Muskelfaser** F fibre f musculaire; **Muskelfaserriss** M déchirure f musculaire; **Muskelfleisch** N tissu m musculaire

Muskelkater umg M courbature(s) f(pl); **~ haben** avoir des courbatures; être courbatu(ré)

Muskelkraft F force f musculaire; **Muskelkrampf** M crampe f (musculaire); t/t myotonie f; **Muskelmann** umg M ⟨~(e)s; -männer⟩ umg balèze m; **Muskelpaket** umg N 1 Muskeln muscles très développés 2 Mensch umg balèze m; **Muskelprotz** umg M umg balèze m; **Muskelriss** M déchirure f musculaire; **Muskelschmerzen** MPL douleurs fpl musculaires; **Muskelschwäche** F faiblesse f musculaire; **Muskelschwund** M atrophie f musculaire; myopathie f; **Muskeltraining** N (exercices mpl de) musculation f; **Muskelzerrung** F claquage m d'un muscle

Muskete F ⟨~; ~n⟩ HIST mousquet m

Musketier M ⟨~s; ~e⟩ HIST mousquetaire m

Muskulatur F ⟨~; ~en⟩ musculature f; **muskulös** ADJ musclé; selten musculeux, -euse

Müsli N ⟨~s; ~s⟩ mu(e)sli m

Muslim, **muslimisch** → Moslem, moslemisch

muss → müssen

Muss N ⟨~⟩ impératif m; must m; **es ist ein ~** a. c'est de rigueur

Mussbestimmung F JUR, ADMIN disposition impérative

Muße geh F ⟨~⟩ loisir m; temps m (libre); **mit ~** tranquillement; sans se presser; **die ~ haben zu** (+ inf) avoir le temps de (+ inf)

Mussehe umg F mariage forcé

Musselin M ⟨~s; ~e⟩ mousseline f

müssen ⟨muss; musste; h.⟩ A V/AUX de mode ⟨pperf müssen⟩ 1 von Personen devoir; (gezwungen sein) être forcé à od de, obligé de; **man muss** (+ inf) il faut (+ inf); il est nécessaire de (+ inf); **ich muss es tun** je dois le faire; **sie muss schlafen** il faut qu'elle dorme; hum **kein Mensch muss ~** on ne peut forcer, contraindre personne; l'homme est libre; **er muss schon sehr krank sein, um nicht zu kommen** il faut qu'il soit bien malade pour ne pas venir; **ich weiß schon, was ich tun muss** je sais ce que j'ai à faire; **er muss es nicht wissen** il est inutile qu'il le sache; il n'a pas besoin de le savoir; **wir ~ Ihnen leider mitteilen, dass …** nous avons le regret de vous faire savoir que …; **man muss sich nur wundern, wie er noch so arbeiten kann** on se demande comment il peut encore travailler ainsi; **er muss bald kommen** il ne peut, ne va pas tarder à venir; **ich musste lachen, als ich ihn sah** je n'ai pu m'empêcher de rire en le voyant; **der Zug müsste längst hier sein** le train devrait être là depuis longtemps; **Urlaub müsste man haben!** ce qu'il nous faut, ce sont des vacances!; **was muss ich hören?** qu'est-ce que j'entends? 2 von Sachen **sein ~** (nötig sein) falloir; être nécessaire; **es muss sein** c'est nécessaire, inévitable; il le faut; **wenn es sein muss** s'il le faut; **muss das sein?** est-ce (absolument, bien) nécessaire? B VI ⟨pperf gemusst⟩ 1 (gehen ~) devoir aller; **ich muss in die Schule** je dois aller, il faut que j'aille à l'école; **er hat fort gemusst** il a dû partir 2 umg zur Toilette **ich muss mal** il faut que j'aille aux toilettes, umg au petit coin

Mußestunde F moment m de loisir; **in e-r ~ werde ich …** quand j'aurai le temps, je …

müßig ADJ 1 (tatenlos) oisif, -ive 2 (überflüssig, zwecklos) inutile; vain

Müßiggang geh M ⟨~(e)s⟩ oisiveté f; sprichw **~ ist aller Laster Anfang** sprichw l'oisiveté est la mère de tous les vices

Müßiggänger(in) M ⟨~s; ~⟩ (F) ⟨~in; ~innen⟩ oisif, -ive m,f; umg traîne-savates m

musste → müssen

Mustang M ⟨~s; ~s⟩ mustang m

Muster N ⟨~s; ~⟩ 1 (Vorlage) modèle m (**für** de); (Urbild) type m; (Schnittmuster) patron m 2 (Verzierung) décoration f; e-s Stoffs etc motif m; (Strickmuster) point m 3 (Warenmuster) échantillon m; e-s Buchs a. spécimen m 4 fig (Vorbild) modèle m; exemple m; **er ist ein ~ an Pünktlichkeit** il est d'une ponctualité exemplaire; c'est la ponctualité en personne

Musterbeispiel N exemple m type od typique (**für** de)

Musterbetrieb M entreprise f modèle; **landwirtschaftlicher ~** ferme f modèle; exploitation f pilote

Musterexemplar N modèle m; exemple m; **ein ~ von (e-m) Ehemann** un mari modèle

Mustergatte M, **Mustergattin** F mari m, épouse f modèle; **mustergültig** ADJ exemplaire; parfait; **Mustergültigkeit** F exemplarité f; caractère m exemplaire; perfection f; **musterhaft** ADJ → mustergültig; **Musterhaus** N maison f témoin; **Musterkarte** F carte f d'échantillons; **Musterknabe** M enfant m modèle; **Musterkoffer** M boîte f à échantillons; **Musterkollektion** F collection f (de modèles); **Mustermesse** F foire commerciale

mustern[1] VT ⟨-(e)re, h.⟩ 1 (untersuchen) examiner (**genau** de près, attentivement); inspecter 2 (betrachten) **j-n ~** toiser qn; **j-n neugierig ~** regarder qn d'un œil curieux 3 MIL Truppen passer en revue; inspecter; Rekruten **gemustert werden** passer le conseil de révision

mustern[2] VT ⟨-(e)re, h.⟩ (mit Mustern versehen) décorer; TEX appliquer des dessins sur; → a. gemustert

Musterschüler(in) M(F) élève m/f modèle; **Mustersendung** F envoi m d'échantillons

Musterung F ⟨~; ~en⟩ 1 (prüfende Betrachtung) examen m; inspection f 2 MIL von Truppen revue f; inspection f; von Rekruten révision f 3 (Stoffmuster etc) dessin m; (Verzierung) décoration f

Musterungsbescheid M MIL convocation f au conseil de révision

Musterwohnung F appartement m témoin; **Musterzeichner(in)** M(F) dessinateur, -trice m,f (industriel, -ielle)

Mut M ⟨~(e)s⟩ courage m; (Tapferkeit) bravoure f; geh vaillance f; **guten ~es sein** avoir bon courage; y aller de bon cœur; **mit dem ~ der Verzweiflung** avec l'énergie du désespoir; **j-m ~ machen, zusprechen** encourager qn; **j-m den ~ nehmen** décourager qn; **(wieder) ~ fassen** (re)prendre courage; **den ~ verlieren, sinken lassen** perdre courage; se décourager; **s-n ganzen ~ zusammennehmen** prendre son courage à deux mains; **sich** (dat) **~ antrinken** boire (un coup od un verre) pour se donner du courage; **nur ~!** courage!; **zu ~(e)** → zumute

Mutation F ⟨~; ~en⟩ 1 BIOL mutation f 2 (Stimmbruch) mue f

mutieren VI ⟨pas de ge-, h.⟩ 1 BIOL subir une bzw. des mutation(s) 2 (im Stimmbruch sein) muer

mutig ADJ courageux, -euse; (tapfer) brave; geh vaillant; sprichw **dem Mutigen gehört die Welt** sprichw la fortune sourit aux audacieux

mutlos ADJ sans courage; découragé; **Mutlosigkeit** F ⟨~⟩ manque m de courage; découragement m

mutmaßen VT ⟨-(es)t, h.⟩ présumer; supposer; conjecturer; **darüber ist einiges gemutmaßt worden** on s'est perdu en conjectures à ce propos; on s'est posé beaucoup de questions à ce sujet

mutmaßlich A ADJ ⟨épithète⟩ présumé (a. Täter); supposé; JUR présomptif, -ive B ADV il est à présumer que; probablement; **Mutmaßung** F ⟨~; ~en⟩ présomption f, supposition f, conjecture f (**über** [+akk] sur)

Mutprobe F test m, épreuve f de courage

Mutter[1] F ⟨~; ~̈; a. → n/pr⟩ (Kindesmutter) mère f; **sie wird ~** elle attend un bébé; **e-e werdende ~** une future mère, maman; **~ Gottes** mère de Dieu; Notre-Dame f; poet **~ Erde, Natur** la Terre, Nature, notre mère commune; **~s Geburtstag** l'anniversaire de maman; umg **wie bei ~n** comme chez nous

Mutter[2] F ⟨~; ~n⟩ TECH écrou m

Mütterberatung F, **Mütterberatungsstelle** F service de consultation pour femmes enceintes et jeunes mères; in Frankreich etwa centre m de P.M.I. (protection maternelle et infantile)

Mutterbindung F attachement m à la mère; PSYCH fixation f à la mère; **Mutterboden** M ⟨~s⟩ terre végétale; (Humuserde) terreau m; **Mutterbrust** F sein m de la mère

Mütterchen N ⟨~s; ~⟩ **ein altes ~** une petite, bonne vieille

Muttererde F → Mutterboden

Mutterfreuden geh FPL **~** (dat) **entgegensehen** attendre un heureux événement

Müttergenesungsheim N maison de re-

pos pour mères de famille; **Müttergenesungswerk** N fondation pour l'aide aux mères de famille

Muttergesellschaft F WIRTSCH société f mère; **Muttergottes** F (Sainte) Vierge; **Muttergottesbild** N image f de la Vierge, de Notre-Dame; madone f; **Mutterhaus** N HANDEL maison f mère; **Mutterinstinkt** M instinct maternel; **Mutterkirche** F église f matrice; **Mutterkomplex** M 1 *(Bedürfnis, j-n zu bemuttern)* besoin m de materner 2 → Mutterbindung; **Mutterkorn** N ⟨~(e)s; ~e⟩ BOT ergot m; **Mutterkuchen** M MED placenta m

Mutterland N ⟨~(e)s; -länder⟩ 1 *(Kolonialstaat)* mère patrie f; métropole f; **das französische ~** la France métropolitaine 2 *fig (Heimat)* patrie f

Mutterleib M ventre m de la mère

mütterlich ADJ maternel, -elle *(a. fig liebevoll)*

mütterlicherseits ADV *Verwandte* du côté maternel; *Großvater, Großmutter* maternel, -elle

Mütterlichkeit F ⟨~⟩ sentiments maternels

Mutterliebe F amour maternel; **mutterlos** ADJ sans mère; orphelin de mère; **Muttermal** N tache f de vin; envie f

Muttermilch F lait maternel, de la mère; *fig* **etw mit der ~ eingesogen haben** avoir grandi avec qc

Muttermord M parricide m; **Muttermörder(in)** M(F) parricide m/f; **Muttermund** M ANAT (partie saillante du) col m de l'utérus; *t/t* museau m de tanche; **Mutterpass** M carnet m de maternité; **Mutterschaf** N brebis f; **Mutterschaft** F ⟨~⟩ maternité f

Mutterschaftsgeld N allocations *fpl* (de) maternité; **Mutterschaftsurlaub** M *früher* congé m (de) maternité

Mutterschiff N SCHIFF (navire) ravitailleur m; **Mutterschoß** M sein maternel

Mutterschutz M 1 protection maternelle et infantile; *umg* **sie ist im ~** elle est en congé (de) maternité 2 JUR législation f en matière de protection maternelle

Mutterschutzgesetz N → Mutterschutz 2; **Mutterschwein** N truie f

mutterseelenallein ADJ ⟨attribut⟩ absolument, tout seul; esseulé; **ich war ~** il n'y avait âme qui vive

Muttersöhnchen N *pej* fils m, petit chéri à sa maman; **Muttersprache** F langue maternelle

Muttersprachler(in) M ⟨~s; ~⟩ (F) ⟨~in; ~innen⟩ LING locuteur natif; **französischer ~** personne f dont la langue maternelle est le français

Mutterstelle F **~ bei j-m vertreten** tenir lieu de, servir de mère à qn

Muttertag M fête f des mères; **Muttertier** N mère f; **Mutterwitz** M ⟨~es⟩ bon sens; esprit m

Mutti *kinderspr* F ⟨~; ~s; a. → n/pr⟩ maman f

Mutwille M *(absichtlicher Leichtsinn)* espièglerie f; *(Bosheit)* malice f; **mutwillig** A ADJ *(frech, leichtsinnig)* espiègle; *(vorsätzlich)* volontaire; *(boshaft)* malicieux, -ieuse B ADV intentionnellement; par malice

Mütze F ⟨~; ~n⟩ *mit Schirm* casquette f; *ohne Schirm* bonnet m; *umg fig* **etw auf die ~ kriegen** *umg* recevoir sur les doigts

MW 1 *(Megawatt)* MW (mégawatt) 2 *(Mittelwelle)* PO (petites ondes)

MwSt., **MWSt.** ABK (Mehrwertsteuer) TVA f (taxe sur la valeur ajoutée)

Myanmar N ⟨→ n/pr⟩ *offizieller Name von Birma* le Myanmar

Myokard N ⟨~s⟩ ANAT myocarde m

Myokarditis F ⟨~; -itiden⟩ MED myocardite f

Myom N ⟨~s; ~e⟩ MED myome m

Myriade *geh* F ⟨~; ~n⟩ myriade f

Myrr(h)e F ⟨Myrr(h)e; Myrr(h)en⟩ myrrhe f

Myrte F ⟨~; ~n⟩ myrte m

Myrtenkranz M couronne f de myrtes, de mariée

Mysterienspiel N *im Mittelalter* mystère m

mysteriös ADJ mystérieux, -ieuse

Mysterium N ⟨~s; -ien⟩ mystère m

Mystifikation F ⟨~; ~en⟩ *t/t* mythification f

mystifizieren V/T ⟨pas de ge-, h.⟩ **etw ~** instaurer qc en tant que mythe

Mystifizierung *geh* F ⟨~; ~en⟩ → Mystifikation

Mystik F ⟨~⟩ mystique f; **Mystiker(in)** M ⟨~s; ~⟩ (F) ⟨~in; ~innen⟩ mystique m/f; **mystisch** ADJ mystique

Mystizismus M ⟨~⟩ mysticisme m

Mythenbildung F naissance f, développement m des mythes

mythisch ADJ mythique

Mythologie F ⟨~; ~n⟩ mythologie f; **mythologisch** ADJ mythologique

Mythos M, **Mythus** M ⟨-thos, -thus; -then⟩ mythe m

Myxomatose F ⟨~⟩ VET myxomatose f

Myzel N ⟨~s; -lien⟩ → Myzelium

Myzelium N ⟨~s; -lien⟩ BOT mycélium m

N

N, n N ⟨N, n; N, n⟩ *Buchstabe* N, n m

N ABK 1 *(Nord[en])* N. (nord) 2 *(Newton)* N (newton)

n ABK (Nano...) n (nano...)

na *umg* INT *in Aufforderungen u. beschwichtigend* allons!; *neugierig* eh bien!; eh alors!; **~, mach doch!** allons, dépêche-toi!; **~, wird's bald?** alors, ça vient(, oui)?; **~ dann!** eh bien, alors!; bon, eh bien; ... alors, dans ce cas ...!; *als Anrede* **~, ihr?** alors, les enfants, les jeunes gens, *etc*; *beschwichtigend* **~, werden Sie nur nicht gleich böse!** allez, ne vous fâchez pas!; *zögernd, nachgebend* **~ gut, ~ schön** bon, si tu veux *od* si vous voulez; puisque tu insistes *od* vous insistez; **~, ich will mal sehen, was ich für Sie tun kann** je vais voir ce que je peux faire pour vous; *neugierig* **~, was hat er gesagt?** eh bien, alors, qu'est-ce qu'il a dit?; *erstaunt* **~ so was!** ça alors (, par exemple)!; qui l'aurait cru!; *herausfordernd* **~ und?** et alors? (qu'est-ce que ça peut faire?); et alors? (qu'est-ce qu'il y a?); *iron* **~, der wird sich wundern!** il va voir un peu; *resignierend* **~, dann nicht!** tant pis!; *triumphierend* **~, habe ich nicht recht gehabt?** alors, je n'avais pas raison?; *freundschaftlich* **~, wie geht's?** eh bien, alors, comment ça va?; *drohend* **~ warte!** attends un peu!; *bestätigend* **~ und ob!** et comment!; *umg* un peu!; *umg* et pas qu'un peu!; **~ also!** tu vois *od* vous voyez bien!; je te *od* vous l'avais bien dit!; **~ eben!** c'est bien ce que je disais; **~ endlich!** ah, enfin!; ce n'est pas trop tôt!

Nabe F ⟨~; ~n⟩ moyeu m

Nabel M ⟨~s; ~⟩ nombril m; *t/t* ombilic m; **Nabelbinde** F bandage ombilical; **Nabelbruch** M °hernie ombilicale; **Nabelschau** F 1 *(Narzissmus)* nombrilisme m 2 *umg (Zurschaustellung)* exhibitionnisme m; **Nabelschnur** F cordon ombilical

Nabob M ⟨~s; ~s⟩ nabab m

nach A PRÄP ⟨dat⟩ 1 *zur Bezeichnung der Richtung* à; vers; pour; *vor Ländernamen* en, *bei näherer Bestimmung* dans; *vor maskulinen Ländernamen* au; **e-e Reise ~ Frankreich, ~ Kanada** un voyage en France, au Canada; **~ Berlin** *Postsendungen etc* à (destination de) Berlin; *Zug, Flugzeug* à destination de Berlin; pour Berlin; **e-e Fahrkarte ~ Paris** un billet pour Paris; **die Überfahrt von Calais ~ Dover** la traversée de Calais à Douvres; **~ allen Richtungen** dans toutes les directions; en tout sens; *umg* toutes directions; **~ dieser Seite** de ce côté; **~ der Straße zu, hin** du côté de la rue; **~ Süden (zu) liegen** être exposé au sud; **~ Osten (zu)** vers l'est; dans la, en direction de l'est; **abreisen ~** partir pour; **~ Frankreich zurückkehren** rentrer en France; **~ Haus(e) zurückkehren** rentrer à la maison, chez soi; **~ dem Arzt schicken** envoyer chercher le médecin; **sich ~ etw bücken** se baisser pour ramasser qc; **~ links, rechts** à gauche, à droite; vers la gauche, vers la droite; **~ oben, unten** vers le haut, le bas; **~ oben gehen** monter; **~ unten gehen** descendre; **~ vorn, hinten** vers, sur le devant, l'arrière; **~ innen, außen** vers, à l'intérieur, l'extérieur 2 *zeitlich* après; au bout de; **~ getaner Arbeit** le travail fini; après le travail; **noch ~ Jahrhunderten** après des siècles; dans des siècles; des siècles plus tard; **~ e-r halben Stunde** dans une, au bout d'une demi-heure; une demi-heure après, plus tard; **~ Tisch** après le repas; **~ dieser Zeit** passé ce temps; **~ langer Zeit** longtemps après; **es ist zwanzig (Minuten) ~ zehn** il est dix heures vingt; **am Tag(e) ~ s-r Ankunft** le lendemain de son arrivée 3 *zur Bezeichnung der Reihenfolge, Ordnung* après; **der Größe ~** par rang de taille; **der Reihe ~** à tour de rôle; chacun à son tour; **der Reihe ~ erzählen** raconter dans l'ordre; **zahlbar ~ Empfang** payable après réception; **bitte, ~ Ihnen!** après vous, je vous prie! 4 *zur Bezeichnung der Art u. Weise, Übereinstimmung (gemäß)* à; d'après; selon; suivant; *a.* JUR conformément à; sur; de; **~ Art** (+gen) à la façon, à la manière de; **~ allem, was man sagt** ... d'après ce qu'on dit ...; à en croire les gens, la rumeur ...; **wenn es ~ dem Verfasser ginge** ... à en croire l'auteur ...; si l'on en croit l'auteur ...; **~ altem Brauch** selon une vieille tradition; selon l'ancienne coutume; **~ meiner Meinung, meiner Meinung ~** d'après *od* selon moi; à mon avis; **ihrem Aussehen ~** à en juger par *od* sur sa mine; **s-r Form ~** suivant *od* par *od* étant donné sa forme; **~ Gewicht verkaufen** vendre au poids; **~ meiner Uhr ist es ...** à ma montre il est ...; **~ Gehör spielen** jouer d'oreille; **~ dem Gesetz, dem Gesetz ~** aux termes de la loi; **jeder ~ s-n Kräften** chacun selon *od* suivant ses forces; **das ist nicht ~ meinem Geschmack** ce n'est pas à *od* de mon goût; **~ Gas riechen** sentir le gaz; **das schmeckt ~ ...** cela a un goût de ...; **allem Anschein, aller Wahrscheinlichkeit ~** selon toute apparence, probabilité; **(frei) ~ Schiller** d'après, librement adapté de Schiller; **s-n Jahren ~ noch ein Kind, s-m Charakter ~ schon ein Mann** un enfant quant à *od* par l'âge, un homme quant au *od* par le caractère; **ganz ~ Wunsch** selon tes, vos désirs; comme tu veux, vous voulez; **man hat ihn ~ mir genannt** il porte mon nom; on lui a donné mon nom B ADV **~ und ~** *(nacheinander)* successivement; *(schrittweise)* progressivement; peu à peu; petit à petit; par degrés; **~ wie vor** encore; toujours; **mir ~!** suivez-moi!

nachäffen V/T ⟨sép, -ge-, h.⟩ *pej* singer

nachahmen V/T ⟨sép, -ge-, h.⟩ imiter; *a.* KUNST, LITERATUR copier; *pej* plagier;

(fälschen) contrefaire; **nachahmenswert** ADJ digne d'être imité, d'imitation; imitable
Nachahmer(in) M ⟨~s; ~⟩ F ⟨~in; ~innen⟩ imitateur, -trice *m,f*; **Nachahmung** F ⟨~; ~en⟩ imitation *f*; *Produkt* contrefaçon *f*; KUNST, LITERATUR *pej a.* plagiat *m*
Nachahmungstrieb M ⟨~(e)s⟩ *der Tiere* instinct *m*, *der Menschen a.* esprit *m* d'imitation
Nacharbeit F *zur Verbesserung* retouche *f*; *letzte* finition *f*; **nacharbeiten** VT ⟨-ete, *sép*, -ge-, h.⟩ 1 *(nachbilden)* copier; imiter 2 *Versäumtes* (travailler à) rattraper 3 *um es zu verbessern* retoucher
Nachbar M ⟨~n; ~n⟩ voisin *m*
Nachbar... IN ZSSGN *meist* voisin; **Nachbardorf** N village voisin; **Nachbargemeinde** F commune voisine, limitrophe, adjacente; **Nachbargrundstück** N terrain attenant, adjacent; **Nachbarhaus** N maison voisine
Nachbarin F ⟨~; ~nen⟩ voisine *f*; **Nachbarland** N pays voisin
nachbarlich ADJ 1 *(benachbart)* voisin 2 ⟨*épithète*⟩ *(dem Nachbarn gehörend)* du voisin, de la voisine
Nachbarort M ⟨~(e)s; ~e⟩ localité voisine
Nachbarschaft F ⟨~⟩ 1 *(Nähe)* voisinage *m*; proximité *f*; **in der ~** près d'ici 2 *(die Nachbarn)* voisinage *m*; voisins *mpl* 3 *(nachbarliche Beziehungen)* relations *fpl* de voisinage, entre voisins; **gute ~ halten** fréquenter ses voisins; avoir, entretenir des relations de bon voisinage
nachbarschaftlich ADJ de bon voisinage
Nachbarschaftshilfe F aide *f*, solidarité *f* entre voisins; *als Institution* association *f* de quartier
Nachbarskind N enfant *m* des voisins
Nachbarstaat M État voisin; **Nachbarstadt** F ville voisine; **Nachbartisch** M table voisine
Nachbau M ⟨~(e)s; ~ten⟩ réplique *f*; imitation *f*; copie *f*
nachbauen VT ⟨*sép*, -ge-, h.⟩ **etw ~** imiter, copier qc
Nachbeben N dernières secousses; **nachbehandeln** VT ⟨-(e)le, *sép*, *pas de -ge-*, h.⟩ 1 TECH traiter à nouveau; retraiter 2 MED suivre; **Nachbehandlung** F traitement consécutif; MED *a.* suivi (médical); **nachbekommen** VT ⟨*irr*, *sép*, *pas de -ge-*, h.⟩ recevoir encore, en plus, en supplément; *(nachkaufen können)* (pouvoir) racheter
nachbereiten VT ⟨-ete, *sép*, *pas de -ge-*, h.⟩ *Lernstoff* revoir; approfondir; **Nachbereitung** F *des Lernstoffs* approfondissement *m*; **nachbessern** VT ⟨-(e)re, *sép*, -ge-, h.⟩ retoucher; améliorer; **Nachbesserung** F ⟨~; ~en⟩ retouche *f*; amélioration *f*; **nachbestellen** VT *u.* VI ⟨*sép*, *pas de -ge-*, h.⟩ faire, passer une nouvelle commande (**etw** de qc); **Nachbestellung** F nouvelle commande; commande *f*, ordre *m* supplémentaire
nachbeten *umg* VT ⟨-ete, *sép*, -ge-, h.⟩ **etw ~** répéter machinalement qc
Nachbeten *umg* N répétition machinale
nachbezahlen VT ⟨*sép*, *pas de -ge-*, h.⟩ 1 *(später bezahlen)* payer plus tard 2 *(zuzahlen)* **etw ~** payer qc en supplément; *Restliches* payer le reste de qc
nachbilden VT ⟨-ete, *sép*, -ge-, h.⟩ reproduire; copier; faire une copie de; *historisch getreu* reconstituer; **Nachbildung** F réplique *f*; reproduction *f*; double *m*; *in verkleinertem Maßstab* maquette *f*
nachblicken VI ⟨*sép*, -ge-, h.⟩ **j-m ~** suivre qn des yeux
Nachblutung F hémorragie *f* secondaire;

N

nachbohren ⟨*sép*, -ge-, h.⟩ A VT TECH agrandir en forant; *t/t* réaléser B *umg fig* VI insister; revenir à la charge; **Nachbörse** F WIRTSCH marché *m* libre; **nachbörslich** ADJ *Kurs* du marché libre
nachbringen VT ⟨*irr*, *sép*, -ge-, h.⟩ **j-m etw ~** rapporter qc à qn
nachdatieren VT ⟨*sép*, *pas de -ge-*, h.⟩ antidater
nachdem KONJ 1 *zeitlich* après que … (+ *ind*, *meist passé antérieur*); *bei gleichem Subjekt im Haupt- u. Nebensatz* après (+*inf passé*); **~ er gesprochen hatte, verließen die Zuhörer den Saal** après qu'il eut parlé, l'auditoire quitta la salle; **~ er gesprochen hatte, setzte er sich** après avoir parlé, il s'assit 2 **je ~ (wie)** selon que … (+ *ind*); suivant que … (+*ind*, *meist Futur*); **je ~!** *umg* c'est selon!; ça dépend!
nachdenken VI ⟨*irr*, *sép*, -ge-, h.⟩ **(über etw** [*akk*]**) ~** réfléchir (à *od* sur qc); **über j-n ~** reconsidérer sa relation avec qn; songer à qn
Nachdenken N réflexion *f*; méditation *f*
nachdenklich ADJ pensif, -ive; songeur, -euse; méditatif, -ive; **das stimmte** *od* **machte mich sehr ~** cela m'a donné à, m'a fait réfléchir
Nachdichtung F adaptation *f*; **nachdrängen** ⟨*sép*, -ge-⟩ VI ⟨s.⟩ *u.* VR ⟨h.⟩ **(sich) ~** pousser par derrière; *in e-n Raum* chercher à entrer après qn
Nachdruck[1] M ⟨~(e)s⟩ *(Bestimmtheit)* insistance *f*; énergie *f*; vigueur *f*; fermeté *f*; RHET emphase *f*; **auf etw** *(akk)* **~ legen** insister, mettre l'accent sur qc; **er wies mit ~ darauf hin, dass …** il a fait remarquer avec insistance, fermeté, *etc* que …
Nachdruck[2] M ⟨~(e)s; ~e⟩ TYPO réimpression *f*; *(Abdruck)* reproduction *f*
nachdrucken VT ⟨*sép*, -ge-, h.⟩ TYPO réimprimer; *(abdrucken)* reproduire
nachdrücklich A ADJ ⟨*épithète*⟩ énergique; ferme; insistant; RHET emphatique B ADV **etw ~ verlangen** exiger qc expressément, énergiquement, avec énergie, avec force
Nachdrucksrecht N TYPO droit *m* de reproduction; copyright *m*; **nachdunkeln** VI ⟨-(e)le, *sép*, -ge-, s.⟩ devenir plus foncé; foncer
Nachdurst *umg* M soif *f*, envie *f* de boire (après la consommation d'alcool)
nacheifern VI ⟨-(e)re, *sép*, -ge-, h.⟩ **j-m ~** imiter qn; être l'émule de qn; chercher à égaler qn; prendre qn pour modèle
nacheilen VI ⟨*sép*, -ge-, s.⟩ **j-m ~** poursuivre qn; se dépêcher de, pour suivre qn
nacheinander ADV 1 *(hintereinander)* l'un après l'autre; **zweimal ~** deux fois de suite 2 *reflexiv* **sich ~ sehnen** avoir envie de se revoir; avoir la nostalgie l'un de l'autre
nachempfinden VT ⟨*irr*, *sép*, *pas de -ge-*, h.⟩ 1 → nachfühlen 2 KUNST *etc* être inspiré par; s'inspirer de
Nachen *poet* M ⟨~s; ~⟩ nacelle *f*; *liter* esquif *m*
nacherzählen VT ⟨*sép*, *pas de -ge-*, h.⟩ répéter (en d'autres termes); SCHULE raconter; reformuler; paraphraser; **Nacherzählung** F récit *m*; SCHULE compte rendu d'audition
Nachf. ABK (Nachfolger[in]) successeur
Nachfahr(e) M ⟨-fahren; -fahren⟩ descendant *m*
nachfahren VI ⟨*irr*, *sép*, -ge-, s.⟩ **j-m ~** suivre qn (en voiture, *etc*)
nachfärben VT ⟨*sép*, -ge-, h.⟩ reteindre; **nachfassen** *umg* VI ⟨*sép*, -ge-, h.⟩ (re)demander des précisions; **Nachfeier** F célébration *f* d'une fête après coup; **nachfeiern** VT ⟨-(e)re, *sép*, -ge-, h.⟩ célébrer plus tard, après coup; **Nachfolge** F ⟨~⟩ succession *f*; *(Nachstreben)* imitation *f*
nachfolgen VI ⟨*sép*, -ge-, s.⟩ **j-m ~** suivre qn; *(nachstreben)* imiter qn; suivre l'exemple de qn; **j-m im Amt ~** succéder à qn; remplacer qn
nachfolgend ADJT ⟨*épithète*⟩ suivant; *Sachen geh* subséquent; **im Nachfolgenden** dans la suite; dans ce qui suit; **das Nachfolgende** la suite
Nachfolgeorganisation F organisation *f* ayant pris la succession, la suite; **Nachfolger(in)** M ⟨~s; ~⟩ F ⟨~in; ~innen⟩ successeur *m*
nachfordern VT ⟨-(e)re, *sép*, -ge-, h.⟩ demander encore, en sus, en plus; **Nachforderung** F demande *f*, exigeance *f* supplémentaire
nachforschen VI ⟨*sép*, -ge-, h.⟩ **(e-r Sache** [*dat*]**) ~** faire des recherches, prendre des informations (sur qc); **~, wann …** chercher à savoir quand …; s'informer du moment, de la date où …
Nachforschung F recherche *f*; enquête *f*; information *f*; **~en über j-n, etw anstellen** faire des recherches sur qn, qc; **alle ~en nach den Vermissten waren erfolglos** toutes les recherches faites pour retrouver les disparus sont restées sans résultat, ont été vaines
Nachfrage F 1 HANDEL demande *f* (**nach** de); **nach diesem Artikel herrscht e-e große ~** cet article est très demandé, est très recherché; **die ~ hält an, geht zurück, ist lebhaft, steigt, übersteigt das Angebot** la demande est soutenue, diminue, est vive, augmente, excède l'offre 2 *hum* **danke der (gütigen) ~!** c'est gentil à vous de vous en inquiéter
nachfragen VI ⟨*sép*, -ge-, h.⟩ 1 *(sich erkundigen)* s'informer (**nach** de) 2 *(wiederholt fragen)* insister (pour savoir); **mehrmals ~** poser plusieurs fois la question 3 *geh* **um etw ~** demander qc; requérir qc
Nachfrist F prolongation *f* du délai
nachfühlen VT ⟨*sép*, -ge-, h.⟩ **j-m etw ~ können** comprendre (par sympathie) les sentiments de qn; **ich kann es ihm (lebhaft) ~** je le comprends; j'imagine ce qu'il a dû ressentir
nachfüllen VT ⟨*sép*, -ge-, h.⟩ *Behälter* remplir; *Wasser etc* compléter; **Benzin ~** refaire le plein; remettre de l'essence
Nachfüllpackung F recharge *f*
nachgaffen VI ⟨*sép*, -ge-, h.⟩ *pej* **j-m ~** regarder (avec une curiosité stupide, bouche bée) qn qui s'en va
Nachgang M ADMIN **im ~ zu unserem Schreiben vom …** en nous référant à notre lettre du …
nachgeben VI ⟨*irr*, *sép*, -ge-, h.⟩ 1 *Ast, Damm etc* céder; *(sich dehnen) Leder, Stoff* se prêter 2 *fig* céder (**j-m** à qn); se rendre (aux désirs de qn); s'incliner (devant qn); capituler; **nicht ~** ne pas en démordre; tenir bon; **j-m nichts ~ an** (+*dat*) … ne le céder en rien à qn en ce qui concerne … 3 *Börsenkurse* fléchir
Nachgeben N *des Bodens* affaissement *m*; *e-s Damms* écroulement *m*; *e-s Seils* relâchement *m*; *der Preise, Kurse, Aktien* baisse *f*; *der Kurse a.* fléchissement *m*
nachgeboren ADJT 1 *nach des Vaters Tod* posthume 2 *später als die Geschwister* cadet, -ette
Nachgebühr F surtaxe *f*; taxe *f* à percevoir (pour affranchissement insuffisant); **Nachgeburt** F délivrance *f*
nachgehen VI ⟨*irr*, *sép*, -ge-, s.⟩ 1 **j-m ~** suivre qn 2 *s-n Geschäften, s-r Tätigkeit* vaquer à; *e-r Sache, e-m Vorfall* s'occuper de; s'informer de; *e-m Problem* s'occuper de; s'efforcer de résoudre; *e-m Beruf* exercer; **diese Worte gingen ihr nach** elle n'a pas pu oublier ces paroles 3 *Uhr*

retarder (**5 Minuten** de 5 minutes); être en retard

nachgelassen ADJT *(épithète)* posthume; **nachgemacht** ADJT imité; *(unecht)* faux, fausse; postiche; *(künstlich)* artificiel, -ielle; factice; *(gefälscht)* contrefait; **nachgeordnet** ADJT ADMIN subordonné

nachgerade ADV 1 *(geradezu)* vraiment; **sie wurde ~ unverschämt** elle est devenue carrément insolente 2 *(allmählich)* peu à peu; *(schließlich)* enfin; finalement

nachgeraten VI *(irr, sép, pas de -ge-, s.)* **j-m ~** tenir de qn; ressembler à qn

Nachgeschmack M *(~(e)s)* arrière-goût *m*; *fig* **e-n bitteren** *od* **schlechten ~ hinterlassen** laisser un mauvais souvenir, un goût amer

nachgewiesenermaßen ADV comme il a été démontré

nachgiebig ADJ 1 *Material etc* flexible; élastique; souple 2 *Person* conciliant; arrangeant; *(nicht streng)* indulgent; *plus fort* laxiste; **Nachgiebigkeit** F *(~)* 1 *von Material* flexibilité *f*; élasticité *f*; souplesse *f* 2 *e-r Person* caractère conciliant; *(fehlende Strenge)* indulgence *f*; *plus fort* laxisme *m*

nachgießen *(irr, sép, -ge-, h.)* A VT ajouter (en versant); **j-m Wein ~** resservir du vin à qn B VI **j-m ~** resservir à boire à qn; verser un autre verre, une autre tasse à qn

nachgrübeln VI *(-(e)le, sép, -ge-, h.)* **(über etw** *[akk]***) ~** se creuser la tête (au sujet de qc)

nachgucken *umg* VI *(sép, -ge-, h.)* → nachsehen; **nachhaken** *umg* VI *(sép, -ge-, h.)* (re)demander des précisions; insister pour savoir; **Nachhall** M *a. fig* retentissement *m*; écho *m*; résonance *f*; **nachhallen** VI *(sép, -ge-, h.)* retentir; faire écho; se répercuter; résonner

nachhaltig ADJ durable *(a. Entwicklung,* ÖKOL*)*; *Geruch* persistant; *(wirkungsvoll)* efficace; **Nachhaltigkeit** F *(~)* durabilité *f (a.* ÖKOL*)*; *(Dauerhaftigkeit)* durée *f*; *(Andauern)* persistance *f*

nachhängen VI *(irr, sép, -ge-, h.)* *Gedanken, Träumen etc* **e-r Sache** *(dat)* **~** s'abandonner à qc; se livrer, se laisser aller à qc; donner libre cours à qc; **trüben Gedanken ~** broyer du noir

nachhause ADV → Haus 1

Nachhauseweg M **auf dem ~** sur le chemin du retour; en rentrant à la maison

nachhelfen VI *(irr, sép, -ge-, h.)* **e-r Sache** *(dat)* **~** (faire) avancer qc; **j-m ~** aider qn à avancer; aider qn; venir en aide à qn; **da wird man etwas ~ müssen** il faudra faire activer les choses

nachher ADV 1 *zeitlich* plus tard; après (cela); ensuite; **bis ~!** à tout à l'heure!; à tantôt! 2 *umg (womöglich)* et (puis) après; et alors; et comme ça

nachherig ADJ *(épithète)* postérieur; ultérieur; *(folgend)* suivant; *geh* subséquent

Nachhilfe F cours particulier(s); → *a.* Nachhilfestunden; **Nachhilfelehrer(in)** M(F) professeur *m/f* particulier, -ière; répétiteur, -trice *m,f*; **Nachhilfeschüler(in)** M(F) élève *m/f* particulier, -ière

Nachhilfestunden FPL, **Nachhilfeunterricht** M cours particuliers; leçons particulières, de rattrapage (données à un élève)

Nachhinein N **im ~** après coup; ultérieurement; avec le recul

nachhinken VI *(sép, -ge-, s.)* → hinterherhinken

Nachholbedarf M retard *m*, manque *m* à combler; **den ~ decken** combler le retard, le manque

nachholen VT *(sép, -ge-, h.)* *Versäumtes* rattraper; *Zeit* récupérer; regagner

Nachhut F *(~; ~en)* *a. fig* arrière-garde *f*

nachimpfen VT *(sép, -ge-, h.)* revacciner; *abs* faire un rappel; **Nachimpfung** F rappel *m* (de vaccination); revaccination *f*

nachjagen VI *(sép, -ge-, s.)* *Ruhm, Gewinn, Geld* **e-r Sache** *(dat)* **~** rechercher qc; *umg* courir après qc; **j-m ~** courir pour rattraper qn; poursuivre qn à toute vitesse; donner la chasse à qn

nachkaufen VT *(sép, -ge-, h.)* racheter

Nachklang M résonance *f*; *fig* souvenir *m*; écho *m*; réminiscence *f*; **nachklingen** VI *(irr, sép, -ge-, h.)* résonner; continuer à *od* de tinter; vibrer

Nachkomme M *(~n; ~n)* descendant *m*; **ohne ~n sterben** mourir sans descendance, descendants, *geh* postérité

nachkommen VI *(irr, sép, -ge-, s.)* 1 *(folgen)* suivre (**j-m** qn); *(später kommen)* arriver, venir plus tard (**j-m** que qn); **j-m ~** *a.* rejoindre qn 2 *(folgen können)* suivre *(a. fig)*; *mit der Arbeit etc* suivre (le rythme, la cadence) 3 *geh e-m Befehl* se conformer, obéir, obtempérer à; suivre; *e-m Aufruf* répondre à; *e-r Forderung* céder à; donner suite à; *e-m Wunsch* accéder, consentir, donner suite à; *s-n Verpflichtungen* s'acquitter de; faire honneur à; faire face à; remplir; tenir; ne pas manquer à

Nachkommenschaft F *(~)* descendance *f*; descendants *mpl*

Nachkömmling M *(~s; ~e)* petit dernier; **Nachkriegs...** IN ZSSGN d'après-guerre; **Nachkriegsjahre** NPL années *fpl* d'après-guerre; **Nachkriegszeit** F (époque *f* d')après-guerre *m*; **Nachkur** F postcure *f*

Nachlass M *(~es; ~e ou -lässe)* 1 *(Hinterlassenschaft)* succession *f*; *literarischer* œuvres *fpl* posthumes; **e-n ~ verwalten** administrer, gérer une succession 2 *(Ermäßigung)* remise *f*; réduction *f*; rabais *m*

nachlassen *(irr, sép, -ge-, h.)* A VT **(vom Preis) etw ~** faire, accorder un rabais, une remise (sur le prix) B VI *Hitze, Regen, Kräfte, Begeisterung* diminuer; *Lärm* décroître; s'apaiser; *Zorn, Sturm* se calmer; s'apaiser; *Zorn, Wind a.* tomber; *Geschwindigkeit* (se) ralentir; *Nachfrage, Gedächtnis, Fieber, Schmerz etc* faiblir; *Leistung, Kräfte, Sehvermögen* baisser; *Eifer, Aufmerksamkeit* se relâcher; **in s-n Anstrengungen ~** relâcher, ralentir, diminuer ses efforts; **der Regen hat nachgelassen** il pleut moins (fort)

Nachlassen N *(~s)* *des Fiebers, e-s Menschen in s-n Anstrengungen* relâchement *m*; *der Nachfrage, Kräfte, des Windes* affaiblissement *m*; *des Zorns, Sturmes, Windes* (r)adoucissement *m*; *der Hitze, Kälte, Kräfte, Geschwindigkeit, des Zorns, Sturmes, Windes etc* diminution *f*; *des Lärms* décroissance *f*; *des feindlichen Feuers, der Geschäfte* ralentissement *m*; *der Kampftätigkeit* répit *m*

Nachlassgericht N tribunal *m* des successions

nachlässig ADJ négligent; nonchalant; **Nachlässigkeit** F *(~; ~en)* 1 *Handlung* négligence *f* 2 *(pas de pl)* *Wesen* négligence *f*; manque *m* d'application; laisser-aller *m*

Nachlasspfleger M JUR curateur, administrateur légal; **Nachlassverwalter** M exécuteur *m* testamentaire

nachlaufen VI *(irr, sép, -ge-, s.)* **j-m, e-r Sache ~** courir après qn, qc; *umg* **er läuft den Weibern nach** il est coureur; c'est un coureur de jupons; **er läuft mir auf Schritt und Tritt nach** il me suit pas à pas; il ne me quitte *od* lâche pas d'une semelle

nachlegen VT *(sép, -ge-, h.)* ajouter; remettre; *bei Tisch* resservir; **Nachlese** F 1 *(Weinnachlese)* grappillage *m* 2 *fig* sélection *f*; *von Gedichten etc* recueil *m* complémentaire;

nachlesen VT *(irr, sép, -ge-, h.)* 1 *(noch einmal lesen)* lire; relire; revoir 2 *zur Information* lire, voir (**in e-m Text, e-m Buch** dans un texte, un livre)

nachliefern VT *(-(e)re, sép, -ge-, h.)* *nachträglich* livrer, fournir plus tard; *ergänzend* livrer, fournir en complément; **Nachlieferung** F complément *m* de livraison, de fourniture; livraison *f*, fourniture *f* complémentaire

nachlösen VT *u.* VI *(-(es)t, sép, -ge-, h.)* se faire délivrer (un supplément); faire supplémenter (un billet)

nachmachen VT *(sép, -ge-, h.)* 1 *(nachahmen)* imiter; copier; **j-m etw ~** imiter qc de qn; faire qc comme qn; **das macht ihr so schnell keiner nach** on n'est pas près d'en faire autant, de faire aussi bien qu'elle; *umg* **das soll mir (erst mal) einer ~!** fais-en, faites-en donc autant! 2 *(fälschen)* contrefaire 3 *(später machen)* *Arbeit* faire, *Prüfung* passer plus tard, ultérieurement

nachmalen VT *(sép, -ge-, h.)* copier; **nachmessen** VT *(irr, sép, -ge-, h.)* mesurer une seconde fois; *abs (eichen)* vérifier la *od* une mesure; **Nachmieter(in)** M(F) nouveau, nouvelle locataire *m,f*

Nachmittag M après-midi *m od f*; **am ~** (dans) l'après-midi; **im Laufe des ~s** dans l'après-midi; **am späten ~** vers la fin de l'après--midi; en fin d'après-midi; **heute ~** cet après--midi; **morgen, gestern, Freitag** *etc* **~** demain, hier, vendredi *etc* après-midi

nachmittags ADV (dans) l'après-midi; *mit Uhrzeit* de l'après-midi

Nachmittagskaffee M goûter *m*; collation *f*; **Nachmittagsunterricht** M classes *fpl*, cours *mpl* de l'après-midi; **Nachmittagsvorstellung** F THEAT, MUS, FILM matinée *f*

nachnähen VT *(sép, -ge-, h.)* recoudre

Nachnahme F *(~; ~n)* remboursement *m*; **per ~** contre remboursement

Nachnahmegebühr F droit *m*, frais *mpl* de remboursement; **Nachnahmesendung** F envoi *m* contre remboursement

Nachname M nom *m* de famille

nachnehmen VT *(irr, sép, -ge-, h.)* *bei Tisch* prendre encore; reprendre

nachpfeifen VI *(irr, sép, -ge-, h.)* **e-r Frau ~** siffler une femme

nachplappern VT *(-(e)re, sép, -ge-, h.)* **etw ~** répéter qc comme un perroquet; *Kind* **alles ~** répéter tout (ce qu'il entend)

nachpolieren VT *(sép, pas de ge-, h.)* polir (de nouveau); repolir

Nachporto N POST® surtaxe *f*

nachprüfbar ADJ contrôlable; vérifiable; **nachprüfen** VT *(sép, -ge-, h.)* 1 *(überprüfen)* examiner; contrôler; vérifier; réviser 2 SCHULE *(später prüfen)* faire passer la session de rattrapage à; **Nachprüfung** F 1 *(Überprüfung)* examen *m*; contrôle *m*; vérification *f*; révision *f* 2 SCHULE *(spätere Prüfung)* session *f* de rattrapage, de remplacement

nachrechnen VT *(-ete, sép, -ge-, h.)* 1 *Rechnung etc* recompter; calculer de nouveau; *abs* vérifier, revoir un compte, un calcul 2 *(zurückverfolgen)* *Zeit, Jahre* calculer; (re)compter

Nachrede F 1 **üble ~** propos malveillants; médisance *f*; diffamation *f*; **j-n in üble ~ bringen** diffamer qn 2 *(Nachwort)* épilogue *m*; postface *f*

nachreden VT *(-ete, sép, -ge-, h.)* répéter; **er redet ihr alles nach** il répète tout ce qu'elle dit; **j-m übel ~** dire du mal de qn

nachreichen VT *(sép, -ge-, h.)* *Unterlagen etc* présenter, fournir plus tard, après; **nachreifen** VI *(sép, -ge-, s.)* mûrir après la cueillette;

finir de mûrir

nachreisen VI ⟨-(es)t, *sép*, -ge-, s.⟩ **j-m ~** partir (en voyage pour) rejoindre qn

nachrennen VI ⟨*irr, sép*, -ge-, s.⟩ *umg* **j-m ~** courir pour rattraper qn; courir après qn

Nachricht F ⟨~; ~en⟩ **1** nouvelle *f*; (*Mitteilung*) information *f*; communication *f*; (*Benachrichtigung*) avis *m*; avertissement *m*; (*Botschaft*) message *m*; (*kurze Zeitungsnotiz*) notice *f*; **~ von etw erhalten** avoir, recevoir des nouvelles de qc; **j-m von etw ~ geben** instruire, informer, aviser qn de qc; apporter à qn la nouvelle de qc; **ich habe endlich ~ von ihm** j'ai enfin de ses nouvelles; **(j-m) e-e ~ hinterlassen** laisser un message (à qn) **2** RADIO, TV *pl* **~en** journal *m*; informations *fpl*; actualités *fpl*; **in den ~en kommen** être dit, annoncé dans le journal, aux informations; passer aux informations

Nachrichtenagentur F agence *f* de presse; **Nachrichtendienst** M **1** *Agentur* agence *f* d'informations **2** (*Geheimdienst*) service *m* de renseignements; *in Frankreich etwa* Renseignements généraux; **Nachrichtenmagazin** N magazine *m* d'actualités; **Nachrichtensatellit** M satellite *m* de télécommunications; **Nachrichtensendung** F informations *fpl*; **Nachrichtensperre** F censure *f*; **Nachrichtensprecher(in)** M(F) speaker *m*, speakerine *f*; TV *a.* présentateur, -trice *m,f*; **Nachrichtentechnik** F ⟨~⟩ technique *f* de télécommunication; télécommunications *fpl*; **Nachrichtenübermittlung** F transmission *f* des nouvelles, des informations, des renseignements; **Nachrichtenwesen** N ⟨~s⟩ service *m* de(s) renseignements

nachrichtlich ADV ADMIN à titre d'information

nachrücken VI ⟨*sép*, -ge-, s.⟩ *a. fig* avancer; MIL suivre; progresser

Nachruf M nécrologie *f* (**auf** [*+akk*] de); *in e-r Zeitung a.* article *m* nécrologique (**auf** [*+akk*] sur)

nachrufen VT ⟨*irr, sép*, -ge-, h.⟩ **j-m etw ~** crier qc après qn; crier qc à qn (qui s'en va)

Nachruhm M gloire *f* posthume

nachrühmen VT ⟨*sép*, -ge-, h.⟩ **j-m etw ~** dire, prétendre qc à la louange, à l'éloge de qn

nachrüsten ⟨-ete, *sép*, -ge-, h.⟩ **A** VT TECH équiper ultérieurement (**mit** de); compléter l'équipement (**mit** avec) **B** VI MIL augmenter, renforcer le potentiel militaire; **Nachrüstung** F **1** MIL renforcement *m*, augmentation *f* du potentiel militaire **2** TECH complément *m* d'équipement; équipement *m* supplémentaire (**mit** en, avec)

nachsagen VT ⟨*sép*, -ge-, h.⟩ **1** (*wiederholen*) répéter **2** **j-m etw ~** dire qc de qn; **man sagt ihm nach, dass er …** on raconte qu'il …; **das kann man ihm nicht ~** ça, on ne peut pas le lui reprocher; **ich lasse mir nichts ~** je ne tolère pas qu'on dise du mal à mon égard, sur mon compte

Nachsaison F arrière-saison *f*; TOURISMUS **in der ~** °hors saison; **in der ~ sind die Preise niedriger** les prix °hors saison sont plus bas

Nachsatz M **1** GRAM second membre (de la proposition) **2** *in Briefen* post-scriptum *m*

nachschauen VI ⟨*sép*, -ge-, h.⟩ *bes südd, österr, schweiz* → nachsehen A 1, 2 *u.* B; **nachschenken** VT resservir; **nachschicken** VT ⟨*sép*, -ge-, h.⟩ *Briefe etc* réexpédier; faire suivre; *Personen* faire partir plus tard

nachschießen VT ⟨*irr, sép*, -ge-, h.⟩ **Geld ~** verser une nouvelle somme; compléter une somme

Nachschlag M **1** *beim Essen* deuxième portion *f*; supplément *m*; *umg* rab *m* **2** MUS contretemps *m*

nachschlagen ⟨*irr, sép*, -ge-⟩ **A** VT *u.* VI ⟨h.⟩ **in e-m Buch ~** consulter un, voir dans, chercher dans un livre; **ein Wort, e-e Stelle ~** chercher un mot, un passage **B** VI ⟨s.⟩ **j-m ~** tenir de qn

Nachschlagewerk N ouvrage *m* de référence

nachschleichen VI ⟨*irr, sép*, -ge-, s.⟩ **j-m ~** suivre qn furtivement, à pas de loup, en cachette; (*beschatten*) filer, guetter qn

nachschleifen[1] VT ⟨*irr, sép*, -ge-, h.⟩ *Messer, Werkzeug* repasser; réaffûter; affûter de nouveau; TECH *Werkstück* roder (à l'émeri); rectifier

nachschleifen[2] VT ⟨*sép*, -ge-, h.⟩ (*schleifend nachziehen*) traîner après soi

Nachschlüssel M fausse clé; (*Dietrich*) rossignol *m*; passe-partout *m*

nachschreien VT ⟨*irr, sép*, -ge-, h.⟩ **j-m etw ~** crier qc après qn; crier qc à qn (qui s'éloigne)

Nachschrift F *e-s Vortrags etc* notes *fpl*; *in Briefen* post-scriptum *m*; **Nachschub** M MIL ravitaillement *m*; **Nachschubweg** M voie *f* de ravitaillement; **Nachschuss** M **1** *von Geldern* nouveau versement; versement *m* supplémentaire, complémentaire **2** SPORT reprise *f*

nachschütten VT ⟨-ete, *sép*, -ge-, h.⟩ ajouter; **nachschwatzen**, *regional* **nachschwätzen** VT ⟨-(es)t, *sép*, -ge-, h.⟩ *pej* répéter

nachsehen ⟨*irr, sép*, -ge-, h.⟩ **A** VT **1** (*prüfen*) contrôler; vérifier; examiner; *Hefte* corriger; *Maschine* réviser **2** *a.* VI **in e-m Buch ~** chercher, vérifier dans un livre (**etw** qc); consulter un livre **3** **j-m etw ~** (*durchgehen lassen*) passer qc à qn; pardonner qc à qn; fermer les yeux sur qc; avoir de l'indulgence pour qn **B** VI **1** **j-m ~** (*hinterhersehen*) suivre qn des yeux **2** **~, ob …** (aller) voir si …

Nachsehen N **das ~ haben** en être pour ses frais

nachsenden VT ⟨*irr ou régulier, sép*, -ge-, h.⟩ *Post* faire suivre; réexpédier; **bitte ~!** faire suivre s.v.p.!; prière de faire suivre!

Nachsendung F réexpédition *f* (par « faire suivre »)

nachsetzen VI ⟨-(es)t, *sép*, -ge-, h. *ou* s.⟩ **j-m ~** se mettre à la poursuite de qn; poursuivre qn

Nachsicht F ⟨~⟩ indulgence *f*; tolérance *f*; patience *f*; **~ haben, üben** montrer de l'indulgence, faire preuve, user d'indulgence (**mit j-m** pour *od* envers qn; **mit etw** pour qc); **ohne ~** sévèrement

nachsichtig ADJ indulgent (**mit** pour *od* envers); tolérant, patient (**mit** envers); **Nachsilbe** F suffixe *m*

nachsinnen *geh* VI ⟨*irr, sép*, -ge-, h.⟩ (**über etw** [*akk*]) **~** réfléchir (à qc); méditer (sur qc)

nachsitzen VI ⟨*irr, sép*, -ge-, h.⟩ *in der Schule* être en retenue; *umg* avoir une colle; *umg* être collé

Nachsitzen N ⟨~s⟩ retenue *f*; *umg* colle *f*

Nachsommer M fin *f* de l'été; été *m* de la Saint-Martin; **Nachsorge** F ⟨~⟩ MED suivi médical

nachspähen VI ⟨*sép*, -ge-, h.⟩ **j-m ~** suivre qn des yeux

Nachspann M ⟨~(e)s; ~e⟩ FILM générique *m* de fin; **Nachspeise** F dessert *m*

Nachspiel N **1** THEAT épilogue *m*; MUS postlude *m* **2** *fig* épilogue *m*; suite *f*; prolongement *m*; (*Konsequenzen*) conséquences *fpl*; **die Sache wird noch ein gerichtliches ~ haben** l'affaire se terminera devant les tribunaux

nachspielen ⟨*sép*, -ge-, h.⟩ **A** VT **1** THEAT, *fig* représenter; MUS jouer; rejouer **2** KARTENSPIEL rejouer (*après avoir gagné une levée*) **B** VI SPORT jouer les arrêts de jeu

Nachspielzeit F SPORT arrêts *mpl* de jeu

nachspionieren VI ⟨*sép, pas de* -ge-, h.⟩ **j-m ~** épier, espionner qn

nachsprechen VT *u.* VI ⟨*irr, sép*, -ge-, h.⟩ **j-m (etw) ~** répéter (qc) après qn

nachspülen ⟨*sép*, -ge-, h.⟩ **A** VT *Geschirr, Haare* rincer **B** *umg* VI **mit e-m Whisky** *etc* **~** boire, avaler un whisky, *etc* (pour faire passer le goût de qc)

nachspüren VI ⟨*sép*, -ge-, h.⟩ **e-m Wild ~** flairer une trace de *od* la trace d'un gibier; **j-m ~** être sur la piste de qn; **den Geheimnissen der Natur ~** chercher à pénétrer les secrets de la nature

nächstbeste(r, -s) ADJ **der, die, das ~ …** *in der Qualität* le meilleur, la meilleure … après; (*beliebig*) le premier … venu, la première … venue; n'importe quel, quelle …

nächste(r, -s) **A** ADJ **der, die, das ~** *Entfernung, Beziehung* le, la plus proche; *Weg* le, la plus court(e); *Zeit, Reihenfolge* le, la prochain(e); **die ~n Verwandten** les (plus) proches (parents); **meine ~n Freunde** mes amis les plus intimes; mes plus proches amis; **aus ~r Nähe** de tout près; **er schoss aus ~r Nähe** il a tiré à bout portant; **die ~ Umgebung** *e-r Stadt* la proche banlieue; **das ~ Mal, ~s Mal** la prochaine fois; **in ~r Zeit** prochainement; sous peu; bientôt; **im ~n Augenblick** l'instant d'après; un moment après; **bei ~r Gelegenheit** à la première occasion; **die ~ Straße rechts** la première rue à droite; **er wohnt im ~n Haus** il habite dans la prochaine maison, dans la maison voisine, d'à côté; **~ Woche** la semaine prochaine; **am ~n Tag** le lendemain; le jour suivant **B** ADV **am ~n** le plus près, proche; **j-m, e-r Sache am ~n kommen** s'approcher le plus de qn, qc (**in etw** [*dat*] par qc); *fig* **er steht mir am ~n** c'est lui qui me touche de plus près; c'est lui qui m'est le plus cher

Nächste(r) M/F(M) ⟨→ A⟩ **1** *in einer Reihe* suivant(e) *m(f)*; **der ~, bitte!** le suivant, s.v.p.! **2** *geh* ⟨*nur m*⟩ (*Mitmensch*) prochain *m*; *sprichw* **jeder ist sich** (*dat*) **selbst der ~** *sprichw* charité bien ordonnée commence par soi-même; BIBEL **du sollst deinen ~n lieben wie dich selbst** tu aimeras ton prochain comme toi-même

nachstehen VI ⟨*irr, sép*, -ge-, h.⟩ **j-m an** *od* **in nichts ~** ne le céder en rien à qn; **sie steht ihm an Geschicklichkeit nicht nach** elle est tout aussi adroite que lui

nachstehend ADJT suivant; **im Nachstehenden** ci-dessous; ci-après; dans ce qui suit; **das Nachstehende** ce qui suit

nachsteigen VI ⟨*irr, sép*, -ge-, s.⟩ *umg* **e-m Mädchen ~** *umg* courir, cavaler après une fille

nachstellbar ADJ TECH réglable; rajustable

nachstellen ⟨*sép*, -ge-, h.⟩ **A** VT **1** placer après; postposer **2** *Uhr* retarder **3** TECH (*regulieren*) régler; rajuster **B** VI **j-m ~** *a. fig* poursuivre qn; *hinterhältig* tendre des pièges à qn; **den Mädchen ~** courir le jupon

Nachstellschraube F TECH vis *f* de réglage; **Nachstellung** F **1** GRAM postposition *f* **2** TECH nouveau réglage **3** *fig* (*Verfolgung*) poursuite *f*

Nächstenliebe F amour *m* du prochain; charité *f*

nächstens ADV (*demnächst*) prochainement; bientôt; sous peu; (*beim nächsten Mal*) la prochaine fois

nächstfolgend ADJT ⟨*épithète*⟩ prochain; suivant

N

nächsthöher ADJ ‹épithète› **die ~e Klasse** la classe supérieure; **~er Vorgesetzter** supérieur immédiat

nächstliegend ADJT ‹épithète› **1** qui est situé le plus près; le plus proche **2** *fig* le plus tangible, simple, évident; **an das Nächstliegende habe ich nicht gedacht** c'était le plus simple et je n'y ai pas pensé; je n'ai pas pensé à la plus simple, évidente des choses

nächstmöglich ADJ ‹épithète› **der ~e Termin** la première date possible; **zum ~en Termin** le plus tôt possible

nachstoßen VI ‹irr, sép, -ge-, s.› MIL serrer de près; **nachströmen** VI ‹sép, -ge-, s.› *fig* suivre en foule

nachstürzen VI ‹-(es)t, sép, -ge-, s.› **j-m ~** se précipiter sur les pas de, à la suite de qn

nachsuchen VI ‹sép, -ge-, h.› **1** *(nachsehen)* chercher; faire des recherches; **in der Tasche ~** fouiller, chercher dans son sac **2** *geh* **um etw ~** solliciter, demander qc

Nacht F ‹~; ¨~e› nuit *f*; **schwarz wie die ~** noir comme un corbeau, du cirage, de l'ébène, du charbon; **hässlich wie die ~** laid à faire peur; d'une laideur affreuse; *umg* laid comme un pou; **heute ~** cette nuit; **morgen, gestern, Freitag ~** dans la nuit de demain, d'hier, de vendredi; **bei ~, in der ~**, *geh* **des ~s** pendant la nuit; de nuit; la nuit; *geh* nuitamment; **bei Einbruch der ~** à la nuit tombante; à la tombée de la nuit; **bei ~ und Nebel** *(heimlich)* secrètement; en secret, cachette; **bis tief in die ~ (hinein)** jusque tard dans la nuit; **mitten in der ~** en pleine nuit; **im Schutze der ~** à la faveur de la nuit; **in der ~ auf Samstag** dans la nuit de vendredi à samedi; **in der ~ vom 4. auf den 5. Oktober** dans la nuit du 4 au 5 octobre; **über ~** pendant la nuit; *fig* du jour au lendemain; **bei j-m über ~ bleiben** passer la nuit, coucher chez qn; **(ich wünsche Ihnen e-e) gute ~!** (je vous souhaite une) bonne nuit!; *iron* **(na,) dann gute ~!** (dans ce cas-là,) il n'y a plus qu'à tirer l'échelle; **es ist ~** il fait nuit; **es wird ~, die ~ bricht herein** il commence à faire nuit; la nuit tombe; **e-e schlaflose ~ haben** passer une nuit blanche; **ich habe die ganze ~ nicht geschlafen** je n'ai pas dormi de (toute) la nuit; **die ~ zum Tage machen** vivre la nuit; **die ~ hindurch lesen** passer la nuit à lire; *umg* **sich** *(dat)* **die ~ um die Ohren schlagen** passer une nuit blanche; *sprichw* **bei ~ sind alle Katzen grau** *sprichw* la nuit, tous les chats sont gris

nachtaktiv ADJ ZOOL nocturne; **Nachtangriff** M MIL attaque *f* nocturne; *(nächtlicher Bombenangriff)* bombardement *m* de nuit; **Nachtarbeit** F ‹~› travail *m* de nuit; **Nachtasyl** N asile *m* de nuit; **Nachtaufnahme** F photo *f* de nuit; **Nachtausgabe** F *e-r Zeitung* édition *f* de la nuit; **Nachtbar** F boîte *f* de nuit; **Nachtbeleuchtung** F éclairage *m* de nuit; **nachtblind** ADJ *t/t* héméralope; **Nachtblindheit** F *t/t* héméralopie *f*; **Nachtcreme** F crème *f* de nuit

Nachtdienst M service *m* de nuit; **~ haben** être de nuit; *Krankenschwester a.* assurer la garde de nuit

Nachteil M désavantage *m*; inconvénient *m*; *(Schaden)* préjudice *m*; dommage *m*; tort *m*; **er hat sich zu s-m ~ verändert** il a changé à son désavantage; **er ist, befindet sich im ~** il est, se trouve désavantagé; il a le désavantage; **die Sache hat e-n ~** cette affaire a, présente un inconvénient; *geh* **das würde ihm zum ~ gereichen** cela lui porterait préjudice; cela lui ferait du tort; **zum ~ von** au détriment de

nachteilig **A** ADJ désavantageux, -euse; préjudiciable; contraire aux intérêts; qui présente des inconvénients; *(ungünstig)* défavorable; **es ist nichts Nachteiliges über ihn bekannt** on ne sait rien de défavorable à son sujet **B** ADV **sich ~ auswirken für** être préjudiciable à; causer un tort à; porter préjudice à

nächtelang ADJ ‹épithète› *u.* ADV (pendant) des nuits entières

Nachtessen N *südd, schweiz* → Abendessen; **Nachteule** F *umg hum* couche-tard *m/f*; *(Nachtschwärmer)* noctambule *m/f*; **Nachtfalter** M papillon *m* de nuit; **Nachtflug** M vol *m* de nuit; **Nachtfrost** M gelée *f* nocturne; **Nachtgespenst** N fantôme *m*; **Nachtglocke** F sonnette *f* de nuit; **Nachthemd** N chemise *f* de nuit

Nachtigall F ‹~; ~en› rossignol *m*; *umg hum* **~, ick hör dir trapsen!** je te vois venir avec tes gros sabots

Nachtigallenschlag M ‹~(e)s› chant *m* du rossignol

nächtigen VI ‹h.› passer la nuit; **Nächtigung** F ‹~; ~en› *österr* nuitée *f*

Nachtisch M ‹~(e)s› dessert *m*

Nachtkerze F BOT onagre *m*; **Nachtklub** M boîte *f* de nuit; club (privé); **Nachtlager** N ‹~s; ~› coucher *m*; lit *m*; **Nachtlandung** F atterrissage *m* de nuit

Nachtleben N ‹~s› vie *f* nocturne; **Pariser ~** Paris la nuit

nächtlich ADJ ‹épithète› nocturne

Nachtlicht N veilleuse *f*; **Nachtlokal** N boîte *f* de nuit; **Nachtluft** F ‹~› air *m*, fraîcheur *f* de la nuit; **Nachtmahl** N *südd, österr* → Abendessen; **Nachtmusik** F sérénade *f*; nocturne *m*; **Nachtmütze** F bonnet *m* de nuit

nachtönen VI ‹sép, -ge-, h.› → nachklingen

Nachtportier M veilleur *m* (de nuit); gardien *m* de nuit; **Nachtquartier** N coucher *m*; lit *m*; MIL *a.* campement *m* pour la nuit; étape *f*

Nachtrag M ‹~(e)s; -träge› *zu e-m Buch* supplément *m*; *zum Staatshaushalt, zu e-m Vertrag* additif *m*; *zu e-m Versicherungsvertrag* avenant *m*; *zu e-m Testament* codicille *m*; *zu e-m Brief* post-scriptum *m*; **Nachträge** *pl zu e-m Buch a.* addenda *m*

nachtragen VT ‹irr, sép, -ge-, h.› **1** *(hinterhertragen)* **j-m etw ~** porter qc derrière qn **2** *(später eintragen)* ajouter; HANDEL *e-n Posten* insérer **3** *fig* **j-m etw ~** garder rancune, en vouloir à qn de qc; tenir rigueur à qn de qc

nachtragend ADJT rancunier, -ière

nachträglich **A** ADJ ‹épithète› *(später folgend)* ultérieur; postérieur; *(ergänzend)* supplémentaire; additionnel, -elle **B** ADV plus tard; a posteriori; après coup; ultérieurement; postérieurement

Nachtrags... IN ZSSGN supplémentaire; additionnel, -elle; **Nachtragshaushalt** M complément *m*, rallonge *f* budgétaire; budget *m* supplémentaire

nachtrauern VI ‹-(e)re, sép, -ge-, h.› **j-m, e-r Sache ~** déplorer la perte de qn, qc

nachtreten VI ‹irr, sép, -ge-, h.› SPORT donner un coup de pied à l'adversaire

Nachtruhe F repos *m* nocturne, de nuit

nachts ADV pendant *od* dans la nuit; la nuit; *mit Uhrzeit* du soir *bzw.* du matin

Nachtschattengewächs N solanacée *od* solanée *f*

Nachtschicht F *Arbeit* poste *m* de nuit; *Arbeiter* équipe *f* de nuit; **~ haben** être de nuit

nachtschlafend ADJT **zu ~er Zeit** quand tout le monde dort, est couché; à une heure indue

Nachtschränkchen N table *f* de nuit, de chevet; **Nachtschwärmer(in)** M(F) *hum* noctambule *m/f*; *umg* noceur *m*; *umg* fêtard(e) *m(f)*; **Nachtschweiß** M transpiration *f* nocturne; **Nachtschwester** F infirmière *f* de nuit; **Nachtsitzung** F séance *f* de nuit; **Nachtspeicherofen** M accumulateur *m*; **Nachtstart** M départ *m* de nuit; **Nachtstrom** M ‹~(e)s› courant *m* de nuit; **Nachtstück** N MAL, MUS nocturne *m*; **Nachtstuhl** M chaise percée

Nachtstunde F **zu später ~** tard dans la nuit

nachtsüber → nachts

Nachttarif M tarif *m* de nuit; **Nachttiere** NPL animaux *mpl* nocturnes, de nuit; **Nachttisch** M table *f* de nuit, de chevet; **Nachttischlampe** F lampe *f* de chevet; **Nachttopf** M pot *m* de chambre; **Nachttresor** M dépôt *m* de nuit; **Nachtübung** F MIL exercices *mpl* de nuit

nachtun VT ‹irr, sép, -ge-, h.› **es j-m ~** faire autant que qn; en faire autant

Nacht-und-Nebel-Aktion F action, opération, intervention brutale (et arbitraire); *der Polizei etc a.* descente *f* surprise

Nachtvogel M oiseau *m* de nuit, nocturne; **Nachtvorstellung** F représentation *f*, séance *f* de nuit; *im Kino* dernière séance

Nachtwache F **1** *(Dienst)* veille *f*, garde *f* de nuit; *bei e-m Kranken a.* veillée *f*; **bei j-m ~ halten** veiller qn **2** *(Person)* garde *m/f*; veilleur, -euse *m,f*; vigile *m*

Nachtwächter M garde *m*, gardien *m* de nuit; veilleur *m* de nuit; **nachtwandeln** VI ‹-(e)le, s. *ou* h.› être somnambule; avoir une crise de somnambulisme; **Nachtwandeln** N ‹~s› somnambulisme *m*; **Nachtwanderung** F promenade *f* nocturne; **Nachtwandler(in)** M ‹~s; ~› (F) ‹~in; ~innen› somnambule *m/f*; **nachtwandlerisch** ADJ → schlafwandlerisch; **Nachtwind** M brise *f* nocturne; **Nachtzeug** *umg* N ‹~(e)s› vêtements *mpl* de nuit; **Nachtzug** M train *m* de nuit; **Nachtzuschlag** M supplément *m* de nuit

Nachuntersuchung F examen *m*, visite *f* médical(e) postopératoire, de contrôle; **nachverlangen** VT ‹sép, pas de ge-, h.› demander encore, en plus, en supplément

nachversichern VT ‹-(e)re, sép, pas de ge-, h.› *abs* modifier, compléter son assurance; **etw ~** augmenter la somme assurée pour qc; **j-n ~** contracter un complément d'assurance pour qn

Nachversicherung F modification *f*, complément *m* d'assurance

nachvollziehbar ADJ concevable; compréhensible; **leicht, schwer ~** facilement, difficilement concevable; facile, difficile à concevoir, à suivre

nachvollziehen VT ‹irr, sép, pas de ge-, h.› *Gedanken etc* suivre; comprendre; concevoir

nachwachsen VI ‹irr, sép, -ge-, s.› **(wieder) ~** repousser; se reproduire

nachwachsend ADJT ‹épithète› *Rohstoff* renouvelable

Nachwahl F élection *f* complémentaire; **Nachwehen** FPL MED tranchées utérines, douleurs *fpl* après l'accouchement; *fig* (tristes) suites *fpl*; séquelles *fpl*, conséquences *fpl* (fâcheuses)

Nachweis M ‹~es; ~e› *(Beweis)* preuve *f*, démonstration *f*, mise *f* en évidence, justification *f* (**über** [+akk] de); *urkundlicher* documentation *f*; *(Beleg)* pièce justificative; certificat *m*; **den ~ für etw führen, erbringen** fournir, donner la preuve de qc; justifier de qc

nachweisbar **A** ADJ démontrable; qui peut être démontré, prouvé, mis en évidence;

CHEM décelable **B** ADV comme on peut le démontrer, en apporter la preuve

nachweisen VT ⟨*irr, sép,* -ge-, h.⟩ **1** *(beweisen)* prouver; démontrer; justifier; *urkundlich* documenter; *Fehler etc* montrer; JUR **e-n Anspruch ~** prouver le bien-fondé d'une prétention; **j-m Irrtümer ~** montrer, signaler à qn ses erreurs **2** ADMIN *(vermitteln)* indiquer; *(informieren über)* fournir des renseignements, donner des informations (**etw** sur qc) **3** CHEM déceler; mettre en évidence; constater

nachweislich **A** ADJ ⟨*épithète*⟩ prouvé; démontré; incontestable **B** ADV comme on peut le prouver

Nachweispflicht F obligation *f* de justification

Nachwelt F ⟨~⟩ postérité *f*; **nachwiegen** VT ⟨*irr, sép,* -ge-, h.⟩ repeser; vérifier le poids de

nachwirken VI ⟨*sép,* -ge-, h.⟩ **(lange) ~** avoir, produire un effet durable, prolongé; *fig* avoir des répercussions, des retentissements; retentir

Nachwirkung F *Folgen* séquelles *fpl*; suites *fpl*; répercussions *fpl*; retentissements *mpl*; contrecoup *m*; **unter der ~ von etw leiden** se ressentir de qc; être sous le coup de qc; subir les répercussions, le contrecoup de qc

nachwollen *umg* VI ⟨*irr, sép,* -ge-, h.⟩ **j-m ~** vouloir suivre qn

Nachwort N ⟨~(e)s; ~e⟩ épilogue *m*; postface *f*

Nachwuchs M ⟨~es⟩ **1** *(junge Generation)* jeune génération *f*; génération nouvelle, montante; jeunes *mpl*; jeunesse *f*; *in e-m Beruf* relève *f* **2** *umg (Kinder)* progéniture *f*; enfant(s) *m(pl)*

Nachwuchsförderung F ⟨~⟩ encouragement *m* des jeunes talents

Nachwuchskraft F nouvelle recrue (dans une entreprise); **die Nachwuchskräfte** *koll* la relève

Nachwuchsmangel M ⟨~s⟩ manque *m* de jeune main-d'œuvre *bzw.* de jeunes chercheurs, joueurs, *etc*; **Nachwuchsspieler(in)** M(F) jeune joueur *m*, jeune joueuse *f*; *meist pl a.* jeunes espoirs *mpl*

nachzahlen VT ⟨*sép,* -ge-, h.⟩ **1** *(später zahlen)* payer plus tard **2** *a. abs (zuzahlen)* payer un supplément (de); *Restliches* payer le reste (de); **nachzählen** VT ⟨*sép,* -ge-, h.⟩ (re)compter; **Nachzahlung** F paiement ultérieur, complémentaire, supplémentaire; supplément *m*; **nachzeichnen** VT ⟨-ete, *sép,* -ge-, h.⟩ dessiner d'après modèle; *(abzeichnen)* copier; *(durchzeichnen)* calquer

nachziehen ⟨*irr, sép,* -ge-⟩ **A** VT ⟨h.⟩ **1** *(hinterherziehen)* tirer après *od* à soi; traîner après soi; *Fuß* traîner **2** *(nachzeichnen)* retracer; surcharger; renforcer; dessiner; *Augenbrauen* refaire *od* (re)dessiner au crayon **3** *Schraube* resserrer; rebloquer **B** VI **1** ⟨s.⟩ *(hinterherziehen)* **j-m ~** suivre qn **2** ⟨h.⟩ *umg (mithalten)* suivre; en faire autant; être à la hauteur

Nachzug M train *m* supplémentaire

Nachzügler(in) M ⟨~s; ~⟩ (F) ⟨~in; ~innen⟩ retardataire *m/f*; traînard(e) *m(f)*; *(spätes Kind)* benjamin(e) *m(f)*; **Nachzündung** F AUTO retard *m* à l'allumage

Nackedei *umg hum* M ⟨~s; ~s⟩ nudité *f*; homme, femme nu(e); *Kind* enfant nu

Nacken M ⟨~s; ~⟩ nuque *f*; **den Kopf in den ~ werfen** redresser la tête; **den Feind im ~ haben** être talonné, poursuivi, °harcelé par l'ennemi; **die Angst saß ihm im ~** il était en proie à la peur; → *a.* Schalk

nackend ADJT *regional* → nackt

Nackenhaar N cheveux *mpl* de la nuque; **Nackenkissen** N cervical *m*; **Nackenmuskel** M muscle cervical, de la nuque; **Nackenrolle** F traversin *m*

Nackenschlag M coup *m* sur la nuque; *fig* **Nackenschläge bekommen** subir, essuyer des revers

Nackenschutz M couvre-nuque *m*; **Nackenstütze** F repose-tête *m*; **Nackenwirbel** M vertèbre cervicale

nackert, **nackig** *regional* → nackt

nackt ADJ nu; *Vogel* déplumé; **mit ~en Füßen** (les) pieds nus; nu-pieds; *fig* **die ~e Wahrheit** la vérité toute nue; la pure vérité; **sich ~ ausziehen** se mettre nu; **~ baden** se baigner nu; **das ~e Leben retten, mit dem ~en Leben davonkommen** (perdre tout mais) s'en tirer la vie sauve

Nacktbadestrand M plage *f* de nudistes; **Nacktfoto** N photo *f* de nu; nu *m* photographique; **Nacktfrosch** M *umg hum* → Nackedei

Nacktheit F ⟨~⟩ nudité *f*; **Nacktkultur** F ⟨~⟩ nudisme *m*; naturisme *m*

Nacktsamer M ⟨~s; ~⟩ BOT gymnosperme *f*; **Nacktschnecke** F limace *f*; **Nackttänzerin** F danseuse nue

Nadel F ⟨~; ~n⟩ *(Nähnadel, Kompassnadel)*, BOT, MINER, MED *etc* aiguille *f*; *(Stecknadel, Haarnadel, Schmucknadel)* épingle *f*; *(Tonabnehmernadel)* saphir *m*; *Jargon* **an der ~ hängen** *umg* être un junkie; *Jargon* se shooter; *umg fig* **das ist mit heißer ~ genäht** *od* **gestrickt** c'est fait à la va-vite; **es war so still, dass man e-e ~ hätte fallen hören** on aurait entendu une mouche voler

Nadelarbeit F ouvrage *m* à l'aiguille; travaux *mpl* d'aiguille; **Nadelbaum** M conifère *m*; **Nadeldrucker** M IT imprimante matricielle; **nadelförmig** ADJ en forme d'aiguille; BOT, MINER aciculaire; **Nadelholz** N bois *m* résineux; *Baum* conifère *m*; **Nadelhölzer** NPL conifères *mpl*; **Nadelkissen** N pelote *f* (d'épingles, d'aiguilles); **Nadelkopf** M tête *f* d'épingle

nadeln VI ⟨-(e)le, h.⟩ BOT perdre ses aiguilles

Nadelöhr N trou *m* d'aiguille; chas *m*; **Nadelspitze** F **1** pointe *f* d'(une) aiguille, d'(une) épingle **2** *e-e Spitzenart* dentelle *f* à l'aiguille; **Nadelstich** M **1** piqûre *f* (d'épingle, d'aiguille); *fig* coup *m* d'épingle **2** *e-r Näharbeit* point *m* de couture; **Nadelstreifen** M rayure *f*; **Nadelstreifenanzug** M costume *m* à rayures; **Nadelwald** M forêt *f* de conifères

Nadir M ⟨~s⟩ ASTRON nadir *m*

Nagel M ⟨~s; ⸚⟩ **1** *(Fingernagel, Zehennagel)* ongle *m*; **sich** *(dat)* **die Nägel schneiden** se couper les ongles; **die Sache brennt mir auf** *od* **unter den Nägeln** l'affaire presse, est urgente; j'ai °hâte d'en finir; *umg* **sich** *(dat)* **etw unter den ~ reißen** faire main basse sur qc; s'approprier, *umg* rafler qc **2** *(Metallnagel)* clou *m*; pointe *f*; **e-n ~ einschlagen** enfoncer, planter un clou; *umg* **etw an den ~ hängen** *(aufgeben)* renoncer à qc; ne plus s'occuper de qc; *Studium, Beruf* abandonner qc; *umg fig* **den ~ auf den Kopf treffen** mettre le doigt dessus; *fig* **Nägel mit Köpfen machen** ne pas faire les choses à moitié; *umg fig* **er ist ein ~ zu meinem Sarg** il me fera mourir de chagrin

Nagelbett N lit *m* de l'ongle; **Nagelbettentzündung** F panaris *m*; **Nagelbrett** N planche *f* à clous; **Nagelbürste** F brosse *f* à ongles; **Nagelfeile** F lime *f* à ongles; **Nagelhaut** F peau *f* de l'ongle; **Nagelhautentferner** M ⟨~s; ~⟩ émollient *m* (pour cuticule)

Nägelkauen N ⟨~s⟩ habitude *f* de se ronger les ongles

Nagelkopf M tête *f* de clou; **Nagellack** M vernis *m* à ongles; **Nagellackentferner** M ⟨~s; ~⟩ dissolvant *m*

nageln ⟨-(e)le, h.⟩ **A** VT clouer; fixer avec un clou, une cheville **B** VI *Dieselmotor* cogner

nagelneu *umg* ADJ flambant neuf, neuve

Nagelpflege F soins *mpl* des ongles

Nagelprobe F **die ~ machen** faire le test; vérifier

Nagelreiniger M ⟨~s; ~⟩ cure-ongles *m*; **Nagelschere** F ciseaux *mpl* à ongles; **Nagelschuh** M soulier *m*, chaussure *f* à clous; **Nagelwurzel** F racine *f* de l'ongle; **Nagelzange** F pince *f* à ongles

nagen VI ⟨h.⟩ *a. fig* ronger (**an etw** [*dat*] qc); GEOL **an etw ~** éroder qc

nagend ADJT ⟨*épithète*⟩ rongeur, -euse; corrosif, -ive; *fig Zweifel etc* rongeant

Nager M ⟨~s; ~⟩, **Nagetier** N (animal) rongeur *m*; **Nagezahn** M incisive *f*

nah **A** ADJ ⟨näher, nächste⟩ *a. Verwandte* proche; *(benachbart)* voisin; **in ~er Zukunft** dans un proche avenir; dans un avenir prochain; **die Berge schienen zum Greifen ~(e)** les montagnes semblaient très proches; **das Hotel ist ~(e) am** *od* **beim Bahnhof** l'hôtel est près de, à proximité de la gare; **das ist ganz ~(e)!** c'est tout près, *umg* à deux pas d'ici! **B** ADV ⟨näher, am nächsten⟩ près; **von Nahem** de près; **von ~ und fern** de près et de loin; **sie saßen ~(e) beieinander** ils étaient assis tout près l'un de l'autre; **~e bevorstehen** être imminent; **~(e) verwandt sein mit** être proche parent de; **komm mir nicht zu ~(e)!** ne viens pas trop près!; ne t'approche pas (trop); **~e daran sein zu** *(+inf)* être (tout) près, sur le point de *(+inf)*; **ich war ~e daran aufzugeben** j'ai failli abandonner **C** PRÄP ⟨*dat*⟩ *geh* **er war e-r Ohnmacht ~e** il était près, sur le point de s'évanouir; il a failli s'évanouir

Nahangriff M attaque rapprochée

Näharbeit F ouvrage *m* de couture; travaux *mpl* d'aiguille; travail *m* de couture

Nahaufnahme F plan rapproché; (photo *f*) gros-plan *m*

nahe ADV **sich ~ kommen** se rapprocher (l'un de l'autre); **j-m zu ~ treten** froisser qn; **ich möchte Ihnen nicht zu ~ treten** *a.* je ne voudrais pas vous vexer; **das geht mir sehr ~** j'en suis très peiné, touché; cela m'afflige, me peine, me touche beaucoup; **es liegt sehr ~ zu glauben …** on est tenté de, est amené à croire que …; **sie steht ihm sehr ~** elle lui est très chère; → *a.* nah, nahebringen, nahegehen *etc*

Nähe F ⟨~⟩ *von Ort, Zeit, Verwandtschaft* proximité *f*; *von Ort a.* voisinage *m*; *e-r Gefahr* imminence *f*; *(Umgebung)* environs *mpl*; **hier in der ~** près d'ici; **ganz in der ~** tout près d'ici; **es muss hier in der ~ sein** ça doit être par ici; **in s-r ~** près de lui; **in unmittelbarer ~ von** à proximité immédiate de; tout, très près de; **etw aus der ~ betrachten** observer, regarder qc de près

nahebei ADV tout près

nahebringen VT ⟨*irr, sép,* -ge-, h.⟩ **j-m etw ~** faire comprendre qc à qn

nahegehen VI ⟨*irr, sép,* -ge-, s.⟩ **j-m ~** toucher qn de près

Naheinstellung F FOTO (mise *f* au point pour) plan rapproché

nahekommen *fig* ⟨*irr, sép,* -ge-, s.⟩ **A** VI **der Wahrheit** *(dat) etc* **~** approcher, être près de la vérité, *etc* **B** VR **sich ~** se rapprocher (l'un de l'autre); **wir sind uns (menschlich) nahegekommen** *a.* nous avons appris à nous connaître, à nous apprécier

nahelegen VT *‹sép, -ge-, h.›* **j-m etw ~** donner à entendre qc à qn; faire sentir, comprendre qc à qn; suggérer, recommander qc à qn

naheliegen VI *‹irr, sép, -ge-, h.›* **das liegt nahe** c'est facile à comprendre, à concevoir; ça se comprend

naheliegend ADJT *Gedanke etc* concevable; **aus ~en Gründen** pour des raisons faciles à comprendre, à concevoir

nahen *geh* VI ‹s.› *u.* VR ‹h.› **(sich ~** s') approcher

nähen VT ‹h.› coudre **(an** *[+akk]* à); *Kleid etc (schneidern)* faire; MED *Wunde* coudre; suturer; *umg Patienten* recoudre; **mit der Hand, Maschine ~** coudre à la main, à la machine

näher **A** ADJ plus proche; plus voisin; *Weg* plus court; **~e Einzelheiten, ~e Umstände** plus amples détails *mpl*; précisions *fpl*; **bei ~er Betrachtung** en y regardant, à y regarder de plus près **B** ADV plus près; **etw ~ ausführen** expliquer qc en détail; **mit j-m ~ bekannt werden** faire plus ample connaissance avec qn; **~ bestimmen** qualifier; **einander ~ bringen** rapprocher; **~ herankommen** s'approcher **(an** *[+akk]* de); **kennen Sie ihn ~?** est-ce que vous le connaissez bien?; **~ treten** *(sich nähern)* s'approcher; **treten Sie ~!** approchez!; **sich mit etw ~ vertraut machen** se familiariser avec qc; → *a.* näherbringen, näherkommen, näherliegen *etc*

näherbringen VT *‹irr, sép, -ge-, h.›* **einander ~** *fig Personen* rapprocher; **j-m etw ~** *(verstehen lassen)* faire mieux comprendre qc à qn

Nähere(s) N ‹→ A› précisions *fpl*; plus amples détails *mpl*; *geh* **des ~n** en détail; plus précisément; **~s siehe ...** pour plus amples détails voir ...; **~s (erfahren Sie) bei ...** pour plus amples, pour plus de détails, de renseignements s'adresser à ...; **ich bin gespannt, ~s zu erfahren** je suis très curieux, -ieuse d'en savoir davantage

Näherei F ‹~; ~en› *(das Nähen, Näharbeit)* couture *f*

Naherholungsgebiet N zone *f* d'excursion, de promenade (à proximité d'une grande ville)

Näherin F ‹~; ~nen› couturière *f*

näherkommen *fig* VI *u.* VR *‹irr, sép, -ge-, s.›* *(sich nähern)* s'approcher **(j-m, e-r Sache** de qn, qc); **jetzt kommen wir der Sache** *(dat)* **schon näher** ça se précise; les choses se précisent; on approche; **sich ~** se rapprocher; **durch dieses Ereignis sind sie sich nähergekommen** cet événement les a rapprochés

näherliegen *fig* VI *‹irr, sép, -ge-, h.›* être (plus) évident

nähern VT *(u.* VR*)* *‹seulement -ere, h.›* **(sich) ~** (s')approcher, (se) rapprocher **(e-r Sache, Person** *[dat]* de qc, qn)

näherstehen *fig* VI *‹irr, sép, -ge-, h.›* **j-m ~ (als)** être plus intime avec qn (qu'avec); être plus proche de qn (que); **er stand mir damals näher als heute** à l'époque nous étions beaucoup plus proches (l'un de l'autre) qu'aujourd'hui

nähertreten *fig* VI *‹irr, sép, -ge-, s.›* **e-r Frage** *(dat)* **~** aborder une question; **ich werde der Sache ~** je m'occuperai de cette affaire, de cette question

Näherung F ‹~; ~en› approximation *f*

Näherungswert M valeur approchée, approximative

nahestehen VI *‹irr, sép, -ge-, h.›* **j-m ~** être lié avec qn; être l'intime de qn; être intime avec qn

nahestehend ADJT proche; intime; **nahetreten** VI → nahe

nahezu ADV à peu près; presque; peu s'en faut

Nähfaden M, **Nähgarn** N fil *m* à coudre; **e-e Rolle Nähgarn** une bobine de fil

Nahkampf M MIL lutte rapprochée; combat rapproché, de près, à courte distance; BOXSPORT corps-à-corps *m*; clinch *m*; **Nahkampfmittel** NPL engins *mpl* de combat rapproché; **Nahkampfwaffe** F arme *f* de combat rapproché

Nähkästchen N → Nähkasten; *umg hum* **aus dem ~ plaudern** *über sich bzw. s-e Familie* raconter sa vie; *(Privates, Geheimnisse ausplaudern)* bavarder; commettre des indiscrétions

Nähkasten M coffret *m*, boîte *f* à ouvrage; travailleuse *f*; **Nähkorb** M corbeille *f* à ouvrage

nahm → nehmen

Nähmaschine F machine *f* à coudre; *industrielle* couseuse *f*; **Nähnadel** F aiguille *f*

Nahost M *‹sans article›* le Proche-Orient m; *weitS.* le Moyen-Orient *m*; **in, nach ~** au Moyen-Orient

Nahostkonflikt M conflit *m* du Moyen-Orient

Nährboden M milieu *m*, *fig* bouillon *m* de culture

nähren ‹h.› **A** VT nourrir; alimenter; *fig* nourrir; entretenir; *Hoffnung* caresser **B** VI *(nahrhaft sein)* nourrir; être nutritif, -ive; être nourrissant

nahrhaft ADJ nutritif, -ive; nourrissant; *(kräftig)* substantiel, -ielle

Nährlösung F *für Hydrokultur* engrais *m* liquide; MED liquide *m* de renutrition; *zur Bakterienzucht* bouillon *m* de culture; **Nährmittel** NPL *(Teigwaren)* pâtes *fpl* alimentaires; *weitS.* produits *mpl* alimentaires; **Nährsalz** N sel nutritif, nourricier; **Nährstoff** M substance nutritive, alimentaire

Nahrung F ‹~› **1** nourriture *f*; aliment *m*; **feste ~** aliment solide; **flüssige ~** aliments liquides; liquides *mpl*; **~ geben** *(+dat)* nourrir; alimenter; **~ zu sich nehmen** prendre de la nourriture; se nourrir **2** *fig* **geistige ~** nourriture intellectuelle; *j-s Zorn, Argwohn, Unzufriedenheit* **e-r Sache** *(dat)* **neue ~ geben** apporter un nouvel aliment à qc; nourrir qc

Nahrungsaufnahme F alimentation *f*; absorption *f*, ingestion *f* d'aliments; **er verweigert jede ~** il refuse toute nourriture

Nahrungsergänzungsmittel N supplément nutritionnel; **Nahrungskette** F chaîne *f* alimentaire; **Nahrungsmittel** N produit *m*, denrée *f* alimentaire; aliment *m*; **Nahrungsmittelchemie** F chimie *f* alimentaire; **Nahrungsmittelchemiker(in)** M(F) chimiste *m/f* en produits alimentaires

Nahrungsmittelindustrie F industrie *f* alimentaire; **die Nahrungs- und Genussmittelindustrie** l'industrie *f* agro-alimentaire

Nahrungsmittelvergiftung F intoxication *f* alimentaire

Nährwert M valeur nutritive, alimentaire; *umg* **das hat keinen (geistigen) ~** (intellectuellement,) c'est nul, pauvre; c'est sans grande portée intellectuelle

Nähseide F soie *f* à coudre; soie torse

Naht F ‹~; ~e› *(Kleidernaht)* couture *f*; TECH *(Schweiß-, Lötstelle)* soudure *f*; ANAT, BOT, MED suture *f*; **die Nähte sind geplatzt** les coutures ont craqué; *umg fig* **aus den** *od* **allen Nähten platzen** *Person* être énorme; être très gros, grosse; *Raum* être plein à craquer; *Institution* craquer; exploser

Nähtisch M table *f* à ouvrage; travailleuse *f*

nahtlos ADJ *u.* ADV sans couture; TECH sans soudure; *fig* facile(ment); sans problème; sans transition; *zeitlich* sans interruption

Nahtstelle F **1** → Naht **2** *fig* charnière *f*; intersection *f*; croisement *m*

Nahverkehr M trafic local, de banlieue; transports *mpl*, trafic *m* à courte, petite distance; **Züge** *mpl* **im ~** trains *mpl* de petites lignes, de banlieue

Nahverkehrsmittel NPL transports *mpl* de banlieue; **Nahverkehrszug** M train *m* de banlieue

Nahverteidigung F MIL défense rapprochée

Nähzeug N ‹~(e)s› nécessaire *m* de couture

Nahziel N première étape; *fig* but, objectif immédiat

naiv ADJ naïf, naïve; ingénu

Naive F ‹→ A› THEAT **die ~ spielen** jouer les ingénues; *umg fig* **sie spielt die ~** elle fait l'ingénue, la sainte nitouche

Naivität F ‹~› naïveté *f*; ingénuité *f*

Naivling *umg* M ‹~s; ~e› naïf *m*, naïve *f*; *umg* gogo *m*

Name M ‹~ns; ~n› **1** nom *m*; *(Benennung)* dénomination *f*; appellation *f*; **~ und Anschrift** les nom et adresse; **wie ist Ihr ~?** quel est votre nom?; comment vous appelez-vous?; **mein ~ ist ...** mon nom est ...; je m'appelle ...; **auf den ~n ... lautend** au nom de ...; *Tier* **hört auf den ~n ...** répond au nom de ...; **~ und Anschrift** les nom et adresse; **der Letzte s-s ~ns** le dernier de son nom, de sa lignée; **j-n bei** *od* **mit ~n nennen** nommer qn; appeler qn par son nom; **ich will keinen ~n nennen** je ne veux nommer personne; je ne veux pas citer de nom(s); **die Dinge,** *umg* **das Kind beim ~n nennen** nommer, appeler les choses par leur nom; appeler un chat un chat; **nennen wir das Ding beim (rechten) ~n!** disons le mot!; appelons les choses par leur nom; **dem ~n nach kennen** connaître de nom; **j-s ~n** *(akk)* **tragen** porter le nom de qn; **s-n ~n hergeben** prêter son nom **(für** pour); **in Gottes ~n!** au nom de Dieu; *fig (wenn es sein muss)* eh bien! (puisqu'il le faut); **im ~n des Königs** au nom du roi; de par le roi; **im ~n des Gesetzes** au nom de la loi; **in meinem ~n** de ma part; en mon nom; **in Teufels ~n!** par le diable!; **unter falschem ~n** sous un nom d'emprunt **2** *(Ruf)* nom *m*; renom *m*; réputation *f*; **sich** *(dat)* **e-n ~n machen** se faire un nom

Namen M ‹~s; ~› → Name

Namenforschung F ‹~› onomastique *f*; **Namengebung** F ‹~; ~en› désignation *f*; **Namengedächtnis** N ‹~ses› mémoire *f* des noms; **Namenkunde** F ‹~› → Namenforschung; **Namenliste** F liste nominale, des noms; tableau *m*

namenlos ADJ **1** sans nom; anonyme **2** *(unsagbar)* indicible; inexprimable; ineffable; **ein ~es Elend** une misère sans nom, sans pareille

Namenlose(r) M/F(M) ‹→ A› anonyme *m/f*

namens **A** ADV du nom de; nommé; dénommé **B** PRÄP *‹gen›* ADMIN au nom de

Namensänderung F changement *m* de nom; **Namensaufruf** M appel nominal; **Namensnennung** F mention *f* d'un *bzw.* de son nom; **Namenspatron** M (saint) patron; **Namensschild** N **1** *an Türen* plaque *f* **2** *an Kleidung* badge *m*, macaron *m*, *auf Tischen* écriteau *m* (portant le nom de la personne)

Namenstag M fête *f*; **sie hat heute ~** c'est sa fête aujourd'hui

Namensvetter M homonyme *m*; **er ist sein ~** ils ont, portent le même nom; c'est son homonyme

Namenszug M paraphe *od* parafe *m*; signature *f*

namentlich A ADJ *Aufruf, Abstimmung etc* nominal; (*auf e-n bestimmten Namen lautend*) nominatif, -ive B ADV 1 (*mit Namen*) nommément; par son (mon, *etc*) nom 2 *fig* (*besonders*) spécialement; notamment; surtout; nommément

Namenverzeichnis N nomenclature *f*; registre *m* des noms; *alphabetisches* index *m*

namhaft ADJ 1 ⟨*épithète*⟩ (*bedeutend*) notable; considérable; (*berühmt*) célèbre; renommé; de renom; réputé 2 ADMIN **j-n ~ machen** nommer qn

Namibia N ⟨→ *n/pr*⟩ la Namibie

Namibier(in) M ⟨~s; ~⟩ (F) ⟨~in; ~innen⟩ Namibien, -ienne *m,f*; **namibisch** ADJ namibien, -ienne

nämlich A ADV 1 (*und zwar*) soit; à savoir; c'est-à-dire; pour préciser; je veux dire 2 *begründend* **er war ~ krank** c'est que, il faut dire qu'il était malade; **ich möchte ~ gern wissen ...** je voudrais bien savoir, en effet ... B ADJ ⟨*épithète*⟩ *geh* **der, die, das ~e ...** le, la même ...; *subst* **das Nämliche** la même chose

Nandu M ⟨~s; ~s⟩ ZOOL nandou *m*

nannte → nennen

Nanometer M *od* N nanomètre *m*; **Nanopartikel** N *od* F nanoparticule *f*; **Nanosekunde** F nanoseconde *f*; **Nanotechnologie** F ⟨~⟩ nanotechnologie *f*; **Nanoteilchen** N nanoparticule *f*

nanu INT eh bien!; par exemple!; ça alors(, par exemple)!

Napalm N ⟨~s⟩ napalm *m*; **Napalmbombe** F bombe *f* au napalm

Napf M ⟨~(e)s; ⸚e⟩ jatte *f*; écuelle *f*; bol *m*; **Napfkuchen** M kouglof *od* kougelhof *m*

Naphtha N ⟨~s⟩ MINER, CHEM naphte *m*

Naphthalin N ⟨~s⟩ CHEM, HANDEL naphtaline *f*

Napoleon M ⟨→ *n/pr*⟩ HIST Napoléon *m*

napoleonisch ADJ napoléonien, -ienne; de Napoléon

Nappa N ⟨~(s); ~s⟩, **Nappaleder** N cuir *m*, peausserie *f* souple; *t/t* nappa *m*

Narbe F ⟨~; ~n⟩ 1 *e-r Wunde, fig* cicatrice *f*; (*Pockennarbe*) marque *f* 2 BOT stigmate *m* 3 (*Grasnarbe*) couche herbeuse; gazon *m* 4 *im Leder* grain *m*

narben V/T ⟨h.⟩ *Leder* greneler; chagriner; **genarbtes Leder** cuir grenu; chagrin *m*

Narbenbildung F cicatrisation *f*

narbig ADJ cicatrisé (*a.* BOT); marqué de cicatrices; (*pocken~*) grêlé; *Leder* grenu; chagriné

Narbung F ⟨~; ~en⟩ *des Leders* grain *m*

Narkose F ⟨~; ~n⟩ narcose *f*; anesthésie *f*; **in** *od* **unter** ~ (*dat*) sous anesthésie; **aus der ~ aufwachen** se réveiller, sortir de l'anesthésie

Narkosearzt M, **Narkoseärztin** F anesthésiste *m/f*; **Narkosemittel** N (substance *f*) anesthésique *m*; narcotique *m*; **Narkoseschwester** F infirmière *f* anesthésiste

Narkotikum N ⟨~s; -ka⟩ narcotique *m*

narkotisch ADJ narcotique; **narkotisieren** V/T ⟨*pas de ge-*, h.⟩ anesthésier

Narr M ⟨~en; ~en⟩ (*Tor*) sot *m*; HIST (*Hofnarr*) fou *m*; (*Spaßmacher*) bouffon *m*; pitre *m*; **den ~en spielen** faire le fou, le bouffon, le pitre; *umg* **sie hat e-n ~en an ihm gefressen** elle s'est entichée de lui; *von Liebenden* elle s'est amourachée de lui; **j-n zum ~en halten**, *geh* **haben** se jouer, se moquer de qn; mystifier, berner qn

narren *geh* V/T ⟨h.⟩ **j-n ~** berner qn; (*täuschen*) tromper, duper, abuser qn

Narrenfreiheit F **sie hat bei ihm ~** avec lui, elle peut faire *bzw.* dire ce qu'elle veut; il lui passe absolument tout

Narrenhände FPL *sprichw* **~ beschmieren Tisch und Wände** les noms des fous se trouvent partout; les murailles sont le papier des fous

Narrenhaus N maison *f* de fous; **Narrenkappe** F bonnet *m* de fou, de bouffon; **narrensicher** *umg* ADJ *Handhabung* simple; facile; *Gerät* d'utilisation simple, facile; **Narrenstreich** M bouffonnerie *f*; extravagance *f*; **Narrenzepter** N marotte *f*

Narretei *geh* F ⟨~; ~en⟩ (*Scherz*) farce *f*; (*Torheit*) folie *f*

Narrheit *geh* F ⟨~; ~en⟩ folie *f*; extravagance *f*; manie *f*

Närrin F ⟨~; ~nen⟩ sotte *f*; (*Spaßmacherin*) bouffonne *f*

närrisch ADJ 1 (*verrückt*) fou, fol, folle; extravagant; **auf** (*+akk*), **nach etw (ganz) ~ sein** être fou, folle, fanatique, *umg* mordu de qc 2 *umg* (*sehr groß*) *Freude etc* énorme 3 (*karnevalistisch*) carnavalesque; du carnaval; **~es Treiben** liesse *f*, folie *f* carnavalesque; *weitS.* festivités *fpl*, fêtes *fpl* du carnaval

Narwal M narval *m*

Narziss M ⟨~ *ou* ~es; ~e⟩ MYTH Narcisse *m*; *fig* narcisse *m*

Narzisse F ⟨~; ~n⟩ narcisse *m*; (*Gelbe ~*) jonquille *f*; (*Dichternarzisse*) narcisse *m* des poètes

Narzissmus M ⟨~⟩ narcissisme *m*; **Narzisst** M ⟨~en; ~en⟩ narcissique *m*; **narzisstisch** ADJ narcissique

NASA F ⟨~⟩ ABK (National Aeronautics and Space Administration, Nationale Luft- und Raumfahrtbehörde [der USA]) NASA *f* (Administration nationale pour la navigation aérienne et l'espace)

nasal ADJ PHON nasal

Nasal M ⟨~s; ~e⟩ PHON nasale *f*

nasalieren V/T ⟨*pas de ge-*, h.⟩ nasaliser; **Nasalierung** F ⟨~⟩ nasalisation *f*

Nasallaut M nasale *f*; **Nasalvokal** M voyelle nasale

naschen V/T *u.* V/I ⟨h.⟩ **(von) etw ~** manger qc par gourmandise; *heimlich* goûter secrètement de qc; *abs* **gern ~** aimer les friandises; être gourmand

Nascherei F ⟨~; ~en⟩ 1 ⟨*pas de pl*⟩ (*das Naschen*) grignotage *m*; gourmandise *f* 2 (*Süßigkeit*) *meist pl* **~en** friandises *fpl*; sucreries *fpl*

naschhaft ADJ friand; gourmand; **Naschhaftigkeit** F ⟨~⟩ gourmandise *f*

Naschkatze F gourmand(e) *m(f)*; **sie ist e-e ~** elle adore les friandises; elle est gourmande comme un chat

Naschsucht F ⟨~⟩ gourmandise *f*; **Naschwerk** *geh* N ⟨~(e)s⟩ friandises *fpl*; sucreries *fpl*; douceurs *fpl*

Nase F ⟨~; ~n⟩ 1 ANAT, *fig* (*Flugzeugnase etc*) nez *m*; *umg* **(direkt) vor deiner ~** devant, sous ton nez; *umg* **immer der ~ nach** tout droit devant soi; **durch die ~ sprechen** parler du nez; nasiller; **in die ~ steigen** monter au nez; **sich** (*dat*) **die ~ zuhalten** se boucher le nez; **er blutet aus der ~, s-e ~ blutet, die ~ blutet ihm** il saigne du nez; **mir läuft die ~** j'ai le nez qui coule; mon nez coule; *umg fig* **auf die ~ fallen** *umg* se casser la gueule; *umg* **auf der ~ liegen** être malade; être mal fichu, *umg* patraque; *umg* **j-m etw auf die ~ binden** (*glauben machen*) faire croire qc à qn; en faire accroire à qn; (*erzählen*) faire savoir qc à qn; mettre qn au courant de qc; *umg* **fass dich doch an die eigene ~!** mêle-toi de tes affaires!; occupe-toi de ce qui te regarde; **j-n an der ~ herumführen** duper qn; faire marcher qn; *umg* **j-m auf der ~ herumtanzen** se moquer, se jouer de qn; *umg* **sich** (*dat*) **nicht auf der ~ herumtanzen lassen** ne pas se laisser marcher sur les pieds; ne pas se laisser faire; *umg* **j-m etw unter die ~ reiben** jeter qc à la figure de qn; *umg* balancer qc dans les gencives à qn; reprocher qc à qn; *umg* **j-n mit der ~ auf etw** (*akk*) **stoßen** attirer l'attention de qn sur qc; *umg* **man muss ihm alles, jedes Wort aus der ~ ziehen** il faut lui tirer les vers du nez; on doit lui arracher les mots; *umg* **er hat mir die Tür vor der ~ zugemacht** il m'a fermé la porte au nez; *umg Bus etc* **j-m vor der ~ wegfahren** passer sous le nez de qn; *umg* **j-m etw vor der ~ wegschnappen** enlever, souffler qc au nez, à la barbe de qn; *umg* **die ~ (gestrichen) voll haben** *umg* en avoir marre, plein le dos, ras le bol; **die ~ hochtragen** prendre de grands airs; se donner des airs; **j-m e-e lange ~ machen** faire un pied de nez à qn; *umg* **s-e ~ in alles stecken** *umg* fourrer son nez partout; *umg* **die ~ in die Bücher stecken** mettre le nez dans les livres 2 (*Geruchssinn*) nez *m*; odorat *m*; *vom Hund, fig* flair *m*; *fig* **e-e feine ~ haben** avoir le nez fin, creux; avoir du nez, du flair 3 *umg* (*Person*) **pro ~** par tête de pipe 4 *umg* (*Farbtropfen*) goutte *f*; coulure *f*

naselang ADV *umg* **alle ~** à tout bout de champ

näseln V/I ⟨-(e)le, h.⟩ parler du nez; nasiller

näselnd ADJT nasillard

Nasenaffe M ZOOL nasique *m*; **Nasenbär** M ZOOL coati *m*; **Nasenbein** N os nasal

Nasenbluten N ⟨~s⟩ saignement *m* de nez; *t/t* hémorragie nasale; **~ haben** saigner du nez

Nasenflügel M aile *f* du nez; **Nasenheilkunde** F rhinologie *f*; **Nasenhöhle** F fosse nasale; **nasenlang** → naselang

Nasenlänge F PFERDERENNEN (longueur *f* d'une) tête *f*; **um e-e ~ gewinnen** gagner, l'emporter d'une tête; *fig* **sie ist mir immer um e-e ~ voraus** elle a toujours une longueur d'avance sur moi

Nasenlaut M PHON nasale *f*; **Nasenloch** N narine *f*; *bei Tieren* naseau *m*; **Nasennebenhöhle** F ANAT sinus *m*; **Nasen-Rachen-Raum** M cavité naso-pharyngienne; **Nasenring** M anneau *m* (passé par le nez); **Nasenrücken** M arête *f* du nez; **Nasenscheidewand** F cloison nasale; **Nasenschleim** M mucosité(s) *f(pl)* (du nez); morve *f*; **Nasenschleimhaut** F muqueuse *f* pituitaire, nasale; **Nasenspiegel** M MED spéculum *m* de nez

Nasenspitze F bout *m* du nez; *umg* **ich habe es ihm an der ~ angesehen** j'ai vu ça à son nez, à son air; *umg* **nicht weiter sehen als s-e ~** ne pas voir plus loin que le bout de son nez

Nasenspray M *od* N spray nasal

Nasenstüber M ⟨~s; ~⟩ chiquenaude *f* (sur le nez); pichenette *f*; **j-m e-n ~ geben** faire une pichenette à qn; donner une chiquenaude à qn

Nasentropfen MPL gouttes nasales; **Nasenwurzel** F racine *f*, sommet *m* du nez

naseweis ADJ (trop) curieux, -ieuse; qui se mêle de ce qui ne le regarde pas; qui met son grain de sel partout

Naseweis M ⟨~es; ~e⟩ curieux, -ieuse *m,f*; indiscret, -ète *m,f*

nasführen *geh* V/T ⟨h.⟩ duper; jouer un tour à; **Nashorn** N rhinocéros *m*; **Nashornvogel** M calao *m*; **naslang** → naselang

nass ADJ ⟨⸚er *ou* ~er, ⸚este *ou* ~este⟩ mouillé; (*feucht*) humide; (*ganz durchnässt*) trempé; baigné; (*regenreich*) *Wetter, Jahreszeit* pluvieux, -ieuse; **~ geschwitzt** trempé, couvert de sueur; tout en sueur; **~ machen** mouiller; **sich**

~ **machen**, ~ **werden** se mouiller; *umg* **j-n** ~ **machen** battre qn à plate(s) couture(s); **ich habe ~e Füße** j'ai les pieds trempés, mouillés

Nass *poet* N ⟨~es⟩ eau *f*; *(Regen)* pluie *f*; *(Wein)* vin *m*

Nassauer *umg* M ⟨~s; ~⟩ **1** pique-assiette(s) *m* **2** *(Regenschauer)* ondée *f*

nassauern *umg* VI ⟨-(e)re, h.⟩ être pique-assiette(s)

Nässe F ⟨~⟩ humidité *f*; **vor ~ schützen!** conserver à l'abri de l'humidité!; conserver dans un endroit sec, au sec

nässen VI ⟨-(es)t, h.⟩ *Wunde etc* suinter

nassgeschwitzt ADJT → nass

nasskalt ADJ froid et humide; **es ist ~** il fait un froid humide

nassmachen VT *u.* VR → nass

Nassrasierer M ⟨~s; ~⟩ *Gerät* rasoir *m* mécanique; *Person* ~ **sein** se raser avec un rasoir mécanique

Nassrasur F rasage *m* au rasoir mécanique; **Nasswäsche** F linge essoré; **Nasszelle** F salle *f* d'eau

Nastuch N ⟨~(e)s; -tücher⟩ *schweiz, südd* mouchoir *m*

Natel® N ⟨~s; ~s⟩ *schweiz* (téléphone *m*) portable *m*

Nation F ⟨~; ~en⟩ nation *f*; **die Vereinten ~en** les Nations Unies

national ADJ national; **auf ~er und internationaler Ebene** au plan national et international

Nationalbewusstsein N conscience nationale; **Nationalbibliothek** F bibliothèque nationale; **Nationalcharakter** M caractère national; **Nationalchina** N la Chine nationaliste; **Nationaldenkmal** N monument national

Nationale N ⟨~s; ~⟩ *österr* ADMIN noms, titres et qualités *mpl*; *Formular* fiche *f* de renseignements

Nationalelf F équipe nationale de football; **Nationalfarben** FPL couleurs nationales; **Nationalfeiertag** M fête nationale; **Nationalflagge** F drapeau, SCHIFF pavillon national; **Nationalgarde** F HIST *u.* USA garde nationale; **Nationalgefühl** N sentiment national; **Nationalgericht** N plat national; **Nationalgetränk** N boisson nationale; **Nationalheld(in)** M(F) °héros national, °héroïne nationale; **Nationalhymne** F chant, hymne national

nationalisieren VT ⟨*pas de ge-*, h.⟩ nationaliser; **Nationalisierung** F ⟨~; ~en⟩ nationalisation *f*

Nationalismus M ⟨~⟩ nationalisme *m*; **Nationalist(in)** M ⟨~en; ~en⟩ (F) ⟨~in; ~innen⟩ nationaliste *m/f*; **nationalistisch** ADJ nationaliste

Nationalität F ⟨~; ~en⟩ nationalité *f*

Nationalitätenstaat M État formé de plusieurs nationalités

Nationalitätskennzeichen N *am Kraftwagen* plaque *f* de nationalité

Nationalliga F *österr, schweiz* FUSSBALL première division; **Nationalliteratur** F littérature nationale; **Nationalmannschaft** F équipe nationale; **Nationalökonom** M économiste *m*; **Nationalökonomie** F économie *f* politique; **Nationalpark** M parc national; **Nationalpreis** M prix national; **Nationalrat** M ⟨~(e)s; -räte⟩ *schweiz, österr* **1** ⟨*pas de pl*⟩ *Gremium* Conseil national **2** *Mitglied* Membre *m* du Conseil national

Nationalsozialismus M national-socialisme *m*; **Nationalsozialist(in)** M(F) national-socialiste *m/f*; **nationalsozialistisch** ADJ national-socialiste

Nationalspieler(in) M(F) joueur, -euse *m,f* de l'équipe nationale; international(e) *m(f)*; **Nationalstaat** M État national; **Nationalstolz** M fierté nationale; **Nationaltanz** M danse nationale; **Nationaltracht** F costume national; **Nationalversammlung** F assemblée nationale

NATO, **Nato** F ⟨NATO, Nato⟩ ABK (North Atlantic Treaty Organization) OTAN *f* (Organisation du Traité de l'Atlantique Nord)

Nato-Doppelbeschluss M double décision *f* de l'OTAN

Natostaat M État *m* membre de l'OTAN

Natrium N ⟨~s⟩ CHEM sodium *m*

Natron N ⟨~s⟩ CHEM bicarbonate *m* de soude; **kohlensaures ~** carbonate *m* de soude; *t/t* natron *od* natrum *m*; **doppeltkohlensaures ~** bicarbonate de soude

Natronlauge F (solution *f* de) soude *f* caustique

Natter F ⟨~; ~n⟩ **1** couleuvre *f*; *geh* **e-e ~ am Busen nähren** réchauffer un serpent dans son sein **2** *fig (heimtückische Person)* vipère *f*

Natur F ⟨~; ~en⟩ **1** ⟨*pas de pl*⟩ *(den Menschen umgebende Welt)* nature *f*; **in der freien ~** en pleine nature; **nach der ~ zeichnen** dessiner d'après nature; **die Rückkehr zur ~** le retour à la nature **2** *(Wesen, Beschaffenheit)* nature *f*; naturel *m*; tempérament *m*; constitution *f*; *(Charakter)* caractère *m*; **die menschliche ~** la nature humaine; **es liegt in der ~ der Sache** c'est dans la nature des choses; **s-r ~ nach** de (sa) nature; de son naturel; par nature; naturellement; **von ~ aus** de *od* par nature; naturellement; **er ist von ~ (aus) sehr friedfertig** il est d'une nature très paisible; **das geht gegen meine ~** cela va à l'encontre de ma nature; **es ist ihm zur zweiten ~ geworden** il lui est devenu naturel (**zu** [+*inf*] de [+*inf*]); c'est devenu chez lui une seconde nature (**zu** [+*inf*] de [+*inf*])

natura in ~ *(leibhaftig)* en réalité; au naturel; *(nicht in Geld)* en nature

Naturalien PL produits *mpl* du sol; denrées *fpl*; **in ~** *(dat)* **(be)zahlen** payer en nature

naturalisieren VT ⟨*pas de ge-*, h.⟩ naturaliser; **Naturalisierung** F ⟨~; ~en⟩ naturalisation *f*

Naturalismus M ⟨~⟩ naturalisme *m*; **Naturalist(in)** M ⟨~en; ~en⟩ (F) ⟨~in; ~innen⟩ naturaliste *m/f*; **naturalistisch** ADJ naturaliste

Naturallohn M salaire *m*, rémunération *f*, paiement *m* en nature; **Naturalwirtschaft** F (économie basée sur le) troc *m*

Naturapostel M *hum* adepte *m/f*, *umg* fana *m/f* d'une vie saine; *umg* écolo *m/f*; **naturbelassen** ADJT brut; naturel, -elle; non traité; **Naturbeobachtung** F étude *f* de la nature; **Naturbeschreibung** F description *f* (des phénomènes et des productions) de la nature; **Naturbursche** M homme plein de naturel, pas compliqué; **Naturdenkmal** N site classé; **Naturdünger** M engrais *m* organique

Naturell N ⟨~s; ~e⟩ naturel *m*; **ein glückliches ~ haben** avoir un bon naturel; être une heureuse nature

Naturereignis N, **Naturerscheinung** F phénomène naturel; **naturfarben** ADJ de couleur naturelle; **Naturfaser** F fibre naturelle; **Naturfilm** M documentaire *m* sur la nature; **Naturforscher(in)** M(F) naturaliste *m/f*; **Naturforschung** F ⟨~⟩ études *fpl* de la nature; **Naturfreund(in)** M(F) ami(e) *m(f)* de la nature; **Naturgas** N ⟨~es⟩ gaz naturel

naturgegeben ADJT naturel, -elle; *(unabwendbar)* inéluctable; **naturgemäß** ADJ *(u.* ADV*)* conforme (conformément) à la nature; naturel, -elle(ment); normal(ement)

Naturgeschichte F ⟨~⟩ histoire naturelle; **naturgeschichtlich** ADJ d'histoire naturelle; **Naturgesetz** N loi *f* de la nature; loi naturelle; **naturgetreu** **A** ADJ d'après nature; très ressemblant, naturel, -elle **B** ADV fidèlement; **Naturgewalt** F force naturelle; élément naturel; **Naturheilkunde** F médecines naturelles; naturopathie *f*; **Naturheilmittel** N remède naturel; **Naturheilverfahren** N naturothérapie *f*

Naturkatastrophe F cataclysme naturel; catastrophe naturelle; **von e-r ~ betroffen, heimgesucht** sinistré

Naturkind N enfant *m* qui a beaucoup de naturel, spontané, plein de spontanéité; **Naturkost** F alimentation naturelle; **Naturkostladen** M magasin *m* de produits naturels; **Naturkraft** F force *f* de la nature; force naturelle; **Naturkrause** F cheveux frisés, crépus; **Naturkunde** F ⟨~⟩ science *f* de la nature; *Unterrichtsfach* sciences naturelles; **Naturlehrpfad** M sentier *m* écologique

natürlich **A** ADJ naturel, -elle; *(echt)* authentique; *(angeboren)* inné; *(unbefangen)* ingénu; *(ungekünstelt)* naïf, naïve; simple; **e-s ~en Todes sterben** mourir de sa belle mort, d'une *od* de mort naturelle; MATH **~e Zahlen** nombres naturels; JUR **~e Person** personne physique **B** ADV naturellement; **~!** bien sûr!; sans doute!; bien entendu!; *(zwar)* **das ist ~ möglich, aber ...** bien sûr, évidemment c'est possible, mais ...; c'est possible, certes, mais ...

natürlicherweise ADV naturellement; **Natürlichkeit** F ⟨~⟩ naturel *m*; ingénuité *f*; naïveté *f*; simplicité *f*

Naturliebhaber M amoureux *m* de la nature; **Naturmedizin** F ⟨~⟩ médecines naturelles; **Naturmensch** M ami *m* de la nature; **Naturpark** M parc régional; **Naturphilosophie** F philosophie *f* naturaliste; naturalisme *m*; **Naturprodukt** N produit naturel; **Naturrecht** N ⟨~(e)s⟩ droit naturel; **Naturreich** N règne *m* de la nature; **naturrein** ADJ (purement) naturel, -elle; *Saft, Honig etc* pur; **Naturreligion** F religion naturelle; **Naturschätze** MPL richesses naturelles; **Naturschauspiel** N spectacle *m* de la nature; **Naturschönheit** F beauté naturelle

Naturschutz M protection *f* des sites, du paysage, de la nature; **unter ~** *(akk)* **stellen** protéger; **unter ~** *(dat)* **stehen** être protégé; être un site protégé

Naturschützer M ⟨~s; ~⟩ écologiste *m*; **Naturschutzgebiet** N réserve naturelle; **Naturschwamm** M éponge naturelle; **Naturseide** F soie naturelle; **Naturstein** M pierre naturelle; *unbehauener* pierre de taille

Naturtalent N don, talent inné; **sie ist ein ~** elle est très douée, naturellement douée

naturtrüb ADJ non filtré; **naturverbunden** ADJT près, proche de la nature; **Naturvolk** N peuple *m* à l'état de nature; peuple primitif; **Naturwein** M vin naturel; **naturwidrig** ADJ qui n'est pas naturel, -elle; contre nature

Naturwissenschaften FPL sciences physiques et naturelles; **Naturwissenschaftler(in)** M(F) scientifique *m/f*; **naturwissenschaftlich** ADJ des *od* qui appartient aux sciences physiques et naturelles

naturwüchsig ADJ naturel, -elle; sans apprêt; original; cru; **Naturwunder** N merveille *f* de la nature

Naturzustand M état *m* de nature; état naturel; **im ~** à l'état naturel, de nature

Nauru N ⟨→ *n/pr*⟩ Nauru

Nautik F ⟨~⟩ art *m* nautique, de la navigation

Nautilus M ⟨~; ~ *ou* ~se⟩ ZOOL nautile *m*

nautisch ADJ nautique

Navelorange F (orange *f*) navel *f*

Navi N ⟨~s; ~s⟩ *umg* ABK **1** *(Navigationssystem)* système *m* de navigation **2** *(Navigationsgerät)* GPS *m*

Navigation F ⟨~⟩ navigation *f* (*a.* IT)

Navigationsfehler M erreur *f* de navigation; **Navigationsgerät** N appareil *m* de navigation; AUTO système *m* de navigation; *mit GPS* GPS *m*; **Navigationshilfe** F aide *f* à la navigation; **Navigationskarte** F carte *f* de navigation; **Navigationsraum** M chambre *f* des cartes, de navigation; **Navigationssystem** N système *m* de navigation (*a.* AUTO)

Navigator M ⟨~s; -toren⟩ navigateur *m*; **navigieren** V/I ⟨*pas de ge-*, h.⟩ naviguer (*a.* IT)

Nazareth N ⟨→ *n/pr*⟩ Nazareth

Nazi M ⟨~s; ~s⟩ *pej* nazi *m*; **Nazideutschland** N l'Allemagne nazie

nazistisch ADJ *pej* nazi

Nazizeit F ⟨~⟩ **während der** *od* **zur ~** durant la période nazie; sous le nazisme; au temps du nazisme

NB ABK (notabene) N. B. (nota bene)

n. Br. ABK (nördliche[r] Breite) lat. N. (de latitude nord)

NC M ⟨~⟩ ABK (Numerus clausus) numerus clausus *m*; sélection *f*

n. Chr. ABK (nach Christus) apr. J.-C. (après Jésus-Christ)

nd. ABK (niederdeutsch) bas allemand

NDR M ⟨~⟩ ABK (Norddeutscher Rundfunk) *chaîne de radio et de télévision dans le nord*

'ne *umg* ABK (eine) → ein[1] A

Neandertaler M ⟨~s; ~⟩ Néandert(h)alien *m*

Neapel N ⟨→ *n/pr*⟩ Naples

Nebel M ⟨~s; ~⟩ brouillard *m*; *dichter, bes* SCHIFF brume *f*; ASTRON nébuleuse *f*; **bei ~** par temps de brouillard; **es herrscht ~** il fait, il y a du brouillard; *umg hum* **wegen ~(s) ausfallen** tomber à l'eau sans raison

Nebelbank F ⟨~; ¨-e⟩ nappe *f* de brouillard, de brume; **Nebelbombe** F MIL bombe *f* fumigène; **Nebeldecke** F couche *f* de brume; **Nebelfetzen** M restes *mpl*, lambeaux *mpl* de brume *od* de brouillard; **Nebelgranate** F MIL grenade *f*, obus *m* fumigène; **Nebelhorn** N corne *f*, trompe *f* de brume

nebelig → neblig

Nebelkammer F chambre *f* à brouillard; **Nebelkrähe** F corneille mantelée, grise, cendrée; **Nebelscheinwerfer** M (phare *m*) antibrouillard *m*; **Nebelschleier** *poet* M *poet* voile *m* de brume; **Nebelschlussleuchte** F (feu *m* arrière) antibrouillard *m*; **Nebelschwaden** MPL nappes *fpl* de brouillard, de brume; **Nebelwand** F rideau *m* de brouillard, de brume; **Nebelwetter** N temps *m* de brouillard

neben PRÄP **1** *Lage* ⟨*dat*⟩, *Richtung* ⟨*akk*⟩ à côté de; (au)près de; contre; **~ mir** près, à côté de moi; à mon côté; à mes côtés; **rechts ~ der Tür** à droite de la porte; **sein Haus steht dicht ~ dem meinen** sa maison est tout contre la mienne **2** ⟨*dat*⟩ (verglichen mit) par rapport à; comparé à; en comparaison de; à côté de **3** ⟨*dat*⟩ (sowie) avec; outre; *(außer)* à part; sans compter; **~ anderen Dingen** entre autres choses

Nebenabsicht F but *m*, objectif *m* secondaire; *(Hintergedanke)* arrière-pensée *f*; **Nebenakzent** M PHON accent *m* secondaire

Nebenamt N emploi *m*, fonction *f* annexe; **im ~ Kassiererin** accessoirement, en plus (de son métier) caissière

nebenamtlich ADV accessoirement; comme emploi, fonction annexe

nebenan ADV à côté; d'à côté; **das Haus ~** la maison d'à côté; **~ wohnen** habiter à côté, porte à porte

Nebenanschluss M TEL poste *m* (secondaire); raccordement *m* (téléphonique) secondaire, auxiliaire; **Nebenarbeit** F travail *m*, activité *f* annexe; **Nebenarm** M *e-s Flusses* bras *m* secondaire; ramification *f*; **Nebenausgaben** FPL dépenses *fpl*, frais *mpl* accessoires; frais *mpl* supplémentaires; extras *mpl*; **Nebenausgang** M sortie latérale; issue *f* (de secours); porte *f* de dégagement; **Nebenbedeutung** F signification *f* secondaire, accessoire; sens second

nebenbei ADV **1** *(beiläufig)* en passant; *(zusätzlich)* accessoirement; **~ gesagt** (soit dit) en passant, entre parenthèses; **so ganz ~** sans avoir l'air d'y toucher; *fig* entre la poire et le fromage **2** *(außerdem)* en outre; de plus

Nebenberuf M seconde activité professionnelle; activité *f*, profession *f* annexe; **nebenberuflich** **A** ADJ extra-professionnel, -elle **B** ADV en dehors de sa *od* de la profession (régulière); **Nebenbeschäftigung** F occupation *f*, activité *f* annexe

Nebenbuhler(in) M ⟨~s; ~⟩ (F) ⟨~in; ~innen⟩ rival(e) *m(f)*; **Nebenbuhlerschaft** F ⟨~⟩ rivalité *f*; **Nebeneffekt** M effet *m* secondaire

nebeneinander ADV **1** *örtlich* l'un à côté de l'autre; l'un près de l'autre; côte à côte; **~ hergehen** → nebeneinandergehen **2** *zeitlich* simultanément; en même temps; **~ bestehen** coexister

Nebeneinander N ⟨~s⟩ coexistence *f*; présence (simultanée); *von Farben* juxtaposition *f*; *verschiedener Standpunkte* présence *f*; rencontre *f*; confrontation *f*

nebeneinanderfahren V/I ⟨*irr, sép*, -ge-, s.⟩ *Autos etc* rouler de front; **nebeneinandergehen** V/I ⟨*irr, sép*, -ge-, s.⟩ marcher de front; **nebeneinanderlegen** V/T ⟨*sép*, -ge-, h.⟩, **nebeneinandersetzen** V/T ⟨-(es)t, *sép*, -ge-, h.⟩, **nebeneinanderstellen** V/T ⟨*sép*, -ge-, h.⟩ placer, mettre, poser l'un à côté de l'autre; rapprocher l'un de l'autre; juxtaposer

Nebeneingang M entrée latérale; **Nebeneinkünfte** PL, **Nebeneinnahmen** FPL revenus *mpl* annexes; à-côtés *mpl*; **Nebenerscheinung** F phénomène *m* accessoire, secondaire

Nebenfach N matière *f* secondaire; *für Lehrer a.* seconde matière; **Philosophie im ~ studieren** avoir la philosophie comme matière secondaire

Nebenfigur F personne insignifiante; FILM, LITERATUR, THEAT personnage *m* secondaire; FILM, THEAT *a.* second rôle; MAL figure *f* de remplissage; **Nebenfluss** M affluent *m*; **Nebenfrau** F deuxième (troisième, *etc*) épouse *f*; *(Konkubine)* concubine *f*; **Nebengebäude** N annexe *f*; bâtiment attenant; dépendance *f*; **Nebengeräusch** N RADIO bruit *m* parasite; *a.* TEL friture *f*; **Nebengewinn** M gain *m* supplémentaire

Nebengleis N voie *f* secondaire; *(paralleles Gleis)* voie latérale, parallèle; *fig* **sich auf ein ~ begeben** s'écarter du sujet

Nebenhandlung F épisode *m*; **Nebenhaus** N maison voisine, d'à côté

nebenher ADV à côté; *(außerdem)* en outre; de plus; **nebenhin** ADV *(beiläufig)* accessoirement; *gesagt* en passant; entre parenthèses

Nebenhoden M épididyme *m*

Nebenkläger(in) M(F) partie civile; **als ~(in) auftreten** se porter partie civile

Nebenkosten PL *(zusätzliche Kosten)* faux frais; frais *mpl* accessoires; extras *mpl*; *bei Mieten* charges *fpl*; **Nebenkriegsschauplatz** M théâtre *m* de guerre, d'opérations (militaires) secondaire; **Nebenlinie** F **1** GENEALOGIE ligne collatérale; branche cadette, collatérale **2** EISENBAHN ligne *f*, voie *f* secondaire; *(Zweigbahn)* embranchement *m*; **Nebenmann** M ⟨~(e)s; -männer *ou* -leute⟩ voisin *m*; **Nebenniere** F capsule surrénale; **Nebennierenrinde** F cortex surrénalien; **nebenordnen** V/T ⟨*seulement inf et pperf* nebengeordnet⟩ GRAM coordonner; **Nebenordnung** F coordination *f*; **Nebenprodukt** N sous-produit *m*; dérivé *m*; **Nebenraum** M pièce voisine, contiguë, d'à côté, attenante; **Nebenrechte** NPL JUR droits dérivés

Nebenrolle F rôle *m* secondaire, de second plan; petit, second rôle; rôle *m* de figurant; THEAT **die ~n spielen** jouer les utilités

Nebensache F accessoire *m*; chose *f* secondaire, de moindre importance; à-côté *m*; bagatelle *f*; **das ist (völlig) ~** cela ne compte pas; c'est sans importance; c'est tout à fait accessoire

nebensächlich ADJ accessoire; secondaire; subsidiaire; **Nebensächlichkeit** F ⟨~; ~en⟩ **1** ⟨*pas de pl*⟩ caractère *m* accessoire; contingence *f* **2** détail *m* (sans importance); contingence *f*

Nebensaison F basse saison; **Nebensatz** M (proposition) subordonnée *f*; **nebenstehend** ADJT ⟨*épithète*⟩ *u.* ADVL ci-contre; en marge; **Nebenstelle** F **1** *(Filiale)* succursale *f*; comptoir *m* **2** TEL poste *m* (téléphonique) supplémentaire; **Nebenstellennummer** F TEL numéro *m* (d'un poste) supplémentaire; **Nebenstraße** F rue *f* secondaire; *(Seitenstraße)* rue latérale, parallèle; *(Querstraße)* rue transversale, adjacente; **Nebenstrecke** F ligne *f*, voie *f* secondaire; **Nebentätigkeit** → Nebenbeschäftigung; **Nebentisch** M table voisine, d'à côté; **Nebenton** M ⟨~(e)s⟩ PHON accent *m* secondaire; **Nebentür** F porte voisine, (d')à côté; *im Gegensatz zur Haupttür* petite porte; **Nebenverdienst** M gain *m*, revenu *m* supplémentaire; **Nebenwinkel** M angle adjacent, supplémentaire

Nebenwirkung F effet *m* accessoire; action *f* secondaire; PHARM *meist pl* **~en** effets *mpl* secondaires

Nebenzimmer N pièce voisine, d'à côté; **Nebenzweck** M but *m*, objectif *m* secondaire

neblig ADJ brumeux, -euse; nébuleux, -euse; SCHIFF gras, grasse

nebst *liter* PRÄP ⟨*dat*⟩ (conjointement) avec; plus; outre

nebulos, **nebulös** ADJ *Ideen etc* nébuleux, -euse; vague

Necessaire N ⟨~s; ~s⟩ nécessaire *m*; trousse *f*

necken V/T (*u.* V/R) ⟨h.⟩ **(sich ~** se) taquiner; (s')agacer

Neckerei F ⟨~; ~en⟩ taquinerie *f*

neckisch ADJ taquin; *(drollig)* drôle; *(schelmisch)* espiègle

nee *umg* → nein

Neffe M ⟨~n; ~n⟩ neveu *m*

Negation F ⟨~; ~en⟩ *allgemein*, GRAM négation *f*

negativ ADJ négatif, -ive (*a.* ELEK, MED,

MATH); **das Negative an etw** *(dat)* le côté *od* l'aspect négatif de qc

Negativ N ⟨~s; ~e⟩ FOTO négatif *m*; **Negativfilm** M FOTO négatif *m*

Negativität F ⟨~⟩ négativisme *m*

Negativsaldo M solde négatif

Neger M ⟨~s; ~⟩ 1 *oft pej (Schwarzer)* Noir *m*; *pej* nègre *m* 2 TV *Jargon (schwarze Tafel)* nègre *m*; *(Texttafel)* prompteur *m*; **Negerhäuptling** M chef *m* de tribu, roi *m* nègre

Negerin F ⟨~; ~nen⟩ *oft pej (Schwarze)* Noire *f*; *pej* négresse *f*

Negerkind N petit(e) *m(f)* Noir(e); enfant *m* noir; **Negerkrause** F cheveux crépus; **Negerkuss** M GASTR tête-de-nègre *f*; **Negermaske** F masque *m* nègre, des Noirs; **Negermusik** F ⟨~⟩ *pej (Jazz)* jazz *m*; **Negerpuppe** F poupée *f* nègre, noire

Negersklave M, **Negersklavin** F esclave *m/f* noir(e); HIST **Handel** *m* **mit Negersklaven** traite *f* des nègres, des Noirs

Negerstamm M tribu *f* nègre; **Negervolk** N peuplade noire

negieren V/T ⟨*pas de ge-*, h.⟩ nier; GRAM mettre à la négative; transformer en négative (**e-n Satz** une phrase); **Negierung** F ⟨~; ~en⟩ *a.* GRAM négation *f*

Negligé, **Negligee**, *schweiz* **Négligé** N ⟨-s; -s⟩ négligé *m*; déshabillé *m*

negroid ADJ négroïde

nehmen ⟨nimmt, nahm, genommen, h.⟩ A V/T *a. fig* prendre (**von etw** de qc; **aus etw** dans qc); *(an~)* recevoir; accepter; *(weg~)* prendre; ôter; retirer; *(entwenden)* dérober; *(sich aneignen)* s'approprier; *Hindernis* sauter; **j-m die Hoffnung, s-e Illusionen ~** enlever à qn ses espoirs, ses illusions; **~ wir doch mal den Fall, dass …** admettons que …; supposons le cas où …; supposons que … *(+subj)*; **zur Frau ~** prendre pour femme; **e-r Frage** *(dat)* **etwas von ihrer Schärfe ~** faire perdre à une question de son acuité; **j-n zu ~ verstehen** savoir prendre qn; **da, ~ Sie!** tenez!; *Rezept* **man nehme …** prendre …; *hum* **woher ~ und nicht stehlen?** où voulez-vous que je trouve ça?; *umg* **wie mans nimmt** c'est selon; **streng genommen** à vrai dire; **etw an sich** *(akk)* **~** prendre, garder qc (jusqu'à nouvel ordre); *Gefundenes* empocher, ramasser qc; **etw auf sich** *(akk)* **~** assumer qc; prendre qc sur soi; endosser qc; se charger de qc; **aus s-r Tasche ~** prendre dans, tirer de sa poche; *Kind* **aus der Schule ~** retirer de l'école; **in Dienst ~** engager; prendre à son service; **j-n mit sich** *(dat)* **~** emmener qn; **etw mit sich** *(dat)* **~** emporter qc; **etw vom Tisch ~** prendre qc sur la table; **j-n zu sich** *(dat)* **~** recueillir qn chez soi; *ein Kind* se charger de qn; **Gott hat ihn zu sich genommen** Dieu l'a rappelé à lui; **etw zu sich** *(dat)* **~** *Essen, Trinken* prendre, manger *bzw.* boire qc; *sprichw* **Geben ist seliger denn Nehmen** mieux vaut donner que recevoir; **er ist hart im Nehmen** BOXEN il encaisse bien (les coups); *fig* il encaisse bien; il tient bien le choc; *umg* il est blindé B V/R **sich** *(dat)* **etw ~** prendre qc; s'emparer de qc; **sich** *(dat)* **die Freiheit ~ zu** *(+inf)* se permettre de *(+inf)*; **sich** *(dat)* **das Leben ~** se tuer; se suicider; mettre fin à ses jours; **sich** *(dat)* **Zeit ~** prendre son temps; **das lasse ich mir nicht ~** on ne m'en dissuadera pas; on ne m'ôtera pas cela de l'esprit; je n'en démords pas; **er ließ es sich nicht ~ zu** *(+ inf)* il a insisté pour *(+inf)*

Nehmerqualitäten FPL BOXEN, *fig* **er hat gute** *od* **große ~** il encaisse bien

Nehrung F ⟨~; ~en⟩ GEOG langue *f* de terre (fermant une lagune)

Neid M ⟨~(e)s⟩ envie *f*; jalousie *f*; **j-s ~ erregen** exciter l'envie, la jalousie de qn; *umg* **vor ~ platzen** crever d'envie, de jalousie; **aus (purem) ~** (uniquement) par jalousie, envie; **grün** *od* **gelb werden vor ~** être dévoré, rongé d'envie; *umg* **das muss ihm der ~ lassen** on ne peut pas lui contester, enlever, ôter cela; **aus ihm spricht (doch nur) der ~** c'est l'envie qui le fait parler

neiden *geh* V/T ⟨-ete, h.⟩ **j-m etw ~** envier qc à qn

Neider M ⟨~s; ~⟩ envieux *m*; jaloux *m*; **sie hat viele ~** elle fait bien des, beaucoup d'envieux

neiderfüllt ADJT plein d'envie; **Neidhammel** *umg* M envieux, -ieuse *m,f*; jaloux, -ouse *m,f*

neidisch ADJ jaloux, -ouse; envieux, -ieuse (**auf** [+ *akk*] de); **mit ~em Blick** avec *od* d'un œil, avec un regard d'envie

neidlos ADV sans envie

Neige *geh* F ⟨~; ~n⟩ *von Flüssigkeiten* reste *m*; *(letzte Tropfen)* fond *m* de bouteille; **zur ~ gehen** tirer, toucher à sa fin; *Tag* décliner; *fig* **den Kelch bis zur bitteren ~ leeren** boire le calice, la coupe jusqu'à la lie

neigen ⟨h.⟩ A V/T pencher; incliner; faire pencher; *Kopf a.* baisser; **geneigte Fläche** plan incliné B V/I **zu etw ~** *(tendieren)* pencher pour qc; avoir un penchant pour qc; *zu Übergewicht, Übertreibungen* avoir tendance à qc; **er neigt zu Erkältungen** il est sujet aux rhumes; **dazu ~ zu** *(+inf)* être enclin à *(+inf)*; incliner à *(+inf)*; **zu der Ansicht ~, dass …** avoir tendance à, incliner à, être porté à croire que …; **geneigt sein zu** *(+inf)* être enclin, *(bereit sein)* disposé à *(+inf)*; *geh* **geneigte Leser!** amis, aimables lecteurs! C V/R **sich ~** *Zweige* s'incliner; *Mauer, Baum* pencher; *Ebene* aller en pente; *Sache* **sich nach rechts, nach vorn, zur Seite ~** pencher vers la, à droite, en avant, sur le, de côté; → zuneigen B

Neigung F ⟨~; ~en⟩ 1 *Lage* déclivité *f*; inclinaison *f*; pente *f* 2 *fig (Hang, Vorliebe)* inclination *f* (**zu** pour, à); disposition *f* (**zu** à); *(Veranlagung)* prédisposition *f*, disposition *f*, propension *f*, tendance *f* (**zu** à); *oft pej* penchant *m* (**zu** pour, à); **die ~ haben zu** *(+inf)* tendre, avoir tendance à *(+inf)* 3 *(Zuneigung)* inclination *f*, sympathie *f* (**für** pour)

Neigungsehe F, **Neigungsheirat** F mariage *m* d'amour; **Neigungsmesser** M inclinomètre *m*; boussole *f* d'inclinaison; **Neigungswaage** F balance *f* automatique; **Neigungswinkel** M angle *m* d'inclinaison

nein ADV non; *als Antwort* non, monsieur (madame, *etc*); **~ danke!** non, merci!; **aber ~!** ah! non!; mais non!; **~, so etwas!** non, par exemple!; quelle idée!; **ach ~!** pas possible!; **du gibst ihr das doch nicht, ~?** tu ne vas tout de même pas lui donner ça (, si?)

Nein N ⟨~(s); ~(s)⟩ non *m*; refus *m*; réponse négative; **mit (e-m) ~ antworten** répondre non, négativement; **~ sagen** dire non; refuser; **sie kann nicht ~ sagen** *aus Gutmütigkeit etc* elle ne sait pas dire non, refuser; *weil sie keine andere Wahl hat* elle ne peut pas dire non, refuser; **da sage ich nicht ~** je ne dis pas non; j'accepte volontiers; *umg* ce n'est pas de refus; **mit (e-m) ~ stimmen** voter non

Neinstimme F non *m*

Neiße ⟨→ *n/pr*⟩ **die ~** la Nysa; la Neisse

Nekrolog *geh* M ⟨~(e)s; ~e⟩ *(Nachruf)* nécrologie *f*; KIRCHE nécrologe *m*

Nekromant(in) M ⟨~en; ~en⟩ (F) ⟨~in; ~innen⟩ *bes* ALTERTUM nécromancien, -ienne *m, f*; **Nekromantie** F ⟨~⟩ nécromancie *f*

nekrophil ADJ nécrophile; **Nekrophilie** F ⟨~⟩ nécrophilie *f*

Nektar M ⟨~s; ~e⟩ 1 *Göttertrank* nectar *m* 2 *Fruchtgetränk* nectar *m*

Nektarine F ⟨~; ~n⟩ nectarine *f*; brugnon *m*

Nelke F ⟨~; ~n⟩ 1 BOT œillet *m* 2 *(Gewürznelke)* (clou *m* de) girofle *m*

Nelkenöl N essence *f* de girofle

NE-Metalle NPL *(Nichteisenmetalle)* métaux *mpl* non-ferreux

nen *umg* ABK (einen) → ein[1] A

nennen ⟨nennt, nannte, genannt, h.⟩ A V/T 1 nommer; appeler; *(be~)* dénommer; *(bezeichnen als)* qualifier de; *spottend* traiter de; **ein Kind nach s-m Vater ~** donner à un enfant le nom de son père; **nach j-m genannt werden** porter le nom de qn; **das nenne ich e-n Helden!** voilà ce qui s'appelle un °héros!; **Karl, genannt der Kühne** Charles, dit le Téméraire; **die oben genannten Waren** les marchandises mentionnées ci-dessus; → *a.* Name 1 2 *(angeben) Namen, Grund* donner; *Grund, Arzt, Preis* indiquer; *(anführen)* citer; mentionner B V/R **sich ~** se nommer; s'appeler; *umg* **und so was nennt sich mein Freund!** et ça se dit mon ami!; *umg* **und das nennt sich Liebe!** et vous appelez ça de l'amour, vous!

nennenswert ADJ notable; considérable; **nicht ~** minime

Nenner M ⟨~s; ~⟩ MATH dénominateur *m*; *a. fig* **auf e-n (gemeinsamen) ~ bringen** réduire au même dénominateur, au dénominateur commun

Nennform F GRAM infinitif *m*; **Nennleistung** F puissance nominale

Nennung F ⟨~; ~en⟩ indication *f*; mention *f*

Nennwert M valeur nominale; *Aktien* **zum ~ ausgeben** émettre au pair; **über, unter dem ~ stehen** être au-dessus, au-dessous du pair

Nennwort N ⟨~(e)s; ⸚er⟩ GRAM nom *m*

neo…, Neo… IN ZSSGN *oft* néo…

Neofaschismus M néofascisme *m*; **Neofaschist(in)** M(F) néofasciste *m/f*; **neofaschistisch** ADJ néofasciste

Neokolonialismus M néocolonialisme *m*

neoliberal ADJ néolibéral; **Neoliberalismus** M néolibéralisme *m*

Neolithikum N ⟨~s⟩ (âge *m*, époque *f*) néolithique *m*

Neologismus M ⟨~; -men⟩ LING néologisme *m*

Neon N ⟨~s⟩ néon *m*

Neonazi M néonazi *m*; **Neonazismus** M ⟨~⟩ néonazisme *m*; **Neonazist** M ⟨~en; ~en⟩ néonazi *m*; **neonazistisch** ADJ néonazi

Neonbeleuchtung F éclairage *m* au néon; **Neonlicht** N lumière *f* au néon; **Neonreklame** F publicité *f* au néon; *umg* néon *m*; **Neonröhre** F tube *m* au néon

Neopren® N ⟨~s⟩ néoprène® *m*; **Neoprenanzug®** M combinaison *f* néoprène®

Nepal N ⟨→ *n/pr*⟩ le Népal

Nepalese M ⟨~n; ~n⟩, **Nepalesin** F ⟨-in; -innen⟩ Népalais(e) *m(f)*; **nepalesisch** ADJ népalais (*a.* Sprache)

Nepotismus M ⟨~⟩ népotisme *m*

Nepp *umg* M ⟨~s⟩ *umg* arnaque *f*; escroquerie *f*; *umg* coup *m* de fusil

neppen *umg* V/T ⟨h.⟩ *umg* arnaquer; escroquer; *umg* rouler

Nepperei *umg* F ⟨~; ~en⟩ → Nepp

Neptun 1 M ⟨→ *n/pr*⟩ MYTH Neptune *m* 2 ASTRON (**der**) **~** Neptune

Nero M ⟨→ *n/pr*⟩ HIST Néron *m*

Nerv M ⟨~s; ~en⟩ nerf *m*; BOT nervure *f*; *fig* **der ~ der Zeit** l'essence *f*, le caractère, l'esprit *m* de l'époque; **schwache, starke ~en haben** avoir les nerfs fragiles, solides; **die ~en**

verlieren perdre le contrôle de ses nerfs, la maîtrise de soi; **mit den ~en am Ende**, *umg* **fertig sein** être à bout de nerfs; **die ~en behalten** garder ses nerfs, son calme, son sang-froid; ne pas perdre contenance; *umg* **den ~ haben, etw zu tun** oser faire qc; *umg* avoir le culot, le toupet de faire qc; *umg* **sie geht mir auf die ~en, sie tötet mir den ~** elle me tape sur les nerfs, *umg* sur le système; *umg* **~en wie Drahtseile haben** avoir des nerfs d'acier; *umg* **der hat (vielleicht) ~en!** *umg* il ne manque pas d'air!

nerven *umg* VT ⟨h.⟩ **j-n ~** taper sur les nerfs à qn; *abs* **das nervt!** *umg* ça m'énerve!; ça me tue!

Nervenarzt M, **Nervenärztin** F neurologue *m/f*

nervenaufreibend ADJT irritant; fatigant; énervant; **nervenberuhigend** ADJT calmant; apaisant

Nervenbündel *umg fig* N paquet *m* de nerfs; **ein ~ sein** avoir les nerfs à vif, en boule, en pelote; être un vrai paquet de nerfs

Nervenentzündung F névrite *f*; **Nervenfaser** F fibre nerveuse; **Nervengas** N gaz *m*, substance *f* neuroplégique; **Nervenheilanstalt** F hôpital *m* psychiatrique

Nervenkitzel *umg* M sensations fortes; *iron* frissons *mpl*; **sie liebt den ~** elle aime les sensations fortes

Nervenklinik F clinique *f* neurologique; *umg weitS.* maison *f* de santé; **Nervenknoten** M ganglion nerveux

Nervenkostüm *umg hum* N ⟨~s⟩ résistance nerveuse; nerfs *mpl*; **ein starkes, schwaches ~ haben** avoir les nerfs solides, fragiles; être solide, fragile

nervenkrank ADJ malade des nerfs; (*geisteskrank*) atteint de maladie mentale; **Nervenkranke(r)** M/F(M) personne *f* qui souffre d'une maladie nerveuse; (*Geisteskranke[r]*) malade *m/f* mental(e); **Nervenkrankheit** F (*Krankheit des Nervensystems*) maladie nerveuse; (*Geisteskrankheit*) maladie mentale

Nervenkrieg *umg* M guerre *f* des nerfs; *umg* petite guerre; **Nervenkrise** F 1 crise *f* de nerfs 2 MED névralgie *f*; **Nervenleiden** N maladie nerveuse; **Nervenprobe** F mise *f* à l'épreuve des nerfs; épreuve *f* pour les nerfs; **Nervensäge** *umg* F *umg* casse-pieds *m/f* (*inv*); **Nervenschmerz** M névralgie *f*; **Nervenschock** M choc nerveux; **nervenschwach** ADJ nerveux, -euse; qui a les nerfs fragiles, irritables; **Nervenschwäche** F faiblesse *f* des nerfs; nervosité *f*; **nervenstärkend** ADJT qui fortifie les nerfs; **Nervenstrang** M cordon nerveux

Nervensystem N système nerveux; **vegetatives ~** système neuro-végétatif

Nervenzelle F cellule nerveuse; neurone *m*; **Nervenzentrum** N centre nerveux; **Nervenzusammenbruch** M dépression nerveuse

nervig ADJ 1 *Hand, Arm* nerveux, -euse; vigoureux, -euse 2 *umg* (*aufreibend*) tuant 3 BOT nervé

nervlich A ADJ nerveux, -euse B ADV nerveusement; **~ völlig am Ende sein** être épuisé nerveusement; être à bout (de nerfs)

nervös ADJ nerveux, -euse; **~ sein** être nerveux, -euse, *plus fort* énervé; **~ machen** rendre nerveux, -euse; *plus fort* énerver; **Sie machen mich ~** vous me rendez nerveux, -euse; vous me troublez; *plus fort* vous m'énervez

Nervosität F ⟨~⟩ nervosité *f*

nervtötend ADJT énervant; tuant

Nervus Rerum M ⟨~⟩ *umg* (*Geld*) nerf *m* de la guerre

Nerz M ⟨~es; ~e⟩ ZOOL *u. Pelz* vison *m*; **Nerzfell** N vison *m*; **Nerzmantel** M manteau *m* de vison; **Nerzpelz** M vison *m*; **Nerzstola** F étole *f* de vison

Nessel[1] F ⟨~; ~n⟩ BOT ortie *f*; *umg fig* **sich in die ~n setzen** se mettre, *umg* se fourrer dans un guêpier; (*sich unbeliebt machen*) se faire mal voir

Nessel[2] M ⟨~s; ~⟩ TEX toile *f* d'ortie

Nesselausschlag M, **Nesselfieber** N, **Nesselsucht** F ⟨-sucht⟩ urticaire *f*

Nessessär N → Necessaire

Nest N ⟨~(e)s; ~er⟩ 1 (*Vogelnest, Diebesnest*) nid *m*; *fig* toit familial; maison (paternelle); **das eigene ~ beschmutzen** *umg* cracher dans la soupe; *umg* **sich ins gemachte ~ setzen** *durch Heirat* faire un riche mariage; *geschäftlich umg* n'avoir pas à faire son trou 2 *umg pej* (*Dorf*) *umg* trou *m*; *umg* patelin *m*; *umg* bled *m*

Nestbau M ⟨~(e)s⟩ nidification *f*; **Nestbeschmutzer** M ⟨~s; ~⟩ *pej* personne *f* qui crache dans la soupe

nesteln VI ⟨-(e)le, h.⟩ **an etw** (*dat*) **~** *aus Nervosität, a. ungeschickt* tripoter qc

Nestflüchter ⟨~s; ~⟩ M oiseau *m* nidifuge; **Nesthäkchen** N benjamin(e) *m(f)*; petit dernier, petite dernière; **Nesthocker** M oiseau *m* nidicole; **Nestwärme** F chaleur *f* du foyer familial

nett ADJ 1 (*freundlich*) gentil, -ille (**zu j-m** avec qn); **ein ~er Kerl** *umg* un chic type; un gentil garçon; **das war nicht ~ von dir** ce n'était pas très gentil, très chic de ta part; **sei so ~ und mach die Tür zu!** sois gentil, -ille, ferme la porte; tu ne veux pas fermer la porte, s'il te plaît 2 (*angenehm*) sympathique; (*reizend*) charmant; mignon, -onne; **ein ~er Abend** une agréable soirée 3 (*hübsch*) joli 4 *umg* ⟨*épithète*⟩ (*beträchtlich*) considérable; joli; coquet, -ette; *umg iron* joli; beau, bel, belle; **das ist ja eine ~e Bescherung!** me, nous, *etc* voilà bien, dans de beaux draps!; *Vorwurf umg* c'est du joli, *iron* du propre!

netterweise ADV gentiment; aimablement; **würden Sie mir ~ die Tür öffnen?** pourriez-vous avoir la gentillesse de m'ouvrir la porte?

Nettigkeit F ⟨~; ~en⟩ gentillesse *f*

netto ADV net

Nettobetrag M montant net; somme nette; **Nettoeinkommen** N revenu net; **Nettoertrag** M produit, revenu net; **Nettogewicht** N poids net; **Nettogewinn** M bénéfice net; **Nettolohn** M salaire net; **Nettopreis** M prix net; **Nettoverdienst** M gain net

Netz N ⟨~es; ~e⟩ 1 (*Fischernetz, Einkaufsnetz, Haarnetz, Tennisnetz, Tornetz*) filet *m*; (*Haarnetz*) *a.* réticule *m*; (*Spinnennetz*) toile *f* (d'araignée); *zum Vogelfang* réseau *m*; **ein ~ knüpfen** faire un filet; FISCHFANG **die ~e auswerfen** jeter les filets; TENNIS **ans ~ gehen** monter au filet; **j-m ins ~ gehen** *a. fig* donner, tomber dans le piège de qn 2 (*Straßennetz, Eisenbahnnetz, Telefonnetz etc*) réseau *m*; ELEK *a.* secteur *m*; RADIO chaîne *f*; GEOG (*Kartennetz*) canevas *m*; *fig* **soziales ~** protection sociale; aides sociales 3 (*Internet*) **das ~** le Net; **im ~ (surfen)** (surfer) sur le Net

Netzanschluss M ELEK raccordement *m*; alimentation *f* (par le) secteur; **netzartig** ADJ *t/t* réticulé; **Netzauge** N ZOOL œil *m* à facettes; **Netzball** M TENNIS balle *f* au filet, qui a touché le filet; **Netzbetrieb** M ⟨~(e)s⟩ ELEK branchement *m* sur le secteur; alimentation *f* secteur; **netzbetrieben** ADJT ELEK branché sur le secteur

netzen *poet* VT ⟨-(es)t, h.⟩ mouiller; *mit Tränen a.* baigner

Netzflügler M ⟨~s; ~⟩ *t/t* névroptère *m*; **netzförmig** ADJ *t/t* réticulé; réticulaire; **Netzfrequenz** F fréquence *f* du secteur; **Netzgerät** N 1 *im Gegensatz zum Batteriegerät* appareil alimenté par (le) secteur 2 ELEK adaptateur *m* secteur; **Netzhaut** F rétine *f*; **Netzhautablösung** F décollement *m* de la rétine; **Netzhautentzündung** F MED inflammation *f* de la rétine; *t/t* rétinite *f*; **Netzhemd** N chemise *f* en cellular; **Netzkarte** F abonnement *m od* carte *f*, billet *m* d'abonnement (*pour une zone, une région, etc*); **Netzmagen** M ZOOL bonnet *m*; **Netzmelone** F melon brodé; **Netzschalter** M interrupteur *m*; **Netzspannung** F tension *f* (du) réseau, (du) secteur; **Netzstecker** M fiche *f* de prise de courant; **Netzstrumpf (-hose)** M(F) bas *m(pl)* résille

Netzwerk N IT, ELEK, *fig* réseau *m*; **soziales ~** réseau social

Netzwerkadministrator(in) M(F) IT administrateur, -trice *m,f* (de) réseau; **Netzwerkkarte** F IT carte *f* (de) réseau

neu A ADJ nouveau, nouvel, nouvelle; (*~ gemacht*) neuf, neuve; (*kürzlich geschehen*) récent; *a. Nachrichten* frais, fraîche; (*im Entstehen begriffen*) naissant; **die Neue Welt** le Nouveau Monde; **das Neue Testament** le Nouveau Testament; **das ~e Jahr** la nouvelle année; l'année nouvelle; **j-m ein gutes ~es Jahr wünschen** souhaiter à qn la bonne année; **die ~este Mode** la dernière mode; le dernier cri; **~ere Geschichte** histoire *f* moderne; **die ~eren Sprachen** *fpl* les langues modernes, vivantes; **unsere ~esten Muster** *npl* nos derniers échantillons; **~en Mut schöpfen** reprendre courage; *in Zeitungen* **~este Nachrichten** dernières nouvelles; dernière heure; **Neues vom Tage** les actualités *fpl*; **in ~erer Zeit** ces derniers temps; **in ~ester Zeit** ces tout derniers temps; tout récemment; **~eren Datums** de fraîche date; **~er Ausdruck** néologisme *m*; **das ist mir ~** c'est nouveau pour moi; je ne savais pas; **e-e ~e Zeile anfangen** aller à la ligne; **aufs Neue, von ~em** à nouveau; de nouveau; de plus belle; **von ~em beginnen** recommencer; **das beweist aufs Neue die solide Konstruktion unserer Apparate** cela prouve une fois de plus la solidité de nos appareils; **seit ~estem** depuis peu; depuis quelque temps; *umg* **der, die Neue** le nouveau, la nouvelle; **was gibt es Neues?** qu'y a-t-il de nouveau, de neuf?; quoi de nouveau, de neuf?; **weißt du schon das Neueste?** tu connais la (dernière) nouvelle?; tu sais la nouvelle?; *umg* tu connais la dernière? B ADV nouvellement; récemment; fraîchement; dernièrement; à *od* de neuf; **~ bearbeiten** remanier; **~ bearbeitet** remanié; revu; mis à jour; **~ beleben** réanimer; **sich ~ einkleiden** s'habiller de neuf; **etw ~ einrichten** refaire qc à neuf; **~ entdeckt** nouvellement découvert; **ein Restaurant ~ eröffnen** ouvrir un nouveau restaurant; **~ ordnen** réorganiser

Neuankömmling M nouveau venu, nouvelle venue

Neuanschaffung F nouvelle acquisition; **die ~ von Möbeln** l'acquisition de meubles neufs

neuartig ADJ nouveau, nouvel, nouvelle; moderne; d'un nouveau genre

Neuauflage F nouvelle édition; réédition *f* (*a. fig*); *unveränderte* réimpression *f*

Neubau M ⟨~(e)s; ~ten⟩ nouvelle construction; (*im Bau befindliches Haus*) maison *f*, immeuble *m*, édifice *m* en construction; (*eben fertigge-*

stelltes Haus) immeuble neuf; maison neuve; **Neubaugebiet** N nouveaux quartiers; **Neubauwohnung** F logement, appartement neuf

neubearbeitet ADJT → neu B; **Neubearbeitung** F *e-s Buches* mise *f* à jour; *(neu bearbeitetes Werk)* nouvelle édition revue et mise à jour

Neubeginn M nouveau départ; recommencement *m*; **Neubesetzung** F *e-s Postens* nouvelle nomination; changement *m* de titulaire; **Neubildung** F 1 formation (nouvelle); *des Gewebes* régénération *f*; *t/t* néoformation *f* 2 *(neues Wort)* mot *m* de formation récente; néologisme *m*

Neu-Delhi N ⟨→ *n/pr*⟩ New Delhi; la Nouvelle-Delhi

neudeutsch ADJ **~er Ausdruck, ~es Wort** néologisme allemand à la mode

Neudeutsch N *umg* allemand branché; **(wie man) auf ~ (sagt)** comme on dit aujourd'hui

Neudruck M ⟨~(e)s; ~e⟩ réimpression *f*; **Neueinstellung** F embauche *f*; nouvel engagement

Neuenburg N ⟨→ *n/pr*⟩ Neuchâtel

neuentdeckt ADJT → neu B

Neuentwicklung F innovation *f*; nouveauté *f*

neuerdings ADV 1 *(seit Kurzem)* depuis peu 2 *bes österr, schweiz (aufs Neue)* de *od* à nouveau

Neuerer M ⟨~s; ~⟩ (in)novateur *m*

neuerlich ADV à nouveau

Neueröffnung F inauguration *f*; (ré)ouverture *f*; **Neuerscheinung** F nouvelle, dernière publication; nouveauté *f*; *als Reklame* vient de paraître

Neuerung F ⟨~; ~en⟩ innovation *f*; *das daraus Entstandene* nouveauté *f*; **technische ~** innovation technique

Neuerwerbung F nouvelle acquisition; **Neufassung** F *e-s Texts* nouvelle version; **neufranzösisch** ADJ en *bzw.* de français moderne

Neufundland N ⟨→ *n/pr*⟩ Terre-Neuve *f*

Neufundländer M ⟨~s; ~⟩ *Hunderasse* terre-neuve *m*

neugeboren ADJT nouveau-né; **sich wie ~ fühlen** se sentir tout ragaillardi, frais et dispos

Neugeborene(s) N ⟨→ A⟩ nouveau-né *m*; **Neugestaltung** F réorganisation *f*; transformation *f*; refonte *f*; remaniement *m*

Neugier F, **Neugierde** F ⟨-gierde⟩ curiosité *f*; **j-s Neugier, Neugierde erregen** exciter, éveiller, piquer la curiosité de qn; intriguer qn

neugierig ADJ curieux, -ieuse **(auf** [+*akk*] de); **ich bin ~, ob ...** je suis curieux, -ieuse de voir si ... (+ *ind*)

Neugierige(r) M/F(M) ⟨→ A⟩ curieux, -ieuse *m,f*

Neugliederung F réorganisation *f*; restructuration *f*

neugriechisch ADJ en *bzw.* de grec moderne

Neugriechisch(e) N (das) Neugriechisch(e) le grec moderne

Neugründung F (nouvelle) fondation; **Neugruppierung** F regroupement *m*

Neuguinea N ⟨→ *n/pr*⟩ la Nouvelle-Guinée

Neuheit F ⟨~; ~en⟩ fraîcheur *f*; *(a. Gegenstand)* nouveauté *f*; *(Ursprünglichkeit)* originalité *f*; **neuhochdeutsch** ADJ en *bzw.* de °haut allemand moderne

Neuigkeit F ⟨~; ~en⟩ nouvelle *f*

Neuinszenierung F THEAT nouvelle mise en scène

Neujahr N jour *m* de l'An; nouvel an; **pros(i)t ~!** (buvons) à la nouvelle année!; bonne année!

Neujahrsabend M soir *m* de la Saint-Sylvestre; **Neujahrsbotschaft** F message *m* de nouvel an; **Neujahrsgeschenk** N *in Frankreich* cadeau *m* de nouvel an; étrennes *fpl*; **Neujahrsgruß** M vœux *mpl* (de bonne année); **Neujahrsnacht** F nuit *f* de la Saint-Sylvestre; **Neujahrstag** M jour *m* de l'An

Neukaledonien N ⟨→ *n/pr*⟩ la Nouvelle-Calédonie

Neuland N ⟨~(e)s⟩ 1 AGR terre nouvellement défrichée, mise en valeur 2 *fig* nouveau domaine; domaine inconnu; **~ betreten** défricher un domaine (scientifique); s'aventurer en terrain vierge, inconnu

neulich ADV dernièrement; récemment; l'autre jour; *geh* naguère; *umg* **die Frau von ~** la dame de l'autre jour

Neuling M ⟨~s; ~e⟩ novice *m/f*; débutant(e) *m(f)*

neumodisch ADJ à *od* de la dernière mode; moderne; **Neumond** M ⟨~(e)s⟩ nouvelle lune

neun NUM neuf; *beim Kegeln* **alle ~e!** strike!; → *a.* acht

Neun F ⟨~; ~en⟩ (chiffre *m*, nombre *m*) neuf *m*; *umg* **ach, du grüne ~e!** *umg* il ne manquait plus que ça!; → *a.* Acht[1]

Neunauge N ZOOL lamproie *f* fluviatile, de mer; **neunbändig** *etc* → achtbändig *etc*; **Neuneck** N ⟨~(e)s; ~e⟩ nonagone *m*; **neuneckig** ADJ nonagone; nonagonal

neuneinhalb NUM neuf et demi

Neuner M ⟨~s; ~⟩ *südd, österr, schweiz (Neun)* neuf *m*

neunerlei ADJ ⟨*inv*⟩ neuf sortes, espèces de ...; neuf ... différent(e)s; de neuf sortes, espèces différentes

neunfach A ADJ neuf fois; **die ~e Menge** neuf fois plus; neuf fois la quantité (donnée); **in ~er Ausfertigung** en neuf exemplaires B ADV neuf fois (plus); **~ vergrößert** agrandi neuf fois

Neunfache(s) N ⟨→ A⟩ neuf fois la quantité, la somme, *etc*; **neunhundert** NUM neuf cent(s); **neunjährig** ADJ *(neun Jahre alt)* (âgé) de neuf ans; *(neun Jahre lang)* de neuf ans; qui dure neuf ans; **Neunjährige(r)** M/F(M) ⟨→ A⟩ enfant *m/f* de neuf ans; **neunjährlich** ADV (ADJ) (qui revient) tous les neuf ans; **neunmal** ADV neuf fois; **neunmalig** ADJ ⟨*épithète*⟩ répété, recommencé neuf fois; **neunmalklug** ADJ *iron* qui se croit toujours très malin, maligne; qui sait toujours tout; **Neunsilber** M ⟨~s; ~⟩, **Neunsilbler** M ⟨-silblers; -silbler⟩ vers *m* de neuf pieds; **neunstellig** ADJ *Zahl, Betrag* de neuf chiffres

neunt ADV **zu ~** à neuf; **zu ~ sein** être neuf

neuntausend NUM neuf mille

neunte(r, -s) NUM neuvième; → *a.* achte(r, -s)

Neuntel N ⟨~s; ~⟩ neuvième *m*

neuntens ADV neuvièmement; en neuvième lieu

neunzehn NUM dix-neuf; → *a.* acht; **Neunzeiler** M ⟨~s; ~⟩ poème *m* de neuf vers; **neunzeilig** ADJ à *od* de neuf lignes

neunzig NUM quatre-vingt-dix; *Belgien, schweiz* nonante; → *a.* achtzig

Neunzig F ⟨~⟩ (chiffre *m*, nombre *m*) quatre-vingt-dix *m*

neunziger ADJ ⟨*inv*⟩ **die ~ Jahre** NPL les années *fpl* quatre-vingt-dix

Neunziger(in) M ⟨~s; ~⟩ (F) ⟨~in; ~innen⟩ → Neunzigjährige(r); **Neunzigerjahre** NPL **die ~** les années *fpl* quatre-vingt-dix; **neunzigjährig** ADJ *(neunzig Jahre alt)* (âgé) de quatre-vingt-dix ans; *Personen a.* nonagénaire; *(neunzig Jahre lang)* de quatre-vingt-dix ans; qui dure quatre-vingt-dix ans; **Neunzigjährige(r)** M/F(M) ⟨→ A⟩ nonagénaire *m/f*; homme *m*, femme *f* de quatre-vingt-dix ans

Neuordnung F réorganisation *f*; **Neuorientierung** F orientation nouvelle; **Neuphilologe** M, **Neuphilologin** F spécialiste *m/f*, *Student* étudiant(e) *m(f)* en langues modernes, vivantes; *in Frankreich* étudiant(e) *m(f)* en lettres modernes; **neuphilologisch** ADJ de(s) langues modernes, vivantes

Neuralgie F ⟨~; ~n⟩ névralgie *f*

neuralgisch ADJ névralgique; *geh fig* **~er Punkt** point *m* névralgique, sensible, vulnérable

Neurasthenie F ⟨~; ~n⟩ MED neurasthénie *f*; **Neurastheniker(in)** M ⟨~s; ~⟩ (F) ⟨~in; ~innen⟩ neurasthénique *m/f*; **neurasthenisch** ADJ neurasthénique

Neureg(e)lung F nouveau règlement; nouvelle réglementation; *(Neuordnung)* réorganisation *f*; **neureich** ADJ parvenu; nouveau riche; **Neureiche(r)** M/F(M) nouveau riche *m*, nouvelle riche *f*; parvenu(e) *m(f)*

Neurobiologe M, **Neurobiologin** F neurobiologiste *m/f*; **Neurobiologie** F neurobiologie *f*; **Neurochirurgie** F neurochirurgie *f*

Neurodermitis F ⟨~; -tiden⟩ MED névrodermite *f*

Neurologe M ⟨~n; ~n⟩, **Neurologin** F ⟨-in; -innen⟩ neurologue *m/f*; **Neurologie** F ⟨~⟩ neurologie *f*; **neurologisch** ADJ neurologique

Neuron N ⟨~s; -ronen *ou* -rone⟩ PHYSIOL neurone *m*

Neurose F ⟨~; ~n⟩ névrose *f*; **Neurotiker(in)** M ⟨~s; ~⟩ (F) ⟨~in; ~innen⟩ névrosé(e) *m(f)*; névrotique *m/f*; **neurotisch** ADJ névrosé; névrotique

Neuschnee M neige fraîche; nouvelle neige

Neuseeland N ⟨→ *n/pr*⟩ la Nouvelle-Zélande

Neuseeländer(in) M ⟨~s; ~⟩ (F) ⟨~in; ~innen⟩ Néo-Zélandais(e) *m(f)*

neuseeländisch ADJ néo-zélandais

Neusilber N maillechort *m*; argentan *m*

neusprachlich ADJ de(s) langues modernes, vivantes; → *a.* Gymnasium

neutral ADJ neutre *(a.* CHEM*)*; indifférent

Neutralisation F ⟨~; ~en⟩ neutralisation *f*; **neutralisieren** V/T ⟨*pas de ge-*, h.⟩ *a.* CHEM neutraliser; **Neutralisierung** F ⟨~; ~en⟩ neutralisation *f*; **Neutralität** F ⟨~⟩ neutralité *f*

Neutron N ⟨~s; -tronen⟩ PHYS neutron *m*

Neutronenbombe F bombe *f* à neutrons; **Neutronenzahl** F nombre *m* de neutrons

Neutrum N ⟨~s; -tra *ou* -tren⟩ GRAM *(sächliches Geschlecht)* (genre *m*) neutre *m*; *(sächliches Substantiv)* substantif *m* neutre

Neuveranlagung F FIN nouvelle assiette (de l'impôt); **Neuvermählte(r)** M/F(M) ⟨→ A⟩ nouveau, nouvelle marié(e) *m(f)*; jeune marié(e) *m(f)*; **Neuverschuldung** F POL endettement *m* budgétaire supplémentaire; **Neuverteilung** F redistribution *f*; **Neuwagen** M voiture neuve; **Neuwahl** F nouvelle élection

Neuwert M prix *m* du neuf; prix *m* d'un objet neuf; **der ~ des Autos beträgt ...** neuve, la voiture coûte ...; le prix de la voiture neuve est de ...

neuwertig ADJ à l'état neuf; comme neuf, neuve; **Neuzeit** F ⟨~⟩ temps *mpl* modernes; **neuzeitlich** ADJ moderne; **Neuzugang**

M 1 *(Hinzukommen)* arrivée *f*; venue *f* 2 *von Waren* nouvel arrivage; *in e-r Bibliothek etc* nouvelle acquisition 3 *(Hinzugekommener)* nouvel arrivant; nouveau venu; **Neuzulassung** F *von Kraftfahrzeugen* première immatriculation

Newcomer M ⟨~s; ~⟩ *Firma etc* **ein ~ auf dem Gebiet der Elektronik** un nouveau venu dans le secteur de l'électronique

New Orleans N ⟨→ *n/pr*⟩ La Nouvelle-Orléans

Newsgroup F ⟨~; ~s⟩ IT groupe *m*, forum *m* de discussion; **Newsletter** M ⟨~(s); ~(s)⟩ IT newsletter *f*

Newton N ⟨~s; ~⟩ PHYS *Maßeinheit* newton *m*

NGO F ⟨~; ~s⟩ ABK (Non-governmental organization, Nichtregierungsorganisation) ONG *f* ⟨*inv*⟩ (organisation non gouvernementale)

nhd. ABK (neuhochdeutsch) °haut allemand moderne

Niagarafälle MPL **die ~** les chutes *fpl* du Niagara

Nicaragua N ⟨→ *n/pr*⟩ le Nicaragua; **Nicaraguaner(in)** M ⟨~s; ~⟩ (F) ⟨~in; ~innen⟩ Nicaraguayen, -enne *m,f*; **nicaraguanisch** ADJ nicaraguayen, -enne

nicht ADV ne … pas; *geh* ne … point; *umg* pas; point; *bei einfachem Infinitiv* ne pas *ungetrennt vor dem Verb; ohne Verb*: pas; *zur Verneinung e-s einzelnen Worts od e-s ganzen nicht wiederholten Satzes* non; *plus fort* non pas; **~ abzugsfähig** non déductible; **~ amtlich** non officiel, -ielle; officieux, -euse; **~ ehelich** né °hors mariage; **~ existent** non existant; **~ leitend** non-conducteur, -trice; **~ öffentlich** non public, -ique; privé; JUR **in ~ öffentlicher Sitzung** à °huis clos; **~ organisiert** *Arbeitnehmer* non syndiqué; **~ rostend** inoxydable; antirouille; **~ selbstständig** dépendant; *Arbeit, Arbeiter* salarié; **~ antworten wäre e-e Grobheit** ce serait grossier de ne pas répondre; ne pas répondre serait une grossièreté; *ohne Verb: haben Sie Geld?* **~ viel** pas beaucoup; pas trop; guère; **warum ~?** pourquoi pas?; **~ zu laut!** pas trop fort!; **~ ein einziger** pas un seul; **~, dass …** ce n'est pas que …, non (pas) que … *(+subj)*; **~, dass ich wüsste, soviel ich weiß, ~** non (pas) que je sache; **~?, ~ wahr?** n'est-ce pas?; **~ besonders, ~ viel** ne … guère; **~ lange darauf** peu de temps après; **~ mehr** ne … plus; **er reist ~ mehr** il a cessé de voyager; il ne voyage plus; **~ so schön wie …** moins beau que …; **auch ~** ne … pas non plus; **ich auch ~** moi non plus; **auch ~ ein Einziger!** pas même un seul!; **durchaus ~, gar ~** pas du tout; nullement; (non, ne …) en rien; **ganz und gar ~** absolument pas; pas du tout; **ist es ~ schön heute?** il fait beau, n'est-ce pas?; vous ne trouvez pas qu'il fait beau?; **was er ~ alles weiß!** il en sait des choses!; **was du ~ sagst!** tu m'en diras tant!; allons bon!; **wo ~ …** sinon …; **das ~** ce n'est pas cela; *umg* pas (de) cela; *umg* pas (de) ça; **~ doch!** mais non!; non pas!; *tadelnd* laisse cela!; reste tranquille!; **noch ~** (ne …) pas encore; **~ Berufstätige(r), ~ Sesshafte(r), ~ Zutreffende(s)** → Nichtberufstätige(r), Nichtsesshafte(r), Nichtzutreffende(s)

Nicht… IN ZSSGN *oft* non *od* non-…; **nichtabzugsfähig** ADJ → nicht; **Nichtachtung** F manque *m* d'égard; irrespect *m*; irrévérence *f*; **nichtamtlich** ADJ → nicht; **Nichtanerkennung** F ⟨~⟩ *e-r Forderung, e-s Landes* non-reconnaissance *f*; JUR désaveu *m*; **Nichtangriffspakt** M pacte *m* de non-agression; **Nichtbeachtung** F, **Nichtbefolgung** F non-respect *m*; inobservation *od* inobservance *f*; non-observance *od* non-observation *f*; *(Vernachlässigung)* négligence *f*; **Nichtberufstätige(r)** M/F(M) personne *f* n'exerçant pas d'activité professionnelle; *in Statistiken etc pl* non-actifs *mpl*; **Nichtbestehen** N inexistence *f*; **Nichtbezahlung** F non-paiement *m*

Nichte F ⟨~; ~n⟩ nièce *f*

Nicht-EG-… IN ZSSGN non-communautaire

nichtehelich ADJ → nicht

Nichteignung F **bei ~ …** *(+gen)* si … ne donne pas satisfaction …; en cas de non-satisfaction …

Nichteinhaltung F *e-s Vertrages* violation *f*; **Nichteinmischung** F ⟨~⟩ POL non-intervention *f*; non-ingérence *f*; **Nichteisenmetalle** NPL métaux *mpl* non-ferreux; **Nichterfüllung** F non-exécution *f*; non-accomplissement *m*; manquement *m*; JUR défaillance *f*

Nichterscheinen N absence *f*; **~ vor Gericht** non-comparution *f*; contumace *f*; défaut *m*

nichtexistent ADJ ⟨*épithète*⟩ non existant; **Nichtfachmann** M profane *m*; non-expert *m*; **Nichtgebrauch** M ⟨~(e)s⟩ JUR non-usage *m*

Nichtgefallen N **bei ~** en cas de non-satisfaction

Nichtgelingen N non-réussite *f*

nichtig ADJ 1 JUR nul, nulle; de nulle valeur; sans valeur; sans effet; caduc, -uque; **~ sein** être entaché de nullité 2 *fig (nichts sagend)* futile; frivole; vain

Nichtigkeit F ⟨~; ~en⟩ 1 ⟨*pas de pl*⟩ JUR nullité *f*; invalidité *f*; caducité *f* 2 ⟨*pas de pl*⟩ *fig (Belanglosigkeit)* futilité *f*; frivolité *f* 3 *(Bagatelle)* rien *m*; bagatelle *f*; **sich mit ~en abgeben** s'amuser à des riens, à des bagatelles; s'occuper de choses sans importance

Nichtigkeitserklärung F JUR annulation *f*; **Nichtigkeitsklage** F JUR action *f*, instance *f* en nullité

nichtleitend ADJT → nicht

Nichtleiter M PHYS isolant *m*; non-conducteur *m*; diélectrique *m*; **Nichtmetall** N métalloïde *m*; **Nichtmitglied** N non-adhérent *m*; non-membre *m*

nichtöffentlich ADJ, **nichtorganisiert** ADJT → nicht

Nichtraucher(in) M(F) non-fumeur, -euse *m,f*; *auf Schildern* défense de fumer; **ich bin ~** je ne fume pas

Nichtraucherabteil N (compartiment *m*) non-fumeurs *m*; **Nichtraucherschutz** M protection *f* des non-fumeurs; **Nichtraucherschutzgesetz** N décret *m* antitabac; **Nichtraucherzone** F zone *f*, espace *m* non-fumeurs

Nichtregierungsorganisation F organisation non gouvernementale

nichtrostend ADJT → nicht

nichts INDEF PR ⟨*inv*⟩ *mit Verb* ne … rien; *ohne Verb* rien; **~ ahnend** ignorant; qui ne se doute de rien; **~ and(e)res** rien d'autre; **~ Neues** rien de nouveau, de neuf; **~ mehr** ne … plus rien; **es wird ~ daraus** cela ne se fera pas; il n'en sera rien; **das ist ~ für mich** cela ne me convient pas; ce n'est pas pour moi, ça; *umg* ce n'est pas mon truc; *umg* **~ da!** *umg* pas de ça!; **~ davon!** n'en parlons pas!; pas un mot de (tout) cela!; *umg* **~ wie hin!** vite, allons-y!; *umg* **~ wie weg!** *umg* tirons-nous!; *umg* filons!; *umg* **mir ~, dir ~** sans plus de façons; *umg* tout de go; de but en blanc; *umg* **für ~ und wieder ~** (et tout ça) pour rien; absolument pour rien; **gar ~ wissen** ne savoir rien de rien; ne rien savoir du tout; **überhaupt ~, gar ~** rien du tout; absolument rien; **weiter ~?** c'est tout?; **weiter ~** rien de plus; voilà tout; rien d'autre; **wenn's weiter ~ ist!** si ce n'est que ça!; **das macht ~** *als Antwort auf e-e Entschuldigung* cela ne fait rien; il n'y a pas de mal, pas de quoi; **ich hatte ~ als Scherereien** je n'ai eu que des ennuis; **sich in ~ von j-m unterscheiden** ne se distinguer, ne différer, n'être différent en rien de qn; **~ zu machen** rien à faire; **da ist ~ zu machen** il n'y a rien à faire (à cela); **da gibt es ~ zu lachen** il n'y a pas de quoi rire; **als ob ~ (vorgefallen) wäre** comme si de rien n'était; **er macht sich** *(dat)* **~ daraus** il n'en fait aucun cas; *umg* **das war wohl ~ !** ça ne convenait pas; ça ne faisait pas l'affaire; **das hat ~ zu sagen** cela ne veut rien dire; *sprichw* **von ~ kommt ~** *sprichw* il n'y a pas de fumée sans feu; **~ sagend** → nichtssagend

Nichts N ⟨~⟩ 1 rien *m*; *(das Nichtsein)* néant *m*; *(Leere)* vide *m*; *(Geringfügigkeit)* insignifiance *f*; bagatelle *f*; **(wie) aus dem ~ auftauchen** surgir, apparaître tout à coup; surgir du néant; **er steht vor dem ~** il se retrouve sans rien, sans avenir 2 *pej (Mensch)* minable *m/f*

nichtsahnend ADJT → nichts

Nichtschwimmer(in) M(F) non-nageur, -euse *m,f*

nichtsdestotrotz *umg hum*, **nichtsdestoweniger** ADV néanmoins; (ce) nonobstant; malgré cela; quand même

Nichtsein N néant *m*; **nichtselbstständig** ADJ → nicht; **Nichtsesshafte(r)** M/F(M) ⟨→ A⟩ nomade *m/f*; ADMIN personne *f* sans domicile fixe; SDF *m/f*

Nichtskönner M propre *m* à rien; *umg* zéro *m*; **Nichtsnutz** M ⟨~es; ~e⟩ *pej* bon *m*, propre *m* à rien; vaurien *m*; **nichtsnutzig** ADJ *pej* effronté; qui ne vaut rien; **nichtssagend** ADJT insignifiant; *Worte* vide de sens; futile; *(farblos)* incolore; **Nichtstuer(in)** M ⟨~s; ~⟩ (F) ⟨~in; ~innen⟩ *pej* fainéant(e) *m(f)*; désœuvré(e) *m(f)*; oisif, -ive *m,f*; **Nichtstuerei** F ⟨~⟩ *pej* fainéantise *f*; désœuvrement *m*; oisiveté *f*

Nichtstun N inaction *f*; oisiveté *f*; **das süße ~** la douce oisiveté; le farniente

nichtswürdig ADJ bas, basse et vil; infâme; misérable; indigne; abject

Nichtteilnahme F non-participation *f*

Nichtübereinstimmung F ⟨~⟩ non-conformité *f*; divergence *f*; **bei ~** en cas de non-conformité, de divergence

Nichtübertragbarkeit F incessibilité *f*; **Nichtvollstreckung** F ⟨~⟩, **Nichtvollziehung** F ⟨-ung⟩ non-exécution *f*; **Nichtvorhandensein** N absence *f*; **Nichtwähler** M *der nicht wählen darf* non-électeur *m*; *der nicht wählen will* abstentionniste *m*; **Nichtwissen** N ignorance *f*; **Nichtzahlung** F défaut *m* de paiement; non-paiement *m*

Nicht-zustande-Kommen N ⟨~s⟩ *e-s Vertrags* non-conclusion *f*; **das ~ e-r Einigung** le fait de ne pas parvenir à un accord; la non-conclusion d'un accord; **das ~ e-r Konferenz, e-r Reise** pour une conférence, un voyage, le fait de ne pas avoir lieu; **das ~ e-s Gesetzes** l'échec *m* d'un projet de loi

Nichtzutreffende(s) N ⟨→ A⟩ **~s bitte streichen** rayer, biffer les mentions inutiles

Nickel N ⟨~s⟩ nickel *m*; **Nickelbrille** F lunettes *fpl* à monture de métal; **nickelhaltig** ADJ qui contient du nickel; *t/t* nickélifère; **Nickellegierung** F alliage *m* de nickel

nicken V/I ⟨h.⟩ 1 **(mit dem Kopf) ~** *als Gruß* saluer d'un signe de tête; *als Wink* faire signe de la tête; *zustimmend* faire un signe de tête affirmatif, approbatif; *hum* opiner du bonnet,

N

de la tête 2 *umg* (*schlummern*) faire un (petit) somme

Nickerchen *umg* N ⟨~s; ~⟩ somme *m*; *umg* roupillon *m*; **ein ~ machen** faire un petit somme; *umg* piquer un roupillon

Nicki M ⟨~(s); ~s⟩ pull *m* en velours; **Nickituch** N ⟨~(e)s; ~̈er⟩ bandana *f*

nie ADV *mit Verb* ne … jamais; *ohne Verb* jamais; **ich habe ihn ~ gesehen** je ne l'ai jamais vu; **~ und nimmer!** jamais!; **~ im Leben!** jamais de la vie!; **~ wieder, ~ mehr** jamais plus; plus jamais; **(das ist) noch ~ da gewesen** (c'est) sans précédent

nieder ADV en bas; à bas; **~ mit den Verrätern!** à bas les traîtres!; mort aux traîtres!; → *a.* auf B 2

Niederbayern N la Basse-Bavière

niederbrennen ⟨*irr, sép*, -ge-⟩ A VT ⟨h.⟩ incendier; réduire en cendres B VI ⟨s.⟩ être détruit par un incendie; **niederbrüllen** VT ⟨*sép*, -ge-, h.⟩ conspuer; °huer; **niederdeutsch** ADJ de l'Allemagne du Nord; **Niederdruck** M ⟨~(e)s; ~̈e⟩ basse pression; **niederdrücken** VT ⟨*sép*, -ge-, h.⟩ 1 *Taste, Knopf* presser; appuyer sur; *Hebel* abaisser 2 *fig* accabler; déprimer; abattre; affliger; **niederdrückend** ADJT accablant; déprimant; décourageant

niedere(r, -s) ADJ ⟨*épithète*⟩ 1 *im Rang, Wert* bas, basse; petit; inférieur; *in der Gesinnung* ignoble; bas, basse; vil; **der ~ Adel** la petite noblesse; **von ~r Geburt** d'humble naissance, origine; d'origine humble 2 BIOL **~ Pflanzen** *fpl* plantes inférieures; **~ Tiere** *npl* animaux inférieurs

niederfallen *geh* VI ⟨*irr, sép*, -ge-, s.⟩ tomber (en bas, par terre); **vor j-m ~** se jeter aux pieds de qn; se prosterner devant qn

Niederfrequenz F basse fréquence; **Niedergang** *geh* M ⟨~(e)s⟩ abaissement *m*; déclin *m*; (*Verfall*) décadence *f*

niedergedrückt ADJT abattu; accablé; **niedergehen** VI ⟨*irr, sép*, -ge-, s.⟩ *Gewitter, Regenguss* s'abattre; *Flugzeug* descendre; **niedergeschlagen** ADJT abattu; déprimé; (*entmutigt*) découragé; **Niedergeschlagenheit** F ⟨~⟩ abattement *m*; accablement *m*; découragement *m*; **niederhalten** VT ⟨*irr, sép*, -ge-, h.⟩ (*unten halten*) tenir en bas; tenir baissé; *Aufstand etc* réprimer; tenir en échec; **niederholen** VT ⟨*sép*, -ge-, h.⟩ *Fahne* amener; baisser; descendre; **niederkämpfen** VT ⟨*sép*, -ge-, h.⟩ abattre; MIL *Gegner* anéantir; écraser; *fig* vaincre; réprimer; étouffer; **niederknallen** *umg* VT ⟨*sép*, -ge-, h.⟩ abattre; *umg* descendre

niederknien VI ⟨*sép*, -ge-, s.⟩ s'agenouiller; **vor j-m ~** tomber, se mettre à genoux devant qn

niederknüppeln VT ⟨-(e)le, *sép*, -ge-, h.⟩ assommer à coups de matraque

niederkommen *geh* VI ⟨*irr, sép*, -ge-, s.⟩ accoucher (**mit** de)

Niederkunft *geh* F ⟨~; ~̈e⟩ accouchement *m*

Niederlage F défaite *f*; **e-e Niederlage einstecken, hinnehmen müssen** essuyer une défaite

Niederlande NPL ⟨→ *n/pr*⟩ **die ~** les Pays-Bas *mpl*

Niederländer(in) M ⟨~s; ~⟩ F ⟨~in; ~innen⟩ Néerlandais(e) *m(f)*

niederländisch ADJ des Pays-Bas; néerlandais

Niederländisch N ⟨~(s)⟩, **Niederländische** N ⟨~n⟩ **(das) Niederländisch(e)** *Sprache* le néerlandais

niederlassen VR ⟨*irr, sép*, -ge-, h.⟩ **sich ~** 1 *geh* (*sich setzen*) s'asseoir; prendre place; *Vögel* se poser; se percher 2 (*ansässig werden*) s'installer; élire domicile; se fixer; *geschäftlich* s'installer; s'établir; **Niederlassung** F ⟨~; ~en⟩ 1 ⟨*pas de pl*⟩ (*das Sichniederlassen*) installation *f*; établissement *m* 2 (*Siedlung*) colonie *f*; HANDEL établissement *m*; comptoir *m*; succursale *f*; filiale *f*; *e-r Bank* agence *f*

niederlegen ⟨*sép*, -ge-, h.⟩ A VT 1 *Gegenstand, Kranz* déposer; (*auf den Boden legen*) poser par terre 2 *fig* **sein Amt ~** se démettre (de ses fonctions); donner sa démission; démissionner; **die Arbeit ~** cesser le travail; (*streiken*) se mettre en grève; **die Waffen ~** mettre bas, déposer les armes 3 **etw schriftlich ~** coucher, consigner, mettre qc par écrit B *geh* VR **sich ~** se coucher; se mettre au lit

Niederlegung F ⟨~; ~en⟩ *e-s Kranzes etc* dépôt *m*; *e-s Amts* résiliation *f*; démission *f*

niedermachen VT ⟨*sép*, -ge-, h.⟩ massacrer; **niedermähen** VT ⟨*sép*, -ge-, h.⟩ (*reihenweise erschießen*) faucher; abattre; **niedermetzeln** VT ⟨-(e)le, *sép*, -ge-, h.⟩ massacrer; abattre; tuer

Niederösterreich N la Basse-Autriche

niederprasseln VI ⟨-(e)le, *sép*, -ge-, s.⟩ *Regen* crépiter; *fig Kritik etc* **auf j-n ~** pleuvoir sur qn

niederreißen VT ⟨*irr, sép*, -ge-, h.⟩ renverser; *Gebäude* (*abreißen*) démolir; abattre; raser

Niederrhein der ~ *Fluss* le Rhin inférieur; *Gebiet* la région du Rhin inférieur

niederrheinisch ADJ du cours inférieur du Rhin

niederringen VT ⟨*irr, sép*, -ge-, h.⟩ *Gegner* tomber; *a. Feind, fig* vaincre

Niedersachsen N la Basse-Saxe

niederschießen VT ⟨*irr, sép*, -ge-, h.⟩ abattre; *umg* descendre

Niederschlag M 1 METEO *meist* PL **Niederschläge** précipitations *fpl*; **radioaktiver ~** retombées radioactives; dépôt radioactif 2 *fig* **s-n ~ finden in** (+*dat*) se manifester, se refléter, s'exprimer dans 3 CHEM dépôt *m*; sédiment *m*; précipité *m*

niederschlagen ⟨*irr, sép*, -ge-, h.⟩ A VT 1 (*zu Boden schlagen*) abattre; assommer; terrasser 2 *Aufstand etc* réprimer 3 JUR *Verfahren* classer; arrêter 4 **die Augen ~** baisser les yeux B VR **sich ~** 1 CHEM (se) déposer; se précipiter 2 *fig* (*sichtbar werden*) se manifester, s'exprimer (**in** [+*dat*] dans)

niederschlagsarm ADJ pauvre en eau; peu pluvieux, -ieuse; **niederschlagsfrei** ADJ sans pluie; sans précipitations; **Niederschlagsmenge** F régime *m* des pluies; pluviosité *f*; **Niederschlagsmesser** M ⟨~s; ~⟩ pluviomètre *m*; **niederschlagsreich** ADJ pluvieux, -ieuse

Niederschlagung F ⟨~; ~en⟩ 1 *e-s Aufstands* répression *f*; écrasement *m* 2 *e-s Verfahrens* non-lieu *m*

niederschmettern VT ⟨-(e)re, *sép*, -ge-, h.⟩ 1 fracasser (en jetant à terre); *Person* terrasser 2 *fig* accabler; affliger; *plus fort* bouleverser; terrasser; foudroyer; **niederschmetternd** ADJT bouleversant; foudroyant; **niederschreiben** VT ⟨*irr, sép*, -ge-, h.⟩ coucher, consigner, mettre par écrit; écrire; **niederschreien** VT ⟨*irr, sép*, -ge-, h.⟩ conspuer; **Niederschrift** F *Vorgang* rédaction *f*; consignation *f* par écrit; (*Geschriebenes*) compte rendu; manuscrit *m*; JUR procès-verbal *m*; **niedersetzen** *geh* ⟨-(es)t, *sép*, -ge-, h.⟩ A VT (dé)poser; mettre par *od* à terre B VR **sich ~** s'asseoir; *Vögel* se poser; se percher; **niedersinken** *geh* VI ⟨*irr, sép*, -ge-, s.⟩ descendre lentement; *vor Schwäche* (*zusammenbrechen*) s'affaisser; se laisser tomber; s'affaler; s'effondrer; **Niederspannung** F basse tension; **niederstechen** VT ⟨*irr, sép*, -ge-, h.⟩ blesser, (*erstechen*) tuer d'un coup de couteau; **niederstimmen** VT ⟨*sép*, -ge-, h.⟩ *Antrag etc* rejeter (par le vote); *Person* mettre en minorité; **niederstoßen** VT ⟨*irr, sép*, -ge-, h.⟩ renverser; **niederstrecken** *geh* VT ⟨*sép*, -ge-, h.⟩ assommer; terrasser; **niederstürzen** VI ⟨-(es)t, *sép*, -ge-, s.⟩ tomber (avec violence); s'abattre; se précipiter; **niedertourig** ADJ TECH à faible régime

Niedertracht F ⟨~⟩ → Niederträchtigkeit 2; **niederträchtig** ADJ bas, basse; ignoble; infâme; abject; **Niederträchtigkeit** F ⟨~; ~en⟩ 1 *Handlung* bassesse *f*; *geh* infamie *f* 2 ⟨*pas de pl*⟩ *Gesinnung* bassesse *f*; *geh* infamie *f*; *liter* vilenie *f*

niedertrampeln *umg* VT ⟨-(e)le, *sép*, -ge-, h.⟩, **niedertreten** VT ⟨*irr, sép*, -ge-, h.⟩ piétiner

Niederung F ⟨~; ~en⟩ terrain bas; (*Tal*) vallon *m*; bas-fond *m*; *fig pl* **~en** bas-fonds *mpl*; **sumpfige ~en** terrains *mpl* marécageux

Niederwald M taillis *m*; sous-bois *m*; **niederwalzen** VT ⟨-(es)t, *sép*, -ge-, h.⟩ aplanir; aplatir; *fig* écraser

niederwerfen *geh* ⟨*irr, sép*, -ge-, h.⟩ A VT 1 *Gegner* terrasser; abattre; jeter (à) bas; *fig* (*besiegen*) vaincre; défaire; *Aufstand* écraser; réprimer 2 (*erschüttern*) bouleverser; → *a.* niederschmettern 2 B VR **sich ~** se jeter à terre; se plaquer au sol; **sich vor j-m ~** se jeter aux pieds de qn; se prosterner devant qn

Niederwerfung F ⟨~⟩ (*Besiegung*) défaite *f*; *e-s Aufstands* écrasement *m*; répression *f*; **Niederwild** N petit, menu gibier

niedlich ADJ gentil, -ille; mignon, -onne; (*hübsch*) joli; (*zierlich*) gracieux, -ieuse; coquet, -ette

niedrig A ADJ bas, basse; peu élevé; *sozial a.* inférieur; humble; *Gesinnung* (*gemein*) vil; ignoble; *Preis* bas, basse; modéré; modique; **~e Zahl** petit nombre; **~er als etw** inférieur à qc B ADV 1 *räumlich, fig* bas; **~er hängen, setzen, stellen** descendre; (a)baisser; mettre plus bas 2 KARTENSPIEL **~ spielen** jouer petit jeu; **~ ausspielen** jouer une basse carte

Niedrigenergiehaus N maison *f* à basse consommation d'énergie; **Niedrigkeit** F ⟨~⟩ bassesse *f* (*a. der Gesinnung*); *des Preises* modicité *f*; petitesse *f*; **Niedriglohn** M bas salaire; **Niedriglohnland** N pays *m* à faibles revenus, à bas salaires; **Niedrigpreis** M bas prix; **Niedrigwasser** N ⟨~s⟩ *des Meeres* marée basse; *e-s Flusses* (régime *m* de) basses eaux

niemals → nie

niemand INDEF PR *Subjekt* personne; aucun; *beim Verb* personne … ne; aucun … ne; *Objekt* ne … personne; **ich sehe ~(en)** je ne vois personne; **gib es ~(em)!** ne le donne à personne!; **es war ~ da** il n'y avait personne; **~ ander(e)s** personne d'autre; nul autre; **~ (ander[e]s) als er hat …** il n'y a que lui qui ait …; **~ Fremdes** aucun étranger; **~ mehr** plus personne; **er ist ein Niemand** il est tout à fait insignifiant

Niemandsland N ⟨~(e)s⟩ no man's land *m*

Niere F ⟨~; ~n⟩ 1 ANAT rein *m*; *umg fig* **das geht mir an die ~n** ça me bouleverse 2 GASTR rognon *m*

Nierenbecken N bassinet *m*; **Nierenbeckenentzündung** F pyélite *f*; **Nierenbraten** M (*Kalbsnierenbraten*) longe *f* de veau; **Nierenentzündung** F néphrite *f*; **nierenförmig** ADJ qui a la forme du *bzw.* d'un rein; *t/t* réniforme; *Tisch, Schale etc* °haricot (*inv*); **Nierengegend** F région ré-

N

nale; **Nierenkolik** F colique *f* néphrétique
nierenkrank ADJ **er ist ~** il souffre des reins
Nierenkranke(r) M/F(M) *t/t* néphrétique *m/f*; **Nierenkrankheit** F, **Nierenleiden** N maladie *f* des reins, rénale; **Nierenschale** F MED °haricot *m*; **Nierenstein** M calcul rénal; **Nierensteinzertrümmerer** M ⟨~s; ~⟩ lithotri(p)teur *m*; **Nierentisch** M table *f* °haricot; **Nierentransplantation** F greffe *f* de *bzw.* du rein
Niesanfall M crise *f* d'éternuements
nieseln V/UNPERS ⟨-(e)le, h.⟩ bruiner; **Nieselregen** M bruine *f*; crachin *m*
niesen V/I ⟨-(es)t, h.⟩ éternuer; **Niespulver** N poudre *f* à éternuer, sternutatoire
Nießbrauch M ⟨~(e)s⟩ JUR usufruit *m*; **Nießbraucher(in)** M ⟨~s; ~⟩ (F) ⟨~in; ~innen⟩ JUR usufruitier, -ière *m,f*
Nieswurz F ⟨~; ~en⟩ BOT ellébore *m*
Niet M *od* N ⟨~(e)s; ~e⟩ rivet *m*
Niete¹ F ⟨~; ~n⟩ 1 LOTTERIE billet, numéro perdant 2 *umg fig (Versager) umg* minable *m*; *umg* tocard *m*; nullité *f*; *umg* zéro *m*
Niete² F ⟨~; ~n⟩ TECH rivet *m*
Nieteisen N fer *m* à rivets; **nieten** V/T ⟨-ete, h.⟩ river; riveter; **Niethammer** M rivoir *m*; marteau rivoir; **Nietnagel** M clou rivé; rivet *m*
niet- und nagelfest ADJ *umg* **alles, was nicht ~ ist** *stehlen, mitnehmen* tout ce qu'on peut; tout ce qui tombe sous la main
Niger N ⟨→ *n/pr*⟩ *Staat* ~, *Fluss* **der ~** le Niger
Nigeria N ⟨→ *n/pr*⟩ le Nigeria; **Nigerianer(in)** M ⟨~s; ~⟩ (F) ⟨~in; ~innen⟩ Nigérian(e) *m(f)*; **nigerianisch** ADJ nigérian
Nigger *sl pej* M ⟨~s; ~⟩ nègre *m*; *umg* négro *m*
Nigrer(in) M ⟨~s; ~⟩ (F) ⟨~in; ~innen⟩ Nigérien, -ienne *m,f*; **nigrisch** ADJ nigérien, -ienne
Nihilismus M ⟨~⟩ nihilisme *m*; **Nihilist(in)** M ⟨~en; ~en⟩ (F) ⟨~in; ~innen⟩ nihiliste *m/f*; **nihilistisch** ADJ nihiliste

Nikolaus M 1 ⟨~; ~e *ou umg hum* -läuse⟩ *Gestalt* Saint-Nicolas *m* 2 ⟨→*n/pr*⟩ *prénom*; HIST Nicolas *m*
Nikolaustag M **der ~** la Saint-Nicolas
Nikotin N ⟨~s⟩ nicotine *f*
nikotinarm ADJ pauvre en nicotine; **nikotinfrei** ADJ exempt de, sans nicotine; dénicotinisé; **Nikotingehalt** M teneur *f* en nicotine; **nikotinhaltig** ADJ nicotineux, -euse; **Nikotinvergiftung** F intoxication *f* par la nicotine; nicotinisme *m*; tabagisme *m*
Nil ⟨→*n/pr*⟩ **der ~** le Nil
Nildelta N GEOG delta *m* du Nil; **Nilpferd** N hippopotame *m*
Nimbus M ⟨~; ~se⟩ nimbe *m*; *a. fig* auréole *f*; **s-n ~ einbüßen** perdre son auréole, son prestige; **mit e-m ~ umgeben** entourer, parer d'une auréole
nimmer ADV 1 *veraltet* → nie; **nie und ~** jamais 2 *österr, südd* jamais plus; plus jamais
Nimmerleinstag M *umg hum* semaine *f* des quatre jeudis; **das bekommst du am ~** tu l'auras quand les poules auront des dents, *umg* à la saint-glinglin; **etw auf den ~ verschieben** renvoyer qc aux calendes grecques
nimmermehr → nimmer; **nimmermüde** *geh* ADJ infatigable; **Nimmersatt** M ⟨~ *ou* ~(e)s; ~e⟩ insatiable *m*; glouton *m*
Nimmerwiedersehen *umg* N **auf ~!** adieu pour toujours!; **auf ~ verschwinden** *umg* disparaître de la circulation
nimmt → nehmen
Nippel M ⟨~s; ~⟩ 1 TECH raccord *m*; *(Schmiernippel)* graisseur *m* 2 *umg (Brustwarze) umg* téton *m*
nippen V/I ⟨h.⟩ **(an etw** [*dat*]**) ~** boire à petits coups (qc); *umg* siroter (qc)
Nippes FPL, **Nippsachen** FPL bibelots *mpl*; colifichets *mpl*
Nippon N ⟨→ *n/pr*⟩ le Nippon
nirgends, nirgendwo ADV nulle part; en aucun lieu; *beim Verb* ne … nulle part; ne … en aucun lieu
Nirwana N ⟨~(s)⟩ nirvâna *m*
Nische F ⟨~; ~n⟩ niche *f*
Nisse F ⟨~; ~n⟩ ZOOL lente *f*
nisten V/I ⟨-ete, h.⟩ nicher; faire son nid; nidifier
Nistkasten M nichoir *m*; **Nistplatz** M lieu *m* de nidification
Nitrat N ⟨~(e)s; ~e⟩ CHEM nitrate *m*
Nitrid N ⟨~s; ~e⟩ CHEM nitrure *m*
nitrieren V/T ⟨*pas de ge-*, h.⟩ nitrer; *Stahl* nitrurer; **Nitrierung** F ⟨~⟩ CHEM nitrification *f*; METALL nitruration *f*
Nitrit N ⟨~s; ~e⟩ CHEM nitrite *m*
Nitroglyzerin N CHEM nitroglycérine *f*
Niveau N ⟨~s; ~s⟩ niveau *m*; **auf hohem geistigem ~** d'un °haut niveau intellectuel; **mit etw auf gleichem ~** de niveau avec qc; au niveau de qc; **~ haben** avoir un certain niveau; **kein ~ haben** *Artikel, Film* être d'un niveau médiocre; avoir un contenu pauvre; *Person* n'être pas très intéressant; être nul, nulle; **das ist unter meinem ~** ce n'est pas de mon niveau; je suis au-dessus de cela
niveaulos ADJ sans niveau; sans valeur (intellectuelle)
nivellieren V/T ⟨*pas de ge-*, h.⟩ VERMESSUNG, *fig* niveler; *(einebnen)* aplanir
Nivelliergerät N, **Nivellierinstrument** N niveau *m*; **Nivellierung** F ⟨~; ~en⟩ *a. fig* nivellement *m*
nix *umg* → nichts
Nix M ⟨~es; ~e⟩ MYTH ondin *m*; esprit *m* des eaux
Nixe F ⟨~; ~n⟩ MYTH ondine *f*; nixe *f*; *a. hum* naïade *f*
Nizza N ⟨→ *n/pr*⟩ Nice
n. J. ABK (nächsten Jahres) de l'année prochaine
nkr ABK (norwegische Krone) krn (couronne norvégienne)
n. M. ABK (nächsten Monats) du mois prochain
NN ABK (Normalnull) niveau moyen de la mer
N. N. ABK (nomen nescio, nomen nominandum) N. *od* N* *od* N**
NNO ABK (Nordnordost[en]) N.-N.-E. (nord-nord-est)
NNW ABK (Nordnordwest[en]) N.-N.-O. (nord-nord-ouest)
NO ABK (Nordost[en]) N.-E. (nord-est)
Noah M ⟨→ *n/pr*⟩ BIBEL Noé *m*
nobel ADJ ⟨-bl-⟩ 1 *geh (edel)* noble 2 *umg (freigebig)* généreux, -euse; libéral 3 *umg (luxuriös)* de luxe; *Haus, Einrichtung etc* élégant; chic *(inv)*; *iron hum* **~ geht die Welt zugrunde** *umg* pas *od* plus de fric, mais on garde la classe!
Nobelherberge F *iron* hôtel *m* de luxe; **e-e ~** un quatre étoiles; **Nobelkarosse** *umg* F → Nobelschlitten; **Nobelmarke** F (grande) marque
Nobelpreis M prix *m* Nobel; **Nobelpreisträger(in)** M(F) lauréat(e) *m(f)* du prix Nobel; Prix *m* Nobel
Nobelschlitten *umg* M bagnole *f* de luxe; *umg* super caisse *f*
noch A ADV 1 *(bisher)* encore; toujours; **~ nicht** (ne …) pas encore; **~ nie** (ne …) jamais encore; **kaum ~** à peine; **sind Sie immer ~ krank?** êtes-vous encore malade?; êtes-vous toujours malade?; **gestern war sie ~ kerngesund** hier encore, elle était en pleine forme; **er war gerade ~ hier** il était encore là il y a un instant 2 *(nicht später als)* encore; **heute ~, ~ heute** aujourd'hui même, encore; **~ am Tage s-r Ankunft** le jour même de son arrivée 3 *(später)* **er kommt ~** il va venir; il nous rejoindra; **er wird schon ~ kommen** il finira bien, va bien finir par arriver; **er wird ~ krank (werden), wenn er …** il finira par tomber malade, s'il …; *umg* **du wirst dich ~ wundern!** tu n'as pas fini de t'étonner; *umg* tu vas voir ce que tu vas voir; **weil er mein Nachbar ist, ist er ~ (lange) nicht mein Freund** ce n'est pas parce que c'est mon voisin, que nous sommes amis 4 *(zusätzlich)* encore; **~ dazu** en outre; **was gab es ~ zu essen?** qu'est-ce qu'il y avait (encore) d'autre à manger?; **~ einmal** encore (une fois); **~ einmal so viel** le double; deux fois autant; **das fehlte gerade ~** il ne manqu(er)ait plus que cela; *umg* **~ und ~**, *hum* **~ und nöcher** tant et plus 5 *mit* **nur: es sind nur ~ fünf Minuten** il n'y a, il ne reste plus que cinq minutes; **der Bus fährt nur ~ werktags** le bus ne circule plus qu'en semaine; **ich habe nur ~ drei Euro** il ne me reste plus que trois euros; **sie will (nur) ~ schnell einkaufen** elle veut juste, seulement faire encore quelques courses 6 *Vergleich* **zwölf oder ~ mehr** douze ou même plus; **er hat ~ Gefühl, aber sein Bruder …** lui, du moins, sent les choses, mais son frère …; **er ist ~ lange nicht so reich wie seine Schwester** il s'en faut de beaucoup qu'il soit aussi riche que sa sœur; il est loin d'être aussi riche que sa sœur; **das ist ~ schöner, wichtiger** *etc* c'est encore plus beau, plus important, *etc*; **jede ~ so kleine Freude** toute joie si petite qu'elle soit *od* si petite soit-elle; **man kann ~ so vorsichtig sein …** on a beau être prudent …; **wäre er ~ so reich, wenn er auch ~ so reich wäre** quelque *od* si riche qu'il soit B KONJ **weder … ~ …** ni … ni …; **wir sind weder reich ~ arm** nous ne sommes ni riches ni pauvres
nochmalig ADJ *(épithète)* nouveau, nouvel, nouvelle; **nach ~er Durchsicht** après un nouvel examen
nochmals ADV encore (une fois); de nouveau; **~ schreiben** *etc* récrire; recopier, *etc*
Nocken M ⟨~s; ~⟩ TECH came *f*; **Nockenwelle** F arbre *m* à cames
Nockerl N ⟨~s; ~(n)⟩ GASTR 1 *südd, österr etwa* quenelle *f* 2 **Salzburger ~(n)** *etwa* soufflé *m* à la vanille
Nofretete F ⟨→ *n/pr*⟩ HIST Néfertiti *f*
NOK N ⟨~(s)⟩ HIST ABK (Nationales Olympisches Komitee) Comité national olympique
nolens volens *geh* ADV bon gré mal gré; de gré ou de force
Nomade M ⟨~n; ~n⟩ nomade *m*
nomadenhaft ADJ nomade; **Nomadenleben** N ⟨~s⟩ vie *f* nomade; **Nomadenstamm** M tribu *f* nomade; **Nomadentum** N ⟨~(e)s⟩ nomadisme *m*; **Nomadenvolk** N peuple *m* nomade
Nomadin F ⟨~; ~nen⟩ nomade *f*
nomadisieren V/I ⟨*pas de ge-*, h.⟩ mener une vie de nomade
Nomen N ⟨~s; Nomina⟩ GRAM nom *m*; substantif *m*
Nomenklatur F ⟨~; ~en⟩ *e-s Fachgebiets* nomenclature *f*
nominal ADJ WIRTSCH, GRAM nominal
Nominalbetrag M montant nominal; valeur nominale; **Nominaleinkommen** N, **Nominallohn** M salaire nominal; **Nominalstil** M ⟨~(e)s⟩ style nominal *(privilégiant l'utilisation de verbes substantivés)*; **Nominalwert** M valeur nominale
Nominativ M ⟨~s; ~e⟩ GRAM nominatif *m*;

cas *m* sujet; **im ~ stehen** être au nominatif

nominell ADJ ⟨épithète⟩ nominal; de nom

nominieren V/T ⟨pas de ge-, h.⟩ nommer; désigner; SPORT sélectionner; **Nominierung** F ⟨~; ~en⟩ nomination *f*; désignation *f*; POL investiture *f*; SPORT sélection *f*

No-Name-Produkt N article *m* sans marque

Nonchalance F ⟨~⟩ nonchalance *f*

nonchalant A ADJ nonchalant B ADV nonchalamment

None F ⟨~; ~n⟩ 1 KATH none *f* 2 MUS neuvième *f*

Nonius M ⟨~; -ien *ou* ~se⟩ TECH vernier *m*

Nonkonformismus M non-conformisme *m*; **Nonkonformist(in)** M(F) non-conformiste *m/f*; **nonkonformistisch** ADJ non conformiste

Nonne F ⟨~; ~n⟩ 1 KIRCHE religieuse *f*; *mit Ordensbezeichnung* sœur *f* 2 ZOOL *Nachtschmetterling* moine *m*

Nonnenhaube F coiffe *f*; **Nonnenkloster** N couvent *m* de femmes

Nonplusultra N ⟨~⟩ nec plus ultra *m* (an [+dat] de)

Nonsens M ⟨~(es)⟩ non-sens *m*

nonstop ADV en non-stop; de façon continue, ininterrompue; **Nonstop-Flug** M vol *m* sans escale

nonverbal ADJ non verbal

Noppe F ⟨~; ~n⟩ TEX nope *f*; *pl* **~n** *des Tischtennisschlägers* picots *mpl*

noppen V/T ⟨h.⟩ TEX épincer; noper

Norbert M ⟨→ n/pr⟩ *prénom*

Nord M 1 ⟨*sans article ni pl*⟩ (*Norden*) nord *m* 2 ⟨~(e)s; ~e⟩ (*~wind*) vent *m* du nord; bise *f*; *poet* aquilon *m*

Nordafrika N l'Afrique *f* du Nord; **Nordafrikaner(in)** M(F) Nord-Africain(e) *m(f)*; **nordafrikanisch** ADJ nord-africain; **Nordamerika** N l'Amérique *f* du Nord; **Nordamerikaner(in)** M(F) Nord-Américain(e) *m(f)*; Américain(e) *m(f)* du Nord; **nordamerikanisch** ADJ nord-américain; d(e l)'Amérique du Nord; **Nordatlantikpakt** M Pacte *m* atlantique

norddeutsch ADJ d(e l)'Allemagne du Nord; **Norddeutsche(r)** M/F(M) Allemand(e) *m(f)* du Nord; **Norddeutschland** N l'Allemagne *f* du Nord

Norden M ⟨~s⟩ nord *m*; *e-s Lands, e-r Stadt* Nord *m*; **der hohe ~** le Grand Nord; **im ~ (von)** au nord (de); **nach ~** vers le nord; **von ~** (venant, en provenance) du nord

Nordeuropa N l'Europe septentrionale, du Nord; **Nordeuropäer(in)** M(F) Européen, -éenne *m,f* du Nord; **nordeuropäisch** ADJ de l'Europe septentrionale, du Nord; **Nordfriesland** N la Frise septentrionale; **Nordhang** M versant *m* nord

Nordic Walking N ⟨~s⟩ SPORT marche *f* nordique

Nordirland N l'Irlande *f* du Nord

nordisch ADJ nordique; (*alt~*) norois; SPORT **~e Kombination** combiné *m* nordique

Nordkap N ⟨~s⟩ cap *m* Nord

Nordkorea N la Corée du Nord; **Nordkoreaner(in)** M(F) Nord-Coréen, -éenne *m,f*; **nordkoreanisch** ADJ nord-coréen, -éenne

Nordküste F côte nord, septentrionale; **Nordlage** F exposition *f* au nord

Nordländer(in) M ⟨~s; ~⟩ (F) ⟨~in; ~innen⟩ habitant(e) *m(f)* (d'un pays) du Nord; **nordländisch** ADJ nordique; du Nord

nördlich A ADJ du nord; septentrional; **~e Halbkugel** hémisphère *m* Nord, boréal; **~e Breite** latitude boréale B ADV au nord; **~ von** au nord de

Nordlicht N 1 (*Polarlicht*) aurore boréale 2 *fig u. hum* (*Norddeutsche[r]*) Allemand(e) *m(f)* du Nord; **Nordmeer** N ⟨~(e)s⟩ océan *m* Arctique; **Nordost(en)** M nord-est *m*

nordöstlich A ADJ du nord-est B ADV au nord-est (**von** de)

Nordpol M pôle *m* Nord; **Nordpolargebiet** N terres *fpl* arctiques; **Nordpolarmeer** N océan *m* Arctique; **Nordpolexpedition** F expédition *f* au pôle Nord

Nordrhein-Westfalen N ⟨→ n/pr⟩ la Rhénanie-du-Nord-Westphalie

Nordsee F ⟨~⟩ mer *f* du Nord; **Nordseite** F (côté *m* du) nord *m*; côté *m* nord; *e-s Gebirges* versant *m* nord; **Nordstern** M ⟨~(e)s⟩ étoile *f* polaire; **Nord-Süd-Gefälle** N ⟨~s⟩ POL fossé *m* Nord-Sud; **Nord-Süd-Konflikt** M ⟨~(e)s⟩ POL conflit *m* Nord-Sud; **Nordwand** F *e-s Bergs* face *f* nord

nordwärts ADV vers le nord; au nord

Nordwest(en) M nord-ouest *m*

nordwestlich A ADJ du nord-ouest B ADV au nord-ouest (**von** de)

Nordwind M vent *m* du nord; bise *f*; *bes am Mittelmeer* mistral *m*

Nörgelei F ⟨~; ~en⟩ ronchonnement *m*; critiques incessantes

Nörgelfritze *umg* M ⟨~n; ~n⟩ → Nörgler(in)

nörg(e)lig ADJ *umg* râleur, -euse; chicanier, -ière; (*pingelig*) pointilleux, -euse; pénible

nörgeln V/I ⟨-(e)le, h.⟩ *umg* râler; ronchonner; trouver à redire à tout; chercher la petite bête

Nörgler(in) M ⟨~s; ~⟩ (F) ⟨~in; ~innen⟩ *umg* râleur, -euse *m,f*; ergoteur, -euse *m,f*; chicanier, -ière *m,f*

Norm F ⟨~; ~en⟩ 1 (*Richtschnur*) norme *f*; règle *f*; loi *f*; (*Standard*) standard *m*; étalon *m*; **als ~ gelten** faire autorité; servir de norme 2 TECH norme *f*; standard *m* 3 TYPO signature *f*

normal ADJ normal; (*üblich*) régulier, -ière; (*gewöhnlich*) ordinaire; de régime; **unter ~en Verhältnissen** dans des circonstances, conditions normales; normalement; *umg* **er ist nicht (ganz) ~** il a un grain; *umg* il est piqué, cinglé

Normalausführung F HANDEL modèle *m*, type *m* standard; **in ~** de série

Normalausstattung F équipement normal, standard, de base; **Normalbenzin** N essence *f* ordinaire

Normale F ⟨~(n); ~n⟩ MATH normale *f*

normalerweise ADV normalement; dans des conditions normales, habituelles

Normalfall M cas normal; **im ~** normalement

Normalgeschwindigkeit F vitesse normale; **Normalgewicht** N poids normal; **Normalgröße** F taille normale

normalisieren ⟨pas de ge-, h.⟩ A V/T normaliser; standardiser B V/R **sich ~** se normaliser; revenir à la normale; **Normalisierung** F ⟨~; ~en⟩ normalisation *f*; standardisation *f*

Normalität F ⟨~⟩ normalité *f*

Normalmaß N (mesure *f*) étalon *m*; **Normalnull** N ⟨~s⟩ niveau moyen de la mer; **Normalspur** F ⟨~⟩ EISENBAHN voie normale

Normalsterbliche(r) M ⟨→ A⟩ **der ~, ein ~r** Monsieur Tout-le-monde

Normaluhr F 1 (*Hauptuhr*) horloge régulatrice, centrale 2 *öffentliche* horloge *f*; **Normalverbrauch** M consommation normale; **Normalverbraucher** M consommateur moyen; **Normalwert** M valeur *f* standard; **Normalzeit** F heure légale; **Normalzustand** M état normal

Normandie ⟨→ n/pr⟩ **die ~** la Normandie

Normanne M ⟨~n; ~n⟩, **Normannin** F ⟨-in; -innen⟩ Normand(e) *m(f)*; **normannisch** ADJ 1 HIST des Normands; normand 2 (*der Provinz Normandie*) normand

normativ ADJ normatif, -ive

Normblatt N (feuille *f* de) normes *fpl*; tableau *m* de normalisation

normen V/T ⟨h.⟩ normaliser; standardiser; uniformiser; unifier

Normenausschuss M comité *m* de normalisation, d'unification, de standardisation; **Normenkontrolle** F ⟨~⟩ contrôle *m* des normes

normieren V/T ⟨pas de ge-, h.⟩ normaliser; standardiser; **Normierung** F ⟨~; ~en⟩ normalisation *f*; standardisation *f*

Normung F ⟨~; ~en⟩ normalisation *f*; standardisation *f*

Norwegen N ⟨→ n/pr⟩ la Norvège

Norweger(in) M ⟨~s; ~⟩ (F) ⟨~in; ~innen⟩ Norvégien, -ienne *m,f*

norwegisch ADJ norvégien, -ienne; de (la) Norvège

Norwegisch N ⟨~(s)⟩, **Norwegische** N ⟨~n⟩ **(das) Norwegisch(e)** *Sprache* le norvégien

Nostalgie F ⟨~⟩ nostalgie *f*, regret *m*, goût *m* du passé; rétro *m*

nostalgisch A ADJ nostalgique; *Mode, Musik* rétro (*inv*) B ADV avec nostalgie

Not F ⟨~; ~e⟩ 1 (*Notwendigkeit*) nécessité *f*; besoin *m*; (*Dringlichkeit*) urgence *f*; **wenn ~ am Mann ist** en cas de nécessité; s'il y a urgence; en cas de besoin; si besoin est; **aus der ~ e-e Tugend machen** faire de nécessité vertu; **aus ~** par nécessité; **ohne ~** sans nécessité; sans raison; **zur ~** à la rigueur; *sprichw* **~ macht erfinderisch** *sprichw* nécessité est mère d'industrie; *sprichw* **~ kennt kein Gebot** *sprichw* nécessité n'a pas de loi; *geh* **damit hat es keine ~** (*das eilt nicht*) rien ne presse; → nottun 2 (*~lage*) détresse *f*; (*Elend*) misère *f*; (*Mangel*) besoin *m*; pénurie *f*; indigence *f*; *plus fort* dénûment *m*; **finanzielle ~** embarras financiers; difficultés financières; **j-m aus der ~ helfen** tirer qn d'embarras, d'affaire; **Schiff in ~** navire en détresse; **in ~** (*akk*) **geraten** tomber dans la misère, le besoin; **~ leiden, in ~** (*dat*) **sein** être, se trouver dans la détresse, la misère, le besoin; **~ leidend** nécessiteux, -euse; indigent; qui est dans le besoin, la gêne; *plus fort* miséreux, -euse; **~ Leidende(r)** → Notleidende(r) 3 (*Mühe*) peine *f*; (*Schwierigkeit*) difficulté *f*; **mit Mühe und ~, mit ~ und Mühe** à grand-peine; **mit knapper ~** à grand-peine; tant bien que mal; de justesse; **s-e liebe ~ mit etw, j-m haben** avoir bien du mal, beaucoup de difficultés avec qc, qn 4 (*Kummer*) chagrins *mpl*; (*Sorge*) soucis *mpl*; malheurs *mpl*

Notanker M SCHIFF ancre *f* de rechange, de secours; *fig* planche *f* de salut

Notar(in) M ⟨~s; ~e⟩ (F) ⟨~in; ~innen⟩ notaire *m/f*; **Notariat** N ⟨~(e)s; ~e⟩ 1 *Amt* notariat *m*; charge *f* de notaire 2 *Büro* étude *f* de notaire

Notariatsgehilfe M clerc *m* (de notaire)

notariell A ADJ ⟨épithète⟩ notarié B ADV **~ beglaubigt** notarié; passé par-devant notaire

Notarzt M, **Notärztin** F médecin *m* d'urgence; (médecin *m*) urgentiste *m/f*; **Notarztwagen** M unité mobile hospitalière; *in Frankreich etwa* voiture *f* du SAMU

Notation F ⟨~; ~en⟩ MUS notation (musicale); SCHACH notation *f*

Notaufnahme F 1 *von Flüchtlingen* hébergement *m*, accueil *m* d'urgence 2 *im Krankenhaus* service *m* des urgences; **Notaufnahmelager** N camp *m*, centre *m* d'accueil; **Notaus-**

gang M sortie *f* de secours; **Notausstieg** M FLUG sortie *f* de secours; **Notbehelf** M pis-aller *m*; expédient *m*; moyen *m* de fortune; **Notbeleuchtung** F éclairage *m* de secours, *im Theater, Kino etc* de sûreté; veilleuse *f*

Notbremse F signal *m* d'alarme; frein *m* de secours; **die ~ ziehen** tirer le signal d'alarme; *fig* donner, sonner l'alarme

Notbrücke F pont *m* provisoire

Notdienst M (service *m* de) garde *f*; **~ haben** être de garde

Notdurft *geh* F ⟨~⟩ besoin *m*; **s-e ~ verrichten** faire ses besoins

notdürftig A ADJ *(knapp)* à peine suffisant; *(behelfsmäßig)* provisoire; sommaire; de fortune B ADV provisoirement; sommairement; de façon sommaire; **~ bekleidet** à peine vêtu; **etw ~ ausbessern** réparer qc sommairement; faire une réparation provisoire de qc

Note F ⟨~; ~n⟩ 1 HANDEL, DIPL, MUS note *f*; **ganze ~** ronde *f*; **halbe ~** blanche *f*; **in ~n setzen** noter; **nach ~n singen, spielen** chanter, jouer sur partition; *umg fig* **nach ~n** *(gehörig)* comme il faut 2 SCHULE, SPORT note *f*; point *m*; *(Prädikatsnote)* mention *f* 3 *(Banknote)* billet *m* (de banque) 4 *fig (Eigenart)* cachet *m*; *(Gepräge)* note *f*; **e-e persönliche ~ haben** avoir un cachet personnel; **e-e heitere ~ in etw** *(akk)* **bringen** mettre une note gaie, de gaieté dans qc

Notebook N ⟨~s; ~s⟩ (petit ordinateur) portable *m*

Notenausgabe F ⟨~⟩ émission *f* de billets; **Notenaustausch** M DIPL échange *m* de notes; **Notenbank** F ⟨~; ~en⟩ banque *f* d'émission; **Notenblatt** N MUS partition *f*; **Notendruck** M ⟨~(e)s⟩ 1 *von Banknoten* impression *f* de billets (de banque); *von Musikalien* impression *f* de musique, de partitions musicales 2 SCHULE obligation *f* d'obtenir de bonnes notes; **Notendurchschnitt** M moyenne *f* (des notes); **Notengebung** F ⟨~; ~en⟩ notation *f*; évaluation *f*; **Notenhals** M MUS queue *f*; **Notenheft** N cahier *m* de musique; **Notenkopf** M MUS tête *f* d'une note; **Notenlinie** F MUS ligne *f*; **Notenpapier** N papier *m* à musique; **Notenpresse** F presse *f* à billets de banque; **Notenpult** N pupitre *m* (à musique); *in der Kirche* lutrin *m*; **Notenschlüssel** M MUS clé *f*; **Notenschrift** F notation musicale; **Notenständer** M pupitre *m* (à musique); **Notensystem** N 1 MUS portée *f* 2 SCHULE système *m* de notation, d'évaluation

Notfall M urgence *f*; cas *m* de besoin; **im ~** en cas de besoin, de nécessité, d'urgence; si besoin est; *(wenn es nicht anders geht)* à la rigueur; **im äußersten ~** à l'extrême rigueur; **für den ~** en cas de besoin

notfalls ADV en cas de besoin, de nécessité; *(wenn es nicht anders geht)* à la rigueur; *(schlimmstenfalls)* au pire

notgedrungen ADV contraint et forcé; par la force des choses; **ich muss mich ~ damit zufriedengeben** je me vois *od* je suis contraint, forcé, obligé de m'en contenter

Notgemeinschaft F 1 *durch gemeinsame Not entstandene* communauté *f* solidaire 2 *humanitäre* organisme *m*, organisation *f* de secours; **Notgesetz** N loi *f* d'urgence; décret-loi *m*; **Notgroschen** M réserve *f*; (petites) économies

notieren ⟨*pas de ge-*, h.⟩ A VT 1 *(aufschreiben)* noter; marquer; prendre note de 2 HANDEL *(buchen)* inscrire 3 BÖRSE coter; **mit … notiert werden** se coter, être coté à …; **zum notierten Kurs** au cours indiqué B VI BÖRSE **zum Kurs von … ~** être coté au cours de … C VR **sich** *(dat)* **etw ~** noter qc

Notierung F ⟨~; ~en⟩ notation *f*; BÖRSE cote *f*; cotation *f*; cours *m*

nötig A ADJ nécessaire; **es ist ~ zu** *(+inf)* il faut *(+inf)*; **es ist ~, dass …** il faut que … *(+subj)*; **das ist nicht ~** *a.* c'est inutile; **wenn ~** si besoin est; au besoin; le cas échéant; **alle ~en Vorsichtsmaßnahmen** *fpl* toutes les précautions voulues, nécessaires; **die ~sten Dinge** *npl* les choses *fpl* indispensables; l'indispensable *m*; **etw ~ haben** avoir besoin de qc; **ich habe mehr als ~** j'en ai tant et plus; j'en ai plus qu'il ne faut; *fig* **das habe ich (doch) nicht ~** je n'ai pas besoin de ça; je peux m'en passer; *umg* **du hast es gerade ~** qu'est-ce que tu te permets!; *umg* tu ne manques pas d'air!; c'est bien à toi de dire *bzw.* faire ça; **es nicht für ~ halten zu** *(+inf)* ne pas croire, juger, estimer nécessaire de *(+inf)*; **das wäre doch nicht ~ gewesen!** *Geschenke etc* vous n'auriez pas dû!; **das Nötige veranlassen** donner les ordres nécessaires; faire le nécessaire B ADV absolument; *umg* **ich muss mal ~** (aufs Klo) *umg* il faut que j'aille au petit coin

nötigen VT ⟨h.⟩ 1 *(zwingen)* **j-n ~, etw zu tun** engager, *plus fort* obliger, forcer, contraindre, astreindre qn à faire qc; **ich sehe mich genötigt zu** *(+inf)* je me vois obligé, dans l'obligation de *(+inf)* 2 *geh (dringend bitten)* inviter; prier; **lassen Sie sich nicht ~!** n'attendez pas qu'on vous invite!; **sich ~ lassen** se faire prier

nötigenfalls ADV si besoin est; en cas de besoin, de nécessité; au besoin

Nötigung F ⟨~; ~en⟩ 1 coercition *f*; pression *f*; *a.* JUR contrainte *f*; JUR atteinte *f*, *plus fort* attentat *m* à la liberté individuelle 2 *geh* invitation pressante; prière *f*; instances *fpl*

Notiz F ⟨~; ~en⟩ 1 *(schriftlicher Vermerk)* note *f*; **sich** *(dat)* **~en machen** prendre des notes 2 *(Zeitungsnotiz)* entrefilet *m* 3 HANDEL, BÖRSE cote *f*; cotation *f* 4 **von etw ~ nehmen** prendre note, connaissance de qc; faire, prêter attention à qc; **keine ~ von etw nehmen** ne tenir nul compte, aucun compte de qc

Notizblock M ⟨~(e)s; ~s *ou* -blöcke⟩ bloc-notes *m*; **Notizbuch** N carnet *m*; calepin *m*; **Notizzettel** M fiche *f*

Notlage F situation *f* difficile; détresse *f*; embarras *m*; difficulté *f*; **in e-r ~ sein, sich in e-r ~ befinden** se (re)trouver dans l'embarras, dans une situation difficile

notlanden VI ⟨-ete, *insép*, -ge-, s.⟩ faire un atterrissage forcé; se poser en catastrophe; **Notlandung** F atterrissage forcé

notleidend ADJT → Not 2; **Notleidende(r)** M/F(M) ⟨→ A⟩ indigent(e) *m(f)*; *plus fort* miséreux, -euse *m,f*

Notleine F corde *f* de secours; **Notlösung** F expédient *m*; pis-aller *m*; solution *f* de fortune; **Notlüge** F pieux mensonge; mensonge *m* de circonstance, exigé, imposé par les circonstances; **Notmaßnahme** F mesure *f* d'urgence; **Notopfer** N impôt exceptionnel

notorisch ADJ notoire *(a. Lügner)*; reconnu

Notpfennig M → Notgroschen; **Notquartier** N logement *m*, abri *m* de secours, de fortune, provisoire; refuge *m*; **Notruf** M appel *m* d'urgence; **Notrufnummer** F numéro *m* d'urgence; **Notrufsäule** F poste *m* d'appel d'urgence; borne *f* d'appel; **Notrutsche** F FLUG toboggan *m*; **notschlachten** VT ⟨-ete, *insép*, -ge-, h.⟩ abattre *(un animal malade, blessé)*; **Notschlachtung** F abattage forcé, d'urgence; **Notsignal** N signal *m* de détresse, d'alarme; **Notsituation** F situation *f* difficile, de détresse; **Notsitz** M strapontin *m*; **Notstand** M état *m* d'urgence; *plus fort* détresse *f*; **Notstandsgebiet** N région sinistrée; **Notstandsgesetz** N loi *f* d'urgence, d'exception; **Notstromaggregat** N groupe *m* (électrogène), génératrice *f* de secours; **Nottaufe** F KATH ondoiement *m*; PROT baptême *m* d'urgence; **Nottreppe** F escalier *m* de secours

nottun *geh* VI ⟨*irr, sép*, -ge-, h.⟩ être nécessaire; **es tut not, dass …** il faut que … *(+subj)*; **das tut not** c'est une nécessité

Notunterkunft F logement *m* provisoire; **Notverband** M premier pansement; pansement *m* provisoire; **Notverkauf** M vente forcée, d'urgence; **Notverordnung** F décret-loi *m*; **notwassern** VI ⟨-(e)re, *insép*, -ge-, s.⟩ faire un amerrissage forcé; **Notwasserung** F ⟨~; ~en⟩ amerrissage forcé

Notwehr F ⟨~⟩ légitime défense *f*; **aus ~** en état de légitime défense

notwendig ADJ *(nötig)* nécessaire; *(unvermeidlich)* inévitable; *(unerlässlich)* indispensable; *(dringlich)* urgent; **unbedingt ~** indispensable; **~ sein** *a.* s'imposer; **das Notwendigste** le strict nécessaire; l'indispensable *m*; **das Notwendige veranlassen** prendre toutes dispositions utiles; faire le nécessaire

notwendigerweise ADV nécessairement; forcément; absolument

Notwendigkeit F ⟨~; ~en⟩ nécessité *f*; **unumgängliche ~** nécessité absolue, impérieuse

Notzeichen N signal *m* de détresse

Notzeit F **in ~en** *(dat)* en temps de crise

Notzucht F ⟨~⟩ JUR viol *m*

Nougat M *od* N → Nugat

Nov. ABK (November) nov. (novembre)

Nova F ⟨~; -vä⟩ ASTRON nova *f*

Novelle F ⟨~; ~n⟩ 1 *(Erzählung)* nouvelle *f* 2 POL, JUR loi *f* dérogatoire; amendement *m* (à une loi)

Novellendichter M, **Novellenschreiber** M → Novellist(in)

novellieren VT ⟨*pas de ge-*, h.⟩ *bes* POL *Gesetz* amender; modifier; réviser

Novellist(in) M ⟨~en; ~en⟩ (F) ⟨~in; ~innen⟩ nouvelliste *m/f*; **novellistisch** ADJ en forme de nouvelle(s)

November M ⟨~(s); ~⟩ (mois *m* de) novembre *m*; → *a.* Januar

Novität F ⟨~; ~en⟩ nouveauté *f*

Novize M ⟨~n; ~n⟩, F ⟨~; ~n⟩ *od* **Novizin** F ⟨-in; -innen⟩ KATH *u. fig* novice *m/f*; **Noviziat** N ⟨~(e)s; ~e⟩ noviciat *m*

Novum N ⟨~s; -va⟩ nouveauté *f*; fait nouveau

NPD F ⟨~⟩ ABK (Nationaldemokratische Partei Deutschlands) parti nationaliste allemand d'extrême-droite

Nr. ABK (Nummer) N° (numéro)

NRT ABK (Nettoregistertonnen) **5000 ~** jauge nette: 5000 tx (tonneaux)

NRW N ABK (Nordrhein-Westfalen) Rhénanie-(du-Nord-)Westphalie

NS-… ABK IN ZSSGN (nationalsozialistisch) national-socialiste

NSDAP F ⟨~⟩ HIST ABK (Nationalsozialistische Deutsche Arbeiterpartei) Parti national-socialiste

NS-Verbrecher M criminel nazi

N. T. ABK (Neues Testament) N.T. (Nouveau Testament)

nu *umg regional* ADV → nun

Nu M ⟨~⟩ **im ~** en un rien de temps; en un tournemain; en un clin d'œil

Nuance F ⟨~; ~n⟩ *a. fig* nuance *f*; KUNST teinte *f*

nuancenreich A ADJ riche en, plein de

N

nuances **B** ADV avec de nombreuses nuances; de façon (très) nuancée; **nuancieren** VT ‹pas de ge-, h.› nuancer; **Nuancierung** F ‹~; ~en› nuancement *m*

nüchtern **A** ADJ **1** *(mit leerem Magen)* à jeun; **auf ~en Magen** à jeun; l'estomac vide **2** *(nicht betrunken)* à jeun; **wieder ~** dégrisé; *umg* dessoûlé; **~ machen** dégriser; **~ werden** se dégriser; *umg* dessoûler **3** *fig Mensch* objectif, -ive; réaliste; prosaïque; *Kritik* serein; objectif, -ive; *Stil* sobre; **~es Urteil** jugement sain **B** ADV *Medikament* **~ (ein)nehmen** prendre à jeun; **~ urteilen** juger avec objectivité, objectivement

Nüchternheit F ‹~› **1** dégrisement *m* **2** *fig* esprit objectif; *des Stils* sobriété *f*; prosaïsme *m*

nuckeln *umg* ‹-(e)le, h.› **A** VT *umg* siroter; boire à petites gorgées **B** VI **an etw** *(dat)* **~** sucer, suçoter qc

Nuckelpinne *umg* F ‹~; ~n› *umg* tacot *m*; guimbarde *f*

Nudel F ‹~; ~n› **1** GASTR nouille *f*; *(Fadennudel)* vermicelle *m*; **~n** *pl a.* pâtes *fpl* **2** *umg fig* **e-e komische, ulkige ~** un drôle de numéro; *umg* une fille marrante; **e-e dicke ~** *umg* un gros patapouf; un tonneau

Nudelbrett N planche *f* à pâtisserie; **Nudelholz** N rouleau *m* à pâtisserie

nudeln VT ‹-(e)le, h.› *Geflügel, umg fig Personen* gaver

Nudelsalat M salade *f* de pâtes, de nouilles; **Nudelsuppe** F potage *m* au(x) vermicelle(s); **Nudelteig** M pâte *f* à nouilles

Nudismus M ‹~› nudisme *m*; **Nudist(in)** M ‹~en; ~en› (F) ‹~in; ~innen› nudiste *m/f*; **Nudität** F ‹~; ~en› nudité *f*

Nugat M *od* N ‹~s; ~s› *Süsswaren* chocolat praliné; *Füllung* praliné *m*

nuklear ADJ nucléaire; **~er Winter** hiver *m* nucléaire

Nuklearenergie F → Kernenergie; **Nuklearkrieg** M → Atomkrieg; **Nuklearmedizin** F ‹~› médecine *f* nucléaire; **Nuklearphysik** F → Kernphysik; **Nuklearwaffe** F arme *f* nucléaire

Nukleon N ‹~s; -onen› NUKL nucléon *m*

Nukleus M ‹~; -ei› BIOL, PHYSIOL, LING nucléus *m*

null **A** NUM nul, nulle; zéro *(inv)*; **~ Komma zwei** zéro virgule deux; TENNIS **vierzig ~** quarante zéro; **~ Fehler** *im Diktat etc* zéro faute; **~ Grad** zéro degré; ADMIN **~ Uhr zehn** zéro heure dix minutes; **die Stunde ~** l'année *f* zéro; **bei ~ anfangen** commencer à zéro; **für ~ und nichtig erklären** déclarer nul et non avenu; *umg fig* **Ergebnis gleich ~** (au) résultat: zéro; *umg* **in ~ Komma nichts** en un rien de temps; *umg* en moins de deux; en deux temps, trois mouvements; **5 Grad über, unter ~** 5 degrés au-dessus, en dessous de zéro **B** *umg* ADJ ‹inv› **~ Ahnung (von)** aucune idée (de); *umg* **ich habe ~ Bock (auf Schule)** *umg* ça me fait suer (d'aller en classe)

Null F ‹~; ~en› zéro *m*; *umg (unfähiger Mensch)* **er ist e-e ~** *umg* c'est un zéro, un minable, un pauvre type

Nullachtfünfzehn-... *umg pej* IN ZSSGN quelconque; ordinaire; commun

Null-Bock-Generation *umg* F *umg* bof-génération *f*

Nulldiät F régime *m* sans calories; jeûne complet; **Nullleiter** M ELEK conducteur *m* neutre

Nulllösung F option *f* zéro; **dritte ~** troisième option zéro

Nullmenge F MATH ensemble *m* vide; **Nullmeridian** M GEOG méridien *m* d'origine

Null-Null *umg* N ‹~; ~(s)› toilettes *fpl*; W.C. *mpl*; waters *mpl*

Nullpunkt M zéro *m*; *Thermometer a.* point *m* de congélation; *des Koordinatensystems* origine *f*; **absoluter ~** *(0° K)* zéro absolu; *umg fig* **auf dem ~ sein** avoir le moral à zéro; *umg* être au 36ᵉ dessous

Nullrunde F *(bei Lohnverhandlungen)* gel *m* des salaires; **Nullserie** F TECH, HANDEL présérie *f*; **Nullstellung** F position *f* zéro, de repos; **Nullstrich** M trait *m* de zéro

Nulltarif M gratuité *f*; tarif gratuit; **zum ~** à titre gratuit; *umg* gratis; *umg* à l'œil

Nullwachstum N croissance *f* zéro

Nulpe *umg pej* F ‹~; ~n› crétin *m*; idiot *m*; *(Langweiler) umg* raseur *m*

Numerale N ‹~s; -lien *ou* -lia› GRAM adjectif numéral

numerieren *etc* → nummerieren *etc*

numerisch ADJ numérique

Numerus M ‹~; -ri› GRAM nombre *m*

Numerus clausus M ‹~› numerus clausus *m*; sélection *f*

Numismatik F ‹~› numismatique *f*; **Numismatiker(in)** M ‹~s; ~› (F) ‹~in; ~innen› numismate *m/f*

Nummer F ‹~; ~n› **1** *(Zahl etc)* numéro *m* *(a. Zeitungsnummer etc)*; SPORT *(Rückennummer)* dossard *m*; *in e-m Katalog* cote *f*; référence *f*; *(Größe)* pointure *f*; *(Vorführung)* numéro *m*; *umg (Musikstück)* morceau *m*; **laufende ~** numéro d'ordre, de série **2** *umg (Person)* **er ist e-e ~ (für sich)** *umg* c'est un type à part, un numéro; **e-e komische ~** un drôle de type, de numéro **3** *sl* **eine ~ schieben** *(den Geschlechtsakt vollziehen) sl* tirer un coup

nummerieren VT ‹pas de ge-, h.› numéroter; **Nummerierung** F ‹~; ~en› numérotage *m*; numérotation *f*

Nummernfolge F **1** *von Schecks etc* liste *f* des numéros **2** *bei künstlerischen Darbietungen* succession *f*, déroulement *m* de mes, ses *etc* numéros; **Nummernkonto** N compte *m* à numéro; **Nummernschild** N plaque *f* minéralogique, d'immatriculation

nun **A** ADV *(jetzt)* maintenant; à présent; à l'heure qu'il est; *(a. darauf)* alors; **~ erst gestand er** ce n'est qu'alors, c'est à ce moment-là seulement qu'il avoua; **von ~ an** dorénavant; dès à présent; désormais **B** *Partikel* bien; enfin; **~, was sagen Sie dazu?** eh bien! qu'en dites-vous?; *bei Folgerungen* **~ (aber)** or; **~, ich gestehe, dass ...** ma foi, j'avoue que ...; **~?** *(wie stehts)* eh bien?; alors?; **was ~?** alors?; **~ denn!, ~ gut!** eh bien!; soit!; **~ ja, aber ...** oui, bien sûr, mais ...; **~ los!** allons!; **kommst du ~ (oder nicht) ?** alors, tu viens (, oui ou non)?; **das ist ~ einmal so** c'est comme ça, il n'y a rien à faire; il en est ainsi, que voulez-vous?; **er will es ~ einmal so haben** mais puisqu'il le veut ainsi; puisque c'est son idée; **so schlimm ist es ~ auch wieder nicht** ce n'est tout de même pas si grave que ça

nunmehr *geh* ADV à présent; maintenant; *(von jetzt an)* désormais

Nuntiatur F ‹~; ~en› KATH nonciature *f*

Nuntius M ‹~; -ien› KATH nonce *m*

nur **A** ADV *ausschließend, in ganzen Sätzen* ne ... que; *ohne Verb meist* seul; seulement; *(einzig u. allein)* seulement; **er spielt ~** *(immerfort)* il n'arrête pas de jouer; il ne fait que jouer; il ne cesse de jouer; **~ aus Eitelkeit** par pure vanité; **~ noch** ne ... plus que; **~ etwa** ne ... guère que; **er isst fast ~ noch Brot** il ne mange pratiquement plus que du pain; **~ ein wenig** (un) tant soit peu; **nicht ~ ..., sondern auch** non seulement ..., mais aussi *od* encore; **~ er** (c'est) lui seul (qui ...); **~ gut, dass ...** *(+ind)* heureusement que ... *(+ind)*; encore heureux que ... *(+subj)*; **~ aus Freude am Lügen** pour le seul plaisir de mentir; **~, um ihn unglücklich zu machen** à seule fin de, rien que pour le rendre malheureux; **e-e und ~ e-e Lösung** une solution, et une seule *od* et seulement une; **wenn ich ~ daran denke, läuft mir das Wasser im Munde zusammen** rien que d'y penser l'eau me vient à la bouche; **alle, ~ er nicht** tous excepté *od* sauf lui; **mit ~ wenigen Ausnahmen** à peu d'exceptions près; **... ~, dass ...** sauf que ...; excepté que ...; à cela près que ... **B** *Partikel* **1** *in Wunschsätzen* **wäre ich ~ an s-r Stelle!** ah, si (seulement) j'étais à sa place!; **alles, ~ das nicht!** tout sauf ça, mais pas ça!; **dass er ~ nicht kommt!** mais qu'il ne vienne pas!; il n'a pas intérêt à venir! **2** *bewilligend, ermunternd* **geh ~!** va donc!; **er mag ~ gehen!** qu'il parte!; il n'a qu'à partir!; **lass ~!** laisse donc!; mais laisse!; *umg* laisse tomber!; **~ zu** vas-y!; allez-y!; **~ keine Angst!** n'aie *bzw.* n'ayez pas peur! **3** *warnend* **~ nicht lügen!** surtout ne mens *bzw.* mentez pas; surtout pas de mensonge(s)!; **er soll ~ kommen!** qu'il (y) vienne!; **warte ~, wenn ich dich erwische!** attends un peu, que je t'y reprenne! **4** *verstärkend* **dadurch machst du es ~ (noch) schlimmer** comme ça, en agissant ainsi, tu ne fais qu'aggraver les choses; **geh ~!** pars, va donc!; **sehen Sie ~, was Sie gemacht haben!** regardez, vous voyez ce que vous avez fait!; **lasst mich ~ machen!** laissez-moi faire!; **wage es ~!** ose un peu (, pour voir)! **5** *fragend, zweifelnd* donc; **wie kommt er ~ hierher?** mais comment donc a-t-il pu venir ici?; comment est-ce qu'il a fait pour venir ici?; **was soll ich ~ sagen?** qu'est-ce que vous voulez que je vous dise?; **wozu das ~?** à quoi bon, pour quoi faire, dites-moi? **6** *verallgemeinernd* **so viel ich ~ kann** (au)tant que je peux; autant que possible; **sie sprang ins Wasser, dass es ~ so spritzte** elle plongea en éclaboussant tout autour d'elle; **es wimmelte ~ so von Ameisen** cela, l'endroit, le sol, *etc* grouillait de fourmis **7** *in Verbindung mit „zu", steigernd* **ich weiß es ~ zu gut** je ne le sais que trop (bien); **~ zu sehr** que trop; **~ nicht zu sehr** mais pas trop

Nürnberg N ‹→ n/pr› Nuremberg

nuscheln *umg* VI ‹-(e)le, h.› bredouiller; manger ses mots

Nuss F ‹~; ≈e› **1** BOT *(Walnuss)* noix *f*; *(Haselnuss)* noisette *f*; **taube ~** noix creuse; *fig* **e-e taube ~** *(Versager)* un raté; *umg* un nullard; *fig* **das ist e-e harte ~** c'est une chose, tâche difficile; c'est un casse-tête, problème ardu; *umg fig* **j-m e-e harte ~ zu knacken geben** donner du fil à retordre à qn; *umg* **e-e doofe ~** un(e) imbécile; *umg* une nouille; *umg* un corniaud **2** GASTR *(Fleischstück)*, TECH noix *f*

Nussbaum M noyer *m* *(a. Holz)*; **nussbraun** ADJ brun (noyer [inv]); *(hasel~)* noisette *(inv)*; **Nussknacker** M casse-noix *m*; *für Haselnüsse* casse-noisettes *m*

Nüsslisalat M *schweiz* mâche *f*; doucette *f*

Nussöl N huile *f* de noix; **Nussschale** F coquille *f* de noix *bzw.* de noisette; *fig (kleines Boot)* coquille *f* de noix; **Nussschinken** M jambon *m* (de noix); **Nussschokolade** F chocolat *m* aux noisettes; **Nusstorte** F GASTR gâteau *m* aux noix *bzw.* noisettes

Nüster F ‹~; ~n› narine *f*; naseau *m*

Nut(e) F ‹~(e); ~en› rainure *f*

nuten VT ‹-ete, h.› rain(ur)er; *abs* faire des rainures

Nutenfräser M fraise *f* pour rainures, à surfacer

N

Nuthobel M bouvet *m*; guillaume *m*
Nutria[1] F ⟨~; ~s⟩ ZOOL ragondin *m*
Nutria[2] M ⟨~s; ~s⟩ *Pelz* ragondin *m*
Nutte *sl* F ⟨~; ~n⟩ *sl* putain *f*; *sl* pute *f*
nutz → nütze
Nutz M → zunutze
Nutzanwendung F utilisation *f*; application *f*; utilité *f* pratique
nutzbar ADJ *(brauchbar)* utilisable; utile; *Boden, Wald, Ölvorkommen etc* exploitable; **etw ~ machen** exploiter qc; mettre qc à profit; **etw für etw ~ machen** faire servir qc à qc; mettre qc à profit pour qc; rendre qc utile à qc
Nutzbarmachung F ⟨~⟩ utilisation *f*; exploitation *f*; mise *f* en valeur
nutzbringend ADJT profitable; utile; fructueux, -euse; lucratif, -ive; FIN productif, -ive; **~ anwenden** employer à qc d'utile, de profitable; mettre à profit
nütze ADJ **zu etw ~ sein** servir à qc; **zu nichts ~ sein** ne servir à rien
Nutzeffekt M rendement *m*; travail *m* utile; TECH efficacité *f*; efficience *f*
nutzen → nützen
Nutzen M ⟨~s⟩ 1 *(Nützlichkeit)* utilité *f*; **von ~ sein** être utile; servir; rendre service 2 *(Gewinn)* profit *m*; bénéfice *m*; *(Ertrag)* rapport *m*; **~ aus etw ziehen** tirer profit, parti, profiter de qc; exploiter qc; **~ bringen** profiter; être profitable 3 *(Vorteil)* avantage *m*; intérêt *m*; **zum ~ von** dans l'intérêt de; au profit, bénéfice de; en faveur de
nützen ⟨-(es)t, h.⟩ A VT 1 AGR, TECH *etc* utiliser; exploiter; mettre à profit; faire valoir 2 *Gelegenheit etc* profiter de B VI **(j-m [zu etw])** **~** servir, être utile (à qn [pour qc]); rendre service (à qn); être bon, bonne (à qc); profiter (à qn); **was nützt es, dass …?** à quoi bon *(+inf)*?; à quoi sert-il de *(+inf)*?; **nichts ~** ne servir à *od* de rien; **die Vorwürfe nützten nichts** les reproches n'y faisaient rien; **die Entschuldigungen ~ (dir) jetzt auch nichts mehr** ce n'est plus la peine de, il est trop tard pour t'excuser; *umg* **es nützt alles nichts, da müssen wir jetzt durch** tant pis, il faut y aller; on ne peut plus reculer
Nutzer(in) M ⟨~s; ~⟩ F ⟨~in; ~innen⟩ ADMIN usager *m*; IT utilisateur, -trice *m,f*
Nutzfahrzeug N véhicule *m* utilitaire
Nutzfläche F surface *f* utile; **landwirtschaftliche ~** surface cultivable, exploitable
Nutzgarten M jardin potager, de rapport; **Nutzholz** N bois *m* de construction, de charpente, d'ouvrage, d'œuvre; **Nutzlast** F charge *f*, poids *m* utile; **Nutzleistung** F puissance *f* utile
nützlich ADJ utile; **sich ~ machen** se rendre utile; **j-m ~ sein** être utile à qn; rendre service à qn
Nützlichkeit F ⟨~⟩ utilité *f*
Nützlichkeitsprinzip N principe *m* de l'utilité, d'utilité
nutzlos ADJ inutile; infructueux, -euse; vain; **Nutzlosigkeit** F ⟨~⟩ inutilité *f*
Nutznießer(in) M ⟨~s; ~⟩ F ⟨~in; ~innen⟩ bénéficiaire *m/f*; *pej* profiteur, -euse *m,f*; JUR usufruitier, -ière *m,f*; **Nutznießung** F ⟨~⟩ JUR jouissance *f*; usufruit *m*; **Nutzpflanze** F plante *f* utile; **Nutztier** N animal *m* de rapport, d'utilité
Nutzung F ⟨~; ~en⟩ *(Benutzung)* utilisation *f*; usage *m*; *des Bodens* exploitation *f*; **friedliche ~ der Atomenergie** utilisation pacifique de l'énergie atomique
Nutzungsdauer F durée *f* d'utilisation
Nutzungsrecht N **das ~ (an etw** *[dat]***)** le droit *m* de jouissance (sur qc); le droit usufructuaire (de qc); le droit d'usage (de qc)
Nutzvieh N bétail *m* (de rapport); **Nutzwert** M valeur *f* d'usage
NVA ⟨~⟩ HIST *DDR* ABK (Nationale Volksarmee) **die ~** l'Armée nationale populaire
NW ABK (Nordwest[en]) N.-O. (nord-ouest)
Nylon® N ⟨~s⟩ nylon® *m*; **Nylonstrumpf®** M bas *m* nylon®
Nymphe F ⟨~; ~n⟩ MYTH, *fig* nymphe *f*; **Nymphensittich** M calopsitte élégante
nymphoman ADJ nymphomane
Nymphomanie F ⟨~⟩ nymphomanie *f*; **Nymphomanin** F ⟨~; ~nen⟩ nymphomane *f*; **nymphomanisch** → nymphoman

O

O, o N ⟨O, o; O, o⟩ *Buchstabe* O, o *m*
O ABK (Ost[en]) E. (est)
o INT 1 oh!; ah!; **~ ja, nein!** oh oui, non!; **~ doch!** mais si!; **~ Gott!** mon Dieu! 2 *poet* ô; **~ Himmel!** ô ciel!; **~ dass sie doch kämen!** *geh* plût à Dieu qu'ils viennent!
Ö, ö N ⟨Ö, ö; Ö, ö⟩ O, o infléchi
o. a. ABK (oben angeführt) (mentionné) ci-dessus
o. Ä. ABK (oder Ähnliche[s]) *etwa* etc.
ÖAMTC M ⟨~⟩ ABK (Österreichischer Automobil-, Motorrad- und Touring-Club) automobile-club autrichien
OAS F ⟨~⟩ ABK (Organisation Amerikanischer Staaten) OEA *f* (Organisation des États américains)
Oase F ⟨~; ~n⟩ *a. fig* oasis *f*
ob A KONJ si; **ich weiß nicht, ~ …** je ne sais pas si …; **~ er noch da ist?** je me demande s'il est encore là *bzw.* croyez-vous qu'il soit encore là?; **~ er kommt, interessiert mich nicht** qu'il vienne ou non, cela m'est égal; **als ~** comme si; **er tat, als ~ er mich nicht sähe** il fit semblant de ne pas me voir; **mir ist, als ~ …** il me semble que …; **es ist, als ~ …** on dirait que …; **~ … oder … que …** *(+subj)* ou que … *(+subj)*; **~ er will oder nicht** qu'il le veuille ou non; **~ Jung, ~ Alt (, alle kamen)** (tous sont venus,) jeunes et vieux; **und ~!** et comment! B PRÄP 1 ⟨*gen, rarement dat*⟩ *geh (über, wegen)* à cause de; au sujet de 2 ⟨*dat*⟩ *schweiz (oberhalb)* au-delà de; au-dessus de; *bei Flussnamen* sur
OB M ⟨~(s); ~s⟩ ABK (Oberbürgermeister) *in Deutschland* premier bourgmestre; *in Frankreich* maire *m*
o. B. ABK MED (ohne Befund) résultat négatif
Obacht F ⟨~⟩ *regional* attention *f*; **~ auf etw** *(akk)* **geben** faire attention, prendre garde à qc; **~!** attention!
Obb. ABK (Oberbayern) °Haute-Bavière
ÖBB FPL ⟨~⟩ ABK (Österreichische Bundesbahnen) chemins de fer autrichiens
Obdach *geh* N ⟨~(e)s⟩ abri *m*; asile *m*; refuge *m*; **j-m ~ gewähren** héberger qn
obdachlos ADJ sans abri; *(nicht sesshaft)* sans domicile fixe
Obdachlose(r) M/F(M) ⟨→ A⟩ sans-abri *m/f*; sans-logis *m/f*; *(Nichtsesshafte[r])* (personne *f*) sans domicile fixe *m/f*; SDF *m/f*; **Obdachlosenasyl** N foyer *m* d'accueil et d'hébergement pour sans-abri; **Obdachlosigkeit** F ⟨~⟩ manque *m* d'abri
Obduktion F ⟨~; ~en⟩ autopsie *f*
obduzieren VT ⟨*pas de ge-*, h.⟩ faire l'autopsie de; autopsier; **e-e Leiche ~** faire une autopsie
O-Beine *umg* NPL jambes arquées; **~ haben** avoir les jambes arquées
o-beinig ADJ qui a les jambes arquées; **~ sein** avoir les jambes arquées
Obelisk M ⟨~en; ~en⟩ obélisque *m*
oben ADV 1 *(hoch ~)* en °haut; *(auf der Oberfläche)* à la surface; *auf e-r Liste* en tête; *am Tisch* au haut bout; *auf Kisten* **~!** °haut; **~ auf dem Berg** au sommet de la montagne; **da, dort ~** là-haut; **links, rechts ~** en °haut à gauche, à droite; **nach ~** vers le haut; **nach ~ gehen** monter; **von ~ (herab)** d'en °haut; par en °haut; **von ~ nach** *od* **bis unten** de haut en bas; **j-n von ~ bis unten ansehen** regarder qn de haut en bas, de la tête aux pieds; *umg* **~ ohne** seins nus 2 *im Text* **siehe ~** voir ci-dessus; **~ erwähnt** (mentionné) ci-dessus; ADMIN susmentionné; **~ genannt** nommé plus °haut; ADMIN susnommé; **~ stehend** ci-dessus; ADMIN susmentionné; susnommé; **weiter ~** ci-dessus; plus °haut; **auf Seite 10 ~** en °haut de la page 10 3 *fig umg* **von ~** *(von vorgesetzter Stelle) umg* d'en °haut; **j-n von ~ herab behandeln** traiter qn avec mépris; *umg* **mir steht es bis hier ~** *umg* j'en ai jusque-là
obenan ADV tout en °haut; *auf e-r Liste* en tête; *(an erster Stelle)* en première position
obenauf ADV 1 dessus; *(an der Oberfläche)* à la surface 2 *fig* **~ sein** *umg* être en pleine forme
obendrauf *umg* ADV dessus; **obendrein** ADV de plus; **obendrüber** *umg* ADV *umg* par-dessus; **obenerwähnt** ADJT → oben 2; **Obenerwähnte(r)** M/F(M) ⟨→ A⟩ ADMIN susmentionné(e) *m(f)*; **obengenannt** ADJT → oben 2; **Obengenannte(r)** M/F(M) ⟨→ A⟩ ADMIN susnommé(e) *m(f)*
Oben-ohne-Bedienung F serveuse *f* aux seins nus
obenstehend ADJT → oben 2
Ober M ⟨~s; ~⟩ 1 *(Kellner)* garçon *m*; **Herr ~!** garçon!; Monsieur! 2 *Spielkarte* dame *f*
Ober… IN ZSSGN *räumlich* supérieur; de dessus; *bei Ortsnamen* °haut; *bei Ämtern, Titeln* premier, -ière; général; *(an der Spitze stehend)* (en) chef; **Oberägypten** N la Haute-Égypte; **Oberarm** M bras *m*; **Oberarzt** M, **Oberärztin** F médecin-chef *m*; **Oberaufseher(in)** M(F) *im Gefängnis* gardien, -ienne *m,f* chef; **Oberaufsicht** F inspection, surveillance générale; *(Leitung)* direction *f* (**über** *[+akk]* de)
Oberbau M ⟨~(e)s; ~ten⟩ superstructure *f*; *e-r Straße (Decke)* revêtement *m*
Oberbayern N la Haute-Bavière
Oberbefehl M commandement *m* suprême (**über** *[+akk]* de); **den ~ haben** avoir le commandement suprême; commander en chef
Oberbefehlshaber M commandant *m* en chef; **Oberbegriff** M terme *m* générique; **Oberbekleidung** F vêtements *mpl*; **Oberbett** N couette *f*; *in französischen Betten a.* édredon *m*; **Oberbürgermeister(in)** M(F) maire *m*; *in Deutschland a.* premier bourgmestre; **obercool** *umg* ADJ *umg* super cool *(inv)*; **Oberdeck** N SCHIFF pont supérieur; **oberdeutsch** ADJ d(e l)'Allemagne du Sud
obere(r, -s) ADJ ⟨*épithète*⟩ supérieur *(a. Schul-, Gesellschaftsklasse, Stockwerk)*; *örtlich* d'en °haut; *rangmäßig* élevé; *(darüber liegend)* de dessus; d'en °haut; **das ~ Zimmer** la chambre du °haut
Obere(r) M ⟨→ A⟩ 1 **die ~n** *e-s Landes* les gens °haut placés, en °haut lieu; *(Vorgesetzte)* les supérieurs *mpl* 2 *e-s Klosters* Père supérieur
oberfaul *umg* ADJ *Sache, Angelegenheit* très louche; véreux, -euse; **Oberfeldwebel** M sergent-chef *m*
Oberfläche F *(Außenseite)* surface *f*;

(Flächenausdehnung) superficie *f*; **auf der ~ (des Wassers)** à la surface (de l'eau); **wieder an die ~ kommen** remonter à la surface; *fig* **an der ~ bleiben** rester à la surface des choses

oberflächenaktiv ADJ tensio-actif, -ive

Oberflächenbehandlung F TECH traitement *m* de surface; **Oberflächenbeschaffenheit** F état *m*, nature *f* de la surface; **Oberflächenhärtung** F METALL cémentation *f*; trempe superficielle, de surface; **Oberflächenspannung** F tension superficielle; **Oberflächenvered(e)lung** F TECH affinage *m* de surface

oberflächlich A ADJ *(äußerlich) a. fig* superficiel, -ielle; *Person a.* léger, -ère; **ein ~es Wissen** des connaissances superficielles B ADV **etw ~ behandeln** traiter qc superficiellement; effleurer qc; **ich kenne ihn nur ~** je ne le connais que vaguement

Oberflächlichkeit F ⟨~⟩ 1 caractère superficiel; superficialité *f* 2 *(Leichtfertigkeit)* légèreté *f*; **Oberförster** M garde forestier d'un district; **obergärig** ADJ à fermentation °haute; **Obergefreite(r)** M MIL caporal-chef *m*; **Obergeschoss**, *österr* **Obergeschoß** N étage supérieur; **Obergrenze** F limite supérieure; plafond *m*

oberhalb PRÄP ⟨*gen*⟩ au-dessus de; *(stromaufwärts)* en amont de

Oberhand F ⟨~⟩ dessus *m*; **die ~ (über etw, j-n) haben** avoir le dessus (sur qc, qn); *im Kampf, in der Diskussion* **die ~ (über j-n) gewinnen** prendre l'avantage, le dessus (sur qn); **die ~ (über etw, j-n) behalten** l'emporter (sur qc, qn)

Oberhaupt N chef *m*; *e-r Partei a.* leader *m*; **Oberhaus** N ⟨~es⟩ POL *in England* **das ~** la Chambre des lords; **Oberhaut** F épiderme *m*; **Oberhemd** N chemise *f*; **Oberherrschaft** F ⟨~⟩ *(bestimmende Gewalt)* souveraineté *f*; *(Überlegenheit)* suprématie *f*; domination *f* (**zur See** de la mer)

Oberhirte M KATH *(Bischof)* évêque *m*; *(Papst)* pape *m*; **Oberhoheit** F souveraineté *f*; autorité *f*, pouvoir *m* suprême

Oberin F ⟨~; ~nen⟩ 1 → Oberschwester 2 KATH (Mère *f*) supérieure *f*

oberirdisch ADJ à la surface du sol; en surface; ELEK aérien, -ienne

Oberitalien N l'Italie *f* du Nord; **Oberkante** F bord supérieur; **Oberkellner** M maître *m* d'hôtel; **Oberkiefer** M mâchoire supérieure; **Oberkommandierende(r)** M ⟨→ A⟩ MIL → Oberbefehlshaber

Oberkommando N °haut commandement, commandement *m* suprême (**über** [+*akk*] de)

Oberkörper M buste *m*; torse *m*; **den ~ frei machen** se mettre torse nu; *beim Arzt* se déshabiller jusqu'à la ceinture

Oberland N ⟨~(e)s⟩ (°hauts) plateaux; **das Berner ~** l'Oberland bernois

Oberlandesgericht N *etwa* Cour *f* d'appel; **Oberlauf** M *e-s Flusses* cours supérieur

Oberleder N empeigne *f*; **Oberlehrer** M *fig pej* pédant *m*; *geh* cuistre *m*; **oberlehrerhaft** ADJ *pej* pédant; *geh* cuistre; **Oberleitung** F 1 *(oberste Leitung)* surveillance générale; direction *f* 2 ELEK ligne aérienne; *für elektrische Züge* caténaire *f*; **Oberleitungs(omni)bus** M trolleybus *m*; **Oberleutnant** M lieutenant *m*; **Oberlicht** N 1 *Licht* lumière *f* d'en °haut 2 *Fenster* vasistas *m*; lucarne *f*; **Oberliga** F FUSSBALL quatrième division *f*; **Oberlippe** F lèvre supérieure

Obermaterial N **~ Leder** dessus *m* cuir

Oberösterreich N la Haute-Autriche

Oberpostdirektion F direction régionale des postes

Oberprima F ⟨~; -men⟩ *in Deutschland regional* neuvième année *f* de l'enseignement secondaire; **Oberprimaner(in)** M ⟨~s; ~⟩ (F) ⟨~in; ~innen⟩ *in Deutschland regional* élève *m/f* de neuvième année de l'enseignement secondaire

Oberrhein M cours supérieur du Rhin

Obers N ⟨~⟩ *österr* GASTR crème *f* Chantilly

Oberschenkel M cuisse *f*; **Oberschenkelhalsbruch** M fracture *f* du col du fémur; **Oberschicht** F couche supérieure; SOZIOLOGIE classes supérieures (de la société)

Oberschule F 1 *umg (höhere Schule)* lycée *m* 2 HIST DDR **polytechnische ~** *école générale et polytechnique de dix classes*; **erweiterte ~** *école élargie de douze classes*

Oberschüler(in) M(F) lycéen, -éenne *m,f*; **Oberschulrat** M inspecteur *m* d'Académie; **Oberschwester** F infirmière *f* (en) chef; **Oberseite** F dessus *m*; côté supérieur; face supérieure; **Obersekunda** F *in Deutschland regional* septième année *f* de l'enseignement secondaire; **Obersekundaner(in)** M(F) *in Deutschland regional* élève *m/f* de septième année de l'enseignement secondaire

Oberst M ⟨~en *ou* ~s; ~e(n)⟩ MIL colonel *m*

Oberstaatsanwalt M procureur *m* de la République

Oberstadt F ville °haute; **Oberstadtdirektor** M chef *m* des services de l'administration municipale

oberste(r, -s) ADJ le (la) plus °haut(e); *Schublade etc* du haut; *Stockwerk* dernier, -ière; *Rang* le (la) plus élevé(e); *Ziel* premier, -ière; supérieur; *Gewalt, Gesetz* suprême; **~ Aufsichtsbehörde** autorité administrative suprême; **~r Grundsatz** principe directeur; **~ Stelle** première place; *umg* **das Oberste zuunterst kehren** mettre tout sens dessus dessous

Oberstimme F MUS dessus *m*; soprano *m*

Oberstleutnant M MIL lieutenant-colonel *m*

Oberstübchen N ⟨~s⟩ *umg* **er ist nicht ganz richtig im ~** *umg* il travaille du chapeau

Oberstudiendirektor M *etwa* proviseur *m*; **Oberstudienrat** M, **Oberstudienrätin** F professeur *m/f* de lycée *(échelon de carrière au-dessus de Studienrat)*

Oberstufe F SCHULE second cycle *(comprenant la 11ème, la 12ème, la 13ème année scolaire)*; *in Frankreich etwa* lycée *m*; *bei Sprachkursen etc* cours supérieur; **Oberteil** N *od* M partie supérieure; dessus *m*; TECH partie supérieure; *(Kopf)* tête *f*; *von Kleidungsstücken* °haut *m*; **Obertertia** F *in Deutschland regional* cinquième année *f* de l'enseignement secondaire; **Obertertianer(in)** M(F) *in Deutschland regional* élève *m/f* de cinquième année de l'enseignement secondaire; **Oberton** M (son *m*) harmonique *m*

Oberwasser N *Schleuse* bief *m* d'amont; *fig* **~ bekommen** prendre le dessus, l'avantage; *fig* **~ haben** avoir le dessus

Oberweite F tour *m* de poitrine; **sie hat e-e beachtliche ~** elle a beaucoup de poitrine, une forte poitrine

Obfrau F 1 *e-s Vereins, Kampfgerichts* chef *m*; présidente *f* 2 *(Schiedsfrau)* arbitre *f* 3 *in e-m Betrieb* déléguée *f* du personnel 4 *österr e-s Vereins etc* présidente *f*

obgleich *geh* → obwohl

Obhut *geh* F ⟨~⟩ garde *f*; *(Schutz)* protection *f*; soins *mpl*; **j-n in s-e ~ nehmen** prendre qn sous sa protection, sa garde; **j-n in s-r ~ haben** avoir qn sous sa garde; **j-s ~** *(dat)* **anvertrauen** confier aux (bons) soins de qn

obig ADJ ⟨*épithète*⟩ mentionné ci-dessus

Objekt N ⟨~(e)s; ~e⟩ 1 objet *m* 2 HANDEL *(Immobilie)* bien immobilier 3 GRAM complément *m* (d'objet)

objektiv ADJ objectif, -ive

Objektiv N ⟨~s; ~e⟩ OPT objectif *m*

objektivieren V/T ⟨*pas de ge-*, h.⟩ objectiver

Objektivismus M ⟨~⟩ objectivisme *m*; **Objektivität** F ⟨~⟩ objectivité *f*

Objektsatz M GRAM proposition complétive; **Objektschutz** M protection *f* militaire des bâtiments, installations, *etc*; **Objektträger** M *des Mikroskops* porte-objet *m*; lame *f*

Oblate F ⟨~; ~n⟩ 1 KIRCHE hostie *f* 2 GASTR *etwa* gaufrette *f*

obliegen *geh* V/I ⟨*irr, insép, pas de ge- ou sép, -ge-*, h.⟩ **j-m ~** être du devoir de qn; incomber à qn; **die Pflichten, die uns ~** les devoirs que nous avons à remplir, qui nous incombent

Obliegenheit *geh* F ⟨~; ~en⟩ obligation *f*; devoir *m*

obligat *geh* ADJ 1 *a. iron* indispensable; inévitable 2 MUS obligé; **Obligation** F ⟨~; ~en⟩ HANDEL obligation *f*; **obligatorisch** ADJ obligatoire

Obligo N ⟨~s; ~s⟩ HANDEL engagement *m*; obligation *f*; *(Haftung)* garantie *f*; responsabilité *f*

Obmann M ⟨~(e)s; -männer *ou* -leute⟩, **Obmännin** F ⟨-in; -innen⟩ 1 *e-s Vereins, Kampfgerichts* chef *m*; président(e) *m(f)* 2 *(Schiedsmann, -frau)* arbitre *m/f* 3 *in e-m Betrieb* délégué(e) *m(f)* du personnel 4 *österr e-s Vereins etc* président(e) *m(f)*

Oboe F ⟨~; ~n⟩ °hautbois *m*; **Oboist(in)** M ⟨~en; ~en⟩ (F) ⟨~in; ~innen⟩ °hautboïste *m/f*

Obolus *geh hum* M ⟨~; ~ *ou* ~se⟩ obole *f*; **s-n ~ entrichten** donner son obole; **s-n ~ beisteuern** apporter son obole (**zu** à)

Obrigkeit F ⟨~; ~en⟩ autorité(s) *f(pl)*

Obrigkeitsdenken N respect inconditionnel de l'autorité; **Obrigkeitsstaat** M État *m* autoritaire

obschon *geh* → obwohl

Observanz F ⟨~; ~en⟩ 1 REL observance *f* 2 *geh (Ausprägung)* **Marxist** *m* **strikter ~** marxiste *m* de stricte observance

Observatorium N ⟨~s; -ien⟩ observatoire *m*

observieren V/T ⟨*pas de ge-*, h.⟩ 1 *(überwachen)* surveiller 2 *wissenschaftlich* observer

Obsession F ⟨~; ~en⟩ PSYCH obsession *f*

obsessiv ADJ PSYCH obsessif, -ive

obsiegen *geh* V/I ⟨*insép, pas de ge- ou sép*, -ge-, h.⟩ triompher; l'emporter

obskur ADJ obscur

Obst N ⟨~(e)s⟩ fruits *mpl*; **Obstanbau** M ⟨~(e)s⟩, **Obstbau** M ⟨-bau(e)s⟩ culture fruitière; production fruitière; **Obstbaum** M arbre fruitier; **Obstdarre** F four *m* à sécher les fruits; **Obsternte** F *als Handlung* récolte *f*, cueillette *f* (des fruits); *(Zeit der ~)* cueillaison *f*; *(Ertrag)* récolte *f* de(s) fruits; **Obstessig** M vinaigre *m* de fruits; **Obstgarten** M verger *m*; (jardin *m*) fruitier *m*; **Obstgeschäft** N → Obstladen; **Obsthandel** M commerce *m* de(s) fruits

Obsthändler(in) M(F) marchand(e) *m(f)* de fruits; fruitier, -ière *m,f*; **Obst- und Gemüsehändler(in)** marchand(e) de fruits et légumes, des quatre saisons

Obsthandlung F → Obstladen; **Obstkonserven** FPL conserves *fpl* de fruits; **Obstkorb** M panier *m* à fruits; cueilloir *m*; cageot *m*; **Obstkuchen** M tarte *f* aux fruits; **Obstladen** M fruiterie *f*

Obstler M ⟨~s; ~⟩ *bes südd* eau-de-vie *f* (de

O

fruits)
Obstmesser N couteau *m* à dessert; **Obstpflücker** M *Person* cueilleur *m*; *Gerät* cueilloir *m*; **Obstplantage** F plantation *f* d'arbres fruitiers; **Obstpresse** F pressoir *m* à fruits
Obstruktion F ⟨~; ~en⟩ obstruction *f*; **Obstruktionspolitik** F obstructionnisme *m*; politique *f* d'obstruction
Obstsaft M jus *m* de fruits; **Obstsalat** M salade *f*, macédoine *f* de fruits; **Obstschale** F 1 (*Haut*) peau *f* 2 (*Schüssel*) coupe *f* à fruits; **Obstsorte** F variété *f* de fruits; **Obststand** M étalage *m* de fruits; *fahrbarer* voiture *f* à bras d'un(e) marchand(e) des quatre saisons; **Obstteller** M assiette *f* à dessert; **Obsttorte** F → Obstkuchen; **Obstwasser** N eau-de-vie *f* (de fruits)
obszön ADJ obscène; **Obszönität** F ⟨~; ~en⟩ obscénité *f*
Obus M ⟨~ses; ~se⟩ trolleybus *m*
obwalten *geh* VI ⟨-ete, *insép, pas de ge- ou sép,* -ge-, h.⟩ exister; avoir lieu; **unter den ~den Umständen** dans les circonstances actuelles; compte tenu des circonstances
obwohl KONJ quoique, bien que (*+subj*)
Occasion F ⟨~; ~en⟩ *schweiz* (*Angebot für e-n Gelegenheitskauf*) occasion *f*; (*Gebrauchtwagen*) voiture *f* d'occasion
och *umg* INT *gleichgültig* oh!; *umg* ben!
Ochse M ⟨~n; ~n⟩ *a. umg fig* bœuf *m*; *umg* **dastehen wie der Ochs vorm Berg, vorm Scheunentor** *umg* être comme une poule qui a trouvé un couteau
ochsen *umg* VI ⟨-(es)t, h.⟩ *umg* potasser; *umg* bûcher
Ochsenauge N 1 ARCH œil-de-bœuf *m* 2 BOT télékie *f*; **Ochsenbrust** F ⟨~⟩ GASTR poitrine *f* de bœuf; **Ochsenfleisch** N bœuf *m*; **Ochsengespann** N attelage *m* de bœufs; **Ochsenmaulsalat** M GASTR museau *m* de bœuf à la vinaigrette; **Ochsenschwanz** M queue *f* de bœuf; **Ochsenschwanzsuppe** F oxtail *m*; **Ochsentour** *umg hum* F 1 (*harte Arbeit*) *umg* travail *m* de Romain 2 (*mühevolle Laufbahn e-s Politikers etc*) difficile ascension *f*; **Ochsentreiber** M bouvier *m*; **Ochsenzunge** F langue *f* de bœuf
Öchslegrad M WEINKUNDE degré *m* Baumé (*60° ~ = 8,2° Baumé*)
ocker ADJ ⟨*attribut*⟩ ocre (*inv*)
Ocker M *od* N ⟨~s; ~⟩ *Farbe* ocre *m*
ockerbraun, ockerfarben ADJ ocre (*inv*); **ockergelb** ADJ (jaune) ocre (*inv*)
öd *geh* → öde
od. ABK (oder) ou
Ode F ⟨~; ~n⟩ ode *f* (**an, auf** [*+akk*] à)
öde ADJ 1 (*menschenleer*) désert; désertique 2 (*unbebaut*) inculte; aride 3 *fig* (*eintönig*) monotone; (*langweilig*) ennuyeux, -euse; aride
Öde F ⟨~; ~n⟩ 1 (*Einsamkeit*) désert *m*; solitude *f* 2 (*unfruchtbares Land*) terre *f* inculte 3 *fig* (*Eintönigkeit*) grisaille *f*; monotonie *f*; (*innere Leere*) vide *m*
Odem *poet* M ⟨~s⟩ souffle *m*
Ödem N ⟨~s; ~e⟩ MED œdème *m*
oder KONJ 1 ou; (*sonst*) sinon; autrement; **~ aber** ou bien; **entweder … ~ …** ou … ou …; soit … soit … 2 *in Fragen* n'est-ce pas?; **er ist doch Arzt, ~?** il est (bien) médecin, n'est-ce pas?
Oder ⟨→ *n/pr*⟩ **die ~** l'Oder *m*
ödipal ADJ PSYCH **die ~e Phase** la phase œdipienne
Ödipus M ⟨→ *n/pr*⟩ MYTH Œdipe *m*; **Ödipuskomplex** M PSYCH complexe *m* d'Œdipe
Odium *geh* N ⟨~s⟩ relent(s) *m(pl)*
Ödland N ⟨~(e)s⟩ terrain *m*, terre *f* inculte

Odyssee *geh* F ⟨~; ~n⟩ odyssée *f*
Odysseus M ⟨→ *n/pr*⟩ MYTH Ulysse *m*
OECD F ⟨~⟩ ABK (Organization for Economic Cooperation and Development, Organisation für wirtschaftliche Zusammenarbeit und Entwicklung) OCDE *f* (Organisation de coopération et de développement économiques)
OEZ ABK (osteuropäische Zeit) heure *f* de l'Europe orientale
Ofen M ⟨~s; ⸚⟩ (*Heizofen*) poêle *m*; (*Backofen*) four *m*; (*Herd, Fabrikofen, Schmelzofen*) fourneau *m*; *umg* **ein heißer ~** *Motorrad umg* un gros cube; *Frau umg* un canon; *umg* **jetzt ist der ~ aus** *umg* c'est foutu
Ofenbank F ⟨~; -bänke⟩ banquette *f* du poêle; **ofenfrisch** ADJ tout chaud; qui sort du four; **Ofenheizung** F chauffage *m* à *od* par poêle; **Ofenkachel** F carreau *m* de poêle; **Ofenklappe** F clé *f* (d'un tuyau de poêle); **Ofenrohr** N tuyau *m* de poêle; **Ofenrost** M ⟨~(e)s; ~e⟩ grille *f*; **Ofenschirm** M écran *m* (de poêle); **Ofensetzer** M fumiste *m*; poêlier *m*
offen A ADJ 1 (*geöffnet*) ouvert (*a. Hemd, Kragen, Wunde*); *Verdeck* baissé; rabattu; *Knopf* ouvert; *Schuh, Gelände* découvert; (*unbedeckt*) découvert; *Wagen* décapotable; **halb ~** *Tür* entrebâillé; entrouvert; **~e Anstalt** *Strafanstalt* centre de détention ouvert; *Heilanstalt* service psychiatrique ouvert; **~es Feuer** feu nu; **ein ~es Geheimnis** un secret de polichinelle; **~es Gelände** terrain découvert; **in ~er Schlacht** en bataille rangée; **~e See** °haute mer; large *m*; **auf ~er See** en pleine mer; **~er Wein** vin *m* en carafe; **auf ~er Straße** en pleine rue; THEAT **auf ~er Szene** en pleine scène; **mit ~em Mund** (*erstaunt*) bouche bée; **bei j-m ein ~es Ohr finden** trouver audience auprès de qn; **etw ~ liegen lassen** laisser qc à la vue, à découvert; **das Geschäft hat, ist ~** le magasin est ouvert; **ein ~es Haus haben** avoir une maison hospitalière; tenir table ouverte; → *a.* Tag[1] 5 2 *fig* (*freimütig*) ouvert; franc, franche; **~er Brief** lettre ouverte; **~es Wesen** ouverture *f* d'esprit; franchise *f* 3 *Stelle* vacant 4 (*unentschieden*) *Frage* ouvert; en suspens 5 *Rechnung etc* non réglé; pas encore payé B ADV 1 **~ bleiben** *Tür etc* rester ouvert; *fig* → offenbleiben; **~ halten** *Tür* laisser ouvert; *fig* → offenhalten; **~ lassen** *Tür etc* laisser ouvert; (*unbeschrieben lassen*) laisser en blanc; *fig* → offenlassen; **~ stehen** *Tür etc* être ouvert; *fig* → offenstehen 2 (*sichtbar*) ouvertement; **~ legen** découvrir; exposer; *fig* → offenlegen; **~ zutage liegen** être évident, manifeste 3 (*freimütig*) franchement; **~ gesagt, gestanden** à vrai dire; pour parler franchement; **~ heraus** sans détour; sans ambages; **~ reden** parler sans ambages, à cœur ouvert
offenbar A ADJ manifeste; évident; apparent; **~ werden** se manifester (**in** [*+dat*], **durch** par); se révéler B ADV 1 (*anscheinend*) apparemment 2 (*offensichtlich*) visiblement
offenbaren *geh* VT (*u.* VR) ⟨*insép, pperf* offenbart, REL *a.* geoffenbart, h.⟩ **(sich) ~** (se) manifester; (se) révéler (*a.* REL); *Geheimnis* (se) découvrir; (se) dévoiler; **sich j-m ~** ouvrir son cœur à qn; s'ouvrir à qn; **er offenbarte sich s-r Mutter** il s'en ouvrit à sa mère
Offenbarung F ⟨~; ~en⟩ REL, *fig* révélation *f*; **die göttliche ~** la Révélation; **die ~ des Johannes** l'Apocalypse *f*; **das war eine ~ für mich** ce fut pour moi une révélation
Offenbarungseid M JUR serment *m* déclaratoire d'insolvabilité; *fig* **den ~ leisten** faire un constat d'échec
offenbleiben *fig* VI ⟨*irr, sép,* -ge-, s.⟩ *Frage* demeurer, rester posé; rester en suspens; *Wünsche* ne pas être réalisé
offenhalten *fig* VT ⟨*irr, sép,* -ge-, h.⟩ laisser en suspens; **sich** (*dat*) **(die Möglichkeit) ~ zu** (*+inf*) se réserver (la possibilité) de (*+inf*)
Offenheit F ⟨~⟩ franchise *f*; sincérité *f*; **~ für, gegenüber etw zeigen** être sensible à qc
offenherzig A ADJ 1 franc, franche; ouvert; (*aufrichtig*) sincère; (*mitteilsam*) expansif, -ive 2 *umg fig* très décolleté B ADV franchement; sincèrement; à cœur ouvert; **Offenherzigkeit** F ⟨~⟩ franchise *f*; sincérité *f*; (*Mitteilsamkeit*) expansivité *f*
offenkundig A ADJ manifeste; évident; apparent; *Tatsache* notoire; *Irrtum* flagrant B ADV visiblement; **Offenkundigkeit** F ⟨~⟩ publicité *f*; notoriété *f*
offenlassen *fig* VT ⟨*irr, sép,* -ge-, h.⟩ *Frage* laisser en suspens; **offenlegen** VT ⟨*sép,* -ge-, h.⟩ (*bekannt machen*) divulguer
offensichtlich A ADJ manifeste; évident; apparent B ADV de toute évidence; visiblement
offensiv ADJ offensif, -ive
Offensive F ⟨~; ~n⟩ offensive *f*; SPORT *a.* attaque *f*; **die ~ ergreifen, in die ~ gehen** MIL, SPORT, *fig* passer à, prendre l'offensive
Offensivkrieg M guerre offensive; **Offensivspiel** N SPORT jeu offensif; **Offensivspieler(in)** M(F) attaquant(e) *m(f)*; **Offensivwaffe** F arme offensive
offenstehen *fig* VI ⟨*irr, sép,* -ge-, h.⟩ *Stelle* être vacant; *Rechnung* ne pas être payé, réglé; **j-m ~** être ouvert à qn; (*zugänglich sein*) être accessible à qn; **es steht ihr offen zu** (*+inf*) elle est libre de (*+ inf*); libre à elle de (*+inf*); **ein Posten steht in unseren Büchern noch offen** un article est encore à découvert dans nos livres
öffentlich A ADJ public, -ique; **~es Ärgernis** outrage public à la pudeur; **~e Ausschreibung** appel *m* d'offres; **~e Bekanntmachung** avis *m* au public; **die ~e Hand** les pouvoirs publics; le fisc; **e-e Persönlichkeit des ~en Lebens** une personnalité de la vie publique; **~e Meinung** opinion publique; **~e Mittel** *npl* fonds publics; **~es Recht** droit public; **~e Verkehrsmittel** *npl* transports publics, en commun B ADV en public; publiquement; **~ bekannt machen** rendre public; proclamer; **~ versteigern** vendre aux enchères
Öffentlichkeit F ⟨~⟩ (*Publikum*) public *m*; (*Öffentlichsein*) publicité *f*; **an die ~ bringen** divulguer; **an die ~ dringen** tomber dans le domaine public; **in aller ~** au vu et au su de tout le monde; en public; **mit etw an die ~ gehen, treten** publier qc; **unter Ausschluss der ~** à huis clos
Öffentlichkeitsarbeit F ⟨~⟩ relations publiques
öffentlich-rechtlich ADJ de droit public; **~e Anstalt** établissement *m* de droit public
offerieren VT ⟨*pas de ge-,* h.⟩ HANDEL offrir
Offerte F ⟨~; ~n⟩ HANDEL offre *f*
offiziell ADJ officiel, -ielle
Offizier M ⟨~s; ~e⟩ officier *m*; **~ vom Dienst** officier de service; **~ auf Zeit** officier engagé
Offiziersanwärter M aspirant(-officier) *m*; **Offiziersausbildung** F formation *f* d'officiers; **Offizierskasino** N mess *m* des officiers; **Offizierskorps** N corps *m* des officiers; **Offiziersmesse** F SCHIFF carré *m* des officiers; **Offiziersrang** M rang *m* d'officier; **Offiziersschule** F école *f* d'officiers
offiziös *geh* ADJ officieux, -ieuse
offline IT °hors ligne; déconnecté; **Offlinebetrieb** M ⟨~(e)s⟩ mode *m* °hors ligne
öffnen ⟨-ete, h.⟩ A VT *u.* VI ouvrir; *Flasche mit Kronenverschluss* décapsuler; *Zugekorktes* débou-

cher; **ein wenig ~** entrouvrir; **j-m ~** ouvrir à qn **B** VR **sich ~** s'ouvrir (j-m, e-r Sache à qn, qc)

Öffner M ⟨~s; ~⟩ *(Büchsenöffner)* ouvre-boîte *m*; *(Flaschenöffner)* ouvre-bouteille *m*; décapsuleur *m*; → *a.* Türöffner; **Öffnung** F ⟨~; ~en⟩ **1** *(das Öffnen)* ouverture *f*; *e-r Flasche mit Korken* débouchage *m*; *e-r Leiche* autopsie *f* **2** *(offene Stelle)* ouverture *f*; orifice *m*; *(Loch)* trou *m*; *(Eingang)* entrée *f*; *(Mündung)* embouchure *f* **3** POL ouverture *f*; **Öffnungszeiten** FPL heures *fpl* d'ouverture

Offroadfahrzeug N véhicule *m* tout-terrain

Offsetdruck M ⟨~(e)s; ~e⟩ TYPO (impression *f*) offset *m*

oft ADV ⟨¨er, am ¨esten⟩ souvent; fréquemment; **wie ~?** combien de fois?; *als Ausruf* **wie ~...!** que de fois ...!

öfter ADV **1** *komp abs (häufig)* **~** *od geh* **des Öfteren** assez souvent **2** *komp relatif* **~ als** plus souvent que; **ich sehe ihn ~ als dich** je le vois plus souvent que toi; **je ~ ich ihn sehe, desto ...** plus je le vois, plus ...

öfters ADV *regional* assez souvent

oftmalig ADJ fréquent; (souvent) réitéré; **oftmals** ADV souvent; maintes fois; de nombreuses fois

o. g. ABK (oben genannt) nommé plus °haut; ADMIN susnommé

OG ABK (Obergeschoss) étage supérieur

ÖGB M ⟨~(s)⟩ ABK (Österreichischer Gewerkschaftsbund) fédération *f* des syndicats autrichiens

oh INT oh!; ah!

Oheim *liter* M ⟨~s; ~e⟩ oncle *m*

OHG F ⟨~; ~s⟩ ABK (offene Handelsgesellschaft) société *f* en nom collectif

Ohm N ⟨~(s); ~⟩ ELEK ohm *m*

ohmsch ADJ ELEK **~er Widerstand** résistance *f* ohmique; **das ~e Gesetz** la loi d'Ohm

ohne **A** PRÄP ⟨akk⟩ sans; **~ allen Zweifel, ~ Frage** sans aucun doute; **zwölf, ~ die Kinder** douze, sans (compter) les enfants; **~ Geist** dépourvu d'esprit; **~ mich!** sans moi!; **~ mein Wissen** à mon insu; **~ Weiteres** *(ohne Umschweife)* sans plus de façons; **das ist ~ Weiteres möglich** c'est tout à fait possible; **das geht nicht so ~ Weiteres** cela ne va pas aussi facilement; **er ist ~ jedes Verständnis dafür** il manque totalement de compréhension pour cela; *umg* **das ist nicht (ganz) ~** *(nicht schlecht)* cela n'est pas mal; *(das hat es in sich) umg* c'est pas de la tarte **B** KONJ **~ dass ...** sans que ... *(+subj)*; *bei gleichem Subjekt a.* **~ zu** *(+inf)* sans *(+inf)*; **~ etw zu nehmen** sans rien prendre; **~ j-n gesehen zu haben** sans avoir vu personne

ohnedies *geh* ADV de toute façon; **ohnegleichen** ADJ sans pareil, -eille; sans égal; **ohnehin** ADV de toute façon

Ohnmacht F ⟨~; ~en⟩ **1** MED *(Bewusstlosigkeit)* évanouissement *m*; **in ~** *(akk)* **fallen** s'évanouir; perdre connaissance **2** ⟨pas de pl⟩ *(Machtlosigkeit)* impuissance *f*

ohnmächtig **A** ADJ **1** MED évanoui; sans connaissance; **~ werden** s'évanouir **2** *(machtlos)* impuissant **B** ADV **sie musste ~ zusehen, wie ...** impuissante, elle vit ...

Ohnmachtsanfall M **e-n ~ haben** s'évanouir; perdre connaissance

oho INT °ho! °ho!; *umg* **klein, aber ~!** *umg* petit, mais super!

Ohr N ⟨~(e)s; ~en⟩ **1** oreille *f*; **abstehende ~en haben** avoir les oreilles décollées; **ein feines ~** *(Gehör)* **haben** avoir l'oreille fine; **gute, schlechte ~en haben** bien, mal entendre; **j-m etw ins ~ sagen, flüstern** dire, souffler qc à l'oreille de qn; **sich** *(dat)* **die ~en zuhalten** se boucher les oreilles; **diese Musik geht (leicht) ins ~** c'est une musique facile; **ich habe deine Worte noch im ~** j'entends encore tes paroles; **ich habe es mit eigenen ~en gehört** je l'ai entendu de mes propres oreilles; **auf diesem ~ höre ich nicht gut** je n'entends pas bien de cette oreille; **es ist mir zu ~en gekommen, dass ...** j'ai appris que ...; **auf dem rechten ~ bin ich taub** je suis sourd de l'oreille droite **2** *fig geh* **tauben ~en predigen** prêcher dans le désert; *umg* **auf diesem ~ bin ich taub** je ne l'entends pas de cette oreille; *umg* **j-m die ~en lang ziehen** *umg* tirer l'oreille, les oreilles à qn; *geh* **j-m sein ~ leihen** prêter l'oreille à qn; **die ~en spitzen** *Tiere* dresser les oreilles; *umg Person* dresser l'oreille; *umg* **sich aufs ~ legen** (aller) se coucher; (aller) faire une petite sieste; *umg* piquer un somme; *umg* **j-m eins, ein paar hinter die ~en geben** *umg* frotter les oreilles à qn; *umg* **er ist noch nicht trocken hinter den ~en** il est encore trop jeune; *umg* **schreib dir das hinter die ~en!** tiens-le-toi pour dit!; **j-m (mit etw) in den ~en liegen** casser la tête à qn (avec qc); rebattre, casser les oreilles à qn (avec qc); *umg* **mit den ~en schlackern** être renversé; *umg* **da schlackerst du aber mit den ~en!** *umg* ça te la coupe!; *umg* **j-n übers ~ hauen** *umg* rouler qn; *umg* **bis über beide ~en rot werden** *umg* rougir jusqu'aux oreilles; *umg* **bis über beide ~en in Schulden** *(dat)* **stecken** *umg* être endetté jusqu'au cou; *umg* **bis über beide ~en (in j-n) verliebt sein** être amoureux fou (de qn); être fou (de qn); *umg* **viel um die ~en haben** *umg* être débordé; *umg* **j-m etw um die ~en hauen** jeter, *umg* balancer qc à la figure de qn; *umg* **sich** *(dat)* **e-e Nacht um die ~en schlagen** passer une nuit blanche; **ich bin ganz ~** je t'écoute; je suis tout ouïe; **ich fand bei ihm ein offenes ~** il m'a écouté avec bienveillance; *umg* **das geht bei ihm zum e-n ~ rein, zum andern wieder raus** cela lui (r)entre par une oreille et lui (res)sort par l'autre; *umg* **halt die ~en steif!** *umg* courage!; ne te laisse pas abattre!; *umg* **mir kommt es (schon) zu den ~en (he)raus** *umg* j'en ai marre d'entendre parler de ça; *umg* **sitzt du auf den ~en?** *umg* t'es sourd ou quoi?; *umg* **wasch dir mal die ~en!** *umg* les oreilles, ça se lave!

Öhr N ⟨~(e)s; ~e⟩ *(Nadelöhr)* chas *m*

Ohrenarzt M, **Ohrenärztin** F oto-rhino-laryngologiste *m/f*; *umg* oto-rhino *m/f*; O.R.L. *m/f*; **Ohrenbeichte** F KATH confession *f* auriculaire; **ohrenbetäubend** ADJT assourdissant; **Ohrenentzündung** F otite *f*; **Ohrenheilkunde** F otologie *f*; **Ohrenklappe** F MODE oreillette *f*; **Ohrenklingen** N ⟨~s⟩ MED sifflement *m* d'oreilles; **Ohrenkrankheit** F, **Ohrenleiden** N maladie *f* de l'oreille; **Ohrensausen** N ⟨~s⟩ bourdonnement *m* d'oreilles; **Ohrenschmalz** N cérumen *m*; **Ohrenschmaus** M régal *m* pour les oreilles

Ohrenschmerzen MPL maux *mpl* d'oreille(s); **ich habe ~** j'ai mal aux oreilles

Ohrenschützer MPL *starre* protège-oreilles *m*; *flexible* serre-tête *m*; **Ohrensessel** M fauteuil *m* à oreilles; **Ohrenspiegel** M MED otoscope *m*; **ohrenzerreißend** ADJT qui déchire les oreilles; à tout rompre; à briser le tympan; **Ohrenzeuge** M, **Ohrenzeugin** F témoin *m* auriculaire

Ohrfeige F *a. fig* gifle *f*

ohrfeigen VT ⟨h.⟩ gifler; *umg* **ich könnte mich ~!** je me giflerais!

Ohrfeigengesicht *umg* N *umg* tête *f* à claques

Ohrgehänge N pendants *mpl*, boucles *fpl* d'oreilles; **Ohrhörer** M oreillette *f*; **Ohrklipp** M ⟨~s; ~s⟩ clip *m*; **Ohrläppchen** N ⟨~s; ~⟩ lobe *m* de l'oreille; **Ohrmuschel** F ANAT pavillon *m* de l'oreille

Ohropax® N ⟨~⟩ boules *fpl* Quies®

Ohrring M boucle *f* d'oreille; **Ohrschmuck** M boucles *fpl* d'oreilles; **Ohrstecker** M boucle *f* d'oreille (pour oreilles percées); **Ohrtrompete** F ANAT trompe *f* d'Eustache; **Ohrwurm** M **1** ZOOL perce-oreille *m* **2** *umg fig* scie *f*; rengaine *f*

o. J. ABK (ohne Jahr) sans indication de l'année de publication

oje, **ojemine** INT oh! là là!

o. k., **O. K.** *umg* ABK → okay, Okay

Okarina F ⟨~; ~s *ou* -nen⟩ MUS ocarina *m*

okay *umg* INT d'accord!; O. K.! *advl* **das geht ~** c'est O.K.; c'est d'accord

Okay *umg* N ⟨~(s); ~s⟩ accord *m*; **sein ~ zu etw geben** donner son accord pour qc

okkult ADJ occulte

Okkultismus M ⟨~⟩ occultisme *m*; **Okkultist(in)** M ⟨~en; ~en⟩ (F) ⟨~in; ~innen⟩ occultiste *m/f*; **okkultistisch** ADJ occultiste

Okkupation F ⟨~; ~en⟩ occupation *f*; **okkupieren** VT ⟨pas de ge-, h.⟩ occuper

Öko... IN ZSSGN écologique; *Nahrungsmittel* biologique; *umg* bio

Ökobauer M ⟨~n; ~n⟩ agriculteur *m* biologique; **Ökobilanz** F écobilan *m*; **Ökohaus** N maison *f* écologique; **Ökolabel** N HANDEL écolabel *m*; **Ökoladen** M magasin *m* de produits biologiques, *umg* de produits bio

Ökologe M ⟨~n; ~n⟩, **Ökologin** F ⟨-in; -innen⟩ écologiste *m/f*; **Ökologie** F ⟨~⟩ écologie *f*; **ökologisch** ADJ écologique

Ökonom(in) M ⟨~en; ~en⟩ (F) ⟨~in; ~innen⟩ *(Wirtschaftswissenschaftler[in])* économiste *m/f*; **Ökonomie** F ⟨~⟩ *(Wirtschaft[lichkeit])* économie *f*; **ökonomisch** ADJ économique

Ökopartei F parti *m* écologique; **Ökosiegel** N écolabel *m*; **Ökosteuer** F écotaxe *f*; **Ökostrom** M électricité verte; **Ökosystem** N écosystème *m*; **Ökotourismus** M écotourisme *m*

Ökotrophologie F ⟨~⟩ *Fach* enseignement ménager et diététique *f*

Okra F ⟨~; ~s⟩ *Gemüse* okra *m*; gombo *m*

Okt. ABK (Oktober) oct. (octobre)

Oktaeder N ⟨~s; ~⟩ MATH octaèdre *m*

Oktagon N ⟨~s; ~e⟩ → Oktogon

Oktan N ⟨~s; ~e, *mais* 90 ~⟩ CHEM octane *m*

Oktant M ⟨~en; ~en⟩ SCHIFF octant *m*

Oktanzahl F indice *m* d'octane

Oktav N ⟨~s⟩ TYPO in-octavo *m*

Oktava F ⟨~; -ven⟩ *österr* °huitième année *f* de l'enseignement secondaire

Oktavband M ⟨~(e)s; -bände⟩ (volume *m*) in-octavo *m*; **Oktavbogen** M feuille *f* in-octavo

Oktave F ⟨~; ~n⟩ MUS octave *f*

Oktavformat N → Oktav

Oktett N ⟨~(e)s; ~e⟩ MUS octuor *m*

Oktober M ⟨~(s); ~⟩ (mois *m* d')octobre *m*; → *a.* Januar; **Oktoberfest** N Fête *f* de la bière; **Oktoberrevolution** F HIST révolution *f* d'Octobre

Oktogon N ⟨~s; ~e⟩ GEOMETRIE octogone *m*; **oktogonal** ADJ octogonal

Okular N ⟨~s; ~e⟩ OPT oculaire *m*

okulieren VT ⟨pas de ge-, h.⟩ *Baum* greffer; écussonner; **Okuliermesser** N greffoir *m*; écussonnoir *m*

Ökumene F ⟨~⟩ REL *(Gesamtheit der Christen)* communauté *f* œcuménique; *Bewegung* œcu-

O

ménisme *m*; **ökumenisch** ADJ œcuménique

Okzident *geh* M ⟨~s⟩ Occident *m*; **okzidental(isch)** *geh* ADJ occidental

Öl N ⟨~(e)s; ~e⟩ *(Speiseöl, Motorenöl)* huile *f*; *(Heizöl)* mazout *m*; fuel *m*; *(Erdöl)* pétrole *m*; **~ exportierend** exportateur, -trice de pétrole; KUNST **in ~ malen** peindre à l'huile; AUTO **das ~ wechseln** faire la vidange; *fig* **~ ins Feuer gießen** jeter de l'huile sur le feu; *fig* **~ auf die Wogen gießen** mettre de l'huile dans les rouages; calmer les esprits

Ölabscheider M TECH séparateur *m* d'huile; déshuileur *m*

Olaf M ⟨→ *n/pr*⟩ *prénom*

Ölanzeiger M → Ölstandanzeiger; **Ölbad** N KOSMETIK bain *m* d'huile; **Ölbaum** M olivier *m*; **Ölbehälter** M réservoir *m* à *od* d'huile, *für Heizöl* à *od* de mazout; **Ölberg** M **der ~** le mont des Oliviers; **Ölbild** N huile *f*; peinture *f* à l'huile; **Ölbohrung** F forage *m* de pétrole; **Ölbrenner** M *bei Ölheizung* brûleur *m* à mazout

Oldie *umg* M ⟨~s; ~s⟩ 1 vieux succès *(Film* de l'écran, *Lied* de la chanson) 2 *(alte Person) umg* croulant *m*

Öldruck M ⟨~(e)s⟩ AUTO pression *f* d'huile; **Öldruckanzeige** F, **Öldruckanzeiger** M indicateur *m* de pression d'huile; **Öldruckbremse** F TECH frein *m* hydraulique; **Öldruckpumpe** F pompe *f* à huile

Oldtimer M ⟨~s; ~⟩ voiture ancienne

Oleander M ⟨~s; ~⟩ BOT laurier-rose *m*

ölen V/T ⟨h.⟩ huiler; graisser; TECH lubrifier

Ölen N ⟨~s⟩ huilage *m*; graissage *m*; lubrification *f*

ölexportierend ADJT → Öl

olfaktorisch ADJ MED olfactif, -ive

Ölfarbe F peinture *f* à l'huile; **Ölfeld** N gisement *m*, champ *m* pétrolifère; **Ölfeuerung** F chauffage *m* à (l')huile, au mazout, au fuel; **Ölfilm** M film *m* d'huile; **Ölfilter** M *od* N filtre *m* à huile; **Ölfleck** M tache *f* d'huile; **Ölförderland** N pays producteur de pétrole; **Ölförderung** F production *f* de pétrole

OLG N ⟨~⟩ ABK (Oberlandesgericht) *etwa* Cour *f* d'appel

Ölgemälde N huile *f*; peinture *f*, tableau *m* à l'huile; **Ölgesellschaft** F compagnie pétrolière

Ölgötze *umg pej* M **(dastehen) wie ein ~** (rester planté là) comme une souche

Ölhafen M port pétrolier

Ölhahn M *umg fig* **den ~ zudrehen** stopper la vente de la production pétrolière

ölhaltig ADJ *Pflanze etc* oléagineux, -euse

Ölheizung F chauffage *m* au fuel, au mazout

ölig ADJ 1 huileux, -euse 2 *fig pej* mielleux, -euse

Oligarch M ⟨~en; ~en⟩ oligarque *m*; **Oligarchie** F ⟨~; ~n⟩ oligarchie *f*; **oligarchisch** ADJ oligarchique

Oligopol N ⟨~s; ~e⟩ WIRTSCH oligopole *m*

Ölindustrie F industrie pétrolière

oliv ADJ ⟨*inv*⟩ olive *(inv)*; *bes Hautfarbe* olivâtre

Oliv N ⟨~s; ~⟩ (vert *m*) olive *m*

Olive F ⟨~; ~n⟩ olive *f*

Olivenbaum M olivier *m*; **Olivenernte** F récolte *f* des olives; **Olivenhain** M oliveraie *f*; **Olivenöl** N huile *f* d'olive

olivgrün ADJ vert olive *(inv)*

Öljacke F ciré *m*; **Ölkanister** M bidon *m* d'huile; **Ölkännchen** N, **Ölkanne** F burette *f*; **Ölkrise** F crise *f* du pétrole

oll *umg regional* ADJ vieux, vieil, vieille; *hum* **je ~er, je doller** plus on est vieux, plus on fait des excès

Öllampe F lampe *f* à huile; **Ölleitung** F pipe-line *m*; oléoduc *m*; **Ölmalerei** F peinture *f* à l'huile; **Ölmessstab** M jauge *f* à huile; **Ölmühle** F moulin *m*, pressoir *m* à huile; **Ölmulti** *umg* M multinationale pétrolière; **Ölofen** M *im Zimmer* poêle *m* à mazout; **Ölpalme** F palmier *m* à huile; **Ölpapier** N papier huilé, *(Packpapier)* paraffiné; **Ölpest** F marée noire; **Ölpflanzen** FPL plantes *fpl* oléifères; **Ölpresse** F presse *f* à huile; **Ölpumpe** F pompe *f* à huile; **Ölquelle** F puits *m* de pétrole; **Ölraffinerie** F raffinerie *f* de pétrole; **Ölsaaten** FPL BOT semences oléagineuses; **Ölsardine** F sardine *f* à l'huile; **Ölsäure** F CHEM acide *m* oléique; **Ölscheich** *umg* M magnat *m* du pétrole; *umg* émir *m*; **Ölschicht** F couche *f* d'huile; **Ölschiefer** M MINER schiste bitumineux; **Ölspur** F traces *fpl* d'huile; **Ölstand** M niveau *m* d'huile; **Ölstandanzeiger** M indicateur *m* du niveau d'huile; **Öltank** M cuve *f* à mazout; **Öltanker** M pétrolier *m*; **Ölteppich** M nappe *f* de pétrole

Ölung F ⟨~; ~en⟩ huilage *m*; graissage *m*; KATH **Letzte ~** extrême-onction *f*

Ölverbrauch M AUTO consommation *f* d'huile; **Ölvorkommen** N gisement *m* de pétrole; **Ölwanne** F AUTO carter *m* inférieur

Ölwechsel M vidange *f*; **e-n ~ machen (lassen)** faire (faire) une vidange

Olymp M ⟨~s⟩ 1 MYTH Olympe *m* 2 *umg* THEAT paradis *m*; *umg* poulailler *m*

Olympiade F ⟨~; ~n⟩ 1 SPORT *im Altertum* olympiade *f*; *heute* Jeux *mpl* olympiques 2 *auf e-m Wissensgebiet* concours *m*

Olympiadorf N village *m* olympique; **Olympiamannschaft** F équipe *f* olympique; **Olympiasieg** M victoire *f* olympique; **Olympiasieger(in)** M(F) champion, -ionne *m,f* olympique; **Olympiastadion** N stade *m* olympique; **Olympiateilnehmer(in)** M(F) athlète *m/f* olympique

Olympionike M ⟨~n; ~n⟩, **Olympionikin** F ⟨-in; -innen⟩ athlète *m/f* olympique

olympisch ADJ 1 MYTH olympien, -ienne; d'Olympe 2 SPORT olympique; **Olympische Spiele** *npl* Jeux *mpl* olympiques

Ölzeug N ciré *m* (de marin); **Ölzweig** M branche *f* d'olivier; BIBEL, *fig* rameau *m* d'olivier

Oma *umg* F ⟨~; ~s; *a.* → *n/pr*⟩ 1 *kindersprl (Großmutter) umg* mamie *f*; *umg* mémé *f* 2 *(alte Frau) umg* mémé *f*

Omelett N ⟨~(e)s; ~e *ou* ~s⟩, *österr, schweiz* **Omelette** F ⟨~; ~n⟩ GASTR omelette *f*

Omen N ⟨~s; ~ *ou* Omina⟩ présage *m*; augure *m*; **ein schlechtes ~** un mauvais augure

Omi *umg kindersprl* F ⟨~; ~s; *a.* → *n/pr*⟩ *umg* mémé *f*; *umg* mamie *f*

ominös ADJ de mauvais augure; *(anrüchig, bedenklich)* suspect; douteux, -euse

Omnibus M ⟨~ses; ~se⟩ autobus *m*; *(Reisebus)* autocar *m*; **mit dem ~ fahren** prendre l'autobus

Omnibusbahnhof *etc* → Busbahnhof *etc*; **Omnibusfahrer(in)** M(F) conducteur, -trice *m,f* d'autobus; **Omnibushaltestelle** F arrêt *m* d'autobus; **Omnibuslinie** F ligne *f* d'autobus

omnipotent *geh* ADJ omnipotent

Onanie F ⟨~⟩ masturbation *f*; onanisme *m*; **onanieren** V/I ⟨*pas de ge-*, h.⟩ se masturber; **Onanist(in)** M ⟨~en; ~en⟩ (F) ⟨~in; ~innen⟩ masturbateur, -trice *m,f*

Ondulation F ⟨~; ~en⟩ ondulation *f*; **ondulieren** V/T ⟨*pas de ge-*, h.⟩ onduler

One-Night-Stand M ⟨~s; ~s⟩ aventure *f* d'une nuit

Onkel M ⟨~s; ~ *ou umg* ~s⟩ oncle *m*; *kindersprl* **der ~ Doktor** le docteur

Onkelehe *umg* F concubinage *m* (avec une veuve qui ne se marie pas pour conserver sa pension); **onkelhaft** ADJ *meist pej* comme un vieux (monsieur)

Onkologe M ⟨~n; ~n⟩, **Onkologin** F ⟨-in; -innen⟩ cancérologue *m/f*; **Onkologie** F ⟨~⟩ cancérologie *f*

online ADV IT en ligne; **etw ~ kaufen** acheter qc en ligne

Onlineangebot N offre *f* en ligne; **Onlineauktion** F vente *f* aux enchères en ligne; **Onlinebanking** N ⟨~s⟩ banque *f* en ligne; **Onlinebetrieb** M mode connecté; opération *f* en ligne; **Onlinedienst** M service *m* en ligne; **Onlinedurchsuchung** F *von Computern* fouille *f* en ligne; **Onlinekauf** M achat *m* en ligne; **Onlinepublishing** N publication *f* en ligne; **Onlineshop** M ⟨~s; ~s⟩ boutique *f* en ligne; **Onlineshopping** N ⟨~s⟩ shopping *m* en ligne; **Onlineverkauf** M vente *f* en ligne

Önologe M ⟨~n; ~n⟩, **Önologin** F ⟨-in; -innen⟩ œnologue *m/f*; **Önologie** F ⟨~⟩ œnologie *f*; **önologisch** ADJ œnologique

onomatopoetisch ADJ LING onomatopéique

Önometer N ⟨~s; ~⟩ œnomètre *m*

Ontogenese F BIOL ontogenèse *f*; **ontogenetisch** ADJ BIOL ontogén(ét)ique; **Ontologie** F ⟨~⟩ PHIL ontologie *f*; **ontologisch** ADJ PHIL ontologique

Onyx M ⟨~(es); ~e⟩ MINER onyx *m*

o. O. ABK 1 *(ohne Ort)* sans indication du lieu de publication 2 *(ohne Obligo)* sans engagement

o. ö. Prof. ABK (ordentliche[r] öffentliche[r] Professor[in]) professeur titulaire d'une chaire

o. O. u. J. ABK (ohne Ort und Jahr) sans indication du lieu ni de l'année de publication

OP[1] M ⟨~(s); ~(s)⟩ ABK → Operationssaal

OP[2] F ⟨~; ~s⟩ ABK → Operation

op. ABK (Opus) op. (opus)

o. P. ABK (ordentliche[r] Professor[in]) professeur titulaire d'une chaire

Opa *umg* M ⟨~s; ~s; *a.* → *n/pr*⟩ 1 *kindersprl (Großvater) umg* papi *od* papy *m*; *umg* pépé *m* 2 *(alter Mann) umg* pépé *m*

opak ADJ opaque

Opal M ⟨~s; ~e⟩ MINER opale *f*

Opaleszenz F ⟨~⟩ opalescence *f*

Opalglas N ⟨~es⟩ verre opalin; opaline *f*

OPEC F ⟨~⟩ ABK (Organization of the Petroleum Exporting Countries, Organisation der Erdöl exportierenden Länder) OPEP *f* (Organisation des pays exportateurs de pétrole)

Open-Air-Festival N festival *m* en plein air

Open-End-Diskussion F libre débat *m*

Oper F ⟨~; ~n⟩ opéra *m*; *(Opernhaus)* Opéra *m*; **komische ~** opéra-comique *m*; opéra *m* bouffe; **in die ~ gehen** aller à l'Opéra

operabel ADJ ⟨-bl-⟩ 1 MED opérable 2 *(funktionierend)* opérationnel, -elle

Operateur M ⟨~s; ~e⟩ 1 *Arzt* chirurgien *m* 2 *(Filmvorführer)* projectionniste *m*

Operation F ⟨~; ~en⟩ MED, MIL, MATH opération *f*; **sich e-r ~** *(dat)* **unterziehen** se faire opérer; subir une opération

Operationsbasis F base *f* d'opérations; **Operationsgebiet** N MIL zone *f* d'opérations; **Operationskittel** M blouse *f* de chirurgien; **Operationsnarbe** F cicatrice *f* d'opération; **Operationssaal** M bloc *m*

opératoire; salle *f* d'opération; **Operationsschwester** F infirmière *f* (de la salle) d'opération; **Operationstisch** M table *f* d'opération

operativ A ADJ ⟨épithète⟩ 1 MED opératoire; *Eingriff etc* chirurgical; **~e Entfernung** ablation *f* 2 MIL opérationnel, -elle 3 WIRTSCH d'exploitation; **~es Ergebnis** résultat *m* d'exploitation; **~es Geschäft** activité *f* de l'entreprise B ADV MED **~ entfernen** pratiquer l'ablation de; enlever

Operator(in) M ⟨~s; -toren⟩ F ⟨~in; ~innen⟩ IT opérateur, -trice *m,f*

Operette F ⟨~; ~n⟩ opérette *f*

operettenhaft ADJ d'opérette

operieren ⟨*pas de ge-*, h.⟩ A VT MED opérer (an [+*dat*] de); **sich ~ lassen** se faire opérer; **j-n am Blinddarm ~** opérer qn de l'appendicite B VI MED, *fig* opérer; MIL *a.* manœuvrer; *fig a.* procéder; agir

Opernarie F air *m* d'opéra; **Opernball** M bal *m* de l'Opéra; **Opernführer** M guide *m* d'opéra; **Opernglas** N jumelles *fpl* de théâtre; **opernhaft** ADJ d'opéra; **Opernhaus** N Opéra *m*; **Opernkomponist** M compositeur *m* d'opéras; **Opernsänger(in)** M(F) chanteur, -euse *m,f* d'opéra; cantatrice *f*

Opfer N ⟨~s; ~⟩ 1 REL sacrifice *m*; *(~gabe)* offrande *f*; *(Menschenopfer, Tieropfer)* victime *f*; **ein ~ darbringen** offrir, faire un sacrifice 2 *(Verzicht)* sacrifice *m*; **große ~ für etw bringen** faire de grands sacrifices pour qc 3 *(Geschädigter)* victime *f*; **j-m, e-r Sache zum ~ fallen** être la victime de qn, de qc; **e-m Unfall zum ~ fallen** mourir victime d'un accident; **das Erdbeben hat zahlreiche ~ gefordert** le tremblement de terre a fait de nombreuses victimes; *geh* **ein ~ der Flammen werden** être la proie des flammes

opferbereit ADJ prêt à se sacrifier, *(hilfsbereit)* à se dévouer; **Opferbereitschaft** F ⟨~⟩ esprit *m* de sacrifice; *(Hilfsbereitschaft)* dévouement *m*; *plus fort* abnégation *f*

Opfergabe F offrande *f*; **Opfergang** M sacrifice *m*; **Opfergeld** N offrande *f* en argent; **Opferhandlung** F sacrifice *m*; **Opferlamm** N 1 REL agneau offert en sacrifice; *fig (Christus)* agneau divin, de Dieu 2 *umg fig* victime (innocente)

opfern ⟨-(e)re, h.⟩ A VT REL sacrifier *(a. fig)*; offrir en sacrifice; *geh* immoler *(a. fig)*; *fig* **sein Leben für j-n, etw ~** sacrifier sa vie pour qn, à qc B VR *a. fig* **sich (für j-n, etw) ~** se sacrifier (pour qn, à qc); *umg hum* **ich opfere mich und wasche ab** je me sacrifie pour faire la vaisselle

Opferstätte F lieu *m* de sacrifice; **Opferstock** M *in Kirchen* tronc *m*; **Opfertier** N animal offert en sacrifice, immolé; **Opfertod** *geh* M sacrifice *m* de sa vie

Opferung F ⟨~; ~en⟩ sacrifice *m*; KATH oblation *f*

opferwillig ADJ prêt à se sacrifier

Ophthalmologe M ⟨~n; ~n⟩, **Ophthalmologin** F ⟨-in; -innen⟩ ophtalmologiste *od* ophtalmologue *m/f*; **Ophthalmologie** F ⟨~⟩ ophtalmologie *f*

Opi *umg* M ⟨~s; ~s; *a.* → *n/pr*⟩ *kinderspr umg* pépé *m*; *umg* papi *od* papy *m*

Opiat N ⟨~(e)s; ~e⟩ PHARM opiacé *m*

Opium N ⟨~s⟩ opium *m*; *fig* **Religion ist ~ für das Volk** la religion, c'est l'opium du peuple

opiumhaltig ADJ opiacé

Opiumhandel M commerce *m* de l'opium; **Opiumhöhle** F fumerie *f* d'opium; **Opiumkrieg** M guerre *f* de l'opium; **Opiumpfeife** F pipe *f* à opium; **Opiumraucher** M fumeur *m* d'opium; **Opiumsucht** F ⟨~⟩ opiomanie *f*; **opiumsüchtig** ADJ opiomane; **Opiumsüchtige(r)** M/F(M) opiomane *m/f*; **Opiumvergiftung** F intoxication *f* par l'opium

Opossum N ⟨~s; ~s⟩ ZOOL, *Pelz* opossum *m*

Opponent(in) M ⟨~en; ~en⟩ F ⟨~in; ~innen⟩ opposant(e) *m(f)*; **opponieren** VI ⟨*pas de ge-*, h.⟩ s'opposer (**gegen** à)

opportun *geh* ADJ opportun

Opportunismus M ⟨~⟩ opportunisme *m*; **Opportunist(in)** M ⟨~en; ~en⟩ F ⟨~in; ~innen⟩ opportuniste *m/f*; **opportunistisch** ADJ opportuniste

Opposition F ⟨~; ~en⟩ opposition *f*; **oppositionell** ADJ opposant; POL *a.* de l'opposition

Oppositionsführer(in) M(F) chef *m*, leader *m* de l'opposition; **Oppositionspartei** F parti *m* d'opposition

Optant M ⟨~en; ~en⟩ BÖRSE optant *m*

Optativ M ⟨~s; ~e⟩ GRAM (mode *m*) optatif *m*

optieren VI ⟨*pas de ge-*, h.⟩ opter (**für** pour); JUR prendre une option (**auf** [+*akk*] sur)

Optik F ⟨~⟩ 1 *Lehre* optique *f* 2 *e-s Geräts* système *m* optique 3 *(optischer Eindruck)* aspect *m*; **Optiker(in)** M ⟨~s; ~⟩ F ⟨~in; ~innen⟩ opticien, -ienne *m,f*

optimal A ADJ optimal; optimum *(inv)* B ADV de manière optimale; **optimieren** VT ⟨*pas de ge-*, h.⟩ optim(al)iser; **Optimierung** F ⟨~; ~en⟩ optim(al)isation *f*

Optimismus M ⟨~⟩ optimisme *m*; **Optimist(in)** M ⟨~en; ~en⟩ F ⟨~in; ~innen⟩ optimiste *m/f*; **optimistisch** A ADJ optimiste B ADV avec optimisme

Optimum N ⟨~s; -ma⟩ optimum *m*

Option F ⟨~; ~en⟩ JUR, HANDEL option *f* (**für** pour; **auf** [+*akk*] sur); **e-e ~ auf ein Grundstück erhalten, erwerben** obtenir, prendre une option sur un terrain

Optionsgeschäft N marché *m* à option; **Optionsmarkt** M marché *m* d'options; **Optionsrecht** N droit *m* d'option

optisch ADJ optique; **~e Geräte** *npl* appareils *mpl* d'optique; **~e Industrie** industrie *f* de l'optique; **~e Täuschung** illusion *f* d'optique

opulent ADJ opulent; somptueux, -euse; **Opulenz** F ⟨~⟩ opulence *f*; somptuosité *f*

Opuntie F ⟨~; ~n⟩ BOT oponce *m*; *t/t* opuntia *m*; *umg* raquette *f*

Opus N ⟨~; Opera⟩ œuvre *f*; MUS opus *m*; *iron* chef-d'œuvre *m*

Orakel N ⟨~s; ~⟩ oracle *m* *(a. fig)*; **in ~n sprechen** parler d'une façon mystérieuse, incompréhensible

orakelhaft ADJ comme un oracle; *(rätselhaft)* énigmatique; mystérieux, -ieuse

orakeln VI ⟨-(e)le, *pas de ge-*, h.⟩ faire de mystérieuses prophéties

Orakelspruch M oracle *m*

oral ADJ oral

orange ADJ ⟨*inv*⟩ orange *(inv)*; orangé; **~ färben** teindre en orange

Orange¹ F ⟨~; ~n⟩ BOT orange *f*

Orange² N ⟨~s; ~⟩ *Farbe* orange *m*; couleur *f* orange; **in ~** *gekleidet* (habillé) en orange

Orangeade F ⟨~; ~n⟩ orangeade *f*

Orangeat N ⟨~s; ~e⟩ écorce *f* d'orange confite

Orangenbaum M oranger *m*; **Orangenblüte** F fleur *f* d'oranger

orange(n)farben ADJ, **orange(n)färben** VT, **orange(n)farbig** ADJ → orange

Orangenhaut F MED *(Zellulitis)* cellulite *f*; peau *f* d'orange; **Orangensaft** M jus *m* d'orange; **Orangenschale** F pelure *f*, écorce *f* d'orange; GASTR zeste *m* d'orange

Orangerie F ⟨~; ~n⟩ orangerie *f*

Orang-Utan M ⟨~s; ~s⟩ orang-outan(g) *m*

Oranien N ⟨→ *n/pr*⟩ HIST Orange

Oratorium N ⟨~s; -ien⟩ 1 MUS oratorio *m* 2 ARCH oratoire *m*

ORB M ⟨~⟩ HIST ABK (Ostdeutscher Rundfunk Brandenburg) *radio et télévision régionales allemandes (Potsdam)*

Orbitalstation F station orbitale

Orchester N ⟨~s; ~⟩ orchestre *m*; **Orchesterbegleitung** F accompagnement *m* d'orchestre; **Orchestergraben** M fosse *f* d'orchestre; **Orchestermitglied** N membre *m* d'un orchestre; **Orchestermusik** F musique orchestrale; **Orchestermusiker(in)** M(F) musicien, -ienne *m,f* d'orchestre; **Orchesterraum** M (fosse *f* d')orchestre *m*

orchestral ADJ orchestral; **orchestrieren** VT ⟨*pas de ge-*, h.⟩ orchestrer; **Orchestrierung** F ⟨~; ~en⟩ orchestration *f*

Orchidee F ⟨~; ~n⟩ orchidée *f*

Orchideengewächse NPL orchidées *fpl*

Orden M ⟨~s; ~⟩ 1 *(Mönchsorden, Frauenorden, Ritterorden)* ordre *m*; **Deutscher ~** Ordre Teutonique; **in e-n ~ eintreten** entrer en religion; prendre l'habit, *Frauen* le voile 2 *(Auszeichnung)* décoration *f*; ordre *m*; **e-n ~ (für etw) bekommen** recevoir une décoration (pour qc); **j-m e-n ~ verleihen** décorer qn

ordengeschmückt ADJT couvert de décorations

Ordensband N ⟨~(e)s; -bänder⟩ ruban *m* (d'une décoration); **Ordensbruder** M religieux *m*; frère *m*; **Ordensfrau** F → Ordensschwester; **Ordensgeistliche(r)** M membre *m* du clergé régulier

Ordensgelübde N vœu *m* monastique; **sein ~ ablegen** faire sa profession; prononcer ses vœux

Ordenskreuz N croix *f* (d'un ordre); **Ordensregel** F règle *f* (d'un ordre); observance *f*; **Ordensritter** M chevalier *m* d'un ordre; **Ordensschwester** F religieuse *f*; sœur *f*; **Ordenstracht** F habit (religieux); **Ordensträger** M titulaire *m* d'un ordre; **Ordensverleihung** F distribution *f*, remise *f* d'un ordre; décoration *f*

ordentlich A ADJ 1 *Person (ordnungsliebend)* ordonné; qui a de l'ordre 2 *Person (anständig)* convenable; **~e Leute** *pl umg* des gens *mpl* bien 3 *(regelrecht)* **~er Professor** professeur *m* titulaire d'une chaire; **~es Mitglied** membre adhérent, titulaire; **~es Gericht** tribunal *m* de droit commun; **~er Ausschuss** commission régulière 4 *Sache umg (ganz gut)* convenable; satisfaisant; **e-e ~e Leistung** un bon travail 5 *umg (reichlich)* abondant; **ein ~er Schluck** *umg* un bon coup; **e-e ~e Tracht Prügel** *umg* une bonne raclée; **e-e ~e Portion** *Essen* une portion copieuse B ADV 1 *(geordnet)* de manière ordonnée; *(sorgfältig)* soigneusement 2 *(anständig)* convenablement; **sich ~ benehmen** se conduire convenablement 3 *umg (tüchtig, ganz gut)* bien 4 *umg (reichlich)* copieusement; **er war ~ erstaunt** il a été vraiment surpris

Ordentlichkeit F ⟨~⟩ ordre *m*; *als Veranlagung* (esprit *m* d')ordre *m*; *(Sorgfalt)* soin *m*

Order F ⟨~; ~n, HANDEL ~s⟩ HANDEL, MIL ordre *m*; **Orderbuch** N HANDEL livre *m* des commandes; carnet *m* de commandes

ordern VT *u.* VI ⟨h.⟩ HANDEL commander

Orderscheck M HANDEL chèque *m* à ordre

Ordinalzahl F nombre ordinal

ordinär ADJ *pej* vulgaire

Ordinariat N ⟨~(e)s; ~e⟩ 1 KATH ordinariat *m* 2 *an Hochschulen* charge *f* de professeur titulaire; **Ordinarius** M ⟨~; -ien⟩ *an Hochschu-*

len professeur *m* titulaire d'une chaire (**für** de)
Ordinate F ⟨~; ~n⟩ MATH ordonnée *f*
Ordination F ⟨~; ~en⟩ 1 KATH ordination *f* 2 MED prescription médicale; *(Rezept)* ordonnance *f*; **ordinieren** V/T ⟨*pas de ge-*, h.⟩ 1 KATH ordonner (**j-n** qn) 2 MED ordonner; prescrire
ordnen ⟨-ete, h.⟩ A V/T mettre en ordre; mettre de l'ordre dans; ranger; *nach Größe, Farbe etc* classer (**nach** par); *(regeln, einrichten)* régler; mettre en règle; ordonner; **alphabetisch, chronologisch ~** ranger, classer par ordre alphabétique, chronologique; **s-e Geschäfte, e-e Hinterlassenschaft ~** régler ses affaires, une succession; **in geordneten Verhältnissen leben** mener une vie réglée, rangée B V/R **sich ~** se ranger
Ordner M ⟨~s; ~⟩ 1 *bei e-r Festveranstaltung etc* ordonnateur *m*; *in e-r Versammlung* membre *m* du service d'ordre 2 *(Aktenordner)* classeur *m*
Ordnung F ⟨~; ~en⟩ 1 ordre *m*; *(vorgeschriebene ~)* règle *f*; règlement *m*; **die öffentliche ~** l'ordre public; **in ~ halten** tenir en ordre; **in ~ bringen** *(aufräumen)* ranger; *fig (regeln)* régler; mettre en ordre; **in etw** *(akk)* **~ bringen** mettre ordre à qc; *Papiere etc* **in ~ sein** être en règle; **es ist alles wieder in ~** tout s'est arrangé; *umg* **(das geht) in ~!** parfait!; d'accord!; entendu!; *umg* ça marche!; *umg* **alles in bester, schönster ~** tout va pour le mieux; tout est en ordre; *umg* tout baigne; **ich finde es nicht in ~, dass** je ne trouve pas ça bien que *(+subj)*; **ich finde das ganz in ~** je trouve cela parfaitement normal, en règle; *umg* **er ist in ~** *umg* il est bien; *umg* **er ist nicht in ~** *gesundheitlich* il ne se sent pas bien; **j-n zur ~ rufen** rappeler qn à l'ordre; **der ~ halber** pour que tout soit en règle; pour que les formes soient respectées; *sprichw* **~ ist das halbe Leben** une place pour chaque chose, chaque chose à sa place 2 *(Reihenfolge)* suite *f*; *(Grad)* rang *m*; *umg* **e-e Pleite erster ~** un échec cuisant
Ordnungsamt N *services municipaux chargés de délivrer les passeports et les déclarations de séjour, d'autoriser les manifestations, etc*; **Ordnungsdienst** M service *m* d'ordre
ordnungsgemäß A ADJ réglementaire B ADV en bonne et due forme; **ordnungshalber** ADV pour la bonne forme, règle
Ordnungshüter M *(Polizist)* agent *m* de police; gardien *m* de la paix; *hum* gendarme *m*; **Ordnungsliebe** F amour *m*, goût *m* de l'ordre
ordnungsliebend ADJT ordonné; qui a de l'ordre; **~er Mensch** homme *m* d'ordre
Ordnungsprinzip N principe *m* d'organisation; *(Anordnung)* classement *m*
Ordnungsruf M rappel *m* à l'ordre; **j-m e-n ~ erteilen** rappeler qn à l'ordre
Ordnungssinn M ⟨~(e)s⟩ sens *m* de l'ordre; **Ordnungsstrafe** F amende *f*; **ordnungswidrig** ADJ irrégulier, -ière; contre les règles; **Ordnungswidrigkeit** F infraction *f* au règlement, *im Straßenverkehr* au code de la route; contravention *f* *(a. im Straßenverkehr)*; **Ordnungszahl** F 1 MATH nombre ordinal 2 CHEM nombre *m*, numéro *m* atomique
Ordon(n)anz F ⟨Ordon(n)anz; Ordon(n)anzen⟩ MIL planton *m*; **Ordon(n)anzoffizier** M officier *m* d'ordonnance
Oregano M ⟨~⟩ origan *m*
ORF M ⟨~⟩ ABK (Österreichischer Rundfunk) radio et télévision autrichiennes
Organ N ⟨~s; ~e⟩ 1 ANAT organe *m*; **innere ~e** organes internes 2 *umg (Stimme)* voix *f*; **sie hat ein lautes ~** elle parle fort 3 *(Nachrichtenorgan)* organe *m*; *(Instrument)* organe *m*; organisme *m*; institution *f*; **ausführendes ~** organe d'exécution; organisme exécutif
Organbank F ⟨~; ~en⟩ MED banque *f* d'organes; **Organempfänger(in)** M(F) MED receveur, -euse *m,f* (d'organe)
Organigramm N ⟨~s; ~e⟩ organigramme *m*
Organisation F ⟨~; ~en⟩ organisation *f*
Organisationsform F forme *f* d'organisation; **Organisationskomitee** N comité organisateur; **Organisationsplan** M plan *m* d'organisation; organigramme *m*; **Organisationstalent** N qualités *fpl*, talents *mpl* d'organisateur *bzw.* d'organisatrice
Organisator M ⟨~s; -toren⟩, **Organisatorin** F ⟨~in; ~innen⟩ organisateur, -trice *m,f*; **organisatorisch** A ADJ organisateur, -trice; d'organisation B ADV sur le plan de l'organisation
organisch ADJ organique; **~e Chemie** chimie *f* organique
organisieren ⟨*pas de ge-*, h.⟩ A V/T 1 organiser 2 *umg (beschaffen)* **etw ~** se procurer qc; se débrouiller pour obtenir qc B V/R **sich ~** s'organiser; **gewerkschaftlich organisiert** syndiqué; **nicht organisiert** *Arbeitnehmer* non syndiqué
Organisierung F ⟨~⟩ 1 organisation *f* 2 *umg (Beschaffung) umg* fauche *f*; *umg* chapardage *m*
Organismus M ⟨~; -men⟩ BIOL, *fig* organisme *m*
Organist(in) M ⟨~en; ~en⟩ (F) ⟨~in; ~innen⟩ MUS organiste *m/f*
Organizer M ⟨~s; ~⟩ assistant *m* électronique
Organspende F MED don *m* (d'organe); **Organspender(in)** M(F) donneur, -euse *m,f* (d'organe); **Organspenderausweis** M carte *f* de donneur (d'organe); **Organtransplantation** F transplantation *f* d'un organe *bzw.* d'organes
Orgasmus M ⟨~; -men⟩ jouissance *f*; orgasme *m*; **orgastisch** ADJ orgastique
Orgel F ⟨~; ~n⟩ orgue *m*; **~ spielen** jouer de l'orgue
Orgelbauer M ⟨~s; ~⟩ facteur *m* d'orgues; **Orgelkonzert** N récital *m* d'orgue; **Orgelmusik** F musique *f* d'orgue
Orgelpfeife F tuyau *m* d'orgue; *hum* **wie die ~n** par rang de taille
orgiastisch ADJ orgiaque
Orgie F ⟨~; ~n⟩ orgie *f*; **e-e ~ feiern** faire une orgie
Orient M ⟨~s⟩ **der ~** l'Orient *m*; **der Vordere ~** le Proche-Orient
Orientale M ⟨~n; ~n⟩, **Orientalin** F ⟨-in; -innen⟩ Oriental(e) *m(f)*; **orientalisch** ADJ oriental; **Orientalist(in)** M ⟨~en; ~en⟩ (F) ⟨~in; ~innen⟩ orientaliste *m/f*; **Orientalistik** F ⟨~⟩ études *fpl* des langues (et des civilisations) orientales
orientieren ⟨*pas de ge-*, h.⟩ A V/T 1 *(ausrichten)* orienter (**nach Süden** au sud) 2 *(in Kenntnis setzen)* renseigner, informer, mettre au courant (**über** *[+akk]* sur) B V/R **sich ~** 1 *räumlich* s'orienter; **sich mit Hilfe des Kompasses ~** se diriger à la boussole 2 *(sich informieren)* se renseigner, s'informer, se mettre au courant (**über** *[+akk]* sur) 3 **sich an etw, j-m ~** prendre qc, qn comme modèle
Orientierung F ⟨~⟩ 1 orientation *f*; **die ~ verlieren** perdre l'orientation 2 *(Information)* **zur ~** à titre d'information; à titre documentaire, indicatif 3 *(Ausrichtung)* orientation *f*
Orientierungshilfe F point *m* de repère; **Orientierungslauf** M SPORT course *f* d'orientation; **orientierungslos** ADJ désorienté; **Orientierungspunkt** M (point *m* de) repère *m*; **Orientierungssinn** M ⟨~(e)s⟩ sens *m* de l'orientation; **Orientierungsstufe** F SCHULE classes *fpl* d'orientation
Orientteppich M tapis *m* d'Orient
Origami N ⟨~(s)⟩ *(Papierfaltkunst)* origami *m*
Origano → Oregano
original A ADJ original; *(ursprünglich)* d'origine; originel, -elle B ADV **~ französische Spitze** véritable dentelle française; RADIO, TV **etw ~ übertragen** diffuser qc en direct
Original N ⟨~s; ~e⟩ 1 original *m*; *(Urtext)* texte *m*; *(Urschrift)* autographe *m*; manuscrit *m* (d'auteur); *(~urkunde)* minute *f*; *e-n Schriftsteller* **im ~ lesen** lire dans le texte 2 *(Sonderling)* original *m*
Originalausgabe F édition originale; première édition; **Originalbeleg** M pièce originale; original *m*; **Originalfassung** F version originale; **Originalgemälde** N tableau original; **originalgetreu** ADJ fidèle, conforme à l'original; **Originalhandschrift** F autographe *m*
Originalität F ⟨~⟩ originalité *f*
Originalmanuskript N original *m*; **Originalrechnung** F facture originale; **Originaltext** M texte original
Originalton M ⟨~(e)s⟩ **die Reden** *fpl* **von X im ~** l'enregistrement original des discours de X; *fig hum* **~ Christine** dixit Christine
Originalübertragung F émission *f* en direct; **Originalverpackung** F emballage *m* d'origine
originell ADJ original
Orkan M ⟨~(e)s; ~e⟩ ouragan *m*
orkanartig ADJ tempétueux, -euse; *Sturm* violent; **~er Beifall** tonnerre *m*, tempête *f* d'applaudissements
Orkus *geh*, MYTH M ⟨~⟩ enfers *mpl*
Ornament N ⟨~(e)s; ~e⟩ ornement *m*; **ornamental** ADJ ornemental
Ornat M ⟨~(e)s; ~e⟩ robe *f*; *(Priesterornat)* habit sacerdotal; **Priester** *m* **im vollen ~** prêtre revêtu de ses ornements (sacerdotaux); *umg hum* **in vollem ~** avec tout mon, ton, *etc* attirail
Ornithologe M ⟨~n; ~n⟩, **Ornithologin** F ⟨-in; -innen⟩ ornithologiste *od* ornithologue *m/f*; **Ornithologie** F ⟨~⟩ ornithologie *f*; **ornithologisch** ADJ ornithologique
Orpheus M ⟨→ *n/pr*⟩ MYTH Orphée *m*
Ort M ⟨~(e)s; ~e, MATH, SCHIFF ~̈er⟩ lieu m; endroit *m*; *(Ortschaft)* endroit *m*; localité *f*; **an allen ~en** en tous lieux; partout; **an ~ und Stelle** sur place; *(sofort)* sur-le-champ; **an ~ und Stelle sein** être à l'endroit convenu; **hier am ~** dans cette ville; sur place; **~ der Handlung ist Rom** la scène, l'action se déroule à Rome; *in Büchern* **am angegebenen ~** à l'endroit déjà cité; **das beste Hotel am ~** le meilleur hôtel de l'endroit; **von ~ zu ~ ziehen** aller de place en place; BERGBAU **vor ~ arbeiten** abattre à front *od* au front de taille; *fig* **vor ~** *(an ~ und Stelle)* sur place
Örtchen *umg* N ⟨~s; ~⟩ **(stilles) ~** *(WC) umg* petit coin
orten V/T ⟨-ete, h.⟩ localiser; *a.* FLUG repérer; SCHIFF relever
orthodox ADJ orthodoxe; **Orthodoxie** F ⟨~⟩ orthodoxie *f*
Orthogenese F ⟨~; ~n⟩ BIOL orthogenèse *f*
Orthografie F ⟨~; ~n⟩ orthographe *f*
orthografisch A ADJ orthographique; **~er Fehler** faute *f* d'orthographe B ADV **~ richtig schreiben** orthographier correctement
Orthographie, orthographisch → Or-

thografie, orthografisch

Orthopäde M ⟨~n; ~n⟩, **Orthopädin** F ⟨-in; -innen⟩ orthopédiste *m/f*; **Orthopädie** F ⟨~⟩ orthopédie *f*; **orthopädisch** ADJ orthopédique

örtlich A ADJ local (*a. Niederschläge etc*); MED *Schmerz* localisé; **~e Betäubung** anesthésie locale B ADV localement; **~ begrenzen** localiser; circonscrire; MED **~ betäuben** pratiquer une anesthésie locale; **~ angewandtes Mittel** topique *m*

Örtlichkeit F ⟨~; ~en⟩ *meist* PL **~en** lieux *mpl*

Ortolan M ⟨~s; ~e⟩ ZOOL ortolan *m*

Ortsangabe F indication *f* du lieu; **ortsansässig** ADJ local; **Ortsansässige(r)** M/F(M) ⟨→ A⟩ résident(e) *m(f)*; habitant(e) *m(f)*; celui, celle qui habite la localité; **Ortsausgang** M sortie *f* de la *od* d'une localité; **Ortsbeschreibung** F topographie *f*; **Ortsbestimmung** F 1 GRAM complément (circonstanciel) de lieu 2 (*Lokalisierung*) localisation *f*; **Ortsbezeichnung** F nom *m* de *od* du lieu

Ortschaft F ⟨~; ~en⟩ endroit *m*; localité *f*; (*Dorf*) village *m*; **geschlossene ~** agglomération *f*

Ortseingang M entrée *f* de la *od* d'une localité

ortsfremd ADJ étranger, -ère (à la localité, *etc*); **ortsgebunden** ADJT lié, attaché au lieu; stationnaire

Ortsgespräch N TEL communication locale; **Ortsgruppe** F section locale

Ortskenntnis F connaissance *f* des lieux; **~ haben** connaître les lieux

Ortskrankenkasse F caisse régionale d'assurance maladie; **ortskundig** ADJ qui connaît bien les lieux; **Ortsname** M nom *m* de lieu; **Ortsnetz** N TEL réseau, circuit téléphonique local, urbain; **Ortsnetzkennzahl** F TEL indicatif régional; **Ortspfarrer** M curé *m* de la localité; **Ortspolizei** F police locale

Ortsrand M **am ~ von** en bordure de

Ortsschild N panneau *m* (d'entrée *bzw.* de sortie) d'agglomération; **Ortssinn** M ⟨~(e)s⟩ mémoire *f* des lieux; **Ortstafel** F *am Ortseingang* panneau *m* (indiquant le nom) de (la) localité; **Ortstarif** M TEL tarif urbain; **Ortsteil** M quartier *m*; **ortsüblich** ADJ d'après *od* selon l'usage local; **Ortsveränderung** F changement *m* de lieu; déplacement *m*; *t/t* locomotion *f*; **Ortsverkehr** M trafic local; TEL *a.* trafic, service urbain; POST® service local; **Ortsvorsteher(in)** M(F) maire *m*; *in Deutschland* bourgmestre *m*; **Ortswechsel** M changement *m* de lieu; **Ortszeit** F heure locale; **Ortszulage** F, **Ortszuschlag** M indemnité *f* de résidence

Ortung F ⟨~; ~en⟩ repérage *m*

Oscar M ⟨~(s); ~s⟩ *umg* FILM oscar *m*

Öse F ⟨~; ~n⟩ MODE œillet *m*

Oskar M ⟨→ *n/pr*⟩ *prénom*; *umg* **frech wie ~** très insolent

osmanisch ADJ ottoman

Osmium N ⟨~s⟩ CHEM osmium *m*

Osmose F ⟨~; ~n⟩ BIOL, PHYS osmose *f*; **osmotisch** ADJ osmotique

Ossi *umg* M ⟨~s; ~s⟩ *surnom des Allemands de l'Est*

Ost M 1 ⟨*sans article ni pl*⟩ (*Osten*) est *m* 2 ⟨~(e)s; ~e⟩ (*~wind*) vent *m* d'est; **Ostafrika** N l'Afrique orientale; **ostafrikanisch** ADJ est-africain; **Ostagent(in)** M(F) agent *m* de l'Est; **ostasiatisch** ADJ d(e l)'Asie orientale; **Ostasien** N l'Asie orientale; **Ostberlin** N Berlin-Est *m* (*a.* HIST); **Ostblock** M ⟨~(e)s⟩ HIST bloc *m* de l'Est; **Ostblockstaat** M HIST pays *m* de l'Est; **ostdeutsch** ADJ d(e l)'Allemagne de l'Est; **Ostdeutsche(r)** M/F(M) Allemand(e) *m/f* de l'Est; **Ostdeutschland** N *bes* HIST l'Allemagne *f* de l'Est

Osten M ⟨~s⟩ est *m*; (*Asien*) orient *m*; POL **der ~** l'Est; **der Ferne ~** l'Extrême-Orient; **der Mittlere ~** le Moyen-Orient; **der Nahe ~** le Proche-Orient; **im ~ (von)** à l'est (de); **nach ~** vers l'est; **von ~** de l'est

ostentativ *geh* A ADJ ostensible; *geh* ostentatoire B ADV ostensiblement; *geh* avec ostentation

Osteopathie F ⟨~; ~n⟩ MED *Krankheit, Therapie* ostéopathie *f*

Osteoporose F ⟨~; ~n⟩ MED ostéoporose *f*

Osterblume F pâquerette *f*; anémone *f*; **Osterei** N œuf *m* de Pâques; **Osterfeiertag** M jour *m* de Pâques; **Osterferien** PL vacances *fpl* de Pâques; **Osterfest** N Pâques *m od fpl*; **Osterglocke** F BOT jonquille *f*; **Osterhase** M lapin *m* de Pâques

Osterinsel die ~ l'île *f* de Pâques

Osterlamm N agneau pascal

österlich ADJ pascal

Ostermontag M lundi *m* de Pâques

Ostern N ⟨~; ~⟩ *od* PL Pâques *m od fpl*; **an** *od* **zu ~** à Pâques; **frohe** *od* **fröhliche ~!** joyeuses Pâques!

Österreich N ⟨→ *n/pr*⟩ l'Autriche *f*

Österreicher(in) M ⟨~s; ~⟩ (F) ⟨~in; ~innen⟩ Autrichien, -ienne *m,f*

österreichisch ADJ autrichien, -ienne; d(e l)'Autriche; POL *in Zssgn* austro-...

Ostersonntag M dimanche *m* de Pâques

Osterweiterung F ⟨~⟩ *der EU, der Nato* élargissement *m* à l'Est

Osterwoche F (*Karwoche*) semaine sainte; *nach Ostern* semaine *f* de Pâques; **Osterzeit** F ⟨~⟩ (période *f* de) Pâques *m od fpl*

Osteuropa N l'Europe de l'Est, orientale; **Osteuropäer(in)** M(F) Européen, -éenne *m,f* de l'Est; **osteuropäisch** ADJ européen, -éenne de l'Est; de l'Europe de l'Est, orientale

ostfriesisch ADJ **die Ostfriesischen Inseln** les îles Frisonnes orientales

Ostfriesland N la Frise orientale

Ostgebiet N **die ehemaligen deutschen ~e** les anciens territoires allemands à l'est de la ligne Oder-Neisse

Ostgoten MPL HIST Ostrogot(h)s *mpl*; **Osthandel** M commerce *m* avec les pays de l'Est; **Osthang** M *e-s Gebirges* versant *m* est

Ostia N ⟨→ *n/pr*⟩ Ostie

Ostjude M Juif *m* d'Europe orientale; **Ostküste** F côte est, orientale

östlich A ADJ d(e l)'est; oriental B ADV à l'est; **~ von** à l'est de

Ostmark *umg* F HIST *Währung* mark-Est *m*; **Ostpolitik** F politique *f* envers les États de l'Europe de l'Est; **Ostpreußen** N la Prusse orientale

Östrogen N ⟨~s; ~e⟩ œstrogène *od* estrogène *m*

oströmisch ADJ HIST **das Oströmische Reich** l'Empire romain d'Orient; l'Empire byzantin

Ostsee F ⟨~⟩ (mer *f*) Baltique *f*; **Ostseite** F (côté *m*) est *m*; *e-s Gebirges* versant *m* est; **Ostsektor** M HIST secteur *m* est

Osttimor N ⟨→ *n/pr*⟩ le Timor oriental; **Ostverträge** MPL traités *mpl* avec l'Est; **ostwärts** ADV vers l'est; **Ost-West-Gespräche** NPL POL entretiens *mpl* Est-Ouest; **Ost-West-Konflikt** M POL conflit *m* Est-Ouest; **Ostwind** M vent *m* d'est; **Ostzone** F ⟨~⟩ HIST zone *f* d'occupation soviétique

OSZE F ⟨~⟩ ABK (Organisation für Sicherheit und Zusammenarbeit in Europa) OSCE *f* (Organisation pour la sécurité et la coopération en Europe)

Oszillation F ⟨~; ~en⟩ PHYS oscillation *f*; **oszillieren** V/I ⟨*pas de ge-*, h.⟩ osciller; **oszillierend** ADJT oscillatoire; oscillant; **Oszillograf** M ⟨~en; ~en⟩ oscillographe *m*; **Oszillogramm** N ⟨~s; ~e⟩ oscillogramme *m*; **Oszillograph** M → Oszillograf

Otitis F ⟨~; -tiden⟩ MED otite *f*

O-Ton M → Originalton

Otoskop N ⟨~s; ~e⟩ MED otoscope *m*

Otter[1] F ⟨~; ~n⟩ ZOOL (*Viper*) vipère *f*; aspic *m*

Otter[2] M ⟨~s; ~⟩ ZOOL (*Fischotter*) loutre *f*

Otto M ⟨→ *n/pr*⟩ 1 *prénom*; *Königsname* Otton *m*; *umg* **~ Normalverbraucher** le consommateur moyen; *weitS.* l'homme *m* de la rue 2 *umg* **den flotten ~ haben** *umg* avoir la courante

Ottomane F ⟨~; ~n⟩ *Möbelstück* ottomane *f*

Ottomotor M moteur *m* à essence, à explosion

ÖTV F ⟨~⟩ HIST ABK (Öffentliche Dienste, Transport und Verkehr) Syndicat *m* des services et transports publics

out *umg* ADJ ⟨*attribut*⟩ **~ sein** être passé de mode

Outdoorjacke F veste *f* outdoor

outen ⟨-ete, h.⟩ A V/T révéler l'homosexualité de B V/R **sich ~** révéler son homosexualité

Outfit *Jargon* N ⟨~(s); ~s⟩ (*Kleidung*) tenue *f*; *umg* fringues *fpl*; (*Ausrüstung*) équipement *m*

Outing N ⟨~s⟩ SOZIOLOGIE outing *m*

Output M *od* N ⟨~s; ~s⟩ 1 WIRTSCH production totale d'une entreprise 2 IT output *m*; (produit *m* de) sortie *f*

Outsider M ⟨~s; ~⟩ *bes* SPORT outsider *m*

outsourcen V/T ⟨*sép*, -(es)t, -ge-, h.⟩ WIRTSCH externaliser; **Outsourcing** N ⟨~(s); ~s⟩ WIRTSCH externalisation *f*

Ouvertüre F ⟨~; ~n⟩ MUS ouverture *f*

oval A ADJ ovale B ADV en ovale

Oval N ⟨~s; ~e⟩ ovale *m*

Ovarium N ⟨~s; -ien⟩ ANAT ovaire *m*

Ovation *geh* F ⟨~; ~en⟩ ovation *f*; **j-m (stehende) ~en darbringen** (se lever pour) faire une ovation à qn

Overall M ⟨~s; ~s⟩ *ohne Ärmel* salopette *f*; *mit Ärmeln* combinaison *f*; (*Arbeitsoverall*) bleu *m* (de travail)

overdressed ADJ trop bien habillé

Overheadfolie F transparent *m*; **Overheadprojektor** M rétroprojecteur *m*

Ovid M ⟨→ *n/pr*⟩ *Dichter* Ovide *m*

ÖVP F ⟨~⟩ ABK (Österreichische Volkspartei) parti populaire autrichien

Ovulation F ⟨~; ~en⟩ PHYSIOL ovulation *f*

Ovulationshemmer M ⟨~s; ~⟩ PHARM inhibiteur *m* d'ovulation; *weitS.* contraceptif oral

Oxalsäure F CHEM acide *m* oxalique

Oxid N *t/t*, **Oxyd** N ⟨Oxid(e)s, Oxyd(e)s; Oxide, Oxyde⟩ oxyde *m*; **Oxidation** F ⟨~; ~en⟩ oxydation *f*; **oxidieren** ⟨*pas de ge-*⟩ A V/T ⟨h.⟩ oxyder B V/I ⟨h. *ou* s.⟩ s'oxyder

Ozean M ⟨~s; ~e⟩ océan *m*; **Ozeandampfer** M transatlantique *m*

Ozeanien N ⟨→ *n/pr*⟩ l'Océanie *f*; **ozeanisch** ADJ (*des Ozeans*) océanique; (*Ozeaniens*) océanien, -ienne

Ozeanografie, **Ozeanographie** F ⟨~⟩ océanographie *f*

Ozeanriese M → Ozeandampfer; **Ozeanüberquerung** F traversée *f* de l'océan Atlantique

Ozelot M ⟨~s; ~e⟩ ZOOL, *Pelz* ocelot *m*

Ozon M *od* N ⟨~s⟩ ozone *m*; **Ozonalarm** M alerte *f* à l'ozone; **ozonarm** ADJ pauvre en ozone; **ozonhaltig** ADJ ozoné; **Ozonloch**

N ⟨~(e)s⟩ trou *m* dans la couche d'ozone; **ozonreich** ADJ riche en ozone; **Ozonschicht** F ⟨~⟩ couche *f* d'ozone; **Ozonwert** M taux *m* d'ozone

P

P, p N ⟨P, p; P, p⟩ *Buchstabe* P, p *m*
p ABK (Pond) gf *od* gp (gramme-force *od* gramme-poids)
p. ABK (pagina) p. (page)
P. ABK **1** *(Pastor)* Pasteur **2** *(Pater)* P. (Père)
Pa ABK (Pascal) Pa (pascal)
p. a. ABK (pro anno) par an
p. A. ABK (per Adresse) c/o (care of); chez
paar INDEF PR ⟨*inv*⟩ **ein ~** *(einige)* quelques; **ein ~ hundert Bücher** quelques centaines de livres; **ein ~ verließen den Saal** quelques-uns ont quitté la salle; **die ~ Groschen, die er verdient** *umg* les quelques sous qu'il gagne
Paar N ⟨~(e)s; ~e⟩ **1** *(zwei zusammengehörige Dinge)* paire *f*; **ein ~ Schuhe** une paire de chaussures **2** *Personen, Tiere* couple *m*; **die beiden werden wohl ein ~ werden** il est probable qu'ils se marieront; **in,** *liter* **zu ~en** deux par deux; par couples
paaren ⟨h.⟩ **A** VT **~ (mit)** *Tiere* apparier, accoupler (avec); *(passend zusammenstellen)* appareiller (avec); *fig (vereinigen)* joindre, associer (à); (ré)unir (avec, à); **Bosheit gepaart mit Tücke** la méchanceté jointe à la perfidie **B** VR **sich ~** *Tiere* s'accoupler, s'apparier (**mit** avec); *fig* s'allier, s'associer (**mit** à, avec)
Paarhufer M ⟨~s; ~⟩ ZOOL artiodactyle *m*
paarig **A** ADJ ANAT, BOT géminé **B** ADV BOT **~ gefiedert** paripenné
Paarlauf M patinage *m* par couple(s)
Paarreim M METRIK rime plate
Paarung F ⟨~; ~en⟩ *der Tiere* accouplement *m*; *fig* accouplement *m*; association *f*
Paarungszeit F *der Säugetiere* rut *m*; *der Vögel* pariade *f*
paarweise ADJ *u.* ADV par paires; par couples; **~ anordnen** jumeler; **~ gehen** marcher deux par deux, deux à deux; **~ legen, zusammenstellen** apparier
Paarzeher MPL ZOOL → Paarhufer
Pacht F ⟨~; ~en⟩ bail *m*; *e-s Geschäfts* (location-)gérance *f*; AGR bail *m* à ferme; **in ~ geben** donner à bail; *Geschäft* donner en gérance; **in ~ nehmen** → pachten
pachten VT ⟨-ete, h.⟩ prendre à bail; *Landgut* affermer; *Geschäft* prendre en gérance libre, en location-gérance; **gepachtet haben** *a.* avoir loué; *umg* **er tut, als hätte er die Weisheit (für sich) gepachtet** il se comporte comme s'il avait, possédait la science infuse
Pächter(in) M ⟨~s; ~⟩ (F) ⟨~in; ~innen⟩ gérant *m*; locataire *m/f*; AGR preneur, -euse *m,f* à bail, à ferme
pachtfrei ADJ sans payer de fermage
Pachtgeld N → Pachtzins; **Pachtgrundstück** N terre louée, affermée, en fermage; terrain loué; **Pachtgut** N, **Pachthof** M ferme *f*; *in Halbpacht* métairie *f*; **Pachtland** N → Pachtgrundstück; **Pachtrecht** N ⟨~(e)s⟩ législation *f* sur les baux
Pachtung F ⟨~; ~en⟩ (prise *f* à) ferme *f*; bail *m*
Pachtvertrag M (contrat *m* de) bail *m*; **e-n ~ abschließen** passer un bail
Pachtzeit F (durée *f* du) bail *m*; **Pachtzins** M prix *m* du bail; loyer *m*; AGR *a.* fermage *m*

P

Pack¹ M ⟨~(e)s; ~e *ou* ~̈e⟩ *(Packen)* paquet *m*; *Bücher, Papiere* pile *f*; *(Bündel)* ballot *m*; liasse *f*; *umg fig* **mit Sack und ~** avec armes et bagages
Pack² N ⟨~(e)s⟩ *umg pej (Gesindel)* racaille *f*; **gemeines ~** tas *m* de canailles; *sprichw* **~ schlägt sich, ~ verträgt sich** la canaille se raccommode aussi vite qu'elle se chamaille
Päckchen N ⟨~s; ~⟩ petit paquet; *bei der Post® a.* petit colis (postal); **ein ~ Zigaretten** un paquet de cigarettes; *fig* **jeder hat sein ~ zu tragen** chacun porte sa croix
Packeis N banquise *f*
packen ⟨h.⟩ **A** VT **1** *Koffer, Paket* faire; *(ein~)* empaqueter; *bes Waren* emballer; *(hinein~)* mettre, faire entrer (**in** [+ *akk*] dans); **in Kisten** *(akk)* **~** mettre en caisses; **s-e Koffer ~** *a. fig* faire ses valises, bagages; *umg fig* plier bagage; **etw in s-n Koffer packen** faire entrer qc dans sa malle, sa valise **2** *(fassen, ergreifen) a. fig* saisir; *plus fort* empoigner; **der Zorn packte ihn** la colère le saisit; il fut pris de colère; **j-n bei s-r Ehre ~** faire appel à l'honneur de qn; **j-n beim, am Kragen ~** *umg* attraper qn par la peau du cou, au collet; *umg* **mich hats gepackt** *Leidenschaft* ça m'a pris; *Krankheit umg* je n'y ai pas coupé **3** *fig (fesseln)* captiver **4** *umg in der Schule* réussir *(abs)*; *Examen umg* décrocher; *Bus etc umg* attraper **5** *umg (begreifen) umg* piger **B** VI *(Koffer ~)* faire ses valises, bagages **C** VR *umg* **sich ~** *umg* filer; déguerpir; **pack dich!** *umg* file!; *umg* tire-toi!
Packen M ⟨~s; ~⟩ gros paquet *m*; *Bücher* pile *f*
packend ADJT *Erzählung, Vortrag etc* captivant; prenant
Packer(in) M ⟨~s; ~⟩ (F) ⟨~in; ~innen⟩ **1** *im Versand* emballeur, -euse *m,f* **2** *(Möbelpacker[in])* déménageur *m*
Packerei F ⟨~; ~en⟩ **1** *umg pej* ⟨*sans pl*⟩ *(lästiges Packen) umg* corvée *f* des bagages, des valises **2** *(Versandabteilung)* service *m* d'emballage
Packesel M âne *m* de bât; *umg fig* bête *f* de somme; **Packmaterial** N (matériel *m* d')emballage *m*; **Packpapier** N papier *m* d'emballage; (papier *m*) kraft *m*
Packung F ⟨~; ~en⟩ **1** HANDEL paquet *m*; *(Verpackung)* emballage *m*; conditionnement *m* **2** TECH garniture *f* (d'étanchéité); joint *m* **3** MED enveloppement *m* **4** *umg* SPORT *(Niederlage) umg* pile *f*; **e-e ~ bekommen** *umg* se faire piler
Packungsbeilage F notice *f*
Packwagen M *Waggon* fourgon *m* (à bagages); **Packzettel** M bordereau *m* d'envoi; fiche *f* d'emballage
Pädagoge M ⟨~n; ~n⟩, **Pädagogin** F ⟨-in; -innen⟩ pédagogue *m/f*; **Pädagogik** F ⟨~⟩ pédagogie *f*
pädagogisch ADJ pédagogique; **Pädagogische Hochschule** *etwa* institut *m* universitaire de formation des professeurs d'école
Paddel N ⟨~s; ~⟩ pagaie *f*; **Paddelboot** N *(Kanu)* canoë *m*; *(Kajak)* kayak *m*
paddeln VI ⟨-(e)le, h. *ou* s.⟩ pagayer
Paddeln N ⟨~s⟩, **Paddelsport** M pagayage *m*
Paddler(in) M ⟨~s; ~⟩ (F) ⟨~in; ~innen⟩ pagayeur, -euse *m,f*
Päderast M ⟨~en; ~en⟩ pédéraste *m*; **Päderastie** F ⟨~⟩ pédérastie *f*
pädophil ADJ pédophile; **Pädophile(r)** M ⟨→ A⟩ pédophile *m*; **Pädophilie** F ⟨~⟩ pédophilie *f*
Padua N ⟨→ *n/pr*⟩ Padoue
Paella F ⟨~; ~s⟩ GASTR paella *f*
paff INT paf!; pouf!
paffen *umg* ⟨h.⟩ **A** VT fumer **B** VI fumer; *umg* cloper

Page M ⟨~n; ~n⟩ page *m*; *im Hotel* chasseur *m*; groom *m*
Pagenkopf M cheveux coupés à la Jeanne d'Arc
paginieren VT ⟨*pas de ge-*, **h.**⟩ TYPO paginer; folioter; *abs* numéroter les pages; **Paginiermaschine** F machine *f* à paginer, à folioter; **Paginierung** F ⟨~; ~en⟩ TYPO pagination *f*; foliotage *m*
Pagode F ⟨~; ~n⟩ pagode *f*
pah INT bah!; bof!; peuh!
Paillette F ⟨~; ~n⟩ MODE paillette *f*
paillettenbesetzt ADJT pailleté
Paket N ⟨~(e)s; ~e⟩ **1** paquet *m* *(a. Aktienpaket)* **2** *(Postpaket)* colis postal; **ein ~ packen** faire un colis **3** *fig von Maßnahmen etc* ensemble *m*; train *m*; gamme *f*
Paketannahme F réception *f* (des colis postaux); **Paketausgabe** F délivrance *f*, remise *f* (des colis postaux); **Paketbeförderung** F transport *m* des colis postaux; **Paketdienst** M messagerie *f*; service *m* de livraison (de colis); **Paketkarte** F bulletin *m* d'expédition; **Paketpost** F service *m* des colis postaux; **Paketschalter** M guichet *m* des colis postaux; **Paketsendung** F colis (postal); **Paketwagen** M fourgon postal; **Paketzustellung** F distribution *f* des colis
Pakistan N ⟨→ *n/pr*⟩ le Pakistan
Pakistaner(in) M ⟨~s; ~⟩ (F) ⟨~in; ~innen⟩ Pakistanais(e) *m(f)*
Pakistani M ⟨~(s); ~(s)⟩, F ⟨~; ~(s)⟩ Pakistanais(e) *m(f)*
pakistanisch ADJ pakistanais
Pakt M ⟨~(e)s; ~e⟩ pacte *m*; accord *m*; convention *f*; **e-n ~ (mit j-m) schließen** faire, conclure un pacte (avec qn)
paktieren VI ⟨*pas de ge-*, h.⟩ pactiser (**mit** avec)
Paladin M ⟨~s; ~e⟩ **1** HIST paladin *m* **2** *geh (treuer Anhänger)* homme lige *m*
Palais N ⟨~; ~⟩ palais *m*
Paläograf M ⟨~en; ~en⟩ paléographe *m*; **Paläografie** F ⟨~⟩ paléographie *f*; **paläografisch** ADJ paléographique; **Paläograph**, **Paläographie**, **paläographisch** → Paläograf, Paläografie, paläografisch
Paläolithikum N ⟨~s⟩ paléolithique *m*
Paläontologe M ⟨~n; ~n⟩, **Paläontologin** F ⟨-in; -innen⟩ paléontologue *m/f*; **Paläontologie** F ⟨~⟩ paléontologie *f*; **paläontologisch** ADJ paléontologique
Paläozoikum N ⟨~s⟩ paléozoïque *m*
Palast M ⟨~(e)s; Paläste⟩ palais *m*; *fig* hôtel *m*; palace *m*
Palästina N ⟨→ *n/pr*⟩ la Palestine
Palästinenser(in) M ⟨~s; ~⟩ (F) ⟨~in; ~innen⟩ Palestinien, -ienne *m,f*; **palästinensisch** ADJ palestinien, -ienne
Palastrevolution F *a. fig* révolution *f* de palais
palatal ADJ PHON palatal
Palatal M ⟨~s; ~e⟩, **Palatallaut** M PHON palatale *f*
Palatin ⟨→ *n/pr*⟩ GEOG **der ~** le mont Palatin
Palatschinke F ⟨~; ~n⟩ *österr* crêpe *f*
Palau N ⟨→ *n/pr*⟩ (les îles *fpl*) Palau
Palaver *umg* N ⟨~s; ~⟩ palabres *fpl*; **palavern** *umg* VI ⟨-(e)re, *pas de ge-*, h.⟩ palabrer; tenir des palabres
Palermo N ⟨→ *n/pr*⟩ Palerme
Paletot M ⟨~s; ~s⟩ pardessus *m*
Palette F ⟨~; ~n⟩ *a.* TECH palette *f*; *fig (Vielfalt)* gamme *f*; éventail *m*
paletti ADJ *umg* **alles ~** *umg* tout baigne
Palisade F ⟨~; ~n⟩ palissade *f*; **Palisaden-**

zaun M palissade *f*
Palisander M ⟨~s; ~⟩, **Palisanderholz** N palissandre *m*
Palladium N ⟨~s⟩ CHEM palladium *m*
Palliativ N ⟨~s; ~e⟩ MED (remède *m*) palliatif *m*
Palme F ⟨~; ~n⟩ 1 palmier *m*; *umg fig* **j-n auf die ~ bringen** mettre qn en rage; pousser qn à bout; *umg fig* **auf die ~ gehen** sortir de ses gonds 2 *(Palmzweig)* palme *f*
Palmengarten M jardin *m* de palmiers; **Palmenhain** M palmeraie *f*; **Palmenhaus** N palmarium *m*; **Palmenherzen** NPL → Palmherzen; **Palmenwedel** M → Palmwedel
Palmfett N → Palmöl; **Palmherzen** NPL GASTR cœurs *mpl* de palmier; **Palmöl** N huile *f* de palme
Palmsonntag M dimanche *m* des Rameaux
Palmtop M ⟨~s; ~s⟩ assistant *m* électronique
Palmwedel M, **Palmzweig** M palme *f*
Pampa F ⟨~; ~s⟩ pampa *f*; *umg fig* **in der ~** *(weitab von jeglicher Zivilisation)* en pleine brousse
Pampe F ⟨~⟩ 1 *(Brei)* bouillie *f*; magma *m* 2 *(Matsch)* gadoue *f*
Pampelmuse F ⟨~; ~n⟩ pamplemousse *m*; grape-fruit *m*
Pampers® *umg* PL couches-culottes *fpl*
Pamphlet N ⟨~(e)s; ~e⟩ pamphlet *m*
pampig *umg* ADJ *(dreist)* *umg* gonflé; *(unfreundlich)* désagréable; *(widerspenstig)* réfractaire
Pamplona N ⟨→ *n/pr*⟩ Pampelune
Panade F ⟨~; ~n⟩ GASTR panure *f*
Panama N ⟨→ *n/pr*⟩ le Panama
Panamaer(in) M ⟨~s; ~⟩ (F) ⟨~in; ~innen⟩ Panaméen, -éenne *m,f*
Panamahut M panama *m*
panamaisch ADJ panaméen, -éenne
Panamakanal M canal *m* de Panama
panamerikanisch ADJ panaméricain
panaschieren VI ⟨*pas de ge-*, h.⟩ POL *bei der Wahl* panacher
Panda M ⟨~s; ~s⟩, **Pandabär** M ZOOL panda *m*
Pandemie F ⟨~; ~n⟩ MED pandémie *f*
Pandora F ⟨→ *n/pr*⟩ MYTH Pandore *f*
Paneel N ⟨~s; ~e⟩ lambris *m*; panneau *m*
Panflöte F flûte *f* de Pan
Pangasius M ⟨~; -ien⟩ *Speisefisch* panga *m*; **Pangasiusfilet** N filet *m* de panga
panieren VT ⟨*pas de ge-*, h.⟩ GASTR paner; **Paniermehl** N panure *f*; chapelure *f*
Panik F ⟨~; ~en⟩ panique *f*; **in ~** *(akk)* **geraten** *od* **verfallen** *umg* paniquer; **es brach e-e ~ aus** il y a eu panique; *umg* **nur keine ~!** surtout, pas de panique!
Panikmache *umg pej* F alarmisme *m*; **Panikstimmung** F (climat *m* de) panique *f*; affolement *m*
panisch ADJ panique; **~er Schrecken** terreur *f* panique; **in ~er Angst leben, ermordet zu werden** vivre dans la terreur d'être assassiné
Pankreas N ⟨~⟩ ANAT pancréas *m*
Panne F ⟨~; ~n⟩ panne *f* *(a. fig)*; **e-e ~ haben** avoir une, tomber en panne; **e-e ~ (am Wagen) beheben** dépanner la voiture
Pannendienst M (service *m* de) dépannage *m*; **Pannenhilfe** F (service *m* de) dépannage *m*
Panoptikum N ⟨~s; -ken⟩ musée *m* de figures de cire; cabinet *m* de curiosités
Panorama N ⟨~s; -men⟩ panorama *m*; **Panoramaaufnahme** F vue *f* panoramique; KINO, TV panoramique *m*; **Panoramabus** M car *m* panoramique; **Panoramaspiegel** M AUTO rétroviseur *m* panoramique; **Panoramastraße** F route *f* panoramique

panschen *umg pej* ⟨h.⟩ A VT *Wein etc* frelater; *umg* trafiquer B VI 1 *von Wein etc* trafiquer 2 *umg (planschen)* barboter; **Panscher** *umg pej* M ⟨~s; ~⟩ falsificateur *m*; **Panscherei** F ⟨~; ~en⟩ mouillage *m*; falsification *f*; fraude *f*; frelatage *m*
Pansen M ⟨~s; ~⟩ ZOOL panse *f*
Panter M → Panther
Pantheismus M ⟨~⟩ panthéisme *m*; **Pantheist** M ⟨~en; ~en⟩ panthéiste *m*; **pantheistisch** ADJ panthéiste
Pantheon N ⟨~s; ~s⟩ ARCH, REL panthéon *m*; *in Paris* **das ~** le Panthéon
Panther M ⟨~s; ~⟩ panthère *f*; **Graue ~** Panthères Grises *(association de défense du troisième âge)*
Pantine F ⟨~; ~n⟩ *nordd* sabot *m*; galoche *f*
Pantoffel M ⟨~s; ~n⟩ pantoufle *f*; mule *f*; *umg fig* **er steht unter dem ~** c'est sa femme qui porte la culotte
Pantoffelblume F calcéolaire *f*; **Pantoffelheld** *umg pej* M mari gouverné, mené par sa femme; **Pantoffelkino** *umg hum* N petit écran; **Pantoffeltierchen** N ⟨~s; ~⟩ BIOL paramécie *f*
Pantolette F ⟨~; ~n⟩ sandalette *f* *(sans bride à l'arrière du talon)*
Pantomime[1] M ⟨~n; ~n⟩ mime *m*
Pantomime[2] F ⟨~; ~n⟩, **Pantomimik** F ⟨-mimik⟩ pantomime *f*
pantomimisch A ADJ pantomimique B ADV **~ darstellen** mimer
Pantry F ⟨~; ~s⟩ SCHIFF office *m*
pantschen → panschen
Panzer M ⟨~s; ~⟩ 1 HIST *(Rüstung)* cuirasse *f* 2 ZOOL cuirasse *f*; carapace *f* 3 *(Panzerung)* blindage *m*; cuirasse *f* 4 MIL char *m* d'assaut; (engin *m*) blindé *m*; **Panzerabwehr** F défense *f* antichars; **Panzerabwehrkanone** F canon *m* antichars; **Panzerangriff** M attaque *f* de chars; **Panzerartillerie** F artillerie *f* de division blindée; **Panzerauto** N voiture blindée; **Panzerbataillon** N bataillon *m* de chars; **Panzerdivision** F division blindée; **Panzerfahrer** M pilote *m* (de char); **Panzerfahrzeug** N véhicule blindé; **Panzerfaust** F lance-roquettes *m* antichar; bazooka *m*; **Panzerführer** M chef *m*, commandant *m* de char; **Panzergeschoss**, *österr* **Panzergeschoß** N projectile perforant, de rupture; **Panzerglas** N ⟨~es⟩ verre *m* pare-balles; **Panzergraben** M fossé *m*, tranchée *f* antichars
Panzergrenadier M dragon, fantassin porté; *pl* **~e** infanterie (de division) blindée
Panzerhemd N cotte *f* de mailles; **Panzerkette** F chenille *f* (à patins d'acier); **Panzerknacker** M casseur *m*, croqueur *m* de chars; **Panzerkreuzer** M SCHIFF (croiseur *m*) cuirassé *m*
panzern ⟨-(e)re, h.⟩ A VT *Fahrzeug, Schiff, Tür* blinder; *Schiff a.* cuirasser B VR **sich ~** s'armer d'une cuirasse; *fig (sich abschirmen)* se cuirasser
Panzerplatte F SCHIFF plaque *f* de blindage; **Panzerregiment** N régiment *m* de chars; **Panzerschiff** N (vaisseau) cuirassé *m*; **Panzerschrank** M coffre-fort *m*; **Panzerschütze** M tireur *m*; **Panzerspähwagen** M engin blindé de reconnaissance; **Panzersperre** F barrage *m* antichars; **Panzerspitze** F pointe *f* de chars; tête *f* de la colonne blindée; **Panzerstahl** M acier *m* à blindage; **Panzertruppe** F unité blindée
Panzerung F ⟨~; ~en⟩ blindage *m*; cuirasse *f*
Panzerverbände MPL **schwere und leichte ~** unités de chars lourds et légers

Panzerwagen M véhicule, engin blindé
Päonie F ⟨~; ~n⟩ BOT pivoine *f*
Papa *umg kinderspr* M ⟨~s; ~s; *a.* → *n/pr*⟩ papa *m*
Papagallo M ⟨~(s); ~s *ou* -galli⟩ (jeune) dragueur italien
Papagei M ⟨~s *ou* ~en; ~e(n)⟩ perroquet *m*
Papageienkrankheit F MED psittacose *f*; **Papageienweibchen** N perroquet *m* femelle; perruche *f*
Papamobil N ⟨~s; ~e⟩ papamobile *f*
Paparazzo M ⟨~s; -zzi⟩ paparazzi *m*
Papaya F ⟨~; ~s⟩ *Frucht* papaye *f*; *Baum* papayer *m*
Paperback N ⟨~s; ~s⟩ livre (de poche) cartonné
Papeterie F ⟨~; ~n⟩ *schweiz* papeterie *f*
Papi *umg kinderspr* M ⟨~s; ~s; *a.* → *n/pr*⟩ papa *m*
Papier N ⟨~s; ~e⟩ 1 papier *m*; **zu ~ bringen** mettre, jeter sur le papier; écrire; **~ verarbeitend** de transformation du papier; **das steht nur auf dem ~** cela n'existe que sur le papier; *sprichw* **~ ist geduldig** le papier souffre tout 2 PL **~e** *(Schriftstücke, Ausweise)* papiers *mpl* 3 *(Wertpapier)* titre *m*; valeur *f*; effet *m*
Papierbeutel M sac *m*, *kleiner* sachet *m* en papier; **Papierblume** F fleur *f* en papier; **Papierdeutsch** N style administratif; **Papierdrachen** M cerf-volant *m*
papieren ADJ de *od* en papier; *fig Stil* sec, sèche
Papierfabrik F papeterie *f*; **Papierfetzen** M chiffon *m* de papier; **Papierfilter** M filtre *m* en papier; **Papierformat** N format *m* du papier; **Papiergeld** N ⟨~(e)s⟩ papier-monnaie *m*; billets *mpl* de banque; **Papiergeschäft** N papeterie *f*; **Papierhandlung** F → Papiergeschäft; **Papierhandtuch** N serviette *f* jetable, en papier; **Papierherstellung** F fabrication *f* du papier; **Papierhülle** F enveloppe *f* en papier; **Papierindustrie** F industrie du papier; **Papierkorb** M corbeille *f* à papier; IT corbeille *f*; **Papierkram** *umg* M *umg* paperasses *fpl*; **Papierkrieg** *umg* M paperasserie administrative; **Papierkugel** F boule *f* en papier; **Papierladen** M → Papiergeschäft
Papiermaché, **Papiermaschee** N ⟨Papiermachés, Papiermaschees; Papiermachés, Papiermaschees⟩ carton-pâte *m*; papier mâché
Papiermesser N coupe-papier *m*; **Papierrolle** F rouleau *m* de papier; **Papierschere** F ciseaux *mpl* (à papier); **Papierschlange** F serpentin *m*; **Papierschneidemaschine** F massicot *m*; **Papierschnitzel** N *od* M rognure *f* de papier; **Papierserviette** F serviette *f* en papier; **Papierstreifen** M bande *f* de papier; **Papiertaschentuch** N mouchoir *m* en papier; kleenex® *m*; **Papiertiger** M *fig* tigre *m* de papier; **Papiertüte** F *kleinere* sachet *m*, *größere* sac *m*, *dreieckige* cornet *m* en papier; **papierverarbeitend** ADJT → Papier 1; **Papierverarbeitung** F papeterie *f*; **Papierwaren** FPL (articles *mpl* de) papeterie *f*; **Papierwarenhandlung** F papeterie *f*; **Papierzufuhr** F IT alimentation *f* papier
Papille F ⟨~; ~n⟩ ANAT papille *f*
papp *umg* INT **nicht mehr ~ sagen können** être gavé (comme une oie)
Papp M ⟨~s; ~s⟩ *regional* bouillie *f*
Pappband M volume cartonné; **Pappbecher** M gobelet *m* en carton; **Pappdeckel** M carton *m*
Pappe F ⟨~; ~n⟩ carton *m*; *dünne* carte *f*; *umg* **das ist nicht von ~** *umg* ce n'est pas de la petite bière; *umg* ce n'est pas piqué des vers; *umg*

er ist nicht von ~ *umg* c'est un as, un crack, un champion; il ne faut pas le sous-estimer
Pappeinband M reliure cartonnée; **im ~** cartonné
Pappel F ⟨~; ~n⟩ peuplier *m*; **Pappelallee** F allée *f* de peupliers
päppeln *umg* V/T ⟨-(e)le, h.⟩ remonter, *umg* requinquer (*avec des aliments substantiels*)
pappen *umg* V/T *u.* V/I ⟨h.⟩ coller (**an, auf** [*v/t: + akk bzw. v/i: + dat*] à, sur)
Pappenheimer M ⟨~s; ~⟩ *umg* **s-e ~ kennen** connaître son monde
Pappenstiel M *umg* **das ist kein ~** ce n'est pas rien, une bagatelle
papperlapapp INT taratata!; à d'autres!
pappig ADJ (*breiig*) pâteux, -euse; (*klebrig*) poisseux, -euse; collant; (*weich*) mou, mol, molle
Pappkamerad *umg* M cible *f* (à silhouette humaine); **Pappkarton** M carton *m*; boîte *f* en carton; **Pappmaché**, **Pappmaschee** N ⟨Pappmachés, Pappmaschees; Pappmachés, Pappmaschees⟩ carton-pâte *m*; papier mâché; **Pappnase** F nez *m* en carton; faux nez; **Pappschachtel** F carton *m*; boîte *f* en carton
Pappschnee M neige collante
Pappteller M assiette *f* en carton
Paprika M ⟨~s; ~(s)⟩ 1 BOT piment *m*; *Schote* poivron *m* 2 ⟨*sans pl*⟩ *Gewürz* piment *m*; paprika *m*; **Paprikaschnitzel** N escalope *f* au paprika; **Paprikaschote** F poivron *m*
Papst M ⟨~(e)s; ≃e⟩ *a. fig* pape *m*; **Papstkrone** F tiare *f*
päpstlich ADJ du pape; *a. Thron* pontifical; *a. Schreiben* apostolique; **~er Segen** bénédiction *f* apostolique; **~er Nuntius** nonce *m* apostolique; *fig* **~er sein als der Papst** être plus royaliste que le roi
Papsttum N ⟨~s⟩ papauté *f*; **Papstwürde** F ⟨~; ~n⟩ papauté *f*; pontificat *m*; dignité pontificale
Papua-Neuguinea N ⟨→ *n/pr*⟩ la Papouasie-Nouvelle-Guinée
Papyrus M ⟨~; -ri⟩ papyrus *m*; **Papyrusrolle** F rouleau *m* de papyrus; **Papyrusstaude** F papyrus *m*
Parabel F ⟨~; ~n⟩ parabole *f*
Parabolantenne F TV antenne *f* parabolique; **Parabolspiegel** M miroir *m*, réflecteur *m* parabolique
Paracelsus M ⟨→ *n/pr*⟩ MED Paracelse *m*
Parade F ⟨~; ~n⟩ 1 MIL défilé *m*, parade *f* (militaire); revue *f*; **die ~ abnehmen** passer les troupes en revue 2 SPORT parade *f*; *fig* **j-m in die ~ fahren** contrer qn
Paradebeispiel N exemple éclatant
Paradeiser M ⟨~s; ~⟩ *österr* tomate *f*
Paradeschritt M MIL pas *m* de parade; (*Stechschritt*) pas *m* de l'oie; **Paradestück** N *a. fig* joyau *m*; MUS, LITERATUR morceau *m* de bravoure
Paradeuniform F **in ~** en grande tenue
paradieren V/I ⟨*pas de ge-*, h.⟩ parader; *geh* **mit etw ~** faire parade, étalage de qc
Paradies N ⟨~es; ~e⟩ *a. fig* paradis *m*; **das ~ auf Erden** le paradis sur terre
Paradiesapfel M BOT pomme *f* de paradis; **paradiesisch** ADJ du paradis; *a. fig* paradisiaque; *fig* enchanteur, -teresse; **Paradiesvogel** M 1 ZOOL paradisier *m*; oiseau *m* de paradis 2 *fig* oiseau *m* exotique
Paradigma N ⟨~s; -men *ou* -mata⟩ paradigme *m*; **paradigmatisch** ADJ comme, en paradigme(s); **Paradigmenwechsel** M changement *m* de paradigme
paradox ADJ paradoxal
Paradox N ⟨~es; ~e⟩ paradoxe *m*
paradoxerweise ADV paradoxalement
Paradoxie F ⟨~⟩ caractère paradoxal
Paradoxon N ⟨~s; -xa⟩ paradoxe *m*
Paraffin N ⟨~s; ~e⟩ paraffine *f*; **Paraffinkerze** F bougie *f* de paraffine; **Paraffinöl** N huile *f* de paraffine
Paragliding N ⟨~s⟩ parapente *m*
Paragraf M ⟨~en; ~en⟩ paragraphe *m*; JUR article *m*; titre *m*
Paragrafendickicht N, **Paragrafendschungel** M jungle *f* de réglementations, de prescriptions (administratives); **Paragrafenreiter** *pej* M personne *f* à cheval sur le règlement; personne pointilleuse, formaliste
Paragraf(en)zeichen N paragraphe *m*
Paragraph M *etc* → Paragraf *etc*
Paraguay N ⟨→ *n/pr*⟩ le Paraguay
Paraguayer(in) M ⟨~s; ~⟩ (F) ⟨~in; ~innen⟩ Paraguayen, -enne *m,f*
paraguayisch ADJ paraguayen, -enne
parallel A ADJ parallèle (**mit, zu** à) B ADV parallèlement; **~ laufen** être parallèle; **~ laufend** parallèle; ELEK **~ schalten** coupler, monter, brancher en parallèle
Parallele F ⟨~; ~n⟩ 1 MATH parallèle *f* 2 *fig* parallèle *m*; **e-e ~ zu etw, j-m ziehen** établir, faire un parallèle avec qc, qn
Parallelfall M cas *m* parallèle
Parallelität F ⟨~; ~en⟩ parallélisme *m*
Parallelklasse F SCHULE classe *f* parallèle
parallellaufend ADJT → parallel B
Parallelogramm N ⟨~s; ~e⟩ parallélogramme *m*
Parallelschalter M ELEK commutateur *m* multiple, en parallèle; **Parallelschaltung** F ELEK montage *m* en parallèle; **Parallelstraße** F rue *f* parallèle; **Parallelverlauf** M parallélisme *m*; **Parallelverschiebung** F translation *f*, déplacement *m* parallèle
Paralympics PL Jeux *mpl* olympiques °handisports
Paralyse F ⟨~; ~n⟩ MED paralysie *f* (*a. fig*); **paralysieren** V/T ⟨*pas de ge-*, h.⟩ paralyser (*a. fig*); **paralytisch** ADJ MED paralytique
Parameter M ⟨~s; ~⟩ MATH paramètre *m* (*a. fig*)
paramilitärisch ADJ paramilitaire
Paranoia F ⟨~⟩ MED paranoïa *f*; **paranoid** ADJ paranoïde
Paranoiker(in) M ⟨~s; ~⟩ (F) ⟨~in; ~innen⟩ paranoïaque *m/f*; **paranoisch** ADJ paranoïaque
Paranuss F noix *f*, châtaigne *f* du Brésil
paraphieren V/T ⟨*pas de ge-*, h.⟩ POL, JUR parapher *od* parafer
Paraphrase F paraphrase *f*; **paraphrasieren** V/T ⟨*pas de ge-*, h.⟩ paraphraser; faire une paraphrase de
Parapsychologe M, **Parapsychologin** F parapsychologue *m/f*; **Parapsychologie** F parapsychologie *f*; **parapsychologisch** ADJ parapsychologique
Parasit M ⟨~en; ~en⟩ BIOL parasite *m* (*a. fig pej*)
parasitär ADJ parasitaire
parat ADJ prêt; **ein Beispiel, e-e Antwort** *etc* **~ haben** avoir un exemple tout prêt, une réponse toute prête *etc*; avoir un exemple, une réponse sous la main
Paratyphus M MED paratyphoïde *f*
Paravent M *od* N ⟨~s; ~s⟩ paravent *m*
Pärchen N ⟨~s; ~⟩ *von Menschen u. Tieren* couple *m*
Parcours M ⟨~; ~⟩ PFERDESPORT parcours *m*
Pardon M *od* N ⟨~s⟩ (*Verzeihung*) pardon *m*; (*Begnadigung*) grâce *f*; **kein(en) ~ kennen** être impitoyable, implacable
Parenthese F GRAM, TYPO parenthèse *f*; **parenthetisch** ADJ GRAM, *fig* entre parenthèses
Pareo M ⟨~s; ~s⟩ (*Hüfttuch*) paréo *m*
par excellence *geh* ADJT par excellence
Parforcejagd F chasse *f* à courre; **Parforceritt** M *fig* tour *m* de force; exploit *m*
Parfum, **Parfüm** N ⟨Parfums, Parfüms; Parfums, Parfüms⟩ parfum *m*
Parfümerie F ⟨~; ~n⟩ parfumerie *f*
Parfümfläschchen N flacon *m* de parfum
parfümieren ⟨*pas de ge-*, h.⟩ A V/T parfumer B V/R **sich ~** se parfumer; se mettre du parfum
Parfümzerstäuber M vaporisateur *m* (à parfum)
pari ADV **~ stehen** être au pair; BÖRSE **über ~ stehen** être au-dessus du pair
Paria M ⟨~s; ~s⟩ paria *m* (*a. fig*)
parieren ⟨*pas de ge-*, h.⟩ A V/T SPORT parer; *Pferd* arrêter court; **e-n Torschuss ~** sauver un but B *umg* V/I (*gehorchen*) obéir; s'exécuter
Paris[1] ⟨→ *n/pr*⟩ N GEOG Paris *m*
Paris[2] ⟨→ *n/pr*⟩ M MYTH Pâris *m*
Pariser A M ⟨~s; ~⟩ 1 (*Einwohner von Paris*) Parisien *m* 2 *umg* (*Kondom*) *umg* capote (anglaise) B ADJ ⟨*inv*⟩ de Paris; parisien, -ienne; **das ~ Becken** le Bassin parisien
Pariserin F ⟨~; ~nen⟩ Parisienne *f*
pariserisch ADJ → Pariser B
Parität F ⟨~; ~en⟩ *bes* WIRTSCH parité *f*; (*Gleichheit*) égalité *f*
paritätisch A ADJ paritaire; à parité; à égalité B ADV **~ zusammengesetzt** paritaire
Park M ⟨~s; ~s⟩ parc *m*
Parka M ⟨~s; ~s⟩ parka *f od m*
Park-and-ride-Platz M parc *m* de liaison
Parkanlagen FPL parc *m*; espace vert; **Parkbank** F ⟨~; -bänke⟩ banc public; **Parkbucht** F emplacement *m* (pour voitures); **Parkdeck** N niveau *m* (dans un parking couvert)
parken ⟨h.⟩ A V/T *Auto etc* garer; (*hinstellen*) ranger B V/I *Person, Auto* être garé, stationné; *Person a.* se garer
Parken N ⟨~s⟩ stationnement *m*; parcage *m*; parking *m*; **~ verboten!** stationnement interdit!; défense de stationner!
parkend ADJT en stationnement
Parkett N ⟨~(e)s; ~e⟩ *Fußboden*, BÖRSE parquet *m*; THEAT orchestre *m*; parterre *m*; **sich auf internationalem ~ sicher bewegen können** se sentir à l'aise, évoluer avec aisance dans le monde des relations internationales; *umg* **e-n Tango aufs ~ legen** exécuter brillamment un tango
Parkett(fuß)boden M parquet *m*; parquetage *m*
parkettieren V/T ⟨*pas de ge-*, h.⟩ parqueter
Parkettleger M ⟨~s; ~⟩ parqueteur *m*; **Parkettsitz** M THEAT place *f* de parterre; *vordere Reihen* fauteuil *m* d'orchestre
Parkgebühr F droit *m*, taxe *f* de stationnement; **Parkgelegenheit** F parking *m*; **Parkhaus** N parking couvert; **Parkhilfe** F → Einparkhilfe
parkieren ⟨*pas de ge-*, h.⟩ *schweiz* → parken
Parkingmeter M *schweiz* → Parkuhr
Parkinsonkrankheit F, **parkinsonsche Krankheit die Parkinsonkrankheit, parkinsonsche Krankheit** la maladie de Parkinson
Parkkralle F sabot *m* de Denver; **Parkleuchte** F, **Parklicht** N feu *m* de stationnement; **Parklücke** F créneau *m*
Parkplatz M 1 *für viele Autos* parking *m*; parc *m*, aire *f* de stationnement 2 (*Parkmöglichkeit*) **e-n ~ finden, suchen** trouver, chercher une place pour se garer
Parkscheibe F disque *m* (de stationnement);

P

Parkschein M ticket *m* de stationnement; **Parkscheinautomat** M horodateur *m*; **Parkstreifen** M bande *f* de stationnement; **Parkstudium** *umg* N *études universitaires faites en attendant d'être admis à l'option de son choix*; **Parksünder** *umg* M contrevenant(e) *m(f)* aux règles du stationnement; **Parkuhr** F parc(o)mètre *m*

Parkverbot N interdiction *f*, défense *f* de stationner; **im ~ stehen** être en stationnement interdit

Parkwächter M **1** *im Park* gardien *m* de parc **2** *im Parkhaus etc* gardien *m* de parking

Parlament N ⟨~(e)s; ~e⟩ parlement *m*; **Europäisches ~** Parlement européen

Parlamentarier(in) M ⟨~s; ~⟩ (F) ⟨~in; ~innen⟩ parlementaire *m/f*

parlamentarisch ADJ parlementaire; **~er Ausschuss** commission *f* parlementaire

Parlamentarismus M ⟨~⟩ parlementarisme *m*

Parlamentsbeschluss M vote *m* du parlement; **Parlamentsdebatten** FPL débats *mpl* parlementaires; **Parlamentsferien** PL vacances *fpl* parlementaires; **Parlamentsgebäude** N parlement *m*; **Parlamentsmitglied** N membre *m* du parlement; **Parlamentssitzung** F séance *f* du parlement; **Parlamentswahl** F élection législative

parlieren VI ⟨pas de ge-, h.⟩ *geh, oft iron* bavarder; faire la conversation

Parma N ⟨→ *n/pr*⟩ Parme; **Parmaschinken** M jambon *m* de Parme

Parmesan M ⟨~s⟩, **Parmesankäse** M parmesan *m*

Parodie F ⟨~; ~n⟩ parodie *f* (**auf** [+*akk*] de); **parodieren** VT ⟨pas de ge-, h.⟩ parodier; faire une parodie de; **Parodist(in)** M ⟨~en; ~en⟩ (F) ⟨~in; ~innen⟩ parodiste *m/f*; **parodistisch** ADJ parodique

Parodontose F ⟨~; ~n⟩ MED maladie parodontale; *t/t* parodontose *f*

Parole F ⟨~; ~n⟩ **1** slogan *m*; mot *m* d'ordre; (*Leitspruch, Motto*) devise *f* **2** MIL mot *m* de passe

Paroli N **j-m ~ bieten** tenir tête à qn

Part M ⟨~s; ~s *ou* ~e⟩ MUS partie *f*; THEAT, FILM *etc* rôle *m*

Partei F ⟨~; ~en⟩ **1** POL parti *m*; **e-r ~** (*dat*) **beitreten, in e-e ~ eintreten** adhérer à un parti; entrer dans un parti; **zwischen zwei ~en stehen** *umg* nager entre deux eaux **2** JUR partie *f*; **die vertragschließenden ~en** les parties contractantes **3** *in e-m Streit etc* **für j-n ~ ergreifen** prendre parti pour qn; prendre le parti de qn; prendre fait et cause pour qn; **gegen j-n ~ ergreifen** prendre parti contre qn **4** (*Mietspartei*) locataire *m/f*

Parteiabzeichen N insigne *m* de parti

parteiamtlich ADJ **~e Zeitung** organe officiel du parti

Parteianhänger M partisan *m*, sympathisant *m*, *als Mitglied* membre *m*, adhérent *m* (d'un parti); **Parteiapparat** M appareil *m* du parti; **Parteibonze** *pej* M *umg* bonze *m* d'un *bzw.* du parti; **Parteibuch** N *in Frankreich* carte *f*, *in Deutschland* livret *m* de membre (d'un parti politique); **Parteibüro** N bureau *m* d'un *bzw.* du parti; **Parteichef(in)** M(F) chef *m* d'un *bzw.* du parti; leader *m*; **Parteichinesisch** *pej* N jargon *m* politique; langue *f* de bois

Parteienlandschaft F éventail *m* des partis; *weitS.* paysage *m* politique

Parteiflügel M aile *f* du parti; **Parteifreund(in)** M(F) camarade *m/f* de parti; **Parteiführer(in)** M(F) chef *m*, leader *m* de parti; **Parteiführung** F direction *f* d'un *bzw.* du parti; **Parteifunktionär(in)** M(F) permanent *m*

parteiisch **A** ADJ partial **B** ADV partialement; avec partialité

Parteiklüngel M *pej* faction *f*; clique *f*; **Parteikongress** M congrès *m* d'un *bzw.* du parti; **parteilich** ADJ **1** POL d'un *bzw.* du parti **2** (*parteiisch*) partial; **Parteilichkeit** F ⟨~⟩ partialité *f*; **Parteilinie** F ligne *f* du parti; **parteilos** ADJ sans parti; sans appartenance politique; indépendant; **Parteilose(r)** M/F(M) ⟨→ A⟩ sans-parti *m/f*; *im Parlament* non-inscrit(e) *m(f)*; **Parteilosigkeit** F ⟨~⟩ indépendance *f*; neutralité *f*; **Parteimitglied** N membre *m*, adhérent *m* (d'un *bzw.* du parti); **Parteinahme** F ⟨~; ~n⟩ prise *f* de parti; **Parteiorgan** N organe *m* d'un *bzw.* du parti; **Parteipolitik** F politique *f* de parti; **parteipolitisch** ADJ qui concerne la politique du parti; inspiré par les intérêts du parti; **Parteiprogramm** N programme *m* d'un *bzw.* du parti; **Parteispende** F somme *f* d'argent destinée au financement d'un parti; **Parteitag** M congrès *m* d'un *bzw.* du parti; **Parteiversammlung** F assemblée *f*, réunion *f* d'un *bzw.* du parti; **Parteivorsitzende(r)** M/F(M) ⟨→ A⟩ président(e) *m(f)* d'un *bzw.* du parti; **Parteivorstand** M comité directeur d'un *bzw.* du parti; **Parteiwesen** N partis *mpl*; **Parteizugehörigkeit** F appartenance *f* à un *bzw.* au parti

parterre ADV au rez-de-chaussée

Parterre N ⟨~s; ~s⟩ **1** (*Erdgeschoss*) rez-de-chaussée *m* **2** THEAT parterre *m*; **Parterrewohnung** F (logement *m* au) rez-de-chaussée *m*

Partie F ⟨~; ~n⟩ **1** *beim Spiel*, MUS partie *f*; **e-e ~ Schach** une partie d'échecs **2** (*Heiratsmöglichkeit*) parti *m*; **e-e gute ~** un beau parti; **sie ist e-e gute ~** *a.* elle a une belle dot; elle a de la fortune **3** (*Ausflug*) partie *f* (de plaisir); excursion *f*; randonnée *f*; *weitS. umg* **mit von der ~ sein** être de la partie; **Sind Sie auch mit von der ~?** en serez-vous? **4** HANDEL lot *m*

partiell ADJ partiel, -ielle

partienweise ADV par lots

Partikel[1] F ⟨~; ~n⟩ GRAM particule *f*

Partikel[2] N ⟨~s; ~⟩ *od* F ⟨~; ~n⟩ (*Teilchen*) particule *f*

Partikelfilter M *bei Dieselmotoren* filtre *m* à particules

partikular, **partikulär** *geh* ADJ particulier, -ière

Partikularismus M ⟨~⟩ particularisme *m*; **Partikularist** M ⟨~en; ~en⟩ particulariste *m*; **partikularistisch** ADJ particulariste

Partisan(in) M ⟨~s *ou* ~en; ~en⟩ (F) ⟨~in; ~innen⟩ partisan *m*

Partisanenkrieg M guerre *f* de partisans; guérilla *f*

partitiv ADJ GRAM partitif, -ive; **~er Artikel** article partitif

Partitur F ⟨~; ~en⟩ MUS partition *f*

Partizip N ⟨~s; ~ien⟩ GRAM participe *m*; **~ Präsens, Perfekt** participe présent, passé

Partizipialkonstruktion F GRAM construction participiale

partizipieren *geh* VI ⟨pas de ge-, h.⟩ participer (**an** [+*dat*] à)

Partner(in) M ⟨~s; ~⟩ (F) ⟨~in; ~innen⟩ partenaire *m/f*; (*Lebensgefährte, Lebensgefährtin*) compagnon *m*, compagne *f*; (*Tanzpartner[in]*) cavalier, -ière *m,f*; (*Gesprächspartner[in]*) interlocuteur, -trice *m,f*; HANDEL (*Teilhaber[in]*) partenaire *m/f*; associé(e) *m(f)*; (*Vertragspartner[in]*) contractant(e) *m(f)*

Partnerlook M vêtements assortis (homme et femme); **im ~** en vêtements assortis (homme et femme)

Partnerschaft F ⟨~; ~en⟩ association *f*; partenariat *m*; HANDEL participation *f*; (*Städtepartnerschaft*) jumelage *m*; (*Schulpartnerschaft*) appariement *m*

partnerschaftlich **A** ADJ *Verhalten, Beziehung* d'égal à égal; *Zusammenarbeit* de bonnes relations de partenaire à partenaire *bzw.* de collègue à collègue; **auf ~er Basis** sur un pied d'égalité; **sie haben ein gutes ~es Verhältnis** ils ont une bonne relation de partenaire à partenaire **B** ADV **sich ~ verhalten** adopter une attitude d'égal à égal

Partnerstadt F ville jumelée (**von** *od* [+ *gen*] à); **zwei Partnerstädte** deux villes jumelées

Partnertausch M échange *m* de partenaires; échangisme *m*; partie carrée; **Partnerwahl** F choix *m* d'un(e) partenaire

partout *umg* ADV à tout prix; absolument

Party F ⟨~; ~s⟩ fête *f*; *bei jungen Leuten umg* boum *f*; **e-e ~ geben** faire une fête (chez soi) *bzw. umg* une boum; **auf e-e ~ gehen** aller à une fête *bzw. umg* boum

Partykeller M cave *f* (*aménagée pour les soirées dansantes*); **Partylöwe** M habitué *m* des soirées; play-boy *m* qui fréquente les soirées dansantes; **Partyservice** M traiteur *m* (livrant à domicile)

Parvenü, *österr* **Parvenu** M ⟨~s; ~s⟩ parvenu *m*

Parzelle F ⟨~; ~n⟩ parcelle *f*, lot *m* de terrain

parzellieren VT ⟨pas de ge-, h.⟩ lotir; diviser en parcelles; **Parzellierung** F ⟨~; ~en⟩ lotissement *m*; parcellisation *f*

Parzival M ⟨→ *n/pr*⟩ MYTH Perceval *m*

Pascal N ⟨~s; ~⟩ PHYS pascal *m*

Pasch M ⟨~(e)s; ~e *ou* ~̈e⟩ **1** WÜRFELSPIEL (*Zweierpasch*) doublet *m*; (*Dreierpasch*) rafle *f* **2** DOMINO doublet *m*

Pascha M ⟨~s; ~s⟩ *a. fig pej* pacha *m*; **wie ein ~ leben** *umg* mener une vie de pacha; **den ~ spielen** *umg* faire le pacha; *umg* jouer les pachas; se faire servir

Paspel F ⟨~; ~n⟩ MODE passepoil *m*; liséré *m*; **paspelieren** VT ⟨pas de ge-, h.⟩ passepoiler; lisérer; **Paspelierung** F ⟨~; ~en⟩ passepoil *m*; lisérage *m*

paspeln VT ⟨-(e)le, h.⟩ → paspelieren

Pass M ⟨~es; ~̈e⟩ **1** (*Bergpass*) col *m* **2** (*Reisepass*) passeport *m* **3** (*~gang*) amble *m* **4** SPORT passe *f* **5** JAGD passage *m*

passabel ADJ ⟨-bl-⟩ acceptable; passable

Passage F ⟨~; ~n⟩ **1** (*Durchgang, -fahrt*) passage *m*; (*überdachte Straße*) galerie *f*; passage couvert **2** (*Überfahrt*) traversée *f*; passage *m* **3** (*Abschnitt*) passage *m* **4** MUS roulade *f* **5** REITEN passage *m*

Passagier(in) M ⟨~s; ~e⟩ (F) ⟨~in; ~innen⟩ passager, -ère *m,f*; **blinder ~** passager clandestin

Passagierdampfer M paquebot *m*; *für Übersee* transatlantique *m*; **Passagierflugzeug** N avion *m* (de ligne) commercial(e); **Passagierliste** F liste *f* des passagers; **Passagierschiff** N → Passagierdampfer

Passah(fest) N ⟨~s⟩ (N) pâque (juive)

Passamt N bureau *m*, service *m* des passeports

Passant(in) M ⟨~en; ~en⟩ (F) ⟨~in; ~innen⟩ passant(e) *m(f)*; piéton, -onne *m,f*

Passat M ⟨~(e)s; ~e⟩ (vent) alizé *m*

Passbild N photo *f* d'identité, de passeport

Passe F ⟨~; ~n⟩ MODE empiècement *m*

passé, **passee** ADJ ⟨attribut⟩ **das ist passé, passee** (*vorbei, vergangen*) c'est passé; (*überlebt*) c'est démodé, dépassé

passen ⟨h.⟩ A VT *bes* FUSSBALL **den Ball zu j-m ~** passer le ballon à qn B VI 1 *Ersatzteil, Schlüssel etc* **an, auf etw** (*akk*), **zu etw ~** aller sur, avec qc; **in etw** (*akk*) **~** aller dans qc 2 *Kleidung* aller bien (**j-m** à qn); (*sitzen*) être seyant; **j-m ~** *a.* être à la taille de qn; **diese Schuhe ~ mir nicht** (*sind zu klein bzw. zu groß*) ces chaussures sont trop petites *bzw.* trop grandes pour moi 3 (*harmonieren mit, in Einklang stehen mit*) **~ zu** convenir à; s'accorder avec; être assorti à; **auf j-n, etw ~** s'appliquer à qn, qc; *Farben, Möbel etc* **gut zueinander ~** aller bien ensemble; **Grün und Blau ~ schlecht zueinander** le vert jure avec le bleu; **diese Eitelkeit passt schlecht zur Frömmigkeit** cette vanité s'accorde mal avec la piété; **der Stil passt nicht zum Thema** le style ne convient pas, est mal adapté au sujet; **die beiden ~ nicht zusammen, zueinander** ils ne vont pas bien ensemble; ils sont mal assortis; **das passt nicht hierher** cela n'a pas sa place ici; c'est déplacé 4 (*genehm sein*) convenir; arranger; aller; **dieser Termin passt mir nicht** cette date ne me convient, ne m'arrange, ne me va pas; **es passt ihm gar nicht, so viel zu arbeiten** cela ne lui dit rien du tout de tant travailler; *umg* **das passt mir gar nicht in den Kram** cela ne m'arrange, ne me va pas du tout; *umg* **das könnte dir so ~!** *umg* c'est ça, et quoi encore?!; *umg* et ta sœur! 5 KARTENSPIEL passer; FUSSBALL **zu j-m ~** faire une passe à qn

passend ADJT *Ersatzteil, Schlüssel etc* bon, bonne; *Kleidung* qui va bien; juste; seyant; (*harmonierend*) assorti; propre; à propos; approprié; convenable; *Zeitpunkt, Gelegenheit* opportun; **er trug e-n hellen Anzug und e-e ~e Krawatte dazu** il portait un costume clair et une cravate assortie; **das ~e Wort** le mot propre; **sie gab ihm e-e ~e Antwort** elle lui a répondu avec à-propos; **er hielt es für ~ zu** (*+inf*) il a jugé bon de, à propos de (*+inf*); *umg* **zu jeder ~en und unpassenden Gelegenheit** à tout propos et °hors de propos; **haben Sie schon etw Passendes gefunden?** avez-vous déjà trouvé qc qui vous plaise, vous convienne?; *umg* **haben Sie es ~?** vous avez le compte (juste), la monnaie?; pouvez-vous faire l'appoint?

Passepartout N, *schweiz* M ⟨~s; ~s⟩ passe-partout *m*

Passfoto N photo *f* d'identité; **Passgang** M amble *m*

passierbar ADJ *Straße* praticable

passieren ⟨*pas de ge-*⟩ A VT ⟨h.⟩ 1 *Fluss, Grenze, Brücke etc* passer; *Ort(schaft)* passer par; **den Zoll ~** passer en *od* la douane 2 GASTR passer B VI ⟨s.⟩ (*geschehen*) se passer; arriver; **was ist passiert?** qu'est-il arrivé?; que s'est-il passé?; *umg* qu'est-ce qu'il y a?; **das kann jedem ~** cela peut arriver à tout le monde; **bei dem Unfall ist mir nichts passiert** je suis sorti indemne de, je n'ai rien eu, je n'ai pas été blessé dans cet accident; *umg* **lass das sein, sonst passiert was!** arrête, ou tu vas voir!; arrête, ou gare à toi!

Passierschein M laissez-passer *m*; permis *m*; **Passierschlag** M TENNIS passing-shot *m*; **Passiersieb** N GASTR tamis *m*

Passion F ⟨~; ~en⟩ passion *f*; REL Passion *f*;

passioniert ADJ ⟨*épithète*⟩ passionné

Passionsblume F fleur *f* de la Passion; passiflore *f*; **Passionsfrucht** F fruit *m* de la passion; **Passionsgeschichte** F Passion *f*; **Passionsspiele** NPL mystères *mpl* de la Passion (de Notre-Seigneur); **Passionsweg** M passion *f*; **Passionswoche** F semaine *f* de la Passion; **Passionszeit** F temps *m* de la Passion; carême *m*

passiv ADJ passif, -ive; **~e Handelsbilanz** balance commerciale déficitaire; **~es Wahlrecht** éligibilité *f*

Passiv N ⟨~s; ~e⟩ GRAM passif *m*; voix, forme passive; **im ~ stehen** être au passif

Passiva PL HANDEL passif *m*

Passivbilanz F HANDEL bilan passif, déficitaire; **Passivbildung** F GRAM formation *f* du passif; **Passivgeschäft** N HANDEL transaction, opération passive; **Passivhandel** M commerce passif

passivisch GRAM A ADJ passif, -ive B ADV au passif

Passivität F ⟨~⟩ passivité *f*

Passivmasse F HANDEL passif *m*; **Passivposten** M HANDEL poste débiteur; élément *m* de passif; **Passivrauchen** N tabagisme passif; **Passivsaldo** M HANDEL solde passif, débiteur; **Passivseite** F HANDEL passif *m*

Passkontrolle F contrôle *m* des passeports; **Passstraße** F col *m*; **Passstück** N TECH pièce adaptée, ajustée

Passung F ⟨~; ~en⟩ TECH ajustement *m*

Passus M ⟨~; ~⟩ passage *m*

Passwort N ⟨~(e)s; -wörter⟩ IT mot *m* de passe

Paste F ⟨~; ~n⟩ 1 GASTR beurre *m* (d'anchois, *etc*) 2 PHARM pâte *f*

Pastell N ⟨~(e)s; ~e⟩ MAL pastel *m*; **Pastellbild** N pastel *m*; **Pastellfarbe** F (couleur *f* à) pastel *m*; **Pastellkreide** F pastel *m*; **Pastellmalerei** F dessin *m* au pastel; **Pastellstift** M pastel *m*; **Pastellton** M ton *m* (de) pastel

Pastete F ⟨~; ~n⟩ (*Blätterteigpastete*) vol-au-vent *m*; bouchée *f* à la reine; (*Leberpastete*) pâté *m*; (*Fischpastete, Fleischpastete*) terrine *f*

pasteurisieren VT ⟨*pas de ge-*, h.⟩ pasteuriser; **Pasteurisierung** F ⟨~; ~en⟩ pasteurisation *f*

Pastille F ⟨~; ~n⟩ pastille *f*

Pastinak M ⟨~s; ~e⟩ → Pastinake

Pastinake F ⟨~; ~n⟩ BOT panais *m*

Pastmilch F *schweiz* lait pasteurisé

Pastor M ⟨~s; -toren⟩ PROT pasteur *m*; KATH curé *m*

pastoral ADJ pastoral

Pastorale F ⟨~; ~n⟩ *od* N ⟨~s; ~s⟩ MUS, THEAT, MAL pastorale *f*

Pastorin F ⟨~; ~nen⟩ PROT 1 femme *f* pasteur 2 *umg* (*Ehefrau des Pfarrers*) femme *f* du pasteur

Patagonien N ⟨→ *n/pr*⟩ la Patagonie

Patch N ⟨~(s); ~s⟩ IT rustine® *m*; patch *m*

Patchwork N ⟨~s; ~s⟩ MODE patchwork *m*; **Patchworkfamilie** F famille recomposée

Pate M ⟨~n; ~n⟩ parrain *m*; **bei e-m Kind ~ stehen** être parrain d'un enfant; *fig* **bei etw ~ stehen** marquer qc de son empreinte; exercer une influence déterminante sur qc

Patenkind N filleul(e) *m(f)*; **Patenonkel** M parrain *m*

Patenschaft F ⟨~; ~en⟩ parrainage *m*; **die ~ für etw übernehmen** parrainer qc

Patensohn M filleul *m*

patent *umg* ADJ 1 *Mensch umg* formidable; *umg* épatant 2 *Sache umg* formidable; astucieux, -ieuse

Patent N ⟨~(e)s; ~e⟩ 1 (*Erfindungsschutz*) brevet *m* (d'invention); **ein ~ anmelden** déposer un brevet d'invention; **e-e Erfindung zum ~ anmelden** déposer une demande de brevet pour une invention; **ein ~ erteilen** décerner un brevet; **ein ~ auf etw** (*akk*) **haben** être titulaire d'un brevet pour qc 2 SCHIFF brevet *m*

Patentamt N office *m* des brevets (d'invention); *in Frankreich* Institut national de la propriété industrielle; **das Europäische ~** l'Office européen des brevets

Patentanmeldung F demande *f* de brevet

Patentante F marraine *f*

Patentanwalt M ingénieur-conseil *m* (en propriété industrielle); **Patenteintragung** F immatriculation *f* de brevet; **patentfähig** ADJ brevetable

patentierbar ADJ brevetable

patentieren VT ⟨*pas de ge-*, h.⟩ breveter; **Patentierung** F ⟨~; ~en⟩ dépôt *m* de brevet; enregistrement *m* à l'office des brevets

Patentinhaber(in) M(F) titulaire *m/f* de brevet; breveté(e) *m(f)*; **Patentlösung** F solution *f* passe-partout; panacée (universelle)

Patentochter F filleule *f*

Patentrecht N législation *f* sur les brevets; **Patentregister** N, **Patentrolle** F registre *m* des brevets; **Patentschutz** M protection *f* des inventions, de la propriété industrielle; **Patenturkunde** F brevet *m* d'invention; **Patentverschluss** M fermeture brevetée, de sûreté

Pater M ⟨~s; ~ *ou* Patres⟩ (révérend) père *m*

Paternoster[1] N ⟨~s; ~⟩ REL Pater *m*; Notre Père *m*

Paternoster[2] M ⟨~s; ~⟩ *Aufzug* ascenseur (continu)

pathetisch ADJ emphatique; pompeux, -euse; grandiloquent; *Geste* théâtral

Pathologe M ⟨~n; ~n⟩, **Pathologin** F ⟨-in; -innen⟩ pathologiste *m/f*; **Pathologie** F ⟨~⟩ pathologie *f*; **pathologisch** ADJ pathologique

Pathos N ⟨~⟩ pathos *m*; emphase *f*

Patience F ⟨~; ~n⟩ patience *f*; réussite *f*; **e-e ~ legen** faire une patience, une réussite

Patient(in) M ⟨~en; ~en⟩ (F) ⟨~in; ~innen⟩ malade *m/f*; patient(e) *m(f)*; client(e) *m(f)*

Patiententestament N, **Patientenverfügung** F JUR: *volontés rédigées par une personne prévoyant les limites des actes médicaux qu'elle accepte de subir en cas de perte d'autonomie intellectuelle*

Patin F ⟨~; ~nen⟩ marraine *f*

Patina F ⟨~⟩ patine *f*; **~ ansetzen** prendre de la patine; se patiner; *fig* perdre sa fraîcheur; se ternir

patinieren VT ⟨*pas de ge-*, h.⟩ patiner

Patisserie F ⟨~; ~n⟩ *schweiz* pâtisserie *f*

Patriarch M ⟨~en; ~en⟩ REL, *fig* patriarche *m*; **patriarchalisch** REL, SOZIOLOGIE, *fig* A ADJ patriarcal B ADV en partriarche; **Patriarchat** N ⟨~(e)s; ~e⟩ REL, SOZIOLOGIE patriarcat *m*

Patriot(in) M ⟨~en; ~en⟩ (F) ⟨~in; ~innen⟩ patriote *m/f*; **patriotisch** ADJ patriotique; **Patriotismus** M ⟨~⟩ patriotisme *m*

Patrize F ⟨~; ~n⟩ TYPO poinçon *m*

Patrizier(in) M ⟨~s; ~⟩ (F) ⟨~in; ~innen⟩ HIST patricien, -ienne *m,f*; **Patrizierhaus** N HIST maison patricienne

Patron M ⟨~s; ~e⟩ 1 (*Schutzheiliger*) patron *m* 2 *umg fig umg* type *m*; *umg* mec *m*; *pej* individu *m*; **ein übler ~** une canaille, *umg* fripouille

Patronat N ⟨~(e)s; ~e⟩ patronage *m*

Patronatsfest N fête *f* du patron (d'une église); **Patronatsherr** M patron *m* (d'une église)

Patrone F ⟨~; ~n⟩ 1 *Munition* cartouche *f* 2 (*Füllerpatrone*) cartouche *f*; recharge *f* 3 TEX damier *m* 4 FOTO chargeur *m*

Patronenfüller M, **Patronenfüllhalter** M stylo *m* à cartouche, à recharge; **Patronengurt** M bande *f* de cartouches, de mitrailleuse; **Patronengürtel** M cartouchière *f*; **Patronenhülse** F douille *f* (de

cartouche); **Patronentasche** F cartouchière *f*; **Patronentrommel** F chargeur *m* à tambour; tambour *m* à cartouches
Patronin F ⟨~; ~nen⟩ *(Schutzheilige)* patronne *f*
Patrouille F ⟨~; ~n⟩ MIL patrouille *f*; **auf ~ gehen** patrouiller; aller en patrouille
Patrouillenboot N *bes* MIL, ZOLL patrouilleur *m*
patrouillieren VI ⟨*pas de ge-*, h. *ou* s.⟩ patrouiller; *(auf und ab gehen)* faire les cent pas
patsch INT flac!; *auf Wasser a.* floc!; plouf!
Patsche *umg* F ⟨~; ~n⟩ 1 *(Hand) umg* patte *f*; *umg* paluche *f* 2 *(Fliegenpatsche)* tapette *f* (à mouches) 3 *(Klemme)* **in der ~ sitzen** *umg* être dans le pétrin, la mélasse, le caca; **j-m aus der ~ helfen** tirer qn d'affaire; **da sind wir schön in der ~** *umg* nous voilà dans de beaux draps; nous voilà propres
patschen *umg* VI ⟨h.⟩ claquer; *umg* faire floc; **im Dreck ~** patauger, barboter dans la boue
patsch(e)nass *umg* ADJ *umg* trempé comme une soupe
Patschhändchen *kinderspr umg* N menotte *f*
Patschuli N ⟨~s; ~s⟩ *Duftstoff* (essence *f* de) patchouli *m*
patt ADJ SCHACH **~ sein** être pat
Patt N ⟨~s; ~s⟩ SCHACH pat *m*; *fig* → Pattsituation
Patte F ⟨~; ~n⟩ MODE patte *f*
Pattsituation F situation bloquée
patzen VI ⟨-(es)t, h.⟩ 1 *umg (Fehler machen)* faire une faute, *umg* une gaffe; *umg* gaffer 2 *österr (klecksen)* faire des taches, des pâtés
Patzer *umg* M ⟨~s; ~⟩ faute *f*; *umg* gaffe *f*; *umg* bavure *f*
patzig *umg* ADJ impoli; *umg* mal embouché; grossier, -ière; *(frech)* insolent
Pauke F ⟨~; ~n⟩ grosse caisse; timbale *f*; *umg* **mit ~n und Trompeten durchfallen** *umg* (se) ramasser une veste; *umg fig* **auf die ~ hauen** *(angeben)* frimer; se la jouer; fanfaronner; *(feiern) umg* faire la noce, la bringue, la java
pauken ⟨h.⟩ A *umg* VT *umg* bosser; *umg* bûcher B VI 1 MUS jouer de la grosse caisse, des timbales 2 *umg (intensiv lernen) umg* bosser; *umg* bûcher; *vor einer Prüfung* bachoter 3 HIST *Studentensprache* se battre en duel
Paukenhöhle F ANAT caisse *f* du tympan; **Paukenschlag** M coup *m* de timbale; **Paukenschlägel** M MUS mailloche *f*
Pauker M ⟨~s; ~⟩ 1 MUS timbalier *m* 2 *umg (Lehrer) umg* prof *m*
Paukerei *umg* F ⟨~⟩ *(intensives Lernen)* bachotage *m*
Paul M ⟨→ *n/pr*⟩ *prénom*; *Papst- u. Fürstenname* Paul *m*
Paula F ⟨→ *n/pr*⟩ *prénom*
Paulus M ⟨→ *n/pr*⟩ (saint) Paul *m*
Pausbacken FPL joues rebondies; **pausbackig, pausbäckig** ADJ joufflu
pauschal A ADJ forfaitaire; *a. fig* global B ADV à forfait; *a. fig* globalement; *fig* en bloc; **etw ~ verurteilen** condamner qc globalement
Pauschal... IN ZSSGN forfaitaire; à forfait; global; **Pauschalbesteuerung** F imposition *f* forfaitaire; **Pauschalbetrag** M montant global, forfaitaire; *Zahlung* paiement *m* unique
Pauschale F ⟨~; ~n⟩ somme globale, forfaitaire; forfait *m*; **Pauschalgebühr** F droit (taxe) global(e)
pauschalieren VT ⟨*pas de ge-*, h.⟩ calculer forfaitairement; globaliser
pauschalisieren VI *u.* VT ⟨*pas de ge-*, h.⟩ (trop) généraliser; mettre dans la même catégorie
Pauschalpreis M prix global, à forfait; forfait *m*; **Pauschalreise** F voyage organisé; **Pauschalsteuer** F impôt *m* forfaitaire; **Pauschalsumme** F → Pauschale; **Pauschaltarif** M tarif *m* forfaitaire, à forfait; **Pauschalurlaub** M vacances organisées; **Pauschalurteil** *pej* N jugement global, sans nuances, indifférencié; **Pauschalzahlung** F paiement *m* forfaitaire
Pauschbetrag M → Pauschalbetrag
Pause[1] F ⟨~; ~n⟩ 1 *(Ruhepause, Sprechpause, Sendepause, Arbeitspause)*, MUS pause *f*; **e-e ~ machen, einlegen** faire une pause; *beim Sprechen* marquer une pause; **(jetzt) ~ haben, in der ~ sein, ~ machen** faire la pause; **ohne ~** *a.* sans interruption 2 SCHULE récréation *f*; *kurze* interclasse *m*; **es klingelt zur ~** ça sonne pour la récré(ation) 3 THEAT entracte *m*
Pause[2] F ⟨~; ~n⟩ *(Durchzeichnung)* calque *m*
pausen VT ⟨-(es)t, h.⟩ (dé)calquer
Pausenbrot N casse-croûte *m*; *in der Schule, nachmittags* goûter *m*; **Pausenfüller** *umg* M intermède *m*; interlude *m*
pausenlos A ADJ ⟨*épithète*⟩ continuel, -elle B ADV sans arrêt, interruption, cesse; continuellement; constamment
Pausenstand M SPORT score *m* à la mi-temps; **Pausenzeichen** N 1 MUS pause *f* 2 RADIO indicatif *m*
pausieren VI ⟨*pas de ge-*, h.⟩ faire une pause
Pauspapier N papier-calque *m*; *(Kohlepapier)* papier *m* carbone
Pavian M ⟨~s; ~e⟩ ZOOL babouin *m*
Pavillon M ⟨~s; ~s⟩ ARCH pavillon *m*
Paybackkarte F HANDEL carte *f* de fidélité;
Pay-TV N ⟨~; ~s⟩ chaîne cryptée, à péage
Pazifik ⟨→ *n/pr*⟩ **der ~** le Pacifique
pazifisch ADJ du Pacifique; **der Pazifische Ozean** l'océan *m* Pacifique
Pazifismus M ⟨~⟩ pacifisme *m*; **Pazifist(in)** M ⟨~en; ~en⟩ (F) ⟨~in; ~innen⟩ pacifiste *m/f*; **pazifistisch** ADJ pacifiste; pacificateur, -trice
PC M ⟨~(s); ~(s)⟩ ABK (Personal Computer) micro-ordinateur *m*; micro *m*; PC *m*; ordinateur personnel; **am ~ arbeiten** travailler sur PC
PdA F ⟨~⟩ ABK (Partei der Arbeit) P.S.T. *m* (Parti suisse du travail)
PDS F ⟨~⟩ ABK (Partei des Demokratischen Sozialismus) P.D.S. *m* (Parti du socialisme démocratique)
Pech N ⟨~(e)s; ~e⟩ 1 poix *f*; **schwarz wie ~** noir comme (du) jais; *umg* **wie ~ und Schwefel zusammenhalten** s'entendre comme larrons en foire; être comme les deux doigts de la main, *umg* comme cul et chemise 2 ⟨*sans pl*⟩ *(Unglück)* malchance *f*; *umg* guigne *f*; déveine *f*; **mit etw ~ haben** avoir de la malchance, *umg* avoir des déboires, mal tomber avec qc; *umg* n'avoir pas de veine avec qc; **~ in der Liebe haben** être malheureux en amour; **vom ~ verfolgt sein** être poursuivi par la malchance, *umg* la guigne; jouer de malchance; *umg* **dein ~ (, wenn …)** tant pis pour toi (si …); *umg* **~ für dich!** *umg* tu repasseras!
Pechblende F MINER pechblende *f*; **Pechfackel** F torche *f* (de résine); **Pechnase** F BEFESTIGUNGSANLAGEN mâchicoulis *m*;
pech(raben)schwarz *umg* ADJ noir comme (du) jais, *umg* du cirage; **Pechstein** M MINER rétinite *f*; **Pechsträhne** F série noire; **Pechvogel** M malchanceux *m*
Pedal N ⟨~s; ~e⟩ *im Auto, am Fahrrad, am Klavier* pédale *f*
Pedant(in) M ⟨~en; ~en⟩ (F) ⟨~in; ~innen⟩ (esprit *m*) mesquin *m*, tatillon *m*; formaliste *m/f*; *umg* pinailleur, -euse *m,f*; **Pedanterie** F ⟨~; ~n⟩ mesquinerie *f*; formalisme *m*; **pedantisch** ADJ tatillon, -onne; mesquin; pointilleux, -euse; formaliste; *umg* pinailleur, -euse
Peddigrohr N ⟨~(e)s⟩ rotin *m*
Pedell M ⟨~s; ~e⟩ *an der Schule* concierge *m*; *an der Universität* appariteur *m*
Pediküre F ⟨~; ~n⟩ 1 ⟨*sans pl*⟩ *(Fußpflege)* soins *mpl* des pieds 2 *(Fußpflegerin)* pédicure *f*
pediküren VT *u.* VI ⟨*pas de ge-*, h.⟩ soigner les pieds (de); **sich ~ lassen** se faire soigner les pieds
Peeling N ⟨~s; ~s⟩ peeling *m*; gommage *m*; **Peelingcreme** F crème exfoliante
Peep-Show F peep-show *m*
Pegasus M ⟨~⟩ 1 ⟨→ *n/pr*⟩ MYTH Pégase *m* 2 ASTRON Pégase *m*
Pegel M ⟨~s; ~⟩ 1 *(Wasserstandsmesser)* échelle *f* d'étiage; *t/t* fluviomètre *m* 2 *fig* niveau *m*; degré *m* 3 *(Wasserstand)* niveau *m* des eaux; **Pegelstand** M → Pegel 3
Peilanlage F SCHIFF, FLUG radiogoniomètre *m*
peilen VT ⟨h.⟩ *Wassertiefe* sonder; mesurer; *Richtung* relever
Peilfunk M radiogoniométrie *f*; **Peil(funk)gerät** N radiogoniomètre *m*; **Peilrahmen** M cadre *m* (radio)goniométrique; **Peilsender** M poste émetteur radiogoniométrique; **Peilstange** F SCHIFF barre *f* de sonde; **Peilung** F ⟨~; ~en⟩ *der Wassertiefe* sondage *m*, mesurage *m* (d'un fond); *der Richtung* (prise *f* de) relèvement *m*; *(Winkelmessung)* goniométrie *f*; *(Funkpeilung)* radiogoniométrie *f*
Pein *geh* F ⟨~⟩ douleur *f*; tourment *m*; supplice *m*
peinigen *geh* VT ⟨h.⟩ mettre au supplice; tourmenter; *Hunger, Durst, Gewissensbisse* **j-n ~** *a.* tenailler qn
Peiniger *geh* M ⟨~s; ~⟩ bourreau *m*; *(Folterknecht)* tortionnaire *m*; **Peinigung** *geh* F ⟨~; ~en⟩ tourment *m*, torture *f* (infligé[e] à qn)
peinlich A ADJ 1 *(unangenehm)* embarrassant; gênant; fâcheux, -euse; désagréable; **das Versehen war ihr ~** elle était confuse de sa méprise; **es ist mir ~, Ihnen sagen zu müssen …** il m'est pénible, désagréable d'avoir à vous dire …; **es ist mir ~, dass ich zu spät komme** je suis confus d'arriver en retard 2 ⟨*épithète*⟩ *(übergenau)* méticuleux, -euse; scrupuleux, -euse; minutieux, -ieuse B ADV 1 **~ berührt werden** être gêné, embarrassé (**von** par) 2 **~ genau** scrupuleusement exact
Peinlichkeit F ⟨~; ~en⟩ 1 ⟨*sans pl*⟩ *Eigenschaft* caractère *m* pénible, désagréable, *etc* (d'une chose) 2 *Sache* chose, situation gênante; ce qu'il y a de pénible, désagréable, *etc* (+*gen* dans) 3 ⟨*sans pl*⟩ *(Genauigkeit)* méticulosité *f*; minutie *f*
Peitsche F ⟨~; ~n⟩ *a. fig* fouet *m*; *(Reitpeitsche)* cravache *f*
peitschen A VT ⟨h.⟩ fouetter; REL flageller; REITSPORT cravacher; *bes als Strafe* donner des coups de fouet (**j-n** à qn); *Wind, Regen: Bäume etc* fouetter; cingler B VI ⟨s.⟩ *Schüsse* claquer; éclater; **der Regen peitscht gegen die Fensterscheiben** la pluie fouette les vitres
Peitschenhieb M coup *m* de fouet (*a. fig*); **Peitschenknall** M claquement *m* du *od* de fouet
pejorativ ADJ *Ausdruck, Bedeutung* péjoratif, -ive
Pekinese M ⟨~n; ~n⟩ *Hunderasse* pékinois *m*
Peking N ⟨→ *n/pr*⟩ Pékin; **Pekingente** F GASTR canard laqué
Pektin N ⟨~s; ~e⟩ BIOL pectine *f*
pekuniär ADJ ⟨*épithète*⟩ pécuniaire
Pelargonie F ⟨~; ~n⟩ BOT pelargonium *m*
Pelerine F ⟨~; ~n⟩ pèlerine *f*; cape *f*

Pelikan M ⟨~s; ~e⟩ ZOOL pélican *m*
Pelle F ⟨~; ~n⟩ *regional* 1 *von Kartoffeln, Obst* pelure *f*; *umg* **j-m auf der ~ sitzen** *od* **liegen, j-m nicht von der ~ gehen** *umg* être pendu aux basques de qn; être sans arrêt sur le dos de qn; *umg* coller qn; *umg* **j-m auf die ~ rücken** *umg* se coller contre qn; *(handgreiflich werden)* attaquer, assaillir qn; *umg* **j-m nicht von der ~ gehen** *umg* coller aux fesses, aux baskets, *sl* au cul de qn 2 *(Wurstpelle)* peau *f*
pellen *regional* ⟨h.⟩ A VT peler; *Kartoffeln* éplucher; *Eier* écaler B VR *Haut* **sich ~** peler
Pellet N ⟨~s; ~s⟩ *aus Holz als Brennstoff bzw. aus gepresstem Tierfutter* pellet *m*
Pellkartoffel F pomme *f* de terre en robe des champs, de chambre
Peloponnes ⟨→ *n/pr*⟩ **der ~** le Péloponnèse
Pelz M ⟨~es; ~e⟩ 1 *der Tiere* peau *f*; pelage *m*; poil *m* 2 *umg (Haut des Menschen)* **j-m eins auf den ~ brennen** tirer sur qn; **j-m auf den ~ rücken** °harceler, *plus fort* bousculer qn; **sich** *(dat)* **die Sonne auf den ~ scheinen lassen** *umg* se rôtir au soleil 3 *Bekleidungsstück* fourrure *f*; **mit ~ besetzen** garnir de fourrure; **mit ~ füttern** doubler de fourrure
Pelzbesatz M garniture *f* de fourrure; **pelzbesetzt** ADJT garni de fourrure; **pelzgefüttert** ADJT fourré; doublé de fourrure; **Pelzgeschäft** N *Handel* pelleterie *f*; *Laden* magasin *m* de fourrures; **Pelzhändler(in)** M(F) pelletier, -ière *m,f*; fourreur, -euse *m,f*; **Pelzhandlung** F magasin *m* de fourrures
pelzig ADJ *Pfirsich, Blatt* duveté; velouté; *Zunge, Haut* pâteux, -euse; *Rettich, Radieschen* fibreux, -euse
Pelzjacke F veste *f* de fourrure; **Pelzkragen** M col *m* de fourrure; **Pelzmantel** M manteau *m* de fourrure; **Pelzmütze** F bonnet *m* de fourrure; **Pelzstiefel** M botte fourrée; **Pelztier** N animal *m* à fourrure; **Pelztierfarm** F ferme *f* d'élevage d'animaux à fourrure; **Pelztierjäger** M chasseur *m* de fourrures; *(Trapper)* trappeur *m*; **pelzverbrämt** ADJT → pelzbesetzt
PEN-Club M PEN-Club *m*
Pendant N ⟨~s; ~s⟩ pendant *m* (**zu** de)
Pendel N ⟨~s; ~⟩ PHYS, *im Okkultismus* pendule *m*; *e-r Uhr* balancier *m*; **Pendelausschlag** M PHYS amplitude *f* (du pendule); **Pendelbewegung** F PHYS mouvement pendulaire, oscillant; **Pendeldiplomatie** F intense activité *f* diplomatique; **Pendellampe** F suspension *f*
pendeln VI ⟨-(e)le⟩ 1 ⟨h.⟩ PHYS osciller; *Gegenstand, Beine* se balancer 2 ⟨s.⟩ *Zug, Personen* faire la navette
Pendelschwingung F oscillation *f* pendulaire; **Pendeltür** F porte battante; **Pendeluhr** F pendule *f*; **Pendelverkehr** M *mit dem Zug etc* (service *m* de) navette *f*; *(das Pendeln)* trafic *m* de va-et-vient; **Pendelzug** M navette *f*
Pendler(in) M ⟨~s; ~⟩ F ⟨~in; ~innen⟩ *aus e-m Vorort* banlieusard(e) *m(f)*; *(Grenzgänger[in])* travailleur frontalier, travailleuse frontalière; ADMIN migrant(e) *m(f)*; *in Belgien* navetteur, -euse *m,f*; **~(in) sein** faire la navette
Pendolino® M ⟨~s; ~s⟩ EISENBAHN pendolino® *m*; train *m* pendulaire
Penelope F ⟨→ *n/pr*⟩ MYTH Pénélope *f*
penetrant ADJ *Geruch etc* pénétrant; fort; *pej Person* gênant; *plus fort sl* chiant; **Penetranz** F intensité *f*; *fig* insistance *f*; outrance *f*
Penetration F ⟨~; ~en⟩ PHYSIOL, MED pénétration *f*; **penetrieren** VT ⟨h.⟩ PHYSIOL, MED pénétrer
peng INT pif!; paf!; vlan!
penibel ADJ ⟨-bl-⟩ méticuleux, -euse (à l'excès); *umg* pinailleur, -euse
Penicillin N *österr* → Penizillin
Penis M ⟨~; ~se *ou* Penes⟩ pénis *m*; **Penisneid** M PSYCH envie *f* du pénis
Penizillin, *t/t, österr* **Penicillin** N ⟨~s; ~e⟩ pénicilline *f*
Pennäler *umg* M ⟨~s; ~⟩ *umg* potache *m*
Pennbruder *umg* M vagabond *m*; *in e-r Stadt* clochard *m*; *umg* clodo *m*; *umg* cloche *f*
Penne *umg* F ⟨~; ~n⟩ *umg* bahut *m*; *umg* boîte *f*
pennen *umg* VI ⟨h.⟩ *umg* roupiller; *umg* pioncer
Penner(in) *umg pej* M ⟨~s; ~⟩ F ⟨~in; ~innen⟩ 1 *(Stadtstreicher[in])* clochard(e) *m(f)*; *umg* clodo *m* 2 *(j-d, der viel schläft) umg* roupilleur, -euse *m,f* 3 *(j-d, der nicht aufpasst)* endormi(e) *m(f)*
Pennsylvanien N ⟨→ *n/pr*⟩ la Pennsylvanie
Pension F ⟨~; ~en⟩ 1 *(Ruhegehalt)* pension *f*; retraite *f* 2 ⟨*sans pl*⟩ *(Ruhestand)* retraite *f*; **in ~ gehen** prendre sa retraite 3 ⟨*sans pl*⟩ *(Unterkunft u. Verpflegung)* pension *f*; **bei j-m in ~ sein** être en *od* prendre pension chez qn 4 *(Gästehaus)* pension *f* (de famille)
Pensionär(in) M ⟨~s; ~e⟩ F ⟨~in; ~innen⟩ 1 *(Ruheständler[in])* pensionné(e) *m(f)*; retraité(e) *m(f)* 2 *schweiz (Pensionsgast)* pensionnaire *m/f*
Pensionat N ⟨~(e)s; ~e⟩ pensionnat *m* (de jeunes filles)
pensionieren VT ⟨*pas de ge-*, h.⟩ mettre à la retraite; **sich ~ lassen** prendre sa retraite; **pensioniert werden** être mis à la retraite; **pensioniert** à la, en retraite; retraité; pensionné
Pensionierung F ⟨~; ~en⟩ (mise *f* à la) retraite *f*
Pensionist(in) M ⟨~en; ~en⟩ F ⟨~in; ~innen⟩ *südd, österr* → Pensionär(in) 1
Pensionsalter N âge *m* de la retraite; **Pensionsanspruch** M droit *m* à une pension, à la retraite; **pensionsberechtigt** ADJT ayant droit à une pension, à la retraite; **Pensionsberechtigte(r)** M/F(M) ayant-droit *m* à une pension; **Pensionsberechtigung** F droit *m* à une pension, à la retraite; **Pensionsempfänger(in)** M(F) → Pensionär(in) 1; **Pensionsfonds** M fonds *m* de retraite; **Pensionsgast** M pensionnaire *m*; **Pensionskasse** F caisse *f* de retraite; **pensionsreif** *umg* ADJ mûr pour la pension, la retraite
Pensum N ⟨~s; -sen *ou* -sa⟩ 1 tâche *f*, devoir *m* (à faire dans un temps limité) 2 *(Lehrstoff)* programme *m* (scolaire)
Pentagon¹ N ⟨~s; ~e⟩ MATH pentagone *m*
Pentagon² **das ~** *in den USA* le Pentagone
Pentagramm N ⟨~s; ~e⟩ pentacle *m*
Penthaus N ⟨~es; -häuser⟩, **Penthouse** N ⟨-house; -houses⟩ (étage *m*) attique *m*
Penunse, Penunze *umg* F ⟨Penunse, Penunze; Penunsen, Penunzen⟩ *umg* fric *m*; *umg* pèze *m*
Pep *umg* M ⟨~(s)⟩ pep *m*; entrain *m*
Peperoni F ⟨~; ~⟩ piment *m*; **grüne, rote ~** piment vert, rouge
Pepita M *od* N ⟨~s; ~s⟩ pied-de-poule *m*
Pepsin N ⟨~s; ~e⟩ PHYSIOL, CHEM pepsine *f*
peptisch ADJ PHYSIOL, CHEM peptique
per PRÄP ⟨*akk sans article*⟩ par; **~ Anhalter fahren** faire de l'autostop *od* auto-stop; **~ Auto** en voiture; par la route; **~ Adresse** chez; c/o; **~ Post®** par la poste; **~ Schiff** par bateau; **j-n ~ Sie anreden** dire vous à qn; vouvoyer qn; **mit j-m ~ du sein** tutoyer qn; HANDEL **~ Stück** la pièce; HANDEL **~ sofort** à livrer immédiatement
Per N ⟨~s⟩ ABK (Perchloräthylen) tétrachloréthylène *m*
Perestroika F ⟨~⟩ POL perestroïka *f*
perfekt ADJ 1 parfait; accompli; complet, -ète 2 ⟨*attribut*⟩ *(abgemacht)* conclu; réglé
Perfekt N ⟨~(e)s; ~e⟩ GRAM passé composé, indéfini; *in den alten Sprachen, im Deutschen* parfait *m*; **historisches ~** passé simple
Perfektion F ⟨~⟩ perfection *f*; **perfektionieren** VT ⟨*pas de ge-*, h.⟩ perfectionner; **Perfektionismus** M ⟨~⟩ perfectionnisme *m*; **Perfektionist(in)** M ⟨~en; ~en⟩ F ⟨~in; ~innen⟩ perfectionniste *m/f*; **perfektionistisch** ADJ perfectionniste
perfid(e) *geh* ADJ *geh* perfide; **Perfidie** *geh* F ⟨~; ~n⟩ perfidie *f*
Perforation F ⟨~; ~en⟩ perforation *f*; **perforieren** VT ⟨*pas de ge-*, h.⟩ perforer; **Perforiermaschine** F perforeuse *f*; perforatrice *f*; **Perforierung** F ⟨~; ~en⟩ perforation *f*
Performance F ⟨~; -ces⟩ 1 KUNST performance *f* 2 FIN performance *f* 3 IT *e-s Rechners* capacité *f*
Pergament N ⟨~(e)s; ~e⟩ *Schreibmaterial u. Schriftstück* parchemin *m*; **Pergamentband** M ⟨~(e)s; -bände⟩ livre relié en parchemin
pergamenten ADJ 1 *(aus Pergament)* de parchemin 2 *(wie Pergament)* parcheminé
Pergamentpapier N papier-parchemin *m*; papier sulfurisé; **Pergamentrolle** F rouleau *m* de parchemin
Pergamon N ⟨→ *n/pr*⟩ HIST Pergame
Pergola F ⟨~; -len⟩ pergola *f*
Perikarp N ⟨~(e)s; ~e⟩ BOT péricarpe *m*
perinatal ADJ MED périnatal
Periode F ⟨~; ~n⟩ 1 *(Zeitabschnitt)*, CHEM, ASTRON, MATH, MUS, GRAM période *f* 2 PHYSIOL règles *fpl*; menstruation *f*
Periodensystem N CHEM classification *f* périodique; **Periodenzahl** F PHYS nombre *m* des oscillations, de périodes; périodicité *f*
Periodikum N ⟨~s; -ka⟩ *meist* PL périodique *m*
periodisch A ADJ périodique; cyclique; MATH **~e Funktion** fonction *f* périodique; PHYS **~e Schwingung** oscillation *f* périodique B ADV **~ erscheinende Zeitschrift** périodique *m*
Peripetie F ⟨~; ~n⟩ péripétie *f*
peripher A ADJ *a.* IT périphérique; *fig* secondaire; accessoire B ADV à la périphérie; *fig* accessoirement
Peripherie F ⟨~; ~n⟩ *e-r Stadt etc* périphérie *f*; GEOMETRIE *a.* circonférence *f*; IT matériel *m* périphérique
Peripheriegerät N IT périphérique *m*; **~e** *pl* matériel *m* périphérique
Periphrase F RHET périphrase *f*
Periskop N ⟨~s; ~e⟩ OPT périscope *m*
Peristaltik F ⟨~⟩ PHYSIOL péristaltisme *m*
Perkussion F ⟨~; ~en⟩ MIL, MUS, MED percussion *f*
perkutan ADJ MED percutané
Perle F ⟨~; ~n⟩ 1 perle *f*; **echte ~** perle fine, naturelle; *umg fig* **~n vor die Säue werfen** jeter des perles aux cochons, pourceaux 2 *(Sektperle)* bulle *f*; *(Schweißperle)* goutte(lette) *f* 3 *umg hum (Hausangestellte)* perle *f*
perlen VI 1 ⟨h.⟩ *Sekt etc* pétiller 2 ⟨h. *ou* s.⟩ *Tränen, Schweiß etc* perler
Perlen N ⟨~s⟩ *des Sekts etc* pétillement *m*
Perlenfischer M pêcheur *m* de perles; **Perlenfischerei** F pêche *f* des perles; *als Unternehmen* pêcherie *f* de perles; **Perlenkette** F collier *m* de perles; **Perlenschmuck** M parure *f* de perles; **Perlenschnur** F rang *m* de perles; **Perlenstickerei** F broderie *f* de perles; **Perlentaucher** M pêcheur *m* de perles

perlförmig ADJ perlé; **Perlgarn** N fil mercerisé; coton perlé; **perlgrau** ADJ gris (de) perle; **Perlgraupen** FPL orge perlé; **Perlhuhn** N pintade *f*; **Perlmuschel** F huître perlière
Perlmutt N ⟨~s⟩, **Perlmutter** F ⟨-mutter⟩ *od* N ⟨-mutters⟩ nacre *f*; **perlmuttern** ADJ de nacre; nacré
Perlon® N ⟨~s⟩ perlon® *m*
Perlschrift F TYPO perle *f*; (corps *m*) cinq *m*
perlustrieren V/T ⟨*pas de ge-*, h.⟩ ADMIN *österr* contrôler
Perlwein M vin mousseux; **perlweiß** ADJ blanc, blanche nacré(e); **Perlzwiebel** F petit oignon blanc
permanent **A** ADJ permanent **B** ADV en permanence; **Permanenz** F ⟨~⟩ permanence *f*
Permanganat N ⟨~s; ~e⟩ CHEM permanganate *m*
Permutation F MATH permutation *f*; **permutieren** V/T ⟨h.⟩ MATH permuter
per pedes *umg* ADV *umg* pedibus (cum jambis)
Perpendikel M *od* N ⟨~s; ~⟩ *(Uhrpendel)* balancier *m*
Perpetuum mobile N ⟨~(s); ~(s) *ou* -tua mobilia⟩ mouvement perpétuel
perplex *umg* **A** ADJ *(verwirrt)* confus; perplexe; *(verblüfft)* *umg* soufflé; *umg* sidéré **B** ADV **~ dastehen** rester bouche bée
Perron M ⟨~s; ~s⟩ *schweiz* quai *m* (de gare)
per saldo ADV HANDEL pour solde (de tout compte)
per se *geh* ADV *(für sich gesehen)* en soi; **das versteht sich ~** cela va de soi
Persenning F ⟨~; ~e(n) *ou* ~s⟩ SCHIFF prélart *m*
Perser M ⟨~s; ~⟩ **1** *(Neuperser)* Persan *m*; HIST Perse *m* **2** → Perserteppich; **Perserin** F ⟨~in; ~innen⟩ *(Neuperserin)* Persane *f*; HIST Perse *f*; **Perserkatze** F (chat *m*) persan *m*; **Perserkriege** MPL HIST guerres *fpl* médiques; **Perserteppich** M tapis persan
Perseus M ⟨→ *n/pr*⟩ MYTH Persée *m*
Persianer M ⟨~s; ~⟩ astrakan *m*; **Persianermantel** M (manteau *m* d')astrakan *m*
Persien N ⟨→ *n/pr*⟩ la Perse
Persiflage F ⟨~; ~n⟩ persiflage *m* (**auf** [+*akk*] de); **persiflieren** V/T ⟨*pas de ge-*, h.⟩ persifler
persisch ADJ *(neu~)* persan; *(alt~)* perse; **der Persische Golf** le golfe Persique
Persisch N ⟨~(s)⟩, **Persische** N ⟨~n⟩ **(das) Persisch(e)** *Sprache* le persan
Person F ⟨~; ~en⟩ **1** *a.* GRAM personne *f*; *(Einzelwesen)* individu *m*; **ich für meine ~** quant à moi; pour ma part; **pro ~** par personne, tête; **e-e dritte ~** un tiers; **juristische ~** personne civile, juridique, morale; **natürliche ~** personne physique; **in (eigener) ~** en personne; **der Geiz in ~** l'avarice en personne, personnifiée; **er ist Gärtner und Chauffeur in e-r ~** il fait fonction de jardinier et chauffeur à la fois **2** THEAT, *in Romanen etc* personnage *m* **3** *pej* *(Frau)* **e-e arme ~** une malheureuse créature; **e-e freche ~** une insolente
Personal N ⟨~s⟩ personnel *m*; *(Angestellte)* employés *mpl*; **Personalabbau** M réduction *f*, compression *f* de personnel; **Personalabteilung** F service *m* du personnel; **Personalakte** F dossier personnel; **Personalangelegenheiten** FPL affaires *fpl* de personnel; **Personalausweis** M carte *f* d'identité; **Personalbestand** M effectif *m* (du personnel); **Personalbogen** M fiche signalétique, individuelle; **Personalbüro** N bureau *m* du personnel; **Personalchef(in)** M(F) chef *m* du personnel; directeur, -trice *m,f* des ressources humaines; DRH *m/f*
Personal Computer M ⟨~s; ~⟩ ordinateur personnel; → *a.* PC
Personalien PL identité *f*; **j-s ~** *(akk)* **aufnehmen** relever, prendre l'identité de qn; **j-s ~** *(akk)* **feststellen** établir l'identité de qn; **s-e ~ angeben** décliner son identité
Personalkosten PL coûts salariaux; frais *mpl* de personnel; **Personalmangel** M manque *m* de personnel; pénurie *f* de main-d'œuvre; **Personalpolitik** F politique *f*, gestion *f* du personnel; **Personalpronomen** N GRAM pronom personnel; **Personalrat (-smitglied)** M(N) *etwa* (membre *m* d'une) commission administrative paritaire
Personalunion F **zwei Funktionen in ~ ausüben** cumuler deux fonctions
Personalvertretung F représentation *f* du personnel; **Personalwechsel** M roulement *m* de personnel
Persona non grata F ⟨~⟩ DIPL persona non grata *f*; *a. fig* **j-n zur ~ erklären** déclarer qn persona non grata
Persönchen N ⟨~s; ~⟩ petit bout de femme
personell ADJ ⟨*épithète*⟩ *(das Personal betreffend)* de *bzw.* du personnel
Personenaufzug M ascenseur *m*; **Personenbeförderung** F transport *m* des voyageurs; **Personenbeschreibung** F signalement *m*
personenbezogen ADJ **personenbezogene Daten** données *fpl* à caractère personnel
Personengedächtnis N mémoire *f* des personnes, des visages; **Personenkontrolle** F contrôle *m* d'identité; **Personenkraftwagen** M ADMIN voiture particulière, de tourisme; **Personenkreis** M ADMIN catégorie *f* (de personnes); (un) certain public; **Personenkult** M culte *m* de la personnalité; **Personenname** M nom *m* de personne; **Personenregister** N index *m* des noms de personnes; **Personenschaden** M dommage corporel; **Personenschutz** M sécurité rapprochée; **Personenstand** M état civil; situation *f* de famille; **Personenstandsbuch** N registre *m* d'état civil; **Personenstandsregister** N registre *m* d'état civil; **Personenverkehr** M trafic *m*, service *m* (des) voyageurs; **Personenwaage** F balance *f*; pèse-personne *m*; **Personenwagen** M **1** AUTO voiture particulière, de tourisme **2** EISENBAHN wagon *m* de voyageurs; voiture *f*; **Personenzug** M **1** *früher (Nahverkehrszug)* omnibus *m* **2** *im Gegensatz zum Güterzug* train *m* de voyageurs
Personifikation F ⟨~; ~en⟩ personnification *f*; incarnation *f*
personifizieren V/T ⟨*pas de ge-*, h.⟩ personnifier; **personifiziert** personnifié; en personne; incarné
Personifizierung F ⟨~; ~en⟩ personnification *f*
persönlich **A** ADJ personnel, -elle; *Anspielung, Bemerkung, Frage a.* indiscret, -ète; désobligeant; **(rein) ~** individuel, -elle; *auf Briefen* **~!** personnel; GRAM **~es Fürwort** pronom personnel; **(j-m gegenüber) ~ werden** faire des remarques désobligeantes à qn **B** ADV en personne; personnellement; à titre personnel; **ich ~ …** quant à moi, je …; **sich ~ für etw einsetzen** payer de sa personne; **~ erscheinen** venir en personne; JUR comparaître en personne; **~ (für etw) haften** être personnellement responsable, répondre personnellement (de qc); **etw ~ nehmen** prendre qc pour soi; se sentir visé par qc; **~ übergeben** remettre en main propre
Persönlichkeit F ⟨~; ~en⟩ personnalité *f*; **e-e historische, zwielichtige ~** un personnage historique, louche
Persönlichkeitsbildung F développement *m* de la personnalité; **Persönlichkeitsrecht** N JUR droits *mpl* de la personnalité; **Persönlichkeitsspaltung** F PSYCH dédoublement *m* de la personnalité; **Persönlichkeitstest** M test *m* de personnalité; **Persönlichkeitswahl** F scrutin uninominal
Perspektive F ⟨~; ~n⟩ *a. fig* perspective *f*; **aus der ~ des Arztes, aus ärztlicher ~** du point de vue médical
perspektivisch **A** ADJ *Zeichnung* en perspective; *Wirkung* de perspective **B** ADV en perspective
Peru N ⟨→ *n/pr*⟩ le Pérou
Peruaner(in) M ⟨~s; ~⟩ (F) ⟨~in; ~innen⟩ Péruvien, -ienne *m,f*
peruanisch ADJ du Pérou; péruvien, -ienne
Perücke F ⟨~; ~n⟩ perruque *f*; **e-e ~ tragen** porter (une) perruque
Perückenmacher(in) M ⟨~s; ~⟩ (F) ⟨~in; ~innen⟩ perruquier, -ière *m,f*
pervers ADJ pervers; *Person a.* vicieux, -ieuse
Perversion F ⟨~; ~en⟩ perversion *f*; **Perversität** F ⟨~; ~en⟩ perversité *f*
pervertieren ⟨*pas de ge-*⟩ **A** V/T ⟨h.⟩ pervertir **B** V/I ⟨s.⟩ *(ausarten)* dégénérer (**zu** en)
pesen *umg* V/I ⟨-(es)t, s.⟩ *umg* galoper
Peseta F ⟨~; -ten⟩ HIST *Währung* peseta *f*
Peso M ⟨~(s); ~(s)⟩ *Währung* peso *m*
Pessar N ⟨~s; ~e⟩ MED diaphragme *m*; pessaire *m*
Pessimismus M ⟨~⟩ pessimisme *m*; **Pessimist(in)** M ⟨~en; ~en⟩ (F) ⟨~in; ~innen⟩ pessimiste *m/f*; **pessimistisch** **A** ADJ pessimiste **B** ADV avec pessimisme
Pest F ⟨~⟩ *a. fig* peste *f*; *umg* **j-n, etw wie die ~ meiden, hassen** fuir, °haïr qn, qc comme la peste; *umg* **wie die ~ stinken** empester; *umg* puer
Pestbeule F bubon (pesteux); *fig* plaie *f*; **Pesthauch** M souffle pestilentiel
Pestilenz *liter* F ⟨~; ~en⟩ peste *f*
Pestizid N ⟨~s; ~e⟩ pesticide *m*
pestkrank ADJ pestiféré; **Pestkranke(r)** M/F(M) pestiféré(e) *m(f)*
Pesto N *od* M ⟨~s; ~s⟩ GASTR pesto *m*
Peter M ⟨→ *n/pr*⟩ *prénom*; *Fürstenname* Pierre *m*; HIST **~ der Große** Pierre le Grand; **Schwarzer ~** *Kartenspiel* pouilleux *m*; *fig* **j-m den schwarzen ~ zuspielen** *od* **zuschieben** faire porter la responsabilité, *umg* le chapeau à qn; *umg* **ein langweiliger ~** *umg* un empoté
Petersfisch M saint-pierre *m*
Petersilie F ⟨~; ~n⟩ persil *m*; *umg fig* **ihm ist die ~ verhagelt** *umg* il a manqué, raté son coup; *umg* il s'est cassé le nez
Peterwagen *umg* M voiture-radio *f* (de la police)
Petition F ⟨~; ~en⟩ pétition *f*; requête *f*; **e-e ~ einreichen bei** adresser une pétition à
Petitionsausschuss M commission *f* des pétitions; **Petitionsrecht** N ⟨~(e)s⟩ droit *m* de pétition
Petra F ⟨→ *n/pr*⟩ *prénom*
Petrarca M ⟨→ *n/pr*⟩ *Dichter* Pétrarque *m*
Petri Heil INT bonne pêche!
Petrijünger *umg hum* M fanatique *m/f* de la canne à pêche
Petrochemie F pétrochimie *f*; **Petrochemiker** M pétrochimiste *m*; **petrochemisch** ADJ pétrochimique
Petrodollar M pétrodollar *m*
Petrol N ⟨~s⟩ *schweiz*, **Petroleum** N ⟨-eums⟩ pétrole *m*
Petroleumkocher M réchaud *m* à pétrole; **Petroleumlampe** F lampe *f* à pétrole

Petrus M ⟨~ *ou* Petri⟩ saint Pierre; *hum* **wenn ~ mitspielt** si le beau temps est de la partie
Petticoat M ⟨~s; ~s⟩ jupon (amidonné)
Petunie F ⟨~; ~n⟩ BOT pétunia *m*
Petz M **Meister ~** l'ours Martin
Petze *Schülersprache pej* F ⟨~; ~n⟩ *umg* rapporteur, -euse *m,f*; cafard(e) *m(f)*
petzen *Schülersprache pej* V/I ⟨-(es)t, h.⟩ rapporter; cafarder; *umg* cafter
Petzer M ⟨~s; ~⟩ → Petze; **Petzerei** *Schülersprache pej* F ⟨~; ~en⟩ *umg* mouchardage *m*; cafardage *m*
peu à peu ADV peu à peu
Pf ABK (Pfennig) HIST pfennig *m*
Pfad M ⟨~(e)s; ~e⟩ sentier *m*; chemin étroit; voie *f*; IT chemin *m*; *fig* **die ausgetretenen ~e verlassen** sortir des sentiers battus; *geh fig* **auf dem ~ der Tugend wandeln** *geh* suivre le chemin de la vertu; suivre le droit chemin; *geh fig* **vom ~ der Tugend abweichen** s'écarter du droit chemin
Pfadfinder M ⟨~s; ~⟩ scout *m*; éclaireur *m*; **Pfadfinderbewegung** F mouvement *m* scout, éclaireur; scoutisme *m*; **Pfadfinderin** F ⟨~; ~nen⟩ éclaireuse *f*; guide *f*
Pfaffe *umg pej* M ⟨~n; ~n⟩ *umg* curaillon *m*; *umg* cureton *m*; **die ~n** les curés *mpl*
Pfaffenhütchen N BOT bonnet *m* de prêtre; *t/t* fusain *m* d'Europe
Pfahl M ⟨~(e)s; ¨~e⟩ pieu *m*; (*Pfosten*) poteau *m*; *für Weinstöcke* échalas *m*; (*Zaunpfahl*) palis *m*; pal *m*; BAU (*Ramm-, Grundpfahl*) pilot *m*; pilotis *m*; **Pfahlbau** M ⟨~(e)s; ~ten⟩ BAU construction *f* sur pilotis; HIST **Pfahlbauten** cités *fpl*, habitations *fpl* lacustres
pfählen V/T ⟨h.⟩ **1** *Bäume* tuteurer; *Reben* échalasser **2** HIST *als Todesstrafe* empaler
Pfählen N ⟨~s⟩ **1** *von Bäumen* tuteurage *m*; *von Reben* échalassement *m* **2** HIST *als Todesstrafe* empalement *m*
Pfahlmuschel F moule *f*; **Pfahlwerk** N BAU (ouvrage *m* de) pilotis *m*; **Pfahlwurzel** F racine pivotante; **Pfahlzaun** M palissade *f*
Pfalz F ⟨~; ~en⟩ **1** ⟨*sans pl*⟩ GEOG **die ~** le Palatinat **2** HIST (*Gebiet e-s Pfalzgrafen*) palatinat *m*
Pfalzgraf M HIST comte palatin; **Pfalzgräfin** F HIST comtesse palatine; **pfalzgräflich** ADJ HIST palatin
Pfand N ⟨~(e)s; ¨~er⟩ gage *m*; nantissement *m*; (*Flaschenpfand*) consigne *f*; **als ~ geben, hinterlassen** donner, mettre en gage; **als ~ nehmen** prendre en gage; **auf** *od* **gegen ~ leihen** prêter sur *od* à gage, sur nantissement; **auf dieser Flasche ist (kein) ~, diese Flasche kostet (kein) ~** cette bouteille (n')est (pas) consignée
pfändbar ADJ saisissable; **nicht ~** insaisissable
Pfändbarkeit F ⟨~⟩ possibilité *f* de saisir
Pfandbrief M obligation *f* hypothécaire
pfänden ⟨-ete, h.⟩ **A** V/T saisir; **j-m die Möbel ~ (lassen)** (faire) saisir les meubles de qn **B** V/I procéder à une saisie
Pfänden N ⟨~s⟩ → Pfändung
Pfänderspiel N jeu *m* des gages
Pfandflasche F bouteille consignée; **Pfandgläubiger** M (créancier *m*) gagiste *m*; **Pfandhaus** N → Leihhaus; **Pfandhinterlegung** F dépôt *m* du gage; **Pfandleihanstalt** F → Leihhaus; **Pfandleihe** F prêt *m* sur gage(s); (*Leihhaus*) établissement *m* de prêt sur gage; mont-de-piété *m*; **Pfandleiher(in)** M ⟨~s; ~⟩ (F) ⟨~in; ~innen⟩ prêteur, -euse *m,f* sur gage, sur nantissement; **Pfandleihhaus** N → Leihhaus; **Pfandrecht** N droit *m* de gage; **Pfandrückgabe** F restitution *f* du gage; **Pfandsache** F gage *m*; **Pfandschein** M reçu *m*, reconnaissance *f* de gage, de nantissement; **Pfandschuld** F dette gagée, hypothécaire; **Pfandschuldner** M saisi *m*
Pfändung F ⟨~; ~en⟩ saisie *f*
Pfändungsbefehl M ordre *m* de saisie; saisie-arrêt *f*; **Pfändungsprotokoll** N procès-verbal *m* de saisie
Pfandverkauf M vente *f* du gage; réalisation *f* du gage; saisie-exécution *f*; **pfandweise** ADV à titre hypothécaire, de nantissement, de gage; **Pfandzettel** M → Pfandschein
Pfanne F ⟨~; ~n⟩ **1** (*Bratpfanne*) poêle *f*; *umg fig* **j-n in die ~ hauen** (*scharf zurechtweisen*) *umg* enguirlander, *umg* éreinter qn; (*heruntermachen*) *umg* démolir, *umg* esquinter qn; *umg fig* **etw auf der ~ haben** avoir qc en réserve **2** TECH *zum Sieden* chaudière *f*; *zum Gießen* poche *f* de coulée; BIERBRAUEREI brassin *m* **3** TECH *von Lagern* crapaudine *f* **4** ANAT (*Gelenkpfanne*) cavité *f* glenoïdale, glénoïde **5** *Dachziegel* tuile creuse
Pfannenstiel M queue *f* de la poêle
Pfannkuchen M (*Eierkuchen*) crêpe *f*; (*Krapfen*) beignet *m*; **Pfannkuchensuppe** F consommé *m* aux lamelles de crêpes
Pfarramt N **1** *Amt* KATH cure *f*; PROT pastorat *m* **2** *Gebäude* KATH cure *f*; presbytère *m*; PROT maison *f* du pasteur; **Pfarrbezirk** M paroisse *f*
Pfarre F ⟨~; ~n⟩, **Pfarrei** F ⟨-rei; -reien⟩ paroisse *f*
Pfarrer M ⟨~s; ~⟩ KATH curé *m*; PROT pasteur *m*; ministre *m*; **Pfarrerin** F ⟨~; ~nen⟩ PROT pasteur *m*
Pfarrersfrau F femme *f* de *od* du pasteur
Pfarrgemeinde F KATH paroisse *f* (catholique); **Pfarrgemeinderat** M KATH conseil paroissial; **Pfarrhaus** N → Pfarramt 2; **Pfarrhelfer(in)** M(F) auxiliaire *m/f* paroissial(e); **Pfarrkirche** F église paroissiale
Pfau M ⟨~(e)s; ~en⟩ paon *m*; **stolz wie ein ~** vaniteux comme un paon; fier comme Artaban; **einherstolzieren wie ein ~** se pavaner; faire la roue
Pfauenauge N ZOOL (*Nachtpfauenauge*) paon *m* de nuit; (*Tagpfauenauge*) paon *m* de jour; **Pfauenfeder** F plume *f* de paon
Pfauhenne F paonne *f*
Pfd. ABK (Pfund) livre(s) *f(pl)*
Pfeffer M ⟨~s; ~⟩ *Gewürz* poivre *m*; BOT poivrier *m*; **schwarzer ~** poivre gris; **weißer ~** poivre blanc; **gestoßener, gemahlener ~** poivre concassé, moulu; **mit ~ würzen** poivrer; TEX **~ und Salz** poivre et sel; *umg* **~ im Hintern** (*od sl* **Arsch**) **haben** *umg* péter le feu; avoir du tempérament; *umg* **er soll hingehen** *od* **bleiben, wo der ~ wächst!** qu'il aille au diable!
Pfefferfresser M ZOOL toucan *m*; **Pfeffergurke** F cornichon *m*; **Pfefferkorn** N ⟨~(e)s; ¨~er⟩ grain *m* de poivre; **Pfefferkuchen** M pain *m* d'épice
Pfefferminz[1] ⟨*sans article, inv*⟩ *Aroma* menthe *f*
Pfefferminz[2] N ⟨~es; ~e⟩, **Pfefferminzbonbon** M *od* N bonbon *m* à la menthe
Pfefferminze F ⟨~⟩ BOT menthe *f*
Pfefferminzlikör M (liqueur *f* de) menthe *f*; **Pfefferminztee** M (infusion *f* de) menthe *f*
Pfeffermühle F moulin *m* à poivre
pfeffern V/T ⟨-(e)re, h.⟩ **1** GASTR, *fig* poivrer; pimenter **2** *umg* (*werfen*) *umg* balancer; *umg* flanquer; *umg* **j-m eine ~** *umg* flanquer une tarte, une beigne à qn
Pfeffernuss F petit pain d'épice; **Pfefferschote** F poivron *m*; **Pfefferspray** N *zur Selbstverteidigung* aérosol *m* gaz poivre; **Pfeffersteak** N steak *m* au poivre; **Pfefferstrauch** M poivrier *m*; **Pfefferstreuer** M poivrier *m*; poivrière *f*
Pfeife F ⟨~; ~n⟩ **1** (*Trillerpfeife*) sifflet *m*; MUS fifre *m*; (*Orgelpfeife*) tuyau *m* (d'orgue); *fig* **nach j-s ~ tanzen** être à la botte de qn; faire les quatre volontés de qn; *fig* **alles tanzt nach s-r ~** tous lui obéissent à la baguette **2** (*Tabakspfeife*) pipe *f*; **~ rauchen** fumer la pipe; **sich** (*dat*) **die ~ stopfen** bourrer sa pipe **3** *umg pej* zéro *m*; *umg* nullard(e) *m(f)*
pfeifen ⟨pfeift, pfiff, gepfiffen, h.⟩ **A** V/T *Lied, Foul etc* siffler; *leise* siffloter; *umg fig* **ich pfeif dir was!** *umg* tu peux (toujours) courir!; *umg* **einen ~** (*trinken*) *umg* siffler un verre **B** V/I *a.* MED, *Wind, Geschosse, Tiere etc* siffler; *Schiedsrichter* donner le coup de sifflet; **(nach) e-m Hund ~** siffler un chien; **sein Atem pfeift, geht ~d** il a la respiration sifflante; *umg* **auf etw** (*akk*) **~** *umg* se ficher de qc
Pfeifen N ⟨~s⟩ sifflement *m*; MED *a.* sibilation *f*; sibilance *f*; VET *e-s Pferdes* cornage *m*; sifflage *m*
Pfeifendeckel *umg fig* → Pustekuchen; **Pfeifenkopf** M **1** tête *f*, fourneau *m* de pipe **2** *umg pej* zéro *m*; *umg* nullard(e) *m(f)*; **Pfeifenraucher** M fumeur *m* de pipe; **Pfeifenreiniger** M ⟨~s; ~⟩ cure-pipe *m*; **Pfeifenrohr** N tuyau *m* de pipe; **Pfeifenständer** M porte-pipes *m*; **Pfeifenstopfer** M bourre-pipe *m*; **Pfeifenstrauch** M BOT seringa(t) *m*; **Pfeifentabak** M tabac *m* pour la pipe; **Pfeifenton** M ⟨~(e)s⟩ terre *f* de pipe; **Pfeifenwerk** N *der Orgel* tuyaux *mpl* (d'orgue)
Pfeifkessel M bouilloire *f* à sifflet; **Pfeifkonzert** N concert *m* de (coups de) sifflets; **Pfeifsignal** N coup *m* de sifflet; **Pfeifton** M sifflement *m*
Pfeil M ⟨~(e)s; ~e⟩ *Geschoss* trait *m*; *a.* (*Richtungspfeil*) flèche *f*; *fig* trait *m*; **~ und Bogen** arc et flèche; **e-n ~ abschießen** décocher une flèche, un trait; **wie ein ~ losschnellen, davonschießen** filer, partir comme une flèche; *fig* **alle (s-e) ~e verschossen haben** avoir épuisé toutes ses munitions
Pfeiler M ⟨~s; ~⟩ *a. fig* pilier *m*; (*Brückenpfeiler*) pile *f*; (*viereckiger Wandpfeiler*) pilastre *m*; (*Fensterpfeiler, Türpfeiler*) montant *m*; jambage *m*
pfeilförmig ADJ en forme de flèche; *t/t* sagittal; sagitté; **pfeilgerade** ADJ *u.* ADV (tout) droit comme une flèche
Pfeilgift N poison *m* de flèches; **Pfeilkraut** N ⟨~(e)s⟩ BOT sagittaire *f*; **Pfeilnaht** F ANAT suture sagittale (du crâne); **Pfeilrichtung** F sens *m* de la flèche; **pfeilschnell** ADJ rapide comme une flèche, comme l'éclair; **Pfeilschuss** M coup *m* de flèche; **Pfeilspitze** F pointe *f* de la flèche
Pfennig M ⟨~s; ~e, *mais souvent* 5 ~⟩ HIST *Währung* pfennig *m*; **bis auf den letzten ~** jusqu'au dernier sou; **auf den ~ genau** au (à un) sou près; **ohne e-n ~ auszugeben** sans bourse délier; **das ist keinen ~ wert** cela ne vaut pas un sou; *umg fig* **keinen ~ (Geld) haben** n'avoir pas, être sans le sou; *umg fig* **jeden ~ umdrehen, auf den ~ sehen** *umg* être près de ses sous; *umg fig* **nicht für fünf ~** pour rien au monde; *sprichw* **wer den ~ nicht ehrt, ist des Talers nicht wert** *sprichw* les petits ruisseaux font les grandes rivières
Pfennigabsatz M talon *m* aiguille; **Pfennigartikel** M article *m* de bazar
Pfennigbetrag M **ein ~** quatre sous *mpl*; une misère
Pfennigfuchser *umg* M ⟨~s; ~⟩ grippe-sou *m*; *umg* pingre *m*; *umg* radin *m*; **Pfennig-**

fuchserei *umg* F ⟨~⟩ *umg* pingrerie *f*; *umg* radinerie *f*; **Pfennigkraut** N ⟨~(e)s⟩ BOT herbe *f* aux écus; **Pfennigware** F articles *mpl* de bazar
Pferch M ⟨~(e)s; ~e⟩ parc *m*; enclos *m*
pferchen V/T ⟨h.⟩ *a. fig* parquer (**in** [+akk] dans)
Pferd N ⟨~(e)s; ~e⟩ 1 ZOOL cheval *m*; **aufs ~ steigen** monter à cheval; **vom ~ steigen** descendre de cheval; **ein ~ reiten** monter un cheval; **zu ~e (sitzen** être) à cheval; *umg* **wie ein ~ arbeiten** travailler comme un cheval, un nègre; *umg fig* **das ~ beim Schwanz aufzäumen** mettre la charrue devant, avant les bœufs; *umg fig* **die ~e scheu machen** insécuriser les gens; faire peur aux gens; *umg* **immer sachte mit den jungen ~en!** *umg* doucement les basses!; *umg fig* **aufs falsche ~ setzen** miser sur le mauvais cheval; *umg fig* **mit ihm kann man ~e stehlen** avec lui j'irais *bzw.* on irait jusqu'au bout du monde; *umg* **keine zehn ~e ...** il n'y a rien, pas de puissance au monde qui ... (+subj) *od* capable de ... (+inf); *umg fig* **das beste ~ im Stall** le meilleur élément; *umg* **ich denk, mich tritt ein ~!** *umg* ça me scie!; *umg* j'en suis sur le cul 2 *Schachfigur* cavalier *m* 3 *Turngerät* cheval *m* de saut; (*Seitpferd*) cheval *m* d'arçons
Pferdeapfel M crottin *m* de cheval; **Pferdebremse** F ZOOL taon *m* (des chevaux); (*Magenbremse*) œstre *m* du cheval; **Pferdedecke** F couverture *f* de laine grossière; **Pferdedieb** M voleur *m* de chevaux; **Pferdefleisch** N (viande *f* de) cheval *m*; **Pferdefuhrwerk** N voiture *f* hippomobile, à chevaux
Pferdefuß M (*Klumpfuß*) pied bot; *des Teufels* pied fourchu; *fig* **die Sache hat e-n ~** l'affaire présente un inconvénient; *umg* il y a un os
Pferdegebiss *umg* N dents *fpl* de cheval; **Pferdegeschirr** N °harnachement *m*; °harnais *m*; **Pferdegesicht** *umg* N visage chevalin; **Pferdegetrappel** N bruit *m* des sabots; **Pferdehaar** N *von Mähne u. Schweif* crin *m* (de cheval); **Pferdehandel** M commerce *m* de chevaux; *meist pej* maquignonnage *m*; **Pferdehändler** M marchand *m* de chevaux; **Pferdeknecht** M garçon *m*, valet *m* d'écurie; palefrenier *m*; **Pferdekoppel** F parc *m* à chevaux
Pferdelänge F **um zwei ~n siegen** gagner, triompher de deux longueurs (**vor** [+dat] sur)
Pferdemähne F crinière *f* de cheval; **Pferdemarkt** M foire *f*, marché *m* aux chevaux; **Pferdemetzger** M boucher *m* hippophagique; **Pferdemetzgerei** F boucherie chevaline; **Pferdemist** M fumier *m* de cheval
Pferdenatur F *umg fig* **er hat e-e ~** c'est un vrai cheval
Pferderasse F race chevaline; **Pferderennbahn** F hippodrome *m*; turf *m*; **Pferderennen** N course *f* de chevaux; **Pferdeschlitten** M traîneau tiré par des chevaux; **Pferdeschwanz** M *a. Frisur* queue *f* de cheval; **Pferdesport** M sports *mpl* équestres; **Pferdestall** M écurie *f*
Pferdestärke F TECH cheval-vapeur *m*; **dreißig ~n** trente chevaux
Pferdewagen M voiture *f* hippomobile; **Pferdezucht** F élevage *m* de(s) chevaux; **Pferdezüchter(in)** M(F) éleveur, -euse *m,f* de chevaux
pfiff → pfeifen
Pfiff M ⟨~(e)s; ~e⟩ 1 (*das Pfeifen*) sifflement *m*; *auf e-r Pfeife* coup *m* de sifflet 2 *umg* (*Reiz*) chic *m*; pep *m*; **das hat ~** ça a du chic, *umg* de la gueule; **e-r Sache** (dat) **den richtigen ~ geben** donner à qc tout son charme; **mit ~** avec un petit je-ne-sais-quoi 3 *umg fig* (*Kunstgriff*) truc *m*
Pfifferling M ⟨~s; ~e⟩ BOT chanterelle *f*; girolle *f*; *umg* **das ist keinen ~ wert** *umg* cela ne vaut pas un clou
pfiffig ADJ astucieux, -ieuse; futé; malin, maligne; **Pfiffigkeit** F ⟨~⟩ ruse *f*; finesse *f*; roublardise *f*; *umg* finasserie *f*
Pfiffikus *umg* M ⟨~(ses); ~se⟩ (petit) malin; *umg* débrouillard(e) *m(f)*; *umg* finaud *m*
Pfingsten N ⟨~; ~⟩ *od* PL la Pentecôte; **an** *od* **zu ~** à la Pentecôte
Pfingstferien PL vacances *fpl* de la Pentecôte; **Pfingstfest** N (fête *f* de) la Pentecôte; **Pfingstmontag** M lundi *m* de Pentecôte
Pfingstochse *umg* M **herausgeputzt wie ein ~** attifé; accoutré
Pfingstrose F pivoine *f*; **Pfingstsonntag** M dimanche *m* de Pentecôte; la Pentecôte
Pfirsich M ⟨~s; ~e⟩ *Frucht* pêche *f*; *Baum* pêcher *m*; **Pfirsichbaum** M pêcher *m*; **pfirsichfarben** ADJ couleur pêche; **Pfirsichhaut** F 1 BOT peau *f* de pêche 2 *fig* teint *m*, peau *f* de pêche; **Pfirsichkern** M noyau *m* de pêche
Pflanze F ⟨~; ~n⟩ plante *f*; **~n fressend** → pflanzenfressend
pflanzen V/T ⟨-(es)t, h.⟩ planter (**in** [+akk] dans)
Pflanzenfarbstoff M colorant végétal; **Pflanzenfaser** F fibre végétale; **Pflanzenfett** N graisse végétale; **pflanzenfressend** ADJT ⟨*épithète*⟩ *t/t* herbivore; phytophage; **Pflanzenfresser** M *t/t* herbivore *m*; **Pflanzengift** N 1 (*pflanzliches Gift*) poison végétal 2 *gegen Unkraut* herbicide *m*; **Pflanzenheilkunde** F ⟨~⟩ phytothérapie *f*; **Pflanzenkunde** F ⟨~⟩ botanique *f*; **Pflanzenmargarine** F margarine végétale; **Pflanzenöl** N huile végétale; **Pflanzenreich** N règne végétal; **Pflanzensaft** M BOT sève *f*; PHARM jus *m* d'herbes; **Pflanzenschutz** M protection *f* des végétaux, des plantes; **Pflanzenschutzmittel** N insecticide *m*; pesticide *m*; produit *m* phytosanitaire; **Pflanzenwelt** F végétation *f*; flore *f*
Pflanzer M ⟨~s; ~⟩ planteur *m*; **Pflanzholz** N plantoir *m*; **Pflanzkartoffeln** FPL (tubercules *mpl* de) pommes *fpl* de terre à planter
pflanzlich ADJ végétal; *Heilmittel* **auf ~er Basis** à base de plantes
Pflänzling M ⟨~s; ~e⟩ plant *m*
Pflanzreis N bouture *f*; provin *m*; **Pflanzung** F ⟨~; ~en⟩ plantation *f*
Pflaster N ⟨~s; ~⟩ 1 PHARM pansement (adhésif); (*Leukoplast*) sparadrap *m* 2 (*Straßenpflaster*) pavé *m*; *umg fig* **Paris ist ein teures, gefährliches ~** la vie est chère, dangereuse à Paris
Pflasterer M ⟨~s; ~⟩ paveur *m*; **Pflastermaler(in)** M(F) artiste *m/f* qui fait des dessins à la craie sur les trottoirs
pflastern V/T ⟨-(e)re, h.⟩ paver
Pflastern N ⟨~s⟩ pavage *m*
Pflasterstein M pavé *m*
Pflasterung F ⟨~; ~en⟩ 1 ⟨*sans pl*⟩ (*das Pflastern*) pavage *m* 2 (*Pflaster*) pavé *m*
Pflaume F ⟨~; ~n⟩ 1 *Frucht* prune *f*; *Baum* prunier *m*; **gedörrte, getrocknete ~** pruneau *m* 2 *umg pej* (*Versager*) *umg* nouille *f*
Pflaumenbaum M prunier *m*; **Pflaumenkern** M noyau *m* de prune; **Pflaumenkuchen** M tarte *f* aux prunes; **Pflaumenmus** N marmelade *f* de prunes; **Pflaumenschnaps** M eau-de-vie *f* de prunes; **pflaumenweich** *umg pej* ADJ mou, molle comme une chique
Pflege F ⟨~; ~n⟩ *e-r Person, des Körpers* soins *mpl*; *von Gebäuden, Straßen, Autos* entretien *m*; TECH entretien *m*; maintenance *f*; *von Daten* mise *f* à jour; **in ~ nehmen** se charger de; *Kind a.* nourrir; élever; prendre en nourrice
Pflegeanweisung F conseil *m* d'entretien; **pflegebedürftig** ADJ qui exige, réclame des soins; *ältere Person a.* dépendant
Pflegedienst M 1 TECH, AUTO service *m* d'entretien 2 MED service *m* de soins pour personnes dépendantes; **ambulanter ~** service de soins à domicile
Pflegeeltern PL famille *f* d'accueil; parents nourriciers; **Pflegefall** M personne dépendante *bzw.* grabataire; **Pflegegeld** N prestation *f* dépendance; **Pflegeheim** N (*Altenpflegeheim*) maison de retraite médicalisée; hospice *m*; *im Altersheim* pavillon *m* des grabataires; *für Behinderte* foyer *m* d'handicapés; **Pflegekind** N enfant *m* en nourrice, en garde; **pflegeleicht** ADJ d'entretien facile; *hum Person* facile; **Pflegemittel** N produit *m* d'entretien; **Pflegemutter** F nourrice *f*; mère nourricière
pflegen ⟨h.⟩ A V/T 1 soigner; *Kranke, alte Menschen a.* donner des soins à; *Garten, Maschinen, Gesundheit* entretenir; **sie pflegte ihn gesund** elle l'a soigné, lui a donné des soins jusqu'à sa guérison 2 *Wissenschaften, Künste, Freundschaft* cultiver; *Daten* mettre à jour; (*sich abgeben mit*) s'adonner à; se livrer à; **Umgang mit j-m ~** entretenir des relations avec qn 3 (*die Gewohnheit haben*) **etw zu tun ~** avoir l'habitude, avoir coutume de faire qc; **wie man zu sagen pflegt** comme on dit B V/R **sich ~** se soigner; prendre soin de sa personne
Pflegenotstand M manque *m* de personnel soignant; **Pflegepersonal** N *im Krankenhaus* personnel soignant
Pfleger(in) M ⟨~s; ~⟩ (F) ⟨~in; ~innen⟩ 1 (*Krankenpfleger[in]*) garde-malade *m/f*; infirmier, -ière *m,f* 2 JUR curateur, -trice *m,f*; **gerichtlich bestellter ~** mandataire *m* judiciaire
pflegerisch ADJ qui concerne les soins; *Beruf* paramédical
Pflegesatz M tarif *m* d'hospitalisation; **Pflegesohn** M, **Pflegetochter** F enfant *m* en nourrice, en garde; **Pflegevater** M père nourricier; **Pflegeversicherung** F assurance-dépendance *f*
pfleglich A ADJ ⟨*épithète*⟩ soigneux, -euse B ADV soigneusement
Pflegling M ⟨~s; ~e⟩ personne assistée; *Kind* enfant *m* en nourrice, en garde; **Pflegschaft** F ⟨~; ~en⟩ JUR curatelle *f*
Pflicht F ⟨~; ~en⟩ 1 devoir *m*; (*Verpflichtung*) obligation *f*; **s-e ~ tun, erfüllen** faire, remplir, accomplir son devoir; **s-e ~en verletzen, versäumen, vernachlässigen, nicht erfüllen, s-n ~en nicht nachkommen** manquer à son devoir; **es ist meine ~ zu** (+inf) il est de mon devoir de (+inf); **ich mache es mir zur ~** je m'en fais un devoir; **die ~ ruft** le devoir nous appelle; **er hat s-e ~ und Schuldigkeit getan** il n'a fait que son devoir; *geh* **j-n in die ~ nehmen** engager qn 2 ⟨*sans pl*⟩ SPORT exercices imposés; *beim Eiskunstlauf* figures imposées
Pflichtanteil M quote-part *f* obligatoire; **Pflichtbeitrag** M cotisation *f* obligatoire; **Pflichtbesuch** M visite *f* de politesse; **pflichtbewusst** ADJ conscient de son devoir; consciencieux, -ieuse; **Pflichtbewusstsein** N sens *m*, conscience *f* du devoir; **Pflichteifer** M zèle *m*; **pflichteifrig** ADJ zélé; **Pflichterfüllung** F accomplissement *m* de son *od* du devoir; **Pflichtexemplar** N exemplaire *m* (remis à titre) de dépôt

P

légal; **Pflichtfach** N matière *f* obligatoire; **Pflichtgefühl** N sens *m* du devoir

pflichtgemäß ADJ conforme au devoir; comme le devoir l'exige; **pflichtgetreu** ADJ fidèle à son devoir; **pflichtschuldig** A ADJ dû, due B ADV dûment

Pflichtteil M *od* N JUR réserve (légale, héréditaire)

pflichttreu → pflichtgetreu

Pflichtübung F 1 SPORT exercice imposé 2 *fig* obligation *f*; *plus fort* corvée *f*; **Pflichtumtausch** M change *m* obligatoire

pflichtvergessen A ADJ oublieux, -ieuse de son devoir B ADV **~ handeln** manquer à son devoir

Pflichtvergessenheit F oubli *m* de ses devoirs; **Pflichtverletzung** F violation *f* des devoirs, des obligations; *im Amt* prévarication *f*; forfaiture *f*; **pflichtversichert** ADJ soumis à l'assurance obligatoire; **Pflichtversicherung** F assurance *f* obligatoire; **Pflichtverteidiger(in)** M(F) JUR avocat(e) commis(e) d'office; **pflichtwidrig** ADJ contraire au(x) devoir(s)

Pflock M ⟨~(e)s; ~̈e⟩ piquet *m*

pflücken V/T ⟨h.⟩ cueillir

Pflücker M ⟨~s; ~⟩ 1 *Person* cueilleur *m* 2 *Gerät* cueilloir *m*; **Pflückerin** F ⟨~; ~nen⟩ cueilleuse *f*

Pflug M ⟨~(e)s; ~̈e⟩ charrue *f*

pflügen V/T ⟨h.⟩ 1 AGR labourer (*a. abs*) 2 *fig Wasser* fendre

Pflügen N ⟨~s⟩ labourage *m*

Pflugschar F soc *m* (de charrue)

Pfortader F ANAT veine *f* porte

Pforte F ⟨~; ~n⟩ *a. fig* porte *f*

Pförtner M ⟨~s; ~⟩ 1 concierge *m*; portier *m*; *in Klöstern* (frère) portier *m*; *in Gefängnissen* guichetier *m* 2 ANAT pylore *m*; **Pförtnerhaus** N loge *f*; *in Schlössern, Ministerien* conciergerie *f*

Pförtnerin F ⟨~; ~nen⟩ concierge *f*; *in Klöstern* sœur portière

Pförtnerloge F loge *f* de concierge

Pfosten M ⟨~s; ~⟩ poteau *m* (*a.* SPORT); montant *m*; (*Fensterpfosten, Türpfosten*) jambage *m*

Pfötchen N ⟨~s; ~⟩ petite patte *f*; **gib ~!** donne la patte!

Pfote F ⟨~; ~n⟩ *a. umg fig* patte *f*

Pfriem M ⟨~(e)s; ~e⟩ poinçon *m*; alêne *f*

Pfropf M ⟨~(e)s; ~e⟩ bouchon *m*; (*Blutpfropf*) caillot *m*

pfropfen V/T ⟨h.⟩ 1 *umg* (*hineinstopfen*) fourrer, bourrer (**in** [+*akk*] dans); **gepfropft voll** bondé 2 *Baum* greffer

Pfropfen M ⟨~s; ~⟩ bouchon *m*

Pfröpfling M ⟨~s; ~e⟩ greffon *m*

Pfropfmesser N greffoir *m*; **Pfropfreis** N greffon *m*; greffe *f*

Pfründe F ⟨~; ~n⟩ *a. fig* prébende *f*; *fig a.* sinécure *f*

Pfuhl M ⟨~(e)s; ~e *ou* ~̈e⟩ mare *f*; *a. fig* bourbier *m*

pfui INT **~** (*umg* **Teufel** *od* **Spinne**)! pouah!; be(u)rk!; **~, schäm dich!** tu devrais avoir honte!; **~ rufen** °huer; conspuer

Pfuiruf M °huée *f*

Pfund N ⟨~(e)s; ~e, *mais* 4 ~⟩ 1 *Gewicht* livre *f*; demi-kilo *m* 2 *Währung* livre *f*; **~ Sterling** livre sterling 3 *geh* **mit s-m ~e wuchern** faire valoir son talent

pfundig *umg* ADJ *umg* chic (*inv*); *umg* épatant; *umg* chouette

Pfundnote F billet *m* d'une livre (sterling)

Pfundskerl *umg* M *umg* type épatant; *umg* chic type

pfundweise ADV à la livre; par livres

Pfusch *umg* M ⟨~(e)s⟩ 1 → Pfuscharbeit 2 *österr* (*Schwarzarbeit*) travail *m* (au) noir; **Pfuscharbeit** *umg* F bâclage *m*; *umg* bousillage *m*; travail bâclé

pfuschen *umg* V/I ⟨h.⟩ 1 *umg* bâcler; *umg* bousiller 2 *österr* (*schwarzarbeiten*) travailler au noir 3 *regional* (*mogeln*) tricher

Pfuschen *umg* N ⟨~s⟩ (*schlampiges Arbeiten*) bâclage *m*; *umg* bousillage *m*; massacre *m*

Pfuscher *umg* M ⟨~s; ~⟩ 1 *umg* bousilleur *m* 2 *österr* (*Schwarzarbeiter*) travailleur *m* au noir 3 *regional* (*Mogler*) tricheur *m*

Pfuscherei *umg* F ⟨~; ~en⟩ 1 (*Pfuschen*) bâclage *m*; *umg* bousillage *m*; massacre *m* 2 (*Mogeln*) tricherie *f*

Pfütze F ⟨~; ~n⟩ flaque *f* (d'eau); *größere* mare *f*

PGiroA ABK (Postgiroamt) service *m* de virement postal

PH F ⟨~; ~s⟩ ABK (Pädagogische Hochschule) institut *m* universitaire de formation des professeurs d'école

Phädra F ⟨→ *n/pr*⟩ MYTH Phèdre *f*

Phalanx F ⟨~; -langen⟩ *a. geh fig* phalange *f*

phallisch *geh* ADJ phallique

Phallus *geh* M ⟨~; -lli *ou* -llen *ou* ~se⟩ phallus *m*; **Phalluskult** M culte *m* phallique; **Phallussymbol** N symbole *m* phallique

Phänomen N ⟨~s; ~e⟩ phénomène *m*; **phänomenal** ADJ phénoménal; **Phänomenologie** F ⟨~⟩ PHIL phénoménologie *f*; **phänomenologisch** ADJ phénoménologique; **Phänotyp** M BIOL phénotype *m*; **phänotypisch** ADJ phénotypique; **Phänotypus** M BIOL phénotype *m*

Phantasie *etc* → Fantasie *etc*

Phantasma N ⟨~s; -men⟩ PSYCH vision *f*; chimère *f*; fantasme *m*

Phantast(in), **Phantasterei**, **phantastisch** → Fantast(in), Fantasterei, fantastisch

Phantom N ⟨~s; ~e⟩ (*Trugbild*) chimère *f*; vision *f*; (*Gespenst*) fantôme *m*; **e-m ~ nachjagen** courir après une ombre

Phantombild N portrait *m* robot; **Phantomschmerz** M douleur *f* fantôme (dans un membre)

Pharao M ⟨~s; -onen⟩ HIST pharaon *m*

Pharisäer M ⟨~s; ~⟩ BIBEL, *fig* pharisien *m*; **pharisäerhaft** *geh* ADJ pharisaïque; *fig* hypocrite; **Pharisäertum** *geh* N ⟨~s⟩ *a. fig* pharisaïsme *m*; (*Scheinheiligkeit*) hypocrisie *f*

Pharmaindustrie F industrie *f* pharmaceutique

Pharmakologe M ⟨~n; ~n⟩, **Pharmakologin** F ⟨-in; -innen⟩ pharmacologiste *od* pharmacologue *m/f*; **Pharmakologie** F ⟨~⟩ pharmacologie *f*; **pharmakologisch** ADJ pharmacologique

Pharmakonzern M grand groupe pharmaceutique; **Pharmareferent(in)** M(F) visiteur, -euse médical(e)

Pharmazeut(in) M ⟨~en; ~en⟩ F ⟨~in; ~innen⟩ pharmacien, -ienne *m,f*; **Pharmazeutik** F ⟨~⟩ pharmacologie *f*; **Pharmazeutikum** N ⟨~s; -ka⟩ produit *m* pharmaceutique; **pharmazeutisch** ADJ pharmaceutique

Pharmazie F ⟨~⟩ pharmacie *f*

Phase F ⟨~; ~n⟩ ASTRON, ELEK, PHYS *etc* phase *f*; *fig a.* stade *m*; degré *m*; **kritische ~** phase, stade critique; PSYCHOANALYSE **anale, genitale, orale ~** phase anale, génitale, orale

phasengleich ADJ ELEK en phase; **Phasenmesser** M ⟨~s; ~⟩ ELEK phasemètre *m*; **Phasenverschiebung** F PHYS déphasage *m*; décalage *m*; **phasenverschoben** ADJT ELEK déphasé

Phenol N ⟨~s; ~e⟩ CHEM phénol *m*

Phenyl N ⟨~s⟩ CHEM phényle *m*

Philanthrop M ⟨~en; ~en⟩ philanthrope *m*; **Philanthropie** F ⟨~⟩ philanthropie *f*; **Philanthropin** F ⟨~; ~nen⟩ philanthrope *f*; **philanthropisch** ADJ philanthrope; philanthropique

Philatelie F ⟨~⟩ philatélie *f*; **Philatelist(in)** M ⟨~en; ~en⟩ (F) ⟨~in; ~innen⟩ philatéliste *m/f*

Philharmonie F philharmonie *f*; *Gebäude* salle *f* de concert (de l'orchestre philharmonique)

Philharmoniker M ⟨~s; ~⟩ membre *m* d'un orchestre philharmonique; **die Wiener ~** l'orchestre philharmonique de Vienne

philharmonisch ADJ philharmonique

Philipp M ⟨→ *n/pr*⟩ *prénom*; *Fürstenname* Philippe *m*

Philippika *geh* F ⟨~; -ken⟩ diatribe *f*; *liter* philippique *f*

Philippinen PL **die ~** les Philippines *fpl*

Philippiner(in) M ⟨~s; ~⟩ (F) ⟨~in; ~innen⟩ Philippin(e) *m(f)*; **philippinisch** ADJ philippin

Philister *geh* M ⟨~s; ~⟩ (*Spießbürger*) bourgeois *m*; béotien *m*; *liter* philistin *m*; **philisterhaft** ADJ bourgeois; béotien, -ienne

Philodendron M *od* N ⟨~s; -dren⟩ BOT philodendron *m*

Philologe M ⟨~n; ~n⟩, **Philologin** F ⟨-in; -innen⟩ philologue *m/f*; **Philologie** F ⟨~⟩ philologie *f*; **philologisch** ADJ philologique

Philosoph(in) M ⟨~en; ~en⟩ (F) ⟨~in; ~innen⟩ philosophe *m/f*; **Philosophie** F ⟨~; ~n⟩ philosophie *f*

philosophieren V/I ⟨*pas de ge-*, h.⟩ faire de la philosophie; philosopher (**über** [+*akk*] sur)

philosophisch A ADJ philosophique; → *a.* Fakultät B ADV en philosophe

Phiole F ⟨~; ~n⟩ PHARM fiole *f*

Phishing N ⟨~s; ~s⟩ IT phishing *m*

Phlegma N ⟨~s⟩ flegme *m*

Phlegmatiker(in) M ⟨~s; ~⟩ (F) ⟨~in; ~innen⟩ (homme *m*, femme *f*) flegmatique *m/f*; **phlegmatisch** ADJ flegmatique

pH-neutral ADJ CHEM au pH neutre

Phobie F ⟨~; ~n⟩ phobie *f*

Phon N ⟨~s; ~s, *mais* 50 ~⟩ PHYS phone *m*

Phonem N ⟨~s; ~e⟩ LING phonème *m*; **Phonetik** F ⟨~⟩ LING phonétique *f*; **Phonetiker(in)** M ⟨~s; ~⟩ (F) ⟨~in; ~innen⟩ LING phonéticien, -ienne *m,f*

phonetisch ADJ LING phonétique; **~e Umschrift** transcription *f* phonétique

Phönix M ⟨~(e)s; ~e⟩ MYTH phénix *m*; *geh* **wie ein ~ aus der Asche steigen** renaître de ses cendres

Phönizien N ⟨→ *n/pr*⟩ HIST la Phénicie; **Phönizier(in)** M ⟨~s; ~⟩ (F) ⟨~in; ~innen⟩ HIST Phénicien, -ienne *m,f*; **phönizisch** ADJ HIST phénicien, -ienne

Phonogerät N appareil *m* de reproduction et *bzw.* ou de prise de son; **Phonokoffer** M électrophone *m*; tourne-disque portatif

Phonologie F ⟨~⟩ LING phonologie *f*; **phonologisch** ADJ LING phonologique

Phonotypistin F ⟨~; ~nen⟩ dactylo *f* qui travaille avec un dictaphone; audiotypiste *f*

phonstark ADJ bruyant; **Phonzahl** F puissance sonore (*exprimée en phones*)

Phosphat N ⟨~(e)s; ~e⟩ CHEM phosphate *m*; **phosphatfrei** ADJ sans phosphate; **phosphathaltig** ADJ phosphaté

Phosphor M ⟨~s⟩ CHEM phosphore *m*

Phosphoreszenz F ⟨~⟩ PHYS phosphorescence *f*; **phosphoreszieren** V/I ⟨*pas de ge-*, h.⟩ PHYS être phosphorescent

phosphorhaltig ADJ phosphoré; **Phos-**

phorsäure F acide *m* phosphorique
Photo → Foto[1], Foto[2]
Photoalbum N, **Photochemie** F, **photoelektrisch** ADJ *etc* → Fotoalbum, Fotochemie, fotoelektrisch *etc*
Photon N ⟨~s; -tonen⟩ PHYS photon *m*
Photosatz M, **Photosphäre** F, **Photosynthese** F *etc* → Fotosatz, Fotosphäre, Fotosynthese *etc*
Phrase F ⟨~; ~n⟩ GRAM, MUS phrase *f*; *pej* **leere ~n** phrases ronflantes; *umg* **~n dreschen** faire des phrases
Phrasendrescher *umg pej* M phraseur *m*; **Phrasendrescherei** *umg pej* F ⟨~⟩ verbiage *m*
Phraseologie F ⟨~; ~n⟩ LING phraséologie *f*; **phraseologisch** ADJ LING phraséologique
phrasieren VT ⟨*pas de ge-*, h.⟩ MUS phraser; **Phrasierung** F ⟨~; ~en⟩ MUS phrasé *m*
pH-Wert M CHEM pH *m*
Phylogenese F ⟨~; ~n⟩ BIOL phylogenèse *f*; **phylogenetisch** ADJ BIOL phylogénétique; phylogénique
Physalis F ⟨~; ~ *ou* -salen⟩ BOT physalis *m*
Physik F ⟨~⟩ physique *f*
physikalisch ADJ physique
Physiker(in) M ⟨~s; ~⟩ (F) ⟨~in; ~innen⟩ physicien, -ienne *m,f*
Physikum N ⟨~s; -ka⟩ examen *m* de physique, chimie et biologie (*après deux ans d'études de médecine en Allemagne*)
Physikunterricht M enseignement *m* de la physique; *Schulstunde* cours *m* de physique
Physiognomie F ⟨~; ~n⟩ physionomie *f*; **physiognomisch** ADJ physionomique
Physiologe M ⟨~n; ~n⟩, **Physiologin** F ⟨-in; -innen⟩ physiologiste *m/f*; **Physiologie** F ⟨~⟩ physiologie *f*; **physiologisch** ADJ physiologique
Physiotherapeut(in) M ⟨~en; ~en⟩ (F) ⟨~in; ~innen⟩ physiothérapeute *m/f*; **Physiotherapie** F physiothérapie *f*
physisch ADJ physique
Pi N ⟨~(s); ~s⟩ MATH pi *m*; *umg* **~ mal Daumen** *umg* au pifomètre
Pianist(in) M ⟨~en; ~en⟩ (F) ⟨~in; ~innen⟩ pianiste *m/f*; **pianistisch** ADJ pianistique
piano ADV MUS piano
Piano N ⟨~s; ~s *ou* -ni⟩ MUS piano *m*; **Pianoforte** N ⟨~s; ~s⟩ MUS piano-forte *m*; forte-piano *m*
Pianola N ⟨~s; ~s⟩ MUS piano *m* mécanique
Piccolo[1] M ⟨~s; ~s⟩ (*Kellnerlehrling*) apprenti serveur
Piccolo[2] F ⟨~; ~(s)⟩ *umg Sekt* mini-bouteille *f* de mousseux
Piccolo[3] N ⟨~s; ~s⟩, **Piccoloflöte** F piccolo *m*
picheln *umg* VI ⟨-(e)le, h.⟩ *umg* picoler
Picke F ⟨~; ~n⟩ pic *m*
Pickel M ⟨~s; ~⟩ 1 (*Spitzhacke*) pioche *f*; pic *m*; (*Eispickel*) piolet *m* 2 MED (petit) bouton; pustule *f*; **Pickelhaube** F casque *m* à pointe; **Pickelhering** M THEAT bouffon *m*; arlequin *m*; paillasse *m*
pick(e)lig ADJ couvert de boutons, de pustules; boutonneux, -euse
picken VT *u.* VI ⟨h.⟩ 1 *Vögel, Hühner* donner des coups de bec (à); picorer; picoter 2 *umg österr* (*kleben*) coller
Pickerl N ⟨~s; ~n⟩ *umg österr* 1 (*Aufkleber*) autocollant *m* 2 *zur Autobahnbenutzung* vignette (autoroutière)
Picknick N ⟨~s; ~s *ou* ~e⟩ pique-nique *m*
picknicken VI ⟨h.⟩ pique-niquer
Picknickkorb M panier *m* à pique-nique
picobello *umg* ADJ ⟨*inv*⟩ *umg* impec (*inv*); *umg* nickel (*inv*)
Piedestal N ⟨~s; ~e⟩ piédestal *m*
pieken *umg* VT *u.* VI ⟨h.⟩ piquer; **piekfein** *umg* ADJ *umg* chic; (*elegant angezogen*) *a.* tiré à quatre épingles; *umg* bien sapé; **pieksauber** *umg* ADJ très propre
piep INT 1 *Vogel* **~, ~!** cui-cui! 2 *bei technischen Geräten* bip
Piep M ⟨~s; ~e⟩ *umg* **keinen ~ sagen** *umg* ne pas ouvrir le bec; *umg* ne pas moufter; *umg* **e-n ~ haben** *umg* avoir une araignée au plafond; avoir un grain
piepe, **piepegal** ADJ *umg* **das ist mir piepe, piepegal** *umg* je m'en balance; *umg* je m'en fiche
piepen VI ⟨h.⟩ 1 *Küken* piauler; piailler; *kleine Vögel* pépier 2 *umg* **bei dir piept's wohl?** *umg* ça ne va pas la tête?; *umg* t'es pas un peu malade!
Piepen[1] PL *umg* (*Geld*) *umg* fric *m*; *sl* flouse *od* flouze *m*; **30 ~** 30 euros, HIST marks, *etc*
Piepen[2] N ⟨~s⟩ *der Küken* piaulement *m*; piaillerie *f*; piaillement *m*; *kleiner Vögel* pépiement *m*; *umg* **das ist zum ~** *umg* c'est tordant, à se tordre (de rire)
Piepmatz *kinderspr* M ⟨~es; ~e *ou* ~̈e⟩ oiseau *m*
piepsen VI ⟨-(es)t, h.⟩ 1 *Maus umg* couiner; *Person* parler d'une petite voix grêle 2 → *a.* piepen 2
Piepser *umg* M ⟨~s; ~⟩ 1 *der Küken* piaulement *m*; piaillement *m*; *kleiner Vögel* pépiement *m* 2 (*Kleinempfänger*) *umg* bip-bip *m*
piepsig *umg* ADJ *Person, Tier* chétif, -ive; de rien du tout; **e-e ~e Stimme** une petite voix grêle, aigue
Piepton M bip *m* sonore; **Piepvogel** *kinderspr* M → Piepmatz
Pier M ⟨~s; ~e *ou* ~s⟩ *od* F ⟨~; ~s⟩ SCHIFF môle *m*; appontement *m*
piercen VT ⟨-(es)t, h.⟩ **j-n ~** faire un piercing à qn; **sich ~ lassen** se faire faire un piercing
Piercing N ⟨~s; ~s⟩ piercing *m*
piesacken *umg* VT ⟨h.⟩ (*quälen*) *umg* asticoter; **j-n mit Fragen ~** °harceler qn de questions
pieseln *umg* ⟨h.⟩ A V/UNPERS (*nieseln*) bruiner B VI (*urinieren*) *umg* faire pipi
Pieta F ⟨~; ~s⟩ Pietà *f*
Pietät F ⟨~; ~en⟩ 1 ⟨*sans pl*⟩ (*Achtung*) respect *m*; piété *f* 2 *regional* (*Bestattungsunternehmen*) (entreprise *f* de) pompes *fpl* funèbres; **pietätlos** ADJ irrespectueux, -euse; **Pietätlosigkeit** F ⟨~⟩ manque *m* de respect; irrespect *m*; **pietätvoll** ADJ plein de respect
Pietismus M ⟨~⟩ REL piétisme *m*; **Pietist(in)** M ⟨~en; ~en⟩ (F) ⟨~in; ~innen⟩ piétiste *m/f*; **pietistisch** ADJ piétiste
Pigment N ⟨~(e)s; ~e⟩ BIOL *u. Farbmittel* pigment *m*; **Pigmentation** F ⟨~⟩ pigmentation *f*; **Pigmentfarbe** F couleur *f* pigmentaire; **Pigmentfleck** M tache pigmentée
pigmentieren VT ⟨*pas de ge-*, h.⟩ pigmenter; **Pigmentierung** F ⟨~⟩ pigmentation *f*
Pik[1] N ⟨~(s); ~(s)⟩ *Spielkartenfarbe* pique *m*
Pik[2] M ⟨~s; ~e⟩ *umg* **e-n ~ auf j-n haben** avoir une dent contre qn
pikant A ADJ épicé; *a. fig* piquant; (*frivol*) salé; épicé; *Sauce a.* relevé B ADV **~ gewürzt** piquant; épicé; relevé
Pikanterie F ⟨~; ~n⟩ piquant *m*; (*pikante Geschichte*) histoire salée, épicée
Pikass N *Spielkarte* as *m* de pique
Pike F ⟨~; ~n⟩ pique *f*; **von der ~ auf dienen, lernen** gravir tous les échelons un à un, petit à petit
Pikee M ⟨~s; ~s⟩ TEX piqué *m*
piken *umg* VT *u.* VI ⟨h.⟩ piquer
pikieren VT ⟨*pas de ge-*, h.⟩ GARTEN repiquer; MODE piquer
pikiert A ADJT **~ sein** (*beleidigt*) être offusqué; être piqué au vif (**über etw** [*akk*] par qc) B ADVL d'un air vexé
Pikkolo[1, 2, 3] → Piccolo[1], Piccolo[2], Piccolo[3]
Pikör M ⟨~s; ~e⟩ JAGD piqueur *m*
piksen *umg* VT *u.* VI ⟨-(es)t, h.⟩ piquer
Piktogramm N ⟨~s; ~e⟩ pictogramme *m*
Pilaster M ⟨~s; ~⟩ BAU pilastre *m*
Pilates N ⟨~⟩ *Fitnesstraining* (méthode *f*) Pilates *m*
Pilatus M ⟨→ *n/pr*⟩ **Pontius ~** Ponce Pilate *m*
Pilger(in) M ⟨~s; ~⟩ (F) ⟨~in; ~innen⟩ pèlerin *m*; **Pilgerfahrt** F pèlerinage *m*
pilgern VI ⟨-(e)re, s.⟩ 1 aller en, faire un pèlerinage; **nach … ~** faire le pèlerinage de … 2 *umg fig* marcher; faire une randonnée
Pilgerschaft F ⟨~; ~en⟩ pèlerinage *m*; **Pilgerstab** M bâton *m* de pèlerin; **Pilgerstraße** F chemin *m* de pèlerinage
Pille F ⟨~; ~n⟩ pilule *f*; **sie nimmt die ~** elle prend la pilule; *umg* **die ~ danach** la pilule du lendemain; *fig* **j-m die bittere ~ versüßen** dorer la pilule à qn; *fig* **das war e-e bittere ~ für ihn** il a dû avaler la pilule
Pillendreher M 1 ZOOL bousier *m*; scarabée *m* 2 *umg hum* (*Apotheker*) apothicaire *m*; **pillenförmig** ADJ en forme de pilule; **Pillenknick** *umg* M dénatalité, chute de la natalité (due à l'emploi de la pilule)
Pilot(in) M ⟨~en; ~en⟩ (F) ⟨~in; ~innen⟩ pilote *m*, femme *f* pilote; aviateur, -trice *m,f*
Pilotenkanzel F cabine *f* de pilotage; cockpit *m*; **Pilotenschein** M brevet *m* de pilote
Pilotfilm M film-pilote *m*; **Pilotprojekt** N projet-pilote *m*; **Pilotsendung** F émission-pilote *f*; **Pilotstudie** F étude *f* préalable
Pils N ⟨~; ~⟩ pils *f*
Pilsener N ⟨~s; ~⟩ *Bier* pils *f*
Pilsner N ⟨~s; ~⟩ *Bier* pils *f*
Pilz M ⟨~es; ~e⟩ 1 BOT champignon *m*; **wie ~e aus der Erde schießen** pousser comme des champignons 2 ⟨*sans pl*⟩ *umg* (~*infektion*) mycose *f*
pilzartig ADJ de la nature du champignon; *t/t* fongueux, -euse
Pilzbestimmungsbuch N guide *m* des champignons; **pilzförmig** ADJ fongiforme; **Pilzinfektion** F, **Pilzkrankheit** F mycose *f*; **Pilzkultur** F culture *f* de champignons; **Pilzkunde** F ⟨~⟩ mycologie *f*; **Pilzvergiftung** F empoisonnement *m*, intoxication *f* par les champignons; **Pilzzüchter(in)** M(F) champignonniste *m/f*
Piment M *od* N ⟨~(e)s; ~e⟩ GASTR piment *m*
Pimmel *sl* M ⟨~s; ~⟩ *sl* bit(t)e *f*; *sl* queue *f*
Pimpernell M ⟨~s; ~e⟩, **Pimpinelle** F ⟨~; ~n⟩ BOT pimprenelle *f*
PIN F ⟨~; ~s⟩ ABK (persönliche Identifikationsnummer) BANK code confidentiel
Pinakothek F ⟨~; ~en⟩ pinacothèque *f*
pingelig *umg* ADJ *umg* pinailleur, -euse
Pingpong N ⟨~s⟩ ping-pong *m*
Pinguin M ⟨~s; ~e⟩ manchot *m*; pingouin *m*
Pinie F ⟨~; ~n⟩ pin *m* pignon; pin *m* parasol
Pinienkern M pignon *m*; **Pinienwald** M pignade *od* pinède *f*; pineraie *od* pinière *f*; **Pinienzapfen** M pigne *f*
pink ADJ ⟨*inv*⟩ rose
Pink N ⟨~s; ~s⟩ rose *m*
Pinke *umg* F ⟨~⟩ *umg* fric *m*; *umg* pognon *m*
Pinkel M ⟨~s; ~⟩ *umg* **ein feiner ~** un dandy
pinkeln *umg* VI ⟨-(e)le, h.⟩ *umg* faire pipi
Pinkelpause *umg* F *umg* arrêt-pipi *m*; *umg* °halte-pipi *f*
Pinkepinke → Pinke
Pinne F ⟨~; ~n⟩ *am Steuerruder* barre *f* (du gouvernail)

pinnen *umg* VT ⟨h.⟩ fixer à l'aide de punaises, de broquettes (**an, auf** [+*akk*] à)

Pinnwand F panneau *m* d'affichage (en liège, *etc*)

Pinscher M ⟨~s; ~⟩ pinscher *m*

Pinsel M ⟨~s; ~⟩ **1** MAL pinceau *m*; (*Anstreicherpinsel*) brosse *f* **2** *umg fig* (*Einfaltspinsel*) niais *m*; benêt *m*; **eingebildeter ~** prétentieux *m*; *umg* crâneur *m*

Pinselei *umg pej* F ⟨~; ~en⟩ peinturlurage *m*; barbouillage *m*

Pinselführung F touche *f*; brosse *f*

pinseln VT ⟨-(e)le, h.⟩ peindre; *pej*, MED badigeonner; *pej a.* barbouiller

Pinselstiel M manche *m* de pinceau; *längerer* °hampe *f*; **Pinselstrich** M coup *m* de pinceau, de brosse; (*Kunst der Strichführung*) touche *f*; brosse *f*

Pinte *umg* F ⟨~; ~n⟩ *umg* bistro(t) *m*

Pin-up-Girl N ⟨~s; ~s⟩ pin-up *f*

Pinzette F ⟨~; ~n⟩ *a.* MED, KOSMETIK pince *f*; *des Uhrmachers* pincettes *fpl*

Pionier M ⟨~s; ~e⟩ MIL soldat *m* du génie; sapeur(-mineur) *m*; *a. fig*, HIST *DDR* pionnier *m*; **Pionierarbeit** F travail *m* de pionnier; **Pionierbataillon** N MIL bataillon *m* du génie; **Pioniertruppe** F MIL génie *m*

Pipapo N ⟨~s⟩ *umg* **mit allem ~** *umg* avec tout le tralala

Pipeline F ⟨~; ~s⟩ pipe-line *od* pipeline *m*

Pipette F ⟨~; ~n⟩ pipette *f*

Pipi *kinderspr* N ⟨~s⟩ pipi *m*; **~ machen** faire pipi

Pipifax *umg pej* M ⟨~⟩ futilités *fpl*; broutille *f*; rien *m*

Pippin M ⟨→ *n/pr*⟩ HIST **~ (der Kurze** *od* **Kleine)** Pépin *m* (le Bref)

Pips M ⟨~es⟩ VET pépie *f*

Pirat M ⟨~en; ~en⟩ pirate *m*

Piratenflagge F pavillon noir, à tête de mort; **Piratenschiff** N (bateau *m*) pirate *m*; **Piratensender** M radio-pirate *f*

Piraterie F ⟨~; ~n⟩ piraterie *f*

Piräus ⟨→ *n/pr*⟩ **der ~** *od* N Le Pirée

Piroge F ⟨~; ~n⟩ SCHIFF pirogue *f*

Pirol M ⟨~s; ~e⟩ ZOOL loriot *m*

Pirouette F ⟨~; ~n⟩ pirouette *f*

Pirsch F ⟨~⟩ chasse *f* (à l'approche); **auf die ~ gehen** aller chasser

pirschen VI ⟨h.⟩ **1** chasser (à l'approche) (**auf etw** [*akk*] qc) **2** *fig* se glisser

Pirschgang M chasse *f* (à l'approche)

Pisa N ⟨→ *n/pr*⟩ Pise; **der Schiefe Turm von ~** la Tour (penchée) de Pise

PISA-Studie F enquête *f* PISA

Pisse *sl* F ⟨~⟩ *sl* pisse *f*

pissen *sl* VI ⟨h.⟩ *sl* pisser

Pissoir N ⟨~s; ~e *ou* ~s⟩ urinoir *m*

Pisspott *sl* M pot *m* de chambre; **pisswarm** *sl* ADJ *umg* tiédasse

Pistazie F ⟨~; ~n⟩ *Frucht* pistache *f*; *Baum* pistachier *m*

Piste F ⟨~; ~n⟩ **1** FLUG, SKISPORT, RADSPORT piste *f* **2** *umg* **auf die ~ gehen** (*ausgehen*) *umg* faire la tournée des boîtes

Pistenraupe F ratrac® *m*

Pistole F ⟨~; ~n⟩ pistolet *m*; *inkorr* revolver *m*; **mit vorgehaltener ~** revolver au poing; *fig* **j-m die ~ auf die Brust setzen** mettre le couteau sur, sous la gorge à qn; **wie aus der ~ geschossen** sans hésitation

Pistolenschuss M coup *m* de pistolet; **Pistolenschütze** M tireur *m* au pistolet; **Pistolentasche** F étui *m*, gaine *f* de pistolet

Pitbull M ⟨~s; ~s⟩ M ZOOL pitbull *m*

pitschnass *umg* ADJ *umg* trempé (comme une soupe)

pittoresk ADJ pittoresque

Pius M ⟨→ *n/pr*⟩ *Papstname* Pie *m*

Pixel N ⟨~(s); ~⟩ IT, TV *etc* pixel *m*

Pizza F ⟨~; ~s *ou* Pizzen⟩ pizza *f*; **Pizzabäcker** M pizzaïolo *m*

Pizzeria F ⟨~; ~s *ou* -ien⟩ pizzeria *f*

Pkt. ABK (Punkt) point

Pkw M ⟨~(s); ~(s)⟩ ABK (Personenkraftwagen) voiture particulière, de tourisme

PKW → Pkw

Pkw-Fahrer(in), **PKW-Fahrer(in)** M(F) automobiliste *m/f*

pl., **Pl.** ABK (Plural) pl. (pluriel)

Placebo N ⟨~s; ~s⟩ PHARM placebo *m*; **Placeboeffekt** M effet *m* placebo

placieren → platzieren

placken *umg* V/R ⟨h.⟩ **sich ~** s'esquinter; *umg* galérer; *umg* trimer

Plackerei *umg* F ⟨~; ~en⟩ corvée *f*; *umg* galère *f*

plädieren VI ⟨*pas de ge-*, h.⟩ JUR plaider (une cause) (*a. fig*; **für** pour; **gegen** contre); **auf Freispruch ~** demander l'acquittement

Plädoyer N ⟨~s; ~s⟩ JUR plaidoirie *f*; *des Verteidigers*, *fig* plaidoyer *m*; *des Staatsanwalts* réquisitoire *m*; **sein ~ halten** *Verteidiger* faire son plaidoyer; *Staatsanwalt* faire son réquisitoire; *fig* **ein ~ halten** plaider (**für** pour)

Plafond M ⟨~s; ~s⟩ *österr, südd*, HANDEL plafond *m*

Plage F ⟨~; ~n⟩ **1** tourment *m*; peine *f*; (*Übel*) mal *m* **2** (*Landplage*) fléau *m*; calamité *f*; plaie *f*; **Plagegeist** *umg* M *umg* casse-pieds *m*; *umg* crampon *m*; *umg* plaie *f*

plagen ⟨h.⟩ **A** VT (*quälen*) tourmenter; tracasser; *Krankheit, Sorge, Zweifel* tourmenter; *Gedanke, Furcht, Träume* °hanter; obséder; (*belästigen*) importuner **B** V/R **sich (mit etw) ~** peiner (sur qc); *umg* s'esquinter (à faire qc)

Plagiat N ⟨~(e)s; ~e⟩ plagiat *m*; **Plagiator** M ⟨~s; -toren⟩ plagiaire *m*; **plagiieren** ⟨*pas de ge-*, h.⟩ **A** VT plagier **B** VI faire un plagiat

Plakat N ⟨~(e)s; ~e⟩ affiche *f*; **~e (an)kleben** coller, poser des affiches; **~e ankleben verboten** défense d'afficher

plakatieren ⟨*pas de ge-*, h.⟩ **A** VT faire connaître par voie d'affiches **B** VI afficher; poser, coller des affiches

plakativ ADJ (*wie ein Plakat wirkend*) comme (sur) une affiche; (*einprägsam*) voyant

Plakatkleber M colleur *m*, poseur *m* d'affiches; **Plakatmaler** M affichiste *m*; **Plakatmalerei** F art *m* de peindre les affiches; **Plakatsäule** F colonne *f* d'affichage; colonne *f* Morris; **Plakatwerbung** F publicité *f* par (voie d')affiches

Plakette F ⟨~; ~n⟩ (*kleines Schild*) plaquette *f*; (*Abzeichen*) badge *m*; insigne *m*; *umg* macaron *m*

plan ADJ (*eben*) plan; (*flach*) plat

Plan M ⟨~(e)s; ~e⟩ *a. Karte*, WIRTSCH, BAU plan *m*; (*Maßnahmen*) *a.* dispositions *fpl*; (*Absicht*) dessein *m*; vue *f*; (*Vorhaben*) *a.* projet *m*; (*Stundenplan, Fahrplan*) horaire *m*; **e-n ~ fassen** concevoir, faire, arrêter un projet, un plan; **Pläne schmieden** faire des projets; **auf dem ~ stehen** être prévu, programmé, au programme; **j-n auf den ~ rufen** provoquer l'intervention de qn; **auf den ~ treten** entrer en jeu, en scène; **diese Ereignisse haben meinen ~ durchkreuzt** ces événements ont contrecarré, contrarié mes projets; **alles läuft nach ~** tout se déroule comme prévu

Plane F ⟨~; ~n⟩ bâche *f*; MIL, SCHIFF prélart *m*

planen VT ⟨h.⟩ *abs* faire des projets; *Reise, Ausflug, Arbeit* projeter; (*erwägen*) envisager; WIRTSCH planifier; *Verbrechen* préméditer; (*vorsehen*) prévoir; **wie geplant** comme prévu; **wir hatten ein baldiges Wiedersehen geplant** nous avions projeté, prévu de nous revoir bientôt

Planer M ⟨~s; ~⟩ WIRTSCH planificateur *m*; **Planerfüllung** F WIRTSCH, *bes* HIST *DDR* réalisation *f* du plan

Pläneschmied M faiseur *m* de projets

Planet M ⟨~en; ~en⟩ planète *f*; **planetarisch** ADJ planétaire; **Planetarium** N ⟨~s; -ien⟩ planétarium *m*

Planetenbahn F orbite *f* planétaire; **Planetengetriebe** N TECH engrenage *m* planétaire; **Planetenjahr** N année *f* planétaire; **Planetenstand** M position *f* des planètes; **Planetensystem** N système *m* planétaire

Planetoid M ⟨~en; ~en⟩ planétoïde *m*

plangemäß → planmäßig

planieren VT ⟨*pas de ge-*, h.⟩ aplanir; égaliser; niveler

Planierraupe F bulldozer *m*; niveleuse *f*; **Planierung** F ⟨~; ~en⟩ aplanissement *m*; égalisation *f*; nivellement *m*

Planke F ⟨~; ~n⟩ planche *f*; (*Bretterwand*) cloison *f* en planches; SCHIFF **~n** *pl e-s Holzschiffs* bordages *mpl*

Plänkelei F ⟨~; ~en⟩ *a. fig* escarmouche *f*

plänkeln VI ⟨-(e)le, h.⟩ se livrer à des escarmouches

Plankton N ⟨~s⟩ BIOL plancton *m*

planlos ADJ *u.* ADV sans ordre; sans méthode; (*aufs Geratewohl*) au hasard; **Planlosigkeit** F ⟨~⟩ absence *f*, manque *m* de méthode; irrégularité *f*; **planmäßig** ADJ *u.* ADV selon le plan établi; comme prévu; méthodique(ment); systématique(ment); *Abfahrt, Ankunft* prévu; *Zug* régulier, -ière; *ankommen etc* régulièrement; selon l'horaire fixé; **Planmäßigkeit** F ⟨~⟩ ordre *m*; méthode *f*; régularité *f*

Planquadrat N carré *m* du plan directeur

Planschbecken N pataugeoire *f*; bassin *m* pour enfant(s)

planschen *umg* VI ⟨h.⟩ barboter; jouer dans l'eau

Planskizze F esquisse *f*; croquis *m*

Plansoll N WIRTSCH, *bes* HIST *DDR* objectif *m* du plan; norme *f* de production; **das ~ erfüllen** réaliser les objectifs du plan

Planspiel N simulation *f*; jeu *m* de rôles

Planstelle F poste *m* budgétaire; **freie ~** vacance *f*

Plantage F ⟨~; ~n⟩ plantation *f*

Plantagenbesitzer M propriétaire *m* d'une plantation; (*Pflanzer*) planteur *m*

Plantschbecken N → Planschbecken

plantschen VI → planschen

Planung F ⟨~; ~en⟩ *bes* WIRTSCH planification *f*; *bes* RADIO, TV, POL programmation *f*; *im Betrieb* planning *m*; (*Plan*) plan *m*; **in der ~ sein** être en projet

Planungsabteilung F *e-s Betriebes* service *m* de (la) planification; **Planungskommission** F commission *f* de planification; **Planungssicherheit** F ⟨~⟩ sécurité *f* de planification; **Planungsstadium** N **im ~** à l'état d'ébauche, de projet

planvoll ADJ *u.* ADV méthodique(ment); systématique(ment)

Planwagen M voiture à bâche, bâchée

Planwirtschaft F économie dirigée, planifiée; **Planziel** N objectif assigné; objectif *m* du plan

Plapperei *umg* F ⟨~; ~en⟩ bavardage *m*; babillage *m*

Plappermaul *umg* N, **Plappermäulchen** *umg* N ⟨-ens; -en⟩ jacasseur, -euse *m,f*; moulin *m* à paroles

plappern *umg* VT *u.* VI ⟨-(e)re, h.⟩ *Kind* babiller; *pej* jacasser

P

plärren *umg* ⟨h.⟩ A VT *umg* brailler B VI *a. Radio umg* brailler; *Kleinkind umg* piailler

Plärren *umg* N ⟨~s⟩ *a. e-s Radios umg* braillement *m*; *e-s Kleinkinds umg* piaillements *mpl*

Pläsier *hum* N ⟨~s; ~e⟩ plaisir *m*; amusement *m*

Plasma N ⟨~s; -men⟩ PHYSIOL, PHYS plasma *m*; **Plasmabildschirm** M écran *m* plasma; **Plasmafernseher** *umg* M téléviseur *m* à écran plasma

Plast M ⟨~es; ~e⟩ *ostdeutsch*, **Plaste** *umg ostdeutsch* F ⟨-te; -ten⟩ plastique *m*

Plastik[1] F ⟨~; ~en⟩ 1 ⟨*sans pl*⟩ *Kunst* plastique *f* 2 *Werk* sculpture *f* 3 ⟨*sans pl*⟩ (*Anschaulichkeit*) plastique *f* 4 MED intervention *f* plastique; plastie *f*

Plastik[2] N ⟨~s⟩ (*Kunststoff*) (matière *f*) plastique *m*; **Plastikbecher** M gobelet *m* en plastique; **Plastikbeutel** M sac *m*, sachet *m* de, en plastique; **Plastikbombe** F (bombe *f* au) plastic *m*; **Plastikflasche** F bouteille *f* en plastique; **Plastikfolie** F feuille *f* de plastique; **Plastikgeld** N ⟨~(e)s⟩ monnaie *f* électronique; **Plastikgeschoss**, *österr* **Plastikgeschoß** N balle *f* de plastique; **Plastiksprengstoff** M plastic *m*; **Plastiktüte** F sac *m*, sachet *m* de, en plastique

Plastilin N ⟨~s⟩ pâte *f* à modeler

plastisch ADJ 1 plastique; *Film* en relief 2 *fig* qui a du relief; évocateur, -trice; **Plastizität** F ⟨~⟩ 1 plasticité *f* 2 *fig* relief *m*

Platane F ⟨~; ~n⟩ platane *m*

Plateau N ⟨~s; ~s⟩ plateau *m*; **Plateauschuh** M chaussure *f* à semelle compensée; **Plateausohle** F semelle compensée

Platin N ⟨~s⟩ platine *m*; **platinblond** ADJ (blond) platiné

Platine F ⟨~; ~n⟩ TECH platine *f*

platinieren VT ⟨*pas de ge-*, h.⟩ platiner

Platinieren N ⟨~s⟩ platinage *m*

Platitüde F → Plattitüde

Plato M ⟨→ *n/pr*⟩ PHIL Platon *m*

platonisch ADJ 1 de Platon 2 *fig Liebe etc* platonique

platsch INT plouf!

platschen VI 1 ⟨h.⟩ faire plouf; claquer 2 ⟨*doublé d'une indication de direction* s.⟩ battre, fouetter (**an, auf, gegen etw** [*akk*] qc)

plätschern VI ⟨-(e)re, h.⟩ 1 *bes Wasser, Springbrunnen* gargouiller; *kleine Wellen* clapoter 2 (*planschen*) **im Wasser ~** barboter dans l'eau

Plätschern N ⟨~s⟩ 1 *des Wassers, Springbrunnens* gargouillement *m*; *von kleinen Wellen* clapotage *od* clapotis *m* 2 *im Wasser* barbotage *m*

platt ADJ 1 (*flach*) plat; (*abgeplattet*) aplati; *Gegend* peu accidenté; *Reifen* à plat; *Nase* épaté; camus; **das ~e Land** *im Gegensatz zur Stadt* la rase campagne; **~ drücken** aplatir; écraser; *umg* **e-n Platten haben** avoir un pneu à plat, crevé; *umg* avoir crevé; → plattmachen 2 (*geistlos*) plat; banal; insipide 3 *umg* ⟨*attribut*⟩ *vor Staunen* ébahi; *umg* épaté; *umg* sidéré

Platt N ⟨~(s)⟩ 1 (*~deutsch*) bas allemand 2 *regional* (*Dialekt*) dialecte *m*; patois *m*

Plättchen N ⟨~s; ~⟩ petite plaque

plattdeutsch ADJ bas allemand

Plattdeutsch N ⟨~(s)⟩, **Plattdeutsche** N ⟨~n⟩ (**das**) **Plattdeutsch(e)** le bas allemand

plattdrücken VT → platt 1

Platte F ⟨~; ~n⟩ 1 *aus Metall, Glas etc* plaque *f*; *aus Stein etc* (*Fliese*) dalle *f*; carreau *m*; *aus Blech* lame *f*; BAU **~n legen** (*fliesen*) carreler; daller 2 *zum Servieren* plat *m*; **kalte ~** plat de viande froide, de charcuterie; assiette anglaise 3 (*Schallplatte*) disque *m*; **e-e ~ auflegen, spielen** mettre un disque; *umg* **leg doch mal e-e andere, neue ~ auf!** *umg* change de disque! 4 TYPO planche *f* (d'imprimerie) 5 FOTO plaque *f* sensible (photographique) 6 (*Tischplatte*) plateau *m*; dessus *m* (de table) 7 (*Kochplatte*) plaque *f* (électrique) 8 *umg* (*Glatze*) calvitie *f* 9 (*Felsplatte*) plaque rocheuse; *Gipfel* sommet plat et nu

Plätteisen N *regional* fer *m* à repasser

plätten VT ⟨-ete, h.⟩ *regional* repasser; *umg* **ich bin geplättet** je n'en reviens pas; les bras m'en tombent

Plattenalbum N album *m* de disques; **Plattenbau** M ⟨~(e)s; ~ten⟩ (immeuble) préfabriqué *m*; **Plattencover** N couverture *f* de disque; **Plattenfirma** F maison *f* de disques; **Plattenhülle** F pochette *f* de disque; **Plattenleger** M ⟨~s; ~⟩ carreleur *m*

Plattensee der ~ le lac Balaton

Plattenspieler M tourne-disque *m*; *e-r Stereoanlage* platine *f* (tourne-disque); table *f* de lecture; **Plattenteller** M platine *f*; **Plattenwechsler** M ⟨~s; ~⟩ changeur *m* (automatique) de disques

Platterbse F BOT gesse *f*

Plätterin F ⟨~; ~nen⟩ *regional* repasseuse *f*

Plattfisch M poisson plat; **Plattform** F *a. fig* plate-forme *f*; **Plattfuß** M 1 pied plat 2 *umg fig am Reifen* crevaison *f*; pneu à plat, crevé; **plattfüßig** ADJ qui a les pieds plats

Plattheit F ⟨~; ~en⟩ 1 ⟨*sans pl*⟩ (*das Plattsein*) aplatissement *m* 2 (*Plattitüde*) platitude *f*; banalité *f*

plattieren VT ⟨*pas de ge-*, h.⟩ TECH plaquer; **Plattierung** F ⟨~; ~en⟩ TECH plaqué *m*; placage *m*

Plattitüde *geh* F ⟨~; ~n⟩ platitude *f*; banalité *f*

plattmachen VT ⟨*sép*, -ge-, h.⟩ *umg fig* (*schließen*) *Betrieb* mettre la clé sous la porte de; *umg* faire tomber en déconfiture

Plattstich M MODE point plat; **Plattstickerei** F broderie plate

Platz M ⟨~es; ~̈e⟩ 1 (*Sitzplatz*) place *f*; **~ nehmen** prendre place; s'asseoir; *geh* **~ behalten** rester assis; **j-m e-n ~ anweisen** placer qn; **ist dieser ~ belegt, besetzt?** cette place est-elle retenue, occupée?; *zu e-m Hund* **~!** assis!; couché! 2 (*Sportplatz*) terrain *m* (de sport); (*Tennisplatz*) court *m*; **auf gegnerischem ~ spielen** jouer à l'extérieur; **vom ~ stellen, verweisen** expulser, renvoyer (du terrain) 3 *in e-r Stadt* place *f*; *mit Grünanlagen* square *m*; *runder* rond-point *m* 4 (*Bauplatz*) terrain *m* 5 (*Ort*) endroit *m*; lieu *m*; (*Stelle*) emplacement *m*; (**nicht**) **an s-m ~ sein** (ne pas) être à sa place; *fig* **fehl am ~e sein** être déplacé; **das beste Hotel am ~(e)** le meilleur hôtel de l'endroit; *fig* **ein ~ an der Sonne** une place au soleil; **auf die Plätze, fertig, los!** à vos marques - prêts? - partez! 6 (*Stellung*) place *f*; poste *m*; (*Position*) situation *f*; **j-s ~ einnehmen** prendre la place de qn; **auf ~ zwei, auf dem zweiten ~** en deuxième, seconde position; **den zweiten ~ belegen** prendre, obtenir la deuxième place 7 ⟨*sans pl*⟩ (*Raum*) place *f*; espace *m*; **~ lassen** (**für**) laisser place (à, pour); **in etw** (*dat*) **~ haben** tenir dans qc; **j-m ~ machen** faire (de la) place à qn; **der Koffer nimmt viel ~ weg** cette valise prend beaucoup de place, est encombrante; **~ da!** faites de la place!; reculez-vous!; **~ raubend, sparend** → platzraubend, platzsparend 8 (*Teilnahmemöglichkeit*) place *f* (disponible)

Platzangst F 1 *umg* (*Klaustrophobie*) claustrophobie *f* 2 PSYCH (*Angst vor großen Plätzen*) agoraphobie *f*; **Platzanweiser(in)** M ⟨~s; ~⟩ (F) ⟨~in; ~innen⟩ placeur *m*; ouvreuse *f*; **Platzbelegung** F réservation *f* de place

Plätzchen N ⟨~s; ~⟩ 1 (*Stelle*) **ein nettes ~** *umg* un endroit chouette, sympa; *umg* un bon coin 2 *Gebäck* gâteau sec; biscuit *m*

platzen VI ⟨-(es)t, s.⟩ 1 *Luftballon etc* crever; *mit Getöse* éclater; exploser; *Reifen* éclater; *umg* **zum Platzen voll** plein à craquer 2 *umg fig Vorhaben etc* échouer; tomber à l'eau; *umg* avorter; *Versammlung* se disloquer; **~ lassen** *Plan* détruire; contrecarrer; contrarier; *Freundschaft* briser; *Hehlerring etc* briser; détruire; FIN *Wechsel* protester 3 **vor Lachen ~** éclater, *umg* crever de rire; **vor Neugier (fast) ~** mourir, *umg* crever de curiosité; **vor Neid ~** *umg* crever de jalousie, d'envie; **vor Wut ~** exploser (de colère) 4 *umg fig* **ins Haus ~** faire irruption; arriver, entrer brusquement

platzenlassen VT → platzen 2

Platzhirsch M 1 JAGD chef *m* de horde 2 *umg fig pej* caïd *m*

platzieren ⟨*pas de ge-*, h.⟩ A VT *a.* HANDEL, SPORT placer B VR **sich ~** se placer; SPORT **sich als Vierter** *etc* **~** se classer quatrième, *etc*

Platzierung F ⟨~; ~en⟩ placement *m*; SPORT classement *m*

Platzkarte F billet *m* de réservation, de location; **Platzkonzert** N concert *m* en plein air; **Platzmangel** M manque *m* de place, d'espace; **Platzmiete** F MARKT, MESSE location *f* (d'un emplacement); THEAT *etc* abonnement *m*

Platzpatrone F cartouche *f* à blanc; **mit ~n schießen** tirer à blanc

platzraubend ADJT encombrant

Platzregen M averse *f*; ondée *f*; **Platzreservierung** F réservation *f* de place; **platzsparend** ADJT peu encombrant; **Platzverweis** M SPORT expulsion *f*; **Platzvorteil** M avantage *m* du terrain; **Platzwart** M ⟨~(e)s; ~e⟩ gardien *m* de stade; **Platzwechsel** M changement *m* de place; **Platzwette** F pari (mutuel) sur un cheval placé; **Platzwunde** F plaie (ouverte); déchirure *f*

Plauderei F ⟨~; ~en⟩ causerie *f*; bavardage *m*; papotage *m*

Plauderer M ⟨~s; ~⟩, **Plauderin** F ⟨-in; -innen⟩ causeur, -euse *m,f*; (*Ausplauderer, Ausplauderin*) bavard(e) *m(f)*

plaudern VI ⟨-(e)re, h.⟩ causer; bavarder (*a. über Vertrauliches*)

Plauderstündchen N causette *f*; **ein ~ halten** *umg* tailler une bavette

Plaudertasche *pej hum* F → Plauderer

Plauderton M **im ~** sur un ton de conversation léger, familier

Plausch M ⟨~(e)s; ~e⟩ *regional* (brin *m* de) causette *f*

plauschen VI ⟨h.⟩ *regional* bavarder

plausibel ADJ ⟨-bl-⟩ plausible; vraisemblable; **j-m etw ~ machen** faire comprendre qc à qn

Plautus M ⟨→ *n/pr*⟩ *Dichter* Plaute *m*

Play-back N ⟨~s; ~s⟩ play-back *m*; présonorisation *f*

Playboy M play-boy *m*

Plazenta F ⟨~; ~s *ou* -ten⟩ PHYSIOL placenta *m*

Plazet *geh* N ⟨~s; ~s⟩ approbation *f*; accord *m*; **sein ~ zu etw geben** donner son approbation à qc

plazieren *etc* → platzieren *etc*

Plebejer(in) M ⟨~s; ~⟩ (F) ⟨~in; ~innen⟩ 1 HIST plébéien, -ienne *m,f* 2 *geh fig* rustre *m*; malotru *m*; **plebejisch** ADJ 1 HIST plébéien, -ienne 2 *geh fig* vulgaire

Plebiszit N ⟨~(e)s; ~e⟩ plébiscite *m*

Plebs[1] F ⟨~⟩ HIST plèbe *f*

Plebs[2] M ⟨~es⟩ *od österr* F ⟨~⟩ *pej* (*niederes Volk*) plèbe *f*; populace *f*

pleite *umg* ADJ ⟨*attribut*⟩ 1 FIN (*bankrott*) **~ sein**

être en faillite; **er ist ~** *a.* il a fait faillite **2** *fig* **ich bin ~** *(habe kein Geld mehr) umg* je suis fauché, à sec

Pleite *umg* F ⟨~; ~n⟩ **1** FIN faillite *f*; banqueroute *f*; *umg* déconfiture *f*; *umg* culbute *f*; **~ machen** faire faillite, banqueroute; → pleitegehen **2** *fig (Reinfall)* échec *m*; fiasco *m*; *umg* bide *m*

pleitegehen V/I ⟨*irr, sép*, -ge-, s.⟩ faire faillite; *umg* se casser la figure

Pleitegeier *umg* M *(drohende Pleite)* menace *f* de banqueroute; **über diesem Unternehmen schwebt schon der ~** cette entreprise est au bord de la faillite

Pleitier *umg* M ⟨~s; ~s⟩ personne *f* qui a fait faillite; banqueroutier *m*

Plejaden FPL MYTH Pléiades *fpl*

Plektron N ⟨~s; -tren *ou* -tra⟩ MUS médiator *m*; plectre *m*

plemplem *umg* ADJ ⟨*attribut*⟩ *umg* zinzin *(inv)*; *umg* cinglé

Plenarsaal M (grande) salle de séances, réunion; **Plenarsitzung** F séance plénière; **Plenarversammlung** F assemblée plénière

Plenum N ⟨~s⟩ assemblée plénière; plénum *m*

Pleonasmus M ⟨~; -men⟩ RHET pléonasme *m*; **pleonastisch** ADJ RHET pléonastique

Pleuelstange F TECH bielle *f*

Plicht F ⟨~; ~en⟩ SCHIFF cockpit *m*

Plissee N ⟨~s; ~s⟩ plissé *m*; **Plisseerock** M jupe plissée

plissieren V/T ⟨*pas de ge-*, h.⟩ MODE plisser

Plissieren N ⟨~s⟩ MODE plissage *m*

PLO F ⟨~⟩ ABK (Palestine Liberation Organization, palästinensische Befreiungsorganisation) OLP *f* (Organisation de libération de la Palestine)

Plockwurst F saucisson sec *(à base de viande de porc et de bœuf hachée)*

Plombe F ⟨~; ~n⟩ **1** *(Bleisiegel)* plomb *m* **2** *(Zahnfüllung)* plombage *m*; obturation *f*; **plombieren** V/T ⟨*pas de ge-*, h.⟩ plomber; *Zahn a.* obturer

Plot M *od* N ⟨~s; ~s⟩ LITERATUR, FILM intrigue *f*

plotten V/T *u.* V/I ⟨h.⟩ tracer; **Plotter** M ⟨~s; ~⟩ traceur *m* (de courbes); IT table traçante

P

plötzlich **A** ADJ subit; *(blitzschnell)* soudain; *(unerwartet)* imprévu; inattendu; *(unvermittelt heftig)* brusque **B** ADV subitement; soudain; brusquement; tout à coup; **~ aufhören** s'arrêter net; *umg* **aber etwas** *od* **ein bisschen ~!** et vite!; *umg* et que ça saute!

Plötzlichkeit F ⟨~⟩ soudaineté *f*

Pluderhose F pantalon bouffant

Plumeau N ⟨~s; ~s⟩ *regional* édredon *m*

plump ADJ **1** *(dick)* grossier, -ière **2** *(schwerfällig)* lourd; balourd; pesant; massif, -ive **3** *(ungeschickt)* gauche; maladroit; *Lüge, Schmeichelei, Anspielung, Fälschung* grossier, -ière; **Plumpheit** F ⟨~; ~en⟩ grossièreté *f*; *(Schwerfälligkeit)* lourdeur *f*; balourdise *f*; *(Ungeschicklichkeit)* gaucherie *f*; maladresse *f*

plumps INT *auf den Boden* pouf!; paf!; patatras!; *ins Wasser* plouf!; ploc!; floc!

Plumps *umg* M ⟨~es; ~e⟩ *auf den Boden umg* bûche *f*; *ins Wasser* plouf *m*; ploc *m*; floc *m*

plumpsen *umg* V/I ⟨-(es)t, s.⟩ *auf den Boden* faire pouf; *umg* ramasser une bûche; *ins Wasser* faire plouf

Plumpsklo(sett) *umg* N cabinets *mpl* rudimentaires (avec fosse d'aisances)

plumpvertraulich **A** ADJ exagérément familier, -ière **B** ADV avec une familiarité exagérée, de mauvais aloi

Plunder *umg* M ⟨~s⟩ *(alter Kram) umg* bric-à-brac *m*; vieilleries *fpl*; bazar *m*

Plünderei F ⟨~; ~en⟩ → Plündern

Plünd(e)rer M ⟨Plünd(e)rers; Plünd(e)rers⟩ pillard *m*; pilleur *m*; *bes* MIL maraudeur *m*

Plundergebäck N *variété de pâtisserie feuilletée*

plündern V/T ⟨-(e)re, h.⟩ *Stadt* piller; dépouiller; *(verwüsten)* saccager; mettre à sac; *hum (leeren)* vider

Plündern N ⟨~s⟩, **Plünderung** F ⟨~; ~en⟩ pillage *m*; *(Verwüstung)* (mise *f* à) sac *m*; saccage *m*

Plural M ⟨~s; ~e⟩ GRAM pluriel *m*; **in den ~ setzen** mettre au pluriel; **die erste Person ~** la première personne du pluriel

Pluralbildung F formation *f* du pluriel; **Pluralendung** F terminaison *f* du pluriel

Pluraletantum N ⟨~s; Pluraliatantum⟩ GRAM substantif *m* ne s'employant qu'au pluriel

pluralisch ADJ GRAM pluriel, -ielle; du *od* au pluriel

Pluralismus M ⟨~⟩ pluralisme *m*; **pluralistisch** ADJ pluraliste

Pluralität F ⟨~⟩ pluralité *f*

plus ADV plus; **~/minus fünf Minuten** à cinq minutes près; **mit ~/minus null abschließen** *Unternehmen* rentrer dans ses frais; *Person* équilibrer son budget

Plus N ⟨~⟩ **1** *(Überschuss)* surplus *m*; excédent *m* **2** MATH *Zeichen* plus *m* **3** *fig (Vorteil)* avantage *m*; plus *m*; élément positif

Plüsch M ⟨~(e)s; ~e⟩ peluche *f*; **Plüschtier** N animal *m* en peluche

Pluspol M pôle positif; **Pluspunkt** M bon point

Plusquamperfekt N GRAM plus-que-parfait *m*

plustern V/R ⟨-(e)re, h.⟩ *Vögel* **sich ~** gonfler ses plumes

Pluszeichen N signe *m* plus

Plutarch M ⟨→ *n/pr*⟩ *Schriftsteller* Plutarque *m*

Pluto ⟨~⟩ ASTRON **(der) ~** Pluton

Plutonium N ⟨~s⟩ CHEM plutonium *m*

PLZ ABK (Postleitzahl) code postal

Pneu M ⟨~s; ~s⟩ *bes schweiz* pneu *m*

Pneumatik[1] F ⟨~⟩ PHYS pneumatique *f*; *e-r Orgel* soufflerie *f*

Pneumatik[2] F ⟨~; ~en⟩ *österr (Hohlgummibereifung)* pneus *mpl*

pneumatisch ADJ pneumatique

Pneumonie F ⟨~; ~n⟩ MED pneumonie *f*

Po[1] *umg* M ⟨~s; ~s⟩ ANAT derrière *m*; *umg* postérieur *m*

Po[2] ⟨→ *n/pr*⟩ GEOG **der ~** le Pô

Pöbel *pej* M ⟨~s⟩ populace *f*; **pöbelhaft** *pej* ADJ populacier, -ière; vulgaire; grossier, -ière

pöbeln *umg* V/I ⟨-(e)le, h.⟩ lancer des provocations; faire de la provocation

pochen *geh* V/I ⟨h.⟩ **1** *(klopfen)* frapper (**an** [+*akk*], **gegen** à, contre); *Herz* battre; palpiter **2** *fig* **auf etw** *(akk)* **~** faire valoir qc; exiger le respect de qc; **auf sein Recht ~** se prévaloir de, réclamer son (bon) droit; faire valoir son droit

Pochen N ⟨~s⟩ *des Herzens* battement *m* (de *bzw.* du cœur)

pochieren V/T ⟨*pas de ge-*, h.⟩ GASTR pocher

Pocke F ⟨~; ~n⟩ pustule *f*

Pocken PL variole *f*; petite vérole; **Pockenerreger** M virus *m* variolique; agent *m* pathogène de la variole; **Pockenimpfung** F vaccination *f* antivariolique; **Pockennarbe** F marque *f* de petite vérole; cicatrice *f* de variole; **pockennarbig** ADJ grêlé; **Pockenschutzimpfung** F → Pockenimpfung

pockig ADJ grêlé

Podcast M ⟨~s; ~s⟩ IT podcast *m*

Podest M *od* N ⟨~(e)s; ~e⟩ **1** *(Podium)* estrade *f*; *fig* **j-n auf ein ~ erheben** mettre qn sur un piédestal **2** *(Treppenabsatz)* palier *m* (de communication)

Podex *umg* M ⟨~(es); ~e⟩ derrière *m*; *umg* postérieur *m*

Podium N ⟨~s; -ien⟩ *für Veranstaltungen* estrade *f*; *(Rednerpodium)* tribune *f*; *(Dirigentenpodium)* pupitre *m*; ARCH soubassement *m*; podium *m*

Podiumsdiskussion F débat *m* en public

Poebene die ~ la plaine du Pô

Poem N ⟨~s; ~e⟩ *oft hum* poème *m*

Poesie F ⟨~; ~n⟩ poésie *f*; **Poesiealbum** N album *m* de poésies; **poesielos** ADJ sans poésie; prosaïque; **Poesielosigkeit** F ⟨~⟩ absence *f* de poésie; *geh* prosaïsme *m*

Poet *geh, hum* M ⟨~en; ~en⟩ poète *m*; **Poetik** F ⟨~; ~en⟩ (art *m*) poétique *f*; **poetisch** **A** ADJ poétique **B** ADV poétiquement; sous forme poétique

pofen *umg* V/I ⟨h.⟩ *umg* pioncer; *umg* roupiller

Pogrom M *od* N ⟨~s; ~e⟩ pogrom(e) *m*; **Pogromhetze** F appel *m* au pogrom(e)

Pointe F ⟨~; ~n⟩ *e-s Witzes etc* chute *f*

Pointer M ⟨~s; ~⟩ *Hund* pointe(u)r *m*

pointieren ⟨*pas de ge-*, h.⟩ **A** V/T *Gedanken etc* (savoir) faire ressortir **B** V/I (savoir) mettre les accents; **pointiert** ADJT pointu; aiguisé

Pointillismus M ⟨~⟩ MAL pointillisme *m*

Pokal M ⟨~s; ~e⟩ SPORT, *Trinkgefäß* coupe *f*; **Pokalendspiel** N, **Pokalfinale** N finale *f* de la coupe; **Pokalsieger(in)** M(F) vainqueur *m* de coupe; **Pokalspiel** N match *m* de coupe

Pökelfass N saloir *m*; **Pökelfleisch** N viande salée, saumurée; **Pökelhering** M °hareng salé, saumuré; **Pökellake** F saumure *f*; eau salée

pökeln V/T ⟨-(e)le, h.⟩ saler; saumurer

Pökeln N ⟨~s⟩ salaison *f*

Poker N *od* M ⟨~s⟩ *a. fig* poker *m*

Pokerface N ⟨~; ~s⟩ visage *m*, personne *f* impassible

pokern V/I ⟨-(e)re, h.⟩ jouer au poker; *fig* **um etw ~** risquer gros pour qc; risquer un coup de poker pour qc

Pokerspiel N poker *m*

Pol M ⟨~s; ~e⟩ GEOG, ELEK, *e-s Magneten* pôle *m*; **negativer ~** pôle négatif; PHYS cathode *f*; **positiver ~** pôle positif; PHYS anode *f*; *fig* **der ruhende ~** la source d'équilibre; la personne qui garde son calme en toutes circonstances

Polack(e) *umg pej* M ⟨~en; ~en⟩ *umg* polaque *m*

polar ADJ polaire; *fig* **~e Gegensätze** *mpl* des pôles contraires, opposés

Polareis N glaces *fpl* polaires; **Polarexpedition** F expédition *f* polaire; **Polarforscher** M explorateur *m* des régions polaires; **Polarforschung** F exploration *f* des régions polaires; **Polarfront** F METEO front *m* polaire; **Polarfuchs** M renard bleu; **Polargebiet** N région *f* polaire; **Polarhund** M chien *m* polaire

Polarisation F ⟨~; ~en⟩ **1** OPT, ELEK polarisation *f* **2** *fig* bipolarisation *f*

Polarisationsebene F PHYS plan *m* de polarisation; **Polarisationsfilter** M FOTO filtre polarisant

polarisieren ⟨*pas de ge-*, h.⟩ **A** V/T OPT, ELEK polariser; **polarisiertes Licht** lumière polarisée **B** V/R **sich ~** diverger (de plus en plus); évoluer en sens contraire(s)

Polarisierung F ⟨~; ~en⟩ **1** OPT, ELEK polarisation *f* **2** *fig* bipolarisation *f*; **Polarität** F ⟨~; ~en⟩ **1** PHYS polarité *f* **2** *fig* opposition

f; polarité *f*
Polarkreis M cercle *m* polaire; **nördlicher, südlicher ~** cercle polaire arctique, antarctique
Polarländer NPL terres *fpl* polaires; **Polarlicht** N ⟨~(e)s; ~er⟩ aurore *f* polaire; *am Nordpol* aurore boréale; *am Südpol* aurore australe; **Polarluft** F air *m* polaire; **Polarmeer** N océan glacial; **Polarnacht** F nuit *f* polaire
Polaroidkamera® F appareil *m* (photographique) polaroïd®; polaroïd® *m*
Polarstern M Étoile *f* polaire; **Polarzone** F zone *f* polaire, glaciale
Polder M ⟨~s; ~⟩ polder *m*
Pole M ⟨~n; ~n⟩ Polonais *m*
Polemik F ⟨~; ~en⟩ polémique *f*; **Polemiker(in)** M ⟨~s; ~⟩ (F) ⟨~in; ~innen⟩ polémiste *m/f*
polemisch ADJ polémique
polemisieren VI ⟨*pas de ge-*, h.⟩ polémiquer (**gegen j-n** contre qn; **gegen etw** au sujet de qc)
polen VT ⟨h.⟩ ELEK polariser
Polen N ⟨→ *n/pr*⟩ la Pologne; *umg fig* **dann ist ~ offen** *umg* ça va chauffer; *fig* **noch ist ~ nicht verloren** tout n'est pas perdu; on peut toujours y croire
Polenta F ⟨~; ~s *ou* -ten⟩ GASTR polenta *f*
Polente *umg* F ⟨~⟩ *umg* poulets *mpl*; *umg* flics *mpl*; *umg* keufs *mpl*
Poleposition F ⟨~⟩ *beim Autorennen* pole position *f*
Polhöhe F distance *f* polaire; latitude *f*
Police F ⟨~; ~n⟩ police *f* (d'assurance)
Polier M ⟨~s; ~e⟩ BAU contremaître *m*
polieren VT ⟨*pas de ge-*, h.⟩ *Möbel etc* faire briller, reluire; *Metalle* fourbir; *Gold, Silber* brunir; TECH (*glätten*) polir; poncer
Polierfeile F polissoir *m*; **Poliermittel** N produit *m* de nettoyage et polissage; **Polierscheibe** F polissoir *m*; **Polierstahl** M brunissoir *m*; polissoir *m*; **Poliertuch** N ⟨~(e)s; -tücher⟩ chiffon *m* à reluire; **Polierwachs** N encaustique *f*
Poliklinik F policlinique *f*
Polin F ⟨~; ~nen⟩ Polonaise *f*
Polio F ⟨~⟩ MED polio *f*
Politbüro N bureau *m* politique
Politesse F ⟨~; ~n⟩ contractuelle *f*; *in Paris umg* pervenche *f*
Politik F ⟨~; ~en⟩ politique *f*; **in die ~ gehen** se lancer dans la politique; **~ machen** faire de la politique; **über ~ sprechen** parler (de), causer politique
Politiker(in) M ⟨~s; ~⟩ (F) ⟨~in; ~innen⟩ homme *m*, femme *f* politique; politique *m*
Politikum N ⟨~s; -ka⟩ événement *m* politique; **ein ~ sein, zum ~ werden** être politisé
Politikverdrossenheit F désintérêt *m* pour la politique; *umg* ras-le-bol *m* de la politique; **Politikwissenschaft** F sciences *fpl* politiques; politologie *f*; **Politikwissenschaftler(in)** M(F) politologue *m/f*
politisch **A** ADJ politique **B** ADV **~ korrekt** politiquement correct; **~ unklug** maladroit du point de vue politique
politisieren ⟨*pas de ge-*, h.⟩ **A** VT politiser **B** VI parler politique
Politisieren N ⟨~s⟩ raisonnements *mpl*, discussions *fpl* politiques; **Politisierung** F ⟨~⟩ politisation *f*
Politologe M ⟨~n; ~n⟩, **Politologin** F ⟨-in; -innen⟩ politologue *m/f*; **Politologie** F ⟨~⟩ politologie *f*; sciences *fpl* politiques
Politur F ⟨~; ~en⟩ **1** (*Glanz*) poli *m*; (*Schutzschicht*) vernis *m*; *von Metallen* brunissure *f* **2** *Mittel* vernis *m*; enduit *m*
Polizei F ⟨~; ~en⟩ police *f*; **Polizeiaktion** F opération *f* de police; rafle *f*; **Polizeiamt** N commissariat *m* de police; **Polizeiaufgebot** N déploiement *m* de (forces de) police
Polizeiaufsicht F **unter ~ stellen** mettre, placer sous la surveillance de la police
Polizeiauto N voiture *f* de (la) police; **Polizeibeamte(r)** M, **Polizeibeamtin** F fonctionnaire *m/f* de (la) police; policier *m*; **Polizeibehörde** F police *f*; **Polizeichef** M chef *m* de la police; **Polizeidienst** M service *m* de police; **Polizeidienststelle** F commissariat *m* (de police); **Polizeidirektion** F direction *f* de la police; **Polizeieinheiten** FPL forces *fpl* de police; **Polizeieinsatz** M intervention *f* de la police; **Polizeieskorte** F escorte policière; **Polizeifunk** M radio *f* de la police
Polizeigewahrsam M garde *f* à vue; **j-n in ~ halten** garder à vue; **j-n in ~ nehmen** mettre qn en garde à vue
Polizeigewalt F pouvoir *m* de police; **Polizeihund** M chien policier; **Polizeikommissar** M inspecteur *m* de police; **Polizeikontrolle** F contrôle *m* de (la) police
polizeilich **A** ADJ de (la) police; policier, -ière **B** ADV par la police
Polizeiposten M planton *m*; **Polizeipräsident** M préfet *m* de police; **Polizeipräsidium** N préfecture *f* de police; **Polizeirevier** N (*Dienststelle*) commissariat *m* de police, de quartier; *Bezirk* district *m* d'un *bzw.* du commissariat
Polizeischutz M protection *f* de la police; **unter ~** (*akk*) **stellen** mettre sous la protection de la police
Polizeispitzel M indicateur *m*; **Polizeistaat** M État, régime policier; **Polizeistreife** F patrouille *f* de police; **Polizeistunde** F heure *f* de fermeture (des cafés, des restaurants, *etc*); **Polizeiwache** F poste *m* de police; **Polizeiwachtmeister** M brigadier *m* de police; **polizeiwidrig** ADJ contraire aux règlements de police
Polizist(in) M ⟨~en; ~en⟩ (F) ⟨~in; ~innen⟩ agent *m* de police; gardien *m* de la paix
Polizze F ⟨~; ~n⟩ *österr* → Police
Polka F ⟨~; ~s⟩ polka *f*
Pollen M ⟨~s; ~⟩ BOT pollen *m*; **Pollenflug** M pollinisation *f* par le vent; **Pollenflug-Vorhersage** F bulletin *m* allergo-pollinique
Poller M ⟨~s; ~⟩ SCHIFF bollard *m*; bitte *f*
Pollution F ⟨~; ~en⟩ PHYSIOL pollution *f*
polnisch ADJ polonais; de Pologne
Polnisch N ⟨~(s)⟩, **Polnische** N ⟨~n⟩ (**das**) **Polnisch(e)** *Sprache* le polonais
Polo N ⟨~s⟩ SPORT polo *m*; **Polohemd** N polo *m*
Polonaise F ⟨~; ~n⟩ *Tanz, Musik* polonaise *f*
Polonäse F ⟨~; ~n⟩ *Tanz, Musik* polonaise *f*
Poloschläger M maillet *m* de polo; **Polospiel** N polo *m*
Polster N ⟨~s; ~⟩ **1** (*~ung*) rembourrage *m*; capitonnage *m* **2** (*~auflage*) garniture *f*; TECH, (*Kissen*) coussin *m*; (*Schulterpolster*) épaulette *f* **3** BOT tapis *m* **4** *fig* réserves *fpl*
Polsterer M ⟨~s; ~⟩ tapissier *m*; matelassier *m*
Polstergarnitur F salon (capitonné); **Polstermöbel** NPL meubles capitonnés
polstern VT ⟨-(e)re, h.⟩ rembourrer; capitonner; matelasser; *umg hum* **gut gepolstert sein** (*dick sein*) être bien rembourré; (*finanziell abgesichert sein*) avoir un portefeuille bien garni; avoir des réserves
Polstersessel M siège rembourré, capitonné; **Polstertür** F porte capitonnée, matelassée
Polsterung F ⟨~; ~en⟩ **1** rembourrage *m*; capitonnage *m* **2** *Auflage* garniture *f*; coussin *m*
Polterabend M *joyeuse fête où l'on casse de la vaisselle à la veille des noces*; **Poltergeist** M esprit frappeur
poltern VI ⟨-(e)re, h.⟩ **1** *Sachen* faire du bruit (en tombant, en roulant); *Personen* faire du tapage **2** (*schelten*) tonner; tempêter **3** *umg* (*Polterabend feiern*) fêter la veille des noces
Polyäthylen N ⟨~s; ~e⟩ CHEM polyéthylène *m*
Polyeder N ⟨~s; ~⟩ MATH polyèdre *m*
Polyester M ⟨~s; ~⟩ CHEM polyester *m*
polyfon ADJ MUS polyphonique; **Polyfonie** F ⟨~⟩ MUS polyphonie *f*
polygam ADJ polygame; **Polygamie** F ⟨~⟩ polygamie *f*; **Polygamist** M ⟨~en; ~en⟩ polygame *m*
polyglott ADJ polyglotte
Polygon N ⟨~s; ~e⟩ MATH polygone *m*; **polygonal** ADJ MATH polygonal
polymer ADJ CHEM polymère
Polymer N ⟨~s; ~e⟩ CHEM polymère *m*
polymorph ADJ polymorphe
Polynesien N ⟨→ *n/pr*⟩ la Polynésie; **Polynesier(in)** M ⟨~s; ~⟩ (F) ⟨~in; ~innen⟩ Polynésien, -ienne *m,f*; **polynesisch** ADJ polynésien, -ienne
Polyp M ⟨~en; ~en⟩ **1** ZOOL, MED polype *m* **2** *umg* (*Polizist*) *umg* flic *m*; *umg* poulet *m*
polyphon ADJ, **Polyphonie** F → polyfon, Polyfonie
Polytechnikum N grande école formant des techniciens supérieurs
polytechnisch ADJ polytechnique
Polytheismus M polythéisme *m*; **Polytheist(in)** M(F) polythéiste *m/f*; **polytheistisch** ADJ polythéiste
Pomade F ⟨~; ~n⟩ pommade *f*; **pomadig** ADJ **1** *Haar* pommadé; gominé **2** *umg fig* (*träge*) flegmatique
Pomelo F ⟨~; ~s⟩ *Frucht* pomélo *m*
Pomeranze F ⟨~; ~n⟩ BOT *Frucht* bigarade *f*; orange amère; *Baum* bigaradier *m*
Pomeranzenbaum M BOT bigaradier *m*; **Pomeranzenöl** N néroli *m*
Pommern N ⟨→ *n/pr*⟩ la Poméranie
Pommes *umg* PL frites *fpl*
Pommes frites PL (pommes) frites *fpl*
Pomp M ⟨~(e)s⟩ pompe *f*; faste *m*
Pompeji N ⟨→ *n/pr*⟩ *Antike* Pompéi
Pompon M ⟨~s; ~s⟩ pompon *m*
pompös ADJ pompeux, -euse
Poncho M ⟨~s; ~s⟩ poncho *m*
Pontifex M ⟨~; -tifices⟩ *im alten Rom* pontife *m*; **~ maximus** (*Papst*) souverain *m* pontife
pontifikal ADJ KATH pontifical
Pontifikalamt N, **Pontifikalmesse** F KATH messe pontificale
Pontifikat N *od* M ⟨~(e)s; ~e⟩ KATH pontificat *m*
Pontius Pilatus M ⟨→ *n/pr*⟩ HIST Ponce Pilate *m*; *umg* **j-n von Pontius zu Pilatus schicken** renvoyer sans cesse qn à qn d'autre; *umg* promener qn d'un organisme *bzw.* d'un service à un autre
Ponton M ⟨~s; ~s⟩ ponton *m*; **Pontonbrücke** F pont *m* de bateaux
Pony[1] N ⟨~s; ~s⟩ ZOOL poney *m*
Pony[2] M ⟨~s; ~s⟩ *Frisur* (coiffure *f* à) frange *f*; **Ponyfrisur** F coiffure *f* à frange
Pool M ⟨~s; ~s⟩ **1** (*Swimmingpool*) piscine *f* **2** WIRTSCH pool *m*; **Poolbillard** N billard américain
Pop M ⟨~(s)⟩ **1** → Popmusik **2** KUNST pop'art *m*
Popanz M ⟨~es; ~e⟩ *pej* (*Schreckgespenst*) épou-

P

vantail *m*
Pop-Art F ⟨~⟩ pop'art *m*
Popcorn N ⟨~s⟩ pop-corn *m*
Pope M ⟨~n; ~n⟩ KIRCHE pope *m*; *pej* cureton *m*
Popel *umg* M ⟨~s; ~⟩ 1 *umg* crotte *f* (de nez); morve (séchée) 2 *pej regional* (*Kind*) *umg* morveux, -euse *m,f*; (*unbedeutender Mensch*) *umg* minable *m*; **popelig** ADJ (*armselig*) pitoyable; *umg* minable; (*gewöhnlich*) petit … de rien du tout
Popelin M ⟨~s; ~e⟩, **Popeline** M ⟨-es; -e⟩ *od* F ⟨-e; -e⟩ TEX popeline *f*
Popelinmantel, **Popelinemantel** M manteau *m* en popeline
popeln *umg* V/I ⟨-(e)le, h.⟩ (**in der Nase**) ~ fourrer les doigts dans son nez; se fourrer les doigts dans le nez
Popfestival N festival *m* pop; **Popgruppe** F groupe *m* pop; **Popkonzert** N concert *m* pop
poplig → popelig
Popmusik F musique *f* pop; pop-music *f*
Popo *umg* M ⟨~s; ~s⟩ derrière *m*; *umg* postérieur *m*
Popsänger(in) M(F) chanteur, -euse *m,f* pop; **Popstar** M star *f* de la pop
populär ADJ populaire; ~ **machen** populariser
popularisieren V/T ⟨*pas de ge-*, h.⟩ populariser; (*gemeinverständlich machen*) vulgariser; **Popularität** F ⟨~⟩ popularité *f*; **populärwissenschaftlich** ADJ de vulgarisation scientifique; **Populismus** M ⟨~⟩ POL, LITERATUR populisme *m*; **Populist** M ⟨~en; ~en⟩ populiste *m*; **populistisch** ADJ populiste
Pore F ⟨~; ~n⟩ pore *m*
porentief ADJ en profondeur
Porno *umg* M ⟨~s; ~s⟩ *umg* porno *m*; **Pornofilm** M film *m* porno; **Pornografie** F ⟨~⟩ pornographie *f*; **pornografisch** ADJ pornographique; **Pornographie**, **pornographisch** → Pornografie, pornografisch; **Pornoheft** N revue *f* porno
porös ADJ poreux, -euse
Porphyr M ⟨~s; ~e⟩ MINER porphyre *m*
Porree M ⟨~s; ~s⟩ BOT poireau *m*
Portal N ⟨~s; ~e⟩ ARCH, IT portail *m*
Portefeuille N ⟨~s; ~s⟩ *e-s Ministers* portefeuille *m*
Portemonnaie N ⟨~s; ~s⟩ porte-monnaie *m*
Portepee N ⟨~s; ~s⟩ MIL dragonne *f*
Portfolio N ⟨~s; ~s⟩ FIN portefeuille *m*
Portier M ⟨~s; ~s⟩, *österr* M ⟨~s; ~e⟩ concierge *m*; portier *m*
portieren V/T *schweiz* présenter (aux élections)
Portion F ⟨~; ~en⟩ portion *f*; *umg fig* **e-e halbe** ~ une demi-portion; *umg* **e-e gehörige** ~ **Dummheit** *umg* une fameuse couche (de bêtise)
portionieren V/T ⟨*pas de ge-*, h.⟩ diviser en parts, en portions
portionsweise ADV par portions
Portmonee N → Portemonnaie
Porto N ⟨~s; ~s *ou* -ti⟩ port *m*; taxe postale
portofrei A ADJ franc, franche de port B ADV franco (de port); port payé; **e-n Brief** ~ **schicken** envoyer une lettre franc(he) de port
Portokasse F caisse *f* pour frais de port; **Portokosten** PL frais *mpl* de port; **portopflichtig** ADJ soumis à la taxe postale; port dû
Porträt N ⟨~s; ~s⟩ portrait *m*; **j-m** ~ **sitzen** poser pour qn
Porträtaufnahme F portrait *m* (photographique); **Porträtfotograf(in)** M(F) photographe *m/f* spécialisé(e) dans le portrait
porträtieren V/T ⟨*pas de ge-*, h.⟩ *a. fig* portraiturer; faire le portrait de
Porträtmaler(in) M(F) portraitiste *m/f*; **Porträtmalerei** F (art *m* du) portrait *m*
Portugal N ⟨→ *n/pr*⟩ le Portugal
Portugiese M ⟨~n; ~n⟩, **Portugiesin** F ⟨-in; -innen⟩ Portugais(e) *m(f)*
portugiesisch ADJ portugais; du Portugal
Portugiesisch N ⟨~(s)⟩, **Portugiesische** N ⟨~n⟩ (**das**) **Portugiesisch(e)** *Sprache* le portugais
Portulak M ⟨~s; ~e *ou* ~s⟩ BOT pourpier *m*
Portwein M porto *m*
Porzellan N ⟨~s; ~e⟩ porcelaine *f*; *fig* **unnötig** ~ **zerschlagen** faire de la casse pour rien
Porzellanerde F terre *f* à porcelaine; kaolin *m*; **Porzellanfigur** F figurine *f*, petite statue de porcelaine; **Porzellangeschirr** N porcelaine *f*
Porzellanladen M *umg* **sich wie ein Elefant im** ~ **benehmen** être comme un éléphant dans un magasin de porcelaine
Porzellanmaler(in) M(F) (artiste) décorateur *m*, -trice *f* sur porcelaine; **Porzellanmalerei** F peinture *f* sur porcelaine; **Porzellanmanufaktur** F manufacture *f* de porcelaine; **Porzellanteller** M assiette *f* en porcelaine
POS F ⟨~; ~⟩ ABK (polytechnische Oberschule) HIST *DDR* *école générale et polytechnique de dix classes*
Posamenten NPL passementerie *f*
Posaune F ⟨~; ~n⟩ trombone *m*
posaunen V/I ⟨*pas de ge-*, h.⟩ jouer du trombone
Posaunenengel *umg hum* M (*Person, bes Kind mit Pausbacken*) (enfant *m*) joufflu *m*
Posaunist M ⟨~en; ~en⟩ (joueur *m* de) trombone *m*
Pose F ⟨~; ~n⟩ pose *f*
posieren V/I ⟨*pas de ge-*, h.⟩ poser; prendre une pose
Position F ⟨~; ~en⟩ 1 (*Stellung, Lage*) position *f*; (*berufliche Stellung*) *a.* poste *m*; situation *f*; **gesicherte** ~ *im Beruf* situation stable; **gegenüber j-m, etw** ~ **beziehen** *od* **e-e** ~ **einnehmen** se situer par rapport à qn, à qc 2 HANDEL poste *m* budgétaire
positionieren V/T ⟨*pas de ge-*, h.⟩ positionner (*bes* WIRTSCH)
Positionslicht N SCHIFF, FLUG feu *m* de position
positiv A ADJ positif, -ive (*a.* ELEK, MED, MATH); (*bejahend*) *a.* affirmatif, -ive; **e-e** ~**e Antwort** une réponse affirmative; **e-e** ~**e Einstellung zu etw haben** être favorable à qc; être partisan de qc; **das Positive** le côté, l'aspect positif B ADV favorablement; ~ **denken** positiver; **sich** ~ **entwickeln** bien se développer; évoluer favorablement; ELEK ~ **geladen** chargé positivement
Positiv[1] M ⟨~s; ~e⟩ GRAM positif *m*
Positiv[2] N ⟨~s; ~e⟩ FOTO épreuve positive; *a.* MUS positif *m*
Positivismus M ⟨~⟩ PHIL positivisme *m*; **Positivist** M ⟨~en; ~en⟩ positiviste *m*; **positivistisch** ADJ positiviste
Positron N ⟨~s; -tronen⟩ PHYS posit(r)on *m*
Positur F ⟨~; ~en⟩ 1 (*Pose*) posture *f*; pose *f*; **sich in** ~ **setzen**, *umg* **werfen** prendre la, une pose 2 SPORT garde *f*; **in** ~ **gehen** se mettre en garde
Posse F ⟨~; ~n⟩ THEAT farce *f*; ~**n reißen** faire de grosses farces
Possenreißer M farceur *m*; bouffon *m*; **possenspiel** N THEAT farce *f*
possessiv ADJ GRAM possessif, -ive
Possessiv N ⟨~s; ~e⟩, **Possessivpronomen** N GRAM (adjectif *m bzw.* pronom *m*) possessif *m*
possierlich ADJ drôle
Post® F ⟨~⟩ 1 poste *f*; (*~amt*) (bureau *m* de) poste *f*; **mit der** ~ *od* **per** ~ par voie postale; par la poste; **bei der** ~ **aufgeben** poster; mettre à la poste; *umg* **ab** (**geht**) **die** ~! c'est parti! 2 (*Postsendung*) courrier *m*; **elektronische** ~ courrier électronique; **mit gleicher, getrennter** ~ par le même courrier, par courrier séparé
Postagentur F agence postale
postalisch ADJ postal
Postament N ⟨~(e)s; ~e⟩ piédestal *m*; socle *m*
Postamt N (bureau *m* de) poste *f*; **Postanschrift** F adresse postale; **Postanweisung** F mandat postal; *mit Abschnitt für Mitteilungen* mandat-carte *m*; **Postausgabe** F distribution *f* du courrier; **Postausgang** M expédition *f* (du courrier); courrier *m* à expédier; **Postauto** N voiture *f* des postes; **Postbank** F ⟨~⟩ service *m* bancaire de la poste; **Postbeamte(r)** M, **Postbeamtin** F employé(e) *m(f)* des postes; postier, -ière *m,f*; **Postbezirk** M circonscription postale; **Postbote** M, **Postbotin** F facteur, -trice *m,f*; ADMIN préposé(e) *m(f)*; **Postbus** M car postal; **Postdampfer** M paquebot *m*; malle-poste *f*; **Postdienst** M service postal, des postes; **Postdirektion** F direction *f* des postes; **Posteingang** M courrier arrivé, reçu
posten[1] ⟨-ete, h.⟩ *schweiz* A V/T (*einkaufen*) acheter B V/I (*Botengänge machen*) faire des courses, des commissions
posten[2] ⟨-ete, h.⟩ IT (*veröffentlichen*) A V/T poster; **e-n Kommentar** ~ poster un commentaire B V/I envoyer une contribution
Posten M ⟨~s; ~⟩ 1 (*Stellung, Amt*) poste *m*; emploi *m*; (*ehrenvolles Amt*) fonction(s) *f(pl)* 2 HANDEL (*Warenposten*) lot *m*; (*Rechnungsposten*) article *m*, poste *m* (d'un compte) 3 MIL (*Wachtposten*) factionnaire *m*; sentinelle *f*; (**auf**) ~ **stehen** être en sentinelle, en faction; monter la garde; **e-n** ~ **ablösen** relever une sentinelle; **vorgeschobener** ~ avant-poste *m*; *fig* **auf verlorenem** ~ **kämpfen, stehen** défendre une position, cause perdue; lutter en vain; *umg* **auf dem** ~ **sein** (*aufpassen*) faire attention; *umg* faire gaffe; *gesundheitlich* être d'aplomb, en (pleine) forme, *umg* d'attaque; *umg* **nicht auf dem** ~ **sein** ne pas être dans son assiette; *umg* ne pas être d'attaque
Postenjäger *pej* M carriériste *m*
Poster N *od* M ⟨~s; ~(s)⟩ poster *m*
POS-Terminal N (*Point of sale-*) terminal *m* (au) point de vente
Postfach N *in Büros* case *f* à courrier; *bei der Post®* boîte postale; **Postflugzeug** N avion postal
Postgebühr F tarif *m* d'affranchissement; ~**en** *pl* tarifs postaux
Postgeheimnis N secret postal; **Postgiroamt** N service *m* de virement postal; **Postgirokonto** N compte courant postal; **Posthorn** N cor *m* de postillon
posthum → postum
postieren V/T (*u.* V/R) ⟨*pas de ge-*, h.⟩ (**sich**) ~ (se) poster
Postille F ⟨~; ~n⟩ 1 REL ouvrage édifiant; sermonnaire *m* 2 *pej* (*Zeitung*) *umg* torchon *m*; (*Provinzblatt*) *umg* feuille *f* de chou
Postillion M ⟨~s; ~e⟩ HIST postillon *m*
Postkarte F carte postale; ~ **mit Rückant-**

P

wort carte-réponse f
Postkartengröße F format m carte postale; **Postkasten** M bes nordd boîte f aux lettres; **Postkurierdienst** M postexpress m; **Postkutsche** F diligence f; **postlagernd** ADJT u. ADVL poste restante; **Postleitzahl** F code postal; **Postminister** M ministre m de la Poste et des Télécommunications od des PTT
postmodern ADJ postmoderne; **Postmoderne** F époque f postmoderne
Postnebenstelle F (bureau m de) poste f auxiliaire
postoperativ MED **A** ADJ postopératoire **B** ADV après (l')opération
Postpaket N colis postal
Postraub M vol m du courrier postal; (Überfall auf e-n Postwagen) attaque f du fourgon postal; **e-n ~ begehen** commettre un vol à la poste
Postsachen FPL courrier m; **Postsack** M sac postal; **Postschalter** M guichet m (de la poste); **Postscheck** M früher chèque postal; **Postscheckamt** N früher centre m de chèques postaux; **Postscheckkonto** N früher compte-chèques postal; **Postschiff** N bateau postal; **Postschließfach** N → Postfach; **Postsendung** F envoi postal
Postskript N ⟨~(e)s; ~e⟩ post-scriptum m
Postskriptum N ⟨~s; -ta⟩ post-scriptum m
Postsparbuch N livret m de caisse d'épargne postale; **Postsparkasse** F caisse d'épargne postale; in Frankreich Caisse nationale d'épargne; **Poststelle** F recette rurale
Poststempel M cachet m de la poste; **das Datum des ~s ist maßgebend** le cachet de la poste fait foi
Postüberweisung F virement postal
Postulat N ⟨~(e)s; ~e⟩ postulat m; **postulieren** V/T ⟨pas de ge-, h.⟩ postuler
postum **A** ADJ ⟨épithète⟩ posthume **B** ADV après la mort
Postvermerk M indication f de service; **Postwagen** M der Bahn wagon-poste m; wagon postal
Postweg M **auf dem ~** par la poste; par voie postale
postwendend ADVL **1** par retour du courrier **2** fig tout de suite; immédiatement
Postwertzeichen N ADMIN timbre-poste m; **Postwesen** N postes fpl; **Postwurfsendung** F envoi m en nombre; **Postzug** M train postal; **Postzustelldienst** M service m de factage; **Postzusteller** M ⟨~s; ~⟩ facteur m; **Postzustellung** F distribution f du courrier
potent ADJ **1** Liebhaber viril **2** (finanzstark) qui a de gros moyens
Potentat M ⟨~en; ~en⟩ potentat m
Potential etc → Potenzial etc
Potentiometer N ⟨~s; ~⟩ ELEK potentiomètre m
Potenz F ⟨~; ~en⟩ **1** MATH puissance f; **e-e Zahl in die dritte ~ erheben** élever un nombre au cube, à la troisième puissance; fig **Unsinn in höchster ~** le comble de l'absurdité **2** ⟨sans pl⟩ (Manneskraft) virilité f; puissance sexuelle
Potenzial N ⟨~s; ~e⟩ PHYS, fig potentiel m (**an** [+dat] de); **potenziell** ADJ PHYS potentiel, -ielle; fig virtuel, -elle
potenzieren V/T ⟨pas de ge-, h.⟩ **1** MATH élever à la nième puissance **2** fig rendre plus fort, plus puissant
Potenzmittel N remède m contre l'impuissance; **Potenzpille** umg F pilule f contre l'impuissance
Potpourri N ⟨~s; ~s⟩ MUS pot-pourri m
Pott umg regional M ⟨~(e)s; ~̈e⟩ **1** (Topf) pot m; (Nachttopf) pot m (de chambre); **mit etw zu ~(e) kommen** venir à bout de qc **2** (Schiff) rafiot m
Pottasche F (carbonate m de) potasse f; **potthässlich** umg ADJ umg laid, moche comme un pou; **Pottsau** sl F ⟨~; -säue⟩ sl dégueulasse m/f; **Pottwal** M cachalot m
potztausend INT peste!; diable!; sacrebleu!
Poularde F ⟨~; ~n⟩ poularde f; über 1200 g a. poulet m
poussieren umg V/I ⟨pas de ge-, h.⟩ flirter (**mit** avec)
Power umg F ⟨~⟩ énergie f; **er, sie hat ~** a. c'est un(e) battant(e)
Powerfrau umg F battante f
powern umg V/I ⟨h.⟩ bei der Arbeit etc umg foncer
Powerplay N ⟨~(s)⟩ SPORT powerplay m
Powidl M ⟨~s⟩ österr GASTR mousse f de pruneaux
pp., ppa. ABK (per procura) p. p. (par procuration)
PR ABK (Public Relations) relations publiques
Präambel F ⟨~; ~n⟩ préambule m
Pracht F ⟨~⟩ magnificence f; (Aufwand) somptuosité f; luxe m; feierliche faste m; (Glanz) éclat m; splendeur f; umg **es war e-e wahre ~** umg c'était génial
Prachtausgabe F édition f de luxe; **Prachtband** M reliure f de luxe; **Prachtbau** M ⟨~(e)s; ~ten⟩ édifice m magnifique; palais m; **Prachtexemplar** umg N superbe exemplaire m
prächtig ADJ (prunkvoll) magnifique; somptueux, -euse; fastueux, -euse; splendide; (vortrefflich) excellent; Wetter superbe; (großartig) umg formidable; umg épatant
Prachtkerl umg M umg type épatant, formidable; **Prachtstraße** F avenue f magnifique, de luxe; **Prachtstück** umg N superbe exemplaire m; **prachtvoll** → prächtig
Prädestination F ⟨~⟩ a. REL prédestination f; **prädestinieren** V/T ⟨pas de ge-, h.⟩ prédestiner (**für, zu** à); **Prädestinierung** F ⟨~⟩ prédestination f
Prädikat N ⟨~(e)s; ~e⟩ **1** GRAM verbe m **2** (Rangbezeichnung) titre m **3** (Zensur) mention f
prädikativ GRAM **A** ADJ **~es Adjektiv** adjectif m attribut; **~e Ergänzung** attribut m **B** ADV comme attribut
Prädikatsnomen N GRAM attribut m du sujet; prédicat m; **Prädikatswein** M vin naturel (de qualité)
prädisponieren V/T ⟨pas de ge-, h.⟩ bes MED prédisposer (**für** à); **Prädisposition** F ⟨~; ~en⟩ bes MED prédisposition f (**für** à)
Präfekt M ⟨~en; ~en⟩ in Frankreich préfet m; **Präfektur** F ⟨~; ~en⟩ préfecture f
Präferenz F ⟨~; ~en⟩ préférence f; traitement préférentiel
Präfix N ⟨~es; ~e⟩ LING préfixe m
Prag N ⟨→ n/pr⟩ Prague
Präge F ⟨~; ~n⟩, **Prägeanstalt** F Monnaie f; hôtel m des Monnaies; **Prägebild** N figure f en relief; **Prägedruck** M ⟨~(e)s⟩ TYPO impression f en relief; TEX gaufrure f; **Prägeform** F matrice f
prägen V/T ⟨h.⟩ TECH estamper; TEX, Papier gaufrer; fig donner son empreinte à; former; marquer (de son empreinte); Wort créer; **Münzen ~** battre monnaie
Prägestempel M MÜNZWESEN coin m; TECH étampe f; estampe f
Pragmatik F ⟨~⟩ pragmatisme m; **Pragmatiker(in)** M ⟨~s; ~⟩ (F) ⟨~in; ~innen⟩ personne f pragmatique; PHIL pragmatiste m/f
pragmatisch ADJ pragmatique; **Pragmatismus** M ⟨~⟩ pragmatisme m
prägnant ADJ significatif, -ive; (typisch) typique; (klar) net, nette; clair; (treffend) frappant; (knapp) concis; dense; **Prägnanz** F ⟨~⟩ vigueur f (expressive); (Kürze) concision f; densité f; (Genauigkeit) netteté f; clarté f
Prägung F ⟨~; ~en⟩ von Münzen frappe f; METALL estampage m; TEX, von Papier gaufrage m; fig empreinte f; marque f; (Gepräge) caractère m; e-s Worts création f
Prähistorie F ⟨~⟩ préhistoire f; **Prähistoriker** M ⟨~s; ~⟩ préhistorien m; **prähistorisch** ADJ préhistorique
prahlen V/I ⟨h.⟩ se vanter; fanfaronner; **mit etw ~** se vanter de qc; (etw zur Schau tragen) afficher qc
Prahler(in) M ⟨~s; ~⟩ (F) ⟨~in; ~innen⟩ frimeur, -euse m,f; fanfaron, -onne m,f; °hâbleur, -euse m,f; vantard(e) m(f); **Prahlerei** F ⟨~; ~en⟩ frime f; vantardise f; fanfaronnade f; °hâblerie f; **Prahlhans** umg M ⟨~es; -hänse⟩ frimeur m; fanfaron m; umg crâneur m
Präimplantationsdiagnostik F MED diagnostic m préimplantatoire
Präjudiz N ⟨~es; ~e⟩ JUR, fig précédent m; **präjudizieren** V/T ⟨pas de ge-, h.⟩ préjuger
praktikabel ADJ ⟨-bl-⟩ praticable
Praktikant(in) M ⟨~en; ~en⟩ (F) ⟨~in; ~innen⟩ stagiaire m/f
Praktiken FPL pratiques fpl
Praktiker(in) M ⟨~s; ~⟩ (F) ⟨~in; ~innen⟩ homme m, femme f de sens pratique; **Praktikum** N ⟨~s; -ka⟩ stage m; **Praktikumsplatz** M place f de stage
praktisch **A** ADJ pratique; **~er Arzt, ~e Ärztin** généraliste m/f; omnipraticien, -ienne m,f; **~e Anwendung** application f pratique; **~e Erfahrung in etw** (dat) **haben** avoir une expérience pratique de qc **B** ADV **1** pratiquement; dans la od en pratique; **~ anwendbar** praticable; utilisable **2** fig (quasi) pratiquement; pour ainsi dire
praktizieren ⟨pas de ge-, h.⟩ **A** V/T pratiquer; **~der Katholik** catholique pratiquant **B** V/I **als Rechtsanwalt ~** exercer la profession d'avocat; **als Arzt ~** exercer, pratiquer la médecine; **~der Arzt** (médecin) praticien m
Prälat M ⟨~en; ~en⟩ KATH prélat m
Präliminarien PL préliminaires mpl
Praline F ⟨~; ~n⟩ chocolat m; crotte f de, en chocolat; **e-e Schachtel ~n** une boîte de chocolats
Praliné, Pralinee N ⟨Pralinés, Pralinees; Pralinés, Pralinees⟩ österr, schweiz → Praline
prall **A** ADJ (straff) ferme et élastique; Körperteile rebondi; dodu; **in der ~en Sonne** en plein soleil **B** ADV **~ gefüllt** → prallvoll
prallen V/I ⟨s.⟩ cogner, °heurter (**gegen, auf, an etw** [akk] qc); Sonne **~ (auf** [+akk]) ⟨h⟩ donner, taper (à, en plein) (sur)
prallvoll umg ADJ archiplein; Saal etc bondé
Präludium N ⟨~s; -ien⟩ MUS prélude m
Prämie F ⟨~; ~n⟩ (Belohnung) prix m; prime f; (Versicherungs-, Sparprämie) prime f; bei e-r Lotterie lot m
prämienbegünstigt ADJT assorti d'une prime; **~es Sparen** épargne f à primes
Prämienlos N bon m à lot; **Prämiensparen** N épargne f à primes
prämieren, prämiieren V/T ⟨pas de ge-, h.⟩ accorder un prix, une récompense, une prime à; Aussteller primer; **präm(i)iert** couronné
Prämierung, Prämiierung F ⟨Prämi(i)erung; Prämi(i)erungen⟩ attribution f (d'un prix, d'une prime)
Prämisse F ⟨~; ~n⟩ prémisse f; **unter der ~, dass** à (la) condition que (+subj od Futur)
Prämonstratenser(in) M ⟨~s; ~⟩ (F) ⟨~in; ~innen⟩ KATH prémontré(e) m(f)

P

pränatal ADJ MED prénatal
prangen VI ⟨h.⟩ **1** *(auffallen) Schlagzeile etc* attirer, *plus fort* accrocher le(s) regard(s); *Einzelgegenstand* trôner **2** *geh (glänzen) Schmuck, Sterne etc* resplendir; briller d'un vif éclat
Pranger M ⟨~s; ~⟩ pilori *m*; **j-n an den ~ stellen** *a. fig* mettre, clouer qn au pilori
Pranke F ⟨~; ~n⟩ **1** ZOOL *(Tatze)* patte *f*; *(Klaue)* griffe *f* **2** *umg (große Hand) umg* grosse patte; *umg* battoir *m*
Präparat N ⟨~(e)s; ~e⟩ préparation *f* (pharmaceutique); **Präparation** F ⟨~⟩ préparation *f*; **Präparator** M ⟨~s; -toren⟩ préparateur *m*; **präparieren** VT ⟨*pas de ge-*, h.⟩ préparer; *Skipiste* damer
Präposition F ⟨~; ~en⟩ GRAM préposition *f*
präpositional ADJ GRAM prépositionnel, -elle; prépositif, -ive; **Präpositionalausdruck** M locution prépositive
präpotent ADJ *pej österr (frech)* impertinent
Präraffaelit M ⟨~en; ~en⟩ MAL préraphaélite *m*
Prärie F ⟨~; ~n⟩ prairie *f*; **Präriehund** M chien *m* des prairies; **Präriewolf** M coyote *m*
Präsens N ⟨~; -sentia *ou* -senzien⟩ GRAM présent *m*
präsent ADJ présent; **etw (nicht) ~ haben** (n')avoir (pas) qc présent à l'esprit
Präsent N ⟨~(e)s; ~e⟩ présent *m*; cadeau *m*
Präsentation F ⟨~; ~en⟩ présentation *f*
präsentieren ⟨*pas de ge-*, h.⟩ **A** VT présenter; **präsentiert das Gewehr!** présentez armes! **B** VR **sich ~** se présenter
Präsentierteller M *umg* **auf dem ~ sitzen** être exposé aux regards de tous
Präsentierung F ⟨~⟩ présentation *f*
Präsentkorb M panier-cadeaux *m*
Präsenz F ⟨~⟩ présence *f*; **Präsenzbibliothek** F bibliothèque *f* de consultation sur place; **Präsenzdienst** M *österr* service *m* militaire; **Präsenzliste** F feuille *f* de présence
Präservativ N ⟨~s; ~e⟩ préservatif *m*
Präses M ⟨~; -sides *ou* -siden⟩ KIRCHE président *m* (de synode)
Präsident(in) M ⟨~en; ~en⟩ (F) ⟨~in; ~innen⟩ président(e) *m(f)*
Präsidentenwahl F élection *f* du président; POL (élections) présidentielles *fpl*
Präsidentschaft F ⟨~; ~en⟩ présidence *f*; **Präsidentschaftskandidat(in)** M(F) candidat(e) *m(f)* à la présidence
Präsidialgewalt F pouvoirs présidentiels
präsidieren VI ⟨*pas de ge-*, h.⟩ présider (**[in] e-r Versammlung** *[dat]* une assemblée); *abs* assurer la présidence
Präsidium N ⟨~s; -ien⟩ **1** *(Vorsitz)* présidence *f* **2** *(Vorstand)* directoire *m*; bureau *m*; comité directeur **3** *(Polizeipräsidium)* préfecture *f* (de police)
prasseln VI ⟨-(e)le, h., *doublé d'une indication de direction* s.⟩ *Regen* tomber dru; tambouriner; *Feuer* crépiter; pétiller; **~der Beifall** tonnerre *m* d'applaudissements; **Steine prasselten gegen die Wand** une grêle de pierres heurta le mur, vint s'abattre sur le mur
Prasseln N ⟨~s⟩ *des Feuers* craquement *m*; pétillement *m*; crépitation *f*; crépitement *m*; *des Regens* bruit *m*; *des Hagels a.* fracas *m*
prassen VI ⟨h.⟩ bambocher; mener joyeuse vie; *(schlemmen) umg* faire la bombe; *umg* gueuletonner; *umg* faire ripaille
Prasser(in) M ⟨~s; ~⟩ (F) ⟨~in; ~innen⟩ homme *m*, femme *f* qui aime mener *od* qui mène joyeuse vie, qui aime dépenser; *(Schlemmer[in]) umg* ripailleur, -euse *m,f*; *umg* noceur, -euse *m, f*; **Prasserei** F ⟨~; ~en⟩ joyeuse vie; dissipation *f*; *umg* bringue *f*; *(Gelage) umg* gueuleton *m*; *(Schlemmerei) umg* bombe *f*; *umg* ripaille *f*
präsumtiv ADJ présomptif, -ive
Prätendent M ⟨~en; ~en⟩ prétendant *m* (**auf** *[+akk]* à); **Prätention** F ⟨~; ~en⟩ prétention *f*
prätentiös ADJ prétentieux, -ieuse
Präteritum N ⟨~s; -ta⟩ GRAM prétérit *m*
präventiv ADJ préventif, -ive
Präventivkrieg M guerre préventive; **Präventivmaßnahme** F mesure préventive; **Präventivmedizin** F médecine préventive
Praxis F ⟨~; -xen⟩ **1** ⟨*sans pl*⟩ *(nicht Theorie)* pratique *f*; *(Ausübung)* exercice *m*; *(Erfahrung)* expérience *f*; **in die ~ umsetzen** mettre en pratique **2** *(Arztpraxis)* cabinet médical *od* de consultation; *(Anwaltspraxis etc)* cabinet *m*
praxisbezogen ADJ fondé sur la pratique; **praxisfern**, **praxisfremd** ADJ purement théorique; loin des réalités; **Praxisgebühr** F MED frais *mpl* de consultation; **praxisnah** → praxisbezogen; **praxisorientiert** ADJT axé sur la pratique
Präzedenzfall M précédent *m*; **e-n ~ schaffen** créer un précédent
präzis, **präzise** **A** ADJ précis; exact **B** ADV exactement; avec précision
präzisieren VT ⟨*pas de ge-*, h.⟩ préciser
Präzision F ⟨~⟩ précision *f*
Präzisionsarbeit F travail *m* de précision; **Präzisionsinstrument** N instrument *m* de précision; **Präzisionswaage** F balance *f* de précision
predigen VT *u.* VI ⟨h.⟩ prêcher; *fig* **Hass, Geduld ~** prêcher la haine, la patience; **j-m Moral ~** prêcher (la morale à) qn
Prediger M ⟨~s; ~⟩ prédicateur *m*
Predigt F ⟨~; ~en⟩ sermon *m* (*a. fig*); PROT *a.* prêche *m*; **e-e ~ halten** prononcer un sermon; PROT faire un prêche
Preis M ⟨~es; ~e⟩ **1** HANDEL prix *m*; **der ~ spielt keine Rolle!** coûtera ce que ça coûtera!; **für etw jeden ~ zahlen** (être prêt à) payer n'importe quel prix pour qc; **j-m e-n guten ~ machen** faire un prix à qn; **hoch im ~ stehen** atteindre des prix élevés; se vendre bien; **im ~ steigen, fallen** être en °hausse, baisse; **um jeden ~** à tout prix; coûte que coûte; **um keinen ~** à aucun prix; pour rien au monde; **unter(m) ~ verkaufen** vendre à vil prix, au-dessous du prix; **mit dem ~ heruntergehen, vom ~ nachlassen** baisser son prix; **zum ~(e) von …** au prix de, au taux de …; **zum halben ~** à moitié prix; *fig* **Gerechtigkeit hat ihren ~** la justice a son prix **2** *Auszeichnung* prix *m*; prime *f*; *(Belohnung)* récompense *f*; **der Große ~ von …** le Grand Prix de …; **e-n ~ auf j-s Kopf** *(akk)* **aussetzen** mettre à prix la tête de qn; **den ersten ~ gewinnen** remporter le premier prix **3** *geh (Lob, Ruhm)* louange *f*; gloire *f*
Preisabschlag M rabais *m*; remise *f*; réduction *f*; **Preisabsprache** F entente *f* sur les prix; **Preisänderung** F modification *f* du *bzw.* des prix
Preisangabe F indication *f* de *bzw.* du prix; **doppelte ~** double affichage *m* des prix
Preisanhebung F majoration *f*; augmentation *f* des prix; **Preisanstieg** M °hausse *f*, montée *f* des prix; **Preisaufgabe** F sujet *m* de concours; **Preisaufschlag** M majoration *f*; supplément *m*; **Preisauftrieb** M °hausse *f* (des prix); **Preisausschreiben** N concours *m*
Preisauszeichnung F affichage *m* (du prix); marquage *m* (des prix); **doppelte ~** double affichage des prix
Preisbehörde F service *m* du contrôle des prix; **Preisbewegung** F mouvement *m*, fluctuation *f* des prix; **preisbewusst** **A** ADJ qui a conscience des prix **B** ADV en consommateur averti; **Preisbildung** F formation *f* des prix; **Preisbindung** F prix imposés; fixation *f*, imposition *f* des prix; **Preisbrecher** M casseur *m* de prix; **Preisdifferenz** F écart *m*, différence *f* de prix; **Preisdruck** M ⟨~(e)s⟩ pression *f* sur les prix; **Preiseinbruch** M effondrement *m* des prix
Preiselbeere F airelle *f* rouge
Preisempfehlung F prix recommandé; recommandation *f* de prix
preisen *geh* VT ⟨-(es)t, preist, pries, gepriesen, h.⟩ vanter; louer; faire l'éloge de; *plus fort* célébrer; glorifier; **sich glücklich ~ (können)** (pouvoir) s'estimer heureux
Preisentwicklung F évolution *f* des prix; **Preiserhöhung** F augmentation *f* des prix; **Preisermäßigung** F réduction *f*; rabais *m*; **Preisexplosion** F flambée *f*, explosion *f* des prix; **Preisfestsetzung** F fixation *f*, établissement *m* du prix
Preisfrage F **1** *(Preisaufgabe)* question *f* de concours **2** *umg fig* **das ist e-e ~** c'est une question difficile **3** *(Geldfrage)* question *f* de prix
Preisgabe *geh* F abandon *m*; *von Geheimnissen* révélation *f*; divulgation *f*
preisgeben *geh* VT ⟨*irr, sép*, -ge-, h.⟩ **1** *(aufgeben)* abandonner **2** *Geheimnis (enthüllen)* révéler; *(verraten)* trahir **3** *(ausliefern)* livrer (*+dat* à); **j-m etw ~** abandonner qc à qn; **j-s Willkür** *(dat)* **preisgegeben sein** être à la merci de qn
preisgebunden ADJT à prix imposé
Preisgefälle N disparité *f* des prix; **Preisgefüge** N structure *f* des prix; **preisgekrönt** ADJT *Buch, Film etc* couronné; AGR *etc* primé; **Preisgericht** N jury *m*; **Preisgestaltung** F fixation *f* des prix
Preisgrenze F **obere ~** limite supérieure des prix; prix *m* plafond; **untere ~** limite inférieure des prix; prix *m* plancher
preisgünstig ADJ avantageux, -euse; (à) bon marché (*a. adv*)
Preisindex M indice *m* des prix; **Preisklasse** F catégorie *f* de prix; **Preiskontrolle** F contrôle *m* des prix
Preislage F catégorie *f* de prix; **in welcher ~?** dans quels prix?; **in dieser ~** dans ces prix; **in jeder ~** à tous les prix
Preislawine F °hausse *f* irrésistible, flambée *f* des prix; **Preis-Leistungs-Verhältnis** N rapport *m* qualité-prix; **preislich** ADV en ce qui concerne le(s) prix; **Preisliste** F prix courants; liste *f* des prix; tarif *m*; **Preis-Lohn-Spirale** F spirale *f* des prix et des salaires; **Preisnachlass** M remise *f*; rabais *m*; réduction *f*; **Preisniveau** N niveau *m* des prix; **Preispolitik** F politique *f* des prix; **Preisrätsel** N jeu-concours *m*; **Preisrichter(in)** M(F) juge *m/f* (de concours); **Preisrückgang** M recul *m*, baisse *f* des prix; **Preisschießen** N concours *m* de tir; **Preisschild** N étiquette *f*; **Preisschlager** *umg* M offre spéciale; prix-choc *m*; **Preisschwankung** F fluctuation *f* des prix; **Preissenkung** F réduction *f*, baisse *f* des prix; **Preisskala** F échelle *f* des prix; **Preisspanne** F marge *f*, différence *f* de prix; **Preisspiegel** M tableau comparatif des prix; **Preissteigerung** F °hausse *f*, augmentation *f* des prix; **Preissteigerungsrate** F taux *m* de la °hausse des prix; **Preisstopp** M blocage *m* des prix; **Preissturz** M chute *f*, effondrement *m* des prix;

Preistafel F tableau *m* (d'affichage) des prix; **Preisträger(in)** M ⟨~s; ~⟩ (F) ⟨~in; ~innen⟩ lauréat(e) *m(f)*; **Preistreiber** M accapareur *m*; fauteur *m* de °hausse; **Preistreiberei** F ⟨~; ~en⟩ °hausse illicite, abusive des prix; **Preisüberwachung** F contrôle *m* des prix; **Preisunterschied** M différence *f*, écart *m* de prix; **Preisvergleich** M comparaison *f* des prix; **Preisverleihung** F remise *f* d'un prix; **Preisvorteil** M avantages *mpl* de prix; **preiswert** ADJ (à) bon marché; avantageux, -euse

prekär *geh* ADJ précaire; *Lage a.* délicat

Prekariat N ⟨~(e)s⟩ SOZIOLOGIE population *f* vivant dans la précarité

Prellbock M EISENBAHN butoir *m*; °heurtoir *m*; *fig* tampon *m*; **als ~ dienen, herhalten** servir de tampon; faire tampon

prellen VT ⟨h.⟩ **1** *Ball etc* faire rebondir **2** MED meurtrir; contusionner **3** *fig* (*betrügen*) tromper; duper; escroquer; **j-n um etw ~** frustrer qn de qc

Prellung F ⟨~; ~en⟩ MED meurtrissure *f*; contusion *f*

Premier M ⟨~s; ~s⟩ → Premierminister(in)

Premiere F ⟨~; ~n⟩ première *f*; **das Stück hat heute Abend ~** la première (de la pièce) a lieu ce soir

Premierenabend M soirée *f* de première; **Premierenkino** N cinéma *m* d'exclusivité; **Premierenpublikum** N public *m* de première

Premierminister(in) M(F) Premier ministre

Prepaidkarte F carte prépayée

Presbyter M ⟨~s; ~⟩ PROT membre *m* du consistoire

Presbyterianer(in) M ⟨~s; ~⟩ (F) ⟨~in; ~innen⟩ presbytérien, -ienne *m,f*; **presbyterianisch** ADJ presbytérien, -ienne

Presbyterium N ⟨~s; -ien⟩ PROT (*Kirchenvorstand*) consistoire *m*

preschen VI ⟨s.⟩ *umg* foncer; **nach vorne ~** se précipiter en avant; **sie preschte über die Brücke** elle a passé le pont en courant; **ins Zimmer ~** entrer en coup de vent dans la salle; faire irruption dans la salle

Presse F ⟨~; ~n⟩ **1** (*sans pl*) (*Zeitungswesen*) presse *f*; **e-e gute, schlechte ~ haben** avoir bonne, mauvaise presse **2** TYPO presse *f* **3** TECH presse *f*; (*Wein-, Obstpresse*) pressoir *m*

Presseagentur F agence *f* de presse; **Presseamt** N service *m* de presse; **Presseattaché** M attaché *m* de presse; **Presseausweis** M carte *f* de presse; **Presseball** M bal *m* de la presse; **Pressebericht** M reportage *m*; **Presseberichterstatter(in)** M(F) reporter *m/f*; correspondant(e) *m(f)* (de presse); **Pressechef(in)** M(F) chef *m* du service de presse; **Pressedienst** M service *m* de presse; **Presseempfang** M réception *f* de la presse; **Presseerklärung** F déclaration *f* à la presse; **Pressefeldzug** M campagne *f* de presse; **Pressefotograf(in)** M(F) reporter *m* photographe; photographe *m/f* de presse; **Pressefreiheit** F liberté *f* de la presse; **Pressegesetz** N loi *f* sur la presse; **Pressekampagne** F campagne *f* de presse; **Pressekonferenz** F conférence *f* de presse; **Pressemeldung** F, **Pressemitteilung** F communiqué *m* de presse

pressen VT ⟨h.⟩ **1** (*drücken*) presser; serrer; *fig* **mit gepresster Stimme** d'une voix étranglée; **j-n an sich** (*akk*) **~** serrer qn contre soi **2** (*zusammen~*) comprimer; *Metall* emboutir; *Glas* mouler; *Stoff* gaufrer; *Schallplatten* presser **3** (*aus~*) *Frucht etc* presser; pressurer; *Saft* extraire

Pressenotiz F entrefilet *m*; **Presseorgan** N organe *m*; **Pressereferent(in)** M(F) attaché(e) *m(f)* de presse; **Presse(rund)schau** F, **Pressespiegel** M revue *f* de (la) presse; **Pressesprecher(in)** M(F) attaché(e) *m(f)* de presse; porte-parole *m*; **Pressestelle** F bureau *m* de la presse; **Pressestimmen** FPL commentaires *mpl* de presse; revue *f* de (la) presse; **Pressetribüne** F tribune *f* de la presse; **Presseverlautbarung** F communiqué *m*, nouvelle *f*, information *f* de presse; **Pressevertreter** M représentant *m* de la presse; **Pressezensur** F censure *f* de la presse; **Pressezentrum** N centre *m* de presse et d'information

Pressform F matrice *f*; **Pressglas** N ⟨~es; ~̈er⟩ verre moulé, pressé; **Pressholz** N contreplaqué *m*

pressieren VI ⟨*pas de ge-*, h.⟩ *bes südd, österr, schweiz* presser; être urgent, pressant; **mir pressiert's** je suis pressé(e); **es pressiert nicht** rien ne presse

Pression *geh* F ⟨~; ~en⟩ pression *f*; contrainte *f*; **~en auf j-n ausüben** faire pression sur qn

Presskohle F briquette *f*; **Presskopf** M ⟨~(e)s⟩ GASTR fromage *m* de tête; **Pressluft** F air comprimé; **Pressluftbohrer** M perforatrice *f* à air comprimé; **Presslufthammer** M marteau *m* pneumatique, piqueur; **Presssack** M → Presskopf; **Pressspanplatte** F panneau stratifié; stratifié *m*; **Pressstück** N pièce moulée, emboutie, estampée, pressée

Pressung F ⟨~; ~en⟩ pressage *m*

Presswehen FPL MED douleurs *fpl* d'expulsion

Prestige N ⟨~s⟩ prestige *m*; **Prestigedenken** N (mentalité axée sur la) recherche *f* du prestige; **Prestigefrage** F question *f* de prestige; **Prestigeverlust** M perte *f* de prestige

pretiös ADJ → preziös

Preuße M ⟨~n; ~n⟩, **Preußin** F ⟨-in; -innen⟩ Prussien, -ienne *m,f*; *fig* **so schnell schießen die ~n nicht!** *umg* ne nous emballons pas!

Preußen N ⟨→ *n/pr*⟩ HIST la Prusse; **Preußenkönig** M roi *m* de Prusse

preußisch ADJ prussien, -ienne; de (la) Prusse; **Preußischblau** N bleu *m* de Prusse

preziös ADJ *Stil, Gebaren, Literatur* précieux, -ieuse

Pricke F ⟨~; ~n⟩ SCHIFF perche *f* de balisage

prick(e)lig ADJ picotant; *plus fort* piquant; *Sekt* pétillant

prickeln VI ⟨-(e)le, h.⟩ (*kribbeln*) picoter; *plus fort* piquer; *Getränk* pétiller; **das prickelt in der Nase** cela monte, pique au nez

Prickeln N ⟨~s⟩ picotement *m*; pétillement *m*

prickelnd ADJT **1** (*kribbelnd*) picotant; *plus fort* piquant; *Getränk* pétillant **2** *fig* excitant; qui donne le frisson

Priel M ⟨~(e)s; ~e⟩ filet *m* d'eau (*dans les fonds sablonneux*)

Priem M ⟨~(e)s; ~e⟩ chique *f*

priemen VI ⟨h.⟩ chiquer

Priemtabak M tabac *m* à chiquer

pries → preisen

Priester(in) M ⟨~s; ~⟩ (F) ⟨~in; ~innen⟩ prêtre, -esse *m,f*; **Priesteramt** N sacerdoce *m*; fonctions sacerdotales; **Priestergewand** N habit sacerdotal; **priesterlich** ADJ sacerdotal; **Priesterschaft** F ⟨~⟩ clergé *m*; prêtres *mpl*; **Priesterseminar** N (grand) séminaire; **Priesterstand** M → Priesterschaft, Priestertum; **Priestertum** N ⟨~s⟩ sacerdoce *m*; dignité sacerdotale; KATH prêtrise *f*

Priesterweihe F ordination *f*; prêtrise *f*; **die ~ empfangen, erhalten** être ordonné prêtre

Priesterwürde F dignité sacerdotale; sacerdoce *m*; prêtrise *f*

Prim F ⟨~; ~en⟩ **1** FECHTEN, KATH prime *f* **2** MUS premier degré

prima **A** ADJ ⟨*inv*⟩ **1** ⟨*épithète*⟩ HANDEL de première qualité **2** *umg* (*wunderbar*) *umg* formidable; chouette; *Person a. umg* épatant; **ein ~ Kerl** *umg* un chic type; **das ist ~!** c'est génial, *umg* super **B** *umg* ADV parfaitement; superbement; *umg* super (bien); **das hast du ~ gemacht** *umg* tu as fait ça, tu t'es débrouillé(e) comme un chef

Prima F ⟨~; -men⟩ *österr* première année de l'enseignement secondaire; → *a.* Oberprima, Unterprima

Primaballerina F première danseuse; danseuse étoile; **Primadonna** F ⟨~; -donnen⟩ prima donna *f*

Primaner(in) M ⟨~s; ~⟩ (F) ⟨~in; ~innen⟩ → Unterprimaner(in), Oberprimaner(in)

primär **A** ADJ primaire; (*wesentlich*) capital **B** ADV en priorité; en premier lieu

Primararzt M, **Primarärztin** F *österr* médecin-chef *m*

Primärenergie F énergie *f* primaire

Primarlehrer(in) M(F) *schweiz* instituteur, -trice *m,f*

Primärliteratur F œuvres *fpl* (littéraires, philosophiques)

Primarschule F *schweiz* école *f* primaire; **Primarstufe** F (enseignement *m*) primaire *m*

Primas M **1** ⟨~; ~se *ou* -maten⟩ REL primat *m* **2** ⟨~; ~se⟩ MUS premier violon (d'un orchestre tzigane)

Primat N *od* M ⟨~(e)s; ~e⟩ **1** *geh* primat *m*, primauté *f* (**über** [*+akk*], **vor** [*+dat*] sur) **2** REL primatie *f*; primauté *f*

Primaten MPL ZOOL primates *mpl*

Prime F ⟨~; ~n⟩ MUS premier degré

Primel F ⟨~; ~n⟩ primevère *f*; *umg* **eingehen wie e-e ~** s'étioler

Primetime F ⟨~⟩ TV prime time *m*

primitiv ADJ *a. pej* primitif, -ive

Primitivismus M ⟨~⟩ primitivisme *m*; **Primitivität** F ⟨~⟩ caractère primitif

Primiz F ⟨~; ~en⟩ KATH première messe

Primus M ⟨~; ~se *ou* -mi⟩ premier *m* (d'une classe)

Primzahl F nombre premier

Printe F ⟨~; ~n⟩ GASTR (langue *f* de) pain *m* d'épices

Printmedien NPL presse écrite

Prinz M ⟨~en; ~en⟩ prince *m*

Prinzengarde F garde *f* du prince et de la princesse (de carnaval); **Prinzenpaar** N prince *m* et princesse *f* (de carnaval)

Prinzessbohne F (°haricot *m*) princesse *m*

Prinzessin F ⟨~; ~nen⟩ princesse *f*

Prinzgemahl M prince *m* consort

Prinzip N ⟨~s; ~ien⟩ principe *m*; **im ~** en principe; **aus ~** par principe; **e-e Frau mit ~ien** une femme à principes

prinzipiell **A** ADJ ⟨*épithète*⟩ (*auf e-m Prinzip beruhend*) de principe; (*gewichtig*) fondamental **B** ADV par principe; en principe; **das tut er ~ nicht** ce n'est pas dans ses principes

prinzipienfest ADJ ferme dans ses principes; **Prinzipienfrage** F question *f* de principe; **prinzipienlos** ADJ sans principes; **Prinzipienlosigkeit** F ⟨~⟩ laxisme *m*; absence *f* de principes; **Prinzipienreiter(in)** M(F) doctrinaire *m/f*; personne *f* à cheval sur les principes; **Prinzipienstreit** M querelle *f* de *od* sur des principes; **prinzipientreu** ADJ fidèle à ses principes

prinzlich ADJ ⟨*épithète*⟩ princier, -ière; de prince; **Prinzregent** M prince *m* régent

P

Prion N ⟨~s; —onen⟩ MED prion *m*

Prior(in) M ⟨~s; -oren⟩ F ⟨~in; ~innen⟩ KATH prieur(e) *m(f)*; supérieur(e) *m(f)*

Priorität F ⟨~; ~en⟩ 1 *(Vorrang, Stellenwert) a.* JUR priorité *f*; **~ vor etw** *(dat)* **haben** avoir priorité sur qc; **~en setzen** fixer des priorités 2 WIRTSCH **~en** *pl* actions de priorité, de préférence, privilégiées

Prise F ⟨~; ~n⟩ 1 SCHIFF prise *f* 2 **e-e ~ Salz** une pincée de sel; **e-e ~ (Tabak)** une prise (de tabac)

Prisma N ⟨~s; -men⟩ MATH, OPT prisme *m*; **prismatisch** ADJ prismatique; MINER prismé

Prismenglas N jumelles *fpl* à prismes

Pritsche F ⟨~; ~n⟩ 1 *(hölzerne Lagerstatt)* lit *m* de camp 2 *(Ladefläche)* plateau *m* à ridelles 3 *regional (Narrenpritsche)* batte *f* (d'arlequin)

Pritschenwagen M camion *m* à ridelles

privat A ADJ privé; particulier, -ière; *(persönlich)* personnel, -elle; *plus fort* intime; **im ~en Kreis** entre amis; *in Anzeigen* **von ~ an ~** de particulier à particulier B ADV à titre privé, personnel; **~ liegen** *im Krankenhaus* occuper un lit privé (dans un hôpital); **j-n ~ sprechen** parler à qn en privé; avoir un entretien personnel avec qn; **mit j-m ~ verkehren** avoir des relations personnelles avec qn; **~ versichert** couvert par une assurance privée; **~ wohnen** être logé chez les particuliers; **ich bin ~ hier** je suis ici à titre privé

Privatadresse F adresse privée, personnelle; **Privatangelegenheit** F affaire personnelle, particulière, privée; **Privataudienz** F audience particulière; **Privatauto** N voiture particulière; **Privatbank** F ⟨~; ~en⟩ banque privée

Privatbesitz M propriété privée; **sich in ~ befinden** se trouver entre les mains de particuliers

Privatbesuch M visite privée; **Privatbetrieb** M entreprise privée; **Privatdetektiv** M détective *m* (privé); **Privatdozent** M *in Deutschland* privat-docent *od* privat-dozent *m*; *etwa* chargé *m* de cours; **Privateigentum** N propriété privée; **Privatfahrzeug** N véhicule particulier; **Privatfernsehen** N chaîne (de télévision) privée; **Privatflugzeug** N avion particulier; **Privatgebrauch** M ⟨~(e)s⟩ usage personnel, privé; **Privatgelehrte(r)** M chercheur *m*, savant *m* indépendant; **Privatgespräch** N conversation privée; TEL communication privée; **Privathaus** N maison particulière; **Privathaushalt** M ménage *m*

Privatier M ⟨~s; ~s⟩ rentier *m*

Privatinitiative F initiative privée; **Privatinteresse** N intérêt privé

privatisieren ⟨*pas de ge-*, h.⟩ A V/T privatiser; transférer au secteur privé; dénationaliser B V/I vivre de ses rentes; **Privatisierung** F ⟨~; ~en⟩ privatisation *f*; transfert *m* au secteur privé; dénationalisation *f*

Privatjet M jet privé; **Privatkapital** N capital privé; **Privatklage** F JUR action civile; **Privatkläger** M JUR partie civile; **Privatklinik** F clinique (privée); **Privatkonto** N compte particulier; **Privatkorrespondenz** F correspondance personnelle, privée; **Privatleben** N vie privée; **Privatlehrer(in)** M(F) personne *f* qui donne des cours particuliers; **Privatmann** M ⟨~(e)s; -männer *ou* -leute⟩ *ohne offizielle Funktion* particulier *m*; *(Privatier)* rentier *m*; **Privatpatient(in)** M(F) MED client(e) privé(e); **Privatperson** F personne privée; **Privatquartier** N chambre *f* d'hôte; logement *m* chez des particuliers, chez l'habitant; **Privatrecht** N droit privé; **privatrechtlich** A ADJ de droit privé B ADV d'après, selon, suivant le droit privé

Privatsache F affaire personnelle; **das ist meine ~** cela ne regarde que moi; ça, c'est mon affaire

Privatsammlung F collection privée; **Privatschule** F école privée, *konfessionelle* libre; **Privatsekretär(in)** M(F) secrétaire privé(e), particulier (-ière)

Privatsektor M (secteur *m*) privé *m*; **auf dem ~** dans le (secteur) privé

Privatsender M 1 chaîne (de télévision) privée 2 (station *f* de) radio privée, libre; **Privatsphäre** F vie privée; intimité *f*; **Privatstation** F *im Krankenhaus* service privé; **Privatstunde** F leçon particulière; cours particulier; **Privatunternehmen** N entreprise privée; **Privatunterricht** M enseignement *m* à domicile; leçons particulières; cours particuliers; **Privatvergnügen** *umg* N plaisir (particulier); **Privatvermögen** N fortune personnelle; **privatversichert** ADJT → privat B; **Privatversicherung** F assurance privée; **Privatwagen** M voiture particulière; **Privatweg** M chemin privé; **Privatwirtschaft** F économie privée; secteur privé; **Privatwohnung** F domicile personnel, particulier, privé

Privileg N ⟨~(e)s; ~ien⟩ privilège *m*; **privilegieren** V/T ⟨*pas de ge-*, h.⟩ privilégier; accorder un privilège à; **privilegiert** ADJT privilégié

pro PRÄP ⟨*akk sans article*⟩ *(für)* pour; *(je)* par; **~ Kopf, Person** par tête, personne; **1000 Stück ~ Stunde** 1000 unités à l'heure

pro... IN ZSSGN pro...

Pro N ⟨~⟩ **(das) ~ und (das) Kontra** le pour et le contre

Proband(in) M ⟨~en; ~en⟩ F ⟨~in; ~innen⟩ 1 *(Testperson)* sujet *m* d'expérience, de test 2 *(auf Bewährung Entlassene[r])* personne *f* en liberté surveillée

probat ADJ *(bewährt)* éprouvé; *(tauglich)* valable

Probe F ⟨~; ~n⟩ 1 *(Prüfung)* test *m*; essai *m*; *fig a.* épreuve *f*; **~ fahren** *Auto* essayer; **zur** *od* **auf ~** à l'essai; **j-n auf die ~ stellen** mettre qn à l'épreuve; **auf e-e harte ~ stellen** soumettre à une rude épreuve 2 *(Beweis)*, MATH preuve *f*; **die ~ aufs Exempel machen** faire la preuve par l'exemple; → *a.* Können 3 THEAT répétition *f* 4 *(kleine Menge)* échantillon *m*; spécimen *m*; prélèvement *m*; **e-e ~ entnehmen** faire un prélèvement; prélever un échantillon

Probeabdruck M, **Probeabzug** M TYPO épreuve *f*; **Probealarm** M exercice *m* d'alerte; **Probearbeit** F (ouvrage *m* d') essai *m*; **Probeaufnahme** F prise *f* d'essai; **Probeauftrag** M HANDEL commande *f* d'essai; **Probebohrung** F forage *m* d'exploration; *Ergebnis* carotte *f*; **Probeentnahme** F prélèvement *m* d'échantillon; **Probeexemplar** N spécimen *m*

probefahren V/T → Probe 1

Probefahrt F essai *m*; **e-e ~ machen** essayer (mit etw qc)

Probeflug M vol *m* d'essai; **probehalber** ADV à titre d'essai; **Probeheft** N (numéro *m*) spécimen *m*; **Probejahr** N année *f* probatoire; stage *m*; **Probelauf** M test *m*; essai *m*

proben V/T *u.* V/I ⟨h.⟩ THEAT répéter

Probenarbeit F THEAT répétitions *fpl* (zu de)

Probenummer F (numéro *m*) spécimen *m*; **Probeschießen** N tir *m* d'épreuve, d'essai; **Probeschuss** M coup *m* d'essai; **Probeseite** F page *f* spécimen; **Probesendung** F envoi *m* d'échantillon(s); **probeweise** ADJ ⟨*épithète*⟩ *u.* ADV à l'essai; à titre d'essai

Probezeit F 1 période *f* d'essai; **(noch) in der ~ sein** être (encore) en période d'essai 2 *schweiz* JUR délai *m* d'épreuve

probieren V/T *u.* V/I ⟨*pas de ge-*, h.⟩ 1 *(versuchen)* essayer 2 *Speisen* goûter; *Wein* déguster

Probieren N ⟨~s⟩ essai *m*; épreuve *f*; *von Speisen, Wein* dégustation *f*; *sprichw* **~ geht über Studieren** rien ne vaut l'expérience

Probierglas N CHEM éprouvette *f*; **Probierstube** F (bar *m* de) dégustation *f*

probiotisch ADJ *bes Joghurt* probiotique

Problem N ⟨~s; ~e⟩ problème *m*; **kein ~!** pas de problème!

Problematik F ⟨~⟩ caractère *m* problématique; problèmes *mpl*

problematisch ADJ problématique

problematisieren V/T ⟨*pas de ge-*, h.⟩ poser les problèmes de; *(komplizieren)* compliquer

Problembewusstsein N conscience *f* de l'existence d'un problème, de problèmes; **Problemfall** M cas *m* (problématique); **Problemkind** N enfant *m* difficile, à problèmes; **problemlos** A ADJ qui ne pose pas de problème(s); *Kind* facile B ADV *verlaufen etc* sans accroc, anicroche; **Problemstellung** F données *fpl* du problème; problématique *f*; **Problemviertel** N quartier *m* sensible

Prodekan M vice-doyen *m*

Produkt N ⟨~(e)s; ~e⟩ *(Erzeugnis)*, MATH produit *m*; *(Ergebnis)* résultat *m*

Produktenbörse F Bourse *f* de commerce; **Produktenhandel** M commerce *m* de produits naturels, de denrées

Produkthaftung F JUR responsabilité *f* du fabricant, du producteur

Produktion F ⟨~; ~en⟩ production *f*; fabrication *f*; *(Leistung)* rendement *m*; **die ~ einschränken, drosseln (steigern)** ralentir, freiner (augmenter) la production

Produktionsablauf M processus *m*, rythme *m* de production; **Produktionsabteilung** F *e-r Firma* production *f*; fabrication *f*; **Produktionsanstieg** M augmentation *f* de la production; **Produktionsassistent(in)** M(F) assistant(e) *m(f)* de production; **Produktionsaufnahme** F mise *f* en marche d'une fabrication; **Produktionsaufwand** M coûts *mpl* de production; **Produktionsausfall** M perte *f* de production; **Produktionsausweitung** F élargissement *m*, augmentation *f* de la production; **Produktionsbedingungen** FPL conditions *fpl* de production; **Produktionsbereich** M secteur *m* de (la) production; **Produktionsbeschränkung** F ralentissement *m*, restriction *f*, réduction *f* de la production; **Produktionsbetrieb** M entreprise *f* de production; **Produktionschef(in)** M(F) chef *m* de production; **Produktionseinschränkung** F → Produktionsbeschränkung; **Produktionseinstellung** F arrêt *m* de la production; **Produktionserhöhung** F augmentation *f* de la production; **produktionsfähig** ADJ productif, -ive; **Produktionsfähigkeit** F productivité *f*

Produktionsgenossenschaft F coopérative *f* de production; HIST DDR **landwirtschaftliche ~** coopérative *f* de production agricole

Produktionsgüter NPL biens *mpl* de production; **Produktionskapazität** F capacité *f* de production; **Produktionskosten** PL coût *m* de la production; **Produktionsleistung** F rendement *m*; **Produktions-**

P

leiter(in) M(F) chef *m* de production; **Produktionsleitung** F gestion *f* de la production; **Produktionsmittel** NPL moyens *mpl* de production; **Produktionspalette** F gamme *f*, assortiment *m* de produits; **Produktionsprozess** M processus *m* de production; **Produktionsrückgang** M ralentissement *m*, recul *m*, baisse *f* de la production; **Produktionsstand** M niveau *m* de (la) production; **Produktionsstätte** F atelier *m* de fabrication; **Produktionssteigerung** F augmentation *f* de la production; **Produktionsüberschuss** M excédent *m* de production; surproduction *f*; **Produktionsverfahren** N méthode *f* de production; **Produktionsverhältnisse** NPL rapports *mpl* de production; **Produktionsvolumen** N volume *m* de la production; **Produktionsweise** F méthode *f* de production; **Produktionszentrum** N centre producteur; **Produktionsziffer** F chiffre *m* de la production; **Produktionszweig** M branche *f* de (la) production

produktiv ADJ productif, -ive; *Schriftsteller* prolifique

Produktivität F ⟨~⟩ productivité *f*; *des Bodens* fertilité *f*

Produktivitätssteigerung F accroissement *m* de la productivité

Produktivkräfte FPL forces productives

Produktmanager(in) M(F) chef *m/f* de produit; **Produktpalette** F gamme *f* de produits; **Produktpirat** M contrefacteur *m*; **Produktpiraterie** F piraterie commerciale

Produzent(in) M ⟨~en; ~en⟩ (F) ⟨~in; ~innen⟩ producteur, -trice *m,f*

produzieren ⟨*pas de ge-*, h.⟩ **A** VT **1** *(herstellen)* produire **2** *umg (hervorbringen)* faire **B** V/R **sich ~** se produire; *pej* s'exhiber

Produzieren N ⟨~s⟩ → Produktion

Prof. ABK (Professor) professeur (d'université)

profan ADJ profane; **Profanbau** M ⟨~(e)s; ~ten⟩ construction *f* profane

profanieren *geh* VT ⟨*pas de ge-*, h.⟩ profaner; **Profanierung** *geh* F ⟨~⟩ profanation *f*

Profession F ⟨~; ~en⟩ *bes österr* profession *f*; *(Handwerk)* métier *m*; **Professionalismus** M ⟨~⟩ professionnalisme *m*; **Professionalität** F ⟨~⟩ professionnalisme *m*; **professionell** ADJ professionnel, -elle

Professor(in) M ⟨~s; -ssoren⟩ (F) ⟨~in; ~innen⟩ professeur *m/f* (d'université); **ordentlicher ~** professeur titulaire, en titre; **außerordentlicher ~** *in Deutschland* professeur d'université qui ne dirige pas un institut; **~ der Philosophie** professeur de philosophie; **Herr ~ Müller** le professeur Müller; **Frau ~ Schmitz** le professeur Schmitz; **Herr, Frau ~!** Monsieur, Madame le professeur!; *fig hum* **ein zerstreuter ~** un distrait

professoral ADJ professoral

Professorentitel M titre *m* de professeur

Professur F ⟨~; ~en⟩ chaire *f* (de professeur) (**für** de)

Profi *umg* M ⟨~s; ~s⟩ *umg* pro *m*

Profi... IN ZSSGN professionnel, -elle; **Profifußball** M football professionnel

Profil N ⟨~s; ~e⟩ **1** *e-s Gesichts*, GEOL, GEOG, PSYCH profil *m*; *(Reifenprofil)* sculptures *fpl*; *(senkrechter Schnitt)* coupe *f* (perpendiculaire); **im ~** de profil; **im ~ darstellen** profiler **2** *fig* caractère *m*; (forte) personnalité; **~ haben** avoir du caractère

Profildraht N fil profilé; **Profileisen** N (fer) profilé *m*; cornière *f*

profilieren ⟨*pas de ge-*, h.⟩ **A** VT *a.* TECH profiler **B** V/R **sich ~** s'imposer; **profiliert** ADJT **1** *Persönlichkeit* marquant **2** *(scharf umrissen)* nettement défini; **Profilierung** F ⟨~; ~en⟩ *Handlung* profilage *m*; *Resultat* profil *m*

Profilleiste F BAU baguette *f*; moulure *f*

Profilneurose F obsession *f* de la réussite (professionnelle); **e-e ~ haben, unter e-r ~ leiden** être obsédé par son image de marque

Profilreifen M pneu *m* à sculptures; **Profilsohle** F semelle crantée, à relief antidérapant; **Profilstahl** M (acier) profilé *m*; **Profilträger** M BAU poutrelle *f*; (fer) profilé *m*

Profit M ⟨~(e)s; ~e⟩ profit *m*; gain *m*; bénéfice *m*; **~ bringend** profitable; rentable

profitbringend ADJT profitable; rentable

Profiteur(in) M ⟨~s; ~e⟩ (F) ⟨~in; ~innen⟩ *pej* profiteur, -euse *m,f*

Profitgier F avidité *f*; âpreté *f* au gain; **profitgierig** ADJ avide; âpre au gain

profitieren VI ⟨*pas de ge-*, h.⟩ **~ bei, von** profiter de; retirer un profit de

Profitjäger M profiteur *m*; **Profitstreben** N recherche *f* du profit

pro forma ADV pour la forme; pro forma

Pro-forma-Rechnung F facture *f* pro forma

profund *geh* ADJ profond; **~er Kenner** fin connaisseur; **~e Kenntnisse** *fpl* connaissances approfondies

Prognose F ⟨~; ~n⟩ pronostic *m* (*a.* MED); prévision *f*; **~n (auf)stellen** faire des prévisions, pronostics

prognostisch ADJ pronostique; **prognostizieren** VT ⟨*pas de ge-*, h.⟩ pronostiquer

Programm N ⟨~s; ~e⟩ programme *m* (*a.* IT, POL); TV, RADIO *(Sender)* chaîne *f*; HANDEL *(Sortiment)* gamme *f*; **(politisches) ~** *e-r Partei* programme; **ein ~ aufstellen** arrêter, fixer un programme; *fig* **auf dem ~ stehen** être au programme; être programmé, prévu

Programmänderung F changement *m* de programme

programmatisch ADJ programmatique; directeur, -trice; **~e Rede** discours-programme *m*

programmgemäß ADJ *u.* ADV suivant le programme; comme prévu; **Programmgestaltung** F programmation *f*; **programmgesteuert** ADJT *Maschine etc* programmé; **Programmheft** N programme *m*; **Programmhinweis** M annonce *f* du, concernant le programme

programmierbar ADJ programmable

programmieren VT ⟨*pas de ge-*, h.⟩ programmer

Programmierer(in) M ⟨~s; ~⟩ (F) ⟨~in; ~innen⟩ IT programmeur, -euse *m,f*; **Programmiersprache** F langage *m* de programmation; **Programmierung** F ⟨~; ~en⟩ programmation *f*

Programmkino N *etwa* ciné-club *m*; **Programmplaner(in)** M(F) programmateur, -trice *m,f*; **Programmplanung** F programmation *f*; **Programmregler** M TECH programmateur *m*; **Programmschleife** F IT boucle *f* de programme; **Programmsteuerung** F TECH commande *f* à programme; **Programmtaste** F *e-r Waschmaschine* sélecteur *m*; **Programmübersicht** F RADIO, TV grille *f* des programmes; **Programmvorschau** F prochain programme; THEAT prochains spectacles; KINO prochains films; RADIO, TV prochaines émissions; programme *m* radio, télé; **Programmwechsel** M → Programmänderung; **Programmzeitschrift** F magazine *m* de radiotélévision

Progression F ⟨~; ~en⟩ **1** *geh (Fortschreiten)* progression *f* **2** STEUERWESEN progressivité *f*

progressiv ADJ **1** *(fortschrittlich)* progressiste **2** *(fortschreitend)* progressif, -ive (*a.* STEUERWESEN, MED); **Progressivsteuer** F impôt progressif

Prohibition F ⟨~⟩ prohibition *f*; **Prohibitionist** M ⟨~en; ~en⟩ prohibitionniste *m*; **prohibitiv** ADJ prohibitif, -ive

Projekt N ⟨~(e)s; ~e⟩ projet *m*; **Projektgruppe** F équipe chargée d'élaborer un projet

projektieren VT ⟨*pas de ge-*, h.⟩ projeter; **Projektierung** F ⟨~; ~en⟩ projection *f*

Projektil N ⟨~s; ~e⟩ projectile *m*

Projektion F ⟨~; ~en⟩ OPT, MATH, PSYCH projection *f*

Projektionsapparat M projecteur *m*; appareil *m* de projection; **Projektionsebene** F MATH plan *m* de projection; **Projektionsfläche** F, **Projektionswand** F écran *m*

Projektleiter(in) M(F), **Projektmanager(in)** M(F) chef *m/f* de projet

Projektor M ⟨~s; -toren⟩ projecteur *m*

Projektplanung F ingénierie *f*; **Projektwoche** F SCHULE semaine *f* d'activités éducatives interdisciplinaires

projizieren VT ⟨*pas de ge-*, h.⟩ OPT, MATH, PSYCH projeter (**auf** [+*akk*] sur)

Proklamation F ⟨~; ~en⟩ proclamation *f*; **proklamieren** VT ⟨*pas de ge-*, h.⟩ proclamer

Prokonsul M HIST proconsul *m*

Pro-Kopf-Einkommen N revenu *m* par tête; **Pro-Kopf-Verbrauch** M consommation individuelle

Proktologe M ⟨~n; ~n⟩, **Proktologin** F ⟨-in; -innen⟩ MED proctologue *m/f*; **Proktologie** F ⟨~⟩ MED proctologie *f*

Prokura F ⟨~; -ren⟩ procuration *f*; **j-m ~ geben, erteilen** donner, délivrer (une) procuration à qn; **per ~** par procuration

Prokurist(in) M ⟨~en; ~en⟩ (F) ⟨~in; ~innen⟩ fondé(e) *m(f)* de pouvoir

Prolet M ⟨~en; ~en⟩ **1** *pej (ungebildeter Mensch)* rustre *m* **2** *umg (Proletarier) umg* prolo *m*; **Proletariat** N ⟨~(e)s; ~e⟩ prolétariat *m*; **Proletarier(in)** M ⟨~s; ~⟩ (F) ⟨~in; ~innen⟩ prolétaire *m/f*; **proletarisch** ADJ prolétarien, -ienne; prolétaire

proletenhaft ADJ *pej* grossier, -ière; **das ist ~** *umg* ça fait prolo

Prolog M ⟨~(e)s; ~e⟩ prologue *m* (*a.* RADSPORT)

prolongieren VT ⟨*pas de ge-*, h.⟩ *Frist, Vertrag* proroger; **Prolongierung** F ⟨~; ~en⟩ *e-r Frist, e-s Vertrags* prorogation *f*; *Frist a.* prolongation *f*

Promenade F ⟨~; ~n⟩ promenade *f*

Promenadendeck N pont-promenade *m*; **Promenadenkonzert** N concert-promenade *m*; concert *m* en plein air; **Promenadenmischung** F *hum Hund* bâtard *m*

promenieren *geh* VI ⟨*pas de ge-*, s.⟩ se promener; flâner

Prometheus M ⟨→ *n/pr*⟩ MYTH Prométhée *m*

Promi *umg* M ⟨~s; ~s⟩, F ⟨~; ~s⟩ ABK (Prominente[r]) *umg* VIP *m/f* (*inv*)

pro mille pour mille

Promille N ⟨~(s); ~⟩ **1** *(Tausendstel)* pour mille **2** *umg pl (Alkohol im Blut)* alcoolémie *f*; **2,5 ~** 2 grammes 5 d'alcoolémie, d'alcool dans le sang; *umg* **ohne ~ fahren** rouler sans avoir bu

Promillegrenze F taux légal d'alcoolémie

prominent ADJ *Persönlichkeit* éminent; de premier plan; *Rolle etc* important

Prominente(r) M/F(M) ⟨→ A⟩ personnalité *f* de premier plan; *(Berühmtheit)* célébrité *f*; VIP *m/f*; **Prominenz** F ⟨~⟩ **1** *koll* personnalités marquantes; notables *mpl*; *(Berühmtheiten)* célébrités *fpl* **2** *(das Prominentsein)* célébrité *f*

Promotion¹ F ⟨~; ~en⟩ UNIVERSITÄT promotion *f* (au grade de docteur)

Promotion² F ⟨~⟩ HANDEL promotion *f*; **für etw ~ machen** faire de la publicité pour qc; faire la promotion de qc

promovieren ⟨*pas de ge-*, h.⟩ **A** VT **j-n ~** recevoir qn docteur **B** VI passer son doctorat, soutenir sa thèse (**über** [+*akk*] sur)

prompt **A** ADJ prompt; immédiat **B** ADV **1** promptement; *(sofort)* immédiatement **2** *umg (erwartungsgemäß)* (comme de) bien entendu

Pronomen N ⟨~s; ~ *ou* -mina⟩ GRAM pronom *m*; *adjektivisch gebrauchtes* adjectif *m* (possessif, démonstratif, *etc*); **pronominal** ADJ pronominal

prononciert *geh* ADJT prononcé

Propädeutik F ⟨~⟩ propédeutique *f*; **propädeutisch** ADJ propédeutique

Propaganda F ⟨~⟩ POL, *fig* propagande *f*; HANDEL réclame *f*; publicité *f*; **für etw ~ machen** POL faire de la propagande pour qc; HANDEL faire de la publicité pour qc

Propagandafeldzug M campagne *f* de propagande; **Propagandafilm** M film *m* de propagande; **Propagandaministerium** N HIST ministère *m* de la Propagande

Propagandist(in) M ⟨~en; ~en⟩ (F) ⟨~in; ~innen⟩ propagandiste *m/f*; **propagandistisch** ADJ propagandiste

propagieren VT ⟨*pas de ge-*, h.⟩ faire de la propagande pour; *(verbreiten)* propager; **Propagierung** F ⟨~; ~en⟩ propagande *f*; *(Verbreitung)* propagation *f*

Propan N ⟨~s⟩, **Propangas** N ⟨-ses⟩ propane *m*

Propeller M ⟨~s; ~⟩ hélice *f*; **Propellerantrieb** M propulsion *f* par hélice; **Propellerflugzeug** N avion *m* à hélice; **Propellerturbine** F turbopropulseur *m*

proper *umg* ADJ propre; net, nette; propret, -ette

Prophet(in) M ⟨~en; ~en⟩ (F) ⟨~in; ~innen⟩ REL, *fig* prophète *m*, prophétesse *f*; **falsche ~en** faux prophètes; *umg* **ich bin doch kein ~!** je ne suis pas prophète!; **man braucht gar kein ~ zu sein, um zu** *(+inf) umg* pas besoin d'être prophète pour *(+inf)*; *sprichw* **der ~ gilt nichts in s-m Vaterland** *sprichw* nul n'est prophète en son pays

Prophetentum N ⟨~(e)s⟩ mission *f*, rôle *m* de prophète

Prophetie F ⟨~; ~n⟩ prophétie *f*; **prophetisch** ADJ prophétique

prophezeien VT ⟨*pas de ge-*, h.⟩ prophétiser; *(voraussagen)* prédire; *drohend* **das kann ich dir ~!** je te le promets!

Prophezeiung F ⟨~; ~en⟩ prophétie *f*; *(Voraussage)* prédiction *f*

Prophylaktikum N ⟨~s; -ka⟩ remède *m* prophylactique; **prophylaktisch** ADJ préventif, -ive; prophylactique; **Prophylaxe** F ⟨~; ~n⟩ prophylaxie *f*

Proportion F ⟨~; ~en⟩ *a.* MATH proportion *f*; *pl* **~en** *e-s Bauwerks, des Körpers* proportions *fpl*

proportional ADJ proportionnel, -elle (**zu** à); **umgekehrt ~** inversement proportionnel, -elle

Proportionalwahl F scrutin proportionnel; (représentation *f*) proportionnelle *f*

proportioniert ADJT proportionné

Proporz M ⟨~es; ~e⟩ représentation proportionnelle; **Proporzwahl** F *bes österr, schweiz* scrutin proportionnel; proportionnelle *f*

proppenvoll *umg* ADJ *umg* plein à craquer

Propst M ⟨~(e)s; ⸗e⟩ KIRCHE doyen *m*; **Propstei** F ⟨~; ~en⟩ doyenné *m*

Prorektor(in) M(F) vice-recteur *m*

Prorogation F ⟨~; ~en⟩ HANDEL, JUR prorogation *f*; **prorogativ** ADJ prorogatif, -ive

Prosa F ⟨~⟩ prose *f*; **~ schreiben** écrire de la prose

Prosagedicht N poème *m* en prose

prosaisch ADJ **1** en prose **2** *geh fig* prosaïque; terre à terre

Prosaschriftsteller M prosateur *m*; **Prosatext** M texte *m* en prose

Prosecco M ⟨~(s); ~s *ou* -cchi, *mais* 3 ~⟩ Prosecco *m*

Proseminar N cours *m*, séminaire *m* de premier cycle

prosit INT à votre santé!; **~ Neujahr!** (je vous souhaite une) bonne année!

Prosit N ⟨~s; ~s⟩ toast *m*; **ein ~ der** *(dat) od* **auf die Gastgeberin!** à la santé de la maîtresse de maison!

Prosodie F ⟨~; ~n⟩ METRIK prosodie *f*; **prosodisch** ADJ prosodique

Prospekt M *od bes österr* N ⟨~(e)s; ~e⟩ **1** *(Werbeschrift)* prospectus *m*; *gefalteter* dépliant *m*; *e-r Zeitung beigelegt* encart *m* **2** KUNST *(Ansicht)* perspective *f* **3** *der Orgel* buffet *m* (d'orgue) **4** THEAT fond *m* de scène **5** JUR prospectus *m* d'émission

prospektieren VT ⟨*pas de ge-*, h.⟩ *bes* BERGBAU prospecter; **Prospektierung** F ⟨~; ~en⟩ *bes* BERGBAU prospection *f*; **Prospektor** M ⟨~s; -toren⟩ *bes* BERGBAU prospecteur *m*

prosperieren *geh* VI ⟨*pas de ge-*, h.⟩ prospérer; **Prosperität** *geh* F ⟨~⟩ prospérité *f*

prost *umg* **1** → prosit **2** *iron* **na dann ~ (Mahlzeit)!** *umg* ça promet!; *umg* nous voilà bien!

Prostata F ⟨~; -tae⟩ ANAT prostate *f*

prostituieren V/R ⟨*pas de ge-*, h.⟩ **sich ~** se prostituer

Prostituierte F ⟨→ A⟩ prostituée *f*; **Prostitution** F ⟨~⟩ prostitution *f*

prot. ABK (protestantisch) protestant

Protagonist(in) M ⟨~en; ~en⟩ (F) ⟨~in; ~innen⟩ *a. fig* protagoniste *m/f*

Protegé *geh* M ⟨~s; ~s⟩ protégé *m*; **protegieren** VT ⟨*pas de ge-*, h.⟩ protéger; patronner

Protein N ⟨~s; ~e⟩ BIOCHEMIE protéine *f*

Protektion F ⟨~; ~en⟩ protection *f*; patronage *m*; **Protektionismus** M ⟨~⟩ protectionnisme *m*; **protektionistisch** ADJ protectionniste

Protektorat N ⟨~(e)s; ~e⟩ **1** *(Schutzherrschaft)* protectorat *m*; *Gebiet* (pays *m* de) protectorat *m* **2** *geh (Schirmherrschaft)* patronage *m*; égide *f*; *früher* présidence *f* d'honneur

Protest M ⟨~(e)s; ~e⟩ **1** *(Widerspruch)* protestation *f*; **aus ~ (gegen)** en signe de protestation (contre); **lauter, stürmischer ~** protestation bruyante, véhémente; **scharfer, stummer ~** protestation énergique, muette; **~ gegen etw einlegen** *od* **erheben** protester, élever une (des) protestation(s) contre qc; **~e auslösen** soulever des protestations **2** HANDEL *(Wechselprotest)* protêt *m*; **zu ~ gehen lassen** faire dresser protêt

Protestaktion F campagne *f* de protestation

Protestant(in) M ⟨~en; ~en⟩ (F) ⟨~in; ~innen⟩ protestant(e) *m(f)*; **protestantisch** ADJ protestant; **Protestantismus** M ⟨~⟩ protestantisme *m*

Protestbewegung F mouvement *m* de protestation; contestation *f*; **Protestgeschrei** N °huées *fpl*

protestieren ⟨*pas de ge-*, h.⟩ **A** VT HANDEL *Wechsel* protester **B** VI protester (**gegen** contre)

Protestieren N ⟨~s⟩ protestation(s) *f(pl)*; **Protestierende(r)** M/F(M) ⟨→ A⟩ contestataire *m/f*; protestataire *m/f*

Protestkundgebung F meeting *m*, manifestation *f* de protestation; **Protestmarsch** M marche *f* de protestation; **Protestnote** F note *f* de protestation; **Protestruf** M protestation *f*; **Protestschreiben** N protestation écrite; **Protestversammlung** F meeting *m* de protestation; **Protestwelle** F vague *f* de protestation(s)

Prothese F ⟨~; ~n⟩ prothèse *f* (orthopédique); *(Zahnprothese)* prothèse *f* dentaire; dentier *m*

Protokoll N ⟨~s; ~e⟩ **1** procès-verbal *m*; **ein ~ aufnehmen** dresser, établir un procès-verbal; *Polizei* dresser procès-verbal; verbaliser; **in das ~ aufnehmen** inscrire au procès-verbal; **(das) ~ führen** rédiger le procès-verbal; **etw zu ~ geben** faire inscrire, faire figurer qc au procès-verbal; **etw zu ~ nehmen** inscrire, consigner qc au procès-verbal; **das ~ verlesen** donner lecture du procès-verbal **2** ⟨*sans pl*⟩ DIPL protocole *m* **3** *regional (Strafzettel)* contravention *f*

Protokollant(in) M ⟨~en; ~en⟩ (F) ⟨~in; ~innen⟩ → Protokollführer(in); **protokollarisch** **A** ADJ DIPL protocolaire; *Aussage* consigné au procès-verbal **B** ADV DIPL conformément au protocole; *festgehalten* selon le procès-verbal

Protokollaufnahme F établissement *m* du procès-verbal; *der Polizei* verbalisation *f*; **Protokollchef(in)** M(F) chef *m* du protocole; **Protokollführer(in)** M(F) rédacteur, -trice *m,f* du procès-verbal; *beim Gericht* greffier, -ière *m,f*

protokollieren VT ⟨*pas de ge-*, h.⟩ dresser, rédiger le procès-verbal (**etw** de qc); enregistrer au procès-verbal; **Protokollierung** F ⟨~⟩ enregistrement *m* au procès-verbal; établissement *m*, rédaction *f* du procès-verbal

Proton N ⟨~s; -tonen⟩ PHYS NUKL proton *m*

Protoplasma N BIOL protoplasme *od* protoplasma *m*

Prototyp M ⟨~s; ~en⟩ TECH, *fig* prototype *m*

Protozoon N ⟨~s; -zoen⟩ BIOL protozoaire *m*

Protuberanzen FPL ASTRON protubérances *fpl* solaires

Protz *umg* M ⟨~en *ou* ~es; ~e(n)⟩ **1** *(Angeber) umg* frimeur *m*; *umg* m'as-tu vu *m*; nouveau riche **2** ⟨*sans pl*⟩ → Protzerei

protzen *umg* VI ⟨-(es)t, h.⟩ faire étalage (**mit etw** de qc); *umg* frimer; *umg* faire de l'épate

Protzerei *umg* F ⟨~; ~en⟩ ostentation *f*; *umg* esbroufe *f*; *umg* frime *f*

protzig *umg* **A** ADJ prétentieux, -ieuse; *(luxuriös)* d'un luxe provocant **B** ADV avec ostentation

Provenienz *geh* F ⟨~; ~en⟩ provenance *f*

provenzalisch ADJ provençal

Proviant M ⟨~s; ~e⟩ provisions *fpl* (de voyage); **Proviantausgabe** F MIL distribution *f* des rations, des vivres; **Proviantschiff** N ravitailleur *m*; **Proviantwagen** M MIL fourgon *m*, caisson *m* de vivres

Provider M ⟨~s; ~⟩ IT fournisseur *m* (d'accès)

Provinz F ⟨~; ~en⟩ province *f*; **in der ~** en province; *umg* **tiefste, hinterste, finsterste ~** le fin fond de la province; *umg* un bled; *umg* un trou

Provinzbewohner(in) M(F) habitant(e) *m(f)* de la province; provincial(e) *m(f)*; **Provinzblatt** *pej* N feuille *f* de province

Provinzialismus M ⟨~; -men⟩ LING *u. pej*

provincialisme *m*; **provinziell** ADJ provincial

Provinzler(in) *umg pej* M ⟨~s; ~⟩ (F) ⟨~in; ~innen⟩ provincial(e) *m(f)*; **provinzlerisch** *umg pej* A ADJ provincial B ADV d'une manière provinciale

Provinznest *umg pej* N *umg* bled *m*; *umg* trou *m*; **Provinzstadt** F ville *f* de province; **Provinztheater** N théâtre *m* de province; **Provinzzeitung** F journal régional; *pej* feuille *f* de province

Provision F ⟨~; ~en⟩ HANDEL commission *f*

Provisionsanspruch M droit *m* à la commission

Provisionsbasis F **auf ~ arbeiten** travailler à la commission

Provisionsberechnung F bordereau *m* de commission; **provisionsfrei** ADJ sans commission; net, nette de toute commission; **provisionspflichtig** ADJ soumis au versement d'une commission; **Provisionssatz** M taux *m* de commission

provisorisch ADJ provisoire; *Lösung, Maßnahme a.* intérimaire

Provisorium N ⟨~s; -ien⟩ 1 provisoire *m*; solution *f* de fortune, provisoire 2 ZAHNMEDIZIN pansement *m*

provokant ADJ provocant; provocateur, -trice

Provokateur(in) M ⟨~s; ~e⟩ (F) ⟨~in; ~innen⟩ provocateur, -trice *m,f*; **Provokation** F ⟨~; ~en⟩ provocation *f*; **provokativ, provokatorisch** ADJ provocant; provocateur, -trice

provozieren ⟨*pas de ge-*, h.⟩ A V/T provoquer B V/I faire de la provocation; **provozierend** ADJT → provokativ; **Provozierung** F ⟨~⟩ → Provokation

Prozedur F ⟨~; ~en⟩ 1 opération *f* (de longue haleine); **das war e-e langwierige ~** ça a été toute une affaire, toute une histoire 2 IT procédure *f*

Prozent N ⟨~(e)s; ~e, *mais* 5 ~⟩ 1 (*Hundertstel*) pour cent; **in ~en** en pourcentage; **zu fünf ~** à cinq pour cent; **zu hohen ~en** à un taux (d'intérêts) élevé; **zu wie viel ~?** à quel taux? 2 (*Volumprozent*) degré *m*; **dieser Wein hat 12 ~** ce vin a, fait 12 degrés 3 *umg pl* **~e** (*Gewinnanteil*) pourcentage *m*; tant *m* pour cent; (*Rabatt*) réduction *f*; remise *f*; **er bekommt ~e** *als Provision* il travaille au pourcentage, à tant pour cent; **auf alle Waren bekommen Sie ~e** vous aurez une réduction sur tous les articles

...prozentig IN ZSSGN *mit num* à, de ... pour cent; **sechzigprozentiger Alkohol** alcool *m* à soixante degrés

Prozentpunkt M point *m*; **Prozentrechnung** F ⟨~⟩ calcul *m* des pourcentages

Prozentsatz M pourcentage *m*; taux *m*; **hoher ~** taux élevé; forte proportion; **zum ~ von ...** au taux de ... pour cent

prozentual A ADJ ⟨*épithète*⟩ (exprimé) en, au pourcentage; proportionnel, -elle; **~er Anteil** pourcentage *m* (**an** [*+dat*] sur)] B ADV selon un pourcentage; proportionnellement; **an etw ~ beteiligt sein** avoir un pourcentage sur qc

Prozentzeichen N symbole *m* du pourcentage

Prozess M ⟨~es; ~e⟩ 1 JUR procès *m*; **e-n ~ gegen j-n anstrengen** intenter un procès à qn; **e-n ~ führen** être en procès (**gegen j-n** avec qn); **e-n ~ gewinnen (verlieren)** gagner (perdre) un procès; **j-m den ~ machen** traduire qn en justice; **e-n ~ wieder aufnehmen** réviser un procès; *umg* **kurzen ~ machen** ne pas y aller par quatre chemins; *umg* ne pas prendre de gants; *umg* **mit j-m, etw kurzen ~ machen** en finir rapidement, vivement avec qn, qc 2 (*Vorgang*) processus *m*; (*Verfahren*), *a.* CHEM procédé *m*; **psychologische ~e** mécanismes *mpl* psychologiques

Prozessakten FPL pièces *fpl*, dossier *m* d'un procès; **Prozessbevollmächtigte(r)** M/F(M) mandataire *m/f* ad litem; **prozessfähig** ADJ capable d'ester en justice; **Prozessfähigkeit** F ⟨~⟩ droit *m*, capacité *f* d'ester en justice; habilité *f* à ester en justice

prozessführend ADJT ⟨*épithète*⟩ **~e Partei** plaideur, -euse *m,f*

Prozessführung F procédure *f*; **Prozessgegenstand** M objet *m* du procès, du litige; affaire *f* en litige; **Prozessgegner(in)** M(F) partie *f* adverse

prozessieren V/I ⟨*pas de ge-*, h.⟩ intenter, faire un procès (**mit, gegen** à)

Prozession F ⟨~; ~en⟩ REL procession *f*

Prozesskosten PL frais *mpl* de procès; dépens *mpl*; **Prozesskostenhilfe** F ⟨~⟩ aide *f* judiciaire

Prozessor M ⟨~s; -ssoren⟩ IT processeur *m*

Prozessordnung F (code *m* de) procédure *f*; **Prozessrechner** M IT calculateur industriel; **Prozessrecht** N procédure *f*; **Prozessvollmacht** F mandat *m* ad litem; **Prozesswärme** F TECH chaleur industrielle

prüde ADJ prude; **Prüderie** F ⟨~; ~n⟩ pruderie *f*

prüfen ⟨h.⟩ A V/T examiner; soumettre à un examen; TECH essayer; contrôler; (*erproben*) mettre à l'épreuve; soumettre à une épreuve; (*über~*) inspecter; passer en revue; (*nach~*) vérifier; *Rechnung a.* apurer; *Frage, Plan* (*studieren*) étudier; **j-n ~** (**in** [*+dat*]) faire passer à qn un examen (en, de); **etw auf s-e Genauigkeit ~** vérifier, contrôler l'exactitude de qc; **sein Gewissen ~** faire son examen de conscience; **etw sachlich ~** examiner qc à fond; **mit e-m ~den Blick** avec un regard scrutateur, inquisiteur; **geprüft** diplômé; breveté; (*erprobt*) éprouvé; *sprichw* **drum prüfe, wer sich ewig bindet** il ne faut pas se marier à la légère B V/R **sich ~** s'examiner

Prüfen N ⟨~s⟩ → Prüfung

Prüfer(in) M ⟨~s; ~⟩ (F) ⟨~in; ~innen⟩ examinateur, -trice *m,f*; TECH, HANDEL contrôleur, -euse *m,f*; inspecteur, -trice *m,f*; vérificateur, -trice *m,f*; **Prüffeld** N TECH banc *m*, plate-forme *f* d'essai(s); **Prüfgerät** N appareil *m* de contrôle; **Prüflampe** F lampe-témoin *f*; lampe *f* de contrôle; **Prüfling** M ⟨~s; ~e⟩ candidat(e) *m(f)* (à un examen); TECH pièce *f* d'essai; **Prüfspannung** F ELEK tension *f* d'essai; **Prüfstab** M éprouvette *f*; barre *f*; barreau *m*

Prüfstand M banc *m* d'essai; *fig* **auf dem ~ stehen** être au banc d'essai

Prüfstein M *fig* pierre *f* de touche (**für** de); **Prüfstelle** F bureau *m* de vérification; office *m* d'inspection; service *m* de contrôle; **Prüfstück** N TECH pièce *f* d'essai

Prüfung F ⟨~; ~en⟩ examen *m*; TECH contrôle *m*; essai *m*; test *m*; (*Inspektion*) inspection *f*; (*Nachprüfung*) vérification *f*; *e-r Rechnung a.* apurement *m*; *e-r Frage, e-s Vorschlags* étude *f*; examen *m*; SPORT épreuve *f*; (*Examen*) examen *m*; **nach ~ der Sachlage** en connaissance de cause; **nach ~** vérification faite; après vérification; **mündliche ~** (examen) oral *m*; épreuve orale; **schriftliche ~** (examen) écrit *m*; épreuve écrite; **e-e ~ bestehen** réussir, être reçu à un examen; **e-e ~ machen, ablegen** subir, passer un examen; **in der ~ durchfallen** échouer, être refusé à l'examen; *umg* rater l'examen

Prüfungsamt N office *m*, service *m* des examens; **Prüfungsangst** F peur *f* (d'un examen); *umg* trac *m*; **Prüfungsarbeit** F épreuve écrite; *Hausarbeit etwa* dissertation *f*; **Prüfungsaufgabe** F sujet *m* d'examen; **Prüfungsausschuss** M *bei Examen* jury *m*; commission *f* d'examen; HANDEL, TECH *etc* commission *f* de contrôle, de vérification; **Prüfungsbericht** M TECH rapport *m* d'essai, JUR d'expert, d'expertise, HANDEL d'inspection, de vérification; **Prüfungsbescheinigung** F certificat *m* d'examen; **Prüfungsergebnis** N résultat *m* de l'examen; **Prüfungsfach** N matière *f* d'examen

Prüfungsfrage F question *f* d'examen; **schwierige ~** *umg* colle *f*

Prüfungskandidat(in) M(F) candidat(e) *m(f)* (à un examen); **Prüfungskommission** F → Prüfungsausschuss; **Prüfungsordnung** F règlement *m* des examens; **Prüfungstermin** M jour *m*, date *f* de l'examen; **Prüfungsthema** N sujet *m* d'examen

Prüfvermerk M mention *f* de contrôle, de vérification; **Prüfzeichen** N marque *f* de contrôle

Prügel M ⟨~s; ~⟩ 1 *regional* (*Knüppel*) (gros) bâton *m*; gourdin *m* 2 PL (*Schläge*) coups *mpl*; *als Strafe* correction *f*; *umg* **e-e Tracht ~** *umg* une raclée; *umg* **j-m e-e Tracht ~ geben** *umg* flanquer une bonne raclée à qn; **~ bekommen, beziehen** recevoir une volée, *umg* raclée

Prügelei F ⟨~; ~en⟩ bagarre *f*; rixe *f*

Prügelknabe M bouc *m* émissaire; tête *f* de Turc

prügeln ⟨-(e)le, h.⟩ A V/T **j-n ~** donner des coups (de bâton) à qn; battre, *plus fort* rosser qn; *umg* donner une raclée à qn B V/R **sich ~** se battre; en venir aux mains, aux coups

Prügelstrafe F (peine *f* de la) bastonnade *od* bâtonnade *f*

Prunk M ⟨~(e)s⟩ pompe *f*; apparat *m*; faste *m*; (*Aufwand*) luxe *m*; **Prunkbau** M ⟨~(e)s; ~ten⟩ édifice pompeux; palais *m*

prunken V/I ⟨h.⟩ étaler un grand faste; briller; **mit etw ~** faire étalage, montre de qc

Prunksaal M grande salle (de réception); **Prunkstück** N (le plus) bel objet; (la plus) belle pièce; le plus beau fleuron; *fig* joyau *m*; **Prunksucht** F goûts princiers, de grand seigneur; **prunksüchtig** ADJ fastueux, -euse; qui a des goûts princiers, de grand seigneur; **prunkvoll** ADJ fastueux, -euse; pompeux, -euse

prusten *umg* V/I ⟨-ete, h.⟩ s'ébrouer; **vor Lachen ~** pouffer (de rire)

PS N ⟨~; ~⟩ 1 (*Pferdestärke*) ch (cheval-vapeur) 2 (*Postskript[um]*) P.-S. (post-scriptum)

Psalm M ⟨~s; ~en⟩ psaume *m*; **Psalmist** M ⟨~en; ~en⟩ psalmiste *m*

Psalter M ⟨~s; ~⟩ 1 MUS psaltérion *m* 2 BIBEL psautier *m*

pscht → pst 1

Pseudo... IN ZSSGN pseudo...

Pseudokrupp M ⟨~s⟩ MED faux croup

Pseudonym N ⟨~s; ~e⟩ pseudonyme *m*; nom *m* d'emprunt; *e-s Schriftstellers a.* nom *m* de plume

pst INT 1 (*Ruhe!*) chut! 2 (*he!*) psitt!; pst!

Psyche F 1 ⟨~; ~n⟩ PSYCH psychisme *m*; psyché *f* 2 ⟨→ *n/pr*⟩ MYTH Psyché *f*

psychedelisch ADJ psychédélique

Psychiater(in) M ⟨~s; ~⟩ (F) ⟨~in; ~innen⟩ psychiatre *m/f*; **Psychiatrie** F ⟨~⟩ psychiatrie *f*; **psychiatrisch** ADJ ⟨*épithète*⟩ psychiatrique

psychisch ADJ psychique

Psychoanalyse F psychanalyse *f*; **Psychoanalytiker(in)** M(F) psychanaliste *m/f*;

P

psychoanalytisch ADJ psychanalytique; **Psychodrama** N psychodrame *m*; **Psychogramm** N psychogramme *m*; **Psycholinguistik** F psycholinguistique *f*; **Psychologe** M ⟨~n; ~n⟩, **Psychologin** F ⟨-in; -innen⟩ psychologue *m/f*; **Psychologie** F ⟨~⟩ psychologie *f*; **psychologisch** ADJ psychologique; **Psychomotorik** F ⟨~⟩ psychomotricité *f*; **psychomotorisch** ADJ psychomoteur, -trice; **Psychopath(in)** M ⟨~en; ~en⟩ (F) ⟨~in; ~innen⟩ déséquilibré(e) *m(f)*; désaxé(e) *m(f)*; *t/t* psychopathe *m/f*; **Psychopathie** F ⟨~; ~n⟩ psychopathie *f*; **psychopathisch** ADJ psychopathique; **Psychopathologie** F psychopathologie *f*; **Psychopharmakon** N ⟨~s; -ka⟩ psychotrope *m*

Psychose F ⟨~; ~n⟩ psychose *f*

Psychosomatik F ⟨~⟩ psychosomatique *f*; **psychosomatisch** ADJ psychosomatique

psychosozial ADJ psychosocial

Psychoterror M terrorisme *m* psychologique; **Psychotherapeut(in)** M(F) psychothérapeute *m/f*; **Psychotherapie** F psychothérapie *f*; **Psychothriller** M thriller *m*

Psychotiker(in) M ⟨~s; ~⟩ (F) ⟨~in; ~innen⟩ psychotique *m/f*; **psychotisch** ADJ psychotique

Pta ABK (Peseta) HIST PTA (peseta)

PTA F ⟨~; ~s⟩ ABK (pharmazeutisch-technische Assistentin) préparatrice *f* en pharmacie; laborantine *f*

PTT ABK PL *früher* (Schweizerische Post-, Telefon- und Telegrafenbetriebe) **die ~** les PTT *mpl*

pubertär ADJ pubertaire

Pubertät F ⟨~⟩ puberté *f*; **in der ~ sein** faire sa puberté; être en pleine puberté

pubertieren V/I ⟨*pas de ge-*, h.⟩ faire sa puberté; être en pleine puberté; **pubertierend** ADJT pubescent

Publicity F ⟨~⟩ publicité *f* (*faite autour de qn*)

publicityscheu ADJ qui fuit la publicité

Public Relations PL relations publiques

publik ADJ public, -ique; **~ machen** rendre public; publier

Publikation F ⟨~; ~en⟩ publication *f*

publikmachen V/T → publik

Publikum N ⟨~s⟩ public *m*

Publikumserfolg M succès *m* auprès du public; **Publikumsgunst** F faveur *f* du public; **Publikumsliebling** M personne très populaire, en vogue, aimée du public; coqueluche *f*; *plus fort* idole *f*; **Publikumsmagnet** M grosse attraction; **Publikumsreaktion** F réaction *f* du public

Publikumsverkehr M **nachmittags kein ~** fermé au public l'après-midi

publikumswirksam ADJ qui plaît au public; qui accroche

publizieren V/T ⟨*pas de ge-*, h.⟩ publier

Publizist(in) M ⟨~en; ~en⟩ (F) ⟨~in; ~innen⟩ journaliste *m/f*; **Publizistik** F ⟨~⟩ journalisme *m*; **publizistisch** **A** ADJ de(s) journaliste(s) **B** ADV comme *od* en journaliste

Publizität F ⟨~⟩ publicité *f*

Puck M ⟨~s; ~s⟩ **1** (*Kobold*) lutin *m* **2** EISHOCKEY palet *m*

Pudding M ⟨~s; ~e *ou* ~s⟩ flan *m*; **Puddingpulver** N préparation *f* pour flan

Pudel M ⟨~s; ~⟩ **1** *Hunderasse* caniche *m*; **das also ist des ~s Kern!** voilà l'explication, le fin mot (de l'histoire)!; *umg* **wie ein begossener ~** *umg* la queue entre les jambes; les oreilles basses **2** *umg beim Kegeln* **e-n ~ machen, werfen** *umg* faire chou blanc

Pudelmütze F bonnet *m* de laine

pudelnackt *umg* ADJ nu comme un ver; **pudelnass** *umg* ADJ trempé comme une soupe, jusqu'aux os

pudelwohl ADJ *umg* **sich ~ fühlen** se sentir bien dans sa peau

Puder M ⟨~s; ~⟩ poudre *f*; **Puderdose** F boîte *f* de *od* à poudre; poudrier *m*

pudern V/T (*u.* V/R) ⟨-(e)re, h.⟩ (**sich ~** se) poudrer

Puderquaste F °houppette *f*; **Puderzucker** M sucre *m* glace

Puerto Rico N ⟨→ *n/pr*⟩ Porto Rico

Puff[1] *umg* M ⟨~(e)s; ⸚e⟩ (*Stoß*) coup *m*; tape *f*; bourrade *f*

Puff[2] M ⟨~(e)s; ~e *ou* ~s⟩ **1** (*Wäschepuff*) panier *m* à linge **2** (*Sitzpuff*) pouf *m*

Puff[3] *sl* M *od* N ⟨~s; ~s⟩ (*Bordell*) *sl* bordel *m*

Puffärmel M manche bouffante; **Puffbohne** F fève *f* des marais

puffen *umg* V/T ⟨h.⟩ donner une tape, une bourrade à

Puffer M ⟨~s; ~⟩ **1** TECH amortisseur *m*; EISENBAHN tampon *m* **2** GASTR (*Kartoffelpuffer*) galette *f* de pommes de terre; **Pufferstaat** M État *m* tampon; **Pufferzone** F zone *f* tampon

Puffmutter *sl* F *umg* maquerelle *f*; **Puffreis** M riz soufflé

puh INT *bei Ekel* pouah!; be(u)rk!; *bei Erleichterung* ouf!

pulen *umg nordd* ⟨h.⟩ **A** V/T défaire; *Erbsen etc* écosser **B** V/I tripoter; **in der Nase ~** *umg* se fourrer les doigts dans le nez

Pulk M ⟨~(e)s; ~s *ou* ~e⟩ **1** MIL colonne *f* de véhicules militaires; FLUG formation d'avions serrée **2** (*Menge*) groupe *m*; rassemblement *m* **3** SPORT peloton *m*

Pulle *umg* F ⟨~; ~n⟩ bouteille *f*; *fig* **volle ~ fahren** *umg* rouler à fond la caisse; *umg* foncer à pleins tubes; **das Radio volle ~ aufdrehen** faire marcher la radio à pleins tubes

Pulli *umg* M ⟨~s; ~s⟩ *umg* pull *m*

Pullover M ⟨~s; ~⟩ pull-over *m*; *dicker* chandail *m*

Pullunder M ⟨~s; ~⟩ MODE débardeur *m*

Puls M ⟨~es; ~e⟩ PHYSIOL, *Stelle am Handgelenk* pouls *m*; **j-m den ~ fühlen** *a. fig* tâter, prendre le pouls à qn; **sie hat e-n ~ von 120** elle a 120 pulsations à la minute

Pulsader F artère *f*; **sich** (*dat*) **die ~n aufschneiden** s'ouvrir les veines

Pulsar M ⟨~s; ~e⟩ ASTRON pulsar *m*

Pulsbeschleunigung F élévation *f* du pouls; accélération *f* des pulsations; **Pulsfrequenz** F PHYSIOL fréquence *f* du pouls

pulsieren V/I ⟨*pas de ge-*, h.⟩ (*schlagen*) battre; *Blut* circuler; **~des Leben** vie *f*, animation *f* intense

Pulsieren N ⟨~s⟩ (*Schlagen*) battement *m*; *des Blutes* bouillonnement *m*

Pulsschlag M pouls *m*; pulsation *f*; **Pulsschlagader** F artère radiale; **Pulsschreiber** M MED sphygmographe *m*; **Pulsverlangsamung** F ralentissement *m* des pulsations; **Pulswärmer** M ⟨~s; ~⟩ *bande tricotée portée autour du poignet*; **Pulszahl** F pouls *m*; rythme *m* cardiaque

Pult N ⟨~(e)s; ~e⟩ pupitre *m*; **Pultdach** N BAU appentis *m*

Pulver N ⟨~s; ~⟩ poudre *f*; **zu ~ (zer)reiben** → pulverisieren; *umg fig* **sein ~ verschossen haben** avoir épuisé ses ressources; avoir brûlé toutes ses cartouches; *umg* **er hat das ~ (auch) nicht (gerade) erfunden** il n'a pas inventé la poudre, l'eau chaude, le fil à couper le beurre; *umg* **er ist keinen Schuss ~ wert** il ne vaut pas la corde pour le pendre

pulverartig ADJ → pulverig; **Pulverdampf** M fumée *f* de la poudre; **Pulverfabrik** F poudrerie *f*

Pulverfass N **1** baril *m* de poudre **2** *fig* poudrerie *f*; **auf e-m ~ sitzen** être assis sur un baril de poudre, sur un volcan; **e-m ~ gleichen** être une (vraie) poudrière

pulverig ADJ pulvérulent; *a. Schnee* poudreux, -euse

pulverisieren V/T ⟨*pas de ge-*, h.⟩ pulvériser; réduire en poudre; PHARM, CHEM, TECH broyer; *Jargon* **e-n Rekord ~** *umg* pulvériser un record

Pulverisierung F ⟨~⟩ pulvérisation *f*; réduction *f* en poudre; PHARM, CHEM, TECH broyage *m*

Pulverkaffee M café soluble (instantané); **Pulverladung** F charge *f* de poudre; **Pulvermagazin** N poudrière *f*; SCHIFF soute *f* à munitions; **Pulverrauch** M → Pulverdampf; **Pulverrückstand** M résidus *mpl* de poudre; **Pulverschnee** M (neige) poudreuse *f*

pulvrig → pulverig

Puma M ⟨~s; ~s⟩ ZOOL puma *m*

Pummel *umg* M ⟨~s; ~⟩, **Pummelchen** *umg* N ⟨-ens; -en⟩ enfant potelé, dodu; *a. Frau umg* petite boulotte

pumm(e)lig *umg* ADJ potelé; grassouillet, -ette

Pump *umg* M ⟨~s⟩ crédit *m*; **auf ~** (**kaufen** acheter) à crédit; **auf ~ leben** vivre d'emprunts

Pumpanlage F installation *f*, station *f* de pompage

Pumpe F ⟨~; ~n⟩ **1** pompe *f* **2** *umg* (*Herz*) *umg* palpitant *m*

pumpen V/T ⟨h.⟩ **1** *Wasser etc* pomper **2** *umg* (*borgen*) **j-m etw ~** prêter qc à qn; **etw von j-m ~** emprunter qc à qn; *Geld a. umg* taper qn de qc

Pumpenaggregat N pompes *fpl*; groupe *m* de pompage; **Pumpengehäuse** N corps *m* de pompe; **Pumpenhaus** N salle *f*, bâtiment *m* des pompes; **Pumpenkolben** M piston *m* de pompe; **Pumpenrohr** N tuyau *m* de pompe; **Pumpenschwengel** M bras *m*, balancier *m* de pompe; **Pumpenstand** M groupe *m* de pompage; **Pumpenventil** N clapet *m*, soupape *f* de pompe

pumperlgesund ADJ *bayrisch, österr* **~ sein** être en parfaite santé; se porter comme un charme

Pumpernickel M ⟨~s; ~⟩ pumpernickel *m* (*pain noir d'origine westphalienne*)

Pumphose F pantalon bouffant; **Pumpleistung** F capacité *f* de pompage; débit *m*

Pumps M ⟨~; ~⟩ escarpin *m*

Pumpstation F, **Pumpwerk** N station *f* de pompage

Punchingball M punching-ball *m*

Punier(in) M ⟨~s; ~⟩ (F) ⟨~in; ~innen⟩ HIST Carthaginois(e) *m(f)*

punisch ADJ HIST punique; de Carthage; **die Punischen Kriege** *mpl* les guerres *fpl* puniques

Punk M ⟨~(s); ~s⟩ **1** *Person* punk *m/f* **2** ⟨*sans pl*⟩ *Bewegung* punk *m*

Punker(in) M ⟨~s; ~⟩ (F) ⟨~in; ~innen⟩ (rocker) punk *m/f*; **Punkrock** M ⟨~(s)⟩ (rock *m*) punk *m*

Punkt M ⟨~(e)s; ~e⟩ point *m* (*a. Interpunktion*, MUS, SPORT, *fig*); TV spot *m*; *e-s Vertrags* article *m*; *e-r Tagesordnung* point *m*; **~ für ~** point par point; **~ für ~ durchgehen** examiner point par point, article par article; **in e-m ~ einig** d'accord sur un point; **in vielen ~en** sur de nombreux points; **bis zu e-m gewissen ~** jusqu'à un certain point; **der ~ auf dem i** le point sur le i; *fig* le cachet final; la dernière (petite) touche; **dunkler ~** point obscur; **der heikle ~** le point délicat; **der springende ~** le point décisif; *(Hauptschwierigkeit) umg* le hic; **der schwache, neuralgische ~** le point faible, névralgique; **strittiger ~** point litigieux, discutable; **toter ~** point mort; *bei Verhandlungen a.* impasse *f*; **den toten ~ überwinden** passer le point mort; *bei Verhandlungen a.* sortir de l'impasse; **der wunde ~** le point sensible; **den wunden ~ berühren** trouver le point sensible; mettre le doigt sur la plaie; *umg* mettre le doigt dessus; *fig* **ich war an e-m ~, wo** ... j'en étais (arrivé) au point où ...; **etw auf den ~ bringen** formuler, dégager l'essentiel de qc; **auf den ~ kommen** en venir à l'essentiel; **nach ~en führen, siegen** mener, triompher aux points; **wir kommen zu ~ 3 der Tagesordnung** passons à la discussion du point 3 de l'ordre du jour; **~ ein Uhr** (à) une heure précise, juste; **~ zwölf** (à) midi juste; *umg* **ohne ~ und Komma reden** parler sans s'arrêter, sans discontinuer; *umg* **nun mach aber e-n ~!** ça va!; ça suffit!; (en voilà) assez!

Punktekampf M SPORT lutte *f* aux points

punkten V/I ⟨-ete, h.⟩ SPORT 1 *(Punkte machen) Sportler* mettre des points 2 *(mit Punkten bewerten) Kampfrichter* noter

punktförmig ADJ ponctuel, -elle; **punktgenau** A ADJ exact B ADV pile

Punktgewinn M *bes* SPORT points marqués; **zu e-m ~ kommen** marquer un point *bzw.* des points

punktgleich SPORT A ADJ à égalité de points B ADV ex æquo; **Punktgleichheit** F SPORT égalité *f* de points

punktieren V/T ⟨*pas de ge-*, h.⟩ 1 pointiller; TECH, MUS pointer; **punktierte Linie** ligne pointillée *od* en pointillé; pointillé *m* 2 MED ponctionner; *a. abs* faire une ponction (à)

Punktiernadel F MED aiguille *f* de ponction; *weitS.* trocart *m*; **Punktierung** F ⟨~; ~en⟩ *e-r Linie, Fläche* pointillé *m*; MED ponction *f*

Punktion F ⟨~; ~en⟩ MED ponction *f*

pünktlich A ADJ ponctuel, -elle; exact; **~ sein** être à l'heure; **immer ~ sein** être ponctuel, -elle B ADV ponctuellement; **~ kommen** venir à l'heure; **~ fertigstellen** terminer à temps; **~ liefern** respecter les délais de livraison

Pünktlichkeit F ⟨~⟩ ponctualité *f*; exactitude *f*

Punktniederlage F SPORT défaite *f* aux points; **Punktrichter(in)** M(F) SPORT pointeur, -euse *m,f*; **punktschweißen** V/T *u.* V/I ⟨*les temps simples ne s'emploient pas dans une principale*, -ge-, h.⟩ souder par points; **Punktschweißung** F soudure *f* par points; **Punktsieg** M SPORT victoire *f* aux points; **Punktsieger(in)** M(F) SPORT vainqueur *m* aux points; **Punktspiel** N SPORT match *m* aux points; **Punktsystem** N système *m* par points

punktuell ADJ ponctuel, -elle

Punktum INT *geh* **(und damit) ~!** c'est tout!

Punktverlust M SPORT perte *f* de points; **Punktvorsprung** M SPORT avantage *m* aux points; **Punktwertung** F SPORT pointage *m*; classement *m* par points; **Punktzahl** F nombre *m* de(s) points; SPORT score *m*

Punsch M ⟨~(e)s; ~e *ou* ~̈e⟩ punch *m*

Punze F ⟨~; ~n⟩ poinçon *m*

punzen V/T ⟨-(es)t, h.⟩ emboutir; ciseler; repousser

Punzen N ⟨~s⟩ emboutissage *m*; ciselure *f*; **Punzhammer** M marteau *m* à ciseler

Pup *umg* M ⟨~(e)s; ~e⟩ *umg* pet *m*

pupen *umg* V/I ⟨h.⟩ *umg* lâcher un pet; *umg* péter

Pupille F ⟨~; ~n⟩ pupille *f*

Pupillenerweiterung F dilatation *f* (de l'ouverture) pupillaire; **Pupillenstarre** F immobilité *f* des pupilles; **Pupillenverengung** F constriction *f*, resserrement *m* des pupilles

Püppchen N ⟨~s; ~⟩ petite poupée; *fig (Mädchen)* poupée *f*

Puppe F ⟨~; ~n⟩ 1 *Spielzeug* poupée *f*; **mit der ~** *od* **(den) ~n spielen** jouer à la poupée 2 *(Marionette)* marionnette *f*; pantin *m*; *fig* **die ~n tanzen lassen** *(rücksichtslos Einfluss nehmen)* tirer les ficelles; *(feiern) umg* faire la noce, la foire 3 *(Schaufensterpuppe, Schneiderpuppe)* mannequin *m* 4 ZOOL chrysalide *f*; nymphe *f*; *der Seidenraupe* cocon *m* 5 *umg (Mädchen) umg* nénette *f*; *umg* nana *f* 6 *umg* **bis in die ~n** très longtemps; jusqu'à une heure avancée; **bis in die ~n schlafen** faire la grasse matinée

Puppendoktor *umg* M réparateur *m* de poupées; **Puppengeschirr** N dînette *f*; ménage *m* de poupée; **Puppengesicht** N *fig* visage *m* de poupée; **Puppenhaus** N maison *f* de poupée; **Puppenherd** M cuisinière *f* de poupée; **Puppenküche** F cuisine *f* de poupée; **Puppenmöbel** NPL meubles *mpl* de poupée; **Puppenmutter** *umg* F maman *f* (de poupée); **Puppenspiel** N (jeu *m* de) marionnettes *fpl*; *(Kasperletheater)* guignol *m*; **Puppenspieler(in)** M(F) montreur, -euse *m,f* de marionnettes; marionnettiste *m/f*; **Puppenstube** F chambre *f* de poupée; **Puppentheater** N théâtre *m* de marionnettes; *(Kasperletheater)* guignol *m*; **Puppenwagen** M voiture *f* de poupée(s)

puppig *umg* ADJ *(niedlich)* mignon, -onne; *Gesicht* poupin

Pups *umg* M ⟨~es; ~e⟩ → Pup

pupsen *umg* V/I ⟨-(es)t, h.⟩ → pupen

pur ADJ *a. fig* pur; **~es Gold** or pur; **aus ~er Neugier(de)** par pure curiosité; **Whisky ~** whisky pur, nature; **s-n Whisky ~ trinken** boire son whisky sec

Püree N ⟨~s; ~s⟩ purée *f*

Purgatorium N ⟨~s⟩ REL purgatoire *m*

pürieren V/T ⟨*pas de ge-*, h.⟩ réduire en purée; **Pürierstab** M presse-purée *m (inv)*

Purin N ⟨~s; ~e, *souvent pl*⟩ CHEM purine *f*

Purismus M ⟨~⟩ KUNST, SPRACHPFLEGE purisme *m*; **Purist(in)** M ⟨~en; ~en⟩ (F) ⟨~in; ~innen⟩ puriste *m/f*; **puristisch** ADJ puriste

Puritaner(in) M ⟨~s; ~⟩ (F) ⟨~in; ~innen⟩ REL, *fig* puritain(e) *m(f)*; **puritanisch** ADJ puritain; **Puritanismus** M ⟨~⟩ puritanisme *m*

Purpur M ⟨~s⟩ *Farbstoff* pourpre *f*; *Farbton* pourpre *m*; **Purpurfarbe** F → Purpur

purpurfarben, purpurfarbig ADJ → purpurn

purpurn, purpurrot ADJ pourpre; *liter* pourpré; *poet, hum* purpurin; *Himmel* **sich ~ färben** s'empourprer

Purpurröte F pourpre *m*; **Purpurschnecke** F ZOOL pourprier *m*; *t/t* murex *m*

Purzelbaum M culbute *f*; roulade *f*; *umg* galipette *f*; **e-n ~ machen, schlagen** faire une culbute, *etc*

purzeln *umg* V/I ⟨-(e)le, s.⟩ tomber; *umg* dégringoler

pusseln *umg* V/I ⟨-(e)le, h.⟩ bricoler

Puste *umg* F ⟨~⟩ souffle *m*; haleine *f*; **außer ~, (ganz) aus der ~ sein** être °hors d'haleine; **mir geht die ~ aus** je suis essoufflé; *fig* **ihm ist die ~ ausgegangen** il est à bout de souffle

Pusteblume *umg* F dent-de-lion *f*; pissenlit *m*

Pustekuchen M *umg* **(ja) ~!** *umg* tintin!

Pustel F ⟨~; ~n⟩ MED pustule *f*; bouton *m*

pusten *umg* ⟨-ete, h.⟩ A V/T souffler; *umg fig* **ich werde dir was ~!** *umg* tu peux toujours courir! B V/I 1 *(blasen)* souffler **(in** [+akk] **sur)**; *umg bei e-r Verkehrskontrolle umg* souffler dans le ballon 2 *(außer Atem sein)* souffler; °haleter; être essoufflé

Puszta F ⟨~; -ten⟩ Puszta *f*

putativ ADJ JUR putatif, -ive

Putativehe F JUR mariage putatif; **Putativnotwehr** F JUR (état *m* de) légitime défense putative

Pute F ⟨~; ~n⟩ 1 ZOOL dinde *f*; **junge ~** dindonneau *m*; GASTR **gebratene ~** dinde rôtie 2 *umg pej (Mädchen, Frau)* **dumme ~** dinde *f*

Putenbraten M rôti *m* de dinde; **Putenbrust** F blanc *m* de dinde; **Putensalami** F salami *m* de dinde; **Putenschinken** M jambon *m* de dindonneau; **Putenschlegel** M *bes südd, österr* cuisse *f* de dinde; **Putenschnitzel** N escalope *f* de dinde; **Putenwurst** F saucisse *f* de dinde

Puter M ⟨~s; ~⟩ ZOOL dindon *m*

puterrot ADJ cramoisi; **~es Gesicht** visage empourpré; **~ werden** devenir rouge comme un coq; devenir écarlate

Putsch M ⟨~(e)s; ~e⟩ POL putsch *m*

putschen V/I ⟨h.⟩ POL faire un putsch

Putschist(in) M ⟨~en; ~en⟩ (F) ⟨~in; ~innen⟩ POL putschiste *m/f*

Putschversuch M POL tentative *f* de putsch; **e-n ~ machen** tenter un putsch

Putt M ⟨~s; ~s⟩ GOLF putt *m*

Putte F ⟨~; ~n⟩ MAL, SKULP putto *m*; angelot *m*

putten V/T *u.* V/I ⟨-ete, h.⟩ GOLF putter; **Putter** M ⟨~s; ~⟩ GOLF putter *m*

Putz M ⟨~es⟩ 1 BAU enduit *m*; crépi *m*; **mit ~ bewerfen** crépir; **unter ~** *(akk)* **legen** noyer; *umg fig* **auf den ~ hauen** *(feiern)* faire la fête, *umg* la nouba; *(angeben) umg* crâner; frimer; *sl* (se) la ramener 2 *(schmückende Kleidung)* parure *f* 3 *umg (Streit)* bagarre *f*; **~ machen** chercher la bagarre, *umg* des crosses

putzen ⟨-(es)t, h.⟩ A V/T 1 *(reinigen)* nettoyer; *(blank machen)* astiquer; *Schuhe* cirer; *Brille* essuyer; *Kerze* moucher; *Gemüse, Salat* éplucher; *Pferde (striegeln)* étriller; **sich** *(dat)* **die Nase ~** se moucher; **sich** *(dat)* **die Zähne ~** se laver, se brosser les dents; **~ gehen** *als Putzfrau* faire des ménages; *umg* **sie hat den Teller blank** *od* **leer geputzt** *umg* elle a nettoyé son assiette 2 *(schmücken)* orner; parer 3 *österr (chemisch reinigen)* nettoyer à sec B V/R **sich ~** *Katze, Vogel (sich reinigen)* faire sa toilette; *Personen (sich schmücken)* se faire beau; se parer

Putzen N ⟨~s⟩ nettoyage *m (a. der Brille, Schuhe)*; *der Zähne a.* brossage *m*; *von Gemüse, Salat* épluchage *m*; *der Pferde* pansage *m*; étrillage *m*

Putzfimmel *umg* M manie *f* de la propreté; **Putzfrau, Putzhilfe** F femme *f* de ménage

putzig *umg* ADJ mignon, -onne; *umg* croquignolet, -ette; *(seltsam)* drôle

Putzkolonne F service *m* de nettoyage; **Putzlappen** M chiffon *m*, torchon *m* (à nettoyer); **Putzleder** N peau *f* de chamois; **Putzmacherin** F ⟨~; ~nen⟩ modiste *f*; **Putzmittel** N produit *m* de nettoyage, d'entretien; **putzmunter** *umg* ADJ plein d'entrain; *umg* en pleine forme; **Putzsucht** F ⟨~⟩ coquetterie *f*; **putzsüchtig** ADJ coquet, -ette; **Putzteufel** *umg* M maniaque *f* du ménage; **Putztuch** N ⟨~(e)s; -tücher⟩ → Putzlappen; **Putzwolle** F (bourre *f* de) laine *f* à nettoyer, à polir; **Putzzeug** N ⟨~(e)s⟩ *koll* ustensiles *mpl* et produits *mpl* de nettoyage

puzzeln V/I ⟨h.⟩ faire un puzzle

P

Puzzle N ⟨~s; ~s⟩, **Puzzlespiel** N *a. fig* puzzle *m*
PVC N ⟨~(s)⟩ ABK (Polyvinylchlorid) PVC *m*
Pygmäe M ⟨~n; ~n⟩ pygmée *m*
Pyjama M *od* N ⟨~s; ~s⟩ pyjama *m*; **Pyjamahose** F pantalon *m* de pyjama; **Pyjamajacke** F veste *f* de pyjama
Pylon M ⟨~en; ~en⟩, **Pylone** F ⟨-e; -en⟩ ARCH pylône *m*
Pyramide F ⟨~; ~n⟩ MATH, ARCH, STATISTIK, *fig* pyramide *f*
pyramidenförmig ADJ pyramidal
Pyramus M ⟨→ *n/pr*⟩ MYTH Pyrame *m*
Pyrenäen PL **die ~** les Pyrénées *fpl*; **Pyrenäenhalbinsel** F péninsule *f* Ibérique
Pyrolyse F ⟨~; ~n⟩ CHEM pyrolyse *f*; **Pyromane** M ⟨~n; ~n⟩, **Pyromanin** F ⟨-in; -innen⟩ pyromane *m/f*; **Pyromanie** F ⟨~⟩ pyromanie *f*; **Pyrotechnik** F pyrotechnie *f*; **Pyrotechniker(in)** M(F) pyrotechnicien, -ienne *m,f*; artificier, -ière *m,f*; **pyrotechnisch** ADJ pyrotechnique
Pyrrhus M ⟨→ *n/pr*⟩ MYTH Pyrrhus *m*; **Pyrrhussieg** M victoire *f* à la Pyrrhus
Pythagoras M ⟨→ *n/pr*⟩ Pythagore *m*
Python M ⟨~s; ~s⟩, **Pythonschlange** F python *m*

Q

Q, q N ⟨Q, q; Q, q⟩ Q, q *m*
QbA ABK (Qualitätswein bestimmter Anbaugebiete) V.D.Q.S. (vins délimités de qualité supérieure)
qcm → cm^2
Qigong N ⟨~(s)⟩ *Entspannungstechnik* qi gong *m* (*inv*)
qkm, qm, qmm → km^2, m^2, mm^2
Quacksalber M ⟨~s; ~⟩ *pej* charlatan *m*; **Quacksalberei** F ⟨~; ~en⟩ *pej* charlatanisme *m*
Quad N ⟨~s; ~s⟩ AUTO quad *m*
Quaddel F ⟨~; ~n⟩ enflure *f*
Quader M ⟨~s; ~ *ou österr* ~s; ~n⟩ 1 MATH parallélépipède *m* rectangle 2 BAU → Quaderstein; **Quaderstein** M pierre *f* de taille (équarrie)
Quadrant M ⟨~en; ~en⟩ MATH quart *m* de cercle; quadrant *m*
Quadrat N 1 ⟨~(e)s; ~e⟩ GEOMETRIE carré *m*; **drei Meter im ~** carré de trois mètres de côté; MATH **5 im ~** 5 au carré; **ins ~ erheben** élever au carré 2 ⟨~(e)s; ~en⟩ TYPO cadrat *m*
Quadrat... IN ZSSGN *meist* carré
quadratisch ADJ carré; MATH (*im Quadrat*) quadratique; **~e Gleichung** équation *f* du second degré
Quadratkilometer M kilomètre carré; **Quadratlatschen** *umg* PL 1 (*große Füße*) *umg* grands panards 2 (*große Schuhe*) *umg* croquenots *mpl*; *umg* godillots *mpl*; **Quadratmeter** M *od* N mètre carré; **Quadratmeterpreis** M prix *m* au mètre carré; **Quadratmillimeter** M *od* N millimètre carré; **Quadratschädel** *umg* M 1 *Kopf umg* gueule carrée 2 *Mensch umg* tête *f* de mule
Quadratur F ⟨~; ~en⟩ ASTRON, MATH quadrature *f*; *geh fig* **die ~ des Kreises** la quadrature du cercle
Quadratwurzel F MATH racine carrée (**aus** de); **die ~ ziehen** extraire la racine carrée
Quadratzahl F (nombre) carré *m*; **Quadratzentimeter** M *od* N centimètre carré
quadrieren V/T ⟨*pas de ge-*, h.⟩ MATH élever au carré
Quadriga F ⟨~; -gen⟩ quadrige *m*
Quadrille F ⟨~; ~n⟩ quadrille *m*
quadro *umg* ADJ tétraphonique; **Quadrofonie** F ⟨~⟩ tétraphonie *f*; **quadrofon, quadrophon, Quadrophonie** → quadro, Quadrofonie
Quai M *od* N ⟨~s; ~s⟩ *schweiz* (*Kai, Uferstraße*) quai *m*
quak INT *Frosch* coa!; *Ente* couin!
quaken V/I ⟨h.⟩ *Frosch* coasser; *Ente* cancaner; faire couin, couin
Quaken N ⟨~s⟩ *der Frösche* coassement *m*; *der Enten* coin-coin *m*
quäken V/I ⟨h.⟩ 1 *Stimme, Radio* glapir 2 *Baby umg* piailler; *klagend* couiner; *dauernd* criailler
Quäken N ⟨~s⟩ 1 *e-r Stimme* glapissement *m*; piaillement *m*; *des Radios* piaillement *m* 2 *e-s Babys* cris *mpl*
Quäker(in) M ⟨~s; ~⟩ (F) ⟨~in; ~innen⟩ quaker, -keresse *m,f*; **Quäkertum** N ⟨~(e)s⟩ quakerisme *m*
Qual F ⟨~; ~en⟩ tourment *m*; torture *f*; supplice *m*; (*Leidensweg*) calvaire *m*; **die ~ der Wahl** l'embarras *m* du choix; **für j-n eine (einzige) ~ sein** être un (vrai) supplice pour qn
quälen ⟨h.⟩ A V/T *a. fig* tourmenter; (*foltern*) torturer; *Sorgen etc* obséder; tracasser; (*belästigen*) °harceler; **j-n zu Tode ~** faire mourir qn à petit feu; **quäl mich nicht mit diesen Fragen!** ne m'importune pas avec ces questions! B V/R **sich ~** (*Schmerzen haben*) souffrir le martyre; être au supplice; (*sich abmühen*) se donner bien du mal, de la peine; (*mühsam vorankommen*) avancer péniblement; peiner
quälend ADJT qui tourmente; *Sorgen, Reue etc* obsédant; lancinant; **~er Gedanke** pensée torturante; **~er Schmerz** douleur *f* atroce; supplice *m*
Quälerei F ⟨~; ~en⟩ supplice *m*; torture *f*
Quälgeist *umg* M *umg* casse-pieds *m*
Qualifikation F ⟨~; ~en⟩ qualification *f*; (*Befähigung*) aptitude *f*; compétence *f*
Qualifikationskampf M SPORT match *m* de qualification; **Qualifikationsrunde** F SPORT tour *m* de qualification; **Qualifikationsspiel** M match *m* de qualification
qualifizieren V/T (*u.* V/R) ⟨*pas de ge-*, h.⟩ **(sich) (für etw) ~** (se) qualifier (pour qc)
qualifiziert ADJT qualifié (*a.* SPORT, JUR); **Qualifizierung** F ⟨~; ~en⟩ qualification *f* (*a.* SPORT)
Qualifying N ⟨~⟩ MOTORSPORT qualifications *fpl*
Qualität F ⟨~; ~en⟩ qualité *f*
qualitativ A ADJ qualitatif, -ive B ADV qualitativement; **~ sehr gut, sehr schlecht** (sein être) de très bonne, mauvaise qualité
Qualitäts... IN ZSSGN de qualité; **Qualitätsabweichung** F écart qualitatif; **Qualitätsarbeit** F travail *m* de qualité; **Qualitätsartikel** M article *m* de qualité; → *a.* Qualitätsware; **qualitätsbewusst** ADJ conscient de la qualité; **Qualitätserzeugnis** N produit *m* de choix; **Qualitätsgarantie** F garantie *f* de qualité; **Qualitätskontrolle** F contrôle *m* de (la) qualité; **Qualitätsmanagement** N gestion *f* de qualité; **Qualitätsmarke** F label *m* (de qualité); **Qualitätsminderung** F baisse *f* de la qualité; **Qualitätsnorm** F norme *f* de qualité; **Qualitätsprodukt** N produit *m* de choix; **Qualitätsprüfung** F *e-r Ware* vérification *f* de la qualité; **Qualitätssicherung** F assurance *f* qualité; **Qualitätsüberwachung** F contrôle *m* de la qualité; **Qualitätsunterschied** M différence *f* de qualité; **Qualitätsverbesserung** F amélioration *f* de la qualité; **Qualitätsware** F marchandise *f* de choix; **Qualitätswein** M vin *m* de qualité
Qualle F ⟨~; ~n⟩ méduse *f*
Qualm M ⟨~(e)s⟩ fumée épaisse; bouffées *fpl* de fumée
qualmen ⟨h.⟩ A *umg* V/T (*rauchen*) *umg* griller B V/I 1 répandre une fumée épaisse; *Fackel* fumer; **hier qualmt etwas** il y a de la fumée ici 2 *umg* (*rauchen*) *umg* fumer comme un pompier, une locomotive
qualvoll ADJ très douloureux, -euse; *plus fort* cruel, -elle; atroce
Quant N ⟨~s; ~en⟩ PHYS quantum *m*
Quäntchen *geh* N ⟨~s; ~⟩ *a. fig* soupçon *m*; *fig* **ein ~ Hoffnung** une lueur d'espoir
Quanten *umg* PL (*Füße*) *umg* (grands) panards *mpl*; (*Schuhe*) *umg* godasses *fpl*; *große umg* croquenots *mpl*; *umg* godillots *mpl*
Quantenmechanik F PHYS mécanique *f* quantique; **Quantensprung** M saut *m* quantique; **Quantentheorie** F ⟨~⟩ théorie *f* quantique, des quanta
Quantität F ⟨~; ~en⟩ quantité *f*
quantitativ A ADJ quantitatif, -ive B ADV quantitativement
Quantum N ⟨~s; -ten⟩ (*Anteil*) portion *f*, part *f* (**an** [+ *dat*] de)
Quappe F ⟨~; ~n⟩ 1 (*Aalquappe*) lotte *f* 2 (*Kaulquappe*) têtard *m*
Quarantäne F ⟨~; ~n⟩ quarantaine *f*; **unter ~** (*akk*) **stellen** mettre en quarantaine; **unter ~** (*dat*) **stehen** être en quarantaine
Quarantänestation F lazaret *m*
Quargel M ⟨~s; ~⟩ *österr: petit fromage maigre à odeur forte*
Quark[1] M ⟨~s⟩ 1 GASTR fromage blanc 2 *umg fig* → Quatsch
Quark[2] N ⟨~s; ~s⟩ PHYS quark *m*
Quarkspeise F dessert *m* à base de fromage blanc
Quart[1] N ⟨~(e)s⟩ TYPO in-quarto *m*
Quart[2] F ⟨~; ~en⟩ MUS, SPORT quarte *f*
Quarta F ⟨~; -ten⟩ *in Deutschland regional* troisième, *österr* quatrième année de l'enseignement secondaire
Quartal N ⟨~s; ~e⟩ trimestre *m*
Quartals... IN ZSSGN trimestriel, -ielle; **Quartalssäufer(in)** *umg* M(F) *personne qui a des crises d'ivrognerie*
quartal(s)weise ADV par trimestre
Quartaner(in) M ⟨~s; ~⟩ (F) ⟨~in; ~innen⟩ *in Deutschland regional* élève *m/f* de troisième, *österr* de quatrième année de l'enseignement secondaire
Quartär N ⟨~s⟩ GEOL quaternaire *m*
Quartband M (volume *m*) in-quarto *m*
Quarte F ⟨~; ~n⟩ MUS quarte *f*
Quartett N ⟨~(e)s; ~e⟩ 1 MUS quatuor *m* 2 *fig* bande *f* des quatre; quatuor *m* 3 METRIK quatrain *m* 4 KARTENSPIEL jeu de cartes qui consiste à réunir des carrés; *vier gleiche Karten* carré *m*
Quartformat N ⟨~(e)s⟩ format *m* in-quarto
Quartier N ⟨~s; ~e⟩ 1 (*Unterkunft*) logement *m*; MIL *a.* quartiers *mpl*; cantonnement *m*; **~ nehmen** *od* **beziehen** loger (**bei j-m** chez qn); *im Hotel a.* descendre (à l'hôtel) 2 *schweiz, österr* (*Stadtviertel*) quartier *m*
Quarz M ⟨~es; ~e⟩ quartz *m*
Quarzgestein N roche quartzeuse; **Quarzglas** N ⟨~es⟩ verre quartzeux; **quarzhaltig** ADJ quartzifère; quartzeux, -euse
Quarzit M ⟨~s; ~e⟩ quartzite *m*

Q

Quarzlampe F lampe *f* à (tube de) quartz; **Quarzsteuerung** F ELEK, *e-r Uhr* commande *f* (de fréquence) par quartz; **Quarzuhr** F montre *f* à quartz

Quasar M ⟨~s; ~e⟩ ASTRON quasar *m*

quasi ADV pour ainsi dire; *umg* quasiment

Quasselei *umg* F ⟨~; ~en⟩ jacasserie *f*

quasseln *umg* VI *u.* VT ⟨-(e)le, h.⟩ jacasser

Quasselstrippe *umg* F 1 *pej Person umg* moulin *m* à paroles 2 *hum (Telefon) umg* bigophone *m*

Quast M ⟨~es; ~e⟩ *des Anstreichers* balai *m*; brosse *f*

Quaste F ⟨~; ~n⟩ 1 *(Puderquaste)* °houppe(tte) *f* 2 *(Troddel)* gland *m*; pompon *m*; **Quastenflosser** M ⟨~s; ~⟩ ZOOL cœlacanthe *m*

Quästor M ⟨~s; -toren⟩ 1 HIST questeur *m* 2 *schweiz* trésorier *m* (d'une association)

Quästur F ⟨~; ~en⟩ 1 HIST questure *f* 2 *(Universitätskasse)* caisse *f* (d'une université)

Quatsch *umg* M ⟨~(e)s⟩ *Handlung, Äußerung* bêtise(s) *fpl*; *umg* connerie(s) *f(pl)*; **~ reden** *umg* déconner; **das ist ~!** *umg* c'est de la foutaise!; **mach keinen ~!** ne fais pas de bêtise, *umg* de connerie!

quatschen *umg* ⟨h.⟩ A VT *umg* sortir; **Unsinn ~** *umg* sortir des âneries B VI 1 *(klatschen)* papoter; cancaner; *umg* tchatcher; **sie hat gequatscht** *(es ausgeplaudert)* elle a bavardé 2 *(dummes Zeug reden)* dire des âneries; *umg* déconner

Quatschkopf *umg* M *(Schwätzer) umg* moulin *m* à paroles; *(Dummkopf)* crétin(e) *m(f)*

Quebec N ⟨→ n/pr⟩ *Land* le Québec; *Stadt* Québec

Quecke F ⟨~; ~n⟩ BOT chiendent *m*

Quecksilber N mercure *m*; *a. fig* vif-argent *m*; **Quecksilberbarometer** N baromètre *m* à mercure; **quecksilberhaltig** ADJ qui contient du mercure; *t/t* mercuriel, -ielle; **quecksilberig** ADJ 1 mercuriel, -ielle 2 *fig* vif, vive; **Quecksilbersäule** F colonne *f* de mercure; **Quecksilberthermometer** N thermomètre *m* à mercure; **Quecksilbervergiftung** F intoxication *f* par le mercure

quecksilbrig ADJ 1 mercuriel, -ielle 2 *fig* vif, vive

Quell *poet* M ⟨~(e)s; ~e⟩ source *f (a. fig)*; **ein ~ der Jugend** une fontaine de jouvence

Quellbewölkung F (amoncellement *m* de) cumulus *mpl*

Quelle F ⟨~; ~n⟩ source *f (a. fig)*; fontaine *f*; *(Ölquelle)* puits *m*; *(Ursprung)* origine *f*; **an der ~ kaufen** acheter au producteur; *umg fig* **an der ~ sitzen** être bien placé (pour obtenir, savoir, *etc* qc); **wie aus zuverlässiger ~ verlautet, …** comme nous l'apprenons de source sûre, autorisée …; *umg* **für Jeans habe ich e-e gute ~** j'ai une bonne adresse pour les jeans

quellen[1] VI ⟨quillt, quoll, gequollen, s.⟩ *Wasser etc* jaillir (**aus** de); *in großer Menge* couler, s'écouler à gros bouillons (de); **ihm quollen die Augen (fast) aus dem Kopf** les yeux lui sortaient de la tête

quellen[2] A VT ⟨quellt, quellte, gequellt, h.⟩ *Erbsen, Bohnen etc* faire gonfler B VI ⟨quillt, quoll, gequollen, s.⟩ *Erbsen, Bohnen, Holz* gonfler; *Karton, Holz etc* (se) gondoler; *Wolken* s'amonceler; *Erbsen etc* **~ lassen** faire tremper

Quellenangabe F indication *f* des sources; référence *f*; **Quellenforscher(in)** M(F) spécialiste *m/f* des sources; **Quellenforschung** F recherche *f* des sources; **Quellennachweis** M → Quellenangabe; **Quellensteuer** F impôt prélevé à la source; **Quellenstudium** N étude *f* des sources

Quellfluss M source *f*; **Quellgebiet** N région *f* des sources; **Quellnymphe** F nymphe *f*; **Quellwasser** N ⟨~s; ~⟩ eau *f* de source

Quendel M ⟨~s; ~⟩ BOT serpolet *m*

Quengelei *umg* F ⟨~; ~en⟩ *umg* pleurnicheries *fpl*; *(Nörgelei) umg* ronchonnements *mpl*

quengelig *umg* ADJ *umg* pleurnichard; *umg* grognon, -onne; *(nörgelnd) umg* ronchonneur, -euse

Quengelliese *umg* F ⟨~; ~n⟩ → Quengler(in)

quengeln *umg* VI ⟨-(e)le, h.⟩ *umg* pleurnicher; *Kind a. umg* grogner; *(nörgeln) umg* ronchonner

Quengler(in) *umg* M ⟨~s; ~⟩ (F) ⟨~in; ~innen⟩ *umg* ronchon, -onne *m,f*; grognon, -onne *m,f*; *umg* geignard(e) *m(f)*; *Kind a.* (enfant *m*) grognon *m*; *(Nörgler[in]) umg* râleur, -euse *m,f*

quenglig → quengelig

Quentchen N → Quäntchen

quer ADV *(schräg)* de travers; *(von e-r Längsachse abweichend)* en travers (de); *(diagonal)* en diagonale; **~ gestreift** à rayures transversales; **~ durch, ~ über** *(+akk)* à travers; → Garten, querlegen, querschießen

Querachse F axe transversal; **Querbalken** M 1 BAU poutre transversale; traverse *f* 2 HERALDIK barre *f*; **Querbau** M ⟨~(e)s; ~ten⟩ → Quergebäude; **Querbaum** M traverse *f*

querbeet *umg* ADV sans but; pêle-mêle

Querdenker(in) M(F) non-conformiste *m/f*

querdurch ADV à travers

Quere F ⟨~⟩ **der ~ nach** transversalement; *(schräg)* en biais; *umg* **j-m in die ~ kommen** *a. fig* être sur le chemin de qn; *fig* contrecarrer, contrarier les projets, desseins de qn; *umg* **es ist ihm etwas in die ~ gekommen** il a eu un contretemps, un empêchement

Quereinsteiger(in) M ⟨~s; ~⟩ (F) ⟨~in; ~innen⟩ personne *f* qui a un profil (professionnel) atypique; **Quereinstieg** M *im Studium, Beruf* changement *m* de cap

Querele *geh* F ⟨~; ~n⟩ divergence *f* (**um** au sujet, à propos de)

queren VT ⟨h.⟩ traverser

querfeldein ADV à travers champs

Querfeldeinlauf M cross-country *m*; **Querfeldeinrennen** N cyclo-cross *m*

Querflöte F flûte traversière; **Querformat** N format *m* oblong; *t/t* format *m* à l'italienne; **Quergebäude** N bâtiment *m* perpendiculaire; **quergestreift** ADJ → quer; **Querhaus** N ARCH transept *m*; **Querholz** N traverse *f* (de bois); entretoise *f*; *e-s Fensterkreuzes* croisillon *m*; **Querkopf** *umg* M *umg* cabochard(e) *m(f)*; **querköpfig** *umg* ADJ *umg* cabochard; **Querköpfigkeit** *umg* F ⟨~⟩ *umg* caractère cabochard; **Querlatte** F barre transversale; SPORT barre *f*; transversale *f*

querlegen *umg* VR ⟨*sép*, -ge-, h.⟩ **sich ~** se buter; se braquer

Querleiste F traverse *f*; **Querlinie** F ligne transversale; **Querpass** M SPORT transversale *f*; **Querrichtung** F sens *m* de la largeur; **Querrinne** F *auf Straßen* cassis *m*; **Querruder** N FLUG aileron *m*; **querschießen** *umg* VI ⟨*irr*, *sép*, -ge-, h.⟩ mettre des bâtons dans les roues; **Querschiff** N ARCH transept *m*; **Querschläger** M MIL ricochet *m*

Querschnitt M 1 section *f*, coupe *f* (transversale) (**durch** de) 2 *Ansicht* vue *f* en coupe; profil *m* 3 *fig (Überblick)* aperçu *m*; **ein repräsentativer ~ durch die Bevölkerung** un échantillon représentatif de la population

querschnitt(s)gelähmt ADJT paraplégique; **Querschnitt(s)gelähmte(r)** M/F(M) ⟨→ A⟩ paraplégique *m/f*; **Querschnitt(s)lähmung** F paraplégie *f*

Querstange F traverse *f*; barre *f*

Querstraße F rue transversale; **die zweite ~ rechts** la deuxième rue à droite

Querstrebe F traverse *f*; entretoise *f*; **Querstreifen** M bande, raie transversale; **Querstrich** M barre *f*; **Quersumme** F somme *f* des chiffres d'un nombre; **Querträger** M BAU traverse *f*; poutre transversale; **Quertreiber(in)** *umg* M(F) intrigant(e) *m(f)*; empêcheur, -euse *m,f* de danser en rond; **Quertreiberei** F ⟨~; ~en⟩ intrigues *fpl*; menées sourdes; machinations *fpl*; *umg* manigances *fpl*

Querulant(in) M ⟨~en; ~en⟩ (F) ⟨~in; ~innen⟩ *pej* râleur, -euse *m,f*; *umg* rouspéteur, -euse *m,f*

Querverbindung F TECH *etc* liaison transversale; *fig* lien *m*; **Querverweis** M *in e-m Text* renvoi *m* (**auf** [+ *akk*] à)

Quetsche[1] F ⟨~; ~n⟩ *regional (Kartoffelquetsche)* presse-purée *m*

Quetsche[2] F ⟨~; ~n⟩ *regional (Zwetsche)* quetsche *f*

quetschen ⟨h.⟩ A VT 1 *(pressen)* presser; pressurer; *zu Brei* écraser; *Kartoffeln* mettre en purée 2 MED meurtrir; contusionner 3 *(unterbringen)* tasser; *umg* fourrer; *umg* **etw in die hinterste Ecke ~** *umg* caser qc tout au fond; **sich** *(dat)* **die Finger in der Tür ~** se coincer les doigts dans la porte B VR *umg* **sich in, durch etw** *(akk)* **~** entrer de force dans, se frayer un passage à travers qc

Quetschfalte F pli plat; **Quetschkartoffeln** FPL *regional* purée *f* de pommes de terre; **Quetschkommode** *umg* F accordéon *m*; **Quetschung** F ⟨~; ~en⟩ MED contusion *f*; **Quetschwunde** F contusion *f*; plaie contuse

Queue N ⟨~s; ~s⟩ BILLARD queue *f* (de billard)

quicklebendig *umg* ADJ vif, vive; alerte

Quickstepp M ⟨~s; ~s⟩ *Tanz* step *m*

quiek INT cuic!

quiek(s)en VI ⟨h.⟩ pousser des petits cris (aigus); *umg* couiner; **vor Vergnügen ~** glousser de plaisir

Quietismus M ⟨~⟩ REL quiétisme *m*; **quietistisch** ADJ quiétiste

quietschen VI ⟨h.⟩ *Tür, Bremse etc* grincer; **quietschvergnügt** *umg*, **quietschfidel** *umg* ADJ gai comme un pinson; tout(e) joyeux, -euse

quillt → quellen[1]

Quint F ⟨~; ~en⟩ → Quinte

Quinta F ⟨~; -ten⟩ *in Deutschland regional* deuxième, *österr* cinquième année de l'enseignement secondaire

Quintaner(in) M ⟨~s; ~⟩ (F) ⟨~in; ~innen⟩ *in Deutschland regional* élève *m/f* de deuxième, *österr* de cinquième année de l'enseignement secondaire

Quinte F ⟨~; ~n⟩ MUS, SPORT quinte *f*

Quintessenz *geh* F quintessence *f*

Quintett N ⟨~(e)s; ~e⟩ MUS quintette *m*

Quirl M ⟨~(e)s; ~e⟩ 1 GASTR batteur *m* 2 *umg fig* tourbillon *m*

quirlen VT ⟨h.⟩ battre

quirlig ADJ *Person* qui ne tient pas en place; remuant; *plus fort* turbulent

quitt *umg* ADJ ⟨*attribut*⟩ quitte; **nun sind wir ~** nous voilà quittes; **mit j-m ~ sein** être quitte envers qn

Quitte F ⟨~; ~n⟩ *Frucht* coing *m; Baum* cognassier *m;* **quittegelb** ADJ jaune comme un coing
Quittenbaum M cognassier *m;* **quittengelb** ADJ jaune comme un coing; **Quittengelee** N *od* M gelée *f* de coings
quittieren V/T ⟨*pas de ge-*, h.⟩ **e-e Rechnung ~** (*schriftlich bestätigen*) acquitter une facture; *fig* **e-e Beleidigung mit e-m Lächeln ~** répondre à une offense par un sourire; **den Dienst ~** quitter ses fonctions
Quittung F ⟨~; ~en⟩ 1 quittance *f*, reçu *m* (**über** [*+akk*] pour); **gegen ~** contre quittance, reçu; **e-e ~ ausstellen (lassen)** (se faire) établir une quittance, un reçu (**über** [*+akk*] pour) 2 *fig* réponse *f;* **das ist die ~ für deine Unverschämtheit** c'est la récompense de, pour ton insolence
Quittungsblock M ⟨~s; ~s *ou* -blöcke⟩ carnet *m* de quittances
Quiz N ⟨~; ~⟩ quiz *m;* RADIO, TV *a.* jeu *m* de questions-réponses; TV *a.* jeu (télévisé)
Quizmaster M ⟨~s; ~⟩ animateur, -trice *m,f* (de jeux télévisés, *etc*); **Quizsendung** F émission *f* de jeux (radiophoniques *bzw.* télévisés); quiz *m*
quoll → quellen[1]
Quorum N ⟨~s⟩ quorum *m*
Quote F ⟨~; ~n⟩ (*Teilbetrag*) quote-part *f;* (*festgesetzte Menge*) quota *m;* contingent *m;* (*Prozentsatz*) taux *m;* pourcentage *m*
Quotenregelung F contingentement *m* des postes réservés aux femmes
Quotient M ⟨~en; ~en⟩ quotient *m*
quotieren V/T ⟨*pas de ge-*, h.⟩ coter; indiquer le cours de

R

R, r N ⟨R, r; R, r⟩ R, r *m*
r. ABK (rechts) à droite
R. ABK (Regiment) régiment
RA ABK (Rechtsanwalt) avocat *m; mit Namen* M[e] (Maître)
Rabatt M ⟨~(e)s; ~e⟩ remise *f;* réduction *f* (de prix); HANDEL rabais *m;* **e-n ~ (auf etw** [*akk*]**) geben** faire un rabais, une remise sur qc; **mit ~ verkaufen** vendre au rabais
Rabatte F ⟨~; ~n⟩ GARTEN plate-bande *f;* bordure *f*
Rabattgesetz N loi *f* sur les remises commerciales
rabattieren V/T ⟨*pas de ge-*, h.⟩ HANDEL **etw mit 20 Prozent ~** accorder une remise, un rabais de 20 pour cent sur qc; rabattre 20 pour cent du prix de qc
Rabattmarke F *früher* timbre *m* d'escompte; **Rabattsatz** M (taux *m* de) remise *f*
Rabatz *umg* M ⟨~es⟩ (*Krach*) *umg* boucan *m;* tapage *m;* (*heftiger Protest*) **~ machen** *umg* faire du foin
Rabauke *umg* M ⟨~n; ~n⟩ vandale *m;* → *a.* Radaubruder
Rabbi M ⟨~(s); Rabbinen *ou* ~s⟩ rabbin *m;* **Rabbinat** N ⟨~(e)s; ~e⟩ rabbinat *m*
Rabbiner M ⟨~s; ~⟩ rabbin *m;* **rabbinisch** ADJ rabbinique
Rabe M ⟨~n; ~n⟩ corbeau *m; fig* **weißer ~** merle blanc; **stehlen wie ein ~** être voleur comme une pie; *umg* **schwarz wie die ~n** (*schmutzig*) tout crotté
Rabenaas *sl* N ⟨~es; -äser⟩ *Schimpfwort* ordure *f;* charogne *f; Mann a.* fumier *m;* **Rabeneltern** PL parents dénaturés; **Rabenmutter** F ⟨~; -mütter⟩ mère dénaturée; mauvaise mère; *plus fort* marâtre *f*
rabenschwarz ADJ noir comme un corbeau, comme (du) jais; **~er Tag** mauvais jour; jour bien triste
Rabenvater M père dénaturé; mauvais père; **Rabenvögel** MPL *t/t* corvidés *mpl*
rabiat ADJ 1 (*gewalttätig*) violent; (*roh*) brutal; **~ werden** devenir agressif, violent 2 (*wütend*) furieux, -ieuse
Rache F ⟨~⟩ vengeance *f;* **fürchterliche ~** vengeance terrible, atroce; **aus ~ für etw** pour se venger de qc; **~ üben** se venger; **(an j-m) ~ nehmen** se venger (de qn); exercer sa vengeance sur qn; **~ für etw nehmen** tirer vengeance, se venger de qc; **an j-m für etw ~ nehmen** se venger de qc sur qn; *geh* **auf ~** (*akk*) **sinnen** méditer une vengeance; **~ schwören** jurer de se venger; **nach ~ schreien** crier vengeance; *umg hum* **das ist die ~ des kleinen Mannes** c'est la revanche des faibles; **~ ist süß** il est doux de se venger
Racheakt M acte *m* de vengeance; **Rachedurst** *geh* M soif *f* de vengeance; **rachedurstig** *geh* ADJ assoiffé de vengeance; **Racheengel** M ange vengeur; **Rachegedanke** F idée *f* de vengeance; **Rachegefühl** N sentiment *m* de vengeance; rancune *f;* **Rachegöttin** F déesse *f* de la vengeance
Rachen M ⟨~s; ~⟩ 1 ANAT gorge *f;* gosier *m; t/t* pharynx *m* 2 ZOOL (*Maul*) gueule *f; umg* **j-m den ~ stopfen** *umg* clouer le bec à qn; *umg* **j-m etw in den ~ werfen** jeter qc en pâture à qn 3 *fig* (*Abgrund*) gouffre *m;* gueule *f*
rächen ⟨h.⟩ A V/T venger B V/R 1 **sich ~** se venger; **sich an j-m ~** se venger, tirer vengeance de qn; **sich für etw ~** se venger de qc; **sich für etw an j-m ~** se venger de qc sur qn 2 *fig* **das wird sich ~** cela se paiera; cela aura des conséquences fâcheuses
Rachenabstrich M MED prélèvement *m* (de mucosités) dans le pharynx; **Rachenblütler** MPL BOT scrofulariacées *od* scrofularinées *fpl;* **Rachenentzündung** F MED pharyngite *f;* **Rachenhöhle** F ANAT pharynx *m;* **Rachenkatarr(h)** M MED pharyngite *f;* **Rachenlaut** M PHON (consonne *f*) pharyngale *f;* **Rachenmandel** F ANAT amygdale *f;* **Rachenputzer** *umg* M ⟨~s; ~⟩ *Wein* piquette *f; Schnaps umg* tord-boyaux *m;* **Rachenspiegel** M MED pharyngoscope *m*
Rächer(in) M ⟨~s; ~⟩ (F) ⟨~in; ~innen⟩ vengeur *m*, vengeresse *f*
Rachgier F soif *f* de vengeance; **rachgierig** ADJ vindicatif, -ive
Rachitis F ⟨~; -tiden⟩ rachitisme *m;* **rachitisch** ADJ rachitique
Rachsucht F ⟨~⟩ → Rachgier; **rachsüchtig** → rachgierig
Racker M ⟨~s; ~⟩ *Junge* (petit) polisson *m*, garnement *m; Mädchen* (petite) polissonne *f*, chipie *f*
rackern *umg* V/I ⟨-(e)re, h.⟩ *umg* trimer; *umg* se crever au boulot
Racket N ⟨~s; ~s⟩ raquette *f* (de tennis)
Raclette N ⟨~s; ~s⟩ *od* F ⟨~; ~s⟩ GASTR raclette *f*
Rad N ⟨~(e)s; ¨~er⟩ 1 roue *f;* **das ~ der Geschichte** la roue du temps; *fig* **das fünfte ~ am Wagen sein** être la cinquième roue du carrosse; HIST **aufs ~ flechten** rouer; **unter die Räder kommen** *e-s Autos* se faire écraser; *umg fig* aller à sa perte; sombrer; *finanziell umg* faire la culbute; *moralisch* mal tourner 2 (*Fahrrad*) bicyclette *f;* vélo *m;* **~ fahren** (*mit dem ~ fahren*) faire du vélo; *in e-e bestimmte Richtung* aller en vélo, à bicyclette; *umg pej umg* faire de la lèche; *umg* fayoter; **mit dem ~ fahren** aller en vélo, à bicyclette (**nach** à *bzw.* en) 3 SPORT **~ schlagen** faire la roue; **ein ~ schlagen** SPORT faire une roue; *Pfau* faire la roue
Rad... → *a.* Fahrrad...
Radabstand M écartement *m* des roues; **Radachse** F essieu *m;* **Radantrieb** M entraînement *m* par roue(s)
Radar N *od* M ⟨~s; ~e⟩ radar *m;* **Radaranlage** F (installation *f* de) radar *m;* **Radarantenne** F antenne *f* radar; **Radarbild** N image *f* radar; **Radarbug** M FLUG radôme *m;* **Radarempfänger** M récepteur *m* radar; **Radarfalle** *umg* F contrôle-radar (non signalé); **radargelenkt** ADJT guidé par radar; **Radargerät** N (appareil *m*) radar *m;* **radargesteuert** ADJT → radargelenkt; **Radarkontrolle** F contrôle-radar *m;* **Radarnase** F FLUG radôme *m;* **Radarnetz** N chaîne *f* de radars; **Radarschirm** M écran *m* radar; **Radarstation** F station *f* radar; **Radarsteuerung** F pilotage *m* par *od* au radar; **Radarsystem** N système *m* radar; **Radartechnik** F ⟨~⟩ technique *f* (du) radar; **Radartechniker(in)** M(F) radariste *m/f;* **Radarwagen** M voiture-radar *f*
Radau *umg* M ⟨~s⟩ *umg* boucan *m; umg* raffut *m;* chahut *m;* potin *m;* **~ machen** *umg* faire du boucan, *etc*
Radaubruder *umg* M (*Krachmacher*) chahuteur *m;* (*Raufbold*) bagarreur *m*
Radaufhängung F AUTO suspension *f*
Radaumacher M → Radaubruder
Radball M ⟨~(e)s⟩ polo-vélo *m;* **Radbremse** F frein *m* sur roue
Rädchen N ⟨~s; ~⟩ petite roue; roulette *f* (*a. Teigrädchen*); *umg fig* **nur ein ~ im Getriebe sein** n'être qu'un simple rouage (de la machine)
Raddampfer M bateau *m* (à vapeur) à aubes
radebrechen V/I (*u.* V/T) ⟨radebrecht, radebrechte, geradebrecht, h.⟩ **(e-e Sprache) ~** baragouiner une langue; parler petit nègre; **(in) Französisch ~** parler français comme une vache espagnole
radeln *umg* V/I ⟨-(e)le, s.⟩ (*mit dem Rad fahren*) faire du vélo; *in e-e bestimmte Richtung* aller en vélo, à bicyclette
Rädelsführer(in) M(F) *e-r Verschwörung* instigateur, -trice *m,f; e-r Bande* chef *m; e-s Streiks etc* meneur, -euse *m,f*
rädern V/T ⟨-(e)re, h.⟩ 1 HIST rouer 2 *fig* **wie gerädert sein** être rompu (de fatigue), *umg* vanné, *umg* crevé
Rädern N ⟨~s⟩ HIST supplice *m* de la roue
Rädertierchen NPL *t/t* rotateurs *mpl*
Räderwerk N *a. fig* rouage *m;* engrenage *m; fig* **ins ~ der Justiz geraten** être pris dans les mailles de la justice
radfahren V/I → Rad 2
Radfahren N vélo *m;* **~ verboten!** interdit aux cyclistes!
Radfahrer(in) M(F) 1 cycliste *m/f* 2 *umg pej umg* lèche-bottes *m;* **Radfahrweg** M piste *f* cyclable; **Radfelge** F jante *f* (de bicyclette); **Radgabel** F fourche *f*
Radi M ⟨~s; ~⟩ *österr, südd* radis blanc
radial ADJ radial
Radialbewegung F mouvement radial; **Radialreifen** M pneu *m* à carcasse radiale
Radiant M ⟨~en; ~en⟩ MATH radian *m*
Radiator M ⟨~s; -toren⟩ radiateur *m*
Radicchio M ⟨~s⟩ salade *f* de Trévise
radieren V/T ⟨*pas de ge-*, h.⟩ 1 (*aus~*) effacer (à la gomme); gommer 2 KUNST graver à l'eau-forte
Radieren N ⟨~s⟩ 1 (*Ausradieren*) grattage *m;* effacement *m* (à la gomme, au grattoir) 2

→ Radierung
Radiergummi M gomme *f*; **Radiermesser** N grattoir *m*; **Radiernadel** F échoppe *f*; pointe *f* (de graveur)
Radierung F ⟨~; ~en⟩ (gravure *f* à l'eau-forte *f*
Radieschen N ⟨~s; ~⟩ (petit) radis; *umg fig* **(sich** *[dat]*) **die ~ von unten ansehen** *umg* manger les pissenlits par la racine
radikal ADJ *(durchgreifend)* radical; POL extrémiste; **~e Maßnahme** mesure draconienne, radicale; **~er werden** se radicaliser
Radikal N ⟨~s; ~e⟩ CHEM radical *m*
Radikale(r) M/F(M) ⟨→ A⟩ POL extrémiste *m/f*
Radikalenerlass M ⟨~es⟩ *Deutschland* décret *m* excluant de la fonction publique toute personne ayant des opinions extrémistes
Radikalinski *umg pej* M ⟨~s; ~s⟩ extrémiste *m/f*; *(Linksradikale[r])* *umg* gaucho *m*; *(Rechtsradikale[r])* *umg* facho *m*
radikalisieren V/T ⟨*pas de ge-*, h.⟩ radicaliser; **Radikalisierung** F ⟨~⟩ POL radicalisation *f*
radikalislamisch ADJ islamiste (radical)
Radikalismus M ⟨~; -men⟩ extrémisme *m*; **Radikalität** F ⟨~⟩ radicalité *f*
Radikalkur F MED, *fig* cure radicale
Radikand M ⟨~en; ~en⟩ MATH nombre *m*, quantité *f* sous le radical
Radio N ⟨~s; ~s⟩ 1 ⟨*pas de pl*⟩ *(Rundfunk)* radiodiffusion *f*; radio *f*; **~ hören** écouter la radio; **etw im ~ hören** entendre qc à la radio; **im ~ übertragen** radiodiffuser 2 *Gerät* radio *f*
radioaktiv ADJ radioactif, -ive; **~er Abfall** déchets radioactifs; **~e Strahlung** irradiation *f*
Radioaktivität F ⟨~⟩ radioactivité *f*
Radioapparat M (poste *m* de) radio *f*
Radioastronomie F radioastronomie *f*; **Radiochemie** F radiochimie *f*
Radiodurchsage F communiqué radiophonique, radiodiffusé; **Radioempfang** M réception *f* radio; **Radiogerät** N récepteur *m* radio; (poste *m* de) radio *f*
Radiografie F ⟨~⟩ radiographie *f*; **Radiogramm** N OPT, PHYS radiogramme *m*; **Radiographie** → Radiografie; **Radioisotop** N CHEM radio-isotope *m*; **Radiokarbonmethode** F GEOL, CHEM méthode *f* du radiocarbone; **Radiologe** M ⟨~n; ~n⟩, **Radiologin** F ⟨-in; -innen⟩ MED radiologue *od* radiologiste *m/f*; **Radiologie** F ⟨~⟩ MED radiologie *f*; **radiologisch** ADJ MED radiologique; **Radiometer** N ⟨~s; ~⟩ PHYS radiomètre *m*
Radioprogramm N programme *m* de radio; **Radiorekorder** M radiocassette *m od f*; **Radioröhre** F lampe *f*, tube *m* de TSF, de radio; **Radiosender** M station *f* de radio; **Radiosendung** F émission *f* radiophonique
Radiosonde F METEO radiosonde *f*
Radioteleskop N ASTRON radiotélescope *m*; **Radiotherapie** F MED radiothérapie *f*
Radiowecker M radioréveil *m*; **Radiowelle** F onde *f* radio-électrique, de radiodiffusion; onde °hertzienne
Radium N ⟨~s⟩ CHEM radium *m*; **radiumhaltig** ADJ radifère
Radius M ⟨~; -ien⟩ MATH rayon *m*
Radkappe F enjoliveur *m*; chapeau *m* de roue; **Radkasten** M carter *m* (de la roue); **Radkranz** M jante *f*
Radler *umg* M ⟨~s; ~⟩ 1 *(Radfahrer)* cycliste *m* 2 → Radlermaß; **Radlerhose** F MODE cycliste *m*; **Radlerin** *umg* F ⟨~in; ~innen⟩ cycliste *f*; **Radlermaß** F *bes südd Getränk* panaché *m*

Radmantel M pneu *m*; **Radnabe** F moyeu *m* (de roue)
Radon N ⟨~s⟩ CHEM radon *m*
Radrennbahn F vélodrome *m*; piste *f*; **Radrennen** N course *f* cycliste; **Radrennfahrer(in)** M(F) coureur *m* cycliste; **radschlagen** V/I → Rad 3; **Radspeiche** F rayon *m* de roue; **Radsport** M cyclisme *m*; **Radsportler(in)** M(F) cycliste *m/f*; **Radspur** F ornière *f*; **Radstand** M *beim Auto* empattement *m*; **Radtour** F excursion *f* à vélo; *kleinere* tour *m* en vélo; **Radwanderer** M cyclotouriste *m*; **Radwanderung** F randonnée *f* à bicyclette; cyclotourisme *m*; **Radwechsel** M changement *m* de roue; **Radweg** M piste *f* cyclable
RAF ⟨~⟩ ABK (Rote-Armee-Fraktion) POL **die ~** la Fraction Armée Rouge
Raffael M ⟨→ *n/pr*⟩ MAL Raphaël *m*
raffen V/T ⟨h.⟩ 1 *(weg~)* **(an sich** *[akk]*) **~** ramasser en vitesse; emporter; enlever 2 *Kleid* relever; retrousser; MODE draper 3 *Zeit, Text* raccourcir; *Handlung* comprimer 4 *umg (verstehen)* *umg* piger
Raffgier F cupidité *f*; *plus fort* rapacité *f*; **raffgierig** ADJ cupide; *plus fort* rapace
Raffinade F ⟨~; ~n⟩ sucre raffiné; **Raffination** F ⟨~; ~en⟩ raffinage *m*
Raffinerie F ⟨~; ~n⟩ raffinerie *f*
Raffinesse F ⟨~; ~n⟩ 1 *(Durchtriebenheit)* ruse *f*; astuce *f* 2 ⟨*souvent pl*⟩ *in der Ausstattung* raffinement *m*; subtilités *fpl*
raffinieren V/T ⟨*pas de ge-*, h.⟩ raffiner
raffiniert ADJT 1 *Plan etc* ingénieux, -ieuse; astucieux, -ieuse; *Mensch* rusé; malin, -igne; **~!** *(gekonnt)* *umg* génial! 2 *(fein) Speise, Einrichtung etc* fin; raffiné; subtil; *Kleidung* d'une élégance raffinée; **Raffiniertheit** F ⟨~⟩ 1 *(Schlauheit)* ruse *f*; astuce *f* 2 *(Feinheit)* subtilité *f*
Raffung F ⟨~; ~en⟩ 1 MODE drapé *m* 2 *der Zeit, e-s Textes* raccourcissement *m*; *der Handlung* compression *f*
Rafting N ⟨~s⟩ SPORT rafting *m*
Rage *umg* F ⟨~⟩ colère *f*; rage *f*; **in ~ sein** être furieux, -ieuse; **j-n in ~ bringen** mettre qn en rage; **in ~ kommen** se mettre en rage
ragen V/I ⟨h.⟩ **aus dem Wasser ~** surgir de l'eau; **in etw** *(akk)* **~** *vertikal* se dresser, s'élever dans qc; **über etw** *(akk)* **~** surplomber qc
Raglanärmel M manche *f* raglan; **Raglanmantel** M raglan *m*
Ragout N ⟨~s; ~s⟩ GASTR ragoût *m*
Rah(e) F ⟨~e; ~en⟩ SCHIFF vergue *f*
Rahm M ⟨~(e)s⟩ *südd, österr, schweiz* crème *f* (du lait); **(von etw) den ~ abschöpfen** écrémer qc; *fig* faire son beurre, se sucrer (avec qc)
rahmen V/T ⟨h.⟩ *Bild, Foto etc* encadrer
Rahmen M ⟨~s; ~⟩ 1 *(Bilderrahmen) etc* cadre *m*; encadrement *m*; *(Fensterrahmen) etc* châssis *m* 2 *(Fahrradrahmen, Motorradrahmen)* cadre *m*; *(Autorahmen)* châssis *m* 3 TECH socle *m*; bâti *m* 4 *(Stickrahmen)* métier *m* (à broder); tambour *m*; TUCHWEBEREI rame *f* 5 *fig* cadre *m*; **e-r Veranstaltung e-n geeigneten ~ bieten** offrir le cadre approprié à un spectacle; **in großem, kleinem ~** sur une grande, petite échelle; **im ~ dieser Veranstaltung** dans le cadre de cette manifestation; **im ~ des Möglichen** dans le cadre des possibilités; dans la mesure du possible; **im ~ bleiben** ne pas sortir du cadre; **den ~ des Üblichen sprengen** briser, rompre, faire sauter le cadre des usages établis; **aus dem ~ fallen** sortir de l'ordinaire; *(unpassend sein)* être déplacé
Rahmenabkommen N accord-cadre *m*; contrat-cadre *m*; convention-type *f*; **Rahmenantenne** F antenne-cadre *f*; **Rahmenbedingungen** FPL conditions générales; **Rahmenbestimmung** F disposition *f* type, de base; **Rahmenerzählung** F, **Rahmengeschichte** F récit-cadre *m*; **Rahmengesetz** N loi-cadre *f*; **Rahmenhandlung** F action *f* d'un récit-cadre; **Rahmenplan** M plan général, de base; **Rahmenprogramm** N programme-cadre *m*; **Rahmenrichtlinie** F directive générale; **Rahmentarifvertrag** M convention générale; **Rahmenvertrag** M contrat-cadre *m*
Rahmkäse M fromage *m* à pâte molle (à forte teneur en matières grasses); **Rahmsoße** F sauce *f* à la crème
Rahsegel N SCHIFF voile carrée
Rai M ⟨~⟩ MUS raï *m*
Raimund M ⟨→ *n/pr*⟩ *prénom*
Rain M ⟨~(e)s; ~e⟩ 1 *(Feldrain)* lisière *f* d'un champ; *weitS. (Grenze)* limite *f*; bord *m* 2 *südd, schweiz (Abhang)* pente *f*; versant *m*
Rainer M ⟨→ *n/pr*⟩ *prénom*
räkeln → rekeln
Rakete F ⟨~; ~n⟩ fusée *f*; MIL missile *m*; roquette *f*; **e-e ~ abschießen** lancer une fusée; *umg fig* **wie e-e ~** comme un bolide
Raketenabschussbasis F base *f*, aire *f* de lancement (de fusées); **Raketenabschussrampe** F rampe *f* de lancement (de fusées); **Raketenabwehrsystem** N système *m* antimissile
Raketenantrieb M propulsion *f* à *od* par fusée(s); **mit ~** propulsé par fusée
Raketenflug M vol *m* de fusée(s); **Raketenflugbahn** F trajectoire *f* d'une fusée; **Raketenflugzeug** N avion-fusée *m*; **Raketenkörper** M corps *m* de fusée; **Raketenstart** M décollage *m* par fusées; **Raketenstufe** F étage *m* d'une fusée; **Raketentechnik** F technique *f* des fusées; **Raketenträger** M porteur *m* de missiles; **Raketentriebwerk** N réacteur *m* à fusée; propulseur *m* à réaction; moteur-fusée *m*; **Raketenwaffe** F arme-fusée *f*; **Raketenwerfer** M lance-roquettes *m*; lance-fusées *m*
Ralf M ⟨→ *n/pr*⟩ *prénom*
Ralle F ⟨~; ~n⟩ ZOOL râle *m*
Rallye F ⟨~; ~s⟩, *schweiz* N ⟨~s; ~s⟩ rallye *m*; **e-e ~ fahren** faire un rallye; participer à un rallye
Rallyefahrer(in) M(F) pilote *m* de rallye
RAM N ⟨~(s); ~(s)⟩ IT ABK (random access memory) mémoire vive
Rammbock M BAU mouton *m*; HIST bélier *m*; **rammdösig** *umg* ADJ 1 *(benommen)* abasourdi; étourdi; *(überreizt)* surexcité 2 *(blöd)* stupide; *umg* abruti
Ramme F ⟨~; ~n⟩ BAU mouton *m*; *für Pfähle* sonnette *f*; pilon *m*; *zum Pflastern* °hie *f*; demoiselle *f*; dame *f*
Rammelei F ⟨~; ~en⟩ 1 *Jägersprache* accouplement *m* des lièvres 2 *sl (das Koitieren) sl* baise *f* 3 *umg (Drängelei)* bousculade *f*; cohue *f*
rammeln V/I ⟨-(e)le, h.⟩ 1 *Jägersprache* être en rut; s'accoupler 2 *sl (koitieren) sl* baiser 3 *umg* **gerammelt voll** bondé; *umg* archicomble; plein à craquer
rammen V/T ⟨h.⟩ 1 **etw in etw** *(akk)* **~** enfoncer qc dans qc 2 *Fahrzeuge* rentrer dans; tamponner; *von hinten* emboutir; **(seitlich) ~** prendre en écharpe
Rammler M ⟨~s; ~⟩ lapin *m*, lièvre *m* mâle; **Rammsporn** M ⟨~(e)s; ~e⟩ *e-s Kriegsschiffs* éperon *m*
Rampe F ⟨~; ~n⟩ rampe *f*; *(Plattform)* plate-forme *f*
Rampenlicht N ⟨~(e)s⟩ feux *mpl* de la rampe; *fig* **das ~ der Öffentlichkeit scheuen** fuir

la publicité; **im ~ (der Öffentlichkeit) stehen** être en vedette, au premier plan, sur le devant de la scène

ramponieren *umg* VT ‹*pas de ge-*, h.› endommager; abîmer; *umg* esquinter

Ramsch M ‹~(e)s; ~e› 1 *pej (Plunder) umg* camelote *f*; *umg* saloperie *f* 2 HANDEL (marchandise *f* de) rebut *m*

ramschen VT ‹h.› *pej* acheter (en bloc et) à vil prix

Ramschladen *umg pej* M bazar *m*; **Ramschware** *umg* F → Ramsch 2

ran *umg* ADV **(jetzt aber) ~!** *(beginnen wir)* on y va!; allez!; vas-y!; **~ an die Arbeit!** au boulot!; **~ an den Feind!** sus à l'ennemi!; → *a.* heran

Rand[1] M ‹~(e)s; ¨er› 1 *(Grenze)* bord *m*; *e-s Walds* lisière *f*; *e-r Stadt* périphérie *f*; abords *mpl*; banlieue *f*; *e-r Wunde, e-s Trichters* bords *mpl*; lèvres *fpl*; *(erhöhter ~)* rebord *m*; **bis an den** *od* **zum ~** à ras bord(s); jusqu'au(x) bord(s); au *od* à ras; *Glas* **bis zum ~ gefüllt** plein à ras bord(s); **am ~e erwähnen** faire remarquer, observer en passant; **am ~e der Verzweiflung sein** être au (bord du) désespoir 2 *(Einfassung)* bordure *f*; *der Brille* bord *m*; *in Büchern, Schriftstücken* marge *f*; *um die Augen* cerne *m*; *Papier* **mit schwarzem ~** bordé de noir; **etw an den ~ schreiben** écrire qc dans la *od* en marge; **er hat dunkle Ränder um die Augen** il a les yeux cernés; *umg* **außer ~ und Band sein** *Kinder* être déchaîné; *umg* **vor Freude** *etc* **außer ~ und Band sein** exulter, ne plus se sentir de joie, *etc* 3 *fig* **mit etw zu ~e kommen** venir à bout de qc 4 *umg (Mund)* **halt deinen ~!** *umg* ferme-la!; *umg* la ferme!; *umg* boucle-la!

Rand[2] M ‹~s; ~(s), *mais* 5 ~› *Währung* rand *m*

Randale *umg* F ‹~› bagarre *f*; *mit Sachbeschädigung umg* casse *f*; **~ machen** → randalieren

randalieren VI ‹*pas de ge-*, h.› 1 *(lärmen)* faire du chahut, du tapage 2 *(streiten)* provoquer une bagarre 3 *(zerstören) umg* faire de la casse; **Randalierer** M ‹~s; ~› *(Schläger) umg* bagarreur *m*; *(Zerstörer)* casseur *m*

Randausgleich M *der Schreibmaschine* justification *f*

Randbemerkung F note marginale, en marge; annotation *f* (en marge); *fig* remarque *f*; commentaire *m*; **etw mit ~en versehen** annoter qc; faire des annotations dans qc

Rande F ‹~; ~n› *schweiz* betterave *f* (rouge)

Randeinsteller M ‹~s; ~› *der Schreibmaschine* margeur *m*

Rändel N ‹~s; ~› TECH molette *f*; **Rändeleisen** N flan *m*; **Rändelmutter** F ‹~; ~n› TECH écrou moleté

rändeln VT ‹-(e)le, h.› TECH faire un bord, mettre des bords à; *Schrauben* moleter; *Münzen* cordonner; créneler

Rändelrad N (roue *f* à) molette *f*; **Rändelschraube** F vis *f* à tête moletée; **Rändelung** F ‹~; ~en› *bei Münzen* cordon *m*; grènetis *m*

Randerscheinung F phénomène *m* secondaire, de second plan; **Randfigur** F personnage *m* secondaire, de second plan; **Randgebiet** N 1 *e-r Stadt* banlieue *f*; périphérie *f*; abords *mpl*; *e-s Landes* région *f* limitrophe 2 *e-r Wissenschaft etc* domaine *m* annexe

Randgruppe F groupe marginal; *bes* POL frange *f*; **(soziale) ~n** marginaux *mpl*

randlos ADJ *Brille* avec monture non cerclée, invisible; *Papier* sans marge; **randständig** ADJ SOZIOLOGIE marginal

Randstein M bordure *f*, rebord *m* du trottoir; **Randsteller** M ‹~s; ~› *der Schreibmaschine* margeur *m*

Randstreifen M *e-r Straße* accotement *m*; *des Papiers* marge *f*; **~ nicht befahrbar** accotements non stabilisés

Randstück N *(Anschnitt)* entame *f*; *bei Brot* croûton *m*; **Randvermerk** M mention *f* en marge

randvoll ADJ plein à ras bord(s), jusqu'au(x) bord(s)

Randzone F *e-s Territoriums* zone *f* limitrophe; *e-r Großstadt* banlieue *f*; *der Gesellschaft etc* marge *f*

rang → ringen

Rang M ‹~(e)s; ¨e› 1 *(Stellung)* rang *m*; *(Stand)* classe *f*; condition *f* (sociale); MIL grade *m*; **ersten ~es** *Künstler, Politiker etc* de premier ordre; éminent; *Hotel, Ereignis* de premier ordre; *Problem, Frage* **zweiten ~es** secondaire; **den ersten ~ einnehmen unter** *(+dat)* se placer au premier rang, se ranger en première ligne parmi; **e-e Persönlichkeit von hohem ~** une personnalité °haut placée, éminente; MIL **e-n hohen ~ bekleiden** avoir un grade élevé; **alles, was ~ und Namen hatte** tous les gens très connus; **j-m den ~ ablaufen** supplanter, évincer, surpasser, éclipser qn; **j-m den ~ streitig machen** disputer la préséance à qn; **den ~ e-s ... haben** avoir rang de ...; être au rang de ... 2 THEAT balcon *m*; *oberster* galerie *f* 3 PL **Ränge** *e-s Stadions* gradins *mpl*

Rangabzeichen N insignes *mpl* (de grade); **Rangälteste(r)** ‹→ A› **der, die ~** le, la plus élevé(e) en grade

Range F ‹~; ~n› *regional* polisson, -onne *m,f*; garnement *m*

rangehen *umg* VI ‹*irr, sép*, -ge-, s.› *umg* avoir du toupet; ne pas avoir froid aux yeux; *bei der Arbeit umg* abattre du boulot; *in der Liebe* être un rapide; ne pas perdre de temps

Rangelei *umg* F ‹~; ~en› bagarre *f*

rangeln *umg* VI ‹h.› **(miteinander) ~** se bagarrer; **um etw ~** s'arracher qc

Rangfolge F °hiérarchie *f*

ranghoch ADJ de haut rang; **ranghohe(r) Vertreter(in)** représentant(e) *m(f)* °haut placé(e)

Ranghöchste(r) ‹→ A› **der, die ~** le, la plus °haut placé(e) (dans une °hiérarchie)

Ranghöhere(r) ‹→ A› **der, die ~** le, la plus °haut placé(e) (dans une °hiérarchie); MIL **der ~** le militaire de rang, de grade plus élevé, supérieur

Rangierbahnhof M gare *f* de triage

rangieren ‹*pas de ge-*, h.› A VT *Fahrzeug* manœuvrer; *Waggons* trier B VI *(e-n Rang innehaben)* prendre rang, se placer (**vor** [+*dat*] devant; **hinter** [+*dat*] derrière); **an erster Stelle ~** avoir, tenir, occuper le premier rang; *Thema etc* être en première place

Rangieren N ‹~s› *e-s Fahrzeugs* manœuvre *f*; *von Waggons* triage *m*

Rangierer M ‹~s; ~› employé *m* du (service de) triage; **Rangiergleis** N voie *f* de triage, de garage; **Rangierlok(omotive)** F locomotive *f* de triage

Rangliste F classement *m* (*a.* SPORT); MIL annuaire *m* militaire; **rangmäßig** ADJ *u.* ADV selon, d'après, suivant le rang; **Rangordnung** F °hiérarchie *f*; ordre *m* hiérarchique; **Rangstufe** F degré *m*; échelon *m*; rang *m*; MIL grade *m*

ranhalten VR ‹*irr, sép*, -ge-, h.› *umg* **sich ~** *(sich beeilen)* se dépêcher; *umg* se grouiller; *(sich anstrengen) umg* s'accrocher

rank ADJ **~ und schlank** svelte

Ranke F ‹~; ~n› BOT vrille *f*; *der Weinrebe* sarment *m*

Ränke *geh* PL intrigues *fpl*; machinations *fpl*; **~ schmieden** intriguer; se livrer à des machinations

ranken A VI ‹h. *ou* s.› donner des vrilles, *Reben* des sarments B VR ‹h.› **sich ~** grimper; **sich um etw ~** grimper le long de qc; s'entortiller autour de qc; *fig Legende etc* être tissé autour de qc

Rankengewächs N plante grimpante; **Rankenwerk** N ARCH ornements *mpl*

Ränkeschmied *geh* M intrigant(e) *m(f)*; **Ränkespiel** *geh* N intrigues *fpl*

ranklotzen *umg* VI ‹*sép*, -(es)t, -ge-, h.› s'y mettre (sérieusement); y aller à bras raccourcis

rankommen *umg* VI ‹*irr, sép*, -ge-, s.› 1 *(näher kommen)* s'approcher (**an** [+*akk*] de) 2 *fig* **an etw** *(akk)* **~** avoir qc; **an j-n ~** approcher qn

rankriegen *umg* VT ‹*sép*, -ge-, h.› **j-n mit etw ~** *mit e-r Arbeit* (arriver à) refiler qc à qn; **j-n ~** *(j-n verantwortlich machen)* (arriver à) rejeter la responsabilité sur qn; *(j-n dazu bringen, für den Schaden aufzukommen)* (arriver à) faire payer à qn les pots cassés

ranlassen *umg* VT ‹*irr, sép*, -ge-, h.› **j-n ~** *(heranlassen)* laisser qn (s')approcher; *fachlich* laisser qn faire ses preuves; *sexuell* (accepter de) coucher avec qn

ranmachen *umg* VR ‹*sép*, -ge-, h.› **sich an j-n ~** *umg* draguer qn

rann → rinnen

rannte → rennen

Ranunkel F ‹~; ~n› BOT renoncule *f* (des fleuristes)

Ranzen M ‹~s; ~› 1 *(Schulranzen)* cartable *m*; sac *m* d'écolier 2 *umg (Bauch)* ventre *m*; *umg* bedaine *f*

ranzig A ADJ rance; ranci; **~ werden** rancir B ADV **~ riechen** sentir le rance; **~ schmecken** avoir le goût de rance

Rap M ‹~(s); ~s› MUS rap *m*

rapid(e) ADJ rapide

Rapmusik F ‹~› musique *f* rap

Rappe M ‹~n; ~n› cheval noir; moreau *m*; *hum* **auf Schusters ~n reiten** aller à pied

Rappel *umg* M ‹~s; ~› lubie *f*; *umg* toquade *f*; **s-n ~ kriegen** *umg* flipper

rapp(e)lig *umg* ADJ 1 *(verrückt) umg* cinglé; *umg* piqué 2 *(nervös)* nerveux, -euse

rappeln *umg* VI *u.* V/UNPERS ‹-(e)le, h.› *(klappern)* claquer; *Wecker* sonner; **bei ihm rappelt's** *umg* il lui manque une case; *umg* il est cinglé, piqué, toqué, marteau

rappelvoll *umg* ADJ *umg* plein à craquer

rappen VT *u.* VI ‹h.› MUS rapper

Rappen M ‹~s; ~› *schweiz Währung* centime *m*

Rapper(in) M ‹~s; ~›, (F) ‹~in; ~innen› MUS rappeur, -euse *m,f*

Rapport M ‹~s; ~e› *(Bericht)*, *a.* MIL rapport *m*

Raps M ‹~es; ~e› colza *m*; **Rapsöl** N huile *f* de colza

Rapunzel F ‹~; ~n› BOT mâche *f*; doucette *f*

rar ADJ rare; HANDEL *oft* recherché; **~ werden** se raréfier; → rarmachen

Rarität F ‹~; ~en› rareté *f*; (objet *m* de) curiosité *f*

Raritätenkabinett N cabinet *m* de curiosités, de raretés; **Raritätensammler** M collectionneur *m* de pièces rares; **Raritätensammlung** F collection *f* de curiosités

rarmachen *umg* VR ‹*sép*, -ge-, h.› **sich ~** se faire rare (comme les beaux jours)

rasant A ADJ 1 *umg Tempo* vertigineux, -euse; *umg* dingue; *Wagen, Frau* qui a de la classe 2 BALLISTIK rasant B *umg* ADV à une vitesse folle, vertigineuse; **~ fahren** *umg* rouler à fond la caisse; **die Bevölkerung nimmt ~ zu** la population s'accroît à une vitesse vertigineuse

Rasanz F ‹~› 1 *umg fig (Schnelligkeit)* vitesse vertigineuse; *(Anziehungskraft)* classe *f* 2 BALLISTIK rasance *f*

rasch A ADJ prompt; rapide; *Bewegung* preste; **e-e ~e Auffassungsgabe** une intelligence vive B ADV vite; rapidement

rascheln VI ⟨-(e)le, h.⟩ *Papier, Stoff etc* faire un (léger) bruit; *Seide* froufrouter; **mit Papier, Stoff** *etc* **~** faire un (léger) bruit de papier, d'étoffe, *etc*

Rascheln N ⟨~s⟩ bruissement *m*; *von Seide* froufroutement *m*; froufrou *m*

rasen VI ⟨-(es)t⟩ 1 ⟨s.⟩ *(eilen)* aller à toute vitesse, à une vitesse folle, à fond de train; *Auto, Zug a.* passer en trombe; *umg* foncer; **das Auto raste gegen e-n Baum, in die Kurve** la voiture s'est écrasée contre un arbre, s'est lancée dans le virage 2 ⟨h.⟩ **vor Wut ~** tempêter; être hors de soi; se déchaîner; **(vor Begeisterung) ~** être déchaîné

Rasen M ⟨~s; ~⟩ gazon *m*; *(~platz)* pelouse *f* *(a.* SPORT)

rasend A ADJT 1 *Geschwindigkeit* fou, folle; vertigineux, -euse 2 *(wütend)* fou, folle; furieux, -ieuse; fou furieux; furibond; *(besessen)* démoniaque; *(wahnsinnig)* forcené; frénétique; **~ werden** enrager; se mettre dans une colère noire; **ich könnte ~ werden!** je suis furieux, -ieuse!; **man könnte ~ werden** c'est à devenir fou; *umg* c'est rageant; **j-n ~ machen** *Schmerzen, Verhalten etc* rendre qn fou, *umg* dingue 3 *Schmerz* violent; *Beifall* frénétique; **~e Zahnschmerzen** *mpl* rage *f* de dents B *umg* ADVL *(überaus)* très; excessivement; follement; **~ verliebt sein** être follement amoureux; **etw ~ gern tun** adorer faire qc; être passionné de qc; avoir une passion pour qc

Rasende(r) M/F(M) ⟨→ A⟩ forcené(e) *m(f)*

Rasenfläche F pelouse *f*; **Rasenmäher** M ⟨~s; ~⟩ tondeuse *f* à gazon

Rasenmäherprinzip *umg* N ⟨~s⟩ coupe sombre générale; **nach dem ~** en faisant une coupe sombre générale

Rasenplatz M pelouse *f* *(a.* SPORT); **Rasenschere** F ciseaux *mpl* à gazon; **Rasenspiele** NPL jeux *mpl* sur gazon, en plein air; **Rasensport** M sport *m* sur gazon; **Rasensprenger** M ⟨~s; ~⟩ arroseur *m* automatique; **Rasenstück** N pelouse *f*; **Rasentennis** N tennis *m* sur gazon; **Rasenteppich** M tapis *m* de verdure, de gazon

Raser *umg* M ⟨~s; ~⟩ *umg* mordu *m* de la vitesse; *Autofahrer a.* fou *m* du volant

Raserei F ⟨~; ~en⟩ 1 ⟨*pas de pl*⟩ *(das Wüten)* rage *f*; colère folle; fureur *f*; **das bringt mich zur ~** ça me rend fou de rage 2 *umg (schnelles Fahren)* vitesse folle

Rasierapparat M rasoir *m* mécanique; **elektrischer ~** rasoir électrique

Rasiercreme F crème *f* à raser

rasieren ⟨*pas de ge-*, h.⟩ A VT raser *(a. fig zerstören)* B VR **sich ~** se raser

Rasierer *umg* M ⟨~s; ~⟩ rasoir *m* (électrique); **Rasierklinge** F lame *f* de rasoir; **Rasiermesser** N rasoir *m* à main; **Rasierpinsel** M blaireau *m*; **Rasierschaum** M ⟨~(e)s⟩ mousse *f* à raser; **Rasierseife** F savon *m* à barbe; **Rasierwasser** N ⟨~s; -wasser *ou* -wässer⟩ *(Preshave-Lotion)* lotion *f* avant rasage; *(Aftershave-Lotion)* (lotion *f*) après-rasage *m*; after-shave *m*; **Rasierzeug** N ⟨~(e)s⟩ nécessaire *m* à raser

Räson F ⟨~⟩ **j-n zur ~ bringen** faire entendre raison à qn; mettre qn à la raison

räsonieren VI ⟨*pas de ge-*, h.⟩ **~ (über** [+ *akk*]) 1 *geh (sich auslassen)* disserter, *pej* discourir (sur); s'étendre sur 2 *umg (nörgeln) umg* rouspéter (contre); ergoter (sur)

Raspel F ⟨~; ~n⟩ *(Reibe)* râpe *f*; *für Holz, Leder etc* rifloir *m*

raspeln VT ⟨-(e)le, h.⟩ GASTR râper

Rasputin M ⟨→ *n/pr*⟩ Raspoutine *m*

raß, räß *südd, österr* ADJ, *schweiz* **räss** *(scharf)* épicé; fort; *Wind* vif, vive

Rasse F ⟨~; ~n⟩ race *f*; **~ haben** *Frau, Pferd, Wein* être racé

Rassehund M chien *m* de race

Rassel F ⟨~; ~n⟩ *(Klapper)* crécelle *f*; *für Kinder* °hochet *m*; **Rasselbande** *umg hum* F *umg* marmaille *f*; troupe bruyante de gosses, de gamins

rasseln VI ⟨-(e)le, h.⟩ 1 faire entendre un bruit de ferraille, d'armes, *etc*; *(klirren)* cliqueter; **mit der Kette ~** faire un bruit de chaînes 2 ⟨s.⟩ *Fahrzeuge (lärmend fahren)* rouler avec un grand bruit 3 *umg* ⟨s.⟩ **durchs Examen ~** échouer; *umg* se faire étendre (à un examen) 4 MED râler

Rasseln N ⟨~s⟩ bruit *m* de ferraille, de chaînes, *etc*; *(Klirren)* cliquetis *m*; MED râle *m*

Rassen... IN ZSSGN *meist* racial; **Rassendiskriminierung** F discrimination raciale; **Rassenfrage** F ⟨~⟩ question raciale; **Rassengesetze** NPL lois *fpl* racistes; **Rassenhass** M °haine raciale; racisme *m*; **Rassenhetze** F racisme *m*; **Rassenkampf** M, **Rassenkonflikt** M conflit racial; **Rassenkrawalle** MPL émeutes raciales; **Rassenkreuzung** F croisement *m* de(s) races; **Rassenmischung** F métissage *m*; **Rassenpolitik** F politique raciale, *pej* raciste; **Rassenschranken** FPL barrières raciales, entre les races; **Rassentrennung** F ⟨~⟩ ségrégation raciale; **Rassenunruhen** FPL émeutes raciales; **Rassenvorurteil** N préjugé racial; **Rassenwahn** M racisme *m*

Rassepferd N cheval *m* de race

rasserein ADJ de race pure

Rasseweib *umg* N **sie ist ein ~** *umg* elle est vachement bien; elle a de la classe

rassig ADJ *(feurig)* fougueux, -euse *(a. Pferd)*; *Pferd a.* fringant; *Person* racé; *Frau* qui a de la classe; *Wein* qui a du caractère; **rassisch** ADJ racial

Rassismus M ⟨~⟩ racisme *m*; **Rassist(in)** M ⟨~en; ~en⟩ (F) ⟨~in; ~innen⟩ raciste *m/f*; **rassistisch** ADJ raciste

Rast F ⟨~; ~en⟩ repos *m*; pause *f*; répit *m*; *bes* MIL °halte *f*; *geh* **ohne ~ und Ruh** sans trêve ni repos; **~ machen** faire une °halte; MIL faire °halte

Rasta M ⟨~s; ~s⟩ rasta *m*; **Rastafari** M ⟨~s; ~s⟩ rastafari *m*; **Rastalocken** FPL dreadlocks *fpl*

Raste F ⟨~; ~n⟩ cran *m* (d'arrêt); encoche *f*

rasten VI ⟨-ete, h.⟩ se reposer; se détendre; faire une °halte; *sprichw* **wer rastet, der rostet** faute d'entraînement on rouille

Raster[1] M ⟨~s; ~⟩ quadrillage *m*; TYPO trame *f*

Raster[2] N ⟨~s; ~⟩ 1 TV mire *f*; grille *f*; réseau *m* 2 *fig* schéma *m*; trame *f*

Rasterätzung F TYPO autotypie *f*; **Rasterbild** N TV trame *f*; image tramée; **Rasterdruck** M ⟨~(e)s; ~e⟩ TYPO autotypie *f*; **Rasterfahndung** F *der Polizei*: *recherches assistées par ordinateur établissant une trame afin de cerner le cercle des suspects*; **Rastermikroskop** N microscope *m* à émission ionique; **Rasterpunkt** M pixel *m*

Rasthaus N → Raststätte; **rastlos** ADJ sans relâche; sans répit; sans trêve ni repos; *(unablässig)* incessant; *(unermüdlich)* infatigable; **Rastlosigkeit** F ⟨~⟩ activité *f* infatigable; agitation continuelle; **Rastplatz** M étape *f*; °halte *f*; *an Autobahnen* aire *f* (de repos); **Raststätte** F relais routier; restaurant *m* (d'autoroute); restoroute® *m*

Rasur F ⟨~; ~en⟩ rasage *m*

Rat M ⟨~(e)s⟩ 1 ⟨*pl* Ratschläge⟩ *(Ratschlag)* conseil *m*; avis *m*; **auf j-s ~** *(akk)* **(hin)** sur le(s) conseil(s) de qn; **j-m e-n ~ geben** donner (un) conseil à qn; conseiller qn; **j-n um ~ fragen, sich** *(dat)* **bei j-m ~ holen** demander conseil à qn; consulter qn; **j-s ~ befolgen** suivre, écouter le conseil de qn; **mein ~ ist der: ...** voici mon avis: ...; **hier ist guter ~ teuer** la situation semble sans issue, inextricable; c'est un cas bien difficile; **er weiß immer ~** c'est un homme de bon conseil; **j-m mit ~ und Tat zur Seite stehen** donner à qn tout l'appui possible; aider, assister qn par tous les moyens; **(sich** [*dat*]**) keinen ~ mehr wissen** ne plus savoir que faire, quoi faire 2 ⟨*pas de pl*⟩ *(Beratung)* délibération *f*; → zurate 3 ⟨*pl* ¨e⟩ *Gremium* conseil *m*; *Mitglied, Titel* conseiller *m*; **Akademischer ~** *etwa* maître *m* de conférences; **Europäischer ~** *der EU* Conseil européen

Rate F ⟨~; ~n⟩ 1 *(Prozentsatz)* taux *m* 2 *(Teilzahlung)* versement *m*; **erste ~** premier versement; **monatliche ~** mensualité *f*; **auf** *od* **in ~n** *(dat)* à tempérament; par acomptes; *monatlich* par mensualités; **auf ~n kaufen** acheter à tempérament, à crédit; **in ~n zahlen** payer en plusieurs versements

raten VT *u.* VI ⟨rät, riet, geraten, h.⟩ 1 *(empfehlen)* conseiller; donner un (bon) conseil (à); **j-m etw** *od* **zu e-r Sache ~** conseiller, recommander qc à qn; **j-m ~, etw zu tun** conseiller à qn de faire qc; **er lässt sich** *(dat)* **von niemand(em) ~** il n'accepte aucun conseil de personne; **lassen Sie sich** *(dat)* **von erfahrenen Leuten ~** prenez conseil des gens d'expérience; **wozu ~ Sie mir?** que me conseillez-vous de faire?; d'après vous, qu'est-ce que je dois faire?; *umg* **das möchte ich dir auch geraten haben!** c'est la dernière fois que je te le dis!; je t'aurais prévenu!; **es für geraten halten zu** *(+inf)* trouver bon, indiqué de *(+inf)* 2 *(er~)* deviner; **Rätsel ~** jouer aux devinettes; **rate mal!** devine!; *umg iron* **dreimal darfst du ~** tu sais très bien de qui *od* de quoi il s'agit; *umg* **das rätst du nie!** je te le donne en mille!

Ratenkauf M achat *m* à tempérament, à crédit; **ratenweise** ADV par versements échelonnés; à tempérament; **Ratenzahlung** F paiement échelonné; **Ratenzahlungssystem** N système *m* de paiement échelonné

Räterepublik F république *f* des conseils ouvriers

Ratespiel N devinette *f*; énigme *f*; **Rateteam** N *beim Fernsehquiz etc* équipe *f* de jeux

Ratgeber M ⟨~s; ~⟩ 1 *Person* conseiller *m*; **ein guter ~** un homme de bon conseil 2 *Buchtitel* guide *m* pratique

Ratgeberin F ⟨~; ~nen⟩ conseillère *f*

Rathaus N hôtel *m* de ville; *in kleineren Orten* mairie *f*

Ratifikation F ⟨~; ~en⟩ ratification *f*

ratifizieren VT ⟨*pas de ge-*, h.⟩ ratifier; **Ratifizierung** F ⟨~; ~en⟩ ratification *f*

Rätin F ⟨~; ~nen⟩ conseillère *f*; **Akademische ~** *etwa* maître *f* de conférences

Rating N ⟨~s; ~s⟩ FIN notation *f*; **Ratingagentur** F FIN agence *f* de notation

Ratio *geh* F ⟨~⟩ raison *f*

Ration F ⟨~; ~en⟩ ration *f*; **eiserne ~** réserve *f* de vivres

rational ADJ rationnel, -elle; **~e Zahl** nombre rationnel; **~es Denken** pensée rationnelle

rationalisieren VT ⟨*pas de ge-*, h.⟩ rationaliser; **Rationalisierung** F ⟨~; ~en⟩ rationalisation *f*

Rationalisierungsmaßnahme F mesure *f* de rationalisation

Rationalismus M ⟨~⟩ rationalisme *m*; **Rationalist(in)** M ⟨~en; ~en⟩ F ⟨~in; ~innen⟩ rationaliste *m/f*; **rationalistisch** ADJ rationaliste

Rationalität F ⟨~⟩ rationalité *f*; *e-r Sache* caractère rationnel

rationell ADJ rationnel, -elle; efficace

rationieren V/T ⟨*pas de ge-*, h.⟩ rationner; **Rationierung** F ⟨~; ~en⟩ rationnement *m*

rationsweise ADV par rations, portions

rätisch ADJ rhétique; **die Rätischen Alpen** les Alpes *fpl* rhétiques

ratlos ADJ embarrassé; perplexe; **da bin ich ~** là, je ne sais plus que faire, comment faire, comment m'y prendre

Ratlosigkeit F ⟨~⟩ embarras *m*; perplexité *f*

Rätoromane M ⟨~n; ~n⟩, **Rätoromanin** F ⟨-in; -innen⟩ Rhétien, -ienne *m,f*

rätoromanisch ADJ GEOG rhétique; **die ~e Sprache, das Rätoromanische** le rhéto-roman; *in Graubünden* le romanche

ratsam ADJ ⟨*attribut*⟩ opportun; indiqué; conseillé; recommandé; **ist das ~?** est-ce bien conseillé, indiqué?

Ratsbeschluss M décision *f*, décret *m*, arrêt *m* du conseil

ratsch INT cric, crac!

ratschen *umg bes südd, österr* V/I ⟨h.⟩ bavarder; papoter

Ratschlag M conseil *m*

Ratschluss *geh* M décision *f*; décret *m*; arrêt *m*; **Gottes Ratschlüsse** les décrets *mpl* de la Providence

Rätsel N ⟨~s; ~⟩ énigme *f* (*a. fig*); (*~spiel*) devinette *f*; **in ~n sprechen** parler par énigmes; **j-m ein ~ aufgeben** poser une énigme à qn; **~ raten** jouer aux devinettes; **ein ~ lösen** résoudre une énigme; **vor e-m ~ stehen** se trouver devant une énigme; **das ist, bleibt mir ein ~** c'est pour moi une énigme; **es ist mir ein ~, wie ...** je me demande comment ...; *fig* **des ~s Lösung** le mot de l'énigme; le fin mot de l'histoire; *fig* **das ist des ~s Lösung!** *a.* voilà l'explication!

Rätselecke F *in e-r Zeitung* rubrique *f* devinettes, mots croisés, *etc*

rätselhaft ADJ énigmatique; mystérieux, -ieuse; (*unerklärlich*) incompréhensible; **es ist mir ~, wie das geschehen konnte** je me demande comment cela a pu arriver; **j-m ~ vorkommen** intriguer qn

Rätselhaftigkeit F ⟨~⟩ sens *m*, caractère *m* énigmatique, mystérieux; mystère *m*; (*Unerklärlichkeit*) incompréhensibilité *f*; **Rätselheft** N magazine *m* de jeux, devinettes, mots croisés, *etc*

R

rätseln V/I ⟨-(e)le, h.⟩ **(über etw** [*akk*]**) ~** se creuser la tête (sur qc)

Rätselraten N ⟨~s⟩ 1 résolution *f* d'une énigme 2 *fig* hypothèses *fpl*, conjectures *fpl* (**um** sur); **Rätselzeitung** F magazine *m* de jeux, devinettes, mots croisés, *etc*

Ratsherr M membre *m* du conseil municipal; conseiller municipal; **Ratskeller** M restaurant *m* de l'hôtel de ville; **Ratssitzung** F, **Ratsversammlung** F conseil *m*; séance *f*; **Ratswahl** F élection *f* au conseil municipal

Rattan N ⟨~s⟩ rotin *m*; **Rattanmöbel** NPL meubles *mpl* en rotin

Ratte F ⟨~; ~n⟩ rat *m*; *umg pej* **diese fiese ~!** *umg* quelle ordure!; *sprichw* **die ~n verlassen das sinkende Schiff** *sprichw* les rats quittent le navire

Rattenbekämpfung F dératisation *f*; **Rattenfalle** F piège *m* à rats

Rattenfänger M ⟨~s; ~⟩ *fig* enjôleur *m*; **der ~ von Hameln** *Märchenfigur* le Charmeur de rats de Hameln

Rattengift N raticide *m*; mort-aux-rats *f*; **Rattenloch** *umg pej* N *Wohnung* taudis *m*; **Rattennest** N nid *m* à rats (*a. fig pej*)

Rattenschwanz M 1 queue *f* de rat 2 *fig hum* (*kurzer Zopf*) queue-de-rat *f* 3 *umg fig* (*endlose Folge*) **ein ~ von ...** une suite, série, cascade de ...

rattern V/I ⟨-(e)re, h.⟩ 1 *Maschinengewehr* crépiter; *Motor* pétarader; TECH brouter 2 *Wagen* ⟨s.⟩ rouler avec fracas

Rattern N ⟨~s⟩ *e-s Maschinengewehrs* crépitement *m*; *e-s Wagens* bruit *m* de ferraille; *e-s Motors* pétarade *f*; TECH broutage *od* broutement *m*

Ratzefummel *umg hum* M ⟨~s; ~⟩ gomme *f*

ratzekahl *umg* ADV **alles ~ aufessen** *umg* liquider les restes; ne pas faire de restes

ratzen *umg* V/I ⟨h.⟩ dormir comme un loir; *umg* pioncer

ratzfatz *umg* ADV *umg* à la vitesse grand V; en un rien de temps

rau ADJ 1 (*uneben*) rude; *Wolle, Stoff* rêche; bourru; *Fläche, Holz* rugueux, -euse; raboteux, -euse; âpre; *Haut* très sec, sèche; rêche; *Hände* (*aufgesprungen*) gercé 2 *Klima, Wind* rude; âpre; *Winter* rigoureux, -euse 3 *Stimme* rauque; enroué; *Kehle* sec, sèche; enflammé 4 *Gegend* (*wild*) sauvage; (*öde*) désert 5 *fig Ton, Mensch* (*unfreundlich*) bourru; revêche; (*grob*) dur; rude; *Sitten* rude; *plus fort* grossier, -ière; **~e Wirklichkeit** dure réalité; **ein ~er, aber herzlicher Ton** une rudesse pleine de cordialité 6 *umg* **in ~en Mengen** *umg* en masse; en grandes quantités

Raub M ⟨~(e)s⟩ 1 (*das Rauben*) vol *m*; (*Straßenraub*) brigandage *m*; pillage *m*; (*Menschenraub*) enlèvement *m*; JUR **bewaffneter ~** vol *m* à main armée; **auf ~ ausgehen** aller piller; aller à la recherche du butin 2 (*Beute*) proie *f*; butin *m*; *geh* **ein ~ der Flammen werden** être la proie des flammes

Raubbau M ⟨~(e)s⟩ exploitation abusive; gaspillage *m*; déprédation *f*; *geh* **mit** *od* **an s-n Kräften ~ treiben** abuser de ses forces; se surmener; *geh* **er treibt ~ mit** *od* **an s-r Gesundheit** il ruine sa santé

Raubdruck M ⟨~s; ~e⟩ édition *f* pirate

Raubein *umg* N homme bourru; *umg* dur *m*; **raubeinig** *umg* ADJ bourru; dur; rude

rauben ⟨h.⟩ A V/T **etw ~** voler qc; faire main basse sur qc; *durch List* dérober qc; **j-n ~** enlever qn; *fig* **j-m etw ~** *Schlaf, Hoffnung etc* priver qn de qc B V/I voler, commettre un vol à main armée

Räuber M ⟨~s; ~⟩ 1 voleur *m*; (*Straßenräuber*) brigand *m*; *plus fort* bandit *m* (de grand chemin); pillard *m*; **~ und Gendarm spielen** jouer au(x) gendarme(s) et au(x) voleur(s) 2 *fig hum* (*Racker*) garnement *m*

Räuberbande F bande *f* de brigands, de voleurs

Räuberei *umg* F ⟨~; ~en⟩ → Raub 1

Räubergeschichte F histoire *f* de brigands (*a. fig*); *umg fig* histoire *f* à dormir debout; **Räuberhauptmann** M chef *m* de brigands; **Räuberhöhle** F repaire *m* de brigands; coupe-gorge *m* (*a. fig*)

räuberisch A ADJ de brigand B ADV BIOL **~ lebend** prédateur, -trice

Räuberleiter F **e-e ~ machen** faire la courte échelle

räubern V/I ⟨-(e)re, h.⟩ voler

Räuberzivil *umg hum* N ⟨~s⟩ tenue (vestimentaire) inadéquate, négligée

Raubfisch M poisson carnassier; **Raubgier** F rapacité *f*; voracité *f*; **raubgierig** ADJ rapace; vorace; **Raubkatze** F félidé *m*; **Raubkopie** F copie *f* pirate; **Raubmord** M vol *m* et meurtre *m*; crime crapuleux; **Raubmörder(in)** M(F) auteur *m* d'un vol et meurtre; auteur *m* d'un crime crapuleux; **Raubpressung** F édition *f* pirate de disques; **Raubritter** M chevalier pillard; **Raubtier** N prédateur *m*; carnassier *m*; *großes* bête *f* féroce; fauve *m*; **Raubtierhaus** N ménagerie *f* de fauves; **Raubtierkäfig** M cage *f* aux fauves; **Raubüberfall** M attaque *f*, agression *f* à main armée; °hold-up *m*; **Raubvogel** M oiseau *m* de proie; rapace *m*; **Raubwild** N bêtes *fpl* et oiseaux *mpl* de proie; **Raubzug** M expédition *f* de pillage; razzia *f*

Rauch M ⟨~(e)s⟩ fumée *f*; **in ~ aufgehen** être la proie des flammes; être consumé par le feu; *fig* **sich in ~ auflösen** partir en fumée

Rauchabzug M conduit *m*, conduite *f* de fumée; **Rauchbekämpfung** F lutte *f* contre les fumées; **Rauchbildung** F dégagement *m* de fumée; **Rauchbombe** F bombe *f* fumigène

rauchen V/T *u.* V/I *u.* V/UNPERS ⟨h.⟩ fumer; *umg* **mir raucht der Kopf** j'ai la tête qui bourdonne; **Rauchen verboten!** défense de fumer!; *Aufschrift* **Rauchen schadet Ihrer Gesundheit** fumer nuit gravement à la santé

Rauchentwicklung F ⟨~⟩ dégagement *m* de fumée

Raucher(in) M ⟨~s; ~⟩ F ⟨~in; ~innen⟩ fumeur, -euse *m,f*; **starker ~** gros fumeur

Räucheraal M anguille fumée

Raucherabteil N compartiment *m* (pour) fumeurs; **Raucherbein** N artérite *f* des membres inférieurs

Räucherhering M °hareng fumé

Raucherhusten M toux *f*, bronchite *f* (chronique) du fumeur

Räucherkammer F TECH fumoir *m*; **Räucherkerze** F cône *m* d'encens

Raucherkneipe *umg* F bar *m* fumeur(s)

Räucherlachs M saumon fumé

Raucherlokal N établissement *m* fumeurs

räuchern V/T ⟨-(e)re, h.⟩ *Fisch, Fleisch etc* fumer

Räuchern N ⟨~s⟩ *von Fleisch, Fisch* fumage *m*; *von Heringen* saurissage *m*

Räucherspeck M lard fumé; **Räucherstäbchen** N bâtonnet *m* d'encens; **Räucherung** F ⟨~; ~en⟩ → Räuchern

Rauchfahne F panache *m*, traînée *f* de fumée; **Rauchfang** M 1 °hotte *f* de cheminée 2 *österr* (*Schornstein*) cheminée *f*; **Rauchfangkehrer** M ⟨~s; ~⟩ *österr* ramoneur *m*; **Rauchfass** N KATH encensoir *m*; **Rauchfleisch** N viande fumée

rauchfrei ADJ sans fumée; *a. auf Schildern* **~e Zone** *für Nichtraucher* (espace *m*) non fumeurs

rauchgeschwärzt ADJT noirci par la fumée; **Rauchglas** N verre fumé

rauchig ADJ (*voller Rauch*) enfumé; *im Geschmack* fumé; *Stimme* rauque; *plus fort* enroué

Rauchmelder M ⟨~s; ~⟩ détecteur *m* de fumée; **Rauchopfer** N offrande *f* de parfums; **Rauchpilz** M champignon *m* atomique; **Rauchquarz** M MINER quartz enfumé; **Rauchsäule** F colonne *f* de fumée; **Rauchschleier** M écran *m* de fumée; **Rauchschwaden** MPL nuages *mpl* de fumée; **Rauchverbot** N défense *f*, interdiction *f* de fumer; **Rauchvergiftung** F intoxication *f* par la fumée; **Rauchverzehrer** M ⟨~s; ~⟩ lampe *f* Berger®; **Rauchwaren** FPL 1 (*Tabakwaren*) tabacs *mpl* 2 (*Pelzwaren*) fourrures *fpl*; pelleterie *f*; **Rauchwolke** F nuage *m* de fumée; **Rauchzeichen** N signal *m* de *od* par fumée

Räude F ⟨~; ~n⟩ VET gale *f*; teigne *f*; *der Pferde, Hunde* rouvieux *m*
räudig ADJ galeux, -euse; teigneux, -euse; *Pferde, Hunde* rouvieux, -ieuse; **ein ~es Schaf** *a. fig* une brebis galeuse
rauf *umg* → herauf, hinauf
Raufasertapete F papier *m* ingrain *(sorte de papier mural)*
Raufbold M ⟨~(e)s; ~e⟩ bagarreur *m*; batailleur *m*
Raufe F ⟨~; ~n⟩ *(Futterraufe)* râtelier *m*; mangeoire *f*
raufen ⟨h.⟩ **A** VT *Flachs, Unkraut* arracher; tirer **B** VI u. VR **(sich)** ~ se bagarrer; se battre; *umg* se chamailler; **sich** *(dat)* **die Haare ~** s'arracher les cheveux
Rauferei F ⟨~; ~en⟩ rixe *f*; bagarre *f*
rauflustig ADJ bagarreur, -euse; batailleur, -euse
Rauhaardackel M teckel *m* à poil dur
Rauhbein *etc* → Raubein *etc*
Rauheit F ⟨~⟩ **1** *(Unebenheit)* rudesse *f*; âpreté *f*; aspérités *fpl*; rugosité *f* **2** *des Klimas* rigueur *f*; dureté *f*; rudesse *f* **3** *der Sitten, des Wesens* rudesse *f*; grossièreté *f*
Raum M ⟨~(e)s; Räume⟩ **1** PHYS, PHIL, MATH, ASTRON espace *m*; *(Ausdehnung)* étendue *f*; *(Rauminhalt)* volume *m*; capacité *f*; cubage *m*; **luftleerer ~** vide *m*; *fig* **im ~ stehen** être dans l'air; *fig* **etw im ~ stehen lassen** laisser qc en suspens **2** *⟨pas de pl⟩ (Platz)* place *f*; **~ sparend** → raumsparend **3** *(Abstand, Zwischenraum)* intervalle *m* **4** *(Räumlichkeit)* local *m*; *e-r Wohnung* pièce *f*; **gewerbliche Räume** locaux *mpl* à usage commercial **5** GEOG région *f*; **im ~ Köln, Kölner ~** dans la région de Cologne; **im mitteleuropäischen ~** en Europe centrale
Raumakustik F acoustique *f* (d'une salle); **Raumanzug** M combinaison spatiale; **Raumaufteilung** F *e-r Wohnung* agencement *m*; **Raumausstatter(in)** M ⟨~s; ~⟩ (F) ⟨~in; ~innen⟩ décorateur, -trice *m,f*; **Raumbild** N OPT image *f* stéréoscopique, en relief; FOTO photo *f* stéréoscopique
Räumboot N MIL dragueur *m* de mines
Raumdeckung F ⟨~⟩ SPORT défense *f* de zone
räumen VT ⟨h.⟩ **1** *(wegschaffen)* enlever; *Schutt* déblayer; *Minen* enlever; relever; déterrer; SCHIFF draguer; *Kanal, Brunnen (reinigen)* curer; nettoyer; HANDEL *Lager* liquider; solder; **Hindernisse aus dem Weg ~** écarter, lever des obstacles; **j-n aus dem Weg ~** *(loswerden)* se défaire, se débarrasser de qn; *(umbringen)* liquider qn; → *a.* beiseiteräumen **2** *(an e-n Ort schaffen)* ranger; placer; mettre; **etw in e-n Schrank, nach hinten ~** mettre qc dans une armoire, derrière **3** *(leeren, frei machen)* vider; débarrasser; *(verlassen) Wohnung etc* quitter; abandonner; MIL, *Polizei (leer machen)* évacuer; **den Saal ~ lassen** faire évacuer la salle
Raumersparnis F ⟨~⟩ **der ~ wegen, zwecks ~** pour gagner de la place
Raumfähre F navette spatiale; **Raumfahrer(in)** M(F) astronaute *m/f*; cosmonaute *m/f*
Raumfahrt F ⟨~⟩ astronautique *f*; navigation spatiale; **Raumfahrtbehörde** F agence spatiale; **Raumfahrtprogramm** N programme spatial; **Raumfahrttechnik** F ⟨~⟩ technique *f* de navigation spatiale; **Raumfahrtzeitalter** N ⟨~s⟩ âge *m*, ère *f* de l'exploration spatiale; **Raumfahrtzentrum** N centre spatial
Raumfahrzeug N engin, vaisseau spatial
Räumfahrzeug N engin *m* de déblaiement
Raumflug M vol spatial; mission spatiale; **Raumforschung** F ⟨~⟩ recherche(s) spatiale(s); **Raumgestalter(in)** M(F) décorateur, -trice *m,f*; **Raumgestaltung** F décoration intérieure; **Raumgleiter** M navette spatiale; **raumgreifend** ADJT SPORT en longueur; **Rauminhalt** M volume *m*; cubage *m*; capacité *f*; **Raumkapsel** F capsule spatiale; **Raumklang** M audition *f* stéréophonique; **Raumlabor** N laboratoire spatial, orbital
räumlich **A** ADJ de *od* dans l'espace; qui concerne l'espace, la place, l'étendue; *t/t*, PHIL spatial; OPT stéréoscopique; *(dreidimensional)* à trois dimensions; **~e Nähe** proximité *f* **B** ADV **wir sind ~ sehr beschränkt** nous disposons de très peu de place; **~ getrennt** séparé
Räumlichkeit F ⟨~; ~en⟩ local *m*; **~en** *pl (Räume)* locaux *mpl*
Raummangel M ⟨~s⟩ manque *m* de place; **Raummaß** N mesure *f* de volume; **Raummeter** M *od* N stère *m*; **Raumordnung** F ⟨~⟩, **Raumplanung** F ⟨-ung⟩ aménagement *m* du territoire; **Raumpfleger(in)** M(F) agent *m* d'entretien; femme *f* de ménage; *in Schulen a.* femme *f* de service; **Raumschiff** N vaisseau, véhicule spatial; **Raumsonde** F sonde spatiale; **raumsparend** ADJT peu encombrant; de faible encombrement; **Raumstation** F station spatiale, orbitale; **Raumteiler** M séparation *f* d'une pièce; **Raumtemperatur** F température ambiante; **Raumtransporter** M navette spatiale
Räumtrupp M équipe *f* de déblaiement, *für Minen* de déminage
Räumung F ⟨~; ~en⟩ **1** *(Wegschaffen)* enlèvement *m*; *von Schutt etc* déblaiement *m* **2** HANDEL *e-s Lagers* liquidation *f* **3** MIL, *der Polizei* évacuation *f*; *e-r Wohnung* déménagement *m*; JUR **zwangsweise ~** expulsion *f*
Räumungsarbeiten FPL travaux *mpl* de déblaiement; **Räumungsbefehl** M MIL ordre *m* d'évacuation; JUR arrêté *m* d'expulsion; **Räumungsfrist** F JUR délai *m* d'expulsion; **Räumungsklage** F JUR demande *f* d'expulsion; **Räumungsverkauf** M liquidation totale des stocks
raunen VT ⟨h.⟩ murmurer; chuchoter; *poet Wind, Blätter* bruire
Raunen N ⟨~s⟩ murmure *m*; chuchotement *m*; *poet von Wind, Blättern* bruissement *m*; **ein ~ ging durch die Menge** un murmure parcourut la foule
raunzen VI ⟨-(es)t, h.⟩ *umg österr* râler
Raupe F ⟨~; ~n⟩ ZOOL, TECH chenille *f*
Raupenfahrzeug N véhicule à chenilles, chenillé; **Raupenfraß** M dégâts faits par les chenilles; **Raupenkette** F chenille *f*; **Raupenschlepper** M tracteur *m* à chenilles
Rauputz M crépi *m*; **Raureif** M ⟨~(e)s⟩ givre *m*
raus *umg* → heraus, hinaus; **~ (mit dir) !** dehors!; *umg* tire-toi!; **Nazis ~!** les nazis dehors!
Rausch M ⟨~(e)s; Räusche⟩ **1** *(Betrunkenheit)* ivresse *f*; **e-n ~ haben** être ivre, soûl; **sich** *(dat)* **e-n ~ antrinken** se soûler; **s-n ~ ausschlafen** cuver son vin **2** *fig der Liebe, Freude etc* ivresse *f*; *liter* enivrement *m*; *liter* transport *m*
rauscharm ADJ TECH avec réducteur de bruit
Rauschebart *umg* M **1** *Bart* barbe *f* **2** *Person* barbu *m*
rauschen VI ⟨h.⟩ **1** *Blätter* frémir; *geh* bruire; *Wind geh* bruire; *Brandung* mugir; *Bach etc* murmurer; *Tongeräte* faire un bruit de fond **2** ⟨s.⟩ *(sich schnell bewegen)* passer en trombe; **sie rauschte aus dem Laden** elle sortit en trombe du magasin
Rauschen N ⟨~s⟩ *der Blätter* frémissement *m*; *geh* bruissement *m*; *des Winds geh* bruissement *m*; *der Brandung* mugissement *m*; *e-s Bachs etc* murmure *m*; *von Tongeräten* bruit *m* de fond
rauschend ADJT *⟨épithète⟩ Beifall* retentissant; *Fest* magnifique
Rauschgift N stupéfiant *m*; drogue *f*; **~ nehmen** se droguer
rauschgiftabhängig *etc* → drogenabhängig *etc*
Rauschgifthandel M trafic *m* de stupéfiants, de (la) drogue; **Rauschgifthändler** M trafiquant *m* de stupéfiants, de drogue; **Rauschgiftkriminalität** F criminalité liée à la toxicomanie; **Rauschgiftring** M réseau *m* organisant un trafic de drogue; **Rauschgiftschmuggel** M → Rauschgifthandel; **Rauschgiftsucht** F ⟨~⟩ toxicomanie *f*; **rauschgiftsüchtig** ADJ toxicomane; **Rauschgiftsüchtige(r)** M/F(M) toxicomane *m/f*; drogué(e) *m(f)*; **Rauschgifttote(r)** M/F(M) victime *f* d'une overdose
Rauschgold N clinquant *m*; **Rauschgoldengel** M ange *m* (décoratif en faux or)
Rauschmittel N stupéfiant *m*
rausfliegen *umg* VI ⟨irr, sép, -ge-, s.⟩ *umg* être flanqué dehors, à la porte; *a. beruflich umg* se faire virer
rauskriegen *umg* VT ⟨sép, -ge-, h.⟩ **1** *(erfahren)* apprendre **2** *Rätsel etc* trouver
räuspern VR ⟨-(e)re, h.⟩ **sich ~** se racler la gorge; (tousser pour) s'éclaircir la voix
rausschmeißen *umg* VT ⟨irr, sép, -ge-, h.⟩ *umg* virer; *umg* flanquer à la porte, dehors
Rausschmeißer *umg* M ⟨~s; ~⟩ **1** *Person in Lokalen umg* videur *m* **2** *Tanz* dernier tour de danse; **Rausschmiss** *umg* M ⟨~es; ~e⟩ *umg* vidage *m*
Raute F ⟨~; ~n⟩ **1** BOT rue *f* **2** GEOMETRIE losange *m*
rautenförmig ADJ en losange; *t/t* rhombique
Rave M ⟨~(s); ~s⟩ *Party* rave *f*
Ravioli PL GASTR ravioli *mpl*
Razzia F ⟨~; ~s *ou* -ien⟩ rafle *f*; descente *f* de police; **e-e ~ veranstalten, durchführen** procéder à une rafle; faire une descente
RB ABK (Radio Bremen) *radio et télévision régionales allemandes (Brême)*
RBB M ⟨~⟩ ABK (Rundfunk Berlin – Brandenburg) *radio et télévision régionales allemandes (Berlin et Potsdam)*
Rbl ABK (Rubel) RBL (rouble)
rd. ABK (rund) env. (environ); dans les ...
Reagens N ⟨~; -genzien⟩, **Reagenz** N ⟨-zes; -zien⟩ CHEM réactif *m*
Reagenzglas N éprouvette *f*
reagieren VI *⟨pas de ge-, h.⟩* réagir; **auf etw** *(akk)* **~** réagir, répondre à qc
Reaktanz F ⟨~; ~en⟩ ELEK réactance *f*
Reaktion F ⟨~; ~en⟩ réaction *f* (*a.* CHEM, POL); réflexe *m*; *fig* réponse *f* (**auf** *[+akk]* à); **e-e ~ auf etw** *(akk)* **sein** être une réaction à *od* contre qc
reaktionär ADJ réactionnaire
Reaktionär(in) M ⟨~s; ~e⟩ (F) ⟨~in; ~innen⟩ réactionnaire *m/f*
reaktionsfähig ADJ *Person* en mesure de réagir; CHEM réactif, -ive; **Reaktionsfähigkeit** F ⟨~⟩ PSYCH réactivité *f*; *weitS.* réflexes *mpl*
Reaktionsgeschwindigkeit F vitesse *f* de réaction; **reaktionsschnell** ADJ qui réagit rapidement; *weitS.* qui a de bons réflexes; **Reaktionsvermögen** N ⟨~s⟩ PSYCH réactivité *f*; *weitS.* réflexes *mpl*; **Reaktionszeit** F *a.* MED temps *m* de réaction
reaktivieren VT *⟨pas de ge-, h.⟩* réactiver;

R

Reaktivierung F réactivation *f*
Reaktor M ⟨~s; -toren⟩ PHYS, CHEM réacteur *m*; NUKL *(Kernreaktor)* réacteur *m* nucléaire; pile *f* atomique; **Reaktorkern** M cœur *m* du réacteur; **Reaktorphysik** F physique *f* atomique; **Reaktortechnik** F ⟨~⟩ technique *f* du nucléaire; **Reaktorunfall** M accident *m* nucléaire
real ADJ *(wirklich)* effectif, -ive; réel, réelle; *(sachlich)* de fait; *(konkret)* concret, -ète
Realbesteuerung F imposition réelle; **Realeinkommen** N revenus réels; **Realenzyklopädie** F encyclopédie *f*
Realien PL *(Tatsachen)* choses réelles; faits *mpl*
Realinjurie F JUR voies *fpl* de fait
Realisation F ⟨~; ~en⟩ réalisation *f*; **realisierbar** ADJ réalisable; **Realisierbarkeit** F ⟨~⟩ possibilité *f* de réalisation; *e-s Projekts, Vorhabens* faisabilité *f*; *e-s Vorhabens a.* viabilité *f*; *e-r Idee* applicabilité *f*; **realisieren** V/T ⟨*pas de ge-*, h.⟩ *a. fig* réaliser; **Realisierung** F ⟨~; ~en⟩ réalisation *f*
Realismus M ⟨~⟩ réalisme *m*; **Realist(in)** M ⟨~en; ~en⟩ F ⟨~in; ~innen⟩ réaliste *m/f*; **realistisch** ADJ réaliste
Realität F ⟨~; ~en⟩ réalité *f*; **virtuelle ~** réalité virtuelle
realitätsbezogen ADJT réaliste; pragmatique; **realitätsfern** ADJ *Mensch* peu réaliste; rêveur, -euse; *Plan* utopique; **realitätsnah** ADJ réaliste; **Realitätssinn** M ⟨~(e)s⟩ sens *m* des réalités
realiter *geh* ADV en réalité
Realkatalog M BIBLIOTHEKSWESEN catalogue *m* des matières; **Realkredit** M crédit foncier; **Reallasten** FPL charges réelles; **Reallexikon** N encyclopédie *f*; **Reallohn** M salaire réel, effectif
Realo *umg* M ⟨~s; ~s⟩ POL adepte *m* du pragmatisme
Realpolitik F politique *f* réaliste, pragmatique; **Realpolitiker** M homme *m* politique pragmatique; **Realschule** F *etwa* collège *m*; **Realschüler(in)** M(F) *etwa* collégien, -ienne *m,f*; **Realsteuer** F impôt réel; **Realwert** M valeur réelle; **Realwirtschaft** F ⟨~⟩ économie réelle; **Realzeit** F ⟨~⟩ IT temps réel
Reanimation F ⟨~; ~en⟩ MED réanimation *f*
Rebe F ⟨~; ~n⟩ (cep *m*, pied *m* de) vigne *f*
Rebell(in) M ⟨~en; ~en⟩ F ⟨~in; ~innen⟩ rebelle *m/f*
rebellieren V/I ⟨*pas de ge-*, h.⟩ **(gegen j-n, etw) ~** se rebeller, se révolter (contre qn, qc)
Rebellion F ⟨~; ~en⟩ rébellion *f*, révolte *f* **(gegen** contre)
rebellisch ADJ rebelle **(gegen** à); **~ werden** *umg* se rebiffer
Rebenblatt N feuille *f* de vigne; **Rebenlaub** N feuillage *m* de (la) vigne; *poet* pampres *mpl*; **Rebensaft** M *(Wein)* jus *m* de la treille
Rebhuhn N perdrix *f*
Reblaus F ZOOL phylloxéra *m*; **Rebsorte** F cépage *m*; **Rebstock** M cep *m*, pied *m* de vigne
Rebus M *od* N ⟨~; ~se⟩ rébus *m*
Receiver M ⟨~s; ~⟩ RADIO récepteur *m*
Rechaud M *od* N ⟨~s; ~s⟩ *zum Warmhalten* chauffe-plats *m*; *südd, österr, schweiz zum Kochen* réchaud *m*
rechen V/T ⟨h.⟩ râteler; ratisser
Rechen M ⟨~s; ~⟩ râteau *m*
Rechenanlage F calculateur *m* automatique; *(Computer)* ordinateur *m*; **Rechenart** F type *m* d'opération arithmétique; **Rechenaufgabe** F problème *m* d'arithmétique; calcul *m* arithmétique; *Hausaufgabe* devoir *m* de calcul, d'arithmétique; **Rechenbrett** N boulier *m*; **Rechenbuch** N livre *m* d'arithmétique; **Rechenexempel** N → Rechenaufgabe; *fig* problème *m* de calcul; **Rechenfehler** M erreur *f*, faute *f* de calcul; **Rechenheft** N cahier *m* d'arithmétique; **Rechenkünstler(in)** M(F) calculateur, -trice *m,f* prodige; **Rechenmaschine** F machine *f* à calculer; **Rechenoperation** F opération *f* arithmétique
Rechenschaft F ⟨~⟩ **j-m (über etw** [*akk*]**) ~ schuldig sein** être obligé de rendre compte, raison à qn (de qc); **(j-m) ~ über etw** (*akk*) **ablegen** rendre compte, raison de qc (à qn); **j-n (für etw) zur ~ ziehen** exiger des explications de qn (sur qc); demander des comptes à qn (de qc); *umg fig* demander des comptes à qn (sur qc)
Rechenschaftsbericht M compte rendu
Rechenschieber M, **Rechenstab** M règle *f* à calcul(er); **Rechenstunde** F leçon *f* d'arithmétique; **Rechenunterricht** M enseignement *m* du calcul, de l'arithmétique; **Rechenzentrum** N centre *m* de calcul; *Abteilung a.* centre *m* ordinateurs; salle *f* informatique
Recherche F ⟨~; ~n⟩ recherches *fpl*; **~n über e-n Fall, über j-n anstellen** faire des recherches sur un cas, sur qn
recherchieren ⟨*pas de ge-*, h.⟩ A V/T faire des recherches sur B V/I faire des recherches; se documenter
rechnen ⟨-ete, h.⟩ A V/T *u.* V/I 1 MATH calculer; faire un calcul; *(zählen)* compter; faire le compte (de); **richtig ~** calculer juste; **falsch ~** se tromper dans son calcul 2 *(veranschlagen, berücksichtigen)* **er rechnet 50 Euro (für) die Stunde** il compte 50 euros de l'heure; **nach Stunden ~** compter en heures; **von heute an gerechnet** à compter, à dater, à partir d'aujourd'hui; **alles in allem gerechnet** tout compte fait; somme toute; à tout prendre 3 *(einbeziehen)* compter; classer; **er rechnet mich zu seinen Freunden** il me range, compte parmi ses amis 4 *(erwarten)* **mit etw ~** s'attendre à qc; tabler sur qc; **ich rechne damit** j'y compte 5 *(sich verlassen)* **auf j-n ~** compter, tabler sur qn 6 *(sparsam sein)* compter B V/R **sich ~** être rentable
Rechnen N ⟨~s⟩ calcul *m* (*a.* SCHULE)
Rechner M ⟨~s; ~⟩ TECH, *Mensch* calculateur *m*; *(Computer)* ordinateur *m*; **rechnergesteuert** ADJT assisté, contrôlé par ordinateur
rechnerisch ADJ *u.* ADV par voie de calcul; **etw ~ ermitteln** arriver à un résultat par le calcul
rechnerunterstützt ADJT assisté par ordinateur
Rechnung F ⟨~; ~en⟩ 1 *(das Rechnen)* calcul *m* 2 *(Abrechnung)* compte *m*; *an Handelsfirmen* facture *f*; *an Privatleute* note *f*; *im Restaurant* addition *f*; **offene, unbezahlte ~** facture non payée, non réglée; **e-e ~ über 100 Euro** une addition, note, *etc* de 100 euros; **die ~ stimmt nicht** le compte n'y est pas, n'est pas exact; il n'y a pas le compte; **auf eigene ~ arbeiten** travailler à son compte, pour son (propre) compte; **e-e ~ aufmachen** dresser, établir un compte; **e-e ~ ausstellen** établir une facture; **e-e ~ bezahlen, begleichen** régler *Handelsfirma* une facture, *Privatleute* une note; **das geht auf meine ~** c'est moi qui règle la note, qui paie; **etw (mit) auf die ~ setzen** faire figurer qc sur la facture *bzw.* la note; **etw in ~ stellen** facturer qc; *fig* faire entrer qc en ligne de compte 3 *fig* **die ~ ohne den Wirt machen** se tromper dans ses prévisions, dans ses calculs; **Ihre ~ geht nicht auf** votre calcul est faux; **den Umständen ~ tragen** tenir compte, faire la part des circonstances; **etw in ~ ziehen** prendre qc en considération; faire entrer qc en ligne de compte; tenir compte de qc
Rechnungsabschluss M clôture *f*, arrêté *m* des comptes; **Rechnungsbeleg** M pièce justificative, comptable; **Rechnungsbetrag** M montant *m* de la facture *bzw.* note; **Rechnungsblock** M ⟨~s; ~s *ou* -blöcke⟩ bloc *m* à factures; **Rechnungsbuch** N livre *m* de comptes, de comptabilité; **Rechnungsdatum** N date *f* de la facture; **Rechnungseinheit** F unité *f* de compte; **Rechnungsführer(in)** M(F) (agent *m/f*) comptable *m/f*; **Rechnungsführung** F ⟨~⟩ comptabilité *f*; gestion *f* comptable; **Rechnungshof** M Cour *f* des comptes; **Rechnungsjahr** N exercice *m*; année financière; **Rechnungsposten** M article *m* de compte, de facture; **Rechnungsprüfer(in)** M(F) commissaire *m/f* aux comptes; vérificateur, -trice *m,f* des comptes; **Rechnungsprüfung** F vérification *f* des comptes; **Rechnungsstelle** F service *m* de comptabilité; **Rechnungsstellung** F facturation *f*; **Rechnungswesen** N ⟨~s⟩ comptabilité *f*
recht A ADJ *(richtig)* juste; *(wirklich)* vrai; *(schicklich)* convenable; *(geeignet)* propre; *(gelegen)* opportun; **am ~en Ort** au bon endroit; *fig* en temps et lieu; *fig* **der ~e Weg** le droit chemin; **zur ~en Zeit** au bon moment; à propos; en temps utile; **das geht nicht mit ~en Dingen zu** cela ne paraît pas catholique; cela paraît louche; **bin ich hier ~?** c'est bien ici?; **alles, was ~ ist, aber …** tout ce que vous voulez, mais …; **mehr als ~ ist** plus que de raison; **das ist nicht mehr als ~ und billig** ce n'est que justice; ce n'est que juste; *sprichw* **was dem einen ~ ist, ist dem andern billig** il ne doit pas y avoir deux poids et deux mesures; **schlecht und ~** tant bien que mal; **so ist es ~!, ~ so!** très bien!; bravo!; à la bonne heure!; **mir ist's ~, mir kann** *od* **soll es ~ sein** je (le) veux bien; pourquoi pas; **mir kann das nur ~ sein** je ne demande pas mieux; **das ist mir ~** c'est bon, d'accord; cela m'arrange; **das ist mir nicht ~** je ne suis pas pour *od* d'accord; cela ne m'arrange pas; **wenn es Ihnen ~ ist** si cela vous arrange, convient; **das ist mir gerade ~** je ne demande pas mieux B ADV *(richtig)* bien; *(anständig, angebracht)* comme il faut; *(gelegen)* à point; à propos; *(sehr) vor adj u. adv* très; fort; bien; *vor Verben* beaucoup; bien; **~ herzliche Grüße (an** [+ *akk*] …)! bien des choses (à …)!; (mes) amitiés (à …)!; **es geschieht ihnen ganz ~** ils l'ont bien mérité; c'est bien fait pour eux; *umg* ils ne l'ont pas volé; **es j-m ~ machen** contenter qn; **man kann es nicht allen ~ machen** on ne peut contenter tout le monde; **wenn ich Sie ~ verstehe …** si j'ai bien entendu *od* compris …; **ich glaube, ich höre nicht ~!** je n'en reviens pas!; **das kommt mir gerade ~** ça fait mon affaire; *iron* il ne manquait plus que ça!; **Sie kommen gerade ~** vous venez, arrivez à point; vous tombez, arrivez bien, *umg* à pic; **nicht ~ bei Trost sein** n'avoir pas tout son bon sens; **ganz ~!** c'est bien cela!; très bien!; parfaitement!; **(jetzt) erst ~** plus que jamais; à plus forte raison; **jetzt tu ich es erst ~** maintenant je le ferai de plus belle; **wenn ihr immer stehen bleibt, werdet ihr erst ~ müde** si vous vous arrêtez à tout bout de champ, vous vous fatiguerez d'autant plus; **erst ~ nicht**

bien moins encore; **nun erst ~ nicht!** moins que jamais! **C** SUBST **~ behalten** avoir finalement raison; **j-m ~ geben** donner raison à qn; **~ haben** avoir raison

Recht N ⟨~(e)s; ~e⟩ **1** *(Anspruch)* droit *m* (**auf** *[+akk]* à); *(Befugnis)* faculté *f*; **~ über Leben und Tod** droit de vie et de mort; **das ~ des Stärkeren** le droit, la raison du plus fort; **~ behalten, geben, haben** → recht c; **ein, das ~ auf etw** *(+akk)* **haben** avoir droit à qc; **das ~ haben, etw zu tun** avoir le droit, être en droit de faire qc; **mit welchem ~?** de quel droit?; à quel titre?; **mit vollem** *od* **gutem ~, zu ~** à bon droit; à juste titre; **mit ~** avec raison; **das ist mein gutes ~** c'est mon droit; **zu ~ bestehen** être fondé en droit; **mit dem gleichen ~ …** pour la même raison …; au même titre …; *sprichw* **gleiche ~e, gleiche Pflichten** égalité de droits entraîne égalité d'obligations; **im ~ sein** être dans son droit; **alle ~e vorbehalten** tous droits réservés; **wir müssen uns das ~ vorbehalten zu** *(+inf)* nous devons nous réserver le droit, la faculté de *(+inf)* **2** *(Gerechtigkeit)* justice *f*; **j-m zu s-m ~ verhelfen** faire rendre, faire obtenir justice à qn; **sich** *(dat)* **selbst ~ verschaffen** se faire justice (à soi-même); **sein ~ bekommen** obtenir justice; **das ~ auf s-r Seite haben** avoir le droit, la justice de son côté; **~ muss ~ bleiben** force doit rester à la loi; **gleiches ~ für alle!** égalité des droits pour tous! **3** *(Gesamtheit der Gesetze)* droit *m*; **geltendes ~** législation *f*, lois *fpl* en vigueur; **Anstalt des öffentlichen ~s** établissement *m* de droit public; **~ sprechen** rendre la justice; **das ~ beugen** contourner la loi; **von ~s wegen** de par la loi **4** *veraltet pl* **~e** *(Rechtswissenschaft)* jurisprudence *f*; droit *m*; **Doktor** *m*, **Student** *m* **der ~e** docteur *m*, étudiant *m* en droit

rechte(r, -s) ADJ ⟨*épithète*⟩ droit; POL de droite; **~ Seite** côté droit; droite *f*; *e-s Stoffes* endroit *m*; **auf der ~n Seite** à droite; du côté droit; **~ Masche** maille *f* à l'endroit; **~r Winkel** angle droit; **~r Hand** à (main) droite; **j-s ~ Hand sein** être le bras droit de qn

Rechte[1] F ⟨→ A⟩ **1** *(rechte Hand, Seite)* droite *f*; **zur ~n** à droite; **zu meiner ~n** à ma droite **2** BOXEN droit *m* **3** POL **die ~** la droite

Rechte[2] M/F ⟨→ A⟩ **1** *(Richtige[r])* homme *m*, femme *f* qu'il faut, de la situation; *iron* **an den ~n kommen** trouver à qui parler; *iron* **das ist mir der ~!** ils n'auraient pas pu trouver mieux! **2** POL homme *m*, femme *f* de droite

Rechte[3] N ⟨→ A⟩ **etwas ~s** qc de propre; **nichts ~s zustande bringen** ne rien faire qui vaille, *umg* de potable; **nach dem ~n sehen** veiller à ce que tout soit en ordre *bzw.* tout se passe bien

Rechteck N rectangle *m*; **rechteckig** ADJ rectangulaire

rechten V/I ⟨-ete, h.⟩ *geh* (**mit j-m über etw** *[akk]*) **~** se disputer (avec qn à propos de qc)

rechtens es ist ~ c'est de droit

Rechter M → Rechte[2]

Rechtes N → Rechte[3]

rechtfertigen V/T *(u. V/R)* ⟨h.⟩ **(sich) ~** (se) justifier; (se) défendre; (se) disculper; **sich vor j-m wegen etw ~** se justifier de qc auprès de qn

Rechtfertigung F justification *f*; défense *f*; disculpation *f*; **zu meiner ~** pour me justifier

rechtgläubig ADJ orthodoxe

Rechthaber M ⟨~s; ~⟩ personne *f* qui veut toujours avoir raison; *umg* je-sais-tout *m* *(inv)*; *umg* pinailleur *m*; **Rechthaberei** F ⟨~⟩ prétention *f*, manie *f* de vouloir toujours avoir raison; **rechthaberisch** ADJ qui veut toujours avoir raison; *umg* pinailleur, -euse

rechtlich **A** ADJ légal; juridique **B** ADV juridiquement (parlant); au *od* du point de vue juridique; **~ begründet sein** être fondé en droit

rechtlos ADJ sans droits; privé de ses droits; **Rechtlosigkeit** F ⟨~⟩ absence *f* de droits

rechtmäßig ADJ légal; légitime; *(billig)* juste; **für ~ erklären** légitimer

Rechtmäßigkeit F ⟨~⟩ légalité *f*; légitimité *f*

rechts ADV à droite; *von Stoffen* à l'endroit; **~ von …** à droite de …; **~ von ihm** à sa droite; **~ vor links** *im Straßenverkehr* priorité *f* à droite; **~ abbiegen** tourner à droite; **~ gehen, fahren** prendre, tenir sa *od* la droite; POL **~ sein** *od* **stehen** être de droite; **~ schreiben** écrire de la main droite; **~ überholen** doubler à droite

Rechtsabbieger M ⟨~s; ~⟩ personne *f bzw.* véhicule *m* tournant à droite; **Rechtsabbiegerspur** F file *f* de droite

Rechtsabteilung F JUR service *m*, section *f* juridique; bureau *m* du contentieux; **Rechtsangelegenheit** F affaire *f* (judiciaire); *weitS. a.* procès *m*; **Rechtsanspruch** M (prétention fondée en) droit *m* (**auf** *[+akk]* à); droit *m* légitime; **Rechtsanwalt** M, **Rechtsanwältin** F avocat(e) *m(f)*; *Anrede* Maître *m*; **Rechtsanwaltsbüro** N → Anwaltsbüro; **Rechtsauffassung** F conception *f* juridique; **Rechtsauskunft** F renseignement *m* juridique; **Rechtsauslegung** F interprétation *f* du droit; **Rechtsausschuss** M comité *m* juridique

Rechtsaußen M ⟨~; ~⟩ FUSSBALL *etc* ailier droit

Rechtsbegriff M notion *f* juridique; **Rechtsbehelf** M JUR recours *m*; **Rechtsbeistand** M avocat-conseil *m*; conseil *m* juridique; **Rechtsbelehrung** F informations *fpl* sur les recours; **Rechtsberater(in)** M(F) conseil *m* juridique; *e-s Politikers etc* conseiller, -ère *m,f* juridique; **Rechtsbeugung** F contournement *m* de la loi, de la législation; **Rechtsbrecher(in)** M ⟨~s; ~⟩ F ⟨~in; ~innen⟩ délinquant(e) *m(f)*; **Rechtsbruch** M infraction *f*; violation *f* du droit

rechtsbündig ADJ TYPO justifié à droite

rechtschaffen **A** ADJ **1** honnête; loyal; probe; intègre **2** *fig (gehörig, tüchtig)* convenable; correct; **e-n ~en Hunger haben** avoir une faim de loup **B** ADV comme il faut; convenablement; *fig* **~ müde** très fatigué

Rechtschaffenheit F ⟨~⟩ honnêteté *f*; loyauté *f*; probité *f*; intégrité *f*

rechtschreiben V/I ⟨*seulement inf*⟩ bien orthographier

Rechtschreibfehler M faute *f* d'orthographe; **Rechtschreibprogramm** N IT correcteur *m* orthographique; **Rechtschreibreform** F réforme *f* de l'orthographe; **Rechtschreibschwäche** F dysorthographie *f*; *weitS.* dyslexie *f*

Rechtschreibung F ⟨~⟩ orthographe *f*

Rechtsdrall M TECH torsion *f* à droite; *fig* tendance *f* à droite; POL tendance *f* à être de droite; **rechtsdrehend** ADJT PHYS dextrogyre; **Rechtsdrehung** F rotation *f* à droite

Rechtsempfinden N sens *m* de la justice

Rechtsextremismus M extrémisme *m* de droite; **Rechtsextremist(in)** M(F) extrémiste *m/f* de droite; **rechtsextremistisch** ADJ d'extrême droite

rechtsfähig ADJ ayant la capacité juridique; **~ sein** jouir de (ses) droits civils

Rechtsfähigkeit F ⟨~⟩ capacité *f* juridique; **Rechtsfall** M cas *m* juridique, de droit; **Rechtsform** F forme *f* juridique; **Rechtsfrage** F question *f* de droit

rechtsgängig ADJ *Gewinde* à droite; *Schraube* fileté à droite; avec pas, filetage à droite

Rechtsgelehrte(r) M/F(M) jurisconsulte *m*; juriste *m/f*; légiste *m/f*; **Rechtsgeschäft** N opération *f*, acte *m* juridique

Rechtsgewinde N *von Schrauben* filetage *m*, filet *m* à droite

Rechtsgleichheit F égalité *f* devant la loi; **Rechtsgrund** M motif *m*, titre *m* juridique; **Rechtsgrundlage** F base *f*, fondement *m* juridique; **Rechtsgrundsatz** M maxime *f* de droit; **rechtsgültig** ADJ valide; *Schriftstück* authentique; **Rechtsgültigkeit** F validité *f* juridique; *e-s Schriftstücks* authenticité *f*

Rechtshänder(in) M ⟨~s; ~⟩ F ⟨~in; ~innen⟩ droitier, -ière *m,f*; **rechtshändig** **A** ADJ droitier, -ière **B** ADV de la main droite

Rechtshandlung F action légale; acte *m* juridique

rechtsherum ADV à droite

Rechtshilfe F ⟨~⟩ aide *f* judiciaire

Rechtskraft F ⟨~⟩ *e-s Gesetzes* force *f* de loi; *e-s Urteils* force *f* de chose jugée; **~ erlangen** prendre force de loi *bzw.* de chose jugée

rechtskräftig **A** ADJ qui a force de chose jugée; *(vollstreckbar)* exécutoire; **~es Urteil** jugement définitif **B** ADV **~ verurteilt werden** subir une condamnation exécutoire

rechtskundig ADJ qui connaît le droit

Rechtskurve F virage *m* à droite

Rechtslage F ⟨~⟩ situation *f* juridique

Rechtsmittel N JUR recours *m*; **ein ~ einlegen** former un recours

Rechtsmittelbelehrung F indication *f* des possibilités de recours; **Rechtsnachfolge** F succession *f* juridique; **Rechtsnachfolger** M ayant cause *m*; **Rechtsnorm** F règle *f* de droit; **Rechtsordnung** F ordre établi par les institutions

Rechtspartei F parti *m* de droite

Rechtspflege F juridiction *f*; (administration *f* de la) justice *f*; **Rechtspfleger(in)** M(F) greffier, -ière *m,f* à attributions juridictionnelles

Rechtsprechung F ⟨~; ~en⟩ jurisprudence *f*

rechtsradikal ADJ POL d'extrême droite; **rechtsrheinisch** ADJ de la rive droite du Rhin; **Rechtsruck** M POL glissement *m* à droite

Rechtssache F procès *m*; cause *f*, affaire *f* (judiciaire); **Rechtsschutz** M protection *f* juridique; **Rechtsschutzversicherung** F assurance *f* protection juridique

rechtsseitig ADJ du côté droit

Rechtssprache F langage *m* juridique; **Rechtsspruch** M décision *f* d'un tribunal; arrêt *m* (de justice); *in Zivilsachen* jugement *m*; *in Strafsachen* sentence *f*; *der Geschworenen* verdict *m*; **Rechtsstaat** M État *m* de droit

Rechtssteuerung F *von Autos* conduite *f* à droite

Rechtsstreit M litige *m*; *weitS.* procès *m*

rechtsum ADV à droite; MIL **~!** à droite, droite!

rechtsungültig ADJ invalide; non valable; **rechtsunwirksam** ADJ dépourvu d'effet juridique; nul, nulle; **rechtsverbindlich** ADJ juridiquement obligatoire; valide

Rechtsverbindlichkeit F obligation *f* juridique; validité *f* en justice; **Rechtsverdreher(in)** M ⟨~s; ~⟩ F ⟨~in; ~innen⟩ personne *f* détournant à son profit les dispositions légales; *umg hum (Anwalt)* avocat marron

Rechtsverkehr M circulation *f* à droite

R

Rechtsverletzung F violation f du droit, de la loi; **Rechtsverordnung** F JUR ordonnance f; **Rechtsvertreter** M représentant légal; mandataire m; **Rechtsvertretung** F représentation légale

Rechtsweg M ⟨~(e)s⟩ voie f de droit, judiciaire; auf dem ~ par voie de droit; par la voie judiciaire; den ~ beschreiten avoir recours à la justice, aux tribunaux; unter Ausschluss des ~s sans possibilité de recours aux tribunaux

rechtswidrig ADJ illégal; illicite; contraire au droit; **Rechtswidrigkeit** F illégalité f; **rechtswirksam** ADJ valide; **Rechtswirksamkeit** F validité f juridique; **Rechtswissenschaft** F ⟨~⟩ (science f du) droit m

rechtwink(e)lig A ADJ rectangulaire; GEOMETRIE rectangle; rechtwink(e)liges Dreieck triangle m rectangle B ADV à angle droit

rechtzeitig A ADJ ponctuel, -elle; opportun B ADV à temps; en temps voulu; (*pünktlich*) ponctuellement; ~ genug, um (*+inf*) assez longtemps à l'avance pour (*+inf*)

Reck N ⟨~(e)s; ~e *ou* ~s⟩ TURNEN barre f fixe

Recke *geh* M ⟨~n; ~n⟩ °héros m; *bes* HIST preux m

recken ⟨h.⟩ A V/T *Glieder* étirer; allonger; den Hals ~ allonger, tendre le cou; den Kopf in die Höhe ~ relever la tête B V/R sich ~ (und strecken) s'étirer

Reckstange F TURNEN barre f (fixe); **Reckübung** F exercice m à la barre fixe

Recorder M → Rekorder

recycelbar ADJ ÖKOL recyclable

recyceln V/T ⟨-(e)le, *pas de ge-*, h.⟩ ÖKOL recycler

Recycling N ⟨~s⟩ ÖKOL recyclage m; réutilisation f; **Recyclingpapier** N papier recyclé

Redakteur(in) M ⟨~s; ~e⟩ (F) ⟨~in; ~innen⟩ rédacteur, -trice m,f; *e-r Zeitung a.* journaliste m/f; ~ für Kultur, Sport journaliste littéraire, sportif

Redaktion F ⟨~; ~en⟩ rédaction f; **redaktionell** ADJ rédactionnel, -elle

Redaktionsschluss M date f *od* heure f limite (de bouclage d'une édition); nach ~ après bouclage de l'édition

Redaktor M ⟨~s; -toren⟩ *schweiz* rédacteur m

Rede F ⟨~; ~n⟩ 1 (*das Reden*) parole f; propos m; (*~weise*) langage m; (*Gespräch*) discours m; (*~inhalt*) ce que l'on veut *bzw.* voulait dire; (*Unterhaltung*) conversation f; entretien m; (*Gerücht*) bruit m; gebundene ~ poésie f; ungebundene ~ prose f; GRAM (in)direkte ~ discours (in)direct; lose ~n führen tenir des propos scabreux; etw in freier ~ vortragen parler en public sans notes; danach kam die ~ auf (*+akk*) … on aborda ensuite …; on en vint ensuite à parler de …; wenn die ~ darauf kommt si l'on aborde ce sujet; si l'on vient à en parler; die ~ auf Politik bringen commencer à parler de politique; das ist (gar) nicht der ~ wert cela ne vaut pas la peine d'en parler; wovon ist die ~? de quoi est-il question?; de quoi s'agit-il?; es ist die ~ davon, dass … il est question que … (*+ subj*); es ist die ~ von … il est question de …; on parle de …; davon kann keine ~ sein il ne peut en être question; *umg* (das war schon immer) meine ~! c'est bien ce que j'ai (toujours) dit!; *geh* es geht die ~, dass … le bruit court que …; on dit que …; j-m (für etw) ~ und Antwort stehen répondre (de qc), donner des explications (sur qc) à qn; j-n (wegen etw) zur ~ stellen demander une explication à qn (de qc); langer *od* der langen ~ kurzer Sinn bref; en un mot 2 (*Ansprache*) discours m; *kürzere* allocution f; RHET oraison f; e-e ~ halten prononcer, faire un discours; *umg* (große) ~n schwingen pérorer; employer des grands mots

Rededuell N duel m oratoire; **Redefigur** F figure f de rhétorique; **Redefluss** M flot m, flux m de paroles; **Redefreiheit** F ⟨~⟩ liberté f de parole; **redegewandt** ADJ éloquent; qui s'exprime facilement; qui a la parole facile; **Redegewandtheit** F éloquence f; élocution aisée; facilité f d'expression (orale); **Redekunst** F rhétorique f; art m oratoire

reden ⟨-ete, h.⟩ A V/T *u.* V/I (*sprechen*) parler (über [*+akk*], von de; mit à, avec); (*sagen*) dire; (*e-e Rede halten*) faire, prononcer un discours; jetzt redet er ganz anders il tient maintenant un tout autre langage; Sie haben gut ~ vous en parlez (bien) à votre aise; mit sich (*dat*) ~ lassen ne pas être intransigeant; er lässt mit sich (*dat*) ~ *a.* il y a moyen de s'entendre, s'arranger avec lui; er lässt nicht mit sich (*dat*) ~ *a.* il est *bzw.* reste intraitable; über Politik (*akk*) ~ parler de politique; *umg* parler politique; Gutes, Schlechtes über j-n ~ dire du bien, du mal de qn; darüber lässt sich ~ on peut en discuter; c'est à voir; viel von sich (*dat*) ~ machen faire parler beaucoup de soi; von diesem und jenem ~ parler de choses et d'autres; von etw anderem ~ changer de sujet; sie ~ nicht mehr miteinander ils ne se parlent plus; er redet kein Wort il ne dit pas un mot; lass sie ~! laisse-les dire!; ~ wir nicht mehr darüber *od* davon! n'en parlons plus!; gar nicht zu ~ davon, dass … sans compter que … B V/R sich heiser ~ s'enrouer (à force de parler)

Reden N ⟨~s⟩ *sprichw* ~ ist Silber, Schweigen ist Gold *sprichw* la parole est d'argent, mais le silence est d'or; das ~ fällt ihm schwer il parle difficilement; il a de la peine à parler; all Ihr ~ ist umsonst vous prêchez dans le désert

Redensart F tournure f; façon f de parler; leere ~en phrases toutes faites; sprichwörtliche ~ dicton m; das ist nur so e-e ~ c'est une façon de parler

Rederei *umg* F ⟨~; ~en⟩ 1 *pej* bavardage(s) m(pl) 2 ⟨*meist pl*⟩ (*Gerücht*) bruit m qui court (über [*+akk*] sur)

Redeschwall M déluge m, flot m de paroles; verbosité f; **Redeverbot** N défense f de parler; **Redeweise** F (*Ausdrucksweise*) manière f, façon f de parler; (*Stil*) style m; (*Sprechweise*) diction f; élocution f

Redewendung F expression f; tournure f; LING locution f; feste, stehende ~ locution (figée)

Redezeit F temps m de parole

redigieren V/T ⟨*pas de ge-*, h.⟩ rédiger

redlich A ADJ (*rechtschaffen*) honnête; intègre; (*aufrichtig*) sincère; de bonne foi B ADV sich ~ bemühen faire des efforts sincères

Redlichkeit F ⟨~⟩ (*Rechtschaffenheit*) honnêteté f; intégrité f; (*Aufrichtigkeit*) sincérité f; bonne foi

Redner(in) M ⟨~s; ~⟩ (F) ⟨~in; ~innen⟩ orateur m; (*Vortragende[r]*) conférencier, -ière m,f; sie ist e-e gute ~in elle est bon orateur

Rednerbühne F tribune f; **rednerisch** ADJ d'orateur; oratoire; **Rednerpult** N pupitre m

redselig ADJ loquace; volubile; *plus fort* bavard; **Redseligkeit** F loquacité f; volubilité f

Reduktion F ⟨~; ~en⟩ *a.* CHEM, LING réduction f (auf [*+akk*] à)

Reduktionsmittel N CHEM réducteur m

redundant ADJ LING, IT, *t/t* redondant; **Redundanz** F ⟨~; ~en⟩ redondance f

Reduplikation F ⟨~; ~en⟩ LING réduplication f

reduzierbar ADJ réductible (auf [*+akk*] à)

reduzieren V/T (*u.* V/R) (sich) ~ ⟨*pas de ge-*, h.⟩ (se) réduire (auf [*+akk*] à); **Reduzierung** F ⟨~; ~en⟩ réduction f (auf [*+akk*] à)

Reede F ⟨~; ~n⟩ SCHIFF rade f; auf der ~ liegen être en rade

Reeder M ⟨~s; ~⟩ armateur m

Reederei F ⟨~; ~en⟩ compagnie f de navigation; armement m

reell ADJ 1 *Preis, Bedienung* honnête; convenable; correct; *Preis a.* abordable; *Firma* honnête; respectable; de confiance; *Ware* de qualité 2 (*wirklich*) réel, réelle; ~e Chance chance réelle 3 MATH ~e Zahlen fpl nombres réels

Reep N ⟨~(e)s; ~e⟩ SCHIFF cordage m

Reet N ⟨~s⟩ *nordd* roseau m; **Reetdach** N toit couvert de roseau, de chaume; **reetgedeckt** ADJ/T couvert de roseau, de chaume

Refektorium N ⟨~s; -ien⟩ réfectoire m

Referat N ⟨~(e)s; ~e⟩ 1 (*Vortrag*) conférence f; UNIVERSITÄT, SCHULE exposé m; (*Bericht*) rapport m; ein ~ (über etw [*akk*]) halten faire une conférence, un exposé (sur qc) 2 (*Abteilung*) section f; service m

Referendar(in) M ⟨~s; ~e⟩ (F) ⟨~in; ~innen⟩ *nach Studienabschluss* stagiaire m/f; *fürs Lehramt* professeur m/f stagiaire; JUR juriste m/f stagiaire

Referendariat N ⟨~(e)s; ~e⟩ stage m (*préparant au deuxième examen d'État en Allemagne*)

Referendum N ⟨~s; -den *ou* -da⟩ référendum m

Referent(in) M ⟨~en; ~en⟩ (F) ⟨~in; ~innen⟩ 1 (*Vortragende[r]*) conférencier, -ière m, f; (*Berichterstatter*) rapporteur m 2 *e-r Abteilung* responsable m/f d'un service, d'une section; POL *e-s Ministers* conseiller, -ère m,f; (*Gutachter[in]*) expert(e) m(f)

Referenz F ⟨~; ~en⟩ (*Empfehlung*) référence f; recommandation f; gute ~en haben avoir de bonnes références; j-n als ~ angeben se réclamer, se recommander de qn

referieren V/T *u.* V/I ⟨*pas de ge-*, h.⟩ etw, über etw (*akk*) ~ faire une conférence, un exposé sur qc

Reff N ⟨~s; ~s⟩ SCHIFF ris m

reffen V/T ⟨h.⟩ SCHIFF prendre un *od* des ris; die Segel ~ a(r)riser les voiles

reflektieren ⟨*pas de ge-*, h.⟩ A V/T *Licht etc* réfléchir; refléter B *geh* V/I 1 (*nachsinnen*) (über etw [*akk*]) ~ réfléchir (sur *od* à qc) 2 (*haben wollen*) auf etw (*akk*) ~ avoir qc en vue; s'intéresser à qc

Reflektor M ⟨~s; -toren⟩ OPT, PHYS, AUTO, *am Fahrrad etc* réflecteur m

reflektorisch ADJ PHYSIOL réflexe

Reflex M ⟨~es; ~e⟩ PHYS reflet m; *fig*, PHYSIOL réflexe m; **reflexartig** ADJ automatique; *weitS.* naturel, -elle; **Reflexbewegung** F (mouvement m) réflexe m; **Reflexhandlung** F automatisme m

Reflexion F ⟨~; ~en⟩ PHYS réfléchissement m; *a. fig* réflexion f

Reflexionswinkel M angle m de réflexion

reflexiv ADJ GRAM réfléchi; pronominal; **Reflexivpronomen** N GRAM pronom réfléchi

Reflexzone F PHYSIOL zone f réflexe; **Reflexzonenmassage** F MED massage m des zones réflexes

Reform F ⟨~; ~en⟩ réforme f

Reformation F ⟨~⟩ HIST REL die ~ la Réforme; la Réformation

Reformationsfest N ⟨~(e)s⟩ PROT fête f de la Réformation; **Reformationszeit** F ⟨~⟩

HIST époque *f* de la Réforme, de la Réformation

Reformator M ‹~s; -toren› *a.* HIST REL réformateur *m;* **reformatorisch** ADJ réformateur, -trice

reformbedürftig ADJ qui nécessite une réforme *bzw.* des réformes; **Reformbestrebungen** FPL tendances réformatrices

Reformer(in) M ‹~s; ~› (F) ‹~in; ~innen› réformateur, -trice *m,f;* POL *a.* réformiste *m/f*

reformerisch ADJ réformateur, -trice

Reformhaus N magasin *m* de produits diététiques

reformieren V/T ‹*pas de ge-*, h.› réformer

Reformierte(r) M/F(M) ‹→ A› réformé(e) *m(f);* **Reformierung** F ‹~› réformation *f*

Reformismus M ‹~› POL réformisme *m;* **Reformist(in)** M ‹~en; ~en› (F) ‹~in; ~innen› réformiste *m/f;* **reformistisch** ADJ réformiste

Reformkost F aliments *mpl*, produits *mpl* diététiques; **Reformkurs** M tendances réformatrices; **Reformpolitik** F politique *f* de réformes, réformatrice; **Reformstau** M gel *m* des réformes

Refrain M ‹~s; ~s› refrain *m*

Refraktion F ‹~; ~en› OPT réfraction *f*

Refraktor M ‹~s; -toren› OPT télescope *m* dioptrique; réfracteur *m*

Refugium *geh* N ‹~s; -ien› refuge *m*

Regal N ‹~s; ~e› 1 étagère *f;* rayon *m;* rayonnage *m* 2 MUS *der Orgel* régale *m;* **Regalbrett** N rayon *m;* planche *f* (pour étagère); étagère *f;* **Regalwand** F (grande) étagère

Regatta F ‹~; -tten› régates *fpl*

Reg.-Bez. ABK → Regierungsbezirk

rege ADJ *(in Bewegung)* en mouvement; *(aktiv, rüstig)* actif, -ive; *(lebhaft)* vif, vive; *(munter)* alerte; *a. geistig* agile; *Verkehr* intense; *Nachfrage* fort; grand; *Fantasie* vif, vive; *Gespräch* animé; **e-e ~ Tätigkeit entfalten** développer une grande activité

Regel F ‹~; ~n› 1 *(Vorschrift)* règle *f;* règlement *m;* *(Norm)* norme *f;* *umg* **nach allen ~n der Kunst** dans, selon (toutes) les règles de l'art; **den ~n entsprechen** être conforme aux règles; **als ~ gelten** faire autorité; **es sich** *(dat)* **zur ~ machen, zu** *(+inf)* se faire une règle, une loi de *(+inf);* **es ist die ~, dass ...** il est de règle que ... *(+subj);* **das ist gegen die ~** c'est contraire à la règle; c'est irrégulier; **in der ~** *(gewöhnlich)* normalement; habituellement; d'habitude; en règle générale 2 PHYSIOL règles *fpl*

regelbar ADJ réglable; **Regelfall** M cas normal; **regellos** ADJ sans règle; *(unregelmäßig)* irrégulier, -ière; *(unordentlich)* déréglé; désordonné; à tort et à travers; **Regellosigkeit** F ‹~; ~en› *(Unregelmäßigkeit)* irrégularité *f;* *(Unordentlichkeit)* dérèglement *m*

regelmäßig A ADJ régulier, -ière; *(geregelt)* réglé; rangé; *Besucher* assidu; *Briefwechsel* suivi; **in ~en Zeitabständen** à intervalles réguliers B ADV **~ wiederkehrend** se répétant à intervalles réguliers

Regelmäßigkeit F régularité *f*

regeln ‹-(e)le, h.› A V/T régler; *durch Verordnungen* réglementer; JUR régir; *finanzielle Verhältnisse* régulariser; *Angelegenheit* liquider; régler; **den Verkehr ~** régler la circulation B V/R **sich ~** se régler

regelrecht A ADJ ‹*épithète*› 1 conforme aux règles; dans les règles; correct 2 *fig (wirklich)* véritable; vrai B ADV vraiment; **Sie haben mich ~ betrogen** vous m'avez bel et bien trompé

Regelstudienzeit F ‹~› durée maximale autorisée des études universitaires

Regelung F ‹~; ~en› *e-r Angelegenheit, Frage* règlement *m;* *gesetzliche* régime *m;* réglementation *f;* TECH réglage *m;* régulation *f* (*a.* WIRTSCH, PHYSIOL)

Regelverstoß M SPORT *etc* infraction *f* aux règles; **Regelwerk** N ensemble *m* de règles, de dispositions; **regelwidrig** ADJ contraire à la règle; irrégulier, -ière; **Regelwidrigkeit** F irrégularité *f;* SPORT *etc* *(Regelverstoß)* infraction *f* aux règles

regen *geh* ‹h.› A V/T remuer; mouvoir B V/R **sich ~** 1 *(sich bewegen)* (se) remuer; bouger; se mouvoir; **es regte sich kein Lüftchen** il n'y avait pas un souffle de vent 2 *Gefühle* s'éveiller; naître; *Verdacht* surgir; *Gewissen* se manifester; se faire sentir

Regen M ‹~s; ~› pluie *f;* **anhaltender ~** pluie continue; **feiner ~** bruine *f;* pluie fine; **saurer ~** pluies *fpl* acides; **starker ~** forte, grosse pluie; *umg fig* **ein warmer ~** une aubaine; **strichweise ~** pluies éparses et passagères; **bei ~** par temps de pluie; **im ~** sous la pluie; **in den ~ kommen** recevoir la pluie; *umg fig* **j-n im ~ stehen lassen** *umg* planter qn; faire faux bond à qn; **es sieht nach ~ aus** le temps est à la pluie; **es wird ~ geben** il va pleuvoir; nous aurons de la pluie; **auf ~ folgt Sonnenschein** après la pluie, le beau temps; *umg fig* **vom ~ in die Traufe kommen** tomber de Charybde en Scylla

regenarm ADJ avec peu de pluie

Regenbogen M arc-en-ciel *m;* **regenbogenfarben** ADJ qui a les couleurs de l'arc-en-ciel; *t/t* irisé

Regenbogenfarben FPL couleurs *fpl* de l'arc-en-ciel; **Schillern in den ~** *t/t* iridescence *f;* irisation *f*

regenbogenfarbig → regenbogenfarben; **Regenbogenhaut** F ANAT iris *m;* **Regenbogenpresse** F ‹~› presse *f* du cœur

Regencape N cape *f* de pluie; **Regendach** N auvent *m;* **regendicht** ADJ *Stoff* imperméabilisé

Regeneration F ‹~› BIOL régénération *f;* **regenerativ** ADJ *Energie* renouvelable; **Regenerator** M ‹~s; -toren› TECH régénérateur *m;* **regenerierbar** ADJ *Energie* renouvelable; **regenerieren** ‹*pas de ge-*, h.› A V/T BIOL régénérer B V/R **sich ~** se régénérer; *Kranker* se rétablir

Regenfälle MPL chutes *fpl* de pluie; **Regenguss** M ondée *f;* averse *f;* **Regenhaut** F imperméable très fin; K-Way® *m;* **Regenjacke** F (veste *f*) imperméable *m;* **Regenjahr** N année pluvieuse; **Regenkleidung** F vêtements *mpl* de pluie; **Regenmacher** M sorcier *m* capable de provoquer la pluie; **Regenmantel** M imperméable *m;* **Regenmesser** M ‹~s; ~› pluviomètre *m;* **Regenmessung** F pluviométrie *f;* **Regenpfeifer** M ‹~s; ~› ZOOL pluvier *m;* **regenreich** ADJ pluvieux, -ieuse; **Regenrinne** F gouttière *f*

Regensburg N ‹→ *n/pr*› Ratisbonne

Regenschauer M averse *f;* ondée *f;* giboulée *f;* **Regenschirm** M parapluie *m;* **regenschwer** ADJ *Wolken* chargé de pluie

Regent(in) M ‹~en; ~en› (F) ‹~in; ~innen› *(Herrscher[in])* souverain(e) *m(f);* *(Stellvertreter[in])* régent *m*, (princesse) régente *f*

Regentag M jour pluvieux, de pluie; **Regentonne** F citerne *f* d'eau de pluie; **Regentropfen** M goutte *f* de pluie

Regentschaft F ‹~; ~en› *e-s Herrschers* règne *m;* *e-s Stellvertreters* régence *f*

Regenumhang M cape *f* de pluie

Regenwald M **(tropischer) ~** forêt tropicale

Regenwasser N ‹~s› eau *f* de pluie

Regenwetter N ‹~s› temps pluvieux, de pluie; **bei ~** par temps de pluie; *umg* **ein Gesicht machen wie drei Tage ~** faire une tête d'enterrement

Regenwolke F nuage *m* de pluie; **Regenwurm** M ver *m* de terre; lombric *m;* **Regenzeit** F saison *f* des pluies

Reggae M ‹~(s)› MUS reggae *m*

Regie F ‹~› 1 *(Verwaltung)* régie *f;* **in eigener ~** à son propre compte; **etw in eigener ~ tun** *od* **machen** faire qc tout seul 2 THEAT, FILM mise *f* en scène, RADIO en ondes; FILM, TV *a.* réalisation *f;* **~ führen** faire la mise en scène; **bei etw ~ führen** mettre qc en scène; faire la mise en scène de qc; **unter der ~ von ...** sous la direction (artistique et technique) de ...

Regieanweisung F indication *f* scénique; RADIO directives *fpl* de mise en ondes; **Regieassistent(in)** M(F) assistant(e) *m(f)* (du réalisateur, du metteur en scène); **Regiebuch** N livre *m* de régie, de conduite; **Regiefehler** M THEAT faute *f* de mise en scène; *fig* faute *f* (due à une mauvaise organisation); **Regiepult** N pupitre *m* de contrôle; mélangeur *m*

regieren ‹*pas de ge-*, h.› A V/T 1 gouverner; *Land a.* diriger 2 GRAM régir; gouverner B V/I *(herrschen) Minister* gouverner; *Regierung, Partei* être au pouvoir; *König etc* régner; **über j-n, etw ~** régner sur qn, qc; gouverner qn, qc

Regierung F ‹~; ~en› gouvernement *m;* *(~szeit e-s Monarchen)* règne *m;* **unter der ~ von ...** *Monarchie* sous le règne de ...; sous ...; *Demokratie etc* quand ... était au pouvoir; **an die ~ kommen** arriver, parvenir au pouvoir; *Monarch* monter sur le trône; **die ~ bilden** former, constituer le gouvernement

Regierungsabkommen N accord intergouvernemental; **Regierungsantritt** M avènement *m* au pouvoir, *e-s Monarchen* au trône; **Regierungsbank** F ‹~; -bänke› banc *m* des ministres; **Regierungsbeamte(r)** M, **Regierungsbeamtin** F fonctionnaire *m/f* du gouvernement; **Regierungsbeschluss** M décision gouvernementale; **Regierungsbezirk** M *division administrative la plus importante d'un land;* **Regierungsbildung** F formation *f* du gouvernement; **Regierungsbündnis** N coalition gouvernementale; **Regierungschef** M chef *m* du gouvernement

Regierungsebene F **auf ~** à l'échelon gouvernemental

Regierungserklärung F déclaration gouvernementale, ministérielle; **regierungsfähig** ADJ capable de gouverner; **regierungsfeindlich** ADJ antigouvernemental; contre le gouvernement; **Regierungsform** F POL régime *m;* **regierungsfreundlich** ADJ (pro)gouvernemental; **Regierungsgeschäfte** NPL affaires gouvernementales, politiques; **Regierungsgewalt** F ‹~› pouvoir *m*, autorité *f* suprême; **Regierungskoalition** F coalition gouvernementale; **Regierungskreise** MPL milieux gouvernementaux; **Regierungskrise** F crise gouvernementale, ministérielle; **Regierungsmehrheit** F majorité gouvernementale; **Regierungsmitglied** N membre *m* du gouvernement; **regierungsnah** ADJ proche du gouvernement; **Regierungspartei** F parti au pouvoir, gouvernant; **Regierungspräsident(in)** M(F) BRD chef *m* d'un « Regierungsbezirk »; *etwa* préfet *m;* **Regierungsrat** M ‹~(e)s; -räte› 1 *titre de haut fonctionnaire dans l'administration allemande* 2 *schweiz* (membre *m* du) Conseil *m* d'État; **Regierungssitz** M siège *m* du gouvernement; **Regierungssprecher(in)** M(F) porte-parole *m* du gouvernement; **regierungstreu** ADJ loyal (envers le gouvernement); **Regierungsumbildung** F remaniement ministériel

Regierungsverantwortung F **die ~ übernehmen** former le gouvernement

Regierungsvorlage F projet gouvernemental; **Regierungswechsel** M changement *m* de gouvernement; **Regierungszeit** F gouvernement *m*; *e-s Monarchen* règne *m*

Regiestuhl M fauteuil *m* de metteur en scène

Regime N ⟨~s; ~ *ou* ~s⟩ POL régime *m*; système *m* politique; **Regimekritiker(in)** M(F) dissident(e) *m(f)*

Regiment N ⟨~(e)s; ~e, MIL ~er⟩ **1** *(Herrschaft)* gouvernement *m*; autorité *f*; *(Leitung)* direction *f*; **das ~ haben** *od* **führen** commander; tenir les rênes **2** MIL régiment *m*

Regimentskommandeur M MIL chef *m* de régiment, de corps

Regina, Regine F ⟨→ *n/pr*⟩ *prénom*

Region F ⟨~; ~en⟩ région *f*; *fig hum* **in höheren ~en schweben** planer; *umg* être dans les nuages

regional ADJ régional

Regionalbahn F train régional *(desservant les gares des petites villes)*; **Regionalexpress** M train *m* express *(desservant régulièrement les grandes gares d'une région et circulant toutes les heures)*

Regionalismus M ⟨~; -men⟩ régionalisme *m*

Regionalliga F FUSSBALL troisième division *f*; **Regionalprogramm** N TV, RADIO programme régional; **Regionalzug** M train régional

Regisseur(in) M ⟨~s; ~e⟩ (F) ⟨~in; ~innen⟩ THEAT, FILM metteur *m* en scène, RADIO en ondes; FILM, TV *a.* réalisateur, -trice *m,f*; RADIO *a.* réalisateur, -trice *m,f* d'émissions radiophoniques

Register N ⟨~s; ~⟩ **1** *(amtliches Verzeichnis)* registre *m*; *(Liste)* liste *f*; *(Katalog)* catalogue *m*; *(Steuerregister)* rôle *m*; **ins ~ eintragen** enregistrer **2** *e-s Buches* index *m*; répertoire *m* **3** MUS registre *m*; *fig* **alle ~ ziehen** mettre tout en œuvre; employer tous les moyens

Registertonne F tonneau *m* de jauge

Registratur F ⟨~; ~en⟩ **1** *(das Registrieren)* classement *m*; enregistrement *m* **2** *(Aufbewahrungsstelle)* greffe *m*; dépôt *m*; archives *fpl*

registrieren V/T ⟨*pas de ge-*, h.⟩ **1** *(eintragen)*, TECH enregistrer **2** *fig* saisir; retenir; constater

Registrierkasse F caisse enregistreuse; **Registriernummer** F numéro *m* d'enregistrement; **Registrierstelle** F (bureau *m* d')enregistrement *m*; **Registrierung** F ⟨~; ~en⟩ **1** enregistrement *m* **2** *fig* constatation *f*

Reglement N ⟨~s; ~s⟩ règlement *m*

reglementieren V/T ⟨*pas de ge-*, h.⟩ réglementer; **Reglementierung** F ⟨~; ~en⟩ réglementation *f*

Regler M ⟨~s; ~⟩ TECH régulateur *m*

reglos → regungslos; **Reglosigkeit** F → Regungslosigkeit

regnen V/UNPERS ⟨-ete, h.⟩ pleuvoir; **es regnet** il pleut; **es hat aufgehört zu ~** la pluie a cessé; **es regnet in Strömen**, *umg* **es regnet Bindfäden** il pleut à verse, à torrents, des cordes; *umg* **es regnet Ohrfeigen, Beschwerden** les gifles, les réclamations pleuvent

Regner M ⟨~s; ~⟩ *Gerät* arroseur *m*; **regnerisch** ADJ pluvieux, -ieuse

Regress M ⟨~es; ~e⟩ JUR recours *m*; **Regressanspruch** M droit *m* de recours; **Regressforderung** F demande *od* revendication basée sur un droit de recours

Regression F ⟨~; ~en⟩ *a.* WIRTSCH, PSYCH *etc* régression *f*

regressiv ADJ régressif, -ive; **~ sein** *a.* régresser

regresspflichtig ADJ astreint à une obligation née d'un recours; *weitS. a.* civilement responsable

regsam *geh* ADJ actif, -ive; *geistig* vif, vive; **Regsamkeit** *geh* F ⟨~⟩ activité *f*; *geistige* vivacité *f*

regulär ADJ *(vorschriftsmäßig)* régulier, -ière; *(normal, üblich)* habituel, -elle; ordinaire

Regulation F ⟨~; ~en⟩ *a.* PHYSIOL régulation *f*

regulativ ADJ régulateur, -trice

Regulativ N ⟨~s; ~e⟩ **1** *(regulierendes Element)* régulateur *m* **2** *(Vorschrift, Verfügung)* règlement *m*

Regulator M ⟨~s; -toren⟩ TECH, *fig* régulateur *m*

regulierbar ADJ réglable; ajustable

regulieren V/T ⟨*pas de ge-*, h.⟩ TECH régler; *Verkehr, Fluss* régulariser; *(steuern)* contrôler; *(einstellen)* ajuster; **Regulierung** F ⟨~; ~en⟩ TECH réglage *m*; régulation *f*; *e-s Flusses, des Verkehrs* régularisation *f*; *(Einstellung)* ajustage *m*

Regung F ⟨~; ~en⟩ *(Bewegung)* mouvement *m*; *(Gefühlsregung)* sentiment *m* (naissant); élan *m*; *(Gemütsregung)* émotion *f*; **er folgte e-r inneren ~** il suivit son impulsion

regungslos ADJ immobile; inerte; **Regungslosigkeit** F ⟨~⟩ immobilité *f*; inertie *f*

Reh N ⟨~(e)s; ~e⟩ chevreuil *m*

Rehabilitation F ⟨~; ~en⟩ **1** JUR, *fig* réhabilitation *f* **2** MED rééducation *f*; *berufliche, soziale* réinsertion *f*

Rehabilitationszentrum N centre *m* de rééducation

rehabilitieren V/T (*u.* V/R) ⟨*pas de ge-*, h.⟩ **1** (**sich**) **~** JUR, *fig* (se) réhabiliter **2** *beruflich, sozial* réinsérer; **Rehabilitierung** F ⟨~; ~en⟩ → Rehabilitation

Rehazentrum *umg* N centre *m* de rééducation

Rehbock M chevreuil *m*; **Rehbraten** M rôti *m* de chevreuil; **rehbraun** ADJ de la couleur du chevreuil; fauve; **Rehkeule** F cuissot *m* de chevreuil; **Rehkitz** N faon *m*; **Rehrücken** M selle *f* de chevreuil; **Rehwild** N chevreuils *mpl*

Reibach *umg* M ⟨~s⟩ profit excessif; **bei etw (e-n) ~ machen** *umg* se sucrer dans qc

Reibahle F TECH alésoir *m*; mandrin *m*; équarrissoir *m*

Reibe F ⟨~; ~n⟩ TECH, GASTR, **Reibeisen** N râpe *f*; **wie ein Reibeisen** *Stimme* rauque; râpeux, -euse; *Hände* rugueux, -euse

Reibekuchen M *regional* → Kartoffelpuffer; **Reibelaut** M PHON fricative *f*

reiben ⟨reibt, rieb, gerieben, h.⟩ **A** V/T frotter; frictionner; *Kartoffeln etc* râper; TECH aléser; **etw blank, sauber ~** briquer qc; **e-n Fleck aus etw ~** enlever une tache de qc en frottant; **etw zu Pulver ~** pulvériser, PHARM triturer qc **B** V/R **sich ~** se frotter; se frictionner; **sich wund ~** s'écorcher; se faire une écorchure; **sich** *(dat)* **die Augen ~** se frotter les yeux; *fig vor Erstaunen, Verwunderung etc* ne pas arriver à y croire; **sich** *(dat)* **die Hände ~** se frotter les mains *(a. fig)*; *fig vor Freude, Schadenfreude etc* se réjouir; *fig* **sich an, mit j-m ~** se frotter à qn; chercher querelle à qn **C** V/I (se) frotter; (se) frictionner

Reibereien FPL frictions *fpl* (**mit** avec)

Reibfläche F frottoir *m*

Reibung F ⟨~; ~en⟩ **1** *(das Reiben)* frottement *m*; frottage *m*; *a.* PHYS friction *f* **2** *fig pl* **~en** frictions *fpl*

Reibungselektrizität F électricité *f* statique; **Reibungsfläche** F surface *f* de friction; *fig* cause *f*, point *m* de friction; **reibungslos** ADJ *u.* ADV sans difficultés, accrocs, anicroches; *umg* comme sur des roulettes; **Reibungspunkt** M point *m* de friction; **Reibungsverlust** M perte *f* par frottement; **Reibungswärme** F chaleur produite par frottement; **Reibungswiderstand** M résistance due au frottement

reich **A** ADJ riche (**an** [+*dat*] en); *(vermögend) a.* fortuné; *(ziemlich ~)* aisé; *Ernte* abondant; *Mahl* plantureux, -euse; copieux, -ieuse; *fig Wissen* étendu; **in ~em Maße** abondamment; **Arm und Reich** riches et pauvres; tout le monde; **e-e ~e Auswahl** un grand choix; **~ machen** enrichir; **~ werden** s'enrichir; faire fortune **B** ADV **1** *(sehr)* très; **~ bebildert** abondamment illustré; avec beaucoup d'illustrations; **~ geschmückt** richement décoré; très orné; **~ illustriert** avec beaucoup d'illustrations **2** **~ heiraten** épouser un bon parti

Reich N ⟨~(e)s; ~e⟩ **1** POL, HIST, *fig* empire *m*; règne *m*; **das Deutsche ~** le Reich; **das Dritte ~** le IIIe Reich; **das Römische ~** l'Empire romain; **das ~ der Mitte** *(China)* l'Empire *m* du Milieu **2** *fig* REL, *der Träume, der Schatten* royaume *m*; **das ~ Gottes** le royaume de Dieu; **das ~ der Tiere, Pflanzen** le règne animal, végétal; **das ~ der Natur** le monde de la nature; REL **dein ~ komme** que ton règne arrive

reichbebildert ADJT → reich B 1

Reiche(r) M/F(M) ⟨→ A⟩ (homme *m*) riche *m*; femme *f* riche; **die ~n** les riches

reichen ⟨h.⟩ **A** V/T **1** *(geben)* donner; tendre; *(herüber~)* passer **2** *(darbieten)* offrir; présenter; **j-m die Hand ~** tendre la main à qn **3** *geh (servieren)* servir **B** V/I **1** *(sich erstrecken)* **~ (bis)** aller (jusqu'à); *in der Fläche* s'étendre (jusqu'à); *in die Höhe* monter, s'élever (jusqu'à); *in die Tiefe* descendre (jusqu'à); **so weit das Auge reicht** à perte de vue; **er reicht mir nicht bis ans Kinn** il ne m'arrive pas au menton; **mit der Hand bis an die Decke ~** atteindre, toucher le plafond de la main **2** *(langen)* être suffisant; suffire; **der Stoff reicht für e-n Rock** il y a assez de tissu pour faire une jupe; **solange der Vorrat reicht** jusqu'à épuisement du stock; **die Milch reicht noch bis morgen** il y a assez de lait jusqu'à demain; **das reicht** cela suffit; c'est assez; **jetzt reicht's (mir) aber!** j'en ai assez!; *umg* j'en ai marre, ras le bol!

reichhaltig ADJ riche; abondant; *Mahlzeit* riche; *Angebot etc* varié; **Reichhaltigkeit** F ⟨~⟩ richesse *f*; abondance *f*; *(Vielfalt)* variété *f*

reichlich **A** ADJ copieux, -ieuse; abondant; *(mehr als genügend)* plus que suffisant; *bei Zeit-, Entfernungs-, Gewichts-, Mengenangaben* bon, bonne; **e-e ~e Stunde** une bonne heure **B** ADV **1** copieusement; largement; abondamment; amplement; à profusion; en abondance; **Sie haben noch ~ Zeit** vous avez largement le temps; **mehr als ~** un peu beaucoup; *umg* à gogo **2** *umg (ziemlich)* très; *bei Mengenangaben* assez, beaucoup, plus (de)

reichmachen V/T → reich A

Reichsacht F HIST ban *m* de l'Empire; **Reichsadel** M noblesse immédiate; **Reichsadler** M ⟨~s⟩ aigle impériale; **Reichsapfel** M ⟨~s⟩ globe (impérial);

Reichsarbeitsdienst M ⟨~(e)s⟩ *während des 3. Reiches:* *service national de travail obligatoire;* **Reichsbahn** F ⟨~⟩ HIST chemins de fer allemands; **Reichshauptstadt** F ⟨~⟩ capitale *f* du Reich; **Reichsinsignien** NPL insignes impériaux; **Reichskanzler** M chancelier *m* de l'Empire *bzw.* du Reich; **Reichsmark** F ⟨~⟩ (reichs)mark *m;* **Reichspräsident** M président *m* de la république allemande de Weimar *bzw.* du Reich; **Reichsstadt** F HIST ville impériale; **Reichsstände** MPL HIST états *mpl* de l'Empire; **Reichstag** M *1867-1945* Reichstag *m; bis 1806* Diète *f* d'Empire; **Reichstagsabgeordnete(r)** M député *m* au Reichstag; **Reichstagsbrand** M incendie *m* du Reichstag; **Reichsversicherungsordnung** F ⟨~⟩ → RVO

Reichtum M ⟨~s; ⸚er⟩ richesse *f* (**an** [+dat] en); *(Vermögen)* fortune *f; großer* opulence *f; (Fülle)* abondance *f; (Vielfalt)* (grande) variété *f;* **den ~ e-s Landes ausmachen** faire la richesse d'un pays

Reichweite F *a. fig* portée *f;* FLUG rayon *m* d'action; autonomie *f* de vol; **von geringer, mittlerer, großer ~** à petite, moyenne, grande portée; **außer ~** °hors de portée, d'atteinte; **in meiner ~** à ma portée; à portée de ma main; **etw in ~ haben** avoir qc à portée de main

reif ADJ *a. fig* mûr; *(voll entwickelt), Käse* fait; *geistig* mûr; **in ~en Jahren** d'âge mûr; *Person* **in ~en** *od* **~eren Jahren** d'un certain âge; **~ werden** mûrir; *umg* **e-e ~e Leistung** une belle performance; *umg* **er ist ~** *(fällig) umg* il est cuit; *umg* **er ist ~ für die Klapsmühle** il est bon pour l'asile; **die Zeit ist ~ für Investitionen** c'est le moment d'investir; **die Zeit ist noch nicht ~** c'est encore trop tôt

Reif[1] *poet* M ⟨~(e)s; ~e⟩ *(Fingerreif)* bague *f;* anneau *m; (Armreif)* bracelet *m; (Haarreif)* serre-tête *m; (Diadem)* diadème *m*

Reif[2] M ⟨~(e)s⟩ *(gefrorener Tau)* gelée blanche; *(Raureif)* givre *m*

Reife F ⟨~⟩ *a. fig* maturité *f;* SCHULE **mittlere ~** *etwa* BEPC *m* (brevet d'études du premier cycle); **es fehlt ihm an ~** il manque de maturité

Reifegrad M degré *m* de maturité

reifen[1] VI ⟨s.⟩ *Frucht, Korn etc* mûrir *(a. fig Idee); geh* **zum Manne ~** atteindre l'âge mûr; **in ihm reifte der Plan zu** *(+inf)* l'idée mûrit en lui de *(+inf)*

reifen[2] V/UNPERS ⟨h.⟩ **es hat gereift** il y a de la gelée blanche, du givre

Reifen M ⟨~s; ~⟩ 1 *a. Spielzeug, Sportgerät, im Zirkus* cerceau *m; (Armreifen)* bracelet *m; (Haarreifen)* serre-tête *m; am Fass* cercle *m* 2 *(Autoreifen, Fahrradreifen)* pneu *m;* **die ~ wechseln** changer les pneus

Reifendecke F enveloppe *f; umg* pneu *m*

Reifendruck M ⟨~(e)s⟩ pression *f* du pneu *bzw.* des pneus; **den ~ prüfen** vérifier la pression des pneus

Reifendruckmesser M, **Reifendruckprüfer** M contrôleur *m* de pression (de gonflage) de pneus; manomètre *m;* **Reifenmantel** M → Reifendecke; **Reifenpanne** F crevaison *f;* éclatement *m* (de pneu); **Reifenprofil** N AUTO sculptures *fpl;* **Reifenschaden** M pneu endommagé; **Reifenwechsel** M changement *m* de pneu

Reifeprüfung F baccalauréat *m;* **Reifezeit** F temps *m* de la maturation; **Reifezeugnis** N diplôme *m* du baccalauréat

Reifglätte F (léger) verglas

reiflich A ADJ ⟨épithète⟩ mûr; approfondi; **nach ~er Überlegung** après mûre réflexion; tout bien considéré B ADV **das würde ich mir ~ überlegen** j'y réfléchirais à deux fois

Reifrock M robe *f* à paniers

Reifung F ⟨~⟩, **Reifwerden** N ⟨~s⟩ maturation *f*

Reigen M ⟨~s; ~⟩ ronde *f;* branle *m;* **den ~ eröffnen** ouvrir le bal; *fig* mener la danse; **den ~ der Redner eröffnen** prendre la parole en premier; **ein (bunter) ~ von Melodien** un pot-pourri de mélodies

Reihe F ⟨~; ~n⟩ 1 *hintereinander* file *f; nebeneinander geordnete Dinge* rangée *f; a. Personen* rang *m; (Folge, Anzahl)* suite *f;* série *f;* succession *f;* **in Reih und Glied** en rangs; **e-e ~ von Jahren** plusieurs années; **e-e ~ von Unfällen** une série d'accidents; **e-e ~ von Zwischenfällen** une suite d'incidents; **die ~n schließen** *a. fig* serrer les rangs; *umg fig* **etw auf die ~ kriegen, bringen** *(etw bewältigen, erledigen können)* réussir à faire qc; *fig* **aus der ~ tanzen** ne pas faire comme les autres; faire bande à part; *fig* **j-n in s-n ~n aufnehmen** admettre qn dans ses rangs; **sich in e-r ~ aufstellen** s'aligner; **in zweiter ~ parken** être garé en double file; ELEK **in ~ schalten** monter, coupler en série; **in der ersten ~ sitzen, stehen** être au premier rang; *fig* **die ~n lichten sich** la foule s'éclaircit; **die Kritik am Plan des Ministers kam aus den eigenen ~n** la critique du projet du ministre est venue de son propre parti 2 *(Reihenfolge)* tour *m; Thema etc* **an der ~ sein** être abordé, traité; **wer ist an der ~?** à qui le tour?; **die ~ ist an mir, ich bin an der ~** c'est (à) mon tour; **jeder kommt einmal an die ~** (à) chacun son tour; **außer der ~** avant son tour; **nach der ~, der ~ nach** l'un après l'autre; à tour de rôle; un par un; **der ~ nach erzählen** raconter dans l'ordre, point par point; commencer par le commencement 3 MATH série *f (a.* TECH); progression *f;* **unendliche ~** série infinie; **arithmetische ~** progression *f* arithmétique

reihen A V/T ⟨h.⟩ 1 **Perlen auf e-e Schnur ~** enfiler des perles; **Zahl an Zahl ~** aligner des chiffres 2 ⟨*a.* rieh, geriehen⟩ MODE *(heften)* faufiler et froncer B V/R **sich an etw** *(akk)* **~** suivre qc (immédiatement); **ein Regentag reihte sich an den anderen** les jours de pluie se succédaient

Reihenfolge F suite *f; (Ordnung)* ordre *m;* **der ~ nach** à tour de rôle; l'un après l'autre; chacun à son tour; **in alphabetischer ~** par ordre alphabétique; **in zeitlicher ~** chronologiquement

Reihenhaus N maison mitoyenne; **Reihenhäuser** *pl* maisons individuelles groupées

Reihenschaltung F ELEK couplage *m,* montage *m* en série; **Reihenuntersuchung** F MED examen *m* de dépistage (collectif et obligatoire); **reihenweise** ADV par rangs, files, séries

Reiher M ⟨~s; ~⟩ °héron *m*

reihern *umg* VI ⟨-(e)re, h.⟩ *sl* gerber

Reihgarn N fil *m* à faufiler

reihum ADV en cercle; en faisant le tour; **etw ~ gehen lassen** faire passer qc (à la ronde); **es geht ~** chacun à son tour

Reihung F ⟨~; ~en⟩ succession *f; schnurgerade, von Zahlen etc* alignement *m*

Reiki N ⟨~s⟩ MED Reiki *m*

Reim M ⟨~(e)s; ~e⟩ rime *f* (**auf** [+akk] en); *(Vers)* vers *m; fig* **darauf kann ich mir keinen ~ machen** je n'y comprends rien

reimen V/T *(u.* V/R) ⟨h.⟩ **(sich) ~** rimer (**auf** [+akk] en; **mit** avec)

reimlos ADJ sans rimes; **~e Verse** vers blancs

Reimpaar N couple *m* de rimes

Reimport M HANDEL réimportation *f;* **reimportieren** V/T ⟨*pas de ge-*, h.⟩ réimporter

Reimschema N agencement *m* des rimes; **Reimschmied** M *pej* rimeur *m;* rimailleur *m*

Reimund → Raimund

Reimwort N ⟨~(e)s; ⸚er⟩ rime *f;* **Reimwörterbuch** N dictionnaire *m* des rimes

rein[1] A ADJ 1 *(unvermischt)* pur; sans mélange; *Wein, Saft* naturel, -elle; non traité; **~e Seide, Wolle** pure soie, laine 2 *(sauber)* propre; net, nette; *Teint* clair; **~ machen** nettoyer; *fig* → reinwaschen 3 *(klar)* clair; *Wasser a.* limpide; *Aussprache* correct; *umg* impeccable; *Klang* clair; net, nette; *Gewissen* pur; net, nette 4 *(keusch)* chaste; pur 5 *fig verstärkend* **e-e ~e Freude** une grande joie; une joie sans mélange; **~er Zufall** pur hasard; **~e Erfindung sein** être inventé de toutes pièces; *fig* **… ~sten Wassers** … dans toute la force du terme; *umg* **das ist ja der ~ste Saustall!** *umg* c'est le vrai souk ici!; *umg* **das ist der ~ste Wahnsinn** c'est de la folie pure B ADV 1 *Kleidung* → reinleinen, reinseiden, reinwollen 2 *(ausschließlich)* purement; uniquement; **~ zeitlich** au point de vue du temps 3 *umg (ganz, völlig)* absolument; tout à fait; complètement; **~ gar nichts** absolument rien; rien de rien

rein[2] *umg* → herein, hinein; **~ (mit dir)!** allez, entre!; entre donc!

reinbeißen *umg* → hineinbeißen

Reine(s) N ⟨→ A⟩ 1 **etw ins ~ schreiben** mettre qc au propre 2 *fig* **e-e Sache ins ~ bringen** tirer qc au clair; régler qc; **damit will ich ins ~ kommen** je veux régler cela; **mit j-m ins ~ kommen** régler ses problèmes avec qn; **mit j-m im ~n sein** être, tomber d'accord avec qn

Reineclaude F ⟨~; ~n⟩ BOT reine-claude *f*

Reineke *in der Literatur* **~ Fuchs** M maître *m* Renard

Reinemachefrau F femme *f* de ménage; **reinemachen** VI → rein[1] A 2; **Reinemachen** N ⟨~s⟩ *regional* nettoyage *m*

Reiner M ⟨→ *n/pr*⟩ *prénom*

Reinerlös M, **Reinertrag** M produit net

reineweg *umg* ADV 1 *(geradezu)* vraiment; absolument; **das ist ~ zum Verzweifeln** c'est absolument désespérant; *umg* c'est à se taper la tête contre les murs 2 *(völlig)* tout à fait; totalement

Reinfall *umg* M échec *m;* fiasco *m;* déception *f; Theaterstück* four *m; umg* bide *m; Film, Reise etc umg* bide *m;* **glatter ~** fiasco complet

reinfallen *umg fig* VI ⟨*irr, sép,* -ge-, s.⟩ *umg* tomber dans le panneau; *umg* se faire avoir (**mit etw** avec qc; **auf j-n** par qn); **reingefallen sein** être refait, *umg* roulé, *umg* couillonné; **ich bin auf ihn reingefallen** *umg* il m'a bien eu

Reingewicht N poids net; **Reingewinn** M bénéfice net; **Reinhaltung** F ⟨~⟩ *der Umwelt* protection *f; der Sprache* défense *f*

reinhauen *umg* ⟨*irr, sép,* -ge-, h.⟩ A V/T **j-m e-e ~** *umg* casser la gueule à qn; **das haut vielleicht rein!** *(das hat e-e starke Wirkung) umg* c'est vachement fort! B VI *beim Essen* dévorer

Reinheit F ⟨~⟩ 1 pureté *f; (Sauberkeit)* netteté *f;* propreté *f; (Klarheit)* clarté *f;* limpidité *f* 2 *(Keuschheit)* chasteté *f;* innocence *f*

Reinheitsgebot N ⟨~(e)s⟩ LEBENSMITTELRECHT loi *f* de pureté

reinigen ⟨h.⟩ A V/T *a. fig* nettoyer; *bes* TECH épurer; *fig (läutern)* purifier *(a. Luft, Wasser, Gas etc); von Schmutz* décrasser; *Schuhe* décrotter; *von Flecken* détacher; *Wunde* nettoyer; *Blut, Säfte* (d)épurer; **chemisch ~** nettoyer à sec; **die Kleider ~ lassen** faire nettoyer les vêtements B V/R **sich ~** se nettoyer

reinigend ADJT KOSMETIK purifiant; *zum Abschminken* démaquillant; *(waschaktiv)* détergent;

R

TECH épurateur, -trice; MED purgatif, -ive; REL purificateur, -trice
Reinigung F ⟨~; ~en⟩ 1 nettoyage *m*; nettoiement *m*; *a. fig* épuration *f*; purification *f* 2 *Betrieb* pressing *m*; **chemische ~** nettoyage *m* à sec
Reinigungsbad N bain *m* (hygiénique); TECH bain *m* de nettoyage; **Reinigungscreme** F crème démaquillante; **Reinigungsfirma** F entreprise *f* de nettoyage; **Reinigungsmilch** F lait démaquillant; **Reinigungsmittel** N produit *m* de nettoyage et d'entretien; nettoyant *m*
Reinkarnation F réincarnation *f*
Reinkultur F bouillon *m* de culture; *fig* **in ~** par excellence; cent pour cent
reinlegen *umg* VT ⟨*sép*, -ge-, h.⟩ (*hereinlegen*) *umg* rouler; *umg* avoir; *sl* baiser
reinleinen ADJ (en) pure toile
reinlich ADJ propre; **Reinlichkeit** F ⟨~⟩ propreté *f*
Reinmachefrau F → Reinemachefrau; **reinmachen** VI → rein¹ A 2; **Reinmachen** N → Reinemachen
reinrassig ADJ de race pure; *Pferd, Hund* de (pure) race; *Pferd a.* (de) pur sang
reinreißen → reinreiten
reinreiten *umg* VT ⟨*irr, sép*, -ge-, h.⟩ **j-n ~** entraîner qn dans sa ruine; *finanziell von e-r Sache* faire un (gros) trou dans le budget de qn; *von e-r Person* mettre qn sur la paille
reinriechen VI ⟨*irr, sép*, -ge-, h.⟩ *umg* **in etw** (*akk*) **~** se faire une idée de qc; se familiariser avec qc
Reinschrift F copie *f* au net, au propre
reinseiden ADJ (de) pure soie
Reinverdienst M gain net; **Reinverlust** M perte nette, sèche; **Reinvermögen** N actif net
reinvestieren VT ⟨*pas de -ge-*, h.⟩ FIN réinvestir
reinwaschen *fig* VT (*u.* VR) ⟨*irr, sép*, -ge-, h.⟩ (**sich**) **~** (se) blanchir
reinweg → reineweg
reinwollen ADJ (en) pure laine
reinwürgen *umg* VT ⟨*sép*, -ge-, h.⟩ **sich** (*dat*) **etw ~** se forcer à avaler qc; *fig* **j-m e-n** *od* **eins ~** tracasser qn; mettre à qn des bâtons dans les roues
reinziehen *umg* VT ⟨*irr, sép*, -ge-, h.⟩ **sich** (*dat*) **etw ~** *Essen, Getränk umg* s'enfiler, s'envoyer qc; *Film, Roman, Vortrag umg* se taper qc; **sich** (*dat*) **e-n Film ~** *a. umg* se faire une toile
Reis¹ M ⟨~es⟩ BOT, GASTR riz *m*; **~ im Kochbeutel** riz *m* en sachet
Reis² N ⟨~es; ~er⟩ BOT, AGR 1 *geh* (*junger Trieb*) pousse *f*; rejeton *m*; (*kleiner Zweig*) rameau *m* 2 (*Propfreis*) greffe *f*
Reisanbau M ⟨~(e)s⟩ culture *f* du riz; riziculture *f*; **Reisbauer** M riziculteur *m*; **Reisbranntwein** M arac(k) *od* ara(c)k *od* rack *m*; **Reisbrei** M riz *m* au lait
Reise F ⟨~; ~n⟩ voyage *m*; (*Geschäftsreise*) déplacement *m*; **e-e ~ um die Welt** un tour du monde; un voyage autour du monde; **e-e ~ machen** faire un voyage; **auf e-e ~ gehen, auf ~n gehen, e-e ~ antreten** partir en voyage; **auf ~n sein** être en voyage; **viel auf ~n gehen** *od* **sein** voyager beaucoup; *Geschäftsleute a.* se déplacer beaucoup; **sich auf die ~ machen** se mettre en route; **auf ihren ~n** au cours de ses voyages; **e-e ~ wert sein** valoir le voyage; **die ~ mitmachen** être du voyage; **gute** *od* **glückliche ~!** bon voyage!; **wo geht die ~ hin?** où allez-vous?
Reiseandenken N souvenir *m* (de voyage); **Reiseapotheke** F pharmacie *f* de voyage;
Reiseartikel MPL, **Reisebedarf** M articles *mpl* de voyage; **Reisebegleiter(in)** M(F) compagnon *m*, compagne *f* de voyage; **Reisebekanntschaft** F personne rencontrée en voyage; **Reisebericht** M 1 reportage *m* (sur un voyage) 2 (*Reisebeschreibung*) récit *m* de voyage; **Reisebeschreibung** F récit *m* de voyage; **Reisebügeleisen** N fer *m* (à repasser) de voyage; **Reisebüro** N agence *f* de voyages; **Reisebus** M car *m* (de tourisme); **Reisedecke** F plaid *m*; **Reiseerinnerungen** FPL souvenirs *mpl* de voyage
reisefertig ADJ prêt à partir; **sich ~ machen** se préparer à partir; boucler sa valise
Reisefieber N fièvre *f* du départ; **Reiseführer** M *Buch, Mensch* guide *m*; **Reiseführerin** F guide *f*; **Reisegefährte** M, **Reisegefährtin** F → Reisebegleiter(in); **Reisegeld** N argent *m* (pour le voyage); **Reisegepäck** N bagages *mpl*; **Reisegepäckversicherung** F assurance-bagages *f* (disparus); **Reisegeschwindigkeit** F vitesse *f* de croisière
Reisegesellschaft F 1 (*Reisegruppe*) groupe *m* d'un voyage (organisé) 2 (*Reiseveranstalter*) agence *f* qui organise des voyages; voyagiste *m*; **mit e-r ~ fahren** faire un voyage organisé
Reisegruppe F groupe *m* d'un voyage (organisé); **Reisekasse** F budget *m* voyage(s); **Reisekoffer** M malle *f*; *kleiner* valise *f*; **Reisekosten** PL frais *mpl* de voyage, HANDEL de déplacement; **Reisekostenabrechnung** F remboursement *m* des frais de déplacement; **Reisekrankheit** F ⟨~⟩ mal *m* des transports; **Reiseland** N ⟨~(e)s; ~er⟩ pays *m* touristique; **Reiseleiter(in)** M(F) guide *m/f*; accompagnateur, -trice *m,f*
Reiseleitung F 1 *Tätigkeit* organisation *f* du *bzw.* d'un voyage; **die ~ übernehmen** organiser le voyage 2 *Person* → Reiseleiter(in)
Reiselektüre F lecture *f* que l'on emporte pour un voyage; **Reiseliteratur** F ⟨~⟩ 1 récits *mpl* de voyage 2 → Reiselektüre; **reiselustig** ADJ qui aime beaucoup les voyages; qui voyage beaucoup; **reisemüde** ADJ fatigué de voyager
reisen VI ⟨-(es)t, s.⟩ *ohne Angabe des Ziels* voyager; *mit Angabe des Ziels* aller, faire un voyage, se rendre (**nach** à *bzw.* en); (*ab~*) partir (**nach** pour); **~ über** *e-n Ort* passer par; **durch ein Land ~** traverser un pays; **mit der Bahn, dem Auto, dem Flugzeug ~** voyager en chemin de fer, en voiture, en avion; **nach Frankreich, Paris ~** aller en France, à Paris; **in Frankreich ~** voyager en France; **in der ersten Klasse, erster Klasse ~** voyager en première; HANDEL **in etw** (*dat*) **~** être représentant(e) en qc; **geschäftlich ~** faire un voyage d'affaires
Reisende(r) M/F(M) ⟨→ A⟩ voyageur, -euse *m, f*; (*Fahrgast*) passager, -ère *m,f*; (*Urlaubsreisende[r]*) touriste *m/f*; (*Handlungsreisende[r]*) voyageur *m* de commerce
Reisenecessaire N trousse *f* de toilette; **Reisepass** M passeport *m*; **Reiseplan** M 1 *Vorhaben* projet *m* de voyage 2 (*Reiseablauf*) itinéraire *m*; **Reiseprospekt** M prospectus *m*, dépliant *m* touristique; **Reiseroute** F itinéraire *m*; **Reiserücktritts(kosten)versicherung** F assurance *f* annulation; **Reiseruf** M *im Radio* message personnel; **Reisescheck** M chèque *m* de voyage; traveller's check *od* chèque *m*; **Reiseschreibmaschine** F machine *f* à écrire portative; **Reisespesen** PL frais *mpl* de voyage, HANDEL de déplacement; **Reisetasche** F sac *m* de voyage; **Reiseunfallversicherung** F assurance *f* contre les accidents de voyage; **Reiseunterbrechung** F interruption *f* de voyage; **Reiseveranstalter** M tour-opérateur *m*; voyagiste *m*
Reiseverkehr M trafic *m* (de) voyageurs; *durch Urlaubsreisen* circulation *f* de départs en vacances; **starker ~** grand rush des vacances
Reisevorbereitung F préparatifs *mpl* de voyage
Reisewarnung F avertissement *m* aux voyageurs; **e-e ~ herausgeben** émettre un avertissement aux voyageurs
Reisewecker M réveil *m* de voyage; **Reisewelle** F grands départs (en vacances)
Reisewetter N ⟨~s⟩ **gutes ~** beau temps pour voyager
Reisewetterbericht M bulletin *m* météo pour les vacanciers; **Reisewetterversicherung** F assurance *f* pluie; **Reisezeit** F période *f* pour voyager; (*Urlaubszeit*) période *f* de vacances, de grands départs
Reiseziel N destination *f*; **Venedig ist ein beliebtes ~** Venise est un lieu de séjour touristique très recherché
Reisezug M train *m* de voyageurs
Reisfeld N rizière *f*
Reisig N ⟨~s⟩ menu bois; brindilles *fpl*; **Reisigbesen** M balai *m* de bouleau, de brindilles; **Reisigbündel** N fagot *m*
Reiskorn N grain *m* de riz; **Reismehl** N farine *f* de riz; **Reispapier** N papier *m* de riz
Reißaus M **~ nehmen** s'enfuir; prendre ses jambes à son cou; *umg* détaler
Reißbrett N planche *f* à dessin; **Reißbrettstift** M punaise *f*
Reisschüssel F bol *m* de riz
reißen ⟨-(es)t, reißt, riss, gerissen, h.⟩ A VT 1 (*weg~*) tirer (fortement); entraîner; arracher; **etw an sich** (*akk*) **~** tirer qc à soi; *fig* s'emparer de qc; **j-m etw aus den Händen ~** arracher qc des mains de qn; *Geräusch* **j-n aus dem Schlaf ~** tirer qn de son sommeil; **das riss ihn aus s-n Gedanken** cela l'arracha à ses pensées; **j-n, etw zu Boden ~** terrasser qn; renverser (violemment) qn, qc; **sich** (*dat*) **die Kleider vom Leibe ~** arracher ses vêtements; **etw aus dem Zusammenhang ~** enlever, ôter qc de son contexte; **sie riss den Wagen nach rechts** elle donna un brusque coup de volant à droite 2 (*zer~*) **in Stücke ~** mettre en pièces; déchirer; **Löcher in die Strümpfe ~** trouer ses bas 3 GEWICHTHEBEN arracher; *Hochsprunglatte, Hürde* accrocher 4 *fig* **Witze ~** se livrer à, faire des plaisanteries 5 *Raubtiere* (*töten*) (chasser et) tuer B VI 1 (*zerren*) **an etw** (*dat*) **~** tirer violemment sur qc 2 ⟨s.⟩ (*zer~*) *Schnur* (se) rompre; *Stoff, Papier* se déchirer; (*Löcher bekommen*) se trouer; *Fäden* (se) casser C VR 1 (*sich verletzen*) **sich an etw** (*dat*) **~** se blesser, s'égratigner, s'érafler à qc 2 (*sich los~*) **sich aus j-s Armen ~** s'arracher des bras de qn 3 *fig* **sich um etw, j-n ~** s'arracher qc, qn; se disputer qc, qn; **man reißt sich um ihn** on se l'arrache; **sich nicht um etw ~** *Auftrag etc* ne pas se battre pour qc D V/UNPERS **es reißt mir in allen Gliedern** j'ai des tiraillements dans tous les membres
Reißen N ⟨~s⟩ 1 (*Zerreißen*) déchirement *m*; rupture *f* 2 GEWICHTHEBEN arraché *m* 3 MED tiraillements *mpl*
reißend ADJT *Tiere* féroce; carnassier, -ière; *Strom* impétueux, -euse; rapide; *Schmerz* qui donne des élancements; HANDEL **(e-n) ~en Absatz finden** se vendre comme des petits pains
Reißer *umg* M ⟨~s; ~⟩ 1 (*Thriller*) livre *m*, film *m* à suspense 2 (*Erfolgsbuch, -film*) livre *m*, film *m* à succès; grand succès; *Buch a.* best-seller *m*;

R

Ware marchandise *f* qu'on s'arrache; **reißerisch** ADJ qui fait sensation; *Werbung* tapageur, -euse
Reißfeder F tire-ligne *m*; **reißfest** ADJ résistant (à la déchirure); *Gewebe* indéchirable; **Reißfestigkeit** F résistance *f* à la déchirure; **Reißleine** F *am Fallschirm* corde *f* de décrochage; **Reißnadel** F pointe *f* (à tracer); **Reißnagel** M punaise *f*; **Reißschiene** F équerre *f* en T; té *m*; **Reißstift** M punaise *f*
Reisstroh N paille *f* de riz; **Reissuppe** F potage *m* au riz
Reißverschluss M fermeture *f* éclair®, à glissière; *breiter* zip® *m*; **mit ~** à fermeture éclair®; zippé
Reißwolf M déchiqueteur *m*; **Reißwolle** F laine *f* de récupération; **Reißzahn** M canine *f*; **Reißzeug** N ⟨~(e)s; ~e⟩ boîte *f*, pochette *f* de compas; **Reißzwecke** F ⟨~; ~n⟩ punaise *f*
Reistafel F GASTR **(indonesische) ~** *plat complet indonésien composé de riz servi avec divers caris, etc*
Reiswaffel F galette *f* de riz; **Reiswein** M saké *m*
Reitanzug M → Reitdress; **Reitbahn** F manège *m*; *offene* carrière *f*; **Reitdress** M tenue *f* d'équitation; *für Damen a.* (habit *m* d')amazone *f*
reiten ⟨reitet, ritt, geritten⟩ **A** V/T ⟨h.⟩ **1** *Pferd, Esel etc* monter; **ein Turnier ~** participer à une compétition hippique **2** *fig* **Prinzipien ~** être à cheval sur les principes; *umg* **was hat dich denn geritten?** *umg* qu'est-ce qui t'a pris?; **der Teufel reitet ihn** il a le diable au corps **B** V/I ⟨s.⟩ monter à cheval; *als Sport* faire du cheval, de l'équitation; *irgendwohin* aller à cheval; **spazieren ~** se promener à cheval; **gut, schlecht ~ (können)** être bon(ne), mauvais(e) cavalier (cavalière); **ohne Sattel ~** monter à cru; **im Schritt, Trab, Galopp ~** aller au pas, au trot, au galop; **auf e-m Pferd ~** être, aller à cheval; **ich bin zwei Stunden geritten** *als Training* j'ai fait deux heures de cheval; *als Entfernungsangabe* j'ai mis deux heures à cheval; **gern ~** aimer le cheval, l'équitation; **auf j-s Rücken** *(dat)* **~** être à califourchon sur le dos de qn; **auf e-m Besen ~** chevaucher un manche à balai
Reiten N ⟨~s⟩ équitation *f*; **das ~ macht ihr Spaß** elle aime le cheval, l'équitation
Reiter M ⟨~s; ~⟩ *a.* MIL, TECH, *für Karteikarten* cavalier *m*; *(Kunstreiter)* écuyer *m*; **spanischer ~** cheval *m* de frise
Reiterei F ⟨~; ~en⟩ **1** MIL cavalerie *f*; **die schwere ~** la grosse cavalerie **2** *umg* → Reiten
Reiterin F ⟨~; ~nen⟩ cavalière *f*; amazone *f*; *(Kunstreiterin)* écuyère *f*; **Reiterregiment** N régiment *m* de cavalerie
Reitersmann *liter* M ⟨~(e)s; ⸚er⟩ cavalier *m*
Reiterstandbild N, **Reiterstandbildstatue** F statue *f* équestre
Reitgerte F cravache *f*; **Reithose** F culotte *f* de cheval; **Reitkappe** F bombe *f*; **Reitknecht** M palefrenier *m*; **Reitkunst** F équitation *f*; **Reitlehrer(in)** M(F) professeur *m/f* d'équitation; **Reitpeitsche** F cravache *f*; **Reitpferd** N cheval *m* de selle; monture *f*; **Reitsattel** M selle *f*; **Reitschule** F école *f* d'équitation; manège *m*
Reitsitz M **im ~** à califourchon
Reitsport M sport *m* hippique; hippisme *m*; **Reitstall** M écurie *f*; **Reitstiefel** M botte *f* d'équitation; **Reitstock** M **1** *(Reitpeitsche)* cravache *f* **2** TECH *der Drehbank* poupée *f* (coulissante); contre-pointe *f*; **Reitstunde** F heure *f*, cours *m* d'équitation; **Reittier** N animal *m* de selle; **Reitturnier** N compétition *f*, concours *m* hippique; **Reitunterricht** M cours *mpl* d'équitation; **Reitweg** M allée, piste cavalière
Reiz M ⟨~es; ~e⟩ **1** MED, PHYSIOL excitation *f*; stimulus *m* **2** *(Anziehungskraft)* attrait *m*; *e-r Sache a.* intérêt *m*; charme *m*; **verborgener ~** charme secret; **weibliche ~e** charmes féminins; **der ~ des Neuen** le charme, l'attrait de la nouveauté; **e-n (großen) ~ auf j-n ausüben** attirer, intéresser (beaucoup) qn; **s-n ~ verlieren** perdre tout attrait, tout intérêt; **(auch) s-e ~e, s-n ~ haben** avoir (aussi) son charme; ne pas manquer de charme; *umg* **das hat wenig ~** ça ne présente pas de grand intérêt; **worin liegt eigentlich der ~ dieses Films?** en quoi ce film est-il intéressant?
reizbar ADJ *(erregbar)* irritable; excitable; *(empfindlich)* sensible; susceptible; **leicht ~ sein** *umg* prendre facilement la mouche; être chatouilleux, -euse
Reizbarkeit F ⟨~⟩ *(Erregbarkeit)* irritabilité *f*; excitabilité *f*; *(Empfindlichkeit)* sensibilité *f*; susceptibilité *f*
reizen V/T ⟨-(es)t, h.⟩ **1** *(erregen)* exciter; *plus fort* irriter; *(ärgern)* agacer; *(anregen)* stimuler; *(wecken)* susciter; réveiller; *Neugierde* piquer; *(herausfordern)* provoquer; *Tier* exciter; **j-n zu etw ~** pousser qn à (faire) qc; **in gereiztem Ton** d'un ton irrité; **~ Sie mich nicht!** ne m'agacez, ne m'énervez pas!; **j-n bis aufs Äußerste ~** pousser qn à bout; **j-n bis aufs Blut ~** *umg* faire bouillir qn; **zum Widerspruch ~** provoquer, appeler, susciter la contradiction **2** MED, PHYSIOL exciter; *plus fort bes Haut* irriter **3** *(anziehen)* attirer; *(hinreißen)* ravir; séduire; *(bezaubern)* charmer; enchanter; *(locken)* tenter; **diese Arbeit reizt mich** ce travail m'intéresse; **das kann mich nicht ~** cela ne me tente, ne m'attire pas; *umg* cela ne me dit rien **4** *beim Skat* demander
reizend ADJT *(anziehend)* ravissant; séduisant; charmant; *(goldig)* mignon, -onne; *iron* **das ist ja ~!** c'est charmant!
Reizgas N gaz irritant; **Reizhusten** M toux sèche; **Reizkampfstoff** M agent irritant
Reizker M ⟨~s; ~⟩ BOT lactaire *m*
Reizklima N climat stimulant; **reizlos** ADJ sans attrait, charme; fade; **Reizlosigkeit** F ⟨~⟩ absence *f* de charmes; fadeur *f*; **Reizmittel** N excitant *m*; stimulant *m*; **Reizschwelle** F seuil *m* d'excitation; **Reizstoff** M stimulant *m*; *störender* irritant *m*; **Reizthema** N ⟨~s; -men⟩ sujet délicat à aborder, explosif; **Reizüberflutung** F ⟨~⟩ *durch Massenmedien, Werbung etc* sollicitation excessive; matraquage *m*
Reizung F ⟨~; ~en⟩ **1** MED, PHYSIOL excitation *f*; *bes (Hautreizung)* irritation *f* **2** *(Herausforderung)* provocation *f*
reizvoll ADJ **1** plein de charme, d'attrait; charmant **2** *(interessant)* intéressant; attrayant
Reizwäsche F ⟨~⟩ dessous affriolants, sexy; **Reizwort** N ⟨~(e)s; ⸚er⟩ PSYCH mot *m* stimulus; *fig* expression *f*, mot *m* déclenchant de vives réactions
Rekapitulation F récapitulation *f*
rekapitulieren V/T ⟨*pas de ge-*, h.⟩ récapituler; **ich rekapituliere …** récapitulons, …
Rekapitulierung F ⟨~; ~en⟩ récapitulation *f*
rekeln V/R ⟨-(e)le, h.⟩ **sich ~** s'étirer; *behaglich* se prélasser; *(sich lümmeln)* se vautrer; **sich im Sessel ~** se prélasser dans le fauteuil
Reklamation F ⟨~; ~en⟩ réclamation *f*
Reklame F ⟨~; ~n⟩ HANDEL publicité *f*; réclame *f*; *fig* propagande *f*; **für etw, j-n ~ machen** faire de la publicité pour qc, qn
Reklamebeilage F *in e-r Zeitung* encart *m*; imprimé encarté; **Reklamebild** N image *f* publicitaire; **Reklamefläche** F panneau *m* publicitaire, d'affichage; **Reklamerummel** M tam-tam *m*, battage *m* publicitaire; **Reklameschild** N panneau *m* publicitaire, de publicité; enseigne *f* publicitaire; **Reklamezeichner(in)** M(F) dessinateur, -trice *m, f* publicitaire
reklamieren ⟨*pas de ge-*, h.⟩ **A** V/T **1** *(fordern)* revendiquer; **die Spieler reklamierten Abseits** les joueurs ont réclamé un °hors-jeu **2** *(beanstanden)* **etw wegen etw ~** faire une réclamation concernant qc **B** V/I faire une réclamation; réclamer *(a.* SPORT)
rekonstruieren V/T ⟨*pas de ge-*, h.⟩ *a. fig* reconstituer; **Rekonstruierung** F ⟨~; ~en⟩ *a. fig* reconstitution *f*
Rekonstruktion F ⟨~; ~en⟩ *a. fig* reconstitution *f*
Rekonvaleszent(in) M ⟨~en; ~en⟩ (F) ⟨~in; ~innen⟩ convalescent(e) *m(f)*; **Rekonvaleszenz** F ⟨~⟩ convalescence *f*
Rekord M ⟨~(e)s; ~e⟩ *a. fig* record *m* **(in** [+dat] de); **olympischer ~** record *m* olympique; **e-n ~ verbessern, aufstellen, einstellen, halten, brechen, anerkennen** améliorer, établir, égaler, détenir, battre, homologuer un record
Rekordbesuch M chiffre *m* record de visiteurs
Rekorder M ⟨~s; ~⟩ *(Kassettenrekorder)* magnétophone *m*; *(Videorekorder)* magnétoscope *m*
Rekordergebnis N résultat *m* record; **Rekordernte** F récolte *f* record; **Rekordgeschwindigkeit** F vitesse *f* record; **Rekordhalter(in)** M(F), **Rekordinhaber(in)** M(F) détenteur, -trice *m,f* du *bzw.* d'un record; recordman *m*, recordwoman *f*; **Rekordjahr** N année *f* record; **Rekordmarke** F record *m*; **Rekordzeit** F temps *m* record; **Rekordziffer** F chiffre *m* record
Rekrut M ⟨~en; ~en⟩ MIL conscrit *m*; recrue *f*
rekrutieren V/T (u. V/R) ⟨*pas de ge-*, h.⟩ **(sich) ~** MIL, *fig* (se) recruter **(aus** dans, parmi); **Rekrutierung** F ⟨~; ~en⟩ recrutement *m*
rektal ADJ MED rectal
Rektion F ⟨~; ~en⟩ GRAM régime *m*
Rektor(in) M ⟨~s; -toren⟩ (F) ⟨~in; ~innen⟩ *e-r Hochschule* recteur *m*; *e-r Schule* directeur, -trice *m,f*
Rektorat N ⟨~(e)s; ~e⟩ **1** *(Amt an e-r Hochschule)* rectorat *m*; *an e-r Schule* direction *f* **2** *(Räume in e-r Hochschule)* rectorat *m*; *in e-r Schule* bureau *m* du directeur *bzw.* de la directrice
Rektoskop N ⟨~s; ~e⟩ MED rectoscope *m*; **Rektoskopie** F ⟨~; ~n⟩ rectoscopie *f*
Rektum N ⟨~s; -ta⟩ ANAT rectum *m*
rekultivieren V/T ⟨*pas de ge-*, h.⟩ AGR remettre en culture
rekurrieren V/I ⟨*pas de ge-*, h.⟩ *geh (Bezug nehmen)* **auf etw** *(akk)* **~** se référer à qc
Rekurs M ⟨~es; ~e⟩ **1** *geh (Bezugnahme)* référence *f* **(auf** [+akk] à) **2** JUR recours *m* **(gegen** contre)
rekursiv ADJ MATH récurrent
Relais N ⟨~; ~⟩ ELEK relais *m*; **Relaisstation** F TELEKOMMUNIKATION station *f* (de) relais
Relation F ⟨~; ~en⟩ **1** *geh (Verhältnis)* rapport *m* **2** MATH relation *f*
relativ ADJ relatif, -ive; **relativieren** V/T ⟨*pas de ge-*, h.⟩ donner une valeur relative à; relativiser
Relativismus M ⟨~⟩ PHIL relativisme *m*; **relativistisch** ADJ PHYS, PHIL relativiste; **Relativität** F ⟨~; ~en⟩ *a.* PHYS relativité *f*

R

Relativitätsprinzip N principe *m* de la relativité; **Relativitätstheorie** F PHYS théorie *f* de la relativité

Relativpronomen N GRAM pronom relatif; **Relativsatz** M GRAM (proposition *f*) relative *f*

relaxed *umg* ADJ ‹*attribut*› décontracté; **relaxen** *umg* V/I ‹*pas de ge-*, h.› (*entspannen*) se détendre; **relaxte(r, -s)** *umg* ADJ ‹*épithète*› décontracté

relevant ADJ (*bedeutsam*) essentiel, -ielle; significatif, -ive; (*wichtig*) important, d'importance (**für** pour); *Argument, Bemerkung* pertinent (**für** pour); *Information* utile; **Relevanz** F ‹~› importance *f* (**für** pour)

Relief N ‹~s; ~s *ou* ~e› KUNST, GEOG, GEOL relief *m*; **reliefartig** ADJ en relief; **Reliefdruck** M ‹~(e)s; ~e› impression *f* en relief; **Reliefkarte** F carte *f*, plan *m* en relief

Religion F ‹~; ~en› religion *f*; (*Konfession*) confession *f*; *Schulfach* instruction religieuse

Religionsausübung F culte *m*; **freie ~** liberté *f* du culte

Religionsbekenntnis N confession *f* (de foi); **Religionsfreiheit** F ‹~› liberté religieuse, du culte; **Religionsfriede** M paix religieuse; **Religionsgemeinschaft** F communauté religieuse; **Religionsgeschichte** F histoire *f* des religions; **Religionskrieg** M guerre *f* de religion; **Religionslehre** F ‹~› → Religionsunterricht; **Religionslehrer(in)** M(F) professeur *m/f* d'instruction religieuse; **religionslos** ADJ sans confession; **Religionslosigkeit** F ‹~› irréligion *f*; **Religionsphilosophie** F philosophie *f* de la religion; **Religionsstifter** M fondateur *m* d'une religion; **Religionsstreit** M querelle(s) religieuse(s); **Religionsstunde** F cours *m* d'instruction religieuse; **Religionsunterricht** M instruction religieuse; **Religionswechsel** M conversion *f*; **Religionswissenschaft** F ‹~› science *f* des religions; théologie *f*; **Religionszugehörigkeit** F (appartenance *f* à une) confession *f*; **Religionszwang** M intolérance religieuse

religiös ADJ religieux, -ieuse; (*fromm*) pieux, pieuse; (*gläubig*) croyant; **~e Kunst** art sacré

Religiosität F ‹~› religiosité *f*; sentiments religieux; (*Frömmigkeit*) piété *f*; dévotion *f*

Relikt N ‹~(e)s; ~e› vestige *m* (**aus** de)

Reling F ‹~; ~s *ou* ~e› SCHIFF bastingage *m*; rambarde *f*

Reliquiar N ‹~s; ~e› reliquaire *m*

Reliquie F ‹~; ~n› relique *f*

Reliquienschrein M reliquaire *m*; châsse *f*

rem, Rem N ‹Rems; Rems, *mais* 5 rem› PHYS, BIOL rem *m*

REM ABK (rapid eye movement) SCHLAFFORSCHUNG mouvements *mpl* rapides des yeux

Remake N ‹~s; ~s› FILM remake *m*

Rembours M ‹~; ~› HANDEL règlement *m* par crédit documentaire; **Remboursgeschäft** N opération *f*, transaction *f* par crédit documentaire

remilitarisieren V/T ‹*pas de ge-*, h.› remilitariser; **Remilitarisierung** F remilitarisation *f*

Reminiszenz *geh* F ‹~; ~en› réminiscence *f* (**an** [+*akk*] de)

remis ADJ ‹*attribut*› **das Spiel endete ~** ils ont fait match nul, SCHACH partie nulle

Remis N ‹~; ~ *ou* ~en› match nul; SCHACH partie nulle

Remission F BUCHHANDEL renvoi *m* des invendus

Remissionsrecht N ‹~(e)s› droit *m* de renvoyer les invendus

Remittende F ‹~; ~n› BUCHHANDEL (exemplaire *m*) invendu *m*; ZEITUNGSHANDEL **~n** bouillons *mpl*; **Remittent** M ‹~en; ~en› FIN bénéficiaire *m* d'une lettre de change; **remittieren** V/T ‹*pas de ge-*, h.› BUCHHANDEL renvoyer comme invendu

Remmidemmi *umg* N ‹~s› *umg* raffut *m*; *umg* boucan *m*; *umg* ramdam *m*

Remoulade F ‹~; ~n›, **Remouladensoße** F rémoulade *f*

Rempelei *umg* F ‹~; ~en› bousculade *f*; FUSSBALL *etc* charge *f*

rempeln *umg* V/T ‹-(e)le, h.› bousculer; FUSSBALL *etc* charger

REM-Phase F SCHLAFFORSCHUNG sommeil paradoxal

Ren N ‹~s; ~s *ou* ~e› ZOOL renne *m*

Renaissance F ‹~; ~n› *Stil, Epoche* Renaissance *f*; *fig* renaissance *f*; renouveau *m*; **e-e ~ erleben** connaître un renouveau

Renaissancestil M style *m* Renaissance

Renate F ‹→ *n/pr*› *prénom*

renaturieren V/T ‹*pas de ge-*, h.› renaturer

Rendezvous N ‹~; ~› **1** rendez-vous (galant, amoureux) **2** RAUMFAHRT **~ im Weltraum** rendez-vous spatial

Rendite F ‹~; ~n› (taux *m* de) rendement *m*

Renegat(in) *geh* M ‹~en; ~en› (F) ‹~in; ~innen› renégat(e) *m(f)*

Reneklode F ‹~; ~n› BOT reine-claude *f*

renitent *geh* ADJ réfractaire; récalcitrant; insoumis; indocile; **Renitenz** *geh* F ‹~› insoumission *f*; attitude *f* réfractaire

Renke F ‹~; ~n› ZOOL corégone *f*; lavaret *m*

Rennauto N voiture *f* de course; bolide *m*; **Rennbahn** F (*Pferderennbahn*) champ *m* de course; hippodrome *m*; turf *m*; (*Radrennbahn*) vélodrome *m*; piste *f*; (*Autorennbahn*) circuit *m* automobile; **Rennboot** N *mit Motor* °hors-bord *m*; racer *m*

rennen V/I ‹rennt, rannte, gerannt, s.› courir; (*vorwärtsstürzen*) se précipiter; s'élancer; **gegen etw ~** se heurter contre qc; °heurter, cogner qc; se cogner contre *od* à qc; **mit dem Kopf gegen die Wand ~** se cogner la tête contre le, au mur; *fig* **in sein Verderben ~** courir à sa perte; *umg pej* **dauernd zum Arzt ~** *umg* être toujours fourré chez le docteur; *umg pej* **sie rennt dauernd ins Kino** elle passe sa vie au cinéma; *umg* **er muss dauernd aufs Klo ~** *umg* il a la courante

Rennen N ‹~s; ~› (*Wettrennen*) course *f*; **totes ~** course *f* ex æquo, à égalité; *beim Pferderennen* dead-heat *m*; **das ~ machen** *a. fig* gagner (la course); **das ~ aufgeben** *a. fig* renoncer à la course; abandonner la partie; *fig* **gut im ~ liegen** être en bonne position, en tête; *umg fig* **das ~ ist gelaufen** c'est trop tard; *umg* c'est foutu

Renner M ‹~s; ~› **1** *Pferd* coureur *m* **2** *umg* (*Verkaufsschlager*) succès *m*

Rennerei *umg* F ‹~; ~en› **ich habe die dauernde ~ satt** *umg* j'en ai marre de toujours courir

Rennfahrer(in) M(F) coureur *m* ([*Autorennfahrer(in)*] automobile, [*Motorradrennfahrer(in)*] motocycliste, [*Radrennfahrer(in)*] cycliste); (*Autorennfahrer[in]*) *a.* pilote *m*; **Rennjacht** F yacht *m* de course; racer *m*; **Rennleitung** F direction *f* de la course; **Rennpferd** N cheval *m* de course; **Rennplatz** M champ *m* de course; hippodrome *m*; turf *m*; **Rennrad** N vélo *m* de course; **Rennreiter** M jockey *m*; **Rennsaison** F saison *f* hippique; **Rennschuhe** MPL chaussures *fpl* à pointes, de cross; **Rennsport** M course *f*; (*Pferderennsport*) sport *m* hippique; turf *m*; **Rennstall** M *a. bei Auto-, Radrennen* écurie *f* (de courses); **Rennstallbesitzer(in)** M(F) propriétaire *m/f* d'une écurie de course; **Rennstrecke** F parcours *m*; (*Rundstrecke*) circuit *m*; **Rennwagen** M voiture *f* de course; bolide *m*

Renommee N ‹~s; ~s› réputation *f*; renom *m*; renommée *f*

renommieren V/I ‹*pas de ge-*, h.› **mit etw ~** se vanter de qc; étaler qc

Renommierstück N *e-r Sammlung etc* joyau *m*; pièce *f* remarquable

renommiert ADJT renommé, fameux, -euse (**wegen** pour)

renovieren V/T ‹*pas de ge-*, h.› rénover; remettre à neuf; **Renovierung** F ‹~; ~en› rénovation *f*; remise *f* à neuf

rentabel ADJ ‹-bl-› rentable; lucratif, -ive; de bon rapport

Rentabilität F ‹~› rentabilité *f*; bon rendement, rapport

Rentabilitätsberechnung F → Rentabilitätsrechnung; **Rentabilitätsgrenze** F limite *f*, *nach unten* seuil *m*, *nach oben* plafond *m* de rentabilité; **Rentabilitätsrechnung** F calcul *m* de rentabilité, du rapport

Rente F ‹~; ~n› (*gesetzliche Altersrente*) assurance *f*, pension *f* vieillesse; *Geldbetrag, Zustand* retraite *f*; (*Versorgungsrente*) pension *f*; (*Kapitalrente*) rente *f*; *umg* **in ~ gehen, sein** prendre sa retraite, être à la retraite

Rentenalter N ‹~s› âge *m* de la retraite; **Rentenangleichung** F réajustement *m* des retraites, pensions; **Rentenanleihe** F rente *f* sur l'État; **Rentenanpassung** F revalorisation *f* des retraites, pensions; **Rentenanspruch** M droit *m* à une (pension de) retraite, à une pension

Rentenantrag M **s-n ~ stellen** demander sa retraite

Rentenauszahlung F versement *m* d'une (pension de) retraite, d'une pension, d'une rente; **Rentenbank** F ‹~; ~en› banque *f* de crédit foncier, agricole

Renteneintrittsalter N âge *m* de la retraite; **gesetzliches ~** âge légal de la retraite

Rentenempfänger(in) M(F) (*Altersrentenempfänger[in]*) retraité(e) *m(f)*; (*Versorgungsrentenempfänger[in]*) pensionné(e) *m(f)*; *e-r Kapitalrente* rentier, -ière *m,f*; bénéficiaire *m/f* d'une rente; **Rentenerhöhung** F augmentation *f* des retraites, des pensions de retraite; **Rentenfonds** M fonds *m* d'obligations; **Rentenmarkt** M marché *m* des rentes (d'État); **Rentennachzahlung** F versement *m* complémentaire de retraite, pension, rente; **Rentenpapier** N titre *m* de rente; **Rentenreform** F réforme *f* (du régime) des retraites; **Rentenversicherung** F assurance *f* vieillesse; **Rentenzahlung** F paiement *m* d'une retraite, pension, rente

Rentier[1] N ZOOL renne *m*

Rentier[2] M ‹~s; ~s› (*Privatier*) rentier *m*; (*Rentner*) retraité *m*

rentieren V/R ‹*pas de ge-*, h.› **sich ~** HANDEL rapporter; être bien payé, rentable; *fig* (*sich lohnen*) valoir la peine

Rentner(in) M ‹~s; ~› (F) ‹~in; ~innen› retraité(e) *m(f)*

Reorganisation F ‹~› réorganisation *f*; **reorganisieren** V/T ‹*pas de ge-*, h.› réorganiser

reparabel ADJ ‹-bl-› réparable

Reparationen FPL POL réparations *fpl*

Reparationszahlung F POL paiement *m* de(s) réparation(s)

Reparatur F ‹~; ~en› réparation *f* (**an** [+*dat*] de); *für Autos a.* dépannage *m*; **in ~** (*dat*) **sein**

être en (cours de) réparation; **in ~** *(akk)* **geben** donner à réparer

reparaturanfällig ADJ peu fiable; fragile

Reparaturarbeiten FPL travaux *mpl* de réparation; **reparaturbedürftig** ADJ qui a besoin d'être réparé; **Reparaturkosten** PL frais *mpl* de réparation; **Reparaturwerkstatt** F atelier *m* de réparations; *für Autos a.* service *m* de dépannage; garage *m*

reparieren VT *‹pas de ge-,* **h.***›* réparer; remettre en état; *Auto a.* dépanner; **dieser Schaden lässt sich nicht mehr ~** ce dégât est irréparable

repatriieren VT *‹pas de ge-,* **h.***›* rapatrier

Repatriierte(r) M/F(M) ‹→ A› rapatrié(e) *m(f)*; **Repatriierung** F ‹~; ~en› rapatriement *m*

Repertoire N ‹~s; ~s› *a. fig* répertoire *m*

repetieren VT *‹pas de ge-,* **h.***›* *(wiederholen)* répéter; *Lehrstoff* réviser; *(sitzen bleiben)* redoubler (une classe); **Repetiergewehr** N fusil *m* à répétition

Repetition F ‹~; ~en› répétition *f*; **Repetitor** M ‹~s; -toren› personne qualifiée préparant les étudiants aux examens; **Repetitorium** N ‹~s; -ien› cours particuliers assurant une préparation aux examens

Replik F ‹~; ~en› *geh (Erwiderung),* KUNST réplique *f*

Report M ‹~(e)s; ~e› **1** *(Bericht)* rapport *m* **2** BÖRSE report *m*

Reportage F ‹~; ~n› reportage *m*; **e-e ~ über j-n, etw machen** faire un reportage sur qn, qc

Reporter(in) M ‹~s; ~› (F) ‹~in; ~innen› reporter *m*; (femme *f*) reporter *m*

repräsentabel ADJ ‹-bl-› → repräsentativ

Repräsentant(in) M ‹~en; ~en› (F) ‹~in; ~innen› représentant(e) *m(f)*

Repräsentantenhaus N *in den USA* Chambre *f* des députés

Repräsentation F ‹~› représentation *f*

Repräsentationspflichten FPL obligations officielles

repräsentativ ADJ représentatif, -ive (**für** de); *(ansehnlich)* qui présente bien; **Repräsentativumfrage** F sondage représentatif

repräsentieren *‹pas de ge-,* **h.***›* **A** VT représenter **B** VI *in der Öffentlichkeit* remplir ses obligations officielles

Repressalie F ‹~; ~n› représaille *f*; **~n anwenden, ergreifen** exercer, user de représailles (**gegen j-n** contre qn)

Repression F ‹~; ~en› répression *f*

repressiv ADJ répressif, -ive

Reprise F ‹~; ~n› MUS, THEAT, BÖRSE reprise *f*

reprivatisieren VT *‹pas de ge-,* **h.***›* dénationaliser; **Reprivatisierung** F ‹~; ~en› dénationalisation *f*

Reproduktion F reproduction *f*

Reproduktionskosten PL coût *m* de remplacement; **Reproduktionsrecht** N droit *m* de reproduction

reproduktiv ADJ reproductif, -ive

reproduzieren VT *‹pas de ge-,* **h.***›* reproduire

Reprografie, Reprographie F ‹~; ~n› reprographie *f*; **Reprotechnik** F ‹~› technique *f* de reproduction

Reps *umg* PL BRD Républicains *mpl*

Reptil N ‹~s; ~ien› ZOOL reptile *m*

Republik F ‹~; ~en› république *f*; **die Berliner ~** la République de Berlin

Republikaner(in) M ‹~s; ~› (F) ‹~in; ~innen› **1** *(Republikanhänger[in])* républicain(e) *m(f)* **2** *BRD* membre *m* du parti républicain; Républicain(e) *m(f)*; **die ~** *pl* le parti républicain *(parti d'extrême droite)* **3** *USA* Républicain(e) *m(f)*

republikanisch ADJ républicain

Republikflucht F HIST *DDR* passage illégal à l'Ouest; **Republikflüchtling** M HIST *DDR* personne passée illégalement à l'Ouest

repulsiv ADJ PHYS répulsif, -ive

Repunze F ‹~; ~n› TECH poinçon *m* (pour métaux précieux)

Reputation *geh* F ‹~; ~en› réputation *f*

Requiem N ‹~s; ~s› requiem *m*

requirieren VT *‹pas de ge-,* **h.***›* réquisitionner

Requisit N ‹~(e)s; ~en› **1** THEAT accessoire *m* **2** *fig* chose *f* nécessaire

Requisitenkammer F THEAT salle *f* des accessoires

Requisiteur(in) M(F) ‹~s; ~e› (F) ‹~in; ~innen› THEAT accessoiriste *m/f*

Requisition F ‹~; ~en› réquisition *f*

resch ADJ *südd, österr* **1** *Brot* croustillant **2** *umg (lebhaft)* fringant

Reseda F ‹~; -en› BOT réséda *m*

Reservat N ‹~(e)s; ~e› réserve *f*

Reserve F ‹~; ~n› **1** *‹pas de pl› (Zurückhaltung)* réserve *f*; retenue *f*; *umg* **j-n aus der ~ locken** faire sortir qn de sa réserve **2** *(Ersatz, Vorrat)* réserve *f* (**an** *[+dat]* de); **eiserne ~** dernières réserves; **stille ~n** réserves cachées, occultes; **etw in ~ haben** *a. fig* avoir qc en réserve **3** MIL réserve *f*; **Hauptmann der ~** capitaine *m* de réserve **4** SPORT réserve *f*

Reservebank F ‹~; -bänke› SPORT banc *m* des remplaçants; **Reservekanister** M *für Benzin* jerrycan *m*; *für Wasser etc* nourrice *f*, bidon *m* de réserve; **Reservemann** M ‹~(e)s; -männer *ou* -leute› remplaçant *m*; **Reservemannschaft** F réserve *f*; réservistes *mpl*; **Reserveoffizier** M officier *m* de réserve; **Reserverad** N roue *f* de rechange, de secours; **Reservereifen** M pneu *m* de rechange; **Reservespieler(in)** M(F) remplaçant(e) *m(f)*; **Reservetank** M réservoir *m* de secours; **Reservetruppe** F troupe *f* de réserve; réserve *f*; **Reserveübung** F MIL période *f* (d'instruction)

reservieren VT *‹pas de ge-,* **h.***›* réserver; *Platz etc* retenir; **e-n Platz, ein Zimmer ~** *a.* faire une réservation

reserviert ADJT *a. fig* réservé (**für j-n** à qn); *fig* **~ bleiben** se tenir sur la réserve; observer, garder une certaine réserve

Reserviertheit F ‹~› attitude réservée

Reservierung F ‹~; ~en› réservation *f*

Reservist M ‹~en; ~en› MIL réserviste *m*

Reservoir N ‹~s; ~e› *a. fig* réservoir *m*

Residenz F ‹~; ~en› résidence *f*; **Residenzpflicht** F ‹~› obligation *f* de résidence; **Residenzstadt** F résidence *f*; *(Hauptstadt)* capitale *f*

residieren VI *‹pas de ge-,* **h.***›* résider

Resignation F ‹~; ~en› résignation *f*

resignieren VI *‹pas de ge-,* **h.***›* se résigner

resistent ADJ BIOL, MED, *fig* résistant (**gegen** contre); **Resistenz** F ‹~; ~en› BIOL, MED, *fig* résistance *f* (**gegen** contre)

resolut ADJ résolu; déterminé; décidé

Resolution F ‹~; ~en› résolution *f*

Resonanz F ‹~; ~en› **1** PHYS, ELEK, MUS résonance *f* **2** *fig* écho *m* (**auf** *[+akk]* à); **keine ~ finden** rester sans écho

Resonanzbereich M PHYS gamme *f*, bande *f* de résonance; **Resonanzboden** M MUS table *f* d'harmonie; **Resonanzkasten** M, **Resonanzkörper** M caisse *f* de résonance

Resopal® N ‹~s› formica® *m*

resorbieren VT *‹pas de ge-,* **h.***›* PHYSIOL résorber

Resorption F ‹~; ~en› PHYSIOL résorption *f*; **resorptionsfähig** ADJ résorbant; **Resorptionsmittel** N résorbant *m*

resozialisieren VT *‹pas de ge-,* **h.***›* réinsérer; *beruflich a.* réadapter; **Resozialisierung** F ‹~; ~en› réinsertion sociale

Respekt M ‹~(e)s› respect *m*; **~ einflößend** qui impose le respect; **vor j-m, etw ~ haben** avoir du respect pour qn, qc; **sich** *(dat)* **~ verschaffen** se faire respecter; **j-m ~ zollen** témoigner du respect à qn; **bei allem ~ vor Ihrem Vater ...** sans vouloir contredire votre père ...; sauf le respect que je dois à votre père ...; **~ (, ~)!** bravo!; félicitations!; *umg* chapeau!

respektabel ADJ ‹-bl-› respectable; *fig a.* important

respekteinflößend ADJT qui impose le respect

respektieren VT *‹pas de ge-,* **h.***›* **1** respecter **2** *Wechsel* honorer

respektive *geh* ADV respectivement; ou plutôt; et; c'est-à-dire

respektlos ADJ sans respect; irrespectueux, -euse; irrévérencieux, -ieuse; **Respektlosigkeit** F ‹~› manque *m* de respect; irrespect *m*

Respektsperson F personnage *m* respectable; personne *f* qui inspire le respect

respektvoll ADJ plein de respect; respectueux, -euse

Respiration F ‹~› MED respiration *f*

Ressentiment *geh* N ‹~s; ~s› ressentiment *m* (**gegenüber** à l'égard de)

Ressort N ‹~s; ~s› *(Geschäftsbereich)* ressort *m*; service *m*; département *m*; domaine *m*; JUR juridiction *f*; **das fällt nicht in mein ~** cela n'est pas de ma compétence, de mon domaine, de mon ressort

Ressortchef M, **Ressortleiter** M chef *m* de service, ZEITUNGSWESEN de rubrique; **Ressortminister** M ministre compétent

Ressource F ‹~; ~n› WIRTSCH, FIN ressources *fpl*

Rest M ‹~(e)s; ~e› **1** reste *m* (*a.* MATH); restant *m*; *fig (Spur)* vestige *m*; *geh* **ihre sterblichen ~e** sa dépouille mortelle; *umg fig* **j-m den ~ geben** donner le coup de grâce à qn; **das gab ihm den ~** cela l'a achevé; *hum* **das ist der ~ vom Schützenfest** c'est tout ce qu'il reste; *nordd* **(mit etw) ~ machen** *(alles aufessen)* finir (qc) **2** *(Zahlungsrest)* reste *m*; restant *m* **3** *von Schnittwaren* coupon *m* **4** CHEM radical *m* **5** PL **~e** *(Speiserest)* restes *mpl*

Restalkohol M résidu *m* d'alcool (dans le sang); **Restauflage** F TYPO reste *m* d'un tirage

Restaurant N ‹~s; ~s› restaurant *m*

Restauration[1] F ‹~; ~en› **1** *(Wiederherstellung)* restauration *f* **2** HIST **die ~** la Restauration

Restauration[2] F ‹~; ~en›, **Restaurationsbetrieb** M *bes österr (Restaurant)* restaurant *m*

Restaurator(in) M ‹~s; -toren› (F) ‹~in; ~innen› *von Kunstwerken* restaurateur, -trice *m,f*

restaurieren VT *‹pas de ge-,* **h.***›* restaurer; **Restaurierung** F ‹~; ~en› restauration *f*

Restbestand M *an Waren* reste *m* du stock; **Restbetrag** M restant *m*; reliquat *m*

Resteessen *umg* N repas composé de restes; **Resteverkauf** M *von Auslaufmodellen* vente *f* de fins de séries; *bei Saisonende* soldes *mpl* de fin de saison; *bei Geschäftsaufgabe* liquidation *f*; **Resteverwertung** F utilisation *f* des restes

Restforderung F reliquat *m* de compte;

Restguthaben N restant *m* de compte; reliquat *m* d'un avoir
restituieren V/T ⟨*pas de ge-*, h.⟩ *bes* JUR *(erstatten)* restituer; *(wiederherstellen) a.* rétablir; **Restitution** F ⟨~; ~en⟩ *a.* POL restitution *f*
restlich ADJ ⟨*épithète*⟩ (qui est) de reste; qui reste; restant
restlos A ADJ ⟨*épithète*⟩ total; complet, -ète; intégral; entier, -ière; *fig Hingabe etc* sans bornes B ADV totalement; *umg* **~ glücklich** comblé; parfaitement heureux; **~ ausverkauft** *Ware* épuisé
Restmüll M déchets *mpl* non recyclables; **Restposten** M 1 BUCHFÜHRUNG reliquat *m* 2 *e-r auslaufenden Serie* fin *f* de série; *pl von Waren* soldes *mpl*; invendus *mpl*
Restriktion F ⟨~; ~en⟩ restriction *f*; **restriktiv** ADJ restrictif, -ive
Restrisiko N risque *m* non évaluable; **Reststrafe** F reliquat *m* d'une *bzw.* de la peine; **Restsumme** F somme restante; reste *m*
Resturlaub M **ich habe noch drei Tage ~** il me reste encore trois jours de vacances
Restwert M valeur restante; **Restzahlung** F règlement *m* du solde
Resultante F ⟨~; ~n⟩ MATH résultante *f*
Resultat N ⟨~(e)s; ~e⟩ résultat *m*; **ein gutes, schlechtes ~ erzielen** obtenir un bon, mauvais résultat; **zum ~ kommen, dass …** (en) arriver à la conclusion que …
resultieren V/I ⟨*pas de ge-*, h.⟩ **aus etw ~** résulter de qc; **daraus resultiert, dass …** il en résulte, il s'ensuit que …
Resümee N ⟨~s; ~s⟩ résumé *m*; **das ~ aus etw ziehen** tirer une conclusion de qc
resümieren V/T ⟨*pas de ge-*, h.⟩ résumer
retardieren V/T ⟨*pas de ge-*, h.⟩ retarder; ralentir
Retina F ⟨~; -nae⟩ ANAT rétine *f*
Retorte F ⟨~; ~n⟩ CHEM cornue *f*; alambic *m*; *umg fig* **aus der ~** factice
Retortenbaby *umg* N bébé-éprouvette *m*
retour *regional* → zurück; **Sie bekommen zwei Euro ~** je vous rends deux euros
Retoure F ⟨~; ~n⟩ HANDEL retour *m*
Retourkutsche *umg* F *in Worten* réponse *f*, *a. Handlung* riposte *f* du tac au tac
retournieren V/T ⟨*pas de ge-*, h.⟩ HANDEL, SPORT renvoyer; retourner
retrograd ADJ rétrograde
Retro-Look M look *m* rétro
retrospektiv ADJ rétrospectif, —ive
Retrospektive F ⟨~; ~n⟩ rétrospective *f*; **in der ~** rétrospectivement
retten ⟨-ete, h.⟩ A V/T sauver (**aus, vor** [+*dat*] de); *(befreien)* délivrer; *(herausreißen)* tirer; *plus fort* arracher; **j-m das Leben ~** sauver la vie à qn; **j-n aus Seenot ~** sauver qn du naufrage; *fig* **Ihre Entscheidung kann alles ~** votre décision peut tout sauver; *umg* **er ist nicht mehr zu ~** *(verrückt)* il est cinglé; *umg* **bist du noch zu ~?** *umg* ça va pas la tête?; **sie rettete die Situation durch ein charmantes Lächeln** c'est son charmant sourire qui sauva la situation B V/R **sich ~** *(fliehen)* échapper (**aus, vor** [+*dat*] à); **sich ans Ufer ~** (réussir à) regagner la rive; **sich ins Haus ~** (réussir à) se réfugier dans la maison; **rette sich, wer kann!** sauve qui peut!; **sich vor Arbeit** *(dat)* **nicht ~ können** avoir du travail par-dessus la tête; *umg* crouler sous le boulot
rettend ADJT ⟨*épithète*⟩ qui sauve; *Einfall* salutaire; *fig* **~er Engel** sauveur *m*
Retter(in) M ⟨~s; ~⟩ (F) ⟨~in; ~innen⟩ *(Lebensretter[in])* sauveteur *m*; *(Befreier[in])* libérateur, -trice *m,f*; REL Sauveur *m*; *fig* sauveur *m*; **ein ~ in der Not** mon, ton, *etc* sauveur
Rettich M ⟨~s; ~e⟩ radis (noir); *(Meerrettich)* raifort *m*
Rettung F ⟨~; ~en⟩ 1 *a. fig* sauvetage *m*; *(Heil)*, *a.* REL salut *m*; *(Befreiung)* délivrance *f*; **j-m ~ bringen** sauver qn; **es gibt keine ~** c'est sans espoir; *umg* **du bist meine (letzte) ~** tu es ma (dernière) planche de salut 2 *österr* → Rettungsdienst, Rettungswagen
Rettungsaktion F opération *f* de sauvetage; **Rettungsanker** M *fig* planche *f* de salut; **Rettungsarbeiten** FPL travaux *mpl* de sauvetage; **Rettungsboje** F bouée (lumineuse); **Rettungsboot** N bateau *m*, canot *m* de sauvetage; **Rettungsdienst** M service *m* de sauvetage; **Rettungsfloß** N radeau *m* de sauvetage; **Rettungshubschrauber** M hélicoptère *m* de sauvetage; **Rettungsinsel** F SCHIFF radeau *m* pneumatique; **Rettungsleine** F SCHIFF attrapes *fpl* d'un canot de sauvetage; *der Feuerwehr* corde *f*, cordage *m* de sauvetage
rettungslos ADV irrémédiablement; *umg* **~ verliebt** éperdument amoureux
Rettungsmannschaft F équipe *f* de secours; sauveteurs *mpl*; **Rettungsmedaille** F médaille *f* de sauvetage; **Rettungsring** M 1 bouée *f* de sauvetage 2 *umg hum (Fettwulst)* bourrelet(s) *m(pl)* autour de la taille; **Rettungsschwimmen** N natation *f* de sauvetage; **Rettungsschwimmer(in)** M(F) sauveteur *m*; **Rettungsstation** F poste *m* de secours; **Rettungstrupp** M → Rettungsmannschaft; **Rettungsversuch** M tentative *f* de sauvetage; **Rettungswagen** M ambulance *f*; **Rettungsweste** F gilet *m* de sauvetage
Returntaste F *e-s Computers* touche *f* entrée
Retusche F ⟨~; ~n⟩ FOTO, TYPO *etc* retouche *f*; **Retuscheur(in)** M ⟨~s; ~e⟩ (F) ⟨~in; ~innen⟩ retoucheur, -euse *m,f* (photographe); **retuschieren** V/T ⟨*pas de ge-*, h.⟩ retoucher; **Retuschieren** N ⟨~s⟩ → Retusche
Reue F ⟨~⟩ repentir *m* (**über** [+*akk*] de); *(Gewissensbisse)* remords *mpl*; *(Bußfertigkeit)* contrition *f*; pénitence *f*; JUR **tätige ~** repentir actif; **~ zeigen** témoigner du repentir; (**über etw** [*akk*]) **~ empfinden** se repentir (de qc)
reuen *geh* V/T *u.* V/UNPERS ⟨h.⟩ **es reut mich, das getan zu haben** je regrette d'avoir fait cela; *in moralischer Hinsicht a.* je me repens d'avoir fait cela; **das Geld reut mich** cela me fait mal au cœur d'avoir dépensé cet argent
reuevoll *geh*, **reuig** *geh*, **reumütig** A ADJ repentant; *(zerknirscht)*, *a.* REL contrit; *(bußfertig)* pénitent B ADV le cœur contrit
Reuse F ⟨~; ~n⟩ FISCHFANG nasse *f*
Revanche F ⟨~; ~n⟩ revanche *f* (*a.* SPORT *u.* SPIEL); (**für etw an j-m**) **~ nehmen** prendre sa revanche (pour qc sur qn); **dem Gegner ~ geben** donner sa revanche à l'adversaire
Revanchespiel N SPORT match *m* (de) revanche; KARTENSPIEL, BILLARD (partie *f* de) revanche *f*
revanchieren V/R ⟨*pas de ge-*, h.⟩ **sich (bei j-m) ~** *positiv u. negativ* rendre la pareille (à qn); *negativ* prendre sa revanche (sur qn); **sich bei j-m für etw ~** *positiv u. negativ* revaloir qc à qn
Reverenz F ⟨~; ~en⟩ révérence *f* (**vor** [+*dat*] devant); **j-m s-e ~ erweisen** présenter ses hommages à qn
Revers[2] M ⟨~es; ~e⟩ HANDEL (lettre *f*, déclaration *f* de) garantie *f*
reversibel ADJ ⟨-bl-⟩ *t/t*, TECH, CHEM réversible
revidieren V/T ⟨*pas de ge-*, h.⟩ revoir; réviser (*a. fig*); examiner de nouveau; HANDEL vérifier; **sein Urteil ~** réviser son jugement
Revier N ⟨~s; ~e⟩ 1 *(Bezirk)* district *m*; quartier *m*; arrondissement *m*; *fig (Bereich)* domaine *m*; *hum* **die Küche, der Garten ist ihr ~** la cuisine, le jardin, c'est son domaine 2 MIL infirmerie *f* 3 *(Jagdrevier)* chasse *f*; *(Forstrevier)* district *m* 4 *(Polizeirevier)* commissariat *m*, poste *m* (de police); *Bezirk* quartier *m* 5 BERGBAU bassin °houiller 6 ZOOL territoire *m*; **Revierförster** M garde forestier d'un district
Revirement N ⟨~s; ~s⟩ POL remaniement *m*
Revision F HANDEL, TYPO *etc (Überprüfung)* révision *f*; JUR *(Berufung)* pourvoi *m* en cassation; TYPO *a.* tierce *f*; POL, *e-s Vertrages (Abänderung) a.* modification *f*; amendement *m*; HANDEL *a.* vérification *f* comptable, des comptes; JUR **~ einlegen, in die ~ gehen** se pourvoir, aller en cassation
Revisionsgericht N cour *f* de cassation; **Revisionsverfahren** N procédure *f* de révision
Revisor M ⟨~s; -soren⟩ 1 *(Buchprüfer)* expert *m* comptable 2 *(Korrektor)* correcteur-réviseur *m*
Revolte F ⟨~; ~n⟩ révolte *f*
revoltieren V/I ⟨*pas de ge-*, h.⟩ **(gegen j-n, etw) ~** se révolter (contre qn, qc)
Revolution F ⟨~; ~en⟩ révolution *f*; **die Französische ~** la Révolution (française); **die industrielle ~** la révolution industrielle
revolutionär ADJ révolutionnaire
Revolutionär(in) M ⟨~s; ~e⟩ (F) ⟨~in; ~innen⟩ révolutionnaire *m/f*
revolutionieren V/T ⟨*pas de ge-*, h.⟩ révolutionner; **Revolutionierung** F ⟨~; ~en⟩ transformation *f*, bouleversement *m* révolutionnaire
Revoluzzer M ⟨~s; ~⟩ *pej* révolutionnaire *m*; *umg* anar *m*
Revolver M ⟨~s; ~⟩ 1 *Waffe* revolver *m* 2 TECH → Revolverkopf; **Revolverblatt** *umg* N journal *m bzw.* revue *f* à sensation, à scandale; **Revolverheld** M *pej* individu *m* toujours prêt à dégainer; **Revolverkopf** M TECH tête *f* revolver; tourelle *f* (revolver); **Revolverpresse** *umg* F presse *f* à sensations, à scandales; **Revolvertasche** F étui *m* à revolver
Revue F ⟨~; ~n⟩ *Zeitschrift*, THEAT revue *f*; *fig* **~ passieren lassen** passer en revue
Revuefilm M film *m* de music-hall
Revuegirl N girl *f*; **Revuetheater** N théâtre *m* de variétés; music-hall *m*
Rezensent(in) M ⟨~en; ~en⟩ (F) ⟨~in; ~innen⟩ critique *m*; auteur *m* d'une critique littéraire, de cinéma, *etc*; **rezensieren** V/T ⟨*pas de ge-*, h.⟩ faire la critique de; **Rezension** F ⟨~; ~en⟩ critique *f* (littéraire, de cinéma, *etc*); compte rendu; commentaire *m*; **Rezensionsexemplar** N *etwa* exemplaire *m* de presse
Rezept N ⟨~(e)s; ~e⟩ 1 GASTR recette *f*; **nach e-m ~ von …** d'après une recette de … 2 MED ordonnance *f* (du médecin); **ein ~ ausstellen** délivrer une ordonnance; **nur auf ~** seulement sur ordonnance 3 *umg fig (Mittel)* remède *m* (**gegen** pour)
Rezeptblock M bloc *m* d'ordonnances; **rezeptfrei** ADJ *u.* ADV sans ordonnance; en vente libre
rezeptieren V/T ⟨*pas de ge-*, h.⟩ MED prescrire
Rezeption F ⟨~; ~en⟩ 1 *in e-m Hotel* réception *f* 2 *e-s Buchs etc* accueil *m*; **rezeptiv** ADJ réceptif, -ive
rezeptpflichtig ADJ délivré seulement sur ordonnance
Rezeptur F ⟨~; ~en⟩ PHARM préparation *f* (de médicaments) sur ordonnance
Rezession F ⟨~; ~en⟩ WIRTSCH récession *f*
rezessiv ADJ BIOL récessif, -ive

rezidiv ADJ MED récidivant
rezipieren V/T ⟨pas de ge-, h.⟩ Werk, Gedankengut accueillir
reziprok ADJ bes LOGIK, GRAM réciproque
Rezitation F ⟨~; ~en⟩ récitation f; **Rezitativ** N ⟨~s; ~e⟩ MUS récitatif m
Rezitator(in) M ⟨~s; -toren⟩ (F) ⟨~in; ~innen⟩ personne f qui récite (un texte, etc) devant un public; **rezitieren** V/T ⟨pas de ge-, h.⟩ réciter
R-Gespräch N TEL (communication f en) P.C.V. m
rh ABK (Rhesusfaktor negativ) Rh- (facteur rhésus négatif)
Rh ABK (Rhesusfaktor positiv) Rh+ (facteur rhésus positif)
Rhabarber M ⟨~s⟩ rhubarbe f
Rhapsodie F ⟨~; ~n⟩ MUS rhapsodie f
rhätisch ADJ → rätisch
Rhein ⟨→ n/pr⟩ **der ~** le Rhin
rheinabwärts ADV **~ fahren** descendre le (cours du) Rhin; **~ liegen** être en aval (de, par exemple de Cologne) sur le Rhin
rheinaufwärts ADV **~ fahren** remonter le (cours du) Rhin; **~ liegen** être en amont (de, par exemple de Cologne) sur le Rhin
Rheinbrücke F pont m du, sur le Rhin; **Rheinfahrt** F remontée f bzw. descente f du Rhin en bateau; **Rheinfall** M ⟨~(e)s⟩ chutes fpl du Rhin
rheinisch ADJ rhénan; du Rhin
Rheinland das ~ la Rhénanie
Rheinländer M ⟨~s; ~⟩ 1 Bewohner Rhénan m 2 Tanz etwa polka f
Rheinländerin F ⟨~; ~nen⟩ Rhénane f
Rheinland-Pfalz N ⟨→ n/pr⟩ la Rhénanie-Palatinat
Rheinschiffer M batelier m du Rhin; **Rheinschifffahrt** F navigation rhénane, sur le Rhin; **Rheintal** N vallée f du Rhin; **Rheinwein** M vin m du Rhin
Rhesusaffe M ZOOL rhésus m; **Rhesusfaktor** M ⟨~s⟩ MED facteur m rhésus
Rhetorik F ⟨~; ~en⟩ rhétorique f
Rhetoriker M ⟨~s; ~⟩ Lehrer professeur m de rhétorique; (guter Redner) bon rhétoricien; **ein guter ~ sein** être un bon orateur
rhetorisch ADJ de rhétorique; rhétorique; **~e Frage** question f rhétorique
Rheuma N ⟨~s⟩ rhumatisme(s) m(pl); **Rheumaschmerzen** MPL douleurs rhumatismales
Rheumatiker(in) M ⟨~s; ~⟩ (F) ⟨~in; ~innen⟩ rhumatisant(e) m(f); **rheumatisch** ADJ rhumatismal; **Rheumatismus** M ⟨~; -men⟩ rhumatisme m
Rheumatologe M ⟨~; ~n⟩, **Rheumatologin** F ⟨-in; -innen⟩ rhumatologue m/f; **Rheumatologie** F ⟨~⟩ rhumatologie f
Rheumawäsche F sous-vêtements mpl en thermolactyl® m
Rhinitis F ⟨~; -itiden⟩ MED rhinite f
Rhinoplastik F ⟨~; ~en⟩ MED rhinoplastie f
Rhinozeros N ⟨~(ses); ~se⟩ 1 ZOOL rhinocéros m 2 umg (Dummkopf) imbécile m/f; umg andouille f
Rhizom N ⟨~s; ~e⟩ BOT rhizome m
Rhodium N ⟨~s⟩ CHEM rhodium m
Rhododendron M od N ⟨~s; -dren⟩ BOT rhododendron m
Rhodos N ⟨→ n/pr⟩ Rhodes
rhombisch ADJ MATH rhombique
Rhomboeder N ⟨~s; ~⟩ MATH rhomboèdre m; **Rhomboid** N ⟨~(e)s; ~e⟩ MATH rhomboïde m
Rhombus M ⟨~; -ben⟩ MATH losange m
Rhone ⟨→ n/pr⟩ **die ~** le Rhône
Rhönrad N SPORT roue vivante
Rhythmik F ⟨~⟩ rythmique f
rhythmisch ADJ rythmique; Bewegung a. rythmé; **~e Gymnastik** gymnastique f rythmique
Rhythmus M ⟨~; -men⟩ rythme m; **im ~ von** (od +gen) au rythme de
Rhythmusgitarre F guitare f rythmique; **Rhythmusgruppe** F section f rythmique; **Rhythmusinstrument** N instrument m rythmique
RIAS M ⟨~⟩ HIST ABK (Rundfunk im amerikanischen Sektor) *station de radiodiffusion à Berlin*
ribbeln V/T ⟨-(e)le, h.⟩ regional frotter
Ribisel F ⟨~; ~(n)⟩ österr groseille f
Ribonukleinsäure F acide m ribonucléique
Ribosom N ⟨~s; ~en⟩ BIOL ribosome m
Richard M ⟨→ n/pr⟩ *prénom*; **~ Löwenherz** Richard Cœur de Lion
Richtantenne F antenne directionnelle; **Richtbake** F SCHIFF amer m d'alignement; **Richtbeil** N °hache f (du bourreau); **Richtblei** N BAU fil m à plomb; **Richtblock** M ⟨~(e)s; ~̈e⟩ für Hinrichtungen billot m
richten ⟨-ete, h.⟩ A V/T 1 (in die erforderliche Lage, Stellung od Form bringen) disposer; (ar)ranger; (anpassen) ajuster; mettre d'aplomb; (gerade biegen) (re)dresser; (aus~) aligner; (einstellen) régler 2 (lenken, wenden) diriger, orienter (**auf** [+akk], **gegen** sur, vers); Blicke porter (**auf** [+akk] sur); tourner (**auf** [+akk] vers); (zielen mit) Fernrohr, Gewehr etc braquer (**auf** [+akk] sur); Geschütz pointer; Bitte, Brief, Frage, das Wort etc adresser (**an** [+akk] à); Aufmerksamkeit diriger, porter, fixer, concentrer (**auf** [+akk] sur); Wut, Anklage diriger (**gegen** contre); Gedanken tourner, diriger (**auf** [+akk] vers); Bemühungen concentrer, porter (**auf** [+akk] sur) 3 (in Ordnung bringen) mettre en ordre; ranger; (instand setzen) (re)mettre en état; (ausbessern) réparer 4 Mahlzeit préparer; Tisch mettre 5 JUR **j-n ~** juger qn; (verurteilen) condamner qn 6 (anpassen) **nach etw ~** proportionner à, régler d'après qc 7 **j-n zugrunde ~** ruiner, anéantir qn; conduire qn à sa perte B V/R 1 **sich ~** MIL s'aligner; **richt euch!** à droite, alignement! 2 **sich nach etw ~** (sich halten an) se conformer à qc; suivre qc; (abhängen von) dépendre de qc; être déterminé par qc; **sich nach j-m ~** se régler sur qn; suivre qn; **sich nach den Umständen ~** tenir compte des circonstances; **ich werde mich danach ~** je prendrai mes dispositions, j'agirai en conséquence; **das Prädikat richtet sich nach dem Subjekt** l'attribut s'accorde avec le sujet 3 **sich auf etw** (akk) **~** Blicke, Aufmerksamkeit se fixer, se concentrer sur qc; **sich gegen j-n ~** Wut, Hass etc se porter contre qn; Worte, Kritik viser qn 4 bes südd **sich ~ (für, zu)** se préparer (pour, à) C V/I JUR **über j-n ~** juger qn
Richter(in) M ⟨~s; ~⟩ (F) ⟨~in; ~innen⟩ juge m/f; magistrat m du siège; **Herr ~!** Anrede Monsieur le Juge; **vor den ~ bringen** déférer, traduire devant un tribunal; **vor dem ~ erscheinen** se présenter devant le juge
Richteramt N fonctions fpl de juge
richterlich ADJ ⟨épithète⟩ de juge; (gerichtlich) judiciaire; **~e Entscheidung** décision f du tribunal; **~e Gewalt** pouvoir m judiciaire
Richterskala F ⟨~⟩ échelle f de Richter
Richterspruch M sentence f; verdict m; **Richterstand** M (corps m de la) magistrature f
Richtfeld N MIL champ m de pointage; **Richtfernrohr** N lunette f de pointage; **Richtfest** N BAU fête célébrant la fin du gros œuvre; **Richtfeuer** NPL SCHIFF feux mpl d'alignement; **Richtfunk** M radio f relais; **Richtgenauigkeit** F MIL précision f de pointage; **Richtgeschwindigkeit** F vitesse maximale conseillée; **Richtgröße** F PHYS force f de rétablissement
richtig A ADJ (nicht falsch) juste; correct; bon, bonne; (genau) exact; (gehörig) comme il faut; (angemessen) adéquat; convenable; (geeignet) propre; opportun; approprié; (echt, wirklich) bon, bonne; vrai; véritable; authentique; **der ~e Weg** le bon chemin; **~e Antwort** (nicht falsche) réponse exacte, (passende) adéquate; **~e Übersetzung** a. traduction f fidèle; **der ~e Mann am ~en Platz** l'homme qu'il faut; **den ~en Zeitpunkt wählen** choisir le bon moment, le moment opportun; **er ist ein ~er Intellektueller** c'est l'intellectuel par excellence; **er ist ein ~er Idiot** c'est un parfait imbécile; umg **er ist nicht ganz ~ im Kopf** umg il a un grain; umg il est cinglé, marteau; **die Dinge beim ~en Namen nennen** appeler les choses par leur nom; umg appeler un chat un chat; **~!** c'est ça!; c'est juste!; vous y êtes!; **ganz ~!** parfaitement!; exactement! B ADV (nicht falsch) correctement; hören, verstehen bien; singen, zielen juste; fig **es ~ anpacken** savoir s'y prendre; Gerät **nicht mehr ~ funktionieren** ne plus marcher très bien; Uhr **~ gehen** être à l'heure; donner l'heure exacte; Uhr **~ gehend** juste; **(es) für ~ halten zu** (+ inf) juger bon, à propos de (+ inf); **~ rechnen** calculer juste; und Sie liefern kostenlos, **sehe ich das ~?** si j'ai bien compris, ...; **er war ~ verlegen, als ...** il était vraiment embarrassé quand ...; **... und ~**, da kam er auch schon ... et en effet, ...; fig → richtigliegen, richtigstellen
Richtige[1] M/F ⟨→ A⟩ homme m, femme f qu'il faut, idéal(e); (Lebenspartner[in]) homme m, femme f de ma, ta, etc vie; iron **du bist mir gerade der ~ dafür** il ne me manquait plus que toi; iron **an den ~n geraten** bien tomber; **drei ~ (im Lotto) haben** avoir gagné au loto (gain minimal)
Richtige[2] N ⟨→ A⟩ **das ist nicht ganz das ~ für uns** ce n'est pas tout à fait ce qu'il nous faut; **nichts ~s gegessen, gelernt haben** ne pas avoir mangé, appris grand-chose
Richtiger M → Richtige[1]
Richtiges N → Richtige[2]
richtiggehen V/I Uhr → richtig B; **richtiggehend** A ADJ/T ⟨épithète⟩ 1 (wirklich) vrai; véritable 2 Uhr juste B ADV/I (wirklich) vraiment
Richtigkeit F ⟨~⟩ justesse f; (Genauigkeit) exactitude f; e-r Übersetzung fidélité f; ADMIN **für die ~ der Abschrift** pour copie conforme; **damit hat es s-e ~** c'est exact, vrai; ce n'est pas sans fondement
richtigliegen umg V/I ⟨irr, sép, -ge-, h.⟩ (recht haben) avoir raison; être dans le vrai; (auf der richtigen Spur sein) être sur la bonne piste; **richtigstellen** V/T ⟨sép, -ge-, h.⟩ (berichtigen) corriger; rectifier; mettre au point
Richtigstellung F correction f; rectification f; mise f au point
Richtkranz M BAU couronne placée sur la charpente pour la fête célébrant la fin du gros œuvre; **Richtlinie** F directive f; ligne f de conduite; MIL a. instruction générale; **Richtmikrofon** N microphone directionnel; **Richtplatz** M lieu m d'exécution
Richtpreis M prix indicatif; **empfohlener ~** prix conseillé
Richtscheit N BAU règle f; équerre f; **Richtschnur** F ⟨~; ~en⟩ 1 BAU cordeau m 2 fig ligne directrice; **Richtschwert** N glaive m de la justice; **Richtsender** M émetteur directionnel; **Richtspruch** M 1 JUR sentence f 2 *formule de circonstance lors*

R

de la célébration de la fin du gros œuvre; **Richtstrahl** M RADIO faisceau directif, dirigé; **Richtstrahler** M TELEKOMMUNIKATION antenne directionnelle

Richtung F ⟨~; ~en⟩ 1 direction *f;* sens *m;* **die richtige, falsche ~** la bonne, mauvaise direction; le bon, mauvais sens; **in ~ auf** *(+akk),* **nach …** en direction, dans la direction de …; **die ~ verlieren** être désorienté; **nach allen ~en** en tous sens; dans toutes les directions; **in entgegengesetzter, umgekehrter ~** en sens inverse; **die ~ nach … einschlagen** prendre la direction de …; **die ~ ändern** changer de direction; **aus welcher ~ kommt …?** de quelle direction vient …?; **in welcher ~ liegt …?** dans quelle direction se trouve …?; **die Züge aus ~ …** les trains en provenance de …, venant de …; **die Züge in ~ …** les trains en direction de …; **die Straße (in) ~ …** la route (en) direction (de) …; *umg* **sie ist in ~ Garten verschwunden** elle a disparu dans la, en direction du jardin; **e-m Gespräch e-e bestimmte ~ geben** donner une certaine tournure à une conversation; **ein erster Schritt in ~ (auf den) Frieden** un premier pas vers la paix; *fig* **das ist die erste Aktion in dieser ~** c'est la première action dans ce sens; *fig* **etwas in dieser ~** quelque chose de similaire, dans le même goût; *umg fig* **die ~ stimmt** on est, ils sont, *etc* sur la bonne voie 2 *fig (Weg)* voie *f;* *(Tendenz)* tendance *f;* *(Strömung)* courant *m;* *(Einstellung)* orientation *f*

richtunggebend → richtungweisend

Richtungsänderung F changement *m* de direction; *fig* changement *m* de cap, d'orientation; **Richtungsanzeige** F indication *f* de direction; **Richtungsanzeiger** M indicateur *m* (de changement) de direction; flèche *f;* **richtungslos** ADJ *u.* ADV sans but; **Richtungspfeil** M flèche *f* d'orientation; **Richtungswechsel** M → Richtungsänderung

richtungweisend ADJT qui ouvre, montre la voie; qui peut servir d'exemple; pilote; *plus fort* révolutionnaire

Richtwaage F TECH niveau *m;* **Richtwert** M valeur indicative, de base, de référence

Ricke F ⟨~; ~n⟩ ZOOL chevrette *f*

rieb → reiben

riechen ⟨riecht, roch, gerochen, h.⟩ A V/T sentir; *(wittern)* flairer; *umg fig* **etw nicht ~ können** ne pas pouvoir prévoir, deviner qc; *umg fig* **j-n nicht ~ können** ne pas pouvoir sentir, supporter, *umg* piffer, *umg* blairer qn; *umg* avoir qn dans le nez B V/I 1 *(e-n Geruch von sich geben)* sentir; **gut, schlecht ~** sentir bon, mauvais; **nach etw ~** sentir qc; avoir l'odeur de qc; **es riecht nach Gas** ça sent le gaz; *umg fig* **das riecht nach Wucher** *umg* il y a de l'arnaque dans l'air; **der Ofen riecht** le poêle dégage une odeur; **aus dem Mund ~** avoir mauvaise haleine 2 **an etw** *(dat)* **~** respirer l'odeur, le parfum de qc; **riech mal (daran)!** sens (cela)!

Riecher *umg* M ⟨~s; ~⟩ *(Nase) umg* pif *m; umg* blair *m; fig* **e-n guten ~ (für etw) haben** avoir du flair (pour qc)

Riechfläschchen N flacon *m* de senteur, *für Riechsalz* de sels; **Riechkolben** *umg* M *umg* (gros) pif *m;* **Riechnerv** M nerf olfactif; **Riechorgan** N odorat *m;* organe olfactif; **Riechsalz** N sels *mpl*

Ried N ⟨~(e)s; ~e⟩ 1 *(Sumpfgegend)* marécage *m* (couvert de roseaux) 2 *(Schilf)* roseau *m;* **Riedgras** N BOT cypéracée *f*

rief → rufen

Riefe F ⟨~; ~n⟩ rainure *f;* cannelure *f*

riefeln V/T ⟨-(e)le, h.⟩ canneler; strier; **Riefelung** F ⟨~⟩ stries *fpl;* striure *f*

Riege F ⟨~; ~n⟩ SPORT section *f; fig* équipe *f*

Riegel M ⟨~s; ~⟩ 1 verrou *m;* *(Schiebeñriegel)* targette *f;* *(Querholz)* barre *f;* *(Fensterriegel)* espagnolette *f;* *in e-m Schloss* pêne *m;* **mit e-m ~ verschließen** verrouiller; fermer au verrou; **den ~ vorschieben** mettre le verrou; **den ~ zurückschieben** ouvrir, tirer le verrou; *fig* **e-r Sache** *(dat)* **e-n ~ vorschieben** mettre un terme, le holà à qc 2 *(Schokoladenriegel)* barre *f* 3 MODE bride *f* 4 *bes* FUSSBALL verrou *m*

Riegelhaus N *schweiz* maison *f* à colombage; **Riegelstellung** F MIL verrou *m*

Riegenführer M SPORT chef *m* de section; **Riegenturnen** N exercices *mpl* par sections

Riemchen N ⟨~s; ~⟩ *an Sandaletten etc* lanière *f*

Riemen M ⟨~s; ~⟩ 1 *a.* TECH courroie *f;* *langer, schmaler* lanière *f;* *(Schuhriemen)* lacet *m* en cuir; *(Tragriemen, Gewehrriemen)* bretelle *f;* *(Gürtel)* ceinture *f;* *umg fig* **den ~ enger schnallen** se serrer la ceinture; *umg fig* **sich am ~ reißen** *umg* se prendre par la main 2 *(Ruder)* rame *f;* aviron *m;* **sich in die ~ legen** ramer à tour de bras; *umg fig umg* en mettre un coup

Riemenantrieb M TECH transmission *f* par courroie; **Riemenscheibe** F TECH poulie *f*

Ries N ⟨~es; ~e, *mais* 4 ~⟩ **ein ~ Papier** une rame de papier

Riese M ⟨~n; ~n⟩ 1 géant *m* 2 *umg* HIST *(Tausendmarkschein)* billet *m* de mille marks

Rieselfeld N champ *m* d'épandage

rieseln V/I ⟨-(e)le, s.⟩ *Sand, Tränen, Tropfen* couler; *Kalk* s'effriter; *Wasser* ruisseler

Riesen… IN ZSSGN gigantesque; géant; énorme; colossal; *umg* monstre; **Riesenbaby** *umg* N *umg* gros patapouf; **Riesendummheit** *umg* F grosse bêtise

Riesenerfolg *umg* M succès fou, *umg* bœuf; énorme succès *m;* **e-n ~ haben** *a. umg* faire un tabac

Riesengebirge N GEOG monts *mpl* des Géants; **riesengroß, riesenhaft** → riesig; **Riesenhunger** *umg* M faim *f* de loup; **Riesenrad** N *auf e-m Jahrmarkt etc* grande roue; **Riesenschildkröte** F tortue géante; **Riesenschlange** F boa *m;* python *m*

Riesenschritt M **mit ~en** à pas de géant

Riesenslalom M slalom géant

Riesenspaß *umg* M *umg* rigolade *f;* **e-n ~ haben** *umg* bien se marrer; *umg* prendre son pied

Riesenstern M étoile géante; **Riesenwuchs** M MED gigantisme *m*

riesig A ADJ 1 *(riesengroß)* géant; colossal; gigantesque; *(gewaltig)* énorme; *Kraft, Stärke* herculéen, -éenne; *Ausmaß* immense; fantastique; *Lärm* monstrueux, -euse; *beim Substantiv a. oft umg* monstre 2 *umg (hervorragend) umg* super; *umg* génial B ADV *umg (sehr) umg* super (bien); terriblement; prodigieusement; énormément; **ich habe mich ~ amüsiert** *umg* je me suis super bien amusé; **ich habe mich ~ gefreut** ça m'a fait terriblement plaisir

Riesin F ⟨~; ~nen⟩ géante *f*

Riesling M ⟨~s; ~e⟩ *Wein* riesling *m*

Riesterrente F retraite *f* complémentaire

riet → raten

Rif ⟨→ *n/pr*⟩ GEOG **das ~** le Rif

Riff[1] N ⟨~(e)s; ~e⟩ GEOG récif *m*

Riff[2] M ⟨~s; ~s⟩ MUS riff *m*

Riffel F ⟨~; ~n⟩ 1 *(Flachsriffel)* drège *f* 2 *Struktur* cannelure *f;* **Riffelkamm** M drège *f*

riffeln V/T ⟨-(e)le, h.⟩ TECH canneler

Riffelung F ⟨~; ~en⟩ *(Rillenstruktur)* cannelure(s) *f(pl)*

Rigg N ⟨~s; ~s⟩ SCHIFF gréement *m*

rigid(e) *geh* ADJ *Normen, Verbote etc* strict; sévère

rigoros ADJ rigoureux, -euse; *(streng)* sévère; *(hart)* dur; *(unerbittlich)* sans pitié; impitoyable; *Maßnahmen* draconien, -ienne

Rigorosum N ⟨~s; -sa⟩ oral *m* du doctorat

Rikscha F ⟨~; ~s⟩ pousse-pousse *m*

Rille F ⟨~; ~n⟩ rainure *f;* strie *f;* TECH *a.* gorge *f;* cannelure *f;* *der Schallplatte,* AGR sillon *m*

Rind N ⟨~(e)s; ~er⟩ 1 ZOOL bovin *m; pl* **~er** bovins *mpl;* (gros) bétail *m;* *Gattung* espèce bovine 2 *umg (~fleisch)* bœuf *m*

Rinde F ⟨~; ~n⟩ *(Baumrinde)* écorce *f;* *(Brotrinde, Käserinde)* croûte *f*

Rindenmulch M écorce de pin broyée

Rinderbestand M cheptel bovin; **Rinderbraten** M rôti *m* de bœuf; **Rinderbrust** F ⟨~⟩ poitrine *f* de bœuf; **Rinderfilet** M filet *m* de bœuf; **Rindergulasch** N goulasch *od* goulache *m od f* (de bœuf); **Rinderherde** F troupeau *m* de bœufs; **Rinderhirt** M bouvier *m;* vacher *m;* **Rinderleber** F foie *m* de génisse; **Rinderlende** F aloyau *m;* **Rinderpest** F peste bovine; **Rinderschmorbraten** M bœuf braisé, en daube; **Rindertalg** M suif *m* (de bœuf); **Rinderwahn(-sinn)** *umg* M maladie *f* de la vache folle; **Rinderzucht** F élevage bovin, des bovins; **Rinderzunge** F langue *f* de bœuf

Rindfleisch N bœuf *m;* **gekochtes ~** (bœuf) bouilli *m*

Rindfleischbrühe F bouillon *m* *(à base de viande de bœuf);* **Rindfleischsuppe** F consommé *m* *(à base de viande de bœuf)*

Rindsbraten *etc* → *a.* Rinderbraten *etc*

Rind(s)leder N vache *f;* **rind(s)ledern** ADJ en vachette

Rindvieh N 1 → Rind 2 *umg fig (Dummkopf)* imbécile *m/f;* *umg* andouille *f;* idiot(e) *m(f);* **ich ~!** quel(le) imbécile je fais!; que je suis idiot(e)!

Ring M ⟨~(e)s; ~e⟩ 1 *(Fingerring)* anneau *m;* *bes mit Schmuckstein* bague *f;* *(Trauring)* alliance *f* 2 *um die Augen* cerne *m;* **(dunkle) ~e um die Augen haben** avoir les yeux cernés, battus 3 BOXEN ring *m;* TURNEN **~e** *pl* anneaux *mpl* 4 *e-s Schlüssels, e-r Kette* anneau *m;* TECH bague *f;* SCHIFF *zum Festmachen* boucle *f;* *(Kettenglied)* maillon *m* 5 *(Straße)* boulevards extérieurs; périphérique *m* 6 *von Dealern* groupe *m;* *(Verbrecherring)* bande *f;* *(Agentenring)* réseau *m* 7 HANDEL pool *m* 8 → Jahresring

ringartig ADJ annulaire; **Ringbahn** F ligne *f,* chemin *m* de fer de ceinture; **Ringbuch** N classeur *m* (à anneaux)

Ringel M ⟨~s; ~⟩ rond *m;* *(Haarringel)* boucle *f;* **Ringelblume** F BOT souci *m*

ringelig ADJ bouclé; **Ringellocke** F boucle *f* de cheveux

ringeln ⟨-(e)le, h.⟩ A V/T *in Streifen* boucler; anneler B V/R **sich ~** se rouler; *Haare* boucler; *(sich schlingen)* s'enrouler **(um etw** autour de qc); *Schlange a.* se tortiller

Ringelnatter F couleuvre *f* à collier

Ringelpiez *umg hum* M ⟨~(es); ~e⟩ **~ (mit Anfassen)** *umg* sauterie *f*

Ringelreihen M ⟨~s; ~⟩ ronde *f* (enfantine); **Ringelschwanz** M queue *f* en tire-bouchon; **Ringelsöckchen** N chaussette courte rayée *(dans le sens de la largeur);* **Ringelspiel** N *österr* → Karussell; **Ringeltaube** F (pigeon *m*) ramier *m;* palombe *f;* **Ringelwürmer** MPL *t/t* annélides *mpl*

ringen ⟨ringt, rang, gerungen, h.⟩ A V/T 1 *(winden)* tordre; **(vor Verzweiflung) die Hände ~** se tordre les mains (de désespoir) 2 **j-n zu Boden ~** terrasser qn à la lutte B V/I 1 *(kämpfen) a. fig,* SPORT lutter **(mit** contre) 2 *fig* se débattre **(mit** contre); **mit dem Tode ~** lutter contre la mort; être à l'agonie; **um den Sieg ~** se battre pour gagner; **nach Wor-**

ten *od* **um Worte ~** chercher ses mots; **nach Atem ~** respirer avec peine; *plus fort* suffoquer; **mit j-m um etw ~** disputer qc à qn; **ich habe lange mit mir gerungen, ob …** j'ai bataillé longtemps avant de décider si …

Ringen N ⟨~s⟩ SPORT, *fig* lutte *f*; **das ~ um die Macht** la lutte pour le pouvoir; **nach hartem ~** de haute, vive lutte; SPORT **~ im griechisch-römischen Stil** lutte gréco-romaine

Ringer M ⟨~s; ~⟩ SPORT lutteur *m*; *im Altertum* athlète *m*; **Ringergriff** M SPORT prise *f* (de lutte)

Ringfahndung F chasse *f* à l'homme (sur un vaste territoire); **Ringfeder** F TECH bague *f* d'arrêt; **Ringfinger** M annulaire *m*; **ringförmig** ADJ annulaire; *(kreisförmig)* circulaire; en forme de cercle; *t/t* orbiculaire; CHEM cyclique; **Ringgraben** M douve *f*; fossé *m* circulaire; **Ringheft** N → Ringbuch; **Ringkampf** M *a.* SPORT lutte *f*; **Ringkämpfer** M lutteur *m*; **Ringmaß** N *für Fingerringe* baguier *m*; **Ringmauer** F (mur *m* d')enceinte *f*; **Ringmuskel** M muscle *m* orbiculaire; **Ringrichter** M BOXEN arbitre *m*

rings ADV (tout) autour (**um** de); **ringsherum** ADV tout autour; à la ronde; *(überall)* partout (à la ronde); *(auf allen Seiten)* de tous côtés

Ringstraße F boulevard extérieur

ringsum(her) → ringsherum

Ringwechsel M échange *m* des anneaux, des alliances

Rinne F ⟨~; ~n⟩ **1** *(Abflussrinne)* rigole *f*; *in der Straße* caniveau *m*; *(Dachrinne)* gouttière *f*; *(Wasserrinne)* chantepleure *f*; *(Fahrrinne)* chenal *m* **2** *im Meeresboden* dépression *f* (de fond marin)

rinnen VI ⟨rinnt, rann, geronnen⟩ **1** ⟨s.⟩ *(langsam fließen)* couler (lentement); *Regen, Tränen, Blut a.* ruisseler **2** ⟨h.⟩ *(undicht sein)* fuir **3** ⟨s.⟩ *fig Zeit, Geld etc* filer; **das Geld rinnt ihm durch die Finger** l'argent lui file entre les doigts

Rinnsal N ⟨~(e)s; ~e⟩ ruisselet *m*; filet *m* d'eau

Rinnstein M caniveau *m*; *fig* **im ~ enden** tomber bien bas

Rippchen N ⟨~s; ~⟩ GASTR côtelette *f*

Rippe F ⟨~; ~n⟩ **1** ANAT côte *f*; GASTR **falsche ~** côte flottante; fausse côte; **geprellte ~** côte froissée; *umg* **j-m die ~n brechen** *umg* rompre les côtes à qn; *umg* **bei ihm kann man alle ~n zählen,** *umg* **er hat nichts auf den ~n** il est maigre comme un clou; *umg* **ich kann mir das nicht aus den ~n schneiden** je ne peux pas faire l'impossible **2** BAU, BOT, FLUG nervure *f*; TECH cannelure *f*; *(Kühlrippe, Heizrippe)* ailette *f*; *(Schokoladenrippe)* barre *f*

rippen VT ⟨h.⟩ TECH nervurer; *Stoff* gaufrer

Rippenbogen M ANAT arc costal; **Rippenbruch** M MED fracture *f* des côtes; **Rippenfell** N ANAT plèvre *f*; **Rippenfellentzündung** F MED pleurésie *f*

Rippenspeer M *od* N ⟨~(e)s⟩ **(Kasseler) ~** *côtelette de porc salée et fumée*

Rippenstoß M coup *m* dans les côtes; bourrade *f*; **Rippenstück** N FLEISCHEREI entrecôte *f*

Rips M ⟨~es; ~e⟩ TEX reps *m*

Risiko N ⟨~s; -ken *ou* ~s *ou österr* Risken⟩ risque *m* (*a.* HANDEL, VERSICHERUNGSWESEN); **auf eigenes ~** à mes, tes, *etc* risques et périls; **das ~ übernehmen** assumer, prendre le risque; **ein ~ eingehen** courir un risque; **ein ~ (ab)decken** couvrir un risque; **das ~ streuen** répartir les risques; **mit gewissen Risiken verbunden sein** comporter certains risques; être risqué

Risikoanalyse F analyse *f* des risques; **Risikoausgleich** M WIRTSCH compensation *f* des risques; **Risikobereitschaft** F ⟨~⟩ goût *m* du risque; **Risikobewertung** F évaluation *f* des risques; **Risikodeckung** F couverture *f*, garantie *f* de risque; **Risikofaktor** M facteur *m* de risque; **risikofrei** ADJ *u.* ADV sans risque; **Risikofreude** F ⟨~⟩ goût *m* du risque; **risikofreudig** ADJ qui a le goût du risque; **Risikofreudigkeit** F ⟨~⟩ goût *m* du risque; **Risikogesellschaft** F société *f* de capital-risque; **Risikogruppe** F groupe *m* à risque(s); **Risikokapital** N capital-risque *m*; **risikolos** ADJ sans risque(s); sans aucun risque; **Risikomanagement** N gestion *f* des risques; **Risikoprämie** F HANDEL prime *f* de risque; **risikoreich** ADJ risqué; plein de risques; **Risikoschwangerschaft** F grossesse *f* à risque(s); **Risikospanne** F marge *f* de risque; **Risikoübernahme** F prise *f* en charge du risque; **Risikoversicherung** F assurance *f* contre un risque (*par exemple* décès, maladie, *etc*); **Risikoverteilung** F répartition *f* des risques; **Risikozuschlag** M VERSICHERUNGSWESEN surprime *f*

riskant **A** ADJ risqué; osé **B** ADV d'une manière risquée, *weitS.* dangereuse; **sie fährt zu ~** elle prend trop de risques en conduisant

riskieren VT ⟨*pas de ge-*, h.⟩ risquer; **es ~** risquer le coup; **viel ~** *umg* jouer gros (jeu); **alles ~** risquer le tout pour le tout; *umg* risquer le paquet; **~, dass …** risquer que … *(+subj)*; **e-e Gefängnisstrafe ~** risquer la prison; **sein Leben ~** *a.* mettre sa vie en jeu

Rispe F ⟨~; ~n⟩ BOT panicule *f*

rispenförmig ADJ BOT paniculé; **Rispengras** N BOT pâturin *m*

riss → reißen

Riss M ⟨~es; ~e⟩ **1** *im Gewebe, Papier* déchirure *f*; *durch Hängenbleiben* accroc *m*; *in der Haut durch Verletzung* déchirure *f*; *tiefer* crevasse *f*; fissure *f*; *durch Kälteeinwirkung* gerçure *f*; *in e-m Muskel* déchirure *f*; *in Holz, Eis* fente *f*; fissure *f*; *in Porzellan, Ton* fêlure *f*; *in Lack, Putz* craquelure *f*; *in Eisen* fissure *f*; fêlure *f*; *in e-r Mauer* lézarde *f*; **~e bekommen** *entsprechend dem Substantiv* se déchirer; se fendre; se fissurer; se fêler; se lézarder **2** *fig* fissure *f*; POL scission *f*; **~e bekommen** *Freundschaft* en prendre un coup **3** BAU *(Zeichnung)* tracé *m*; épure *f*; plan *m*

rissig ADJ crevassé; *Haut a.* gercé; *Porzellan, Ton, Eisen etc* fêlé; fissuré; fendillé; *Lack, Putz* craquelé; *Mauer* lézardé

Rist M ⟨~es; ~e⟩ *(Fußrücken)* cou-de-pied *m*; *(Handrücken)* dos *m* de la main; **Ristgriff** M TURNEN prise dorsale

Ritornell N ⟨~s; ~e⟩ MUS ritournelle *f*

ritsch INT **~, ratsch!** cric, crac!

ritt → reiten

Ritt M ⟨~(e)s; ~e⟩ tour *m*, promenade *f* à cheval; chevauchée *f*

Ritter M ⟨~s; ~⟩ **1** chevalier *m* (*a. der Ehrenlegion, e-s Ordens*); *fig liter (Kavalier)* chevalier servant; *liter* gentilhomme *m*; **fahrender ~** chevalier errant; paladin *m*; **der, ein ~ ohne Furcht und Tadel** le, un chevalier sans peur et sans reproche; **der ~ von der traurigen Gestalt** le chevalier de la Triste Figure; **j-n zum ~ schlagen** donner l'accolade à qn; armer qn chevalier; HIST *a.* adouber qn **2** GASTR *pl* **arme ~** pain perdu

Ritterburg F château fort; **Rittergut** N domaine seigneurial; **Ritterkreuz** N *Orden* croix *f* de chevalier; **ritterlich** ADJ chevaleresque; *fig* galant; courtois; **Ritterlichkeit** F ⟨~⟩ caractère *m*, âme *f*, sentiments *mpl* chevaleresque(s); *fig* courtoisie *f*; *Frauen gegenüber a.* galanterie *f*; **Ritterling** M ⟨~s; ~e⟩ BOT tricholome *m*

Ritterorden M ordre *m* de chevalerie; **Deutscher ~** ordre Teutonique; (ordre des) Chevaliers Teutoniques

Ritterroman M roman *m* de chevalerie; **Ritterrüstung** F armure *f*; **Rittersaal** M salle *f* des chevaliers; **Ritterschaft** F ⟨~⟩ chevalerie *f*

Ritterschlag M accolade *f*; HIST *a.* adoubement *m*; **den ~ erhalten** être armé chevalier

Rittersmann M ⟨~(e)s; -leute⟩ *liter* chevalier *m*

Rittersporn M ⟨~(e)s; ~e⟩ BOT pied-d'alouette *m*

Ritterstand M ⟨~(e)s⟩ chevalerie *f*; **in den ~ erhoben werden** être élevé à la dignité de chevalier

Rittertum N ⟨~s⟩ chevalerie *f*; **Ritterzeit** F ⟨~⟩ époque *f* de la chevalerie

rittlings ADV **~ sitzen** être à califourchon, à cheval

Rittmeister M HIST MIL capitaine *m* de cavalerie

Ritual N ⟨~s; ~e *ou* ~ien⟩ *a.* REL rituel *m*; **Ritualmord** M meurtre rituel

rituell ADJ rituel, -elle

Ritus M ⟨~; -ten⟩ REL *u. fig* rite *m*

Ritz M ⟨~es; ~e⟩ **1** *(Schramme)* rayure *f*; *in der Haut* égratignure *f*; éraflure *f* **2** → Ritze

Ritze F ⟨~; ~n⟩ (petite) fente *f*; fissure *f*; *im Stein* (petit) sillon *m*; *in e-m Fass etc* fuite *f*

Ritzel N ⟨~s; ~⟩ TECH pignon *m*

ritzen ⟨-(es)t, h.⟩ **A** VT **1** rayer; *Haut* égratigner; érafler **2** **s-n Namen in die Rinde ~** graver son nom dans l'écorce **B** VR **sich ~** s'égratigner; s'érafler

Rivale M ⟨~n; ~n⟩, **Rivalin** F ⟨-in; -innen⟩ rival(e) *m(f)*; **e-n ~n verdrängen, ausstechen** supplanter un rival

rivalisieren VI ⟨*pas de ge-*, h.⟩ **(mit j-m um etw) ~** rivaliser (avec qn pour obtenir *bzw.* faire qc)

Rivalität F ⟨~; ~en⟩ rivalité *f*; **heimliche ~** rivalité sourde

Riviera ⟨→ *n/pr*⟩ **die (französische) ~** la Côte d'Azur; **die (italienische) ~** la Riviera

Rizinus M ⟨~; ~ *ou* ~se⟩ BOT ricin *m*; **Rizinusöl** N huile *f* de ricin

r.-k. ABK (römisch-katholisch) catholique romain

rm ABK (Raummeter) st (stère)

RNS F ⟨~⟩ ABK BIOL (Ribonukleinsäure) ARN *m* (acide ribonucléique)

Roaming N ⟨~s⟩ TEL itinérance *f*; **Roaminggebühren** FPL TEL frais *mpl* d'itinérance

Roastbeef N ⟨~s; ~s⟩ GASTR rosbif *m*

Robbe F ⟨~; ~n⟩ ZOOL phoque *m*

robben VI ⟨s.⟩ ramper

Robbenfang M ⟨~(e)s⟩ chasse *f* aux phoques; **Robbenfänger** M ⟨~s; ~⟩ chasseur *m* de phoques

Robe F ⟨~; ~n⟩ *(festliches Kleid)* robe *f* de soirée; *(Richterrobe)* robe *f* de magistrat

Robert M ⟨→ *n/pr*⟩ *prénom*

Robin Hood M ⟨→ *n/pr*⟩ HIST Robin *m* des Bois

Robinie F ⟨~; ~n⟩ BOT robinier *m*

Roboter M ⟨~s; ~⟩ robot *m*; **Robotertechnik** F ⟨~⟩ robotique *f*

robust ADJ *Person* robuste; fort; vigoureux, -euse; *Gesundheit, Material, Auto* robuste; solide; **Robustheit** F ⟨~⟩ *e-r Person* robustesse *f*; force *f*; vigueur *f*; *e-s Materials, Autos* solidité *f*; robustesse *f*

roch → riechen

Rochade F ⟨~; ~n⟩ SCHACH roque *m*; **kurze,**

lange ~ petit, grand roque
röcheln VI ⟨-(e)le, h.⟩ râler
Röcheln N ⟨~s⟩ râle *m*
Rochen M ⟨~s; ~⟩ ZOOL raie *f*
rochieren VI ⟨*pas de ge-*, h.⟩ SCHACH roquer
Rock[1] M ⟨~(e)s; ⸚e⟩ **1** *für Frauen* jupe *f*; **weiter, enger, geschürzter ~** jupe ample *od* large, étroite, retroussée; *umg* **hinter jedem ~ herlaufen** être très coureur; être un coureur de jupons **2** *regional für Männer (Sakko)* veston *m*; veste *f*; *(Gehrock)* redingote *f* **3** *schweiz* → Kleid 1
Rock[2] M ⟨~(s)⟩ MUS rock *m*
Rock and Roll M ⟨~; ~s⟩ *Musik u. Tanz* rock (and roll) *m*
Rockaufschlag M MODE revers *m*
Rockband F groupe *m* de rock
rocken VI ⟨h.⟩ **1** *Musik machen* jouer du rock **2** *tanzen* danser le rock
Rocker M ⟨~s; ~⟩ *umg* loubard *m*; *umg* loulou *m*; *in den 60er Jahren a.* blouson noir; **Rockerbande** F *umg* bande *f* de loubards; **Rockerbraut** *umg* F *umg* copine *f* d'un loubard
Rockfalte F pli *m* de jupe
Rockgruppe F groupe *m* de rock; **Rockmusik** F ⟨~⟩ musique *f* rock; **Rockmusiker(in)** M(F) musicien, -ienne *m,f* rock
Rock 'n' Roll M → Rock and Roll
Rocksänger(in) M(F) chanteur, -euse *m,f* rock; rocker, -euse *m,f*
Rockzipfel M pan *m* d'habit; basque *f*; **an Mutters ~ hängen** être toujours dans les jupes de sa mère
Rodehacke F °houe *f* à essarter; °hoyau *m*
Rodel M ⟨~s; ~⟩ *südd, österr* luge *f*
Rodeland N essart *m*
Rodelbahn F piste *f* de luge
rodeln VI ⟨-(e)le, s. *ou* h.⟩ faire de la luge
Rodelschlitten M luge *f*
roden VT ⟨-ete, h.⟩ défricher; AGR *a.* essarter
Roden N ⟨~s⟩ essartage *od* essartement *m*; déboisement *m* et essouchage *m*; défrichement *m*
Rodler(in) M ⟨~s; ~⟩ (F) ⟨~in; ~innen⟩ lugeur, -euse *m,f*
Rodung F ⟨~; ~en⟩ **1** défrichement *m*; défrichage *m*; AGR *a.* essartement *m*; essartage *m* **2** *(gerodetes Land)* défrichement *m*; défrichage *m*; essart *m*
Rogen M ⟨~s; ~⟩ rogue *f*; œufs *mpl* de poissons
Rogener M ⟨~s; ~⟩ ZOOL poisson rogué
Roggen M ⟨~s⟩ seigle *m*; **Roggenbrot** N pain *m* de seigle; **Roggenfeld** N champ *m* de seigle; **Roggenmehl** N farine *f* de seigle
Rogner M ⟨~s; ~⟩ → Rogener
roh ADJ **1** *(ungekocht) Fleisch, Schinken, Ei, Gemüse etc* cru **2** *(noch nicht künstlich verarbeitet)* brut; non façonné; *(grob bearbeitet)* grossièrement travaillé; ébauché; *Garn, Seide etc* écru **3** *fig Person (ungeschliffen)* fruste; inculte; *(grob)* grossier, -ière; *(brutal)* brutal; sauvage; *Sitten, Behandlung* barbare; brutal; **mit ~er Gewalt** brutalement; **~er Kerl** brute *f*
Rohbau M ⟨~(e)s; ~ten⟩ maçonnerie brute; *e-s Hauses* gros œuvre; **das Haus ist im ~ fertig** la maison est finie de l'extérieur
Rohbaumwolle F coton brut, en bourre; **Rohdiamant** M diamant brut; **Roheinnahme** F recette brute; **Roheisen** N fer brut; fonte (brute)
Roheit F → Rohheit
Rohertrag M produit, rendement brut; **Roherz** N minerai cru; **Roherzeugnis** N → Rohprodukt; **Rohfaser** F fibre brute, naturelle; **Rohfassung** F *e-s Textes* premier jet; *e-s Films* copie *f* de travail; **Rohgewicht** N poids brut; **Rohgewinn** M bénéfice brut
Rohheit F ⟨~; ~en⟩ **1** ⟨*pas de pl*⟩ *Benehmen* rudesse *f* **2** *(Grobheit)* grossièreté *f*; *(Brutalität), a. Handlung* brutalité *f*; sauvagerie *f*; barbarie *f*
Rohkost F (fruits *mpl* et) crudités *fpl*
Rohköstler(in) M ⟨~s; ~⟩ (F) ⟨~in; ~innen⟩ personne *f* qui se nourrit (presque exclusivement) de (fruits et de) crudités; **Rohkostplatte** F (assiette *f* de) crudités *fpl*
Rohling M ⟨~s; ~e⟩ **1** TECH pièce brute **2** *für CDs* CD *m* vierge; *für DVDs* DVD *m* vierge **3** *Person* brute *f*; sauvage *m*
Rohmaterial N matière brute, première; **Rohöl** N pétrole brut; **Rohprodukt** N produit brut, non manufacturé
Rohr N ⟨~(e)s; ~e⟩ **1** TECH tuyau *m*; *kleineres* tube *m*; *(Leitungsrohr)* conduite *f*; conduit *m*; *(Geschützrohr)* canon *m*; **gebogenes ~** tuyau coudé; *umg* **volles ~** à pleins tubes; **~e (ver)legen** poser des tuyaux **2** ⟨*pas de pl*⟩ BOT roseau *m*; *(Bambusrohr, Zuckerrohr)* canne *f*; **spanisches ~** rotin *m*; (canne *f* de) jonc *m* **3** *südd, österr (Backrohr)* four *m*
Rohrabschneider M TECH coupe-tube *m*; **Rohrammer** F ZOOL bruant *m* des roseaux; **Rohranschluss** M raccord *m* de tube; **Rohrbruch** M rupture *f* de tuyau
Röhrchen N ⟨~s; ~⟩ *(Leitung)* petit tuyau; *(Behälter)* petit tube; *(Reagenzröhrchen)* petite éprouvette; *beim Alkoholtest* **ins ~ blasen** *umg* souffler dans le ballon
Rohrdommel F ⟨~; ~n⟩ ZOOL butor *m*; **Rohrdurchmesser** M diamètre (intérieur) du tuyau
Röhre F ⟨~; ~n⟩ **1** TECH *(Leitungsröhre)* conduite *f*; conduit *m*; tuyau *m*; *(Behälter)* tube *m*; *(Elektronenröhre)* tube *m* électronique; *(Leuchtröhre)* tube fluorescent **2** *(Bratröhre, Backröhre)* four *m*; *umg fig* **in die ~ gucken** *umg* être de la revue; *umg* faire tintin **3** RADIO lampe *f* **4** PHYS **kommunizierende ~n** vases communicants **5** *umg (Fernseher) umg* télé *f*; *umg* téloche *f*; **in die ~ gucken, vor der ~ sitzen** regarder la télé
röhren VI ⟨h.⟩ **1** *Hirsch* bramer **2** *Motor etc* °hurler; *dumpf* vrombir
röhrenförmig ADJ tubulaire; BOT tubulé; **Röhrenhose** F pantalon *m* cigarette; *Jeans* jean *m* tube; **Röhrenknochen** M os long; **Röhrenpilz** M bolet *m*; **Röhrensystem** N canalisation *f*
Rohrflöte F MUS chalumeau *m*; **Rohrgeflecht** N cannage *m*
Röhricht N ⟨~s; ~e⟩ cannaie *f*; roseaux *mpl*
Rohrkolben M BOT typha *m*
Rohrkrepierer M ⟨~s; ~⟩ MIL obus *m* éclatant dans le corps; *fig* **ein ~ sein** *umg* être fichu d'avance
Rohrleger M ⟨~s; ~⟩ poseur *m* de conduites (d'eau, de gaz); plombier *m*; **Rohrleitung** F tuyau *m*; conduit *m*; conduite *f*; **~en** *pl a.* tuyauterie *f*; *(Fernleitung)* pipe-line *m*; *(Versorgungsnetz)* canalisation *f*; *für Öl* oléoduc *m*
Röhrling M ⟨~s; ~e⟩ BOT bolet *m*
Rohrmöbel NPL meubles *mpl* de, en rotin; **Rohrmündung** F *e-s Kanonenrohrs* gueule *f*, bouche *f* du canon; **Rohrnetz** N canalisation *f*; **Rohrpost** F (système *m* de courrier acheminé par) pneumatique *m*; **Rohrpostbrief** M (lettre *f*) pneumatique *m*; pneu *m*; **Rohrpostbüchse** F, **Rohrpostkapsel** F capsule *f*, boîte *f* d'envoi; **Rohrpostsendung** F pneumatique *m*; **Rohrsänger** M ZOOL rousserolle *f*; **Rohrschelle** F TECH collier *m* (de serrage); étrier *m*
Rohrspatz M bruant *m* des roseaux; *umg* **schimpfen wie ein ~** pester; fulminer; tempêter
Rohrstock M canne *f* de jonc; *zur Züchtigung* baguette *f*; **Rohrstuhl** M chaise cannée; **Rohrstutzen** M tubulure *f*; **Rohrzange** F pince *f* multiprise; **Rohrzucker** M sucre *m* de canne
Rohseide F soie écrue; soie *f* grège; **rohseiden** ADJ de, en soie écrue, grège; **Rohstahl** M acier brut
Rohstoff M matière première; **Rohstofflager** N stock *m* de matières premières; **Rohstoffland** N ⟨~(e)s; -länder⟩ pays producteur de matières premières; **Rohstoffmangel** M ⟨~s⟩ pénurie *f* de matières premières; **Rohstoffmarkt** M marché *m* des matières premières; **Rohstoffpreis** M prix *m* des matières premières; **Rohstoffquellen** FPL ressources *fpl* en matières premières; **Rohstoffreserven** FPL réserves *fpl* en matières premières; **Rohstoffversorgung** F approvisionnement *m* en matières premières
Rohtabak M tabac brut; **Rohzucker** M sucre brut, roux; cassonade *f*; **Rohzustand** M état brut
Rokoko N ⟨~(s)⟩ rococo *m*; **Rokokostil** M ⟨~(e)s⟩ (style *m*) rococo *m*
Roland M ⟨→ *n/pr*⟩ *prénom*
Rolf M ⟨→ *n/pr*⟩ *prénom*
Rolladen M → Rollladen
Rollator M ⟨~s; -toren⟩ *Gehhilfe* déambulateur *m*
Rollbahn F FLUG piste *f*; **Rollbett** N lit *m* à roulettes; **Rollbraten** M GASTR épaule roulée; **Rollbrett** N planche *f* à roulettes; skate-board *m*
Röllchen N ⟨~s; ~⟩ petit rouleau; *(Garnröllchen)* bobine *f*
Rolle F ⟨~; ~n⟩ **1** *(Scheibe, Walze)* rouleau *m*; cylindre *m*; TECH, *beim Flaschenzug* poulie *f*; *(Laufrolle)* galet *m*; *unter Möbeln* roulette *f* **2** *(Gewickeltes, Zusammengerolltes, Schriftrolle)* rouleau *m*; *(Spule, Garnrolle)* bobine *f*; *an der Angel* moulinet *m*; *(Filmrolle)* bobine *f* de film; *Verpackungsart* rouleau *m*; *für Kekse a.* paquet *m* **3** THEAT rôle *m*; **e-e ~ spielen** jouer un rôle; *fig* **aus der ~ fallen** avoir une réaction déplacée; *umg* gaffer **4** *fig* rôle *m*; **die ~ der Presse** le rôle de la presse; **e-e (große) ~ (bei etw) spielen** entrer (fortement) en ligne de compte; jouer un (grand) rôle (dans qc); **Geld spielt keine ~** l'argent ne joue aucun rôle; **es war um 1848, das Datum spielt keine ~** c'était vers 1848, peu importe la date; **die ~n tauschen** renverser, inverser les rôles **5** TURNEN roulade *f*; FLUG tonneau *m*
rollen **A** VT ⟨h.⟩ rouler; *(wickeln)* enrouler; **das R ~** rouler les r **B** VI ⟨s.⟩ rouler; *Räder* tourner; **Tränen rollten über ihre Wangen** des larmes roulaient sur ses joues **C** VR **sich ~** **1** *(sich wälzen)* se rouler **2** *Papier etc* s'enrouler
Rollen N ⟨~s⟩ roulement *m*; *(Wickeln)* enroulement *m*; **etw ins ~ bringen** faire rouler, *fig* démarrer qc; **ins ~ kommen** commencer à rouler; *fig* démarrer
Rollenbesetzung F THEAT, FILM distribution *f*; FILM *a.* casting *m*; **Rollenfach** N THEAT emploi *m*; **rollenförmig** ADJ en (forme de) rouleau; cylindrique; **Rollenkonflikt** M conflit *m* de rôles; **Rollenlager** N TECH palier *m* à rouleaux; **Rollenpapier** N TYPO papier continu, sans fin, roulé (sur cylindre); **Rollenspiel** N jeu *m* de rôles; **Rollenstudium** N ⟨~s⟩ THEAT étude *f* d'un rôle; **Rollentausch** M échange *m* de rôles; **Rollenverhalten** N SOZIOLOGIE comportement spécifique lié à un rôle; **Rollenverteilung** F **1** THEAT distribution *f* des rôles **2** SOZIOLOGIE attribution *f* de rôles

R

spécifiques; **Rollenzwang** M SOZIOLOGIE contrainte(s) *f(pl)* liée(s) à des rôles spécifiques
Roller M ⟨~s; ~⟩ 1 *für Kinder* trottinette *f*; patinette *f*; *(Motorroller)* scooter *m* 2 SCHIFF lame longue
Rollerskate M ⟨~s; ~s⟩ patin *m* à roulettes; **Rollerskater(in)** M(F) patineur, -euse *m,f* (à roulettes)
Rollfeld N FLUG tarmac *m*; aire *f* de manœuvre; **Rollfilm** M FOTO pellicule *f* (en bobine); **Rollgeld** N HANDEL (frais *mpl* de) camionnage *m*; factage *m*; **Rollgut** N HANDEL marchandise transportée, à transporter
Rolli *umg* M ⟨~s; ~s⟩ pull *m* à col roulé
Rollkommando N commando *m* surprise; **Rollkragen** M col roulé; **Rollkragenpullover** M pull-over *m* à col roulé; **Rollkur** F traitement *m* par pansement gastrique; **Rollladen** M volet roulant; **Rollmops** M GASTR rollmops *m*
Rollo N ⟨~s; ~s⟩ store *m* (enrouleur)
Rollschiene F *bei Rennbooten* glissière *f*; **Rollschinken** M jambon fumé roulé; **Rollschrank** M classeur *m*, meuble *m* à rideau
Rollschuh M patin *m* à roulettes; **~ laufen** faire du patin à roulettes, skating
Rollschuhbahn F piste *f* de patinage à roulettes; skating *m*; **Rollschuhlaufen** N patinage *m* à roulettes; skating *m*; **Rollschuhläufer(in)** M(F) patineur, -euse *m,f* à roulettes
Rollsplitt M gravillons *mpl*; gravier *m*; **Rollstuhl** M fauteuil roulant; **Rollstuhlfahrer(in)** M(F) °handicapé(e) *m(f)* (en fauteuil roulant); **Rolltreppe** F escalier roulant, mécanique; escalator *m*
Rom N ⟨→ *n/pr*⟩ Rome; *sprichw* **alle Wege führen nach ~** *sprichw* tous les chemins mènent à Rome; *sprichw* **~ ist (auch) nicht an e-m Tag erbaut worden** *sprichw* Paris ne s'est pas fait en un jour
ROM N ⟨~(s); ~(s)⟩ IT ABK (read-only memory) mémoire morte
röm. ABK (römisch) romain
Roma MPL Tziganes *od* Tsiganes *mpl*; *t/t* Rom *mpl*
Roman M ⟨~s; ~e⟩ roman *m*; **historischer ~** roman historique; *umg fig* **e-n ganzen ~ erzählen** raconter toute une histoire; **erzähl keine ~e!** *(Unwahres)* ne raconte pas d'histoires!; *(fass dich kürzer)* sois bref!; **sein Leben ist wie ein ~** sa vie est un vrai roman
Romana F ⟨~⟩ BOT, GASTR romaine *f*
Romanautor(in) M(F), **Romancier** M ⟨~s; ~s⟩ romancier *m*
Romane M ⟨~n; ~n⟩ Latin *m*; *pl* **die ~n** les peuples latins; les Latins *mpl*
Romanfigur F personnage *m* de roman
Romanform F forme *f* de roman; **in ~** romancé
Romanheft N périodique spécialisé dans les histoires à l'eau de rose; **Romanheld(in)** M(F) °héros *m*, héroïne *f* de *bzw.* d'un roman
Romanik F ⟨~⟩ *Kunststil* (art *m*) roman *m*
Romanin F ⟨~; ~nen⟩ Latine *f*
romanisch ADJ ARCH, *Sprache* roman; *Land, Volk, Kultur* latin; **romanisieren** V/T ⟨*pas de ge-*, h.⟩ romaniser
Romanist(in) M ⟨~en; ~en⟩ (F) ⟨~in; ~innen⟩ *Student(in)* étudiant(e) *m(f)* en langues romanes; *Wissenschaftler(in)* romaniste *m/f*
Romanistik F ⟨~⟩ (études *fpl* des) langues, (des) littératures et (des) civilisations romanes; **~ studieren** faire des études romanes
romanistisch ADJ ⟨*épithète*⟩ des langues, littératures et civilisations romanes; d'études romanes
Romanleser(in) M(F) lecteur, -trice *m,f* de romans; **Romanschriftsteller(in)** M(F) romancier, -ière *m,f*
Romantik F ⟨~⟩ KUNST, LITERATUR romantisme *m*; *Wesen* (genre *m*) romantique *m*; **Romantiker(in)** M ⟨~s; ~⟩ (F) ⟨~in; ~innen⟩ *a. fig* romantique *m/f*; **romantisch** ADJ *a. fig* romantique
Romanze F ⟨~; ~n⟩ 1 *(Liebesverhältnis)* idylle *f*; aventure amoureuse 2 LITERATUR, MUS romance *f*
Romanzyklus M roman-fleuve *m*
Romeo M ⟨→ *n/pr*⟩ THEAT Roméo *m*; **~ und Julia** Roméo et Juliette
Römer M ⟨~s; ~⟩ 1 *(Bewohner Roms), in der Antike* Romain *m* 2 *(Weinglas)* verre *m* à pied *(réservé au vin blanc)*; **Römerbrief** M BIBEL Épître *f* aux Romains
Römerin F ⟨~; ~nen⟩ *(Bewohnerin Roms), in der Antike* Romaine *f*; **Römertopf®** M cocotte *f* en terre allant au four
römisch ADJ romain; de Rome; **~er Salat** romaine *f*; **~e Zahl, Ziffer** chiffre romain
römisch-katholisch ADJ catholique romain
röm.-kath. ABK (römisch-katholisch) catholique romain
Rommé, **Rommee** N ⟨Rommés, Rommees; Rommés, Rommees⟩ *Kartenspiel* rami *m*
Rondell N ⟨~s; ~e⟩ 1 *(runder Platz)* rond-point *m* 2 GARTEN corbeille *f*
Rondo N ⟨~s; ~s⟩ MUS rondo *m*
röntgen V/T ⟨h.⟩ radiographier; faire une radio de; **sich** *(dat)* **den Magen ~ lassen** se faire faire une radio de l'estomac
Röntgenapparat M appareil *m* de radiographie; **Röntgenarzt** M, **Röntgenärztin** F radiologue *od* radiologiste *m/f*; **Röntgenassistent(in)** M(F) assistant(e) *m(f)* radiologiste; **Röntgenaufnahme** F radio(-graphie) *f*; **Röntgenbehandlung** F radiothérapie *f*; **Röntgenbild** N radio(-graphie) *f*; **Röntgenblick** M *hum* regard perçant; **Röntgendiagnostik** F radiodiagnostic *m*; **Röntgenfilm** M film *m* radiographique; **Röntgengerät** N appareil *m* de radiographie
Röntgenografie F ⟨~⟩ radiographie *f*; **röntgenografisch** ADJ radiographique; **Röntgenogramm** N ⟨~s; ~e⟩ radio(-graphie) *f*; **Röntgenographie**, **röntgenographisch** → Röntgenografie, röntgenografisch; **Röntgenologe** M ⟨~n; ~n⟩ → Röntgenarzt; **Röntgenologie** F ⟨~⟩ radiologie *f*; **röntgenologisch** ADJ radiologique
Röntgenreihenuntersuchung F examen *m* radiologique obligatoire; **Röntgenröhre** F tube *m* à rayons X; **Röntgenschirm** M écran *m* (d'un appareil de radiographie); **Röntgenstrahlen** MPL rayons *mpl* X; **Röntgentherapie** F radiothérapie *f*; **Röntgenuntersuchung** F examen *m* radiographique; radioscopie *f*
Rooming-in N ⟨~(s); ~s⟩ *dans un service de maternité, système d'hospitalisation dans lequel la mère et le nouveau-né ne sont pas séparés*
rosa ADJ ⟨*inv*⟩ rose; **~ werden** devenir rose; **~ färben** teindre en rose
Rosa N ⟨~s; ~⟩ rose *m*; couleur *f* rose; **in ~** *gekleidet* (habillé) en rose
rosafarben ADJ rose; **rosafärben** V/T → rosa; **rosafarbig**, **rosarot** ADJ rose
Rosazee F → Rosengewächs
rösch ADJ *südd* croustillant
Röschen N ⟨~s; ~⟩ petite rose
Rose F ⟨~; ~n⟩ 1 BOT rose *f*; *(Rosenstock)* rosier *m*; **wilde ~** églantine *f*; *fig* **nicht auf ~n gebettet sein** ne pas avoir une vie facile; *sprichw* **keine ~ ohne Dornen** *sprichw* (il n'y a) pas de roses sans épines 2 MED érysipèle *m* 3 *(Windrose)* rose *f* des vents 4 *(Fensterrose)* rosace *f*; rose *f*
rosé ADJ ⟨*inv*⟩ → rosa
Rosé[1] N ⟨~(s); ~(s)⟩ → Rosa
Rosé[2] M ⟨~s; ~s⟩ *Wein* rosé *m*
Rosemarie F ⟨→ *n/pr*⟩ *prénom*
Rosenblatt N pétale *m* de rose; **Rosenbusch** M rosier *m* *(buisson)*; **Rosenduft** M parfum *m*, odeur *f* de(s) rose(s); **Rosengarten** M roseraie *f*; **Rosengewächs** N rosacée *f*; **Rosenhecke** F °haie *f* de rosiers; **Rosenholz** N bois *m* de rose
Rosenkavalier MUS **Der ~** Le Chevalier à la rose
Rosenkohl M chou *m* de Bruxelles
Rosenkranz M REL chapelet *m*; **den ~ beten** dire, réciter son chapelet
Rosenkreuzer M frère *m* de la Rose-Croix; rose-croix *m*; **Rosenkrieg** M *(Ehekrieg)* guerre *f* sans merci; **Rosenkriege** MPL HIST guerres *fpl* des Deux-Roses; **Rosenmontag** M lundi gras; **Rosenmontagszug** M *défilé de chars lors du carnaval le lundi gras*; **Rosenöl** N huile *f*, essence *f* de roses; **Rosenpaprika** M paprika (fort); **Rosenquarz** M quartz *m* hyalin rose; **rosenrot** ADJ rose; **Rosenschere** F sécateur *m*; **Rosenstock** M rosier *m*; **Rosenstrauch** M rosier *m*; **Rosenstrauß** M bouquet *m* de roses; **Rosenwasser** N ⟨~s; -wässer⟩ eau *f* de rose; **Rosenzucht** F culture *f* des rosiers; **Rosenzüchter** M rosiériste *m*
Rosette F ⟨~; ~n⟩ *(Bandschleife)*, BOT rosette *f*; ARCH rosace *f*
Roséwein M rosé *m*
rosig A ADJ 1 *(rosa)* (de) rose; rosé; *Teint* frais comme une rose 2 *fig* rose; *Zukunft, Lage* brillant; *iron* **~e Aussichten** *fpl* belles, charmantes perspectives B ADV **uns geht es nicht gerade ~** ça n'est pas vraiment tout rose
Rosine F ⟨~; ~n⟩ raisin sec; *umg* **(große) ~n im Kopf haben** voir trop grand; *umg* **sich** *(dat)* **die (größten** *od* **dicksten) ~n aus dem Kuchen picken** s'attribuer le dessus du panier
Rosinenbrot N pain *m* aux raisins secs; **Rosinenkuchen** M gâteau *m* aux raisins secs
Rosmarin M ⟨~s⟩ BOT romarin *m*
Ross N ⟨~es; ~e *ou* ~̈er⟩ *südd, österr, schweiz od geh* cheval *m*; **hoch zu ~** monté à cheval; *fig* **sich aufs hohe ~ setzen** se donner, prendre des grands airs; faire l'important; *fig* **von s-m hohen ~ heruntersteigen** abandonner ses grands airs
Rössel N ⟨~s; ~⟩ SCHACH cavalier *m*; **Rösselsprung** M SCHACH saut *m* du cavalier; *Rätsel* mots cassés
rossen V/I ⟨h.⟩ *Stute* être en chaleur
Rosshaar N crin *m* (de cheval); **Rosshaarmatratze** F matelas *m* de crin
rossig ADJ *Stute* en chaleur
Rosskastanie F *Baum* marronnier *m* d'Inde; *Frucht* marron *m* d'Inde; **Rosskur** *umg* F remède *m* de cheval; **Rosstäuscher** M ⟨~s; ~⟩ *pej* maquignon *m*; **Rosstäuschertrick** M maquignonnage *m*
Rost[1] M ⟨~(e)s⟩ *(Eisenoxid)*, BOT rouille *f*; **~ ansetzen** (se) rouiller
Rost[2] M ⟨~(e)s; ~e⟩ 1 *(Bratrost)* gril *m*; **auf dem ~ braten** griller; **vom ~** grillé; **Fleisch vom ~** grillade *f* 2 *(Gitter)* grille *f*; *(Lattenrost)* claie *f* 3 *regional (Bettrost)* sommier *m*
rostbeständig ADJ inoxydable; **Rostbe-**

ständigkeit F résistance *f* à la rouille; **Rostbildung** F formation *f* de rouille

Rostbraten M grillade *f*; **Rostbratwurst** F saucisse grillée

rostbraun ADJ (couleur) rouille *(inv)*; (brun) rouille *(inv)*

Röstbrot N pain grillé; *einzelne Scheibe* rôtie *f*; toast *m*; tranche *f* de pain grillé

rosten VI ‹-ete, h.› (se) rouiller; **nicht ~d** inoxydable; antirouille

Rosten N ‹~s› enrouillement *m*; *t/t* oxydation *f*; → *a.* Rostbildung

rösten VT ‹-ete, h.› *Kaffee* torréfier; *Brot, Kastanien etc* griller; *Kartoffeln* rissoler; faire sauter; *Mehl* roussir; *Erz* griller; calciner

Rösten N ‹~s› *von Kaffee* torréfaction *f*; *von Brot* grillage *m*; *von Kartoffeln* rissolement *m*

Röster M ‹~s; ~› *(Kaffeeröster)* torréfacteur *m*; *(Brotröster)* grille-pain *m*

Rösterei F ‹~; ~en› *(Kaffeerösterei)* (usine *f* de) torréfaction *f*

rostfarben, **Rostfarbig** → rostbraun; **Rostfleck** M tache *f* de rouille; **rostfrei** ADJ sans rouille; *(nicht rostend)* inoxydable

Rösti PL *schweiz* GASTR röstis *mpl*; pommes de terre râpées et sautées

rostig ADJ rouillé; **~ werden** → rosten

Röstkaffee M café torréfié; **Röstkartoffeln** FPL pommes de terre rissolées, sautées

Rostlaube *umg hum* F *umg* bagnole toute rouillée; **rostrot** → rostbraun; **Rostschutz** M protection *f* contre la rouille; **Rostschutzfarbe** F enduit *m*, peinture *f*, vernis *m* antirouille; **Rostschutzmittel** N (agent *m*) antirouille *m*

Röstung F ‹~; ~en› → Rösten

Roswitha F ‹→ *n/pr*› *prénom*

rot **A** ADJ ‹¨er *ou* ~er, ¨este *ou* ~este› *Farbe*, POL rouge; *Bart, Haar* roux, rousse; *Gesicht* rubicond; *(hoch~)* vermeil, -eille; *Tier (fahl~)* fauve; **die Rote Armee** l'Armée *f* Rouge; *fig* **der ~e Faden** le fil conducteur; l'idée directrice; **das Rote Kreuz** la Croix-Rouge; **das Rote Meer** la mer Rouge; **~ gestreift** rayé rouge; **~ werden** devenir rouge; *a. (erröten)* rougir; **vor Wut** *(dat)* **~ werden** devenir rouge de colère; **~ wie ein Krebs** rouge comme une écrevisse; *umg* **ein ~es Tuch für j-n sein** faire voir rouge à qn; **in den ~en Zahlen sein, ~e Zahlen schreiben** *Person* être à découvert; *Betrieb* être en déficit; être dans le rouge **B** ADV **~ färben** teindre en rouge; **~ glühend** rouge; porté, chauffé au rouge; **er läuft ~ an** il rougit; **e-n Tag im Kalender ~ anstreichen** marquer une journée d'une pierre blanche; → *a.* rotsehen

Rot N ‹~s; ~› rouge *m*; couleur *f* rouge; **in ~** *gekleidet* (habillé) en rouge; **die Ampel steht auf, zeigt ~** le feu est au rouge; *Auto* **bei ~ durchfahren** passer au rouge; brûler un feu rouge

Rotarier M ‹~s; ~› membre *m* du Rotary Club

Rotarmist M ‹~en; ~en› soldat *m* de l'Armée Rouge

Rotation F ‹~; ~en› rotation *f*

Rotationsachse F axe *m* de rotation; **Rotationsdruck** M ‹~(e)s; ~e› TYPO impression *f* sur roto; tirage *m* (en) roto; **Rotationsmaschine** F TYPO rotative *f*; **Rotationsprinzip** N POL principe *m* de rotation *(tous les deux ans répartition des sièges des députés)*

Rotauge N ZOOL gardon *m*; **rotbackig**, **rotbäckig** ADJ aux joues rouges; **Rotbarsch** M sébaste *m*

Rotbart M homme *m* à (la) barbe rousse; **Kaiser ~** l'empereur *m* Barberousse

rotblond ADJ blond roux *(inv)*; blond vénitien *(inv)*; **rotbraun** ADJ rouge brun *(inv)*; *Haar* auburn *(inv)*

Rotbuche F °hêtre *m* pourpre; **Rotchina** N ‹→ *n/pr*› la Chine communiste; **Rotdorn** M ‹~(e)s; ~e› BOT aubépine *f* à fleurs rouges

Röte F ‹~; ~n› **1** *‹pas de pl›* rougeur *f*; rouge *m*; *leuchtende* vermillon *m*; incarnat *m*; *des Haars* rousseur *f* **2** BOT garance *f*

Rote-Armee-Fraktion POL **die ~** la Fraction Armée Rouge

Rote-Kreuz-Schwester F infirmière *f* de la Croix-Rouge

Röteln PL MED rubéole *f*

Rötelstift M crayon *m* rouge; sanguine *f*; **Rötelzeichnung** F sanguine *f*

röten ‹-ete, h.› **A** VT rougir; **gerötete Augen** les yeux rougis (par les larmes, *etc*) **B** V/R **sich ~** rougir; devenir rouge; *Gesicht a.* se colorer

rotfärben VT → rot B

Rotfilter M filtre *m* rouge; **Rotfuchs** M **1** *Fuchs* renard *m* (commun) **2** *Pferd* (cheval) alezan *m* **3** *umg pej Mensch* poil *m* de carotte; **Rotgardist** M ‹~en; ~en› *in China* garde *m* rouge; **rotgestreift** ADJ rayé rouge; **rotglühend** ADJT → rot B; **Rotgold** N or *m* rouge

rot-grün ADJ POL **~e Koalition** coalition *f* entre les Verts et les sociaux-démocrates (allemands)

Rotgrünblindheit F daltonisme *m*; **Rotguss** M METALL laiton *m*, bronze *m* rouge; **rothaarig** ADJ (aux cheveux) roux; rousse; **Rothaarige(r)** M/F(M) ‹→ A› roux *m*, rousse *f*; **Rothaut** *umg* F Peau-Rouge *m*; **Rothirsch** M cerf (commun)

rotieren VI *‹pas de ge-*, h.› **1** tourner, pivoter (sur son axe) **2** *umg fig (hektisch sein) umg* paniquer; **rotierend** ADJT TECH rotatif, -ive *(a. Bürste etc)*; *Bewegung a.* de rotation; rotatoire; *Körper* en rotation

Rotkäppchen N ‹~s› le Petit Chaperon rouge; **Rotkehlchen** N ‹~s; ~› ZOOL rouge-gorge *m*; **Rotklee** M trèfle violet, des prés; **Rotkohl** M, *südd, österr* **Rotkraut** N ‹~(e)s› chou *m* rouge; **Rotkreuzschwester** → Rote-Kreuz-Schwester; **Rotlauf** M ‹~(e)s› VET rouget *m*

rötlich ADJ rougeâtre; tirant sur le rouge; *Haar* roussâtre

Rotlicht N ‹~(e)s› lumière *f* rouge; *der Ampel* feu *m* rouge; **Rotlichtbezirk** *umg* M, **Rotlichtviertel** *umg* N quartier *m* des prostituées

Rotor M ‹~s; -toren› ELEK, *e-s Hubschraubers* rotor *m*; **Rotorblatt** N pale *f* de rotor

Rotschwanz M, **Rotschwänzchen** N ‹-ens; -en› ZOOL rouge-queue *m*

rotsehen *umg* VI *‹irr, sép, -ge-*, h.› voir rouge; **rotstichig** ADJ tirant sur le rouge

Rotstift M crayon *m* rouge; *fig* **den ~ ansetzen** faire des coupes (dans un budget, *etc*); **dem ~ zum Opfer fallen** être supprimé

Rottanne F sapin *m* rouge; *t/t* épicéa *m*

Rotte F ‹~; ~n› **1** troupe *f*; attroupement *m*; *pej* bande *f*; clique *f*; *von Arbeitern, bes bei der Eisenbahn* équipe *f*; brigade *f* **2** *(Häuflein)* peloton *m* **3** FLUG patrouille aérienne **4** *(Rudel) Wildschweine* compagnie *f*; *Wölfe* bande *f*; °horde *f*

Rottweiler M ‹~s; ~› *Hund* rottweiler *m*

Rotunde F ‹~; ~n› rotonde *f*

Rötung F ‹~; ~en› rougeur *f*

rotwangig *geh* → rotbackig

Rotwein M vin *m* rouge; **Rotweinglas** N verre *m* à vin rouge; **Rotwelsch** N ‹~(s)› argot *m* du milieu *(en Allemagne)*; **Rotwild** N cerfs *mpl* et chevreuils *mpl*; **Rotwurst** F *regional* boudin (noir)

Rotz M ‹~es› *sl (Nasenschleim)*, *a.* VET morve *f*; *umg* **~ und Wasser heulen** *umg* pleurer comme un veau, comme une madeleine

Rotzbengel *umg* M *umg* petit morveux; galopin *m*; *Schimpfwort umg* espèce *f* de morveux

rotzen *sl* VI ‹-(es)t, h.› *(Schleim hochziehen)* renifler; *(sich schnäuzen)* se moucher bruyamment; *(ausspucken)* cracher

Rotzfahne *sl* F *sl* tire-jus *m*; **rotzfrech** *umg* ADJ *umg* gonflé; culotté; **Rotzgöre** *umg* F *umg* petite morveuse

rotzig ADJ **1** *sl Nase etc* morveux, -euse **2** *umg fig (frech)* culotté; *umg* gonflé; **Rotznase** F **1** *sl* nez morveux **2** *umg fig umg* morveux, -euse *m,f*

Rotzunge F ZOOL limande *f*

Rouge N ‹~s; ~s› rouge *m* (à joues); **~ auftragen, auflegen** mettre du rouge (à joues)

Roulade F ‹~; ~n› GASTR *vom Kalb* paupiette *f*; *vom Rind*: *tranche de bœuf roulée et farcie*

Rouleau N ‹~s; ~s› store *m* (enrouleur)

Roulett N ‹~(e)s; ~e *od* ~s›, **Roulette** N ‹-es; -es› roulette *f*; **russisches Roulett(e)** roulette russe; **Roulett(e) spielen** jouer à la roulette

Route F ‹~; ~n› itinéraire *m*; route *f*; **Routenplaner** M IT atlas routier électronique

Router M ‹~s; ~› IT routeur *m*

Routine F ‹~› **1** *(Erfahrung)* expérience *f*, habitude *f* (**in etw** *[dat]* de qc); **~ bekommen** acquérir de l'expérience; **ihr fehlt noch die (nötige) ~** elle manque encore d'expérience **2** *(Gewohnheit)* routine *f*

Routinearbeit F travail habituel, de routine; **routinemäßig** **A** ADJ *Eingriff, Angelegenheit* habituel, -elle; de routine **B** ADV habituellement; **Routinesache** F ‹~› affaire *f* d'habitude, de routine; **Routineuntersuchung** F contrôle habituel, automatique

Routinier M ‹~s; ~s› **~** (**in** *[+dat]*) expert *m* (en); **ein alter ~** un vieux routier

routiniert ADJT qui a de la routine; expérimenté; habile; *(geschäftskundig)* rompu aux affaires

Rowdy M ‹~s; ~s› vandale *m*; casseur *m*; **Rowdytum** N ‹~s› vandalisme *m*

Royalismus M ‹~› royalisme *m*; **Royalist(in)** M ‹~en; ~en› (F) ‹~in; ~innen› royaliste *m/f*; **royalistisch** ADJ royaliste

Rp. ABK (Rappen) centime (suisse)

RT ABK (Registertonnen) tx (tonneaux [de jauge])

RTL N ‹~› *(Radio Télé Luxembourg)* RTL (Radio-Télé-Luxembourg)

Ruanda N ‹→ *n/pr*› le Ruanda *od* Rwanda

Ruander(in) M ‹~s; ~› (F) ‹~in; ~innen› Rwandais(e) *m(f)*; **ruandisch** ADJ rwandais

rubb(e)lig ADJ *regional (rau)* rugueux, -euse; *(uneben)* inégal

Rubbellos *umg* N billet *m* de loterie à gratter

rubbeln VI *u.* VT ‹-(e)le, h.› frotter; *beim Glücksspiel* gratter

Rübe F ‹~; ~n› **1** BOT betterave *f*; **Rote ~** betterave *f* rouge; *südd* **Gelbe ~** carotte *f*; **Weiße ~** navet *m* **2** *umg fig (Kopf) umg* caboche *f*; *umg* cafetière *f*; **eins auf die ~ kriegen** recevoir un gnon, *umg* un coup sur la cafetière; **j-m die ~ abhacken** couper la tête à qn

Rubel M ‹~s; ~› *Währung* rouble *m*; *umg* **der ~ rollt** *umg* le fric rentre

Rübenanbau M culture betteravière; **Rübenbauer** M ‹~n; ~n› betteravier *m*; planteur *m* de betteraves; **Rübenfeld** N ravière *f*; **Rübenkraut** N ‹~(e)s› *regional* marmelade *f* de mélasse; **Rübensaft** M *(Sirup)* mélasse *f*; **Rübenzucker** M sucre *m* de betterave

rüber *umg* ADV → herüber, hinüber

rüberbringen *umg* VT *‹irr, sép*, **-ge-**, h.› *(vermitteln können)* **etw ~** faire passer qc

rüberkommen *umg* VI ⟨*irr, sép*, -ge-, s.⟩ (*verstanden werden*) passer
Rübezahl M ⟨→ *n/pr*⟩ *ogre célèbre dans les contes allemands*
Rubin M ⟨~s; ~e⟩ MINER rubis *m*; **rubinrot** ADJ (couleur de) rubis
Rübkohl M *schweiz* chou-rave *m*
Rubrik F ⟨~; ~en⟩ *e-r Zeitung, fig* rubrique *f*; (*Klasse*) classe *f*; catégorie *f*; **unter der ~ …** sous la rubrique …
Ruch *geh* M ⟨~(e)s⟩ **im ~ der Korruption** *etc* **stehen** avoir la réputation d'être corrompu, *etc*
ruchbar *geh* ADJ **~ werden** devenir public, -ique
ruchlos *geh* ADJ sans scrupules; vil; infâme; **Ruchlosigkeit** *geh* F ⟨~; ~en⟩ 1 ⟨*pas de pl*⟩ *Verhalten liter* vilenie *f*; *geh* infamie *f* 2 *Handlung liter* vilenie *f*; *geh* infamie *f*
ruck → ruck, zuck, hau ruck
Ruck M ⟨~(e)s; ~e⟩ saccade *f*; (*Stoß*) secousse *f*; (à-)coup *m*; **jäher ~** soubresaut *m*; **mit, in e-m ~** d'un (seul) coup; d'un bond; *umg fig* **sich** (*dat*) **e-n ~ geben** faire un effort; POL **~ nach links, rechts** glissement *m* à gauche, droite *od* vers la gauche, droite
Rückansicht F vue arrière *od* de derrière
Rückantwort F réponse *f*; **Postkarte mit ~** carte-réponse *f*
ruckartig A ADJ saccadé B ADV par saccades, secousses; (*plötzlich*) tout d'un coup
Rückbesinnung F retour *m* (**auf** [+*akk*] à)
rückbezüglich ADJ GRAM réfléchi; **~es Fürwort** pronom réfléchi
Rückbildung F MED atrophie *f*; **Rückblende** F FILM retour *m* en arrière; flash-back *m*
Rückblick M rétrospective *f* (**auf** [+*akk*] sur, de); regard *m* en arrière (dans le passé); **im ~ auf das vergangene Jahr** en considérant l'année passée
rückblickend ADVL rétrospectivement; **rückbuchen** VT ⟨*les temps simples ne s'emploient pas dans une principale*, -ge-, h.⟩ annuler; HANDEL *a.* contre-passer; **Rückbuchung** F annulation *f*; HANDEL *a.* contre-passation *f*; **rückdatieren** VT ⟨*les temps simples ne s'emploient pas dans une principale, pas de ge-*, h.⟩ antidater
ruckeln *umg* VI ⟨-(e)le, h.⟩ *Fahrzeug* donner des secousses, des saccades; **an der Tür ~** essayer d'ouvrir une porte en la secouant
rucken VI ⟨h.⟩ donner une secousse; *nach vorn* avancer par à-coups
rücken A VT ⟨h.⟩ (*ver~*) déplacer; (*bewegen*) remuer; bouger; (*wegschieben*) pousser; **näher ~** approcher; **den Tisch ans Fenster ~** approcher la table de la fenêtre; *fig* **etw in ein günstiges Licht ~** présenter qc sous un jour favorable B VI ⟨s.⟩ se porter en avant *bzw.* en arrière; *vorwärts* (s')avancer; *rückwärts* reculer; *näher* (s')approcher; **rück mal!** pousse-toi!; **~ Sie bitte etwas nach links!** poussez-vous un peu à gauche, s'il vous plaît!; **er rückte mir immer näher** il se rapprochait de plus en plus de moi; MIL **ins Feld ~** entrer en campagne; *fig* **in weite Ferne ~** *Vorhaben etc* devenir de moins en moins réalisable; **an j-s Stelle** (*akk*) **~** prendre la place de qn; → aneinanderrücken
Rücken M ⟨~s; ~⟩ ANAT, *fig* (*Handrücken, Messerrücken, Buchrücken etc*) dos *m*; *von Sitzmöbeln a.* dossier *m*; *e-s Gebirges* crête *f*; BAU *e-s Bogens* extrados *m*; GASTR *von Rind, Lamm etc* selle *f*; *von Wild* râble *m*; *hum* **verlängerter ~** postérieur *m*; **~ an ~** dos à dos; *fig* **e-n breiten ~ haben** avoir bon dos; **e-n krummen ~ machen** *a. fig* courber le dos; **auf den ~ fallen** tomber à la renverse; *umg fig erstaunt umg* être sidéré, baba, estomaqué; **auf dem ~ schwimmen** nager sur le dos; **den Wind im ~ haben** avoir le vent arrière, derrière, dans le dos, SCHIFF en poupe; **j-n, etw im ~ haben** *zur Unterstützung* avoir qn, qc derrière soi; **es lief mir eiskalt über den ~** *od* **den ~ hinunter** cela me donna froid dans le dos; **j-m den ~ steifen** *od* **stärken** encourager, épauler, appuyer, soutenir qn; **j-m, e-r Sache den ~ kehren** *a. fig* tourner le dos à qn, qc; **j-m den ~ decken** protéger les arrières de qn; **sich** (*dat*) **den ~ freihalten** assurer ses arrières; **sobald ich den ~ wende, …** dès que je tourne le dos, les talons …; **hinter j-s ~** (*dat*) derrière le dos, à l'insu de qn; en cachette de qn; **j-m in den ~ fallen** tirer dans le dos de qn; *fig* **mit dem ~ zur Wand kämpfen** *od* **stehen** être acculé au pied du mur; lutter désespérément
Rückendeckung F ⟨~⟩ 1 MIL couverture *f* de l'arrière 2 *fig* appui *m*; soutien *m*; **j-m ~ geben** aider, soutenir qn
Rückenflosse F nageoire dorsale; **rückenfrei** ADJ décolleté dans le dos
Rückenlage F position couchée sur le dos; *beim Schwimmen* planche *f*; **~ einnehmen** se coucher sur le dos
Rückenlehne F dossier *m*; dos *m*; **Rückenmark** N moelle épinière
Rückenmark(s)anästhesie F péridurale *f*; **Rückenmark(s)entzündung** F inflammation *f* de la moelle (épinière); *t/t* myélite *f*; **Rückenmark(s)punktion** F ponction *f* lombaire
Rückenmuskel M muscle dorsal; **Rückenmuskulatur** F muscles du dos, dorsaux; **Rückennummer** F dossard *m*; **Rückenschild** N ZOOL *der Insekten* écusson *m*; *der Schildkröte* carapace *f*; **Rückenschmerzen** MPL mal *m* au dos; **Rückenschwimmen** N nage *f* sur le dos; **Rückenschwimmer(in)** M(F) nageur, -euse *m,f* sur le dos; **Rückenstärkung** F ⟨~⟩ soutien (moral); encouragement *m*; **Rückenstück** N GASTR *vom Rind* aloyau *m*; *vom Schwein* échine *f*; *von Wild* râble *m*; **Rückentrage** F °hotte *f*
Rückentwicklung F régression *f*; MED *a.* atrophie *f*
Rückenwind M ⟨~(e)s⟩ vent *m* dans le dos; vent *m* arrière; **~ haben** avoir le vent arrière, derrière, dans le dos, SCHIFF en poupe
Rückenwirbel M vertèbre dorsale
rückerstatten VT ⟨-ete, *les temps simples ne s'emploient pas dans une principale, pas de ge-*, h.⟩ restituer; *Geld a.* rembourser; **Rückerstattung** F restitution *f*; *von Geld a.* remboursement *m*
Rückfahrkarte F, **Rückfahrschein** M billet *m* de retour; *Hin- u. Rückfahrt* (billet *m* d')aller et retour *m*; **Rückfahrscheinwerfer** MPL AUTO feux *mpl* de recul
Rückfahrt F retour *m*; **auf der ~** au retour
Rückfall M 1 MED, *a. von Suchtkranken* rechute *f*; **e-n ~ bekommen** *od* **erleiden** rechuter 2 (*Zurückfallen*) retour *m* (**in** [+*akk*] à) 3 JUR récidive *f*
rückfällig ADJ *Straftäter* récidiviste; *Suchtkranker* qui rechute; **~ werden** *Straftäter* récidiver; *Suchtkranker* rechuter
Rückfallquote F *von Straftätern* taux *m* de récidive; *von Suchtkranken* taux *m* de rechute; **Rückfalltäter** M JUR récidiviste *m*
Rückfenster N glace *f* arrière; **Rückflug** M vol *m* (de) retour; **Rückfluss** M reflux *m*; **Rückfrage** F demande *f* de précisions, de plus amples informations; **rückfragen** VI ⟨*les temps simples ne s'emploient pas dans une principale*, -ge-, h.⟩ demander des précisions;
Rückfront F arrière *m*; *e-s Gebäudes a.* derrière *m*; **Rückführung** F *von Flüchtlingen* rapatriement *m*; MIL *von Truppen* évacuation *f* sur l'arrière
Rückgabe F restitution *f*; remise *f*; *von Leergut* retour *m*; *beim Fußball etc* passe *f* en arrière; **bei der ~** en restituant, rendant; **gegen ~ von …** contre remise de …
Rückgaberecht N ⟨~(e)s⟩ droit *m* (de l'acheteur) de rendre *bzw.* de rapporter l'objet acheté
Rückgang M recul *m*; baisse *f*; *der Geschäfte etc* récession *f*; régression *f*; (*Langsamerwerden*) ralentissement *m*; (*Abnahme*) diminution *f*; **~ der Geburtenziffer** dénatalité *f*
rückgängig ADJ *Entwicklung etc* rétrograde; **~ machen** *Entscheidung* revenir sur; *Auftrag, Bestellung, Buchung, Kauf* annuler; *Vertrag* résilier; *Verlobung* rompre
Rückgeld N ⟨~(e)s⟩ monnaie *f* (à rendre *bzw.* rendue); **Rückgewinnung** F *von Altmaterial, Abwärme* récupération *f*
Rückgrat N ⟨~(e)s; ~e⟩ ANAT épine dorsale; colonne vertébrale; échine *f*; *fig* **~ haben** être ferme; avoir le courage de ses opinions; (*Mut haben*) *umg* avoir du cran; *fig* **kein ~ haben** ne rien avoir dans le ventre; **j-m das ~ brechen** briser l'énergie, la volonté, *etc* de qn; *wirtschaftlich* ruiner qn
Rückgrat(s)verkrümmung F scoliose *f*; **Rückgriff** M 1 (*Wiederaufgreifen*) retour *m* (**auf** [+ *akk*] à); réemploi *m* (**auf** [+ *akk*] de) 2 JUR recours *m* (**auf** [+ *akk*] à)
Rückhalt M ⟨~(e)s⟩ (*Stütze*) soutien *m*; appui *m*; **ohne ~** *Vorbehalt* sans réserve; **finanzieller ~** réserves (financières)
rückhaltlos ADV sans réserve; **Rückhaltlosigkeit** F ⟨~⟩ absence *f* de toute réserve; (*Offenheit*) franchise *f*
Rückhand F ⟨~⟩ SPORT revers *m*; **Rückkauf** M rachat *m*; **Rückkaufsrecht** N ⟨~(e)s⟩ droit *m* de rachat; JUR *a.* clause *f* de réméré
Rückkehr F ⟨~⟩ retour *m*; *ins Haus* rentrée *f*; **bei meiner ~ …** de retour, à mon retour …
Rückkehrer(in) M ⟨~s; ~⟩ (F) ⟨~in; ~innen⟩ (*Urlaubsrückkehrer[in]*) personne *f* rentrant de vacances; POL rapatrié(e) *m(f)*; **rückkoppeln** VT ⟨-(e)le, *les temps simples ne s'emploient pas dans une principale*, -ge-, h.⟩ ELEK coupler rétroactivement; **Rückkopp(e)lung** F ELEK rétroaction *f*; feed-back *m*
Rücklage F 1 WIRTSCH réserve *f*; fonds *m* de réserve; (*Ersparnisse*) économies *fpl* 2 SPORT position penchée en arrière
Rücklauf M retour *m*; *von Flüssigkeiten* reflux *m*; *e-r Maschine* marche *f* arrière; *beim Tonband etc* retour *m* rapide (arrière)
rückläufig A ADJ *Entwicklung etc* rétrograde; (*sinkend*) en baisse; **~e Tendenz zeigen** être en régression B ADV **sich ~ bewegen** rétrograder, régresser
Rücklauftaste F *beim Tonband etc* touche *f* retour rapide; **Rücklicht** N AUTO, *e-s Fahrrads* feu *m* arrière
rücklings ADV en arrière; (*von hinten*) par derrière; (*mit dem Rücken nach vorn*) en tournant le dos; *fallen* à la renverse; *liegen* sur le dos
Rückmarsch M retour *m*; rentrée *f*; MIL repli *m*; retraite *f*; **Rückmeldung** F 1 *an der Universität* réinscription *f* 2 (*Feed-back*) feed-back *m*; **Rücknahme** F ⟨~⟩ 1 reprise *f*; retrait *m* 2 *fig e-s Verbots* levée *f*; *e-r Behauptung, e-r Beleidigung* rétractation *f*; **Rückpass** M FUSSBALL *etc* passe *f* en arrière; **Rückporto** N port *m* de retour, pour la réponse; **Rückprall** M rebondissement *m*; contrecoup *m*; choc *m* en retour

Rückreise F (voyage *m* de) retour *m*; **auf der ~** au retour; **auf der ~ sein** être sur la route du retour
Rückreiseverkehr M retour *m* des vacanciers; grands retours (de vacances)
Rückruf M 1 TEL rappel *m* 2 HANDEL mise *f* °hors circuit de produits; **Rückrufaktion** F campagne *f* de mise °hors circuit (de produits)
Rucksack M sac *m* à dos; **Rucksacktourist(in)** M(F) *umg* routard(e) *m(f)*
Rückschau F ⟨~⟩ rétrospective *f*; **~ halten** faire une rétrospective
rückschauend ADVL rétrospectivement
Rückschein M *für eingeschriebene Postsendungen* accusé *m*, avis *m* de réception
Rückschlag M 1 TECH recul *m* 2 SPORT renvoi *m* de la balle 3 *fig* revers *m*; échec *m*; **e-n ~ erleiden** essuyer un échec
Rückschluss M conclusion *f* (a posteriori); déduction *f*; **aus etw Rückschlüsse auf etw** (*akk*) **ziehen** déduire qc de qc
Rückschritt M pas *m* en arrière; régression *f*; **rückschrittlich** ADJ *Politik, Einstellung* réactionnaire; rétrograde
Rückseite F *e-r Seite, Münze* revers *m*; *e-s Blattes a.* verso *m*; (*das Hintenliegende*) derrière *m* (*a. e-s Gebäudes*); face *f* arrière; dos *m*; *e-s Stoffes* envers *m*; **siehe ~** voir au verso
Rücksendung F renvoi *m*; retour *m*
Rücksicht F ⟨~⟩ 1 (*Achtung*) prévenance *f*; égards *mpl*; considération *f*; **(keine) ~ auf j-n, etw nehmen** (*beachten*) (ne pas) tenir compte de qn, qc; (*schonen*) (ne pas) ménager qn, qc; **keine ~ nehmen** ne tenir compte de rien; ne se laisser arrêter par aucune considération; **er nimmt wenig ~ auf sie** *a.* il fait peu de cas d'elle; **mit ~ auf** (*+akk*) eu égard à; (*in Anbetracht*) étant donné …; en considération de; (*wegen*) en raison de; **mit ~ darauf, dass …** vu que …; considérant que …; attendu que …; **ohne ~ auf** (*+akk*) **…** sans égard, considération pour …; *umg* **ohne ~ auf Verluste** sans se soucier des conséquences 2 (*Sicht nach hinten*) visibilité *f* arrière
Rücksichtnahme F ⟨~⟩ égards *mpl*; considération *f*; **gegenseitige ~** considération mutuelle; **mit** *od* **unter ~ auf j-n, etw** en tenant compte de qn, qc
rücksichtslos A ADJ 1 (*verantwortungslos*) *Mensch* sans égards; sans ménagements; *plus fort Verhalten* brutal; **~er Fahrer** chauffard *m* 2 (*schonungslos*) radical; impitoyable B ADV brutalement; sans égards; sans ménagements
Rücksichtslosigkeit F ⟨~; ~en⟩ manque *m* d'égards; *plus fort* brutalité *f*
rücksichtsvoll ADJ plein d'égards, prévenant (**gegenüber** envers)
Rücksitz M *beim Auto, Motorrad* siège *m* arrière; *beim Motorrad a.* tan-sad *m*; **Rückspiegel** M rétroviseur *m*; **Rückspiel** N SPORT match *m* retour
Rücksprache F entretien *m*; pourparler *m*; **mit j-m ~ halten, nehmen** s'entretenir, conférer avec qn; **nach ~ mit …** après entente avec …; après (en) avoir discuté avec …
Rückstand M 1 *von Geldzahlungen* arriéré *m*; reste *m*; **Rückstände eintreiben** faire rentrer des arriérés 2 (*Rest*), *a.* CHEM résidu *m* 3 ⟨*pas de pl*⟩ (*Zurückbleiben*) retard *m*; **(mit etw) im ~ sein** être en retard (dans qc); **mit s-r Arbeit im ~ sein** avoir du travail en retard; **er ist mit seiner Miete zwei Monate im ~** il doit deux mois de loyer; SPORT **mit e-m Tor im ~ liegen** avoir (marqué) un but en moins
rückständig ADJ 1 (*rückschrittlich*) rétrograde; arriéré 2 (*unterentwickelt*) sous-développé; *wirtschaftlich* en retard 3 *Steuerzahler etc* retardataire; redevable; *Gelder* arriéré; **Rückständigkeit** F ⟨~⟩ 1 caractère *m* rétrograde 2 sous-développement *m*
Rückstau M 1 TECH retenue *f* 2 *im Straßenverkehr* bouchon *m* (**von 5 km** sur *od* de 5 km)
Rückstelltaste F → Rücktaste
Rückstellung F HANDEL provision *f*; **Rückstoß** M PHYS, FLUG réaction *f*; *von Waffen* (choc *m* de) recul *m*; **Rückstoßantrieb** M FLUG propulsion *f* par *od* à réaction; **Rückstrahler** M réflecteur *m*; *bei Fahrzeugen* catadioptre *m*; **Rückstrahlung** F OPT réflexion *f*; **Rückströmung** F *von Wasser* reflux *m*; *von Molekülen, in der Vakuumtechnik a.* migration *f*; rétrodiffusion *f*; **Rückstufung** F *von Beamten etc* rétrogradation *f*; **Rücktaste** F *der Schreibmaschine* touche *f* de rappel; *des Computers* touche *f* de retour arrière
Rücktritt M 1 *von e-m Amt* démission *f*; départ *m*; retraite *f*; *e-s Wahlkandidaten* désistement *m*; *von e-m Vertrag* résiliation *f*; dénonciation *f*; **s-n ~ erklären** donner sa démission; démissionner; **j-s ~ annehmen** accepter la démission de qn 2 *beim Fahrrad* rétropédalage *m*
Rücktrittbremse F frein *m* à rétropédalage
Rücktrittserklärung F *vom Amt* annonce *f* d'une démission; **Rücktrittsgesuch** N offre *f* de démission; **Rücktrittsklausel** F JUR clause *f* de sauvegarde; **Rücktrittsrecht** N ⟨~(e)s⟩ *von e-m Vertrag* droit *m* de résiliation
rückübersetzen V/T ⟨-(es)t, *les temps simples ne s'emploient pas dans une principale, pas de ge-*, h.⟩ retraduire (dans la langue de départ); **Rückübersetzung** F retraduction *f* (dans la langue de départ); **Rückverfolgbarkeit** F ⟨~⟩ *e-s Produkts* traçabilité *f*; **rückvergüten** V/T ⟨-ete, *les temps simples ne s'emploient pas dans une principale, pas de ge-*, h.⟩ rembourser; ristourner; **Rückvergütung** F remboursement *m*; ristourne *f*; **Rückversicherer** M réassureur *m*; **rückversichern** ⟨-(e)re, *les temps simples ne s'emploient pas dans une principale, pas de ge-*, h.⟩ A V/T VERSICHERUNGSWESEN réassurer B V/R **sich ~** (*sich vergewissern*) vérifier
Rückversicherung F 1 *fig* vérification *f* 2 VERSICHERUNGSWESEN réassurance *f*; **Rückversicherungsgesellschaft** F compagnie *f* de réassurance
Rückwand F paroi *f*, partie *f* arrière; **Rückwanderer** M rapatrié *m*; émigrant *m* rentrant dans son pays natal; **Rückwanderung** F retour *m* des émigrants au pays natal; **rückwärtig** ADJ arrière; de *od* à l'arrière
rückwärts ADV 1 *Richtung* en arrière; *in Verbindung mit Verben* à reculons; TURNEN **Rolle ~** roulade *f* arrière; → rückwärtsfahren, rückwärtsgehen 2 *südd, österr* (*hinten*) derrière
Rückwärtsbewegung F mouvement *m* en arrière, rétrograde; **rückwärtsfahren** V/I ⟨*irr, sép*, -ge-, s.⟩ faire marche arrière; reculer; **Rückwärtsgang** M AUTO marche *f* arrière; **rückwärtsgehen** V/I ⟨*irr, sép*, -ge-, s.⟩ marcher à reculons; reculer
Rückweg M (chemin *m* du) retour *m*; **auf dem ~** au retour; sur le chemin du retour; **sich auf den ~ machen** prendre le chemin du retour; (se mettre en route pour) rentrer; **j-m den ~ abschneiden** couper la retraite à qn
ruckweise ADV par saccades; par secousses; par à-coups
rückwirkend A ADJT PHYS réactif, -ive; *Gesetz* rétroactif, -ive B ADVL rétroactivement; **~ vom …** à dater du …
Rückwirkung F 1 PHYS réaction *f*; 2 (*Auswirkung*) répercussion *f* (**auf** [*+akk*] sur) 3 (*Gültigkeit*) effet rétroactif; *e-s Gesetzes* rétroactivité *f*; effet rétroactif; rétroaction *f*; **mit ~ vom …** à dater du …
rückzahlbar ADJ remboursable
Rückzahlung F remboursement *m*
Rückzahlungsbedingungen FPL conditions *fpl*, modalités *fpl* de remboursement; **Rückzahlungsfrist** F délai *m* du remboursement; **Rückzahlungstermin** M terme *m*, date *f* du remboursement
Rückzieher M ⟨~s; ~⟩ 1 *umg fig* **e-n ~ machen** revenir sur sa décision; faire machine arrière; *umg* se dégonfler 2 FUSSBALL retourné *m*
ruck, zuck *umg* ADV en deux temps (et) trois mouvements; *umg* en cinq sec; **(aber) ~!** *umg* et que ça saute!
Rückzug M MIL retraite *f*; **den ~ antreten** *a. fig* battre en retraite; **zum ~ blasen** sonner la retraite; *fig* battre en retraite
Rückzugsgefecht N combat *m* de retraite, de repli; **Rückzugsmanöver** N manœuvre *f* de repli
Rucola *Pflanze* F ⟨~⟩, *Salat* M ⟨~⟩ roquette *f*
rüde ADJ *pej Benehmen etc* grossier, -ière; brutal; *Ton* °hargneux, -euse; sec, sèche; *Person* brutal
Rüde M ⟨~n; ~n⟩ 1 (chien *m*, renard *m*, loup *m*, *etc*) mâle *m* 2 *Jägersprache* chien *m* de meute, de chasse
Rudel N ⟨~s; ~⟩ 1 *von Wölfen, Hunden* bande *f*; °horde *f*; *von Hirschen* °harde *f*; *von Wildschweinen* compagnie *f* 2 *fig von Menschen* °horde *f*; bande *f*
Ruder N ⟨~s; ~⟩ 1 SCHIFF (*Riemen*) rame *f*; aviron *m*; (*Steuer*) gouvernail *m*; timon *m*; *bei Ruderbooten* barre *f*; *fig* **am ~ sein** être à, tenir la barre; *fig* **ans ~ kommen** prendre la barre, le pouvoir; *fig* **das ~ herumwerfen** changer de cap; *fig* **aus dem ~ laufen** ne plus être contrôlable 2 FLUG gouverne *f*
Ruderbank F ⟨~; -bänke⟩ banc *m* de rameurs, SCHIFF de nage; **Ruderblatt** N *des Riemens* pale *f*, pelle *f* (d'aviron); *des Steuerruders* safran *m*; **Ruderboot** N canot *m*; barque *f*
Ruderer M ⟨~s; ~⟩, **Ruderin** F ⟨-in; -innen⟩ rameur, -euse *m,f*; **Ruderflosse** F ZOOL nageoire *f* gouvernail; **Ruderhaus** N timonerie *f*; **Ruderklub** M société *f* de canotage; club *m* nautique
rudern V/T *u.* V/I ⟨-(e)re, h. *ou* s.⟩ ramer; SPORT faire de l'aviron; *fig* **mit den Armen ~** agiter les bras; *beim Gehen* balancer les bras
Rudern N ⟨~s⟩ canotage *m*; SPORT aviron *m*
Ruderpinne F barre *f* (du gouvernail); timon *m*; **Ruderregatta** F régate *f* (à l'aviron); **Ruderschlag** M coup *m* d'aviron, de rame; **Rudersport** M aviron *m*; **Ruderverein** M → Ruderklub
Rudi M ⟨→ *n/pr*⟩ *prénom*
Rudiment N ⟨~(e)s; ~e⟩ 1 *geh* (*Überbleibsel*) vestige *m* 2 BIOL rudiment *m*; **rudimentär** ADJ *geh* (*nicht voll ausgebildet*), BIOL rudimentaire
Rudolf M ⟨→ *n/pr*⟩ *prénom*
Rudrer(in) M(F) → Ruderer
Ruf M ⟨~(e)s; ~e⟩ 1 (*Schrei*) cri *m*; *e-s Vogels a.* chant *m* 2 ⟨*pas de pl*⟩ (*Forderung, Aufforderung*) demande *f* (**nach** de); *fig des Herzens* voix *f*; **der ~ nach Freiheit, Gerechtigkeit** l'appel *m* à la liberté, à la justice 3 (*Ernennung*) nomination *f*; **e-n ~ an die Universität … erhalten** recevoir une offre de nomination à l'université de … 4 ⟨*pas de pl*⟩ (*Leumund*) réputation *f*; renom *m*; renommée *f*; **angeschlagener ~** renommée ébréchée; **e-n guten, hervorragenden ~ genießen** jouir d'une bonne, excellente réputation; **in e-m schlechten ~ stehen, e-n schlechten ~ haben** avoir (une)

mauvaise réputation; **j-n in schlechten ~ bringen** ruiner la réputation de qn; décrier, dénigrer, diffamer, calomnier qn; **sein ~, geizig zu sein** sa réputation d'avarice; **in dem ~ stehen, geizig zu sein** avoir la réputation d'être avare; **j-s ~ schaden** porter atteinte au renom, à la réputation de qn; **sie ist besser als ihr ~** elle vaut mieux que sa réputation; **von gutem, schlechtem ~** ayant (une) bonne, (une) mauvaise réputation; **ein Künstler von internationalem ~** un artiste de renom international; **ein Gelehrter von ~** un savant célèbre, illustre, en renom; **j-s guten ~ begründen** faire la renommée de qn; **ihr geht der ~ e-r ausgezeichneten Skifahrerin voraus** on lui fait une réputation d'excellente skieuse 5 ⟨pas de pl⟩ ADMIN (~nummer) numéro *m* de téléphone

rufen ⟨ruft, rief, gerufen, h.⟩ A VT 1 (aus~) crier 2 (herbei~) appeler; **zum Essen ~** appeler pour (le) dîner, pour manger; **s-e Geschäfte ~ ihn nach B.** ses affaires l'appellent à B.; **j-n ~ lassen** faire venir qn; **wie gerufen kommen** arriver à point (nommé); tomber bien 3 (*nennen*) **j-n mit** *od* **bei s-m Namen ~** appeler qn par son nom B VI crier; *Vögel a.* chanter; *Pflicht, Vaterland etc* appeler; *bei Protest, Erstaunen, Bewunderung (aus~)* s'écrier; s'exclamer; **nach j-m ~** appeler qn; **um Hilfe ~** crier, appeler au secours; **zu Gott ~** invoquer Dieu

Rüffel *umg* M ⟨~s; ~⟩ semonce *f*; réprimande *f*; *umg* savon *m*; **e-n ~ bekommen** *umg* se faire sonner les cloches; **j-m e-n ~ erteilen** attraper qn; *umg* passer un savon à qn; *umg* secouer les puces à qn

Rufmord M atteinte calomnieuse à la réputation de qn; **Rufname** M prénom usuel; **Rufnummer** F numéro *m* de téléphone; **Rufsäule** F borne *f* d'appel

Rufweite F **in, außer ~** à, °hors de portée de (la) voix

Rufzeichen N 1 TEL tonalité *f* (signalisant que la ligne est libre) 2 *österr* (*Ausrufezeichen*) point *m* d'exclamation

Rugby N ⟨~(s)⟩ SPORT rugby *m*; **Rugbyspieler** M rugbyman *m*

Rüge F ⟨~; ~n⟩ réprimande *f*; admonestation *f*; (*Tadel*) blâme *m*; **scharfe ~** verte semonce; **e-e ~ bekommen** être réprimandé, blâmé; **j-m e-e ~ erteilen** réprimander qn

rügen VT ⟨h.⟩ **j-n ~** réprimander, admonester qn; **etw an j-m ~** critiquer qc chez qn; HANDEL **Mängel ~** faire une réclamation pour vice de fabrication

Ruhe F ⟨~⟩ 1 *bes innere* tranquillité *f*; (*Stille, Gelassenheit*) calme *m*; (*Friede*) paix *f*; (*Unbewegtheit*) repos *m*; immobilité *f*; (*Entspannung*) délassement *m*; (*Erholung*) repos *m*; **unerschütterliche ~** calme *m* imperturbable; **völlige ~** repos complet; **wohlverdiente ~** repos bien gagné; *fig* **die ewige ~** le repos éternel; **die öffentliche ~** l'ordre public; **die öffentliche ~ stören** troubler l'ordre public; **die ~ vor dem Sturm** le calme avant la tempête; **~ ist die erste Bürgerpflicht** le respect de l'ordre public est le premier devoir des citoyens; **lass mich in ~!** laisse-moi tranquille!; **lassen Sie mich damit in ~!** ne m'en parlez pas!; **angenehme ~!** repose-toi *bzw.* reposez-vous bien!; (*gute Nacht!*) bonne nuit!; **er lässt sich nicht aus der ~ bringen** il ne perd jamais son sang-froid; il reste calme; *umg* **die ~ weghaben** être imperturbable; *umg* être cool; (*trödeln*) prendre son temps; **sie ist die ~ selbst**, *umg* **sie hat die ~ weg** c'est le calme en personne; *umg* elle est super cool; **(die) ~ bewahren** garder son calme, son sang-froid; **zur ~ bringen** calmer; **j-n nicht zur ~ kommen lassen** °harceler qn; **in ~ arbeiten** travailler dans le, au calme; *umg* **immer mit der ~!** du calme!; doucement!; *umg* cool!; **machen Sie das in aller ~!** prenez votre temps!; faites cela tranquillement!; ne vous bousculez pas!; **ich will mir das in ~ überlegen** je prendrai ma décision à tête reposée; **die ~ stören** troubler le calme; **ich möchte jetzt meine ~ haben** maintenant, j'aimerais bien qu'on me laisse tranquille; **ich habe keine ~, bis ich …** je n'aurai (pas) de cesse que je ne … (+*subj*) 2 (*Schweigen*) silence *m*; **~!** silence!; la paix!; du calme!; *zu j-m, der stört* **jetzt gib endlich ~!** arrête!; ne m'embête plus! 3 (*Ruhestand*) retraite *f*; **sich zur ~ setzen** se retirer (des affaires); *Beamte* prendre sa retraite

ruhebedürftig ADJ qui a besoin de repos

Ruhegehalt N, **Ruhegeld** N (pension *f* de) retraite *f*; pension *f*; **Ruhelage** F ⟨~⟩ position *f* de repos; **ruhelos** ADJ sans repos; toujours en mouvement; (*unruhig*) inquiet, -ète; (*aufgeregt*) agité; **Ruhelosigkeit** F ⟨~⟩ agitation continuelle; inquiétude *f*

ruhen VI ⟨h.⟩ 1 (aus~) se reposer; prendre du repos; se tenir en *od* au repos; **ich werde nicht eher ~, als bis …** je n'aurai de cesse que … ne … (+*subj*) 2 *geh* (*schlafen*) dormir; faire un somme; **ich wünsche wohl zu ~!** je vous souhaite une bonne nuit!; **ich wünsche wohl geruht zu haben** j'espère que vous avez bien dormi 3 *geh von Toten* **hier ruht …** ici repose …; ci-gît …; **ruhe in Frieden!** repose en paix; **lasst die Toten ~** laissez les morts en paix 4 *fig Verhandlung, Arbeit, Versicherung* être suspendu, arrêté; être en suspens; *Waffen* se taire; *Acker* être en jachère; *Kapital* être immobilisé; **e-e Arbeit ~ lassen** arrêter, cesser une activité, un travail; **e-e Angelegenheit ~ lassen** laisser une affaire en sommeil 5 (*liegen*) **~ auf** (+*dat*) reposer, être posé sur; être porté, soutenu par; *fig, Verantwortung* reposer sur; *Fluch, Verdacht* peser sur; *Blicke* s'arrêter, se fixer, se poser sur

ruhenlassen VT → ruhen 4

Ruhepause F pause *f*; moment *m* de repos; **Ruheraum** M *in e-m Betrieb etc* pièce *f* où on peut se reposer; **Ruhesitz** M endroit choisi pour prendre sa retraite

Ruhestand M ⟨~(e)s⟩ retraite *f*; MIL inactivité *f*; **vorzeitiger ~** retraite anticipée; **im ~** à la retraite; **im ~ sein** être à la, en retraite; **in den ~ versetzen** mettre à la retraite; **in den ~ treten, gehen** prendre sa retraite; se retirer

Ruheständler(in) M ⟨~s; ~⟩ (F) ⟨~in; ~innen⟩ retraité(e) *m(f)*

Ruhestatt *geh* F, **Ruhestätte** *geh* F lieu *m* de repos; *fig* **letzte ~** dernière demeure

Ruhestellung F 1 position *f* de repos 2 MIL cantonnement *m* (de repos); **Ruhestörer(in)** M(F) personne *f* perturbant l'ordre public; POL *a.* fauteur *m* de trouble; *durch Lärm* personne *f* faisant du tapage

Ruhestörung F atteinte *f* à la tranquillité publique; **nächtliche ~** tapage *m* nocturne

Ruhetag M jour *m* de repos; **Ruhezeit** F temps *m* d'arrêt, de repos

Ruhezustand M ⟨~(e)s⟩ état *m* de repos; **im ~** au repos

ruhig A ADJ 1 tranquille; *a. See, Börse* calme; (*leidenschaftslos, gelassen*) calme; (*beruhigt*) rassuré; (*friedlich*) paisible; (*gleichmäßig*) *Atmung* régulier, -ière; *Hand* sûr; **ein ~es Gewissen haben** avoir la conscience tranquille; **~(er) werden** se calmer; se tranquilliser; **in letzter Zeit ist es ~ um sie geworden** ces derniers temps elle ne fait plus beaucoup parler d'elle 2 (*still*) silencieux, -ieuse B ADV 1 tranquillement; calmement; (*ohne Zwischenfälle*) sans incidents; (*gelassen*) avec calme; **~ schlafen** dormir d'un bon sommeil; **~ stellen** MED *Arm, Bein etc* immobiliser; **sich ~ verhalten** se tenir tranquille 2 *umg* (*getrost*) sans problèmes; **du kannst ~ hierbleiben** tu peux rester sans problèmes; **man kann ~ sagen, dass …** on peut dire sans crainte de se tromper que …; **du kannst es ~ tun** tu peux le faire tranquillement, sans hésitation; **sprich sie ~ einmal an** tu n'as qu'à lui (en) parler; **du könntest ~ (ein)mal** (+*inf*) tu ferais bien de (+*inf*); **du könntest dich ~ entschuldigen** tu ferais bien de t'excuser; tu pourrais t'excuser

ruhigstellen VT → ruhig B 1; **Ruhigstellung** F MED immobilisation *f*

Ruhm M ⟨~(e)s⟩ gloire *f*; célébrité *f*; **zum ~e von** (*od* +*gen*) à la gloire de; **auf der Höhe des ~s** au sommet, faîte de la gloire; **~ ernten, erlangen**, *umg hum* **sich mit ~ bekleckern** se couvrir de gloire; **nach ~ streben** viser à la célébrité; aspirer à la gloire; **großen ~ genießen** jouir d'une grande célébrité; **dieses Werk begründete s-n ~** cette œuvre l'a rendu célèbre

rühmen ⟨h.⟩ A VT (*loben*) faire l'éloge de; (*preisen*) célébrer; glorifier; vanter; **j-n wegen etw ~** faire l'éloge de qn pour qc B VR **sich (e-r Sache** [*gen*]**) ~** se vanter, se glorifier (de qc); **ohne mich damit ~ zu wollen** sans vouloir m'en vanter

rühmenswert ADJ digne d'éloges; glorieux, -ieuse; louable

Ruhmesblatt N ⟨~(e)s⟩ *fig* **es war kein ~ für ihn** cela n'était pas à son honneur

Ruhmestat *geh* F exploit glorieux

rühmlich ADJ glorieux, -ieuse; louable; honorable; *Ausnahme* heureux, -euse; **kein ~es Ende nehmen** finir mal

ruhmlos ADJ sans gloire; **ruhmreich** ADJ glorieux, -ieuse; **Ruhmsucht** F ⟨~⟩ désir *m* de gloire; gloriole *f*; **ruhmvoll** ADJ glorieux, -ieuse

Ruhr[1] F ⟨~⟩ MED dysenterie *f*

Ruhr[2] ⟨→ *n/pr*⟩ GEOG **die ~** la Ruhr

Rührei N œufs brouillés

rühren ⟨h.⟩ A VT 1 (*bewegen*) mouvoir; remuer; bouger; **kein Glied ~ können** ne pas pouvoir bouger, se remuer 2 GASTR (*um~*) remuer; **etw unter, in etw** (*akk*) **~** mélanger qc à qc en remuant 3 (*in Rührung versetzen*) toucher; attendrir; émouvoir; remuer; **das alles rührt ihn nicht** tout cela lui est indifférent, égal; **durch etw gerührt werden** être touché par qc; **j-n zu Tränen ~** toucher, émouvoir qn (jusqu')aux larmes; **ein menschliches Rühren verspüren** ressentir de la compassion; *fig hum* avoir un besoin pressant 4 **die Trommel ~** battre le tambour B VI 1 (*um~*) remuer 2 *fig* **an etw** (*akk*) **~** parler de qc 3 **das rührt daher, dass …** cela vient de ce que … C VR **sich ~** se remuer; bouger; *fig* (*sich melden*) se manifester; **rühr dich nicht (von der Stelle, vom Fleck)!** reste là!; ne bouge pas!; MIL **rührt euch!** repos!; **er rührte sich nicht mehr** il ne bougeait plus; **es rührt sich kein Lüftchen** il n'y a pas un souffle d'air; **es rührt sich nichts** rien ne bouge; *fig* il ne se passe rien; **sein Gewissen rührt sich** sa conscience parle

rührend ADJT touchant (*a. iron*); émouvant

Ruhrgebiet N ⟨~(e)s⟩ (bassin *m*, district *m* de) la Ruhr; **im ~** dans la Ruhr

rührig ADJ actif, -ive; (*flink*) agile; (*unternehmend*) dégourdi; dynamique; **Rührigkeit** F ⟨~⟩ activité *f*; dynamisme *m*

Ruhrkranke(r) M/F(M) dysentérique *m/f*

Rührlöffel M mouvette *f*; *aus Holz* cuillère *f* en bois

R

Rührmichnichtan N ⟨~; ~⟩ BOT balsamine *f* des bois; impatiente *f*
rührselig ADJ sentimental; *pej* larmoyant; **Rührseligkeit** F ⟨~⟩ sentimentalité *f*; *pej von Personen* sensiblerie *f*; **Rührstück** N THEAT mélodrame *m*; *umg* mélo *m*
Rührteig M GASTR *pâte à gâteau de consistance molle*
Rührung F ⟨~⟩ émotion *f*; attendrissement *m*; **ohne (sichtbare) ~** sans émotion (apparente); **s-e ~ nicht verbergen können** ne pas pouvoir cacher son émotion; **keinerlei ~ verspüren** ne ressentir aucune émotion
Rührwerk N TECH agitateur *m*; mélangeur *m*; malaxeur *m*
Ruin M ⟨~s⟩ ruine *f*; perte *f*; *umg* déconfiture *f*; **er steht vor dem ~** il est au bord de la ruine; **dem** *od* **s-m ~ entgegengehen** aller, courir à sa ruine
Ruine F ⟨~; ~n⟩ 1 ruine *f*; *(Trümmer)* ruines *fpl* 2 *fig Mensch* épave *f*
ruinieren ⟨*pas de ge-*, h.⟩ A VT 1 ruiner; **ruiniert sein** être ruiné 2 *fig (beschädigen)* gâter; abîmer B VR **sich ~** se ruiner
ruinös ADJ ruineux, -euse
rülpsen *umg* VI ⟨-(es)t, h.⟩ *umg* roter
Rülpser *umg* M ⟨~s; ~⟩ *umg* rot *m*
rum *umg* → herum
Rum M ⟨~s; ~s⟩ rhum *m*
Rumäne M ⟨~n; ~n⟩, **Rumänin** F ⟨-in; -innen⟩ Roumain(e) *m(f)*
Rumänien N ⟨→ *n/pr*⟩ la Roumanie
rumänisch ADJ roumain; de (la) Roumanie
Rumänisch N ⟨~(s)⟩, **Rumänische** N ⟨~n⟩ **(das) Rumänisch(e)** *Sprache* le roumain
Rumba M ⟨~s; ~s⟩ *od* F ⟨~; ~s⟩ *Tanz* rumba *f*
rumgammeln *umg* VI ⟨-(e)le, *sép*, -ge-, h.⟩ traîner; *umg* glander
rumhängen *umg* VI ⟨*irr, sép*, -ge-, h.⟩ traîner; **immer bei j-m ~** *umg* être toujours fourré chez qn
rumkommen *umg* VI ⟨*irr, sép*, -ge-, s.⟩ voyager; **viel ~** beaucoup voyager; *umg* bourlinguer
rumkriegen *umg* VT ⟨*sép*, -ge-, h.⟩ 1 *Zeit* tuer 2 *(überreden)* persuader; *umg* manœuvrer
Rumkugel F chocolat fourré au rhum
rumlungern *umg* VI ⟨-(e)re, *sép*, -ge-, h.⟩ traîner; *plus fort umg* ne rien foutre
rummachen *umg* VI ⟨*sép*, -ge-, h.⟩ **an etw ~** *umg* tripoter qc; **an j-m ~** *umg* peloter qn
Rummel *umg* M ⟨~s⟩ 1 *(Betrieb) umg* foire *f*; *(Durcheinander)* remue-ménage *m*; tohu-bohu *m*; *(Lärm) umg* boucan *m*; *(Reklamerummel)* battage *m*; **das ist ein ~ hier** *umg* c'est la foire ici; **e-n großen ~ um etw machen** *umg* faire tout un plat de qc 2 *regional (Jahrmarkt)* foire *f*; fête foraine
Rummelplatz M *regional* champ *m* de foire; parc *m* d'attractions
rumoren VI ⟨*pas de ge-*, h.⟩ faire du tapage, du bruit; *umg* **es rumort in meinem Bauch** *umg* mon ventre gargouille
Rumoren N ⟨~s⟩ tapage *m*; bruit *m*
Rumpelkammer *umg* F débarras *m*; *umg* cagibi *m*
rumpeln *umg* VI ⟨-(e)le, h.⟩ 1 *(poltern)* faire du tapage 2 ⟨s.⟩ *Fahrzeug* cahoter
Rumpelstilzchen N ⟨~s⟩ *personnage d'un conte de fées allemand (dont le nom doit rester secret afin de garder son pouvoir magique)*
Rumpf M ⟨~(e)s; ~̈e⟩ ANAT tronc *m*; *von Geflügel* carcasse *f*; *e-r Statue* torse *m*; *e-s Schiffs* coque *f*; carcasse *f*; carène *f*; *e-s Flugzeugs* fuselage *m*; carlingue *f*; **den ~ beugen** fléchir le tronc
Rumpfbeuge F GYMNASTIK flexion *f* du tronc
rümpfen VT ⟨h.⟩ **die Nase ~** faire la moue, la grimace; **(über etw** *[akk]***) die Nase ~** faire le *bzw.* la dégoûté(e) (à propos de qc); froncer le nez (devant qc)
Rumpsteak N GASTR romsteck *m*
rums *umg* INT boum!
rumsen *umg* VI ⟨h. *ou* s.⟩ **er ist gegen den Schrank gerumst** il s'est cogné contre l'armoire; *fig* **dort hat es heute morgen gerumst** ce matin il y a eu un accident, il y a eu du dégât là-bas
Rumtopf M GASTR fruits (marinés) dans du rhum
rumtreiben *umg* VR ⟨*irr, sép*, -ge-, h.⟩ **sich ~** traîner
Rumtreiber(in) *umg* M ⟨~s; ~⟩ (F) ⟨~in; ~innen⟩ personne *f* qui traîne dans les rues, les cafés, *etc*; *(Streuner[in])* vagabond(e) *m(f)*
Rumverschnitt M rhum *m* de coupage
Run M ⟨~s; ~s⟩ ruée *f* **(auf** *[+akk]***)** sur)
rund A ADJ *a. Zahl* rond; *(abgerundet)* arrondi; *(kreisförmig)* circulaire; *t/t* orbiculaire; *(kugelförmig)* sphérique; *(dicklich)* rondelet, -ette; *bes Kind* potelé; *Gesicht* plein; joufflu; *Backen* rebondi; plein; **~er Platz** rond-point *m*; **~es Beet** corbeille *f*; **e-e ~e Summe** un compte rond; *fig* **~er Tisch, Gespräche** *npl* **am ~en Tisch** table ronde; *fig* **e-e ~e Sache sein** *umg* être impeccable; **~ werden** s'arrondir; **~ machen** arrondir B ADV 1 **~ um etw herum** tout autour de qc; *umg* **~ um die Uhr** vingt-quatre heures sur vingt-quatre 2 *fig* **alles ~ ums Haus, Kochen** tout ce qui concerne la maison, la cuisine 3 *umg (etwa)* environ; en chiffres ronds; *bei e-r Summe a.* dans les …
Rund *geh* N ⟨~s; ~e⟩ rond *m*
Rundbau M ⟨~(e)s; ~ten⟩ rotonde *f*; **Rundbeet** N GARTEN corbeille *f*; **Rundblick** M panorama *m*; **Rundbogen** M ARCH (arc *m* en plein) cintre *m*; **Rundbrief** M circulaire *f*; **Runddorf** N village *m* à plan circulaire
Runde F ⟨~; ~n⟩ 1 *(Umkreis)* ronde *f*; rond *m*; **in die ~ blicken** jeter un coup d'œil circulaire 2 *(Rundgang)* ronde *f*; **s-e ~ machen** *Wächter etc* faire sa ronde; *Briefträger* faire sa tournée; *fig* **die ~ machen** *Gerücht, Becher* faire le tour 3 *(Gesellschaft)* compagnie *f*; cercle *m*; *(Tischrunde)* tablée *f*; **e-e fröhliche ~** une joyeuse compagnie, tablée 4 *bei Getränken* tournée *f*; **e-e ~ zahlen, spendieren, ausgeben** offrir, payer une tournée 5 *beim Laufen, Rennen* tour *m*; *beim Spielen* partie *f*; manche *f*; BOXEN round *m*; reprise *f*; RADSPORT **~n drehen** faire des tours de piste; *umg fig* **(mit etw) über die ~n kommen** *umg* s'en tirer, *umg* s'en sortir (avec qc); *umg* **etw über die ~n bringen** terminer, finir qc; en finir avec qc
runden VT *(u.* VR*)* ⟨-ete, h.⟩ **(sich) ~** (s')arrondir
Rundenzahl F SPORT nombre *m* de tours; **Rundenzähler** M SPORT pointeur *m* de tours
Runderlass M circulaire *f*; **runderneuern** VT ⟨-(e)re, *les temps simples ne s'emploient pas dans une principale, pas de ge-*, h.⟩ *Reifen* rechaper; **Runderneuerung** F *von Reifen* rechapage *m*
Rundfahrt F circuit *m* (touristique); tour *m*; *mit Führung* visite guidée, commentée; **e-e kleine ~ auf dem Meer** une promenade en mer; **e-e ~ durch die Stadt machen** faire le tour de la ville; **e-e ~ auf dem See machen** faire une promenade en bateau sur le lac; **e-e ~ um den See machen** faire le tour du lac
Rundfeile F TECH lime ronde; queue-de-rat *f*; **Rundflug** M circuit aérien; **Rundfrage** F (petite) enquête
Rundfunk M 1 *Technik* radiodiffusion *f* 2 *Einrichtung, Gebäude* station *f* de radiodiffusion; radio *f*; **im ~** à la radio; **im ~ übertragen** radiodiffuser; **im ~ übertragen werden** *a.* passer à la radio; **er arbeitet beim ~** il travaille à la radio
Rundfunkansager(in) M(F) speaker *m*; speakerine *f*; **Rundfunkansprache** F allocution radiodiffusée, à la radio; **Rundfunkanstalt** F station *f* de radiodiffusion; **Rundfunkapparat** M poste *m*, appareil *m* de radio; **Rundfunkdurchsage** F message radiodiffusé, radio; **Rundfunkempfang** M ⟨~(e)s⟩ audition *f*, réception *f* radiophonique; **Rundfunkempfänger** M récepteur *m* radio; **Rundfunkgebühr** F redevance *f* radio; **Rundfunkgerät** N poste *m*, appareil *m* de radio; **Rundfunkhörer(in)** M(F) auditeur, -trice *m,f* (de la radio); **Rundfunkindustrie** F industrie *f* de la radio(phonie); **Rundfunkprogramm** N *Sendung, Ankündigung* programme *m* des émissions radio(phoniques); **Rundfunkredakteur(in)** M(F) journaliste *m/f* travaillant à la radio; **Rundfunkreklame** F publicité *f* radiophonique; radiopublicité *f*; **Rundfunkreportage** F radioreportage *m*; **Rundfunkreporter(in)** M(F) radioreporter *m/f*; **Rundfunksatellit** M satellite *m* de radiodiffusion; **Rundfunksender** M (poste *m*) émetteur *m* de radio; → *a.* Rundfunkstation; **Rundfunksendung** F émission *f* radiophonique, de radio; **Rundfunksprecher(in)** M(F) speaker *m*, speakerine *f* à la radio; **Rundfunkstation** F station *f* radiophonique; station émettrice de radiodiffusion; **Rundfunktechnik** F ⟨~⟩ radiotechnique *f*; **Rundfunktechniker** M radiotechnicien *m*; technicien *m* radio; **Rundfunkteilnehmer(in)** M(F) possesseur *m* d'un récepteur radio; *(Rundfunkhörer[in])* auditeur, -trice *m,f* (de la radio); **Rundfunkübertragung** F retransmission *f* radiophonique; **Rundfunkwerbung** F publicité *f* radiophonique
Rundgang M 1 tour *m*; MIL, *e-s Wächters* ronde *f* 2 ARCH galerie *f*
rundgehen *umg* V/UNPERS ⟨*irr, sép*, -ge-, s.⟩ **es geht rund** *(es ist viel los)* c'est le coup de feu; *(es geht hoch her) umg* ça donne
rundheraus ADV franchement; tout net
rundherum ADV 1 *(ringsum)* tout autour (**um** de); à la ronde 2 *(völlig)* parfaitement; *umg* **sie ist ~ glücklich** elle est parfaitement heureuse
Rundholz N bois rond; **Rundkurs** M circuit *m*; **rundlich** ADJ arrondi; *Person* rondelet, -ette; *bes Kind* potelé; **Rundlichkeit** F ⟨~⟩ formes arrondies; **rundmachen** VT ⟨*sép*, -ge-, h.⟩ arrondir; **Rundmail** F IT mail groupé; **Rundreise** F tour *m*; circuit *m*; périple *m*; **Rundruf** M *durch Telefon, Funk* message *m*; **Rundschau** F ⟨~⟩ 1 *geh (Rundblick)* panorama *m* 2 *Zeitungsname* revue *f* 3 RADIO chronique *f*; **Rundschlag** M SPORT swing *m*; *fig* attaque générale (**gegen** contre); **Rundschreiben** N circulaire *f*; **Rundstrecke** F circuit *m*; **Rundstricknadel** F aiguille *f* à tricoter circulaire; **Rundstück** N *nordd* petit pain *m*; **Rundtanz** M ronde *f*
rundum → rundherum; **Rundumschlag** → Rundschlag
Rundung F ⟨~; ~en⟩ rondeur *f*; rond *m*; *an e-m Werkstück* arrondi *m*; *e-r Säule, Vase* galbe *m*; **(weibliche) ~en** *umg* rondeurs *fpl*
Rundwanderweg M circuit *m* pédestre
rundweg *umg* ADV tout net; *umg* carrément
Rundweg → Rundwanderweg
Rune F ⟨~; ~n⟩ rune *f*
Runenschrift F caractères *mpl* runiques;

Runenstein M pierre *f* runique
Runkelrübe F betterave fourragère
runter *umg* → herunter, hinunter; **~ da!** descends de là!
runterhauen VT ⟨*irr, sép*, -ge-, h.⟩ *umg* **j-m e-e** *od* **ein paar ~** *umg* flanquer une gifle, une paire de gifles à qn
runterholen ⟨*sép*, -ge-, h.⟩ **A** *umg* VT descendre **B** VR *sl* **sich** (*dat*) **e-n ~** *sl* se branler
runterkriegen *umg* VT ⟨*sép*, -ge-, h.⟩ **1** *Gegenstand* (arriver à) descendre **2** *Essen, Trinken* (arriver à) avaler **3** (*wegkriegen*) (arriver à) enlever; se débarrasser de
runterputzen VT ⟨*sép*, -ge-, h.⟩ *umg* **j-n ~** *umg* descendre qn en flèche; *umg* incendier qn
Runzel F ⟨~; ~n⟩ ride *f*; **~n bekommen** se rider
runz(e)lig ADJ ridé; (*zusammengeschrumpft*) ratatiné; **runz(e)lig werden** se rider
runzeln VT (*u.* VR) ⟨-(e)le, h.⟩ **(sich) ~** (se) rider; froncer; **die Stirn ~** froncer les sourcils; se renfrogner
Runzeln N ⟨~s⟩ froncement *m* (de sourcils)
Rüpel M ⟨~s; ~⟩ mufle *m*; malotru *m*; goujat *m*; butor *m*
Rüpelei F ⟨~; ~en⟩ grossièreté *f*; muflerie *f*; goujaterie *f*
rüpelhaft ADJ grossier, -ière; mufle; **Rüpelhaftigkeit** F ⟨~⟩ → Rüpelei
rupfen VT ⟨h.⟩ *Unkraut etc* arracher; *Geflügel* plumer; *umg fig* **j-n ~** *umg* plumer, tondre qn
Rupfen[1] N ⟨~s⟩ *von Unkraut etc* arrachement *m*; *von Geflügel* plumée *f* (*a. fig*)
Rupfen[2] M ⟨~s; ~⟩ TEX jute *m*
Rupie F ⟨~; ~n⟩ *Währung* roupie *f*
ruppig ADJ *Person, Benehmen* grossier, -ière; *Ton* brusque; (*gewalttätig*) brutal (*a.* SPORT); **Ruppigkeit** F ⟨~; ~en⟩ *e-r Person, des Benehmens* grossièreté *f*; *meist pl* **~en** (*Gewalttätigkeit*) brutalité(s) *f(pl)*
Ruprecht M *regional* **Knecht ~** père Fouettard
Rüsche F ⟨~; ~n⟩ MODE ruche *f*
rüschen VT ⟨h.⟩ MODE rucher
Ruß M ⟨~es⟩ suie *f*
Russe M ⟨~n; ~n⟩ Russe *m*
Rüssel M ⟨~s; ~⟩ **1** ZOOL (*Elefantenrüssel, Insektenrüssel*) trompe *f*; *des Schweins* groin *m* **2** *umg fig* (*Nase*) *umg* pif *m*; **rüsselförmig** ADJ en forme de trompe, de groin; **Rüsselkäfer** M ZOOL charançon *m*; **Rüsseltier** N *t/t* proboscidien *m*
rußen ⟨-(es)t, h.⟩ **A** VT noircir de suie **B** VI *Kerze etc* fumer
Rußfilter M *bei Dieselmotoren* filtre *m* à particules; **Rußfleck** M tache *f* de suie; **rußgeschwärzt** ADJT noirci par la suie
rußig ADJ couvert de suie; noirci par la suie
Russin F ⟨~; ~nen⟩ Russe *f*
russisch ADJ russe; de Russie; POL *in Zssgn* russo-…; GASTR **~e Eier** *npl* œufs *mpl* à la russe
Russisch N ⟨~(s)⟩, **Russische** N ⟨~n⟩ **(das) Russisch(e)** *Sprache* le russe
Russland N ⟨→ *n/pr*⟩ la Russie; **Russlanddeutsche(r)** M/F(M) Allemand(e) *m(f)* de souche né(e) en Russie
Rußpartikelfilter M *bei Dieselmotoren* filtre *m* à particules
rüsten ⟨-ete, h.⟩ **A** VT (*u.* VR) **(sich) ~ (zu)** (se) préparer (à, pour); (s')apprêter, se disposer (à); faire ses préparatifs (pour) **B** VI MIL armer; **zum Krieg ~** faire des préparatifs de guerre
Rüster F ⟨~; ~n⟩ BOT orme *m*
rüstig ADJ robuste; solide; (*noch ~*) vert; (*regsam*) alerte; **Rüstigkeit** F ⟨~⟩ vigueur *f*; force *f* de l'âge; verdeur *f*
rustikal ADJ *Möbel, Haus* de style rustique; *Essen* campagnard; simple
Rüstung F ⟨~; ~en⟩ **1** MIL (*Aufrüstung*) armements *mpl* **2** HIST (*Ritterrüstung*) armure *f*
Rüstungsausgaben FPL dépenses *fpl* militaires (consacrées à l'armement); **Rüstungsbegrenzung** F limitation *f*, réduction *f* des armements; **Rüstungsbeschränkung** F limitation *f*, réduction *f* des armements; **Rüstungsbetrieb** M usine *f* d'armement; **Rüstungsexport** M exportation *f* d'armes; **Rüstungsfabrikant** M fabricant *m* de matériel de guerre; **Rüstungshaushalt** M budget *m* de la Défense; **Rüstungsindustrie** F industrie *f* d'armement; **Rüstungskontrolle** F contrôle *m* des armements; **Rüstungsmaterial** N matériel *m* de guerre; armement *m*; **Rüstungspolitik** F politique *f* d'armement; **Rüstungsproduktion** F production *f* d'armement; **Rüstungsstopp** M arrêt *m* du processus d'armement; **Rüstungswettlauf** M course *f* aux armements
Rüstzeug N matériel *m*; outillage *m*; **(geistiges) ~** bagage (intellectuel)
Rute F ⟨~; ~n⟩ **1** (*Stock, Zweig*) verge *f*; baguette *f* **2** *zur Züchtigung* baguette *f*; férule *f* **3** *Jägersprache* (*Schwanz*) queue *f* **4** (*Angelrute*) canne *f* à pêche; (*Wünschelrute*) baguette *f* de sourcier **5** *sl* (*Penis*) verge *f*; *sl* queue *f* **6** *altes Maß* perche *f*
Rutenbündel N paquet *m* de verges
Rutengänger M ⟨~s; ~⟩ sourcier *m*; radiesthésiste *m*
Ruth F ⟨→ *n/pr*⟩ *prénom*; BIBEL Ruth *f*
Rutsch M ⟨~(e)s; ~e⟩ **1** *von Erdmassen* glissement *m*; éboulement *m*; *umg fig* **in e-m ~** (*auf einmal*) d'un (seul) coup; (*aufeinanderfolgend*) dans la foulée **2** *umg* (*Spritztour*) *umg* virée *f*; petit tour; *umg* **guten ~ (ins neue Jahr)!** bonne année!
Rutschbahn F glissoire *f*; toboggan *m*; *fig* **die Straße ist die reinste ~** la route est une vraie patinoire
Rutsche F ⟨~; ~n⟩ toboggan *m*
rutschen VI ⟨s.⟩ glisser; *Fahrzeug a.* déraper; *Erdreich* s'ébouler; *Kupplung* patiner; (*herunter~*) *Personen* se laisser glisser; faire une glissade; *Essen* descendre; passer; **ins Rutschen kommen** *Person* glisser; *Fahrzeug* déraper; **auf der Bank hin und her ~** bouger (à droite et à gauche) sur le banc; **das Glas ist mir aus der Hand gerutscht** le verre m'a glissé des mains; *umg* **rutsch mal ein Stück!** pousse-toi!
rutschfest ADJ antidérapant
Rutschgefahr F ⟨~⟩ **Vorsicht, ~!** attention, ça glisse!
rutschig ADJ glissant; **es ist ~** *a.* ça glisse
Rutschpartie *umg* F glissades *fpl*
rütteln ⟨-(e)le, h.⟩ **A** VT secouer; **j-n aus dem Schlaf ~** secouer qn pour le réveiller; *geh* **ein gerüttelt Maß an** (+*dat*) une bonne dose de **B** VI *Fahrzeug* cahoter; *Maschine* vibrer; **an etw** (*dat*) **~** secouer qc; *fig* **daran ist nicht zu ~** c'est définitif
Rüttler M ⟨~s; ~⟩ BAU vibrateur *m*
RVO F ⟨~⟩ ABK (Reichsversicherungsordnung) code *m* de la Sécurité Sociale allemande
Rwanda → Ruanda; **Rwander(in)** → Ruander(in); **rwandisch** → ruandisch

S

S, s N ⟨S, s; S, s⟩ *Buchstabe* S, s *m*
S ABK **1** (*Süd[en]*) S. (sud) **2** (*Schilling*) HIST SCH (schilling)
s ABK (Sekunde) s (seconde)
s. ABK (siehe) v. (voir, voyez)
S. ABK (Seite) p. (page)
Sa ABK (Samstag) sam (samedi)
SA F ⟨~⟩ HIST ABK (Sturmabteilung) SA *f* (*formation paramilitaire nazie*)
s. a. ABK (siehe auch) voir aussi; cf. aussi
Saal M ⟨~(e)s; Säle⟩ salle *f*; **Saalbau** M ⟨~(e)s; ~ten⟩ °hall *m*; grande salle; **Saalordner** M membre *m* du service d'ordre; **Saalschlacht** F bagarre *f* (dans la salle); **Saaltochter** F *schweiz* serveuse *f*
Saar ⟨→ *n/pr*⟩ **die ~** la Sarre
Saarbrücken N ⟨→ *n/pr*⟩ Sarrebruck; **Saargebiet** N ⟨~(e)s⟩ HIST Sarre *f*; **Saarland** N ⟨-(e)s⟩ Sarre *f*; **Saarländer(in)** M ⟨~s; ~⟩ (F) ⟨~in; ~innen⟩ Sarrois(e) *m(f)*; **saarländisch** ADJ sarrois
Saat F ⟨~; ~en⟩ **1** ⟨*pas de pl*⟩ (*das Säen*) semailles *fpl* **2** (*~gut*) semence(s) *f(pl)*; (*sprossende Pflanzen*) semis *m*; AGR (*Getreide*) blé *m* en herbe; **die ~ geht auf** les semences lèvent **3** *fig geh* germe *m*; **die ~ der Gewalt** la graine de violence
Saatgetreide N céréales *fpl* de semence; (*Weizen*) *a.* blé *m* de semence; **Saatgut** N ⟨~(e)s⟩ semences *fpl*; graine *f* de semence; **Saatkartoffel** F pomme *f* de terre de semence; **Saatkorn** N ⟨~(e)s; -körner⟩ **1** (*Samenkorn*) grain *m* **2** ⟨*pas de pl*⟩ (*Saatgetreide*) blé *m* de semence; **Saatkrähe** F ZOOL freux *m*; **Saatzeit** F (époque *f* des) semailles *fpl*
Sabbat M ⟨~s; ~e⟩ sabbat *m*; **Sabbatjahr** N année *f* sabbatique; **Sabbatruhe** F repos *m* du sabbat
sabbeln *umg nordd* VI ⟨-(e)le, h.⟩ → sabbern
Sabber *umg* M ⟨~s⟩ bave *f*
sabbern *umg* VI ⟨-(e)re, h.⟩ **1** (*speicheln*) baver **2** (*schwatzen*) bavarder
Säbel M ⟨~s; ~⟩ sabre *m*; *fig* **mit dem ~ rasseln** brandir la menace de guerre
Säbelbeine *umg hum* NPL jambes arquées, en cerceau; **Säbelfechten** N (escrime *m* au) sabre *m*; **säbelförmig** ADJ en forme de sabre; **Säbelgerassel** N *fig* chantage *m* à la guerre; **Säbelhieb** M coup *m* de sabre
säbeln *umg pej* VI ⟨-(e)le, h.⟩ (*ungeschickt schneiden*) (mal) couper
Säbelrasseln N → Säbelgerassel; **Säbelzahntiger** M machairodus *m*
Sabine F ⟨→ *n/pr*⟩ *prénom*
Sabotage F ⟨~; ~n⟩ sabotage *m*; **~ treiben** faire du sabotage
Sabotageakt M acte *m* de sabotage
Saboteur(in) M ⟨~s; ~e⟩ (F) ⟨~in; ~innen⟩ saboteur, -euse *m,f*; **sabotieren** VT ⟨*pas de ge-*, h.⟩ saboter
Saccharin N ⟨~s⟩ saccharine *f*
Sachalin N ⟨→ *n/pr*⟩ Sakhaline
Sacharin N ⟨~s⟩ saccharine *f*
Sachaufwendungen FPL, **Sachausgaben** FPL dépenses *fpl* de matériel; **Sachbearbeiter(in)** M(F) responsable *m/f* (d'un dossier); *als Berufsbezeichnung etwa* adjoint(e) administratif, -ive; **Sachbereich** M domaine *m*; **Sachbeschädigung** F détérioration *f* volontaire; **sachbezogen** **A** ADJ approprié; pertinent **B** ADV à propos; **Sachbezüge** MPL rétribution *f*, salaire *m*, rémunération *f* en nature; **Sachbuch** N ouvrage *m* prati-

que; **sachdienlich** ADJ ADMIN pertinent; à propos; (nützlich) utile; **Sachdienlichkeit** F ⟨~⟩ ADMIN pertinence f; à-propos m; utilité f

Sache F ⟨~; ~n⟩ 1 (Ding) chose f; fig ~n pl (Kleider, Habseligkeiten) affaires fpl; **er weiß noch ganz andere ~n** il en connaît bien d'autres; umg **~n gibt's(, die gibt's gar nicht)!** en voilà de belles!; c'est du propre!; c'est la meilleure!; umg **mach keine ~n!** ne fais pas d'histoires!; umg **was sind denn das für ~n?** qu'est-ce que c'est que cette histoire-là? 2 (Angelegenheit) affaire f; question f; (Begebenheit) événement m; (Umstand) circonstance f; **abgekartete ~** umg coup monté; **es ist beschlossene ~, dass …** il est convenu, il a été décidé que … (+ind); **die ~ ist die …** c'est que …; l'affaire est la suivante: …; **das ist Ihre ~** c'est votre affaire; **das ist e-e andere ~** c'est autre chose; c'est une autre affaire; **das ist e-e ~ für sich** c'est une chose à part; c'est un cas spécial; **das ist so e-e ~** c'est délicat; c'est difficile à dire; **das ist die einfachste ~ (von) der Welt** c'est la chose la plus simple du monde; **das ist nicht jedermanns ~** (gefällt nicht jedem) ce n'est pas du goût de tout le monde; (versteht nicht jeder) ce n'est pas à la portée de tout le monde; **ich muss wissen, was an der ~ wirklich dran ist** je tiens à savoir exactement ce qu'il en est; **ganz bei der ~ sein** être tout à son affaire; **nicht bei der ~ sein** être distrait; **zur ~ kommen** (konkret werden) (en) venir au fait; **s-r ~** (gen) **sicher sein** être sûr de son fait, de son affaire; **s-e ~ verstehen** connaître son métier; **etw von der ~ verstehen** être du métier; s'y connaître; **es ist ~ des Parlaments zu** (+inf) il appartient au parlement de (+inf); **das tut nichts zur ~** cela ne change rien à l'affaire, à la question; **Fragen zur ~ stellen** poser des questions pertinentes, précises; **das trifft den Kern der ~ nicht** la question n'est pas là; **mit j-m gemeinsame ~ machen** faire cause commune avec qn; umg **jetzt sag mir mal, was ~ ist!** et maintenant, dis-moi vraiment ce qu'il en est 3 ⟨pas de pl⟩ (Anliegen) cause f; **j-n für s-e ~ gewinnen** gagner qn à sa cause; **e-e schlechte ~ verteidigen** plaider une mauvaise cause; **in eigener ~** pro domo; en son propre nom 4 JUR affaire f; cause f; **in ~n Galler gegen …** en bzw. dans l'affaire Galler contre …; fig **in ~n Umweltschutz** en matière de protection de l'environnement 5 umg (Stundenkilometer) **mit hundert ~n** à cent à l'heure

Sacheinlage F HANDEL apport m en nature

Sachenrecht N ⟨~(e)s⟩ JUR droit m des choses; droit réel

Sachertorte F GASTR gâteau viennois au chocolat

Sachfrage F question f de fond, de fait; **sachfremd** ADJ impropre; inadéquat; **Sachgebiet** N domaine m; matière f; (Ressort) ressort m; **sachgemäß**, **sachgerecht** A ADJ Verpackung, Behandlung adéquat; convenable; approprié; Darstellung, Bericht objectif, -ive; conforme aux faits B ADV convenablement; d'une façon appropriée; **Sachkatalog** M e-r Bibliothek catalogue-matières m; **Sachkenner(in)** M(F) connaisseur, -euse m,f; expert m; spécialiste m/f; **Sachkenntnis** F connaissance f de la matière, des faits; compétence f; **Sachkunde** F ⟨~⟩ 1 (Sachkenntnis) compétence f 2 Schulfach etwa activités fpl d'éveil; **sachkundig** ADJ expert; compétent; **Sachkundige(r)** M/F(M) ⟨→ A⟩ → Sachkenner(in)

Sachlage F ⟨~⟩ état m de choses, de fait; situation f; circonstances fpl; **in völliger Verkennung der ~** geh dans une totale méconnaissance des faits od de la situation; **bei der gegenwärtigen ~** dans cet état de choses; au point où en sont les choses

Sachleistungen FPL prestations fpl en nature

sachlich A ADJ 1 ⟨épithète⟩ (dinglich) matériel, -ielle 2 (nüchtern) réaliste; (prosaisch) prosaïque; (ohne Verzierungen) sobre; BAU fonctionnel, -elle 3 (objektiv) objectif, -ive; concret, -ète; **~ bleiben** rester objectif, -ive; **~ sein** s'en tenir aux faits B ADV objectivement; concrètement; **~ richtig** irréprochable quant au fond, sur le fond

sächlich ADJ GRAM neutre

Sachlichkeit F ⟨~⟩ 1 (Objektivität) objectivité f 2 (Nüchternheit) réalisme m; caractère m pratique; des Stils précision f; sobriété f; KUNST **die Neue ~** la Nouvelle Objectivité

Sachregister N index m; répertoire m; **Sachschaden** M dégât, dommage matériel

Sachse M ⟨~n; ~n⟩ Saxon m

sächseln V/I ⟨-(e)le, h.⟩ avoir l'accent saxon; parler le dialecte saxon

Sachsen N ⟨→ n/pr⟩ la Saxe

Sachsen-Anhalt N ⟨→ n/pr⟩ la Saxe-Anhalt

Sächsin F ⟨~; ~nen⟩ Saxonne f

sächsisch ADJ saxon, -onne; de Saxe

Sachspende F don m (en nature)

sacht(e) ADV (vorsichtig) avec précaution; en douceur; doucement; (unmerklich) insensiblement; imperceptiblement; (allmählich) pas à pas; peu à peu

Sachverhalt M ⟨~(e)s; ~e⟩ faits mpl; circonstances fpl; situation f; état m de(s) choses; **der wahre, wirkliche ~** la vérité des faits; **den ~ darlegen** exposer les faits

Sachversicherung F assurance f contre les dégâts matériels; **Sachverstand** M compétence f; **sachverständig** ADJ compétent; expert; **Sachverständige(r)** M/F(M) ⟨→ A⟩ expert m; **Sachverständigenausschuss** M comité m, conseil m d'expert(s); **Sachverständigengutachten** N expertise f; rapport m d'expert(s); **Sachwalter(in)** M ⟨~s; ~⟩ (F) ⟨~in; ~innen⟩ 1 JUR (Vertreter[in]) agent m; mandataire m/f; (Verwalter[in]) administrateur, -trice m,f 2 geh fig (Fürsprecher[in]) avocat(e) m(f)

Sachwert M valeur réelle; **~e** pl biens réels

Sachwissen N connaissances fpl; savoir m; **Sachwörterbuch** N dictionnaire m encyclopédique; **Sachzwang** M force f des choses; contrainte f (due aux circonstances)

Sack M ⟨~(e)s; ¨~e⟩ 1 sac m; MED a. poche f; **ein ~ Korn** un sac de blé; **der gelbe ~** le sac jaune pour les emballages recyclables; **in Säcke füllen** mettre en sacs; ensacher; umg **mit ~ und Pack** avec armes et bagages; umg avec ses cliques et ses claques; geh **in ~ und Asche gehen** faire pénitence; umg **j-n in den ~ stecken** mettre qn dans sa poche; sl **~ Zement!** umg sacrebleu!; umg sapristi! 2 bes südd, österr, schweiz (Hosentasche) poche f (de pantalon) 3 vulg (Hodensack) sl couilles fpl; **er geht mir auf den ~** umg il me les casse 4 sl **alter, geiler ~!** umg vieux vicelard, cochon!; **fauler ~** umg sacré cossard, fainéant

Sackbahnhof M gare f terminus

Säckel M ⟨~s; ~⟩ regional, bes südd, österr (Geldbeutel) bourse f

sacken V/I ⟨s.⟩ mit Richtungsangabe s'affaisser

sackförmig ADJ en forme de sac; **Sackgarn** N gros fil

Sackgasse F voie f sans issue; cul-de-sac m; a. fig impasse f; **in e-e ~ geraten** a. fig s'engager dans une impasse

Sackhüpfen N ⟨~s⟩ Spiel course f en sac; **Sackkarre** F diable m; **Sackkleid** N robe-sac f; **Sackleinen** N, **Sackleinwand** F toile f à sac, de jute; grosse toile; **Sackpfeife** F MUS cornemuse f; Bretagne biniou m; **Sacktuch** N ⟨~(e)s⟩ 1 ⟨pl ~e⟩ → Sackleinen 2 ⟨pl -tücher⟩ südd, österr, schweiz mouchoir m; **sackweise** ADV par sacs

Sadismus M ⟨~⟩ sadisme m; **Sadist(in)** M ⟨~en; ~en⟩ (F) ⟨~in; ~innen⟩ sadique m/f; **sadistisch** ADJ sadique

Sadomasochismus M sadomasochisme m; **Sadomasochist(in)** M(F) sadomasochiste m/f; **sadomasochistisch** ADJ sadomasochiste

säen V/T ⟨h.⟩ semer; **dünn gesät** clairsemé; fig rare; geh **Zwietracht ~** semer la discorde

Säer(in) M ⟨~s; ~⟩ (F) ⟨~in; ~innen⟩ semeur, -euse m,f

Safari F ⟨~; ~s⟩ safari m; **Safaripark** M réserve f d'animaux sauvages; parc m safari

Safe M od N ⟨~s; ~s⟩ coffre-fort m; e-r Bank a. coffre m

Saffian M ⟨~s⟩, **Saffianleder** N maroquin m

Safran M ⟨~s; ~e⟩ safran m; **safrangelb** ADJ jaune safran; safrané

Saft M ⟨~(e)s; ¨~e⟩ 1 Getränk, von Früchten jus m 2 BOT sève f; **die Bäume stehen im ~** les arbres sont en sève; fig **ohne ~ und Kraft sein** manquer de force, de vigueur 3 PHYSIOL **Säfte** pl humeurs fpl 4 GASTR (Fleischsaft) jus m; **im eigenen ~ (schmoren)** (cuire, mijoter) dans son jus; umg fig **j-n im eigenen ~ schmoren lassen** laisser qn mijoter dans son jus 5 PHARM sirop m 6 umg (Strom, Energie etc) umg jus m

Saftbraten M rôti m de bœuf (braisé)

saftig ADJ 1 juteux, -euse; plein de jus, de sève; AGR Früchte a. fondant; Wiese gras, grasse; Grün intense; éclatant 2 umg fig Witz salé; corsé; épicé; Preis, Rechnung umg salé; Ohrfeige magistral; **Saftigkeit** F ⟨~; ~en⟩ 1 ⟨pas de pl⟩ abondance f de jus, de sève 2 fig (derbe Äußerung) gauloiserie f; grivoiserie f

Saftladen umg pej M umg sale boîte f, boutique f

saftlos ADJ sans jus, sève; fig pej **saft- und kraftlos** sans vigueur

Saftpresse F presse-fruits m; **Saftsack** sl M sl salaud m; sl salopard m

Saga F ⟨~; ~s⟩ saga f

Sage F ⟨~; ~n⟩ légende f; (Überlieferung) tradition f (orale); fig **es geht die ~, dass** on dit, raconte que

Säge F ⟨~; ~n⟩ scie f; **Sägeblatt** N lame f de scie; **Sägebock** M chevalet m; **Sägefisch** M poisson-scie m; **Sägemehl** N sciure f (de bois); **Sägemühle** F scierie f

sagen
⟨h.⟩

A transitives Verb B intransitives Verb
C reflexives Verb

— A transitives Verb —

1 (äußern, mitteilen) dire; **j-m etw ~, etw zu j-m ~** dire qc à qn; **etw von j-m od über j-n ~** dire qc de qn; **kein Wort ~** ne pas dire un mot; ne pas piper, souffler mot; **Gute Nacht ~** souhaiter bonne nuit; **Sie können von Glück ~** vous pouvez dire que vous avez eu de la chance; **so etwas sagt man nicht** cela ne se dit pas; **das sagt sie nur so** umg elle dit ça comme ça, elle ne le pense pas sérieusement; **was ich (noch) ~ wollte** à propos; pour en revenir

à notre question; **was Sie nicht ~!** pas possible!; *umg* vous m'en direz tant!; **das kann man wohl ~!**, *umg* **das kannst du laut ~!**, *umg* **du sagst es!** c'est (bien) le cas de le dire!; *umg* tu l'as dit!; *umg* **das kann ich dir ~!** c'est moi qui te le dis!; *umg* **wem ~ Sie das?**, **das brauchen Sie mir nicht zu ~** à qui le dites-vous?; **dagegen ist nichts zu ~**, **lässt sich nichts ~** il n'y a rien à (y) redire *od* à redire à cela; *umg* **ich zahlte, sage und schreibe, hundert Euro dafür** figurez-vous que j'ai payé cent euros pour ça; *umg* **wir laden, ~ wir (mal), zwanzig Leute ein** nous invitons, disons, vingt personnes; **wie gesagt** comme je l'ai dit; je le répète; **besser gesagt** pour mieux dire; plus exactement; **gesagt, getan** aussitôt dit, aussitôt fait; **es ist wohl nicht zu viel gesagt …** ce n'est pas trop dire …; **damit ist alles gesagt** c'est tout dire; **das ist nicht gesagt** ce n'est pas dit; **habe ich es nicht gesagt!**, *umg* **ich hab's ja gleich gesagt!** je l'avais bien dit!; quand je le disais!; **das ~ Sie so leicht, das ist leicht gesagt** c'est vous qui le dites; c'est facile à dire; **das ist leichter gesagt als getan** c'est plus facile à dire qu'à faire; *umg* **ich will dir mal was ~** je vais te dire qc; **da sage noch einer, dass …** qu'on vienne encore prétendre que …; *umg* **na, wer sagts denn!** alors, tu vois!; *umg* **sag bloß, du kannst nicht kommen!** *umg* ne va pas me dire que tu ne peux pas venir! **2** *(befehlen)* commander; **Sie haben mir nichts zu ~** je n'ai pas d'ordres à recevoir de vous; vous n'avez pas d'ordres à me donner; **er hat hier nichts zu ~** il n'a pas d'ordre à donner ici; ce n'est pas lui qui commande ici; **sie hat das Sagen** c'est elle qui commande; elle fait la pluie et le beau temps; **lassen Sie sich** *(dat)* **das gesagt sein!** tenez-le-vous pour dit! **3** *(bedeuten)* signifier; **das hat nichts zu ~** ça ne veut rien dire **4** *(meinen)* dire; **man möchte fast ~, (dass) …** on dirait que …; **was sagst du dazu?** qu'est-ce que tu en dis?; **was wollen Sie damit ~?** qu'entendez-vous par là?; que voulez-vous dire par là?

— **B** intransitives Verb —

dire; **… wie man so sagt …** comme on dit; **wenn ich so ~ darf** si je puis m'exprimer ainsi; **unter uns gesagt** soit dit entre nous; de vous à moi; **wie soll ich ~?** comment dirais-je?; **sag mal, hast du Reiner gesehen?** dis-moi *(umg* un peu), tu as vu Reiner?; *umg* **sag bloß!** *umg* ne me dis pas!; ce n'est pas vrai!

— **C** reflexives Verb —

sich *(dat)* **etw ~** se dire qc; **das sagt sich so leicht** c'est facile à dire

sägen ⟨h.⟩ **A** VT scier **B** VI *umg hum (schnarchen)* ronfler

sagenhaft **A** ADJ légendaire *(a. fig)*; *umg fig (toll)* fabuleux, -euse; formidable; *umg fig* **das ist (ja) ~!** c'est incroyable! **B** *umg* ADV *(sehr)* terriblement; **sie gibt ~ an** *umg* elle frime un max; *umg* elle frime vachement; *umg* c'est fou ce qu'elle peut frimer

sagenumwoben ADJ légendaire

Sägespäne MPL copeaux *mpl*; **Sägewerk** N scierie *f*; **Sägezahn** M dent *f* de scie

Sago M, *österr* N ⟨~s⟩ sagou *m*

sah → sehen

Sahara ⟨→ *n/pr*⟩ **die ~** le Sahara

Sahelzone die ~ le Sahel

Sahne F ⟨~⟩ crème *f*; **saure ~** crème *f* aigre; **süße ~** crème fraîche *(sans ferments lactiques)*; **~ schlagen** fouetter de la crème

Sahnebonbon M *od* N caramel *m*; **Sahneeis** N glace *f* à la crème; **Sahnegießer** → Sahnekännchen

Sahnehäubchen N *Kaffee, Kuchen etc* **mit ~** avec un peu de Chantilly

Sahnekännchen N petit pot à crème; **Sahnekäse** M fromage *m* à la crème; **Sahnelöffel** M cuillère *f* à crème; **Sahnequark** M fromage blanc avec 40% de matières grasses; **Sahnesoße** F sauce *f* à la crème; **Sahnetorte** F gâteau *m* à la crème

sahnig ADJ crémeux, -euse

Saibling M ⟨~s; ~e⟩ ZOOL omble *m*

Saint Kitts und Nevis N ⟨→ *n/pr*⟩ Saint Christopher et Nevis

Saint Lucia N ⟨→ *n/pr*⟩ (l'île *f* de) Sainte-Lucie

Saint Vincent und die Grenadinen N ⟨→ *n/pr*⟩ Saint-Vincent-et-les-Grenadines

Saison F ⟨~; ~s⟩ saison *f*; **… hat ~** *Urlaubsort* c'est la pleine saison à …; *umg* **~ haben** *(gefragt sein)* être très demandé; être à la mode, *umg* dans le vent

saisonal **A** ADJ saisonnier, -ière **B** ADV selon la saison

Saisonarbeit F travaux saisonniers; **Saisonarbeiter(in)** M(F) (travailleur) saisonnier *m*; travailleuse saisonnière; **Saisonausverkauf** M soldes *mpl* de fin de saison; **saisonbedingt** ADJT saisonnier, -ière; **saisonbereinigt** ADJT ADMIN désaisonnalisé; **Saisonbeschäftigung** F emploi saisonnier; **Saisonbetrieb** M **1** *Unternehmen* entreprise saisonnière **2** *(pas de pl)* *(Andrang)* afflux saisonnier; **Saisongeschäft** N activité saisonnière; **Saisongewerbe** N industrie saisonnière; **Saisonschwankungen** FPL HANDEL fluctuations saisonnières

Saite F ⟨~; ~n⟩ MUS corde *f*; *fig* **andere ~n aufziehen** changer de ton, de gamme

Saitenhalter M MUS cordier *m*; **Saiteninstrument** N instrument *m* à cordes; **Saitenspiel** *geh* N ⟨~(e)s⟩ sons *mpl*, jeu *m* *(d'un instrument à cordes)*

Sake M ⟨~⟩ *Reiswein* saké *m*

Sakko M *od* N ⟨~s; ~s⟩ veston *m*

sakral ADJ sacré

Sakrament N ⟨~(e)s; ~e⟩ sacrement *m*

Sakrileg N ⟨~s; ~e⟩ sacrilège *m*

Sakristan M ⟨~s; ~e⟩ sacristain *m*; **Sakristei** F ⟨~; ~en⟩ sacristie *f*

sakrosankt ADJ *oft iron* sacro-saint

säkular ADJ **1** *geh (alle hundert Jahre)* séculaire **2** *geh (weltlich)* séculier, -ière **3** *geh (einmalig)* unique; °hors classe **4** GEOL, ASTRON séculaire; **säkularisieren** VT ⟨*pas de ge-*, h.⟩ séculariser

Salamander M ⟨~s; ~⟩ salamandre *f*

Salami F ⟨~; ~(s)⟩ salami *m*; **Salamitaktik** *umg* F ⟨~⟩ *umg* saucissonnage *m*

Salär N ⟨~s; ~e⟩ *schweiz* salaire *m*

Salat M ⟨~(e)s; ~e⟩ GASTR salade *f*; **gemischter ~** salade mixte, composée; **grüner ~** salade verte; *(Kopfsalat)* laitue *f*; **ein Kopf ~** une (tête de) salade; *umg fig* **da haben wir den ~!** c'est le bouquet!; nous voilà dans de beaux draps!

Salatbeet N carré *m*, plant *m* de salade; **Salatbesteck** N couvert *m*, service *m* à salade; **Salatblatt** N feuille *f* de salade; **Salatgurke** F concombre *m*; **Salatkopf** M (tête *f* de) salade *f*; **Salatplatte** F salades variées; crudités *fpl*; **Salatschleuder** F essoreuse *f* à salade; **Salatschüssel** F saladier *m*; **Salatsoße** F sauce *f* de (la) salade; *mit Essig u. Öl a.* (sauce *f*) vinaigrette *f*

salbadern *umg pej* VI ⟨-(e)re, *pas de ge-*, h.⟩ bavarder; *umg* rabâcher

Salbe F ⟨~; ~n⟩ pommade *f*; onguent *m*

Salbei M ⟨~s⟩ *od* F ⟨~⟩ sauge *f*

salben VT ⟨h.⟩ *bes* KATH oindre; HIST, KATH *(weihen)* sacrer; **zum König ~** sacrer roi

Salböl N saintes huiles; (saint) chrême *m*

Salbung F ⟨~; ~en⟩ onction *f*

salbungsvoll ADJ *pej* onctueux, -euse; mielleux, -euse

saldieren VT ⟨*pas de ge-*, h.⟩ HANDEL **e-e Rechnung ~** solder un compte

Saldo M ⟨~s; -den *ou* ~s *ou* -di⟩ HANDEL solde *m* (de compte); **per ~** pour solde; **positiver, negativer ~** solde *m* excédentaire, déficitaire

Saldoübertrag M, **Saldovortrag** M report *m* du solde (à nouveau)

Säle → Saal

Salier M ⟨~s; ~⟩ HIST Salien *m*

Saline F ⟨~; ~n⟩ saline *f*

salisch ADJ HIST salien, -ienne; salique; **die ~en Franken** les Francs Saliens; **Salisches Gesetz** loi *f* salique

Salizylsäure F ⟨~⟩ CHEM acide *m* salicylique

Salm M ⟨~(e)s; ~e⟩ ZOOL saumon *m*

Salmiak M *od* N ⟨~s⟩ CHEM sel ammoniac; *t/t* chlorure *m* d'ammonium; **Salmiakgeist** M CHEM ammoniaque *f*; alcali volatil

Salmonelle F ⟨~; ~n⟩ salmonelle *f*

Salome F ⟨→ *n/pr*⟩ Salomé *f*

Salomo, **Salomon** M ⟨→ *n/pr*⟩ Salomon *m*

Salomonen PL, **Salomoninseln** FPL **die ~** les îles *fpl* Salomon

salomonisch *geh* ADJ **~es Urteil** jugement *m* de Salomon, sage

Salon M ⟨~s; ~s⟩ salon *m*; *für Schönheitspflege a.* institut *m*

salonfähig ADJ présentable; sortable; *Witz* **nicht ~** inconvenant; indécent

Saloniki N ⟨→ *n/pr*⟩ Thessalonique *od* Salonique

Salonlöwe *umg* M *pej* salonnard *m*; **Salonmusik** F musique *f* de divertissement; **Salonwagen** M EISENBAHN wagon-salon *m*

salopp **A** ADJ **1** *(nachlässig)* décontracté; *pej* négligé; *(lässig)* libre; désinvolte; **~e Kleidung** tenue décontractée **2** *Ausdruck* familier, -ière **B** ADV **sich ~ kleiden** s'habiller décontracté

Salpeter M ⟨~s⟩ CHEM salpêtre *m*; *t/t* nitrate *m* de potassium; **Salpeterdünger** M engrais *mpl* nitriques; **Salpetererde** F GEOL terre nitreuse; **salpeterhaltig** ADJ CHEM salpêtreux, -euse; *t/t* nitreux, -euse; **Salpetersäure** F acide *m* nitrique

salpetrig ADJ **~e Säure** acide nitreux

Salsa M *od* F MUS salsa *f*

Salt, SALT ABK (Strategic Arms Limitation Talks) négociations *fpl* SALT

Salto M ⟨~s; ~s *ou* -ti⟩ saut périlleux; **~ mortale** saut *m* de la mort; **ein ~ vorwärts, rückwärts** un saut périlleux (en) avant, (en) arrière

salü *umg bes schweiz* INT **~!** *umg* salut!

Salut M ⟨~(e)s; ~e⟩ MIL salut *m*; **~ schießen** saluer par des coups de canon; SCHIFF *a.* tirer une salve d'honneur

salutieren VI ⟨*pas de ge-*, h.⟩ saluer; faire le salut militaire

Salutschüsse MPL salut *m*; SCHIFF salve *f* d'honneur

Salvador N → El Salvador

Salvadorianer(in) M ⟨~s; ~⟩ (F) ⟨~in; ~innen⟩ Salvadorien, -ienne *m,f*; **salvadorianisch** ADJ salvadorien, -ienne

Salve F ⟨~; ~n⟩ MIL salve *f* *(a. fig)*; SCHIFF bordée *f*; **e-e ~ abgeben** tirer une salve; SCHIFF lâcher une bordée

Salweide F BOT marsault *m*

Salz N ⟨~es; ~e⟩ sel *m* *(a.* CHEM*)*; **feines ~** sel fin; **grobes ~** gros sel; **in ~** *(akk)* **(ein)legen** saler; *fig* **~ auf** *od* **in die Wunde streuen** enfoncer, remuer, retourner le couteau dans la plaie; *umg* **j-m nicht das ~ in der Suppe gönnen** *umg* crever de jalousie à l'égard de qn

Salzader F veine *f*, filon *m* de sel; **salzarm** A ADJ pauvre en sel B ADV avec peu de sel; peu salé; **Salzbad** N bain *m* d'eau salée; **Salzbergwerk** N mine *f* de sel (gemme); saline *f*; **Salzbildung** F CHEM salification *f*; **Salzbrezel** F bretzel *m*
Salzburg N ⟨→ *n/pr*⟩ Salzbourg
salzen V/T ⟨-(es)t, *pperf* gesalzen, h.⟩ saler
Salzen N ⟨~s⟩ salage *m*
Salzfässchen N salière *f*; **Salzgarten** M marais salant; **Salzgebäck** N petits gâteaux salés; **Salzgehalt** M teneur *f* en sel; salinité *f*; **Salzgeschmack** M goût salin; **Salzgewinnung** F saliculture *f*; *von Meersalz a.* saunage *m*; **Salzgurke** F cornichon *m* au sel; **salzhaltig** ADJ salé; salin; **Salzhering** M °hareng saumuré
salzig ADJ 1 *(gesalzen)* salé 2 *(Salz enthaltend)* salin
Salzkammergut ⟨→ *n/pr*⟩ **das ~** le Salzkammergut
Salzkartoffel F pomme *f* de terre à l'anglaise; **Salzkorn** N grain *m* de sel; **Salzlake** F saumure *f*; **Salzlecke** F ⟨~; ~n⟩ JAGD 1 *natürliche* efflorescence *f* d'une couche de sel 2 *künstliche*: *endroit où l'on pose un bloc de sel pour le gibier*; **salzlos** ADJ *u.* ADV sans sel; **Salzlösung** F solution saline; **Salzmandel** F amande salée
Salzsäule F BIBEL, *fig* **zur ~ erstarren** être changé en statue de sel
Salzsäure F ⟨~⟩ CHEM acide *m* chlorhydrique; **Salzsee** M lac salé; *im Salzbergwerk* lac salant; **Salzstange** F *Gebäck* baguette salée; **Salzsteinlampe** F lampe *f* (en) cristal de sel; **Salzsteuer** F impôt *m* sur le sel; HIST gabelle *f*; **Salzstreuer** M ⟨~s; ~⟩ salière *f*; **Salzteig** M pâte *f* à sel; **Salzwasser** N ⟨~s; -wässer⟩ eau salée; *(Salzlake)* saumure *f*; **Salzwüste** F désert salé; désert *m* de sel
Samariter M ⟨~s; ~⟩ HIST, BIBEL Samaritain *m*; **der Barmherzige ~** le bon Samaritain
Samariterdienst M service *m* de Samaritain; **j-m e-n ~ erweisen** être le bon Samaritain de qn
Sämaschine F semeuse *f*; semoir *m* (à grains)
Samba M ⟨~s; ~s⟩ *od* F ⟨~; ~s⟩ samba *f*
Sambia N ⟨→ *n/pr*⟩ la Zambie
Sambier(in) M ⟨~s; ~⟩ (F) ⟨~in; ~innen⟩ Zambien, -ienne *m,f*
sambisch ADJ zambien, -ienne
Same *geh* M ⟨~ns; ~n⟩, **Samen** M ⟨-ens; -en⟩ 1 BOT semence *f*; AGR graine *f* 2 ⟨*pas de pl*⟩ PHYSIOL sperme *m* 3 ⟨*pas de pl*⟩ *fig (Keim)* germe *m*
Samenanlage F BOT ovule *m*; **Samenbank** F ⟨~; ~en⟩ banque *f* du sperme; **Samenerguss** M PHYSIOL éjaculation *f*; **Samenfaden** M PHYSIOL spermatozoïde *m*; **Samenflüssigkeit** F PHYSIOL liquide séminal; sperme *m*; **Samenhandlung** F commerce *m* de graines; graineterie *f*; **Samenkäfer** M bruche *f* des semences; **Samenkapsel** F BOT capsule séminale; **Samenkorn** N grain *m*; graine *f*; **Samenleiter** M ANAT canal déférent; **samenlos** ADJ BOT asperme; **Samenpflanzen** FPL plantes *fpl* à graines; *t/t* spermatophytes *fpl*; **Samenspende** F don *m* de sperme; **Samenspender** M donneur *m* de sperme; **Samenstrang** M ANAT cordon *m* spermatique; **Samenzelle** F PHYSIOL spermatozoïde *m*
Sämereien FPL semences *fpl*; graines *fpl*
sämig ADJ *Soße, Suppe* lié; épais, épaisse
Sämischgerbung F chamoisage *m*; **Sämischleder** N (peau *f* de) chamois *m*

Sämling M ⟨~s; ~e⟩ plante venue de semis; élève *m*
Sammelaktion F collecte *f*; **Sammelalbum** N album *m*; **Sammelanschluss** M TEL lignes groupées; raccordement collectif; **Sammelauftrag** M POST® virement collectif; **Sammelband** M ⟨~(e)s; -bände⟩ recueil *m* (en un volume); **Sammelbecken** N bassin collecteur; *a. fig* réservoir *m*; *fig* réceptacle *m*; **Sammelbegriff** M notion collective; terme *m* générique; **Sammelbehälter** M RECYCLING collecteur *m*; **Sammelbestellung** F commande groupée, collective; **Sammelbezeichnung** F terme *m* générique; **Sammelbüchse** F boîte *f* à collecte(s); **Sammeldepot** N FIN dépôt collectif; **Sammelfahrschein** M billet collectif; **Sammelgut** N EISENBAHN marchandise *f* de groupage; expédition collective; **Sammellager** N centre *m* de rassemblement; *für Flüchtlinge* centre *m* d'accueil; **Sammelleidenschaft** F passion *f* de collectionneur; **Sammellinse** F OPT lentille convergente; **Sammelliste** F liste *f* de souscription; **Sammelmappe** F chemise *f*
sammeln ⟨-(e)le, h.⟩ A V/T 1 *Pilze, Holz etc* ramasser 2 *(anhäufen)* amasser; accumuler; *(vereinigen)* réunir; *a. Kräfte* rassembler; **Erfahrungen ~** acquérir de l'expérience 3 *(e-e Sammlung von etw anlegen)* collectionner; faire collection de; *Pflanzen* herboriser 4 *für Arme etc, Geld* quêter; *a. Kleider etc* collecter B V/I *(Geld, Spenden ~)* faire une quête, collecte (**für pour**) C V/R **sich ~** 1 *(zusammenkommen)* s'assembler; se réunir; *(sich anhäufen)* s'amasser; s'accumuler 2 *fig (sich konzentrieren)* se recueillir; se concentrer
Sammelname M nom collectif; **Sammelplatz** M, **Sammelpunkt** M lieu *m* de rassemblement; rendez-vous *m*; MIL *a.* point *m* de ralliement; *für Sachen* dépôt (central); **Sammelstelle** F → Sammelplatz
Sammelsurium *umg pej* N ⟨~s; -ien⟩ ramassis *m*; *umg* capharnaüm *m*
Sammeltasse F tasse *f* de collection; **Sammeltaxi** N taxi collectif; **Sammeltransport** M transport collectif; **Sammelwerk** N recueil *m*; **Sammelwut** F rage *f* de collectionner; manie *f* de la collection
Sammet M ⟨~s; ~e⟩ *schweiz, liter* velours *m*
Sammler[1] M ⟨~s; ~⟩ ELEK accumulateur *m*; TECH collecteur *m*
Sammler[2] M ⟨~s; ~⟩, **Sammlerin** F ⟨~in; ~innen⟩ *von Kunstwerken, Briefmarken, Münzen etc* collectionneur, -euse *m,f*; *von Spenden* quêteur, -euse *m,f*
Sammlerstück N pièce *f* de collection; **Sammlerwert** M ⟨~(e)s⟩ valeur *f* de collection
Sammlung F ⟨~; ~en⟩ 1 *wohltätige* collecte *f*; quête *f* 2 *von Kunstwerken, Briefmarken, Münzen etc* collection *f*; *staatliche a.* musée *m*; **e-e ~ von etw anlegen** faire collection de qc 3 *(Zusammenstellung)* rassemblement *m*; réunion *f*; *von Aufsätzen, Gesetzen etc* recueil *m*; *von Gedichten* anthologie *f* 4 *fig (Konzentration)* recueillement *m*; concentration *f*
Samoa N ⟨→ *n/pr*⟩, **Samoainseln** FPL (les îles *fpl*) Samoa
Samoaner(in) M ⟨~s; ~⟩ (F) ⟨~in; ~innen⟩ Samoan(e) *m(f)*; **samoanisch** ADJ samoan
Samowar M ⟨~s; ~e⟩ samovar *m*
Sample N ⟨~(s); ~s⟩ HANDEL, STATISTIK échantillon *m*
Sampler M ⟨~s; ~⟩ *etwa* compilation *f* multi-chanteurs
Samstag M samedi *m*; **langer ~** samedi où les magasins restent ouverts l'après-midi; → *a.* Montag
samstägig ADJ ⟨*épithète*⟩ du samedi; **samstäglich** ADJ ⟨*épithète*⟩ de tous les samedis
samstags ADV le samedi; tous les samedis
samt A ADV **~ und sonders** tous sans exception; tous ensemble B PRÄP ⟨*dat*⟩ avec; accompagné de
Samt M ⟨~(e)s; ~e⟩ velours *m*; **sie hat e-e Haut wie ~** elle a une peau, un teint de pêche; *geh* **in ~ und Seide gehen** être paré de ses plus beaux atours
samtartig ADJ velouté; **Samtband** N ⟨~(e)s; -bänder⟩ ruban *m* de velours
samten ADJ ⟨*épithète*⟩ 1 *(aus Samt)* de velours 2 *(wie Samt)* velouté
Samthandschuh M gant *m* de velours; *fig* **j-n mit ~en anfassen** prendre des gants avec qn
samtig ADJ velouté; BOT peluché; **e-e ~e Stimme** une voix de velours
Samtkleid N robe *f* de velours
sämtlich INDEF PR tout; *plus fort* (tout[e]) entier, -ière; *(vollständig)* complet, -ète; **~e** *pl* (tous, toutes) ensemble; **Goethes ~e Werke** *npl* les œuvres complètes de Goethe
Samtpfötchen NPL pattes *fpl* de velours; **wie auf ~ gehen** marcher à pas feutrés, à pas de loup
samtweich ADJ velouté
Samurai M ⟨~(s); ~(s)⟩ samouraï *od* samurai *m*
Sanatorium N ⟨~s; -ien⟩ maison *f* de repos, de santé; *(Lungensanatorium)* sanatorium *m*
Sand M ⟨~(e)s; ~e *ou* ⸚e⟩ sable *m*; SCHIFF **auf ~** *(akk)* **laufen** échouer (sur un banc de sable); **im ~ versinken** s'ensabler; SCHIFF *a.* s'engraver; *fig* **auf ~ bauen** bâtir sur le sable; *fig* **j-m ~ in die Augen streuen** jeter de la poudre aux yeux à qn; *fig* **im ~e verlaufen** finir en queue de poisson; *umg* s'en aller en eau de boudin; *umg fig* **~ im Getriebe** (du) sable dans les rouages, l'engrenage; *umg fig* **etw in den ~ setzen** rater, *umg* louper qc; *umg* **... gibt es wie ~ am Meer** ce ne sont pas les ... qui manquent
Sandale F ⟨~; ~n⟩ sandale *f*
Sandalette F ⟨~; ~n⟩ sandalette *f*
Sandbahn F RENNSPORT piste *f* de sable; **Sandbahnrennen** N course *f* sur piste de sable; **Sandbank** F ⟨~; -bänke⟩ SCHIFF banc *m* de sable; *in e-m Fluss* ensablement *m*; **Sandboden** M sol, terrain sablonneux; **Sandburg** F *am Strand* château *m* de sable; **Sanddorn** M BOT hippophaé *m*; argousier *m*
Sandelholz N (bois *m* de) santal *m*
sandfarben, **sandfarbig** ADJ (couleur) sable
Sandfloh M chique *f*; **Sandförmchen** N ⟨~s; ~⟩ *für Kinder* moule *m* à sable; **Sandgrube** F sablière *f*; sablonnière *f*; **Sandhaufen** M tas *m* de sable; **Sandhose** F tornade *f* de sable
sandig ADJ *(Sand enthaltend)* sableux, -euse; sablonneux, -euse; *(mit Sand überzogen)* couvert de sable
Sandinist(in) M ⟨~en; ~en⟩ (F) ⟨~in; ~innen⟩ sandiniste *m/f*; **sandinistisch** ADJ sandiniste
Sandkäfer M cicendèle *od* cicindèle *f*; **Sandkasten** M bac *m* à sable; **Sandkastenspiel** N *fig* MIL jeu *m* de sable; **Sandkorn** N grain *m* de sable; **Sandkuchen** M GASTR *etwa* biscuit *m* de Savoie
Sandmann M ⟨~(e)s⟩, **Sandmännchen** N ⟨-chens⟩ marchand *m* de sable; **der Sandmann kommt** le marchand de sable est passé
Sandpapier N papier *m* de verre; papier *m*

S

émeri; **Sandsack** M sac *m* de sable; BOXEN punching-bag *m;* sac *m* de sable; **Sandstein** M MINER grès *m;* **sandstrahlen** VT ⟨h.⟩ TECH sabler; nettoyer au jet de sable; **Sandstrahlgebläse** N TECH sableuse *f;* **Sandstrand** M plage *f* de sable; **Sandsturm** M tempête *f* de sable

sandte → senden

Sanduhr F sablier *m;* **Sandverwehung** F ensablement *m*

Sandwich M *od* N ⟨~(e)s *ou* ~; ~(e)s *ou* ~e⟩ sandwich *m;* **Sandwichbauweise** F ⟨~⟩ construction *f* sandwich

Sandwüste F désert *m* de sable

sanft **A** ADJ **1** doux, douce; **~e Energie, Technik** énergie, technique douce; **~e Geburt** accouchement *m* sans violence; **~er Tod** mort douce; *umg* **auf die ~e Tour versuchen, etw zu tun** employer la manière douce pour faire qc **2** *Hand, Wind, Lüftchen etc* (*leicht*) léger, -ère **3** *Personen* tendre; gentil, -ille; (*ruhig*) tranquille **B** ADV doucement; avec douceur; **ruhe ~!** repose en paix!

Sänfte F ⟨~; ~n⟩ chaise *f* à porteurs; litière *f*

Sanftheit F ⟨~⟩ douceur *f;* gentillesse *f;* **Sanftmut** F ⟨~⟩ douceur *f* (de caractère); (*Gleichmut*) égalité *f* d'humeur; **sanftmütig** ADJ doux, douce; gentil, -ille

sang → singen

Sang M ⟨~(e)s; ¨~e⟩ **mit ~ und Klang** tambour battant; musique en tête; *umg fig* **mit ~ und Klang durchfallen** *umg* se faire étaler dans les règles de l'art, en beauté

Sänger M ⟨~s; ~⟩ chanteur *m;* (*Kantor*) chantre *m;* (*Singvogel*) oiseau *m* chanteur; **Sängerbund** M groupe(ment) *m* de sociétés chorales; **Sängerfest** N festival *m* de chant

Sängerin F ⟨~; ~nen⟩ chanteuse *f;* (*Opernsängerin*) cantatrice *f*

Sangesbruder *geh* M membre *m* de la même chorale; **sangesfreudig** *geh* ADJ qui aime (à) chanter

sanglos ADV *umg* **sang- und klanglos** sans tambour ni trompette

Sangria F ⟨~; ~s⟩ *Getränk* sangria *f*

Sanguiniker(in) M ⟨~s; ~⟩ (F) ⟨~in; ~innen⟩ tempérament sanguin; **sanguinisch** ADJ de tempérament sanguin

sanieren VT ⟨*pas de ge-*, h.⟩ **1** MED, *Fluss* assainir; *Zähne* traiter **2** HANDEL assainir; redresser **3** *Altbauten* rénover; réhabiliter **4** (*umgestalten*) réformer; réorganiser; **Sanierung** F ⟨~; ~en⟩ **1** MED, *von Flüssen* assainissement *m;* *von Zähnen* traitement *m* **2** HANDEL assainissement *m;* redressement *m;* remise *f* sur pied **3** *von Altbauten* réhabilitation *f* **4** (*Umgestaltung*) réorganisation *f*

sanierungsbedürftig ADJ *Gebäude* qui a besoin d'être réhabilité; *Firma* en difficultés (financières); **Sanierungsgebiet** N zone *f* d'assainissement, de réhabilitation; **Sanierungskonzept** N HANDEL, BAU dispositif *m* d'assainissement; **Sanierungsmaßnahmen** FPL mesures *fpl* d'assainissement, HANDEL *a.* de redressement; **Sanierungsplan** M plan *m*, projet *m* d'assainissement, HANDEL *a.* de redressement

sanitär ADJ ⟨*épithète*⟩ sanitaire; **Sanitärbereich** M (secteur *m* [du]) sanitaire *m*

Sanität F ⟨~; ~en⟩ **1** ⟨*pas de pl*⟩ MIL (*~struppe*) *österr* Service *m* de santé (des armées); *schweiz* **Bundesamt** *n* **für ~** Office fédéral des affaires sanitaires de l'armée **2** *österr, schweiz umg* MIL (*Krankenwagen*) sanitaire *f*

Sanitäter(in) M ⟨~s; ~⟩ (F) ⟨~in; ~innen⟩ secouriste *m/f;* MIL infirmier, -ière *m,f* militaire

Sanitätsdienst M service *m* de santé; **Sanitätskorps** N MIL corps *m* sanitaire; **Sanitätsoffizier** M MIL officier *m* du Service de santé; **Sanitätspersonal** N personnel *m* sanitaire; **Sanitätstruppe** F militaires *mpl* du Service de santé; **Sanitätswache** F poste *m* de secours; **Sanitätswagen** M ambulance *f;* **Sanitätswesen** N ⟨~s⟩ Service *m* de santé (des armées); **Sanitätszelt** N tente *f* de premiers secours

sank → sinken

Sankt ADJ ⟨*inv*⟩ saint

Sankt Gallen N ⟨→ *n/pr*⟩ Saint-Gall

Sankt Gotthard ⟨→ *n/pr*⟩ **der ~** le Saint-Gothard

Sanktion F ⟨~; ~en⟩ **1** (*Billigung*) sanction *f* **2** ⟨*souvent pl*⟩ JUR (*Zwangsmaßnahmen*) sanction *f;* **~en gegen j-n verhängen** prendre des sanctions à l'encontre de qn, contre qn

sanktionieren VT ⟨*pas de ge-*, h.⟩ sanctionner; **Sanktionierung** F ⟨~; ~en⟩ sanction *f*

Sankt-Lorenz-Strom der ~ le Saint-Laurent

Sankt Moritz N ⟨→ *n/pr*⟩ Saint-Moritz

Sankt-Nimmerleins-Tag M → Nimmerleinstag

Sankt Petersburg N ⟨→ *n/pr*⟩ Saint-Pétersbourg

Sanktuarium N ⟨~s; -ien⟩ sanctuaire *m*

San Marino N ⟨→ *n/pr*⟩ (république *f* de) Saint-Marin

sann → sinnen

San Sebastián N ⟨→ *n/pr*⟩ Saint-Sébastien

Sansibar N ⟨→ *n/pr*⟩ Zanzibar

Sanskrit N ⟨~s⟩ sanscrit *od* sanskrit *m*

Santiago de Chile N ⟨→ *n/pr*⟩ Santiago

Santiago de Compostela N ⟨→ *n/pr*⟩ Saint-Jacques-de-Compostelle

São Tomé und Príncipe N ⟨→ *n/pr*⟩ São Tomé et Príncipe

Saphir M ⟨~s; ~e⟩ saphir *m;* **Saphirnadel** F saphir *m*

sapperlot *umg regional* INT *umg* saperlotte!; saperlipopette!

Sarazene M ⟨~n; ~n⟩, **Sarazenin** F ⟨-in; -innen⟩ Sarrasin(e) *m(f)*

Sarde M ⟨~n; ~n⟩ Sarde *m*

Sardelle F ⟨~; ~n⟩ GASTR anchois *m*

Sardellenbutter F beurre *m* d'anchois; **Sardellenfilet** N filet *m* d'anchois; **Sardellenpaste** F pâte *f* d'anchois

Sardin F ⟨~; ~nen⟩ Sarde *f*

Sardine F ⟨~; ~n⟩ sardine *f*

Sardinenbüchse F boîte *f* de sardines, *leere* à sardines

Sardinien N ⟨→ *n/pr*⟩ la Sardaigne

Sardinier(in) M ⟨~s; ~⟩ (F) ⟨~in; ~innen⟩ Sarde *m/f*

sardinisch ADJ de la Sardaigne; sarde

sardisch ADJ sarde

Sardisch N ⟨~(s)⟩, **Sardische** N ⟨~n⟩ **(das) Sardisch(e)** *Sprache* le sarde

sardonisch *geh* ADJ sardonique

Sarg M ⟨~(e)s; ¨~e⟩ cercueil *m;* bière *f;* **Sargdeckel** M couvercle *m* de cercueil; **Sargnagel** M **1** clou *m* de cercueil **2** *umg hum* (*Zigarette*) *umg* clope *f;* *umg* sèche *f;* **Sargträger** M porteur *m*

Sari M ⟨~(s); ~s⟩ sari *m*

Sarkasmus M ⟨~; -men⟩ sarcasme *m;* **sarkastisch** ADJ sarcastique

Sarkom N ⟨~s; ~e⟩ MED sarcome *m*

Sarkophag M ⟨~s; ~e⟩ sarcophage *m*

SARS N ⟨~⟩ ABK (schweres akutes respiratorisches Syndrom) MED SRAS *m*

saß → sitzen

Satan M ⟨~s; ~e⟩ **1** ⟨*pas de pl*⟩ BIBEL Satan *m* **2** *umg pej fig* diable *m*

satanisch ADJ de Satan; satanique; (*teuflisch*) diabolique; démoniaque

Satansbraten → Teufelsbraten

Sat 1 N ⟨~⟩ *chaîne de télévision privée (Mayence)*

Satellit M ⟨~en; ~en⟩ satellite *m*

Satellitenbahn F orbite *f* de satellite; **Satellitenbild** N photo *f* (retransmise par) satellite; **Satellitenfernsehen** N (programme[s] *m[pl]* de) télévision *f* (relayé[s]) par satellite; **Satellitenfoto** N photo *f* (retransmise par) satellite; **Satellitenfunk** M communications *fpl* par satellite; **satellitengestützt** ADJ par satellite; **Satellitennavigationssystem** N système *m* de navigation par satellite; **Satellitenschüssel** *umg* F antenne *f* parabolique; **Satellitenstaat** M État *m* satellite; **Satellitenstadt** F ville *f* satellite; **Satellitentelefon** N téléphone *m* satellite; **Satellitenübertragung** F diffusion *f*, retransmission *f* par satellite

Satin M ⟨~s; ~s⟩ satin *m*

satinieren VT ⟨*pas de ge-*, h.⟩ TECH satiner

Satinieren N ⟨~s⟩ TECH satinage *m*

Satinpapier N papier satiné

Satire F ⟨~; ~n⟩ satire *f;* **Satiriker(in)** M ⟨~s; ~⟩ (F) ⟨~in; ~innen⟩ auteur *m* satirique; **satirisch** ADJ satirique

Satsuma F ⟨~; ~s⟩ satsuma *f*

satt **A** ADJ **1** rassasié; *fig* **ich bin es ~** j'en ai assez; *fig* **ich bin es ~ zu** (*+inf*) j'en ai assez de (*+inf*); **von einem Stück Brot werde ich nicht ~** un morceau de pain, ça ne me suffit pas; **danke, ich bin ~** non merci, je n'ai plus faim; non merci, sans façon **2** *fig Farben* intense; soutenu; *Klang* plein; *umg* **ein ~er Preis** un prix salé; *umg* **~e 500 Euro** 500 euros, pas moins; rien moins que 500 euros; *umg* 500 euros, rien que ça! **B** ADV **1 sich ~ essen** se rassasier; manger à sa faim, à satiété; **~ machen** rassasier; → sattbekommen, satthaben, sattsehen **2** *umg regional* **es gab Kaviar, Sonne ~** il y avait du caviar *umg* à gogo, du soleil à volonté **3** *schweiz* **~ anliegend** serré; tendu; collant

sattbekommen VT ⟨*irr, pas de -ge-*, h.⟩ *umg fig* **j-n, etw ~** en avoir assez de qn, qc

Sattel M ⟨~s; ¨~⟩ **1** (*Reitsattel, Fahrradsattel*) selle *f;* **sich in den ~ schwingen** monter, sauter en selle; **j-m in den ~ helfen, j-n in den ~ heben** *a. fig* mettre qn en selle; mettre à qn le pied à l'étrier; **j-n aus dem ~ heben** *a. fig* désarçonner, démonter qn; **fest im ~ sitzen** se tenir, *a. fig* être bien en selle **2** GEOL crête *f* (entre deux sommets); col *m* **3** MUS sillet *m* **4** MODE empiècement *m*

Satteldach N toit *m* en bâtière; **Satteldecke** F °housse *f;* chabraque *f*

sattelfest ADJ **~ sein** être imbattable, *umg* incollable, *umg* calé (**in** [*+dat*] en)

Sattelgurt M sangle *f* (de selle); **Sattelkissen** N panneau *m*

satteln VT ⟨-(e)le, h.⟩ seller

Satteln N ⟨~s⟩ sellage *m*

Sattelnase F nez *m* en pied de marmite; **Sattelschlepper** M tracteur *m* de semi-remorque; **Satteltasche** F *beim Pferd, Fahrrad* sacoche *f;* **Sattelzeug** N ⟨~(e)s⟩ sellerie *f;* **Sattelzug** M semi-remorque *m od f*

sattgrün ADJ vert intense, soutenu

satthaben *umg* VT ⟨*sép*, -ge-, h.⟩ **ich habe es satt!** j'en ai assez!; *umg* j'en ai marre!

Sattheit F ⟨~⟩ *a. fig* satiété *f*

sättigen ⟨h.⟩ **A** VT **1** (*u.* VR) *geh a. fig* **(sich) ~** (se) rassasier (**mit, an** [*+dat*] de) **2** (*tränken*) imprégner (**mit** de) **3** CHEM, PHYS saturer (**mit** de) **B** VI *Nahrungsmittel* être nourrissant, substantiel, -ielle; **sättigend** ADJ nourrissant;

substantiel, -ielle; **Sättigung** F ⟨~; ~en⟩ CHEM, *fig* saturation *f* (**mit** de)

Sättigungsgefühl N ⟨~s⟩ impression *f*, sensation *f* de satiété; **Sättigungsgrad** M CHEM degré *m* de saturation; **Sättigungspunkt** M CHEM point *m* de saturation

Sattler M ⟨~s; ~⟩ sellier *m*

Sattlerei F ⟨~; ~en⟩ sellerie *f*

sattmachen V/T ⟨*sép*, -ge-, h.⟩ rassasier

sattsam *geh* ADV amplement; plus qu'assez; à satiété; **das ist ~ bekannt** ce n'est que trop connu; c'est amplement connu

sattsehen V/R ⟨*irr, sép*, -ge-, h.⟩ **ich kann mich daran nicht ~** je ne me lasse pas de regarder cela, de ce spectacle

Saturation F ⟨~⟩ CHEM saturation *f*; **saturieren** *geh* V/T ⟨*pas de ge-*, h.⟩ satisfaire pleinement, amplement

Saturn M ⟨~s⟩ ASTRON **(der) ~** Saturne

Satyr M ⟨~s *ou* ~n; ~n⟩ satyre *m*; **Satyrspiel** N drame *m* satyrique

Satz M ⟨~es; ~̈e⟩ 1 GRAM phrase *f*; *(Hauptsatz, Nebensatz)* proposition *f* 2 PHIL proposition *f*; *(Lehrsatz)* thèse *f* 3 MATH théorème *m*; proposition *f* 4 MUS *Teil e-s Musikstücks* mouvement *m*; *(Periode)* période *f*; phrase *f* (musicale); *(Setzweise)* composition *f* 5 TYPO composition *f*; **in (den) ~ gehen** partir à la composition 6 *(zusammengehörige Gegenstände, Serie)* jeu *m*; série *f*; *Töpfe* batterie *f*; IT *(Datensatz)* ensemble *m*, jeu *m* (de données) 7 TENNIS, VOLLEYBALL, TISCHTENNIS set *m* 8 *(Sprung)* saut *m*; bond *m*; enjambée *f*; **mit e-m ~** d'un bond 9 *(Bodensatz)* dépôt *m*; lie *f*; *(Kaffeesatz)* marc *m* 10 *(fester Preis, Tarif)* tarif *m*; taux *m*

Satzakzent M GRAM accent *m* (de la phrase); **Satzanweisung** F TYPO indication *f* pour la composition; **Satzaussage** F GRAM verbe *m* (d'une proposition); **Satzball** M balle *f* de set; **Satzbau** M ⟨~(e)s⟩ GRAM construction *f* (de la phrase); **Satzbild** N TYPO aspect *m*, présentation *f* typographique; **Satzbreite** F TYPO justification *f*; **Satzergänzung** F GRAM complément *m*; **Satzfehler** M TYPO coquille *f*

satzfertig ADJ TYPO **~es Manuskript** copie préparée, mise au point

Satzfetzen M bribe *f* de phrase; **Satzgefüge** N GRAM phrase *f* complexe; **Satzgegenstand** M GRAM sujet *m*; **Satzglied** N GRAM élément *m*, membre *m* de phrase; **Satzkonstruktion** F GRAM construction *f* de la phrase; **Satzkosten** PL TYPO frais *mpl* de composition; **Satzlehre** F ⟨~⟩ 1 GRAM syntaxe *f* 2 MUS théorie musicale; **Satzmelodie** F mélodie *f*, intonation *f* de la phrase; **Satzspiegel** M TYPO *e-r Seite* format *m* utile d'une page; **satztechnisch** ADJ typographique; **Satzteil** M → Satzglied

Satzung F ⟨~; ~en⟩ *e-r Partei, e-s Vereins etc* statuts *mpl*; règlement *m*

Satzungsänderung F modification *f* des *od* aux statuts; **satzungsgemäß** ADJ statutaire; conforme aux statuts; **satzungswidrig** ADJ contraire aux statuts

Satzvorlage F TYPO copie *f*; **satzweise** ADV GRAM phrase par phrase; **Satzzeichen** NPL GRAM (signes *mpl* de) ponctuation *f*; **Satzzusammenhang** M GRAM contexte *m*; *gedanklicher* lien *m*, corrélation *f* entre les phrases

Sau F ⟨~; Säue⟩ 1 ZOOL truie *f*; *regional (Schwein)* cochon *m*; *sl* **das ist unter aller ~** c'est au-dessous de tout; *sl* **j-n zur ~ machen** *umg* engueuler qn comme du poisson pourri; *sl* **es war keine ~ da** il n'y avait pas un chat; *umg* il n'y avait pas la queue d'un; *sl* **er fährt wie e-e gesengte ~** *schnell umg* il fonce comme une brute; *schlecht umg* il conduit comme un pied; *umg* **die ~ rauslassen** *umg* s'éclater 2 ⟨*pl* ~en⟩ *(Wildsau)* laie *f*; *(Wildschwein)* sanglier *m* 3 *sl fig (schmutziger Mensch) umg* cochon, -onne *m,f*; *(gemeiner Mensch) umg* salaud *m*; *umg* salopard *m*; *umg* garce *f*; *umg* salope *f*; *Schimpfwort* **du dumme, fette ~!** *umg* espèce de gros porc, cochon!

Sauarbeit *sl* F ⟨~⟩ *(schwierige Arbeit)* travail *m*, *umg* boulot *m* terrible, *umg* dingue; **Saubande** *sl* F *sl* bande *f* de salopards, saligauds

sauber A ADJ 1 *(rein)* propre *(a. Wäsche)*; net, nette; *Fluss, Umwelt etc* non pollué; **das Kind ist schon ~** l'enfant est déjà propre 2 *fig (anständig)* honnête; *umg iron* **ein ~es Früchtchen** *umg* un drôle de coco, de pistolet; *umg iron* **ein ~er Herr** *umg* un joli monsieur; *umg* **~ sein** *(sich nichts zuschulden kommen lassen)* *umg* être rangé des voitures 3 *Schrift, Arbeit etc (ordentlich)* soigné; impeccable; *iron* **~e Arbeit** beau travail; *umg* du propre 4 *(gut, alles berücksichtigend) Lösung, Plan etc* bon, bonne; pertinent; sensé; *umg* **du bist ja nicht (ganz) ~!** *umg* tu es complètement dingue! 5 *umg südd, österr, schweiz (beachtlich) umg* joli; **~!** bravo! B ADV **~ abschreiben** mettre au net, au propre; **~ halten** maintenir en état de propreté; **~ machen** nettoyer; **bei j-m ~ machen** faire le ménage chez qn

sauberhalten V/T → sauber B

Sauberkeit F ⟨~⟩ propreté *f (a. fig)*; netteté *f*; *fig e-s Menschen* honnêteté *f*; *e-s Texts, e-r Arbeit etc* correction *f*; *(Sorgfalt)* soin *m*

säuberlich ADV **(fein) ~** soigneusement; avec soin

saubermachen V/T *u.* V/I → sauber B

Saubermann M ⟨~(e)s; -männer⟩ *meist iron (Moralapostel)* frère prêcheur; moraliste *m*; père *m* la vertu

säubern V/T ⟨-(e)re, h.⟩ 1 nettoyer 2 *fig* débarrasser (**von** de); MIL, *Polizei a.* nettoyer (**von** de); POL épurer; purger; **Säuberung** F ⟨~; ~en⟩ *a. fig* nettoyage *m*; POL épuration *f*; purge *f*

Säuberungsaktion F POL épuration *f*; purge *f*; MIL, *der Polizei* (opération *f* de) nettoyage *m*

saublöd(e) *sl pej* ADJ *sl* archicon, -conne

Saubohne F fève *f*

Sauce F → Soße

Sauciere F ⟨~; ~n⟩ saucière *f*

Saudi M ⟨~s; ~s⟩, **Saudi-Araber(in)** M(F) Saoudien, -ienne *m,f*

Saudi-Arabien N ⟨→ *n/pr*⟩ l'Arabie Saoudite; **saudi-arabisch** ADJ de l'Arabie Saoudite; saoudien, -ienne

saudoof, **saudumm** → saublöd(e)

sauen *umg* V/I ⟨h.⟩ faire des saletés, *umg* cochonneries, *sl* saloperies

sauer A ADJ ⟨saurer, sauerste⟩ 1 acide; *unangenehm* aigre; *Früchte a.* sur; *Wein* vert; *Milch* tourné; *Speisen (verdorben)* aigri; **saure Gurken** *fpl* cornichons *mpl* au vinaigre; **saure Drops** *mpl od npl* bonbons acidulés; **saurer Regen** pluies *fpl* acides; *umg* **gib ihm Saures** *umg* flanque-lui une trempe, une raclée! 2 CHEM acide 3 *umg (verärgert)* fâché; **ein saures Gesicht machen** *umg* faire la gueule; **~ sein** *umg* être en rogne; *umg* être furax; **auf j-n ~ sein** être fâché contre qn B ADV 1 GASTR **~ einlegen** mariner dans du vinaigre 2 **~ verdientes Geld** argent gagné péniblement, durement, à la sueur de son front 3 *umg* **~ reagieren** *umg* se mettre en rogne (**auf** [+*akk*] à cause de) 4 *umg fig* **das wird ihm noch ~ aufstoßen** il le payera cher 5 CHEM **~ reagieren** avoir une réaction acide

Sauerampfer M ⟨~s; ~⟩ oseille *f*; **Sauerbraten** M (rôti *m* de) viande marinée; **Sauerbrunnen** M 1 *Quelle* source *f* d'eau minérale gazeuse 2 *Wasser* eau minérale gazeuse

Sauerei *sl pej* F ⟨~; ~en⟩ *sl* saloperie *f*; *umg* cochonnerie *f*; **das ist e-e (echte) ~!** *a.* c'est scandaleux, un scandale!

Sauerkirsche F *Frucht* griotte *f*; *Baum* griottier *m*

Sauerklee M *t/t* oxalide *f*; oxalis *m*

Sauerkohl M *regional*, **Sauerkraut** N ⟨-(e)s⟩ choucroute *f*

säuerlich ADJ 1 acidulé; *Wein* aigrelet, -ette; *Obst a.* suret, -ette 2 *(missmutig)* renfrogné; maussade

Sauermilch F lait caillé

säuern ⟨-(e)re, h.⟩ A V/T laisser, faire fermenter; *Brot, Teig* mettre du levain dans B V/I *(gären)* fermenter

Sauerrahm M *etwa* crème *f* aigre *(avec 10% de matières grasses)*

Sauerstoff M ⟨~(e)s⟩ CHEM oxygène *m*; **mit ~ anreichern** oxygéner

Sauerstoffbehälter M ballon *m* d'oxygène; **Sauerstoffflasche** F bouteille *f* d'oxygène; **Sauerstoffgerät** N inhalateur *m* d'oxygène; **sauerstoffhaltig** ADJ oxygéné; **Sauerstoffmangel** M ⟨~s⟩ manque *m* d'oxygène; **Sauerstoffmaske** F masque *m* à oxygène; **Sauerstoffverbindung** F CHEM combinaison oxygénée; **Sauerstoffzelt** N tente *f* à oxygène; **Sauerstoffzufuhr** F oxygénation *f*; alimentation *f* en oxygène

sauersüß ADJ aigre-doux, -douce; *fig* **~ lächeln** rire jaune

Sauerteig M levain *m*; **sauertöpfisch** *umg pej* ADJ renfrogné; maussade; revêche

Säuerung F ⟨~⟩ CHEM fermentation *f*; **Säuerungsgrad** M CHEM degré *m* d'acidification

Saufbruder *sl pej* M *umg* poivrot *m*; *umg* soûlard *m*

saufen ⟨säuft, soff, gesoffen, h.⟩ A V/T 1 *Tier* boire 2 *sl Mensch umg* picoler; *umg* pinter B V/I 1 *Tier* boire; s'abreuver; **dem Vieh zu ~ geben** abreuver le bétail 2 *sl Mensch abs umg* picoler; *umg* se pinter; **~ wie ein Loch** *umg* boire comme un trou; *umg* picoler sec, dur C *sl* V/R **sich arm ~** boire jusqu'à son dernier sou; **sich zu Tode ~** boire, *umg* pinter et en mourir

Säufer *sl pej* M ⟨~s; ~⟩ *umg* soûlard *m*; *umg* poivrot *m*; *umg* soiffard *m*

Sauferei *sl* F ⟨~; ~en⟩ ivrognerie *f*; *umg* soûlographie *f*; *(Saufgelage)* beuverie *f*; *umg* soûlerie *f*

Säuferin *sl pej* F ⟨~; ~nen⟩ *umg* soûlarde *f*

Säuferleber *umg* F cirrhose *f* (alcoolique); **Säufernase** *umg* F *umg* nez *m* de poivrot; **Säuferstimme** F *umg* voix *f* de rogomme; **Säuferwahn** M *t/t* delirium *m* tremens

Saufgelage *sl* N beuverie *f*; *umg* soûlerie *f*; **Saufkumpan** M compagnon *m* de beuverie

Saufraß *sl* M *umg* tambouille *f*; *umg* ragougnasse *f*

säuft → saufen

Saugbagger M drague suceuse, à succion

saugen ⟨saugt, sog *ou régulier*, gesogen *ou régulier*, h.⟩ A V/T *u.* V/I 1 **an etw** *(dat)* **~** sucer qc; *(lutschen)* suçoter qc; **den Saft aus e-r Orange ~** sucer une orange; **Wasser aus dem Boden ~** aspirer de l'eau du sol 2 ⟨*régulier*⟩ *Säuglinge, Tierjunge* téter 3 ⟨*régulier*⟩ *mit dem Staubsauger* **Staub ~** passer l'aspirateur 4 ⟨*régulier*⟩ TECH aspirer B V/R **sich voll Wasser ~** s'imbiber, s'imprégner d'eau

S

Saugen N ⟨~s⟩ succion *f*

säugen V/T ⟨h.⟩ *Säugetiere, Säuglinge* donner à téter à; allaiter; *Säuglinge a.* donner le sein à

Säugen N ⟨~s⟩ allaitement *m*; *t/t* lactation *f*

Sauger M ⟨~s; ~⟩ 1 *(Schnuller)* sucette *f*; *an der Milchflasche* tétine *f* 2 TECH *(Saugheber)* siphon *m* 3 *umg (Staubsauger)* aspirateur *m*

Säuger M ⟨~s; ~⟩, **Säugetier** N ZOOL mammifère *m*

saugfähig ADJ absorbant; **Saugfähigkeit** F ⟨~⟩ capacité *f* d'absorption; pouvoir absorbant

Saugflasche F biberon *m*; **Saugglocke** F MED ventouse obstétricale; **Saugheber** M ⟨~s; ~⟩ siphon *m*; **Saughub** M temps *m* d'aspiration; **Saugkolben** M piston *m*; **Saugkraft** F force *f* d'aspiration; **Saugleistung** F débit *m*; capacité *f* d'aspiration, de pompage; **Saugleitung** F WASSERTECHNIK conduite *f* d'aspiration; *e-r Heizung* canalisation *f* d'aspiration; MASCHINENBAU *Rohr, Schlauch* tuyau *m* d'aspiration

Säugling M ⟨~s; ~e⟩ nourrisson *m*; poupon *m*

Säuglingsalter N ⟨~s⟩ **im ~** bébé *(inv)*

Säuglingsausstattung F layette *f*; **Säuglingsheim** N pouponnière *f*; **Säuglingsnahrung** F nourriture *f*, aliments *mpl* pour bébés; **Säuglingspflege** F puériculture *f*; **Säuglingsschwester** F puéricultrice *f*; **Säuglingsstation** F service *m* des nouveaux-nés; **Säuglingssterblichkeit** F mortalité *f* des nouveaux-nés, postnatale

Saugluft F ⟨~⟩ TECH air aspiré; **Saugnapf** M ventouse *f (a.* ZOOL)

Saugpumpe F TECH pompe aspirante; **Saug- und Druckpumpe** pompe aspirante et foulante

Saugreflex M MED réflexe *m* de succion

saugrob *sl* ADJ très grossier, -ière

Saugrohr N tuyau *m* d'aspiration; **Saugrüssel** M ZOOL suçoir *m*; trompe *f*

saugut *umg* ADJ *umg* super *(inv)*

Saugventil N soupape *f*, clapet *m* d'aspiration; **Saugvorrichtung** F TECH *zum Entlüften* installation *f*, dispositif *m* d'aspiration, d'aération; *für Gase etc* absorbeur *m*; **Saugwirkung** F effet *m* d'aspiration, de pompage

Sauhatz F JAGD chasse *f* au sanglier; **Sauhaufen** *sl* M *sl* bande *f* de cons; **Sauhund** *sl* M *sl* salaud *m*; *sl* ordure *f*; *sl* fumier *m*; *sl* salopard *m*

säuisch *sl* ADJ 1 *pej* ordurier, -ière 2 *(groß, stark)* **~e Kälte** froid *m* terrible, *umg* de chien

saukalt *umg* ADJ glacial; polaire; **es ist ~** il fait un froid de canard, de chien

Saukälte *umg* F froid *m* de canard, de chien; **Saukerl** *sl* M → Sauhund; **Sauklaue** *sl* F ⟨~⟩ *umg* écriture *f* de cochon; **saukomisch** *umg* ADJ *umg* crevant; *umg* bidonnant

Säule F ⟨~; ~n⟩ 1 BAU colonne *f* 2 *fig* pilier *m* 3 *(Zapfsäule)* pompe *f* (à essence)

Säulenabschluss M *(Kapitell)* chapiteau *m* (de colonne); **Säulenbau** M ⟨~(e)s; ~ten⟩ bâtiment *m* à colonnade(s); **säulenförmig** ADJ en forme de colonne; **Säulenfuß** M BAU base *f* de colonne; **Säulengang** M BAU colonnade *f*; péristyle *m*; **Säulenhalle** F BAU salle *f* hypostyle; **Säulenheilige(r)** M stylite *m*; **Säulenkaktus** M BOT cierge *m*

Säulenordnung F BAU ordre architectural; **dorische, ionische, korinthische ~** ordre dorique, ionique, corinthien

Säulenportal N portail *m* à colonnes; **Säulenreihe** F colonnade *f*; *um e-n Raum t/t* péristyle *m*; **Säulenschaft** M fût *m*, tige *f*, tronc *m* (de colonne); **Säulentempel** M temple *m* périptère

Saum M ⟨~(e)s; Säume⟩ 1 MODE ourlet *m* 2 *geh fig (Rand)* bord *m*; *e-s Waldes* lisière *f*; orée *f*

Saumagen M GASTR **(Pfälzer) ~** panse *f* de porc farcie (à la palatine)

saumäßig *sl* A ADJ 1 *pej umg* cochonné; *umg* salopé 2 *(sehr groß)* **ein ~es Glück haben** *umg* avoir une veine de pendu, de cocu B ADV 1 *pej umg* comme un cochon 2 *(sehr) umg* drôlement; *umg* vachement

säumen[1] V/T ⟨h.⟩ MODE ourler; *a. geh fig* border

säumen[2] *geh* V/I ⟨h.⟩ *(auf sich warten lassen)* tarder; *(zögern)* hésiter; **säume nicht!** °hâte-toi!; dépêche-toi!

säumig *geh* ADJ lent; traînard; *Zahler* mauvais; retardataire

Saumnaht F MODE ourlet *m*

Säumnis F ⟨~; ~se⟩ *od* N ⟨~ses; ~se⟩ JUR *(Verzug)* retard *m*; **Säumniszuschlag** M majoration *f* de retard

Saumpfad M sentier muletier

saumselig *geh* ADJ lent; traînard; **Saumseligkeit** *geh* F ⟨~⟩ lenteur *f*

Saumstich M MODE point *m* de côté

Saumtier N bête *f* de somme

Sauna F ⟨~; ~s *ou* -nen⟩ sauna *m*; **in die ~ gehen** aller au sauna

saunen V/I ⟨h.⟩, **saunieren** V/I ⟨*pas de ge-*, h.⟩ prendre un sauna

Saure(s) N ⟨→ A⟩ *umg fig* **j-m ~s geben** *umg* flanquer une trempe, une raclée à qn

Säure F ⟨~; ~n⟩ 1 ⟨*pas de pl*⟩ *(das Sauersein)* acidité *f*; *unangenehme* aigreur *f*; *des Weins, der unreifen Früchte* verdeur *f* 2 CHEM acide *m*

säurearm ADJ pauvre en acide; **Säurebad** N bain *m* acide; **säurebeständig** ADJ résistant aux acides; antiacide; **Säurebildung** F acidification *f*; **säureempfindlich** ADJ sensible aux acides; **säurefest** ADJ → säurebeständig; **säurefrei** ADJ sans acide; exempt d'acide; **Säuregehalt** M teneur *f* en acide; acidité *f*

Saure-Gurken-Zeit *umg* F morte-saison *f*; saison creuse

säurehaltig ADJ acide; *t/t* acidifère

Säuremantel M film *m* acide (de l'épiderme); **Säuremesser** M ⟨~s; ~⟩ acidimètre *m*; pèse-acide *m*; **Säuremessung** F acidimétrie *f*

Säurevergiftung F intoxication *f* par l'acide; **Säurezahl** F CHEM indice *m* d'acide, d'acidité

Saurier M ⟨~s; ~⟩ saurien *m* fossile

Saus M **in ~ und Braus leben** *verschwenderisch* vivre sur un grand pied; mener la grande vie; *herrlich u. in Freuden* mener joyeuse vie

Sause *umg* F ⟨~; ~n⟩ beuverie *f*; *umg* soûlerie *f*; **e-e ~ machen** *umg* faire une bringue à tout casser

säuseln ⟨-(e)le, h.⟩ A V/T *fig* susurrer B V/I *Blätter* bruire; frémir; *Wind* murmurer; chuchoter

Säuseln N ⟨~s⟩ bruissement *m*; frémissement *m*; (doux) murmure *m*; chuchotement *m*

sausen V/I ⟨-(es)t⟩ 1 ⟨s.⟩ *Geschoss* siffler; **der Pfeil sauste durch die Luft** la flèche traversa, fendit l'air en sifflant 2 ⟨h.⟩ *Wind* souffler avec violence; **die Ohren ~ mir, es saust mir in den Ohren** les oreilles me tintent; j'ai des bourdonnements (d'oreille) 3 ⟨s.⟩ *Mensch* filer; foncer; courir à fond de train; *Auto, Zug etc* passer en trombe; foncer 4 *umg fig* **etw ~ lassen** laisser tomber qc; *umg* laisser qc en rade; *umg fig* **j-n ~ lassen** *umg* larguer qn

sausenlassen *umg* V/T → sausen 4

Sauser M ⟨~s; ~⟩ *regional* vin nouveau

Sauseschritt M *umg hum* **im ~** au pas de charge; en coup de vent

Sausewind *umg hum* M personne agitée; tourbillon *m*

Saustall M porcherie *f (a. umg pej Zimmer etc)*

sauteuer *sl* ADJ *umg* vachement cher, chère; **~ sein** *a. umg* coûter la peau des fesses

sautieren V/T ⟨*pas de ge-*, h.⟩ GASTR faire sauter

Sauwetter *sl* N ⟨~s⟩ temps *m* de chien

sauwohl ADV *sl* **sich ~ fühlen** *umg* se sentir vachement bien (dans sa peau)

Savanne F ⟨~; ~n⟩ savane *f*

Savoyen N ⟨→ *n/pr*⟩ la Savoie

Saxofon N ⟨~s; ~e⟩ saxophone *m*; **Saxofonist(in)** M ⟨~en; ~en⟩ (F) ⟨~in; ~innen⟩ saxophoniste *m/f*; **Saxophon, Saxophonist(in)** → Saxofon, Saxofonist(in)

Säzeit F (période *f* des) semailles *fpl*

SB-... IN ZSSGN ABK (Selbstbedienung) libre-service; *bes Restaurant* self-service

S-Bahn® F *etwa* RER *m* (réseau express régional)

S-Bahnhof M *etwa* gare *f* de RER

S-Bahn-Station F *etwa* station *f* de RER

SBB ABK (Schweizerische Bundesbahnen) C.F.F. *mpl* (Chemins de fer fédéraux)

SB-Laden M, **SB-Markt** M (magasin *m*) self-service *m*; libre-service *m*

s. Br. ABK (südliche[r] Breite) lat. S. (de latitude sud)

SB-Restaurant N (restaurant *m*) self-service *m*; *umg* self *m*

SB-Tankstelle F station *f* self-service, libre-service

SC ABK (Sportclub) club sportif

Scampi PL langoustines *fpl*; GASTR *a.* scampi *mpl*

scannen V/I *u.* V/T ⟨h.⟩ explorer au scanner; IT scanner

Scanner M ⟨~s; ~⟩ TECH, IT, MED scanner *m*; TECH *a.* lecteur *m* optique; MED *a.* tomodensitomètre *m*; *für Strichkode* crayon-lecteur *m*

sch INT 1 *(pst)* chut! 2 *(weg da)* (allez,) oust(e)!

Schabe F ⟨~; ~n⟩ 1 ZOOL *(Kakerlak)* blatte *f*; cafard *m*; *schweiz, südd (Motte)* mite *f* 2 → Schabeisen

Schabefleisch N *regional* GASTR viande °hachée de bœuf

Schabeisen N grattoir *m*; racloir *m*

Schabemesser N → Schabmesser

schaben V/T ⟨h.⟩ racler; gratter; *auf dem Reibeisen* râper; *(scheuern)* érafler; *(entfernen)* gratter; *umg hum* **sich** *(dat)* **den Bart ~** se raser

Schaber M ⟨~s; ~⟩ grattoir *m*; racloir *m*

Schabernack M ⟨~(e)s; ~e⟩ tour *m*; niche *f*; farce *f*; **j-m e-n ~ spielen** jouer un tour à qn; faire une niche, une farce à qn

schäbig ADJ 1 *(abgenutzt)* usé; râpé; élimé; *(ärmlich)* minable; miteux, -euse 2 *(gering, jämmerlich)* minable; lamentable 3 *(geizig)* radin; chiche; pingre 4 *(gemein, kleinlich)* mesquin; sordide; **Schäbigkeit** F ⟨~⟩ *(Geiz)* radinerie *f*; pingrerie *f*; *(Kleinlichkeit)* mesquinerie *f*

Schablone F ⟨~; ~n⟩ 1 modèle *m*; *(Malschablone)* pochoir *m*; *(Stanzschablone, Gussschablone)* matrice *f*; *(Bohrschablone)* calibre *m* 2 *fig* cliché *m*; stéréotype *m*; poncif *m*; **alles nach der ~ machen** *umg* tout faire sur le même topo

Schablonendenken N manière de penser stéréotype *od* stéréotypée; opinions toutes faites; **schablonenhaft** A ADJ *fig* stéréotype *od* stéréotypé; figé B ADV de façon stéréotypée; sur le même schéma

Schabmesser N grattoir *m*; racloir *m*

Schabracke F ⟨~; ~n⟩ 1 *(Pferdedecke)* °housse *f*; caparaçon *m* 2 *umg pej (hässliche*

S

Frau) umg vieille bique, rombière

Schach N ⟨~s; ~s⟩ (jeu *m* d') échecs *mpl*; **~ spielen** jouer aux échecs; **~ (dem König)!** échec au roi!; **(dem König) ~ bieten** faire échec (au roi); **der König steht im ~** le roi est en échec; *umg fig* **in ~ halten** tenir en échec, en respect

Schachbrett N échiquier *m*; **schachbrettartig** ADJ en échiquier; en damier; **Schachbrettmuster** N (décoration *f* en) damier *m*; **Schachcomputer** M jeu *m* d'échecs électronique

Schacher *pej* M ⟨~s⟩ marchandage *m*; maquignonnage *m*

Schächer M ⟨~s; ~⟩ BIBEL larron *m*

schachern *pej* VI ⟨-(e)re, h.⟩ *(feilschen)* marchander (**um etw** qc)

Schachfeld N case *f* d'échiquier

Schachfigur F pièce *f* (d'un jeu d'échecs); *Satz* **~en** *pl* échecs *mpl*

Schachklub M club *m* d'échecs

schachmatt ADJ **1** *a. fig* échec et mat **2** *umg fig (erschöpft) umg* vanné; *umg* crevé

Schachmeister M champion *m* d'échecs; **Schachmeisterschaft** F championnat *m* d'échecs; **Schachpartie** F partie *f* d'échecs; **Schachspiel** N **1** *(pas de pl)* (jeu *m* d')échecs *mpl* **2** *(Schachpartie)* partie *f* d'échecs; **Schachspieler(in)** M(F) joueur, -euse *m,f* d'échecs

Schacht M ⟨~(e)s; ⸚e⟩ **1** BERGBAU puits *m*; fosse *f* **2** BAU *(Aufzugsschacht)* cage *f*; *(Luftschacht)* gaine *f* d'aération; *(Kanalisationsschacht)* regard *m*; **Schachtbohrung** F BERGBAU forage *m* de puits

Schachtel F ⟨~; ~n⟩ **1** boîte *f*; *für Hüte, Kleider* carton *m*; **e-e ~ Zigaretten** un paquet de cigarettes; **e-e ~ Pralinen, Streichhölzer** une boîte de chocolats, d'allumettes **2** *umg pej* **alte ~** *umg* vieille toupie; *umg* vieux tableau

Schachtelhalm M BOT prèle *f*; **Schachtelsatz** M GRAM phrase *f* à tiroirs

schachten VI ⟨-ete, h.⟩ creuser un puits, une fosse

schächten VT ⟨-ete, h.⟩ égorger (d'après le rite juif)

Schächten N ⟨~s⟩ égorgement *m* (d'après le rite juif); **Schächter** M ⟨~s; ~⟩ boucher juif; **Schächtung** F ⟨~; ~en⟩ égorgement *m* (d'après le rite juif)

Schachturnier N tournoi *m* d'échecs

Schachzug M coup *m*; *fig* **das war ein geschickter ~** c'était une manœuvre, un coup habile; c'était bien joué

schade ADJ ⟨*attribut*⟩ **(das ist [sehr]) ~!** c'est (bien) dommage!; **wie ~(, dass ...)!** quel dommage (que ... *+subj*)!; **es ist ~ um ihn** dommage pour lui; dommage qu'il soit mort, disparu, *etc*; **um den ist es nicht ~** ce n'est pas une perte, un mal; **~ drum!** tant pis!; *Dinge* **zu ~ für etw sein** être trop bon, bonne *od* beau, belle pour qc; **sie ist sich wohl zu ~ dafür** elle ne va pas s'abaisser à faire cela

Schädel M ⟨~s; ~⟩ **1** ANAT crâne *m*; **j-m den ~ einschlagen** fendre le crâne à qn **2** *umg (Kopf) umg* cigare *m*; *fig* **sich** *(dat)* **den ~ einrennen** *umg* se casser la gueule (**an etw** *[dat]* sur qc)

Schädelbasis F ANAT base *f* du crâne; **Schädelbasisbruch** M MED fracture *f* de la base du crâne; **Schädelbohrer** M MED trépan *m*; **Schädelbruch** M MED fracture *f* du crâne; **Schädeldach** N ANAT voûte crânienne; **Schädeldecke** F ANAT voûte crânienne; **Schädelform** F forme *f* du crâne; **Schädelhaut** F ANAT épicrâne *m*; **Schädelhöhle** F cavité crânienne; **Schädellage** F MED présentation *f* céphalique; **Schädellehre** F *t/t* cran(i)ologie *f*; phrénologie *f*; **Schädellose(n)** MPL ⟨→ A⟩ ZOOL acraniens *mpl*; **Schädelnaht** F ANAT suture *f* (du crâne); **Schädelverletzung** F blessure *f*, lésion *f* du crâne

schaden VI ⟨-ete, h.⟩ **j-m, e-r Sache ~** nuire à qn, qc; *(nachteilig sein)* porter préjudice, être préjudiciable, dommageable à qn, à qc; **s-m Ruf ~** compromettre sa réputation; **es könnte nicht ~, wenn ...** cela ne ferait pas de mal si ...; *umg* **e-e Diät würde ihm nicht ~** un régime ne lui ferait pas de mal; *umg* **das schadet (gar) nichts** ça ne fait rien (du tout); ce n'est pas grave (du tout); *umg* **das schadet ihm (gar) nichts** *(geschieht ihm recht)* il l'a bien mérité; c'est bien fait pour lui

Schaden M ⟨~s; ⸚⟩ **1** *an Sachen* dommage *m*; *durch Unwetter, Feuer etc* dégâts *mpl*; VERSICHERUNGSWESEN *a.* sinistre *m*; HANDEL perte *f*; **~ anrichten** causer du dommage, des dégâts; **e-n ~ melden** déclarer un sinistre; **das Dach weist einige Schäden auf** le toit a subi quelques dommages; HANDEL **mit ~ verkaufen** vendre à perte **2** *für Personen, fig (Nachteil)* préjudice *m*; JUR **materieller, ideeller ~** dommage matériel, moral; **zum ~ von j-m** au détriment, au préjudice de qn; **zu ~ kommen** se faire du mal; se blesser; **es ist niemand zu ~ gekommen** il n'y a pas eu de blessés; personne n'a été blessé; **j-m ~ zufügen** porter préjudice à qn; faire du tort à qn; *geh* **er hat an seiner Gesundheit ~ genommen** sa santé a (beaucoup) souffert; **es soll dein ~ nicht sein** tu n'auras pas à le regretter; *umg* **weg mit ~!** ça suffit comme ça!; *sprichw* **durch ~ wird man klug** on s'instruit à ses dépens; *sprichw* **wer den ~ hat, braucht für den Spott nicht zu sorgen** il se trouve toujours qn pour rire du malheur d'autrui *od* de votre malheur

Schadenberechnung → Schadensberechnung

Schadenbericht M JUR déclaration *f* de sinistre

Schadenersatz M JUR dommages-intérêts *mpl*; réparation civile; indemnité *od* indemnisation *f*; **~ fordern** réclamer des dommages-intérêts; **(j-m für etw) ~ leisten** indemniser (qn de qc); dédommager (qn de qc); **j-n auf ~ verklagen** poursuivre qn en dommages-intérêts

Schadenersatzanspruch M droit *m* à dédommagement, aux *od* à des dommages-intérêts; **Schadenersatzforderung** F demande *f* d'indemnisation, de dommages-intérêts; **Schadenersatzklage** F action *f* en dommages-intérêts, en indemnité, en réparation d'un dommage; **Schadenersatzleistung** F indemnisation *f*; indemnité *f*; **Schadenersatzpflicht** F obligation *f* à dommages-intérêts; **schadenersatzpflichtig** ADJ contraint à payer des dommages-intérêts

Schadenfeststellung F constatation *f* du dommage, des dégâts, SCHIFF d'avarie; **Schadenfreiheitsrabatt** M VERSICHERUNGSWESEN bonus *m*; **Schadenfreude** F ⟨~⟩ joie maligne; malin plaisir; **schadenfroh** ADJ qui se réjouit du malheur des autres; **Schadenmeldung** F déclaration *f* de sinistre

Schadensbegrenzung F ⟨~⟩ limitation *f* des dommages; **Schadensberechnung** F calcul *m* du dommage; **Schadensbericht** → Schadenbericht; **Schadensersatz** → Schadenersatz

Schadensfall M sinistre *m*; **im ~** en cas de dommage *od* sinistre

Schadensfeststellung → Schadenfeststellung

Schadensmeldung → Schadenmeldung

schadhaft ADJ *(beschädigt)* endommagé; détérioré; abîmé; *(fehlerhaft)* défectueux, -euse; **Schadhaftigkeit** F ⟨~⟩ mauvais état; (état *m* de) détérioration *f*; défectuosité *f*

schädigen VT ⟨h.⟩ nuire à; faire du tort à; *Interessen* léser

Schädigung F ⟨~; ~en⟩ *(das Schädigen)* atteinte *f (+gen* à); *(Schaden)* préjudice *m*; dommage *m*; MED lésion *f*; JUR **~ Dritter** dommage *m* aux tiers

schädlich ADJ *a. Tiere* nuisible; *für die Gesundheit* malsain; nocif, -ive; *(gefährlich)* dangereux, -euse; **Schädlichkeit** F ⟨~⟩ nocivité *f*; caractère nocif, nuisible

Schädling M ⟨~s; ~e⟩ plante *f*, insecte *m* nuisible; AGR *a.* parasite *m*

Schädlingsbekämpfung F lutte *f* antiparasitaire; **Schädlingsbekämpfungsmittel** N pesticide *m*

schadlos ADJ **sich an j-m, etw ~ halten** se rattraper, se rabattre sur qn, qc

Schadsoftware F logiciel malveillant

Schadstoff M polluant *m*; *(Giftstoff)* (substance *f*) toxique *m*; **schadstoffarm** ADJ peu polluant; **Schadstoffausstoß** M émissions polluantes; **Schadstoffbelastung** F taux *m*, degré *m* de pollution; **schadstofffrei** ADJ non polluant; **Schadstoffplakette** F AUTO pastille verte, écologique

Schaf N ⟨~(e)s; ~e⟩ mouton *m*; *(Mutterschaf)*, *fig*, BIBEL brebis *f*; **~e** *koll* ovins *mpl*; *umg fig* **(dummes) ~** *umg* andouille *f*; *umg* bêta *m*, bêtasse *f*; *fig* **das schwarze ~ sein** être la brebis galeuse

Schafbock M bélier *m*

Schäfchen N ⟨~s; ~⟩ **1** *(kleines Schaf)* petit mouton; *(Lamm)* agneau *m*; *umg zum Einschlafen* **~ zählen** compter les moutons; *umg* **sein(e) ~ ins Trockene bringen** *umg* faire son beurre **2** PL *(~wolken)* moutons *mpl* **3** *umg (Schutzbefohlene[r]) ⟨meist pl⟩* **die** *od* **s-e ~** les *od* ses ouailles *fpl* **4** *(naiver Mensch) umg* bêta *m*, bêtasse *f*

Schäfchenwolke F mouton *m*

Schäfer M ⟨~s; ~⟩ berger *m*; BIBEL, *liter* pasteur *m*; **Schäferdichtung** F poésie *f* pastorale, bucolique

Schäferei F ⟨~; ~en⟩ bergerie *f*

Schäferhund M chien *m* (de) berger; **Deutscher ~** berger allemand

Schäferin F ⟨~; ~nen⟩ bergère *f*

Schäferroman M roman pastoral; **Schäferspiel** N pastorale *f*; **Schäferstündchen** N ⟨~s; ~⟩ rendez-vous amoureux, galant

Schaffell N peau *f* de mouton

schaffen ⟨h.⟩ **A** VT ⟨schafft, schuf, geschaffen *ou régulier*⟩ **1** *(schöpferisch hervorbringen)* créer; faire; engendrer; produire; *(ins Leben rufen)* faire naître; donner le jour à; *(zustande bringen)* établir; mettre sur pied; **für etw wie geschaffen sein** être fait pour qc; **er stand da, wie Gott ihn geschaffen hat** il était nu (comme un ver) **2** *(herstellen)* faire; **Ordnung ~** mettre de l'ordre (**in** *[dat]* dans); **Raum ~** faire de la place **3** ⟨*régulier*⟩ *(befördern)* transporter **4** ⟨*régulier*⟩ *(vollbringen)* **es ~, etw zu tun** réussir, arriver à faire qc; **er hat es geschafft** *(beendet)* il (l')a terminé; *(erreicht)* il y est arrivé; *im Leben* il a fait son chemin; **das hätten wir geschafft!** voilà une bonne chose de faite!; ça y est!; **das schafft sie nie** elle n'y arrivera jamais; *umg* **ich schaffe den ersten Bus nicht mehr** je ne peux plus avoir le premier bus **5** ⟨*régulier*⟩ *(tun)* faire; **er hat hier nichts zu ~** il

S

n'a rien à faire, à voir ici; **damit habe ich nichts zu ~** je n'ai rien à voir avec cela; **ich habe nichts mit ihm zu ~** je n'ai rien à faire avec lui 6 ⟨régulier⟩ *umg* (erschöpfen) *umg* crever; *umg* claquer; *umg* **er schafft mich** *umg* il est crevant; *umg* il me tue B VI ⟨régulier⟩ 1 **j-m zu ~ machen** donner bien du mal à qn; donner du fil à retordre à qn; **meine Migräne macht mir sehr zu ~** ma migraine me fait beaucoup souffrir; **sich** (dat) **zu ~ machen** s'affairer; **sich** (dat) **(unbefugt) an etw** (dat) **zu ~ machen** toucher à qc 2 *südd* (arbeiten) *umg* bosser; **als Maurer ~** être maçon

Schaffen N ⟨~s⟩ création *f*; **das geistige ~** le travail intellectuel; **das gesamte ~** *e-s Künstlers* l'œuvre *m*; *hum* **frohes ~!** bon courage!

Schaffensdrang M ⟨~(e)s⟩ désir ardent de créer *od* de faire qc; élan créateur; **Schaffensfreude** F ⟨~⟩ joie créatrice; **Schaffenskraft** F ⟨~⟩ puissance, énergie créatrice; (Arbeitskraft) capacité *f*, puissance *f* de travail

Schaffhausen N ⟨→ *n/pr*⟩ Schaffhouse

Schaffleisch N viande *f* de mouton

Schaffner(in) M ⟨~s; ~⟩ F ⟨~in; ~innen⟩ (Bahnschaffner[in]) contrôleur, -euse *m,f*; *früher im Bus, in der Straßenbahn* receveur, -euse *m,f*

Schaffung F ⟨~⟩ création *f*; (Bildung) formation *f*; (Errichtung) établissement *m*; mise *f* sur pied; (Einführung) *e-r Regelung* instauration *f*

Schafgarbe F BOT millefeuille *f*; achillée *f*; **Schafherde** F troupeau *m* de moutons; **Schafhirt(in)** M(F) berger, -ère *m,f*; **Schafkälte** F *période de mauvais temps, souvent à la mi-juin*; **Schafkäse** → Schafskäse; **Schafkopf** → Schafskopf; **Schafleder** N peau *f* de mouton; basane *f*

Schafott N ⟨~(e)s; ~e⟩ HIST échafaud *m*

Schafpelz M fourrure *f*, peau *f* de mouton; → *a.* Wolf; **Schafschur** F tonte *f* (des moutons)

Schafskäse M fromage *m* de brebis; **Schafskopf** M 1 ⟨*pas de pl*⟩ *jeu de cartes* 2 *umg fig umg* ballot *m*; *umg* cruche *f*; *umg* andouille *f*

Schafspelz → Schafpelz; → *a.* Wolf

Schafstall M bergerie *f*

Schaft M ⟨~(e)s; ⸚e⟩ *e-r Lanze, Fahne etc* bois *m*; °hampe *f*; *e-s Stiefels, Schlüssels* tige *f*; *e-s Gewehrs, e-r Säule* fût *m*; *e-s Werkzeugs* manche *m*; **Schaftstiefel** M botte *f* à tige °haute

Schafwolle F laine *f* de mouton; **Schafzucht** F élevage *m* de moutons; **Schafzüchter** M éleveur *m* de moutons

Schah M ⟨~s; ~s⟩ schah *od* chah *m*

Schakal M ⟨~s; ~e⟩ ZOOL chacal *m*

Schäker *umg* M ⟨~s; ~⟩ (Witzbold) espiègle *m*; taquin *m*; (Flirtender) flirteur *m*

Schäkerei *umg* F ⟨~; ~en⟩ (Spaß) espièglerie *f*; badinage *m*; (Flirt) flirt *m*

schäkern VI ⟨-(e)re, h.⟩ 1 (scherzen) plaisanter; **(mit j-m) ~** taquiner (qn) 2 (flirten) *hum* batifoler; **mit j-m ~** lutiner qn; flirter avec qn

schal ADJ *a. fig* fade; insipide; (abgestanden) éventé

Schal M ⟨~s; ~s *ou* ~e⟩ 1 écharpe *f*; *für Kinder* cache-nez *m*; (Seidentuch) foulard *m* 2 *der Übergardine* pan *m* de doubles rideaux

Schalbrett N BAU planche *f* de coffrage

Schälchen N ⟨~s; ~⟩ (Schüsselchen) (petite) coupe; petit bol

Schale F ⟨~; ~n⟩ 1 *von Früchten, Gemüse* peau *f*; *von Orangen, Zitronen* écorce *f*; *abgeschält* épluchure *f*; pelure *f*; *von Hülsenfrüchten* écale *f*; *von Nüssen, Mandeln* (harte ~) coque *f*; coquille *f*; (grüne ~) brou *m*; écale *f*; (Eierschale) coquille *f*; *sprichw* **in e-r rauen ~ steckt oft ein weicher Kern** sous une écorce *od* enveloppe rude se cache souvent un cœur sensible 2 *der Krebse, Krabben etc* carapace *f*; *der Muscheln* coquille *f*; valve *f* 3 (Gefäß) coupe *f*; bol *m*; (Napf) écuelle *f*; jatte *f*; (Sektschale) coupe *f*; *bes österr* (Tasse) tasse *f*; *e-r Waage* plateau *m* 4 *umg* **sich in ~ werfen** se mettre sur son trente et un

schälen ⟨h.⟩ A VT 1 *Obst, Kartoffeln* peler; éplucher; *Nüsse, Hülsenfrüchte, Eier* écaler; *Reis* décortiquer 2 *Baumstämme* décortiquer; écorcer B VR **sich ~** *Haut* peler; **er schält sich** il pèle

Schalenbauweise F ⟨~⟩ construction *f* monocoque; **Schalenobst** N fruits *mpl* à coques, à écales; **Schalensitz** M *im Auto* baquet *m*; **Schalentier** N coquillage *m*; **Schalenwild** N JAGD grand gibier

Schalheit F ⟨~⟩ fadeur *f*; *fig* insipidité *f*

Schalk M ⟨~(e)s; ~e *ou* ⸚e⟩ espiègle *m*; farceur *m*; plaisantin *m*; **er hat den** *od* **ihm sitzt der ~ im Nacken** c'est un farceur; il est très malicieux; il est plein d'espièglerie

schalkhaft *geh* ADJ espiègle; malicieux, -ieuse

Schalkragen M col *m* châle

Schall M ⟨~(e)s; ~e *ou* ⸚e⟩ son *m*; (Geräusch) bruit *m*; **schneller als der ~** supersonique; *geh* **Name ist ~ und Rauch** le nom n'a pas d'importance, ne signifie rien

schalldämmend ADJT insonorisant; **Schalldämmung** F insonorisation *f*; **schalldämpfend** ADJT insonorisant; **Schalldämpfer** M PHYS amortisseur *m* de son; AUTO, *Feuerwaffe* silencieux *m*; AUTO *t/t* pot *m* d'échappement; MUS sourdine *f*; *am Klavier* étouffoir *m*; **Schalldämpfung** F insonorisation *f*

schalldicht ADJ insonore; insonorisé; **~ machen** insonoriser

schallen VI ⟨schallt, scholl, geschallt *ou régulier*, h.⟩ retentir; résonner

schallend ADJT retentissant; *Ohrfeige, Stimme etc* sonore; *plus fort* éclatant; **~es Gelächter** (bruyants) éclats de rire

Schallfortpflanzung F propagation *f* du son

Schallgeschwindigkeit F **(mit) ~** (à la) vitesse *f* du son

Schallisolierung F insonorisation *f*; isolation *f* acoustique; **Schalllehre** F ⟨~⟩ acoustique *f*; **Schallleiter** M conducteur *m* du son; **Schallloch** N 1 *an Glockentürmen* abat-son *m* 2 MUS ouïe *f*; esse *f*

Schallmauer F mur *m* du son; **die ~ durchbrechen** passer, franchir le mur du son

Schallmessung F phonométrie *f*

Schallplatte F disque *m*

Schallplatten... IN ZSSGN de disque(s); sur disque(s); **Schallplattenarchiv** N discothèque *f*; **Schallplattenaufnahme** F enregistrement *m* sur disque(s); **Schallplattenindustrie** F industrie *f* du disque; **Schallplattensammlung** F discothèque *f*

Schallquelle F source *f* sonore; **schallschluckend** ADJT insonore; absorbant le son; **Schallschutz** M isolation *f* acoustique, phonique; insonorisation *f*; **schalltot** ADJ *Raum etc* anéchoïque; **Schalltrichter** M MUS pavillon *m*; **Schallwelle** F onde *f* sonore; **Schallwort** N ⟨~(e)s; -wörter⟩ LING onomatopée *f*

Schalmei F ⟨~; ~en⟩ chalumeau *m*; pipeau *m*

Schälmesser N épluche-légumes *m*; couteau *m* éplucheur

Schalotte F ⟨~; ~n⟩ échalote *f*

Schälrippchen NPL GASTR travers *mpl* de porc

schalt → schelten

Schaltanlage F ELEK installation *f*, poste *m* de distribution; **Schaltbrett** N ELEK tableau *m* de commande; **Schaltelement** N ELEK élément *m* de circuit

schalten ⟨-ete, h.⟩ A VT ELEK mettre en circuit; brancher; connecter; **in Reihe ~** monter en série B VI 1 (den Schalter betätigen) tourner le commutateur, le bouton; **auf „aus", „ein" ~** mettre sur « arrêt », « marche »; *umg fig* **auf stur ~** se braquer; se buter 2 AUTO changer de vitesse; **in den ersten Gang ~** passer en première 3 *geh* **(mit etw) frei ~ und walten (können)** disposer librement (de qc); n'en faire qu'à sa guise; **j-n ~ und walten lassen** laisser faire qn à son gré, à sa guise 4 *umg fig* (begreifen) *umg* piger

Schalter M ⟨~s; ~⟩ 1 ELEK commutateur *m*; interrupteur *m* 2 (Postschalter, Fahrkartenschalter, Bankschalter etc) guichet *m*; **Schalterbeamte(r)** M, **Schalterbeamtin** F employé(e) *m(f)* du guichet; guichetier, -ière *m,f*; **Schalterdienst** M ⟨~(e)s⟩ service *m* des guichets; **Schalterhalle** F, **Schalterraum** M °hall *m* des guichets; **Schalterschluss** M fermeture *f* du (*od* des) guichet(s); **Schalterstunden** FPL ouverture *f* du (*od* des) guichet(s)

Schaltgetriebe N engrenage *m* de manœuvre; AUTO boîte *f* de vitesses mécanique

Schalthebel M levier *m*, manette *f* de commande; AUTO levier *m* (de changement) de vitesse; *fig* POL **an den ~n der Macht sitzen** être aux leviers de commande

Schaltjahr N année *f* bissextile; *umg hum* **alle ~e (ein) mal** tous les trente-six du mois

Schaltkasten M ELEK boîte *f*, coffret *m* de distribution, de couplage; **Schaltknüppel** M AUTO levier *m* (de changement) de vitesse (au plancher); **Schaltkreis** M ELEK circuit *m*; **Schaltplan** M ELEK schéma *m* de montage, de circuit; **Schaltpult** N pupitre *m* de commande; **Schaltraum** M ELEK salle *f* d'appareillage, de distribution; **Schaltsatz** M GRAM phrase, proposition intercalée; **Schaltschema** N ELEK plan *m*, schéma *m* de montage, de circuit, des connexions; AUTO schéma *m* du changement de vitesse; **Schaltstelle** F poste *m* de commande; **Schalttafel** F tableau *m* de commande; **Schalttag** M jour *m* intercalaire; **Schaltuhr** F minuteur *m*

Schaltung F ⟨~; ~en⟩ 1 ELEK (das Schalten) mise *f* en circuit; branchement *m*; *Anordnung der Verbindungen* montage *m*; couplage *m*; **integrierte ~** circuit intégré 2 AUTO (Gangschaltung) changement *m* de vitesse 3 RADIO, TEL communication *f*, liaison *f* **(nach** avec**)**

Schaltwerk N TECH dispositif *m* de verrouillage; TEL dispositif *m* de connexion, de commutation; **Schaltzentrale** F salle *f* d'appareillage, de distribution; *fig* poste *m* de commande; MIL *a.* centre *m* de commandement

Schaluppe F ⟨~; ~n⟩ SCHIFF chaloupe *f*

Scham F ⟨~⟩ 1 °honte *f*; (Schamhaftigkeit) pudeur *f*; **vor ~ erröten** rougir de honte; **keine ~ im Leibe haben** être sans vergogne; **nur keine falsche ~!** surtout pas de fausse pudeur *od* °honte! 2 *geh* région pubienne

Schamane M ⟨~n; ~n⟩ chaman *m*; **Schamanismus** M ⟨~⟩ chamanisme *m*

Schambehaarung F poils *mpl* du pubis; **Schambein** N ANAT (os *m*) pubis *m*; **Schamdreieck** N (poils *mpl* du) pubis *m*

schämen VR ⟨h.⟩ **sich (für** *od* **wegen etw) ~** avoir °honte, être °honteux, -euse (de qc); **ich brauche mich deshalb nicht zu ~** je n'ai pas

S

à en rougir; **sich vor j-m ~** avoir °honte devant, vis-à-vis de qn; **sich für j-n ~** avoir °honte de qn; **ich schäme mich für dich** j'ai °honte pour toi; tu me fais °honte; **sich zu Tode ~** mourir de honte; **du solltest dich** (*umg* **was**) **~!** tu devrais avoir °honte!; **schämst du dich (denn) nicht?** tu n'as pas °honte?

Schamgefühl N ⟨~s⟩ (sentiment *m* de) honte *f*, pudeur *f*; **Schamgegend** F ⟨~⟩ région pubienne; **Schamhaar** N poil *m* du pubis; *koll* poils du pubis

schamhaft **A** ADJ pudique **B** ADV de *od* par pudeur; *iron, hum* **etwas ~ verschweigen** taire pudiquement qc

Schamhaftigkeit F ⟨~⟩ pudeur *f*; **Schamlippen** FPL ANAT lèvres *fpl* (de la vulve); **schamlos** ADJ **1** sans pudeur; (*unanständig*) impudique **2** (*unverschämt*) impudent; éhonté; **Schamlosigkeit** F ⟨~; ~en⟩ **1** manque *m* de pudeur; impudeur *f*; (*Unanständigkeit*) *geh* impudicité *f* **2** (*Unverschämtheit*) impudence *f*

Schamotte F ⟨~⟩ argile *f*, terre *f* réfractaire; **Schamottestein** M, **Schamotteziegel** M brique *f* (d'argile) réfractaire

Schampon N ⟨~s; ~s⟩ → Shampoo

schamponieren, **schampunieren** V/T ⟨*pas de ge-*, h.⟩ shampouiner *od* shampooiner

Schampus *umg* M ⟨~⟩ champagne *m*

schamrot ADJ rouge de honte; **~ werden** rougir de honte

Schamröte F rouge *m* (de la honte); **j-m die ~ ins Gesicht treiben** faire rougir qn de honte

schamverletzend ADJT impudique

schandbar → schändlich

Schande F ⟨~⟩ °honte *f*; *geh* ignominie *f*; *geh* infamie *f*; **j-m (keine) ~ machen** (ne pas) faire °honte à qn; **zu meiner ~ muss ich gestehen, dass …** à ma grande °honte, à ma grande confusion je dois avouer que …; **~ über dich!** °honte à toi!; **es ist e-e (wahre) ~** c'est une (véritable) °honte; **es ist e-e ~ zu** (*+inf*) c'est une °honte (que) de (*+inf*); **es ist keine ~, wenn …** ce n'est pas une °honte si …; **zu ~n** → zuschanden

schänden V/T ⟨-ete, h.⟩ **1** *Ruf etc* déshonorer; *Grab etc* profaner; violer; (*besudeln*) souiller; *geh* flétrir; (*entweihen*) profaner **2** *geh* (*vergewaltigen*) violenter

Schandfleck M souillure *f*; tare *f*; *geh* flétrissure *f*; °honte *f*

schändlich ADJ **1** (*verwerflich*) °honteux, -euse; déshonorant; (*erniedrigend*) avilissant; *geh* infamant; *Verbrechen etc* odieux, -ieuse; abominable; (*empörend*) scandaleux, -euse; **das ist ~ von ihm** c'est une °honte de sa part **2** *umg fig* (*scheußlich*) abominable; épouvantable; **in e-m ~en Zustand sein** être dans un état pitoyable

Schändlichkeit F ⟨~; ~en⟩ °honte *f*; *a. Handlung geh* ignominie *f*; *geh* infamie *f*

Schandmal N HIST marque *f* d'infamie; stigmate *m*; (*Schandfleck*) tare *f*; *geh* flétrissure *f*; **Schandmaul** *umg* N mauvaise, méchante langue

Schandtat F action *f* infâme; acte odieux; *geh* infamie *f*; *umg hum* **zu jeder ~** *od* **zu allen ~en bereit sein** être prêt (à participer) à tout, à toutes les bêtises

Schändung F ⟨~; ~en⟩ **1** *e-r Kirche, e-s Grabes etc* violation *f*; profanation *f* **2** *geh* (*Vergewaltigung*) viol *m*

Schanghai N ⟨→ *n/pr*⟩ Chang-hai *od* Shanghai

Schankbier N bière *f* à la pression

Schänke F → Schenke

Schankerlaubnis F, **Schankkonzession** F licence *f* de débit de boissons; **Schanktisch** M comptoir *m*; *umg* zinc *m*; **Schankwirt(in)** M(F) débitant(e) *m(f)* de boissons; **Schankwirtschaft** F débit *m* de boissons; café *m*

Schanze F ⟨~; ~n⟩ **1** MIL ouvrage *m* de campagne; retranchement *m* **2** SKISPORT tremplin *m* **3** SCHIFF gaillard *m* d'arrière

Schanzenrekord M SKISPORT record *m* de saut au tremplin

Schar F ⟨~; ~en⟩ groupe *m*; bande *f*; foule *f*; *von Kindern a.* ribambelle *f*; *von Vögeln* vol *m*; volée *f*; **in ~en** (*dat*) en masse; en foule; **~en von Menschen** une multitude, une foule (de gens); **die Käufer kamen in hellen ~en in das neue Geschäft** une foule d'acheteurs se pressèrent vers le nouveau magasin

Scharade F ⟨~; ~n⟩ charade *f*

Schäre F ⟨~; ~n⟩ îlot rocheux

scharen ⟨h.⟩ **A** V/T réunir; grouper; **um sich ~** rassembler autour de soi; rallier **B** V/R **sich um j-n ~** se rallier autour de qn

scharenweise ADV en grande quantité; en foule; en masse; par *od* en bandes

scharf **A** ADJ ⟨"er, "ste⟩ **1** (*schneidend*) tranchant; coupant; aiguisé; *Zähne, Nägel, Krallen* acéré; *Kurve* brusque; *Ecke* saillant; **~e Kante** arête vive **2** (*ausgeprägt*) *Linien, Gesichtszüge* marqué; accusé; *Gegensätze* (bien) tranché; *Umrisse* net, nette; précis; *Foto* net, nette **3** *Brille, Fernglas* fort **4** *Speisen* épicé; *Gewürz, Senf* fort; (*gepfeffert*) poivré; *Geruch* pénétrant; *Tabakrauch* âcre; *Lauge, Säure* caustique; corrosif, -ive **5** *Kontrolle, Urteil, Maßnahmen etc* sévère; rigoureux, -euse; *Bewachung* étroit; *Verhör* serré; *Protest* énergique; violent; vif, vive; *Worte, Entgegnung* (*schroff*) sec, sèche; cassant; tranchant; (*beißend*) cinglant; mordant; acerbe; *fig Zunge* bien affilé; acéré; **~er Verweis** réprimande *f* sévère; verte réprimande; **schärfsten Widerstand leisten** opposer la plus vive résistance *od* une résistance acharnée (*+dat* à); *umg* **j-n ~ machen** (*aufhetzen*) exciter qn **6** *Gehör* fin; *Verstand* pénétrant; subtil; *Gedächtnis* sûr; fidèle; *Auge* perçant; *Blick* pénétrant; *Sinne* affiné; aigu, aiguë **7** *Trab, Galopp* rapide; *Wind* cinglant; violent **8** *Munition* pour tir réel; *Minen, Sprengkörper etc* amorcé; armé **9** *Aussprache* précis; bien articulé; **das ~e S** (*Eszett*) le « ß » (en allemand) **10** *umg* (*geil*) *umg* allumé; excité; **j-n ~ machen** exciter qn; **auf etw** (*akk*) **~ sein** avoir très envie de qc; **auf j-n ~ sein** *umg* en pincer pour qn; *umg* avoir envie de se taper qn **11** *Hund* méchant; → scharfmachen **12** *umg* (*beeindruckend*) *umg* dingue **B** ADV **1** (*genau*) **~ umreißen** délimiter nettement, avec précision; *Kamera, Bild* **~ (ein)stellen** mettre au point; **~ bewachen** surveiller, observer de près, étroitement; **~ aufpassen** faire bien attention; **~ nachdenken** se concentrer; **j-n ~ ansehen** regarder qn d'un œil sévère; dévisager qn **2** (*heftig, stark*) **~ bremsen** freiner brutalement; piler; **~ würzen** épicer fortement; **etw aufs Schärfste verurteilen** condamner qc très sévèrement, avec la dernière rigueur; *geh* stigmatiser qc **3** (*dicht*) **~ an etw** (*akk*) **heranfahren** s'approcher tout près de qc; **~ rechts fahren** serrer à droite **4** MIL **~ schießen** tirer à balles; procéder à des tirs réels

Scharfabstimmung F RADIO réglage précis; **Scharfblick** M ⟨~(e)s⟩ pénétration *f* (d'esprit); clairvoyance *f*; *plus fort* perspicacité *f*

Schärfe F ⟨~; ~n⟩ **1** ⟨*pas de pl*⟩ *e-s Messers etc* acuité *f* **2** ⟨*pas de pl*⟩ *e-r Säure etc* (*Ätzkraft*) causticité *f*; *von Speisen etc* goût relevé, épicé **3** ⟨*pas de pl*⟩ (*Deutlichkeit*) netteté *f*; précision *f*; (*Genauigkeit*) exactitude *f* **4** FOTO netteté *f* **5** ⟨*pas de pl*⟩ *des Verstandes* pénétration *f*; *plus fort* perspicacité *f*; *des Gehörs, der Augen* acuité *f* (auditive, visuelle) **6** ⟨*pas de pl*⟩ *fig* (*Strenge*) sévérité *f*; rigueur *f*; (*Schroffheit*) sécheresse *f*; caractère tranchant; *e-r Diskussion* âpreté *f* **7** (*Bissigkeit*) causticité *f*; acrimonie *f*

Scharfeinstellung F FOTO mise *f* au point

schärfen V/T ⟨h.⟩ **1** *Messer etc* aiguiser; affûter; affiler **2** *Minen, Bomben etc* amorcer **3** *fig Sinne, Verstand, Blick* aiguiser

Schärfentiefe F ⟨~⟩ FOTO profondeur *f* de champ

scharfkantig ADJ à arête(s) vive(s); à angle(s) vif(s)

scharfmachen V/T ⟨*sép*, -ge-, h.⟩ *Hund* exciter; *umg* **j-n ~** (*aufhetzen, aufgeilen*) exciter qn

Scharfmacher *umg* M ⟨~s; ~⟩ agitateur *m*; provocateur *m*; **Scharfmacherei** *umg pej* F ⟨~⟩ provocation *f*; excitation *f*; **Scharfrichter** M bourreau *m*; **Scharfschütze** M tireur *m* d'élite; **scharfsichtig** ADJ clairvoyant; *plus fort* perspicace; **Scharfsichtigkeit** F ⟨~⟩ clairvoyance *f*; *plus fort* perspicacité *f*; **Scharfsinn** M ⟨~(e)s⟩ sagacité *f*; finesse *f*; subtilité *f*; **scharfsinnig** ADJ fin; subtil; **scharfstellen** V/T → scharf B 1

Schärfung F ⟨~⟩ **1** *e-s Messers etc* aiguisage *m*; affûtage *m*; affilage *m* **2** *von Minen, Bomben etc* amorçage *m*

scharfzüngig ADJ caustique; acerbe; *Bemerkung a.* incisif, -ive; **Scharfzüngigkeit** F ⟨~⟩ causticité *f*

Scharia F ⟨~⟩ REL charia *f*

Scharlach M ⟨~s⟩ MED scarlatine *f*; **Scharlachepidemie** F épidémie *f* de scarlatine; **scharlachfarben**, **scharlachrot** ADJ écarlate

Scharlatan M ⟨~s; ~e⟩ charlatan *m*; **Scharlatanerie** F ⟨~; ~n⟩ charlatanerie *f*; charlatanisme *m*

Scharmützel N ⟨~s; ~⟩ MIL escarmouche *f* (*a. fig*)

Scharnier N ⟨~s; ~e⟩ charnière *f*

Schärpe F ⟨~; ~n⟩ écharpe *f* (portée en ceinture, en bandoulière)

scharren ⟨h.⟩ **A** V/T **ein Loch in die Erde ~** creuser un trou dans la terre (en grattant) **B** V/I gratter; **an der Tür ~** gratter à la porte; **in der Erde ~** *Huhn, Hund* gratter la terre, le sol; *ungeduldig, nervös* **mit den Füßen ~** *Mensch, Pferd* piaffer d'impatience

Scharte F ⟨~; ~n⟩ **1** *in e-m Schneidewerkzeug etc* brèche *f*; dent *f*; *fig* **e-e ~ auswetzen** réparer un échec, une faute **2** (*Schießscharte*) embrasure *f*; meurtrière *f*

Scharteke F ⟨~; ~n⟩ **1** *pej* vieux bouquin **2** *umg fig pej* **(alte) ~** *umg* vieux tableau; *umg* vieille toupie

schartig ADJ ébréché; **~ werden** s'ébrécher

scharwenzeln *umg pej* V/I ⟨-(e)le, *pas de ge-*, h. *ou* s.⟩ *umg* faire de la lèche, du lèche-bottes; **um j-n ~** se montrer complaisant, obséquieux, -ieuse envers qn; s'empresser auprès de qn, autour de qn; *umg* cirer les bottes de qn

Schaschlik M *od* N ⟨~s; ~s⟩ GASTR chachlik *m*; brochette *f* (*avec de la viande, du poivron, du lard et des oignons*)

schassen *umg* V/T ⟨h.⟩ *umg* virer; **geschasst werden** *umg* se faire virer

Schatten M ⟨~s; ~⟩ **1** *a. fig* ombre *f*; *von Bäumen etc a. geh* ombrage *m*; **im ~** à l'ombre; **e-n ~ werfen** faire de l'ombre (**auf** [*+akk*] à); projeter une *od* son ombre (**an** [*+akk*] contre); **~ spenden** donner de l'ombre; **das Haus lag im ~** la maison était à l'ombre; **j-m wie sein ~ folgen** suivre qn comme son ombre; *fig* **j-n in den ~ stellen** éclipser qn; *fig* **etw in den ~ stellen** éclipser, dépasser (largement) qc; *fig*

in j-s ~ *(dat)* **stehen** vivre dans l'ombre de qn; *fig* **dunkle ~ unter den Augen haben** avoir les yeux cernés; *fig* **er ist nur noch ein ~ s-r selbst** il n'est plus que l'ombre de lui-même; *fig* **niemand kann über s-n ~ springen** personne ne peut sortir de sa peau; on ne se refait pas; **große Ereignisse werfen ihre ~ voraus** → Ereignis **2** *fig (Makel)* tache *f*; *geh* flétrissure *f*; **der ~ e-s Verdachtes** l'ombre *f* d'un soupçon

Schattenbild N silhouette *f*; **Schattenboxen** N shadow-boxing *m*

Schattendasein N **ein ~ führen** vivre dans l'ombre

schattenhaft ADJ vague; *(unwirklich)* fantomatique

Schattenkabinett N POL cabinet *m* fantôme; **schattenlos** ADJ sans ombre

Schattenmorelle F ⟨~; ~n⟩ BOT griotte *f*; **Schattenreich** N ⟨~(e)s⟩ royaume *m* des ombres; **Schattenriss** M silhouette *f*

Schattenseite F côté *m* de l'ombre; *fig (Nachteil)* revers *m* de la médaille; ombre *f* au tableau; inconvénient *m*; **auf der ~ des Lebens stehen** n'avoir pas de chance dans la vie

Schattenspiel N ombres chinoises; théâtre *m* d'ombres; **Schattenwirtschaft** F ⟨~⟩ économie *f* souterraine

schattieren VT ⟨*pas de ge-*, **h.**⟩ MAL ombrer; nuancer; dégrader

Schattierung F ⟨~; ~en⟩ **1** MAL répartition *f*, distribution *f* des ombres; dégradé *m* **2** *fig (Nuance)* nuance *f*; ton *m*; **Politiker** *mpl* **aller ~en** (des) hommes *mpl* politiques de tous bords *od* de toutes tendances

schattig ADJ ombragé; *geh* ombreux, -euse

Schattseite *österr, schweiz* → Schattenseite

Schatulle F ⟨~; ~n⟩ *für Geld* cassette *f*; *(Schmuckschatulle)* coffret *m*; écrin *m*

Schatz M ⟨~es; ⸚e⟩ **1** *a. fig* trésor *m*; richesses *fpl*; *verborgener* magot *m* **2** *umg Kosewort* (mon) trésor *m* **3** *(hilfsbereiter Mensch)* **du bist ein ~!** tu es un ange!; **sei ein ~ und hol mir meinen Koffer** sois un ange et va chercher ma valise

Schatzamt N trésorerie *f*; Trésor *m*; **Schatzanweisung** F FIN bon *m* du Trésor

Schätzchen N ⟨~s; ~⟩ *Kosewort* (mon) petit trésor, bijou

schätzen VT ⟨-(es)t, h.⟩ **1** *(ab~)* estimer; apprécier; *Preis etc* évaluer; **wie alt ~ Sie ihn?** quel âge lui donnez-vous?; **ich hätte ihn (für) älter geschätzt** je lui aurais donné plus; je l'aurais cru plus âgé; **schätz mal!** devine un peu! **2** *(achten)* estimer; apprécier; priser; **etw zu ~ wissen** (savoir) apprécier qc; **sich glücklich ~** s'estimer heureux, -euse; **wir ~ sie sehr** nous la tenons en °haute estime; **ich schätze das nicht** je n'apprécie pas du tout cela **3** *umg (annehmen)* penser; **ich schätze, dass** j'estime, je pense que

schätzenswert ADJ estimable

Schatzgräber M ⟨~s; ~⟩ chercheur *m* de trésors; **Schatzinsel** F île *f* au trésor; **Schatzkammer** F trésor *m*; POL Trésor *m*; **Schatzkanzler** M *in England* chancelier *m* de l'Échiquier; **Schatzkästchen** N cassette *f*; coffret *m*; **Schatzmeister** M trésorier *m*

Schätzpreis M prix *m* d'estimation

Schatzsuche F chasse *f* au(x) trésor(s)

Schätzung F ⟨~; ~en⟩ estimation *f*; appréciation *f*; évaluation *f*; *(Veranlagung)* taxation *f*; **bei vorsichtiger ~** au bas mot

schätzungsweise ADV approximativement; à peu près

Schätzwert M valeur *f* d'estimation

Schau F ⟨~; ~en⟩ **1** *(Ausstellung)* exposition *f*; *(Zurschaustellung)* exhibition *f*; étalage *m*; **etw zur ~ stellen** *(ausstellen)* exposer qc; *fig (offen zeigen)* faire étalage, montre de qc; *fig* **zur ~ tragen** faire étalage de; afficher **2** *(Vorführung)* grande mise en scène; (grand) spectacle; revue *f*; **j-m die ~ stehlen** voler la vedette à qn; *umg* **e-e ~ abziehen** *(sich in Szene setzen)* faire l'intéressant, son cinéma; *(sich aufspielen) umg* crâner; *umg* **(einen) auf ~ machen** *umg* frimer; *umg* faire du chiqué, de l'esbroufe **3** *geh (Betrachtungsweise)* point *m* de vue; aspect *m*; perspective *f*

Schaubild N (représentation *f*) graphique *m*; schéma *m*; *(Diagramm)* diagramme *m*; **Schaubühne** F théâtre *m*

Schauder *geh* M ⟨~s; ~⟩ frisson *m*; *fig (Entsetzen)* horreur *f*; **schauderhaft** *umg pej* ADJ horrible; affreux, -euse; *plus fort* épouvantable

schaudern VI ⟨-(e)re, h.⟩ frissonner (**vor** *[+dat]* de); *(beben)* frémir; tressaillir; **mir** *od* **mich schaudert** *od (v/unpers)* **es schaudert mich** je frémis, frissonne; **mich schaudert bei dem Gedanken, dass …** je frémis, frissonne à la pensée que …

schauen VI ⟨h.⟩ *bes südd, österr, schweiz* **1** *(sehen)* regarder; **auf j-n, etw ~** *als Vorbild* prendre qn, qc pour modèle; **schau, schau!** tiens, tiens!; **da schau her!** *verwundert* tiens, par exemple!; *empört* ça, alors! **2** *(dreinblicken)* **traurig ~** avoir le regard *od* un air triste **3** *(sich kümmern um)* **nach j-m, etw ~** s'occuper de qn, qc **4** *(achtgeben auf)* **auf etw** *(akk)* **~** veiller à qc **5** *umg (sich bemühen)* **schau, dass** tâche de *(+inf)*; fais attention à ce que *(+subj)*

Schauer M ⟨~s; ~⟩ **1** *(Schauder)* frisson *m*; **ihn überlief ein ~** un frisson le parcourut (tout entier) **2** *(Regenschauer)* averse *f*; ondée *f*; *mit Hagel od Schnee* giboulée *f*

schauerartig ADJ **~e Regenfälle** MPL averses *fpl*

Schauergeschichte F histoire *f* à faire frémir, à donner la chair de poule

schauerlich ADJ **1** épouvantable; effroyable; terrifiant **2** *umg fig (furchtbar schlecht)* abominable; affreux, -euse

Schauermärchen *pej* N **j-m ~ erzählen** raconter des horreurs à qn

schauern → schaudern

Schauernähe F **in ~ auffrischender Wind** averses accompagnées de vent(s) fort(s)

Schauerroman M roman *m* d'épouvante; **Schauerwetter** N temps *m* d'averses, de giboulées

Schaufel F ⟨~; ~n⟩ **1** pelle *f*; *(Radschaufel)* pale *f*; aube *f (a. e-r Turbine)* **2** *(Geweihschaufel)* andouillers palmés; **Schaufelbagger** → Schaufelradbagger; **schaufelförmig** ADJ en forme de pelle; **Schaufelgeweih** N andouillers palmés; **Schaufelhirsch** M daim *m* (qui a plus de quatre ans); **Schaufellader** M ⟨~s; ~⟩ TECH pelleteuse *f*

schaufeln ⟨-(e)le, h.⟩ **A** VT pelleter; **ein Grab ~** creuser une fosse, un tombeau; **Schnee ~** enlever la neige (avec une pelle) **B** VI travailler à la pelle

Schaufeln N ⟨~s⟩ pelletage *m*; *e-s Grabes* creusement *m*

Schaufelpflug M charrue *f* à soc

Schaufelrad N TECH roue-pelle *f*; *beim Dampfer* roue *f* à aubes; **Schaufelradbagger** M excavateur *m* à roue-pelle; **Schaufelraddampfer** M bateau *m* (à vapeur) à aubes

Schaufenster N vitrine *f*; devanture *f*; étalage *m*; **die ~ ansehen (gehen)** faire du lèche-vitrine

Schaufensterauslage F étalage *m*; **Schaufensterbeleuchtung** F éclairage *m* de vitrine

Schaufensterbummel M lèche-vitrine *m*; **e-n ~ machen** faire du lèche-vitrine

Schaufensterdekorateur(in) M(F) étalagiste *m/f*; **Schaufensterdekoration** F décoration *f* d'étalage; **Schaufenstergestalter(in)** M(F) étalagiste *m/f*; **Schaufenstergestaltung** F composition *f* d'étalage; décoration *f* de vitrine; **Schaufensterpuppe** F mannequin *m*; **Schaufensterreklame** F réclame *f*, publicité *f* par l'étalage; **Schaufensterscheibe** F glace *f* de (la) vitrine

Schaufliegen N, **Schauflug** M vol *m* de démonstration; **Schaugeschäft** N ⟨~(e)s⟩ show-business *m*; *umg* show-biz *m*; industrie *f* du spectacle; **Schaukampf** M BOXEN démonstration *f*; **Schaukasten** M vitrine *f*

Schaukel F ⟨~; ~n⟩ balançoire *f*

schaukeln ⟨-(e)le, h.⟩ **A** VT balancer; **ein Kind auf den Knien ~** bercer un enfant sur ses genoux; *umg* **der Bus schaukelte uns durch die Stadt** le bus, car nous a bringuebalés *od* brinquebalés à travers la ville **B** VI **1** se balancer; jouer à la balançoire **2** *Schiff* rouler; *(stampfen)* tanguer

Schaukeln N ⟨~s⟩ balancement *m*; bercement *m*; SCHIFF roulis *m*; tangage *m*

Schaukelpferd N cheval *m* (de bois) à bascule; **Schaukelpolitik** F politique *f* de bascule; **Schaukelstuhl** M fauteuil *m* à bascule; rocking-chair *m*

Schaulauf M, **Schaulaufen** N EISLAUF gala *m* de patinage artistique, de danse sur glace; **Schaulust** F ⟨~⟩ curiosité *f*; **schaulustig** ADJ curieux, -ieuse; avide de voir; **Schaulustige(r)** M/F(M) ⟨→ A⟩ curieux, -ieuse *m,f*; badaud *m*

Schaum M ⟨~(e)s; Schäume⟩ écume *f*; *auf Bier, von Seife etc* mousse *f*; *Eiweiß* **zu ~ schlagen** fouetter; battre en neige; *umg fig* **~ schlagen** *fig umg* se faire mousser; *umg* faire du vent; **ihm stand der ~ vor dem Mund** il avait de l'écume à la bouche; l'écume lui sortait de la bouche

Schaumbad N bain *m* (de) mousse; **schaumbedeckt** ADJT *(mit Wellenschaum, Geifer)* écumeux, -euse; couvert d'écume; *(mit Seifen-, Bierschaum)* couvert de mousse

schäumen ⟨h.⟩ **A** VT TECH faire mousser **B** VI *a. fig* écumer; *Bier, Sekt, Seife etc* mousser; *fig* **vor Wut ~** écumer de rage

Schaumfestiger M ⟨~s; ~⟩ mousse coiffante, de coiffage; **Schaumgebäck** N meringue *f*; **Schaumgeborene** F ⟨→ A⟩ MYTH (Aphrodite *f*) Anadyomène *f*; **Schaumgummi** M ⟨~s; ~(s)⟩ caoutchouc *m* mousse®

schaumig ADJ écumeux, -euse; *Meer* couvert d'écume; *Getränk, Speise* mousseux, -euse; GASTR **Butter und Zucker ~ rühren** travailler le beurre et le sucre au fouet *(pour obtenir une consistance mousseuse)*

Schaumkelle F écumoire *f*; **Schaumkraut** N cardamine *f*; *umg* cressonnette *f*

Schaumkrone F **das Meer hat ~n** la mer moutonne

Schaumlöffel M écumoire *f*; **Schaumparty** F *in e-r Disko etc* soirée *f* mousse; **Schaumreiniger** M mousse *f* de nettoyage; **Schaumschläger** *pej* M *umg* frimeur, -euse *m,f*; **Schaumschlägerei** *pej* F *umg* frime *f*; *umg* esbroufe *f*; *umg* chiqué *m*; *umg* épate *f*; **Schaumspeise** F mousse *f*; **Schaumstoff** M mousse *f*; **Schaumwein** M (vin) mousseux *m*

Schauplatz M scène *f*; *(Kriegsschauplatz)* théâtre *m*; *e-s Verbrechens* lieu *m*; **Schauprozess** M *pej* simulacre *m* de procès

schaurig A ADJ 1 *(unheimlich)* à faire frémir; épouvantable; macabre 2 *umg (grässlich)* abominable; affreux, -euse B ADV *umg* **~ schlecht** terriblement mauvais

schaurig-schön ADJ *Bild, Theaterstück etc* beau et macabre (à la fois)

Schauspiel N 1 *(Bühnenstück)* pièce *f* de théâtre 2 ⟨*pas de pl*⟩ *(Gattung)* drame *m* 3 *geh fig* spectacle *m*

Schauspieler(in) M(F) acteur, -trice *m,f*; *a. fig* comédien, -ienne *m,f*

Schauspielerei F ⟨~⟩ 1 *Beruf* métier *m* d'acteur 2 *umg pej* comédie *f*

schauspielerisch ADJ ⟨*épithète*⟩ de comédien, -ienne; d'acteur, -trice; **beste ~e Leistung** meilleure interprétation

schauspielern V/I ⟨-(e)re, h.⟩ 1 *umg* THEAT *etc* faire du théâtre 2 *fig pej* jouer la comédie

Schauspielführer M guide *m* de pièces de théâtre; **Schauspielhaus** N théâtre *m*; salle *f* de spectacle; **Schauspielkunst** F ⟨~⟩ art *m* dramatique; **Schauspielschule** F école *f* d'art dramatique; **Schauspieltruppe** F troupe *f* de comédiens; troupe théâtrale

Schausteller(in) M ⟨~s; ~⟩ (F) ⟨~in; ~innen⟩ forain(e) *m(f)*; marchand forain; **Schaustück** N objet précieux; pièce *f* de collection; **Schautafel** F tableau, panneau explicatif; **Schautanz** M spectacle *m*, démonstration *f* de danse; **Schauturnen** N démonstration *f* de gymnastique

Scheck M ⟨~s; ~s⟩ chèque *m* (**über** [+*akk*] de); **e-n ~ ausstellen** émettre, faire un chèque; **e-n ~ einlösen** encaisser un chèque; **ungedeckter ~** chèque sans provision, *umg* en bois; **mit ~ bezahlen** payer par chèque

Scheckbetrüger(in) M(F) émetteur, -trice *m,f* de chèque(s) sans provision *bzw.* falsifié(s); **Scheckbuch** N chéquier *m*; carnet *m* de chèques

Schecke[1] M ⟨~n; ~n⟩ *Pferd* cheval *m* pie; *Rind* bœuf tacheté

Schecke[2] F ⟨~; ~n⟩ *Stute* jument *f* pie; *Kuh* vache tachetée

Scheckfälschung F falsification *f* de chèque; **Scheckformular** N chèque *m*; **Scheckheft** N → Scheckbuch

scheckig ADJ tacheté; *Pferd* pie; → scheckiglachen

scheckiglachen *umg* V/R ⟨*sép*, -ge-, h.⟩ **sich ~** *umg* se gondoler; se tordre de rire

Scheckinhaber(in) M(F) porteur, -euse *m,f* d'un chèque; **Scheckkarte** F carte *f* bancaire; **Scheckverkehr** M opérations *fpl*, transactions *fpl* par chèques; **Scheckzahlung** F règlement *m*, paiement *m* par chèque

scheel *umg* ADJ 1 *regional (schielend)* qui louche; *umg* bigleux, -euse 2 *fig (neidisch)* envieux, -ieuse; jaloux, -ouse; *(misstrauisch)* méfiant; suspicieux, -ieuse; **etw mit ~en Blicken ansehen** regarder qc d'un œil jaloux, envieux; **j-n ~ ansehen** regarder qn de travers

Scheffel M ⟨~s; ~⟩ *früher* boisseau *m*

scheffeln *umg pej* V/T ⟨-(e)le, h.⟩ **Geld ~** ramasser, faire, *umg* rafler beaucoup d'argent

scheffelweise *umg* ADV *umg* à la pelle

Scheibchen N ⟨~s; ~⟩ rondelle *f*

Scheibe F ⟨~; ~n⟩ 1 *(runder Gegenstand)* disque *m*; *kleine* rondelle *f*; *(Dichtungsscheibe)* (rondelle *f* de) joint *m*; *(Schießscheibe)* cible *f*; SPORT *Jargon (Puck)* palet *m*; puck *m*; *(Wählscheibe)* disque *m* 2 *von Brot, Wurst etc* tranche *f*; *(Apfelscheibe, Zitronenscheibe) a.* rondelle *f*; **etw in ~n** *(akk)* **schneiden** couper qc en tranches, *kleinere* en rondelles; *umg fig* **davon kannst du dir e-e ~ abschneiden** là, tu peux encore apprendre qc 3 *(Fensterscheibe)* vitre *f*; carreau *m*; *vom Auto, Schaufenster, Spiegel* glace *f* 4 *(Töpferscheibe)* tour *m* 5 *umg (Schallplatte, CD)* disque *m*

Scheibenbremse F AUTO frein *m* à disque; **scheibenförmig** ADJ en forme de disque; *t/t* discoïde; **Scheibengardine** F (rideau *m* de) vitrage *m*; **Scheibenhantel** F GEWICHTHEBEN barre *f* à disques; haltères *mpl* démontables

Scheibenhonig M 1 miel *m* en rayons 2 *umg* ⟨*pas de pl*⟩ **~!** *umg* mince!; *umg* miel!

Scheibenkleister *umg* M ⟨*pas de pl*⟩ **~!** *umg* mince!; *umg* miel!

Scheibenrad N roue pleine; **Scheibenschießen** N tir *m* à la cible; **Scheibenwaschanlage** F lave-glace *m*; **Scheibenwischer** M ⟨~s; ~⟩ essuie-glace *m*

Scheich M ⟨~(e)s; ~s *ou* ~e⟩ 1 cheik *od* scheik *m* 2 *umg (Freund) umg* mec *m*;

Scheichtum N ⟨~s; -tümer⟩ *etwa* émirat *m*

Scheide F ⟨~; ~n⟩ 1 *(Futteral)* gaine *f*; *e-s Degens* fourreau *m*; **aus der ~ ziehen** dégainer 2 ANAT vagin *m* 3 *(Grenze)* ligne *f* de séparation; limite *f*

scheiden ⟨scheidet, schied, geschieden⟩ A V/T ⟨h.⟩ 1 *(trennen)* séparer; *Erz a.* trier 2 **e-e Ehe ~** prononcer un divorce; **geschieden werden** être divorcé; **sich (von j-m) ~ lassen** divorcer (de, d'avec qn); *fig* **wir sind geschiedene Leute** nous sommes définitivement brouillés B V/I ⟨s.⟩ *geh (weggehen)* s'en aller; partir; **voneinander ~** se quitter; se séparer; **aus dem Dienst, Amt ~** quitter le service, son poste; démissionner; **aus dem Leben ~** mourir; *freiwillig* mettre fin à ses jours; **Scheiden tut weh** partir, c'est mourir un peu C V/R ⟨h.⟩ *fig* **in dieser Frage ~ sich die Geister** sur cette question les avis diffèrent, sont partagés; **hier ~ sich unsere Wege** (c'est) ici (que) nos chemins se séparent

Scheidenentzündung F MED vaginite *f*; **Scheidenkrampf** M MED vaginisme *m*; **Scheidenspülung** F MED injection vaginale

Scheidewand F 1 cloison *f*; paroi *f*; *Mauer a.* mur *m* de refend 2 BOT diaphragme *m* 3 ANAT cloison *f*; septum *m* 4 *fig* barrière *f*; **Scheidewasser** N ⟨~s; ⸚⟩ CHEM eau-forte *f*; acide *m* nitrique

Scheideweg M *fig* **am ~ stehen** être à la croisée des chemins

Scheidung F ⟨~; ~en⟩ 1 *(Ehescheidung)* divorce *m*; **die ~ einreichen** demander le divorce; **in ~ leben, in ~ liegen** être en (instance de) divorce 2 *geh (Unterscheidung)* différenciation *f*; dissociation *f*

Scheidungsanwalt M, **Scheidungsanwältin** F avocat(e) *m(f)* spécialisé(e) dans les affaires de divorce

Scheidungsgrund M cause *f bzw.* motif *m* du divorce; **er war ihr ~** c'est pour lui qu'elle a divorcé

Scheidungsklage F demande *f*, action *f* en divorce; **die ~ einreichen** demander le divorce

Scheidungsprozess M instance *f* en divorce; **Scheidungsurteil** N jugement *m* de divorce

Schein[1] M ⟨~(e)s; ~e⟩ 1 *(Bescheinigung)* certificat *m*; attestation *f*; *(Urkunde) a.* acte *m*; *(Begleitschein)* acquit-à-caution *m*; *(Bestellschein)* bon *m*; *(Waffenschein, Führerschein)* permis *m*; *(Empfangsschein)* reçu *m*; récépissé *m* 2 *(Geldschein)* billet *m* 3 HOCHSCHULE *(Seminarschein) etwa* unité *f* de valeur; *umg* **e-n ~ in etw** *(dat)* **machen** obtenir une unité de valeur en qc

Schein[2] M ⟨~(e)s⟩ 1 *e-r Lampe, Kerze etc* lumière *f*; *plus fort* clarté *f*; *(mattes Licht)* lueur *f*; **beim ~ des Mondes** au clair de (la) lune 2 *(Anschein)* apparence *f*; semblant *m*; trompe-l'œil *m*; *(Trugbild) geh* simulacre *m*; **den (äußeren) ~ wahren** sauver les apparences; **(nur) zum ~** pour la forme; pour sauver les apparences; **etw zum ~ tun** feindre, faire semblant de faire qc; **nach dem ~ urteilen** juger sur les apparences; **der ~ spricht gegen ihn** les apparences sont contre lui; **der ~ trügt** les apparences sont trompeuses; il ne faut pas se fier aux apparences

Scheinangriff M attaque simulée; feinte *f*; diversion *f*; **Scheinargument** N *geh* argument fallacieux, spécieux; **Scheinasylant(in)** *umg pej* M(F) faux, fausse réfugié(e) *m(f)*

scheinbar A ADJ apparent; **~e Widersprüche** *mpl* contradictions apparentes B ADV 1 *(nicht wirklich)* en apparence; apparemment 2 *umg* → anscheinend B

Scheinblüte F HANDEL fausse prospérité; **Scheinehe** F mariage fictif, blanc

scheinen V/I ⟨scheint, schien, geschienen, h.⟩ 1 *(Licht verbreiten)* luire; briller; **die Sonne scheint** le soleil brille; il fait du soleil; il y a du soleil; *Sonne* **ins Zimmer ~** donner dans la chambre; **der Mond scheint** la lune brille; il fait clair de lune 2 *(den Anschein haben)* sembler; avoir l'air de; paraître; **Sie ~ Angst zu haben, es scheint, Sie haben Angst** vous semblez avoir peur; vous avez l'air d'avoir peur; on dirait que vous avez peur; **mir scheint, (dass) …** il me semble que … (*+ind od subj*); j'ai l'impression que … (*+ind od subj*); **er ist reicher, als es scheint** il est plus riche qu'on ne croit; **wie es scheint** à ce qu'il semble, paraît; **das scheint nur so** ce n'est qu'une apparence

Scheinfirma F société fictive; **Scheinfrucht** F BOT pseudo-fruit *m*; **Scheingefecht** N *geh* simulacre *m* de combat; **Scheingeschäft** N transaction, opération fictive; **Scheingesellschaft** F société fictive; **scheinheilig** *umg pej* ADJ hypocrite; **Scheinheiligkeit** *umg pej* F hypocrisie *f*; tartuf(f)erie *f*; **Scheinkauf** M achat fictif; **Scheinschwangerschaft** F grossesse nerveuse

scheinselbstständig ADJ WIRTSCH, POL **~ sein** être un(e) faux, fausse indépendant(e); **als ~ gelten** être considéré(e) comme un(e) faux, fausse indépendant(e)

Scheinselbstständige(r) M/F(M) WIRTSCH, POL faux, fausse indépendant(e) *m(f)*; **Scheinselbstständigkeit** F WIRTSCH, POL statut *m* de faux indépendant; **Scheintod** M mort apparente; léthargie *f*; **scheintot** ADJ 1 MED mort en apparence; qui est en léthargie 2 *umg (ziemlich alt) umg* croulant; **Scheinvertrag** M contrat fictif; **Scheinwelt** F monde irréel, imaginaire; **Scheinwerfer** M ⟨~s; ~⟩ projecteur *m*; AUTO phare *m*; **Scheinwerferkegel** M faisceau lumineux d'un projecteur, AUTO d'un phare

Scheinwerferlicht N ⟨~s⟩ lumière *f*, feux *mpl* des projecteurs *bzw.* des phares; **im ~** sous les feux des projecteurs; **im ~ (der Öffentlichkeit) stehen** être sous le(s) feu(x) des projecteurs

Scheiß *sl* M ⟨~⟩ *sl* connerie(s) *f(pl)*; **erzähl keinen ~!** *umg* tu déconnes!

scheiß…, Scheiß… *sl* IN ZSSGN *sl* de merde; *sl* putain de …

Scheißdreck *sl* M *sl* merde *f*; **das geht ihn e-n ~ an** *sl* qu'est-ce que ça peut lui foutre?

Scheiße *sl* F ⟨~⟩ *sl* merde *f*; **dieses Buch ist**

(**große**) **~** *sl* ce livre est une vraie merde, *umg* est complètement nul; **e-e schöne ~ ist das!** *sl* quelle merde!; *umg* quel pétrin!; **verfluchte ~!** *sl* quelle merde!; *sl* putain!; **~ bauen** *sl* merder; *umg* se planter (complètement)

scheißegal *sl* ADJ ⟨attribut⟩ **das ist mir ~** *umg* je m'en (contre)balance, (contre)fous; *umg* j'en ai rien à foutre, à cirer

scheißen *sl* V/I ⟨-(es)t, scheißt, schiss, geschissen, h.⟩ *sl* chier; *fig* **auf etw** *(akk)* **~** *umg* se foutre complètement de qc

Scheißer *sl* M ⟨~s; ~⟩ *(Dreckskerl) sl* salaud *m*; *sl* ordure *f*; *sl* fumier *m*; (**kleiner**) **~** *umg* (petit) merdeux

scheißfreundlich *sl* ADJ mielleux, -euse; *Person* **~ sein** être tout sucre, tout miel

Scheißhaufen *sl* M *sl* tas *m* de merde; **Scheißhaus** *sl* N *sl* chiottes *fpl*; **Scheißkerl** *sl* M *sl* salaud *m*; *sl* ordure *f*; *sl* fumier *m*; **scheißvornehm** *sl* ADJ *umg* hypersnob; *umg* superguindé

Scheit N ⟨~(e)s; ~e *ou* ~er⟩ *(Holzscheit)* bûche *f*

Scheitel M ⟨~s; ~⟩ 1 *der Frisur* raie *f*; **e-n ~ ziehen** faire une raie 2 *(höchster Punkt)* sommet *m*; *t/t* apex *m*; ANAT *t/t* vertex *m*; **vom ~ bis zur Sohle** jusqu'au bout des ongles; de pied en cap

Scheitelbein N ANAT pariétal *m*; **Scheitelhöhe** F ELEK °hauteur *f* de crête; BAU, *e-s Bogens* flèche *f*; *e-r Flugbahn* flèche *f* (de trajectoire); **Scheitelkreis** M ASTRON (cercle *m*) vertical *m*; **Scheitellinie** F ligne verticale

scheiteln V/T ⟨-(e)le, h.⟩ **das Haar ~** faire la raie

Scheitelpunkt M point culminant; sommet *m*; *t/t* apex *m*; ASTRON zénith *m*; **Scheitelwinkel** M MATH angle opposé par le sommet

Scheiterhaufen M bûcher *m*

scheitern V/I ⟨-(e)re, s.⟩ échouer; *Person* subir un échec; *Projekt, Plan a.* avorter; **daran ist er gescheitert** là est la cause, la raison de son échec

Scheitern N ⟨~s⟩ échec *m*; insuccès *m*; **zum ~ verurteilt** voué, condamné à l'échec; **zum ~ bringen** faire échouer

Schekel M ⟨~s; ~⟩ *Währung* shekel *m*

Schelde ⟨→ *n/pr*⟩ **die ~** l'Escaut *m*

Schellack M ⟨~s; ~e⟩ gomme-laque *f*

Schelle F ⟨~; ~n⟩ 1 *(Glöckchen)* grelot *m*; clochette *f* 2 *regional (Klingel)* sonnette *f* 3 **~n** *pl Spielkartenfarbe etwa* carreau *m* 4 TECH bride *f*; étrier *m*

schellen V/I *u.* V/UNPERS ⟨h.⟩ *regional* sonner; **es schellt** on sonne

Schellenbaum M MUS chapeau chinois; **Schellenkappe** F bonnet *m* de fou, à grelots; **Schellentrommel** F tambour *m* de basque; tambourin *m*

Schellfisch M aiglefin *od* églefin *m*

Schelm M ⟨~(e)s; ~e⟩ *(Schalk)* farceur, -euse *m,f*; espiègle *m/f*; *Kind* **kleiner ~** petit(e) fripon(ne), coquin(e); *sprichw* **ein ~, wer Arges** *od* **Böses dabei denkt** *sprichw* honni soit qui mal y pense

Schelmenroman M roman *m* picaresque; **Schelmenstreich** M, **Schelmenstück** N espièglerie *f*; niche *f*; farce *f*

schelmisch ADJ farceur, -euse; espiègle; malicieux, -ieuse

Schelte *geh* F ⟨~; ~n⟩ réprimande *f*; **~ bekommen** être réprimandé, grondé

schelten ⟨schilt, schalt, gescholten, h.⟩ A V/T 1 *geh od regional* **j-n wegen etw ~** réprimander, *geh* tancer qn à cause de qc; **ein Kind ~** gronder un enfant 2 *geh (nennen)* **j-n e-n Dummkopf ~** traiter qn d'imbécile, *geh* de sot B V/I *geh od regional* pester; **mit j-m ~** réprimander qn; gronder qn

Schema N ⟨~s; ~s *ou* ~ta *ou* -men⟩ 1 *(Muster)* modèle *m*; *(Entwurf)* esquisse *f*; *umg pej* **nach ~ F** sur le même moule, modèle; uniformément; **j-n in ein ~ pressen** faire entrer qn dans une catégorie; **sie lässt sich in kein ~ pressen** elle n'entre dans aucune catégorie 2 *(grafische Darstellung)* schéma *m*; TECH *a.* diagramme *m*

schematisch ADJ schématique; **schematisieren** V/T ⟨*pas de ge-*, h.⟩ schématiser; **Schematismus** M ⟨~; -men⟩ schématisme *m*

Schemel M ⟨~s; ~⟩ tabouret *m*

Schemen *geh* M ⟨~s; ~⟩ fantôme *m*; ombre *f*; **schemenhaft** *geh* ADJ vague; flou

Schenke F ⟨~; ~n⟩ débit *m* de boissons

Schenkel M ⟨~s; ~⟩ 1 ANAT *(Oberschenkel)* cuisse *f* 2 *e-s Zirkels, e-r Zange etc* branche *f* 3 MATH *e-s Winkels* côté *m*; **Schenkelbruch** M MED fracture *f* du fémur; **Schenkeldruck** M ⟨~(e)s⟩ REITEN pression *f* de la jambe; **Schenkelhals** M ANAT col *m* du fémur; **Schenkelhalsbruch** M MED fracture *f* du col du fémur; **Schenkelhilfe** F → Schenkeldruck; **Schenkelknochen** M fémur *m*

schenken ⟨h.⟩ A V/T 1 *als Geschenk* **j-m etw ~** donner qc (en cadeau) à qn; faire cadeau de qc à qn; offrir qc à qn; **etw zu Weihnachten geschenkt bekommen** recevoir qc pour Noël, *umg* pour son noël; *umg* **das möchte ich nicht geschenkt haben** je n'en voudrais pour rien au monde; *fig* **mir ist im Leben nichts geschenkt worden** la vie ne m'a pas fait de cadeaux; **geschenkt ist geschenkt** donner, c'est donner (, reprendre, c'est voler); on ne reprend pas un cadeau; *billige Ware umg* **das ist ja geschenkt!** c'est donné! 2 *geh* **j-m Vertrauen ~** faire confiance à qn; **j-m, e-r Sache Aufmerksamkeit ~** prêter (son) attention à qn, qc; **j-m die Freiheit ~** donner sa liberté à qn; *geh* **e-m Kind das Leben ~** donner la vie à un enfant; *geh* **sie schenkte ihm sechs Kinder** elle lui a donné six enfants 3 *geh (ein~)* verser B V/R *fig* **das kann ich mir ~** *(brauche ich nicht zu tun)* je peux m'en dispenser

Schenker(in) M ⟨~s; ~⟩ (F) ⟨~in; ~innen⟩ JUR donateur, -trice *m,f*; **Schenkung** F ⟨~; ~en⟩ JUR donation *f*; *gemeinnützige* dotation *f*

Schenkung(s)steuer F impôt *m* sur les donations entre vifs

Schenkungsurkunde F acte *m* de donation

scheppern *umg* V/I ⟨-(e)re, h.⟩ cliqueter; **auf der Kreuzung hat es wieder gescheppert** il y a encore eu de la casse au carrefour

Scherbe F ⟨~; ~n⟩ morceau *m* (d'un verre, pot cassé); *nur von Glas, Ton* tesson *m*; **~n** *pl a.* débris *mpl (a. fig)*; **in ~n gehen** se casser; se briser; voler en éclats; *fig* **sie stand vor den ~n ihrer Ehe** elle s'est (re)trouvée face à son ménage brisé; *sprichw* **~n bringen Glück** *etwa* à quelque chose, malheur est bon

Scherbengericht N HIST ostracisme *m*; **Scherbenhaufen** M tas *m* de débris, de décombres; *fig* ruines *fpl*

Schere F ⟨~; ~n⟩ 1 ciseaux *mpl*; *für Metalle, Draht etc* cisailles *fpl*; AGR sécateur *m*; TECH *a.* forces *fpl*; **e-e ~** une paire de ciseaux 2 *der Krebse etc* pince *f* 3 TURNEN ciseaux *mpl*; RINGEN ciseau *m*

scheren[1] V/T ⟨schert, schor, geschoren, h.⟩ *Schafe*, TEX tondre; *Bart* raser; *Haare* tondre; couper à ras; *Hecke* tailler; WEBEREI ourdir

scheren[2] ⟨*régulier*, h.⟩ A V/UNPERS *(angehen)* regarder; toucher; **das schert mich nicht** cela ne me regarde, ne me touche pas B V/R 1 **sich (nicht) um etw, j-n ~** *(kümmern)* (ne pas) s'occuper, se soucier de qc, de qn; (ne pas) se mêler de qc 2 *umg* **sich ~** *(weg~)* s'en aller; *umg* filer; **scher dich ins Bett, in dein Zimmer!** *umg* file au lit, dans ta chambre!; **scher dich zum Teufel** *od* **Henker!** va-t-en!; va au diable!

Scherenschleifer M ⟨~s; ~⟩ rémouleur *m*; repasseur *m*; **Scherenschnitt** M silhouette *f*

Scherereien *umg* FPL ennuis *mpl*; contrariétés *fpl*; tracasseries *fpl*; (**j-m**) **~ machen** donner bien de la peine, du tracas (à qn)

Scherflein *geh* N ⟨~s; ~⟩ obole *f*; denier *m*; **sein ~ (zu etw) beitragen** *od* **beisteuern** apporter sa modeste contribution, son obole (à qc)

Scherge *geh* M ⟨~n; ~n⟩ sbire *m*

Scherkopf M *am Rasierapparat* tête (rasante); **Schermesser** N couteau *m*

Scherung F ⟨~; ~en⟩ TECH cisaillement *m*

Scherz M ⟨~es; ~e⟩ plaisanterie *f*; farce *f*; blague *f*; **schlechter ~** mauvaise plaisanterie; **~ beiseite!** blague à part!; trêve de plaisanterie!; **ohne ~!** sans blague!; **aus, im, zum ~** pour rire; pour plaisanter; **s-n ~ mit j-m treiben** faire marcher qn; se jouer, s'amuser, se moquer de qn; *umg* **es ging um … und solche** *od* **ähnliche ~e** il s'agissait de … et de plaisanteries du même genre

Scherzartikel M attrape *f*; *pl* farces et attrapes *fpl*

scherzen V/I ⟨-(es)t, h.⟩ plaisanter; badiner; *geh* **Sie (belieben zu) ~!** vous voulez rire!; vous plaisantez!; **damit ist nicht zu ~** on ne plaisante pas avec ça; **immer zum Scherzen aufgelegt sein** avoir toujours le mot pour rire

Scherzfrage F devinette *f* (pour rire, plaisanter); **scherzhaft** ADJ plaisant; facétieux, -ieuse; drôle

Scherzo N ⟨~s; ~s *ou* -zi⟩ MUS scherzo *m*

Scherzwort N ⟨~(e)s; ~e⟩ plaisanterie *f*; mot *m* pour rire; bon mot

scheu ADJ timide; peureux, -euse; craintif, -ive; *(menschenscheu) a. Tier* farouche; sauvage; *Pferd* ombrageux, -euse; **~ werden** s'effrayer; s'effaroucher; *Pferd* **~ machen** effaroucher

Scheu F ⟨~⟩ 1 *(scheues Wesen)* timidité *f* 2 *(Furcht, Ehrfurcht)* crainte *f*, appréhension *f* (**vor** *[+dat]* de); respect *m* (**vor** *[+dat]* devant)

scheuchen V/T ⟨h.⟩ chasser; *(auf~)* effaroucher; *umg* **j-n aus dem Haus ~** chasser qn de la maison; *umg* **j-n zur Schule ~** expédier qn à l'école

scheuen ⟨h.⟩ A V/T craindre; redouter; avoir peur de; appréhender; *(vor etw zurückschrecken)* reculer devant; **keine Arbeit ~** ne refuser aucun travail; **das Licht ~** craindre, fuir la lumière; **keine Kosten ~** ne pas regarder à la dépense; **keine Mühe ~** ne reculer devant aucun effort, aucune peine B V/I *Pferd* s'effaroucher; faire un écart C V/R **sich ~, etw zu tun** hésiter à faire qc; appréhender, craindre de faire qc; **sich vor etw** *(dat)* **~** appréhender, craindre, redouter qc; avoir peur de qc

Scheuer F ⟨~; ~n⟩ *bes südd* grange *f*

Scheuerbürste F brosse *f* (à récurer); *(Schrubber)* balai-brosse *m*; **Scheuereimer** M seau *m*; **Scheuerlappen** M serpillière *f*; **Scheuerleiste** F plinthe *f*; SCHIFF liston *m* de défense; **Scheuermittel** N (produit *m*) abrasif *m*

scheuern ⟨-(e)re, h.⟩ A V/T 1 *(reinigen) Töpfe etc* récurer; *Fußboden* laver (en frottant); nettoyer; **mit Sand ~** sablonner; nettoyer au sablon 2 *umg* **j-m eine ~** donner une claque, une gifle, *umg* une baffe à qn; gifler qn B VI (*reiben*) frotter; gratter C VR **sich ~** se frotter; se gratter; **sich wund ~** s'écorcher (*par frottement*); **sich** (*dat*) **etw wund ~** s'écorcher qc (*par frottement*)

Scheuern N ⟨~s⟩ 1 *der Töpfe etc* (r)écurage *m*; *des Fußbodens* lavage *m*; nettoyage *m* 2 (*das Reiben*) frottage *m*

Scheuerpulver N poudre *f* à récurer; **Scheuersand** M sablon *m*; **Scheuertuch** N ⟨~(e)s; -tücher⟩ serpillière *f*

Scheuklappe F *a. fig* œillère *f*

scheumachen VT ⟨*sép*, -ge-, h.⟩ → scheu

Scheune F ⟨~; ~n⟩ grange *f*; **in die ~ bringen** engranger

Scheunendrescher M ⟨~s; ~⟩ *umg* **er frisst wie ein ~** *umg* il bouffe comme quatre, comme un ogre

Scheunentor N porte *f* de (la) grange

Scheusal N ⟨~s; ~e, *umg* -säler⟩ monstre *m*

scheußlich ADJ 1 (*hässlich*) °hideux, -euse; horrible; affreux, -euse 2 (*schrecklich*) horrible; *Verbrechen a.* atroce; abominable; *Kälte, Wetter a.* épouvantable; **Scheußlichkeit** F ⟨~; ~en⟩ *Eigenschaft, Handlung* horreur *f* (*a. Äußerung*); atrocité *f* (*a. Äußerung*); abomination *f*; monstruosité *f* (*a. Äußerung*)

Schi *etc* → Ski *etc*

Schicht F ⟨~; ~en⟩ 1 couche *f* (*a. Luftschicht*); (*Schutzschicht*) couche protectrice; *aufgetragene* enduit *m*; *dünne* film *m*; pellicule *f* 2 BERGBAU lit *m*; GEOL strate *f*; BAU, *von Steinen* assise *f* 3 (*Gesellschaftsschicht*) couche sociale 4 (*Arbeitszeit*) poste *m*; équipe *f*; **~ arbeiten** faire les trois-°huit; travailler par roulement; **~ haben, auf ~ sein** être de service; **zur ~ gehen** aller au travail

Schichtarbeit F ⟨~⟩ travail posté, par roulement; **Schichtarbeiter(in)** M(F) travailleur, -euse *m,f* posté(e)

Schichtdienst M ⟨~(e)s⟩ → Schichtarbeit; **im ~ arbeiten** travailler par roulement; *in drei Schichten* faire les trois-°huit

schichten VT ⟨-ete, h.⟩ disposer par couches; (*auf~*) empiler

Schichtenbildung F GEOL stratification *f*; **schichtenförmig** ADJ GEOL stratiforme

Schichtgestein N GEOL roches stratifiées; **Schichtholz** N bois empilé; *als Fabrikat* bois *m* lamellaire; **Schichtkäse** M *etwa* fromage blanc; **Schichtlohn** M salaire *m* à la journée *od* de poste; **Schichtpressstoff** M TECH stratifié *m*

Schichtung F ⟨~; ~en⟩ 1 (*das Schichten*) superposition *f*; disposition *f* par couches; (*Aufschichtung*) empilement *m* 2 GEOL stratification *f* 3 **soziale ~** répartition *f* des couches sociales

Schichtunterricht M enseignement *m* par roulement; **Schichtwechsel** M relève *f* (des équipes); **schichtweise** ADV 1 par couches 2 *bei der Arbeit* par équipes; par roulement; **Schichtwolke** F *t/t* stratus *m*

schick A ADJ chic (*f inv, pl inv od chics*); élégant; **~ sein** être chic; avoir du chic B ADV avec chic; *umg* **~ essen gehen** aller (manger) dans un restaurant chic

Schick M ⟨~(e)s⟩ chic *m*

schicken ⟨h.⟩ A VT envoyer; *bes* HANDEL expédier; **etw an j-n** *od* **j-m etw ~** *a.* adresser qc à qn; faire parvenir qc à qn; **j-n nach Hause ~** renvoyer qn chez lui; **j-n zur Arbeit ~** envoyer qn au travail; *umg fig* **j-n zum Henker, Kuckuck, Teufel ~** *umg* envoyer qn se faire pendre ailleurs; envoyer qn au diable, à tous les diables; envoyer promener qn; **j-n zur Kur, auf die Universität ~** envoyer qn en cure, à l'université B VI **nach j-m ~** envoyer chercher qn; faire venir, appeler qn C VR 1 **sich in etw** (*akk*) **~** se résigner, se faire à qc; **sich ins Unvermeidliche ~** se faire une raison 2 *a.* V/UNPERS (*geziemen*) **sich ~ (für)** convenir (à); **das schickt sich nicht** cela ne se fait pas; *geh* c'est inconvenant; ce n'est pas de bon ton; **es schickt sich nicht zu** (+*inf*) il ne convient pas de (+*inf*); il n'est pas convenable, il est inconvenant de (+*inf*) 3 *a.* V/UNPERS **sich ~** (*sich fügen*) s'arranger; venir à propos; **es hat sich gerade so geschickt** le hasard en a disposé ainsi

Schickeria *umg* F ⟨~⟩ *umg* gratin *m*; *umg* crème *f*; *umg* milieux branchés; **die Münchner ~** *a.* le Tout-Munich

Schickimicki *umg pej* M ⟨~s; ~s⟩ 1 *Mensch* minet, -ette *m,f* 2 (*modischer Kram*) accessoires *mpl* (de) mode, *umg* dans le vent, *umg* branchés

schicklich *geh* ADJ convenable; décent; de bon ton; bienséant; **Schicklichkeit** *geh* F ⟨~⟩ convenance(s) *f(pl)*; décence *f*; bon ton; bienséance *f*

Schicksal N ⟨~s; ~e⟩ 1 (*Los*) sort *m*; *e-s Einzelnen* destinée *f*; **j-n s-m ~ überlassen** abandonner qn à son sort; *umg* **(das ist) ~** c'est le destin; **niemand entgeht s-m ~** personne n'échappe à son destin; on ne peut fuir sa destinée 2 (*höhere Macht*) destin *m*; sort *m*; **das ~ herausfordern** défier le destin, le sort; **e-e Ironie des ~s** une ironie du sort; **~ spielen** jouer au bon Dieu; se prendre pour la Providence; **das ~ hat es gut mit mir gemeint** la vie m'a souri, comblé

schicksalhaft ADJ fatal; fatidique

Schicksalsfrage F question cruciale, décisive (**für ...** pour le sort de ...), vitale; **Schicksalsfügung** F effet *m* de la providence; *geh* arrêt *m* du destin *m*; **Schicksalsgefährte** M compagnon *m* d'infortune; **Schicksalsgemeinschaft** F communauté *f* de gens logés à la même enseigne; **Schicksalsgenosse** M compagnon *m* d'infortune; **Schicksalsglaube** M fatalisme *m*; **Schicksalsgöttin** F MYTH Parque *f*; **Schicksalsprüfung** F épreuve *f* (du sort); **Schicksalsschlag** M revers *m* de fortune; **schicksalsschwer** *geh* ADJ fatal; fatidique; **Schicksalsstunde** F date *f*, heure *f* fatidique

Schickse *sl pej* F ⟨~; ~n⟩ *umg* poule *f*; *umg* gonzesse *f*

Schiebebühne F 1 EISENBAHN pont roulant; (chariot *m*) transbordeur *m* 2 THEAT scène *f* à décors coulissants; **Schiebedach** N toit ouvrant; **Schiebedeckel** M couvercle *m* à coulisse; **Schiebefenster** N *seitlich zu verschieben* fenêtre coulissante; *vertikal zu verschieben* fenêtre *f* à guillotine

schieben ⟨schiebt, schob, geschoben, h.⟩ A VT 1 pousser; *in den Mund, in die Tasche* mettre; glisser; fourrer; *fig* **die Schuld auf j-n ~** rejeter la faute sur qn; **das Brot in den Ofen ~** enfourner le pain; *fig* **e-n Gedanken von sich** (*dat*) **~** écarter, repousser une idée; → *a.* beiseiteschieben 2 *umg illegal* **Devisen ~** faire le trafic de devises B VI 1 *umg mit Lebensmitteln, Waren* trafiquer; faire du trafic; *umg* fricoter; **mit etw ~** faire le trafic de qc 2 AUTO pousser C VR **sich zwischen etw** (*akk*) **(und etw** [*akk*]**) ~** se glisser entre qc (et qc); **sich in den Vordergrund ~** se glisser, se pousser au premier rang; *Kleidungsstücke* **sich in die Höhe ~** remonter; → vorwärtsschieben

Schieber M ⟨~s; ~⟩ 1 TECH coulisseau *m*; *a.* ELEK curseur *m*; *an e-r Tür* (*Riegel*) targette *f*; verrou *m* 2 *Essgerät für Kinder* raclette *f* 3 *umg pej* (*Schwarzhändler*) trafiquant *m*; *umg* fricoteur *m* 4 *umg Tanz* one-step *m*; **Schiebergeschäft** *umg pej* N transaction *f*, opération *f* illicite; **Schiebermütze** *umg* F casquette *f* (à) large (calotte)

Schiebetür F porte coulissante, à coulisse; **Schiebewand** F cloison coulissante

Schieblehre F pied *m* à coulisse

Schiebung *umg* F ⟨~; ~en⟩ 1 *mit Waren* trafic *m* illicite (**mit** de) 2 ⟨*pas de pl*⟩ (*Machenschaften*) *umg* combine *f*; *umg* magouille *f*; *umg* triche *f*; (*ungerechte Bevorzugung*) passe-droit *m*; **(das ist) ~!** *umg* il y a de la triche, de la magouille!

schied → scheiden

Schiedsgericht N JUR tribunal arbitral; SPORT comité *m* d'arbitrage; **durch ein ~ entschieden werden** être tranché par arbitrage

schiedsgerichtlich ADJ ⟨*épithète*⟩ arbitral

Schiedsklausel F clause *f* d'arbitrage, JUR compromissoire; **Schiedskommission** F JUR tribunal arbitral; commission *f* d'arbitrage; **Schiedsmann** M ⟨~(e)s; ⸚er *ou* -leute⟩ arbitre *m*

Schiedsrichter(in) M(F) 1 SPORT arbitre *m/f*; **~ sein** arbitrer (**bei e-m Spiel** un match) 2 *bes* JUR arbitre *m*; **j-n als ~ anrufen** prendre qn pour arbitre

Schiedsrichterassistent M arbitre *m* assistant; **Schiedsrichterball** M SPORT entre-deux *m*; **Schiedsrichterbeleidigung** F injure *f* à l'encontre d'un arbitre; **Schiedsrichterentscheidung** F décision *f* de l'arbitre

schiedsrichterlich A ADJ ⟨*épithète*⟩ arbitral; d'arbitre B ADV par arbitrage; **schiedsrichtern** VI ⟨-(e)re, h.⟩ arbitrer; faire l'arbitre

Schiedsspruch M décision *f* d'arbitrage; JUR sentence arbitrale; **e-n ~ fällen** rendre un jugement arbitral; **durch ~** par arbitrage; **durch ~ entscheiden** arbitrer

Schiedsstelle F autorité *f* d'arbitrage; **Schiedsurteil** N sentence arbitrale; **Schiedsverfahren** N procédure *f* d'arbitrage

schief A ADJ 1 de travers; (*schräg*) oblique; (*geneigt*) incliné; penché; **~e Ebene** plan incliné; **der Schiefe Turm von Pisa** la tour penchée de Pise; **diese Mauer ist ~** ce mur penche, n'est pas d'aplomb 2 *fig Urteil* faux, fausse; erroné; *Vergleich a.* boiteux, -euse; impropre B ADV 1 de travers; obliquement; en *od* de biais; *Hut etc* **~ aufsetzen** mettre de travers, de côté; **~ gewachsen sein** être contrefait, difforme; **~ halten** pencher; incliner; **~ hängen** pencher d'un côté; pendre, être de travers; **~ laufen** *Absätze* éculer; **~ stehen** pencher; être incliné, penché; **~ treten** *Absätze* éculer 2 *fig umg* **j-n ~ ansehen** regarder qn de travers, d'un mauvais œil; **etw ~ darstellen** déformer, dénaturer qc; → schiefgehen, schieflaufen, schiefliegen

Schiefer M ⟨~s; ~⟩ 1 MINER schiste *m*; *zum Dachdecken* **(blauer) ~** ardoise *f*; **mit ~ decken** ardoiser 2 *bes österr* (*Holzsplitter*) écharde *f*

Schieferbruch M carrière *f* d'ardoise; ardoisière *f*; **Schieferdach** N toit *m* d'ardoise; **Schiefergebirge** N montagnes schisteuses; **schiefergrau** ADJ gris ardoise (*inv*); ardoisé; **Schieferplatte** F BAU ardoise *f*; **Schiefertafel** F *früher* SCHULE ardoise *f*; **Schieferton** M ⟨~(e)s; ~e⟩ argile schisteuse

schiefgehen *umg* VI ⟨*irr, sép*, -ge-, s.⟩ aller de travers; tourner mal; prendre une mauvaise tournure; *iron* **es wird schon ~!** ça va (sûrement) marcher!; **es ist schiefgegangen** *a.* c'est raté

schiefgewickelt *umg* ADJT **~ sein** se mettre,

se fourrer le doigt dans l'œil; *umg* être à côté de la plaque
schieflachen *umg* VR ‹sép, -ge-, h.› **sich ~** *umg* se fendre la gueule, la pipe; se tordre (de rire); **schieflaufen** ‹irr, sép, -ge-› A VT ‹h.› *Absätze* éculer B VI ‹s.› *(misslingen) umg* aller de travers; tourner mal; **schiefliegen** *umg* VI ‹irr, sép, -ge-, h.› être à côté de la plaque; **schieftreten** VT → schief B 1
schielen VI ‹h.› loucher; *t/t* être atteint de strabisme; **mit dem rechten Auge ~** loucher de l'œil droit; *umg fig* **nach etw ~** jeter des regards furtifs sur qc; *begehrlich* lorgner, guigner qc; loucher sur qc
Schielen N ‹~s› strabisme *m*
schien → scheinen
Schienbein N tibia *m*; *des Pferdes* canon *m*; **Schienbeinschützer** M ‹~s; ~› protège-tibia *m*
Schiene F ‹~; ~n› 1 BAHN rail *m*; **aus den ~n springen** sortir des rails 2 TECH *(Gleitschiene, Laufschiene)* glissière *f* 3 MED éclisse *f*; attelle *f* 4 HIST *e-r Rüstung (Armschiene)* brassard *m*; *(Beinschiene)* jambière *f*
schienen VT ‹h.› MED éclisser; mettre une éclisse, une attelle à
Schienenbremse F frein *m* sur rail; **Schienenbruch** M rupture *f* des rails; **Schienenbus** M automotrice *f*; autorail *m*; **Schienenfahrzeug** N véhicule *m* sur rails; **schienengebunden** ADJT roulant sur rails
schienengleich ADJ ADMIN **~er Bahnübergang** passage *m* à niveau
Schienennetz N réseau *m* ferroviaire; **Schienenräumer** M ‹~s; ~› chasse-pierres *m*; **Schienenstrang** M voie ferrée; ligne *f* de chemin de fer; **Schienentransport** M transport *m* ferroviaire; **Schienenverkehr** M trafic *m* ferroviaire
Schienenweg M voie ferrée; **auf dem ~** par (chemin de) fer; par voie ferrée
schier A ADJ *regional* pur; *Fleisch* sans os B ADV *(fast)* presque; à peu près; **es war ~ unmöglich** c'était quasiment, pratiquement impossible
Schierling M ‹~s; ~e› BOT ciguë *f*
Schierlingsbecher M (coupe remplie de) ciguë *f*
Schießbefehl M ordre *m* de tirer; **Schießbude** F (stand *m* de) tir *m*
Schießbudenfigur *umg fig* F **wie e-e ~ aussehen** avoir l'air grotesque, l'air d'un clown
Schießeisen *umg* N *(Pistole, Revolver) umg* feu *m*; *(Revolver) umg* pétard *m*; *a. (Gewehr) umg* flingue *m*
schießen ‹-(es)t, schießt, schoss, geschossen, h.› A VT 1 *mit e-r Schusswaffe* tirer; **sich** *(dat)* **e-e Kugel durch den Kopf ~** se tirer une balle dans la tête; *umg* se brûler, se faire sauter la cervelle; **j-n zum Krüppel ~** estropier qn d'un coup de feu 2 FUSSBALL tirer; lancer; **ein Tor ~** marquer un but; **das 1:0 ~** marquer le premier but 3 *umg* FOTO **ein paar Aufnahmen ~** faire quelques photos B VI 1 *mit e-r Schusswaffe* tirer; *(Feuer geben)* faire feu; **gut ~** être bon tireur; **scharf ~** tirer à balles; **auf j-n ~** tirer sur qn; *umg* **das ist zum Schießen** *umg* c'est bidonnant, tordant; *umg* c'est à s'en taper le derrière par terre 2 FUSSBALL tirer; shooter 3 ‹s.› *fig (sich schnell bewegen)* se précipiter; s'élancer; bondir; **aus etw ~** *Blut, Wasser* jaillir de qc; *Pflanzen* **aus dem Boden ~** sortir de la terre; *Boot* **durch die Wellen ~** fendre les flots; *Flugzeug* **durch die Luft ~** fendre les airs; **in die Höhe ~** *vom Stuhl etc* se lever brusquement (**von** de); *Preise* flamber; monter en flèche; **die Tränen schossen ihr in die Augen** ses yeux se remplirent de larmes; **das Blut schoss ihm ins Gesicht** le sang lui monta au visage; *umg fig* **etw ~ lassen** *Plan etc* laisser tomber qc 4 ‹s.› *(schnell wachsen) Pflanzen, Kinder* pousser rapidement
schießenlassen VT → schießen B 3
Schießerei F ‹~; ~en› échange *m* de coups de feu; fusillade *f*
Schießgewehr *kinderspr* N fusil *m*
Schießhund M *umg* **aufpassen wie ein ~** être aux aguets
Schießplatz M (champ *m* de) tir *m*; **Schießpulver** N poudre *f* (à canon); **Schießscharte** F meurtrière *f*; **Schießscheibe** F cible *f*; **Schießsport** M tir *m* (sportif); **Schießstand** M tir *m*; stand *m* (de tir); **Schießübung** F exercice *m* de tir
Schiet *sl nordd* M ‹~s› *sl* merde *f*
Schiff N ‹~(e)s; ~e› 1 bateau *m*; *großes (Handelsschiff)* navire *m*; bâtiment *m*; *(Kriegsschiff)* vaisseau *m*; bâtiment *m*; HANDEL **per ~** par eau; **klar ~ machen** SCHIFF nettoyer, mettre en ordre le bateau; *umg fig* régler l'affaire 2 BAU *(Kirchenschiff)* nef *f*
Schiffahrt *etc* → Schifffahrt *etc*
schiffbar ADJ navigable; **Schiffbarmachung** F ‹~› canalisation *f*
Schiffbau M ‹~(e)s› construction navale; **Schiffbauer** M ‹~s; ~› *etwa* technicien *m* de la construction navale; *(Konstrukteur)* architecte naval; **Schiffbauingenieur(in)** M(F) ingénieur *m/f* en construction navale
Schiffbruch M naufrage *m*; **~ erleiden** *a. fig* faire naufrage
schiffbrüchig ADJ naufragé; **Schiffbrüchige(r)** M/F(M) ‹→ A› naufragé(e) *m(f)*
Schiffbrücke F pont *m* de bateaux; pont flottant
Schiffchen N ‹~s; ~› 1 *(kleines Schiff)* petit bateau 2 WEBEREI, *e-r Nähmaschine* navette *f* 3 BOT carène *f* 4 *umg bes* MIL *(Käppi)* calot *m*
schiffen A VI 1 *geh* ‹s.› *(mit dem Schiff fahren)* naviguer 2 *sl* ‹h.› *(urinieren) sl* pisser B V/UNPERS *sl* ‹h.› *(regnen)* **es schifft** *umg* il pleut comme vache qui pisse
Schiffer M ‹~s; ~› capitaine *m* d'un navire; patron *m*; *(Binnenschiffer)* batelier *m*; marinier *m*; **Schifferklavier** N accordéon *m*; *umg* piano *m* à bretelles; **Schifferknoten** M nœud *m* de marin; **Schiffermütze** F casquette *f* de marin; **Schifferpatent** N patente *f* de batelier, de navigation
Schifffahrt F ‹~› navigation *f*
Schifffahrtsgesellschaft F compagnie *f* maritime, de navigation; **Schifffahrtskunde** F science *f* nautique; navigation *f*; **Schifffahrtslinie** F route *f*, ligne *f* maritime; *(Schifffahrtsgesellschaft)* compagnie *f* maritime, de navigation; **Schifffahrtsstraße** F, **Schifffahrtsweg** M voie *f* navigable; *(Route)* route *f* maritime
Schiffsarzt M médecin *m* de bord; **Schiffsbau** → Schiffbau; **Schiffsbauch** *umg* M cale *f*; **Schiffsbergung** F renflouage *m*; **Schiffsbesatzung** F équipage *m* (d'un *bzw.* du navire); **Schiffsbrücke** F → Schiffbrücke
Schiffschaukel F balançoire *f* (en forme de nacelle)
Schiffsdeck N pont *m*; **Schiffseigentümer** M, **Schiffseigner** M armateur *m*; propriétaire *m* d'un *bzw.* du navire; **Schiffsfahrt** F traversée *f*; *Ausflug* promenade *f*, tour *m* en bateau; **Schiffsflagge** F pavillon *m*; **Schiffsfracht** F fret *m*; **Schiffsglocke** F cloche *f* (d'un bateau); **Schiffshebewerk** N élévateur *m* de bateaux; **Schiffsjunge** M mousse *m*; **Schiffskapitän** M capitaine *m* d'un *bzw.* du bateau; **Schiffskatastrophe** F catastrophe *f* maritime; **Schiffskoch** M cuisinier *m* de bord; coq *m*; **Schiffskörper** M coque *f*; **Schiffskreisel** M stabilisateur *m* gyroscopique; **Schiffsküche** F cuisine *f* de bord; **Schiffsladung** F cargaison *f*; fret *m*; **Schiffslast** F soute *f*; **Schiffslaterne** F fanal *m*; **Schiffsmakler** M agent *m*, courtier *m* maritime; **Schiffsmannschaft** F équipage *m* (d'un *bzw.* du navire); **Schiffsmodell** N modèle *m* de bateau; **Schiffsname** M nom *m* de *od* du bateau; **Schiffspapiere** NPL papiers *mpl*, documents *mpl* de bord; **Schiffspassage** F traversée *f*; **Schiffsplanken** FPL bordage *m*; **Schiffsraum** M cale *f*; *(Rauminhalt)* tonnage *m*; *verfügbarer* jauge *f*; **Schiffsregister** N registre *m* maritime, des navires; **Schiffsreise** F voyage *m* en bateau; *(Kreuzfahrt)* croisière *f*; **Schiffsrumpf** M coque *f*; **Schiffsschraube** F hélice *f*; **Schiffstagebuch** N journal *m* de bord; livre *m* de loch; **Schiffstau** N câble *m*; **Schiffstaufe** F baptême *m* d'un *bzw.* du navire; **Schiffsverkehr** M *auf Flüssen* trafic fluvial; *auf See* trafic *m* maritime; **Schiffswerft** F chantier *m* (de construction) maritime; **Schiffszimmermann** M charpentier *m* de marine; **Schiffszwieback** M biscuit *m* de marin
Schiismus M ‹~› REL chiisme *m*; **Schiit(in)** M ‹~en; ~en› (F) ‹~in; ~innen› chiite *m/f*;
schiitisch ADJ chiite
Schikane F ‹~; ~n› 1 *(Quälerei)* tracasserie *f*; brimade *f* 2 *umg fig (Raffinesse)* **mit allen ~n** avec tous les extras, perfectionnements, raffinements 3 SPORT chicane *f*
schikanieren VT ‹pas de ge-, h.› faire des tracasseries à; brimer
schikanös ADJ *Behandlung, Maßnahme* vexatoire
Schikoree M → Chicorée
Schild[1] M ‹~(e)s; ~e› 1 *Schutzwaffe* bouclier *m*; *geh fig* **j-n auf den ~ (er)heben** élever qn sur le pavois 2 WAPPENKUNDE écu *m*; écusson *m*; *fig* **etw im ~e führen** méditer un coup; *umg* mijoter qc 3 *der Schildkröte, Krebse etc* carapace *f* 4 *e-r Mütze etc* visière *f*
Schild[2] N ‹~(e)s; ~er› *(Tafel, Verkehrsschild)* panneau *m*; *(Hinweisschild)* écriteau *m*; *an Geschäftshäusern, Läden etc* enseigne *f*; *(Namensschild, Türschild)* plaque *f*; *(Preisschild)* étiquette *f*
Schildbürger M *pej* hurluberlu *m*; tête folle; **Schildbürgerstreich** M *pej* acte saugrenu, *umg* farfelu
Schilddrüse F ANAT glande *f* thyroïde
Schilddrüsenerkrankung F thyréopathie *f*; **Schilddrüsenhormon** N thyroxine *f*; **Schilddrüsenüberfunktion** F hyperthyroïdie *f*; **Schilddrüsenunterfunktion** F hypothyroïdie *f*
Schilderhaus N, **Schilderhäuschen** N MIL guérite *f*
Schildermaler M peintre *m* d'enseignes
schildern VT ‹-(e)re, h.› décrire; (dé)peindre; **Schilderung** F ‹~; ~en› description *f*; tableau *m*; peinture *f*
Schilderwald *umg pej* M ‹~(e)s› forêt *f* de panneaux
Schildknappe M HIST écuyer *m*; **Schildkröte** F tortue *f*; **Schildkrötensuppe** F potage *m* à la tortue; **Schildlaus** F cochenille *f*; **Schildpatt** N ‹~(e)s› écaille *f*; **Schildwache** F sentinelle *f*; *koll* poste *m* de garde
Schilf N ‹~(e)s; ~e› roseau *m*; *koll* roseaux *mpl*; **Schilfdach** N toit *m* de roseaux;

S

Schilfgras N, **Schilfrohr** N → Schilf
Schillerkragen M col *m* Danton; **Schillerlocke** F GASTR 1 *Gebäck* cornet *m* de crème (*en pâte feuilletée*) 2 *Fisch* filet de roussette fumé (et enroulé)
schillern V/I ⟨-(e)re, h.⟩ chatoyer; miroiter; **in allen Farben** (*dat*) ~ avoir mille reflets; **in den Regenbogenfarben ~** s'iriser; *fig* **ein ~der Begriff** une notion floue, ambiguë; *fig* **ein ~der Charakter** un caractère insaisissable; *Person* un personnage ambigu
Schillerspat M MINER bastite *f*; schillerspath *m*
Schilling M ⟨~s; ~e⟩ HIST *Währung* schilling *m*
schilpen V/I ⟨h.⟩ pépier
Schilpen N ⟨~s⟩ pépiement *m*
schilt → schelten
Schimäre *geh* F ⟨~; ~n⟩ chimère *f*; **schimärisch** *geh* ADJ chimérique
Schimmel[1] M ⟨~s⟩ *Belag* moisi *m*; moisissure *f*
Schimmel[2] M ⟨~s; ~⟩ (*weißes Pferd*) cheval blanc
Schimmelbildung F formation *f* de moisissure
schimmelig ADJ moisi; couvert de moisissure; **~ werden** → schimmeln
schimmeln V/I ⟨-(e)le, h. *ou* s.⟩ moisir; se couvrir de moisissure
Schimmelpilz M (champignon *m* de) moisissure *f*
Schimmer M ⟨~s; ~⟩ (*Schein*) lueur *f*; (faible) lumière *f*; (*Glanz*) *von Gold etc* éclat *m*; reflets *mpl*; *umg fig* **keinen blassen ~ von etw haben** n'avoir pas la moindre idée de qc
schimmern V/I ⟨-(e)re, h.⟩ jeter une (faible) lueur, des reflets; (re)luire; *Gold etc* briller; miroiter
schimmlig → schimmelig
Schimpanse M ⟨~n; ~n⟩ chimpanzé *m*
Schimpf *geh* M ⟨~(e)s⟩ outrage *m*; (*Schmach*) *geh* ignominie *f*; *geh* opprobre *m*; **j-m e-n ~ antun** faire un affront à qn; **mit ~ und Schande** *davonjagen etc* °honteusement; *geh* ignominieusement
Schimpfe *umg* F ⟨~⟩ réprimande *f*; **~ bekommen, kriegen** se faire gronder, réprimander
schimpfen ⟨h.⟩ A V/T **j-n e-n Dummkopf ~** traiter qn d'imbécile B V/I pester; *umg* rouspéter; **vor sich** (*akk*) **hin ~** maugréer; **auf** *od* **über etw, j-n ~** pester, récriminer contre qc, qn; *plus fort* déblatérer sur *od* contre qc, qn; **mit j-m ~** gronder, réprimander qn C V/R *umg pej* **... und so was schimpft sich Baron, Arzt** *etc*! ... et il se dit, *umg* et ça se prétend baron, médecin, *etc*!
Schimpferei F ⟨~; ~en⟩ *pej* récriminations *fpl*; *plus fort* invectives *fpl*; *umg* rouspétance *f*
Schimpfkanonade *umg* F bordée *f* d'injures, d'insultes; **schimpflich** *geh* ADJ °honteux, -euse; (*Schande bringend*) *geh* ignominieux, -ieuse; *geh* infamant; **Schimpfname** M nom injurieux; **Schimpfwort** N ⟨~(e)s; ~e *ou* ~̈er⟩ injure *f*; (*derbes Wort*) mot, terme injurieux; gros mot
Schindel F ⟨~; ~n⟩ bardeau *m*; **Schindeldach** N toit couvert de bardeaux
schinden ⟨schindet, schindete, geschunden, h.⟩ A V/T 1 HIST *Vieh* écorcher; équarrir 2 *fig* (*quälen*) °harasser; éreinter; *Pferd a.* crever 3 *umg* **Eindruck ~** *umg* faire de l'épate, de l'esbroufe; *umg* **e-n Elfmeter ~** voler un pénalty; *umg* **Zeit ~** gagner du temps B V/R *umg* **sich ~** s'éreinter; s'esquinter; *umg* se crever
Schinder M ⟨~s; ~⟩ 1 HIST équarrisseur *m*; écorcheur *m* 2 *fig* (*Ausbeuter*) exploiteur *m*; (*Quäler*) bourreau *m*; **Schinderei** *pej* F ⟨~; ~en⟩ (*Quälerei*) travail *m* de chien; corvée *f*; (*Qual*) supplice *m*
Schindluder N *umg* **mit j-m ~ treiben** *umg* en faire baver à qn; *umg* **mit s-r Gesundheit ~ treiben** mettre en jeu sa santé
Schindmähre F *pej* °haridelle *f*; rosse *f*; *umg* carne *f*
Schinken M ⟨~s; ~⟩ 1 GASTR jambon *m*; **roher ~** jambon cru; **gekochter ~** jambon cuit, blanc 2 *umg fig Buch umg* pavé *m*; *Film, Theaterstück etc umg* navet *m*; *Gemälde a. umg* croûte *f* 3 *umg fig* (*Popo*) fesses *fpl*; *umg* pétard *m*; *pl* (*Oberschenkel*) *umg* jambons *mpl*
Schinkenbrot N tartine (garnie) de jambon; **Schinkenbrötchen** N sandwich *m* au jambon; **Schinkenröllchen** N *etwa* cornet *m* de jambon; **Schinkenspeck** M lard *m* maigre; lard *m* de poitrine (fumé); **Schinkenwurst** F *grosse saucisse avec des petits morceaux de jambon*
Schintoismus M ⟨~⟩ REL shintoïsme *m*; **Schintoist(in)** M ⟨~en; ~en⟩ (F) ⟨~in; ~innen⟩ shintoïste *m/f*; **schintoistisch** ADJ shintoïste
Schippe F ⟨~; ~n⟩ 1 *regional* (*Schaufel*) pelle *f*; *umg fig* **j-n auf die ~ nehmen** mettre qn en boîte; *umg* monter un bateau à qn; *umg* **dem Tod von der ~ springen** échapper de justesse à la mort 2 **~n** *n* ⟨*sans article*⟩ *Spielkartenfarbe* pique *m* 3 *umg fig* (*Schmollmund*) lippe *f*; moue *f*
schippen *regional* ⟨h.⟩ A V/T pelleter; **Schnee ~** enlever la neige à la pelle B V/I travailler à la pelle
schippern *umg* V/I ⟨-(e)re, s.⟩ naviguer
Schiri M ⟨~s; ~s⟩ SPORT *Jargon* arbitre *m*
Schirm M ⟨~(e)s; ~e⟩ 1 (*Regenschirm*) parapluie *m*; (*Sonnenschirm*) parasol *m* 2 (*Lampenschirm*) abat-jour *m*; (*Mützenschirm*) visière *f* 3 (*Schutzschirm*) *beim Schweißen etc* masque *m* de protection; **atomarer ~** bouclier *m* atomique 4 (*Bildschirm, Radarschirm, Röntgenschirm*) écran *m* 5 *fig* (*Schutz*) protection *f*; abri *m*
Schirmdach N auvent *m*; appentis *m*; **schirmförmig** ADJ en parapluie; BOT ombellé; *t/t* ombelliforme; **Schirmfutteral** N → Schirmhülle
Schirmherr(in) M(F) protecteur, -trice *m,f*; **der Bundeskanzler war der ~ dieser Festspiele** ce festival était placé sous le patronage du chancelier fédéral
Schirmherrschaft F **unter der ~ von ...** *Veranstaltung etc* sous le patronage, l'égide, les auspices de ...
Schirmhülle F fourreau *m*, gaine *f* de parapluie; **Schirmmütze** F casquette *f*; **Schirmpilz** M lépiote *f*; **Schirmqualle** F méduse *f* à ombrelle; **Schirmständer** M porte-parapluies *m*
Schirokko M ⟨~s; ~s⟩ *Wind* sirocco *m*
Schisma N ⟨~s; -men *ou* ~ta⟩ schisme *m*
schiss → scheißen
Schiss M ⟨~es⟩ 1 *sl* (*Kot*) merde *f* 2 *umg* (*Angst*) **~ haben** *umg* avoir la trouille, la frousse, les jetons; **ich habe ~ vor dem Fliegen** *umg* j'ai la trouille en avion
Schiwa M ⟨→ *n/pr*⟩ REL Shiva *m*
schizoid ADJ schizoïde
schizophren ADJ schizophrène; **Schizophrenie** F ⟨~; ~n⟩ schizophrénie *f*
schlabberig *umg* ADJ 1 *Stoff etc* flasque; sans consistance; (trop) lâche; *Kleider* ample; flottant 2 *pej Suppe etc* fade; insipide; **~e Brühe** *umg* lavasse *f*; *umg* eau *f* de vaisselle
Schlabberlatz *umg* M, **Schlabberlätzchen** *umg* N bavoir *m*; **Schlabberlook** M *Jargon* mode *f* ample
schlabbern *umg* ⟨-(e)re, h.⟩ A V/T (*schlürfen*) laper B V/I 1 *beim Essen* se salir (en mangeant); baver 2 *Kleider etc* flotter; *umg* pendouiller
schlabbrig → schlabberig
Schlacht F ⟨~; ~en⟩ bataille *f*; **die ~ bei, von ...** la bataille de ...; **e-e ~ schlagen** livrer bataille; **sich** (*dat*) **e-e ~ liefern** se livrer bataille; **in die ~ ziehen** partir au combat
Schlachtabfälle MPL abats *mpl*
Schlachtbank F ⟨~; -bänke⟩ billot *m*, bloc *m* pour l'abattage des animaux de boucherie; *geh fig* **zur ~ führen** mener à l'abattoir
Schlachtbeil N °hache *f* de boucher
schlachten V/T ⟨-ete, h.⟩ *Vieh* tuer; abattre; (*abstechen*) saigner; *hum* **sein Sparschwein ~** casser sa tirelire
Schlachtenbummler M ⟨~s; ~⟩ SPORT supporter *m*
Schlachter M ⟨~s; ~⟩, **Schlächter** M ⟨~s; ~⟩ 1 *auf dem Schlachthof* tueur *m* 2 *nordd* (*Fleischer*) boucher *m*; → *a.* Metzger(in) 3 *fig nur* **Schlächter** bourreau *m*
Schlachterei F ⟨~; ~en⟩ *nordd* boucherie *f*; → *a.* Metzgerei
Schlächterei F ⟨~; ~en⟩ 1 *nordd* boucherie *f*; → *a.* Metzgerei 2 *fig* (*Gemetzel*) massacre *m*; carnage *m*
Schlachtfeld N champ *m* de bataille; **e-m ~ gleichen** ressembler à un champ de bataille
Schlachtfest N *fête qui a lieu le jour où les paysans tuent le cochon*; **Schlachtgeflügel** N volaille *f* de consommation; **Schlachtgesang** M chant *m* de guerre; **Schlachtgetümmel** N MIL mêlée *f*; **Schlachtgewicht** N poids abattu; **Schlachthaus** N, **Schlachthof** M abattoir(s) *m(pl)*; **Schlachtopfer** N sacrifice *m*, *geh* immolation *f* (d'un animal)
Schlachtordnung F HIST ordre *m*, formation *f* de bataille; **(sich) in ~ aufstellen** (se) ranger en ordre de bataille
Schlachtplan M MIL, *fig* plan *m* de combat, de bataille; **Schlachtplatte** F *plat de charcuterie à base de porc*; **schlachtreif** ADJ bon, bonne pour la boucherie; **Schlachtreihe** F HIST rang *m* de bataille
Schlachtross N HIST cheval *m* de bataille; destrier *m*; *fig* **ein altes ~** un vieux routier; un vétéran
Schlachtruf M cri *m* de guerre; **Schlachtschiff** N MIL cuirassé *m* d'escadre; **Schlachttag** M jour *m* où l'on tue le porc; **Schlachttier** N animal *m* de boucherie
Schlachtung F ⟨~; ~en⟩ abattage *m*
Schlachtvieh N animaux *mpl* de boucherie
Schlacke F ⟨~; ~n⟩ ~(n (PL) scories *fpl*; METALL *a.* laitier *m*; *von Kohle a.* mâchefer *m*; MED **~n** *pl* résidus *mpl*
Schlackenbildung F scorification *f*; **schlackenfrei** ADJ exempt de scories; **schlackenreich** ADJ riche en scories
schlackern V/I ⟨-(e)re, h.⟩ *Kleider* flotter; **(hin und her) ~** être ballant; brinquebaler *od* bringuebaler; ballotter; **mit den Armen, Beinen ~** balancer les bras, les jambes; → *a.* Ohr 2
Schlackwurst F *etwa* cervelas *m*
Schlaf M ⟨~(e)s⟩ sommeil *m*; *kurzer* somme *m*; **e-n gesunden ~ haben** dormir d'un bon sommeil; **aus dem ~ auffahren** se réveiller en sursaut; **j-n aus dem ~ reißen** tirer qn de son sommeil; **im ~** en dormant; **im tiefsten ~ liegen** être plongé dans un profond sommeil; *fig* **etw im ~ können** pouvoir faire qc les yeux fermés; **in den ~ singen** endormir en chantant; **ein Kind in den ~ wiegen** bercer un enfant pour le faire dormir; *geh* **j-m den ~ rauben**, *geh* **j-n um s-n ~ bringen** priver qn de (son) sommeil; **sich** (*dat*) **den ~ aus**

den **Augen reiben** se frotter les yeux pour se réveiller; BIBEL **den Seinen gibt's der Herr im ~(e)** *sprichw* la fortune vient en dormant; *hum* **den ~ des Gerechten schlafen** dormir du sommeil du juste

Schlafanzug M pyjama *m*; **Schlafanzughose** F pantalon *m* de pyjama; **Schlafanzugjacke** F veste *f* de pyjama

Schlafauge N **e-e Puppe mit ~n** une poupée dormeuse

Schläfchen N ⟨~s; ~⟩ petit somme; *umg* roupillon *m*; *kindersprr* dodo *m*; *nach Tisch* sieste *f*; **ein ~ halten, machen** faire un petit somme; *umg* piquer un roupillon; *kinderspr* faire dodo

Schlafcouch F canapé-lit *m*

Schläfe F ⟨~; ~n⟩ ANAT tempe *f*; **mit grauen ~n** aux tempes grisonnantes

schlafen VI ⟨schläft, schlief, geschlafen, h.⟩ **1** dormir; **lange, bis in den Tag hinein ~** faire la grasse matinée; **tief und fest ~** dormir profondément, à poings fermés; **ruhig ~ (können)** *unbesorgt* dormir sur ses deux oreilles; **bei j-m ~** *(übernachten)* coucher chez qn; **mit j-m ~** *umg* coucher avec qn; **~ gehen, sich ~ legen** (aller) se coucher; aller, se mettre au lit; **nicht zu Hause ~** découcher; **getrennt ~** faire chambre à part; **~ Sie noch einmal darüber!** attendez jusqu'à demain (pour vous décider)!; la nuit porte conseil **2** *umg fig (nicht aufpassen)* dormir; être distrait, inattentif, -ive

Schläfenbein N ANAT os temporal; **Schläfengegend** F région temporale

Schlafengehen N ⟨~s⟩ coucher *m*; **beim, vor dem ~** au moment de, avant de se coucher

Schlafenszeit F **es ist ~** il est l'heure de *(od* d'aller) se coucher

Schläfer(in) M ⟨~s; ~⟩ (F) ⟨~in; ~innen⟩ **1** *(Schlafende[r])* dormeur, -euse *m,f* **2** *(noch nicht tätiger Terrorist)* agent dormant

schlaff **A** ADJ **1** *Seil etc* lâche; détendu; *Haut* flasque; *(weich)* mou (mol), molle; MED atone; **~ werden** se relâcher; se détendre; *Haut* devenir flasque; s'affaisser **2** *fig Moral* relâché; *im Wesen, in der Haltung* sans énergie, vigueur, ressort; amorphe; **ein ~er Typ** *umg* un mou; *umg* un mollasson **B** ADV sans force, vigueur; **s-e Hand hing ~ herab** sa main pendait, inerte

Schlaffheit F ⟨~⟩ relâchement *m*; mollesse *f*; *fig* manque *m* d'énergie, de vigueur, de ressort; avachissement *m*

Schlaffi *umg* M ⟨~s; ~s⟩ *umg* mou *m*; *umg* mollasson *m*

Schlafgast M hôte *m* pour la nuit; **Schlafgelegenheit** F lit *m*, sofa *m*, *etc*; *(Bleibe für die Nacht)* hébergement *m*; **Schlafgemach** *liter* N → Schlafzimmer; **Schlafgewohnheiten** FPL habitudes *fpl* pour dormir

Schlafittchen N ⟨~s⟩ *umg* **j-n am** *od* **beim ~ packen** saisir qn au collet

Schlafkrankheit F maladie *f* du sommeil; **Schlaflied** N berceuse *f*

schlaflos **A** ADJ privé de, sans sommeil; **e-e ~e Nacht verbringen** passer une nuit blanche; **~e Nächte haben** avoir des insomnies **B** ADV **sich ~ herumwälzen** se tourner et retourner sans trouver le sommeil

Schlaflosigkeit F ⟨~⟩ insomnie *f*; **an ~ leiden** souffrir d'insomnie

Schlafmittel N PHARM somnifère *m*; **Schlafmohn** M pavot *m* somnifère; **Schlafmütze** *umg* F **1** *(Langschläfer)* lève-tard *m*; gros dormeur **2** *(Tranfunzel)* endormi(e) *m(f)*; *umg* empoté(e) *m(f)*; **schlafmützig** *umg* ADJ *(unaufmerksam, träge)* endormi; dans la lune; **Schlafmützigkeit** *umg* F ⟨~⟩ indolence *f*; lenteur *f*; **Schlafpuppe** F poupée dormeuse; **Schlafraum** M *(Schlafzimmer)* chambre *f* à coucher; *(Schlafsaal)* dortoir *m*

schläfrig ADJ somnolent; qui a envie de dormir; **~ sein** avoir sommeil; **~ machen** donner sommeil, envie de dormir

Schläfrigkeit F ⟨~⟩ somnolence *f*; envie *f* de dormir

Schlafrock M robe *f* de chambre; GASTR **Apfel** *m*, **Würstchen** *n* **im ~** pomme, saucisse enrobée de pâte (feuilletée)

Schlafsaal M dortoir *m*; **Schlafsack** M sac *m* de couchage; **Schlafsofa** N canapé-lit *m*; **Schlafstadt** F cité-dortoir *f*; ville-dortoir *f*; **Schlafstelle** F *geh* gîte *m*; *(Bett)* lit *m*; **Schlafstörungen** FPL MED troubles *mpl* du sommeil; **Schlafsucht** F ⟨~⟩ somnolence *f*; *plus fort* léthargie *f*; **schlafsüchtig** ADJ somnolent; *plus fort* léthargique

schläft → schlafen

Schlaftablette F comprimé *m* pour dormir; somnifère *m*; **Schlaftherapie** F cure *f* de sommeil; **Schlaftrunk** M potion *f* soporifique; *umg (Schnäpschen) umg* petit coup pour dormir; **schlaftrunken** *geh* ADJ (encore) tout endormi; ensommeillé; mal réveillé; **Schlaftrunkenheit** F somnolence *f*; **Schlafwagen** M EISENBAHN wagon-lit *m*; **Schlafwagenabteil** N compartiment *m* de wagon-lit; sleeping *m*; **Schlafwagenschaffner** M contrôleur *m* de *od* du wagon-lit; **schlafwandeln** VI ⟨-(e)le, h. *ou* s.⟩ être somnambule; *a.* avoir une crise de somnambulisme; **Schlafwandeln** N ⟨~s⟩ somnambulisme *m*; **Schlafwandler(in)** M ⟨~s; ~⟩ (F) ⟨~in; ~innen⟩ somnambule *m/f*

schlafwandlerisch ADJ (de) somnambule; *fig* **mit ~er Sicherheit** avec une *od* d'une sûreté de somnambule

Schlafzimmer N chambre *f* à coucher; **Schlafzimmerblick** *umg hum* M regard de vamp, aguichant

Schlag M ⟨~(e)s; ⸚e⟩ **1** *(Hieb)*, *fig* coup *m*; *(Klaps)* tape *f*; **j-m e-n ~ versetzen** donner, porter un coup à qn; **Schläge bekommen** recevoir des coups; *fig* **~ auf ~** coup sur coup; *fig* **ein ~ ins Gesicht** un affront, outrage, *geh* camouflet; *umg fig* **ein ~ ins Kontor** *umg* un coup dur; *fig* **ein ~ ins Wasser** un coup d'épée dans l'eau; *umg fig* **mit e-m ~, auf e-n ~** d'un (seul) coup; tout d'un coup; *umg fig* **keinen ~ tun** rester les bras croisés; se tourner les pouces; *fig* **zum entscheidenden ~ ausholen** s'apprêter à porter le coup décisif **2** *(Schicksalsschlag) etc* coup *m*; **ein harter od schwerer ~** un coup dur; **er hat sich von dem ~ noch nicht erholt** il ne s'est pas encore remis du choc **3** *(Geräusch e-s ~s)* coup *m*; bruit *m*; *(Aufprall)* boum *m*; bang *m*; **dumpfer ~** bruit sourd; *Uhr* **~ zehn Uhr** sur le coup de dix heures; *umg* à dix heures sonnant(es), tapant(es) **4** *(Blitzschlag)* foudre *f*; *(Donnerschlag)* coup *m* de tonnerre; *fig* **ein ~ aus heiterem Himmel** un coup de tonnerre dans un ciel bleu, sans nuages; un coup de théâtre **5** *(Stromschlag)* décharge *f*; **e-n ~ bekommen** recevoir une décharge (électrique) **6** *umg* MED *(~anfall)* attaque *f* (d'apoplexie); **wie vom ~ gerührt sein** *vor Entsetzen* être comme paralysé; *vor Erstaunen umg* être estomaqué, complètement baba, sidéré; **ich dachte, mich trifft der ~!** *umg* j'en suis resté estomaqué, baba! **7** *(rhythmische Bewegung) des Herzens* battement *m*; *des Pulses* pulsation *f* **8** TENNIS, BOXEN coup *m*; RUDERN coup *m* de rame; SCHWIMMEN brassée *f* **9** *(Menschenschlag)* espèce *f* (humaine); type *m*; **vom alten ~** de la vieille école; *umg* comme on n'en fait plus; **sie sind vom gleichen ~** ils sont du même acabit **10** *e-r Kutsche* portière *f* **11** *(Taubenschlag)* pigeonnier *m* **12** *umg (Portion)* portion *f* **13** ⟨*pas de pl*⟩ *österr (~sahne)* crème fouettée

Schlagabtausch M SPORT échange *m* de coups; *fig* joute *f* oratoire; **Schlagader** F artère *f*; **Schlaganfall** M attaque *f* d'apoplexie; **schlagartig** **A** ADJ ⟨*épithète*⟩ subit; soudain; *Bewegung* brusque **B** ADV tout à coup; tout d'un coup; subitement; *sich bewegen* brusquement; **Schlagbaum** M *bes an der Grenze* barrière *f*; **Schlagbohrer** M perceuse *f* à percussion; **Schlagbolzen** M *am Gewehr* percuteur *m*

Schlägel M ⟨~s; ~⟩ **1** *(Schlagholz)* battoir *m*; *(Holzhammer)* maillet *m* **2** *für Schlaginstrumente* baguette *f*; *für die Pauke* mailloche *f* **3** BERGBAU masse(tte) *f*

schlagen

⟨schlägt, schlug, geschlagen, h.⟩

A transitives Verb **B** intransitives Verb **C** reflexives Verb

— **A** transitives Verb —

1 *einmal* frapper; *mehrmals* battre; frapper; *(klapsen)* taper; *mit e-r Peitsche* fouetter; **j-n ~** *a.* donner des coups à qn; rosser qn; **j-n ins Gesicht ~** frapper qn au visage; **j-m Wunden ~** blesser qn; **ans Kreuz ~** mettre en croix; crucifier; **j-m etw aus der Hand ~** faire tomber qc des mains de qn; **e-n Nagel in die Wand ~** planter, enfoncer un clou dans le mur; *Adler etc* **s-e Fänge in etw** *(akk)* **~** enfoncer ses serres dans qc; **die Hände vors Gesicht ~** enfoncer sa tête dans ses mains; **j-n zum Krüppel ~** estropier qn; **zu Boden ~** assommer; terrasser; HIST *a.* adouber qn **2** *Holz* couper; abattre; *Brücke* jeter; *Takt* battre; *Funken* faire jaillir; **Alarm, Lärm ~** donner l'alarme, l'alerte; **Holz ~** *a.* faire une coupe (de bois); **Wurzeln ~** prendre racine **3** GASTR *Sahne, Eier* fouetter; battre; *durch ein Sieb* passer; **Eier in die Suppe ~** délayer des œufs dans la soupe **4** *(machen, ausführen) Falten, Rad* faire; *Kreis, mit dem Zirkel* décrire; **ein Kreuz ~** faire le signe de la croix; → *a.* Welle 1 **5** *(einwickeln)* **etw in Papier** *(akk)* **~** envelopper qc dans du papier **6** *(legen)* **ein Bein übers andere ~** croiser les jambes; *Schal etc* **um die Schultern ~** jeter, mettre sur ses épaules **7** MIL, SPORT *etc (besiegen)* battre; triompher de; MIL *a.* défaire; SCHACHSPIEL prendre; *fig* **j-n mit s-n eigenen Waffen ~** retourner contre qn ses propres arguments; **j-n nach Punkten ~** battre qn aux points; *beim Raten* **ich gebe mich geschlagen** je donne ma langue au chat **8** *geh (strafen)* frapper; *fig* **mit Blindheit geschlagen sein** être frappé de cécité, d'aveuglement; **ein geschlagener Mann** un homme accablé par les coups du sort; un homme fini **9** *Uhr* sonner; **es hat (gerade) zwölf Uhr geschlagen** midi vient de sonner; *fig* **e-e geschlagene Stunde** une heure entière **10** *(auf~)* **die Unkosten auf den Preis ~** augmenter, majorer le prix de la marchandise du montant des frais

— **B** intransitives Verb —

1 *(hauen)* battre; frapper; **mit der Faust auf den Tisch ~** frapper, taper du poing sur la table; **nach j-m ~** porter un coup à qn; **mit Händen und Füßen um sich ~** se défendre à coups de poings et à coups de pieds; **mit den Flügeln ~** battre des ailes **2** *(pulsieren) Herz, Puls* battre; *Herz a.* palpiter **3** *(ertönen, Laut geben) Uhr, Glocke* sonner; *Nachtigall* chanter; → *a.* Stunde 1, Stündlein **4** ⟨s.⟩ *(aufprallen)*

S

cogner; °heurter; **an** *od* **gegen etw** *(akk)* **~** cogner contre qc; *Regen* fouetter (contre) qc; *Wellen* battre qc; **mit dem Kopf auf etw** *(akk)* **~** donner de, se cogner la tête sur qc; **auf den Boden ~** tomber à *od* par terre **5** ⟨s.⟩ **Töne, Stimmen ~ an sein Ohr** il entend des sons, des voix; *Flammen* **aus etw ~** jaillir de qc; *Blitz* ⟨*a.* h.⟩ **in etw** *(akk)* **~** tomber sur qc **6** ⟨h. *ou* s.⟩ **in j-s Fach** *(akk)* **~** toucher à la spécialité de qn; être du ressort, du domaine de qn **7** ⟨s.⟩ **nach j-m ~** *(j-m ähneln)* ressembler à qn; **sie schlägt ganz nach ihrer Mutter** *a.* elle tient beaucoup de sa mère **8** ⟨s.⟩ *(schädigen)* **j-m auf den Magen ~** se porter sur l'estomac de qn

— **C** reflexives Verb —

1 *(sich prügeln)* **sich mit j-m (um etw) ~** se battre, se colleter avec qn (pour [avoir] qc); *fig* **sich um etw ~** se battre pour (avoir) qc; *(kämpfen)* **sich (tapfer) ~** se battre (vaillamment); *a. fig* **sich geschlagen geben** s'avouer vaincu **2** *(sich e-n Weg bahnen)* **sich durch den Urwald ~** se frayer un chemin à travers la forêt vierge; **sich ins Gebüsch** *etc* **~** disparaître dans les buissons, *etc* **3** *fig* **sich auf j-s Seite** *(akk)* **~** prendre le parti de qn; se ranger du parti, du côté de qn

schlagend ADJT *(überzeugend)* convaincant; *Beweis* pertinent; concluant; *Argument a.* probant; irrésistible; sans réplique

Schlager M ⟨~s; ~⟩ **1** MUS chanson *f* à succès; *umg* tube *m*; *a. Film etc umg* °hit *m* **2** HANDEL *(Verkaufsschlager)* succès *m*; *Buch* succès *m* de librairie; best-seller *m*

Schläger M ⟨~s; ~⟩ **1** *pej* brute *f*; *umg* dur *m*; *(Raufbold)* bagarreur *m*; *junger a. umg* loubard *m*; *umg* loulou *m* **2** SPORT *(Tischtennisschläger, Tennisschläger, Federballschläger)* raquette *f*; *(Hockeyschläger, Eishockeyschläger)* crosse *f*; *(Golfschläger)* club *m* **3** *Spieler* batteur *m*

Schlägerei F ⟨~; ~en⟩ rixe *f*; bagarre *f*

Schlagerfestival N festival *m* de la chanson; **Schlagerkomponist** M compositeur *m* de chansons à succès; **Schlagermelodie** F air *m* à la mode; **Schlagermusik** F musique *f* de variété; musique *f* pop

Schlägermütze *umg* F casquette *f* (de voyou, de mauvais garçon)

Schlagersänger(in) M(F) interprète *m/f* de chansons à succès; chanteur, -euse *m,f* à succès; **Schlagerspiel** N SPORT rencontre capitale, de première importance; **Schlagerstar** M vedette *f* de la chanson; **Schlagertext** M texte *m* de chanson; **Schlagertexter(in)** M(F) parolier, -ière *m,f*; auteur *m* de chansons

Schlägertrupp M bande *f*, *straff organisierter* commando *m* de casseurs; **Schlägertyp** M brute *f*; bagarreur *m*

Schlagerwettbewerb M concours *m* de chansons

schlagfertig **A** ADJ prompt à la riposte, à la repartie; qui a l'esprit d'à-propos; **~e Antwort** riposte *f*; repartie *f* **B** ADV **~ antworten** riposter; répondre du tac au tac

Schlagfertigkeit F ⟨~⟩ don *m*, vivacité *f* de repartie; vivacité *f* d'esprit; esprit *m* d'à-propos; **schlagfest** ADJ TECH résistant au choc; **Schlagfestigkeit** F ⟨~⟩ TECH résistance *f* au choc; *von Metallen* résilience *f*; **Schlagholz** N SPORT batte *f*; **Schlaginstrument** N MUS instrument *m* à percussion; **Schlagkraft** F ⟨~⟩ MIL combativité *f*; TECH, SPORT puissance *f* de choc, de frappe; *fig* efficacité *f*; *plus fort* caractère percutant; force *f* d'impact; **schlagkräftig** ADJ MIL puissant; *fig Argument* massue *(inv)*; *Beispiel a.* percutant; **Schlaglicht** N MAL échappée *f* de lumière; *fig* trait *m* de lumière; **Schlagloch** N trou *m*; nid-de-poule *m*; **Schlagmann** M ⟨~(e)s; -männer⟩ RUDERN chef *m* de nage; **Schlagobers** N ⟨~⟩ *österr*, **Schlagrahm** M *bes südd, österr, schweiz* crème fouettée, Chantilly; Chantilly *f*; **Schlagring** M coup-de-poing *m* (américain)

Schlagsahne F crème fouettée, Chantilly; Chantilly *f*; **mit ~** à la crème Chantilly

Schlagschatten M ombre portée

Schlagseite F ⟨~⟩ SCHIFF bande *f*; gîte *f*; **~ haben** donner de la bande, de la gîte; *umg hum (torkeln) umg* avoir du vent dans les voiles

Schlagstock M matraque *f*; **Schlagwerk** N *e-r Uhr* sonnerie *f*; **Schlagwetter** PL BERGBAU grisou *m*; **Schlagwetterexplosion** F BERGBAU coup *m* de grisou; **Schlagwort** N ⟨~(e)s; -wörter *ou* ~e⟩ **1** *(Parole)* slogan *m*; mot *m* d'ordre; *(hohle Formel, Gemeinplatz)* cliché *m* **2** ⟨*pl* -wörter⟩ *e-s Verzeichnisses* mot-clé *m*; **Schlagwortkatalog** M catalogue-matières *m*

Schlagzeile F *e-r Zeitung* manchette *f*; gros titre; **~n machen** faire la une (des journaux); défrayer la chronique

Schlagzeug N MUS batterie *f*; **Schlagzeuger(in)** M ⟨~s; ~⟩ (F) ⟨~in; ~innen⟩ batteur, -euse *m,f*

schlaksig *umg* ADJ *umg* dégingandé

Schlamassel *umg* M *od* N ⟨~s⟩ **1** *(Missgeschick)* embarras *m*; *umg* pétrin *m* **2** *(Durcheinander)* **was für ein ~!** *umg* quelle pagaille *od* pagaïe!; *plus fort umg* quel bordel!

Schlamm M ⟨~(e)s; ~e *ou* ¨~e⟩ *(Ablagerung in Gewässern)* vase *f*; bourbe *f*; limon *m*; *(aufgeweichte Erde)* boue *f*; **Schlammbad** N MED bain *m* de boue

schlämmen V/T ⟨h.⟩ **1** *Teich etc* curer **2** *Erz, Kreide* laver; CHEM léviger

schlammig ADJ *(Schlamm enthaltend)* limoneux, -euse; *(morastig)* boueux, -euse; bourbeux, -euse

Schlämmkreide F craie lévigée; blanc *m* de Meudon

Schlammlawine F coulée *f* de boue; **Schlammpackung** F MED application *f* de boue

Schlämmputz M blanchiment *m*

Schlampe *umg pej* F ⟨~; ~n⟩ *(ungepflegte Frau) umg* cochonne *f*; *(Flittchen) umg* traînée *f*

schlampen *umg pej* V/I ⟨h.⟩ *(schlampig sein)* être désordonné, *umg* bordélique; *(schlampig arbeiten)* bâcler, bousiller, *umg* saloper son travail, devoir, *etc*

Schlamperei *umg pej* F ⟨~; ~en⟩ *(Nachlässigkeit)* négligence *f*; bâclage *m*; bousillage *m*; *(Unordentlichkeit)* désordre *m*; *umg* pagaille *od* pagaïe *f*

schlampig *umg pej* ADJ *(ungepflegt)* négligé; débraillé; *plus fort umg* bordélique; *Arbeit* bâclé; bousillé; *umg* salopé; **Schlampigkeit** *umg pej* F ⟨~; ~en⟩ → Schlamperei

schlang → schlingen[1], schlingen[2]

Schlange F ⟨~; ~n⟩ **1** ZOOL serpent *m*; *(Giftschlange)* vipère *f* (*a. fig pej*); *geh* **e-e ~ am Busen nähren** réchauffer un serpent dans son sein **2** *(Reihe) von Menschen* queue *f*; *von Autos* file *f*; **~ stehen** faire la queue

schlängeln V/R ⟨-(e)le, h.⟩ **sich ~** *Weg, Fluss* serpenter; faire des lacets; *Fluss a.* faire, décrire des méandres; *Schlange, fig* se glisser; **sich um etw ~** s'enrouler, s'enlacer autour de qc

Schlangenbeschwörer(in) M ⟨~s; ~⟩ (F) ⟨~in; ~innen⟩ charmeur, -euse *m,f* de serpents; **Schlangenbiss** M morsure *f* de serpent; **Schlangenbrut** *geh pej* F nid *m* de vipères; *pej* engeance *f*; **Schlangenei** N œuf *m* de serpent; **schlangenförmig** ADJ en forme de serpent; **Schlangenfraß** *umg pej* M *umg* ragougnasse *f*; *umg* tambouille *f*; **Schlangengift** N venin *m* de serpent; **Schlangenhaut** F HANDEL, **Schlangenleder** N (peau *f* de) serpent *m*

Schlangenlinie F ligne serpentine; **~n fahren** faire des zigzags, des s; zigzaguer

Schlangenmensch M *Artist* homme *m* serpent; contorsionniste *m*; **Schlangenserum** N sérum antivenimeux; **Schlangentanz** M danse *f* du serpent

schlank ADJ mince; *Taille* fin; *(zierlich u. ~)* svelte; gracile; *fig* WIRTSCH dégraissé; **groß und ~** élancé; **~ machen** amincir; **~(er) werden** maigrir; → *a.* rank

Schlankheit F ⟨~⟩ minceur *f*; formes sveltes, élancées; *(Zierlichkeit)* sveltesse *f*; *nur von Personen* taille *f* svelte; **Schlankheitskur** F cure *f* d'amaigrissement; **schlankmachen** V/T ⟨sép, -ge-, h.⟩ amincir; **Schlankmacher** *umg* M produit amincissant

schlankweg *umg* ADV carrément; purement et simplement

schlapp ADJ **1** *(schlaff)* lâche; mou (mol), molle; *Person a.* avachi **2** *(abgespannt)* fatigué; fourbu; *umg* flagada; *umg* flapi; SPORT *umg* pompé; **die Hitze macht mich ganz ~** je suis complètement avachi à cause de la chaleur **3** *umg pej (ohne Energie)* sans ressort; amorphe; **ein ~er Kerl** *umg* un légume; *umg* une chiffe molle

Schlappe F ⟨~; ~n⟩ échec *m*; revers *m*; défaite *f*; **e-e ~ einstecken** *od* **erleiden** subir, essuyer un échec, un revers

schlappen *umg* V/I ⟨h.⟩ **1** *Schuh* ne pas tenir au pied **2** *Tiere* laper

Schlappen *umg* M ⟨~s; ~⟩ pantoufle *f*; babouche *f*

Schlappheit F ⟨~⟩ mollesse *f*; *(Erschöpfung)* fatigue *f*; *plus fort* épuisement *m*; **Schlapphut** M chapeau mou (à large bord); **schlappmachen** *umg* V/I ⟨sép, -ge-, h.⟩ **1** *(aufgeben)* abandonner; *umg* flancher **2** *(zusammenbrechen)* caler; **Schlappohr** *umg* N oreille pendante; **Schlappschwanz** *sl pej* M *umg* dégonflé *m*; *umg* lavette *f*

Schlaraffenland N ⟨~(e)s⟩ Pays *m* de cocagne

schlau ADJ **1** *(gewitzt)* astucieux, -ieuse; avisé; *(listig)* rusé; malin, maligne; futé; *(geschickt)* habile; **ein ~er Fuchs**, *umg* **ein ganz Schlauer** un fin renard; un rusé; un futé **2** *umg* **aus etw, j-m nicht ~ werden** ne pas comprendre, saisir qc, qn

Schlauberger *umg* M ⟨~s; ~⟩ finaud *m*; fine mouche; *umg* roublard(e) *m(f)*

Schlauch M ⟨~(e)s; Schläuche⟩ **1** tuyau *m* souple, flexible; boyau *m*; *(Fahrradschlauch, Autoschlauch)* chambre *f* à air; *(Weinschlauch)* outre *f* **2** *umg (schmaler, langer Raum)* boyau *m*; couloir *m* **3** *umg* **das war ein ganz schöner ~!** ça a été tuant, *umg* crevant; *umg* **auf dem ~ stehen** *umg* ne rien piger

schlauchartig ADJ en forme de tuyau; BOT utriculaire; **Schlauchboot** N canot *m* pneumatique

schlauchen *umg* V/T ⟨h.⟩ **1** *(schinden)* faire trimer; *umg* en faire baver à; MIL *a.* dresser **2** *(erschöpfen)* éreinter; épuiser; esquinter; *umg* crever

schlauchförmig ADJ → schlauchartig

Schlauchhaspel F → Schlauchrolle

schlauchlos ADJ *Reifen* sans chambre à air; **~er Reifen** *a.* tubeless *m*; *e-s Rennrades* boyau *m*

Schlauchrolle F, **Schlauchtrommel** F dévidoir-enrouleur *m*; **Schlauchwagen** M dévidoir *m* sur chariot, à roues

Schläue F ⟨~⟩ *(Klugheit)* astuce *f*; habileté *f*; *(Gerissenheit)* ruse *f*; rouerie *f*; *umg* roublardise *f*

schlauerweise ADV astucieusement; **sie hat ~ den Zug genommen** elle a (vraiment) bien fait de prendre le train; *iron* **er hat ~ den Schlüssel stecken lassen** il n'a rien trouvé de mieux que de laisser la clé sur la porte

Schlaufe F ⟨~; ~n⟩ boucle *f*; *am Gürtel* passant *m*; *am Skistock, Schirm etc* dragonne *f*; *an Kleidungsstücken* anse *f*; ganse *f*; bride *f*; *(Schlinge)* nœud coulant

Schlaufuchs *umg* M → Schlauberger; **Schlauheit** F ⟨~⟩ → Schläue; **Schlaukopf** *umg* M, **Schlaumeier** *umg* M ⟨-ers; -er⟩ → Schlauberger

Schlawiner *umg* M ⟨~s; ~⟩ **1** *(Gauner) umg* roublard *m* **2** *(Schlingel)* (petit) coquin; garnement *m*

schlecht **A** ADJ **1** mauvais; *(erbärmlich)* piètre; *Arbeit* mal fait; *Luft* pollué; *geh* vicié; **(das ist) nicht ~!** ce n'est pas mal! **2** *(unzulänglich) Ware* inférieur; de mauvaise qualité; **~e Augen haben** avoir (une) mauvaise vue **3** *(ungünstig, schlimm) Zeiten* dur; difficile; **das Schlechte an der Sache ist, dass …** l'inconvénient, c'est que … **4** *(ungenießbar)* **~ werden** se gâter **5** *(böse)* méchant; **das Schlechte im Menschen, in der Welt** la méchanceté inhérente à l'homme, au monde; **nur Schlechtes von j-m reden** dire tout le mal possible de qn **6** *(unwohl)* **mir ist ~** je me sens mal; j'ai mal au cœur; *umg fig* **dabei kann einem ~ werden** cela donne la nausée; cela soulève le cœur; il y a de quoi se sentir mal **B** ADV **1** mal; **~ beraten sein** être mal conseillé; **j-n ~ bezahlen** payer mal qn; **~ bezahlt** mal payé; **~ gelaunt** de mauvaise humeur; maussade; mal disposé; **~ riechen** sentir mauvais; → schlechtmachen **2** *(unzulänglich)* **sie hört ~** elle entend mal; **er sieht ~** il a de mauvais yeux; il y voit mal **3** *(ungünstig, schlimm)* **es geht ihm schlecht** *geschäftlich* ses affaires vont mal; **es sieht ~ aus** c'est inquiétant; **es steht ~ mit ihm** il file un mauvais coton; *Geschäft a.* ses affaires vont mal; **j-m ~ anstehen** ne pas aller, convenir à qn; **auf j-n ~ zu sprechen sein** ne pas porter qn dans son cœur; **das ist mir ~ bekommen** cela ne m'a pas réussi; **das wird ihm ~ bekommen** il s'en trouvera mal; ça ne lui profitera pas; *iron* il ne s'en tirera pas à bon compte; **von j-m ~ denken** avoir une mauvaise opinion de qn; **~er werden** *(sich verschlimmern)* se détériorer; empirer; **immer ~er** de mal en pis **4** *(schwer, kaum)* **das kann ich ~ sagen** je suis incapable de le dire *od* de l'affirmer; **morgen passt es mir ~** *od* **geht es ~** demain ça ne me convient pas *od* ne m'arrange pas; *umg* **ich staunte nicht ~, als ich das sah** *umg* j'ai été sidéré, soufflé de voir ça; je n'en croyais pas mes yeux; je n'en revenais pas **5** *(unwohl, krank)* **~ aussehen** avoir mauvaise mine; **es geht ihm schlecht** *gesundheitlich* il ne va pas bien; *plus fort* il va mal **6** **~ und recht, mehr ~ als recht** tant bien que mal

schlechtberaten, schlechtbezahlt ADJT → schlecht B 1

schlechterdings ADV absolument; tout simplement

schlechtgehen V/UNPERS → schlecht B 3, 5;

schlechtgelaunt ADJ → schlecht B 1

schlechtgesinnt ADJ **(j-m) ~ sein** être mal disposé, intentionné (à l'égard de qn)

schlechthin ADV **1** → schlechterdings **2** **sie ist die Karrierefrau ~** elle est le type même de la femme ambitieuse, de carrière; **er ist der Philosoph ~** il est le philosophe par excellence

Schlechtigkeit F ⟨~; ~en⟩ **1** ⟨*pas de pl*⟩ *Eigenschaft* méchanceté *f*; malignité *f*; bassesse *f* **2** *Handlung* méchanceté *f*; bassesse *f*

schlechtmachen V/T ⟨*sép*, -ge-, h.⟩ *fig* **j-n, etw ~** médire de, dire du mal de qn, qc; dénigrer qn, qc

schlechtreden V/I → schlecht A 5;

schlechtstehen V/UNPERS → schlecht B 3

schlechtweg → schlechterdings

Schlechtwetter N ⟨~s⟩ mauvais temps; intempéries *fpl*; **Schlechtwetterflug** M vol *m* par mauvaise visibilité; **Schlechtwetterfront** F front *m* des intempéries; **Schlechtwettergeld** N indemnité *f* de mauvais temps; **Schlechtwetterperiode** F période *f* de mauvais temps; **Schlechtwetterzone** F zone *f* de mauvais temps

schlecken *bes südd, österr* ⟨h.⟩ **A** V/T *(lecken) Eis etc* lécher; sucer **B** V/I **1** **an etw** *(dat)* **~** *(lecken)* lécher qc **2** *(naschen)* manger des sucreries; **sie schleckt gerne** elle est gourmande

Schleckerei F ⟨~; ~en⟩ *bes südd, österr (Süßigkeit)* friandise *f*; sucrerie *f*

Schleckermaul *umg hum* N gourmand(e) *m(f)*

Schlegel M ⟨~s; ~⟩ *bes südd, österr (Hühnerschlegel)* cuisse *f* (de poulet); pilon *m*; *vom Kalb* cuisseau *m*; *vom Reh* cuissot *m*; → *a.* Schlägel

Schlehdorn M ⟨~(e)s; ~e⟩ BOT prunellier *m*

Schlehe F ⟨~; ~n⟩ *Frucht* prunelle *f*; *Strauch* prunellier *m*

schleichen ⟨schleicht, schlich, geschlichen⟩ **A** V/I ⟨s.⟩ **1** *heimlich* se glisser; se faufiler; se couler; *leise* aller, marcher à pas de loup, à pas feutrés; **heimlich aus dem Zimmer ~** sortir furtivement, à la dérobée de la chambre; **heimlich ins Haus ~** s'introduire furtivement dans la maison; **um das Haus ~** rôder autour de la maison **2** *langsam* aller tout doucement; *umg Auto* se traîner; *umg* **geschlichen kommen** s'approcher très lentement **B** V/R ⟨h.⟩ **sich ~** se glisser; se faufiler; se couler; **sich heimlich aus etw ~** sortir furtivement de qc; **sich heimlich in etw** *(akk)* **~** s'introduire furtivement dans qc; **sich in j-s Vertrauen** *(akk)* **~** capter la confiance de qn; *umg bes südd, österr* **schleich dich!** *umg* file!; *umg* tire-toi!; *umg* casse-toi!

schleichend ADJT *Schritt* furtif, -ive; *Gift* lent; *Krankheit* insidieux, -ieuse; *Inflation* rampant; larvé

Schleicher *pej* M ⟨~s; ~⟩ sournois *m*; hypocrite *m*

Schleichhandel M trafic *m*; commerce clandestin

Schleichweg M petit chemin; *(Abkürzung)* raccourci *m*; *umg fig* **auf ~en** par des voies détournées

Schleichwerbung F publicité clandestine

Schleie F ⟨~; ~n⟩ ZOOL tanche *f*

Schleier M ⟨~s; ~⟩ *a. fig*, FOTO *etc* voile *m*; *geh* **den ~ nehmen** prendre le voile; *geh* **den ~ des Vergessens über etw** *(akk)* **breiten** jeter le voile de l'oubli sur qc; *geh* **den ~ des Geheimnisses lüften** lever, soulever le voile du mystère

Schleiereule F effraie *f*

schleierhaft *umg* ADJ *(rätselhaft)* mystérieux, -ieuse; *(unbegreiflich)* incompréhensible; **das ist mir ~** c'est un mystère pour moi

Schleierkraut N BOT gypsophile *f*; **Schleierschwanz** M ZOOL cyprin *m* à queue de voile; **Schleierstoff** M voile *m*; **Schleiertanz** M danse *f* du voile; **Schleierwolke** F cirrostratus *m*

Schleifband N ⟨~(e)s; ≃er⟩ TECH bande abrasive *od* de toile (d')émeri; **Schleifbank** F ⟨~; ≃e⟩ TECH rectifieuse *f*

Schleife F ⟨~; ~n⟩ **1** nœud *m*; boucle *f*; *(Haarschleife) a.* catogan *m*; *(Kranzschleife)* ruban *m* **2** *e-s Flusses* boucle *f*; méandre *m*; *e-s Weges* lacet *m*; FLUG boucle *f* **3** ELEK boucle *f*; circuit *m* (fermé)

schleifen[1] V/T ⟨schleift, schliff, geschliffen, h.⟩ **1** *Messer, Scheren etc (schärfen)* aiguiser; affûter; affiler **2** TECH *(glatt ~)* poncer; passer à la meule; polir; abraser; *Glas, Edelsteine* égriser; *a.* tailler; *fig* **geschliffene Sprache** langage raffiné, châtié **3** MIL *(drillen)* **j-n ~** dresser qn; *umg* en faire baver à qn

schleifen[2] ⟨*régulier*, h.⟩ **A** V/T **1** **etw auf dem Boden ~** traîner qc par terre; *umg fig* **j-n ins Theater ~** traîner qn au théâtre **2** MIL, *Festung etc* démanteler; raser **B** V/I traîner; AUTO **die Kupplung ~ lassen** faire patiner l'embrayage; *umg fig* **etw ~ lassen** négliger qc

schleifenlassen *umg fig* V/T → schleifen[2] B

Schleifer M ⟨~s; ~⟩ **1** *(Scherenschleifer)* rémouleur *m*; repasseur *m*; affûteur *m* **2** TECH polisseur *m* **3** MUS appoggiature *f* double;

Schleiferei F ⟨~⟩ *(das Schärfen)* aiguisage *m*; affûtage *m*; *(das Glattschleifen)* polissage *m*; ponçage *m*

Schleiflack M vernis *m* à poncer, à polir; **Schleifmaschine** F TECH ponceuse *f*; **Schleifmittel** N (produit *m*) abrasif *m*; **Schleifpapier** N papier *m* émeri, de verre; **Schleifring** M ELEK bague collectrice, de contact; **Schleifscheibe** F meule *f* (en émeri, en corindon); **Schleifspur** F trace *f* (de frottement); **Schleifstaub** M poussière *f* de meulage; **Schleifstein** M pierre *f* à aiguiser; *drehbarer* meule *f*

Schleim M ⟨~(e)s; ~e⟩ **1** PHYSIOL mucosité(s) *f(pl)*; *t/t* mucus *m*; *zäher* glaire *f*; *der Nase a.* morve *f*; **~ aushusten, auswerfen** expectorer **2** GASTR crème *f* (d'avoine, de riz) **3** BOT mucilage *m* **4** *der Schnecke* bave *f*

Schleimabsonderung F sécrétion *f* de mucosités; **schleimartig** ADJ glaireux, -euse; **Schleimauswurf** M expectoration *f*; **Schleimbeutel** M ANAT bourse muqueuse, séreuse; **Schleimbeutelentzündung** F bursite *f*

schleimen V/I ⟨h.⟩ **1** MED produire, former des mucosités **2** *fig pej umg* faire de la lèche

Schleimer(in) *umg* M ⟨~s; ~⟩ (F) ⟨~in; ~innen⟩ *umg* lèche-bottes *m*

Schleimhaut F ANAT (membrane *f*) muqueuse *f*

schleimig ADJ **1** glaireux, -euse; baveux, -euse; visqueux, -euse; *t/t* muqueux, -euse; BOT, PHARM mucilagineux, -euse **2** *fig pej* doucereux, -euse; mielleux, -euse

schleimlösend ADJT MED expectorant; **~es Mittel** expectorant *m*

Schleimscheißer *sl* M *sl* lèche-cul *m*; **Schleimsuppe** F crème *f* (d'avoine, de riz)

schlemmen ⟨h.⟩ **A** V/T se régaler de; savourer **B** V/I festoyer; faire bombance

Schlemmer(in) M ⟨~s; ~⟩ (F) ⟨~in; ~innen⟩ gourmand(e) *m(f)*

Schlemmerei F ⟨~; ~en⟩ **1** ⟨*pas de pl*⟩ *(das Schlemmen)* **sie hat e-n Hang zur ~** elle aime festoyer **2** → Schlemmermahl

Schlemmerlokal N restaurant *m* gastronomique; **Schlemmermahl** N festin *m*; *in einem Lokal* repas *m* gastronomique

schlendern V/I ⟨-(e)re, s.⟩ flâner; aller son petit bonhomme de chemin; **durch die Straßen ~** flâner, se balader dans les rues

Schlendrian *umg pej* M ⟨~(e)s⟩ train-train *m*; laisser-aller *m*

Schlenker *umg* M ⟨~s; ~⟩ **1** *(Bogen)* écart *m*; **e-n ~ machen** s'écarter **2** *(Umweg)* (petit) détour *m*; crochet *m*; **e-n kleinen ~ über Nancy**

S

machen *od* **fahren** faire un crochet par Nancy

schlenkern ⟨-(e)re, h.⟩ A VT balancer B v/i être ballant; flotter; **mit den Armen ~** balancer les bras; **beim Gehen mit den Armen ~** aller, marcher les bras ballants; **mit den Beinen ~** balancer les jambes

Schlepp M **in ~ nehmen** prendre en remorque

Schleppantenne F FLUG antenne pendante; **Schleppbügel** M *am Skilift* ancre *f*; **Schleppdampfer** M remorqueur *m*

Schleppe F ⟨~; ~n⟩ *am Kleid* traîne *f*

schleppen ⟨h.⟩ A VT 1 *(hinterherziehen) a. fig* traîner; SCHIFF, FLUG, AUTO remorquer 2 *(mühsam tragen)* porter avec peine, péniblement; *umg* transbahuter B VI *(schleifen)* traîner; SCHIFF *Anker* labourer le fond C VR 1 **sich ~** *(mühsam gehen)* se traîner 2 *fig (sich hinziehen)* (se) traîner; n'en plus finir; **der Prozess schleppt sich schon ins dritte Jahr** le procès (se) traîne depuis plus de deux ans

schleppend ADJT traînant; HANDEL languissant; **e-e ~e Sprechweise haben** traîner sur les mots *od* en parlant

Schleppenkleid N robe *f* à traîne; **Schleppenträger** M caudataire *m*

Schlepper M ⟨~s; ~⟩ 1 AGR tracteur *m*; SCHIFF remorqueur *m* 2 *umg pej* racoleur *m*; rabatteur *m*; *(Fluchthelfer)* passeur *m*

Schlepperei *umg pej* F ⟨~⟩ 1 *(mühsames Tragen)* corvée *f* 2 *fig* racolage *m*

Schleppflug M vol remorqué, à la remorque; **Schleppflugzeug** N avion remorqueur; **Schleppkahn** M péniche *f*; chaland *m*; **Schleppleine** F (filin *m*, cordage *m* de) remorque *f*; → *a.* Schleppseil; **Schlepplift** M téléski *m*; remonte-pente *m*; **Schleppnetz** N chalut *m*; seine *od* senne *f*; **Schleppschiff** N remorqueur *m*; **Schleppseil** N câble *m* de remorquage; remorque *f*; *für Ballons* guiderope *m*; **Schleppstart** M FLUG départ remorqué

Schlepptau N remorque *f*; *a. fig* **ins ~ nehmen** prendre en remorque; *a. fig* **in j-s** *(dat)* **~** à la remorque de qn

Schleppzug M SCHIFF convoi *m*, train *m* de péniches

Schlesien N ⟨→ *n/pr*⟩ la Silésie; **Schlesier(in)** M ⟨~s; ~⟩ (F) ⟨~in; ~innen⟩ Silésien, -ienne *m,f*; **schlesisch** ADJ de (la) Silésie; silésien, -ienne

Schleswig-Holstein N ⟨→ *n/pr*⟩ le Schleswig-Holstein

Schleuder F ⟨~; ~n⟩ 1 *(Wurfgerät)* fronde *f*; lance-pierres *m*; FLUG catapulte *f* 2 TECH centrifugeur *m*; centrifugeuse *f*; *(Wäscheschleuder)* essoreuse *f*; *(Milchschleuder)* écrémeuse *f*; *(Honigschleuder)* extracteur (rotatif); **Schleuderbahn** F FLUG voie *f* de catapulte; **Schleuderbeton** M béton centrifugé; **Schleudergang** M *der Waschmaschine* essorage *m*; **Schleudergefahr** F *Verkehrszeichen* chaussée glissante; **Schleuderhonig** M miel (coulé); **Schleuderkurs** M AUTO cours *m* de dérapage contrôlé

schleudern ⟨-(e)re⟩ A VT ⟨h.⟩ 1 *(werfen) mit der Hand* jeter; lancer; projeter; *mit der Schleuder* tirer (au lance-pierres); FLUG catapulter; *fig* **j-m Schimpfwörter ins Gesicht ~** lancer des injures à qn; *Auto* **aus e-r Kurve geschleudert werden** sortir d'un virage; **aus e-m Wagen geschleudert werden** être éjecté d'une voiture 2 *Wäsche* essorer 3 *Milch etc* centrifuger; *Honig a.* extraire B VI ⟨s.⟩ *Auto* déraper; **ins Schleudern geraten** *od* **kommen** *Auto* déraper; *umg fig Person* perdre le contrôle de la situation; *umg fig* **j-n ins Schleudern bringen** désarçonner, démonter qn; faire perdre à qn le contrôle de la situation

Schleuderpreis *umg* M prix sacrifié; **zu ~en verkaufen** brader

schleudersicher ADJ antidérapant

Schleudersitz M FLUG siège *m* éjectable; **Schleuderspur** F *e-s Autos* trace *f* de dérapage; **Schleuderstart** M FLUG catapultage *m*; décollage catapulté; **Schleudertrauma** N MED coup *m* du lapin; **Schleuderware** *umg* F marchandise bradée; articles *mpl* au rabais

schleunigst ADV 1 *(schnell)* au plus vite; le plus vite possible; *umg* en vitesse 2 *(sofort)* sur-le-champ; immédiatement

Schleuse F ⟨~; ~n⟩ 1 *e-s Flusses etc* écluse *f* 2 TECH, BAU *(Stauklappe)* vanne *f*; *(Luftschleuse)* sas *m*

schleusen VT ⟨-(es)t, h.⟩ 1 *Schiff* écluser 2 *fig* **j-n durch die Stadt ~** piloter, guider qn à travers la ville; **e-e Reisegruppe durch den Zoll ~** faire passer la douane à un groupe de touristes; **etw ins Ausland ~** faire passer qc clandestinement à l'étranger

Schleusenbetrieb M service *m* des écluses; **Schleusengeld** N péage *m*; **Schleusenkammer** F sas *m* (d'écluse); **Schleusenmeister** M éclusier *m*; **Schleusentor** N (porte *f* d')écluse *f*; **Schleusenventil** N vanne *f* d'écluse; **Schleusenwärter** M éclusier *m*

Schleuser M ⟨~s; ~⟩ *Jargon (Fluchthelfer)* passeur *m*

schlich → schleichen

Schlich M ⟨~(e)s; ~e⟩ 1 METALL schlich *m* 2 PL *(Trick)* **~e** menées *fpl*; manœuvres *fpl*; ruses *fpl*; **hinter j-s ~e** *(akk)* **kommen, j-m auf die ~e kommen** *(j-n durchschauen)* voir clair dans le jeu de qn; *(j-n ausfindig machen)* dépister qn; **sie kennt alle ~e** elle connaît toutes les astuces, *umg* combines

schlicht A ADJ *(einfach)* simple; *Wesen etc a. (bescheiden)* modeste; *Kunststil* dépouillé; *Mahlzeit* frugal; *Empfang, Abschied etc* sans cérémonies B ADV simplement; *umg* **~ und einfach** purement et simplement; *umg hum* **~ und ergreifend** (tout) bonnement, simplement

schlichten VT ⟨-ete, h.⟩ 1 *Streit* régler; *durch Schiedsspruch* arbitrer 2 TECH *(glätten)* unir; polir; *Leder* lisser

Schlichter(in) M ⟨~s; ~⟩ (F) ⟨~in; ~innen⟩ médiateur, -trice *m,f*; JUR conciliateur, -trice *m,f*; *durch Schiedsspruch* arbitre *m*

Schlichtheit F ⟨~⟩ simplicité *f*; *schlichtes Wesen a.* modestie *f*; *e-r Mahlzeit* frugalité *f*

Schlichtung F ⟨~; ~en⟩ *e-s Streits* règlement *m*; *(Vermittlung)* médiation *f*; conciliation *f*; *durch Schiedsspruch* arbitrage *m*

Schlichtungsausschuss M commission *f* de conciliation, d'arbitrage; **Schlichtungsstelle** F organisme *m*, office *m* de conciliation; **Schlichtungsverfahren** N procédure *f* de conciliation, d'arbitrage; **Schlichtungsversuch** M tentative *f* de conciliation, d'arbitrage

schlichtweg ADV tout simplement; tout bonnement; purement et simplement

Schlick M ⟨~(e)s; ~e⟩ *Meer* vase *f* (de mer); *in Flüssen* limon *m*

schlickig ADJ limoneux, -euse; vaseux, -euse; **Schlickwatt** N ⟨~(e)s; ~en⟩ bas-fond couvert de vase molle; vasard *m*

schlief → schlafen

Schliere F ⟨~; ~n⟩ 1 TECH *in Glas etc* paille *f*; GEOL strie *f* 2 *(Schmutzschliere) etc* trace *f* (de saleté); salissure *f*

Schließe F ⟨~; ~n⟩ *e-s Gürtels* boucle *f*; *e-s Buches etc* fermoir *m*

schließen ⟨-(es)t, schließt, schloss, geschlossen, h.⟩ A VT 1 *(zumachen)* fermer; *(ein~)* enfermer, ranger (**in etw** *[akk]* dans qc); **Lücken ~** combler des lacunes; colmater des trous; **mit geschlossenen Füßen** à pieds joints; **ein geschlossenes Ganzes** un tout bien distinct; *fig* un bloc 2 **j-n in die Arme ~** serrer qn dans ses bras; étreindre qn; *fig* **j-n in sein Herz ~** prendre qn en affection 3 *(enthalten) Widerspruch* **in sich** *(dat)* **~** renfermer; contenir 4 *(beenden)* terminer; *Versammlung, Debatte* clore; *Sitzung* lever; *Konto* arrêter; **er schloss (s-n Bericht) mit den Worten …** il conclut (son rapport) en disant … 5 *(ab~) Vertrag, Ehe etc* conclure; *Bündnis, Ehe* contracter; *Frieden* conclure; faire; *Freundschaft* nouer; contracter; **mit j-m Freundschaft ~** se lier d'amitié avec qn 6 *(folgern)* conclure; **ich schließe daraus, dass …** j'en conclus que … B VI 1 *Tür, Fenster etc* fermer; *Tür* **nicht gut ~** fermer mal; **der Schlüssel schließt nicht** cette clé ne va pas, n'ouvre pas 2 *Geschäft, Unternehmen* fermer 3 *(enden)* se terminer; *Bericht etc a.* s'arrêter; prendre fin; **die Sitzung schloss um zwei Uhr** la séance a été levée à deux heures 4 *(folgern)* conclure; **auf etw** *(akk)* **~ lassen** dénoter, trahir, révéler qc; **von sich** *(dat)* **auf andere ~** juger autrui d'après soi-même C VR **sich ~** se fermer; *Blüten etc* se refermer; *Wunde a.* se cicatriser

Schließer[1] M ⟨~s; ~⟩ TECH ferme-porte *m*

Schließer[2] M ⟨~s; ~⟩, **Schließerin** F ⟨~in; ~innen⟩ *(Pförtner[in])* concierge *m/f*; *im Gefängnis* gardien, -ienne *m,f*

Schließfach N *bei der Post®* boîte postale; *bei der Bank* coffre *m* (bancaire); *am Bahnhof* casier *m*, *größeres* compartiment *m* (de consigne automatique); *auf Schildern* **Schließfächer** consigne *f* automatique

schließlich ADV 1 *(endlich)* finalement; à la fin; en fin de compte; enfin; **~ etw tun** finir par faire qc; *umg* **~ und endlich** en fin de *od* au bout du compte 2 *(immerhin)* après tout 3 *bei Aufzählungen* **(und) ~** et enfin

Schließmuskel M ANAT sphincter *m*; ZOOL (muscle *m*) constricteur *m*

Schließung F ⟨~; ~en⟩ fermeture *f*; *e-r Versammlung etc* clôture *f*; *e-s Vertrags etc* conclusion *f*

Schließzylinder M cylindre *m* (de serrure)

schliff → schleifen[1]

Schliff M ⟨~(e)s; ~e⟩ 1 *e-s Edelsteins etc* taille *f*; **e-n schönen ~ haben** être bien taillé 2 TECH *(Glätte)* poli *m*; *(Schärfe)* tranchant *m* 3 ⟨*pas de pl*⟩ *fig (Manieren)* (raffinement *m* des) manières *fpl*; politesse raffinée; **er hat keinen ~** il n'a pas de manières, de savoir-vivre; **e-r Sache** *(dat)* **den letzten ~ geben** fignoler, peaufiner qc; mettre la dernière main à qc

schlimm A ADJ 1 mauvais; *Fehler, Wunde, Krankheit* grave; *(ärgerlich)* fâcheux, -euse; *Einfluss* néfaste; *Zeit* difficile; *Mensch, Charakter (böse)* méchant; **ein ~es Ende nehmen** finir mal; **~e Zustände** *mpl* un état de choses déplorable; **das ist nicht ~** ce n'est pas grave; il n'y a pas de mal; **das ist nicht so ~, das ist halb so ~** ce n'est pas si tragique, si grave que ça; **ist es ~, wenn ich heute nicht komme?** est-ce que c'est grave si je ne viens pas aujourd'hui?; **das Schlimme an der Sache ist, dass …** l'ennui, c'est que …; **nichts Schlimmes dabei finden** n'y voir aucun mal; *hum* **Sie sind ein ganz Schlimmer!** vous êtes un grand coquin! 2 *komp* **~er** pire; **und was (noch) ~er ist** et qui pis est; **~er werden** empirer; devenir pire; s'aggraver; **etw ~er machen** aggraver qc; **das macht die Sache noch ~er** ça sera pire qu'avant 3 *sup* **das Schlimmste ist, dass …** le pire est que …;

auf das Schlimmste gefasst sein s'attendre au pire, à tout **4** *umg* **er hat ein ~es Bein, e-n ~en Finger** sa jambe, son doigt lui fait mal *od* le fait souffrir **B** ADV mal; **~ dran sein** être en mauvaise posture; **~ stehen** aller mal; **~er** pis; **umso ~er!** c'est encore pire; **es hätte ~er ausgehen können** ça aurait pu être pire

schlimmstenfalls ADV au pire; au pis aller; en mettant les choses au pire

Schlinge F ⟨~; ~n⟩ **1** *(Schlaufe)* boucle *f*; *sich zusammenziehende* nœud coulant **2** *zum Tierfang* collet *m*; lacet *m*; **~n legen** tendre des collets **3** MED écharpe *f*; **den Arm in der ~ tragen** avoir le bras en écharpe **4** *fig* piège *m*; traquenard *m*; *fig* **den Kopf aus der ~ ziehen** se tirer d'affaire, d'un mauvais pas

Schlingel M ⟨~s; ~⟩ polisson *m*; (petit) galopin *m*; (petit) garnement *m*

schlingen[1] ⟨schlingt, schlang, geschlungen, h.⟩ **A** VT **die Arme um j-n ~** prendre qn dans ses bras; enlacer, étreindre qn; **die Arme um s-e Knie, um j-s Hals ~** passer les bras autour des genoux, autour du cou de qn; **sich** *(dat)* **e-n Schal um den Hals ~** mettre une écharpe autour de son cou; **zu e-m Knoten ~** nouer **B** VR **sich um etw ~** s'entortiller, s'enrouler, s'enlacer autour de qc

schlingen[2] VI ⟨schlingt, schlang, geschlungen, h.⟩ *(schlucken)* déglutir; *(gierig essen)* dévorer; engloutir; **schling nicht so!** n'avale pas si vite *od* sans mâcher!

Schlingenflor M moquette bouclée; **Schlingenleger** M ⟨~s; ~⟩ JAGD colleteur *m*; **Schlingenware** F ⟨~⟩ bouclé *m*

Schlingerbewegung F SCHIFF (mouvement *m* de) roulis *m*

schlingern VI ⟨-(e)re, h.⟩ SCHIFF, FLUG rouler

Schlingern N ⟨~s⟩ SCHIFF, FLUG roulis *m*

Schlingpflanze F plante grimpante

Schlips *umg* M ⟨~es; ~e⟩ cravate *f*; *umg fig* **j-m auf den ~ treten** *umg* marcher sur les pieds de qn

Schlitten M ⟨~s; ~⟩ **1** traîneau *m*; *(Rodelschlitten)* luge *f*; **~ fahren** aller en traîneau; *(rodeln)* faire de la luge; *umg fig* **mit j-m ~ fahren** *umg* en faire baver à qn **2** TECH chariot *m*; SCHIFF *zum Stapellauf* berceau *m* **3** *umg (Auto) umg* grosse bagnole

Schlittenfahrt F promenade *f*, course *f* en traîneau; **Schlittenhund** M chien *m* de traîneau; **Schlittenkufe** F patin *m*; **Schlittenpartie** F promenade *f* en traîneau

schlittern VI ⟨-(e)re, s.⟩ *([aus]gleiten)* glisser; *mit Anlauf* faire des glissades; **in e-e unangenehme Situation ~** se retrouver dans une situation désagréable

Schlittschuh M patin *m* (à glace); **~ laufen** patiner

Schlittschuhbahn F patinoire *f*; piste *f* de patinage; **Schlittschuhlaufen** N patinage *m*; **Schlittschuhläufer(in)** M(F) patineur, -euse *m,f*

Schlitz M ⟨~es; ~e⟩ fente *f* *(a. e-s Kleids, Rocks)*; *an Männerhosen* braguette *f*; **Schlitzauge** N œil bridé; **schlitzäugig** ADJ qui a les yeux bridés

schlitzen VT ⟨-(es)t, h.⟩ fendre; ouvrir

schlitzförmig ADJ à fente; **Schlitzohr** *umg* N *umg* roublard(e) *m(f)*; **schlitzohrig** *umg* ADJ *umg* roublard; rusé; **Schlitzverschluss** M FOTO obturateur *m* à rideau, à guillotine

Schlögel M *österr* → Schlegel

schlohweiß ADJ blanc, blanche comme (la) neige

schloss → schließen

Schloss N ⟨~es; ⸚er⟩ **1** *(Türschloss)* serrure *f*; *(Vorhängeschloss)* cadenas *m*; **ein ~ aufbrechen** forcer une serrure; *Tür* **ins ~ fallen** se fermer; *umg* **hinter ~ und Riegel sitzen** être sous les verrous; *umg* **j-n hinter ~ und Riegel bringen** mettre qn sous les verrous **2** *Gebäude* château *m* **3** *am Gewehr* culasse *f* mobile

Schlösschen N ⟨~s; ~⟩ petit château; castel *m*

Schlosser M ⟨~s; ~⟩ serrurier *m*; *(Autoschlosser, Maschinenschlosser)* mécanicien *m*; **Schlosserei** F ⟨~; ~en⟩ serrurerie *f*

Schlosserhandwerk N ⟨~s⟩ serrurerie *f*; **Schlosserwerkstatt** F atelier *m* de serrurier; serrurerie *f*

Schlossgarten M jardin *m* du château; **Schlossherr(in)** M(F) châtelain(e) *m(f)*; propriétaire *m/f*, HIST seigneur *m* du château; **Schlosshof** M cour *f* du château

Schlosshund M *umg* **heulen wie ein ~** *umg* pleurer comme un veau, une Madeleine

Schlosskapelle F chapelle *f* du château; **Schlosspark** M parc *m* du château; **Schlossplatz** M place *f*, esplanade *f* du château; **Schlossruine** F ruine(s) *f(pl)* d'un château

Schlot M ⟨~(e)s; ~e⟩ **1** *regional (Schornstein)* cheminée *f*; *umg* **rauchen wie ein ~** fumer comme un pompier **2** *e-s Vulkans* cheminée *f*

schlott(e)rig ADJ *Knie, Beine* flageolant; tremblant

schlottern VI ⟨-(e)re, h.⟩ *Knie, Beine* flageoler; *vor Angst, Kälte* trembler, frissonner (**vor** [+dat] de); *Kleider* flotter; **mir ~ die Knie** j'ai les genoux tremblants; **die Kleider ~ um ihre Glieder** elle flotte dans ses vêtements

Schlucht F ⟨~; ~en⟩ gorge *f*; ravin *m*; *(Abgrund)* précipice *m*

schluchzen VI ⟨-(es)t, h.⟩ sangloter

Schluchzen N ⟨~s⟩ sanglots *mpl*

Schluchzer M ⟨~s; ~⟩ sanglot *m*

Schluck M ⟨~(e)s; ~e⟩ gorgée *f*; **ein ~ Wasser** une gorgée d'eau; **tüchtiger, kräftiger ~** grande gorgée; **gib mir e-n ~ Kaffee** donne-moi un peu, une goutte de café; *umg* **dieser Wein ist ein guter ~** ce vin est agréable, *plus fort* délicieux

Schluckauf M ⟨~s⟩ °hoquet *m*

Schluckbeschwerden FPL troubles *mpl* de la déglutition; *t/t* dysphagie *f*; **~ haben** *a.* avoir du mal à avaler

Schlückchen N ⟨~s; ~⟩ (petite) goutte

schlucken ⟨h.⟩ **A** VT **1** avaler; PHYSIOL déglutir **2** *umg (verbrauchen)* engloutir; *Geld a.* manger; *Öl, Benzin* consommer; *umg* bouffer **3** *umg (glauben) Ausrede, Geschichte* avaler; *umg* gober **4** *Beleidigung, Tadel* avaler; *umg fig* **er hat viel ~ müssen** qu'est-ce qu'il a encaissé! **5** *umg fig Schall, Licht, a. Firma etc* absorber **B** VI avaler; PHYSIOL déglutir; **als er das sah, musste er ~** quand il a vu ça, il a (r)avalé sa salive; *umg fig* **an etw** *(dat)* **zu ~ haben** avoir du mal à avaler, encaisser qc

Schlucken N ⟨~s⟩ déglutition *f*

Schlucker M ⟨~s; ~⟩ *umg* **armer ~** pauvre diable, °hère, *umg* bougre *m*

Schluckimpfung F vaccination *f* par voie orale; **Schluckreflex** M réflexe *m* de la déglutition; **Schluckspecht** *umg hum* M *umg* soiffard(e) *m(f)*; **schluckweise** ADV par, à petites gorgées

Schluderarbeit *umg pej* F, **Schluderei** *umg pej* F ⟨-ei; -eien⟩ travail bâclé, bousillé; bousillage *m*; massacre *m*

schluderig → schludrig

schludern *umg pej* VI ⟨-(e)re, h.⟩ travailler sans soin; bâcler, torcher, bousiller (son travail); **bei etw ~** bâcler, torcher, bousiller qc

schludrig *umg pej* **A** ADJ *Arbeit* bâclé; bousillé; torché; *Mensch* négligent; *Kleidung* débraillé **B** ADV **etw ~ machen** bâcler, torcher, bousiller qc; **~ arbeiten** bâcler, torcher son travail

schlug → schlagen

Schlummer *geh* M ⟨~s⟩ (petit) somme; *Halbschlaf* assoupissement *m*; **Schlummerlied** *geh* N berceuse *f*

schlummern VI ⟨-(e)re, h.⟩ **1** *geh (schlafen)* sommeiller; somnoler; être assoupi; **sanft ~** dormir d'un doux sommeil, d'un sommeil léger **2** *fig* sommeiller

schlummernd ADJT *Kräfte* potentiel, -ielle; *Talente* caché; qui sommeille

Schlummerrolle F petit traversin

Schlumpf M ⟨~s; ⸚e⟩ *Comicfigur* schtroumpf *m*; *umg (Zwerg)* nabot *m*

Schlund M ⟨~(e)s; ⸚e⟩ **1** ANAT gosier *m*; gorge *f*; *t/t* pharynx *m* **2** *geh fig (Abgrund)* gouffre *m*; abîme *m*

Schlupf M ⟨~(e)s⟩ TECH glissement *m*; recul *m*

schlüpfen VI ⟨s.⟩ (se) glisser; se couler; **aus etw ~** s'échapper de qc; **aus dem Ei ~** sortir de l'œuf; **in etw** *(akk)* **~** se glisser, se fourrer, se faufiler dans qc; **in den Mantel ~** enfiler, passer son manteau; **aus dem Mantel ~** enlever son manteau; **in die Schuhe ~** enfiler ses chaussures

Schlüpfen N ⟨~s⟩ glissement *m*; *von Küken* éclosion *f*

Schlüpfer M ⟨~s; ~⟩ culotte *f*; *ohne Bein* slip *m*

Schlupfloch N **1** *von Tieren* trou *m*; *von größeren Tieren* tanière *f*; *von Räubern etc* repaire *m* **2** *(Durchschlupf)* passage étroit; trou *m* **3** *fig (Gesetzeslücke) etc* lacune *f*

schlüpfrig ADJ **1** *(glatt)* glissant; *Pflaster* gras, grasse **2** *fig pej* scabreux, -euse; grivois; *plus fort* graveleux, -euse; *(zweideutig)* équivoque; **Schlüpfrigkeit** F ⟨~; ~en⟩ *fig pej* grivoiserie *f*

Schlupfwespe F ichneumon *m*; **Schlupfwinkel** M cache *f*; cachette *f*; *(Zufluchtsort)* refuge *m*; *von Räubern etc* repaire *m*

schlurfen VI ⟨s.⟩ traîner les pieds

schlürfen VT ⟨h.⟩ *geräuschvoll* boire bruyamment; *Suppe umg* laper; *genussvoll* boire à petits coups; savourer; *umg* siroter

Schluss M ⟨~es; ⸚e⟩ **1** *(Ende)* fin *f*; *e-r Debatte* clôture *f*; *e-r Versammlung a.* levée *f*; RHET *e-r Rede* péroraison *f*; **nach ~ der Vorstellung** après la représentation; **~ folgt** suite et fin au prochain numéro; **für heute machen wir hier ~** nous nous en tiendrons, nous en resterons là pour aujourd'hui; **zum ~** finalement; enfin; pour terminer, finir; **ich komme zum ~** je conclus; **~ damit!** (en voilà) assez!; ça suffit!; **~ machen** finir (le travail, *etc*); arrêter (de travailler); *umg fig (Selbstmord begehen)* se suicider; **mit dem Alkohol, Rauchen ~ machen** arrêter de boire, de fumer; *umg* **mit j-m ~ machen** rompre avec qn; *umg* plaquer qn; **ich muss jetzt ~ machen** *im Brief etc* (il faut que) je te, vous quitte maintenant; il faut que je termine **2** *(Folgerung)* conclusion *f*; LOGIK déduction *f*; **e-n ~ aus etw ziehen** tirer, déduire une conclusion de qc; **daraus ziehe ich den ~, dass …** j'en conclus, j'en déduis que … **3** *(Entschluss)* **ich bin bisher zu keinem ~ gekommen** je ne me suis pas encore décidé; je suis encore indécis

Schlussabstimmung F vote, scrutin final; **Schlussakkord** M MUS accord final; **Schlussakt** M dernier acte; **Schlussakte** F DIPL communiqué, acte final; **Schlussbemerkung** F remarque finale; conclusion *f*;

Schlussbericht M rapport final, de clôture; **Schlussbestimmung** F *e-r Verordnung* disposition finale; **Schlussbilanz** F HANDEL bilan final, de clôture

Schlüssel M ⟨~s; ~⟩ **1** *(Türschlüssel)* clé *od* clef *f (a. fig,* MUS, TECH*)*; **der ~ zu unserer Wohnung** la clé de notre appartement; *fig* **der ~ zum Erfolg** la clé du succès; **den ~ stecken lassen** laisser la clé sur la porte **2** *für e-n chiffrierten Text* code *m*; chiffre *m*; *(Verteilerschlüssel)* barème *m*; indice *m*

Schlüsselanhänger M porte-clés *m*; **Schlüsselbart** M panneton *m*; **Schlüsselbein** N ANAT clavicule *f*; **Schlüsselblume** F primevère *f*; coucou *m*; **Schlüsselbrett** N tableau *m* (à clés); **Schlüsselbund** M *od* N ⟨~(e)s; ~e⟩ trousseau *m* de clés; **Schlüsseldienst** M clé-minute *m*; **Schlüsselerlebnis** N PSYCH expérience *f* clé; **Schlüsseletui** N porte-clés *m*; **schlüsselfertig** ADJ *Gebäude* clés en main; complètement achevé; **Schlüsselfigur** F personnage *m* clé; **Schlüsselfrage** F question *f* clé; **Schlüsselgewalt** F ⟨~⟩ JUR mandat *m* domestique (de la femme mariée); KIRCHE KATH pouvoir *m* des clefs; **Schlüsselindustrie** F industrie *f* clé; industrie *f* de base; **Schlüsselkind** *umg* N enfant livré à lui-même *(, quand ses parents travaillent)*; **Schlüsselloch** N trou *m* de la serrure; **Schlüsselposition** F position *f* clé; **Schlüsselring** M *am Schlüssel* anneau *m* de (la) clé; *Ring, an dem Schlüssel befestigt werden* porte-clés *m*; **Schlüsselrolle** F rôle *m* clé; **Schlüsselroman** M roman *m* à clé; **Schlüsselstellung** F position *f* clé; poste *m* clé; **Schlüsseltasche** F étui *m* porte-clefs; **Schlüsselübergabe** F remise *f* des clés; **Schlüsselwort** N ⟨~(e)s; -wörter⟩ mot *m* clé; code *m*

schlussendlich ADV *bes schweiz* finalement; en fin de compte

Schlussergebnis N résultat final, définitif; **Schlussfeier** F fête *f*, cérémonie *f* de clôture

schlussfolgern V/T ⟨-(e)re, h.⟩ **etw (aus etw) ~** déduire, conclure qc (de qc)

Schlussfolgerung F conclusion *f*, déduction *f* (**aus** de); **Schlussformel** F *e-s Briefes* formule finale, de politesse

schlüssig ADJ **1** *Argument* pertinent; concluant; *Beweis(führung)* probant **2** **sich** *(dat)* **~ sein** être décidé; **sich** *(dat)* **nicht ~ sein, ob** ne pas encore savoir si; *geh* hésiter encore si; **sich** *(dat)* **~ werden** se résoudre (**, etw zu tun** à faire qc)

Schlusskapitel N dernier chapitre; **Schlusskundgebung** F manifestation *f* de clôture; **Schlusskurs** M BÖRSE cours *m* de clôture; **Schlussläufer(in)** M(F) quatrième coureur, -euse *m,f (d'une course de relais)*

Schlusslicht N **1** *an Fahrzeugen* feu *m* arrière **2** *umg fig* SPORT *etc* lanterne *f* rouge

Schlussmann M ⟨~(e)s; -männer⟩ *Jargon (Torwart)* goal *m*; *(Schlussläufer e-r Staffel)* quatrième coureur *m (d'une course de relais)*; **Schlussnotierung** F BÖRSE cours *m* de clôture; **Schlusspfiff** M SPORT coup *m* de sifflet final; **Schlussphase** F phase finale, terminale; **Schlussprotokoll** N protocole final, de clôture; **Schlusspunkt** M *Satzzeichen, a. fig* point final; *e-s Vertrages etc* dernier article; **Schlussrechnung** F compte final; bilan *m*; **Schlussrede** F discours *m* de clôture; **Schlussrunde** F BOXEN dernier round; RINGEN dernière manche; RENNSPORT dernier tour; **Schlusssatz** M dernière phrase; *e-s Syllogismus* conclusion *f*; MUS dernier mouvement; *e-r Sonate* final(e) *m*; **Schlusssitzung** F séance *f* de clôture; dernière séance; **Schlusssprung** M TURNEN saut *m*, bond *m* à pieds joints; **Schlussstein** M clé *f* de voûte

Schlussstrich M trait final; *fig* **e-n ~ unter etw** *(akk)* **ziehen** mettre un point final à qc; faire une croix sur qc

Schlussverkauf M soldes *mpl*, *inkorr fpl*; **Schlussvorstellung** F THEAT clôture *f*

Schlusswort N ⟨~(e)s; ~e⟩ *(letztes Wort)* dernière parole; dernier mot; *(abschließende Erklärung)* conclusion *f*; **das ~ sprechen** conclure (le débat)

Schlusszeile F dernière ligne

Schmach *geh* F ⟨~⟩ °honte *f*; *geh* ignominie *f*; *geh* opprobre *m*; *(schwere Beleidigung)* outrage *m*; **mit ~ und Schande** *geh* ignominieusement

schmachten *geh* V/I ⟨-ete, h.⟩ languir; **j-n ~ lassen** faire languir qn; **nach etw ~** soupirer après qc; languir après *od* dans l'attente de qc; se consumer pour qc; **nach j-m ~** *verliebt* brûler (d'amour) pour qn

schmachtend ADJT *Blicke* languissant; langoureux, -euse

Schmachtfetzen *umg pej* M chanson *f*, roman *m*, film *m*, *etc* sentimental(e)

schmächtig ADJ chétif, -ive; fluet, -ette; frêle

Schmachtlappen *umg pej* M amoureux transi; soupirant *m*; **Schmachtlocke** *umg* F accroche-cœur *m*

schmachvoll ADJ °honteux, -euse; *geh* ignominieux, -ieuse; outrageant

Schmackes PL ⟨~⟩ *regional* **mit ~** avec force, vigueur, énergie

schmackhaft **A** ADJ qui a bon goût; savoureux, -euse; *umg fig* **j-m etw ~ machen** essayer de persuader qn de faire qc **B** ADV **~ zubereitet** bien, délicieusement préparé

Schmackhaftigkeit F ⟨~⟩ bon goût; saveur *f*; succulence *f*

Schmäh *umg pej* M ⟨~s; ~(s)⟩ *österr* **1** *(Trick)* truc *m*; *(Schwindel) umg* fumisterie *f* **2** ⟨*pas de pl*⟩ *(Humor)* **Wiener ~** humour, esprit viennois

schmähen *geh* V/T ⟨h.⟩ *(schlechtmachen)* discréditer; diffamer; *(beleidigen) geh* invectiver; insulter; **schmählich** *geh* **A** ADJ *geh* ignominieux, -ieuse **B** ADV °honteusement; *geh* ignominieusement; outrageusement

Schmährede F diatribe *f*; invectives *fpl*; propos outrageants; **Schmähschrift** F pamphlet *m*; diatribe *f*

Schmähung F ⟨~; ~en⟩ *(Beleidigung)* insulte *f*; invective *f*; *(Verunglimpfung)* diffamation *f*; dénigrement *m*

Schmähwort N ⟨~(e)s; ~e⟩ insulte *f*; invective *f*

schmal ADJ ⟨~er *ou* ¨er, ~ste *ou* ¨ste⟩ **1** *(eng)* étroit **2** *(dünn) Glieder, Gestalt* fluet, -ette; frêle; *Hände* effilé; *Hüften, Lippen* mince; *Gesicht* fin **3** *geh Kost, Einkommen etc (knapp)* maigre; insuffisant; **schmalbrüstig** ADJ étroit de poitrine

schmälern V/T ⟨-(e)re, h.⟩ *Einkünfte etc* diminuer; réduire; *Rechte* porter atteinte à; *Ansehen* rabaisser; ravaler; **Schmälerung** F ⟨~; ~en⟩ *der Einkünfte etc* diminution *f*; réduction *f*; *der Rechte* atteinte *f (+gen* à*)*

Schmalfilm M film *m* (de) format réduit; **Schmalfilmkamera** F caméra *f* à film réduit

Schmalhans *umg* M **bei j-m ist ~ Küchenmeister** chez qn il n'y a pas grand-chose à se mettre sous la dent

schmalhüftig ADJ aux °hanches minces; **schmallippig** ADJ aux lèvres minces; **Schmalseite** F côté étroit

Schmalspur F *Bahngleis* voie étroite; **Schmalspurakademiker(in)** *umg pej* M(F) personne *f* qui a fait des études universitaires très courtes; **Schmalspurausbildung** F formation *f* au rabais; **Schmalspurbahn** F *Eisenbahn* chemin *m* de fer à voie étroite

schmalspurig ADJ *Eisenbahn* à voie étroite

Schmalz¹ N ⟨~es; ~e⟩ GASTR graisse fondue (d'oie *od* de porc); *(Schweineschmalz)* saindoux *m*; *fig* **kein ~ in den Knochen haben** être mou, molle

Schmalz² M ⟨~es⟩ *umg pej* **1** *Gefühl* sentimentalité *f* **2** *Lied etc* guimauve *f*

Schmalzbrot N tartine *f* au saindoux; **Schmalzgebackene(s)** N ⟨→ A⟩ *etwa* beignet(s) *m(pl)*

schmalzig *umg pej* ADJ *Lied etc* (très) sentimental; mièvre; à l'eau de rose; *Stimme* doucereux, -euse; fondant

Schmand M ⟨~(e)s⟩ *regional* GASTR crème épaisse

Schmankerl N ⟨~s; ~n⟩ *bayrisch, österr a. fig* régal *m*

Schmant M ⟨~(e)s⟩ → Schmand

schmarotzen V/I ⟨-(es)t, *pas de ge-*, h.⟩ BOT, ZOOL vivre en parasite; *Personen* laisser toujours payer les autres; **bei j-m ~** laisser toujours payer qn

Schmarotzen N ⟨~s⟩ parasitisme *m*

Schmarotzer¹ M ⟨~s; ~⟩ BOT, ZOOL parasite *m*

Schmarotzer² M ⟨~s; ~⟩, **Schmarotzerin** F ⟨~in; ~innen⟩ *pej* pique-assiette *m/f*; parasite *m*; **schmarotzerhaft** **A** ADJ (de) parasite; parasitaire **B** ADV en parasite; **Schmarotzerpflanze** F plante *f* parasite; **Schmarotzertum** N ⟨~s⟩ parasitisme *m (a. fig)*

Schmarre *umg* F ⟨~; ~n⟩ balafre *f*; estafilade *f*

Schmarren M ⟨~s; ~⟩ **1** *österr* GASTR omelette sucrée **2** *umg pej Roman, Theaterstück, Film etc umg* navet *m* **3** *umg pej (Unsinn) umg* ânerie *f*; *plus fort umg* connerie *f* **4** *umg* **das geht dich e-n ~ an!** *umg* occupe-toi de tes oignons!

Schmatz *umg* M ⟨~es; ~e *ou* ¨e⟩ *umg* grosse bise

schmatzen V/I ⟨-(es)t, h.⟩ **1** *beim Essen* manger bruyamment **2** *beim Küssen* faire des bruits de salive, de ventouse

schmauchen V/T ⟨h.⟩ fumer

Schmaus *geh hum* M ⟨~es; Schmäuse⟩ régal *m*; festin *m*

schmausen *geh hum* V/I ⟨-(es)t, h.⟩ faire bombance; se régaler; faire bonne chère

schmecken ⟨h.⟩ **A** V/T *(wahrnehmen)* sentir le goût de; *(probieren)* goûter; **nichts mehr ~** avoir perdu le goût **B** V/I **gut, schlecht ~** avoir bon, mauvais goût; être bon, bonne, mauvais; **bitter, süß ~** avoir un goût amer, sucré; être amer, -ère, sucré; **angebrannt ~** avoir un goût de brûlé; **nach etw ~** avoir un goût de qc; **nach nichts ~** n'avoir aucun goût; *umg* **das schmeckt nach mehr** *umg* ça a un goût de revenez-y; **wie schmeckt es dir?** *umg* ça te plaît?; qu'est-ce que tu en dis?; **das schmeckt mir, mir schmeckt es** je trouve que c'est bon; **wie schmeckt dir diese Suppe?** comment trouves-tu cette soupe?; *umg fig* **wie schmeckt dir die Arbeit?** comment trouves-tu le travail?; **es sich** *(dat)* **~ lassen** manger de bon appétit, de bon cœur; se régaler; **lasst es euch ~!** bon appétit!

Schmeichelei F ⟨~; ~en⟩ flatterie *f*

schmeichelhaft ADJ flatteur, -euse

schmeicheln V/I ⟨-(e)le, h.⟩ **j-m ~** flatter qn; *zärtlich* faire des caresses à qn; câliner qn; *um etw zu erlangen* cajoler qn; *Kleid etc* flatter, embellir, avantager qn; **das schmeichelt mir** je suis flatté; **„Idiot" ist noch geschmeichelt** « idiot » est encore un terme flatteur (pour lui)

Schmeichler(in) M ⟨~s; ~⟩ F ⟨~in; ~innen⟩ flatteur, -euse *m,f*; **schmeichlerisch** ADJ flatteur, -euse; de flatteur; *(einschmeichelnd)* cajoleur, -euse; *(liebkosend)* caressant; câlin

schmeißen *umg* ⟨-(es)t, schmeißt, schmiss, geschmissen, h.⟩ A VT 1 *(werfen)* jeter; lancer; *umg* flanquer 2 *(bewältigen)* **e-e Sache ~** venir à bout de qc; **e-e Runde ~** payer une tournée 3 *(abbrechen) Ausbildung, Beruf umg* laisser en plan; *umg* lâcher; THEAT, FILM *etc: Szene* massacrer; bousiller B VI **mit Geld um sich ~** gaspiller de l'argent; *umg* faire valser l'argent C VR 1 **sich auf, in etw** *(akk)* **~** se jeter sur, dans qc 2 **sich in e-n Anzug ~** se mettre en costume; *(sich fein machen)* se mettre sur son trente et un

Schmeißfliege F mouche bleue, à viande

Schmelz M ⟨~es; ~e⟩ 1 TECH *(Glasfluss)* émail *m*; *(Glasur)* vernis *m* 2 *(Zahnschmelz)* émail *m* 3 *geh der Farben* éclat *m*; *(Zauber)* **zarter ~** doux charme

Schmelzbad N TECH bain *m* de fusion; **Schmelzdraht** M ELEK (fil *m*) fusible *m*

Schmelze F ⟨~; ~n⟩ TECH masse fondue

schmelzen ⟨-(es)t, schmilzt, schmolz, geschmolzen⟩ A VT ⟨h.⟩ (faire) fondre; *(flüssig machen)* liquéfier B VI ⟨s.⟩ 1 *Eis etc* fondre; *(flüssig werden)* se liquéfier; *Metalle a.* entrer en fusion 2 *fig* **ihr Herz schmolz** son cœur a fondu 3 *(verschwinden) Zweifel, Vermögen etc* se dissiper

schmelzend ADJT doux, douce; *Stimme, Musik* suave; mélodieux, -ieuse; *(schmachtend)* langoureux, -euse

Schmelzer M ⟨~s; ~⟩ METALL fondeur *m*

Schmelzfluss M METALL masse fondue; **Schmelzglas** N émail *m*; **Schmelzgut** N METALL matière *f* à fondre; **Schmelzhitze** F température *f* de fusion; **Schmelzhütte** F fonderie *f*; **Schmelzkäse** M fromage fondu; **Schmelzmalerei** F peinture *f* sur émail; **Schmelzmittel** N fondant *m*; **Schmelzofen** M four(neau) *m* de fusion; **Schmelzpunkt** M point *m* de fusion; **Schmelzschweißung** F soudure *f* autogène; **Schmelztemperatur** F → Schmelzhitze; **Schmelztiegel** M *a. fig* creuset *m*

Schmelzung F ⟨~; ~en⟩ fonte *f*; TECH *a.* fusion *f*

Schmelzwärme F chaleur *f* de fusion; **Schmelzwasser** N ⟨~s; ~⟩ *der Schneeschmelze* eaux *fpl* de la fonte des neiges; **Schmelzzeit** F temps *m*, durée *f* de fusion

Schmerbauch *umg* M 1 *Bauch* gros ventre; *umg* panse *f*; *umg* bedaine *f* 2 *Person* personne ventrue, ventripotente; *umg* gros patapouf

Schmerle F ⟨~; ~n⟩ ZOOL loche *f*

Schmerz M ⟨~es; ~en⟩ 1 douleur *f*; *(Leiden)* souffrance *f*; **stechender, bohrender ~** douleur poignante; élancement *m*; **~en im Kreuz haben** avoir des douleurs dans les reins; avoir mal aux reins; **er konnte vor ~en nicht sprechen** la douleur l'empêchait de parler 2 *(Kummer)* chagrin *m*; peine *f*; *geh* affliction *f*; **tiefen ~ über j-s Tod** *(akk)* **empfinden** éprouver un grand chagrin à la mort de qn; *umg iron* **haben Sie sonst noch ~en?** c'est tout ce que vous avez sur le cœur? 3 *umg hum* **~, lass nach!** ce n'est pas vrai, pas possible!; je n'en reviens pas!

Schmerzbekämpfung F analgésie *f*; anesthésie *f*; **schmerzempfindlich** ADJ sensible à la douleur

schmerzen VI *u.* VT ⟨-(es)t, h.⟩ 1 *körperlich* faire souffrir; faire mal (à); **mir schmerzt der Kopf** j'ai mal à la tête; **mein rechter Arm schmerzt** je ressens une douleur au bras droit 2 *seelisch (bekümmern)* faire de la peine (à); chagriner; être pénible (à); **es schmerzt mich zu** *(+inf)* je suis peiné, désolé, il m'est pénible de *(+inf)*

Schmerzensgeld N indemnisation *f*; indemnité *f* (pour dommages corporels, préjudice moral)

schmerzensreich *geh* ADJ accablé de douleur; KATH **Schmerzensreiche** *f* Mater dolorosa *f*

Schmerzensschrei M cri *m* de douleur

schmerzerfüllt ADJT accablé de douleur; **Schmerzforschung** F ⟨~⟩ sophrologie *f*

schmerzfrei ADJ sans douleur; *Person* **~ sein** ne plus avoir de douleurs

Schmerzgefühl N sensation *f* de douleur

Schmerzgrenze F seuil *m* de la douleur; *fig* **die ~ ist erreicht** c'est la limite absolue

schmerzhaft ADJ douloureux, -euse; *fig a.* pénible; **Schmerzklinik** F clinique *f* sophrologique

schmerzlich A ADJ *Ereignis, Verzicht* douloureux, -euse; affligeant; *Pflicht, Aufgabe* pénible; *Enttäuschung* cuisant; *Verlust* sensible; **es ist ~, das zu sehen** cela fait peine à voir B ADV **j-n ~ berühren** toucher qn vivement, au vif; faire de la peine à qn; **~ lächeln** sourire tristement; **wir vermissen sie ~** elle nous manque beaucoup

schmerzlindernd ADJT calmant (la douleur); **schmerzlos** ADJ *Stelle* indolore; *Geburt* sans douleurs; *Tod* sans souffrance; **Schmerzlosigkeit** F ⟨~⟩ absence *f* de douleur; MED analgésie *f*; **Schmerzmittel** N analgésique *m*; calmant *m* (pour la douleur); **Schmerzschwelle** F seuil *m* de la douleur; **schmerzstillend** ADJT analgésique; **Schmerztablette** F comprimé *m* contre la douleur; **schmerzunempfindlich** ADJ insensible à la douleur; **schmerzverzerrt** ADJT *Gesicht* douloureux, -euse; contracté par la douleur; **schmerzvoll** ADJ douloureux, -euse

Schmetterball M TENNIS *etc* smash *m*

Schmetterling M ⟨~s; ~e⟩ papillon *m*

Schmetterlingsblütler M ⟨~s; ~⟩ BOT papilionacée *f*; **Schmetterlingsjagd** F chasse *f* aux papillons; **Schmetterlingskunde** F *t/t* lépidoptérologie *f*; **Schmetterlingsnetz** N filet *m* à papillons; **Schmetterlingssammlung** F collection *f* de papillons; **Schmetterlingsstil** M ⟨~(e)s⟩ SCHWIMMEN brasse *f* papillon

schmettern ⟨-(e)re, h.⟩ A VT 1 *(schleudern)* jeter, lancer avec violence; projeter; **zu Boden ~** jeter par terre; terrasser; **die Tür ins Schloss ~** claquer violemment la porte 2 TENNIS *etc* smasher 3 MUS *Lied* chanter à pleine voix, à pleins poumons; **e-n Tusch ~** sonner une fanfare B VI 1 *Trompete etc* éclater; retentir; *Vögel* chanter très fort 2 ⟨s.⟩ *(aufprallen)* **gegen etw ~** °heurter violemment qc; se cogner à qc

Schmettern N ⟨~s⟩ TENNIS *etc* smash *m*; *der Trompete* son *m*; *der Vögel* chant *m*; **Schmetterschlag** M TENNIS smash *m*

Schmied M ⟨~(e)s; ~e⟩ forgeron *m*; *(Messerschmied)* forgeur *m*; *(Hufschmied)* maréchal-ferrant *m*; *sprichw* **jeder ist s-s Glückes ~** *sprichw* chacun est l'artisan de son bonheur

Schmiede F ⟨~; ~n⟩ forge *f*; **Schmiedearbeit** F ouvrage *m* en fer forgé; **Schmiedeeisen** N fer forgé; **schmiedeeisern** ADJ de *od* en fer forgé; **Schmiedehammer** M marteau *m* de forge(ron); **Schmiedehandwerk** N ⟨~(e)s⟩ métier *m* de forgeron; **Schmiedekunst** F ⟨~⟩ *(Kunst des Schmiedens)* travail *m* du fer; *(Kunstschmiedehandwerk, Kunstschmiedearbeiten)* ferronnerie *f* (d'art)

schmieden VT ⟨-ete, h.⟩ 1 forger; *(hämmern)* marteler 2 *fig* **Pläne ~** faire des projets; *geh* **Ränke ~** intriguer; se livrer à des machinations; *geh* ourdir un complot; *hum* **Verse ~** composer, faire des vers

schmiegen ⟨h.⟩ A VT **sein Gesicht an j-s Schulter** *(akk)* **~** se blottir contre l'épaule de qn B VR **sich (eng) an j-n ~** se blottir, se pelotonner contre qn; *Kleid* **sich an j-s Körper** *(akk)* **~** mouler, épouser les formes de qn; *Haus* **sich an den Felsen ~** être blotti contre le rocher

schmiegsam ADJ flexible; souple; **Schmiegsamkeit** F ⟨~⟩ flexibilité *f*; souplesse *f*

Schmiere F ⟨~; ~n⟩ 1 *(Fett)* graisse *f*; lubrifiant *m*; *schmutzige* cambouis *m*; *(fettiger Schmutz)* crasse (graisseuse, poisseuse) 2 *umg pej* THEAT troupe *f* médiocre, de cabotins 3 *umg* **(bei etw) ~ stehen** faire le guet, *umg* le pet (pendant qc)

schmieren VT ⟨h.⟩ 1 *(streichen)* étendre; *(bestreichen)* enduire (**mit** de); *Salbe a.* appliquer (**auf etw** [*akk*] sur qc); **Butter aufs Brot ~** étaler du beurre sur, beurrer du pain; **Brote (mit Butter) ~** beurrer des tartines; **Butterbrote ~** faire des tartines; tartiner 2 TECH lubrifier; *mit Fett a.* graisser; *mit Öl a.* huiler; *umg* **das läuft** *od* **geht wie geschmiert** ça va, marche comme sur des roulettes; *umg* ça baigne 3 *umg fig (bestechen) umg* graisser la patte à; *umg* arroser 4 *umg (unsauber schreiben)* griffonner; gribouiller; *(malen)* barbouiller 5 *umg* **j-m e-e ~** *umg* flanquer une gifle, une claque à qn

Schmierenkomödiant(in) M(F) *pej* cabotin(e) *m(f)*; **Schmierentheater** N *pej Theatertruppe* troupe *f* médiocre, de cabotins; *fig (Posse)* farce *f*

Schmiererei *umg* F ⟨~; ~en⟩ griffonnage *m*; gribouillage *m*; *(Malerei)* barbouillage *m*

Schmierfett N lubrifiant *m*; graisse *f*; **Schmierfink** *umg pej* M 1 *(Schmutzfink) umg* cochon, -onne *m,f* 2 *beim Schreiben, Zeichnen etc* griffonneur, -euse *m,f*; gribouilleur, -euse *m,f*; barbouilleur, -euse *m,f*; *fig in Veröffentlichungen umg* fouille-merde *m*; **Schmiergeld** *umg pej* N pot-de-vin *m*; dessous-de-table *m*

schmierig ADJ 1 *(fettig)* graisseux, -euse; *(ölig)* huileux, -euse; *(klebrig)* poisseux, -euse; gluant 2 *(schmutzig)* malpropre; sale 3 *fig pej (widerlich freundlich)* mielleux, -euse et antipathique 4 *Witz etc (zweideutig)* douteux, -euse

Schmierkäse M *regional* fromage *m* à tartiner; **Schmiermittel** N lubrifiant *m*; graisse *f*; **Schmiernippel** M TECH graisseur *m*; raccord *m* de graissage; **Schmieröl** N huile *f* de graissage; **Schmierpapier** N papier *m* (pour) brouillon; **Schmierpumpe** F pompe *f* de graissage; distributeur *m* d'huile; **Schmierseife** F savon noir, mou

schmilzt → schmelzen

Schminke F ⟨~; ~n⟩ fard *m*; **~ auftragen** (se) mettre du fard; (se) farder

schminken ⟨h.⟩ A VT farder; mettre du fard à; maquiller B VR **sich ~** se farder; (se) mettre du fard; *(Make-up auflegen)* se maquiller; **sich** *(dat)* **die Lippen ~** se mettre du rouge (à lèvres)

Schminkkasten M boîte *f* de fard; **Schminktisch** M table *f* de maquillage

Schminktopf M pot *m*, boîte *f* à fard; *umg hum* **sie ist wohl in den ~ gefallen!** c'est

un vrai pot de peinture!
Schmirgel M ⟨~s⟩ MINER émeri *m*; corindon *m* granulaire
schmirgeln VT ⟨-(e)le, h.⟩ *Werkstück etc* polir, passer à l'émeri; **Farbe (vom Holz) ~** ôter la peinture (du bois) au papier émeri
Schmirgelpapier N papier *m* émeri
schmiss → schmeißen
Schmiss M ⟨~es; ~e⟩ 1 *(Narbe)* balafre *f*; estafilade *f* 2 ⟨*pas de pl*⟩ *(Schwung) umg* **~ haben** avoir *umg* du pep, du punch, du brio
schmissig *umg* ADJ entraînant; enlevé
Schmöker *umg* M ⟨~s; ~⟩ lecture *f* (à) bon marché; **alter, dicker ~** *umg* vieux, gros bouquin
schmökern *umg* VI ⟨-(e)re, h.⟩ bouquiner; être plongé dans, absorbé par sa lecture; **in e-m Buch ~** être plongé dans un livre
Schmollecke F → Schmollwinkel
schmollen VI ⟨h.⟩ bouder; faire la moue, la tête, la lippe; **(mit j-m) ~** faire la tête, *umg* la gueule (à qn)
Schmollmund M moue boudeuse; **e-n ~ machen** faire la moue, la lippe
Schmollwinkel M **sich in den ~ zurückziehen** aller bouder dans son coin
schmolz → schmelzen
Schmorbraten M daube *f*; *(Rinderschmorbraten)* bœuf braisé, en daube; *mit Karotten a.* bœuf *m* (à la) mode
schmoren ⟨h.⟩ A VT GASTR cuire à l'étuvée *od* à l'étouffée; *Fleisch a.* braiser B VI 1 GASTR cuire à l'étuvée *od* à l'étouffée 2 *umg fig* **in der Sonne ~** rôtir au soleil 3 *umg fig* **lass ihn ruhig noch etwas ~** laisse-le d'abord un peu mijoter; *umg* **~ lassen** *Projekt, Arbeit* laisser de côté; faire traîner; → *a.* Saft 4
schmorenlassen *umg fig* VT → schmoren, Saft 4
Schmortopf M cocotte *f*; daubière *f*
Schmu *umg* M ⟨~s⟩ **~ machen** *umg* faire de la gratte; *Handel a. umg* traficoter; *beim Spiel* tricher; **erzähl (mir) keinen ~!** ne (me) raconte pas d'histoires, de bêtises!
schmuck ADJ *(hübsch)* joli; pimpant; *(sauber)* propret, -ette
Schmuck M ⟨~(e)s⟩ 1 *(~stücke)* bijoux *mpl*; joyaux *mpl*; parure *f*; **falscher ~** faux bijoux; **~ anlegen, tragen** mettre, porter des bijoux 2 *(Zierde)* ornement *m*; **in vollem ~** en grande toilette; paré de ses plus beaux atours
Schmuckblatttelegramm N télégramme illustré
schmücken VT ⟨h.⟩ 1 *(u.* VR*)* **(sich) ~ (mit)** (s')orner (de); (se) parer (de) 2 *(verzieren)* garnir; décorer (**mit** de); **festlich geschmückt** richement décoré
Schmuckgeschäft N bijouterie *f*; **Schmuckhändler(in)** M(F) bijoutier, -ière *m,f*; joaillier, -ière *m,f*
Schmuckkästchen N écrin *m*, coffret *m* à bijoux; *fig* **ein wahres ~** un vrai bijou
schmucklos ADJ sans ornements; *(schlicht)* sobre; *Stil* dépouillé; **Schmucklosigkeit** F ⟨~⟩ absence *f*, manque *m* d'ornements; *(Schlichtheit)* sobriété *f*
Schmucknadel F épingle *f* (en or, *etc*); broche *f*; **Schmucksachen** FPL bijoux *mpl*; joyaux *mpl*; **Schmuckstein** M pierre fine, précieuse; gemme *f*; **Schmuckstück** N *a. fig* bijou *m*; joyau *m*
Schmuckwaren FPL (articles *mpl* de) bijouterie *f*; joaillerie *f*; **Schmuckwarengeschäft** N bijouterie *f*; **Schmuckwarenhandel** M bijouterie *f*; **Schmuckwarenhändler(in)** M(F) bijoutier, -ière *m,f*; joaillier, -ière *m,f*; **Schmuckwarenindustrie** F bijouterie *f*; industrie bijoutière

schmudd(e)lig *umg pej* ADJ négligé; sale; *plus fort* crasseux, -euse; *umg* crado; *umg* crade
Schmuggel M ⟨~s⟩ contrebande *f*
schmuggeln ⟨-(e)le, h.⟩ A VT **etw ~** faire la contrebande de qc; **geschmuggelte Zigarren** *fpl* des cigares *mpl* de contrebande; **j-n, etw über die Grenze ~** faire passer clandestinement la frontière à qn, illégalement la frontière à qc; *fig* **j-m etw in die Tasche ~** introduire, glisser qc en cachette *od* subrepticement dans la poche de qn B VI faire de la contrebande
Schmuggelware F (marchandise *f* de) contrebande *f*
Schmuggler(in) M ⟨~s; ~⟩ (F) ⟨~in; ~innen⟩ contrebandier, -ière *m,f*; **Schmugglerbande** F bande *f* de contrebandiers
schmunzeln VI ⟨-(e)le, h.⟩ sourire; **(vor sich** [*akk*] **hin) ~** *belustigt* arborer un sourire amusé; *beifällig* sourire d'un air entendu, complaisant; *zufrieden* sourire d'un air béat; **über etw** *(akk)* **~** sourire de qc
Schmunzeln N ⟨~s⟩ petit sourire; (petit) sourire amusé
Schmus *umg* M ⟨~es⟩ *(Angeberei, Gerede)* bluff *m*; *(Schmeichelei) umg* lèche *f*; **so ein ~!** *umg* c'est de la frime!
Schmusekatze *umg* F (petite) câline
schmusen *umg* VI ⟨-(es)t, h.⟩ faire (un) câlin; **(miteinander) ~** *umg* se faire des mamours; **mit j-m ~** faire (un) câlin, *umg* des mamours à qn; câliner qn
Schmuserei *umg* F ⟨~; ~en⟩ câlins *mpl*; câlineries *fpl*
Schmutz M ⟨~es⟩ saleté *f* (*a. fig*); ordure *f*; *(Straßenschmutz)* boue *f*; gadoue *f*; *auf der Haut, auf Gegenständen* crasse *f*; **~ abweisend** non salissant; *Textilien* (traité) anti-taches; **vor ~ starren** être très sale, *umg* raide de crasse; *Schuhe, Kleidung a.* être crotté; *fig* **j-n, etw in den ~ ziehen** traîner qn dans la boue; dénigrer qc; *fig* **j-n mit ~ bewerfen** couvrir qn de boue
schmutzabweisend ADJ non salissant; *Textilien* (traité) anti-taches
schmutzen VI ⟨-(es)t, h.⟩ 1 *(Schmutz machen)* faire de la saleté 2 *(Schmutz annehmen)* se salir; être salissant
Schmutzfink *umg* M 1 *(unsauberer Mensch)* *umg* cochon, -onne *m,f*; *umg* saligaud *m*; *Kind umg* petit cochon, saligaud 2 *(obszöner Mensch)* *umg* cochon, -onne *m,f*; **Schmutzfleck** M salissure *f*; *geh* souillure *f*
schmutzig A ADJ 1 *(unsauber)* sale; malpropre; *(mit Schmutz bedeckt)* crasseux, -euse; boueux, -euse; crotté; *(fleckig)* taché; **~ werden** se salir; s'encrasser 2 *fig Worte, Witze etc* ordurier, -ière; *(unflätig)* obscène; grivois 3 *fig Geschäfte etc* malhonnête; *(schäbig)* sordide B ADV **~ grau** gris sale
schmutziggrau ADJ → schmutzig B
Schmutzigkeit F ⟨~⟩ *a. fig* saleté *f*
Schmutzschicht F couche *f* de crasse; **Schmutztitel** M TYPO faux titre; **Schmutzwasser** N ⟨~s; -wässer⟩ eaux sales, usées; **Schmutzzulage** F indemnité *f* pour travaux salissants
Schnabel M ⟨~s; ⸚⟩ 1 ZOOL bec *m* (*a. fig e-r Kanne etc, umg fig Mund*); *umg* **halt deinen ~!** *umg* ferme ton bec!; *umg* boucle-la!; *umg* **reden, wie e-m der ~ gewachsen ist** dire les choses tout naturellement, comme elles vous viennent; **den ~ aufsperren** *a. umg fig* ouvrir le bec 2 MUS bec *m*; embouchure *f*
schnäbeln VI *(u.* VR*)* ⟨-(e)le, h.⟩ **(sich) ~** 1 *Vögel* se becqueter 2 *umg hum Personen umg* se bécoter
Schnabelschuh M HIST soulier *m* à la poulaine; **Schnabeltasse** F tasse *f* à bec;

Schnabeltier N ornithorynque *m*
schnabulieren *umg* VT ⟨*pas de ge-*, h.⟩ se délecter de; savourer
Schnack M ⟨~(e)s⟩ *nordd* bavardage *m*; **dummer ~** radotages *mpl*
schnackeln *umg* ⟨-(e)le, h.⟩ A VI *regional* **mit den Fingern, der Zunge ~** faire claquer ses doigts, sa langue B V/UNPERS **bei ihr hat es geschnackelt** *(sie hat es begriffen) umg* elle a pigé (enfin); *(sie hat sich verliebt)* elle a eu le coup de foudre
schnacken VI ⟨h.⟩ *nordd* causer; bavarder
Schnake F ⟨~; ~n⟩ 1 *regional (Stechmücke)* moustique *m*; cousin *m* 2 *t/t* tipule *f*
Schnalle F ⟨~; ~n⟩ 1 *(Gürtelschnalle) etc* boucle *f* 2 *österr (Türschnalle)* poignée *f* (de porte) 3 *umg pej umg* nana *f*; **blöde ~** *umg* sale garce *f*
schnallen VT ⟨h.⟩ 1 boucler; **etw enger, weiter ~** serrer, relâcher qc; → *a.* Gürtel 2 **auf etw** *(akk)* **~** *(fest~)* attacher sur qc; **von etw ~** *(ab~)* détacher de qc 3 *umg fig (begreifen) umg* piger
Schnallenschuh M chaussure *f* à boucles
schnalzen VI ⟨-(es)t, h.⟩ **mit der Zunge, den Fingern ~** faire claquer sa langue, ses doigts
Schnäppchen *umg* N ⟨~s; ~⟩ trouvaille *f*; **ein ~ machen** faire une trouvaille
Schnäppchenjagd *umg* F chasse *f* aux bonnes affaires
schnappen ⟨h.⟩ A VT 1 *Hund etc* **etw ~** °happer, attraper qc 2 *fig* **(frische) Luft ~** prendre l'air 3 *umg Diebe etc (erwischen)* attraper; *umg* pincer; *umg* épingler B VI 1 ⟨*avec une indication de direction* s.⟩ **das Brett schnappte in die Höhe** la planche s'est soulevée brusquement; **die Tür schnappt ins Schloss** la porte se ferme (en faisant entendre un déclic) 2 *Hund etc* **nach etw ~** chercher à °happer, à attraper qc; **nach j-m ~** chercher à mordre qn 3 *fig* **nach Luft ~** respirer avec difficulté C *umg* VR **sich** *(dat)* **etw ~** attraper qc
Schnappmesser N 1 couteau *m* à cran d'arrêt 2 *(Klappmesser)* couteau pliant; **Schnappschloss** N serrure *f* à ressort; **Schnappschuss** M instantané *m*
Schnaps M ⟨~es; ⸚e⟩ eau-de-vie *f*; schnaps *m*
Schnapsbrenner M distillateur *m*; bouilleur *m*; **Schnapsbrennerei** F distillerie *f*
Schnäpschen *umg* N ⟨~s; ~⟩ petit verre, *umg* goutte *f* d'eau de vie
Schnapsdrossel *umg hum* F *umg* picoleur, -euse *m,f*; **Schnapsflasche** F bouteille *f* à, *volle* d'eau-de-vie; **Schnapsglas** N verre *m* à liqueur; petit verre; **Schnapsidee** *umg* F idée saugrenue; **Schnapsnase** *umg* F nez *m* de buveur, *umg* de poivrot; **Schnapszahl** *umg hum* F *nombre composé de plusieurs chiffres identiques*
schnarchen VI ⟨h.⟩ ronfler
Schnarchen N ⟨~s⟩ ronflement *m*
Schnarcher *umg* M ⟨~s; ~⟩ *(Schnarchton)* ronflement *m*
Schnarcher(in) M ⟨~s; ~⟩ (F) ⟨~in; ~innen⟩ *Mensch* ronfleur, -euse *m,f*; **Schnarchkonzert** *umg* N concert *m* de ronflements
schnarren VI ⟨h.⟩ faire un bruit de crécelle; grincer; crisser; **mit ~der Stimme** d'une voix nasillarde
Schnatterente *umg* F, **Schnattergans** *umg* F, **Schnatterliese** *umg* F ⟨-se; -sen⟩ bavarde *f*; **sie ist e-e Schnatterente, Schnattergans, Schnatterliese** c'est une vraie pie
schnattern VI ⟨-(e)re, h.⟩ 1 *Gänse* criailler; *Enten* nasiller 2 *umg regional* **vor Kälte ~** grelotter de froid; **mit den Zähnen ~** claquer des

dents 3 *umg fig (schwatzen)* bavarder; jacasser; caqueter

Schnattern N ⟨~s⟩ 1 *der Gänse* criaillerie *f*; *der Enten* nasillement *m* 2 *umg fig (das Schwatzen)* bavardage *m*; papotage *m*

schnauben V/I ⟨h.⟩ respirer, souffler bruyamment; *Pferd* s'ébrouer; *zornig* renâcler; *fig Mensch* **vor Wut ~** écumer de rage

schnaufen V/I ⟨h.⟩ 1 *(schwer atmen)* respirer difficilement; *geräuschvoll* respirer, souffler bruyamment; *(keuchen)* °haleter 2 *Dampflokomotive etc* °haleter 3 *regional* respirer

Schnaufen N ⟨~s⟩ respiration *f* difficile, bruyante, °haletante; °halètement *m*

Schnaufer *umg* M ⟨~s; ~⟩ °halètement *m*; souffle bruyant; **letzter ~** dernier souffle

Schnauferl *umg hum* N ⟨~s; ~, *österr* ~n⟩ bonne vieille voiture, *umg* bagnole

Schnauz M ⟨~es; Schnäuze⟩ *schweiz* moustache(s) *f(pl)*; *umg* bacchante(s) *f(pl)*

Schnauzbart M 1 *(Bart)* (grosse[s]) moustache(s) 2 *umg Mann* moustachu *m*; **schnauzbärtig** ADJ moustachu

Schnäuzchen *umg* N ⟨~s; ~⟩ *a. fig* petit museau

Schnauze F ⟨~; ~n⟩ 1 *von Tieren* museau *m*; gueule *f*; *e-s Schweins* groin *m* 2 *umg e-r Kanne etc* bec *m*; *e-s Autos* avant *m*; *e-s Schiffs, Flugzeugs* nez *m* 3 *sl (Mund) umg* gueule *f*; **(halt die) ~!** *umg* (ferme) ta gueule!; *umg* boucle-la!; *umg* ferme-la!; **die ~ (von etw) voll haben** *umg* en avoir marre, plein le dos (de qc); *umg* **frei (nach) ~** *umg* au pifomètre; à vue de nez

schnauzen *umg* V/I ⟨-(es)t, h.⟩ *umg* gueuler

schnäuzen ⟨-(es)t, h.⟩ A V/T *Kerze* moucher; **e-m Kind die Nase ~** moucher un enfant B V/R **sich ~, sich** *(dat)* **die Nase ~** se moucher

Schnauzer M ⟨~s; ~⟩ 1 *Hund* griffon *m*; schnauzer *m* 2 *umg (Schnurrbart)* moustache(s) *f(pl)*; *umg* bacchante(s) *f(pl)*

Schnecke F ⟨~; ~n⟩ 1 *mit Haus* escargot *m* (*a.* GASTR); (co)limaçon *m*; *(Nacktschnecke)* limace *f*; *umg* **j-n zur ~ machen** *umg* secouer les puces à qn 2 ANAT *im Ohr* limaçon *m* 3 *e-r Geige* volute *f* 4 BAU *e-r Säule* volute *f*; hélice *f* 5 *(Haarschnecke)* macaron *m* 6 *umg* GASTR *(Hefeschnecke) etwa* petit pain aux raisins

Schneckenbekämpfung F lutte *f* contre les escargots (et limaces); **schneckenförmig** ADJ en spirale; à vis; *t/t* hélicoïdal; **Schneckenfraß** M dommage fait par les limaces; **Schneckengang** M ⟨~(e)s⟩ *fig* allure *f* de tortue, d'escargot; extrême lenteur *f*; **Schneckengehäuse** N → Schneckenhaus; **Schneckengewinde** N vis *f* sans fin; filetage hélicoïdal; **Schneckenhaus** N coquille *f* d'escargot

Schneckenpost F *hum* **mit der ~** comme un escargot; d'un pas de tortue

Schneckenrad N TECH roue *f* (à denture) hélicoïdale

Schneckentempo N *umg* **im ~** comme un escargot; d'un pas de tortue

Schneckenzucht F héliciculture *f*

Schnee M ⟨~s⟩ 1 neige *f*; **ewiger ~** neiges éternelles; **im ~ begraben** enseveli sous la neige; **es wird ~ geben** il va neiger; **der ~ fällt in dicken Flocken** il neige à gros flocons; **weiß wie ~** blanc, blanche comme (la) neige; *umg fig* **~ von gestern** de l'histoire ancienne 2 GASTR *(Eischnee)* blancs d'œufs battus en neige; **zu ~ schlagen** battre en neige 3 *Jargon (Kokain)* Jargon neige *f* 4 *umg* TV *bei Bildstörungen* effet *m* de neige

Schneeball M 1 boule *f* de neige 2 BOT boule-de-neige *f*; *t/t* obier *m*

Schneeballschlacht F bataille *f* de boules de neige; **e-e ~ machen** *od* **veranstalten** se battre à coups, faire une bataille de boules de neige

Schneeballsystem N système *m* boule de neige; **schneebedeckt** ADJT couvert de neige; enneigé; *Berge etc* neigeux, -euse; **Schneebericht** M bulletin *m* d'enneigement; **Schneebesen** M GASTR fouet *m*; **schneeblind** ADJ atteint, frappé d'ophtalmie des neiges; **Schneeblindheit** F ophtalmie *f* des neiges; **Schneebrett** N corniche *f* de neige; neige *f* en surplomb; **Schneebrille** F lunettes *fpl* (de protection) contre la neige; **Schneedecke** F couche *f* de neige; neiges *fpl*; **Schnee-Eule** F chouette *f* harfang; **Schneefall** M chute *f* de neige; **Schneefang** M *e-s Dachs* arrêt *m* de neige; **Schneefeld** N, **Schneefläche** F étendue, surface neigeuse, de neige; champ neigeux, de neige; **Schneeflocke** F flocon *m* de neige; **Schneefräse** F chasse-neige *m* à fraise; **schneefrei** ADJ sans neige; **Schneegans** F oie *f* des neiges; **Schneegestöber** N rafale *f*, tourmente *f* de neige; **Schneeglätte** F neige verglacée; **Schneeglöckchen** N perce-neige *m*

Schneegrenze F 1 GEOG limite *f* des neiges éternelles 2 METEO **die ~ liegt bei 700 Metern** neige à partir, au-dessus de 700 mètres

Schneehase M lièvre changeant; **Schneehaufen** M tas *m* de neige; **Schneehuhn** N perdrix *f* des neiges; *t/t* lagopède *m*

schneeig ADJ 1 *(mit Schnee bedeckt)* enneigé; neigeux, -euse 2 *geh (wie Schnee)* neigeux, -euse

Schneekanone F canon *m* à neige; **Schneekette** F chaîne antidérapante

Schneekönig M *umg* **sich freuen wie ein ~** être heureux, -euse comme un roi

Schneelandschaft F paysage (couvert) de neige; **Schneeleopard** M léopard *m*, panthère *f* des neiges; *t/t* once *f*; **Schneemann** M ⟨~(e)s; ¨er⟩ bonhomme *m* de neige; **Schneemassen** FPL neiges *fpl*; **Schneematsch** M neige fondante *(sur le sol)*; **Schneemensch** M yéti *m*; **Schneepflug** M *a.* SKISPORT *Technik* chasse-neige *m*; **Schneeräumer** M ⟨~s; ~⟩ chasse-neige *m*; **Schneeraupe** F ratrac® *m*; **Schneeregen** M neige fondue; **Schneerute** F *österr* GASTR fouet *m*; **Schneeschauer** M giboulée *f* de neige; **Schneeschaufel** F, **Schneeschippe** F pelle *f* à neige; **Schneeschmelze** F fonte *f* des neiges; **Schneeschuh** M raquette *f*; **Schneeschuhwanderung** F excursion *f*, *umg* balade *f* en raquettes

schneesicher ADJ *Gebiet* skiable

Schneesturm M tempête *f* de neige; blizzard *m*; **Schneetreiben** N rafales *fpl* de neige

Schneeverhältnisse NPL (conditions *fpl* d')enneigement *m*; **wenn es die ~ erlauben** si la neige le permet

Schneeverwehung F congère *f*; **Schneewächte, Schneewechte** F congère *f* en surplomb; **Schneewehe** F ⟨~; ~n⟩ congère *f*; **schneeweiß** ADJ blanc, blanche comme (la) neige

Schneewittchen N ⟨→ *n/pr*⟩ *Märchenfigur* Blanche-Neige *f*

Schneezaun M (barrière *f*) pare-neige *m*

Schneid *umg* M ⟨~(e)s⟩, *österr* F ⟨~⟩ *(Mut) umg* cran *m*; *(Draufgängertum)* culot *m*; **~ haben** *umg* avoir du cran, de l'estomac; **j-m den ~ abkaufen** couper son élan, enlever son courage à qn

Schneidbohrer M taraud *m*; **Schneidbrenner** M TECH chalumeau *m* oxhydrique, de découpage

Schneide F ⟨~; ~n⟩ *e-s Messers etc* tranchant *m*; fil *m*; *(Klinge)* lame *f*

Schneidebrett N tailloir *m*; **Schneidefläche** F *e-s Werkzeugs* plane *f*; **Schneidemaschine** F TECH coupeuse *f*; *für Tabak* °hachoir *m*; BUCHBINDEREI massicot *m*; TECH, FOTO cisaille *f*

schneiden ⟨schneidet, schnitt, geschnitten, h.⟩ A V/T *u.* V/I 1 couper; *(ab~)* trancher; *(aus~)* découper; *Bäume, Hecken etc a.* tailler; *Glas* tailler; *Blech* cisailler; **in Stücke, Scheiben ~** couper en morceaux, en tranches; *Fleisch* **in dünne Scheiben ~** émincer; *beim Friseur* **nur (die Haare) ~, bitte!** (c'est pour) une coupe, s.v.p.!; *Messer* **gut ~** bien couper; *fig* **hier ist e-e Luft zum Schneiden** on étouffe ici; *Kleid* **eng, weit geschnitten** serré *od* droit, ample; *Augen* **mandelförmig geschnitten** fendu en amande; → *a.* Gesicht1 2 *Film* découper 3 *Gesichter, Grimassen* faire 4 TENNIS *etc Ball* couper 5 AUTO *Kurve* couper; *ein anderes Fahrzeug* faire une queue de poisson à 6 MED *Geschwür* ouvrir; inciser 7 *umg fig* **j-n ~** ignorer qn; éviter qn; ne plus connaître qn B V/R **sich ~** 1 *(sich verletzen)* se couper; **sich** *(dat od akk)* **in den Finger ~** se couper au doigt; *tiefer* se faire une entaille au doigt; *fig* **sich** *(dat od akk)* **ins eigene Fleisch ~** se nuire, se faire tort à soi-même 2 **sich** *(dat)* **die Nägel ~** se couper les ongles 3 *Wege, Linien (sich kreuzen)* se couper; se croiser 4 *umg fig* **sich (gewaltig) ~** *(täuschen)* se fourrer, se mettre le doigt dans l'œil (jusqu'au coude)

schneidend A ADJT *Schmerz* aigu, aiguë; cuisant; *Spott* mordant; acéré; *Kälte* mordant; *Stimme* tranchant; *Wind* cinglant B ADVL **es ist ~ kalt** il fait un froid de canard

Schneider M ⟨~s; ~⟩ 1 tailleur *m*; *umg* **frieren wie ein ~** grelotter de froid 2 *umg Gerät* coupeur *m* 3 *Insekt* faucheur *od* faucheux *m* 4 SKAT **(im) ~ sein** faire moins de trente points; **aus dem ~ sein** avoir plus de trente points; *umg fig* **wir sind aus dem ~** le plus dur est passé; *umg* **wir sind noch nicht aus dem ~** *umg* on n'est pas sorti de l'auberge

Schneiderbedarf M fournitures *fpl* pour couture; **Schneiderbüste** F → Schneiderpuppe

Schneiderei F ⟨~; ~en⟩ 1 ⟨*pas de pl*⟩ *Handwerk* métier *m* de tailleur, de couturière; *(Damenschneiderei, Näherei)* couture *f* 2 *Werkstatt* atelier *m* de tailleur, de couturière

Schneiderhandwerk N → Schneiderei1

Schneiderin F ⟨~; ~nen⟩ couturière *f*; **Schneiderkostüm** N (costume *m*) tailleur *m*; **Schneiderkreide** F craie *f* de tailleur; **Schneiderlehrling** M apprenti tailleur; *weiblicher* apprentie couturière; **Schneidermeister** M maître *m* tailleur

schneidern ⟨-(e)re, h.⟩ A V/T *u.* V/R **(sich [dat]) ein Kleid ~** coudre, (se) faire une robe B V/I faire le métier de tailleur, de couturière; *in der Freizeit* faire de la couture

Schneiderpuppe F mannequin *m*; poupée *f* de tailleur

Schneidersitz M ⟨~es⟩ position assise en tailleur *od* à la turque; **im ~** en tailleur; à la turque

Schneidetisch M TV, FILM table *f* de montage; **Schneidezahn** M (dent *f*) incisive *f*

schneidig ADJ *(forsch) umg* plein de cran; fringant; *Musik etc* entraînant; **er ist ein ~er Kerl** il a du panache

schneien A V/UNPERS ⟨h.⟩ neiger; **es schneit** il neige; il tombe de la neige; **es schneit dicke Flocken** *od* **in dicken Flocken** il neige à gros flocons B V/I ⟨s.⟩ *umg fig* **j-m ins Haus ~** arriver à l'improviste chez qn

Schneise F ⟨~; ~n⟩ 1 *im Wald* percée *f*; *(Brandschneise)* coupe-feu *m* 2 *(Flugschneise)* couloir aérien

schnell A ADJ rapide; *(rasch) Erwiderung, Maßnahme* prompt; *im Handeln* expéditif, -ive; leste; **~en Schrittes** d'un pas rapide; **~ wie der Blitz** rapide comme l'éclair B ADV rapidement; vite; *(rasch)* promptement; en vitesse; **~ gehen, fahren** marcher, rouler vite, bon train; **das geht mir zu ~** ça va trop vite pour moi; **etw ~ erledigen** mener qc rondement, d'une façon expéditive; **~ handeln** agir vite, rapidement; *umg* **~ machen** se dépêcher; **~ trocknend** CHEM siccatif, -ive; **so ~ macht ihm das keiner nach** ça ne sera pas facile de faire mieux (que lui); *umg* **wie hieß sie noch ~?** comment s'appelait-elle, déjà?; **~! (~!)** allons, vite!; dépêchez-vous! *bzw.* dépêche-toi!; **nicht so ~!** pas si vite!; doucement!

Schnellbahn F *etwa* réseau express régional; **Schnellbauweise** F construction *f* en éléments préfabriqués; préfabriqué *m*; **Schnellboot** N vedette *f*; MIL vedette *f* lance-torpilles; **Schnelldienst** M service *m* rapide

Schnelle F ⟨~; ~n⟩ 1 ⟨*pas de pl*⟩ → Schnelligkeit; *umg* **auf die ~** à la va-vite 2 *(Stromschnelle)* rapide *m*

schnellebig ADJ → schnelllebig

schnellen A VT ⟨h.⟩ lancer; faire partir B VI ⟨s.⟩ *Fisch* **aus dem Wasser ~** faire un bond (hors de l'eau); **in die Höhe ~** *Ball* rebondir; *Personen* bondir; faire un bond; *fig Preise* monter en flèche; flamber; *Pfeil* **durch die Luft ~** filer dans les airs

Schnellfeuer N ⟨~s⟩ MIL tir *m* rapide; **Schnellfeuergewehr** N MIL fusil *m* à tir rapide; **Schnellfeuerpistole** F MIL pistolet *m* à tir rapide; **Schnellfeuerwaffe** F MIL arme *f* à tir rapide

Schnellgaststätte F fast-food *m*; snack-bar *m*; cafétéria *f*; **Schnellgericht** N GASTR plat *m* rapide; **Schnellhefter** M chemise *f* (avec relieur)

Schnelligkeit F ⟨~⟩ vitesse *f*; rapidité *f*; célérité *f*; *im Handeln* promptitude *f*; **Schnelligkeitsrekord** M record *m* de vitesse

Schnellimbiss M snack(-bar) *m*; **Schnellkocher** M bouilloire *f* électrique; **Schnellkochplatte** F plaque *f* à chauffage rapide; **Schnellkochtopf** M autocuiseur *m*; cocotte-minute® *f*; **Schnellkurs** M cours accéléré

schnelllebig ADJ **unsere ~e Zeit** notre époque fiévreuse

Schnellpaket N colis postal express; **Schnellreinigung** F nettoyage *m* express; **Schnellrestaurant** N → Schnellgaststätte

Schnellschuss *umg fig* M travail, livre, *etc* fait à la va-vite; **e-n ~ abgeben** réagir rapidement

schnellstens ADV au plus vite; le plus vite possible; de toute urgence; **schnellstmöglich** A ADJ ... le (la) plus rapide possible B ADV le plus vite, rapidement possible

Schnellstraße F voie *f* express; **schnelltrocknend** ADJT → schnell B; **Schnellverband** M pansement adhésif

Schnellverfahren N 1 JUR procédure *f* sommaire 2 *fig* **im ~** rapidement; en vitesse

Schnellzug M (train *m*) rapide *m*; **Schnellzugzuschlag** M supplément *m* pour trains rapides

Schnepfe F ⟨~; ~n⟩ 1 ZOOL bécasse *f* 2 *umg pej* **(dumme) ~** *umg* bécasse *f*; *umg* dinde *f*

schnetzeln VT ⟨h.⟩ *bes südd, schweiz* couper en fines lanières

schneuzen → schnäuzen

Schnickschnack *umg pej* M ⟨~(e)s⟩ 1 *(wertloses Zeug)* bricoles *fpl*; babioles *fpl*; **modischer ~** des gadgets *mpl* 2 *(Geschwätz)* âneries *fpl*; *umg* blabla(bla) *m*

schniefen VI ⟨h.⟩ renifler

schniegeln *umg* VR ⟨-(e)le, h.⟩ **sich ~** *umg* se bichonner; se pomponner; *hum* **geschniegelt und gebügelt** tiré à quatre épingles

schnieke ADJ *regional* 1 *(schick, fein) umg* sélect 2 *(großartig) umg* super; *umg* génial

schnipp INT **~, schnapp!** clic, clac!

Schnippchen N ⟨~s; ~⟩ *umg* **j-m ein ~ schlagen** être plus malin que qn; *umg* **dem Tod ein ~ schlagen** faire la nique à la mort

Schnippel *umg* M *od* N ⟨~s; ~⟩ *bes von Stoff, Papier* petit morceau, bout; *(Reste) pl* rognures *fpl*

schnippeln *umg* ⟨-(e)le, h.⟩ A VT *(klein schneiden)* (dé)couper, tailler en petits morceaux; *(ausschneiden)* découper B VI **an etw** *(dat)* **~** tailler qc à petits coups; rogner qc

schnippen ⟨h.⟩ A VT *(weg~)* envoyer d'une chiquenaude B VI **(mit der Schere) ~** faire clic-clac (avec des ciseaux); **mit dem Finger** *od* **mit den Fingern ~** faire claquer ses doigts

schnippisch A ADJ impertinent B ADV **~ antworten** répondre d'une façon impertinente

Schnipsel → Schnippel

schnipseln *umg* VT ⟨-(e)le, h.⟩ → schnippeln A

schnipsen ⟨-(es)t, h.⟩ → schnippen

schnitt → schneiden

Schnitt M ⟨~(e)s; ~e⟩ 1 *(Haarschnitt)* coupe *f*; taille *f* *(a. für Bäume etc)*; MED incision *f*; **ein ~ mit der Schere** un coup de ciseaux; *umg fig* **e-n** *od* **s-n ~ bei etw machen** faire de gros bénéfices, *umg* bénefs sur qc 2 *(~wunde)* coupure *f*; *tiefe* entaille *f* 3 *(Einschnitt)* incision *f*; *(Kerbe)* entaille *f*; encoche *f* 4 MODE *(Form, Machart)* coupe *f*; façon *f*; *(Schnittmuster)* patron *m*; modèle *m* 5 *des Gesichts, der Augen, Nase* forme *f* 6 FILM *etc* découpage *m*; montage *m* 7 MATH intersection *f*; **der Goldene ~** MATH la section en moyenne et extrême raison; ARCH, KUNST le nombre d'or; la section dorée 8 *umg* *(Durchschnitt)* moyenne *f*; **im ~** en moyenne; **ein ~ von ...** une moyenne de ... 9 *(Darstellung in der Ebene)* coupe *f*; section *f*; **etw im ~ darstellen** représenter qc en coupe

Schnittblume F fleur coupée; **Schnittbohne** F °haricot vert (coupé)

Schnittchen N ⟨~s; ~⟩ *regional* (petite) tartine de fromage, jambon, *etc*

Schnitte F ⟨~; ~n⟩ 1 *regional* *(Scheibe)* tranche *f* 2 → Schnittchen 3 *österr* *(Waffel)* gaufrette *f*

schnittfest ADJ ferme

Schnittfläche F (surface *f*, plan *m* de la) section *f*; coupe *f*; **Schnittgrün** N *für Sträuße etc* feuillage *m*; **Schnittholz** N bois *m* de sciage

schnittig ADJ élégant; *Auto, Boot etc a.* racé; *(wind~)* aérodynamique

Schnittkante F arête vive; **Schnittkäse** M fromage *m* en tranches; **Schnittlänge** F longueur *f* de coupe; **Schnittlauch** M ⟨~(e)s⟩ ciboulette *f*; civette *f*; **Schnittlinie** F 1 MATH intersection *f* 2 TECH ligne *f* de coupe; **Schnittmeister(in)** M(F) FILM monteur, -euse *m,f*; **Schnittmenge** F MATH intersection *f*; **Schnittmuster** N MODE patron *m*; **Schnittpunkt** M MATH (point *m* d')intersection *f*; *von Straßen* croisement *m*; *fig* carrefour *m*; **Schnittstelle** F MATH intersection *f*; TECH, IT interface *f*; **Schnittwunde** F coupure *f*; *tiefe* entaille *f*

Schnitzaltar M triptyque sculpté (en bois); **Schnitzarbeit** F sculpture *f* sur bois

Schnitzel N ⟨~s; ~⟩ 1 GASTR escalope *f*; **Wiener ~** escalope (à la) viennoise 2 *(Schnipsel)* petit morceau; bout *m*; *(Reste) pl* rognures *fpl*

Schnitzeljagd F jeu *m* de piste

schnitzeln VT ⟨-(e)le, h.⟩ *(klein schneiden)* (dé)couper, tailler en petits morceaux

schnitzen VT *u.* VI ⟨-(es)t, h.⟩ sculpter (**aus Holz** sur bois); **e-n Stock ~** tailler un bâton

Schnitzer M ⟨~s; ~⟩ 1 *(Holzschnitzer)* sculpteur *m* sur bois 2 *umg* *(Fehler)* bévue *f*; *umg* gaffe *f*; *umg* boulette *f*; **Schnitzerei** F ⟨~; ~en⟩ sculpture *f* sur bois

Schnitzmesser N couteau *m* à sculpter, à tailler; **Schnitzwerk** N sculpture(s) *f(pl)* sur bois

schnodd(e)rig *umg* ADJ *(lässig) Ton, Art* désinvolte; *(respektlos) Bemerkung* insolent; impertinent

Schnodd(e)rigkeit *umg* F ⟨Schnodd(e)rigkeit; Schnodd(e)rigkeiten⟩ 1 ⟨*pas de pl*⟩ *Verhalten* désinvolture *f* 2 *(respektlose Bemerkung)* insolence *f*; impertinence *f*

schnöde *geh* A ADJ *(verachtenswert, schändlich) Geiz* sordide; *Eifersucht* bas, basse; *Undank* noir; *Verrat* infâme; **~r Mammon** vil argent B ADV de façon indigne, *plus fort* abjecte, ignoble; *geh* ignominieusement; **j-n ~ verlassen** abandonner qn froidement

Schnödigkeit *geh* F ⟨~⟩ bassesse *f*; *geh* vilenie *f*; indignité *f*

Schnorchel M ⟨~s; ~⟩ 1 *bei U-Booten* schnorkel *od* schnorchel *m* 2 SPORTTAUCHEN tuba *m*

schnorcheln VI ⟨-(e)le, h.⟩ faire de la plongée avec tuba

Schnörkel M ⟨~s; ~⟩ 1 *beim Schreiben* fioriture *f* *(a. Stil,* MUS*)*; enjolivure *f*; *an der Unterschrift* paraphe *od* parafe *m* 2 BAU ornement *m* (baroque)

schnörkelig ADJ plein, chargé de fioritures; baroque; *Schrift* orné

schnörkeln *umg* VT ⟨-(e)le, h.⟩ orner (de fioritures)

Schnörkelschrift F écriture ornée

schnörklig → schnörkelig

schnorren *umg* VT *u.* VI ⟨h.⟩ *(betteln)* mendier; *umg pej* mendigoter; **etw bei** *od* **von j-m ~** *umg* taper qn de qc

Schnorrer(in) *umg* M ⟨~s; ~⟩ (F) ⟨~in; ~innen⟩ *umg pej* mendigot(e) *m(f)*; *umg* tapeur, -euse *m,f*

Schnösel *umg pej* M ⟨~s; ~⟩ *umg* jeune arrogant, impertinent; **eingebildeter ~** bêcheur *m*; fat *m*; freluquet *m*

Schnuckelchen *umg* N ⟨~s; ~⟩ **mein ~** mon petit lapin, chou, coco; *kleines Mädchen a.* ma petite cocotte

schnuck(e)lig *umg* ADJ mignon, -onne; *umg* craquant; *Sachen a.* joli; *umg* croquignolet, -ette

Schnucki *umg* N ⟨~s; ~s⟩, **Schnuckiputz** *umg* M ⟨-es; -e⟩ → Schnuckelchen

Schnüffelei *umg pej* F ⟨~; ~en⟩ 1 *(das Schnüffeln)* reniflements *mpl* 2 *fig* espionnage *m*

schnüffeln ⟨-(e)le, h.⟩ A VI 1 renifler; *Tier a.* *(riechen)* flairer; **an etw** *(dat)* **~** renifler, *Tier a.* flairer qc 2 *umg pej fig* *(spionieren)* fureter; *umg* fouiner; **in j-s Sachen** *(dat)* **~** fureter, *umg* fouiner, *umg* fourrer son nez dans les affaires de qn B VT *u.* VI *Drogenjargon* sniffer

Schnüffler(in) *umg pej* M ⟨~s; ~⟩ (F) ⟨~in; ~innen⟩ 1 fureteur, -euse *m,f*; fouineur, -euse *m,f* 2 *von Drogen* sniffeur, -euse *m,f*

Schnuller M ⟨~s; ~⟩ sucette *f*

Schnulze *umg pej* F ⟨~; ~n⟩ chanson *f*, film

m, pièce *f* très sentimental(e)
Schnulzensänger(in) *umg pej* M(F) chanteur, -euse *m,f* de chansons sentimentales
schnupfen VT ⟨h.⟩ *Tabak* priser
Schnupfen M ⟨~s; ~⟩ rhume *m*; **e-n ~ bekommen** s'enrhumer; attraper un rhume; **e-n ~ haben** être enrhumé
Schnupfenmittel N remède *m* contre le rhume; **Schnupfenspray** N *od* M spray nasal
Schnupftabak M tabac *m* à priser; **Schnupftuch** *liter* N ⟨~(e)s; -tücher⟩ mouchoir *m*
schnuppe ADJ *umg* **das ist mir (total) ~** je m'en moque (complètement); *umg* je m'en fiche; *umg* je m'en balance
schnuppern VT *u.* VI ⟨-(e)re, h.⟩ **etw ~** *od* **an etw** *(dat)* **~** *Tier* flairer qc; *Mensch* °humer qc
Schnur F ⟨~; ⸚e⟩ *(Bindfaden)* ficelle *f*; *(Kordel)* cordon *m*; *dünne* cordonnet *m*; ganse *f*; *aus Seide, Gold-, Silberfäden* cordelière *f*; *zum Messen, Abstecken* cordeau *m*; **Perlen an e-r ~ aufreihen** enfiler des perles
Schnürboden M THEAT cintre *m*; SCHIFFBAU salle *f* des gabarits
Schnürchen N ⟨~s; ~⟩ *umg* **die Sache läuft wie am ~** l'affaire marche comme sur des roulettes; *umg* **etw wie am ~ können** savoir qc sur le bout du doigt
schnüren A VT ⟨h.⟩ *(zusammenbinden)* lier, serrer avec un cordon; *mit Bindfaden* ficeler; *(festbinden)* attacher; lier; **sich** *(dat)* **die Schuhe ~** lacer ses souliers B VI ⟨s.⟩ JAGD *Fuchs etc* trotter; **durch das Unterholz ~** *a.* courir à travers les sous-bois
schnurgerade A ADJ (comme) tracé au cordeau; tout droit B ADV tout droit
Schnurkeramik F ⟨~⟩ céramique lisérée
schnurlos ADJ **~es Telefon** téléphone *m* sans fil
Schnürlregen M *österr* (petite) pluie persistante; crachin *m*; **Schnürlsamt** M *österr* velours côtelé
Schnurrbart M moustache(s) *f(pl)*; **schnurrbärtig** ADJ moustachu
Schnurre F ⟨~; ~n⟩ anecdote *f* cocasse, comique
schnurren VI ⟨h.⟩ ronronner
Schnurrhaare NPL *von Katzen etc* moustache(s) *f(pl)*
Schnürriemen M lacet *m*
schnurrig ADJ drôle; cocasse; drolatique; **ein ~er Kauz** un drôle de type
Schnürschuh M chaussure *f*, soulier *m* à lacets; **Schnürsenkel** M lacet *m*; **Schnürstiefel** M bottine *f* à lacet; chaussure *f*, soulier *m* montant(e) à lacet
schnurstracks *umg* ADV 1 *(geradeaus)* tout droit 2 *(sofort)* sur-le-champ
Schnurtelefon N téléphone *m* fixe filaire
Schnürung F ⟨~; ~en⟩ ficelage *m*
schnurz *umg, plus fort* **schnurzpiepegal** *umg* ADJ **das ist mir ~** *umg* je m'en fiche, fous, balance (complètement)
Schnute *umg* F ⟨~; ~n⟩ 1 *bes nordd (Mund)* *umg* (petit) museau 2 *(Schmollmund)* moue *f*; lippe *f*; **e-e ~ ziehen** faire la moue; *bes Kinder* bouder
Schoah F ⟨~⟩ HIST Shoah *f*
schob → schieben
Schober → Heuschober
Schock¹ M ⟨~(e)s; ~s⟩ MED *etc* choc *m*; **e-n ~ erleiden** recevoir un choc; être traumatisé; **unter ~ stehen** être en état de choc; **j-m e-n ~ versetzen** donner un choc à qn
Schock² N ⟨~(e)s; ~e, *mais* 3 ~⟩ HIST *Maßeinheit* soixantaine *f* (de); **ein halbes ~** une trentaine (de)
Schockbehandlung F MED thérapeutique *f* de choc
schocken VT ⟨h.⟩ 1 *umg (überraschen)* renverser; *(schockieren)* choquer; scandaliser 2 MED appliquer une thérapeutique de choc à
Schocker *umg* M ⟨~s; ~⟩ livre-choc *m*, film-choc *m, etc*
Schockfarbe *umg* F couleur criarde
schockieren VT ⟨*pas de ge-*, h.⟩ choquer; scandaliser; **über etw, j-n schockiert sein** être choqué, scandalisé par qc, par l'attitude de qn
Schocktherapie F MED thérapeutique *f* de choc; **Schockwirkung** F effet *m* de choc
schofel ⟨-fl-⟩, **schof(e)lig** *umg pej* ADJ *(kleinlich, geizig)* mesquin; chiche
Schöffe M ⟨~n; ~n⟩ JUR juré *m*
Schöffenamt N fonction *f* de juré; **Schöffenbank** F ⟨~; ⸚e⟩ *etwa* banc *m* du jury; **Schöffengericht** N *tribunal formé d'un magistrat et de deux jurés*
Schöffin F ⟨~; ~nen⟩ JUR jurée *f*
schoflig → schofel
Schogun M ⟨~s; ~e⟩ HIST shog(o)un *m*
Schoko *umg* F ⟨~; ~s⟩ chocolat *m*
Schokolade F ⟨~; ~n⟩ chocolat *m* *(a. Trinkschokolade)*; **weiße ~** chocolat blanc
schokolade(n)braun ADJ (couleur) chocolat *(inv)*; **Schokolade(n)eis** N glace *f* au chocolat
schokolade(n)farben, **schokolade(n)farbig** ADJ (couleur) chocolat
Schokoladenfigur F figurine *f* en chocolat
Schokolade(n)guss M glaçage *m* au chocolat
Schokoladenhase M lapin *m* en chocolat; **Schokoladenkeks** M, **Schokoladenplätzchen** N pastille *f* de chocolat; **Schokoladenpudding** M flan *m*, crème *f* au chocolat; **Schokoladenpulver** N chocolat *m* en poudre; **Schokoladenraspel** MPL chocolat râpé
Schokoladenseite *umg* F beau(x), bon(s) côté(s); côté flatteur; **sich von s-r ~ zeigen** se faire voir sous son meilleur jour
Schokoladensoße F sauce *f* au chocolat; **Schokoladenstreusel** MPL *od* NPL chocolat pailleté, en granulés; **Schokoladentafel** F tablette *f* de chocolat; **Schokoladentorte** F *etwa* gâteau *m* au chocolat; **schokoladenüberzogen** ADJT enrobé de chocolat
Schokoriegel M barre *f* de chocolat
Scholastik F ⟨~⟩ scolastique *f*; **Scholastiker** M ⟨~s; ~⟩ scolastique *m*; **scholastisch** ADJ scolastique
scholl → schallen
Scholle¹ F ⟨~; ~n⟩ 1 AGR *(Erdscholle)* motte *f* (de terre); *a. fig* glèbe *f* 2 ⟨*pas de pl*⟩ *(Heimatboden)* terroir *m*; terre natale; **heimatliche ~** terre natale; **auf der eigenen ~ sitzen** être installé sur sa propre terre 3 *(Eisscholle)* glaçon *m* 4 GEOL segment *m*; bloc *m*
Scholle² F ⟨~; ~n⟩ ZOOL *(Goldbutt)* plie *f*; carrelet *m*
Scholli *umg* **mein lieber ~!** *umg* ben, mon vieux!
Schöllkraut N ⟨~(e)s⟩ BOT chélidoine *f*
schon A ADV 1 *(bereits, früher als erwartet)* déjà; **~ am Morgen** dès le matin; **~ morgen** dès demain; **~ heute** aujourd'hui même; **wie ~ gesagt** comme je l'ai déjà dit; **da kommt er ~!** tiens! le voilà!; tiens! il arrive!; **~ wieder** encore; **da ist er ~ wieder!** *umg* le revoilà; **was gibt's denn ~ wieder?** qu'est-ce qu'il y a encore?; qu'y a-t-il encore? 2 *(allein, nur)* **(allein) ~ der Gedanke daran macht mich schaudern** rien que d'y penser, j'en frissonne; **~ bei ihrem Anblick wurde ihm leichter zumute** dès qu'il la vit il se sentit mieux; **sie hat ~ so genug zu tun** elle a déjà assez à faire comme ça 3 *(sogar)* même; **~ eine Minute reicht aus, um zu** *(+inf)* une seule minute suffit à *(+inf)*; **das bekommt man ~ für drei Euro** on peut l'avoir à partir de trois euros 4 *(fast gleichzeitig)* et déjà; et aussitôt; **kaum ist sie da, ~ stürzen sich alle auf sie** à peine est-elle arrivée que tout le monde se précipite sur elle; **er drehte sich um, und ~ war sie verschwunden** à peine se fut-il retourné qu'elle avait disparu 5 *(inzwischen)* toujours; **du kannst ja ~ mal anfangen** tu peux toujours commencer B *Partikel* 1 *verstärkend* **du wirst ~ sehen!** tu verras bien!; **wenn sie ~ nicht kommt, kann sie mich wenigstens anrufen** puisqu'elle ne vient pas, elle pourrait au moins me téléphoner 2 *(ohnehin)* **das ist ~ teuer genug** c'est déjà assez cher comme ça 3 *einräumend (zwar)* **das ist ~ wahr, aber ...** c'est bien vrai, mais ...; **das wäre ihm ~ recht, aber ...** cela lui conviendrait assez, mais ...; **~ gut!** *beschwichtigend* allons, allons!; *(genug!)* c'est bon!; ça va (comme ça)!; **das ist ~ möglich** c'est possible; **(das) wird ~ stimmen** ça doit être vrai 4 *beruhigend* **er wird ~ kommen** il va bien finir par arriver; **ich werde dich ~ rufen, wenn ich so weit bin** je t'appellerai quand j'aurai fini; **er wird mich ~ verstehen** il me comprendra bien; *umg* **es wird ~ wieder (werden)** ça s'arrangera 5 *umg (endlich)* **nun komm ~!** mais enfin, viens!; **nun rede (doch) ~!** mais enfin, dis-le! 6 *(andererseits)* si; **er hat heute keine Lust auszugehen, aber ich ~** il n'a pas envie de sortir aujourd'hui, mais moi si 7 *abwertend* **was weißt du ~ (davon)!** mais qu'est-ce que tu en sais, toi?; **wem nützt das ~?** mais à qui ça servira *od* profitera?; **was ist ~ Liebe?** l'amour, tu sais ...
schön A ADJ beau (bel), belle; *Leben, Zeiten a.* agréable; bon, bonne; *umg fig Summe a.* joli; **die ~e Literatur** les belles-lettres; **die ~en Künste** les beaux-arts; **Philipp der Schöne** Philippe le Bel; *umg* **~ machen** *(verschönern)* embellir; *umg* **sich ~ machen** se faire beau, belle; *Wetter* **wieder ~ werden** se remettre au beau; **das Schöne daran ist, dass ...** ce qu'il y a de bien *(umg* avec ça), c'est que ...; **in ~ster Harmonie** dans la plus parfaite harmonie, entente; **in ~ster Ordnung** dans un ordre parfait; en bon ordre; **e-s ~en Morgens** un beau matin; *in der Zukunft a.* un de ces quatre matins; **das ist zu ~, um wahr zu sein** c'est trop beau pour être vrai; *iron* **(e-e) ~e Bescherung!** c'est du joli *od* du propre!; *iron* **man hört ja ~e Sachen von dir!** j'en apprends de belles sur ton compte; *iron* **du bist (mir) ein ~er Freund!** *umg* je te retiens!; *iron* **das wird ja immer ~er!** c'est de mieux en mieux!; *iron* **das wäre ja noch ~er!** ce serait le comble, le pompon, le bouquet!; *umg* **was hier abläuft, (das) ist nicht mehr ~!** ce qui se passe ici, c'est trop!; *umg* **(alles) gut und ~, aber ...** tout cela est bien beau *od* bien joli, mais ...; **das ist ~ von Ihnen** c'est bien de votre part; **~, dass Sie da sind** c'est bien que vous soyez là; **~en Dank!** grand merci!; merci bien, infiniment!; **e-n ~en Gruß an** *(+akk)* saluez bien ... (de ma part); bien des choses à ... B ADV bien; **~ anzusehen sein** être beau, belle à voir; *bes nordd* **~ riechen** sentir bon; *bes nordd* **~ schmecken** être bon, bonne; avoir bon goût; **~ warm, weich** tout chaud, moelleux, -euse; **danke ~!** merci bien!; merci beaucoup!; *iron* **wie man so ~ sagt** comme on dit si bien; *umg* **er ist**

(ganz) ~ dumm, dass er … il est vraiment bête de *(+inf)*; *umg* **er wird sich (ganz) ~ wundern** *umg* il va en faire une tête; *umg* **er hat uns ganz ~ angelogen** il nous a joliment menti; *als Antwort* **(also) ~!** bien!; d'accord!; → *a.* **bitte** C *umg Partikel verstärkend* **sei ~ artig!** sois bien sage!; **~ ruhig** tout doucement; **bleib ~ sitzen!** reste assis!; **das lässt du ~ bleiben!** tu ne vas pas me *od* nous faire ça; *zu e-m Kind* tu vas t'arrêter!; tu vas laisser ça!

Schonbezug M °housse *f*

Schöndruck M ⟨~(e)s; ~e⟩ TYPO impression *f* du recto

Schöne F ⟨→ A⟩ belle *f*; *geh* **die ~n der Nacht** les belles de nuit

schonen ⟨h.⟩ A VT ménager; *(ver~)* épargner; **j-n ~** *a.* traiter qn avec ménagement; avoir des égards pour qn B VR **sich ~** se ménager; veiller à sa santé

schönen VT ⟨h.⟩ 1 *Wein (klären)* clarifier; *Farben* (r)aviver; faire revenir 2 *fig* embellir

schonend A ADJT plein d'égards; indulgent; **~e Behandlung** ménagements *mpl*; **auf möglichst ~e Weise** avec tous les ménagements possibles B ADVL avec ménagement(s); **etw ~ behandeln** ménager qc

Schoner[1] M ⟨~s; ~⟩ *(Überzug)* revêtement protecteur; *für Möbel* °housse *f*

Schoner[2] M ⟨~s; ~⟩ SCHIFF schooner *m*; goélette *f*

schönfärben VT ⟨*sép*, -ge-, h.⟩ présenter sous un beau jour, sous un jour favorable; idéaliser

Schönfärberei F présentation flatteuse *od* sous un jour trop favorable; idéalisation *f*

Schonfrist F délai *m* de grâce; *fig* POL état *m* de grâce; **Schongang** M *beim Auto* vitesse surmultipliée; *in der Waschmaschine* programme *m* pour textiles fragiles

Schöngeist M ⟨~(e)s; ~er⟩ bel esprit

schöngeistig ADJ de bel esprit; artistico-littéraire; **~e Literatur** belles-lettres *fpl*

Schönheit F ⟨~; ~en⟩ 1 ⟨*pas de pl*⟩ *(das Schönsein)* beauté *f* 2 *(schöne Frau, Sache)* beauté *f*; **die ~en der Natur genießen** jouir des beautés naturelles; apprécier la beauté de la nature

Schönheitschirurg(in) M(F) spécialiste *m/f* de chirurgie esthétique; **Schönheitschirurgie** F chirurgie *f* esthétique; **Schönheitsfarm** F *établissement spécialisé dans les soins esthétiques*; **Schönheitsfehler** M petit défaut; imperfection *f*; *fig (Nachteil)* inconvénient *m*; **Schönheitsfleck** M mouche *f*; **Schönheitsideal** N idéal *m* de (la) beauté; **Schönheitskönigin** F reine *f* de beauté; **Schönheitskonkurrenz** F concours *m* de beauté; **Schönheitsoperation** F opération *f* de chirurgie esthétique

Schönheitspflästerchen N ⟨~s; ~⟩ mouche *f*

Schönheitspflege F soins *mpl* esthétiques, de beauté; **Schönheitsreparatur** F réparation locative; **Schönheitssinn** M ⟨~(e)s⟩ sens *m* esthétique, du beau; **Schönheitswettbewerb** M concours *m* de beauté

Schonklima N climat *m* uniforme, tempéré

Schonkost F régime *m*; **~ bekommen** suivre un régime

Schönling M ⟨~s; ~e⟩ *pej* bellâtre *m*

schönmachen *umg* ⟨*sép*, -ge-, h.⟩ A VT *u.* VR → schön A B VI *Hund* faire le beau

schönreden VI ⟨-ete, *sép*, -ge-, h.⟩ *pej* **j-m ~** flatter, *geh* flagorner qn

Schönredner(in) M(F) *pej* flatteur, -euse *m,f*; *geh* flagorneur, -euse *m,f*; enjôleur, -euse *m,f*; **Schönred(n)erei** F ⟨Schönred(n)erei⟩ *pej* flatterie *f*; *geh* flagornerie *f*; **schönschreiben** VI ⟨*irr*, *sép*, -ge-, h.⟩ calligraphier; **Schönschreibheft** N cahier *m* d'écriture, d'exercices calligraphiques; **Schönschreibkunst** F calligraphie *f*; **Schönschrift** F ⟨~⟩ calligraphie *f*; belle écriture; *umg (Reinschrift)* mise *f* au propre; **Schöntuerei** *umg* F ⟨~; ~en⟩ flatterie *f*

schöntun *umg* VI ⟨*irr*, *sép*, -ge-, h.⟩ **j-m ~** flatter qn; *umg* faire du plat à qn

Schonung F ⟨~; ~en⟩ 1 ⟨*pas de pl*⟩ *(schonende Behandlung)* ménagement(s) *m(pl)*; *(Rücksichtnahme)* égards *mpl*; **Sie brauchen dringend ~** vous avez grand besoin de ménagement 2 FORSTWIRTSCHAFT plant *m* d'arbres

schonungsbedürftig ADJ qui a besoin de ménagements; **schonungslos** A ADJ sans ménagement(s); *(erbarmungslos)* impitoyable; *plus fort* brutal B ADV *(rücksichtslos)* sans ménagements; *(erbarmungslos)* sans pitié; impitoyablement; *plus fort* brutalement; **Schonungslosigkeit** F ⟨~⟩ manque *m* de ménagement(s); *plus fort* brutalité *f*

Schonwaschgang M programme *m* pour textiles fragiles

Schönwetterlage F, **Schönwetterperiode** F période *f* de beau temps; **Schönwetterwolke** F cumulus *m*

Schonzeit F 1 JAGD (durée *f* de la) fermeture *f*; **es ist ~** la chasse est fermée; **Ende** *n* **der ~** ouverture *f* de la chasse 2 *nach Krankheit etc* (période *f* de) convalescence *f*; *fig*, POL *(Anfangszeit)* état *m* de grâce

Schopf M ⟨~(e)s; ⸚e⟩ 1 *(Haarschopf)* cheveux *mpl*; *wirrer* tignasse *f*; *der Vögel* °h(o)uppe *f*; *fig* **die Gelegenheit beim ~(e) packen** *od* **fassen** sauter sur l'occasion; saisir la balle au bond 2 *südd, schweiz* → Schuppen

Schöpfbrunnen M puits *m*; **Schöpfeimer** M seau *m* (à puiser); *e-s Schöpfrades* godet *m*

schöpfen[1] ⟨h.⟩ A VT 1 *a. fig, bei Papierherstellung* puiser **(aus** à); **leer ~** vider avec une écope, *etc*; **Wasser aus e-m Boot ~** écoper un bateau 2 *geh* **(frische) Luft ~** prendre l'air; **Atem ~** reprendre haleine; *fig* **Verdacht ~** (commencer à) avoir des soupçons; **Mut ~** prendre courage; **neue Hoffnung ~** reprendre espoir B *geh* VI *fig* **aus der Fantasie ~** puiser dans l'imagination

schöpfen[2] *liter* VT ⟨h.⟩ *([er]schaffen)* créer

Schöpfer[1] M ⟨~s; ~⟩ *(Schöpfgefäß)* écope *f*; *(Schöpfkelle)* louche *f*

Schöpfer[2] M ⟨~s; ~⟩ *(Erschaffer)* créateur *m*; auteur *m*; *(Gott)* Créateur *m*

Schöpferin F ⟨~; ~nen⟩ créatrice *f*; auteur *m*

schöpferisch A ADJ créateur, -trice; producteur, -trice; productif, -ive; **~e Leistung** acte créateur; **e-e ~e Pause einlegen** marquer un temps d'arrêt; faire une pause B ADV **~ tätig sein** déployer une activité créatrice

Schöpferkraft F créativité *f*; productivité *f*; force créatrice

Schöpfkelle F, **Schöpflöffel** M louche *f*; **Schöpfrad** N roue *f* à godets

Schöpfung F ⟨~; ~en⟩ 1 ⟨*pas de pl*⟩ *geh*, BIBEL création *f*; *(Welt) a.* monde *m*; univers *m*; *umg hum* **die Herren der ~** le sexe fort 2 *geh (Werk)* création *f*; œuvre *f*

Schöpfungsakt M acte créateur; **Schöpfungsbericht** M, **Schöpfungsgeschichte** F ⟨-te⟩ BIBEL Genèse *f*

Schoppen M ⟨~s; ~⟩ 1 *altes Maß etwa* chopine *f*; **ein ~ Wein** *(Viertelliter)* un quart de vin; *(halber Liter)* un demi-litre de vin 2 *südd, schweiz (Babyfläschchen)* biberon *m*; **Schoppenwein** M vin *m* en carafe

schor → scheren[1]

Schorf M ⟨~(e)s; ~e⟩ 1 *(Kruste)* croûte *f*; *Krankheit a.* escarre *f*; *(Milchschorf)* croûtes *fpl* de lait 2 *an Früchten* tavelure *f*; *der Kartoffel* gale *f*

schorfig ADJ croûteux, -euse; couvert de croûtes

Schorle F ⟨~; ~n⟩ 1 *(Weinschorle) mélange de vin et d'eau minérale gazeuse* 2 *(Apfelschorle) mélange de jus de pommes et d'eau minérale gazeuse*

Schornstein M cheminée *f*; *umg fig* **etw in den ~ schreiben** *umg* faire son deuil de qc

Schornsteinaufsatz M mitre *f* (de cheminée); **Schornsteinfeger** M ⟨~s; ~⟩ ramoneur *m*

schoss → schießen

Schoß M ⟨~es; ⸚e⟩ 1 *liter, fig* giron *m*; **ein Kind auf den ~ nehmen** prendre un enfant sur ses genoux; *fig* **im ~e der Familie** au sein de la famille; **im ~e der Kirche** dans le giron, dans le sein de l'Église; *fig* **die Hände in den ~ legen** rester les bras croisés; *fig* **das ist ihm in den ~ gefallen** cela lui est tombé du ciel 2 *geh (Mutterleib)* sein *m*; *der Erde* sein *m*; entrailles *fpl* 3 *(Rockschoß)* pan *m*; basque *f*

Schoss M ⟨~es; ~e⟩ BOT pousse *f*; jet *m*

Schoßhund M, **Schoßhündchen** N bichon, -onne *m,f*

Schössling M ⟨~s; ~e⟩ BOT jet *m*; pousse *f*

Schot F ⟨~; ~en⟩ SCHIFF écoute *f*

Schote F ⟨~; ~n⟩ 1 BOT cosse *f*; gousse *f*; **drei ~n Paprika** trois poivrons *mpl* 2 *regional pl* **~n** *(grüne Erbsen)* petits pois 3 *umg fig (spaßige Geschichte)* histoire *f* drôle

Schott[1] M ⟨~s; ~s⟩ *(Salzsumpf)* chott *m*

Schott[2] N ⟨~(e)s; ~en⟩ SCHIFF cloison *f* étanche; **~en dicht!** fermez les portes étanches!; *nordd* **die ~en dicht machen** *umg* boucler portes et fenêtres

Schotte M ⟨~n; ~n⟩ Écossais *m*

Schottenmuster N écossais *m*; **Schottenrock** M jupe écossaise

Schotter M ⟨~s; ~⟩ 1 *(Geröll)* galets *mpl*; pierraille *f* 2 STRASSENBAU empierrement *m*; pierres concassées; EISENBAHN ballast *m* 3 *sl* ⟨*pas de pl*⟩ *(Geld)* *umg* fric *m*; *umg* pognon *m*; **Schotterdecke** F empierrement *m*

schottern VT ⟨-(e)re, h.⟩ *Straße* empierrer

Schotterstraße F route empierrée; **Schotterung** F ⟨~; ~en⟩ empierrement *m*; EISENBAHN ballast *m*

Schottin F ⟨~; ~nen⟩ Écossaise *f*

schottisch ADJ écossais; d'Écosse

Schottland N ⟨→ *n/pr*⟩ l'Écosse *f*

schraffieren VT ⟨*pas de ge-*, h.⟩ °hacher; °hachurer

Schraffierung F ⟨~; ~en⟩, **Schraffur** F ⟨-ur; -uren⟩ °hachure *f*

schräg A ADJ 1 *Linie, Wand etc* oblique; en biais; *Schrift* penché; incliné 2 *umg fig Blick* oblique; *Musik, Vorstellungen* insolite; *plus fort* excentrique; *umg* **ein ~er Vogel** *umg* un drôle d'oiseau B ADV obliquement; de *od* en biais; **~ laufend** oblique; diagonal; *Stoff* **~ schneiden** couper en biais; **~ über die Straße gehen** *a.* traverser la rue en diagonale; **~ (ver)laufen** aller en biais; **~ stellen** *Tischplatte etc* incliner; *Möbel zur Wand* mettre de *od* en biais; **den Kopf ~ halten** avoir la tête penchée *od* inclinée (de côté); *fig* **j-n ~ ansehen** regarder qn de travers; **~ stehende Augen haben** avoir les yeux obliques; **~ gegenüber (von)** presque en face (de); en diagonale (par rapport à)

Schräge F ⟨~; ~n⟩ *Fläche* plan incliné; *e-s Daches* pente *f*; *e-r Wand* inclinaison *f*

Schrägfenster N baie vitrée et inclinée;

S

Schrägkante F biseau *m*; chanfrein *m*; **Schräglage** F position inclinée, oblique; *e-s Schiffs* bande *f*; **schräglaufend** ADJT → schräg B; **Schrägschliff** M biseautage *m*; **Schrägschnitt** M coupe *f* en biais, en diagonale; **Schrägschrift** F TYPO italique *m*; **schrägstellen** VT → schräg B; **Schrägstreifen** M biais *m*; **Schrägstrich** M barre *f* oblique

schrak → schrecken B

Schramme F ⟨~; ~n⟩ éraflure *f*; égratignure *f*; *auf Möbelstücken, Glas a.* rayure *f*

schrammen A VT ⟨h.⟩ érafler; égratigner; *Möbel etc a.* rayer B VR **sich** *(dat)* **die Hand, Stirn** *etc* ~ s'égratigner, s'érafler la main, le front (**an etw** *[dat]* avec qc; **beim Sturz** en tombant)

Schrank M ⟨~(e)s; ~̈e⟩ 1 armoire *f*; *(Wandschrank)* placard *m*; *(Geschirrschrank)* buffet *m* 2 *umg fig (großer Mann)* armoire *f* à glace

Schrankbett N lit *m* encastrable; **Schrankbrett** N rayon *m*

Schränkchen N ⟨~s; ~⟩ petite armoire

Schranke F ⟨~; ~n⟩ 1 *(Eisenbahnschranke, Zollschranke) a. fig* barrière *f* 2 JUR *(Gerichtsschranke)* barre *f*; *e-r Reitbahn* lice *f*; *fig geh* **j-n in die ~n fordern** défier qn; *weitS.* demander des comptes à qn; *fig geh* **für j-n in die ~n treten** prendre fait et cause pour qn 3 *fig (Grenze)* borne *f*; limite *f*; *(Hemmnis)* entrave *f*; obstacle *m*; **sich** *(dat)* **~n auferlegen** s'imposer des limites, bornes; **e-r Sache** *(dat)* **~n setzen** mettre des bornes, un terme à qc; **j-n in s-e ~n (ver)weisen** remettre qn à sa place; **der Fantasie** *(dat)* **sind keine ~n gesetzt** il n'y a pas de limites à l'imagination

Schranken M ⟨~s; ~⟩ *österr* barrière *f*

schrankenlos ADJ *(unbeschränkt)* sans bornes, limites; illimité; *Macht* absolu; *(maßlos)* démesuré; *(zügellos)* effréné; **Schrankenlosigkeit** F ⟨~⟩ absence *f* de limites; *(Zügellosigkeit)* excès *m*; démesure *f*

Schrankenwärter(in) M(F) garde-barrière *m/f*; **Schrankenwärterhaus** N, **Schrankenwärterhäuschen** N maison *f* de garde-barrière

Schrankfach N compartiment *m*; case *f*; casier *m*; **schrankfertig** ADJ *Wäsche* lavé et repassé; **Schrankkoffer** M malle *f* porte-habits; **Schranktür** F porte *f* d'armoire; **Schrankwand** F éléments muraux; armoire *f* de rangement *m*

schrappen VT ⟨h.⟩ *regional* gratter; racler

Schrat M ⟨~(e)s; ~e⟩, **Schratt** M ⟨-(e)s; -e⟩ faune *m*

Schraubdeckel M couvercle *m* à visser

Schraube F ⟨~; ~n⟩ 1 TECH vis *f*; **~ ohne Ende** vis *f* sans fin; *fig* cercle vicieux; *umg* **bei ihm ist e-e ~ locker** *umg* il est fêlé; il a un grain; *umg* il a une araignée au plafond 2 SCHIFF, FLUG hélice *f* 3 KUNSTSPRINGEN tire-bouchon *m*; KUNSTFLUG tonneau *m* 4 *umg pej* **alte ~** *umg* vieille toupie; *umg* vieux tableau; *pej* vieille rombière

schrauben ⟨h.⟩ A VT 1 *(an~, fest~)* visser; **etw an etw** *(akk)* ~ fixer qc à qc avec une vis; visser qc à, sur qc 2 *(ab~)* dévisser; **den Deckel vom Glas ~** dévisser le couvercle du pot 3 *fig* **in die Höhe ~** (faire) monter; augmenter; **niedriger ~** (faire) baisser; diminuer; réduire B VR **sich in die Höhe ~** *Flugzeug* prendre de la hauteur

Schraubenbolzen M boulon *m*; *mit Gewinde an beiden Enden* goujon *m*; prisonnier *m*; **Schraubendreher** M tournevis *m*; **Schraubenflügel** M *e-r Schiffsschraube* pale *f* d'hélice; **schraubenförmig** ADJ hélicoïdal; **Schraubengang** M pas *m* de vis; **Schraubengewinde** N filetage *m*; **Schraubenkopf** M tête *f* de vis; **Schraubenmutter** F ⟨~; ~n⟩ écrou *m*; **Schraubenrad** N roue (à denture) hélicoïdale; **Schraubenschlüssel** M clé *f* (à écrous); *verstellbarer* clé anglaise, à molette; **Schraubenspindel** F arbre fileté; **Schraubenwelle** F arbre *m* d'hélice; **Schraubenwinde** F vérin *m*; cric *m* à vis; **Schraubenzieher** M ⟨~s; ~⟩ tournevis *m*

Schraubfassung F douille *f* à vis; **Schraubglas** N bocal *m* à couvercle vissé; **Schraubkappe** F capuchon vissé

Schraubstock M ⟨~(e)s; -stöcke⟩ étau *m*; **sein Griff ist wie ein ~** il a de la poigne

Schraubverbindung F raccord vissé, à vis; **Schraubverschluss** M fermeture *f* à vis; couvercle *m*, bouchon *m* à visser; **Schraubzwinge** F serre-joint(s) *m* (à vis)

Schrebergarten M jardin ouvrier

Schreck M ⟨~(e)s; ~e⟩ frayeur *f*; *geh* effroi *m*; *plus fort* épouvante *f*; **e-n ~ bekommen** s'effrayer; avoir une frayeur; *plus fort* s'épouvanter; **j-m e-n ~ einjagen** faire peur à qn; effrayer, *plus fort* épouvanter qn; **du hast mir e-n schönen ~ eingejagt!** tu m'as fait une de ces peurs!; **starr vor ~** glacé de peur, *plus fort* d'épouvante; **vor ~ konnte sie nicht mehr** *(+inf)* la frayeur, la peur l'empêchait de *(+inf)*; **der ~ ist mir in die Glieder** *od* **Knochen gefahren** la frayeur me glaça jusqu'aux os *od* m'a coupé bras et jambes; *umg hum* **auf den ~ muss ich einen trinken** pour me remettre de ma frayeur, il me faut un petit verre; *umg* **ach du (mein) ~!** bonté divine!; grand Dieu!; *umg hum* **~, lass nach!** ce n'est pas vrai!; il ne manquait plus que ça!

Schreckbild N épouvantail *m*

schrecken A VT ⟨h.⟩ 1 *geh (er~)* effrayer; *plus fort* épouvanter; terrifier 2 *(auf~)* **j-n aus dem Schlaf, aus den Gedanken ~** tirer brusquement qn de son sommeil, de ses pensées; arracher qn à son sommeil, à ses pensées B VI ⟨*régulier ou* schrickt, schrak, geschrocken, s.⟩ *(auf~, hoch~)* sursauter (de peur); **aus dem Schlaf ~** se réveiller en sursaut

Schrecken M ⟨~s; ~⟩ 1 *(Schreck)* frayeur *f*; *geh* effroi *m*; *(Entsetzen)* épouvante *f*; terreur *f*; horreur *f*; *(Angst)* peur *f*; **Angst und ~ verbreiten** répandre, semer, faire régner la terreur; **ein Ende mit ~** une fin épouvantable; *hum* **lieber ein Ende mit ~ als ein ~ ohne Ende** il vaut mieux en finir tout de suite; **mit dem ~ davonkommen** s'en tirer avec la peur; en être quitte pour la peur; **~ erregend** → schreckenerregend 2 *geh (Schrecklichkeit)* horreur *f*; abomination *f*; **ein Bild des ~s** une vision de cauchemar; **die ~ des Krieges** les horreurs de la guerre 3 *fig (gefürchtete Person)* terreur *f*; **er war der ~ der ganzen Nachbarschaft** c'était la terreur de tout le quartier

schreckenerregend ADJT terrible; effrayant

schreckensbleich *geh* ADJ blême, vert de peur

Schreckensherrschaft F régime *m*, règne *m* de la terreur; HIST (la) Terreur; **Schreckensnachricht** F nouvelle *f* terrible, épouvantable; **Schreckensnacht** *geh* F nuit *f* effroyable, de terreur, d'épouvante; **Schreckensschrei** M cri *m* d'horreur, de terreur; **Schreckenstat** *geh* F acte *m* effroyable, épouvantable, atroce

Schreckgespenst N 1 *Gespenst* spectre *m* 2 *umg hässliche Person* horreur *f*; épouvantail *m* 3 *fig (drohendes Unheil)* spectre *m*

schreckhaft ADJ craintif, -ive; émotif, -ive; **Schreckhaftigkeit** F ⟨~⟩ caractère craintif; émotivité *f*

schrecklich A ADJ 1 terrible; *(erschreckend)* effrayant; *plus fort (entsetzlich)* terrifiant; épouvantable; *Anblick, Unfall* affreux, -euse; **wie ~!** quelle horreur! 2 *umg (unangenehm)* **ein ~er Mensch** un type désagréable, antipathique; **es ist mir ~, ihr das sagen zu müssen** il m'est très désagréable d'avoir à lui dire ça 3 *umg fig (sehr groß)* terrible; **~e Unordnung** désordre *m* épouvantable B ADV *umg fig (sehr)* terriblement; épouvantablement; horriblement; **~ viel Geld** énormément d'argent; **etw ~ gern tun** adorer faire qc; **~ viel zu tun haben** avoir énormément à faire; avoir beaucoup de pain sur la planche

Schrecknis *geh* N ⟨~ses; ~se⟩ horreur *f*; **Schreckschraube** *umg pej* F chipie *f*; °harpie *f*; mégère *f*; **Schreckschuss** M coup tiré en l'air (pour faire peur); coup *m* de semonce, d'avertissement; **Schreckschusspistole** F pistolet *m* d'alarme

Schrecksekunde F temps *m* de réaction; **eine ~ lang** pendant une seconde

Schredder M → Shredder

Schrei M ⟨~(e)s; ~e⟩ cri *m*; **~ der Entrüstung** cri d'indignation; **e-n ~ ausstoßen** pousser un cri; *umg fig* **der letzte ~** le dernier cri; *geh fig* **der ~ nach Freiheit** les cris *mpl* exigeant la liberté

Schreibautomat M machine *f* de traitement de texte; **Schreibbedarf** M articles *mpl* de papeterie; **Schreibblock** M ⟨~(e)s; ~s *ou* ~̈e⟩ bloc-notes *m*; **Schreibbüro** N service *m* de dactylographie

Schreibe *umg* F ⟨~⟩ *(Schreibstil)* façon *f*, manière *f* d'écrire; **e-e flotte ~** un style enlevé

schreiben ⟨schreibt, schrieb, geschrieben, h.⟩ A VT *u.* VI 1 écrire; *Artikel a.* rédiger; *Schulaufsatz a.* faire; *Rechnung* dresser; établir; **j-m** *od* **an j-n ~** écrire à qn; **mit Bleistift, der Hand ~** écrire au crayon, à la main; *Stift etc* **gut ~** être bon, bonne; écrire bien; **nicht ~** ne pas écrire; *Person* **schön ~** écrire bien; avoir une belle écriture; **ins Reine ~** mettre au propre; *ein Wort* **mit ss ~** écrire avec deux s; **richtig ~** orthographier correctement; **falsch ~** mal orthographier; **etw auf j-s Rechnung** *(akk)* **~** mettre qc sur le compte de qn; porter, inscrire qc au compte de qn; **die Morgenzeitung schreibt …** on lit dans le journal du matin …; **für e-e, in e-r Zeitung ~** écrire dans un journal; **über etw** *(akk)* **~** écrire sur qc; **geben Sie mir etwas zum Schreiben** donnez-moi de quoi écrire; *umg fig* **wo steht denn das geschrieben?** en vertu de quoi?; → *a.* schönschreiben, großschreiben, kleinschreiben, krankschreiben, gesundschreiben 2 *geh* **man schrieb das Jahr 1918** on était en 1918; **welches Datum ~ wir heute?** quelle date est-ce aujourd'hui? B VR 1 *umg* **sich** *(dat)* **mit j-m ~** correspondre avec qn 2 **wie ~ Sie sich?** comment s'écrit votre nom? 3 *umg fig* **sich** *(dat)* **die Finger wund ~** écrire à en avoir des crampes dans les mains *od* les doigts gourds

Schreiben N ⟨~s; ~⟩ *(Brief)* lettre *f*; *(Schriftstück)* écrit *m*; ADMIN **mit ~ vom …** par lettre du …; par courrier du …

Schreiber[1] M ⟨~s; ~⟩ 1 TECH enregistreur *m* 2 *umg (Stift)* **ich habe keinen ~ bei mir** je n'ai pas de quoi écrire

Schreiber[2] M ⟨~s; ~⟩, **Schreiberin** F ⟨~in; ~innen⟩ *e-s Briefs, Buchs etc* auteur *m*; HIST copiste *m/f*; *(Gerichtsschreiber[in])* greffier *m*; LING scripteur *m*

Schreiberling M ⟨~s; ~e⟩ *pej* écrivailleur *m*; *umg* plumitif *m*; *(Bürokrat)* rond-de-cuir *m*

schreibfaul ADJ qui n'aime pas écrire; ~

S

sein être trop paresseux, -euse pour écrire

Schreibfaulheit F paresse *f* d'écrire; **Schreibfeder** F plume *f*; **Schreibfehler** M faute *f* d'orthographe; **Schreibgerät** N instrument(s) *m(pl)* d'écriture; *(Stift)* crayon *m*, stylo *m*, *etc*; **schreibgeschützt** ADJT IT protégé contre l'écriture; **Schreibheft** N cahier *m*; **Schreibkraft** F dactylo(graphe) *f*; **Schreibkrampf** M crampe *f* dans la main; *t/t* graphospasme *m*; **Schreibkunst** F ⟨~⟩ calligraphie *f*; **Schreibmappe** F nécessaire *m* à correspondance

Schreibmaschine F machine *f* à écrire; **mit der ~ schreiben** écrire, taper à la machine

Schreibmaschinenpapier N papier *m* (pour) machine (à écrire); **Schreibpapier** N papier *m* pour écrire; **Schreibpult** N pupitre *m*; **Schreibschrift** F écriture manuscrite; **Schreibschutz** M IT protection *f* contre l'écriture; **Schreibstil** M style *m*; **Schreibstube** F MIL bureau *m* de compagnie; **Schreibtafel** F tableau *m (pour écrire)*; HIST tablette *f* (à écrire)

Schreibtisch M bureau *m*; **Schreibtischgarnitur** F accessoires de bureau (coordonnés); **Schreibtischlampe** F lampe *f* de bureau; **Schreibtischsessel** M fauteuil *m* de bureau; **Schreibtischtäter** M cerveau *m* (d'une bande, *etc*); organisateur *m* (d'un crime de guerre, *etc*)

Schreibübung F exercice *m* d'écriture

Schreibung F ⟨~; ~en⟩ graphie *f*; *(Rechtschreibung)* orthographe *f*; **falsche ~** mauvaise orthographe

Schreibunterlage F sous-main *m*; **Schreibutensilien** PL → Schreibbedarf; **Schreibverbot** N interdiction *f* d'écrire

Schreibwaren FPL articles *mpl* de papeterie; **Schreibwarengeschäft** N → Schreibwarenhandlung; **Schreibwarenhändler(in)** M(F) papetier, -ère *m,f*; **Schreibwarenhandlung** F papeterie *f*

Schreibweise F manière *f*, façon *f* d'écrire; *(Stil)* style *m*; *(Schreibung)* graphie *f*; *(Rechtschreibung)* orthographe *f*

Schreibzeug N ⟨~(e)s⟩ crayons *mpl*, stylos *mpl*, *etc*; **ich habe kein ~** je n'ai pas de quoi écrire

schreien ⟨schreit, schrie, geschrie(e)n, h.⟩ A VT *u.* VI crier *(a. Tiere)*; pousser des cris; *(ausrufen)* s'écrier; *Esel* braire; *Eule* ululer; **nach Brot ~** réclamer du pain à grands cris; **nach j-m ~** réclamer, appeler qn; *fig* **nach Rache ~** crier vengeance; *fig* **das schreit zum Himmel** c'est révoltant; *umg* **das ist zum Schreien!** *umg* c'est bidonnant, crevant, tordant!; c'est à mourir de rire! B VR **sich heiser ~** s'égosiller; **sich müde ~** s'époumoner

schreiend ADJT *Farbe* criard; *Ungerechtigkeit* criant; *Gegensatz, Widerspruch* flagrant

Schreier(in) M ⟨~s; ~⟩ (F) ⟨~in; ~innen⟩ criard(e) *m(f)*; *umg* braillard(e) *m(f)*; *umg* gueulard(e) *m/f*; **Schreierei** F ⟨~; ~en⟩ *pej* cris *mpl*; criaillerie *f*; **Schreihals** *umg* M → Schreier(in)

Schreikrampf M cris convulsifs; **e-n ~ bekommen** (commencer à) pousser des cris hystériques

Schrein *geh* M ⟨~(e)s; ~e⟩ coffre *m*; *kleiner* coffret *m*; *für Reliquien* reliquaire *m*; châsse *f*

Schreiner(in) M ⟨~s; ~⟩ (F) ⟨~in; ~innen⟩ menuisier, -ière *m,f*; *(Kunstschreiner[in])* ébéniste *m/f*; **Schreinerei** F ⟨~; ~en⟩ menuiserie *f*; *(Kunstschreinerei)* ébénisterie *f*

schreinern ⟨-(e)re, h.⟩ A VT faire; **geschreinert** *a.* menuisé B VI faire des travaux de menuiserie

schreiten *geh* VI ⟨schreitet, schritt, geschritten, s.⟩ 1 marcher; s'avancer; **über etw** *(akk)* **~** enjamber, franchir qc; passer par-dessus qc; **im Zimmer auf und ab ~** arpenter la pièce 2 *fig* **zu etw ~** en venir, passer, procéder à qc; **zur Abstimmung (über etw** [*akk*]) **~** procéder au vote (de qc); **von Erfolg zu Erfolg ~** aller, voler de succès en succès; **zur Tat ~** passer aux actes

Schreitvögel MPL ZOOL échassiers *mpl*

schrickt → schrecken

schrie → schreien

schrieb → schreiben

Schrieb *umg* M ⟨~s; ~e⟩ *umg* bafouille *f*

Schrift F ⟨~; ~en⟩ 1 *(Handschrift)* écriture *f*; **e-e schöne ~ haben** avoir une belle écriture; **e-e Sprache in Wort und ~ beherrschen** savoir parler et écrire une langue 2 *(Buchstabensystem)* alphabet *m*; *(Buchstaben)* **in russischer ~** en caractères cyrilliques 3 TYPO caractères *mpl*; lettres *fpl* 4 *(~stück)* écrit *m*; *(Werk)* œuvre *f*; ouvrage *m*; *kleine* opuscule *m*; **die Heilige ~** l'Écriture (sainte) 5 PL **~en** *schweiz (Ausweis)* papiers *mpl*

Schriftart F TYPO caractère *m*; **Schriftbild** N *(Schrift)* écriture *f*; TYPO typographie *f*; **Schriftdeuter(in)** M ⟨~s; ~⟩ (F) ⟨~in; ~innen⟩ graphologue *m/f*; **Schriftdeutsch** N allemand écrit, littéraire; **Schriftdeutung** F graphologie *f*

Schriftenreihe F série *f*; collection *f*; **Schriftenverzeichnis** N bibliographie *f*

Schriftfälscher(in) M(F) faussaire *m/f*; falsificateur, -trice *m,f* d'écriture

Schriftform F ⟨~⟩ **in ~** par écrit

Schriftführer(in) M(F) *e-s Vereins* secrétaire *m/f*; **Schriftgelehrte(r)** M BIBEL scribe *m*; docteur *m* de la Loi; **Schriftgrad** M, **Schriftgröße** F TYPO corps *m* (d'un caractère)

schriftlich A ADJ écrit; **die ~e Prüfung**, *umg* **das Schriftliche** les épreuves écrites; l'écrit *m*; **~e Vereinbarung** convention écrite, par écrit; **nichts Schriftliches (in der Hand) haben** n'avoir aucun document écrit B ADV par écrit; **~ antworten** répondre par lettre; **~ mitteilen** écrire; **sich** *(dat)* **etw ~ geben lassen** se faire donner qc par écrit, noir sur blanc; *umg fig* **das kann ich dir ~ geben** tu peux y compter absolument; je te le certifie

Schriftprobe F spécimen *m* d'écriture; TYPO spécimen *m* (de caractères); **Schriftrolle** F HIST rouleau *m* de parchemin, *etc*; **Schriftsachverständige(r)** M/F(M) expert *m* en écritures; **Schriftsatz** M 1 TYPO composition *f* 2 JUR mémoire *m*; **Schriftsetzer** M typographe *m*; *umg* typo *m*; compositeur *m* (d'imprimerie); **Schriftsprache** F langue littéraire, écrite; **schriftsprachlich** ADJ de la langue littéraire, écrite; **Schriftsteller(in)** M ⟨~s; ~⟩ (F) ⟨~in; ~innen⟩ auteur *m*; écrivain *m*; homme *m*, femme *f* de lettres; **Schriftstellerberuf** M, **Schriftstellerei** F ⟨-ei⟩ métier *m*, profession *f* d'écrivain, d'homme de lettres, *etc*; **schriftstellerisch** A ADJ littéraire; d'auteur; d'écrivain B ADV comme auteur, écrivain, *etc*; **schriftstellern** VI ⟨-(e)re, h.⟩ écrire; **Schriftstück** N écrit *m*; acte *m*; *(Urkunde)* pièce *f*; document *m*; **Schrifttum** N ⟨~s⟩ littérature *f*; ouvrages *mpl*; **Schriftverkehr** M, **Schriftwechsel** M échange *m* de lettres; correspondance *f*; *als Aktenmaterial* écritures *fpl*; **Schriftzeichen** N signe *m*; TYPO caractère *m*

Schriftzug M 1 *(Unterschrift)* paraphe *m*; signature *f*; griffe *f*; *e-r Firma etc* logo *m* 2 *(Schrift)* **Schriftzüge** *pl* écriture *f*

schrill ADJ *Stimme, Ton, Schrei* aigu, aiguë; perçant; *a. Lachen* strident

schrillen VI ⟨h.⟩ rendre un son aigu, strident, perçant

Schrimps MPL crevettes *fpl*

Schrippe F ⟨~; ~n⟩ *bes berlinerisch* petit pain

schritt → schreiten

Schritt M ⟨~(e)s; ~e⟩ 1 pas *m (a.* TANZEN, SKILANGLAUF, *des Pferdes)*; *e-s Läufers* foulée *f*; **die ersten ~e machen** faire ses premiers pas; *fig* **den ersten ~ machen** faire le premier pas; *fig* **den zweiten ~ vor dem ersten tun** mettre la charrue avant, devant les bœufs; **auf ~ und Tritt** à chaque pas; **j-m auf ~ und Tritt folgen** s'attacher aux pas de qn; emboîter le pas à qn; ne pas lâcher qn d'une semelle; **j-n auf ~ und Tritt beobachten** surveiller les allées et venues de qn; **aus dem ~ kommen** perdre la cadence; **~ für ~** pas à pas; MIL **(im) ~!** au pas!; *Auto* **(im) ~ fahren** rouler, aller au pas; **mit schnellen ~en** d'un pas pressé; **mit leisen ~en** à pas feutrés; *umg* **er hat e-n guten ~ am Leib(e)** il avance, marche d'un bon pas; **keinen ~ aus dem Haus tun** ne pas mettre le pied dehors; **e-n ~ zulegen** presser le pas; **e-n ~ zurücktreten** faire un pas en arrière; **e-n ~ zur Seite, nach vorn machen** faire un pas de côté, en avant; **mit j-m ~ halten (können)** aller du même pas, à la même allure que qn; *fig* **mit der Klasse ~ halten (können)** bien suivre en classe; *fig* **mit der allgemeinen Entwicklung ~ halten** rester dans la course; *fig* **mit den Ereignissen nicht ~ halten können** être dépassé par les événements; **mit der Zeit ~ halten** vivre avec son temps 2 ⟨*pl* ~, *rarement* ~e⟩ *Entfernungsangabe* pas *mpl*; **zehn ~(e) weiter** dix pas plus loin; **in zwanzig ~(en) Entfernung** à vingt pas; **nur ein paar ~(e) von hier entfernt** à deux pas d'ici; *fig* **e-n ~ zu weit gehen** faire un pas de trop; aller trop loin; *fig* **e-n ~ weiter gehen (als j-d)** surenchérir (sur qn) 3 *fig (Maßnahme)* démarche *f*; mesure *f*; **~e unternehmen** faire, entreprendre des démarches; prendre des mesures 4 *e-r Hose* entrejambes *m*

Schrittgeschwindigkeit F ⟨~⟩ **(mit) ~ fahren** rouler, aller au pas

Schrittmacher M ⟨~s; ~⟩ 1 LEICHTATHLETIK sportif *m* qui mène le train; RADSPORT entraîneur *m* 2 *(Herzschrittmacher)* stimulateur *m* cardiaque; pacemaker *m* 3 *fig* pionnier *m*

Schritttempo N ⟨~s⟩ **im ~** au pas; **(im) ~ fahren** rouler, aller au pas

schrittweise A ADJ progressif, -ive; graduel, -elle B ADV pas à pas; progressivement; graduellement

schroff A ADJ 1 *Felsen (jäh abfallend)* escarpé; abrupt; *plus fort* à pic 2 *Wesen* brusque; rude; bourru; *(abweisend)* rébarbatif, -ive; *Ton* cassant; sec, sèche 3 *Übergang (unvermittelt)* brusque B ADV **j-n ~ behandeln** rudoyer, rabrouer qn; **etw ~ von der Hand weisen** rejeter, repousser qc catégoriquement, brusquement

Schroffheit F ⟨~; ~en⟩ 1 ⟨*pas de pl*⟩ escarpement m 2 ⟨*pas de pl*⟩ *(schroffes Wesen)* rudesse *f*; brusquerie *f* 3 *Äußerung* parole(s) *f(pl)* rude(s)

schröpfen VT ⟨h.⟩ 1 MED saigner; *mit Schröpfköpfen* appliquer, mettre des ventouses à 2 *umg* **j-n ~** saigner, *umg* plumer, faire casquer qn

Schröpfkopf M MED ventouse *f*

Schrot M *od* N ⟨~(e)s; ~e⟩ 1 *(Bleischrot)* plomb *m* (de chasse); grenaille *f* (de plomb) 2 *(Getreideschrot)* blé, grain concassé 3 *fig* **von echtem ~ und Korn** de bon aloi; **von altem ~ und Korn** de vieille souche, roche; de la vieille école

S

Schrotbrot N *etwa* pain complet
schroten VT ⟨-ete, h.⟩ *bes Getreide* concasser
Schrotflinte F fusil *m* de chasse; **Schrotkorn** N ⟨~s; -körner⟩, **Schrotkugel** F grain *m* de plomb; **Schrotladung** F charge *f* de plomb; **Schrotmehl** N grosse farine; **Schrotmühle** F moulin *m* à égruger, à concasser; (moulin) concasseur *m*; **Schrotsäge** F passe-partout *m*
Schrott M ⟨~(e)s; ~e⟩ **1** ferraille(s) *f(pl)*; *von Maschinen, Autos* casse *f*; **e-n Wagen zu ~ fahren** *umg* casser une voiture; rendre une voiture bonne pour la casse **2** *umg pej* ⟨*pas de pl*⟩ (*wertloses Zeug*) *umg* camelote *f*; (*Unsinn*) *umg* foutaises *fpl*; *umg* conneries *fpl*
schrotten *umg* VT ⟨-ete, h.⟩ *umg* bousiller; **er hat unser Auto geschrottet** *umg* il a bousillé notre voiture
Schrotthändler M ferrailleur *m*; marchand *m* de ferraille; **Schrotthaufen** M tas *m* de ferraille; **Schrottplatz** M parc *m* à ferraille; casse *f*; **Schrottpresse** F presse *f* à ferraille; **schrottreif** ADJ bon, bonne pour la ferraille, la casse
Schrottwert M prix *m* de la casse; **zum ~ verkaufen** vendre à la casse
schrubben ⟨h.⟩ **A** VT frotter (avec un balai-brosse) **B** VR **sich** (*dat*) **die Hände ~** se frotter les mains avec une brosse (dure)
Schrubber M ⟨~s; ~⟩ balai-brosse *m*
Schrulle F ⟨~; ~n⟩ **1** (*Marotte*) lubie *f*; marotte *f*; *umg* tocade *od* toquade *f* **2** *umg pej* **alte ~** *umg* vieille toquée
schrullig ADJ bizarre; *umg* loufoque; *umg* toqué; **Schrulligkeit** F ⟨~; ~en⟩ bizarrerie *f*; singularité *f*
schrumpelig *umg* ADJ ridé; ratatiné
schrumpeln *umg* VI ⟨-(e)le, s.⟩ se rider; se ratatiner
schrumpfen VI ⟨s.⟩ **1** se rétrécir (*a.* TECH); MED s'atrophier; *Früchte* se rider; se ratatiner **2** *fig* (*abnehmen*) diminuer; *Kapital etc* s'amoindrir; fondre
Schrumpfkopf M tête réduite; **Schrumpfleber** F MED foie atrophié; **Schrumpfniere** F MED rein contracté
Schrumpfung F ⟨~; ~en⟩ **1** rétrécissement *m*; resserrement *m*; MED atrophie *f* **2** *fig des Kapitals etc* diminution *f*; amoindrissement *m*
schrumplig → schrumpelig
Schrunde F ⟨~; ~n⟩ *im Fels, Gletscher, in der Haut* crevasse *f*; *in der Haut a.* gerçure *f*
schrundig ADJ crevassé; *Haut a.* gercé
Schub M ⟨~(e)s; ~̈e⟩ **1** PHYS, TECH (*~kraft*) poussée *f* **2** *fig Personen etc* groupe *m*; *umg* fournée *f*; **mit dem ersten ~ hineinkommen** *umg* entrer avec la première fournée **3** (*Krankheitsschub*) poussée *f*; *weitS.* crise *f* **4** *regional* (*~fach*) tiroir *m*
Schuber M ⟨~s; ~⟩ **1** *für Bücher* emboîtage *m* **2** *österr* (*Riegel*) verrou *m*
Schubfach N tiroir *m*; **Schubkarre(n)** M/F(M) brouette *f*; **Schubkasten** M tiroir *m*; **Schubkraft** F ⟨~⟩ PHYS (force *f* de) poussée *f*
Schublade F tiroir *m*; *fig* **die Pläne dazu liegen immer noch in der ~** les projets, plans dorment, *umg* moisissent encore dans un tiroir
Schublehre F pied *m* à coulisse; **Schubleistung** F FLUG puissance *f* de poussée
Schubs *umg* M ⟨~es; ~e⟩ poussée *f*; bourrade *f*; *fig* (*Ermunterung*) impulsion *f*
schubsen *umg* VT ⟨-(es)t, h.⟩ **j-n ~** pousser qn; *plus fort* bousculer qn; **j-n zur Seite, nach vorn ~** pousser qn de côté, en avant
Schubumkehr F FLUG inversion *f* de poussée
schubweise ADV (*in Gruppen*) par (petits) groupes; *umg* par fournées; (*nach u. nach*) peu à peu; MED par poussées
schüchtern ADJ timide; **Schüchternheit** F ⟨~⟩ timidité *f*
schuf → schaffen
Schuft M ⟨~(e)s; ~e⟩ canaille *f*; *umg* fripouille *f*; *plus fort* crapule *f*
schuften *umg* VI ⟨-ete, h.⟩ travailler d'arrache-pied; *umg* trimer; *umg* turbiner; *umg* bosser dur; *umg* se crever au travail; **Schufterei** *umg* F ⟨~; ~en⟩ travail fou, *umg* dingue
schuftig ADJ abject; ignoble; infâme
Schuh M ⟨~(e)s; ~e⟩ chaussure *f*; soulier *m*; **hohe ~e** chaussures montantes; **dieser ~ sitzt gut** cette chaussure chausse bien; **sich** (*dat*) **die ~e anziehen (ausziehen)** se (dé)chausser; mettre (enlever) ses chaussures; *umg fig* **j-m etw in die ~e schieben** mettre qc sur le dos de qn; *umg fig* **sie weiß, wo ihn der ~ drückt** elle sait où le bât le blesse; *umg fig* **wo drückt der ~?** qu'est-ce qui ne va pas?
Schuhabsatz M talon *m*; **Schuhanzieher** M ⟨~s; ~⟩ chausse-pied *m*; **Schuhband** N ⟨~(e)s; -bänder⟩ *regional* lacet *m*; **Schuhbürste** F brosse *f* à chaussures; **Schuhcreme** F cirage *m*; crème *f* (pour chaussures); **Schuhfabrik** F fabrique *f* de chaussures; **Schuhgeschäft** N magasin *m* de chaussures
Schuhgröße F pointure *f*; **~ 39 haben** chausser, faire du 39; **welche ~ haben Sie?** quelle pointure faites-vous?
Schuhhandel M (commerce *m* de la) chaussure; **Schuhhaus** N → Schuhgeschäft; **Schuhindustrie** F (industrie *f* de la) chaussure; **Schuhkarton** M carton *m*, boîte *f* à chaussures; **Schuhladen** M → Schuhgeschäft; **Schuhleisten** M forme *f*; embauchoir *m*; **Schuhlöffel** M chausse-pied *m*; **Schuhmacher** M ⟨~s; ~⟩ *Reparateur* cordonnier *m*; *Hersteller* bottier *m*; **Schuhmacherei** F ⟨~; ~en⟩ cordonnerie *f*; **Schuhplattler** M ⟨~s; ~⟩ *danse folklorique tyrolienne, bavaroise*; **Schuhputzer** M ⟨~s; ~⟩ cireur *m*; **Schuhriemen** M *regional* lacet *m*; **Schuhschachtel** F carton *m*, boîte *f* à chaussures; **Schuhschrank** M meuble *m*, armoire *f* à chaussures
Schuhsohle F semelle *f*; *umg fig* **sich** (*dat*) **die ~n ablaufen, um etw zu bekommen** *umg* courir après qc; se démener, *umg* se décarcasser pour obtenir qc
Schuhspanner M embauchoir *m*; **Schuhspitze** F bout *m* (de chaussure); **Schuhwerk** N ⟨~(e)s⟩ chaussures *fpl*; **Schuhwichse** *umg* F → Schuhcreme
Schukosteckdose® F ELEK prise *f* de courant avec terre; socle *m* tripolaire; **Schukostecker®** M ELEK fiche *f* avec terre
Schulabbrecher(in) M ⟨~s; ~⟩ (F) ⟨~in; ~innen⟩ élève *m/f* qui abandonne l'école; **Schulabgänger(in)** M ⟨~s; ~⟩ (F) ⟨~in; ~innen⟩ élève *m/f* ayant terminé sa scolarité; **Schulabschluss** M diplôme *m* de fin d'études; **Schulamt** N *etwa* inspection *f* académique; **Schulanfang** M *nach den Ferien* rentrée *f* (scolaire, des classes); *nach der Kindergartenzeit* début *m* de la scolarité; *am Morgen* début *m* des heures de cours; **Schulanfänger(in)** M(F) enfant *m/f* nouvellement scolarisé(e); **Schulangst** F peur *f* de l'école; **Schularbeit** F **1** (*Hausaufgabe*) devoir *m* **2** *österr* → Klassenarbeit **3** ⟨*pas de pl*⟩ (*Arbeit an der Schule*) travail *m* à l'école; **Schularzt** M médecin *m* scolaire; **Schulatlas** M atlas *m* scolaire; **Schulaufgabe** F **1** (*Hausaufgabe*) devoir *m* **2** *in Bayern* → Klassenarbeit; **Schulausflug** M excursion *f* scolaire, de classe; **Schulausgabe** F édition *f* scolaire
Schulbank F ⟨~; -bänke⟩ banc *m* d'école; *umg* **die ~ drücken** aller à l'école, en classe
Schulbeginn M → Schulanfang; **Schulbehörde** F *etwa* inspection *f* académique; **Schulbeispiel** N exemple *m* classique, typique, caractéristique (**für** de); **Schulbesuch** M fréquentation *f* scolaire, de l'école; scolarité *f*; **Schulbezirk** M district *m*, circonscription *f* scolaire; *in Frankreich* secteur *m* scolaire; **Schulbibliothek** F bibliothèque *f* (de l'école); *in Frankreich a.* centre *m* de documentation et d'information
Schulbildung F ⟨~⟩ formation *f* scolaire; **e-e gute ~ haben** avoir une bonne formation scolaire
Schulbrot N → Pausenbrot; **Schulbuch** N livre *m*, manuel *m* scolaire; livre *m* de classe; **Schulbuchverlag** M maison *f* d'édition *od* éditeur *m* de livres, manuels scolaires; **Schulbus** M (auto)car *m* (de ramassage) scolaire; **Schulchor** M chorale *f* (d'une *bzw.* de l'école)
schuld ADJ **an etw** (*dat*) **~ sein** être responsable de qc; **ich bin ~ daran, dass …** c'est par ma faute que …; **du bist an allem ~** tout ça, c'est de ta faute; **wer ist ~?** à qui la faute?
Schuld F ⟨~; ~en⟩ **1** HANDEL (*Geldschuld*) dette *f*; obligation *f*; **~en der öffentlichen Hand** dette publique; **für e-e ~ aufkommen** répondre d'une dette; **e-e ~ eintreiben** recouvrer une dette, créance; **e-e ~ tilgen** amortir une dette; **~en machen** faire, contracter des dettes; **ich mache ungern ~en** je n'aime pas faire de dettes; **~en haben** avoir des dettes; être endetté; **tief,** *umg* **bis über die Ohren in ~en stecken,** *umg* **mehr ~en als Haare auf dem Kopf haben** être endetté jusqu'au cou; être criblé, perdu de dettes; **bei j-m ~en haben** être en dette avec qn; avoir des dettes envers qn; **bei j-m 1000 Euro ~en haben** devoir 1000 euros à qn; *geh* **ich stehe** *od* **bin tief in Ihrer ~** je vous suis infiniment obligé **2** ⟨*pas de pl*⟩ (*Fehler, Verantwortlichkeit*) faute *f*; responsabilité *f*; (*Unrecht*) tort *m*; (*Straffälligkeit*) culpabilité *f*; **wer hat ~?, wessen ~ ist es?** à qui la faute?; **an etw** (*dat*) **~ haben** être responsable de qc; **es ist meine ~, die ~ liegt bei mir, ich habe ~** c'est (de) ma faute; **j-m die ~ für etw geben** rendre qn responsable de qc; attribuer, imputer à qn la faute de qc; **die ~ auf j-n schieben, j-m die ~ zuschieben** mettre tous les torts sur le dos de qn; rejeter la faute sur qn; **sich** (*dat*) **etw zu ~en kommen lassen** se rendre coupable de qc; **die ~ auf sich** (*akk*) **nehmen** prendre la faute sur soi; **e-e schwere ~ auf sich** (*akk*) **laden** se rendre coupable d'une faute grave; commettre une faute grave; **s-e ~ bekennen** s'avouer coupable; **ich bin mir keiner ~ bewusst** je ne me sens pas coupable du tout; **dich trifft keine ~** tu n'y peux rien; ce n'est pas de ta faute; → *a.* schuld **3** ⟨*pas de pl*⟩ REL offense *f*; **~ und Sühne** crime et châtiment; *im Vaterunser* **und vergib uns unsere ~** et pardonne-nous nos offenses
Schuldabtretung F HANDEL cession *f* de dette; **Schuldanerkenntnis** N HANDEL reconnaissance *f* de dette; **Schuldbekenntnis** N aveu *m*; **schuldbeladen** ADJT accablé par ses fautes; **schuldbewusst** **A** ADJ qui se sent coupable; *Gesichtsausdruck, Blick* contrit; penaud **B** ADV avec un sentiment de culpabilité; **Schuldbewusstsein** N conscience *f* de sa (propre) faute *od* culpabilité
schulden ⟨-ete⟩ **A** VT ⟨h.⟩ **j-m etw ~** *a. fig*

devoir qc à qn; *fig* **was schulde ich Ihnen?** (*was muss ich bezahlen?*) qu'est-ce que, combien je vous dois? **B** VI ⟨s.⟩ *geh* **e-r Sache** (*dat*) **geschuldet sein** être dû, due à qc

Schuldenaufstellung F état *m* des dettes; **Schuldenberg** *umg* M montagne *f* de dettes; **Schuldendienst** M service *m* de la dette publique; **Schuldenerlass** M remise *f* de dettes

Schuldenfalle *umg* F piège *m* de la dette; **aus der ~ herauskommen** sortir du piège de la dette

schuldenfrei ADJ libéré de toute dette; sans dettes; *Haus etc* non hypothéqué; non grevé; **Schuldenkrise** F surendettement *m*; **Schuldenlast** F (poids *m* de) dettes *fpl*; lourdes dettes; **Schuldenmasse** F *bei e-m Konkurs* passif *m*; **Schuldenrückzahlung** F paiement *m*, liquidation *f*, remboursement *m* des dettes; **Schuldentilgung** F amortissement *m*, extinction *f* des dettes

schuldfähig ADJ JUR (pénalement) responsable

Schuldfähigkeit F ⟨~⟩ JUR responsabilité pénale; **verminderte ~** responsabilité atténuée

Schuldforderung F créance *f*; **Schuldfrage** F question *f* de culpabilité, de responsabilité; **Schuldgefühl** N sentiment *m* de culpabilité; **Schuldgeständnis** N aveu *m*; **schuldhaft** ADJ coupable; fautif, -ive

Schuldienst M ⟨~(e)s⟩ enseignement *m* (scolaire); **im ~ (tätig) sein** être dans l'enseignement

schuldig ADJ **1** coupable; fautif, -ive; (*verantwortlich*) responsable; **für ~ erklären, ~ sprechen** déclarer coupable; **sich ~ bekennen, erklären** plaider, se déclarer, s'avouer coupable; avouer sa culpabilité; **für ~ befunden werden** être reconnu coupable; **sich e-s Verbrechens ~ machen** se rendre coupable d'un crime; **j-m etw ~ sein** devoir qc à qn; être redevable de qc à qn; **j-m etw ~ bleiben** demeurer en reste avec qn; **was sind wir (Ihnen) ~?** qu'est-ce que nous vous devons?; **j-m die Antwort ~ bleiben** laisser qn sans réponse; **keine Antwort ~ bleiben** avoir la repartie facile; avoir réponse à tout; *fig* **j-m nichts ~ bleiben** rendre la pareille, la monnaie de sa pièce à qn **2** *geh* (*gebührend*) dû, due; **das ist man ihm ~** cela lui est dû; on le lui doit bien; **j-m die ~e Achtung versagen** refuser à qn le respect qui lui est dû

Schuldige(r) M/F(M) ⟨→ A⟩ coupable *m/f*

Schuldiger M ⟨~s; ~⟩ REL *im Vaterunser* **wie wir vergeben unsern ~n** comme nous pardonnons à ceux qui nous ont offensés

Schuldigkeit F ⟨~; ~en⟩ devoir *m*; **er hat nur s-e (Pflicht und) ~ getan** il n'a fait que son devoir

schuldigsprechen VT → schuldig 1; **Schuldigsprechung** F ⟨~; ~en⟩ verdict *m*, sentence *f* de culpabilité

Schuldkomplex M PSYCH complexe *m* de culpabilité

schuldlos ADJ non coupable; innocent; **an etw** (*dat*) **~ sein** ne pas être coupable, responsable de qc

Schuldlosigkeit F ⟨~⟩ non-culpabilité *f*; innocence *f*

Schuldner(in) M ⟨~s; ~⟩ (F) ⟨~in; ~innen⟩ débiteur, -trice *m,f*

Schuldrecht N ⟨~(e)s⟩ droit *m* des obligations et des contrats; **Schuldschein** M titre *m* de créance; *privatrechtlicher* reconnaissance *f* de dette; **Schuldspruch** M verdict *m*, sentence *f* de culpabilité; **Schuldübernahme** F reprise *f* de dettes; prise *f* en charge de dettes; **schuldunfähig** ADJ JUR irresponsable; **Schuldunfähigkeit** F ⟨~⟩ JUR irresponsabilité *f*; **Schuldverhältnis** N (rapport *m* d')obligation *f*; **Schuldverschreibung** F FIN (titre *m* d')obligation *f*; **Schuldwechsel** M FIN effet *m* à payer

Schuldzuweisung F accusation *f*; **es endet immer mit gegenseitigen ~en** ils finissent toujours par s'accuser mutuellement

Schule F ⟨~; ~n⟩ **1** école *f*; ADMIN établissement *m* scolaire; (*Unterricht*) cours *mpl*; *Grundschule* classe *f*; **höhere ~** collège *m*; lycée *m*; **die ~ besuchen** fréquenter l'école; *umg* **die ~ schwänzen** *umg* sécher les cours; faire l'école buissonnière; **in die** *od* **zur ~ gehen** aller à l'école, en cours *bzw.* en classe; **in die** *od* **zur ~ kommen** (*eingeschult werden*) être scolarisé; **in der ~ sein** être à l'école *bzw.* au collège, *etc*; **morgen fällt die ~ aus** il n'y a pas cours *bzw.* classe demain; **die ~ fängt Montag wieder an** la rentrée des classes aura lieu, les cours reprennent lundi **2** *fig* école *f*; **ein Diplomat alter** *od* **der alten ~** un diplomate de la vieille école; **aus der ~ plaudern** commettre une indiscrétion *bzw.* des indiscrétions; **durch e-e harte ~ gehen** être à rude école; **~ machen** faire école **3** REITEN **Hohe ~** °haute école

schuleigen ADJ qui appartient à l'établissement (scolaire)

schulen VT ⟨h.⟩ *Person* former; *Fähigkeit, Auge, Ohr* exercer; *Fähigkeit a.* éduquer; (*vervollkommnen*) perfectionner

Schulenglisch N anglais *m* scolaire

Schüler M ⟨~s; ~⟩ **1** élève *m* **2** *fig* élève *m*; (*Anhänger*) disciple *m*; **Schüleraustausch** M échange *m* scolaire; **Schülerausweis** M carte *f* d'identité scolaire; **Schülerbibliothek** F bibliothèque *f* scolaire, des élèves; **schülerhaft** **A** ADJ d'écolier; d'élève **B** ADV en écolier, élève

Schülerin F ⟨~; ~nen⟩ **1** élève *f* **2** *fig* élève *f*; (*Anhängerin*) disciple *f*

Schülerjargon M argot *m* scolaire; **Schülerkarte** F *Bus etc* carte *f* (d'abonnement pour scolaires); THEAT billet *m* de faveur, de réduction, à prix réduit pour élèves; **Schülerlotse** M *élève réglant la circulation à l'entrée et à la sortie de son école*; **Schülermitverwaltung** F **1** ⟨*pas de pl*⟩ *Tätigkeit* participation *f* des élèves à la vie administrative des établissements scolaires **2** *Gremium etwa* délégués *mpl* de classe; **Schülerschaft** F ⟨~; ~en⟩ (tous les) élèves *mpl*; **Schülersprache** F ⟨~⟩ argot *m* scolaire; **Schülerstreich** M tour *m* (de collégien); **Schülerstreik** M grève *f* des élèves; **Schülervertretung** F représentants *mpl* des élèves; **Schülerzeitung** F journal *m* scolaire

Schulerziehung F éducation *f* scolaire; **Schulfach** N discipline *f*; matière *f*; **schulfähig** ADJ d'âge scolaire; scolarisable; **Schulfeier** F fête *f* scolaire, de l'école; **Schulferien** PL vacances *fpl* scolaires; **Schulfernsehen** N télévision *f* scolaire; **Schulfest** N → Schulfeier; **Schulfilm** M film éducatif; **Schulflug** M vol *m* d'entraînement; **Schulfranzösisch** N français *m* scolaire

schulfrei ADJ **~er Tag** jour *m* sans cours *bzw.* classe; **heute ist ~** il n'y a pas cours *bzw.* classe aujourd'hui; **~ haben** ne pas avoir cours *bzw.* classe

Schulfreund(in) M(F) camarade *m/f* d'école, de classe; *umg* copain *m*, copine *f* de classe; **Schulfunk** M radio *f* scolaire; émissions *fpl* scolaires; **Schulgarten** M jardin *m* scolaire; **Schulgebäude** N bâtiment *m* scolaire; école *f*

Schulgebrauch M **für den ~** à l'usage des élèves, des écoles

Schulgelände N (enceinte *f* de l')établissement *m* scolaire; **auf dem ~** dans tout l'établissement scolaire

Schulgeld N ⟨~(e)s⟩ frais *mpl* de scolarité; **Schulgesetz** N loi *f* scolaire; **Schulgottesdienst** M office religieux scolaire; **Schulgrammatik** F grammaire *f* scolaire; **Schulhaus** N école *f*; **Schulheft** N cahier *m* d'écolier; **Schulhof** M cour *f* de récréation, de l'école; *überdachter* préau *m*

schulisch ADJ ⟨*épithète*⟩ scolaire

Schuljahr N **1** *Zeitraum* année *f* scolaire **2** *Klasse* classe *f*; **Lukas ist im ersten ~** Luc est en cours préparatoire, au, en CP

Schuljunge M écolier *m*; **Schulkamerad(in)** M(F) camarade *m/f* d'école, de classe; condisciple *m/f*; **Schulkenntnisse** FPL connaissances *fpl* scolaires; **Schulkind** N écolier, -ière *m,f*; **Schulkindergarten** M école maternelle; **Schulklasse** F classe *f*; **Schullandheim** N *etwa* classe verte; **Schullehrer(in)** M(F) *an Grundschulen* maître, -esse *m,f* d'école; instituteur, -trice *m,f*; *an höheren Schulen* professeur *m/f*; **Schulleiter(in)** M(F) directeur, -trice *m,f* (d'un établissement scolaire, d'un collège, *etc*); principal(e) *m(f)* (d'un collège); *e-s Gymnasiums* proviseur *m*; **Schulleitung** F direction *f* (d'un établissement scolaire); **Schullektüre** F textes choisis; lectures scolaires, choisies; **Schulmädchen** N écolière *f*; **Schulmappe** F cartable *m*; serviette *f* d'écolier; **schulmäßig** ADJ ⟨*épithète*⟩ scolaire; *fig* (*beispielhaft*) modèle; classique; exemplaire; **Schulmedizin** F ⟨~⟩ médecine officielle; **Schulmeister** M **1** *umg hum* maître *m* d'école **2** *pej* donneur *m* de leçons; pédant *m*; *geh* cuistre *m*

schulmeisterlich ADJ de pédant; *geh* cuistre; **~er Ton** ton sentencieux, doctoral

schulmeistern *pej* ⟨-(e)re, h.⟩ **A** VT critiquer *bzw.* corriger d'un ton doctoral, sentencieux; régenter **B** VI faire le pédant; prendre un ton doctoral, sentencieux

Schulorchester N orchestre *m* d'une école, d'un lycée, *etc*; **Schulordnung** F règlement intérieur d'une école; **Schulpferd** N cheval *m* de manège; **Schulpflicht** F ⟨~⟩ enseignement *m*, scolarité *f* obligatoire

schulpflichtig ADJ soumis à l'enseignement obligatoire; *Kinder* en âge d'aller à l'école; **Kinder** *npl* **im ~en Alter** enfants *mpl* d'âge scolaire

Schulpolitik F politique *f* scolaire; **Schulpsychologe** M, **Schulpsychologin** F psychologue *m/f* scolaire; **Schulpsychologie** F psychologie *f* scolaire; **Schulranzen** M cartable *m* (à bretelles); **Schulrat** M, **Schulrätin** F *etwa* inspecteur, -trice *m,f* (de l'enseignement) primaire; **Schulräume** MPL locaux *mpl* scolaires; **Schulrecht** N droit *m* scolaire; **Schulreform** F réforme *f* scolaire; **schulreif** ADJ scolarisable; **Schulreife** F aptitude *f* à la scolarisation; **Schulreifetest** M test *m* d'aptitude à la scolarisation; **Schulreiten** N manège *m*; °haute école; **Schulsachen** PL affaires *fpl* (de cours, *für die Grundschule* d'école); **Schulschiff** N navire-école *m*

Schulschluss M ⟨~es⟩ *mittags* sortie *f* des classes; *zu Beginn der Ferien* **am 31. Juli ist ~** les écoles ferment le 31 juillet pour les vacances; les cours se terminent le 31 juillet

Schulschwänzer(in) *umg* M ⟨~s; ~⟩ (F) ⟨~in; ~innen⟩ (élève *m/f*) absentéiste *m/f*; **Schulspeisung** F restauration *f* scolaire;

demi-pension *f*; **Schulsport** M sport *m* scolaire; **Schulsprecher(in)** M(F) délégué(e) *m(f)* des élèves; **Schulstress** M stress *m* scolaire; **Schulstunde** F heure *f* de cours *bzw.* de classe; **Schulsystem** N système *m* scolaire, d'enseignement; **Schultafel** F tableau (noir); **Schultag** M jour *m* de classe *od* d'école; **Schultasche** F → Schulranzen

Schulter F ⟨~; ~n⟩ épaule *f*; **breite ~n haben** être carré, large d'épaules; **j-m die kalte ~ zeigen** faire grise mine à qn; battre froid à qn; **über die ~ gehängt tragen** porter en bandoulière; **~ an ~** côte à côte; **die** *od* **mit den ~n zucken** °hausser, lever les épaules; **j-m auf die ~ klopfen** donner à qn une tape sur l'épaule; **ein Kind auf die ~n nehmen** prendre un enfant sur ses épaules; **etw auf die leichte ~ nehmen** prendre qc à la légère; **alle Verantwortung ruht auf meinen ~n** toute la responsabilité repose, pèse sur mes épaules; RINGEN *etc* **j-n auf die ~n zwingen** *od* **legen** tomber qn; faire toucher les épaules à qn; *fig* **j-n über die ~ ansehen** regarder qn de haut *od* du haut de sa grandeur; **er legte den Arm um meine ~n** il a passé son bras autour de mes épaules

Schulterblatt N ANAT omoplate *f*; **schulterfrei** ADJ *Kleid* qui dégage les épaules; **Schultergurt** M bretelle *f*; **schulterhoch** ADJ qui arrive aux épaules; **Schulterhöhe** F ⟨~⟩ °hauteur *f* des épaules; **Schulterklappe** F MIL épaulette *f*; **schulterlang** ADJ *Haar* qui tombe sur les épaules

schultern VT ⟨-(e)re, h.⟩ mettre, jeter sur l'épaule; RINGEN faire toucher les épaules à

Schulterpolster N MODE épaulette *f*; **Schulterriemen** M *der Polizei etc* bretelle *f*

Schulterschluss M ⟨~es⟩ coude à coude *m*, cohésion *f* (**zwischen** [+*dat*] entre); **e-n ~ (mit j-m) vollziehen** se solidariser (avec qn); serrer les rangs

Schulterstand M TURNEN appui renversé sur les épaules; **Schulterstück** N 1 MIL épaulette *f*; HIST *e-r Rüstung* épaulière *f* 2 GASTR (morceau *m* d')épaule *f*; **Schultertasche** F sac *m* en bandoulière; sacoche *f*; **Schulterwurf** M RINGEN tombé *m*

Schultheiß M ⟨~en; ~en⟩ HIST maire *m* (de village)

Schulträger M organisme *m* subventionnant un établissement scolaire; **Schultüte** F *gros cornet de sucreries offert aux enfants pour leur premier jour de classe*; **Schultyp** M type *m* d'établissement scolaire

Schulung F ⟨~; ~en⟩ *e-r Person* formation *f*; *von Fähigkeiten* éducation *f*; (*Vervollkommnung*) perfectionnement *m*

Schulungskurs(us) M, **Schulungslehrgang** M cours *m* de formation; stage *m* d'instruction

Schulunterricht M enseignement *m* scolaire; **Schulversagen** N échec *m* scolaire; **Schulversuch** M projet-pilote *m* scolaire; **Schulverwaltung** F administration *f* des établissements scolaires; **Schulwanderung** F → Schulausflug; **Schulwechsel** M changement *m* d'établissement (scolaire); **Schulweg** M chemin *m* de l'école; **Schulweisheit** F *pej* érudition *f* scolaire; savoir *m* livresque; **Schulwesen** N ⟨~s⟩ enseignement *m*; *staatliches a.* instruction publique; **Schulwissen** N savoir *m*, connaissances *fpl* scolaire(s); **Schulwörterbuch** N dictionnaire *m* à l'usage des écoles; **Schulzahnarzt** M dentiste *m* scolaire

Schulze M ⟨~n; ~n⟩ HIST → Schultheiß

Schulzeit F (années *fpl* de) scolarité *f*; **Erinnerungen** *fpl* **an meine ~** mes souvenirs *mpl* d'école

Schulzentrum N complexe *m* scolaire; **Schulzeugnis** N bulletin *m* scolaire; **Schulzimmer** N salle *f* de cours *bzw.* classe; **Schulzwang** M scolarité *f* obligatoire

Schummelei *umg* F ⟨~; ~en⟩ tricherie *f*; *umg* triche *f*

schummeln *umg* ⟨-(e)le, h.⟩ A VT **j-m etw in die Tasche ~** glisser, introduire (subreptiecement) qc dans la poche de qn B VI tricher

schumm(e)rig *umg* ADJ *Licht* faible; pâle; *Raum* sombre; mal, faiblement éclairé

Schummler(in) *umg* M ⟨~s; ~⟩ (F) ⟨~in; ~innen⟩ tricheur, -euse *m,f*

Schund M ⟨~(e)s⟩ *pej* (*minderwertige Ware*) *umg* camelote *f*; *plus fort umg* saleté *f*; *Roman, Film* œuvre *f* minable, sans (aucun) niveau; *bes Arbeit* **das ist der reinste ~** c'est complètement nul

Schundliteratur F ⟨~⟩ *pej* mauvaise littérature; littérature *f* de gare; **Schundroman** M *pej* mauvais roman; roman *m* de gare

schunkeln VI ⟨-(e)le, h.⟩ se balancer (*bras dessus, bras dessous au rythme d'une musique*)

Schupo[1] *umg* M ⟨~s; ~s⟩ (*Schutzpolizist*) agent *m* de police; *in Paris etwa* gardien *m* de la paix

Schupo[2] F ⟨~⟩ (*Schutzpolizei*) police *f*

Schuppe F ⟨~; ~n⟩ ZOOL, BOT écaille *f*; *der Haut t/t* squame *f*; *auf dem Kopf* pellicule *f*; **es fiel ihm wie ~n von den Augen** ça a été la révélation pour lui; *geh* les écailles lui sont tombées des yeux

schuppen ⟨h.⟩ A VT *Fisch* écailler B VR *Haut* **sich ~** se desquamer

Schuppen M ⟨~s; ~⟩ 1 *für Wagen, Geräte* remise *f*; (*Holzschuppen, Geräteschuppen*) *a.* appentis *m* 2 *umg pej* (*hässliches Gebäude*) bâtisse *f*; *umg* baraque *f* 3 *umg* (*Lokal*) boîte *f*

schuppenartig ADJ *t/t* squameux, -euse

Schuppenflechte F MED psoriasis *m*; **schuppenförmig** ADJ *t/t* squameux, -euse; **Schuppentier** N pangolin *m*

schuppig ADJ 1 ZOOL, BOT couvert d'écailles; *Haut* écailleux, -euse; *t/t* squameux, -euse 2 (*mit Kopfschuppen*) pelliculeux, -euse; couvert de pellicules

Schur F ⟨~; ~en⟩ (*das Scheren*) tonte *f*

Schüreisen N tisonnier *m*; pique-feu *m*

schüren VT ⟨h.⟩ 1 *Feuer* attiser; tisonner 2 *fig Hass etc* aviver; attiser; exciter

Schürfbagger M dragline *f*

schürfen ⟨h.⟩ A VT 1 *Haut* érafler; écorcher 2 *Erz, Kohle* extraire B VI BERGBAU fouiller; faire des fouilles; prospecter C VR **sich ~, sich** (*dat*) **die Haut ~** s'écorcher; s'érafler

Schürfrecht N droit *m* d'exploitation, de prospection

Schürfung F ⟨~; ~en⟩, **Schürfwunde** F éraflure *f*; écorchure *f*

Schürhaken M → Schüreisen

schurigeln *umg* VT ⟨-(e)le, h.⟩ chicaner; brimer; *umg* asticoter

Schurke M ⟨~n; ~n⟩ *pej* canaille *f*; *umg* fripouille *f*; *plus fort* crapule *f*; **Schurkenstaat** M *pej* État *m* paria, voyou

Schurkerei *geh pej* F ⟨~; ~en⟩ canaillerie *f*; *umg* fripouillerie *f*; *plus fort* crapulerie *f*

schurkisch *geh pej* ADJ perfide

Schurwolle F laine *f* vierge; **reine ~** pure laine vierge

Schurz M ⟨~es; ~e⟩ tablier *m* (de cuir); (*Lendenschurz*) pagne *m*

Schürze F ⟨~; ~n⟩ tablier *m*; *umg fig* **hinter jeder ~ herlaufen** *od* **her sein** courir le jupon

schürzen VT ⟨-(es)t, h.⟩ 1 *Rock etc* (re)trousser; remonter; relever 2 *geh* (*schlingen*) nouer; **e-n Knoten ~** faire un nœud

Schürzenband N ⟨~(e)s; ¨er⟩ ruban *m* de tablier; **Schürzenjäger** *umg* M coureur *m* de filles, de jupons

Schürzenzipfel M *umg fig* **an Mutters ~ hängen** *umg* être pendu au(x) jupon(s) de sa mère

Schuss M ⟨~es; ¨e, *mais* 2 ~ Munition⟩ 1 coup *m* (de feu, de fusil, de canon, *etc*) (**auf** [+*akk*] sur); (*Knall*) détonation *f*; **scharfer ~** coup *m* à balle; **e-n ~ abgeben** faire feu; tirer un coup (de feu); **es fiel ein ~** un coup partit; on entendit une détonation; **nur noch fünf ~ Munition haben** ne plus avoir que cinq balles; **er bekam e-n ~ in den Arm** il a reçu une balle dans le bras; *fig* **ein ~ ins Schwarze** un coup dans le mille; *umg fig* **das war ein ~ in den Ofen** ça a été un fiasco, *umg* bide; *umg fig* **der ~ ging nach hinten los** cela a produit l'effet contraire; *umg fig* **er ist keinen ~ Pulver wert** il ne vaut pas la corde pour le pendre; *umg fig* **weit** *od* **weitab vom ~ sein** être loin du danger, °hors de portée; *umg fig* **du hast ja e-n ~!** *umg* tu es un peu fêlé, siphonné 2 (*kleine Menge*) petite dose; goutte *f*; doigt *m*; **ein ~** *Rum, Whisky etc* une (grosse) goutte de ...; **ein(e) Cola mit ~** un coca avec un peu de cognac, de rhum, *etc*; *fig* **mit e-m ~ Ironie** avec un zeste, une pointe d'ironie; *fig* **ein ~ Leichtsinn** un brin, soupçon d'insouciance 3 *Drogenjargon umg* shoot *m*; **der goldene ~** le suicide par overdose; **sich** (*dat*) **e-n ~ setzen** *umg* se shooter 4 SKISPORT schuss *m*; **~ fahren** descendre (en) schuss 5 BERGBAU coup *m* de mine 6 FUSSBALL tir *m* (**aufs Tor** au but); shoot *m* 7 WEBEREI trame *f* 8 *umg* **e-n ~ machen** *od* **tun** *im Wachstum* pousser d'un coup *od* comme un champignon 9 *umg* **alles ist gut in** *od* **im ~** tout marche bien, tourne rond; *umg* ça gaze, colle; *umg* **in ~ bringen** mettre en train, sur pied

Schussabgabe F départ *m* du coup (de feu)

schussbereit ADJ 1 *Waffe* prêt à tirer; *Schütze* prêt à tirer, à faire feu; **sich ~ machen** se préparer à tirer 2 *umg Kamera* armé; *Fotograf umg* prêt à mitrailler

Schussel *umg* M ⟨~s; ~⟩ étourneau *m*; tête *f* de linotte

Schüssel F ⟨~; ~n⟩ plat *m*; (*Steingutschüssel*) terrine *f*; (*Napf*) écuelle *f*; (*Salatschüssel*) saladier *m*; (*Suppenschüssel*) soupière *f*

schusselig *umg* ADJ écervelé; étourdi; **Schusseligkeit** *umg* F ⟨~⟩ étourderie *f*

Schüsselwärmer M ⟨~s; ~⟩ chauffe-plats *m*

Schussfaden M WEBEREI fil *m* de trame; **Schussfahrt** F SKISPORT schuss *m*

Schussfeld N zone *f* de tir; *fig* **ins ~ geraten** devenir la cible de la critique; *fig* **ins ~ der Presse** *etc* **geraten** devenir la cible de la presse, *etc*

Schusskanal M MED trajet *m* du projectile (dans les chairs)

schusslig → schusselig

Schusslinie F ligne *f* de tir; *fig* **in die ~ geraten** devenir la cible de la critique; *fig* **in j-s ~** (*akk*) **geraten** devenir la cible de qn

Schussverletzung F blessure *f* par balle; **e-e ~ haben** être blessé, atteint, frappé par une balle

Schusswaffe F arme *f* à feu; **Schusswaffengebrauch** M usage *m* d'une arme *bzw.* d'armes à feu; **Schusswechsel** M échange *m* de coups de feu

Schussweite F portée *f*; **außer ~ sein** être °hors de portée de fusil; **auf ~ herankommen** s'approcher à portée de fusil

Schusswinkel M angle *m* de tir; **Schusswunde** F blessure *f* par balle

Schuster M ⟨~s; ~⟩ *Reparateur* cordonnier *m*;

Hersteller bottier *m*; *hum* **auf ~s Rappen reisen** *umg* prendre le train onze; aller à pied; *sprichw* **~, bleib bei deinem Leisten** chacun son métier (, les vaches seront bien gardées)

Schusterahle F alêne *f*; **Schusterdraht** M ligneul *m*; **Schusterhandwerk** N ⟨~(e)s⟩ cordonnerie *f*; métier *m* de cordonnier, *als Hersteller* de bottier; **Schusterjunge** M TYPO orphelin *m*; **Schusterpech** N poix noire; **Schusterwerkstatt** F cordonnerie *f*; boutique *f*, échoppe *f* de cordonnier *bzw.* de bottier

Schute F ⟨~; ~n⟩ SCHIFF gabare *od* gabarre *f*

Schutt M ⟨~(e)s⟩ décombres *mpl*; débris *mpl*; *(Bauschutt)* gravats *mpl*; *(Abraum)* déblai *m*; *(Geröll)* éboulis *m*; **~ abladen verboten!** défense de déverser des gravats!; *weitS.* décharge interdite!; *geh* **in ~ und Asche legen** réduire en cendres; *geh* **in ~ und Asche liegen** être complètement détruit, *Land a.* dévasté

Schuttabladeplatz M dépotoir *m*; décharge *f*; **Schuttablagerung** F GEOL dépôt *m* détritique; éboulis *m*

Schüttbeton M béton coulé

Schütte F ⟨~; ~n⟩ **1** *Behälter* conteneur *m*; *für Mehl, Zucker etc* tiroir *m* **2** SCHIFF *(Rutsche)* glissière *f*

Schüttelfrost M MED frissons *mpl*; **Schüttellähmung** F MED maladie *f* de Parkinson

schütteln ⟨-(e)le, h.⟩ **A** V/T secouer; *Gefäß* agiter; *Baum* secouer; **j-m die Hand ~** serrer la main à qn; **den Kopf ~** °hocher la tête; *verneinend* faire non de la tête; *fig* **den Kopf über etw** *(akk)* **~** °hocher la tête au sujet de qc; **vor Gebrauch ~** agiter avant de s'en servir; **der Ekel, das Entsetzen schüttelte mich** je tremblais de dégoût, d'indignation; **ein von Naturkatastrophen, Krieg geschütteltes Land** un pays ébranlé par les catastrophes naturelles, la guerre **B** V/UNPERS **es schüttelt mich vor Ekel** j'ai un haut-le-corps de dégoût **C** V/R **sich ~** se secouer; **sich vor Lachen ~** se tordre de rire **D** V/I **mit dem Kopf ~** °hocher la tête

Schütteln N ⟨~s⟩ secousse(s) *f(pl)*

Schüttelreim M contrepèterie *f*; **Schüttelrost** M ⟨~(e)s; ~e⟩ grille *f* mobile; **Schüttelrutsche** F couloir oscillant

schütten ⟨-ete, h.⟩ **A** V/T *Flüssigkeiten* verser; *Korn, Sand etc* jeter, mettre (**in Haufen** en tas) **B** V/R **sich** *(dat)* **Saft über die Hose ~** renverser du jus sur son pantalon **C** V/UNPERS *umg* **es schüttet** il pleut à verse, des cordes, *umg* comme vache qui pisse

schütter ADJ *Haar* clairsemé; peu fourni

Schüttgut N matériaux *mpl*, EISENBAHN marchandise *f* en vrac

Schutthalde F décombres *mpl*; *im Gebirge* éboulis *m*; **Schutthaufen** M tas *m*, monceau *m* de décombres; **Schuttplatz** M dépotoir *m*; décharge *f*

Schüttstein M *schweiz* évier *m*; **Schüttstroh** N litière *f*; paille *f*

Schüttung F ⟨~; ~en⟩ **1** *(aufgeschüttete Erde)* remblai *m* **2** *e-r Quelle* débit *m*

Schutz M ⟨~es⟩ protection *f* (**vor** [*+dat*], **gegen** contre); défense *f*; *(Obhut)* (sauve)garde *f*; *(Zuflucht)* abri *m*; refuge *m*; *(Bewahrung)* préservation *f*; **unter dem ~ des Gesetzes** sous la protection de la loi; **zum ~(e)** *(+gen)* pour protéger le *bzw.* la *bzw.* les …; **j-n (vor j-m, etw) in ~ nehmen** défendre qn (contre qn, qc); **j-s ~** *(akk)* **genießen** être protégé par qn; **bei j-m ~ suchen** se réfugier chez *od* auprès de qn; **unter e-m Baum ~ suchen** chercher un abri, s'abriter, se mettre à couvert sous un arbre; **vor j-m, etw ~ suchen** chercher (un) refuge, un abri contre qn, qc; **~ suchend** en quête de protection; **dieses Gebirge bietet uns ~ gegen den Nordwind** cette montagne nous protège des *od* contre les vents du nord; **im ~(e) der Nacht** à la faveur de la nuit

Schutzanstrich M enduit protecteur, de protection; **Schutzanzug** M vêtement protecteur, de protection; **schutzbedürftig** ADJ qui a besoin de protection; nécessitant une protection; **Schutzbefohlene(r)** M/F(M) ⟨→ A⟩ protégé(e) *m(f)*; **Schutzbehauptung** F prétexte *m*; JUR tentative *f* de justification; **Schutzblech** N garde-boue *m*; **Schutzbrief** M **1** *(Geleitbrief)* sauf-conduit *m* **2** *für Kraftfahrzeuge* assurance *f* multirisques automobile; **Schutzbrille** F lunettes protectrices, de protection; **Schutzdach** N abri *m*; auvent *m*; **Schutzdamm** M digue *f*

Schütze M ⟨~n; ~n⟩ **1** tireur *m*; MIL tirailleur *m*; SPORT *(Torschütze)* buteur *m*; *im Schützenverein* membre *m* d'un club de tir **2** ASTROL Sagittaire *m*

schützen ⟨-(es)t, h.⟩ **A** V/T **(vor etw, j-m** *od* **gegen etw, j-n) ~** protéger (contre *od* de qc, qn); *(verteidigen)* défendre (contre *od* de qc, qn); *vor Unwetter* mettre à l'abri, abriter (de qc); *(bewahren)* garantir (de, JUR contre qc, qn); *durch Vorsicht* préserver (de qc, qn); *Interessen, Bürger, Leben* sauvegarder; **gesetzlich geschützt** protégé par la loi; *Marke* déposé; **vor Nässe, Licht ~!** craint l'humidité, la lumière!; tenir à l'abri de l'humidité, de la lumière **B** V/I **das schützt vor Kälte** cela protège du *od* contre le froid **C** V/R **sich (vor etw, j-m** *od* **gegen etw, j-n) ~** se protéger (contre *od* de qc, qn); *(verteidigen)* se défendre (contre *od* de qc, qn); *vor Unwetter* se mettre à l'abri (de qc); s'abriter (de qc); *(bewahren)* se garantir (de, JUR contre qc, qn); *durch Vorsicht* se préserver (de qc, qn); se prémunir (contre qc, qn); **sich gegen Kälte ~** se protéger du *od* contre le froid

Schützenbruder M membre *m* d'un *bzw.* du même club de tir; **Schützenfest** N **1** *fête organisée par un club de tir avec concours de tir* **2** *fig* SPORT festival *m* de buts

Schutzengel M ange gardien

Schützengesellschaft F, **Schützengilde** F société *f* de tir; **Schützengraben** M MIL tranchée *f*

Schützenhilfe *umg* F soutien *m*; **j-m ~ geben** épauler qn

Schützenkönig M champion *m* de tir *(lors de la fête des clubs de tir)*; **Schützenpanzer** M MIL char *m* d'assaut et de transport de troupes; **Schützenplatz** M (champ *m* de) tir *m*; **Schützenstand** M MIL poste *m* de tir; **Schützenverein** M club *m* de tir

Schutzfarbe F couleur protectrice; **Schutzfärbung** F ZOOL mimétisme *m*; **Schutzfilm** M couche *f* de protection; **Schutzfrist** F JUR délai *m*, durée *f* de la protection; **Schutzgebiet** N **1** *bes* HIST *(Protektorat)* protectorat *m* **2** *(Naturschutzgebiet)* réserve naturelle; **Schutzgebühr** F contribution *f* symbolique; **Schutzgeist** M ⟨~(e)s; ~er⟩ génie *m* tutélaire; **Schutzgeld** N argent *m* du racket; **Schutzgelderpressung** F racket *m*; **Schutzgeleit** N escorte *f*; **Schutzgemeinschaft** F association protectrice

Schutzgewahrsam M *Polizei* **j-n in ~ nehmen** détenir qn pour sa propre sauvegarde; **in ~ sein** être détenu pour sa propre sauvegarde

Schutzgitter N grille *f* de protection; **Schutzgott** M, **Schutzgöttin** F dieu *m*, déesse *f* tutélaire; **Schutzhafen** M port *m* de refuge; **Schutzhaft** F → Vorbeugehaft; **Schutzhandschuh** M gant protecteur; **Schutzhaube** F **1** *e-r Schreibmaschine* °housse *f* **2** AUTO capot *m*; **Schutzheilige(r)** M/F(M) patron, -onne *m,f*; **Schutzhelm** M casque *m* (protecteur); **Schutzherr(in)** M(F) protecteur, -trice *m,f*; **Schutzherrschaft** F protectorat *m*; **Schutzhülle** F *für Möbel, Waffen, Instrumente etc* °housse *f*; *für Bücher* couvre-livre *m*; *für Akten, Dokumente etc* chemise *f*; **Schutzhund** M chien *m* de garde; **Schutzhütte** F refuge *m*; abri *m*; **Schutzimpfung** F vaccination préventive

Schützin F ⟨~; ~nen⟩ tireuse *f*

Schutzklausel F clause *f* de protection; **Schutzkleidung** F vêtements *mpl* de protection; **Schutzkontakt** M ELEK prise *f* de terre

Schützling M ⟨~s; ~e⟩ protégé(e) *m(f)*; *Sportler, Student etc* poulain *m*

schutzlos **A** ADJ sans protection, défense **B** ADV **sie sind ihm ~ ausgeliefert** ils sont (livrés) à sa merci

Schutzlosigkeit F ⟨~⟩ manque *m* de protection; **Schutzmacht** F puissance protectrice; **Schutzmann** *umg* M ⟨~(e)s; -leute *ou* -männer⟩ agent *m* (de police); *umg* flic *m*; **Schutzmantel** M manteau protecteur (*a.* REL, KUNST); *Ummantelung* gaine protectrice; revêtement protecteur; *e-s Atomreaktors* caisson *m*; *der Haut* couche protectrice

Schutzmarke F marque *f* de fabrique; **eingetragene ~** marque déposée

Schutzmaske F masque protecteur; **Schutzmaßnahmen** FPL mesures *fpl* de protection, de sauvegarde, de sécurité; **Schutzmauer** F rempart *m*; **Schutzmittel** N agent *m* de protection; **Schutzpatron(in)** M(F) patron, -onne *m,f*; **Schutzpolizei** F police *f*; **Schutzpolizist** M agent *m* de police; **Schutzraum** M abri *m*; **Schutzschicht** F couche protectrice; **Schutzschild** M bouclier *m*; **Schutzschirm** M écran protecteur, de protection; **Schutzstaat** M État *m* qui bénéficie d'un pacte de garantie et d'assistance; *bes* HIST *(Protektorat)* protectorat *m*; **schutzsuchend** ADJT → Schutz; **Schutztruppe** F forces *fpl* de maintien de la paix; HIST troupe coloniale; **Schutzumschlag** M *e-s Buchs* couvre-livre *m*; **Schutzverband** M MED pansement protecteur; **Schutzvorrichtung** F dispositif *m* de sécurité; **Schutzwache** F sauvegarde *f*; *(Bedeckung)* escorte *f*; **Schutzwall** M MIL, *fig* rempart *m*; **Schutzwand** F écran protecteur, de protection; **Schutzweg** M *österr* passage piéton; **Schutzzoll** M WIRTSCH taxe *f* de protection

schwabb(e)lig *umg* ADJ *Körperteil* flasque; *Pudding etc* gélatineux, -euse

schwabbeln *umg* V/I ⟨-(e)le, h.⟩ ballotter

Schwabe M ⟨~n; ~n⟩ Souabe *m*

schwäbeln V/I ⟨-(e)le, h.⟩ parler le dialecte souabe; *(mit schwäbischem Akzent sprechen)* avoir l'accent souabe

Schwaben N ⟨→ *n/pr*⟩ la Souabe

Schwabenalter N ⟨~s⟩ *hum* quarantaine *f*; *hum* âge *m* de raison; **Schwabenstreich** M *hum* bêtise *f*

Schwäbin F ⟨~; ~nen⟩ Souabe *f*

schwäbisch ADJ souabe; **die Schwäbische Alb** le Jura souabe

schwach **A** ADJ ⟨⸚er, ⸚ste⟩ **1** faible; *(kraftlos)* frêle; défaillant; *(gebrechlich)* fragile; *(matt)* languissant; *Konstitution* faible; peu robuste; *umg hum* **das ~e Geschlecht** le sexe faible; **~ werden** s'affaiblir; *umg fig (schwanken)* *umg* flancher; *(e-r Versuchung nachgeben)* succomber, céder (**bei j-m, etw** à qn, qc); **in e-r**

~en Stunde dans un moment de faiblesse; *fig* **auf ~en Beinen stehen** ne pas tenir debout; → schwachmachen **2** *(machtlos)* impuissant **3** *(schlecht)* faible; *Argument, Nerven a.* peu solide; *Gedächtnis, Augen etc* mauvais; *Magen* délicat; *Herz* faible; *Motor* peu puissant; *Brille* pas fort; *fig Film, Buch, Ergebnis, Sportler etc* médiocre; *Schüler* faible; **e-e ~e Leistung** un résultat médiocre; *umg fig* **das ist aber ein ~es Bild!** c'est bien décevant **4** *(gering) a. Puls, Atem, Herzschlag* faible; *Lächeln a.* petit; léger, -ère; *Ton a.* éteint; *Stimme a.* languissant; *plus fort* mourant; *Jahrgang* creux, creuse; **~e Anstrengung** faible effort; **ein ~er Trost** une piètre consolation; **ein ~er Versuch** une faible tentative; **schwächer werden** *Stimme, Ton* s'affaiblir; faiblir; *Licht* pâlir; s'affaiblir; *Atem, Puls, Herzschlag* ralentir **5** *Getränk* pas fort; *Kaffee, Tee* léger, -ère; CHEM *Lösung* fortement dilué; *Gift* faible **6** GRAM régulier, -ière **B** ADV **1** *(kraftlos)* faiblement; **sich nur ~ wehren** ne se défendre qu'à moitié; opposer peu de résistance **2** *(schlecht)* assez mal **3** *(gering)* peu; **~ besiedelt** peu peuplé; **die Ausstellung war nur ~ besucht** l'exposition avait attiré peu de visiteurs; **~ bevölkert** peu peuplé; **~ lächeln** sourire un peu; avoir, faire un petit sourire; **es ist ~ windig** il y a peu de vent **4** GRAM **~ dekliniert, konjugiert werden** se décliner, conjuguer régulièrement

schwachbesiedelt, schwachbevölkert ADJT → schwach B 3

Schwäche F ⟨~; ~n⟩ **1** *a. fig* faiblesse *f*; *(Kraftlosigkeit)* défaillance *f*; *(Gebrechlichkeit)* fragilité *f* **2** *(schwache Seite)* côté *m* faible; *(Mangel, Fehler)* défaut *m*; point *m* faible; **menschliche ~n** faiblesses humaines; **sie hat ~n in der Rechtschreibung** elle est faible en orthographe **3** ⟨*pas de pl*⟩ *(Vorliebe)* faible *m*; penchant *m*; **e-e ~ für j-n, etw haben** avoir un faible pour qn, qc

Schwächeanfall M malaise *m*; défaillance *f*; faiblesse *f*; **Schwächegefühl** N sensation *f* de faiblesse

schwächeln *umg* VI ⟨-(e)le, h.⟩ donner des signes de faiblesse

schwächen VT ⟨h.⟩ affaiblir *(a. fig)*; *Macht* diminuer; *Gesundheit* altérer

Schwächezustand M état *m* de faiblesse

Schwachheit F ⟨~; ~en⟩ **1** ⟨*pas de pl*⟩ faiblesse *f* **2** *(Mangel, Fehler)* faiblesse *f*; *umg fig* **bilde dir nur keine ~en ein!** ne te fais pas des idées, des illusions!

Schwachkopf *umg pej* M *umg* abruti *m*; **schwachköpfig** *umg pej* ADJ faible d'esprit; imbécile

schwächlich ADJ faible; *(kraftlos)* faible; frêle; *(zart)* fragile; *gesundheitlich* d'une santé délicate; *(kränklich)* chétif, -ive

Schwächling M ⟨~s; ~e⟩ *pej* mauviette *f*

schwachmachen *umg fig* VT ⟨*sép*, -ge-, h.⟩ **mach mich nicht schwach!** *(geh mir nicht auf die Nerven!) umg* ne me casse pas les pieds!; *(hör auf, sonst vergesse ich meine guten Vorsätze)* ne me tente pas!

Schwachpunkt M défaut *m*; point *m* faible; **schwachsichtig** ADJ qui a la vue faible; *t/t* amblyope; **Schwachsichtigkeit** F ⟨~⟩ faiblesse *f* de la vue; *t/t* amblyopie *f*; **Schwachsinn** M ⟨~(e)s⟩ **1** MED débilité mentale **2** *umg pej (Unsinn)* bêtises *fpl*; âneries *fpl*; **schwachsinnig** ADJ **1** MED débile (mental) **2** *umg pej (unsinnig)* idiot; stupide; débile; **Schwachsinnige(r)** M/F(M) ⟨→ A⟩ **1** MED débile mental(e) **2** *umg pej (Dummkopf)* imbécile *m/f*; idiot(e) *m(f)*; **Schwachstelle** F point *m* faible; **Schwachstrom** M ELEK courant *m* (à) basse tension

Schwächung F ⟨~⟩ *a. fig* affaiblissement *m*

schwachwerden VI → schwach A 1

Schwaden M ⟨~s; ~⟩ **1** nuage *m*; *(Rauchschwaden, Gasschwaden) a.* traînée *f* **2** BERGBAU gaz *m* toxique

Schwadron F ⟨~; ~en⟩ HIST MIL escadron *m*

Schwadroneur *geh pej* M ⟨~s; ~e⟩ °hâbleur *m*; **schwadronieren** VI ⟨*pas de ge-*, h.⟩ *pej* pérorer

Schwafelei *umg pej* F ⟨~; ~en⟩ radotage *m*

schwafeln *umg pej* VT *u.* VI ⟨-(e)le, h.⟩ radoter; **(Unsinn, dummes Zeug) ~** débiter des âneries

Schwager M ⟨~s; ⸚⟩ beau-frère *m*

Schwägerin F ⟨~; ~nen⟩ belle-sœur *f*

Schwalbe F ⟨~; ~n⟩ **1** hirondelle *f*; *sprichw* **e-e ~ macht noch keinen Sommer** *sprichw* une hirondelle ne fait pas le printemps **2** *fig* FUSSBALL simulation *f*

Schwalbennest N nid *m* d'hirondelle; **Schwalbennestersuppe** F soupe *f* aux nids d'hirondelles; **Schwalbenschwanz** M **1** *Schmetterling* grand porte-queue; machaon *m* **2** TECH queue *f* d'aronde **3** *hum (Frack, Frackschoß)* queue *f* de morue, de pie; **Schwalbenschwanzverbindung** F TECH assemblage *m* à queue d'aronde

Schwall M ⟨~(e)s; ~e⟩ *a. fig* flot *m*; *fig* **ein ~ von Flüchen** un flot de jurons

schwamm → schwimmen

Schwamm M ⟨~(e)s; ⸚e⟩ **1** ZOOL, *(Putzschwamm)* éponge *f*; *umg fig* **~ drüber!** passons l'éponge là-dessus!; n'en parlons plus! **2** *südd, österr (Pilz)* champignon *m* **3** *(Hausschwamm)* mérule *m od f* **4** *(Feuerschwamm)* amadou *m*

schwammartig ADJ spongieux, -ieuse

Schwämmchen N ⟨~s; ~⟩ **1** petite éponge **2** MED *(Soor)* muguet *m*

Schwammerl *bayrisch* M ⟨~s; ~⟩, *österr* N ⟨~s; ~n⟩ champignon *m*

schwammig ADJ **1** spongieux, -ieuse **2** *fig (aufgedunsen)* bouffi **3** *fig pej (unklar, verschwommen)* flou; vague; **Schwammigkeit** F ⟨~⟩ **1** spongiosité *f* **2** *fig* aspect bouffi **3** *fig pej* flou *m*; vague *m*

Schwammtuch N ⟨~(e)s; -tücher⟩ carré *m* vaisselle

Schwan M ⟨~(e)s; ⸚e⟩ **1** ZOOL cygne *m*; *umg hum* **mein lieber ~!** *erstaunt* eh bien, mon vieux!; *drohend* (toi, mon vieux,) tu vas voir! **2** ⟨*pas de pl*⟩ ASTRON Cygne *m*

schwand → schwinden

schwanen *umg* VI ⟨h.⟩ **mir schwant etwas** j'ai le pressentiment de qc; **mir schwant nichts Gutes** je ne présage, je n'augure rien de bon

Schwanengesang *geh fig* M chant *m* du cygne; **Schwanenhals** M **1** *a. fig hum* cou *m* de cygne **2** TECH col *m* de cygne; **Schwanenritter** M MYTH chevalier *m* au Cygne

schwang → schwingen

Schwang M **im ~e sein** *Gerüchte, Äußerungen, Fragen etc* circuler; être répandu; *(üblich sein)* être d'usage; être à la mode; être dans le vent

schwanger ADJ enceinte; **~ sein** *a.* attendre un enfant; **von j-m ~ sein** être enceinte de qn; **sie ist im sechsten Monat ~** elle est enceinte de cinq mois; **~ werden** tomber enceinte; *geh hum* **mit großen Plänen ~ gehen** méditer, couver de grands projets

Schwangere F ⟨→ A⟩ femme enceinte

Schwangerenberatung F consultation *f* de maternité

schwängern VT ⟨-(e)re, h.⟩ **1** mettre enceinte; **sie wurde von ihm geschwängert** il l'a mise enceinte **2** *geh fig* **geschwängert mit, von …** imprégné de …

Schwangerschaft F ⟨~; ~en⟩ grossesse *f*

Schwangerschaftsabbruch M interruption *f* (volontaire) de grossesse; IVG *f*; **Schwangerschaftsbeschwerden** FPL malaises *mpl*, troubles *mpl* de la grossesse; **Schwangerschaftsdauer** F durée *f* de la grossesse; **Schwangerschaftserbrechen** N vomissements *mpl* de la grossesse; **Schwangerschaftsgymnastik** F gymnastique prénatale; **Schwangerschaftsstreifen** M vergeture *f*; **Schwangerschaftstest** M test *m* de grossesse; **Schwangerschaftsunterbrechung** F → Schwangerschaftsabbruch; **Schwangerschaftsverhütung** F contraception *f*

Schwank M ⟨~(e)s; ⸚e⟩ **1** *Erzählung* conte *m* drolatique; THEAT farce *f* **2** *(komische Begebenheit)* incident *m*, histoire *f* drôle

schwanken VI ⟨h.⟩ **1** ⟨*doublé d'une indication de direction* s.⟩ vaciller; *(wanken)* tituber; chanceler; *Boot* être balancé; *Stimme* trembler; *Zweige im Wind etc* se balancer; *(wackeln)* branler; *Boden* trembler; *Magnetnadel etc* osciller **2** *Preise* osciller; *a. Gebrauch e-s Worts etc* varier; *Temperatur* varier; osciller; **die Preise ~ zwischen …** *(+dat)* les prix oscillent, varient entre … **3** *fig (unentschlossen sein)* se tâter; être irrésolu, indécis; *(zögern)* hésiter; **zwischen zwei Dingen ~** hésiter entre deux choses; **ich schwanke noch, ob …** j'hésite encore à *(+inf)*; **ins Schwanken kommen** *a. fig* chanceler; être ébranlé

schwankend ADJT **1** *a. fig* vacillant; chancelant **2** *Preise, Kurse* fluctuant; oscillant; variable; *fig* flottant; *(unbeständig)* instable; inconstant; *Gesundheit* précaire; *(wechselnd)* variable **3** *(unentschlossen)* indécis; irrésolu; hésitant; **~ werden** devenir indécis

Schwankung F ⟨~; ~en⟩ **1** *a. fig* vacillement *m*; chancellement *m*; *der Zweige im Wind etc* balancement *m*; *des Bodens* tremblement *m*; *der Magnetnadel etc* oscillation(s) *f(pl)* **2** *(Veränderung)* variation(s) *f(pl)*; *der Preise a.* fluctuation(s) *f(pl)*; flottement *m*

Schwanz M ⟨~es; ⸚e⟩ queue *f* *(a. vulg fig Penis)*; **mit dem ~ wedeln** remuer la queue; *umg fig* **den ~ einziehen** baisser pavillon; en rabattre; *umg fig* **den ~ hängen lassen** *umg* avoir le cafard; *umg fig* **j-m auf den ~ treten** marcher sur les pieds de qn; *umg fig* **kein ~** pas un chat; *umg fig* **da beißt sich die Katze in den ~** on (en) revient à la case départ

schwänzeln VI ⟨-(e)le, h.⟩ **1** *Hunde etc* remuer la queue **2** *umg Personen (tänzeln)* se tortiller **3** ⟨h. *ou* s.⟩ *umg pej* **um j-n ~** *umg* faire de la lèche à qn

schwänzen *umg* VT ⟨-(es)t, h.⟩ *umg* sécher; **die Schule ~** *a.* faire l'école buissonnière

Schwanzfeder F plume *f* de la queue; **Schwanzflosse** F **1** ZOOL nageoire caudale **2** FLUG dérive *f*; **schwanzlastig** ADJ FLUG cabreur; décentré en arrière; lourd de l'arrière; **Schwanzlastigkeit** F ⟨~⟩ FLUG décentrage *m* arrière; **Schwanzlurch** M ZOOL urodèle *m*; **Schwanzstück** N GASTR culotte *f*; **Schwanzwirbel** M vertèbre caudale

schwapp INT flac!

schwappen VI ⟨h., *doublé d'une indication de direction* s.⟩ *Flüssigkeit* clapoter; remuer; **hin und her ~** clapoter; **aus dem Eimer ~** déborder du seau

Schwäre *geh* F ⟨~; ~n⟩ ulcère *m*; abcès *m*

schwären *geh* VI ⟨h.⟩ *(eitern)* suppurer

Schwarm M ⟨~(e)s; ⸚e⟩ **1** *von Bienen, Heuschrecken, fig Kindern* essaim *m*; *von Insekten, Vögeln, fig Personen* nuée *f*; *von Vögeln* volée *f*; vol *m*; *von Fischen* banc *m*; **ein ~ Kinder** *a.* une ribambelle d'enfants **2** *umg fig (angebetete Person) umg* béguin *m*; coqueluche *f*; **er ist mein ~** *umg* j'en pince pour lui

schwärmen VI **1** ⟨h.⟩ *(aus~) Bienen* essaimer **2** *⟨doublé d'une indication de direction* s.⟩ *Insekten, Vögel* voler; voltiger **3** ⟨h.⟩ *fig* s'extasier; **für j-n, etw ~** s'enthousiasmer pour qn, qc; être emballé par qn, qc; **von etw ~** s'extasier sur qc

Schwärmer M ⟨~s; ~⟩ **1** *(überschwängliche Person)* exalté *m*; *(Fantast)* rêveur *m* **2** ZOOL sphinx *m* **3** PYROTECHNIK serpenteau *m*

Schwärmerei F ⟨~; ~en⟩ **1** *(Begeisterung)* enthousiasme *m* (**für** pour); **jugendliche ~** enthousiasme *m* de jeunesse; **romantische ~** exaltation *f* romantique **2** *Worte, Beschreibung* (débordement *m* d')enthousiasme *m* **3** *(Fantasterei)* rêverie *f*

Schwärmerin F ⟨~; ~nen⟩ *(überschwängliche Person)* exaltée *f*; *(Fantastin)* rêveuse *f*

schwärmerisch ADJ **1** *(überschwänglich)* exalté; *(zu gefühlsbetont)* romanesque; *(träumerisch)* rêveur, -euse **2** *(begeistert)* enthousiaste; emballé

Schwärmzeit F *der Bienen* essaimage *m*

Schwarte F ⟨~; ~n⟩ **1** *(Speckschwarte)* couenne *f* **2** JAGD, *a. umg fig (Haut)* peau *f* **3** *umg souvent pej Buch umg* gros bouquin; pavé *m*

Schwartenmagen M GASTR *etwa* fromage *m* de tête

schwarz ⟨¨er, ¨este⟩ **A** ADJ **1** noir *(a. fig)*; *(geschwärzt)* noirci; **der Schwarze Kontinent** le continent noir; **~e Liste** liste noire; **das Schwarze Meer** la mer Noire; **~e Messe** messe noire; **~e Zahlen schreiben** *Unternehmen etc* faire des profits; **die Straße war ~ von Menschen** la rue était noire de monde; **~ werden** devenir noir; se noircir; **mir wurde ~ vor Augen** j'ai eu un éblouissement; *umg* **da kann er warten, bis er ~ wird** *umg* il peut attendre jusqu'à la saint-glinglin; **~ auf weiß** noir sur blanc; par écrit **2** *(illegal)* illégal; *Markt* noir **3** *umg fig (konservativ)* conservateur, -trice; *(katholisch)* catholique **B** ADV **1** **~ färben** teindre en noir; noircir; **~ gerändert** encadré de noir; **~ geräuchert** très fumé; **~ umrandet** bordé de noir **2** *fig* → schwarzärgern, schwarzmalen, schwarzsehen

Schwarz N ⟨~(es); ~⟩ noir *m*; couleur noire; **in ~** *gekleidet* (habillé) en noir; *(in Trauer)* en deuil

Schwarzafrika N ⟨→ *n/pr*⟩ l'Afrique Noire; **Schwarzarbeit** F ⟨~⟩ travail *m* au noir; **schwarzarbeiten** VI ⟨-ete, *sép*, -ge-, h.⟩ travailler au noir; **Schwarzarbeiter(in)** M(F) travailleur, -euse *m,f* au noir

schwarzärgern *umg* V/R ⟨-(e)re, *sép*, -ge-, h.⟩ **sich ~** être furax, furibard; se fâcher tout rouge; **ich könnte mich ~** je pourrais en faire une jaunisse

schwarzäugig ADJ aux yeux noirs

Schwarzbär M ours noir; **Schwarzbeere** F *südd, österr* myrtille *f*; **Schwarzblech** N tôle noire; **schwarzbraun** ADJ brun foncé *(inv)*; *Pferd* bai foncé *(inv)*; **Schwarzbrenner** M distillateur clandestin; **Schwarzbrennerei** F ⟨~⟩ distillation clandestine; **Schwarzbrot** N pain noir; **schwarzbunt** ADJ *Rinder* pie *(inv)*; **Schwarzdorn** M ⟨~(e)s; ~e⟩ BOT prunellier *m*; **Schwarzdrossel** F merle *m*

Schwarze[1] M/F ⟨→ A⟩ **1** *(Schwarzhäutige[r])* Noir(e) *m(f)* **2** *(Schwarzhaarige[r])* noiraud(e) *m(f)* **3** *umg fig (Konservative[r])* conservateur, -trice *m,f*; *(Katholik[in])* catholique *m/f*

Schwarze[2] N ⟨→ A⟩ **1** *Farbe* noir *m*; **ins ~ treffen** mettre dans le mille; faire mouche *(a. fig)*; *umg hum* **j-m nicht das ~ unter den (Finger)Nägeln gönnen** être envieux, -ieuse, jaloux, -ouse de qn **2** *Kleid* **das kleine ~** la petite robe noire

Schwärze F ⟨~; ~n⟩ **1** *⟨pas de pl⟩ (Dunkelheit)* noir *m* **2** *Farbstoff* noir *m*; TYPO *(Druckerschwärze)* encre *f* (d'imprimerie)

schwärzen VT ⟨-(es)t, h.⟩ noircir; *mit Kohle* charbonner; TYPO encrer

Schwärzen N ⟨~s⟩ noircissement *m*; TYPO encrage *m*

Schwarzer M → Schwarze[1]

Schwarzes N → Schwarze[2]

schwarzfahren VI *⟨irr, sép*, -ge-, s.⟩ voyager sans billet; resquiller

Schwarzfahrer(in) M(F) voyageur, -euse *m,f* sans billet; resquilleur, -euse *m,f*; **Schwarzfahrt** F voyage *m* sans billet; **schwarzfärben** VT → schwarz B 1; **Schwarzfäule** F BOT nielle *f*

schwarz-gelb ADJ POL **schwarz-gelbe Koalition** coalition noire-jaune

Schwarzgeld N argent *m* sale; **schwarzgerändert**, **schwarzgeräuchert** ADJT → schwarz B 1; **schwarzgrau** ADJ gris foncé, anthracite *(inv)*; **schwarzhaarig** ADJ aux cheveux noirs; noiraud; **Schwarzhandel** M marché noir; trafic *m* (**mit** de); **Schwarzhändler** M trafiquant *m* (du marché noir); **schwarzhören** VI *⟨sép*, -ge-, h.⟩ RADIO écouter la radio sans payer sa redevance; **Schwarzhörer(in)** M(F) RADIO auditeur, -trice *m,f* qui n'a pas payé sa redevance; **Schwarzkittel** M **1** *hum* JAGD *(Wildschwein)* sanglier *m* **2** *pej (Priester)* curé *m*; *umg* corbeau *m*

schwärzlich ADJ noirâtre

schwarzmalen VI *⟨sép*, -ge-, h.⟩ *(pessimistisch sein)* voir tout en noir; être pessimiste; **Schwarzmalerei** F pessimisme *m*; manie *f* de voir tout en noir

Schwarzmarkt M marché noir; **Schwarzmarktpreis** M prix *m* du marché noir; **Schwarzpulver** N poudre noire; **Schwarzrock** M *pej (Priester)* curé *m*; *umg* corbeau *m*; **schwarz(-)rot(-)golden** ADJ noir, rouge et or *(inv)*

schwarzsehen VI *⟨irr, sép*, -ge-, h.⟩ **1** TV resquiller; regarder la télévision sans payer sa redevance **2** *(pessimistisch sein)* voir tout en noir; être pessimiste; **für unser Gartenfest sehe ich schwarz** je ne suis pas très optimiste au sujet de notre garden-party; **ich sehe schwarz für ihn** je suis pessimiste à son sujet

Schwarzseher(in) M(F) **1** pessimiste *m/f* **2** TV téléspectateur, -trice *m,f* qui n'a pas payé sa redevance; resquilleur, -euse *m,f*; **Schwarzseherei** *umg* F ⟨~⟩ pessimisme *m*; manie *f* de voir tout en noir; **Schwarzsender** M RADIO, TV émetteur clandestin, pirate; **Schwarzspecht** M pic noir; **Schwarzstorch** M cigogne noire; **schwarzumrandet** ADJT → schwarz B 1

Schwärzung F ⟨~; ~en⟩ *Handlung* noircissement *m*; *Ergebnis* intensité *f* de noircissement

Schwarzwald der ~ la Forêt-Noire

Schwarzwälder ADJ *⟨éphitète; inv⟩* de la Forêt-Noire; → *a.* Kirschtorte

schwarz(-)weiß ADJ noir et blanc, noire et blanche

Schwarzweißfernseher M *etc* → Schwarz-Weiß-Fernseher *etc*

Schwarz-Weiß-Fernseher M, **Schwarz-Weiß-Fernsehgerät** N téléviseur noir et blanc; **Schwarz-Weiß-Film** M FOTO pellicule *f* en noir et blanc; KINO film *m* en noir et blanc; **Schwarz-Weiß-Foto (-grafie)** N(F) photo(graphie) *f* en noir et blanc; **Schwarz-Weiß-Malerei** F manichéisme *m*

schwarzwerden VI → schwarz A 1

Schwarzwild N sangliers *mpl*; **Schwarzwurzel** F BOT, GASTR salsifis (noir)

Schwatz *umg* M ⟨~es; ~e⟩ *umg* bavette *f*; *umg* causette *f*; **e-n (kleinen) ~ halten** *umg* tailler une bavette; *umg* faire la causette

Schwatzbase *umg pej* F *umg* concierge *f*; commère *f*

Schwätzchen *umg* N ⟨~s; ~⟩ *umg* brin *m* de causette

schwatzen, *bes südd* **schwätzen** VT *u.* VI ⟨-(es)t, h.⟩ **1** *(plaudern)* bavarder **2** *pej (viel u. lange ~)* papoter; *(ausplaudern)* jaser; trop parler; *in der Schule* bavarder

Schwätzer(in) M ⟨~s; ~⟩ (F) ⟨~in; ~innen⟩ *pej* bavard(e) *m(f)*; vraie pie; *(Klatschbase)* commère *f*; *umg* concierge *f*; *(Angeber[in]) umg* baratineur, -euse *m,f*

schwatzhaft ADJ *pej* bavard; *(klatschhaft)* cancanier, -ière; **Schwatzhaftigkeit** F ⟨~⟩ *pej* volubilité *f*

Schwebe F ⟨~⟩ **in der ~ sein** être en suspens; être irrésolu, dans l'incertitude

Schwebebahn F *(Hängebahn)* monorail suspendu; *(Seilschwebebahn)* téléférique *m*; **Schwebebalken** M TURNEN poutre horizontale; **Schwebebühne** F plateforme *f* de pont transbordeur

schweben VI ⟨h.⟩ **1** *⟨doublé d'une indication de direction* s.⟩ *in der Luft* planer; *hin u. her, im Wasser* flotter; *frei im Raum* être suspendu; **im Wasser ~** *Partikel a.* être en suspension dans l'eau; **mir ist, als ob ich schwebe** j'ai l'impression de flotter dans l'air **2** *fig* **in Gefahr** *(dat)* **~** être en danger; **sein Bild schwebt mir immer vor Augen** son image m'est toujours présente à l'esprit; j'ai toujours son image devant les yeux; **zwischen Furcht und Hoffnung ~** flotter, osciller entre la crainte et l'espérance; **zwischen Leben und Tod ~** être entre la vie et la mort **3** *fig (unentschieden sein)* être en suspens; JUR *Verfahren* être pendant; **~des Verfahren** procès pendant, en suspens

Schweb(e)stoff M CHEM substance *f* en suspension

Schwebeteilchen NPL CHEM particules *fpl* en suspension; **Schwebezustand** M état *m* d'indécision, d'incertitude

Schwebung F ⟨~; ~en⟩ MUS tremblement *m*; PHYS battement *m*; interférence *f*

Schwede M ⟨~n; ~n⟩, **Schwedin** F ⟨-in; -innen⟩ Suédois(e) *m(f)*

Schweden N ⟨→ *n/pr*⟩ la Suède

schwedisch ADJ suédois; de (la) Suède; POL *in Zssgn* suédo-…; *umg fig* **hinter ~en Gardinen sitzen** *umg* être en taule *od* tôle

Schwedisch N ⟨~(s)⟩, **Schwedische** N ⟨~n⟩ **(das) Schwedisch(e)** *Sprache* le suédois

Schwefel M ⟨~s⟩ soufre *m*; **Schwefelbad** N **1** MED bain sulfureux **2** *Badeort* eaux sulfureuses; **Schwefelblume** F, **Schwefelblüte** F CHEM fleur *f* de soufre; **Schwefeldioxid** N anhydride sulfureux; **schwefelgelb** ADJ jaune soufre *(inv)*; **schwefelhaltig** ADJ sulfureux, -euse

schwefelig → schweflig

Schwefelkohlenstoff M sulfure *m* de carbone

schwefeln VT ⟨-(e)le, h.⟩ sulfurer; *Trockenfrüchte, Rosinen* passer au soufre; *Wein* muter

Schwefelpuder M PHARM poudre soufrée; **Schwefelpulver** N soufre pulvérisé; **Schwefelquelle** F source sulfureuse; **Schwefelsalbe** F pommade *f* au soufre

schwefelsauer ADJ sulfaté; **schwefelsaures Salz** sulfate *m*

Schwefelsäure F ⟨~⟩ acide *m* sulfurique
Schwefelung F ⟨~; ~en⟩ soufrage *m*; *von Wein* mutage *m*; **Schwefelverbindung** F CHEM sulfure *m*; composé *m* de soufre; **Schwefelwasserstoff** M hydrogène sulfuré; acide *m* sulfhydrique
schweflig ADJ sulfureux, -euse
Schweif M ⟨~(e)s; ~e⟩ **1** *geh (Schwanz)* queue *f* **2** *e-s Kometen* queue *f*; chevelure *f*
schweifen *geh* V/I ⟨s.⟩ errer; *(umher~)* vagabonder; **in die Ferne ~** courir le monde; **s-e Blicke ~ lassen** laisser errer son regard; **s-e Gedanken ~ lassen** laisser vagabonder sa pensée
Schweifsäge F scie *f* à chantourner
Schweifung F ⟨~; ~en⟩ SCHREINEREI courbure *f*; galbe *m*; METALL arc *m*
Schweigegeld N pot-de-vin *m* (pour acheter le silence de qn); **Schweigemarsch** M marche *bzw.* manifestation silencieuse
Schweigeminute F minute *f* de silence; **e-e ~ (für j-n) einlegen** faire une minute de silence (pour qn)
schweigen V/I ⟨schweigt, schwieg, geschwiegen, h.⟩ se taire; faire silence; *fig Musik, Donner etc* cesser; **die ~de Mehrheit** la majorité silencieuse; **~ Sie!** taisez-vous!; **nicht ~ können** être indiscret, -ète; *umg* **~ wie ein Grab** être muet, muette comme une tombe; **hartnäckig ~** ne pas desserrer les dents; **das Gesetz schweigt darüber** la loi est muette sur ce point; **über etw** *(akk)* **~** se taire sur qc; passer qc sous silence; **zu etw ~** se taire en voyant qc; laisser dire, faire qc; ne pas répondre à qc; **~d über etw** *(akk)* **hinweggehen** passer qc sous silence; **ganz zu ~ von …** sans parler de …; sans compter …; *geh* **heute ~ die Waffen** aujourd'hui, il y a suspension des hostilités; → *a.* Höflichkeit
Schweigen N ⟨~s⟩ silence *m*; *(Nichtredenwollen)* mutisme *m*; **das** *od* **sein ~ brechen** rompre le silence; **zum ~ bringen** faire taire; réduire au silence; **sich in ~ hüllen** ne pas dire un mot
schweigend **A** ADJT silencieux, -ieuse; muet, -ette **B** ADVL silencieusement; en silence; **~ über etw** *(akk)* **hinweggehen** passer qc sous silence
Schweigepflicht F ⟨~⟩ secret professionnel; **ärztliche ~** secret professionnel du médecin, médical
schweigsam ADJ silencieux, -ieuse; *(wortkarg)* taciturne; **Schweigsamkeit** F ⟨~⟩ attitude silencieuse; *gewollte* mutisme *m*; *(Wortkargheit) geh* taciturnité *f*; (extrême) réserve *f*
Schwein N ⟨~(e)s; ~e⟩ **1** ZOOL cochon *m*; *a.* GASTR porc *m*; *sl* **bluten wie ein ~** saigner comme un bœuf; **sich benehmen wie ein ~** *bzw.* **wie die ~e** se tenir comme un cochon *bzw.* comme des cochons **2** *umg fig (schmutziger, unanständiger Mensch) umg* cochon, -onne *m,f*; *(gemeiner Mensch) sl* salaud *m*; *sl* salopard *m* **3** *umg (Mensch)* **kein ~** personne; **es war kein ~ da** il n'y avait pas un chat; *umg* il n'y avait pas la queue d'un; **armes ~** *umg* pauvre bougre, type **4** *umg ⟨pas de pl⟩ (Glück) umg* veine *f*; **~ haben** *umg* avoir de la veine; *umg* être un veinard; *umg* avoir du pot; **da hast du noch mal ~ gehabt!** *umg* tu as eu du pot!
Schweinebauch M GASTR poitrine *f* de porc; **Schweinebraten** M rôti *m* de porc; **Schweinefett** N graisse *f* de porc; *ausgelassenes* saindoux *m*; **Schweinefilet** N filet *m* de porc; **Schweinefleisch** N porc *m*; **Schweinefraß** *sl* M *umg* sale bouffe *f*; *umg* tambouille *f*; **Schweinefutter** N nourriture *f*, pâture *f* pour les porcs
Schweinegeld *umg* N **ein ~ verdienen** gagner gros, un argent fou
Schweinegrippe F grippe *f* A; **Schweinehirt** M porcher *m*
Schweinehund *sl* M *sl* salaud *m*; *sl* salopard *m*; *umg hum* **der innere ~** *(Trägheit)* la mollesse; la faiblesse; *(Feigheit)* la lâcheté; **ich kann meinen inneren ~ nicht überwinden** je n'arrive pas à me surmonter
Schweinekoben M ⟨~s; ~⟩ porcherie *f*; **Schweinekotelett** N côtelette *f* de porc; **Schweinelende** F filet *m* de porc; **Schweinemast** F engraissement *m* des porcs; **Schweinemäster** M ⟨~s; ~⟩ engraisseur *m*, *weitS.* éleveur *m* de porcs; **Schweinemist** M fumier *m* de porcs; **Schweineohr** → Schweinsohr; **Schweinepest** F peste porcine; **Schweinepriester** *sl pej* M *sl* fumier *m*; *sl* ordure *f*
Schweinerei *umg pej* F ⟨~; ~en⟩ **1** *(Schmutz) umg* saloperie *f*; *umg* cochonnerie *f* **2** *fig (Gemeinheit) umg* saloperie *f*; *umg* vacherie *f*; **so e-e ~!** *umg* quelle saloperie!; *umg* quelle vacherie! **3** *(Zote) umg* histoire cochonne; *(unanständige Handlung) umg* cochonnerie *f*
Schweinerippchen NPL GASTR côtes *fpl* de porc
schweinern ADJ *⟨épithète⟩ südd, österr* de porc; **Schweinerne(s)** N ⟨→ A⟩ *südd, österr* (viande *f* de) porc *m*
Schweineschmalz N saindoux *m*; **Schweineschnitzel** N escalope *f* de porc; **Schweinestall** M *a. fig* porcherie *f*; **Schweinesteak** N tranche *f* de porc; **Schweinetrog** M auge *f* (des porcs); **Schweinezucht** F élevage *m* de porcs; **Schweinezüchter(in)** M(F) éleveur *m* de porcs
Schweinigel *umg* M *a. fig umg* cochon *m*
schweinisch *umg pej* **A** ADJ *umg* dégueulasse; *fig (unanständig) a. umg* cochon, -onne **B** ADV *umg* comme un cochon; *fig umg* d'une façon dégueulasse
Schweinkram *umg* M *umg* cochonnerie(s) *f(pl)*
Schweinsäuglein N œil *m* de cochon; **Schweinsborste** F soie *f* de porc; **Schweinsbraten** M *südd, österr, schweiz* → Schweinebraten
Schweinsgalopp *umg hum* M **im ~** au galop; *fig* à la va-vite
Schweinshachse F, *südd* **Schweinshaxe** F GASTR jarret *m* de porc (rôti); **Schweinskopf** M GASTR tête *f* de porc; **Schweinskotelett** N côtelette *f* de porc; **Schweinsleder** N peau *f* de porc; **schweinsledern** ADJ *⟨épithète⟩* en peau de porc; en porc; **Schweinsohr** N *Gebäck* palmier *m*; **Schweinsschnitzel** N *österr* → Schweineschnitzel; **Schweinsstelze** F *österr* → Schweinshachse
Schweiß M ⟨~es; ~e⟩ **1** PHYSIOL, *fig* sueur *f*; **kalter ~** sueur froide; **in ~ geraten** transpirer; **in ~ gebadet sein** être trempé, baigné de sueur; être en nage; **das hat viel ~ gekostet** cela a donné beaucoup de peine, beaucoup de travail; *geh* **im ~e s-s Angesichts** à la sueur de son front; **ihm steht der ~ auf der Stirn** la sueur perle, coule sur son front; **mir bricht der ~ aus** je commence à transpirer; **mir brach der kalte ~ aus** j'ai eu des sueurs froides **2** JAGD *(Blut)* sang *m*
Schweißabsonderung F transpiration *f*; sécrétion sudorale; **Schweißausbruch** M transpiration abondante; **Schweißband** N ⟨~(e)s; ¨er⟩ **1** *im Hut* cuir intérieur **2** *am Arm* bracelet *m*; **schweißbedeckt** ADJT couvert de sueur; trempé de sueur; en sueur;
Schweißbrenner M chalumeau *m* à souder; brûleur *m*; **Schweißdraht** M fil *m*, baguette *f* à souder, de soudure; **Schweißdrüse** F glande *f* sudoripare
schweißen ⟨-(es)t, h.⟩ **A** V/T TECH souder **B** V/I JAGD *(bluten)* saigner
Schweißer M ⟨~s; ~⟩ soudeur *m*
Schweißfährte F JAGD trace *f* de sang; **Schweißfleck** M tache *f* de transpiration, de sueur
Schweißfuß M **Schweißfüße haben** transpirer des pieds
schweißgebadet ADJT baigné, trempé de sueur; en nage
Schweißgerät N poste *m* de soudage; **Schweißgeruch** M odeur *f* de transpiration, de sueur; **Schweißhund** M JAGD braque *m*; **Schweißnaht** F TECH soudure *f*
schweißnass ADJ → schweißgebadet
Schweißperle F goutte *f* de sueur; **auf s-r Stirn standen dicke ~n** sur son front perlaient de grosses gouttes de sueur
schweißtreibend ADJT qui fait transpirer; *t/t* sudorifique; **schweißtriefend** ADJT ruisselant de sueur
Schweißtropfen M goutte *f* de sueur; *fig* **das hat manchen ~ gekostet** cela a donné bien de la peine, du mal
Schweißtuch N BIBEL **das ~ der Veronika** le voile de sainte Véronique
schweißüberströmt ADJT couvert de transpiration, de sueur
Schweißung F ⟨~; ~en⟩ TECH soudage *m*; soudure *f*
Schweiz ⟨→ *n/pr*⟩ **die ~** la Suisse
Schweizer[1] M ⟨~s; ~⟩ **1** GEOG Suisse *m*; *in der Schweizergarde* suisse *m* **2** *(Melker)* trayeur *m*
Schweizer[2] ADJ *⟨épithète; inv⟩* suisse; de (la) Suisse; helvétique; **~ Käse** fromage *m* suisse; *(Emmentaler)* emment(h)al *m*; *(Gruyère)* gruyère *m*
schweizerdeutsch ADJ suisse-allemand; alémanique (de Suisse)
Schweizerdeutsch N → Schwyzerdütsch
Schweizergarde F ⟨~⟩ *des Papstes* garde *f* suisse
Schweizerin F ⟨~; ~nen⟩ Suisse *od* Suissesse *f*
schweizerisch ADJ suisse; de (la) Suisse; helvétique
Schwelbrand M feu couvant (sous la cendre)
schwelen ⟨h.⟩ **A** V/T TECH brûler lentement; *in der Kokerei* distiller, carboniser à basse température **B** V/I *Feuer* brûler sans flamme; se consumer lentement; *a. fig* couver
schwelgen V/I ⟨h.⟩ **1** *im Essen, Trinken* festoyer; faire bombance; *(üppig leben)* mener la grande vie **2** *fig* **in etw** *(dat)* **~** se repaître de qc; se complaire dans qc; **in Erinnerungen ~** se complaire dans ses souvenirs
schwelgerisch ADJ luxueux, -euse; *Essen* fastueux, -euse; *Blick* voluptueux, -euse
Schwelle F ⟨~; ~n⟩ *a. fig*, PSYCH seuil *m*; EISENBAHN traverse *f*; GEOG bombement *m*; **e-e ~ überschreiten** franchir un seuil; **an der ~ e-r neuen Zeit** au seuil d'une nouvelle époque; **auf der ~ zur Macht** aux abords du pouvoir; *geh* **sich an der ~ des Todes befinden** être au seuil de la mort
schwellen **A** *geh* V/T ⟨h.⟩ *Segel etc* gonfler; enfler; **der Stolz schwellte ihm die Brust** sa poitrine se gonflait d'orgueil **B** V/I ⟨schwillt, schwoll, geschwollen, s.⟩ **1** MED enfler **2** *geh Wasser, Fluss* être en crue; *Bach* s'enfler; grossir; *Lärm* grandir; s'amplifier; *Ton* augmenter; s'amplifier **3** *geh fig* **~de Lippen** *fpl* lèvres charnues; **~der Busen** poitrine opulente

S

Schwellenangst F ⟨~⟩ PSYCH appréhension *f*; **Schwellenland** N ⟨~(e)s; ¨~er⟩ pays nouvellement industrialisé; **Schwellenwert** M PHYS, ELEK valeur *f* seuil

Schweller M ⟨~s; ~⟩ MUS levier *m* de crescendo

Schwellkörper M ANAT corps caverneux, érectile; **Schwellton** M ⟨~(e)s; ¨~e⟩ MUS crescendo *m*

Schwellung F ⟨~; ~en⟩ enflure *f*; gonflement *m*

Schwemme F ⟨~; ~n⟩ **1** HANDEL *(Überangebot)* surplus *m*, excès *m* (**an** *[+dat]* de) **2** *für Tiere* gué *m*; abreuvoir *m* **3** *regional (Bierkneipe) etwa* brasserie *f* populaire **4** *österr in e-m Warenhaus* rayon *m* discount

schwemmen V/T ⟨h.⟩ **1** *(fort~)* emporter; entraîner; **an(s) Land geschwemmt werden** être rejeté à, sur la côte **2** *österr (spülen)* passer à l'eau; rincer

Schwemmland N ⟨~(e)s⟩ terrains alluviaux; alluvions *fpl*; **Schwemmsand** M sable alluvial

Schwengel M ⟨~s; ~⟩ *(Pumpenschwengel)* bras *m*; *(Glockenschwengel)* battant *m*

Schwenk M ⟨~s; ~s⟩ **1** *(Drehung) bes* MIL conversion *f*; tournant *m*; **e-n ~ machen** tourner; MIL faire une conversion; **e-n ~ nach rechts machen** tourner vers la droite; *fig Partei etc* dériver vers la droite **2** FILM, TV panoramique *m*; *Kamera* **e-n ~ auf j-n, etw machen** faire un panoramique sur qn, qc

Schwenkachse F articulation *f*; *senkrechte* axe *m* de pivotement, *waagerechte* de rotation; **Schwenkarm** M bras articulé, orientable, pivotant; **schwenkbar** ADJ orientable; *(beweglich)* articulé; *(drehbar)* tournant; TECH pivotant; **Schwenkbraten** M *etwa* grillade *f*; **Schwenkbühne** F BERGBAU pont *m*, plaque *f* tournant(e)

schwenken **A** V/T ⟨h.⟩ **1** *Hut, Taschentuch, Fahne* agiter; TECH faire pivoter; *Kamera, Geschütz a.* tourner; orienter **2** *(ausspülen)* rincer **3** GASTR *in Butter etc* faire revenir **B** V/I ⟨s.⟩ *Geschütz* tourner; pivoter; *Truppen, taktisch* faire une conversion; *a.* SCHIFF évoluer; *beim Exerzieren* changer de direction; faire un changement de direction; **nach links ~** tourner vers la gauche; **links schwenkt marsch!** demi-tour à gauche, gauche!

Schwenker *umg* M ⟨~s; ~⟩ *(Kognakschwenker)* verre *m* à cognac

Schwenkkartoffeln FPL pommes (de terre) rissolées, revenues dans du beurre, *etc*; **Schwenkkran** M grue pivotante, à pivot

Schwenkung F ⟨~; ~en⟩ pivotement *m*; TECH (mouvement *m* de) rotation *f*; *fig* changement *m* d'opinion

S

schwer

A Adjektiv **B** Adverb

— **A** Adjektiv —

1 *im Gewicht, a. fig* lourd; *Stoff* fort; solide; lourd; *Leinwand, Tuch a.* gros, grosse; *Motorrad, Gepäck* gros, grosse; **zwei Kilo ~ sein** peser deux kilos; *fig* **e-e ~e Zunge haben** avoir la langue pâteuse; *fig* **e-n ~en Kopf haben** avoir la tête lourde **2** *(schwierig)* difficile; *(anstrengend)* fatigant; *(mühselig)* laborieux, -ieuse; *(hart)* dur; rude; *Arbeit* pénible; ardu; *Aufgabe, Amt, Pflicht etc* lourd; *Kampf* acharné; rude; **das war e-e ~e Geburt** c'était un accouchement difficile; *umg fig umg* c'était du boulot **3** *(schlimm)* grave; *Sünde, Verbrechen* capital; *Schicksal* cruel, -elle; *Unrecht, Unfall, Beleidigung, Irrtum, Fehler* grave; *Krankheit, Vergehen, Schaden* grave; sérieux, -ieuse; *Verlust* lourd; fort; gros, grosse; *Strafe* sévère; lourd; *Zeiten* dur; difficile; *Enttäuschung, Gewitter, Schnupfen* gros, grosse; *Schock* dur; *Schmerz* grand; *Verdacht* sérieux, -ieuse; *umg fig* **ein ~er Junge** *umg* un truand, malfrat **4** *fig Speisen* lourd; difficile à digérer; *Getränke, Tabak* fort; *Wein a.* puissant; *Parfum* lourd; fort **5** SCHIFF **~e See** grosse mer; mer °houleuse

— **B** Adverb —

1 lourdement; **~ beladen** *Lastwagen etc* lourdement chargé; **~ tragen, heben** porter, soulever qc de lourd; **~ im Magen liegen** peser sur l'estomac, *fig* sur le cœur; *fig* **~ wiegen** peser lourd; *fig* **~ wiegend** grave; (très) sérieux, -ieuse; *fig* **~ auf j-m lasten** peser lourd sur les épaules de qn; être un poids pour qn **2** *(schwierig)* difficilement; **~ erziehbar** difficile (à élever, à éduquer); **es ~ (mit j-m, etw) haben** avoir du mal (avec qn, qc); **~er machen** compliquer; rendre plus difficile; **es j-m (sehr) ~ machen** rendre la tâche *od* la situation difficile à qn; **es sich** *(dat)* **~ machen** se compliquer la vie; **das macht mir das Herz ~** j'en ai le cœur gros; cela me serre le cœur; **j-m das Leben ~ machen** rendre la vie dure à qn; **~ verständlich** difficile à comprendre; → schwerfallen, schwernehmen, schwertun **3** *(anstrengend)* durement; *(mühsam)* difficilement; avec peine; **~ arbeiten** travailler dur; **~ atmen** respirer difficilement, péniblement; **~ hören** être dur d'oreille; **das hat sie sich** *(dat)* **~ erkämpft** elle a obtenu ça à grand peine; elle a lutté pour l'obtenir **4** *(ernstlich)* gravement; sérieusement; *(gefährlich)* dangereusement; sévèrement; **~ behindert sein** être un invalide (du travail), un infirme civil; **~ beschädigt** *Sache* très endommagé; **~ krank** gravement, sérieusement malade; **~ stürzen** faire une mauvaise chute; **~ verletzt** grièvement blessé; **~ verunglücken** avoir un grave accident; **~ verwunden** blesser grièvement; **~ verwundet** grièvement blessé **5** *(sehr)* beaucoup; énormément; **~ bestrafen** punir gravement; **~ betrunken** ivre mort; **~ bewaffnet** lourdement armé; **sich ~ täuschen** se tromper lourdement; **~ enttäuscht**, *umg* **~ beleidigt sein** être profondément déçu, vexé; *umg* **~ aufpassen** *umg* faire très attention; *umg* **sich ~ blamieren** se couvrir de ridicule; *umg* **~ in Fahrt sein** *umg* être bien parti; *umg* **das will ich ~ hoffen** j'y compte sérieusement; *umg* **sie ist ~ in Ordnung** *umg* elle est vachement bien; *umg* **gestern haben wir ~ einen draufgemacht** *umg* hier on a fait une bringue à tout casser **6** *(unverträglich)* **~ essen** manger des choses lourdes, indigestes; **~ kochen** faire une cuisine lourde, indigeste; **~ verdaulich** indigeste *(a. fig Lektüre, Film etc)*

Schwerarbeit F ⟨~⟩ travail *m* de force; travail *m* pénible; **Schwerarbeiter** M travailleur *m* de force; homme *m* de peine; **Schwerathlet** M *(Gewichtheber)* haltérophile *m*; *(Ringer)* lutteur *m*; *(Boxer)* boxeur *m*; **Schwerathletik** F *(Gewichtheben)* haltérophilie *f*; *(Ringen)* lutte *f*; *(Boxen)* boxe *f*; **schweratmig** ADJ qui a la respiration gênée, difficile; qui respire difficilement

schwerbehindert ADJT invalide; **~ sein** être un invalide (du travail), un infirme civil

Schwerbehinderte(r) M/F(M) grand(e) invalide *m/f* (du travail); infirme civil; **Schwerbehindertenausweis** M carte *f* d'invalidité; **Schwerbehinderung** F °handicap lourd; **schwerbeladen** ADJT → schwer B 1; **schwerbeschädigt** ADJT **1** *Person* → schwerbehindert **2** *Sache* très endommagé; **schwerbewaffnet** ADJT lourdement armé

Schwere F ⟨~⟩ **1** pesanteur *f*; *(Gewicht)* poids *m*; PHYS gravité *f* **2** *fig, e-r Strafe* sévérité *f*; *der Verantwortung* poids *m*; *e-r Krankheit, e-s Verbrechens* gravité *f*; *e-s Amtes* difficultés *fpl* **3** *des Weins* force *f*; puissance *f*; *des Parfums* lourdeur *f*; **Schwerefeld** N PHYS champ *m* de gravité, de la pesanteur; **schwerelos** ADJ en état d'apesanteur; **Schwerelosigkeit** F ⟨~⟩ apesanteur *f*; *a. fig* absence *f* de pesanteur

Schwerenöter *umg hum* M ⟨~s; ~⟩ bourreau *m* des cœurs

schwererziehbar ADJ → schwer B 2

schwerfallen V/I ⟨irr, sép, -ge-, s.⟩ **j-m ~** être difficile, pénible à qn; coûter beaucoup de peine à qn; **es fällt mir schwer zu** *(+inf)* j'ai (de la) peine à *(+inf)*; il m'est difficile, pénible de *(+inf)*; il m'en coûte de *(+inf)*

schwerfällig ADJ lourd; lourdaud; pesant; *(träge)* engourdi; *Form* massif, -ive; *Stil* lourd; pesant; **~er Mensch** lourdaud *m*

Schwerfälligkeit F ⟨~⟩ lourdeur *f*; pesanteur *f*

Schwergewicht N ⟨~s⟩ **1** SPORT poids lourd **2** *fig* accent *m*; **das ~ auf etw** *(akk)* **legen** mettre l'accent, insister sur qc

schwergewichtig ADJ massif, -ive

Schwergewichtler M ⟨~s; ~⟩ SPORT poids lourd; **Schwergewichtsklasse** F SPORT catégorie *f* (des) poids lourds

schwerhörig ADJ dur d'oreille; *plus fort* sourd; *umg fig* **auf dem Ohr bin ich ~** je fais la sourde oreille

Schwerhörige(r) M/F(M) ⟨→ A⟩ personne *f* qui est dure d'oreille; **Schwerhörigkeit** F surdité (partielle); **Schwerindustrie** F grosse industrie; industrie lourde; **Schwerindustrielle(r)** M gros industriel; **Schwerkraft** F ⟨~⟩ PHYS pesanteur *f*; gravité *f*; **schwerkrank** ADJ → schwer B 4; **Schwerkranke(r)** M/F(M) grand(e) malade *m(f)*

schwerlich *geh* ADV avec peine; difficilement; ne … guère

schwerlöslich ADJ peu soluble; **schwermachen** V/T → schwer B 2

Schwermetall N métal lourd; **Schwermut** F ⟨~⟩ mélancholie *f*; tristesse profonde; **schwermütig** ADJ mélancolique; triste; sombre; **Schwermütigkeit** F ⟨~⟩ → Schwermut; **schwernehmen** V/T ⟨irr, sép, -ge-, h.⟩ prendre trop au sérieux; prendre au tragique, à cœur; **Schweröl** N huile lourde

Schwerpunkt M **1** PHYS centre *m* de gravité **2** *fig* accent *m*; point principal; dominante *f*; **den ~ auf etw** *(akk)* **legen** mettre l'accent, insister sur qc **3** SCHULE, UNIVERSITÄT **mit ~ Mathematik** à dominante mathématiques

schwerpunktmäßig **A** ADJ sélectif, -ive **B** ADV d'une façon sélective; sur des points précis; **Schwerpunktstreik** M grève sectorielle; **Schwerpunktverlagerung** F *fig*, PHYS déplacement *m* du centre de gravité; **schwerreich** *umg* ADJ richissime

Schwert N ⟨~(e)s; ~er⟩ **1** *Waffe* épée *f*; **das ~ ziehen** tirer, dégainer l'épée **2** *e-s Segelboots* dérive *f*

Schwertfisch M espadon *m*; **schwertförmig** ADJ en forme d'épée; **Schwertlilie** F BOT iris *m*

Schwertransport M convoi exceptionnel

Schwertschlucker M avaleur *m* de sabres; **Schwertstreich** M coup *m* d'épée

schwertun *umg* V/R ⟨irr, sép, -ge-, h.⟩ **sich** *(akk ou dat)* **(mit, bei etw) ~** avoir des difficultés (avec qc)

Schwertwal M ZOOL orque *m*; épaulard *m*

Schwerverbrecher(in) M(F) grand(e) criminel, -elle *m,f*; **schwerverdaulich** ADJ → schwer B 6; **schwerverletzt** ADJT → schwer B 4; **Schwerverletzte(r)** M/F(M) grand(e) blessé(e) *m(f)*; **schwerverständlich** ADJ → schwer B 2; **schwerverwundet** ADJT → schwer B 4; **Schwerverwundete(r)** M/F(M) grand(e) blessé(e) *m(f)*; **schwerwiegend** ADJT *fig* grave; (très) sérieux, -ieuse

Schwester F ⟨~; ~n⟩ 1 sœur *f*; **meine große ~** ma grande sœur; mon aînée *f* 2 *(Krankenschwester)* infirmière *f*; **~ Sabine** mademoiselle *bzw.* madame ... *+Nachname; als Anrede* **~ Sabine!** mademoiselle *bzw.* madame! 3 REL religieuse *f*; **Barmherzige ~** sœur *f* de charité; **~ Johanna** sœur Jeanne; *als Anrede a.* ma sœur

Schwesterchen N ⟨~s; ~⟩ petite sœur; sœurette *f*

Schwesterfirma F maison associée; **Schwesterherz** N *hum* sœurette *f*; **schwesterlich** A ADJ de *od* d'une sœur B ADV en sœur; **Schwesterliebe** F ⟨~⟩ amour *m* d'une sœur

Schwesternhaube F coiffe *f* d'infirmière; **Schwesternhelferin** F aide-soignante *f*; **Schwesternliebe** F ⟨~⟩ amour *m* entre sœurs; **Schwesternpaar** N deux sœurs *fpl*; **Schwesternschaft** F ⟨~⟩ *e-s Krankenhauses* infirmières *fpl*; **Schwesternschule** F école *f* d'infirmières; **Schwesternschülerin** F élève infirmière; **Schwesterntracht** F tenue *f*, uniforme *m* d'infirmière; **Schwesternwohnheim** N foyer *m* d'infirmières

Schwesterpartei F parti *m* frère; **Schwesterschiff** N navire jumeau; **Schwesterunternehmen** N entreprise *f* sœur, affiliée, jumelle

Schwibbogen M BAU arc-boutant *m*

schwieg → schweigen

schwiegerelterlich ADJ de(s) beaux-parents

Schwiegereltern PL beaux-parents *mpl*; **Schwiegermutter** F belle-mère *f*; **Schwiegersohn** M gendre *m*; **Schwiegertochter** F belle-fille *f*; **Schwiegervater** M beau-père *m*

Schwiele F ⟨~; ~n⟩ callosité *f*; durillon *m*

schwielig ADJ calleux, -euse; couvert de durillons

schwierig ADJ difficile; *Problem* ardu; épineux, -euse; *(mühselig)* pénible; laborieux, -ieuse; *(heikel)* délicat; scabreux, -euse; *(verwickelt)* compliqué; embrouillé

Schwierigkeit F ⟨~; ~en⟩ difficulté *f*; **~en bekommen** avoir des difficultés; **~en machen** *Sachen* présenter des difficultés; *Menschen* faire des difficultés, des manières; **Mathematik macht mir keine ~en** je n'ai pas de difficultés en mathématiques; **in ~en** *(akk)* **geraten** avoir des difficultés; **auf ~en** *(akk)* **stoßen** rencontrer des, se heurter à des difficultés; **mach keine ~en!** ne fais pas d'histoire(s)!; ne complique pas!

Schwierigkeitsgrad M degré *m* de difficulté

Schwimmabzeichen N brevet *m* de natation; **Schwimmanzug** M (maillot) nageur *m*; **Schwimmart** F style *m* de nage; nage *f*; **Schwimmbad** N piscine *f*; **Schwimmbagger** M drague flottante; **Schwimmbassin** N, **Schwimmbecken** N bassin *m* de natation; piscine *f*; **Schwimmblase** F ZOOL vessie *f* natatoire; **Schwimmdock** N dock flottant

Schwimmeister M → Schwimmmeister

schwimmen ⟨schwimmt, schwamm, geschwommen, s.; *sans indication de direction* h. *ou* s.⟩ A VT nager; **sie ist** *od* **hat e-n Rekord geschwommen** elle a battu un record en natation B VI 1 *Lebewesen* nager; **~ gehen** aller nager, se baigner; **an(s) Land ~** gagner la terre à la nage; **durch e-n Fluss ~** traverser une rivière à la nage; **auf dem Rücken ~** nager sur le dos 2 *Dinge* flotter; **obenauf ~** surnager 3 *fig* **in s-m Blut ~** nager, baigner dans son sang; **in Tränen ~** *Person* fondre en larmes; *Augen* être baigné(s) de larmes; **im** *od* **in Geld ~** rouler sur l'or; être tout cousu d'or 4 ⟨h.⟩ *umg fig (unsicher sein)* nager 5 ⟨h.⟩ *umg (überschwemmt sein)* **hier schwimmt ja alles** c'est tout trempé ici 6 **in ~dem Fett braten** faire frire dans l'huile bouillante C V/UNPERS **mir schwimmt es vor den Augen** j'ai des éblouissements; j'ai la vue troublée

Schwimmen N ⟨~s⟩ 1 natation *f*; **zum ~ gehen** aller nager, se baigner 2 *umg fig* **ins ~ kommen** patauger; *bei e-m Vortrag* bafouiller; bredouiller

Schwimmer M ⟨~s; ~⟩ 1 *Mensch* nageur *m* 2 *an der Angel*, TECH *etc* flotteur *m*; **Schwimmerbecken** N bassin *m* des nageurs

Schwimmerin F ⟨~; ~nen⟩ nageuse *f*

Schwimmflosse F SPORT palme *f*; **Schwimmfuß** M ZOOL pied palmé; **Schwimmgürtel** M ceinture *f* de natation; **Schwimmhalle** F piscine couverte; **Schwimmhaut** F ZOOL palmure *f*; **Schwimmhose** F → Badehose; **Schwimmklub** M club *m* de natation; **Schwimmkörper** M flotteur *m*; **Schwimmkran** M grue flottante; **Schwimmlehrer(in)** M(F) professeur *m/f* de natation; **Schwimmmeister** M *(Bademeister)* maître *m* nageur; **Schwimmmeisterschaft** F championnat *m* de natation; **Schwimmreifen** M, **Schwimmring** M bouée *f*; **Schwimmsport** M natation *f*; **Schwimmstadion** N piscine *f* (olympique); **Schwimmstil** M style *m* de nage; **Schwimmstoß** M brasse *f*; **Schwimmtechnik** F natation *f*; **Schwimmunterricht** M leçons *fpl* de natation; **Schwimmverein** M → Schwimmklub; **Schwimmvogel** M (oiseau *m*) palmipède *m*; **Schwimmweste** F gilet *m* de sauvetage

Schwindel M ⟨~s⟩ 1 MED vertige *m*; *(~anfall)* étourdissement *m*; **~ erregend** → schwindelerregend 2 *umg (unwahre Geschichte)* histoires *fpl*; *umg* bobards *mpl* 3 *umg (Betrug)* escroquerie *f*; **den ~ kenne ich!** je connais le truc! 4 *umg (Kram)* **der ganze ~** *umg* tout le barda, bazar

Schwindelanfall M étourdissement *m*; **e-n ~ bekommen** avoir un vertige, un étourdissement

Schwindelei F ⟨~; ~en⟩ 1 *(Unwahrheiten)* histoires *fpl*; *umg* bobards *mpl* 2 *(Betrug)* escroquerie *f*

schwindelerregend ADJT *Höhe, Geschwindigkeit* vertigineux, -euse; *Aufstieg, Erfolg* étourdissant; **schwindelfrei** ADJ qui n'est pas sujet, -ette au vertige; **Schwindelgefühl** N sensation *f* de vertige

schwindelig ADJ **leicht ~ werden** être sujet, -ette à des vertiges; **mir ist (es) ~** j'ai le vertige; j'ai un étourdissement; **ich werde ~** je suis pris de vertige; **(j-n) ~ machen** donner le vertige (à qn)

schwindeln ⟨-(e)le, h.⟩ A *umg* VT *u.* VI *(lügen)* raconter des histoires, *umg* des bobards; **das ist geschwindelt** ce n'est pas vrai; tu as menti B V/UNPERS **mir** *od* **mich schwindelt** j'ai le vertige; j'ai des éblouissements; **ihm schwindelte bei dem Gedanken an ...** *(+akk)* la pensée de ... lui donna le vertige; il eut le vertige à la pensée de

schwinden VI ⟨schwindet, schwand, geschwunden, s.⟩ 1 *geh (abnehmen)* diminuer; se réduire; décroître; *Töne* décroître; diminuer; *Farben* pâlir; s'effacer; se décolorer; *Licht* baisser; faiblir; *Schönheit* se flétrir; se faner; *Interesse* baisser; *Spuren* s'effacer; *Ersparnisse* fondre; s'amenuiser; diminuer; *Mut, Angst, Misstrauen, Einfluss* diminuer; *Hoffnung a.* fondre; s'en aller; *Macht* s'affaiblir; **s-e Kräfte ~** ses forces déclinent, s'en vont, l'abandonnent; **ihm schwand der Mut** il perdit courage; **ihr schwanden die Sinne** elle perdit connaissance; elle s'est évanouie 2 TECH *Metall, Holz, Ton* se rétrécir; se contracter; se resserrer

Schwinden N ⟨~s⟩ 1 *geh (Abnehmen)* diminution *f*; *von Farben* effacement *m*; décoloration *f*; *von Tönen* affaiblissement *m*; *der Schönheit* flétrissure *f*; **im ~ sein** être en décroissance 2 TECH *von Holz, Metall* retrait *m*; *als Eigenschaft* rétractilité *f*; *von Ton* retraite *f*; RADIO fading *m*; évanouissement *m*

Schwindler(in) M ⟨~s; ~⟩ (F) ⟨~in; ~innen⟩ *pej* 1 *(Lügner[in])* menteur, -euse *m,f*; **du ~!** *umg* tu me racontes des bobards! 2 *(Betrüger[in])* escroc *m*; baratineur, -euse *m,f*

schwindlig → schwindelig

Schwindsucht F ⟨~⟩ phtisie *f*; tuberculose *f* pulmonaire

schwindsüchtig ADJ tuberculeux, -euse; phtisique; **Schwindsüchtige(r)** M/F(M) ⟨→ A⟩ tuberculeux, -euse *m,f*; phtisique *m/f*

Schwingachse F *am Auto* essieu oscillant; **Schwingboden** M *in Turnhallen etc* plancher oscillant

Schwinge F ⟨~; ~n⟩ 1 *geh (Flügel), a. fig* aile *f* 2 *regional, österr* panier plat et oval 3 TECH bras oscillant

schwingen ⟨schwingt, schwang, geschwungen⟩ A VT ⟨h.⟩ *(hin- u. her~)* basculer; balancer; *Fahne, Hut etc* agiter; *Schwert, Keule* brandir B VI ⟨h. *ou* s.⟩ 1 *Pendel* osciller; *Saite* vibrer 2 *am Reck* se balancer 3 ⟨h.⟩ *geh (anklingen)* vibrer; **in ihrer Stimme schwang Freude** la joie vibrait dans sa voix; sa voix vibrait de joie C V/R ⟨h.⟩ **sich ~** s'élancer; **sich über die Mauer ~** sauter par-dessus le mur; **sich in den Sattel ~** sauter en selle; **sich auf sein Fahrrad ~** enfourcher sa bicyclette; *Vogel* **sich in die Luft ~** prendre son essor; s'envoler; *geh* **die Brücke schwingt sich über den Fluss** *geh* le pont enjambe le fleuve

Schwingen N ⟨~s⟩ SPORT lutte *f* suisse

Schwinger M ⟨~s; ~⟩ BOXEN swing *m*

Schwinghebel M balancier *m*; bascule *f*; AUTO culbuteur *m*; **Schwingkreis** M ELEK circuit oscillant; **Schwingmaschine** F AGR *für Flachs, Hanf* machine *f* à espader; **Schwingmetall** N TECH tampon *m* élastique, de caoutchouc; **Schwingtür** F porte battante

Schwingung F ⟨~; ~en⟩ PHYS vibration *f*; pulsation *f*; *e-s Pendels* mouvement *m* oscillatoire, pendulaire; *a.* ELEK oscillation *f*; **in ~ versetzen** faire vibrer; ébranler; **in ~ geraten** s'ébranler

Schwingungsdämpfer M amortisseur *m* d'oscillations, de vibrations; **Schwingungsdauer** F durée *f* d'oscillation; période *f*; **Schwingungszahl** F fréquence *f* (des oscillations); nombre *m* des oscillations

Schwippschwager *umg* M beau-frère *m* par alliance; **Schwippschwägerin** *umg* F belle-sœur *f* par alliance

Schwips *umg* M ⟨~es; ~e⟩ **e-n ~ haben** *umg* être éméché, pompette

schwirren VI 1 ⟨s.⟩ *Pfeil, Kugeln* siffler; *Insekten* bourdonner; **durch die Luft ~** fendre l'air en sifflant *bzw.* en bourdonnant; **mir schwirrte**

S

alles Mögliche durch den Kopf j'avais la tête bourdonnante de mille choses 2 ⟨h.⟩ **mir schwirrt der Kopf** la tête me tourne

Schwitzbad N bain *m* de vapeur; *Ort, a. fig* étuve *f*

Schwitze F ⟨~; ~n⟩ GASTR *(Mehlschwitze)* roux *m*

schwitzen ⟨-(es)t, h.⟩ A V/T GASTR *Mehl* faire mousser; *Zwiebeln* faire fondre B V/I 1 *Menschen* transpirer; *plus fort* suer; **am ganzen Körper ~** être tout en nage; **unter den Armen ~** transpirer sous les bras 2 *Mauern, Wände* suinter; *Fensterscheiben* être couvert de buée C V/R **sich (ganz) nass ~** être (tout) mouillé de transpiration

Schwitzen N ⟨~s⟩ 1 *von Menschen* sudation *f*; transpiration *f* 2 *von Mauern, Wänden* suintement *m*

schwitzig *umg* ADJ mouillé de sueur

Schwitzkasten M ⟨~s⟩ RINGEN prise *f* de tête; **j-n in den ~ nehmen** faire une prise de tête à qn

Schwitzkur F traitement *m* sudorifique, par sudation; **Schwitzpackung** F MED enveloppement *m* sudorifique

Schwof *umg* M ⟨~(e)s; ~e⟩ *umg* guinche *f*

schwofen *umg* V/I ⟨h.⟩ *umg* guincher; aller au dancing

schwoll → schwellen B

schwören V/T *u.* V/I ⟨schwört, schwor, geschworen, h.⟩ 1 JUR jurer; affirmer, déclarer sous (la foi du) serment; *abs* prêter serment; **auf die Bibel, bei s-r Ehre, bei Gott ~** jurer sur la bible, sur son honneur, devant Dieu; **j-m Rache ~** jurer de se venger de qn; **j-m Treue ~** jurer fidélité à qn; *fig* **ich könnte darauf ~** *(+inf) od* **ich könnte ~, dass …** je pourrais jurer que … 2 *fig (beteuern)* jurer; affirmer; **ich schwöre (dir), dass es wahr ist** je (te) jure que c'est vrai 3 *fig (geloben)* jurer; promettre; **ich habe (mir) geschworen zu** *(+inf)* je me suis juré de *(+inf)* 4 *fig (überzeugt sein)* **auf etw, j-n ~** ne jurer que par qc, qn; **ich schwöre auf dieses Mittel** je ne jure que par ce remède, médicament

Schwuchtel *umg pej* F ⟨~; ~n⟩ *umg* tante *f*; *umg* tantouse *f*

schwul *umg* ADJ homosexuel, -elle; gay

schwül ADJ 1 *(drückend)* lourd (et humide); suffocant; **es ist ~** il fait lourd (et humide); on suffoque 2 *fig (sinnlich), a. Parfum, Musik, Fantasien etc* sensuel, -elle; voluptueux, -euse

Schwule(r) *umg* M ⟨→ A⟩ gay *m*; *umg pej* pédé *m*

Schwüle F ⟨~⟩ 1 chaleur étouffante, suffocante; temps lourd (et humide) 2 *fig* sensualité *f*

Schwulenbewegung *umg* F mouvement *m* gay; **Schwulenlokal** *umg* N bar *m bzw.* boîte *f* gay

Schwulität *umg* F ⟨~; ~en⟩ **in ~en sein** *umg* être dans le pétrin; être dans l'embarras; être gêné; *finanziell a.* être dans la gêne

Schwulst M ⟨~(e)s⟩ *in der Rhetorik* pompe *f*; emphase *f*; *im Baustil* profusion *f* d'ornements, de fioritures

schwülstig A ADJ *Stil* pompeux, -euse; emphatique; *Architektur* surchargé d'ornements, de fioritures B ADV **~ schreiben, sprechen** avoir un style pompeux, emphatique

schwumm(e)rig *umg* ADJ **mir ist (ganz) schwumm(e)rig** *(unwohl) umg* je me sens patraque; *(benommen)* j'ai la tête qui tourne; *(unbehaglich) umg* je ne me sens pas bien

Schwund M ⟨~(e)s⟩ 1 *(Abnehmen)* diminution *f*; *von Kapital* amenuisement *m*; MED atrophie *f*; RADIO fading *m*; *bei Waren* perte *f* de poids (par évaporation, coulage, *etc)* 2 *(Verlust)* perte *f*; *auf dem Transport* déchet *m* (de route)

Schwung M ⟨~(e)s; ⸚e⟩ 1 *e-s Rades etc* mouvement *m* rapide; *(Anstoß)* impulsion *f*; PHYS, *e-s bewegten Körpers* lancée *f*; **~ holen** prendre son élan; *Rad, Schaukel, Glocke etc* **in ~ setzen** mettre en branle 2 *⟨pas de pl⟩ fig (Elan)* entrain *m*; élan *m*; allant *m*; *des Stils, der Musik, e-r Zeichnung* mouvement *m*; *(Tatkraft)* énergie *f*; dynamisme *m*; *(Lebhaftigkeit)* vivacité *f*; animation *f*; **~ haben** *Person* avoir de l'allant, de l'élan; être plein d'entrain, d'énergie, de dynamisme; *Musik* être entraînant, dynamique; *Komödie, Operette* être plein d'entrain; *Zeichnung* plein de mouvement; *umg* **etw in ~ bringen** mettre qc en train; *(in Gang bringen)* mettre qc en branle; lancer qc; démarrer qc; *umg* **in ~ kommen** *Unternehmen etc* démarrer; prendre son essor; *Person* se mettre en train; *(in gute Stimmung kommen)* s'animer; *umg* **in ~ sein** *Unternehmen* être en train; bien marcher; *Person* se sentir plein d'entrain; se sentir en forme; *umg* **da ist ~ drin** c'est plein d'entrain, de mouvement; *umg* **jetzt kommt ~ in den Laden** *umg* ça commence à bouger 3 *umg (größere Menge)* **ein ganzer ~ Bücher, Hefte** *etc* toute une pile de livres, de cahiers, *etc* 4 *(Bogen)* courbe *f*; SKISPORT virage *m*

Schwungbein N SPORT jambe *f* qui donne l'élan; **Schwungfeder** F *der Vögel* rémige *f*

schwunghaft ADJ *Handel* florissant; **e-n ~en Handel mit etw betreiben** faire un commerce actif de qc

Schwungkraft F ⟨~⟩ PHYS force *f* centrifuge; **schwunglos** ADJ *Person* qui manque d'entrain, d'élan, de dynamisme; *Rede, Musik etc* terne; insipide; **Schwungrad** N TECH volant *m*; **schwungvoll** ADJ plein d'entrain; *Zeichnung* plein de mouvement; *Musik a.* entraînant; dynamique; *Rede* d'une belle envolée; plein de verve

schwupp(diwupp), **schwups** INT paf!

Schwur M ⟨~(e)s; ⸚e⟩ serment *m*; **e-n ~ leisten** faire, prêter serment; **die Hand zum ~ erheben** lever la main pour prêter serment

Schwurgericht N JUR cour *f* d'assises; **Schwurgerichtsverfahren** N JUR procédure *f* devant la cour d'assises

Schwyzerdütsch N, **Schwyzertütsch** N ⟨Schwyzerdütsch(s), -tütsch(s)⟩ *schweiz* suisse-allemand *m*; dialecte allemand parlé en Suisse

Science-Fiction F ⟨~⟩ science-fiction *f*; **Science-Fiction-Roman** M roman *m* de science-fiction

Scrabble® N ⟨~s; ~s⟩ scrabble® *m*

scratchen V/I ⟨h.⟩ MUS scratcher

Scratching N ⟨~s⟩ MUS scratch(ing) *m*

scrollen ⟨h.⟩ IT A V/T faire défiler B V/I défiler

Scrollen N ⟨~s⟩, **Scrolling** N ⟨~s⟩ IT défilement *m*

SDR M ⟨~⟩ HIST ABK (Süddeutscher Rundfunk) *radio et télévision régionales allemandes (Stuttgart)*

SE F ⟨~⟩ JUR ABK (Societas Europaea) SE (Société européenne) *f*

Séance F ⟨~; ~n⟩ séance *f* de spiritisme

Sebastian M ⟨→ n/pr⟩ *prénom*

Seborrhö F ⟨~; ~en⟩ MED séborrhée *f*

Seborrhöe → Seborrhö

sec ABK (Sekunde) s (seconde)

sechs NUM six; → *a.* acht

Sechs F ⟨~; ~en⟩ 1 *Zahl* (chiffre *m*, nombre *m*) six *m*; → *a.* Acht[1] 2 *Schulnote (ungenügend)* insuffisant; *in Frankreich etwa* zéro *m*, un *m*, deux *m*, trois *m*, quatre *m* (sur vingt); **eine ~ schreiben, haben** *etwa* avoir zéro, un, deux, trois, quatre (sur vingt)

sechsarmig ADJ *Leuchter* à six branches; *Polyp* à six bras; à six tentacules; **sechsbändig** *etc* → achtbändig *etc*; **Sechseck** N ⟨~(e)s; ~e⟩ hexagone *m*; **sechseckig** ADJ hexagonal

sechseinhalb NUM six et demi

Sechsender M ⟨~s; ~⟩ JAGD cerf *m* (à) six cors

Sechser M ⟨~s; ~⟩ *südd, österr, schweiz (Sechs)* six *m*; → *a.* Sechs 2

sechserlei ADJ ⟨*épithète; inv*⟩ six sortes, espèces de …; six … différent(e)s; de six sortes, espèces différentes

Sechserpack M, **Sechserpackung** F paquet *m* de six

sechsfach A ADJ sextuple; → *a.* achtfach B ADV six fois (plus); au sextuple; **~ vergrößert** agrandi six fois

Sechsfache(s) N ⟨→ A⟩ sextuple *m*; **sechshundert** NUM six cent(s); **sechsjährig** ADJ *(sechs Jahre alt)* (âgé) de six ans; *(sechs Jahre lang)* de six ans; qui dure six ans; *t/t, Amtszeit etc* sexennal; **Sechsjährige(r)** M/F(M) ⟨→ A⟩ garçon *m*, fille *f* de six ans; **sechsjährlich** ADV (ADJ) (qui revient) tous les six ans

Sechskant N *od* M ⟨~(e)s; ~e⟩ TECH hexagone *m*; **Sechskanteisen** N fer hexagonal

Sechsling M ⟨~s; ~e⟩ un(e) des sextuplé(e)s; *pl* **~e** sextuplé(e)s *m(f) pl*

sechsmal ADV six fois; **sechsmalig** ADJ ⟨*épithète*⟩ répété six fois; **sechsmonatlich** A ADJ semestriel, -ielle B ADV semestriellement; par semestre; **sechsseitig** ADJ *Brief* de six pages; MATH hexagone; hexagonal; **Sechssilber** M ⟨~s; ~⟩, **Sechssilbler** M ⟨-ers; -er⟩ hexasyllabe *m*

sechsstellig ADJ *Zahl, Betrag* de six chiffres; *weitS.* **~e Summe** grosse somme

sechst ADV **zu ~** à six; **zu ~ sein** être six

Sechstagerennen N RADSPORT six-jours *mpl*

sechstägig ADJ de six jours; **sechstausend** NUM six mille

sechste(r, -s) NUM sixième; **~s Kapitel** chapitre six; **~r Sinn** sixième sens; **Karl der Sechste (VI.)** Charles six (VI); → *a.* achte(r, -s)

sechsteilig ADJ en six parties; divisé en six

Sechstel N ⟨~s; ~⟩ sixième *m*

sechstens ADV sixièmement; en sixième lieu

Sechszeiler M ⟨~s; ~⟩ METRIK sixain *m*; **sechszeilig** ADJ à *od* de six lignes

Sechszylinder M (voiture *f*, automobile *f* à) six cylindres *f*; **Sechszylindermotor** M moteur *m* à six cylindres; six cylindres *m*

sechzehn NUM seize; → *a.* acht; **sechzehnjährig** ADJ de seize ans

sechzehnte(r, -s) NUM seizième; **Ludwig der Sechzehnte (XVI.)** Louis seize (XVI)

Sechzehntel N ⟨~s; ~⟩ seizième *m*; **Sechzehntelnote** F MUS double croche *f*; **Sechzehntelpause** F MUS quart *m* de soupir

sechzig NUM soixante; **etwa, rund ~ (Personen)** une soixantaine (de personnes); **etwa, rund ~ (Jahre alt) sein** avoir la soixantaine; → *a.* achtzig

Sechzig F ⟨~⟩ (chiffre *m*, nombre *m*) soixante *m*

sechziger ADJ ⟨*épithète; inv*⟩ **die ~ Jahre** NPL les années *fpl* soixante; *Altersangabe* **in den Sechzigern sein** avoir passé la soixantaine

Sechziger(in) M ⟨~s; ~⟩ (F) ⟨~in; ~innen⟩ → Sechzigjährige(r); **Sechzigerjahre** NPL **die ~** les années *fpl* soixante; **sechzigjährig** ADJ *(sechzig Jahre alt)* (âgé) de soixante ans; *Personen a.* sexagénaire; *(sechzig Jahre lang)* de soixante ans; qui dure soixante ans; **Sechzigjährige(r)** M/F(M) ⟨→ A⟩ sexagénaire *m/f*; homme *m*, femme *f* de soixante ans

Secondhandkleidung F vêtement *m* d'occasion, de seconde main; **Secondhandladen** M magasin *m* (de vêtements) d'occasion

SED F ⟨~⟩ HIST ABK (Sozialistische Einheitspartei Deutschlands) Parti socialiste unifié de la RDA

sedativ ADJ MED sédatif, -ive

Sedativ N ⟨~s; ~e⟩, **Sedativum** N ⟨~s; -va⟩ MED sédatif *m*

Sedezformat N TYPO (format *m*) in-seize *m*

Sediment N ⟨~(e)s; ~e⟩ GEOL, MED, CHEM sédiment *m*

sedimentär ADJ sédimentaire

Sedimentgestein N GEOL roches *fpl* sédimentaires

See[1] M ⟨~s; ~n⟩ *(Binnensee)* lac *m*; **am ~** au bord du lac

See[2] F ⟨~⟩ **1** *(Meer)* mer *f*; **in ~ stechen** appareiller; prendre la mer, le large; *in den Ferien* **an die ~ fahren** aller au bord de la mer *od* à la mer; **an der ~** au bord de la mer; **auf ~** sur *od* en mer; **auf hoher, offener ~** en pleine, °haute mer; *umg* **zur ~ gehen** se faire marin; **Handel** *m* **zur ~** commerce *m* maritime; **Kapitän** *m* **zur ~** capitaine *m* de vaisseau **2** *(Seegang)* mer *f*; **bewegte ~** mer agitée; **ruhige ~** mer calme; **schwere** *od* **raue ~** grosse mer

Seeadler M aigle *m* de mer

Seealpen PL **die ~** les Alpes *fpl* Maritimes

Seeamt N préfecture *f* maritime; **Seeanemone** F anémone *f* de mer; **Seebad** N *(Badeort)* station *f* balnéaire

Seebär M **1** ZOOL otarie *f* **2** *umg fig (Seemann)* **(alter) ~** (vieux) loup *m* de mer

Seebeben N séisme sous-marin; **Seebestattung** F dispersion *f* des cendres en mer; immersion *f* d'une urne funéraire (en °haute mer)

Seeblick M ⟨~(e)s⟩ **mit ~** avec vue sur le lac *bzw.* la mer

Seeblockade F blocus *m* maritime; **Seebrücke** F embarcadère *m*; **See-Elefant** M éléphant *m* de mer; **Seefahrer** M **1** *(Entdeckungsreisender)* navigateur *m* **2** *(Seemann)* marin *m*; **Seefahrervolk** N peuple *m* de navigateurs; **Seefahrt** F **1** ⟨*pas de pl*⟩ navigation *f* maritime **2** *(Schiffsreise)* voyage *m* en bateau; *(Kreuzfahrt)* croisière *f*; **Seefahrtsamt** N → Seemannsamt

Seefahrt(s)schule F école *f* de navigation maritime

seefest ADJ *Schiff* qui tient bien la mer; *Person* qui n'est pas sujet, -ette au mal de mer; **j-n ~ machen** amariner qn

Seefisch M poisson *m* de mer; *als Ware* **frische ~e** marée *f*

Seefracht F fret (naval); **Seefunk** M radio *f* maritime

Seegang M ⟨~(e)s⟩ (état *m* de la) mer *f*; **leichter ~** mer *f* calme; **schwerer** *od* **starker ~** grosse mer; **es herrscht ~** la mer est agitée; il y a de la houle

Seegefecht N combat naval; **Seegras** N BOT zostère *f*; *als Polstermaterial* crin végétal; **Seegrenze** F frontière *f* maritime; **Seegurke** F concombre *m* de mer; *t/t* **~n** *pl* holothuries *fpl*; **Seehafen** M port *m* de mer, maritime; **Seehandel** M commerce *m* de mer, maritime; **Seehase** M lump *m*; **Seehecht** M colin *m*; *regional* merlu *m*; **Seeheilbad** N station thermale de cure marine; **Seeherrschaft** F ⟨~⟩ maîtrise *f* de la mer *bzw.* des mers; suprématie *f* maritime; **Seehund** M phoque *m*; **Seehundsfell** N peau *f* de phoque; **Seeigel** M oursin *m*; **Seejungfer** F ZOOL caloptéryx *m* *(une libellule)*; **Seejungfrau** F MYTH sirène *f*; **Seekadett** M élève *m* de l'École navale; **Seekarte** F carte marine; **seeklar** ADJ prêt à appareiller, à prendre la mer; **Seeklima** N climat *m* maritime

seekrank ADJ qui a le mal de mer; **~ werden** avoir le mal de mer; **leicht ~ werden** être sujet, -ette au mal de mer

Seekrankheit F ⟨~⟩ mal *m* de mer; **Seekrieg** M guerre navale, maritime; **Seekuh** F vache marine; **Seelachs** M *etwa* lieu (noir)

Seelchen *umg* N ⟨~s; ~⟩ **er, sie ist ein ~** il, elle est fleur bleue

Seele F ⟨~; ~n⟩ REL, PSYCH, MUS, *fig* âme *f*; **ein Dorf von fünfhundert ~n** un village de cinq cents âmes; **e-e treue ~** un(e) fidèle; **er ist die ~ des Geschäfts** il est l'âme de l'entreprise; **er ist e-e ~ von Mensch** c'est un brave type; *umg* c'est une bonne pâte; **aus ganzer** *od* **tiefster ~** du fond du cœur; **Sie sprechen mir aus der ~** vous avez exprimé ma propre pensée; vous pensez tout comme moi; *umg* **die ~ baumeln lassen** *umg* décompresser; *umg* **sich** *(dat)* **die ~ aus dem Leib schreien** crier comme un putois; crier à tue-tête; **das tut mir in der ~ weh** j'en suis navré; cela me fend le cœur; *hum* **nun hat die liebe ~ Ruh** enfin il *bzw.* elle a eu ce qu'il *bzw.* elle désirait; le *bzw.* la voilà satisfait(e)

Seelenamt N KATH office *m* des morts; **Seelenarzt** *umg* M **1** *(Psychiater)* psychanalyste *m*; *umg* psy *m* **2** *fig* confident *m*; **Seelenfriede(n)** M paix *f* de l'âme; **Seelengröße** ⟨~⟩ F grandeur *f* d'âme; magnanimité *f*

Seelenheil N salut *m* (de l'âme); *umg iron* **wenn dein ~ davon abhängt** si tu y tiens à tout prix

Seelenhirt(e) *geh* M pasteur *m*; père spirituel; **Seelenleben** *geh* N ⟨~s⟩ vie *f* de l'âme, spirituelle; **seelenlos** ADJ sans âme; *Blick* sans vie; inexpressif, -ive

Seelenmassage *umg* F baume *m* au cœur; **das Gespräch (mit dir) war e-e ~ (für mich)** notre conversation m'a mis du baume au cœur

Seelennot *geh* F, **Seelenqual** *geh* F angoisses *fpl*

Seelenruhe F paix intérieure; *weitS.* sang-froid *m*; **in aller ~**, *umg* **mit e-r ~** imperturbablement; avec sang-froid; avec calme

seelenruhig ADV imperturbablement; avec sang-froid; impassiblement; **Seelentröster** *umg* M petit verre, *umg* petit coup (de réconfort); **seelenvergnügt** ADJ ravi; heureux, -euse; **Seelenverkäufer** M *pej* **1** *(schlechtes Schiff)* rafiot *m* **2** *umg Person umg* mouchard *m*; cafard *m*

seelenverwandt ADJ **sie sind ~** ils ont beaucoup d'affinités; **er ist mir ~** il a des affinités avec moi

Seelenverwandtschaft F affinités *fpl*; sympathie *f* (de deux âmes); **seelenvoll** *geh* ADJ plein de sentiment; *Blick* expressif, -ive; **Seelenwanderung** F ⟨~⟩ réincarnation *f*; **Seelenzustand** M état *m* d'âme

Seeleute PL marins *mpl*; gens *mpl* de mer

seelisch **A** ADJ moral; *(psychisch)* psychique; **~er Druck** pression morale; **~e Krankheit** maladie mentale; **das ~e Gleichgewicht verlieren** perdre l'équilibre moral **B** ADV **~ bedingt** qui a des causes psychologiques

Seelöwe M lion *m* de mer; otarie *f* (à crinière)

Seelsorge F ⟨~⟩ aide, assistance spirituelle

Seelsorger M ⟨~s; ~⟩ prêtre *m*; PROT pasteur *m*; SCHULE, MIL *etc* aumônier *m*

seelsorgerisch ADJ *Betreuung etc* spirituel, -elle; **~e Tätigkeit** fonction, mission spirituelle, religieuse

Seeluft F ⟨~⟩ air marin, de la mer; **Seemacht** F puissance navale, maritime; **Seemann** M ⟨~(e)s; -leute⟩ marin *m*; **seemännisch** **A** ADJ de marin; *Fähigkeiten etc* nautique **B** ADV en marin

Seemannsamt N Inscription *f* maritime; **Seemannsbrauch** M coutume *f* maritime; **Seemannsbraut** F fiancée *f* d'un marin

Seemannsgarn N ⟨~⟩ *hum* histoires *fpl*, aventures *fpl* de marin; **~ spinnen** raconter des histoires (fabuleuses)

Seemannsheim N foyer *m* du marin; **Seemannsknoten** M nœud *m* de marin; **Seemannsleben** N vie *f* de marin; **Seemannslied** N chanson *f* de marin; **Seemannslos** N destin *m* de marin; **Seemannssprache** F ⟨~⟩ langage *m* des marins

Seemannstod M **den ~ sterben** *od* **erleiden** périr en mer, dans un naufrage

Seemanöver N manœuvre navale; **Seemeile** F mille marin; **Seemine** F mine marine; **Seemöwe** F mouette *f*; **Seenadel** F ZOOL aiguille *f* de mer

Seengebiet N région *f* de lacs; **Seenkunde** F ⟨~⟩ limnologie *f*

Seenot F ⟨~⟩ détresse *f*; **in ~** en détresse; en perdition

Seenotrettungsdienst M service *m* de sauvetage en mer; **Seenotruf** M appel *m* de détresse; **Seenotzeichen** N signal *m* de détresse

Seenplatte F région *f* de lacs; plateau *m* lacustre

Seeoffizier M officier *m* de marine; **Seeotter** M loutre *f* de mer; **Seepferd** N, **Seepferdchen** N ⟨-ens; -en⟩ hippocampe *m*; **Seeräuber** M pirate *m*; corsaire *m*

Seeräubergeschichte F histoire *f* de pirates, de corsaires; **Seeräuberschiff** N vaisseau *m* de pirate; (navire *m*) corsaire *m*; **Seeräuberstaaten** MPL HIST États *mpl* barbaresques

Seerecht N ⟨~(e)s⟩ droit *m*, code *m* maritime

Seereise F voyage *m* en mer; *(Kreuzfahrt)* croisière *f*; *(Überfahrt)* traversée *f*; **e-e ~ machen** faire une croisière *bzw.* une traversée

Seerose F **1** BOT nénuphar *m* **2** → Seeanemone; **Seeroute** F route *f* maritime; **Seesack** M sac *m* de marin; **Seesand** M sable *m* de mer; **Seeschiff** N navire *m*; **Seeschifffahrt** F navigation *f* maritime; **Seeschlacht** F bataille navale; combat naval; **Seeschlange** F MYTH, ZOOL serpent *m* de mer; **Seeschwalbe** F hirondelle *f* de mer; **Seespinne** F araignée *f* de mer; **Seestadt** F ville *f* maritime, côtière; **Seestern** M ZOOL étoile *f* de mer; **Seestraße** F route *f* maritime; **Seestreitkräfte** FPL forces navales; marine *f*; **Seestück** N MAL marine *f*; **Seesturm** M tempête *f* en mer; **Seetang** M goémon *m*; varech *m*; **Seeteufel** M ZOOL lotte *f* de mer; baudroie *f*; **Seetransport** M transport *m* maritime, par mer; **seetüchtig** ADJ en état de tenir la mer; en bon état de navigation; **Seetüchtigkeit** F navigabilité *f*; **Seeufer** N bord *m* du lac; **Seeungeheuer** N monstre marin; **Seevogel** M oiseau *m* de mer; **seewärts** ADV du côté de la mer; *bes* SCHIFF au large; **Seewasser** N ⟨~s⟩ eau *f* de mer

Seeweg M voie *f* maritime; route *f* maritime; **auf dem ~** par mer; HIST **der ~ nach Ostindien** la route des Indes

Seewesen N ⟨~s⟩ marine *f*; **Seewetterbericht** M bulletin *m* météorologique maritime, pour la navigation maritime; **Seewind** M vent *m* de mer, du large; **Seezeichen** N signal *m* maritime; *pl* signalisation *f* maritime

Seezollgrenze F frontière douanière maritime; **Seezunge** F ZOOL sole *f*

Segel N ⟨~s; ~⟩ SCHIFF, ANAT voile *f*; **unter ~** sous voiles; **unter ~ gehen** faire voile (**nach** vers); **die ~ streichen** amener les voiles; *geh fig* baisser pavillon (**vor j-m** devant qn); **mit vollen ~n** *a. fig* toutes voiles dehors

Segelboot N bateau *m* à voiles; **Segelfahrt** F voyage *m* en bateau à voiles; **Segelfliegen** N vol *m* à voile; **Segelflieger(in)** M(F) pilote *m* de planeur; amateur *m* de vol à voile; **Segelflug** M vol *m* à voile; **Segelflugplatz** M terrain *m* de vol à voile; **Segelflugsport** M vol *m* à voile; **Segelflugzeug** N planeur *m*; **Segeljacht** F yacht *m* à voiles; voilier *m*; **Segelklub** M club *m*, association *f* nautique; yacht-club *m*; yachting-club *m*; **Segelmacher** M ⟨~s; ~⟩ *Berufsbezeichnung* voilier *m*; **Segelmacherei** F ⟨~; ~en⟩ voilerie *f*

segeln V/I ⟨-(e)le, h., *doublé d'une indication de direction* s.⟩ **1** SCHIFF naviguer; SPORT faire de la voile; faire du yachting; FLUG faire du, descendre en vol plané; **~ nach** faire voile sur; **~ gehen** aller naviguer; aller faire de la voile; *fig* **durch die Lüfte ~** traverser les airs; **gegen den Wind ~** aller contre le vent; **mit dem Wind ~** aller selon le vent; **vor dem Wind ~** être sous le vent **2** *umg fig* (*fallen*) **auf den Boden, die Straße ~** *umg* se ramasser par terre, dans la rue; **durchs Examen ~** *umg* être collé à son examen

Segeln N ⟨~s⟩ navigation *f* à voile; SPORT yachting *m*; FLUG vol plané

Segelohren *umg* NPL *umg* oreilles *fpl* en feuille de chou; **Segelregatta** F régate *f* de voiliers; **Segelschiff** N bateau *m* à voiles; voilier *m*; **Segelschifffahrt** F navigation *f* à voiles; **Segelsport** M voile *f*; yachting *m*; **Segeltuch** N ⟨~(e)s; ~e⟩ toile *f* (à voiles); **Segeltuchschuhe** MPL chaussures *fpl* en, de toile

Segen M ⟨~s; ~⟩ **1** REL bénédiction *f*; (*Gebet*) prière *f* de bénédiction; (*Tischgebet*) bénédicité *m*; **j-m den ~ erteilen** *od* **spenden, den ~ über j-n sprechen** donner sa bénédiction à qn; bénir qn; **der ~ Gottes sei mit dir!** Dieu te bénisse!; *umg* **(j-m) s-n ~ zu etw geben** donner son accord (à qn) pour qc; *umg* **meinen ~ hast du!** tu as ma bénédiction; bonne chance! **2** *geh fig* ⟨*pas de pl*⟩ richesses *fpl*; *der Ernte* abondance *f*; *des Himmels* don *m*; (*Gedeihen*) prospérité *f* **3** ⟨*pas de pl*⟩ (*Glück*) bonheur *m*; chance *f*; **(j-m) ~ bringen** porter bonheur (à qn); *geh* **~ bringend** bienfaisant; **zum ~ der Menschheit** pour le bonheur de l'humanité; **es ist ein (wahrer) ~, dass …** c'est un bonheur, une chance que …; **das schöne Wetter ist ein wahrer ~ für die Ernte** le beau temps est une réelle bénédiction pour la moisson; *sprichw* **sich regen bringt ~** *sprichw* on n'a rien sans rien **4** *umg iron* ⟨*pas de pl*⟩ **der ganze ~** *umg* tout le bazar, le barda

segenbringend *geh* ADJT → Segen 3

Segensformel F formule *f* de bénédiction; **segensreich** ADJ heureux, -euse; prospère; *Erfindung* utile; profitable; (*wohltuend*) *a.* bienfaisant; *Einfluss* salutaire; **Segensspruch** M bénédiction *f*

Segenswunsch M **1** (*Segen*) bénédiction *f* **2** (*Wunsch nach Segen*) demande *f* de bénédiction **3** (*Glückwunsch*) **meine Segenswünsche!** mes félicitations!

Segge F ⟨~; ~n⟩ BOT carex *m*; laîche *f*

Segler M ⟨~s; ~⟩ **1** *Person* homme *m* qui fait de la voile; SPORT yachtman *m* **2** *Schiff* voilier *m*; *Flugzeug* planeur *m* **3** ZOOL martinet *m*

Seglerin F ⟨~; ~nen⟩ femme *f* qui fait de la voile; SPORT yachtwoman *f*

Segment N ⟨~(e)s; ~e⟩ segment *m*

segmentär ADJ segmentaire; **segmentieren** V/T ⟨*pas de ge-*, h.⟩ segmenter

segnen V/T ⟨-ete, h.⟩ **1** REL bénir; donner la bénédiction à; *geh* **Gott segne dich!** Dieu te bénisse!; **gesegnete Mahlzeit!** bon appétit! **2** *fig* **mit etw gesegnet sein** être doté de qc; avoir le bonheur d'avoir qc; *umg* **e-n gesegneten Schlaf haben** avoir un bon, profond sommeil; *geh* **im gesegneten Alter von 90 Jahren** à l'âge vénérable de 90 ans; *geh* **ihre Ehe war mit zahlreichen Kindern gesegnet** son mariage a été comblé par la naissance de nombreux enfants

Segnung F ⟨~; ~en⟩ **1** REL bénédiction *f* **2** *fig* **~en** *pl der Zivilisation etc* bienfaits *mpl*

Sehachse F axe visuel, optique; **sehbehindert** ADJT malvoyant; **Sehbehinderte(r)** M/F(M) malvoyant(e) *m(f)*; **Sehbeschwerden** FPL mauvaise vue; vue déficiente; **Sehbeteiligung** F TV taux *m* d'écoute

sehen

⟨sieht, sah, gesehen, h.⟩

A transitives Verb B intransitives Verb
C reflexives Verb

— **A** transitives Verb —

1 voir; (*wahrnehmen*) apercevoir; s'apercevoir de; (*erkennen*) reconnaître; (*an~*) regarder; (*treffen*) voir; **etw deutlich ~** distinguer qc; apercevoir qc distinctement; **zu ~ sein** se voir; être visible; (*ausgestellt sein*) être exposé, montré; **es ist nichts zu ~** je ne vois rien; (*es ist zu dunkel*) on n'y voit rien; *auf e-m Bild* **von ihr ist nichts zu ~** on ne la voit pas; **der Brief, den Sie hier ~** la lettre que voici; **wenn man ihn sieht, könnte man glauben …** à le voir, on pourrait croire …; **etw nicht ~ wollen** faire semblant de ne pas voir qc; fermer les yeux sur qc; **in etw** (*dat*) **sein Ideal ~** considérer qc comme son idéal; **er sieht es gern, wenn man ihn bedient** il aime être servi; **ich habe sie kommen (ge)sehen** je l'ai vue venir; *fig* **das habe ich kommen ~** je l'ai vu venir; je m'en doutais; *umg* **hat man so was schon gesehen?** a-t-on jamais vu pareille chose?; **das wollen wir doch erst mal ~!** je voudrais bien voir ça!; **das sehe ich anders** je vois les choses autrement; *umg fig* **das sehe ich noch nicht** je n'ai pas le sentiment que ça change; **das sieht man!** cela se voit!; **das sieht man an der Form** cela se voit à la forme; **wenn ich das schon sehe, wird mir schlecht** rien que de voir ça j'en suis malade; *umg fig* **ich kann ihn nicht mehr ~** *umg* je ne peux plus le sentir; *umg* **da sieht man (es) mal wieder!** (*ich habe es doch gleich gesagt*) c'est bien ce que je vous *bzw.* t'avais dit; (*es sind immer dieselben*) tu vois, ce sont toujours les mêmes!; **er sieht aber auch alles** *umg* il a des yeux jusque dans le dos; **ich sehe schon, es klappt nicht** je vois bien que ça ne marche pas; **den möchte ich ~, der nicht gern Eis isst!** vous connaissez *bzw.* tu connais qn qui n'aime pas les glaces? **2** *mit lassen* **sich ~ lassen** se montrer; se faire voir; **Sie lassen sich ja gar nicht mehr ~** on ne vous voit plus; **er hat sich nicht wieder ~ lassen** on ne l'a plus revu; **lass dich nie wieder ~!** et qu'on ne te revoie plus!; **sich mit etw, j-m ~ lassen können** pouvoir se présenter, se montrer avec qc, qn; ne pas avoir à rougir de qc, qn; **er kann sich hier nicht mehr ~ lassen** il ne peut plus remettre les pieds ici; **sie kann sich ~ lassen** elle peut se montrer; elle est sortable; **Ihre Arbeit kann sich ~ lassen** votre travail est bien fait **3 gern bei j-m gesehen sein** être bien vu, être le *bzw.* la bienvenu(e) chez qn; **so gesehen gibt es …** vu comme ça, il y a …; **rechtlich, menschlich gesehen** du point de vue juridique, humain

— **B** intransitives Verb —

1 voir; **gut, schlecht ~** (*gute bzw. schlechte Augen haben*) avoir de bons, mauvais yeux; avoir une bonne, mauvaise vue; *weil es zu dunkel ist etc* **nicht gut ~** y voir mal; **weit ~** voir loin; **so weit man ~ kann** à perte de vue; **wie ich sehe, ist er nicht hier** il n'est pas là, à ce que je vois; **wie Sie ~, …** comme vous le voyez, …; comme vous pouvez vous en rendre compte, le constater …; *umg* **mal ~, ob …** on verra bien si …; **~ Sie mal!** voyez un peu!; **sieh doch!** vois donc!; *umg* **sieh mal einer an!** *umg* voyez-moi ça!; *umg* ça par exemple!; *umg* **lass mal ~!** fais (donc) voir!; montre (donc)!; **na, siehst du, so schwer war das nicht** tu vois! cela n'était pas si difficile; *umg* **siehste!** tu vois!; *umg* **und hast du nicht gesehen, war er verschwunden** et en un éclair il avait disparu; **… und siehe da, der Frosch verwandelte sich in e-n Prinzen** et voilà que la grenouille se changea en prince; *als Verweis* **siehe oben, unten** voir ci-dessus, ci-dessous; **siehe Seite 10** voir page 10; **wenn ich recht gesehen habe …** si j'ai bien vu …; **sehe ich recht?** (*verstehe ich das richtig?*) ai-je bien compris?; (*ich traue meinen Augen nicht*) ce n'est pas possible! **2** *mit präp* **auf etw** (*akk*) **~** regarder qc; avoir les yeux fixés sur qc; **darauf ~, dass …** (*achten*) faire attention, veiller à ce que … (*+subj*); **auf die Uhr ~** regarder l'heure; **nicht auf den Preis ~** ne pas regarder à la dépense; **nur auf s-n Vorteil ~** n'avoir en vue que son intérêt, profit; *fig* **die ganze Welt sieht auf Berlin** le monde entier a les yeux fixés sur Berlin; **j-m auf die Finger ~** surveiller qn de près; avoir qn à l'œil; **aus dem Fenster ~** regarder par la fenêtre; **nicht aus den Augen ~ können** ne pouvoir ouvrir les yeux; **ins Licht, in die Sonne ~** regarder la lumière, le soleil; **in den Spiegel ~** se regarder dans la glace; **j-m ins Gesicht ~** regarder qn en face; **den Dingen ins Gesicht ~** voir les choses en face; **in die Zukunft ~** prévoir l'avenir; **nach etw, j-m ~** *suchend* chercher qc, qn; *sorgend* s'occuper de qc, qn; *liebevoll* prendre soin de qc, qn; *prüfend* jeter un œil sur qc, qn **3** *mit konj* **ich sah, wie sie lief** je la vis courir; **ich will sehen, dass …** *mit anderem Subjekt* je m'arrangerai pour que … (*+subj*); **ich will ~, dass ich …** je tâcherai, j'essayerai de … (*+inf*); je m'arrangerai pour … (*+inf*); **ich werde ~, was ich (für Sie) tun kann** je vais voir ce que je peux faire (pour vous); **wir müssen ~, dass wir den Zug bekommen** nous devons tâcher d'attraper le train **4** (*hervorragen*) **aus etw ~** sortir de qc

— **C** reflexives Verb —

sich ~ **1** se voir; **wann ~ wir uns?** quand est-ce qu'on se voit? **2 sich müde gesehen haben** être fatigué de regarder; avoir vu trop de choses **3** (*sich betrachten als*) **sie sah sich schon als Filmstar** elle se voyait déjà vedette de cinéma; **er sah sich betrogen** il vit qu'il était dupé; **sich gezwungen, veranlasst, genötigt ~ zu** (*+inf*) se voir contraint, forcé de (*+inf*); **ich sehe mich außerstande, etw dagegen zu tun** je me vois incapable de faire qc contre cela

Sehen N ⟨~s⟩ vue *f*; PHYS, PHYSIOL vision *f*; **j-n vom ~ kennen** connaître qn de vue

sehenlassen V/R → sehen A 2, B 1

S

sehenswert ADJ, **sehenswürdig** *geh* ADJ qui vaut la peine d'être vu; digne d'être vu; **Sehenswürdigkeit** F ⟨~; ~en⟩ *in e-r Stadt etc* curiosité *f*; attraction *f* touristique
Seher(in) M ⟨~s; ~⟩ F ⟨~in; ~innen⟩ prophète *m*, prophétesse *f*; visionnaire *m/f*; (*Hellseher[in]*) voyant(e) *m(f)*; **Seherblick** M ⟨~(e)s⟩ vue *f* prophétique; **seherisch** ADJ prophétique; visionnaire
Sehfehler M défaut *m* de la vue; trouble visuel; **Sehhilfe** F ADMIN lunettes *fpl*, lentilles *fpl* de contact, *etc*; **Sehkraft** F ⟨~⟩ vue *f*
Sehne F ⟨~; ~n⟩ **1** ANAT tendon *m* **2** MATH, *e-s Bogens* corde *f*
sehnen V/R ⟨h.⟩ **sich nach etw ~** désirer ardemment qc; aspirer à qc; *nach Vergangenem, nach der Heimat* avoir la nostalgie de qc; **sich nach j-m ~** s'ennuyer de qn; **ich sehne mich danach, ihn wiederzusehen** je désire ardemment le revoir; il me tarde de le revoir; *geh* **ein ~des Herz** un cœur consumé de désir
Sehnenentzündung F inflammation *f* des tendons; *t/t* ténosite *f*; **Sehnenscheide** F gaine tendineuse; **Sehnenscheidenentzündung** F tendinite *f*; **Sehnenzerrung** F claquage *m* d'un tendon
Sehnerv M nerf visuel, optique
sehnig ADJ tendineux, -euse; *Fleisch a.* filandreux, -euse; *Arm, Gestalt* nerveux, -euse
sehnlich **A** ADJ ⟨*épithète*⟩ *Wunsch* ardent; *Erwartung* passionné; impatient **B** ADV ardemment; impatiemment; avec impatience; **sich** (*dat*) **etw ~(st) wünschen** souhaiter qc ardemment; **j-n ~st erwarten** attendre qn avec grande impatience
Sehnsucht F désir ardent, intense (**nach** de); attente passionnée (**nach** de); impatience *f* (**nach** de *+inf*); *nach Vergangenem, nach der Heimat* nostalgie *f* (**nach** de); (*Liebessehnsucht*) langueur *f*; **mit ~ erwarten** attendre avec impatience
sehnsüchtig **A** ADJ plein de désir; (*ungeduldig*) impatient; (*schmachtend*) langoureux, -euse; **e-n ~en Blick auf etw** (*akk*) **werfen** jeter un regard d'envie sur qc **B** ADV **j-n ~ anblicken** regarder qn avec désir; *plus fort* dévorer qn des yeux; **j-n ~ erwarten** attendre qn avec impatience
sehnsuchtsvoll *geh* → sehnsüchtig
Sehöffnung F ANAT pupille *f*; **Sehorgan** N organe visuel, de la vue; **Sehprüfung** F examen *m* de la vue
sehr ADV *vor Adjektiv, Adverb* très; bien; fort; *vor Verb* beaucoup; bien; **~ viel** beaucoup; bien; **so ~** tant; tellement; **so ~, dass …** à ce point que …; au point que …; **wie ~** à quel point; combien; **~ bald** sous peu; très bientôt; **er wird ~ bald kommen** il ne tardera pas à venir; **zu ~** trop; **~ sogar** beaucoup (, même); énormément; **nicht (so) ~** pas tellement; **sich ~ über etw** (*akk*) **ärgern** être vraiment furieux, -ieuse de qc; **ich freue mich ~** je me réjouis beaucoup, vivement; **~ an etw interessiert sein** être très, vivement intéressé par qc; **ich bedaure ~, dass …** je regrette beaucoup, vivement que …; **ich bin ~ dafür, dagegen** je suis tout à fait pour, contre; **er bemühte sich ~ um sie** il faisait tout ce qui était en son pouvoir pour lui plaire; **er kommt ~ ungelegen** il arrive fort mal à propos; il tombe très mal; *geh* **~ zu meinem Erstaunen** à ma grande surprise; *umg* **das muss ich mir noch ~ überlegen** il va falloir que je réfléchisse bien; **sie hätte ~ wohl kommen können** elle aurait bien pu venir; **danke ~!** merci beaucoup!; → *a.* bitte, sosehr
Sehschärfe F acuité visuelle; **Sehschlitz** M fente *f* de visée; *e-s Panzers* épiscope *m*; **Sehschule** F école *f* de la vue; **Sehschwäche** F faiblesse *f* de la vue; insuffisance visuelle; **Sehstörung(en)** F(PL) trouble(s) visuel(s), de la vue; **Sehtest** M examen *m* de la vue; **Sehvermögen** N vue *f*; **Sehzentrum** N MED centre visuel
sei → sein¹
seibern V/I ⟨h.⟩ *regional* baver
seicht ADJ **1** *Wasser* bas, basse; peu profond **2** *fig* creux, creuse; superficiel, -ielle; *Unterhaltung* futile; **~es Geschwätz** platitudes *fpl*; banalités *fpl*
Seichtheit F ⟨~⟩ **1** peu *m* de profondeur; bas fond *m* **2** *fig* superficialité *f*; platitude *f*
Seide F ⟨~; ~n⟩ soie *f*; **reine ~** pure soie
Seidel N ⟨~s; ~⟩ (*Bierseidel*) chope *f*
Seidelbast M BOT daphné *m*
seiden ADJ **1** ⟨*épithète*⟩ (*aus Seide*) de *od* en soie; **sein Leben hängt an e-m ~en Faden** sa vie ne tient qu'à un fil **2** (*seidig*) soyeux, -euse
Seidenatlas M ⟨~ *ou* ~ses; ~se⟩ satin *m*; **Seidenbluse** F chemisier *m* en soie; **Seidenfaden** M fil *m* de soie; **Seidenglanz** M éclat soyeux; lustre *m*; **Seidenhandel** M soierie *f*; commerce *m* de la soie; **Seidenmalerei** F peinture *f* sur soie; **seidenmatt** ADJ *Foto* mat; **Seidenpapier** N papier *m* de soie; **Seidenraupe** F ver *m* à soie; **Seidenraupenzucht** F sériciculture *f*; **Seidenschwanz** M ZOOL jaseur *m*; **Seidenstraße** F route *f* de la soie; **Seidenstrumpf** M bas *m* de soie; **Seidentuch** N ⟨~(e)s; ¨~er⟩ foulard *m* en *od* de soie; **Seidenweber** M tisserand *m* en soie; *in Lyon* canut *m*; **seidenweich** ADJ soyeux, -euse
seidig ADJ soyeux, -euse
Seife F ⟨~; ~n⟩ **1** savon *m* **2** GEOL **~n** *pl* alluvions *fpl* métallifères
Seifenblase F *a. fig* bulle *f* de savon; **Seifenfabrik** F savonnerie *f*; **Seifenflocken** FPL flocons *mpl* de savon; savon *m* en paillettes; **Seifenhalter** M porte-savon *m*; **Seifenkiste** *umg* F caisse *f* à savon; **Seifenkistenrennen** *umg* N course *f* de caisses à savon; **Seifenkraut** N BOT saponaire *f*; **Seifenlauge** F lessive *f*; **Seifenoper** F *pej* série (télévisée) mélo; **Seifenpulver** N savon *m* en poudre; poudre *f* de savon; **Seifenschale** F porte-savon *m*; **Seifenschaum** M mousse *f* de savon; **Seifensieder** M ⟨~s; ~⟩ *früher* savonnier *m*; **Seifenwasser** N ⟨~s⟩ eau savonneuse
seifig ADJ savonneux, -euse
Seihe F ⟨~; ~n⟩ *regional* (*Sieb*) passoire *f*
seihen V/T ⟨h.⟩ passer; filtrer
Seiher M ⟨~s; ~⟩ → Seihe
Seil N ⟨~(e)s; ~e⟩ corde *f*; *starkes* câble *m*; SCHIFF cordage *m*; **~ springen** sauter à la corde; **auf dem ~ tanzen** danser sur la corde raide; **in den ~en hängen** *Boxer* être dans les cordes; *umg fig umg* être claqué; *umg* être crevé
Seilbahn F; téléphérique *m*; (*Standseilbahn*) funiculaire *m*
Seiler M ⟨~s; ~⟩ cordier *m*
Seilfahrt F BERGBAU descente *f bzw.* remontée *f* de mineurs; **seilhüpfen** V/I ⟨*sép*, -ge-, s.⟩ sauter à la corde; **Seilhüpfen** N ⟨~s⟩ saut *m* à la corde; **Seilschaft** F ⟨~; ~en⟩ **1** ALPINISMUS cordée *f* **2** *fig, a. pej* clique *f*; *geh* coterie *f*; **seilspringen** V/I ⟨*irr, sép*, -ge-, s.⟩ sauter à la corde; **Seilspringen** N ⟨~s⟩ saut *m* à la corde; **Seiltanz** M danse *f* sur la corde raide; **seiltanzen** V/I ⟨*sép*, -ge-, h.⟩ danser sur la corde raide; **Seiltänzer(in)** M(F) funambule *m/f*; danseur, -euse *m*, *f* de corde; **Seiltrommel** F tambour *m* à câble; cylindre *m* enrouleur; **Seilwinde** F treuil *m* à câble; SCHIFF cabestan *m*; **Seilzug** M palan *m*
seimig *geh* ADJ visqueux, -euse

sein¹

⟨bin, bist, ist, sind, seid, sind; sei, seist, sei; war; wäre; gewesen; sei!, seid!; s.⟩

A intransitives Verb **B** unpersönliches Verb
C Hilfsverb

— A intransitives Verb —

1 *Identität, Zuordnung* être; **ich bin's!** c'est moi!; **bist du's?** c'est toi?; **sie ist Französin** elle est Française *od* française; **von, aus … ~** (*stammen*) venir de …; être originaire de …; **wenn ich du wäre …** si j'étais à ta place …; si j'étais toi …; **was ist das?** qu'est-ce que c'est?; **das wär's!** voilà!; *beim Einkaufen* c'est tout **2** (*bestehen*) être; exister; *geh* **er ist nicht mehr** il n'est plus; il est mort; **was nicht ist, kann noch werden** on peut toujours espérer; **wenn sie nicht gewesen wäre …** si elle n'avait pas été là …; sans elle …; **so tun, als ob nichts wäre** faire comme si de rien n'était **3** (*sich befinden*) se trouver; (*sich aufhalten*) être; séjourner; **hier bin ich!** me voici!; **da ist er!** le voilà; **(so,) da wären wir!** (*wir sind angekommen*) nous y voilà!; **hier sind …** voici …; *elliptisch umg* **sie ist tanzen** elle est allée danser; *umg* **er ist sofort nach Hause** il est tout de suite rentré chez lui; *fig* **wie weit sind Sie?** où en êtes-vous? **4** *bei Zeitangaben* **morgen ist Mittwoch** demain c'est mercredi; **heute ist erst Montag** on n'est que lundi; **das war einmal** il y a bien longtemps **5** *Alter* avoir; **wie alt sind Sie?** quel âge avez-vous?; **er ist zwanzig (Jahre alt)** il a vingt ans **6** *Möglichkeit*, (*stattfinden*) se faire; avoir lieu; **das kann schon ~** cela se pourrait bien; c'est possible; **kann ~!** c'est possible!; peut-être!; **das kann doch nicht ~!** c'est impossible!; *umg* **~ lassen** ne pas faire; laisser; *umg* **lass das ~!** arrête!; **muss das ~?** est-ce vraiment nécessaire?; (*musstest du das tun?*) qu'est-ce que tu as fait là?; **was ~ muss, muss ~** il faut faire ce qu'il faut faire; **was ist?** qu'est-ce qu'il y a?; **was ist (mit) Ihnen?** qu'avez-vous?; *umg* **ist was?** il y a quelque chose qui ne vas pas?; *umg* **wenn etwas ist, sag mir Bescheid** (*wenn etwas passiert*) s'il se passe quelque chose, dis-le-moi!; (*wenn du etwas auf dem Herzen hast*) s'il y a quelque chose qui ne va pas, dis-le-moi!; *umg* **Rauchen ist bei mir nicht** (*ich rauche nicht*) moi, pas question de fumer; (*bei mir darf nicht geraucht werden*) chez moi, pas question de fumer; (*ich bin gegen das Rauchen*) moi, je suis contre le tabac; **was wäre, wenn …?** que serait-ce si …?; **wie ist es (mit dir), kommst du auch mit?** qu'as-tu décidé, viens-tu aussi avec nous?; **wie wäre es mit e-m Spaziergang?** si on faisait une promenade?; **wie wäre es, wenn Sie die Arbeit machten?** qu'en dites-vous si vous faisiez le travail?; **wie war das noch mit …?** que s'est-il passé, déjà, avec …; qu'est-ce que c'était cette histoire de … **7** *Eigenschaft* être; **das ist teuer** cela coûte cher; **dem ist nicht so** il n'en est pas ainsi; *umg* **sei doch nicht so, (und) gib mir auch eins!** sois gentil(le), *umg* sympa et donne m'en un! **8** *Umstand* **wenn dem so ist …** si tel est le cas …; s'il en est ainsi …; **wie dem auch sei** quoi qu'il en soit **9** (*bedeuten*) signifier; **was soll das ~?** qu'est-ce que cela signifie?; *umg* **und das wäre?** *umg* et alors, c'est quoi? **10** (*ergeben*) faire; **fünf und zwei sind sieben** cinq et deux font sept; **das wären (schon einmal) zehn Euro** voilà (déjà) dix euros **11** *Empfinden* **mir ist, als ob …** il me semble que …; j'ai l'impression que …; on dirait que …; *umg* **mir ist nicht nach Feiern** je n'ai pas la tête à m'amuser

— **B** unpersönliches Verb —

1 *Zuordnung* **Felix war es** c'est Félix (qui l'a fait); **keiner will es gewesen ~** c'est la faute de personne; tout le monde nie l'avoir fait; **es ist an ihm, den ersten Schritt zu tun** c'est à lui de faire le premier pas 2 *räumlich* **ist es weit von hier bis zum Bahnhof?** est-ce loin d'ici à la gare? 3 *bei Zeitangaben* **es war an e-m Freitag** c'est arrivé un vendredi; **es war einmal …** il était une fois … 4 *bei Witterungsangaben* faire; **es ist kalt, schön** il fait froid, beau; **es ist windig** il fait, il y a du vent 5 *Möglichkeit umg* **heute ist es nichts mit Spazierengehen** aujourd'hui, pas de promenade! 6 *Umstand* **sei es, wie es wolle** quoi qu'il en soit; **sei's drum!** tant pis!; **es sei denn, dass …** si ce n'est que …; à moins que … (ne) … *(+subj)* 7 *im Geschäft* **was darf es ~?** que désirez-vous?

— **C** Hilfsverb —

1 *zur Bildung zusammengesetzter Zeiten* être; avoir; **wir sind gegangen** nous sommes partis; **sie ist gelaufen** elle a couru; **er ist krank gewesen** il a été malade 2 *mit* **zu** *+inf* **das Haus ist zu verkaufen** la maison est à vendre; **es ist zu erwarten, dass …** on doit, il faut s'attendre à ce que … *(+subj)*; il est à présumer que …; **dagegen ist nichts zu sagen** il n'y a rien à dire à cela; **sie ist zu bedauern** elle est à plaindre; **er ist nicht zu sprechen** on ne peut pas lui parler; **es ist niemand zu sehen** il n'y a personne; **was ist zu tun?** que faut-il faire?; qu'y a-t-il à faire?; **die Regeln sind zu beachten** il faut observer les règles

sein² POSS PR **A** ADJT son *bzw.* sa; **einer ~er Freunde** (l')un de ses amis; **mein und ~ Bruder** mon frère et le sien; **Seine Majestät** Sa Majesté **B** SUBST **der, die, das ~e** (*od* **Seine**) le sien *bzw.* la sienne; **das ist ~s** c'est le sien; *geh* **die Seinen** (*od* **~en**) les siens; sa famille; **das Seine** (*od* **~e**) **dazu beitragen** y contribuer pour sa part; y mettre du sien; *geh* **sie ist ~** *geh* elle est sienne; *sprichw* **jedem das Seine** (*od* **~e**) à chacun son compte, sa part, son dû; *(jeder nach s-m Geschmack)* chacun son goût

Sein N ⟨~s⟩ être *m*; *(Wesenheit)* essence *f*; *(Dasein)* existence *f*; **~ und Schein** la réalité et les apparences; **~ oder Nichtsein, das ist hier die Frage** être ou ne pas être, voilà la question

seiner *geh* PERS PR 1 *(gen de* er, es*)* de lui; **als ich ~ ansichtig wurde …** à sa vue …; lorsque je le vis …; **ich werde ~ gedenken** je me souviendrai de lui; je penserai à lui 2 *(gen de* man*)* de soi; **~ nicht mehr mächtig sein** n'être plus maître de soi

seinerseits ADV de sa part; de son côté; **seinerzeit** ADV en son temps; à cette époque (-là); en ce temps-là

seinerzeitig ADJ ⟨*épithète*⟩ d'alors; en ce temps-là; à cette époque; **unter den ~en Umständen, Verhältnissen** dans les circonstances de l'époque *bzw.* de cette époque

seinesgleichen PRON ⟨*inv*⟩ son pareil *bzw.* sa pareille *bzw.* ses pareil(le)s; son *bzw.* sa *bzw.* ses semblable(s); *pej* ceux de son espèce, de son acabit; **j-n wie ~ behandeln** traiter qn d'égal à égal, sur un pied d'égalité; **das hat nicht ~, das sucht ~** cela est sans égal, °hors pair

seinetwegen ADV 1 *(wegen ihm)* à cause de lui 2 *(ihm zuliebe)* pour lui 3 *(von ihm aus)* en ce qui le concerne; quant à lui

seinetwillen ADV **um ~** (par égard) pour lui

seinige *geh* POSS PR **der, die, das ~** (*od* **Seinige**) le sien *bzw.* la sienne; **die Seinigen** (*od* **~n**) les siens; sa famille

seinlassen *umg* V/T → sein¹ A 6

Seismik F ⟨~⟩ → Seismologie; **seismisch** ADJ sismique *od* séismique; **Seismograf** M ⟨~en; ~en⟩ sismographe *od* séismographe *m*; **Seismogramm** N ⟨~s; ~e⟩ sismogramme *od* séismogramme *m*; **Seismograph** → Seismograf; **Seismologe** M ⟨~n; ~n⟩, **Seismologin** F ⟨-in; -innen⟩ sismologue *od* séismologue *m/f*; **Seismologie** F ⟨~⟩ sismologie *od* séismologie *f*; **seismologisch** ADJ sismique *od* séismique; **Seismometer** N ⟨~s; ~⟩ sismomètre *od* séismomètre *m*

seit **A** PRÄP ⟨*dat*⟩ depuis; (von … an) à partir de; **~ Langem, Kurzem** depuis longtemps, peu; **~ dem Tage, da …** du jour où …; à partir du jour où …; **schon ~ Mai** depuis le mois de mai; **schon ~ Tagen, Wochen** depuis déjà des jours, semaines; **~ zehn Tagen ist er verreist** il y a dix jours qu'il est parti; **~ wann?** depuis quand? **B** KONJ depuis que; **~ ich Edgar kennengelernt habe, …** depuis que j'ai fait la connaissance d'Edgar …; **es ist ein Jahr her, ~ …** il y a une année que …

seitdem **A** ADV depuis (ce temps-là) **B** KONJ depuis que

Seite F ⟨~; ~n⟩ 1 *Körperteil* côté *m*; *e-s Tieres* flanc *m*; **auf der ~ liegen** être couché sur le côté; **an j-s ~** *(dat)* **sitzen** être assis à côté *od* aux côtés de qn; *geh* **an j-s ~** *(dat)* **durchs Leben gehen** traverser la vie aux côtés de qn; **~ an ~** côte à côte; *hum* **komm an meine grüne ~!** viens à côté de moi!; **die Hände in die ~n stemmen** *herausfordernd* se camper les poings sur les °hanches; **j-n von der ~ ansehen** regarder qn du coin de l'œil; *fig* mépriser qn; **j-m nicht von der ~ gehen** *od* **weichen** ne pas quitter qn d'un pas; ne pas lâcher qn d'une semelle; **j-m zur ~ stehen** soutenir qn; être aux côtés de qn; **sich** *(dat)* **vor Lachen die ~n halten** rire à s'en tenir les côtes 2 *e-s Gegenstandes*, MATH côté *m*; *(~nfläche)* face latérale; *e-s Körpers* face *f*; *e-r Gleichung* membre *m*; **vordere, hintere ~** devant *m*, derrière *m*; **rechte, linke ~** *e-s Stoffes* endroit *m*, envers *m*; **an** *od* **auf die** *od* **zur ~ gehen** *od* **treten** s'écarter; faire place; **auf beiden ~n, von beiden ~n** de part et d'autre; des deux côtés; **auf** *od* **zu beiden ~n** *(+gen)* des deux côtés (de); **auf dieser ~** de ce côté; **auf der linken, äußeren, oberen ~** du côté gauche, extérieur, supérieur; **auf die rechte ~ fahren** se ranger à droite; **j-n auf die** *od* **zur ~ nehmen** prendre qn à part; **das Unrecht liegt ganz auf s-r ~** tous les torts sont de son côté; **etw zur ~ legen** mettre qc de côté; *umg* **etw auf die ~ legen** *(sparen)* mettre qc de côté; *umg* **etw auf die ~ schaffen** *(entwenden) umg* faucher qc; THEAT **zur ~** en aparté; *sprichw* **jedes Ding hat (seine) zwei ~n** toute médaille a son revers 3 *(Aspekt, Gesichtspunkt)* aspect *m*; point *m* de vue; **die Sache hat zwei ~n** ça a du bon et du mauvais; *Angelegenheit etc* **von allen ~n betrachten** examiner sous toutes ses faces, sous tous ses aspects; **von welcher ~ Sie die Sache auch betrachten mögen …** quel que soit l'angle, l'aspect sous lequel vous considériez cette affaire …; **auf der einen ~ …, auf der anderen (~) …** d'une part …, d'autre part … 4 *(Richtung)* sens *m*; **nach allen ~n** de tous côtés; **sich nach allen ~n zerstreuen** se disperser dans tous les sens; **von allen ~n herbeieilen** accourir de toutes parts, de tous côtés 5 *(Eigenschaft, Wesenszug)* côté *m*; facette *f*; *umg* **schwache, starke ~** faible *m*, fort *m*; **er hat gute ~n** *bzw.* **s-e guten ~n** il a des *bzw.* ses bons côtés; **sich von s-r besten ~ zeigen** se montrer sous son meilleur jour; **alles von der guten, schlechten ~ nehmen** prendre tout en bien, mal *od* du bon, mauvais côté; **ganz neue ~n an j-m entdecken** découvrir chez qn de tout nouveaux côtés; **von dieser** *od* **der ~ kenne ich dich ja noch gar nicht** je ne te connais pas encore ce côté-là 6 *(Partei)* côté *m*; parti *m*; **auf j-s ~** *(dat)* **sein** *od* **stehen** être du côté, du parti de qn; **sich auf j-s ~** *(akk)* **stellen** *od* **schlagen** se ranger du côté de qn; **auf derselben ~ stehen** être du même bord; **j-n auf s-e ~ bringen** *od* **ziehen** mettre qn de son côté; gagner qn à son parti, à sa cause; **die ~n wechseln** changer de bord; **von gegnerischer ~ wird behauptet, dass …** la partie adverse prétend que …; **die Lacher auf s-r ~ haben** avoir les rieurs de son côté 7 ⟨*pas de pl*⟩ *(seitens)* **von amtlicher, anderer ~** officiellement, d'autre part; **von meiner ~ aus** de mon côté; **von väterlicher, mütterlicher ~** du côté paternel, maternel; **auf ~n** → aufseiten; **von ~n** → vonseiten 8 *(Buchseite, Zeitungsseite) etc* page *f*; **auf ~ 102** à la page 102; **unbeschriebene** *od* **leere ~** page blanche; **die erste ~** *e-r Zeitung* la une; TEL **Gelbe ~n®** pages *fpl* jaunes; **auf der gegenüberliegenden ~** ci-contre 9 SPORT **die ~n wechseln** changer de camp, côté

Seitenabstand M écart latéral; **Seitenairbag** M airbag latéral; **Seitenaltar** M autel latéral; **Seitenangabe** F indication *f* de page; **Seitenansicht** F vue latérale, de côté; BAU profil *m*; **Seitenarm** M *e-s Flusses* bras *m*; **Seitenausgang** M sortie latérale; **Seitenblick** M regard *m* de côté, en coin; **Seitendruck** M ⟨~(e)s⟩ PHYS pression latérale; **Seiteneingang** M entrée latérale, sur le côté

Seiteneinsteiger(in) M ⟨~s; ~⟩ (F) ⟨~in; ~innen⟩ **er (sie) ist ein(e) ~(in)** il (elle) n'a pas eu un parcours professionnel, politique, *etc* classique

Seitenfach N rayon latéral; **Seitenfenster** N fenêtre latérale, de côté; **Seitenflosse** F FLUG dérive *f*; plan *m* fixe du gouvernail de direction; **Seitenflügel** M *e-s Gebäudes* aile *f*; annexe *f*; *e-s Altars* volet *m*; **Seitenfront** F *e-s Gebäudes* façade latérale; **Seitengang** M galerie, *in e-r Kirche* allée latérale; **Seitengasse** F petite rue transversale; **Seitengebäude** N aile *f*; annexe *f*; dépendance *f*; **Seitengewehr** N baïonnette *f*; **Seitenhalbierende** F ⟨→ A⟩ MATH médiane *f*; **Seitenhieb** M 1 coup porté sur le côté 2 *fig* flèche *f* (**auf** *[+akk]* à); **Seitenkanal** M canal latéral, de dérivation; **Seitenkante** F arête latérale; **Seitenkapelle** F chapelle latérale

Seitenlage F position latérale; **in ~ schlafen** dormir sur le côté

seitenlang **A** ADJ (long, longue) de plusieurs pages; *umg pej umg* qui a des pages et des pages **B** ADV **so geht es ~ weiter** ça continue ainsi sur des pages (et des pages); **~ schreiben** écrire des pages

Seitenlehne F *e-s Stuhls* bras *m*; accoudoir *m*

Seitenlinie F 1 ligne latérale; FUSSBALL touche *f*; TENNIS ligne *f* de côté; limite latérale 2 GENEALOGIE ligne collatérale; **in der ~ verwandt** parent de ligne collatérale

Seitennaht F couture *f* de côté; **Seitennummerierung** F pagination *f*; **Seitenportal** N portail latéral; **Seitenriss** M BAU projection latérale; profil *m*; **Seitenruder** N FLUG gouvernail *m*, gouverne *f* de direction

seitens PRÄP ‹gen› ADMIN de la part de; du côté de
Seitenscheitel M raie f de côté; **Seitenschiff** N e-r Kirche nef latérale; **Seitenschneider** M TECH pince coupante diagonale
Seitensprung M fig escapade f; infidélité f; **Seitensprünge machen** faire des infidélités à son partenaire
Seitenstechen N ‹~s›, **Seitenstiche** MPL point m de côté; **Seitenstraße** F rue latérale, transversale
Seitenstreifen M accotement m; auf der Autobahn bande f d'arrêt d'urgence; **~ nicht befahrbar** accotement dangereux; **~ nicht befestigt** accotement non stabilisé
Seitental N vallée transversale; **Seitentasche** F poche f de côté; **Seitentür** F porte latérale; a. petite porte; **seitenverkehrt** ADJ à l'envers; **Seitenwagen** M side-car m; **Seitenwahl** F SPORT tirage m au sort des camps, côtés; **Seitenwand** F paroi latérale; **Seitenwechsel** M SPORT changement m de camp, côté; **Seitenweg** M chemin latéral, transversal; **seitenweise** ADV **1** (seitenlang) des pages (et des pages) **2** (Seite für Seite) page par page; (mehrere Seiten zusammen) pages par pages; **Seitenwind** M vent m de côté; **Seitenzahl** F **1** (Anzahl) nombre m de(s) pages **2** einzelne numéro m (de la page)
seither ADV depuis (ce temps-là); depuis lors; **seitherig** ADJ ‹épithète› qui s'en est suivi
seitlich **A** ADJ latéral; de côté **B** ADV latéralement; sur le côté; **~ geparktes Auto** voiture garée le long du trottoir; **~ von etw gelegen** situé à côté de qc **C** PRÄP ‹gen› à côté de
Seitpferd N TURNEN cheval m d'arçons
seitwärts ADV **1** (zur Seite) de côté **2** (auf der Seite) à côté; sur le côté; latéralement; **~ geneigt** penché, incliné (de côté)
sek., **Sek.** ABK (Sekunde) s (seconde)
Sekante F ‹~; ~n› MATH sécante f
sekkant ADJ österr agaçant; **sekkieren** V/T ‹pas de ge-, h.› österr (belästigen) agacer; énerver; (bedrängen) °harceler
Sekret N ‹~(e)s; ~e› PHYSIOL substance sécrétée; **~e** pl sécrétion f
Sekretär¹ M ‹~s; ~e› Möbel secrétaire m
Sekretär² M ‹~s; ~e›, **Sekretärin** F ‹~in; ~innen› secrétaire m/f
Sekretariat N ‹~(e)s; ~e› secrétariat m
Sekretion F ‹~; ~en› PHYSIOL sécrétion f
sekretorisch ADJ PHYSIOL sécrétoire; (absondernd) sécréteur, -trice
Sekt M ‹~(e)s; ~e› vin mousseux; inkorr (Champagner) champagne m
Sekte F ‹~; ~n› secte f
Sektenwesen N sectarisme m
Sektflasche F leere bouteille f à champagne; volle bouteille f de (vin) mousseux, inkorr de champagne; **Sektfrühstück** N petit-déjeuner m au (vin) mousseux, inkorr au champagne; **Sektglas** N verre m à champagne
Sektierer(in) M ‹~s; ~› (F) ‹~in; ~innen› REL, POL sectaire m/f; **sektiererisch** ADJ REL, POL sectaire; **Sektierertum** N ‹~(e)s› REL, POL sectarisme m
Sektion F ‹~; ~en› **1** bes HIST DDR (Abteilung) section f; département m **2** MED dissection f; autopsie f
Sektionsbefund M résultat m de l'autopsie
Sektkelch M flûte f à champagne; **Sektkellerei** F cave f à vins mousseux, (Champagnerkellerei) à champagne; **Sektkorken** M bouchon m de champagne; **Sektkübel** M, **Sektkühler** M seau m à champagne
Sektlaune F ‹~› hum **aus e-r ~ heraus, in e-r ~** tout émoustillé
Sektor M ‹~s; -toren› **1** MATH, POL, MIL secteur m **2** fig (Bereich, Gebiet) domaine m
Sektschale F coupe f à champagne
Sekunda F ‹~; -den› österr deuxième année f de l'enseignement secondaire; → a. Obersekunda, Untersekunda
Sekundaner(in) M ‹~s; ~› (F) ‹~in; ~innen› österr élève m/f de deuxième année de l'enseignement secondaire; → a. Obersekundaner(in), Untersekundaner(in)
Sekundant M ‹~en; ~en› früher beim Duell témoin m
sekundär ADJ secondaire
Sekundararzt M, **Sekundarärztin** F österr (médecin-)assistant m
Sekundärenergie F énergie f secondaire
Sekundarlehrer(in) M(F) schweiz enseignant(e) m(f) de collège
Sekundärliteratur F littérature f critique; zu e-m Autor littérature f sur les œuvres d'un auteur
Sekundarschule F schweiz collège m
Sekundarstufe F **~ I** (5.-10. Schuljahr) etwa collège m; **~ II** (11.-13. Schuljahr) etwa lycée m
Sekunde F ‹~; ~n› **1** a. MUS seconde f; Uhr **auf die ~ genau gehen** marcher à la seconde près; **es ist auf die ~ acht Uhr** il est °huit heures précises; **wir dürfen keine ~ verlieren** nous n'avons pas une seconde à perdre; **(warte) e-e ~!** (attends) une seconde! **2** MATH (Bogensekunde) seconde f
Sekundenbruchteil M fraction f de seconde; **Sekundenkleber** M colle f à prise rapide; **sekundenlang** ADJ u. ADV pendant des secondes; **Sekundenschlaf** M beim Autofahren micro-sommeil m
Sekundenschnelle F ‹~› **in ~** en une fraction de seconde
Sekundenzeiger M trotteuse f; aiguille f des secondes
sekundieren V/I ‹pas de ge-, h.› **j-m ~** früher beim Duell servir de témoin à qn; MUS accompagner qn; geh fig seconder, épauler qn
selbe DEM PR même; **zur ~n Zeit** en même temps; **am ~n Ort** au même endroit
selber umg DEM PR ‹inv› → selbst A
selbige(r, -s) geh DEM PR ce, cette ... même
selbst **A** DEM PR ‹inv› (persönlich) même; (in eigener Person) en personne; (ohne fremde Hilfe) tout seul; **ich ~** moi-même; **sie ist die Güte ~** elle est la bonté même, en personne; **~ kommen** venir en personne; **ein ~ ernannter Arzt, Richter** quelqu'un qui s'est déclaré lui-même médecin, juge; **~ gebacken** Kuchen (fait à la) maison; Brot de ménage; **~ gedreht** Zigarette roulé; **~ gemacht** fait (à la) main; Wurst, Marmelade etc (fait à la) maison; Kleid fait main; **~ gestrickt** Pullover etc tricoté à la main; umg fig Methode etc umg bricolé; **~ gewählt** choisi librement; **~ verdient** gagné par soi-même; **das ist mein ~ verdientes Geld** c'est l'argent que j'ai gagné moi-même; **mit sich** (dat) **~ reden** parler tout seul; **von ~** de soi-même; tout seul; **wie von ~** tout naturellement; **das geht von ~** cela va tout seul, automatiquement; **hier kocht der Chef ~** ici, le patron fait la cuisine lui-même; **sie ~ habe ich nicht gesehen** elle, je ne l'ai pas vue; **ich habe sie nicht ~ gesehen** personnellement je ne l'ai pas vue; wie geht es dir? - gut, umg **und ~?** et toi? **B** ADV (sogar) même; **~ s-e Freunde** même ses amis; **~ wenn ... même si ...**
Selbst geh N ‹~› **das ~** le moi
Selbstabholer M ‹~s; ~› bei der Post® personne f qui va chercher elle-même son courrier
Selbstachtung F respect m, estime f de soi-même; amour-propre m
selbständig etc → selbstständig etc
Selbstansteckung F auto-infection f; **Selbstanzeige** F JUR auto-accusation f; **Selbstaufopferung** F sacrifice m de soi (-même); **Selbstauslöser** M FOTO déclencheur m automatique; **Selbstbedienung** F libre-service m; self-service m
Selbstbedienungsladen M (magasin m) libre-service m; **Selbstbedienungsrestaurant** N (restaurant m) libre-service m; self-service m
Selbstbefreiung F PSYCH libération f; **Selbstbefriedigung** F onanisme m; masturbation f; **Selbstbefruchtung** F BOT autofécondation f; **Selbstbehalt** M ‹~(e)s; ~e› VERSICHERUNGSWESEN franchise f
Selbstbeherrschung F maîtrise f de soi; sang-froid m; **er besitzt ~** il sait se maîtriser, se dominer; il est maître de lui(-même); **die ~ bewahren, verlieren** garder, perdre son sang-froid
Selbstbeköstigung F → Selbstverpflegung; **Selbstbeobachtung** F introspection f; **Selbstbeschränkung** F autolimitation f; **Selbstbesinnung** geh F contemplation intérieure; **Selbstbestätigung** F assurance f (de soi-même); **Selbstbestäubung** F BOT autopollinisation f; **Selbstbestimmung** F ‹~› libre disposition f de soi (-même); POL autodétermination f
Selbstbestimmungsrecht N ‹~(e)s› POL droit m à l'autodétermination; **das ~ der Frauen, Völker** le droit des femmes, peuples à disposer d'elles-mêmes, d'eux-mêmes
Selbstbeteiligung F bei der Versicherung franchise f; bei der Krankenversicherung ticket m modérateur; **Selbstbetrug** M illusion f que l'on se fait à soi-même; aveuglement m
Selbstbeweihräucherung umg pej F **er betreibt ununterbrochen ~** umg il n'arrête pas de s'envoyer des fleurs
selbstbewusst **A** ADJ **1** sûr de soi(-même); conscient de sa propre valeur **2** PHIL conscient de soi(-même) **B** ADV **sehr ~ auftreten** manifester une grande assurance; se montrer très sûr de soi
Selbstbewusstsein N **1** sentiment m de sa propre valeur; (Selbstsicherheit) assurance f; confiance f en soi; **ein gesundes ~ besitzen** avoir une °haute idée de soi-même **2** PHIL conscience f de soi(-même)
Selbstbezichtigung F auto-accusation f; **Selbstbildnis** N autoportrait m; **Selbstbräuner** M ‹~s; ~› autobronzant m; **Selbstdarstellung** F présentation f de soi-même; **Selbstdisziplin** F ‹~› autodiscipline f; **selbstdurchschreibend** ADJT Papier autocopiant; **Selbsteinschätzung** F auto-évaluation f; STEUERWESEN évaluation f par l'intéressé de ses revenus; **Selbsteinstufung** F STEUERWESEN classement m dans une catégorie de revenus par l'intéressé lui-même (avant vérification); **Selbstentfaltung** F épanouissement (personnel); **selbstentzündlich** ADJ auto-inflammable; spontanément inflammable; **Selbsterfahrungsgruppe** F groupe m de prise de conscience (où les participants discutent de leurs problèmes et essaient de les résoudre ensemble); **Selbsterhaltungstrieb** M instinct m de conservation
Selbsterkenntnis F ‹~› connaissance f de soi(-même); sprichw **~ ist der erste Schritt zur Besserung** pour parvenir à se corriger il faut d'abord reconnaître ses défauts
selbsternannt ADJT → selbst A

S

Selbsterniedrigung F PSYCH autodépréciation *f*; **Selbsterzeuger** M personne *f* qui produit ce qu'elle consomme; **Selbstfahrer** M 1 *e-s Autos* personne *f* qui conduit elle-même 2 *(Rollstuhl)* fauteuil roulant; **Selbstfindung** *geh* F découverte *f* de soi (-même); **selbstgebacken**, **selbstgedreht** ADJT → selbst A

Selbstgedrehte FPL **er raucht nur ~** il ne fume que des cigarettes (qu'il a) roulées (lui-même)

selbstgefällig A ADJ content, plein de soi; *geh* infatué de soi(-même); *geh* suffisant B ADV avec suffisance; **Selbstgefälligkeit** F ⟨~⟩ contentement *m* de soi; *geh* infatuation *f*; *geh* suffisance *f*

selbstgemacht ADJT → selbst A

selbstgerecht ADJ *geh* infatué de soi (-même), de ses mérites; **Selbstgerechtigkeit** F *geh* infatuation *f*

Selbstgespräch N monologue *m*; **~e führen** parler tout seul; monologuer

selbstgestrickt ADJT → selbst A; **selbsthaftend** ADJT autocollant; auto-adhésif, -ive

Selbsthass M °haine *f* de soi-même; **Selbstheilung** F guérison naturelle; **Selbstheilungskräfte** FPL forces naturelles de guérison; **selbstherrlich** A ADJ autoritaire; impérieux, -ieuse B ADV impérieusement; sans consulter personne; **Selbstherrlichkeit** F ⟨~⟩ autoritarisme *m*

Selbsthilfe F ⟨~⟩ 1 effort personnel 2 JUR justice *f* que l'on se fait à soi-même; *(Notwehr)* légitime défense *f*; JUR **zur ~ schreiten** se faire justice

Selbsthilfegruppe F groupe *m* d'entraide; **Selbstironie** F ⟨~⟩ autodérision *f*

Selbstjustiz F justice *f* que l'on se fait à soi-même; **~ üben** se faire justice

Selbstklebefolie F feuille *f* de plastique autocollante; **selbstklebend** ADJT autocollant; auto-adhésif, -ive; **Selbstkontrolle** F autocontrôle *m*; *(Zurückhaltung)* retenue *f*; **Selbstkosten** PL HANDEL coûts *mpl* de production

Selbstkostenpreis M prix coûtant, de revient; **unter dem ~** à perte

Selbstkostenrechnung F établissement *m* du prix de revient; **Selbstkritik** F ⟨~⟩ autocritique *f*; **selbstkritisch** ADJ critique vis-à-vis de soi-même; **Selbstlader** M ⟨~s; ~⟩ arme *f* automatique; **Selbstläufer** M *bes* HANDEL succès *m*; **Selbstlaut** M voyelle *f*; **Selbstlerner(in)** M(F) auto-apprenant(e) *m(f)*; **Selbstlob** N éloge *m* que l'on fait de soi(-même); **selbstlos** ADJ désintéressé; altruiste; **Selbstlosigkeit** F ⟨~⟩ désintéressement *m*; altruisme *m*; **Selbstmedikation** F automédication *f*

Selbstmitleid N *pej* apitoiement *m* sur son propre sort; **~ haben** s'apitoyer sur son sort

Selbstmord M suicide *m*; **~ begehen** se suicider; se tuer; se donner la mort; *umg fig* **das ist ja (glatter) ~!** c'est un suicide!

Selbstmordanschlag M, **Selbstmordattentat** N attentat *m* suicide; **Selbstmordattentäter(in)** M(F) kamikaze *m/f*; **Selbstmorddrohung** F menace *f* de suicide; **Selbstmörder(in)** M(F) personne *f* suicidaire; *nach gelungenem Selbstmord* suicidé(e) *m(f)*

selbstmörderisch ADJ suicidaire; **in ~er Absicht** avec l'intention de se suicider

Selbstmordgedanke M pensée *f* suicidaire; **selbstmordgefährdet** ADJT suicidaire; **Selbstmordkandidat(in)** M(F) *umg* candidat(e) *m(f)* au suicide; personne *f* suicidaire; **Selbstmordkommando** N opération-suicide *f*; **Selbstmordrate** F taux *m* de suicides; **Selbstmordversuch** M tentative *f* de suicide

Selbstportrait N autoportrait *m*; **selbstredend** ADVL bien sûr; **Selbstschussanlage** F déclencheur *m* automatique de tir; **Selbstschutz** M autoprotection *f*; **selbstsicher** A ADJ sûr de soi; *Haltung* assuré; plein d'assurance B ADV avec assurance; **Selbstsicherheit** F ⟨~⟩ assurance *f*

selbstständig A ADJ *(eigenständig)* autonome; *(unabhängig)* indépendant *(a. beruflich)*; **~es Handeln** action *f* de sa propre initiative; *beruflich* **~ sein** être, travailler à son compte; **sich ~ machen** *geschäftlich* se mettre à son compte; *fig hum Sache* s'échapper B ADV **~ handeln** agir en toute indépendance, de sa propre initiative; **~ denken** avoir ses propres idées, opinions

Selbstständige(r) M/F(M) ⟨→ A⟩ indépendant(e) *m(f)*; *beruflich* personne *f* qui travaille à son compte; travailleur, -euse *m,f* indépendant(e)

Selbstständigkeit F ⟨~⟩ indépendance *f*; *beruflich* fait *m* d'être à son compte

Selbststeuerung F SCHIFF, FLUG autoguidage *m*; FLUG *a.* pilotage *m* automatique; **mit ~** autoguidé

Selbststudium N ⟨~s⟩ études *fpl* sans professeur; **sich** *(dat)* **etw im ~ aneignen** apprendre qc tout seul

Selbstsucht F ⟨~⟩ égoïsme *m*; **selbstsüchtig** ADJ égoïste; **selbsttätig** ADJ TECH automatique; **Selbsttäuschung** F illusion *f* que l'on se fait à soi-même; aveuglement *m*; **Selbsttötung** F ADMIN suicide *m*

Selbstüberschätzung F présomption *f*; *umg* **an ~ leiden** ne pas se prendre pour n'importe qui

Selbstüberwindung F effort *m* (qu'on fait) sur soi-même; **das kostete mich viel ~** j'ai vraiment dû me forcer

Selbstverachtung F mépris *m* de soi-même; **selbstverantwortlich** ADJ → eigenverantwortlich; **Selbstverbrennung** F *geh* immolation *f* par le feu; **selbstverdient** ADJT → selbst A

selbstvergessen *geh* ADJT ⟨attribut⟩ plongé dans ses pensées; inconscient de son entourage; **Selbstvergessenheit** F oubli *m* de soi-même; abnégation *f*

Selbstverlag M ⟨~(e)s⟩ **im ~ erschienen** publié à compte d'auteur

Selbstverleugnung F abnégation *f*; **selbstverliebt** ADJT narcissique; **Selbstverliebtheit** F narcissisme *m*; **Selbstvernichtung** F autodestruction *f*

Selbstverpflegung F ⟨~⟩ *im Urlaub* **mit ~** sans pension

Selbstverschulden N ADMIN propre faute *f*; **selbstverschuldet** ADJT dû à sa propre faute; **Selbstversorger** M personne *f* qui pourvoit elle-même à ses besoins; *im Urlaub* personne *f* qui est logée sans pension

selbstverständlich A ADJ naturel, -elle; qui va de soi; normal; **das ist ~** cela va de soi; **es ist ~, dass ...** il va sans dire que ...; c'est bien naturel, normal que ... B ADV naturellement; évidemment; bien entendu

Selbstverständlichkeit F ⟨~; ~en⟩ évidence *f*; **das ist e-e ~** cela va de soi; c'est bien naturel, normal; **etw mit der größten ~ tun** faire qc tout à fait naturellement; **die Berufstätigkeit der Frau ist heute e-e ~** le fait que les femmes travaillent est, de nos jours, quelque chose de tout à fait normal

Selbstverständnis N ⟨~ses⟩ idée *f* que l'on a de soi-même; **Selbstverstümmelung** F mutilation *f* volontaire

Selbstversuch M expérimentation *f* sur soi (-même); **im ~** en expérimentant sur soi (-même)

Selbstverteidigung F autodéfense *f*

Selbstvertrauen N confiance *f* en soi; **kein ~ haben** ne pas avoir confiance en soi

Selbstverwaltung F autogestion *f*

Selbstverwirklichung F épanouissement *m* de sa personnalité; **nach ~ streben** chercher à se réaliser (**im Beruf** dans sa profession)

Selbstwertgefühl N ⟨~(e)s⟩ conscience *f* de sa propre valeur; amour-propre *m*; **Selbstzensur** F ⟨~⟩ autocensure *f*; **Selbstzerfleischung** *geh* F autocritique destructive; **selbstzerstörerisch** ADJ autodestructeur, -trice; **Selbstzerstörung** F autodestruction *f*; **selbstzufrieden** ADJ content de soi; *geh* suffisant; **Selbstzufriedenheit** F contentement *m* de soi; *geh* suffisance *f*

Selbstzweck M ⟨~(e)s⟩ fin *f* en soi; **zum ~ werden** devenir une fin en soi; **das ist reiner ~** c'est une fin en soi

Selbstzweifel M doute *m* de soi

selchen V/T ⟨h.⟩ *bayrisch, österr (räuchern)* fumer

selektieren V/T ⟨*pas de ge-*, h.⟩ sélectionner; **Selektion** F ⟨~; ~en⟩ sélection *f*; **selektiv** ADJ sélectif, -ive

Selen N ⟨~s⟩ CHEM sélénium *m*

Selfie N ⟨~s; ~s⟩ selfie *m*, autoportrait *m*

Selfmademan M ⟨~s; -men⟩ self-made-man *m*

selig A ADJ 1 *(glücklich)* très heureux, -euse; ravi; plein de joie; **er ist ganz ~** il est transporté de joie; *geh* **~er Schlummer** sommeil bienheureux 2 REL bienheureux, -euse; KATH *(~ gesprochen)* béatifié; BIBEL **~ sind, die ...** bienheureux ceux qui ...; **~ machen** sauver; **Gott hab ihn ~!** Dieu ait son âme!; *geh* **bis an ihr ~es Ende** jusqu'au jour de sa mort; → seligpreisen, seligsprechen 3 *(gestorben)* défunt; **mein ~er Vater**, *geh* **mein Vater ~** *geh* mon défunt père; *geh* feu mon père; **meine ~e Mutter**, *geh* **meine Mutter ~** *geh* ma défunte mère; *geh* feu ma mère B ADV 1 **sich** *(dat)* **~ in die Arme fallen** se tomber dans les bras de joie 2 **~ entschlafen** s'endormir dans la paix du Seigneur

Selige(r) M/F(M) ⟨→ A⟩ 1 REL bienheureux, -euse *m,f* 2 *hum* **ihr ~r** son défunt mari; *pl* **die ~n** *(die Toten)* les morts

Seligkeit F ⟨~; ~en⟩ grande joie; grand bonheur; *plus fort, a.* REL félicité *f*; **die ewige ~** le salut éternel; *fig hum* **von diesem Job hängt meine ~ ab** il me faut ce boulot à tout prix

seligmachen V/T ⟨*sép*, -ge-, h.⟩ sauver

seligpreisen *geh* V/T ⟨*irr, sép*, -ge-, h.⟩ **j-n ~** estimer qn heureux, -euse

seligsprechen V/T ⟨*irr, sép*, -ge-, h.⟩ KATH béatifier; **Seligsprechung** F ⟨~; ~en⟩ béatification *f*

Sellerie M ⟨~s; ~(s)⟩ *od* F ⟨~; ~⟩, *österr* F ⟨~; ~n⟩ céleri *m*

selten A ADJ rare; *Gast* qui se fait rare; **sehr ~** très rare; rarissime; *umg fig* **ein ~er Vogel** *umg* un drôle de type, d'oiseau; **das ist nichts Seltenes** cela n'a rien d'extraordinaire; **~er werden** se raréfier; **das ist in den ~sten Fällen zu empfehlen** c'est très rarement recommandable B ADV 1 rarement; **nicht ~** assez souvent; **nicht eben ~** parfois; quelquefois; **höchst ~** presque jamais; **es kommt ~ vor, dass ...** il est rare que ... *(+subj)* *bzw.* de *(+inf)*; **ich gehe so ~ wie möglich hin** j'y vais le moins possible; **ein Erfolg wie ~ e-r** un succès comme on en voit peu; *umg iron* **~ so gelacht!** *umg* très marrant! 2 *(sehr, besonders)* exceptionnellement; **ein ~ schönes, schlechtes Wetter** un temps exceptionnellement beau, mauvais; **ein ~ schönes Mädchen** une fille d'une rare beauté

Seltenheit F ⟨~; ~en⟩ rareté *f*; *(seltener Gegenstand) a.* chose *f* rare, curieuse; curiosité *f*; **es ist keine ~, dass ...** il n'est pas rare que ...

Seltenheitswert M ⟨~(e)s⟩ **dieses Buch hat ~** ce livre a une grande valeur par sa rareté

Selters N ⟨~⟩, **Selterswasser** N eau *f* de Seltz; *weitS.* eau gazeuse

seltsam A ADJ étrange; curieux, -ieuse; *Geschichte, Erlebnis* extraordinaire; *(wunderlich)* bizarre; **das Seltsame daran** le curieux de l'affaire B ADV curieusement; étrangement; **ihre Stimme klang ~ weich** sa voix avait une douceur étrange

seltsamerweise ADV curieusement; **~ konnte er nicht mehr sagen, warum ...** chose étrange *od* curieuse, il ne savait plus dire pourquoi ...

Seltsamkeit F ⟨~; ~en⟩ 1 *⟨pas de pl⟩* étrangeté *f*; singularité *f* 2 *(Ereignis, merkwürdige Sache)* bizarrerie *f*

Semantik F ⟨~⟩ sémantique *f*; **semantisch** ADJ sémantique

Semasiologie F ⟨~⟩ sémasiologie *f*; **semasiologisch** ADJ sémasiologique

Semester N ⟨~s; ~⟩ UNIVERSITÄT *etc* semestre *m*; **im vierten ~ Geschichte studieren** être en fin de deuxième année d'histoire; *umg* **ein älteres ~** *(Student)* un vieil étudiant; *fig hum umg* un vieux type

Semesterferien PL vacances *fpl* universitaires

Semifinale N demi-finale *f*

Semikolon N ⟨~s; ~s *ou* -la⟩ point-virgule *m*

Seminar N ⟨~s; ~e, *österr, schweiz a.* ~ien⟩ 1 UNIVERSITÄT *(Institut)* institut *m*; *(Priesterseminar)* séminaire *m*; *(Lehrveranstaltung)* séminaire *m* **(über** *[+akk]* **sur)**; *in Frankreich* cours *m* 2 *für Studienreferendare* stage *m* pédagogique; **Seminararbeit** F exposé (écrit) pour un séminaire *bzw.* cours

Seminarist M ⟨~en; ~en⟩ *e-s Priesterseminars* séminariste *m*

Seminarschein M UNIVERSITÄT unité *f* de valeur

Semiologie F ⟨~⟩, **Semiotik** F ⟨~⟩ sémiotique *f*; *a.* MED sémiologie *f*

Semit(in) M ⟨~en; ~en⟩ (F) ⟨~in; ~innen⟩ Sémite *m/f*; **semitisch** ADJ sémitique

Semmel F ⟨~; ~n⟩ *regional, österr* petit pain; *Ware umg* **weggehen wie warme ~n** se vendre comme des petits pains

semmelblond ADJ blond comme les blés

Semmelbrösel MPL, *österr* NPL chapelure *f*; **Semmelknödel** M *bayrisch, österr* quenelle *f* (à base de pain)

sempern VI ⟨-(e)re, h.⟩ *umg österr (nörgeln) umg* râler

sen. ABK (senior) père

Senat M ⟨~(e)s; ~e⟩ HIST, POL, JUR, UNIVERSITÄT sénat *m*

Senator(in) M ⟨~s; -toren⟩ (F) ⟨~in; ~innen⟩ sénateur *m*, femme *f* sénateur; *in Berlin, Hamburg, Bremen* ministre *m*

Senatsausschuss M commission sénatoriale; **Senatsbeschluss** M décision *f* du sénat; décret sénatorial, du sénat; **Senatsmitglied** N membre *m* du sénat; **Senatspräsident(in)** M(F) président(e) *m(f)* du sénat; **Senatssitz** M mandat sénatorial; siège *m* au sénat, de sénateur; **Senatssitzung** F séance *f* du sénat; **Senatssprecher(in)** M(F) porte-parole *m* du sénat; **Senatswahlen** FPL élections sénatoriales

Sendeanlage F poste émetteur, d'émission; émetteur *m*; **Sendeanstalt** F office *m* de radiodiffusion et télévision; **Sendeantenne** F antenne émettrice, d'émission; **Sendebereich** → Sendegebiet; **sendebereit** ADJ prêt à émettre; **Sendefolge** F RADIO, TV programme *m*; **Sendefrequenz** F fréquence *f* d'émission; **Sendegebiet** N RADIO, TV zone *f* d'émission; **Sendegerät** N poste émetteur, d'émission; émetteur *m*; **Sendehaus** N maison *f* de la radio (et de la télévision); **Sendeleistung** F puissance *f* d'émission, de transmission; **Sendeleiter** M RADIO, TV producteur *m*; **Sendemast** M pylône émetteur

senden VT ⟨h.⟩ 1 *geh* ⟨sendet, sandte *ou* sendete, gesandt *ou* gesendet⟩ *(schicken)* envoyer 2 *⟨régulier, schweiz irr⟩* RADIO, TV émettre; RADIO diffuser; TELEKOMMUNIKATION transmettre

Sendepause F RADIO, TV pause *f*; *umg fig* **er hat gerade ~** pour l'instant il est muet

Sender M ⟨~s; ~⟩ émetteur *m*

Senderaum M studio *m* (d'émission); **Sendereihe** F RADIO, TV série *f* d'émissions

Sendersuchlauf M RADIO, TV recherche *f* automatique des stations

Sendesaal M RADIO, TV salle *f* d'émission

Sendeschluss M RADIO, TV fin *f* de programme; **letzte Nachrichten zum ~ um null Uhr** en fin de programme, à zéro heure, les dernières nouvelles

Sendestation F RADIO, TV station émettrice, d'émission; **Sendezeichen** N indicatif *m*; **Sendezeit** F RADIO, TV temps *m* d'émission; heures *fpl* d'antenne; *e-r Sendung* tranche *f*, plage *f* horaire

Sendezentrale F RADIO, TV studio *m*; **wir geben zurück in die ~ nach Berlin** nous rendons l'antenne au studio de Berlin

Sendung F ⟨~; ~en⟩ 1 *(das Gesandte)* envoi *m*; *(Paket)* colis *m* 2 *geh ⟨pas de pl⟩ (Auftrag)* mission *f* 3 RADIO, TV émission *f*; *Jargon* **auf ~ sein** être sur l'antenne

Sendungsbewusstsein N conscience *f* de sa mission

Seneca M ⟨→ *n/pr*⟩ PHIL Sénèque *m*

Senegal ⟨→ *n/pr*⟩ 1 *Staat* **der ~** *od* **~** N le Sénégal 2 *Fluss* **der ~** le Sénégal

Senegalese M ⟨~n; ~n⟩, **Senegalesin** F ⟨-in; -innen⟩ Sénégalais(e) *m(f)*

senegalesisch, senegalisch ADJ sénégalais

Seneschall M ⟨~s; ~e⟩ HIST sénéchal *m*

Senf M ⟨~(e)s; ~e⟩ moutarde *f*; *umg fig* **s-n ~ dazugeben** *umg* y mettre son grain de sel

Senfgas N gaz *m* moutarde; ypérite *f*; **Senfgurke** F gros cornichon aux graines de moutarde; **Senfkorn** N ⟨~(e)s; ¨~er⟩ grain *m* de moutarde; **Senfmehl** N farine *f* de moutarde; **Senfsoße** F sauce *f* (à la) moutarde; **Senftopf** M moutardier *m*

Senge PL *umg regional* **~ kriegen** *umg* recevoir une raclée

sengen A VT ⟨h.⟩ roussir; brûler B VI brûler; **~de Hitze** chaleur torride

senil ADJ sénile; **Senilität** F ⟨~⟩ sénilité *f*

senior ADJ *⟨après un nom, inv⟩* père; **Herr L. ~** monsieur L. père

Senior M ⟨~s; -oren⟩ 1 *⟨pas de pl⟩* HANDEL père *m* 2 SPORT senior *m* 3 *(Ältester)* doyen *m* 4 *(älterer Mensch)*personne âgée, du troisième âge; *(Rentner)* retraité *m*; *pl* **die ~en** *a.* le troisième âge 5 *hum (Vater) umg* paternel *m*

Seniorchef M (vieux) patron; **Herr Buschner, der ~** M. Buschner père

Seniorenheim N maison *f* de retraite; **Seniorenklasse** F SPORT catégorie *f* (des) senior(s); **Seniorenmannschaft** F SPORT équipe *f* des seniors; **Seniorenpass** M carte *f* vermeil; **Seniorenwohnanlage** F résidence *f* du troisième âge

Seniorin F ⟨~; ~nen⟩ 1 HANDEL mère *f* 2 SPORT senior *f* 3 *(Älteste)* doyenne *f* 4 *(ältere Frau)* femme âgée, du troisième âge; *(Rentnerin)* retraitée *f*

Senkblei N fil *m* à plomb

Senke F ⟨~; ~n⟩ *im Gelände* dépression *f* (de terrain); affaissement *m*

Senkel M ⟨~s; ~⟩ *(Schnürsenkel)* lacet *m*

senken ⟨h.⟩ A VT 1 *(nach unten lassen)* abaisser; *Sarg etc (niederlassen)* (faire) descendre; *Kopf* baisser; incliner; *Augen, Stimme, Blick* baisser; *Wasserspiegel* faire baisser; *(ver~) in die Erde* enfoncer; *ins Wasser* plonger; immerger; *geh* **gesenkten Hauptes** la tête basse 2 *fig (herabsetzen) Steuern etc* baisser; *Fieber* faire baisser B VR **sich ~** s'abaisser; *Gelände etc* descendre; aller en pente; *Gebäude* s'enfoncer; s'affaisser; *Boden, Wasserspiegel* s'affaisser; *Vorhang* tomber; *geh* **die Nacht senkte sich auf die Stadt** la nuit tombait sur la ville

Senker M ⟨~s; ~⟩ TECH alésoir *m* conique

Senkfuß M MED pied *m* à voûte plantaire affaissée; *(Plattfuß)* pied plat; **Senkgrube** F fosse *f* d'aisances, septique; **Senklot** N fil *m* à plomb

senkrecht ADJ 1 vertical; à plomb; *bes* MATH perpendiculaire **(zu** à, **sur)** 2 *schweiz (rechtschaffen)* intègre

Senkrechte F *(senkrechte Linie)* verticale *f*; MATH perpendiculaire *f*

Senkrechtstart M FLUG décollage vertical; **Senkrechtstarter** M 1 FLUG avion *m* à décollage vertical 2 *umg fig Person* personne *f* qui (a) fait une carrière fulgurante; phénomène *m*

Senkung F ⟨~; ~en⟩ 1 *(das Senken)* abaissement *m*; MED *(Blutsenkung)* sédimentation *f* (du sang); *e-s Gebäudes* affaissement *m*; enfoncement *m*; *des Bodens* tassement *m*; affaissement *m*; GEOL subsidence *f* 2 *im Gelände* dépression *f*; *(Neigung)* pente *f*; déclivité *f* 3 *der Preise, Steuern etc* baisse *f*; réduction *f*; diminution *f* 4 METRIK temps *m* faible

Senkungsgeschwindigkeit F MED vitesse *f* de sédimentation

Senkwaage F aréomètre *m*

Senn M *bayrisch, österr* ⟨~(e)s; ~e⟩, *schweiz* ⟨~en; ~en⟩ AGR alpagiste *m*

Senner(in) M ⟨~s; ~⟩ (F) ⟨~in; ~innen⟩ *bayrisch, österr* AGR alpagiste *m/f*

Sennerei F ⟨~; ~en⟩ *bayrisch, österr* fromagerie artisanale dans les alpages

Sennhütte F *bayrisch, österr* chalet *m* d'alpage

Sensation F ⟨~; ~en⟩ sensation *f*

sensationell ADJ sensationnel, -elle; à sensation

Sensationslust F sensationnalisme *m*; **sensationslüstern** ADJ avide de nouvelles sensationnelles; **Sensationsmeldung** F nouvelle sensationnelle; **Sensationspresse** F presse *f* à sensation, à scandales; **Sensationsprozess** M procès *m* à sensation

Sense F ⟨~; ~n⟩ faux *f*; *umg* **jetzt ist ~!** terminé!; maintenant, ça suffit!

Sensenmann *liter fig* M ⟨~(e)s⟩ *(Tod) liter* camarde *f*

sensibel ADJ ⟨-bl-⟩ sensible

sensibilisieren VT *⟨pas de ge-, h.⟩* 1 FOTO, MED sensibiliser 2 *geh* **j-n (für etw) ~** sensibiliser qn (à qc)

Sensibilisierung F ⟨~; ~en⟩ 1 FOTO, MED sensibilisation *f* 2 *geh* sensibilisation *f* (**für** à)
Sensibilität F ⟨~⟩ sensibilité *f*
sensitiv ADJ sensitif, -ive; **Sensitivität** F ⟨~⟩ sensitivité *f*
Sensor M ⟨~s; -soren⟩ ELEK *Taste* touche sensitive, à effleurement; *(Messfühler)* palpeur *m*; détecteur *m*
sensorisch ADJ sensoriel, -ielle
Sensortaste F touche sensitive
Sensualismus M ⟨~⟩ sensualisme *m*; **sensualistisch** ADJ sensualiste
sensuell ADJ sensuel, -elle
Sentenz F ⟨~; ~en⟩ maxime *f*; adage *m*
sentimental ADJ sentimental; **Sentimentalität** F ⟨~; ~en⟩ sentimentalité *f*
separat A ADJ séparé; particulier, -ière B ADV à part
Separatdruck M ⟨~(e)s; ~e⟩ TYPO tirage *m* à part; **Separatfriede(n)** M paix séparée
Separation F ⟨~; ~en⟩ POL séparation *f*
Separatismus M ⟨~⟩ séparatisme *m*; **Separatist(in)** M ⟨~en; ~en⟩ (F) ⟨~in; ~innen⟩ séparatiste *m/f*; **separatistisch** ADJ séparatiste
Separee → Séparée
Séparée N ⟨~s; ~s⟩ *in e-m Lokal* cabinet, *größeres* salon particulier
Sepia F ⟨~; -ien⟩ 1 ZOOL seiche *f*; *t/t* sépia *f* 2 ⟨*pas de pl*⟩ MAL sépia *f*; **Sepiazeichnung** F (dessin *m* à la) sépia *f*
Sepp → Josef
Sepp(e)lhose *umg* F culotte *f* de peau
Sepsis F ⟨~; -sen⟩ MED septicémie *f*
Sept. ABK (September) sept. (septembre)
September M ⟨~(s); ~⟩ (mois *m* de) septembre *m*; → *a.* Januar
Septett N ⟨~(e)s; ~e⟩ MUS septuor *m*
Septima F ⟨~; -men⟩ *österr* septième année *f* de l'enseignement secondaire
Septime F ⟨~; ~n⟩ MUS septième *f*
septisch ADJ MED septique
Septuaginta F ⟨~⟩ REL version *f* des Septante
Septum N ⟨~s; -ta *ou* -ten⟩ ANAT, MED, ZOOL cloison *f*
Sequenz F ⟨~; ~en⟩ séquence *f*
Serail N ⟨~s; ~s⟩ sérail *m*
Seraph M ⟨~s; ~e *ou* ~im⟩ REL séraphin *m*; **seraphisch** ADJ séraphique
Serbe M ⟨~n; ~n⟩, **Serbin** F ⟨-in; -innen⟩ Serbe *m/f*
Serbien N ⟨→ *n/pr*⟩ la Serbie
serbisch ADJ serbe
Serbisch N ⟨~(s)⟩, **Serbische** N ⟨~n⟩ (das) Serbisch(e) *Sprache* le serbe
serbokroatisch ADJ HIST serbo-croate
Serenade F ⟨~; ~n⟩ MUS sérénade *f*
Serge F ⟨~; ~n⟩ TEX serge *f*
Serie F ⟨~; ~n⟩ 1 *a. fig* série *f*; **etw in ~ herstellen** fabriquer qc en série; **in ~ gehen** être fabriqué en série 2 TV feuilleton *m*; série *f*
seriell A ADJ 1 HANDEL, TECH en série 2 MUS sériel, -ielle 3 IT séquentiel, -ielle B ADV HANDEL en série
Serien(an)fertigung F fabrication *f* en série; **Serienartikel** M article *m* de série; **Serienbau** M ⟨~(e)s⟩ construction *f* en série, standard; **Serienfabrikation** F, **Serienherstellung** F fabrication *f* en série; **Serienkiller** *umg* M serial killer *m*
serienmäßig ADJ *u.* ADV en série; **~ herstellen** fabriquer en série; **~ eingebauter Katalysator** pot catalytique monté en série
Serienmörder M tueur *m* en série; serial killer *m*; **Serienproduktion** F production *f* en série; **serienreif** ADJ prêt pour la fabrication en série; **Serienschalter** M ELEK interrupteur *m* multiple, à va-et-vient; **Serienschaltung** F ELEK montage *m*, couplage *m* en série; **Serientäter(in)** M(F) multirécidiviste *m/f*; homme *m*, femme *f* qui a commis des infractions en série; **serienweise** ADV 1 HANDEL, TECH en série 2 *umg fig umg* en masse
Serife F ⟨~; ~n⟩ TYPO empattement *m*
seriös ADJ sérieux, -ieuse; *Firma a.* de confiance; *Person a.* honnête; *Aussehen a.* respectable
Seriosität F ⟨~⟩ sérieux *m*; respectabilité *f*
Sermon *umg* M ⟨~s; ~e⟩ 1 *(Strafpredigt) umg* prêche *m*; sermon *m* 2 *(langweiliges Gerede) umg* laïus *m*
Serologie F ⟨~⟩ MED sérologie *f*
serös ADJ MED, PHYSIOL séreux, -euse
Serpentin M ⟨~s; ~e⟩ MINER serpentine *f*
Serpentine F ⟨~; ~n⟩ 1 *(Windung)* lacet *m*; *Straße* **in ~n** *(dat)* **ansteigen** monter en lacets 2 *(~nweg, ~nstraße)* chemin *m*, route *f* en lacets
Serpentinenstraße F route *f* en lacets
Serum N ⟨~s; -ren *ou* -ra⟩ MED, PHYSIOL sérum *m*
Serval M ⟨~s; ~e *ou* ~s⟩ ZOOL serval *m*
Server M ⟨~s; ~⟩ IT serveur *m*
Service[1] N ⟨~ *ou* ~s; ~⟩ *(Geschirr)* service *m*
Service[2] M *od* N ⟨~; ~s⟩ 1 ⟨*pas de pl*⟩ *(Bedienung, Kundendienst)* service *m*; TEL **~-130--Rufnummer** *f* numéro vert 2 TENNIS service *m*
Service-Center N service *m* clientèle
servieren ⟨*pas de ge-*, h.⟩ A V/T 1 *(auftragen)* servir; mettre sur la table; **j-m etw ~** servir qc à qn; **es ist serviert!** c'est servi! 2 TENNIS servir; FUSSBALL passer B V/I 1 *(bedienen)* servir (à table) 2 TENNIS servir; FUSSBALL faire une passe
Serviererin F ⟨~; ~nen⟩ serveuse *f*
Serviertisch M desserte *f*; **Serviertochter** F *schweiz* serveuse *f*; **Servierwagen** M table roulante
Serviette F ⟨~; ~n⟩ serviette *f* (de table)
Serviettenring M rond *m* de serviette
servil *geh pej* ADJ servile; *(unterwürfig) a.* obséquieux, -ieuse; **Servilität** *geh pej* F ⟨~⟩ servilité *f*
Servobremse F servofrein *m*; **Servolenkung** F direction assistée; **Servomotor** M servomoteur *m*
servus INT *südd, österr* salut!
Sesam M ⟨~s; ~s⟩ BOT, GASTR sésame *m*; *Zauberformel* **~, öffne dich!** Sésame, ouvre-toi!
Sesambrötchen N petit pain au sésame; **Sesamöl** N huile *f* de sésame
Sessel M ⟨~s; ~⟩ 1 fauteuil *m* 2 *österr (Stuhl)* chaise *f*; **Sesselbahn** F, **Sessellift** M télésiège *m*
sesshaft ADJ sédentaire; **~ werden** s'établir
Sesshaftigkeit F ⟨~⟩ sédentarité *f*
Set N *od* M ⟨~(s); ~s⟩ 1 *(Satz)* assortiment *m*; *Schlüssel, Daten etc a.* jeu *m* 2 *(Platzdeckchen)* set *m*
Setzei N *regional* œuf *m* sur le plat
setzen ⟨-(es)t, h.⟩ A V/T 1 *(platzieren)* mettre; *(legen, stellen)* poser; *(hin~)* asseoir; *(e-n Platz anweisen)* placer; **etw an etw** *(akk)* **~** (r)approcher qc de qc; **an die Lippen, an den Mund ~** porter aux lèvres; *Trompete* emboucher; **setz ihn neben mich** place-le à côté de moi; **j-n über e-n Fluss ~** faire passer, traverser la rivière à qn; **den Fuß über die Schwelle ~** franchir le seuil; **unter Wasser ~** inonder; submerger 2 AGR, GARTEN *Pflanze* planter 3 *(errichten, aufstellen) Segel* °hisser; mettre; *Denkmal* ériger; élever; *Ofen* poser; installer; *Grenzsteine* planter; *Pfähle* planter; enfoncer 4 TYPO composer 5 *(schreiben, einfügen) Punkt, Komma etc* mettre; **auf e-e Liste, die Tagesordnung ~** mettre sur une liste, à l'ordre du jour; **auf j-s Rechnung** *(akk)* **~** porter au compte de qn; **in die Zeitung ~** insérer dans le journal; **s-n Namen unter ein Schriftstück ~** mettre son nom, apposer sa signature au bas d'un écrit 6 *(festlegen) Termin* fixer; *Grenzen, Schranken* mettre; *Prioritäten* établir; **j-m ein Ziel ~** fixer un but à qn 7 *bei Wetten* miser; **hundert Euro auf ein Pferd ~** miser cent euros sur un cheval 8 *fig* **gesetzt den Fall, er käme nicht** en supposant, supposons qu'il ne vienne pas; **j-n auf Diät** *(akk)* **~** mettre qn au régime; **in Erstaunen ~** étonner; surprendre; → *a. die entsprechenden Substantive* B V/I 1 *beim Wetten* faire une mise; **auf etw** *(akk)* **~** miser sur qc; *beim Spiel* **hoch ~** jouer gros jeu; risquer gros 2 ⟨h. *ou* s.⟩ *(springen)* **über e-n Graben ~** sauter, franchir un fossé; **über e-n Fluss ~** traverser, passer une rivière C V/R **sich ~** 1 *(Platz nehmen)* s'asseoir; se placer; prendre place; *Vögel* se percher; se poser; **setz dich!** assieds-toi!; **sich an e-n Tisch, auf e-n Stuhl, in e-n Sessel ~** s'asseoir à une table, sur une chaise, dans un fauteuil; **sich in den Wagen ~** monter en voiture; **sich zu j-m ~** se mettre, s'asseoir à côté de qn 2 *Flüssigkeit* reposer; *feste Bestandteile* se déposer; *Erdreich* se tasser; s'affaisser; s'asseoir 3 *Staub, Geruch* **sich in die Kleider ~** pénétrer dans les vêtements 4 *fig* **sich** *(dat)* **ein Ziel ~** se fixer un but D *umg* V/UNPERS **gleich setzt es was!, gleich setzt es Prügel!** *umg* ça va barder!
Setzer(in) M ⟨~s; ~⟩ (F) ⟨~in; ~innen⟩ TYPO compositeur, -trice *m,f*; typographe *m/f*
Setzerei F ⟨~; ~en⟩ TYPO atelier *m* de composition
Setzfehler M TYPO faute *f* d'impression; **Setzholz** N GARTEN plantoir *m*; **Setzkasten** M 1 TYPO casse *f* 2 GARTEN caisse *f* à plants
Setzling M ⟨~s; ~e⟩ 1 *Pflanze* plant *m* 2 *Fisch* alevin *m*
Setzmaschine F TYPO machine *f* à composer; **Setzwaage** F niveau *m*
Seuche F ⟨~; ~n⟩ 1 MED épidémie *f* 2 *fig* fléau *m*
seuchenartig ADJ épidémique
Seuchenbekämpfung F lutte *f* contre les épidémies; **Seuchengebiet** N région contaminée; **Seuchengefahr** F danger *m* d'épidémie; **Seuchengesetz** N loi *f* sur les épidémies, VET les épizooties; **Seuchenherd** M foyer *m* d'épidémie *bzw.* de l'épidémie
seufzen V/I *u.* V/T ⟨-(es)t, h.⟩ soupirer; *(stöhnen)* gémir (**über** [+*akk*] de)
Seufzen N ⟨~s⟩ soupirs *mpl*; gémissements *mpl*
Seufzer M ⟨~s; ~⟩ soupir *m*; gémissement *m*; **e-n ~ der Erleichterung ausstoßen** pousser un soupir de soulagement
Seufzerbrücke die ~ *in Venedig* le pont des Soupirs
Sevilla N ⟨→ *n/pr*⟩ Séville
Sex *umg* M ⟨~(es)⟩ 1 *(dargestellte Sexualität)* sexe *m* 2 *(Geschlechtsverkehr)* rapports sexuels 3 *(Sex--Appeal)* sex-appeal *m*
Sex-Appeal M ⟨~s⟩ sex-appeal *m*
Sexbombe *umg* F bombe sexuelle; **Sexboutique** F sex-shop *m*; **Sexfilm** M film *m* porno(graphique); **Sexidol** N idole sexuelle
Sexismus M ⟨~⟩ sexisme *m*; **Sexist(in)** M ⟨~en; ~en⟩ (F) ⟨~in; ~innen⟩ sexiste *m/f*; **sexistisch** ADJ sexiste
Sexobjekt *umg* N objet sexuel; **Sexparty** F *umg* partouze *f*
Sexshop M ⟨~s; ~s⟩ sex-shop *m*; **Sexspiel-**

zeug N sex-toy *m*; **Sexstar** M ⟨~s; ~s⟩ → Sexidol

Sexta F ⟨~; -ten⟩ *in Deutschland regional* première, *österr* sixième année *f* de l'enseignement secondaire

Sextaner(in) M ⟨~s; ~⟩ (F) ⟨~in; ~innen⟩ *in Deutschland regional* élève *m/f* de première, *österr* de sixième année de l'enseignement secondaire

Sextanerblase F *umg hum* **er hat e-e (richtige) ~** *umg* il va tout le temps au petit coin

Sextant M ⟨~en; ~en⟩ sextant *m*

Sexte F ⟨~; ~n⟩ MUS sixte *f*

Sextett N ⟨~(e)s; ~e⟩ MUS sextuor *m*

Sextourismus M tourisme sexuel, de la prostitution; **Sextourist(in)** M(F) touriste *m/f* sexuel, -elle

Sexualaufklärung F éducation sexuelle; **Sexualdelikt** N délit sexuel; **Sexualerziehung** F éducation sexuelle; **Sexualforscher(in)** M(F) sexologue *m/f*; **Sexualhormone** NPL hormones sexuelles; **Sexualhygiene** F hygiène sexuelle

Sexualität F ⟨~⟩ sexualité *f*

Sexualkunde F éducation sexuelle; **Sexualkundeunterricht** M cours *m* d'éducation sexuelle; **Sexualleben** N ⟨~s⟩ vie sexuelle; **Sexualmord** M meurtre *m* avec viol; crime *m* à mobile sexuel; **Sexualmörder(in)** M(F) auteur *m* d'un meurtre avec viol; criminel, -elle *m,f* à mobile sexuel; **Sexualobjekt** N objet sexuel; **Sexualpädagogik** F éducation sexuelle; **Sexualpartner** M partenaire sexuel; **Sexualpsychologie** F psychologie sexuelle; **Sexualtrieb** M instinct sexuel; **Sexualverbrechen** N délit sexuel; **Sexualverbrecher(in)** M(F) délinquant(e) sexuel, -elle; **Sexualwissenschaft** F ⟨~⟩ sexologie *f*

sexuell A ADJ sexuel, -elle B ADV **~ missbrauchen** violer; **sich ~ befriedigen** se masturber

Sexus *geh* M ⟨~; ~⟩ sexe *m*

Sexwelle *umg* F période *f* de liberté sexuelle

sexy *umg* ADJ ⟨inv⟩ *umg* sexy ⟨*inv*⟩

Seychellen PL ⟨→ *n/pr*⟩ **die ~** les Seychelles *fpl*

Sezession F ⟨~; ~en⟩ sécession *f*

Sezessionskrieg M ⟨~(e)s⟩ HIST guerre *f* de Sécession

Sezierbesteck N trousse *f* à dissection

sezieren ⟨*pas de ge-*, h.⟩ A V/T disséquer B V/I faire une autopsie

Sezieren N ⟨~s⟩ dissection *f*; autopsie *f*; **Seziermesser** N scalpel *m*; **Sezierung** F ⟨~; ~en⟩ → Sezieren

SFB M ⟨~⟩ HIST ABK (Sender Freies Berlin) *radio et télévision régionales allemandes* (*Berlin*)

Sfor, SFOR F ⟨Sfor, SFOR⟩ ABK (Stabilization Force) MIL Sfor *f*

s-förmig, S-förmig ADJ en (forme de) S

sfr., *schweiz* **sFr.** ABK (Schweizer Franken) FS (franc suisse)

SGB M ⟨~⟩ ABK (Schweizerischer Gewerkschaftsbund) Union des syndicats suisses

SGML F ⟨~⟩ ABK (Standard Generalized Mark-up Language) IT SGML *m*

Shake M ⟨~s; ~s⟩ (*Milchshake*) milk-shake *m*; (*Cocktail*) cocktail *m*

Shakehands N ⟨~; ~⟩ *zwischen zwei Personen* poignée *f* de main; *zwischen mehreren Personen* échange *m* de poignées de mains

Shaker M ⟨~s; ~⟩ shaker *m*

Shampoo ⟨~s; ~s⟩, **Shampoon** N ⟨-ons; -ons⟩ shampo(o)ing *m*

shampoonieren → schamponieren

Shareware F ⟨~; ~s⟩ IT shareware *m*

Sheriff M ⟨~s; ~s⟩ shérif *m*; **Sheriffstern** M étoile *f* de shérif

Sherry M ⟨~s; ~s, *mais* 5 ~⟩ sherry *m*; xérès *m*

Shetlandinseln FPL **die ~** les îles *fpl* Shetland

Shetlandpony N poney *m* des îles Shetland; **Shetlandpullover** M pull-over *m* en shetland; **Shetlandwolle** F shetland *m*

Shiatsu N ⟨~⟩ *Druckmassage* shiatsu *m*

Shit M *od* N ⟨~s⟩ *Jargon* °hasch *m*

Shoah F → Schoah

Shogun M → Schogun

Shop M ⟨~s; ~s⟩ boutique *f*; *größerer* magasin *m*

shoppen V/I ⟨h.⟩ faire du shopping; **~ gehen** aller faire du shopping, les magasins

Shopping N ⟨~s⟩ shopping *m*; **Shoppingcenter** N ⟨~s; ~⟩ centre commercial

Shorts PL short *m*

Show F ⟨~; ~s⟩ show *m*; **Showgeschäft** N show-business *m*; *umg* showbiz *m*; **Showmaster** M ⟨~s; ~⟩ animateur *m*; **Showroom** M ⟨~s; ~s⟩ show-room *m*; salle *f* d'exposition

Shredder M ⟨~s; ~⟩ 1 *zur Zerkleinerung von Autowracks etc* broyeuse *f* 2 *für Holz, Papier etc* broyeur *m*

Shrimps MPL crevettes *fpl*

Shuttle M ⟨~s; ~s⟩, **Shuttlebus** M navette *f*

Siam N ⟨→ *n/pr*⟩ HIST le Siam

Siamese M ⟨~n; ~n⟩, **Siamesin** F ⟨-in; -innen⟩ HIST Siamois(e) *m(f)*

siamesisch ADJ siamois

Siamkatze F (chat) siamois *m*

Sibilant M ⟨~en; ~en⟩ PHON sifflante *f bzw.* chuintante *f*

Sibirien N ⟨→ *n/pr*⟩ la Sibérie

Sibirier(in) M ⟨~s; ~⟩ (F) ⟨~in; ~innen⟩ Sibérien, -ienne *m,f*

sibirisch ADJ sibérien, -ienne; de Sibérie; *fig* **e-e ~e Kälte** *a.* un froid glacial

Sibylle F ⟨→ *n/pr*⟩ *prénom*

sibyllinisch *geh* ADJ *liter* sibyllin

sich PERS PR A *3. Person sg, dat u. akk* se; *unverbunden* lui *bzw.* elle; *unpersönlich* soi; **er wäscht ~** il se lave; **an (und für) ~** en fait; au fond; **etw bei ~** (*dat*) **haben** avoir qc sur soi; **gern für ~ sein** aimer rester, être seul; **das ist e-e Sache für ~** c'est une autre affaire; c'est une chose à part; **jeder Teil für ~** chaque partie séparément; **etw von ~** (*dat*) **aus tun** faire qc par soi-même, de sa propre initiative; **was hat es damit auf ~?** qu'est-ce que ça veut dire?; *passivisch* **in diesem Bett schläft es ~ gut** on dort bien dans ce lit; **die Tür lässt ~ nicht öffnen** il est impossible d'ouvrir la porte B *3. Person pl, dat u. akk* 1 *reflexiv* se; *unverbunden* eux *bzw.* elles; **sie bleiben für ~** ils restent entre eux; ils s'isolent 2 *reziprok* se; **sie lieben ~** ils *bzw.* elles s'aiment; **sie geben ~** (*dat*) **die Hand** ils *bzw.* elles se donnent la main

Sichel F ⟨~; ~n⟩ 1 *Werkzeug* faucille *f* 2 *des Mondes* croissant *m*

sichelförmig ADJ en forme de faucille; *Mond* en forme de croissant

sicheln V/T ⟨-(e)le, h.⟩ couper à la faucille

sicher A ADJ 1 (*gewiss*) sûr; certain; (*zweifellos*) indubitable; **so viel ist ~** cela au moins est certain; **~ ist, dass ...** ce qui est certain, c'est que ...; **sind Sie ~, dass ...?** êtes-vous certain, sûr que ...?; **ich bin dessen absolut ~** j'en suis absolument certain; **sich** (*dat*) **e-r Sache** (*gen*) **~ sein** être sûr de qc; **s-r Sache** (*gen*) **~ sein** être sûr de son fait; **der Erfolg ist uns ~** notre succès est assuré; **sie ist sich** (*dat*) **ihrer Wirkung ~** elle est sûre de son effet; **e-e Strafe ist ihm ~** il est sûr d'être puni; il sera puni à coup sûr 2 (*nicht gefährdet, geschützt*) *Erfolg, Zukunft* assuré; *Stellung, Posten* stable; assuré; HANDEL *Gewinn* garanti; *Person etc* (*in Sicherheit*) **vor j-m, etw ~ sein** être à l'abri de qn, qc; **man ist dort s-s Lebens nicht ~** on y risque sa vie; *umg* **auf Nummer ~ gehen** ne prendre aucun risque; **~ ist ~** deux précautions valent mieux qu'une 3 (*zuverlässig*) *Mittel, Urteil* sûr; infaillible; *Gedächtnis* fidèle; *Beweis* certain; irréfutable; **aus ~er Quelle** de bonne source 4 (*nicht gefährlich*) sûr; pas dangereux, -euse 5 (*selbstbewusst*) sûr de soi; **ein ~es Auftreten haben** avoir de l'assurance 6 (*fest, nicht irrend*) *Geschmack* sûr; **~e Hand** main sûre, exercée; **~en Schrittes** d'un pas assuré B ADV 1 (*gewiss*) sûrement; certainement; **(aber) ~!** bien sûr!; **~ nicht!** sûrement pas!; bien sûr que non!; **ganz ~** certainement; **er wird ~ kommen** il viendra sûrement, à coup sûr; **du kannst mir (doch) ~ sagen, ob ...** tu peux sûrement me dire si ... 2 (*gefahrlos*) en (toute) sécurité 3 (*zuverlässig*) d'une manière sûre; **~ Auto fahren** bien conduire 4 (*selbstbewusst*) avec assurance; **~ auftreten** avoir de l'assurance

sichergehen V/I ⟨*irr, sép*, -ge-, s.⟩ s'(en) assurer; **um sicherzugehen** pour être sûr de son fait

Sicherheit F ⟨~; ~en⟩ 1 ⟨*pas de pl*⟩ sûreté *f*; (*Gewissheit*) certitude *f*; *im Auftreten* assurance *f*; **es ist mit ~ anzunehmen, dass ...** on peut être certain que ...; il y a gros à parier que ...; **etw mit ~ behaupten** soutenir qc avec assurance; **mit (einiger) ~** avec (quelque) certitude; **mit ~!** certainement!; bien sûr! 2 ⟨*pas de pl*⟩ (*Schutz, Gefahrlosigkeit*) sûreté *f*; sécurité *f*; **in ~** *a.* °hors d'atteinte; **in ~** (*akk*) **bringen** mettre à l'abri, en lieu sûr; **sich in ~ bringen** se mettre à l'abri; **sich vor etw** (*dat*) **in ~ bringen** échapper à qc; **sich in ~** (*dat*) **wiegen** se croire en sécurité; *zu Unrecht* s'endormir dans une fausse sécurité; **j-n in ~** (*dat*) **wiegen** endormir la vigilance de qn 3 ⟨*pas de pl*⟩ POL **öffentliche ~** sécurité publique; **innere, äußere ~** sécurité intérieure, extérieure 4 HANDEL garantie *f*; (*Bürgschaft*) caution *f*; cautionnement *m*; **als ~ hinterlegen** déposer en gage

Sicherheitsabstand M distance *f* de sécurité; **Sicherheitsbeamte(r)** M agent *m* de la Sûreté; **Sicherheitsbeauftragte(r)** M/F(M) ⟨→ A⟩ responsable *m/f* de la sécurité; **Sicherheitsbehörde** F Sûreté *f*; police *f*; **Sicherheitsbestimmung** F règle *f*, consigne *f* de sécurité; **Sicherheitsbindung** F *am Ski* fixation *f* de sécurité

Sicherheitsdienst M **(privater) ~** police privée

Sicherheitsfaktor M coefficient *m* de sécurité; **Sicherheitsglas** N verre *m* de sécurité

Sicherheitsgründe MPL **aus ~n** pour des raisons de sécurité

Sicherheitsgurt M *im Auto, Flugzeug* ceinture *f* de sécurité; *von Bauarbeitern, Bergsteigern etc* °harnais *m*; **sicherheitshalber** ADV pour plus de sûreté; **Sicherheitskette** F *an der Wohnungstür* chaîne *f* de sûreté; **Sicherheitskontrolle** F contrôle *m* de sécurité; **Sicherheitskopie** F sauvegarde *f*; **Sicherheitslücke** F IT faille *f* de sécurité; **Sicherheitsmaßnahme** F mesure *f* de sécurité; **Sicherheitsnadel** F épingle *f* de sûreté, de nourrice; **Sicherheitspolitik** F politique *f* sécuritaire, de sécurité nationale; **Sicherheitsrat** M ⟨~(e)s⟩ *der Vereinten Nationen* Conseil *m* de Sécurité; **Sicherheitsri-**

siko N menace f pour la sécurité; *bes* POL menace f pour la sécurité publique; **Sicherheitsschloss** N serrure f de sûreté; **Sicherheitsschlüssel** M clé f de sûreté; **Sicherheitsventil** N soupape f de sûreté; **Sicherheitsverschluss** M fermoir m de sûreté; **Sicherheitsvorkehrung** F mesure f de sûreté, de sécurité; **Sicherheitsvorrichtung** F dispositif m, mécanisme m de sécurité; **Sicherheitsvorschriften** FPL consignes fpl de sécurité

sicherlich ADV sûrement; certainement

sichern ⟨-(e)re, h.⟩ A VT 1 *Erfolg, Zukunft, Platz etc* (*sicherstellen*) assurer; (*gewährleisten*) garantir; *Frieden, Position etc* (*festigen*) consolider; affermir 2 *Schusswaffe* mettre le cran de sûreté à; *Maschine* bloquer; arrêter 3 HANDEL garantir; mettre à couvert 4 (*schützen*) protéger, garantir (**vor** [+dat], **gegen** de, contre) 5 IT sauvegarder B VR **sich** (*dat*) **etw ~** s'assurer qc; **sich vor etw** (*dat*) *od* **gegen etw ~** s'assurer contre qc; se garantir de *od* contre qc C VI JAGD être aux aguets

sicherstellen VT ⟨*sép*, -ge-, h.⟩ 1 (*gewährleisten*) assurer; garantir 2 (*beschlagnahmen*) confisquer; saisir; **Sicherstellung** F 1 (*Gewährleistung*) garantie f 2 (*Beschlagnahme*) confiscation f

Sicherung F ⟨~; ~en⟩ 1 ⟨*pas de pl*⟩ (*Schutz*) préservation f (**vor** [+dat], **gegen** contre); sauvegarde f (**vor** [+dat], **gegen** contre); (*Bekräftigung*) consolidation f; **zur ~ des Friedens** pour assurer la paix 2 TECH (arrêt m de) sûreté f; *an Schusswaffen* cran m de sûreté 3 ELEK *einzelne* fusible m; *koll* plombs mpl; **die ~ ist durchgebrannt** les plombs ont sauté; *umg fig* **bei ihr brannte e-e ~ durch** elle a complètement paniqué, déjanté 4 HANDEL garantie f

Sicherungsdiskette F disquette f de sauvegarde; **Sicherungshypothek** F hypothèque f de garantie; **Sicherungskasten** M boîte f à fusibles; **Sicherungskopie** F IT sauvegarde f; **Sicherungsposten** M MIL poste m de couverture; **Sicherungsverwahrung** F JUR prolongation f d'une peine de prison (*prononcée pour des raisons de sécurité publique*)

Sicht F ⟨~⟩ 1 vue f; (*Sichtverhältnisse*) visibilité f; **in ~** en vue; **außer ~** °hors de vue; invisible; **in ~ kommen** apparaître; **Land in ~!** terre!; **heute ist gute, klare ~** aujourd'hui on a une bonne visibilité 2 (*Ansicht, Betrachtungsweise*) vue f; façon f de voir; HANDEL **auf ~** à vue; **auf kurze, lange ~** à court, long terme; à courte, longue échéance; **aus meiner ~** à mon avis; **aus der ~ der Wissenschaftler** dans l'optique des scientifiques

sichtbar A ADJ 1 visible; (*wahrnehmbar*) perceptible; **~ werden** devenir visible; (ap)paraître 2 (*offenkundig*) apparent; évident; manifeste; **~ werden** se manifester B ADV visiblement; manifestement; **~ anbringen** mettre en évidence; **deutlich ~ tragen** porter ostensiblement

Sichtbarkeit F ⟨~⟩ 1 visibilité f; (*Wahrnehmbarkeit*) perceptibilité f 2 (*Offenkundigkeit*) évidence f

Sichtbehinderung F visibilité réduite; **Sichtbeton** M BAU béton brut de décoffrage; **Sichtblende** F store m; jalousie f; **Sichteinlage** F FIN dépôt m à vue

sichten VT ⟨-ete, h.⟩ 1 *Papiere, Beweismaterial etc* examiner; parcourir (des yeux); (*sortieren*) trier 2 (*erblicken*) apercevoir; repérer

Sichtfeld N (champ m de) visibilité f

Sichtfenster N *Briefumschlag* **mit ~** à fenêtre

Sichtflug M pilotage m à vue; **Sichtgrenze** F visibilité f; **Sichtkarte** F carte f d'abonnement aux transports en commun

sichtlich A ADJ apparent; évident; manifeste B ADV apparemment; visiblement; **sie war ~ erfreut, beeindruckt** elle était visiblement contente, impressionnée

Sichtschutz M protection f contre les regards

Sichtung F ⟨~⟩ *von Papieren* examen m; (*Sortierung*) tri m

Sichtverhältnisse NPL (conditions fpl de) visibilité f

Sichtvermerk M ADMIN visa m; **mit ~ versehen** viser

Sichtwechsel M HANDEL lettre f de change à vue; **Sichtweise** F façon f de voir

Sichtweite F (domaine m de) visibilité f; **außer, in ~** °hors de, en vue

Sickerbrunnen M puits absorbant, drainant; **Sickergrube** F puisard m

sickern VI ⟨-(e)re, s.⟩ s'écouler goutte à goutte; **Wasser sickert durch die Mauer** le mur suinte; **in den Boden ~** s'infiltrer dans le sol

Sickerwasser N ⟨~s⟩ eau f d'infiltration; *an e-r undichten Stelle* suintement m

Sideboard N ⟨~s; ~s⟩ buffet (bas)

siderisch ADJ ASTRON sidéral

sie¹ PERS PR *3. Person* F 1 *Nominativ* elle (*a. unverbunden*) 2 *akk* la

sie² PERS PR *3. Person pl* 1 *Nominativ* ils *bzw.* elles; *unverbunden* eux *bzw.* elles 2 *akk* les

Sie¹ PERS PR *Anrede* vous; **j-n mit ~ anreden** dire vous à qn; vouvoyer qn; **hallo, ~ da!** hé! monsieur *bzw.* madame!

Sie² *umg* F ⟨~; ~s⟩ **e-e ~** une fille *bzw.* femme; *bei Tieren* une femelle

Sieb N ⟨~(e)s; ~e⟩ 1 GASTR passoire f; *grobes, für Sand etc* crible m; *feineres* sas m; tamis m; *umg* **er hat ein Gedächtnis wie ein ~** sa mémoire est une passoire 2 TYPO écran m de tissu

Siebdruck M ⟨~(e)s; ~e⟩ TYPO sérigraphie f

sieben¹ NUM sept; → *a.* acht

sieben² VT ⟨h.⟩ 1 (*durch~*) passer au crible; *fein* passer au sas, au tamis; GASTR passer 2 *fig Personen* trier; *Nachrichten* filtrer

Sieben¹ F ⟨~; ~en *ou* ~⟩ *Zahl* (chiffre m, nombre m) sept m; → *a.* Acht¹

Sieben² N ⟨~s⟩ 1 TECH criblage m; *fein* tamisage m; *von Mehl* blutage m 2 *fig von Personen* tri m; sélection f; *von Nachrichten* filtrage m

siebenbändig *etc* → achtbändig *etc*

Siebenbürgen N ⟨→ *n/pr*⟩ la Transylvanie

Siebeneck N ⟨~(e)s; ~e⟩ heptagone m; **siebeneckig** ADJ heptagonal

siebeneinhalb NUM sept et demi

Siebener M ⟨~s; ~⟩ *regional* (*Sieben*) sept m

siebenerlei ADJ ⟨*épithète; inv*⟩ sept sortes, espèces de ...; sept ... différent(e)s; de sept sortes, espèces différentes

siebenfach A ADJ septuple; → *a.* achtfach B ADV sept fois (plus); au septuple; **~ vergrößert** agrandi sept fois

Siebenfache(s) N ⟨→ A⟩ septuple m

siebenhundert NUM sept cent(s)

siebenjährig ADJ (*sieben Jahre alt*) (âgé) de sept ans; (*sieben Jahre lang*) de sept ans; qui dure sept ans; *t/t, Amtszeit etc* septennal; HIST **der Siebenjährige Krieg** la guerre de Sept ans

Siebenjährige(r) M/F(M) ⟨→ A⟩ garçon m, fille f de sept ans

siebenjährlich ADV (ADJ) (qui revient) tous les sept ans

Siebenkampf M SPORT heptathlon m; **Siebenkämpferin** F heptathlonienne f

siebenmal ADV sept fois; **siebenmalig** ADJ ⟨*épithète*⟩ répété sept fois

Siebenmeilenstiefel MPL bottes fpl de sept lieues; *fig* **mit ~n** à pas de géant

Siebenmonatskind N prématuré(e) m(f) de sept mois

Siebensachen *umg* FPL *umg* barda m; *umg* bazar m

Siebenschläfer M 1 ZOOL loir m 2 *Tag* 27 juin; *sprichw* **wenn es an ~ regnet, regnet es noch sieben Wochen** *etwa sprichw* quand il pleut à la Saint-Médard, il pleut quarante jours plus tard

Siebensilber M ⟨~s; ~⟩, **Siebensilbler** M ⟨-ers; -er⟩ METRIK vers m de sept syllabes

siebenstellig ADJ *Zahl* de sept chiffres

siebentausend NUM sept mille

siebente(r, -s) NUM → siebte(r, -s); **Siebenzeiler** M ⟨~s; ~⟩ METRIK septain m; **siebenzeilig** ADJ à *od* de sept lignes

siebt ADV **zu ~** à sept; **zu ~ sein** être sept

siebte(r, -s) NUM septième; → *a.* achte(r, -s)

Siebtel N ⟨~s; ~⟩ septième m

siebtens ADV septièmement; en septième lieu

siebzehn NUM dix-sept; → *a.* acht

siebzig NUM soixante-dix; *Belgien, schweiz* septante; → *a.* achtzig

Siebzig F ⟨~⟩ (chiffre m, nombre m) soixante-dix m; *Belgien, schweiz* septante m

siebziger ADJ ⟨*épithète; inv*⟩ **die ~ Jahre** NPL les années fpl soixante-dix

Siebziger(in) M ⟨~s; ~⟩ (F) ⟨~in; ~innen⟩ → Siebzigjährige(r); **Siebzigerjahre** NPL **die ~** les années fpl soixante-dix; **siebzigjährig** ADJ (*siebzig Jahre alt*) (âgé) de soixante-dix ans; *Personen a.* septuagénaire; (*siebzig Jahre lang*) de soixante-dix ans; qui dure soixante-dix ans; **Siebzigjährige(r)** M/F(M) ⟨→ A⟩ septuagénaire m/f; homme m, femme f de soixante-dix ans

siech *geh* ADJ très souffrant; infirme; (*bettlägerig*) grabataire

Siechtum *geh* N ⟨~s⟩ infirmité f; **nach langem ~** après une longue maladie, infirmité

siedeln VI ⟨-(e)le, h.⟩ s'établir

sieden ⟨siedet, sott *ou* siedete, gesotten *ou* gesiedet, h.⟩ A VT (*kochen*) faire bouillir; (faire) cuire B VI bouillir; (*brodeln*) bouillonner

siedend A ADJT *Wasser, Öl etc* bouillant B ADVL **~ heiß** bouillant; *umg fig* **es fiel mir ~ heiß ein** je m'en suis souvenu avec horreur

Siedepunkt M point m d'ébullition; **Siedewasserreaktor** M réacteur m à eau bouillante

Siedfleisch N *südd, schweiz* viande f de pot-au-feu; *als Gericht etwa* pot-au-feu m

Siedler(in) M ⟨~s; ~⟩ (F) ⟨~in; ~innen⟩ colon m, femme f colon

Siedlung F ⟨~; ~en⟩ 1 (*menschliche Niederlassung*) colonie f 2 (*Wohngebiet*) lotissement m; cité f

Siedlungsgebiet N 1 *e-s Volks etc* région f de colonisation 2 (*Wohngebiet*) zone f de lotissement; **Siedlungshaus** N maison f de lotissement; **Siedlungsland** N ⟨~(e)s⟩ → Siedlungsgebiet 1; **Siedlungspolitik** F politique f de l'habitat *bzw.* de colonisation

Sieg M ⟨~(e)s; ~e⟩ victoire f (**über** [+akk] sur); **den ~ (über j-n) davontragen** *od* **erringen** remporter la victoire (sur qn); triompher (de qn); SPORT **auf ~ spielen** jouer pour gagner; *fig* **das war ein ~ der Vernunft** c'était le triomphe de la raison

Siegel N ⟨~s; ~⟩ (*Privatsiegel*) cachet m; *amtliches* sceau m; cachet officiel; *gerichtliches* scellé(s) m(pl); **unter dem ~ der Verschwiegenheit** sous le sceau du secret

Siegellack M cire f à cacheter

siegeln VT ⟨-(e)le, h.⟩ *Brief* cacheter; *amtlich* sceller

Siegelring M chevalière *f*

siegen VI ⟨h.⟩ gagner; triompher; **über j-n ~** remporter la victoire sur qn; l'emporter sur qn; **in ihm siegte das Mitleid** en lui la pitié l'emportait

Sieger(in) M ⟨~s; ~⟩ (F) ⟨~in; ~innen⟩ vainqueur *m*; *plus fort* triomphateur, -trice *m,f*; SPORT gagnant(e) *m(f)*; **aus etw als ~(in) hervorgehen** sortir gagnant de qc; SPORT **zweiter ~** sein être (le) second

Siegerehrung F (cérémonie *f* de) remise *f* des prix *bzw.* des médailles; **Siegerkranz** M couronne (décernée au vainqueur); **Siegermacht** F puissance victorieuse; **Siegermannschaft** F équipe victorieuse, gagnante; **Siegerpodest** N podium *m*; **Siegerpokal** M coupe *f* du vainqueur; **Siegerurkunde** F titre *m* de vainqueur

siegesbewusst → siegessicher

Siegesfeier F, **Siegesfest** N célébration *f* d'une *od* de la victoire; **Siegesgeschrei** N cris *mpl* de victoire, de triomphe; **siegesgewiss** *geh* → siegessicher; **Siegesgöttin** F Victoire *f*; **Siegeskranz** M → Siegerkranz; **Siegespalme** *poet* F palme *f* (de la victoire); **Siegessäule** F colonne *f* commémorant une victoire; **siegessicher** A ADJ sûr de la victoire, de triompher B ADV avec la certitude de triompher; **Siegestor** N ⟨~s; ~e⟩ 1 (*Triumphbogen*) arc *m* de triomphe 2 → Siegestreffer; **Siegestreffer** M SPORT but *m* de la victoire; **siegestrunken** *geh* ADJ (*u.* ADV) (comme) enivré de sa victoire; **Siegeswille** M volonté *f* de vaincre, de triompher; **Siegeszug** M marche triomphale; *fig* tournée triomphale; triomphe *m*

Siegfried M ⟨→ *n/pr*⟩ *prénom*

sieghaft ADJ triomphant; **sieglos** ADJ *u.* ADV sans victoire

siegreich A ADJ victorieux, -ieuse; vainqueur; SPORT *a.* gagnant B ADV en vainqueur; *plus fort* en triomphateur; victorieusement; avec succès; **~ aus etw hervorgehen** sortir victorieusement de qc

sieht → sehen

Siel M *od* N ⟨~(e)s; ~e⟩ *nordd* 1 (*Deichschleuse*) écluse *f* 2 (*Abwasserleitung*) égout *m*; canal *m*

siena ADJ ⟨*inv*⟩ terre de Sienne

Siena N ⟨→ *n/pr*⟩ Sienne; **Sienaerde** F ⟨~⟩ terre *f* de Sienne

Siesta F ⟨~; -sten *ou* ~s⟩ sieste *f*; **~ halten** faire la sieste

siezen VT ⟨-(es)t, h.⟩ vouvoyer; dire vous (j-n à qn)

Siezen N ⟨~s⟩ vouvoiement *m*

Sigel N ⟨~s; ~⟩, **Sigle** F ⟨-le; -len⟩ (*Kürzel*) sigle *m*; TYPO signe *m* typographique; STENOGRAFIE signe *m* sténographique

Signal N ⟨~s; ~e⟩ 1 signal *m* 2 EISENBAHN signal *m*; **das ~ steht auf Fahrt** le signal indique que la voie est libre 3 *fig* **das ~ zum Aufbruch geben** donner le signal du départ; **~e setzen** ouvrir la voie; montrer le chemin

Signalanlage F (dispositif *m* de) signalisation *f*; **Signalbrücke** F EISENBAHN passerelle *f* à signaux; **Signalfarbe** F couleur très voyante; **Signalfeuer** N feu *m* (de signalisation); **Signalflagge** F SCHIFF pavillon *m* de signalisation; **Signalgast** M ⟨~(e)s; ~en⟩ SCHIFF timonier (signaleur); **Signalhorn** N corne *f* d'appel; trompe *f*

signalisieren VT ⟨*pas de ge-*, h.⟩ 1 signaler 2 (*zu verstehen geben*) **j-m etw ~** faire comprendre qc à qn

Signallampe F signal, avertisseur lumineux; **Signallicht** N signal lumineux; **Signalmast** M SCHIFF, EISENBAHN sémaphore *m*; **Signalpfeife** F sifflet *m*; **signalrot** ADJ rouge lumineux, vif; **Signalschuss** M coup *m* de fusil (de canon, *etc*) d'avertissement; **Signalton** M ⟨~(e)s; -töne⟩ *e-s Anrufbeantworters* bip *m* sonore

Signatarmacht F puissance *f* signataire; **Signatarstaat** M État *m* signataire

Signatur F ⟨~; ~en⟩ 1 (*Unterschrift, Namenszug*) signature *f*; paraphe *m*; **elektronische ~** signature électronique 2 (*Kartenzeichen*) signe conventionnel, caractéristique 3 *e-s Bibliotheksbuches* cote *f* 4 TYPO (*Bogenbezeichnung*) signature *f*

Signet N ⟨~s; ~s *ou* ~e⟩ 1 (*Buchdruckerzeichen*) marque *f* de l'imprimeur; (*Verlegerzeichen*) marque *f* de l'éditeur 2 (*Markenzeichen*) insigne *m*; logo *m*

signieren VT ⟨*pas de ge-*, h.⟩ signer; *Autor* dédicacer

signifikant *geh* ADJ 1 (*bedeutsam*) révélateur, -trice 2 (*charakteristisch*) caractéristique; typique

Signifikanz *geh* F ⟨~⟩ 1 (*Bedeutsamkeit*) portée *f* 2 (*Eigenart*) caractéristique *f*; particularité *f*

Sigrid F ⟨→ *n/pr*⟩ *prénom*

Sigrist M ⟨~en; ~en⟩ *schweiz* sacristain *m*

Silbe F ⟨~; ~n⟩ syllabe *f*; **lange ~** (syllabe) longue *f*; **kurze ~** (syllabe) brève *f*; **vorletzte ~** *t/t* pénultième *f*; *fig* **keine ~ sagen** ne pas souffler mot; *fig* **ich verstehe keine ~ davon** je n'y comprends rien; *fig* **etw mit keiner ~ erwähnen** ne pas faire la moindre allusion à qc

Silbenrätsel N charade *f*

Silbentrennung F division *f* (des mots) en syllabes; IT **automatische ~** coupure *f* automatique des mots

Silber N ⟨~s⟩ 1 (*Farbe, Metall*) argent *m*; **aus ~** d'argent; en argent 2 (*Silbergerät, Tafelsilber*) argenterie *f* 3 SPORT (*~medaille*) médaille *f* d'argent; **olympisches ~ gewinnen** gagner la médaille d'argent aux Jeux olympiques

Silberader F veine *f* d'argent; **Silberarbeit** F ouvrage *m* en argent; pièce *f* d'argenterie

Silberauflage F **100 g ~** argenté à 100 g

Silberbarren M barre *f*, lingot *m* d'argent; **Silberbergwerk** N mine *f* d'argent; **Silberbeschlag** M garniture *f* d'argent *od* en argent; **Silberbesteck** N couvert *m* d'argent; **Silberblech** N tôle *f*, feuille *f* d'argent

Silberblick *umg hum* M ⟨~(e)s⟩ *umg* coquetterie *f* dans l'œil; **e-n ~ haben** *a.* loucher légèrement

silberblond ADJ blond argenté

Silberbromid N CHEM bromure *m* d'argent; **Silberbronze** F bronze *m* d'argent; **Silberdistel** F chardon argenté; **Silberdraht** M fil *m* d'argent; **Silbererz** N minerai *m* argentifère; **Silberfaden** M fil *m* d'argent; **silberfarben, silberfarbig** ADJ argent; argenté; **Silberfischchen** N *Insekt* poisson *m* d'argent; **Silberfolie** F feuille *f* d'aluminium; **Silberfuchs** M renard argenté; **Silbergehalt** M teneur *f* en argent; **Silbergeld** N ⟨~(e)s⟩ pièces *fpl* d'argent; **Silberglanz** M 1 *von Silber* éclat *m* de l'argent; *wie Silber* reflets *mpl* d'argent 2 MINER argyrose *f*

silbergrau ADJ gris argenté (*inv*); **silberhaltig** ADJ argentifère; **silberhell** ADJ *Ton, Stimme* argentin

Silberhochzeit F noces *fpl* d'argent; **Silberlegierung** F alliage *m* d'argent

Silberling M ⟨~s; ~e⟩ BIBEL **für dreißig ~e** pour trente deniers

Silbermedaille F médaille *f* d'argent; **Silbermöwe** F goéland argenté; **Silbermünze** F pièce *f* d'argent

silbern A ADJ 1 ⟨*épithète*⟩ (*aus Silber*) d'argent; **~e Hochzeit** noces *fpl* d'argent 2 (*wie Silber, silberfarben*) argenté; *Ton, Lachen* argentin B ADV comme de l'argent

Silberpapier N papier *m* d'aluminium; **Silberpappel** F peuplier argenté; **Silberschmied** M orfèvre *m*

Silberstreifen M ligne, bande argentée; *fig* **ein ~ am Horizont** une lueur d'espoir

Silbertanne F sapin argenté; **Silberwährung** F étalon-argent *m*; **silberweiß** ADJ argenté; **Silberzwiebel** F petit oignon (au vinaigre)

silbrig ADJ argenté

Silhouette F ⟨~; ~n⟩ silhouette *f*

Silicium N ⟨~s⟩ CHEM silicium *m*

Silikat N ⟨~(e)s; ~e⟩ CHEM silicate *m*

Silikon N ⟨~s; ~e⟩ CHEM silicone *f*

Silikose F ⟨~; ~n⟩ MED silicose *f*

Silizium N → Silicium

Silo M *od* N ⟨~s; ~s⟩ silo *m*; **in ein(en) ~ einlagern** ensiler

Silofutter N fourrages ensilés; **Silowagen** M EISENBAHN wagon-silo *m*

Silur N ⟨~s⟩ GEOL silurien *m*

Silvaner M ⟨~s; ~⟩ WEIN sylvaner *m*

Silvester M *od* N ⟨~s; ~⟩ la Saint-Sylvestre; **~ feiern** fêter la Saint- Sylvestre; faire le réveillon (du jour de l'An)

Silvesternacht F nuit *f* de la Saint-Sylvestre; nuit *f* du réveillon (du jour de l'An)

Silvia F ⟨→ *n/pr*⟩ *prénom*

Simbabwe N ⟨→ *n/pr*⟩ le Zimbabwe; **Simbabwer(in)** M ⟨~s; ~⟩ (F) ⟨~in; ~innen⟩ Zimbabwéen, -éenne *m,f*; **simbabwisch** ADJ zimbabwéen, -éenne

Simmerring® M TECH bague *f* à lèvre en caoutchouc

Simon M ⟨→ *n/pr*⟩ *prénom*; *Heiliger* Simon *m*

simpel ADJ ⟨-pl-⟩ 1 (*einfach*) simple 2 *oft pej* (*schlicht*) banal 3 *pej* (*einfältig*) simplet, -ette; naïf, naïve

Simplex N ⟨~; ~e *ou* -plizia⟩ LING mot non composé, d'un morphème

simplifizieren *geh* VT ⟨*pas de ge-*, h.⟩ simplifier (à l'extrême)

Sims M *od* N ⟨~es; ~e⟩ BAU corniche *f*; moulure *f*; (*Fenstersims, Kaminsims*) rebord *m*

simsen *umg* ⟨h.⟩ A VT (*per SMS mitteilen*) envoyer par texto®, par SMS; **j-m etw ~** envoyer qc à qn par texto®, par SMS B VI (*e-e SMS senden*) (j-m) ~ envoyer un texto®, un SMS (à qn)

Simulant(in) M ⟨~en; ~en⟩ (F) ⟨~in; ~innen⟩ simulateur, -trice *m,f*; comédien, -ienne *m,f*; **Simulation** F ⟨~; ~en⟩ simulation *f* (*a.* TECH); **Simulator** M ⟨~s; -toren⟩ TECH simulateur *m*

simulieren ⟨*pas de ge-*, h.⟩ A VT simuler (*a.* TECH); feindre, faire semblant de (*+inf*) B VI faire semblant d'être malade; simuler une maladie

simultan A ADJ simultané B ADV simultanément; en même temps

Simultandolmetschen N ⟨~s⟩ traduction simultanée; interprétariat simultané; **Simultandolmetscher(in)** M(F) interprète simultané(e)

Simultaneität *geh* F ⟨~; ~en⟩ simultanéité *f*

Simultanität → Simultaneität

Simultanpartie F SCHACH (partie jouée en) simultanée *f*

sin ABK (Sinus) sin (sinus)

Sinai ⟨→ *n/pr*⟩ **der ~** le Sinaï; **Sinaihalbinsel** F péninsule *f* du Sinaï

Sinfonie F ⟨~; ~n⟩ symphonie *f*; **Sinfoniekonzert** N concert *m* symphonique; **Sinfo-**

S

nieorchester N orchestre *m* symphonique
Sinfoniker M ⟨~s; ~⟩ MUS **1** *Komponist* compositeur *m* de symphonies **2** *Musiker* membre *m* d'un orchestre symphonique; **die Wiener ~** l'orchestre *m* symphonique de Vienne
sinfonisch ADJ symphonique
Sing. ABK (Singular) sing. (singulier)
Singapur N ⟨→ *n/pr*⟩ Singapour
Singdrossel F ZOOL grive musicienne
Singegruppe F HIST *DDR chorale qui cultive la chanson politique*
singen ⟨singt, sang, gesungen, h.⟩ **A** V/T chanter; **ein Kind in den Schlaf ~** endormir un enfant en chantant; chanter une berceuse à un enfant **B** V/I **1** chanter **2** *umg vor der Polizei* parler; *umg* se mettre à table **3** *poet* **von etw ~** célébrer qc **C** V/R **sich heiser ~** s'enrouer en chantant; s'érailler la voix en chantant
Singen N ⟨~s⟩ chant *m*
Singkreis M petite chorale
Single[1] F ⟨~; ~s⟩ *Schallplatte* quarante-cinq tours *m*; single *m*
Single[2] M ⟨~(s); ~s⟩ (*Alleinstehende[r]*) personne seule
Single[3] N ⟨~(s); ~(s)⟩ SPORT simple *m*
Singsang M ⟨~(e)s⟩ chant *m* monotone; **Singspiel** N MUS singspiel *m*; **Singstimme** F voix *f*; (*Gesangspartie*) partie *f* de chant
Singular M ⟨~s; ~e⟩ GRAM **1** (*Einzahl*) singulier *m* **2** (*Wort im ~*) mot *m* au singulier
singulär *geh* ADJ singulier, -ière; (*selten*) rare
Singularform F GRAM (forme *f* du) singulier *m*
singularisch ADJ GRAM au singulier
Singvogel M oiseau chanteur; **Singweise** F **1** (*Art des Singens*) manière *f* de chanter **2** (*Lied, Melodie*) air *m*
sinken V/I ⟨sinkt, sank, gesunken, s.⟩ **1** *Sonne* baisser; décliner; *Nebel* tomber; (*im Wasser ver~*) descendre lentement, couler au fond; *Schiff* couler; sombrer; **auf den** *od* **zu Boden ~** s'affaisser; *erschöpft* **auf e-n Stuhl ~** se laisser tomber sur une chaise; **in j-s Arme ~** tomber dans les bras de qn; *geh* **in tiefen Schlaf ~** tomber dans un profond sommeil **2** *Thermometer* descendre; *Temperatur* baisser; tomber; *Wechselkurse* baisser; *Wert, Preise* baisser; diminuer; **auf null ~** tomber, descendre à zéro **3** *fig Hoffnung, Laune* s'évanouir; **den Mut ~ lassen** perdre courage; se décourager; *von Personen* **er ist in meiner Achtung gesunken** il a baissé dans mon estime; *moralisch* **tief gesunken sein** être tombé bien bas
Sinken N ⟨~s⟩ **1** *der Sonne* déclin *m*; *e-s ins Wasser geworfenen Gegenstands* descente *f* au fond **2** *der Temperatur, der Preise* abaissement *m*; baisse *f*; *fig* **sein Stern ist im ~** sa cote baisse
Sinn M ⟨~(e)s; ~e⟩ **1** (*Wahrnehmungsfähigkeit*) sens *m*; **der sechste ~** le sixième sens; **die fünf ~e** les cinq sens; *umg* **s-e fünf ~e beisammenhaben** avoir toute sa tête; **s-r ~e mächtig sein** avoir tout son bon sens **2** *geh pl* (*Bewusstsein*) **ihr schwanden die ~e** elle perdit connaissance; **nicht bei ~en sein, von ~en sein** ne pas avoir toute sa tête; **bist du von ~en?** as-tu perdu la tête? **3** ⟨*pas de pl*⟩ (*Empfänglichkeit, Verständnis*) sens *m* (**für** de); penchant *m* (**für** pour); **~ für Humor haben** avoir le sens de l'humour; **~ für etw haben** *a.* apprécier qc; **nur ~ für Geld haben** ne s'intéresser qu'à l'argent; **dafür habe ich keinen ~** cela ne m'intéresse pas **4** ⟨*pas de pl*⟩ (*Geist, Gesinnung*) *geh* **mit frohem ~** avec gaieté, entrain, joie; **in j-s ~e** (*dat*) **handeln** agir dans le sens de qn; **im ~e des Gesetzes** dans l'esprit de la loi; **sich** (*dat*) **etw aus dem ~ schlagen** s'ôter qc de l'esprit, de la tête; **das geht mir nicht aus dem ~** cela m'obsède; cela ne me sort pas de la tête; *geh* **das will mir nicht in den ~** cela dépasse mon entendement; **etw im ~(e) haben** avoir qc en vue; projeter qc; **was hat er im ~?** *a.* quelle intention a-t-il?; *geh* **sein ~ steht nach Höherem** il se sent une vocation plus élevée; il se sent appelé à des tâches plus nobles; **es kam mir in den ~, dass …** il me vint à l'idée, à l'esprit que …; **versuchen Sie, ihn in diesem ~e zu beeinflussen** tâchez de l'influencer dans ce sens; **in diesem ~e, …** dans cet esprit, … **5** ⟨*pas de pl*⟩ (*Bedeutung*) sens *m*; *e-s Wortes, Satzes etc* signification *f*; acception *f*; **im eigentlichen, übertragenen ~(e)** au sens propre, figuré; **im engeren ~(e)** au sens strict (du terme); **im weiteren ~(e)** par extension; au sens large; **im besten ~(e) des Wortes** par excellence; dans toute la force du terme; **in gewissem ~(e)** en un sens; dans un sens; *umg* **~ machen** être logique; **etw dem ~ nach wiedergeben** redonner le sens général de qc **6** ⟨*pas de pl*⟩ (*Zweck*) sens *m*; bien-fondé *m*; **der ~ des Lebens** le sens de la vie; **(der) ~ und Zweck** (*+gen*) le but de; **ohne ~ und Verstand** sans rime ni raison; *geh* **~ stiftend** interprétatif, -ive; **das hat keinen ~**, *umg* **das macht keinen ~** ça ne sert à rien; c'est inutile; *plus fort* c'est absurde, idiot; **was hat das alles für e-n ~?** à quoi tout cela sert-il?
Sinnbild N symbole *m*
sinnbildlich **A** ADJ symbolique **B** ADV symboliquement; **~ darstellen** symboliser
sinnen *geh* V/I ⟨sinnt, sann, gesonnen, h.⟩ songer; réfléchir; **auf etw** (*akk*) **~** songer, rêver à qc; méditer qc; **auf Rache ~** méditer une vengeance; **all sein Sinnen und Trachten ist auf …** (*+akk*) **gerichtet** il met tout son cœur à …; toutes ses pensées sont tendues vers …
sinnend **A** ADJT méditatif, -ive; rêveur, -euse **B** ADVL d'un air pensif, rêveur
Sinnenfreude *geh* F **1** ⟨*pas de pl*⟩ → Sinnlichkeit **2** PL **~n** plaisirs *mpl* des sens; **sinnenfroh** *geh* ADJ voluptueux, -euse
sinnentleert *geh* ADJT vide de sens; **sinnentstellend** ADJT défigurant le sens
Sinnenwelt F ⟨~⟩ PHIL monde *m* des apparences; univers *m* sensible
Sinnesänderung F changement *m* d'avis, d'opinion; **Sinnesart** F manière *f* de penser; mentalité *f*; **Sinneseindruck** M sensation *f*; **Sinnesempfindung** F sensation *f*; **Sinnesnerv** M nerf sensoriel; **Sinnesorgan** N organe *m* des sens; **Sinnesreiz** M excitation *f* des *bzw.* d'un sens; **Sinnesschärfe** F acuité *f* des sens; **Sinnesstörung** F trouble *m* des sens; **Sinnestäuschung** F illusion *f* des sens; *krankhafte* hallucination *f*; **Sinneswahrnehmung** F perception sensorielle; **Sinneswandel** M changement *m* d'attitude; *plötzlicher* revirement *m*
sinnfällig **A** ADJ évident; clair **B** ADV clairement; **Sinnfälligkeit** F ⟨~⟩ évidence *f*
Sinngebung *geh* F ⟨~; ~en⟩ interprétation *f*; **Sinngedicht** N épigramme *f*; **Sinngehalt** M sens *m*; signification *f*
sinngemäß **A** ADJ **1** *inhaltlich* conforme au sens; *Übersetzung, Wiedergabe etc* qui redonne le sens général **2** (*folgerichtig, logisch*) logique **B** ADV **1** *inhaltlich* conformément au sens; **~ ändern** modifier dans le sens, l'esprit convenu; **etw ~ wiedergeben** redonner le sens général de qc **2** (*logisch*) logiquement
sinngetreu ADJ conforme, fidèle au sens
sinnieren V/I ⟨*pas de ge-*, h.⟩ **(über etw** [*akk*]**) ~** méditer (sur qc); réfléchir, rêver, songer (à qc)
sinnig ADJ *meist iron* fin; intelligent
sinnigerweise ADV *meist iron* intelligemment; **~ hat sie ihm alles erzählt** c'est fin, elle est allée tout lui raconter
sinnlich ADJ **1** *Mund, Liebe, Mensch* sensuel, -elle; *Liebe a.* charnel, -elle; *Gedanken* voluptueux, -euse; *Tanz, Bewegung* lascif, -ive **2** (*wahrnehmbar*) sensoriel, -ielle; PHIL sensible; **~e Wahrnehmung** perception des sens, sensorielle
Sinnlichkeit F ⟨~⟩ **1** sensualité *f*; volupté *f* **2** PHIL sensibilité *f*
sinnlos **A** ADJ **1** (*unsinnig*) absurde; *plus fort* insensé; **ein völlig ~er Streit** une dispute complètement stupide **2** (*nichts bedeutend*) *Sätze, Worte etc* vide de sens **3** (*zwecklos*) inutile **4** (*maßlos*) insensé; démesuré **B** ADV **1** (*unsinnig*) stupidement **2** (*zwecklos*) inutilement **3** (*übermäßig*) démesurément; excessivement; **~ betrunken** ivre mort
Sinnlosigkeit F ⟨~; ~en⟩ **1** (*Unsinnigkeit, unsinnige Handlung*) absurdité *f* **2** ⟨*pas de pl*⟩ (*Zwecklosigkeit*) inutilité *f*
sinnreich ADJ **1** (*gut durchdacht*) ingénieux, -ieuse; judicieux, -ieuse **2** (*tiefsinnig*) profond; **Sinnspruch** M maxime *f*; sentence *f*; **sinnstiftend** *geh* ADJT interprétatif, -ive
sinnverwandt ADJ LING synonyme; **~es Wort** synonyme *m*
sinnvoll ADJ **1** (*vernünftig*) raisonnable; sage **2** (*e-n Sinn ergebend*) judicieux, -ieuse; (*zweckmäßig*) utile; *Sachen a.* pratique **3** (*mit Sinn erfüllt*) *Arbeit etc* qui a un sens; *plus fort* satisfaisant
sinnwidrig *geh* ADJ absurde; à contresens; **Sinnwidrigkeit** F absurdité *f*; contresens *m*
Sinnzusammenhang M contexte *m*
Sinologe M ⟨~n; ~n⟩, **Sinologin** F ⟨-in; -innen⟩ sinologue *m/f*; **Sinologie** F ⟨~⟩ sinologie *f*; **sinologisch** ADJ sinologique
Sinter M ⟨~s; ~⟩ MINER, GEOL concrétion *f*
Sintflut F ⟨~⟩ déluge *m*; BIBEL Déluge *m*; *umg* **nach uns die ~!** après nous le déluge!
sintflutartig **A** ADJ *Regenfälle* diluvien, -ienne **B** ADV à torrents
Sinti MPL **~ und Roma** MPL Tziganes *od* Tsiganes *mpl*
Sinus M ⟨~; ~ *ou* ~se⟩ ANAT, MATH sinus *m*; **Sinuskurve** F MATH sinusoïde *f*; **Sinusschwingung** F PHYS oscillation, vibration sinusoïdale
Sioux M/F ⟨~; ~⟩ Sioux *m/f*
Siphon M ⟨~s; ~s⟩ **1** (*Gefäß, Geruchsverschluss*) siphon *m* **2** *österr* (*Sodawasser*) eau gazeuse
Sippe F ⟨~; ~n⟩ VÖLKERKUNDE parenté *f*; *a. pej* (*Verwandtschaft*) clan *m*; *a.* BIOL famille *f*
Sippenhaft F VÖLKERKUNDE, *a. fig etwa* coresponsabilité familiale; **er ist in ~** il est en prison pour coresponsabilité familiale
Sippschaft F ⟨~; ~en⟩ *pej* **1** (*Verwandtschaft*) clan *m* **2** (*Gesindel*) clique *f*; bande *f*
Sirene F ⟨~; ~n⟩ MYTH, TECH sirène *f*
Sirenengeheul N °hurlement *m*, °hululement *m* des sirènes; **Sirenengesang** M MYTH chant *m* des sirènes
Sirius M ⟨~⟩ ASTRON Sirius
sirren V/I ⟨h.⟩ émettre un son aigu et continu; bourdonner
Sirtaki M ⟨~; ~s⟩ *Tanz* sirtaki *m*
Sirup M ⟨~s; ~e⟩ *bes* (*Fruchtsirup*) sirop *m*; (*Zuckerrübensirup*) mélasse *f*; **siruppartig** ADJ sirupeux, -euse
Sisal M ⟨~s⟩ BOT, TEX sisal *m*; **Sisalteppich** M tapis *m* en sisal
Sisyphos, **Sisyphus** M ⟨→ *n/pr*⟩ MYTH Sisyphe *m*; **Sisyphusarbeit** F tâche *f* interminable; *weitS.* travail *m* de Romain
Sit-in N ⟨~s; ~s⟩ sit-in *m*
Sitte F ⟨~; ~n⟩ **1** (*Brauch*) coutume *f*; usage *m*;

S

~n *pl* mœurs *fpl*; **~n und Gebräuche** us *mpl* et coutumes; **nach alter ~** selon la tradition; **das ist bei uns nicht ~** ce n'est pas l'usage, la coutume chez nous; **das ist hier so ~** cela se fait ici; **es ist ~, dass …** il est de règle, de rigueur de *(+inf)* 2 *(Anstand)* honnêteté *f*; **gute ~n** (bonnes) mœurs *fpl*; moralité *f* (publique); décence *f*; **gegen die guten ~n verstoßen** porter atteinte aux bonnes mœurs 3 PL **~n** *(Benehmen)* savoir-vivre *m*; éducation *f*; **er hat gute ~n** il a une bonne éducation; il a du savoir-vivre; *umg* **hier herrschen raue ~n**, *umg iron* **das sind ja feine ~n!** en voilà des manières! 4 *umg* ⟨*pas de pl*⟩ *(Sittenpolizei) umg* mondaine *f*

Sitten N ⟨→ *n/pr*⟩ GEOG Sion

Sittenbild N tableau *m* des mœurs; **Sittendezernat** N brigade mondaine; **Sittengemälde** N → Sittenbild; **Sittengeschichte** F ⟨~⟩ histoire *f* des mœurs; **Sittengesetz** N loi morale; **Sittenkodex** M code moral; **Sittenlehre** F morale *f*; éthique *f*; **sittenlos** ADJ immoral; dissolu; **Sittenlosigkeit** F ⟨~⟩ immoralité *f*; liberté *f* de mœurs; **Sittenpolizei** F brigade mondaine; **Sittenrichter** M moralisateur *m*; **Sittenroman** M roman *m* de mœurs; **sittenstreng** ADJ de mœurs austères; puritain; **Sittenstrenge** F austérité *f* de(s) mœurs; puritanisme *m*; **Sittenstrolch** *umg* M satyre *m*; **Sittenverfall** M corruption *f*, décadence *f* des mœurs; **sittenwidrig** ADJ 1 *(ungesetzlich)* illicite; *Vertragsklausel* abusif, -ive 2 *(unmoralisch)* immoral

Sittich M ⟨~s; ~e⟩ perruche *f*

sittlich ADJ moral; *fig hum* **dir fehlt noch die ~e Reife** tu es trop jeune

Sittlichkeit F ⟨~⟩ moralité *f*; (bonnes) mœurs *fpl*

Sittlichkeitsdelikt N JUR délit *m* portant atteinte aux (bonnes) mœurs; **Sittlichkeitsverbrechen** N JUR crime *m* contre les mœurs; **Sittlichkeitsverbrecher** M auteur *m* d'un crime contre les mœurs

sittsam *geh* ADJ 1 *(anständig)* décent 2 *(tugendhaft)* sage; vertueux, -euse; *(keusch)* pudique; **Sittsamkeit** *geh* F ⟨~⟩ 1 *(Anstand)* décence *f* 2 *(Keuschheit)* pudeur *f*; *e-s Mädchens, e-r Frau a.* sagesse *f*; vertu *f*

Situation F ⟨~; ~en⟩ situation *f*; **Herr der ~ sein** être maître de la situation; dominer la situation

situationsbedingt ADJT dépendant de la situation; **Situationskomik** F comique *m* de situation

situiert ADJT **gut ~ sein** vivre, être dans l'aisance

Sitz M ⟨~es; ~e⟩ 1 *(Stelle, ~platz, Regierungssitz, Verwaltungssitz)* siège *m*; *e-r Firma* siège social; *im Kino, im Theater* place *f*; fauteuil *m*; **sich von den ~en erheben** se lever; *Regierung* **ihren ~ haben in** *(+dat)* avoir son siège à; siéger à; **mit ~ in** *(+dat)* ayant son siège à; **~ und Stimme (in e-m Gremium) haben** être membre d'une assemblée et avoir le droit de voter 2 *(Wohnsitz)* résidence *f*; domicile *m* 3 ⟨*pas de pl*⟩ TECH *(Passung)* ajustement *m*; MODE coupe *f*; *Kleid, Anzug* **e-n guten ~ haben** aller bien; être seyant 4 ⟨*pas de pl*⟩ *(~haltung)* position assise; *beim Reiten* assiette *f*; GYMNASTIK **im ~** (en position) assis(e) 5 *umg* **auf einen ~** d'un seul coup

Sitzbad N bain *m* de siège; **Sitzbadewanne** F baignoire *f* sabot; **Sitzbank** F ⟨~; ~̈e⟩ banquette *f*; banc *m*; **Sitzblockade** F sit-in *m*; **Sitzecke** F *Möbel* banc *m* d'angle (et fauteuils assortis)

sitzen V/I ⟨-(es)t, sitzt, saß, gesessen, h., *südd, österr, schweiz* s.⟩ 1 être assis; être; se tenir; *Vögel* être perché, posé; **auf e-m Stuhl, in e-m Sessel ~** être assis sur une chaise, dans un fauteuil; **schlecht, ruhig ~** être mal, tranquillement assis; **~ bleiben** rester assis; **sitz!** assis!; **beim Frühstück ~** prendre son petit-déjeuner; **zu j-s Füßen ~** être aux pieds de qn; **das viele Sitzen schadet der Gesundheit** la vie sédentaire nuit à la santé; **ich habe den ganzen Tag am Schreibtisch, im Auto gesessen** j'ai passé ma journée à mon bureau, en voiture 2 *fig* **an etw** *(dat)* **drei Tage ~** passer trois jours à faire qc; **über e-r Arbeit ~** travailler à qc; **der Schreck sitzt mir noch in den Knochen** *od* **Gliedern** je suis encore sous le choc; *umg* **er sitzt auf s-m Geld** *umg* il est près de ses sous; *umg* **~ bleiben** *in der Schule* redoubler une classe; *beim Tanz* faire tapisserie; *umg* **auf e-r Ware ~ bleiben** ne pas réussir à vendre sa marchandise; **das wird auf ihm ~ bleiben** ça le suivra toujours; **etw nicht auf sich** *(dat)* **~ lassen** ne pas encaisser qc; *umg* **~ lassen** *(im Stich lassen) umg* planter là; *(warten lassen) umg* poser un lapin à; *umg* faire faire le poireau à; *(nicht heiraten) umg* plaquer; *umg* **er hat e-n ~** *umg* il a bu un coup de trop 3 *Firma* avoir son siège; *Regierung, Behörde etc* siéger; *Völkerstamm* être établi 4 *Kleidungsstück* aller bien; **die Schultern ~ ausgezeichnet** les épaules vont à la perfection 5 *umg Hieb, fig* toucher (juste); *Bemerkung* porter juste; *Geübtes* **das muss ~** ça doit être parfait; *Gelerntes* **das sitzt** il, elle, *etc* l'a bien retenu; *Bemerkung* **das saß!, das hat gesessen!** ça a porté!; **sie hatten so lange geprobt, bis es saß** ils avaient répété jusqu'à ce que ce soit parfait 6 *(sein) Nagel, Brett etc* **fest ~** bien tenir; être bien fixé, attaché; **locker ~** mal tenir; branler; *Hut* **zu tief im Gesicht ~** être trop enfoncé; **an diesem Trieb ~ viele Knospen** il y a beaucoup de bourgeons sur cette pousse; **die Pflanze sitzt voller Läuse** la plante est pleine de pucerons 7 **~ in** *(+dat) e-m Ausschuss etc* être membre de; faire partie de 8 *umg (eingesperrt sein)* être sous les verrous

sitzenbleiben V/I → sitzen 1, 2; **Sitzenbleiber(in)** *umg pej* M ⟨~s; ~⟩ F ⟨~in; ~innen⟩ redoublant(e) *m(f)*; **sitzenlassen** *umg* V/T → sitzen 2

Sitzfläche F siège *m*

Sitzfleisch N *umg hum* **kein ~ haben** *umg* avoir la bougeotte

Sitzgelegenheit F siège *m*; place *f*; **Sitzgruppe** F *Möbel* ensemble *m* fauteuils et canapé; salon *m*; **Sitzhaltung** F position assise; **Sitzheizung** F AUTO siège chauffant; **Sitzkissen** N *auf dem Sessel, Stuhl etc* coussin *m*; *auf dem Fußboden* pouf *m*; **Sitzmöbel** N siège *m*; **Sitzordnung** F emplacement *m*; *(Tischordnung)* plan *m* de table; **Sitzplatz** M place assise; **Sitzpolster** N coussin *m*; *e-s gepolsterten Stuhls* siège *m*; **Sitzreihe** F rang *m*; **Sitzstange** F perchoir *m*; **Sitzstreik** M sit-in *m*; ARBEITSRECHT grève *f* sur le tas

Sitzung F ⟨~; ~en⟩ 1 séance *f* (*a. fig*); *e-s Gerichtshofs* audience *f*; **e-e ~ abhalten** tenir une séance 2 IT session *f*

Sitzungsbericht M procès-verbal *m*, compte rendu de la séance; **Sitzungsgeld** N jeton *m* de présence; **Sitzungsperiode** F session *f*; **Sitzungsprotokoll** N procès-verbal *m* de la séance; **Sitzungssaal** M, **Sitzungszimmer** N salle *f* des séances

Sitzverteilung F *im Parlament* répartition *f* des sièges

sixtinisch ADJ **die Sixtinische Kapelle** la chapelle Sixtine; **die Sixtinische Madonna** la Madone de saint Sixte

Sizilianer(in) M ⟨~s; ~⟩ F ⟨~in; ~innen⟩ Sicilien, -ienne *m,f*; **sizilianisch** ADJ de Sicile; sicilien, -ienne

Sizilien N ⟨→ *n/pr*⟩ la Sicile

Skabies *t/t* F ⟨~⟩ MED gale *f*

Skai® N ⟨~(s)⟩ skaï® *m*

Skala F ⟨~; -len *ou* ~s⟩ graduation *f*; RADIO cadran *m*; *fig*, MUS, *(Farbskala)* gamme *f*

Skaleneinteilung F graduation *f* de l'échelle

Skalp M ⟨~s; ~e⟩ scalp *m*

Skalpell N ⟨~s; ~e⟩ scalpel *m*

skalpieren V/T ⟨*pas de ge-*, h.⟩ scalper

Skandal M ⟨~s; ~e⟩ scandale *m*; esclandre *m*; **es kam zu e-m öffentlichen ~** le scandale devint public

Skandalblatt N *pej* feuille *f* à sensation; **Skandalchronik** F chronique scandaleuse; **Skandalgeschichte** F histoire scandaleuse; affaire corsée; **Skandalnudel** *umg hum* F femme *f*, fille *f* à scandale

skandalös ADJ scandaleux, -euse; *plus fort* révoltant

Skandalpresse F *pej* presse *f* à scandales; **Skandalprozess** M procès scandaleux

skandalsüchtig ADJ avide de sensation; qui aime les scandales; **skandalumwittert** ADJT qui attire le scandale

skandieren V/T ⟨*pas de ge-*, h.⟩ *Verse* scander

Skandinavien N ⟨→ *n/pr*⟩ la Scandinavie; **Skandinavier(in)** M ⟨~s; ~⟩ F ⟨~in; ~innen⟩ Scandinave *m/f*

skandinavisch ADJ scandinave

Skarabäus M ⟨~; -bäen⟩ ZOOL scarabée *m*

Skat M ⟨~(e)s; ~e *ou* ~s⟩ 1 *jeu de cartes allemand*; **~ spielen**, *umg* **dreschen** *od* **klopfen** jouer au skat 2 *(beiseitegelegte Karten) etwa* écart *m*

Skatbruder *umg* M joueur *m* de skat

Skateboard N ⟨~s; ~s⟩ skate(-board) *m*; planche *f* à roulettes; **~ fahren** faire du skate (-board)

skateboarden V/I ⟨*insép*, -ete, *pperf* geskateboardet, s.⟩ faire du skate(-board)

skaten V/I ⟨-ete, s.⟩ 1 *(Skateboard fahren)* faire du skate(-board) 2 *(inline~)* faire du roller

Skater(in) M ⟨~s; ~⟩ F ⟨~in; ~innen⟩ 1 *(Skateboardfahrer[in])* skateur, -euse *m,f* 2 *(Inlineskater[in])* rolleur, -euse *m,f*

Skating N ⟨~s⟩ 1 *(das Skateboardfahren)* skate (-board) *m* 2 *(das Inlineskating)* roller *m* 3 SKILANGLAUF skating *m*; **Skatingeffekt** M TECH patinage *m*

Skatkarten FPL cartes *fpl* de skat *(jeu à 32 cartes)*; **Skatspiel** N → Skat 1; **Skatspieler(in)** M(F) joueur, -euse *m,f* de skat

Skelett N ⟨~(e)s; ~e⟩ 1 ANAT, *fig* squelette *m*; **zum ~ abmagern** devenir maigre comme un squelette 2 BAU ossature *f*; TECH châssis *m*

skelettartig ADJ squelettique

Skelettbau M ⟨~(e)s; ~ten⟩ construction *f* en ossature; **Skelettbauweise** F ⟨~⟩ construction *f* en ossature

skelettieren V/T ⟨*pas de ge-*, h.⟩ 1 *Körper* dégager le squelette de 2 *Blätter* ronger jusqu'aux nervures, jusqu'à la charpente

Skepsis F ⟨~⟩ scepticisme *m*; **Skeptiker(in)** M ⟨~s; ~⟩ F ⟨~in; ~innen⟩ sceptique *m/f*; **skeptisch** ADJ sceptique; **Skeptizismus** M ⟨~⟩ scepticisme *m*

Sketch M ⟨~(es); ~e(s) *ou* ~s⟩ sketch *m*

Ski M ⟨~s; ~(er)⟩ ski *m*; **~ laufen** *od* **fahren** faire du ski; skier; **auf ~ern** à *od* en skis; **~ Heil!** bonne journée de ski!

Skiakrobatik F ski *m* artistique; **Skianzug** M combinaison *f* de ski; **Skibindung** F fixation *f* de ski; **Skibob** M ski-bob *m*; véloski *m*; **Skibrille** F lunettes *fpl* de ski; **Skifah-**

rer(in) M(F) skieur, skieuse *m,f*; **Skifliegen** N saut *m* à skis; **Skigebiet** N domaine *m* skiable; **Skigymnastik** F gymnastique *f* pour le ski
Skihaserl N ⟨~s; ~(n)⟩ *hum südd, österr Frau* jeune skieuse *f*; *Kind* petit skieur, petite skieuse; **Skihose** F pantalon *m* de ski; **Skihütte** F chalet *m* de ski
Ski(k)jöring N ⟨~s; ~s⟩ SPORT ski-kjœring *m*
Skikurs M cours *m* de ski; **Skilager** N classe *f* de neige; **Skilanglauf** M ski *m* de fond; **Skilauf(en)** M(N) ski *m*; **Skiläufer(in)** M(F) skieur, skieuse *m,f*; **Skilehrer(in)** M(F) moniteur, -trice *m,f* de ski; **Skilift** M remontée *f* mécanique
Skinhead M ⟨~s; ~s⟩ skinhead *m*
Skioverall M combinaison *f* de ski; **Skipass** M forfait *m* de ski; **Skipiste** F piste *f* de ski
Skipper M ⟨~s; ~⟩ SCHIFF skipper *m*
Skischuh M chaussure *f* de ski; **Skischule** F école *f* de ski; **Skischwung** F virage *m* à skis; **Skisport** M ski *m*; **Skispringen** N saut *m* à skis; **Skispringer(in)** M(F) sauteur, -euse *m,f* à skis; **Skisprung** M saut *m* à skis; **Skistiefel** M chaussure *f* de ski; **Skistock** M bâton *m* de ski; **Skiträger** M *am Auto* porte-skis *m*; **Skiurlaub** M vacances *fpl* au ski; **Skiverleih** M location *f* de skis; **Skiwachs** N fart *m*; **Skiwandern** N ski *m* de randonnée; **Skiwanderung** F excursion *f*, randonnée *f* à skis; **Skizirkus** M 1 *Gebiet* espace *m* de ski 2 *Veranstaltungen* compétitions *fpl* (de ski)
Skizze F ⟨~; ~n⟩ esquisse *f*; schéma *m*; MAL, *fig für ein Buch etc* esquisse *f*; (*erster Entwurf*) ébauche *f*; *als Zeichnung* croquis *m*; (*kleine Schilderung*) notes *fpl*
Skizzenblock M bloc *m* de *bzw.* à croquis; **Skizzenbuch** N album *m* de *bzw.* à croquis; **skizzenhaft** A ADJ *Zeichnung* esquissé; MAL, *Entwurf* ébauché; *Schilderung* schématique B ADV en quelques traits; schématiquement
skizzieren V/T ⟨*pas de ge-*, h.⟩ *a. fig* esquisser; ébaucher
Sklave M ⟨~n; ~n⟩ *a. fig* esclave *m*; **j-n zum ~n machen** réduire qn en esclavage
Sklavenarbeit F *fig pej* (*harte Arbeit*) corvée *f*; **Sklavenaufstand** M révolte *f* des esclaves; **Sklavenbefreiung** F émancipation *f* des esclaves; **Sklavenhalter** M propriétaire *m* d'esclaves; *fig pej* négrier *m*; **Sklavenhandel** M commerce *m* des esclaves; *mit Negersklaven a.* traite *f* des noirs, nègres; **Sklavenhändler** M marchand *m* d'esclaves; **Sklavenmarkt** M marché *m* aux esclaves
Sklaverei F ⟨~⟩ 1 HIST esclavage *m*; **in ~ geraten** être réduit en esclavage 2 *fig pej* (*harte Arbeit*) corvée *f*
Sklavin F ⟨~; ~nen⟩ *a. fig* esclave *f*
sklavisch *pej* A ADJ d'esclave; servile B ADV en esclave; servilement; **sich ~ (genau) an die Vorschriften halten** suivre les règlements à la lettre
Sklerose F ⟨~; ~n⟩ MED sclérose *f*; **multiple ~** sclérose *f* en plaques
Skoliose F ⟨~; ~n⟩ MED scoliose *f*
skontieren V/T ⟨*pas de ge-*, h.⟩ HANDEL escompter
Skonto M *od* N ⟨~s; -ti *ou* ~s⟩ HANDEL escompte *m*; **auf etw** (*akk*) **drei Prozent ~ gewähren** accorder trois pour cent d'escompte sur qc
Skooter M ⟨~s; ~⟩ auto tamponneuse
Skorbut M ⟨~(e)s⟩ MED scorbut *m*
Skorpion M ⟨~s; ~e⟩ 1 ZOOL scorpion *m* 2 ASTROL Scorpion *m*
skr ABK (schwedische Krone) krs (couronne suédoise)

Skript N ⟨~(e)s; ~en *ou* ~s⟩ 1 (*Manuskript*) manuscrit *m* 2 *e-r Vorlesung etc* notes *fpl* 3 (*Filmskript*) scénario *m*; RADIO, TV script *m*; **Skriptgirl** N script-girl *f*
Skriptum N ⟨~s; -ten *ou* -ta⟩ *österr* → Skript 1, 2
Skrotum N ⟨~s; -ta⟩ ANAT scrotum *m*
Skrupel M ⟨~s; ~⟩ scrupule *m*; **~** *pl* **haben** avoir des scrupules
skrupellos ADJ *u.* ADV sans scrupules; **~er Politiker** *a.* politicard *m*
Skrupellosigkeit F ⟨~⟩ absence *f*, manque *m* de scrupules
skrupulös *geh* ADJ scrupuleux, -euse
Skulptur F ⟨~; ~en⟩ sculpture *f*
Skunk M ⟨~s; ~s *ou* ~e⟩ 1 *Tier* mouffette *f* 2 *Fell* sconse *m*
skurril ADJ grotesque; bizarre
S-Kurve F virage *m* en S
Skyline F ⟨~; ~s⟩ silhouette *f* (d'une ville)
Slalom M ⟨~s; ~s⟩ SKISPORT slalom *m*; *fig* **im ~ fahren** slalomer
Slang M ⟨~s⟩ argot *m*; (*Jargon*) jargon *m*
Slapstick M ⟨~s; ~s⟩ gag *m*
Slash M ⟨~(s); ~s⟩ TYPO slash *m*; barre *f* oblique
Slawe M ⟨~n; ~n⟩, **Slawin** F ⟨-in; -innen⟩ Slave *m/f*; **slawisch** ADJ slave
Slawist(in) M ⟨~en; ~en⟩ (F) ⟨~in; ~innen⟩ *Student(in)* étudiant(e) *m(f)* en langues slaves; *Wissenschaftler(in)* slaviste *m/f*
Slawistik F ⟨~⟩ (études *fpl* des) langues, (des) littératures et (des) civilisations slaves
slawistisch ADJ des langues, littératures et civilisations slaves; d'études slaves
Slipper M ⟨~s; ~(s)⟩ mocassin *m*
Slogan M ⟨~s; ~s⟩ slogan *m*
Slowake M ⟨~n; ~n⟩, **Slowakin** F ⟨-in; -innen⟩ Slovaque *m/f*
Slowakei ⟨→ *n/pr*⟩ **die ~** la Slovaquie
slowakisch ADJ slovaque; **die Slowakische Republik** la République slovaque
Slowakisch N ⟨~(s)⟩, **Slowakische** N ⟨~n⟩ **(das) Slowakisch(e)** *Sprache* le slovaque
Slowene M ⟨~n; ~n⟩, **Slowenin** F ⟨-in; -innen⟩ Slovène *m/f*
Slowenien N ⟨→ *n/pr*⟩ la Slovénie
slowenisch ADJ slovène
Slowenisch N ⟨~(s)⟩, **Slowenische** N ⟨~n⟩ **(das) Slowenisch(e)** *Sprache* le slovène
Slum M ⟨~s; ~s⟩ bidonville *m*
sm ABK (Seemeile) mille marin
SM *Jargon* M ⟨~(s)⟩ ABK (Sadomasochismus) *umg* sadomaso *m*
Small Talk M ⟨~s; ~s⟩ (petite) conversation; **(mit j-m) ~ machen** faire la conversation (avec qn); parler de la pluie et du beau temps
Smaragd M ⟨~(e)s; ~e⟩ émeraude *f*; **smaragdgrün** ADJ vert émeraude (*inv*)
smart ADJ 1 (*elegant*) *umg* classe; *umg* chic 2 (*clever*) habile; malin, maligne
Smartphone N TEL ⟨~s; ~s⟩ smartphone *m*
Smiley N ⟨~s; ~s⟩ IT smiley *m*
Smog M ⟨~(s); ~s⟩ smog *m*; **Smogalarm** M alerte *f* au smog
Smokarbeit F MODE nids *mpl* d'abeilles
smoken V/T ⟨h.⟩ MODE faire des nids d'abeilles sur; **gesmokt** avec nids d'abeilles
Smoking M ⟨~s; ~s⟩ smoking *m*
Smoothie M ⟨~s; ~s⟩ *Mixgetränk* smoothie *m*
SMS ABK (Short Message Service) A F ⟨~; ~⟩ *Nachricht* texto® *m*; SMS *m*; **j-m e-e ~ schicken** envoyer un texto®, un SMS à qn B M ⟨~⟩ *Dienst* SMS *m*
SMS-Nachricht F texto® *m*; SMS *m*
Smutje M ⟨~s; ~s⟩ SCHIFF coq *m*
SMV F ⟨~; ~s⟩ ABK → Schülermitverwaltung
Snack M ⟨~s; ~s⟩ casse-croûte *m*; **Snackbar** F snack-bar *m*
Snob M ⟨~s; ~s⟩ *pej* snob *m*
Snobismus M ⟨~⟩ *pej* snobisme *m*; **snobistisch** ADJ *pej* snob
Snowboard N ⟨~s; ~s⟩ *Brett* surf *m*; *Sport* snowboard *m*; surf *m* des neiges; **Snowboarder(in)** M ⟨~s; ~⟩ (F) ⟨~in; ~innen⟩ snowboardeur, -euse *m,f*; **Snowboardfahren** N snowboard *m*; surf *m* des neiges

so

A Adverb B Konjunktion
C Partikel

— A Adverb —

1 (*in dieser Weise*) ainsi; comme cela, *umg* ça; **~ ist es!** *umg* c'est (bien comme) ça!; (*ganz recht*) exactement!; **wenn dem ~ ist** s'il en est ainsi; **wenn das ~ ist** *umg* si c'est comme ça; **~ muss es sein** c'est comme ça qu'il faut faire; c'est la bonne manière; **recht ~!** bien fait!; à la bonne heure!; **weiter ~!** continue *bzw.* continuez!; *umg* **ich habe ~ schon genug** *umg* j'en ai assez comme ça; **als sie mich ~ reden hörten ...** en m'entendant parler de la sorte ...; **und ~ weiter, und ~ fort** et ainsi de suite; **wenn du mir ~ kommst ...** si tu le prends sur ce ton-là avec moi ...; *umg* **sei doch nicht ~!** *umg* ne sois pas comme ça!; **die anderen machen es auch ~** les autres en font autant; **~ meinte ich es nicht** ce n'est pas ce que j'ai voulu dire; **~ oder ~** d'une manière ou d'une autre; **das kam ~: ...** voici comment la chose s'est passée: ...; **~ genannt** → sogenannt 2 (*derartig*) tel, telle; pareil, -eille; si; tellement; tant; **es fror ~, dass ...** il gelait si fort que ...; *umg* **~ e-r, e-e, eins** *Gegenstand umg* un, une comme ça; **auch ~ e-r, der ...** encore un de ceux qui ...; **~ ein Dummkopf!** quel imbécile!; **~ ein Pech, e-e Gemeinheit!** quelle malchance, méchanceté!; **~ ein böses Kind** *od* **ein ~ böses Kind** un enfant vraiment terrible; **ich habe ~ e-e Ahnung, dass ...** j'ai comme un pressentiment que ...; **~ etwas wie ..., ~ e-e Art von ...** une espèce de ...; *umg* **(also** *od* **na** *od* **nein) ~ was!** *umg* ça, alors!; **~ etwas ist mir noch nie passiert** il ne m'est encore jamais arrivé une chose pareille; *umg* **sie ist ~ was von schüchtern** elle est tellement timide; *umg* **und ~ was nennt** *od* **schimpft sich Lehrer** *umg* et ça se prétend professeur; **ich habe noch nie ~ e-e Maschine gesehen** je n'ai encore jamais vu une machine pareille 3 *mit adj od adv* si; tellement; tant; **~ bald wird er nicht zurückkommen** il ne reviendra pas de sitôt; **ich bin nicht ~ dumm, das zu glauben** je ne suis pas assez bête pour le croire; **~ groß** grand comme ça; **~ gut ich kann** de mon mieux; **seien Sie ~ gut (und ...)** ayez la bonté (de *+inf*); **das ist (ja) ~ schön!** c'est si, tellement beau; **~ sehr** tant; tellement; à ce point; **~ viel** autant; **~ viel, dass ...** tant que ...; tellement que ...; **~ viel ist gewiss** cela au moins est sûr; **doppelt ~ viel** deux fois plus; **~ viel für heute** ça suffit pour aujourd'hui; **~ viel wie** *od* **als möglich** autant que possible; *fig* **das ist ~ viel wie e-e Einladung** cela équivaut à une invitation; *umg* **~ weit sein** (*fertig sein*) être prêt; *umg* **ich bin jetzt ~ weit, dass ...** j'en suis arrivé au point de (*+inf*); *einschränkend* **es geht ihm ~ weit ganz gut, nur ...** il va assez bien mais ...; **du hast ~ weit recht** jusqu'à un certain point, tu as raison; **~ weit wie** *od* **als möglich will ich nachgeben** je céderai le plus possible, dans la mesure de mon possible; **es nicht ~ weit**

kommen lassen ne pas laisser les choses en venir, en arriver là; **man ging ~ weit zu** *(+inf)* on alla jusqu'à *(+inf)*; **er ging ~ weit, uns zu sagen, dass …** il a été jusqu'à nous dire que …; **~ weit ist es mit ihm gekommen** voilà où il en est!; il est tombé bien bas; **er ist ~ weit informiert, dass er …** il est suffisamment informé pour *(+inf)*; **wir sind noch nicht ~ weit gekommen** *mit der Arbeit* nous n'en sommes pas (encore) là; **~ wenig** (tout) aussi peu; **ich kann es ~ wenig wie du** j'en suis aussi incapable que toi; **und wenn es noch ~ wenig ist** si peu que ce soit; **tu das ~ wenig wie möglich** fais-en le moins possible; → *a.* **wie** B 1 **4** *umg (etwa, ungefähr)* **es mag ~ (etwa** *od* **ungefähr) vier Uhr gewesen sein** il devait être à peu près quatre heures; **~ (an** *od* **um die) drei Euro** à peu près trois euros **5** *(unverändert, in demselben Zustand)* tel(s) quel(s); telle(s) quelle(s); **die Dinge ~ lassen, wie sie sind** laisser les choses telles quelles; **man kann die Arbeit nicht ~ lassen, es sind noch zu viele Fehler darin** on ne peut pas laisser ce travail tel quel, il y a encore trop de fautes **6** *umg (ohne Hilfsmittel)* sans aide; *(ohne Zutaten)* sans rien; **das schaffe ich auch ~** *umg* je vais y arriver comme ça; *umg (umsonst)* **das bekommen Sie ~** c'est gratuit **7** *(also, nun)* **~, und (was) jetzt?** bon, et maintenant? **8** *bei Zitaten* **…, ~ der Regierungssprecher, …** …, d'après le porte-parole du gouvernement, …; **~ lauteten s-e Worte** telles furent ses paroles **9** *(Ähnliches) umg* **… oder ~ (was)** *umg* … ou quelque chose comme ça; **heißt sie nicht Margret oder ~ ähnlich?** ne s'appelle-t-elle pas Margret ou quelque chose comme ça?; **Golf, Segeln, Tennis und ~** golf, voile, tennis et autres **10** *erstaunt* **~?** vraiment?; *meist iron* **~, ~!** ah! ah! tu vois! *bzw.* vous voyez! **11** *in Vergleichen* **~ wie …, ~ …** de même que …, de même …; ainsi que …, ainsi …; **~ schnell, gut wie möglich** aussi vite, bien que possible

— **B** Konjunktion —

1 **~ … auch …** si … que … *(+subj)*; tout … que … *(+ind)*; → *a.* **auch** B 4; **er mag noch ~ bitten, er bekommt es nicht** il aura beau (me) le demander, il ne l'aura pas **2** *geh (wenn)* si; **~ Gott will …** s'il plaît à Dieu … **3** → sodass, sosehr, soviel, soweit, sowenig, umso

— **C** Partikel —

1 *bekräftigend, beiläufig, unbestimmt etc* **~ ganz unrecht hat er nicht** il n'a pas tout à fait tort; **~ ziemlich** assez bien; à peu près; pas trop mal; **das reicht nur ~ eben** cela suffit tout juste; **das war ~ recht nach seinem Sinne** c'était bien selon son goût; **ich habe das nur ~ gesagt** j'ai dit cela sans trop y réfléchir, sans intention; **das sagen Sie ~** vous en parlez à votre aise; **Sie sagen das nur ~** vous dites cela comme ça; c'est votre façon de parler; **und wie ich mich ~ umsehe …** et au moment où je me retourne … **2** *bei Aufforderungen* **~ höre doch!** (mais) écoute donc!

So ABK (Sonntag) dim (dimanche)

SO ABK (Südost[en]) S.-E. (sud-est)

s. o. ABK (siehe oben) v. ci-dessus, plus °haut (voir ci-dessus, plus °haut)

sobald KONJ dès que; dès l'instant que; aussitôt que; **~ sich die Gelegenheit bietet** dès que l'occasion s'en présentera

Söckchen N ⟨~s; ~⟩ socquette *f*

Socke F ⟨~; ~n⟩ chaussette *f*; *umg* **sich auf die ~n machen** *umg* filer; *umg* se sauver; *umg* **von den ~n sein** *umg* être épaté, époustouflé

Sockel M ⟨~s; ~⟩ **1** *e-s Gebäudes, Pfeilers etc* socle *m*; *e-r Säule, Statue a.* piédestal *m* **2** ELEK culot *m*; **Sockelbetrag** M somme *f* de base

Socken M ⟨~s; ~⟩ *südd, österr, schweiz* → Socke

Sockenhalter M fixe-chaussette *m*

Soda[1] F ⟨~⟩ *od* N ⟨~s⟩ CHEM soude *f*; carbonate *m* de sodium

Soda[2] N ⟨~s⟩ *(Sodawasser)* eau (minérale) gazeuse

sodann ADV ensuite; puis

sodass KONJ de *od* en sorte, de manière, de façon, au point que … *(konsekutiv: ind; final: subj)*

Sodawasser N ⟨~s; -wässer⟩ → Soda[2]

Sodbrennen N ⟨~s⟩ brûlures *fpl*, aigreurs *fpl* d'estomac

Sodom *geh* N ⟨~⟩ BIBEL **~ und Gomorrha** Sodome et Gomorrhe; *fig* lieu *m* de débauche

Sodomie F ⟨~⟩ rapports sexuels avec les animaux; zoophilie *f*

soeben ADV à l'instant (même); tout à l'heure; **~ etw getan haben** venir de faire qc; **er war ~ noch hier** il était encore là il y a un instant; **ich erfahre ~, dass …** j'apprends à l'instant que …; *Buch* **~ erschienen** vient de paraître

Sofa N ⟨~s; ~s⟩ canapé *m*; **Sofakissen** N coussin *m*

sofern KONJ *(falls)* si; pourvu que *(+subj)*; *(insoweit)* dans la mesure où; selon que; pour autant que *(+ind od subj)*; **~ … nicht** à moins que … ne … *(+subj)*

soff → saufen

sofort ADV tout de suite; immédiatement; **~ lieferbar** livrable immédiatement; **ich komme ~** j'arrive tout de suite; **ich bin ~ fertig** je suis prêt dans un instant; **er war ~ tot** il est mort sur le coup; **Herr Ober! - Sofort!** Garçon! - J'arrive!; **Sie werden es ~ erfahren** vous allez le savoir tout de suite

Sofortbildkamera F polaroïd® *m*; **Soforthilfe** F secours immédiat; aide immédiate

sofortig ADJ ⟨épithète⟩ immédiat; prompt; **mit ~er Wirkung …** *(ab sofort)* dès à présent …; **zum ~en Verbrauch bestimmt** à consommer immédiatement

Sofortmaßnahme F mesure *f* d'urgence

Softeis N glace *f* à l'italienne

Softie *umg, oft pej* M ⟨~s; ~s⟩ tendre *m*

Software F ⟨~; ~s⟩ IT logiciel *m*; software *m*; **Softwareingenieur(in)** M(F) ingénieur *m/f* (en) software; **Softwarepaket** N progiciel *m*

sog → saugen

Sog M ⟨~(e)s; ~e⟩ **1** FLUG, SCHIFF, TECH, PHYS aspiration *f* **2** *im Fluss* remous *m*; *im Meer* courant *m* sous-marin **3** *fig der Großstadt etc* attrait *m*

sog. ABK → sogenannt

sogar ADV même; **ja ~** même; … et qui plus est

sogenannt ADJT dit; (ainsi) nommé, appelé; *fälschlicherweise* prétendu *(vorangestellt)*; *(angeblich)* soi-disant *(inv; vorangestellt)*; **sein ~er Freund** son prétendu ami

sogleich *geh* ADV tout de suite; immédiatement

Sohle F ⟨~; ~n⟩ **1** *(Fußsohle)* plante *f* (du pied); *fig* **auf leisen ~n** à pas feutrés; à pas de loup **2** *(Schuhsohle)* semelle *f*; *(Einlegesohle)* semelle intérieure; *umg* **e-e kesse** *od* **heiße ~ aufs Parkett legen** faire une démonstration de danse **3** *(Talsohle, Kanalsohle, Grabensohle)* fond *m* **4** BERGBAU étage *m*; *e-s Grubenraums* sol *m*

sohlen V/T ⟨h.⟩ mettre une semelle à

Sohn M ⟨~(e)s; ¨~e⟩ fils *m*; *fig a.* enfant *m*; *Anrede umg* **mein ~!** *umg* fiston!; BIBEL **der verlorene ~** l'enfant *m* prodigue; **Gottes ~, der ~ Gottes** le Fils de Dieu; *poet fig* **~ der Berge, der Wüste** fils *m* des montagnes, du désert

Söhnchen N ⟨~s; ~⟩ petit garçon; fils *m*

Sohnemann *umg* M ⟨~(e)s⟩ *umg* fiston *m*

Soiree *geh* F ⟨~; ~n⟩ *(Empfang)* soirée *f*

Soja F ⟨~; Sojen⟩ *Pflanze* soja *m*; **Sojabohne** F **1** *Pflanze* soja *m* **2** *einzelne Bohne* graine *f* de soja; **Sojamehl** N farine *f* de soja; **Sojamilch** F lait *m* de soja; **Sojaöl** N huile *f* de soja; **Sojasoße** F sauce *f* au soja; **Sojasprossen** MPL pousses *fpl* de soja

Sokrates M ⟨→ *n/pr*⟩ Socrate *m*

solange KONJ aussi longtemps que; tant que; **~ ich lebe** aussi longtemps que, tant que je vivrai

solar ADJ solaire

Solaranlage F panneaux *mpl* solaires; **Solarbatterie** F pile *f* solaire; **Solarenergie** F énergie *f* solaire; **Solarheizung** F chauffage *m* solaire

Solarium N ⟨~s; -ien⟩ solarium *m*

Solarkollektor M capteur *m* solaire; **Solarkraftwerk** N centrale *f* solaire; **Solarpark** M parc *m* solaire

Solarplexus M ⟨~; ~⟩ PHYSIOL plexus *m* solaire

Solartechnik F ⟨~⟩ solaire *m*; **Solarzelle** F pile *f* solaire

Solbad N MED bain *m* d'eau saline; *Kurort* **das ~ N.** les eaux salines de N.

solch DEM PR **1** ADJT tel, telle; pareil, -eille; **ein ~er** *od* **~ ein Mensch** un tel, un pareil homme; pareil homme; **ein ~** *od* **~ ein hässliches Kind** un enfant (aus)si laid; **in ~en Fällen** dans de tels cas; en pareils cas; **auf ~e Art** de cette manière; **ich brauche ein ~es Buch** j'ai besoin d'un livre comme celui-ci, de ce genre; **ich hätte ~e Lust, ihn zu sehen** j'aimerais tellement le voir; **als ~er sind Sie dafür verantwortlich** en tant que tel vous en êtes responsable; **die Philosophie als ~e** la philosophie en tant que telle **2** SUBST **er hat schon ~e** *Briefmarken etc* il en a déjà; *umg* **es gibt (immer) ~e und ~e** il ne faut pas généraliser; il faut de tout pour faire un monde

solcherart **A** ADV ainsi; de telle façon **B** DEM PR ⟨inv⟩ de ce genre; de cette nature; de cette sorte

solcherlei ADJ ⟨inv⟩ **1** SG un tel, une telle; un pareil, une pareille **2** PL de tels, telles; de pareils, -eilles **3** *alleinstehend* ce genre de choses

solchermaßen ADV ainsi; de telle façon

Sold M ⟨~(e)s; ~e⟩ MIL solde *f*; *geh fig* **in j-s ~** *(dat)* **stehen** être à la solde de qn

Soldat M ⟨~en; ~en⟩ soldat *m*; militaire *m*; *auf Zeit* engagé *m*; **das Grabmal des Unbekannten ~en** le tombeau du soldat inconnu

Soldatenfriedhof M cimetière *m* militaire; **Soldatengrab** N tombe *f* de soldat(s)

Soldatin F ⟨~; ~nen⟩ femme *f* soldat

soldatisch **A** ADJ militaire; de soldat **B** ADV en soldat; militairement

Soldbuch N livret *m* militaire

Söldner M ⟨~s; ~⟩ mercenaire *m*; **Söldnerheer** N armée *f* de mercenaires; **Söldnertruppe** F troupe *f* de mercenaires

Sole F ⟨~; ~n⟩ saumure *f*

Solei N *œuf cuit et conservé dans de l'eau salée*

solid → solide

Solidarbeitrag M → Solidaritätszuschlag; **Solidargemeinschaft** F communauté *f* solidaire

solidarisch ADJ *bes* POL, *a.* JUR solidaire; **sich mit j-m ~ erklären** se déclarer solidaire de qn; se solidariser avec qn; **sich mit j-m nicht ~ erklären** se désolidariser de qn

solidarisieren ⟨pas de ge-, h.⟩ **A** V/T entraîner à la solidarité **B** V/R **sich (mit j-m) ~** se

S

solidariser (avec qn)
Solidarität F ⟨~⟩ solidarité *f* (**mit** avec)
Solidaritätserklärung F déclaration *f* de solidarité; **Solidaritätsstreik** M grève *f* de solidarité; **Solidaritätszuschlag** M FIN contribution *f* de solidarité
solide ADJ 1 *Material, Möbel, Bauweise, fig Wissen, Grundlage etc* solide; *Material, Möbel a.* robuste; *Qualität* bon, bonne 2 *Unternehmen* sérieux, -ieuse; *Arbeit* consciencieux, -ieuse; sérieux, -ieuse 3 *Lebenswandel* réglé; *Mensch* rangé; sérieux, -ieuse; **~ werden** se ranger
Solidität F ⟨~⟩ 1 solidité *f* 2 *im Lebenswandel* sérieux *m*
Solist(in) M ⟨~en; ~en⟩ (F) ⟨~in; ~innen⟩ soliste *m/f*; **solistisch** A ADJ de soliste B ADV en soliste
Solitär M ⟨~s; ~e⟩ *Edelstein* solitaire *m*
Soll N ⟨~(s); ~(s)⟩ 1 HANDEL doit *m*; **~ und Haben** l'actif et le passif; **etw im ~ verbuchen** porter qc au débit 2 *(Plansoll)* objectif *m* de production; **sein ~ erfüllen** atteindre son objectif de production
Sollbestand M HANDEL stock prévu
sollen ⟨soll, sollte, h.⟩ A V/AUX DE MODE ⟨pperf sollen⟩ 1 *Auftrag, Aufforderung* devoir; **du sollst arbeiten** tu dois travailler; BIBEL **du sollst nicht töten** tu ne tueras point; **wenn es sein soll** s'il le faut; **er soll kommen** il faut, je veux qu'il vienne; **sagen Sie ihm, dass er kommen soll** dites-lui de venir, qu'il vienne; **solltest du sie nicht benachrichtigen?** ne devais-tu pas la mettre au courant?; **soll ich dir mal sagen, wo …?** veux-tu savoir où …?; **wie soll man da nicht lachen?** difficile de ne pas rire dans cette situation 2 *Pflicht* devoir; *Notwendigkeit* il faut que … *(+subj)*; il faut *(+inf)* 3 *Ratschlag, Erwartung* **das hätte er nicht tun ~** il n'aurait pas dû faire cela; **das sollte sie doch wissen** elle devrait pourtant le savoir; **Sie hätten nur sehen ~ …** ah! si vous aviez vu …; **ich sollte eigentlich böse sein** à vrai dire, je devrais me fâcher; **er soll lieber mehr lernen** il vaudrait mieux qu'il travaille plus; il ferait mieux de travailler plus; **man sollte ihn bestrafen** il faudrait le punir 4 *Ratlosigkeit* **was soll ich nur** *od* **bloß tun?** que (dois-je) faire?; que veux-tu *bzw.* voulez-vous que je fasse?; **wie soll das (nur** *od* **bloß) weitergehen?** que va-t-on devenir?; *(was sollen wir tun)* que faire maintenant?; **was soll ich Ihnen sagen?** je ne sais vraiment pas quoi vous dire?; **X? Wer soll denn das sein?** X, connais pas! 5 *Absicht, Wunsch* **Sie ~ es sehen** vous (le) verrez; **Sie sollten wissen, dass …** il faut que vous sachiez que; apprenez que …; **soll das für mich sein?** c'est pour moi?; **soll das ein Witz sein?** c'est une blague?; **was soll das heißen?** qu'est-ce que cela veut dire? 6 *Drohung umg* **er soll mir nur kommen!** qu'il vienne!; **das soll sie mir büßen!** elle me le payera! 7 *Möglichkeit, Vermutung* **man sollte doch meinen, dass …** il me semble pourtant que …; **fast sollte man glauben, (dass) …** on pourrait croire que …; on croirait que …; **sollte es möglich sein?** serait-ce possible?; **sollte sie das getan haben?** est-ce possible qu'elle ait fait cela?; **sollte man nach mir** *(nicht nach anderen)* **gefragt haben?** est-ce moi qu'on aurait demandé? 8 *Fall, Umstand* **wenn es regnen sollte …** s'il venait à pleuvoir …; **sollte dies der Fall sein …** s'il en était ainsi …; si c'était le cas …; **sollten Sie ihn sehen, so sagen Sie ihm …** si par °hasard vous le voyez, dites-lui … 9 *Hypothese, Gerücht* **sie soll sehr krank sein** on dit, prétend qu'elle est très malade; **er soll abgereist sein** il serait parti; il est parti, dit-on; *auf e-m Bild etc* **das soll meine Frau sein?** ça, ma femme?; **ich soll das gesagt haben?** j'aurais dit cela, moi? 10 *Schicksal* **es sollte ganz anders kommen, als er dachte** ça s'est passé bien autrement qu'il ne l'avait pensé; **sie sollte nie wieder so glücklich sein wie damals** elle ne fût plus jamais aussi heureuse qu'alors; **es hat nicht sein ~**, *liter* **es hat nicht ~ sein** c'était perdu d'avance; c'était écrit B V/I u. V/T ⟨pperf gesollt⟩ **der Brief soll auf die Post®** il faut porter cette lettre à la poste; **was soll ich dort?** que veux-tu *bzw.* que voulez-vous que j'aille faire là-bas?; *umg pej* **soll er doch!** comme il voudra!; **was soll das?** *(bedeuten)* qu'est-ce que cela signifie?; pourquoi tout ça?; **was soll der Lärm?** que signifie tout ce bruit?; **soll ich?** d'accord?; je peux?; *umg* **was soll's?** tant pis!; *umg* bof!
Söller M ⟨~s; ~⟩ *e-r Burg* balcon *m*; galerie *f*
Sollseite F ⟨~⟩ HANDEL côté *m* passif; **Sollzinsen** PL intérêts débiteurs
solo ADJ ⟨attribut⟩ u. ADV 1 MUS en soliste 2 *umg, oft hum* (tout) seul
Solo N ⟨~s; ~s *ou* -li⟩ MUS solo *m*
Sologesang M solo *m*; **Soloinstrument** N instrument *m* de soliste; **Solopart** M morceau *m*, partie *f* de soliste; **Solosänger(in)** M(F) soliste *m/f*; **Solostimme** F voix *f* de soliste; **Solostück** N solo *m*; **Solotänzer(in)** M(F) danseur, -euse *m,f* étoile
Solothurn N ⟨→ n/pr⟩ Soleure
Solquelle F source (d'eau) saline
solvent ADJ HANDEL solvable; **Solvenz** F ⟨~; ~en⟩ solvabilité *f*
Somalia N ⟨→ n/pr⟩ la Somalie
Somalier(in) M ⟨~s; ~⟩ (F) ⟨~in; ~innen⟩ Somalien, -ienne *m,f od* Somali(e) *m(f)*
somalisch ADJ somalien, -ienne
somatisch ADJ MED, BIOL, PSYCH somatique
Sombrero M ⟨~s; ~s⟩ sombrero *m*
somit ADV donc; par conséquent; ainsi
Sommer M ⟨~s; ~⟩ été *m*; **im ~** en été; **mitten im ~** en plein été; **den ~ über** durant l'été; **~ wie Winter** été comme hiver
Sommerabend M soir *m*, soirée *f* d'été; **Sommeranfang** M début *m*, commencement *m* de l'été; **Sommeranzug** M habit *m*, tenue *f* d'été; **Sommerblume** F fleur *f* d'été; **Sommerfahrplan** M horaire *m* d'été; **Sommerfell** N pelage *m* d'été; **Sommerferien** PL vacances *fpl* d'été; grandes vacances; **Sommerfest** N fête *f* d'été
Sommerfrische F villégiature *f* (d'été); **in die ~ gehen, fahren** aller en villégiature; prendre ses quartiers d'été
Sommerfrischler(in) M ⟨~s; ~⟩ (F) ⟨~in; ~innen⟩, **Sommergast** M estivant(e) *m(f)*; **Sommergerste** F orge *f* de printemps; **Sommergetreide** N blés *mpl* de mars; **Sommerhalbjahr** N semestre *m* d'été; **Sommerhaus** N maison *f* de campagne; résidence *f* d'été; **Sommerhitze** F chaleur *f* d'été; **Sommerkleid** N 1 MODE robe *f* d'été 2 ZOOL pelage *m* d'été; *bei Vögeln* plumage *m* d'été; **Sommerkleidung** F tenue estivale
sommerlich A ADJ d'été; de l'été; estival; **~e Hitze** chaleur *f* d'été B ADV comme en été; **sich ~ kleiden** mettre des vêtements d'été; **~ warmes Wetter** chaleur estivale; **es ist ~ warm** il fait chaud comme en été
Sommerloch *umg* N période creuse (en été); *umg* calme plat; **Sommermonat** M mois *m* d'été; **Sommernacht** F nuit *f* d'été
Sommernachtstraum M *Shakespeare* **Ein ~** Le songe d'une nuit d'été
Sommerolympiade F Jeux *mpl* olympiques d'été; **Sommerpause** F vacances *fpl* d'été; THEAT relâche estivale; **Sommerreifen** M pneu *m* standard; **Sommerresidenz** F → Sommersitz
sommers ADV en été; **~ wie winters** été comme hiver
Sommersachen FPL habits *mpl* d'été; **Sommersaison** F (saison *f* d')été *m*; **Sommerschlussverkauf** M soldes *mpl*, *inkorr fpl* d'été; **Sommersemester** N semestre *m* d'été; **Sommersitz** M résidence *f* d'été; **Sommerskigebiet** N région *f* de ski d'été; **Sommersonne** F soleil *m* d'été; **Sommersonnenwende** F solstice *m* d'été
Sommerspiele NPL **die Olympischen ~** les Jeux *mpl* olympiques d'été
Sommersprossen FPL taches *fpl* de rousseur; **sommersprossig** ADJ couvert de taches de rousseur; **Sommertag** M jour *m* d'été; **Sommerurlaub** M → Sommerferien; **Sommerwetter** N temps estival, d'été
Sommerzeit F ⟨~⟩ 1 *Jahreszeit* été *m* 2 *Uhrzeit* heure *f* d'été; **auf ~** *(akk)* **umstellen** passer à l'heure d'été
somnambul *t/t* MED ADJ somnambule; **Somnambulismus** M ⟨~⟩ somnambulisme *m*
Sonate F ⟨~; ~n⟩ sonate *f*; **Sonatine** F ⟨~; ~n⟩ sonatine *f*
Sonde F ⟨~; ~n⟩ MED, RAUMFAHRT sonde *f*; METEO ballon-sonde *m*
Sonder… IN ZSSGN *meist* spécial; extraordinaire; *(zusätzlich)* supplémentaire; **Sonderabgabe** F taxe *f* extraordinaire; **Sonderanfertigung** F fabrication *f*, exécution *f* °hors série, spéciale
Sonderangebot N HANDEL offre spéciale; occasion exceptionnelle; **im ~** en promotion
Sonderausführung F modèle *m* °hors série; **Sonderausgabe** F 1 TYPO édition spéciale 2 FIN dépense *f* extraordinaire; STEUERWESEN **~n** *pl* charges *fpl* déductibles du revenu
sonderbar ADJ *(ungewöhnlich)* singulier, -ière; *Fall* particulier, -ière; unique; *(befremdend)* étrange; *(wunderlich)* bizarre
sonderbarerweise ADV singulièrement; **~ hatte er …** chose étrange, il avait …; c'est étrange, mais il avait …
Sonderbarkeit F ⟨~; ~en⟩ singularité *f*; particularité *f*; étrangeté *f*
Sonderbeauftragte(r) M/F(M) mandataire spécial(e); chargé(e) *m(f)* de mission; **Sonderbehandlung** F traitement *m* d'exception; **Sonderbeilage** F *e-r Zeitung* supplément (spécial); **Sonderbericht** M rapport spécial; **Sonderberichterstatter(in)** M(F) envoyé(e) spécial(e); **Sonderbestimmung** F disposition spéciale; *in e-m Vertrag* clause spéciale; DIPL plénipotentiaire spécial; **Sonderbotschafter(in)** M(F) ambassadeur, -drice *m,f* extraordinaire; **Sonderbus** M car spécial; **Sonderdienst** M service spécial; **Sonderdruck** M ⟨~(e)s; ~e⟩ TYPO tirage *m* à part; **Sondereinnahmen** FPL recettes *fpl* extraordinaires; **Sonderermäßigung** F réduction spéciale, de faveur
Sonderfahrt F *zusätzlich zum Fahrplan* trajet *m* supplémentaire; *bei Ausflügen, Festen etc* trajet spécial; **„~"** « spécial »
Sonderfahrzeug N véhicule *m* à usage spécial; **Sonderfall** M cas particulier, spécial; **Sondergenehmigung** F autorisation spéciale
sondergleichen ADV sans pareil, -eille
Sonderheft N *e-r Zeitschrift* numéro spécial; **Sonderklasse** F 1 *für Lernbehinderte* classe spéciale 2 ⟨pas de pl⟩ *umg* *(hervorragende Qualität)* classe *f* extra(ordinaire); **Sonderkommando** N MIL, *der Polizei* unité spéciale;

S

Sonderkommission F commission spéciale; **Sonderkonto** N compte spécial
sonderlich **A** ADJ **1** (*sonderbar*) étrange; bizarre **2** *verstärkend in Verbindung mit e-r Verneinung* **kein ~er Unterschied** pas de différence notable, considérable; **das ist kein ~es Vergnügen** ce n'est pas un bien grand plaisir; **ich habe keine ~e Lust dazu** je n'en ai pas grande envie **B** ADV (*besonders*) **nicht ~** pas particulièrement; **das war nicht ~ geschickt** ce n'était guère *od* pas particulièrement adroit
Sonderling M ‹~s; ~e› original *m*; *umg* type *m* à part
Sondermarke F timbre *m* de collection; **Sondermaschine** F vol spécial; **Sondermeldung** F communiqué spécial; **Sondermodell** N modèle spécial; **Sondermüll** M déchets *mpl* dangereux
sondern[1] KONJ mais; **nicht nur …, ~ auch …** non seulement …, mais aussi *od* encore …; *ich war nicht in München.* - **~?** où donc, alors?
sondern[2] V/T ‹-(e)re, h.› *geh* (*trennen*) séparer (von de)
Sondernummer F *e-r Zeitschrift* numéro spécial; **Sonderpädagoge** M, **Sonderpädagogin** F → Sonderschullehrer(in); **Sonderpädagogik** F *etwa* éducation spéciale; **Sonderpreis** M prix exceptionnel; **Sonderrabatt** M rabais *m*, remise *f* spécial(e); **Sonderrecht** N privilège *m*; **Sonderregelung** F autorisation spéciale
sonders ADV → samt A
Sonderschau F exposition spéciale; **Sonderschule** F établissement *m* scolaire pour enfants handicapés ou inadaptés; **Sonderschüler(in)** M(F) élève *m/f* d'un établissement d'éducation spécialisée; **Sonderschullehrer(in)** M(F) *etwa* éducateur, -trice spécialisé(e); **Sondersendung** F TV édition spéciale; **Sondersitzung** F séance *f* extraordinaire; **Sonderstellung** F position exceptionnelle, privilégiée; **Sonderstempel** M *der Post®* tampon commémoratif; cachet spécial; **Sondersteuer** F impôt *m* supplémentaire; **Sondertarif** M tarif spécial, exceptionnel; **Sonderurlaub** M congé spécial; MIL permission spéciale; **Sondervereinbarung** F accord particulier; **Sondervergütung** F indemnité spéciale; **Sondervollmachten** FPL pouvoirs spéciaux; **Sonderwunsch** M souhait particulier; **Sonderziehungsrechte** NPL WIRTSCH droits *mpl* de tirage spéciaux; **Sonderzug** M train spécial; **Sonderzustellung** F *Post®* factage spécial; **Sonderzuteilung** F attribution, répartition spéciale; *an Lebensmitteln* ration *f* supplémentaire
sondieren V/T ‹*pas de ge-*, h.› *Meinung*, MED sonder; *Terrain* explorer; *Lage* examiner; **Sondierung** F ‹~; ~en› *von Meinungen*, MED sondage *m*; *des Terrains* exploration *f*; *der Lage* examen *m*
Sondierungsgespräch N entretien *m* préparatoire, préliminaire
Sonett N ‹~(e)s; ~e› sonnet *m*
Song M ‹~s; ~s› chanson *f*
Sonnabend M *bes nordd* samedi *m*; → *a.* Montag, Samstag
sonnabends ADV *bes nordd* le samedi; tous les samedis
Sonne F ‹~; ~n› soleil *m*; ASTRON Soleil *m*; **die ~ scheint** le soleil brille; **in der ~** au soleil; **von der ~ beschienen** ensoleillé; *fig* **die ~ bringt es an den Tag** la vérité éclatera au grand jour *od* se fera jour
sonnen V/R ‹h.› **sich ~** prendre un bain de soleil; *Tier* se chauffer au soleil; **sich in s-m Ruhm ~** se repaître de, savourer sa gloire, sa célébrité; **sich in j-s Gunst** (*dat*) **~** faire étalage de la faveur de qn
Sonnenanbeter(in) M(F) *hum* fanatique *m/f* du soleil, du bronzage; **Sonnenaufgang** M lever *m* de *bzw.* du soleil; **Sonnenbad** N bain *m* de soleil
sonnenbaden V/I ‹-ge-, h., *les temps simples ne s'emploient pas dans une principale*› prendre un bain de soleil
Sonnenbahn F ASTRON orbite *f* du soleil; **Sonnenbank** F ‹~; -bänke› solarium *m*; **sonnenbeschienen** *geh* ADJT ensoleillé; **Sonnenbestrahlung** F ensoleillement *m*; **Sonnenblende** F **1** FOTO visière *f* **2** *im Auto* pare-soleil *m*; **Sonnenblume** F tournesol *m*; **Sonnenblumenkern** M graine *f* de tournesol; **Sonnenblumenöl** N huile *f* de tournesol; **Sonnenbrand** M coup *m* de soleil; **Sonnenbräune** F °hâle *m*; bronzage *m*; **Sonnenbrille** F lunettes *fpl* de soleil; **Sonnencreme** F crème *f* solaire; **Sonnendach** N store *m*; **Sonnendeck** N SCHIFF pont supérieur; **sonnendurchflutet** *geh* ADJT ensoleillé; inondé de soleil; **Sonneneinstrahlung** F insolation *f*; **Sonnenenergie** F énergie *f* solaire; **Sonnenfinsternis** F éclipse *f* de Soleil; **Sonnenfleck** M tache *f* solaire; **sonnengebräunt** ADJT bronzé; **Sonnengeflecht** N PHYSIOL plexus *m* solaire; **sonnengereift** ADJT mûri au soleil; **Sonnengott** M dieu *m* du Soleil; **sonnenhungrig** ADJ fanatique du soleil; **Sonnenhut** M **1** chapeau *m* de soleil **2** BOT rudbeckia *m*; **Sonnenjahr** N année *f* solaire
sonnenklar ADJ *umg fig* **das ist ~** c'est clair comme le jour, comme deux et deux font quatre
Sonnenkollektor M capteur *m* solaire; **Sonnenkönig** M HIST Roi-Soleil *m*; **Sonnenlicht** N ‹~(e)s› lumière *f* du soleil; **Sonnenöl** N huile *f* solaire
Sonnenschein M **1** ‹*pas de pl*› soleil *m*; **bei ~** quand il fait soleil; *fig hum* **es herrschte wieder eitel ~** le moral était de nouveau au beau fixe **2** *fig Kosewort* rayon *m* de soleil
Sonnenschirm M *zum Tragen* ombrelle *f*; *für den Garten, Balkon etc* parasol *m*; **Sonnenschutz** M protection *f* contre le soleil; **Sonnenschutzmittel** N produit *m* solaire; **Sonnensegel** N **1** (*Schutzdach*) store *m* **2** RAUMFAHRT panneau *m* solaire
Sonnenseite F côté exposé au soleil; midi *m*; *fig* **die ~ des Lebens** le bon côté de la vie
Sonnenstand M °hauteur *f* du soleil
Sonnenstich M MED insolation *f*
Sonnenstrahl M rayon *m* de *bzw.* du soleil; **Sonnenstrahlung** F rayonnement *m* solaire; **Sonnenstudio** N institut *m* de bronzage; **Sonnensystem** N système *m* solaire; **Sonnentag** M **1** journée ensoleillée **2** ASTRON jour *m* solaire; **Sonnenuhr** F cadran *m* solaire; **Sonnenuntergang** M coucher *m* de *bzw.* du soleil; **sonnenverbrannt** ADJT *Person, Erde* brûlé par le soleil; **Sonnenwende** F solstice *m*
sonnig ADJ **1** *Wetter, Tag, Standort, Zimmer etc* ensoleillé **2** *fig* (*heiter, freundlich*) gai; enjoué; (*glücklich, unbeschwert*) heureux, -euse; insouciant
Sonntag M dimanche *m*; **Weißer ~** dimanche *m* de Quasimodo; (*Tag der Erstkommunion*) jour *m* de la première communion; **an Sonn- und Feiertagen** les dimanches et (les) jours fériés; → *a.* Montag
sonntägig ADJ ‹*épithète*› du dimanche; dominical
sonntäglich **A** ADJ ‹*épithète*› de tous les dimanches; dominical **B** ADV **~ angezogen** *od* **gekleidet** endimanché
sonntags ADV le dimanche; tous les dimanches
Sonntagsanzug M habit *m*, tenue *f* du dimanche; **Sonntagsarbeit** F ‹~› travail *m* du dimanche; **Sonntagsausflug** M promenade *f* du dimanche; **Sonntagsausflügler** MPL promeneurs *mpl* du dimanche; **Sonntagsausgabe** F *e-r Zeitung* édition dominicale; **Sonntagsbeilage** F *e-r Zeitung* supplément dominical; **Sonntagsblatt** N journal *m* du dimanche; **Sonntagsbraten** M rôti *m* du dimanche
Sonntagsdienst M **~ haben** être de service le dimanche
Sonntagsfahrer M *pej* conducteur *m* du dimanche; **Sonntagsgottesdienst** M office *m* du dimanche
Sonntagskind N enfant né le dimanche; *fig* **er ist ein ~** il est né coiffé; il est né sous une bonne étoile
Sonntagsmaler(in) M(F) peintre *m/f* du dimanche; **Sonntagsruhe** F repos dominical, du dimanche; **Sonntagsspaziergang** M promenade dominicale
Sonntagsstaat M ‹~(e)s› *hum* habits *mpl* du dimanche; **im ~** endimanché; dans ses plus beaux atours
Sonntagswetter N **heute ist richtiges ~** il fait aujourd'hui un vrai temps de vacances
Sonografie F ‹~; ~n› MED échographie *f*
sonor ADJ sonore
sonst ADV **1** (*außerdem*) par ailleurs; **~ etwas** (quelque) autre chose; quelque chose d'autre; **~ jemand** quelqu'un d'autre; quelque autre personne; **~ nichts** pas autre chose; rien de plus; **~ nichts?** rien d'autre?; c'est tout ce qu'il vous *bzw.* te faut?; **wenn es ~ nichts ist** si ce n'est que cela; **~ niemand** personne d'autre; nul autre; **~ nirgends** nulle part ailleurs; **~ überall** partout ailleurs; *umg* **~ was** quelque chose d'autre; *umg fig* **ich hätte fast ~ was getan** j'ai failli faire une bêtise; *umg fig* **man hätte meinen können, sie hätte ~ was verbrochen** on aurait pu croire qu'elle avait fait Dieu sait quoi; *umg* **~ wer** *indef pr* quelqu'un d'autre; *umg* **er denkt, er ist ~ wer** *umg* il se croit sorti de la cuisse de Jupiter; *umg* **das hätte ja ~ wer in die Hände bekommen können!** ça aurait pu tomber dans les mains de n'importe qui!; *umg* **~ wie** d'une autre manière; *umg fig* **mit dem neuen Kleid fühlt sie sich ~ wie** avec sa nouvelle robe elle se sent tout autre; *umg* **~ wo** ailleurs; *umg fig* **nach einer Stunde Fahrt sind sie schon ~ wo** après une heure de route ils sont déjà loin; *umg fig* **man könnte meinen, man wäre ~ wo** on se demande vraiment où on se trouve; **haben Sie ~ noch Fragen?** à part ça, avez-vous d'autres questions?; **was willst du ~ noch?** qu'est-ce que tu veux de plus?; *umg iron* **(aber) ~ geht's dir gut?** *umg* et puis quoi encore? **2** (*für gewöhnlich*) d'habitude; de coutume; (*früher*) autrefois; (*bei anderen Gelegenheiten*) en d'autres cas; **wie ~** comme d'habitude, de coutume; **sie war anders als ~** elle n'était pas comme d'habitude, de coutume; **Sie sind doch ~ nicht so …** je ne vous ai jamais vu si … **3** (*andernfalls*) sinon; sans cela; autrement; **beeilen Sie sich, ~ kommen Sie zu spät** dépêchez-vous, sinon *od* sans quoi vous serez en retard **4** (*anders*) **wer (denn) ~?** qui d'autre?; **wer ~ als er** qui d'autre si non lui?; **wie, wann, wo (denn) ~?** comment, quand, où donc?
sonstig ADJ ‹*épithète*› (*anderweitig*) autre;

S

(*gewöhnlich*) habituel, -elle; (*ehemalig*) d'autrefois; de jadis; **~e Unkosten** *pl* frais *mpl* divers; **„Sonstiges"** « Divers »
sonstjemand, sonstwas, sonstwer, sonstwie, sonstwo → sonst 1
sooft KONJ **1** (*jedesmal, wenn*) **~ du kommst** toutes les fois que tu viendras **2** (*wie oft auch immer*) **~ Sie wollen** autant de fois, tant, aussi souvent que vous voudrez; **~ ich auch komme, …** aussi souvent que je vienne …
Soor M ⟨~es; ~e⟩ MED muguet *m*; **Soorpilz** M MED champignon *m* du muguet
Sophist M ⟨~en; ~en⟩ sophiste *m*; **Sophisterei** F ⟨~; ~en⟩ *pej* raisonnement *m* sophistique; **Sophistik** F ⟨~⟩ sophistique *f*; **sophistisch** ADJ sophistique; de sophiste
Sophokles M ⟨→ *n/pr*⟩ Sophocle *m*
Sopran M ⟨~s; ~e⟩ soprano *m*; **Sopranflöte** F flûte *f* soprano
Sopranistin F ⟨~; ~nen⟩ soprano *m*
Sorbinsäure F CHEM acide *m* sorbique
Sorge F ⟨~; ~n⟩ **1** souci *m*; **j-m ~n machen** causer, donner des soucis à qn; **sich** (*dat*) **(wegen etw, j-m** *od* **um etw, j-n) ~n machen** se faire du souci (pour qc, qn); s'inquiéter (pour qc, qn); **e-e ~ los sein** être libéré d'un souci; **das ist meine geringste ~** c'est le dernier, le cadet de mes soucis; **andere ~n** (*umg* **im Kopf**) **haben** avoir d'autres soucis (en tête); avoir d'autres chats à fouetter; *umg iron* **du hast ~n!** j'aimerais bien avoir tes problèmes! **2** ⟨*pas de pl*⟩ (*Unruhe*) inquiétude *f*; **(wegen etw, j-m** *od* **um etw, j-n) in ~ sein** se faire du souci (pour qc, qn); s'inquiéter (pour qc, qn); **seien Sie ohne ~** ne vous inquiétez pas **3** ⟨*pas de pl*⟩ (*Bemühen*) **für etw ~ tragen** avoir, prendre soin de qc; s'occuper de qc; **dafür ~ tragen, dass …** veiller à ce que … (*+subj*); **lassen Sie das meine ~ sein** laissez-moi faire; j'en fais mon affaire
sorgen ⟨h.⟩ **A** V/I **1 für j-n ~** prendre soin de qn; prendre qn en charge; **für s-e Familie ~** faire vivre sa famille; **für etw ~** avoir, prendre soin de qc; veiller à qc; (*sich kümmern um*) s'occuper de qc; (*vor~*) pourvoir à qc; **dafür ~, dass …** veiller à ce que … (*+subj*); **dafür ist gesorgt** on y a pourvu **2** (*beschaffen*) **ich habe für alles gesorgt** j'ai pourvu à tout; **für die Getränke ~** s'occuper des boissons **3** (*bewirken*) causer; **für Aufsehen ~** *Vorfall etc* faire du bruit **B** V/R **sich ~** être inquiet, -iète; **sich um etw, j-n** *od* **wegen etw, j-m ~** s'inquiéter pour qc, qn
Sorgenfalten FPL rides dues aux soucis; **sorgenfrei** ADJ *u.* ADV sans souci
Sorgenkind N **1** enfant *m* fragile; enfant *m* qui donne des soucis; **er war immer das ~ s-r Eltern** il a été un souci perpétuel pour ses parents **2** *fig* gros souci; **dieses Projekt ist unser ~** *a.* ce projet continue à poser problème
sorgenvoll ADJ plein de soucis; soucieux, -ieuse
Sorgepflicht F ⟨~⟩ JUR obligation *f* d'assurer la garde des enfants
Sorgerecht N ⟨~(e)s⟩ JUR droit *m* de garde (des enfants); **das ~ für ein Kind haben** avoir la garde d'un enfant; **ihr wurde das ~ für die Kinder zugesprochen** elle a eu la garde des enfants
Sorgfalt F ⟨~⟩ soin *m*; (*Gewissenhaftigkeit*) scrupules *mpl*; (*Genauigkeit*) exactitude *f*; **mit peinlicher ~** avec un soin minutieux; **~ auf etw** (*akk*) **verwenden** apporter du soin à qc
sorgfältig **A** ADJ soigneux, -euse; *Sache* soigné; *Wahl* judicieux, -ieuse; (*gewissenhaft*) scrupuleux, -euse; (*genau*) exact **B** ADV avec soin; soigneusement; scrupuleusement; avec exactitude; **Sorgfältigkeit** F ⟨~⟩ application *f*
Sorgfaltspflicht F ⟨~⟩ *etwa* application requise (dans un travail, *etc*); **Verletzung der (beruflichen) ~** manquement *m* aux règles de déontologie
sorglos ADJ **1** (*unbekümmert*) sans souci; insouciant **2** (*unachtsam, nicht sorgfältig*) négligent; **Sorglosigkeit** F ⟨~; ~en⟩ **1** ⟨*pas de pl*⟩ (*Unbekümmertheit*) insouciance *f* **2** (*Unachtsamkeit*) négligence *f*
sorgsam **A** ADJ soigneux, -euse **B** ADV soigneusement; avec soin; **ein ~ gehütetes Geheimnis** un secret soigneusement, jalousement gardé
Sorgsamkeit F ⟨~⟩ → Sorgfalt
sorry INT *umg* **~!** pardon!
Sorte F ⟨~; ~n⟩ **1** (*Art*) sorte *f*; espèce *f*; HANDEL (*Qualität*) qualité *f*; (*Marke*) marque *f*; (*Geschmackssorte*) parfum *m*; *umg pej* **diese ~ Mensch** ce genre de personnes; *umg* **ich kenne noch mehr von der ~** j'en connais bien d'autres de cette espèce **2** BANKWESEN **~n** *pl* espèces *fpl*; monnaies, devises étrangères
Sortengeschäft N BANKWESEN transactions *fpl* en devises étrangères; **Sortenkurs** M BANKWESEN cours officiel des devises
sortieren V/T ⟨*pas de ge-*, h.⟩ trier (*a.* IT); classer; **nach Größe, Farben** *etc* **~** trier, classer par grandeur, par couleurs, *etc*
Sortiermaschine F trieuse *f*
sortiert ADJT *Geschäft* approvisionné; achalandé; **in etw** (*dat*) **gut, schlecht ~ sein** être bien, mal approvisionné, achalandé en qc
Sortierung F ⟨~; ~en⟩ **1** ⟨*pas de pl*⟩ (*das Sortieren*) tri *m* (*a. von Briefen auf der Post®*, IT) **2** → Sortiment 1
Sortiment N ⟨~(e)s; ~e⟩ **1** *von Waren* assortiment *m* (**an** [*+dat*] de) **2** (*~sbuchhandel*) commerce *m* de détail de livres; librairie *f*
Sortimenter(in) M ⟨~s; ~⟩ (F) ⟨~in; ~innen⟩ libraire *m/f*
Sortimentsbuchhandel M **1** *Handel* commerce *m* de détail de livres **2** *Laden* librairie *f*; **Sortimentsbuchhandlung** F librairie *f*
SOS N ⟨~⟩ SOS *m*
sosehr KONJ **~ ich ihn auch liebe …** si grand que, quel que soit mon amour pour lui …; **~ …, ~** autant …, autant; **~ du ihn liebst, ~ hasst er dich** il te hait autant que tu l'aimes; **~ ich das auch billige …** quelle que soit mon approbation …; **~ er auch schreit, ich …** il a beau crier, je …
SOS-Kinderdorf N village *m* d'enfants (*organisme à but humanitaire spécialisé dans l'aide à l'enfance*)
soso **A** *umg* ADV *umg* couci-couça **B** INT **1** *ironisch, zweifelnd* tiens, tiens! **2** *gleichgültig* ah (bon)!
SOS-Ruf M SOS *m*
Soße F ⟨~; ~n⟩ sauce *f*
Soßenlöffel M cuillère *f* à sauce; **Soßenschüssel** F saucière *f*
sott → sieden
Soubrette F ⟨~; ~n⟩ MUS, THEAT soprano léger
Soufflé N ⟨~s; ~s⟩ GASTR soufflé *m*
Soufflee → Soufflé
Souffleur M ⟨~s; ~e⟩, **Souffleuse** F ⟨-se; -sen⟩ THEAT souffleur, -euse *m,f*
Souffleurkasten M trou *m* du souffleur
soufflieren ⟨*pas de ge-*, h.⟩ **A** V/T **j-m etw ~** souffler qc à qn **B** V/I THEAT **j-m ~** souffler la réplique à qn
Souk M → Suk
Soul M ⟨~s⟩, **Soulmusik** F ⟨~⟩ (musique *f*) soul *m*
Sound M ⟨~s; ~s⟩ *Jazz, Rock etc* son *m*; sonorité *f*; **Soundkarte** F IT carte *f* son
soundso *umg* **A** ADV **~ oft** tant de fois; **~ viel** *unbestimmte Zahl* tant; **~ viel Kilo, Euro** tant de kilos, d'euros; **~ groß** de telle et telle grandeur **B** ADJ ⟨*inv*⟩ **Paragraf ~** tel et tel paragraphe; **Herr Soundso** Monsieur Un tel *od* Untel; **Frau Soundso** Madame Une telle
Soundtrack M ⟨~s; ~s⟩ bande *f* sonore
soupieren *geh* V/I ⟨*pas de ge-*, h.⟩ souper
Soutane F ⟨~; ~n⟩ KATH soutane *f*
Souterrain N ⟨~s; ~s⟩ sous-sol *m*; **Souterrainwohnung** F appartement *m* au sous-sol
Souvenir N ⟨~s; ~s⟩ souvenir *m*; **Souvenirladen** M boutique *f* de souvenirs
souverän **A** ADJ **1** POL souverain **2** *fig* sûr de soi **B** ADV *gewinnen, siegen* de main de maître; *handeln, reden etc a.* avec maestria; **etw ~ beherrschen** maîtriser parfaitement qc
Souverän M ⟨~s; ~e⟩ **1** (*Herrscher[in]*) souverain(e) *m(f)* **2** *schweiz* (*Gesamtheit der Stimmberechtigten*) électeurs *mpl*
Souveränität F ⟨~⟩ souveraineté *f*
soviel **A** ADV → so A 3 **B** KONJ (*wie viel auch immer*) autant que (*+subj*); (*nach dem, was*) *a.* d'après ce que; **~ ich weiß, …** autant que je sache, …
soweit **A** ADV → so A 3 **B** KONJ **1** (*in dem Maße, wie*) autant que; **~ ich es beurteilen kann** autant que j'en puisse juger **2** (*soviel*) **~ ich weiß, ist sie nicht verheiratet** autant que je sache, elle n'est pas mariée
sowenig **A** ADV → so A 3 **B** KONJ si peu que … (*+subj*)
sowie KONJ **1** (*als auch*) ainsi que; aussi bien que **2** (*sobald*) dès que; **~ er da ist** dès qu'il sera là
sowieso **A** ADV en tout cas; de toute façon; **aus dir wird ~ nichts** d'ailleurs, tu ne feras jamais rien dans la vie; *umg* **das ~!** ça, c'est certain! **B** ADJ ⟨*inv*⟩ *umg* **Herr, Frau Sowieso** → soundso B
Sowjet M ⟨~s; ~s⟩ HIST soviet *m*; **Oberster ~** Soviet suprême; *umg* **die ~s** les Soviets
Sowjetarmee F HIST armée *f* soviétique; **Sowjetbürger(in)** M(F) HIST citoyen, -enne *m,f* soviétique
sowjetisch ADJ HIST soviétique
Sowjetrepublik F HIST république *f* soviétique; **sowjetrussisch** ADJ HIST soviétique; **Sowjetrussland** N HIST la Russie soviétique; **Sowjetstern** M HIST étoile *f* des Soviets
Sowjetunion ⟨→ *n/pr*⟩ HIST **die ~** l'Union *f* soviétique
sowohl KONJ **~ … als auch …** non seulement … mais aussi *od* encore …
Sozi *umg, a. pej* M ⟨~s; ~s⟩ *umg* socialo *m/f*
Sozia F ⟨~; ~s⟩ *auf dem Motorrad* passagère *f*
sozial **A** ADJ social; **~es Gefälle, ~e Unterschiede** *mpl* écarts *mpl*, différences *fpl* de niveaux de vie dans la population; *umg* **ich habe heute meinen ~en Tag** *umg* c'est ma semaine de bonté **B** ADV **~ denken** avoir l'esprit civique; **~ handeln** agir avec civisme
Sozialabbau M ⟨~(e)s⟩ démontage social; perte *f* des acquis sociaux; **Sozialabgaben** FPL charges sociales; **Sozialamt** N bureau *m* d'aide sociale; B. A. S. *m*; **Sozialarbeit** F ⟨~⟩ service social; **Sozialarbeiter(in)** M(F) assistant(e) *m(f)* social(e); **Sozialausschuss** M commission *f* des affaires sociales; **Sozialbeitrag** M cotisation *f* du régime général (de la Sécurité sociale); **Sozialbereich** M social *m*; **Sozialberuf** M métier *m* du (secteur) social; profession sociale; **Sozialdemokrat(in)** M(F) social-démocrate *m/f*; **Sozialdemokratie** F social-démocratie *f*; **sozialdemokratisch** ADJ social-démocrate; **Sozialeinrichtungen** FPL institu-

S

tions sociales; services sociaux; **Sozialethik** F éthique sociale; **Sozialfall** M cas social; **Sozialgericht** N tribunal social; **Sozialgesetz** N loi sociale; **Sozialgesetzgebung** F législation sociale; **Sozialhaushalt** M budget social; **Sozialhilfe** F ⟨~⟩ aide sociale; **Sozialhilfeempfänger(in)** M(F) bénéficiaire *m/f* de l'aide sociale

sozialisieren VT ⟨*pas de ge-*, h.⟩ socialiser; **Sozialisierung** F ⟨~⟩ socialisation *f*

Sozialismus M ⟨~⟩ socialisme *m*; **Sozialist(in)** M ⟨~en; ~en⟩ (F) ⟨~in; ~innen⟩ socialiste *m/f*; **sozialistisch** ADJ socialiste

Sozialkritik F critique *f* de la société; **sozialkritisch** A ADJ critique envers la société B ADV d'une façon critique vis-à-vis de la société; **Sozialkunde** F ⟨~⟩ instruction *f* civique; **Soziallasten** FPL charges sociales; **Soziallehre** F REL doctrine sociale; **Sozialleistungen** FPL prestations *fpl* de (la) Sécurité sociale; prestations sociales; *e-s Betriebs* avantages sociaux; **sozialliberal** ADJ social-libéral; **Sozialökonomie** F économie *f* politique; **Sozialordnung** F ordre social; **Sozialpädagoge** M, **Sozialpädagogin** F *etwa* assistant(e) social(e) *(avec un diplôme du troisième cycle)*

Sozialpädagogik F *etwa* animation socio-éducative; **~ studieren** faire des études socio-éducatives

sozialpädagogisch ADJ socio-éducatif, -ive

Sozialpartner M **die ~** les partenaires sociaux

Sozialphilosophie F philosophie sociale; **Sozialplan** M plan social; **Sozialpolitik** F politique sociale; **sozialpolitisch** A ADJ de politique sociale B ADV d'après la politique sociale; **Sozialprestige** N prestige social; **Sozialprodukt** N produit national; **Sozialrecht** N droit social; **sozialrechtlich** A ADJ de droit social B ADV d'après le droit social; **Sozialreform** F réforme sociale; **Sozialrente** F retraite *f* de la Sécurité sociale; **Sozialrentner(in)** M(F) retraité(e) *m(f)* de la Sécurité sociale

Sozialstaat M État social; **der ~** *a.* l'État providence

Sozialstruktur F structure sociale; ordre social; **Sozialsystem** N structures *fpl* des services sociaux; **Sozialversicherung** F Sécurité sociale; **Sozialversicherungsausweis** M carte *f* de Sécurité sociale; **Sozialversicherungsbeitrag** M → Sozialbeitrag; **Sozialversicherungspflicht** F obligation *f* de s'affilier à la Sécurité sociale; **Sozialwissenschaften** FPL sciences sociales; **Sozialwohnung** F HLM *m od f*

soziokulturell ADJ socioculturel, -elle; **Soziolinguistik** F sociolinguistique *f*; **Soziologe** M ⟨~n; ~n⟩, **Soziologin** F ⟨-in; -innen⟩ sociologue *m/f*; **Soziologie** F ⟨~⟩ sociologie *f*; **soziologisch** ADJ sociologique; **sozioökonomisch** ADJ socio-économique

Sozius M ⟨~; ~se⟩ 1 ⟨*pl a.* -zii⟩ HANDEL *(Teilhaber)* associé *m* 2 *auf dem Motorrad* passager *m* 3 → Soziussitz; **Soziussitz** M tan-sad *m*

sozusagen ADV pour ainsi dire

SP F ⟨~⟩ ABK → SPS

Spa N *od* M ⟨~(s); ~s⟩ *(Wellnessbad)* spa *m*

Spaceshuttle M ⟨~s; ~s⟩ navette spatiale

Spachtel M ⟨~s; ~⟩ *od* F ⟨~; ~n⟩ *a.* MED spatule *f*; *verschiedener Handwerke* truelle *f*; *des Glasers a.* couteau *m* (à enduire, à [dé]mastiquer); **Spachtelkelle** F truelle carrée; **Spachtelkitt** M mastic *m*

spachteln VT ⟨-(e)le, h.⟩ 1 *Gips, Farbe etc* colmater, boucher à la spatule; *Wand, Fläche etc* aplanir; rendre lisse 2 *umg a. v/i (essen)* s'empiffrer (**etw** de qc)

Spagat¹ M *od* N ⟨~(e)s; ~e⟩ BALLETT, TURNEN grand écart; **(e-n) ~ machen** faire le grand écart

Spagat² M ⟨~(e)s; ~e⟩ *österr, südd (Bindfaden)* ficelle *f*

Spag(h)etti PL spaghetti *mpl*

Spag(h)ettifresser *sl pej* M *umg* Rital *m*

Spag(h)ettiträger M MODE bretelle fine

spähen VI ⟨h.⟩ **aus dem Fenster ~** guetter par la fenêtre; **nach j-m ~** guetter, épier qn; **nach etw ~** chercher qc du regard; guetter qc

Späher M ⟨~s; ~⟩ MIL patrouilleur *m*; éclaireur *m*

Spähtrupp M MIL patrouille *f* de reconnaissance; **Spähtruppführer** M MIL chef *m* de patrouille; **Spähwagen** M MIL voiture *f* de reconnaissance

Spake F ⟨~; ~n⟩ SCHIFF pince *f*; levier *m*

Spalier N ⟨~s; ~e⟩ 1 AGR espalier *m*; WEIN treille *f*; treillage *m* 2 *fig von Menschen* °haie *f*; **~ stehen** faire, former la haie

Spalierobst N fruits cultivés en espalier

Spalt M ⟨~(e)s; ~e⟩ fente *f*; interstice *m*; fissure *f*; *durch Bersten entstanden* crevasse *f*; **die Tür e-n ~ (weit) offen lassen** laisser la porte entrouverte, entrebâillée; **~ breit** → Spaltbreit

spaltbar ADJ NUKL fissile; **spaltbreit** ADJ *Öffnung* très étroit

Spaltbreit M ⟨~⟩ **das Fenster e-n ~ öffnen** entrouvrir, entrebâiller la fenêtre

Spalte F ⟨~; ~n⟩ 1 *(Fels-, Holz-, Mauer-, Boden-, Erdspalte)* fente *f*; *(Mauer-, Bodenspalte) a.* fissure *f*; *(Zwischenraum)* interstice *m*; *(Gletscherspalte)* crevasse *f* 2 TYPO colonne *f* 3 *österr von Obst etc* quartier *m*

spalten ⟨-ete, *pperf* gespaltet *ou* gespalten, h.⟩ A VT 1 *Holz etc* fendre; *in zwei Hälften* partager, couper, diviser en deux 2 CHEM dissocier; décomposer; NUKL désintégrer; provoquer la fission de 3 *fig (Gruppe von) Personen* diviser; *Partei etc* scinder B VR **sich ~** 1 se fendre; *in zwei Hälften* se partager en deux; *Haar (-spitzen)* fourcher 2 NUKL subir une fission 3 *Bewusstsein* se dédoubler; *Partei etc* se diviser; se scinder; se séparer; **die Partei hat sich in zwei Lager gespalten** le parti s'est divisé en deux camps

Spaltenbreite F TYPO justification *f*; *umg* justif *f*; **spaltenlang** ADJ 1 TYPO sur plusieurs colonnes 2 *pej* à longueur de colonnes; **spaltenweise** ADV TYPO par colonnes; **Spaltenzahl** F TYPO numéro *m* de (la) colonne

Spaltholz N bois *m* de refend; **Spaltkeil** M coin *m* (à fendre); **Spaltmaterial** N NUKL matières *fpl* fissiles; **Spaltpilz** M *t/t* schizomycète *m*; **Spaltprodukt** N NUKL produit *m* de fission

Spaltung F ⟨~; ~en⟩ 1 PHYS, CHEM scission *f*; NUKL fission *f* 2 *e-r Partei etc* division *f*; scission *f*; *a.* REL schisme *m* 3 MED, PSYCH **~ des Bewusstseins, der Persönlichkeit** dédoublement *m* de la personnalité

Spam M *od* N ⟨~s; ~s⟩ IT spam *m*; **Spamfilter** M IT antispam *m*; filtre *m* spam; **Spammail** F IT spam *m*; pourriel *m*

spammen VI ⟨h.⟩ IT spammer

Spammer M ⟨~s; ~⟩ IT spammeur *m*

Spamming N ⟨~s⟩ IT spamming *m*

Span M ⟨~(e)s; ¨~e⟩ copeau *m*; *a. Metall* éclat *m*; *(Feilspan)* limaille *f*

Spanferkel N cochon *m* de lait

Spange F ⟨~; ~n⟩ *an Kleidern* agrafe *f*; *am Gürtel* boucle *f*; *(Schuhspange)* bride *f*; *(Haarspange)* barrette *f*; *(Zahnspange)* appareil *m* dentaire

Spangenschuh M chaussure *f* à bride; HIST soulier *m* à boucle

Spaniel M ⟨~s; ~s⟩ ZOOL épagneul *m*

Spanien N ⟨→ *n/pr*⟩ l'Espagne *f*

Spanier(in) M ⟨~s; ~⟩ (F) ⟨~in; ~innen⟩ Espagnol(e) *m(f)*

spanisch ADJ espagnol; d'Espagne; POL *in Zssgn* hispano-…; ZOOL **Spanische Fliege** cantharide *f*; MIL **~er Reiter** cheval *m* de frise; *umg* **das kommt mir ~ vor** ça me semble bizarre

Spanisch N ⟨~(s)⟩, **Spanische** N ⟨~n⟩ **(das) Spanisch(e)** *Sprache* l'espagnol *m*; **Spanisch sprechend** hispanophone

spanischsprachig ADJ *Mensch, Land* hispanophone; *in spanischer Sprache* en espagnol; en langue espagnole

spann → spinnen

Spann M ⟨~(e)s; ~e⟩ ANAT cou-de-pied *m*

Spannband N ⟨~(e)s; -bänder⟩ TECH collier *m* de serrage; **Spannbeton** M béton précontraint; **Spannbetttuch** N drap-°housse *m*; **Spannbolzen** M boulon *m* de serrage; **Spannbügel** M bride *f* de fixation; **Spanndraht** M fil tendeur; °hauban *m*; **Spanndruck** M ⟨~(e)s⟩ TECH pression *f* de serrage

Spanne F ⟨~; ~n⟩ 1 *(Zwischenraum, Unterschied)* écart *m*; marge *f* 2 *(Zeitspanne)* durée *f*; espace *m* de temps 3 HANDEL *(Handelsspanne)* marge *f* bénéficiaire 4 *altes Maß* empan *m*

spannen ⟨h.⟩ A VT 1 *(dehnen)* tendre; *Bogen, Seil, Feder a.* bander; *Saite a.* raidir; *Waffe, Kamera* armer; → *a.* gespannt 2 *(befestigen) Leine, Netz etc* (é)tendre; **die Pferde vor den Wagen ~** atteler les chevaux 3 TECH *(ein~)* serrer; **etw in den Schraubstock ~** serrer qc dans l'étau; **e-n Bogen Papier in die Schreibmaschine ~** glisser une feuille de papier dans la machine à écrire 4 *regional, bes südd, österr (merken)* réaliser; *umg* piger B VI 1 *Kleidungsstück* serrer; être trop juste; **dieses Kleid spannt (über den Schultern)** cette robe tire (sur les épaules) 2 *umg fig (lauern)* **auf etw** *(akk)* **~** guetter qc C VR **sich ~** *Seil, Muskeln* se tendre; *Hände* **sich um etw ~** se serrer autour de qc

spannend ADJT *Buch etc* captivant; passionnant; palpitant; *Moment* de suspense; *umg* **mach's nicht so ~!** *umg* raconte! arrête le suspense!

Spanner M ⟨~s; ~⟩ 1 TECH, *(Hosenspanner)* tendeur *m*; *(Schuhspanner)* embauchoir *m*; *für Tennisschläger* presse *f* 2 ZOOL phalène *f* 3 *umg fig (Voyeur)* voyeur *m*

Spannfeder F ressort tendeur; **Spannkraft** F ⟨~⟩ *a. fig* élasticité *f*; ressort *m*; **Spannlaken** N drap-°housse *m*; **Spannrahmen** M châssis tendeur; **Spannsäge** F scie *f* à refendre; **Spannschloss** N TECH tendeur *m* de câble; **Spannseil** N câble tendeur

Spannung F ⟨~; ~en⟩ 1 TECH, PHYS tension *f*; ELEK *a.* voltage *m*; **unter ~** *(dat)* **stehen** être sous tension 2 ⟨*pas de pl*⟩ *fig (gespannte Erwartung)* vive impatience; *(gespannte Aufmerksamkeit)* attention soutenue; **etw mit ~ erwarten** attendre qc avec une grande impatience; **ein Buch mit ~ lesen** lire un livre un vif intérêt 3 ⟨*pas de pl*⟩ *in e-m Film etc* suspense *m*; **die ~ wächst, wird unerträglich** le suspense s'accroît, devient insoutenable 4 *fig (gespanntes Verhältnis)* tension *f*; désaccord *m*; **es gibt ~en zwischen ihnen** ils ont une relation assez tendue 5 ⟨*pas de pl*⟩ *(Nervosität)* **(nervöse) ~** tension nerveuse

S

Spannungsabfall M ELEK chute *f* de tension; **Spannungsanzeiger** M ELEK indicateur *m* de tension

Spannungsfeld N *fig* zone conflictuelle; **im ~ zwischen …** *(+dat) a.* au beau milieu de …

Spannungsgebiet N zone *f* de tension; point chaud; **Spannungsgefälle** N ELEK chute *f* de tension

spannungsgeladen ADJT tendu; **~e Situation** situation explosive

Spannungsmesser M ⟨~s; ~⟩ ELEK voltmètre *m*; **Spannungsmoment** N élément *m* de suspense; **Spannungsprüfer** M ELEK indicateur *m* de tension; **Spannungsregler** M ELEK régulateur *m* de tension; **Spannungsschwankung** F ELEK fluctuation *f*, variation *f* de tension; **Spannungsverhältnis** N relation tendue; **Spannungsverlust** M chute *f* de tension; **Spannungsverstärker** M ELEK amplificateur *m* de tension; **Spannungswandler** M ⟨~s; ~⟩ ELEK transformateur *m* de tension, de potentiel

Spannvorrichtung F dispositif *m* de serrage, de fixation; tendeur *m*; **Spannweite** F 1 *e-s Vogels, Flugzeugs* envergure *f* 2 BAU portée *f*; travée *f*

Spanplatte F panneau *m* d'aggloméré

Spant N *od* M ⟨~(e)s; ~en⟩ SCHIFF, FLUG couple *m*

Sparbrief M *certificat de compte d'épargne*; **Sparbuch** N livret *m* de caisse d'épargne; **Sparbüchse** F, **Spardose** F tirelire *f*; **Spareinlage** F dépôt *m* sur un compte d'épargne

sparen ⟨h.⟩ A VT 1 *(Geld zurücklegen)* épargner; **ich habe 100 Euro gespart** j'ai épargné, économisé 100 euros; j'ai mis 100 euros de côté 2 *(Einsparungen machen)* économiser; **ich habe 20 Euro (dabei) gespart** j'ai économisé 20 euros 3 *fig Zeit* épargner; *Kräfte* économiser; **das spart mir Zeit** ça me fait gagner du temps; **~ Sie sich** *(dat)* **die Mühe** épargnez-vous cette peine; **diese Bemerkung kannst du dir ~** tu peux garder cette remarque pour toi B VI 1 *(Geld zurücklegen)* économiser; épargner; mettre de l'argent de côté; **für das Alter ~** épargner pour ses vieux jours; *sprichw* **spare in der Zeit, so hast du in der Not** *sprichw* il faut garder une poire pour la soif 2 *(Einsparungen machen)* faire des économies; économiser; **mit Brot, Licht ~** économiser le pain, la lumière; **an allem ~** économiser sur tout; **mit Lob nicht ~** ne pas être avare d'éloges; **man hat mit Geld nicht gespart** on n'a pas lésiné; **am falschen Ende ~** faire des fausses économies

Sparer(in) M ⟨~s; ~⟩ (F) ⟨~in; ~innen⟩ épargnant(e) *m(f)*

Spareribs PL GASTR travers *mpl* de porc

Sparflamme F ⟨~⟩ petit feu; *umg hum* **auf ~ arbeiten** ne pas se tuer au travail

Spargel M ⟨~s; ~⟩, *schweiz a.* F ⟨~; ~n⟩ asperge *f*; **e-e Stange ~** une asperge; **ein Bund** *n* **~** une botte d'asperges

Spargelcremesuppe F velouté *m* d'asperges; **Spargelkohl** M brocoli *m*; **Spargelkopf** M pointe *f* d'asperge; **Spargelmesser** N coupe-asperges *m*; **Spargelpflanze** F asperge *f*; **Spargelspitze** F pointe *f* d'asperge; **Spargelstecher** M ⟨~s; ~⟩ → Spargelmesser; **Spargelsuppe** F potage *m* aux pointes d'asperges; **Spargelzeit** F saison *f* des asperges

Spargroschen *umg* M pécule *m*; petit magot; **Sparguthaben** N (dépôt *m* sur un) compte *m* d'épargne; **Sparkasse** F caisse *f* d'épargne; **Sparkassenbuch** N livret *m* de caisse d'épargne; **Sparkonto** N compte *m* d'épargne; **Sparkurs** M WIRTSCH, POL rigueur *f* budgétaire

spärlich A ADJ *Vegetation, Gewinn, Mittel etc* peu abondant; *(kaum ausreichend)* insuffisant; à peine suffisant; *Ergebnis, Ernte a.* maigre; *Beifall, Haar* clairsemé; *Mahlzeit* frugal; *Lohn* modeste; *Wissen* sommaire; élémentaire B ADV **~ besucht** peu fréquenté; **~ besiedelt** peu peuplé; **~ beleuchtet** mal éclairé; **~ bekleidet** peu, insuffisamment habillé

Sparmaßnahme F mesure *f* d'économie; **Sparpfennig** M → Spargroschen; **Sparpolitik** F politique *f* d'austérité; **Sparprämie** F prime *f* d'épargne; **Sparprogramm** N 1 POL *etc* programme *m* d'austérité 2 *bei Haushaltsgeräten etc* programme *m* économique

Sparren M ⟨~s; ~⟩ *(Dachsparren)*, HERALDIK chevron *m*; *umg fig* **e-n ~ (zu viel** *od* **zu wenig) haben** *umg* avoir une case en moins

Sparring N ⟨~s⟩ BOXEN entraînement *m*

Sparringskampf M BOXEN match *m* d'entraînement; **Sparringspartner** M BOXEN sparring-partner *m*

sparsam A ADJ 1 *Person* économe; *(kleinlich)* regardant 2 *Waschmaschine etc im Verbrauch* économique 3 *fig (gering, klein) Einrichtung etc* modeste; *Dekoration* simple; *Beleuchtung* restreint; *Bewegung* limité; **~en Gebrauch von etw machen** user de qc avec modération B ADV 1 avec économie; avec modération; **~ leben** vivre simplement; **~ mit etw umgehen** économiser qc; user de qc avec modération 2 *Waschmaschine* **~ waschen** utiliser peu d'eau au cours de la lessive 3 *fig (in geringem Maß)* avec modération; *Creme, Lack etc* **~ auftragen** appliquer avec parcimonie

Sparsamkeit F ⟨~⟩ (sens *m* de l')économie *f*; **aus ~** par économie

Sparschwein N tirelire *f*; *umg fig* **sein ~ schlachten** casser sa tirelire

Sparstrumpf M *hum* bas *m* de laine

Sparta N ⟨→ *n/pr*⟩ HIST Sparte

Spartakiade F ⟨~; ~n⟩ HIST fête sportive des pays socialistes

Spartaner(in) M ⟨~s; ~⟩ (F) ⟨~in; ~innen⟩ Spartiate *m/f*

spartanisch ADJ spartiate; *fig* **mit ~er Strenge, Einfachheit** à la spartiate

Sparte F ⟨~; ~n⟩ 1 *(Abteilung)* section *f*; *(Gebiet)* domaine *m*; *(Geschäfts-, Wissenszweig)* branche *f* 2 ZEITUNGSWESEN rubrique *f*

Spar- und Darlehenskasse F caisse *f* d'épargne et de prêt

Sparvertrag M contrat *m* d'épargne; **Sparzins** M intérêt *m* d'un compte d'épargne; **Sparzulage** F complément *m* d'épargne

spasmisch ADJ MED spasmodique

Spasmophilie F ⟨~; ~n⟩ MED spasmophilie *f*

Spasmus M ⟨~; -men⟩ MED spasme *m*

Spaß, *österr a.* **Spass** M ⟨~es; ⸚e⟩ 1 ⟨*pas de pl*⟩ *(Vergnügen)* plaisir *m*; amusement *m*; divertissement *m*; **viel ~!** amuse-toi bien *bzw.* amusez-vous bien!; **s-n ~ haben** se divertir; s'amuser; **~ an etw** *(dat)* **haben, finden** apprécier, aimer qc; **~ machen** faire plaisir; **das macht mir ungeheuren ~** cela m'amuse énormément; **diese Arbeit macht mir keinen ~** ce travail ne me plaît pas; **j-m den ~ verderben** gâcher le plaisir de qn; *iron* **Sie machen mir (vielleicht) ~!** vous voulez rire!; *umg fig* **was kostet (dich) der ~?** combien ça va (te) coûter?; *umg* **das ist ein teurer ~ (für mich)** cela (me) coûte les yeux de la tête; **sich** *(dat)* **e-n ~ daraus machen, etw zu tun** prendre grand plaisir à faire qc 2 *(Scherz)* plaisanterie *f*; blague *f*; **schlechter ~** plaisanterie *f* de mauvais goût; **~ beiseite!** trêve de plaisanterie(s)!; soyons sérieux!; **~ muss sein!** on peut bien plaisanter!; **~ machen** plaisanter; *umg* **sie macht nur ~** elle s'amuse, plaisante; elle te *bzw.* vous fait marcher; **das ist kein ~** c'est sérieux; **aus ~, zum ~** pour plaisanter, rire; pour s'amuser; *umg hum* **aus ~ an der Freude** pour le plaisir; *umg* pour rigoler; **(keinen) ~ verstehen** (ne pas) comprendre la plaisanterie; **darin versteht er keinen ~** il ne plaisante, ne badine pas là-dessus; **da hört (für mich) der ~ auf** (je trouve que) ça va trop loin

Spaßbremse *umg* F *umg* casseur, -euse *m,f* d'ambiance; **voll die ~ sein** *umg* casser l'ambiance; **du bist heute wieder voll die ~** *umg* aujourd'hui comme d'hab, il faut que tu casses l'ambiance

spaßen VI ⟨-(es)t, h.⟩ plaisanter; badiner; blaguer; **damit ist nicht zu ~** il ne faut pas plaisanter avec ces choses-là; **nicht mit sich** *(dat)* **~ lassen** ne pas plaisanter; *geh* **Sie ~ wohl!** vous plaisantez!

spaßeshalber ADV pour rire, plaisanter; **spaßhaft** ADJ *Geschichte etc* drôle; *Buch a.* facétieux, -ieuse

spaßig ADJ amusant; divertissant; *(lustig)* drôle; **Spaßigkeit** F ⟨~⟩ *(Lustigkeit)* drôlerie *f*; *e-r Szene, Geschichte* bouffonnerie *f*

Spaßmacher(in) M(F) → Spaßvogel; **Spaßverderber(in)** M ⟨~s; ~⟩ (F) ⟨~in; ~innen⟩ trouble-fête *m/f*; **Spaßvogel** M farceur, -euse *m,f*; blagueur, -euse *m,f*

Spasti *sl pej* M ⟨~s; ~s⟩ → Spastiker(in) 2

Spastiker(in) M ⟨~s; ~⟩ (F) ⟨~in; ~innen⟩ 1 MED °handicapé(e) *m(f)* moteur 2 *sl pej* crétin(e) *m(f)*

spastisch A ADJ °handicapé moteur; *t/t* spastique B ADV **~ gelähmt** paralysé spastique

Spat M ⟨~(e)s; ~e *ou* ⸚e⟩ MINER spath *m*

spät A ADJ *(~ eintretend)* tardif, -ive; *(zeitlich fortgeschritten)* avancé; **der ~e Goethe** Goethe à la fin de sa vie; *hum* **ein ~es Mädchen** une vieille fille; **das ~e Mittelalter** la fin du Moyen Âge; **bis in die ~e Nacht** jusque tard dans la nuit; **im ~en Sommer** à la fin de l'été; **zu ~er Stunde** à une heure avancée de la nuit; **es ist, wird ~** il est, se fait tard; **wie ~ ist es?** quelle heure est-il? B ADV tard; **~ blühend** tardif, -ive; **erst ~** sur le tard; **zu ~ kommen** être en retard; **zehn Minuten, e-n Tag zu ~** dix minutes, un jour trop tard; *sprichw* **besser ~ als nie** *sprichw* mieux vaut tard que jamais

spätabends ADV tard dans la soirée

Spätaufsteher(in) M ⟨~s; ~⟩ (F) ⟨~in; ~innen⟩ lève-tard *m/f*; **Spätaussiedler(in)** M(F) rapatrié(e) *m(f)* *(plusieurs années après une guerre)*

Spätdienst M garde *f* *(service recouvrant la tranche horaire de 15^00-23^00)*; **~ haben** être de garde

Spateisenstein M MINER sidérite *f*; sidérose *f*; fer *m* spathique

Spatel M ⟨~s; ~⟩ 1 MED, PHARM spatule *f* 2 → Spachtel; **spatelförmig** ADJ en forme de spatule; BOT spatulé

Spaten M ⟨~s; ~⟩ bêche *f*; **mit dem ~ umgraben** bêcher

Spatenstich M coup *m* de bêche; *fig* **den ersten ~ tun** donner le premier coup de pioche

Spätentwickler(in) M(F) attardé(e) *m(f)*

später A ADJ 1 *(danach kommend)* postérieur 2 *(zukünftig)* futur; *(weitere)* ultérieur B ADV plus tard; **an ~ denken** penser à l'avenir; **bis ~!** à tout à l'heure

spätestens ADV au plus tard

Spätfolgen FPL conséquences *fpl* à long terme; *e-r Krankheit, e-s Unfalls* séquelles *fpl*; **Spätgeburt** F accouchement *m* après terme; *Kind* enfant né après terme; **Spätgotik** F gothique flamboyant; **spätgotisch** ADJ de style gothique flamboyant; **Spätheimkehrer** M rapatrié tardif; **Spätherbst** M arrière-saison *f*; fin *f* de l'automne; **Spätlatein** N bas latin; **spätlateinisch** ADJ en bas latin; **Spätlese** F 1 *Lese* vendanges tardives 2 *Wein* vin *m* de vendanges tardives

Spätnachmittag M am ~ en fin d'après-midi

Spätnachrichten FPL RADIO, TV dernières nouvelles; **Spätschaden** M dommage *m* à long terme; **Spätschalter** M guichet *m* de nuit

Spätschicht F *Arbeit* poste *m* de l'après-midi (trois-huit); *koll Arbeiter* équipe *f* de l'après-midi

Spätsommer M fin *f* de l'été; *(Altweibersommer)* été *m* de la Saint-Martin; **Spätstadium** N stade final; **Spätvorstellung** F KINO, THEAT dernière séance; **Spätwerk** N *e-s Künstlers* œuvres *fpl* de vieillesse; dernières œuvres

Spatz M ⟨~en *ou* ~es; ~en⟩ 1 ZOOL moineau *m*; **essen wie ein ~** manger comme un moineau; *umg* **das pfeifen die ~en von den Dächern** cela court les rues; c'est un secret de polichinelle; *sprichw* **ein ~ in der Hand ist besser als eine Taube auf dem Dach** *sprichw* un « tiens » vaut mieux que deux « tu l'auras » 2 *umg Kosewort* **mein ~!** mon lapin!; mon chou!

Spatzenhirn *umg pej* N cervelle *f* d'oiseau; **Spatzenschreck** M ⟨~s; ~e⟩ *österr* épouvantail *m*

Spätzle PL GASTR *pâtes fraîches typiques de la Souabe*

Spätzünder M *umg hum* **er ist ein ~** *umg* il a la comprenette un peu dure

Spätzündung F AUTO retard *m* à l'allumage; *umg hum* **~ haben** *umg* avoir la comprenette un peu dure

spazieren V/I ⟨*pas de ge-*, s.⟩ 1 *(herumgehen)* aller et venir; **~ fahren** ⟨s.⟩ se promener (en voiture, en bateau, à bicyclette, *etc*); **j-n, etw ~ fahren** ⟨h.⟩ promener qn, qc (en voiture, en bateau, *etc*); **j-n ~ führen** promener qn; mener qn à la promenade; **~ gehen** (aller) se promener; faire une promenade; *(bummeln)* flâner; **vor etw** *(dat)* **auf und ab ~** faire les cent pas devant qc 2 *veraltend (~ gehen)* (aller) se promener; faire une promenade; *(bummeln)* flâner

spazierenfahren V/T *u.* V/I, **spazierenführen** V/T, **spazierengehen** V/I → spazieren 1

Spazierfahrt F promenade *f* (en voiture, en bateau, à bicyclette, *etc*)

Spaziergang M promenade *f*; **e-n ~ machen** faire une promenade

Spaziergänger(in) M ⟨~s; ~⟩ F ⟨~in; ~innen⟩ promeneur, -euse *m,f*; **Spazierstock** M canne *f*; **Spazierweg** M sentier *m*

SPD F ⟨~⟩ ABK (Sozialdemokratische Partei Deutschlands) S.P.D. *m* (Parti social-démocrate allemand)

Specht M ⟨~(e)s; ~e⟩ ZOOL pic *m*

Speck M ⟨~(e)s; ~e⟩ *a. umg hum beim Menschen* lard *m*; *kleines Stück a.* lardon *m*; **durchwachsener, fetter, geräucherter ~** lard maigre, gras, fumé; **mit ~ umwickeln** barder; **mit ~ spicken** larder; *umg* **~ auf den Rippen haben** *umg* être rondouillard; *umg* **~ ansetzen** grossir; *sprichw* **mit ~ fängt man Mäuse** *sprichw* on ne prend pas les mouches avec du vinaigre; *umg* **ran an den ~!** *umg* à l'attaque!

Speckbauch *umg* M *umg* bedaine *f*

speckig ADJ 1 *(schmutzig u. abgewetzt)* crasseux, -euse 2 *umg pej (fett)* bouffi de graisse

Specknacken *umg pej* M cou empâté (de graisse); **Speckschwarte** F couenne *f* de lard; **Speckseite** F flèche *f* de lard; **Speckstein** M MINER stéatite *f*; **Speckstreifen** M, **Speckwürfel** M lardon *m*

Spediteur(in) M ⟨~s; ~e⟩ F ⟨~in; ~innen⟩ transporteur *m*; *internationale(r) a.* transitaire *m/f*; *(Möbelspediteur)* déménageur *m*

Spedition F ⟨~; ~en⟩ 1 *(~sfirma)* entreprise *f* de transport; *(Möbelspedition)* entreprise *f* de déménagement 2 *(Versandabteilung)* service *m* des expéditions 3 *(Beförderung)* transport *m*

Speditionsbüro N bureau *m* d'expédition; **Speditionsfirma** F entreprise *f* de transport; *(Möbelspeditionsfirma)* entreprise *f* de déménagement; **Speditionskaufmann** M *etwa* agent *m* d'une entreprise de transport; **Speditionsunternehmen** N entreprise *f* de transport

Speed Dating N ⟨~s; ~s⟩ speed dating *m*

Speer M ⟨~(e)s; ~e⟩ HIST, SPORT javelot *m*; **speerförmig** ADJ en forme de fer de lance; BOT lancéolé; **Speerspitze** F pointe *f* du javelot; **Speerwerfen** N ⟨~s⟩ (lancement *m* du) javelot *m*; **Speerwerfer(in)** M(F) lanceur, -euse *m,f* de javelot; **Speerwurf** M 1 ⟨*pas de pl*⟩ *Sportart* (lancement *m* du) javelot *m* 2 *Wurf* lancer *m* du javelot

Speiche F ⟨~; ~n⟩ 1 TECH rayon *m* 2 ANAT radius *m*

Speichel M ⟨~s⟩ salive *f*; **~ absondern** saliver

Speicheldrüse F glande *f* salivaire; **Speichelfluss** M ⟨~es⟩ salivation *f*; **Speichellecker** M ⟨~s; ~⟩ *pej* lécheur *m*; *umg* lèche-bottes *m*; **Speichelleckerei** F ⟨~; ~en⟩ *pej umg* lèche *f*

speicheln V/I ⟨-(e)le, h.⟩ baver

Speichenrad N roue *f* à rayons, à rais

Speicher M ⟨~s; ~⟩ 1 *(Lagerhaus)* entrepôt *m*; dépôt *m* 2 *regional (Dachboden)* grenier *m* 3 TECH, ELEK accumulateur *m* 4 IT mémoire *f*;

Speicherbecken N *e-s Stauwerks* réservoir *m*; bassin *m*; **Speicherfähigkeit** F ⟨~⟩ capacité *f* de stockage; **Speicherkapazität** F capacité *f* de stockage; IT *a.* capacité *f* de mémoire; **Speicherkarte** F IT carte *f* à mémoire; **Speicherkraftwerk** N usine *f* d'accumulation; **Speicherleistung** F → Speicherkapazität; **Speichermedien** NPL IT moyens *mpl* d'enregistrement

speichern V/T ⟨-(e)re, h.⟩ 1 *Waren* emmagasiner; *a. Vorräte* entreposer; stocker; *Getreide* ensiler 2 *Wärme* emmagasiner; *Wasser, Strom* accumuler 3 *Daten, Informationen* enregistrer; IT *Daten* mémoriser; *Text* sauvegarder; **Speicherplatz** M IT espace *m* de mémoire; **Speicherung** F ⟨~; ~en⟩ 1 *von Waren* emmagasinage *m*; *a. von Vorräten* stockage *m*; *von Getreide* ensilage *m* 2 *von Wärme* emmagasinage *m*; *von Wasser, Strom* accumulation *f* 3 *von Daten, Informationen* enregistrement *m*; IT *von Daten* mise *f* en mémoire; mémorisation *f*; *von Texten* sauvegarde *f*

speien *geh* V/T *u.* V/I ⟨speit, spie, gespie(e)n, h.⟩ 1 *(spucken)* cracher; **Flammen ~** cracher des flammes; **Feuer ~** vomir du feu 2 *(sich übergeben)* rendre; vomir

Speigatt N SCHIFF dalot *m*

Speis M ⟨~es⟩ *regional (Mörtel)* mortier *m*

Speise F ⟨~; ~n⟩ 1 *geh* ⟨*pas de pl*⟩ *(Nahrung)* nourriture *f*; **Speis und Trank** le boire et le manger 2 *(Gericht)* mets *m*; plat *m*; **kalte ~n** plats froids 3 *bes nordd (Süßspeise)* entremets *m*; plat sucré

Speisebrei M PHYSIOL *t/t* chyme *m*; **Speiseeis** N glace(s) *f(pl)*; **Speisefett** N graisse *f* alimentaire, comestible; **Speisefisch** M poisson *m* comestible; **Speisegaststätte** F restaurant *m*; **Speisekammer** F cellier *m*; **Speisekarte** F carte *f*; menu *m*; **Speiselokal** N restaurant *m*

speisen ⟨-(es)t, h.⟩ A V/T 1 *geh (essen)* manger 2 *geh (zu essen geben)* donner à manger à; *(ernähren)* nourrir; alimenter 3 TECH alimenter B *geh* V/I manger; prendre son repas; être à table; **wir haben soeben gespeist** nous sortons de table; **zu Mittag, Abend ~** déjeuner, dîner

Speisenaufzug M monte-plats *m*; **Speisenfolge** F menu *m*; **Speisenkarte** F → Speisekarte

Speiseöl N huile *f* de table, alimentaire; **Speisepilz** M champignon *m* comestible; **Speiseplan** M liste *f* des menus; **Speisequark** M fromage blanc; **Speiseraum** M salle *f* à manger; **Speisereste** MPL restes *mpl* (du repas); **Speiseröhre** F ANAT œsophage *m*; **Speisesaal** M salle *f* à manger; *in Internaten, Klöstern, Anstalten* réfectoire *m*; **Speisesalz** N ⟨~es⟩ sel *m* de table; **Speiseschrank** M garde-manger *m*; **Speisewagen** M EISENBAHN wagon-restaurant *m*; **Speisewärmer** M ⟨~s; ~⟩ chauffe-plat *m*; réchaud *m*; **Speisewürze** F assaisonnement *m* (liquide)

Speisezettel M menu *m* (de la semaine, *etc*); *fig* **auf dem ~ des Spechts stehen auch Ameisen** le pic se nourrit aussi de fourmis

Speisezimmer N salle *f* à manger

Speisung *geh* F ⟨~; ~en⟩ *a.* TECH alimentation *f*; BIBEL **die ~ der Fünftausend** le miracle de la multiplication des pains

speiübel ADJ ⟨*attribut*⟩ **mir ist ~** je me sens très mal; j'ai envie de vomir

Spektakel[1] *umg* M ⟨~s; ~⟩ 1 *(Lärm) umg* raffut *m*; *umg* boucan *m* 2 *(Streit)* bagarre *f*

Spektakel[2] N ⟨~s; ~⟩ *(Schauspiel)* spectacle *m*

spektakulär ADJ spectaculaire; *(sensationell)* sensationnel, -elle

spektral ADJ spectral

Spektralanalyse F analyse spectrale, du spectre; **Spektralfarbe** F couleur *f* du spectre

Spektroskop N ⟨~s; ~e⟩ PHYS spectroscope *m*

Spektrum N ⟨~s; -tren⟩ 1 PHYS spectre *m* 2 *fig (Vielfalt)* éventail *m*; diversité *f*

Spekulant(in) M ⟨~en; ~en⟩ F ⟨~in; ~innen⟩ spéculateur, -trice *m,f*; **Spekulation** F ⟨~; ~en⟩ FIN, HANDEL, *fig* spéculation *f* (**über** [+*akk*], **mit** sur)

Spekulationsgeschäft N opération spéculative, de spéculation; **Spekulationsgewinn** M gain spéculatif; **Spekulationskäufe** MPL achats spéculatifs; **Spekulationsobjekt** N objet *m* de spéculation; **Spekulationspapiere** NPL valeurs spéculatives; **Spekulationsverluste** MPL pertes spéculatives

Spekulatius M ⟨~; ~⟩ GASTR *biscuit sablé et épicé, de formes diverses*

spekulativ ADJ spéculatif, -ive

spekulieren V/I ⟨*pas de ge-*, h.⟩ 1 *umg fig* **auf etw** *(akk)* **~** compter sur qc 2 HANDEL spéculer (**mit** sur); faire des spéculations (**mit** sur); **an der Börse ~** jouer à la Bourse; **auf Hausse, Baisse ~** spéculer à la hausse, baisse 3 *(mutmaßen)* spéculer (**über** [+*akk*] sur)

Spekulum N ⟨~s; -la⟩ MED spéculum *m*

Spelunke F ⟨~; ~n⟩ *pej Kneipe* bouge *m*

Spelze F ⟨~; ~n⟩ *des Getreidekorns* balle *f*; *der Gräser* glume *f*

spendabel *umg* ADJ ⟨-bl-⟩ généreux, -euse;

large
Spende F ⟨~; ~n⟩ don m; (Almosen) aumône f; **~n sammeln** faire une collecte
spenden V/T ⟨-ete, h.⟩ 1 als Spende donner; a. Organ faire don de; Blut donner 2 fig geh Sakramente administrer; Schatten donner; Wärme dispenser; **Beifall ~** applaudir; **j-m Lob ~** faire des compliments à qn; **(j-m) Trost ~** consoler (qn); **(j-m) Freude ~** réjouir (qn); **die Sonne spendet uns ihr Licht** le soleil nous dispense sa lumière
Spendenaktion F collecte f; **Spendenaufruf** M appel m à la générosité; **Spendenbescheinigung** F reçu m de don; **Spendenkonto** N compte m (où adresser ses dons)
Spender M ⟨~s; ~⟩ 1 donateur m; (Organspender, Blutspender) donneur m; hum **wer ist der edle ~?** qui est le généreux donateur? 2 (Behälter) distributeur m
Spenderherz N MED cœur m d'un donneur (d'organe)
Spenderin F ⟨~; ~nen⟩ donatrice f; (Organspenderin, Blutspenderin) donneuse f
spendieren umg V/T ⟨pas de ge-, h.⟩ **j-m etw ~** offrir, payer qc à qn
Spendierhosen FPL umg hum **die ~ anhaben** être très généreux, -euse; **heute hat er die ~ an** a. aujourd'hui, c'est son jour de bonté
Spengler M ⟨~s; ~⟩ südd, österr, schweiz → Klempner
Spenzer M ⟨~s; ~⟩ (~jacke) spencer m; (Unterhemd) maillot m de corps
Sperber M ⟨~s; ~⟩ ZOOL épervier m
Sperenzchen, **Sperenzien** PL umg **Sperenzchen, Sperenzien machen** donner du fil à retordre; faire du (des) chichi(s)
Sperling M ⟨~s; ~e⟩ moineau m; t/t (~svogel) passereau m
Sperma N ⟨~s; -men ou ~ta⟩ sperme m
Spermatozoon N ⟨~s; -zoen⟩, **Spermium** N ⟨-iums; -ien⟩ spermatozoïde m
sperrangelweit umg ADV **die Tür stand ~ offen** od **auf** la porte était grande ouverte; **den Schnabel ~ öffnen** ouvrir un large bec; **den Mund ~ aufreißen** ouvrir la bouche toute grande
Sperrbezirk M zone interdite; **Sperrdruck** M ⟨~(e)s; ~e⟩ TYPO caractères espacés
Sperre F ⟨~; ~n⟩ 1 auf e-r Straße etc barrage m; barrière f; barricade f; MIL a. obstacle artificiel 2 (Bahnsteigsperre) portillon m; (Kontrolle) contrôle m 3 TECH (dispositif m d')arrêt m; blocage m 4 für Reiseverkehr, Nachrichten, Einwanderer etc (Verbot) interdiction f; défense f 5 (Sperrfrist), a. SPORT suspension f 6 HANDEL embargo m; für Aufträge boycottage m; **e-e ~ über etw** (akk) **verhängen** mettre l'embargo sur qc 7 PSYCH blocage m; barrage m
sperren ⟨h.⟩ A V/T 1 Weg, Zugang etc barrer; Straße interdire à la circulation; Grenze fermer 2 TECH arrêter; Rad enrayer 3 Gas, Strom couper; Urlaub annuler; supprimer; Gehalt, Konto etc bloquer; Aufträge boycotter; Sportler, Zahlungen suspendre; **e-n Scheck ~** faire opposition à un chèque; **sein Konto ~ lassen** a. faire opposition 4 TYPO espacer; **gesperrt gedruckt** en caractères espacés 5 **j-n ins Gefängnis ~** mettre qn en prison; **in den Keller ~** enfermer dans la cave B V/R **sich ~** (sich sträuben) résister; **sich gegen etw ~** résister, s'opposer à qc
Sperren N ⟨~s⟩ → Sperrung
Sperrfeuer N MIL tir m de barrage; **Sperrfrist** F JUR période f de suspension; délai m d'attente; **Sperrgebiet** N zone interdite; **Sperrgut** N marchandises encombrantes; **Sperrguthaben** N FIN avoir bloqué; **Sperrhebel** M cran m d'arrêt; **Sperrholz** N ⟨~es⟩ contreplaqué m; **Sperrholzplatte** F panneau m de contreplaqué
sperrig ADJ encombrant; volumineux, -euse
Sperrklausel F clause f d'opposition; **Sperrklinke** F TECH cliquet m; déclic m; rochet m; cran m, loquet m, cliquet m d'arrêt; **Sperrkonto** N compte bloqué; **Sperrmauer** F barrage m; **Sperrminorität** F von Aktien minorité f de blocage; **Sperrmüll** M encombrants mpl; **Sperrsitz** M THEAT fauteuil m d'orchestre; im Kino loge f; im Zirkus place f de devant; **Sperrstunde** F → Polizeistunde
Sperrung F ⟨~; ~en⟩ 1 e-r Straße etc barrage m; obstruction f; e-r Grenze fermeture f 2 von Gas, Strom coupure f; suppression f 3 TECH arrêt m 4 fig, a. von Konten, Krediten blocage m; e-s Schecks opposition f; a. SPORT suspension f; von Gehältern, Zahlungen suspension f; von Aufträgen boycottage m 5 TYPO espacement m
Sperrvermerk M im Sparbuch etc indication f d'une restriction; bei e-r Bewerbung etc **~e werden berücksichtigt** toute discrétion assurée
Sperrvorrichtung F TECH mécanisme m, dispositif m d'arrêt, de verrouillage; **Sperrzoll** M droit prohibitif; **Sperrzone** F zone interdite
Spesen PL frais mpl (de représentation); (Reisespesen) frais mpl de déplacement; **~ machen** faire des dépenses aux frais de l'entreprise; hum **außer ~ nichts gewesen** c'était une perte de temps et d'argent
spesenfrei ADJ u. ADV sans frais; tous frais payés; net, nette de tous frais
Spesenkonto N, **Spesenrechnung** F note f de frais; **Spesenvergütung** F remboursement m des frais
Spezereien geh FPL épices fpl
Spezi¹ umg M ⟨~s; ~(s)⟩ südd, österr (Kumpel) umg pote m
Spezi®² umg N ⟨~s; ~(s)⟩ *boisson à base de coca-cola et de limonade*
Spezial... IN ZSSGN meist spécial; **Spezialauftrag** M mission spéciale; **Spezialausbildung** F formation spéciale; **Spezialausführung** F modèle spécial; **Spezialfach** N spécialité f; **Spezialfahrzeug** N véhicule m à usage bzw. équipement spécial; **Spezialfall** M cas spécial, particulier; **Spezialgebiet** N spécialité f; **Spezialgeschäft** N magasin spécialisé; **Spezialgriff** M RINGEN prise spéciale; tour spécial
spezialisieren V/R ⟨pas de ge-, h.⟩ **sich (auf etw** [akk]**) ~** se spécialiser (dans qc)
Spezialisierung F ⟨~; ~en⟩ spécialisation f
Spezialist(in) M ⟨~en; ~en⟩ (F) ⟨~in; ~innen⟩ spécialiste m/f (**für** de)
Spezialität F ⟨~; ~en⟩ spécialité f
Spezialitätenrestaurant N restaurant m de spécialités
Spezialkonstruktion F construction spéciale; **Spezialkräfte** FPL personnel qualifié; spécialistes mpl; **Spezialmischung** F mélange spécial; **Spezialslalom** M slalom spécial; **Spezialtrupp** M unité spécialisée; **Spezialverfahren** N procédé spécial
speziell A ADJ spécial; particulier, -ière B ADV spécialement
Spezies F ⟨~; ~⟩ BOT, ZOOL espèce f
Spezifikation F ⟨~; ~en⟩ spécification f
Spezifikum N ⟨~s; -ka⟩ 1 (Besonderheit) particularité f 2 MED remède m spécifique
spezifisch ADJ PHYS, fig spécifique
spezifizieren V/T ⟨pas de ge-, h.⟩ spécifier; détailler; **Spezifizierung** F ⟨~; ~en⟩ spécification f
Sphäre F ⟨~; ~n⟩ sphère f; fig hum **in höheren ~n schweben** planer
Sphärenharmonie F ⟨~⟩, **Sphärenmusik** F ⟨-musik⟩ harmonie f céleste
sphärisch ADJ sphérique
Sphäroid N ⟨~(e)s; ~e⟩ MATH sphéroïde m; **Sphärometer** N ⟨~s; ~⟩ PHYS sphéromètre m
Sphinx F ⟨~; ~e ou -gen⟩ MYTH Sphinx m; KUNST, ARCHÄOLOGIE, a. fig sphinx m
spicken ⟨h.⟩ A V/T 1 GASTR (entre)larder 2 umg fig Rede **gespickt mit …** farci, truffé de …; Mauer **mit Glasscherben gespickt** °hérissé d'éclats de verre 3 umg fig **j-n ~** umg graisser la patte à qn B umg V/I regional (abgucken, abschreiben) copier, umg pomper (**bei j-m** sur qn)
Spicknadel F GASTR lardoire f; **Spickzettel** M e-s Redners etc notes fpl; SCHULE umg antisèche f; umg pompe f
spie → speien
Spiegel M ⟨~s; ~⟩ 1 miroir m (a. fig); glace f; umg fig **das kannst du dir hinter den ~ stecken!** (das kannst du behalten) umg tu peux te le garder!; (merk dir das) tiens-le toi pour dit!; fig **j-m den ~ vorhalten** dire ses quatre vérités à qn; fig **im ~ der Presse** aux yeux de la presse 2 am Frack, Smoking revers m de soie; am Uniformkragen écusson m 3 (Wasserspiegel) surface f; (Wasserstand) niveau m 4 (Alkoholspiegel, Blutzuckerspiegel) etc taux m 5 JAGD moucheture f; bei Vögeln maille f 6 TISCHLEREI (Deckenfeld, Türfüllung) panneau m 7 der Schießscheibe disque noir 8 → Satzspiegel
Spiegelbild N a. fig reflet m; **spiegelbildlich** A ADJ renversé B ADV à l'envers; **spiegelblank** ADJ poli comme un miroir; **Spiegelei** N œuf m sur le plat; **Spiegelfechterei** F ⟨~; ~en⟩ pej bluff m; comédie f; **Spiegelfläche** F (surface f d'un) miroir m; (surface f d'une) glace f; **Spiegelglas** N ⟨~es⟩ verre m à miroir, à glace; **spiegelglatt** ADJ Wasseroberfläche, Eis lisse; Straße verglacé; Parkett poli; **Spiegelkarpfen** M carpe f miroir
spiegeln ⟨-(e)le, h.⟩ A V/T 1 (reflektieren) Spiegel, Glasscheibe refléter; réfléchir; renvoyer (l'image de) 2 MED examiner au spéculum B V/I 1 (glänzen) briller; miroiter 2 (wie ein Spiegel wirken) réfléchir 3 (blenden) éblouir C V/R **sich ~** a. fig se refléter
Spiegelreflexkamera F (appareil m) reflex m; **Spiegelsaal** M salle f des glaces; von Versailles galerie f des Glaces; **Spiegelschrank** M armoire f à glace; **Spiegelschrift** F ⟨~⟩ écriture f spéculaire, en miroir; **Spiegelteleskop** N télescope m catoptrique
Spiegelung F ⟨~; ~en⟩ 1 Vorgang, Ergebnis réfléchissement m; PHYS réflexion f; MED examen m au spéculum 2 (Spiegelbild) reflet m
spiegelverkehrt A ADJ renversé B ADV à l'envers
Spiel N ⟨~(e)s; ~e⟩ 1 a. fig der Farben, Muskeln etc jeu m; **das ist ein ~ mit dem Feuer** c'est jouer avec le feu; **das freie ~ der Kräfte** le libre jeu des forces; **ein seltsames ~ des Zufalls, der Natur** un caprice du hasard, de la nature; **ein gefährliches ~ treiben** jouer un jeu dangereux; **ein falsches ~ treiben** ne pas jouer franc jeu; **sein ~ mit j-m treiben** jouer un (petit) jeu avec qn 2 ⟨pas de pl⟩ THEAT, MUS jeu m 3 (Wettspiel) partie f; (Glücksspiel, Gesellschaftsspiel) jeu m; **Glück im ~ haben** avoir de la chance au jeu; fig **mit j-m leichtes ~ haben** avoir beau jeu avec qn; avoir aisément raison de qn; fig **gewonnenes ~ haben** avoir partie gagnée; avoir gain de cause; **das ~ verloren geben** estimer, juger

la partie perdue; *a. fig* **das ~ ist aus** les jeux sont faits **4** SPORT match *m*; partie *f*; *a.* (*~weise*) jeu *m*; **Olympische ~e** Jeux *mpl* olympiques; **wie steht das ~?** où en est le match *bzw.* la partie? **5** *fig, mit präp* **aufs ~ setzen** mettre en jeu; risquer; **auf dem ~ stehen** être en jeu; **j-n aus dem ~ lassen** tenir qn à l'écart; **etw aus dem ~ lassen** laisser qc de côté; **j-n, etw ins ~ bringen** faire entrer qn, qc dans le jeu; **mit im ~ sein** être en jeu; **der Teufel ist mit im ~** le diable s'en mêle; **ins ~ kommen** entrer en jeu **6** (*Satz*) **ein ~ Karten, Stricknadeln** un jeu de cartes, d'aiguilles à tricoter **7** ⟨*pas de pl*⟩ TECH (*~raum*) jeu *m*

Spielabbruch M SPORT suspension *f* du match; **Spielabschnitt** M SPORT partie *f* du match; **Spielalter** N ⟨~s⟩ âge *m* du jeu; **Spielanzug** M salopette *f*; barboteuse *f*

Spielart F **1** BOT, ZOOL variété *f* **2** *fig* forme *f*; aspect *m*; **... in all s-n** *bzw.* **ihren ~en ...** sous toutes ses formes

Spielautomat M machine *f* à sous

Spielball M **1** SPORT balle *f*; TENNIS balle *f* de jeu; BILLARD bille *f* (rouge) **2** *fig* jouet *m*; **ein ~ der Winde sein** être le jouet des vents

Spielbank F ⟨~; ~en⟩ casino *m*; **Spielbeginn** M début *m* du jeu, SPORT du match *bzw.* de la partie; **Spielbein** N **1** KUNST jambe *f* libre **2** SPORT jambe *f* qui shoote; **Spielbrett** N *bei Brettspielen* tableau *m*, tablette *f* de jeu

Spielchen N ⟨~s; ~⟩ (petit) jeu; manège *m*; **ein ~ machen** faire, jouer une partie

Spieldauer F SPORT durée *f* du match; *von Schallplatten* durée *f* d'audition; **Spieldose** F boîte *f* à musique

Spielekonsole F → Spielkonsole

spielen ⟨h.⟩ **A** V/T **1** *a.* SPORT, MUS, THEAT jouer; *Film, Schallplatte* passer; **Karten, Schach, Tennis, Cowboy ~** jouer aux cartes, aux échecs, au tennis, au cow-boy; **Geige, Klavier ~** jouer du violon, du piano; THEAT **ein Stück ~** jouer, donner une pièce; **wer spielt den Hamlet?** qui tient, joue le rôle d'Hamlet?; *umg fig* **was wird hier gespielt?** qu'est-ce qu'il se passe? **2** (*vorgeben*) **den Kranken ~** jouer au *od* faire le malade; **(für j-n) den Chauffeur ~** faire le taxi (pour qn); **mit gespieltem Ernst, Interesse** avec un sérieux, un intérêt feint **3** *fig* **j-m etw in die Hände ~** glisser, faire passer qc à qn **B** V/I **1** *a.* SPORT, MUS, THEAT jouer; (*sich unterhalten*) *a.* s'amuser; **mit etw ~** s'amuser avec qc; **mit der Puppe, mit Puppen ~** jouer à la poupée; **mit j-m ~** jouer avec qn; *als Partner* être le partenaire de qn; **auf der Gitarre, dem Klavier ~** jouer de la guitare, du piano; **um etw ~** jouer qc; **um Geld ~** jouer de l'argent; *nervös, zerstreut etc* **mit e-m Bleistift ~** jouer avec un crayon; **mit j-s Gefühlen ~** faire marcher qn; *fig* **mit dem Feuer ~** jouer avec le feu; **mit dem Gedanken ~ zu** (*+inf*) caresser l'idée de (*+inf*); **mit s-m Leben ~** jouer avec, risquer sa vie; → falschspielen **2** *Handlung* se passer, se dérouler (**in** [*+dat*] à, en) **3** *fig* (*sich bewegen*) jouer; **s-e Muskeln, Beziehungen** *etc* **~ lassen** faire jouer ses muscles, ses relations, *etc*; **ein Lächeln spielte um s-e Lippen** un sourire se dessinait sur ses lèvres **4** *Farbe* **ins Blau(e) ~** tirer sur le bleu **C** V/R SPORT **sich warm ~** s'échauffer; **sich nach vorn ~** se hisser au premier rang; *fig* **sich in den Vordergrund ~** se mettre en avant

Spielen N ⟨~s⟩ → Spiel1; **das ~ der Nationalhymne** l'exécution *f* de l'hymne national

spielend ADVL avec aisance; **etw ~ bewältigen** faire qc (comme) en se jouant, sans peine; **alles ~ erledigen** se faire un jeu de tout

spielenlassen V/T → spielen B 3

Spieler(in) M ⟨~s; ~⟩ F ⟨~in; ~innen⟩ *a.* SPORT joueur, -euse *m,f*

Spielerei F ⟨~; ~en⟩ **1** (*Leichtigkeit*) jeu *m* (d'enfant) **2** (*Zeitvertreib*) passe-temps *m*; **e-e ~ mit Zahlen, Buchstaben** un jeu de chiffres, lettres **3** ⟨*pas de pl*⟩ (*das Herumspielen*) enfantillage *m* **4** (*Schnickschnack*) bricole *f*

Spielergebnis N SPORT score *m*

spielerisch **A** ADJ **1** (*leicht, verspielt*) enjoué; insouciant; **mit ~er Leichtigkeit** avec aisance **2** ⟨*épithète*⟩ SPORT (*die Technik des Spiels betreffend*) concernant le jeu; **ihre ~e Leistung war hervorragend** son jeu a été excellent **B** ADV **1** (*mit Leichtigkeit*) en s'amusant; facilement **2** SPORT du point de vue du jeu

Spielerlaubnis F permis *m* de jouer; **Spieleröffnung** F SPORT début *m*; engagement *m*; **Spielfeld** N SPORT terrain *m*; TENNIS court *m*; **Spielfeldgrenze** F SPORT limite *f* du terrain; **Spielfilm** M film *m*; long métrage; **Spielfläche** F SPORT surface *f* de jeu

spielfrei ADJ **1** SPORT sans match; **heute ist ~** il n'y a pas de match aujourd'hui **2** THEAT **~er Tag** jour *m* de relâche; **Montag ~** lundi relâche

Spielführer M SPORT capitaine *m*; **Spielgefährte** M, **Spielgefährtin** F camarade *m/f* de jeu; **Spielgeld** N ⟨~(e)s⟩ **1** (*Spieleinsatz*) enjeu *m* **2** (*Spielzeuggeld*) argent *m* pour jouer; **Spielgewinn** M gain *m* au jeu; **Spielhälfte** F **1** *des Spielfelds* camp *m* **2** (*Halbzeit*) mi-temps *f*; **Spielhalle** F maison *f* de jeux; **Spielhölle** *umg pej* F tripot *m*; **Spielkamerad(in)** M(F) camarade *m/f* de jeu; **Spielkarte** F carte *f* à jouer; **Spielkasino** N casino *m*; **Spielkasse** F cagnotte *f*; **Spielkonsole** F IT console *f* de jeux (vidéo); **Spielleidenschaft** F ⟨~⟩ passion *f* du jeu; **Spielleiter** M **1** THEAT régisseur *m*; FILM metteur *m* en scène **2** TV (*Quizmaster*) présentateur *m*; **Spielleitung** F THEAT régie *f*; FILM mise *f* en scène; **Spielleute** PL musiciens *mpl*; **Spielmacher** M SPORT meneur *m* de jeu; **Spielmann** M ⟨~(e)s; -leute⟩ musicien *m*; *im Mittelalter* ménestrel *m*; **Spielmannszug** M fifres *mpl* et tambours *mpl*; **Spielmarke** F jeton *m*

Spielminute F SPORT minute *f* (de jeu); **in der letzten ~** dans la dernière minute de jeu

Spielothek F ⟨~; ~en⟩ **1** (*Spielverleih*) maison *f* de location de jeux; ludothèque *f* **2** → Spielhalle

Spielpause F SPORT repos *m*

Spielplan M THEAT répertoire *m*; (programme *m* des) spectacles *mpl*; **... steht auf dem ~** il y a ... à l'affiche

Spielplatz M terrain *m* de jeux

Spielraum M **1** TECH jeu *m*; tolérance *f* **2** *fig* liberté *f* (d'action); *a.* FIN marge *f*; **ich habe noch e-n ~ von drei Wochen** j'ai encore un délai, une marge de trois semaines

Spielregel F règle *f* du jeu; *a. fig* **gegen die ~n verstoßen** violer les règles du jeu

Spielrunde F partie *f*; **Spielsaal** M salle *f* de jeux; **Spielsachen** FPL jouets *mpl*

Spielschuld F ⟨~; ~en⟩ dette *f* de jeu; **~en sind Ehrenschulden** dette de jeu, dette d'honneur

Spielstand M score *m*; **beim ~ (von) vier zu zwei** au score de quatre à deux

Spielstein M pion *m*; **Spielstraße** F *rue à vitesse limitée dans un quartier résidentiel*; **Spielsucht** F ⟨~⟩ passion *f* du jeu; **Spieltag** M jour *m* (de championnat, compétition); **Spieltaktik** F tactique *f* de jeu; **Spieltechnik** F technique *f* de jeu; **Spieltempo** N SPORT allure *f* du jeu; **Spielteufel** M ⟨~s⟩ démon *m* du jeu; **Spieltherapie** F PSYCH ludothérapie *f*; **Spieltisch** M **1** table *f* de jeu; *in Spielkasinos* tapis vert **2** *der Orgel* console *f*; **Spieltrieb** M ⟨~(e)s⟩ instinct *m* du jeu; **Spieluhr** F boîte *f* à musique; **Spielunterbrechung** F SPORT arrêt *m* de jeu; **Spielverbot** N interdiction *f* de jouer; SPORT suspension *f*

Spielverderber(in) M ⟨~s; ~⟩ F ⟨~in; ~innen⟩ trouble-fête *m/f*; rabat-joie *m/f*; **ein ~ sein** jouer les trouble-fête

Spielvereinigung F club *m*; **Spielverlängerung** F SPORT prolongation *f* (de jeu, du match)

Spielverlauf M déroulement *m* du jeu, du match, de la partie; **im ~** pendant le jeu, *etc*

Spielwaren FPL jouets *mpl*; **Spielwarengeschäft** N magasin *m* de jouets; **Spielwarenhändler(in)** M(F) marchand(e) *m(f)* de jouets; **Spielwarenhandlung** F → Spielwarengeschäft

Spielwerk N mécanisme *m* (d'une boîte à musique)

Spielwiese F **1** terrain *m* de jeux **2** *fig* terrain idéal; **diese Zeitung ist e-e ~ für reaktionäre Meinungsäußerungen** les opinions réactionnaires sont sur leur terrain dans ce journal

Spielwut F passion *f* du jeu; **Spielzeit** F **1** THEAT saison *f* **2** SPORT durée *f* du match

Spielzeug N **1** ⟨*pas de pl*⟩ (*Spielsachen*) jouets *mpl* **2** *einzelnes* jouet *m*; **Spielzeugeisenbahn** F train *m* miniature; **Spielzeugindustrie** F industrie *f* du jouet

Spielzimmer N salle *f* de jeu

Spiere F ⟨~; ~n⟩ SCHIFF espar *od* espart *od* épar *m*

Spierstrauch M BOT spirée *f*

Spieß M ⟨~es; ~e⟩ **1** *Waffe* pique *f*; (*Wurfspieß*) javelot *m*; (*Jagdspieß*) épieu *m*; *umg* **er schreit** *od* **brüllt wie am ~** il crie comme si on l'écorchait; *umg fig* **den ~ umdrehen** renvoyer la balle **2** (*Bratspieß*) broche *f*; *kleinerer* brochette *f*; **vom ~, am ~** à la broche **3** TYPO tache *f* d'imprimerie **4** *umg* MIL (*Hauptfeldwebel*) *umg* juteux *m* **5** JAGD dague *f*

Spießbürger(in) M(F) *pej* petit-bourgeois *m*, petite-bourgeoise *f*; **spießbürgerlich** ADJ *pej* (de) petit-bourgeois; **Spießbürgertum** N ⟨~s⟩ *pej* **1** *Haltung* esprit *m* petit-bourgeois **2** (*die Spießbürger*) petite-bourgeoisie *f*

spießen V/T ⟨-(es)t, h.⟩ **etw auf die Gabel ~** piquer sa fourchette dans qc; **etw auf e-n Spieß ~** embrocher qc; **etw in etw** (*akk*) **~** enfoncer qc dans qc; transpercer qc de qc

Spießer M ⟨~s; ~⟩ **1** *umg pej* petit-bourgeois *m*; *umg* beauf *m* **2** JAGD daguet *m*

Spießerin *umg pej* F ⟨~; ~nen⟩ petite-bourgeoise *f*

Spießgeselle M *pej* complice *m*; acolyte *m*

spießig ADJ *pej* petit-bourgeois

Spießrute F **~n laufen** HIST passer par les verges; *fig* passer sous les regards curieux et hostiles

Spikes PL **1** SPORT (chaussures *fpl* à) pointes *fpl* **2** *Autoreifen* pneus *mpl* à clous; **Spikesreifen** M pneu *m* à clous

spinal *t/t* **A** ADJ **~e Kinderlähmung** poliomyélite *f* **B** ADV **~ gelähmt** poliomyélitique

Spinat M ⟨~(e)s; ~e⟩ BOT épinard *m*; GASTR épinards *mpl*; **Spinatwachtel** *umg pej* F vieille sorcière

Spind M *od* N ⟨~(e)s; ~e⟩ casier *m*; placard *m*

Spindel F ⟨~; ~n⟩ **1** *am Spinnrad* fuseau *m* **2** (*Treppenspindel*) noyau *m* **3** TECH arbre *m*

spindeldürr ADJ maigre comme un clou;

spindelförmig ADJ fusiforme; fuselé; en forme de fuseau
Spinett N ⟨~(e)s; ~e⟩ MUS épinette *f*
Spinnaker M ⟨~s; ~⟩ SCHIFF spinnaker *m*
Spinne F ⟨~; ~n⟩ araignée *f*; *umg fig* **pfui ~!** *umg* pouah!; *umg* be(u)rk!
spinnefeind *umg* **(mit) j-m ~ sein** *umg* ne pas pouvoir blairer qn; être à couteaux tirés avec qn
spinnen ⟨spinnt, spann, gesponnen, h.⟩ A V/T 1 filer 2 *fig Intrigen etc* tramer; *geh* ourdir B V/I 1 filer 2 *umg fig (verrückt sein)* être fou, folle; *umg* être dingue, cinglé; **du spinnst wohl!** *umg* ça va pas la tête!; **ich glaub, ich spinne!** *umg* c'est pas possible!
Spinnengewebe N toile *f* d'araignée; **Spinnengift** N venin *m* des arachnides; **Spinnennetz** N toile *f* d'araignée
Spinner(in) M ⟨~s; ~⟩ (F) ⟨~in; ~innen⟩ 1 *Beruf* fileur, -euse *m,f* 2 *umg fig (Verrückte[r])* *umg* dingue *m/f*; *umg* cinglé(e) *m(f)*
Spinnerei F ⟨~; ~en⟩ 1 ⟨*pas de pl*⟩ *(das Spinnen)* tissage *m* 2 *Betrieb* filature *f* 3 *(Unsinn) umg fig* idées *fpl* dingues
spinnert *umg, bes südd* ADJ *umg* toqué; *umg* dingue; *umg* cinglé
Spinngewebe N → Spinnengewebe; **Spinnrad** N rouet *m*; **Spinnrocken** M quenouille *f*; **Spinnwebe** F ⟨~; ~n⟩ fil *m* d'araignée; **~n** *pl a.* toiles *fpl* d'araignée
Spion M ⟨~s; ~e⟩ 1 *(Agent)* espion *m* 2 *(Guckloch in der Tür)* judas *m*; *(Spiegel am Fenster)* espion *m*
Spionage F ⟨~⟩ espionnage *m*; **~ treiben** faire de l'espionnage
Spionageabwehr F 1 *Tätigkeit* contre-espionnage *m* 2 *(~dienst)* service *m* de contre-espionnage; **Spionageaffäre** F histoire *f*, affaire *f* d'espionnage; **Spionagefall** M affaire *f* d'espionnage; **Spionagenetz** N réseau *m* d'espionnage; **Spionageprozess** M procès *m* d'espionnage; **Spionagering** M → Spionagenetz; **Spionagesatellit** M satellite-espion *m*
spionieren V/I ⟨*pas de ge-*, h.⟩ faire de l'espionnage; *fig* mettre son nez partout
Spionieren N ⟨~s⟩, **Spioniererei** *umg pej* F ⟨~⟩ espionnage *m*
Spionin F ⟨~; ~nen⟩ espionne *f*
Spirale F ⟨~; ~n⟩ 1 *a.* MATH, *fig* spirale *f* 2 *zur Empfängnisverhütung* stérilet *m*
Spiralfeder F ressort *m* en spirale; **spiralförmig** ADJ en spirale; *t/t* spiroïdal; **Spiralnebel** M ASTRON nébuleuse spirale
Spirans F ⟨~; -ranten⟩, **Spirant** M ⟨~en; ~en⟩ PHON spirante *f*
Spiritismus M ⟨~⟩ spiritisme *m*; **Spiritist(in)** M ⟨~en; ~en⟩ (F) ⟨~in; ~innen⟩ spirite *m/f*; **spiritistisch** ADJ spirite
Spiritualismus M ⟨~⟩ PHIL spiritualisme *m*; **Spiritualist** M ⟨~en; ~en⟩ spiritualiste *m*; **spiritualistisch** ADJ spiritualiste
spirituell ADJ spirituel, -elle
Spirituosen FPL spiritueux *mpl*
Spiritus M ⟨~; ~se⟩ alcool *m* à brûler; **Spirituskocher** M réchaud *m* à alcool; **Spirituslampe** F lampe *f* à alcool
Spital N ⟨~s; ⸚er⟩ *bes österr, schweiz* hôpital *m*
spitz A ADJ 1 pointu; MATH *Winkel* aigu, -uë; *Schuhe* à bout pointu; *Gesicht* effilé; émacié; **etw mit ~en Fingern anfassen** prendre qc du bout des doigts 2 *fig Bemerkung* piquant; mordant; *Schrei* perçant 3 *umg fig (geil)* → scharf A 10 B ADV **~ zulaufen** se terminer en pointe; **~ zulaufend** en pointe; effilé
Spitz M ⟨~es; ~e⟩ *Hund* loulou *m*
Spitzbart M bouc *m*; **spitzbekommen** *umg* V/T ⟨*irr, sép, pas de ge-*, h.⟩ découvrir; apprendre; **Spitzbogen** M (arc *m* en) ogive *f*; **Spitzbogenfenster** N fenêtre *f* en ogive; **Spitzbube** M *(Betrüger), a. hum (Schlingel)* *Mann* filou *m*; *Junge* petit filou
spitzbübisch ADJ coquin; malicieux, -ieuse
spitze *umg* A ADJ ⟨*inv*⟩ *umg* super (*inv*); *umg* formidable; *umg* génial; **~ sein** *umg* être super, génial, formidable B ADV *umg* formidablement C INT *umg* super!; *umg* génial!
Spitze F ⟨~; ~n⟩ 1 pointe *f*; *e-s Turms a.* flèche *f*; *(Schuhspitze, Nadelspitze, Stockspitze, Fingerspitze, Nasenspitze)* bout *m*; *(Haarspitze)* pointe *f*; *(spitzes Ende)* bout pointu; *e-s Baums* cime *f*; *e-s Bergs, Dreiecks, der Lunge* sommet *m*; *e-r Feder* bec *m*; *e-r Lanze* fer *m*; **die ~ abbrechen** casser la pointe (*+gen* de); *fig* **die Dinge auf die ~ treiben** pousser les choses à l'extrême; *fig* **e-r Bemerkung** *(dat)* **die ~ nehmen** atténuer le piquant, le mordant d'une remarque 2 *fig e-s Zugs, Heers etc* tête *f*; **an der ~ des Unternehmens stehen** être à la tête de l'entreprise; SPORT **an der ~ liegen** *od* **stehen** *od* **sein** être en tête; tenir la tête 3 *fig (Bosheit, Anspielung)* pointe *f*; pique *f*; **das ist e-e ~ gegen Sie** c'est une pique contre vous 4 *Gewebe* dentelle *f*; **Brüsseler ~n** *pl* dentelle *f* de Bruxelles 5 *(Spitzengruppe)* groupe *m* de tête; **die ~n der Gesellschaft, von Kunst und Kultur** les membres éminents de la société, de l'art et de la culture 6 *umg* **einsame** *od* **absolute ~ sein** *umg* être super, génial, formidable
Spitzel M ⟨~s; ~⟩ indicateur *m*; *umg* indic *m*
spitzeln V/I ⟨-(e)le, h.⟩ espionner
spitzen V/T ⟨-(es)t, h.⟩ rendre pointu; *Bleistift* tailler; aiguiser; **den Mund ~** faire la bouche en cul-de-poule; **die Ohren ~** *Hund* dresser les oreilles; *fig Mensch* dresser l'oreille
Spitzenbelastung F ELEK charge *f* de pointe
Spitzenbesatz M garniture *f* de dentelles; **Spitzenbluse** F *aus Spitze* blouse *f* de *od* en dentelle; *mit Spitze* blouse garnie, ornée de dentelle; **Spitzendeckchen** N *aus Spitze* napperon *m* de *od* en dentelle; *mit Spitze* napperon garni, orné de dentelle
Spitzeneinkommen N revenu très élevé; **Spitzenerzeugnis** N produit *m* de première qualité, de grande classe; **Spitzenfunktionär** M °haut fonctionnaire; **Spitzengehalt** N salaire (très) élevé; °haut salaire; **Spitzengeschwindigkeit** F vitesse *f* maximum, de pointe; **Spitzengruppe** F SPORT peloton *m* de tête; *in e-r Tabelle* groupe *m* de tête; **Spitzenkandidat(in)** M(F) candidat(e) *m(f)* numéro un; tête *f* de liste
Spitzenklasse F classe supérieure; élite *f*; **ein Restaurant der ~** un restaurant de grande classe; un très grand restaurant; *umg* **das ist (absolute) ~!** *umg* c'est vraiment super, formidable!
Spitzenkleid N *aus Spitze* robe *f* de *od* en dentelle; *mit Spitze* robe garnie, ornée de dentelle; **Spitzenklöpplerin** F dentellière *f*
Spitzenkraft F personne °hautement qualifiée; **die Spitzenkräfte im Druckgewerbe** le personnel °hautement qualifié dans l'imprimerie
Spitzenkragen M col *m* de *od* en dentelle
Spitzenleistung F *e-r Fabrik, e-s Arbeiters* rendement *m* maximum; SPORT record *m*; performance *f*; **Spitzenlohn** M salaire *m* maximum; plafond *m* de rémunération; **Spitzenmannschaft** F SPORT équipe *f* de tête; **Spitzenpolitiker(in)** M(F) personnalité *f* politique de premier plan
Spitzenposition F position *f* de leader; **e-e ~ einnehmen** être (le) leader, (le) numéro un
Spitzenprodukt N → Spitzenerzeugnis; **Spitzenqualität** F qualité exceptionnelle, supérieure; première qualité; **Spitzenreiter** M SPORT leader *m*; FUSSBALL équipe *f* de tête; équipe *f* vedette; *fig, a. Produkt, Lied in der Hitparade etc* numéro un *m*; leader *m*; **Spitzenspiel** N SPORT match *m* vedette; **Spitzensportler(in)** M(F) champion, -ionne *m,f*; **Spitzenstellung** F position (très) élevée
Spitzentanz M pointes *fpl*; **Spitzentänzerin** F danseuse *f* classique
Spitzentaschentuch N ⟨~(e)s; -tücher⟩ mouchoir *m* de dentelle
Spitzentechnologie F technologie *f* de pointe; **Spitzenverbrauch** M consommation *f* de pointe; **Spitzenverdiener(in)** M(F) (personne *f* gagnant un) gros, °haut salaire; **Spitzenwert** M valeur *f* maximum; **Spitzenzeit** F 1 *des Verkehrs etc* heure *f* de pointe 2 SPORT *(sehr gute Zeit)* très bon temps; *(Bestzeit)* meilleur temps
Spitzer M ⟨~s; ~⟩ *(Bleistiftspitzer)* taille-crayon(s) *m*
spitzfindig ADJ tatillon, -onne; chicanier, -ière; **Spitzfindigkeit** F ⟨~; ~en⟩ ergotage *m*; chicanerie *f*
Spitzhacke F pic *m*; pioche *f*
spitzig → spitz A 1, 2, B
Spitzkehre F 1 *(Haarnadelkurve)* virage *m* en épingle à cheveux 2 SKIFAHREN conversion *f*; **Spitzkohl** M chou *m* à feuilles lisses *(se terminant en pain de sucre)*; **spitzkriegen** *umg* V/T ⟨*sép*, -ge-, h.⟩ découvrir; **Spitzmaus** F musaraigne *f*; **Spitzname** M sobriquet *m*; surnom *m*; **Spitzwegerich** M BOT plantain lancéolé; **spitzwink(e)lig** ADJ *Dreieck* à angle aigu; **spitzzüngig** ADJ *fig* cinglant; mordant
Spleen M ⟨~s; ~e *ou* ~s⟩ lubie *f*; **e-n ~ haben** être dérangé, détraqué
spleenig ADJ bizarre; excentrique
spleißen V/T ⟨-(es)t, *régulier ou* spliss, gesplissen, h.⟩ SCHIFF épisser
Splint M ⟨~(e)s; ~e⟩ TECH goupille (fendue)
spliss → spleißen
Spliss M ⟨~es; ~e⟩ 1 SCHIFF épissure *f*; épissage *m* 2 *der Haarspitzen* fourche *f*; **~ haben** avoir les cheveux fourchus
Splitt M ⟨~(e)s; ~e⟩ gravillon *m*
splitten V/T ⟨h.⟩ 1 WIRTSCH diviser 2 POL panacher
Splitter M ⟨~s; ~⟩ *(Holzsplitter, Glassplitter, Granatsplitter)* éclat *m*; *(Eisensplitter, Diamantsplitter)* paillette *f*; *(Steinsplitter)* écaille *f*; *(Knochensplitter)* esquille *f*; *in der Haut* écharde *f*; **Splitterbruch** M MED fracture comminutive
splitterfasernackt *umg hum* ADJ tout nu; nu comme un ver
splitterfrei ADJ **~es Glas** verre *m* de sécurité
Splittergruppe F sous-groupe *m*; *pej* groupuscule *m*
splitterig ADJ 1 *(leicht splitternd) Holz* qui se fend facilement; *Knochen* esquilleux, -euse 2 *(voller Splitter)* réduit en éclats; fendillé
splittern V/I ⟨-(e)re⟩ 1 ⟨s.⟩ *(zerbrechen)* voler en éclats; se briser par éclats; *Holz* se fendre 2 ⟨h.⟩ *(Splitter bilden)* se fendiller
splitternackt *umg* ADJ tout nu; nu comme un ver; **Splitterpartei** F *très petit parti politique*; **Splitterschutz** M MIL protection *f* contre les éclats; *als Schild* pare-éclats *m*; **splittersicher** ADJ MIL à l'abri des éclats; pare-éclats; *Glas* → splitterfrei
Splitting N ⟨~s; ~s⟩ 1 ⟨*pas de pl*⟩ STEUERWESEN système de péréquation fiscale des revenus d'un couple marié 2 WIRTSCH division *f* 3 POL panachage *m*

splittrig → splitterig
SPÖ F ⟨~⟩ ABK (Sozialdemokratische Partei Österreichs) parti social-démocrate d'Autriche
Spoiler M ⟨~s; ~⟩ AUTO spoiler *m*
sponsern V/T ⟨h.⟩ sponsoriser
Sponsor(in) M ⟨~s; -soren⟩ (F) ⟨~in; ~innen⟩ sponsor *m*
spontan ADJ spontané
Spontaneität, **Spontanität** F ⟨Spontaneität, Spontanität⟩ spontanéité *f*
Sponti *umg* M ⟨~s; ~s⟩ *etwa* spontanéiste *m/f*
sporadisch ADJ sporadique
Spore F ⟨~; ~n⟩ BOT spore *f*
Sporenbildung F BOT sporulation *f*; **Sporenpflanze** F *t/t* cryptogame *m*; **Sporentierchen** N sporozoaire *m*
Sporn M ⟨~(e)s⟩ **1** ⟨*pl* Sporen⟩ *am Reitstiefel* éperon *m*; **e-m Pferd die Sporen geben** éperonner un cheval; *fig* **sich** *(dat)* **die (ersten) Sporen verdienen** gagner ses (premiers) galons **2** ⟨*pl* Sporen *ou* ~e⟩ ZOOL éperon *m*; *beim Hahn* ergot *m* **3** ⟨*pl* ~e⟩ BOT éperon *m* **4** ⟨*pl* ~e⟩ FLUG béquille *f*; HIST SCHIFF éperon *m*
spornstreichs *liter* ADV aussitôt; immédiatement
Sport M ⟨~(e)s⟩ sport *m*; SCHULE *a.* éducation *f* physique; **~ treiben** faire du sport; *umg* **sich** *(dat)* **e-n ~ daraus machen, etw zu tun** prendre un malin plaisir à faire qc
Sportabzeichen N brevet sportif; **das ~ machen** passer son brevet sportif
Sportangler M pêcheur (sportif); **Sportanlage** F terrain *m* de sport; *(Stadion)* stade *m*; **Sportanzug** M tenue *f* de sport; **Sportart** F sport *m*; **Sportartikel** MPL articles *mpl* de sport; **Sportarzt** M, **Sportärztin** F médecin *m* spécialiste de médecine sportive; *bei e-r Veranstaltung* médecin *m* soigneur; **Sportausrüstung** F équipement *m* de sport; **sportbegeistert** ADJT passionné de sport; **Sportbegeisterung** F passion *f* du sport *od* pour le sport; **Sportbeilage** F *e-r Zeitung* supplément sportif; **Sportbekleidung** F vêtements *mpl* de sport; habillement sportif; **Sportbericht** M reportage sportif; **Sportberichterstatter(in)** M(F) reporter sportif; **Sportboot** N °hors-bord *m*; **Sportdress** M tenue *f* de sport; **Sportereignis** N événement sportif; **Sportfeld** N terrain *m* de sport; *(Stadion)* stade *m*; **Sportfest** N fête *f* du Sport; **Sportflieger** M pilote *m* d'avion de tourisme; **Sportflugzeug** N avion *m* de tourisme; **Sportfreund(in)** M(F) **1** *(Sportliebhaber[in])* sportif, -ive *m,f*; amateur *m* de sport **2** *(Sportkamerad[in])* camarade *m/f* de sport; **Sportfunktionär** M responsable *m* des sports; **Sportgeist** M ⟨~(e)s⟩ esprit sportif; **Sportgelände** N terrain *m* de sport; **Sportgerät** N appareil *m* de gymnastique; HANDEL article *m* de sport; **Sportgeschäft** N magasin *m* d'articles de sport; **Sporthalle** F salle *f* omnisports; **Sporthemd** N chemise *f* de sport; **Sporthochschule** F institut *m* universitaire de formation des professeurs d'éducation physique; *in Frankreich* U.R.E.P.S. *m*; *früher* C.R.E.P.S. *m*; **Sporthose** F pantalon *m* de sport; **Sporthotel** N hôtel *m* avec complexe sportif
sportiv ADJ **1** *Kleidung* sport *(inv)* **2** *Menschen* à l'allure sportive
Sportjacke F veste *f*, blouson *m* sport; **Sportjournalist(in)** M(F) chroniqueur, -euse *m,f* de sport; journaliste sportif, -ive; **Sportkamerad(in)** M(F) camarade *m/f* de sport; **Sportkleidung** F vêtements *mpl* de sport; **Sportlehrer(in)** M(F) professeur *m/f* d'éducation physique
Sportler(in) M ⟨~s; ~⟩ (F) ⟨~in; ~innen⟩ sportif, -ive *m,f*; **Sportlerherz** N MED hypertrophie *f* musculaire cardiaque
sportlich ADJ sportif, -ive; *Kleidung etc* sport *(inv)*; **Sportlichkeit** F ⟨~⟩ sportivité *f*
Sportmedizin F médecine *f* du sport, sportive; **sportmedizinisch** ADJ médico-sportif, -ive; **Sportmeldungen** FPL nouvelles sportives; **Sportmodell** N modèle sportif, de sport; **Sportmütze** F casquette *f* sport; **Sportnachrichten** FPL nouvelles sportives; **Sportpalast** M palais *m* des sports; **Sportplatz** M terrain *m* de sport; *(Stadion)* stade *m*; **Sportpresse** F presse sportive, du sport; **Sportrad** N vélo *m* de sport; **Sportredakteur(in)** M(F) rédacteur, -trice sportif, -ive; **Sportreportage** F reportage sportif; **Sportreporter(in)** M(F) reporter sportif; **Sportrubrik** F *e-r Zeitung* rubrique sportive; **Sportschuh** M **1** *(Turnschuh)* chaussure *f* de sport **2** *(sportlicher Schuh)* chaussure *f*, soulier *m* sport; **Sportsendung** F (émission *f* des) sports *mpl*; émission sportive
Sportsfreund M → Sportfreund(in); *umg fig* **hallo, ~!** *umg* salut mon vieux!
Sportsgeist M ⟨~(e)s⟩ esprit sportif; **Sportskanone** *umg* F *umg* crack *m*; as *m*; champion, -ionne *m,f*; **Sportsmann** M ⟨~(e)s; -männer *ou* -leute⟩ sportif *m*
Sportstadion N stade *m*; **Sportstrumpf** M chaussette *f* de sport; **Sportstudent(in)** M(F) étudiant(e) *m(f)* en sports
Sportswear F ⟨~⟩ MODE vêtements *mpl* (de) sport
Sporttaucher(in) M(F) plongeur, -euse *m,f* sous-marin(e); **Sportteil** M *e-r Zeitung* rubrique sportive; page(s) sportive(s); **Sporttrikot** N maillot *m* de sport; **Sportunfall** M accident *m* de sport; **Sportunterricht** M éducation *f* physique; **Sportveranstaltung** F rencontre, manifestation sportive; **Sportverband** M association sportive; **Sportverein** M club sportif; **Sportverletzung** F blessure *f* de sport; **Sportwagen** M **1** *Auto* voiture *f* de sport **2** *(offener Kinderwagen)* poussette *f*; **Sportwart** M ⟨~(e)s; ~e⟩ gardien *m*; **Sportwettkampf** M compétition sportive; **Sportzeitung** F journal *m* de sport; revue sportive
Spot M ⟨~s; ~s⟩ *(Werbespot, ~light)* spot *m*
Spotlight N ⟨~s; ~s⟩ spot *m*
Spott M ⟨~(e)s⟩ moquerie *f*; *geh* raillerie *f*; **beißender ~** sarcasme *m*; **s-n ~ mit etw, j-m treiben** se moquer de qc, qn; tourner qc, qn en ridicule, dérision
Spottbild N caricature *f*; **spottbillig** *umg* **A** ADJ donné; très bon marché **B** ADV pour une bouchée de pain; **Spottdrossel** F ZOOL (merle *m*) moqueur *m*
Spöttelei F ⟨~; ~en⟩ moquerie *f*; persiflage *m*; *geh* raillerie *f*
spötteln V/I ⟨-(e)le, h.⟩ se moquer (**über** [+akk] de)
spotten V/I ⟨-ete, h.⟩ (**über j-n, etw**) **~** se moquer (de qn, qc); *geh* **der Gefahr** *(gen) etc* **~** mépriser le danger, *etc*
Spötter(in) M ⟨~s; ~⟩ (F) ⟨~in; ~innen⟩ moqueur, -euse *m,f*; *geh* railleur, -euse *m,f*
Spottgedicht N poème *m* satirique, satire *f* (**auf** [+akk] contre); *kleineres* épigramme *f* (**auf** [+akk] contre)
Spottgeld *umg* N ⟨~(e)s⟩ bas prix; **für ein ~** pour une bouchée de pain
spöttisch **A** ADJ moqueur, -euse; *geh* railleur, -euse **B** ADV **~ lächeln** sourire d'un air moqueur, narquois
Spottlied N chanson *f* satirique; **Spottlust** F humeur moqueuse, railleuse; **Spottname** M sobriquet *m*; surnom *m*
Spottpreis M → Spottgeld; **zu e-m ~** pour une bouchée de pain
sprach → sprechen
Sprachatlas M atlas *m* linguistique; **Sprachbarriere** F LING barrière *f* linguistique; SOZIOLOGIE °handicap *m* de la langue; **sprachbegabt** ADJ doué pour les langues; **Sprachbegabung** F don *m* des langues; **sprachbehindert** ADJT atteint de troubles de la parole *od* du langage
Sprache F ⟨~; ~n⟩ langue *f*; *als System* langage *m*; *(Fähigkeit zu reden)* parole *f*; *(Jargon)* jargon *m*; argot *m*; *e-s Schriftstellers od Werks* style *m*; *(Redeweise)* parler *m*; **die menschliche ~** le langage humain; **alte, neuere ~n** langues anciennes, modernes; **gehobene ~** langage, style soutenu; **die gesprochene ~** la langue parlée; *fig* **die ~ des Herzens** le langage du cœur; **in französischer ~** en français; *fig* **e-e deutliche ~ sprechen** *Menschen* dire carrément ce que l'on pense; *Dinge* être éloquent, significatif, -ive; **die gleiche ~ sprechen** *od* **reden** *a. fig* parler la même langue; **die ~ auf etw, j-n bringen** mettre, amener la conversation sur qc, qn; **etw zur ~ bringen** mettre qc en discussion; **zur ~ kommen** être discuté, mentionné; **mit der ~ herausrücken** s'expliquer; **es verschlug mir die ~**, *umg* **mir blieb die ~ weg** j'en ai eu le souffle coupé; *umg* **mit der ~ nicht recht herauswollen** *umg* tourner autour du pot; *umg* **heraus mit der ~!** explique-toi *bzw.* expliquez-vous!
Sprachebene F LING niveau *m* de langue
Sprachenschule F école *f* de langues; **Sprachenstudium** N études *fpl* de(s) langues
Sprachentwicklung F évolution *f* de la langue; **Spracherkennung** F ⟨~⟩ IT reconnaissance vocale; **Spracherkennungssoftware** F logiciel *m* de reconnaissance vocale; **Spracherwerb** M ⟨~(e)s⟩ acquisition *f* du langage; **Sprachfamilie** F famille *f* linguistique; **Sprachfehler** M défaut *m* de prononciation; **Sprachforscher(in)** M(F) linguiste *m/f*; **Sprachforschung** F linguistique *f*; **Sprachführer** M manuel *m*, guide *m* de conversation
Sprachgebiet N **das französische, deutsche** *etc* **~** les pays *mpl* de langue française, allemande, *etc*; les pays francophones, germanophones, *etc*
Sprachgebrauch M ⟨~(e)s⟩ usage *m*; **im ~ der Politiker** *etc* dans le langage politique, *etc*
Sprachgefühl N ⟨~(e)s⟩ sens *m* de la langue; **Sprachgemeinschaft** F communauté *f* linguistique
Sprachgenie N **er, sie ist ein ~** il, elle a le don des langues
Sprachgeografie, **Sprachgeographie** F géographie *f* linguistique; **Sprachgeschichte** F ⟨~⟩ histoire *f* de la langue; *t/t* diachronie *f*
sprachgeschichtlich ADJ qui concerne l'histoire d'une langue; LING diachronique; **sprachgestört** ADJT qui souffre de troubles du langage; **sprachgewaltig** ADJ très éloquent; **sprachgewandt** ADJ qui s'exprime très bien; éloquent
Sprachgrenze F frontière *f* linguistique; **Sprachgut** N ⟨~(e)s⟩ vocabulaire *m*; **Sprachinsel** F îlot *m* linguistique
Sprachkenntnisse FPL connaissances *fpl* d'une *bzw.* des langue(s); **sie hat gute ~** elle a de bonnes connaissances de langues étrangères; **ihre französischen ~** ses connaissances en français; *weitS.* son français

S

Sprachkompetenz F compétence *f* linguistique; **Sprachkurs** M cours *m* de langue; **Sprachlabor** N laboratoire *m* de langues; **Sprachlehre** F grammaire *f*; **Sprachlehrer(in)** M(F) professeur *m/f* de langue(s)

sprachlich A ADJ qui concerne la langue; *(linguistisch)* linguistique; *(grammatisch)* grammatical; **~e Minderheit** minorité *f* linguistique B ADV du point de vue linguistique, grammatical

sprachlos ADJ 1 *geh (wortlos)* muet, muette 2 *fig (verblüfft)* stupéfait; interdit; sans voix; **jetzt bin ich aber ~** les bras m'en tombent; **da bist du ~!** ça te laisse sans voix!

Sprachlosigkeit F ⟨~⟩ *(Verblüfftheit)* stupéfaction *f*; **Sprachniveau** N niveau *m* de langue; **Sprachpflege** F culture *f* d'une langue; **Sprachpsychologie** F psychologie *f* du langage

Sprachraum M **der französische, deutsche** *etc* **~** les pays *mpl* de langue française, allemande, *etc*; les pays francophones, germanophones, *etc*

Sprachreform F réforme *f* d'une *bzw.* de la langue; **Sprachregel** F règle grammaticale; **Sprachregelung** F régime *m* linguistique

Sprachrohr N 1 porte-voix *m*; mégaphone *m* 2 *fig (Sprecher)* porte-parole *m*; **sich zum ~ e-r Sache** *(gen)* **machen** se faire l'interprète de qc

Sprachschatz M trésor *m* d'une langue; vocabulaire *m*; **Sprachschwierigkeiten** FPL difficultés *fpl* d'expression; **Sprachstörung** F troubles *mpl* de la parole, du langage; **Sprachtest** M test *m* de langue; **Sprachübung** F exercice *m* de langue

Sprachunterricht M enseignement *m* d'une *bzw.* des langue(s); **~ erteilen** enseigner une *bzw.* des langue(s); **französischer ~** leçons *fpl*, cours *mpl* de français

Sprachverwandtschaft F parenté *f* de langue; **Sprachverwirrung** F confusion *f* des langues; **Sprachwandel** M évolution *f* dans une *bzw.* la langue; **Sprachwerkzeuge** NPL ANAT organes *mpl* de la parole

Sprachwissenschaft F linguistique *f*; **Sprach- und Literaturwissenschaft** philologie *f*

Sprachwissenschaftler(in) M(F) linguiste *m/f*; **Sprach- und Literaturwissenschaftler(in)** *m(f)* philologue *m/f*

sprachwissenschaftlich ADJ linguistique; **Sprachzugehörigkeit** F appartenance *f* linguistique

sprang → springen

Spray M *od* N ⟨~s; ~s⟩ aérosol *m*; spray *m*; **Spraydose** F bombe *f*

sprayen V/T ⟨h.⟩ vaporiser; *Graffiti umg* bomber; taguer

Sprayer(in) M ⟨~s; ~⟩ (F) ⟨~in; ~innen⟩ tagueur, -euse *m,f*

Sprayflasche F bombe *f*; *kleinere, bes für Parfüm* atomiseur *m*; vaporisateur *m*

Sprechanlage F interphone *m*; **Sprechblase** F *in Comics* bulle *f*; **Sprechbühne** F théâtre *m*

Sprechchor M THEAT chœur parlé; *fig* **die Sprechchöre der Demonstranten** le chœur des manifestants; **etw im ~ rufen** crier qc en chœur

sprechen ⟨spricht, sprach, gesprochen, h.⟩ A V/T *u.* V/I 1 parler; *Urteil* prononcer; rendre; *Wahrheit, Gebet, Gedicht, Wort* dire; **mit j-m ~** parler avec qn; **miteinander ~** se parler; **von** *od* **über etw** *(akk)* **~** parler de qc; **von Geschäften, über Politik, Kunst ~** *a.* parler affaires, politique, art; **wir ~ noch darüber** nous en reparlerons; **da wir gerade davon ~** à (ce) propos; **~ wir nicht davon!** n'en parlons pas!; **man spricht nur noch von ...** on n'entend parler que de ...; **auf etw, j-n zu ~ kommen** en venir à parler de qc, qn; **den Segen über j-n ~** donner sa bénédiction à qn; bénir qn; **gut, schlecht von j-m ~** dire du bien, du mal de qn; **auf j-n schlecht** *od* **nicht gut zu ~ sein** en vouloir à qn; **zu j-m ~** parler à qn 2 **j-n ~** parler à qn; **(für j-n) zu ~ sein** recevoir (qn); **kann ich dich mal einen Moment ~?** est-ce que je peux te dire un mot?; **kann ich bitte Frau Funke ~?** je voudrais parler à Mme Funke; pourrais-je parler à Mme Funke?; **ich bin heute für niemanden zu ~!** aujourd'hui, je ne suis là pour personne! 3 *fig* **das spricht für sich** c'est significatif; c'est éloquent; **das spricht für ihn** cela joue en sa faveur; **das spricht gegen ihn** cela joue contre lui; **das spricht gegen unseren Plan** cela s'oppose à notre projet; **was spricht (denn) dafür, dagegen?** quel en est (donc) l'avantage, l'inconvénient?; **alle Anzeichen ~ dafür, dass ...** tout porte à croire que ...; **aus s-n Worten spricht Begeisterung** ses mots expriment, traduisent l'enthousiasme; **aus ihm spricht der Neid, die Verzweiflung** c'est l'envie, le désespoir qui le fait parler ainsi B V/R **sich ~** se parler; **wir ~ uns noch!** nous nous reverrons *od* retrouverons!

Sprechen N ⟨~s⟩ langage *m*; *(Sprechvermögen)* parole *f*; **beim ~** en parlant

Sprecher(in) M ⟨~s; ~⟩ (F) ⟨~in; ~innen⟩ personne *f* qui parle; *(Redner[in])* orateur, -trice *m,f*; *(Wortführer[in])* porte-parole *m*; RADIO, TV speaker, speakerine *m,f*; *(Erzähler[in])* narrateur, -trice *m,f*; LING locuteur, -trice *m,f*

Sprecherziehung F orthophonie *f*; **sprechfaul** ADJ *a. Kind* pas bavard; peu loquace; **Sprechfunk** M radiotéléphonie *f*; **Sprechfunkgerät** N radiotéléphone *m*; *tragbares* talkie-walkie *m*; **Sprechgesang** M récitatif *m*; **Sprechmuschel** F TEL microphone *m*; **Sprechpause** F pause *f*; **Sprechprobe** F essai *m* d'audibilité; **Sprechpuppe** F poupée parlante; **Sprechrolle** F rôle parlé

Sprechstunde F *e-s Arztes, Anwalts etc* heure(s) *f(pl)* des consultations; *e-s Ministers etc* heure *f* d'audience; **~n** 9^{00}-12^{00} consultations de 9^{00} à 12^{00}; **~ haben, halten** *Arzt* consulter; recevoir; *Minister etc* donner une *bzw.* des audience(s)

Sprechstundenhilfe F *a. pej* secrétaire médicale; **Sprechtag** M jour *m* d'ouverture au public; **Sprechtechnik** F technique *f* d'élocution; **Sprechübung** F exercice *m* d'élocution; **Sprechweise** F manière *f* de parler; élocution *f*; **Sprechwerkzeuge** NPL ANAT organes *mpl* de la parole; **Sprechzeit** F 1 *e-s Arztes, Anwalts etc* heure(s) *f(pl)* de consultation 2 *(Redezeit)* temps *m* de parole; **Sprechzelle** F TEL cabine *f* téléphonique; **Sprechzimmer** N *e-s Arztes* cabinet *m* de consultation

Spreizdübel M TECH cheville *f*

Spreize F ⟨~; ~n⟩ 1 TURNEN écartement *m* des jambes 2 BAU étrésillon *m*; étançon *m*

spreizen ⟨-(es)t, h.⟩ A V/T *Beine, Finger* écarter; *Schwanz(federn), Flügel* déployer B V/R **sich ~** 1 s'écarter; se déployer 2 *geh (sich brüsten)* se rengorger; se pavaner 3 *(sich sträuben)* être récalcitrant

Spreizfuß M *t/t* pied *m* métatarsus; **Spreizsprung** M saut écarté

Sprengel M ⟨~s; ~⟩ 1 *e-s Pfarrers* paroisse *f*; *e-s Bischofs* diocèse *m* 2 *österr (Verwaltungsbezirk)* circonscription *f*

sprengen A V/T ⟨h.⟩ 1 *Brücke etc* **(in die Luft) ~** faire sauter; dynamiter 2 *(auf~) Tür, Schloss* faire sauter; *Schloss a.* forcer; *Tür a.* enfoncer; briser 3 *(zum Platzen bringen)* faire éclater; *Ketten* rompre; *fig Versammlung etc* disperser; GLÜCKSSPIEL **die Bank ~** faire sauter la banque 4 *(be~) Garten, Straße* arroser; *Wäsche* asperger; humecter B V/I 1 ⟨h.⟩ faire sauter 2 *geh* ⟨s.⟩ *Reiter* aller, arriver, partir, sortir, *etc* au galop; galoper

Sprengkammer F chambre *f* de mine; **Sprengkapsel** F capsule fulminante; détonateur *m*; **Sprengkommando** N détachement *m* de mise à feu

Sprengkopf M ogive *f*; **atomarer ~** tête *f* nucléaire

Sprengkörper M explosif *m*; engin explosif; **Sprengkraft** F ⟨~⟩ force explosive; **Sprengladung** F charge explosive; **Sprengmeister** M BERGBAU maître *m* de tir; **Sprengsatz** M charge explosive; **Sprengstoff** M matière explosive; explosif *m*; *(Plastiksprengstoff)* plastic *m*; **Sprengstoffanschlag** M attentat *m* au plastic; plasticage *od* plastiquage *m*; **Sprengstofflager** N dépôt *m* d'explosifs

Sprengung F ⟨~; ~en⟩ 1 *e-r Brücke etc* destruction *f* par explosif; dynamitage *m*; *e-r Tür* enfoncement *m*; *fig e-r Versammlung* dispersion *f* 2 *e-s Gartens etc* arrosage *m*

Sprengwagen M arroseuse *f* automobile

Sprenkel M ⟨~s; ~⟩ moucheture *f*

sprenk(e)lig ADJ moucheté; tacheté

sprenkeln V/T ⟨-(e)le, h.⟩ moucheter; tacheter; **rot gesprenkelt** tacheté de rouge; **grau und weiß gesprenkelt** grivelé

Spreu F ⟨~⟩ AGR balle(s) *f(pl)*; *fig* **die ~ vom Weizen trennen** séparer le bon grain de l'ivraie

spricht → sprechen

Sprichwort N ⟨~(e)s; ⸚er⟩ proverbe *m*

sprichwörtlich ADJ *a. fig* proverbial; **~e Redensart** dicton *m*; **~ werden** passer en proverbe

sprießen V/I ⟨sprießt, spross, gesprossen, s.⟩ *Pflanzen* pousser; sortir de terre; poindre; *(wachsen) a. Bart etc* pousser; croître

Spring F ⟨~; ~e⟩ SCHIFF embossure *f*

Springbock M ZOOL springbok *m*; **Springbrunnen** M fontaine *f*; jet *m* d'eau

springen ⟨springt, sprang, gesprungen⟩ A V/T ⟨h. *ou* s.⟩ *bestimmten Sprung* exécuter; *Entfernung, Höhe, Rekord* sauter B V/I ⟨s.⟩ 1 *a. fig,* SPORT, BRETTSPIEL sauter **(über etw** *[akk]* qc); SCHWIMMSPORT plonger; **auf die** *od* **zur Seite ~** sauter de côté; faire un écart; *Ampel* **auf Rot ~** passer au rouge; *fig* **in die Augen ~** sauter aux yeux; *umg* **wenn er einen Wunsch hat, springt sie** *umg* elle fait ses quatre volontés; *umg fig* **100 Euro ~ lassen** *umg* se fendre de 100 euros; *umg* **schnell zum Bäcker ~** faire un saut chez le boulanger 2 *(zer~, auf~) Porzellan, Glas* se fêler; se fissurer; *Eis* se crevasser; se fissurer; *Holz* se fendre; **gesprungene Lippen** *fpl* lèvres gercées; **in Stücke ~** voler en éclats

springenlassen V/T → springen B 1, Klinge

Springer M ⟨~s; ~⟩ 1 SPORT sauteur *m*; SCHWIMMSPORT plongeur *m* 2 SCHACH cavalier *m* 3 *in e-r Firma* personne *f* qui fait partie du personnel volant

Springerin F ⟨~; ~nen⟩ 1 SPORT sauteuse *f*; SCHWIMMSPORT plongeuse *f* 2 *in e-r Firma* personne *f* qui fait partie du personnel volant; *als Sekretärin* secrétaire volante

Springflut F grande marée; marée de vive-eau; **Springform** F GASTR moule *m* démontable; **Springinsfeld** M ⟨~(e)s; ~e⟩ *hum* tête *f* en l'air; écervelé *m*; étourneau *m*; **Springkraut** N ⟨~(e)s⟩ BOT balsamine *f*; impatiente *f*; **springlebendig** ADJ vif, vive; alerte; **Springmaus** F gerboise *f*; **Springmesser** N couteau *m* à cran d'arrêt; **Springpferd** N (cheval) sauteur *m*; **Springprozession** F procession dansante; **Springreiten** N jumping *m*; **Springrollo** N store *m* à enrouler; **Springseil** N *der Kinder* corde *f* à sauter; **Springstunde** F *(freie Zwischenstunde)* heure libre, creuse

Sprinkler M ⟨~s; ~⟩ arroseur *m*; **Sprinkleranlage** F installation *f* d'arrosage

Sprint M ⟨~s; ~s⟩ sprint *m*

sprinten VI ⟨-ete, s.⟩ sprinter

Sprinter(in) M ⟨~s; ~⟩ (F) ⟨~in; ~innen⟩ sprinter, -euse *m,f*

Sprit M ⟨~(e)s⟩ 1 *(Äthylalkohol)* éthanol *m* 2 *umg (Benzin)* essence *f* 3 *umg (Schnaps) umg* gnôle *od* gniole *f*

Spritzbeton M béton projeté; **Spritzbeutel** M poche *f* à douille; **Spritzblech** N garde-boue *m*; **Spritzdüse** F pulvérisateur *m*

Spritze F ⟨~; ~n⟩ 1 *als Instrument* MED, TECH seringue *f*; GARTEN, AGR pulvérisateur *m*; *(Feuerspritze)* pompe *f* à incendie; *(Teigspritze)* poche *f* à douille 2 MED *(Injektion)* piqûre *f*; **j-m e-e ~ geben** faire une piqûre à qn; **ich habe eine ~ bekommen** on m'a fait une piqûre; *Jargon* **an der ~ hängen** *umg* être toxico

spritzen ⟨-(es)t⟩ A VT ⟨h.⟩ 1 *(be~) Garten, Straße etc* arroser **(mit** de); *Obstbäume, Pflanzen mit e-m Spritzmittel* traiter (avec un insecticide); *mit e-r Handspritze* seringuer; **j-n nass ~** arroser qn; **j-m Soße auf die Kleider ~** éclabousser de sauce les vêtements de qn 2 *(ver~) Flüssigkeit mit e-m Schlauch* projeter; lancer; *mit e-r Handspritze* seringuer; *(zerstäuben)* pulvériser; *Parfum* atomiser; vaporiser; *Tier* **Gift ~** jeter du venin 3 *(auf~)* **etw auf etw** *(akk)* **~** mettre qc sur qc 4 MED *(ein~)* injecter 5 TECH *(spritzlackieren)* peindre, laquer au pistolet; *(im Spritzverfahren herstellen)* mouler par injection 6 *(durch Spritzen herstellen)* faire; *mit Farbe* peindre; **(mit Sahne) e-e Verzierung auf die Torte ~** décorer la tarte (de crème) (avec une poche à douille) 7 *Wein etc (mit Sodawasser versetzen)* mélanger d'eau gazeuse, d'eau minérale B VI 1 ⟨h.⟩ **mit Wasser** *etc* **~** lancer de l'eau, *etc* 2 ⟨h., *doublé d'une indication de direction* s.⟩ *(heraus~)* jaillir; *(hoch~)* rejaillir; gicler; *heißes Fett* sauter; gicler 3 ⟨h.⟩ *Schreibfeder (klecksen)* cracher 4 *umg fig* ⟨s.⟩ *(eilen, springen)* sauter 5 ⟨h.⟩ *umg (sich Rauschgift ~) umg* se shooter

Spritzen N ⟨~s⟩ 1 *des Gartens etc* arrosage *m*; GARTEN, AGR traitement *m*; seringage *m* (*a.* MED) 2 *e-r Flüssigkeit* projection *f*; lancement *m* 3 MED injection *f* (de … *od* +*adj*) 4 TECH *(Spritzlackieren)* peinture *f* au pistolet; *(Herstellung im Spritzverfahren)* moulage *m* par injection 5 *des Wassers, Blutes* jaillissement *m* 6 *e-r Feder* crachement *m*

Spritzenhaus N caserne *f* des pompiers

Spritzer M ⟨~s; ~⟩ 1 *(Dreckspritzer, Farbspritzer) etc* éclaboussure *f* 2 *(kleine Menge)* quelques gouttes *fpl* (de …)

Spritzfahrt *umg* F *umg* virée *f*; **Spritzflasche** F vaporisateur *m*; CHEM pissette *f*; **Spritzflüssigkeit** F liquide *m* à pulvériser; **Spritzgebäck** N petits gâteaux secs *(formés avec une poche à douille)*; **Spritzguss** M TECH moulage *m* par injection

spritzig ADJ *Person* pétillant; vif, vive; *(fröhlich)* gai; *(geistreich)* spirituel, -elle; *Musik* entraînant; *Vorstellung etc* vivant; animé; *Auto* nerveux, -euse; rapide; *Wein* vif, sec et léger

Spritzkuchen M échaudé *m*; **Spritzlack** M *Farbe* peinture *f* (pour pistolet); **Spritzlackierer** M pistoleur *m*; **Spritzlackierung** F peinture *f* au pistolet; **Spritzmittel** N GARTEN, AGR insecticide *m*; bouillie *f* (à pulvériser); **Spritzpistole** F pistolet *m* pour peinture; **Spritzschutz** M anti-éclaboussures *m*; **Spritztour** *umg* F *umg* virée *f*

spröde ADJ 1 *Glas etc* cassant; *Metall, Haut, Lippen* sec, sèche 2 *Stimme* rêche; cassant 3 *Personen, Verhalten* revêche

Sprödigkeit F ⟨~⟩ 1 cassant *m*; *von Metall, Haut, Lippen* sécheresse *f* 2 *fig* réserve *f*

spross → sprießen

Spross M ⟨~es; ~e *ou* ~en⟩ 1 ⟨*pl* ~e⟩ BOT *(Schössling)* pousse *f*; *e-s Baumes a.* jet *m*; rejet *m* 2 *geh* ⟨*pl* ~e⟩ *(Nachkomme)* descendant *m* 3 ⟨*pl* ~en⟩ JAGD andouiller *m*

Sprosse F ⟨~; ~n⟩ 1 *e-r Leiter* échelon *m*; barreau *m* 2 *e-s Fensters* croisillon *m* 3 JAGD andouiller *m*

sprossen *geh* VI 1 ⟨h.⟩ *(neue Triebe bekommen)* bourgeonner; pousser 2 ⟨s.⟩ *(sprießen)* pousser; sortir; *fig* se manifester

Sprossenfenster N fenêtre *f* à croisillons; **Sprossenkohl** M *österr* chou *m* de Bruxelles; **Sprossenleiter** F échelle *f*; SPORT espalier *m*; **Sprossenwand** F SPORT espaliers *mpl*

Sprössling *umg hum* M ⟨~s; ~e⟩ *umg* rejeton *m*

Sprotte F ⟨~; ~n⟩ ZOOL sprat *m*; °harenguet *m*; **Kieler ~n** sprats fumés

Spruch M ⟨~(e)s; ⸚e⟩ 1 *(Lehrspruch)* maxime *f*; *(Wahlspruch)* devise *f*; *(Parole)* slogan *m*; *(Sinnspruch)* adage *m*; *in der Dichtkunst* strophe *f*, poème *m* gnomique; *(Ausspruch)* formule *f*; *(Zitat)* citation *f*; *(Bibelvers)* passage *m*; verset *m*; BIBEL **die Sprüche Salomons** les Proverbes *mpl* de Salomon 2 *(Urteilsspruch)* jugement *m*; arrêt *m*; *der Geschworenen* verdict *m*; *(Schiedsspruch)* décision *f*; *(Orakelspruch)* oracle *m* 3 *umg pej* **Sprüche klopfen** *od* **machen** *umg* être fort en gueule; **das sind doch nur Sprüche!** c'est du vent!

Spruchband N ⟨~(e)s; -bänder⟩ banderole *f*; calicot *m*; **Spruchdichtung** F ⟨~⟩ poésie *f* gnomique

Sprücheklopfer *umg pej* M ⟨~s; ~⟩ *umg* grande gueule

Sprüchlein N ⟨~s; ~⟩ 1 *(kleiner Spruch)* courte maxime; petit adage 2 *oft pej (vorgefertigter Text)* rengaine *f*; refrain *m*

spruchreif ADJ **die Sache ist (noch nicht) ~** l'affaire (n')est (pas encore) au point

Spruchweisheit F maxime *f*; sentence *f*

Sprudel M ⟨~s; ~⟩ 1 *(Mineralwasser)* eau minérale; eau gazeuse 2 *südd, österr* **(süßer) ~** limonade *f*

sprudeln ⟨-(e)le, h.⟩ A VT *österr (quirlen)* fouetter B VI 1 ⟨*doublé d'une indication de direction* s.⟩ *(heraus~)* jaillir **(aus** de) 2 *(aufwallen)* bouillonner 3 *Getränk* pétiller 4 *fig* **vor Temperament, guter Laune ~** déborder de vie, de bonne humeur

Sprudeln N ⟨~s⟩ jaillissement *m*; *(das Aufwallen)* bouillonnement *m*; *e-s Getränks* pétillement *m*

Sprudelwasser N ⟨~s; -wässer⟩ eau minérale; eau gazeuse

Sprudler M ⟨~s; ~⟩ *österr (Quirl)* fouet *m*

Sprühdose F bombe *f*

sprühen A VT ⟨h.⟩ *Funken* faire jaillir; *a. Wasser etc* lancer; projeter; *Flüssigkeit* pulvériser; *Parfüm* vaporiser; atomiser; *fig* **s-e Augen ~ Funken** ses yeux lancent des éclairs de colère B VI ⟨h., *doublé d'une indication de direction* s.⟩ *Funken* jaillir; *Wasser, Regen etc* gicler; **s-e Augen ~ vor Freude** ses yeux pétillent de joie; **von** *od* **vor Ideen ~** déborder d'idées; **von** *od* **vor Geist, Witz ~** pétiller d'esprit, de malice; **ein ~des Temperament haben** être débordant de vie

Sprüher(in) M ⟨~s; ~⟩ (F) ⟨~in; ~innen⟩ bombeur, -euse *m,f*; tagueur, -euse *m,f*

Sprühflasche F → Sprayflasche; **Sprühpflaster** N pansement *m* liquide; **Sprühregen** M bruine *f*; pluie fine; **Sprühverband** M → Sprühpflaster

Sprung M ⟨~(e)s; ⸚e⟩ 1 saut *m*; bond *m*; SCHWIMMSPORT plongeon *m*; **zum ~ ansetzen** se préparer à bondir; prendre son élan; **der ~ ins Ungewisse** le saut dans l'inconnu; *fig* **das war ein ~ ins kalte Wasser** c'était se jeter à l'eau; *umg fig* **keine großen Sprünge machen können** ne pas pouvoir faire des folies; *umg* **immer auf dem ~ sein** ne jamais s'arrêter; ne jamais prendre le temps de souffler; être toujours sur la brèche; *umg* **auf dem ~ sein zu** *(+inf)* être sur le point de *(+inf)*; *umg* **nur auf e-n ~ bei j-m vorbeikommen** ne faire qu'un saut chez qn; *umg* **es ist nur ein ~ bis dorthin** c'est à deux pas d'ici; *umg* **j-m auf die Sprünge helfen** mettre qn sur la voie 2 *in Glas, Porzellan* fêlure *f*; fissure *f*; *in der Haut* gerçure *f*; crevasse *f*; *im Holz* fente *f*; *umg* **e-n ~ in der Schüssel haben** *umg* avoir une case en moins; *umg* être fêlé 3 GEOL rejet *m*

Sprungbein N 1 ANAT astragale *m* 2 SPORT jambe *f* d'appel; **sprungbereit** ADJ prêt à sauter; **Sprungbrett** N *a. fig* tremplin *m* **(zu** pour); **Sprungdeckel** M *e-r Uhr* couvercle *m* à ressort; **Sprungfeder** F ressort *m*; **Sprungfedermatratze** F sommier *m*; **Sprunggelenk** N ANAT articulation *f* de la cheville; *bei Tieren* jarret *m*; **Sprunggrube** F SPORT fosse *f* de saut; sautoir *m*

sprunghaft A ADJ 1 *Person, Charakter* versatile; inconstant; *Unterhaltung* changeant 2 *(abrupt, ruckartig)* précipité; brusque 3 *(schnell zunehmend)* très rapide; *Preisanstieg* vertigineux, -euse B ADV **sich ~ entwickeln** se développer par bonds

Sprunghaftigkeit F ⟨~⟩ 1 *e-r Person, e-s Charakters* versatilité *f*; *a. e-r Unterhaltung* inconstance *f* 2 *(Ruckartigkeit)* changement précipité, soudain, brusque

Sprunglatte F SPORT latte *f*; **Sprunglauf** M SKI saut *m* à skis; **Sprungrahmen** M sommier *m* à ressorts; **Sprungschanze** F SKI tremplin *m* de saut; **Sprungseil** N corde *f* à sauter; **Sprungtuch** N ⟨~(e)s; -tücher⟩ *der Feuerwehr* toile *f* de sauvetage; **Sprungturm** M SCHWIMMSPORT plongeoir *m*

SPS F ⟨~⟩ ABK (Sozialdemokratische Partei der Schweiz) PS Suisse (parti socialiste suisse)

Spucke *umg* F ⟨~⟩ salive *f*; **ihm blieb die ~ weg** *umg* il en est resté baba, comme deux ronds de flan; **da bleibt mir die ~ weg!** j'en reste sans voix!; *umg* ça me sidère!

spucken VT *u.* VI ⟨h.⟩ cracher; *Vulkan, Drache* **Feuer ~** cracher du feu; *fig* **in die Hände ~** *(mit der Arbeit beginnen)* se mettre au travail

Spucken N ⟨~s⟩ crachement *m*

Spucknapf M crachoir *m*

Spuk M ⟨~(e)s; ~e⟩ apparition *f* de fantômes; *(Gespenst)* fantôme *m*; revenant *m*; spectre *m*; *fig (Ungeheuerlichkeit)* horreur *f*; monstruosité *f*

spuken A V/UNPERS ⟨h.⟩ **es spukt (in diesem Haus)** il y a des revenants (dans cette maison); cette maison est °hantée B VI ⟨h., *doublé d'une indication de direction* s.⟩ **durch die Gänge, im Schloss ~** °hanter les couloirs, le château; **dieser Gedanke spukt schon lange in s-m Kopf** cette idée le hante déjà depuis longtemps

S

Spukgeschichte F histoire *f* de fantôme; **Spukgestalt** F spectre *m*; fantôme *m*; revenant *m*; **Spukhaus** N maison °hantée; **Spukschloss** N château °hanté

Spülbecken N évier *m*; **Spülbürste** F brosse *f* (pour la vaisselle)

Spule F ⟨~; ~n⟩ *a.* ELEK, *e-s Films etc* bobine *f*; *e-r Nähmaschine* canette *f*

Spüle F ⟨~; ~n⟩ évier *m*

spulen V/T ⟨h.⟩ *Garn etc (auf~)* embobiner; *(ab~)* débobiner; *Film, Tonband etc (auf~)* enrouler; *(ab~)* dérouler

spülen ⟨h.⟩ **A** V/T **1** *Wäsche, Mund, Gläser (aus~)* rincer **2** *Geschirr* laver **3** *(schwemmen)* **etw ans Ufer ~** jeter qc sur le rivage **B** V/I **1** *(Geschirr ~)* faire la vaisselle **2** *am WC* tirer la chasse d'eau

Spülen N ⟨~s⟩ **1** *des Geschirrs* lavage *m*; *des Mundes, der Gläser* rinçage *m* **2** *der Wäsche etc* rinçage *m*

Spüler(in) M ⟨~s; ~⟩ (F) ⟨~in; ~innen⟩ *Person* plongeur, -euse *m,f*

Spülkasten M *am WC* réservoir *m* de chasse d'eau; **Spüllappen** M lavette *f*; **Spülmaschine** F lave-vaisselle *m*; **Spülmittel** N produit *m* (pour la) vaisselle; **Spülschüssel** F bassine *f*; **Spülschwamm** M éponge *f* (pour la vaisselle); **Spülstein** M *regional* évier *m*; **Spültuch** N ⟨~(e)s; ~̈er⟩ lavette *f*

Spülung F ⟨~; ~en⟩ **1** MED *(Darmspülung)* lavement *m*; *(Scheidenspülung, Magenspülung)* lavage *m* **2** *beim WC* chasse *f* d'eau

Spülwasser N ⟨~s; ~̈⟩ eau *f* de rinçage

Spulwurm M ascaride *m*

Spund M **1** ⟨~(e)s; ~̈e⟩ *e-s Fasses* bonde *f*; *(~zapfen) a.* bondon *m* **2** ⟨~(e)s; ~e⟩ *umg* **junger ~** *umg* petit jeune, jeunot

Spundloch N bonde *f*; **Spundwand** F BAU cloison *f* de palplanches; **Spundzapfen** M bondon *m*

Spur F ⟨~; ~en⟩ **1** *(Fußspur)* empreinte *f*; trace *f* **2** *fortlaufende* trace *f* (*a.* CHEM, *fig*); piste *f* (*a.* SKISPORT); *(Reifenspur)* ornière *f*; JAGD *a.* passée *f*; **e-e heiße ~** un indice prometteur; **die richtige ~** la bonne piste, voie; **e-r ~** *(dat)* **folgen, e-e ~ verfolgen** suivre une piste; **keine ~en hinterlassen** *a. fig* ne pas laisser de traces; **vom Täter, von der Vermissten fehlt jede ~** on n'a aucune trace du malfaiteur, de la disparue; **j-m, e-r Sache auf die ~ kommen** dépister qn, qc; **j-m auf der ~ sein** être sur la piste de qn; **e-r Sache** *(dat)* **auf der ~ sein** être sur le point de découvrir qc **3** *meist* PL **~en** *(Anzeichen, Reste) e-r Verletzung* marque *f*; *des Krieges, einstiger Schönheit etc* traces *fpl*; *e-r vergangenen Kultur a.* vestiges *mpl* **4** *(kleine Menge)* **e-e ~ Salz** un soupçon, une pincée de sel; **keine** *od* **nicht die leiseste ~ von Verstand** pas le moindre bon sens; *umg* **keine** *od* **nicht die ~!** pas du tout! **5** AUTO parallélisme *m* **6** TECH → Spurweite **7** *(Fahrspur)* voie *f* (*a.* EISENBAHN); **die ~ halten** rester sur sa voie; **die ~ wechseln** *Fahrzeug* déboîter **8** *e-s Tonbands etc* piste *f* (d'enregistrement)

spürbar ADJ sensible; perceptible; *(beträchtlich)* considérable

Spurbreite F → Spurweite

spuren ⟨h.⟩ **A** V/T *Loipen* tracer **B** *umg fig* V/I marcher droit

spüren ⟨h.⟩ **A** V/T **1** *(fühlen)* sentir; éprouver; *(wahrnehmen)* s'apercevoir de; **etw zu ~ bekommen** ressentir qc; **j-n etw ~ lassen** faire sentir qc à qn; **von Mitleid war nichts zu ~** il n'y avait pas la moindre pitié; *umg* **ich spüre alle Knochen (einzeln)** *nach e-r Anstrengung* j'ai mal partout; tous mes os me font mal **2** JAGD flairer **B** V/I JAGD **nach e-m Tier ~** être sur la trace d'un animal

Spurenelemente NPL CHEM oligo-éléments *mpl*; **Spurensicherung** F *Tätigkeit* relevé *m* des empreintes

Spürhund M JAGD, *a. fig* limier *m*; *(Polizeihund)* chien policier

spurlos ADJ *⟨épithète⟩ u.* ADV sans trace; **~ verschwinden** disparaître sans laisser de traces; *fig* **~ an j-m vorübergehen** ne pas toucher, marquer qn

Spürnase *umg* F **1** *(Geruchssinn)* nez *m*; *fig* flair *m* (**für** pour) **2** *fig Person* limier *m*

Spurrille F rainurage *m*

Spürsinn M ⟨~(e)s⟩ *e-s Hundes* flair *m*; *fig e-r Person* intuition *f*

Spurt M ⟨~s; ~e *ou* ~s⟩ sprint *m*; RADRENNEN emballage *m*

spurten V/I ⟨-ete, h., *doublé d'une indication de direction* s.⟩ sprinter; faire un sprint; *umg* **über die Straße, nach Hause ~** *umg* piquer un sprint en traversant la rue, vers la maison; traverser la rue, rentrer chez soi en courant

Spurwechsel M déboîtement *m*; **Spurweite** F EISENBAHN écartement *m* de la voie, des rails; voie *f*; AUTO écartement *m* des roues; voie *f*

sputen V/R ⟨-ete, h.⟩ *regional* **sich ~** se dépêcher; *umg* se grouiller; *umg* se manier *od* se magner

Sputnik M ⟨~s; ~s⟩ spoutnik *m*

Spyware F ⟨~; ~s⟩ IT logiciel *m* espion

Squash N ⟨~⟩ squash *m*

SR M ⟨~⟩ ABK (Saarländischer Rundfunk) *radio et télévision régionales allemandes (Sarrebruck)*

SRG F ⟨~⟩ ABK (Schweizerische Radio- und Rundfunkgesellschaft) Office de la radio et de la télévision suisse

Sri Lanka N ⟨→ *n/pr*⟩ le Sri Lanka

SS[1] ABK (Sommersemester) semestre *m* d'été

SS[2] F ⟨~⟩ ABK HIST (Schutzstaffel) SS *f*; *meist* SS *mpl*

SSD M ⟨~⟩ ABK HIST *DDR* → Staatssicherheitsdienst

SS-Mann M ⟨~(e)s; -Männer *ou* -Leute⟩ HIST SS *m*

SSO ABK (Südsüdost[en]) S.-S.-E. (sud-sud-est)

SSR F ⟨~⟩ ABK HIST (Sozialistische Sowjetrepublik) République socialiste soviétique

SSSR F ⟨~⟩ ABK → UdSSR

SSV M ⟨~⟩ ABK (Sommerschlussverkauf) soldes *mpl* d'été

SSW ABK (Südsüdwest[en]) S.-S.-O. (sud-sud-ouest)

st[1] INT ps(it)t!; chut!

st[2] ABK (Stunde) h (heure)

St. ABK **1** *(Sankt)* St (Saint) **2** *(Stück)* pièce *f* **3** *(Stunde)* h (heure)

s. t. ABK (sine tempore) **9 Uhr s. t.** 9 heures précises

Staat M ⟨~(e)s; ~en⟩ **1** POL État *m*; **die ~en** *(die USA)* les États-Unis *mpl*; **von ~s wegen** pour raison d'État **2** ZOOL *(Insektenstaat)* colonie *f*; **~en bildend** social **3** *⟨pas de pl⟩ fig (Pracht)* **damit kannst du keinen ~ machen** avec ça tu ne peux pas épater la galerie **4** *⟨pas de pl⟩ fig (Putz, Festkleid)* **in vollem ~** *Damen* en grande toilette; *Herren* en grande tenue; **sie erschien in ihrem schönsten ~** elle vint dans ses plus beaux atours; elle est arrivée sur son trente et un

staatenbildend ADJT → Staat 2

Staatenbund M confédération *f* d'États; **Staatengemeinschaft** F communauté *f* d'États; **staatenlos** ADJ apatride; sans-patrie; **Staatenlose(r)** M/F(M) ⟨→ A⟩ apatride *m/f*; sans-patrie *m/f (inv)*; **Staatenlosigkeit** F ⟨~⟩ statut *m* d'apatride

staatlich **A** ADJ de l'État; *Kontrolle, Maßnahme a.* gouvernemental; *Schule, Einrichtung, Behörde* public, -ique; *Betrieb* public, -ique; *Macht* étatique; **unter ~er Aufsicht** sous la surveillance, le contrôle de l'État; **~e Unterstützung** subvention *f* de l'État **B** ADV par l'État; **~ geprüft** diplômé

Staatsaffäre *umg* F **e-e ~ aus etw machen** *umg* faire tout un plat, toute une histoire de qc

Staatsakt M **1** *(Festakt)* cérémonie officielle **2** *(Hoheitsakt)* acte souverain; **Staatsaktion** F → Staatsaffäre; **Staatsamt** N charge, fonction publique

Staatsangehörige(r) M/F(M) citoyen, -enne *m,f*; **ausländischer ~r** ressortissant étranger

Staatsangehörigkeit F ⟨~⟩ nationalité *f*; **doppelte ~** double nationalité; **die deutsche ~ annehmen, haben** prendre, avoir la nationalité allemande

Staatsanleihe F emprunt *m* d'État; **Staatsanwalt** M, **Staatsanwältin** F JUR procureur *m*; **Staatsanwaltschaft** F JUR ministère public; parquet *m*; magistrature *f* debout; **Staatsapparat** M appareil *m* de l'État; **Staatsarchiv** N archives *fpl* de l'État; **Staatsausgaben** FPL dépenses publiques, de l'État; **Staatsbank** F ⟨~; ~en⟩ banque *f* d'État; banque nationale; **Staatsbeamte(r)** M fonctionnaire *m*; **Staatsbegräbnis** N obsèques, funérailles nationales; **Staatsbesuch** M visite officielle; **Staatsbeteiligung** F *an Unternehmen* participation *f* de l'État; **Staatsbetrieb** M entreprise publique; **Staatsbibliothek** F bibliothèque nationale

Staatsbürger(in) M(F) citoyen, -enne *m,f*; **er ist deutscher ~** il est de nationalité allemande

Staatsbürgerkunde F instruction *f* civique

staatsbürgerlich ADJ *⟨épithète⟩* civique; **~e Gesinnung** civisme *m*

Staatsbürgerrechte NPL droits *mpl* civiques; **Staatsbürgerschaft** F → Staatsangehörigkeit; **Staatschef** M chef *m* d'État; **Staatsdiener** M *oft hum* fonctionnaire *m*; *geh* serviteur *m* de l'État

Staatsdienst M service public; **im ~ sein** être dans le public; être dans l'administration (publique)

staatseigen ADJ appartenant à l'État

Staatseigentum N propriété nationale; domaine *m* de l'État; **Staatsempfang** M réception officielle

Staatsexamen N examen *m* d'État *(obligatoire pour les étudiants en droit, en médecine et en pharmacie et pour les enseignants titularisés)*; *für das Lehramt etwa* CAPES *m*; **erstes ~** *examen et diplôme clôturant les études (du 2e cycle)*; **zweites ~** *deuxième partie de l'examen d'État (examen pratique)*

Staatsfeind M ennemi *m* de l'État; **staatsfeindlich** ADJ antinational; **Staatsfinanzen** FPL finances publiques; **Staatsform** F forme *f* de gouvernement; système gouvernemental; **Staatsforst** M forêt domaniale; **Staatsgast** M invité(e) *m(f)* officiel, -ielle; **Staatsgebiet** N territoire *m* d'un État; **staatsgefährdend** ADJT subversif, -ive; **Staatsgefährdung** F atteinte *f* à la sûreté de l'État; **Staatsgefängnis** N prison *f* d'État; **Staatsgeheimnis** N *a. umg fig* secret *m* d'État; **Staatsgelder** NPL deniers, fonds publics; **Staatsgeschäfte** NPL affaires publiques, d'État

Staatsgewalt F ⟨~⟩ **1** *(Exekutive)* pouvoir *m* de l'État; autorité publique; **höchste ~** pouvoir *m* suprême **2** *koll (Staatsorgane)* **die ~** les

pouvoirs publics
Staatsgrenze F frontière *f* (d'un État); **Staatshaushalt** M budget *m* de l'État; **Staatshoheit** F ⟨~⟩ souveraineté *f*; **Staatsinteresse** N intérêt national; **Staatskanzlei** F *BRD e-s Bundeslandes* chancellerie *f*; *Schweiz* services administratifs du Conseil des États; **Staatskarosse** F voiture présidentielle, officielle; **Staatskasse** F Trésor public; **Staatskirche** F Église *f* d'État
Staatskosten PL **auf ~** aux frais de l'État
Staatskunst *geh* F ⟨~⟩ diplomatie *f*; **Staatslehre** F ⟨~⟩ (science *f*) politique *f*; **Staatsmacht** F ⟨~⟩ pouvoir *m*; **Staatsmann** M ⟨~(e)s; -männer⟩ homme *m* d'État; **staatsmännisch** ADJ d'homme d'État; **Staatsminister** M **1** (*Minister*) ministre *m* **2** (*Minister ohne Ressort*) ministre *m* sans portefeuille **3** (*Staatssekretär*) secrétaire *m* d'État; **Staatsoberhaupt** N chef *m* d'État; **Staatsoper** F opéra national; **Staatsorgan** N organe *m* d'État; **Staatspräsident(in)** M(F) président(e) *m(f)* de la République; **Staatsprüfung** F → Staatsexamen; **Staatsräson** F raison *f* d'État; **Staatsrat** M ⟨~(e)s; -räte⟩ **1** *Gremium, a.* HIST *DDR, Schweiz* conseil *m* d'État **2** *Schweiz, Mitglied* conseiller *m* d'État; **Staatsrecht** N ⟨~(e)s⟩ droit public; **Staatsrechtler(in)** M ⟨~s; ~⟩ (F) ⟨~in; ~innen⟩ spécialiste *m/f* du droit public; **Staatsregierung** F gouvernement *m* d'un État; **Staatsreligion** F religion *f* d'État; **Staatssäckel** M ⟨~s; ~⟩ *hum* trésor public; **Staatsschatz** M Trésor public; Trésor *m*; **Staatsschuld** F ⟨~; ~en⟩ dette publique; **Staatssekretär(in)** M(F) secrétaire *m/f* d'État (für à); **Staatssicherheit** F ⟨~⟩ sûreté intérieure de l'État; **Staatssicherheitsdienst** M ⟨~(e)s⟩ HIST *DDR* Service *m* de la sûreté intérieure de l'État (*police politique de l'ancienne RDA*); **Staatsstreich** M coup *m* d'État; **Staatstrauer** F deuil national; **Staatsverbrechen** N crime *m* politique; **Staatsvermögen** N biens nationaux; **Staatsverschuldung** F endettement *m* de l'État; **Staatsvertrag** M traité *m* (politique); **Staatswesen** N État *m*; **Staatswissenschaften** FPL sciences *fpl* politiques; **Staatswohl** N bien-être public
Stab M ⟨~(e)s; ⸚e⟩ **1** bâton *m*; *dünner* tige *f*; *a.* (*Dirigentenstab*) baguette *f*; (*Eisenstab*) barre *f*; (*Gitterstab*) barreau *m*; STABHOCHSPRUNG perche *f*; STAFFELLAUF témoin *m*; (*Bischofsstab*) crosse *f*; *geh* **den ~ über j-n brechen** condamner qn d'emblée, sans jugement **2** MIL état-major *m* **3** (*Mitarbeiterstab*) équipe *f*
Stabantenne F antenne-mât *f*; antenne-fouet *f*
Stäbchen N ⟨~s; ~⟩ **1** (*kleiner Stab*) bâtonnet *m*; baguette *f* **2** *Häkelmasche* demi-bride *f* **3** ANAT bâtonnet *m* **4** (*Essstäbchen*) baguette *f*
Stabdiagramm N diagramme *m* en bâtons
Stabelle F ⟨~; ~n⟩ *schweiz* tabouret *m*
Stabhochspringer(in) M(F) sauteur, -euse *m,f* à la perche; **Stabhochsprung** M saut *m* à la perche
stabil ADJ *Gleichgewicht, Wirtschaft etc* stable; (*fest, haltbar*) *a. Gesundheit* robuste; (*nicht wacklig*) solide
Stabilisator M ⟨~s; -toren⟩ stabilisateur *m*; CHEM *a.* stabilisant *m*; ELEK *a.* ballast *m*
stabilisieren ⟨*pas de ge-*, h.⟩ **A** V/T stabiliser **B** V/R **sich ~** se stabiliser; **Stabilisierung** F ⟨~⟩ stabilisation *f*
Stabilisierungsflosse F FLUG aileron *m* de stabilisation
Stabilität F ⟨~⟩ stabilité *f*
Stablampe F lampe *f* torche; **Stabmagnet** M barreau aimanté; **Stabreim** M allitération *f*
Stabsarzt M médecin-capitaine *m*; **Stabschef** M chef *m* d'état-major; **Stabsfeldwebel** M adjudant *m*; **Stabsoffizier** M officier supérieur
Stabwechsel M STAFFELLAUF passage *m* du témoin
stach → stechen
Stachel M ⟨~s; ~n⟩ **1** BOT épine *f* **2** ZOOL *von Insekten, Skorpionen* aiguillon *m*; dard *m*; *vom Igel, Stachelschwein* piquant *m* **3** *am Sporn, Rennschuh* pointe *f*; *des Stacheldrahts* piquant *m* **4** *geh fig* (*Qual, Antrieb*) aiguillon *m*
Stachelbeere F *Frucht* groseille *f* à maquereau; *Strauch* groseillier *m* à maquereau; **Stachelbeerstrauch** M groseillier *m* à maquereau; **Stacheldraht** M (fil *m* de fer) barbelé *m*; **Stacheldrahtzaun** M °haie *f* de barbelés; **Stachelhalsband** N collier *m* à clous; **Stachelhäuter** M ⟨~s; ~⟩ ZOOL échinoderme *m*
stachelig ADJ BOT épineux, -euse; *a.* ZOOL aiguillonné; *Igel etc* °hérissé; couvert de piquants; *Bart* piquant
Stachelrochen M pastenague *od* pastinague *f*; **Stachelschwein** N porc-épic *m*
stachlig → stachelig
Stadel M ⟨~s; ~, *österr a.* ~n⟩ *südd, schweiz, österr* grange *f*
Stadion N ⟨~s; -ien⟩ stade *m*
Stadium N ⟨~s; -ien⟩ phase *f*; stade *m*; *e-r Krankheit a.* degré *m*
Stadt F ⟨~; ⸚e⟩ **1** ville *f*; **die ~ Berlin** la ville de Berlin; **~ und Land** les villes et les campagnes; **ich gehe in die ~** je vais en ville **2** (*~verwaltung*) municipalité *f*; **bei der ~ (angestellt) sein** être employé de la ville; *umg* travailler à la ville
Stadt... IN ZSSGN → städtisch A; **Stadtarchiv** N archives municipales; **stadtauswärts** ADV en sortant de la ville; **Stadtautobahn** F autoroute urbaine; **Stadtbahn** F → S-Bahn
stadtbekannt ADJ connu de toute la ville; de notoriété publique; **das ist ~** *a.* tout le monde en parle
Stadtbevölkerung F population urbaine; **Stadtbewohner(in)** M(F) habitant(e) *m(f)* d'une *bzw.* de la ville; citadin(e) *m(f)*; **Stadtbezirk** M arrondissement (municipal); **Stadtbibliothek** F bibliothèque municipale; **Stadtbild** N physionomie *f* d'une *bzw.* de la ville; **Stadtbummel** M tour *m*, promenade *f* en ville
Städtchen N ⟨~s; ~⟩ petite ville
Stadtchronik F histoire *f* de la ville; **Stadtdirektor** M *BRD in einigen Ländern* responsable *m* de l'organisation des services municipaux
Städtebau M ⟨~(e)s⟩ urbanisme *m*; **Städtebauer(in)** M ⟨~s; ~⟩ (F) ⟨~in; ~innen⟩ urbaniste *m/f*; **städtebaulich** **A** ADJ ⟨*épithète*⟩ urbanistique **B** ADV du point de vue de l'urbanisme
stadteinwärts ADV direction centre ville; en direction du centre (ville)
Städteordnung F règlement, régime municipal; **Städtepartnerschaft** F jumelage *m*; **Städteplaner(in)** M ⟨~s; ~⟩ (F) ⟨~in; ~innen⟩ urbaniste *m/f*; **Städteplanung** F urbanisme *m*
Städter(in) M ⟨~s; ~⟩ (F) ⟨~in; ~innen⟩ citadin(e) *m(f)*
Stadtflucht F ⟨~⟩ désertion *f*, évasion *f* des villes; **Stadtführer** M guide *m* de la ville; **Stadtgarten** M jardin municipal, public; **Stadtgas** N ⟨~es⟩ gaz *m* de ville; **Stadtgebiet** N territoire *m*, périmètre *m* de la ville; **Stadtgeschichte** F ⟨~⟩ histoire *f* d'une ville
Stadtgespräch N **1** TEL communication urbaine **2** *fig* **das ist ~** toute la ville en parle; **zum ~ werden** devenir l'objet de la rumeur publique
Stadtgrenze F limite *f* de la ville; **Stadtguerilla**[1] F *Truppe* guérilla urbaine; **Stadtguerilla**[2] M *Kämpfer* guérillero *m* des villes; **Stadthalle** F salle municipale; (*Mehrzweckhalle*) salle polyvalente; **Stadthaus** N **1** (*Rathaus*) hôtel *m* de ville; mairie *f* **2** (*Wohnhaus in der Stadt*) maison *f* en ville
städtisch **A** ADJ de (la) ville; (*urban*) citadin; des villes; JUR, ADMIN municipal; urbain; (*~ verwaltet*) communal; municipal **B** ADV **1** (*durch die Stadt*) par la ville **2** **~ gekleidet** vêtu, habillé en citadin, à la manière des citadins; en tenue de ville
Stadtkämmerer M ⟨~s; ~⟩ administrateur *m* des finances municipales; trésorier municipal; **Stadtkasse** F **1** *Finanzen* budget *m* de la ville **2** *Behörde* service *m* des finances municipales; **Stadtkern** M centre *m* (de la ville); **Stadtkind** N enfant *m* de la ville; *fig* → Stadtmensch; **Stadtkreis** M *in Deutschland* district composé d'une seule ville; **Stadtleben** N ⟨~s⟩ vie en ville, citadine; **Stadtluft** F air *m* de la ville; **Stadtmauer** F rempart(s) *m(pl)*; **Stadtmensch** M personne *f* préférant vivre dans une (grande) ville; citadin(e) *m/f*; **Stadtmitte** F centre *m* (de la) ville; **Stadtpark** M parc municipal; jardin public; **Stadtparlament** N conseil municipal; **Stadtplan** M plan *m* d'une *bzw.* de la ville; **Stadtplaner(in)** M(F) urbaniste *m/f*; **Stadtplanung** F aménagement *m* des villes; urbanisme *m*; **Stadtpräsident(in)** M(F) *schweiz* maire *m*
Stadtrand M périphérie *f* d'une *bzw.* de la ville; **am ~ wohnen** *a.* habiter en banlieue
Stadtrandsiedlung F cité *f* de banlieue
Stadtrat M ⟨~(e)s; -räte⟩ **1** *Gremium* conseil municipal; **im ~ sitzen** être membre du conseil municipal **2** *Person* conseiller municipal
Stadtrecht N HIST coutume *f* d'une ville; **Stadtrundfahrt** F visite guidée (en bus); tour *m* de ville; **Stadtsanierung** F travaux *mpl* d'assainissement d'une *bzw.* de la ville; **Stadtschreiber** M HIST greffier municipal; **Stadtstaat** M ville-État *f*; **Stadtstreicher(in)** M(F) clochard(e) *m(f)*; **Stadtteil** M quartier *m*; **Stadttheater** N théâtre municipal; **Stadttor** N porte *f* de la ville
Stadtväter MPL *hum* **die ~** les conseillers municipaux
Stadtverkehr M circulation urbaine; **Stadtverordnete(r)** M/F(M) ⟨→ A⟩ conseiller, -ère municipal(e); **Stadtverwaltung** F municipalité *f*; **Stadtviertel** N quartier *m*; **Stadtwappen** N armes *fpl* d'une ville; **Stadtwerke** NPL services municipaux d'électricité, de gaz et d'eau; **Stadtwohnung** F appartement *m* en ville; **Stadtzentrum** N centre *m* (de la) ville
Stafette F ⟨~; ~n⟩ HIST estafette *f*; (*Kuriere*) messagers *mpl*; *als Begleitung* escorte *f*
Staffage F ⟨~; ~n⟩ **1** (*Beiwerk*) accessoires *mpl*; (*Dekoration*) décor *m*; ornement *m*; *fig pej* apparences *fpl* **2** MAL figures *fpl* (qui animent un tableau)
Staffel F ⟨~; ~n⟩ **1** MIL, *fig* échelon *m*; FLUG escadrille *f* **2** SPORT *Team* équipe *f* de relais; *Lauf* relais *m*
Staffelei F ⟨~; ~en⟩ chevalet *m*
Staffellauf M course *f* de relais; **Staffelläufer(in)** M(F) coureur, -euse *m,f* de relais;

S

relayeur, -euse m,f; **Staffelmiete** F loyer échelonné
staffeln VT (u. VR) ‹-(e)le, h.› **(sich) ~** (s')échelonner
Staffelrechnung F HANDEL calcul échelonné; **Staffelstab** M témoin m; **Staffeltarif** M HANDEL tarif échelonné; ELEK tarif dégressif
Staffelung F ‹~; ~en› échelonnement m; **~ der Steuersätze** progression f des taux d'imposition
staffelweise ADV par échelons
Stag N ‹~(e)s; ~e(n)› SCHIFF étai m
Stagnation F ‹~; ~en› stagnation f
stagnieren VI ‹pas de ge-, h.› a. fig stagner; être stagnant
stahl → stehlen
Stahl M ‹~(e)s; ⁼e ou ~e› acier m; **~ verarbeitend** sidérurgique; **aus ~** en acier; fig **hart wie ~** Sache très dur; Person impitoyable; **Nerven aus ~ haben** avoir des nerfs à toute épreuve
Stahlarbeiter(in) M(F) ouvrier, -ière m,f métallurgiste; **Stahlband** N ‹~(e)s; -bänder› ruban m d'acier; **Stahlbau** M ‹~(e)s; ~ten› Technik ‹pas de pl›, Gebäude construction f métallique; **Stahlbesen** M MUS balai m métallique; **Stahlbeton** M béton armé; **Stahlbetonbau** M ‹~(e)s; ~ten› Technik ‹pas de pl›, Gebäude construction f en béton armé; **stahlblau** ADJ bleu acier (inv); **Stahlblau** N bleu m acier; **Stahlblech** N tôle f d'acier; **Stahlblock** M ‹~(e)s; -blöcke› lingot m d'acier; **Stahlbürste** F brosse f métallique; **Stahldraht** M fil m d'acier
stählen geh VT ‹h.› Körper endurcir; Muskeln durcir
stählern ADJ ‹épithète› 1 d'acier; en acier 2 fig de fer; d'acier
Stahlfeder F 1 TECH ressort m d'acier 2 (Schreibfeder) plume f d'acier; **Stahlgerüst** N charpente f métallique; BAU échafaudage m métallique; **Stahlgewinnung** F production f d'acier; **Stahlgießerei** F fonderie f d'acier; **stahlgrau** ADJ gris acier (inv); **Stahlgrau** N gris m acier; **stahlhart** ADJ a. fig d'acier; **Stahlhärtung** F trempe f de l'acier; **Stahlhelm** M MIL casque m d'acier; **Stahlindustrie** F industrie f de l'acier; **Stahlkammer** F chambre forte; trésor m; **Stahlkonstruktion** F construction f métallique; **Stahlplatte** F plaque f d'acier; **Stahlrohr** N tube m d'acier; **Stahlrohrmöbel** NPL meubles mpl tubulaires; **Stahlross** umg hum N umg bécane f; **Stahlsaite** F MUS corde f d'acier; **Stahlseil** N câble m en acier; **Stahlskelett** N BAU charpente f métallique; **Stahlspäne** MPL copeaux mpl d'acier; zum Reinigen des Parketts paille f de fer; **Stahlstich** M gravure f sur acier; **Stahlträger** M BAU poutrelle f métallique; **Stahltrosse** F câble m d'acier; **stahlverarbeitend** ADJT → Stahl; **Stahlwaren** FPL articles mpl d'acier, en acier; aciers mpl; **Stahlwerk** N aciérie f; **Stahlwolle** F paille f de fer
stak → stecken B
Stake F ‹~; ~n› nordd SCHIFF gaffe f
staken VI ‹s.› nordd SCHIFF gaffer
Staken M ‹~s; ~› → Stake
Staketenzaun M clôture f en lattis, à claire-voie
Stakkato N ‹~s; ~s ou -ti› MUS staccato m
staksen umg VI ‹s.› marcher les jambes raides
staksig umg ADJ raide
Stalagmit M ‹~s ou ~en; ~e(n)› stalagmite f
Stalaktit M ‹~s ou ~en; ~e(n)› stalactite f
Stalin M ‹→ n/pr› HIST Staline m
Stalinismus M ‹~› stalinisme m; **Stalinist(in)** M ‹~en; ~en› (F) ‹~in; ~innen› stalinien, -ienne m,f; **stalinistisch** ADJ stalinien, -ienne
Stalinorgel F MIL orgue m de Staline
Stalking N ‹~s› °harcèlement (obsessionnel)
Stall M ‹~(e)s; ⁼e› 1 (Kuhstall) étable f; (Pferdestall) écurie f; (Schweinestall) porcherie f; (Hühnerstall) poulailler m; (Kaninchenstall) clapier m; (Schafstall) bergerie f; umg fig **ein ~ voll Kinder** umg une tripotée d'enfants; umg fig hum **aus e-m guten ~ kommen** sortir d'une bonne famille 2 (Rennstall) écurie f (de course)
Stallaterne F → Stalllaterne
Stallbursche M garçon m d'écurie; palefrenier m; **Stalldung** M fumier m
Stallgeruch M odeur f d'écurie, d'étable, etc; fig hum **er hat den richtigen ~, um zu** (+inf) faire partie du gratin lui permet de (+inf)
Stallhaltung F des Viehs stabulation f; **Stallhase** umg M lapin m domestique; **Stalljunge** M garçon m d'écurie; **Stallknecht** M im Kuhstall vacher m; im Rennstall garçon m d'écurie; palefrenier m; **Stalllaterne** F lanterne f; **Stallmeister** M écuyer m; im Rennstall lad m; **Stallmist** M fumier m
Stallungen FPL für Pferde écuries fpl; für Kühe etc étables fpl
Stallvieh N bétail m en stabulation; **Stallwache** F garde f d'écurie
Stamm M ‹~(e)s; ⁼e› 1 (Baumstamm) tronc m 2 ‹pas de pl› (Personalstamm) personnel permanent; (Kundenstamm, Gästestamm) clientèle f d'habitués; habitués mpl 3 (Volksstamm) tribu f 4 (Geschlecht) famille f; lignée f; race f; **der Letzte s-s ~es** le dernier de sa race 5 LING radical m 6 BIOL (Phylum) phylum m; MIKROBIOLOGIE souche f
Stammaktie F action f de capital; **Stammbaum** M arbre m généalogique; von Tieren pedigree m; certificat m d'origine; **Stammbesetzung** F THEAT troupe f dans sa distribution régulière; SPORT équipe f dans sa formation régulière; **Stammbuch** N (Familienstammbuch) livret m de famille
Stammburg F **die ~ derer von Schreckenstein** le berceau des Schreckenstein
Stammdaten PL IT données fpl de base; **Stammeinlage** F mise f de fonds initiale
stammeln VT u. VI ‹-(e)le, h.› bégayer; balbutier; **Entschuldigungen ~** balbutier, bégayer des excuses
Stammeln N ‹~s› balbutiement m; bégaiement m
stammen VI ‹h.› **~ (aus, von)** Personen descendre, sortir, être issu (de); aus e-m Land être originaire (de); a. Dinge provenir (de); (datieren) dater (de); remonter (à); **er stammt aus guter Familie** il sort d'une bonne famille; **aus derselben Familie ~** être de la même famille; **das Sofa stammt (noch) von meiner Großmutter** le canapé appartenait à ma grand-mère, vient de ma grand-mère; **das Wort stammt aus dem Lateinischen** le mot est dérivé du latin; **dieser Vorschlag, Ausspruch stammt von Felix** Félix a eu cette idée, ce mot; c'est une idée, une expression de Félix
Stammesentwicklung F BIOL phylogénèse f; **Stammesfehde** F lutte tribale; **Stammesfürst** M chef m de tribu; **Stammesgeschichte** F ‹~› BIOL phylogénie f; **Stammeshäuptling** M chef m de tribu; **Stammesordnung** F organisation tribale; **Stammesrecht** N droit tribal
Stammessen N plat m du jour
Stammessitten FPL mœurs tribales; **Stammessprache** F langue f indigène
Stammformen FPL GRAM temps premiers, primitifs; **Stammgast** M client(e) m(f) fidèle; habitué(e) m(f); **Stammgericht** N plat m du jour; **Stammgut** N bien m de famille; patrimoine m; **Stammhalter** M hum héritier m; **Stammhaus** N HANDEL maison mère f; **Stammhirn** N ANAT zone f du cerveau sans le cortex; **Stammholz** N bois m de, en grume
Stammiete F → Stammmiete
stämmig ADJ robuste; solide; fort; (gedrungen) trapu; **Stämmigkeit** F ‹~› robustesse f; solidité f
Stammkapital N HANDEL capital social, initial; **Stammkneipe** umg F café, bistrot habituel; **Stammkunde** M, **Stammkundin** F habitué(e) m(f); client(e) m(f) fidèle; **Stammkundschaft** F clientèle attitrée, d'habitués; **Stammland** N pays m d'origine; **Stammlokal** N bistrot, restaurant habituel; **Stammmiete** F THEAT abonnement m au théâtre; **Stammmutter** F ‹~; -mütter› aïeule f; ancêtre m; **Stammpersonal** N personnel permanent, stable; **Stammplatz** M place habituelle
Stammrolle F MIL matricule f; **in die ~ eintragen** immatriculer
Stammsitz M 1 e-r Adelsfamilie résidence f de famille 2 e-r Firma maison mère f; **Stammtafel** F tableau m généalogique; **Stammtisch** M Tisch table f des habitués; (~runde) groupe m des habitués; Treffen réunion f des habitués; **Stammtischpolitik** F pej discussions fpl de café; positions fpl du niveau des conversations de café
Stammutter F → Stammmutter
Stammvater M aïeul m; ancêtre m; **stammverwandt** ADJ 1 de la même race, souche 2 GRAM du même radical; **Stammvokal** M voyelle f du radical; **Stammwähler** M électeur m fidèle; **Stammwort** N ‹~(e)s; -wörter› LING racine f
Stammzelle F BIOL, MED cellule f souche; **adulte ~n** cellules souches adultes; **embryonale ~n** cellules souches embryonnaires
Stammzellenforschung F recherche f sur les cellules souches
Stamperl N ‹~s; ~n› südd, österr verre m à schnaps
stampfen A VT ‹h.› 1 Erde, Lehm etc (fest~) battre; fouler; tasser; mit e-r Ramme damer; pilonner; Asphalt comprimer; cylindrer 2 (zerkleinern) broyer; in e-m Mörser concasser; piler; Kartoffeln, Kraut écraser 3 **mit den Füßen den Rhythmus ~** battre la mesure avec les pieds 4 fig **etw aus dem Boden ~** créer qc de toutes pièces B VI 1 ‹h.› mit den Füßen piétiner; trépigner; um sich zu erwärmen battre la semelle; Pferde piaffer; **mit dem Fuß auf die Erde ~** frapper le sol du pied 2 ‹s.› (sich stampfend fortbewegen) marcher à pas lourds 3 ‹h.› Schiff tanguer
Stampfer M ‹~s; ~› 1 TECH batte f; bes STRASSENBAU dame f 2 GASTR pilon m; presse-légumes m
Stampfkartoffeln FPL regional purée f de pommes de terre
stand → stehen
Stand M ‹~(e)s; ⁼e› 1 ‹pas de pl› (stehende Stellung) station f debout; **Sprung** m **aus dem ~** saut m sans élan, à pieds joints; umg fig **aus dem ~ (heraus)** au pied levé; spontanément; fig **e-n schweren** od **keinen leichten ~ haben** être dans une situation difficile, délicate; fig **mit j-m e-n schweren** od **keinen leichten ~ haben** avoir bien du mal avec qn 2 ‹pas de pl› (~ort) place f; emplacement m 3 (Marktstand) échoppe f; étal m; étalage m; (Zeitungsstand) kiosque m; (Ausstellungsstand, Informa-

tionsstand) stand *m*; *(Taxistand)* station *f* **4** *(Position)*, ASTRON position *f*; *t/t* configuration *f* **5** *(Wasserstand)* niveau *m*; *des Barometers* °hauteur *f*; *der Papiere, Aktien* cours *m*; cote *f*; **der ~ auf dem Thermometer, Zähler ist ...** le thermomètre, compteur indique ... **6** SPORT *(Spielstand)* score *m* **7** ⟨*pas de pl*⟩ *fig (Zustand)* état *m*; niveau *m*; **der ~ der Dinge** l'état *m* des choses; **der ~ der Technik** l'état actuel de la technique; **der heutige ~** l'état présent; **nach dem neuesten ~ der Wissenschaft** selon le niveau scientifique actuel; **etw auf den neuesten ~ bringen** mettre qc à jour; **außer ~(e)** → außerstande; **im ~e** → imstande; **in ~** → instand; **zu ~e** → zustande **8** *(gesellschaftliche Stellung)* classe *f*; condition *f*; rang *m*; *(Beruf)* profession *f*; **ein Mann von ~** un homme de qualité; un notable; HIST **der dritte ~** le tiers état; HIST **die Stände** les états *mpl*; les ordres *mpl* (de la nation) **9** ⟨*pas de pl*⟩ *(Familienstand)* situation *f* de famille; *geh od hum* **in den (heiligen) ~ der Ehe treten** contracter mariage; *hum* convoler en justes noces **10** *schweiz (Kanton)* canton *m*

Standard M ⟨~s; ~s⟩ **1** standard *m*; **zum ~ gehören** être courant, la norme, de base **2** *e-r Münze* titre *m*

Standardausführung F type *m*, modèle *m* standard

standardisieren V/T ⟨*pas de ge-*, h.⟩ standardiser; **Standardisierung** F ⟨~; ~en⟩ standardisation *f*

Standardmodell N modèle *m* standard, type; **Standardwerk** N ouvrage capital, de référence, qui fait autorité

Standarte F ⟨~; ~n⟩ **1** *Fahne* fanion *m*; *(Reiterfahne)* étendard *m* **2** JAGD queue *f* *(du renard et du loup)*

Standbein N **1** SKULP jambe *f* de soutien; *fig* **das Antiquitätengeschäft ist ihr zweites ~** le magasin d'antiquités est sa deuxième béquille **2** SPORT jambe *f* d'appui

Standbild N **1** statue *f*; *kleines* statuette *f* **2** VIDEO arrêt *m* sur image

Stand-by N ⟨-(s); ~s⟩ TOURISMUS stand-by *m*; **Stand-by-Ticket** N billet *m* stand-by

Ständchen N ⟨~s; ~⟩ *(Abendständchen)* sérénade *f*; *(Morgenständchen)* aubade *f*; **j-m ein ~ bringen** donner une sérénade *bzw.* aubade à qn

Stande F ⟨~; ~n⟩ *bes schweiz* cuve *f*

Ständeordnung F HIST système *m* des ordres

Stander M ⟨~s; ~⟩ fanion *m*

Ständer M ⟨~s; ~⟩ **1** *(Gestell)* support *m*; *(Kartenständer)* chevalet *m*; *(Notenständer)* pupitre *m*; *(Kleiderständer)* porte-manteau *m*; *(Schirmständer)* porte-parapluies *m*; *(Pfeifenständer)* porte-pipes *m*; *(Kerzenständer)* chandelier *m*; *am Fahrrad* béquille *f* **2** ELEK stator *m* **3** *sl (erigierter Penis)* pénis *m* en érection; **e-n ~ haben, kriegen** *sl* bander

Ständerat M ⟨~(e)s; ~e⟩ *schweiz* **1** ⟨*pas de pl*⟩ *Gremium* Conseil *m* des États **2** *Mitglied* membre *m* du Conseil des États

Standesamt N bureau *m* de l'état civil; mairie *f*

standesamtlich **A** ADJ d'état civil; **~e Trauung** mariage civil **B** ADV civilement; **sich ~ trauen lassen** se marier civilement, à la mairie

Standesbeamte(r) M, **Standesbeamtin** F officier *m* de l'état civil; **Standesbewusstsein** N conscience *f* de son rang, de classe; **Standesdünkel** M *pej* orgueil *m* de caste; **Standesehre** F honneur professionnel

standesgemäß **A** ADJ conforme au rang; selon son rang, état **B** ADV **~ leben** tenir son rang

Standesgenosse M égal *m*; *fig* pair *m*; **Standesinteressen** NPL intérêts *mpl* de classe (sociale); intérêts corporatifs; **standesmäßig** ADJ → standesgemäß; **Standesregister** N registre *m* de l'état civil

Ständestaat M HIST système *m* des trois ordres

Standesunterschied M différence *f* de classe (sociale), de rang (social); **standeswidrig** ADJ (qui est) contraire au rang, à la classe sociale; inconvenant; **Standeszugehörigkeit** F appartenance *f* à un rang (social)

standfest ADJ **1** stable; fixe; *hum* **nicht mehr ganz ~ sein** *(beschwipst sein)* ne plus marcher très droit; être un peu ivre **2** *fig (standhaft)* ferme; résolu

Standfestigkeit F stabilité *f*; *(Standhaftigkeit)* fermeté *f*; **Standfläche** F assise *f*; surface portante; **Standgeld** N °hallage *m*; **Standgericht** N cour martiale

standhaft **A** ADJ ferme; résolu; *(unerschütterlich)* inébranlable; *(beharrlich)* persévérant **B** ADV résolument; *(unerschütterlich)* inébranlablement; **~ bleiben** tenir ferme, bon

Standhaftigkeit F ⟨~⟩ fermeté *f*; persévérance *f*

standhalten V/I ⟨*irr, sép*, -ge-, h.⟩ tenir bon, ferme; ne pas céder; **j-m, e-r Sache ~** résister à qn, qc; tenir tête à qn, qc; ne pas céder devant, *fig* à qn, qc; **der Kritik ~** résister à la critique; **e-r ernsthaften Prüfung ~** n'avoir pas à redouter un examen sérieux

Standheizung F AUTO chauffage *m* auxiliaire

ständig **A** ADJ ⟨*épithète*⟩ constant; continuel, -elle; continu; perpétuel, -elle; *Lärm* ininterrompu; *Mitglied, Ausschuss etc* permanent; *Wohnsitz* fixe; *Praxis, Regel* courant; *Bedarf, Nachfrage* suivi; *Anstrengung* soutenu; *Einnahme* fixe; stable; **mit j-m in ~er Verbindung stehen** être en contact permanent avec qn; être en relations suivies avec qn **B** ADV constamment; continuellement; en permanence; *(immer)* toujours; sans cesse

ständisch ADJ HIST corporatif, -ive

Standleitung F RADIO, TEL ligne *f* téléphonique d'appoint; **Standlicht** N AUTO feux *mpl* de position; **Standmiete** F °hallage *m*

Standort M ⟨~(e)s; ~e⟩ **1** position *f*; place *f*; endroit *m*; *a. e-s Betriebs* emplacement *m*; site *m*; BOT habitat *m*; SCHIFF, FLUG position *f*; point *m* **2** *fig*, *a.* POL position *f* **3** MIL *(Garnison)* garnison *f*

Standortbedingungen FPL *e-s Industriebetriebs* conditions locales; **Standortbestimmung** F SCHIFF, FLUG, *fig* détermination *f* de la position; **Standortkatalog** M catalogue *m* d'emplacement; **Standortwechsel** M déplacement *m*

Standpauke *umg* F sermon *m*; **j-m e-e ~ halten** *umg* passer un savon à qn; sermonner qn

Standpunkt M *(Einstellung, Sichtweise)* point *m* de vue; avis *m*; **den ~ vertreten** *od* **auf dem ~ stehen, dass ...** être d'avis que ... *(+subj)*; **sich auf den ~ stellen, dass ...** adopter une prise de position selon laquelle ...; **s-n ~ behaupten** rester sur ses positions; ne pas changer d'avis; **von diesem ~ aus betrachtet** considéré sous cet angle, sous cet aspect

Standquartier N MIL garnison *f*; base *f*; **Standrecht** N ⟨~(e)s⟩ loi martiale

standrechtlich **A** ADJ ⟨*épithète*⟩ d'après la loi martiale **B** ADV **~ erschießen** passer par les armes

Standspur F bande *f* d'arrêt d'urgence;

Standuhr F horloge *f*; pendule *f*; **Standwaage** F TURNEN planche *f*

Stange F ⟨~; ~n⟩ **1** *(Holzstange)* perche *f*; grand bâton; *(Eisenstange)* tige *f*; barre *f*; *(Fahnenstange)* °hampe *f*; *(Bohnenstange)* rame *f*; *(Vogelstange, Hühnerstange)* perchoir *m*; *(Kleiderstange)* tringle *f*; *(Gerüststange, Kletterstange, Geweihstange)* perche *f*; *(Ballettstange)* barre *f*; *im Korsett* baleine *f*; *umg* **Kleider** *npl* **von der ~** vêtements *mpl* de confection; prêt-à-porter *m*; *umg* **e-e (schöne) ~ Geld** beaucoup d'argent; *umg* pas mal de fric; *umg fig* **j-m die ~ halten** prendre parti pour qn; soutenir qn; *umg fig* **bei der ~ bleiben** persévérer; tenir bon, ferme; *umg fig* **(alles tun, um) j-n bei der ~ (zu) halten** tout faire pour que qn reste motivé **2** *von Siegellack, Lakritze etc* bâton *m*; *(~ Zigaretten)* cartouche *f*

Stängel M ⟨~s; ~⟩ BOT tige *f*; *umg* **fall nicht vom ~!** *(fall nicht herunter) umg* ne te casse pas la figure!; *(verlier nicht die Fassung)* tiens-toi bien!

Stangenbohnen FPL °haricots *mpl* à rames; **Stangenbrot** N baguette *f*; **Stangensellerie** M céleri *m* en branches; **Stangenspargel** M (tiges *fpl* d')asperges *fpl*

Stanitz(e)l N ⟨Stanitz(e)ls; Stanitz(e)l⟩ *österr aus Papier* cornet *m* de papier; *(Speiseeistüte)* cornet *m* de glace

stank → stinken

Stänkerer *umg pej* M ⟨~s; ~⟩, **Stänkerin** F ⟨-in; -innen⟩ **1** *(Nörgler[in])* *umg* râleur, -euse *m,f*; *umg* rouspéteur, -euse *m,f* **2** *(Streitsüchtige[r])* *umg* emmerdeur, -euse *m,f*; mauvais(e) coucheur, -euse *m,f*

stänkern *umg pej* V/I ⟨-(e)re, h.⟩ **1** *(nörgeln)* *umg* râler; *umg* rouspéter **2** *umg* emmerder les gens; chercher querelle, des histoires

Stanniol N ⟨~s; ~e⟩ feuille *f* d'aluminium, d'argent; **Stanniolpapier** N papier *m* d'argent, d'aluminium

stante pede *umg hum* ADV sur-le-champ; *umg* illico (presto)

Stanze[1] F ⟨~; ~n⟩ METRIK stance *f*

Stanze[2] F ⟨~; ~n⟩ TECH **1** *(Lochstanze)* poinçon *m*; *Maschine* poinçonneuse *f* **2** *(Prägestempel)* estampe *f*; *Maschine* estampilleuse *f*

stanzen V/T ⟨-(es)t, h.⟩ TECH, *Eintrittskarten etc* poinçonner; *Schallplatten, Spielkarten* presser; *Löcher* découper; *(prägen)* estamper

Stanzmaschine F poinçonneuse *f*; **Stanzpresse** F presse *f* à poinçonner, à estamper

Stapel M ⟨~s; ~⟩ **1** *von Gegenständen* pile *f* **2** SCHIFF cale *f*; chantier *m*; **auf ~ legen** mettre en cale; **vom ~ laufen** être lancé; être mis à l'eau; **vom ~ lassen** *Schiff* lancer; mettre à l'eau; *umg fig Dummheiten* débiter; *Beleidigungen* lancer **3** TEX longueur *f* de fibre

stapelbar ADJ empilable; **Stapellauf** M lancement *m* (d'un navire); mise *f* à l'eau

stapeln ⟨-(e)le, h.⟩ **A** V/T empiler; *fig (anhäufen)* accumuler; amasser **B** V/R **sich ~** s'empiler; *fig (sich ansammeln)* s'accumuler

Stapeln N ⟨~s⟩ empilement *od* empilage *m*; HANDEL emmagasinage *m*; stockage *m*

stapelweise ADV en tas; en pile

stapfen V/I ⟨s.⟩ marcher à pas lourds, lourdement; **durch den Schnee ~** marcher en s'enfonçant dans la neige; marcher péniblement dans la neige

Stapfen M ⟨~s; ~⟩ *(Fußstapfen)* empreinte *f* de pied

Star[1] M ⟨~(e)s; ~e, *schweiz* ~en⟩ ZOOL étourneau *m*; sansonnet *m*

Star[2] M ⟨~(e)s; ~e⟩ MED **(grauer) ~** cataracte *f*; **grüner ~** glaucome *m*

Star[3] M ⟨~s; ~s⟩ FILM, THEAT *etc* star *f*; vedette

S

f; étoile f
Starallüren FPL airs *mpl* de star; **~ haben** jouer les vedettes
Staranwalt M, **Staranwältin** F avocat(e) *m(f)* célèbre, très connu(e), en vue; **Staraufgebot** N déploiement *m* de stars
starb → sterben
Starbesetzung F *e-s Films etc* brillante distribution
Starenkasten M nichoir *m* (à étourneaux)
stark A ADJ ⟨¨er, ¨ste⟩ 1 *(kraftvoll, fest)*, *a. fig* fort; *körperlich* robuste; vigoureux, -euse; *a. Nerven, Herz etc* solide; *a. Motor,* TECH *etc* puissant; **das ~e Geschlecht** le sexe fort; **das Recht des Stärkeren** le droit du plus fort; **das ist s-e ~e Seite** c'est son (point, côté) fort; *Essen etc* **~ machen** donner des forces; → *a.* starkmachen; *Kind* **groß und ~ werden** devenir grand et fort; *Ton* **stärker werden** s'élever; *fig* **in etw** *(dat)* **~ sein** être fort, bon, calé en qc 2 *Kaffee, Tee, Tabak* fort; *Parfum a.* lourd 3 *(dick)* épais, épaisse; gros, grosse; *Personen (beleibt)* corpulent; **ein 3 cm ~es Brett** une planche de 3 cm d'épaisseur; **das Brett ist 3 cm ~** la planche a 3 cm d'épaisseur; **das Buch ist 100 Seiten ~** le livre compte 100 pages 4 *(heftig, intensiv)* fort; *Verkehr* grand; intense; *Kälte* intense; *Hitze, Erkältung* gros, grosse; *Abneigung, Interesse, Hunger, Durst* grand; *Zweifel* sérieux, -ieuse; **ein ~er Esser, Trinker, Raucher** un gros mangeur, un grand buveur, un grand fumeur; **es besteht ~e Nachfrage nach diesem Artikel** cet article est très demandé 5 GRAM *Verb* fort 6 *(zahlenmäßig groß)* **1000 Mann ~** fort de mille hommes 7 *Jugendsprache* **(echt) ~** *umg* super ⟨*inv*⟩; *umg* génial B ADV fort; fortement; *(viel)* beaucoup; très; **~ hoffen** espérer fortement; **~ rauchen** fumer beaucoup; **~ regnen** pleuvoir très fort; **~ riechen** sentir fort; **~ behaart** (tout) velu; **~ verdünnt** fortement dilué; **~ verschuldet** criblé, couvert de dettes; **j-n ~ im Verdacht haben** soupçonner fortement qn; **~ an etw, j-n erinnern** rappeler beaucoup qc, qn; *umg* **es geht ~ auf Mitternacht zu** il n'est pas loin de minuit
starkbehaart ADJ (tout) velu
Starkbier N bière forte
Stärke¹ F ⟨~; ~n⟩ 1 ⟨*pas de pl*⟩ *(Kraft)* force *f (a. Willensstärke, Lichtstärke etc)*; vigueur *f*; robustesse *f*; *a. von Nerven, Herz etc* solidité *f*; *e-s Motors, Scheinwerfers, e-r Armee, der Gefühle* puissance *f* 2 *e-s Bretts, e-r Mauer (Dicke)* épaisseur *f*; grosseur *f*; *von Personen (Beleibtheit)* corpulence *f*; embonpoint *m*; grosseur *f* 3 ⟨*pas de pl*⟩ *(Heftigkeit, Intensität)* force *f*; *des Windes, Regens* violence *f*; *des Verkehrs, Interesses, Hungers, Durstes, der Hitze, e-s Zweifels, Geruchs, Schmerzes etc* intensité *f* 4 ⟨*pas de pl*⟩ *zahlenmäßig* nombre *m*; MIL effectif *m* 5 *fig (starke Seite)* fort *m*; **das ist meine ~** c'est mon (point, côté) fort 6 ⟨*pas de pl*⟩ *(Konzentration)* concentration *f*
Stärke² F ⟨~⟩ CHEM amidon *m*; GASTR fécule *f*
Stärkegehalt M teneur *f* en amidon, en fécule; **Stärkegrad** M intensité *f*; **stärkehaltig** ADJ féculent; **Stärkelösung** F solution *f* d'amidon; **Stärkemehl** N fécule *f*
stärken ⟨h.⟩ A V/T 1 *a. Gesundheit etc* fortifier; *Essen, Nahrungsmittel a.* réconforter; MED *a.* tonifier 2 *fig Vertrauen, Ansehen, Macht, Selbstbewusstsein etc* renforcer; fortifier 3 *Wäsche* amidonner; empeser B V/R **sich ~** se fortifier; *durch Essen u. Trinken a.* se sustenter; se restaurer
stärker → stark
Stärkezucker M glucose *m*
starkmachen *umg* V/R ⟨*sép*, -ge-, h.⟩ **sich für j-n, etw ~** soutenir qn, qc à fond
Starkregen M METEO forte pluie
stärkste → stark
Starkstrom M courant *m* (à) haute tension; **Starkstromkabel** N câble *m* à courant fort, *inkorr umg* à °haute tension; **Starkstromleitung** F ligne *f* de haute tension
Starkult M culte voué à une star
Stärkung F ⟨~; ~en⟩ 1 ⟨*pas de pl*⟩ *der Gesundheit etc* affermissement *m*; renforcement *m*; **zur ~** comme remontant 2 *(Imbiss)* collation *f*
Stärkungsmittel N fortifiant *m*; tonique *m*
Starlet N ⟨~s; ~s⟩ *meist pej* starlette *f*
Starlett → Starlet
starr ADJ 1 *(unbeweglich, steif)* raide; rigide; *Blick* fixe; *Glieder* engourdi; *Lächeln, Gesichtsausdruck* figé; **~ vor Kälte** transi, engourdi de froid; **~ vor Entsetzen** pétrifié de terreur; **~ vor Schreck** glacé d'épouvante; **~ vor Staunen** stupéfait; paralysé, médusé (d'étonnement); *umg* sidéré; *Glieder* **~ werden** s'engourdir (**vor** [+*dat*] de) 2 *fig Gesetz, Regeln* rigide; *Charakter* inflexible; intransigeant
Starre F ⟨~⟩ rigidité *f*; raideur *f*; *psychisch* torpeur *f*
starren V/I ⟨h.⟩ 1 *(starr blicken)* **auf, in etw** *(akk)* **~** regarder fixement qc; **entsetzt auf etw** *(akk)* **~** regarder qc l'œil °hagard; **gebannt auf etw** *(akk)* **~** regarder qc comme ensorcelé, envoûté 2 *(bedeckt sein)* **vor** *od* **von Schmutz ~** disparaître sous la saleté
Starrheit F ⟨~⟩ 1 raideur *f*; rigidité *f*; *des Blicks* fixité *f*; *der Glieder* engourdissement *m* 2 *fig von Gesetzen, Regeln* rigidité *f*; *des Charakters* inflexibilité *f*; intransigeance *f*; **Starrkopf** M entêté *m*; têtu *m*; obstiné *m*; **starrköpfig** ADJ entêté; têtu; obstiné; **Starrköpfigkeit** F ⟨~⟩ entêtement *m*; obstination *f*; **Starrsinn** M ⟨~(e)s⟩ entêtement *m*; obstination *f*; opiniâtreté *f*; **starrsinnig** ADJ entêté; obstiné; opiniâtre
Start M ⟨~(e)s; ~s⟩ *a. fig* départ *m* (*a.* SPORT); démarrage *m*; *(~linie)* ligne *f* de départ; FLUG départ *m*; envol *m*; décollage *m*; *e-s Motors* démarrage *m*; **fliegender, stehender ~** départ lancé, arrêté; **an den ~ gehen** se rendre sur la ligne de départ; *fig* **an den ~ gehen, am ~ sein** *(teilnehmen)* prendre le départ; **den ~ freigeben** autoriser le départ; *(das Startzeichen geben)* donner le départ; **~ frei!** départ autorisé!; *fig* **er hat e-n guten ~ im Leben gehabt** il a pris un bon départ dans la vie
Startautomatik F starter *m*; **Startbahn** F piste *f* de décollage, d'envol, de départ; **startbereit** ADJ prêt au départ; *Flugzeug* prêt à décoller; prêt à s'envoler; **Startblock** M ⟨~(e)s; -blöcke⟩ SCHWIMMSPORT plate-forme *f* de départ; LEICHTATHLETIK starting-block *m*
starten ⟨-ete⟩ A V/T ⟨h.⟩ *Rakete, Satellit, Offensive, Angriff, Kampagne* lancer; *Motor, Maschine, Computer* mettre en marche; *Auto* faire démarrer; *Reise, Produktion* commencer; *fig Unternehmen etc* mettre en route; IT **neu ~** redémarrer B V/I ⟨s.⟩ partir; SPORT prendre le départ; *Rakete* être lancé; *Flugzeug* décoller; *Motor* démarrer; partir; **in die Ferien, zu e-r Expedition ~** partir en vacances, pour une expédition
Starter M ⟨~s; ~⟩ 1 SPORT starter *m* 2 AUTO démarreur *m*; **Starterklappe** F starter *m*
Starterlaubnis F 1 FLUG autorisation *f* de décoller 2 SPORT autorisation *f* de participer; **Startflagge** F SPORT pavillon *m*, fanion *m* de départ; **Startfolge** F SPORT ordre *m* de départ; **Startgeld** N SPORT 1 *des Teilnehmers* droits *mpl* de participation 2 *des Veranstalters* prime *f* de match; **Startgenehmigung** F FLUG → Starterlaubnis; **Startgeschwindigkeit** F FLUG vitesse *f* de décollage
Starthilfe F 1 *(Unterstützung)* aide financière 2 *beim Auto* démarrage *m* à l'aide d'un câble de démarrage; **j-m ~ geben** aider qn à démarrer sa voiture
Starthilfekabel N câble *m* de démarrage; **Startkapital** N capital *m* de départ; **startklar** → startbereit; **Startkommando** N SPORT commandement *m* de départ; **Startleiste** F IT barre *f* des tâches; **Startlinie** F SPORT ligne *f* de départ
Startloch N SPORT trou *m* de départ; *fig* **in den Startlöchern sitzen** *od* **hocken** être sur le point de faire qc
Startnummer F SPORT (numéro *m* de) dossard *m*; **Startordnung** F SPORT ordre *m* de départ; **Startpistole** F SPORT pistolet *m* de starter; **Startplatz** M FLUG point *m* de décollage; terrain *m* de départ; **Startrampe** F rampe *f* de lancement
Startschuss M SPORT signal *m* de départ; **der ~ fällt** le signal est donné; *fig* **den ~ zu** *od* **für etw geben** donner le feu vert à qc
Startseite F IT page *f* d'accueil; **Startsignal** N → Startzeichen; **Startsprung** M SCHWIMMSPORT plongeon *m* de départ
Start-und-Lande-Bahn F piste *f* de décollage et d'atterrissage
Start-up N ⟨~s; ~s⟩, **Start-up-Unternehmen** N WIRTSCH start-up *f (inv)*
Startverbot N 1 FLUG interdiction *f* de décoller 2 SPORT suspension *f*; **~ haben** être suspendu
Startverzögerung F FLUG retard *m* au départ, au décollage; **Startvorbereitungen** FPL préparatifs *mpl* de départ, FLUG de décollage; **Startzeichen** N signal *m* de départ
Stasi¹ *umg* F ⟨~⟩ *od* M ⟨~(s)⟩ → Staatssicherheitsdienst
Stasi² *umg* M ⟨~s; ~s⟩ *(Mitglied des Staatssicherheitsdienstes)* membre *m* de la police politique *(de l'ancienne R.D.A.)*
Statement N ⟨~s; ~s⟩ *meist* POL déclaration *f*; **ein (offizielles) ~ abgeben** faire une déclaration (officielle)
Statik F ⟨~⟩ statique *f*
Statiker(in) M ⟨~s; ~⟩ (F) ⟨~in; ~innen⟩ spécialiste *m/f* de la statique
Station F ⟨~; ~en⟩ 1 *(Haltestelle)* station *f*; *(Bahnhof)* gare *f*; *der Straßenbahn* arrêt *m* 2 *(Funkstation, Sendestation, Forschungsstation) etc* station *f* 3 *im Krankenhaus* service *m*; **auf der chirurgischen ~ liegen** être dans le service (de) chirurgie; *Arzt, Krankenschwester* **auf ~ sein** être de service 4 *(Zwischenstation)* étape *f*; °halte *f*; *(Aufenthalt)* séjour *m*; **in Paris ~ machen** faire °halte, s'arrêter à Paris; **die ~en unserer Reise sind Orleans, Tours und Blois** les étapes de notre voyage sont Orléans, Tours et Blois 5 KATH *des Kreuzwegs* station *f*
stationär A ADJ 1 *(ortsfest)* fixe; *Bevölkerung, Wirtschaft, Strom* stationnaire; stable; *Messanzeige* persistant 2 MED **~e Behandlung** traitement hospitalier B ADV **j-n ~ behandeln** garder qn en hospitalisation
stationieren V/T ⟨*pas de ge-*, h.⟩ *Raketen, Atomwaffen* déployer; *Truppen, Flugzeuge etc* baser; **stationiert sein in** (+*dat*) être basé à *bzw.* en
Stationierung F ⟨~; ~en⟩ déploiement *m*
Stationsarzt M, **Stationsärztin** F médecin *m* responsable d'un service hospitalier; **Stationsgebäude** N EISENBAHN (bâtiment *m* de la) gare *f*; **Stationsschwester** F infirmière-chef *f*; surveillante *f*; **Stationstaste** F RADIO touche *f* de (pré)sélection (de station); **Stationsvorsteher** M EISENBAHN chef *m* de gare
statisch ADJ statique
Statist(in) M ⟨~en; ~en⟩ (F) ⟨~in; ~innen⟩ THEAT, FILM, *fig* figurant(e) *m(f)*; *fig* comparse

m/f
Statistenrolle F THEAT, FILM, *fig* rôle *m* de figurant
Statistik F ⟨~; ~en⟩ **1** ⟨*pas de pl*⟩ *Wissenschaft* statistique *f* **2** *Zusammenstellung* statistique(s) *f(pl)*; **e-e ~ aufstellen** établir des statistiques (**über** [+*akk*] de)
Statistiker(in) M ⟨~s; ~⟩ F ⟨~in; ~innen⟩ statisticien, -ienne *m,f*
statistisch **A** ADJ statistique; **Statistisches Bundesamt** Office fédéral de la statistique; *in Frankreich* INSEE *m* **B** ADV statistiquement; **etw ~ erfassen** faire des statistiques sur qc; **das ist ~ erwiesen** c'est prouvé par les statistiques, statistiquement
Stativ N ⟨~s; ~e⟩ support *m*; trépied *m*
statt[1] **A** PRÄP ⟨*gen*⟩ à la place de **B** KONJ **~ …** **zu** (+*inf*) au lieu de (+*inf*); **~ mir zu helfen, geht sie weg** au lieu de m'aider elle s'en va
statt[2] SUBST *geh* **an Kindes ~ annehmen** adopter; → *a.* Eid
stattdessen ADV au lieu de cela
Stätte *geh* F ⟨~; ~n⟩ lieu *m*; **die heiligen ~n** les lieux saints
stattfinden V/I ⟨*irr, sép*, -ge-, h.⟩ avoir lieu; se faire; se passer
stattgeben V/I ⟨*irr, sép*, -ge-, h.⟩ ADMIN **e-r Bitte, e-m Antrag ~** donner suite à, satisfaire à une demande, une requête; **e-r Klage** (*dat*) **~** reconnaître une plainte comme recevable
statthaft *geh* ADJ admissible; permis; de mise; JUR recevable; **nicht ~** inadmissible; irrecevable
Statthalter M HIST lieutenant général; *e-r Provinz* gouverneur *m*
stattlich ADJ *Person* de belle apparence; d'un aspect imposant; *Gebäude etc* imposant; majestueux, -euse; *Summe, Vermögen etc* important; considérable; *Anzahl* imposant; *umg* **~e tausend Euro** *umg* la coquette somme de mille euros
Stattlichkeit F ⟨~⟩ belle apparence; aspect imposant; majesté *f*; importance *f*
statuarisch ADJ sculptural
Statue F ⟨~; ~n⟩ statue *f*
Statuette F ⟨~; ~n⟩ statuette *f*
statuieren V/T ⟨*pas de ge-*, h.⟩ **ein Exempel ~** faire un exemple
Statur F ⟨~; ~en⟩ stature *f*; taille *f*; **von kleiner ~** de petite taille
Status *geh* M ⟨~; ~⟩ état *m*; *rechtlicher* statut *m*; situation *f* (juridique); (*Vermögensstand*) situation (financière)
Status quo *geh* M ⟨~⟩ statu quo *m*
Statussymbol N marque *f* de standing
Statut N ⟨~(e)s; ~en⟩ statut *m*
Statutenänderung F modification *f* des statuts; **statutengemäß** **A** ADJ statutaire; conforme aux statuts **B** ADV statutairement; conformément aux statuts; **statutenwidrig** ADJ anti-statutaire; contraire aux statuts
Stau M ⟨~(e)s; ~s *ou* ~e⟩ **1** (*Verkehrsstau*) bouchon *m*; embouteillage *m*; **10 km ~ auf der Autobahn** un bouchon de 10 km sur l'autoroute; **im ~ stehen** être pris dans un bouchon **2** *von Flüssigkeiten* engorgement *m*
Staub M ⟨~(e)s; *t/t* Stäube⟩ poussière *f*; BOT (*Blütenstaub*) pollen *m*; **~ saugen** passer l'aspirateur; **~ wischen** épousseter les meubles, *etc*; enlever la poussière; **~ aufwirbeln** soulever de la poussière; *umg fig* **viel ~ aufwirbeln** faire du bruit; *umg* **sich aus dem ~(e) machen** *umg* filer; *umg* se sauver; s'éclipser; BIBEL **wieder zu ~ werden** retourner en poussière
staubbedeckt ADJT couvert de poussière; poussiéreux, -euse
Staubbesen M plumeau *m*; **Staubbeutel** M **1** BOT anthère *f* **2** *e-s Staubsaugers* sac *m* à poussière; **Staubblatt** N BOT étamine *f*
Stäubchen N ⟨~s; ~⟩ petit grain de poussière
staubdicht ADJ étanche à la poussière
Staubecken N bassin *m* de retenue (d'un barrage)
stauben ⟨h.⟩ **A** V/I faire de la poussière **B** V/UNPERS **es staubt** il y a de la poussière
stäuben ⟨h.⟩ **A** V/T **etw auf, über etw** (*akk*) **~** saupoudrer qc sur qc **B** V/I *Wasser* être pulvérisé, vaporisé; être dispersé en fines gouttelettes
Staubfaden M BOT filet *m*; **Staubfänger** M ⟨~s; ~⟩ *pej* nid *m* à poussière; **Staubfilter** M filtre *m* à poussière; **Staubflocke** F flocon *m* de poussière; **staubfrei** ADJ sans poussière; exempt de poussière; **Staubgefäß** N BOT étamine *f*
staubig ADJ couvert de poussière; poussiéreux, -euse; **hier ist es ~** ici, c'est plein de poussière
Staubkamm M peigne fin; **Staubkorn** N ⟨~(e)s; -körner⟩ grain *m* de poussière; **Staublappen** M chiffon *m* à poussière; **Staublawine** F avalanche *f* de neige poudreuse; **Staublunge** F MED pneumoconiose *f*; **Staubpartikel** N *od* F particule *f* de poussière
staubsaugen ⟨*insép*, h.⟩ **A** V/T **etw ~** passer l'aspirateur sur qc **B** V/I passer l'aspirateur (**in e-m Raum** dans une pièce)
Staubsauger M aspirateur *m*; **Staubschicht** F couche *f* de poussière
staubtrocken[1] ADJ TECH sec, sèche °hors poussière
staubtrocken[2] ADJ *oft pej* (*überaus trocken*) extrêmement sec, sèche
Staubtuch N ⟨~(e)s; -tücher⟩ chiffon *m* à poussière; **Staubwedel** M plumeau *m*; **Staubwolke** F nuage *m* de poussière; **Staubzucker** M *südd, österr* sucre *m* glace
stauchen V/T ⟨h.⟩ **1** (*stoßen*) cogner **2** TECH *Niete* écraser; *Eisenstücke* refouler
Staudamm M barrage *m*
Staude F ⟨~; ~n⟩ plante herbacée vivace
staudenartig ADJ BOT de la nature des sous-arbrisseaux; *t/t* frutescent; **Staudengewächs** N → Staude
stauen ⟨h.⟩ **A** V/T **1** *Wasser* retenir; *Fluss* endiguer; *Blut* empêcher de circuler **2** SCHIFF *Ladung* arrimer **B** V/R **sich ~** *Wasser, Eis* s'amasser; *Menschenmenge a.* s'entasser; *Hitze, Wut* s'accumuler; *Verkehr* former un bouchon; *Blut* être empêché de circuler
Staugefahr F risque *m* de bouchon; **Staumauer** F (mur *m* de) barrage *m*
staunen V/I ⟨h.⟩ (**über etw, j-n**) **~** s'étonner (de qc, qn); être étonné (de qc, qn); (*überrascht sein*) être surpris (de qc, qn); (*beeindruckt sein*) s'émerveiller (de qc, qn); *advl* **~d** avec étonnement; *umg* **da staunst du, was?** *umg* ça te sidère, hein?; *umg* **sie staunte nicht schlecht, als sie das hörte** *umg* elle n'en revenait pas d'entendre ça
Staunen N ⟨~s⟩ étonnement *m*; surprise *f*; **j-n in ~** (*akk*) **versetzen** étonner, surprendre, ébahir qn; **aus dem ~ nicht (mehr) herauskommen** aller de surprise en surprise; **ich komme aus dem ~ nicht (mehr) heraus** je n'en reviens pas
Staupe F ⟨~; ~n⟩ VET maladie *f* de Carré
Stauraum M espace *m* de rangement; **Stausee** M lac *m* de retenue; **Staustufe** F bief *m*
Stauung F ⟨~; ~en⟩ **1** (*das Stauen*) *von Wasser* accumulation *f*; *e-s Flusses* endiguement *m*; MED (*Blutstauung*) congestion passive **2** (*Ansammlung*) *von Wasser, Luft* accumulation *f* **3** *im Verkehr* bouchon *m*; encombrement *m*
Stauwasser N eaux retenues; *in e-r Schleuse* éclusée *f*; SCHIFF étale *m* (de marée); **Stauwehr** N barrage *m* de retenue; **Stauwerk** N barrage *m*
Std. ABK (Stunde) h (heure)
Steak N ⟨~s; ~s⟩ steak *m*; bifteck *m*; **Steakhaus** N grill-room *m*; grill *m*
Stearin N ⟨~s; ~e⟩ stéarine *f*
Stechapfel M stramoine *f*; **Stechbeitel** M, **Stecheisen** N ciseau *m* de menuisier, biseauté
stechen ⟨sticht, stach, gestochen, h.⟩ **A** V/T **1** *Insekt, Dorn, mit Nadel* piquer; **er wurde von einer Biene gestochen** il a été piqué par une abeille; **die Wespe hat mich in den Fuß gestochen** la guêpe m'a piqué au pied; **j-n mit e-m Messer ~** donner un coup de couteau à qn; **Löcher in etw** (*akk*) **~** faire des trous dans qc **2** (*fangen*) *Aale* attraper; (*ab~*) *Schwein* saigner **3** AGR *Rasen* lever; *Spargel, Salat* couper; *Torf* extraire **4** *beim Kartenspiel* prendre; *mit e-m Trumpf* couper **5** **in Kupfer ~** graver au burin sur cuivre; → *a.* gestochen B, C **B** V/I **1** piquer; *Sonne* être brûlant; taper; **mit etw in etw** (*akk*) **~** enfoncer, planter qc dans qc; **die Wespe hat mir in den Fuß gestochen** la guêpe m'a piqué au pied; *mit einer Waffe* **nach j-m ~** donner un coup de … à qn **2** SPORT *etc bei Punktgleichheit* se départager **3** (*die Stechuhr betätigen*) pointer **4** *beim Kartenspiel* prendre; *mit e-m Trumpf* couper **5** *Farbe* **ins Rot ~** tirer sur le rouge; *umg fig* **das sticht mir in die Augen** cela me saute aux yeux **C** V/R **sich** (*dat od akk*) **in den Finger ~** se piquer le doigt
Stechen N ⟨~s; ~⟩ SPORT épreuve finale (*pour départager les candidats*)
stechend ADJT *Blick* perçant; *Schmerz* cuisant; lancinant; *Sonne* brûlant; ardent; *Geruch* âcre
Stechfliege F ZOOL mouche piqueuse; **Stechginster** M ajonc *m*; **Stechkarte** F carte *f* de pointage; **Stechmücke** F moustique *m*; **Stechpalme** F °houx *m*; **Stechschritt** M MIL pas *m* de l'oie; **Stechuhr** F pointeuse *f*; **Stechzirkel** M compas *m* à pointes sèches
Steckanschluss M ELEK raccordement *m*, connexion *f* à fiche(s); **Steckbrief** M **1** avis *m* de recherche **2** *fig* (*kurze Beschreibung*) *e-s Menschen* traits *mpl* caractéristiques; *e-s Produkts, Geräts* spécification *f*
steckbrieflich ADJ *u.* ADV par avis de recherche; **~ verfolgt werden** être recherché par la police
Steckdose F prise *f* de courant
stecken ⟨h.⟩ **A** V/T **1** **etw durch etw ~** glisser, passer qc à travers *od* par qc; **etw in etw** (*akk*) **~** mettre, introduire, faire entrer qc dans qc; (*gleiten lassen*) glisser qc dans qc; (*hineinstopfen*) fourrer qc dans qc; **etw in die Tasche ~** mettre, glisser qc dans sa poche; *fig* **Geld in ein Unternehmen ~** investir, placer de l'argent dans une entreprise; *umg* **j-n ins Bett, Gefängnis ~** *umg* flanquer qn au lit, en prison; **e-n Brief in den Briefkasten ~** mettre une lettre à la boîte; *Vögel* **den Kopf unter die Flügel ~** se cacher, se mettre la tête sous l'aile **2** (*befestigen*) **etw an etw** (*akk*) **~** fixer, attacher, *mit e-r Nadel* épingler qc à qc; **e-n Ring an den Finger ~** passer une bague au doigt; mettre une bague à son doigt **3** (*pflanzen*) planter **4** *umg fig* **j-m etw ~** raconter qc à qn; **es j-m ~** dire ses quatre vérités à qn **B** V/I ⟨*régulier ou geh* **stak, gesteckt**⟩ **1** (*sich befinden*) être; se trouver; **an etw** (*dat*) **~** (*befestigt sein*) être fixé, attaché à qc; tenir à qc; **in etw** (*dat*) **~** *Pfahl, Stange etc* être enfoncé, fiché, planté dans qc; (*hineingestopft sein*) être fourré

S

dans qc; ~ **bleiben** rester bloqué; *Fahrzeug a.* ne plus pouvoir avancer; *(verbleiben)* rester; *fig Verhandlungen etc* s'enliser; *umg fig beim Reden* ne plus trouver ses mots; **in etw** *(dat)* ~ **bleiben** rester enfoncé dans qc; être arrêté par qc; **im Hals ~ bleiben** rester dans la gorge; **in den Anfängen ~ bleiben** en être resté au début; **der Schlüssel steckt (in der Tür)** la clé est sur la porte; **den Schlüssel ~ lassen** laisser la clé sur la porte; *umg* **lassen Sie ~!** laissez, c'est moi qui paie!; *umg* **wo steckt sie denn?** *umg* qu'est-ce qu'elle fout?; *umg* **wo hast du nur gesteckt?** *umg* où étais-tu passé?; *umg* **die Kinder ~ den ganzen Tag bei ihnen** *umg* les enfants sont fourrés toute la journée chez eux; *umg* **in Schwierigkeiten ~** *umg* être dans le pétrin; *umg* **(sehr) tief in Arbeit ~** être plongé dans le travail **2** *umg fig meist pej* **dahinter steckt etwas** il y a qc là-dessous; il y a anguille sous roche; **wer steckt dahinter?** qui est derrière? **3** *fig* **voll von etw ~** être plein de qc; **voller Bosheit, Ideen ~** être plein de méchanceté, d'idées **C** V/R **sich** *(dat)* **e-e Blume ins Haar ~** piquer une fleur dans les *od* ses cheveux; *fig* **sich** *(dat)* **ein Ziel ~** se fixer un but

Stecken M ⟨~s; ~⟩ *bes südd* bâton *m*

steckenbleiben V/I, **steckenlassen** V/T *u.* V/I → stecken B 1

Steckenpferd N *a. fig* dada *m*; *(Lieblingsthema)* cheval *m* de bataille; *fig hum* **sein ~ reiten** enfourcher son dada

Stecker M ⟨~s; ~⟩ ELEK fiche *f*; prise *f* de courant

Steckkontakt M ELEK prise *f* de courant

Steckling M ⟨~s; ~e⟩ AGR bouture *f*; plant *m*

Stecknadel F épingle *f*; **es war so still, dass man e-e ~ hätte fallen hören können** on aurait entendu une mouche voler; *umg* **etw, j-n wie e-e ~ suchen** chercher qc, qn longtemps et partout; *umg fig* **e-e ~ im Heuhaufen suchen** chercher une aiguille dans une botte de foin

Stecknadelkopf M tête *f* d'épingle; **Steckreis** N ⟨~es; ~er⟩ → Steckling; **Steckrübe** F *regional* rutabaga *m*; **Steckschloss** N serrure *f* de sécurité; **Steckschlüssel** M clé *f* à tube; **Steckschuss** M (blessure *f* par une) balle restée dans le corps; **Steckzwiebel** F oignon *m* de semence

Stefan M ⟨→ n/pr⟩ *prénom*

Stefanie F ⟨→ n/pr⟩ *prénom*

Steg M ⟨~(e)s; ~e⟩ **1** *(kleine Brücke, Bootssteg)* passerelle *f*; *(Laufsteg)* allée *f* **2** *an Saiteninstrumenten* chevalet *m*; *(Hosensteg)* sous-pied *m*; *e-r Brille* arcade *f*; BAU entretoise *f*; *a. e-r Säge* traverse *f*; *zwischen Löchern* intervalle *m* **3** TYPO garniture *f*

Steghose F (pantalon *m*) fuseau *m* (avec sous-pied)

Stegreif M **aus dem ~** sans préparation; à l'improviste; au pied levé; **etw aus dem ~ machen** *a.* improviser qc

Stegreifdichter(in) M(F) improvisateur, -trice *m,f*; **Stegreifdichtung** F improvisation *f*; **Stegreifgedicht** N impromptu *m*; **Stegreifrede** F discours improvisé; improvisation *f*; **Stegreifstück** N impromptu *m*

Stehaufmännchen N *Spielzeug* poussah *m*; *umg fig* personne *f* qui retombe toujours sur ses pieds; **Stehbündchen** N col *m* officier; **Stehempfang** M réception *f*; cocktail *m*

stehen

⟨steht, stand, gestanden, h., *südd, österr, schweiz* s.⟩

A intransitives Verb B unpersönliches Verb C reflexives Verb

— **A** intransitives Verb —

1 *(aufrecht ~)* être, se tenir debout; **gerade ~** se tenir droit; ~ **bleiben** *(auf den Beinen bleiben)* rester debout; *(zurückgelassen werden)* être oublié; **ein Schirm ist ~ geblieben** un parapluie a été oublié; qn a laissé, oublié un parapluie; *im Wasser* ~ **können** avoir pied; **ich kann kaum noch ~** je peux à peine me tenir debout; je ne tiens plus debout; **~ lassen** *(vergessen)* laisser; oublier; **das Haus steht noch nicht lange** il n'y a pas longtemps que cette maison a été construite, bâtie; *fig* **das Geschäft steht und fällt mit ihm** toute l'affaire repose sur lui; **der Urlaub steht und fällt mit dem Wetter** les vacances dépendent entièrement du temps **2** *(sich befinden)* être; se trouver; **~ bleiben** *(keine Fortschritte machen)* ne pas progresser; rester au même point; rester stationnaire; *(unverändert bleiben)* rester; **~ lassen** laisser; *Speise* laisser là; ne pas toucher à; *Teig* laisser reposer; **er stand am Fenster** il était à la fenêtre; **die Sonne steht hoch am Himmel** le soleil est °haut dans le ciel; **der Turm steht auf e-r Anhöhe** la tour se dresse, s'élève sur une °hauteur; **e-e Forelle steht im Bach** une truite est immobile dans le ruisseau; **alles ~ und liegen lassen** quitter tout; tout laisser tomber; *fig* **j-n ~ lassen** planter là qn; laisser tomber qn; **auf j-s Seite** *(dat)* ~ être du parti, du côté de qn; **am Beginn e-s neuen Zeitalters ~** se trouver au début d'une nouvelle ère *od* époque; **unter j-s Leitung** *(dat)* ~ être sous la direction de qn; **vor e-r Frage ~** être confronté à une question; **vor e-r Entscheidung ~** être en face d'une décision; devoir prendre une décision; **vor der vollendeten Tatsache ~** être placé, se trouver devant le fait accompli; *Plan etc* **vor der Verwirklichung ~** être à la veille de la réalisation, d'être réalisé; **diese Sache steht immer noch zwischen uns** *(dat)* cette affaire n'est pas encore réglée entre nous **3** *(sein)* être; *Wohnung* **leer ~** être vide, vacant, inoccupé; *Gegenstand* **fest ~** être fixe; ne pas être branlant; **schief ~** pencher; ne pas être d'aplomb; **mit j-m in Verbindung ~** être en relations avec qn; **ich stehe nicht allein mit meiner Meinung** je ne suis pas seul de mon avis, à être de cet avis; **die Sache steht so, dass …** l'affaire en est arrivée au point que …; **so wie die Dinge (nun einmal) ~** dans ces circonstances, conditions; au point où nous en sommes; **wie ~ unsere Chancen?** où en sont, quelles sont nos chances?; **wie steht das Spiel?** où en est le match, la partie?; **das Spiel steht 2 zu 3** le score est de 2 à 3 **4** GRAM *(gebraucht werden)* **der Artikel steht …** on emploie l'article …; **das Adverb steht hinter dem Verb** l'adverbe se met après le verbe; **der Konjunktiv steht nach folgenden Verben** les verbes suivants régissent le subjonctif **5** FIN, HANDEL **wie steht der Dollar?** quel est le cours du dollar?; **die Aktien ~ auf …** *(dat)* les actions sont à … **6** *Kleider, Farben etc* **j-m gut, schlecht ~** aller bien, mal à qn **7** *(geschrieben ~)* être écrit; **auf e-r Liste ~** figurer sur une liste; **was steht auf dem Plakat?** qu'est-ce qu'il y a d'écrit sur l'affiche?; **auf dem Denkmal steht …** sur le monument est inscrit …; **in der Zeitung ~** être dans le journal; **davon steht nichts in dem Brief** la lettre n'en dit rien; **wo ~ diese Verse?** où se trouvent ces vers?; **~ lassen** *Fehler* laisser passer; *Schrift an der Tafel* ne pas effacer; **drei Fehler sind ~ geblieben** trois fautes ont échappé, sont restées **8** *(anzeigen) Barometer* **auf Regen ~** être à la pluie; *Signal etc* **auf „Halt" ~** être à l'arrêt; *Ampel* **auf Rot ~** être au rouge; *Zeiger* **auf 3 Uhr ~** marquer 3 heures **9** **darauf steht Gefängnis** c'est puni de prison; **darauf ~ hundert Euro Belohnung** il y aura une récompense de cent euros **10** *(still~) Maschine, Uhr* être arrêté; **~ bleiben** *Fußgänger, Auto(fahrer), Maschine, Motor, Uhr* s'arrêter; **mir blieb fast das Herz ~** mon cœur s'arrêta de battre; *fig* **wo sind wir ~ geblieben?** où en sommes-nous (restés)? **11** *fig* **hinter j-m ~** être derrière qn; soutenir qn; **zu j-m ~** soutenir qn; être du côté de qn; **zu s-m Wort ~** tenir sa parole; **wie stehst du dazu?** qu'en penses-tu? **12** **für etw ~** *(gewährleisten)* garantir qc; *(stellvertretend sein)* représenter qc **13** **das wird ihn teuer zu ~ kommen** cela lui reviendra *od* coûtera cher **14** *umg Rede, Programm etc (fertig sein)* être prêt **15** *umg* **es steht mir bis hier(her)** *od* **bis hierhin** *od* **bis zum Hals** j'en ai marre; *umg* j'en ai ras le bol **16** *umg* **auf etw** *(akk)* ~ *umg* être fana de qc; **auf j-n ~** *umg* en pincer pour qn **17** *sl* **er steht ihm, mir** *sl* il, je bande

— **B** unpersönliches Verb —

1 **wie steht's mit ihm** *od* **um ihn?** comment va-t-il?; **wie steht es mit s-m Prozess, mit s-n Finanzen?** où en est-il de *od* avec son procès, ses finances?; **wie steht's mit Ihrer Gesundheit?** comment va la santé?; *umg* **(wie geht's,) wie steht's?** *umg* ça va?; **so steht's also?** ah! c'est comme ça! **2** **es steht zu erwarten, dass …** on peut s'attendre à ce que … *(+subj)*; **es steht zu befürchten, dass …** il est à craindre que … *(+subj)*

— **C** reflexives Verb —

umg **1** **sich gut, schlecht mit j-m ~** être bien, mal avec qn; être en bons, mauvais termes avec qn **2** **sich gut, schlecht dabei ~** bien, mal s'en sortir

Stehen N ⟨~s⟩ station *f* debout; **das ~ fällt ihm schwer** il ne peut pas rester longtemps debout; **im ~ schlafen** dormir debout; **zum ~ kommen** s'arrêter

stehenbleiben V/I → stehen A 1, 2, 7, 10; **stehenlassen** V/T → Bart 1, stehen A 1, 2, 7, Tür 1

Steher M ⟨~s; ~⟩ SPORT stayer *m*; **Steherrennen** N RADSPORT course *f* derrière moto

Stehgeiger M violoniste ambulant; **Stehimbiss** M snack-bar *m* *(où l'on consomme debout)*; **Stehkneipe** F *pej* bar *m*

Stehkonvent M *fig hum* bavardage *m*; **e-n ~ abhalten** bavarder

Stehkragen M col *m* officier; **Stehlampe** F lampadaire *m*; **Stehleiter** F échelle *f* double

stehlen ⟨stiehlt, stahl, gestohlen, h.⟩ **A** V/T *u.* V/I **(j-m etw) ~** voler (qc à qn); BIBEL **du sollst nicht ~!** tu ne voleras point!; **j-m den Schlaf ~** empêcher qn de dormir; **j-m die Zeit ~** faire perdre son temps à qn; *umg* **er kann mir gestohlen bleiben** *umg* qu'il aille au diable; *umg* je me fiche pas mal de lui **B** V/R **sich ins Haus ~** s'introduire, se glisser furtivement dans la maison; **sich aus dem Haus ~** sortir furtivement, s'échapper de la maison; **sich in j-s Vertrauen** *(akk)* ~ capter la confiance de qn; s'insinuer dans les bonnes grâces de qn

Stehplatz M place *f* debout; *im Theater a.* promenoir *m*; **Stehpult** N pupitre *m* (pour écrire debout); **Stehvermögen** N ⟨~s⟩ endurance *f*

Steiermark ⟨→ n/pr⟩ **die ~** la Styrie

steif A ADJ 1 raide; rigide; inflexible; MED raide; *vor Kälte* engourdi; *Gelenke* ankylosé; *Kragen* empesé; *Hut* dur; *Brei* épais, épaisse; consistant; *umg Penis* raide; en érection; **~ werden** se raidir; *Gelenke* s'ankyloser; *Glieder* s'engourdir; *Pudding* prendre; MED **~er Hals** torticolis *m*; **Sahne ~ schlagen** battre la crème; *umg* **~ wie ein Brett** *Wäsche etc* raide comme un bâton; *Haar* raide comme des baguettes; *Personen* raide comme la justice; *umg* **e-n Steifen kriegen** *sl* bander 2 *fig (linkisch)* gauche; raide; lourd; *im Benehmen* guindé; *(gezwungen)* contraint; *(förmlich)* cérémonieux, -ieuse 3 SCHIFF *Brise* fort; *Wind* grand 4 *umg fig Grog etc umg* bien tassé B ADV *umg* **~ und fest behaupten, dass …** *umg* soutenir mordicus que …

steifbeinig A ADJ **~ sein** avoir les jambes raides B ADV **~ gehen** marcher les jambes raides

steifhalten *umg* V/T → Ohr 2

Steifheit F ⟨~⟩ 1 raideur *f*; rigidité *f*; *der Gelenke* ankylose *f* 2 *fig in der Bewegung, im Benehmen* gaucherie *f*; raideur *f*; **steifschlagen** V/T → steif A 1

Steig M ⟨~(e)s; ~e⟩ sentier *m* (de montagne)

Steigbügel M *a.* ANAT étrier *m*

Steige F ⟨~; ~n⟩ 1 *bes südd, österr (steile Fahrstraße)* côte *f*; montée *f* 2 *bes nordd (Leiter)* échelle *f*; *(Treppe)* petit escalier 3 *bes südd, österr für Obst* cageot *m*; *für Hühner etc* caisse *f*, cage *f* à claire-voie

Steigeisen N crampon *m*; grappin *m*; *am Schornstein* échelon *m* (en fer)

steigen V/I ⟨steigt, stieg, gestiegen, s.⟩ 1 *(hinauf~)* monter; *Flugzeug* prendre de la hauteur; monter; *Nebel, Ballon* s'élever; *(hinunter~)* descendre; *(klettern)* grimper; **e-n Drachen ~ lassen** faire voler, lancer un cerf-volant; **auf etw** *(akk)* **~** monter sur qc; *österr (treten)* marcher sur qc; **auf e-n Berg ~** escalader une montagne; **aufs Pferd ~** monter à cheval; **vom Pferd ~** descendre de cheval; **aufs Fahrrad ~** monter à vélo; enfourcher son vélo; **vom Fahrrad ~** descendre de vélo; **ins Auto, in den Zug, ins Flugzeug ~** monter en voiture, dans le train, dans l'avion; **aus dem Auto, Zug, Flugzeug ~** descendre de (la) voiture, de l'avion, du train; **aus dem Fenster ~** sortir, sauter par la fenêtre; **durch das Fenster ~** entrer *bzw.* sortir par la fenêtre; **über die Mauer ~** passer par-dessus le mur; **in den Keller ~** descendre à la cave; *umg* **auf die Bremse ~** *umg* freiner à mort; *umg* **aufs Gas ~** *umg* appuyer sur le champignon; *umg* **in die Kleider ~** enfiler ses vêtements; *umg* **ins Bett ~** se mettre au lit; *umg* **aus dem Bett ~** sortir, sauter du lit 2 *e-r Person* **die Röte stieg ihm ins Gesicht** le rouge lui monta aux joues; **der Bratenduft stieg mir in die Nase** l'odeur du rôti me monta au nez 3 *(an~)* monter (**auf** [+*akk*] à; **um** de); *Preise, Kurse a.* être en °hausse (**um** de); *(zunehmen)* s'accroître (**um** de); *Temperatur* s'élever (**auf** [+*akk*] à; **um** de); *Chancen, Ansprüche etc* augmenter (**um** de); **im Preis ~** augmenter de prix; **in j-s Achtung** *(dat)* **~** monter dans l'estime de qn; **~de Tendenz** tendance *f* à la hausse; **~de Bedeutung** importance croissante 4 *umg (stattfinden)* **eine Party steigt** il y a une soirée; **ein Fest ~ lassen** *(organisieren)* mettre sur pied une fête; *(mitfeiern) umg* faire la fête 5 *Pferd (sich aufbäumen)* se cabrer

steigenlassen V/T → steigen 4

Steiger M ⟨~s; ~⟩ BERGBAU porion *m*

steigern ⟨-(e)re, h.⟩ A V/T 1 *(erhöhen) Preise* augmenter; faire monter; °hausser; *Ansprüche, Chancen* augmenter; accroître; *Tempo* augmenter; *Standard* élever; *Leistung, Produktion* élever; augmenter; *Furcht, Spannung* intensifier 2 *auf e-r Auktion* acheter aux enchères 3 GRAM mettre au comparatif *bzw.* superlatif B V/R **sich ~** *Preise* s'élever; monter; *Tempo, Ansprüche, Chancen* s'accroître; augmenter; *Furcht, Spannung* s'intensifier; *Standard, Leistung, Produktion* s'élever; **der Schmerz steigerte sich bis zur Unerträglichkeit** la douleur s'intensifia, augmenta jusqu'à devenir insupportable

Steigerung F ⟨~; ~en⟩ 1 *der Preise* augmentation *f*; °hausse *f*; *der Geschwindigkeit* augmentation *f*; *der Ansprüche* accroissement *m*; *der Produktion, Leistung* augmentation *f*; *der Furcht, Spannung* intensification *f*; SPORT *(Leistungssteigerung)* amélioration *f* 2 GRAM degrés *mpl* de comparaison

Steigerungsform F GRAM *(Komparativ)* comparatif *m*; *(Superlativ)* superlatif *m*; **Steigerungsrate** F taux *m* d'accroissement; **Steigerungsstufe** F GRAM degré *m* de comparaison

Steigfell N peau *f* de phoque; **Steigflug** M vol ascendant; montée *f*; **Steiggeschwindigkeit** F FLUG vitesse ascensionnelle; **Steighöhe** F FLUG plafond *m*; °hauteur *f* d'ascension; *e-s Geschosses* portée verticale; **Steigleiter** F échelle *f*; **Steigriemen** M étrivière *f*; **Steigrohr** N *e-r Pumpe* tuyau *m*, colonne *f* d'ascension

Steigung F ⟨~; ~en⟩ pente *f*; inclinaison *f*; *(Gewindesteigung)* pas *m* de vis; **~ in Prozent** pourcentage *m* de l'inclinaison

Steigungswinkel M angle *m* d'inclinaison

steil A ADJ escarpé; abrupt; raide; à pic; *Flugbahn* courbe; plongeant; *Karriere* en flèche; fulgurant B ADV **~ ansteigen** *Kurve* monter en flèche; *Weg* monter à pic; *Flugzeug* **~ aufsteigen** monter en chandelle

Steilflug M (montée *f* en) chandelle *f*; **Steilhang** M ⟨~(e)s; ⁓e⟩ pente raide, escarpée; **Steilheit** F ⟨~⟩ raideur *f*; *e-s Abhangs* escarpement *m*; **Steilkurve** F virage relevé; **Steilküste** F falaise *f*; **Steilpass** M FUSSBALL passe *f* en chandelle; **Steilufer** N rive escarpée; **Steilwand** F *im Gebirge* paroi *f*, versant *m* à pic; **Steilwandfahrer(in)** M(F) motocycliste *m/f* exécutant le numéro du mur de la mort; **Steilwandzelt** N tente *f* cabanon

Stein M ⟨~(e)s; ~e⟩ 1 pierre *f*; *(Kieselstein)* galet *m*; *kleinerer* caillou *m*; *im Steinobst* noyau *m*; *(Spielstein)* pion *m*; MED calcul *m*; *(Edelstein)* pierre précieuse; *(Baustein)* pierre *f* à bâtir; **aus ~** de, en pierre; **~ für ~** pierre par pierre; **keinen ~ auf dem anderen lassen** ne pas laisser une pierre debout 2 *fig geh* **der ~ des Anstoßes** le sujet, la cause du scandale; *geh* **der ~ der Weisen** la pierre philosophale; *geh* **ein Herz aus ~** un cœur de pierre; **mir fällt ein ~ vom Herzen** me voilà soulagé d'un grand poids; **j-m ~e in den Weg legen** mettre des bâtons dans les roues à qn; **j-m alle** *od* **die ~e aus dem Weg räumen** faciliter la tâche à qn; *umg* **es friert ~ und Bein** il gèle à pierre fendre; *umg* **~ und Bein schwören** *umg* affirmer mordicus; **den ~ ins Rollen bringen** mettre l'affaire en branle; *umg* **bei j-m e-n ~ im Brett haben** être dans les petits papiers de qn; **dabei wird dir kein ~ aus der Krone fallen** cela ne te fera pas de mal; **das könnte einen ~ erbarmen** c'est à faire pleurer

Steinadler M aigle royal; **steinalt** *umg* ADJ *umg* vieux, vieille comme le monde, comme Mathusalem; **Steinaxt** F °hache *f* de pierre; **Steinbeißer** M ⟨~s; ~⟩ ZOOL loche *f*; **Steinblock** M ⟨~(e)s; ⁓e⟩ bloc *m* de pierre; **Steinbock** M 1 ZOOL bouquetin *m* 2 ASTROL Capricorne *m*; **Steinboden** M 1 *(steiniger Boden)* sol pierreux 2 *im Haus* dallage *m*; carrelage *m*; **Steinbohrer** M trépan *m*; **Steinbrech** M ⟨~(e)s; ~e⟩ BOT saxifrage *f*; **Steinbruch** M carrière *f*; **Steinbutt** M turbot *m*

Steinchen N ⟨~s; ~⟩ petite pierre; caillou *m*

Steindruck M ⟨~(e)s; ~e⟩ TYPO lithographie *f*; **Steineiche** F (chêne *m*) rouvre *m*

steinern ADJ 1 ⟨épithète⟩ de, en pierre 2 *fig Herz* de pierre; *Gesicht* de marbre

Steinerweichen N **das ist zum ~** cela crève le cœur; c'est à vous crever le cœur; c'est à fendre l'âme, le cœur; **zum ~ weinen** pleurer à fendre l'âme

Steinfliese F dalle *f*; **Steinfrucht** F fruit *m* à noyau; **Steinfußboden** M dallage *m*; carrelage *m*; **Steingarten** M *etwa* jardin alpin; **Steingut** N ⟨~(e)s; ~e⟩ faïence *f*; grès *m*; **Steingutgeschirr** N faïence *f*; poterie *f*

steinhart ADJ dur comme (la) pierre

steinig ADJ pierreux, -euse; caillouteux, -euse; *(mit kleinen Steinen besät)* rocailleux, -euse; *geh fig Weg* cahoteux, -euse

steinigen V/T ⟨h.⟩ lapider; **Steinigung** F ⟨~; ~en⟩ lapidation *f*

Steinkauz M ZOOL chevêche *f*; **Steinklee** M mélilot *m*; **Steinkohle** F °houille *f*; charbon *m* de terre; **Steinkohlenbergbau** M ⟨~(e)s⟩ charbonnages *mpl*; **Steinkohlenbergwerk** N °houillère *f*; mine *f* de houille; **Steinkrug** M cruche *f* de grès; **Steinlawine** F avalanche *f* de pierres; **Steinmarder** M fouine *f*; **Steinmetz** M ⟨~en; ~en⟩ tailleur *m* de pierre(s); **Steinobst** N fruits *mpl* à noyau; **Steinpilz** M cèpe *m*; bolet *m* comestible

steinreich *umg* ADJ richissime

Steinschlag M *im Gebirge* chute *f* de pierres; éboulement *m*; **Steinschlaggefahr** F danger *m* d'éboulement; chute *f* de pierres; **Steinschleuder** F fronde *f*; lance-pierres *m*

Steinwurf M **das ist nur einen ~ weit (entfernt)** ce n'est pas loin d'ici; c'est à deux pas d'ici

Steinwüste F désert *m* de pierres; **Steinzeit** F ⟨~⟩ âge *m* de la pierre; **steinzeitlich** ADJ 1 HIST de l'âge de la pierre 2 *umg pej umg* antédiluvien, -ienne; **Steinzeitmensch** M homme *m* préhistorique; **Steinzeug** N (poterie *f* de) grès *m*

steirisch ADJ styrien, -ienne; de la Styrie

Steiß M ⟨~es; ~e⟩ 1 *(~bein)* coccyx *m* 2 *(Gesäß)* fesses *fpl*; **Steißbein** N coccyx *m*; **Steißlage** F MED présentation *f* par le siège

Stele F ⟨~; ~n⟩ stèle *f*

Stellage F ⟨~; ~n⟩ 1 *(Gestell)* chevalet *m*; tréteau *m* 2 FIN stellage *m*

Stelldichein N ⟨~(s); ~(s)⟩ *veraltend* rendez-vous *m*; **sich** *(dat)* **ein ~ geben** prendre rendez-vous; *fig* se rencontrer

Stelle F ⟨~; ~n⟩ 1 *(Ort)* place *f*; lieu *m*; *a. (bestimmter Bereich)* endroit *m*; *in etw Weichem* **harte ~** endroit dur; **raue ~** rugosité *f*; *fig* **e-e empfindliche, verwundbare ~** un point sensible; *fig* **e-e schwache ~** un point faible; **an der richtigen ~** au bon endroit; *wo es hingehört* à sa place; **an ~ von** à la place de; au lieu de; **an Ihrer ~** à votre place; **Hass tritt an die ~ der Liebe** la haine prend la place de, remplace l'amour; **j-n, etw an die ~ von j-m, etw setzen** substituer qn, qc à qn, qc; remplacer qn, qc par qn, qc; **an j-s ~** *(akk)* **treten** prendre la place de qn; remplacer qn; **auf der ~** sur-le-champ; tout de suite; **sie war auf der ~ tot** elle est morte sur le coup; *Rad* **sich auf der ~ drehen** patiner; *fig* **auf der ~ treten, nicht von der ~ kommen** piétiner; ne pas avancer;

S

sich nicht von der ~ rühren ne pas bouger; **zur ~ sein** être présent; **zur ~!** présent! **2** *(Arbeitsstelle)* place *f*; emploi *m*; poste *m*; **e-e freie ~** un poste vacant; **e-e halbe, ganze ~** un travail à mi-temps, à plein temps **3** *(Behörde, Dienststelle)* service(s) *m(pl)* administratif(s); organisme *m* **4** *in e-m Schrift-, Musikstück* passage *m*; **an anderer ~** dans un autre passage **5** *(Platz in e-r Reihenfolge)* lieu *m*; rang *m*; **an erster, letzter ~ kommen** *od* **stehen** venir en premier, dernier lieu; venir à la première, dernière place; SPORT **an vierter ~ liegen** être en quatrième place, position **6** *(Dezimalstelle)* décimale *f*; **diese Zahl hat drei ~n** ce nombre a trois chiffres; **bis auf e-e ~ hinter dem Komma** au dixième près

stellen

⟨h.⟩

A transitives Verb **B** reflexives Verb

— **A** transitives Verb —

1 *(setzen, legen)* mettre; poser; placer; *(aufrecht ~)* mettre debout; *(auf~)* poster; *in e-r bestimmten Ordnung* ranger; disposer; **e-e Leiter an die Wand ~** placer, poser une échelle contre le mur; **den Wagen in die Garage ~** mettre la voiture au garage **2** *Verbrecher, Wild* arrêter **3** *(auf~) Fallen, Netze* tendre **4** *Frage* poser; *Aufgabe* imposer; donner; *Bedingungen* mettre; poser; **e-n Antrag ~** faire une demande; *im Parlament* présenter une motion; **die Bedingung ~, dass ...** mettre pour condition que ... **5** *(er~) Diagnose* faire; *Horoskop* dresser **6** *(bereit~) Ersatzmann, Bürgen, Kaution* fournir; *Geiseln* livrer; remettre; **j-m etw (zur Verfügung) ~** mettre qc à la disposition de qn **7** *(ein~) Maschine, Schraube, Uhr* régler; mettre au point; *Weiche* manœuvrer; *Radio* **leiser, lauter ~** baisser, monter; *umg* mettre moins, plus fort; **den Schalter auf „ein" ~** allumer le bouton (électrique); **den Wecker auf sieben Uhr ~** mettre le réveil à sept heures **8** *Speisen* **kalt ~** mettre au frais; **warm ~** mettre au chaud; *(warm halten)* tenir (au) chaud **9** **gut** *od* **besser gestellt sein** vivre à l'aise; **schlecht gestellt sein** vivre modestement; **ganz auf sich** *(akk)* **gestellt** sans (l')aide, (l')appui de personne **10** **das wirkt gestellt** tout cela a l'air quelque peu arrangé **11** *fig* **j-n auf die Probe ~** mettre qn à l'épreuve; **j-m etw in Aussicht ~** faire espérer, faire miroiter qc à qn; **etw in j-s Belieben** *(akk)*, **Ermessen** *(akk)* **~** remettre qc à la discrétion, au jugement de qn; **etw infrage ~** mettre qc en question; **in Rechnung ~** passer en compte; mettre, faire entrer en ligne de compte *(beide a. fig)*; *fig* **etw über etw** *(akk)* **~** estimer une chose plus qu'une autre; **etw unter Beweis ~** prouver qc; **zur Diskussion ~** mettre en discussion; **j-n zur Rede ~** demander des explications à qn; **zur Schau ~** étaler; faire montre de; donner en spectacle

— **B** reflexives Verb —

1 **sich ~** *(nicht setzen)* se mettre debout; *(sich hin~)* se mettre; se placer; se poser; *(sich auf~)* se poster; **sich auf e-e Leiter ~** monter sur une échelle; **sich auf die Zehenspitzen ~** se dresser sur la pointe des pieds; *umg* **stell dich mal!** lève-toi!; mets-toi debout!; *fig* **sich vor j-n ~** prendre la défense de qn; *fig* **sich hinter j-n ~** se mettre du côté de qn; *fig* **sich gegen j-n ~** s'opposer à qn **2** **sich dumm ~** faire l'idiot; faire comme si on ne savait rien; **sich krank ~** faire le malade; faire semblant d'être malade; **sich tot ~** faire le mort; **sich taub ~** faire le sourd; faire la sourde oreille **3** **sich ~** *(erscheinen)* se présenter; MIL répondre à l'ordre d'appel; **sich der Polizei ~** se constituer prisonnier; **sich zum Kampf ~** faire face à l'ennemi; accepter le combat; **sich der Kritik, e-r Herausforderung ~** faire face à la critique, à un défi; **sich der Presse, der Kamera ~** se mettre à la disposition de la presse, des photographes **4** **sich mit j-m gut ~** se mettre bien avec qn **5** **sich (positiv, negativ) zu j-m, etw ~** avoir une attitude (positive, négative) envers qn, qc; **wie ~ Sie sich dazu?** qu'en pensez-vous?; qu'en dites-vous?

Stellenabbau M suppression *f* d'emplois; **Stellenangebot** N offre *f* d'emploi; **Stellenanzeige** F annonce *f* d'offre d'emploi; offre *f* d'emploi par annonce; **Stellenausschreibung** F avis *m* de vacance d'un poste; mise *f* au concours d'un poste; **Stellenbesetzung** F nomination *f* à un emploi, à un poste; **Stellenbewerber** M candidat *m* à un poste; **Stellenbewerbung** F candidature *f* à un poste; **Stellenbörse** F bourse *f* de l'emploi; **Stellengesuch** N demande *f* d'emploi; **Stellenmarkt** M marché *m* du travail, de l'emploi; **Stellennachweis** M bureau *m* de placement; **Stellenplan** M *bes* ADMIN tableau *m* des effectifs

Stellensuche F recherche *f* d'un emploi, d'un travail; **auf ~ sein** chercher du travail

Stellenvermittler(in) M(F) placeur, -euse *m,f*; **Stellenvermittlung** F service *m* de placement; **Stellenwechsel** M changement *m* d'emploi, de travail, de poste; **stellenweise** ADV par endroits; par-ci, par-là; METEO localement

Stellenwert M **1** MATH valeur *f* **2** ⟨*pas de pl*⟩ *fig* importance *f*; **e-r Sache** *(dat)* **e-n hohen ~ beimessen** accorder, attacher une grande importance à qc

Stellfläche F place *f*; **Stellhebel** M levier *m* de réglage, de manœuvre; **Stellmacher** M charron *m*; **Stellmacherei** F ⟨~⟩ charronnage *m*; **Stellplatz** M **1** *fürs Auto* place *f* de parking; *beim Camping* place *f* **2** ⟨*pas de pl*⟩ *für Möbel* place *f*; **Stellrad** N TECH tambour *m* de réglage; *e-r Uhr* remontoir *m*; **Stellschraube** F vis *f* de réglage

Stellung F ⟨~; ~en⟩ **1** *(Haltung, Position) a. fig* position *f*; *fig a.* situation *f*; MAL, FOTO *(Körperhaltung) a.* pose *f*; posture *f*; **gesellschaftliche ~** position sociale; **rechtliche ~** condition *f* juridique; statut *m*; **die ~ der Frau in der Gesellschaft** la place de la femme dans la société; **die ~ des Verbs im Satz** la place du verbe dans la phrase; **die ~ halten** MIL, *fig* monter la garde; **e-e ~ einnehmen** prendre une position; **in ~ gehen** MIL se mettre en batterie; *Schütze* se poster; monter en ligne **2** ⟨*pas de pl*⟩ *(Einstellung, Haltung)* position *f*; **~ beziehen** *od* **nehmen** prendre position (**zu** sur) **3** *(Anstellung)* place *f*; poste *m*; emploi *m*; **feste ~** emploi *m* stable; situation *f*; **s-e ~ aufgeben** quitter son emploi; **e-e ~ bekleiden** tenir une position; **sich um e-e ~ bewerben** solliciter un emploi; **s-e ~ verlieren** perdre son emploi, sa place

Stellungnahme F ⟨~; ~n⟩ **1** ⟨*pas de pl*⟩ *(Meinung)* prise *f* de position (**zu** sur) **2** *Äußerung* avis *m* (**zu** sur); commentaire *m*; **kritische ~** observations *fpl* critiques; **sich jeder ~** *(gen)* **enthalten** s'abstenir de tout commentaire; **mit der Bitte um ~** prière de donner son avis

Stellungskrieg M guerre *f* de position, de tranchées; **stellungslos** ADJ sans emploi; **Stellungsspiel** N ⟨~(e)s⟩ FUSSBALL jeu *m* de positions

Stellung(s)suche F recherche *f* d'un emploi, d'un travail; **auf ~ sein** chercher du travail

Stellungswechsel M changement *m* de position; *beruflich* changement *m* de place, d'emploi

stellvertretend **A** ADJT représentant; remplaçant; **~er Vorsitzender** vice-président *m*; **~er Direktor** directeur adjoint **B** ADVL **etw ~ für j-n tun** faire qc à la place de qn

Stellvertreter(in) M(F) adjoint(e) *m(f)*; *Ersatz* remplaçant(e) *m(f)*; suppléant(e) *m(f)*

Stellvertretung F remplacement *m*; **die ~ für j-n** *od* **j-s ~ übernehmen** remplacer qn; assurer l'intérim de qn

Stellwand F *zum Stellen von Möbeln* mur *m*; *(bewegliche Trennwand)* cloison *f* amovible; **Stellwerk** N EISENBAHN poste *m* d'aiguillage

Stelze F ⟨~; ~n⟩ **1** échasse *f*; **auf ~n gehen** *od* **laufen** marcher avec des échasses; **wie auf ~n gehen** marcher comme sur des échasses **2** *österr* GASTR jarret *m*

stelzen V/I ⟨-(es)t, s.⟩ marcher comme sur des échasses

Stelzvogel M échassier *m*

Stemmbogen M SKISPORT (virage *m* en) stemm *m*; **Stemmeisen** N ciseau biseauté

stemmen ⟨h.⟩ **A** V/T **1** *(hoch~)* élever; *Gewicht, Last etc* soulever **2** TECH tailler au ciseau biseauté; **Löcher ~** mortaiser **3** *(drücken)* appuyer (**gegen** contre; **auf** [+akk] sur); **die Arme in die Seite ~** mettre les poings sur les °hanches **B** V/R **sich gegen, auf etw** *(akk)* **~** s'appuyer contre, sur qc; s'arc-bouter contre qc; *fig* **sich gegen etw ~** résister, s'opposer à qc; **sich in die Höhe ~** se hisser en °hauteur

Stempel M ⟨~s; ~⟩ **1** *Instrument, Abdruck* cachet *m*; *(Poststempel)* cachet *m*; tampon *m*; *(Warenstempel)* marque *f*; estampille *f*; *(Namensstempel)* griffe *f*; *Instrument (Münzstempel)* coin *m*; *bei Edelmetallen* poinçon *m*; *(Prägestempel)* estampe *f*; *fig* empreinte *f*; **der Brief trägt den ~ von Paris** cette lettre est timbrée de Paris; **etw mit e-m ~ versehen** apposer un cachet sur qc; *fig* **e-r Sache, j-m s-n ~ aufdrücken** marquer qc, qn de son empreinte **2** TECH étampe *f* **3** BOT pistil *m*

Stempelfarbe F encre *f* à tampon; **Stempelgeld** *umg* N ⟨~(e)s⟩ allocation *f* de chômage; **Stempelkissen** N tampon (encreur); **Stempelmarke** F timbre fiscal, à quittance; **Stempelmaschine** F machine *f* à timbrer, à oblitérer

stempeln V/I (u. V/T) ⟨-(e)le, h.⟩ timbrer; apposer le timbre, le cachet (sur); *mit Namensstempel* apposer sa griffe (sur); *Briefmarken* oblitérer; *Waren* estampiller; marquer; *Edelmetalle* poinçonner; *umg* **~ gehen** être (réduit) au chômage; *fig* **j-n zum Verräter, Lügner ~** faire de qn un traître, menteur

Stempeln N ⟨~s⟩ timbrage *m*; *von Briefmarken* oblitération *f*; *von Waren* estampillage *m*

stempelpflichtig ADJ *österr* soumis, assujetti au timbre

Stempelschneider M graveur *m* de poinçons; **Stempelständer** M porte-timbres *m*; **Stempeluhr** F pendule *f* de pointage

Stempelung F ⟨~; ~en⟩ → Stempeln

Stengel M → Stängel

Steno[1] *umg* F ⟨~⟩ *(~grafie)* sténo *f*

Steno[2] *umg* N ⟨~s; ~s⟩ *(~gramm)* sténo *f*

Stenoblock → Stenogrammblock

Stenograf(in) M ⟨~en; ~en⟩ F ⟨~in; ~innen⟩ sténo *m/f*; **Stenografie** F ⟨~; ~n⟩ sténographie *f*; **stenografieren** ⟨*pas de ge-*, h.⟩ **A** V/T prendre en sténo **B** V/I sténographier; **stenografisch** ADJ ⟨*épithète*⟩ sténographique

S

Stenogramm N ⟨~s; ~e⟩ sténogramme *m*; sténo *f*; **ein ~ aufnehmen** prendre une lettre, *etc* en sténo
Stenogrammblock M ⟨~(e)s; -blöcke *ou* ~s⟩ bloc *m* sténo
Stenograph(in), **Stenographie**, **stenographieren** *etc* → Stenograf(in), Stenografie, stenografieren *etc*
Stenokontoristin F sténodactylo facturière
Stenose F ⟨~; ~n⟩ MED sténose *f*
Stenotypistin F ⟨~; ~nen⟩ sténodactylo *f*
Stent M *od n* ⟨~(s); ~s⟩ MED stent *m*
Stentor M ⟨→ *n/pr*⟩ MYTH Stentor *m*; **Stentorstimme** F voix *f* de stentor
Step M → Stepp
Stephan M ⟨→ *n/pr*⟩ *prénom*; HIST Étienne *m*
Stephanie F ⟨→ *n/pr*⟩ *prénom*
Stepp M ⟨~s; ~s⟩ *Tanz* claquettes *fpl*
Steppdecke F couette *f*
Steppe F ⟨~; ~n⟩ steppe *f*
steppen[1] MODE ⟨h.⟩ **A** V/T piquer; *als Ziernaht* surpiquer **B** V/I faire une piqûre; *als Ziernaht* faire une surpiqûre
steppen[2] V/I ⟨h.⟩ (*Stepp tanzen*) faire des claquettes
Steppenfuchs M corsac *m*; **Steppenhuhn** N perdrix *f* des steppes; **Steppenwolf** M coyote *m*
Stepper(in) M ⟨~s; ~⟩ (F) ⟨~in; ~innen⟩ (*Tänzer[in]*) danseur, -euse *m,f* à claquettes
Steppfutter N matelassé *m*; **Steppjacke** F blouson *m*, veste *f* matelassé(e)
Steppke *umg regional* M ⟨~(s); ~s⟩ *umg* gosse *m*
Steppnaht F piqûre *f*; *Ziernaht* surpiqûre *f*; **Steppstich** M point *m* de piqûre
Stepptanz M claquettes *fpl*; **Stepptänzer(in)** M(F) danseur, -euse *m,f* à claquettes
Steptanz *etc* → Stepptanz *etc*
Sterbebett N lit *m* de mort; **auf dem ~ liegen** être à l'article de la mort; être mourant
Sterbefall M (cas *m* de) décès *m*; **Sterbegeld** N indemnité *f* (en cas) de décès; **Sterbegeldversicherung** F assurance-décès *f*; **Sterbeglocke** F glas *m*; **Sterbehilfe** F euthanasie *f*; **Sterbekasse** F caisse *f* (en cas) de décès; **Sterbeklinik** F centre *m* de soins palliatifs
sterben ⟨stirbt, starb, gestorben, s.⟩ **A** V/T **den Hungertod ~** mourir de faim; **den Heldentod ~** mourir au champ d'honneur **B** V/I mourir; **an e-r Krankheit ~** mourir d'une maladie; **woran ist er gestorben?** de quoi est-il mort?; *umg* **davon** *od* **daran stirbst du nicht (gleich)** tu n'en mourras pas; *umg fig* **sie ist für mich gestorben** je ne veux plus entendre parler d'elle; *umg fig* **vor Langeweile, Müdigkeit, Neugier, Scham, Hunger ~** mourir d'ennui, de fatigue, de curiosité, de honte, de faim; **im Sterben liegen** être mourant; agoniser; **und wenn sie nicht gestorben sind, dann leben sie noch heute** et ils furent toujours heureux
Sterbensangst F peur bleue; **ich habe (eine) ~** je suis mort de peur
sterbenselend ADJ *umg* malade à crever; **sterbenskrank** ADJ **1** malade à en mourir **2** *fig umg* malade à crever; **sterbenslangweilig** ADJ ennuyeux, -euse à mourir; mortellement ennuyeux, -euse
Sterbensseele F **keine ~** absolument personne; pas âme qui vive
Sterbenswort N, **Sterbenswörtchen** N **kein Sterbenswort, Sterbenswörtchen sagen** ne pas dire un traître mot; ne pas souffler mot
Sterbesakramente NPL derniers sacrements; **Sterbestunde** F heure *f* de la mort; dernière heure; **Sterbetag** M jour *m* de la mort; **Sterbeurkunde** F acte *m* de décès; **Sterbeziffer** F (taux *m* de) mortalité *f*; **Sterbezimmer** N chambre *f* mortuaire
sterblich **A** ADJ mortel, -elle; **die ~e Hülle** la dépouille mortelle **B** ADV **~ verliebt** éperdument amoureux, -euse; **sich ~ blamieren** perdre complètement la face
Sterbliche(r) M/F(M) ⟨→ A⟩ mortel, -elle *m,f*; **der gewöhnliche ~** le commun des mortels
Sterblichkeit F ⟨~⟩ mortalité *f*
Sterblichkeitsrate F (taux *m* de) mortalité *f*; **Sterblichkeitsziffer** F (taux *m* de) mortalité *f*
stereo ADV en stéréo
Stereoanlage F chaîne *f* stéréo, °haute(-)fidélité, °hi-fi; **Stereoaufnahme** F enregistrement *m* stéréo; **Stereobox** F enceinte *f*; **Stereoempfang** M ⟨~(e)s⟩ réception *f* stéréophonique; **stereofon** ADJ stéréophonique; **Stereofonie** F ⟨~⟩ stéréophonie *f*; **Stereokamera** F appareil *m* (de prise) stéréoscopique; **Stereometrie** F ⟨~⟩ stéréométrie *f*; **stereophon** ADJ, **Stereophonie** F → stereofon, Stereofonie; **Stereoskop** N ⟨~s; ~e⟩ stéréoscope *m*; **Stereoskopie** F ⟨~⟩ stéréoscopie *f*; **Stereoton** M ⟨~(e)s; -töne⟩ son *m* stéréophonique; **Stereoturm** M meuble *m* °hi-fi; **stereotyp** ADJ **1** TYPO cliché **2** *fig* stéréotypé; **Stereotypie** F ⟨~⟩ **1** TYPO clichage *m* **2** MED stéréotypie *f*
steril ADJ BIOL, MED, *fig* stérile; *Instrumente* stérilisé; *fig a.* aseptisé; **Sterilisation** F ⟨~; ~en⟩ stérilisation *f*
Sterilisator M ⟨~s; -toren⟩, **Sterilisierapparat** M stérilisateur *m*
sterilisieren V/T ⟨*pas de ge-*, h.⟩ stériliser; **Sterilisierung** F ⟨~; ~en⟩ stérilisation *f*
Sterilität F ⟨~⟩ *a. fig* stérilité *f*
Sterling M ⟨~s; ~e⟩ livre *f* sterling; **2 Pfund** *n* **~** 2 livres *fpl* sterling
Sterlingsilber N argent fin
Stern M ⟨~(e)s; ~e⟩ *a.* ZOOL, MIL, *fig* étoile *f*; ASTRON *a.* astre *m*; **ein Hotel, Restaurant mit drei ~en** un hôtel, restaurant trois étoiles; **die ~e stehen am Himmel** les étoiles brillent dans le ciel; **die ~e stehen günstig** toutes les chances sont de mon, ton, *etc* côté; **in den ~en lesen** lire dans les étoiles; **das steht noch in den ~en** ce n'est pas pour demain; **für j-n die ~e vom Himmel holen** aller décrocher la lune pour qn; *umg fig* **~e sehen** (en) voir trente-six chandelles; *geh fig* **mein guter ~** ma bonne étoile; *geh* **nach den ~en greifen** avoir de hautes visées; viser °haut; *geh* **unter e-m guten, schlechten ~ geboren sein** être né sous une bonne, mauvaise étoile; *Unternehmen etc* **unter keinem guten ~ stehen** ne pas être placé sous une bonne étoile; *poet fig* **unter fremden ~en** à l'étranger
Sternbild N constellation *f*
Sternchen N ⟨~s; ~⟩ **1** TYPO astérisque *m* **2** (*Filmsternchen*) starlette *f*
Sterndeuter(in) M ⟨~s; ~⟩ (F) ⟨~in; ~innen⟩ astrologue *m/f*; **Sterndeutung** F ⟨~⟩ astrologie *f*
Sternenbanner N bannière étoilée; **sternenhell** ADJ → sternenklar; **Sternenhimmel** *geh* M firmament *m*; ciel parsemé d'étoiles, constellé
sternenklar ADJ étoilé; **es ist ~** on voit briller les étoiles
Sternenmeer *poet* N ⟨~(e)s⟩ océan *m* d'étoiles; **Sternenzelt** *poet* N ⟨~(e)s⟩ voûte étoilée
Sternfahrt F rallye *m*; **sternförmig** ADJ en étoile; **Sternfrucht** F carambole *f*; **Sterngucker** *umg* M ⟨~s; ~⟩ astronome *m*; **sternhagelvoll** *umg* ADJ *umg* bourré; *umg* soûl comme une barrique
Sternhaufen M ASTRON nébuleuse *f*; **Sternjahr** N ASTRON année sidérale; **Sternkarte** F ASTRON carte *f* céleste; **sternklar** → sternenklar; **Sternkunde** F ⟨~⟩ astronomie *f*; **sternkundig** ADJ versé dans l'astronomie; **sternlos** ADJ sans étoiles; **Sternmarsch** M manifestation *f* (**nach** convergeant vers); **Sternschnuppe** F ⟨~; ~n⟩ étoile filante; *t/t* astéroïde *m*; **Sternsinger** M ⟨~s; ~⟩ *regional*: *enfant déguisé en roi mage qui va de maison en maison et chante pour fêter l'Épiphanie*; **Sternstunde** *geh* F heure *f* de gloire; **Sternsystem** N ASTRON galaxie *f*; **Sterntag** M ASTRON jour sidéral; **Sternwarte** F observatoire *m*; **Sternzeichen** N signe *m* (du zodiaque); **Sternzeit** F ASTRON heure sidérale
Sterz M ⟨~es; ~e⟩ **1** *der Vögel* croupion *m* **2** (*Pflugsterz*) manche *m*
stet *geh* ADJ (*andauernd*) incessant; continuel, -elle; permanent; (*beharrlich, gleichbleibend*) constant; *Rhythmus* régulier, -ière
Stethoskop N ⟨~s; ~e⟩ stéthoscope *m*
stetig ADJ (*kontinuierlich*), *a.* MATH continu; (*beständig*) incessant; **Stetigkeit** F ⟨~⟩ *a.* MATH continuité *f*; (*Fortdauer*) permanence *f*; (*Beharrlichkeit*) constance *f*
stets *geh* ADV toujours
Stettin N ⟨→ *n/pr*⟩ Szczecin
Steuer[1] N ⟨~s; ~⟩ SCHIFF (*Ruder*) barre *f*; FLUG gouvernail *m*; AUTO volant *m*; AUTO **sich ans** *od* **hinters ~ setzen** prendre le volant; AUTO **am ~ sitzen** tenir le, être au volant; **das ~ herumreißen** SCHIFF, *fig* virer de bord; *im Auto* donner un brusque coup de volant; **das ~ übernehmen** AUTO prendre le volant; SCHIFF, *fig* prendre la barre; *fig* **das ~ fest in der Hand haben** bien tenir la barre
Steuer[2] F ⟨~; ~n⟩ FIN impôt *m*; ADMIN, JUR contribution *f*; charges *fpl*; *auf Waren* taxe *f*; (*Abgabe*) droit *m* (**auf** [+*akk*] de); **(in)direkte ~** impôt (in)direct; **~n zahlen** payer des impôts; **e-e ~ auf etw** (*akk*) **erheben, etw mit e-r ~ belegen** lever, percevoir un impôt sur qc; frapper, grever qc d'impôt; **etw von der ~ absetzen** déduire qc de l'impôt; **der ~ unterliegen** être imposable
Steuerabzug M retenue fiscale, d'impôt; **Steueranspruch** M droit *m* d'imposition
Steueraufkommen N ressources fiscales; **gesamtes ~** total *m* d'impôts
Steueraufsicht F ⟨~⟩ contrôle fiscal
steuerbar ADJ (*lenkbar*) gouvernable; maniable; **Steuerbefehl** M IT ordre *m*; **Steuerbefreiung** F exonération *f* d'impôts; franchise *f* de droits
steuerbegünstigt ADJT **~ sein** bénéficier, jouir d'un avantage fiscal
Steuerbemessungsgrundlage F assiette *f* de l'impôt; **Steuerberater(in)** M(F) conseiller, -ère *m,f* fiscal(e); **Steuerbescheid** M avis *m* d'impôt, d'imposition; **Steuerbetrug** M fraude fiscale; **Steuerbevollmächtigte(r)** M/F(M) conseiller, -ère *m,f* fiscal(e); **Steuerbilanz** F bilan fiscal
steuerbord ADV SCHIFF, FLUG à tribord
Steuerbord N, *österr a.* M ⟨~(e)s⟩ SCHIFF, FLUG tribord *m*; **steuerbords** ADV SCHIFF, FLUG à tribord
Steuereinnahmen FPL recettes fiscales; **Steuererhebung** F perception *f* des impôts; **Steuererhöhung** F augmentation *f* des impôts

S

Steuererklärung F déclaration *f* d'impôt(s); **s-e ~ machen** faire sa déclaration d'impôts
Steuererleichterung F allégement fiscal; **Steuerermäßigung** F réduction *f* d'impôt(s); **Steuererstattung** F remboursement *m* d'impôts; **Steuerfahnder** M inspecteur polyvalent *od* du service du contrôle fiscal; **Steuerfahndung** F enquête fiscale; détection *f* des fraudes fiscales; **Steuerflucht** F ⟨~⟩ évasion fiscale; **steuerfrei** ADJ exempt, exonéré d'impôt; **Steuerfreibetrag** M montant exempt d'impôts; abattement *m* à la base; **Steuerfreigrenze** F seuil *m* d'imposition; **Steuerfreiheit** F ⟨~⟩ exemption *f*, exonération *f* d'impôts; franchise *f* d'imposition; immunité fiscale; **Steuergeheimnis** N secret fiscal; **Steuergelder** NPL impôts *mpl*
Steuergerät N RADIO récepteur *m*; ELEK mécanisme *m* de télécommande
Steuergesetz N loi fiscale; **Steuergesetzgebung** F législation fiscale; **Steuergruppe** F catégorie *f* d'imposition; **Steuerharmonisierung** F harmonisation fiscale; **Steuerhinterzieher** M ⟨~s; ~⟩ contribuable *m* fraudeur du fisc; **Steuerhinterziehung** F fraude fiscale; **Steuerhoheit** F ⟨~⟩ droit *m* d'imposition; **Steuerkarte** F → Lohnsteuerkarte; **Steuerklasse** F catégorie *f*, tranche *f* d'imposition
Steuerknüppel M FLUG manche *m* à balai
Steuerlast F charges fiscales
steuerlich **A** ADJ ⟨*épithète*⟩ fiscal; **in ~er Hinsicht** en matière fiscale, d'impôts **B** ADV **~ absetzbar** déductible du revenu; **~ begünstigt sein** être avantagé au point de vue fiscal
steuerlos ADJ *u.* ADV sans direction
Steuermann M ⟨~(e)s; -leute *ou* -männer⟩ SCHIFF timonier *m*; *e-s Ruderboots* barreur *m*; SPORT **Vierer** *m* **mit, ohne ~** quatre *m* avec, sans barreur
Steuermarke F timbre fiscal
steuern ⟨-(e)re⟩ **A** V/T ⟨h.⟩ AUTO conduire; FLUG piloter; SCHIFF *als Lotse, bei Angabe der Richtung* diriger; conduire; TECH commander; manœuvrer; ELEK contrôler; régler; commander; *fig Prozess, Meinung, Bewusstsein* manœuvrer; *Gespräch* conduire **B** V/I ⟨s.⟩ SCHIFF piloter; *(fahren)* faire route (**nach** vers); *fig* **wohin steuert die deutsche Politik?** où conduit la politique allemande?
Steuernachforderung F rappel *m* d'impôt, de droits; **Steueroase** *umg* F, **Steuerparadies** *umg* N paradis fiscal; **Steuerpfändung** F saisie fiscale; **Steuerpflicht** F ⟨~⟩ obligation fiscale; assujettissement *m* à l'impôt; **steuerpflichtig** ADJ imposable; soumis à l'impôt; **Steuerpflichtige(r)** M/F(M) ⟨→ A⟩ contribuable *m/f*; personne *f* imposable; **Steuerpolitik** F politique fiscale; **Steuerprogression** F progressivité *f* de l'impôt; **Steuerprüfer(in)** M(F) agent *m* du fisc vérificateur; **Steuerprüfung** F vérification *f* de comptabilité; contrôle fiscal
Steuerpult N pupitre *m* de commande; **Steuerrad** N AUTO volant *m*; SCHIFF roue *f* du gouvernail
Steuerrecht N ⟨~(e)s⟩ droit fiscal; *(Gesetzgebung)* fiscalité *f*; **steuerrechtlich** **A** ADJ fiscal; concernant le droit fiscal, la fiscalité **B** ADV selon le droit fiscal; **Steuerreform** F réforme fiscale; **Steuerrückerstattung** F remboursement *m* (du trop perçu) d'impôt(s); **Steuerrücklage** F réserve *f* pour les impôts; **Steuerrückstände** MPL reliquat *m* d'impôts; **Steuerrückzahlung** F → Steuerrückerstattung
Steuerruder N SCHIFF gouvernail *m*
Steuersatz M taux *m* d'imposition; **Steuerschuld** F dette fiscale; **Steuersenkung** F réduction *f* d'impôts; **Steuerstrafrecht** N ⟨~(e)s⟩ droit *m* de répression; **Steuersystem** N système fiscal, de taxation; **Steuertabelle** F barème *m* de l'impôt; **Steuertarif** M taux *m* d'imposition, de l'impôt
Steuerung F ⟨~; ~en⟩ **1** ⟨*pas de pl*⟩ *Handlung* SCHIFF, FLUG pilotage *m*; *e-s Autos* conduite *f*; TECH commande *f*; ELEK contrôle *m*; réglage *m*; commande *f* **2** *Mechanismus* TECH commande *f*; appareil *m* de manœuvre; SCHIFF, FLUG (appareil *m* de) gouverne *f*; AUTO direction *f*
Steuerungstaste F IT touche *f* de contrôle
Steuerveranlagung F établissement *m* de l'assiette de l'impôt; **Steuervergehen** N infraction fiscale; **Steuervergünstigung** F avantage fiscal; faveur fiscale; **Steuervorauszahlung** F acompte provisionnel d'impôts; paiement anticipé d'impôts; **Steuervorteil** M avantage fiscal
Steuerwerk N IT système *m* de commande et de contrôle
Steuerwesen N ⟨~s⟩ fiscalité *f*; **Steuerzahler(in)** M(F) contribuable *m/f*
Steven M ⟨~s; ~⟩ SCHIFF *(Vordersteven)* étrave *f*; *(Achtersteven)* étambot *m*
Steward M ⟨~s; ~s⟩ FLUG, SCHIFF steward *m*
Stewardess F ⟨~; ~en⟩ FLUG hôtesse *f* de l'air; *a.* SCHIFF stewardess *f*
StGB N ⟨~⟩ ABK (Strafgesetzbuch) code pénal
stibitzen *umg* V/T ⟨-(es)t, *pas de ge-*, h.⟩ *umg* chiper; *umg* faucher
Stich M ⟨~(e)s; ~e⟩ **1** *(Nadelstich, Bienenstich, Mückenstich etc)* piqûre *f*; *(Wanzenstich, Flohstich)* morsure *f* **2** *mit dem Messer, Dolch etc* coup *m* (de couteau) **3** **j-n im ~ lassen** *(ohne Hilfe lassen)* délaisser qn; *(fallen lassen)* laisser tomber qn; **sein Gedächtnis ließ ihn im ~** sa mémoire l'a trahi **4** MODE point *m* **5** *(stechender Schmerz)* point *m*; élancement *m*; **~e in der Seite** points *mpl* de côté; *fig* **es gab ihr jedes Mal einen ~ (ins Herz), wenn …** cela lui donnait chaque fois un coup au cœur lorsque … **6** *fig (boshafte Bemerkung)* pique *f*; pointe *f*; **j-m e-n ~ versetzen** lancer des piques, pointes à qn **7** *(Kupferstich, Stahlstich)* gravure *f* **8** KARTENSPIEL pli *m*; levée *f* **9** *umg* **e-n ~ haben** *Bier, Wein* être piqué, aigre; *Milch* être aigre; *Personen (verrückt sein)* avoir un grain; *Farben* **e-n ~ ins Blaue haben** tirer sur le bleu **10** *regional* GASTR **ein ~ Butter** une noix de beurre
Stichel M ⟨~s; ~⟩ burin *m*; ciselet *m*; poinçon *m*
Stichelei *umg pej* F ⟨~; ~en⟩ pique(s) *f(pl)*; coup *m* d'épingle
sticheln V/I ⟨-(e)le, h.⟩ **1** *(nähen)* coudre; *(sticken)* broder **2** *umg pej* lancer, envoyer des piques (**gegen** à)
stichfest ADJ *fig Gründe* irréfutable; inattaquable; **hieb- und ~** *Alibi, Beweis etc* solide; à toute épreuve; en béton
Stichflamme F jet *m* de flamme; **Stichfrage** F question *f* subsidiaire
stichhaltig ADJ *Argument etc* solide; sérieux, -ieuse; valable; **dagegen lässt sich nichts Stichhaltiges einwenden** il n'y a aucune objection valable à faire à cela
Stichhaltigkeit F ⟨~⟩ solidité *f*; sérieux *m*; validité *f*; **Stichjahr** N année fixée; **Stichkampf** M SPORT barrage *m*; **Stichkanal** M canal *m* sans issue
Stichling M ⟨~s; ~e⟩ ZOOL épinoche *f*
Stichprobe F contrôle ponctuel imprévu; contrôle fait au hasard; STATISTIK (**repräsentative**) **~** échantillon (représentatif)
Stichsäge F scie *f* à guichet; **Stichstraße** F cul-de-sac *m*
sticht → stechen
Stichtag M jour fixé; **Stichwaffe** F arme *f* d'estoc, de pointe; **Stichwahl** F (scrutin *m* de) ballottage *m*
Stichwort N ⟨~(e)s; ¨er *ou* ~e⟩ **1** ⟨*pl* ¨er⟩ *im Wörterbuch etc* mot-vedette *m*; entrée *f* **2** ⟨*pl* ~e⟩ THEAT réclame *f*; réplique *f* **3** ⟨*pl* ~e⟩ *vereinbartes* mot (convenu) **4** ⟨*pl* ~e⟩ *zusammenfassendes* note *f*
stichwortartig ADJ *u.* ADV en quelques mots
Stichwortverzeichnis N index *m*
Stichwunde F blessure (faite avec une arme pointue)
Stickarbeit F broderie *f*
sticken V/T *u.* V/I ⟨h.⟩ broder
Sticker[1] M ⟨~s; ~⟩ *(Aufkleber)* autocollant *m*
Sticker[2] M ⟨~s; ~⟩, **Stickerin** F ⟨~in; ~innen⟩ brodeur, -euse *m,f*
Stickerei F ⟨~; ~en⟩ broderie *f*
Stickgarn N fil *m* à broder
stickig ADJ *Luft* étouffant; suffocant
Stickmaschine F machine *f* à broder; **Stickmuster** N modèle *m*, patron *m* de broderie; **Sticknadel** F aiguille *f* à broder; **Stickoxid** N oxyde *m* d'azote; **Stickrahmen** M métier *m*, tambour *m* à broder; **Stickseide** F soie *f* à broder; soie plate
Stickstoff M CHEM azote *m*; **stickstoffarm** ADJ pauvre en azote; **Stickstoffdünger** M engrais azoté; **stickstoffhaltig** ADJ azoté; nitrique
stieben *geh* V/I ⟨stiebt, *régulier ou* stob, gestoben, s. *ou* h.⟩ *Funken* jaillir; *Schnee* se disperser, voler en poussière
Stiefbruder M demi-frère *m*
Stiefel M ⟨~s; ~⟩ botte *f*; *umg* **e-n (tüchtigen) ~ vertragen (können)** *umg* avoir une bonne descente; bien supporter l'alcool
Stiefelabsatz M talon *m* de botte; **Stiefelanzieher** M ⟨~s; ~⟩ tire-botte *m*
Stiefelette F ⟨~; ~n⟩ bottillon *m*; bottine *f*; *für Männer* demi-botte *f*
Stiefelknecht M tire-botte *m*
stiefeln **A** *umg* V/I ⟨-(e)le, s.⟩ marcher (à grandes enjambées, à grands pas) **B** V/T ADJT *umg fig hum* **gestiefelt und gespornt** prêt à partir
Stiefelschaft M tige *f* de botte; **Stiefelspanner** M tendeur *m*; embauchoir *m*; **Stiefelstulpe** F revers *m* de botte
Stiefeltern PL beau-père *m* et belle-mère *f*; **Stiefgeschwister** PL demi-frères *mpl* et demi-sœurs *fpl*
Stiefkind N **1** *(Stiefsohn)* beau-fils *m*; *(Stieftochter)* belle-fille *f* **2** *fig* laissé(e) *m(f)* pour compte; **sie ist ein ~ der Natur** elle a été peu gâtée par la nature
Stiefmutter F belle-mère *f*; **böse ~** marâtre *f*
Stiefmütterchen N ⟨~s; ~⟩ BOT pensée *f*
stiefmütterlich **A** ADJ de belle-mère; *pej* de marâtre **B** ADV en belle-mère; *fig pej* **j-n, etw ~ behandeln** négliger qn, qc; *plus fort* traiter qn, qc d'une façon méprisante
Stiefschwester F demi-sœur *f*; **Stiefsohn** M beau-fils *m*; **Stieftochter** F belle-fille *f*; **Stiefvater** M beau-père *m*
stieg → steigen
Stiege F ⟨~; ~n⟩ escalier (étroit); *südd, österr* escalier *m*
Stiegenhaus N *südd, österr* escalier *m*
Stieglitz M ⟨~es; ~e⟩ ZOOL chardonneret *m*
stiehlt → stehlen
stiekum *umg regional* ADV *umg* en douce
Stiel M ⟨~(e)s; ~e⟩ **1** *an e-m Werkzeug etc* manche *m*; *e-s Pinsels* °hampe *f*; *e-r Pfanne* queue *f*; *e-s Glases* pied *m* **2** BOT *(Stängel)* tige *f*; *e-r Frucht, e-s*

S

Blattes queue *f* **3** **Eis** *n* **am ~** bâtonnet glacé; esquimau *m*
Stielauge N ZOOL tentacule *m* oculaire; *umg fig* **~n machen, bekommen** lorgner; *umg* reluquer
Stielbürste F brosse *f* à manche; **Stielglas** N verre *m* à pied; **Stielkamm** M peigne *m* à manche; **stiellos** ADJ **1** sans manche; sans queue **2** BOT sans tige; **Stielpfanne** F poêle *f*; **Stielstich** M MODE point *m* de tige
stier ADJ *Blick* fixe
Stier M ⟨~(e)s; ~e⟩ **1** ZOOL taureau *m*; **brüllen wie ein ~** °hurler; *vor Wut a. umg* gueuler; *fig* **den ~ bei den Hörnern packen** *od* **fassen** prendre le taureau par les cornes **2** ASTROL Taureau *m*
stieren VI ⟨h.⟩ **auf etw** *(akk)* **~** regarder fixement *od* d'un œil °hagard qc; **vor sich** *(akk)* **hin ~** avoir l'œil °hagard
Stierkampf M corrida *f*; course *f* de taureaux; **Stierkampfarena** F arène *f*; **Stierkämpfer** M torero *m*; **Stiernacken** M *fig* cou *m* de taureau; **stiernackig** ADJ *fig* à cou de taureau
Stiesel *umg pej* M ⟨~s; ~⟩ goujat *m*; mufle *m*; **sties(e)lig** *umg pej* ADJ malotru; mufle
stieß → stoßen
Stift[1] M ⟨~(e)s; ~e⟩ **1** *(Schreibstift)* crayon *m* **2** TECH *(Pflock)* cheville *f*; goujon *m*; *(Drahtstift)* pointe *f*; clou *m* sans tête **3** *umg fig (Lehrling)* jeune apprenti *m*
Stift[2] N ⟨~(e)s; ~e⟩ **1** REL maison religieuse; *(Institution)* fondation *f*; *(Domstift)* chapitre *m* **2** *österr (Kloster)* couvent *m* **3** *(Altersheim)* maison *f* de retraite **4** *(Privatschule)* institution religieuse
stiften VT ⟨-ete, h.⟩ **1** *(gründen) Kirche, Kloster, Schule, Krankenhaus* fonder; établir; *Orden, Sekte etc* créer **2** *(spenden) Kerze etc* offrir; faire l'offrande de; *Geld* faire une donation, un don de; *Preis* fonder; instituer; *Flasche Wein etc* offrir **3** *(schaffen)* susciter; *Unruhe a.* fomenter; *Verwirrung a.* provoquer; *Frieden* rétablir; *Zwietracht* semer; **e-e Ehe ~** arranger un mariage **4** *umg* **~ gehen** *umg* s'éclipser
stiftengehen *umg* VI → stiften 4
Stifter(in) M ⟨~s; ~⟩ (F) ⟨~in; ~innen⟩ fondateur, -trice *m,f*; créateur, -trice *m,f*; *(Spender[in])* donateur, -trice *m,f*
Stiftshütte F REL tabernacle *m*; **Stiftskirche** F (église) collégiale *f*; *e-s Hochstifts* cathédrale *f*
Stiftung F ⟨~; ~en⟩ *Handlung* donation *f*; *Institution* fondation *f*; **wohltätige ~** institution *f* de bienfaisance
Stiftungsfest N (fête *f*) anniversaire *m* d'une fondation, de la fondation de …; **Stiftungsurkunde** F acte *m*, charte *f* de fondation
Stiftzahn M dent (artificielle) à pivot
Stigma N ⟨~s; -men *ou* ~ta⟩ *a.* BOT, ZOOL, *fig* stigmate *m*; **stigmatisieren** VT ⟨*pas de ge-*, h.⟩ stigmatiser
Stil M ⟨~(e)s; ~e⟩ style *m* (*a.* SPORT, *fig*); *(Art) a.* manière *f*; **flüssiger ~** style fluide; **lebendiger ~** style vivant; **gehobener ~** style soutenu; **im japanischen ~** dans le style japonais; **in großem ~, großen ~s** sur une grande échelle; **~ haben** avoir de la classe; **das ist nicht mein ~** ce n'est pas mon genre, mon style; **… und in diesem ~ ging es weiter** et la suite s'est déroulée dans le même style
Stilart F style *m*; **stilbildend** ADJT qui caractérise un style; **Stilblüte** F perle *f*; **Stilbruch** M rupture *f* de style; *fig* incohérence *f*; **Stilebene** F *bes* LING niveau *m* de langue; **stilecht** **A** ADJ d'époque **B** ADV selon, dans le style de l'époque; **Stilelement** N élément *m* de style; **Stilempfinden** N ⟨~s⟩ → Stilgefühl
Stilett N ⟨~s; ~e⟩ stylet *m*
Stilfehler M faute *f* de style; **Stilgefühl** N ⟨~(e)s⟩ (bon) goût (en matière de style); **stilgerecht** ADJ qui correspond au style
stilisieren VT ⟨*pas de ge-*, h.⟩ styliser; **Stilisierung** F ⟨~; ~en⟩ stylisation *f*
Stilist(in) M ⟨~en; ~en⟩ (F) ⟨~in; ~innen⟩ styliste *m/f*; **Stilistik** F ⟨~; ~en⟩ stylistique *f*
stilistisch **A** ADJ stylistique; **die ~en Feinheiten** *fpl* les finesses *fpl* du style **B** ADV au point de vue (du) style
Stilkunde F stylistique *f*
still **A** ADJ **1** *(ruhig)* tranquille; calme (*a. Luft, See*); **~ bleiben** *(sich nicht bewegen)* rester tranquille; **ihre ~e Art macht sie sympathisch** sa discrétion la rend sympathique; **überleg dir das in e-r ~en Stunde** réfléchis-y à tête reposée **2** *(schweigsam)* silencieux, -ieuse; taciturne; *(zurückhaltend)* réservé; **~ sein** *(schweigen)* se taire; **seid ~!** silence!; taisez-vous!; **es wurde ~** il se fit un silence; **~es Gebet** oraison mentale; **in ~em Gedenken** *auf e-m Grabstein* regrets; à notre regretté(e); **~e Messe** messe basse; **in ~er Trauer** *auf e-r Todesanzeige* de la part de …; … ont la douleur de vous faire part du décès de …; **es ist ~ um ihn geworden** on n'entend plus parler de lui; le silence s'est fait autour de lui **3** *(friedlich)* paisible; **~es Glück** bonheur *m* paisible; **Stiller Ozean** océan *m* Pacifique **4** *(heimlich) Liebe, Hoffnung* secret, -ète; **heimlich, ~ und leise** secrètement; en douce; **~e Reserve** réserve cachée, occulte; **in ~er Übereinkunft** en accord tacite; **im Stillen** secrètement; **er hofft im Stillen, dass …** il souhaite en son for intérieur que … *(+subj)* **5** HANDEL **~e Jahreszeit** morte-saison *f*; **~er Teilhaber, Gesellschafter** commanditaire *m*; **~es Wasser** eau minérale non gazeuse; eau plate **B** ADV **~ halten** ne pas bouger; se tenir tranquille; **s-e Hände ~ halten** ne pas bouger les mains; **~ liegen** *Mensch, Tier* se tenir tranquille; ne pas bouger; **~ sitzen** rester tranquille; ne pas bouger; **nicht ~ sitzen können** ne (pas) pouvoir tenir en place; **~ stehen** *(sich nicht rühren)* ne pas bouger; demeurer en place; **nicht ~ stehen können** ne (pas) pouvoir tenir en place
Still-BH M soutien-gorge *m* d'allaitement
stillbleiben VI → still A 1
Stille F ⟨~⟩ *(Schweigen)* silence *m*; *(Ruhe)* tranquillité *f*; calme *m*; *(Friede)* paix *f*; repos *m*; **die ~ des Waldes** le calme de la forêt; **in der ~ der Nacht** dans le silence de la nuit; **in aller ~** *Hochzeit, Beisetzung* dans la plus stricte intimité; **plötzlich herrschte atemlose ~** il se fit soudain un silence de mort
Stilleben N → Stillleben
stillegen *etc* → stilllegen *etc*
Stillehre F stylistique *f*
stillen ⟨h.⟩ **A** VT **1** *Säugling* allaiter; *im Moment* donner le sein à **2** *Blutung* arrêter; faire cesser **3** *Schmerz* apaiser; calmer; *Durst* étancher; apaiser; *Hunger* assouvir; apaiser; *Rachedurst, Neugier* assouvir; *Verlangen, Begierde* satisfaire **B** VI allaiter; *im Moment* donner le sein au bébé
Stillen N ⟨~s⟩ **1** *e-s Säuglings* allaitement *m* **2** *e-r Blutung* étanchement *m* **3** *des Durstes* étanchement *m*; *des Schmerzes, Hungers, Durstes* apaisement *m*; *des Hungers, fig Rachedurstes* assouvissement *m*; *e-s Verlangens* satisfaction *f*
Stillhalteabkommen N **1** FIN moratoire *m* **2** POL trêve *f*
stillhalten VI → still B
Stillleben N ⟨~s; ~⟩ nature morte
stilllegen VT ⟨*sép*, -ge-, h.⟩ *Betrieb* fermer; *Bergwerk a.* cesser l'exploitation de; *Eisenbahnstrecke* supprimer; **e-e stillgelegte Fabrik** une usine désaffectée
Stilllegung F ⟨~; ~en⟩ *e-s Betriebs* fermeture *f*; *e-s Bergwerks a.* cessation *f* de l'exploitation; *e-r Eisenbahnstrecke* suppression *f*
stillliegen VI ⟨*irr, sép*, -ge-, h.⟩ *Betrieb* être fermé; *Eisenbahnstrecke* être supprimé; → *a.* still B
stillos ADJ *Möbel* sans style défini; *pej* sans goût; **es ist ~, Sekt aus e-m Becher zu trinken** ça manque de classe de boire du mousseux dans des gobelets
Stillosigkeit F ⟨~; ~en⟩ **1** ⟨*sans pl*⟩ *(fehlender Stil)* style *m* indéfinissable **2** *(stilloses Benehmen)* manque *m* de savoir-vivre; faute *f* de goût
Stillschweigen N silence *m*; **(über etw, j-n) ~ bewahren** garder, faire le silence (sur qc, qn)
stillschweigend **A** ADJT ⟨*épithète*⟩ **1** *(wortlos)* muet, muette **2** *Abmachung etc* tacite **B** ADVL **1** *(stumm)* sans mot dire; en silence **2** *bei e-r Abmachung etc* tacitement; **etw ~ übergehen** passer qc sous silence; faire le silence sur qc
stillsitzen VI → still B
Stillstand M ⟨~(e)s⟩ arrêt *m*; *der Arbeit etc* interruption *f*; *e-s Betriebs, e-r Maschine* arrêt *m*; *der Geschäfte* stagnation *f*; **zum ~ bringen** *Maschine, Motor etc* arrêter; *Verkehr* paralyser; *Zug* immobiliser; *Blutung* interrompre; arrêter; *Entzündung* enrayer
stillstehen VI ⟨*irr, sép*, -ge-, h.⟩ **1** *(anhalten)* s'arrêter (*a. Herz, Atem*); *Maschine, Produktion etc* être arrêté; *Verkehr* être paralysé; **die Zeit scheint stillzustehen** le temps semble s'arrêter *od* s'être arrêté; *umg* **sein Mundwerk steht nie still** *umg* c'est un vrai moulin à paroles; *umg* **da steht mir der Verstand still!** je n'en reviens pas!; les bras m'en tombent! **2** MIL se mettre au garde-à-vous; **stillgestanden!** garde-à-vous! **3** → still B
Stillung F ⟨~⟩ *des Durstes* étanchement *m*; *des Schmerzes, Hungers, Durstes* apaisement *m*; *des Hungers, Rachedurstes* assouvissement *m*; *e-s Verlangens* satisfaction *f*; *e-r Blutung* arrêt *m*
stillvergnügt ADJ intérieurement satisfait, heureux, -euse; **Stillzeit** F période *f* d'allaitement
Stilmittel N procédé *m* de style; **Stilmöbel** NPL meubles *mpl* de style; **Stilrichtung** F style *m*; **Stilübung** F exercice *m* de style; **stilvoll** **A** ADJ *Möbel* de style; *Einrichtung* de bon goût **B** ADV avec goût; **stilwidrig** ADJ contraire au style (de); trahissant le style (de)
Stimmabgabe F vote *m*; scrutin *m*; **zur ~ erscheinen** *od* **kommen** aller voter
Stimmband N ⟨~(e)s; ~̈er⟩ ANAT ⟨*surtout pl*⟩ corde vocale; **stimmberechtigt** ADJT qui a (le) droit de vote, de voter
Stimmberechtigte(r) M/F(M) personne *f* qui a (le) droit de vote, de voter; **die ~n** *pl* les (électeurs) inscrits *mpl*
Stimmberechtigung F droit *m* de vote; **Stimmbezirk** M section *f* de vote; circonscription électorale; **Stimmbildung** F phonation *f*
Stimmbruch M mue *f* (de la voix); **im ~ sein** muer
Stimmbürger(in) M(F) *schweiz* → Stimmberechtigte(r)
Stimme F ⟨~; ~n⟩ **1** voix *f*; MUS *a.* organe *m*; **laute, leise ~** voix forte, faible; **belegte ~** voix enrouée; *fig* **innere ~** voix intérieure; **(nicht) gut bei ~ sein** (ne pas) être en voix; *geh* **die ~ des Gewissens, Herzens, Blutes** la voix de la conscience, du cœur, du sang; *geh* **s-e ~ erheben** prendre la parole **2** *(Wahlstimme)* voix *f*; suffrage *m*; vote *m*; **abge-**

gebene ~n suffrages exprimés; **ungültige ~** bulletin nul, blanc; **s-e ~ abgeben** donner sa voix, son vote, son suffrage; voter (**für** pour, **gegen** contre); **sich der ~** *(gen)* **enthalten** s'abstenir (de voter); **j-m s-e ~ geben** donner sa voix à qn; voter pour qn **3** *(Meinung)* avis *m*; opinion *f*; prise *f* de position; **die kritischen ~n der Presse, in der Öffentlichkeit** l'opinion critique de la presse, du public **4** MUS *(Stimmlage)* voix *f*; registre *m*; *(Part)* partie *f* **5** MUS *e-r Orgel* jeu *m* (d'orgues)

stimmen ⟨h.⟩ **A** VT **1** *Instrument* accorder; **höher ~** monter; °hausser le ton de; **tiefer ~** baisser le ton de; **zu hoch gestimmt** trop °haut; **richtig gestimmt** accordé; **falsch gestimmt** désaccordé **2** *fig* **j-n traurig ~** attrister qn; **j-n ernst ~** rendre qn grave; **diese Begegnung stimmte mich nachdenklich** cette rencontre m'a laissé rêveur; **j-n froh, heiter ~** égayer, dérider qn; mettre qn de bonne humeur; **j-n versöhnlich ~** réconcilier qn **B** VI **1** *(richtig sein)* être juste, exact; **das Gehalt muss ~** le salaire doit être en rapport avec le travail, les qualifications, *etc*; **der Preis muss ~** il doit y avoir un bon rapport qualité-prix; le prix doit être en rapport avec la marchandise; **bei diesem Urlaub stimmte einfach alles** les vacances ont été parfaites; *umg* tout s'est super bien passé pendant les vacances; **da stimmt etwas nicht** il y a qc qui ne va pas, qui cloche; *umg* **bei ihm stimmt etwas nicht** il est bizarre; *plus fort* ça ne tourne pas rond chez lui; *beim Bezahlen umg* **stimmt so!** gardez la monnaie! **2** *(wahr sein)* être vrai; **(das) stimmt!** *(genau!)* c'est ça; c'est vrai; **stimmt es, dass ...?** c'est vrai que ...? **3** POL **für, gegen j-n ~** voter pour, contre qn; **mit Ja, Nein ~** voter pour, contre; voter oui, non

Stimmenanteil M pourcentage *m* des voix; **Stimmenauszählung** F décompte *m* des voix

Stimmenfang M ⟨~(e)s⟩ racolage *m* des électeurs; **auf ~ sein** racoler des électeurs

Stimmengewinn M gain *m* de voix, de suffrages; **Stimmengewirr** N brouhaha *m*

Stimmengleichheit F partage *m*; parité *f* des voix; **bei ~** s'il y a partage

Stimmenkauf M achat *m* de voix

Stimmenmehrheit F majorité *f* des voix, des votes, des suffrages; **einfache ~** majorité simple des voix; **etw mit ~ annehmen** prendre, adopter qc à la majorité des voix

Stimmenthaltung F abstention *f*; → *a.* Enthaltung

Stimmenverhältnis N rapport *m* des voix; **Stimmenverlust** M pertes *fpl* d'électorat

Stimmgabel F diapason *m*; **Stimmgebung** F ⟨~⟩ phonation *f*

stimmgewaltig **A** ADJ qui a une voix forte **B** ADV d'une voix forte; **stimmhaft** ADJ PHON sonore

stimmig ADJ harmonieux, -ieuse; *Argumentation* logique; juste

Stimmlage F MUS registre *m*

stimmlich **A** ADJ vocal **B** ADV quant à la voix; en ce qui concerne la voix; **stimmlos** ADJ PHON sourd; MED aphone; **Stimmlosigkeit** F ⟨~⟩ PHON sourdité *f*; MED extinction *f* de voix

Stimmrecht N droit *m* de vote, de suffrage; **allgemeines ~** suffrage universel

Stimmritze F glotte *f*; **Stimmübung** F MUS vocalise *f*; vocalisation *f*; **Stimmumfang** M registre *m*

Stimmung F ⟨~; ~en⟩ **1** *(Gemütsverfassung)* humeur *f*; disposition *f* d'esprit; **guter, schlechter ~ sein** être de bonne, mauvaise humeur; **in gedrückter ~ sein** être déprimé, abattu; **in gehobener ~ sein** être en train, en liesse; **in (der) ~ sein zu** *(+inf)* être disposé à *(+inf)*; **nicht in (der) ~ sein zu** *(+inf)* ne pas être d'humeur à *(+inf)* **2** *(gute Laune)* **für ~ sorgen** mettre de l'ambiance; **in ~ kommen** s'animer; se mettre en train; **in ~ sein** être de bonne humeur; être plein d'entrain **3** *(Atmosphäre) e-s Bildes, e-r Landschaft* atmosphère *f*; *e-r Gruppe, e-s Fests, am Arbeitsplatz* ambiance *f*; *der Bevölkerung etc a.* moral *m*; *in der Wirtschaft* tendance *f*; **die allgemeine ~** l'atmosphère générale; **für, gegen j-n ~ machen** faire de la propagande pour, contre qn

Stimmungsbarometer *umg* N **das ~ steigt** l'atmosphère devient de plus en plus gaie; *umg* **das ~ steht auf null** *umg* le moral est à zéro

Stimmungsbild N **ein ~ von etw geben** rendre l'atmosphère de qc

Stimmungskanone *umg hum* F boute-en-train *m*; **Stimmungsmache** *umg pej* F ⟨~⟩ bourrage *m* de crâne; **Stimmungsumschwung** M saute *f* d'humeur; *in der Bevölkerung* revirement *m* d'opinion (publique); **stimmungsvoll** ADJ *a. Dekoration, Beleuchtung* plein d'ambiance; MAL évocateur, -trice; *Gedicht* qui a de la poésie; **Stimmungswandel** M, **Stimmungswechsel** M → Stimmungsumschwung

Stimmvieh N *pej* **die Wähler als ~ benutzen** se servir de l'électorat

Stimmwechsel M mue *f* (de la voix); **Stimmwerkzeug** N organe vocal; **Stimmzählung** F dépouillement *m* du scrutin; **Stimmzettel** M bulletin *m* (de vote)

Stimulans *geh* N ⟨~; -lantia *ou* -lanzien⟩ MED, *fig* stimulant *m*; **Stimulation** F ⟨~; ~en⟩ stimulation *f*; **stimulieren** VT ⟨*pas de ge-*, h.⟩ stimuler; **Stimulierung** F ⟨~; ~en⟩ stimulation *f*; **Stimulus** M ⟨~; -li⟩ **1** PSYCH stimulus *m* (**für** de) **2** *fig* stimulant *m* (**für** de)

Stinkbombe F boule puante

Stinkefinger *umg* M *etwa* bras *m* d'honneur; **j-m den ~ zeigen** *etwa* faire un bras d'honneur à qn

stinken VI ⟨stinkt, stank, gestunken, h.⟩ **1** *pej* puer, empester (**nach etw** qc); **es stinkt** cela pue; cela sent très mauvais; **aus dem Mund ~** avoir mauvaise haleine **2** *umg fig* **er stinkt vor Faulheit** *umg* c'est un tire-au-flanc, un cossard, un flemmard; *umg* **diese Arbeit stinkt mir** *umg* j'en ai marre, ras le bol de ce travail; *sprichw* **Geld stinkt nicht** l'argent n'a pas d'odeur; *umg fig* **die Sache stinkt** l'affaire est louche; *umg* **mir stinkt's!** *umg* j'en ai ras le bol!; *umg* j'en ai plein le dos!; *umg* (il) y en a marre!

stinkfaul *sl* ADJ **~ sein** *umg* être très flemmard, très cossard; *umg* avoir un poil dans la main

stinkfein *sl* ADJ *umg* super élégant

stinkig *sl* ADJ **1** *(stinkend)* puant *(a. fig widerwärtig)* **2** *fig* de mauvaise humeur; *umg* de mauvais poil; *plus fort* en rogne

Stinkkäse *umg* M fromage *m* qui sent très fort; **stinklangweilig** *sl* ADJ *umg* rasoir *(inv)*; *umg* assommant; *sl* chiant; **Stinklaune** *umg* F humeur *f* exécrable, de dogue; **Stinkmorchel** F BOT phallus *m* impudique; **stinknormal** *sl* ADJ *umg* hypernormal

stinkreich *sl* ADJ **~ sein** *umg* être plein aux as

stinksauer *sl* ADJ ⟨*attribut*⟩ *umg* fou furieux *(nur m)*, *umg* furax *(inv)* (**auf j-n** contre qn)

Stinkstiefel *sl* M *umg* type odieux; **Stinktier** N mouffette *f*; **stinkvornehm** *sl* ADJ *umg* super, hyper distingué

Stinkwut *sl* F rogne *f*; **e-e ~ haben** *umg* être furax, en rogne (**auf j-n** contre qn)

Stint M ⟨~(e)s; ~e⟩ ZOOL éperlan *m*

Stipendiat(in) M ⟨~en; ~en⟩ (F) ⟨~in; ~innen⟩ boursier, -ière *m,f*; **Stipendium** N ⟨~s; -ien⟩ bourse *f*

Stippe F ⟨~; ~n⟩ *bes nordd* sauce (épaisse)

stippen VT ⟨h.⟩ *bes nordd* tremper

Stippvisite *umg* F visite *f* éclair; saut *m*

stirbt → sterben

Stirn F ⟨~; ~en⟩ front *m*; **die ~ runzeln** froncer les sourcils; se renfrogner; *fig* **j-m, e-r Sache die ~ bieten** faire face, faire front, tenir tête à qn, qc; *fig* **die ~ haben zu** *(+inf)* avoir l'audace, le culot de *(+inf)*; *geh fig* **es steht ihm auf der ~ geschrieben** c'est écrit, cela se lit sur son visage

Stirnband N ⟨~(e)s; ¨~er⟩ bandeau *m*; serre-tête *m*; **Stirnbein** N (os) frontal *m*

Stirne *geh* → Stirn

Stirnfalte F ride *f* du front; **Stirnglatze** F front dégarni; **Stirnhöhle** F sinus frontal; **Stirnhöhlenentzündung** F, **Stirnhöhlenvereiterung** F sinusite *f*; **Stirnrunzeln** N ⟨~s⟩ renfrognement *m*; **stirnrunzelnd** ADVL en fronçant les sourcils; **Stirnseite** F BAU front *m*; façade *f*; devant *m*; *e-s Tischs* °haut *m*; **Stirnwand** F *e-s Raums* mur *m* de devant; *e-s Gebäudes* façade *f*; *e-s Waggons* about *m*

Stoa F ⟨~⟩ PHIL Portique *m*

stob → stieben

stöbern *umg* VI ⟨-(e)re, h.⟩ **in etw** *(dat)* **~** *umg* farfouiller, *umg* fouiner dans qc

stochern VI ⟨-(e)re, h.⟩ **in etw** *(dat)* **~** piquer dans qc; **im Feuer ~** tisonner, attiser le feu; **in den Zähnen ~** se curer les dents; **im Essen ~** piquer, jouer dans le manger avec sa fourchette

Stock[1] M ⟨~(e)s; ¨~e⟩ **1** *(Stab)* bâton *m*; *dünner, a. (Taktstock)* baguette *f*; *(Spazierstock)* canne *f*; *(Billardstock)* queue *f*; *(Skistock)* bâton *m* de ski; **am ~ gehen** marcher avec une canne; *umg fig (erschöpft sein) umg* être complètement crevé; *finanziell umg* être fauché; **steif wie ein ~** raide comme un piquet; *hum* **sie geht, als wenn sie e-n ~ verschluckt hätte** elle marche comme si elle avait avalé son parapluie **2** BOT *(Rosenstock) etc* pied *m*; *(Rebstock)* cep *m* (de vigne) **3** *(Wurzelstock)* souche *f*; *fig* **über ~ und Stein** à travers champs **4** *(Bienenstock)* ruche *f*

Stock[2] M ⟨~(e)s; ~⟩ *(~werk)* étage *m*; **im ersten ~** au premier étage

stockbesoffen *sl*, **stockbetrunken** *umg* ADJT *umg* complètement bourré

Stockbett N lits superposés

stockblind *umg* ADJ complètement aveugle; **du bist ja ~!** tu n'y vois rien du tout!; *umg* tu es bigleux!

stockdumm *umg* ADJ bête comme tes, ses, *etc* pieds

stockdunkel *umg* ADJ **es ist ~** il fait noir comme dans un four; il fait nuit noire

Stöckelabsatz M talon *m* aiguille

stöckeln *umg* VI ⟨-(e)le, s.⟩ trottiner sur des talons aiguilles

Stöckelschuh M chaussure *f* à talon aiguille; **~e** des talons *mpl* aiguilles

stocken VI ⟨h.⟩ **1** *(stillstehen)* s'arrêter; *Verkehr, Produktion a.* ralentir; *Handel, Geschäfte* stagner; être stagnant; *Gespräch, Verhandlungen* s'interrompre; *Arbeit a.* être interrompu; *beim Sprechen* hésiter; rester court; **ins Stocken geraten** *beim Sprechen* hésiter; rester, demeurer court; *Verkehr, Produktion* ralentir; *Handel, Geschäfte* être stagnant; *Gespräch, Verhandlungen, Arbeit* s'interrompre; **mit ~der Stimme** d'une voix hésitante **2** *Puls, Herz* s'arrêter; cesser de battre; *Blut* se coaguler; *fig* se figer; **das Blut stockte ihm in den Adern** son sang se figea dans ses veines; **ihm stockte der Atem** il en eut la respiration, le souffle coupé(e) **3** ⟨h. *ou* s.⟩ *bes südd, österr, schweiz Soße etc* s'épaissir; *Milch* tourner; cailler **4** *Wäsche, Papier, Holz* moisir; *Bücher* se piquer

Stockente F colvert *m*; **stockfinster** → stockdunkel; **Stockfisch** M **1** GASTR morue séchée; stockfisch *m* **2** *umg fig pej umg* plouc *m*; **Stockfleck** M tache *f* de moisissure; **stockheiser** *umg* ADJ *umg* très enroué; **Stockhieb** M coup *m* de bâton

stockkonservativ *umg* ADJ très conservateur, -trice; *plus fort umg* réac *(inv)*

stocknüchtern *umg* ADJ très sobre; *Schreck, Schock etc* **j-n ~ machen** *umg* dessoûler qn; **~ sein** n'avoir rien bu du tout

Stockrose F rose trémière; passerose *f*

stocksauer *umg* ADJ ⟨attribut⟩ *umg* fou furieux *(nur m)*, *umg* furax *(inv)* **(auf j-n** contre qn)

Stockschläge MPL coups *mpl* de bâton

Stockschnupfen M rhume *m* de cerveau; **e-n ~ haben** *a.* être enchifrené

stocksteif *umg* ADJ raide comme un piquet; **stocktaub** *umg* ADJ *umg* sourd comme un pot

Stockung F ⟨~; ~en⟩ arrêt *m*; *des Verkehrs, der Produktion* ralentissement *m*; paralysie *f*; *des Handels, der Geschäfte* stagnation *f*; ralentissement *m*; *des Gesprächs, der Verhandlungen, der Arbeit* interruption *f*; *des Pulses, Herzens* arrêt *m*

Stockwerk N étage *m*; **Stockzahn** M *südd, österr, schweiz* molaire *f*

Stoff M ⟨~(e)s; ~e⟩ **1** *(Gewebe)* étoffe *f*; tissu *m* **2** ⟨pas de pl⟩ PHIL matière *f* **3** CHEM, PHYS substance *f* **4** *(Werkstoff)* matériau *m* **5** *(Thema)* matière *f*; sujet *m*; *(Gesprächsstoff)* sujet *m*; thème *m*; **~ zum Lachen** de quoi rire; **~ zum Lachen geben** prêter à rire; SCHULE **der ~ des ersten Schuljahrs** le programme de la première année scolaire **6** *umg* ⟨pas de pl⟩ *(Rauschgift) umg* dope *f*; *(Alkohol)* alcool *m*

Stoffbahn F coupe *f* de tissu; **Stoffballen** M rouleau *m* de tissu; **Stoffbespannung** F entoilage *m*; **Stoffbruch** M pli *m* de l'étoffe; **Stoffdruck** M ⟨~(e)s⟩ impression *f* sur étoffe

Stoffel *umg pej* M ⟨~s; ~⟩ balourd *m*; lourdaud *m*

stoff(e)lig *umg pej* ADJ balourd; lourdaud

stofflich ADJ ⟨épithète⟩ **1** PHIL matériel, -ielle **2** *(thematisch)* du point de vue du sujet; **Stofflichkeit** F ⟨~⟩ PHIL matérialité *f*

Stoffmuster N **1** *(Dessin)* dessin *m* **2** *(Stoffprobe)* échantillon *m* de tissu; **Stoffpuppe** F poupée *f* en étoffe; **Stoffrest** M reste *m*; **Stofftier** N animal *m* en peluche

Stoffwechsel M ⟨~s⟩ métabolisme *m*; **Stoffwechselkrankheit** F, **Stoffwechselstörungen** FPL troubles *mpl* du métabolisme; **Stoffwechselprodukt** N produit *m* du métabolisme

stöhnen VI ⟨h.⟩ gémir (**vor Schmerz** de douleur); *(sich beklagen)* **über etw, j-n ~** se plaindre de qc, qn

Stöhnen N ⟨~s⟩ *vor Schmerz* gémissement *m*

Stoiker M ⟨~s; ~⟩ **1** PHIL stoïcien *m* **2** *fig* stoïque *m*; **stoisch** ADJ **1** PHIL stoïcien, -ienne **2** *fig* stoïque; **Stoizismus** M ⟨~⟩ PHIL, *fig* stoïcisme *m*

Stola F ⟨~; -len⟩ châle *m*; *aus Pelz, e-s Priesters* étole *f*

Stollen M ⟨~s; ~⟩ **1** BERGBAU galerie *f* **2** *(unterirdischer Gang)* galerie souterraine **3** *an Fußballstiefeln etc, am Hufeisen* crampon *m* **4** GASTR *(Weihnachtsgebäck)* gâteau *m* de Noël *(fourré à la pâte d'amandes et aux raisins secs)*

Stolperdraht M fil *m* de fer tendu (au ras du sol)

stolpern VI ⟨-(e)re, s.⟩ faire un faux pas; **(über etw** [akk]**) ~** trébucher (sur qc); buter (contre qc); *fig beim Lesen* **über ein Wort ~** buter sur un mot; *umg fig* **über j-n ~** tomber sur qn; **er ist über diese Spionageaffäre gestolpert** *umg* il s'est cassé la figure dans cette affaire d'espionnage

Stolperstein M pierre *f* d'achoppement; obstacle *m*

stolz ADJ **1** fier, fière (**auf** [+akk] de) **2** *(hochmütig)* orgueilleux, -euse; °hautain **3** *fig Erscheinung etc (stattlich, prächtig)* imposant; magnifique; majestueux, -euse **4** *umg fig Summe umg* coquet, -ette; *Preis umg* joli

Stolz M ⟨~es⟩ fierté *f*; *(Hochmut)* orgueil *m*; **falscher ~** orgueil mal placé; **er ist der ~ s-s Vaters** il est, fait l'orgueil, la fierté de son père; **s-n (ganzen) ~ in etw** *(akk)* **setzen** mettre (tout) son orgueil à qc; mettre (toute) sa fierté dans qc; se faire un point d'honneur de *(+inf)*; **das verbietet mir mein ~** je suis trop fier pour faire ça; **ich habe (eben) auch meinen ~** je ne m'abaisse pas à dire, faire, *etc* cela; j'ai ma fierté, moi aussi

stolzgeschwellt *geh* ADJT **mit ~er Brust** la poitrine gonflée d'orgueil

stolzieren VI ⟨pas de ge-, s.⟩ parader; se pavaner

stop INT stop!

Stop M → Stopp

Stop-and-go-Verkehr M circulation *f* en accordéon

Stopfei N œuf *m* à repriser

stopfen ⟨h.⟩ **A** VT **1** *Strümpfe, Wäsche etc* repriser; raccommoder **2** *(hinein~)* **etw in etw** *(akk)* **~** fourrer qc dans qc **3** *(zu~) Loch* boucher; *Leck* colmater; boucher; *mit Werg* étouper; *umg* **j-m den Mund**, *sl* **das Maul ~** *umg* clouer le bec à qn **4** *Geflügel (mästen)* gaver **5** *(füllen) Pfeife, Kissen etc* bourrer; *umg* **gestopft voll** (archi)comble **6** MUS *Blasinstrumente* mettre la sourdine à **B** VI **1** MED *(ver~)* constiper **2** *umg (sättigen) umg* bourrer

Stopfen M ⟨~s; ~⟩ *regional* tampon *m*; bouchon *m*

Stopfgarn N coton *m* à repriser; **Stopfnadel** F aiguille *f* à repriser

stopp INT stop!

Stopp M ⟨~s; ~s⟩ **1** *(Anhalten)* stop *m* **2** *(Unterbrechung)* blocage *m*

Stoppball M SPORT amorti *m*

Stoppel F ⟨~; ~n⟩ *(Feldstoppel)* chaume *m*; éteule *f*; *(Bartstoppel)* poil *m* raide; **Stoppelbart** *umg* M barbe *f* de plusieurs jours; **Stoppelfeld** N chaume *m*

stoppelig ADJ *Feld* couvert de chaumes; *Kinn* mal rasé

stoppen ⟨h.⟩ **A** VT **1** *(anhalten)* stopper; arrêter; *Fußball a.* bloquer **2** *(mit der Stoppuhr messen)* chronométrer **B** VI stopper; s'arrêter

Stopper M ⟨~s; ~⟩ **1** *am Rollschuh etc* tampon *m* frein; butée *f* frein **2** *Fußballspieler* stoppeur *m*

Stopplicht N AUTO feu *m* stop

stopplig → stoppelig

Stoppschild N panneau *m* stop; **Stoppstraße** F rue *f*, route *f* avec obligation d'arrêt; **Stopptaste** F touche *f* d'arrêt; **Stoppuhr** F chronomètre *m*; **Stoppzeichen** N signal *m* d'arrêt; stop *m*

Stöpsel M ⟨~s; ~⟩ **1** *(Verschluss)* bouchon *m*; tampon *m*; *e-r Badewanne etc* bonde *f* **2** ELEK fiche *f* **3** *fig hum* petit bonhomme

stöpseln VT ⟨-(e)le, h.⟩ **etw in etw** *(akk)* **~** introduire qc dans qc; *Stecker* enficher qc dans qc

Stör M ⟨~(e)s; ~e⟩ ZOOL esturgeon *m*

Störaktion F action perturbatrice; **störanfällig** ADJ fragile; non résistant; **Störanfälligkeit** F RADIO sensibilité *f* aux parasites; **Störangriff** M MIL raid *m* de harcèlement

Storch M ⟨~(e)s; ¨~e⟩ cigogne *f*; *umg hum* **wie ein ~ im Salat** comme sur des échasses; *umg* **da brat mir einer 'nen ~!** *umg* j'en suis baba!

Storchennest N nid *m* de cigogne

Storchschnabel M **1** ZOOL bec *m* de cigogne **2** BOT géranium *m* **3** *Zeichengerät* pantographe *m*

Store M ⟨~s; ~s⟩ voilage *m*

stören ⟨h.⟩ **A** VT **1** *Menschen, Veranstaltung* déranger; *(belästigen)* gêner; importuner; **lassen Sie sich nicht ~!** ne vous dérangez pas (pour moi)!; **stört Sie der Rauch?** est-ce que la fumée vous dérange?; **stört es Sie, wenn ich rauche?** cela vous dérange si je fume? **2** *Ruhe, Frieden, Beziehung, Sicherheit etc* troubler; *a. Unterricht* perturber **3** RADIO, TEL *etc absichtlich* brouiller **4** *(missfallen)* déplaire; **das stört mich sehr an ihm** cela me déplaît beaucoup chez lui **B** VI **1** déranger; **störe ich?** je vous *bzw.* te dérange?; **entschuldigen Sie, wenn ich störe (, aber …)** excusez-moi de vous déranger (, mais …); **bitte nicht ~!** prière de ne pas déranger **2** *(Unruhe stiften)* déranger; **(im Unterricht) ~** perturber le cours **C** VR *umg* **sich an etw, j-m ~** désapprouver qc, qn; trouver à redire à qc, qn

störend **A** ADJT *(lästig)* gênant; *(unangenehm)* désagréable **B** ADVL gênant; **sich ~ bemerkbar machen** devenir vraiment gênant; **~ wirken** déranger; gêner

Störenfried M ⟨~(e)s; ~e⟩ gêneur, -euse *m,f*; importun(e) *m(f)*; *(Spielverderber)* rabat-joie *m*; trouble-fête *m*

Störfaktor M facteur *m*, *a. Personen* élément *m* perturbateur; **Störfall** M NUKL incident *m*; **Störfeld** N RADIO champ *m* de brouillage, perturbateur; **Störfrequenz** F RADIO fréquence *f* de brouillage; **Störgeräusch** N RADIO parasites *mpl*

stornieren VT ⟨pas de ge-, h.⟩ *Buchungsfehler* contre-passer; *Auftrag, Reise, Flug etc* annuler; **Stornierung** F ⟨~; ~en⟩ *e-s Buchungsfehlers* contre-passation *f*; *e-s Auftrags, e-s Flugs, e-r Reise etc* annulation *f*; **Stornierungsgebühr** F frais *mpl* d'annulation

Storno M *od* N ⟨~s; -ni⟩ → Stornierung

störrisch ADJ *Person* entêté; têtu *(a. Esel)*; obstiné; *fig Haar* difficile à coiffer; rebelle

Störsender M RADIO brouilleur *m*

Störung F ⟨~; ~en⟩ **1** dérangement *m*; trouble *m*; **verzeihen** *od* **entschuldigen Sie die ~ (, aber …)** excusez-moi de vous déranger(, mais …) **2** TECH perturbation *f*; dérangement *m*; METEO perturbation *f*; RADIO parasites *mpl*; TV coupure *f*; **infolge technischer ~en** par suite d'incidents techniques; **e-e ~ in der elektrischen Leitung** une interruption de courant **3** MED *pl* **~en** troubles *mpl*

Störungsdienst M, **Störungsstelle** F TEL (service *m* des) réclamations *fpl* et dérangements *mpl*

Story F ⟨~; ~s⟩ **1** *e-s Films, e-s Romans* histoire *f* **2** *umg Journalistenjargon* article *m* **3** *(Geschichte)* histoire *f*; **e-e lange ~ erzählen** raconter toute une histoire

Stoß M ⟨~es; ¨~e⟩ **1** coup *m*; *(Rippenstoß)* bourrade *f*; FECHTEN botte *f*; estocade *f*; **j-m e-n ~ versetzen** porter un coup à qn **2** *(Erschütterung)* choc *m*; *a. beim Erdbeben* secousse *f*; *e-s Fahrzeugs* cahot *m* **3** SCHWIMMEN brasse *f*; RUDERN coup *m* **4** *(Stromstoß)* secousse *f* **5**

(Haufen) pile *f*; tas *m*; *von Papieren, Briefen etc* liasse *f* 6 *(Atemstoß)* souffle *m*; *in e-e Trompete etc* coup *m* 7 TECH *(Verbindungsstelle)* joint *m*; jointure *f*

Stoßband N ⟨~(e)s; -bänder⟩ MODE talonnette *f*; **Stoßdämpfer** M AUTO amortisseur *m*

Stößel M ⟨~s; ~⟩ *e-s Mörsers* pilon *m*

stoßempfindlich ADJ sensible au choc; fragile

stoßen ⟨stößt, stieß, gestoßen, h.⟩ A V/T 1 *(an~)* pousser; *heftig* °heurter; choquer; cogner; *(anrempeln)* bousculer; **j-n mit dem Fuß ~** donner un coup de pied à qn; **j-n in die Rippen ~** donner une bourrade à qn; *Tiere* **j-n mit den Hörnern ~** donner des coups de cornes à qn; **j-n von sich** *(dat)* **~** repousser qn; **j-n zu Boden ~** renverser qn; **j-n aus dem Fenster ~** pousser qn par la fenêtre; **j-n von der Leiter ~** faire tomber qn de l'échelle 2 SPORT *Kugel* lancer; BILLARD pousser 3 *(hinein~)* **j-m das Messer in die Brust ~** donner à qn un coup de couteau dans la poitrine 4 *(zer~)* piler; broyer; concasser; *zu Pulver* pulvériser; réduire en poudre; **gestoßener Pfeffer** poivre concassé B V/I 1 **mit etw ~** donner des coups de qc 2 *(grenzen)* **an etw** *(akk)* **~** être attenant, contigu à qc 3 **ins Horn, in die Trompete ~** sonner du cor, de la trompette 4 ⟨s.⟩ **gegen** *od* **an etw** *(akk)* **~** se cogner, se heurter, buter contre qc; **mit dem Fuß gegen** *od* **an etw** *(akk)* **~** °heurter, buter du pied contre qc; se heurter, se cogner le pied contre qc; **mit dem Kopf an etw** *(akk)* **~** se heurter la tête à qc 5 ⟨s.⟩ **auf j-n, etw ~** tomber sur qn, qc; rencontrer (par °hasard) qn, qc; **auf Schwierigkeiten** *(akk)* **~** se heurter à des difficultés; **auf unerwarteten Widerstand ~** se heurter à, rencontrer une résistance inattendue 6 ⟨s.⟩ **zu j-m ~** (re)joindre qn C V/R **sich ~** se heurter; se cogner; **sich an etw** *(dat)* **~** se heurter, se cogner contre qc; *fig (an etw Anstoß nehmen)* désapprouver qc; **er stößt sich daran, dass du mitkommst** il désapprouve que tu viennes (avec nous)

stoßfest ADJ antichoc *(inv)*; **Stoßfestigkeit** F résistance *f* aux chocs

Stoßgebet N **ein ~ zum Himmel schicken** adresser au ciel une prière instante

Stoßkante F (re)bord *m*; **Stoßkraft** F 1 TECH, MIL *etc* puissance *f* de choc 2 ⟨*pas de pl*⟩ *fig* impact *m*; **Stoßrichtung** F direction *f* d'activité; **Stoßseufzer** M profond soupir; **Stoßstange** F AUTO pare-chocs *m*

stößt → stoßen

Stoßtrupp M unité *f* de choc; **Stoßverkehr** M (circulation *f* aux) heures *fpl* de pointe; **Stoßwaffe** F arme *f* d'estoc; **stoßweise** ADV 1 *(in Stapeln)* par piles, tas 2 *(ruckweise)* par secousses; *lachen* par saccades; *feuern* par intermittence; *atmen* par intermittence; par à-coups; **Stoßzahn** M *der Elefanten* défense *f*; **Stoßzeit** F heure *f* de pointe

Stotterei F ⟨~⟩ bégaiement *m*

Stotterer M ⟨~s; ~⟩, **Stotterin** F ⟨-in; -innen⟩ MED bègue *m/f*; *gelegentlich* bégayeur, -euse *m,f*

stottern ⟨-(e)re, h.⟩ A V/T bégayer; *beim Aufsagen von Gedichten* ânonner B V/I 1 *a.* MED bégayer 2 *umg fig Motor* tousser; avoir des ratés

Stövchen N ⟨~s; ~⟩ réchaud *m*

StPO F ⟨~⟩ ABK (Strafprozessordnung) code *m* de procédure pénale

Str. ABK (Straße) rue *f*

StR ABK (Studienrat) professeur (de lycée)

stracks ADV *räumlich* tout droit; *zeitlich* sur-le-champ

Stradivari F ⟨~; ~(s)⟩ MUS stradivarius *m*

Strafaktion F MIL expédition punitive; **Strafanstalt** F ADMIN établissement *m* pénitentiaire; prison *f*; *für Jugendliche* centre *m* de détention

Strafantrag M 1 *des Staatsanwalts* réquisitoire *m* 2 *des Klägers* plainte (introductive de poursuite pénale); **e-n ~ stellen** porter plainte; engager des poursuites judiciaires

Strafantritt M entrée *f* en détention

Strafanzeige F plainte *f*; **(e-e) ~ erstatten** porter plainte; déposer une plainte

Strafarbeit F *e-s Schülers* punition *f*; **Strafaufschub** M sursis *m* (à l'exécution de la peine)

Strafaussetzung F suspension *f* de la peine; **~ zur Bewährung** libération *f* provisoire

Strafbank F ⟨~; -bänke⟩ SPORT banc *m* de pénalisation

strafbar ADJ punissable; répréhensible; *plus fort* criminel, -elle; **e-e ~e Handlung** un délit; un acte criminel; **sich ~ machen** encourir une peine; commettre un délit *bzw.* des délits

Strafbefehl M procès-verbal *m* de contravention; **Strafbefugnis** F compétence pénale; **Strafbescheid** M sanction *f*; **Strafbestimmungen** FPL dispositions pénales

Strafe F ⟨~; ~n⟩ punition *f*; *bes* JUR peine *f*; sanction (pénale); *(Geldstrafe)* amende *f*; *(Züchtigung)* châtiment *m*; correction *f*; **zur ~ für …** en punition de …; *Tat, Vergehen* **unter ~** *(dat)* **stehen** être puni; **etw unter ~** *(akk)* **stellen** frapper qc d'une peine; **auf Erpressung** *(akk)* **steht e-e ~ von zehn Jahren** le chantage est puni d'une peine de dix ans; *fig* **das ist die ~ (dafür)** voilà, c'est le résultat; **~ muss sein!** malheureusement, tu dois *bzw.* vous devez être puni(s)

Strafecke F SPORT corner *m*

strafen V/T ⟨h.⟩ punir; *(züchtigen)* châtier; corriger; **ein ~der Blick** un regard réprobateur, plein de reproches; **die ~de Gerechtigkeit** la justice vengeresse; **j-n mit Verachtung ~** mépriser qn; *fig* **das Schicksal hat ihn schwer gestraft** la vie ne l'a pas épargné; *fig* **mit diesem Kind, diesem Haus sind sie gestraft** cet enfant, cette maison leur pose de gros problèmes; *umg fig* **sie ist (schon) gestraft genug** elle est assez punie (comme ça)

Strafentlassene(r) M/F(M) ⟨→ A⟩ personne *f* sortant de prison; **Strafentlassung** F sortie *f* de prison; **Straferlass** M remise *f*, rémission *f* d'une peine; **Strafexpedition** F expédition punitive, répressive

straff A ADJ 1 *Seil etc* (fortement) tendu; raide; *Haut, Busen etc* ferme 2 *fig Disziplin* sévère; *Organisation, Führungsstil etc* rigoureux, -euse; rigide B ADV **~ spannen** *Seil, Feder etc* tendre fortement; *Seil a.* raidir; *Haar* **~ zurückkämmen** coiffer en tirant en arrière

straffällig ADJ ADMIN passible de sanction; **~er Jugendlicher** jeune délinquant *m*; **~ werden** encourir une peine; commettre un délit *bzw.* des délits

Straffällige(r) M/F(M) ⟨→ A⟩ criminel, -elle *m,f*; **Straffälligkeit** F ⟨~⟩ délinquance *f*

straffen ⟨h.⟩ A V/T 1 tendre; raidir; *Creme etc die Haut* raffermir; **sich** *(dat)* **den Busen ~ lassen** se faire faire un lifting des seins 2 *Text etc* condenser B V/R **sich ~** *Körper, Rücken* se raidir; *Seil, Segel* se tendre

Straffheit F ⟨~⟩ 1 *e-s Seils etc* (forte) tension; raideur *f*; *der Haut, des Busens* fermeté *f* 2 *fig (Strenge)* sévérité *f*; rigueur *f*

straffrei A ADJ impuni B ADV impunément; **~ ausgehen** rester impuni

Straffreiheit F ⟨~⟩ impunité *f*; **Strafgebühr** F amende *f*; **Strafgefangene(r)** M/F(M) détenu(e) *m(f)*; prisonnier, -ière *m,f*; **Strafgericht** N *fig* châtiment *m*; **Strafgesetz** N loi pénale; **Strafgesetzbuch** N code pénal; **Strafgesetzgebung** F législation pénale; **Strafkammer** F chambre correctionnelle; **Strafkolonie** F bagne *m*; **Strafkompanie** F MIL bataillon *m* disciplinaire; **Straflager** N camp *m* pénitentiaire

sträflich A ADJ impardonnable B ADV **j-n, etw ~ vernachlässigen** négliger qn, qc d'une façon impardonnable

Sträfling M ⟨~s; ~e⟩ bagnard *m*; forçat *m*; *(Gefangene[r])* prisonnier, -ière *m,f*

Sträflingskleidung F tenue *f* de bagnard

straflos → straffrei; **Straflosigkeit** F ⟨~⟩ → Straffreiheit

Strafmandat N contravention *f*

Strafmaß N peine *f*; **das niedrigste, höchste ~** la peine minimum, maximum

Strafmaßnahme F mesure répressive; sanction *f*

strafmildernd A ADJT **~e Umstände** MPL circonstances atténuantes B ADVL **sich ~ auswirken** servir de circonstance atténuante

Strafminute F SPORT exclusion *f* temporaire d'une minute; EISHOCKEY minute *f* de prison; **strafmündig** ADJ pénalement responsable; **Strafmündigkeit** F responsabilité pénale; **Strafporto** N surtaxe *f*

Strafpredigt *umg* F sermon *m*; **j-m e-e ~ halten** sermonner qn

Strafprozess M procès pénal; **Strafprozessordnung** F code *m* de procédure pénale

Strafpunkt M SPORT (point *m* de) pénalisation *f*; **j-m e-n ~ geben** pénaliser qn

Strafraum M SPORT surface *f* de réparation; **Strafrecht** N ⟨~(e)s⟩ droit pénal

strafrechtlich A ADJ pénal B ADV **j-n ~ verfolgen** engager des poursuites pénales contre qn; **… wird ~ verfolgt** *auf Schildern etc* … est puni par la loi

Strafregister N casier *m* judiciaire; **Strafrichter(in)** M(F) juge *m/f* pénal(e); **Strafsache** F affaire, cause pénale; **Strafstoß** M SPORT penalty *m*; **Straftat** F *(strafbare Handlung)* délit *m*; infraction *f*; *(Verbrechen)* crime *m*; **Straftäter(in)** M(F) délinquant(e) *m(f)*; **Strafverbüßung** F accomplissement *m* de la peine

Strafverfahren N procédure pénale; **ein ~ gegen j-n einleiten** engager des poursuites (judiciaires) contre qn

Strafverfolgung F poursuites pénales; **strafversetzen** V/T ⟨*les temps simples ne s'emploient pas dans une principale, pperf* strafversetzt, h.⟩ déplacer, muter par mesure disciplinaire; **Strafversetzung** F déplacement *m*, mutation *f* par mesure disciplinaire; **Strafverteidiger(in)** M(F) avocat(e) *m(f)* (spécialisé[e] en droit pénal)

Strafvollzug M 1 *(Vollzug e-r Strafe)* exécution *f* de la peine 2 *(Vollzugswesen)* régime *m* pénitentiaire; **Strafzeit** F temps *m* de pénalisation; **Strafzettel** *umg* M contravention *f*; *umg* papillon *m*; *umg* contredanse *f*

Strahl M ⟨~(e)s; ~en⟩ 1 rayon *m*; PHYS *a.* faisceau *m*; *plötzlicher, heller* éclair *m* 2 *(Wasserstrahl)* jet *m* 3 MATH (ligne *f*) droite *f*; **Strahlantrieb** M FLUG propulsion *f* par réaction

Strahlemann *umg* M ⟨~(e)s; -männer⟩ **er ist ein richtiger ~** il est toujours de bonne humeur

strahlen V/I ⟨h.⟩ 1 *a. fig* rayonner; *(glänzen) a. fig* resplendir; **~d hell** d'une clarté lumineuse; **~d weiß** d'un blanc étincelant; **~der Sonnenschein** soleil radieux; **~de Schönheit** beauté rayonnante; **sein Gesicht strahlte vor Freude** son visage rayonnait, resplendissait de joie 2 *fig (lächeln)* être rayonnant; **vor Glück, Freude ~** rayonner de bonheur, de joie; **sie strahlte über das ganze Gesicht** elle avait le visage radieux **3** PHYS rayonner; NUKL irradier

Strahlenbehandlung F radiothérapie *f*; **Strahlenbelastung** F MED exposition *f* aux radiations; NUKL exposition *f* à l'irradiation; **Strahlenbiologie** F radiobiologie *f*; **Strahlenbrechung** F réfraction *f*; **Strahlenbündel** N **1** OPT faisceau *m* de rayons **2** MATH faisceau *m* de droites; **Strahlenchemie** F chimie *f* nucléaire; **Strahlendosis** F dose *f* d'irradiation; **Strahleneinfall** M ⟨~(e)s⟩ incidence *f* des rayons

strahlenförmig **A** ADJ rayonné; *t/t*, BOT radié **B** ADV **~ angeordnet** disposé en rayons

Strahlenforschung F radiologie *f*; **Strahlenkrankheit** F radiolésion *f*; **Strahlenquelle** F source *f* de rayonnement; **Strahlenschutz** M radioprotection *f*; *Vorrichtung* écran protecteur, paroi protectrice (contre les radiations); **Strahlenschutzanzug** M survêtement *m*, combinaison *f* antiradiations; **strahlensicher** ADJ antiradiation *(inv)*; **Strahlentherapie** F radiothérapie *f*; **Strahlentierchen** NPL *t/t* radiolaires *mpl*; **Strahlentod** M mort causée par irradiation; **strahlenverseucht** ADJT irradié

Strahler M ⟨~s; ~⟩ **1** PHYS émetteur *m*; source rayonnante **2** *(Heizstrahler)* radiateur *m* **3** *(Lichtstrahler)* spot *m*

Strahltriebwerk N réacteur *m*

Strahlung F ⟨~; ~en⟩ **1** PHYS rayonnement *m*; émission *f* (de rayons); *elektromagnetische* radiations *fpl*; **kosmische ~** rayonnement cosmique **2** NUKL irradiation *f*

Strahlungsenergie F énergie rayonnante, radiante; **Strahlungsgürtel** M ceinture *f* de radiations; **Strahlungsintensität** F intensité *f* de radiation; **Strahlungswärme** F chaleur rayonnante, de rayonnement

Strähnchen N ⟨~s; ~⟩ *im Haar* mèche *f*; **sich** *(dat)* **~ machen lassen** se faire faire un balayage

Strähne F ⟨~; ~n⟩ **1** *(Haarsträhne)* mèche *f* (de cheveux) **2** *regional* **e-e ~ Garn** un écheveau de fil

strähnig ADJ *Haar* raide et gras, grasse

straight *Jugendsprache* **A** ADJ *(normal)* normal; correct **B** ADV *(zielgerichtet) umg* directos

Stramin M ⟨~s; ~e⟩ canevas *m*

stramm **A** ADJ **1** *(straff)* (fortement) tendu; *(fest), Kleider* serré **2** *(kräftig)* robuste; **~er Bursche** solide gaillard *m* **3** *(kraftvoll u. gerade)* énergique; vigoureux, -euse; **~e Haltung** allure *f*, attitude *f* militaire **B** ADV **1 ~ anziehen** *Schraube* serrer à bloc; bloquer; **~ sitzen** *Kleidung* être serré; serrer; **~ ziehen** tendre; raidir **2** *umg* **~ arbeiten** *umg* travailler dur; *umg* **~ marschieren** marcher d'un bon pas

strammstehen V/I ⟨*irr, sép*, -ge-, h.⟩ MIL être au garde-à-vous; **strammziehen** V/T → stramm B 1

Strampelanzug M, **Strampelhöschen** N grenouillère *f*

strampeln V/I ⟨-(e)le, h.⟩ **1** *Baby etc* remuer; s'agiter; *umg* gigoter **2** *umg* ⟨s.⟩ *beim Radfahren* pédaler **3** *umg fig (sich anstrengen) umg* se décarcasser; *umg* ramer

Strampelsack M nid *m* d'ange

Strampler M ⟨~s; ~⟩ *(Strampelhose)* grenouillère *f*

Strand M ⟨~(e)s; ¨~e⟩ grève *f*; *(Badestrand)* plage *f*; **am ~** sur, à la plage

Strandanzug M tenue *f* de plage; **Strandbad** N baignade *f*; **Strandburg** F château *m* de sable; **Strandcafé** N *etwa* café *m* de la plage

stranden V/I ⟨-ete, s.⟩ SCHIFF, *fig* (s')échouer

Strandgut N ⟨~(e)s⟩ épaves *fpl*; **Strandhafer** M élyme *m*

Strandhaubitze *umg* F **voll wie e-e ~ sein** *umg* être soûl comme une barrique

Strandhotel N hôtel *m* de la plage; **Strandkleid** N robe *f* de plage; **Strandkorb** M grand fauteuil de plage (en osier); **Strandläufer** M ZOOL bécasseau *m*; **Strandpromenade** F promenade *f* (en bord de mer); **Strandräuber** M pilleur *m* d'épaves; **Strandschnecke** F bigorneau *m*; **Strandsegeln** N ⟨~s⟩ char *m* à voile; **Strandwärter** M surveillant *m* de la plage

Strang M ⟨~(e)s; ¨~e⟩ **1** *(Seil)* corde *f*; *für Zugtiere* trait *m* (de harnais); *geh* **j-n zum Tod durch den ~ verurteilen** condamner qn à la pendaison; *umg* **über die Stränge schlagen** dépasser les bornes; y aller trop fort; *fig* **am gleichen** *od* **selben ~ ziehen** avoir, suivre le même objectif **2** ANAT *(Muskelstrang, Sehnenstrang, Nervenstrang)* cordon *m* **3** *von Garn* écheveau *m*

Strangulation F ⟨~; ~en⟩ strangulation *f*; **strangulieren** V/T ⟨*pas de ge-*, h.⟩ étrangler

Strapaze F ⟨~; ~n⟩ fatigue *f*; **die ~n der Reise** les fatigues du voyage; **e-e ~ sein** être très fatigant, épuisant

strapazfähig *österr* → strapazierfähig

strapazieren V/T ⟨*pas de ge-*, h.⟩ *Haut, Kleidung* abîmer; *Geduld, Nerven* mettre à l'épreuve; **strapazierfähig** ADJ robuste; inusable; solide; **Strapazierfähigkeit** F ⟨~⟩ solidité *f*; robustesse *f*

strapaziös ADJ fatigant; épuisant

Straps *umg* M ⟨~es; ~e⟩ **1** *(Strumpfhalter)* jarretelle *f* **2** *(Hüftgürtel)* porte-jarretelles *m*

Strass M ⟨~ *ou* ~es; ~e⟩ strass *m*

Straßburg N ⟨→ *n/pr*⟩ Strasbourg

Straße F ⟨~; ~n⟩ **1** rue *f*; *(Landstraße, Fahrstraße)* route *f*; **auf der ~** dans la rue; **auf offener ~** en pleine rue; **über die ~ gehen, die ~ überqueren** traverser la rue; *fig* **der Mann auf** *od* **von der ~** l'homme *m* de la rue; *umg* **j-n auf die ~ setzen** *od* **werfen** *Arbeiter umg* flanquer qn à la porte; mettre qn sur le pavé; *Mieter* jeter, mettre qn à la rue; *umg fig* **auf der ~ liegen** *od* **sitzen** *od* **stehen** *(arbeitslos sein)* chômer; *a. (keine Wohnung haben)* être sur le pavé; *umg fig* **auf die ~ gehen** *(demonstrieren)* descendre dans la rue; *(sich prostituieren)* faire le trottoir **2** *(Meerenge)* détroit *m*; **~ von Dover** pas *m* de Calais

Straßenanzug M *(Herrenanzug)* costume *m*; **Straßenarbeiten** FPL travaux *mpl*

Straßenbahn F tram *m*; **Straßenbahndepot** N dépôt *m* de tram; **Straßenbahnfahrer(in)** M(F) **1** *(Führer[in])* conducteur, -trice *m,f* (de tram) **2** *(Passagier[in])* passager, -ère *m,f* (de tram); **Straßenbahnhaltestelle** F arrêt *m* du tram; **Straßenbahnlinie** F ligne *f* de tram; **Straßenbahnnetz** N réseau *m* de trams; **Straßenbahnschaffner(in)** M(F) receveur, -euse *m, f* (de tram); **Straßenbahnschiene** F rail *m* de tram; **Straßenbahnverkehr** M circulation *f* de trams; **Straßenbahnwagen** M voiture *f* de tram

Straßenbau M ⟨~(e)s⟩ construction *f* des routes; **Straßenbauamt** N (service *m* des) ponts et chaussées *mpl*; **Straßenbauarbeiten** FPL travaux *mpl* de viabilité; **Straßenbauingenieur** M ingénieur *m* des ponts et chaussées

Straßenbelag M tapis routier; **Straßenbeleuchtung** F éclairage *m* des rues; **Straßenbenutzungsgebühr** F ADMIN péage *m*; **Straßenbeschaffenheit** F état *m* de la route; **Straßenbild** N aspect *m* d'une *bzw.* de la rue; **Straßencafé** N café *m* (avec terrasse); **Straßendecke** F revêtement *m* de la route, de la chaussée; **Straßendorf** N village-rue *m*; **Straßenecke** F coin *m* de (la) rue; **Straßenfahrer** M SPORT coureur *m* cycliste; **Straßenfeger** M ⟨~s; ~⟩ **1** *bes nordd Person* balayeur *m* **2** *umg hum Fernsehsendung* film *m*, feuilleton *m* à succès; **Straßenfest** N fête *f* de quartier; **Straßenflucht** F alignement *m*; **Straßenführung** F tracé *m* de la route

Straßenglätte F **Achtung ~!** attention, route glissante!

Straßengraben M fossé *m*; **Straßenhändler** M marchand ambulant; camelot *m*; **Straßenjunge** M *pej* jeune gamin *m* des rues; voyou *m*; **Straßenkampf** M combat *m* de rue; **Straßenkarte** F carte routière; **Straßenkehrer** M ⟨~s; ~⟩ *bes südd* balayeur *m*; **Straßenkind** N enfant *m* des rues; **Straßenkontrolle** F contrôle routier; **Straßenkreuzer** *umg* M *umg* grosse voiture, bagnole; **Straßenkreuzung** F carrefour *m*; croisement *m* de rues, de routes

Straßenlage F ⟨~⟩ tenue *f* de route; **e-e gute ~ haben** tenir bien la route; avoir une bonne tenue de route

Straßenlärm M bruit *m* de la rue; **Straßenlaterne** F réverbère *m*; **Straßenmädchen** N *pej* fille *f* publique, des rues; **Straßenmusikant** M musicien ambulant; **Straßenname** M nom *m* de rue; **Straßennetz** N réseau routier; **Straßenpflaster** N pavé *m*

Straßenrand M bord *m* de la route; ADMIN accotement *m*; **Tausende von Menschen säumten die Straßenränder** il y avait des milliers de gens au bord de la route *bzw.* des routes

Straßenraub M vol *m* sur la voie publique; **Straßenräuber** M voleur *m* sur la voie publique; **Straßenreinigung** F **1** *(das Reinigen)* nettoyage *m* des rues **2** *Amt* service *m* de la voirie; **Straßenrennen** N RADSPORT course *f* cycliste; **Straßenschild** N plaque *f* de rue; **Straßenschlacht** F combat *m* de rue; **Straßenschmutz** M saleté *f* de la rue; **Straßenschuh** M chaussure *f* de ville; **Straßenseite** F *e-r Straße* côté *m* de la rue; *e-s Hauses* côté *m* rue; **Straßensperre** F, **Straßensperrung** F barrage routier; **Straßenstaub** M poussière *f* de la rue; **Straßenstrich** M → Strich 6; **Straßentheater** N **1** ⟨*pas de pl*⟩ *Theater* théâtre *m* de rue **2** *Truppe* troupe *f* de théâtre de rue; **Straßenüberführung** F passerelle *f*; **Straßenunterführung** F passage souterrain; **Straßenverhältnisse** NPL état *m* des routes; **Straßenverkauf** M *e-r Konditorei, Pizzeria etc* vente *f* (de plats) à emporter; **Straßenverkehr** M circulation routière; trafic routier; **Straßenverkehrsamt** N *etwa* service *m* des Mines; **Straßenverkehrsordnung** F code *m* de la route; **Straßenverzeichnis** N indicateur *m*, nomenclature *f* des rues; **Straßenwischer** M ⟨~s; ~⟩ *schweiz* → Straßenkehrer; **Straßenzoll** M péage *m*; **Straßenzug** M rue *f*; **Straßenzustand** M état *m* des routes; **Straßenzustandsbericht** M *im Radio* bulletin *m* de l'état des routes

Stratege M ⟨~n; ~n⟩, **Strategin** F ⟨-in; -innen⟩ stratège *m*

Strategie F ⟨~; ~n⟩ stratégie *f*

strategisch **A** ADJ stratégique **B** ADV stratégiquement; **~ wichtig** d'importance stratégi-

que
Stratosphäre F ⟨~⟩ stratosphère f
Stratuswolke F stratus m
sträuben ⟨h.⟩ A VT Haare, Federn, Fell dresser; °hérisser B VR sich ~ 1 Haare, Federn, Fell se dresser; se hérisser; bei diesem Anblick sträubten sich mir die Haare cette vue m'a fait dresser les cheveux sur la tête 2 fig (sich widersetzen) résister; se battre; sich (mit Händen und Füßen) gegen etw ~ résister, s'opposer à qc (de toutes ses forces); se battre contre qc (de toutes ses forces)
Strauch M ⟨~(e)s; Sträucher⟩ arbrisseau m; niedriger arbuste m; (Busch) buisson m; strauchartig ADJ arbustif, -ive; frutescent; Strauchdieb M chenapan m
straucheln geh VI ⟨-(e)le, s.⟩ 1 (stolpern) trébucher; faire un faux pas 2 fig (scheitern) faillir; (auf die schiefe Bahn geraten) se perdre
Strauchtomate F tomate f en grappe
Strauß¹ M ⟨~es; ~e⟩ ZOOL autruche f; den Kopf in den Sand stecken wie der Vogel ~ pratiquer la politique de l'autruche
Strauß² M ⟨~es; Sträuße⟩ (Blumenstrauß) bouquet m
Strauß³ geh M ⟨~es; Sträuße⟩ e-n ~ mit j-m ausfechten avoir une querelle avec qn
Straußenei N œuf m d'autruche; Straußenfarm F autrucherie f
Straußwirtschaft F bes südd: dégustation de vin (nouveau) chez le producteur; in e-e ~ gehen aller déguster le vin nouveau chez le producteur
strawanzen VI ⟨-(es)t, h.⟩ bes österr (sich herumtreiben) traîner
Strebe F ⟨~; ~n⟩ contre-fiche f; appui m; support m; Strebebalken M chevalet m; Strebebogen M arc-boutant m
streben VI 1 ⟨h.⟩ (trachten) nach etw ~ s'efforcer d'atteindre qc; aspirer à qc; ambitionner, rechercher qc 2 ⟨s.⟩ räumlich zu od nach etw ~ s'orienter vers qc; die Pflanzen ~ zum Licht les plantes tendent, s'orientent vers la lumière; fig an die od zur Macht ~ viser, rechercher le pouvoir
Streben N ⟨~s⟩ tendance f (nach à); aspiration f (nach vers); poursuite f, quête f (nach de); (Ehrgeiz) ambition f (nach à +inf); das ~ nach Vollkommenheit la recherche, la poursuite de la perfection; mein ganzes ~ wird darauf gerichtet sein, zu (+inf) tous mes efforts tendront à (+inf)
Strebepfeiler M culée f; contrefort m
Streber(in) M ⟨~s; ~⟩ F ⟨~in; ~innen⟩ pej arriviste m/f; in der Schule umg bûcheur, -euse m,f; umg bosseur, -euse m,f; ein ~ sein a. umg en vouloir
streberhaft ADJ pej arriviste; in der Schule umg bûcheur, -euse; umg bosseur, -euse
Strebewerk N contreforts mpl
strebsam ADJ ambitieux, -ieuse; (eifrig) zélé; (fleißig) appliqué; Strebsamkeit F ⟨~⟩ ambition f; (Eifer) zèle m; (Fleiß) application f
Streckbank F ⟨~; ≃e⟩ HIST chevalet m de torture; Streckbett N MED lit m orthopédique
Strecke F ⟨~; ~n⟩ 1 (Entfernung) distance f; zurückzulegende trajet m; parcours m; e-e ~ zurücklegen parcourir une distance; faire un trajet, un parcours; er ging e-n Teil der ~ zu Fuß il a fait une partie du chemin, du trajet à pied; das Land war über weite ~n verwüstet, überschwemmt une grande partie du pays était dévastée, inondée; umg fig auf der ~ bleiben Personen rester sur le carreau; Pläne etc umg louper; rater 2 (Eisenbahnlinie) ligne f; voie f; (Fahrt) trajet m; parcours m; auf der ~ Berlin-München sur la ligne Berlin-Munich; auf freier ~ en rase campagne 3 BERGBAU galerie f; voie f 4 MATH (ligne) droite f 5 SPORT parcours m 6 JAGD tableau m de chasse; zur ~ bringen Wild tuer; abattre; fig Personen vaincre; abattre
strecken ⟨h.⟩ A VT 1 (gerade machen) étendre; (dehnen) tendre; allonger 2 zielgerichtet (hinaus~, hindurch~) die Hände durch das Gitter ~ tendre les mains à travers la grille; geh j-n zu Boden ~ étendre qn sur le carreau; terrasser qn 3 Metall etc étirer 4 Vorräte faire durer; Sauce etc allonger B VR sich ~ s'étirer; s'étendre; s'allonger
Streckenabschnitt M tronçon m; (Fahrstrecke) section f; Streckenarbeiter M EISENBAHN ouvrier m de la voie; terrassier m; Streckenbegehung F EISENBAHN tournée f d'inspection des voies; Streckenflug M FLUG ligne aérienne; Streckenführung F EISENBAHN tracé m de la ligne; Streckenkarte F EISENBAHN carte f de parcours; Streckenmarkierung F signalisation f; Streckennetz N EISENBAHN réseau m de lignes; Streckenrekord M SPORT record m de distance; Streckenwärter M EISENBAHN garde-voie m; streckenweise ADV 1 räumlich par-ci, par-là; par endroits 2 zeitlich par moments
Strecker M ⟨~s; ~⟩, Streckmuskel M ANAT (muscle) extenseur m
Streckung F ⟨~; ~en⟩ extension f; (Dehnung) a. allongement m; von Metallen etc étirage m
Streckverband M appareil m à extension continue
Streetworker(in) M ⟨~s; ~⟩ F ⟨~in; ~innen⟩ éducateur, -trice m,f de rues
Streich M ⟨~(e)s; ~e⟩ 1 geh (Schlag) coup m; j-m e-n tödlichen ~ versetzen porter un coup mortel à qn; liter auf e-n ~ d'un seul coup 2 (Schabernack) tour m; ein dummer ~ un sale tour; une sale blague; ein lustiger ~ une bonne blague; un bon tour; une farce; j-m e-n ~ spielen jouer un tour à qn; faire une farce à qn; sein Gedächtnis hat ihm e-n ~ gespielt sa mémoire lui a joué un mauvais tour
Streicheleinheiten umg hum FPL gestes affectueux d'approbation, d'encouragement; er braucht s-e täglichen ~ il lui faut sa dose d'affection, d'encouragements quotidienne
streicheln ⟨-(e)le, h.⟩ A VT caresser B VI j-m über das Haar, den Kopf ~ caresser les cheveux, la tête de qn
streichen ⟨streicht, strich, gestrichen, h.⟩ A VT 1 (an~) peindre; frisch gestrichen! peinture fraîche!; attention à la peinture! 2 (be~) enduire (mit de) 3 (schmieren) a. Creme mettre; étaler; Butter, Honig aufs Brot ~ mettre, étaler du beurre, miel sur le pain 4 (aus~) radier; rayer; (durch~) barrer; raturer; (tilgen) supprimer; Auftrag etc annuler; Gelder, Zuschüsse supprimer; von der Liste ~ rayer, radier de la liste; Nichtzutreffendes bitte ~! rayez les mentions inutiles!; etw aus s-m Gedächtnis ~ rayer qc de sa mémoire 5 (über etw ~) passer la main sur; sich (dat) den Bart ~ se caresser la barbe; passer la main sur sa barbe 6 (weg~) enlever; écarter; sich (dat) die Haare aus dem Gesicht ~ écarter les cheveux de son visage 7 (drücken) etw durch ein Sieb ~ passer qc dans une passoire B VI 1 mit der Hand über etw (akk) ~ passer la main sur qc; er strich ihr (zärtlich) über die Haare il lui caressa (tendrement) les cheveux 2 (an~) peindre 3 GEOL s'étendre (nach vers) 4 ⟨s.⟩ (umher~) errer; rôder; der Hund streicht um das Haus le chien rôde autour de la maison
Streicher(in) M ⟨~s; ~⟩ F ⟨~in; ~innen⟩ MUS joueur, -euse m,f d'un instrument à cordes
streichfähig ADJ Butter, Käse etc facile à tartiner; Butter a. tendre
Streichholz N allumette f; Streichholzbriefchen N pochette f d'allumettes; Streichholzschachtel F boîte f d'allumettes
Streichinstrument N instrument m à cordes; Streichkäse M fromage m à tartiner; Streichkonzert N concert m d'instruments à cordes; Streichmusik F musique f d'instruments à cordes; Streichorchester N orchestre m (d'instruments) à cordes; Streichquartett N quatuor m à cordes
Streichung F ⟨~; ~en⟩ 1 in e-m Text etc rature f; biffure f; effaçure f 2 (Abschaffung) suppression f 3 FIN etc (Kürzung) diminution f; réduction f
Streichwurst F etwa pâté m; streichzart ADJ Butter tendre
Streif geh M ⟨~(e)s; ~e⟩ → Streifen
Streifband N ⟨~(e)s; ≃er⟩ unter ~ sous bande
Streifbandzeitung F journal m sous bande
Streife F ⟨~; ~n⟩ ronde f; patrouille f; auf ~ sein être de patrouille; faire la ronde
streifen A VT ⟨h.⟩ 1 (berühren), a. fig effleurer; frôler; den Boden ~ raser le sol; die Kugel hat ihn gestreift la balle l'a effleuré; sein verstohlener Blick streifte mich il me jeta un regard furtif 2 fig Thema etc effleurer 3 (hoch~) die Ärmel in die Höhe ~ retrousser les manches 4 (ab~) den Ring vom Finger ~ ôter la bague de son doigt; die Handschuhe von den Fingern ~ retirer ses gants; se déganter; die Blätter von e-m Zweig ~ effeuiller une branche B VI 1 ⟨h.⟩ (berühren) an etw (akk) ~ effleurer, frôler qc 2 ⟨s.⟩ (umher~) vagabonder; flâner
Streifen M ⟨~s; ~⟩ 1 aus Stoff, Papier bande f; aus Metall lamelle f; languette f; ruban m; (Speckstreifen) etc tranche f 2 als Muster bande f; im Stoff raie f; rayure f; auf der Fahrbahn (Linie) ligne f; (Seitenstreifen) bas-côté m 3 umg (Filmstreifen) pellicule f; bande f
Streifenbeamte(r) M agent m de patrouille; Streifendienst M patrouille f; streifenförmig ADJ en forme de bande; Streifenmuster N dessin m à rayures; Streifenwagen M voiture f de police
streifig ADJ strié
Streiflicht N ein ~ auf etw (akk) werfen donner un éclaircissement sur qc; jeter un trait de lumière sur qc
Streifschuss M éraflure f
Streifzug M randonnée f; excursion f; MIL raid m; a. fig incursion f; fig ein ~ durch die Literatur des Mittelalters une incursion dans la littérature du Moyen Âge
Streik M ⟨~(e)s; ~s⟩ grève f; in den ~ treten se mettre en grève; faire grève
Streikaufruf M appel m à la grève; Streikbewegung F mouvement m de grève; Streikbrecher M briseur m de grève; Streikdrohung F menace f de grève
streiken VI ⟨h.⟩ 1 (in Streik treten) se mettre en grève; faire grève 2 (im Streik sein) être en grève 3 umg fig Gerät etc umg être en panne; mein Magen streikt je me sens mal; ich streike umg je ne marche plus; beim Essen etc je n'en peux plus
Streikende(r) M/F(M) ⟨→ A⟩ gréviste m/f
Streikgeld N indemnités fpl de grève; Streikkasse F caisse f de solidarité pour grévistes; Streikleitung F comité m de grève; Streiklokal N bureau m des grévis-

S

tes; **Streikposten** M piquet *m* de grève; **Streikrecht** N ⟨~(e)s⟩ droit *m* de grève; **Streikwelle** F vague *f* de grèves

Streit M ⟨~(e)s; ~e⟩ 1 querelle *f* (**über** [+*akk*] au sujet de); (*Zank*) altercation *f*; démêlé *m*; *über Rechte, Kompetenzen* contestation *f*; (*Meinungsstreit*) différend *m*; (*Wortstreit*) dispute *f*; discussion *f*; *gelehrter* controverse *f*; (*Konflikt*) conflit *m*; JUR litige *m*; procès *m*; **mit j-m ~ (über etw** [*akk*]**) anfangen** s'attaquer à qn (au sujet de qc); chercher querelle à qn (au sujet de qc); **mit j-m ~ (über etw** [*akk*]**) haben** se disputer, être en conflit avec qn (au sujet de qc); **mit j-m (über etw** [*akk*]**) ~ bekommen, mit j-m (über etw** [*akk*]**) in ~ geraten** se fâcher avec qn (au sujet de qc); **im ~ auseinandergehen** se séparer fâchés; *Ehepartner* se séparer brouillés; **j-n im ~ töten** tuer qn lors d'une dispute 2 *poet* (*Kampf*) lutte *f*; combat *m*

Streitaxt F HIST °hache *f* d'armes; francisque *f*; *geh fig* **die ~ begraben** enterrer la hache de la guerre

streitbar *geh* ADJ combatif, -ive; (*kampflustig*) querelleur, -euse

streiten ⟨streitet, stritt, gestritten, h.⟩ A VI 1 (*zanken*) **(mit j-m über etw** [*akk*]**) ~** se batailler, se disputer (avec qn au sujet de qc); *mit Worten* se disputer (avec qn au sujet de qc); être en dispute (avec qn au sujet de qc) 2 *poet* (*kämpfen*) lutter; combattre; se battre B VR **sich mit j-m (über etw** [*akk*]**) ~** se quereller avec qn (au sujet de qc); **sich um etw ~** se disputer qc; **darüber lässt sich ~** c'est discutable; il y a du pour et du contre

Streiter(in) *geh* M ⟨~s; ~⟩ F ⟨~in; ~innen⟩ (*Kämpfer[in]*) combattant(e) *m(f)* (**für** de); défenseur *m* (**für** de); personne *f* qui lutte (**gegen** contre)

Streiterei F ⟨~; ~en⟩ querelles *fpl*; disputes *fpl*

Streitfall M conflit *m*; désaccord *m*; différend *m*; JUR litige *m*; **Streitfrage** F différend *m*; point litigieux; **Streitgedicht** N tenson *f*; **Streitgegenstand** M JUR objet *m* du litige; **Streitgespräch** N débat *m*; discussion *f*; **Streithahn**, **Streithammel** *umg, oft hum* M bagarreur *m*; *umg* mauvais coucheur

streitig ADJ 1 (*strittig*) contesté; **j-m etw ~ machen** disputer, contester qc à qn 2 JUR en litige

Streitigkeiten FPL querelles *fpl*; conflits *mpl*

Streitkräfte FPL forces (armées); armée *f*; **Streitlust** F ⟨~⟩ esprit querelleur; **streitlustig** ADJ batailleur, -euse; querelleur, -euse; **Streitmacht** F ⟨~⟩ → Streitkräfte; **Streitpunkt** M point litigieux; **Streitschrift** F écrit *m* polémique; **Streitsucht** F ⟨~⟩ esprit querelleur; **streitsüchtig** ADJ querelleur, -euse; chicaneur, -euse; **Streitwagen** M HIST char *m* de guerre; **Streitwert** M JUR valeur *f* du litige

streng A ADJ 1 *Lehrer, Eltern, Erziehung, Strafe etc* sévère; *Untersuchung, Personen a.* rigoureux, -euse; *Sitten* austère; *Blick* dur; sévère 2 *Regeln, Prinzipien etc* strict; (*genau*) exact; **~e Diät** régime *m* sévère; **~er Katholik** catholique strict; **im ~sten Sinne des Wortes** au sens strict (du terme) 3 *Kälte* rigoureux, -euse; *Winter a.* rude; dur 4 *Geruch* âcre; *Geschmack* âpre 5 ⟨*épithète*⟩ *Stil* austère; sobre; dépouillé; *Schnitt, Kleidung* strict; sobre; *Frisur* sévère B ADV 1 **~ verboten** strictement, rigoureusement défendu, interdit; **j-n ~ bestrafen** punir sévèrement qn; **~ schauen** regarder durement, sévèrement 2 **~ geheim** très secret, -ète; **~ genommen** à proprement parler; à vrai dire; **~ vertraulich** strictement confidentiel, -ielle; **etw ~ befolgen** observer strictement qc; suivre qc à la lettre; **j-n ~ bewachen** surveiller étroitement qn 3 (*stark, unangenehm*) **~ riechen** sentir fort 4 *Kleid etc* **~ geschnitten** de coupe stricte, sobre

Strenge F ⟨~⟩ 1 sévérité *f*; rigueur *f*; *der Sitten* austérité *f*; *des Blicks* dureté *f*; sévérité *f* 2 *der Kälte* rigueur *f*; *des Winters a.* rudesse *f*; dureté *f* 3 *des Geruchs* âcreté *f*; *des Geschmacks* âpreté *f* 4 *des Stils* austérité *f*; *der Frisur* sévérité *f*; *e-s Kleids* caractère strict, sobre

strenggenommen ADVL → streng B 2

strenggläubig ADJ orthodoxe; **Strenggläubigkeit** F orthodoxie *f*

strengstens ADV rigoureusement; strictement; **~ verboten** rigoureusement interdit

Streptokokkus M ⟨~; -kken⟩ MED streptocoque *m*

Stress M ⟨~es; ~e⟩ stress *m*; **im ~ sein, unter ~** (*dat*) **stehen** *umg* être stressé

stressen *umg* ⟨h.⟩ A VT *umg* stresser; **total gestresst sein** *umg* être totalement stressé B VI *umg* être stressant

stressig *umg* ADJ *umg* stressant

Stresssituation F *umg* situation stressante

Stretch M ⟨~(e)s; ~es⟩ stretch *m*; **Stretchhose** F pantalon *m* (en) stretch

Stretching N ⟨~s⟩ SPORT stretching *m*

Streu F ⟨~; ~en⟩ litière *f*

Streubüchse F, **Streudose** F saupoudreuse *f*

streuen ⟨h.⟩ A VT *Kies, Sand etc* répandre (**auf** [+*akk*] sur); *Salz, Pfeffer, Zucker etc* **etw auf etw** (*akk*) **~** saupoudrer qc de qc; **Blumen auf den Weg ~** parsemer, joncher le chemin de fleurs; **Samen ~** semer; *bei Glatteis* **(die Straße) ~** sabler la route B VI PHYS se disperser; MED s'étendre; STATISTIK s'écarter

Streuer M ⟨~s; ~⟩ (*Salzstreuer*) salière *f*; (*Pfefferstreuer*) poivrière *f*; (*Streudose*) saupoudreuse *f*

Streufahrzeug N saleuse *f*; **Streugut** N ⟨~(e)s⟩ *auf Straßen* (*Sand*) sable *m*; (*Splitt*) gravillon *m*; (*Salz*) sel *m*

streunen VI ⟨s.⟩ *oft pej* vagabonder; errer; rôder; **ein ~der Hund** un chien errant

Streuner(in) M ⟨~s; ~⟩ F ⟨~in; ~innen⟩ *pej* vagabond(e) *m(f)*; *Hund* chien errant

Streuobstwiese F pré-verger *m*; **Streupflicht** F *obligation pour les riverains de répandre du sable, du sel, du gravillon, etc en cas de gel*; **Streusalz** N sel *m*; **Streusand** M sable *m*

Streusel M *od* N ⟨~s; ~⟩ *grain de pâte sablée*; **Streuselkuchen** M *gâteau recouvert de petits grains de pâte sablée*

Streuung F ⟨~; ~en⟩ (*Verteilung*) diffusion *f*; PHYS dispersion *f*; STATISTIK écart *m*; MED généralisation *f*

Streuungskoeffizient M coefficient *m* de dispersion, de diffusion

Streuwagen M sableuse *f*; **Streuzucker** M sucre *m* en poudre

strich → streichen

Strich M ⟨~(e)s; ~e⟩ 1 (*Linie*) trait *m*; (*Querstrich*) barre *f*; (*Gedankenstrich*) tiret *m*; (*Bindestrich, Trennungsstrich*) trait *m* d'union; (*Schrägstrich*) trait diagonal, de séparation; *auf e-r Skala, e-m Thermometer etc* degré *m*; **e-n ~ machen** *od* **ziehen** faire, tirer, tracer un trait; *fig* **e-n ~ unter etw** (*akk*) **machen** *od* **ziehen** tirer un trait sur qc; *umg fig* **j-m e-n ~ durch die Rechnung machen** saboter, *umg* bousiller les projets de qn; *fig* **etw mit groben** *od* **in großen ~en schildern, zeichnen** décrire, dessiner qc à grands traits; *umg* **sie ist nur noch ein ~** (*hum* **in der Landschaft**) *umg* elle n'a plus que la peau et les os; *fig* **unter dem ~** tout compte fait 2 (*Bürstenstrich, Pinselstrich*) *etc* coup *m* 3 ⟨*pas de pl*⟩ (*Bogenführung e-s Geigers*) coup *m* d'archet; (*Pinselführung*) trait *m* 4 ⟨*pas de pl*⟩ *e-s Fells, Gewebes* sens *m*; **mit dem ~** *Fell* dans le sens du poil; **gegen den ~** *Fell* à contre-poil; à rebrousse-poil; *fig* à rebours; *umg* **das geht mir gegen den ~** (*das passt mir nicht*) *umg* ça ne me va pas; (*das gefällt mir nicht*) ça ne me plaît pas; *umg* **nach ~ und Faden** bel et bien 5 *der Vögel* vol *m* 6 *umg* ⟨*pas de pl*⟩ **der ~** (*Prostitution*) *umg* le trottoir; *Gegend* le quartier réservé, chaud; **auf den ~ gehen** *umg* faire le trottoir

Strichätzung F cliché *m* au trait; **Stricheinteilung** F graduation *f*

stricheln VT ⟨-(e)le, h.⟩ (*zeichnen*) esquisser; (*schraffieren*) °hachurer; **gestrichelt** *Linie* discontinu

Strichelung F ⟨~; ~en⟩ °hachure *f*

Stricher *sl* M ⟨~s; ~⟩, **Strichjunge** *umg* M jeune prostitué (homosexuel); **Strichkode** M code *m* à barres; code-barres *m*

strichlieren ⟨*pas de ge-*, h.⟩ *österr* → stricheln

Strichmädchen *umg* N *umg* grue *f*; *sl* putain *f*; **Strichmännchen** N petit bonhomme (dessiné); **Strichpunkt** M GRAM point-virgule *m*; **Strichvogel** M oiseau *m* de passage; **strichweise** ADV *bes* METEO par endroits; **Strichzeichnung** F dessin *m* au trait

Strick[1] M ⟨~(e)s; ~e⟩ 1 (*Seil*) corde *f*; *fig* **j-m e-n ~ aus etw drehen** retourner l'action, les paroles de qn contre lui; *umg* **da kann ich mir gleich e-n ~ kaufen** *od* **nehmen!** je n'ai plus qu'à me passer la corde au cou!; *umg fig* **wenn alle ~e reißen** au pire; en désespoir de cause 2 *umg fig* (*Lausejunge*) galopin *m*; polisson *m*

Strick[2] N ⟨~(e)s⟩ (*~stoff*) tricot *m*

Strickarbeit F tricot(age) *m*; **Strickbündchen** N bord-côtes *m*

stricken ⟨h.⟩ A VT tricoter; *fig* **nach dem gleichen Muster gestrickt sein** bâti sur le même modèle; *fig hum* **ein gut gestrickter Roman** un roman bien agencé, *umg* bien ficelé B VI tricoter; **an etw** (*dat*) **~** tricoter qc

Stricker(in) M ⟨~s; ~⟩ F ⟨~in; ~innen⟩ tricoteur, -euse *m,f*

Strickerei F ⟨~; ~en⟩ 1 ⟨*pas de pl*⟩ (*das Stricken*) tricotage *m* 2 *Betrieb etwa* usine *f* de bonneterie

Strickgarn N fil *m* à tricoter; **Strickhandschuhe** MPL gants tricotés; **Strickjacke** F veste *f* en tricot; cardigan *m*; **Strickkleid** N robe tricotée, de tricot; **Strickleiter** F échelle *f* de corde; **Strickmaschine** F machine *f* à tricoter

Strickmuster N 1 (*gestricktes Muster*) point *m* de tricot 2 (*Vorlage*) patron *m*; *fig hum* formule *f*; *bei e-r Verbrechensserie* **es ist immer dasselbe ~** c'est toujours le même scénario

Stricknadel F aiguille *f* à tricoter; **Strickstrumpf** M tricotage *m*; **Strickwaren** FPL articles tricotés, en tricot; **Strickweste** F gilet tricoté; **Strickzeug** N ⟨~(e)s⟩ tricot *m*

Striegel M ⟨~s; ~⟩ étrille *f*

striegeln VT ⟨-(e)le, h.⟩ étriller; panser; *umg fig* **gestriegelt und gebügelt** tiré à quatre épingles

Striegeln N ⟨~s⟩ pansage *m*

Strieme F ⟨~; ~n⟩, **Striemen** M ⟨-ens; -en⟩ zébrure *f*

Striezel M ⟨~s; ~⟩ *regional*: *petit gâteau en forme de tresse*

strikt A ADJ rigoureux, -euse; strict B ADV **~ gegen etw sein** être absolument contre qc

String M ⟨~(s); ~s⟩ 1 *umg* (*~tanga*) string *m* 2 (*Zeichenkette*) chaîne *f* de caractères

stringent A ADJ évident; logique B ADV avec

évidence, logique; **Stringenz** F ⟨~⟩ évidence *f*; logique *f*

Stringtanga M tanga *m*

Strip[1] M ⟨~s; ~s⟩ *(Wundpflasterstreifen)* pansement adhésif

Strip[2] *umg* M ⟨~s; ~s⟩ *(Striptease)* strip-tease *m*

Strippe *umg* F ⟨~; ~n⟩ *(Schnur)* ficelle *f*; cordon *m*; corde *f*; *fig* **dauernd an der ~ hängen** *umg* être toujours pendu au bout du fil, au téléphone; *fig* **j-n an der ~ haben** *umg* avoir qn au bout du fil

strippen *umg* VI ⟨h.⟩ faire du strip-tease

Stripper(in) *umg* M ⟨~s; ~⟩ (F) ⟨~in; ~innen⟩ strip-teaseur, -euse *m,f*

Striptease M *od* N ⟨~⟩ strip-tease *m*; **Stripteaselokal** N strip-tease *m*; **Stripteasetänzer(in)** M(F) strip-teaseur, -euse *m,f*

stritt → streiten

strittig ADJ *(umstritten)* litigieux, -ieuse; *(bestreitbar)* discutable; contestable

Stroboskop N ⟨~s; ~e⟩ OPT stroboscope *m*

Stroh N ⟨~(e)s⟩ paille *f*; *(Dachstroh) a.* chaume *m*; *umg* **(nur) ~ im Kopf haben** *umg* être bête à manger du foin

Strohballen M balle *f* de paille; **Strohbesen** M balai *m* de paille; **strohblond** ADJ blond comme les blés; **Strohblume** F immortelle *f*; **Strohdach** N (toit *m* de) chaume *m*; **strohdumm** *umg* ADJ *umg* bête à manger du foin; **strohfarben** ADJ (jaune) paille *(inv)*; **Strohfeuer** N *a. fig* feu *m* de paille; **Strohgeflecht** N paille tressée; **strohgelb** ADJ (jaune) paille *(inv)*

Strohhalm M brin *m* de paille; fétu *m*; *zum Trinken* paille *f*; *fig* **der letzte** *od* **rettende ~** la dernière planche de salut; *fig* **sich an etw** *(akk)* **wie ein Ertrinkender an e-n ~ klammern** se cramponner à qc comme à une bouée de sauvetage

Strohhut M chapeau *m* de paille; canotier *m*

strohig ADJ dur et sec, sèche; *Gemüse, Obst (faserig)* fibreux, -euse

Strohkopf *umg* M *umg* andouille *f*; **Strohmann** M ⟨~(e)s; -männer⟩ *fig* homme *m* de paille; prête-nom *m*; KARTENSPIEL remplaçant *m*; **Strohmatte** F natte *f* de paille; *zum Abdecken* paillasson *m*; **Strohpresse** F presse *f* à paille; **Strohpuppe** F *als Vogelscheuche* épouvantail *m*; bonhomme *m* de paille; *bei Schießübungen etc* mannequin *m*

Strohsack M paillasse *f*; *umg* **(ach, du) heiliger ~!** *umg* nom d'une pipe!; *umg* sapristi!

strohtrocken *umg* ADJ très sec, sèche

Strohwitwe F, **Strohwitwer** M *umg hum* célibataire *m/f* (pour un certain temps); veuf, veuve *m,f*; **ich bin diese Woche Strohwitwe, Strohwitwer** je suis célibataire cette semaine

Strolch M ⟨~(e)s; ~e⟩ 1 *pej (Lump)* gueux *m*; voyou *m* 2 *umg hum (Schlingel) umg* canaille *f*

strolchen VI ⟨s.⟩ vagabonder; errer çà et là; **durch die Stadt ~** errer dans la ville

Strom M ⟨~(e)s; ⸚e⟩ 1 *(Fluss)* fleuve *m*; *fig* flot *m*; *von Tränen* torrent *m*; *(Menschenstrom)* flot *m* (humain); foule *f*; **es regnet in Strömen** il pleut à verse, à torrents; **Ströme von Blut** flots *mpl* de sang; **der Wein, das Blut floss in Strömen** le vin, le sang coula à flots 2 *(Strömung)* courant *m*; **mit dem ~ schwimmen** *a. fig* suivre le courant; **gegen den ~ schwimmen** *a. fig* nager à contre-courant 3 ELEK courant *m*; **unter ~** *(dat)* **stehen** *a. fig* être sous tension; **der ~ ist ausgefallen** il y a une panne d'électricité, une coupure de courant

stromab → stromabwärts

Stromabnehmer M 1 TECH *an der Straßenbahn etc* trolley *m*; *am Motor* balai *m* 2 *Verbraucher* consommateur *m* de courant électrique; *in Frankreich etwa* abonné *m* à l'EDF(-GDF)

stromabwärts ADV en aval; **~ fahren** descendre le courant, le fleuve

Stromaggregat N groupe *m* électrogène

stromauf → stromaufwärts

stromaufwärts ADV en amont; **~ fahren** remonter le courant, le fleuve

Stromausfall M panne *f* de courant; *örtlich begrenzter* panne *f* de secteur

strömen VI ⟨s.⟩ 1 *Regen, Wasser* couler (à flots); *Licht* se répandre à flots; **~der Regen** pluie torrentielle, battante 2 *(irgendwohin ~) Menschenmenge* affluer (**nach** vers); **die Menge strömt in den Saal** la foule afflue dans la salle; **die Reisenden ~ aus dem Bahnhof** un flot de voyageurs sort de la gare

Stromer *umg* M ⟨~s; ~⟩ vagabond *m*; chemineau *m*

stromern *umg* VI ⟨-(e)re, h., *doublé d'une indication de direction* s.⟩ *umg* vadrouiller; vagabonder; **durch die Gegend ~** *umg* être en vadrouille

Stromerzeugung F production *f* de courant; **Stromgebiet** N bassin *m* d'un fleuve; **Stromkabel** N câble *m* (électrique); **Stromkreis** M circuit *m*; **Stromleitung** F câble *m*, fil *m* (électrique); **Stromlieferant** M fournisseur *m* de courant; **Stromlieferung** F fourniture *f* de courant

Stromlinienform F forme *f* aérodynamique; **e-r Karosserie** *(dat)* **~ geben** caréner une carrosserie

stromlinienförmig ADJ aérodynamique; caréné

Stromnetz N réseau *m* électrique; **Stromquelle** F source *f* de courant; **Stromrechnung** F facture *f* d'électricité; **Stromschlag** M décharge *f* électrique; **Stromschnelle** F ⟨~; ~n⟩ rapide *m* (d'un fleuve); **Stromstärke** F intensité *f* du courant; **Stromstoß** M impulsion *f* électrique

Strömung F ⟨~; ~en⟩ *a.* METEO, *fig* courant *m*

Stromunterbrecher M interrupteur *m*; coupe-circuit *m*; disjoncteur *m*; **Stromverbrauch** M consommation *f* de courant, d'énergie électrique; **Stromversorgung** F alimentation *f* en courant; **Stromwandler** M ⟨~s; ~⟩ transformateur *m* de courant; **Stromwender** M ⟨~s; ~⟩ commutateur *m*; inverseur *m*; **Stromzähler** M compteur *m* électrique; **Stromzufuhr** F arrivée *f* de courant

Strontium N ⟨~s⟩ CHEM strontium *m*

Strophe F ⟨~; ~n⟩ strophe *f*; **strophisch** A ADJ divisé en strophes B ADV en strophes

strotzen VI ⟨-(es)t, h.⟩ **von** *od* **vor etw** *(dat)* **~** regorger de qc; **vor** *od* **von Kraft ~** déborder de force; **vor** *od* **von Gesundheit ~** éclater de santé; **vor** *od* **von Fehlern ~** être plein de défauts; **vor** *od* **von Dreck ~** être (très) crasseux, -euse

strubb(e)lig ADJ ébouriffé

Strubbelkopf *umg* M 1 *Frisur* cheveux ébouriffés 2 *Mensch* personne *f* aux cheveux ébouriffés

Strudel M ⟨~s; ~⟩ 1 *(Wasserstrudel) a. fig* tourbillon *m*; *fig* **im ~ der Ereignisse** dans le tourbillon des événements 2 GASTR *bes südd, österr* strudel *m*

Struktur F ⟨~; ~en⟩ structure *f*

Strukturalismus M structuralisme *m*; **strukturalistisch** ADJ structuraliste

Strukturanalyse F analyse *f* de structure; **Strukturänderung** F changement *m* de (la) structure, WIRTSCH structurel; WIRTSCH modification, transformation structurelle; **strukturbedingt** ADJ WIRTSCH structurel, -elle

strukturell ADJ structurel, -elle

Strukturformel F CHEM formule développée, de constitution

strukturieren VT ⟨*pas de ge-*, h.⟩ structurer; **Strukturierung** F ⟨~; ~en⟩ 1 ⟨*pas de pl*⟩ *(das Strukturieren)* structuration *f* 2 *(Struktur)* structure *f*

Strukturpolitik F politique *f* de développement des structures économiques; **strukturschwach** ADJ qui a des (infra)structures insuffisantes; **Strukturtapete** F papier peint à relief; **Strukturwandel** M changement *m* de structure; **Strukturwort** N ⟨~(e)s; -wörter⟩ LING mot *m* outil

Strumpf M ⟨~(e)s; ⸚e⟩ bas *m*; *(Socke)* chaussette *f*; **auf Strümpfen** en chaussettes

Strumpfband N ⟨~(e)s; -bänder⟩ jarretière *f*; **Strumpfhalter** M jarretelle *f*; **Strumpfhose** F collant *m*; **Strumpfmaske** F cagoule *f*

Strunk M ⟨~(e)s; ⸚e⟩ *(Gemüsestrunk)* trognon *m*; *(Baumstrunk)* souche *f*

struppig ADJ °hérissé

Struwwelpeter M Pierre l'Ébouriffé

Strychnin N ⟨~s⟩ strychnine *f*; **Strychninvergiftung** F empoisonnement *m* par la strychnine

Stübchen N ⟨~s; ~⟩ petite chambre; chambrette *f*

Stube F ⟨~; ~n⟩ 1 *regional* pièce *f*; **die gute ~** le salon; *umg hum* **(nur) rein in die gute ~!** entrez donc! 2 MIL chambrée *f*

Stubenälteste(r) M ⟨→ A⟩ MIL chef *m* de chambrée

Stubenarrest M privation *f* de sortie; **~ haben** être privé de sortie; **e-m Kind drei Tage ~ geben** priver un enfant de sortie pendant trois jours

Stubenfliege F mouche *f* domestique; **Stubenhocker** *umg pej* M ⟨~s; ~⟩ *umg* pantouflard *m*; casanier *m*; **Stubenkamerad** M MIL camarade *m* de chambrée; **stubenrein** ADJ 1 *Tier* propre 2 *fig hum Witz etc* convenable; **Stubenwagen** M berceau *m*

Stuck M ⟨~(e)s⟩ stuc *m*

Stück N ⟨~(e)s; ~e, *mais* 5 ~⟩ 1 pièce *f*; *abgetrenntes* morceau *m*; *abgesprungenes* éclat *m*; *e-r Sammlung* pièce *f*; *von Land, Papier, Schnur, e-s Wegs* bout *m*; **ein ~ Fleisch, Kuchen, Seife, Käse** un morceau de viande, gâteau, savon, fromage; *oft iron* **Mutters Kaffeekanne, das gute ~** *iron* la belle cafetière de Maman; *umg hum* **Erwin, unser bestes ~** Erwin, le meilleur d'entre nous; notre bon Erwin; **in ~e gehen** se briser; **in ~e reißen, schneiden, schlagen** déchirer, couper, mettre en morceaux; *umg* **sich für j-n in ~e reißen lassen** se mettre en quatre pour qn; **am** *od* **im ~** en morceau; *umg fig* **in e-m ~** *(ununterbrochen)* sans arrêt; **aus e-m ~** tout d'une pièce; d'une seule pièce; **ein ~ (Weg** *od geh* **Weg[e]s)** un bout de chemin; **ein hartes** *od* **schweres ~ Arbeit** un dur travail; une rude tâche; **zwei Euro das ~** deux euros (la) pièce; *umg* **j-n wie ein ~ Dreck behandeln** *umg* traiter qn comme de la merde; *fig* **aus freien ~en** de son plein gré; spontanément; *umg fig* **große ~e auf j-n halten** faire grand cas de qn 2 *umg* **das ist (ja) ein starkes ~!** *umg* (ça,) c'est gonflé; *umg* (ça,) c'est culotté; *umg* **sich** *(dat)* **ein (tolles) ~ leisten** en faire de belles 3 *aus e-m Buch, Kapitel etc* passage *m*; partie *f*; fragment *m* 4 THEAT pièce *f* 5 MUS morceau *m* 6 *Vieh* tête *f*; *a. Geflügel, Wild* pièce *f* 7 *umg pej (Person)* **ein freches ~** *umg* un(e) sacré(e) culotté(e); **ein dummes ~** *umg* un(e) idiot(e); **ein faules ~** un(e) paresseux, -euse

Stuckarbeit F ouvrage *m* en stuc; stucs *mpl*
Stückarbeit F ⟨~⟩ 1 *(Akkordarbeit)* travail *m* à la pièce 2 *umg pej* bricolage *m*
Stuckateur M ⟨~s; ~e⟩ stucateur *m*
Stückchen N ⟨~s; ~⟩ petit morceau; brin *m*; *von Papier, Bindfaden etc* bout *m*; **j-n ein ~ begleiten** accompagner qn un petit bout de chemin
Stuckdecke F plafond *m* en stuc
stückeln V/T ⟨-(e)le, h.⟩ 1 *(zer~)* morceler 2 *(an~)* assembler; MODE coudre ensemble; **Stückelung** F ⟨~; ~en⟩ 1 *(Zerstückelung)* morcellement *m* 2 *(Anstückelung)* assemblage *m* de plusieurs morceaux
Stückeschreiber M dramaturge *m*
Stückgut N ⟨~(e)s⟩ colis *m*
Stücklohn M salaire *m* aux pièces, à la pièce; **~ bezahlen** payer aux pièces, à la pièce
Stückpreis M prix *m* à la pièce; HANDEL prix *m* à l'unité; **stückweise** ADV *(einzeln)* pièce par pièce; morceau par morceau; *(im Akkord)* à la pièce; aux pièces; *(langsam)* petit à petit; HANDEL au détail
Stückwerk N ⟨~(e)s⟩ bricolage *m*; **~ sein** *a.* être incomplet, -ète
Stückzahl F nombre *m* de pièces; **etw in hohen ~en produzieren** produire qc en grandes quantités
stud. ABK (studiosus) étudiant
Student M ⟨~en; ~en⟩ 1 *an der Universität* étudiant *m*; *an e-r technischen Hochschule etc* élève *m*; **~ der Naturwissenschaften, Medizin, Philosophie** étudiant *m* en sciences, en médecine, en philosophie 2 *österr* lycéen *m*
Studentenausweis M carte *f* d'étudiant; **Studentenbewegung** F mouvement universitaire, étudiant; **Studentenblume** F œillet *m*, rose *f* d'Inde; **Studentenbude** *umg* F *umg* piaule *f* d'étudiant; **Studentenfutter** N mélange *m* de fruits secs; *etwa* (les) mendiants *mpl*; **Studentenheim** N → Studentenwohnheim; **Studentenjahre** NPL années *fpl* d'études; temps *m* des études; **Studentenleben** N vie estudiantine, d'étudiant; **Studentenlied** N chanson *f* d'étudiant; **Studentenparlament** N assemblée *f* des étudiants; **Studentenpfarrer** M aumônier *m* des étudiants; **Studentenschaft** F ⟨~; ~en⟩ étudiants *mpl*; **Studentenstadt** F cité *f* universitaire; **Studentenunruhen** FPL agitation *f* universitaire; **Studentenverbindung** F association *f* d'étudiants *(de tendance conservatrice)*; **Studentenviertel** N quartier *m* des étudiants; **Studentenwerk** N *etwa* C.R.O.U.S. *m*; **Studentenwohnheim** N cité *f*, résidence *f* universitaire; **Studentenzeit** F études *fpl*
Studentin F ⟨~; ~nen⟩ 1 *an der Universität* étudiante *f*; *an e-r technischen Hochschule etc* élève *f*; → *a.* Student 2 *österr* lycéenne *f*
studentisch ADJ estudiantin; d'étudiant(s); **~e Verbindung** → Studentenverbindung; **die ~e Jugend** la jeunesse étudiante
Studie F ⟨~; ~n⟩ étude *f*
Studienabbrecher(in) M ⟨~s; ~⟩ F ⟨~in; ~innen⟩ personne *f* ayant interrompu ses études
Studienabschluss M diplôme *m*; **die Universität ohne ~ verlassen** quitter l'université sans diplôme(s); **welchen ~ haben Sie?** quel est votre diplôme le plus élevé?
Studienanfänger(in) M(F) jeune étudiant(e) *m(f)*; **Studienaufenthalt** M séjour *m* d'études; **Studienbeihilfe** F allocation *f* d'études; **Studienberater(in)** M(F) conseiller, -ère *m,f* d'orientation (travaillant) à l'université; **Studienberatung** F orientation *f* universitaire; **Studienbewerber(in)** M(F) personne *f* demandant son admission à l'université; **Studienbuch** N livret *m* d'étudiant *(documentant l'inscription et les cours suivis)*; **Studiendirektor(in)** M(F) professeur *m/f* de lycée titularisé(e) *(échelon de carrière après Oberstudienrat)*; **Studienfach** N matière *f*; spécialité *f*; **Studienfahrt** F voyage *m* d'études; **Studienfreund(in)** M(F) camarade *m/f* d'études; **Studiengang** M filière *f*; **Studiengebühren** FPL droits *mpl* universitaires; **Studienjahre** NPL années *fpl* d'études; **Studienkolleg** N *etwa* année *f* de préparation à des études universitaires; **Studienkommission** F commission *f* d'études, d'enquête; **Studienkreis** M cercle *m* d'études; **Studienplan** M programme *m*, organisation *f* des études; **Studienplatz** M place *f* à l'université; **Studienrat** M, **Studienrätin** F professeur *m/f* de lycée titularisé(e) *(premier échelon de carrière)*; **Studienreferendar(in)** M(F) *etwa* professeur *m/f* stagiaire; **Studienreise** F voyage *m* d'études; **Studienzeit** F *Zeit* études *fpl*; *a. Dauer* temps *m*, durée *f* des études; années *fpl* d'études
studieren ⟨*pas de ge-*, h.⟩ A V/T étudier; *an der Hochschule* faire des études de; **Jura ~** faire du, son droit; **was studiert er?** que fait-il comme études?; *fig* **den Fahrplan ~** étudier l'horaire; *umg* **ein studierter Mann** un homme qui a fait des, ses études B V/I étudier; faire des, ses études; être étudiant; **sie studiert in Köln** elle fait ses études à Cologne
Studieren N ⟨~s⟩ étude(s) *f(pl)*
Studierende(r) M/F(M) ⟨→ A⟩ étudiant(e) *m(f)*; **Studierte(r)** *umg* M/F(M) ⟨→ A⟩ homme *m*, femme *f* qui a fait des études
Studio N ⟨~s; ~s⟩ 1 studio *m*; *e-s Künstlers a.* atelier *m* 2 *(Fernsehstudio, Filmstudio)* studio *m*; *e-s Senders* **im ~ von …** sur le plateau de …
Studiobühne F petit théâtre; petite scène; **Studiomusiker(in)** M(F) musicien, -ienne *m,f* d'un studio d'enregistrement
Studiosus M ⟨~; -si⟩ *hum* étudiant *m*
Studium N ⟨~s; -ien⟩ 1 ⟨*pas de pl*⟩ *(Hochschulstudium)* études *fpl*; **sein ~ (mit e-m Diplom) abschließen** terminer ses études (par un diplôme); **zum ~ der Medizin, Philosophie zugelassen werden** avoir une place à la faculté de médecine, de lettres; **während meines ~s** pendant mes études 2 *(Forschung)* étude(s) *f(pl)*; **Studien (über etw [akk]) (be)treiben** se livrer à l'étude (de qc) 3 ⟨*pas de pl*⟩ *fig der Zeitung, Akten etc* étude *f*
Stufe F ⟨~; ~n⟩ 1 *e-r Treppe* marche *f*; degré *m*; BAU *(Aufsatz)* gradin *m*; **immer zwei ~n auf einmal nehmen** *aufwärts* monter l'escalier quatre à quatre; *abwärts* descendre l'escalier quatre à quatre; **Vorsicht, ~!** attention à la marche! 2 *fig (Rang)* degré *m*; échelon *m*; rang *m*; *(Niveau)* niveau *m*; *(Stadium)* niveau *m*; *(Grad)* degré *m*; **j-n mit j-m auf e-e** *od* **auf die gleiche ~ stellen** mettre qn au niveau de qn, au même niveau que qn; **du kannst dich nicht mit ihm auf e-e ~ stellen** tu ne peux pas te mesurer avec lui 3 MUS intervalle *m* 4 TECH *bei Pumpen, Turbinen, Raketen* étage *m* 5 GEOL, *im Gelände* terrasse *f*
stufen V/T ⟨h.⟩ *(ab~) Skala* graduer; *Hang* aménager, bâtir en terrasses; *Lohn* échelonner; *Haar* couper en dégradé
Stufenbarren M SPORT barres *fpl* asymétriques
stufenförmig A ADJ étagé; en gradins B ADV **~ anordnen** étager; **~ ansteigen** s'étager
Stufenleiter F *fig* échelle *f*; échelons *mpl*
stufenlos ADV TECH sans paliers; **~ verstellbar** réglable par degrés, progressivement
Stufenplan M plan progressif, par étapes; **Stufenpyramide** F pyramide *f* à gradins; **Stufenrakete** F fusée *f* à plusieurs étages; **stufenweise** A ADJ ⟨*épithète*⟩ graduel, -elle; progressif, -ive B ADV graduellement; progressivement
stufig A ADJ *Hang, Gelände* en terrasses; *Haar* (en) dégradé B ADV *Haar* **~ geschnitten** coupé en dégradé
Stufung F ⟨~; ~en⟩ *e-r Skala* graduation *f*; *e-s Hangs etc* aménagement *m* en gradins, en terrasses; *des Lohns* échelonnement *m*; *des Haars* dégradé *m*
Stuhl M ⟨~(e)s; ~e⟩ 1 chaise *f*; **der Heilige ~** le Saint-Siège; **der elektrische ~** la chaise électrique; **Hinrichtung** *f* **durch den elektrischen ~** exécution *f* par électrocution; *fig* **ihr ~ wackelt** sa situation est instable; *fig* **zwischen zwei Stühlen sitzen** se trouver, être assis entre deux chaises; *fig* **j-m den ~ vor die Tür setzen** mettre qn à la porte; *umg fig* **(fast) vom ~ fallen** *umg* être sidéré; *umg* **das hat mich fast vom ~ gehauen** ça m'a renversé; *umg* **der Film hat mich nicht vom ~ gerissen** *umg* le film ne m'a pas emballé 2 *(Stuhlgang)* selles *fpl*
Stuhlbein N pied *m* de chaise
Stuhlgang M ⟨~(e)s⟩ selles *fpl*; **~ haben** aller à la selle; **keinen ~ haben** *a.* être constipé
Stuhlkante F bord *m* (de chaise); **Stuhlkissen** N coussin *m* de chaise; **Stuhllehne** F *(Rückenlehne)* dos(sier) *m* de chaise; *(Armlehne)* accoudoir *m*
Stuka M ⟨~s; ~s⟩ → Sturzkampfflugzeug
Stukkateur M → Stuckateur
Stulle F ⟨~; ~n⟩ *regional* tartine *f*
Stulpe F ⟨~; ~n⟩ revers *m*
stülpen V/T ⟨h.⟩ **etw auf etw** *(akk)* **~** mettre qc sur qc; **etw nach außen, innen ~** retourner qc vers l'extérieur, l'intérieur
Stulpenstiefel M botte *f* à revers
stumm ADJ *a. fig*, LING, MED muet, muette; *(schweigsam)* silencieux, -ieuse; taciturne; THEAT **~e Rolle** rôle muet, de figurant; **~ wie ein Fisch** muet comme une carpe
Stummel M ⟨~s; ~⟩ *(Bleistiftstummel, Kerzenstummel) etc* bout *m*; *(Zigarrenstummel, Zigarettenstummel) a. umg* mégot *m*; **Stummelschwanz** M queue coupée
Stummfilm M film muet; **Stummheit** F ⟨~⟩ mutisme *m*; *(Schweigen)* silence *m*
Stumpen M ⟨~s; ~⟩ 1 *(Hutstumpen)* cloche *f* de feutre 2 *Zigarre* cigare *m* suisse
Stümper(in) M ⟨~s; ~⟩ F ⟨~in; ~innen⟩ *pej* bousilleur, -euse *m,f*; incapable *m/f*
Stümperei F ⟨~; ~en⟩ *pej* travail mal fait; bousillage *m*
stümperhaft *pej* A ADJ bousillé B ADV **~ ausgeführt** mal fait
stümpern V/I ⟨-(e)re, h.⟩ *pej* bousiller; mal faire son travail
stumpf ADJ 1 *Messer, Schere etc (nicht scharf)* émoussé 2 *Nadel, Degen etc (nicht spitz)* sans pointe; non pointu; *Winkel* obtus; *Kegel, Pyramide* tronqué; *Nase* épaté; aplati; écrasé 3 *Haar, Metall (nicht glänzend)* terne; *Seide a.* mat; *Farbe* blafard 4 *Reim* masculin 5 *fig Sinne* émoussé; *Mensch* hébété; abruti; insensible; *Blick* mort; éteint
Stumpf M ⟨~(e)s; ~e⟩ *(Baumstumpf)* souche *f*; chicot *m*; *(Kerzenstumpf)* bout *m*; *(Armstumpf, Beinstumpf)* moignon *m*; *(Zahnstumpf)* chicot *m*; **etw mit ~ und Stiel ausrotten** exterminer qc
Stumpfheit F ⟨~⟩ *geistige* hébétement *m*; abrutissement *m*; *geh* hébétude *f*; *(Teilnahmslosigkeit, Abgestumpftheit)* indifférence *f*; apathie *f*; *(Unempfindlichkeit)* insensibilité *f*; *des Blicks* inertie *f*; **Stumpfsinn** M ⟨~(e)s⟩ 1 *e-s Menschen* abrutissement *m*; *geh* hébétude

S

f 2 e-r Arbeit etc monotonie f

stumpfsinnig ADJ 1 Mensch, Blick hébété 2 Arbeit etc monotone; vide de sens

stumpfwink(e)lig ADJ obtusangle

Stündchen umg N ⟨~s; ~⟩ petite heure; moment m; **ich komme auf** od **für ein ~ zu dir** je viendrai passer une heure chez toi

Stunde F ⟨~; ~n⟩ 1 heure f; **e-e halbe ~** une demi-heure; **e-e ganze, volle,** umg **geschlagene ~** une heure entière; toute une heure; **e-e ~ lang** une heure durant; **zwei ~n hintereinander** deux heures de suite; **von ~ zu ~** d'heure en heure; geh **von Stund an** dès lors; **zur ~** à l'heure qu'il est; **bis zur ~** jusqu'à maintenant; **zu jeder ~** à toute heure; geh **in der ~ der Gefahr** à l'heure du danger; **in e-r schwachen, stillen ~** dans un moment de faiblesse, tranquillité; geh **die ~ der Wahrheit** l'heure de vérité; geh **ein Mann der ersten ~** un homme de la première heure; geh **die Gunst der ~ nutzen** battre le fer tant qu'il est chaud; **ihre (große) ~ ist gekommen** son heure est venue; **ihre letzte ~ ist gekommen, hat geschlagen** sa dernière heure est arrivée, a sonné; fig **sie wusste, was die ~ geschlagen hat** elle savait à quoi s'en tenir 2 (Unterrichtsstunde) cours m; leçon f; **bei j-m ~n nehmen** prendre des leçons avec, chez qn

stunden VT ⟨-ete, h.⟩ **j-m e-e Summe ~** accorder à qn un délai de paiement; **die Steuer ~** accorder un délai, sursis pour le paiement de l'impôt

Stundenbuch N livre m d'heures

Stundengeschwindigkeit F vitesse f horaire; **die mittlere ~** la moyenne horaire; **mit** od **bei e-r ~ von 90 km** à la vitesse de 90 km à l'heure

Stundenglas N veraltet sablier m; **Stundenhotel** N hôtel m de passe

Stundenkilometer M kilomètre-heure m; **zehn ~** dix kilomètres à l'heure

stundenlang A ADJ ⟨épithète⟩ qui dure des heures (entières) B ADV pendant, durant des heures; des heures entières

Stundenlohn M salaire m horaire; **~ bekommen** travailler à l'heure

Stundenplan M emploi m du temps; horaire m; **Stundensatz** M taux m horaire

Stundenschlag M **mit dem ~** au son de la cloche; fig à l'heure sonnante; **mit dem ~ neun** à neuf heures juste

Stundenverdienst M gain m, salaire m horaire; **stundenweise** A ADJ ⟨épithète⟩ à l'heure B ADV à l'heure; par heure; **Stundenzahl** F nombre m d'heures; von Unterrichtsstunden nombre m de leçons; nombre m d'heures de cours; **Stundenzeiger** M aiguille f des heures; **Stundenzettel** M relevé m des heures de travail

Stündlein N ⟨~s; ~⟩ hum **sein letztes ~ hat geschlagen, ist gekommen** sa dernière heure a sonné, est arrivée

stündlich ADV 1 (jede Stunde) toutes les heures 2 (in der Stunde) **dreimal** etc **~** trois, etc fois par heure 3 (jeden Augenblick) à chaque instant; d'un instant à l'autre; **j-n ~ erwarten** attendre qn d'un instant à l'autre

Stundung F ⟨~; ~en⟩ délai m de paiement

Stunk umg M ⟨~s⟩ bagarre f; **~ machen** chercher la bagarre

Stuntgirl N cascadeuse f

Stuntman M ⟨~s; -men⟩ cascadeur m

stupide ADJ (beschränkt) borné; (stumpfsinnig) monotone; vide de sens

Stupidität F ⟨~⟩ (Beschränktheit) esprit borné; (Stumpfsinn) monotonie f; ennui m; (Dummheit) bêtise f

Stups umg M ⟨~es; ~e⟩ légère bourrade

stupsen umg VT ⟨-(es)t, h.⟩ pousser légèrement; donner une légère bourrade à

Stupsnase F nez retroussé

stur umg pej A ADJ (eigensinnig) entêté; têtu; (unbeirrbar) obstiné; fig **ein ~er Bock** umg une tête de mule; umg une bourrique; **auf ~ schalten** se braquer; se buter B ADV d'une façon têtue, entêtée; obstinément

Sturheit umg pej F ⟨~⟩ 1 (Eigensinn) entêtement m 2 (Unbeirrbarkeit) obstination f

Sturm M ⟨~(e)s; ≃e⟩ 1 a. fig tempête f; (Orkan) ouragan m; (Unwetter) tourmente f; (Gewittersturm) orage m; **ein ~ im Wasserglas** une tempête dans un verre d'eau 2 fig der Gefühle etc tumulte m; **ein ~ der Entrüstung, der Begeisterung, des Protests** une explosion d'indignation, d'enthousiasme, de protestations; LITERATUR **~ und Drang** mouvement romantique en Allemagne entre 1770 et 1790 3 ⟨pas de pl⟩ SPORT (die Stürmer) avants mpl 4 MIL (Angriff) assaut m (**auf** [+akk] de); HIST **der ~ auf die Bastille** la prise de la Bastille; **~ läuten** od **klingeln** sonner le tocsin; **etw im ~ nehmen** prendre qc d'assaut; **j-s Herz im ~ erobern** conquérir d'un seul coup le cœur de qn; **gegen etw ~ laufen** se rebeller contre qc 5 ⟨pas de pl⟩ österr (Traubenmost) moût m

Sturmangriff M MIL assaut m (**auf** [+akk] de); **Sturmbö** F rafale f; **Sturmbock** M HIST bélier m

stürmen A VT ⟨h.⟩ 1 MIL donner l'assaut à; attaquer; assaillir; (im Sturm nehmen) prendre … d'assaut 2 fig Bühne, Kasse, Geschäfte etc se précipiter sur bzw. dans B VI 1 ⟨h.⟩ MIL donner l'assaut; a. SPORT attaquer 2 ⟨s.⟩ fig (rennen) courir; s'élancer; se précipiter C V/UNPERS ⟨h.⟩ **es stürmt** il y a de la tempête; la tempête souffle; **es stürmt heftig** la tempête fait rage

Stürmer(in) M ⟨~s; ~⟩ (F) ⟨~in; ~innen⟩ SPORT avant m; **Stürmerreihe** F SPORT ligne f d'avants

Sturmflut F raz m de marée

sturmfrei ADJ hum **~e Bude** chambre f d'étudiant(e), en ville, etc (où les visites ne sont pas réglementées); hum **heute Abend haben wir (e-e) ~e Bude** ce soir on peut faire ce qu'on veut (dans l'appartement)

Sturmgepäck N MIL paquetage m d'assaut

stürmisch A ADJ 1 Wetter orageux, -euse; tempétueux, -euse; See etc °houleux, -euse 2 fig (ungestüm) impétueux, -euse; a. Liebhaber, Umarmung fougueux, -euse; Auseinandersetzung tumultueux, -euse; orageux, -euse; Debatte °houleux, -euse; Empfang, Begrüßung enthousiaste; Protest violent; Gelächter pétulant; Beifall frénétique; **nicht so ~!** doucement!; du calme! 3 fig (rasant) extrêmement, très rapide B ADV 1 (ungestüm) **er wurde ~ begrüßt** on le salua avec enthousiasme 2 (rasant) très rapidement

Sturmlaterne F lampe-tempête f

Sturmlauf M assaut m; **im ~** en trombe

Sturmmöwe F goéland cendré; **Sturmschaden** M dégâts causés par la tempête

Sturmschritt M **im ~** au pas de charge

Sturmschwalbe F pétrel-tempête m; **Sturmsegel** N tourmentin m; **Sturmspitze** F SPORT avant-centre m; **Sturmtaucher** M ZOOL puffin m; **Sturmtief** N zone f de basse pression avec tempête; **Sturmtrupp** M MIL troupe f d'assaut

Sturm-und-Drang-Zeit F ⟨~⟩ 1 → Sturm 2 2 fig hum **in s-r ~** au temps de ses années folles, de sa folle jeunesse

Sturmwarnung F avis m de tempête; **Sturmwind** M vent violent; (Windbö) rafale f; bourrasque f

Sturz M ⟨~es; ≃e⟩ 1 (Fall) a. fig chute f; **ein tiefer ~** une chute de très °haut; **ein ~ vom Pferd** une chute de cheval 2 ⟨pas de pl⟩ e-r Dynastie, Regierung etc renversement m; effondrement m 3 (Preissturz, Temperatursturz) chute f; der Kurse a. effondrement m 4 ⟨pl ≃e ou ~e⟩ BAU (Fenstersturz, Türsturz) linteau m 5 (Radsturz) carrossage m

Sturzbach M torrent m

sturzbetrunken umg ADJT umg complètement bourré

stürzen ⟨-(es)t⟩ A VT ⟨h.⟩ 1 faire tomber; précipiter; **j-n in e-n Abgrund ~** précipiter qn dans un abîme; **j-n ins Elend ~** plonger qn dans la misère; **j-n ins Verderben ~** ruiner, perdre qn 2 Regierung renverser; faire tomber; Minister etc renverser 3 Gefäß etc renverser; retourner; Pudding, Kuchen démouler; auf Kisten **nicht ~!** ne pas renverser! B VI ⟨s.⟩ 1 (fallen) tomber; faire une chute; **auf der Treppe ~** faire une chute dans l'escalier; **aus dem Fenster ~** tomber de la fenêtre; **vom Fahrrad ~** tomber, faire une chute de bicyclette; **vom Pferd ~** tomber de cheval; **zu Boden ~** tomber par terre; **zu Tode ~** faire une chute mortelle; **beim Skifahren ~** faire une chute de ski; **mit dem Motorrad ~** faire une chute de moto; **unglücklich ~** faire une chute malencontreuse 2 (rennen) se précipiter; **aus dem Zimmer ~** s'élancer °hors de la pièce; **ins Zimmer ~** entrer brusquement, précipitamment dans la pièce; **auf die Straße, nach draußen ~** se précipiter, se jeter dans la rue, dehors C V/R ⟨h.⟩ **sich auf etw, j-n ~** se précipiter, s'élancer, se jeter, se ruer sur qc, qn; **sich in j-s Arme ~** se jeter dans les bras de qn; **sich ins Wasser ~** se jeter dans, à l'eau; **sich aus dem Fenster ~** se jeter par la fenêtre; liter **sich in sein Schwert ~** se transpercer de son épée; **sich ins Verderben ~** courir à sa ruine; **sich in Unkosten** (akk) **~** se mettre en frais

Sturzflug M (vol m en) piqué m; **zum ~ ansetzen** amorcer la descente en piqué; **im ~** en piqué

Sturzhelm M casque m; (Integralhelm) casque intégral; **Sturzkampfflugzeug** N avion m de bombardement en piqué; **Sturzsee** F, **Sturzwelle** F paquet m de mer

Stuss umg pej M ⟨~es⟩ bêtises fpl; sl conneries fpl

Stute F ⟨~; ~n⟩ jument f

Stuten M ⟨~s; ~⟩ regional: pain brioché (avec des fruits secs)

Stutenmilch F lait m de jument

Stütz M ⟨~es; ~e⟩ TURNEN appui m

Stütze F ⟨~; ~n⟩ 1 (Halt) appui m; soutien m; support m (alle a. fig); **die ~n der Gesellschaft** les piliers mpl de la société; **er ist die ~ meines Alters** c'est mon bâton de vieillesse 2 umg (Arbeitslosengeld) allocation f de chômage

stutzen[1] VT ⟨-(es)t, h.⟩ (kürzen) raccourcir; écourter; Hecke, Bart tailler; Flügel rogner; Schwanz écourter; in e-e bestimmte Form façonner

stutzen[2] VI ⟨-(es)t, h.⟩ (innehalten) s'arrêter court; hésiter; être, rester interdit

Stutzen M ⟨~s; ~⟩ 1 Gewehr carabine f 2 TECH (Rohransatz) tubulure f; (Einfüllstutzen) raccord m (de pompe) 3 (Wadenstrumpf) jambière f

stützen ⟨-(es)t, h.⟩ A VT (ab~, unter~), a. fig soutenir; mit Balken etc étayer; étançonner; **den Kopf in die Hände ~** prendre, tenir sa tête dans ses mains; **das Kinn in die Hand ~** appuyer le menton sur la main B V/R **sich auf etw** (akk) **~** s'appuyer sur qc; fig a. se fonder, se baser sur qc; **sich mit dem Ellbogen auf den Tisch ~** s'accouder sur la table

Stutzer M ⟨~s; ~⟩ 1 pej (Geck) gommeux m; dandy m 2 Mantel pardessus m

stutzig ADJ **~ werden** *(neugierig werden)* être intrigué; *(argwöhnisch werden)* devenir soupçonneux, -euse; **~ machen** *(neugierig machen)* intriguer; *(argwöhnisch machen)* donner des soupçons à
Stützkorsett N corset *m* orthopédique; **Stützmauer** F mur *m* de soutènement; **Stützpfeiler** M pilier *m* de soutien; **Stützpfosten** M tuteur *m* (pour poteau); **Stützpunkt** M *a.* MIL base *f*; **Stützrad** N stabilisateur *m*; **Stützstange** F *am Fahrrad* tube supérieur du cadre; **Stützstrumpf** M bas *m* à varices
Stützungskauf M HANDEL achat *m* pour soutenir les prix, les cours
Stützverband M MED bandage *m*
StVO F ⟨~⟩ ABK (Straßenverkehrsordnung) code *m* de la route
StVZO F ⟨~⟩ ABK (Straßenverkehrs-Zulassungs-Ordnung) règles *fpl* de mise en circulation
stylen V/T ⟨h.⟩ *Frisur, Person* donner un look, style à; **ein Auto(modell) ~** créer un modèle de voiture; **sie ist perfekt gestylt** elle a un style parfait, une classe extraordinaire, un look super-soigné
Styling N ⟨~s; ~s⟩ *e-r Person* création *f* d'un look, d'un style; *e-s Produkts* création *f* d'un style
Stylist(in) M ⟨~en; ~en⟩ (F) ⟨~in; ~innen⟩ styliste *m/f*
Styropor® N ⟨~s⟩ polystyrène expansé
Styx M ⟨→ *n/pr*⟩ MYTH Styx *m*
SU ABK HIST (Sowjetunion) URSS *f* (Union des républiques socialistes soviétiques)
s. u. ABK (siehe unten) v. ci-dessous, plus bas (voir ci-dessous, plus bas)
Suaheli[1] M ⟨~(s); ~(s)⟩ *Einwohner* Souahéli *m*
Suaheli[2] N ⟨~(s)⟩ *Sprache* souahéli *m*
subaltern ADJ **1** *(untergeordnet)* subalterne **2** *pej (minderwertig)* inférieur; *(unterwürfig)* servile
Subalterne(r) M/F(M) ⟨→ A⟩ subalterne *m/f*
Subjekt N ⟨~(e)s; ~e⟩ **1** GRAM, PHIL sujet *m* **2** *pej* individu *m*; **übles ~** sale individu
subjektiv ADJ subjectif, -ive
Subjektivismus M ⟨~⟩ subjectivisme *m*; **Subjektivität** F ⟨~⟩ subjectivité *f*
Subjektsatz M GRAM proposition *f* à fonction de sujet
Subkontinent M sous-continent *m*; **Subkultur** F contre-culture *f*; underground *m*
subkutan ADJ MED sous-cutané
sublim *geh* ADJ *(erhaben)* sublime; *(fein)* subtil
Sublimat N ⟨~(e)s; ~e⟩ CHEM sublimé *m*; **Sublimation** F ⟨~; ~en⟩ CHEM, PSYCH, *fig* sublimation *f*; **sublimieren** V/T ⟨*pas de ge-*, h.⟩ CHEM, PSYCH, *fig* sublimer; **Sublimierung** F ⟨~; ~en⟩ CHEM, PSYCH, *fig* sublimation *f*
Submittent M ⟨~en; ~en⟩ soumissionnaire *m*
Subordination F ⟨~⟩ GRAM, *fig* subordination *f* (**unter** [+akk] à); **subordinieren** V/T ⟨*pas de ge-*, h.⟩ GRAM subordonner
subsidiär *geh* ADJ subsidiaire
Subsidiarität *geh* F ⟨~⟩ subsidiarité *f*; **Subsidiaritätsprinzip** N principe *m* de subsidiarité
Subskribent(in) M ⟨~en; ~en⟩ (F) ⟨~in; ~innen⟩ souscripteur, -trice *m,f*
subskribieren V/T *(u. V/I)* ⟨*pas de ge-*, h.⟩ (**auf**) **etw** *(akk)* **~** souscrire à qc
Subskription F ⟨~; ~en⟩ *bei Büchern* souscription *f* (+*gen* à)
Subskriptionsliste F liste *f* de souscription; **Subskriptionspreis** M prix *m* de souscription
substantiell → substanziell
Substantiv N ⟨~s; ~e⟩ GRAM substantif *m*; nom *m*; **substantivieren** V/T ⟨*pas de ge-*, h.⟩ substantiver; **Substantivierung** F ⟨~; ~en⟩ substantivation *f*
substantivisch **A** ADJ substantif, -ive **B** ADV substantivement; comme substantif
Substanz F ⟨~; ~en⟩ *(Wirkstoff, Gehalt)*, PHIL substance *f*; **von der ~ leben** entamer son capital; *umg* **j-m an die ~ gehen** *umg* vider qn
substanziell ADJ substantiel, -ielle
substituieren V/T ⟨*pas de ge-*, h.⟩ *t/t* substituer; remplacer; **Substituierung** F ⟨~; ~en⟩ *t/t* substitution *f*; remplacement *m*
Substitut(in) M ⟨~en; ~en⟩ (F) ⟨~in; ~innen⟩ sous-chef *m*
Substrat N ⟨~(e)s; ~e⟩ LING, BIOL, PHIL *etc* substrat *m*
subsumieren V/T ⟨*pas de ge-*, h.⟩ **etw unter etw** *(akk od dat)* **~** comprendre, inclure qc dans qc
subtil ADJ subtil; **Subtilität** F ⟨~; ~en⟩ subtilité *f*
Subtrahend M ⟨~en; ~en⟩ MATH nombre *m* à soustraire; **subtrahieren** MATH ⟨*pas de ge-*, h.⟩ **A** V/T soustraire; faire la soustraction de **B** V/I faire une soustraction; **Subtraktion** F ⟨~; ~en⟩ MATH soustraction *f*; **Subtraktionszeichen** N MATH signe *m* de soustraction
Subtropen PL régions subtropicales; **subtropisch** ADJ subtropical; **Subunternehmer(in)** M(F) sous-traitant *m*
Subvention F ⟨~; ~en⟩ subvention *f*
subventionieren V/T ⟨*pas de ge-*, h.⟩ *Unternehmen, Personen* subventionner; octroyer des subventions à; *Produkte* accorder des subventions pour; **Subventionierung** F ⟨~; ~en⟩ subvention *f*
Subversion F ⟨~; ~en⟩ subversion *f*; **subversiv** ADJ subversif, -ive
Suchaktion F recherches *fpl*; *im Gelände* battue *f*; **Suchanzeige** F avis *m* de recherche (d'une personne disparue); **Suchautomatik** F RADIO recherche *f* automatique; **Suchbild** N dessin-devinette *m*; **Suchdienst** M **1** *für Vermisste* service *m* de recherches **2** → Suchmaschine
Suche F ⟨~; ~n⟩ recherche *f*; quête *f*; **auf der ~ nach** à la recherche de; en quête de; **auf die ~ gehen, sich auf die ~ machen** commencer à chercher; **auf die ~ nach etw gehen, sich auf die ~ nach etw machen** aller à la recherche de qc; se mettre en quête de qc
suchen ⟨h.⟩ **A** V/T **1** chercher; *intensiv* rechercher; *(sammeln)* ramasser; *in e-r Annonce* **Bäckerei sucht Lehrling** boulangerie cherche apprenti; **gesucht wird der Fahrer des Wagens mit dem Kennzeichen …** on recherche le conducteur de la voiture immatriculée …; *umg fig* **was hast du hier zu ~?** qu'est-ce que tu viens faire ici?; *umg fig* **du hast da nichts zu ~** tu n'as rien à faire ici; *umg fig* **die beiden haben sich gesucht und gefunden** ces deux-là sont faits l'un pour l'autre; *umg* **ein solches Hotel muss** *od* **kann man (heutzutage) ~** (aujourd'hui) on ne trouve plus d'hôtel comme ça **2** *(sich wünschen, sich bemühen um)* chercher; **Hilfe, Schutz ~** chercher de l'aide, une protection; **j-s Freundschaft ~** rechercher l'amitié de qn; **Rat bei j-m ~** demander conseil à qn; consulter qn **3** *geh (versuchen)* chercher (**zu** [+inf] à); tâcher, essayer (**zu** [+inf] de) **B** V/I **nach etw, j-m ~** rechercher qc, qn; être à la recherche de qc, qn; **nach Worten ~** chercher ses mots; **wir haben schon überall gesucht** nous avons déjà cherché partout; BIBEL **wer sucht, der findet** cherchez, et vous trouverez; *umg* **da kannst du lange ~!** *umg* tu peux toujours chercher!
Sucher M ⟨~s; ~⟩ FOTO viseur *m*; TECH *für Minen* détecteur *m*
Sucherei *umg* F ⟨~; ~en⟩ recherche *f* sans fin
Suchfeld N IT champ *m* de recherche; **Suchgerät** N détecteur *m*; **Suchhund** M *(Jagdhund)* limier *m*; *(Polizeihund)* chien policier; **Suchlauf** M TV, RADIO recherche *f* automatique; **Suchmaschine** F IT moteur *m* de recherche; **Suchmaske** F IT zone *f* de recherche; **Suchmeldung** F avis *m* de recherche; **Suchscheinwerfer** M projecteur *m*
Sucht F ⟨~; ¨-e *ou* ~en⟩ manie *f* (**nach** de); *(exzessives Verlangen)* passion *f* (**nach** de); *(Arzneimittelsucht, Drogensucht)* toxicomanie *f*; **ihre (krankhafte) ~, alles zu kritisieren** son besoin (maladif) de tout critiquer; **die ~ nach Geld** la passion de l'argent; **bei j-m zur ~ werden** devenir chez qn une passion, une drogue
Suchtgefahr F risque *m* de toxicomanie
süchtig ADJ **1** *(arzneimittel~, drogen~)* toxicomane; *(drogen~) a.* drogué; **~ machen** rendre dépendant; **von etw ~ werden** devenir dépendant de qc **2** *fig (versessen)* avide; affamé; **(ganz) ~ nach etw sein** être avide de qc; *plus fort* être en manque de qc
Süchtige(r) M/F(M) ⟨→ A⟩ toxicomane *m/f*; *(Drogensüchtige[r]) a.* drogué(e) *m(f)*
suchtkrank ADJ toxicomane; **Suchtkranke(r)** M/F(M) toxicomane *m/f*
Suchtmittel N drogue *f*; stupéfiant *m*
Suchtrupp M équipe *f* de sauvetage; **e-n ~ losschicken** organiser une battue
Sud M ⟨~(e)s; ~e⟩ **1** GASTR bouillon *m* **2** *(Extrakt)* décoction *f*
Süd M **1** ⟨*sans article ni pl*⟩ *(Süden)* sud *m* **2** ⟨~(e)s; ~e⟩ *(~wind)* vent *m* du sud
Südafrika N l'Afrique du Sud; **Südafrikaner(in)** M(F) Sud-Africain(e) *m(f)*; **südafrikanisch** ADJ sud-africain; **Südamerika** N l'Amérique *f* du Sud; **Südamerikaner(in)** M(F) Sud-Américain(e) *m(f)*; **südamerikanisch** ADJ sud-américain; de l'Amérique du Sud
Sudan ⟨→ *n/pr*⟩ **der ~** le Soudan
Sudanese M ⟨~n; ~n⟩, **Sudanesin** F ⟨-in; -innen⟩ Soudanais(e) *m(f)*; Soudanien, -ienne *m,f*; **sudanesisch** ADJ soudanais
süddeutsch ADJ de l'Allemagne du Sud; **Süddeutsche(r)** M/F(M) Allemand(e) *m(f)* du Sud; **Süddeutschland** N l'Allemagne *f* du Sud
Sudelei *umg pej* F ⟨~; ~en⟩ barbouillage *m*; gribouillage *m*; *umg plus fort* cochonnerie *f*
sudeln *umg pej* V/T *u.* V/I ⟨-(e)le, h.⟩ barbouiller; gribouiller; *umg plus fort* cochonner
Süden M ⟨~s⟩ sud *m*; **der tiefe ~** le Grand Sud; **im ~ (von)** au sud (de); **im ~ Frankreichs** dans le sud de la France; dans le Midi; **nach ~** vers le sud; **von ~** du sud
Sudeten PL ⟨→ *n/pr*⟩ **die ~** les Sudètes
Sudetendeutsche(r) M/F(M) Allemand(e) *m(f)* des Sudètes; *koll* **die ~n** les Sudètes; **Sudetenland** N ⟨~(e)s⟩ HIST territoire *m* des Sudètes
Südeuropa N l'Europe du Sud, méridionale; **Südeuropäer(in)** M(F) Européen, -éenne *m,f* du Sud; **südeuropäisch** ADJ européen, -éenne du Sud; de l'Europe du Sud, méridionale; **Südfrankreich** N le Midi (de la France); **Südfranzose** M, **Südfranzösin** F Méridional(e) *m(f)*; **südfranzösisch** ADJ du Midi; méridional; **Südfrüchte** FPL fruits tropicaux; *(Zitrusfrüchte)* agrumes *mpl*; **Süditalien** N l'Italie *f* du Sud
Südkorea N la Corée du Sud; **Südkorea-**

ner(in) M(F) Sud-Coréen, -éenne *m,f*; **Südküste** F côte méridionale; **Südlage** F exposition *f* au sud, au midi; **Südländer(in)** M ⟨~s; ~⟩ (F) ⟨~in; ~innen⟩ habitant(e) *m(f)* d'un pays méridional, (des pays) du Midi; **südländisch** ADJ méridional

südlich A ADJ du sud; du midi; méridional; **~e Halbkugel** hémisphère austral B ADV au sud; **~ von** au sud de

Südlicht N aurore australe

Sudoku N ⟨~(s); ~(s)⟩ *Zahlenrätsel* sudoku *m*

Südost(en) M sud-est *m*

südöstlich A ADJ du sud-est B ADV au sud--est; **~ von** au sud-est de

Südpol M pôle *m* Sud; **Südpolarmeer** N océan Glacial Antarctique; **Südsee** F Pacifique *m* sud; *poet* mers *fpl* du Sud; **Südseeinsel** F île *f* des mers du Sud; **Südseite** F (côté *m* du) sud *m*; côté *m* sud; *e-s Gebirges* versant *m* sud; **Südstaaten** MPL *in Amerika* États *mpl* du Sud; **Südstaatler** MPL gens *mpl* du Sud (des États-Unis); HIST Sudistes *mpl*; **Südtirol** N le Tyrol du Sud; le Haut-Adige; **südwärts** ADV vers le sud; au sud; **Südwein** M vin *m* du Sud; *(Dessertwein)* vin *m* de dessert; **Südwest** M sud-ouest *m*; **Südwestafrika** N HIST le Sud-Ouest africain; **Südwesten** M sud-ouest *m*; **Südwester** M ⟨~s; ~⟩ suroît *m*; **Südwestfunk** M → SWF

südwestlich A ADJ du sud-ouest B ADV au sud-ouest; **~ von** au sud-ouest de

Südwind M vent *m* du sud, du midi

Sueskanal M ⟨~s⟩ canal *m* de Suez

Suezkanal → Sueskanal

Suff *sl* M ⟨~(e)s⟩ ivrognerie *f*; **im ~** *umg* bien bourré; **sich dem (stillen) ~ ergeben** boire, *umg* se soûler, *umg* se cuiter (en cachette)

süffeln *umg* V/T *u.* V/I ⟨-(e)le, h.⟩ *umg* picoler

süffig *umg* ADJ gouleyant

süffisant ADJ *pej* suffisant; **Süffisanz** F ⟨~⟩ *pej* suffisance *f*

Suffix N ⟨~es; ~e⟩ LING suffixe *m*

Suffragette F ⟨~; ~n⟩ HIST suffragette *f*

suggerieren V/T ⟨*pas de ge-*, h.⟩ suggérer; **Suggestion** F ⟨~; ~en⟩ suggestion *f*

suggestiv ADJ suggestif, -ive; **Suggestivfrage** F question suggestive

Suhle F ⟨~; ~n⟩ JAGD bauge *f*; souille *f*

suhlen V/R ⟨h.⟩ **sich ~** se vautrer; **sich im Schlamm ~** se vautrer dans la boue; *fig* **sich in Schimpfwörtern ~** se délecter à dire des injures

Sühne *geh* F ⟨~; ~n⟩ expiation *f*; **für etw ~ leisten** expier qc

sühnen *geh* ⟨h.⟩ A V/T 1 *(büßen)* expier 2 *(bestrafen)* punir; **die Gerichte haben die Kriegsverbrechen gesühnt** les tribunaux ont puni les crimes de guerre B V/I **für etw ~** expier qc

Sühneopfer N sacrifice *m* expiatoire

Suite F ⟨~; ~n⟩ *(Hotelsuite) etc*, MUS suite *f*

Suizid M *od* N ⟨~(e)s; ~e⟩ *t/t* suicide *m*; **suizidgefährdet** *t/t* ADJT suicidaire

Sujet *geh* N ⟨~s; ~s⟩ sujet *m*

Suk M ⟨~(s); ~s⟩ *(arabischer Markt)* souk *m*

Sukkade F ⟨~; ~n⟩ écorces confites (de citron ou d'orange)

Sukkulente F ⟨~; ~n⟩ BOT plante grasse

Sukzession F ⟨~; ~en⟩ ÖKOL succession *f*

sukzessiv ADJ successif, -ive

sukzessive ADV successivement

Sulfat N ⟨~(e)s; ~e⟩ CHEM sulfate *m*

Sulfid N ⟨~(e)s; ~e⟩ CHEM sulfure *m*

Sulfit N ⟨~s; ~e⟩ CHEM sulfite *m*

Sulfonamid N ⟨~(e)s; ~e⟩ PHARM sulfamide *m*

Sulky N ⟨~s; ~s⟩ sulky *m*

Sultan M ⟨~s; ~e⟩ sultan *m*; **Sultanat** N ⟨~(e)s; ~e⟩ sultanat *m*

Sultanine F ⟨~; ~n⟩ raisin *m* de Smyrne

Sülze F ⟨~; ~n⟩ GASTR 1 *Speise* viande *f bzw.* poisson *m* en aspic 2 *(Aspik)* aspic *m*

sülzen ⟨-(es)t, h.⟩ A V/T 1 GASTR mettre en aspic 2 *umg fig (quatschen)* débiter; *umg* dégoiser B V/I *umg fig (quatschen)* débiter des âneries; *plus fort sl* déconner

Sumerer(in) M ⟨~s; ~⟩ (F) ⟨~in; ~innen⟩ HIST Sumérien, -ienne *m,f*; **sumerisch** ADJ sumérien, -ienne

summ INT bzzz!

Summand M ⟨~en; ~en⟩ MATH terme *m*, élément *m* d'une somme

summarisch A ADJ sommaire; *(kurz gefasst)* succinct B ADV sommairement; *(kurz gefasst)* succinctement

summa summarum *geh* ADV *(insgesamt)* en tout et pour tout; *(kurz und gut)* somme toute

Sümmchen *umg* N ⟨~s; ~⟩ petite somme; **ein hübsches** *od* **nettes ~** *umg* une coquette somme; une somme rondelette

Summe F ⟨~; ~n⟩ somme *f*; **die ganze ~** le total; le tout; **e-e runde ~** un compte rond

summen ⟨h.⟩ A V/T *Lied, Melodie* fredonner; chantonner B V/I *Bienen etc* bourdonner; *Motor etc* ronronner

Summer M ⟨~s; ~⟩ *an e-r Maschine* sonnerie *f*; *an der Haustür* sonnette *f*

summieren ⟨*pas de ge-*, h.⟩ A V/T MATH totaliser; additionner B V/R **sich ~** *fig* s'accumuler

Summton M ⟨~(e)s; -töne⟩ TEL *etwa* tonalité continue

Sumo N ⟨~⟩ SPORT sumo *m*; **Sumoringer** M (lutteur *m* de) sumo *m*

Sumpf M ⟨~(e)s; ¨-e⟩ marais *m*; marécage *m*; *fig* bas-fonds *mpl*; *fig* **im ~ der Großstadt** dans les bas-fonds de la ville

Sumpfdotterblume F populage *m*; souci *m* d'eau

sumpfen *umg* V/I ⟨h.⟩ *umg* faire la noce, la bringue

Sumpffieber N fièvre paludéenne; paludisme *m*; **Sumpfgas** N gaz *m* des marais; méthane *m*; **Sumpfgebiet** N marécages *mpl*; marais *mpl*; **Sumpfhuhn** N râle *m* d'eau

sumpfig ADJ marécageux, -euse

Sumpfland N contrée marécageuse; **Sumpfpflanze** F plante marécageuse, *t/t* palustre; **Sumpfwiese** F pré marécageux

Sund M ⟨~(e)s; ~e⟩ GEOG détroit *m*

Sünde F ⟨~; ~n⟩ péché *m*; *hum* **das ist e-e ~ wert** ça vaut la peine de se laisser tenter; *geh* **in ~ leben** vivre dans le péché; *umg hum* **kleine ~n bestraft der liebe Gott sofort** c'est le Bon Dieu qui m'a, t'a, *etc* puni

Sündenbabel N lieu *m* de perdition; **Sündenbekenntnis** N confession *f* des péchés; **Sündenbock** *umg* M bouc *m* émissaire; **Sündenfall** M ⟨~(e)s⟩ REL chute *f*; **sündenfrei** ADJ innocent; **Sündengeld** *umg* N ⟨~(e)s⟩ argent fou; **Sündenpfuhl** M *pej* lieu *m* de débauche

Sündenregister *umg hum* N **sein ~ ist lang** la liste de ses méfaits est longue

Sünder(in) M ⟨~s; ~⟩ (F) ⟨~in; ~innen⟩ pécheur *m*, pécheresse *f*

Sündflut *liter* → Sintflut

sündhaft A ADJ 1 *geh* coupable; REL pécheur, pécheresse 2 *umg fig Preis etc umg* faramineux, -euse B *umg* ADV **~ teuer** *umg* horriblement cher, chère; °hors de prix; **~ teuer sein** *a. umg* coûter la peau des fesses

Sündhaftigkeit *geh* F ⟨~⟩ caractère *m* coupable

sündig ADJ 1 REL pécheur, pécheresse 2 *(lasterhaft)* immoral

sündigen V/I ⟨h.⟩ 1 REL pécher; commettre un péché; **an j-m ~** se rendre coupable envers qn 2 *fig hum (zu viel essen)* pécher par gourmandise; se laisser tenter par des bonnes choses; **ich habe heute wieder gesündigt** j'ai trop mangé aujourd'hui

Sunnit(in) M ⟨~en; ~en⟩ (F) ⟨~in; ~innen⟩ sunnite *m/f*; **sunnitisch** ADJ sunnite

super *umg* A ADJ ⟨*inv*⟩ *umg* super *(inv)*; *umg* génial B ADV *umg* super bien; *umg* formidablement

Super *umg* N ⟨~s⟩ *Benzin umg* super *m*

super... *umg* IN ZSSGN ultra(-)...

Super... *umg* IN ZSSGN super(-)...

Super-8-Film M super-huit *m*

superb, süperb *geh* ADJ magnifique

Superbenzin N supercarburant *m*; **Superding** *umg* N ⟨~s; ~er⟩ *umg* truc *m* super

Super-G M ⟨~(s); ~(s)⟩ SKISPORT super-g *m (inv)*; super-géant *m*

Super-GAU *umg* M catastrophe *f* nucléaire

Superintendent M ⟨~en; ~en⟩ PROT surintendant *m*

Superior(in) M ⟨~s; -oren⟩ (F) ⟨~in; ~innen⟩ KATH (père) supérieur *m*; (mère) supérieure *f*

superklug ADJ *iron* ultra-malin, -igne; *pej* suffisant; présomptueux, -euse

Superlativ M ⟨~s; ~e⟩ GRAM superlatif *m*; **superlativisch** ADJ superlatif, -ive

Supermacht F superpuissance *f*; *umg* supergrand *m*; **Supermann** *umg* M ⟨~(e)s; -männer⟩ *umg* superman *m*; **Supermarkt** M supermarché *m*; **supermodern** *umg* ADJ ultra-moderne; **Superstar** *umg* M *umg* superstar *f*; **Supertanker** M superpétrolier *m*

Süppchen N ⟨~s; ~⟩ soupe *f*; *umg fig* **sein eigenes ~ kochen** ne s'occuper que de ses petites affaires

Suppe F ⟨~; ~n⟩ 1 GASTR soupe *f*; *feinere* potage *m*; *umg fig* **j-m die ~ versalzen** gâcher le plaisir à qn; *umg fig* **die ~ auslöffeln müssen (, die man sich** *bzw.* **j-m eingebrockt hat)** payer les pots cassés; *umg fig* **da hat er uns e-e schöne ~ eingebrockt** *umg* il nous a mis dans un beau pétrin; *umg sprichw* **wer sich** *(dat)* **die ~ eingebrockt hat, muss sie auch auslöffeln** *sprichw* qui casse les verres les paie 2 *umg fig (starker Nebel)* purée *f* de pois 3 *umg fig (Schweiß)* sueur *f*

Suppeneinlage F *pâtes, légumes, etc pour épaissir la soupe*; **Suppenextrakt** M bouillon *m*; **Suppenfleisch** N (viande *f* à) pot-au-feu *m*; *gekochtes* viande bouillie; **Suppengrün** N légumes verts pour la soupe; **Suppenhuhn** N poule *f*; *Gericht* poule *f* au pot; **Suppenkasper** *umg* M ⟨~s; ~⟩ enfant *m*, personne *f* difficile (sur la nourriture); **Suppenkelle** F louche *f*; **Suppenknochen** M os *m* à moëlle; **Suppenkräuter** NPL → Suppengrün; **Suppenlöffel** M *(Esslöffel)* cuiller *od* cuillère *f* à soupe; **Suppennudeln** FPL pâtes *fpl* à potage; **Suppenschüssel** F soupière *f*; **Suppentasse** F tasse *f* à consommé; **Suppenteller** M assiette creuse; **Suppenterrine** F soupière *f*; **Suppentopf** M marmite *f*; **Suppenwürfel** M cube *m* de bouillon

suppig ADJ (trop) liquide

Supplement N ⟨~(e)s; ~e⟩, **Supplementband** M ⟨-(e)s; -bände⟩ supplément *m*

Suppositorium N ⟨~s; -ien⟩ PHARM suppositoire *m*

Supraleiter M ELEK supraconducteur *m*

Suprematie *geh* F ⟨~; ~n⟩ suprématie *f*

Sure F ⟨~; ~n⟩ sourate *od* surate *f*

Surfbrett N *fürs Windsurfen* planche *f* à voile; *fürs Wellenreiten* (planche *f* de) surf *m*

surfen V/I ⟨h. *ou* s., *doublé d'une indication de di-*

rection s.〉 (*wind~*) faire de la planche à voile; (*wellenreiten*) faire du surf; surfer; **im Internet ~** naviguer, surfer sur Internet
Surfer(in) M 〈~s; ~〉 (F) 〈~in; ~innen〉 (*Windsurfer[in]*) véliplanchiste *m/f*; (*Wellenreiter[in]*) surfeur, -euse *m,f*; *im Internet* internaute *m/f*
Surfing N 〈~s〉, **Surfsport** M (*Windsurfing*) planche *f* à voile; (*Wellenreiten*) surf *m*
Surinam, **Suriname** *Staat* N, *Fluss* M 〈→ *n/pr*〉 le Surinam(e)
Surrealismus M 〈~〉 surréalisme *m*; **surrealistisch** ADJ surréaliste
surren V/I 1 〈h.〉 (*summen*) *Insekten* bourdonner; *Motor* ronronner 2 〈s.〉 (*schwirren*) fendre l'air en sifflant
Surren N 〈~s〉 bourdonnement *m*; *des Motors* ronron(nement) *m*
Surrogat *geh* N 〈~(e)s; ~e〉 succédané *m*; ersatz *m*
Susanne F 〈→ *n/pr*〉 *prénom*
Sushi N 〈~s; ~s〉 GASTR sushi *m*
Susi F 〈→ *n/pr*〉 *prénom*
suspekt ADJ suspect; **das ist mir ~** cela me paraît suspect
suspendieren V/T 〈*pas de ge-*, h.〉 ADMIN suspendre (**vom Dienst** de ses fonctions)
Suspendierung F 〈~; ~en〉, **Suspension** F 〈-ion; -ionen〉 ADMIN suspension *f*
Suspensorium N 〈~s; -ien〉 MED suspensoir *m*
süß A ADJ 1 doux, douce; (*gezuckert*), *a. Duft, Geschmack* sucré; **widerlich ~** trop sucré 2 *fig Lächeln, Worte* doux, douce; *pej a.* mièvre; *Kind* mignon, -onne; gentil, -ille; (*lieblich*) suave; *umg* **na, mein Süßer, meine Süße?** alors, mon petit chéri, ma petite chérie? B ADV 1 **~ schmecken, riechen** *od* **duften** avoir un goût sucré, une odeur sucrée 2 *fig* joliment; **~ träumen** faire de beaux rêves
Süße F 〈~〉 douceur *f*; *im Duft* odeur sucrée; *im Geschmack* goût sucré
süßen V/T 〈-(es)t, h.〉 sucrer; mettre du sucre dans; CHEM, PHARM édulcorer; dulcifier
Süßholz N 〈~es〉 réglisse *m*; *umg fig* **~ raspeln** *umg* faire du plat; conter fleurette
Süßigkeit F 〈~; ~en〉 1 *geh* 〈*pas de pl*〉 (*Süße*) douceur *f*; *im Duft* odeur sucrée; *im Geschmack* goût sucré 2 *meist* PL (*Leckerei*) sucrerie *f*; friandise *f*
Süßkartoffel F patate douce; **Süßkirsche** F *Frucht* guigne *f*; cerise douce; *Baum* guignier *m*; **Süßklee** M sainfoin *m*; **süßlich** ADJ *a. fig pej* douceâtre; *fig pej* doucereux, -euse; mielleux, -euse; **Süßmost** M jus de fruit (non fermenté)
süßsauer A ADJ 1 aigre-doux, -douce 2 *umg fig Gesicht* mi-figue, mi-raisin B ADV **~ lächeln** sourire jaune
Süßschnabel *umg* M amateur *m* de sucreries; **Süßspeise** F entremets *m*; dessert *m*; **Süßstoff** M édulcorant *m*; sucrette *f*; **Süßwaren** FPL sucreries *fpl*; **Süßwarengeschäft** N confiserie *f*; **Süßwasser** N 〈~s; ~〉 eau douce; **Süßwasserfisch** M poisson *m* d'eau douce; **Süßwein** M vin *m* de dessert
Sutane F → Soutane
Sütterlinschrift F 〈~〉 *écriture manuscrite gothique*
SV M 〈~〉 ABK (Sportverein) C.S. *m* (club sportif)
SVP F 〈~〉 ABK (Schweizerische Volkspartei) U.D.C. *f* (Union démocratique du Centre)
SW ABK (Südwest[en]) S.-O. (sud-ouest)
Swahili → Suaheli[1], Suaheli[2]
Swasiland N 〈→ *n/pr*〉 le Swaziland
Sweater M 〈~s; ~〉 pull-over *m*; *dicker* chandail *m*
Sweatshirt N 〈~s; ~s〉 sweat-shirt *m*
SWF M 〈~〉 HIST ABK (Südwestfunk) *radio et télévision régionales allemandes (Baden-Baden)*
Swimmingpool M 〈~s; ~s〉 piscine *f*
Swing M 〈~(s)〉 MUS swing *m*
swingen V/I 〈h.〉 MUS swinguer
Swinger(in) M 〈~s; ~〉 (F) 〈~in; ~innen〉 *umg* (*Person, die Partnertausch macht*) échangiste *m/f*; **Swingerclub** *umg* M club *m* échangiste
SWR M 〈~〉 ABK (Südwestrundfunk) *radio et télévision régionales allemandes (Stuttgart, Baden-Baden, Mayence)*
Syllogismus M 〈~; -men〉 LOGIK syllogisme *m*
Sylphe[1] M 〈~n; ~n〉 MYTH sylphe *m*
Sylphe[2] F 〈~; ~n〉 *fig*, **Sylphide** F 〈-e; -en〉 MYTH, *fig* sylphide *f*
Sylvester → Silvester
Symbiose F 〈~; ~n〉 symbiose *f* (**zwischen** [*+dat*] entre); **symbiotisch** ADJ symbiotique
Symbol N 〈~s; ~e〉 symbole *m*
Symbolcharakter M **~ haben** avoir un caractère symbolique, de symbole
Symbolfigur F symbole *m*; **symbolhaft** ADJ symbolique (**für** de)
Symbolik F 〈~〉 symbolique *f*; **symbolisch** ADJ symbolique
symbolisieren V/T 〈*pas de ge-*, h.〉 symboliser
Symbolismus M 〈~〉 KUNST symbolisme *m*; **Symbolist** M 〈~en; ~en〉 KUNST symboliste *m/f*; **symbolistisch** ADJ KUNST symboliste
Symbolleiste F IT barre *f* d'outils; **Symbolsprache** F IT langage *m* d'assemblage; **symbolträchtig** ADJ très symbolique; chargé, riche de symboles
Symmetrie F 〈~; ~n〉 symétrie *f*; **Symmetrieachse** F axe *m* de symétrie; **Symmetrieebene** F plan *m* de symétrie
symmetrisch ADJ symétrique; **~ anordnen** symétriser
Sympathie F 〈~; ~n〉 sympathie *f*; **für j-n ~ empfinden** éprouver de la sympathie pour qn; **sich** (*dat*) **alle ~n verscherzen** perdre la sympathie de tout le monde; **bei aller ~, aber …** avec la meilleure volonté du monde, …
Sympathiebekundung F témoignage *m* de sympathie; **Sympathiekundgebung** F manifestation *f* de soutien; **Sympathiestreik** M grève *f* de solidarité; **Sympathieträger(in)** M(F) personne *f* qui rallie toutes les sympathies
Sympathikus M 〈~〉 ANAT (grand) sympathique *m*
Sympathisant(in) M 〈~en; ~en〉 (F) 〈~in; ~innen〉 sympathisant(e) *m(f)*
sympathisch ADJ sympathique; **sie ist mir (nicht) ~** elle (ne) m'est (pas) sympathique; je (ne) la trouve (pas) sympathique
sympathisieren V/I 〈*pas de ge-*, h.〉 **mit j-m, etw ~** sympathiser avec qn, qc
Symphonie F *etc* → Sinfonie *etc*
Symposion N 〈~s; -ien〉, **Symposium** N 〈-iums; -ien〉 symposium *m*, congrès *m* (**über** [*+akk*] sur)
Symptom N 〈~s; ~e〉 MED, *fig* symptôme *m*; **symptomatisch** ADJ symptomatique (**für** de)
Synagoge F 〈~; ~n〉 synagogue *f*
Synapse F 〈~; ~n〉 BIOL synapse *f*
Synärese F 〈~; ~n〉 LING synérèse *f*
Synästhesie F 〈~; ~n〉 MED, LITERATUR synesthésie *f*
synchron ADJ synchrone; **Synchrongetriebe** N boîte de vitesses synchronisées
Synchronisation F 〈~; ~en〉 TECH synchronisation *f*; *e-s Films* doublage *m*; **synchronisieren** V/T 〈*pas de ge-*, h.〉 TECH synchroniser; *Film* doubler; **Synchronisierung** F 〈~; ~en〉 → Synchronisation
Synchronschwimmen N natation synchronisée; **Synchronsprecher(in)** M(F) FILM doubleur, -euse *m,f*
Synchrotron N 〈~s; ~e *ou* ~s〉 NUKL synchrotron *m*
Syndikalismus M 〈~〉 POL syndicalisme *m*; **syndikalistisch** ADJ syndicaliste
Syndikat N 〈~(e)s; ~e〉 1 WIRTSCH cartel *m*; consortium *m* 2 (*Verbrechersyndikat*) syndicat *m*
Syndikus M 〈~; ~se *ou* -dizi〉 JUR conseiller *m* juridique (d'une grande entreprise)
Syndrom N 〈~s; ~e〉 MED syndrome *m*
Synergie F 〈~; ~n〉 synergie *f* (*a.* WIRTSCH); **Synergieeffekt** M effet *m* de synergie
Synkope F 〈~; -kopen〉 1 LING, MED syncope *f* 2 MUS syncope *f*
synkopieren V/T 〈*pas de ge-*, h.〉 MUS, LING syncoper
synkopisch ADJ syncopal
Synodale M/F 〈→ A〉 KIRCHE membre *m* d'un synode
Synode F 〈~; ~n〉 KIRCHE synode *m*
synonym ADJ LING synonyme
Synonym N 〈~s; ~e〉 LING synonyme *m*
Synonymie F 〈~; ~n〉 LING synonymie *f*
Synonymwörterbuch N dictionnaire *m* de synonymes
Synopse F 〈~; ~n〉 tableau *m* synoptique; **synoptisch** ADJ synoptique
syntaktisch ADJ LING syntaxique
Syntax F 〈~; ~en〉 LING syntaxe *f*
Synthese F 〈~; ~n〉 synthèse *f* (**aus, von, zwischen** [*+dat*] de)
Synthesizer M 〈~s; ~〉 MUS synthétiseur *m*
Synthetik N 〈~s〉 matière *f* synthétique
synthetisch A ADJ synthétique B ADV synthétiquement; **~ herstellen** synthétiser
Syphilis F 〈~〉 MED syphilis *f*
Syrer(in) M 〈~s; ~〉 (F) 〈~in; ~innen〉 Syrien, -ienne *m,f*
Syrien N 〈→ *n/pr*〉 la Syrie
Syrier(in) → Syrer(in)
syrisch ADJ syrien, -ienne
System N 〈~s; ~e〉 système *m*; POL *a.* régime *m*; CHEM **periodisches ~ der Elemente** classification *f* périodique des éléments; **~ haben** être méthodique, systématique; **in ein ~ bringen** systématiser; **in etw** (*akk*) **~ bringen** donner une structure, un système à qc
Systemadministrator(in) M(F) IT administrateur, -trice *m,f* système; **Systemanalyse** F 1 POL analyse *f* des systèmes 2 IT analyse *f*; **Systemanalytiker(in)** M(F) IT analyste *m/f* programmeur, -euse
Systematik F 〈~; ~en〉 systématique *f*
systematisch A ADJ systématique; méthodique B ADV systématiquement; méthodiquement; avec méthode, système; **~ ordnen** systématiser
systematisieren V/T 〈*pas de ge-*, h.〉 systématiser
systembedingt ADJ/T conditionné par un *bzw.* le système; **systembezogen** ADJ systémique; **Systemfehler** M IT erreur *f* de système; **systemimmanent** ADJ inhérent à un *bzw.* au système; **systemisch** ADJ BIOL, *fig* systémique; **systemkonform** ADJ conforme à un *bzw.* au système; **Systemkritiker(in)** M(F) critique *m* d'un *bzw.* du système; (*Dissident[in]*) dissident(e) *m(f)*; **systemlos** ADJ sans système; **systemrelevant** ADJ systémique; **Systemzwang** M réduction *f* à un *bzw.* au système
Systole F 〈~; ~n〉 MED systole *f*
Szenario N 〈~s; ~s〉, **Szenarium** N

S

⟨-iums; -ien⟩ THEAT, FILM, *a. fig* POL scénario *m*

Szene F ⟨~; ~n⟩ 1 THEAT scène *f*; **die ~ spielt auf der Straße** la scène se joue dans la rue; **hinter der ~** derrière, dans les coulisses; **in ~ setzen** mettre en scène; *fig* **sich in ~ setzen** se mettre en avant; **die ~ betreten** *a. fig* entrer en scène; *fig* **die ~ beherrschen** avoir une forte présence (à l'écran, sur scène, *etc*) 2 *fig (Auseinandersetzung)* scène *f*; **j-m e-e ~ machen** faire une scène à qn 3 *umg fig* **die ~** les milieux branchés; **die politische ~** les milieux politiques

Szenegänger(in) M ⟨~s; ~⟩ (F) ⟨~in; ~innen⟩ *Jargon* personne branchée; branché(e) *m(f)*; **Szenejargon** M langage branché; **Szenelokal** N café, restaurant branché

Szenenapplaus M applaudissements *mpl* pendant une scène; **Szenenfolge** F suite *f* de scènes; **Szenenwechsel** M changement *m* de décors

Szenerie F ⟨~; ~n⟩ 1 THEAT décors *mpl* 2 *fig* cadre *m*

szenisch A ADJ scénique B ADV scéniquement

Szepter N → Zepter

Szilla F ⟨~; -llen⟩ BOT scille *f*

SZR ABK (Sonderziehungsrecht) D.T.S. *m* (droit de tirage spécial)

T

T, t N ⟨T, t; T, t⟩ *Buchstabe* T, t *m*

t ABK (Tonne) t (tonne)

Tabak M ⟨~s; ~e⟩ tabac *m*; **~ kauen** chiquer; **~ rauchen** fumer du tabac; **~ schnupfen** priser (du tabac); → *a.* Tobak

Tabakbau M ⟨~(e)s⟩ culture *f* du tabac; **Tabakblatt** N feuille *f* de tabac; **tabakbraun** ADJ (brun) tabac *(inv)*; **Tabakhandel** M commerce *m* de tabac; **Tabakhändler(in)** M(F) débitant(e) *m(f)* de tabac; buraliste *m/f*; **Tabakindustrie** F industrie *f* du tabac; **Tabakladen** M (bureau *m*, débit *m* de) tabac *m*; **Tabakmonopol** N monopole *m* du tabac; **Tabakpflanze** F tabac *m*; **Tabakpflanzung** F plantation *f* de tabac; **Tabakplantage** F plantation *f* de tabac; **Tabakqualm** M épaisse fumée de tabac; **Tabakrauch** M fumée *f* de tabac

Tabaksbeutel M blague *f* à tabac; **Tabaksdose** F tabatière *f*; **Tabakspfeife** F pipe *f*

Tabaksteuer F impôt *m* sur le tabac; **Tabakwaren** FPL tabacs *mpl*

Tabasco® M ⟨~s⟩, **Tabascosoße** F tabasco® *m*

tabellarisch ADJ *u.* ADV sous forme de tableau

T

Tabelle F ⟨~; ~n⟩ 1 *(Übersicht)* barème *m*; tableau *m*; table *f* 2 SPORT classement *m*

Tabellenform F **in ~** sous forme de tableau

Tabellenführer M SPORT leader *m* du classement; **Tabellenkalkulation** F, **Tabellenkalkulationsprogramm** N tableur *m*; **Tabellenrang** SPORT M rang *m*; place *f*; **Tabellenstand** M SPORT classement *m*

tabellieren V/T ⟨*pas de ge-*, h.⟩ présenter sous forme de tableau

Tabernakel N *od* M ⟨~s; ~⟩ KATH tabernacle *m*

Tablet-PC M tablette *f* PC, électronique

Tablett N ⟨~(e)s; ~e *ou* ~s⟩ plateau *m*

Tablette F ⟨~; ~n⟩ PHARM comprimé *m*; cachet *m*

Tablettenform F **in ~** sous forme de comprimés

Tablettenröhrchen N tube *m* de comprimés; **Tablettensucht** F ⟨~⟩ pharmacodépendance *f*

tabu ADJ *⟨attribut⟩* tabou

Tabu N ⟨~s; ~s⟩ tabou *m*

tabuisieren V/T ⟨*pas de ge-*, h.⟩ rendre tabou

Tabula rasa ~ machen faire table rase (**mit etw** de qc)

Tabulator M ⟨~s; -toren⟩ *e-r Schreibmaschine* tabulateur *m*; **Tabulatortaste** F touche *f* de tabulation

Tabuzone F (sujet) tabou *m*

Tacheles *umg* **mit j-m ~ reden** dire son fait à qn (sans prendre de gants); dire ses quatre vérités à qn

Tacho *umg* M ⟨~s; ~s⟩, **Tachometer** M *od* N ⟨-ers; -er⟩ AUTO compteur *m* de vitesse; TECH compte-tours *m*; **Tachometernadel** F AUTO aiguille *f* (du compteur de vitesse); **Tachometerstand** M AUTO kilométrage *m*

Tacitus M ⟨→ *n/pr*⟩ HIST Tacite *m*

Tackling N ⟨~s; ~s⟩ FUSSBALL tacle *m*

Tadel M ⟨~s; ~⟩ 1 blâme *m*; *(Rüge)* réprimande *f*; *(Missbilligung)* réprobation *f*; désapprobation *f*; *(Vorwurf)* reproche *m*; **(un)gerechter ~** blâme (im)mérité; réprimande (im)méritée; **j-m e-n scharfen ~ erteilen** infliger un blâme à qn; adresser une sévère réprimande à qn 2 SCHULE blâme *m* 3 *geh (Makel)* **sein Lebenswandel ist ohne ~** sa conduite, vie est irréprochable; → *a.* Furcht

tadellos A ADJ 1 *(ohne Fehler)* sans défauts; impeccable; irréprochable; parfait 2 *umg (großartig)* merveilleux, -euse B ADV 1 *(ohne Fehler)* impeccablement; irréprochablement; parfaitement; *Kleidungsstück* **~ sitzen** aller parfaitement 2 *umg (großartig)* à merveille; **~!** merveilleux!

tadeln V/T ⟨-(e)le, h.⟩ 1 *(missbilligen)* **etw ~** réprouver, désapprouver qc 2 *(rügen)* réprimander; *(vorwerfen)* **j-n wegen etw ~** reprocher qc à qn; blâmer qn de, pour qc

tadelnd ADJT réprobateur, -trice; désapprobateur, -trice; de réprobation; de désapprobation; **~e Worte** *npl* paroles *fpl* de réprobation

tadelnswert ADJ blâmable; critiquable

Tadschike M ⟨~n; ~n⟩, **Tadschikin** F ⟨-in; -innen⟩ Tadjik *m/f*

tadschikisch ADJ tadjik

Tadschikistan N ⟨→ *n/pr*⟩ le Tadjikistan

Taekwondo N ⟨~⟩ *Kampfsport* taekwondo *m*

Tafel F ⟨~; ~n⟩ 1 *Schild zur Information etc* panneau *m*; tableau *m*; *(Gedenktafel)* plaque commémorative; *schweiz (Verkehrsschild)* panneau *m* (de signalisation) 2 SCHULE tableau (noir) 3 *(Tabelle)* tableau *m*; *(Logarithmentafel)* table *f* 4 *(flaches Stück)* **e-e ~ Schokolade** une tablette *od* une plaque de chocolat 5 *geh (Tisch)* table *f*; **die ~ aufheben** se lever de table; **die ~ schmücken** décorer la table

Tafelapfel M pomme *f* à couteau; **Tafelaufsatz** M milieu *m* de table; **Tafelberg** M GEOL montagne *f* à plateau; **Tafelbild** N 1 SCHULE ce qui est écrit au tableau 2 MAL panneau peint; **Tafelbutter** F beurre *m* de table

tafelfertig ADJ prêt à servir; **tafelförmig** ADJ tabulaire; en forme de table, de plaque

Tafelgebirge N GEOL massif *m* tabulaire; **Tafelgeschirr** N service *m* de table; vaisselle *f*; **Tafellappen** M chiffon *m*; **Tafelmalerei** F MAL peinture *f* sur panneau

tafeln *geh* V/I ⟨-(e)le, h.⟩ festoyer; faire bonne chère, un festin

täfeln V/T ⟨-(e)le, h.⟩ boiser; lambrisser

Tafelobst N fruits *mpl* (servis à table); **Tafelrunde** F tablée *f*; *des Königs Artus* Table ronde; **Tafelsilber** N argenterie *f*; **Tafelspitz** M ⟨~es; ~e⟩ *südd, österr* GASTR: *aiguillette baronne bouillie, avec anneaux d'oignons, laurier, poivre et sel, servie avec une sauce blanche fortement relevée au raifort*; **Tafeltuch** N ⟨~(e)s; -tücher⟩ nappe *f*

Täfelung F ⟨~; ~en⟩ boiserie *f*; lambris *m*

Tafelwasser N ⟨~s; -wässer⟩ eau minérale; **Tafelwein** M vin *m* de table

Taft M ⟨~(e)s; ~e⟩ taffetas *m*; **Taftkleid** N robe *f* en taffetas

Tag[1] M ⟨~(e)s; ~e⟩ 1 *punktuelle Zeitangabe* jour *m*; **~ für ~** jour après jour; **am gleichen ~(e** *geh*) le même jour; **am ~(e** *geh*) **seiner Geburt** le jour de sa naissance; **am nächsten ~, am ~ darauf** le lendemain; le jour d'après, suivant; **am ~ davor** *od* **zuvor** la veille; le jour précédent; **der ~ nach etw** le lendemain de qc; **der ~ vor etw** *(dat)* la veille de qc; le jour précédant qc; **an dem betreffenden ~** ce jour-là; **auf den ~ genau** jour pour jour; **bis auf den heutigen ~** jusqu'à ce jour; jusqu'à aujourd'hui; **in, vor vierzehn ~en** dans, il y a quinze jours; **heute in acht ~en** aujourd'hui en °huit; **e-s (schönen) ~es** un (beau) jour; **von e-m ~ zum anderen** d'un jour à l'autre; du jour au lendemain; **e-n ~ vereinbaren für** prendre jour pour; fixer un jour pour; **was ist heute für ein ~?** quel jour sommes-nous aujourd'hui?; *fig* **in den ~ hinein leben** vivre au jour le jour 2 *in s-m Verlauf* journée *f*; **den ganzen ~ (über)** toute la journée; du matin au soir; à longueur de journée; **den lieben langen ~** toute la sainte journée; **es ist noch früh am ~(e** *geh*) il est encore très tôt; **~ der Freude** jour *m* de joie; *fig* **schwarzer ~** jour sombre; **e-n schlechten ~ haben** être dans un, son mauvais jour; **guten ~!** bonjour!; **j-m Guten ~ sagen** dire bonjour à qn; *sprichw* **kein ~ gleicht dem anderen** *sprichw* les jours se suivent et ne se ressemblent pas; *sprichw* **man soll den ~ nicht vor dem Abend loben** *etwa sprichw* il ne faut pas vendre la peau de l'ours avant de l'avoir tué 3 *im Gegensatz zur Nacht* **am, bei ~(e** *geh*) de jour; (pendant) le jour; pendant la journée; **am helllichten ~** au grand jour; **es ist heller ~** il fait grand jour; **es wird ~** le jour se lève; il commence à faire jour; **~ und Nacht** nuit et jour; *fig* **ein Unterschied wie ~ und Nacht** une différence du tout au tout; (une différence comme) le jour et la nuit 4 *fig (Öffentlichkeit)* **an den ~ bringen** mettre au (grand) jour; révéler; faire connaître; **an den ~ legen** manifester; faire preuve de; **an den ~ kommen** se révéler; éclater au grand jour; apparaître; *allmählich* se faire jour; **es kommt doch alles an den ~** tout finit par se savoir 5 *(besonderer Anlass)* **der ~ der Deutschen Einheit** le jour de l'Unité allemande; **der ~ des Herrn** *(Sonntag)* le jour du Seigneur; **~ der offenen Tür** journée *f* portes ouvertes; **der Jüngste ~** le jour du Jugement dernier 6 BERGBAU **über ~** à ciel ouvert; **unter ~** au fond 7 → Tage 8 **zu ~e** → zutage

Tag[2] N ⟨~s; ~s⟩ IT balise *f*

tagaktiv ADJ ZOOL diurne

tagaus ADV **~, tagein** jour après jour; chaque jour; tous les jours

Tagblatt *südd, schweiz, österr* → Tageblatt

Tagdienst M service *m* de jour; **~ haben** travailler le jour

Tage PL 1 *(Lebenszeit)* **auf s-e alten ~** sur ses vieux jours; **in unseren ~n** de nos jours; **sie hat (schon) bessere ~ gesehen** elle a connu des jours meilleurs; **s-e ~ sind gezählt** ses jours sont comptés; **noch ist nicht aller ~ Abend** qui vivra verra 2 *(Veranstaltung)* **~ der französischen Kultur** journées *fpl* de la culture française 3 *umg verhüllend (Menstruation)* **sie hat ihre ~** elle est indisposée

Tagebau M ⟨~(e)s; ~e⟩ BERGBAU exploitation *f* à ciel ouvert; **Tageblatt** N (journal) quotidien *m*; **Tagebuch** N 1 *persönliches* journal *m* (intime) 2 HANDEL livre-journal *m*; **Tagedieb** M fainéant *m*; **Tagegeld** N indemnité journalière

tagein ADV → tagaus

tagelang A ADJ qui dure des jours entiers, des journées entières B ADV des jours entiers; des journées entières

Tagelöhner(in) M ⟨~s; ~⟩ (F) ⟨~in; ~innen⟩ journalier, -ière *m,f*

tagen ⟨h.⟩ A VI *Gremium, Versammlung* siéger; *Gewerkschaft, Partei a.* tenir ses assises B *geh* VI/UNPERS *(dämmern)* **es tagt** *geh* le jour se lève; le jour point; il commence à faire jour

Tagereise F *Strecke* journée *f* de voyage

Tagesablauf M déroulement *m* d'une journée; **e-n geregelten ~ haben** avoir une vie réglée

Tagesanbruch M pointe *f*, naissance *f* du jour; aube *f*; **bei ~** à la pointe, au point, au lever du jour; au petit jour

Tagesarbeit F (travail *m* de la) journée *f*; **Tagesausflug** M excursion *f* d'une journée; **Tagesbedarf** M besoins quotidiens (**an** [+dat] de, en); **Tagesbefehl** M MIL ordre *m* du jour; **Tagescreme** F KOSMETIK crème *f* de jour; **Tagesdecke** F couvre-lit *m*; dessus-de-lit *m*; **Tagesdienst** M service *m* de jour; **Tageseinnahme** F recette du jour, journalière; **Tagesereignis** N événement *m* du jour; **Tagesfahrt** F voyage *m*, excursion *f* d'une journée; **Tagesform** F ⟨~⟩ SPORT condition *f* du jour; **Tagesgericht** N GASTR plat *m* du jour; **Tagesgeschehen** N actualité quotidienne

Tagesgespräch N nouvelle *f* du jour; **das ist ~** tout le monde en parle

Tagesgestirn N astre *m* du jour; **Tageskarte** F 1 *Fahrkarte, Eintrittskarte* carte *f*, billet *m* valable pour la journée 2 *im Restaurant* menu *m* du jour; **Tageskasse** F THEAT bureau *m* de location; **Tageskurs** M FIN cours *m* du jour; **Tagesleistung** F 1 *e-r Maschine* rendement, débit journalier 2 *e-s Unternehmens* production journalière

Tageslicht N ⟨~(e)s⟩ (lumière *f* du) jour *m*; **bei ~** en plein jour; *fig* **ans ~ bringen** mettre au (grand) jour; *fig* **das ~ erblicken** voir le jour; *fig* **an das ~ kommen** se révéler; *allmählich* se faire jour; *fig* **das ~ scheuen** craindre la lumière du jour

Tageslichtprojektor M rétroprojecteur *m*; **Tageslohn** M salaire journalier, à la journée; **Tagesmarsch** M *Strecke* journée *f* de marche; **Tagesmeldung** F nouvelle *f* du jour; MIL rapport journalier, quotidien; **Tagesmittel** N METEO moyenne journalière; **Tagesmutter** F ⟨~; -mütter⟩ nourrice *f*; gardienne *f* (d'enfants); *als Berufsbezeichnung etwa* assistante maternelle; **Tagesnachrichten** FPL nouvelles *fpl*, événements *mpl* du jour

Tagesordnung F ordre *m* du jour; **die ~ aufstellen** établir, élaborer l'ordre du jour; *fig* **an der ~ sein** être à l'ordre du jour; **auf die ~ setzen** mettre, inscrire à l'ordre du jour; **auf der ~ stehen** figurer à l'ordre du jour; **zur ~ übergehen** passer à l'ordre du jour (*a. fig*)

Tagesordnungspunkt M point *m* de l'ordre du jour; **Tagespreis** M prix *m* du jour; **Tagespresse** F presse quotidienne; **Tagesproduktion** F production journalière; **Tagesration** F ration journalière; **Tagesrückfahrkarte** F aller (et) retour *m* valable une journée; **Tagessatz** M 1 JUR *taux de calcul des amendes basé sur les revenus journaliers du contrevenant* 2 *für Spesen* taux journalier 3 *(Krankenhaustagessatz)* forfait journalier; **Tagesschau** F TV journal télévisé; **Tagesstätte** F 1 *(Kindertagesstätte)* garderie *f* 2 → Altentagesstätte; **Tagesumsatz** M HANDEL chiffre d'affaires journalier; ventes journalières; **Tageswert** M FIN valeur *f*, cours *m* du jour

Tageszeit F moment *m* de la journée; **zu jeder ~** à toute heure

Tageszeitung F (journal) quotidien *m*

Tagetes F ⟨~; ~⟩ BOT tagète *m*; œillet *m* d'Inde

tageweise ADV à la journée

Tagewerk *geh* N ⟨~(e)s⟩ tâche journalière; journée *f*; **sein ~ verrichten** accomplir sa tâche quotidienne

Tagfalter M ZOOL papillon *m* diurne

taghell A ADJ clair comme en plein jour; **es ist ~** il fait grand jour B ADV **~ erleuchtet** éclairé comme en plein jour

Tagliatelle PL GASTR tagliatelles *fpl*

täglich A ADJ quotidien, -ienne; journalier, -ière; de tous les jours; de chaque jour; BIBEL **unser ~ Brot** notre pain quotidien B ADV 1 *(jeden Tag)* tous les jours; chaque jour; journellement; **das kommt ~ vor** cela arrive tous les jours 2 *(pro Tag)* par jour; **dreimal ~ eine Tablette** un comprimé trois fois par jour

tags ADV **~ zuvor** la veille; le jour précédent; **~ darauf** le lendemain; le jour d'après, suivant

Tagschicht F équipe *f* de jour; **~ haben** être de jour

tagsüber ADV *(während des Tages)* pendant la journée; *(den ganzen Tag über)* toute la journée

tagtäglich A ADJ quotidien, -ienne; journalier, -ière B ADV tous les jours; chaque jour

Tagträumer(in) M(F) rêveur, -euse *m,f*

Tagundnachtgleiche F ⟨~; ~n⟩ ASTRON équinoxe *m*

Tagung F ⟨~; ~en⟩ congrès *m*

Tagungsort M lieu *m* du congrès; **Tagungsteilnehmer(in)** M(F) participant(e) *m(f)* à un congrès; congressiste *m/f*

Tai-Chi N ⟨~⟩ SPORT taï chi *m*

Taifun M ⟨~s; ~e⟩ typhon *m*

Taiga F ⟨~⟩ GEOG taïga *f*

Taille F ⟨~; ~n⟩ taille *f*; MODE **auf ~ gearbeitet** cintré

Taillenumfang M, **Taillenweite** F tour *m* de taille

tailliert ADJT MODE cintré

Taiwan N ⟨→ n/pr⟩ Taïwan *m*; **Taiwaner(in)** M ⟨~s; ~⟩ (F) ⟨~in; ~innen⟩, **Taiwanese** M ⟨-n; -n⟩, **Taiwanesin** F ⟨-in; -innen⟩ Taïwanais(e) *m(f)*; **taiwanesisch**, **taiwanisch** ADJ taïwanais; de Taïwan

Takelage F ⟨~; ~n⟩ SCHIFF → Takelung

takeln VT ⟨-(e)le, h.⟩ SCHIFF gréer

Takelung F ⟨~; ~en⟩, **Takelwerk** N SCHIFF gréement *m*

Takt M ⟨~(e)s; ~e⟩ 1 MUS mesure *f*; **im ~** en mesure; **den ~ schlagen** battre la mesure; **im ~ bleiben** garder la mesure; **aus dem ~ kommen** perdre la mesure; *fig* s'empêtrer; **j-n aus dem ~ bringen** faire perdre la mesure à qn; *fig* embrouiller, déconcerter qn; **zwei ~e voraus sein** être de deux mesures en avance; *umg fig* **j-m ein paar ~e sagen** dire son fait à qn 2 ⟨*sans pl*⟩ METRIK, TANZEN, RUDERN *etc* rythme *m*; cadence *f*; **im ~ rudern** ramer en cadence 3 *am Fließband* opération *f*; phase *f* 4 *Motor (Hub)* temps *m* 5 ⟨*sans pl*⟩ *fig* → Taktgefühl

taktfest ADJ MUS qui garde bien la mesure

Taktgefühl N ⟨~(e)s⟩ tact *m*; délicatesse *f*; **kein ~ haben** manquer de tact

taktieren VI ⟨*pas de ge-*, h.⟩ recourir à une tactique *bzw.* à des tactiques; **geschickt ~** manœuvrer habilement; se montrer habile tacticien, -ienne

Taktik F ⟨~; ~en⟩ MIL, *fig* tactique *f*

Taktiker M ⟨~s; ~⟩ MIL, *fig* tacticien *m*

taktisch ADJ MIL, *fig* tactique

taktlos A ADJ qui manque de tact B ADV sans tact

Taktlosigkeit F ⟨~; ~en⟩ 1 ⟨*sans pl*⟩ *(taktlose Art)* manque *m* de tact; indélicatesse *f* 2 *Handlung* indélicatesse *f*

Taktmaß N mesure *f*; **Taktmesser** M ⟨~s; ~⟩ métronome *m*; **Taktstock** M baguette *f* (de chef d'orchestre); **Taktstraße** F TECH chaîne *f* (de production); **Taktstrich** M MUS barre *f* de mesure

taktvoll A ADJ plein de tact; *Handlungsweise a.* délicat B ADV avec tact

Tal N ⟨~(e)s; ~̈er⟩ vallée *f*; *poet u. in Namen* val *m*; **kleines ~** vallon *m*

talab(wärts) ADV en descendant la vallée

Talar M ⟨~s; ~e⟩ *Amtskleidung* robe *f*; *bes der Professoren a.* toge *f*

talauf(wärts) ADV en remontant la vallée

Talbrücke F viaduc *m*; **Talenge** F vallée encaissée; gorge *f*

Talent N ⟨~(e)s; ~e⟩ 1 *Eigenschaft* don *m*, talent *m* (**zu** de) 2 *Person* talent *m*

talentiert ADJ talentueux, -euse; plein de talent

talentlos ADJ sans talent; **Talentlosigkeit** F ⟨~⟩ manque *m* de talent

Taler M ⟨~s; ~⟩ HIST thaler *m*

Talfahrt F 1 SKILAUFEN *etc* descente *f* 2 WIRTSCH (période *f* de) récession *f*; **die ~ des Dollars** la baisse, *plus fort* chute du dollar

Talg M ⟨~(e)s; ~e⟩ 1 *tierischer* suif *m* 2 *(Haartalg)* sébum *m*; **Talgdrüse** F ANAT glande sébacée; **talgig** ADJ de suif; couvert de suif;

Talglicht N chandelle *f*

Taliban PL talibans *mpl*

Talisman M ⟨~s; ~e⟩ talisman *m*; porte-bonheur *m*

Talje F ⟨~; ~n⟩ SCHIFF palan *m*

Talk M ⟨~(e)s⟩ MINER talc *m*

Talkessel M GEOG cuvette *f*; cirque *m*; vallée encaissée

talkhaltig ADJ talcique

Talkmaster M ⟨~s; ~⟩ animateur *m* d'un débat télévisé

Talkpuder M → Talkum

Talkshow F débat télévisé

Talkum N ⟨~s⟩ (poudre *f* de) talc *m*

Talmi N ⟨~s⟩ clinquant *m*; toc *m*; **Talmigold** N simili-or *m*

Talmud M ⟨~(e)s⟩ REL Talmud *m*

Talmulde F vallon *m*; vallonnement *m*

Talon M ⟨~s; ~s⟩ 1 FIN talon *m*; souche *f* 2 KARTENSPIEL talon *m*

Talsenke F → Talmulde; **Talsohle** F 1 GEOG fond *m* de vallée 2 *fig* WIRTSCH creux *m* de la vague; **Talsperre** F barrage *m*; **Talstation** F station inférieure, dans la vallée

talwärts ADV → talab(wärts)

Tamagotchi N *od* M ⟨~(s); ~s⟩ tamagotchi *m*

Tamarinde F ⟨~; ~n⟩ *Frucht* tamarin *m*; *Baum*

tamarinier *m*
Tamariske F ⟨~; ~n⟩ BOT tamaris *od* tamarix *m*
Tambour M ⟨~s; ~e⟩ MUS, ARCH, MIL tambour *m*; **Tambourmajor** M MIL tambour-major *m*
Tamburin N ⟨~s; ~e⟩ tambourin *m*; *mit Schellen* tambour *m* de basque
Tamile M ⟨~n; ~n⟩, **Tamilin** M ⟨-in; -innen⟩ Tamoul(e) *m(f)*; **tamilisch** ADJ tamoul
Tampon M ⟨~s; ~s⟩ 1 MED tampon *m* 2 FRAUENHYGIENE tampon *m* (hygiénique)
tamponieren V/T ⟨*pas de ge-*, h.⟩ MED tamponner
Tamtam N ⟨~s; ~s⟩ 1 MUS tam-tam *m* 2 *umg pej* ⟨*sans pl*⟩ **~ machen** faire du tam-tam (**um etw** à propos de qc)
Tand *geh* M ⟨~(e)s⟩ 1 (*Flitterkram*) colifichets *mpl*; babioles *fpl* 2 (*Nichtigkeiten*) futilités *fpl*; bagatelles *fpl*
Tändelei F ⟨~; ~en⟩ *geh* (*Liebelei*) badinage *m*
tändeln *geh* V/I ⟨-(e)le, h.⟩ (*schäkern*) badiner; flirter
Tandem N ⟨~s; ~s⟩ tandem *m*
Tandler(in) M ⟨~s; ~⟩ (F) ⟨~in; ~innen⟩ *bes österr* brocanteur, -euse *m,f*
Tang M ⟨~(e)s; ~e⟩ goémon *m*; varech *m*; BOT fucus *m*
Tanga M ⟨~s; ~s⟩ tanga *m*; **Tangaslip** M (slip *m*) tanga *m*
Tangens M ⟨~; ~⟩ MATH tangente *f*
Tangente F ⟨~; ~n⟩ MATH tangente *f*
tangential ADJ MATH tangentiel, -ielle
tangieren V/T ⟨*pas de ge-*, h.⟩ 1 MATH être tangent à 2 *geh fig* affecter; concerner
Tango M ⟨~s; ~s⟩ tango *m*
Tank M ⟨~(e)s; ~s⟩ réservoir *m* (*a.* AUTO); citerne *f*
Tanke F ⟨~; ~n⟩ *umg* (*Tankstelle*) *umg* pompe *f*
tanken V/T *u.* V/I ⟨h.⟩ 1 **(Benzin) ~** prendre de l'essence; **Diesel ~** prendre du gas-oil; *fig* **neue Kräfte, Energie ~** se ressourcer; reprendre des forces; *fig* **Sonne ~** faire provision de soleil 2 *umg fig* (*Alkohol trinken*) *umg* prendre une (bonne) cuite
Tanker M ⟨~s; ~⟩ SCHIFF pétrolier *m*; **Tankflugzeug** N avion-citerne *m*; **Tankfüllung** F AUTO contenu *m* d'un *bzw.* du réservoir; **Tanklastzug** M camion-citerne *m*; **Tanksäule** F pompe *f* (à essence); distributeur *m* d'essence; **Tankschiff** N SCHIFF bateau-citerne *m*; *für Öl* pétrolier *m*; **Tankstelle** F station-service *f*; poste *m* d'essence; **Tankverschluss** M bouchon *m* de réservoir; **Tankwagen** M 1 BAHN wagon-citerne *m* 2 AUTO camion-citerne *m*; **Tankwart** M ⟨~(e)s; ~e⟩ pompiste *m*
Tanne F ⟨~; ~n⟩ sapin *m*
Tannenbaum M sapin *m*; (*Weihnachtsbaum*) arbre *m* de Noël; **Tannengrün** N rameaux *mpl* de sapin; **Tannennadel** F aiguille *f* de sapin; **Tannenwald** M sapinière *f*; forêt *f* de sapins; **Tannenzapfen** M pomme *f* de pin; **Tannenzweig** M rameau *m* de sapin
Tannin N ⟨~s⟩ CHEM tan(n)in *m*
Tansania N ⟨→ *n/pr*⟩ la Tanzanie; **Tansanier(in)** M ⟨~s; ~⟩ (F) ⟨~in; ~innen⟩ Tanzanien, -ienne *m,f*; **tansanisch** ADJ tanzanien, -ienne; de Tanzanie
Tantalusqualen *geh* FPL supplice *m* de Tantale
Tante F ⟨~; ~n⟩ 1 tante *f*; *kindersprt* tata *f* 2 *als kindliche Anrede* madame ...; **sag der ~ Guten Tag!** dis bonjour à la dame! 3 *umg meist pej* **die ~ aus dem Nachbarhaus** la bonne femme de la maison voisine
Tante-Emma-Laden M petite épicerie du coin

Tantieme F ⟨~; ~n⟩ tantième *m*; **~n** *e-s Autors* droits *mpl* d'auteur
Tanz M ⟨~es; ~e⟩ 1 danse *f* (*a. Musikstück*); **die ungarischen Tänze** les danses hongroises; **den ~ eröffnen** ouvrir la danse; **j-n zum ~ auffordern** inviter qn à danser; *fig* **der ~ auf dem Vulkan** la danse sur un volcan 2 *Veranstaltung* bal *m*; **zum ~ gehen** aller au bal 3 *umg* (*heftiger Streit*) **e-n ~ haben mit j-m** avoir une altercation, *umg* une prise de bec avec qn
Tanzabend M soirée dansante; **Tanzbar** F dancing *m*; **Tanzbär** M ours dressé, savant
Tanzbein *umg* N **das ~ schwingen** danser
Tanzboden M (*Tanzfläche*) piste *f* de danse; (*Tanzsaal*) salle *f* de danse; **Tanzcafé** N *salon de thé où l'on danse*; *etwa* dancing *m*
Tänzchen N ⟨~s; ~⟩ 1 *hum* **ein ~ wagen** risquer une petite danse 2 *umg fig* (*Streit*) *umg* chamaille(rie) *f*
Tanzdiele F dancing *m*
tänzeln V/I ⟨-(e)le⟩ 1 ⟨*doublé d'une indication de direction* s.⟩ sautiller; **sie ist ins Zimmer getänzelt** elle est entrée dans la pièce en sautillant 2 ⟨*sans indication de direction* h.⟩ *Person* sautiller; *Pferd* piaffer
tanzen ⟨h.⟩ A V/T danser; **Polka ~** danser la polka B V/I 1 **ich tanze sehr gern** j'aime beaucoup danser; **~ gehen** aller danser 2 ⟨*doublé d'une indication de direction* s.⟩ **vor Freude um den Tisch ~** danser de joie autour de la table
Tanzen N ⟨~s⟩ danse *f*
Tänzer(in) M ⟨~s; ~⟩ (F) ⟨~in; ~innen⟩ 1 (*j-d, der tanzt, Berufstänzer[in]*) danseur, -euse *m,f*; **ein guter ~ sein** être bon danseur; danser bien 2 (*Tanzpartner[in]*) cavalier, -ière *m,f*
tänzerisch ADJ de danse; de danseur, -euse
Tanzfläche F piste *f* de danse; **Tanzgruppe** F troupe *f* de danseurs (et de danseuses); **Tanzkapelle** F orchestre *m* de danse; **Tanzlehrer(in)** M(F) professeur *m/f* de danse; **Tanzlied** N air *m* de danse; **Tanzlokal** N dancing *m*; **Tanzmusik** F musique *f* de danse; **Tanzorchester** N orchestre *m* de danse; **Tanzpaar** N couple *m* de danseurs; **Tanzpartner(in)** M(F) cavalier, -ière *m,f*; **Tanzparty** F surprise-partie *f*; *umg* boum *f*; **Tanzsaal** M salle *f* de danse; **Tanzschritt** M pas *m* de danse; **Tanzschuh** M soulier *m* de bal; escarpin *m*; **Tanzschule** F école *f* de danse; **Tanzschüler(in)** M(F) élève *m/f* d'une école de danse; **Tanzstunde** F *Kurs* cours *m* de danse; **Tanztee** M thé dansant; **Tanzturnier** N concours *m* de danse; **Tanzunterricht** M leçons *fpl* de danse; **Tanzveranstaltung** F *nachmittags* matinée, *abends* soirée dansante
Taoismus M ⟨~⟩ REL taoïsme *m*; **Taoist(in)** M ⟨~en; ~en⟩ (F) ⟨~in; ~innen⟩ REL taoïste *m/f*
Tapergreis *umg* M vieillard tremblotant; **taperig** ADJ *bes nordd* 1 (*zittrig*) tremblotant; chancelant 2 (*unbeholfen*) maladroit
Tapet *umg* N **etw aufs ~ bringen** *umg* mettre qc sur le tapis
Tapete F ⟨~; ~n⟩ 1 papier peint; *aus Stoff* tenture *f* 2 *umg fig* **die ~n wechseln** changer de décor
Tapetenbahn F pan *m* de papier peint; **Tapetengeschäft** N magasin *m* de papiers peints; **Tapetenkleister** M colle *f* à tapisser, pour papier peint; **Tapetenleiste** F baguette *f*; **Tapetenmuster** N motif *m* de papier peint; **Tapetenrolle** F rouleau *m* de papier peint; **Tapetentür** F porte dérobée; **Tapetenwechsel** *umg fig* M changement *m* de décor

tapezieren V/T ⟨*pas de ge-*, h.⟩ tapisser
Tapezieren N ⟨~s⟩ pose *f* de papiers peints; tapisserie *f*; **Tapezierer** M ⟨~s; ~⟩ tapissier *m* (décorateur)
tapfer A ADJ (*unerschrocken*) brave; vaillant; valeureux, -euse; (*mutig*) courageux, -euse B ADV (*unerschrocken*) vaillamment; avec bravoure; (*mutig*) courageusement; **~ durchhalten** tenir courageusement; **sich ~ schlagen** se battre en brave, avec bravoure, vaillamment
Tapferkeit F ⟨~⟩ bravoure *f*; vaillance *f*; (*Mut*) courage *m*; **Tapferkeitsmedaille** F *etwa* médaille *f* de la bravoure
Tapioka F ⟨~⟩ tapioca *m*
Tapir M ⟨~s; ~e⟩ ZOOL tapir *m*
Tapisserie F ⟨~; ~n⟩ tapisserie *f*
tappen V/I 1 ⟨*doublé d'une indication de direction* s.⟩ (*stapfen*) marcher d'un pas maladroit; **durchs Zimmer ~** traverser la pièce en marchant à tâtons; *fig* **in die Falle ~** tomber dans le piège; *umg fig* **im Dunkeln ~** *umg* être en plein brouillard 2 ⟨h.⟩ (*tastend greifen*) tâtonner; **nach dem Schalter ~** chercher l'interrupteur à tâtons
täppisch ADJ gauche; maladroit; lourdaud; *umg* empoté
taprig ADJ → taperig
tapsig *umg* ADJ *Kind, Jungtier* maladroit; pataud
Tara F ⟨~; Taren⟩, **Taragewicht** N HANDEL tare *f*
Tarantel F ⟨~; ~n⟩ ZOOL tarentule *f*; *fig* **wie von der ~ gestochen** comme piqué de la tarentule
Tarantella F ⟨~; ~s *ou* -llen⟩ tarentelle *f*
tarieren V/T ⟨*pas de ge-*, h.⟩ 1 HANDEL tarer 2 PHYS (*auf null einstellen*) mettre à zéro
Tarierwaage F trébuchet *m*
Tarif M ⟨~s; ~e⟩ 1 (*Gebühr*) tarif *m*; **die ~e anheben** relever, majorer les tarifs; **laut ~** conformément au tarif 2 (*Lohntarif, Gehaltstarif*) grille *f* (des salaires); **sie verdient über ~** elle gagne plus que ce qui est prévu dans la convention collective
Tarifabkommen N accord *m*, convention *f* tarifaire; **Tarifabschluss** M accord *m* sur la (nouvelle) convention collective; **Tarifautonomie** F autonomie *f* des partenaires sociaux; **Tariferhöhung** F augmentation *f*, majoration *f* de tarif; relèvement *m* tarifaire, de tarif; **Tarifgruppe** F catégorie *f* d'une grille de salaires; **Tarifkommission** F commission *f* négociant la convention collective; **Tarifkonflikt** M conflit *m* à propos des négociations sur la convention collective
tariflich A ADJ 1 (*die Gebühren betreffend*) tarifaire 2 (*den Lohn- u. Gehaltstarif betreffend*) relatif, -ive à la convention collective B ADV (*den Lohn- u. Gehaltstarif betreffend*) **etw ~ regeln** régler, fixer qc par *bzw.* dans la convention collective
Tariflohn M salaire conventionnel; **Tarifparteien** FPL, **Tarifpartner** MPL partenaires sociaux; **Tarifpolitik** F politique *f* en matière de convention collective; **Tarifrunde** F → Tarifverhandlungen; **Tarifstruktur** F structure *f* tarifaire; **Tarifsystem** N système *m* tarifaire; **Tarifverhandlungen** FPL négociations *fpl* sur la convention collective
Tarifvertrag M convention collective; **e-n ~ abschließen** conclure, passer une convention collective
Tarifzone F *der öffentlichen Verkehrsmittel* zone *f*
Tarnanstrich M peinture *f* de camouflage; **Tarnanzug** M vêtement *m* de camouflage
tarnen ⟨h.⟩ A V/T camoufler (**mit** par; **als** en); *fig a.* dissimuler B V/R **sich ~** se camoufler
Tarnfarbe F couleur *f*, peinture *f* de camou-

flage; **Tarnkappe** F MYTH °heaume *m* qui rend invisible; **Tarnung** F ⟨~; ~en⟩ camouflage *m*

Tarock N *od* M ⟨~s; ~s⟩ tarot *m* à trois; **~ spielen** jouer au tarot à trois

Tarockkarte F cartes tarotée; tarot *m*; **Tarockspiel** N → Tarock

Tartanbahn F piste *f* en *od* de tartan

Täschchen N ⟨~s; ~⟩ 1 *zum Tragen* petit sac 2 *an Kleidungsstücken* petite poche

Tasche F ⟨~; ~n⟩ 1 *zum Tragen* sac *m* 2 *an Kleidungsstücken* poche *f*; **e-e ~ voll Geld** une pleine poche d'argent; **etw in die ~ stecken** mettre qc dans sa poche, en poche; empocher qc; **etw aus eigener ~ bezahlen** payer qc de sa poche; **in die eigene ~ wirtschaften** se remplir les poches; *umg fig* **j-n in die ~ stecken** mettre qn dans sa poche; *fig* **j-m auf der ~ liegen** vivre aux crochets de qn; *umg fig* **sich** *(dat)* **in die eigene ~ lügen** se faire des illusions, *umg* se raconter des histoires (à soi-même) 3 TECH, MED *(Hohlraum)* poche *f*

Taschenausgabe F édition *f* de poche; **Taschenbuch** N livre *m* de poche; **Taschendieb(in)** M(F) pickpocket *m*; voleur, -euse *m,f* à la tire; **Taschendiebstahl** M vol *m* à la tire; **Taschenformat** N format *m* de poche; **Taschengeld** N argent *m* de poche; **Taschenkalender** M agenda *m*; calendrier *m* de poche; **Taschenkamm** M peigne *m* de poche; **Taschenkrebs** M ZOOL tourteau *m*; **Taschenlampe** F lampe *f* de poche; **Taschenmesser** N couteau *m* de poche; canif *m*; **Taschenrechner** M calculette *f*; calculatrice *f* (de poche); **Taschenschirm** M tom-pouce *m*; **Taschenspiegel** M miroir *m* de poche; **Taschenspieler** M prestidigitateur *m*; **Taschenspielertrick** M tour *m* de passe-passe, de prestidigitation; **Taschentuch** N ⟨~(e)s; -tücher⟩ mouchoir *m*; **Taschenuhr** F montre *f* de poche; **Taschenwörterbuch** N dictionnaire *m* de poche

Tasmanien N ⟨→ n/pr⟩ la Tasmanie

Tässchen N ⟨~s; ~⟩ petite tasse

Tasse F ⟨~; ~n⟩ tasse *f*; **e-e ~ Kaffee** une tasse de café; *umg fig* **nicht alle ~n im Schrank haben** *umg* avoir une case en moins, une case vide; *umg* **hoch die ~n!** trinquons!; *umg fig* **trübe ~** bonnet *m* de nuit

tassenfertig ADJ prêt à servir

Tastatur F ⟨~; ~en⟩ *e-s Klaviers, e-r Schreibmaschine, e-s Computers* clavier *m*; touches *fpl*

Taste F ⟨~; ~n⟩ touche *f*; *Klavier* **die schwarzen (weißen) ~n** les noires *fpl* (blanches *fpl*)

tasten ⟨-ete, h.⟩ A VT 1 *(er~)* tâter; palper; **eine Geschwulst ~** palper une tumeur 2 *bes* TECH *(eingeben)* introduire (par l'intermédiaire d'un clavier) B VI *(fühlend suchen)* tâtonner; **nach etw ~** chercher qc à tâtons C VR → vorwärtstasten

tastend ADJT *fig* *(vorsichtig)* prudent; *(zögernd)* hésitant; **~e Versuche** *mpl* tâtonnements *mpl*; tentatives prudentes; **~e Fragen** *fpl* questions posées pour sonder le terrain

Tastendruck M ⟨~(e)s⟩ pression *f* sur une touche; **Tasteninstrument** N MUS instrument *m* à clavier; **Tastentelefon** N téléphone *m* à touches

Taster M ⟨~s; ~⟩ 1 *(Drucktaste)* touche *f*; bouton-poussoir *m* 2 TECH *(Fühler)* palpeur *m* 3 TYPO *Person* claviste *m*

Tastsinn M ⟨~(e)s⟩ (sens *m* du) toucher *m*; sensibilité *f* tactile

tat → tun

Tat F ⟨~; ~en⟩ 1 action *f*; acte *m*; *(Heldentat)* exploit *m*; **gute ~** bonne action; **mutige ~** acte *m* de courage; **ein Mann der ~** un homme d'action; **große ~en vollbringen** accomplir de hauts faits, de grandes actions; **in die ~ umsetzen** mettre en pratique; réaliser; *geh* **zur ~ schreiten** passer à l'action, aux actes 2 *(Straftat)* délit *m*; acte criminel; **auf frischer ~ ertappen** prendre sur le fait, en flagrant délit 3 ADVL **in der ~** en effet; en réalité; effectivement; en fait

Tatar[1] N ⟨~(s); ~s⟩ GASTR bifteck °haché; (steak *m*) tartare *m*

Tatar[2] M ⟨~en; ~en⟩, **Tatarin** F ⟨~in; ~innen⟩ Tartare *m/f*; Tatar(e) *m(f)*

tatarisch ADJ tartare

Tatbestand M *a.* JUR faits *mpl*; état *m* de fait; **der ~ der vorsätzlichen Tötung** le fait matériel d'homicide volontaire

Tateinheit F ⟨~⟩ JUR concours *m*; **in ~ mit** en concomitance avec

Tatendrang M, **Tatendurst** *geh* M besoin *m* d'activité, d'agir; ardeur *f*

tatendurstig *geh* ADJ avide d'action, d'agir

tatenlos ADV **~ zusehen** regarder sans rien faire, passivement

Tatenlosigkeit F ⟨~⟩ inactivité *f*

Täter(in) M ⟨~s; ~⟩ (F) ⟨~in; ~innen⟩ *von Verbrechen* auteur *m* (d'un délit, d'un crime); malfaiteur *m*; coupable *m/f*; **durch e-n unbekannten ~** par un inconnu

Täterkreis M suspects *mpl*

Täterschaft F ⟨~⟩ *bei e-m Verbrechen* culpabilité *f*; **die ~ leugnen** nier être l'auteur du délit *bzw.* du crime

Tatfahrzeug N véhicule utilisé par le(s) malfaiteur(s); **Tathergang** M cours *m* des événements; déroulement *m* des faits

tätig ADJ 1 *(berufs~)* actif, -ive; **~er Mensch** homme actif, agissant; **~ sein als …** travailler comme …; **im Bergbau ~ sein** travailler dans les mines; **noch ~ sein** être encore en activité; **~ werden** entrer en action 2 *Vulkan* actif; en activité 3 *geh* *(in Form von Taten)* **~er Glaube** foi agissante; **~e Mitwirkung** collaboration effective; JUR **~e Reue** repentir agissant

tätigen VT ⟨h.⟩ HANDEL, ADMIN *a. Geschäft* réaliser; effectuer; *Einkäufe* faire; *Bestellung* passer; effectuer

Tätigkeit F ⟨~; ~en⟩ 1 *(Aktivität)* activité *f*; action *f*; **geistige ~** activité intellectuelle; **e-e fieberhafte ~ entfalten** déployer une activité fébrile 2 *(Beruf)* activité *f*; profession *f*; fonction *f*; **e-e ~ ausüben** exercer une activité; **s-e ~ aufnehmen** entrer en activité, en fonction(s); **nach 10-jähriger ~ im gleichen Betrieb** après 10 ans de service dans la même maison 3 ⟨sans pl⟩ *(In-Betrieb-Sein)* fonctionnement *m*; **in ~ sein** être en fonctionnement

Tätigkeitsbereich M domaine *m*, sphère *f* d'activité; **Tätigkeitsbericht** M compte rendu, rapport *m* d'activité; **Tätigkeitsfeld** N champ *m* d'activité; **Tätigkeitsform** F GRAM voix active; actif *m*; **Tätigkeitsgebiet** N → Tätigkeitsfeld; **Tätigkeitsmerkmal** N ADMIN caractéristique *f* (d'une profession); **Tätigkeitswort** N ⟨~(e)s; -wörter⟩ GRAM verbe *m*

Tatkraft F ⟨~⟩ énergie *f*; allant *m*

tatkräftig A ADJ actif, -ive; *(schwungvoll)* dynamique; énergique; **~e Unterstützung** soutien actif B ADV activement

tätlich ADJ **~ werden** se livrer à des voies de fait (**gegen j-n** sur qn); **~e Beleidigungen** *fpl* voies *fpl* de fait

Tätlichkeit F ⟨~; ~en⟩ **~en** voies *fpl* de fait; actes *mpl* de violence; violences *fpl*; **es kam zu ~en** on en est venu aux mains

Tatmotiv N mobile *m* (d'un crime)

Tatort M lieux *mpl* du crime; théâtre *m* du crime; **den ~ besichtigen** descendre, faire une descente sur les lieux

tätowieren ⟨*pas de ge-*, h.⟩ A VT tatouer B VR **sich ~** se tatouer

Tätowierer M ⟨~s; ~⟩ tatoueur *m*; **Tätowierte(r)** M ⟨→ A⟩ tatoué *m*; **Tätowierung** F ⟨~; ~en⟩ tatouage *m*

Tatsache F fait *m*; **~ ist, dass …** le fait est que …; *umg* **~!** c'est un fait!; *umg* **~?** c'est vrai?; **angesichts der ~** en présence du fait; **die nackten ~n** les faits bruts; *fig hum* les seins, les fesses, *etc* nu(e)s, *umg* à l'air; **vollendete ~n schaffen** créer le fait accompli; **j-n vor vollendete ~n stellen** mettre qn devant le fait accompli; **sich auf dem Boden der ~n befinden** s'en tenir aux faits, aux réalités; **den ~n ins Auge sehen** regarder les choses en face; **das ändert nichts an der ~, dass …** cela ne change rien au fait que …; **die ~n sprechen für sich** les faits parlent d'eux-mêmes

Tatsachenbericht M exposé *m* des faits; *in Zeitungen* article *m* documentaire

tatsächlich A ADJ *(wirklich)* réel, réelle; effectif, -ive; *(wahr)* vrai; véritable; **~er Wert** valeur réelle B ADV *(in Wirklichkeit)* en réalité; *(wirklich)* effectivement; réellement; *(wahrhaftig)* vraiment; véritablement C INT **~!** *erstaunt umg* ça, alors!; **~?** *zweifelnd* vraiment?; c'est vrai, ça?

tätscheln VT ⟨-(e)le, h.⟩ caresser; tapoter; **j-m die Wange ~** tapoter la joue de qn

Tattergreis *umg pej* M *umg* vieux fossile; *umg pej* vieux gâteux

Tatterich *umg* M ⟨~(e)s⟩ *umg* tremblote *f*; **den ~ haben** *umg* avoir la tremblote; *umg* sucrer les fraises

tatt(e)rig *umg* ADJ tremblotant

Tattoo M *od* N ⟨~s; ~s⟩ tatouage *m*

Tatumstand M circonstance *f* de fait

Tatverdacht M soupçons *mpl* (pesant sur l'auteur présumé du crime); **unter ~ stehen** être soupçonné du crime

tatverdächtig ADJ suspect; **Tatwaffe** F arme *f* du crime

Tatze F ⟨~; ~n⟩ (grosse) patte *(a. umg Hand)*

Tatzeit F moment *m*, heure *f* du délit *bzw.* du crime

Tatzenhieb M coup *m* de patte, de griffe

Tau[1] M ⟨~(e)s⟩ METEO rosée *f*; **es fällt ~** la rosée tombe; il tombe de la rosée

Tau[2] N ⟨~(e)s; ~e⟩ 1 SCHIFF cordage *m*; câble *m*; *zum Festmachen* amarre *f* 2 SPORT corde *f*

taub ADJ 1 *(ohne Gehör)* sourd; **auf e-m Ohr ~ sein** être sourd d'une oreille; *fig* **sich ~ stellen** faire la sourde oreille; *fig* **auf ~e Ohren stoßen** tomber sur qn qui fait la sourde oreille 2 *(gefühllos)* *Gliedmaßen* engourdi; gourd 3 *(keinen Ertrag bringend)* *Blüte, Gestein* stérile; *Ähre, Nuss* vide; → *a.* Nuss

taubblind ADJ aveugle et sourd

Täubchen N ⟨~s; ~⟩ petit pigeon; pigeonneau *m*; *Kosewort* **mein ~** mon (petit) pigeon

Taube[1] F ⟨~; ~n⟩ 1 ZOOL pigeon *m*; **wilde ~** (pigeon *m*) ramier *m*; palombe *f*; *fig* **er wartet, dass ihm die gebratenen ~n in den Mund fliegen** il attend que les alouettes lui tombent toutes rôties dans le bec 2 *weibliche* pigeonne *f* 3 *poet*, BIBEL colombe *f* 4 POL **Falken und ~n** faucons et colombes

Taube[2] M/F ⟨→ A⟩ *(Gehörlose[r])* sourd(e) *m(f)*

taubenblau ADJ gorge-de-pigeon *(inv)*

Taubenei N œuf *m* de pigeon; **Taubenhaus** N → Taubenschlag; **Taubenmist** M fiente *f* de pigeon; **Taubenpaar** N couple *m* de pigeons; **Taubenschießen** N tir *m* aux pigeons

Taubenschlag M pigeonnier *m*; colombier *m*; *umg fig* **das ist der reinste ~** on entre ici comme dans un moulin

Taubenzucht F élevage *m* de pigeons; **Taubenzüchter** M éleveur *m* de pigeons
Tauber[1] M ⟨~s; ~⟩, **Täuberich** M ⟨~s; ~e⟩ ZOOL pigeon *m* mâle
Tauber[2] M → Taube[2]
Taubheit F ⟨~⟩ 1 *(Gehörlosigkeit)* surdité *f* 2 *der Gliedmaßen* engourdissement *m*
Täubling M ⟨~s; ~e⟩ BOT russule *f*
Taubnessel F BOT *t/t* lamier *m*; **Weiße ~** ortie blanche; **Rote ~** ortie rouge
taubstumm ADJ sourd-muet, sourde-muette
Taubstumme(r) M/F(M) ⟨→ A⟩ sourd-muet *m*, sourde-muette *f*
Taubstummenalphabet N alphabet *m* des sourds-muets; **Taubstummensprache** F langage *m* des sourds-muets
Tauchboot N SCHIFF bathyscaphe *m*
tauchen A VT ⟨h.⟩ 1 plonger, tremper (**in** *[+akk]* dans); *fig* **ins Dunkel ~** plonger dans l'obscurité 2 TECH *(durch Eintauchen lackieren)* peindre, vernisser à immersion B VI ⟨s. *ou* h.⟩ plonger; **er kann eine Minute ~** il peut rester sous l'eau une minute; **nach Perlen ~** pêcher des perles
Tauchen N ⟨~s⟩ plongée *f*
Taucher(in) M ⟨~s; ~⟩ (F) ⟨~in; ~innen⟩ plongeur, -euse *m,f*; *mit Taucheranzug* scaphandrier *m*; **Taucheranzug** M scaphandre *m*; **Taucherausrüstung** F équipement *m* de scaphandrier; **Taucherbrille** F lunettes *fpl* de plongée; **Taucherglocke** F cloche *f* à plongeur; caisson *m* pneumatique; **Taucherhelm** M casque *m* de scaphandrier
Tauchgerät N appareil *m* de plongée; **Tauchsieder** M ⟨~s; ~⟩ GASTR thermoplongeur *m*; **Tauchsport** M plongée (sous-marine)
Tauchstation F poste *m* de plongée; *umg fig* **auf ~ gehen** *(sich verstecken)* se terrer
Tauchtiefe F 1 *beim Tauchen* profondeur *f* (de plongée) 2 SCHIFF *(Tiefgang)* tirant *m* d'eau
Tauchverfahren N TECH procédé *m* d'immersion; **im ~** par immersion
Tauchvögel MPL (oiseaux *mpl*) plongeurs *mpl*
tauen[1] A VT ⟨h.⟩ *(zum Tauen bringen)* faire fondre B VI ⟨s.⟩ *(schmelzen)* fondre; **der Schnee ist getaut** la neige a fondu C V/UNPERS ⟨h.⟩ **es taut** c'est le dégel
tauen[2] V/UNPERS ⟨h.⟩ **es taut** *(Tau fällt)* la rosée tombe; il tombe de la rosée
Taufbecken N fonts baptismaux
Taufe F ⟨~; ~n⟩ baptême *m (a. e-s Schiffes)*; **die ~ empfangen** recevoir le baptême; **die ~ erteilen** donner, administrer le baptême; *fig* **aus der ~ heben** fonder, créer
taufen VT ⟨h.⟩ *Kind, Schiff, Glocke* baptiser; **katholisch getauft sein** être baptisté catholique; **er ist auf den Namen … getauft** son nom de baptême est …
Täufer M ⟨~s⟩ **Johannes der ~** saint Jean-Baptiste
Taufformel F liturgie baptismale, du baptême; **Taufkapelle** F baptistère *m*; **Taufkissen** N coussin baptismal; **Taufkleid** N, **Taufkleidchen** N ⟨-chens; -chen⟩ robe *f* de baptême
Täufling M ⟨~s; ~e⟩ enfant *m*, *Erwachsener* personne *f* qui reçoit le baptême
Taufname M nom *m* de baptême; prénom *m*; **Taufpate** M parrain *m*; **Taufpatin** F marraine *f*; **Taufregister** N registre *m* des baptêmes; (registre *m*) baptistaire *m*
taufrisch ADJ 1 *(feucht von Tau)* humide, frais, fraîche de rosée 2 *fig (neu, unberührt)* frais, fraîche comme une rose; **nicht mehr ganz ~** un peu fané
Taufschein M extrait *m* de baptême; **Taufstein** M → Taufbecken; **Taufwasser** N eau baptismale
taugen VI ⟨h.⟩ 1 *(geeignet sein)* être bon, bonne (**zu** à); être propre, apte (à); convenir (à); **zum Lehrer ~** avoir des aptitudes au professorat 2 *(wert sein)* valoir; **nichts ~** ne rien valoir
Taugenichts M ⟨~(es); ~e⟩ vaurien *m*; propre *m/f* à rien
tauglich ADJ 1 *(brauchbar)* bon, bonne (**zu** à); apte (à); propre (à) 2 MIL bon pour le service (militaire); apte au service (militaire)
Tauglichkeit F ⟨~⟩ aptitude *f* (MIL au service militaire)
Tauglichkeitsgrad M, **Tauglichkeitsstufe** F MIL degré *m* d'aptitude; **Tauglichkeitszeugnis** N certificat *m* d'aptitude
Taumel M ⟨~s⟩ 1 *(Schwindel)* vertige *m*; **von einem leichten ~ befallen sein** être pris, saisi d'un léger vertige 2 *(Überschwang der Gefühle)* ivresse *f*; enivrement *m*; griserie *f*; *plus fort* délire *m*; **~ der Begeisterung** enthousiasme délirant; **im ~ der Freude** ivre de joie
taumelig ADJ *(schwindlig)* pris de vertige
taumeln VI ⟨-(e)le⟩ 1 ⟨*sans indication de direction* h.⟩ chanceler; tituber; **vor Schwäche ~** chanceler, tituber de faiblesse 2 ⟨*doublé d'une indication de direction* s.⟩ **zu Boden ~** chanceler et tomber; **aus dem Zimmer ~** sortir en chancelant, en titubant de la pièce; **zum Bett ~** tituber jusqu'à son lit
Tauperle *geh* F goutte *f* de rosée
Tausch M ⟨~(e)s; ~e⟩ échange *m*; HANDEL, ETHNOLOGIE troc *m*; **im ~ gegen …** en échange de …; **etw zum ~ anbieten** proposer qc en échange; **e-n schlechten ~ machen** faire un mauvais échange
tauschen ⟨h.⟩ A VT **~ (gegen)** échanger (contre); changer (contre); HANDEL, ETHNOLOGIE troquer (contre); **die Stellen ~** permuter (**mit j-m** avec qn); *fig* **die Rollen ~** inverser, renverser les rôles B VI **mit j-m ~** faire un échange avec qn; *fig* **ich möchte nicht mit ihm ~** je ne voudrais pas être à sa place
Tauschen N ⟨~s⟩ → Tausch
täuschen ⟨h.⟩ A VT 1 *(hintergehen)* tromper; duper; *geh* abuser; *(irreführen)* donner le change à; *aus Spaß* mystifier; berner; **mich kannst du nicht ~** *umg* tu ne m'auras pas (comme ça); je ne me laisserai pas avoir; **wenn mich nicht alles täuscht …** si je ne me trompe …; sauf erreur de ma part … 2 JUR frauder; induire en erreur 3 SPORT, *Gegner* feinter *(a.* MIL) 4 *(ent~)* décevoir; **ich sehe mich in meinen Hoffnungen, Erwartungen getäuscht** je me vois déçu dans mon espoir, dans mon attente B VI 1 *(trügerisch sein)* être trompeur, -euse; tromper; **der erste Eindruck täuscht** la première impression trompe, est trompeuse 2 SPORT feinter; **er kann geschickt ~** il sait feinter avec habileté, adresse 3 SCHULE tricher C V/R **sich ~** se tromper (**in** *[+dat]* sur); faire erreur; se méprendre (**in** *[+dat]* sur); se faire des illusions (sur); **wenn ich mich nicht täusche** si je ne me trompe; **sich durch etw ~ lassen** se laisser prendre à qc; **ich habe mich in ihm getäuscht** je me suis fait des illusions à son égard; je me suis trompé sur son compte; **da ~ Sie sich** là vous vous trompez; là vous faites erreur
Täuschen N ⟨~s⟩ → Täuschung
täuschend A ADJ trompeur, -euse; **e-e ~e Nachahmung** une imitation d'une ressemblance frappante B ADVL **j-m ~ ähnlich sehen** ressembler à qn à s'y méprendre; **~ echt wirken** faire vrai à s'y méprendre
Tauschgeschäft N (affaire *f*, opération *f* d')échange *m*; troc *m*; **Tauschgesellschaft** F ETHNOLOGIE société *f* de troc
Tauschhandel M troc *m*; échange *m*; **~ treiben** faire du troc; pratiquer le troc
Tauschobjekt N objet *m (destiné au troc)*; chose troquée; **Tauschpartner** M **j-s ~** personne *f* qui échange quelque chose avec qn
Täuschung F ⟨~; ~en⟩ 1 *(Irreführung)* tromperie *f*; duperie *f*; mystification *f*; JUR fraude *f*; SCHULE tricherie *f*; SPORT, MIL, *des Gegners* feinte *f*; MIL manœuvre *f* de diversion 2 *(falscher Eindruck)* illusion *f*; fausse impression; **optische ~** illusion d'optique 3 *(Selbsttäuschung)* erreur *f*; illusion *f*; **man gebe sich darüber keiner ~ hin** qu'on ne s'y trompe pas; qu'on ne se fasse pas d'illusions
Täuschungsabsicht F JUR intention frauduleuse, de frauder; **Täuschungsangriff** M MIL attaque *f* de diversion; feinte *f*; **Täuschungsmanöver** N MIL manœuvre *f* de diversion; feinte *f (a. fig)*; **Täuschungsversuch** M 1 manœuvre *f*; feinte *f* 2 JUR tentative *f* de fraude 3 SPORT feinte *f*
Tauschwert M valeur *f* d'échange
tausend NUM mille; *in Jahreszahlen* mil; **etwa, rund ~ (Personen)** à peu près, environ, dans les mille personnes; **~ Dank** mille mercis, remerciements; **~ und abertausend …** des mille et des cents de …
Tausend[1] N 1 ⟨~s; ~⟩ *Einheit* mille *m*; **(fünf) vom ~** (cinq) pour mille 2 **~e** *pl (Unmengen)* des milliers *mpl*; **zu ~en** *od* **tausenden** par milliers; **es geht in die ~e** *od* **tausende** cela se chiffre par milliers; **~e** *od* **tausende von …** des milliers de …; **~e und Abertausende, tausende und abertausende** des mille et des cents
Tausend[2] F ⟨~; ~en⟩ *Zahl* (chiffre *m*, nombre *m*) mille *m*
tausendeins NUM mille un
Tausender M ⟨~s; ~⟩ 1 MATH mille *m* 2 *umg Geldschein* billet *m* de mille
tausenderste(r, -s) NUM mille et unième
Tausenderstelle F MATH millier *m*
tausendfach A ADJ (de) mille fois; **~e Vergrößerung** grossissement *m* de mille (fois) B ADV mille fois plus; *fig* au centuple
Tausendfüß(l)er M ⟨Tausendfüß(l)ers; Tausendfüß(l)er⟩ mille-pattes *m*; **Tausendgüldenkraut** N ⟨~(e)s⟩ BOT petite centaurée; **Tausendjahrfeier** F (fête *f* du) millénaire *m*
tausendjährig ADJ ⟨*épithète*⟩ millénaire; **tausendmal** ADV mille fois
Tausendmarkschein M HIST billet *m* de mille marks
Tausendsas(s)a M ⟨Tausendsas(s)as; Tausendsas(s)a(s)⟩ *umg* sacré gaillard; *umg* diable *m* d'homme
Tausendschönchen N ⟨~s; ~⟩ BOT pâquerette *f* double
tausendste(r, -s) NUM millième
tausendstel ADJ ⟨*inv*⟩ **zwei ~ Millimeter** deux millièmes de millimètre; deux micromètres
Tausendstel N ⟨~s; ~⟩ millième *m*
tausendundein(e *f*) ADJ NUM mille un; **die Märchen** *npl* **aus Tausendundeiner Nacht** les Mille et Une Nuits
Tautologie F ⟨~; ~n⟩ tautologie *f*; **tautologisch** ADJ tautologique
Tautropfen M goutte *f* de rosée
Tauwerk N ⟨~(e)s⟩ cordages *mpl*
Tauwetter N ⟨~s⟩ dégel *m (a. fig,* POL); **wir haben ~** le temps est au dégel
Tauziehen N ⟨~s⟩ 1 SPORT lutte *f* à la corde 2 *fig* tiraillements *mpl*
Taverne F ⟨~; ~n⟩ taverne *f*
Taxameter M ⟨~s; ~⟩ taximètre *m*; comp-

teur *m* (de taxi)
Taxation F ⟨~; ~en⟩ estimation *f*; évaluation *f*
Taxator M ⟨~s; -toren⟩ expert *m* en estimation de biens mobiliers
Taxcard F ⟨~; ~s⟩ *schweiz* télécarte *f*
Taxe F ⟨~; ~n⟩ 1 *(Gebühr)* taxe *f*; droits *mpl*; tarif *m*; **e-r ~** *(dat)* **unterliegen** être soumis à une taxe 2 *(geschätzter Preis)* valeur estimée 3 → Taxi
taxen *umg* → taxieren 2
Taxi N ⟨~s; ~s⟩ taxi *m*; **ein ~ rufen** appeler, *vom Straßenrand aus* °héler un taxi
taxieren V/T ⟨*pas de ge-*, h.⟩ 1 *umg (grob schätzen)* estimer, apprécier grossièrement, à vue de nez 2 *Wert e-s Gegenstands* estimer; évaluer; **ein Grundstück ~ lassen** faire évaluer, estimer un terrain; **etw auf 1000 Euro ~** estimer qc à 1000 euros; **zu hoch ~** surévaluer; surestimer 3 *umg (kritisch prüfen)* jauger; (sou)peser
Taxifahrer(in) M(F) chauffeur *m* de taxi; **Taxistand** M station *f* de taxis; **Taxiunternehmen** N entreprise *f*, compagnie *f* de taxis
Taxiway M ⟨~s; ~s⟩ FLUG taxiway *m*
Taxler M ⟨~s; ~⟩ *umg österr* chauffeur *m* de taxi
Taxpreis M prix fixé à dire d'expert, d'expertise
Taxus M ⟨~; ~⟩ BOT if *m*
Taxwert M valeur estimée, estimative
Tb(c) F ⟨~(c)⟩ ABK (Tuberkulose) tuberculose *f*; **Tb(c)-krank** ADJ tuberculeux, -euse
Teach-in N ⟨~(s); ~s⟩ manifestation *f* politique sous forme de débat
Teak N ⟨~s⟩, **Teakholz** N (bois *m* de) teck *m*
Team N ⟨~s; ~s⟩ équipe *f*; **Teamarbeit** F travail *m* en équipe *od* d'équipe; **Teamchef** M SPORT chef *m* d'équipe; **Teamgeist** M ⟨~(e)s⟩ esprit *m* d'équipe
Teamwork N ⟨~s⟩ → Teamarbeit
Tea-Room M ⟨~s; ~s⟩ 1 salon *m* de thé 2 *schweiz*: *café où l'on ne sert que des boissons non alcoolisées*
Technik F ⟨~; ~en⟩ 1 technique *f*; *Verfahren, Ausführung a.* procédé *m*; méthode *f*; **auf dem neuesten Stand der ~** conforme, conformément aux techniques les plus modernes; **im Zeitalter der ~** à l'âge de la technique; **sich verschiedener ~en bedienen** employer des techniques, méthodes différentes *od* procédés différents 2 ⟨*sans pl*⟩ *(Ausrüstung)* équipements *mpl*; **schwere ~** équipements lourds; **ein Büro mit modernster ~** un bureau équipé des techniques les plus modernes 3 ⟨*sans pl*⟩ *(Funktionsweise)* fonctionnement *m*; **sich mit der ~ e-s Gerätes vertraut machen** se familiariser avec le *od* s'initier au fonctionnement d'un appareil 4 *umg* ⟨*sans pl*⟩ *(Team von Technikern)* service(s) *m(pl)* technique(s); **das wird von der ~ erledigt** c'est l'affaire du (des) service(s) technique(s)
Techniker(in) M ⟨~s; ~⟩ (F) ⟨~in; ~innen⟩ technicien, -ienne *m,f*; **dieser Sportler, Künstler ist ein brillanter ~** ce sportif, cet artiste possède une technique remarquable
Technikum N ⟨~s; -ka⟩ *etwa* école *f* technique
technisch A ADJ 1 technique; **~er Angestellter** membre *m* du personnel technique; **~er Ausdruck** terme *m* technique; **~e Berufe** *mpl* professions *fpl* techniques; **Technisches Hilfswerk** *in Deutschland* organisation *f* des secours techniques; *in Frankreich etwa* plan *m* ORSEC; **~e Hochschule, Universität** établissement supérieur d'enseignement scientifique *bzw.* de formation d'ingénieurs; **~es Können** habileté *f* technique; **~er Leiter** ingénieur *m* en chef; **~er Zeichner** dessinateur industriel 2 *die Bearbeitung betreffend* **~e Daten** *pl* caractéristiques *fpl* techniques; **~e Eigenschaften** *fpl* **des Holzes** qualités industrielles du bois 3 *für Dienstleistungsarbeiten* **~e Kraft** technicien, -ienne *m,f*; **~es Personal** personnel *m* technique 4 *die Funktionsweise betreffend* **~e Störung** incident *m* technique; **~es Versagen** défaillance *f* technique, mécanique; **aus ~en Gründen** pour des raisons matérielles B ADV **ein ~ begabter Mensch** une personne douée pour la technique; **das ist ~ unmöglich** c'est matériellement impossible
technisieren V/T ⟨*pas de ge-*, h.⟩ doter d'équipements techniques; mécaniser; **Technisierung** F ⟨~⟩ mécanisation *f*
Techno N *od* M ⟨~(s)⟩ (musique *f*) techno *f*
Technokrat M ⟨~en; ~en⟩ technocrate *m*; **Technokratie** F ⟨~⟩ technocratie *f*
Technologe M ⟨~n; ~n⟩ technologue *od* technologiste *m*; **Technologie** F ⟨~; ~n⟩ technologie *f*; **Technologiepark** M parc *m* scientifique; **Technologietransfer** M transfert *m* de technologie; **technologisch** ADJ technologique
Technomusik F → Techno
Techtelmechtel *umg* N ⟨~s; ~⟩ amourette *f*; flirt *m*
TED M ⟨~s⟩ ABK (Teledialog) *ordinateur stockant les données provenant d'une enquête par téléphone auprès des téléspectateurs*
Teddy M ⟨~s; ~s⟩, **Teddybär** M ours *m* en peluche; *kinderspr* nounours *m*
Tee M ⟨~s; ~s⟩ 1 *Getränk (schwarzer ~)* thé *m*; *(Kräutertee)* infusion *f*; tisane *f*; **~ trinken** boire *bzw.* prendre du thé; **~ kochen, aufgießen** faire du thé; **den ~ ziehen lassen** laisser infuser le thé; *umg fig* **abwarten und ~ trinken!** il faut attendre et voir venir 2 *geselliges Zusammensein* thé *m*; **j-n zum ~ einladen** inviter qn à prendre le thé 3 *Pflanze* **~ anbauen** planter du thé
Teeanbau M ⟨~(e)s⟩ culture *f* du thé; **Teebeutel** M sachet *m* de thé; **Teeblatt** N feuille *f* de thé; **Teebüchse** F, **Teedose** F boîte *f* à thé; **Tee-Ei** N œuf *m* à thé; **Tee-Ernte** F récolte *f* du thé; **Teegebäck** N petits gâteaux secs; **Teegeschirr** N service *m* à thé; **Teeglas** N verre *m* à thé
Teehaus N **japanisches ~** pavillon japonais
Teekanne F théière *f*; **Teekessel** M bouilloire *f*; **Teeküche** F petite cuisine; **Teelicht** N bougie *f* pour chauffe-plats; **Teelöffel** M petite cuillère; **Teemaschine** F théière *f* électrique; **Teemischung** F mélange *m* de thé
Teen M ⟨~s; ~s⟩, **Teenager** M ⟨-ers; -er⟩, **Teenie** M ⟨-ies; -ies⟩ teenager *m/f*; adolescent(e) *m(f)*; *umg* ado *m/f*
Teer M ⟨~(e)s; ~e⟩ goudron *m*; **Teerdecke** F *e-r Straße* revêtement *m* de goudron
teeren V/T ⟨h.⟩ goudronner; *Straße a.* bitumer
Teeren N ⟨~s⟩ goudronnage *m*; *e-r Straße a.* bitumage *m*
Teerfarbstoff M colorant dérivé de goudrons; **Teerfass** N tonne *f* à goudron; **teerhaltig** ADJ goudronneux, -euse; **Teeröl** N huile *f* de goudron
Teerose F BOT rose-thé *f*
Teerpappe F carton, papier goudronné; **Teerstraße** F route goudronnée
Teesalon M salon *m* de thé; **Teeservice** N service *m* à thé; **Teesieb** N passe-thé *m*; passoire *f* à thé; **Teesteuer** F impôt *m* sur le thé; **Teestrauch** M BOT thé(ier) *m*; **Teestube** F salon *m* de thé; **Teetasse** F tasse *f* à thé; **Teetrinker** M buveur *m* de thé; **Teewagen** M table roulante; **Teewärmer** M ⟨~s; ~⟩ couvre-théière *m*; cosy *m*;
Teewasser N ⟨~s⟩ eau *f* pour le thé
Teich M ⟨~(e)s; ~e⟩ étang *m*; pièce *f* d'eau; *(Fischteich)* vivier *m*; *umg fig hum* **der große ~** *umg* la mare aux °harengs; l'Atlantique *m*;
Teichrose F BOT nénuphar *m* jaune
Teig M ⟨~(e)s; ~e⟩ pâte *f*; **ausgerollter ~** abaisse *f*; **der ~ geht** la pâte lève
teigig ADJ pâteux, -euse; *Obst* blet, blette; *fig Gesicht* empâté; pâle et bouffi
Teigmasse F pâte *f*; **Teigmulde** F pétrin *m*; **Teigrädchen** N videlle *f*; **Teigrolle** F 1 *(Nudelholz)* rouleau *m* à pâtisserie 2 *(Rolle aus Teig)* rouleau *m* de pâte; **Teigschaber** M raclette *f*; **Teigschüssel** F bol *m* mélangeur; **Teigwaren** FPL pâtes *fpl* alimentaires
Teil ⟨~(e)s; ~e⟩ 1 M *e-s Ganzen* partie *f*; *aus e-r Teilung hervorgehend* portion *f*; **ein ~ der Menschheit** une partie de l'humanité; **ein ~ des Weges** une partie du chemin; **der neuere ~ des Gebäudes** la partie la plus récente du bâtiment; **der obere ~** la partie supérieure; **der zweite ~ des Faust** la seconde partie du Faust; **beide ~e in e-m Band** deux tomes en un volume; **der größte ~ der Menschen** la plupart des hommes; **zum ~** en partie; partiellement; **zum großen ~** en grande partie; **zum größten ~** pour une bonne partie; pour la plupart; **zu e-m guten ~** pour une bonne part 2 M *od* N *(Anteil, der j-m zusteht)* part *f*; **zu gleichen ~en** à parts égales; *fig* **er denkt sich sein(en) ~** il a son idée à lui; il n'en pense pas moins; **ich für mein(en) ~** quant à moi; pour ma part; **er wird sein(en) ~ schon bekommen** il aura, recevra ce qu'il mérite 3 N *(Einzelteil, Stück)* partie *f*; pièce *f*; **schlecht zusammenpassende ~e** des pièces mal assorties; **e-e Maschine in ihre ~e zerlegen** démonter une machine pièce par pièce; HANDEL **jedes ~ 5 Euro** 5 euros (la) pièce 4 M *od* N *(Beitrag)* part *f*; contribution *f*; **sein ~ beitragen, tun** apporter sa contribution, sa part (zu à) 5 M JUR **der klagende ~** la partie plaignante; le demandeur; **der beklagte ~** la partie défenderesse; le défendeur 6 N *Jugendsprache (Ding, Sache)* truc *m*; *größeres* engin *m*; **geiles ~** *umg* super truc *m*
Teil..., teil... IN ZSSGN *meist* partiel, -ielle
Teilabrechnung F décompte partiel; **Teilabschnitt** M *bes* BAU *zeitlich* tranche *f*; étape *f*; *räumlich* section *f*; **Teilansicht** F vue partielle; **Teilaspekt** M aspect partiel; **Teilauftrag** M commande partielle; **Teilausverkauf** M liquidation partielle; **Teilautomatisierung** F autom(atis)ation partielle
teilbar ADJ 1 *allgemein* divisible; partageable 2 MATH divisible; **~ durch** divisible par
Teilbarkeit F ⟨~⟩ divisibilité *f*
Teilbereich M partie *f*; **Teilbetrag** M montant partiel
Teilchen N ⟨~s; ~⟩ 1 *(kleines Stück)* petite partie 2 NUKL particule *f*; corpuscule *m* 3 *regional Gebäck* petit gâteau; **Teilchenbeschleuniger** M NUKL accélérateur *m* de particules
teilen ⟨h.⟩ A V/T 1 *(zer~)* couper; diviser; partager; **e-n Braten ~** découper un rôti; **e-e Mauer teilt den Hof in zwei Teile** un mur partage, coupe la cour en deux; MATH **durch 2 ~** diviser par 2 2 *(auf~)* partager; **etw unter sich** *(dat)* **~** se partager qc; **brüderlich mit j-m ~** partager en frères avec qn 3 *fig j-s Ansicht, Furcht, Schicksal etc* partager; *j-s Leid, Freude* prendre part à; **Freud und Leid mit j-m ~** partager les joies et les peines de qn B V/R 1 *(gemeinsam nutzen)* **sich** *(dat)* **etw mit j-m ~** se partager qc avec qn; *geh* **sich** *(dat)* **mit j-m in etw** *(akk)* **~** partager qc avec qn 2

(auseinandergehen) **sich ~** se diviser; *Weg* bifurquer; *fig* **hier ~ sich unsere Ansichten** là, nous divergeons; nos avis divergent sur ce point; *fig* **geteilter Meinung sein** être d'avis différents

Teilentschädigung F indemnité partielle

Teiler M ⟨~s; ~⟩ MATH diviseur *m*

Teilerfolg M succès partiel; **Teilergebnis** N résultat partiel; **Teilerneuerung** F renouvellement partiel; **Teilfinanzierung** F financement partiel, complémentaire; **Teilgebiet** N secteur *m*; branche *f*

teilhaben VI ⟨irr, sép, -ge-, h.⟩ 1 *(beteiligt sein)* **an etw** *(dat)* **~** avoir part à qc; prendre part à qc; participer à qc 2 *(beitragen)* **an etw** *(dat)* **~** contribuer, concourir à qc

Teilhaber(in) M ⟨~s; ~⟩ (F) ⟨~in; ~innen⟩ WIRTSCH associé(e) *m(f)*; **stiller ~** bailleur *m* de fonds; commanditaire *m*

Teilhaberschaft F ⟨~⟩ WIRTSCH association *f* en participation (**an** [+dat] à); qualité *f* d'associé

teilhaftig *geh* ADJ **e-r Sache** *(gen)* **~ werden** entrer en jouissance de, recevoir qc

Teilhaftung F responsabilité partielle; **Teilkaskoversicherung** F *assurance automobile couvrant plusieurs dégâts*; **Teilleistung** F prestation partielle; **Teillieferung** F livraison partielle; **Teilmenge** F MATH sous-ensemble *m*

teilmöbliert ADJT partiellement meublé

Teilnahme F ⟨~⟩ 1 *aktive u. passive* participation *f* (**an etw** [dat] à qc); *(Mitwirkung)* collaboration *f*; coopération *f* 2 *(Anwesenheit)* assistance *f*; présence *f* 3 *fig* *(Anteilnahme)* intérêt *m*; sympathie *f*; compassion *f*; *(Beileid)* condoléances *fpl*; **in aufrichtiger ~** avec l'expression de mes, nos, *etc* plus sincères condoléances

Teilnahmebedingungen FPL conditions *fpl* de participation; **Teilnahmeberechtigung** F droit *m* de participation; **Teilnahmebescheinigung** F certificat *m* d'assiduité; **Teilnahmekarte** F bon *m* de participation

teilnahmslos ADJ indifférent; *plus fort* apathique; **Teilnahmslosigkeit** F ⟨~⟩ indifférence *f*; *plus fort* apathie *f*; **teilnahmsvoll** A ADJ compatissant B ADV avec sympathie, compassion

teilnehmen VI ⟨irr, sép, -ge-, h.⟩ 1 *(beiwohnen)* en être; y participer; **an etw** *(dat)* **~** assister à qc; être présent à qc; **an e-r Feier ~** prendre part à une fête; **an e-m Kurs ~** suivre, fréquenter un cours 2 *(mitwirken)* **an etw** *(dat)* **~** prendre part à qc; participer à qc; collaborer, coopérer à qc 3 *fig* *(Anteil nehmen)* **an etw** *(dat)* **~** s'intéresser à qc; **an j-s Freude ~** prendre part à la joie de qn; **an j-s Leid ~** compatir à la douleur de qn

teilnehmend ADJT 1 *(sich beteiligend)* participant; **die ~en Länder** *npl* les pays participants 2 → teilnahmsvoll

Teilnehmer(in) M ⟨~s; ~⟩ (F) ⟨~in; ~innen⟩ 1 participant(e) *m(f)*; *an e-m Wettkampf* concurrent(e) *m(f)* 2 TELEKOMMUNIKATION *(Telefoninhaber)* abonné(e) *m(f)*; **Teilnehmerliste** F liste *f* des participants; **Teilnehmerverzeichnis** N TELEKOMMUNIKATION annuaire *m* du téléphone; **Teilnehmerzahl** F nombre *m* des participants

teils ADV (en) partie; **wie fühlst du dich?** — *umg* **~, ~** comment te sens-tu? - *umg* comme ci, comme ça

Teilschaden M dommage partiel; **Teilstrecke** F tronçon *m*; section *f*; **Teilstrich** M trait *m* de graduation, de division; **Teilstück** N section *f*

Teilung F ⟨~; ~en⟩ 1 *a.* MATH division *f* 2 *(Aufteilung)* partage *m*; HIST **die ~ Polens** le partage de la Pologne; HIST **die ~ Deutschlands** la division de l'Allemagne 3 BIOL segmentation *f*; **Fortpflanzung** *f* **durch ~** *t/t* scissiparité *f*

Teilungsartikel M GRAM article partitif; **Teilungszeichen** N MATH signe *m* de la division

teilweise A ADJ partiel, -ielle; **~r Hörverlust** surdité partielle B ADV partiellement; en partie

Teilzahlung F paiement échelonné, par acomptes; **auf ~ kaufen** acheter à tempérament

Teilzahlungskredit M crédit *m* à tempérament (pour achats)

Teilzeitarbeit F travail *m* à temps partiel; **teilzeitbeschäftigt** ADJT employé à temps partiel; **Teilzeitbeschäftigte(r)** M/F(M) employé(e) *m(f)* à temps partiel; **Teilzeitbeschäftigung** F travail *m*, activité *f* à temps partiel; **Teilzeitjob** *umg* M *umg* boulot *m* à temps partiel; **Teilzeitkraft** F travailleur, -euse *m,f* à temps partiel

Tein N ⟨~s⟩ théine *f*

Teint M ⟨~s; ~s⟩ teint *m*

T-Eisen N fer *m* en *od* à T

Tektonik F ⟨~⟩ GEOL tectonique *f*

tektonisch ADJ GEOL tectonique

Tel. ABK (Telefon) tél. (téléphone)

Telearbeit F télétravail *m*; **Telearbeiter(in)** M(F) télétravailleur, -euse *m(f)*; **Telebrief** M (message transmis par) télécopie *f*; **Telefax** N ⟨~; ~e⟩ télécopie *f*; (télé)fax *m*; **telefaxen** VT ⟨insép, -(es)t, ge-, h.⟩ télécopier; envoyer par télécopieur; (télé)faxer; **Telefaxgerät** N télécopieur *m*; téléfax *m*

Telefon N ⟨~s; ~e⟩ 1 *(~anschluss)* téléphone *m*; **~ haben** avoir le téléphone 2 *(~apparat)* téléphone *m*; appareil *m* téléphonique; **schnurloses ~** téléphone sans fil; **Sie werden am ~ verlangt** on vous demande, appelle au téléphone; **ans ~ gehen** aller (répondre) au téléphone; **j-n am ~ haben** avoir qn en ligne; *umg* **den ganzen Tag am ~ hängen** être pendu au téléphone toute la journée

Telefon... → *a.* Fernsprech...; **Telefonanlage** F installation *f* téléphonique; **Telefonanruf** M appel *m* téléphonique; coup *m* de téléphone, *umg* de fil; **Telefonansagedienst** M services *mpl* grand public par répondeur téléphonique; **Telefonanschluss** M branchement *m*, raccordement *m* téléphonique; poste *m* d'abonné; **Telefonapparat** M appareil *m* téléphonique; téléphone *m*

Telefonat N ⟨~(e)s; ~e⟩ → Telefongespräch

Telefonauskunft F ⟨~⟩ renseignements *mpl* (téléphoniques); **e-e Telefonnummer von der ~ bekommen** obtenir un numéro par les renseignements (téléphoniques)

Telefonbanking N ⟨~s⟩ transactions *fpl* bancaires par téléphone; **Telefonbuch** N annuaire *m* (du téléphone); **Telefongebühr(en)** F(PL) taxe *f* téléphonique; **Telefongespräch** N conversation *f*, communication *f* téléphonique; **Telefongrundgebühr** F redevance *f* téléphonique; **Telefonhörer** M récepteur *m*; combiné *m*

Telefonie F ⟨~⟩ téléphonie *f*; **mobile ~** téléphonie mobile

telefonieren VI ⟨pas de ge-, h.⟩ téléphoner (**mit j-m** à qn; **von j-m aus, bei j-m** de chez qn); donner un coup de téléphone, *umg* de fil (**mit j-m** à qn); **nach Paris ~** téléphoner à Paris

telefonisch A ADJ téléphonique; **~e Zeitansage** (service *m* téléphonique de l')horloge parlante B ADV par téléphone; **~ erreichbar sein (unter der Nummer ...)** être joignable (au numéro ...)

Telefonist(in) M ⟨~en; ~en⟩ (F) ⟨~in; ~innen⟩ téléphoniste *m/f*; standardiste *m/f*

Telefonkabel N câble *m* téléphonique; **Telefonkabine** F → Telefonzelle; **Telefonkarte** F télécarte *f*; **Telefonkonferenz** F téléconférence *f*; **Telefonleitung** F ligne *f* téléphonique; **Telefonnetz** N réseau *m* téléphonique; **Telefonnummer** F numéro *m* de téléphone; **Telefonrechnung** F note *f* de téléphone; **Telefonseelsorge** F *etwa* S.O.S. Amitié; **Telefonsex** *umg* M *etwa* téléphone *m* rose; **Telefonsonderdienste** MPL services *mpl* grand public (des télécommunications); **Telefonverbindung** F communication *f* téléphonique; **Telefonzelle** F cabine *f* téléphonique; **Telefonzentrale** F POST® central *m* (téléphonique); *e-r Firma* standard *m*

telegen ADJ télégénique

Telegraf M ⟨~en; ~en⟩ télégraphe *m*

Telegrafenamt N *früher* poste *f*; **Telegrafenmast** M poteau *m* télégraphique

Telegrafie F ⟨~⟩ télégraphie *f*; **drahtlose ~** télégraphie sans fil; TSF *f*

telegrafieren VT *u.* VI ⟨pas de ge-, h.⟩ télégraphier (j-m à qn); **nach Berlin ~** télégraphier à Berlin; envoyer un télégramme à Berlin

telegrafisch A ADJ télégraphique; **~e Postanweisung** mandat-poste *m* télégraphique B ADV **~ antworten** répondre par télégramme; *Geld* **~ anweisen** envoyer par mandat télégraphique

Telegramm N ⟨~s; ~e⟩ télégramme *m*; dépêche *f*; *umg* pli *m*; **dringendes ~** télégramme urgent; **ein ~ aufgeben** expédier un télégramme

Telegrammadresse F adresse *f* télégraphique; **Telegrammannahme** F guichet *m* des télégrammes; **Telegrammformular** N formulaire *m*, formule *f* de télégramme; **Telegrammgebühr** F tarif *m* des télégrammes; **Telegrammstil** M style *m* télégraphique (*a. fig*)

Telekolleg N cours télévisés *(permettant d'obtenir un diplôme dans le cadre de la formation continue)*

Telekom F ⟨~⟩ *in Deutschland* service *m* des télécommunications; **Telekommunikation** F télécommunications *fpl*

Telemark M ⟨~s; ~s⟩, **Telemarkschwung** M SKISPORT Télémark *m*

Telematik F ⟨~⟩ IT télématique *f*

Telemedizin F télémédecine *f*

Telenovela F ⟨~; ~s⟩ TV télénovela *od* telenovela *f*

Teleobjektiv N FOTO téléobjectif *m*

Teleologie F ⟨~⟩ PHIL téléologie *f*; **teleologisch** ADJ PHIL téléologique

Telepathie F ⟨~⟩ télépathie *f*

telepathisch ADJ télépathique; **~e Fähigkeiten besitzen** avoir des dons pour la télépathie

Teleshopping N ⟨~s⟩ téléachat *m*

Teleskop N ⟨~s; ~e⟩ télescope *m*; **teleskopisch** ADJ télescopique

Telespiel N jeu *m* vidéo; **Television** F ⟨~⟩ télévision *f*

Telex N ⟨~; ~(e)⟩ télex *m*

telexen VT ⟨ge-, h.⟩ télexer; transmettre par télex

Teller M ⟨~s; ~⟩ 1 *Geschirr* assiette *f*; **flacher, tiefer ~** assiette plate, creuse; *Maßangabe* **~ (voll)** assiettée *f* 2 *am Skistock* rondelle *f*

Tellereisen N JAGD piège *m* à palette; **Tel-**

lerfleisch N österr viande de bœuf bouillie servie avec son bouillon; **tellerförmig** ADJ en forme d'assiette; **Tellergericht** N im Restaurant plat (servi sur une assiette); **Tellermine** F MIL mine plate

Tellerrand M bord m (d'une assiette); fig **nicht über den eigenen ~ hinausschauen (können)** ne pas voir plus loin que le bout de son nez

Tellervoll M → Teller 1; **Tellerwärmer** M ⟨~s; ~⟩ chauffe-assiettes m

Tellerwäscher M ⟨~s; ~⟩ im Restaurant plongeur m; fig **vom ~ zum Millionär** du plongeur au millionnaire

Tellur N ⟨~s⟩ CHEM tellure m

Tempel M ⟨~s; ~⟩ temple m; **Tempelbau** M ⟨~(e)s⟩ construction f, édification f d'un temple; **Tempelherr** M HIST Templier m; **Tempelorden** M HIST ordre m des Templiers; **Tempelraub** M vol m dans un temple; **Tempelritter** M HIST → Tempelherr; **Tempelschändung** F profanation f (des lieux saints)

Tempera F ⟨~; ~s⟩, **Temperafarbe** F MAL détrempe f; **Temperamalerei** F (peinture f à la) détrempe f

Temperament N ⟨~(e)s; ~e⟩ 1 (Wesensart) tempérament m; **die vier ~e** les quatre tempéraments 2 ⟨sans pl⟩ (Schwung) vivacité f; entrain m; geh ardeur f; fougue f; **~ haben** être plein de vie, de vivacité, d'entrain 3 ⟨sans pl⟩ (Erregbarkeit) **sein ~ zügeln** tempérer son ardeur; umg **sein ~ ist mit ihm durchgegangen** il s'est laissé emporter

temperamentlos ADJ sans ressort; sans entrain; **temperamentvoll** ADJ plein de vivacité, d'entrain, de fougue; geh ardent

Temperatur F ⟨~; ~en⟩ 1 Wärmezustand température f; **die ~ ist gestiegen, gesunken** la température a monté, baissé 2 (Fieber) **~ haben** avoir, faire de la température; **erhöhte ~ haben** avoir, faire un peu de fièvre, de température

Temperaturabfall M chute f de température; **temperaturabhängig** ADJ dépendant de la température; variable avec la température; **Temperaturanstieg** M °hausse f de température; élévation f, augmentation f de la température; **Temperaturausgleich** M compensation f de température; **temperaturbeständig** ADJ insensible, résistant aux écarts thermiques, aux écarts de température; **Temperaturbeständigkeit** F thermostabilité f; insensibilité f, résistance f à la température, aux variations de température; **Temperaturgefälle** N gradient m thermique; chute f de température; **Temperaturkurve** F courbe f de température; **Temperaturmessung** F mesure f de la température; **Temperaturregler** M thermostat m; **Temperaturrückgang** M baisse f de température; **Temperaturschwankung** F variation f, fluctuation f de température; **Temperaturskala** F échelle f de température; **Temperatursturz** M chute f de température; **Temperaturunterschied** M différence f, écart m de température; **Temperaturwechsel** M changement m de température; **Temperaturzunahme** F → Temperaturanstieg

temperieren VT ⟨pas de ge-, h.⟩ 1 (auf e-e angenehme Temperatur bringen) **etw ~** rendre agréable la température de qc; **das Bad ist richtig temperiert** la température du bain est agréable 2 Wein chambrer

Templer M ⟨~s; ~⟩ HIST Templier m; **Templerorden** M → Tempelorden

Tempo¹ N ⟨~s; ~s, MUS -pi⟩ 1 (Geschwindigkeit) vitesse f; allure f; train m; (Rhythmus) rythme m; cadence f (alle a. SPORT); **in rasendem ~** à une vitesse folle, vertigineuse; à un train d'enfer; **mit hohem ~** fahren à toute allure; **~ vorlegen** forcer l'allure; accélérer; **das ~ vermindern** ralentir l'allure; **hier gilt ~ 30** ici, la vitesse est limitée à 30 km/h; umg **(nun aber) ~!** allez, vite!; en vitesse! 2 MUS tempo m; mouvement m

Tempo®² umg N ⟨~s; ~s⟩ → Papiertaschentuch

Tempolimit N limitation f de vitesse

temporal ADJ GRAM temporel, -elle

Temporalsatz M GRAM proposition f de temps

temporär A ADJ temporaire B ADV temporairement

Temposünder(in) M(F) conducteur, -trice m,f en infraction pour excès de vitesse; **Tempotaschentuch®** umg N → Papiertaschentuch

Tempus N ⟨~; -pora⟩ GRAM temps m (du verbe)

Tendenz F ⟨~; ~en⟩ 1 (Entwicklungsrichtung) tendance f (**zu etw** à qc); **e-e ~ zeichnet sich ab** une tendance se dessine, s'esquisse 2 BÖRSE tendance f; **steigende ~** tendance à la hausse; **fallende, rückläufige ~** tendance à la baisse 3 (Neigung) tendance f; penchant m; inclination f; propension f; **er hat eine ~ zur Übertreibung** il a tendance à exagérer; geh il est enclin à exagérer

tendenziell ADJ de tendance; **e-e ~e Verbesserung** une tendance à l'amélioration

tendenziös pej A ADJ Bericht etc tendancieux, -ieuse B ADV tendancieusement

Tendenzroman M roman m à thèse; **Tendenzstück** N pièce f à thèse; **Tendenzwende** F revirement m, renversement m de tendance

Tender M ⟨~s; ~⟩ BAHN tender m

tendieren VI ⟨pas de ge-, h.⟩ avoir une tendance, tendre (**zu** vers, à)

Teneriffa N ⟨→ n/pr⟩ Tenerife od Ténériffe

Tenne F ⟨~; ~n⟩ AGR aire f (de battage)

Tennis N ⟨~⟩ tennis m; **Tennisball** M balle f de tennis; **Tennishalle** F court couvert; **Tenniskleid** N robe f de tennis; **Tennisklub** M club m de tennis; **Tennismatch** N match m de tennis; **Tennismeisterschaft** F championnat m de tennis; **Tennispartner(in)** M(F) partenaire m/f de tennis; **Tennisplatz** M court m (de tennis); **Tennisschläger** M raquette f (de tennis); **Tennisschuhe** MPL chaussures fpl de tennis; **Tennisspiel** N match m, partie f de tennis; **Tennisspieler(in)** M(F) joueur, -euse m,f de tennis; **Tennisturnier** N tournoi m de tennis

Tenor¹ M ⟨~s; -nöre⟩ MUS 1 Stimmlage, Sänger (voix f de) ténor m; **lyrischer ~** ténor lyrique 2 Partie partie f, rôle m du ténor

Tenor² M ⟨~s⟩ (Gehalt) teneur f; idée générale

Tenorbariton M MUS baryton ténorisant; **Tenorschlüssel** M MUS clef f d'ut; **Tenorstimme** F MUS ténor m

Tensid N ⟨~(e)s; ~e⟩ (agent) détersif m

Tentakel M od N ⟨~s; ~; meist pl⟩ ZOOL tentacule m

Tenü, Tenue N ⟨Tenüs, Tenues; Tenüs, Tenues⟩ schweiz tenue f; habit m

Teppich M ⟨~s; ~e⟩ tapis m (a. fig); kleiner carpette f; umg fig **auf dem ~ bleiben** rester réaliste; rester les pieds sur terre; umg fig **etw unter den ~ kehren** occulter qc

Teppichboden M moquette f; **Teppichbürste** F brosse f à tapis; **Teppichfliese** F dalle f de moquette; **Teppichkehrmaschine** F balai m mécanique; **Teppichklopfer** M ⟨~s; ~⟩ tapette f; **Teppichstange** F barre f à (battre les) tapis

Termin M ⟨~s; ~e⟩ 1 (vereinbarter Tag) date f; (vereinbarte Zeit) rendez-vous m; **e-n ~ festlegen, vereinbaren** e-n Tag fixer une date, e-e Zeit un rendez-vous; beim Arzt **sich** (dat) **e-n ~ geben lassen** prendre (un) rendez-vous 2 HANDEL für e-e Zahlung terme m; (Erfüllungstag) échéance f 3 JUR (Gerichtssitzung) audience f; (Vorladung) assignation f

Terminal N od M ⟨~s; ~s⟩ 1 ⟨seulement n⟩ IT terminal m 2 SCHIFF terminal m 3 e-s Flughafens terminal m; aérogare f

Terminbörse F marché m à terme

termingebunden ADJT à exécuter dans les délais; **termingemäß, termingerecht** ADV dans les délais; (conformément) à l'échéance, à la date fixée

Termingeschäft N BÖRSE affaire f, opération f à terme

Terminkalender M 1 agenda m 2 fig **der ~ für das Gipfeltreffen** le calendrier, programme de la rencontre au sommet

Terminmarkt M BÖRSE marché m à terme

Terminologie F ⟨~; ~n⟩ terminologie f

terminologisch ADJ terminologique

Terminus M ⟨~; -ni⟩ terme m; **~ technicus** ⟨-ni technici⟩ terme technique

Terminverlängerung F prolongation f, prorogation f d'un délai, d'un terme; report m d'échéance; **Terminverpflichtung** F obligation f, engagement m à terme

Termite F ⟨~; ~n⟩ ZOOL termite m; fourmi blanche

Termitenhügel M termitière f

Terpentin N ⟨~s; ~e⟩ CHEM térébenthine f; **Terpentinöl** N CHEM essence f de térébenthine

Terrain N ⟨~s; ~s⟩ terrain m (a. fig); fig **das ~ sondieren** sonder le terrain

Terrakotta F ⟨~; -tten⟩, a. **Terrakotte** F ⟨~; ~n⟩ 1 ⟨sans pl⟩ Material terre cuite 2 Plastik, Gefäß etc terre cuite

Terrarium N ⟨~s; -ien⟩ terrarium m

Terrasse F ⟨~; ~n⟩ BAU, GEOG terrasse f; im Gelände a. gradin m

terrassenförmig ADJ u. ADV en terrasse(s); en gradins

Terrassengarten M jardin m en terrasses, en gradins; **Terrassenhaus** N maison f en terrasses; **Terrassenkultur** F AGR culture f en terrasses

terrassieren VT ⟨pas de ge-, h.⟩ aménager en terrasses, en gradins

Terrazzo M ⟨~(s); -zzi⟩ terrazzo m; **Terrazzofußboden** M parquet m en terrazzo

terrestrisch ADJ terrestre

Terrier M ⟨~s; ~⟩ ZOOL terrier m

Terrine F ⟨~; ~n⟩ soupière f

territorial ADJ territorial; **~e Integrität** intégrité territoriale; **~e Ansprüche** mpl revendications territoriales

Territorialansprüche MPL revendications territoriales; **Territorialgewalt** F souveraineté territoriale; **Territorialgewässer** NPL eaux territoriales; **Territorialhoheit** F ⟨~⟩ souveraineté territoriale; **Territorialstaat** M HIST principauté territoriale; **Territorialstreitkräfte** FPL (armée) territoriale f

Territorium N ⟨~s; -ien⟩ territoire m

Terror M ⟨~s⟩ 1 (Entsetzen, Schreckensherrschaft) terreur f; (Ausübung von ~) terrorisme m; **blutiger ~** terreur sanglante 2 umg fig drame m; **~ machen** umg faire tout un cirque

Terrorakt M acte m de terrorisme; **Terror-**

anschlag M attentat *m* terroriste; **Terrorherrschaft** F régime *m* de terreur

terrorisieren V/T ⟨*pas de ge-*, h.⟩ **1** terroriser **2** *umg fig (belästigen)* terrorriser; mettre au supplice; tourmenter; **Terrorisierung** F ⟨~; ~en⟩ terrorisme *m*

Terrorismus M ⟨~⟩ terrorisme *m*; **Terrorismusbekämpfung** F lutte *f* antiterroriste; **Terrorist(in)** M ⟨~en; ~en⟩ (F) ⟨~in; ~innen⟩ terroriste *m/f*; **terroristisch** ADJ terroriste

Terrororganisation F organisation *f* terroriste; **Terrorszene** F milieux *mpl* terroristes; **Terrorwelle** F vague *f* de terrorisme

Tertia F ⟨~; -ien⟩ *österr* troisième année *f* de l'enseignement secondaire; → *a.* Obertertia, Untertertia

Tertianer(in) M ⟨~s; ~⟩ (F) ⟨~in; ~innen⟩ *österr* élève *m/f* en troisième année de l'enseignement secondaire; → *a.* Obertertianer(in), Untertertianer(in)

tertiär ADJ tertiaire; **~er Sektor** secteur *m* tertiaire

Tertiär N ⟨~s⟩ GEOL tertiaire *m*

Terz F ⟨~; ~en⟩ MUS, FECHTEN tierce *f*; MUS **große (kleine)** ~ tierce majeure (mineure)

Terzett N ⟨~(e)s; ~e⟩ MUS trio *m* (de chant)

Tesafilm® M ruban adhésif; scotch® *m*

Tessin ⟨→ *n/pr*⟩ **das** ~ le Tessin

Test M ⟨~(e)s; ~s⟩ test *m*

Testament N ⟨~(e)s; ~e⟩ **1** JUR testament *m*; **j-n in s-m ~ bedenken** mettre qn sur son testament; tester en faveur de qn; **ein ~ eröffnen** ouvrir un testament; **sein ~ machen** faire son testament; tester; *umg fig* **da kannst du gleich dein ~ machen** tu peux faire tout de suite ton testament; **ohne ~ sterben** *t/t* décéder intestat; **durch ~ vermachen** léguer **2** REL **Altes, Neues ~** Ancien, Nouveau Testament

testamentarisch **A** ADJ testamentaire **B** ADV par testament; **~ verfügen** disposer par testament

Testamentsanfechtung F contestation *f* de *od* du testament; **Testamentseröffnung** F ouverture *f* de *od* du testament; **Testamentsvollstrecker(in)** M(F) exécuteur, -trice *m,f* testamentaire; **Testamentsvollstreckung** F exécution *f* de *od* du testament

Testat N ⟨~(e)s; ~e⟩ *(Bescheinigung)* attestation *f*; *e-s Produkts* label *m*

Testbetrieb M entreprise *f* pilote, type, témoin; **Testbild** N TV mire *f* (de réglage)

testen V/T ⟨-ete, h.⟩ tester; soumettre à un test; faire passer des tests à

Testfall M cas *m* type; expérience-témoin *f*; **Testflug** M vol *m* d'essai; **Testfrage** F question-test *f*

Testosteron N ⟨~s⟩ MED testostérone *f*

Testperson F sujet *m* d'expérience; personne soumise à un test, des tests; cobaye *m*; **Testpilot** M pilote *m* d'essai; **Testreihe** F, **Testserie** F batterie *f*, série *f* de tests; **Teststrecke** F piste *f*, parcours *m* d'essai; **Testverfahren** N méthode *f*, procédé *m* de test

Tetanie F ⟨~; ~n⟩ MED tétanie *f*; tétanisme *m*

Tetanus M ⟨~⟩ MED tétanos *m*; **Tetanusschutzimpfung** F vaccination *f* antitétanique

Tetrachlorkohlenstoff M CHEM tétrachlorure *m* de carbone

Tetracyclin N ⟨~s; ~e⟩ PHARM tétracycline *f*

Tetraeder N ⟨~s; ~⟩ MATH tétraèdre *m*

Tetralogie F ⟨~; ~n⟩ tétralogie *f*

teuer **A** ADJ ⟨teurer, teuerste⟩ **1** *(kostspielig)* cher, chère; coûteux, -euse; onéreux, -euse; **ein teures Restaurant** un restaurant cher; **das ist furchtbar ~** c'est °hors de prix, inabordable; *umg* cela coûte les yeux de la tête; **wie ~ (ist das)?** combien cela coûte-t-il, vaut-il?; **Paris ist ein teures Pflaster** à Paris, la vie est chère; *umg* **ein teurer Spaß** une fantaisie qui coûte cher; **teurer werden** devenir plus cher; renchérir **2** *geh (geschätzt)* cher, chère; **alles was uns lieb und ~ ist** tout ce qui nous est cher; **teure Freunde!** chers amis!; *hum* **meine Teuerste!** ma très chère! **B** ADV cher; chèrement; **~ bezahlen, verkaufen** payer, vendre cher; *fig* **das wird ihn ~ zu stehen kommen** il lui en, cela lui coûtera cher; il le paiera cher; *fig* **ein ~ erkaufter Sieg** une victoire chèrement acquise

Teuerung F ⟨~; ~en⟩ °hausse *f* des prix; renchérissement *m* (des prix)

Teuerungsrate F taux *m* de renchérissement; **Teuerungswelle** F flambée *f* des prix; valse *f* des étiquettes; **Teuerungszulage** F indemnité *f*, prime *f* de vie chère

Teufe F ⟨~; ~n⟩ BERGBAU profondeur *f*

Teufel M ⟨~s; ~⟩ diable *m*; *umg* **armer ~** *(bedauernswerter Mensch)* pauvre diable, bougre; *(mittelloser Mensch)* pauvre °hère; miséreux *m*; *umg* **wie der ~** comme un diable; **weder Tod noch ~ fürchten** ne craindre ni Dieu ni diable; *umg* **welcher ~ hat ihn geritten?** *umg* quelle mouche l'a piqué?; quel démon s'est emparé de lui?; *umg* **der ~ ist los** *umg* c'est la panique, la bousculade; *umg* ça barde!; *umg* **bist du des ~s?** as-tu perdu la tête?; *umg* **pfui ~!** *umg* pouah!; be(u)rk!; *umg* **hol dich der ~, der ~ soll dich holen!** que le diable t'emporte!; *umg* **hol's der ~!** au diable!; *umg* **weiß der ~** Dieu seul le sait!; *umg* **er kümmert sich den ~ darum** *umg* il s'en bat l'œil; *umg* il s'en fiche comme de sa première chemise; *umg* **auf ~ komm raus** à tout prix; *umg* **auf ~ komm raus fahren** rouler à fond de train, *umg* à fond la caisse; *umg* **in ~s Küche kommen** *umg* se fourrer dans un guêpier; *umg* **j-n in ~s Küche bringen** mettre qn dans de beaux draps; *umg* **in drei ~s Namen!** de par tous les diables!; **der ~ steckt im Detail** la difficulté réside dans le détail; ce sont les détails qui empoisonnent la vie; *umg* **es müsste mit dem ~ zugehen, …** … ce serait bien le diable …; *umg* **das hieße, den ~ mit Beelzebub austreiben** le remède est pire que le mal; *umg* **j-n zum ~ jagen** envoyer qn au diable; *umg* envoyer paître qn; *umg* **scher dich zum ~!** *umg* va te faire foutre!; *umg* **zum ~ mit ihm!** qu'il aille au diable!; **(zum) ~ noch (ein)mal!** bon Dieu de bon Dieu!; sacrebleu!; **wo zum ~ …?** où diable …?; *sprichw* **man soll den ~ nicht an die Wand malen** il ne faut pas tenter le diable; *umg sprichw* **in der Not frisst der ~ Fliegen** *sprichw* faute de grives on mange des merles

Teufelchen N ⟨~s; ~⟩ petit diable; diablotin *m*

Teufelei F ⟨~; ~en⟩ diablerie *f*; invention *f*, machination *f* diabolique

Teufelin F ⟨~; ~nen⟩ diablesse *f*; *fig pej* mégère *f*

Teufelsaustreibung F, **Teufelsbeschwörung** F exorcisation *f*; exorcisme *m*; **Teufelsbraten** *umg* M *(Teufelskerl)* diable *m* d'homme; *(Tunichtgut)* scélérat *m*; suppôt *m* de Satan; **Teufelsbrut** *umg* F engeance *f* diabolique; **Teufelskerl** *umg* M diable *m* d'homme; **Teufelskreis** M cercle vicieux; **Teufelsweib** *umg* N *a. pej* diablesse *f*; **Teufelswerk** N œuvre *f* du diable; œuvre *f* diabolique; **Teufelszeug** N *umg* chose, boisson, *etc* infernale, diabolique

teufen V/T ⟨h.⟩ BERGBAU foncer; creuser; avaler

teuflisch **A** ADJ **1** *(hinterhältig, bösartig)* diabolique; démoniaque; satanique **2** *(groß)* terrible; épouvantable; infernal; **~e Angst** *a.* peur bleue **B** *umg* ADV diablement; terriblement; **~ aufpassen** faire très, très attention

Teutone M ⟨~n; ~n⟩ Teuton *m*; **teutonisch** ADJ teuton, -onne

Text M ⟨~es; ~e⟩ **1** *(Geschriebenes)* texte *m*; **sich an den ~ e-r Vereinbarung halten** s'en tenir au texte d'un accord; *umg fig* **weiter im ~!** continuez! **2** *e-s Liedes* paroles *fpl*; *e-r Oper* livret *m* **3** *zu e-r Abbildung* légende *f* **4** BIBEL passage *m*, verset *m* (de l'Écriture)

Textanalyse F LING analyse *f* de texte; **Textaufgabe** F MATH devoir *m*; problème *m*; **Textausgabe** F texte non annoté, sans notes; **Textauslegung** F explication *f*, interprétation *f* de texte; KIRCHE exégèse *f*; **Textbaustein** M IT module *m*; **Textbuch** N THEAT livret *m*; libretto *m*; **Textdichter** M THEAT librettiste *m*

texten V/I (*u.* V/T) ⟨-ete, h.⟩ **1** MUS composer les paroles (de) **2** WERBUNG rédiger le texte (de)

Texter M ⟨~s; ~⟩ **1** MUS parolier *m* **2** → Werbetexter(in)

Texterfassung F IT saisie *f* (d'un texte); **Textgestaltung** F rédaction *f*

textil ADJ textile

Textilfabrik F fabrique *f* de matières textiles; **Textilfabrikant** M fabricant *m* de matières textiles; **Textilfaser** F fibre *f* textile; **Textilgewerbe** N (industrie *f* et commerce *m* des) textiles *mpl*

Textilien PL textiles *mpl*; **Textilindustrie** F industrie *f* textile; textile *m*; **Textilpflanzen** FPL plantes *fpl* textiles; **Textilwaren** FPL textiles *mpl*; **Textilwirtschaft** F (industrie *f* et commerce *m* des) textiles *mpl*

Textinterpretation F interprétation *f* de texte; **Textkritik** F critique *f* de textes; **Textlinguistik** F étude *f* linguistique des textes; **Textmarker** M ⟨~s; ~⟩ marqueur *m*; surligneur *m*; **Textsorte** F LING type *m* de texte; **Textstelle** F passage *m* (d'un texte, BIBEL de l'Écriture)

Textur F ⟨~; ~en⟩ *geh*, CHEM, TECH texture *f*

Textverarbeitung F IT traitement *m* de texte

T-förmig ADJ en T

TH F ⟨~; ~s⟩ ABK (technische Hochschule) → technisch A 1

Thai[1] M ⟨~(s); ~(s)⟩, F ⟨~; ~s⟩ *Einwohner(in)* Thaïlandais(e) *m(f)*; *pl* **die ~(s)** *a.* les Thaï(s) *mpl*

Thai[2] N ⟨~⟩ *Sprache* thaï *m*

Thailand N ⟨→ *n/pr*⟩ la Thaïlande; **Thailänder(in)** M ⟨~s; ~⟩ (F) ⟨~in; ~innen⟩ Thaïlandais(e) *m(f)*

thailändisch ADJ thaïlandais

Thallium N ⟨~s⟩ CHEM thallium *m*

Theater N ⟨~s; ~⟩ **1** *Gebäude* théâtre *m* **2** ⟨*sans pl*⟩ *(Vorstellung)* spectacle *m*; **ins ~ gehen** aller au théâtre, au spectacle **3** ⟨*sans pl*⟩ *Institution* **zum ~ gehen** se faire acteur, -trice; monter sur les planches; faire du théâtre; **am, beim ~ sein** travailler dans un théâtre; *(Schauspieler sein)* être acteur, -trice **4** ⟨*sans pl*⟩ *Kunstform* théâtre *m*; **das ~ seit Racine** le théâtre depuis Racine **5** *umg fig* **so ein ~!** quel cinéma!; quelle comédie!; **viel ~ um** *od* **wegen etw machen** faire des histoires, faire tout un cinéma, tout un cirque à propos *od* à cause de qc; **es ist immer dasselbe ~** c'est toujours la même histoire

Theaterabend M soirée théâtrale; **Thea-**

T

terabonnement N abonnement *m* au théâtre; **Theateraufführung** F représentation théâtrale; spectacle *m*
Theaterbesuch M sortie *f* au théâtre; **regelmäßiger ~** fréquentation *f* du théâtre
Theaterbesucher(in) M(F) spectateur, -trice *m,f*; **Theaterdirektor** M directeur *m* de théâtre; **Theaterferien** PL relâche *m*; **Theatergruppe** F groupe théâtral; **Theaterkarte** F billet *m* de théâtre; **Theaterkasse** F caisse *f* (du théâtre); **Theaterkritik** F critique théâtrale; **Theaterkritiker(in)** M(F) critique *m* de théâtre; **Theaterprobe** F répétition *f*; **Theaterpublikum** N public *m* de théâtre; **Theatersaal** M salle *f* de spectacle; **Theatersaison** F saison théâtrale; **Theaterstück** N pièce *f* (de théâtre); **Theatertruppe** F troupe théâtrale; **Theatervorstellung** F → Theateraufführung; **Theaterwerkstatt** F atelier *m* de décors (de théâtre)
Theatralik F ⟨~⟩ attitude théâtrale; poses *fpl*; emphase *f*; affectation *f*
theatralisch A ADJ 1 théâtral 2 *(übertrieben)* emphatique; affecté B ADV d'une manière affectée, emphatique, théâtrale
Theismus M ⟨~⟩ PHIL théisme *m*
Theke F ⟨~; ~n⟩ comptoir *m*; bar *m*
Thema N ⟨~s; -men *ou* ~ta⟩ 1 *(Gegenstand), e-s Artikels, Vortrags etc* sujet *m*; *(Grundgedanke)* thème *m*; **ein heikles ~** un sujet délicat; **ein ~ behandeln** traiter un sujet; **auf ein ~ eingehen** entrer dans, aborder un sujet; **vom ~ abweichen** s'écarter du sujet; sortir du sujet; **das ~ verfehlen** ne pas traiter le sujet; être °hors sujet; **das ~ wechseln** changer de sujet; **zum ~ zurückkehren** revenir à son sujet; **zum ~ Urlaub** *(betreffs)* à propos (des) vacances; **das gehört nicht zum ~** c'est °hors sujet 2 MUS thème *m*; motif *m*; **Variationen** *fpl* **über ein ~ von Haydn** variations *fpl* sur un thème de Haydn
Thematik F ⟨~; ~en⟩ thématique *f*
thematisch ADJ thématique
thematisieren V/T ⟨*pas de ge-*, h.⟩ prendre pour sujet, thème
Themenkreis M thématique *f*; **Themenstellung** F manière *f*, façon *f* de poser un sujet *bzw.* des sujets
Themse ⟨→ *n/pr*⟩ **die ~** la Tamise
Theodolit M ⟨~(e)s; ~e⟩ VERMESSUNG théodolite *m*
Theodor M ⟨→ *n/pr*⟩ *prénom*
Theologe M ⟨~n; ~n⟩, **Theologin** F ⟨-in; -innen⟩ théologien, -ienne *m,f*; *(Student[in] der Theologie)* étudiant(e) *m(f)* en théologie
Theologie F ⟨~; ~n⟩ théologie *f*; **~ studieren** faire des études de théologie
theologisch ADJ théologique
Theorem N ⟨~s; ~e⟩ MATH théorème *m*
Theoretiker(in) M ⟨~s; ~⟩ (F) ⟨~in; ~innen⟩ théoricien, -ienne *m,f*
theoretisch A ADJ théorique B ADV théoriquement; **theoretisieren** V/I ⟨*pas de ge-*, h.⟩ faire de la théorie; *t/t* théoriser
Theorie F ⟨~; ~n⟩ théorie *f*; **~ und Praxis** la théorie et la pratique; *umg* **das ist alles graue ~** tout cela, c'est de la pure théorie; tout cela est irréalisable
Theosophie F ⟨~; ~n⟩ PHIL théosophie *f*
Therapeut(in) M ⟨~en; ~en⟩ (F) ⟨~in; ~innen⟩ MED, PSYCH thérapeute *m/f*
Therapeutikum N ⟨~s; -ka⟩ MED produit *m* thérapeutique; médicament *m*
therapeutisch ADJ thérapeutique
Therapie F ⟨~; ~n⟩ thérapie *f* (**gegen** contre); thérapeutique *f*; traitement *m*
Thermalbad N *Ort* station thermale; *(Kuranstalt)* établissement thermal; **Thermalquelle** F source thermale; **Thermalwasser** N eau thermale
Therme F 1 → Thermalquelle; PL **~n** *(Bäder)* thermes *mpl* 2 TECH chauffe-eau *m*
Thermik F ⟨~⟩ METEO ascendance *f*, courant *m* thermique
thermisch ADJ thermique
Thermodynamik F thermodynamique *f*; **thermoelektrisch** ADJ thermoélectrique
Thermohose F pantalon *m* thermo
Thermometer N, *österr u. schweiz a.* M ⟨~s; ~⟩ thermomètre *m*; **Thermometerstand** M température indiquée par le thermomètre
thermonuklear ADJ thermonucléaire
Thermoplast M ⟨~(e)s; ~e⟩ matière *f* thermoplastique
Thermosflasche® F bouteille *f* thermos®; thermos® *m od f*; **Thermoskanne®** F cafetière *f bzw.* verseuse *f* isotherme
Thermostat M ⟨~(e)s *ou* ~en; ~e(n)⟩ thermostat *m*; **thermostatisch** ADJ thermostatique
Thesaurus M ⟨~; -ren *ou* -ri⟩ LING trésor *m*
These F ⟨~; ~n⟩ thèse *f*
Theseus M ⟨→ *n/pr*⟩ MYTH Thésée *m*
Thing N ⟨~(e)s; ~e⟩ HIST Thing *m* *(assemblée, conseil)*
Thomas M ⟨→ *n/pr*⟩ *prénom*; **~ von Aquin(o)** (saint) Thomas *m* d'Aquin; *fig* **ein ungläubiger ~** un saint Thomas; un incrédule
Thora F ⟨~⟩ REL Torah *od* Thora *f*; **Thorarolle** F torah *od* thora *f*; **Thoraschrein** M armoire *f* aux torahs, thoras
Thorax M ⟨~(es); ~e⟩ ANAT thorax *m*
Thorium N ⟨~s⟩ CHEM thorium *m*
Thriller M ⟨~s; ~⟩ thriller *m*; film *m bzw.* roman *m* à suspense
Thrombose F ⟨~; ~n⟩ MED thrombose *f*
Thron M ⟨~(e)s; ~e⟩ 1 *a. fig* trône *m*; **den ~ besteigen** monter sur le trône; accéder au trône; **j-n auf den ~ erheben** mettre, installer qn sur le trône; introniser qn; *a. fig* **j-n vom ~ stoßen** détrôner qn; *fig* **sein ~ wackelt** son trône vacille 2 *umg hum (Klosett) umg* trône *m*
Thronanwärter M prétendant *m* au trône; **Thronbesteigung** F accession *f*, avènement *m* au trône
thronen V/I ⟨h.⟩ trôner *(a. iron)*
Thronerbe M, **Thronerbin** F héritier, -ère *m,f* du trône; **Thronfolge** F succession *f* au trône; **Thronfolger(in)** M ⟨~s; ~⟩ (F) ⟨~in; ~innen⟩ héritier, -ière *m,f* du trône; **Thronrede** F discours *m* du trône; **Thronsaal** M salle *f* du trône; **Thronsessel** M trône *m*
Thulium N ⟨~s⟩ CHEM thulium *m*
Thun N ⟨→ *n/pr*⟩ GEOG Thoune
Thunfisch M thon *m*
Thurgau M ⟨→ *n/pr*⟩ **der ~** la Thurgovie
Thüringen N ⟨→ *n/pr*⟩ la Thuringe
Thüringer(in) M ⟨~s; ~⟩ (F) ⟨~in; ~innen⟩ Thuringien, -ienne *m,f*
thüringisch ADJ thuringien, -ienne; de (la) Thuringe
THW N ⟨~⟩ ABK (Technisches Hilfswerk) → technisch A 1
Thymian M ⟨~s; ~e⟩ BOT thym *m*
Thymusdrüse F ANAT thymus *m*
Tiara F ⟨~; -ren⟩ tiare *f*
Tiber ⟨→ *n/pr*⟩ **der ~** le Tibre
Tibet N ⟨→ *n/pr*⟩ le Tibet
Tibetaner(in) M ⟨~s; ~⟩ (F) ⟨~in; ~innen⟩ Tibétain(e) *m(f)*; **tibetanisch** ADJ tibétain; du Tibet
Tibeter(in) M ⟨~s; ~⟩ (F) ⟨~in; ~innen⟩ Tibétain(e) *m(f)*; **tibetisch** ADJ tibétain; du Tibet
Tic M ⟨~(e)s; ~s⟩ MED tic *m*
Tick *umg* M ⟨~(e)s; ~s⟩ 1 *(wunderliche Eigenart)* tic *m*; manie *f*; **e-n ~ haben** avoir un grain 2 *(Nuance)* **e-n ~ höher, teurer** *etc* un tout petit peu plus °haut, cher, *etc* 3 MED tic *m*
ticken V/I ⟨h.⟩ 1 *Uhr* faire tic tac 2 *mit e-m Gegenstand* tapoter 3 *umg fig (denken u. handeln)* fonctionner; **anders ~** fonctionner autrement; **du tickst wohl nicht richtig** *umg* tu n'es pas un peu fêlé, cinglé, givré?
Ticker M ⟨~s; ~⟩ *Jargon (Fernschreiber)* téléscripteur *m*; Télétype® *m*
Ticket N ⟨~s; ~s⟩ *(Flugticket, Eintrittskarte)* billet *m*; *(Fahrschein)* ticket *m*
ticktack INT tic tac!
Ticktack F ⟨~; ~s⟩ *kinderspr* montre *f*
Tide F ⟨~; ~n⟩ *nordd* marée *f*
Tiebreak M *od* N ⟨~s; ~s⟩ TENNIS tie-break *m*; jeu décisif

tief

A Adjektiv **B** Adverb

— **A** Adjektiv —

1 *Ausdehnung: nach unten bzw. nach hinten* profond; **ein ~es Loch** un trou profond; **wie ~ ist …?** quelle est la profondeur de …?; **der Teich ist 6 m ~** l'étang a 6 m de profondeur, a une profondeur de 6 m; **~er Schnee** neige profonde; **e-e ~e Höhle** une caverne profonde; **der Schrank ist 60 cm ~** l'armoire a 60 cm de profondeur 2 *Wölbung* profond; **ein ~er Teller** une assiette creuse; **~er Ausschnitt** décolleté profond; **~es Tal** vallée profonde 3 *Lage: auf e-r Skala, Temperatur, Ton, Niveau* bas, basse; **~er Schmelzpunkt** bas point de fusion; **~e Stimme** voix *f* grave; **~er Bass** basse profonde; *räumlich* **die ~eren Stockwerke** *npl* les étages inférieurs 4 *zeitlich u. räumlich* profond; **~e Nacht** nuit profonde; **~er Wald** forêt profonde; **im ~sten Mittelalter** en plein Moyen Âge; **im ~sten Afrika, Winter** au cœur de l'Afrique, de l'hiver; *fig* **aus ~stem Herzen** du fond du cœur 5 *(intensiv)* profond; *Farbe* **~es Blau** bleu profond, intense; *fig* **~er Schlaf** profond sommeil; *fig* **~es Schweigen** profond silence; *fig* **in ~er Trauer** en grand deuil; *fig* **~es Mitgefühl** profonde compassion

— **B** Adverb —

1 *Richtung: nach unten* profondément; SCHIFF **~ gehend** à grand tirant d'eau; **~ graben** creuser profondément; **~ hinunterreichen** descendre (très) bas; **sich ~ verbeugen** faire une profonde révérence; *umg fig* **er hat zu ~ ins Glas geguckt** *umg* il a trop levé le coude; *fig* **er ist ~ gesunken** il est tombé bien bas; **den Hut ~ ins Gesicht ziehen** enfoncer son chapeau (sur la tête) 2 *Richtung: nach innen* **~ eindringen** pénétrer profondément (**in** [+ *akk*] dans) 3 *Lage: weit unten* **~ unten** tout en bas; *fig* **das Problem liegt ~er** le problème se situe plus en profondeur 4 *Lage: weit innen, räumlich* **~ im Wald** au fond des bois; *zeitlich* **~ in der Nacht** tard dans la nuit; **bis ~ in den Winter** jusqu'au cœur de l'hiver; **~ liegende Augen** (**haben** avoir les) yeux enfoncés 5 *(nicht hoch) Ort* **~ liegen** être situé à basse altitude; **~ liegend** bas, basse; **sehr ~ fliegen** voler très bas; *Kosten* **zu ~ ansetzen** sous-évaluer 6 *Glocke etc* **~ klingen** rendre un son grave; **etwas ~er singen** chanter un peu plus bas 7 *fig (nicht oberflächlich)* **~ blicken lassen** donner à penser; **~ blickend** perspicace; pénétrant; **~ gehend** profond; qui va loin; **~ greifend** profond; **~ schürfend** profond; qui va au fond des choses 8 *(sehr, sehr stark)* **~ atmen** respirer profondément; **~ beeindru-**

cken faire une forte, profonde impression sur; ~ **beschämt** profondément humilié; ~ **betrübt** profondément affligé; ~ **bewegt** profondément ému, touché; ~ **unglücklich sein** être très malheureux; ~ **verletzen** blesser profondément; ~ **verschneit** enseveli sous la neige

Tief N ⟨~s; ~s⟩ 1 METEO, *a. fig* dépression *f*; zone *f* de basse pression 2 SCHIFF chenal *m*

Tiefbau M ⟨~(e)s⟩ *Sektor* travaux publics; *unterirdischer a.* travaux souterrains, en sous-sol; **Hoch- und ~** génie civil

Tiefbauamt N *etwa* (service *m* des) ponts *mpl* et chaussées *fpl*

tiefbeschämt, **tiefbetrübt**, **tiefbewegt** ADJT → tief B 8; **tiefblau** ADJ bleu profond, intense; **tiefblickend** ADJT perspicace; pénétrant

Tiefdruck M ⟨~(e)s; ~e⟩ 1 ⟨*sans pl*⟩ METEO basses pressions 2 TYPO héliogravure *f*; impression *f* hélio; **Tiefdruckgebiet** N METEO dépression *f*; zone *f* de basse pression

Tiefe F ⟨~; ~n⟩ 1 *nach unten od innen* profondeur *f*; **die ~ der Bühne** la profondeur de la scène 2 (*Innerstes*) fond *m*; cœur *m*; **aus der ~ des Weltalls** du fond de l'univers 3 (*Hintergrund*) fond *m* 4 ⟨*sans pl*⟩ (*Intensität*) **die ~ ihres Gefühls** la profondeur de son sentiment 5 *e-s Tons* gravité *f*; *der Stimme* timbre *m* grave; *pl* **die ~n** les basses

Tiefebene F plaine basse

Tiefenmesser M ⟨~s; ~⟩ SCHIFF bathymètre *od* bathomètre *m*; *e-s U-Boots* manomètre *m* de profondeur; **Tiefenmessung** F SCHIFF sondage *m*; **Tiefenpsychologie** F psychologie *f* de l'inconscient; **Tiefenschärfe** F FOTO profondeur *f* de champ; **Tiefensehen** N ⟨~s⟩ OPT vision *f* en relief; **Tiefenwirkung** F 1 OPT effet *m* de relief 2 MED *etc* action *f* en profondeur

Tieferlegung F ⟨~⟩ abaissement *m* (de niveau)

tiefernst ADJ très grave

Tiefflieger M avion *m* volant à très basse altitude

Tiefflug M vol *m* à très basse altitude; (vol *m* en) rase-mottes *m*; **im ~** en rase-mottes

Tiefgang M ⟨~(e)s⟩ SCHIFF tirant *m* d'eau; *fig* **e-e Komödie mit ~** une comédie d'un bon niveau intellectuel

Tiefgarage F garage, parking souterrain

tiefgehend ADJT 1 SCHIFF à grand tirant d'eau 2 *fig* profond; qui va loin; **tiefgekühlt** ADJT surgelé; congelé; **tiefgreifend** ADJT profond; **tiefgründig** ADJ profond; **tiefkühlen** VT ⟨*les formes séparées des temps simples ne s'emploient pas*, -ge-, h.⟩ surgeler; congeler

Tiefkühlfach N compartiment congélateur; (*Eisfach*) *a.* freezer *m*; **Tiefkühlkost** F produits surgelés; **Tiefkühltruhe** F congélateur *m*; **Tieflader** M ⟨~s; ~⟩ remorque *f*, wagon *m* à plate-forme surbaissée; **Tiefland** N plaine *f*; **tiefliegend** ADJT bas, basse; *Augen* enfoncé; **Tiefpunkt** M point le plus bas; *fig* creux *m* (de la vague); dépression *f*

tiefrot ADJ rouge foncé (*inv*); *fig* **~e Zahlen schreiben** être dans le rouge foncé

Tiefschlag M BOXEN coup bas

tiefschürfend ADJT profond; qui va au fond des choses; **tiefschwarz** ADJ noir profond

Tiefsee F ⟨~⟩ grands fonds; abysses *mpl* (marins); **Tiefseeforschung** F étude *f* des, recherches *fpl* sur les grands fonds sous-marins; **Tiefsinn** M ⟨~(e)s⟩ profondeur *f* d'esprit; (*Trübsinn*) mélancolie *f*; **tiefsinnig** ADJ (d'esprit) profond; (*trübsinnig*) mélancolique; **Tiefstand** M *a.* WIRTSCH niveau le plus bas; niveau très bas; dépression *f*; **tiefstapeln** VI ⟨*sép*, -ge-, h.⟩ être trop modeste; **Tiefstapler(in)** M ⟨~s; ~⟩ (F) ⟨~in; ~innen⟩ personne *f* qui pèche par excès de modestie; **Tiefstart** M SPORT départ *m* en bascule; **Tiefstrahler** M projecteur *m*

Tiefstwert M valeur minimale; minimum *m*; METEO **die ~e liegen morgen zwischen 11 und 15 Grad** demain, les (températures) minimales seront entre 11 et 15 degrés

tiefverschneit ADJT enseveli sous la neige

Tiegel M ⟨~s; ~⟩ 1 GASTR poêlon *m* 2 METALL, CHEM creuset *m*

Tier N ⟨~(e)s; ~e⟩ 1 animal *m* 2 *im Gegensatz zum Menschen* bête *f*; **männliches ~** mâle *m*; **weibliches ~** femelle *f*; **wildes ~** bête sauvage; **das ~ im Menschen** la bête humaine; **zum ~ werden** tomber dans la bestialité; descendre au niveau de la bête 3 *umg fig* **ein hohes ~** *umg* un gros bonnet; *umg* une grosse légume; *umg* une huile

Tieranbetung F *t/t* zoolâtrie *f*; **Tierart** F espèce animale; **Tierarzt** M, **Tierärztin** F vétérinaire *m/f*; **tierärztlich** ADJ vétérinaire; **Tierbändiger(in)** M(F) dompteur, -euse *m,f*; **Tierbild** N représentation *f* d'un animal, d'animaux; MAL peinture *f* d'animal, d'animaux

Tierchen N ⟨~s; ~⟩ petit animal; petite bête; bestiole *f*; *umg* **jedem ~ sein Pläsierchen** *umg* à chacun son dada, sa marotte

Tierdichtung F littérature *f* mettant en scène des animaux; **Tierfabel** F fable *f* mettant en scène des animaux; **Tierfänger** M ⟨~s; ~⟩ chasseur *m* spécialisé dans la capture des animaux sauvages; **Tierfreund(in)** M(F) ami(e) *m(f)* des animaux; **Tiergarten** M jardin *m* zoologique; zoo *m*; **Tiergattung** F genre *m* (d'animaux); **Tiergeschichte** F histoire *f* de bêtes, d'animaux; **Tierhalter** M ADMIN détenteur *m*, propriétaire *m* d'un animal, d'animaux; **Tierhaltung** F possession *f* d'un animal, d'animaux; AGR élevage *m* de bétail; **Tierhandlung** F animalerie *f*; **Tierheilkunde** F → Tiermedizin; **Tierheim** N *für herrenlose Tiere* fourrière *f*; asile *m* (pour les animaux)

tierisch A ADJ 1 ⟨*épithète*⟩ (*vom Tier*) animal; **~e Fette** *npl* graisses animales 2 *fig* (*tierhaft*) bestial; brutal; **~es Benehmen** *a.* comportement *m* de bête, brute 3 *umg* (*sehr groß, intensiv etc*) monstrueux, -euse; abominable; **~e Hitze** chaleur *f* abominable; *umg* **~er Ernst** absence totale d'humour B *umg* ADV (*sehr*) *umg* vachement; **~ gut aussehen** *umg* être beau, belle gosse

Tierkinder NPL petits *mpl* d'animaux; **Tierklinik** F clinique *f* vétérinaire; **Tierkreiszeichen** N signe *m* du zodiaque; **Tierkunde** F zoologie *f*; **tierlieb** ADJ qui aime les animaux; ami des bêtes; **Tierliebe** F amour *m* des animaux; **Tiermedizin** F ⟨~⟩ médecine *f* vétérinaire; **Tiermehl** N farines animales; **Tiername** M nom *m* d'animal; **Tierpark** M jardin *m* zoologique; zoo *m*; **Tierpfleger(in)** M(F) gardien, -ienne *m,f* d'animaux; *als Beruf* animalier, -ière *m,f*; **Tierpräparator(in)** M(F) préparateur, -trice *m,f* en zoologie; **Tierquäler(in)** M(F) personne *f* qui maltraite les animaux; **Tierquälerei** F cruauté *f* envers les animaux; **Tierreich** N ⟨~(e)s⟩ règne animal; **Tierschau** F exposition *f* d'animaux, *von Vieh* de bestiaux; ZIRKUS ménagerie *f*; **Tierschutz** M protection *f* *bzw.* défense *f* des animaux; **Tierschützer(in)** M(F) membre *m(f)* d'une association de protection *bzw.* de défense des animaux; **Tierschutzverein** M société protectrice des animaux; *in Frankreich* SPA *f*

Tierversuch M expérience faite sur des animaux; **~e** *pl a.* expérimentation animale

Tierwärter M → Tierpfleger(in); **Tierwelt** F ⟨~⟩ monde, règne animal; **Tierzucht** F élevage *m* d'animaux; *t/t* zootechnie *f*

Tiger(in) M ⟨~s; ~⟩ (F) ⟨~in; ~innen⟩ tigre *m*, tigresse *f*; **Tigerfell** N peau *f* de tigre; **Tigerhai** M ZOOL requin-tigre *m*; **Tigerkatze** F ZOOL chat-tigre *m*; **Tigerlilie** F BOT lis tigré

tigern *umg* VI ⟨-(e)re, s.⟩ *umg* **durch die Stadt ~** trotter d'un bout à l'autre de la ville; **nach Hause ~** *umg* rentrer à pinces

Tilde F ⟨~; ~n⟩ LING tilde *m*

tilgbar ADJ *Schulden* amortissable; *Kredit a.* remboursable

tilgen VT ⟨h.⟩ 1 *geh* (*auslöschen*) effacer; faire disparaître; supprimer; *aus e-m Register, e-r Liste etc* (*streichen*) rayer; radier; **aus s-m Gedächtnis ~** bannir de sa mémoire 2 FIN *Schuld* amortir; éteindre; s'acquitter, se libérer de; *bes Hypothek* purger; *Kredit* rembourser; *Anleihe* amortir

Tilgung F ⟨~; ~en⟩ 1 (*Auslöschen*) effaçage *od* effacement *m*; suppression *f*; *aus e-r Liste* radiation *f* 2 FIN *e-r Schuld* amortissement *m*; extinction *f*; *e-r Hypothek* purge *f*; *e-s Kredits* remboursement *m*; *e-r Anleihe* amortissement *m*

Tilgungsdauer F durée *f* d'amortissement; **Tilgungsfonds** M fonds *m* d'amortissement; **Tilgungskredit** M crédit *m* amortissable; **Tilgungsplan** M plan *m* d'amortissement; **Tilgungsquote** F taux *m* d'amortissement

Tilgungsrate F **jährliche ~** annuité *f* d'amortissement

Tilgungszeichen N TYPO deleatur *m*

Till M ⟨→ *n/pr*⟩ *prénom*; **~ Eulenspiegel** Till *m* l'espiègle

Tilsiter M ⟨~s; ~⟩ *ou* ADJ ⟨*inv*⟩ ~ (**Käse** M) tilsit *m*

Timbre N ⟨~s; ~s⟩ timbre *m*

Timbuktu N ⟨→ *n/pr*⟩ GEOG Tombouctou

timen VT ⟨h.⟩ calculer; minuter

Timing N ⟨~s; ~s⟩ minutage *m*; précision *f*

Timor N ⟨→ *n/pr*⟩ le Timor

tingeln VI ⟨-(e)le⟩ 1 ⟨h.⟩ se produire comme artiste ambulant 2 ⟨*doublé d'une indication de direction* s.⟩ **durch die Provinz ~** parcourir la province pour y donner de petits spectacles

Tingeltangel *umg* M *od* N ⟨~s; ~⟩ 1 *Lokal* boîte *f*; café-concert *m*; *umg* boui-boui *m* 2 (*billige Unterhaltung*) musique *f*, divertissement *m* de bas niveau

Tinktur F ⟨~; ~en⟩ PHARM teinture *f*

Tinnef *umg* M ⟨~s⟩ 1 (*wertloses Zeug*) pacotille *f*; *umg* camelote *f* 2 (*Unsinn*) âneries *fpl*; *plus fort umg* conneries *fpl*; **red keinen ~!** arrête de dire des âneries, *plus fort umg* des conneries

Tinnitus M ⟨~; ~⟩ MED acouphène *m*

Tinte F ⟨~; ~n⟩ encre *f*; **unsichtbare ~** encre *f* sympathique; **mit ~ schreiben** écrire à l'encre; *umg fig* **in der ~ sitzen** *umg* être dans le pétrin, dans de beaux, mauvais, sales draps; *umg fig* **das ist doch klar wie dicke ~** c'est clair comme de l'eau de roche; c'est aussi clair que 2 et 2 font 4

Tintenfass N encrier *m*; **Tintenfisch** M ZOOL seiche *f*; **Tintenfleck** M tache *f* d'encre; **Tintenkiller®** M effaceur *m*; **Tintenklecks** M tache *f* d'encre; **Tintenstift** M crayon *m* encre; **Tintenstrahldrucker** M imprimante *f* à jet d'encre

Tipp M ⟨~s; ~s⟩ 1 *umg* (*Hinweis*) *umg* tuyau *m*; **j-m e-n ~ geben** *umg* donner un tuyau à qn; *umg* tuyauter qn 2 *beim Wetten* pari *m*

Tippelbruder *umg* M vagabond *m*; clochard *m*

T

tippeln umg VI ‹-(e)le, s.› marcher; aller à pied; umg crapahuter
tippen ‹h.› **A** VT **1** umg (mit der Maschine schreiben) umg taper à la machine **2** Zahl jouer **B** VI **1** (leicht berühren) **an etw** (akk), **gegen etw ~** toucher qc du bout du doigt **2** LOTTO etc jouer; (setzen auf) **~ (auf** [+ akk]) parier (sur); miser (sur) **3** (vermuten) parier (**auf** [+akk] sur); **ich tippe darauf, dass …** je parie que … (+ind)
Tipp-Ex® N ‹~› Tipp-Ex® m (blanc correcteur)
Tippfehler umg M faute f de frappe; **Tippschein** M bulletin m, grille f (de loterie od de loto)
Tippse umg pej F ‹~; ~n› dactylo f
tipptopp umg **A** ADJ (sauber) umg impec; fig épatant **B** ADV de façon épatante
Tirade geh pej F ‹~; ~n› tirade f
Tiramisu N ‹~s; ~s, mais 4 ~› GASTR tiramisu m
tirilieren VI ‹pas de ge-, h.› Vögel lancer des trilles; gazouiller; Lerche grisoller
Tirol N ‹→ n/pr› le Tyrol
Tiroler¹ ADJ ‹inv› du Tyrol; tyrolien, -ienne
Tiroler² M ‹~s; ~›, **Tirolerin** F ‹~in; ~innen› Tyrolien, -ienne m,f
Tirolerhut M chapeau tyrolien
Tisch M ‹~(e)s; ~e› **1** table f; fig POL **runder ~** table ronde; **den ~ decken** mettre la table, le couvert; **den ~ abdecken** desservir, débarrasser la table; fig **reinen ~ machen** faire table rase; **am ~ sitzen** être assis à (la) table; umg fig **auf den ~ hauen** taper du poing sur la table; umg fig **j-n über den ~ ziehen** umg avoir qn; fig **etw unter den ~ fallen lassen** passer qc sous silence; escamoter qc; umg passer qc à l'as; umg fig **j-n unter den ~ trinken** umg faire rouler qn sous la table; saouler qn; umg fig Problem **vom ~ sein** être réglé; JUR **getrennt von ~ und Bett** séparé de corps et de biens; fig **am grünen ~, vom grünen ~ aus** d'un point de vue, de façon bureaucratique, technocratique **2** geh (Mahlzeit) **bei ~ sitzen** être à table; **vor (nach) ~** avant (après) le repas; **bitte, zu ~!** à table!; **zu ~ gehen** se mettre, passer à table
Tischbein N pied m de table; **Tischbesen** M ramasse-miettes m
Tischchen N ‹~s; ~› petite table
Tischdame F voisine f de table; **Tischdecke** F zum Essen nappe f; zum Schmuck tapis m de table
Tischende N bout m de la table; **oberes, unteres ~** °haut, bas bout de la table; **am oberen ~ sitzen** a. présider
tischfertig ADJ prêt à servir
Tischfeuerzeug N briquet m (de table); **Tischfußball** M baby-foot m; **Tischgast** M convive m; invité m; **Tischgebet** N vor der Mahlzeit bénédicité m; nach der Mahlzeit grâces fpl; **Tischgespräch** N propos mpl de table; **Tischglocke** F sonnette f, clochette f de table; **Tischherr** M voisin m de table; **Tischkante** F bord m de table; **Tischkarte** F carton m (de table); **Tischlampe** F lampe f (de table); **Tischläufer** M chemin m de table
Tischler M ‹~s; ~› menuisier m; (Kunsttischler) ébéniste m
Tischlerei F ‹~; ~en›, **Tischlerhandwerk** N menuiserie f; (Kunsttischlerei) ébénisterie f
tischlern ‹h.› **A** VT travailler, menuiser **B** VI faire de la menuiserie, de l'ébénisterie
Tischlerwerkstatt F (atelier m de) menuiserie f, (Kunsttischlerwerkstatt) ébénisterie f
Tischmanieren FPL **gute ~ haben** savoir se tenir à table
Tischnachbar(in) M(F) voisin(e) m(f) de table; **Tischplatte** F dessus m de table; **Tischrechner** M calculatrice f (de table); **Tischrede** F lange discours m de banquet; kurze speech m; toast m; **Tischrücken** N ‹~s› tables tournantes
Tischtennis N ‹~› tennis m de table; ping-pong m; **Tischtennisball** M balle f de ping-pong; **Tischtennisplatte** F table f de ping-pong; **Tischtennisschläger** M raquette f de ping-pong
Tischtuch N ‹~(e)s; -tücher› nappe f; **Tischwäsche** F linge m de table; **Tischwein** M vin m de table, ordinaire; **Tischzeit** F heure f du repas
Titan¹ N ‹~s› CHEM titane m
Titan² M ‹~en; ~en› MYTH titan m
titanisch ADJ titanesque; gigantesque; **~e Kräfte** fpl force(s) herculéenne(s)
Titel M ‹~s; ~› **1** e-r Person, a. SPORT titre m; **den ~ … führen** porter le titre de …; **j-m e-n ~ verleihen** donner un titre à qn; SPORT **e-n ~ innehaben** détenir un titre; **akademischer ~** titre universitaire **2** (Überschrift) titre m; **den ~ … tragen** être intitulé …; s'intituler … **3** HANDEL (Musikstück, Buch) titre m; **e-n ~ spielen** jouer un morceau; **e-n ~ auf den Markt bringen** mettre un titre, un livre sur le marché
Titelanwärter(in) M(F) prétendant(e) m(f) à un titre, au titre; SPORT a. challenger m; **Titelauflage** F TYPO ouvrage m dont seulement le titre est changé; **Titelbild** N e-s Buchs frontispice m; e-r Zeitschrift couverture f; **Titelblatt** N bes e-s Buchs (page f de) titre m; **Titelbogen** M TYPO feuille f du titre
Titelei F ‹~; ~en› TYPO feuilles fpl de titre od préliminaires
Titelgeschichte F article m qui fait la une; **~ der Woche** en couverture cette semaine
Titelheld M personnage principal; **Titelkampf** M SPORT match m qui met un titre en jeu; **Titelrolle** F THEAT rôle m (du personnage) principal; **Titelschutz** M JUR protection f des titres
Titelseite F e-r Zeitschrift couverture f; e-r Zeitung première page; **auf der ~** à la une
Titelsong M chanson f titre d'un album; **Titelverteidiger(in)** M(F) SPORT défenseur m du titre
titrieren VT ‹pas de ge-, h.› CHEM titrer
Titte sl F ‹~; ~n› umg nichon m; umg néné m
titulieren VT ‹pas de ge-, h.› meist iron donner le titre de … (j-n à qn); (bezeichnen) qualifier (als de)
tja INT erstaunt eh bien!; ratlos que voulez-vous bzw. que veux-tu?
TNT N ‹~› ABK (Trinitrotoluol) TNT m (trinitrotoluène)
Toast M ‹~(e)s; ~e ou ~s› **1** GASTR toast m **2** (Trinkspruch) toast m
Toastbrot N pain m de mie
toasten ‹-ete, h.› **A** VT GASTR griller **B** VI (e-n Trinkspruch ausbringen) porter un toast (auf j-n à qn)
Toaster M ‹~s; ~› grille-pain m
Tobak umg M **das ist starker ~** c'est un comble; umg c'est fort de café; **anno ~** au temps jadis; umg il y a belle lurette
Tobel M od N ‹~s; ~› südd, österr, schweiz ravin m; gorge f
toben VI ‹h.› **1** vor Wut être en rage; être furieux, -ieuse; tempêter; fulminer; umg **~ wie ein Berserker** umg faire un tapage du tonnerre; se démener comme un forcené **2** Kinder (lärmen) être déchaîné **3** ‹doublé d'une indication de direction s.› **die Kinder sind durch den Garten getobt** les enfants ont couru, fait les fous dans le jardin **4** Wind se déchaîner; être déchaîné; faire rage (a. Schlacht); Meer être démonté, déchaîné
Tobsucht F folie furieuse; **tobsüchtig** ADJ fou furieux; frénétique; fou, folle à lier
Tobsüchtige(r) M/F(M) ‹→ A› fou furieux, folle furieuse; **wie ein ~r** comme un forcené
Tobsuchtsanfall M accès m de folie furieuse, de fureur, de rage
Tochter F ‹~; ⸚› **1** fille f **2** schweiz (Bedienstete) bonne f **3** WIRTSCH filiale f
Töchterchen N ‹~s; ~› petite fille; fillette f
Tochtergesellschaft F, **Tochterunternehmen** N WIRTSCH filiale f
Tod M ‹~(e)s; ~e› **1** (Lebensende) mort f; (~esfall) décès m; **der Weiße ~** la mort blanche; HIST **der Schwarze ~** la peste; **e-s gewaltsamen, natürlichen ~es sterben** mourir de mort violente, naturelle; **plötzlicher ~** mort subite; **~ durch Ertrinken** mort par noyade; sprichw **umsonst ist (nur) der ~** la mort seule est gratuite; il faut payer pour tout; **sich** (dat) **den ~ holen** attraper une maladie mortelle, umg la crève; **in den ~ gehen** mettre fin à ses jours; **mit dem ~(e) ringen** lutter avec la mort; être à l'agonie; agoniser; **es geht um Leben und ~** → Leben 2; **zum ~(e) führen** mener à la mort; **zum ~(e) verurteilen** condamner à mort; Wild **zu ~e hetzen** forcer **2** personifiziert **aussehen wie der leibhaftige ~** être un vrai squelette; **~ und Teufel!** mille tonnerres!; **ein Wettlauf mit dem ~** une course avec la mort; **dem ~ ins Auge blicken** regarder la mort en face; **dem ~ von der Schippe springen** en réchapper de justesse; umg faire un pied de nez à la mort **3** verstärkend umg **auf den ~ nicht leiden können** °haïr à mort, comme la peste; **zu ~e erschrecken** avoir une frayeur mortelle; **zu ~e betrübt** profondément affligé; umg **sich zu ~e arbeiten** se tuer au travail, à la tâche; umg **sich zu ~e ärgern** mourir, umg crever de rage; **sich zu ~e langweilen** s'ennuyer à mourir; mourir d'ennui; **sich zu ~e schämen** mourir de honte
todernst umg ADJ umg sérieux, -ieuse comme un pape
Todesahnung F pressentiment m d'une, de la, de sa, etc mort prochaine
Todesangst F **1** affres fpl, angoisses fpl de la mort **2** fig (große Angst) frayeur mortelle; **Todesängste ausstehen** être mort de peur; être dans des transes mortelles
Todesanzeige F ADMIN avis m de décès; Brief faire-part m de décès; in der Zeitung annonce f nécrologique; **Todesart** F (genre m de) mort f; **Todesengel** M ange m de la mort
Todesfall M décès m; mort f; **ein ~ in der Familie** un décès dans la famille; **im ~(e)** en cas de mort, de décès
Todesfolge F JUR **Körperverletzung mit ~** coups et blessures ayant entraîné la mort
Todesfurcht F crainte f, peur f de la mort; **Todesgefahr** F danger m de mort; **Todesjahr** N année f de la mort (de qn); **Todeskampf** M ‹~(e)s› agonie f; **Todeskandidat** umg M **1** (Todkranker) moribond m **2** (zum Tode Verurteilter) condamné m à mort; **todesmutig** ADJ bravant la mort; **Todesnachricht** F nouvelle f de la mort (de qn); **Todesnähe** F proximité f de la mort; **Todesopfer** N mort m; victime f
Todesqualen FPL tourments mpl de la mort; fig **~ ausstehen** souffrir mille morts
Todesschrei M cri m d'agonie, de mort; **Todesschuss** M coup de feu mortel; **Todesschütze** M auteur m d'un bzw. du coup de feu mortel; **Todesschwadron** F escadron

m de la mort; **Todesspirale** F SPORT spirale *f* dehors avant; spirale *f* de la mort; **Todesstoß** M coup mortel; (*Gnadenstoß*) coup *m* de grâce; **Todesstrafe** F peine capitale, de mort; **Todesstreifen** M HIST zone de la mort entre les deux Allemagnes; **Todesstunde** F heure *f* de la mort; heure fatale, suprême; dernière heure; **Todestag** M 1 jour *m* de la mort 2 *Jahrestag* anniversaire *m* de la mort (de qn); **Todesursache** F cause *f* de (la) mort; **Todesurteil** N arrêt *m* de mort; sentence capitale; condamnation *f* à (la peine de) mort

Todesverachtung F mépris *m* de la mort; *fig hum* **etw mit ~ essen** manger qc stoïquement

Todeszeit F (date *f* et) heure *f* de la mort; **Todeszelle** F cellule *f* des condamnés à mort

todfeind ADJ **j-m ~ sein** être l'ennemi(e) mortel, -elle de qn; *umg* être à couteaux tirés avec qn

Todfeind(in) M(F) ennemi(e) *m(f)* mortel, -elle

todgeweiht *geh* ADJT voué, promis à la mort; **todkrank** ADJ à l'article de la mort; à l'agonie; **todlangweilig** *umg* ADJ *umg* rasoir (*inv*)

tödlich A ADJ 1 *Krankheit, Gefahr etc* mortel, -elle; *Ausgang, Irrtum geh* fatal 2 (*sehr groß*) mortel, -elle; **~e Langeweile** ennui mortel; **mit ~er Sicherheit** inéluctablement; infailliblement B ADV 1 mortellement; à mort; **~ verunglückt** mort, tué dans un accident 2 (*sehr stark*) **j-n ~ hassen** °haïr qn à mort; **j-n ~ beleidigen** offenser, blesser qn mortellement

todmüde ADJ mort de fatigue; °harassé; épuisé; éreinté; **todschick** *umg* ADJ très chic

todsicher *umg* A ADJ absolument sûr, certain; sûr et certain; garanti B ADV sans aucun doute; **er kommt ~** il viendra à coup sûr

Todsünde F REL péché mortel

todunglücklich *umg* ADJ extrêmement malheureux, -euse; malheureux, -euse comme les pierres

Tofu M ⟨~(s)⟩ GASTR tofu *m*

Toga F ⟨~; -gen⟩ HIST toge *f*

Togo N ⟨→ *n/pr*⟩ le Togo

Togoer(in) M ⟨~s; ~⟩ (F) ⟨~in; ~innen⟩ Togolais(e) *m(f)*; **togoisch** ADJ togolais

Tohuwabohu N ⟨~(s); ~s⟩ chaos *m*; *umg* tohu-bohu *m*

Toilette F ⟨~; ~n⟩ 1 (*Abort*) W.-C. *m(pl)*; toilettes *fpl*; **zur, auf die ~ gehen** aller aux toilettes, cabinets 2 (*Körperpflege*) toilette *f*; **~ machen** faire sa toilette 3 (*Damenkleidung*) toilette *f*

Toilettenartikel MPL articles *mpl* de toilette; **Toilettenbecken** N cuvette *f* (de W.-C.); **Toilettenfrau** F préposée *f* aux toilettes; *umg* dame *f* pipi; **Toilettenpapier** N papier *m* hygiénique; **Toilettenseife** F savon *m* de toilette; **Toilettentisch** M toilette *f*

toi, toi, toi INT 1 (**unberufen**) **~!** touchons du bois!; je touche du bois! 2 (*alles Gute*) bonne chance!

T

Tokaier M ⟨~s; ~⟩, **Tokaierwein** M (vin *m* de) tokay *m*

Tokio N ⟨→ *n/pr*⟩ Tokyo

Tokkata F ⟨~; -ten⟩ MUS toccata *f*

tolerant ADJ tolérant

Toleranz F ⟨~; TECH ~en⟩ tolérance *f*; **Toleranzbereich** M marge *f* de tolérance; **Toleranzgrenze** F, **Toleranzschwelle** F seuil *m* de tolérance

tolerieren V/T ⟨*pas de ge-*, h.⟩ tolérer

toll A ADJ 1 *umg* (*großartig*) *umg* super; *umg* génial; *umg* formidable; *umg* épatant; *umg* sensationnel, -elle; *umg fig* **ein ~er Hecht** *umg* un sacré gaillard; **das ist ja ~!** *umg* c'est super! 2 *umg* (*stark, intensiv*) *umg* infernal; insupportable; terrible; dément; **~es Gelächter** fou rire; **es herrschte ein ~es Gedränge** il y avait un monde fou; **~e Schmerzen** *mpl* des douleurs infernales 3 *umg* (*unerhört, verrückt*) fou, folle; *umg* dingue; **e-e ~e Geschichte** une histoire dingue 4 (*wild, ausgelassen*) **die (drei) ~en Tage** les (trois) jours de carnaval B ADV 1 *umg* (*großartig*) formidablement; **das hat sie ~ gemacht** elle s'est débrouillée comme un chef 2 *umg* (*heftig*) follement; terriblement; *umg* rudement; **ganz ~ verliebt sein** être follement amoureux, -euse; **es zu ~ treiben** aller trop loin; **es kommt noch ~er** il y aura mieux encore

Tolle F ⟨~; ~n⟩ toupet *m*; banane *f*; (*Locke*) boucle *f*

tollen V/I 1 ⟨h.⟩ s'amuser follement; folâtrer; faire le(s) fou(s) 2 ⟨*doublé d'une indication de direction* s.⟩ **die Kinder sind durch den Garten getollt** les enfants ont folâtré dans le jardin

Tollkirsche F BOT belladone *f*; **tollkühn** ADJ téméraire; **Tollkühnheit** F témérité *f*

Tollpatsch M ⟨~(e)s; ~e⟩ lourdaud *m*; pataud *m*; *umg* empoté *m*

tollpatschig ADJ lourdaud; pataud; *umg* empoté

Tollwut F MED rage *f*; **tollwütig** ADJ MED enragé; qui a la rage

Tolpatsch *etc* → Tollpatsch *etc*

Tölpel M ⟨~s; ~⟩ 1 balourd *m*; rustre *m*; malotru *m* 2 ZOOL fou *m*

tölpelhaft ADJ → tollpatschig; ADVL **sich ~ benehmen** se comporter comme un rustre, un malotru

Tomahawk M ⟨~s; ~s⟩ tomahawk *m*

Tomate F ⟨~; ~n⟩ tomate *f*; *umg hum* **treulose ~** *umg* lâcheur, -euse *m,f*; *umg pej* **~n auf den Augen haben** *umg* être bigleux, -euse; *umg* ne pas avoir les yeux en face des trous

Tomatencremesuppe F velouté *m* de tomates; **Tomatenket(s)chup** M *od* N ketchup *m*; **Tomatenmark** N concentré *m* de tomates; **Tomatensaft** M jus *m* de tomates; **Tomatensalat** M salade *f* de tomates; **Tomatensoße** F sauce *f* tomate; *von frischen Tomaten* coulis *m* de tomates; **Tomatensuppe** F soupe *f* à la tomate

Tombola F ⟨~; -len⟩ tombola *f*

Tomograf M ⟨~en; ~en⟩ tomographe *m*; **Tomografie** F ⟨~⟩ MED tomographie *f*; **Tomogramm** N ⟨~s; ~e⟩ tomogramme *m*; **Tomograph** M, **Tomographie** F → Tomograf, Tomografie

Ton[1] M ⟨~(e)s; ~e⟩ 1 GEOL argile *f* 2 TÖPFEREI (terre *f*) glaise *f*; **gebrannter ~** terre cuite

Ton[2] M ⟨~(e)s; ⸚e⟩ 1 (*Laut*) ton *m*; son *m*; **hoher, tiefer ~** son aigu, grave; MUS **halber ~** demi-ton *m*; **den ~ angeben** donner le ton (*a. fig*); *fig a.* donner le la; *fig* **in den höchsten Tönen von etw, j-m reden** s'extasier sur qc, qn; faire de grands éloges de qc, qn; *fig* **der ~ macht die Musik** c'est le ton qui fait la musique 2 ⟨*sans pl*⟩ FILM, TV, TECH son *m*; **~ ab!** coupez le son!; **~ läuft!** mettez le son!; *umg* **der ~ ist ausgefallen** le son est coupé 3 ⟨*sans pl*⟩ (*Benehmen, Umgangston*) ton *m*; **es gehört zum guten ~** (*+inf*) il est de bon ton de (*+inf*); **hier herrscht ein herzlicher ~** ici, l'ambiance est chaleureuse; **in schroffem, väterlichem ~** d'un ton sec, paternel; **sich im ~ vergreifen** se tromper de ton, de registre; **nicht in diesem ~!** pas sur ce ton-là!; **ich verbitte mir diesen ~!** je ne vous permets pas de me parler sur ce ton(-là)! 4 *umg* (*Äußerung*) mot *m*; **ich will keinen ~ mehr hören!** plus un mot!; *umg* **große Töne spucken** se donner de grands airs; faire l'important; **keinen ~ von sich geben** ne pas souffler mot; **keinen ~ herausbringen** être incapable de sortir un mot; rester coi, coite; **hast du Töne?** c'est incroyable! 5 (*Farbton*) ton *m*; teinte *f*; nuance *f*; **einen ~ heller** un peu plus clair; **~ in ~** ton sur ton 6 ⟨*sans pl*⟩ LING (*Betonung*) accent *m* (tonique); **den ~ auf etw** (*akk*) **legen** mettre l'accent sur qc

Tonabnehmer M tête *f* de lecture; lecteur *m*

tonal ADJ MUS tonal

tonangebend ADJT qui donne le ton

Tonarm M bras *m* (de lecture)

Tonart F MUS tonalité *f*; *fig* (*Ton*) ton *m*; **in allen ~en** sur tous les tons

Tonaufnahme F prise *f* de son; enregistrement *m* sonore; **Tonband** N ⟨~(e)s; -bänder⟩ 1 (*Band*) bande *f* magnétique 2 *umg Gerät* magnétophone *m*; **Tonbandaufnahme** F enregistrement *m* sur bande magnétique; **Tonbandgerät** N magnétophone *m*; **Tonbereich** M portée *f* du son; **Tonbildung** F formation *f* du son; **Tonblende** F RADIO régulateur *m* de son

Tonboden M GEOL sol, terrain argileux

Tondichter M compositeur *m*; **Tondichtung** F composition musicale; poème *m* symphonique

tonen V/T ⟨h.⟩ FOTO virer

tönen ⟨h.⟩ A V/T (*Farbe leicht verändern*) teinter; colorer; *Zeichnung* colorier; *Augenlider* ombrer; **sein Haar ~** faire un rinçage B V/I 1 (*klingen*) sonner; (*widerhallen*) résonner; retentir 2 *umg pej* (*prahlen*) fanfaronner; se vanter; faire le fanfaron C V/R **sich** (*dat*) **die Haare ~** faire un rinçage

Toner M ⟨~s; ~⟩ toner *m*; *für Kopierer* encre *f*

Tonerde F terre argileuse, glaise; CHEM alumine *f*; **essigsaure ~** acétate *m* d'aluminium

tönern ADJ de (terre) glaise; d'argile; *fig* **auf ~en Füßen stehen** manquer de solidité

Tonfall M ⟨~(e)s⟩ intonation *f*; (*Rhythmus*) cadence *f*; (*Akzent*) accent *m*; **Tonfilm** M film parlant, sonore; **Tonfolge** F suite *f*, succession *f* de sons; mélodie *f*; **Tonfrequenz** F fréquence *f* acoustique, audible

Tonga N ⟨→ *n/pr*⟩ le Tonga

Tongefäß N vase *m* de terre; **Tongeschirr** N vaisselle *f* de terre cuite; **Tongeschlecht** N MUS mode *m*; **tonhaltig** ADJ argileux, -euse; *t/t* argilifère; **Tonhöhe** F °hauteur tonale, PHYS du son

Tonic N ⟨~(s); ~s⟩ tonic *m* (water); Schweppes® *m*

Tonika F ⟨~; -ken⟩ MUS tonique *f*

Tonikum N ⟨~s; -ka⟩ PHARM tonique *m*; fortifiant *m*

Toningenieur M ingénieur *m* du son

tonisch ADJ MED tonique; *Medikament a.* revigorant; fortifiant

Tonkopf M tête *f* de lecture; lecteur *m*; **Tonkunst** F ⟨~⟩ art musical; musique *f*; **Tonkünstler** M musicien *m*; **Tonlage** F (*Stimmlage*) registre *m*; **Tonleiter** F MUS gamme *f*; **tonlos** ADJ atone; *Stimme a.* éteint; blanc, blanche; **Tonmeister** M ingénieur *m* du son; **Tonmessung** F sonométrie *f*; **Tonmischer** M ⟨~s; ~⟩ 1 *Person* mixeur *m* 2 (*Mischpult*) mélangeur *m* de son; **Tonmischung** F mixage *m*

Tonnage F ⟨~; ~n⟩ SCHIFF tonnage *m*

Tonne F ⟨~; ~n⟩ 1 *Maß, Gefäß* tonne *f* 2 (*Registertonne*) tonneau *m* 3 *umg fig* (*dicke Person*) *umg* grosse dondon 4 *Seezeichen* bouée *f*; balise *f*

Tonnendach N ARCH toit *m* en berceau; **Tonnengewölbe** N ARCH voûte *f* en berceau, en plein cintre

tonnenweise ADV 1 par tonnes 2 umg *(in großen Mengen)* en masse; par tonneaux
Tonpfeife F pipe *f* en terre; **Tonschiefer** M schiste argileux; **Tonschöpfung** F création musicale; **Tonspur** F piste *f* sonore; **Tonstärke** F intensité *f* sonore; puissance *f* du son; **Tonstörung** F brouillage *m* sonore; **Tonstreifen** M → Tonspur
Tonsur F ⟨~; ~en⟩ tonsure *f*
Tontafel F tablette *f* d'argile; **Tontaube** F JAGD pigeon artificiel; **Tontaubenschießen** N ball-trap *m*; **Tontechniker(in)** M(F) preneur *m* de son; **Tonträger** M support *m* de son; **Tonumfang** M MUS registre *m*
Tönung F ⟨~; ~en⟩ coloration *f*; *e-r Zeichnung* coloriage *m*; *der Haare* rinçage *m*
Tonus M ⟨~; -ni⟩ PHYSIOL tonus *m*
Tonverstärker M amplificateur *m* de son; **Tonwiedergabe** F reproduction *f* sonore; *e-s Radios etc* musicalité *f*
Tool N ⟨~s; ~s⟩ IT outil *m*; **Toolbox** F IT boîte *f* à outils
Top N ⟨~s; ~s⟩ MODE °haut *m*; débardeur *m*; *anliegend* bustier *m*
TOP M ⟨~⟩ ABK (Tagesordnungspunkt) point *m* de l'ordre du jour
topaktuell ADJ *Informationen* d'une actualité brûlante; *Mode, Produkt* dernier cri *(inv)*
Topas M ⟨~es; ~e⟩ MINER topaze *f*
Topf M ⟨~(e)s; ¨~e⟩ 1 *(tiefes Gefäß)* pot *m*; *Maßangabe* **~ (voll)** pot *m* 2 *(Kochtopf) mit Stiel* casserole *f*; *(Henkeltopf)* fait-tout *od* faitout *m*; marmite *f*; *fig* **alles in e-n ~ werfen** mettre tout dans le même sac; *sprichw* **jeder ~ findet s-n Deckel** *sprichw* chacun trouve chaussure à son pied 3 *(Nachttopf)* pot *m* de chambre; *umg hum (Toilette) umg* petit coin
Topfblume F fleur *f* en pot
Töpfchen N ⟨~s; ~⟩ 1 *(Nachttöpfchen)* pot *m* (pour enfant) 2 *(kleiner Topf)* petit pot
Topfdeckel M couvercle *m* de pot
Topfen M ⟨~s⟩ *österr, südd* fromage blanc; **Topfenstrudel** M *österr, südd* strudel *m* au fromage blanc
Töpfer(in) M ⟨~s; ~⟩ (F) ⟨~in; ~innen⟩ potier, -ière *m,f*; *(Keramiker[in])* céramiste *m/f*; **Töpferarbeit** F poterie *f*
Töpferei F ⟨~; ~en⟩ 1 *⟨sans pl⟩ Handwerk* poterie *f* 2 *Werkstatt* (atelier *m* de) poterie *f*
Töpfererde F terre *f* à potier, à modeler; argile *f*; **Töpferhandwerk** N poterie *f*
töpfern ⟨-(e)re, h.⟩ A VT fabriquer B VI faire de la poterie
Töpferofen M four *m* à potier; **Töpferscheibe** F tour *m* de potier; **Töpferware** F poterie *f*; **Töpferwerkstatt** F poterie *f*
Topfgucker *umg hum* M ⟨~s; ~⟩ mari, *etc* gourmand qui vient °humer les plats avant le repas; *weitS.* fouineur *m*
topfit ADJ en pleine forme; en superforme
Topfkuchen M GASTR kouglof *od* kugelhopf *m*; **Topflappen** M manique *f*; **Topfmanschette** F *für Blumentöpfe* cache-pot *m*
Topfform F SPORT pleine forme; superforme *f*
Topfpflanze F plante *f*, fleur *f* en pot; **Topfreiniger** M tampon *m* à récurer; **Topfschlagen** N *Kinderspiel: variante de colin-maillard où il faut trouver un pot caché à l'aide d'une cuillère*; **Topfvoll** M → Topf 1
Tophit M MUS *umg* tube *m*
Topinambur M ⟨~s; ~s *ou* ~e⟩ *od* F ⟨~; ~en⟩ BOT topinambour *m*
Topmanagement N cadres dirigeants, supérieurs; **Topmanager(in)** M(F) manager *m* au plus °haut niveau; top manager *m*; **Topmodell** N 1 TECH produit *m*, modèle *m* °haut de gamme 2 *Mannequin* mannequin-vedette *m*
Topografie F ⟨~; ~n⟩ topographie *f*; **topografisch** ADJ topographique; **Topographie** F, **topographisch** ADJ → Topografie, topografisch; **Topologie** F ⟨~⟩ MATH topologie *f*
topp INT d'accord!; tope là!
Topp M ⟨~s; ~e(n) *ou* ~s⟩ SCHIFF tête *f*, pointe *f* de mât
toppen *umg* VT ⟨h.⟩ *(übertreffen) Person* battre; *Sache* dépasser; **das ist nicht zu ~!** on ne peut pas mieux faire!
Toppsegel N SCHIFF °hunier *m*
topsecret ADJ *⟨attribut⟩* top secret *(inv)*
Tor[1] N ⟨~(e)s; ~e⟩ 1 *e-r Stadt, Burg* porte *f (a. fig)*; *großes, e-s Parks*, ARCH portail *m*; **vor den ~en der Stadt** aux portes de la ville 2 SPORT but *m*; **ein ~ schießen** marquer un but 3 SLALOM porte *f*
Tor[2] M ⟨~en; ~en⟩ *geh (Narr)* sot *m*; *(Verrückter)* fou *m*; insensé *m*
Toraus N ⟨~⟩ SPORT °hors-jeu *m* (derrière la ligne de but); **Torbogen** M porche *m*; arceau *m*; **Torchance** F SPORT chance *f*, occasion *f* de marquer un but; **Tordifferenz** F SPORT score *m*; *mehrerer Spiele* goal-average *m*; **Toreinfahrt** F porte cochère
Torero M ⟨~(s); ~s⟩ torero *m*
Toresschluss M *fig* **kurz vor ~** au dernier moment; à la dernière minute
Torf M ⟨~(e)s⟩ tourbe *f*; **~ stechen** extraire la tourbe; tourber
Torfboden M terrain tourbeux; **Torfgewinnung** F exploitation *f* d'une tourbière; extraction *f* de (la) tourbe; **Torfgrube** F tourbière *f*; **torfhaltig** ADJ tourbeux, -euse
Torflügel M battant *m* (de porte); vantail *m*
Torfmoor N marais tourbeux; tourbière *f*; **Torfmoos** N sphaigne *f*; **Torfmull** M poussier *m* de tourbe; **Torfstechen** N ⟨~s⟩ extraction *f* de la tourbe; **Torfstecher** M tourbier *m*; **Torfstich** M → Torfstechen; *Ort* tourbière *f*
Torheit *geh* F ⟨~; ~en⟩ *Eigenschaft ⟨sans pl⟩ od Handlung* sottise *f*; folie *f*; bêtise *f*; *sprichw* **Alter schützt vor ~ nicht** on fait des sottises à tout âge
Torhüter M SPORT → Torwart
töricht *geh pej* ADJ sot, sotte; bête; insensé
törichterweise *geh pej* ADV bêtement; par bêtise
Törin *geh* F ⟨~; ~nen⟩ sotte *f*; folle *f*; insensée *f*
Torjäger M SPORT buteur *m*
torkeln *umg* VI ⟨-(e)le, h.; *doublé d'une indication de direction* s.⟩ tituber; zigzaguer
Torlatte F SPORT barre (transversale); **Torlinie** F SPORT ligne *f* de but; **torlos** ADJ SPORT sans but; **Tormann** M → Torwart
Törn M ⟨~s; ~s⟩ SCHIFF *(Segeltörn)* tour *m* (en voilier)
Tornado M ⟨~s; ~s⟩ tornade *f*
Tornister M ⟨~s; ~⟩ 1 MIL, HIST (°havre)sac *m* 2 *regional (Schulranzen)* sac *m* (d'écolier); cartable *m* (à bretelles)
torpedieren VT *⟨pas de ge-*, h.⟩ MIL, *a. fig* torpiller; *fig* **Verhandlungen ~** torpiller, faire échouer des négociations
Torpedierung F ⟨~⟩ MIL torpillage *m*
Torpedo M ⟨~s; ~s⟩ MIL torpille *f*; **Torpedoangriff** M attaque *f* à la torpille; **Torpedoboot** N torpilleur *m*
Torpfosten M poteau *m*; **Torraum** M SPORT surface *f* de but
Torschlusspanik F **~ bekommen** être pris de panique à l'idée de ne plus pouvoir y arriver; **aus ~ heiraten** se marier par peur de ne plus trouver de mari, femme
Torschütze M SPORT marqueur *m* de but
Torsion F ⟨~; ~en⟩ TECH torsion *f*
Torso M ⟨~s; ~s *ou* -si⟩ SKULP torse *m*; *geh fig* fragment *m*
Törtchen N ⟨~s; ~⟩ tartelette *f*
Torte F ⟨~; ~n⟩ gâteau *m*; *(Obsttorte)* tarte *f*
Tortelett N ⟨~s; ~s⟩ tartelette *f*
Tortenboden M fond *m* de tarte; **Tortenguss** M gelée *f* de fruits pour pâtisserie; **Tortenheber** M ⟨~s; ~⟩ pelle *f* à gâteau; **Tortenplatte** F plat *m* à gâteau; **Tortenschaufel** F → Tortenheber
Tortur F ⟨~; ~en⟩ HIST, *a. fig* torture *f*
Torus M ⟨~; Tori⟩ ARCH, MATH tore *m*
Torwart M ⟨~(e)s; ~e⟩ SPORT gardien *m* de but; goal *m*; **Torweg** M porte cochère
tosen VI ⟨-(es)t, h.; *doublé d'une indication de direction* s.⟩ *Wildbach* gronder; *Meer* mugir; être démonté, déchaîné; *Brandung* déferler; *Sturm* être déchaîné; **man hörte das Tosen der Brandung** on entendait le mugissement de la mer; **~der Beifall** applaudissements *mpl* frénétiques; tonnerre *m* d'applaudissements
tot ADJ 1 *von Lebewesen* mort; **~ geboren** mort-né; **~ geborenes Kind** enfant mort-né(e); mort-né(e) *m(f)*; *umg fig* affaire, entreprise, *etc* mort-née; JUR **j-n für ~ erklären** déclarer qn décédé; **auf der Stelle ~ sein** être mort, *durch Gewalt* tué sur le coup; **sich ~ stellen** faire le mort; **~ umfallen** tomber raide mort; **wie ~ daliegen** être comme mort; être inanimé; *fig* **er ist ein ~er Mann** c'est un homme fini; **~ Geglaubte(r)** présumé(e) mort(e) *m(f)* 2 *umg fig (erschöpft)* mort; **ich war mehr ~ als lebendig** j'étais plus mort(e) que vif (vive); **halb ~ vor Angst sein** être à moitié mort de peur 3 *poet (menschenleer)* mort; désert; **~e Stadt** ville morte; **~e Straßen** *fpl* rues désertes 4 **ökologisch ~** mort; **ein ~er Fluss** une rivière morte 5 *(nicht nutzbringend, stillgelegt)* **~er Arm** *e-s Flusses* bras mort; BERGBAU **~es Gestein** roches *fpl* stériles; BAHN **~es Gleis** voie *f* de garage; *fig* **etw aufs ~e Gleis schieben** mettre qc en veilleuse; FIN **~es Kapital** capital improductif; **~er Punkt** point mort; *fig a.* impasse *f*; **~es Rennen** course indécise, ex aequo; dead heat; **~e Sprache** langue morte; **~er Winkel** angle mort; TEL, ELEK **die Leitung ist ~** il n'y a pas *od* plus de courant, *umg* jus; → *a. entsprechende Substantive* 6 *poet fig (wie ~)* **~e Augen** *npl* yeux morts, éteints; **~e Farben** *fpl* couleurs éteintes
total A ADJ total; **~e Sonnenfinsternis** éclipse totale du Soleil B *umg* ADV complètement; **~ vergessen haben** avoir totalement, complètement oublié; **~ betrunken** ivre mort
Totalausverkauf M liquidation totale (des stocks)
Totalisator M ⟨~s; -toren⟩ PFERDERENNEN totalisateur *m*
totalitär ADJ POL *pej* totalitaire
Totalitarismus M ⟨~⟩ POL *pej* totalitarisme *m*
Totaloperation F MED ablation totale; *der Gebärmutter* hystérectomie totale; **Totalschaden** M dommage intégral; perte totale; **Totalverlust** M perte totale
totarbeiten *umg* VR ⟨-ete, *sép*, -ge-, h.⟩ **sich ~** se tuer au travail, à la besogne
totärgern *umg* VR ⟨*sép*, -ge-, h.⟩ **sich ~** étouffer, suffoquer de rage
Tote(r) M/F(M) ⟨→ A⟩ mort(e) *m(f)*; défunt(e) *m(f)*; *umg fig* **wie ein ~r schlafen** dormir comme une souche; dormir à poings fermés; **das Unglück forderte fünf ~** cette catastrophe a fait cinq morts
Totem N ⟨~s; ~s⟩ totem *m*

T

Tote Meer ⟨→ *n/pr*⟩ **das ~** la mer Morte

Totempfahl M totem *m*

töten VT ⟨-ete, h.⟩ tuer; faire mourir; **getötet werden** être tué; se faire tuer; BIBEL **du sollst nicht ~** tu ne tueras point; **e-n Nerv ~** tuer un nerf; *fig* **Gefühle ~** étouffer, tuer des sentiments

Totenamt N KATH → Totenmesse; **Totenbahre** F civière *f*; *geschmückt* catafalque *m*; **Totenbeschwörung** F nécromancie *f*; **Totenbett** N lit *m* de mort; **totenblass** ADJ pâle comme la mort; d'une pâleur mortelle; livide; **totenbleich** ADJ → totenblass; **Totenfeier** F funérailles *fpl*; service *m* funèbre; **Totenfleck** M tache *f* livide

Totenglocke F glas *m*; **Totengräber** M fossoyeur *m*; **Totenhemd** N suaire *m*; linceul *m*; **Totenklage** F plainte *f* funèbre; **Totenkopf** M tête *f* de mort; **Totenkult** M culte *m* des morts; **Totenmaske** F masque *m* mortuaire; **Totenmesse** F KATH messe *f*, office *m* des morts; requiem *m*; **Totenreich** N empire *m*, royaume *m* des morts; **Totenschädel** M tête *f* de mort; **Totenschein** M acte *m*, certificat *m* de décès; **Totensonntag** M PROT jour *m*, fête *f* des morts; **Totenstadt** F nécropole *f*; **Totenstarre** F rigidité *f* cadavérique

totenstill ADJ **es war ~** il régnait un silence de mort

Totenstille F silence *m* de mort; **Totentanz** M danse *f* macabre; **Totentrompete** F BOT trompette de la mort

Totenwache F veillée *f* funèbre; **die ~ halten** veiller un mort

totfahren VT ⟨*irr, sép*, -ge-, h.⟩ écraser (avec un véhicule)

totgeboren ADJT → tot 1

Totgeburt F (enfant) mort-né *m*; **Totgeglaubte(r)** M/F(M) ⟨→ A⟩ présumé(e) mort(e) *m(f)*; **Totgesagte(r)** M/F(M) ⟨→ A⟩ prétendu(e) mort(e) *m(f)*

totkriegen *umg* VT ⟨*sép*, -ge-, h.⟩ **nicht totzukriegen sein** *Person* être infatigable; *Sache* être inusable, *umg* increvable

totlachen *umg* VR ⟨*sép*, -ge-, h.⟩ **sich ~** mourir de rire; *umg* se fendre la gueule; *umg* **das ist zum Totlachen** c'est à mourir, *umg* à crever de rire; *umg* c'est crevant

totlaufen *umg* VR ⟨*irr, sép*, -ge-, h.⟩ *fig* **das läuft sich tot** cela finira, s'arrangera de soi-même; *umg* ça se tassera

totmachen *umg* ⟨*sép*, -ge-, h.⟩ A VT tuer; faire mourir B VR **sich ~** → totarbeiten

Toto M *od* N ⟨~s; ~s⟩ 1 PFERDERENNEN → Totalisator 2 (*Fußballtoto*) loto sportif; **im ~ spielen** participer au loto sportif

Totogewinn M gain *m* au loto sportif; **Totoschein** M bulletin *m* de loto sportif

totsagen VT ⟨*sép*, -ge-, h.⟩ faire passer pour mort; **totschießen** VT ⟨*irr, sép*, -ge-, h.⟩ abattre, tuer d'un coup de feu

Totschlag M ⟨~(e)s⟩ JUR homicide *m* involontaire

totschlagen VT ⟨*irr, sép*, -ge-, h.⟩ assommer; tuer; *fig* **die Zeit ~** tuer le temps

Totschläger M 1 *Person* meurtrier *m* 2 *Waffe* matraque *f*; casse-tête *m*

totschweigen VT ⟨*irr, sép*, -ge-, h.⟩ passer sous silence; étouffer; **totstellen** VR → tot 1; **tottreten** VT ⟨*irr, sép*, -ge-, h.⟩ écraser du pied

Tötung F ⟨~⟩ *e-s Menschen* homicide *m*; *e-s Tieres* abattage *m*; JUR **fahrlässige ~** homicide par imprudence, involontaire; **vorsätzliche ~** homicide volontaire; meurtre *m* avec préméditation

Touch M ⟨~s; ~s⟩ touche *f*; teinte *f*; pointe *f*

Touchscreen M ⟨~s; ~s⟩ écran *m* tactile

Toupet N ⟨~s; ~s⟩ postiche *m*

toupieren VT ⟨*pas de ge-*, h.⟩ *Haar* crêper

Tour F ⟨~; ~en⟩ 1 (*Ausflug*) excursion *f*; randonnée *f*; **auf ~** (*Geschäftsreise*) **gehen** aller en tournée, voyage d'affaires 2 TECH, *beim Tanz* tour *m*; **auf ~en kommen** prendre de la vitesse; atteindre son régime; *fig* (*angeregt werden*) se mettre en train; (*wütend werden*) se mettre en rage; *fig* **auf vollen ~en laufen** marcher à plein régime; *Wahlkampf* battre son plein; *umg fig* **j-n auf ~en bringen** (*anregen*) animer qn; mettre qn en train; (*ärgern*) mettre qn en rage, *umg* en rogne; *umg* **in e-r ~** sans cesse; sans répit; sans s'arrêter 3 *umg fig* (*Methode*) **die alte ~** le vieux système; la vieille méthode; *umg* le vieux truc; **auf die feine, vornehme ~** d'une façon distinguée; **krumme ~** *umg* combine *f*; **auf die krumme ~** par des moyens malhonnêtes, illicites; **er hat mir die ~ vermasselt** *umg* il m'a cassé la baraque; *umg* il a foutu par terre mes projets

Tourenrad N vélo *m* de tourisme; **Tourenwagen** M voiture *f* grand tourisme (pour rallyes); **Tourenzahl** F AUTO régime *m*

Touri M ⟨~s; ~s⟩ *umg* (*Tourist*) touriste *m* de base

Tourismus M ⟨~⟩ tourisme *m*

Tourist(in) M ⟨~en; ~en⟩ (F) ⟨~in; ~innen⟩ touriste *m/f*

Touristeninformation F office *m* du tourisme; **Touristenklasse** F classe *f* touriste; **Touristik** F ⟨~⟩ tourisme *m*; **touristisch** ADJ touristique

Tournee F ⟨~; ~n *ou* ~s⟩ tournée *f*; **auf ~ gehen** partir en tournée; **auf ~ sein** être en tournée

Tower M ⟨~(s); ~⟩ FLUG tour *f* de contrôle

Township F ⟨~; ~s⟩ *in Südafrika* township *f od m*

Toxikologe M ⟨~n; ~n⟩, **Toxikologin** F ⟨-in; -innen⟩ toxicologue *m/f*; **Toxikologie** F ⟨~⟩ toxicologie *f*

Toxin N ⟨~s; ~e⟩ MED toxine *f*

toxisch ADJ toxique

Trab M ⟨-(e)s⟩ trot *m*; **im ~ (reiten)** aller (au trot); **in vollem ~** au grand trot; *umg fig* **auf ~ sein** *umg* ne pas pouvoir souffler; *umg* **j-n auf ~ bringen** secouer qn; *umg* **sich in ~ setzen** se mettre à courir; *umg* partir au trot; *fig* se mettre en branle

Trabant M ⟨~en; ~en⟩ ASTRON, *fig* satellite *m*

Trabantenstadt F ville *f* satellite

traben VI ⟨s.⟩ trotter (*a. umg von Menschen*); aller au trot

Traber M ⟨~s; ~⟩ trotteur *m*; **Traberkrankheit** F ⟨~⟩ VET tremblante *f*

Trabreiten N trot *m*; **Trabrennbahn** F champ *m* de courses, hippodrome *m* (réservé aux courses de trot); **Trabrennen** N course *f* de trot

Trachee F ⟨~; ~n⟩ trachée *f*

Tracht F ⟨~; ~en⟩ 1 (*Kleidung*) costume *m*; habits *mpl*; (*Volkstracht*) costume folklorique (régional) 2 *umg* **~ Prügel** correction *f*; volée *f* (de coups)

trachten *geh* VI ⟨-ete, h.⟩ **nach etw ~** aspirer, viser, tendre à qc; rechercher qc; **j-m nach dem Leben ~** attenter aux jours de qn; en vouloir à la vie de qn

Trachtenanzug M costume folklorique, régional; **Trachtenfest** N fête *f* folklorique *od* en costumes régionaux; **Trachtengruppe** F groupe *m* folklorique

trächtig ADJ *von Tieren* pleine; *t/t* gravide; **~ sein** *a.* porter

Trächtigkeit F ⟨~⟩ gestation *f*; gravidité *f*

Tradition F ⟨~; ~en⟩ tradition *f*; **das hat ~** c'est une tradition

Traditionalismus *geh* M ⟨~⟩ traditionalisme *m*

traditionell A ADJ traditionnel, -elle; de tradition B ADV traditionnellement

traditionsbewusst ADJ traditionaliste; **traditionsgemäß** ADJ traditionnel, -elle

traf → treffen

Trafik F ⟨~; ~en⟩ *österr* bureau *m* de tabac

Trafo M ⟨~(s); ~s⟩ (*Transformator*) transformateur *m*; *umg* transfo *m*

Tragbahre F civière *f*; brancard *m*

tragbar ADJ 1 (*transportabel*) portable; portatif, -ive 2 *Kleidung* mettable 3 *fig* (*erträglich*) supportable; tolérable; acceptable; (*zulässig*) admissible; **nicht ~** inacceptable; inadmissible

Trage F ⟨~; ~n⟩ 1 → Tragbahre 2 (*Rückentrage*) °hotte *f*

träge ADJ 1 (*lustlos*) indolent; inerte; mou, molle; (*langsam*) lent; (*schwerfällig*) lourd; (*geistig ~*) paresseux, -euse (d'esprit); (*faul*) paresseux, -euse 2 PHYS **~ Masse** masse *f* inerte

Tragegriff M poignée *f* de transport; **Tragegurt** M bretelle *f*; courroie *f*

tragen ⟨trägt, trug, getragen, h.⟩ A VT 1 (*transportieren*) porter; **bei sich** (*dat*) **~** avoir sur soi; **in der Hand ~** porter à la main; *abs* **j-m ~ helfen** aider qn à porter sa charge; *abs* **schwer zu ~ haben** avoir qc de lourd à porter; *poet* **so weit ihn s-e Füße ~** aussi loin que ses jambes le portent; **aus der Bahn getragen werden** *Kugel, Geschoss* dévier; *Auto* être déporté 2 (*stützen, belastbar sein*) supporter; soutenir; *abs Eis, Wasser, Flügel* porter; BAU **~de Wand** mur porteur; *fig* **von der Mehrheit getragen sein** être porté, soutenu par la majorité; *fig* **~de Rolle** rôle principal, capital 3 (*ertragen*) supporter; subir; **sein Schicksal mit Geduld ~** supporter son sort avec patience; **etw mit Fassung ~** supporter, subir qc avec courage 4 (*einstehen für*) *Kosten, Folgen, Risiko* supporter; prendre à sa charge 5 (*an sich haben*) *Kleidung, Schmuck, Frisur* porter; **das Haar kurz ~** porter les cheveux courts; **getragene Kleidung** vêtements usagés; **Schwarz ~** porter du noir; *fig* **die Nase hoch ~** aller, porter la tête °haute 6 *Titel, Namen, Datum, Unterschrift* porter; **das Datum vom … ~** porter la date du …; être daté du … 7 (*Frucht bringen*) *a. abs Baum* porter, donner (des fruits); produire; **der Baum trägt schlecht** *od* **wenig** cet arbre produit peu; FIN **Zinsen ~** rapporter, produire des intérêts 8 *mit Abstrakta* **e-r Sache** (*dat*) **Rechnung ~** tenir compte de qc; **die Schuld an etw** (*dat*) **~** être la cause de qc; **die Verantwortung ~** porter la responsabilité (**für** de); **dafür Sorge ~, dass …** veiller à ce que … (+*subj*); **zur Schau ~** faire étalage de; afficher; (*heucheln*) affecter; **voll zum Tragen kommen** jouer à plein B VI 1 *Eis* porter 2 *Stimme* **weit ~** porter loin 3 *Tiere* porter 4 *fig* **schwer an etw** (*dat*) **~** *od* **zu ~ haben** être accablé par qc C VR 1 *Kleidung* **sich gut ~** être agréable à porter; *Last* **das trägt sich schlecht** cela n'est pas commode à porter 2 *Unternehmen* **sich nicht ~** ne pas se suffire à soi-même; ne rien rapporter 3 **sich mit der Absicht ~ zu** (+*inf*) avoir l'intention de, se proposer de (+*inf*)

Träger[1] M ⟨~s; ~⟩ 1 *an Kleidung* bretelle *f* 2 BAU support *m*; poutre *f*; poutrelle *f*

Träger[2] M ⟨~s; ~⟩, **Trägerin** F ⟨~in; ~innen⟩ 1 (*Lastenträger[in]*) porteur, -euse *m,f* (*a. e-s Titels, Namens*); *e-s Amts* titulaire *m/f* 2 ADMIN organisme *m* ([+ *gen*] responsable de); **die Einrichtung hat e-n privaten ~** la gestion et le financement de cette institution sont assurés

par un organisme privé **3** MED porteur *m*
Trägerkleid N robe *f* à bretelles; **trägerlos** ADJ *Kleidung* sans bretelles; **Trägerrakete** F fusée porteuse; **Trägerrock** M jupe *f* à bretelles
Trägerschaft F ⟨~; ~en⟩ charge *f*, responsabilité *f* ([+ *gen*] de); *koll* organismes *mpl* responsables
Tragetasche F sac *m*; *aus Plastik a.* sac *m* en plastique; **Tragezeit** F durée *f* de la gestation
tragfähig ADJ capable de porter; solide; *fig* **e-e ~e Mehrheit** une majorité solide
Tragfähigkeit F ⟨~⟩ BAU force portante; limite *f* de charge; **Tragfläche** F FLUG aile *f*; voilure *f*; plan *m* de sustentation; **Tragflächenvereisung** F FLUG givrage *m* des ailes; **Tragflügelboot** N hydrofoil *m*; **Traggurt** M → Tragegurt
Trägheit F ⟨~; ~en⟩ **1** ⟨*sans pl*⟩ (*Lustlosigkeit*) indolence *f*; inertie *f*; (*Schwerfälligkeit*) lourdeur *f*; *des Geistes* paresse *f* d'esprit; (*Faulheit*) paresse *f* **2** PHYS inertie *f*; **Trägheitsgesetz** N PHYS loi *f* d'inertie; **Trägheitsmoment** N PHYS moment *m* d'inertie
Tragik F ⟨~⟩ tragique *m*
Tragiker M ⟨~s; ~⟩ tragique *m*
tragikomisch ADJ tragi-comique
Tragikomödie F tragi-comédie *f*
tragisch **A** ADJ tragique; *umg* **das ist (doch) nicht so ~** ce n'est (quand même) pas si grave **B** ADV tragiquement; *umg* **etw ~ nehmen** prendre qc au tragique
Traglast F charge *f*; fardeau *m*; **Traglufthalle** F structure *f*, °hall *m* pneumatique, gonflable
Tragöde M ⟨~n; ~n⟩, **Tragödin** F ⟨-in; -innen⟩ THEAT tragédien, -ienne *m,f*
Tragödie F ⟨~; ~n⟩ tragédie *f*; *umg fig* **mach doch keine ~ daraus!** n'en fais pas tout un drame!
Tragriemen M → Tragegurt
Tragweite F *a. fig* portée *f*; *fig* **e-e Entscheidung von großer ~** une décision d'une grande portée *od* de la plus grande importance
Trainer(in) M ⟨~s; ~⟩ (F) ⟨~in; ~innen⟩ SPORT entraîneur, -euse *m,f*
trainieren ⟨*pas de ge-*, h.⟩ **A** VT **j-n ~** entraîner qn; **Fußball ~** s'entraîner au football; **sein Gedächtnis ~** entraîner, exercer sa mémoire; **ein gut trainierter Körper** un corps bien entraîné; **darauf trainiert sein, etw zu tun** être entraîné, exercé à faire qc **B** VI s'entraîner; **für Olympia ~** s'entraîner pour les Jeux olympiques; **bei e-m Sportklub ~** s'entraîner dans un club sportif
Training N ⟨~s; ~s⟩ entraînement *m*; *fig* **im ~ sein** être en forme
Trainingsanzug M survêtement *m*; **Trainingslager** N camp *m* d'entraînement; **Trainingslauf** M course *f* d'entraînement; **Trainingsspiel** N match *m* d'entraînement; **Trainingszeit** F SPORT temps réalisé à l'entraînement
Trakt M ⟨~(e)s; ~e⟩ *e-s Gebäudes* aile *f*; *e-s Gefängnisses* quartier *m*
Traktat M *od* N ⟨~(e)s; ~e⟩ **1** *liter* traité *m* **2** (*Schmähschrift*) libelle *m*
traktieren VT ⟨*pas de ge-*, h.⟩ (*plagen*) maltraiter; importuner; **j-n mit Vorwürfen ~** poursuivre qn de ses reproches; **j-n mit Fußtritten ~** donner des coups de pied à qn
Traktor M ⟨~s; -toren⟩ tracteur *m*
Traktorfahrer, *ostdeutsch* **Traktorist** M ⟨~en; ~en⟩ conducteur *m* de tracteur
trällern VT *u.* VI ⟨-(e)re, h.⟩ fredonner
Trällern N ⟨~s⟩ fredonnement *m*
Tram *südd* F ⟨~; ~s⟩, *schweiz* N ⟨~s; ~s⟩ tram *m*
Tramp M ⟨~s; ~s⟩ vagabond *m*
Trampel *umg* M *od* N ⟨~s; ~⟩ lourdaud(e) *m(f)*
trampeln *umg* ⟨-(e)le⟩ **A** VT ⟨h.⟩ **e-n Weg ~** ouvrir, frayer un chemin (en piétinant le sol); **j-n zu Tode ~** piétiner qn à mort **B** VI ⟨h., *doublé d'une indication de direction* s.⟩ (*mit den Füßen treten*) trépigner; (*stampfen*) piétiner; (*schwerfällig gehen*) marcher d'un pas lourd
Trampeln N ⟨~s⟩ (*das Stampfen*) piétinement *m*; trépignements *mpl*; *bei der Fortbewegung* pas lourds *mpl*; **Trampelpfad** M sentier battu; piste battue; **Trampeltier** N **1** ZOOL chameau *m* **2** *umg fig* → Trampel
trampen VI ⟨s.⟩ faire de l'auto-stop; *umg* faire du stop
Tramper(in) M ⟨~s; ~⟩ (F) ⟨~in; ~innen⟩ auto-stoppeur, -euse *m,f*
Trampolin N ⟨~s; ~e⟩ trampoline *m*; **Trampolinsprung** M saut *m* au tremplin
Tran M ⟨~(e)s; ~e⟩ **1** huile *f* de baleine, de phoque, de certains poissons **2** *umg fig* **im ~ sein** *umg* être dans les vapes, le cirage
Trance F ⟨~; ~n⟩ transe *f*; **in ~** en transe
Trancezustand M état *m* de transe, hypnotique
Tranche F ⟨~; ~n⟩ tranche *f*
tranchieren *etc* → transchieren *etc*
Träne F ⟨~; ~n⟩ **1** larme *f*; *poet* pleur *m*; **~n vergießen** verser, répandre des larmes; **~n lachen** rire aux larmes; **den ~n nahe sein** être au bord des larmes; **ihr kommen die ~n** elle se met à pleurer; *iron* **mir kommen gleich die ~n** je vais sortir mon mouchoir; **j-m keine ~ nachweinen** ne pas regretter, déplorer le départ de qn; ne pas avoir le moindre regret de voir partir qn; **ganz in ~n aufgelöst sein** pleurer à chaudes larmes; être tout en larmes, *poet* en pleurs; **mit ~n in den Augen** les larmes aux yeux; **ihm stehen die ~n in den Augen** il a les larmes aux yeux; *umg* **mit e-r ~ im Knopfloch** avec un léger regret; **unter ~n lächeln** sourire dans *od* entre ses larmes; **zu ~n gerührt** ému, touché aux larmes; **leicht zu ~n gerührt sein** avoir la larme facile; avoir toujours la larme à l'œil **2** *fig* (*kleiner Tropfen*) petite goutte; *umg* larme *f*
tränen VI ⟨h.⟩ **meine Augen ~, mir ~ die Augen** j'ai les yeux qui larmoient
Tränendrüse F ANAT glande lacrymale; *fig pej* **auf die ~n drücken** *umg* faire dans le sentimental, le mélo
tränenerstickt ADJT **mit ~er Stimme** avec des larmes dans la voix; d'une voix mouillée de larmes
Tränengas N gaz *m* lacrymogène; **Tränenkanal** M ANAT conduit, canal lacrymal; **Tränensack** M ANAT sac lacrymal; **tränenüberströmt** ADJT noyé de larmes
Tranfunzel *umg pej* F **1** (*trübes Licht*) lumignon *m* **2** *fig Mensch umg* lambin(e) *m(f)*; *umg* veau *m*
tranig **A** ADJ **1** (*Tran enthaltend*) imprégné d'huile de poisson **2** (*ölig*) huileux, -euse **3** *umg fig pej* (*träge*) *umg* lambin; *umg* gourde **B** ADV **~ schmecken** avoir un goût d'huile de poisson
trank → trinken
Trank *geh* M ⟨~(e)s; ¨~e⟩ (*Getränk*) boisson *f*; *geh* breuvage *m*; **Speis und ~** le boire et le manger
Tränke F ⟨~; ~n⟩ abreuvoir *m*
tränken VT ⟨h.⟩ **1** *Tiere* abreuver; donner à boire à; faire boire **2** (*sich vollsaugen lassen*) imbiber, imprégner (**mit** de)
Trankopfer N ALTERTUM libation *f*
Tranquilizer M ⟨~s; ~⟩ PHARM tranquillisant *m*
trans…, Trans… IN ZSSGN trans…*
Transaktion F FIN transaction *f*
transalpin(isch) ADJ transalpin; **transatlantisch** ADJ transatlantique
Transchierbesteck N service *m* à découper; **Transchierbrett** N planche *f* à découper
transchieren VT ⟨*pas de ge-*, h.⟩ découper; **Transchiergabel** F fourchette *f* à découper; **Transchiermesser** N couteau *m* à découper
transeuropäisch ADJ transeuropéen, -éenne; **~e Netze** *npl* réseaux transeuropéens
Transfer M ⟨~s; ~s⟩ transfert *m*
transferierbar ADJ transférable; **transferieren** VT ⟨*pas de ge-*, h.⟩ **1** WIRTSCH transférer **2** SPORT opérer, réaliser le transfert de; **Transferierung** F ⟨~; ~en⟩ transfert *m*
Transfiguration F ⟨~; ~en⟩ REL transfiguration *f*
Transformation F ⟨~; ~en⟩ transformation *f*
Transformationsgrammatik F LING (**generative**) **~** grammaire (générative) transformationnelle
Transformator M ⟨~s; -toren⟩ transformateur *m*
Transformatorenhäuschen N kiosque *m* de transformateur(s); *umg* transformateur *m*; **Transformatorenstation** F station *f* de transformateurs
transformieren VT ⟨*pas de ge-*, h.⟩ transformer
Transfusion F ⟨~; ~en⟩ transfusion (sanguine)
transgen ADJ *t/t* transgénique
Transistor M ⟨~s; -toren⟩ ELEK transistor *m*; **Transistorradio** N transistor *m*; poste *m* de radio à transistors
Transit[1] M ⟨~s; ~e⟩ (*Transport, Durchreise*) transit *m*
Transit[2] N ⟨~s; ~s⟩ *Kurzwort* → Transitvisum
Transitgut N marchandises *fpl* en transit; **Transithandel** M commerce *m* de transit
transitiv ADJ GRAM transitif, -ive; **~es Verb** verbe transitif
Transitraum M salle *f* de transit; **Transitreisende(r)** M/F(M) passager, -ère *m,f* en transit; **Transitverkehr** M trafic *m* de transit; **Transitvisum** N visa *m* de transit; **Transitware** F → Transitgut; **Transitzoll** M droits *mpl* de transit
Transkei ⟨→ *n/pr*⟩ **die ~** le Transkei
transkontinental ADJ transcontinental
transkribieren VT ⟨*pas de ge-*, h.⟩ transcrire
Transkription F ⟨~; ~en⟩ transcription *f*
Transmission F ⟨~; ~en⟩ TECH transmission *f*; **Transmissionsriemen** M courroie *f* de transmission
transozeanisch ADJ transocéanique
transparent ADJ transparent; *fig* **Entscheidungen ~ machen** rendre des décisions transparentes
Transparent N ⟨~(e)s; ~e⟩ **1** (*Spruchband*) banderole *f*; pancarte *f*; calicot *m* **2** (*Bild*) transparent *m*; **Transparentpapier** N papier transparent
Transparenz *geh* F ⟨~⟩ *a. fig* transparence *f*
Transpiration F ⟨~⟩ transpiration *f*
transpirieren VI ⟨*pas de ge-*, h.⟩ transpirer
Transplantat N ⟨~(e)s; ~e⟩ MED greffon *m*; transplant *m*; **Transplantation** F ⟨~; ~en⟩ MED transplantation *f*; greffe *f*
transplantieren VT ⟨*pas de ge-*, h.⟩ MED transplanter
transponieren VT ⟨*pas de ge-*, h.⟩ *geh*, MUS, LING transposer
Transport M ⟨~(e)s; ~e⟩ transport *m*
transportabel ADJ ⟨-bl-⟩ transportable

Transportarbeiter M débardeur *m*; ouvrier *m* (de l'industrie) des transports; **Transportband** N ⟨~(e)s; -bänder⟩ bande transporteuse; tapis roulant; convoyeur *m*; **Transportbehälter** M container *m*; conteneur *m*

Transporter M ⟨~s; ~⟩ AUTO camionnette *f*; *größerer* camion *m*; fourgon *m*; SCHIFF transport *m*; FLUG avion *m* de transport

Transporteur M ⟨~s; ~e⟩ transporteur *m*

transportfähig ADJ *bes von Kranken* transportable

Transportfirma F entreprise *f* de transport, de messageries; **Transportflugzeug** N avion-cargo *m*; avion *m* de transport; **Transportgeschäft** N opération *f* de transport; **Transportgesellschaft** F société *f* de transports

transportieren V/T ⟨*pas de ge-*, h.⟩ transporter

Transportkosten PL frais *mpl* de transport; **Transportmaschine** F FLUG → Transportflugzeug; **Transportmittel** N moyen *m* de transport; **Transportpapiere** NPL titres *mpl* de transport; **Transportschaden** M avarie *f* de transport; **Transportschiff** N transport *m*; **Transportunternehmen** N → Transportfirma; **Transportunternehmer** M entrepreneur *m* de transport; transporteur *m*; **Transportverlust** M coulage *m* de route; **Transportversicherung** F assurance-transport *f*; **Transportweg** M voie *f* de transport; **Transportwesen** N ⟨~s⟩ transports *mpl*

transsexuell ADJ transsexuel, -elle

transsibirisch ADJ transsibérien, -ienne; **die Transsibirische Eisenbahn** le Transsibérien

Transurane NPL PHYS (éléments) transuraniens *mpl*

Transuse *umg* F ⟨~; ~n⟩ *umg* lambin(e) *m(f)*; *umg* gourde *f*

Transvestit M ⟨~en; ~en⟩ travesti *m*; *umg* travelo *m*

transzendent ADJ PHIL transcendant; **transzendental** ADJ transcendantal

Transzendenz *geh* F ⟨~⟩ *fig*, PHIL transcendance *f*

Trapez N ⟨~es; ~e⟩ SPORT, MATH trapèze *m*; **trapezförmig** ADJ trapézoïdal; **Trapezkünstler(in)** M(F) trapéziste *m/f*

Trapezoeder N ⟨~s; ~⟩ MATH trapézoèdre *m*; **Trapezoid** N ⟨~(e)s; ~e⟩ MATH trapézoïde *m*

Trappe F ⟨~; ~n⟩ ZOOL outarde *f*

trappeln V/I ⟨-(e)le, s.⟩ trottiner

Trapper M ⟨~s; ~⟩ trappeur *m*

Trappist(in) M ⟨~en; ~en⟩ (F) ⟨~in; ~innen⟩ REL trappiste *m/f*

Trappistenkloster N couvent *m* de l'ordre de la Trappe; **Trappistenorden** M **der ~** la Trappe

trapsen *umg* V/I ⟨-(es)t, s.⟩ marcher lourdement, d'un pas lourd, pesant

Trara *umg* N ⟨~s⟩ **viel ~ (um etw) machen** faire beaucoup d'histoires (à propos de *od* pour qc)

Trasse F ⟨~; ~n⟩ STRASSENBAU, BAHN, ELEK *geplante* tracé *m*; *bestehende* ligne *f*

trat → treten

Tratsch *umg pej* M ⟨~es⟩ racontars *mpl*; potins *mpl*; *umg* ragots *mpl*; *umg* commérages *mpl*

tratschen *umg* V/I ⟨h.⟩ cancaner; potiner

Tratscherei *umg* F ⟨~; ~en⟩ → Tratsch

Tratte F ⟨~; ~n⟩ FIN traite *f*; effet tiré

Traualtar *geh* M **j-n zum ~ führen** mener qn à l'autel; épouser qn

Traube F ⟨~; ~n⟩ 1 BOT (*Blütentraube*) grappe *f* 2 (*Weintraube*) raisin *m*; grappe *f* (de raisin); **~n kaufen** acheter des raisins; *fig* **j-m hängen die ~n zu hoch** les raisins sont trop verts (pour qn) 3 *fig* (*große Menge*) grappe *f*; **e-e ~ von Menschen** une grappe humaine

Traubenernte F → Traubenlese; **traubenförmig** ADJ en grappe(s); **Traubenhyazinthe** F BOT muscari *m*; **Traubenlese** F vendange *f*; **Traubenmost** M moût *m* (de raisin); **Traubenpresse** F pressoir *m*; **Traubensaft** M jus *m* de raisin; **Traubenzucker** M glucose *m*

trauen[1] V/T ⟨h.⟩ *Brautpaar* marier; unir; **sich ~ lassen** se marier

trauen[2] ⟨h.⟩ A V/I **j-m, e-r Sache ~** faire confiance à qn; avoir confiance en qn, en *od* dans qc; se fier à qn, qc; **j-m, e-r Sache nicht ~** se méfier de qn, qc; *umg* **j-m nicht über den Weg ~** ne pas du tout faire confiance à qn; **s-n Augen, Ohren nicht ~** ne pas en croire ses yeux, ses oreilles B V/R **sich** (*akk*) **~ zu** (*+inf*) oser (*+inf*); **ich traue mich nicht mitzukommen** je n'ose pas vous accompagner; *umg* **du traust dich ja doch nicht!** tu n'oseras pas!; **sich nicht auf die Straße, aus dem Haus ~** ne pas oser sortir dans la rue, de chez soi

Trauer F ⟨~⟩ 1 *Gefühl* tristesse (profonde); affliction *f*; désolation *f*; *um Tote* deuil *m*; **~ über etw** (*akk*) **empfinden** s'affliger, se désoler de qc; *in Todesanzeigen* **in tiefer, stiller ~** (profonds) regrets 2 (*~kleidung*) **~ anlegen** prendre le deuil; **~ tragen** porter le deuil 3 (*~zeit*) deuil *m*; **drei Tage ~ anordnen** décréter trois jours de deuil (national)

Trauerakt M cérémonie *f* funèbre; **Traueranzeige** F faire-part *m* de décès; **Trauerarbeit** F ⟨~⟩ PSYCH travail *m* de deuil; **Trauerbrief** M lettre *f* de condoléances; **Trauerfall** M deuil *m*; **Trauerfeier** F funérailles *fpl*; **Trauerflor** M crêpe *m* (de deuil); *am Arm* brassard *m* de deuil *od* de crêpe; **Trauergefolge** N, **Trauergeleit** N, **Trauergemeinde** F convoi *m*, cortège *m* funèbre; **Trauergottesdienst** M service *m* funèbre; **Trauerhaus** N maison *f* du défunt, de la défunte; **Trauerjahr** N année *f* de deuil; **Trauerkarte** F (*Todesanzeige*) faire-part *m* de décès; (*Beileidskarte*) lettre *f* de condoléances; **Trauerkleidung** F (vêtements *mpl* de) deuil *m*; **Trauerkloß** *umg* M *umg* rabat-joie *m*; *umg* éteignoir *m*; **Trauermantel** M ZOOL morio *m*; **Trauermarsch** M marche *f* funèbre

Trauermiene *umg* F air *m* funèbre, de circonstance; **e-e ~ aufsetzen** prendre un air funèbre, de circonstance

trauern V/I ⟨-(e)re, h.⟩ 1 être affligé; *plus fort* être plongé dans l'affliction, dans la tristesse; **um j-n ~** pleurer (la mort, la perte de) qn; **um** *od* **über etw ~** s'affliger de qc; regretter la perte de qc 2 (*Trauer tragen*) porter le deuil

trauernd ADJT endeuillé; en deuil

Trauerrand M **mit ~** bordé, encadré de noir; *umg fig* **Trauerränder an den Fingernägeln haben** *umg* avoir les ongles en deuil

Trauerrede F discours *m* funèbre

Trauerspiel N THEAT tragédie *f*; *umg fig* **das ist ja ein ~!** c'est lamentable!

Trauertag M jour *m* de deuil; *fig* triste, funeste jour *m*; **Trauerweide** F BOT saule pleureur; **Trauerzeit** F (durée *f* du) deuil *m*; **Trauerzug** M cortège *m* funèbre

Traufe F ⟨~; ~n⟩ (*Dachrinne*) gouttière *f*; *umg fig* **vom Regen in die ~ kommen** tomber de Charybde en Scylla; tomber de mal en pis

träufeln V/T ⟨-(e)le, h.⟩ verser goutte à goutte (**in** [*+akk*] dans); MED instiller

traulich ADJ intime; (*anheimelnd*) où l'on est bien, à son aise; (*ungezwungen*) familier, -ière; **in ~er Runde** dans un cercle familier, intime; entre intimes; *Feier etc* dans l'intimité

Traum M ⟨~(e)s; Träume⟩ 1 rêve *m* (*a. fig Wunschtraum*); *geh* songe *m*; **e-n ~ haben** faire un rêve; **e-n ~ deuten** interpréter un rêve; **wie im ~** comme dans un rêve; **es war immer mein ~ zu** (*+inf*) j'ai toujours rêvé de (*+inf*); *umg* **aus der ~!** le rêve est fini!; *umg* **das fällt mir nicht im ~ ein** je suis loin d'y penser; loin de moi cette idée; *sprichw* **Träume sind Schäume** *sprichw* tout songe est mensonge 2 *umg* (*etwas Wunderschönes*) rêve *m*; **ein ~ von e-m Haus** une maison de rêve

Traum... IN ZSSGN 1 (*e-s Traums, von Träumen*) de(s) rêve(s) 2 (*nicht wirklich*) imaginaire 3 *umg* (*ideal*) de mes, tes, *etc* rêves; idéal

Trauma N ⟨~s; -men *ou* ~ta⟩ MED, PSYCH traumatisme *m*

traumatisch ADJ MED, PSYCH traumatique; **traumatisieren** V/T ⟨*pas de ge-*, h.⟩ MED, PSYCH traumatiser

Traumberuf *umg* M **mein, sein** *etc* **~** le métier de mes, ses, *etc* rêves

Traumbild N rêve *m*; vision *f*; **Traumdeuter(in)** M ⟨~s; ~⟩ (F) ⟨~in; ~innen⟩ personne *f* qui interprète les rêves; *t/t* oniromancien, -ienne *m,f*; **Traumdeutung** F interprétation *f* des rêves; *t/t* oniromancie *f*

träumen ⟨h.⟩ A V/T rêver (**dass** que); **etw Schönes ~** faire un beau rêve B V/I 1 *im Schlaf, a. fig* (*Wünsche haben*) rêver (**von** de); faire un rêve; **~ Sie süß!** faites de beaux rêves! 2 (*geistesabwesend sein*) (*vor sich hin ~*) rêver; rêvasser; **mit offenen Augen ~** rêver les yeux ouverts, tout éveillé; être dans la lune; **du träumst wohl!** tu rêves!; tu n'y songes pas! C V/R **das hätte ich mir nie ~ lassen!** je ne m'y serais jamais attendu!; j'étais loin d'y penser!

Träumer(in) M ⟨~s; ~⟩ (F) ⟨~in; ~innen⟩ rêveur, -euse *m,f*; *fig* utopiste *m/f*

Träumerei F ⟨~; ~en⟩ rêverie *f* (*a.* MUS); songerie *f*

träumerisch ADJ rêveur, -euse

Traumfabrik F usine *f* à rêves; **die ~ Hollywood** Hollywood, l'usine à rêves

Traumfrau *umg* F femme idéale; **meine, seine ~** la femme de ma, sa vie

traumhaft A ADJ 1 (*wie im Traum*) comme un rêve; de rêve 2 *umg* (*sehr schön*) fantastique; merveilleux, -euse; de rêve B ADV *umg* (*sehr schön*) merveilleusement bien; **traumlos** ADJ *u.* ADV sans rêve(s)

Traummann *umg* M homme idéal; **mein, ihr ~** l'homme de ma, sa vie

Traumtänzer *pej* M songe-creux *m*

traumverloren, **traumversunken** ADJT perdu dans ses rêves; **traumwandlerisch** ADJ → schlafwandlerisch

Traumwelt F monde *m* imaginaire, chimérique, des rêves; **in e-r ~ leben** vivre dans la lune

traurig ADJ 1 (*betrübt*) triste (**über** [*+akk*] de); *plus fort* affligé; (*schwermütig*) mélancolique; **ein ~es Gesicht, e-e ~e Miene machen** avoir un air triste; **~ werden** s'attrister (**über** [*+akk*] sur); **~ machen, stimmen** attrister 2 (*betrüblich*) attristant; *plus fort* affligeant; **ein ~er Fall** *Person* un cas tragique 3 (*kläglich*) pitoyable; piteux, -euse; **die ~en Reste** *e-r Mahlzeit* les restes peu appétissants; **in e-m ~en Zustand sein** être en piteux état

Traurigkeit F ⟨~⟩ tristesse *f*; *plus fort* affliction *f*; (*Schwermut*) mélancolie *f*; **sie ist kein Kind von ~** elle est d'un naturel gai

Trauring M alliance *f*

Trauschein M acte *m* de mariage; **Ehe ohne ~** union *f* libre; concubinage *m*

T

traut *poet* ADJ ⟨*épithète*⟩ intime; familier, -ière; **~es Heim** (petit) nid douillet

Trauung F ⟨~; ~en⟩ (cérémonie *f* du) mariage *m*; **kirchliche, standesamtliche ~** mariage religieux, civil

Trauzeuge M témoin *m* (de mariage)

Travellerscheck M traveller's chèque *m*; chèque *m* de voyage

Travestie F ⟨~; ~n⟩ parodie *f*

Trawler M ⟨~s; ~⟩ SCHIFF chalutier *m*

Treber PL 1 *(Trester)* marc *m* (du vin) 2 BIERBRAUEREI drêche *f*

Treck M ⟨~s; ~s⟩ convoi *m*

Trecker M ⟨~s; ~⟩ tracteur *m*

Treff[1] N ⟨~s; ~s⟩ KARTENSPIEL trèfle *m*

Treff[2] *umg* M ⟨~s; ~s⟩ 1 *(Begegnung)* rencontre *f*; *(Verabredung)* rendez-vous *m* 2 *(Ort des Treffens)* lieu *m* de rencontre, de rendez-vous

treffen ⟨trifft, traf, getroffen, h.⟩ A VT 1 *mit e-m Schuss etc (erreichen)* toucher; frapper; atteindre; **nicht ~** manquer; **j-n am Bein, ins Bein ~** toucher qn à la jambe; **das Ziel ~** frapper, toucher juste; *fig* **den Nagel auf den Kopf ~** mettre dans le mille; frapper, toucher juste 2 *(begegnen)* rencontrer; **wann kann ich Sie ~?** quand puis-je vous rencontrer, voir? 3 *fig (herausfinden, erraten) mit e-m Geschenk* **das Richtige ~** toucher, tomber juste; **den richtigen Ton ~** trouver le ton juste; **es gut ~** *od* **es gut getroffen haben** avoir de la chance; **sie ist gut getroffen** *auf e-m Bild, Foto* son portrait est bien ressemblant, réussi 4 *(seelisch erschüttern)* **das hat mich tief getroffen** cela m'a touché, affecté profondément 5 *(Schaden zufügen)* **das Schicksal hat sie schwer getroffen** le destin l'a durement frappée; **die Luftangriffe trafen besonders die Zivilbevölkerung** les bombardements ont particulièrement touché, frappé la population civile 6 *(ereilen, zufallen)* **j-n ~** *Fluch, Schicksal, Unglück* frapper qn; *Zorn* se décharger sur qn; **das Los traf ihn** le sort est tombé sur lui; **wen trifft die Schuld?** à qui la faute?; **ihn trifft die alleinige Schuld** la faute en incombe, revient à lui seul; c'est lui le seul responsable; **dich trifft keine Schuld** tu n'y es pour rien; ce n'est pas (de) ta faute; **warum trifft es gerade mich?** pourquoi est-ce moi qui suis la victime? 7 *als Funktionsverb* **e-e Entscheidung ~** prendre une décision; **e-e Verabredung ~** prendre (un) rendez-vous; **e-e Vereinbarung ~** passer un accord; prendre un arrangement; convenir; **Vorbereitungen ~** se préparer; faire des préparatifs; **e-e Wahl ~** faire un choix B VI 1 *Schuss* toucher la cible; *Schütze* **er hat getroffen!** il a touché juste!; il a fait mouche!; *a. fig* **ins Schwarze ~** mettre dans le mille; faire mouche 2 ⟨s.⟩ **auf j-n, etw** *(akk)* **~** *(vorfinden)* rencontrer qn, qc (par hasard); tomber sur qn, qc; **auf Widerstand ~** rencontrer de la résistance C VR 1 *(begegnen)* **sich ~** se rencontrer; **sich mit j-m ~** rencontrer qn; *fig* **ihre Blicke trafen sich** leurs regards se rencontrèrent 2 *(sich fügen)* **das trifft sich gut** cela tombe bien, *umg* à pic; quelle heureuse coïncidence!; **es traf sich, dass …** le hasard voulut, a voulu que … *(+subj)*

Treffen N ⟨~s; ~⟩ 1 *(Begegnung)* rencontre *f* (*a.* POL); *(Verabredung)* rendez-vous *m*; *(Unterredung)* entrevue *f*; *(Zusammenkunft)* réunion *f* 2 SPORT rencontre *f*; **ein faires ~** une rencontre correcte 3 MIL HIST engagement *m*; rencontre *f*; *geh fig* **ins ~ führen** *Gründe etc* produire; mettre en avant; faire valoir

treffend A ADJT *Antwort, Ausdruck, Urteil etc (zu~)* juste; approprié; pertinent B ADVL avec pertinence; **j-n ~ darstellen** faire un portrait juste de qn

Treffer M ⟨~s; ~⟩ 1 *beim Schießen fig* coup réussi; coup *m* au but; FECHTEN touche *f* 2 BALLSPIELE but *m*; **e-n ~ erzielen** toucher le but 3 *Los* billet gagnant; *fig* coup heureux; chance *f*

Treffgenauigkeit F *beim Schießen* précision *f* du tir; **trefflich** *geh* ADJ excellent; parfait; **Treffpunkt** M (lieu *m* de) rendez-vous *m*; lieu *m* de rencontre

treffsicher ADJ 1 *im Schießen* qui a la main sûre; qui vise juste 2 *fig Bemerkung* bien senti; **ein ~es Urteil haben** avoir un jugement sûr

Treffsicherheit F ⟨~⟩ 1 justesse *f*, précision *f* de *od* du tir 2 *fig* justesse *f*; précision *f*

Treibanker M SCHIFF ancre flottante; **Treibeis** N glaces flottantes, à la dérive

treiben ⟨treibt, trieb, getrieben⟩ A VT ⟨h.⟩ 1 *in e-e bestimmte Richtung (vorwärts~)* pousser; chasser; JAGD rabattre; traquer; *Vieh* **auf die Weide ~** mener paître; conduire au pâturage; **die Preise in die Höhe ~** faire monter *od* flamber les prix; *fig* **j-n in die Enge ~** acculer, coincer qn; mettre qn au pied du mur; pousser qn dans ses derniers retranchements; → *a.* hertreiben 2 TECH *(an~)* entraîner; faire mouvoir, tourner 3 *(drängen)* **j-n zu etw ~** pousser qn à (faire) qc; **j-n in den Tod ~** pousser qn à la mort; **j-n zu etw** *(dat)* **~** pousser qn à qc; **j-n zum Äußersten ~** pousser qn à bout; **j-n zur Verzweiflung ~** pousser qn au désespoir; **j-n zur Eile ~** presser qn; **es treibt mich zu** *(+inf)* je me sens poussé à *(+inf)* 4 *(in ein festes Material hinein~) Pfahl* **in die Erde ~** enfoncer (dans le sol); **e-n Tunnel in den Berg ~** creuser, percer un tunnel dans la montagne 5 TECH *Metalle* emboutir; bosseler; repousser; **aus getriebenem Gold** en or repoussé 6 *(hervortreten lassen)* **j-m den Schweiß auf die Stirn ~** faire venir la sueur au front de qn; faire transpirer qn; **j-m die Röte ins Gesicht ~** faire monter le rouge au visage de qn; **j-m Tränen in die Augen ~** faire venir les larmes aux yeux de qn; faire pleurer qn 7 *Pflanzen* donner; **Blüten ~** produire, donner des fleurs; fleurir 8 *(be~) Gewerbe* exercer; *Sport, Musik, Hobby* pratiquer; *Politik* faire; **was treibst du?** qu'est-ce que tu fais?; *als Funktionsverb* **Missbrauch mit etw ~** abuser de qc; **Unfug ~** faire des bêtises, des sottises, *umg* des siennes; **Handel ~** faire du commerce; **Handel mit etw ~** faire le commerce de qc 9 *mit ‚es'* **es auf die Spitze ~** pousser les choses à l'extrême; **treib es nicht zu weit!** n'exagère pas; ne vas pas trop loin; *umg* **es mit j-m ~** *umg* coucher avec qn B VI ⟨s.⟩ 1 *(fortbewegt werden)* **im Wind ~** dériver au gré du vent; **auf dem Wasser ~** flotter à la dérive; **am Himmel ~ Wolken** des nuages passent dans le ciel; **an Land ~** s'échouer; *fig* **die Dinge ~ lassen** laisser faire, aller les choses 2 *Pflanzen (ausschlagen)* pousser; **wieder ~** repousser 3 *(harntreibend sein)* avoir une action, un effet diurétique; *(schweißtreibend sein)* avoir une action, un effet sudorifique

Treiben N ⟨~s⟩ 1 *(Geschäftigkeit)* agitation *f*; animation *f*; **auf der Straße herrscht ein fröhliches ~** il y a beaucoup d'animation dans la rue 2 *pej (Machenschaften)* agissements *mpl*; menées *fpl*; **j-s ~** *(dat)* **ein Ende setzen** mettre fin aux agissements de qn 3 ⟨*pl* ~⟩ JAGD battue *f*; rabattage *m*; traque *f*

treibenlassen VT → treiben B1

Treiber M ⟨~s; ~⟩ 1 *(Viehtreiber)* gardien *m* (de troupeau) 2 JAGD rabatteur *m*; traqueur *m* 3 IT pilote *m*; drive(u)r *m*

Treibgas N 1 AUTO carburant gazeux 2 *in Spraydosen* (gaz *m*) propulseur *m*; **Treibgut** N épaves *fpl* (de mer); **Treibhaus** N serre *f*; **Treibhauseffekt** M effet *m* de serre; **Treibhausgas** N gaz *m* à effet de serre; **Treibhauskultur** F culture forcée *od* en serre; **Treibhauspflanze** F plante *f* de serre (chaude); **Treibholz** N bois flottant; **Treibjagd** F rabattage *m*; battue *f*; traque *f*; **Treibmittel** N 1 GASTR levain *m* 2 → Treibgas 2; **Treiböl** N huile lourde pour moteurs; mazout *m*; fuel-oil *m*; **Treibrad** N roue motrice; **Treibriemen** M courroie *f* de commande, de transmission; **Treibsand** M sables mouvants; **Treibsatz** M *e-r Rakete* propergol *m*; **Treibschlag** M SPORT drive *m*

Treibstoff M carburant *m*; combustible *m*; *für Raketen a.* propergol *m*; **Treibstofflager** N entrepôt *m* de carburant; **Treibstofftank** M réservoir *m* de carburant; **Treibstoffverbrauch** M consommation *f* de carburant

treideln VT ⟨-(e)le, h.⟩ °haler

Treideln N ⟨~s⟩ °halage *m*

Treidelpfad M, **Treidelweg** M chemin *m* de halage

Trekking N ⟨~s; ~s⟩ TOURISMUS trekking *m*; **Trekkingbike** N ⟨~s; ~s⟩, **Trekkingrad** N VTC *m*; vélo *m* tout chemin

Trema N ⟨~s; ~s *ou* ~ta⟩ LING tréma *m*

tremolieren VI ⟨*pas de ge-*, h.⟩ MUS faire des trémolos

Tremolo N ⟨~s; ~s *ou* -li⟩ MUS trémolo *m*

Trend M ⟨~s; ~s⟩ *(Tendenz)* tendance *f* (**zu** à); *(Mode)* mode *f*; **im ~ liegen** être dans le vent *od* à la mode

trendig *umg* ADJ *umg* branché

Trendsetter M ⟨~s; ~⟩ 1 *Person* initiateur *m* de nouvelles tendances; *der Mode* lanceur *m* de mode(s) 2 *Sache* produit *m* qui annonce une nouvelle mode, un progrès technique; **Trendwende** F revirement *m* de tendance

trendy *umg* ADJ ⟨*inv*⟩ *umg* branché

trennbar ADJ séparable; **Trennbarkeit** F ⟨~⟩ séparation *f* possible

trennen ⟨h.⟩ A VT 1 *(ab~)* séparer; *(loslösen)* détacher; *(sortieren)* trier; **das Eiweiß vom Eigelb ~** séparer le blanc d'œuf du jaune; **das Fett vom Fleisch ~** retirer le gras de la viande; **Müll ~** trier les ordures, les déchets 2 CHEM décomposer (**etw von etw** en qc et en qc) 3 MODE *Naht* défaire; *Angenähtes* découdre 4 *Personen, Sachen (räumlich ~)* séparer (**von** de); **die Familie wurde im Krieg getrennt** la famille a été séparée pendant la guerre 5 *(unterscheiden)* séparer; distinguer; **die Person von der Sache ~** séparer, distinguer la personne de la chose; **ihre Herkunft trennt sie** leur origine les sépare 6 *(dazwischenliegen)* séparer; **ein Fluss trennt beide Länder** un fleuve sépare les deux pays; *geh* **wenige Stunden ~ uns vom neuen Jahr** quelques heures (seulement) nous séparent de la nouvelle année; *fig* **uns ~ Welten** des mondes nous séparent 7 TEL couper; **wir sind getrennt worden** nous avons été coupés 8 *Wort in Silben* couper B VI RADIO **das Gerät trennt gut** ce poste a une bonne sélectivité C VR **sich ~** se séparer (**von j-m, etw** de qn, qc); **sich von s-m Mann, s-r Frau ~** *a.* quitter son mari, sa femme; *fig* **sich von e-m Gedanken ~** abandonner une idée; **sie ~ sich als Freunde** ils se quittent, se séparent bons amis; SPORT **die Mannschaften ~ sich unentschieden** les équipes se séparent sur un match nul; **unsere Wege ~ sich hier** nos chemins se séparent ici

Trennkost F *Diät* régime dissocié; **trennscharf** ADJ RADIO sélectif, -ive; **Trennschärfe** F RADIO sélectivité *f*

Trennung F ⟨~; ~en⟩ 1 *(Trennen, Getrenntsein)* séparation *f*; JUR disjonction *f*; dissociation *f*;

POL ~ **von Kirche und Staat** séparation de l'Église et de l'État; JUR ~ **von Tisch und Bett** séparation de corps et de biens; **unter der ~ leiden** souffrir de la séparation **2** *(Unterscheidung)* distinction *f*; **e-e saubere ~ der Begriffe** une distinction très nette des concepts, des notions **3** *von Silben, e-s Wortes* division *f*

Trennungsentschädigung F indemnité *f* de séparation; **Trennungslinie** F ligne *f* de séparation; **Trennungsschmerz** M ⟨~es⟩ douleur *f* de la séparation

Trennungsstrich M TYPO tiret *m*; *fig* **e-n ~ ziehen** faire une séparation stricte (**zwischen** [+*dat*] entre)

Trennungszeichen N GRAM, TYPO division *f*

Trennwand F cloison *f*; paroi *f*; mur *m* de séparation; **e-e ~ ziehen** installer une cloison

Trense F ⟨~; ~n⟩ *(Zaum)* bridon *m*; *(Gebiss)* mors *m*

Trepan M ⟨~s; ~e⟩ MED trépan *m*; **Trepanation** F ⟨~; ~en⟩ MED trépanation *f*

treppab ADV en descendant l'escalier

treppauf ADV en montant l'escalier; **~ steigen** monter l'escalier

Treppchen N ⟨~s; ~⟩ **1** *(kleine Treppe)* petit escalier **2** *umg* SPORT *(Siegerpodest)* podium *m*

Treppe F ⟨~; ~n⟩ **1** *im Haus* escalier *m*; *vor dem Haus (Freitreppe)* perron *m*; **auf der ~** dans l'escalier; **die ~ hinaufsteigen** monter l'escalier; **die ~ hinuntergehen** descendre l'escalier; **j-n die ~ hinunterwerfen** jeter qn au bas de l'escalier; précipiter qn du haut en bas de l'escalier; *umg* **die ~ machen** *(putzen)* faire l'escalier *od* les escaliers; *umg fig* **die ~ hinauffallen** avoir une promotion inattendue **2** *(Etage)* étage *m*; **zwei ~n hoch** *wohnen* au second étage; **sich e-e ~ höher befinden** se trouver un étage plus °haut **3** *umg fig* **j-m ~n ins Haar schneiden** *umg* faire des escaliers en coupant les cheveux à *od* de qn

Treppenabsatz M *vor den Wohnungstüren* palier *m*; *zwischen den Etagen* repos *m*; **Treppenbeleuchtung** F éclairage *m* des escaliers; *automatische* minuterie *f*; **Treppenflur** M palier *m*; **treppenförmig** ADJ en escalier; en gradins; **Treppengeländer** N rampe *f*; **Treppenhaus** N cage *f* d'escalier; **Treppenhausbeleuchtung** F éclairage *m* des escaliers; *automatische* minuterie *f*; **Treppenstufe** F marche *f*, *geh* degré *m* (d'escalier); **Treppenwitz** M *iron* plaisanterie *f* de mauvais goût

Tresen M ⟨~s; ~⟩ *nordd* comptoir *m*

Tresor M ⟨~s; ~e⟩ coffre-fort *m*; **Tresorraum** M chambre-forte *f*; salle *f* des coffres

Tresse F ⟨~; ~n⟩ MODE, MIL galon *m*; soutache *f*

Trester PL marc *m*

Tretauto N *Spielzeug* auto *f* à pédales; **Tretboot** N pédalo *m*

treten ⟨tritt, trat, getreten⟩ **A** VT ⟨h.⟩ **1** *(e-n Tritt geben) absichtlich* donner un coup de pied à; *Ball* botter; *versehentlich* **j-n auf den Fuß ~** marcher sur le pied de qn; **ich habe sie auf den Fuß getreten** je lui ai marché sur le pied; **j-n in den Bauch, in den Hintern ~** donner un coup de pied dans le ventre, le derrière de qn; *fig* **etw mit Füßen ~** piétiner qc; *geh* fouler qc aux pieds **2** **Wasser ~** SCHWIMMEN faire du surplace (en nageant); *Kneippkur* marcher dans l'eau froide; **e-n Weg ~** *(bahnen)* faire, frayer, tracer un chemin (en piétinant) **3** *umg fig (drängen)* secouer; **man muss ihn immer ~, damit er etw tut** il faut toujours le secouer pour qu'il fasse qc **4** *(durch Treten betätigen)* actionner, faire marcher avec le(s) pied(s) **B** VI ⟨s.⟩ **1** *(sich begeben)* se mettre; se placer; **~ Sie näher!** approchez!; *zu e-m Besucher* entrez!; **~ an** *(+akk) Fenster, Tisch etc* s'approcher de; s'avancer vers; **auf den Balkon, aus dem Haus ~** sortir sur le balcon, de la maison; **ins Zimmer ~** entrer dans la pièce; **j-m in den Weg ~** barrer le chemin à qn; **zur Seite ~** se mettre de côté; s'écarter; *fig* **an die Spitze** *(+gen)* **~** prendre la tête (de) **2** *mit dem Fuß* **auf etw** *(akk)* **~** marcher sur qc; **j-m auf den Fuß ~** ⟨h.⟩ marcher sur le pied de qn; **in e-e Pfütze ~** marcher dans une flaque (d'eau) **3** ⟨h.⟩ RADFAHREN pédaler **4** *ohne Fortbewegung* **das Pferd tritt** ⟨h.⟩ ce cheval rue *od* donne des coups de pied; **vor Ungeduld von e-m Fuß auf den anderen ~** piétiner d'impatience; **auf der Stelle ~** ⟨h.⟩ faire du surplace; piétiner; MIL marquer le pas **5** *(erscheinen)* **der Schweiß trat ihm auf die Stirn** la sueur inonda son front; *Tränen* **in die Augen ~** venir aux yeux **6** *(aufnehmen)* **mit j-m in Briefwechsel ~** entrer en correspondance avec qn; **in Beziehung ~ zu** entrer en rapport, relation avec; **in Verbindung ~ mit** se mettre en rapport, contact avec **7** *in festen Wendungen*: *umg fig* **j-m auf den Schlips ~** *umg* marcher sur les pieds à qn; **in Erscheinung ~** se manifester; apparaître; **in den Hintergrund ~** *Problem, Frage* passer, être relégué au second plan; *Person* s'effacer; *Gesetz, Verfügung* **in Kraft ~** entrer en vigueur; *fig* **j-m zu nahe ~** manquer d'égards envers qn; froisser qn **C** VR **sich** *(dat)* **e-n Dorn in den Fuß ~** s'enfoncer une épine dans le pied

Treter *umg* MPL *umg* pompes *fpl*; *umg* godasses *fpl*

Tretkurbel F *am Fahrrad* manivelle *f* du pédalier; **Tretlager** N *am Fahrrad* pédalier *m*; **Tretmine** F mine *f* antipersonnel

Tretmühle *umg fig pej* F (morne) routine *f*; train-train *m*; **morgen geht's wieder in die ~** demain il faut reprendre le collier

Tretroller M trottinette *f*

treu **A** ADJ **1** *Person (verlässlich)* fidèle *(a. Hund, Pferd etc)*; *(ergeben)* dévoué; loyal; **s-m Eide ~** fidèle à son serment; **sich, e-r Sache** *(dat)* **~ bleiben** rester fidèle à soi-même, à qc; **zu ~en Händen übergeben** remettre en mains sûres; *umg* **e-e ~e Seele** une personne dévouée **2** *geh (originalgetreu, genau)* exact; fidèle; **ein ~es Abbild** une reproduction fidèle; une copie conforme **3** *umg (naiv)* **~ und brav** bien brave *od* sage **B** ADV fidèlement; avec fidélité; **~ sorgend** attentionné

Treubruch M trahison *f*; violation *f* de la foi jurée

Treue F ⟨~⟩ **1** *(Verlässlichkeit)* fidélité *f*; *(Pflichttreue)* loyauté *f*; **eheliche ~** fidélité conjugale; **die ~ brechen** manquer à sa foi; **j-m die ~ halten** rester fidèle à qn; **auf Treu und Glauben** en toute bonne foi **2** *(Genauigkeit)* conformité *f*; fidélité *f*; exactitude *f*

Treueid M serment *m* de fidélité

Treuepflicht F JUR devoir *m* de loyauté; **Treueprämie** F prime *f* de fidélité; **Treuerabatt** M remise *f* de fidélité; **Treueschwur** M serment *m* de fidélité

Treuhand ⟨~⟩ **die ~** la Treuhand; l'Office *m* de privatisation (et de restructuration des entreprises d'État de l'ancienne RDA)

Treuhandabkommen N accord *m* de tutelle; **Treuhandanstalt** F ⟨~⟩ → Treuhand

Treuhänder M ⟨~s; ~⟩ JUR (administrateur *m*) fiduciaire *m*

treuhänderisch **A** ADJ fiduciaire **B** ADV **~ verwalten** administrer à titre fiduciaire

Treuhandgesellschaft F société *f* fiduciaire

treuherzig **A** ADJ candide; naïf, naïve; ingénu **B** ADV *(gutgläubig)* avec candeur; **j-n ~ ansehen** regarder qn avec une expression naïve et confiante

Treuherzigkeit F ⟨~⟩ candeur *f*; naïveté *f*; ingénuité *f*; **treulich** ADV fidèlement; loyalement; **treulos** ADJ infidèle; déloyal; sans foi; **Treulosigkeit** F ⟨~⟩ infidélité *f*; déloyauté *f*; **treusorgend** ADJT ⟨*épithète*⟩ attentionné

Trevira® N ⟨~s⟩ TEX *etwa* tergal® *m*

Triangel M ⟨~s; ~⟩ MUS triangle *m*

Trias F ⟨~⟩ GEOL trias *m*

Triathlon N ⟨~s; ~s⟩ SPORT triathlon *m*

Tribun M ⟨~s *ou* ~en; ~e(n)⟩ HIST, *fig* tribun *m*

Tribunal N ⟨~s; ~e⟩ tribunal *m*; cour *f* de justice

Tribüne F ⟨~; ~n⟩ tribune *f*; estrade *f*

Tribut M ⟨~(e)s; ~e⟩ HIST, *fig* tribut *m*; *fig* **e-r Sache** *(dat)* **~ zollen** payer tribut à qc

Trichine F ⟨~; ~n⟩ VET trichine *f*

trichinös ADJ VET trichineux, -euse; trichiné

Trichinose F ⟨~; ~n⟩ MED, VET trichinose *f*

Trichter M ⟨~s; ~⟩ entonnoir *m* *(a. Bombentrichter, Granattrichter,* GEOG*)*; *umg fig* **j-n auf den ~ bringen** montrer la marche à suivre à qn; *umg fig* **auf den ~ kommen** trouver la bonne voie

trichterförmig ADJ en (forme d')entonnoir; **Trichtermündung** F *e-s Flusses* estuaire *m*; embouchure *f*

Trick M ⟨~s; ~s⟩ truc *m*; *umg* ficelle *f*; *umg* combine *f*; **Trickaufnahme** F trucage *od* truquage *m*; **Trickbetrug** M *umg* combine frauduleuse; **Trickbetrüger(in)** M(F) auteur *m* d'une combine frauduleuse; escroc *m*; **Trickfilm** M dessins animés; film *m* d'animation

tricksen *umg* ⟨h.⟩ **A** VT **das werden wir schon ~** *umg* on se débrouillera **B** VI *umg* goupiller; SPORT feinter

trieb → treiben

Trieb M ⟨~(e)s; ~e⟩ **1** *(innerer Antrieb)* impulsion *f*; PSYCH pulsion *f*; *angeborener* instinct *m*; *(Begierde)* appétit *m*; **s-n ~en nachgeben** céder à ses instincts **2** BOT pousse *f*; jet *m*; *aus dem Stamm* rejeton *m*

Triebfeder F TECH ressort *m* *(a. fig, geh)*; *fig* mobile *m*; **triebhaft** **A** ADJ pulsionnel, -elle *(a.* PSYCH*)*; instinctif, -ive; *pej Person* qui n'obéit qu'à ses instincts, *sexuell* appétits **B** ADV instinctivement; par instinct; d'instinct; **Triebhaftigkeit** F ⟨~⟩ caractère instinctif; **Triebhandlung** F acte impulsif; **Triebkraft** F force motrice; **Triebstoff** M *schweiz* → Treibstoff; **Triebtäter** M, **Triebverbrecher** M maniaque sexuel; **Triebwagen** M *Straßenbahn* (auto)motrice *f*; *Eisenbahn* autorail *m*; **Triebwerk** N TECH (mécanisme *m*) moteur *m*; FLUG propulseur *m*; réacteur *m*

Triefauge N œil chassieux; **triefäugig** ADJ chassieux, -ieuse

triefen VI ⟨*régulier ou geh* troff, getroffen, h.⟩ dégoutter (**von** de); ruisseler (de); **der Schweiß triefte von s-r Stirn** il avait le front ruisselant de sueur; **s-e Nase trieft** son nez coule; *umg fig pej* **von** *od* **vor etw** *(dat)* **~** déborder de, être débordant de qc

triefend ADVL **~ nass** trempé, dégoulinant (de pluie, *etc*)

triefnass ADJ trempé, dégoulinant (de pluie, *etc*)

Trient N ⟨→ *n/pr*⟩ Trente

Trier N ⟨→ *n/pr*⟩ Trèves

triezen *umg* VT ⟨-(es)t, h.⟩ **j-n ~** agacer, *umg* asticoter qn

T

Trift F ⟨~; ~en⟩ 1 *(Strömung)* courant *m* 2 *(Weide)* pâturage *m*; pacage *m*
triftig ADJ *Grund* valable; pertinent
Trigonometrie F ⟨~⟩ trigonométrie *f*; **trigonometrisch** ADJ trigonométrique
Trikolore F ⟨~; ~n⟩ drapeau *m* tricolore; *französische* drapeau français
Trikot¹ M *od* N ⟨~s; ~s⟩ *Gewebe* tricot *m*
Trikot² N ⟨~s; ~s⟩ *Kleidungsstück* maillot *m*
Trikotagen PL bonneterie *f*
Trikotwerbung F publicité *f* sur les maillots
trilateral ADJ trilatéral
Triller M ⟨~s; ~⟩ MUS trille *m*; *umg fig* **e-n ~ haben** avoir un grain
trillern ⟨-(e)re, h.⟩ A VI faire un trille *bzw.* des trilles; *geh* triller; *Lerche* grisoller B VT **e-e Arie ~** *geh* triller un air
Trillern N ⟨~s⟩ MUS trilles *mpl*; *der Lerche* grisollement *m*
Trillerpfeife F sifflet *m* à roulette
Trillion F ⟨~; ~en⟩ trillion *m*
Trilogie F ⟨~; ~n⟩ trilogie *f*
Trimester N ⟨~s; ~⟩ trimestre *m*
Trimm-dich-Pfad M parcours *m* de santé; sentier sportif
trimmen ⟨h.⟩ A VT 1 SPORT entraîner; mettre en condition 2 *umg (zurechtmachen)* **etw auf alt ~** donner à qc l'aspect du vieux *od* de l'ancien; **s-e Kinder auf Disziplin** *(akk)* **~** dresser ses enfants à la discipline 3 SCHIFF, FLUG donner de l'assiette à; équilibrer; *Ladung* arrimer 4 *Hunde* toiletter B *umg* VR 1 **sich ~** s'entraîner 2 *fig* **sie trimmt sich auf jugendlich** *umg* elle se donne un look de jeunette
Trimmtrab M jogging *m*
Trine F ⟨→ n/pr⟩ *umg pej* **dumme ~** *umg* bécasse *f*; *umg* bécassine *f*
Trinidad N ⟨→ n/pr⟩ *Insel* la Trinité
Trinidad und Tobago N ⟨→ n/pr⟩ Trinité et Tobago
Trinitatis N ⟨~⟩, **Trinitatisfest** N REL (dimanche *m* de) la Trinité
trinkbar ADJ buvable; *Wasser* potable
Trinkbecher M gobelet *m*; *aus Metall* timbale *f*
trinken ⟨trinkt, trank, getrunken, h.⟩ A VT 1 boire; *Kaffee, Tee a.* prendre; **was möchten Sie ~?** qu'est-ce que vous prenez? 2 *umg* **eins** *od* **e-n ~** boire un coup; *umg* **gern eins ~** *umg* aimer boire un petit verre; *umg* aimer lever le coude; *umg* **e-n über den Durst ~** boire un coup de trop B VI 1 **aus der Flasche ~** boire à (même) la bouteille; **aus e-m Glas ~** boire dans un verre; **an** *od* **aus e-r Quelle ~** boire à une source 2 *Alkohol* **auf j-s Wohl** *(akk)* **~** boire à la santé de qn 3 *(alkoholsüchtig sein)* boire C VR 1 **sich satt ~** étancher sa soif; **sich arm ~** se ruiner à force de boire; boire sa fortune 2 *Wein* **sich gut ~ (lassen)** se laisser boire; se boire bien
Trinken N ⟨~s⟩ 1 *Handlung* boire *m*; boisson *f*; *von Alkohol* **sich** *(dat)* **das ~ angewöhnen** prendre l'habitude de boire 2 *(Trunksucht)* ivrognerie *f*
Trinker(in) M ⟨~s; ~⟩ (F) ⟨~in; ~innen⟩ buveur, -euse *m,f*; alcoolique *m/f*
Trinkerei F ⟨~; ~en⟩ 1 *pej (Trunksucht)* ivrognerie *f* 2 *(Gelage)* beuverie *f*; *umg* soûlerie *f*
trinkfest ADJ qui supporte (bien) l'alcool *od* le vin
Trinkfestigkeit F résistance *f* à l'alcool; **Trinkgefäß** N récipient *m* pour boire; **Trinkgelage** N beuverie *f*; *umg* soûlerie *f*; **Trinkgeld** N pourboire *m*; service *m*; **Trinkglas** N verre *m* (à boire); **Trinkhalle** F *in e-m Heilbad, (Kiosk)* buvette *f*; **Trinkhalm** M paille *f*; **Trinkjoghurt** M *od* N yaourt *m* à boire; **Trinkkur** F cure *f* d'eau minérale; **Trinklied** N chanson *f* à boire; **Trinkmilch** F lait *m* (de consommation); **Trinkschale** F bol *m*
Trinkspruch M toast *m*; **e-n ~ auf j-n ausbringen** porter un toast à qn
Trinkwasser N ⟨~s⟩ eau *f* potable; **kein ~!** eau non potable!
Trinkwasseraufbereitung F traitement *m* de l'eau (destinée à la distribution publique); **Trinkwasserbehälter** M réservoir *m* d'eau potable; **Trinkwasserversorgung** F approvisionnement *m* en eau potable
Trio N ⟨~s; ~s⟩ MUS, *fig* trio *m*
Triole F ⟨~; ~n⟩ MUS triolet *m*
Trip M ⟨~s; ~s⟩ 1 *umg (Reise, Ausflug)* voyage *m* 2 *Jargon (Drogenrausch) umg* trip *m*; *umg* défonce *f*; **auf dem ~ sein** *umg* planer 3 *umg meist pej umg* trip *m*; **auf dem anarchistischen, religiösen** *etc* **~ sein** avoir sa phase anarchiste, religieuse, *etc*; faire sa crise anarchiste, religieuse, *etc*
Tripolis N ⟨→ n/pr⟩ Tripoli
trippeln VI ⟨-(e)le, s.⟩ marcher à petits pas; trottiner
Tripper M ⟨~s; ~⟩ MED blennorragie *f*
Triptik → Triptyk
Triptychon N ⟨~s; -chen *ou* -cha⟩ KUNST triptyque *m*
Triptyk N ⟨~s; ~s⟩ ADMIN triptyque *m*
trist *geh* ADJ triste; morne
Tritium N ⟨~s⟩ PHYS tritium *m*
tritt → treten
Tritt M ⟨~(e)s; ~e⟩ 1 *(Aufsetzen des Fußes)* pas *m*; **e-n leichten (schweren) ~ haben** avoir une démarche légère (lourde); **e-n sicheren ~ haben** marcher d'un pas ferme 2 *(Gleichschritt)* pas *m*; **~ fassen** se mettre au pas; prendre le pas; emboîter le pas; **aus dem ~ kommen** perdre la cadence; **wieder ~ fassen** reprendre le pas, *fig* le rythme 3 *(Fußtritt)* coup *m* de pied; **j-m e-n ~ versetzen** donner un coup de pied à qn; **ein ~ in den Hintern** un coup de pied dans le *od* au derrière 4 → Trittleiter 5 → Trittbrett
Trittbrett N marchepied *m*; **Trittbrettfahrer** M *fig pej* personne *f* qui prend le train en marche; **Trittleiter** F ⟨~; ~n⟩ escabeau *m*
Triumph M ⟨~(e)s; ~e⟩ triomphe *m* (**über** [+ *akk*] sur); **im ~** en triomphe; triomphalement; **~e feiern** aller de triomphe en triomphe
triumphal ADJ triomphal
Triumphator *geh* M ⟨~s; -toren⟩ *(Sieger)* triomphateur *m*
Triumphbogen M arc *m* de triomphe; **Triumphgeschrei** N cris *mpl* de triomphe
triumphieren VI ⟨*pas de ge-*, h.⟩ triompher (**über** [+*akk*] de); **heimlich ~** savourer en secret son triomphe
Triumphmarsch M marche triomphale; **Triumphzug** M marche, entrée triomphale (*a. fig*)
Triumvirat N ⟨~(e)s; ~e⟩ triumvirat *m*
trivial ADJ banal; plat; commun; ordinaire
Trivialität F ⟨~; ~en⟩ banalité *f*; platitude *f*
Trivialliteratur F littérature *f* de gare
Trochäus M ⟨~; -äen⟩ METRIK trochée *m*
trocken A ADJ 1 *(nicht nass)* sec, sèche; **~en Fußes** à pied sec; **im Trockenen sein** être à l'abri, à couvert, au sec; *umg fig* **auf dem Trockenen sitzen** *umg* être à sec 2 *Wetter, Klima* sec, sèche; *Boden, Landschaft* aride 3 *(vertrocknet)* desséché; **~e Zweige** *mpl* rameaux desséchés; **~es Holz** bois sec; **der Leim ist ~ geworden** la colle a séché 4 *Haut, Haare* sec, sèche 5 **~es Brot** *(ohne Beilage)* (du) pain sec 6 *Wein* sec, sèche; *Sekt, Champagner* brut 7 *fig (sachlich, nüchtern) Stil* sec, sèche; *Thema* aride 8 *Antwort, Bemerkung* leste; cru; **er hat e-n ~en Humor, e-e ~e Art** c'est un pince-sans-rire 9 *Klang* sec, sèche; **ein ~es Hüsteln** une petite toux sèche 10 *umg ⟨attribut⟩ Alkoholiker* **~ sein** avoir arrêté de boire B ADV **~ aufbewahren** tenir, *Nahrungsmittel* conserver au sec; **~ reiben** sécher; essuyer; **sich ~ rasieren** se raser au rasoir électrique
Trockenanlage F TECH séchoir *m*; sécherie *f*; **Trockenblume** F fleur sèche; **Trockenboden** M séchoir *m*; **Trockendock** N cale sèche; bassin *m* de radoub; **Trockeneis** N neige *f* carbonique; anhydride *m* carbonique solide; **Trockenfutter** N AGR fourrage sec; **Trockengebiet** N GEOG région *f* aride; **Trockengemüse** N légumes secs; **Trockengestell** N séchoir *m*; **Trockenhaube** F casque *m*; séchoir *m* à cheveux; **Trockenhefe** F levain sec
Trockenheit F ⟨~⟩ *(Dürreperiode)* sécheresse *f*; *e-r Landschaft* aridité *f (beide a. fig)*; PHYS *t/t* siccité *f*; **es herrschte e-e große ~** il régnait une grande sécheresse
Trockenkurs M entraînement *m* en salle à la technique du ski
trockenlegen VT ⟨*sép*, -ge-, h.⟩ 1 *Sumpf etc* assécher; mettre à sec 2 *Baby* changer
Trockenlegung F ⟨~⟩ assèchement *m*; **Trockenmasse** F matière sèche; **Trockenmilch** F lait *m* en poudre; **Trockenobst** N fruits secs; **Trockenofen** M four *m* de séchage, à sécher; sécheur *m*; **Trockenplatz** M séchoir *m*
Trockenrasierer *umg* M 1 *(Rasierapparat)* rasoir *m* électrique 2 *Person* **~ sein** se raser avec un rasoir électrique
Trockenraum M séchoir *m*
trockenreiben VT ⟨*irr, sép*, -ge-, h.⟩ sécher; essuyer
Trockenreinigung F nettoyage *m* à sec; **Trockenschwimmen** N exercices *mpl* de natation à sec; **Trockenspiritus** M méta® *m*; métaldéhyde *m*; **Trockenständer** M séchoir *m*; FOTO égouttoir *m*; **Trockenübung** F entraînement *m* en salle; *fig* galop *m* d'essai; **Trockenverfahren** N procédé *m* de séchage, de dessication; **Trockenwäsche** F linge sec; **Trockenzeit** F saison sèche
trocknen ⟨-ete⟩ A VT ⟨h.⟩ sécher; faire sécher; **s-e Tränen ~** sécher ses larmes; **getrocknete Feigen** *fpl* figues sèches B VI ⟨s.⟩ *Wäsche* sécher; *Früchte, Kräuter etc* devenir sec, sèche; se dessécher; **schnell ~d** à séchage rapide
Trockner M ⟨~s; ~⟩ 1 *für Hände* sèche-mains *m* 2 *(elektrischer Wäschetrockner)* sèche-linge *m*; *Gestell* séchoir *m*
Trocknung F ⟨~⟩ séchage *m*
Troddel F ⟨~; ~n⟩ gland *m*; *(Quaste)* °houppe *f*
Trödel *umg pej* M ⟨~s⟩ *(alter Kram)* bric-à-brac *m*; vieilleries *fpl*; *umg* bazar *m*
Trödelei *umg pej* F ⟨~; ~en⟩ lenteur *f*; traînasserie *f*; *umg* lambinerie *f*
Trödelladen M (boutique *f* de) brocanteur *m*; brocante *f*; **Trödelmarkt** M (foire *f* à la) brocante *f*; vide-greniers *m*
trödeln *umg* VI ⟨-(e)le⟩ 1 ⟨*sans indication de direction* h.⟩ traîner (**bei der Arbeit** dans son travail); lanterner; *umg* lambiner; traînailler 2 ⟨*doublé d'une indication de direction* s.⟩ flâner; **durch ein Viertel ~** flâner dans un quartier
Trödler(in) *umg* M ⟨~s; ~⟩ (F) ⟨~in; ~innen⟩ 1 *(Händler[in])* brocanteur, -euse *m,f*; marchand(e) *m(f)* de bric-à-brac; *(Altkleiderhändler[in])* fripier, -ière *m,f* 2 *pej*

(*Bummler[in]*) *umg* lambin(e) *m(f)*; traînard(e) *m(f)*

trog → trügen

Trog M ‹~(e)s; ⸚e› auge *f*; *zum Teigkneten* pétrin *m*; (*Futtertrog*) *a.* mangeoire *f*; (*Tränke*) abreuvoir *m*

Troika F ‹~; ~s› troïka *f*

Troja N ‹→ *n/pr*› HIST Troie

Trojaner¹ M ‹~s; ~› IT cheval *m* de Troie

Trojaner² M ‹~s; ~›, **Trojanerin** F ‹~in; ~innen› HIST Troyen, -enne *m,f*

trojanisch ADJ HIST troyen, -enne; de Troie; **Trojanisches Pferd** cheval *m* de Troie

Troll M ‹~(e)s; ~e› MYTH lutin *m*; troll *m*

Trollblume F BOT trolle *m*; *t/t* trollius *m*

trollen V/R ‹h.› *umg* **sich ~** déguerpir; *umg* se tirer; *umg* filer; décamper

Trolley M ‹~s; ~s› (*Rollenkoffer*) valise *f* trolley, à roulettes; **Trolleybus** M *schweiz* trolleybus *m*

Trommel F ‹~; ~n› **1** MUS tambour *m*; **große ~** grosse caisse; **die ~ rühren, schlagen** battre le tambour; *fig* **die ~ für j-n, etw rühren** faire du battage autour de qn, qc **2** *e-r Waschmaschine* tambour *m*; (*Wickeltrommel*) enrouleur *m*; *e-s Revolvers* barillet *m*

Trommelbremse F AUTO frein *m* à tambour

Trommelfell N **1** MUS peau *f* de tambour, de caisse **2** ANAT (membrane *f* du) tympan *m*; **Trommelfeuer** N MIL feu roulant (*a. fig*); pilonnage *m*

trommeln ‹-(e)le, h.› **A** V/T *Marsch etc* battre; *umg fig* **j-n aus dem Schlaf ~** réveiller qn en tambourinant sur la porte, en fanfare **B** V/I battre le tambour; tambouriner; *fig* **der Regen trommelt an die Scheiben** la pluie tambourine sur les vitres; *fig* **mit den Fingern ~** tambouriner avec les doigts

Trommeln N ‹~s› roulements *mpl* de tambour(s)

Trommelrevolver M revolver *m* (à barillet); **Trommelschlag** M battement *m* du tambour; **Trommelschlägel** M, **Trommelstock** M baguette *f* de tambour; **Trommelwaschmaschine** F machine *f* à laver *od* lave-linge *m* à tambour; **Trommelwirbel** M roulement *m* de tambour

Trommler(in) M ‹~s; ~› (F) ‹~in; ~innen› tambour *m*

Trompete F ‹~; ~n› trompette *f*; **(die) ~ blasen** jouer de la trompette

trompeten ‹-ete, *pas de ge-*, h.› **A** V/T **e-n Marsch ~** jouer une marche à la trompette **B** V/I **1** MUS jouer de la trompette **2** *Elefant* barrir **3** *umg fig* (*sich geräuschvoll die Nase putzen*) se moucher bruyamment

Trompeten N ‹~s› son *m* de la trompette; **Trompetenblume** F narcisse *m* jaune; **Trompetengeschmetter** N ‹~s› éclats *mpl* de(s) trompettes; fanfares *fpl*; **Trompetensignal** N sonnerie *f* de trompette; **Trompetenstoß** M coup *m* de trompette

Trompeter(in) M ‹~s; ~› (F) ‹~in; ~innen› trompette *m* (*a. e-r Jazzkapelle*); *e-s Orchesters* trompettiste *m/f*

Tropen PL GEOG tropiques *mpl*; **in den ~** sous les tropiques

Tropenanzug M tenue tropicale, coloniale; **Tropenausrüstung** F équipement tropical; **tropenbeständig**, **tropenfest** ADJ tropicalisé; **Tropenfieber** N MED malaria *f*; **Tropenhelm** M casque colonial; **Tropeninstitut** N institut *m* de médecine tropicale; **Tropenkleidung** F vêtements tropicaux, coloniaux; **Tropenklima** N climat tropical; **Tropenkoller** M MED folie *f* des tropiques; **Tropenkrankheiten** FPL maladies *fpl* des tropiques; **Tropenpflanzen** FPL plantes tropicales; **tropentauglich** ADJ apte à supporter le climat tropical; **Tropentauglichkeit** F aptitude *f* à supporter le climat tropical; **Tropenwald** M forêt tropicale

Tropf¹ *umg* M ‹~(e)s; ⸚e› *Person* niais *m*; nigaud *m*; **armer ~** pauvre diable *m*, bougre *m*

Tropf² M ‹~(e)s; ~e› MED perfusion *f*; goutte-à-goutte *m*; **am ~ hängen** être sous perfusion *od* au goutte-à-goutte

Tröpfchen N ‹~s; ~› gouttelette *f*; **Tröpfcheninfektion** F MED infection transmise par les sécrétions des voies respiratoires

tröpfchenweise ADV **1** goutte à goutte **2** *umg fig* petit à petit

tröpfeln ‹-(e)le› **A** V/T → tropfen A **B** V/I → tropfen B 1, 2 **C** *umg* V/UNPERS ‹h.› **es tröpfelt** il tombe des gouttes (de pluie)

tropfen **A** V/T ‹h.› verser goutte à goutte; MED instiller **B** V/I **1** ‹*doublé d'une indication de direction* s.› couler, tomber goutte à goutte (**in** [*+akk*] dans; **aus, von** de) **2** ‹h.› *Flüssigkeit, Wasserhahn, Wäsche* goutter; *Flüssigkeit a.* dégouliner **C** V/UNPERS ‹h.› **es tropft** il tombe des gouttes

Tropfen M ‹~s; ~› **1** goutte *f*; **ein ~ Öl** une goutte d'huile; **bis auf den letzten ~** jusqu'à la dernière goutte; **es regnet in großen, dicken ~** il pleut à grosses gouttes; **das ist ein ~ auf den heißen Stein** c'est une goutte d'eau dans la mer; *sprichw* **steter ~ höhlt den Stein** *sprichw* la patience vient à bout de tout; *sprichw* petit à petit, l'oiseau fait son nid **2** PHARM **~** *pl* gouttes *fpl*; **~ einnehmen** prendre des gouttes **3** *umg* (*Alkohol*) **ein guter, edler ~** une bonne bouteille; *plus fort umg* une bouteille de derrière les fagots; **er hat keinen ~ getrunken** il n'a pas bu une (seule) goutte (d'alcool)

Tropfenfänger M ‹~s; ~› attrape-gouttes *m*; **Tropfenform** F forme *f* de goutte; **tropfenförmig** ADJ en forme de goutte; **tropfenweise** ADV goutte à goutte; **Tropfenzähler** M PHARM compte-gouttes *m*; *t/t* stilligoutte *m*

Tropfflasche F flacon *m* compte-gouttes; **Tropfinfusion** F MED perfusion *f*; goutte-à-goutte *m*; **tropfnass** ADJT trempé; **Tropfstein** M MINER *herabhängender* stalactite *f*; *vom Boden aufsteigender* stalagmite *f*; **Tropfsteinhöhle** F grotte *f* (de stalactites *bzw.* de stalagmites)

Trophäe F ‹~; ~n› trophée *m*

tropisch ADJ tropical; *a. fig* **~e Hitze** chaleur tropicale, torride

Troposphäre F ‹~› METEO troposphère *f*

Tross M ‹~es; ~e› **1** MIL train *m* (des équipages) **2** HIST (*Gefolge*) suite *f* (*a. fig*); cortège *m*

Trosse F ‹~; ~n› SCHIFF (°h)aussière *f*

Trost M ‹~es› consolation *f*; réconfort *m*; **j-m ~ zusprechen** consoler qn; **als** *od* **zum ~** à titre de consolation; **ein schwacher ~** une piètre consolation; un maigre réconfort; *umg* **du bist wohl nicht (ganz, recht) bei ~!** *umg* tu déréailles!

trösten ‹-ete, h.› **A** V/T **j-n ~** consoler qn (**über etw** [*akk*] de qc); réconforter qn (**mit etw** par qc); **das tröstet mich** cela me console; **~de Worte** *npl* paroles *fpl* de consolation *od* de réconfort **B** V/R **sich ~** se consoler; **sich mit dem Gedanken ~, dass ...** se consoler à la pensée que ... *od* de (*+inf*); **tröste dich!** ne t'en fais pas!

Tröster(in) M ‹~s; ~› (F) ‹~in; ~innen› consolateur, -trice *m,f*

tröstlich ADJ consolant; réconfortant; consolateur, -trice; (*beruhigend*) rassurant

trostlos ADJ *Anblick, Zustand, Wetter etc* désolant; (*öde*) triste; morne; désolé; *Kindheit* malheureux, -euse

Trostlosigkeit F ‹~› **1** *e-r Gegend* tristesse *f*; désolation *f* **2** *e-s Zustandes* caractère désolant; **Trostpflaster** N *fig hum* petite consolation; **Trostpreis** M prix *m* de consolation

trostreich ADJ réconfortant; **~e Worte** *npl a.* paroles *fpl* de consolation *od* de réconfort

Tröstung F ‹~; ~en› consolation *f*; réconfort *m*

Trostwort N ‹~(e)s; ~e› paroles réconfortantes, de consolation

Trott M ‹~(e)s; ~e› **1** *Gangart* petit trot **2** *umg pej* (*Routine*) train-train *m*; **es geht alles den gewohnten ~** tout va son petit train; **in den alten ~ verfallen** retomber dans ses vieilles habitudes; retrouver son petit train-train

Trottel *umg pej* M ‹~s; ~› *umg* gourde *f*; idiot(e) *m(f)*; *umg* **alter ~** vieille baderne; *umg* gaga *m*

trottelig *umg pej* ADJ gâteux, -euse; *umg* gaga

trotten *umg* V/I ‹-ete, s.› marcher d'un pas lourd

Trottoir N ‹~s; ~e› *regional* trottoir *m*

trotz PRÄP ‹*gen, rarement ou umg dat*› malgré; en dépit de; ADMIN nonobstant; **~ alle(de)m** malgré tout (cela); en dépit de tout (cela)

Trotz M ‹~es› **1** (*Eigensinn*) esprit contrariant; opiniâtreté *f*; obstination *f* **2** **j-m, e-r Sache zum ~** en dépit de qn, de qc **3** **j-m, e-r Sache ~ bieten** braver, affronter, défier qn, qc

trotzdem **A** ADV quand même; tout de même **B** *umg* KONJ quoique (*+subj*); bien que (*+subj*)

trotzen V/I ‹-(es)t, h.› **1** *geh* (*widerstehen*) **j-m, e-r Sache ~** braver, affronter, défier qn, qc; tenir tête à qn; faire face à qn, à qc **2** (*schmollen*) faire la mauvaise tête; bouder

trotzig ADJ (*eigensinnig*) entêté; opiniâtre; obstiné; (*widerspenstig*) récalcitrant; buté

Trotzkismus M ‹~› trotskisme *m*; **Trotzkist(in)** M ‹~en; ~en› (F) ‹~in; ~innen› trotskiste *m/f*

Trotzkopf M mauvaise tête; *Kind* petit(e) obstiné(e); **trotzköpfig** ADJ → trotzig; **Trotzphase** F PSYCH phase *f* d'opposition, du « non »; **Trotzreaktion** F réaction *f* de défi

Trouble *umg* M ‹~s› embêtements *mpl*; *umg* emmerdes *fpl*; *umg* emmerdements *mpl*

trüb(e) ADJ **1** (*nicht durchsichtig*) *Wasser etc* trouble; *fig* **im Trüben fischen** pêcher en eau trouble **2** *Glas, Spiegel* terni; *Licht* sans éclat; *plus fort* blafard; *Augen* terne **3** *Wetter* sombre; gris; **es ist ~(e)** il fait gris; **ein ~er Tag** *a. fig* un jour sombre **4** *fig* (*schlecht, traurig*) *Stimmung* morne; *plus fort* sombre; *Gedanken* noir; mélancolique; *Aussichten* sombre; peu encourageant; *Zeiten* sombre; trouble; **es sieht ~(e) aus** les perspectives ne sont pas brillantes

Trubel M ‹~s› agitation *f*; tumulte *m*; tohu-bohu *m*; *fig* **im ~ der Ereignisse** dans le tourbillon des événements

trüben ‹h.› **A** V/T **1** (*trübe machen*) troubler; *durch Schütteln, Umrühren* brouiller; (*glanzlos machen*) ternir; (*verdunkeln*) assombrir **2** (*beeinträchtigen*) troubler; gâter; **die Freude ~** gâter, gâcher la joie; **ihr Verhältnis ist getrübt** leurs relations se sont dégradées; ils *bzw.* elles sont en froid **B** V/R **sich ~** (*trübe werden*) *Flüssigkeit* se troubler; *Glas, Silber, Spiegel* se ternir; *Blick* se brouiller; *Himmel* s'assombrir

Trübsal *geh* F ‹~› affliction *f*; *umg* **~ blasen** broyer du noir; avoir le cafard

trübselig ADJ **1** *Mensch* → trübsinnig **2** (*trist*) *Stimmung* triste; mélancolique; morose; *Gegend* morne; *Wetter* gris

Trübsinn M ‹~(e)s› tristesse *f*; *plus fort* mélancolie *f*

trübsinnig A ADJ triste; mélancolique; morne B ADV ~ **in e-r Ecke sitzen** être assis dans un coin l'air triste
Trübung F ⟨~; ~en⟩ 1 *(Getrübtsein) Wasser* état *m* trouble 2 *(Trübwerden) Augen, Linse* opacification *f*; *Wetter* assombrissement *m* 3 *(Beeinträchtigung)* détérioration *f*; dégradation *f*
Truck M ⟨~s; ~s⟩ camion *m*; poids lourd
Trucker M ⟨~s; ~⟩ routier *m*; camionneur *m*
trudeln VI ⟨-(e)le⟩ 1 ⟨s.⟩ *im Rollen* bouler; rouler; *im Fallen* tomber en tournoyant; FLUG faire la vrille; **ins Trudeln kommen** tomber, descendre en vrille 2 ⟨h.⟩ *regional (würfeln)* jouer aux dés
Trüffel F ⟨~; ~n⟩, *umg a.* M ⟨~s; ~⟩ 1 *Pilz* truffe *f*; **mit ~n** truffé; aux truffes 2 *Praline* truffe *f* en chocolat
Trüffeleiche F chêne truffier; **Trüffelleberpastete** F GASTR pâté *m* de foie gras truffé
trüffeln VT ⟨-(e)le, h.⟩ GASTR garnir de truffes; truffer
Trüffelzucht F trufficulture *f*
trug → tragen
Trug *geh* M ⟨~(e)s⟩ tromperie *f*; imposture *f*; **Lug und ~** → Lug
Trugbild N image trompeuse; mirage *m*; illusion *f*
trügen ⟨trügt, trog, getrogen, h.⟩ A VT tromper; abuser; **meine Ahnungen haben mich nicht getrogen** mon pressentiment ne m'a pas trompé; **wenn mich nicht alles trügt** si je ne me trompe *od* ne m'abuse; sauf erreur de ma part B VI être trompeur, -euse; faire illusion; **der Schein trügt** les apparences sont trompeuses
trügerisch ADJ *Schein, Glanz, Wetter etc* trompeur, -euse; *Hoffnung a.* illusoire
Trugschluss M conclusion fausse; *weitS.* illusion *f*
Truhe F ⟨~; ~n⟩ coffre *m*
Trümmer PL débris *mpl (a. fig, geh)*; *von Bauwerken* ruines *fpl*; décombres *mpl (a. fig)*; **in ~ gehen** *Gebäude* tomber en ruines; s'effondrer; **die Stadt liegt in ~n** la ville est en ruines; *fig* **vor den ~n s-s Lebens stehen** voir sa vie brisée
Trümmerfeld N champ *m* de ruines; **Trümmerfrau** F *oft* PL *(en Allemagne): femme travaillant à déblayer les décombres (après la Deuxième Guerre mondiale)*; **Trümmerhaufen** M *a. fig* monceau *m*, amas *m* de décombres
Trumpf M ⟨~(e)s; ¨e⟩ KARTENSPIEL, *fig* atout *m*; **was ist ~?** qu'est-ce qui est atout?; **~ (aus)spielen** jouer atout; **s-n letzten ~ ausspielen** jouer son dernier atout, sa dernière carte *(beide a. fig)*; *fig* jouer son va-tout; *fig* **alle Trümpfe in der Hand haben** avoir tous les atouts en main; *fig* **~ sein** *(gefragt sein)* être très demandé *od* en faveur; *(Mode sein)* être en vogue, dans le vent
Trumpfkarte F atout *m*
Trunk *geh* M ⟨~(e)s; ¨e⟩ 1 *(Getränk)* boisson *f* 2 ⟨*sans pl*⟩ *(Trinken)* **dem ~ ergeben sein** s'adonner à la boisson
trunken *geh* ADJ ivre (**vor, von** de); **vor Freude ~** ivre de joie; **j-n ~ machen** enivrer qn
Trunkenbold *pej* M ⟨~(e)s; ~e⟩ ivrogne *m*; *umg* soûlard *m*
Trunkenheit F ⟨~⟩ 1 *(Betrunkensein)* (état *m* d')ivresse *f*, ADMIN ébriété *f*; **wegen ~ am Steuer** pour conduite en état d'ivresse, ADMIN d'ébriété 2 *geh fig (Taumel)* enivrement *m*; ivresse *f*
Trunksucht F ⟨~⟩ ivrognerie *f*; alcoolisme *m*; MED éthylisme *m*
trunksüchtig ADJ alcoolique

Trupp M ⟨~s; ~s⟩ troupe *f*; bande *f*; groupe *m*; *(Arbeitstrupp)* brigade *f*; MIL détachement *m*; peloton *m*
Truppe F ⟨~; ~n⟩ 1 *(militärischer Verband)* troupe *f*; *umg fig* **(nicht) von der schnellen ~ sein** (ne pas) être un *bzw.* une rapide 2 ⟨*sans pl*⟩ MIL *(Streitkräfte)* armée *f*; troupes *fpl*; **der Dienst bei der ~** le service armé 3 THEAT, ZIRKUS *etc* troupe *f*; compagnie *f*
Truppenabzug M retrait *m* de *bzw.* des troupes; **Truppenarzt** M médecin *m* militaire; **Truppenaushebung** F levée *f* de troupes; recrutement *m*; **Truppenbewegungen** FPL mouvements *mpl* de *bzw.* des troupes; **Truppenführung** F commandement *m* (des troupes); **Truppengattung** F arme *f*; **Truppenkommandeur** M chef *m* de corps; **Truppenkonzentration** F concentration *f* de troupes; **Truppenoffizier** M officier *m* de troupe, du cadre actif; **Truppenparade** F, **Truppenschau** F revue *f* (militaire); **Truppenstärke** F effectif *m*; **Truppenteil** M unité *f*; formation *f*; **Truppentransport** M transport *m* de *bzw.* des troupes; convoi *m* militaire; **Truppenübung** F manœuvre *f*; exercice *m*; **Truppenübungsplatz** M camp *m* militaire, d'instruction; champ *m* de manœuvres; **Truppenverband** M → Truppenteil; **Truppenverband(s)platz** M poste *m* de secours de bataillon
Trust M ⟨~(e)s; ~e *ou* ~s⟩ WIRTSCH trust *m*
Truthahn M dindon *m*; *junger* dindonneau *m*; GASTR **~ mit Maronen** dinde *f* aux marrons
Truthenne F dinde *f*
trutzig *geh* ADJ *Burg etc* massif, -ive (et redoutable)
Tsatsiki M *od* N ⟨~s; ~s⟩ GASTR tzaziki *m*
Tschad ⟨→ *n/pr*⟩ **der ~** le Tchad
Tschador M ⟨~s; ~s⟩ tchador *m*
Tschako M ⟨~s; ~s⟩ MIL shako *m*
tschau → tschüs
Tscheche M ⟨~n; ~n⟩, **Tschechin** F ⟨-in; -innen⟩ Tchèque *m/f*
Tschechei *umg* ⟨→ *n/pr*⟩ **die ~** la République tchèque
Tschechien N ⟨→ *n/pr*⟩ la République tchèque
tschechisch ADJ tchèque; **die Tschechische Republik** la République tchèque
Tschechisch N ⟨~(s)⟩, **Tschechische** N ⟨~n⟩ **(das) Tschechisch(e)** *Sprache* le tchèque
Tschechoslowake M ⟨~n; ~n⟩, **Tschechoslowakin** F ⟨-in; -innen⟩ HIST Tchécoslovaque *m/f*
Tschechoslowakei ⟨→ *n/pr*⟩ HIST **die ~** la Tchécoslovaquie
tschechoslowakisch ADJ HIST tchécoslovaque
Tschetschene M ⟨~n; ~n⟩, **Tschetschenin** F ⟨-in; -innen⟩ Tchétchène *m/f*
Tschetschenien N ⟨→ *n/pr*⟩ la Tchétchénie; **Tschetschenienkrieg** M guerre *f* de Tchétchénie
tschetschenisch ADJ tchétchène
tschilpen VI ⟨h.⟩ pépier
tschüs, tschüss, tschüssi *umg* INT *umg* salut! *(formule d'adieu)*
Tsd. ABK (Tausend) mille
Tsetsefliege F mouche *f* tsé-tsé
T-Shirt N ⟨~s; ~s⟩ t-shirt *od* tee-shirt *m*
Tsunami M ⟨~; ~s⟩ MEERESKUNDE tsunami *m*
TT ABK (Tischtennis) ping-pong
T-Träger M BAU fer *m* en T
TU F ⟨~; ~s⟩ ABK (technische Universität) → technisch A 1
Tuba F ⟨~; -ben⟩ MUS tuba *m*

Tube F ⟨~; ~n⟩ tube *m*; **e-e ~ Klebstoff** un tube de colle; *umg fig* **auf die ~ drücken** *umg* appuyer sur le champignon; *umg* mettre (toute) la gomme
Tuberkel M ⟨~s; ~⟩ MED tubercule *m*; **Tuberkelbazillus** M MED bacille tuberculeux, de Koch
Tuberkulin N ⟨~s⟩ MED tuberculine *f*
tuberkulös ADJ MED tuberculeux, -euse
Tuberkulose F ⟨~; ~n⟩ MED tuberculose *f*; **tuberkulosekrank** ADJ tuberculeux, -euse
Tuberose F ⟨~; ~n⟩ BOT tubéreuse *f*
Tubus M ⟨~; -ben *ou* ~se⟩ OPT, TECH, MED tube *m*
Tuch N ⟨~(e)s; ¨er⟩ 1 ⟨*pl* ~e⟩ TEX *(Gewebe)* tissu *m*; *(Stoff mit filzartiger Oberfläche)* drap *m*; → *a.* Segeltuch 2 *(Kopftuch, Halstuch)* foulard *m*; *(Umschlagtuch)* châle *m*; *(Schultertuch)* fichu *m* 3 *(Staubtuch)* chiffon *m* 4 *fig umg* **auf j-n wie ein rotes ~ wirken** faire voir rouge à qn; *umg* **das ist ein rotes ~ für mich** quand je vois ça, je vois rouge; **in trockenen Tüchern sein** être réglé; **die Sache ist in trockenen Tüchern** l'affaire est faite
Tuchballen M pièce *f* de drap; **Tuchfabrik** F draperie *f*
Tuchfühlung F ⟨~⟩ *fig* contact étroit; **~ haben** être au coude à coude; *fig (in Verbindung)* **auf ~ bleiben** rester en contact (étroit) (**mit j-m** avec qn)
tüchtig A ADJ 1 *(gut, leistungsfähig)* bon, bonne; efficace; *(fähig)* capable; *(fleißig)* travailleur, -euse; *Ingenieur, Arzt etc a.* de valeur; excellent; **er ist sehr ~ in s-m Fach** il est très habile, capable, fort dans sa profession, spécialité, branche 2 *umg (gehörig)* **e-e ~e Portion** une portion respectable; **ein ~er Schnupfen** *umg* un rhume carabiné B *umg* ADV *(viel)* beaucoup; bien; **~ arbeiten** travailler bien, beaucoup; abattre de la besogne; **~ essen** manger copieusement; *umg* avoir un bon coup de fourchette; **j-n ~ verprügeln** donner, administrer une (bonne) raclée à qn
Tüchtigkeit F ⟨~⟩ efficacité *f*; capacité(s) *f(pl)*; valeur *f*
Tücke F ⟨~; ~n⟩ 1 ⟨*sans pl*⟩ *(Hinterhältigkeit) geh* fourberie *f*; perfidie *f*; malignité *f*; **die ~ des Objekts** la malignité des choses 2 ⟨*souvent pl*⟩ *(verborgene Gefahr)* vice, défaut caché 3 *(Trick, List)* machination *f*; artifice *m*
tuckern VI 1 ⟨*doublé d'une indication de direction* s.⟩ se déplacer *od* avancer en faisant teuf-teuf 2 ⟨h.⟩ *Motor* faire teuf-teuf
tückisch ADJ *Person* perfide; malin, maligne; *geh* fourbe; sournois; *Sache* traître; **~e Krankheit** maladie pernicieuse; **e-e ~e Kurve** un virage dangereux; **~er Blick** regard sournois
Tuff M ⟨~s; ~e⟩, **Tuffstein** M GEOL tuf *m*
Tüftelei *umg* F ⟨~; ~en⟩ 1 ⟨*sans pl*⟩ *(Ausdenken)* recherche minutieuse 2 *(Tüftelarbeit)* travail minutieux (et fignolé)
tüftelig *umg* ADJ 1 *Arbeit* minutieux, -ieuse (et pénible) 2 *Mensch* méticuleux, -euse; minutieux, -ieuse
tüfteln *umg* VI ⟨-(e)le, h.⟩ *(an etw arbeiten)* bricoler (**an etw** [*dat*] qc); **an e-m Problem ~** essayer de résoudre un problème
Tüftler *umg* M ⟨~s; ~⟩ 1 *(Denker)* fignoleur *m*; esprit méticuleux 2 *(Bastler)* bricoleur minutieux
Tugend F ⟨~; ~en⟩ vertu *f*
Tugendbold M ⟨~(e)s; ~e⟩ *iron geh* parangon *m* de vertu
tugendhaft ADJ vertueux, -euse; **Tugendhaftigkeit** F ⟨~⟩ vertu *f*
Tukan M ⟨~s; ~e⟩ ZOOL toucan *m*
Tüll M ⟨~s; ~e⟩ TEX tulle *m*

Tülle F ⟨~; ~n⟩ 1 *e-r Kanne* bec *m* 2 TECH douille *f*
Tüllgardine F rideau *m* de tulle; **Tüllspitze** F dentelle *f* de tulle
Tulpe F ⟨~; ~n⟩ tulipe *f* (*a. Glas*)
Tulpenbaum M BOT tulipier *m*; **Tulpenzwiebel** F oignon *m* de tulipe
tummeln V/R ⟨-(e)le, h.⟩ **sich ~** 1 (*herumtollen*) s'ébattre; prendre ses ébats 2 (*sich beeilen*) se dépêcher; se hâter; *umg* se grouiller
Tummelplatz M 1 (*beliebter Aufenthaltsort*) lieu *m*, séjour *m* de prédilection; *für Kinder* terrain *m*, place *f* de jeu 2 *fig* terrain *m* d'action
Tümmler M ⟨~s; ~⟩ 1 *Delfin* marsouin *m* 2 *Taube* (pigeon *m*) culbutant *m*
Tumor M ⟨~s; -more(n)⟩ MED tumeur *f*
Tümpel M ⟨~s; ~⟩ mare *f*
Tumult M ⟨~(e)s; ~e⟩ 1 (*Lärm*) tumulte *m*; vacarme *m*; brouhaha *m* 2 (*Aufruhr*) agitation *f*; *plus fort* émeute *f*; **~e** *a.* désordres *mpl*; **es kam zu schweren ~en** de graves désordres ont éclaté
tumultartig ADJ tumultueux, -euse; **~e Szenen** *fpl* scènes *fpl* de violence

tun

⟨tue, tust, tut; tat (du tat[e]st, ihr tatet); getan; tu(e)!; h.⟩

A transitives Verb
B intransitives Verb
C unpersönliches Verb
D reflexives Verb
E Hilfsverb

— A transitives Verb —

1 (*machen, unternehmen*) faire; **das tut man nicht** cela ne se fait pas; **was soll ich ~?** que dois-je faire?; *als Ausdruck von Hilflosigkeit* que voulez-vous que je fasse?; **was kann ich für Sie ~?** que puis-je faire pour vous?; **was ist zu ~?** que faire?; **da muss etw getan werden** il faut absolument faire qc; il faut agir; **man tut, was man kann** on fait ce qu'on peut; **tu doch etwas!** fais donc quelque chose!; **tu, was du nicht lassen kannst!** si tu ne peux pas faire autrement, fais-le!; **nun weiß ich, was ich zu ~ habe** maintenant je sais ce qui me reste à faire; **das wäre getan** voilà, c'est fait; **damit ist es nicht getan** cela ne suffit pas; **~ und lassen, was man will** être libre de faire ce qu'on veut; **sein Bestes, sein Möglichstes ~** faire de son mieux; faire tout son possible; **du tust** *bzw.* **tätest gut daran, zu** (*+inf*) tu ferais bien de (*+inf*); **Gutes ~** faire le bien; *umg* **es ~** (*koitieren*) faire la chose; → *a. beim jeweiligen Substantiv* 2 *als Funktionsverb* **e-n Schritt ~** faire un pas; **j-m s-n Willen ~** faire les volontés de qn; *Medikament* **s-e Wirkung ~** produire son effet 3 (*arbeiten*) faire; **er tut nichts** il ne fait rien; **(etw) zu ~ haben** avoir (qc) à faire; **sehr viel zu ~ haben** avoir beaucoup à faire; être très occupé 4 (*Schaden zufügen*) faire; **der Hund tut (dir) nichts** le chien ne (te) fera rien; **was hat sie dir denn getan?** qu'est-ce qu'elle t'a (donc) fait? 5 *pej* (*anstellen*) faire; **was hat er denn getan?** qu'a-t-il donc fait?; **du tust es ja doch nicht!** tu ne le feras pas!; tu n'oseras pas!; **tu es nicht wieder!** ne recommence pas! 6 **zu ~ haben** (*zu schaffen*) avoir affaire (**mit j-m, etw** à, avec qn, qc); **etw zu ~ haben** (*Bezug haben*) avoir qc à faire, à voir (**mit j-m, etw** avec qn, qc); **damit habe ich nichts zu ~** cela ne me concerne pas; je n'y suis pour rien; **das hat damit nichts zu ~** cela n'a rien à voir avec ça; → *a.* 11 7 *umg mit Ortsangabe* (*bringen, legen, stellen*) mettre; **tu es dorthin!** mets-le là(-bas)!; **etw in e-e Schachtel ~** mettre qc dans une boîte; → *a.* beiseitetun 8 (*bedeuten*) **was tut das?** qu'est-ce que cela fait?; qu'importe?; **das tut nichts zur Sache** cela n'y change rien *od* ne change rien à l'affaire 9 *umg* (*ausreichen*) suffire; **das tut es auch** cela fera aussi l'affaire 10 *umg a. v/i* **(es) ~** (*funktionieren*) marcher; **der Staubsauger tut (es) nicht mehr** l'aspirateur ne marche plus 11 **es mit j-m zu ~ haben** avoir affaire à, avec qn; *umg* **es mit den Nieren zu ~ haben** avoir des ennuis rénaux; **es mit ernsten Problemen zu ~ haben** avoir affaire à des problèmes graves; *umg* **sie bekommt es mit mir zu ~** elle aura affaire à moi!; **es mit der Angst zu ~ bekommen** prendre peur

— B intransitives Verb —

(*den Anschein erwecken*) **so ~, als ob …** (*+subj*) feindre, faire semblant de (*+inf*); **er tut immer so wichtig** il fait toujours l'important; **er tut nur so** il fait semblant; **~ Sie doch nicht so!** ne prenez pas ces airs-là!

— C unpersönliches Verb —

es ist mir darum zu ~, zu (*+inf*) il m'importe de, je tiens à (*+inf*); je tiens à ce que … (*+subj*); **es ist mir nur um das Geld zu ~** je ne me soucie que de l'argent; je ne tiens qu'à l'argent

— D reflexives Verb —

es tut sich etw il se passe qc; **hier hat sich nichts getan** ici, il ne s'est rien passé; *umg* ici, rien n'a bougé

— E Hilfsverb —

umg 1 *betonend* **lachen tut sie oft** il lui arrive souvent de rire 2 *regional Konjunktiv* **das täte mich schon interessieren** ça m'intéresserait bien, beaucoup

Tun N ⟨~s⟩ 1 (*Tat[en]*) action *f* 2 (*Handlungsweise*) conduite *f*; comportement *m*; *geh* **sein ~ und Treiben** ses faits et gestes *mpl* 3 (*Beschäftigung*) occupation(s) *f(pl)*
Tünche F ⟨~; ~n⟩ 1 *Farbe* badigeon *m* 2 *fig pej* (*Oberfläche*) vernis *m*; **s-e Freundlichkeit ist nur ~** son amabilité n'est que du vernis
tünchen V/T ⟨h.⟩ badigeonner; **weiß ~** blanchir à la chaux
Tundra F ⟨~; -dren⟩ GEOG toundra *f*
Tunell N ⟨~s; ~s⟩ *bes südd, österr* tunnel *m*
tunen V/T ⟨h.⟩ AUTO régler; bricoler
Tuner M ⟨~s; ~⟩ RADIO, STEREO tuner *m*; syntoniseur *m*
Tunesien N ⟨→ *n/pr*⟩ la Tunisie
Tunesier(in) M ⟨~s; ~⟩ (F) ⟨~in; ~innen⟩ Tunisien, -ienne *m,f*
tunesisch ADJ tunisien, -ienne; de la Tunisie
Tunfisch M thon *m*
Tunichtgut M ⟨~ *ou* ~(e)s; ~e⟩ vaurien *m*
Tunika F ⟨~; -ken⟩ ANTIKE, (*Überrock*) tunique *f*
Tunke F ⟨~; ~n⟩ sauce *f*
tunken V/T ⟨h.⟩ tremper (**in** [*+akk*] dans)
tunlichst ADV 1 (*möglichst*) autant que possible; **etw ~ vermeiden** *a.* éviter soigneusement qc 2 (*unbedingt*) absolument
Tunnel M ⟨~s; ~(s)⟩ tunnel *m*; **Tunnelbau** M ⟨~(e)s⟩ construction *f*, percement *m* d'un tunnel
tunneln V/T ⟨-(e)le, h.⟩ FUSSBALL faire un petit pont à
Tunte *umg pej* F ⟨~; ~n⟩ 1 (*Homosexueller*) *umg* tante *f* 2 (*Frau*) bonne femme; *umg* mémère *f*
tuntig *umg pej* ADJ *bes von Homosexuellen* (*feminin*) *umg* de tante
Tüpfelchen N ⟨~s; ~⟩ point *m*; *fig* **das ~ auf dem i** la dernière touche; → *a.* i
tüpfeln V/T ⟨-(e)le, h.⟩ TEX moucheter
tupfen A V/T ⟨h.⟩ 1 (*be~*) tamponner 2 (*tüpfeln*) moucheter B V/R **sich** (*dat*) **den Schweiß von der Stirn ~** éponger (la sueur de) son front
Tupfen M ⟨~s; ~⟩ *bes* TEX pois *m*; point *m*; **mit blauen ~** *Stoff* à pois bleus
Tupfer M ⟨~s; ~⟩ 1 MED tampon *m* 2 *umg* → Tupfen
Tür F ⟨~; ~en⟩ 1 porte *f*; (*Haustür*) porte *f* d'entrée; *e-s Autos, Zugs* portière *f*; **an die ~ gehen** aller à la porte; **~ an ~ wohnen** habiter l'un à côté de l'autre; **von ~ zu ~ gehen** faire du porte-à-porte; aller de porte en porte; **vor die ~ gehen** sortir sur le pas de la porte; *fig* prendre l'air; *umg fig* **j-n vor die ~ setzen** mettre, *umg* flanquer qn à la porte; **vor verschlossener ~ stehen** trouver porte close; **j-n vor der ~ stehen lassen** ne pas faire rentrer qn; **er hat e-e Straßenbahnhaltestelle vor der ~** il a un arrêt de tram devant sa porte; **j-n zur ~ begleiten** reconduire qn à la porte; *geh fig* **j-m die ~ weisen** mettre qn à la porte 2 *fig* **alle ~en stehen ihm offen** toutes les portes lui sont ouvertes; **e-r Sache** (*dat*) **~ und Tor öffnen** ouvrir (toute grande) la porte à qc; *umg* **offene ~en einrennen** enfoncer des portes ouvertes; *umg* **j-m die ~ einrennen** (venir) °harceler, importuner qn; *umg* casser les pieds à qn; **bei, hinter verschlossenen ~en** à huis clos; *umg* **mit der ~ ins Haus fallen** mettre les pieds dans le plat; ne pas y aller par quatre chemins; **der Winter steht vor der ~** nous sommes au seuil de l'hiver; **Weihnachten steht vor der ~** Noël approche; *umg* **zwischen ~ und Angel** entre deux portes; à la hâte; à la sauvette
Türangel F gond *m*
Turban M ⟨~s; ~e⟩ turban *m*
Turbine F ⟨~; ~n⟩ TECH turbine *f*
Turbinenantrieb M entraînement *m*, propulsion *f* par turbine; **turbinengetrieben** ADJT mû, mue par turbine; **Turbinenhalle** F salle *f* des turbines
Turbo M ⟨~s; ~s⟩ (*~lader*) turbo *m*; *Auto* turbo *f*; **Turbodynamo** M turbodynamo *f*; **Turbogenerator** M TECH turboalternateur *m*; **Turbokompressor** M turbocompresseur *m*; **Turbolader** M ⟨~s; ~⟩ AUTO turbocompresseur *m*; **Turbomotor** M moteur *m* turbo; turbomoteur *m*; **Turbo-Prop-Flugzeug** N avion *m* à turbopropulseur; **Turbo-Prop-Triebwerk** N turbopropulseur *m*
turbulent A ADJ tumultueux, -euse; *Versammlung a.* °houleux, -euse; *Leben a.* agité B ADV **es ging ~ zu** il y a eu de l'agitation; **die Sitzung ist äußerst ~ verlaufen** la séance s'est déroulée dans la plus grande agitation
Turbulenz F ⟨~; ~en⟩ 1 (*Trubel*) agitation *f* 2 PHYS, METEO turbulence *f*
Türdrücker M 1 (*Klinke*) poignée *f* de porte 2 → Türöffner
Türflügel M battant *m* de porte; **Türfüllung** F panneau *m* (de porte); **Türgriff** M poignée *f*, *runder* bouton *m* (de porte)
Türke M ⟨~n; ~n⟩ Turc *m*
Türkei ⟨→ *n/pr*⟩ **die ~** la Turquie
türken *umg* V/T ⟨h.⟩ falsifier; truquer; maquiller; **getürkte Papiere** *npl* faux papiers; **e-e getürkte Bilanz** un bilan maquillé
Türkin F ⟨~; ~nen⟩ Turque *f*
türkis ADJ ⟨*attribut*⟩ turquoise (*inv*)
Türkis M ⟨~es; ~e⟩ turquoise *f*
türkisch ADJ turc, turque; **~er Honig** *etwa* nougat *m*
Türkisch N ⟨~(s)⟩, **Türkische** N ⟨~n⟩ (das) Türkisch(e) *Sprache* le turc
türkisfarben ADJ (couleur) turquoise (*inv*)
Türklinke F poignée *f* de porte; bec-de-cane *m*; **Türklopfer** M °heurtoir *m*; **Türknauf**

M, **Türknopf** M bouton *m* de porte
Turksprache F langue turque
Turm M ⟨~(e)s; ⸗e⟩ 1 ARCH tour *f* (*a.* SCHACH); (*Kirchturm*) clocher *m*; (*Festungsturm*) donjon *m* 2 MIL tourelle *f* 3 (*Sprungturm*) plongeoir *m*
Turmalin M ⟨~s; ~e⟩ MINER tourmaline *f*
Türmatte F paillasson *m*
Turmbau M ⟨~(e)s⟩ BIBEL **der ~ zu Babel** la tour de Babel
Türmchen N ⟨~s; ~⟩ tourelle *f*
türmen[1] ⟨h.⟩ A VT (*stapeln*) entasser; amonceler; empiler B VR **sich ~** s'amonceler; s'entasser; s'accumuler; (*sich stapeln*) s'empiler
türmen[2] *umg* VI ⟨s.⟩ (*weglaufen*) *umg* se barrer; *umg* se tailler; *umg* détaler
Türmer M ⟨~s; ~⟩ HIST guetteur *m*
Turmfalke M ZOOL crécerelle *f*; **Turmhaube** F ARCH toit *m* de tour
turmhoch A ADJ très °haut; gigantesque B ADV très °haut; jusqu'au ciel; *fig* **j-m ~ überlegen sein** être bien, de loin supérieur à qn
Turmspringen N ⟨~s⟩ SCHWIMMEN plongeons *mpl* de haut vol; **Turmspringer(in)** M(F) SCHWIMMEN plongeur, -euse *m,f* de haut vol; **Turmuhr** F horloge *f*
Turnanzug M tenue *f* de gymnastique; **Turnbeutel** M sac *m* de sport
turnen A VT ⟨h.⟩ **e-e Übung ~** faire, exécuter un exercice (de gymnastique) B VI 1 ⟨h.⟩ faire de la gymnastique; **am Barren ~** faire des barres parallèles 2 *umg* ⟨s.⟩ (*klettern*) grimper (**über die Tische** *etc* sur les tables, *etc*)
Turnen N ⟨~s⟩ gymnastique *f*; (*Turnunterricht*) éducation *f* physique
Turner(in) M ⟨~s; ~⟩ F ⟨~in; ~innen⟩ gymnaste *m/f*
turnerisch ADJ gymnastique; de gymnaste
Turnfest N fête *f* de gymnastique; **Turngeräte** NPL agrès *mpl*; **Turnhalle** F gymnase *m*; **Turnhemd** N maillot *m* de gymnastique; **Turnhose** F *kurze* short *m*; *lange* pantalon *m* de sport
Turnier N ⟨~s; ~e⟩ 1 (*sportlicher Wettkampf*) tournoi *m*; (*Reitturnier*) concours *m* 2 HIST tournoi *m*; **Turnierpferd** N cheval *m* de tournoi; **Turnierplatz** M HIST lice *f*; champ clos; **Turniertanz** M danse *f* de compétition
Turnlehrer(in) M(F) professeur *m/f* d'éducation physique, de gymnastique; **Turnriege** F section *f* de gymnastes; **Turnschuh** M tennis *m*; *knöchelhoher* basket *f*; LEICHTATHLETIK chaussure *f* de gymnastique; **Turnschuhgeneration** F ⟨~⟩ génération *f* en baskets; **Turnstunde** F cours *m* de gymnastique; **Turnübung** F exercice *m* (de) gymnastique; exercice *m* physique; **Turnunterricht** M éducation *f* physique; enseignement *m* de la gymnastique
Turnus M ⟨~; ~se⟩ roulement *m*; **im ~** par roulement; à tour de rôle
turnusgemäß, turnusmäßig ADJ *u.* ADV par roulement; à tour de rôle
Turnverein M club *m* de gymnastique
Turnwart M ⟨~(e)s; ~e⟩ moniteur *m* de gymnastique; **Turnzeug** N tenue *f*, affaires *fpl* de gymnastique
Türöffner M système *m* d'ouverture automatique d'une porte; **drücken Sie den (automatischen) ~** appuyez sur le bouton d'ouverture automatique (de la porte)
Türöffnung F BAU baie *f*, embrasure *f* (de porte); **Türpfosten** M montant *m* de porte; **Türrahmen** M encadrement *m*, chambranle *m* de porte; **Türritze** F fente *f* de la porte; **Türschild** N plaque *f* de porte; **Türschloss** N serrure *f* (de porte); **Türschwelle** F seuil *m* (de porte); **Türspalt** M fente *f* de la porte; **Türsteher** M portier *m*; **Türsturz** M ⟨~es; ~e *ou* ⸗e⟩ BAU linteau *m* de porte
turteln VI ⟨-(e)le, h.⟩ *hum Verliebte* roucouler
Turteltaube F tourterelle *f*
Türvorleger M paillasson *m*; tapis-brosse *m*
Tusch M ⟨~(e)s; ~e⟩ fanfare *f*; **e-n ~ blasen** sonner une fanfare
Tusche F ⟨~; ~n⟩ encre *f* de Chine
tuscheln VI *u.* VT ⟨-(e)le, h.⟩ chuchoter; faire des messes basses
Tuscheln N ⟨~s⟩ chuchotement *m*
tuschen ⟨h.⟩ A VT MAL (*malen*) colorier au lavis; teinter avec de l'encre de Chine; (*zeichnen*) dessiner à l'encre de Chine B VI faire un lavis C VR **sich** (*dat*) **die Wimpern ~** se farder les cils
Tuschkasten M *regional* boîte *f* de couleurs à l'eau, d'aquarelle; *fig pej* **wie ein ~ aussehen** être un vrai pot de peinture
Tuschzeichnung F lavis *m* (à l'encre de Chine)
Tusse F ⟨~; ~n⟩ *umg* (*Frau, Freundin*) *umg* meuf *f*
Tussi *umg* F ⟨~; ~s⟩ *umg* nana *f*; *umg* nénette *f*; *umg* gonzesse *f*
Tütchen N ⟨~s; ~⟩ sachet *m* (en *od* de papier); *spitzes* petit cornet
Tüte F ⟨~; ~n⟩ 1 sac *m* (en *od* de papier); *kleine* sachet *m*; *spitze* cornet *m*; *umg fig* **das kommt nicht in die ~!** non! rien à faire! 2 *umg* **in die ~ blasen müssen** *umg* devoir souffler dans le ballon
tuten VI ⟨-ete, h.⟩ corner; *Signalhorn* retentir; *Schiff* donner un coup de sirène; TEL **es tutet** on entend le signal sonore; *umg fig* **von Tuten und Blasen keine Ahnung haben** n'y rien connaître (du tout)
Tutenchamun M ⟨→ *n/pr*⟩ Toutankhamon *m*
TÜV M ⟨~⟩ ABK (Technischer Überwachungsverein) contrôle *m* technique; *umg* **sein Auto durch** *od* **über den ~ bringen** faire passer le contrôle technique à sa voiture
Tuvalu N ⟨→ *n/pr*⟩ (les îles *fpl* de) Tuvalu; **Tuvaluer(in)** M ⟨~s; ~⟩ F ⟨~in; ~innen⟩ Tuvaluan(e) *m(f)*; **tuvaluisch** ADJ tuvaluan; de Tuvalu
TÜV-Plakette F *plaquette servant de certificat de contrôle technique d'un véhicule*
TVöD M ⟨~⟩ ABK (Tarifvertrag für den öffentlichen Dienst) *convention collective conclue dans le service public allemand*
Tweed M ⟨~s; ~s *ou* ~e⟩ TEX tweed *m*
Twen M ⟨~s; ~s⟩ personne *f* qui a entre vingt et trente ans
Twinset N *od* M ⟨~(s); ~s⟩ TEX twin-set *m*
Twist[1] M ⟨~es; ~e⟩ TEX fil *m* de coton
Twist[2] M ⟨~s; ~s⟩ *Tanz* twist *m*
Twitter® N ⟨~s⟩ IT Twitter® *m*
twittern® VI ⟨-(e)re, h.⟩ IT utiliser Twitter®
Tympanon N ⟨~s; -na⟩ BAU tympan *m*
Typ M ⟨~s; ~en⟩ 1 (*Menschentyp*) type *m*; **ein südländischer ~ sein** avoir le type méridional; *umg* **sie ist nicht mein ~** ce n'est pas mon type, genre; *umg* **dein ~ wird verlangt** c'est toi qu'on réclame 2 *umg* ⟨*gen a.* ~en⟩ (*Mann*) *umg* mec *m* 3 TECH (*Modell*) type *m*; modèle *m*
Type F ⟨~; ~n⟩ 1 TYPO lettre *f*, caractère *m* (d'imprimerie); type *m* 2 *umg fig* **e-e komische ~** *umg* un drôle de type
Typenhebel M *e-r Schreibmaschine* tige *f* à caractère; **Typenrad** N *e-r Schreibmaschine* marguerite *f*; **Typenradschreibmaschine** F machine *f* à écrire à marguerite
Typhus M ⟨~⟩ MED (fièvre *f*) typhoïde *f*; (*Flecktyphus*) typhus *m* exanthématique; **Typhusepidemie** F épidémie *f* de typhus *bzw.* de typhoïde; **Typhusimpfung** F vaccination *f* antityphoïdique; **typhuskrank** ADJ atteint du typhus *bzw.* de la typhoïde; **Typhuskranke(r)** M/F(M) typhique *m/f*
typisch A ADJ typique (**für** de); caractéristique; **das ist ~ für dich** (ça) c'est bien toi; **diese Fahrweise ist ~ für den deutschen Autofahrer** c'est une manière de conduire typiquement allemande B ADV **~ deutsch** typiquement allemand; *umg* **das ist ~ Mann** c'est typiquement masculin; *umg* c'est bien les hommes
typisieren VT ⟨*pas de ge-*, h.⟩ LITERATUR, KUNST typer; **Typisierung** F ⟨~; ~en⟩ normalisation *f*; standardisation *f*
Typografie F ⟨~; ~n⟩ typographie *f*; **typografisch** ADJ typographique; **Typographie** F, **typographisch** ADJ → Typografie, typografisch
Typologie F ⟨~; ~n⟩ typologie *f*
Typus M ⟨~; -pen⟩ *geh*, PHIL, LITERATUR, KUNST type *m*
Tyrann M ⟨~en; ~en⟩ tyran *m*
Tyrannei F ⟨~⟩ tyrannie *f*
Tyrannenherrschaft F tyrannie *f*; **Tyrannenmord** M *liter* tyrannicide *m*; **Tyrannenmörder(in)** M(F) *liter* tyrannicide *m/f*
tyrannisch A ADJ tyrannique B ADV tyranniquement; en tyran
tyrannisieren VT ⟨*pas de ge-*, h.⟩ tyranniser
tyrrhenisch ADJ **das Tyrrhenische Meer** la mer Tyrrhénienne

U

U, u N ⟨U, u; U, u⟩ *Buchstabe* U, u *m*
U ABK 1 (*Umleitung*) déviation *f* 2 (*Untergrundbahn*) métro *m*
Ü, ü N ⟨Ü, ü; Ü, ü⟩ U, u infléchi
u. ABK (und) et
u. a. ABK 1 (*und andere*) et autres 2 (*und anderes*) etc. (et cetera) 3 (*unter anderem*) entre autres
u. Ä. ABK (und Ähnliche[s]) et d'autres choses semblables, de ce genre
u. a. m. ABK (und andere[s] mehr) etc.
u. A. w. g. ABK (um Antwort wird gebeten) R.S.V.P. (répondez, s'il vous plaît)
UB F ⟨~; ~s⟩ ABK (Universitätsbibliothek) B.U. *f* (bibliothèque universitaire)
U-Bahn F métro *m*; **U-Bahnhof** M station *f* de métro; **U-Bahn-Schacht** M bouche *f* d'aération du métro; **U-Bahn-Station** F station *f* de métro; **U-Bahn-Tunnel** M tunnel *m* de métro
übel A ADJ ⟨übler, übelste⟩ 1 (*schlecht*) mauvais; **übler Geruch** mauvaise odeur; **üble Folgen haben** avoir des conséquences fâcheuses, *plus fort* funestes 2 (*verwerflich*) **e-e üble Geschichte** *umg* une sale histoire; **ein übler Bursche** *umg* un sale type 3 (*unwohl*) **mir ist, wird ~** (*ich habe Brechreiz*) j'ai mal au cœur *od* envie de vomir; **dabei kann einem ~ werden** cela donne la nausée; cela soulève le cœur B ADV 1 (*schlecht*) mal; **~ gelaunt** de mauvaise humeur; maussade; mal luné; **~ gesinnt** mal intentionné; **j-m ~ gesinnt sein** vouloir du mal à qn; **~ riechen** sentir mauvais; **~ riechend** malodorant; nauséabond; fétide; **das klingt nicht ~** ça a l'air bien; cela n'a pas l'air mal; **wohl oder ~** bon gré, mal gré;

de gré ou de force; *umg* **nicht ~!** pas mal!; **das wäre nicht ~** cela ne me déplairait pas; *auf e-n Vorschlag* ce serait une solution 2 *(nachteilig)* **~ ausgehen** finir mal; mal se terminer 3 *(schlimm)* **etw ~ nehmen** prendre qc de travers, en mauvaise part; *Bemerkung, Scherz etc* prendre mal qc; **j-m etw ~ nehmen** en vouloir à qn de qc; tenir rigueur à qn de qc; **nehmen Sie es mir nicht ~, aber da teile ich Ihre Meinung nicht** sans vouloir vous contrarier, je ne suis pas de votre avis; *geh* **j-m ~ wollen** vouloir du mal à qn; **j-n ~ zurichten** *umg* massacrer qn

Übel N ⟨~s; ~⟩ 1 *(Missstand)* mal *m*; **notwendiges ~** mal nécessaire; **zu allem ~** pour comble de malheur; pour couronner le tout; **das kleinere ~ wählen** choisir le moindre mal 2 *geh (Krankheit)* mal *m*; **sein altes ~ plagt ihn** *geh* il est en proie à son vieux mal; **von** *od* **vom ~ sein** nuire; être nuisible, préjudiciable

übelgelaunt, **übelgesinnt** → übel B 1

Übelkeit F ⟨~⟩ mal *m* au cœur; nausée(s) *f(pl)*; envie *f* de vomir; **~ erregen** donner mal au cœur; donner la nausée

übellaunig ADJ maussade; grincheux, -euse; mal luné; **übelnehmen** V/T → übel B 3; **übelriechend** ADJT → übel B 1

Übelstand *geh* M *(Missstand)* mal *m*; *(Ungerechtigkeit)* injustice *f*; **Übeltäter(in)** M(F) coupable *m/f*

übelwollen *geh* V/I → übel B 3

üben ⟨h.⟩ A V/T 1 (s')exercer, s'entraîner à; *Musikstück, Szene* étudier; *Gedächtnis* exercer; entraîner; **Geige, Klavier ~** s'exercer au violon, au piano; **mit geübtem Blick** d'un œil expert; **mit geübter Hand** d'une main experte 2 *geh (erweisen)* **Geduld ~** faire preuve de patience; **Gerechtigkeit ~** pratiquer la justice (**gegenüber j-m** envers qn); **Kritik ~** formuler des critiques; critiquer (**an etw, j-m** qc, qn); **Nachsicht ~** faire preuve d'indulgence (**gegen** envers); **Rache ~** se venger, tirer vengeance (**an j-m** de qn) B V/I faire des exercices C V/R **sich in etw** *(dat)* **~** s'exercer, s'entraîner à (faire) qc; *geh fig* **sich in Toleranz** *etc* **~** s'exercer, s'appliquer à la tolérance, *etc*

über A PRÄP 1 *räumlich Lage ⟨dat⟩ (oberhalb)* au-dessus de; *(auf)* sur; par-dessus; **sie wohnen ~ uns** ils habitent au-dessus de (chez) nous; **Nebel liegt ~ dem Tal** le brouillard s'étend sur la vallée; **e-n Pullover ~ der Bluse tragen** porter un pull-over par-dessus son chemisier; *(jenseits)* **sie wohnen ~ der Straße** ils habitent de l'autre côté de la rue 2 *räumlich Richtung ⟨akk⟩ (oberhalb von)* au-dessus de; *(auf)* sur; **~ etw (hinweg)** par-dessus qc; **~ die Straße gehen** traverser la rue; **~ die Brücke gehen, fahren** *a.* passer sur le pont; **Tränen rollten ~ ihre Wangen** les larmes coulaient sur ses joues; **~ die Absperrung klettern** passer par-dessus la barrière; franchir la barrière; **~ Berg und Tal** par monts et par vaux; **die Mütze ~ die Ohren ziehen** enfoncer son bonnet jusqu'aux oreilles; **den Dünger ~ das Beet verteilen** répandre l'engrais sur la plate-bande 3 *(via) ⟨akk⟩* par; via; **~ Berlin nach Hamburg** à Hambourg par, via Berlin; **ich bin ~ Köln gekommen** je suis passé par Cologne 4 *Rangfolge ⟨dat⟩* supérieur à; au-dessus de; **~ j-m stehen** être supérieur à *od* le supérieur de qn; **er hat keinen ~ sich** il n'(y) a personne au-dessus de lui 5 *Ausdehnung ⟨akk⟩* au-dessus de; au-delà de; plus de; plus que; **das Wasser geht ihm bis ~ die Knie** l'eau lui arrive au-dessus des genoux 6 *mit Abstrakta ⟨akk⟩* **~ Gebühr** plus que de raison; excessivement; *geh* **~ alle Maßen** au-delà de toute expression; incomparablement; **~ alles** par-dessus tout; **es geht nichts ~ …** il n'y a rien de tel que …; **das geht ~ meine Kräfte** c'est au-dessus de mes forces 7 *zeitlich ⟨akk⟩* pendant; durant; **~ Nacht** pendant, durant la nuit; *fig (plötzlich)* du jour au lendemain; *poet* **~s Jahr** dans un an; au bout d'un an; **den ganzen Tag ~** (pendant, durant) toute la journée; **~ kurz oder lang** tôt ou tard 8 *(bei, während) ⟨dat⟩* **~ der Arbeit einschlafen** s'endormir sur son travail 9 *(infolge) ⟨dat⟩* **~ dem Schmerz hat er alles andere vergessen** la douleur lui a fait oublier tout le reste 10 *(betreffs) ⟨akk⟩* **ein Buch, e-e Rede ~ …** un livre, un discours sur …; **ein Scheck ~ …** un chèque de … 11 *(mittels) ⟨akk⟩* par; **~ Radio** par radio; **~ Mittelwelle** sur (les) ondes moyennes; **~ e-e Treppe** par un escalier; **~ e-n Bekannten von etw erfahren** apprendre qc par (l'intermédiaire d')un ami 12 *Häufung ⟨akk⟩* **Fehler ~ Fehler** faute sur faute; **Schulden ~ Schulden haben** être endetté jusqu'au cou B ADV 1 *(mehr als)* plus de; au-dessus de; **alle Männer ~ fünfzig** tous les hommes de plus, au-dessus de cinquante ans; **~ dreißig (Jahre alt) sein** avoir plus de trente ans; **es ist schon zehn Minuten ~ die Zeit** l'heure (du rendez-vous) est passée depuis dix minutes; **ein Gehalt ~ 2000 Euro** un traitement supérieur à, de plus de 2000 euros 2 *(völlig)* **~ und ~** tout (à fait); entièrement; complètement; **~ und ~ rot werden** rougir jusqu'aux oreilles C *umg* ADJ *⟨attribut⟩* 1 *(übrig)* **~ sein** rester; être de reste 2 *(lästig)* **die Sache ist mir langsam ~** je commence à en avoir assez, par-dessus la tête, *umg* marre 3 *(überlegen)* **j-m (in etw** *[dat]***) ~ sein** surpasser qn (en qc)

überall ADV 1 *(an allen Orten)* partout; **er ist ~ und nirgends** il est partout et nulle part; *fig (auf allen Gebieten)* **~ Bescheid wissen** être renseigné sur tout, dans tous les domaines 2 *(bei jeder Gelegenheit)* toujours

überallher ADV de partout; de toutes les directions; **überallhin** ADV partout; dans toutes les directions

überaltert ADJ 1 *Bevölkerung* vieux, vieille; *Belegschaft* d'un pourcentage élevé de personnel âgé; *Stadt* dont la population est vieille 2 *(veraltet)* vétuste; trop vieux, vieille; *(überholt)* dépassé; suranné; désuet, -ète

Überalterung F ⟨~⟩ *der Bevölkerung, Belegschaft* vieillissement *m*

Überangebot N offre *f* excédentaire; excédent *m*; HANDEL *a.* pléthore *f* (**an** *[+dat]* de)

überängstlich ADJ très anxieux, -ieuse

überanstrengen *⟨insép, pas de ge-, h.⟩* V/T *(u. V/R)* **(sich) ~** (se) surmener; **Überanstrengung** F surmenage *m*

überantworten *geh* V/T ⟨-ete, *insép, pas de ge-*, h.⟩ 1 *(anvertrauen)* **j-m etw ~** confier, remettre qc à qn 2 *(ausliefern)* livrer

überarbeiten ⟨-ete, *insép, pas de ge-*, h.⟩ A V/T *Text, Buch* retoucher; *Text a.* remanier; **e-e überarbeitete Auflage** une édition revue et corrigée B V/R **sich ~** se surmener

Überarbeitung F ⟨~; ~en⟩ 1 *e-s Textes, Buches etc* remaniement *m*; retouche *f* 2 *⟨sans pl⟩ (Überanstrengung)* surmenage *m*

überaus *geh* ADV très; beaucoup; extrêmement

überbacken[1] V/T *⟨irr, insép, pas de ge-*, h.⟩ GASTR (faire) gratiner; **etw mit Käse ~** (faire) gratiner qc au fromage

überbacken[2] ADJT GASTR gratiné; au gratin

Überbau M ⟨~(e)s; ~e *ou* ~ten⟩ 1 BAU superstructure *f* 2 *⟨pl ~e⟩* PHIL superstructures *fpl* idéologiques; *im dialektischen Marxismus* superstructure *f*

überbeanspruchen V/T *⟨insép, pas de ge-*, h.⟩ 1 *Mensch* surmener 2 TECH *Material etc* soumettre à une contrainte excessive; **Überbeanspruchung** F 1 *e-s Menschen* surmenage *m* 2 TECH contrainte excessive

Überbein N MED exostose *f*

überbekommen *umg* V/T *⟨irr, sép, pas de ge-*, h.⟩ **etw, j-n ~** en avoir assez, *umg* marre de qc, qn

überbelasten V/T ⟨-ete, *insép, pas de ge-*, h.⟩ 1 TECH *Fahrzeug, Aufzug, Maschine* surcharger 2 *Person* surmener; **Überbelastung** F 1 TECH surcharge *f* 2 *von Personen* surmenage *m*

überbelegt ADJT dont la capacité est dépassée; surchargé; *Raum etc* archicomble; *Haus* surpeuplé; *Kurs* pour lequel il y a eu trop d'inscriptions; **Überbelegung** F dépassement *m* de capacité; excédent *m* d'effectifs; **überbelichten** V/T ⟨-ete, *insép, pas de ge-*, h.⟩ FOTO surexposer; **Überbelichtung** F FOTO surexposition *f*; **Überbeschäftigung** F suremploi *m*

überbetonen V/T *⟨insép, pas de ge-*, h.⟩ trop insister sur; donner trop d'importance à; **Überbetonung** F accentuation excessive

überbewerten V/T ⟨-ete, *insép, pas de ge-*, h.⟩ surestimer; surévaluer; **Überbewertung** F surestimation *f*; surévaluation *f*; **überbezahlen** V/T *⟨insép, pas de ge-*, h.⟩ surpayer; **Überbezahlung** F surpaye *f*

überbieten V/T *⟨irr, insép, pas de ge-*, h.⟩ 1 *bei e-r Versteigerung* **j-n, etw ~** enchérir sur qn, qc; **j-n um hundert Euro ~** offrir cent euros de plus que qn 2 *fig* surpasser; dépasser; surclasser; *Rekord* battre; **sich in etw** *(dat)* **~** *sich selbst* se surpasser en qc; **sich in etw** *(dat)* **zu ~ versuchen** *gegenseitig* faire assaut de qc; **die anderen zu ~ versuchen** *mit Versprechungen etc* faire de la surenchère; **diese Frechheit ist nicht zu ~** c'est une effronterie sans pareille

überbleiben *umg* V/I *⟨irr, sép,* **-ge-**, **s.**⟩ rester; être de reste

Überbleibsel *umg* N ⟨~s; ~⟩ 1 *(Übriggebliebenes)* reste *m*; restant *m*; *(Rückstand)* résidu *m*; *e-r Mahlzeit* reste(s) *m(pl)* 2 *e-r Kultur* vestiges *mpl*

überblenden V/T ⟨-ete, *insép, pas de ge-*, h.⟩ FILM, RADIO, TV faire un fondu enchaîné de; **Überblendung** F fondu enchaîné

Überblick M 1 *(Aussicht)* coup *m* d'œil (**über** *[+akk]* sur); vue *f* d'ensemble (**über** *[+akk]* de) 2 *(Kurzdarstellung)* aperçu *m*, exposé *m* (sommaire), tour *m* d'horizon (**über** *[+akk]* de) 3 *fig* vue *f* d'ensemble (**über** *[+akk]* de *od* sur); **sich** *(dat)* **e-n ~ (über etw** *[akk]***) verschaffen** se faire une idée d'ensemble (de qc); **den ~ verlieren** ne plus s'y retrouver; ne plus être maître de la situation, *etc*; **e-n ~ über die Geschehnisse geben** donner un résumé des faits

überblicken V/T *⟨insép, pas de ge-*, h.⟩ 1 *Gegend etc* embrasser du regard 2 *fig (erfassen)* saisir la portée de

überbringen V/T *⟨irr, insép, pas de ge-*, h.⟩ **j-m etw ~** remettre, transmettre qc à qn

Überbringer(in) M ⟨~s; ~⟩ (F) ⟨~in; ~innen⟩ porteur, -euse *m,f*; *auf e-m Barscheck* **(zahlbar) an ~** payable au porteur

Überbringung F ⟨~⟩ remise *f*; transmission *f*

überbrückbar ADJ *fig, Kluft* franchissable; *Gegensätze* conciliable

überbrücken V/T *⟨insép, pas de ge-*, h.⟩ *Kluft* franchir; *Schwierigkeit* surmonter; *Gegensätze* concilier; *Zeit* passer; **die Zeit bis zur nächsten Ernte ~** tenir jusqu'à la prochaine récolte

Überbrückung F ⟨~⟩ *e-r Kluft* franchissement *m*; *von Gegensätzen* conciliation *f*; *e-s Zeit-*

raums transition *f*; soudure *f*

Überbrückungsgeld N allocation *f* temporaire; **Überbrückungshilfe** F aide *f* temporaire; **Überbrückungskredit** M crédit-relais *m*; prêt *m* de dépannage

überbuchen ⟨*insép, pas de ge-*, h.⟩ **A** VT *Hotel, Flug* surbooker; **überbucht** surbooké **B** VI accepter des réservations en surnombre; faire du surbooking

Überbuchung F surbooking *m*

Überdach N auvent *m*; *e-s Zelts* double-toit *m*

überdachen VT ⟨*insép, pas de ge-*, h.⟩ couvrir d'un toit; **überdacht** couvert

überdauern VT ⟨-(e)re, *insép, pas de ge-*, h.⟩ **etw ~** survivre à qc; durer plus longtemps que qc

überdecken VT ⟨*insép, pas de ge-*, h.⟩ (*zudecken*) (re)couvrir; *fig* masquer

überdehnen VT ⟨*insép, pas de ge-*, h.⟩ distendre; étirer excessivement; **Überdehnung** F distension *f*

überdenken VT ⟨*irr, insép, pas de ge-*, h.⟩ méditer sur; réfléchir à *od* sur; *Probleme etc* **(nochmals) ~** repenser; reconsidérer

überdeutlich **A** ADJ **1** (*sehr deutlich*) *Bild* très net, nette; *Ablehnung* très direct; clair; explicite **2** (*allzu deutlich*) trop net, nette; trop direct **B** ADV *sagen, klarmachen* très nettement; explicitement

überdies ADV en outre; de plus; de surcroît

überdimensional ADJ énorme; démesuré; surdimensionné; (*überlebensgroß*) plus grand que nature

Überdosis F dose excessive; surdose *f*; *bes an Drogen* overdose *f*

überdrehen VT ⟨*insép, pas de ge-*, h.⟩ *Gewinde* faire foirer

überdreht ADJT **1** *Schraube* **~ sein** foirer **2** *umg fig* (*übererregt*) survolté; surexcité; très excité, agité **3** *umg fig* (*exaltiert*) exalté; excentrique

Überdruck M ⟨~(e)s; -drücke⟩ TECH surpression *f*; **Überdruckventil** N TECH soupape *f* de sûreté *od* sécurité

Überdruss M ⟨~es⟩ dégoût *m*; satiété *f*; **bis zum ~** jusqu'à (l')écœurement; jusqu'à plus soif; à satiété; **etw bis zum ~ wiederholen** *umg* répéter qc à n'en plus finir

überdrüssig ADJ **e-r Sache** (*gen*) **~ sein** être las, dégoûté de qc; en avoir assez de qc; **e-r Sache** (*gen*) **~ werden** se lasser, dégoûter de qc; commencer à en avoir assez de qc

überdurchschnittlich **A** ADJ au-dessus de la moyenne; (*außergewöhnlich*) extraordinaire **B** ADV plus ... que la moyenne; **~ (viel) verdienen** avoir un salaire élevé; **~ begabt** surdoué; d'une intelligence supérieure

übereck ADV en travers; en diagonale

Übereifer M excès *m* de zèle; **übereifrig** ADJ trop zélé, empressé; qui fait du zèle

übereignen VT ⟨-ete, *insép, pas de ge-*, h.⟩ **j-m etw ~** transmettre, transférer qc à qn; transmettre la propriété de qc à qn

Übereignung F ⟨~; ~en⟩ transfert *m*, transmission *f* de (la) propriété

übereilen VT ⟨*insép, pas de ge-*, h.⟩ **etw ~** précipiter, °hâter, brusquer qc

übereilt **A** ADJT précipité; °hâtif, -ive; (*verfrüht*) prématuré; (*unbedacht*) inconsidéré; irréfléchi **B** ADVL précipitamment; °hâtivement; **~ handeln** agir avec précipitation; *unbedacht* agir sans réfléchir

Übereilung F ⟨~⟩ précipitation *f*

übereinander ADV l'un sur l'autre; l'un au-dessus de, par-dessus l'autre; → übereinanderlegen, übereinanderliegen, übereinanderschlagen

übereinanderlegen VT ⟨*sép*, -ge-, h.⟩ mettre l'un sur l'autre; superposer; *zu e-m Haufen* entasser; **übereinanderliegen** VI ⟨*irr, sép*, -ge-, h.⟩ être superposé; *in e-m Haufen* être entassé; **übereinanderschlagen** VT ⟨*irr, sép*, -ge-, h.⟩ (*falten*) plier; *Beine* croiser

übereinkommen VI ⟨*irr, sép*, -ge-, s.⟩ s'accorder; tomber, se mettre d'accord (**mit j-m** avec qn); **wir sind darin übereingekommen, dass ...** nous avons convenu que ...

Übereinkommen N ⟨~s; ~⟩ → Übereinkunft

Übereinkunft F ⟨~; -künfte⟩ **~ (über** [+ *akk*]**)** accord *m* (de); convention *f* (sur); arrangement *m* (au sujet de); **mit j-m e-e ~ treffen** conclure un accord, se mettre d'accord avec qn

übereinstimmen VI ⟨*sép*, -ge-, h.⟩ **1** (*sich gleichen, entsprechen*) concorder; être en harmonie; **mit etw ~** s'accorder avec qc (*a.* GRAM); être en harmonie avec qc; cadrer avec qc; correspondre, être conforme à qc **2** (*e-r Meinung sein*) **mit j-m (in etw** [*dat*]**) ~** être d'accord avec qn (sur qc); **nicht mit j-m ~** être en désaccord avec qn; **alle stimmen darin überein** tout le monde est d'accord là-dessus

übereinstimmend **A** ADJT ⟨*épithète*⟩ concordant; conforme; **nach der ~en Meinung der Fachleute** de l'avis unanime des experts **B** ADVL à l'unanimité; unanimement; **~ mit ...** conformément à ...; en conformité avec ...

Übereinstimmung F concordance *f* (**mit** avec); accord *m* (avec); conformité *f* (**mit** avec); correspondance *f*; **etw in ~** (*akk*) **mit etw bringen** faire concorder qc avec qc; mettre qc en harmonie avec qc; faire accorder qc avec qc (*a.* GRAM); **~ erzielen** parvenir à un accord; tomber d'accord (**über** [+*akk*] sur); **in ~ mit** conforme, conformément à; en conformité, harmonie avec

überempfindlich ADJ hypersensible, d'une sensibilité excessive (**gegen** à)

Überempfindlichkeit F hypersensibilité *f*, sensibilité excessive (**gegen** à)

Überernährung F suralimentation *f*

übererregbar ADJ surexcitable; hyperémotif, -ive; **Übererregbarkeit** F surexcitation *f*; hyperémotivité *f*

überessen[1] VT ⟨*irr, sép*, -ge-, h.⟩ **sich** (*dat*) **e-e Speise ~** se dégoûter d'un mets

überessen[2] VR ⟨*irr, insép, pperf* übergessen, h.⟩ **sich (an etw** [*dat*]**) ~** *umg* s'empiffrer (de qc)

überfahren[1] ⟨*irr, sép*, -ge-⟩ *über e-n Fluss* **A** VT ⟨h.⟩ faire passer, traverser **B** VI ⟨s.⟩ passer de l'autre côté

überfahren[2] VT ⟨*irr, insép, pas de ge-*, h.⟩ **1** *Mensch, Tier* écraser; **~ werden** être écrasé; se faire écraser **2** *Signal* brûler; griller **3** *umg fig* **j-n ~** (*überrumpeln*) prendre qn au dépourvu; bousculer qn; forcer la main à qn

Überfahrt F *bes über e-n Ozean* traversée *f* (**über** [+*akk*] de); *über e-n Fluss a.* passage *m* (**über** [+*akk*] de)

Überfall M **1** MIL attaque *f* par surprise (**auf** [+*akk*] contre, de); agression *f* (**auf** [+*akk*] contre) **2** (*Raubüberfall*) agression *f*; attaque *f* (**auf** [+*akk*] de); **bewaffneter ~** attaque *f*, vol *m* à main armée; °hold-up *m*; *umg* braquage *m* **3** *umg fig hum* (*plötzlicher Besuch*) visite-surprise *f*; visite impromptue

überfallen VT ⟨*irr, insép, pas de ge-*, h.⟩ **1** attaquer par surprise; assaillir; *a. auf der Straße* agresser; attaquer; *Bank etc* attaquer; *umg* braquer **2** *fig* (*sich stürzen auf*) **j-n ~** tomber sur qn; **j-n mit (s-n) Fragen ~** assaillir qn de questions **3** *fig* (*überkommen*) *Müdigkeit* gagner; prendre; *Traurigkeit etc* s'emparer de

überfällig ADJ en retard (sur l'horaire); HANDEL *Wechsel* en souffrance; échu; **das Flugzeug ist seit zwei Tagen ~** on est sans nouvelles de l'avion depuis deux jours

Überfallkommando *umg* N, *österr* **Überfallskommando** *umg* N police *f* secours

Überfischung F ⟨~; ~en⟩ surpêche *f*

überfliegen VT ⟨*irr, insép, pas de ge-*, h.⟩ **1** *Land, Stadt* survoler; *Ozean, Kanal a.* traverser (en avion, en ballon, *etc*) **2** *Text* parcourir (des yeux); survoler; lire en diagonale

überfließen VI ⟨*irr, sép*, -ge-, s.⟩ **1** *Gefäße, Flüssigkeiten, fig* déborder; *fig* **von** *od* **vor Freundlichkeit** (*dat*) **~** déborder d'amabilité **2** *Farben etc* **ineinander ~** se fondre

überflügeln VT ⟨-(e)le, *insép, pas de ge-*, h.⟩ **j-n (in** [+ *dat*]**, bei etw) ~** surpasser, dépasser, devancer qn (en qc)

Überfluss M ⟨~es⟩ (sur)abondance *f*, (*Fülle*) profusion *f* (**an** [+*dat*] de); **etw im ~ haben** avoir qc en abondance, à profusion, à foison; **im ~ vorhanden sein** (sur)abonder; foisonner; être abondant; **zu allem ~** pour comble (de malheur, de malchance)

Überflussgesellschaft F ⟨~⟩ *pej* société *f* d'abondance

überflüssig ADJ **1** (*unnütz*) superflu; inutile **2** → *a.* überzählig; **~ sein** *a.* être de trop; **ich komme mir hier ~ vor** j'ai l'impression d'être de trop ici

überflüssigerweise ADV inutilement

überfluten VT ⟨-ete, *insép, pas de ge-*, h.⟩ inonder; submerger; *Menschenmenge* envahir; **von Licht überflutet** inondé de lumière

Überflutung F ⟨~; ~en⟩ inondation *f*; submersion *f*; *durch e-e Menschenmenge* envahissement *m*

überfordern VT ⟨-(e)re, *insép, pas de ge-*, h.⟩ **j-n, etw ~** trop exiger de qn, qc; trop demander à qn, qc; **sich überfordert fühlen** se sentir dépassé, débordé; ne pas se sentir à la hauteur; **er ist überfordert** il est dépassé; *plus fort* il n'est pas à la hauteur; **das überfordert meine Kräfte** cela dépasse mes forces

Überforderung F **(körperliche) ~** surmenage *m*; **e-e (intellektuelle) ~ für j-n sein** trop demander à qn

überfragt ADJT **da bin ich ~** je suis incapable de répondre, de vous donner une réponse; vous m'en demandez trop

überfremden VT ⟨-ete, *insép, pas de ge-*, h.⟩ *a. pej* **überfremdet werden** être envahi par les étrangers

Überfremdung F ⟨~⟩ *a. pej* envahissement *m* par les étrangers

überfressen VR ⟨*irr, insép, pas de ge-*, h.⟩ **sich ~** *Tier* trop manger; *sl Person umg* se goinfrer, *umg* s'empiffrer (**an** [+*dat*] de); *umg* bâfrer

überfrieren VI ⟨*irr, insép, pas de ge-*, s.⟩ se (re)couvrir (d'une mince couche) de glace; **~de Nässe** brouillard verglaçant

überführen VT ⟨*insép, pas de ge-*, h.⟩ **1** *Häftling, Leiche etc* transférer **2** **j-n e-s Verbrechens ~** convaincre qn d'(avoir commis) un crime **3** (*umwandeln*) **etw ~ in** (+*akk*) transformer qc en

Überführung F **1** (*Transport*) transfert *m* **2** *e-s Verbrechers* preuve *f* de culpabilité **3** (*Umwandlung*) transformation *f* (**in** [+*akk*] en) **4** (*Brücke*) pont *m*; passage (à niveau) supérieur; (*Fußgängerüberführung*) passerelle *f*

Überfülle F surabondance *f*; profusion *f*

überfüllt ADJ *Saal, Bus* comble; bondé; archiplein; *Bus a.* plein à craquer; *Straßen* encombré; *Universität, Klasse* surchargé

Überfüllung F ⟨~⟩ encombrement *m*; **wegen der ~ des Saales ...** la salle étant bondée ...; **wegen ~ geschlossen** complet

überfüttern VT ⟨-(e)re, *insép, pas de ge-*, h.⟩ suralimenter; gaver, gorger (**mit** de); **Überfütterung** F suralimentation *f* (**mit** de)

Übergabe F 1 *e-s Gegenstands, e-r Akte* remise *f*, transmission *f* (**an** [+*akk*] à); POL, *e-s Amtes* passation *f* 2 (*Einweihung*) inauguration *f* 3 MIL *e-r Armee, Festung* reddition *f*; **bedingungslose ~** reddition sans conditions
Übergabeprotokoll N procès-verbal *m* de remise
Übergang M 1 (*Stelle zum Überqueren*) passage *m* (**über** [+*akk*] de) 2 (*Wechsel*) passage *m* (**von … zu …** de … à …); transition *f* (**von … zu …** entre … et …) 3 ⟨*sans pl*⟩ (*~szeit*) transition *f*; (*Jahreszeit*) demi-saison *f* 4 JUR (*Besitzwechsel*) transfert *m* (de propriété) 5 (*Abstufung*) transition *f*; gradation *f*; **fließender ~** transition, gradation insensible; **ohne ~** sans transition
Übergangsbestimmungen FPL dispositions *fpl* transitoires; **Übergangserscheinung** F phénomène *m* transitoire; **Übergangskleidung** F vêtements *mpl* (de) demi-saison; **übergangslos** ADJ sans transition; **Übergangslösung** F solution *f* transitoire, provisoire, temporaire; **Übergangsmantel** M manteau *m* (de) demi-saison; **Übergangsperiode** F période *f*, époque *f* de transition, transitoire; **Übergangsregierung** F gouvernement *m* de transition; **Übergangsstadium** N stade *m*, état *m*, phase *f* transitoire, de transition; **Übergangszeit** F 1 période *f*, époque *f* de transition, transitoire 2 (*Herbst bzw. Frühling*) demi-saison *f*
Übergardine F double rideau *m*
übergeben ⟨*irr, insép, pas de ge-*, **h.**⟩ A VT 1 *Gegenstand* remettre; transmettre; (*aushändigen*) délivrer; *geh fig* **etw den Flammen ~** livrer qc aux flammes 2 *Amt, Angelegenheit* transmettre; **j-n dem Gericht ~** déférer, livrer qn à la justice 3 MIL rendre; livrer; **e-e Stadt kampflos ~** rendre, livrer une ville sans combat 4 (*einweihen*) inaugurer; **etw s-r Bestimmung** (*dat*) **~** affecter qc à sa destination B VR **sich ~** vomir; rendre
übergehen[1] VI ⟨*irr, sép*, **-ge-**, **s.**⟩ 1 (*zu tun beginnen*) **~ zu** passer à; **zu e-m anderen Thema ~** changer de sujet; passer à un nouveau sujet; **zur Tagesordnung ~** passer à l'ordre du jour; **dazu ~, etw zu tun** se mettre à faire qc 2 *Besitz etc* **auf j-n ~** passer, se transmettre à qn; être transmis, transféré à qn; **in Privatbesitz ~** devenir propriété privée 3 (*sich verwandeln*) **~ in** (+*akk*) se changer, se transformer en; *pej* dégénérer en; **in Fäulnis, Verwesung ~** entrer en putréfaction; **die Diskussion ist in Streit übergegangen** la discussion a dégénéré en dispute; **in Fleisch und Blut ~** entrer dans le sang; **das Grün geht in Gelb über** le vert vire, tourne au jaune; **ineinander ~** (*sich vermischen*) se (con)fondre 4 *geh* (*überfließen*) **die Augen gingen ihm über** il a été très étonné
übergehen[2] VT ⟨*irr, insép, pas de ge-*, **h.**⟩ 1 *Dinge* (*hinweggehen über*) passer sur; (*auslassen*) omettre; (*nicht berücksichtigen*) ne pas tenir compte de; (*überspringen*) sauter; **etw mit Stillschweigen ~** passer qc sous silence 2 *Person* omettre; oublier; *mit Absicht* ignorer; ne pas tenir compte de
übergenau ADJ *pej* tatillon, -onne; pointilleux, -euse; **übergeordnet** ADJT supérieur; GRAM *Satz* principal; *Begriff* générique; **Übergepäck** N bagage(s) *m(pl)* en surcharge; excédent *m* de bagages; **übergeschnappt** *umg* ADJT timbré; *umg* siphonné; *umg* cinglé
Übergewicht N ⟨~(e)s⟩ 1 (*zu viel Gewicht*) *bei Dingen* excédent *m* de poids; *bei Personen* excès *m* de poids; embonpoint *m*; *Person, Gepäck* **fünf Kilo ~ haben** peser cinq kilos de trop 2 *fig* (*Übermacht*) prépondérance *f*; prédominance *f*; **das ~ haben** prédominer (**über** [+*akk*] sur); prévaloir 3 *umg* (*Gewichtsverlagerung*) **~ bekommen, kriegen** perdre l'équilibre; basculer
übergewichtig ADJ *Person* qui pèse trop; *plus fort* obèse
übergießen VT ⟨*irr, insép, pas de ge-*, **h.**⟩ arroser (**mit** de); **etw mit Wasser ~** arroser qc; **etw mit Benzin ~** arroser qc d'essence
überglücklich ADJ extrêmement heureux, -euse; **~ sein** être comblé; **j-n ~ machen** combler qn
übergreifen VI ⟨*irr, sép*, **-ge-**, **h.**⟩ 1 (*sich ausdehnen*) *Feuer etc* **~ auf etw** (*akk*) envahir, gagner qc; se communiquer, se propager à qc 2 *beim Klavierspielen, Turnen etc* croiser les mains
Übergriff M empiètement *m* (**auf** [+*akk*] sur); *bes der Polizei, des Militärs* bavure *f*; **militärischer ~** incursion *f* militaire
übergroß ADJ (*sehr groß*) très grand; (*zu groß*) trop grand; (*gewaltig*) énorme; gigantesque; *fig* démesuré; excessif, -ive; **Übergröße** F *bei Kleidern* grande taille; *bei Schuhen* grande pointure
überhaben *umg* VT ⟨*irr, sép*, **-ge-**, **h.**⟩ 1 (*satthaben*) **etw ~** avoir assez de qc; *umg* en avoir par-dessus la tête, plein le dos, marre de qc 2 *regional* (*übrig haben*) avoir de reste
überhandnehmen VI ⟨*irr, sép*, **-ge-**, **h.**⟩ augmenter, s'accroître excessivement; *Lärm etc* s'intensifier; devenir envahissant; *Unfälle, Selbstmorde* se multiplier à l'excès; *Unkraut, Ungeziefer* proliférer
Überhandnehmen N ⟨~s⟩ envahissement *m*; **das ~ der Verkehrsunfälle** le fort accroissement, la multiplication des accidents de la circulation
Überhang M 1 *von Felsen, Schneewächte* surplomb *m*; BAU *a.* saillie *f* 2 *fig* (*Überschuss*) excédent *m*, surplus *m* (**an** [+*dat*] de)
überhängen[1] VT ⟨*sép*, **-ge-**, **h.**⟩ (*umhängen*) (**j-m**) **etw ~** mettre qc sur les épaules (de qn); **sich** (*dat*) **etw ~** se mettre qc sur les épaules
überhängen[2] VI ⟨*irr, sép*, **-ge-**, **h.**⟩ *Felsen* surplomber; BAU saillir; avancer
Überhangmandat N POL mandat *m* supplémentaire
überhäufen VT ⟨*insép, pas de ge-*, **h.**⟩ **~ (mit)** couvrir (de); *mit Ehrungen, Geschenken* combler (de); *mit Vorwürfen, Fragen, Arbeit* accabler (de)
überhaupt ADV 1 (*gewöhnlich, im Allgemeinen*) généralement; en général 2 (*schließlich*) somme toute; après tout 3 (*außerdem*) d'ailleurs; du reste 4 *verstärkend* **~ nicht** pas du tout; absolument pas; nullement; en aucune façon (*alle mit* ne *beim Verb*); **wenn ~** si tant est que … (+*subj*); **es waren 20 Leute da, wenn ~** il y avait 20 personnes au grand maximum; **wenn ich ~ hingehe**, *dann bleibe ich nur eine halbe Stunde* si jamais j'y vais 5 (*eigentlich*) à vrai dire; au fond; **was willst du ~?** qu'est-ce que tu veux, au juste?; **für wen hältst du mich ~?** pour qui me prends-tu donc?; mais enfin, pour qui me prends-tu?
überheblich ADJ présomptueux, -euse; arrogant; **Überheblichkeit** F ⟨~⟩ présomption *f*; arrogance *f*
überheizen VT ⟨-(es)t, *insép, pas de ge-*, **h.**⟩ trop chauffer; surchauffer
überhitzen VT ⟨-(es)t, *insép, pas de ge-*, **h.**⟩ trop chauffer; *a. fig* surchauffer
überhitzt ADJT *Motor etc* qui chauffe; *a. fig* surchauffé; **~e Gemüter** *npl* esprits surchauffés
überhöhen VT ⟨*insép, pas de ge-*, **h.**⟩ *Kurve* relever; *Preis* augmenter excessivement; **überhöht** ADJT *Kurve* relevé; *Preis, Geschwindigkeit* excessif, -ive
überholen[1] ⟨*sép*, **-ge-**, **h.**⟩ A VT *über e-n Fluss* faire passer sur l'autre rive B VI SCHIFF se coucher sur le côté
überholen[2] VT ⟨*insép, pas de ge-*, **h.**⟩ 1 *im Straßenverkehr* doubler; dépasser 2 *fig* (*übertreffen*) surpasser; dépasser; surclasser; devancer 3 TECH *Maschine etc* réviser; remettre à neuf, en état
Überholmanöver N (manœuvre *f* de) dépassement *m*; **Überholspur** F file *f* de dépassement
überholt ADJT *Theorie, Vorstellung, Methode etc* dépassé; *Verfahren, a. Theorie* démodé
Überholung F ⟨~; ~en⟩ TECH *e-s Motors etc* révision *f*
Überholverbot N interdiction *f* de dépasser, de doubler; **Überholvorgang** M (manœuvre *f* de) dépassement *m*
überhören VT ⟨*insép, pas de ge-*, **h.**⟩ ne pas entendre (par inattention); *absichtlich* ne pas vouloir entendre; **das muss ich überhört haben** cela m'a sans doute échappé; **das möchte ich überhört haben!** ai-je bien entendu?
Über-Ich N PSYCH surmoi *m*
überirdisch ADJ supraterrestre; (*übernatürlich*) surnaturel, -elle; (*himmlisch*) céleste; (*göttlich*) divin; *poet* **von ~er Schönheit** d'une beauté sublime
überkandidelt *umg* ADJ *umg* loufoque; *plus fort umg* braque
Überkapazität F surcapacité *f*
überkleben VT ⟨*insép, pas de ge-*, **h.**⟩ **etw mit etw ~** coller qc sur qc
überklettern VT ⟨*insép, pas de ge-*, **h.**⟩ passer, grimper par-dessus; escalader
überkochen VI ⟨*sép*, **-ge-**, **s.**⟩ 1 déborder (en bouillant) 2 *umg fig* s'échauffer; *umg* bouillir; **er kocht leicht über** il est soupe au lait; il a la tête près du bonnet
überkommen[1] VT ⟨*insép, pas de ge-*, **h.**⟩ *Gefühl* **j-n ~** s'emparer de qn; saisir, prendre qn; *wenn man daran denkt*, **überkommt einen die Angst** on est pris, saisi de peur; **ein Gefühl des Mitleids überkam sie** elle fut saisie d'un sentiment de pitié
überkommen[2] ADJT (*überliefert*) traditionnel, -elle; transmis par les *bzw.* nos *bzw.* leurs ancêtres
überkompensieren VT ⟨*insép, pas de ge-*, **h.**⟩ surcompenser
überkreuzen ⟨*insép, pas de ge-*, **h.**⟩ A VT croiser; **die Beine ~** croiser les jambes B VR *Linien* **sich ~** se croiser
überladen[1] VT ⟨*irr, insép, pas de ge-*, **h.**⟩ *Fahrzeug, fig mit Verzierungen* surcharger (**mit** de); *fig a.* accabler (**mit** de)
überladen[2] ADJT *a. fig* surchargé
überlagern ⟨-(e)re, *insép, pas de ge-*, **h.**⟩ A VT 1 (*über etw lagern*) recouvrir 2 PHYS interférer avec; se superposer à 3 *fig* se greffer sur B VR **sich ~** se superposer; GEOL *a.* être superposé; *a. fig* interférer
Überlagerung F ⟨~; ~en⟩ *a.* PHYS superposition *f*; interférence *f*
Überlandbus M (auto)car *m*; **Überlandleitung** F ELEK ligne *f* à haute tension; **Überlandverkehr** M trafic interurbain
Überlänge F *e-r Ladung* excédent *m*; *Lkw* **~ haben** être d'une longueur exceptionnelle; *Film* **mit ~** d'une durée exceptionnelle
überlappen ⟨*insép, pas de ge-*, **h.**⟩ A VT recouvrir partiellement B VR **sich ~** se recouvrir partiellement; (se) chevaucher
überlassen ⟨*irr, insép, pas de ge-*, **h.**⟩ A VT 1 (*geben, verkaufen*) laisser; céder; (*anvertrauen*) **j-m etw ~** confier qc à qn; **er überlässt mir das Auto für einige Tage** il me laisse, confie sa voiture pour quelques jours; il met sa voiture à ma disposition pour quelques jours; **j-n j-s**

Fürsorge *(dat)* ~ confier qn aux soins de qn **2** *(entscheiden lassen)* **ich überlasse es Ihnen zu** *(+inf)* je vous laisse le soin de *(+inf)*; je m'en remets à vous pour *(+inf)*; **das überlasse ich Ihnen** je m'en remets à vous; **~ Sie das bitte mir** permettez-moi de m'en charger; laissez-moi m'en occuper, je vous prie **3** *(preisgeben)* abandonner; **j-n s-m Schicksal ~** abandonner qn à son sort; **etw dem Zufall ~** s'en remettre au hasard; **sich** *(dat)* **selbst ~ sein** être livré à soi-même **B** VR **sich e-r Sache** *(dat)* ~ se livrer à qc; **sich der Verzweiflung ~** se laisser aller au désespoir

überlasten VT ⟨-ete, *insép, pas de ge-*, h.⟩ **1** *Fahrzeug, Aufzug, Maschine* surcharger **2** *Telefonnetz, Straße, Person, Gedächtnis* surcharger (**mit** de); encombrer (de); *Lehrplan* surcharger; *Körper* surmener; **mit Arbeit überlastet** surchargé, accablé de travail

Überlastung F ⟨~; ~en⟩ **1** *e-s Fahrzeugs, Aufzugs, e-r Maschine* surcharge *f* **2** *des Telefon-, Straßennetzes* encombrement *m*; *des Körpers, mit Arbeit* surmenage *m*

Überlauf M ⟨~(e)s; -läufe⟩ TECH trop-plein *m*; déversoir *m*

überlaufen VI ⟨*irr, sép*, -ge-, s.⟩ **1** *Gefäß, Flüssigkeit* déborder **2** MIL **zum Feind ~** passer à l'ennemi

überlaufen[1] VT/UNPERS ⟨*irr, insép, pas de ge-*, h.⟩ **es überlief mich kalt** cela m'a donné le frisson; cela m'a fait froid dans le dos; **es überlief mich heiß und kalt** cela m'a donné des sueurs froides

überlaufen[2] ADJT *von Bittstellern etc* importuné, assailli, assiégé (**von j-m** par qn); *Gegend* envahi; très *od* trop fréquenté; *Arztpraxis, Beruf* encombré

Überläufer M MIL, POL, *fig* transfuge *m*

Überlaufrohr N (tuyau *m* de) trop-plein *m*; **Überlaufventil** N soupape *f* de trop-plein

überlaut **A** ADJ trop bruyant; *Stimme* trop °haut, fort **B** ADV trop °haut, fort

überleben ⟨*insép, pas de ge-*, h.⟩ **A** VT **j-n, etw ~** survivre à qn, qc; **er wird den Winter nicht ~** il ne passera pas l'hiver; **sie überlebt uns noch alle** elle nous enterrera tous; *fig* **du wirst es schon ~** tu n'en mourras pas; *fig* **das überlebe ich nicht** je ne m'en remettrai pas **B** VR **sich überlebt haben** être dépassé; avoir fait son temps

Überleben N ⟨~s⟩ survie *f*; **es geht ums ~** *a. fig* c'est une question de vie ou de mort

Überlebende(r) M/F(M) ⟨→ A⟩ survivant(e) *m(f)*; *e-r Katastrophe etc a.* rescapé(e) *m(f)*

Überlebenschancen FPL chances *fpl* de survie

überlebensgroß ADJ plus grand que nature

Überlebensgröße F **e-e Statue in ~** une statue plus grande que nature

Überlebenstraining N expérience *f* de survie

überlebt ADJT dépassé; désuet, -ète

überlegen[1] VT ⟨*sép*, -ge-, h.⟩ *Decke etc* mettre dessus; mettre … sur; **j-m etw ~** couvrir qn de qc

überlegen[2] ⟨*insép, pas de ge-*, h.⟩ **A** VT *(nachdenken über)* **etw ~** réfléchir à *od* sur qc; considérer qc; **es sich** *(dat)* **zweimal ~** y regarder à deux fois; **es sich** *(dat)* **anders ~** changer d'avis; **das wäre zu ~** cela mérite réflexion; **~ Sie sich** *(dat)* **das gut!** réfléchissez bien!; **wenn ich es mir recht überlege, …** à bien y réfléchir, …; **ich werde es mir noch (einmal) ~** j'y réfléchirai; je vais réfléchir **B** VI *(nachdenken)* réfléchir; **etw tun, ohne zu ~** faire qc sans réfléchir; **hin und her ~** peser (longuement) le pour et le contre

überlegen[3] **A** ADJ *(besser, stärker) etc* supérieur; *(souverän)* souverain; **j-m (an** *od* **in etw** *[dat]*) ~ **sein** être supérieur à qn (en qc); **zahlenmäßig ~** numériquement supérieur; **sich ~ fühlen** se croire supérieur **B** ADV souverainement; supérieurement

Überlegenheit F ⟨~⟩ supériorité *f* (**über j-n** sur qn)

überlegt **A** ADJT bien réfléchi, pesé, calculé **B** ADVL avec réflexion; après mûre réflexion

Überlegung F ⟨~; ~en⟩ **1** ⟨*sans pl*⟩ *(Nachdenken)* réflexion *f*; considération *f*; **nach reiflicher ~** après mûre réflexion; après avoir mûrement réfléchi; **ohne ~** sans réfléchir; inconsidérément **2** *meist* PL *(Gedankengang)* raisonnement *m*; **~en anstellen** réfléchir (**über** *[+akk]*, **zu** à)

überleiten VI ⟨-ete, *sép*, -ge-, h.⟩ passer (**von … zu** de … à); former, constituer la transition, l'enchaînement (**zu, in** *[+akk]* avec, **von … zu** entre … et); enchaîner (**zu** avec); **zum nächsten Thema ~** passer au sujet suivant

Überleitung F ⟨~; ~en⟩ passage *m* (**von … zu** de … à); transition *f* (**von … zu** entre … et); enchaînement *m* (**zu, in** *[+akk]* avec, **von … zu** entre … et)

überlesen VT ⟨*irr, insép, pas de ge-*, h.⟩ **1** *(flüchtig durchlesen)* parcourir; **noch einmal ~** relire **2** *(beim Lesen übersehen)* sauter, passer (en lisant)

überliefern VT ⟨-(e)re, *insép, pas de ge-*, h.⟩ **der Nachwelt ~** transmettre à la postérité

überliefert ADJT traditionnel, -elle; **~e Sitten** *fpl* (des) mœurs héritées du passé; **von den Ahnen ~** légué, transmis par les ancêtres

Überlieferung F tradition *f*; **mündliche ~** tradition orale

überlisten VT ⟨-ete, *insép, pas de ge-*, h.⟩ duper; tromper; **Überlistung** F ⟨~⟩ duperie *f*; tromperie *f*

überm *umg* = **über dem**

Übermacht F ⟨~⟩ supériorité *f*; **zahlenmäßige ~** supériorité numérique; **in der ~ sein** avoir la supériorité

übermächtig ADJ **1** *Gegner* trop puissant; qui dispose de forces supérieures **2** *Gefühl* très fort; irrésistible; violent

übermalen VT ⟨*insép, pas de ge-*, h.⟩ recouvrir; repeindre

übermannen VT ⟨*insép, pas de ge-*, h.⟩ *Gefühle etc* s'emparer de; saisir; prendre; **der Schlaf übermannte ihn** le sommeil s'empara de lui; il succomba au sommeil

Übermaß N ⟨~es⟩ excès *m* (**an** *[+dat]* de); **im ~** à l'excès; excessivement

übermäßig **A** ADJ démesuré; excessif, -ive; exagéré; **~es Rauchen** abus *m* du tabac **B** ADV **1** *(zu viel)* démesurément; excessivement; trop; **~ trinken** boire immodérément **2** *umg (besonders)* **das war nicht ~ interessant** ce n'était pas particulièrement, spécialement intéressant

Übermensch M PHIL, *fig* surhomme *m*

übermenschlich ADJ surhumain; **~e Anstrengung** effort surhumain

übermitteln VT ⟨-(e)le, *pas de ge-*, h.⟩ transmettre; *Meldung a.* faire parvenir; communiquer

Übermittlung F ⟨~⟩ transmission *f*; *e-r Meldung a.* communication *f*

übermorgen ADV après-demain

übermüdet ADJ épuisé; mort de fatigue; éreinté

Übermüdung F ⟨~⟩ épuisement *m*; grande fatigue; éreintement *m*

Übermut M *(Unbändigkeit)* pétulance *f*; *(ausgelassene Fröhlichkeit)* joie folle; exubérance *f*; **aus (lauter) ~** dans un élan d'exubérance; par impulsion

übermütig ADJ pétulant; exubérant; fou, folle de joie

übern *umg* = **über den**

übernächste(r, -s) ADJ **1** *räumlich* **ich bin der Übernächste** *in e-r Schlange* il y a une personne avant moi; **der ~ Platz** la deuxième place à partir d'ici; **an der ~n Haltestelle** à deux arrêts d'ici **2** *zeitlich* **~n Monat, ~s Jahr** *etc* d'ici *od* dans deux mois, ans, *etc*; **der ~ Tag, am ~n Tag** le surlendemain; **die ~n Weltmeisterschaften** les championnats *mpl* du monde après les prochains

übernachten VI ⟨-ete, *insép, pas de ge-*, h.⟩ passer la nuit; coucher; **j-n bei sich** *(dat)* **~ lassen** héberger qn

übernächtigt ADJ **~ sein** être fatigué (d'avoir veillé); ensommeillé; **~ aussehen** avoir les yeux battus; avoir la mine défaite

Übernachtung F ⟨~; ~en⟩ nuit *f* (à l'hôtel, chez qn); *t/t im Hotelgewerbe* nuitée *f*; **~ und Frühstück** chambre *f* et petit-déjeuner *m*

Übernachtungsgeld N frais *mpl* d'hôtel

Übernahme F ⟨~; ~n⟩ **1** ⟨*sans pl*⟩ *von Kosten, Schulden, Verantwortung, e-s Falls* prise *f* en charge; *e-s Standpunkts, Verfahrens, Ausdrucks* adoption *f*; **~ e-s Amtes** entrée *f* en fonction; **~ des Kommandos** prise *f* de commandement **2** HANDEL *e-s anderen Unternehmens* prise *f* de contrôle; *(Weiterführung) e-s Geschäfts* reprise *f* **3** *e-r Textstelle, e-s Worts* emprunt *m*

übernatürlich ADJ surnaturel, -elle; *(wunderbar)* miraculeux, -euse

übernehmen ⟨*irr, insép, pas de ge-*, h.⟩ **A** VT **1** *(entgegennehmen) Lieferung* prendre en charge **2** FIN *Kosten* prendre en charge; assumer; *Hypothek* reprendre; **j-s Schulden ~** reprendre les dettes de qn à sa charge **3** *als Nachfolger: Arbeit, Aufgabe* prendre en charge; JUR *Fall, Erbe, Geschäft, Belegschaft, Programm* reprendre; *Firma durch e-e andere a.* prendre le contrôle de; **j-s Amt ~** succéder à qn (dans ses fonctions); **den elterlichen Hof ~** reprendre la ferme des parents **4** *(auf sich nehmen) Verpflichtung* assumer; *Verantwortung a.* prendre (sur soi); **die Verantwortung für j-n, etw ~** prendre qn, qc en charge **5** *(in die Hand nehmen) Amt, Aufgabe* assumer; *Leitung, Vorsitz* prendre; *Fall, Arbeit* se charger de; *Arbeit a.* entreprendre; exécuter; **es ~, etw zu tun** se charger de faire qc; **das übernehme ich** je m'en charge; **diese Arbeiten übernimmt eine Baufirma** ces travaux seront exécutés par une entreprise de construction; une entreprise de construction se chargera de ces travaux **6** *(ergreifen) Macht* prendre; **das Kommando, den Befehl (über e-e Armee) ~** assumer, prendre le commandement (d'une armée) **7** *(sich zu eigen machen) Methode, Standpunkt, Sitte, Ausdruck* adopter; **Wörter aus dem Englischen ~** emprunter des mots à l'anglais **B** VR **sich ~** se surmener (**bei** à); présumer (trop) de ses forces

überordnen VT ⟨-ete, *sép*, -ge-, h.⟩ **1** *in e-r Hierarchie* placer, mettre au-dessus de; donner comme chef **2** *fig (für wichtiger erachten)* donner la priorité à; → *a.* übergeordnet

überparteilich ADJ indépendant (de tout parti politique); neutre

überpinseln *umg* VT ⟨-(e)le, *insép, pas de ge-*, h.⟩ repeindre

Überproduktion F surproduction *f*; **ein Land mit ~** un pays surproducteur

überprüfen VT ⟨*insép, pas de ge-*, h.⟩ réviser; *(noch einmal durchsehen)* revoir; *(untersuchen)* examiner; *(kontrollieren)* contrôler; *Gepäck a.* visiter; *(nachprüfen)* vérifier

Überprüfung F révision *f*; *(Untersuchung)* examen *m*; *(Kontrolle)* contrôle *m*; *des Gepäcks* visite

U

f; *(Nachprüfung)* vérification *f*; **~ der Personalien** vérification, contrôle d'identité

überqualifiziert ADJT surqualifié

überquellen VI ⟨*irr, sép,* -ge-, s.⟩ *a. fig* déborder (**von** de)

überqueren VT ⟨*insép, pas de ge-,* h.⟩ *Fläche* traverser; *Linie* franchir; **Überquerung** F ⟨~; ~en⟩ traversée *f*; franchissement *m*

überragen[1] VI ⟨*sép,* -ge-, h.⟩ *Balken etc* saillir; faire saillie; dépasser

überragen[2] VT ⟨*insép, pas de ge-,* h.⟩ **1** *an Größe* dépasser; être plus grand que; *(sich erheben über)* surmonter; *ein Bauwerk die Stadt, e-e Person die Menge* dominer; **j-n um Haupteslänge ~** dépasser qn d'une tête **2** *fig (übertreffen)* surpasser, dépasser, surclasser (**an** *[+dat]* en)

überragend ADJT *Persönlichkeit* éminent; **von ~er Bedeutung** d'une importance primordiale; **~e Erfolge erzielen** obtenir de brillants résultats

überraschen VT ⟨*insép, pas de ge-,* h.⟩ surprendre; *(unvorbereitet treffen)* prendre à l'improviste; **j-n bei etw ~** surprendre qn à faire *od* en train de faire qc; **j-n mit e-m Geschenk ~** faire à qn la surprise d'un cadeau; **j-n mit e-m Besuch ~** faire une visite-surprise à qn; arriver chez qn à l'improviste; **vom Regen überrascht werden** être surpris par la pluie; **lassen wir uns ~!** attendons (de) voir!

überraschend **A** ADJT surprenant; inattendu; inopiné **B** ADVL par surprise; à l'improviste; de façon inattendue; inopinément

Überraschung F ⟨~; ~en⟩ surprise *f*; **e-e böse,** *iron* **schöne ~** une mauvaise, *iron* jolie surprise; **zu meiner großen ~** à ma grande surprise; **j-m e-e ~ bereiten** ménager une surprise à qn; **das war vielleicht eine ~!** *umg* tu parles d'une surprise!

Überraschungsangriff M MIL attaque-surprise *f*; attaque *f* par surprise; **Überraschungseffekt** M effet *m* de surprise; **Überraschungsmanöver** N manœuvre *f* de surprise; **Überraschungsmoment** N facteur *m* surprise; **Überraschungstor** N but *m* surprise

überreden VT ⟨-ete, *insép, pas de ge-,* h.⟩ **j-n zu etw ~** *od* **j-n ~, etw zu tun** persuader qn de faire qc

Überredung F ⟨~⟩ persuasion *f*

Überredungskunst F don *m* de persuasion

überregional ADJ qui dépasse le cadre régional; *Zentrum* interrégional; **die ~e Presse** la presse nationale; la grande presse

überreich **A** ADJ extrêmement riche (**an** *[+dat]* en, *vor Abstrakta* de); (sur)abondant (**an** *[+dat]* en) **B** ADV (sur)abondamment; **j-n ~ beschenken** combler qn de cadeaux

überreichen VT ⟨*insép, pas de ge-,* h.⟩ **j-m etw ~** remettre, *feierlich* présenter, offrir qc à qn

überreichlich **A** ADJ surabondant **B** ADV surabondamment; à profusion

Überreichung F ⟨~; ~en⟩ remise *f*; présentation *f*

überreif ADJ *Obst* trop mûr; *bes Birne* blet, blette; *Käse* trop avancé, fait

überreizen VT ⟨-(es)t, *insép, pas de ge-,* h.⟩ surexciter; énerver

Überreiztheit F ⟨~⟩, **Überreizung** F surexcitation *f*

überrennen VT ⟨*irr, insép, pas de ge-,* h.⟩ **1** MIL *Feind* culbuter; bousculer; *Stellung* submerger; déborder **2** *(umrennen)* renverser

Überrest M, *meist pl* reste(s) *m(pl)*; *(Trümmer)* débris *mpl (a. fig)*; ruines *fpl*; *aus der Vergangenheit* vestiges *mpl*; *geh* **die sterblichen ~e** les cendres *fpl*; la dépouille mortelle

Überrollbügel M AUTO arceau *m* de sécurité

überrollen VT ⟨*insép, pas de ge-,* h.⟩ **1** MIL submerger **2** *Mensch, Tier* écraser *(a. fig)* **3** **etw ~** passer sur qc

überrumpeln VT ⟨-(e)le, *insép, pas de ge-,* h.⟩ **1** surprendre; prendre à l'improviste, au dépourvu **2** MIL attaquer à l'improviste, par surprise; bousculer; *Stellung* prendre par surprise; culbuter

Überrumpelung F ⟨~; ~en⟩ **1** surprise *f* **2** MIL attaque *f* par surprise

überrunden VT ⟨-ete, *insép, pas de ge-,* h.⟩ **1** SPORT prendre un tour d'avance sur; doubler **2** *fig (übertreffen)* surpasser; dépasser; surclasser; **Überrundung** F SPORT doublement *m*

übers *umg* = **über das**

übersät ADJ parsemé (**mit** de); *Himmel* **mit Sternen ~** parsemé d'étoiles; constellé

übersättigen VT ⟨*insép, pas de ge-,* h.⟩ **1** *(satt machen)* rassasier; gaver **2** *fig Person* saturer (**mit** de); CHEM sursaturer; WIRTSCH **den Markt ~** sursaturer le marché

Übersättigung F satiété *f (a. fig)*; *fig a.* dégoût *m*; WIRTSCH *des Marktes*, CHEM sursaturation *f*

übersäuern ⟨-(e)re, *insép, pas de ge-,* h.⟩ **A** VT acidifier; **übersäuerter Boden** terrain acidifié **B** VI *bes* SPORTMEDIZIN s'acidifier

Übersäuerung F ⟨~; ~en⟩ *des Bodens* acidification *f*; *der Muskeln* acidité *f* (musculaire); **~ des Magens** hyperacidité *f* gastrique; hyperchlorhydrie *f*

Überschallflugzeug N avion *m* supersonique; **Überschallgeschwindigkeit** F vitesse *f* supersonique

überschatten VT ⟨-ete, *insép, pas de ge-,* h.⟩ **1** ombrager **2** *fig* assombrir

überschätzen ⟨-(es)t, *insép, pas de ge-,* h.⟩ **A** VT surestimer; surévaluer; **j-n ~** avoir trop bonne opinion de qn; **s-e Kräfte ~** présumer (trop) de ses forces **B** VR **sich ~** se surestimer; avoir trop bonne opinion de soi

Überschätzung F surestimation *f*; surévaluation *f*

überschaubar ADJ **1** *im Ausmaß* que le regard peut embrasser **2** *fig (berechenbar)* calculable; *(kontrollierbar)* contrôlable; *Lage* clair; *(verständlich)* concevable; *(übersichtlich)* clair; **~e Gruppe** groupe restreint; **~es Risiko** risque calculé

überschauen VT ⟨*insép, pas de ge-,* h.⟩ → übersehen 1, 2

überschäumen VI ⟨*sép,* -ge-, s.⟩ *a. fig* déborder (**vor** *[+dat]* de); **~de Lebensfreude** joie de vivre débordante; **vor Lebenslust ~** déborder de vie

überschlafen VT ⟨*irr, insép, pas de ge-,* h.⟩ **etw ~** laisser passer la nuit sur qc

Überschlag M **1** *(flüchtige Berechnung)* estimation, évaluation approximative; *(Kostenüberschlag)* devis *m*, prévision *f* sommaire **2** TURNEN culbute *f* **3** FLUG looping *m*

überschlagen ⟨*irr, sép,* -ge-⟩ **A** VT ⟨h.⟩ *Beine* croiser **B** VI ⟨s.⟩ *Wellen* déferler; *Funken* sauter; jaillir

überschlagen[1] ⟨*irr, insép, pas de ge-,* h.⟩ **A** VT **1** *(grob abschätzen)* estimer, évaluer approximativement **2** *Seiten etc (auslassen)* sauter **B** VR **sich ~** **1** *Fahrzeug etc* se retourner; capoter; *Auto a.* faire un tonneau; *Mensch* faire une culbute; *Auto* **sich mehrmals ~** faire plusieurs tonneaux; *umg fig* **sich fast ~ vor Liebenswürdigkeit** faire assaut d'amabilité(s); se répandre en amabilités **2** *Ereignisse* se précipiter **3** *Stimme* dérailler

überschlagen[2] ADJ *regional (lauwarm)* tiède; tiédi

überschnappen *umg* VI ⟨*sép,* -ge-, s.⟩ **1** *(den Verstand verlieren) umg* débloquer; *umg* dérailler **2** *Stimme* dérailler

überschneiden VR ⟨*irr, insép, pas de ge-,* h.⟩ **sich ~** **1** *räumlich* se croiser; se couper **2** *zeitlich* coïncider **3** *inhaltlich* interférer; (se) chevaucher

Überschneidung F ⟨~; ~en⟩ **1** *räumliche* intersection *f*; croisement *m* **2** *zeitliche* coïncidence *f* (**mit** avec) **3** *inhaltliche* interférence *f*; chevauchement *m*

überschreiben VT ⟨*irr, insép, pas de ge-,* h.⟩ **1** HANDEL *(übertragen)* reporter; JUR transcrire; *Besitz* transmettre, transférer (par acte notarié); *Geld auf ein Konto* transférer **2** *mit e-r Überschrift* intituler (**mit** de)

überschreiten VT ⟨*irr, insép, pas de ge-,* h.⟩ **1** *Grenze* franchir; *Kredit, Frist, Höchstgeschwindigkeit* dépasser; *Anzahl* excéder; *Maß* passer; **die fünfzig überschritten haben** avoir passé la cinquantaine **2** *(nicht beachten) Befugnisse* outrepasser; abuser de; *Gesetz* transgresser; enfreindre

Überschrift F titre *m*; **Überschuhe** MPL *(Gummiüberschuhe)* caoutchoucs *mpl*; *(Filzüberschuhe)* pantoufles *fpl* en feutre

überschuldet ADJ HANDEL surendetté; insolvable

Überschuldung F ⟨~; ~en⟩ surendettement *m*; HANDEL insolvabilité *f*

Überschuss M excédent *m*; surplus *m*

überschüssig ADJ excédentaire; en excédent; **~e Kaufkraft** excédent *m* du pouvoir d'achat

überschütten VT ⟨-ete, *insép, pas de ge-,* h.⟩ **~ (mit)** **1** *(beschütten)* couvrir (de) **2** *fig, mit Ehrungen, Geschenken etc* combler (de); *mit Fragen* presser (de); *mit Vorwürfen* accabler (de)

Überschwang M ⟨~(e)s⟩ exubérance *f*; exaltation *f*; **im ~ der Gefühle** dans un élan d'exubérance, d'enthousiasme

überschwänglich ADJ *Begeisterung* excessif, -ive; débordant; *(übertrieben)* exagéré

überschwappen *umg* VI ⟨*sép,* -ge-, s.⟩ *Gefäß, Flüssigkeit* déborder

überschwemmen VT ⟨*insép, pas de ge-,* h.⟩ inonder; noyer; *völlig* submerger *(alle a. fig)*; **den Markt mit etw ~** inonder le marché de qc

Überschwemmung F ⟨~; ~en⟩ inondation *f (a. fig)*; *völlige* submersion *f*

Überschwemmungsgebiet N région inondée; **Überschwemmungskatastrophe** F inondation(s) *f(pl)* catastrophique(s); sinistre causé par les inondations

überschwenglich ADJ → überschwänglich

Übersee ⟨*sans article*⟩ **in ~** outre-mer; **Märkte** *mpl* **in ~** marchés *mpl* d'outre-mer; **Export** *m* **nach ~** exportation *f* outre-mer; **aus ~** d'outre-mer

Überseedampfer M transatlantique *m*; **Überseegebiete** NPL territoires *mpl* d'outre-mer; **Überseehafen** M grand port maritime; **Überseehandel** M commerce *m* d'outre-mer; **überseeisch** ADJ d'outre-mer; **Überseeländer** NPL pays *mpl* transatlantiques, d'outre-mer; **Überseemarkt** M marché *m* d'outre-mer

übersehbar ADJ **1** *Gelände etc* qu'on peut embrasser d'un coup d'œil; *Zeitraum* (dé)limité **2** *fig (abschätzbar)* calculable; *Lage* clair; saisissable; **das Ausmaß der Katastrophe ist noch nicht ~** on ne peut pas encore mesurer l'ampleur de la catastrophe

übersehen VT ⟨*irr, insép, pas de ge-,* h.⟩ **1** *Gelände* embrasser, saisir d'un coup d'œil **2** *Sachlage etc* avoir une vue d'ensemble de; dominer **3** *(abschätzen) Ausmaß, Bedeutung* mesu-

U

rer l'ampleur de; saisir la portée de 4 *(nicht bemerken)* ne pas voir, remarquer; *absichtlich* ignorer; **das habe ich ~** cela m'a échappé; **mit ihren roten Haaren ist sie nicht zu ~** avec ses cheveux roux, on ne peut pas ne pas la voir

übersenden VT *⟨irr, insép, pas de ge-,* **h.**⟩ envoyer; expédier; **Übersendung** F envoi *m*; expédition *f*

übersetzen[1] ⟨-(es)t, *sép,* **-ge-**⟩ *(hinüberfahren)* A VT ⟨**h.**⟩ faire passer sur l'autre rive B VI ⟨**h.** *ou* **s.**⟩ passer (en bateau) sur l'autre rive; **~ über** traverser

übersetzen[2] VT ⟨-(es)t, *insép, pas de ge-,* **h.**⟩ *Text, Autor* traduire (**aus dem Deutschen ins Französische** de l'allemand en français)

Übersetzer(in) M ⟨~s; ~⟩ (F) ⟨~in; ~innen⟩ traducteur, -trice *m,f*

Übersetzung F ⟨~; ~en⟩ 1 traduction *f* (**aus** de; **in** [+akk] en); SCHULE *in die Muttersprache* version *f*; SCHULE *in e-e fremde Sprache* thème *m* 2 TECH multiplication *f*; transmission *f*; *beim Fahrrad* développement *m*; braquet *m*

Übersetzungsbüro N bureau *m* de traduction; **Übersetzungsfehler** M faute *f* de traduction; **Übersetzungsgetriebe** N TECH boîte *f* d'engrenages; engrenage multiplicateur; **Übersetzungsübung** F exercice *m* de traduction

Übersicht F ⟨~; ~en⟩ 1 *⟨sans pl⟩ (Überblick)* **~ (über** [+akk]**)** coup *m* d'œil (sur); *a. fig* vue *f* d'ensemble (de); **sich** *(dat)* **e-e ~ verschaffen** acquérir une vue d'ensemble; faire un tour d'horizon; **die ~ verlieren** ne plus s'y retrouver 2 *(Darstellung)* aperçu *m*, précis *m* (**über** [+akk] de); *(Zusammenfassung)* résumé *m*, sommaire *m* (**über** [+akk] de); *(Tafel)* tableau *m* synoptique

übersichtlich A ADJ 1 *Darstellung etc* clair; net, nette 2 *Gelände* dégagé; où l'on s'oriente aisément B ADV **~ gegliedert** clairement ordonné, articulé

Übersichtlichkeit F ⟨~⟩ 1 *e-r Darstellung etc* netteté *f*; clarté *f*; bonne disposition 2 *e-s Geländes* caractère dégagé

Übersichtskarte F carte *f* à grande échelle; *von Bahn-, Bus-, Fluglinien* carte *f* schématique des lignes; **Übersichtsplan** M plan *m* d'ensemble; **Übersichtstafel** F tableau *m* synoptique

übersiedeln ⟨-(e)le, *sép,* **-ge-**, **s.**⟩, **übersiedeln** ⟨-(e)le, *insép, pas de ge-,* **s.**⟩ VI aller s'établir (**nach** *in ein Land* en *od* à, *in e-e Stadt* à); *in ein Land a.* émigrer (**nach** en)

Übersied(e)lung F changement *m* de domicile; *in ein Land* émigration *f*

Übersiedler(in) M(F) HIST immigrant(e) de la RDA en RFA

übersinnlich ADJ suprasensible; *(übernatürlich)* surnaturel, -elle

überspannen VT *⟨insép, pas de ge-,* **h.**⟩ 1 *(bespannen)* recouvrir (**mit** de) 2 *(zu sehr spannen)* tendre trop; *fig* exagérer; outrer; *fig* **den Bogen ~** exagérer; passer la mesure; tirer trop sur la corde 3 *e-n Fluss etc* surplomber

überspannt ADJ 1 *Person* exalté; excentrique 2 *Idee* exagéré; **Überspanntheit** F ⟨~⟩ exaltation *f*; excentricité *f*

überspielen VT *⟨insép, pas de ge-,* **h.**⟩ 1 *Schwächen etc* masquer; dissimuler 2 *Kassette etc* repiquer 3 RADIO, TV *Bericht etc* transmettre 4 SPORT **den Gegner ~** surclasser l'adversaire

überspitzen VT ⟨-(es)t, *insép, pas de ge-,* **h.**⟩ outrer; exagérer; **überspitzt dargestellt** représenté de manière outrée, caricaturale

überspringen[1] VI *⟨irr, sép,* **-ge-**, **s.**⟩ 1 *Funken* jaillir; sauter *(a.* ELEK*)* 2 *fig (sich übertragen)* **~ auf** *(+akk)* se communiquer à 3 *fig (plötzlich überwechseln)* **auf ein anderes Thema ~** sauter d'un sujet à un autre

überspringen[2] VT *⟨irr, insép, pas de ge-,* **h.**⟩ *Hindernis* sauter *(a. fig auslassen)*

übersprudeln VI ⟨-(e)le, *sép,* **-ge-**, **s.**⟩ *a. fig* déborder; **vor** *od* **von Witz ~** pétiller d'esprit

überspülen VT *⟨insép, pas de ge-,* **h.**⟩ *Wellen e-n Deich, e-e Brücke etc* balayer; recouvrir

überstaatlich ADJ supranational

überstehen[1] VI *⟨irr, sép,* **-ge-**, **h.**⟩ *(hinausragen)* faire saillie; dépasser

überstehen[2] VT *⟨irr, insép, pas de ge-,* **h.**⟩ *Operation* supporter; *Gefahr* échapper à; *Krise* surmonter; *Krankheit* réchapper de; *(überleben)* survivre à; **e-n Unfall lebend ~** survivre à un accident; **das wäre überstanden!** voilà une bonne chose de faite!

übersteigen VT *⟨irr, insép, pas de ge-,* **h.**⟩ 1 *Mauer* escalader; *Hindernis* passer par-dessus; franchir 2 *fig Mittel, Erwartungen, Kräfte etc* dépasser; excéder; **das übersteigt meine Kräfte** c'est au-dessus de, cela dépasse mes forces

übersteigert ADJ *Preise* excessif, -ive; *Gefühl, Geltungsbedürfnis etc* exagéré

überstellen VT *⟨insép, pas de ge-,* **h.**⟩ ADMIN, *bes Gefangene* transférer

übersteuern ⟨-(e)re, *insép, pas de ge-,* **h.**⟩ A VT ELEK, RADIO surmoduler B VI AUTO survirer; **Übersteuerung** F 1 ELEK, RADIO surmodulation *f* 2 AUTO survirage *m*

überstimmen VT *⟨insép, pas de ge-,* **h.**⟩ **j-n ~** l'emporter sur qn à la majorité des voix; mettre qn en minorité; **überstimmt werden** être mis en minorité

überstrahlen VT *⟨insép, pas de ge-,* **h.**⟩ 1 *geh* répandre ses rayons sur 2 *fig (in den Schatten stellen)* éclipser

überstrapazieren VT *⟨insép, pas de ge-,* **h.**⟩ *(überanstrengen)* éreinter; surmener; *Geduld* abuser de; *Thema etc* rabâcher; ressasser

überstreichen VT *⟨irr, insép, pas de ge-,* **h.**⟩ peindre par-dessus (**mit** avec)

überstreifen VT ⟨*sép,* **-ge-**, **h.**⟩ passer; enfiler

überströmen[1] VI ⟨*sép,* **-ge-**, **s.**⟩ *Gefühle* déborder (**vor** [+dat] de); **vor Freude ~** déborder de joie; exulter; jubiler

überströmen[2] VT *⟨insép, pas de ge-,* **h.**⟩ *Gebiet etc* inonder; *fig* **Tränen überströmten sein Gesicht** son visage était baigné, inondé, ruisselant de larmes

überstülpen VT ⟨*sép,* **-ge-**, **h.**⟩ mettre

Überstunden FPL heures *fpl* supplémentaires; **~ machen** faire des heures supplémentaires

Überstundenzuschlag M majoration *f* pour heures supplémentaires

überstürzen ⟨-(es)t, *insép, pas de ge-,* **h.**⟩ A VT précipiter; *Entscheidung a.* brusquer; **man soll nichts ~** il ne faut rien précipiter, brusquer B VR **sich ~** *Ereignisse* se précipiter

überstürzt A ADJ *Abreise, Flucht* précipité; *Entwicklung, Wachstum etc* °hâtif, -ive; **~e Abreise** départ précipité B ADV à la hâte; de façon précipitée; *abreisen, fliehen* précipitamment; *handeln* avec précipitation

übertariflich ADJ *Zulage etc* dépassant le niveau fixé par la convention collective

überteuert ADJ excessivement cher, chère

übertölpeln VT ⟨-(e)le, *insép, pas de ge-,* **h.**⟩ duper; tromper; *umg* rouler; **sich ~ lassen** tomber, donner dans le panneau

Übertölp(e)lung F ⟨~; ~en⟩ tromperie *f*

übertönen VT *⟨insép, pas de ge-,* **h.**⟩ *Lärm etc* couvrir; dominer

Übertopf M cache-pot *m*

Übertrag M ⟨~(e)s; ≃e⟩ BUCHFÜHRUNG report *m*

übertragbar ADJ 1 *Besitz, Recht* transmissible, transférable, JUR *a.* cessible (**auf** [+akk] à); **nicht ~** JUR, FIN incessible 2 *Krankheit* transmissible (**auf** [+akk] à); contagieux, -ieuse 3 *(anwendbar)* applicable (**auf** [+akk] à) 4 *(übersetzbar)* traduisible

Übertragbarkeit F ⟨~⟩ transmissibilité *f*; JUR cessibilité *f*; *von Wertpapieren* négociabilité *f*

übertragen[1] *⟨irr, insép, pas de ge-,* **h.**⟩ A VT 1 *(weitergeben) Besitz, Recht* transmettre, transférer, JUR *a.* céder (**j-m, auf j-n** à qn); *Amt, Recht, Vollmacht* conférer; *Befugnisse, Vollmacht* déléguer 2 *(übersetzen)* traduire (**in** [+akk] en) 3 *(eintragen)* reporter; *bes* JUR, ADMIN, HANDEL transcrire 4 *(anwenden)* appliquer (**auf** [+akk] à) 5 MED *Krankheit* transmettre (**auf** [+akk] à); *Blut* transfuser 6 RADIO, TV retransmettre; *Programm, Konzert* diffuser; **im Fernsehen ~** téléviser; **etw live ~** retransmettre qc en direct B VR **sich ~** *Krankheit* se transmettre, *fig Erregung etc* se communiquer (**auf** [+akk] à)

übertragen[2] ADJ *Wort* **in ~er Bedeutung** au (sens) figuré

Überträger M *e-r Krankheit: Person* porteur *m*; *Insekt* vecteur *m*

Übertragung F ⟨~; ~en⟩ 1 *⟨sans pl⟩ (Weitergabe) e-s Besitzes, Rechtes* transmission *f*; transfert *m*; JUR *a.* cession *f*; *von Befugnissen, der Vollmacht* délégation *f* 2 *e-s Textes, bes* JUR, ADMIN, HANDEL transcription *f*; *(Übersetzung)* traduction *f* 3 MED, *e-r Krankheit* transmission *f*; *von Blut* transfusion (sanguine, de sang) 4 *⟨sans pl⟩ e-r Bewegung* transmission *f* 5 RADIO, TV retransmission *f*; diffusion *f*

Übertragungsfehler M HANDEL, BUCHFÜHRUNG erreur *f* de report; **Übertragungstechnik** F TEL technique *f* de transmission; **Übertragungswagen** M RADIO, TV voiture *f* de reportage

übertreffen VT *⟨irr, insép, pas de ge-,* **h.**⟩ 1 *Personen* surpasser (**in** *od* **an** [+dat] en); être supérieur à; **weit ~** surclasser; **sich selbst ~** se surpasser; se dépasser 2 *Hoffnungen, Vorhersagen* dépasser; **das übertrifft alle Erwartungen** cela dépasse toutes les prévisions

übertreiben VT *⟨irr, insép, pas de ge-,* **h.**⟩ exagérer; *abs* forcer la note; *in e-m Bericht* grossir; **ohne zu ~** sans exagérer, exagération; **man soll nichts ~** il ne faut rien exagérer!

Übertreibung F ⟨~; ~en⟩ exagération *f*

übertreten[1] VI *⟨irr, sép,* **-ge-**, **s.**⟩ 1 *Fluss* déborder (de son lit) 2 *Person über e-e Linie* dépasser la ligne; SPORT *a.* mordre sur la ligne 3 *(überwechseln)* **zu j-m ~** se ranger du côté de qn; **zu e-r anderen Partei ~** changer de parti; **zum Katholizismus, Islam ~** se convertir au catholicisme, à l'islam 4 *(übergehen)* **in etw** *(akk)* **~** passer à qc; entrer dans qc; **in e-e neue Phase ~** entrer dans une phase nouvelle

übertreten[2] VT *⟨irr, insép, pas de ge-,* **h.**⟩ *Gesetz, Vorschrift* enfreindre; transgresser; *Vorschrift a.* contrevenir à

Übertretung F ⟨~; ~en⟩ *e-s Gesetzes, e-r Vorschrift* infraction *f*, contravention *f* (+ *gen* à); transgression *f*

übertrieben A ADJ exagéré; excessif, -ive; **aus ~em Eifer** par (un) excès de zèle B ADV exagérément; d'une manière exagérée, excessive

Übertritt M 1 REL conversion *f* (**zu** à) 2 POL *zu e-r anderen Partei* passage *m* (**zu** à)

übertrumpfen VT *⟨insép, pas de ge-,* **h.**⟩ 1 *beim Kartenspiel* surcouper 2 *fig (übertreffen)* surpasser; **übertünchen** VT *⟨insép, pas de ge-,* **h.**⟩ 1 badigeonner 2 *fig* masquer

übervölkern VT ⟨-(e)re, *insép, pas de ge-,* **h.**⟩ surpeupler; **Übervölkerung** F ⟨~⟩ sur-

peuplement *m*; surpopulation *f*
übervoll ADJ trop plein, rempli; *Saal, Zug, Bus a.* bondé
übervorsichtig ADJ trop prudent
übervorteilen V/T ⟨*insép, pas de ge-*, h.⟩ tromper; duper
überwachen V/T ⟨*insép, pas de ge-*, h.⟩ surveiller; contrôler
überwachsen ADJT ~ **mit** couvert de
Überwachung F ⟨~⟩ surveillance *f*; contrôle *m*
Überwachungsausschuss M commission *f* de contrôle
Überwachungsdienst M **technischer** ~ (service *m* de) contrôle *m* technique
überwältigen V/T ⟨*insép, pas de ge-*, h.⟩ 1 *(bezwingen) Gegner* vaincre; maîtriser; écraser 2 *fig (beeindrucken)* vivement impressionner; subjuguer; **von j-s Schönheit überwältigt sein** être vivement impressionné, subjugué par la beauté de qn 3 *(überkommen) Schlaf* terrasser; *Zorn, Schmerz* s'emparer de; saisir
überwältigend ADJT 1 *(großartig) Anblick etc* imposant; grandiose; *Erfolg* foudroyant; éclatant; *iron Leistung* **nicht (gerade)** ~ *umg* pas terrible; *umg* pas fameux; *umg* pas formidable 2 *(sehr groß) Eindruck* très fort; vif, vive; *Mehrheit, Übermacht* écrasant
überwechseln V/I ⟨*sép*, -ge-, s.⟩ passer (**von … zu …** de … à …)
Überweg M *für Fußgänger* passage *m* (pour piétons)
überweisen V/T ⟨*irr, insép, pas de ge-*, h.⟩ 1 *Geld* virer; transférer; **j-m etw ~, etw auf j-s Konto** *(akk)* ~ virer qc au compte de qn; **das Gehalt überwiesen bekommen** recevoir son salaire par virement 2 MED **j-n zu e-m Facharzt** ~ adresser qn à un spécialiste
Überweisung F 1 *von Geld* virement *m* (**auf ein Konto** sur un compte); transfert *m*; **e-e ~ vornehmen** effectuer, opérer, faire un virement; → *a.* Überweisungsformular 2 MED *e-s Patienten* recommandation *f* (**zu** à); → *a.* Überweisungsschein
Überweisungsauftrag M FIN ordre *m*, mandat *m* de virement; **Überweisungsformular** N FIN formule *f* de virement; **Überweisungsschein** M MED *formulaire par lequel un médecin adresse un malade à un collègue*
überwerfen¹ V/T ⟨*irr, sép*, -ge-, h.⟩ *Kleidungsstück* **(j-m) etw** ~ jeter, mettre qc sur les épaules (de qn)
überwerfen² V/R ⟨*irr, insép, pas de ge-*, h.⟩ **sich mit j-m** ~ se brouiller, fâcher avec qn
überwiegen ⟨*irr, insép, pas de ge-*, h.⟩ A V/T *Nachteile die Vorteile etc* excéder B V/I *(vorherrschen)* prédominer; être prépondérant; *Gefühl a.* l'emporter
überwiegend A ADJT prépondérant; **~e Mehrheit** forte majorité B ADVL principalement; essentiellement; surtout
überwinden ⟨*irr, insép, pas de ge-*, h.⟩ A V/T 1 *geh (besiegen) Gegner* vaincre; l'emporter sur; triompher de 2 *(aufgeben) Bedenken, Misstrauen etc* vaincre 3 *(meistern, bewältigen) Hindernis, Schwierigkeit* surmonter; *Problem* venir à bout de; *Angst, Scheu, Scham, Ekel* dominer B V/R **sich** ~ *(sich zwingen)* se faire violence; *(sich zusammenreißen)* faire un effort sur soi-même (**etw zu tun** pour faire qc)
Überwindung F ⟨~⟩ 1 *geh e-s Gegners* victoire *f*, triomphe *m* remporté(e) sur 2 *fig* **nach ~ vieler Schwierigkeiten** après avoir surmonté beaucoup de difficultés 3 *(Selbstüberwindung)* **es gehört viel ~ dazu zu** *(+inf)* il faut faire un grand effort sur soi-même pour *(+inf)*; **das hat mich viel ~ gekostet** cela m'a coûté; **es kostet ihn ~ zu** *(+inf)* il a du mal à *(+inf)*; il lui en coûte de *(+inf)*
überwintern ⟨-(e)re, *insép, pas de ge-*, h.⟩ A V/T conserver pendant l'hiver B V/I ZOOL *(Winterschlaf halten)* hiberner; *Vieh, Truppen, Schiffe* hiverner; *Pflanzen* survivre, résister à l'hiver
überwuchern V/T ⟨-(e)re, *insép, pas de ge-*, h.⟩ envahir *(a. fig)*; couvrir; **Überwucherung** F envahissement *m*
Überwurf M 1 *Kleidung* cape *f* 2 *bes österr, schweiz (Tagesdecke)* jeté *m* de lit; *fürs Sofa* jeté *m* de canapé 3 RINGEN chute *f*
Überzahl F ⟨~⟩ *(Mehrzahl)* majorité *f*; *(Übermacht)* supériorité *f* numérique; **in der ~ sein** être supérieur en nombre; être en majorité; être plus nombreux, -euses
überzählig ADJ en excédent; en trop; en surnombre; *Personal a.* surnuméraire
überzeichnen V/T ⟨-ete, *insép, pas de ge-*, h.⟩ *Porträt* charger; *(karikieren)* caricaturer
überzeugen ⟨*insép, pas de ge-*, h.⟩ A V/T **j-n von etw** ~ convaincre, persuader qn de qc B V/I être convaincant; **sie konnte** ~ elle savait être convaincante C V/R **sich von etw** ~ se convaincre de qc; **sich mit eigenen Augen von etw** ~ s'assurer de qc de ses propres yeux; ~ **Sie sich selbst!** jugez (par) vous-même!
überzeugend ADJT convaincant; *Redner, Argument, Ton a.* persuasif, -ive; *Argument a.* concluant
überzeugt ADJT 1 ⟨*épithète*⟩ convaincu; **ein ~er Anhänger** un partisan, adepte convaincu 2 **(sehr) von sich ~ sein** être (très) imbu de soi-même
Überzeugung F *(Überzeugtsein)* conviction *f*; *(Ansicht)* convictions *fpl*; **aus** ~ par conviction; **der ~ sein, dass …** être convaincu que …; avoir la conviction que …; **meiner ~ nach** à mon avis; à ce que je crois
Überzeugungskraft F ⟨~⟩ *e-s Menschen* pouvoir *m*, force *f* de persuasion
überziehen¹ V/T ⟨*irr, sép*, -ge-, h.⟩ 1 *Kleidungsstück* mettre; **(rasch)** ~ enfiler; passer 2 *umg* **j-m eins** ~ *umg* flanquer une raclée à qn
überziehen² ⟨*irr, insép, pas de ge-*, h.⟩ A V/T 1 *(beziehen) mit Stoff etc* (re)couvrir (**mit de**); TECH revêtir, envelopper (**mit** de); *Bett* **frisch** ~ changer les draps; mettre des draps propres 2 FIN **ein Konto** ~ mettre un compte à découvert; **sein Konto um 80 Euro überzogen haben** avoir un découvert de 80 euros 3 *zeitlich* dépasser le temps, la durée de 4 *(übertreiben)* pousser bien loin; **sie hat ihre Kritik überzogen** elle a été trop loin dans ses critiques B V/I **(um 5 Minuten)** ~ *als Redner* dépasser (de 5 minutes) le temps de parole; *bei e-r Sendung* dépasser (de 5 minutes) la durée d'une émission C V/R **sich** ~ *Himmel* se couvrir (**mit** de)
Überziehung F *e-s Kontos* découvert *m*; **Überziehungskredit** M crédit *m* à découvert
überzogen ADJT 1 FIN *Konto* à découvert; *Preis* exagéré; excessif, -ive 2 *fig (übertrieben) Forderungen etc* exagéré; démesuré
überzüchtet ADJT 1 *Pflanze, Tier* dégénéré 2 *fig Motor* supersophistiqué; *Sportler* surentraîné
überzuckern V/T ⟨-(e)re, *insép, pas de ge-*, h.⟩ 1 GASTR saupoudrer de sucre 2 *(zu stark zuckern)* mettre trop de sucre sur, dans; **Überzuckerung** F ⟨~; ~en⟩ MED hyperglycémie *f*
Überzug M couverture *f* (**aus** de); TECH revêtement *m*; *Farbe* enduit *m*; couche *f*
üblich ADJ *(gebräuchlich)* courant; usuel, -elle; d'usage; *bes Wörter* courant; usité; *(gewöhnlich)* habituel, -elle; normal; *Preis* habituel, -elle; courant; **die ~en Vorwürfe** *mpl* les reproches habituels; **das ist so** ~ c'est l'usage; cela se fait; **das ist (allgemein) so** ~ c'est (de pratique) courant(e); **das ist in Frankreich nicht** ~ cela ne se fait pas en France; **wie** ~ comme d'habitude, d'usage; **nicht mehr** ~ °hors d'usage; désuet
üblicherweise ADV habituellement; ordinairement; généralement
U-Boot N sous-marin *m*; submersible *m*; **U-Boot-Hafen** M base *f* de sous-marins; **U-Boot-Krieg** M guerre sous-marine
übrig A ADJ de reste; restant; **das, alles Übrige** le reste; **die, alle Übrigen** les autres; **mein ~es Geld** le reste de mon argent; **im ~en Europa** dans le reste de l'Europe; *geh* **ein Übriges tun** faire ce qu'il faut; ~ **sein** rester; être de reste; **wie viel ist ~?** combien (en) reste-t-il?; **im Übrigen** du reste; par ailleurs B ADV ~ **behalten** garder; conserver; ~ **bleiben** rester; être de reste; *fig* **es blieb mir nichts anderes ~, als zu** *(+inf)* il ne me restait rien d'autre à faire que de *(+inf)*; il ne me restait plus qu'à *(+inf)*; **Zeit, Geld ~ haben** avoir du temps, de l'argent de reste; **ich habe Geld** ~ il me reste de l'argent; *fig* ~ **haben** → übrighaben; ~ **lassen** laisser; **nichts ~ lassen** ne rien laisser; **zu wünschen ~ lassen** laisser à désirer; **lass deinem Bruder ein Stück Kuchen ~!** laisse un morceau de gâteau à ton frère!
übrigbehalten V/T, **übrigbleiben** V/I → übrig B
übrigens ADV *(im Übrigen)* du reste; d'ailleurs; *(was ich noch sagen, fragen wollte)* à propos
übrighaben V/T ⟨*irr, sép*, -ge-, h.⟩ *fig* **für j-n etwas** ~ *(Sympathie empfinden)* avoir un faible, de la sympathie pour qn; *fig* **für j-n, etw viel, wenig** ~ avoir beaucoup de, peu de sympathie pour qn, qc; **für j-n, etw nichts** ~ n'avoir aucune sympathie pour qn, qc; **dafür habe ich nichts übrig** *(kein Interesse)* ça ne m'intéresse pas
übriglassen V/T → übrig B
Übung F ⟨~; ~en⟩ 1 ⟨*sans pl*⟩ *(Üben, Geübtheit)* exercice *m*; *(Training)* entraînement *m*; *(Erfahrung)* pratique *f*; **das erfordert** ~ cela exige de l'entraînement, de la pratique; **in der ~ sein, ~ haben** avoir de l'expérience, de la pratique; **ich bin aus der ~ gekommen** j'(en) ai perdu l'habitude; *sprichw* **~ macht den Meister** *sprichw* c'est en forgeant qu'on devient forgeron 2 FEUERWEHR, MIL *etc* exercice *m* 3 MUS exercice *m*; étude *f*; SCHULE, SPORT exercice *m* 4 UNIVERSITÄT **~en** travaux pratiques, dirigés; T.P. *mpl*; T.D. *mpl*
Übungsarbeit F, **Übungsaufgabe** F exercice *m*; **Übungsbuch** N livre *m* d'exercices; **Übungsflug** M vol *m* d'entraînement; **Übungsgelände** N terrain *m* d'entraînement, d'exercice; MIL *a.* champ *m* de manœuvre; **übungshalber** ADV pour des raisons d'exercice, d'entraînement; **Übungshang** M *für Skifahrer* pente *f* d'entraînement; **Übungsheft** N SCHULE cahier *m* d'exercices, de brouillon(s)
Übungssache F **das ist** ~ c'est une question d'entraînement
Übungszweck M but *m* de l'exercice; **für ~e, zu ~en** à titre d'exercice
u. d. M. ABK (unter dem Meeresspiegel) au-dessous du niveau de la mer
ü. d. M. ABK (über dem Meeresspiegel) au-dessus du niveau de la mer
Udo M ⟨→ *n/pr*⟩ *prénom*
UdSSR ⟨~⟩ ABK HIST (Union der Sozialistischen Sowjetrepubliken) **die** ~ l'URSS *f* (Union des républiques socialistes soviéti-

ques)
u. E. ABK (unseres Erachtens) à notre avis; selon nous
UEFA ⟨~⟩ ABK (Union européenne de football association, Europäischer Fußballverband) die ~ l'U.E.F.A. *f*; **UEFA-Cup** M, **UEFA-Pokal** M coupe *f* de l'U.E.F.A.
ÜF ABK (Übernachtung und Frühstück) chambre *f* et petit-déjeuner *m*
Ufa® F ⟨~⟩ ABK (Universum-Film-AG) Ufa *f*
Ufer N ⟨~s; ~⟩ bord *m*; *e-s Flusses, Sees, Binnenmeeres a.* rive *f*; *e-s Meeres a.* rivage *m*; **rechtes, linkes** ~ *e-s Flusses* rive droite, gauche; **am ~ der Seine** au bord de la Seine; **über die ~ treten** déborder; sortir de son lit
Uferbefestigung F consolidation *f* des berges; **Uferböschung** F berge *f*
uferlos ADJ sans limites; *Gebiet, Thema* illimité; *Debatte* sans fin; interminable; **ins Uferlose gehen** *(ausufern)* dépasser la mesure
Ufermauer F quai *m*; **Uferpromenade** F promenade *f* (le long d'un fleuve, d'un lac); quai *m*; **Uferstraße** F quai *m*
uff INT ouf!
Uffz. ABK (Unteroffizier) sous-officier
Ufo N ⟨~s; ~s⟩ ABK (unbekanntes Flugobjekt) ovni *m* (objet volant non identifié)
u-förmig, **U-förmig** ADJ en U
Uganda N ⟨→ *n/pr*⟩ l'Ouganda *m*; **Ugander(in)** M ⟨~s; ~⟩ (F) ⟨~in; ~innen⟩ Ougandais(e) *m(f)*; **ugandisch** ADJ ougandais
U-Haft F détention préventive, provisoire
Uhr F **1** ⟨~; ~en⟩ *(Armbanduhr, Taschenuhr)* montre *f*; *öffentliche, (Standuhr, Turmuhr)* horloge *f*; *(kleine Standuhr, Wanduhr)* pendule *f*; **nach der, auf die ~ sehen** regarder l'heure; consulter sa montre; **die ~ stellen** mettre la montre, *etc* à l'heure; **nach meiner ~ ist es sieben** ma montre indique sept heures; il est sept heures à ma montre; **meine ~ geht richtig** ma montre est à l'heure; **meine ~ geht falsch** ma montre n'est pas à l'heure; *poet fig* **s-e ~ ist abgelaufen** sa dernière heure est venue; *fig* **wissen, was die ~ geschlagen hat** savoir à quoi s'en tenir; *umg* **rund um die ~** vingt-quatre heures sur vingt-quatre **2** ⟨*inv*⟩ *bei Zeitangaben* heure *f*; **wie viel ~ ist es?** quelle heure est-il?; **um wie viel ~?** à quelle heure?; **es ist ein, vier ~** il est une heure, quatre heures; **acht ~ dreißig** °huit heures trente; **es ist zwölf ~** *mittags* il est midi, *nachts* minuit
Uhrarmband N bracelet *m* (de montre); **Uhrdeckel** M couvercle *m* de montre
Uhrengeschäft N horlogerie *f*; **Uhrenindustrie** F industrie horlogère; horlogerie *f*; **Uhrenvergleich** M réglage *m* des montres
Uhrfeder F ressort *m* de montre; **Uhrgehäuse** N boîtier *m* de montre; **Uhrglas** N ⟨~es; -gläser⟩ verre *m* de montre; **Uhrkette** F chaîne *f* de montre; **Uhrmacher(in)** M ⟨~s; ~⟩ (F) ⟨~in; ~innen⟩ horloger, -ère *m,f*
Uhrwerk N mouvement *m*, rouages *mpl* d'une montre, *etc*; *fig* **wie ein ~** avec une précision d'horloge
Uhrzeiger M aiguille *f* de montre
Uhrzeigersinn M ⟨~(e)s⟩ **im, entgegen dem ~** dans le sens, en sens inverse des aiguilles d'une montre
Uhrzeit F heure *f*; **nach der ~ fragen** demander l'heure; **haben Sie (die) genaue ~?** avez-vous l'heure exacte?
Uhu M ⟨~s; ~s⟩ ZOOL grand-duc *m*
Ukraine ⟨→ *n/pr*⟩ **die ~** l'Ukraine *f*
Ukrainer(in) M ⟨~s; ~⟩ (F) ⟨~in; ~innen⟩ Ukrainien, -ienne *m,f*
ukrainisch ADJ ukrainien, -ienne
UKW ⟨*sans article*⟩ ABK (Ultrakurzwelle) FM *f* (modulation de fréquence); **etw auf ~ empfangen, hören** recevoir, écouter qc en modulation de fréquence
UKW-Antenne F antenne *f* FM; **UKW-Bereich** M gamme *f* FM; **UKW-Empfänger** M récepteur *m* à FM, à modulation de fréquence; **UKW-Sender** M station *f* FM
Ulan M ⟨~en; ~en⟩ HIST MIL uhlan *m*; lancier *m*
Ulk M ⟨~(e)s; ~e⟩ plaisanterie *f*; farce *f*; blague *f*; **aus ~** par plaisanterie
ulken V/I ⟨h.⟩ faire des plaisanteries, blagues; blaguer
ulkig *umg* ADJ drôle; *umg* rigolo, -ote
Ulme F ⟨~; ~n⟩ BOT orme *m*
Ulrich M ⟨→ *n/pr*⟩ *prénom*
Ulrike F ⟨→ *n/pr*⟩ *prénom*
Ultima Ratio *geh* F ⟨~⟩ suprême recours *m*; **als ~** en dernier ressort
ultimativ **A** ADJ en, sous forme d'ultimatum; **~e Forderung** ultimatum *m* **B** ADV **j-n ~ auffordern, etw zu tun** exiger impérativement de qn qu'il fasse qc; POL adresser un ultimatum à qn pour qu'il fasse qc
Ultimatum N ⟨~s; -ten⟩ ultimatum *m*; **ein ~ stellen** adresser, envoyer un ultimatum (j-m à qn)
Ultimo M ⟨~s; ~s⟩ HANDEL dernier jour du mois; fin *f* du mois; **per ultimo** à fin de mois
Ultra M ⟨~s; ~s⟩ *Jargon* POL ultra *m*; extrémiste *m*
Ultra... IN ZSSGN ultra-
Ultrakurzwelle F **1** PHYS, RADIO *Welle* onde ultra-courte **2** RADIO *Bereich* modulation *f* de fréquence; → *a.* UKW
ultramarin ADJ ⟨*inv*⟩ outremer; **Ultramarin** N ⟨~s⟩ outremer *m*; **ultramodern** ADJ ultramoderne
Ultraschall M ⟨~(e)s⟩ ultrason *m*; **Ultraschallbehandlung** F MED traitement *m* par les ultrasons; *t/t* ultrasonothérapie *f*; **Ultraschallgerät** N MED, TECH appareil *m* ultrasonique; **Ultraschalltherapie** F thérapie *f* par ultrasons; *t/t* ultrasonothérapie *f*; **Ultraschalluntersuchung** F MED échographie *f*; TECH examen *m*, exploration *f* ultrasonique; **Ultraschallwelle** F onde *f* ultrasonore
ultraviolett ADJ ultraviolet, -ette; **~e Strahlen** *mpl* rayons ultraviolets
um **A** PRÄP ⟨*akk*⟩ **1** *örtlich* **~ ... (herum)** autour de ...; **rings ~ ... herum** tout autour de ...; **~ ein Haus herumgehen** faire le tour d'une maison; tourner autour d'une maison; **ein Graben läuft ~ die Stadt** un fossé entoure la ville; **~ die Ecke biegen** tourner au coin de la rue; **sich ~ etw drehen** tourner autour de qc; **er ist immer ~ sie** il est toujours (à tourner) autour d'elle; **das Forscherteam ~ Cousteau** Cousteau et son équipe de chercheurs; **~ sich schauen** regarder autour de soi; **~ sich schlagen** se débattre; se démener **2** *zeitlich ungefähr* vers; *bestimmt* à; **~ elf (Uhr)** à onze heures; **~ elf herum** vers onze heures; **~ die Mittagszeit (herum)** vers midi; **~ diese Zeit** *(zu diesem Zeitpunkt)* à ce moment-là; à cette heure-là; *ungefähr* vers cette heure-là **3** *(für) Lohn, Preis* pour; de; **~ Geld spielen** jouer (pour) de l'argent; **~ jeden, keinen Preis** à tout, à aucun prix; **nicht ~ alles in der Welt** pour rien au monde *(mit* ne *beim Verb)*; *österr, südd* **etw ~ 10 Euro kaufen** acheter qc pour 10 euros **4** *Unterschied, Abstand* de; **~ ein Jahr älter** d'un an plus âgé; **~ die Hälfte größer** plus grand de moitié; **er ist ~ e-n Kopf größer als ...** il a une tête de plus que ...; **sich ~ ... verrechnen** se tromper de ...; **~ sechs Euro billiger** de six euros de moins; **er ist ~ einiges klüger geworden** il est devenu un peu plus sensé, avisé **5** *Aufeinanderfolge* **Schlag ~ Schlag** coup sur coup; **Tag ~ Tag** jour par *od* après jour; **e-r ~ den andern** l'un après l'autre; **e-n Tag ~ den andern** tous les deux jours; un jour sur deux **B** KONJ **1** *Zweck* **~ zu** (*+inf*) pour (*+inf*); afin de (*+inf*); **~ Ihnen zu beweisen, dass** pour vous prouver que **2** *Folge* pour; **es ist zu spät, ~ zu** (*+inf*) il est trop tard pour (*+inf*); **zu schön, ~ wahr zu sein** trop beau pour être vrai **3** *mit „so" (desto)* → umso **C** ADV **1** *(etwa)* autour de; dans les; **~ (die) zwanzig Euro (herum)** dans les, autour de vingt euros; **er ist ~ die fünfzig** il a dans les, autour de cinquante ans, une cinquantaine d'années **2** *umg (vorbei)* **~ sein** *Zeit* être passé, révolu, *Frist* expiré; **wenn das Jahr ~ ist ...** l'année finie ...
umackern V/T ⟨-(e)re, *sép*, -ge-, h.⟩ retourner (à la charrue); **umändern** V/T ⟨-(e)re, *sép*, -ge-, h.⟩ changer; transformer; modifier; **Umänderung** F changement *m*; transformation *f*; modification *f*; **umarbeiten** V/T ⟨-ete, *sép*, -ge-, h.⟩ *Garderobe* transformer (**zu** en); *Buch etc* remanier; *gänzlich* refondre; **Umarbeitung** F ⟨~; ~en⟩ *der Garderobe* transformation *f* (**zu** en); *e-s Buches etc* remaniement *m*; *völlige* refonte *f*
umarmen V/T ⟨*insép, pas de ge-*, h.⟩ prendre, serrer dans ses bras; enlacer; *plus fort* étreindre; **~ und küssen** embrasser; **sich (gegenseitig) ~** tomber dans les bras l'un de l'autre; *plus fort* s'étreindre
Umarmung F ⟨~; ~en⟩ *geh* embrassement *m*; *plus fort* étreinte *f*; *bes zur Begrüßung* embrassade *f*
Umbau M ⟨~(e)s; ~ten⟩ **1** transformation *f*; **wegen ~ geschlossen** fermé pour (cause de) travaux **2** ⟨*sans pl*⟩ *fig* transformation *f*; → *a.* Umstrukturierung
umbauen[1] ⟨*sép*, -ge-, h.⟩ *(anders bauen)* **A** V/T transformer; **ein Schloss zu e-m Hotel ~** transformer un château en hôtel **B** V/I faire des transformations
umbauen[2] V/T ⟨*insép, pas de ge-*, h.⟩ *(durch Bauen einschließen)* entourer (de bâtiments)
umbehalten *umg* V/T ⟨*irr, sép, pas de ge-*, h.⟩ *Schal etc* garder (sur soi)
umbenennen V/T ⟨*irr, sép, pas de ge-*, h.⟩ débaptiser; rebaptiser; **X in Y** *(akk)* **~** rebaptiser Y X
Umbenennung F changement *m* de nom
umbesetzen V/T ⟨-(es)t, *sép, pas de ge-*, h.⟩ **e-n Ministerposten ~** changer l'affectation d'un poste de ministre; THEAT **die Rollen ~** changer la distribution des rôles
Umbesetzung F THEAT **die ~ der Rollen** le changement dans la distribution des rôles
umbestellen V/T ⟨*sép, pas de ge-*, h.⟩ **j-n ~** modifier le rendez-vous avec qn; **etw ~** modifier la commande de qc
umbetten V/T ⟨-ete, *sép*, -ge-, h.⟩ **1** *Kranken* changer de lit **2** *Toten* exhumer pour l'ensevelir ailleurs; **Umbettung** F **1** *e-s Kranken* changement *m* de lit **2** *e-s Toten* transfert *m* de sépulture
umbiegen ⟨*irr, sép*, -ge-⟩ **A** V/T ⟨h.⟩ replier; *(krümmen)* recourber **B** V/I ⟨s.⟩ *(die Richtung ändern) Weg etc* changer de direction; **nach links ~** tourner, *Person a.* prendre à gauche
umbilden ⟨-ete, *sép*, -ge-, h.⟩ **A** V/T transformer (**zu** en); *fig* réorganiser; *Regierung* remanier **B** V/R **sich ~** se transformer (**zu** en); **Umbildung** F transformation *f* (**zu** en); *fig* réorganisation *f*; *der Regierung* remaniement *m*
umbinden V/T ⟨*irr, sép*, -ge-, h.⟩ *Krawatte, Halstuch, Schürze etc* mettre; **umblasen** V/T ⟨*irr,*

U

sép, -ge-, h.⟩ renverser en soufflant

umblättern VI (*u.* VT) ⟨-(e)re, *sép*, -ge-, h.⟩ **(die Seite) ~** tourner la page

umblicken VR ⟨*sép*, -ge-, h.⟩ **sich ~** *um sich herum* regarder autour de soi; (*zurückblicken*) regarder derrière soi; **sich nach etw ~** se retourner sur qc

Umbra F ⟨~⟩ *Farbe* (terre *f* d')ombre *f*

umbrechen[1] ⟨*irr*, *sép*, -ge-⟩ **A** VT ⟨h.⟩ **1** (*abknicken, umwerfen*) casser **2** AGR (*umpflügen*) retourner; labourer **B** VI ⟨s.⟩ se rompre (sous le poids de)

umbrechen[2] VT ⟨*irr*, *insép*, *pas de ge-*, h.⟩ TYPO mettre en pages

umbringen ⟨*irr*, *sép*, -ge-, h.⟩ **A** VT tuer; (*ermorden*) assassiner; *umg fig* **dieser Lärm bringt mich noch um** *umg* ça me tue, ce bruit **B** VR **sich (selbst) ~** se suicider

Umbruch M **1** (*Veränderung, Umwälzung*) bouleversement *m*; **politischer, wirtschaftlicher ~** bouleversement politique, économique; **der gesellschaftliche ~ in Osteuropa** les mutations *fpl* de la société en Europe de l'Est **2** ⟨*sans pl*⟩ TYPO mise *f* en pages

Umbruchkorrektur F lecture *f* en bon; **Umbruchredakteur(in)** M(F) rédacteur, -trice chargé(e) de la mise en pages

umbuchen VT ⟨*sép*, -ge-, h.⟩ **1** *Reise, Flug etc* modifier la réservation de **2** FIN passer, transférer d'un compte à un autre; **Umbuchung** F **1** *e-r Reise, e-s Fluges etc* modification *f* de réservation **2** FIN transfert *m* d'un compte à un autre

umdatieren VT ⟨*sép*, *pas de ge-*, h.⟩ modifier la date de; **umdenken** VI ⟨*irr*, *sép*, -ge-, h.⟩ modifier sa façon de penser; revoir, réviser ses conceptions; **umdeuten** VT ⟨-ete, *sép*, -ge-, h.⟩ donner un autre sens, une autre interprétation à; **Umdeutung** F interprétation différente; **umdirigieren** VT ⟨*sép*, *pas de ge-*, h.⟩ faire changer de direction; **umdisponieren** VI ⟨*sép*, *pas de ge-*, h.⟩ modifier ses projets

umdrehen ⟨*sép*, -ge-⟩ **A** VT ⟨h.⟩ *Gegenstände, Taschen etc* retourner; *Schlüssel* tourner; *umg* **j-m den Hals ~** *umg* tordre le cou à qn; *umg fig* **jeden Pfennig** *od* **jede Mark (dreimal) ~** compter chaque sou **B** VI ⟨h. *ou* s.⟩ → umkehren **B** **C** VR **sich ~** se (re)tourner (**nach j-m** vers qn)

Umdrehung F **1** *um e-e Achse* rotation *f*; *e-s Motors* tour *m*; *Motor* **500 ~en in der Minute machen** faire 500 tours à la minute **2** MATH *um e-n Mittelpunkt* révolution *f*

Umdrehungsgeschwindigkeit F vitesse *f* de rotation; **Umdrehungszahl** F nombre *m* de tours

umeinander ADV **1** (*gegenseitig*) l'un pour l'autre; les uns pour les autres; **~ besorgt sein** être plein d'attention, aux petits soins l'un pour l'autre **2** (*~ herum*) l'un autour de l'autre; les uns autour des autres; **sich ~ drehen** tourner l'un autour de l'autre

umerziehen VT ⟨*irr*, *sép*, *pas de ge-*, h.⟩ refaire l'éducation de; POL rééduquer; **Umerziehung** F *a.* POL rééducation *f*

umfahren[1] VT ⟨*irr*, *sép*, -ge-, h.⟩ (*überfahren*) renverser

umfahren[2] VT ⟨*irr*, *insép*, *pas de ge-*, h.⟩ (*herum*) faire le tour de; contourner; SCHIFF *Kap* doubler

Umfahrungsstraße F *österr, schweiz* → Umgehungsstraße

umfallen VI ⟨*irr*, *sép*, -ge-, s.⟩ **1** (*umstürzen*) tomber; se renverser; **tot ~** tomber mort; **vor Müdigkeit** (*dat*) **~** tomber de sommeil, de fatigue **2** *umg pej* (*s-e Meinung ändern*) *fig* changer subitement d'avis, d'opinion, de parti; *umg* retourner sa veste

Umfallen N ⟨~s⟩ chute *f*; **zum ~ müde sein** tomber de sommeil, de fatigue

Umfang M ⟨~(e)s; -fänge⟩ **1** (*äußerer Kreisumfang*) *etc* circonférence *f*; tour *m*; MATH *a.* périmètre *m* **2** (*Ausdehnung, Größe*) étendue *f*; *e-s Buches* volume *m*; grosseur *f*; *e-s Begriffs* extension *f*; *e-r Stimme* registre *m*; étendue *f* **3** ⟨*sans pl*⟩ *fig* (*Ausmaß*) étendue *f*; envergure *f*; ampleur *f*; *a. e-s Schadens* importance *f*; **etw nicht in s-m ganzen ~ übersehen** ne pas mesurer l'étendue, l'ampleur de qc; **in angemessenem ~** dans une mesure raisonnable; **in großem ~** dans une large mesure; en grande partie; **in vollem ~** dans toute son étendue, ampleur

umfangreich ADJ *Werk* volumineux, -euse; gros, grosse; *Wissen, Studien etc* étendu; vaste; ample

umfärben VT ⟨*sép*, -ge-, h.⟩ reteindre

umfassen VT ⟨*insép*, *pas de ge-*, h.⟩ **1** *mit beiden Armen* étreindre; *Körper* enlacer **2** *fig* (*enthalten*) englober; comprendre; comporter

umfassend ADJT *Kenntnisse* étendu; approfondi; vaste; *Maßnahmen* global; d'ensemble; **ein ~es Geständnis ablegen** faire des aveux complets

Umfeld N *soziologisches*, PSYCH environnement *m*; **das soziale ~** l'environnement, le milieu social

umfliegen VT ⟨*irr*, *insép*, *pas de ge-*, h.⟩ voler autour de; *Hindernis* contourner; **umfließen** VT ⟨*irr*, *insép*, *pas de ge-*, h.⟩ entourer de ses eaux; couler autour de; **umfluten** VT ⟨-ete, *insép*, *pas de ge-*, h.⟩ entourer, environner de ses flots

umformen VT ⟨*sép*, -ge-, h.⟩ **1** transformer (**in** [+*akk*], **zu** en); remodeler **2** ELEK convertir (**in** [+*akk*] en)

Umformer M ELEK convertisseur *m*; **Umformung** F *a.* ELEK transformation *f*

Umfrage F enquête *f*; sondage *m*

umfüllen VT ⟨*sép*, -ge-, h.⟩ transvaser (**in** [+*akk*] dans)

umfunktionieren VT ⟨*sép*, *pas de ge-*, h.⟩ transformer (**in** [+*akk*], **zu** en); changer la fonction (première) de

Umgang M ⟨~(e)s⟩ **1** (*gesellschaftlicher Verkehr*) fréquentations *fpl*; rapports *mpl*; relations *fpl*; *geh* commerce *m*; **mit j-m ~ haben, pflegen** avoir, entretenir des relations, rapports avec qn; fréquenter qn; **schlechten ~ haben** avoir de mauvaises fréquentations; **das ist kein ~ für dich** ce n'est pas une fréquentation pour toi; **er ist im ~ sehr liebenswürdig** il est très agréable **2** *mit e-m Gegenstand, Apparat, mit Chemikalien etc* manipulation *f* (**mit** de); *mit e-m Werkzeug, e-r Waffe etc, mit Geldsummen, Menschen* maniement *m* (**mit** de); **Vorsicht beim ~ mit Chemikalien!** les produits chimiques doivent être manipulés avec prudence, précaution; **Erfahrung im ~ mit Menschen haben** avoir l'expérience des hommes

umgänglich ADJ sociable; agréable; liant

Umgangsformen FPL **gute ~ haben** avoir du savoir-vivre, de bonnes manières; **er hat schlechte, keine ~** il manque de savoir-vivre, de manières; il n'a pas de manières, de savoir-vivre

Umgangssprache F langage familier; **umgangssprachlich** ADJ familier, -ière

umgarnen VT ⟨*insép*, *pas de ge-*, h.⟩ **j-n ~** séduire qn; attirer, prendre qn dans ses filets

umgeben ⟨*irr*, *insép*, *pas de ge-*, h.⟩ **A** VT **1** (*umschließen*) **etw (mit etw) ~** entourer qc (de qc); **mit e-m Zaun ~** enclore; clôturer **2** *fig* **j-n mit j-m, etw ~** entourer qn de qn, qc **B** VR **sich mit j-m, etw ~** s'entourer de qn, qc

Umgebung F ⟨~; ~en⟩ **1** *e-s Ortes* alentours *mpl*; environs *mpl*; **unmittelbare ~** voisinage *m*; **in der ~ von Köln** dans les *od* aux environs, dans le voisinage de Cologne; **die Wälder** *mpl* **in der ~** les bois environnants **2** (*Milieu*) entourage *m*; milieu *m*; **die ~ des Präsidenten** l'entourage présidentiel, du président; **in s-r gewohnten ~ sein** être dans son environnement

Umgegend *umg* F environs *mpl*

umgehen[1] VI ⟨*irr*, *sép*, -ge-, s.⟩ **1** (*sich ausbreiten*) *Gerücht* courir; circuler; *Krankheit, Angst etc* se répandre **2** *Gespenst* **in e-m Haus ~** °hanter une maison; **hier geht ein Gespenst um** un fantôme °hante ces lieux; ici, il y a un fantôme **3** (*handhaben*) **mit etw ~** *Gegenstand, Apparat, Chemikalien* manipuler qc; *Geld, Waffe* manier qc; *Werkzeug* se servir de qc; **mit etw umzugehen wissen** savoir manier qc; avoir l'habitude de qc; **mit etw sparsam ~** être économe de qc; dépenser, consommer qc avec parcimonie; **mit etw vorsichtig ~** faire attention à qc; manipuler qc avec précaution; **er kann nicht mit Geld ~** il ne sait pas gérer son budget **4** (*behandeln*) **mit j-m korrekt ~** être correct avec qn; **mit j-m grob ~** traiter qn avec grossièreté; être grossier avec qn; **mit j-m umzugehen verstehen** savoir s'y prendre avec qn; avoir l'habitude de qn; **er kann gut mit Kindern ~** il sait s'y prendre avec les enfants **5** *geh* (*verkehren*) **mit j-m ~** fréquenter qn

umgehen[2] VT ⟨*irr*, *insép*, *pas de ge-*, h.⟩ **1** (*darum herumgehen*) contourner; faire le tour de **2** (*vermeiden*) *Schwierigkeit* éluder; esquiver; *a. Personen* éviter; **das lässt sich nicht ~** c'est inévitable, incontournable **3** (*nicht befolgen*) *Gesetz* (con)tourner

umgehend **A** ADJ ⟨*épithète*⟩ (*sofortig*) immédiat **B** ADV immédiatement

Umgehung F ⟨~; ~en⟩ **1** contournement *m*; **unter ~ e-r Sache** (*gen*) en contournant, évitant qc; **unter ~ der Rechtsvorschriften** en tournant les dispositions légales **2** → Umgehungsstraße

Umgehungsstraße F route *f*, voie *f* de contournement; rocade *f*

umgekehrt **A** ADJT (*andersherum*) *Bild, geometrische Figur*, MATH *Bruch* renversé; (*entgegengesetzt*) inverse; contraire; **im ~en Fall(e)** à l'inverse; **in ~er Reihenfolge** en sens inverse; dans l'ordre inverse; **es verhält sich genau ~!** c'est exactement *od* tout le contraire! **B** ADVL inversement; **und ~** et vice versa

umgestalten VT ⟨-ete, *sép*, *pperf* umgestaltet, h.⟩ **1** *Raum, Park etc* transformer (**zu** en) **2** *fig* refondre; restructurer; réorganiser; **Umgestaltung** F **1** transformation *f* **2** *fig* refonte *f*; restructuration *f*; réorganisation *f*; WIRTSCH *a.* redéploiement *m*

umgewöhnen VR ⟨*sép*, *pperf* umgewöhnt, h.⟩ **sich ~** changer d'habitudes; prendre de nouvelles habitudes

umgießen VT ⟨*irr*, *sép*, -ge-, h.⟩ **1** (*umfüllen*) transvaser **2** METALL refondre

umgraben VT ⟨*irr*, *sép*, -ge-, h.⟩ retourner; bêcher; **Umgraben** N bêchage *m*

umgrenzen VT ⟨-(es)t, *insép*, *pas de ge-*, h.⟩ **1** (*umgeben*) environner; entourer **2** *fig Befugnisse, Begriff etc* délimiter; **Umgrenzung** F ⟨~; ~en⟩ **1** (*Umfriedung*) clôture *f*; enceinte *f* **2** *fig* délimitation *f*

umgruppieren VT ⟨*sép*, *pas de ge-*, h.⟩ regrouper; grouper autrement; **Umgruppierung** F ⟨~; ~en⟩ regroupement *m*

umgucken *umg* VR ⟨*sép*, -ge-, h.⟩ **sich ~** (*Umschau halten*) regarder autour de soi; jeter un coup d'œil; (*zurückschauen*) regarder, jeter un coup d'œil derrière soi; **du wirst dich noch**

~! *umg* tu vas en voir de belles!; tu ne sais pas ce qui t'attend!
umgürten VR ⟨-ete, *sép*, -ge-, h.⟩ **sich** *(dat)* **das Schwert ~** ceindre son épée
umhaben *umg* VT ⟨*irr*, *sép*, -ge-, h.⟩ *Tuch, Uhr etc* porter; **sie hatte ein Tuch um** elle avait mis, portait un châle; elle était enveloppée d'un châle
umhacken VT ⟨*sép*, -ge-, h.⟩ *Baum* abattre à la hache; **Umhacken** N abattage *m*
umhalsen VT ⟨-(es)t, *insép*, *pas de ge-*, h.⟩ → umarmen; **Umhalsung** F ⟨~; ~en⟩ → Umarmung
Umhang M ⟨~(e)s; -hänge⟩ pèlerine *f*; cape *f*
umhängen VT ⟨*sép*, -ge-, h.⟩ 1 *Mantel etc* **(j-m) etw ~** jeter, mettre qc sur les épaules (de qn); **sich** *(dat)* **etw ~** se mettre qc sur les épaules; **ein Gewehr, e-e Tasche ~** mettre un fusil, un sac à l'épaule, *quer über die Schulter* en bandoulière; **j-m e-e Medaille ~** mettre une médaille autour du cou de qn 2 *Bild etc* suspendre, accrocher ailleurs
Umhängeriemen M bandoulière *f*; **Umhängetasche** F sacoche *f*; *als Handtasche* sac *m* en bandoulière
umhauen VT ⟨*irr*, *sép*, -ge-, h.⟩ 1 *(fällen)* abattre à la hache, à coups de hache 2 *umg fig* ⟨*imparfait seulement* haute um⟩ *(verblüffen)* renverser; *(imponieren) umg* épater; *(fertigmachen) Hitze etc umg* tuer; **das hat mich (glatt) umgehauen** ça m'a renversé; *alkoholisches Getränk* **das haut mich um** cela me coupe les jambes
umhegen *geh* VT ⟨*insép*, *pas de ge-*, h.⟩ dorloter
umher ADV çà et là; par-ci, par-là
umherfahren VT ⟨*irr*, *sép*, -ge-⟩ A VT ⟨h.⟩ **j-n ~** promener qn en voiture, *etc* B VI ⟨s.⟩ se promener, flâner en voiture, *etc*
umherflattern VI ⟨-(e)re, *sép*, -ge-, s.⟩ voltiger çà et là; **umherfliegen** VI ⟨*irr*, *sép*, -ge-, s.⟩ voler çà et là; *Blätter* s'envoler; **umherführen** VT ⟨*sép*, -ge-, h.⟩ → herumführen A 2; **umhergehen** VI ⟨*irr*, *sép*, -ge-, s.⟩ aller çà et là; se promener; déambuler; **umherirren** VI ⟨*sép*, -ge-, s.⟩ errer; vagabonder
umherreisen VI ⟨-(es)t, *sép*, -ge-, s.⟩ voyager; **in der Welt ~** courir le monde
umherschleichen VI ⟨*irr*, *sép*, -ge-, s.⟩ rôder; **umherschlendern** ⟨-(e)re, *sép*, -ge-, s.⟩ flâner; déambuler
umherschweifen VI ⟨*sép*, -ge-, s.⟩ errer; vagabonder; **s-e Blicke ~ lassen** promener son (ses) regard(s); laisser errer son (ses) regard(s)
umherstreifen VI ⟨*sép*, -ge-, s.⟩ rôder; vagabonder; **umherwandern** VI ⟨-(e)re, *sép*, -ge-, s.⟩ errer; *a. fig* vagabonder
umherziehen VI ⟨*irr*, *sép*, -ge-, s.⟩ errer; **in der Welt, im Land(e) ~** courir le monde, le pays
umhinkommen VI ⟨*irr*, *sép*, -ge-, s.⟩ → umhinkönnen
umhinkönnen VI ⟨*irr*, *sép*, -ge-, h.⟩ **nicht ~ zu** *(+inf)* *(müssen)* être obligé de *(+inf)*; *(sich nicht enthalten können)* ne pouvoir s'empêcher de *(+inf)*
umhören VR ⟨*sép*, -ge-, h.⟩ **sich (nach etw) ~** se renseigner à droite et à gauche (sur qc)
umhüllen VT ⟨*insép*, *pas de ge-*, h.⟩ envelopper, recouvrir, entourer (**mit etw** de qc); **Umhüllung** F ⟨~; ~en⟩ *(Hülle)* enveloppe *f*; *(Verpackung)* emballage *m*
U/min ABK (Umdrehungen pro Minute) tr/mn (tours par minute)
umjubeln VT ⟨-(e)le, *insép*, *pas de ge-*, h.⟩ **j-n ~** acclamer, fêter qn
Umkehr F ⟨~⟩ 1 *a. fig* retour *m* (en arrière); **sich zur ~ entschließen** se décider à faire demi-tour, à revenir en arrière, à rebrousser chemin 2 *(Sinnesänderung)* changement *m* d'opinion; retournement *m*; conversion *f*
umkehrbar ADJ *a.* PHYS, CHEM réversible;
umkehren ⟨*sép*, -ge-⟩ A VT ⟨h.⟩ 1 *(umstülpen, wenden) a. Taschen etc* retourner 2 *(ins Gegenteil verkehren) Abfolge, Verhältnis etc* renverser; GRAM *Wortfolge* inverser; intervertir B VI ⟨s.⟩ retourner en arrière; rebrousser chemin; faire demi-tour; revenir sur ses pas C VR ⟨h.⟩ **sich ~** *(sich umdrehen)* se retourner
Umkehrfilm M FOTO film *m* inversible
Umkehrung F ⟨~; ~en⟩ renversement *m* *(a.* MUS, MATH); inversion *f* *(a.* GRAM, FOTO)
umkippen ⟨*sép*, -ge-⟩ A VT ⟨h.⟩ *(umwerfen) Tisch, Fass etc* renverser; *bes Boot, Fahrzeug* culbuter; *Lore, Schubkarre etc* (faire) basculer B VI ⟨s.⟩ 1 *(umfallen)* se renverser; culbuter; basculer; **mit dem Stuhl ~** tomber à la renverse (avec sa chaise) 2 *umg fig Stimmung* basculer 3 *umg fig (ohnmächtig werden) umg* tomber dans les pommes; tourner de l'œil 4 *umg pej (die Meinung ändern) umg* retourner sa veste 5 ÖKOL **der See ist umgekippt** l'équilibre biologique du lac est rompu
umklammern VT ⟨-(e)re, *insép*, *pas de ge-*, h.⟩ étreindre; serrer; *fest* se cramponner à; **etw fest umklammert halten** se cramponner à qc
Umklammerung F ⟨~; ~en⟩ étreinte *f*; BOXEN *(Clinch)* accrochage *m*; **sich aus j-s ~ lösen, befreien** se dégager de, s'arracher à l'étreinte de qn
umklappen ⟨*sép*, -ge-⟩ A VT ⟨h.⟩ rabattre B *umg* VI ⟨s.⟩ *(ohnmächtig werden)* tourner de l'œil; *umg* tomber dans les pommes
Umkleidekabine F cabine *f* *(im Kaufhaus* d'essayage, *zum Baden* de bain)
umkleiden[1] *geh* ⟨-ete, *sép*, -ge-, h.⟩ *(umziehen)* A VT mettre d'autres vêtements à; changer (les vêtements de) B VR **sich ~** se changer; changer de vêtements
umkleiden[2] VT ⟨-ete, *insép*, *pas de ge-*, h.⟩ *(umgeben)* **etw mit etw ~** revêtir, couvrir, draper qc de qc
Umkleideraum M vestiaire *m*
Umkleidung F ⟨~; ~en⟩ TECH revêtement *m*
umknicken ⟨*sép*, -ge-⟩ A VT ⟨h.⟩ *Ecken etc* (re)plier; recourber B VI ⟨s.⟩ se (re)plier; se recourber; **(mit dem Fuß) ~** se fouler le pied
umkommen VI ⟨*irr*, *sép*, -ge-, s.⟩ 1 **(bei etw) ~** périr, mourir, perdre la vie, être tué (dans qc) 2 *umg fig* **vor Hitze, Langeweile** *(dat)* **~** mourir, *umg* crever de chaud, d'ennui 3 *(verderben) Nahrungsmittel* se gâter; s'abîmer; **nichts ~ lassen** ne rien laisser perdre
Umkreis M 1 ⟨*sans pl*⟩ *(Umgebung)* environs *mpl*; alentours *mpl*; **im ganzen ~** tout à la ronde; **im ~ von zehn Metern** dans un rayon de dix mètres; *fig* **aus dem ~ des Künstlers** de l'entourage de l'artiste 2 MATH cercle circonscrit
umkreisen VT ⟨-(es)t, *insép*, *pas de ge-*, h.⟩ tourner autour de *(a. fig)*; *fliegend* voler autour de
umkrempeln VT ⟨-(e)le, *sép*, -ge-, h.⟩ 1 *Ärmel* retrousser 2 *(wenden) Kleidung* retourner; *fig* **die ganze Wohnung ~** mettre l'appartement sens dessus dessous; *umg* tout chambarder dans l'appartement 3 *umg fig (grundlegend ändern)* changer complètement; changer, transformer de fond en comble
Umladebahnhof M gare *f* de transbordement
umladen VT ⟨*irr*, *sép*, -ge-, h.⟩ *Waren, Güter* transborder
Umladeplatz M lieu *m* de transbordement;
Umladung F transbordement *m*
Umlage F *von Kosten, Steuern* répartition *f* (**auf** [+*akk*] entre); *(Beitrag)* prélèvement *m*; **die ~ beträgt fünf Euro pro Person** la contribution s'élève à cinq euros par personne
umlagern[1] VT ⟨-(e)re, *sép*, -ge-, h.⟩ *Waren* entreposer, stocker ailleurs
umlagern[2] VT ⟨-(e)re, *insép*, *pas de ge-*, h.⟩ MIL assiéger *(a. fig)*; faire le siège de
Umland N ⟨~(e)s⟩ environs *mpl*; (proche) banlieue *f*
Umlauf M 1 ⟨*sans pl*⟩ *(kreisende Bewegung)* rotation *f*; ASTRON révolution *f*; **der ~ der Erde um die Sonne** la révolution de la terre autour du soleil 2 *(einzelne Kreisbewegung)* tour *m* 3 ADMIN *(Rundschreiben)* circulaire *f* 4 ⟨*sans pl*⟩ *von Geld, Devisen, Flüssigkeiten, Gasen (Zirkulation)* circulation *f*; **im ~ sein** être en circulation; circuler; *nur Geld* avoir cours; *Gerücht* courir; **in ~ bringen** mettre en circulation; faire circuler; *nur Geld* émettre; *Falschgeld* écouler; *Gerücht* faire courir; répandre
Umlaufbahn F ASTRON orbite *f*; *Satelliten* **auf s-e ~ bringen** mettre en orbite; placer sur son orbite
umlaufen[1] ⟨*irr*, *sép*, -ge-⟩ A VT ⟨h.⟩ *(umrennen)* renverser (en courant) B VI ⟨s.⟩ 1 *(kreisen)* tourner 2 *(kursieren) Geld, Schreiben* circuler; *Gerücht* courir
umlaufen[2] VT ⟨*irr*, *insép*, *pas de ge-*, h.⟩ *(herum)* faire le tour de; *a. Planet etc* tourner autour de
umlaufend ADJT *Balkon* circulaire; *Banknoten* en circulation
Umlaufzeit F ASTRON révolution *f*
Umlaut M LING voyelle infléchie; inflexion *f* (vocalique)
umlegen VT ⟨*sép*, -ge-, h.⟩ 1 *Mantel etc* jeter, mettre (sur ses épaules; **j-m** sur les épaules de qn); *Kette* mettre (autour de son cou; **j-m** autour du cou de qn) 2 *(umklappen) Kragen* rabattre; plier; *Hebel* manœuvrer; actionner 3 *(zum Liegen bringen)* coucher; *(fällen)* abattre 4 *umg fig (ermorden)* abattre; *umg* descendre; *umg* zigouiller 5 *(anders hinlegen)* poser autrement; changer la position de 6 *(woandershin legen)* changer de place; déplacer; *Termin (verlegen)* remettre (**auf** [+*akk*] à); TEL **ein Gespräch ~** (**auf** [+*akk*]) passer, transférer, basculer un appel téléphonique (sur) 7 *Kosten* répartir (**auf** [+*akk*] entre) 8 *sl fig (Geschlechtsverkehr haben mit) umg* sauter
Umlegung F ⟨~; ~en⟩ 1 *der Kosten* répartition *f* 2 *von Grundbesitz, Bauland* remembrement *m*
umleiten VT ⟨-ete, *sép*, -ge-, h.⟩ *Fluss, Verkehr* détourner; *Verkehr a.* dévier
Umleitung F *des Verkehrs* déviation *f*; *e-s Flusses* détournement *m*; **e-e ~ fahren** prendre une déviation
umlernen VI ⟨*sép*, -ge-, h.⟩ 1 *(sich umstellen)* changer de méthode, sa manière de faire; *(umdenken)* changer sa façon de penser 2 *(umschulen)* se recycler
umliegend ADJ *Häuser, Berge etc* environnant
Umluft F ⟨~⟩ TECH air pulsé
ummanteln VT ⟨-(e)le, *insép*, *pas de ge-*, h.⟩ TECH, ELEK enrober; envelopper; gainer; **Ummantelung** F ⟨~; ~en⟩ enrobage *m*; gaine *f*
ummauern VT ⟨-(e)re, *insép*, *pas de ge-*, h.⟩ entourer d'un mur, de murs
ummelden ⟨*sép*, -ge-, h.⟩ A VT **sein Auto ~** changer de plaque d'immatriculation B VR **sich ~** faire une déclaration de changement de domicile
ummodeln VT ⟨-(e)le, *sép*, -ge-, h.⟩ modifier; transformer
ummünzen VT ⟨-(es)t, *sép*, -ge-, h.⟩ **etw in etw** *(akk)* **~** changer, transformer qc en qc

Ummünzung F ⟨~⟩ *(Umwandlung, Umdeutung)* transformation *f*
umnachtet *geh* ADJ *Geist* troublé; **geistig ~** fou; détraqué; déséquilibré
Umnachtung *geh* F ⟨~; ~en⟩ **geistige ~** aliénation mentale; folie *f*; **er ist in geistiger ~ gestorben** il est mort fou
umnebeln VT ⟨-(e)le, *insép, pas de ge-*, h.⟩ *fig Geist* troubler
umorganisieren VT ⟨*sép, pas de ge-*, h.⟩ réorganiser; **umorientieren** VR ⟨*sép, pas de ge-*, h.⟩ **sich ~** se réorienter; **Umorientierung** F réorientation *f*; **umpacken** VT ⟨*sép*, -ge-, h.⟩ changer l'emballage de; *Koffer* refaire; **umpflanzen** VT ⟨-(es)t, *sép*, -ge-, h.⟩ transplanter; replanter; **Umpflanzen** N transplantation *f*; replantage *m*; **umpflügen** VT ⟨*sép*, -ge-, h.⟩ retourner; labourer; **Umpflügen** N labourage *m*; **umpolen** VT ⟨*sép*, -ge-, h.⟩ 1 ELEK inverser les pôles de 2 *umg fig Person* changer complètement; **umprogrammieren** VT ⟨*sép, pas de ge-*, h.⟩ IT reprogrammer
umquartieren VT ⟨*sép, pas de ge-*, h.⟩ *Truppen* faire changer de cantonnement; **j-n ~** loger qn ailleurs
Umquartierung F ⟨~; ~en⟩ relogement *m*
umrahmen VT ⟨*insép, pas de ge-*, h.⟩ *Locken ein Gesicht, Berge Landschaft etc* encadrer; *fig* **e-e Feier musikalisch ~** donner un cadre musical à une cérémonie
Umrahmen N ⟨~s⟩, **Umrahmung** F ⟨~; ~en⟩ encadrement *m (a. fig)*
umranden VT ⟨-ete, *insép, pas de ge-*, h.⟩ border; encadrer; **schwarz ~** border, encadrer de noir
umrändert ADJT bordé (de); **rot ~e Augen** *npl* yeux bordés de rouge; *nach dem Weinen* yeux rougis
Umrandung F ⟨~; ~en⟩ bordure *f*; encadrement *m*
umranken VT ⟨*insép, pas de ge-*, h.⟩ entourer, recouvrir (de son feuillage)
umräumen VT ⟨*sép*, -ge-, h.⟩ *Möbel, Bücher etc* ranger, disposer autrement; *Zimmer* changer la disposition de
umrechnen VT ⟨-ete, *sép*, -ge-, h.⟩ *Währung, Maße* convertir **(in** [+akk] en); **ein Preis von umgerechnet 20 Euro** un prix équivalent à 20 euros
Umrechnung F *von Währungen, Maßen* conversion *f* **(in** [+akk] en)
Umrechnungsfaktor M facteur *m*, coefficient *m* de conversion; **Umrechnungskurs** M taux *m* de change; cours *m* (de conversion); **Umrechnungstabelle** F table *f* de conversion; **Umrechnungsverhältnis** N taux *m* de conversion
umreisen VT ⟨-(es)t, *insép, pas de ge-*, h.⟩ **er hat dreimal die Welt umreist** il a fait trois fois le tour du monde
umreißen[1] VT ⟨*irr, sép*, -ge-, h.⟩ *(zu Boden reißen)* renverser; *Bäume* abattre; *Haus* démolir
umreißen[2] VT ⟨*irr, insép, pas de ge-*, h.⟩ *(in groben Zügen darstellen)* esquisser; ébaucher; **fest umrissene Pläne** *mpl* projets bien définis
umreiten[1] VT ⟨*irr, sép*, -ge-, h.⟩ *(reitend umwerfen)* renverser, culbuter … avec son cheval
umreiten[2] VT ⟨*irr, insép, pas de ge-*, h.⟩ *(herum)* faire (à cheval) le tour de
umrennen VT ⟨*irr, sép*, -ge-, h.⟩ renverser (en courant)
umringen VT ⟨*insép, pas de ge-*, h.⟩ entourer
Umriss M contour(s) *m(pl)*; silhouette *f*; MATH, *e-r Figur* tracé *m*; *(Skizze)* ébauche *f*; esquisse *f (beide a. fig)*; *bei Dunkelheit* **nur die ~e erkennen** ne distinguer que les contours, les silhouettes; **etw in groben ~en schildern** esquisser qc
Umrisszeichnung F ébauche *f*; esquisse *f*; croquis *m*
umrühren VT ⟨*sép*, -ge-, h.⟩ remuer; agiter; *große Menge* brasser
umrunden VT ⟨-ete, *insép, pas de ge-*, h.⟩ *See, Stadion* faire le tour de; *Planeten* graviter autour de; *Kap* doubler
umrüsten VT ⟨-ete, *sép*, -ge-, h.⟩ 1 TECH **~ (auf** [+akk]**)** adapter (à) 2 MIL moderniser, réorganiser l'armement de; **Umrüstung** F 1 TECH adaptation *f* **(auf** [+akk] à) 2 MIL modernisation *f*, réorganisation *f* de l'armement
ums = **um das**
umsägen VT ⟨*sép*, -ge-, h.⟩ *Baum* scier
umsatteln ⟨-(e)le, *sép*, -ge-, h.⟩ A VT *Pferd* mettre une autre selle à B VI *umg fig beruflich* se reconvertir **(auf** [+akk] dans); **von etw auf etw** *(akk)* **~** *a.* passer de qc à qc
Umsatteln N 1 *e-s Pferds* changement *m* de selle 2 *umg fig (Berufswechsel)* changement *m* de métier
Umsatz M HANDEL chiffre *m* d'affaires; (volume *m* des) transactions, opérations commerciales; *(Verkauf)* ventes *fpl* **(an** [+dat] de); **e-n großen ~ erzielen** réaliser un chiffre d'affaires élevé; *umg* **~ machen** faire un gros chiffre d'affaires
Umsatzanalyse F analyse *f* des ventes; **Umsatzbeteiligung** F participation *f* au chiffre d'affaires; **Umsatzprämie** F prime *f* sur le chiffre d'affaires; **Umsatzprovision** F commission *f* sur le chiffre d'affaires; **Umsatzrückgang** M baisse *f* du chiffre d'affaires; **Umsatzsteigerung** F accroissement *m*, augmentation *f* du chiffre d'affaires; accroissement *m* du volume des affaires; **Umsatzsteuer** F impôt *m* sur le chiffre d'affaires
umsäumen[1] VT ⟨*sép*, -ge-, h.⟩ *Stoff etc* ourler
umsäumen[2] VT ⟨*insép, pas de ge-*, h.⟩ *geh (umgeben)* entourer; border
umschalten ⟨-ete, *sép*, -ge-, h.⟩ A VT 1 ELEK commuter; *Stromrichtung* inverser 2 TECH, *Maschine* inverser la marche de; *Hebel* manœuvrer; actionner; *Schalter* tourner B VI 1 RADIO changer de poste; TV changer de chaîne; RADIO **auf UKW ~** mettre sur FM; RADIO, TV **wir schalten um nach Berlin** nous passons l'antenne à Berlin 2 *(umgeschaltet werden)* **die Ampel schaltet auf Grün um** le(s) feu(x) passe(nt) au vert 3 *umg fig gedanklich* penser à autre chose; **ich muss nach dem Urlaub wieder auf die Arbeit ~** après les vacances, il faut que je me réhabitue au travail
Umschalthebel M ELEK levier *m* du commutateur; TECH levier de renversement de marche; **Umschaltrelais** N ELEK relais *m* de commutation; **Umschalttaste** F touche *f* de majuscule
Umschaltung F 1 ELEK commutation *f*; *der Stromrichtung* inversion *f* 2 *e-r Maschine* renversement *m* de la marche (de) 3 RADIO changement *m* de longueur d'onde
umschatten *geh* VT ⟨-ete, *insép, pas de ge-*, h.⟩ ombrager
Umschau F ⟨~⟩ regard *m*, coup *m* d'œil circulaire; *prüfende* examen minutieux; **~ halten** regarder autour de soi; **nach etw ~ halten** se mettre à la recherche, en quête de qc; (re)chercher qc
umschauen VR ⟨*sép*, -ge-, h.⟩ *regional* → umsehen
umschichten ⟨-ete, *sép*, -ge-, h.⟩ A VT 1 *Gegenstände* changer la disposition, l'ordre de 2 WIRTSCH *Finanzmittel* redistribuer; répartir autrement 3 *(umstrukturieren)* restructurer B VR **sich ~** *bes* SOZIOLOGIE se restructurer; se répartir autrement
umschichtig ADV alternativement; à tour de rôle; tour à tour
Umschichtung F 1 *von Gegenständen* disposition (différente) 2 WIRTSCH *von Mitteln* répartition différente; redistribution *f* 3 *(Umstrukturierung)* restructuration *f*; réorganisation *f*; **soziale ~** regroupement social; restructuration sociale
umschiffen VT ⟨*insép, pas de ge-*, h.⟩ *Klippe, Insel* contourner; *Kap* doubler
Umschiffung F ⟨~; ~en⟩ *e-r Klippe, e-s Kaps* passage *m*; HIST périple *m* **(e-r Insel** autour d'une île)
Umschlag M 1 *(Briefumschlag)* enveloppe *f*; pli *m*; *(Buchumschlag)* jaquette *f*; couverture *f*; *(Schutzumschlag) für Hefte* protège-cahier *m*; **in verschlossenem ~** sous pli, enveloppe fermé(e); **e-n Brief in e-n ~ stecken** mettre une lettre dans une, sous enveloppe 2 MED compresse *f*; **feuchter ~** enveloppement *m* 3 ⟨*sans pl*⟩ HANDEL *von Gütern* transbordement *m*; *von Kapital* roulement *m*; rotation *f* 4 MODE repli *m*; ourlet *m*; *e-r Hose, e-s Ärmels* revers *m* 5 ⟨*sans pl*⟩ *fig der Witterung, öffentlichen Meinung etc* changement subit; revirement *m*; *der Meinung a.* volte-face *f*
umschlagen ⟨*irr, sép*, -ge-⟩ A VT ⟨h.⟩ 1 *(umlegen) Tuch etc* mettre 2 *(umknicken) Kragen* rabattre; *Ärmel* retrousser; *Ecke* (re)plier 3 *(wenden) Buchseite* tourner 4 *(fällen)* abattre 5 HANDEL *(umladen)* transborder B VI ⟨s.⟩ 1 *(umkippen)* se renverser; *Boot* chavirer 2 *(sich plötzlich verändern) Wetter, Meinung etc* (se) changer subitement; *Wind, Glück* tourner; *Wein* tourner (à l'aigre); **in etw** *(akk)* **~** virer à qc; tourner en qc; *in etw Schlechtes* dégénérer en qc; **in Gewalt** *(akk)* **~** dégénérer en violence(s); virer à la violence; **ins Gegenteil ~** se renverser
Umschlaghafen M port *m* de transbordement; **Umschlagplatz** M lieu *m*, centre *m* de transbordement
umschließen VT ⟨*irr, insép, pas de ge-*, h.⟩ 1 *(umgeben)* entourer; enclore 2 *mit den Händen* serrer; tenir serré 3 *(beinhalten)* renfermer
umschlingen VT ⟨*irr, insép, pas de ge-*, h.⟩ 1 *(umarmen)* enlacer; étreindre; **j-n mit beiden Armen ~** étreindre, serrer qn dans ses bras; **eng, zärtlich umschlungen** étroitement, tendrement enlacés; **sich fest umschlungen halten** s'étreindre 2 *(sich wickeln um)* s'enrouler autour de
umschmeicheln VT ⟨-(e)le, *insép, pas de ge-*, h.⟩ flatter; **die Katze umschmeichelt s-e Beine** le chat se frotte contre ses jambes
umschmeißen *umg* VT ⟨*irr, sép*, -ge-, h.⟩ *(umwerfen), a. fig (erschüttern, verblüffen)* renverser; **umschmelzen** VT ⟨*irr, sép*, -ge-, h.⟩ refondre; **umschnallen** VT ⟨*sép*, -ge-, h.⟩ *Gürtel, Koppel* boucler; *Degen* ceindre
umschreiben[1] VT ⟨*irr, sép*, -ge-, h.⟩ 1 *Text etc* récrire 2 *(transkribieren)* transcrire 3 *(übertragen) Besitz etc* transférer, transcrire **(auf** [+akk] à)
umschreiben[2] VT ⟨*irr, insép, pas de ge-*, h.⟩ 1 *mit anderen Worten* exprimer par une périphrase; *abs* user d'une circonlocution, périphrase 2 *(umgrenzen) Befugnisse etc* délimiter; définir 3 *mit e-r Linie* circonscrire; **Umschreibung** F 1 *mit anderen Worten* périphrase *f*; circonlocution *f* 2 *(Umgrenzung)* délimitation *f*; définition *f*
Umschrift F 1 LING **phonetische ~** transcription *f* phonétique 2 *e-r Münze* légende *f*
umschulden VT ⟨-ete, *sép*, -ge-, h.⟩ FIN rééchelonner; convertir; **Umschuldung** F ⟨~; ~en⟩ rééchelonnement *m* d'une *bzw.* de la dette

umschulen ⟨sép, -ge-, h.⟩ A VT 1 *Schulkind* envoyer dans une autre école; faire changer d'école 2 *Berufstätige* recycler; reconvertir; **j-n zum** *bzw.* **zur … ~** recycler, reconvertir qn dans le métier de …, dans la profession de …; **sich ~ lassen** se recycler; se reconvertir B VI se recycler, se reconvertir (**auf** [+akk] dans le métier de)

Umschulung F 1 *e-s Kindes* changement *m* d'école 2 *e-s Berufstätigen* recyclage *m*, reconversion *f* (**auf** [akk] dans le métier de)

Umschulungskurs M cours *m* de recyclage; **Umschulungsprogramm** N programme *m* de recyclage

umschütten VT ⟨-ete, sép, -ge-, h.⟩ 1 (*umwerfen*) *Glas Wasser etc* renverser 2 *in ein anderes Gefäß* transvaser (**in** [+akk] dans)

umschwärmen VT ⟨insép, pas de ge-, h.⟩ 1 *Mücken etc* voltiger autour de 2 *fig* **j-n ~** adorer qn; entourer qn d'admiration

Umschweife PL **ohne ~** sans ambages; sans détour(s); **~ machen** user de détours; **keine ~ machen** *a.* aller droit au but; ne pas y aller par quatre chemins

umschwenken VI ⟨sép, -ge-, s.⟩ 1 (*kehrtmachen*) rebrousser chemin; faire demi-tour; (*die Richtung ändern*) changer de direction, de cap 2 *fig* (*die Gesinnung wechseln*) changer d'opinion; faire volte-face; virer de bord

umschwirren VT ⟨insép, pas de ge-, h.⟩ *Vögel, Insekten* voltiger, voleter autour de; *Insekten a.* bourdonner autour de

Umschwung M 1 *fig* changement subit, brusque; revirement *m*; POL (*Umwälzung*) renversement *m*; révolution *f*; (*Schicksalswende*) péripétie *f* 2 TURNEN rotation *f*; *am Reck* soleil *m*

umsegeln VT ⟨-(e)le, insép, pas de ge-, h.⟩ faire le tour de … en voilier

Umseg(e)lung F ⟨~; ~en⟩ → Umschiffung

umsehen VR ⟨irr, sép, -ge-, h.⟩ 1 *ringsherum* **sich ~** regarder autour de soi; **sich an e-m Ort ~** explorer, reconnaître un lieu; **sich in der Welt ~** voir le monde, du pays; *umg fig* **der wird sich noch mal ~** il ne sait pas ce qui l'attend; *umg* il va en voir de belles 2 **sich ~** (*zurücksehen*) se retourner; tourner la tête; regarder derrière soi; **sich nach j-m ~** se retourner sur qn 3 (*suchen*) **sich nach Arbeit ~** (re)chercher du travail, un emploi; **sich nach j-m ~** (re)chercher qn; *mit dem Blick* chercher qn des yeux

umseitig ADJ *u.* ADV au verso

umsetzbar ADJ 1 *fig* ([*künstlerisch*] *übertragbar*) transposable (**in** [+akk] à) 2 *fig* (*realisierbar*) *Ideen, Bestimmungen etc* réalisable 3 HANDEL convertible (**in** [+akk] en); (*marktfähig*) négociable; **in Geld** (*akk*) **~** réalisable

Umsetzbarkeit F ⟨~⟩ convertibilité *f*; négociabilité *f*

umsetzen ⟨-(es)t, sép, -ge-, h.⟩ A VT 1 *an e-e andere Stelle* changer de place; déplacer; *Pflanzen* transplanter; *Zug* aiguiller; faire passer d'une voie à une autre; changer de voie; *auf e-n anderen Arbeitsplatz* affecter à un autre (poste de) travail 2 (*anders setzen*) mettre, disposer autrement 3 (*umwandeln*) **~ in** (+akk) changer en; CHEM transformer en; *künstlerisch*, MUS *in e-e andere Tonart* transposer; *umg Geld in Tabak, Alkohol etc* convertir en 4 (*verwirklichen*) *Ideen etc* (**in die Tat**) **~** mettre en pratique; réaliser; mettre en œuvre 5 HANDEL (*verkaufen*) *Waren* placer; vendre; écouler; (*zu Geld machen*) réaliser; convertir en argent B VR **sich ~** 1 (*den Platz wechseln*) changer de place; *an e-n anderen Tisch* changer de table 2 (*sich verwandeln*) se changer, se transformer (**in** [+akk] en)

Umsetzung F ⟨~; ~en⟩ 1 (*Versetzen*) changement *m* de place; (*Umpflanzung*) transplantation *f* 2 (*Umwandlung*) conversion *f* (*a.* HANDEL), transformation *f* (**in** [+akk] en); MUS, *künstlerisch* transposition *f* 3 (*Verwirklichung*) mise *f* en pratique; réalisation *f*; mise *f* en œuvre

Umsichgreifen N extension *f*; propagation *f*; envahissement *m*

Umsicht F ⟨~⟩ circonspection *f*; prudence *f*; réflexion *f*; **umsichtig** A ADJ circonspect; prudent; réfléchi B ADV avec circonspection, réflexion, prudence

umsiedeln ⟨-(e)le, sép, -ge-⟩ A VT ⟨h.⟩ *Personen* déplacer; transplanter B VI ⟨s.⟩ s'établir, s'installer (ailleurs); se transplanter (**nach Frankreich** en France)

Umsiedler M personne déplacée; **Umsiedlung** F transfert *m*, déplacement *m* (de population); transplantation *f*

umsinken VI ⟨irr, sép, -ge-, s.⟩ tomber; s'affaisser; **vor Müdigkeit** (*dat*) **~** tomber de fatigue

umso KONJ (*desto*) **~ größer** d'autant plus grand; **~ besser!** tant mieux!; **~ mehr** d'autant plus; **~ mehr, als …** d'autant plus que …

umsonst ADV 1 (*kostenlos*) gratuitement; pour rien; gratis 2 (*vergebens*) en vain; vainement; inutilement; **ganz ~** en pure perte; **alles war ~** tout a été inutile, vain; cela n'a servi à rien; **sich ~ bemühen** perdre son temps; se donner de la peine pour rien 3 **nicht ~ …** (*nicht ohne Grund*) ce n'est pas sans motif, sans raison (que …)

umsorgen VT ⟨insép, pas de ge-, h.⟩ **j-n ~** entourer qn de ses soins; être aux petits soins pour qn; choyer qn

umspannen VT ⟨insép, pas de ge-, h.⟩ 1 **mit den Händen, Armen ~** étreindre avec ses mains, dans ses bras 2 *fig* (*beinhalten*) embrasser

Umspannwerk N ELEK station *f*, poste *m* de transformation

umspielen VT ⟨insép, pas de ge-, h.⟩ 1 FUSSBALL dribbler 2 *fig Lächeln* fleurir, flotter (**den Mund** sur les lèvres); *Wellen* baigner; arroser

umspringen VI ⟨irr, sép, -ge-, s.⟩ 1 *Wind* sauter; tourner (**von … auf** [+akk] de … à); *Ampel* **von … auf** (+akk) **~** passer de … à 2 *umg pej* (*umgehen*) traiter; **mit j-m (grob, rücksichtslos) ~** traiter qn de façon cavalière, sans égards

umspulen VT ⟨sép, -ge-, h.⟩ rembobiner; **Umspulen** N rembobinage *m*

umspülen VT ⟨insép, pas de ge-, h.⟩ baigner; arroser

Umstand M 1 (*Gegebenheit*) circonstance *f*; (*Tatsache*) fait *m*; **die näheren Umstände** les détails *mpl*; **zwingende Umstände** cas *m* de force majeure; **durch glückliche Umstände** par un heureux concours de circonstances; **unter Umständen** le cas échéant; si les circonstances s'y prêtent; (*vielleicht*) peut-être; (*eventuell*) éventuellement; **unter allen Umständen** en tout cas; à tout prix; **unter (gar) keinen Umständen** en aucun cas, à aucun prix, sous aucun prétexte (*mit* ne *beim Verb*); **unter diesen Umständen** dans ces circonstances, conditions; **unter den gegebenen Umständen** dans l'état actuel des choses; **es geht ihr den Umständen entsprechend** elle va aussi bien que possible, qu'il est possible dans son état; **j-m mildernde Umstände zubilligen** accorder à qn des circonstances atténuantes; **man müsste die genauen Umstände kennen** il faudrait connaître exactement la situation; **in anderen Umständen sein** (*schwanger sein*) être enceinte 2 *meist* PL **Umstände** (*Förmlichkeiten*) cérémonies *fpl*; (*Gehabe*) façons *fpl*; **ohne Umstände** sans façon, cérémonies; en toute simplicité; **ohne viel Umstände** sans autre forme de procès; tout bonnement; sans plus de façon 3 *Schwierigkeiten* **j-m Umstände machen** causer du dérangement à qn; **das macht keine Umstände** ça ne gêne, dérange en aucune façon

umständehalber ADV en raison des, par suite des circonstances; **~ zu verkaufen** à vendre pour cause de changement de situation

umständlich ADJ 1 (*kompliziert*) *a. Person* compliqué; **er ist sehr ~** il complique les choses inutilement 2 (*unpraktisch*) incommode 3 (*übergenau*) *Bericht, Erklärungen* trop minutieux, -ieuse, détaillé; **es wäre zu ~ zu** (+inf) ce serait trop long à (+inf)

Umstandsbestimmung F GRAM complément circonstanciel; **Umstandskleid** N robe *f* pour femme enceinte; robe *f* de grossesse; **Umstandskleidung** F vêtement *m* de grossesse, pour (la) future maman; **Umstandskrämer** *umg pej* M personne pointilleuse qui complique les choses inutilement; chipoteur, -teuse *m,f*; **Umstandssatz** M GRAM proposition circonstancielle; **Umstandswort** N ⟨~(e)s; -wörter⟩ GRAM adverbe *m*

umstehen VT ⟨irr, insép, pas de ge-, h.⟩ entourer; **von Bäumen umstanden** entouré d'arbres

umstehend A ADJT 1 (*umseitig*) **auf der ~en Seite** au verso *bzw.* recto 2 ⟨épithète⟩ **die ~en Personen, die Umstehenden** les personnes présentes B ADVL au verso *bzw.* recto

umsteigen VI ⟨irr, sép, -ge-, s.⟩ 1 changer (de train, de voiture, *etc*); **muss ich nach … ~?** faut-il changer pour …? 2 *umg fig* **~ auf** (+akk) *Studium* se réorienter vers; *Beruf, Fach* se reconvertir dans; **~ von … auf** (+akk) passer de … à; **er will auf e-n anderen Wagen ~** il veut changer de voiture

umstellen[1] ⟨sép, -ge-, h.⟩ A VT 1 (*woandershin stellen*) *Möbel etc* placer, disposer autrement; changer de place; déplacer 2 (*anders ordnen*) changer l'ordre de; GRAM *Wörter, Satz* transposer; MATH renverser; *t/t* permuter; SPORT *Mannschaft* réorganiser 3 (*umschalten*) *Hebel* actionner; manœuvrer; *Uhr* changer l'heure de 4 **etw ~ auf** (+akk) (*anpassen*) adapter qc à; (*einführen*) adopter; **s-e Ernährung auf Rohkost ~** adopter un régime riche en crudités B VI (*übergehen zu*) **~ auf** (+akk) passer à; WIRTSCH se reconvertir dans; **das Geschäft hat auf Selbstbedienung umgestellt** le magasin a adopté le self-service C VR **sich ~** s'adapter (à une nouvelle situation)

umstellen[2] VT ⟨insép, pas de ge-, h.⟩ *Verbrecher, Haus* entourer; cerner; encercler

Umstellung F 1 (*das Sichumstellen*) changement *m* 2 *von Möbeln* changement *m* de place; déplacement *m* 3 (*Neuordnung*) GRAM transposition *f*; MATH renversement *m*; *t/t* permutation *f*; SPORT *e-r Mannschaft* réorganisation *f* 4 WIRTSCH **~ (auf** [+akk]**)** réadaptation *f* (à); reconversion *f* (en); **~ auf Computer** informatisation *f* 5 (*Anpassung*) **~ (auf** [+akk]**)** adaptation *f* (à); (*Einführung*) adoption *f* (de)

umstimmen VT ⟨sép, -ge-, h.⟩ **j-n ~** faire changer qn d'avis; retourner l'opinion de qn; convertir qn

umstoßen VT ⟨irr, sép, -ge-, h.⟩ 1 *Glas, Stuhl etc* renverser 2 *fig Plan* bouleverser; *Vertrag, Urteil, Bestimmung* annuler; casser; *a. Testament* invalider; **Umstoßen** N renversement *m*

umstritten ADJT *Frage, Künstler, Gesetz etc* controversé; contesté

umstrukturieren VT ⟨sép, pas de ge-, h.⟩ restructurer; réorganiser; **Umstrukturie-**

U

rung F ⟨~; ~en⟩ restructuration *f*; réorganisation *f*; WIRTSCH *a.* redéploiement *m*

umstülpen VT ⟨*sép*, -ge-, h.⟩ 1 (*umdrehen*) *Eimer etc* renverser 2 (*umkrempeln*) retrousser; (*umkehren*) *Taschen* retourner 3 *fig* (*grundlegend ändern*) bouleverser; renverser

Umsturz M POL renversement *m*; bouleversement *m*; révolution *f*; subversion *f*; **umstürzen** ⟨-(es)t, *sép*, -ge-⟩ A VT ⟨h.⟩ 1 renverser 2 *fig* (*radikal ändern*) bouleverser B VI ⟨s.⟩ tomber à la renverse; se renverser; *Baum* s'abattre; *Pferdewagen* verser; **Umstürzler(in)** M ⟨~s; ~⟩ (F) ⟨~in; ~innen⟩ esprit subversif; révolutionnaire *m/f*; **umstürzlerisch** ADJ subversif, -ive; révolutionnaire

umtaufen VT ⟨*sép*, -ge-, h.⟩ *umg fig* (*umbenennen*) *Straße, Person* débaptiser (**in** [*+akk*] en); rebaptiser (**X in Y** [*akk*] Y X)

Umtausch M échange *m*; *von Geld* change *m*; conversion *f*; **… sind vom ~ ausgeschlossen** … ne sont ni repris ni échangés

umtauschen VT ⟨*sép*, -ge-, h.⟩ échanger (**gegen** contre); *Geld* changer, convertir (**in** [*+akk*] en)

Umtauschfrist F délai *m* d'échange; **Umtauschrecht** N ⟨~(e)s⟩ droit *m* d'échange

umtopfen VT ⟨*sép*, -ge-, h.⟩ GARTEN rempoter

Umtopfen N ⟨~s⟩ GARTEN rempotage *m*

umtosen VT ⟨-(es)t, *insép, pas de ge-*, h.⟩ tempêter, faire rage autour de; *Brandung* déferler autour de

umtreiben VT ⟨*irr, sép*, -ge-, h.⟩ **sein schlechtes Gewissen treibt ihn um** (c'est) sa mauvaise conscience (qui) le tourmente

Umtriebe *geh pej* MPL machinations *fpl*; agissements *mpl*; intrigues *fpl*; menées *fpl*

Umtrunk M ⟨~(e)s; Umtrünke⟩ réunion *f* autour d'une boisson; *umg* pot *m*; **s-e Freunde zu e-m ~ einladen** inviter ses amis à (prendre) un verre, *umg* un pot

umtun *umg* VR ⟨*irr, sép*, -ge-, h.⟩ **sich nach etw, j-m ~** être à la recherche de qc, qn

U-Musik F ⟨~⟩ musique légère

Umverpackung F suremballage *m*; emballage extérieur

umverteilen VT ⟨*sép, pas de ge-*, h.⟩ redistribuer; répartir autrement; **Umverteilung** F redistribution *f*; nouvelle répartition

umwälzen VT ⟨-(es)t, *sép*, -ge-, h.⟩ 1 *Stein* rouler 2 *fig* bouleverser; révolutionner 3 TECH *Luft, Wasser* faire circuler; **umwälzend** ADJT *fig* révolutionnaire; qui apporte un *bzw.* des bouleversement(s)

Umwälzpumpe F TECH pompe *f* de circulation

Umwälzung F ⟨~; ~en⟩ *fig* bouleversement *m*; révolution *f*

umwandelbar ADJ transformable; *a. Anleihe* convertible; *Strafe* commuable; CHEM transmuable

umwandeln ⟨-(e)le, *sép*, -ge-, h.⟩ A VT changer, *a.* CHEM, PHYS, *fig Gesellschaft, Unternehmen etc* transformer (**in** [*+akk*] en); *Anleihe etc* convertir (**in** [*+akk*] en); *Strafe* commuer (**in** [*+akk*] en); **sie war wie umgewandelt** elle était (comme) métamorphosée B VR **sich ~** (**in** [*+akk*]) se changer, se transformer, se convertir, BIOL se métamorphoser (en)

Umwandlung F changement *m*, *a.* CHEM, PHYS, *fig* transformation *f* (**in** [*+akk*] en); *e-r Strafe* commutation *f*; (*Verwandlung*) métamorphose *f*; **Umwandlungsprozess** M processus *m* de transformation; BIOL métamorphose *f*

umwechseln VT ⟨-(e)le, *sép*, -ge-, h.⟩ *Geldschein in Münzen* changer, *Währung* convertir (**in** [*+akk*] en)

Umweg M 1 détour *m* (*a. fig*); **e-n ~ machen** faire un détour (**über** [*+akk*] par) 2 *fig* moyen détourné; biais *m*; **~e machen** biaiser; **auf ~en** indirectement; par des moyens détournés; de biais; **ohne ~e** directement; sans détours; **auf dem ~ über** (*+akk*) par le biais de

umwehen VT ⟨*sép*, -ge-, h.⟩ *Wind* renverser

Umwelt F ⟨~⟩ 1 (*Lebensraum*) environnement *m*; **die ~ schützen** préserver, sauvegarder l'environnement 2 (*Umgebung*) milieu *m*; ambiance *f* 3 (*Menschen*) entourage *m*

Umwelt… IN ZSSGN de l'environnement; écologique; éco-; **umweltbedingt** ADJT conditionné par le milieu; **Umweltbedingungen** FPL conditions *fpl* de l'environnement; **Umweltbelastung** F nuisance(s) *f(pl)*; pollution *f* de l'environnement; **Umweltberater(in)** M(F) écoconseiller, -ère *m,f*; **Umweltbewegung** F écologisme *m*; mouvement *m* écologiste; **umweltbewusst** ADJ respectueux, -euse de l'environnement; **Umweltbewusstsein** N conscience *f* écologique; **Umweltbilanz** F écobilan *m*; **Umweltbundesamt** N ⟨~(e)s⟩ office fédéral de l'environnement; **Umwelteinfluss** M influence *f* de l'environnement; **Umweltfaktor** M facteur *m* écologique; **umweltfeindlich** ADJ polluant; nuisible à l'environnement; **Umweltforschung** F ⟨~⟩ écologie *f*; **umweltfreundlich** ADJ *Person* respectueux, -euse de l'environnement; *Auto, Verpackung* non polluant; *Produkt, Vorrichtung* antipollution; *Maßnahme* écologique; **Umweltgift** N polluant *m* toxique; **Umweltindustrie** F éco-industrie *f*; **Umweltkatastrophe** F catastrophe *f* écologique; **Umweltkriminalität** F délits *mpl* d'atteinte à l'environnement; **Umweltmanagement** N gestion *f* de l'environnement; **Umweltminister(in)** M(F) ministre *m* de l'Environnement; **Umweltministerium** N ministère *m* de l'Environnement; **Umweltpapier** N papier recyclé; **Umweltplakette** F AUTO pastille verte; **Umweltpolitik** F politique *f* de l'environnement; **Umweltprämie** F HIST AUTO prime *f* à la casse; **Umweltschäden** MPL dégâts causés à l'environnement; **umweltschädlich** ADJ polluant; nuisible à l'environnement; **umweltschonend** ADJT écologique; **Umweltschutz** M défense *f*, protection *f* de l'environnement; **Umweltschützer(in)** M ⟨~s; ~⟩ (F) ⟨~in; ~innen⟩ écologiste *m/f*; défenseur *m* de l'environnement; *umg* écolo *m/f*; **Umweltschutzmaßnahme** F mesure *f* écologique; **Umweltschutzpapier** N papier recyclé; **Umweltsünder** *umg* M pollueur *m*; **Umwelttechnik** F techniques *fpl* antipollution; **umweltverschmutzend** ADJT polluant; **Umweltverschmutzer** M ⟨~s; ~⟩ pollueur *m*; **Umweltverschmutzung** F pollution *f* (de l'environnement); **umweltverträglich** ADJ non polluant; **Umweltverträglichkeit** F caractère non polluant; **Umweltverträglichkeitsprüfung** F étude *f* d'impact sur l'environnement; **Umweltzeichen** N label vert; **Umweltzerstörung** F destruction *f* de l'environnement, des milieux naturels; écocide *m*; **Umweltzone** F zone *f* écologique

umwenden ⟨*irr ou régulier, sép*, -ge-, h.⟩ A VT tourner B VR **sich ~** se retourner; tourner la tête

umwerben VT ⟨*irr, insép, pas de ge-*, h.⟩ *e-e Frau* courtiser; faire la cour à; *fig* courtiser; faire sa cour à

umwerfen VT ⟨*irr, sép*, -ge-, h.⟩ 1 (*umstoßen*) renverser 2 (*überwerfen*) jeter sur ses épaules 3 *umg fig Nachricht* (*erschüttern*) retourner; *a.* (*verblüffen*) renverser

umwerfend *umg fig* ADJT renversant; *umg* époustouflant; (**das ist**) **~!** c'est renversant!

umwickeln VT ⟨-(e)le, *insép, pas de ge-*, h.⟩ envelopper, entourer (**mit** de)

umwittert *geh* ADJT **von Gefahren ~** entouré de dangers; **von Geheimnissen ~** mystérieux

umwölken ⟨*insép, pas de ge-*, h.⟩ A VT entourer de nuages B *geh* VR **sich ~** *Blick etc* s'assombrir

umzäunen VT ⟨*insép, pas de ge-*, h.⟩ entourer d'une clôture; clôturer; enclore; **Umzäunung** F ⟨~; ~en⟩ (*Zaun*) clôture *f*; enclos *m*

umziehen ⟨*irr, sép*, -ge-⟩ A VT ⟨h.⟩ **j-n ~** changer les vêtements de qn; mettre d'autres vêtements à qn B VR ⟨h.⟩ **sich ~** se changer; changer de vêtements C VI ⟨s.⟩ déménager (**in** [*+akk*] dans; **nach** à, en)

umzingeln VT ⟨-(e)le, *insép, pas de ge-*, h.⟩ encercler; cerner; *Festung* investir

Umzug M 1 *in e-e andere Wohnung* déménagement *m* 2 (*Festzug*) cortège *m*

Umzugskosten PL frais *mpl* de déménagement; **Umzugstag** M jour *m* de déménagement; **Umzugstermin** M date *f* du, fixée pour le déménagement

UN ⟨~⟩ ABK (United Nations, Vereinte Nationen) PL **die ~** les Nations Unies

unabänderlich A ADJ *Gesetz* invariable; immuable; non modifiable; *Entschluss* irrévocable; inébranlable; *Urteil* irrévocable; irréformable; *Schicksal* inévitable; **sich in das Unabänderliche fügen** accepter l'inévitable B ADV **~ feststehen** être irrévocable

Unabänderlichkeit F ⟨~⟩ *e-s Gesetzes* invariabilité *f*; immuabilité *f*; *e-s Entschlusses, Urteils* irrévocabilité *f*; *des Schicksals* fatalité *f*; caractère *m* inéluctable

unabdingbar ADJ 1 JUR inaliénable 2 (*notwendig*) indispensable; absolument nécessaire; **Unabdingbarkeit** F ⟨~⟩ 1 JUR inaliénabilité *f* 2 (*Notwendigkeit*) nécessité absolue

unabhängig A ADJ indépendant (**von j-m, etw** de qn, qc); (*autonom*) autonome; *Land* **wirtschaftlich ~** autarcique; **von j-m ~ sein** ne pas dépendre de qn B ADV **~ von …** indépendamment de …

Unabhängigkeit F ⟨~⟩ indépendance *f*; **wirtschaftliche ~** *e-s Landes a.* autarcie *f*

Unabhängigkeitsbewegung F mouvement *m* indépendantiste; **Unabhängigkeitserklärung** F HIST déclaration *f* d'indépendance

unabkömmlich ADJ pas libre; indisponible; pris; **sie ist im Moment ~** elle n'est pas libre en ce moment, pour l'instant

unablässig A ADJ ⟨*épithète*⟩ continuel, -elle; perpétuel, -elle; incessant B ADV continuellement; perpétuellement; sans cesse; sans relâche

unabsehbar ADJ *fig Folgen* imprévisible; incalculable; *Schaden* dont on ne peut mesurer l'ampleur

unabsichtlich A ADJ non intentionnel, -elle; involontaire B ADV sans intention; sans le faire exprès; sans le vouloir; involontairement

unabwendbar ADJ inévitable; inéluctable; SPORT *Angriff* imparable; **Unabwendbarkeit** F ⟨~⟩ nécessité *f* inévitable; caractère *m* inéluctable

unachtsam A ADJ 1 (*unaufmerksam*) inattentif, -ive; (*zerstreut*) distrait; (*unbesonnen*) étourdi 2 (*nachlässig*) négligent B ADV **~ mit etw umgehen** ne pas prendre soin de qc

Unachtsamkeit F 1 (*Unaufmerksamkeit*) inattention *f*; inadvertance *f*; (*Zerstreutheit*) distraction *f*; (*Unbesonnenheit*) étourderie *f*; **aus ~** par

U

inadvertance; par mégarde 2 *(Nachlässigkeit)* négligence *f*
unähnlich ADJ dissemblable; peu ressemblant; **sie ist ihm nicht ~** elle n'est pas sans ressemblance avec lui
unanfechtbar ADJ inattaquable; incontestable; *Urteil* souverain
unangebracht ADJ *Bemerkung* déplacé; inopportun; intempestif, -ive; °hors de propos; *Verhalten* déplacé; inconvenant; **unangefochten** ADJ incontesté; **unangemeldet** A ADJ 1 *Gast* inattendu 2 *(nicht amtlich gemeldet) Person* sans déclaration de séjour; *Demonstration, Streik* sans préavis; *Radio etc* non déclaré B ADV *(unerwartet)* sans prévenir; sans s'annoncer; sans se faire annoncer; à l'improviste
unangemessen A ADJ inadéquat; *Ausdruck a.* impropre; incongru; *Summe etc* immodéré; disproportionné B ADV de façon, manière inadéquate, disproportionnée; **~ bezahlt werden** être surpayé *bzw.* sous-payé
Unangemessenheit F caractère inadéquat; inadéquation *f*; *e-s Ausdrucks* impropriété *f*; *e-r Summe* caractère exorbitant, excessif
unangenehm A ADJ *Situation, Person* désagréable; *(misslich)* déplaisant; embarrassant; *(ärgerlich)* fâcheux, -euse; ennuyeux, -euse; *(peinlich)* gênant; **es ist mir sehr ~, dass** il m'est très désagréable de *(+inf)*; je trouve très fâcheux que *(+subj)*; **~ werden** devenir (très) désagréable B ADV désagréablement; fâcheusement; **~ überrascht werden** être désagréablement surpris; **~ auffallen** faire (une) mauvaise impression
unangepasst ADJ *Verhalten* inadapté; *Person* désadapté; *Geschwindigkeit* inadéquat
unangetastet ADJ intact; *fig* **~ bleiben** rester intact; **etw ~ lassen** ne pas toucher à qc
unangreifbar ADJ *Festung, Stadt, fig Position, Urteil* inattaquable; **unannehmbar** ADJ inacceptable; irrecevable
Unannehmlichkeit F désagrément *m*; ennui *m*; **mit j-m, etw ~en bekommen** avoir des ennuis, des désagréments avec qn, qc; **j-m ~en bereiten** causer, attirer des ennuis, des désagréments à qn
unansehnlich ADJ 1 *(unschön)* disgracieux, -ieuse; *(hässlich)* laid; *Mensch a.* qui ne paie pas de mine 2 *durch Abnutzung* défraîchi; **~ werden** se défraîchir
Unansehnlichkeit F mauvaise apparence; laideur *f*
unanständig A ADJ *Witz etc* inconvenant; *a. Personen, Verhalten* indécent B ADV 1 *(anstößig)* de façon inconvenante, indécente 2 *umg fig (unmäßig)* excessivement; **~ viel trinken** boire immodérément, plus que de raison
Unanständigkeit F inconvenance *f*; indécence *f*
unantastbar ADJ inviolable; intangible; **Unantastbarkeit** F ⟨~⟩ inviolabilité *f*; intangibilité *f*; JUR insaisissabilité *f*
unappetitlich ADJ 1 *Speisen, fig* peu appétissant, ragoûtant; *a. Witz etc* dégoûtant 2 *(unsauber)* pas très propre; **Unappetitlichkeit** F ⟨~⟩ 1 aspect peu appétissant, ragoûtant 2 *(Unsauberkeit)* malpropreté *f*
Unart F ⟨~; ~en⟩ 1 mauvaises manières; *(üble Angewohnheit)* mauvaise habitude 2 *(ungehöriges Betragen)* inconvenance *f*; grossièreté *f*; *(Unhöflichkeit)* impolitesse *f*
unartig ADJ *Kind* vilain; mal élevé
unartikuliert ADJ *Laute, Wörter* inarticulé; **unästhetisch** ADJ inesthétique; **unaufdringlich** ADJ discret, -ète; *nur Person* effacé; **unauffällig** A ADJ discret, -ète; qui passe inaperçu; *Charakter, Äußeres* effacé B ADV discrètement; sans se faire remarquer
unauffindbar ADJ introuvable
unaufgefordert ADV sans y avoir été invité; de sa propre initiative; de son propre chef; *(spontan)* spontanément; **~ eingesandte Manuskripte** *npl* manuscrits non commandés
unaufhaltbar, **unaufhaltsam** A ADJ qu'on ne peut arrêter; irrésistible B ADV irrésistiblement; **unaufhörlich** A ADJ *⟨épithète⟩* continuel, -elle; incessant; ininterrompu B ADV sans cesse; sans discontinuer; sans interruption; *(immer)* toujours; **unauflösbar** ADJ indissoluble; **Unauflösbarkeit** F ⟨~⟩ indissolubilité *f*; **unauflöslich** ADJ *Widerspruch*, CHEM insoluble; *Verbindung* indissoluble
unaufmerksam ADJ 1 *Zuhörer, Schüler etc* inattentif, -ive; *(zerstreut)* distrait 2 *(nicht zuvorkommend)* qui manque d'égards, de prévenance (**gegenüber** envers); **Unaufmerksamkeit** F 1 inattention *f*; *(Zerstreutheit)* distraction *f* 2 manque *m* d'attention, d'égards
unaufrichtig ADJ hypocrite; dissimulé; *plus fort* faux, fausse; **~ sein** *a.* être de mauvaise foi
Unaufrichtigkeit F ⟨~; ~en⟩ 1 *⟨sans pl⟩ Charakterzug* manque *m* de sincérité, de franchise; hypocrisie *f*; dissimulation *f*; *plus fort* fausseté *f* 2 *Handlung* dissimulation *f*; tromperie *f*; *(Lüge)* mensonge *m*
unaufschiebbar ADJ qu'on ne peut remettre, différer, renvoyer; *(dringend)* pressant; urgent; **Unaufschiebbarkeit** F ⟨~⟩ urgence *f*
unausbleiblich ADJ infaillible; immanquable; *(unvermeidlich)* inévitable; inéluctable
unausgebildet ADJ qui n'est pas développé; *(ohne Ausbildung)* sans formation (professionnelle); *Rekrut* sans instruction; ZOOL, BOT rudimentaire; **unausgefüllt** ADJ 1 *Formular, Zeit* qui n'a pas été rempli 2 *Leben* vide; *Mensch* qui a trop de temps libre; inoccupé; désœuvré; *innerlich* insatisfait
unausgeglichen ADJ 1 *Bilanz etc* déséquilibré 2 *Charakter* mal équilibré; instable; **Unausgeglichenheit** F 1 *der Bilanz* déséquilibre *m* 2 *des Charakters* manque *m* d'équilibre; instabilité *f*
unausgegoren ADJ *fig pej* pas encore mûr; **unausgesprochen** ADJ inexprimé; **unausgewogen** ADJ mal équilibré
unauslöschlich *geh* ADJ *Eindruck etc* indélébile; ineffaçable; **unausrottbar** ADJ indéracinable; **unaussprechbar** ADJ imprononçable; **unaussprechlich** ADJ *fig (unbeschreiblich) Glück, Elend* inexprimable; indicible; **unausstehlich** ADJ insupportable; *(widerwärtig)* odieux, -ieuse; **unausweichlich** ADJ inévitable; inéluctable
unbändig A ADJ 1 *Temperament* indomptable; pétulant; exubérant 2 *Lachen* irrésistible; effréné; *Freude* exubérant; effréné; *Zorn, Gelächter* fou (fol), folle; *Durst* inextinguible; *Hunger* dévorant B ADV *(sehr)* très; énormément; **sich ~ freuen** être au comble de la joie; être fou, transporté de joie; **~ lachen** rire comme un fou
Unbändigkeit F ⟨~⟩ 1 *des Temperaments* fougue *f*; ardeur *f*; *e-s Kindes* indocilité *f* 2 *des Lachens* incoercibilité *f*; *der Freude* pétulance *f*; *des Zorns* violence *f*
unbarmherzig ADJ impitoyable; sans pitié; *(unerbittlich)* inflexible; *liter* inexorable; *Kampf* sans merci; *(hart)* dur; *(grausam)* cruel, -elle; *fig* **~e Kälte** froid très rigoureux
Unbarmherzigkeit F *(Härte)* dureté *f*; *(Grausamkeit)* cruauté *f*
unbeabsichtigt A ADJ involontaire B ADV sans intention; involontairement; pas exprès
unbeachtet A ADJ inaperçu; ignoré B ADV sans qu'on y prête, fasse attention; sans se faire remarquer; **~ lassen** ne pas faire, prêter attention à; ne pas tenir compte de; *Einwand* passer outre à
unbeanstandet A ADJ incontesté B ADV sans contestation, opposition; **etw ~ lassen** ne pas critiquer qc; n'avoir rien à redire à qc; laisser passer, accepter qc (sans la moindre critique)
unbeantwortet ADJ **~ bleiben** rester sans réponse
unbearbeitet ADJ 1 TECH *Material* non travaillé; brut; non usiné 2 *Manuskript* qui n'a pas été rédigé; à l'état brut 3 AGR *Boden etc* non cultivé; **unbeaufsichtigt** ADJ non surveillé; sans surveillance; **unbebaut** ADJ 1 AGR inculte; non cultivé 2 *Baugelände* non bâti
unbedacht A ADJ inconsidéré; *(unüberlegt)* irréfléchi; *(leichtsinnig)* étourdi B ADV **~ handeln** *a.* agir à la légère
unbedarft ADJ *(naiv)* candide; ingénu; naïf, naïve; *(unerfahren)* inexpérimenté; **er ist literarisch völlig ~** il n'a pas la moindre notion de littérature
unbedenklich A ADJ 1 *(gefahrlos)* sans risque, danger; *(ohne Nachteile)* sans inconvénient; *Medikament, Vergnügen* inoffensif, -ive 2 *(nicht beunruhigend)* pas inquiétant; **sein Zustand ist ~** son état n'est pas inquiétant B ADV 1 *(gefahrlos)* sans risque, danger; *(ohne Nachteile)* sans inconvénient 2 *(ohne nachzudenken)* sans hésiter
Unbedenklichkeitszeugnis N certificat *m*, attestation *f* (autorisant qc *od* à faire qc)
unbedeutend ADJ 1 *Mensch* peu important; insignifiant; anodin 2 *Ereignis etc* sans importance; peu important; *Einzelheit* négligeable; mineur; insignifiant 3 *Menge etc* minime; *plus fort* infime
unbedingt A ADJ 1 *(absolut) Vertrauen, Zuverlässigkeit etc* absolu; *Gehorsam* inconditionnel, -elle 2 PHYSIOL **~e Reflexe** *mpl* réflexes inconditionnels B ADV *(auf jeden Fall)* en tout cas; à tout prix; absolument; **~!** absolument!; **nicht ~** pas forcément; **ich muss ihn ~ anrufen** il faut absolument que je l'appelle; **wenn es ~ sein muss** si c'est vraiment indispensable
unbeeindruckt ADV **j-n völlig ~ lassen** ne faire aucune, pas la moindre impression sur qn; laisser qn complètement indifférent
unbeeinflusst ADJ non influencé; **unbeendet** ADJ inachevé
unbefahrbar ADJ *Straße* impraticable; non carrossable; SCHIFF non navigable
unbefangen A ADJ 1 *(unvoreingenommen)* sans prévention; sans préjugé; *(unparteiisch)* impartial 2 *(natürlich)* naturel, -elle; *(harmlos)* ingénu; *(ungehemmt) umg* sans complexes B ADV 1 sans prévention; sans préjugé; sans parti pris; **~ urteilen** juger sans parti pris 2 avec naturel; *umg* sans complexes; ingénument
Unbefangenheit F 1 *(Unvoreingenommenheit)* absence *f* de préventions; *(Unparteilichkeit)* impartialité *f* 2 *(Natürlichkeit)* naturel *m*; ingénuité *f*
unbefestigt ADJ MIL non fortifié; ouvert; *Straße* non macadamisé
unbefleckt *geh fig* ADJ sans tache; *(rein)* pur; *(jungfräulich)* vierge; KATH **die Unbefleckte Empfängnis** l'Immaculée Conception
unbefriedigend ADJ peu satisfaisant; frustrant; *(nicht ausreichend)* insuffisant; **unbefriedigt** ADJ insatisfait *(a. sexuell)*; mécontent; frustré; **unbefristet** ADJ de durée illimitée; *Streik* illimité
unbefugt A ADJ non autorisé; JUR incompétent; **Zutritt für Unbefugte verboten!** entrée

U

interdite à toute personne étrangère au service B ADV sans autorisation
unbefugterweise ADV sans autorisation
unbegabt ADJ sans talent(s); peu doué (**zu, für** pour)
unbegreiflich ADJ incompréhensible; inconcevable; **es ist ~, dass** il est incompréhensible que *(+subj)*; **es ist mir ~, wie ...** je ne peux pas m'expliquer comment ...; **das ist mir ~** je n'y comprends rien; je m'y perds
unbegreiflicherweise ADV ce qui est incompréhensible *od* inexplicable, c'est que
unbegrenzt A ADJ illimité; **zeitlich ~** sans limitation de temps; **in ~er Menge** en quantité illimitée B ADV sans limites, bornes; **~ gültig sein** avoir une validité illimitée
unbegründet ADJ sans, dépourvu de fondement; non fondé; *(ungerechtfertigt)* injustifié; **unbehaart** ADJ *Körper, Gesicht* sans poils; glabre; *(ohne Bartwuchs)* imberbe; BOT glabre
Unbehagen N gêne *f (a. körperliches)*, embarras *m*, malaise *m* (**an** *[+dat]* causé[e] par); **etw mit ~ beobachten** observer, voir qc *od* assister à qc avec embarras, gêne
unbehaglich A ADJ 1 *(unbequem)* incommode; inconfortable 2 *fig* gêné; embarrassé; **~es Gefühl** sentiment *m* de malaise B ADV **sich ~ fühlen** se sentir, se trouver mal à l'aise
Unbehaglichkeit F → Unbequemlichkeit
unbehandelt ADJ *Lebensmittel* non traité; MED non soigné; *Infektion a.* non traité
unbehauen ADJ brut; non taillé
unbehelligt ADJ *u.* ADV sans être inquiété, importuné; **j-n ~ lassen** ne pas importuner qn
unbeherrscht A ADJ 1 *Person* qui ne sait pas se maîtriser, se dominer; irascible 2 *Reaktion etc* incontrôlé; brusque B ADV sans aucune maîtrise, aucun contrôle; **~ schreien** crier comme un perdu
Unbeherrschtheit F manque *m* de maîtrise (de soi); irascibilité *f*
unbeholfen ADJ maladroit; gauche; emprunté; *(plump)* lourd; **Unbeholfenheit** F ⟨~⟩ maladresse *f*; gaucherie *f*; *(Plumpheit)* lourdeur *f*
unbeirrbar ADJ *(u.* ADV*)* inébranlable(ment); imperturbable(ment); ferme(ment)
unbeirrt ADV sans se laisser détourner (de sa voie); sans se laisser déconcerter; imperturbablement; **~ s-n Weg gehen** suivre imperturbablement son chemin
unbekannt A ADJ 1 inconnu (**j-m** à, de qn); ignoré; **~es Gesicht** tête nouvelle; MATH, *fig* **~e Größe** inconnue *f*; **das ist mir ~** je l'ignore; je n'en sais rien; **es wird dir nicht ~ sein, dass ...** tu n'ignores pas, tu n'es pas sans savoir que ...; JUR **Anzeige** *f* **gegen ~ (erstatten)** (déposer une) plainte contre X 2 *(nicht öffentlich bekannt)* obscur; **ein ~er Autor** un auteur obscur B ADV **~ verzogen** parti sans laisser d'adresse; *Poststempel* inconnu à l'appel des préposés de *(+Zustellbezirk)*
Unbekannte[1] F ⟨~n; ~n⟩ MATH inconnue *f*
Unbekannte[2] M/F *Mensch* inconnu(e) *m(f)*
Unbekannte[3] ⟨→ A⟩ **das ~** l'inconnu *m*
Unbekannter M → Unbekannte[2]
unbekannterweise ADV sans être connu; **grüßen Sie Ihren Bruder ~ (von mir)** faites mes amitiés à votre frère bien que je n'aie pas le plaisir de le connaître
Unbekanntes N → Unbekannte[3]
unbekleidet ADJ nu; **unbekömmlich** ADJ *Speisen* qui ne convient pas; indigeste
unbekümmert A ADJ 1 *(unbeschwert)* insouciant (**um** de); sans soucis; **~e Freude** joie *f* sans mélange; **seien Sie (ganz) ~** ne vous mettez pas en peine; ne vous faites pas de soucis 2 *(bedenkenlos)* insouciant B ADV avec insouciance
Unbekümmertheit F ⟨~⟩ insouciance *f*
unbelastet ADJ 1 *(nicht beladen)* non chargé 2 *fig (sorgenfrei)* sans soucis 3 *fig (ohne Schuld)* non fautif, -ive; **~ von Gewissensbissen** libre de tout remords; sans (aucun) remords 4 FIN *(schuldenfrei)* exempt de dettes; *Grundstück* non grevé (d'hypothèques)
unbelebt ADJ 1 *Natur, Materie etc* sans vie; inanimé; mort 2 *(verlassen)* sans animation; peu fréquenté
unbeleckt *umg* ADJ qui ne sait rien de rien; complètement inculte; ignare; **sie sind von jeder Kultur ~** ce sont de(s) vrais sauvages
unbelehrbar ADJ incorrigible
unbeleuchtet ADJ 1 *Raum etc* non éclairé; obscur 2 *Fahrzeug* tous feux éteints; **unbelichtet** ADJ FOTO non exposé, impressionné; vierge
unbeliebt ADJ qui n'est pas aimé; *plus fort* détesté; *(allgemein ~)*, *Vorgesetzter, Kollege etc* impopulaire (**bei** auprès de, parmi); mal vu (**bei** de); **sich ~ machen** se rendre impopulaire; s'attirer des ennemis; déplaire
Unbeliebtheit F impopularité *f*
unbemannt ADJ FLUG sans pilote; RAUMFAHRT non habité; SCHIFF sans équipage
unbemerkt ADV sans être remarqué; inaperçu; **~ bleiben** passer inaperçu
unbenommen ADJ **es ist, bleibt Ihnen ~ zu** *(+inf)* vous serez toujours libre de *(+inf)*; libre à vous de *(+inf)*
unbenutzbar ADJ inutilisable
unbenutzt ADJ inutilisé; inemployé; *(neu)* neuf, neuve
unbeobachtet A ADJ qui n'est pas observé, surveillé; **in e-m ~en Moment** dans, à un moment où personne ne regarde *bzw.* regardait, ne fait *bzw.* faisait attention B ADV sans que personne y prête attention
unbequem ADJ 1 *Sessel, Haltung* incommode; inconfortable 2 *fig (lästig) Frage etc* embarrassant; gênant; *Mensch* pas commode; difficile; désagréable; déplaisant; **ein ~er Schriftsteller** un écrivain dérangeant
Unbequemlichkeit F incommodité *f*; manque *m* de confort
unberechenbar ADJ 1 *(nicht vorhersehbar)* incalculable; imprévisible 2 *(sprunghaft)* déconcertant; **er ist (völlig) ~** on ne peut jamais prévoir ce qu'il fera, comment il réagira
Unberechenbarkeit F ⟨~⟩ impossibilité *f* de calculer, de prévoir qc
unberechtigt ADJ 1 *Person* non autorisé 2 *Forderung etc* non fondé; injustifié
unberechtigterweise ADV sans autorisation; sans justification
unberücksichtigt ADJ qui n'a pas été pris en considération; **etw ~ lassen** ne pas tenir compte de qc
unberufen INT **~ (, toi, toi, toi)!** touchons du bois!
unberührt ADJ 1 qui n'a pas été touché; *a. Natur* intact; *(jungfräulich) a. Natur* vierge 2 *(unbeeindruckt)* **von etw ~ bleiben** ne pas être touché par qc; rester indifférent à qc; ne pas se sentir concerné par qc
Unberührtheit F ⟨~⟩ *e-s Mädchens, der Natur* virginité *f*
unbeschadet PRÄP ⟨gen⟩ 1 *(ohne Schaden für)* sans préjudice de 2 *(trotz)* malgré; ADMIN nonobstant
unbeschädigt ADJ non endommagé; intact; **unbeschäftigt** ADJ inoccupé; sans occupation; désœuvré
unbescheiden ADJ qui manque de modestie; présomptueux, -euse; *Forderung* exagéré; **ich möchte nicht ~ sein** je ne voudrais pas manquer de modestie, dépasser les limites permises
unbeschlagen ADJ *Pferd* non ferré; **unbeschnitten** ADJ incirconcis
unbescholten ADJ intègre; d'une réputation intacte; irréprochable; JUR sans antécédents judiciaires; **Unbescholtenheit** F ⟨~⟩ intégrité *f*; réputation intacte
unbeschrankt ADJ *Bahnübergang* non gardé
unbeschränkt ADJ illimité; sans réserve; *Herrscher* absolu; **mit ~er Haftung** à responsabilité illimitée
unbeschreiblich A ADJ indescriptible; *(außerordentlich)* extraordinaire B ADV *(sehr)* extrêmement; infiniment; au-delà de toute expression; **~ komisch** inénarrable
unbeschrieben ADJ *Blatt, Seite* blanc, blanche; vierge; **unbeschützt** ADJ sans défense, protection
unbeschwert ADJ *Gewissen* net, nette; *(sorglos)* sans souci; insouciant; libre de tout souci; **Unbeschwertheit** F ⟨~⟩ *des Gewissens* netteté *f*; *(Sorglosigkeit)* insouciance *f*; légèreté *f*
unbesehen ADV sans examen (préalable); sans l'avoir vu; tel quel, telle quelle; **das glaube ich ~** je le crois les yeux fermés
unbesetzt ADJ *Gebiet* inoccupé; *(leer)* vide; *Stelle, Posten* vacant; *Schalter* fermé; **~e Stelle** *a.* vacance *f*
unbesiegbar ADJ invincible; **Unbesiegbarkeit** F ⟨~⟩ invincibilité *f*
unbesiegt ADJ invaincu
unbesonnen A ADJ inconsidéré; irréfléchi; *(leichtsinnig)* étourdi; léger, -ère B ADV **~ handeln** agir à la légère
Unbesonnenheit F 1 ⟨sans pl⟩ *Eigenschaft* irréflexion *f*; *(Leichtsinn)* étourderie *f*; légèreté *f* 2 *Handlung* étourderie *f*; bévue *f*
unbesorgt ADJ sans souci; **seien Sie ~!** soyez tranquille, sans inquiétude!
unbespielt ADJ *Kassette etc* vierge; **unbeständig** ADJ *Mensch* inconstant; *(labil)* instable *(a. Wetter, Frieden, Preise, Kurse,* CHEM *Verbindung)*; *(wankelmütig)* versatile; *in der Leistung* irrégulier, -ière; *(veränderlich)* changeant; variable; **Unbeständigkeit** F inconstance *f*; instabilité *f*; variabilité *f*; *nur e-s Menschen* versatilité *f*; inégalité *f*; humeur changeante; **unbestätigt** ADJ *Nachricht* non confirmé
unbestechlich ADJ 1 incorruptible 2 *fig* intègre; **Unbestechlichkeit** F 1 incorruptibilité *f* 2 *fig* intégrité *f*
unbestimmbar ADJ indéterminable; indéfinissable
unbestimmt A ADJ 1 *(nicht festgelegt)* indéterminé *(a.* MATH*)*; indéfini *(a.* GRAM*)*; vague; **auf ~e Zeit** pour un temps indéterminé 2 *(unsicher)* incertain B ADV *(ungenau)* avec imprécision
Unbestimmtheit F 1 *(Ungenauigkeit)* indétermination *f*; imprécision *f* 2 *(Ungewissheit)* incertitude *f*
unbestreitbar ADJ incontestable; indéniable; indiscutable
unbestritten A ADJ incontesté B ADV incontestablement; sans conteste, contredit
unbeteiligt A ADJ 1 *(passiv)* étranger, -ère (**an** *[+dat]* à); *am Gewinn* non intéressé (**an** *[+dat]* à); **an etw** *[dat]* **~ sein** *a.* ne pas prendre part, participer à qc; ne pas être en cause dans qc; **~er Beobachter** témoin non impliqué; **ein Unbeteiligter** une personne non concernée, non impliquée; *(Unverdächtiger)* une personne °hors de cause 2 *(gleichgültig)* indifférent B ADV avec indifférence; sans manifester d'intérêt
unbetont ADJ inaccentué; atone

U

unbeträchtlich ADJ minime; **ein nicht ~er Einfluss** une influence non négligeable

unbeugsam ADJ *Wille, Stolz, Charakter* inflexible; **Unbeugsamkeit** F ⟨~⟩ inflexibilité *f*

unbewacht ADJ *Person* non surveillé; sans surveillance; *Parkplatz* non gardé; **unbewaffnet** ADJ non armé; sans armes; **unbewaldet** ADJ non boisé; **unbewältigt** ADJ *Aufgabe* inaccompli; *Konflikt, Problem* resté sans solution; non résolu; *Vergangenheit* non assumé, surmonté

unbeweglich A ADJ 1 *(nicht zu bewegen)* immobile; *Gegenstand* fixe; **~e Sachen** *fpl* biens immobiliers, immeubles; immeubles *mpl* 2 *(starr) Gesicht, Miene* impassible; *(steif)* raide 3 *geistig* qui manque de souplesse; rigide 4 *Feiertag* fixe B ADV **~ dastehen** se tenir immobile

Unbeweglichkeit F immobilité *f*

unbewegt ADJ immobile; *Gesicht, Miene* impassible; **unbeweibt** *umg hum* ADJ célibataire

unbeweisbar ADJ sans preuve(s); indémontrable; **Unbeweisbarkeit** F ⟨~⟩ impossibilité *f* de prouver, de démontrer (qc)

unbewiesen ADJ non prouvé, démontré

unbewirtschaftet ADJ 1 *Bauernhof, Hotel etc* non exploité; *Feld* non cultivé 2 *Wohnraum* non réglementé; *Waren* non rationné; **unbewohnbar** ADJ inhabitable

unbewohnt ADJ inhabité; *(leer stehend)* vide; *momentan* vacant; *Gegend* désert; **unbewusst** ADJ 1 *(ohne es zu wissen)* inconscient 2 *(unabsichtlich)* involontaire; *(instinktiv)* instinctif, -ive

Unbewusste(s) N ⟨→ A⟩ PSYCH **das ~** l'inconscient *m*

unbezahlbar ADJ 1 *(unerschwinglich)* °hors de prix; *Preis* inabordable; exorbitant; prohibitif, -ive 2 *fig (unschätzbar)* qui n'a pas de prix; sans prix; inestimable; *(unersetzlich)* **~ sein** valoir de l'or; *fig hum* **du bist einfach ~!** tu es impayable!; tu vaux ton pesant d'or!

unbezahlt ADJ *Rechnung* impayé; non réglé; *Arbeit* non rémunéré, rétribué; *Urlaub* non payé

unbezähmbar ADJ indomptable; **unbezwingbar** ADJ invincible; *Festung* imprenable; *liter* inexpugnable; *Hindernis* insurmontable; **Unbezwingbarkeit** F ⟨~⟩ invincibilité *f*; **unbezwinglich** ADJ *Gefühl etc* irrésistible; insurmontable

Unbilden *geh* PL **die ~ des Wetters** les intempéries *fpl*

Unbill *geh* F ⟨~⟩ *geh* iniquité *f*; injustice *f*; *(Unrecht)* tort *m*

unblutig A ADJ *(ohne Blutvergießen)* non sanglant *(a.* MED *Eingriff)*; sans effusion de sang B ADV sans effusion de sang; MED sans intervention sanglante

unbotmäßig *geh* ADJ insubordonné; récalcitrant; **Unbotmäßigkeit** *geh* F insubordination *f*

unbrauchbar ADJ *Person, Methode etc* inutilisable; *Person (untauglich)* inapte (**für** à); **~ machen** mettre °hors d'usage

Unbrauchbarkeit F état *m* inutilisable; *e-s Menschen* inaptitude *f*

unbürokratisch A ADJ sans paperasserie B ADV sans paperasserie; sans passer par la hiérarchie

unchristlich ADJ peu chrétien, -ienne; indigne d'un chrétien; *umg* **zu ~er Zeit** à une heure indue

uncool *umg* ADJ *umg* pas cool *(inv)*

und KONJ 1 *nebenordnend* et; *bei negativer Verbindung* ne … ni … ni; **ich ~ du** toi et moi; MATH *(plus)* **fünf ~ drei ist acht** cinq et trois font huit; **kein Brot ~ kein Geld haben** n'avoir ni pain ni argent; **(je) zwei ~ zwei** deux à deux; **~ so fort, ~ so weiter** et ainsi de suite; et cetera; **~ andere** et autres; **~ anderes** et cetera; *beim komp* **(immer) größer ~ größer** de plus en plus grand; *umg* **er sagte, er sei der ~ der** il a dit qu'il était un tel; *umg* **aus dem ~ dem Grund** pour telle et telle raison; *umg* **(na) ~?** et après?; et alors?; **~ ich?** et moi?; **~ selbst dann noch …** et encore … 2 *unterordnend* **sei so gut ~ schreibe ihm** fais-moi le plaisir de lui écrire; **lauf hin ~ sag es ihm!** cours le lui dire!; **warum bist du so dumm ~ fragst nicht** tu es (vraiment) stupide de ne pas demander *od* poser de questions; **es fehlte nicht viel, ~ er wäre gestürzt** il a failli tomber; il a manqué (de) tomber; pour un peu, il serait tombé; *umg* **der ~ Angst haben!** lui, avoir peur!; *(obwohl)* **du musst gehen, ~ fällt es dir noch so schwer** il faut que tu t'en ailles même si cela te coûte (beaucoup) *od* quoiqu'il t'en coûte

Undank M ingratitude *f*; **nur ~ ernten** ne récolter que de l'ingratitude; *sprichw* **~ ist der Welt Lohn** le monde est ingrat, (vous) paie d'ingratitude

undankbar ADJ *Person, Aufgabe, Arbeit etc* ingrat; **~ j-m gegenüber sein** être ingrat envers qn

Undankbare(r) M/F(M) ⟨→ A⟩ ingrat(e) *m(f)*; **Undankbarkeit** F ingratitude *f*

undatiert ADJ non daté; sans date

undefinierbar ADJ indéfinissable; **undeklinierbar** ADJ GRAM indéclinable; **undenkbar** ADJ inconcevable; inimaginable; impensable

undenklich ADJ **seit ~en Zeiten** de temps immémorial

undeutlich A ADJ 1 *Umrisse etc* indistinct; imprécis; vague; *Schrift* peu lisible; illisible; *Aussprache* indistinct; inintelligible; incompréhensible; *Laut* inarticulé 2 *fig Vorstellung* confus; vague; indistinct; flou B ADV **~ sprechen** parler indistinctement, entre ses dents

Undeutlichkeit F imprécision *f*; manque *m* de netteté; *e-s Fotos* flou *m*

undicht ADJ *Fenster* qui joint mal; *Material, Fass, Dach* non étanche; *(durchlässig)* perméable; **e-e ~e Stelle** *a. fig* une fuite; **~ sein** *Behälter* perdre; fuir; *Hahn* fuir; **~ werden** *Material* perdre son étanchéité; *Schuhe* prendre l'eau; **das Rohr ist ~** le tuyau a une fuite

Undine F ⟨~; ~n⟩ MYTH ondine *f*

Unding N ⟨~(e)s⟩ **das ist ein ~** c'est une absurdité, un non-sens

undiplomatisch ADJ non, peu diplomatique, diplomate; *(ungeschickt)* maladroit; malhabile; **undiszipliniert** ADJ indiscipliné; **Undiszipliniertheit** F ⟨~⟩ manque *m* de discipline; **undogmatisch** ADJ non dogmatique; **undramatisch** A ADJ *(nicht aufregend)* peu intéressant B ADV *verlaufen* sans drame; **unduldsam** ADJ intolérant; **Unduldsamkeit** F intolérance *f*

undurchdringlich ADJ impénétrable *(a. fig)*; *Gesichtsausdruck a.* fermé; **Undurchdringlichkeit** F impénétrabilité *f*

undurchführbar ADJ irréalisable; impraticable; infaisable

undurchlässig ADJ *für Wasser* imperméable; *für Luft* hermétique

undurchschaubar ADJ *Geheimnis, Person, Gesichtsausdruck* impénétrable; *Geheimnis, Pläne a.* insondable; *Charakter* fermé

undurchsichtig ADJ 1 *Material* opaque 2 *fig Charakter* insaisissable; impénétrable; *Geschäfte* trouble; louche; **Undurchsichtigkeit** F opacité *f*

Und-Zeichen N esperluette *f*

uneben ADJ inégal; *Fläche* raboteux, -euse; *Gelände a.* accidenté; **Unebenheit** F ⟨~; ~en⟩ inégalité *f*; *e-s Weges a.* aspérité *f*; *des Geländes a.* accident *m*

unecht ADJ 1 *(imitiert, falsch) Schmuck* faux, fausse; en simili; imité; *Haar* postiche; *Text, Kunstwerk* inauthentique; *Text a.* apocryphe; **~es Silber** similargent *m*; **~es Gold** similor *m* 2 *(vorgetäuscht)* simulé; faux, fausse; *Gefühl a.* feint; affecté; *Lächeln a.* hypocrite 3 MATH **~er Bruch** nombre *m* fractionnaire

unehelich ADJ *Kind* illégitime; naturel, -elle; **Unehelichkeit** F ⟨~⟩ illégitimité *f*

unehrenhaft *geh* A ADJ déshonorant; malhonnête B ADV malhonnêtement; de façon déshonorante; **~ handeln** se déshonorer

unehrlich A ADJ malhonnête; déloyal; *geschäftlich* indélicat; *(unaufrichtig)* de mauvaise foi B ADV malhonnêtement; avec déloyauté; *(unaufrichtig)* avec mauvaise foi; **Unehrlichkeit** F malhonnêteté *f*; déloyauté *f*

uneigennützig A ADJ désintéressé; altruiste; **~e Hilfe** aide désintéressée; **~er Mensch** altruiste *m/f* B ADV avec désintéressement

Uneigennützigkeit F désintéressement *m*; altruisme *m*

uneingeschränkt A ADJ illimité; sans restriction, réserve; *Macht* absolu B ADV sans restriction, réserve; **uneingestanden** ADJ inavoué; **uneingeweiht** ADJ non initié; **uneinheitlich** ADJ qui manque d'unité; hétérogène; *plus fort* hétéroclite

uneinig ADJ en désaccord (**mit j-m** avec qn); **noch mit sich** *(dat)* **selbst ~ sein** être encore irrésolu; **(sich** *[dat]***) ~ sein** ne pas s'accorder; **mit j-m in etw** *(dat)*. **über etw** *(akk)* **~ sein** être, se trouver en désaccord avec qn sur qc

Uneinigkeit F désaccord *m* (**in** *[+dat]*, **über** *[+akk]* sur); *(Meinungsverschiedenheit)* divergence *f* d'opinions (sur)

uneinnehmbar ADJ *Festung etc* imprenable; inexpugnable

uneins ADJ ⟨*attribut*⟩ → uneinig

uneinsichtig ADJ incompréhensif, -ive; **unempfänglich** ADJ insensible, inaccessible, fermé (**für** à)

unempfindlich ADJ 1 PHYSIOL insensible (**gegenüber** à) 2 MED *durch Betäubungsmittel* insensibilisé; **~ machen** insensibiliser 3 *fig (gleichgültig)* impassible 4 *(strapazierfähig) Stoff, Tapete etc* résistant; *Möbel etc* robuste

Unempfindlichkeit F *a. fig,* MED insensibilité *f* (**gegenüber** à); *fig a.* impassibilité *f*

unendlich A ADJ *zeitlich, räumlich, Menge,* MATH, *fig* infini; *(unermesslich)* immense; **~e Mühe haben** avoir toutes les peines du monde; FOTO **auf ~ stellen** régler, mettre sur infini B ADV *(sehr)* infiniment; **~ klein** infiniment petit; infinitésimal; **ich bin Ihnen ~ dankbar** je vous suis infiniment reconnaissant; **sie ist ~ viel intelligenter** elle est infiniment plus intelligente

Unendliche(s) N ⟨→ A⟩ infini *m*

Unendlichkeit F 1 *(Unbegrenztheit)* infinité *f*; *(Unermesslichkeit)* immensité *f* 2 *fig umg, geh (Ewigkeit)* éternité *f*

unentbehrlich ADJ indispensable (**für j-n, etw** à qn, qc); **sich ~ machen** se rendre indispensable

Unentbehrlichkeit F nécessité absolue

unentgeltlich A ADJ gratuit; bénévole B ADV gratuitement; gratis; bénévolement; à titre bénévole, gracieux

unentrinnbar *geh* ADJ inévitable; inéluctable

unentschieden A ADJ 1 *(nicht entschieden)* indécis; *Angelegenheit, Frage a.* en suspens; *(noch schwebend)* pendant; non encore tranché 2 SPORT nul, nulle 3 *(unentschlossen)* indécis;

irrésolu **B** ADV SPORT ~ **spielen** faire match nul
Unentschieden N ⟨~s; ~⟩ SPORT égalité *f* de points; match nul; **Unentschiedenheit** F indécision *f*
unentschlossen ADJ irrésolu; indécis; hésitant; **ich bin noch** ~ *a.* j'hésite encore; je n'ai pas encore pris de décision
Unentschlossenheit F irrésolution *f*; indécision *f*; hésitation *f*
unentschuldbar ADJ inexcusable; impardonnable
unentschuldigt **A** ADJ *Fehlen etc* non excusé **B** ADV ~ **fehlen** être absent sans (avoir fourni d')excuse
unentwegt **A** ADJ **1** *(beharrlich)* inébranlable; imperturbable; **ein ~er Kämpfer** un lutteur inlassable **2** *(ständig)* continuel, -elle; ininterrompu **B** ADV **1** *(beharrlich)* inlassablement; imperturbablement **2** *(ständig)* sans cesse; continuellement
unentwirrbar ADJ *a. fig* inextricable; **unentzifferbar** ADJ indéchiffrable
unerbeten ADJ inopportun; mal venu
unerbittlich ADJ inexorable; inflexible; *(erbarmungslos)* impitoyable; implacable; **Unerbittlichkeit** F ⟨~⟩ inexorabilité *f*; caractère *m* implacable, inflexible, impitoyable
unerfahren ADJ inexpérimenté, sans expérience (**in** [+dat] dans); novice (**im Beruf, in e-r Arbeit** dans son métier, à un travail)
Unerfahrenheit F inexpérience *f* (**in Geschäften, im Beruf** des affaires, du métier); manque *m* d'expérience (**in** [+dat] dans)
unerfindlich *geh* ADJ inexplicable; incompréhensible; *(rätselhaft)* énigmatique; **aus ~en Gründen** pour des raisons inexplicables; pour d'obscures raisons
unerforschlich *geh* ADJ insondable; impénétrable; **Unerforschlichkeit** *geh* F ⟨~⟩ insondabilité *f*; impénétrabilité *f*
unerforscht ADJ inexploré
unerfreulich **A** ADJ peu réjouissant; désagréable; déplaisant; *(betrüblich)* affligeant; *Szene* pénible **B** ADV de façon désagréable, déplaisante; ~ **verlaufen** prendre une tournure désagréable; **der Abend endete sehr** ~ la soirée s'est très mal terminée
unerfüllbar ADJ *Wunsch* irréalisable; chimérique
unerfüllt ADJ *Leben* non rempli; *Wunsch* irréalisé; non exaucé; ~ **bleiben** ne pas s'accomplir
unergiebig ADJ *Arbeit, Thema* pauvre; maigre; *Boden* improductif, -ive; d'un rendement médiocre; **Unergiebigkeit** F *e-r Arbeit* inefficacité *f*; faible rendement *m*; *e-r Diskussion, e-s Themas* stérilité *f*; *des Bodens* improductivité *f*; rendement *m* médiocre
unergründlich ADJ insondable; impénétrable; **Unergründlichkeit** F ⟨~⟩ insondabilité *f*; impénétrabilité *f*
unerheblich ADJ insignifiant; peu important; **nicht** ~ très important; considérable
Unerheblichkeit F insignifiance *f*; peu *m* d'importance
unerhört ADJ **1** *(unglaublich)* inouï; **das ist ~!** c'est inouï!; c'est scandaleux! **2** *(sehr groß)* inouï; extraordinaire; formidable; *Preise* exorbitant
unerkannt ADV sans être reconnu; ~ **bleiben** rester ignoré
unerklärlich ADJ inexplicable; **das ist mir absolut** ~ *a.* je ne me l'explique absolument pas
unerlässlich ADJ indispensable; de rigueur; d'une nécessité absolue; **es ist ~, dass** il est indispensable que (+subj); ~ **sein** *a.* être de toute nécessité
unerlaubt **A** ADJ non autorisé; illicite; *(illegal)* illégal; **mit ~en Mitteln** par des moyens illicites; **~er Waffenbesitz** détention illégale d'armes **B** ADV sans autorisation
unerledigt ADJ *Arbeit* inachevé; non terminé; en souffrance; *Post* (qui reste) à faire; ~ **bleiben** rester en souffrance
unermesslich **A** ADJ immense; énorme; incommensurable; *Menge* énorme; *(unendlich)* infini **B** ADV *(außerordentlich)* immensément; énormément; infiniment; ~ **viel** énormément
Unermesslichkeit F ⟨~⟩ immensité *f*; grandeur *f* énorme; incommensurabilité *f*
unermüdlich **A** ADJ infatigable; inlassable **B** ADV inlassablement; sans se lasser; **Unermüdlichkeit** F ⟨~⟩ ardeur *f*, zèle *m* infatigable, inlassable
unerprobt ADJ non éprouvé; **unerquicklich** ADJ → unerfreulich
unerreichbar ADJ **1** *(außer Reichweite), fig* ~ (**für**) °hors d(e l)'atteinte (de); inaccessible (à); °hors de (la) portée (de) **2** *(nicht anzutreffen)* injoignable
Unerreichbarkeit F ⟨~⟩ inaccessibilité *f*
unerreicht ADJ inégalé; sans égal; sans pareil, -eille
unersättlich ADJ *a. fig* insatiable; **Unersättlichkeit** F ⟨~⟩ *a. fig* insatiabilité *f*
unerschlossen ADJ *(nicht verwertet)* inexploité; *(unerforscht)* inexploré
unerschöpflich ADJ *Thema, Geduld, Reichtum, Quelle* inépuisable; *Quelle, Fantasie* intarissable
unerschrocken ADJ intrépide; **Unerschrockenheit** F ⟨~⟩ intrépidité *f*
unerschütterlich **A** ADJ inébranlable; imperturbable; *(fest)* ferme **B** ADV très fermement; imperturbablement; **Unerschütterlichkeit** F ⟨~⟩ imperturbabilité *f*; fermeté *f* inébranlable
unerschwinglich ADJ *Waren* °hors de prix; inabordable; *Preise* exorbitant; prohibitif, -ive
unersetzlich ADJ *Person, Sache* irremplaçable; *Verlust* irréparable; **Unersetzlichkeit** F ⟨~⟩ impossibilité *f* de remplacer, de réparer
unerträglich ADJ insupportable; intolérable; **es ist mir** ~ cela m'est insupportable; je trouve cela intolérable, insupportable
unerwähnt ADJ non mentionné; **etw ~ lassen** ne pas mentionner qc; passer qc sous silence; taire qc
unerwartet **A** ADJ inattendu; *(unvorhergesehen)* imprévu; *(unverhofft)* inespéré; *(unvermutet)* inopiné; *(plötzlich)* soudain **B** ADV à l'improviste; inopinément; soudainement; ~ **eintreffen** arriver à l'improviste; **plötzlich und ~ sterben** mourir subitement; **das kommt für mich sehr** ~ je ne m'y attendais pas
unerwidert ADJ ~ **bleiben** rester sans réponse; **~e Liebe** amour non partagé
unerwünscht ADJ indésirable; *Besuch* importun; dont on se serait bien passé; **~e Folge** effet pervers; **wir sind hier** ~ notre présence (ici) est indésirable, n'est pas souhaitée
unerzogen ADJ mal élevé
UNESCO ⟨~⟩ ABK (United Nations Educational, Scientific and Cultural Organization, Organisation der Vereinten Nationen für Erziehung, Wissenschaft und Kultur) **die** ~ l'Unesco *f*
unfähig ADJ **1** ~ (**zu**) *(nicht in der Lage)* incapable (de); *(nicht geeignet)* inapte (à) **2** *pej (inkompetent)* incompétent; incapable; nul, nulle
Unfähigkeit F ⟨~⟩ **1** ~ (**zu**) incapacité *f* (de); *(Nichteignung)* inaptitude *f* (à) **2** *pej (Inkompetenz)* incompétence *f*; incapacité *f*; nullité *f*
unfair ADJ ~ (**gegenüber**) déloyal (envers); qui n'est pas fair-play (avec); *umg fig* **das ist ~!** c'est injuste!
Unfall M accident *m*; **tödlicher** ~ accident mortel; **bei e-m** ~ dans un accident; **e-n ~ haben** avoir un accident
Unfallarzt M médecin *m* du SAMU, du service des urgences; **Unfallermittlung** F enquête *f* sur l'accident; **Unfallflucht** F délit *m* de fuite; **Unfallfolgen** FPL séquelles *fpl* d'un *bzw.* de l'accident; **unfallfrei** ADJ *u.* ADV sans accident; **Unfallgefahr** F risque *m* d'accident(s); **Unfallkrankenhaus** N centre *m*, clinique *f* de traumatologie; **Unfallmeldung** F déclaration *f* d'accident; **Unfallopfer** N victime *f* (d'un accident); **Unfallort** M lieu *m* de l'accident; **Unfallprotokoll** N constat *m* d'accident; **Unfallschutz** M protection *f* contre les accidents; **Unfallstation** F service *m* des urgences, de traumatologie; SAMU *m*; **Unfallstatistik** F statistique *f* des accidents; **Unfallstelle** F lieu *m* de l'accident; **Unfalltod** M mort accidentelle; **Unfallursache** F cause *f* d'un accident; **Unfallverhütung** F prévention *f* des accidents; **Unfallversicherung** F assurance *f* contre les accidents; **Unfallwagen** M **1** *(Rettungswagen)* ambulance *f* **2** *(durch e-n Unfall beschädigter Wagen)* voiture accidentée; **Unfallziffer** F nombre *m*, chiffre *m* des accidents
unfassbar ADJ **1** *(nicht zu verstehen)* incompréhensible; inconcevable **2** *(unglaublich)* inconcevable; incroyable; **Unfassbarkeit** F ⟨~⟩ incompréhensibilité *f*
unfehlbar **A** ADJ infaillible; *Geschmack, Instinkt* sûr; **~es Mittel** *a. fig* remède souverain; **kein Mensch ist** ~ nul n'est infaillible **B** ADV à coup sûr; immanquablement
Unfehlbarkeit F ⟨~⟩ infaillibilité *f*
unfein ADJ *Benehmen* peu délicat; indélicat; peu raffiné; **unfertig** ADJ **1** *Werk etc* inachevé **2** *fig (unreif)* immature; qui manque de maturité
Unflat *geh* M ⟨~(e)s⟩ immondices *fpl*; *a. fig* ordures *fpl*
unflätig *geh pej* ADJ immonde; ordurier, -ière; **Unflätigkeit** F ⟨~; ~en⟩ saleté *f*; obscénité *f*
unförmig ADJ **1** *(formlos) Masse etc* informe **2** *(missgestaltet)* difforme; mal fait **3** *(dick)* énorme; **Unförmigkeit** F ⟨~⟩ difformité *f*; **unfrankiert** ADJ non affranchi; en port dû
unfrei ADJ **1** *Volk, Person* qui n'est pas libre **2** *(gehemmt) umg* inhibé; complexé **3** HIST *(leibeigen)* serf, serve **4** *(unfrankiert)* en port dû; non affranchi; **Unfreiheit** F ⟨~⟩ manque *m*, absence *f* de liberté; *(Knechtschaft)* servitude *f*
unfreiwillig ADJ **1** *(unbeabsichtigt)* involontaire **2** *(erzwungen)* forcé; **~er Aufenthalt** séjour forcé; **ein ~es Bad nehmen** prendre un bain forcé
unfreundlich **A** ADJ *(nicht liebenswürdig)* peu aimable; *(unhöflich)* désobligeant; *(mürrisch)* maussade; *(feindselig, aggressiv)* inamical; *(abweisend)* rébarbatif, -ive; *Wetter* maussade; *Haus, Stadt* inhospitalier, -ière; peu accueillant; POL **~er Akt** geste inamical; **e-n ~en Eindruck machen** avoir un air rébarbatif **B** ADV de manière, façon peu aimable, inamicale, désobligeante; **j-n ~ empfangen** faire un mauvais accueil à qn
Unfreundlichkeit F **1** ⟨sans pl⟩ *(das Unfreundlichsein)* caractère *m* revêche; *(das Mürrischsein)* caractère *m* maussade **2** *Verhalten* manières peu aimables, désobligeantes

Unfriede(n) M discorde *f*; *(Zwist)* dissension *f*; brouille *f*
UN-Friedenstruppen FPL troupes *fpl* de l'ONU, des Nations Unies
unfruchtbar ADJ 1 *Boden, fig* infécond; infertile 2 BOT, ZOOL, MED stérile 3 *fig (fruchtlos, ohne Ergebnis)* infructueux, -euse; **Unfruchtbarkeit** F 1 *des Bodens, fig* infécondité *f*; infertilité *f* 2 BOT, ZOOL, MED stérilité *f*
Unfug M ⟨~(e)s⟩ bêtise *f*; frasque *f*; JUR **grober ~** acte *m* provoquant un trouble de l'ordre public; **lass diesen ~!** cesse tes bêtises!; assez de bêtises comme ça!
Ungar(in) M ⟨~n; ~n⟩ (F) ⟨~in; ~innen⟩ °Hongrois(e) *m(f)*
ungarisch ADJ °hongrois; de (la) Hongrie; **die ~e Sprache** la langue hongroise; le hongrois
Ungarisch N ⟨~(s)⟩, **Ungarische** N ⟨~n⟩ (das) Ungarisch(e) *Sprache* le hongrois
Ungarn N ⟨→ *n/pr*⟩ la Hongrie
ungastlich ADJ *a. fig* inhospitalier, -ière
ungeachtet *geh* PRÄP ⟨*gen*⟩ malgré; en dépit de; **dessen ~** malgré cela; néanmoins; toutefois
ungeahnt ADJ insoupçonné; inattendu; **~e Möglichkeiten** *fpl* possibilités insoupçonnées
ungebeten A ADJ non invité; **~er Gast** intrus(e) *m(f)*; importun *m* B ADV sans avoir été prié, invité
ungebildet ADJ inculte; illettré; sans culture, éducation, instruction
ungeboren ADJ (encore) à naître; **das ~e Leben** l'enfant *m/f* à naître
ungebräuchlich ADJ inusité; rare; **ungebraucht** ADJ inutilisé; inemployé; neuf, neuve; **ungebrochen** ADJ 1 PHYS *Strahl etc* non dévié 2 *fig* non abattu; *Kraft, Mut* intact; non entamé
ungebührlich *geh* A ADJ 1 *(unanständig)* peu convenable; inconvenant; indu; incongru 2 *(übertrieben)* exagéré B ADV 1 *(unanständig)* de façon inconvenante, incongrue; indûment 2 *(übertrieben)* exagérément; **Ungebührlichkeit** F ⟨~; ~en⟩ inconvenance *f (a. Wort, Handlung)*
ungebunden ADJ 1 *Person* libre (de tout lien); *(ohne Bindung zu anderen)* sans attaches; *(ledig)* célibataire 2 *Buch* non relié 3 RHET **~e Rede** prose *f*
Ungebundenheit F liberté *f*
ungedeckt ADJ 1 FIN à découvert; *Konto a.* non approvisionné; *Scheck* sans provision; **~e Ausgaben** *fpl* découvert *m* 2 *(ungeschützt)* MIL sans protection; (à) découvert; SPORT démarqué 3 **der Tisch war noch ~** la table, le couvert n'était pas encore mis(e) 4 *Dach* (encore) sans couverture
Ungeduld F impatience *f*; **vor ~** *(dat)* **vergehen** mourir d'impatience
ungeduldig A ADJ impatient; **j-n ~ machen** impatienter qn; faire perdre patience à qn; **~ werden** s'impatienter B ADV impatiemment; avec impatience
ungeeignet ADJ **~ (zu, für)** *Sachen* impropre (à); inapproprié (à); *Person a.* inapte (à); non qualifié (pour); *Augenblick* inopportun
ungefähr A ADJ ⟨*épithète*⟩ approximatif, -ive B ADV approximativement; à peu près; environ; **~ dreißig** dans les trente; une trentaine (de); **~ hier** à peu près ici; **~ um zwölf (Uhr)** vers midi *bzw.* minuit; **so ~** plus ou moins; **von ~** par °hasard; fortuitement; **das kommt nicht von ~** ça n'arrive pas par °hasard
ungefährdet ADJ *u.* ADV qui n'est pas en danger
ungefährlich ADJ sans danger; non dangereux, -euse **(für** pour); *Person, Medikament, Vergnügen* inoffensif, -ive; **das ist völlig ~** cela ne risque absolument rien; **es ist völlig ~ zu** *(+inf)* il n'y a aucun danger à *(+inf)*
ungefärbt ADJ *Haar, Wolle* non teint; *Lebensmittel* sans colorants; **ungefragt** ADV sans avoir été interrogé; sans en avoir été prié
ungehalten *geh* A ADJ *(ärgerlich)* fâché; irrité; *plus fort* indigné; **über j-n, etw** *od* **wegen j-m, etw ~ sein** être fâché, irrité contre qn, de qc B ADV avec irritation, *plus fort* indignation; **~ reagieren** exprimer son irritation, *plus fort* son indignation
ungeheizt ADJ non chauffé
ungehemmt A ADJ 1 *(ungehindert)* qui n'est pas entravé; libre; *Entwicklung* sans entraves; *Freude* effréné; *Leidenschaft* débridé 2 *(ohne Hemmungen)* sans complexe; libre B ADV 1 *(ungehindert)* sans entraves; librement 2 *(ohne Hemmungen)* sans complexe; librement
ungeheuer A ADJ *(~ groß)* énorme; monstrueux, -euse; colossal; *Wissen, Reichtum, Weite* vaste; immense B ADV extrêmement; énormément
Ungeheuer N ⟨~s; ~⟩ *a. fig* monstre *m*
ungeheuerlich ADJ *pej* monstrueux, -euse; *(empörend)* révoltant; *Behauptung, Lüge a.* infâme; abject; **Ungeheuerlichkeit** F ⟨~; ~en⟩ monstruosité *f*; *a. Äußerung* infamie *f*
ungehindert A ADJ libre; **~en Zutritt haben zu** avoir libre accès à B ADV librement; sans (en) être empêché
ungehobelt ADJ 1 *Brett* non raboté; brut 2 *fig* grossier, -ière; mal dégrossi; *(unhöflich)* impoli; **ungehörig** ADJ *Betragen* inconvenant; *geh* malséant; *Bemerkung* fâcheux, -euse; incongru; *(frech)* insolent; **Ungehörigkeit** F ⟨~; ~en⟩ *des Betragens* inconvenance *f*; *geh* malséance *f*; *e-r Bemerkung etc* incongruité *f*; *(Frechheit)* insolence *f*
ungehorsam ADJ désobéissant; insoumis; *Kind a.* indocile
Ungehorsam M désobéissance *f*, insoumission *f* **(gegenüber** à); *e-s Kindes a.* indocilité *f*
ungekämmt ADJ *Haar* non peigné; *Wolle* cardé
ungeklärt ADJ 1 non éclairci; obscur; *(in der Schwebe)* en suspens; **aus bisher ~er Ursache** pour une raison jusqu'à présent inexpliquée; *Problem etc* **~ bleiben** rester sans réponse 2 *Abwässer* non traité
ungekrönt ADJ sans couronne; non couronné; *fig* **der ~e König von …** le roi (sans couronne) de …
ungekündigt ADJ **in ~er Stellung sein** être encore, toujours en poste; n'avoir pas encore donné congé
ungekünstelt ADJ sans affectation, artifice, apprêt; naturel, -elle; **ungekürzt** A ADJ *Text* non abrégé; complet, -ète; *Ausgabe a.* intégral; *Film, Theaterstück* en version intégrale B ADV complètement; intégralement; en entier; **ungeladen** ADJ 1 *Waffe* non chargé 2 *Gast* non invité
ungelegen A ADJ *Zeitpunkt* indu; inopportun; *Besuch* importun B ADV mal à propos; à contretemps; **j-m ~ kommen** déranger qn; **das kommt mir sehr ~** *a.* cela ne m'arrange pas du tout
Ungelegenheit F **j-m ~en machen, bereiten** importuner, déranger qn; causer de l'embarras, des désagréments à qn
ungelehrig ADJ réfractaire; **ungelenk** ADJ *(linkisch)* gauche; maladroit; **ungelenkig** ADJ peu souple; *(steif)* raide; **Ungelenkigkeit** F manque *m* de souplesse; raideur *f*; **ungelernt** ADJ *Arbeiter* non qualifié; **Ungelernte(r)** M/F(M) ⟨→ A⟩ ouvrier, -ière non qualifié(e)
ungelesen A ADJ non (encore) lu B ADV **e-n Brief ~ zurückgeben** rendre une lettre sans l'avoir lue
ungelogen *umg* ADV sans mentir; **das kostet ~ …** ça coûte effectivement …
ungelöst ADJ 1 *Problem* non résolu; **das Problem bleibt ~** *a.* le problème reste entier 2 CHEM non dissous, -oute
Ungemach *geh* N ⟨~(e)s⟩ *(Unannehmlichkeit)* désagréments *mpl*; *(Ärger)* déboires *mpl*; *(Missgeschick)* malheur *m*
ungemacht ADJ *Bett* défait
ungemein A ADJ ⟨*épithète*⟩ *(außergewöhnlich)* énorme; extraordinaire; prodigieux, -ieuse B ADV *(sehr)* extraordinairement; extrêmement
ungemütlich ADJ 1 *Ort* peu accueillant; où l'on se sent mal à l'aise; *Wetter* vilain; désagréable 2 *(unerfreulich, unangenehm) Situation* pénible; *umg* **~ werden** *Person* devenir désagréable
Ungemütlichkeit F manque *m* de confort
ungenannt ADJ qui n'est pas nommé; anonyme; **~ bleiben** rester anonyme; garder l'anonymat
ungenau A ADJ 1 *(nicht exakt) Messung, Messgerät* inexact; imprécis; *Übersetzung* inexact; infidèle 2 *(vage) Erinnerung, Vorstellung* vague; flou 3 *(nicht sorgfältig) Mensch* négligent; *Arbeit* négligé; sans soin B ADV 1 *(nicht exakt)* sans précision 2 *sich erinnern* vaguement 3 *arbeiten* sans soin; **er übersetzt ~** il manque de précision dans la traduction
Ungenauigkeit F inexactitude *f*; imprécision *f*; *e-r Übersetzung* infidélité *f*
ungeniert A ADJ sans-gêne; sans façon; libre; **~es Benehmen** sans-gêne *m* B ADV sans gêne; sans façon; librement
Ungeniertheit F ⟨~⟩ sans-gêne *m*
ungenießbar ADJ 1 *Speise* immangeable; *Getränk* imbuvable; *Verdorbenes, Pilz* non comestible; incomestible 2 *umg fig (unausstehlich)* insupportable; *umg* imbuvable; **Ungenießbarkeit** F impossibilité *f* de manger, de boire qc
ungenügend A ADJ 1 insuffisant; *Leistung* peu satisfaisant 2 *Schulnote* → Sechs 2 B ADV insuffisamment
ungenutzt, ungenützt A ADJ inutilisé B ADV **e-e Gelegenheit ungenutzt, ungenützt verstreichen lassen** laisser passer une occasion; ne pas profiter d'une occasion
ungeordnet ADJ non rangé; sans ordre; *(unordentlich)* en désordre
ungepflegt ADJ négligé; **ein ~es Äußeres** une apparence peu soignée, *plus fort* débraillée
Ungepflegtheit F aspect négligé
ungerade ADJ *Zahl* impair; **ungeraten** *geh* ADJ *Kind* qui a mal tourné; mal élevé
ungerecht ADJ injuste; **j-m gegenüber ~ sein** être injuste envers qn
ungerechtfertigt ADJ non justifié; injustifié
Ungerechtigkeit F injustice *f*; **so eine ~!** c'est injuste!
ungeregelt ADJ non réglé; *Leben* déréglé
ungereimt ADJ 1 *(nicht gereimt)* non rimé 2 *fig pej (unlogisch)* illogique; *(verworren)* confus; embrouillé; *(sinnlos)* absurde; **~es Zeug** propos confus, absurdes
Ungereimtheit F ⟨~; ~en⟩ *fig* absurdité *f*; ineptie *f*
ungern ADV à contrecœur; de mauvaise grâce; contre mon, ton, *etc* gré; **ich tue das ~, aber …** je ne le fais pas volontiers *od* je n'ai pas envie de le faire, mais …; **ich sehe es ~, dass** il me déplaît, je vois d'un mauvais

œil que *(+subj)*
ungerufen ADV sans être appelé; **ungerührt** A ADJ impassible; sans émotion; froid B ADV sans émotion; **ungesalzen** ADJ non salé; sans sel; **ungesättigt** ADJ CHEM non saturé; **ungesäuert** ADJ *Brot* sans levain; azyme; **ungeschält** ADJ *Obst, Kartoffeln* non pelé; *Reis* non décortiqué; *Mandeln, Gerste* non mondé
ungeschehen ADJ **das lässt sich nicht (mehr) ~ machen** ce qui est fait est fait; **ich wünschte, ich könnte es ~ machen** si seulement ça n'était pas arrivé!
Ungeschick N ⟨~(e)s⟩ → Ungeschicklichkeit 1
Ungeschicklichkeit F 1 ⟨sans pl⟩ *(mangelndes Geschick)* maladresse *f*; *(linkisches Wesen)* gaucherie *f* 2 *Handlung* maladresse *f*; bévue *f*
ungeschickt A ADJ maladroit; inhabile; malhabile; *(linkisch)* gauche B ADV maladroitement; **sich ~ anstellen** s'y prendre mal (-adroitement)
ungeschlacht *geh pej* ADJ 1 *(unförmig, schwerfällig)* lourdaud 2 *(grob) Person, Benehmen* grossier, -ière; **ungeschlechtlich** ADJ BIOL asexué; **ungeschliffen** ADJ 1 TECH non taillé; brut 2 *fig pej* impoli; grossier, -ière; malotru; mal dégrossi; **ungeschmälert** *geh* ADJ entier, -ière; intégral
ungeschminkt ADJ sans fard *(a. fig)*; sans maquillage; non maquillé; *fig* **die ~e Wahrheit** la vérité sans fard, *plus fort* toute nue
ungeschoren ADJ *u.* ADV *fig* **j-n ~ lassen** laisser qn tranquille, en paix; *(verschonen)* épargner qn; **~ davonkommen** s'en tirer sans dommage
ungeschrieben ADJ *fig* **ein ~es Gesetz** une règle établie
ungeschützt ADJ 1 MIL *etc* sans défense, appui; non protégé 2 *gegen Wind u. Wetter* non abrité; sans abri; exposé; **ungesellig** ADJ peu sociable; insociable; *(menschenscheu)* sauvage; farouche; **ungesetzlich** ADJ illégal; **Ungesetzlichkeit** F illégalité *f*; **ungesittet** ADJ impoli; grossier, -ière; **ungestempelt** ADJ *Briefmarke* non oblitéré; *Dokument etc* non timbré; **ungestillt** *geh* ADJ *Hunger* inassouvi; inapaisé; *Durst a.* non étanché; *Verlangen, Sehnsucht* inassouvi; **ungestört** A ADJ non troublé; *Schlaf a.* paisible B ADV en paix; sans être dérangé, troublé; tranquillement
ungestraft A ADJ ⟨attribut⟩ impuni B ADV impunément; **~ davonkommen** s'en sortir, s'en tirer impunément
ungestüm *geh* ADJ impétueux, -euse; fougueux, -euse; *(heftig)* véhément; violent; *(unbändig)* pétulant
Ungestüm *geh* N ⟨~(e)s⟩ impétuosité *f*; fougue *f*; *(Heftigkeit)* véhémence *f*; violence *f*; *(Unbändigkeit)* pétulance *f*
ungesund A ADJ 1 *(nicht gesund)* malsain *(a. fig)*; nocif, -ive; *Luft, Wohnung* insalubre; **Rauchen ist ~** fumer nuit à la santé 2 *Aussehen* maladif, -ive; **e-e ~e Blässe** une pâleur maladive B ADV de façon malsaine
ungeteilt ADJ 1 non divisé, partagé 2 *fig Bewunderung, Zustimmung etc* unanime; *Aufmerksamkeit, Interesse* entier, -ière; **ungetreu** *geh* ADJ infidèle; déloyal; **ungetrübt** ADJ serein; *Freude a.* sans mélange; *Glück a.* sans nuage; inaltéré
Ungetüm N ⟨~(e)s; ~e⟩ monstre *m*
ungeübt ADJ qui manque d'exercice, d'entraînement; non exercé (**in etw** [*dat*] en qc); **für ~e Augen** pour des yeux non exercés
ungewaschen ADJ non lavé
ungewiss ADJ incertain; *(zweifelhaft)* douteux, -euse; **sich** *(dat)* **über etw** *(akk)* **~** *od* **im Ungewissen sein** être dans l'incertitude au sujet, à propos de qc; **es ist noch ~, ob …** on ne sait pas encore si …; **j-n im Ungewissen lassen** laisser qn dans l'incertitude
Ungewissheit F incertitude *f*; *(Zweifel)* doute *m*
ungewöhnlich A ADJ 1 *(selten, unüblich)* extraordinaire; inhabituel, -elle; insolite; *(seltsam)* étrange; singulier, -ière 2 *(enorm) Kraft, Schönheit etc* peu commun; °hors du commun; extraordinaire B ADV 1 *(nicht wie gewöhnlich)* extraordinairement; *(seltsam)* étrangement 2 *(enorm)* **~ stark, schön** d'une force, d'une beauté peu commune, °hors du commun, extraordinaire, exceptionnelle
ungewohnt ADJ *Anblick, Umgebung, Arbeit* inhabituel, -elle; inaccoutumé; **mit ~er Härte reagieren** réagir avec une dureté, brusquerie inhabituelle
ungewollt A ADJ non voulu; involontaire B ADV involontairement; sans intention; **ungezählt** ADJ ⟨épithète⟩ 1 *(unzählig)* innombrable 2 *(nicht gezählt)* non compté
Ungeziefer N ⟨~s⟩ vermine *f*; **Ungezieferbekämpfung** F lutte *f* contre la vermine
ungezogen ADJ mal élevé; *(ungehorsam)* désobéissant; *(frech)* insolent; impertinent; **Ungezogenheit** F ⟨~; ~en⟩ mauvaise conduite; *(Ungehorsam)* désobéissance *f*; *(Frechheit)* insolence *f*; impertinence *f*
ungezügelt ADJ sans frein; effréné
ungezwungen A ADJ *Benehmen* non affecté; non guindé; simple; *Unterhaltung* naturel, -elle; sans façons; *Atmosphäre* décontracté; **~es Wesen** décontraction *f* B ADV sans contrainte, affectation, façons; avec aisance
Ungezwungenheit F ⟨~⟩ 1 *im Verhalten* absence *f* d'affectation; aisance *f* (des manières) 2 *der Atmosphäre* caractère naturel, décontracté
Unglaube(n) M 1 *(Zweifel)* incrédulité *f* 2 REL manque *m* de foi; incroyance *f*
unglaubhaft ADJ incroyable; peu digne de foi; **seine Version des Geschehens war völlig ~** *a.* sa version des faits n'était pas du tout convaincante
ungläubig A ADJ 1 incrédule; *(skeptisch)* sceptique 2 REL incroyant; infidèle B ADV **~ lächeln** sourire d'un air incrédule
Ungläubige(r) M/F(M) REL incroyant(e) *m(f)*; infidèle *m/f*; **Ungläubigkeit** F incrédulité *f*; scepticisme *m*
unglaublich ADJ incroyable; *(unerhört)* inouï; *Frechheit* invraisemblable
unglaubwürdig ADJ *Geschichte etc* incroyable; *a. Zeuge* peu digne de foi; **Unglaubwürdigkeit** F incrédibilité *f*; *besser* caractère *m* incroyable, invraisemblable
ungleich A ADJ 1 *Größe, Kampf, Bedingungen etc* inégal 2 *(verschieden)* différent; *Brüder etc* *(unähnlich)* dissemblable; *Paar (verschiedenartig)* disparate; mal assorti; *Schuhe* dépareillé B ADV 1 d'une façon inégale; différemment 2 *vor komp* infiniment; beaucoup; **~ schöner** infiniment, beaucoup plus beau C *geh* PRÄP ⟨dat⟩ **~ s-m Vorgänger** *etc* à la différence de son prédécesseur, *etc*
ungleichförmig ADJ de forme différente; non uniforme; dissemblable; inégal; **Ungleichgewicht** N déséquilibre *m*; **Ungleichheit** F 1 ⟨sans pl⟩ *(Ungleichsein)* inégalité *f* 2 *(Unterschied)* différence *f*; *(Unähnlichkeit)* dissemblance *f*; *e-s Paares* disparité *f*; **ungleichmäßig** ADJ inégal; irrégulier, -ière
Unglück N ⟨~(e)s; ~e⟩ malheur *m*; *im Leben a.* adversité *f*; *(Pech)* malchance *f*; *(Schicksalsschlag)* revers *m*; *(Unfall)* accident *m*; *(Zugunglück, Flugzeugunglück, Schiffsunglück)* catastrophe *f*; *durch Naturkatastrophe etc* calamité *f*; désastre *m*; **(j-m) ~ bringen** porter malheur (à qn); **~ bringend** funeste; **das (große) ~ haben zu** *(+inf)* avoir le malheur de *(+ inf)*; **ein ~ für j-n sein** faire le malheur de qn; **welch ein ~!** quel malheur!; *fig* **das ist weiter kein ~** il n'y a pas grand mal; **j-n ins ~ stürzen** précipiter qn dans le malheur; **j-m stößt ein ~ zu** un malheur arrive à qn; **das ~ wollte es, dass** le malheur a voulu que *(+subj)*; **zu allem ~** pour comble de malheur; **~ im Spiel, Glück in der Liebe** malheureux au jeu, heureux en amour; *sprichw* **ein ~ kommt selten allein** *sprichw* un malheur ne vient jamais seul
unglücklich A ADJ 1 *(nicht glücklich)* malheureux, -euse; *Person a.* malchanceux, -euse; *(traurig)* malheureux, -euse; **(sich) ~ machen** (se) rendre malheureux, -euse 2 *(ungünstig, ungeschickt)* malheureux, -euse; malencontreux, -euse; *(verhängnisvoll)* funeste; fatal; **e-e ~e Hand haben** avoir la main malheureuse; **e-e ~e Wahl treffen** faire un choix malheureux, malencontreux; **e-e ~e Figur abgeben** faire piètre, triste figure B ADV *(ungünstig)* mal; *(ungeschickt)* malencontreusement; **~ enden, ausgehen** finir mal; **~ verliebt sein** vivre un amour malheureux; *weitS.* avoir une déception amoureuse; **~ stürzen** faire une chute malencontreuse, une mauvaise chute
Unglückliche(r) M/F(M) ⟨→ A⟩ malheureux, -euse *m,f*; *geh* infortuné(e) *m(f)*
unglücklicherweise ADV malheureusement; malencontreusement; par malheur, malchance
Unglücksbote M oiseau *m* de malheur, de mauvais augure
unglückselig ADJ 1 *(bedauernswert)* malheureux, -euse 2 *(verhängnisvoll)* funeste; désastreux, -euse
Unglücksfall M accident *m*; **Unglücksrabe** *umg* M malchanceux, -euse *m,f*; **Unglücksstelle** F lieu *m* de l'accident, de la catastrophe; **Unglückstag** M 1 *(unglücklicher Tag)* jour *m* de malheur; jour *m* néfaste, funeste; mauvais jour 2 *(Tag des Unglücks)* jour *m* de l'accident; **Unglückszahl** F nombre *m*, chiffre *m* porte-malheur
Ungnade F ⟨~⟩ disgrâce *f*; défaveur *f*; **(bei j-m) in ~** *(akk)* **fallen** tomber en disgrâce (auprès de qn); perdre les bonnes grâces (de qn); **in ~ gefallen** disgracié; **(bei j-m) in ~** *(dat)* **sein** être en disgrâce, en défaveur (auprès de qn)
ungnädig A ADJ sans bienveillance; peu accueillant; *(unfreundlich)* inamical; *(gereizt)* irrité; *(schlecht gelaunt)* de mauvaise humeur; mal disposé B ADV avec humeur; de *od* avec mauvaise grâce; **etw ~ aufnehmen** se montrer irrité de qc
ungültig ADJ non valable; *Fahrkarte, Pass, Gesetz* périmé; *Geld* sans valeur; qui n'a pas cours; *Stimme,* JUR nul, nulle; *Sport, Tor, Punkt* refusé; **für ~ erklären** annuler; JUR invalider; **~ werden** se périmer
Ungültigkeit F JUR nullité *f*; **Ungültigkeitserklärung** F POL *e-r Wahl* invalidation *f*
Ungunsten PL **zu j-s ~** au préjudice, détriment, désavantage de qn; **zu ~** → zuungunsten
ungünstig A ADJ *Wetter, Bescheid etc* défavorable; *Urteil, Lage, Handel (nachteilig)* désavantageux, -euse; **im ~sten Fall(e)** au pis aller; au pire B ADV défavorablement; désavantageusement; **sich ~ auf etw** *(akk)* **auswirken** influencer qc défavorablement; avoir des réper-

U

cussions défavorables sur qc

ungut ADJ 1 *(unbehaglich)* désagréable; **ich habe ein ~es Gefühl dabei** ça ne m'inspire pas confiance; ça ne me dit rien qui vaille 2 **nichts für ~!** ne m'en veuillez pas!; (soit dit) sans vouloir vous offenser!

unhaltbar ADJ 1 *Zustand* insupportable; intenable; intolérable 2 *Argument* insoutenable; intenable 3 SPORT *Ball* imparable; **Unhaltbarkeit** F *e-r Behauptung, e-s Arguments* inconsistance *f*

unhandlich ADJ peu maniable; *(sperrig)* encombrant

Unheil N grand malheur; calamité *f*; *(Katastrophe)* désastre *m*; **~ anrichten, stiften** causer de grands malheurs; **~ bringend** qui porte malheur; funeste, *plus fort* fatal; **~ verkündend** de mauvais augure; funeste; sinistre

unheilbar A ADJ *Krankheit, Kranker* incurable; inguérissable B ADV **~ krank sein** avoir une maladie incurable

Unheilbarkeit F incurabilité *f*

unheilbringend ADJT, **unheilverkündend** ADJT → Unheil; **unheilvoll** ADJ funeste; *Entwicklung* néfaste

unheimlich A ADJ 1 *Ort, Person, Atmosphäre, Blick, Geräusch* sinistre; *(Angst einflößend)* inquiétant; *plus fort* angoissant; lugubre; funèbre; **das ist mir ~** ça me donne le frisson; **ihm wurde ~ (zumute)** il sentait l'angoisse le gagner, le saisir 2 *umg (außerordentlich)* énorme; *umg* terrible; **~er Hunger** *a.* appétit *m* féroce; faim *f* de loup, d'ogre; **~e Angst** *a.* peur bleue; **er ist ein ~er Feigling** il est d'une lâcheté incroyable; il est lâche comme tout B ADV 1 *(schauerlich)* de façon inquiétante 2 *umg (sehr)* énormément; *umg* terriblement; **er ist ~ begabt** *umg* il est terriblement doué; **sich ~ anstrengen** *umg* faire des efforts terribles; *umg* se donner un mal de chien

unhöflich A ADJ impoli; discourtois B ADV impoliment; de façon discourtoise; **Unhöflichkeit** F impolitesse *f*; manque *m* de courtoisie

Unhold M ⟨~(e)s; ~e⟩ 1 *im Märchen* esprit malin; démon *m* 2 *fig Mensch* monstre *m*; *(Sittenstrolch)* satyre *m*

unhörbar ADJ imperceptible (à l'oreille); inaudible

unhygienisch ADJ peu, non hygiénique; antihygiénique

uni ADJ ⟨inv⟩ *(einfarbig)* uni

Uni *umg* F ⟨~; ~s⟩ *umg* fac *f*

UNICEF ⟨~⟩ ABK (United Nations International Children's Emergency Fund, Weltkinderhilfswerk der Vereinten Nationen) **die ~** l'UNICEF *m*

unifarben ADJ uni

uniform ADJ uniforme

Uniform F ⟨~; ~en⟩ uniforme *m*; tenue *f* (militaire)

uniformieren V/T ⟨pas de ge-, h.⟩ faire revêtir l'uniforme à; *fig* uniformiser

uniformiert ADJT en uniforme

Uniformierte(r) M/F(M) ⟨→ A⟩ personne *f* en uniforme; **Uniformierung** F ⟨~⟩ uniformisation *f*

Uniformität F ⟨~⟩ uniformité *f*; **Uniformträger** M/PL gens *mpl* en uniforme

Unikat N ⟨~(e)s; ~e⟩ seul et unique exemplaire

Unikum N ⟨~s; -ka *ou* ~s⟩ 1 ⟨pl -ka⟩ *t/t* chose *f* unique en son genre; *Buch* exemplaire *m* unique 2 *umg* ⟨pl ~s⟩ *Mensch (Original) umg* numéro *m*; *umg* phénomène *m*

unilateral ADJ unilatéral

uninteressant ADJ peu, non intéressant; sans intérêt; dépourvu d'intérêt

uninteressiert ADJ indifférent; détaché; **an etw, j-m ~ sein** être indifférent à, ne montrer aucun intérêt pour qc, qn

Union F ⟨~; ~en⟩ union *f*; **die Europäische ~** l'Union européenne; *umg* POL **die ~** (le groupe parlementaire commun de) la C.D.U./C.S.U.

unisoliert ADJ non isolé; sans isolation, ELEK *a.* isolement

unisono ADV MUS, *fig* à l'unisson

universal ADJ universel, -elle

Universal... IN ZSSGN *meist* universel, -elle; **Universalerbe** M, **Universalerbin** F légataire universel, -elle; **Universalgenie** N génie universel

Universalismus M ⟨~⟩ universalisme *m*

Universallexikon N encyclopédie *f*; **Universalschlüssel** M clé universelle

universell ADJ universel, -elle

Universität F ⟨~; ~en⟩ université *f*; **auf der ~ sein** suivre les cours à l'université; étudier à l'université

Universitäts... IN ZSSGN universitaire; **Universitätsbibliothek** F bibliothèque *f* universitaire, de l'université; **Universitätsbuchhandlung** F librairie *f* universitaire; **Universitätsgebäude** N université *f*; **Universitätsinstitut** N institut *m* universitaire; **Universitätsklinik** F centre hospitalier, clinique *f* universitaire; **Universitätslaufbahn** F carrière *f* universitaire; **Universitätsprofessor(in)** M(F) professeur *m/f* d'université; **Universitätsstadt** F ville *f* universitaire; **Universitätsstudium** N études *fpl* universitaires

Universum N ⟨~s; —sen⟩ univers *m*

Unke F ⟨~; ~n⟩ 1 ZOOL crapaud *m* 2 *umg fig* oiseau *m* de mauvais augure

unken V/I ⟨h.⟩ prédire le pire

unkenntlich ADJ méconnaissable; **(sich) ~ machen** (se) rendre méconnaissable

Unkenntlichkeit F ⟨~⟩ **bis zur ~ entstellt** complètement défiguré

Unkenntnis F ⟨~⟩ ignorance *f*; **aus ~** par ignorance; **in ~ der Gefahr** dans l'ignorance du danger; **in ~ e-r Sache** *(gen)* **handeln** agir dans l'ignorance de qc; **j-n in ~** *(dat)* **(über etw** *[akk]***) lassen** laisser qn dans l'ignorance (de qc); **~ schützt nicht vor Strafe** nul n'est censé ignorer la loi

unkeusch ADJ impudique; **Unkeuschheit** F impudicité *f*; manque *m* de pudeur

unklar ADJ 1 *(undeutlich) Angaben, Umrisse, Gedanken, Stil* imprécis; *Vorstellung, Gedanken a.* flou; *Umrisse a.* indistinct; *Begriff, Vorstellung a.* vague; confus 2 *(ungewiss)* incertain; vague; **j-n im Unklaren lassen** laisser qn dans le vague, l'incertitude, l'ignorance **(über etw** *[akk]* au sujet, à propos de qc); **etw im Unklaren lassen** ne pas tirer qc au clair; ne pas se prononcer clairement sur qc 3 *(unerklärlich)* inexplicable; **es ist mir ~, wie ...** j'ignore, je ne vois pas, je ne comprends pas comment ...

Unklarheit F 1 ⟨sans pl⟩ *(Undeutlichkeit)* imprécision *f*; manque *m* de précision, de netteté 2 ⟨sans pl⟩ *(Unverständlichkeit)* manque *m* de clarté; obscurité *f*; confusion *f* 3 ⟨sans pl⟩ *(Ungewissheit)* incertitude *f* 4 *(ungeklärte Fragen)* **~en beseitigen** donner des éclaircissements, des précisions; dissiper des équivoques; lever des ambiguïtés; **bestehen noch ~en?** y a-t-il encore des points à éclaircir?

unklug ADJ *Äußerung, Verhalten* maladroit; pas très intelligent; *Person, Plan a.* imprudent; *Verhalten, Vorschlag* déraisonnable; **unkollegial** ADJ qui ne se fait pas entre collègues; inamical; **unkompliziert** ADJ peu compliqué; *(einfach)* simple; **unkontrollierbar** ADJ incontrôlable; **unkontrolliert** ADJ incontrôlé; **unkonventionell** ADJ non conventionnel, -elle; **unkonzentriert** ADJ déconcentré; inattentif, -ive

unkorrekt ADJ incorrect; **~es Verhalten** comportement incorrect; incorrection *f*

Unkorrektheit F incorrection *f*

Unkosten PL frais *mpl*; *(Ausgaben)* dépenses *fpl*; JUR dépens *mpl*; **nach Abzug aller ~** tous frais déduits; *umg* **sich in ~** *(akk)* **stürzen** se mettre en frais; faire des dépenses; **mit ~ verbunden sein** entraîner des frais; faire, occasionner des frais, des dépenses; **~ verursachen** faire des frais

Unkostenbeitrag M contribution *f*, participation *f* aux frais; **Unkostenvergütung** F remboursement *m* des frais

Unkraut N ⟨~(e)s; Unkräuter⟩ mauvaise(s) herbe(s); *f*; *sprichw hum* **~ vergeht** *od* **verdirbt nicht** la mauvaise graine a la vie dure

Unkrautbekämpfung F lutte *f* contre les mauvaises herbes; **Unkrautbekämpfungsmittel** N herbicide *m*; désherbant *m*; **Unkrautvertilgung** F destruction *f* des mauvaises herbes; **Unkrautvertilgungsmittel** N herbicide *m*; désherbant *m*

unkritisch ADJ *Person* sans esprit critique; *Verhalten, Bericht etc* non critique

unkultiviert ADJ *Person* barbare; *Benehmen* fruste; primitif, -ive; **~er Mensch** barbare *m/f*

Unkultur F manque *m* de culture; barbarie *f*

unkündbar ADJ *Vertrag* non résiliable; *Person* inamovible; *Stellung* permanent; *Anleihe* non remboursable; consolidé

unkundig *geh* ADJ ignorant **(e-r Sache** *[gen]* de qc); **e-r Sache** *(gen)* **~ sein** *a.* ignorer qc; **des Französischen ~ sein** ne pas savoir le français

unlängst ADV dernièrement; il y a peu; récemment

unlauter ADJ 1 *geh Charakter* déloyal; *Geschäft* véreux, -euse; malpropre 2 JUR **~er Wettbewerb** concurrence déloyale

unleidlich ADJ déplaisant; insupportable; *(missmutig)* de mauvaise humeur

unleserlich A ADJ illisible; indéchiffrable B ADV illisiblement; de manière illisible; **Unleserlichkeit** F illisibilité *f*

unleugbar ADJ indéniable; évident; *(unbestreitbar)* incontestable; **Unleugbarkeit** F ⟨~⟩ évidence *f*; incontestabilité *f*

unliebsam ADJ désagréable; fâcheux, -euse; **unliniert** ADJ non réglé; **Unlogik** *umg* F manque *m* de logique; illogisme *m*; **unlogisch** ADJ illogique

unlösbar ADJ 1 *Problem* insoluble; *Aufgabe* insurmontable 2 *Zusammenhang* indissoluble; **Unlösbarkeit** F 1 *e-s Problems* insolubilité *f*; *e-r Aufgabe, e-s Rätsels* caractère *m* insoluble 2 *e-s Zusammenhangs* caractère *m* indissociable

Unlust F ⟨~⟩ déplaisir *m*; *(Überdruss)* ennui *m*; dégoût *m*; *(Abneigung)* aversion *f*; **mit ~** sans enthousiasme, envie; avec déplaisir; à contre-cœur

Unlustgefühl N sentiment *m* de déplaisir

unlustig A ADJ qui a peu d'envie, qui n'a pas très envie de faire qc; *(missgestimmt)* maussade; chagrin; morose B ADV sans enthousiasme, envie

unmanierlich A ADJ qui n'a pas de bonnes manières, de savoir-vivre B ADV **~ essen** ne pas savoir se tenir (convenablement) à table

unmännlich ADJ peu viril; *(weibisch)* efféminé; **Unmännlichkeit** F caractère efféminé, peu viril

unmaßgeblich ADJ sans (aucune) importance; négligeable; *Urteil* incompétent; *hum* **nach meiner ~en Meinung** à mon humble avis

unmäßig A ADJ immodéré; démesuré; énorme; *(übertrieben)* excessif, -ive; *im Genuss* immodéré; **sie ist ~ in ihren Ansprüchen** elle a des prétentions démesurées, exorbitantes B ADV *(ohne Maß)* immodérément; *(sehr)* énormément; *(übertrieben)* excessivement; **~ essen** manger plus que de raison
Unmäßigkeit F démesure *f*; excès *m*
unmelodisch ADJ peu mélodieux, -ieuse
Unmenge F quantité *f*, nombre *m* énorme (**von, an** *[+dat]* de); **e-e ~ Besucher** *a.* une foule, multitude de visiteurs; **~n (von) Tee** des quantités énormes de thé
Unmensch M monstre *m*; *(Rohling)* brute *f*; *umg* **ich bin ja schließlich kein ~** je ne suis pas un monstre
unmenschlich A ADJ 1 *Tat* monstrueux, -euse; inhumain *(a. Bedingungen)*; barbare; cruel, -elle (**gegenüber j-m** envers qn) 2 *umg (sehr groß) Anstrengung* surhumain; *Schmerzen, Hitze* insupportable B ADV **j-n ~ behandeln** traiter qn d'une façon inhumaine, cruellement
Unmenschlichkeit F inhumanité *f*; cruauté *f*; barbarie *f*
unmerklich A ADJ insensible; imperceptible B ADV insensiblement; imperceptiblement
unmethodisch ADJ *u.* ADV sans méthode;
unmissverständlich A ADJ clair; non équivoque B ADV clairement; sans équivoque; *(geradeheraus)* sans ambages
unmittelbar A ADJ *⟨épithète⟩ Nachfolger, Nähe etc* immédiat; *Kontakt, Verantwortung, Ursache, Vorgesetzter etc* direct; *Gefahr* imminent; **in ~er Nähe** à proximité B ADV 1 **~ vor** *(+dat bzw. akk) räumlich* à deux pas de; *zeitlich* **~ vor** *(+dat)* immédiatement avant; **~ bevorstehen** être imminent 2 *(direkt)* directement; immédiatement; **~ zum Ziel führen** mener droit au but; **sich ~ an etw** *(dat)* **beteiligen** prendre une part directe à qc
unmöbliert ADJ non meublé; sans meubles
unmodern A ADJ passé de mode; démodé; **~ werden** se démoder B ADV d'une façon démodée
unmöglich A ADJ 1 *(nicht durchführbar, undenkbar)* impossible; **es ist mir ~ zu** *(+inf)* il m'est impossible de *(+inf)*; **das ist ~!** c'est impossible! 2 *umg pej (nicht akzeptabel) Person, Benehmen, Kleidung etc* impossible; *Benehmen a.* inacceptable; **sich ~ machen** se rendre impossible 3 *umg pej (erstaunlich, seltsam) umg* impossible; **an den ~sten Stellen** aux endroits les plus impossibles; **er hat die ~sten Ideen** il a les idées les plus bizarres, saugrenues, *umg* farfelues B *umg* ADV 1 *(keinesfalls)* **ich kann es ~ tun** il m'est impossible de le faire; **das geht ~** c'est impossible 2 *pej (nicht akzeptabel)* **sich ~ benehmen** avoir une conduite *od* se conduire de façon impossible, inadmissible, inacceptable
Unmögliche(s) N ⟨→ A⟩ impossible *m*; **~s leisten** faire l'impossible; **man kann von niemandem ~s verlangen** *sprichw* à l'impossible nul n'est tenu; **ich verlange (ja) nichts ~s von dir** je ne te demande pas l'impossible
Unmöglichkeit F impossibilité *f*; **ein Ding der ~** une chose impossible, infaisable
unmoralisch ADJ immoral
unmotiviert ADJ sans motif, fondement; gratuit; **scheinbar ~** sans raison apparente
unmündig ADJ 1 JUR mineur 2 *fig* qui n'est pas adulte; *(unreif)* immature
unmusikalisch ADJ **~ sein** ne pas être musicien, -ienne; ne pas avoir le sens de la musique
Unmut *geh* M mauvaise humeur; morosité *f*; **s-m ~ Luft machen** manifester sa mauvaise humeur; donner libre cours à sa mauvaise humeur
unnachahmlich ADJ inimitable; **Unnachahmlichkeit** F ⟨~⟩ caractère *m* inimitable (de qc); impossibilité *f* d'imiter (qc)
unnachgiebig ADJ inflexible; intransigeant; intraitable (**in Bezug auf** *[+akk]* sur); **Unnachgiebigkeit** F inflexibilité *f*; intransigeance *f*
unnachsichtig A ADJ sévère; sans indulgence; impitoyable B ADV sévèrement; sans indulgence; impitoyablement
unnahbar ADJ inaccessible; inabordable; °hautain; **Unnahbarkeit** F ⟨~⟩ inaccessibilité *f*
unnatürlich A ADJ 1 *(künstlich)* non naturel, -elle; artificiel, -ielle; *(gewaltsam)* **e-s ~en Todes sterben** ne pas mourir d'une mort naturelle 2 *(gekünstelt)* peu naturel, -elle; affecté; guindé; *(gezwungen)* contraint B ADV *(gekünstelt)* d'une façon peu naturelle, affectée, guindée
unnormal ADJ anormal; **es ist doch ~, dass** il est anormal que *(+subj)*
unnötig ADJ inutile; superflu; **unnötigerweise** ADV inutilement; sans nécessité
unnütz ADJ inutile; vain; superflu; qui ne sert à rien
UNO ⟨~⟩ ABK (United Nations Organization, Organisation der Vereinten Nationen) **die ~** l'ONU *f* (Organisation des Nations Unies)
UNO-... IN ZSSGN onusien, -ienne; de l'ONU; **UNO-Beamte(r)** M, **UNO-Beamtin** F onusien, -ienne *m,f*
unökonomisch ADJ *(nicht sparsam)* non économique
unordentlich A ADJ 1 *Zimmer etc* en désordre; *Arbeit* peu soigné; *plus fort* bâclé 2 *Person* désordonné; qui n'a pas d'ordre; *(nachlässig)* peu soigneux, -euse; négligent; *(schlampig)* débraillé B ADV 1 *(durcheinander)* en désordre; *(ungeordnet)* sans ordre; **~ herumliegen** *Gegenstände* traîner en désordre 2 *(nachlässig)* sans soin; **~ arbeiten** travailler sans soin; *plus fort* bâcler son travail
Unordnung F désordre *m*; *(Durcheinander)* fouillis *m*; *umg* pagaille *f*; **in ~** *(akk)* **bringen** mettre en désordre; *a. fig* déranger; bouleverser; *fig* désorganiser; **in ~** *(akk)* **geraten** se désorganiser
unorthodox ADJ peu, non orthodoxe; **unpaarig** ADJ ZOOL impair; **unparteiisch** A ADJ impartial B ADV impartialement; sans parti pris; avec impartialité
Unparteiische(r) M/F(M) ⟨→ A⟩ SPORT arbitre *m/f*
unpassend ADJ *Zeitpunkt* mal choisi; inopportun; qui ne convient pas; *Ausdruck* impropre; *Betragen* inconvenant; *Bemerkung a.* incongru; déplacé; **~er Augenblick** mauvais moment; **zu ~er Zeit** à une heure indue
unpassierbar ADJ *Pass, Straße* impraticable; fermé
unpässlich ADJ indisposé; incommodé; souffrant; **Unpässlichkeit** F ⟨~; ~en⟩ indisposition *f*
unpersönlich ADJ *a.* GRAM impersonnel, -elle
unpfändbar ADJ insaisissable; **Unpfändbarkeit** F insaisissabilité *f*
unplugged® ADJ *u.* ADV unplugged
unpoetisch ADJ peu poétique; **unpolitisch** ADJ non politique; apolitique; **unpopulär** ADJ impopulaire; **Unpopularität** F impopularité *f*; **unpraktisch** ADJ pas (très) pratique; *Person a.* maladroit; **unproduktiv** ADJ improductif, -ive; *Gespräch a.* stérile; **Unproduktivität** F improductivité *f*;
unproportioniert ADJ disproportionné
unpünktlich A ADJ 1 *(verspätet) Person, Lieferung* en retard 2 *(nie pünktlich) Person* **immer ~ sein** ne jamais être à l'heure; ne pas être très ponctuel, -elle B ADV *(verspätet)* en retard; **~ kommen** arriver en retard; **~ liefern** ne pas respecter les délais de livraison
Unpünktlichkeit F manque *m* de ponctualité; inexactitude *f*
unqualifiziert ADJ 1 *Arbeit, Arbeitskraft* non qualifié 2 *pej Bemerkung etc* non pertinent; qui dénote une totale incompétence; **unrasiert** ADJ non rasé
Unrast *geh* F ⟨~⟩ agitation fébrile, continuelle; *innere* inquiétude *f*; trouble intérieur;
Unrat *geh* M ⟨~(e)s⟩ immondices *fpl*; ordures *fpl*; déchets *mpl*
unrationell ADJ inefficace; **unrealistisch** ADJ peu réaliste; irréaliste
unrecht *geh* A ADJ mauvais; *Zeitpunkt* inopportun; *geh* **auf ~e Gedanken kommen** avoir de mauvaises idées; **etw Unrechtes essen** manger qc de mauvais; *umg* **an den Unrechten geraten, kommen** se tromper d'adresse; frapper à la mauvaise porte; **zur ~en Zeit** mal à propos B ADV **~ handeln** agir mal; **j-m ~ tun** faire du tort à qn; *geh* **du hast ~ daran getan zu** *(+inf)* tu as eu tort de *(+inf)*; tu as mal fait de *(+inf)* C SUBST **~ haben** avoir tort; **die Tatsachen beweisen, dass Sie ~ haben** les faits vous donnent tort; **j-m ~ geben** donner tort à qn; **sie hat ~ bekommen** on lui a donné tort
Unrecht N ⟨~(e)s⟩ 1 injustice *f*; tort *m*; **es geschieht ihm ~** on n'est pas juste envers lui; on lui a fait du tort; **im ~ sein** avoir tort; être dans son tort; **der Fahrer ist im ~** c'est le conducteur qui est dans son tort, en tort; **sich ins ~ setzen** se mettre dans son tort; **sein ~ einsehen** reconnaître ses torts; **ein ~ wieder gutmachen** réparer une injustice; **zu ~** à tort; injustement; **nicht zu ~** non sans raison; **j-n zu ~ verurteilen, verdächtigen** condamner, soupçonner qn à tort; **das wird zu ~ behauptet** c'est à tort que l'on prétend cela 2 **~ bekommen, geben, haben** → unrecht C
unrechtmäßig A ADJ illégitime B ADV illégitimement; de manière illégitime; **sich** *(dat)* **etw ~ aneignen** usurper qc; **~ erworben** mal acquis; usurpé
unrechtmäßigerweise ADV illégitimement; **Unrechtmäßigkeit** F ⟨~; ~en⟩ illégitimité *f*
unredlich *geh* ADJ malhonnête; déloyal; **Unredlichkeit** F malhonnêteté *f*; déloyauté *f*
unregelmäßig ADJ *Formen, Arbeit, Puls,* MATH, GRAM irrégulier, -ière; *Lebensweise* déréglé; **Unregelmäßigkeit** F 1 *⟨sans pl⟩ (das Unregelmäßigsein)* irrégularité *f*; *in der Lebensweise* dérèglement *m* 2 *(Verstoß, Betrug) etc* irrégularité *f*
unregierbar ADJ ingouvernable
unreif ADJ *a. fig* qui n'est pas mûr; *Frucht a.* vert; *Person a.* qui manque de maturité; immature; **Unreife** F *a. fig* manque *m* de maturité; *fig* immaturité *f*
unrein ADJ 1 *(schmutzig)* malpropre; sale; *Wasser, Haut* impur *(a. fig,* REL); *Haut a.* qui présente des impuretés 2 MUS **~er Ton** fausse note 3 **ins Unreine schreiben** écrire au brouillon
Unreinheit F 1 *⟨sans pl⟩* malpropreté *f*; saleté *f* 2 *⟨sans pl⟩* REL impureté *f* 3 **~en der Haut** impuretés de la peau
unrentabel ADJ ⟨-bl⟩ (qui n'est) pas rentable; **Unrentabilität** F non-rentabilité *f*
unrettbar ADV **~ verloren sein** être condamné
unrichtig ADJ *Angaben, Darstellung etc* qui n'est pas juste; *(falsch)* faux, fausse; incorrect;

(*ungenau*) inexact; (*irrig*) erroné; (*fehlerhaft*) fautif, -ive; **Unrichtigkeit** F ⟨~; ~en⟩ incorrection *f*; inexactitude *f*

Unruh F ⟨~; ~en⟩ *e-r Uhr* balancier *m*

Unruhe F ⟨~; ~n⟩ 1 ⟨*sans pl*⟩ (*Besorgnis*) inquiétude *f*; (*Angstgefühl*) anxiété *f*; *plus fort* affolement *m*; **in ~** (*dat*) **sein** être inquiet (**wegen etw** de, sur qc; **wegen j-m** pour, au sujet de qn); (*Nervosität*) nervosité *f*; *a. e-s Kranken* agitation *f* 2 ⟨*sans pl*⟩ (*Trubel*) agitation *f*; (*Lärm*) bruit *m* 3 (*Unfrieden*) désordre *m*; POL agitation *f*; **~n** *pl* troubles *mpl*; désordres *mpl*; **soziale ~n** troubles sociaux; agitation sociale; **die ~ unter den Arbeitern** l'agitation ouvrière; **~ stiften** provoquer des troubles; **~ verbreiten** semer le désordre

Unruheherd M foyer *m* de troubles, d'agitation; **Unruhestifter** M *pej* fauteur *m* de troubles; perturbateur *m*

unruhig ADJ 1 (*besorgt*) inquiet, -iète; (*voller Angst*) anxieux, -ieuse; **~ werden** s'inquiéter; s'alarmer 2 (*ruhelos*) agité; *Kind a.* remuant; turbulent; (*nervös*) nerveux, -euse; **~ werden** s'agiter 3 (*unregelmäßig*) *Puls, Atmung* irrégulier, -ière; *Muster* mouvementé 4 *Zeit, Leben* agité; troublé; *Meer* agité; °houleux, -euse 5 (*laut*) bruyant

unrühmlich A ADJ peu glorieux, -ieuse B ADV sans gloire

unrund TECH A ADJ ovalisé B ADV **~ laufen** ne pas tourner rond

uns PERS PR (*dat et akk de* wir) (à) nous; **von ~** (*unsererseits*) de notre part; **ein Freund von ~** un de nos amis; un ami à nous; **das gehört ~** c'est à nous

unsachgemäß A ADJ *Behandlung* inapproprié; incorrect; *Darstellung* peu conforme aux faits; peu objectif, -ive B ADV de façon inappropriée; incorrectement; **~ behandeln** maltraiter

unsachlich ADJ non objectif, -ive; subjectif, -ive; **Unsachlichkeit** F manque *m* d'objectivité; subjectivité *f*

unsagbar *geh* A ADJ *Leid geh* indicible; *Freude geh* ineffable B ADV **sie war ~ traurig** *geh* elle était d'une tristesse indicible; **j-n ~ lieben** aimer qn à la folie

unsäglich → unsagbar

unsanft ADV *wecken etc* sans douceur; brutalement

unsauber ADJ 1 (*schmutzig*) malpropre 2 (*nachlässig*) qui n'est pas soigné; qui manque de soin; *plus fort* bâclé 3 (*nicht präzise*) imprécis; qui n'est pas net, nette; *Klang* qui n'est pas juste; qui n'est pas net, nette 4 (*unlauter*) *Geschäft etc* malhonnête; sale; **Unsauberkeit** F ⟨~; ~en⟩ (*Schmutz*) malpropreté *f*; (*Nachlässigkeit*) manque *m* de soin; *des Klangs* manque *m* de netteté; (*Unlauterkeit*) malhonnêteté *f*

unschädlich ADJ *Mittel* inoffensif, -ive; anodin; **~ machen** mettre °hors d'état de nuire; *Gift etc* neutraliser; *Munition* désamorcer; **j-n ~ machen** *verhüllend* (*töten*) mettre qn définitivement °hors d'état de nuire

Unschädlichkeit F innocuité *f*

unscharf ADJ FOTO, OPT flou; imprécis; *fig a.* vague; **Unschärfe** F FOTO, OPT flou *m*; imprécision *f*; manque *m* de netteté

unschätzbar ADJ inestimable; inappréciable; **Unschätzbarkeit** F ⟨~⟩ valeur *f* inestimable

unscheinbar ADJ *Person, Aussehen* insignifiant; *Person a.* falot; terne; **Unscheinbarkeit** F ⟨~⟩ insignifiance *f*

unschicklich *geh* ADJ inconvenant; *geh* malséant; **Unschicklichkeit** *geh* F inconvenance *f*

unschlagbar ADJ imbattable

unschlüssig ADJ irrésolu; indécis; perplexe; (*zaudernd*) hésitant; **(sich** [*dat*]**) ~ sein** hésiter

Unschlüssigkeit F ⟨~⟩ irrésolution *f*; indécision *f*; perplexité *f*

unschön ADJ qui n'est pas beau, belle; *Gesicht, Person, Stadt, Haus, Gegend, Benehmen* laid; *Lage, Erfahrung* désagréable

Unschuld F ⟨~⟩ 1 (*Schuldlosigkeit*) innocence *f*; *bes* JUR non-culpabilité *f*; **s-e ~ beteuern** protester de son innocence; JUR *a.* plaider non coupable; **s-e Hände in ~ waschen** s'en laver les mains 2 (*Unverdorbenheit*) innocence *f*; (*Naivität*) candeur *f*; ingénuité *f*; (*Jungfräulichkeit*) virginité *f*; *umg hum* **e-e ~ vom Lande** une oie blanche; *umg* une bécassine; **s-e ~ verlieren** perdre sa virginité

unschuldig A ADJ 1 (*schuldlos*) innocent (**an etw** [*dat*] de qc); *bes* JUR non coupable; **j-n für ~ erklären** innocenter qn 2 (*arglos*) candide; ingénu; (*unverdorben*) innocent; (*sexuell unberührt*) *Mädchen, Mann* vierge; (*harmlos*) innocent; **die Unschuldige spielen** faire la sainte nitouche; jouer les ingénues B ADV 1 **~ verurteilt werden** être condamné à tort 2 (*naiv*) **j-n ~ ansehen** regarder qn innocemment, ingénument

Unschuldige(r) M/F(M) innocent(e) *m(f)*

Unschuldslamm N *iron* innocent(e) *m(f)*; **Unschuldsmiene** F air innocent, d'innocence

unschwer ADV facile; sans difficulté; sans peine; **das ist ~ zu erraten** c'est facile à deviner

unselbstständig ADJ 1 *Mensch in s-m Wesen, Tun* qui dépend trop des autres; peu autonome; sans initiative 2 ADMIN **~e Arbeit** travail salarié; **Einkommen** *n* **aus ~er Arbeit** salaire *m*

Unselbstständigkeit F manque *m* d'indépendance, d'autonomie, d'initiative; (*Abhängigkeit*) dépendance *f*

unselig *geh* ADJ funeste (*a. Entscheidung, Epoche, Gedanke, Jahr, Schicksal, Tag*); fatal (*a. Entscheidung, Jahr, Tag*); *Entscheidung a.* désastreux, -euse; *Person* malheureux, -euse

unser A POSS PR 1 ADJT (F *et* PL **~e**) notre; *pl* nos; BIBEL **Vater ~, der du bist im Himmel** Notre Père qui êtes aux cieux; **e-r ~er Freunde** (l')un de nos amis 2 SUBST **der, die, das Unsere** le *bzw.* la nôtre; *ist das euer Haus?* **das ist ~es** c'est la nôtre; *geh* **die Unser(e)n, Unsren** *pl* les nôtres; *geh* **wir haben das Uns(e)re getan** nous avons fait ce que nous devions faire, notre possible; nous avons fait ce qui était en notre pouvoir B *geh* PERS PR (*gen de* wir) de nous; REL **erbarme dich ~** ayez pitié de nous; **in ~ aller Namen** en notre nom à tous

unsereiner, unsereins *umg* INDEF PR nous autres; des gens comme nous

unsererseits ADV de notre côté; de notre part

unseresgleichen PRON ⟨*inv*⟩ des gens comme nous

unserige → unsrige

unseriös ADJ (*zwielichtig*) douteux, -euse; louche; (*unredlich, unlauter*) malhonnête

unsertwegen ADV 1 (*wegen uns*) à cause de nous 2 (*uns zuliebe*) pour nous 3 (*von uns aus*) en ce qui nous concerne; quant à nous

unsertwillen ADV **um ~** pour nous

unsicher A ADJ 1 (*gefahrvoll*) peu sûr; dangereux, -euse; *im Krieg* **~es Gebiet** zone *f* d'insécurité; **die Gegend ~ machen** *Verbrecher* faire régner l'insécurité dans la région; *plus fort* terroriser la région; *umg fig hum Besucher etc* **Paris ~ machen** aller à Paris pour bien s'amuser 2 (*nicht selbstsicher*) qui manque d'assurance; *Stimme, Gang a.* mal assuré; hésitant; **im Rechnen ~ sein** manquer d'assurance en calcul; **j-n ~ machen** troubler qn; faire perdre son assurance à qn 3 (*ungewiss*) peu sûr; incertain; *Lage, Existenz a.* précaire; (*riskant*) risqué; **es ist ~, ob …** il n'est pas sûr que …; **(sich** [*dat*]**) ~ sein, ob …** ne pas savoir si …; **e-e ~e Geldanlage** un placement risqué 4 (*unzuverlässig*) *Methode, Gedächtnis* non fiable; peu sûr; *Quelle* douteux, -euse B ADV **~ fahren** manquer d'assurance au volant; **~ lächeln** sourire timidement; avoir un sourire timide, hésitant

Unsicherheit F 1 ⟨*sans pl*⟩ (*Gefährlichkeit*) insécurité *f* 2 ⟨*sans pl*⟩ (*Unsichersein*) manque *m* de sûreté; *e-r Person, der Schritte, Stimme, Hände etc* manque *m* d'assurance 3 ⟨*sans pl*⟩ (*Ungewissheit*) incertitude *f*; *der Existenz, des Arbeitsplatzes* précarité *f* 4 *meist* PL (*mangelnde Fähigkeiten*) insuffisances *fpl*; déficiences *fpl* 5 (*Unklarheit*) incertitude *f*; **es gibt noch gewisse ~en** il y a encore quelques incertitudes, points d'interrogation

Unsicherheitsfaktor M (élément *m* d')incertitude *f*; *weitS.* chose *f* imprévisible; risque *m*

unsichtbar ADJ invisible; **mit bloßem Auge ~** imperceptible à l'œil nu; *umg fig hum* **sich ~ machen** *umg* s'éclipser

Unsichtbarkeit F invisibilité *f*

Unsinn M ⟨~(e)s⟩ 1 non-sens *m*; ineptie *f*; absurdité *f*; (*dummes Zeug*) bêtises *fpl*; absurdités *fpl*; inepties *fpl*; **das ist blanker ~!** c'est complètement absurde!; **über Sinn und ~ e-r Maßnahme diskutieren** discuter du bien-fondé et de l'absurdité d'une mesure; **es ist ~ anzunehmen, dass** il est absurde de supposer que (*+subj*); **alles ~!** absurdités, inepties que tout cela! 2 (*Unfug*) bêtises *fpl*; âneries *fpl*; **red, mach doch keinen ~!** ne dis *od* raconte pas, ne fais pas de bêtises!

unsinnig ADJ *Behauptung* insensé; absurde; *Forderung* déraisonnable; extravagant; fou (fol), folle

unsinnigerweise ADV **~ etw tun** avoir la bêtise, la folie de faire qc

Unsinnigkeit F ⟨~⟩ absurdité *f*

Unsitte F mauvaise habitude

unsittlich ADJ (*unmoralisch*) immoral; JUR (*sittenwidrig*) qui offense les bonnes mœurs; (*unzüchtig*) qui offense la pudeur; **Unsittlichkeit** F ⟨~; ~en⟩ immoralité *f*; *als Handlung* acte immoral

unsolid(e) ADJ 1 *Mensch* peu sérieux, -ieuse; *Lebenswandel a.* déréglé 2 *Arbeit, Produkt* de mauvaise qualité; *Unternehmen* peu sérieux, -ieuse; qui n'inspire pas confiance; **unsozial** ADJ *System, Maßnahme etc* antisocial; *Person* égoïste

unsportlich ADJ 1 (*kaum Sport treibend*) pas sportif, -ive 2 → unfair; **~es Verhalten** comportement déloyal

unsre → unser A

unsrerseits → unsererseits

unsresgleichen → unseresgleichen

unsrige *geh* POSS PR **der, die, das ~** (SUBST **Unsrige**) le *bzw.* la nôtre; **die Unsrigen** les nôtres; notre famille

unstatthaft ADJ défendu

unsterblich A ADJ immortel, -elle B *umg* ADV **sich ~ blamieren** se couvrir de ridicule; **sich ~ (in j-n) verlieben** tomber follement amoureux, -euse (de qn); **~ verliebt** éperdument amoureux, -euse

Unsterblichkeit F immortalité *f*

unstet *geh* ADJ *Mensch, Wesen* inconstant; versatile; changeant; *Leben* vagabond; errant; *Blick* fuyant; **Unstetigkeit** F inconstance *f*; versatilité *f*; humeur vagabonde, changeante

unstillbar ADJ *Durst, Verlangen etc* insatiable; inapaisable; inextinguible

Unstimmigkeit F ⟨~; ~en⟩ *(Uneinigkeit)* désaccord *m*; divergence *f* d'idées; différend *m*; *(Widerspruch)* contradiction *f*; *(Fehler)* erreur *f*; irrégularité *f*

unstreitig ADJ *(u.* ADV*)* sans contredit, contesté; incontestable(ment)

Unsumme F somme énorme, *umg* faramineuse

unsymmetrisch ADJ sans symétrie; asymétrique; dissymétrique

unsympathisch ADJ peu sympathique; antipathique; **er ist (mir) ~** je le trouve antipathique

unsystematisch ADJ peu systématique, méthodique; **untad(e)lig** ADJ *Person, Leben, Charakter, Benehmen* irréprochable; *geh* irrépréhensible; *Person a.* impeccable

Untat F *geh* forfait *m* (atroce); crime (monstrueux)

untätig **A** ADJ inactif, -ive; dans l'inaction; *(müßig)* oisif, -ive; désœuvré; sans occupation **B** ADV **~ zusehen** regarder passivement, sans rien faire

Untätigkeit F ⟨~⟩ *augenblickliche* inaction *f*; *dauernde* inactivité *f*; *(Müßiggang)* oisiveté *f*; désœuvrement *m*; manque *m* d'occupation

untauglich ADJ *Mensch* inapte **(zu, für** à); incapable (de); *Gegenstand* impropre (à); inutilisable (pour); MIL *für den Wehrdienst* inapte

Untauglichkeit F **~ (zu)** inaptitude *f* (à); incapacité *f* (de); MIL *zum Wehrdienst* inaptitude *f*

unteilbar ADJ indivisible

unten ADV **1** *(an der tiefsten Stelle)* en bas; *auf Kisten* **~!** bas!; **da, dort ~** là en bas; **~ wohnen** habiter en bas; **hier ~** ici en bas; **links, rechts ~** en bas à gauche, à droite; **nach ~** vers le bas; **nach ~ gehen, fahren** descendre; **etw nach ~ tragen** descendre qc; **von ~** d'en bas; **von ~ nach oben** de bas en °haut; **weiter ~** plus bas; **auf Seite 10 ~** en bas de la page 10; **~ im Schrank** en bas de l'armoire; **(tief) ~ im Tal** au fond de la vallée **2** *(am entferntesten Ende)* **~ am Tisch sitzen** être assis en bout de table **3** *im Text (später folgend)* **siehe ~** voir ci-dessous; **~ erwähnt** mentionné ci-dessous; **~ genannt** nommé ci-dessous; **~ stehend** mentionné ci-dessous **4** *umg (im Süden)* dans le Midi; **wir waren ~ in Italien** nous sommes descendus en Italie **5** *in e-r (sozialen) Rangordnung* au bas de l'échelle; *Kritik etc* **von ~** *(von der Basis, aus dem Volk)* de la base; *umg* **~ durch sein** *umg* être grillé; *umg* être coulé **(bei j-m** dans l'estime de qn); **sie hat ganz ~ angefangen** elle a commencé au bas de l'échelle; **er hat von ~ auf gedient** il est passé par tous les échelons; MIL il est sorti du rang

untenan ADV tout en bas

untendrunter *umg* ADV (en) dessous

untenerwähnt ADJT *⟨épithète⟩* mentionné ci-dessous; **Untenerwähnte(r)** M/F(M) ⟨→ A⟩ personne mentionnée ci-dessous; **untengenannt** ADJT *⟨épithète⟩* nommé ci-dessous; **Untengenannte(r)** M/F(M) ⟨→ A⟩ personne nommée ci-dessous; **untenstehend** ADJT *⟨épithète⟩* mentionné ci-dessous

unter **A** PRÄP **1** *räumlich Lage ⟨dat⟩* sous; *(~halb)* au-dessous de; **~ der Erde** sous terre; **~ dem Tisch** sous la table; BERGBAU **~ Tage** au fond; **~ demselben Dach** sous le même toit; **~ j-m wohnen** habiter au-dessous de qn; **~ dem Mantel ein Kleid tragen** porter une robe sous son manteau; **~ Wasser schwimmen** nager sous l'eau; **~ e-m Stichwort suchen** chercher sous un mot-clé; **~ dem Schrank hervorkommen** sortir de dessous l'armoire **2** *räumlich Richtung ⟨akk⟩* sous; **sich ~ e-n Baum stellen** s'abriter sous un arbre; **etw ~ den Arm nehmen, klemmen** mettre qc sous son bras **3** *südd zeitlich (während) ⟨dat⟩* **~ der Woche** pendant, durant la semaine **4** *(~halb e-r Grenze) ⟨dat ou akk⟩* au-dessous de; **Kinder ~ acht Jahren** enfants de moins, au-dessous de huit ans; **fünf Grad ~ null** cinq degrés au-dessous de zéro **5** *Unterordnung ⟨dat ou akk⟩* **das ist ~ meiner Würde** c'est au-dessous de moi; je ne m'abaisserai pas à cela; **~ j-m stehen** venir après qn; être inférieur à qn; **~ s-r Leitung** sous sa direction; **etw ~ sich** *(dat)* **haben** *Betrieb etc* avoir la direction de qc; avoir qc sous sa direction; diriger qc; **~ Karl dem Großen** sous Charlemagne **6** *Art u. Weise ⟨dat⟩* à; sous; dans; **~ großen Schmerzen** avec, dans de grandes douleurs, souffrances; **~ großen Anstrengungen** au prix de grands efforts; **~ Tränen lächeln** sourire à travers ses larmes; **~ ärztlicher Aufsicht** sous contrôle médical, surveillance médicale; **~ ohrenbetäubendem Lärm** avec, dans un vacarme assourdissant; **~ englischer Flagge** sous pavillon anglais **7** *mit Verbalsubstantiv (durch) ⟨dat⟩* **~ Verwendung von etw** en employant qc; à l'aide de qc; **~ Ausnutzung von etw** en profitant de qc **8** *(zwischen) Lage ⟨dat⟩* parmi; entre; au milieu de; **~ Freunden** entre amis; **~ uns (gesagt)** entre nous; **mitten ~ uns** au milieu de nous; **das bleibt ~ uns** que cela reste entre nous; **~ anderem** entre autres (choses); **sich ~ den Zuschauern befinden** se trouver parmi les spectateurs; **~ meinen Papieren** parmi, dans mes papiers; **er war ~ ihnen** il était du nombre **9** *(zwischen) Richtung ⟨akk⟩* **sich ~ die Gäste mischen** se mêler aux invités; **Hölderlin gehört ~ die Klassiker** Hölderlin fait partie des, doit être rangé parmi les classiques; **etw ~ die Leute bringen** divulguer qc; répandre qc; faire circuler qc **B** ADV *(weniger als)* moins de; **Städte** *fpl* **~ 100 000 Einwohnern** villes *fpl* de moins de 100 000 habitants; **dieses Buch ist nicht ~ 100 Euro zu haben** on ne peut pas avoir ce livre à moins de 100 euros

Unter M ⟨~s; ~⟩ KARTENSPIEL valet *m*

Unterabteilung F subdivision *f*; sous-section *f*; **Unterarm** M avant-bras *m*; **Unterart** F BIOL sous-espèce *f*; variété *f*; **Unterbau** M ⟨~(e)s; ~ten⟩ **1** BAU *(Fundament)* fondation *f*; sous-œuvre *m*; *(Grundmauern)* soubassement *m*; STRASSENBAU, EISENBAHN infrastructure *f* **2** *⟨sans pl⟩ fig (theoretische Basis, Grundlage)* base(s) *f(pl)*; fondements *mpl*; **Unterbegriff** M sous-catégorie *f*; **Unterbekleidung** F sous-vêtements *mpl*

unterbelegt ADJ *Unterkunft, Krankenhaus* dont la capacité est sous-employée, sous-utilisée; *Lehrgang* aux effectifs insuffisants

unterbelichten V/T ⟨-ete, *insép, pas de ge-,* **h.**⟩ FOTO sous-exposer; *umg fig* **er ist geistig unterbelichtet** *umg* il est bête comme ses pieds; *umg* ce n'est pas une lumière

Unterbelichtung F FOTO sous-exposition *f*; **Unterbeschäftigung** F ⟨~⟩ sous-emploi *m*

unterbesetzt ADJ **~ sein** être en sous-effectif; manquer du personnel nécessaire

unterbewerten V/T ⟨-ete, *insép, pas de ge-,* **h.**⟩ *Fähigkeiten etc* sous-estimer; *a. Währung* sous-évaluer; **Unterbewertung** F sous-estimation *f*; *e-r Währung, Immobilie, e-s Wertpapiers* sous-évaluation *f*

unterbewusst ADJ subconscient; **Unterbewusstsein** N PSYCH subconscient *m*

unterbieten V/T ⟨*irr, insép, pas de ge-,* **h.**⟩ **1** **j-n, die Konkurrenz ~** vendre moins cher que qn, que la concurrence; **j-s Preis ~** offrir un prix plus avantageux que qn; **j-s Angebot ~** faire une offre, *bei e-r Ausschreibung* une soumission plus basse que qn; **nicht zu ~** *Preis* imbattable; *iron Niveau etc* inégalable **2** *bes* SPORT *Rekord* battre

Unterbietung F ⟨~; ~en⟩ vente *f* à un prix inférieur (à)

unterbinden V/T ⟨*irr, insép, pas de ge-,* **h.**⟩ *(verhindern)* empêcher; *(beenden)* faire cesser; mettre un terme à; *Aufruhr etc* juguler; **Unterbindung** F *(Verhinderung)* empêchement *m*; *(Beendung)* arrêt *m*

unterbleiben V/I ⟨*irr, insép, pas de ge-,* **s.**⟩ *(nicht geschehen)* ne pas avoir lieu; *(nicht wieder eintreten)* ne plus se reproduire; **ich hoffe, das wird in Zukunft ~** j'espère que cela ne se reproduira plus; **das wäre besser unterblieben** on aurait pu s'en dispenser

Unterboden M AUTO dessous *m* (de caisse); **Unterbodenschutz** M AUTO protection *f* du dessous de caisse

unterbrechen V/T ⟨*irr, insép, pas de ge-,* **h.**⟩ **1** *(vorerst nicht fortsetzen)* interrompre; *Arbeit, Sitzung, Diskussion etc a.* suspendre; **~ Sie mich nicht immer!** ne m'interrompez pas tout le temps! **2** *Leitung* couper; *Strom a.* déconnecter; TEL **wir sind unterbrochen worden** nous avons été coupés

Unterbrecher M ELEK rupteur *m*

Unterbrechung F ⟨~; ~en⟩ interruption *f* (*a.* ELEK); *zeitweilige* suspension *f*; ELEK coupure *f*; **mit ~en** par intermittence; **nach zweijähriger ~** après un intervalle, une interruption de deux ans; **entschuldigen Sie die ~!** excusez(-moi *bzw.* -nous) de vous interrompre!

unterbreiten *geh* V/T ⟨-ete, *insép, pas de ge-,* **h.**⟩ *Plan, Vorschlag, Gesuch* présenter; soumettre; **Unterbreitung** F ⟨~⟩ présentation *f*; soumission *f*

unterbringen V/T ⟨*irr, sép,* **-ge-, h.**⟩ **1** *(verstauen)* mettre; ranger; **das Büro war in e-r alten Villa untergebracht** le bureau était installé dans une ancienne villa **2** *(beherbergen)* héberger; loger **3** *(in Obhut geben)* mettre; **die Kinder in e-r Tagesstätte ~** mettre les enfants dans une garderie **4** *umg (e-e Stellung verschaffen)* placer; caser; trouver une place, un emploi à **5** *fig (einordnen)* **ich weiß nicht, wo ich sie ~ soll** je ne sais (pas) où la situer

Unterbringung F ⟨~; ~en⟩ hébergement *m*; logement *m*; **~ in e-m Krankenhaus** hospitalisation *f*

unterbuttern *umg* V/T ⟨-(e)re, *sép,* **-ge-, h.**⟩ **1** *(unterdrücken)* **j-n ~** brimer qn; **sich nicht ~ lassen** ne pas se laisser faire; ne pas se laisser marcher sur les pieds **2** *(zusätzlich ausgeben)* **das restliche Geld (mit) ~** engloutir le reste de l'argent; *Geld etc* **untergebuttert werden** y passer

Unterdeck N SCHIFF pont inférieur

unterderhand ADV → Hand 6

unterdessen ADV entre-temps; dans l'intervalle

Unterdruck M ⟨~(e)s; -drücke⟩ TECH dépression *f*

unterdrücken V/T ⟨*insép, pas de ge-,* **h.**⟩ **1** *Gefühl etc* réprimer; retenir; contenir; refouler; *Schluchzen, Lachen* étouffer; réprimer **2** *Aufstand* réprimer; *Personengruppen* opprimer

Unterdrücker M oppresseur *m*

Unterdrückte PL ⟨→ A⟩ **die ~n** les opprimés *mpl*

Unterdrückung F ⟨~; ~en⟩ **1** *e-s Gefühls etc* refoulement *m* **2** *e-s Volkes* oppression *f*; *e-s Aufstands* répression *f*

untere(r, -s) ADJ *⟨épithète⟩* **1** *räumlich* inférieur; bas, basse; *(darunter liegend)* d'en bas; de dessous; **der ~ Teil** la partie inférieure; le bas; **das ~ Zimmer** la chambre d'en bas, de dessous; *(weit entfernt)* **am ~n Ende der Straße** tout au bout de la rue **2** *in e-r Rangordnung* inférieur; **die ~n Klassen** *fpl e-r Schule* les petites classes

untereinander ADV **1** *(räumlich)* l'un(e) au-dessous de l'autre; → untereinanderliegen **2** *(miteinander)* entre eux (nous, *etc*); *(gegenseitig)* mutuellement; réciproquement; **sich** *(dat)* **~ helfen** s'entraider; s'aider mutuellement, les un(e)s les autres

untereinanderliegen, **untereinanderstehen** VI *⟨irr, sép, -ge-, h.⟩* se trouver, être situé, être placé l'un sous l'autre

unterentwickelt ADJ **1** *wirtschaftlich* sous-développé **2** *körperlich, geistig* retardé (dans son développement); *geistig a.* demeuré; **Unterentwicklung** F sous-développement *m*

unterernährt ADJ sous-alimenté; **Unterernährung** F sous-alimentation *f*; dénutrition *f*

Unterfaden M MODE fil *m* de dessous

Unterfangen *geh* N ⟨~s⟩ entreprise *f*

unterfassen *umg* VT *⟨sép, -ge-, h.⟩* **1** *(einhaken)* **j-n ~** prendre le bras de qn; **untergefasst** bras dessus, bras dessous **2** *(stützen)* prendre, saisir par-dessous; soutenir

unterfertigen VT *⟨insép, pas de ge-, h.⟩ österr* ADMIN signer; **unterfordern** VT *⟨-(e)re, insép, pas de ge-, h.⟩* demander trop peu (d'efforts) à; exiger trop peu de; *Arbeit a.* être trop facile pour

Unterführung F passage souterrain

Unterfunktion F MED fonctionnement déficient; **~ der Schilddrüse** hypothyroïdie *f*

Unterfutter N MODE doublure *f*

unterfüttern VT *⟨-(e)re, insép, pas de ge-, h.⟩* **1** MODE doubler (**mit** de) **2** TECH mettre une couche sous-jacente à

Untergang M **1** *(Sonnenuntergang, Monduntergang) etc* coucher *m* **2** *e-s Schiffs* naufrage *m* **3** *fig (Zugrundegehen)* ruine *f*; perte *f*; naufrage *m*; *e-s Reichs, e-s Geschlechts etc* décadence *f*; *plötzlicher* chute *f*; effondrement *m*; **der ~ des Abendlandes** le déclin de l'Occident; **der ~ der Welt** la fin du monde; **s-m ~ entgegengehen** aller, courir à sa perte, à sa ruine; **der Alkohol war ihr ~** l'alcool a causé sa perte

untergärig ADJ *Bier* à fermentation basse

Untergattung F sous-genre *m*

Untergebene(r) M/F(M) ⟨→ A⟩ subordonné(e) *m(f)*; subalterne *m/f*

untergehakt ADVL **~ gehen** aller bras dessus, bras dessous

untergehen VI *⟨irr, sép, -ge-, s.⟩* **1** *Sonne, Mond etc* se coucher; disparaître au-dessous de l'horizon **2** *im Wasser Schiff* couler; sombrer; faire naufrage; *Gegenstand* couler; *Mensch* se noyer **3** *fig (zugrunde gehen)* décliner; sombrer; aller à sa ruine, à sa perte; périr; **davon geht die Welt nicht unter** ce n'est pas la fin du monde **4** *(sich verlieren)* se perdre; *(übertönt werden)* être couvert, étouffé (**in** *[+dat]* par)

untergeordnet ADJ **1** subordonné *(a.* GRAM) **2** *(zweitrangig)* secondaire; **von ~er Bedeutung** d'importance secondaire; de moindre importance

Untergeschoss, *österr* **Untergeschoß** N sous-sol *m*; **Untergewand** *geh* N vêtement *m* de dessous

Untergewicht N ⟨~(e)s⟩ manque *m*, insuffisance *f* de poids; **10 kg ~ haben** être à 10 kg en dessous du poids normal

untergewichtig ADJ qui a un poids insuffisant

untergliedern VT *⟨-(e)re, insép, pas de ge-, h.⟩* (sub)diviser (**in** *[+akk]* en)

untergraben[1] VT *⟨irr, insép, pas de ge-, h.⟩* *Grundlagen der Gesellschaft, Regierung, Gesundheit* miner; *Autorität, Moral, a. Regierung* saper; détériorer

untergraben[2] VT *⟨irr, sép, -ge-, h.⟩* AGR, GARTEN **Dung ~** enfouir le fumier

Untergrabung F *fig* (travail *m* de) sape *f*; détérioration *f*

Untergrenze F limite inférieure

Untergrund M **1** *⟨sans pl⟩* AGR sous-sol *m* **2** MAL fond *m* **3** BAU sol *m* d'infrastructure **4** *⟨sans pl⟩ fig*, POL clandestinité *f*; **in den ~ gehen** entrer, passer dans la clandestinité

Untergrundbahn F métro *m*; **Untergrundbewegung** F POL mouvement clandestin

untergründig ADJ *fig* sous-jacent; profond

Untergrundorganisation F POL organisation clandestine

Untergruppe F sous-groupe(ment) *m*

unterhaken *umg* VT *⟨sép, -ge-, h.⟩* **j-n ~** prendre le bras de qn; **untergehakt** bras dessus bras dessous

unterhalb PRÄP *⟨gen⟩* au-dessous de; *(stromabwärts)* en aval de

Unterhalt M ⟨~(e)s⟩ **1** *(Instandhaltung[skosten])* entretien *m* **2** *(Lebensunterhalt)* subsistance *f*; entretien *m*; **j-s ~ bestreiten, für j-s ~ aufkommen** subvenir aux besoins de qn; **sich** *(dat)* **s-n ~ verdienen** gagner sa vie **3** JUR *(~szahlung)* pension *f* alimentaire

unterhalten[1] VT *⟨irr, sép, -ge-, h.⟩ umg (dar~)* tenir dessous

unterhalten[2] *⟨irr, insép, pas de ge-, h.⟩* **A** VT **1** *Person (versorgen)* entretenir; subvenir aux besoins de; JUR payer une pension alimentaire à **2** *Gebäude, Maschinen etc (instand halten)* entretenir; tenir, conserver en bon état **3** *Geschäft (betreiben)* tenir; exploiter **4** *(pflegen)* **Beziehungen zu j-m ~** entretenir, maintenir des relations avec qn **5** *(amüsieren, die Zeit vertreiben)* divertir; amuser; distraire **B** V/R **1** *(sprechen)* **sich mit j-m (über etw** *[akk]***) ~** s'entretenir avec qn (de qc); *(plaudern)* causer avec qn (de qc); *(besprechen)* discuter (qc) avec qn; **sich lange mit j-m ~** avoir une longue conversation avec qn **2** *(amüsieren)* **sich (mit etw) ~** s'amuser, se divertir (de qc); **wir haben uns gut ~** nous nous sommes bien amusés

Unterhalter(in) M(F) *berufsmäßige(r)* animateur, -trice *m,f*; *auf e-r Party etc* boute-en-train *m*; **er ist ein guter ~** *a.* avec lui, on ne s'ennuie pas

unterhaltsam ADJ amusant; divertissant; distrayant

Unterhaltsanspruch M droit *m* à une pension alimentaire; **unterhaltsberechtigt** ADJT *Kind etc* à charge; **Unterhaltsberechtigte(r)** M/F(M) personne *f* à charge; *im Scheidungsrecht* personne *f* qui a droit à une pension alimentaire; **Unterhaltsempfänger** M bénéficiaire *m* d'une pension alimentaire; allocataire *m*; **Unterhaltsforderung** F créance *f* alimentaire; **Unterhaltsklage** F JUR demande *f* de pension alimentaire; action *f* alimentaire; **Unterhaltskläger** M JUR demandeur *m* d'une pension alimentaire; **Unterhaltskosten** PL frais *mpl* d'entretien; **Unterhaltspflicht** F obligation *f* alimentaire; devoir *m* d'entretien

unterhaltspflichtig ADJ **~ sein** avoir le devoir d'entretien

Unterhaltspflichtige(r) M ⟨→ A⟩ débiteur *m* alimentaire; **Unterhaltszahlung** F (paiement *m* de la) pension *f* alimentaire

Unterhaltung F ⟨~; ~en⟩ **1** *⟨sans pl⟩ (Pflege, Erhaltung)* entretien *m*; maintien *m* en bon état **2** *(Gespräch)* entretien *m*; conversation *f*; **e-e ~ beginnen** engager la *bzw.* une conversation (**mit** avec) **3** *(Vergnügen)* divertissement *m*; amusement *m*; distraction *f*; **wir wünschen gute ~!** amusez-vous bien!

Unterhaltungselektronik F électronique *f* de loisir; **Unterhaltungsfilm** M film divertissant; **Unterhaltungslektüre** F lecture divertissante, récréative; **Unterhaltungsliteratur** F littérature divertissante, récréative; **Unterhaltungsmusik** F musique légère; **Unterhaltungsprogramm** N programme *m* de divertissement; **Unterhaltungsroman** M roman divertissant; **Unterhaltungssendung** F émission *f* de variétés

Unterhändler M négociateur *m*; MIL parlementaire *m*

Unterhandlung F négociation *f*; pourparlers *mpl*; **(mit j-m) in ~en** *(dat)* **stehen** être en pourparlers (avec qn)

Unterhaus N ⟨~es⟩ POL *in England* **das ~** la Chambre basse *od* des communes

Unterhemd N *(Herrenunterhemd)* maillot *m*, tricot *m* de corps; *(Damenunterhemd)* (petite) chemise

unterhöhlen VT *⟨insép, pas de ge-, h.⟩ a. fig* miner; saper; creuser

Unterholz N ⟨~es⟩ sous-bois *m*; taillis *m* (sous futaie); **Unterhose** F *(Herrenunterhose)* caleçon *m*; *(Damenunterhose)* (petite) culotte; *(Slip)* slip *m*

unterirdisch **A** ADJ souterrain **B** ADV sous terre; en sous-sol; **~ verlaufen** être enfoui sous terre, enterré

unterjochen VT *⟨insép, pas de ge-, h.⟩* asservir; mettre sous le joug; *liter* assujettir; **Unterjochung** F ⟨~; ~en⟩ asservissement *m*

unterjubeln *umg* VT *⟨-(e)le, sép, -ge-, h.⟩* **j-m etw ~** *(andrehen) umg* refiler qc à qn; *fig (zuschieben)* mettre qc sur le dos de qn

Unterkante F bord inférieur

unterkellern VT *⟨-(e)re, insép, pas de ge-, h.⟩* construire une cave sous

unterkellert ADJT muni d'une cave; avec cave(s); **~ sein** être sur cave

Unterkellerung F ⟨~⟩ construction *f* sur cave

Unterkiefer M mâchoire inférieure; **Unterkleid** N combinaison *f*

unterkommen VI *⟨irr, sép, -ge-, s.⟩* **1** *(Unterkunft finden)* trouver à se loger, *umg* à se caser; *(Obdach finden)* trouver un abri **2** *umg (Stellung finden)* trouver une place, une situation, un emploi; *umg* (trouver à) se caser **3** *bes südd, österr (begegnen)* **so etwas ist mir noch nicht untergekommen** je n'ai (encore) jamais vu une chose pareille; **so jemand ist mir noch nicht untergekommen** je n'ai encore jamais rencontré quelqu'un comme ça

Unterkörper M partie inférieure du corps

unterkriechen *umg* VI *⟨irr, sép, -ge-, s.⟩* chercher abri; *fig* **bei j-m ~** trouver refuge chez qn

unterkriegen *umg* VT *⟨sép, -ge-, h.⟩* démoraliser; **sich nicht ~ lassen** ne pas se laisser abattre, décourager; **lass dich nicht ~!** tiens bon!; *umg* du cran!

unterkühlen VT *⟨insép, pas de ge-, h.⟩* MED *Körper* mettre en état d'hypothermie; **unterkühlt** ADJT **1** MED *Körper, Person* en état d'hypothermie **2** *fig pej (emotionslos, distanziert) Person, Empfang etc* froid; *Beziehungen* refroidi; **Unterkühlung** F MED hypothermie *f*

Unterkunft F ⟨~; -künfte⟩ hébergement *m*; logement *m*; gîte *m*; MIL quartier(s) *m(pl)*; **freie ~ und Verpflegung haben** avoir le vivre et le couvert; avoir le gîte et le couvert

U

Unterlage F 1 support *m*; base *f*; *(untere Schicht)* couche (inférieure); *in e-m Kinder-, Krankenbett* alaise *od* alèse *f*; *(Schreibunterlage)* sous-main *m*; TECH support *m*; appui *m* 2 PL **~n** *(Belege, Papiere)* documents *mpl*; dossier *m*; documentation *f*; **sämtliche ~n anfordern** demander toutes les pièces d'un dossier

Unterlass M **ohne ~** sans cesse, relâche, arrêt; continuellement

unterlassen V/T ‹*irr, insép, pas de ge-*, h.› s'abstenir de; *(versäumen)* omettre; **es ~, etw zu tun** omettre de faire qc; ne pas faire qc; **jeden Kommentar ~** s'abstenir de tout commentaire

Unterlassung F ‹~; ~en› *a.* JUR abstention *f*; *(Versäumnis)* omission *f*; **auf ~ klagen** intenter une action en abstention *od* cessation

Unterlassungssünde *umg* F péché *m* par omission

Unterlauf M ‹~(e)s; -läufe› *e-s Flusses* cours inférieur

unterlaufen[1] ‹*irr, insép, pas de ge-*› A V/T ‹h.› 1 *fig (umgehen) Bestimmungen etc* tourner; contourner 2 SPORT *Gegner* attraper, saisir par en bas B V/I ‹s.› **mir ist ein Fehler ~** je me suis trompé(e)

unterlaufen[2] ADJT **blau ~es Auge** œil poché

unterlegen V/T ‹*sép*, -ge-, h.› 1 *Gegenstand* mettre, placer, glisser (des)sous; **e-m Huhn Eier ~** donner des œufs à couver à une poule 2 *fig j-s Worten e-n anderen Sinn etc* prêter; attribuer

unterlegen[1] V/T ‹*insép, pas de ge-*, h.› 1 MODE *mit Stoff etc* garnir (**mit** de) 2 *fig* **etw mit Musik ~** donner un fond musical à qc; *e-n Film* sonoriser qc; **e-e Melodie mit e-m Text, e-r Melodie e-n Text ~** mettre des paroles sur un air

unterlegen[2] A PPERF → unterliegen B ADJT **~ sein** *im Kampf, in der Diskussion etc* avoir le dessous; **j-m (zahlenmäßig) ~ sein** être inférieur (en nombre) à qn

Unterlegene(r) M/F(M) ‹→ A› vaincu(e) *m(f)*

Unterlegenheit F ‹~› infériorité *f*; **zahlenmäßige ~** infériorité numérique, en nombre

Unterlegscheibe F TECH rondelle *f*; **Unterleib** M 1 bas-ventre *m*; abdomen *m* 2 *(innere weibliche Geschlechtsorgane)* organes génitaux internes

unterliegen V/I ‹*irr, insép, pas de ge-*› 1 ‹s.› *(besiegt werden)* succomber; avoir le dessous; **j-m ~** être vaincu, battu par qn 2 ‹h.› *(unterworfen sein) e-r Bestimmung, Steuer etc* être soumis à; *e-r Schwankung* être sujet à; *e-r Täuschung* être l'objet de

Unterlippe F lèvre inférieure

unterm *umg* = **unter dem**

untermalen V/T ‹*insép, pas de ge-*, h.› **mit Musik ~** donner un fond sonore à

Untermalung F ‹~; ~en› **musikalische ~** musique *f* de fond; KINO, RADIO, TV fond *m* sonore

untermauern V/T ‹-(e)re, *insép, pas de ge-*, h.› 1 BAU reprendre en sous-œuvre; consolider; étayer 2 *fig mit Beweisen etc* étayer (**mit** de); **etw mit Argumenten ~** *a.* apporter des arguments à l'appui de qc

Untermauerung F ‹~› 1 BAU reprise *f* en sous-œuvre; consolidation *f*; soutènement *m* 2 *fig* argument(s) *m(pl)* (*+gen* à l'appui de); **zur ~ s-r These** à l'appui de sa thèse

untermengen V/T ‹*sép*, -ge-, h.› mêler; incorporer

Untermensch M *pej* 1 *in der Rassentheorie* sous-homme *m* 2 *(brutaler Mensch)* brute *f*

Untermiete F ‹~› sous-location *f*; **bei j-m in** *od* **zur ~ wohnen** être sous-locataire de *od* chez qn

Untermieter(in) M(F) sous-locataire *m/f*

unterminieren V/T ‹*insép, pas de ge-*, h.› MIL, *fig* miner; saper

untermischen V/T ‹*sép*, -ge-, h.› mêler; incorporer

untern *umg* = **unter den**

unternehmen V/T ‹*irr, insép, pas de ge-*, h.› entreprendre; *a. etw Unterhaltsames* faire; *(eingreifen)* **es ist Zeit, etwas zu ~** il est temps de faire quelque chose, d'intervenir

Unternehmen N ‹~s; ~› *(Unternehmen, Vorhaben, Firma)* entreprise *f*

Unternehmensberater(in) M(F) conseil *m* *od* conseiller, -ère *m,f* en gestion d'entreprise; **Unternehmensform** F forme *f* d'entreprise; **Unternehmensführung** F gestion *f* (de l'entreprise); **Unternehmenszusammenschluss** M concentration *f*, fusion *f* d'entreprises

Unternehmer(in) M ‹~s; ~› (F) ‹~in; ~innen› entrepreneur, -euse *m,f*; **Unternehmerhaftung** F responsabilité *f* de l'entrepreneur; **Unternehmerorganisation** F organisation patronale

Unternehmertum N ‹~s› entrepreneurs *mpl*; patronat *m*; **freies ~** libre entreprise *f*

Unternehmerverband M syndicat patronal

Unternehmung F ‹~; ~en› → Unternehmen

Unternehmungsgeist M ‹~es› esprit *m* d'entreprise, d'initiative; initiative *f*; allant *m*; **voller ~ sein** être plein d'entrain

unternehmungslustig ADJ entreprenant; dynamique; plein d'entrain

Unteroffizier M sous-officier *m*

unterordnen ‹-ete, *sép*, -ge-, h.› A V/T subordonner (*+ dat* à); placer sous l'autorité de; *Wünsche etc* subordonner, soumettre (*+ dat* à); **j-m untergeordnet sein** être placé sous l'autorité de qn; **die privaten Interessen dem öffentlichen Interesse ~** subordonner les intérêts privés à l'intérêt public B V/R **sich ~** se soumettre (**e-r Sache, j-m** à qc, à qn)

unterordnend ADJT GRAM **~e Konjunktion** conjonction *f* de subordination

Unterordnung F ‹~; ~en› 1 ‹*sans pl*› *(das Unterordnen)* subordination *f*; soumission *f* 2 ‹*sans pl*› GRAM subordination *f* 3 BIOL sous-ordre *m*

Unterpfand *geh* N gage *m* (**für** de)

unterpflügen V/T ‹*sép*, -ge-, h.› enfouir, enterrer à la charrue

Unterprima F ‹~; -men› *in Deutschland regional* °huitième année *f* de l'enseignement secondaire; **Unterprimaner(in)** M ‹~s; ~› (F) ‹~in; ~innen› *in Deutschland regional* élève *m/f* de huitième année de l'enseignement secondaire

unterprivilegiert ADJT défavorisé; **Unterprivilegierte(r)** M/F(M) ‹→ A› défavorisé(e) *m(f)*

Unterredung F ‹~; ~en› entretien *m*

Unterricht M ‹~(e)s› cours *m(pl)*; *(Grundschulunterricht)* classe *f*; *Tätigkeit* enseignement *m*; *den man bekommt a.* leçons *fpl*; instruction *f*; **~ in Fremdsprachen** enseignement des langues étrangères; **~ erteilen, geben** enseigner; donner des leçons, des cours; faire cours; *in der Grundschule* faire la classe; **~ nehmen** prendre des cours, des leçons (**bei j-m** auprès de qn); **heute Nachmittag fällt der ~ aus** cet après-midi il n'y aura pas cours, classe; **im ~** en classe

unterrichten ‹-ete, *insép, pas de ge-*, h.› A V/T 1 *(lehren)* **etw ~** enseigner qc; donner, faire des cours de qc; **j-n in etw** *(dat)* **~** enseigner qc à qn; donner à qn des cours de qc 2 *(informieren)* **j-n über etw** *(akk)*, **von etw ~** informer, *geh* instruire qn de qc; mettre qn au courant de qc; **unterrichtet sein** être au courant; **aus gut unterrichteten Kreisen** en provenance de milieux bien informés B V/I enseigner (**an** [*+dat*] à); donner, faire des cours C V/R **sich über etw** *(akk)* **~** s'informer de qc; se renseigner sur qc; se mettre au courant de qc

Unterrichtsfach N matière *f*; discipline *f*

unterrichtsfrei ADJ sans enseignement, cours, classe; **~ haben** ne pas avoir (de) cours; ne pas avoir classe

Unterrichtsgegenstand M matière *f* (à enseigner, d'enseignement); **Unterrichtsmethode** F méthode *f* d'enseignement; **Unterrichtsstoff** M (contenu *m* du) programme *m*; **Unterrichtsstunde** F cours *m*; classe *f*; **Unterrichtswesen** N ‹~s› enseignement *m*

Unterrichtung F ‹~; ~en› 1 *(Information)* information *f* 2 *(Belehrung)* instruction *f*

Unterrock M jupon *m*

unters *umg* = **unter das**

untersagen V/T ‹*insép, pas de ge-*, h.› (**j-m**) **etw ~** interdire, défendre qc (à qn); *amtlich a.* prohiber qc (à qn); **hier ist das Rauchen untersagt** il est interdit de fumer (ici)

Untersagung F ‹~› interdiction *f*; défense *f*; *von amtlicher Seite* prohibition *f*

Untersatz M → Untersetzer; *umg hum* **fahrbarer ~** *umg* bagnole *f*

unterschätzen V/T ‹-(es)t, *insép, pas de ge-*, h.› *Entfernung, Kräfte etc* sous-estimer; *Person a.* faire trop peu de cas de; **Unterschätzung** F sous-estimation *f*

unterscheidbar ADJ qu'on peut distinguer; distinguable; discernable

unterscheiden ‹*irr, insép, pas de ge-*, h.› A V/T 1 *(deutlich sehen)* distinguer; discerner 2 *(auseinanderhalten)* distinguer, discerner (**von** de); *(den Unterschied hervorheben)* différencier (**von** de); **man kann die Zwillinge nicht voneinander ~** on ne peut distinguer les jumeaux l'un de l'autre; **das Echte vom Unechten ~** discerner le vrai du faux B V/I *(e-n Unterschied machen)* faire, établir une différence, une distinction (**zwischen** [*+dat*] entre) C V/R **sich ~** se distinguer, différer (**durch** par; **von** de); **in dieser Frage ~ sich unsere Ansichten** sur ce point, nos opinions divergent

Unterscheidung F ‹~; ~en› distinction *f*; discernement *m*; différenciation *f*

Unterscheidungs... IN ZSSGN *oft* distinctif, -ive; **Unterscheidungsfähigkeit** F → Unterscheidungsvermögen; **Unterscheidungsmerkmal** N marque distinctive; signe distinctif; **Unterscheidungsvermögen** N ‹~s› discernement *m*

Unterschenkel M jambe *f* (du genou au pied); bas *m* de la jambe; **Unterschicht** F SOZIOLOGIE classes inférieures (de la société)

unterschieben[1] V/T ‹*irr, sép*, -ge-, h.› 1 *Kissen, Stuhl etc* glisser dessous 2 *fig Kind, Testament, Urkunde etc* substituer

unterschieben[2] V/T ‹*irr, insép, pas de ge-*, h.› *(unterstellen)* **j-m etw ~** attribuer à tort, faussement qc à qn

Unterschied M ‹~(e)s; ~e› 1 *(das Unterscheidende)* différence *f*; **feiner ~** nuance *f*; *umg hum* **der kleine ~** la petite différence; **soziale ~e** inégalités sociales; **im ~ zu** à la différence de; **das macht keinen ~** cela ne fait aucune différence; **... aber mit dem ~, dass ...** ... mais à cette différence près que ...; **es ist ein ~, ob ...** ce n'est pas la même chose si ...; **das ist ein ~ wie Tag und Nacht** c'est le jour et la nuit 2 *(Unterscheidung)* distinction

U

f; **ohne ~** sans distinction; indistinctement; sans exception; **e-n ~ machen** faire une distinction (**zwischen** [+dat] entre); *in der Bewertung etc* faire une différence; **ohne ~e hinsichtlich der Herkunft zu machen** sans distinction d'origine

unterschieden ADJT différent; distinct

unterschiedlich A ADJ différent; *(verschieden[artig])* divers; *(uneinheitlich)* variable B ADV différemment; **~ behandeln** faire une différence entre

Unterschiedlichkeit F ⟨~; ~en⟩ diversité f; *(Veränderlichkeit)* variabilité f

unterschiedslos ADV indistinctement; sans distinction, exception

unterschlagen[1] VT ⟨irr, sép, -ge-, h.⟩ *Beine* croiser; **mit untergeschlagenen Beinen** les jambes croisées

unterschlagen[2] ⟨irr, insép, pas de ge-, h.⟩ A VT 1 *(veruntreuen)* soustraire; détourner; JUR divertir 2 *(verheimlichen) Nachricht* cacher; dissimuler; taire; *Urkunde, Brief* intercepter B VI commettre des détournements; **Unterschlagung** F ⟨~; ~en⟩ 1 *(Veruntreuung)* soustraction f; détournement m; JUR divertissement m; *öffentlicher Gelder* malversation f 2 *(Verheimlichung) e-s Testaments* suppression f; *von Briefen* interception f; *e-r Nachricht* dissimulation f

Unterschlupf M ⟨~(e)s; ~e⟩ *(Zufluchtsort)* refuge m; *(Obdach)* abri m; *(Versteck)* cache f; cachette f; **j-m ~ gewähren** donner abri à qn; abriter qn; *e-m Verbrecher* receler qn

unterschlüpfen *umg* VI ⟨sép, -ge-, s.⟩ trouver un abri, un refuge (**bei j-m** chez qn); se mettre à l'abri

unterschreiben VT ⟨irr, insép, pas de ge-, h.⟩ 1 signer 2 *umg fig (gutheißen)* souscrire à; *(zustimmen)* approuver; **das möchte ich nicht ~** je ne saurais y souscrire

unterschreiten VT ⟨irr, insép, pas de ge-, h.⟩ 1 *(nicht erreichen)* rester inférieur à; ne pas atteindre 2 *(zurückfallen unter)* descendre au-dessous de

Unterschrift F 1 *(Namenszug)* signature f; **s-e ~ unter etw** *(akk)* **setzen** apposer sa signature au bas de qc; **j-m etw zur ~ vorlegen** soumettre, présenter qc à qn pour signature 2 *(Bildunterschrift)* légende f

Unterschriftenliste F liste f de signatures; **Unterschriftenmappe** F chemise f pour les pièces, le courrier à signer; **Unterschriftensammlung** F pétition f

unterschriftsberechtigt ADJ autorisé à signer; **Unterschriftsfälschung** F falsification f de signature; **unterschriftsreif** ADJ *Vertrag etc* prêt pour la signature

unterschwellig ADJ subconscient; *bes* PSYCH subliminal

Unterseeboot N → U-Boot

unterseeisch ADJ sous-marin

Unterseite F dessous m

Untersekunda F *in Deutschland regional* sixième année de l'enseignement secondaire; **Untersekundaner(in)** M(F) *in Deutschland regional* élève m/f de sixième année de l'enseignement secondaire

untersetzen VT ⟨-(es)t, sép, -ge-, h.⟩ mettre dessous

Untersetzer M *für Schüsseln etc* dessous-de-plat m; *für Flaschen* dessous-de-bouteille m; *für Gläser* dessous-de-verre m

untersetzt ADJ *Gestalt* trapu; râblé

unterspülen VT ⟨insép, pas de ge-, h.⟩ miner; saper

Unterstadt F ville basse; **Unterstand** M *a.* MIL abri m

unterste(r, -s) ADJ ⟨épithète⟩ le (la) plus bas(se); **das ~ Fach, die ~ Schublade** le rayon, le tiroir du bas; **das Unterste zuoberst kehren** mettre tout sens dessus dessous

unterstehen[1] VI ⟨irr, sép, -ge-, h. *ou südd, österr, schweiz* s.⟩ *zum Schutz* être à l'abri

unterstehen[2] ⟨irr, insép, pas de ge-, h.⟩ A VI **j-m ~** être subordonné à qn; être (placé) sous l'autorité de qn; dépendre de qn; relever de qn B VR **sich ~, etw zu tun** oser faire qc; avoir l'audace, le front de faire qc; *Drohung* **~ Sie sich!** ne vous avisez pas de faire ça!

unterstellen[1] ⟨sép, -ge-, h.⟩ A VT 1 *unter etw* mettre dessous 2 *zum Schutz* mettre à l'abri; *Wagen* remiser; garer B VR **sich ~** *bei Regen* se mettre à l'abri; s'abriter

unterstellen[2] VT ⟨insép, pas de ge-, h.⟩ 1 *(unterordnen)* subordonner à; *bes* MIL placer, mettre sous les ordres de; **j-m unterstellt sein** être subordonné à qn; être (placé) sous l'autorité de qn 2 *fig* **j-m e-e Lüge ~** insinuer, laisser entendre que qn a menti; **j-m böse Absichten ~** faire un procès d'intention à qn; **was ~ Sie mir?** qu'est-ce que vous essayez d'insinuer *od* de me faire dire? 3 *(vorläufig annehmen)* présumer; supposer; **~ wir (einmal), dass** supposons (un peu) que *(+subj)*

Unterstellung F 1 *(Unterordnung)* subordination f 2 *(falsche Behauptung)* insinuation f

unterstreichen VT ⟨irr, insép, pas de ge-, h.⟩ 1 souligner 2 *fig (hervorheben, betonen)* souligner; insister sur; mettre l'accent sur; mettre en relief; **das will ich besonders ~** j'insiste particulièrement là-dessus, sur ce point

Unterstreichung F 1 soulignage m 2 *fig* soulignement m; insistance f *(+gen* sur); mise f en relief *(+gen* de)

Unterstrich M TYPO, IT tiret bas

Unterstufe F SCHULE premier cycle *(comprenant la 5ème, 6ème, 7ème année scolaire)*; *bei Sprachkursen* cours *mpl* pour débutants

unterstützen VT ⟨-(es)t, insép, pas de ge-, h.⟩ *Person, Vorschlag, Antrag* appuyer; soutenir; *Personen* secourir *(a. finanziell)*; aider; assister; *Vorhaben, a. Person* seconder; *finanziell* subventionner; *Aktivitäten* soutenir; encourager; *Wirtschaft, Entwicklung, Heilungsprozess* favoriser; *Politik* promouvoir

Unterstützung F ⟨~; ~en⟩ 1 *(das Unterstützen) von Personen, e-s Antrags etc* appui m; soutien m; *von Personen* secours m *(a. finanzielle)*; *(Hilfe)* aide f; assistance f; **mit j-s ~** avec l'aide de qn 2 *finanzielle* subvention f; subside m; *soziale* allocation f; **staatliche ~** subvention f d'État; **e-e ~ beziehen** bénéficier d'un secours, d'une allocation

Unterstützungsfonds M fonds m de secours, d'assistance; **Unterstützungskasse** F caisse f de secours; *auf Gegenseitigkeit* caisse mutuelle de secours

untersuchen VT ⟨insép, pas de ge-, h.⟩ 1 *Beschaffenheit, Funktion,* MED examiner; *wissenschaftlich* étudier; CHEM analyser; *Boden* sonder; explorer; **ärztlich untersucht werden** être examiné par le médecin; subir un examen médical 2 *Ursachen* rechercher; *Fall* examiner; étudier; JUR enquêter sur 3 *(überprüfen)* vérifier; contrôler; inspecter; *am Zoll* visiter; contrôler; **e-n Wagen auf s-e Sicherheit ~** contrôler la sécurité d'une voiture; **das Blut auf Zucker** *(akk)* **~** déterminer le taux de glucose du sang

Untersuchung F ⟨~; ~en⟩ 1 *der Beschaffenheit, der Funktion,* MED examen m; *wissenschaftliche* recherche f; étude f; CHEM analyse f; *des Bodens* sondage m; exploration f; **ärztliche ~** examen médical; *in Schulen, Betrieben* visite médicale; **sich e-r ~** *(dat)* **unterziehen** subir un examen 2 *von Ursachen* recherche f; enquête f; **e-e polizeiliche ~ einleiten** ouvrir une enquête policière 3 *(Überprüfung)* vérification f; contrôle m; inspection f; *am Zoll* visite f; **e-e ~ durchführen** procéder à, effectuer un contrôle 4 *(Umfrage)* enquête f

Untersuchungsausschuss M commission f d'enquête; **Untersuchungsergebnis** N résultat m de l'enquête, de l'analyse, *etc*; **Untersuchungsgefangene(r)** M/F(M) détenu(e) m(f) provisoire; **Untersuchungsgefängnis** N maison f d'arrêt; **Untersuchungshaft** F détention préventive, provisoire; **Untersuchungskommission** F → Untersuchungsausschuss; **Untersuchungsrichter** M juge m d'instruction; magistrat instructeur; **Untersuchungszimmer** N *beim Arzt* salle f d'auscultation

Untertagebau M ⟨~(e)s⟩ BERGBAU exploitation f au fond

untertags ADV *österr, schweiz* durant, pendant la journée

untertan *geh* ADJ **j-m, e-r Sache ~ sein** être soumis à qn, qc; obéir à qn, qc; **sich** *(dat)* **j-n, etw ~ machen** asservir, soumettre qn, qc; imposer sa domination à qn, qc

Untertan(in) M ⟨~s *ou* ~en; ~en⟩ (F) ⟨~in; ~innen⟩ sujet, -ette m,f

untertänig A ADJ 1 *pej* servile; obséquieux, -ieuse 2 *bes iron (ergeben)* humble; soumis B ADV **ich bitte ~st ...** je demande très humblement ...

Untertasse F soucoupe f; **fliegende ~** soucoupe volante

untertauchen ⟨sép, -ge-⟩ A VT ⟨h.⟩ **j-n, etw ~** plonger, immerger qn, qc B VI ⟨s.⟩ 1 *in Flüssigkeiten* plonger 2 *fig in der Menge etc* disparaître; **untergetaucht sein** *(im Verborgenen leben)* se cacher; *plus fort* se terrer

Unterteil N *od* M partie inférieure; bas m; dessous m; TECH *a.* embase f; *von Kleidungsstücken* bas m

unterteilen VT ⟨insép, pas de ge-, h.⟩ (sub)diviser (**in** [+akk] en); **Unterteilung** F (sub)division f

Untertemperatur F MED hypothermie f

Untertertia F *in Deutschland regional* quatrième année f de l'enseignement secondaire; **Untertertianer(in)** M(F) *in Deutschland regional* élève m/f de quatrième année de l'enseignement secondaire

Untertitel M sous-titre m; FILM **Originalfassung** f **mit ~n** version originale sous-titrée

Unterton M ⟨~(e)s; -töne⟩ 1 MUS harmonique inférieur 2 *fig* nuance f; teinte f; pointe f; **mit spöttischem ~** avec une pointe de moquerie

untertreiben VI ⟨irr, insép, pas de ge-, h.⟩ minimiser l'importance des choses

Untertreibung F ⟨~; ~en⟩ propos très réservés, en dessous de la vérité; *(Euphemismus)* euphémisme m; RHET litote f; **das ist e-e ~** *a.* c'est le moins qu'on puisse dire

untertunneln VT ⟨-(e)le, insép, pas de ge-, h.⟩ percer, faire passer un tunnel sous; **Untertunnelung** F ⟨~⟩ percement m d'un tunnel *(+gen* sous)

untervermieten VT ⟨-ete, pas de ge-, h.⟩ sous-louer; donner en sous-location; **Untervermietung** F sous-location f

unterversichern VT ⟨-(e)re, *les temps simples ne s'emploient pas dans une principale, pas de ge-*, h.⟩ assurer insuffisamment; **Unterversicherung** F assurance insuffisante

unterversorgen VT ⟨insép, pas de ge-, h.⟩ approvisionner, alimenter insuffisamment (**mit** en)

Unterwalden N ⟨→ n/pr⟩ l'Unterwald m

U

unterwandern VT ‹-(e)re, *insép, pas de ge-*, h.› s'infiltrer dans; POL noyauter; infiltrer; **Unterwanderung** F *a.* POL infiltration *f*; POL noyautage *m*
Unterwäsche F ‹~› linge *m* de corps; sous-vêtements *mpl*; (*Damenunterwäsche*) dessous *mpl*; lingerie *f*
Unterwasser... IN ZSSGN *meist* sous-marin; **Unterwasseraufnahme** F FOTO photo sous-marine, prise sous l'eau; **Unterwasserbehandlung** F MED méthode thérapeutique pratiquée sous l'eau; **Unterwasserkamera** F appareil photo *m*, caméra *f* sous-marin(e); **Unterwassermassage** F massage *m* sous l'eau
unterwegs ADV 1 (*sich auf dem Wege befindend*) en chemin; chemin faisant; en route; **der Arzt ist schon ~** le médecin est déjà en chemin, est déjà parti (pour venir ici); *umg fig* **bei ihnen ist ein Kind ~** ils attendent un enfant 2 (*während der Reise*) en cours de route 3 (*außer Haus*) dehors; **vier Wochen ~ sein** être parti quatre semaines; **immer ~ sein** être toujours par monts et par vaux
unterweisen *geh* VT ‹*irr, insép, pas de ge-*, h.› **j-n in etw** (*dat*) **~** instruire qn dans qc; enseigner qc à qn
Unterweisung F ‹~; ~en› instruction *f*; enseignement *m* (**in** [*+akk*] de)
Unterwelt F ‹~› 1 MYTH enfers *mpl* 2 (*Verbrecherwelt*) milieu *m*; pègre *f*
unterwerfen ‹*irr, insép, pas de ge-*, h.› A VT 1 (*unterjochen*) soumettre; asservir 2 (*unterziehen*) *e-r Kontrolle, e-m Verhör etc* soumettre B VR **sich ~** (*sich beugen*) se soumettre; **sich e-m Urteil ~** se soumettre à un jugement
Unterwerfung F ‹~; ~en› asservissement *m*, soumission *f* (**unter** [*+akk*] à)
unterworfen ADJT soumis (*+dat* à); **der Mode ~ sein** dépendre de la mode; **ständigen Veränderungen ~ sein** être exposé à des changements continuels
unterwürfig ADJ *pej* servile; obséquieux, -ieuse; **Unterwürfigkeit** F ‹~› *pej* servilité *f*; obséquiosité *f*
Unterzahl F ‹~› *bes* SPORT infériorité *f* numérique; **in ~ sein** être en infériorité numérique
unterzeichnen VT ‹-ete, *insép, pas de ge-*, h.› signer
Unterzeichner(in) M(F) soussigné(e) *m(f)*; **Unterzeichnerstaat** M État *m* signataire; **Unterzeichnete(r)** M/F(M) ‹→ A› ADMIN soussigné(e) *m(f)*; **Unterzeichnung** F signature *f*
Unterzeug *umg* N ‹~(e)s› sous-vêtements *mpl*
unterziehen[1] VT ‹*irr, sép*, -ge-, h.› 1 *Kleidung* mettre par-dessous 2 GASTR incorporer (délicatement)
unterziehen[2] ‹*irr, insép, pas de ge-*, h.› A VT **j-n, etw e-r Sache** (*dat*) **~** soumettre qn, qc à qc B VR **sich e-r Sache** (*dat*) **~** se soumettre à qc; (*auf sich nehmen*) se charger de qc; **sich e-r Operation ~** subir une opération; **sich e-r Prüfung ~** passer un examen; **sich der Mühe ~ zu** (*+inf*) prendre la peine de (*+inf*)
Untiefe F 1 (*seichte Stelle*) bas-fond *m*; °haut-fond *m* 2 (*unergründliche Tiefe*) abîme *m*; abysse *m*
Untier N monstre *m*
untilgbar ADJ 1 *Spuren* ineffaçable; indélébile 2 *Schulden* non amortissable; *Hypothek* non rachetable; **untragbar** ADJ 1 *wirtschaftlich* insupportable 2 (*unerträglich*) insupportable; intolérable; **Untragbarkeit** F ‹~› impossibilité *f* de supporter, tolérer qc
untrainiert ADJ non entraîné
untrennbar ADJ inséparable (**mit etw verbunden** de qc); **Untrennbarkeit** F inséparabilité *f*; indissolubilité *f*
untreu ADJ *in der Liebe, fig* infidèle; **j-m ~ werden** être infidèle à qn; tromper qn; **s-n Prinzipien ~ werden** s'écarter de ses principes; **dem Sport ~ werden** abandonner le sport; **sich** (*dat*) **selbst ~ werden** se renier (soi-même)
Untreue F 1 infidélité *f* 2 JUR malversation *f*
untröstlich ADJ inconsolable; désolé; **ich bin ~, dass** je suis désolé que (*+subj*)
untrüglich ADJ *Zeichen* infaillible
untüchtig ADJ incapable
Untugend F mauvaise habitude; *plus fort* vice *m*
untypisch ADJ non typique, caractéristique (**für** de)
unüberbrückbar ADJ *Kluft* infranchissable; *Gegensätze* inconciliable; insurmontable; **unüberhörbar** ADJ *Lärm etc* très fort; *fig Warnungen etc* clair; catégorique; sans équivoque
unüberlegt ADJ irréfléchi; inconsidéré; **Unüberlegtheit** F ‹~; ~en› 1 ‹*sans pl*› manque *m* de réflexion; irréflexion *f* 2 *Handlung* acte *m*, *Äußerung* remarque *f* irréfléchi(e), inconsidéré(e); étourderie *f*
unübersehbar ADJ 1 (*offenkundig*) manifeste; patent 2 (*sehr groß*) immense; *Schaden* incalculable; *Folgen* imprévisible; **unübersetzbar** ADJ intraduisible
unübersichtlich ADJ 1 *Darstellung* pas très clair; peu clair; confus; embrouillé; compliqué 2 *Gelände* sans vue (dégagée); *Kurve etc* à mauvaise *bzw.* sans visibilité; **Unübersichtlichkeit** F 1 *e-r Darstellung* caractère embrouillé, peu clair 2 *e-r Kurve etc* manque *m* de visibilité
unübertragbar ADJ intransmissible; JUR incessible; **unübertrefflich** ADJ insurpassable; (*unvergleichlich*) incomparable; inégalable; **unübertroffen** ADJ inégalé; sans égal; **unüberwindbar**, **unüberwindlich** ADJ *Schwierigkeiten, Abneigung etc* insurmontable; invincible (*a. Gegner*)
unüblich ADJ pas très courant; peu courant; inhabituel, -elle; rare
unumgänglich ADJ indispensable; inévitable; inéluctable; incontournable
unumschränkt ADJ *Herrscher* absolu; souverain
unumstößlich ADJ *Prinzipien* immuable; *Entschluss* irrévocable; indiscutable
unumstritten ADJ incontesté; **es ist ~, dass ...** il est incontestable, indubitable, °hors de doute que ...
unumwunden ADV sans détour; catégoriquement; sans ambages; carrément; **etw ~ zugeben** reconnaître franchement qc
ununterbrochen A ADJ ininterrompu; continuel, -elle; (*anhaltend*) continu; suivi; (*unaufhörlich*) incessant B ADV sans interruption; continuellement; sans cesse; sans relâche
unveränderlich ADJ invariable (*a.* GRAM); immuable; inaltérable; (*beständig*) constant; stable; fixe; **Unveränderlichkeit** F invariabilité *f* (*a.* GRAM); immuabilité *f*; inaltérabilité *f*; (*Beständigkeit*) constance *f*; stabilité *f*
unverändert ADJ inchangé; inaltéré; (qui est) toujours le *bzw.* la même; qui n'a pas changé; **etw ~ lassen** laisser qc dans le même état; ne pas toucher à qc
unverantwortlich ADJ *Person* irresponsable; *Verhalten etc* impardonnable; inexcusable; **Unverantwortlichkeit** F ‹~› *e-r Person* irresponsabilité *f*
unverarbeitet ADJ 1 (*roh*) brut; non ouvré, travaillé 2 (*unbewältigt*) *Erlebnisse etc* mal assimilé, *umg* digéré; **unveräußerlich** *geh* ADJ *Recht* inaliénable; (*nicht übertragbar*) incessible; **unverbesserlich** ADJ incorrigible; *Trinker* invétéré; impénitent
unverbindlich A ADJ 1 (*nicht verpflichtend*) qui n'engage, n'oblige à rien; sans obligation; **~e Preisempfehlung** prix indicatif 2 (*zurückhaltend*) réservé; peu engageant B ADV 1 (*ohne Verpflichtung*) sans engagement, obligation 2 (*zurückhaltend*) de façon réservée, peu engageante
unverbleit ADJ *Benzin* sans plomb
unverblümt A ADJ (tout) cru B ADV carrément; franchement; *plus fort* brutalement; **Unverblümtheit** F ‹~› franchise brutale
unverbraucht ADJ *Kräfte* intact; frais, fraîche
unverbrüchlich *geh* ADJ *Treue etc* à toute épreuve; indéfectible; inébranlable
unverdächtig ADJ non suspect; qui n'éveille pas de, les soupçons; **unverdaulich** ADJ indigeste (*a. fig*); **unverdaut** ADJ 1 non digéré 2 *fig* mal assimilé, *umg* digéré; **unverderblich** ADJ non périssable; **unverdient** ADJ 1 *Lob etc* immérité; non mérité 2 *Strafe etc* injuste
unverdientermaßen ADV 1 *gelobt etc werden* sans l'avoir mérité 2 *gestraft etc werden* injustement; à tort; **unverdorben** ADJ 1 qui n'est pas gâté, corrompu 2 *fig* non corrompu, dépravé; (*rein*) pur; innocent; **unverdrossen** A ADJ infatigable; (*beharrlich*) persévérant B ADV sans se lasser; infatigablement; avec persévérance; **Unverdrossenheit** F patience *f* inlassable, à toute épreuve; (*Beharrlichkeit*) assiduité *f*; persévérance *f*; **unverdünnt** ADJ *Flüssigkeit* non dilué; *Getränk* non coupé; pur
unvereidigt ADJT non assermenté
unvereinbar ADJ incompatible, inconciliable (**mit** avec); **Unvereinbarkeit** F ‹~› incompatibilité *f*
unverfälscht ADJ 1 (*ursprünglich*) naturel, -elle; authentique 2 (*rein*) *Wein* non frelaté, *umg* trafiqué, baptisé; **unverfänglich** ADJ (en apparence) inoffensif, -ive, anodin; sans arrière-pensée; **unverfroren** ADJ insolent; effronté; impudent; sans-gêne (*a.* adv); **Unverfrorenheit** F ‹~; ~en› 1 ‹*sans pl*› *Art* insolence *f*; effronterie *f*; impudence *f*; sans-gêne *m* 2 *Äußerung* remarque, réflexion insolente, effrontée, impudente; **unvergänglich** ADJ *Ruhm, Schönheit* impérissable; (*unsterblich*) immortel, -elle; **Unvergänglichkeit** F immortalité *f*; **unvergessen** ADJ qu'on n'oublie pas
unvergesslich ADJ inoubliable; (*unauslöschlich*) ineffaçable; **das wird mir ~ bleiben** je ne l'oublierai jamais
unvergleichlich A ADJ incomparable; sans pareil, -eille; sans égal; (*einzig*) unique (en son genre); (*alles übertreffend*) °hors classe, pair B ADV **~ schön** d'une beauté incomparable, sans égale, sans pareille
unverhältnismäßig ADV excessivement; démesurément; **~ klein** très petit
unverheiratet ADJ célibataire
unverhofft A ADJ inespéré; inattendu; inopiné; (*unvorhergesehen*) imprévu B ADV à l'improviste; *sprichw* **~ kommt oft** les choses arrivent au moment où l'on s'y attend le moins
unverhohlen A ADJ non dissimulé; (*offen*) franc, franche B ADV ouvertement; franchement; carrément
unverkäuflich ADJ 1 (*nicht absetzbar*) invendable 2 (*nicht zum Verkauf bestimmt*) pas à vendre; °hors vente, commerce; **~es Muster** échantillon gratuit, vente interdite

U

unverkennbar A ADJ qu'on ne saurait méconnaître; manifeste; évident B ADV évidemment; manifestement

unverletzt ADJ *u.* ADV sans blessure(s); indemne; sain et sauf, saine et sauve; **bei e-m Unfall ~ bleiben** sortir indemne d'un accident

unvermeidbar, unvermeidlich ADJ inévitable; inéluctable; fatal; **unvermeidbar, unvermeidlich sein** *a.* être de rigueur

unvermindert ADJ constant; **der Sturm tobte mit ~er Stärke** la tempête a continué à faire rage (avec la même intensité)

unvermittelt A ADJ soudain; brusque B ADV soudain; brusquement; à brûle-pourpoint

Unvermögen N ⟨~s⟩ incapacité *f* (**, etw zu tun** de, à faire qc); impuissance *f*

unvermögend ADJ *(ohne Vermögen)* sans fortune; non fortuné

unvermutet A ADJ inopiné; inattendu; *(unvorhergesehen)* imprévu B ADV inopinément; à l'improviste

Unvernunft F manque *m* de raison, de bon sens; déraison *f*

unvernünftig ADJ déraisonnable; **das war ~ von dir** *a.* (là,) tu as manqué de bon sens

unveröffentlicht ADJ inédit; non publié

unverrichtet ADJT **~er Dinge zurückkehren** s'en aller comme on est venu; rentrer, revenir bredouille

unverschämt A ADJ 1 *Person, Benehmen* insolent; effronté; impertinent; *a. Lüge* éhonté; **~ sein** *a. umg* avoir du culot 2 *umg (sehr groß)* extraordinaire; incroyable; *bes Preis* exorbitant B ADV 1 avec insolence 2 *umg (sehr)* démesurément; **~ hohe Preise** *mpl* des prix exorbitants, scandaleux; **sie sieht ~ gut aus** elle est superbe

Unverschämtheit F ⟨~; ~en⟩ 1 ⟨*sans pl*⟩ insolence *f*; effronterie *f*; impertinence *f*; **die ~ besitzen, zu** *(+ inf)* avoir l'audace de *(+inf)* 2 *Äußerung* impertinence *f*; **~en** *pl a.* propos insolents

unverschuldet ADJ 1 → schuldenfrei 2 *(ohne eigene Schuld)* sans qu'il y ait de ma, ta, *etc* faute; **unversehens** ADV à l'improviste; inopinément; **unversehrt** ADJ 1 *(unbeschädigt)* non endommagé; sans dommage; intact 2 *(unverletzt)* indemne; *(wohlbehalten)* sain et sauf, saine et sauve; **unversöhnlich** ADJ 1 *Gegner* irréconciliable; *liter* implacable 2 *fig Widersprüche, Gegensätze* inconciliable; insurmontable; **Unversöhnlichkeit** F ⟨~⟩ irréconciliabilité *f*; implacabilité *f*

Unverstand M manque *m* de réflexion, d'intelligence; **was für ein ~!** quelle bêtise!

unverstanden ADJ incompris; *(verkannt)* méconnu; **sich ~ fühlen** se sentir méconnu

unverständig ADJ qui manque de réflexion, d'intelligence

unverständlich ADJ 1 *(unbegreiflich)* incompréhensible; inintelligible; **es ist mir ~, wie …** je ne comprends pas comment … 2 *(undeutlich)* indistinct; *bes Worte* inintelligible

Unverständlichkeit F *geh* inintelligibilité *f*; *geh* incompréhensibilité *f*; *fig* obscurité *f*

Unverständnis N manque *m* de compréhension; incompréhension *f*

unversteuert ADJ non imposé

unversucht ADJ **nichts ~ lassen** tenter l'impossible; épuiser tous les moyens

unverträglich ADJ 1 *(nicht vereinbar)*, MED, PHARM incompatible 2 *(nicht bekömmlich)* indigeste 3 *Person* qui a mauvais caractère; peu accommodant

Unverträglichkeit F 1 *(Unvereinbarkeit)*, MED, PHARM incompatibilité *f* 2 *(Unbekömmlichkeit)* caractère *m* indigeste 3 *e-r Person* mauvais caractère

unverwandt A ADJ *Blick* fixe B ADV fixement; **j-n ~ ansehen** ne pas quitter qn des yeux; fixer qn du regard; regarder qn fixement

unverwechselbar ADJ qu'on ne peut confondre; unique; **unverwertbar** ADJ inexploitable; non récupérable; **unverwundbar** ADJ invulnérable; **Unverwundbarkeit** F invulnérabilité *f*; **unverwüstlich** ADJ 1 *Material etc* inusable; *Maschine etc a.* indestructible 2 *fig Laune* inaltérable; *Humor* imperturbable; *Gesundheit* inaltérable; à toute épreuve; de fer; *Mensch* d'une résistance à toute épreuve; *umg* increvable

unverzagt A ADJ *(beherzt)* vaillant; *(mutig)* courageux, -euse; brave; *plus fort* intrépide B ADV sans se décourager; courageusement; avec courage, *plus fort* intrépidité; **Unverzagtheit** F *(Mut)* courage *m*; *plus fort* intrépidité *f*

unverzeihlich ADJ impardonnable; inexcusable; **unverzichtbar** ADJ indispensable; essentiel, -ielle; *Rechte* inaliénable

unverzinslich ADJ FIN sans intérêt

unverzollt ADJ *Ware* non déclaré

unverzüglich A ADJ immédiat B ADV immédiatement; sans tarder; sans délai; sur-le-champ

unvollendet ADJ inachevé; **unvollkommen** ADJ *Mensch, Arbeit etc* imparfait; *(fehlerhaft)* défectueux, -euse; **Unvollkommenheit** F *des Menschen, e-r Arbeit etc* imperfection *f*; *(Fehlerhaftigkeit)* défectuosité *f*; **unvollständig** ADJ incomplet, -ète; **Unvollständigkeit** F état incomplet (de qc)

unvorbereitet A ADJ non préparé; improvisé B ADV 1 *(ohne Vorbereitung)* sans préparation; au pied levé 2 *(unversehens)* à l'improviste; au dépourvu; *Ereignis etc* **j-n völlig ~ treffen** prendre qn au dépourvu

unvoreingenommen ADJ sans préjugé; sans idées préconçues; **Unvoreingenommenheit** F absence *f* de préjugés

unvorhergesehen ADJ imprévu

unvorhersehbar ADJ imprévisible

unvorschriftsmäßig A ADJ contraire au règlement; non réglementaire B ADV contrairement au règlement; d'une façon non réglementaire

unvorsichtig ADJ imprudent; mal avisé; *(unüberlegt)* irréfléchi; étourdi

unvorsichtigerweise ADV sans faire attention

Unvorsichtigkeit F ⟨~; ~en⟩ imprudence *f*; *(Unüberlegtheit)* inattention *f*; irréflexion *f*; étourderie *f*

unvorstellbar A ADJ inimaginable; **das ist (völlig) ~** cela dépasse tout ce qu'on peut imaginer; **es ist mir ~, dass** j'ai peine à imaginer que *(+ind od subj)*; cela me paraît impossible que *(+subj)* B ADV *(sehr)* énormément; infiniment; à l'extrême

unvorteilhaft ADJ désavantageux, -euse; *(ungünstig)* défavorable; *Geschäft* mauvais

unwägbar ADJ impondérable; *Risiko* incalculable; **Unwägbarkeit** F ⟨~; ~en⟩ *meist* PL impondérables *mpl*

unwahr ADJ faux, fausse; mensonger, -ère; **unwahrhaftig** *geh* ADJ *Person* menteur, -euse; *Aussage* faux, fausse

Unwahrheit F contre-vérité *od* contrevérité *f*; *(Lüge)* mensonge *m*; **die ~ sagen** mentir

unwahrscheinlich A ADJ 1 invraisemblable; improbable; **es ist ~, dass** il est improbable que *(+subj)* 2 *umg (sehr viel) Glück etc* incroyable B *umg* ADV *(sehr)* incroyablement; énormément; **sich ~ anstrengen** *umg* se donner un mal de chien; en mettre un coup

Unwahrscheinlichkeit F invraisemblance *f*; caractère *m* invraisemblable; improbabilité *f*

unwegsam ADJ *Gelände etc* impraticable; **Unwegsamkeit** F ⟨~⟩ impraticabilité *f*

unweiblich ADJ peu féminin

unweigerlich A ADJ inévitable; inéluctable; fatal B ADV inévitablement; inéluctablement; forcément; fatalement

unweit A PRÄP ⟨*gen*⟩ non loin de B ADV **~ von** non loin de

Unwesen N ⟨~s⟩ **an e-m Ort sein ~ treiben** *Verbrecher* infester un lieu; *plus fort* sévir dans un lieu; *Geister* °hanter un lieu

unwesentlich A ADJ non essentiel, -ielle; peu important; *(nebensächlich)* secondaire; accessoire B ADV *a. vor komp (wenig)* un (tout) petit peu

Unwetter N *(Gewitter)* orage *m*; *(Sturm)* tempête *f*

unwichtig ADJ peu important; sans importance; *(belanglos)* insignifiant; **Unwichtigkeit** F insignifiance *f*

unwiderlegbar ADJ irréfutable; **Unwiderlegbarkeit** F ⟨~⟩ irréfutabilité *f*

unwiderruflich ADJ irrévocable

unwidersprochen ADV **etw nicht ~ lassen** ne pas laisser dire qc (sans apporter de contradiction, sans réagir)

unwiderstehlich ADJ irrésistible; **Unwiderstehlichkeit** F ⟨~⟩ force *f*, puissance *f* irrésistible

unwiederbringlich *geh* A ADJ *Verlust* irréparable; irrémédiable B ADV **~ verloren** perdu à jamais; définitivement perdu

Unwille *geh* M ⟨~ns⟩ dépit *m*; *(Entrüstung)* indignation *f*; *(Ärger)* irritation *f*; **j-s ~n erregen** provoquer l'irritation, l'indignation de qn

unwillig A ADJ irrité; fâché; **~ werden** se fâcher; **über etw, j-n ~ werden** s'irriter de qc, contre qn B ADV à contrecœur; de mauvaise grâce

unwillkommen ADJ *(ungelegen)* qui tombe mal; (qui arrive) mal à propos; *Besuch* importun; *(unerwünscht)* indésirable

unwillkürlich A ADJ instinctif, -ive; *(ungewollt)* involontaire; machinal B ADV instinctivement; involontairement; machinalement; **~ zusammenzucken** tressaillir involontairement

unwirklich ADJ irréel, -elle; fantastique; **Unwirklichkeit** F irréalité *f*

unwirksam ADJ inefficace; inopérant; **Unwirksamkeit** F inefficacité *f*

unwirsch ADJ *Bewegung, Ton* brusque; *Person* bourru; *(verdrießlich)* maussade; de mauvaise humeur; renfrogné

unwirtlich ADJ inhospitalier, -ière

unwirtschaftlich A ADJ *Verfahren etc* inefficace; improductif, -ive; non rentable B ADV sans efficacité; sans rentabilité; **Unwirtschaftlichkeit** F non-rentabilité *f*

Unwissen N ignorance *f*

unwissend ADJ ignorant; **sehr ~** *a.* ignare

Unwissenheit F ⟨~⟩ ignorance *f* (**in diesem Punkt, auf diesem Gebiet** sur ce point, dans ce domaine); **~ schützt nicht vor Strafe** nul n'est censé ignorer la loi

unwissenschaftlich ADJ non scientifique; **Unwissenschaftlichkeit** F ⟨~⟩ manque *m* d'esprit scientifique

unwissentlich ADV sans s'en rendre compte; sans le savoir; à mon, ton, *etc* insu

unwohl ADV **mir ist ~, ich fühle mich ~** *körperlich* je ne me sens pas bien; je ne suis pas bien; *(unbehaglich)* je suis mal à l'aise

Unwohlsein N indisposition *f*; malaise *m*

unwohnlich ADJ peu confortable; inconfortable

U

Unwucht F ⟨~; ~en⟩ TECH déséquilibre *m*; *der Räder a.* balourd *m*
unwürdig ADJ indigne; **unter ~en Bedingungen** dans des conditions indignes
Unwürdigkeit F ⟨~⟩ indignité *f*
Unzahl F ⟨~⟩ nombre infini, énorme; **e-e ~ von …** une multitude de …
unzählbar ADJ innombrable; GRAM *Substantiv* non dénombrable
unzählig ADJ ⟨*épithète*⟩ innombrable; **~e Mal(e)** mille et mille fois; **er hat ~e Fehler gemacht** *a.* il a fait un nombre incalculable de fautes
Unze F ⟨~; ~n⟩ *in England*, HIST once *f*
Unzeit *geh* F **zur ~** mal à propos; à contretemps; °hors de saison
unzeitgemäß ADJ 1 *(überholt)* inactuel, -elle; démodé 2 *(nicht der Jahreszeit gemäß)* °hors de saison
unzerbrechlich ADJ incassable
unzerkaut ADJ non mâché
unzerlegbar ADJ non démontable; **unzerstörbar** ADJ indestructible; **Unzerstörbarkeit** F ⟨~⟩ indestructibilité *f*; **unzertrennlich** ADJ inséparable; **Unzertrennlichkeit** F ⟨~⟩ inséparabilité *f*
unzivilisiert ADJ *pej* non civilisé; *plus fort* barbare
Unzucht F ⟨~⟩ impudicité *f*; *liter* luxure *f*; JUR attentat *m* à la pudeur; REL, *hum* fornication *f*; **gewerbsmäßige ~** prostitution *f*; **~ mit Kindern** attentat à la pudeur commis sur la personne d'un mineur; **~ treiben** commettre un attentat à la pudeur, aux mœurs
unzüchtig ADJ impudique; obscène; *liter* luxurieux, -ieuse; *Schriften* pornographique; *Tanz* lascif, -ive
unzufrieden ADJ mécontent (**mit** de); non satisfait, insatisfait (**mit** de); **Unzufriedenheit** F mécontentement *m*; insatisfaction *f*
unzugänglich ADJ 1 *Ort* inaccessible (**für** à) 2 *fig Person (verschlossen)* renfermé; *geh* secret, -ète; *(undurchschaubar)* impénétrable; *für Eindrücke, Gefühle* inaccessible; **e-m Rat ~** inaccessible à un conseil
Unzugänglichkeit F ⟨~⟩ inaccessibilité *f*
unzulänglich *geh* A ADJ insuffisant B ADV insuffisamment; **Unzulänglichkeit** F ⟨~; ~en⟩ insuffisance *f*
unzulässig ADJ inadmissible; *(verboten)* interdit; JUR irrecevable; non recevable; **Unzulässigkeit** F ⟨~⟩ inadmissibilité *f*; JUR irrecevabilité *f*; **unzumutbar** ADJ qui ne peut être exigé; déraisonnable; intolérable; *(überhöht)* excessif, -ive; **unzurechnungsfähig** ADJ JUR irresponsable (de ses actes); qui ne jouit pas de toutes ses facultés mentales; **Unzurechnungsfähigkeit** F JUR irresponsabilité *f*; **unzureichend** ADJ insuffisant; **unzusammenhängend** ADJ incohérent; décousu
unzustellbar ADJ *als Postvermerk* destinataire inconnu à l'adresse indiquée; **falls ~, an Absender zurück** si inconnu à l'adresse indiquée, prière de retourner à l'expéditeur
Unzustellbarkeit F ⟨~⟩ *als Postvermerk* **bei ~ zurück an Absender** en cas de non remise, retour à l'expéditeur
unzutreffend ADJ inexact; non pertinent; **Unzutreffendes bitte streichen!** prière de rayer, biffer les mentions inutiles
unzuverlässig ADJ *Mensch* sur qui on ne peut compter; *Uhr etc* inexact; *Maschine* peu fiable; *Gedächtnis* infidèle; *Nachrichtenquelle* peu sûr; douteux, -euse; **er ist ~** *a.* on ne peut pas se fier à lui
Unzuverlässigkeit F *e-s Menschen* manque *m* de sérieux, de fiabilité; *e-r Uhr etc* inexactitude *f*; *des Gedächtnisses* infidélité *f*
unzweckmäßig ADJ *(ungeeignet)* inadéquat; impropre; inapproprié; *(unpraktisch)* pas pratique; *(unpassend)* inopportun; **Unzweckmäßigkeit** F caractère *m* impropre, inadéquat; inopportunité *f*
unzweideutig A ADJ non équivoque; sans ambiguïté; *(klar)* clair; net, nette B ADV sans équivoque, ambiguïté; clairement; nettement; **Unzweideutigkeit** F ⟨~⟩ clarté *f*; netteté *f*
unzweifelhaft A ADJ indubitable B ADV indubitablement; à n'en pas douter; sans aucun doute
Update N ⟨~s; ~s⟩ IT mise *f* à jour
Upload M ⟨~s; ~s⟩ IT téléchargement *m*; **uploadbar** ADJ téléchargeable
uploaden V/T ⟨-ete, *insép*, -ge-, h.⟩ IT télécharger
Uploaden N ⟨~s⟩ IT téléchargement *m*
üppig ADJ 1 *(in großer Fülle) Vegetation* luxuriant; exubérant; abondant; *Haarwuchs* abondant; dru 2 *(verschwenderisch) Mahl* plantureux, -euse; copieux, -ieuse; *Leben* opulent; fastueux, -euse 3 *(rundlich) Person* bien en chair; *Körperformen* opulent; plantureux, -euse; **Üppigkeit** F ⟨~⟩ 1 *des Wachstums* luxuriance *f*; exubérance *f*; abondance *f* 2 *des Lebensstils* opulence *f*; faste *m* 3 *der Formen* opulence *f*
Ur M ⟨~(e)s; ~e⟩ ZOOL aurochs *m*
Urabstimmung F *bei Streik* vote *m* (sur la grève); consultation *f* de la base
Urahn(e) M(F) *(Vorfahr)* ancêtre *m/f*; **die ~en** *pl* les aïeux *mpl*, ancêtres *mpl*
Ural M ⟨→ *n/pr*⟩ l'Oural *m*
uralt ADJ 1 *(sehr alt)* très vieux, vieille; *Mann a.* vieux comme Mathusalem 2 *(e-r alten Zeit angehörend)* très ancien, -ienne; vieux, vieille comme le monde; *(jahrhundertealt)* séculaire; *Brauch* immémorial; **seit ~en Zeiten** de temps immémorial; de mémoire d'homme
Urämie F ⟨~⟩ MED urémie *f*
Uran N ⟨~s⟩ CHEM uranium *m*; **Uranerz** N minerai *m* d'uranium; **uranhaltig** ADJ uranifère
Uranus ⟨~⟩ ASTRON (**der**) **~** Uranus
Uranvorkommen N gisement *m* uranifère
uraufführen V/T ⟨*insép, les temps simples ne s'emploient pas dans une principale*, -ge-, h.⟩ THEAT représenter pour la première fois; créer; **der Film wurde in Berlin uraufgeführt** la première du film a eu lieu à Berlin
Uraufführung F première *f*; création *f*
urban ADJ 1 *(städtisch)* urbain 2 *geh (weltmännisch) liter* urbain; *liter* civil
urbanisieren V/T ⟨*pas de ge-*, h.⟩ urbaniser
Urbanistik F ⟨~⟩ urbanisme *m*; **Urbanität** F ⟨~⟩ urbanité *f*
urbar ADJ cultivable; **~ machen** défricher; mettre en culture
Urbarmachung F ⟨~; ~en⟩ défrichage *m*; défrichement *m*; mise *f* en culture
Urbevölkerung F premiers habitants; autochtones *mpl*; *bes Australiens* aborigènes *mpl*; **Urbild** N archétype *m*; original *m*; prototype *m*; **Urchristen** MPL premiers chrétiens; **Urchristentum** N christianisme primitif; **urchristlich** ADJ des premiers chrétiens; *t/t* paléochrétien, -ienne; **urdeutsch** ADJ typiquement allemand
Urdu N ⟨~⟩ LING (**das**) **~** l'ourdou *m*
ureigen ADJ ⟨*épithète*⟩ absolument original, personnel, -elle; **unsere ~sten Interessen** nos intérêts les plus personnels
Ureinwohner(in) M(F) autochtone *m/f*; *bes Australiens* aborigène *m/f*; *pl* **die ~** les premiers habitants; les autochtones *mpl*
Urenkel(in) M(F) arrière-petit-fils *m*; arrière-petite-fille *f*; *pl* **die ~** les arrière-petits-enfants *mpl*; **Urfassung** F version primitive, originale; **Urform** F forme primitive; **urgemütlich** *umg* ADJ *Ort* très, extrêmement confortable; *Stimmung* très, extrêmement agréable; **Urgeschichte** F ⟨~⟩ préhistoire *f*; **urgeschichtlich** ADJ préhistorique
Urgestein N roche primitive; *fig* **er ist politisches ~** c'est un vieux routier de la politique
Urgroßeltern PL arrière-grands-parents *mpl*; bisaïeuls *mpl*; **Urgroßmutter** F arrière-grand-mère *f*; bisaïeule *f*; **Urgroßvater** M arrière-grand-père *m*; bisaïeul *m*
Urheber(in) M ⟨~s; ~⟩ (F) ⟨~in; ~innen⟩ 1 *(Verursacher[in])* auteur *m*; *(Initiator[in])* instigateur, -trice *m,f*; *geh* promoteur, -trice *m,f* 2 *(Autor[in])* auteur *m*; **Urheberrecht** N droit *m* d'auteur
urheberrechtlich ADV **~ geschützt** tous droits d'auteur réservés
Urheberschaft F ⟨~⟩ paternité *f*
urig ADJ *(urwüchsig) Mensch* naturel, -elle; nature *(inv)*; *Lokal etc* vrai; authentique; *(sonderbar)* original; farfelu
Urin M ⟨~s; ~e⟩ PHYSIOL urine *f*
urinieren V/I ⟨*pas de ge-*, h.⟩ uriner
Urinstinkt M instinct fondamental
Urkirche F ⟨~⟩ Église primitive; **Urknall** M ⟨~s⟩ ASTRON big bang *m*
urkomisch ADJ extrêmement, très comique, drôle, *umg* cocasse
Urkunde F ⟨~; ~n⟩ document *m*; acte *m*; titre *m*; **amtliche, notarielle ~** acte officiel, notarié; **e-e ~ ausstellen** établir un document
Urkundenfälschung F falsification *f* de document; JUR faux *m* en écriture
urkundlich A ADJ documentaire; authentique; **die erste ~e Erwähnung** la première mention dans un document B ADV **~ belegen** documenter
Urkundsbeamte(r) M fonctionnaire habilité à dresser un document (authentique); *bei Gericht* greffier *m*
URL F ⟨~; ~s⟩ ABK (Uniform Resource Locator) IT URL *f*; **URL-Adresse** F adresse *f* URL
Urlaub M ⟨~(e)s; ~e⟩ ARBEITSRECHT congé *m*; *(Ferien)* vacances *fpl*; MIL permission *f*; **(un)bezahlter ~** congé(s) (non) payé(s); **~ nehmen** prendre un congé, ses congés, MIL une permission; **drei Wochen ~ nehmen** prendre trois semaines de congé; **in ~ gehen, fahren** aller, partir en congé, en vacances, MIL en permission; **~ haben, auf** *od* **in** *od* **im ~ sein, ~ machen** être en vacances, en congé
Urlauber(in) M ⟨~s; ~⟩ (F) ⟨~in; ~innen⟩ vacancier, -ière *m,f*; touriste *m/f*
Urlaubsanschrift F adresse *f* de vacances
Urlaubsanspruch M **~ haben** avoir droit à un congé, MIL à une permission
Urlaubsantrag M demande *f* de congé
Urlaubsantritt M **bei ~** au moment de prendre le congé, MIL la permission
Urlaubsfoto N photo *f* de vacances; **Urlaubsgeld** N prime *f* de vacances; **Urlaubsort** M ⟨~(e)s; ~e⟩ lieu *m* de vacances; **Urlaubsparadies** N lieu de séjour, de vacances enchanteur; **Urlaubspläne** MPL projets *mpl* de vacances
urlaubsreif *umg* ADJ **~ sein** avoir besoin de vacances
Urlaubsreise F voyage *m* de vacances; **Urlaubsreisende(r)** M/F(M) vacancier, -ière *m, f*; **Urlaubssperre** F ARBEITSRECHT interdiction *f* de prendre ses congés; MIL suspension *f* des permissions; **Urlaubstag** M jour *m* de vacances, de congé, MIL de permission; **Urlaubswoche** F semaine *f* de vacances,

U

de congé; **Urlaubszeit** F 1 *(Ferienzeit)* période *f* des vacances 2 *persönliche* (dates *fpl* des) vacances *fpl*, (du) congé *m*; **Urlaubsziel** N destination *f* de vacances

Urlaut M son primitif; **Urmensch** M premier homme; homme primitif, préhistorique; **Urmutter** F ⟨~; -mütter⟩ mère *f* de l'humanité

Urne F ⟨~; ~n⟩ *(Graburne, Wahlurne)* urne *f*

Urnenbeisetzung F dépôt *m* d'une urne funéraire; **Urnenfriedhof** M columbarium *m*; **Urnengang** M POL vote *m*; **Urnengrab** N tombe *f* à urne(s)

urogenital ADJ MED urogénital; génito-urinaire; **Urogenitalsystem** N MED appareil urogénital, génito-urinaire

Urologe M ⟨~n; ~n⟩, **Urologin** F ⟨-in; -innen⟩ urologue *m/f*; **Urologie** F ⟨~⟩ urologie *f*; **urologisch** ADJ ⟨*épithète*⟩ urologique

Uroma *umg* F *umg* arrière-grand-maman *f*; **Uropa** *umg* M *umg* arrière-grand-papa *m*

urplötzlich A ADJ soudain; subit B ADV soudain(ement); subitement; tout à coup

Urquell M *fig* source *f*; origine *f*

Ursache F cause *f* (*a.* PHIL); *(Grund)* motif *m*; raison *f*; *(Anlass)* sujet *m*; matière *f*; *e-s Konflikts, e-r Krise* origine *f*; **~ für den Unfall** *od* **des Unfalls** cause de l'accident; **die ~ für etw sein** être (la) cause de qc; **die ~ dafür sein, dass ...** être cause que ...; **etw zur ~ haben** avoir qc pour cause; **s-e ~ in etw** *(dat)* **haben** avoir, prendre son origine dans qc; **keine ~!** *beim Danken* (il n'y a) pas de quoi!; je vous en prie!; **kleine ~, große Wirkung** petites causes, grands effets

ursächlich ADJ causal; **~er Zusammenhang** relation *f* de causalité (**mit etw** avec qc); **für etw ~ sein** être (la) cause de qc

Ursächlichkeit F ⟨~⟩ causalité *f*

Urschleim M BIOL protoplasme *m*; **Urschrei** M PSYCH cri primal; **Urschrift** F original *m*; *e-r Urkunde* minute *f*

urschriftlich ADJ en original; **j-m etw ~ schicken** envoyer l'original de qc à qn

urspr. ABK → ursprünglich

Ursprung M origine *f*; *(Herkunft)* provenance *f*; *(Entstehung)* naissance *f*; **s-n ~ in etw** *(dat)* **haben** provenir de qc; tirer son origine de qc

ursprünglich A ADJ 1 *(anfänglich)* premier, -ière; initial; originel, -elle (*a. Bedeutung*) 2 *(echt, natürlich)* naturel, -elle; vrai; authentique B ADV 1 *(anfangs)* à l'origine; initialement; *(zuerst)* d'abord 2 *(echt, natürlich)* naturellement; authentiquement

Ursprünglichkeit F ⟨~⟩ caractère naturel, vrai, authentique; naturel *m*

Ursprungs... IN ZSSGN d'origine; **Ursprungsbezeichnung** F HANDEL appellation *f* d'origine; **Ursprungsland** N ⟨~(e)s; -länder⟩ *bes* HANDEL pays *m* d'origine; **Ursprungsort** M lieu *m* d'origine; **Ursprungszeugnis** N certificat *m* d'origine

Urständ F **fröhliche ~ feiern** ressusciter; connaître un nouvel éclat

Urstoff M matière première; **Urstromtal** N GEOL vallée *f* glaciaire

Ursula F ⟨→ *n/pr*⟩ *prénom*; *Heilige* (sainte) Ursule

Urteil N ⟨~s; ~e⟩ 1 *(Bewertung, Meinung)* jugement *m*; opinion *f*; avis *m*; **ein vernichtendes ~** un jugement sans appel, anéantissant; **sein ~ über etw** *(akk)* **abgeben** donner son jugement, son avis sur qc; **sich** *(dat)* **ein ~ (über etw, j-n) bilden** se faire une opinion (sur qc, qn); **auf sein ~ kann man etw geben** on peut se fier à, avoir confiance en son jugement; **nach dem ~ von Sachverständigen** au dire des experts 2 *(~sfähigkeit)* jugement *m*; **ein sicheres ~ haben** avoir un jugement sûr 3 JUR *(~sspruch)* jugement *m*; *e-s höheren Gerichtshofes* arrêt *m*; *e-s Geschworenengerichts* sentence *f*; *der Geschworenen* verdict *m*; décision *f*; **rechtskräftiges ~** jugement ayant force de chose jugée; jugement exécutoire, définitif; **ein ~ fällen** rendre un jugement; **das Urteil lautet auf** *(+akk)* ... c'est une sentence, un verdict de ...

urteilen VI ⟨h.⟩ **(über etw, j-n) ~** juger (de qc, qn); porter un jugement (sur qc, qn); **nach dem Schein ~** juger sur *od* d'après les apparences; **nach ihrer Miene zu ~, ...** à en juger par sa mine ...; **nach meinem Gefühl zu ~** si j'en juge par mes propres sentiments; **vorschnell, ungerecht (über etw** *[akk]***) ~** porter un jugement hâtif, injuste (sur qc); **~ Sie selbst** jugez vous-même; à vous de juger

Urteilsbegründung F attendus *mpl*, motifs *mpl* (d'un jugement); **urteilsfähig** ADJ capable de juger, de discernement; **Urteilsfähigkeit** F ⟨~⟩ jugement *m*; *(Unterscheidungsvermögen)* discernement *m*; **Urteilsspruch** M → Urteil 3; **Urteilsverkündung** F prononcé *m* du jugement; **Urteilsvermögen** N ⟨~s⟩ → Urteilsfähigkeit; **Urteilsvollstreckung** F exécution *f* du jugement

Urtext M (texte) original *m*; version originale; **Urtierchen** N ZOOL protozoaire *m*

urtümlich ADJ 1 *(ursprünglich)* naturel, -elle; vrai 2 *(urweltlich)* primitif, -ive; préhistorique; archaïque

Urtyp(us) M archétype *m*; original *m*; prototype *m*

Uruguay N ⟨→ *n/pr*⟩ l'Uruguay *m*; **Uruguayer(in)** M ⟨~s; ~⟩ (F) ⟨~in; ~innen⟩ Uruguayen, -enne *m,f*; **uruguayisch** ADJ uruguayen, -enne

Urenkel(in) M(F) descendant(e) *m(f)* de la quatrième génération; *umg* arrière-arrière-petit-fils *m*; *umg* arrière-arrière-petite-fille *f*; **Urgroßmutter** F trisaïeule *f*; **Urgroßvater** M trisaïeul *m*

Urvertrauen N PSYCH confiance fondamentale; **Urvieh** *umg hum* N ⟨~(e)s; -viecher⟩ *umg* phénomène *m*; original(e) *m(f)*; **Urvogel** M archéoptéryx *m*

Urwald M forêt *f* vierge; **tropischer ~** forêt tropicale

Urwelt F monde primitif, préhistorique; **urweltlich** ADJ primitif, -ive; préhistorique

urwüchsig ADJ 1 *(ursprünglich)* primitif, -ive 2 *(natürlich)* naturel, -elle; *(kraftvoll)* plein de force, de vigueur; **Urwüchsigkeit** F ⟨~⟩ 1 *(Ursprünglichkeit)* robustesse primitive 2 *(Natürlichkeit)* caractère primitif, naturel; *(Kraft)* vigueur *f*

Urzeit F temps primitifs, préhistoriques; *fig* **seit ~en** depuis des temps immémoriaux

Urzelle F BIOL cellule primitive; **Urzeugung** F génération spontanée; **Urzustand** M état primitif, initial

USA ABK (United States of America, Vereinigte Staaten von Amerika) **die ~** PL les USA *mpl*

Usance F ⟨~; ~n⟩ *bes* HANDEL usage *m*

USB M ⟨~s; ~s⟩ ABK (Universal Serial Bus) IT USB *m*; **USB-Anschluss** M port *m* USB

Usbeke M ⟨~n; ~n⟩, **Usbekin** F ⟨-in; -innen⟩ Ouzbek *m/f*; **usbekisch** ADJ ouzbek

Usbekistan N ⟨→ *n/pr*⟩ l'Ouzbékistan *m*

USB-Kabel N câble *m* USB; **USB-Schnittstelle** F port *m* USB; **USB-Stick** M ⟨~s; ~s⟩ clé *f* USB

US-Dollar M dollar U.S. *m*

User(in) M ⟨~s; ~⟩ (F) ⟨~in; ~innen⟩ IT utilisateur, -trice *m,f*

usf. ABK (und so fort) et ainsi de suite

USt. ABK → Umsatzsteuer

Usurpator M ⟨~s; -toren⟩ usurpateur *m*; **usurpieren** VT ⟨*pas de ge-*, h.⟩ usurper

Usus *umg* M ⟨~⟩ usage *m*; coutume *f*; habitude *f*; **das ist hier so ~** c'est l'usage, l'habitude ici

usw. ABK (und so weiter) etc.

Ute F ⟨→ *n/pr*⟩ *prénom*

Utensilien NPL ustensiles *mpl*; affaires *fpl*

Uterus M ⟨~; -ri⟩ ANAT utérus *m*

Utopie F ⟨~; ~n⟩ utopie *f*

utopisch ADJ utopique

Utopist(in) M ⟨~en; ~en⟩ (F) ⟨~in; ~innen⟩ utopiste *m/f*

u. U. ABK (unter Umständen) éventuellement; le cas échéant

UV ABK (ultraviolett) UV (ultraviolet)

u. v. a. (m.) ABK (und viele[s] andere [mehr]) et beaucoup, bien d'autres (choses)

UV-Lampe F lampe *f* à bronzer (aux rayons ultraviolets); **UV-Strahlen** MPL rayons ultraviolets; **UV-Strahlung** F ⟨~⟩ rayons *mpl* cosmiques

u. W. ABK (unseres Wissens) à notre connaissance

Ü-Wagen M ABK (Übertragungswagen) RADIO, TV voiture *f* de reportage

Uwe M ⟨→ *n/pr*⟩ *prénom*

Uz *umg* M ⟨~es; ~e⟩ taquinerie *f*; *umg* mise *f* en boîte

uzen *umg* VT ⟨-(es)t, h.⟩ **j-n ~** taquiner qn; *umg* mettre qn en boîte; se payer la tête de qn

Uzerei *umg* F ⟨~; ~en⟩ → Uz

V

V, v N ⟨V, v; V, v⟩ *Buchstabe* V, v *m*

V ABK (Volt) V (volt)

v. ABK (von, vom) de

VA ABK (Voltampere) VA (voltampère)

v. a. ABK (vor allem) avant tout; avant toute chose

va banque, **Vabanque** va banque, **Vabanque spielen** risquer le tout pour le tout; jouer son va-tout

Vabanquespiel N ⟨~(e)s⟩ *fig* **das ist ein ~** c'est vraiment risquer le tout pour le tout

Vademekum N ⟨~s; ~s⟩ vade-mecum *m* *(inv)*

VAE PL ABK (Vereinigte Arabische Emirate) **die ~** les Émirats arabes unis

vag ADJ → vage

Vagabund(in) M ⟨~en; ~en⟩ (F) ⟨~in; ~innen⟩ vagabond(e) *m(f)*; **vagabundieren** VI ⟨*pas de ge-*⟩ 1 ⟨h.⟩ *(ohne festen Wohnsitz sein)* vivre comme un vagabond 2 ⟨s.⟩ *(ziellos umherziehen)* vagabonder; errer

vage A ADJ vague B ADV vaguement

Vagheit F ⟨~; ~en⟩ 1 ⟨*sans pl*⟩ vague *m* 2 *(vage Aussage)* imprécision *f*

Vagina F ⟨~; -nen⟩ ANAT vagin *m*

vaginal ADJ ANAT vaginal

Vaginismus M ⟨~⟩ MED vaginisme *m*

vakant ADJ vacant; libre; inoccupé

Vakanz F ⟨~; ~en⟩ 1 ⟨*sans pl*⟩ *(das Vakantsein)* vacance *f* 2 *(vakante Stelle)* place vacante; poste vacant

Vakuum N ⟨~s; -kua *ou* -kuen⟩ PHYS, *fig* vide *m*; **absolutes ~** vide absolu; *fig* **ein ~ hinterlassen** laisser un vide

Vakuumtechnik F technique *f* du vide; **vakuumverpackt** ADJT emballé sous vide; **Vakuumverpackung** F emballage *m*

sous vide

Vakzine F ⟨~; ~n⟩ MED vaccin *m*

Valentin M ⟨→ *n/pr*⟩ *prénom; Heiliger* Valentin *m*

Valentinstag M la Saint-Valentin

Valenz F ⟨~; ~en⟩ CHEM, LING valence *f*

Valuta F ⟨~; -ten⟩ FIN monnaie étrangère; devise *f*; **hochwertige ~** monnaie, devise forte

Valutageschäft N opération *f* de change; **Valutagewinn** M bénéfice *m* (sur une opération) de change

Vamp M ⟨~s; ~s⟩ vamp *f*

Vampir M ⟨~s; ~e⟩ ZOOL, MYTH vampire *m*

Van M ⟨~s; ~s⟩ AUTO van *m*

Vanadium N ⟨~s⟩ CHEM vanadium *m*

Vandale → Wandale

Vanille F ⟨~⟩ 1 *Pflanze* vanillier *m* 2 *Gewürz* vanille *f*; **Vanillecreme** F crème *f* à la vanille; **Vanilleeis** N glace *f* à la vanille; **Vanillegeschmack** M goût *m* (de) vanille; **Vanillepudding** M *etwa* flan *m* à la vanille; **Vanillepulver** N vanille *f* en poudre; **Vanillesauce** F sauce *f* à la vanille; **Vanilleschote** F gousse *f* de vanille; **Vanillesoße** F sauce *f* à la vanille; **Vanillestange** F gousse *f* de vanille; **Vanillezucker** M sucre vanillé

Vanillin N ⟨~s⟩ CHEM vanilline *f*

Vanuatu N ⟨→ *n/pr*⟩ GEOG Vanuatu

variabel ⟨-bl-⟩ A ADJ variable B ADV d'une façon variable

Variabilität F ⟨~⟩ *t/t* variabilité *f*

Variable F ⟨→ A⟩ MATH variable *f*

Variante F ⟨~; ~n⟩ *t/t* variante *f*

Variation F ⟨~; ~en⟩ MUS, MATH, *fig* variation *f* (**über** [+*akk*], **zu** sur)

variationsfähig ADJ variable; **Variationsfähigkeit** F ⟨~⟩ variabilité *f*

Varietät F ⟨~; ~en⟩ *t/t* variété *f*

Varieté N ⟨~s; ~s⟩ *Theater* music-hall *m*; théâtre *m* de variétés; *Aufführung* spectacle *m* de variétés; attractions *fpl*

Varietee *etc* → Varieté *etc*

Varietékünstler(in) M(F) artiste *m/f* de music-hall; **Varietésänger(in)** M(F) chanteur, -euse *m,f* de music-hall; **Varietétheater** N → Varieté; **Varietévorstellung** F représentation *f* de music-hall; spectacle *m* de variétés

variieren ⟨*pas de ge-*, h.⟩ A V/T (*abwandeln*) modifier; varier; MUS **ein Thema ~** composer des variations sur un thème B V/I (*voneinander abweichen*) varier

Varioobjektiv N FOTO zoom *m*

Vasall(in) M ⟨~en; ~en⟩ (F) ⟨~in; ~innen⟩ HIST vassal(e) *m(f)*

Vasallenstaat M *pej*, POL État vassal, tributaire, satellite

Vase F ⟨~; ~n⟩ vase *m*

Vasektomie F ⟨~; ~n⟩ MED vasectomie *f*

Vaseline F ⟨~⟩ vaseline *f*

vasomotorisch ADJ ANAT, PHYSIOL vasomoteur, -trice

Vater M ⟨~s; ⸚⟩ 1 père *m*; **Ihr Herr ~** Monsieur votre père; **sein leiblicher ~** son propre père; **er wird ~** il va être père; il va avoir un enfant; **er ist ganz der ~** c'est tout le portrait de son père; c'est tout à fait son père; **vom ~ auf den Sohn** de père en fils; **wie der ~, so der Sohn** tel père, tel fils; *hum* **~ Staat** (*Wohlfahrtsstaat*) l'État-providence *m*; *als Arbeitgeber* l'État-patron *m*; **bei ~ Staat beschäftigt sein** émarger au budget de l'État 2 *fig* (*Urheber*) auteur *m*; créateur *m*; **der geistige ~** l'inspirateur *m*; **die Väter des Grundgesetzes** les pères (fondateurs) de la loi fondamentale 3 ⟨*sans pl*⟩ REL **der ~** le Père; **der Heilige ~** le Saint-Père; **himmlischer ~, Gott ~** Dieu *m* le Père 4 PL (*Vorfahren*) *geh* **unsere Väter** *geh* nos pères 5 (*~tier*) (mâle *m*) géniteur *m*

Väterchen N ⟨~s; ~⟩ 1 *Kosename* petit père 2 (*alter Mann*) *umg* pépé *m* 3 *hum* **~ Frost** le Bonhomme Hiver

Vaterfigur F père *m*; *fig* **er ist e-e ~ für mich** je le considère comme un père

Vaterfreuden FPL joies *fpl* de la paternité; **~ entgegensehen** être bientôt père

Vaterhaus N maison paternelle; **Vaterland** N ⟨~(e)s; -länder⟩ patrie *f*; **vaterländisch** *geh* ADJ de la patrie; *Lieder, Reden etc* patriotique

Vaterlandsliebe F amour *m* de la patrie; patriotisme *m*; **vaterlandsliebend** ADJT patriote; **Vaterlandsverräter** M *pej* traître *m* à sa patrie, son pays

väterlich A ADJ paternel, -elle; **das ~e Geschäft übernehmen** reprendre l'affaire paternelle, du père; **ein ~er Freund** un ami qui est pour moi, lui, nous, *etc* comme un père B ADV comme un père

väterlicherseits ADV du côté paternel; **Großvater ~** grand-père paternel

Vaterliebe F amour paternel

vaterlos A ADJ orphelin de père B ADV **~ aufwachsen** grandir sans père

Vatermord M parricide *m*; **Vatermörder** M 1 parricide *m* 2 *fig hum umg* col *m* à manger de la tarte

Vaterschaft F ⟨~⟩ *bes* JUR paternité *f*; **Anerkennung** *f* **der ~** reconnaissance *f* de paternité; **Feststellung** *f* **der ~** recherche *f* de la paternité

Vaterschaftsklage F JUR action *f* en recherche de paternité; **Vaterschaftstest** M test *m* de paternité

Vaterstadt *geh* F ville natale

Vaterstelle F **bei j-m ~ vertreten** tenir lieu de père à qn

Vatertag M fête *f* des pères; **Vatertier** N AGR (mâle *m*) géniteur *m*

Vaterunser N ⟨~s; ~⟩ REL Notre Père *m*; **ein ~ beten** dire un Notre Père

Vati *kinderspr* M ⟨~s; ~s⟩ *kinderspr* papa *m*

Vatikan ⟨→ *n/pr*⟩ **der ~** le Vatican

vatikanisch ADJ ⟨*épithète*⟩ du Vatican; *nur f* vaticane; **das Vatikanische Konzil** le concile du Vatican

Vatikanstadt F ⟨~⟩ cité *f* du Vatican

V-Ausschnitt M col *m* (en) V

VB ABK → Verhandlungsbasis

v. Chr. ABK (vor Christus) av. J.-C. (avant Jésus-Christ)

VDE M ⟨~⟩ ABK (Verband Deutscher Elektrotechniker) Association *f* des électrotechniciens allemands

VDI M ⟨~⟩ ABK (Verein Deutscher Ingenieure) Association *f* des ingénieurs allemands

VdK M ⟨~⟩ ABK (Verband der Kriegs- und Wehrdienstopfer, Behinderten und Sozialrentner) *BRD* association *f* des victimes de guerre, des handicapés et des retraités de la Sécurité sociale

VEB M ⟨~; ~s⟩ ABK HIST *DDR* (volkseigener Betrieb) entreprise nationalisée

vegan A ADJ végétalien, -ienne B ADV **sich ~ ernähren** être végétalien, -ienne

Veganer(in) M ⟨~s; ~⟩ (F) ⟨~in; ~innen⟩ végétalien, -ienne *m,f*

Vegetarier(in) M ⟨~s; ~⟩ (F) ⟨~in; ~innen⟩ végétarien, -ienne *m,f*

vegetarisch A ADJ végétarien, -ienne; **~e Lebensweise** régime végétarien B ADV **~ leben** être végétarien, -ienne

Vegetation F ⟨~; ~en⟩ végétation *f*

vegetativ ADJ BIOL, PHYSIOL végétatif, -ive; **~es Nervensystem** système neurovégétatif

vegetieren V/I ⟨*pas de ge-*, h.⟩ *pej* végéter; vivoter

vehement ADJ véhément; *a. adv* avec véhémence

Vehemenz F ⟨~⟩ véhémence *f*

Vehikel N ⟨~s; ~⟩ 1 *von e-m Auto* guimbarde *f*; *umg* (vieille) bagnole *f*; *umg* tacot *m*; clou *m* (*a. von e-m Fahrrad*) 2 (*Mittel*) véhicule *m*

Veilchen N ⟨~s; ~⟩ 1 BOT violette *f* 2 *umg* (*blaues Auge*) œil poché, au beurre noir; **veilchenblau** ADJ violet, -ette; *Augen a.* pervenche (*inv*); **Veilchenduft** M ⟨~(e)s⟩ parfum *m*, odeur *f* de violettes; **Veilchenstrauß** M ⟨~es; -sträuße⟩ bouquet *m* de violettes

Veit M ⟨→ *n/pr*⟩ *prénom; Heiliger* Guy *m*

Veitstanz M ⟨~es⟩ MED danse *f* de Saint-Guy

Vektor M ⟨~s; -toren⟩ PHYS, MATH vecteur *m*; **Vektorfeld** N champ vectoriel; **Vektorrechnung** F calcul vectoriel

Velo N ⟨~s; ~s⟩ *schweiz* vélo *m*

Velours M ⟨~; ~⟩ 1 TEX velours *m* 2 *Leder* daim *m*; **Veloursleder** N daim *m*; **Veloursteppich** M tapis *m* de velours

Veltlin ⟨→ *n/pr*⟩ GEOG **das ~** la Valteline

Vene F ⟨~; ~n⟩ ANAT veine *f*

Venedig N ⟨→ *n/pr*⟩ Venise *f*

Venenentzündung F MED phlébite *f*

venerisch ADJ MED vénérien, -ienne

Venezianer(in) M ⟨~s; ~⟩ (F) ⟨~in; ~innen⟩ Vénitien, -ienne *m,f*; **venezianisch** ADJ vénitien, -ienne

Venezolaner(in) M ⟨~s; ~⟩ (F) ⟨~in; ~innen⟩ Vénézuélien, -ienne *m,f*; **venezolanisch** ADJ vénézuélien, -ienne

Venezuela N ⟨→ *n/pr*⟩ le Venezuela

venös ADJ MED, ANAT veineux, -euse

Ventil N ⟨~s; ~e⟩ 1 TECH soupape *f* (*a. beim Auto, Dampfkessel*); (*Klappe*) clapet *m*; *e-s Reifens, Fahrradschlauches* valve *f* 2 MUS piston *m* 3 *fig* dérivatif *m*; *geh* exutoire *m*

Ventilation F ⟨~⟩ (*Belüftung*) ventilation *f*; (*Lüftung*) aération *f*

Ventilator M ⟨~s; -toren⟩ ventilateur *m*

ventilieren V/T ⟨*pas de ge-*, h.⟩ 1 TECH (*belüften*) ventiler; (*lüften*) aérer 2 *geh, fig* examiner (avec soin)

Venus F 1 ⟨~⟩ ASTRON Vénus 2 ⟨→ *n/pr*⟩ MYTH Vénus *f*; **Venusberg** M, **Venushügel** M ANAT mont *m* de Vénus

verabfolgen *geh* V/T ⟨*pas de ge-*, h.⟩ → verabreichen

verabreden ⟨-ete, *pas de ge-*, h.⟩ A V/T (*vereinbaren*) convenir (**etw** de qc); *Treffen, Termin a.* fixer; (*sich absprechen*) **~ zu** (+*inf*) *bzw.*, **dass …** décider de (+*inf*) *bzw.* que … (*meist* + *Futur*) B V/R **sich ~** fixer un rendez-vous; **sich mit j-m ~** prendre (un) rendez-vous avec qn (**für** pour)

verabredet ADJT convenu; **zum ~en Zeitpunkt** au moment convenu; **wie ~** comme convenu; **mit j-m ~ sein** avoir rendez-vous avec qn

Verabredung F ⟨~; ~en⟩ 1 (*Treffen*) rendez-vous *m*; **e-e geschäftliche ~** un rendez-vous d'affaires; **e-e ~ mit j-m haben** avoir (un) rendez-vous avec qn; **ich habe noch e-e ~** j'ai encore un rendez-vous 2 (*Abmachung*) accord *m*; **e-e ~ mit j-m treffen** se mettre d'accord, conclure un accord avec qn (**über etw** [+*akk*] sur qc); **sich an e-e ~ halten** s'en tenir à un accord

verabreichen V/T ⟨*pas de ge-*, h.⟩ donner; *Medizin a.* administrer; *Prügel* donner; administrer; **Verabreichung** F ⟨~; ~en⟩ *e-r Medizin* administration *f*

verabscheuen V/T ⟨*pas de ge-*, h.⟩ détester; avoir en horreur; *plus fort, geh* exécrer; *geh* abhorrer; **verabscheuenswert**, **verab-**

scheuenswürdig ADJ détestable; abominable; *geh* exécrable; **Verabscheuung** F ‹~› horreur *f*; aversion *f*
verabschieden ‹-ete, *pas de ge-*, h.› A V/T 1 *Gäste* dire au revoir à 2 *(entlassen)* fêter officiellement le départ de; *in den Ruhestand* mettre à la retraite 3 *Gesetz, Haushaltsplan* voter; *Gesetz (-entwurf) a.* adopter B V/R **sich ~ (von** *od* **bei j-m)** dire au revoir (à qn); prendre congé (de qn); *endgültig* faire ses adieux (à qn)
Verabschiedung F ‹~; ~en› 1 *von Gästen* remerciements *mpl* (au départ) 2 *von Beamten, Offizieren etc* mise *f* en congé; *in den Ruhestand* mise *f* à la retraite 3 *e-s Gesetzes etc* vote *m*; adoption *f*
verabsolutieren V/T ‹*pas de ge-*, h.› **etw ~** faire de qc un principe absolu
verachten V/T ‹-ete, *pas de ge-*, h.› mépriser; *(gering schätzen)* dédaigner; *umg* **das ist nicht zu ~** *umg* c'est pas mal
verachtenswert ADJ méprisable
Verächter(in) M ‹~s; ~› (F) ‹~in; ~innen› détracteur, -trice *m,f*
verachtfachen V/T (*u.* V/R) ‹*pas de ge-*, h.› (**sich ~** se) multiplier par huit; **Verachtfachung** F ‹~; ~en› multiplication *f* par huit
verächtlich A ADJ 1 *(geringschätzig)* méprisant; dédaigneux, -euse 2 *(Verachtung verdienend)* méprisable; vil; abject; **etw ~ machen** jeter le discrédit sur qc; dénigrer qc B ADV **j-n ~ behandeln** traiter qn avec dédain
Verachtung F ‹~› mépris *m*; dédain *m*; **j-n mit ~ strafen** ignorer qn
verachtungsvoll *geh* ADJ *u.* ADV → verächtlich A 1, B
veralbern V/T ‹-(e)re, *pas de ge-*, h.› *(verspotten)* tourner en ridicule; *(aufziehen)* se moquer de
verallgemeinern V/T ‹-(e)re, *pas de ge-*, h.› généraliser; **Verallgemeinerung** F ‹~; ~en› généralisation *f*
veralten V/I ‹-ete, *pas de ge-*, s.› vieillir; se démoder; tomber en désuétude; *Mode* passer
veraltet ADJT vieilli; *(überholt)* suranné; désuet, -ète; tombé en désuétude; *(unmodern)* démodé; passé de mode; **~er Ausdruck** *a.* archaïsme *m*
Veranda F ‹~; -den› véranda *f*
veränderlich ADJ variable *(a.* GRAM, MATH*)*; changeant; *(unbeständig) Wetter* instable; **Veränderlichkeit** F ‹~› variabilité *f*; *(Unbeständigkeit)* instabilité *f*
verändern ‹-(e)re, *pas de ge-*, h.› A V/T changer; modifier; transformer; *radikal* métamorphoser; *Gesichtszüge, Stimme a.* altérer B V/R **sich ~** 1 changer; se modifier; se transformer; *Gesichtszüge, Stimme a.* s'altérer; **sich zu s-m Vorteil ~** changer en bien 2 *beruflich* changer d'emploi
Veränderung F ‹~; ~en› changement *m*; transformation *f*; *nachteilige* altération *f*; *teilweise* modification *f*; *radikale* métamorphose *f*; *berufliche* changement d'emploi; **e-e ~ erfahren** subir un changement; **bei uns ist e-e ~ eingetreten** il y a eu du changement chez nous
verängstigen V/T ‹*pas de ge-*, h.› **j-n ~** angoisser qn; **ein verängstigtes Kind** un enfant effrayé; **ein verängstigtes Tier** un animal apeuré
verankern V/T ‹-(e)re, *pas de ge-*, h.› SCHIFF, BAU, *fig* ancrer; **gesetzlich verankert sein** être inscrit, ancré dans la loi
Verankerung F ‹~; ~en› 1 ‹*sans pl*› *(das Verankern) a. fig* ancrage *m* 2 *(Halterung)* fixation *f*; attache *f*
veranlagen V/T ‹*pas de ge-*, h.› FIN **j-n ~** imposer qn; établir l'assiette de l'impôt de qn
veranlagt ADJT 1 **für etw ~ sein** être prédisposé à qc; avoir des prédispositions à qc; *(begabt sein)* avoir le don de qc; **praktisch ~ sein** avoir le sens pratique 2 FIN taxé; **getrennt ~ werden** *von Ehepaaren* être imposable séparément
Veranlagung F ‹~; ~en› 1 *(Talent, Neigung)* talent *m* (**für** pour); (pré)disposition *f* (**für** à) *(a.* MED*)*; **kaufmännische ~** *a.* sens *m* du commerce 2 FIN établissement *m* de l'assiette de l'impôt; évaluation *f*, fixation *f* de l'impôt
Veranlagungszeitraum M période *f* imposable
veranlassen V/T ‹-(es)t, *pas de ge-*, h.› 1 **j-n zu etw ~** pousser, amener, déterminer qn à qc; **ich sehe mich veranlasst zu** *(+inf)* je me vois obligé, contraint de *(+inf)*; **sich zu etw veranlasst fühlen** se sentir amené à qc; **das hat mich zu dem Glauben veranlasst, dass …** cela m'a porté, poussé à croire que … 2 *(anordnen, in die Wege leiten)* **etw ~** ordonner qc; donner l'ordre de faire qc; faire faire qc; **~ Sie bitte, dass er kommt** veuillez le faire venir; **wir werden alles Weitere ~** nous nous chargerons, occuperons du reste
Veranlassung F ‹~; ~en› 1 *(Grund)* cause *f* (**zu etw** de qc); *(Anlass)* sujet *m*; matière *f*; *(Beweggrund)* motif *m*; **~ zu etw geben** fournir matière à qc; donner matière, lieu à qc; **wir haben keinerlei ~ zu** *(+inf)* nous n'avons aucune raison, aucun motif de *(+inf)* 2 *(Initiative)* impulsion *f*; instigation *f*; initiative *f*; **auf j-s ~** *(akk)* **(hin)** sur l'ordre, l'intervention, l'initiative de qn; sous l'impulsion de qn
veranschaulichen ‹*pas de ge-*, h.› V/T illustrer; concrétiser; faire comprendre; **etw durch Beispiele ~** illustrer qc par des exemples
Veranschaulichung F ‹~; ~en› illustration *f*; concrétisation *f*
veranschlagen V/T ‹*pas de ge-*, h.› estimer, évaluer (**mit** à); **etw zu hoch ~** surestimer, surévaluer qc
Veranschlagung F ‹~; ~en› estimation *f*; évaluation *f*
veranstalten V/T ‹-ete, *pas de ge-*, h.› *Fest, Ausstellung, Kongress etc* organiser; *Konzert, Fest a.* donner; *Umfrage* faire; mener
Veranstalter(in) M ‹~s; ~› (F) ‹~in; ~innen› organisateur, -trice *m,f*; *e-s Wettkampfes a.* promoteur, -trice *m,f*
Veranstaltung F ‹~; ~en› 1 ‹*sans pl*› *(das Veranstalten)* organisation *f* 2 *politische, sportliche, kulturelle etc* manifestation *f*; *am Abend* soirée *f*; *sportliche a.* réunion *f*; rencontre *f*; THEAT, ZIRKUS, KABARETT *a.* spectacle *m*; *(Feier)* fête *f*
verantworten ‹-ete, *pas de ge-*, h.› A V/T **etw ~** répondre de qc; prendre, assumer la responsabilité de qc; **das kann ich nicht ~** je ne peux pas en prendre la responsabilité; **etw vor s-m Gewissen ~** assumer la responsabilité morale de qc B V/R **sich für etw ~** se justifier de qc (**vor j-m** auprès de qn); **sich vor Gericht** *(dat)* **~** se justifier devant le tribunal
verantwortlich ADJ 1 *(Verantwortung tragend)* responsable (**für** de); *(rechenschaftspflichtig)* comptable (**j-m für etw** de qc envers qn); **der ~e Ingenieur** l'ingénieur responsable; **j-n für etw ~ machen** rendre qn responsable de qc; **j-m für etw ~ sein** (devoir) répondre à qn de qc 2 *(mit Verantwortung verbunden)* **~e Stellung** position *f*, poste *m* à responsabilités; poste *m* de responsabilité
Verantwortliche(r) M/F(M) ‹→ A› responsable *m/f*; **Verantwortlichkeit** F ‹~; ~en› responsabilité *f*
Verantwortung F ‹~; ~en› 1 responsabilité *f*; **die ~ tragen** porter la responsabilité, être responsable (**für** de); **etw auf eigene ~ tun** prendre le risque de faire qc; **die ~ für etw übernehmen** se porter garant de qc; *für e-n Anschlag etc* revendiquer qc; **die ~ auf j-n abwälzen** rejeter la responsabilité sur qn; **sich** *(dat)* **s-r ~** *(gen)* **bewusst sein** être conscient de ses responsabilités; **j-n zur ~ ziehen** demander des comptes à qn (**für etw** pour qc) 2 ‹*sans pl*› *(Verantwortungsgefühl)* **ohne jede ~ handeln** agir d'une façon irresponsable
verantwortungsbewusst ADJ conscient de ses responsabilités; **Verantwortungsbewusstsein** N conscience *f* de ses responsabilités; **Verantwortungsgefühl** N ‹~s› sens *m* des responsabilités
verantwortungslos A ADJ irresponsable; léger, -ère B ADV **~ handeln** agir d'une façon irresponsable
Verantwortungslosigkeit F ‹~› irresponsabilité *f*; légèreté *f*; **verantwortungsvoll** ADJ 1 *Aufgabe, Position* de responsabilité 2 *Person, Handlungsweise* responsable
veräppeln *umg* V/T ‹-(e)le, *pas de ge-*, h.› **j-n ~** *umg* mettre qn en boîte; *umg* se payer la tête de qn
verarbeiten V/T ‹-ete, *pas de ge-*, h.› 1 *(als Material verwenden)* employer, utiliser (**zu etw** à qc, pour faire qc); *Rohstoffe etc (bearbeiten)* transformer; travailler; traiter; façonner 2 *(psychisch, geistig bewältigen)* assimiler; *(sich zu eigen machen)* faire sien, sienne 3 *Nahrung* assimiler; digérer
verarbeitend ADJT **~e Industrie** industrie de transformation, manufacturière
verarbeitet ADJT **gut, schlecht ~e Ware** marchandise *f* dont la finition est bonne, mauvaise
Verarbeitung F ‹~; ~en› 1 *(Verwendung)* emploi *m*; *(Bearbeitung)* transformation *f*; traitement *m*; façonnage *m* 2 *(geistige Bewältigung)* assimilation *f* 3 *der Nahrung* assimilation *f*; digestion *f* 4 *(~squalität)* finition *f*
Verarbeitungsbetrieb M entreprise *f* de transformation
verargen *geh* V/T ‹*pas de ge-*, h.› **j-m etw ~** en vouloir à qn de qc; **das kann man ihr nicht ~** on ne peut pas lui en vouloir pour ça
verärgern V/T ‹-(e)re, *pas de ge-*, h.› irriter; fâcher; **wegen etw verärgert sein** être fâché à cause de qc
Verärgerung F ‹~; ~en› irritation *f*
verarmen V/I ‹*pas de ge-*, s.› *a. fig* s'appauvrir; *plus fort* tomber dans l'indigence, la misère; **Verarmung** F ‹~› 1 *(das Verarmen) a. fig* appauvrissement *m*; *der Massen* paupérisation *f* 2 *(das Verarmtsein) a. fig* appauvrissement *m*; *plus fort* indigence *f*; *der Massen* paupérisme *m*
verarschen *sl* V/T ‹*pas de ge-*, h.› **j-n ~** *umg* se payer la gueule, poire, tronche de qn; **du willst mich wohl ~?** *sl* tu te fous de ma gueule?
verarzten *umg* V/T ‹-ete, *pas de ge-*, h.› soigner
verästeln V/R ‹-(e)le, *pas de ge-*, h.› **sich ~** se ramifier *(a. fig)*; **Verästelung** F ‹~; ~en› ramification *f (a. fig)*
verätzen V/T ‹-(es)t, *pas de ge-*, h.› 1 MED brûler à l'acide 2 TECH corroder; **Verätzung** F ‹~; ~en› 1 MED brûlure *f* par acide 2 TECH corrosion *f* (par un acide)
verausgaben ‹*pas de ge-*, h.› A V/T ADMIN dépenser; *fig, Kräfte a.* épuiser B V/R **sich ~** *physisch* se dépenser; s'épuiser; **er hat sich völlig verausgabt** il s'est dépensé sans compter; il s'est donné à fond
Verausgabung F ‹~› ADMIN dépense *f*; *physische a.* épuisement *m*
verauslagen *geh*, ADMIN V/T ‹*pas de ge-*, h.› *Geld* débourser; avancer
veräußern V/T ‹-(e)re, *pas de ge-*, h.› *bes* JUR

V

aliéner; *(verkaufen)* vendre; monnayer; *Rechte* céder; **Veräußerung** F ⟨~; ~en⟩ *bes* JUR aliénation *f*; *(Verkauf)* vente *f*; *von Rechten* cession *f*

Veräußerungsrecht N droit *m* d'aliénation; **Veräußerungsverbot** N interdiction *f* de cession

Verb N ⟨~s; ~en⟩ GRAM verbe *m*

verbacken V/T ⟨*irr, pas de ge-*, **h.**⟩ *Mehl etc* employer

verbal A ADJ *geh*, GRAM verbal B ADV 1 *geh (mit Worten)* avec des mots 2 GRAM verbalement; avec un verbe

Verbalinjurie F *geh*, JUR injure *f*

verballhornen V/T ⟨*pas de ge-*, **h.**⟩ *Wort, Satz* estropier

Verband M ⟨~(e)s; ¨~e⟩ 1 MED pansement *m*; bandage *m*; **e-n ~ anlegen** appliquer un pansement, un bandage; mettre un pansement 2 *(Zusammenschluss)* fédération *f*; union *f*; *(Verein) a.* association *f*; *Gewerkschaft, (Arbeitgeberverband) a.* syndicat *m* 3 MIL formation *f*; unité *f*; SCHIFF **im ~ fahren** naviguer de conserve, en formation; FLUG **im ~ fliegen** voler en formation

Verbandkasten *etc* → Verbandskasten *etc*

Verbandskasse F caisse *f* d'une association, d'un syndicat, *etc*

Verbandskasten M boîte *f* de *od* à pansements; *für Erste Hilfe a.* pharmacie *f* (portative); *im Auto* mallette *f* de secours; **Verbandsmaterial** N (nécessaire *m* à) pansements *mpl*

Verbandsmitglied N membre *m* d'une association, d'un syndicat, *etc*

Verbandsmull M gaze *f* hydrophile, à pansement; **Verbandspäckchen** N compresse *f* aseptique (sur un rouleau de gaze); **Verbandsstoff** M pansement *m*

Verbandstag M congrès *m* d'une fédération, d'un syndicat, *etc*

Verbandswatte F MED ouate *f* à pansement; coton *m* hydrophile; **Verbandszeug** N ⟨~(e)s⟩ (nécessaire *m* à) pansements *mpl*; **Verbandszimmer** N salle *f* de pansement

Verbandwatte *etc* → Verbandswatte *etc*

verbannen V/T ⟨*pas de ge-*, **h.**⟩ bannir *(a. fig)*; exiler; **j-n auf e-e Insel ~** bannir, exiler qn sur une île

Verbannte(r) M/F(M) ⟨→ A⟩ banni(e) *m(f)*; exilé(e) *m(f)*

Verbannung F ⟨~; ~en⟩ bannissement *m*; exil *m*; **in der ~ leben** vivre en exil

verbarrikadieren V/T *(u.* V/R*)* ⟨*pas de ge-*, **h.**⟩ **(sich) ~** (se) barricader

verbauen ⟨*pas de ge-*, **h.**⟩ A V/T 1 **j-m die Aussicht ~** masquer, boucher la vue de qn (par une construction) 2 *Geld* dépenser dans la construction; *Material* utiliser, consommer dans la construction; **wir haben 3 Millionen verbaut** nous avons dépensé, *(verschleudert)* gaspillé 3 millions dans la construction 3 *(schlecht bauen)* mal bâtir B V/R *fig* **sich** *(dat)* **die Zukunft ~** gâcher son avenir

verbeamten V/T ⟨-ete, *pas de ge-*, **h.**⟩ **j-n ~** titulariser qn

Verbeamtung F ⟨~⟩ *e-r Person* titularisation *f*

verbeißen ⟨*irr, pas de ge-*, **h.**⟩ A V/T 1 *Gefühle etc (unterdrücken)* réprimer 2 *Wild* **junge Triebe ~** endommager de jeunes pousses B V/R 1 *bes Hund* **sich in etw** *(akk)* **~** s'acharner sur qc; *fig* **sich in ein Problem ~** s'acharner sur un problème 2 **sich** *(dat)* **das Lachen nicht ~ können** ne pouvoir s'empêcher de rire; **sich** *(dat)* **e-e Antwort ~** retenir sa langue

verbellen V/T ⟨*pas de ge-*, **h.**⟩ **j-n ~** menacer qn en aboyant; JAGD **der Hirsch wird verbellt** le cerf est aux abois

Verbene F ⟨~; ~n⟩ BOT verveine *f*

verbergen V/T ⟨*irr, pas de ge-*, **h.**⟩ 1 cacher (**j-n, etw vor j-m** qn, qc à qn); dissimuler *(a. Tränen)*; JUR receler; *(den Blicken entziehen)* dérober à la vue 2 **j-m etw ~** *(verheimlichen)* dissimuler, taire qc à qn

verbessern ⟨-(e)re, *pas de ge-*, **h.**⟩ A V/T 1 *qualitativ* améliorer; rendre meilleur; AGR *Boden* bonifier; amender; *(vervollkommnen) Erfindung, Maschine etc* perfectionner; *(bessernd umgestalten)* réformer; **die Beziehungen zu e-m Land ~** améliorer les relations avec un pays 2 *Fehler (berichtigen)* corriger; **durchgesehene und verbesserte Auflage** édition revue et corrigée; **verbessere mich nicht ständig!** cesse de me corriger tout le temps! B V/R **sich ~** 1 *qualitativ* s'améliorer 2 *(sich korrigieren)* se corriger; *beim Sprechen* se reprendre 3 *s-e Situation, bes beruflich* trouver une meilleure place, situation

Verbesserung F ⟨~; ~en⟩ 1 *qualitative* amélioration *f*; AGR *des Bodens* amendement *m*; bonification *f*; *(Vervollkommnung)* perfectionnement *m*; *(Umgestaltung)* réforme *f* 2 *(Korrektur) von Fehlern* correction *f*

Verbesserungsvorschlag M proposition *f* pour l'amélioration, le perfectionnement (**für etw** de qc); proposition *f* visant à améliorer, perfectionner (**für etw** qc)

verbeugen V/R ⟨*pas de ge-*, **h.**⟩ **sich ~** s'incliner (**vor j-m** devant qn); faire la *od* une révérence

Verbeugung F ⟨~; ~en⟩ révérence *f*; **tiefe ~** courbette *f*; **e-e leichte ~ machen** s'incliner légèrement

verbeulen V/T ⟨*pas de ge-*, **h.**⟩ bosseler; cabosser

verbiegen V/T *(u.* V/R*)* ⟨*irr, pas de ge-*, **h.**⟩ **(sich) ~** (se) tordre; (se) déformer; gauchir; *bes Rad* (se) voiler; *fig* **j-s Charakter ~** gâter le caractère de qn

Verbiegung F ⟨~; ~en⟩ torsion *f*; déformation *f*; gauchissement *m*; *bes e-s Rads* voilement *m*

verbiestert *umg* ADJT 1 *(verwirrt)* confus 2 *(verärgert)* irrité; fâché

verbieten ⟨*irr, pas de ge-*, **h.**⟩ A V/T 1 *Handlung (untersagen)* défendre; interdire; *amtlich a.* prohiber; **j-m das Haus ~** défendre (l'entrée de) la maison à qn; **j-m den Mund, das Wort ~** défendre à qn de parler; **Rauchen verboten** défense de fumer 2 *(für unerlaubt erklären) Partei, Zeitung* interdire; *Buch* proscrire; mettre à l'index B V/R **das verbietet sich von selbst** c'est exclu

verbilden V/T ⟨-ete, *pas de ge-*, **h.**⟩ *fig* déformer; *a. abs* fausser, déformer l'esprit (de)

verbildlichen V/T ⟨*pas de ge-*, **h.**⟩ → veranschaulichen

verbilligen ⟨*pas de ge-*, **h.**⟩ A V/T diminuer, réduire le prix de; **verbilligte Fahrkarte** billet *m* à prix réduit B V/R **sich ~** devenir moins cher, chère

Verbilligung F ⟨~; ~en⟩ diminution *f*, réduction *f* du prix (*+ gen* de)

verbinden ⟨*irr, pas de ge-*, **h.**⟩ A V/T 1 *(e-n Verband anlegen)* panser; **j-m e-e Wunde ~** panser la plaie de qn 2 *(zubinden)* **j-m die Augen ~** bander les yeux de qn 3 *(zusammenfügen)* joindre; réunir; assembler; **zwei Bretter mit Leim ~** coller deux planches; **Drähte miteinander ~** joindre, relier des fils les uns aux autres; **Teile mit Schrauben ~** assembler des pièces à l'aide de vis; visser des pièces (les unes aux autres) 4 *(e-n trennenden Abstand überbrücken) durch Bahnlinien, Flüsse etc* relier; (ré)unir; **die beiden Städte werden durch e-e neue Fluglinie verbunden** les deux villes sont reliées (entre elles) par une nouvelle ligne aérienne 5 ELEK raccorder; connecter; brancher; TEL passer (**mit j-m** qn); **~ Sie mich mit …** passez-moi …; **könnten Sie mich bitte mit … ~** pourrais-je parler à …; **ich verbinde (Sie)** je vous passe la communication; je vous le *od* la passe; **Sie sind falsch verbunden** vous avez fait un mauvais numéro 6 *(verknüpfen)* combiner (**mit** à); **das Angenehme mit dem Nützlichen ~** joindre l'utile à l'agréable 7 *(mit sich bringen)* **verbunden sein mit** entraîner; occasionner; **mit Kosten verbunden sein** entraîner des frais, dépenses; **mit großen Problemen verbunden sein** poser de graves problèmes; **die Krankheit ist mit Schmerzen verbunden** cette maladie fait souffrir *od* est douloureuse 8 *(e-e Beziehung herstellen)* unir; lier; **eng mit j-m, etw verbunden sein** être lié étroitement à qn, qc; **uns verbindet eine lange Freundschaft** une longue amitié nous lie, unit 9 *(assoziieren)* **was ~ Sie mit diesem Wort?** à quoi ce mot vous fait-il penser? 10 *geh* **ich bin Ihnen dafür sehr verbunden** je vous en suis *geh* fort obligé, reconnaissant B V/R **sich ~** 1 *(sich vermengen)* se mélanger; s'amalgamer; CHEM se combiner (**mit** à); **Wasserstoff verbindet sich mit Sauerstoff zu Wasser** l'hydrogène et l'oxygène se combinent pour donner de l'eau 2 *(ein Bündnis schließen)* s'unir; s'associer; **sich ehelich ~** s'unir par (le lien du) mariage; **sich geschäftlich mit j-m ~** s'associer avec qn 3 *(erinnern an)* **damit ~ sich schöne Erinnerungen** cela me rappelle de beaux souvenirs; **damit verbindet sich die Vorstellung …** cela évoque, rappelle … 4 *(einhergehen)* **in diesem Buch ~ sich Fantasie und Humor** ce livre allie l'imagination à l'humour

verbindend ADJT **~e Worte** NPL paroles *fpl* de transition

verbindlich A ADJ 1 *(bindend)* obligatoire; **etw für ~ erklären** rendre qc obligatoire; **für j-n ~ sein** lier, engager qn; JUR **~ sein** avoir caractère obligatoire; **… ist für beide Teile ~** … lie les deux parties 2 *(liebenswürdig)* obligeant; courtois; **etwas Verbindliches sagen** dire des paroles obligeantes, aimables, des amabilités; **~sten Dank** tous mes remerciements; je vous suis très obligé(e) B ADV 1 *(bindend)* **etw ~ zusagen** promettre qc fermement; s'engager à qc 2 *(liebenswürdig)* **~ lächeln** sourire aimablement

Verbindlichkeit F ⟨~; ~en⟩ 1 ⟨*sans pl*⟩ *von Gesetzen etc* caractère *m* obligatoire 2 ⟨*sans pl*⟩ *(freundliches Entgegenkommen)* obligeance *f*; *(freundliche Worte)* paroles obligeantes 3 HANDEL *(Schulden)* obligation *f*; engagement *m*; **~en gegen j-n haben** avoir des obligations envers qn

Verbindung F ⟨~; ~en⟩ 1 *zwischen Personen* contact *m*; liaison *f*; *(Bündnis)* alliance *f*; *menschliche (Beziehung)* relation *f (a.* HANDEL*)*; rapport *m*; *geh* **eheliche ~** union conjugale; **gute ~en haben** avoir de bonnes relations; **in ~** *(dat)* **bleiben mit …** rester en contact avec …; **in ~** *(akk)* **kommen (mit)** entrer en contact (avec); **sich in ~** *(akk)* **setzen** prendre contact (mit avec); **in ~** *(dat)* **stehen** *od* **sein** être en contact; **mit j-m in ~** *(dat)* **stehen** avoir des contacts *od* être en contact avec qn; *geschäftlich a.* être en affaires avec qn; **mit j-m in ~** *(akk)* **treten, mit j-m ~ aufnehmen** se mettre, entrer en contact, en rapport avec qn; contacter qn; **die ~ ist abgebrochen** *bzw.* **abgerissen** le contact est rompu; **wir haben gar keine ~ mehr miteinander** nous n'avons plus aucun contact 2 *zwischen zwei Orten*, MIL liaison f **3** *zwischen Dingen (Zusammenhang)* lien *m*; rapprochement *m*; **j-n mit etw in ~** *(akk)* **bringen** faire le lien, le rapprochement entre qn et qc; **zwei Ereignisse miteinander in ~** *(akk)* **bringen** établir, faire le lien entre deux événements; **in ~ damit fällt mir ein, dass ...** cela me fait penser que ... **4** *(Verkehrsverbindung)* voie *f* de communication; jonction *f*; raccordement *m*; *Zug a.* liaison *f*; **e-e direkte ~ nach ...** une ligne directe avec ... **5** TEL, TELEKOMMUNIKATION communication *f*; **die ~ herstellen, unterbrechen** établir, interrompre la communication **6** *studentische* → Studentenverbindung; **schlagende ~** association *f* d'étudiants qui pratique le duel **7** TECH jonction *f*; raccordement *m*; *(~sstück)* raccord *m* **8** ELEK connexion *f*; raccordement *m* **9** BIOL, NUKL union *f* **10** CHEM combinaison *f* *(Vorgang u. Ergebnis)*; *nur Ergebnis* composé *m* (chimique); combiné *m*

Verbindungsgang M galerie *f* de communication; couloir *m*; **Verbindungsglied** N TECH raccord *m*; *fig* lien *m*; **Verbindungsgraben** M MIL boyau *m* (de communication); **Verbindungskabel** N ELEK câble *m* de jonction, de raccord(ement); **Verbindungskanal** M canal *m* de jonction; **Verbindungslinie** F ligne *f* de communication; **Verbindungsmann** M ⟨~(e)s; -männer *ou* -leute⟩ homme *m*, agent *m* de liaison; **Verbindungsoffizier** M MIL officier *m* de liaison; **Verbindungsplatte** F plaque *f* d'assemblage; **Verbindungsrohr** N tube *m*, tuyau *m* de communication, de jonction; **Verbindungsschnur** F ELEK cordon *m* de branchement, de raccordement; **Verbindungsschraube** F vis *f*, boulon *m* d'assemblage; **Verbindungsstange** F barre *f* de raccordement; **Verbindungsstecker** M ELEK fiche *f* de connexion, de raccordement; **Verbindungsstelle** F TECH point *m* de jonction, de raccordement; **Verbindungsstraße** F voie *f* de raccordement, de jonction; **Verbindungsstück** N raccord *m*; **Verbindungsstudent** M membre *m* d'une association d'étudiants; **Verbindungstür** F porte *f* de communication; **Verbindungsweg** M voie *f* de communication

Verbiss M JAGD dommages causés aux arbres par le gibier

verbissen **A** ADJ **1** *Widerstand* acharné; opiniâtre **2** *Wut* concentré; rentré; **ein ~es Gesicht machen** avoir un air obstiné, têtu **B** ADV **1** *(standhaft)* **~ verteidigen** défendre âprement, avec opiniâtreté, acharnement **2** *(verkrampft)* avec raideur, rigidité; *umg* **das darf man nicht so ~ sehen** il faut voir ça d'une façon plus décontractée, *umg* plus cool

Verbissenheit F ⟨~⟩ acharnement *m*; opiniâtreté *f*

verbitten V/R ⟨*irr, pas de ge-,* h.⟩ **sich** *(dat)* **etw ~** ne pas tolérer qc; ne pas laisser passer qc; **das verbitte ich mir in Zukunft!** que cela ne vous arrive plus!; **ich verbitte mir jede Einmischung!** je ne tolérerai pas que l'on se mêle de mes affaires!; **ich verbitte mir diesen Ton!** je vous interdis de me parler sur ce ton!

verbittern V/T ⟨-(e)re, *pas de ge-,* h.⟩ aigrir; rendre amer, amère; **verbittert** ADJT aigri; amer, amère; **Verbitterung** F ⟨~⟩ aigreur *f*; amertume *f*

verblassen V/I ⟨-(es)t, *pas de ge-,* s.⟩ **1** *(blass werden) Sterne, Tinte, Schrift etc* pâlir; *Tinte a.* s'effacer; *Farben a.* passer; *Stoff* perdre sa couleur; passer; se faner **2** *fig, Wortbedeutung* s'affaiblir; *Erinnerung* s'effacer

Verbleib *geh* M ⟨~(e)s⟩ **1** *(Aufenthaltsort)* lieu *m* de séjour; *e-r Sache* endroit *m* (où se trouve qc); **über s-n ~ ist nichts bekannt** on ne sait pas où il se trouve **2** *(Verbleiben)* **die Wahl entscheidet über s-n ~ im Amt** les élections décideront s'il reste dans ses fonctions *od* s'il garde son poste

verbleiben V/I ⟨*irr, pas de ge-,* s.⟩ **1** *(sich einigen)* convenir (de); **sie waren so verblieben, dass ...** ils avaient convenu *od liter* étaient convenus de *(+ inf)*; **wie seid ihr verblieben?** qu'avez-vous décidé?; **wir ~ so, dass ich Sie morgen anrufe** je vous téléphone demain, comme convenu **2** *geh od* ADMIN *(bleiben)* rester; demeurer **3** *Briefschluss:* **mit besten Grüßen verbleibe ich Ihr ...** veuillez agréer, Monsieur *bzw.* Madame, mes meilleures salutations **4** *(übrig bleiben)* rester; **die ~de Summe** le restant

verbleichen V/I ⟨verbleicht, verblich, verblichen, s.⟩ *(Farbe verlieren)* perdre sa couleur; *Farbe* pâlir; se faner

verbleit ADJ *Benzin* contenant du plomb

verblenden V/T ⟨-ete, *pas de ge-,* h.⟩ **1** *(irreführen)* aveugler; *durch Äußerlichkeiten* éblouir **2** TECH recouvrir; revêtir; **Verblendung** F ⟨~; ~en⟩ **1** ⟨*sans pl*⟩ *(Verblendetsein)* aveuglement *m*; éblouissement *m* **2** TECH revêtement *m*

verblichen PPERF → verbleichen; **Verblichene(r)** *geh* M/F(M) ⟨→ A⟩ défunt(e) *m(f)*

verblöden *umg* V/I ⟨-ete, *pas de ge-,* s.⟩ s'abêtir; s'abrutir; devenir stupide; **Verblödung** *umg* F ⟨~⟩ abêtissement *m*; abrutissement *m*; hébétement *m*

verblüffen V/T *u.* V/I ⟨*pas de ge-,* h.⟩ stupéfier; ahurir; abasourdir; ébahir; renverser; **verblüfft** *a.* stupéfait; éberlué; **wir sind verblüfft über** *(+akk)* nous sommes stupéfaits de; **sie verblüffte mit ihrer Leistung** elle a eu, obtenu des résultats stupéfiants

verblüffend ADJT stupéfiant; ahurissant; renversant; **Verblüffung** F ⟨~⟩ stupéfaction *f*; perplexité *f*; ahurissement *m*; ébahissement *m*

verblühen V/I ⟨*pas de ge-,* s.⟩ *geh* défleurir; *(welken)* se faner; se flétrir; *geh fig* **verblühte Schönheit** beauté fanée

verbluten V/I ⟨-ete, *pas de ge-,* s.⟩ perdre tout son sang; MED mourir d'une hémorragie

verbocken *umg* V/T ⟨*pas de ge-,* h.⟩ **etw ~** gâcher qc

verbohren *umg* V/R ⟨*pas de ge-,* h.⟩ *fig* **sich in etw** *(akk)* **~** s'obstiner dans qc; se mettre qc dans la tête; ne pas démordre de qc

verbohrt *umg pej* ADJT obstiné; têtu; cabochard; **Verbohrtheit** *umg* F ⟨~⟩ obstination *f*; entêtement *m*

verborgen[1] V/T ⟨*pas de ge-,* h.⟩ *(leihen)* prêter; donner en prêt

verborgen[2] **A** PPERF → verbergen **B** ADJT **1** *(versteckt)* caché; *Tür, Treppe* dérobé; secret, -ète; **~ halten** cacher (**etw vor j-m** qc à qn); **im Verborgenen** *(heimlich)* en cachette; *(von der Öffentlichkeit unbemerkt)* dans l'ombre; **es ist Ihnen sicher nicht ~ geblieben, dass ...** vous n'êtes pas sans savoir que ... **2** *(entlegen, schwer auffindbar)* écarté; isolé; difficile à trouver; **in den ~sten Winkeln** (jusque) dans les moindres recoins; **ein ~es Tälchen** *a.* un vallon perdu **3** *(unentdeckt) Talent* obscur; *Kräfte* occulte; *Krankheit* latent

Verborgenheit F ⟨~⟩ ombre *f*; *(Abgelegenheit)* isolement *m*

Verbot N ⟨~(e)s; ~e⟩ défense *f*; interdiction *f*; *amtlich a.* prohibition *f* (*+gen*, **von** de); **das ~ zu rauchen** l'interdiction de fumer

verboten **A** PPERF → verbieten **B** ADJT **1** défendu; interdit; prohibé; **Rauchen ~!** défense de fumer! **2** *umg fig (unmöglich) umg* impossible **C** ADV *umg* **~ aussehen** *umg* avoir une touche pas possible; **damit** *bzw.* **darin sieht er ~ aus** ça ne lui va pas du tout

Verbotsschild N ⟨~(e)s; ~er⟩, **Verbotstafel** F panneau *m* d'interdiction; **Verbotszeichen** N signal *m* d'interdiction

verbrämen V/T ⟨*pas de ge-,* h.⟩ **1** MODE garnir, border (**mit Pelz** de fourrure) **2** *fig* enjoliver; **ein wissenschaftlich verbrämter Unsinn** une absurdité aux allures scientifiques

Verbrämung F ⟨~; ~en⟩ MODE garniture *f*, bordure *f* (de fourrure)

verbrannt PPERF → verbrennen

verbraten *umg* V/T *(ausgeben) umg* claquer

Verbrauch M ⟨~(e)s⟩ consommation *f* (**an** *[+dat]* de); **~ pro Kopf** consommation par tête, par personne; **tatsächlicher ~** consommation effective; **zum alsbaldigen ~ bestimmt** à consommer frais; *Haushaltsgeräte etc* **sparsam im ~ sein** être économique; **den ~ fördern** encourager, stimuler la consommation

verbrauchen ⟨*pas de ge-,* h.⟩ **A** V/T **1** *(konsumieren)* consommer; **wie viel verbraucht Ihr Auto?** combien consomme votre voiture?; *fig* **s-e Kräfte ~** déployer toute son énergie (**für** à) **2** *(verschleißen)* user; *(aufbrauchen)* épuiser **B** V/R *fig* **sich völlig ~** se tuer

Verbraucher(in) M ⟨~s; ~⟩ (F) ⟨~in; ~innen⟩ consommateur, -trice *m,f*; **verbraucherfeindlich** ADJ qui n'est pas dans l'intérêt des consommateurs; **verbraucherfreundlich** ADJ dans l'intérêt des consommateurs; **Verbrauchergenossenschaft** F coopérative *f* de consommation; **Verbrauchergruppe** F catégorie *f*, groupe *m* de consommateurs; **Verbrauchermarkt** M *bis 2500 m^2 Verkaufsfläche* supermarché *m*; *über 2500 m^2 Verkaufsfläche* hypermarché *m*; **Verbraucherpreis** M prix *m* à la consommation, au consommateur; **Verbraucherschutz** M protection *f* des consommateurs; **Verbraucherverband** M organisation *f*, association *f* de consommateurs

Verbrauchsgüter NPL biens *mpl* de consommation; **Verbrauchsgüterindustrie** F industrie *f* des biens de consommation; **Verbrauchssteuer** F taxe *f* à la consommation

verbraucht ADJT *fig, Kräfte* épuisé; *Mensch* usé; *Luft* vicié; confiné

verbrechen V/T ⟨*irr, pas de ge-,* h.⟩ **1** *umg hum (anstellen)* **was hat er denn schon wieder verbrochen?** *umg* qu'est-ce qu'il a encore fabriqué?; **ich habe nichts verbrochen** je n'ai rien fait de mal **2** *umg hum, Kunstwerk, Gedicht etc* **wer hat diese Scheußlichkeit verbrochen?** qui a commis cette horreur?

Verbrechen N ⟨~s; ~⟩ crime *m* (**an** *[+dat]* contre); **~ an der Natur** crime contre la nature; **~ gegen die Menschlichkeit** crime contre l'humanité; **ein ~ begehen** commettre, perpétrer un crime; *fig* **das ist doch kein ~!** ce n'est (quand même) pas un crime!

Verbrechensbekämpfung F lutte *f* contre la délinquance, la criminalité

Verbrecher(in) M ⟨~s; ~⟩ (F) ⟨~in; ~innen⟩ criminel, -elle *m,f*; *(Mitglied e-r Bande) a.* gangster *m*; JUR **jugendlicher ~** jeune délinquant *m*

Verbrecherbande F bande *f*, association *f* de malfaiteurs; gang *m*

verbrecherisch ADJ criminel, -elle; **in ~er Absicht** avec intention criminelle

Verbrecherjagd F chasse *f* à l'homme; **Verbrecherkartei** F sommiers *mpl* (judiciaires); **Verbrechertum** N ⟨~s⟩ criminalité *f*; banditisme *m*; gangstérisme *m*; **Verbrecherwelt** F ⟨~⟩ pègre *f*; milieu *m*

verbreiten ⟨-ete, *pas de ge-,* h.⟩ **A** V/T **1** *(bekannt machen)* répandre; *Nachricht, Idee(n) a.*

V

diffuser; propager; *Gerücht a.* colporter; faire courir; *Geheimnis a.* divulguer **2** *(zur Ausbreitung beitragen)* répandre; *Krankheit a.* propager; *Flugblätter a.* diffuser **3** *(verursachen, aussenden)* répandre; *Furcht, Schrecken a.* semer; *Gestank a.* dégager; exhaler **B** VR **sich ~** **1** *(bekannt werden, sich ausbreiten)* se répandre; se propager; *Gestank* se dégager; s'exhaler **2** *umg pej* **sich über etw** *(akk)* **~** s'étendre sur qc; se répandre en considérations sur qc

verbreitern ‹-(e)re, *pas de ge-*, h.› **A** VT élargir **B** VR **sich ~** s'élargir; **Verbreiterung** F ‹~› élargissement *m*

Verbreitung F ‹~; ~en› **1** *(das Verbreiten) von Nachrichten etc* propagation *f*; diffusion *f*; divulgation *f* **2** *(Ausbreitung) e-r Pflanzenart, Tierart, Krankheit etc* propagation *f*

Verbreitungsgebiet N ZOOL, BOT répartition *f* géographique

verbrennen ‹*irr, pas de ge-*› **A** VT ‹h.› brûler; consumer; *Abfälle, Leichen a.* incinérer; **die Sonne hat die ganze Ernte verbrannt** le soleil a brûlé toute la récolte; **die Sonne hat ihre Schultern verbrannt** elle a attrapé un coup de soleil sur les épaules **B** VI ‹s.› brûler; *völlig a.* se consumer; **bei lebendigem Leibe ~** être brûlé(e) vif (vive); **zu Asche ~** se consumer (entièrement); **es riecht verbrannt** ça sent le brûlé; **der Braten verbrennt gleich** le rôti va brûler; CHEM **etw verbrennt zu etw** qc se transforme (par combustion) en qc **C** VR ‹h.› **sich** *(dat)* **den Ärmel ~** brûler sa manche; **sich** *(dat)* **die Finger ~** *a. fig* se brûler les doigts; **sich** *(dat)* **den Rücken (in der Sonne) ~** attraper un coup de soleil sur le dos; **sich (selbst) ~** se brûler; s'immoler par le feu

Verbrennung F ‹~; ~en› **1** *(das Verbrennen)* combustion *f*; *(Leichenverbrennung)* crémation *f*; incinération *f* *(a. von Abfällen)* **2** *Verletzung* brûlure *f*; **~en ersten, zweiten Grades** brûlures du premier, second degré

Verbrennungsmotor M moteur *m* à combustion interne, à explosion; **Verbrennungsofen** M *für Leichen* four *m* crématoire; *für Abfälle* incinérateur *m*; **Verbrennungsprozess** M combustion *f*; **Verbrennungsrückstände** MPL résidus *mpl* de combustion

verbriefen *liter* VT ‹*pas de ge-*, h.› reconnaître, garantir par écrit; **verbrieftes Recht** droit, privilège garanti par écrit

verbringen VT ‹*irr, pas de ge-*, h.› **1** *Zeit etc (zubringen)* passer; **s-e Zeit mit etw ~** passer son temps à (faire) qc **2** ADMIN *(bringen)* transférer; **sein Vermögen ins Ausland ~** transférer sa fortune à l'étranger

verbrochen PPERF → verbrechen

verbrüdern VR ‹-(e)re, *pas de ge-*, h.› **sich ~** fraterniser (**mit j-m** avec qn)

Verbrüderung F ‹~; ~en› fraternisation *f*

verbrühen ‹*pas de ge-*, h.› **A** VT échauder **B** VR **sich ~** s'ébouillanter; s'échauder; **sich** *(dat)* **die Hand ~** se brûler la main (avec un liquide bouillant, de l'eau bouillante)

Verbrühung F ‹~; ~en› *Wunde* brûlure *f* (par un liquide bouillant)

verbuchen VT ‹*pas de ge-*, h.› FIN, HANDEL comptabiliser; passer en écritures, en compte; **auf e-m Konto ~** inscrire sur un compte; *fig* **e-n Erfolg (für sich) ~** obtenir, remporter un succès; **etw als Erfolg ~** avoir qc à son actif

Verbuchung F ‹~, ~en› comptabilisation *f*

verbuddeln *umg* VT ‹-(e)le, *pas de ge-*, h.› enterrer; enfouir

Verbum N ‹~s; -ba› GRAM verbe *m*

verbummeln *umg pej* VT ‹-(e)le, *pas de ge-*, h.› **1** *(vergeuden)* gaspiller **2** *(vergessen)* oublier **3** *(verlieren) umg* paumer **4** *fig* **verbummelter Student** *umg* étudiant *m* à la manque; **verbummeltes Genie** génie raté

Verbund M ‹~(e)s; ~e› **1** WIRTSCH groupement *m* **2** TECH assemblage *m*

Verbund... IN ZSSGN TECH compound; combiné; **Verbundbauweise** F ‹~› construction *f* mixte, composite, en sandwich

verbunden PPERF → verbinden

verbünden VR ‹-ete, *pas de ge-*, h.› **sich ~** s'allier (**mit** à *od* avec); se liguer; se coaliser

Verbundenheit F ‹~› solidarité *f* (**mit** avec); *(Zuneigung)* affection *f* (**mit** pour); attachement *m* (**mit** à); *als Briefschluss* **in herzlicher ~ Ihr ...** bien affectueusement

Verbündete(r) M/F(M) ‹→ A› allié(e) *m(f)*; coalisé(e) *m(f)*

Verbundglas N ‹~(e)s› verre sandwich, feuilleté; **Verbundglasscheibe** F AUTO pare-brise feuilleté; **Verbundnetz** N ELEK réseau *m* d'interconnexion; **Verbundstahl** M acier *m* compound; **Verbundwerkstoff** M TECH matériau *m* composite

verbürgen VR ‹*pas de ge-*, h.› **sich für j-n, etw ~** cautionner qn, qc; répondre de qn, qc; se porter garant, caution pour qn, de qc

verbürgt ADJT **1** *Nachricht* authentique; de source sûre; de source bien informée **2** *Rechte* garanti

verbüßen VT ‹-(es)t, *pas de ge-*, h.› *Strafe* purger

Verbüßung F ‹~› **nach ~ der Strafe ...** après avoir purgé ma, sa, *etc* peine ...

verbuttern *umg* VT ‹-(e)re, *pas de ge-*, h.› *(vergeuden)* gaspiller

verchartern VT ‹-(e)re, *pas de ge-*, h.› SCHIFF, HANDEL fréter

verchromen VT ‹*pas de ge-*, h.› chromer; **verchromt** ADJT chromé

Verdacht M ‹~(e)s› soupçon *m*; suspicion *f*; **bloßer ~** simple conjecture *f*; **dringender ~** de sérieux soupçons; **~ schöpfen** (commencer à) avoir des soupçons; **gegen j-n ~ schöpfen** commencer à soupçonner qn; **~ erregen** éveiller, inspirer des soupçons; **in ~ geraten** se rendre suspect; **j-n wegen etw in** *od* **im ~ haben** soupçonner qn de qc; tenir qn pour suspect de qc; **er steht im ~ zu** *(+inf)* il est soupçonné de *(+inf)*; **sich e-m ~ aussetzen** éveiller les soupçons; **der ~ fiel auf ihn** les soupçons se sont portés sur lui; **über allen ~ erhaben** au-dessus de tout soupçon; °hors de cause; *umg* **etw auf ~ tun** faire qc à tout °hasard; MED **es besteht ~ auf Meningitis** *(akk)* on craint une méningite

verdächtig **A** ADJ suspect; *Benehmen* bizarre; *Angelegenheit* douteux, -euse; louche; **sich ~ machen** éveiller les soupçons; **die Sache, das kommt mir ~ vor** ça me paraît louche; *umg* ça n'a pas l'air très catholique **B** ADV **es war ~ ruhig** le calme était trompeur

Verdächtige(r) M/F(M) ‹→ A› suspect(e) *m(f)*

verdächtigen VT ‹*pas de ge-*, h.› **j-n ~** suspecter, (faire) soupçonner qn (**e-r Sache** *[gen]* de qc)

Verdächtigte(r) M/F(M) ‹→ A› suspect(e) *m(f)*; **Verdächtigung** F ‹~; ~en› suspicion *f*; soupçon *m*

Verdachtsmoment N *bes* JUR indice *m*

verdammen VT ‹*pas de ge-*, h.› maudire; REL *a.* damner; réprouver; *(verurteilen)* condamner; **j-n zu etw ~** condamner qn à qc; *Fluch* **Gott verdamm mich!** (que) le diable m'emporte!

verdammenswert ADJ condamnable; REL damnable; qui mérite la damnation

Verdammnis F ‹~› REL **ewige ~** damnation éternelle

verdammt *umg* **A** ADJT ‹*épithète*› **1** satané; *umg* sacré; *umg* fichu; *Fluch* **~!**, **~ und zugenäht!**, **~ noch mal!**, **~er Mist!** nom de nom, *umg* d'une pipe, *umg* d'un chien!; *sl* bordel! **2** *(groß) umg* sacré; *umg* terrible; **(ein) ~es Glück** une sacrée chance; **e-n ~en Hunger haben** avoir une faim de loup **B** ADVL *(sehr)* terriblement; *umg* rudement; *umg* vachement; *umg* drôlement; **das schmeckt ~ gut** *umg* c'est vachement bon; **er sieht ~ gut aus** *umg* c'est un beau mec; *von e-m jungen Mann* il est beau gosse

Verdammte(r) M/F(M) ‹→ A› maudit(e) *m(f)*; REL damné(e) *m(f)*; réprouvé(e) *m(f)*

Verdammung F ‹~; ~en› **1** REL réprobation *f* **2** *(Verurteilung)* condamnation *f*

verdampfen ‹*pas de ge-*› **A** VT ‹h.› évaporer; PHYS vaporiser **B** VI ‹s.› **1** s'évaporer; PHYS se vaporiser **2** *umg fig Person* **verdampfe endlich!** *umg* barre-toi!; *umg* tire-toi!; *umg* casse-toi!

Verdampfer M TECH évaporateur *m*

Verdampfung F ‹~; ~en› évaporation *f*; PHYS vaporisation *f*

Verdampfungsanlage F installation *f* d'évaporation, de vaporisation; **Verdampfungstemperatur** F température *f* d'évaporation, de vaporisation; **Verdampfungswärme** F chaleur *f* d'évaporation, de vaporisation

verdanken VT ‹*pas de ge-*, h.› **j-m etw ~** devoir qc à qn; être redevable de qc à qn

verdarb → verderben

verdattert *umg* ADJ ahuri; ébahi; *umg* baba

verdauen VT *u.* VI ‹*pas de ge-*, h.› digérer; *fig a.* assimiler; *umg fig* **e-e schlechte Nachricht ~** *umg* digérer une mauvaise nouvelle

verdaulich ADJ digestible; digeste; **leicht ~ sein** être facile à digérer; être digeste; **schwer ~ sein** être indigeste

Verdaulichkeit F ‹~› digestibilité *f*

Verdauung F ‹~› digestion *f*; **schlechte ~** digestion difficile

Verdauungsapparat M ANAT appareil digestif; **Verdauungsbeschwerden** FPL troubles digestifs; indigestion *f*; **verdauungsfördernd** ADJT *Getränk* digestif, -ive; *Medikament* stomachique

Verdauungsorgan N ANAT organe *m* de la digestion; *pl* **~e** *a.* appareil digestif

Verdauungssäfte MPL sucs digestifs; **Verdauungsschnaps** M digestif *m*; **Verdauungsspaziergang** M promenade digestive; **Verdauungsstörungen** FPL troubles digestifs; indigestion *f*; **Verdauungstrakt** M ANAT appareil digestif; **Verdauungsvorgang** M processus digestif, de digestion

Verdeck N ‹~(e)s; ~e› **1** SCHIFF pont supérieur **2** *e-s Autos, Kinderwagens* capote *f*

verdecken VT ‹*pas de ge-*, h.› **1** *(zudecken, bedecken)* couvrir **2** *(dem Blick entziehen)* masquer; cacher; dérober à la vue; **verdeckte Knopfleiste** boutonnage *m* sous patte

verdenken VT ‹*irr, pas de ge-*, h.› **j-m etw nicht ~ (können)** ne pas (pouvoir) en vouloir à qn de qc

Verderb *liter* M ‹~(e)s› ruine *f*; perte *f*; → *a.* Gedeih

verderben ‹verdirbt, verdarb, verdorben› **A** VT ‹h.› **1** *(schädigen, unbrauchbar machen)* gâter; abîmer; *Gesundheit* ruiner; *moralisch, sittlich* corrompre; dépraver **2** *(vergällen)* **j-m die Freude ~** gâcher la joie de qn; **das hat ihm den Urlaub verdorben** ça lui a gâché les vacances; **die Preise ~** casser les prix **3** **es mit j-m ~** se faire mal voir de qn; *plus fort* se mettre qn à dos; **es mit niemandem ~ wollen**

V

vouloir rester en bons termes avec tout le monde; vouloir ménager la chèvre et le chou **B** VI ⟨s.⟩ *Lebensmittel etc* s'abîmer; se gâter; HANDEL *Waren* s'avarier; *(faulen)* pourrir **C** VR ⟨h.⟩ **sich** *(dat)* **die Augen ~** s'abîmer la vue, les yeux; **sich** *(dat)* **den Magen ~** se déranger, *umg* se détraquer l'estomac

Verderben N ⟨~s⟩ **1** *(Untergang)* perte *f*; ruine *f*; **ins, in sein ~ rennen** courir à sa perte; **j-n ins ~ stürzen** perdre qn; **~ bringend** fatal; funeste; **das war sein ~** ça l'a perdu; ça a été sa perte; **der Krieg brachte Tod und ~** la guerre a apporté la mort et la désolation **2** REL perdition *f*

verderbenbringend ADJ fatal; funeste

verderblich ADJ **1** *Lebensmittel etc* périssable; **leicht ~e Ware** marchandise *f* périssable **2** *(schädlich) Einfluss etc* pernicieux, -ieuse; *(verhängnisvoll)* fatal; funeste

Verderblichkeit F ⟨~⟩ **1** *von Lebensmitteln etc* altérabilité *f* **2** *e-s Einflusses etc* caractère pernicieux; **Verderbnis** *geh* F ⟨~; ~se⟩ corruption *f*; perversion *f*; dépravation *f*

verderbt *geh* ADJ *sittlich* corrompu; pervers; dépravé; *(lasterhaft)* vicieux, -ieuse

verdeutlichen VT ⟨*pas de ge-*, h.⟩ expliciter; *(erklären)* expliquer; **Verdeutlichung** F ⟨~; ~en⟩ explicitation *f*; *(Erklärung)* explication *f*

Verdi ⟨~s⟩ ABK (Vereinte Dienstleistungsgewerkschaft) Syndicat unifié des services

verdichten ⟨-ete, *pas de ge-*, h.⟩ **A** VT **1** PHYS condenser; comprimer; TECH *Erde, Schotter etc* tasser; *fig Inhalt* condenser **2** *Versorgungsnetz etc* densifier **B** VR **sich ~ 1** PHYS se condenser *(a. fig)*; se comprimer; CHEM se concentrer **2** *Nebel* s'épaissir **3** *fig Gerücht, Verdacht* se préciser

Verdichter M ⟨~s; ~⟩ TECH compresseur *m*; **Verdichtung** F ⟨~; ~en⟩ condensation *f*; compression *f*

verdicken ⟨*pas de ge-*, h.⟩ **A** VT épaissir **B** VR **sich ~** s'épaissir; **Verdickung** F ⟨~; ~en⟩ *der Haut etc* épaississement *m*; *e-r Amphore, Säule, Knospe, Wurzel* renflement *m*; **Verdickungsmittel** N épaississant *m*

verdienen VT ⟨*pas de ge-*, h.⟩ **1** *Geld* gagner; **s-n Lebensunterhalt ~** gagner sa vie; **was verdient er?** combien gagnet-il?; *abs* **gut ~** gagner bien sa vie; *abs* **an e-m Geschäft ~** faire, réaliser un bénéfice sur une affaire **2** *Lob, Tadel etc* mériter; être digne de; *von Strafe, Unglück* **das hat er verdient** il l'a bien mérité; *umg* il ne l'a pas volé

Verdiener(in) M ⟨~s; ~⟩ F ⟨~in; ~innen⟩ personne *f* gagnant de l'argent, qui travaille, qui ramène de l'argent à la maison

Verdienst[1] M ⟨~(e)s; ~e⟩ *(Einkommen)* salaire *m*; gain *m*; rétribution *f*; *(Gewinn)* gain *m*; profit *m*; bénéfice *m*; **e-n kleinen ~ haben** gagner peu; avoir un petit, maigre salaire; **ich tue es nicht um des ~es willen** je ne le fais pas pour l'argent

Verdienst[2] N ⟨~(e)s; ~e⟩ *(Leistung)* mérite *m*; **die ~e dieses Mannes um die Stadt** les services rendus par cet homme à la ville; **es ist sein ~, dass ...** son mérite, c'est que ...; **sich** *(dat)* **etw als ~ anrechnen** s'attribuer le mérite de qc

Verdienstausfall M perte *f* de salaire; manque *m* à gagner; **Verdienstbescheinigung** F attestation *f*, relevé *m* de salaire; **Verdienstkreuz** N *etwa* ordre *m* du mérite; **Verdienstmedaille** F médaille *f* pour services rendus; **Verdienstmöglichkeit** F possibilité *f* de gain; **Verdienstorden** M ordre *m* du mérite; **Verdienstspanne** F marge *f* bénéficiaire, de bénéfice

verdienstvoll ADJ **1** *Tat* méritoire **2** ⟨*épithète*⟩ *Person* de mérite

verdient ADJT **1** *(verdienstvoll)* **ein ~er Mann** un homme de mérite; **sich um j-n, etw ~ machen** faire beaucoup pour qn, qc; **sich um das Vaterland ~ machen** bien mériter de la patrie **2** *Lohn, Strafe, Sieg (gerechtfertigt)* mérité

verdientermaßen, verdienterweise ADV selon ses, tes, *etc* mérites; comme il, elle, *etc* l'a, l'avait, *etc* mérité

Verdikt *geh* N ⟨~(e)s; ~e⟩ verdict *m*

verdingen *geh* VR ⟨*régulier, pperf a.* verdungen, h.⟩ **sich bei j-m ~** s'engager au service de qn

verdinglichen VT ⟨*pas de ge-*, h.⟩ PHIL réifier; *bei Marx* chosifier; **Verdinglichung** F ⟨~; ~en⟩ PHIL réification *f*

verdolmetschen *umg* VT ⟨*pas de ge-*, h.⟩ traduire **(j-m etw** qc à qn**)**

verdonnern *umg* VT ⟨-(e)re, *pas de ge-*, h.⟩ condamner **(zu** à**)**

verdoppeln ⟨-(e)le, *pas de ge-*, h.⟩ **A** VT doubler; *fig, s-e Bemühungen etc* redoubler; **s-n Eifer ~** redoubler de zèle **B** VR **sich ~** doubler

Verdopp(e)lung F ⟨~; ~en⟩ doublement *m*; *fig* redoublement *m*; MATH duplication *f*; *e-s Konsonanten* doublement *m*

verdorben **A** PPERF → verderben **B** ADJT **1** *Lebensmittel* gâté; abîmé; *(faul)* pourri; *Waren* avarié **2** *fig, sittlich* corrompu; dépravé; **durch und durch ~** pourri jusqu'à la moelle

Verdorbenheit F ⟨~⟩ corruption *f*; dépravation *f*

verdorren VI ⟨*pas de ge-*, s.⟩ se dessécher

verdrahten VT ⟨-ete, *pas de ge-*, h.⟩ câbler; **Verdrahtung** F ⟨~; ~en⟩ câblage *m*

verdrängen VT ⟨*pas de ge-*, h.⟩ **1** *(wegdrängen) Wasser, Luft* déplacer **2** *Person aus e-r Stellung* évincer **(aus** de**)** **3** *([schrittweise] ersetzen)* supplanter; remplacer; **vom Markt ~** évincer du marché **4** PSYCH refouler

Verdrängung F ⟨~; ~en⟩ **1** *von Wasser, Luft* déplacement *m* **2** *aus e-r Stellung* éviction *f* **3** *([schrittweiser] Ersatz)* remplacement *m* **4** PSYCH refoulement *m*

Verdrängungswettbewerb M HANDEL concurrence acharnée *(pour évincer les concurrents)*

verdrecken *umg pej* ⟨*pas de ge-*⟩ **A** VT ⟨h.⟩ salir **B** VI ⟨s.⟩ se salir

verdreckt *umg pej* ADJT (très) sale; crasseux, -euse; *umg* crado *(inv)*

verdrehen ⟨*pas de ge-*, h.⟩ **A** VT **1** tordre; *Augen* rouler; *Antenne* bouger **2** *umg pej (entstellen)* déformer; **das Recht ~** tourner la loi **B** VR **sich** *(dat)* **den Hals ~, um etw zu sehen** se contorsionner pour voir qc

verdreht *umg pej* ADJT **1** *Ansichten* saugrenu; *umg* biscornu **2** *Person* fou, fol, folle; *umg* dingue; **Ihr Mann ist ganz ~** *(konfus)* votre mari est tout embrouillé

Verdrehtheit *umg pej* F ⟨~⟩ *(Verwirrung)* état *m* de grande confusion; *der Ansichten* caractère saugrenu

Verdrehung F ⟨~; ~en⟩ torsion *f*; *fig, der Wahrheit* altération *f*; dénaturation *f*; déformation *f (a. der Tatsachen)*; *des Rechts* contournement *m*

verdreifachen ⟨*pas de ge-*, h.⟩ **A** VT tripler **B** VR **sich ~** tripler; **Verdreifachung** F ⟨~; ~en⟩ triplement *m*

verdreschen *umg* VT ⟨*irr, pas de ge-*, h.⟩ *umg* flanquer une raclée à

verdrießen *geh* VT ⟨-(es)t, verdrießt, verdross, verdrossen, h.⟩ contrarier; dépiter; fâcher; **es sich** *(dat)* **nicht ~ lassen** ne pas se laisser rebuter

verdrießlich **A** ADJ de mauvaise humeur; maussade; mécontent; renfrogné **B** ADV d'un air mécontent; **Verdrießlichkeit** F ⟨~; ~en⟩ **1** ⟨*sans pl*⟩ *(Missmut)* (mauvaise) humeur *f*; dépit *m* **2** *(Unannehmlichkeit)* contrariété *f*; ennui *m*; désagrément *m*

verdross → verdrießen

verdrossen **A** PPERF → verdrießen **B** ADJT *(mürrisch)* maussade; de mauvaise humeur; renfrogné; *(unlustig)* dégoûté de tout; las, lasse; blasé **C** ADVL à contrecœur; de mauvaise grâce

Verdrossenheit F ⟨~⟩ *(Missmut)* (mauvaise) humeur; humeur chagrine; morosité *f*; *(Unlust)* déplaisir *m*; lassitude *f*; *(Verdruss) umg* ras-le-bol *m*

verdrucken VT ⟨*pas de ge-*, h.⟩ imprimer incorrectement

verdrücken *umg* ⟨*pas de ge-*, h.⟩ **A** VT *umg* s'envoyer; *umg* engouffrer; *umg* s'enfiler **B** VR **sich ~** *umg* se tirer; *umg* se barrer

Verdruss M ⟨~es; ~e⟩ dépit *m*; ennui(s) *m(pl)*; contrariété *f*; mécontentement *m*; **j-m ~ bereiten** contrarier, fâcher qn

verduften VI ⟨-ete, *pas de ge-*, s.⟩ **1** *(Duft verlieren)* perdre son arôme, son parfum **2** *umg (sich entfernen) umg* s'évaporer; *umg* jouer la fille de l'air; **verdufte!** *umg* barre-toi!; *umg* tire-toi!; *sl* fous le camp!

verdummen ⟨*pas de ge-*⟩ **A** VT ⟨h.⟩ **j-n ~** abêtir qn **B** VI ⟨s.⟩ s'abêtir; s'abrutir

Verdummung F ⟨~⟩ abêtissement *m*; abrutissement *m*; **e-e systematische ~ der Öffentlichkeit betreiben** pratiquer l'abêtissement systématique de la population

verdunkeln ⟨-(e)le, *pas de ge-*, h.⟩ **A** VT **1** *(dunkler machen)* obscurcir; assombrir **2** *(verdecken) beim Luftschutz* opacifier; ASTRON éclipser; *fig Freude* assombrir; *j-s Ruhm etc* assombrir; éclipser **3** JUR *Tatbestände* camoufler; dissimuler **B** VR **sich ~** *(dunkler werden)* s'obscurcir; s'assombrir; *fig Gesichtsausdruck* s'assombrir

Verdunk(e)lung F ⟨~; ~en⟩ **1** ⟨*sans pl*⟩ obscurcissement *m*; assombrissement *m* **2** LUFTSCHUTZ black-out *m*; *(Vorrichtung zur Verdunk(e)lung)* jalousies *fpl* opaques **3** JUR *von Tatbeständen* dissimulation *f*; camouflage *m*

Verdunk(e)lungsgefahr F ⟨-⟩ JUR risque *m* de destruction de preuves, de subornation de témoins

verdünnen VT ⟨*pas de ge-*, h.⟩ *Flüssigkeit* diluer; *Wein* couper; *Soße* allonger; *Luft* raréfier

Verdünner M ⟨~s; ~⟩ CHEM diluant *m*

verdünnisieren *umg* VR ⟨*pas de ge-*, h.⟩ **sich ~** s'évaporer

Verdünnung F ⟨~; ~en⟩ **1** ⟨*sans pl*⟩ *(das Verdünnen) e-r Flüssigkeit* dilution *f*; *des Weins* coupage *m*; *e-r Soße* allongement *m*; *der Luft* raréfaction *f* **2** → Verdünner

verdunsten VI ⟨-ete, *pas de ge-*, s.⟩ s'évaporer; **~ lassen** évaporer

Verdunstung F ⟨~⟩ évaporation *f*

verdursten VI ⟨-ete, *pas de ge-*, s.⟩ mourir de soif

verdüstern ⟨-(e)re, *pas de ge-*, h.⟩ **A** VT assombrir *(a. fig)*; obscurcir; **viele Sorgen ~ die Zukunft** beaucoup de soucis assombrissent l'avenir **B** VR **sich ~** s'assombrir *(a. Miene etc)*; s'obscurcir

verdutzt **A** ADJ ébahi; *(sprachlos)* stupéfait; **~ sein** rester bouche bée; *(verblüfft sein)* être abasourdi **B** ADV d'un air ébahi

verebben VI ⟨*pas de ge-*, s.⟩ diminuer peu à peu; décroître

veredeln VT ⟨-(e)le, *pas de ge-*, h.⟩ **1** AGR, GARTEN greffer; METALL affiner; raffiner; *Rohstoffe* transformer **2** *geh fig Sitten etc* épurer; *Menschen a.* ennoblir

Vered(e)lung F ⟨~; ~en⟩ **1** AGR, GARTEN

V

greffe *f*; greffage *m*; METALL affinage *m*; raffinage *m*; *von Rohstoffen etc* transformation *f*; finissage *m* **2** *geh* ⟨*sans pl*⟩ *fig der Sitten etc* épuration *f*; affinement *m*; *der Menschen* ennoblissement *m*

Vered(e)lungserzeugnis N, **Vered(e)lungsprodukt** N produit transformé; **Vered(e)lungsverfahren** N procédé *m* de transformation

verehelichen V/R ⟨*pas de ge-*, h.⟩ **sich ~** ADMIN se marier; *hum* convoler en justes noces; **Berta N., verehelichte O.** Berta N., épouse O.

Verehelichung F ⟨~; ~en⟩ mariage *m*

verehren V/T ⟨*pas de ge-*, h.⟩ **1** *geh* (*schätzen, bewundern*) admirer; tenir en grande estime; **verehrte Anwesende!** Mesdames et Messieurs!; *Briefanrede* **Verehrte Frau X, …** Madame, … **2** REL (*anbeten*) vouer un culte à; vénérer **3** *als Liebhaber liter* soupirer pour **4** *hum* (*schenken*) **j-m etw ~** faire cadeau, présent de qc à qn; **j-m e-n Blumenstrauß ~** offrir un bouquet de fleurs à qn

Verehrer(in) M ⟨~s; ~⟩ (F) ⟨~in; ~innen⟩ **1** (*Bewunderer[in]*) admirateur, -trice *m,f*; **er ist ein ~ von Mozart** c'est un fervent de Mozart **2** *hum* (*Liebhaber*) soupirant *m*; amoureux *m*

Verehrung F ⟨~⟩ **1** (*Bewunderung*) admiration *f*; grande estime (**für** pour) **2** (*Anbetung*) culte *m*; vénération *f*

verehrungswürdig ADJ vénérable

vereidigen V/T ⟨*pas de ge-*, h.⟩ **j-n ~** assermenter qn; faire prêter serment à qn; **j-n auf etw** (*akk*) **~** faire prêter serment à qn sur qc

vereidigt ADJT assermenté; juré; **~er Sachverständiger** expert assermenté

Vereidigung F ⟨~; ~en⟩ prestation *f* de serment

Verein M ⟨~(e)s; ~e⟩ **1** (*Vereinigung*) association *f*; *kleinerer* cercle *m*; club *m*; **eingetragener ~** association déclarée; **gemeinnütziger ~** association reconnue d'utilité publique **2** **im ~ mit** avec le concours de; en collaboration avec

vereinbar ADJ ⟨*attribut*⟩ compatible, conciliable (**mit** avec)

vereinbaren V/T ⟨*pas de ge-*, h.⟩ **1** **etw ~** convenir de qc (**mit j-m** avec qn); tomber, se mettre d'accord sur qc; *vertraglich* stipuler qc; **e-n Termin ~** fixer une date, un rendez-vous; convenir d'une date **2** **sich nicht mit etw ~ lassen** ne pas être compatible avec qc; être incompatible avec qc

vereinbart ADJT convenu; **zum ~en Zeitpunkt** à l'heure convenue, dite, fixée; **wie ~** comme convenu

Vereinbarung F ⟨~; ~en⟩ convention *f*; accord *m*; *vertragliche* stipulation *f*; **stillschweigende ~** accord *m* tacite; **e-e ~ einhalten** respecter un accord, une convention; **e-e ~ treffen** conclure un accord (**über etw** [*akk*] sur qc); **zu e-r ~ kommen** tomber d'accord (**über etw** [*akk*] sur qc); **laut ~** comme convenu; **nach ~** *beim Arzt* sur rendez-vous

vereinbarungsgemäß ADV comme convenu

vereinen *geh* V/T *u.* V/R ⟨*pas de ge-*, h.⟩ → vereinigen; → *a.* Nation

vereinfachen V/T ⟨*pas de ge-*, h.⟩ simplifier; **Vereinfachung** F ⟨~; ~en⟩ simplification *f*

vereinheitlichen V/T ⟨*pas de ge-*, h.⟩ uniformiser; standardiser; harmoniser; **Vereinheitlichung** F ⟨~; ~en⟩ uniformisation *f*; standardisation *f*; harmonisation *f*

vereinigen ⟨*pas de ge-*, h.⟩ **A** V/T **1** (*zusammenfassen*) **~ (mit)** réunir (à); unir (à *od* avec); associer (à); *Unternehmen* fusionner; POL unifier; *gegensätzliche Interessen* concilier **2** (*gleichzeitig besitzen*) *Schönheit mit Klugheit etc* allier (**mit** à) **B** V/R **sich ~** **1** (*sich zusammenschließen*) se réunir (**mit** avec); s'unir (avec); s'associer (à *od* avec); *Unternehmen* fusionner **2** (*sich verbünden*) s'allier, se liguer (**gegen** contre); se (con)fédérer **3** (*zusammenkommen*) *Flüsse* confluer (**mit** avec); se joindre; se rejoindre; *fig Anmut mit Geist etc* s'allier (**mit** à) **4** *geh geschlechtlich* avoir des rapports (sexuels)

vereinigt ADJT uni; **Vereinigte Arabische Emirate** *npl* → VAE; **Vereinigtes Königreich (von Großbritannien und Nordirland)** (le) Royaume-Uni (de Grande-Bretagne et d'Irlande du Nord); **(die) Vereinigte(n) Staaten** *mpl* **(von Amerika)** (les) États-Unis *mpl* (d'Amérique)

Vereinigung F ⟨~; ~en⟩ **1** ⟨*sans pl*⟩ (*das Vereinigen*) réunion *f*; union *f*; association *f*; *von Unternehmen* fusion *f*; POL unification *f*; *gegensätzlicher Interessen* conciliation *f*; *von Flüssen* confluence *f*; *Zusammenfluss* confluent *m*; MENGENLEHRE union *f* **2** (*Verein, Zusammenschluss*) association *f*; union *f*; JUR **kriminelle ~** association de malfaiteurs **3** BIOL union *f*; *geh* (*Geschlechtsakt*) union charnelle

Vereinigungsfreiheit F ⟨~⟩ JUR (*Vereinsfreiheit*) liberté *f* d'association; (*Koalitionsfreiheit*) liberté syndicale; **Vereinigungsmenge** F MENGENLEHRE réunion *f*

vereinnahmen V/T ⟨*pas de ge-*, h.⟩ **1** HANDEL encaisser **2** *fig* (*völlig beanspruchen*) monopoliser; **j-n (für sich) ~** accaparer qn; *hum* réquisitionner qn

Vereinnahmung F ⟨~; ~en⟩ **1** HANDEL encaissement *m* **2** *fig* (*völlige Beanspruchung*) monopolisation *f*; accaparement *m*

vereinsamen V/I ⟨*pas de ge-*, s.⟩ devenir solitaire; s'isoler; **vereinsamt** ADJT esseulé; solitaire; isolé; abandonné de tous; **Vereinsamung** F ⟨~⟩ isolement *m*; solitude *f*

Vereinsfreiheit F ⟨~⟩ JUR liberté *f* d'association; **Vereinsgesetz** N loi *f* sur les associations; **Vereinshaus** N → Vereinslokal; **Vereinskamerad(in)** M(F) camarade *m/f* de club; **Vereinskasse** F caisse *f* de l'association; **Vereinsleben** N ⟨~s⟩ vie associative; **Vereinslokal** N lieu *m* de rencontre du club, de l'association; **Vereinsmeier** *umg pej* M ⟨~s; ~⟩ celui, celle qui a la manie de l'association; **Vereinsmeierei** *umg pej* F ⟨~⟩ manie *f* de l'association; **Vereinsmitglied** N membre *m* d'une association; **Vereinsrecht** N ⟨~(e)s⟩ JUR droit *m* d'association; **Vereinssatzung** F statuts *mpl* d'une association, d'une société; **Vereinsvorsitzende(r)** M président *m* de l'association, de la société; **Vereinsvorstand** M direction *f*, comité directeur de l'association, de la société; **Vereinswesen** N ⟨~s⟩ monde associatif; associations *fpl*

vereint ADJT uni; **mit ~en Kräften** tous ensemble

vereinzeln V/T ⟨-(e)le, *pas de ge-*, h.⟩ **1** *geh* (*voneinander trennen*) isoler **2** GARTEN, AGR démarier; éclaircir

vereinzelt **A** ADJT ⟨*épithète*⟩ isolé; (*~ auftretend*) sporadique; **~e Aufheiterungen** *fpl* de rares éclaircies *fpl* **B** ADVL (*von Zeit zu Zeit*) de temps en temps; (*hier und da*) çà et là

Vereinzelung F ⟨~; ~en⟩ **1** isolement *m* **2** GARTEN, AGR démariage *m*; éclaircissage *m*

vereisen ⟨-(es)t, *pas de ge-*⟩ **A** V/T ⟨h.⟩ MED insensibiliser (par le froid) **B** V/I ⟨s.⟩ *Flüsse etc* geler; *Straßen* se couvrir de verglas; *Scheibe*, FLUG givrer

vereist ADJT *Straßen, Skipisten* verglacé; *Gewässer* pris par les glaces; *Scheibe*, FLUG givré

Vereisung F ⟨~; ~en⟩ **1** *bes* FLUG givrage *m* **2** MED insensibilisation *f* (par le froid)

vereiteln V/T ⟨-(e)le, *pas de ge-*, h.⟩ *j-s Pläne, Absichten etc* déjouer; *Attentat* faire échouer

Vereit(e)lung F ⟨Vereit(e)lung⟩ *von Plänen* mise *f* en échec; **die Vereit(e)lung s-r Absichten ist mir gelungen** j'ai réussi à déjouer ses plans

vereitern V/I ⟨-(e)re, *pas de ge-*, s.⟩ suppurer; **vereitert** ADJ purulent; **Vereiterung** F ⟨~; ~en⟩ suppuration *f*; (*Geschwür*) abcès *m*

verekeln V/T ⟨-(e)le, *pas de ge-*, h.⟩ **j-m etw ~** dégoûter qn de qc; faire perdre le goût de qc à qn

verelenden *geh* V/I ⟨-ete, *pas de ge-*, s.⟩ tomber dans la misère; se clochardiser; **Verelendung** *geh* F ⟨~⟩ appauvrissement *m*; clochardisation *f*; *der Massen* paupérisation *f*

verenden V/I ⟨-ete, *pas de ge-*, s.⟩ *Tier* mourir; crever

verengen ⟨*pas de ge-*, h.⟩ **A** V/T (*enger machen*) rétrécir; resserrer **B** V/R **sich ~** (*enger werden*) se rétrécir; se resserrer; **Verengung** F ⟨~; ~en⟩ rétrécissement *m*; resserrement *m*

vererbbar ADJ héréditaire; BIOL *a.* transmissible

vererben ⟨*pas de ge-*, h.⟩ **A** V/T **1** *Besitz etc* **j-m** *od* **auf j-n etw ~** laisser, léguer qc à qn **2** *Krankheit, (Erb)Anlagen* transmettre (**j-m etw** qc à qn) **B** V/R **sich ~** *Veranlagung, Krankheit etc* se transmettre héréditairement (**auf j-n** à qn)

vererblich ADJ héréditaire; BIOL *a.* transmissible; **vererbt** ADJT héréditaire; **Vererbung** F ⟨~; ~en⟩ *e-r Veranlagung, Krankheit* hérédité *f*; transmission *f* héréditaire

Vererbungsgesetz N loi *f* de l'hérédité; **Vererbungslehre** F ⟨~⟩ génétique *f*; **Vererbungstheorie** F théorie *f* de l'hérédité

verewigen ⟨*pas de ge-*, h.⟩ **A** V/T immortaliser; (*andauern lassen*) perpétuer **B** V/R *umg* **sich ~** (*Spuren hinterlassen*) laisser des traces de son passage (en inscrivant son nom, *etc*)

Verf. ABK (Verfasser) auteur

verfahren[1] ⟨*irr, pas de ge-*⟩ **A** V/T ⟨h.⟩ (*durch Fahren verbrauchen*) *Benzin, Geld* dépenser en trajets; *Zeit* perdre en trajets **B** V/I ⟨s.⟩ (*vorgehen*) procéder; agir; **wie wollen wir hier ~?** comment allons-nous procéder?; **mit j-m in e-r bestimmten Weise ~** agir d'une certaine façon envers qn **C** V/R ⟨h.⟩ **sich ~** se tromper de chemin, de route; s'égarer

verfahren[2] *umg* ADJ **~e Situation** impasse *f*; **völlig ~ sein** être au point mort

Verfahren N ⟨~s; ~⟩ **1** (*Vorgehen*) procédé *m*; manière *f* d'agir **2** (*Arbeitsweise*) méthode *f*; TECH, CHEM procédé *m*; **die neuesten ~** les techniques *fpl* de pointe; **ein ~ anwenden** appliquer un procédé **3** JUR procédure *f*; **ein ~ einleiten, eröffnen** engager, introduire, ouvrir une procédure (**gegen** contre); **das ~ einstellen** abandonner, suspendre la procédure

Verfahrensfehler M JUR erreur *f* de procédure; **Verfahrensfrage** F JUR question *f* de procédure; **Verfahrenskosten** PL JUR frais *mpl* de procédure; **Verfahrensrecht** N ⟨~(e)s⟩ (droit *m* de) procédure *f*

verfahrensrechtlich ADJ JUR **~e Frage** question *f* de procédure

Verfahrensregel F JUR règle *f* de procédure; **Verfahrenstechnik** F ⟨~⟩ technologie *f* des procédés industriels; **Verfahrenstechniker(in)** M(F) ingénieur *m/f* en procédés; **Verfahrensvorschrift** F JUR règle *f* de procédure; **Verfahrensweise** F méthode *f*; façon *f*, manière *f* de procéder

Verfall M ⟨~(e)s⟩ **1** *baulich* dégradation *f*; délabrement *m*; décrépitude *f*; *fig* **geistiger, kör-**

perlicher ~ déchéance intellectuelle, physique **2** *fig (Niedergang) e-s Reiches, e-r Kultur* déclin *m*; **sittlicher ~** déchéance morale; décadence *f* **3** *(Entwertung) e-r Währung* effondrement *m* **4** HANDEL *e-s Wechsels etc* échéance *f* **5** *(das Ungültigwerden)* expiration *f*

verfallen¹ VI *‹irr, pas de ge-, s.›* **1** *baulich* tomber en ruine; se délabrer; *fig körperlich* dépérir; décliner; s'affaiblir **2** *fig (niedergehen) Reich, Kultur etc* être en déclin; *Sitten* être décadent **3** *(an Wert verlieren) Währung* s'effondrer; *(ungültig werden) Fahrkarten, Marken etc* se périmer; *(ablaufen)* expirer; FIN *(fällig werden)* arriver à échéance **4** *(abhängig werden von)* **j-m, e-r Sache ~** devenir (l')esclave de qn, qc; **dem Alkohol ~** sombrer dans la boisson **5** **auf etw** *(akk)* **~** *(e-n Einfall haben)* s'aviser de qc; avoir l'idée de qc; **wer wäre darauf ~!** quelle idée! **6** *(übergehen)* **in etw** *(akk)* **~** (re)tomber dans qc; **in den Fehler ~, zu …** *(+inf)* commettre l'erreur, la faute de … *(+inf)*; **in den alten Ton ~** reprendre son ancienne façon de parler; *Pferd* **in Trab ~** se mettre au, prendre le trot; **in Trübsinn ~** sombrer dans la mélancolie; **in Verzweiflung ~** tomber dans le désespoir

verfallen² **A** PPERF → verfallen¹ **B** ADJT *Gebäude* délabré; *plus fort* en ruine

Verfallsdatum N **1** HANDEL *e-r Ware etc* date *f* de péremption; *e-r Fahrkarte etc* date *f* d'expiration (de la validité) **2** FIN → Verfallstag; **Verfallserscheinung** F symptôme *m* de (la) décadence

Verfallstag M FIN *(Fälligkeitstag)* (jour *m* de l')échéance *f*; **den ~ aufschieben** reculer l'échéance; **Aufschub** *m* **des ~s** report *m* d'échéance

verfälschen VT *‹pas de ge-, h.›* **1** *(qualitativ mindern) Nahrungsmittel* falsifier; *Getränke a.* frelater; *umg* trafiquer; *Geschmack* dénaturer **2** *(falsch darstellen) Wahrheit* dénaturer; altérer; *Text* falsifier; *Ideen* fausser; dénaturer; déformer **3** JUR *Geld, Papiere* falsifier

Verfälschung F *‹~; ~en›* **1** *von Nahrungsmitteln, Getränken* falsification *f*; dénaturation *f*; frelatage *m* **2** *e-r Idee, der Wahrheit* déformation *f*; altération *f* **3** JUR *von Geld, Papieren etc* falsification *f*

verfangen *‹irr, pas de ge-, h.›* **A** VI *Ermahnungen, Mittel etc* **nicht ~** ne pas faire d'effet, impression (**bei j-m** sur qn); **bei mir verfängt das nicht** avec moi, ça ne prend pas **B** VR **sich ~** s'empêtrer, s'embrouiller (**in** [+dat] dans) *(a. fig)*; *Wind* s'engouffrer (dans); *fig* **sich in Lügen, Widersprüchen ~** s'empêtrer, s'enferrer dans ses mensonges, contradictions

verfänglich ADJ *Frage, Situation* embarrassant; *Brief* compromettant; **Verfänglichkeit** F *‹~› e-r Frage, Situation* caractère embarrassant; *e-s Briefes* caractère compromettant

verfärben *‹pas de ge-, h.›* **A** VT *(mit Farbe verderben)* déteindre sur **B** VR *(die Farbe wechseln)* **sich ~** changer de couleur

Verfärbung F *‹~; ~en›* **1** *Vorgang* changement *m* de couleur; altération *f* de la couleur **2** *Resultat* couleur changée, altérée

verfassen VT *‹-(es)t, pas de ge-, h.›* écrire; *Text a.* rédiger; *Gedicht a.* composer

Verfasser(in) M *‹~s; ~›* F *‹~in; ~innen›* auteur *m*, femme *f* auteur; **Verfasserschaft** F *‹~›* paternité *f* (littéraire)

Verfassung F *‹~; ~en›* **1** *‹sans pl› (das Verfassen) e-s Theaterstückes etc* composition *f*; *e-s Texts, Dokuments* rédaction *f* **2** POL Constitution *f* **3** *(Zustand)* état *m*; *körperliche* condition *f* physique; forme *f*; *seelische* disposition *f* d'esprit; moral *m*; **in guter, schlechter ~ sein** être en bonne, mauvaise condition; être en forme, ne pas être en forme; **nicht in der ~ sein, Witze zu machen** ne pas être d'humeur à plaisanter

verfassunggebend ADJT *‹épithète›* POL constituant; **~e Versammlung** assemblée constituante

Verfassungs… IN ZSSGN constitutionnel, -elle; **Verfassungsänderung** F modification *f* de la Constitution; révision constitutionnelle, de la Constitution; **Verfassungsbeschwerde** F recours constitutionnel; **Verfassungsbruch** M violation *f* de la Constitution; **Verfassungseid** M serment *m* à la Constitution; **verfassungsfeindlich** ADJ hostile à la Constitution; subversif, -ive; **verfassungsgemäß** ADJ constitutionnel, -elle; conforme à la Constitution; **Verfassungsgericht** N cour constitutionnelle; **verfassungskonform** ADJ conforme à la Constitution; **verfassungsmäßig** ADJ constitutionnel, -elle; **Verfassungsmäßigkeit** F *‹~›* constitutionnalité *f*; **Verfassungsrecht** N droit constitutionnel; **Verfassungsreform** F réforme constitutionnelle

Verfassungsschutz M protection *f* de la Constitution; **Bundesamt** *n* **für ~** *BRD* Office fédéral pour la protection de la Constitution; *in Frankreich etwa* DST (Direction *f* de la surveillance du territoire)

Verfassungsstreit M controverse *f* sur, à propos de la Constitution; **verfassungstreu** ADJ fidèle à la Constitution; **Verfassungstreue** F fidélité *f* à la Constitution; **Verfassungsurkunde** F constitution *f*; acte constitutionnel; **verfassungswidrig** ADJ anticonstitutionnel, -elle; contraire à la Constitution

verfaulen VI *‹pas de ge-, s.›* pourrir; se gâter; se putréfier; se décomposer

Verfaulen N *‹~s›* putréfaction *f*; décomposition *f*

verfechten VT *‹irr, pas de ge-, h.› Ansicht, Meinung* soutenir; *plus fort* se battre pour; *Lehre* se faire le champion de; *Recht* défendre; **j-s Sache ~** plaider la cause de qn

Verfechter(in) M *‹~s; ~›* F *‹~in; ~innen›* défenseur *m*; avocat(e) *m(f)*; champion, -ionne *m,f*; **Verfechtung** F *‹~›* défense *f*

verfehlen VT *‹pas de ge-, h.›* **1** *(vorbeigehen an, verpassen) Treffen, Zug, Ziel etc* manquer; rater; *Weg, Tür* se tromper de **2** *fig Beruf* se tromper de; *Zweck, Wirkung* manquer; **sie hat das Thema verfehlt** elle est passée à côté du sujet; SCHULE elle n'a pas traité le sujet

verfehlt ADJT *(falsch)* faux, fausse; *Leben* raté; *(unangebracht) Politik, Maßnahme etc* inopportun; **es wäre völlig ~ zu** *(+inf)* il serait tout à fait inopportun de *(+inf)*; ce serait une (grosse) erreur de *(+inf)*

Verfehlung F *‹~; ~en›* manquement *m*; *moralische* faute *f*

verfeinden VR *‹-ete, pas de ge-, h.›* **sich ~** se brouiller, se fâcher (**mit j-m** avec qn; **wegen etw** à cause de qc)

verfeindet ADJT hostile; ennemi; **sie sind miteinander ~** ils se sont brouillés; *Völker, Politiker etc a.* ce sont des ennemis; **zwei ~e Parteien** *fpl* deux partis ennemis

verfeinern VT (*u.* VR) *‹-(e)re, pas de ge-, h.›* **(sich) ~** *Sitten, Geschmack etc* (s')affiner; *([sich] verbessern)* (s')améliorer; **sich ~** *(immer raffinierter werden)* se sophistiquer; **verfeinert** *Sitten, Geschmack* raffiné; **die Suppe mit Portwein ~** mettre un peu de Porto dans la soupe (pour lui donner un goût plus fin)

Verfeinerung F *‹~; ~en›* (r)affinement *m*; amélioration *f*

verfemt *geh* ADJT proscrit; mis au ban de la société

verfertigen VT *‹pas de ge-, h.›* faire; fabriquer; manufacturer; *bes Kleider* confectionner; **Verfertigung** F *‹~; ~en›* fabrication *f*; *bes von Kleidern* confection *f*

verfestigen *‹pas de ge-, h.›* **A** VT solidifier; *Werkstoffe* durcir **B** VR **sich ~** TECH se solidifier; se durcir; **Verfestigung** F *‹~›* solidification *f*; *von Werkstoffen* durcissement *m*

verfetten VI *‹-ete, pas de ge-, s.›* devenir obèse; **verfettet** ADJT *Person* obèse; *Gesicht etc* adipeux, -euse; **Verfettung** F *‹~; ~en› e-r Person* obésité *f*; *des Gesichts etc* adiposité *f*

verfeuern VT *‹-(e)re, pas de ge-, h.›* **1** *Holz, Kohle (verbrauchen)* consommer; brûler **2** *(ins Feuer werfen)* brûler; mettre, jeter au *od* dans le feu

verfilmen VT *‹pas de ge-, h.› Roman etc* adapter, porter à l'écran; tirer un film de; **Verfilmung** F *‹~; ~en›* adaptation *f* cinématographique, à l'écran

verfilzen VI *‹-(es)t, pas de ge-, s.› Wolle* se feutrer; *Haare* s'emmêler; **verfilzt** ADJT *Wolle* feutré; *Haare* embroussaillé; emmêlé; **Verfilzung** F *‹~; ~en›* feutrage *m*; *fig pej von Interessen* imbrication *f*

verfinstern VT (*u.* VR) *‹-(e)re, pas de ge-, h.›* **(sich) ~** (s')obscurcir; (s')assombrir *(a. fig Gesicht)*; ASTRON (s')éclipser; **Verfinsterung** F *‹~; ~en›* obscurcissement *m*; assombrissement *m (a. fig des Gesichts)*

verfitzen *umg* VT (*u.* VR) *‹-(es)t, pas de ge-, h.›* **(sich) ~** *Fäden etc* (s')enchevêtrer; (s')emmêler *(a. Haare)*

verflachen *‹pas de ge-›* **A** VT *‹h.› Gelände* aplanir; niveler **B** VI *‹s.› Gelände* devenir plat; *Gewässer* devenir peu profond; *fig Gespräch etc* devenir superficiel, -ielle; tomber dans la platitude **C** VR *‹h.›* **sich ~** devenir plat; *Gewässer* devenir peu profond; **Verflachung** F *‹~; ~en› des Geländes* aplanissement *m*; *fig (das Langweiligwerden)* affadissement *m*

verflechten *‹irr, pas de ge-, h.›* **A** VT **1** *Bänder etc* enlacer; entrelacer; entremêler *(a. fig)* **2** **(eng) verflochten sein** avoir des liens étroits; WIRTSCH *Unternehmen* former, constituer un trust **B** VR **sich ~** *Zweige etc* s'enlacer; s'entrelacer; s'entremêler *(a. fig)*

Verflechtung F *‹~; ~en›* enlacement *m*; entrelacement *m*; WIRTSCH *von Märkten etc* interpénétration *f*; interdépendance *f*; *von Unternehmen* concentration *f*

verfliegen *‹irr, pas de ge-›* **A** VI *‹s.›* **1** *(vorbeigehen) Zeit, Zorn* passer **2** *(sich verflüchtigen) Duft* se dissiper; CHEM s'évaporer; se volatiliser **B** VR *‹h.›* **sich ~** FLUG s'égarer; perdre le cap

verfließen VI *‹irr, pas de ge-, s.›* **1** *geh (vorbeigehen) Zeit* s'écouler; passer **2** *(sich vermischen) Farben, fig Begriffe* **(ineinander) ~** s'interpénétrer; se fondre; se mélanger; *plus fort* se confondre; *Umrisse, Grenzen* s'estomper; se confondre

verflixt *umg* **A** INT **~ (noch mal)!** *umg* zut (alors)!; *umg* mince!; **~ und zugenäht!** *umg* nom de nom, *umg* d'une pipe, *umg* d'un chien!; *umg* mince alors! **B** ADJ *umg* fichu; maudit; **e-e ~e Geschichte** *a.* une sale histoire **C** ADV *(sehr) umg* sacrément; *umg* diablement; *umg* drôlement

verflochten PPERF → verflechten

verflogen PPERF → verfliegen

verflossen **A** PPERF → verfließen **B** ADJT passé; **das ~e Jahr** l'année passée; *umg* **ihr ~er Freund** *umg* son ex-copain; *umg* **ihr Verflossener** *umg* son ex

verfluchen VT *‹pas de ge-, h.›* maudire *(a. fig)*; **ich verfluche den Tag, an dem …** maudit

V

soit le jour où ...
verflucht *umg* A INT **~ (noch mal)!** *umg* nom d'un chien, d'une pipe!; *sl* bordel! B ADJT maudit; *umg* satané; **so ein ~er Mist!** *umg* quelle merde!; *umg* quelle saloperie!; **~es Glück haben** *umg* avoir une sacrée chance C ADVL *(sehr) umg* vachement
verflüchtigen ⟨*pas de ge-*, h.⟩ A VT CHEM volatiliser B VR **sich ~** 1 CHEM se volatiliser 2 *(verschwinden) Geruch etc* se dissiper; *umg fig (sich davonmachen) umg* s'évaporer; **Verflüchtigung** F ⟨~⟩ CHEM volatilisation *f*; évaporation *f*
Verfluchung F ⟨~; ~en⟩ malédiction *f*
verflüssigen VT (*u.* VR) ⟨*pas de ge-*, h.⟩ **(sich) ~** (se) liquéfier; *Dampf* (se) condenser; **Verflüssigung** F ⟨~⟩ liquéfaction *f*; *von Dampf* condensation *f*
verfolgen VT ⟨*pas de ge-*, h.⟩ 1 *(einzuholen versuchen)* poursuivre; *plus fort* pourchasser; donner la chasse à; traquer (*a.* JAGD); **j-n auf Schritt und Tritt ~** ne pas quitter qn d'une semelle; *fig* **vom Pech verfolgt sein** être poursuivi par la malchance 2 *(bedrängen)* poursuivre; °harceler; **j-n mit s-n Bitten ~** presser qn de demandes, réclamations; **j-n mit s-m Hass ~** poursuivre qn de sa haine; **dieser Gedanke verfolgt mich** cette idée m'obsède, me poursuit, me hante 3 *fig politische Gegner etc* persécuter; *plus fort* traquer 4 JUR **j-n gerichtlich ~** poursuivre qn en justice *od* devant les tribunaux 5 *(entlanggehen an) Spur, Weg etc* suivre (*a. fig Gedankengang*) 6 *fig (zu verwirklichen versuchen) Absicht, Ziel* poursuivre; *Politik a.* mener; suivre 7 *(aufmerksam beobachten)* suivre; observer; **e-e Rede aufmerksam ~** suivre attentivement un discours; **j-n, etw mit den Augen ~** suivre qn, qc des yeux; **wir ~ diese Entwicklung mit Sorge** la tournure que prennent les événements nous préoccupe
Verfolger(in) M ⟨~s; ~⟩ (F) ⟨~in; ~innen⟩ *e-s Flüchtenden* poursuivant *m*; *grausame(r)* persécuteur, -trice *m,f*
Verfolgergruppe F SPORT groupe *m*, peloton *m* de poursuivants
Verfolgerland N ⟨~(e)s; -länder⟩, **Verfolgerstaat** M POL, ADMIN État *m* qui poursuit ses citoyens pour des motifs politiques
Verfolgte(r) M/F(M) ⟨→ A⟩ *aus politischen etc Gründen* persécuté(e) *m(f)*
Verfolgung F ⟨~; ~en⟩ 1 *e-s Flüchtenden* poursuite *f*; *grausame, politische* persécution *f*; **die ~ aufnehmen** entamer la poursuite; **~en** *(dat)* **ausgesetzt sein** être persécuté 2 *e-r Absicht, Politik,* JUR poursuite *f* 3 *von Vorgängen* observation *f*
Verfolgungsjagd F poursuite effrénée; *mit Autos etc umg* rodéo *m*; **Verfolgungsrennen** N RADSPORT poursuite *f*; **Verfolgungswahn** M PSYCH délire *m*, manie *f* de la persécution
verformbar ADJ malléable; déformable; **Verformbarkeit** F ⟨~⟩ malléabilité *f*
verformen ⟨*pas de ge-*, h.⟩ A VT TECH déformer B VR **sich ~** se déformer; **Verformung** F ⟨~; ~en⟩ TECH déformation *f*
verfrachten VT ⟨-ete, *pas de ge-*, h.⟩ 1 *(als Fracht verladen) Waren* charger; *auf ein Schiff* embarquer 2 *umg (verstauen) Gepäck umg* caser; **die Reisenden in e-n Bus ~** *umg* caser les voyageurs dans un car
Verfrachter M ⟨~s; ~⟩ transporteur *m*; SCHIFF affréteur *m*; **Verfrachtung** F ⟨~; ~en⟩ *von Waren* chargement *m*; *auf ein Schiff* embarquement *m*
verfranzen *umg* VR ⟨-(es)t, *pas de ge-*, h.⟩ **sich ~** *umg* se paumer
verfremden VT ⟨-ete, *pas de ge-*, h.⟩ *in der Kunst* **etw ~** donner à qc un caractère artificiel, étranger à la réalité
Verfremdung F ⟨~; ~en⟩ *in der Kunst* distanciation *f*
Verfremdungseffekt M effet *m* de distanciation
verfressen[1] *umg pej* VT ⟨*irr*, *pas de ge-*, h.⟩ **sein ganzes Geld ~** *umg* claquer tout son argent *od* son fric en bouffe
verfressen[2] *umg pej* ADJT glouton, -onne; *pej* goulu; *pej* goinfre; **er ist ~** *a.* c'est un goinfre
Verfressenheit *umg pej* F ⟨~⟩ goinfrerie *f*; gloutonnerie *f*
verfroren ADJ 1 *(durchgefroren)* gelé; glacé 2 *(kälteempfindlich) Person* frileux, -euse
verfrüht ADJ prématuré
verfügbar ADJ disponible; **Verfügbarkeit** F ⟨~⟩ disponibilité *f*
verfugen VT ⟨*pas de ge-*, h.⟩ BAU jointoyer
verfügen ⟨*pas de ge-*, h.⟩ A VT ADMIN *(anordnen)* ordonner; arrêter; décréter; **die Schließung e-s Lokals ~** ordonner la fermeture d'un établissement; **testamentarisch ~** disposer par testament B VI **über j-n, etw** *(akk)* **~** disposer de qn, qc; avoir qn, qc (à sa disposition); **frei über etw, j-n ~ können** pouvoir disposer librement de qc, de qn
Verfugung F ⟨~; ~en⟩ BAU jointoiement *m*
Verfügung F ⟨~; ~en⟩ 1 ADMIN *(Anordnung)* ordonnance *f* (*a. richterliche*); décret *m*; *(Entscheidung)* décision *f*; **letztwillige ~** dispositions *fpl* testamentaires; **e-e ~ erlassen** rendre une ordonnance 2 ⟨*sans pl*⟩ *(Disposition)* disposition *f* (*a.* JUR); **etw zur ~ haben** avoir qc à sa disposition; **(j-m) etw zur ~ stellen** mettre qc à la disposition (de qn); **sein Amt zur ~ stellen** démissionner; **zur ~ stehen** être à la disposition (j-m de qn); **ich stehe zu Ihrer ~** je suis à votre disposition
verfügungsberechtigt ADJ ADMIN autorisé à disposer (**über etw** *[akk]* de qc)
Verfügungsgewalt F ⟨~⟩ pouvoir *m*, droit *m* de disposer, de disposition; **die ~ über etw** *(akk)* **haben** avoir le droit de disposer de qc
Verfügungsrecht N droit *m* de disposition, de disposer
verführen VT ⟨*pas de ge-*, h.⟩ **j-n ~** séduire qn; *(verleiten)* **j-n zu etw ~** inciter, entraîner, pousser qn à qc *od* à faire qc; **sich von etw ~ lassen** se laisser séduire, tenter par qc; **die Autobahnen ~ zum schnellen Fahren** les autoroutes incitent à la vitesse
Verführer(in) M ⟨~s; ~⟩ (F) ⟨~in; ~innen⟩ séducteur, -trice *m,f* (*a. sexuell*)
verführerisch A ADJ 1 *(verlockend)* tentant; séduisant; **~er Duft** parfum envoûtant; *vom Essen a.* odeur alléchante 2 *(sehr reizvoll)* séducteur, -trice; séduisant; **ein ~es Lächeln** un sourire séducteur; **e-e ~e Schönheit** une beauté séduisante B ADV **~ lächeln** avoir un sourire séducteur; **~ duften** *Essen* avoir une odeur alléchante
Verführung F ⟨~; ~en⟩ séduction *f*; *zu schlechtem Tun, bes* JUR **~ Minderjähriger** détournement *m* de mineurs
Verführungskunst F art *m* de séduire, de la séduction
verfünffachen ⟨*pas de ge-*, h.⟩ A VT quintupler B VR **sich ~** quintupler; **Verfünffachung** F ⟨~; ~en⟩ multiplication *f* par cinq
verfüttern VT ⟨-(e)re, *pas de ge-*, h.⟩ 1 *(als Futter verbrauchen)* consommer en fourrage 2 *(als Futter geben)* donner comme fourrage (**an** *[+akk]* à)
Vergabe F attribution *f*; adjudication *f*; *e-s Auftrags* passation *f*; **~ öffentlicher Arbeiten** adjudication *f*, marché *m* de travaux publics
vergackeiern *umg* VT ⟨-(e)re, *pas de ge-*, h.⟩ **j-n ~** se jouer, se moquer de qn; se payer la tête de qn; faire marcher qn
vergaffen *umg* VR ⟨*pas de ge-*, h.⟩ **sich in j-n ~** *pej* s'amouracher, *pej* se toquer de qn; **sich in etw ~** avoir le coup de foudre pour qc
vergällen VT ⟨*pas de ge-*, h.⟩ 1 CHEM dénaturer 2 *fig* **j-m die Freude ~** gâter, gâcher la joie de qn; **j-m das Leben ~** empoisonner la vie de qn
vergaloppieren *umg* VR ⟨*pas de ge-*, h.⟩ **sich ~** *umg* se gourer; **sich beim Rechnen ~** *umg* se planter dans ses calculs
vergammeln *umg* ⟨*pas de ge-*⟩ A VT ⟨h.⟩ *(vertrödeln)* gaspiller B VI ⟨s.⟩ *(verderben) Lebensmittel* pourrir; *(verfallen) Gebäude etc* se dégrader; *(verkommen) Person* se clochardiser; **vergammelt** ADJT *Lebensmittel* pourri; *Gebäude etc* délabré; *Person, Kleidung* débraillé
vergangen A PPERF → vergehen B ADJT *Zeit* passé; écoulé; **~e Woche** la semaine passée, dernière
Vergangenheit F ⟨~; ~en⟩ 1 passé *m* (*a.* GRAM); temps passé; **der ~** *(dat)* **angehören** appartenir au passé; être du passé; **die jüngste ~** le passé récent; **die ~ bewältigen** assumer le passé 2 *(Vorgeschichte)* passé *m*; **e-e dunkle ~** un passé louche, douteux; **e-e Frau mit ~** une femme qui a mené une vie de patachon
Vergangenheitsbewältigung F prise *f* de conscience du passé; *plus fort* maîtrise *f* du passé
vergänglich ADJ éphémère; **Vergänglichkeit** F ⟨~⟩ caractère *m* éphémère
vergasen VT ⟨-(es)t, *pas de ge-*, h.⟩ 1 CHEM, TECH gazéifier 2 *(mit Gas vergiften) Menschen* gazer; *Ungeziefer* fumiger
Vergaser M ⟨~s; ~⟩ AUTO carburateur *m*; **Vergasermotor** M AUTO moteur *m* à carburateur
vergaß → vergessen
Vergasung F ⟨~; ~en⟩ 1 CHEM, TECH gazéification *f* 2 *(Vergiften mit Gas) von Menschen* gazage *m*; *von Ungeziefer* fumigation *f*
vergattern VT ⟨-(e)re, *pas de ge-*, h.⟩ HIST *Wachsoldaten* rassembler au son du tambour, du clairon, de la trompette *bzw.* par un commandement; *umg fig* **j-n zu etw ~** condamner qn à qc
vergeben ⟨*irr*, *pas de ge-*, h.⟩ A VT 1 *geh (verzeihen)* pardonner (**j-m etw** qc à qn); *Sünden* remettre 2 *(geben)* **(an j-n) ~** donner (à qn); *Preis, Stipendium, Stelle* attribuer (à qn); *Preis a.* décerner (à qn); *Stipendium a.* accorder (à qn); *Auftrag* passer (à qn); *von j-m* **schon ~ sein** *(schon etwas vorhaben)* être pris; *(verlobt od verheiratet sein) umg* être casé 3 *bes* SPORT *Chance, Möglichkeit* laisser passer 4 **s-r Ehre etw ~** compromettre son honneur B VR 1 KARTENSPIEL **sich ~** se tromper en donnant 2 **sich** *(dat)* **etw, nichts ~** perdre, ne pas perdre la face
vergebens ADV *u.* ADJ ⟨*attribut*⟩ en vain; vainement; inutilement; **es war ~** ça n'a servi à rien
vergeblich A ADJ (en) vain; inutile; infructueux, -euse; **~e Mühe** peine perdue B ADV en vain; vainement; inutilement; **sich ~ bemühen** se donner de la peine pour rien
Vergeblichkeit F ⟨~⟩ vanité *f*; inutilité *f*; *geh* inanité *f*
Vergebung *geh* F ⟨~⟩ *(Verzeihung)* pardon *m*; *der Sünden* rémission *f*; **ich bitte um ~** je vous demande pardon
vergegenwärtigen ⟨*pas de ge-*, h.⟩ A VT remettre à l'esprit; rappeler (à la mémoire) B VR **sich** *(dat)* **etw ~** *(sich vorstellen)* se représenter qc; *(sich erinnern)* se remémorer qc; se rap-

V

peler qc
vergehen ‹irr, pas de ge-› A VI ‹s.› 1 *(verstreichen) Zeit* passer; s'écouler; *Tage a.* défiler 2 *(nachlassen) Schmerz etc* passer; diminuer; se calmer; *(verschwinden)* disparaître; *Schönheit* s'évanouir; s'effacer; *Zorn, Ärger, Duft* se dissiper; **davon ist mir der Appetit vergangen** ça m'a coupé l'appétit; **das Lachen ist ihr vergangen** elle n'avait plus envie de rire; **mir ist die Lust dazu vergangen** je n'en ai plus envie 3 *geh (sterben)* mourir 4 *fig* **vor** *(+ dat)* **~** mourir de …; **vor Hunger, Durst ~** mourir de faim, de soif B VR ‹h.› 1 *(Verstoß begehen)* **sich gegen das Gesetz ~** transgresser, enfreindre la loi; *geh* **sich an fremdem Eigentum ~** voler 2 *sexuell* **sich an j-m ~** abuser de qn
Vergehen N ‹~s; ~› faute *f*; manquement *m*; JUR délit *m*; *geringfügiges* infraction *f*; contravention *f*
vergeigen *umg* VT ‹pas de ge-, h.› *Klassenarbeit, Prüfung, Gelegenheit* rater; *umg* louper; SPORT **das Spiel ~** *umg* faire foirer le jeu
vergelten VT ‹irr, pas de ge-, h.› **j-m etw ~** *(j-n für etw belohnen)* récompenser qn de qc; **Böses mit Bösem ~** rendre le mal pour le mal; **Gleiches mit Gleichem ~** rendre la pareille; **j-m Gleiches mit Gleichem ~** *a.* rendre à qn la monnaie de sa pièce; *südd, österr* **vergelts Gott!** merci!; *früher* Dieu vous le rende!
Vergeltung F ‹~; ~en› 1 *(Belohnung)* récompense *f* 2 *(Rache)* revanche *f*; représailles *fpl* (*a.* POL); JUR rétorsion *f*; HIST talion *m*; **~ üben** prendre sa revanche (**an j-m, etw** *[dat]* sur qn, qc); user de représailles (**an j-m** contre qn)
Vergeltungsmaßnahme F (mesure *f* de) représailles *fpl*, rétorsion *f*; **Vergeltungsschlag** M représailles *fpl*
vergessen ‹vergisst, vergaß, vergessen, h.› A VT oublier; *(auslassen) a.* omettre; **das Wichtigste ~** omettre l'essentiel; **~ Sie nicht zu** *(+inf)* n'oubliez pas de *(+inf)*; *fig* **j-m etw nie ~** *(dankbar sein)* revaloir qc à qn; *(böse sein)* ne pas pardonner qc à qn; *umg* **den, die kannst du ~!** *umg* il, elle ne vaut pas un clou; *umg* **das kannst du ~!** *(daraus wird nichts) umg* tu peux toujours courir!; *umg* **vergiss es!** *umg* laisse tomber! B VR **sich ~** s'emporter
Vergessenheit F ‹~› oubli *m*; **in ~ geraten, kommen** tomber dans l'oubli; **etw der ~ entreißen** tirer qc de l'oubli
vergesslich ADJ oublieux, -ieuse; distrait; **~ werden** perdre la mémoire; **er ist sehr ~** *a.* il n'a aucune mémoire
Vergesslichkeit F ‹~› oubli *m*; distraction *f*; manque *m* de mémoire
vergeuden VT ‹-ete, pas de ge-, h.› *Zeit, Geld, Energie etc* gaspiller; *Vermögen a.* dissiper; dilapider; **Vergeudung** F ‹~; ~en› gaspillage *m*; *e-s Vermögens a.* dissipation *f*; dilapidation *f*
vergewaltigen VT ‹pas de ge-, h.› 1 *sexuell* violer; violenter 2 *fig Volk* bafouer; *Gesetz* violer; *Sprache* faire violence à; **Vergewaltiger** M ‹~s; ~› violeur *m*; **Vergewaltigung** F ‹~; ~en› 1 *sexuell* viol *m* 2 *fig* violence *f* (+ *gen* faite à)
vergewissern VR ‹-(e)re, pas de ge-, h.› **sich e-r Sache** *(gen)* **~** s'assurer de qc; **sich ~, dass …, ob …** vérifier que …, si …
Vergewisserung F ‹~; ~en› vérification *f*; **nur zur ~** juste pour vérifier
vergießen VT ‹irr, pas de ge-, h.› 1 *(verschütten)* répandre 2 *(fließen lassen) Blut, Tränen* répandre; verser
vergiften ‹-ete, pas de ge-, h.› A VT empoisonner *(a. fig)*; MED intoxiquer; *fig a.* envenimer B VR **sich ~** s'empoisonner; MED s'intoxiquer; **Vergiftung** F ‹~; ~en› 1 ‹sans pl› *(das Vergiften) a. fig* empoisonnement *m* 2 *Erkrankung* intoxication *f*; **Vergiftungserscheinung** F MED symptôme *m* d'intoxication
vergilben VI ‹pas de ge-, s.› *Papier* jaunir
Vergissmeinnicht N ‹~(e)s; ~ *ou* ~e› BOT myosotis *m*
vergittern VT ‹-(e)re, pas de ge-, h.› pourvoir d'une grille, d'un grillage; grillager
verglasen VT ‹-(es)t, pas de ge-, h.› *Fenster etc* vitrer; **Verglasung** F ‹~; ~en› *von Fenstern etc* vitrage *m*
Vergleich M ‹~(e)s; ~e› 1 comparaison *f*; parallèle *m*; **e-n ~ anstellen** faire la comparaison (**mit** avec); **dem ~ standhalten** soutenir la comparaison (**mit** avec); **e-n ~ ziehen zwischen** *(+dat)* établir une comparaison entre; **im ~ mit, zu** comparé à …; comparativement à …; **das ist nichts im ~ zu …** ce n'est rien en comparaison de …; **das ist doch kein ~!** il n'y a pas de comparaison 2 SPORT *(Vergleichskampf)* rencontre amicale; match amical 3 JUR *zur Beilegung e-s Streites* accommodement *m*; arrangement *m*; *zur Abwendung e-s Konkurses* concordat *m*; *in e-m Prozess* transaction *f*; **sich auf e-n ~ einlassen** accepter un arrangement, une transaction, *etc*; *Prozess* **mit e-m ~ enden** se terminer par une transaction
vergleichbar ADJ comparable (**mit** à); semblable; similaire; **Vergleichbarkeit** F ‹~› comparabilité *f* (**mit** à)
vergleichen ‹irr, pas de ge-, h.› A VT 1 *(prüfend gegenüberstellen)* comparer (**mit** à, avec); faire le parallèle, la comparaison (**mit** avec); *Texte a.* collationner; **das ist (doch gar) nicht zu ~** ce n'est pas (du tout) comparable; **verglichen mit …** comparé à …; par rapport à …; *als Verweis* **vergleiche Seite …** voir (aussi) page … 2 *(gleichsetzen)* comparer (**mit** à, avec); **sich ~ lassen** être comparable (**mit** à); **er wird oft mit de Gaulle verglichen** on le compare souvent à, avec de Gaulle B VR 1 **sich mit j-m ~** se comparer à qn; se mesurer à, avec qn 2 JUR *bei e-m Streitfall* **sich mit j-m ~** conclure une transaction avec qn
vergleichend ADJT comparatif, -ive (*a. Werbung*); *Sprachwissenschaft etc* comparé
Vergleichsangebot N HANDEL offre comparative; JUR offre *f* de règlement; **Vergleichsform** F GRAM degré *m* de comparaison; **Vergleichskampf** M SPORT rencontre amicale; match amical; **Vergleichsmaßstab** M critère *m*, moyen *m* de comparaison
Vergleichsmiete F loyer *m* de référence; **ortsübliche ~** loyer de référence du voisinage
Vergleichsmöglichkeit F éléments *mpl* de comparaison; **Vergleichspartikel** F GRAM (morphème *m* du) comparatif *m*; *als Endung* désinence *f* du comparatif; **Vergleichsverfahren** N règlement *m* judiciaire; **Vergleichsvorschlag** M JUR proposition transactionnelle; **vergleichsweise** ADV comparativement; **Vergleichswert** M valeur *f* de référence; **Vergleichszahl** F chiffre comparatif; **Vergleichszeit** F, **Vergleichszeitraum** M période *f* de référence, correspondante
vergletschern VI ‹-(e)re, pas de ge-, s.› se changer en glacier; **Vergletscherung** F ‹~; ~en› formation *f* de glaciers
verglimmen VI ‹irr, pas de ge-, s.› s'éteindre peu à peu
verglühen VI ‹pas de ge-, s.› 1 *Feuer etc* s'éteindre peu à peu; *Kohle* se consumer; *fig poet Sonne* jeter ses derniers rayons 2 *Satellit etc* se désagréger
vergnügen ‹pas de ge-, h.› A VT amuser; divertir B VR **sich mit etw ~** s'amuser, se divertir à *od* avec qc
Vergnügen N ‹~s; ~› plaisir *m*; amusement *m*; *(Zerstreuung)* distraction *f*; divertissement *m*; **mit (dem größten) ~** avec (le plus grand) plaisir; je ne demande pas mieux; **zum ~** par plaisir; pour le plaisir; **~ an etw** *(dat)* **finden** prendre plaisir à qc; **sich** *(dat)* **ein ~ aus etw machen** se faire un plaisir, une fête de qc; **wenn es Ihnen ~ macht** si le cœur vous en dit; **hinein ins ~!** allons-y gaiement; **viel ~!** amusez-vous bien!; *iron* je vous souhaite bien du plaisir!; **mit wem habe ich das ~ (zu sprechen)?** à qui ai-je l'honneur?; **es ist mir ein ~ (, Sie kennenzulernen)** c'est un plaisir pour moi (de faire votre connaissance); **das ~ ist ganz auf meiner Seite** tout le plaisir est pour moi; *umg* **ein teures ~** un plaisir qui coûte cher
vergnüglich ADJ amusant; plaisant; divertissant
vergnügt A ADJT gai; enjoué; *Miene a.* réjoui B ADV gaiement; **Vergnügtheit** F ‹~› bonne humeur; enjouement *m*; gaieté *f*; *stille a.* contentement *m*
Vergnügung F ‹~; ~en› 1 *(Veranstaltung)* partie *f* de plaisir; divertissement *m* 2 *(Zeitvertreib) pl* **~en** amusements *mpl*; divertissements *mpl*; distractions *fpl*
Vergnügungsausschuss M comité *m* des fêtes; **Vergnügungsdampfer** M bateau *m* de plaisance; *in Paris a.* bateau-mouche *m*; **Vergnügungsfahrt** F → Vergnügungsreise; **Vergnügungsindustrie** F industrie *f* des loisirs; **Vergnügungslokal** N cabaret *m*; *(Nachtlokal)* boîte *f* de nuit; **Vergnügungspark** M parc *m* d'attractions; **Vergnügungsreise** F voyage *m* d'agrément; **Vergnügungsreisende(r)** M/F(M) touriste *m/f*; **Vergnügungssteuer** F taxe *f* sur les spectacles et divertissements; **Vergnügungssucht** F ‹~› goût *m* des plaisirs; **vergnügungssüchtig** ADJ avide de plaisirs; **Vergnügungsviertel** N quartier *m* des boîtes de nuit
vergolden VT ‹-ete, pas de ge-, h.› 1 dorer (*a. fig*) 2 *geh fig (verklären)* transfigurer; embellir; *poet* nimber d'or, de lumière 3 *umg (zu Geld machen)* **er hat sich** *(dat)* **sein Schweigen ~ lassen** il s'est fait payer très cher son silence
Vergoldung F ‹~; ~en› dorure *f*
vergönnen VT ‹pas de ge-, h.› permettre (**j-m etw** qc à qn); **es war mir nicht vergönnt zu** *(+inf)* je n'ai pas eu le plaisir de *(+inf)*
vergöttern VT ‹-(e)re, pas de ge-, h.› adorer; porter aux nues; avoir un culte pour; *pej* idolâtrer; **Vergötterung** F ‹~; ~en› adoration *f*; *pej* idolâtrie *f*
vergraben ‹irr, pas de ge-, h.› A VT enterrer; enfouir; **die Hände in den** *od* **die Hosentaschen ~** enfoncer *od* fourrer les *od* ses mains dans ses poches (de pantalon) B VR **sich ~** *Tiere* se terrer (**in** *[+dat ou akk]* dans); *umg fig Menschen (sich völlig zurückziehen)* se cloîtrer; se claquemurer; **sich in s-e Bücher ~** se plonger dans ses livres
vergrämen VT ‹pas de ge-, h.› 1 *(verärgern)* mécontenter; *plus fort* fâcher 2 JAGD *Wild* effaroucher
vergrämt ADJT *Gesicht* rongé de chagrin
vergrätzen *umg* VT ‹-(es)t, pas de ge-, h.› *(vor den Kopf stoßen) umg* prendre à rebrousse-poil
vergraulen *umg* VT ‹pas de ge-, h.› **j-n ~** faire fuir qn (en étant désagréable)
vergreifen VR ‹irr, pas de ge-, h.› **sich ~** 1 *(sich irren)* se tromper; *geh* se méprendre; **sich im Ton ~** mal choisir ses mots; **sich in den**

Mitteln ~ se tromper dans le choix des moyens 2 *(stehlen)* **sich an fremdem Eigentum** ~ se saisir des, mettre la main sur les biens d'autrui 3 *(Gewalt antun)* **sich an j-m** ~ porter la main sur qn; frapper qn; *(vergewaltigen)* abuser de qn; **sich an etw** *(dat)* ~ s'attaquer à qc; toucher à qc; *umg* **vergreif dich ja nicht daran!** *umg* pas touche!

vergreisen VI ‹-(es)t, *pas de ge-*, s.› MED, *Bevölkerung, Person* vieillir; **vergreist** ADJT *Person* sénile; *Bevölkerung* vieilli; **Vergreisung** F ‹~› MED sénescence *f*; *der Bevölkerung* vieillissement *m*

vergriffen A PPERF → vergreifen B ADJT *Buch (ausverkauft)* épuisé

vergröbern VT ‹-(e)re, *pas de ge-*, h.› rendre (plus) grossier, -ière; *fig (zu sehr vereinfachen)* trop simplifier

vergrößern ‹-(e)re, *pas de ge-*, h.› A VT 1 *(erweitern)* agrandir *(a. Geschäft)* 2 *(vermehren)* accroître; augmenter; *Vermögen a.* arrondir 3 *(vergrößert wiedergeben)* OPT grossir; FOTO agrandir B VR **sich** ~ s'agrandir *(a. Geschäft, Familie)*; *Bekanntenkreis a.* s'élargir; *(sich vermehren) Kapital etc* s'accroître; augmenter; *umg fig (e-e größere Wohnung beziehen)* s'agrandir

Vergrößerung F ‹~; ~en› 1 *räumliche* agrandissement *m (a. e-s Geschäfts)* 2 *mengenmäßig des Kapitals etc* accroissement *m*; augmentation *f* 3 FOTO agrandissement *m*; OPT grossissement *m*; **hundertfache** ~ grossissement cent (fois), au centuple

Vergrößerungsapparat M FOTO agrandisseur *m*; **Vergrößerungsglas** N OPT loupe *f*; verre grossissant

vergucken *umg* VR ‹*pas de ge-*, h.› 1 *(verlieben)* **sich in j-n** ~ s'enticher de qn; *fig* **sich in etw** *(akk)* ~ avoir le coup de foudre pour qc; *umg* flasher sur qc 2 *(falsch sehen)* **sich** ~ se tromper; faire erreur

Vergünstigung F ‹~; ~en› faveur *f*; *(Vorteil) steuerlich, sozial* avantage *m*; *(Vorrecht)* privilège *m*; HANDEL rabais *m*; tarif réduit

vergüten VT ‹-ete, *pas de ge-*, h.› 1 *(bezahlen) Leistung* payer; rémunérer 2 *(erstatten)* **j-m etw** ~ *Auslagen* rembourser qn de qc; *Verlust(e)* dédommager, indemniser qn de qc

Vergütung F ‹~; ~en› 1 *e-r Leistung* paiement *m*; rémunération *f* 2 *der Auslagen* remboursement *m*; *e-s Verlustes* dédommagement *m*; indemnisation *f* 3 *Summe* rémunération *f*; indemnité *f*; compensation *f*

verh. ABK (verheiratet) marié

verhaften VT ‹-ete, *pas de ge-*, h.› arrêter; appréhender

verhaftet ADJT **e-r Sache** *(dat)* ~ **sein** être attaché à qc

Verhaftete(r) M/F(M) ‹→ A› personne *f* en état d'arrestation; **Verhaftung** F ‹~; ~en› arrestation *f*; JUR prise *f* de corps; **Verhaftungswelle** F vague *f* d'arrestations

verhagelt ADJT *Ernte etc* ~ **sein** être dévasté par la grêle; *umg* **ihr ist die Petersilie** ~ elle est complètement découragée

verhallen VI ‹*pas de ge-*, s.› 1 *Ton* se perdre; expirer 2 *fig Worte, Bitten etc (unbeachtet bleiben)* **ungehört** ~ passer inaperçu; rester sans écho

verhalten[1] ‹*irr, pas de ge-*, h.› A *geh* VT *Atem* retenir; *Tränen, Schmerz, Lachen, Ärger* contenir; réprimer; **den Schritt** ~ s'arrêter B *geh* VI *(innehalten)* **er verhielt e-n Moment** il s'arrêta un instant C VR **sich** ~ 1 *(sich benehmen)* se conduire, se comporter (**gegen j-n, j-m gegenüber** avec qn, envers qn); **sich abwartend** ~ rester dans l'expectative; **sich ruhig** ~ se tenir tranquille; **ich weiß nicht, wie ich mich dabei** ~ **soll** je ne sais pas quelle attitude prendre 2 *(beschaffen sein)* **wie verhält sich die Sache?** où en est l'affaire?; **die Sache verhält sich ganz anders** l'affaire est tout autre 3 MATH *(im Verhältnis stehen)* **a verhält sich zu b wie c zu d** a est à b ce que c est à d; **sich umgekehrt** ~ **wie …** être inversement proportionnel, -elle à …

verhalten[2] ADJT 1 *(unterdrückt) Freude, Trauer* contenu; *Groll* rentré; refoulé 2 *(gedämpft) Farben, Töne etc* discret, -ète; **mit ~er Stimme** à mi-voix 3 *(zurückhaltend) Fahrweise* sans agressivité; prudent; *Kritik* mesuré; modéré

Verhalten N ‹~s› 1 *(Betragen)* conduite *f*; comportement *m*; attitude *f*; **sein** ~ **mir gegenüber** sa conduite *od* son attitude envers moi, à mon égard; **ungehöriges** ~ inconduite *f* 2 *(Vorgehensweise)* façon *f*, manière *f* d'agir, de procéder

Verhaltensforschung F ‹~› éthologie *f*; **verhaltensgestört** ADJ qui présente des troubles du comportement; *t/t* caractériel, -ielle; **Verhaltensmaßregeln** FPL instructions *fpl*; directives *fpl*; **Verhaltenspsychologie** F psychologie *f* du comportement; **Verhaltensstörung** F trouble *m* du comportement; **Verhaltensweise** F comportement *m*

Verhältnis N ‹~ses; ~se› 1 *(Größenverhältnis)* rapport *m*; proportion *f*; **im** ~ **zu** en proportion de; proportionnellement à; par rapport à; *(im Vergleich zu)* en comparaison de; **im** ~ **1 zu 3** dans un rapport de 1 à 3; **im richtigen** ~ **zu** proportionné à; **in umgekehrtem** ~ **zu** en raison inverse de; inversement proportionnel, -elle à; **in keinem** ~ **stehen (zu)** être disproportionné (à, avec) 2 *(Beziehung)* rapports *mpl*; relations *fpl*; **ein gutes** ~ **zu j-m haben** être en bons termes avec qn; avoir de bons rapports avec qn; **kein** ~ **zu etw finden** ne pas avoir d'affinité(s) avec qc; → *a.* gestört 3 *umg (Liebesverhältnis)* liaison *f*; **ein** ~ **mit j-m haben** avoir une liaison avec qn 4 **~se** *pl* situation *f*; conditions *fpl*; *(Vermögenslage)* situation financière; moyens *mpl*; *(Umstände)* circonstances *fpl*; **in guten ~sen leben** vivre dans l'aisance; être à son aise; **aus einfachen ~sen stammen** être d'origine modeste; **über s-e ~se leben** vivre au-dessus de ses moyens; **wie die ~se liegen …** vu les circonstances; vu la situation

Verhältnisgleichung F MATH proportion *f*

verhältnismäßig A ADJ relatif, -ive; proportionnel, -elle B ADV relativement; *(entsprechend)* proportionnellement

Verhältnismäßigkeit F ‹~› proportionnalité *f* (**von Strafe und Vergehen** de la peine et du délit)

Verhältniswahl F vote, scrutin proportionnel; **Verhältniswahlrecht** N ‹~(e)s›, **Verhältniswahlsystem** N ‹-ems› représentation proportionnelle; proportionnelle *f*

Verhältniswort N ‹~(e)s; ≃er› GRAM préposition *f*

verhandeln ‹-(e)le, *pas de ge-*, h.› A VT **etw** ~ négocier, discuter, débattre qc; JUR **e-n Fall** ~ *strafrechtlich* juger une cause; *zivilrechtlich* entendre une cause B VI **(mit j-m) über etw** *(akk)* ~ négocier qc, *(beraten)* discuter, débattre qc, conférer de qc (avec qn); **über den Preis** ~ débattre du prix

Verhandlung F ‹~; ~en› 1 *bes* POL, HANDEL négociation *f*; discussion *f*; débats *mpl*; conférence *f*; **~en** *pl a.* pourparlers *mpl*; **~en aufnehmen** entamer, engager des négociations; **~en führen** mener des négociations; **mit j-m in** ~ **stehen** être en pourparlers avec qn 2 JUR audience *f*; débats *mpl*; **öffentliche** ~ audience publique

Verhandlungsangebot N offre *f* de négociation

Verhandlungsbasis F ‹~› base *f* des négociations, des discussions; ~ **3000 Euro** 3000 euros à débattre

Verhandlungsbeginn M ouverture *f* des débats *(a.* JUR*)*

verhandlungsbereit ADJ prêt à négocier

Verhandlungsbereitschaft F volonté *f* de négocier; ~ **signalisieren, zeigen** être prêt à négocier

Verhandlungsgegenstand M objet *m* des négociations, discussions, débats; **Verhandlungsgeschick** N ‹~(e)s› habileté *f* à négocier, à mener des négociations; **Verhandlungsgrundlage** F base *f* des négociations, discussions; **Verhandlungspartner(in)** M(F) négociateur *m*; partie *f*; interlocuteur, -trice *m,f*; partenaire *m/f*; **Verhandlungspause** F JUR suspension *f* d'audience; **Verhandlungsprotokoll** N procès-verbal *m* des débats, des délibérations; JUR procès-verbal *m* des débats, d'audience; **Verhandlungssaal** M JUR salle *f* d'audience; **Verhandlungsschluss** M clôture *f* des débats *(a.* JUR*)*; **Verhandlungstag** M JUR jour *m* d'audience, des débats; **Verhandlungstermin** M JUR date fixée pour l'audience, pour les débats

Verhandlungstisch M table *f* des négociations; *fig* **am** ~ par des négociations; *fig* **sich an den** ~ **setzen** engager des négociations

verhangen ADJ *Himmel* nuageux, -euse; gris

verhängen VT ‹*pas de ge-*, h.› 1 *(zuhängen) Fenster etc* masquer; boucher; recouvrir (**mit** de) 2 *(anordnen) Strafe* prononcer (**über j-n** contre qn); infliger (**über j-n** à qn); *Ausgangssperre etc* décréter; proclamer

Verhängnis N ‹~ses; ~se› fatalité *f*; malheur *m*; **j-m zum** ~ **werden** être fatal à qn; **diese Frau wurde ihm zum** ~ cette femme a fait son malheur; **das war sein** ~ cela lui a été fatal

verhängnisvoll ADJ fatal; funeste

Verhängung F ‹~› *des Notstands etc* proclamation *f* (+*gen* de); *e-r Strafe* condamnation *f* (+*gen* à)

verharmlosen VT ‹-(es)t, *pas de ge-*, h.› minimiser; **Verharmlosung** F ‹~; ~en› *e-s Problems etc* minimisation *f*

verhärmt A ADJ rongé par les soucis B ADV ~ **aussehen** être marqué par les soucis

verharren VI ‹*pas de ge-*, h. *ou* s.› 1 *(innehalten)* rester; demeurer 2 *(beibehalten)* **auf, bei, in etw** *(dat)* ~ persévérer, persister dans qc

verharschen VI ‹*pas de ge-*, s.› *Schnee* durcir; **verharschter Schnee** neige tôlée

verhärten ‹-ete, *pas de ge-*, h.› A VT 1 *(hart machen)* durcir *(a. fig)* 2 *(unbarmherzig machen) Herz etc* endurcir B VR **sich** ~ 1 *(hart werden)* se durcir *(a. fig)*; MED *Geschwulst* (se) durcir; *t/t* s'indurer; *Positionen, Fronten* se durcir; se raidir 2 *(unbarmherzig werden)* s'endurcir

Verhärtung F ‹~; ~en› 1 *fig* endurcissement *m*; *der Fronten* durcissement *m* 2 MED induration *f*; *(verhärtete Stelle, Schwiele)* durillon *m*; callosité *f*

verhaspeln *umg* VR ‹-(e)le, *pas de ge-*, h.› **sich** ~ *beim Sprechen* s'embrouiller; **sich in etw** *(dat)* ~ *(verwickeln)* s'emmêler, s'empêtrer dans qc

verhasst ADJ odieux, -ieuse; détesté; **sich bei j-m** ~ **machen** se faire °haïr de qn; **er ist mir** ~ je le déteste

verhätscheln VT ‹-(e)le, *pas de ge-*, h.› *Kind* dorloter; *umg* chouchouter; **Verhätschelung** F ‹~; ~en› dorlotement *m*

Verhau M *od* N ‹~(e)s; ~e› MIL abattis *m*

(d'arbres); *(Drahtverhau)* réseau *m* de barbelés

verhauen *umg* ⟨*pperf* verhauen, h.⟩ **A** VT **1** *(verprügeln)* j-n ~ *umg* flanquer une raclée, une trempe à qn; rosser qn **2** *(völlig falsch machen) umg* louper **B** VR **sich** ~ *(sich irren) umg* se gourer; *umg* se fiche(r) dedans; *umg* se planter

verheben VR ⟨*irr, pas de ge-,* h.⟩ **sich** ~ *(sich das Kreuz verrenken)* se donner un tour de reins; **sich an etw** *(dat)* ~ se faire mal en soulevant qc

verheddern *umg* VR ⟨-(e)re, *pas de ge-,* h.⟩ **sich** ~ *Fäden* s'emmêler; s'embrouiller; **sich in e-m Netz** ~ se prendre, s'empêtrer dans un filet; *fig beim Sprechen etc* **sich** ~ s'empêtrer; s'embrouiller

verheeren VT ⟨*pas de ge-,* h.⟩ ravager; dévaster

verheerend ADJT dévastateur, -trice; *Brand, Sturm* terrible; *Folgen* catastrophique; *umg (scheußlich)* horrible

Verheerung F ⟨~; ~en⟩ ravage *m*; dévastation *f*; **~en anrichten** faire des ravages

verhehlen *geh* VT ⟨*pas de ge-,* h.⟩ cacher, dissimuler (**j-m etw** qc à qn); **man kann (es) nicht ~, dass …** il faut bien avouer, reconnaître que …

verheilen VI ⟨*pas de ge-,* s.⟩ *Wunde* se fermer; (se) guérir

verheimlichen VT ⟨*pas de ge-,* h.⟩ cacher, dissimuler (**j-m etw, etw vor j-m** qc à qn); *(geheim halten)* tenir secret, -ète; *(verschweigen)* taire; **Verheimlichung** F ⟨~; ~en⟩ dissimulation *f*

verheiraten ⟨-ete, *pas de ge-,* h.⟩ **A** VT marier (**mit** avec, à) **B** VR **sich** ~ se marier (**mit j-m** avec qn); **sich wieder** ~ se remarier

verheiratet ADJT marié; *fig* **er ist mit s-r Firma ~** pour lui, il n'y a que son entreprise qui compte

Verheiratete(r) M/F(M) ⟨→ A⟩ marié(e) *m(f)*; homme marié, femme mariée

Verheiratung F ⟨~; ~en⟩ mariage *m*

verheißen *geh* VT ⟨*irr, pas de ge-,* h.⟩ promettre

Verheißung F ⟨~; ~en⟩ promesse *f*; BIBEL **das Land der ~** la Terre promise

verheißungsvoll ADJ plein de promesses; prometteur, -euse

verheizen VT ⟨*pas de ge-,* h.⟩ **1** brûler; utiliser comme moyen de chauffage **2** *umg* **j-n ~** *(rücksichtslos ausnutzen)* presser qn comme un citron; MIL utiliser qn comme chair à canon

verhelfen VI ⟨*irr, pas de ge-,* h.⟩ **j-m zu etw ~** aider qn à obtenir qc; faire avoir qc à qn; procurer qc à qn; **e-r Sache** *(dat)* **zum Sieg(e) ~** aider à faire triompher qc

verherrlichen VT ⟨*pas de ge-,* h.⟩ *Krieg* glorifier; *Natur* célébrer; *Person* faire l'apologie de; **Verherrlichung** F ⟨~; ~en⟩ *des Krieges* glorification *f*; *der Natur* célébration *f*; *e-r Person* apologie *f*

verhetzen VT ⟨-(es)t, *pas de ge-,* h.⟩ **j-n ~** attiser la haine de qn (**gegen j-n** contre qn)

Verhetzung F ⟨~; ~en⟩ excitation *f*

verheult *umg* ADJ *Augen etc* gonflé, rougi par les larmes

verhexen VT ⟨-(es)t, *pas de ge-,* h.⟩ ensorceler; envoûter; enchanter; jeter un sort sur; *umg fig* **das ist (ja) wie verhext!** *umg* c'est la poisse!; tout va de travers!

verhindern VT ⟨-(e)re, *pas de ge-,* h.⟩ empêcher; *Unglück* prévenir; **verhindert sein** avoir un empêchement; **dienstlich verhindert sein** être empêché, retenu pour des raisons professionnelles; *umg pej* **er ist ein verhinderter Künstler, Dichter** *pej* il se pique d'art, de poésie

Verhinderung F ⟨~; ~en⟩ empêchement *m*

Verhinderungsfall M **im ~(e)** en cas d'empêchement

verhohlen ADJ *(verborgen)* dissimulé; sournois; **mit kaum ~em Spott** avec une moquerie à peine dissimulée

verhöhnen VT ⟨*pas de ge-,* h.⟩ tourner en dérision; railler; se moquer de; bafouer

verhohnepipeln *umg* VT ⟨-(e)le, *pas de ge-,* h.⟩ ridiculiser; **Verhohnepipelung** *umg* F ⟨~; ~en⟩ *umg* mise *f* en boîte; moquerie *f*

Verhöhnung F ⟨~; ~en⟩ raillerie *f*; persiflage *m*; moquerie *f*

verhökern *umg* VT ⟨-(e)re, *pas de ge-,* h.⟩ brader; bazarder

verholfen PPERF → verhelfen

verholzen VI ⟨-(es)t, *pas de ge-,* s.⟩ BOT se lignifier; **Verholzung** F ⟨~; ~en⟩ BOT lignification *f*

Verhör N ⟨~(e)s; ~e⟩ interrogatoire *m*; *der Zeugen vor Gericht* audition *f*; **j-n ins ~ nehmen, j-n e-m ~ unterziehen** → verhören

verhören ⟨*pas de ge-,* h.⟩ **A** VT **j-n ~** interroger qn; faire subir un interrogatoire à qn; soumettre qn à un interrogatoire; *Zeugen vor Gericht* entendre qn; procéder à l'audition de qn **B** VR **sich ~** mal entendre

verhüllen ⟨*pas de ge-,* h.⟩ **A** VT **1** *Gesicht, Standbild etc* voiler; recouvrir d'un drap, d'un voile, *etc*; *poet* **Wolken ~ die Sicht** des nuages voilent le paysage **2** *fig (verbergen)* voiler; cacher; dissimuler **B** VR **sich ~** *Frau* se voiler; *Berge* disparaître (derrière les nuages)

verhüllend ADJT LING euphémique; **~er Ausdruck** euphémisme *m*

verhundertfachen ⟨*pas de ge-,* h.⟩ **A** VT centupler **B** VR **sich ~** centupler

verhungern VI ⟨-(e)re, *pas de ge-,* s.⟩ mourir de faim; **j-n ~ lassen** laisser qn mourir de faim; **ganz verhungert aussehen** avoir l'air affamé; *umg fig* **am Verhungern sein** *umg* crever de faim

verhunzen *umg pej* VT ⟨-(es)t, *pas de ge-,* h.⟩ *(verunstalten, verderben) Landschaft, Stadtbild* abîmer; *Gedicht* estropier; *Urlaub, Leben* gâcher; *Arbeit* bousiller; *umg* saloper; **Verhunzung** *umg pej* F ⟨~; ~en⟩ *der Landschaft, des Stadtbilds* défiguration *f*; *e-r Arbeit* bousillage *m*; *e-s Kunstwerks, Gedichts, der Sprache* massacre *m*

verhüten VT ⟨-ete, *pas de ge-,* h.⟩ **1** *(verhindern)* empêcher; *Unglück* prévenir; **das verhüte Gott!** à Dieu ne plaise! **2** MED *a. abs* (**e-e Schwangerschaft**) **~** employer des contraceptifs; pratiquer la contraception; **in diesen Ländern wird kaum verhütet** dans ces pays l'usage des contraceptifs est très peu répandu

Verhüterli *umg hum* N ⟨~s; ~s⟩ *umg* capote (anglaise)

verhütten VT ⟨-ete, *pas de ge-,* h.⟩ *Erz* traiter; fondre

Verhütung F ⟨~⟩ **1** empêchement *m*; *(Vorbeugung)* prévention *f* **2** *(Empfängnisverhütung)* contraception *f*

Verhütungs… IN ZSSGN **1** préventif, -ive **2** *(Empfängnisverhütungs…)* contraceptif, -ive; **Verhütungsmaßnahme** F mesure préventive; **Verhütungsmittel** N contraceptif *m*

verhutzelt *umg* ADJ ratatiné

Verifikation F ⟨~; ~en⟩ vérification *f*; **verifizierbar** ADJ vérifiable; **verifizieren** VT ⟨*pas de ge-,* h.⟩ vérifier; **Verifizierung** F ⟨~; ~en⟩ vérification *f*

verinnerlichen VT ⟨*pas de ge-,* h.⟩ PSYCH intérioriser; **Verinnerlichung** F ⟨~; ~en⟩ PSYCH intériorisation *f*

verirren VR ⟨*pas de ge-,* h.⟩ **sich ~** s'égarer; se perdre; se fourvoyer (**in** [+*dat*] dans); **Verirrung** F ⟨~; ~en⟩ égarement *m*

Verismus M ⟨~⟩ KUNST vérisme *m*; **Verist(in)** M ⟨~en; ~en⟩ (F) ⟨~in; ~innen⟩ vériste *m/f*; **veristisch** ADJ vériste

verjagen VT ⟨*pas de ge-,* h.⟩ chasser (**aus, von** de)

verjährbar ADJ JUR prescriptible

verjähren VI ⟨*pas de ge-,* s.⟩ JUR se prescrire (**in 5 Jahren** par 5 ans); **dieses Vergehen ist verjährt** il y a prescription (pour ce délit)

Verjährung F ⟨~; ~en⟩ JUR prescription *f*; **der ~** *(dat)* **unterliegen** être soumis à la prescription

Verjährungsfrist F JUR délai *m* de prescription

verjubeln *umg* VT ⟨-(e)le, *pas de ge-,* h.⟩ *Geld umg* claquer

verjüngen ⟨*pas de ge-,* h.⟩ **A** VT *(jünger machen)* rajeunir (*a. Personal*) **B** VR **sich ~** *Baumstamm, Säule* s'amincir; s'effiler; *Tunnel* se rétrécir; **Verjüngung** F ⟨~; ~en⟩ **1** *(das Jüngerwerden)* rajeunissement *m* (*a. des Personals*) **2** *e-s Baumstamms, e-r Säule* amincissement *m*; *e-s Tunnels* rétrécissement *m*

Verjüngungskur F cure *f* de rajeunissement, de jouvence; **Verjüngungsmittel** N produit rajeunissant

verjuxen *umg* VT ⟨-(es)t, *pas de ge-,* h.⟩ → verjubeln

verkabeln VT ⟨-(e)le, *pas de ge-,* h.⟩ TV câbler; **verkabelt sein** être câblé

Verkabelung F ⟨~; ~en⟩ TV câblage *m*

verkalken VI ⟨*pas de ge-,* s.⟩ **1** MED *Arterien* se calcifier; *Gewebe etc* se scléroser **2** *umg fig (geistig altern)* devenir gâteux, -euse, *umg* gaga **3** *Waschmaschine etc* s'entartrer

verkalkt ADJT *fig* **1** MED sclérosé (*a. fig*); *Person a.* gâteux, -euse; *umg* gaga **2** *Waschmaschine etc* entartré

verkalkulieren VR ⟨*pas de ge-,* h.⟩ **sich ~** **1** *(sich verrechnen)* se tromper dans ses calculs **2** *(falsch beurteilen)* se mettre le doigt dans l'œil; *umg* se gourer

Verkalkung F ⟨~; ~en⟩ **1** MED calcification *f*; sclérose *f* **2** *umg fig pej* sénilité *f*; gâtisme *m* **3** *e-r Waschmaschine etc* entartrage *m*

verkannt **A** PPERF → verkennen **B** ADJT méconnu

verkappt ADJ *Spion etc* déguisé; camouflé

verkapseln VR ⟨-(e)le, *pas de ge-,* h.⟩ **sich ~** MED s'enkyster

Verkapselung F ⟨~; ~en⟩ MED enkystement *m*

verkarsten VI ⟨-ete, *pas de ge-,* s.⟩ ÖKOL devenir karstique; **Verkarstung** F ⟨~; ~en⟩ ÖKOL érosion *f* karstique

verkatert *umg* ADJ **~ sein** avoir mal aux cheveux; *umg* avoir la gueule de bois

Verkauf M **1** *(das Verkaufen)* vente *f*; *(Absatz)* débit *m*; écoulement *m*; **~ über die Straße** vente à emporter; **~ zu herabgesetzten Preisen** vente au rabais; **~ mit Verlust** vente à perte; **zum ~ anbieten** mettre en vente; **zum ~ freigeben** autoriser la vente de …; **zum ~ stehen** être à vendre; **zum ~ bestimmt** à vendre; en vente; **Verkäufe tätigen** effectuer des ventes; conclure des marchés **2** ⟨*sans pl*⟩ *(~sabteilung)* service *m* des ventes; **er arbeitet im ~** il travaille au service des ventes

verkaufen ⟨*pas de ge-,* h.⟩ **A** VT vendre; *(absetzen)* écouler; placer; **zu ~** à vendre; **j-m etw ~, etw an j-n ~** vendre qc à qn; **gegen bar ~** vendre comptant; **mit Verlust ~** vendre à perte; **unter dem Preis, Wert ~** vendre au-dessous du prix; vendre à perte; **zum Preise von … ~** vendre au prix de … **B** VR **1** HANDEL **sich gut ~** *Ware* se vendre bien; **sich schlecht ~** se vendre mal, difficilement **2**

Personen (sich für Geld etc abhängig machen) se vendre (**an** *[+akk]* à)

Verkäufer(in) M(F) **1** *Berufsbezeichnung* vendeur, -euse *m,f* **2** JUR *e-s Besitzes* vendeur *m*, venderesse *f*

verkäuflich ADJ *(zum Verkauf geeignet)* vendable; *(zum Verkauf bestimmt)* à vendre; **frei ~e Medikamente** *npl* médicaments *mpl* en vente libre; **leicht ~** facile à vendre, à écouler

Verkaufsabteilung F service *m* des ventes; **Verkaufsangebot** N offre *f* de vente; **Verkaufsauftrag** M ordre *m* de vente; **Verkaufsaussichten** FPL perspectives *fpl* de vente; **Verkaufsausstellung** F vente-exposition *f*; **Verkaufsautomat** M distributeur *m* automatique; **Verkaufsbedingungen** FPL conditions *fpl* de vente; **Verkaufsbüro** N bureau *m* de vente; **Verkaufserlös** M produit *m* de la vente; **Verkaufsfläche** F surface *f* de vente; **Verkaufsförderung** F ⟨~⟩ promotion *f* des ventes; **Verkaufsgenehmigung** F autorisation *f* de vente; **Verkaufsleiter** M chef *m*, directeur *m* de(s) vente(s); **Verkaufsleitung** F direction *f* des ventes

verkaufsoffen ADJ *früher* **~er Samstag** *bzw.* **Sonnabend** samedi où les magasins restent ouverts toute la journée

Verkaufspersonal N personnel vendeur; vendeurs *mpl* et vendeuses *fpl*; **Verkaufspolitik** F politique *f* de vente; **Verkaufspreis** M prix *m* de vente; **Verkaufsraum** M **1** salle *f* de vente **2** → Verkaufsfläche; **Verkaufsschlager** M succès *m* de vente; article *m* à grand succès; **Verkaufsstelle** F point *m* de vente; **Verkaufsverbot** N interdiction *f* de vente; **Verkaufsvertrag** M contrat *m* de vente; **Verkaufswert** M valeur *f* de vente; **Verkaufszeit** F heures *fpl* d'ouverture

Verkehr M ⟨~(e)s⟩ **1** *(Straßenverkehr)* circulation *f*; *bes starker a.* trafic *m*; **fließender ~** circulation fluide; **ruhender ~** véhicules *mpl* à l'arrêt; **stockender ~** circulation ralentie; ralentissement(s) *m(pl)*; **den ~ behindern** gêner la circulation; **dem ~ übergeben** *Straße, Bahnlinie* ouvrir à la circulation; **es herrscht reger ~** il y a beaucoup de circulation; **für den ~ gesperrt** fermé à la circulation **2** *(Beförderung, Transport)* transports *mpl*; trafic *m*; *der Bahn, Post® a.* service *m*; **öffentlicher ~** transports publics; **den ~ einstellen** suspendre le trafic **3** *(Umlauf) von Geld, Gütern* circulation *f*; *(Handelsverkehr)* trafic commercial; échanges commerciaux; **bargeldloser ~** virements *mpl*; mouvement *m* des capitaux par virement; **in den ~ bringen** mettre en circulation; **im ~ sein** être en circulation; **aus dem ~ ziehen** *Banknoten, Produkte* retirer de la circulation; *umg fig* **j-n aus dem ~ ziehen** mettre qn °hors d'état de nuire **4** *(Kontakt)* rapports *mpl*; relations *fpl*; *(Umgang)* commerce *m*; **den ~ mit j-m abbrechen** rompre (ses relations) avec qn; **~ mit j-m pflegen** entretenir des relations, rapports avec qn **5** *(Geschlechtsverkehr)* rapports sexuels; **außerehelicher ~** relations *fpl* 'hors mariage; **mit j-m ~ haben** avoir des rapports sexuels avec qn

verkehren ⟨*pas de ge-*, h.⟩ **A** V/T *(verwandeln)* transformer, changer (**in** en); *pej (verdrehen)* **den Sinn e-r Aussage (ins Gegenteil) ~** déformer, fausser complètement le sens d'une déclaration **B** V/I **1** ⟨h. *ou* s.⟩ *Bahnen, Busse etc* circuler (**zwischen** *[+dat]* entre); *regelmäßig* desservir (**nach e-m Ort** un lieu); **der Bus verkehrt stündlich** il y a un bus toutes les heures **2** *(zu Gast sein)* **in e-m Haus ~** fréquenter une maison **3** *(Kontakt haben)* **mit j-m ~** fréquenter, côtoyer qn; avoir des rapports, des relations avec qn; **mit niemandem ~** ne voir personne **4** *sexuell* **mit j-m ~** avoir des rapports sexuels avec qn **C** V/R **sich ins Gegenteil ~** se transformer en son contraire

Verkehrsader F artère *f*; axe routier; **Verkehrsampel** F feux *mpl* (de signalisation); **Verkehrsamt** N office *m* du tourisme

Verkehrsaufkommen N densité *f* de (la) circulation; **hohes ~** densité de (la) circulation élevée

verkehrsberuhigt ADJT **~e Zone** zone (résidentielle) à vitesse limitée

Verkehrsbetriebe MPL services *mpl* de transport; **die städtischen ~** les transports urbains

Verkehrschaos N embouteillages *mpl* (monstres); **Verkehrsdelikt** N infraction *f* au code de la route; **Verkehrsdichte** F densité *f* de la circulation; **Verkehrsdurchsage** F message *m* routier; **Verkehrserziehung** F enseignement *m* du code de la route (à l'école); **Verkehrsflugzeug** N avion commercial; **Verkehrsfunk** M radioguidage *m*; **Verkehrsgefährdung** F atteinte *f* à la sécurité routière; **Verkehrsgesetz** N loi relative à la circulation routière; **verkehrsgünstig** ADJ *Lage* à proximité des transports en commun; **Verkehrshindernis** N obstacle *m* à la circulation; **Verkehrsinfarkt** M paralysie totale de la circulation; **Verkehrsinsel** F refuge *m* (pour piétons); **Verkehrsknotenpunkt** M *Straße* nœud routier; *Bahn* nœud *m* ferroviaire; *weitS.* plaque tournante; **Verkehrskontrolle** F contrôle *m* de police

Verkehrslage F **1** *(Verkehrssituation)* conditions *fpl* de circulation **2** *(Ortslage)* **e-e günstige ~ haben** être bien desservi

Verkehrslärm M bruit(s) *m(pl)* de la circulation; **Verkehrslinie** F voie *f* de communication; **Verkehrsmeldung** F → Verkehrsdurchsage; **Verkehrsminister(in)** M(F) ministre *m* des Transports; **Verkehrsministerium** N ministère *m* des Transports

Verkehrsmittel N moyen *m* de transport; **öffentliche ~** *npl* transports *mpl* en commun

Verkehrsnetz N réseau *m* de voies de communication; **Verkehrsopfer** N victime *f* de la circulation; **Verkehrsordnung** F code *m* de la route; règlement *m* de la circulation; **Verkehrspolitik** F politique *f* des transports; **Verkehrspolizei** F police routière, de la route; **Verkehrspolizist(in)** M(F) agent *m* de la circulation; **Verkehrsrecht** N législation *f* sur les transports et communications; **Verkehrsregel** F règle *f* de la circulation; **Verkehrsregelung** F réglementation *f* de la circulation, du trafic

verkehrsreich ADJ *Straße* fréquenté; à grande circulation; **~e Straße** *im Ort a.* rue passante

Verkehrsschild N panneau *m* de signalisation (routière); **Verkehrssicherheit** F ⟨~⟩ sécurité routière, sur la route; **Verkehrsspitze** F heures *fpl* de pointe; **Verkehrssprache** F LING langue *f* véhiculaire; **Verkehrsstau** M bouchon *m*; embouteillage *m*; **Verkehrsstilllegung** F suspension *f*, arrêt *m* (provisoire) de la circulation; **Verkehrsstockung** F bouchon *m*; embouteillage *m*; **Verkehrsstörung** F interruption *f* du trafic; **Verkehrsstraße** F voie *f* de communication; **Verkehrsstreife** F patrouille routière; **Verkehrssünder** M contrevenant *m* au code de la route; *Fahrer a.* conducteur *m* en infraction; **Verkehrsteilnehmer** M usager *m* de la route; **Verkehrstote(r)** M/F(M) victime *f* de la route; **Verkehrsüberwachung** F surveillance *f* de la circulation; **Verkehrsunfall** M accident *m* de la route, de la circulation; **Verkehrsunternehmen** N entreprise *f* de transport; **Verkehrsverbindung** F voie *f* de communication; **Verkehrsverbund** M WIRTSCH groupement *m* (interrégional, intercommunal) d'entreprises de transports en commun; **Verkehrsverein** M syndicat *m* d'initiative; office *m* du tourisme; **Verkehrsverhältnisse** NPL *(Verkehrslage)* conditions *fpl* de circulation; *(Verkehrsverbindungen)* voies *fpl* de communication; communications *fpl*; **Verkehrsweg** M voie *f* de communication; **Verkehrswert** M JUR, HANDEL valeur courante; **Verkehrswesen** N ⟨~s⟩ transports *mpl*; **verkehrswidrig** ADJ en infraction au code de la route; **Verkehrszählung** F comptage *m* des voitures

Verkehrszeichen N signal *m*; panneau *m* de signalisation (routière); **die ~** *pl* la signalisation routière

verkehrt **A** ADJ **1** *(umgekehrt)* à l'envers; retourné; *regional* **Kaffee** *m* **~** café *m* crème *(avec peu de café)*; **die ~e Seite** *e-s Stoffes* l'envers *m*; *fig* **~e Welt** monde *m* à l'envers **2** *(falsch)* faux, fausse; absurde; **e-e ~e Vorstellung** une idée (archi)fausse; **der ~e Weg** le mauvais chemin; *umg* **das ist gar nicht so ~** ce n'est pas si absurde, insensé que cela (en a l'air); *umg* **an den Verkehrten geraten** mal tomber **B** ADV **1** *(~herum)* à l'envers; **etw ~ anziehen** mettre qc à l'envers **2** *(falsch)* de travers; **es ~ anfangen** s'y prendre mal, de travers; prendre l'affaire par le mauvais bout; **~ antworten** répondre de travers; **etw ~ machen** faire qc de travers

verkeilen ⟨*pas de ge-*, h.⟩ **A** V/T caler; claveter; *Schienen* coincer **B** V/R **sich ~** s'imbriquer, s'encastrer (**in** *[+akk]* dans); **sich ineinander ~** *Züge* se télescoper; *fig* **Demonstranten und Polizisten hatten sich ineinander verkeilt** les manifestants et les policiers ne formaient plus qu'une mêlée confuse

verkennen V/T ⟨*irr, pas de ge-*, h.⟩ **1** *(falsch einschätzen) Person* méconnaître; *Situation* se tromper sur **2** *(unterbewerten)* sous-estimer

Verkennung F ⟨~⟩ méconnaissance *f*; **in völliger ~ der Situation** en faisant preuve d'une totale méconnaissance de la situation

verketten V/T ⟨-ete, *pas de ge-*, h.⟩ *fig* enchaîner

Verkettung F ⟨~; ~en⟩ *fig* enchaînement *m*; **unglückliche ~ von Umständen** malencontreux concours de circonstances

verketzern V/T ⟨-(e)re, *pas de ge-*, h.⟩ *(schmähen)* diffamer; décrier; discréditer

verkitten V/T ⟨-ete, *pas de ge-*, h.⟩ mastiquer; *Loch* boucher au mastic

verklagen V/T ⟨*pas de ge-*, h.⟩ JUR **j-n ~** porter plainte contre qn; intenter une action (judiciaire) contre qn (**wegen etw** pour *od* en qc); **j-n auf Schadenersatz ~** poursuivre qn en dommages-intérêts

Verklagte(r) M/F(M) ⟨→ A⟩ défendeur *m*, défenderesse *f*

verklappen V/T ⟨*pas de ge-*, h.⟩ *Säure etc* déverser (dans la mer); **Verklappung** F ⟨~; ~en⟩ déversement *m* (dans la mer)

verklapsen *umg* ⟨-(es)t, *pas de ge-*, h.⟩ **j-n ~** *umg* se payer la tête de qn; **ich lasse mich nicht ~!** *umg* tu te fous de moi!

verklaren *umg nordd* V/T ⟨*pas de ge-*, h.⟩ **j-m etw ~** expliquer qc à qn

verklären V/T (*u.* V/R) ⟨*pas de ge-*, h.⟩ **(sich) ~** (se) transfigurer; *fig, Gesicht* (s')illuminer;

(s')éclairer
verklärt ADJT transfiguré; *fig, Gesicht a.* serein; *plus fort* ravi; **Verklärung** F ⟨~; ~en⟩ transfiguration *f*
verklausulieren VT ⟨*pas de ge-*, h.⟩ 1 JUR *Vertrag* restreindre par des clauses 2 *(kompliziert, schwer verständlich ausdrücken)* formuler de façon incompréhensible; **Verklausulierung** F ⟨~; ~en⟩ restriction *f* par des clauses
verkleben ⟨*pas de ge-*⟩ A VT ⟨h.⟩ 1 coller 2 *(zukleben)* boucher à la colle B VI ⟨s.⟩ *(aneinanderkleben)* coller; être collé
verkleiden VT ⟨-ete, *pas de ge-*, h.⟩ 1 *(a.* VR*)* **(sich) ~** (se) déguiser (**als** en); (se) travestir (en); *(kostümieren)* (se) costumer 2 TECH, BAU revêtir (**mit** de); couvrir (de); *mit Holz* boiser; *(täfeln)* lambrisser; **Verkleidung** F ⟨~; ~en⟩ 1 *(das Verkleiden)* travestissement *m*; *(Kostüm)* déguisement *m*; costume *m* (pour se déguiser) 2 TECH, BAU revêtement *m*; *mit Holz* boiserie *f*; *(Täfelung)* lambrissage *m*
verkleinern ⟨-(e)re, *pas de ge-*, h.⟩ A VT 1 *(kleiner machen)* rapetisser; réduire *(a. Maßstab,* FOTO*)*; *(verringern)* diminuer 2 *fig (schmälern) j-s Verdienste* amoindrir; diminuer; *Bedeutung* minimiser B VR **sich ~** 1 *(kleiner werden)* rapetisser; se réduire 2 *(sich verringern)* diminuer; **Verkleinerung** F ⟨~; ~en⟩ rapetissement *m*; réduction *f (a. vom Maßstab,* FOTO*)*; diminution *f (a. fig)*
Verkleinerungsform F GRAM diminutif *m*
verkleistern *umg* VT ⟨-(e)re, *pas de ge-*, h.⟩ 1 → verkleben A 2 *(verschleiern) fig* dissimuler; masquer
verklemmen VR ⟨*pas de ge-*, h.⟩ **sich ~** *Tür etc* (se) coincer
verklemmt ADJT PSYCH inhibé; *umg* coincé
verklickern *umg* VT ⟨*pas de ge-*, h.⟩ **j-m etw ~** expliquer qc à qn (en détail)
verklingen VI ⟨*irr, pas de ge-*, s.⟩ *Ton* expirer; *geh Stimmung* tomber
verkloppen *umg* VT ⟨*pas de ge-*, h.⟩ 1 *(verprügeln) umg* tabasser; *umg* filer une trempe à 2 *(verkaufen)* bazarder
verknacken *umg* ⟨*pas de ge-*, h.⟩ **j-n zu drei Monaten Gefängnis ~** *umg* coller, *umg* flanquer trois mois de prison à qn
verknacksen *umg* VR ⟨-(es)t, *pas de ge-*, h.⟩ **sich** *(dat)* **den Fuß ~** se fouler le pied
verknallen *umg* VR ⟨*pas de ge-*, h.⟩ **sich in j-n ~** *umg* se toquer, s'enticher de qn
verknallt ADJT *umg* **in j-n ~ sein** *umg* en pincer pour qn; *umg* avoir le béguin pour qn
verknappen ⟨*pas de ge-*, h.⟩ A VT *(knapp machen)* réduire B VR **sich ~** se raréfier; devenir rare; **Verknappung** F ⟨~; ~en⟩ pénurie *f (+gen* de*)*; rareté *f*
verkneifen *umg* VR ⟨*irr, pas de ge-*, h.⟩ **sich** *(dat)* **etw ~** 1 *(unterdrücken) Lachen, Lächeln* réprimer qc; *Bemerkung* se retenir de faire qc 2 *(verzichten) umg* faire son deuil de qc; **sich** *(dat)* **~, etw zu tun** se passer, s'abstenir de faire qc
verkniffen A PPERF → verkneifen B ADJT *pej Gesicht, Miene* pincé
verknöchern VI ⟨-(e)re, *pas de ge-*, s.⟩ 1 PHYSIOL s'ossifier 2 *umg fig Mensch* s'encroûter; **Verknöcherung** F ⟨~; ~en⟩ 1 PHYSIOL ossification *f* 2 *umg fig e-s Menschen* sclérose *f*
verknorpeln VI ⟨-(e)le, *pas de ge-*, s.⟩ devenir cartilagineux, -euse
verknoten ⟨-ete, *pas de ge-*, h.⟩ A VT *Fäden etc* nouer; **miteinander ~** nouer (l'un à l'autre) B VR **sich ~** se nouer
verknüpfen ⟨*pas de ge-*, h.⟩ A VT 1 *Fäden etc* lier (**mit** à); nouer (**miteinander** l'un à l'autre) 2 *fig (verbinden)* lier (**mit** à); combiner (avec); associer (à); **sein Name ist eng verknüpft mit ...** son nom est étroitement lié à ...; **mit Schwierigkeiten verknüpft sein** présenter des difficultés B VR *fig Vorstellungen etc* **sich ~** être associé (**mit** à)
Verknüpfung F ⟨~; ~en⟩ *fig* lien *m*; *(Assoziierung)* association *f*; *(Verkettung)* enchaînement *m*
verknusen *umg* VT ⟨-(es)t, *pas de ge-*, h.⟩ **j-n nicht ~ können** avoir qn en grippe; *umg* ne pas pouvoir blairer qn
verkochen VI ⟨*pas de ge-*, s.⟩ *Wasser, Brühe* se réduire, s'évaporer à la cuisson
verkohlen[1] ⟨*pas de ge-*⟩ *durch Verbrennen* A VT ⟨h.⟩ carboniser B VI ⟨s.⟩ se carboniser
verkohlen[2] VT ⟨*pas de ge-*, h.⟩ *umg (veralbern)* **j-n ~** monter un bateau à qn; *umg* se payer la tête de qn
verkommen[1] VI ⟨*irr, pas de ge-*, s.⟩ 1 *Besitz etc* être laissé à l'abandon; *Gebäude* se délabrer; **etw ~ lassen** laisser qc à l'abandon 2 *Lebensmittel* pourrir; se gâter 3 *Mensch* déchoir; tomber dans la déchéance; *moralisch a.* tomber de plus en plus bas; **im Elend ~** croupir dans la misère
verkommen[2] ADJT 1 *Besitz* laissé à l'abandon; *Gebäude* délabré 2 *Lebensmittel* pourri; gâté 3 *Mensch* tombé bien bas; dépravé
Verkommenheit F ⟨~⟩ *e-s Menschen* déchéance *f*; *moralische a.* dépravation *f*
verkoppeln VT ⟨-(e)le, *pas de ge-*, h.⟩ accoupler
verkorken VT ⟨*pas de ge-*, h.⟩ *Flasche* boucher
verkorksen *umg* ⟨-(es)t, *pas de ge-*, h.⟩ A VT gâcher; bousiller B VR **sich** *(dat)* **den Magen ~** *umg* se détraquer l'estomac
verkorkst *umg* ADJT **e-e ~e Angelegenheit** *umg* une affaire mal emmanchée; **e-n ~en Magen haben** *umg* avoir l'estomac barbouillé
verkörpern VT ⟨-(e)re, *pas de ge-*, h.⟩ A VT incarner *(a.* THEAT*)*; personnifier B VR **sich ~** s'incarner (**in** *[+dat]* en, dans); **Verkörperung** F ⟨~; ~en⟩ incarnation *f*; personnification *f*
verkosten VT ⟨*pas de ge-*, h.⟩ *bes österr* goûter; *t/t* déguster
verköstigen VT ⟨*pas de ge-*, h.⟩ nourrir
verkrachen *umg* VR ⟨*pas de ge-*, h.⟩ **sich mit j-m ~** se brouiller avec qn
verkracht ADJT *Student etc* raté; **er ist e-e ~e Existenz** c'est un raté
verkraften VT ⟨-ete, *pas de ge-*, h.⟩ *Belastungen* supporter; *Tod* surmonter; **etw nicht ~ können** *physisch und psychisch* ne pas pouvoir supporter qc; *nur psychisch* ne pas pouvoir assimiler, assumer qc
verkramen *umg* VT ⟨*pas de ge-*, h.⟩ égarer
verkrampfen VR ⟨*pas de ge-*, h.⟩ **sich ~** se crisper; se contracter; **Verkrampfung** F ⟨~; ~en⟩ crispation *f*
verkratzen VT ⟨-(es)t, *pas de ge-*, h.⟩ *Person, Haut, mit Dornen* égratigner; *Möbel, Auto, Platte* rayer *(a. Glas)*; érafler; *mit Fingernägeln, Krallen* griffer; **völlig verkratzt** *Person* tout égratigné; *Sache* tout rayé, éraflé
verkriechen VR ⟨*irr, pas de ge-*, h.⟩ **sich ~** *Tiere* se fourrer (**in** *[+akk, dat]* dans); rentrer (dans); *a. von Menschen (sich verstecken)* se terrer; se tapir (**in** *[+akk, dat]* dans)
verkrümeln *umg* VR ⟨-(e)le, *pas de ge-*, h.⟩ **sich ~** *(sich heimlich davonmachen) umg* filer (à l'anglaise); *umg* s'évaporer
verkrümmen VR ⟨*pas de ge-*, h.⟩ **sich ~** se déformer; *Wirbelsäule* dévier; **Verkrümmung** F ⟨~; ~en⟩ déformation *f*; *der Wirbelsäule* déviation *f*
verkrüppelt ADJ *Mensch* estropié; *Baum* rabougri; **Verkrüppelung** F ⟨~; ~en⟩ *(Missbildung)* difformité *f*; *(Verstümmelung)* mutilation *f*
verkrusten VI ⟨-ete, *pas de ge-*, s.⟩ 1 se couvrir d'une croûte; s'encroûter 2 *fig* se scléroser; **Verkrustung** F ⟨~; ~en⟩ 1 formation *f* d'une croûte 2 *fig e-r Institution etc* sclérose *f*
verkühlen VR ⟨*pas de ge-*, h.⟩ *regional* **sich ~** prendre froid
verkümmern VI ⟨-(e)re, *pas de ge-*, s.⟩ 1 *Pflanzen, Menschen* s'étioler; se rabougrir *(beide a. fig)*; dépérir; languir *(a. fig)*; *Glieder, Organe* s'atrophier 2 *fig (brachliegen) Talent etc* s'atrophier; **Verkümmerung** F ⟨~; ~en⟩ 1 *von Pflanzen etc* étiolement *m*; rabougrissement *m*; dépérissement *m*; PHYSIOL atrophie *f* 2 *fig (Brachliegen) von Talent etc* atrophie *f*
verkünden VT ⟨-ete, *pas de ge-*, h.⟩ annoncer *(a. fig)*; faire savoir; *öffentlich* publier; proclamer; *Gesetz* promulguer; JUR *Urteil* prononcer
verkündigen *geh* VT ⟨*pas de ge-*, h.⟩ 1 *(bekannt geben)* → verkünden 2 REL *Evangelium* annoncer; *(verbreiten)* prêcher
Verkündigung F ⟨~; ~en⟩ annonce *f*; REL **die ~ des Evangeliums** la prédication de l'Évangile; → *a.* Maria
Verkündung F ⟨~; ~en⟩ 1 JUR *des Urteils* prononcé *m*; prononciation *f* 2 *(Bekanntgabe)* annonce *f*; *öffentliche* publication *f*; proclamation *f*; *e-s Gesetzes* promulgation *f* 3 REL → Verkündigung
verkuppeln VT ⟨-(e)le, *pas de ge-*, h.⟩ 1 TECH → verkoppeln 2 *fig pej* **zwei Personen miteinander ~** *pej* jouer les entremetteurs entre deux personnes
verkürzen ⟨-(es)t, *pas de ge-*, h.⟩ A VT *Länge, Kleidungsstück etc* raccourcir (**um** de); *Zeitdauer etc* écourter; abréger; réduire; **sich** *(dat)* **die Zeit ~** s'amuser, se divertir (**mit etw** en faisant qc); **j-s Leiden ~** abréger les souffrances de qn B VR **sich ~** *(kürzer werden) Länge, Zeit* se raccourcir; se réduire C VI SPORT **auf 2:3 ~** réduire l'écart de 2 à 3
Verkürzung F ⟨~; ~en⟩ raccourcissement *m*; réduction *f*; diminution *f*; **~ der Arbeitszeit** réduction *f*, diminution *f* du temps de travail
Verl. ABK (Verlag) éd. (éditions)
Verladebahnhof M gare *f* de chargement, d'embarquement; **Verladebrücke** F pont transbordeur *od* de chargement; pont roulant; **Verladebühne** F plateforme *f* de chargement, *bes* SCHIFF d'embarquement; **Verladehafen** M port *m* de chargement, d'embarquement; **Verladekai** M SCHIFF embarcadère *m*; quai *m* d'embarquement; **Verladekran** M grue *f* (de chargement, *bes* SCHIFF d'embarquement)
verladen VT ⟨*irr, pas de ge-*, h.⟩ 1 charger (**auf** *[+akk]* sur); *bes* SCHIFF embarquer 2 *umg* **j-n ~** *umg* rouler qn
Verladeplatz M point *m*, lieu *m* de chargement, *bes* SCHIFF d'embarquement; **Verladerampe** F rampe *f* de chargement, SCHIFF d'embarquement
Verladung F ⟨~; ~en⟩ chargement *m*; *bes* SCHIFF embarquement *m*
Verlag M ⟨~(e)s; ~e⟩ maison *f* d'édition; éditions *fpl*; éditeur *m*; **dieses Buch erscheint im ~ ...** ce livre paraît chez ...
verlagern ⟨-(e)re, *pas de ge-*, h.⟩ A VT *Gewicht* déplacer *(a. fig)*; *Unternehmen a.* transférer B VR **sich ~** *Gewicht,* METEO *Hoch, Tief etc* se déplacer *(a. fig)*; **Verlagerung** F ⟨~; ~en⟩ déplacement *m*; *e-s Unternehmens a.* transfert *m*
Verlagsanstalt F → Verlag; **Verlagsbuchhandel** M commerce *m* de l'édition; édition *f*; **Verlagsbuchhändler** M libraire-éditeur *m*; **Verlagsbuchhandlung** F

maison *f*, société *f* d'édition; **Verlagshaus** N → Verlag; **Verlagskatalog** M catalogue *m* des publications (d'une maison d'édition); **Verlagsprogramm** N ensemble *m* des publications (d'une maison d'édition); **Verlagsrecht** N droit *m* d'édition; **Verlagswesen** N ⟨~s⟩ édition *f*

verlanden V/I ⟨-ete, *pas de ge-*, **s.**⟩ ÖKOL *See etc* se combler

verlangen ⟨*pas de ge-*, **h.**⟩ **A** V/T **1** demander; requérir; *plus fort* exiger; (*sein*) *Recht* réclamer; revendiquer; **etw von j-m ~** demander qc à qn; exiger, vouloir qc de qn; **von j-m ~, etw zu tun** demander à qn de faire qc; **das ist zu viel verlangt** c'est trop demander; **heute wird in der Schule mehr verlangt** de nos jours on demande beaucoup plus aux élèves (qu'autrefois); **dieses Unternehmen verlangt Mut** cette opération exige, requiert, nécessite du courage **2** *am Telefon* **Sie werden am Telefon verlangt** on vous demande au téléphone **3** *als Gegenleistung* **30 Euro ~** demander 30 euros; **was ~ Sie für das Buch?** combien voulez-vous pour ce livre? **4** *zur Vorlage* **die Papiere ~** demander les papiers **B** *geh* V/I **1** (*sich sehnen nach, haben wollen*) **nach etw ~** désirer vivement qc; avoir grande envie de qc; réclamer qc **2** (*zu sehen wünschen*) **nach j-m ~** réclamer qn **C** *geh* V/UNPERS **mich verlangt nach ihm** je désire vivement, ardemment le voir; **es verlangt mich, ihn wiederzusehen** il me tarde de le revoir

Verlangen N ⟨~s; ~⟩ **1** (*Forderung*) demande *f*; exigence *f*; *e-s Rechts* réclamation *f*; revendication *f*; **auf ~** sur demande; **etw auf j-s ~** (*akk*) **tun** faire qc à *od* sur la demande de qn **2** (*Sehnsucht*) désir *m*; envie *f* (**nach etw** de qc; **etw zu tun** de faire qc)

verlängern ⟨-(e)re, *pas de ge-*, **h.**⟩ **A** V/T **1** (*länger machen*) *Kleidungsstück* allonger; rallonger; *Strecke* prolonger (**um** de) **2** (*länger dauern lassen*) prolonger; **verlängertes Wochenende** long week-end **3** *Ausweis* proroger (**um** de); renouveler (**um** pour); *Vertrag* reconduire; renouveler **4** GASTR *Soße* allonger **B** V/R **sich ~** **1** (*länger werden*) s'allonger **2** *Gültigkeit, Zeit* se prolonger (**um ein Jahr** d'un an)

Verlängerung F ⟨~; ~en⟩ **1** (*Längermachen*) *e-s Kleidungsstückes* rallongement *m*; *e-r Strecke* prolongement *m* **2** *zeitliche* prolongation *f*; *e-s Passes* renouvellement *m*; prorogation *f*; *e-s Vertrages* reconduction *f*; renouvellement *m* **3** (*~sstück*) rallonge *f* **4** SPORT (*nachgespielte Zeit*) prolongations *fpl*

Verlängerungskabel N rallonge *f*; **Verlängerungsschnur** F ELEK rallonge *f*; **Verlängerungsstück** N rallonge *f*

verlangsamen ⟨*pas de ge-*, **h.**⟩ **A** V/T *Schritt etc* ralentir; *Tempo a.* réduire **B** V/R **sich ~** se ralentir; **Verlangsamung** F ⟨~; ~en⟩ ralentissement *m*; *des Tempos* réduction *f*

Verlass M ⟨~es⟩ **es ist (kein) ~ auf ihn** on (ne) peut compter sur lui; on (ne) peut se fier à lui

verlassen[1] ⟨*irr*, *pas de ge-*, **h.**⟩ **A** V/T **1** (*fortgehen von*) *Haus, Stadt, Gegend* quitter; *für immer* déserter; **das Zimmer ~** sortir de, quitter la pièce; *Kranker* **das Bett, das Zimmer ~** se lever **2** (*im Stich lassen*) abandonner; délaisser; **s-e Kraft verließ ihn** ses forces l'ont trahi, abandonné **3** *geh* (*sterben*) **sie hat uns für immer ~** elle nous a quittés pour toujours **B** V/R **sich auf j-n, etw ~** compter sur qn, qc; se fier, s'en remettre à qn, qc; **Sie können sich darauf ~** vous pouvez y compter

verlassen[2] ADJT abandonné; *bes Personen* délaissé; *Haus a.* inhabité; *Gegend a.* (*einsam*) désert; **einsam und ~** *Person* abandonné de tous; *Ort* perdu

Verlassenheit F ⟨~⟩ abandon *m*; délaissement *m*; **das Gefühl der ~** le sentiment d'abandon

verlässlich ADJ fiable; **Verlässlichkeit** F ⟨~⟩ fiabilité *f*

Verlaub *liter* M **mit ~ (gesagt)** avec votre permission; sauf votre respect

Verlauf M **1** (*Hergang*) cours *m*; marche *f*; (*Entwicklung*) déroulement *m*; évolution *f*; **weiterer ~** évolution ultérieure; suite *f*; développement *m*; **glücklicher ~** (*Ausgang*) heureuse issue; heureux dénouement; *zeitlich* **im ~ e-s Jahres** au cours d'une année; **e-n guten, schlechten ~ nehmen** tourner bien, mal; prendre une bonne, mauvaise tournure **2** (*Richtung, Strecke*) *e-r Straße, Grenze, Kurve* tracé *m*

verlaufen ⟨*irr*, *pas de ge-*⟩ **A** V/I ⟨**s.**⟩ **1** (*vor sich gehen*) se passer; se dérouler; **der Abend verlief wie erwartet** la soirée s'est passée, déroulée comme prévu; **wie ist die Sache ~?** comment les choses se sont-elles passées? **2** (*sich entwickeln*) se développer; évoluer; *Krankheit* **tödlich ~** avoir une issue fatale **3** (*ablaufen*) *Wasser* s'écouler **4** (*sich erstrecken*) *Grenze* passer; **die Grenze verläuft (quer) durch die Stadt** la frontière traverse la ville *od* passe à travers la ville; **die Straße verläuft schnurgerade** la rue est rectiligne, toute droite; **der Weg verläuft entlang der Grenze** le chemin longe la frontière **5** *Farben* (**ineinander**) **~** se fondre **B** V/R ⟨**h.**⟩ **sich ~** **1** *Wasser* s'écouler; *Menschenmenge* se disperser; *Bach, Spur* **sich im Sande ~** se perdre dans le sable **2** (*sich verirren*) s'égarer; se perdre; se fourvoyer

verlaust ADJ pouilleux, -euse; couvert de poux

verlautbaren ⟨*pas de ge-*⟩ **A** V/T ⟨**h.**⟩ ADMIN (*bekannt geben*) publier; porter à la connaissance du public; communiquer; **~ lassen, dass ...** proclamer, porter à la connaissance du public que ... **B** *geh* V/UNPERS ⟨**s.**⟩ (*bekannt werden*) → verlauten B

Verlautbarung F ⟨~; ~en⟩ ADMIN communication *f*; **amtliche ~** communiqué officiel

verlauten ⟨-ete, *pas de ge-*, **s.**⟩ (*bekannt werden*) **A** V/I s'ébruiter; transpirer; **wie verlautet** à ce qu'on dit; **aus Gewerkschaftskreisen verlautet, dass ...** de source syndicale on apprend que ...; **nichts davon ~ lassen** n'en souffler mot (à personne) **B** V/UNPERS **es verlautet, dass ...** on dit, le bruit court que ...

verleben V/T ⟨*pas de ge-*, **h.**⟩ **1** *Ferien etc* passer **2** *umg Geld* gaspiller

verlebt ADJ **~ aussehen** avoir le visage marqué par la débauche

verlegen[1] ⟨*pas de ge-*, **h.**⟩ **A** V/T **1** *an einen anderen Ort* déplacer; *Sitz e-r Gesellschaft, Wohnsitz, Patienten* transférer; *Handlung e-s Romans* situer, transposer (**in** [+*akk*], **nach** à, en); *Truppen* **~ nach ...** déplacer, acheminer vers ... **2** *Termin etc verschieben* différer; remettre, ajourner (**auf** [+*akk*] à); (*vorverlegen*) avancer **3** *Gleise, Leitungen* poser; *in die Erde a.* enterrer; *Fliesen, Teppichboden* poser **4** (*veröffentlichen*) éditer; publier **5** (*an die falsche Stelle legen*) égarer **6** (*versperren*) **j-m den Weg ~** barrer la route à qn; empêcher qn de passer, d'avancer **B** V/R **sich ~ auf** (+*akk*) *Malerei, Musik etc* s'adonner, se consacrer à; **sich aufs Bitten ~** se mettre à supplier

verlegen[2] ADJ **1** (*befangen*) embarrassé; gêné; (*verwirrt*) confus; perplexe; **~ machen** embarrasser **2** **um etw ~ sein** être à court de qc; **nie um e-e Antwort ~ sein** avoir réponse à tout; avoir la repartie facile

Verlegenheit F ⟨~⟩ **1** embarras *m*; gêne *f*; (*Verwirrung*) confusion *f*; perplexité *f*; **j-n in ~** (*akk*) **bringen** mettre qn dans l'embarras; **in ~** (*akk*) **geraten** se trouver embarrassé; **in ~** (*dat*) **sein** être embarrassé **2** *finanzielle* embarras *m*; **in ~** (*dat*) **sein** être à court d'argent; **j-m aus der ~ helfen** tirer qn d'embarras

Verlegenheitslösung F (*Ausweg*) expédient *m*; (*Notbehelf*) pis-aller *m* (*inv*); (*Provisorium*) solution *f* de fortune

Verleger(in) M ⟨~s; ~⟩ (F) ⟨~in; ~innen⟩ éditeur, -trice *m,f*; **verlegerisch** ADJ d'éditeur

Verlegung F ⟨~; ~en⟩ **1** *an e-n anderen Ort* déplacement *m*; transfert *m* **2** *e-s Termins* report *m*; ajournement *m* **3** *von Gleisen, Leitungen, Fliesen, Teppichböden* pose *f*; *von Gas, Wasser* installation *f*

verleiden V/T ⟨-ete, *pas de ge-*, **h.**⟩ **j-m etw ~** dégoûter qn de qc; **j-m den Urlaub ~** gâcher les vacances de qn

Verleih M ⟨~(e)s; ~e⟩ **1** ⟨*sans pl*⟩ (*das Verleihen*) location *f*; *von Filmen a.* distribution *f* **2** (*~firma*) *bes von Filmen* distributeur *m*

verleihen V/T ⟨*irr*, *pas de ge-*, **h.**⟩ **1** (*leihen*) prêter; *für Geld* (*vermieten*) louer (**j-m, an j-n** à qn) **2** *fig Kraft, Nachdruck, Würde* donner, conférer (**j-m, e-r Sache** à qn, qc) **3** *Amt, Titel* conférer; *Rechte* concéder; octroyer; *Preis* décerner; attribuer; **j-m e-n Orden ~** décorer qn; décerner une décoration à qn

Verleiher M ⟨~s; ~⟩ prêteur *m*; *gegen Geld* (*Vermieter*) loueur *m*; *von Filmen* distributeur *m*

Verleihung F ⟨~; ~en⟩ **1** (*das Verleihen*) prêt *m*; *für Geld* (*Vermietung*) louage *m*; location *f* **2** (*Vergabe*) *e-s Amts, Titels, e-s Preises* attribution *f*; *e-s Rechts* concession *f*; octroi *m* **3** *Zeremonie* remise *f*

Verleihungsurkunde F acte *m* de concession

verleiten V/T ⟨-ete, *pas de ge-*, **h.**⟩ **j-n zu etw ~** inciter, entraîner, pousser qn à (faire) qc; **j-n zum Irrtum ~** induire qn en erreur

verlernen V/T ⟨*pas de ge-*, **h.**⟩ **etw ~** désapprendre qc; oublier qc

verlesen[1] ⟨*irr*, *pas de ge-*, **h.**⟩ **A** V/T *Text* lire (à °haute voix); ADMIN donner lecture de **B** V/R **sich ~** se tromper en lisant

verlesen[2] V/T ⟨*irr*, *pas de ge-*, **h.**⟩ *Erbsen, Bohnen etc* trier

verletzbar ADJ vulnérable; **Verletzbarkeit** F ⟨~⟩ vulnérabilité *f*

verletzen ⟨-(es)t, *pas de ge-*, **h.**⟩ **A** V/T **1** (*Verletzung zufügen*) blesser; léser; **schwer verletzt** gravement, grièvement blessé **2** (*kränken*) blesser; offenser; froisser; *Stolz, Eigenliebe* blesser; léser; *Ehre* porter atteinte à **3** (*verstoßen gegen*) *Anstand* offenser; *Pflicht* manquer à; *Gesetz, internationalen Vertrag* violer (*a.* MIL, POL *Luftraum, Grenze etc*); *geh* enfreindre; *Privatvertrag* ne pas respecter **B** V/R **sich ~** se blesser; **sich am Kopf ~** se blesser à la tête; **sich** (*dat*) **die Hand ~** se blesser à la main

verletzend ADJT (*kränkend*) blessant; offensant; **verletzlich** ADJ vulnérable

Verletzte(r) M/F(M) ⟨→ A⟩ blessé(e) *m(f)*

Verletzung F ⟨~; ~en⟩ **1** (*Wunde*) blessure *f*; lésion *f* **2** (*Kränkung*) blessure *f*; offense *f*; froissement *m*; *der Ehre* atteinte *f* (+*gen* à) **3** *e-s Gesetzes, e-s internationalen Vertrags, des Luftraums, der Grenzen etc* violation *f*; *e-s Gesetzes a.* infraction *f* (+*gen* à); *e-s Privatvertrags* non-respect *m*; **~ des Briefgeheimnisses** violation du secret de la correspondance

verleugnen ⟨-ete, *pas de ge-*, **h.**⟩ **A** V/T **1** (*leugnen*) nier; **das lässt sich nicht ~** c'est indéniable; **die Wahrheit ~** nier la vérité; **sich ~ lassen** faire dire qu'on est absent **2** (*sich nicht bekennen zu*) renier (*a.* BIBEL); désavouer; **j-n ~** désavouer qn; **s-e Herkunft ~** renier

V

ses origines B VR sich selbst, s-e Überzeugungen ~ se renier

Verleugnung F ⟨~⟩ reniement *m* (*a.* BIBEL); désaveu *m*

verleumden VT ⟨-ete, *pas de ge-*, h.⟩ (*diffamieren*) calomnier; diffamer; (*schlechtmachen*) **j-n bei j-m ~** dénigrer qn auprès de qn

Verleumder(in) M ⟨~s; ~⟩ (F) ⟨~in; ~innen⟩ calomniateur, -trice *m,f*; diffamateur, -trice *m, f*; médisant(e) *m(f)*; détracteur, -trice *m,f*

verleumderisch ADJ *von Personen u. Sachen* calomniateur, -trice; détracteur, -trice; médisant; *nur von Sachen* calomnieux, -ieuse; diffamatoire; **in ~er Weise** calomnieusement

Verleumdung F ⟨~; ~en⟩ calomnie *f*; diffamation *f*; médisance *f*; (*das Schlechtmachen*) dénigrement *m*

Verleumdungskampagne F campagne *f* de calomnies; **Verleumdungsklage** F JUR plainte *f* en diffamation

verlieben VR ⟨*pas de ge-*, h.⟩ **sich in j-n ~** tomber amoureux, -euse de qn; s'éprendre de qn

verliebt ADJT **~** (**in** [*+akk*]) amoureux, -euse (de); épris (de); **unsterblich, bis über beide Ohren in j-n ~ sein** être éperdument amoureux, -euse de qn; être fou, folle de qn; *fig* **in e-e Idee ~ sein** s'enthousiasmer pour une idée; **~e Augen machen** faire les yeux doux; **~es Paar** couple *m* d'amoureux

Verliebte(r) M/F(M) ⟨→ A⟩ amoureux, -euse *m,f*

Verliebtheit F ⟨~⟩ fait *m* d'être amoureux; *vorübergehende* toquade *f*; **man sieht ihr ihre ~ an** on voit qu'elle est amoureuse

verlieren ⟨verliert, verlor, verloren, h.⟩ A VT 1 *Sachen* perdre; **das Bewusstsein ~** perdre conscience; **die Fassung, den Mut, die Geduld, den Kopf ~** perdre contenance, courage, patience, la tête; *Reifen* **Luft ~** perdre de l'air; **den, s-n besten Freund ~** perdre son meilleur ami; *fig* **nichts zu ~ haben** n'avoir rien à perdre; *fig* **darüber brauchen wir kein Wort zu ~** cela va de soi; *fig* **aus den Augen ~** perdre de vue; *umg* **er hat hier nichts verloren** il n'a rien à faire ici 2 (*abwerfen*) *Federn, Haare* perdre; *Bäume* **die Blätter ~** perdre ses feuilles 3 (*bei etw unterliegen*) *Prozess, Wettkampf, Krieg, Wette* perdre B VI 1 (*einbüßen*) **an etw** (*dat*) **~** perdre (de) qc; **an Boden ~** perdre du terrain; **an Wert ~** perdre de sa valeur; se déprécier 2 (*e-e Niederlage erleiden*) perdre 3 (*schlechter werden*) perdre; baisser; **die Stadt hat in den letzten Jahren beträchtlich verloren** ces dernières années, la ville a beaucoup perdu (de son attrait) C VR **sich ~** 1 (*verschwinden*) se perdre; disparaître (*bes Gefühle*); *Duft* s'évaporer; *Farben* passer; *Weg, Spuren* **sich in der Ferne ~** se perdre dans le lointain 2 (*einander ~*) se perdre (**in** [*+dat*] dans); **sich aus den Augen ~** se perdre de vue 3 (*abschweifen*) **sich in Einzelheiten** (*dat*) **~** se perdre, se noyer dans les détails

Verlierer(in) M ⟨~s; ~⟩ (F) ⟨~in; ~innen⟩ perdant(e) *m(f)*

Verlies N ⟨~es; ~e⟩ oubliettes *fpl*

verlinken ⟨*pas de ge-*, h.⟩ IT A VT mettre en lien B VI **~ auf** (*+akk*) créer un lien vers

verloben VR ⟨*pas de ge-*, h.⟩ **sich ~** se fiancer (**mit** à *od* avec)

verlobt ADJT fiancé

Verlobte(r) M/F(M) ⟨→ A⟩ fiancé(e) *m(f)*

Verlobung F ⟨~; ~en⟩ fiançailles *fpl*; **die ~ lösen** rompre les fiançailles

Verlobungsanzeige F faire-part *m* de fiançailles; *in e-r Zeitung* annonce *f* de fiançailles; **Verlobungsring** M bague *f* de fiançailles; (*Trauring*) *a.* alliance *f*

verlocken VT ⟨*pas de ge-*, h.⟩ inviter, inciter (**zu etw** à qc); **verlockend** ADJT tentant; *Idee* séduisant; *Wetter* engageant; *Angebot* alléchant; **Verlockung** F ⟨~; ~en⟩ attrait *m*; tentation *f*; séduction *f*

verlogen ADJ *pej* 1 *Person* faux, fausse; menteur, -euse 2 (*falsch*) *Moral etc* faux, fausse; *Reden etc* mensonger, -ère; **Verlogenheit** F ⟨~⟩ 1 *e-r Person* fausseté *f* 2 (*Falschheit*) *von Moral etc* duplicité *f*; hypocrisie *f*; caractère mensonger

verloren A PPERF → verlieren B ADJT 1 perdu; **~e Mühe** peine perdue 2 BIBEL **der ~e Sohn** l'enfant *m* prodigue; **~e Schafe** *npl* brebis égarées 3 GASTR **~e Eier** *npl* œufs pochés C ADVL **etw ~ geben** considérer qc comme perdu; **das Spiel ~ geben** se tenir pour battu; abandonner la partie; **~ gehen** (*abhandenkommen*) *Sachen* se perdre; *Briefe etc a.* s'égarer; **mir ist die Brieftasche ~ gegangen** j'ai perdu mon portefeuille; *fig* **an ihm ist ein Arzt ~ gegangen** il aurait fait un excellent médecin; **der Krieg, Wettkampf** *etc* **ging ~** on a perdu la guerre, la compétition, *etc*

verlorengeben VT, **verlorengehen** VI → verloren C

verlöschen VI ⟨verlischt, verlosch, verloschen, s.⟩ *Licht etc* s'éteindre (*a. fig*)

verlosen VT ⟨-(es)t, *pas de ge-*, h.⟩ tirer au sort; **Verlosung** F ⟨~; ~en⟩ tirage *m* (au sort); *Veranstaltung a.* tombola *f*

verlottern *umg pej*, **verludern** *umg pej* VI ⟨-(e)re, *pas de ge-*, s.⟩ *Mensch* mal tourner; tomber bien bas; *Sachen* être laissé à l'abandon

Verlust M ⟨~(e)s; ~e⟩ 1 ⟨*sans pl*⟩ (*das Verlieren*) perte *f*; **e-n ~ erleiden** éprouver, subir une perte; **ein schwerer ~** une grosse perte; **bei ~ kein Ersatz** aucun dédommagement en cas de perte; **der ~ eines Angehörigen** la perte d'un parent 2 **~e** *pl bes* MIL **dem Gegner schwere ~e zufügen** infliger de lourdes pertes à l'ennemi 3 (*Einbuße*) perte *f*; *von Rechten a.* déchéance *f*; *an Energie a.* déperdition *f*; HANDEL, FIN *a.* déficit *m*; **mit ~ arbeiten, verkaufen** travailler, vendre à perte

Verlustanzeige F déclaration *f* de perte; **verlustarm** ADJ TECH à faibles pertes; **Verlustgeschäft** N HANDEL transaction *f*, opération *f* à perte; affaire *f* déficitaire

verlustieren *umg* VR ⟨*pas de ge-*, h.⟩ **sich ~** *umg* se payer du bon temps

verlustig ADJ ADMIN **e-r Sache** (*gen*) **~ gehen** perdre qc; être privé de qc; **e-s Rechtes ~ gehen** être déchu d'un droit

Verlustliste F MIL liste *f* des pertes; **Verlustmeldung** F MIL (transmission *f* de l')état *m* des pertes; **verlustreich** ADJ 1 HANDEL *Jahr, Geschäft* déficitaire 2 MIL *Schlacht* sanglant; *Angriff* coûteux, -euse; **Verlustvortrag** M HANDEL report *m* des pertes

vermachen VT ⟨*pas de ge-*, h.⟩ (*vererben*) **j-m etw ~** laisser par testament, léguer qc à qn; *umg* (*schenken*) faire cadeau de qc à qn

Vermächtnis N ⟨~ses; ~se⟩ JUR legs *m* (*a. fig*); testament *m*; *fig* **geistiges ~** héritage, testament spirituel

vermählen *geh* ⟨*pas de ge-*, h.⟩ A VT marier (**mit** à *od* avec) B VR **sich mit j-m ~** épouser qn

Vermählung *geh* F ⟨~; ~en⟩ mariage *m*

Vermählungsanzeige *geh* F faire-part *m* de mariage; *in e-r Zeitung* annonce *f* de mariage

vermaledeit *umg* ADJT maudit

vermännlichen VT ⟨*pas de ge-*, h.⟩ masculiniser; viriliser

vermarkten VT ⟨*pas de ge-*, h.⟩ commercialiser; **Vermarktung** F ⟨~; ~en⟩ commercialisation *f*

vermasseln *umg* VT ⟨-(e)le, *pas de ge-*, h.⟩ 1 (*verderben*) **j-m etw ~** gâcher qc à qn; → *a.* Tour 3 2 *Prüfung etc umg* louper; rater

vermauern VT ⟨-(e)re, *pas de ge-*, h.⟩ (*zumauern*) murer; maçonner

vermehren ⟨*pas de ge-*, h.⟩ A VT 1 (*mehr werden lassen*) augmenter; accroître; *zahlenmäßig* multiplier 2 (*fortpflanzen*) propager B VR **sich ~** 1 (*mehr werden*) augmenter; s'accroître; *zahlenmäßig* se multiplier 2 (*sich fortpflanzen*) se multiplier; se propager; **sich stark ~** foisonner; pulluler

vermehrt ADJT accru; **das ~e Auftreten von ...** l'accroissement *m*, la multiplication de ...

Vermehrung F ⟨~⟩ 1 (*das [Sich]Vermehren*) augmentation *f*; accroissement *m*; *zahlenmäßig* multiplication *f* 2 (*Fortpflanzung*) propagation *f*; multiplication *f*; **starke ~** foisonnement *m*; pullulement *m*

vermeidbar ADJ évitable; **nicht ~** inévitable; **dieser Fehler wäre ~ gewesen** on aurait pu éviter cette faute

vermeiden VT ⟨*irr, pas de ge-*, h.⟩ éviter; *plus fort* fuir; *geschickt* esquiver; éluder; **es ~, etw zu tun** éviter de faire qc; **das ist nicht zu ~** c'est inévitable; il faut en passer par là

Vermeidung F ⟨~; ~en⟩ **unter ~** (*dat*) **von Schmerzen** *etc* en supprimant *od* évitant la souffrance, *etc*; **zur ~ von etw** pour éviter qc

vermeintlich ADJ ⟨*épithète*⟩ prétendu; présumé; soi-disant (*a. adv*); JUR **~er Vater** père putatif

vermengen ⟨*pas de ge-*, h.⟩ A VT 1 (*mischen*) mêler (**mit** avec); mélanger 2 (*durcheinanderbringen*) confondre; faire l'amalgame de B VR **sich ~** se mêler; se mélanger; **Vermengung** F ⟨~⟩ mélange *m*

vermenschlichen VT ⟨*pas de ge-*, h.⟩ *Tier, Pflanze* anthropomorphiser; *Eigenschaft* personnifier; **Vermenschlichung** F ⟨~; ~en⟩ *von Tieren, Pflanzen* anthropomorphisation *f*; *von Eigenschaften* personnification *f*

Vermerk M ⟨~(e)s; ~e⟩ *bes* ADMIN note *f*; mention *f*

vermerken VT ⟨*pas de ge-*, h.⟩ 1 (*notieren*) noter; prendre note de; (*erwähnen*) mentionner; **etw am Rande ~** noter, mentionner qc en marge 2 (*zur Kenntnis nehmen*) **etw missbilligend ~** mal prendre qc; **j-m etw übel ~** en vouloir à qn de, pour qc

vermessen[1] ⟨*irr, pas de ge-*, h.⟩ A VT (*ab-, ausmessen*) mesurer; *Land* arpenter B VR **sich ~** 1 (*falsch messen*) se tromper en mesurant 2 *geh* (*sich anmaßen*) **sich ~, etw zu tun** avoir l'audace de faire qc

vermessen[2] *geh* ADJ (*tollkühn*) téméraire; *Person* (*anmaßend*) présomptueux, -euse; *geh* outrecuidant

Vermessenheit F ⟨~⟩ témérité *f*; (*Anmaßung*) présomption *f*; *geh* outrecuidance *f*; **Vermesser(in)** M ⟨~s; ~⟩ (F) ⟨~in; ~innen⟩ arpenteur *m*; **Vermessung** F ⟨~; ~en⟩ *t/t* mesurage *m*; arpentage *m*

Vermessungsamt N service *m* topographique; **Vermessungsingenieur(in)** M(F) *etwa* géomètre-expert *m*; **Vermessungskunde** F géodésie *f*; **Vermessungspunkt** M point *m* de repérage; **Vermessungsschiff** N navire *m* hydrographique; **Vermessungswesen** N arpentage *m*; géodésie *f*

vermiesen *umg* VT ⟨-(es)t, *pas de ge-*, h.⟩ **j-m etw ~** dégoûter qn de qc

vermieten VT ⟨-ete, *pas de ge-*, h.⟩ *Haus, Autos etc* louer; donner, mettre en location (**j-m** *od* **an j-n** à qn); *a. abs* **sie ~ nur im Sommer** ils ne louent qu'en été

Vermieter(in) M(F) loueur, -euse *m,f*; *e-s Hau-*

V

ses, e-r Wohnung propriétaire *m/f*; **Vermietung** F ‹~; ~en› location *f*; louage *m*
vermindern ‹-(e)re, *pas de ge-*, h.› A VT diminuer; réduire; amoindrir; *(abschwächen)* atténuer B VR **sich ~** diminuer; se réduire; *(sich abschwächen)* s'atténuer
vermindert ADJT 1 JUR **~e Zurechnungsfähigkeit** responsabilité atténuée 2 MUS **~e Quart(e)** quarte diminuée
Verminderung F diminution *f*; réduction *f*; amoindrissement *m*; *(Abschwächung)* atténuation *f*
verminen VT ‹*pas de ge-*, h.› MIL miner
vermischen ‹*pas de ge-*, h.› A VT mêler; mélanger (**mit** à *od* avec) B VR **sich ~** se mêler; se mélanger; *Rassen* se mêler; se croiser
vermischt ADJT **~e Schriften** FPL mélanges *mpl* littéraires; *liter* miscellanées *fpl*; *in Zeitungen* **Vermischtes** faits divers
Vermischung F mélange *m*; *von Rassen a.* croisement *m*
vermissen VT ‹-(es)t, *pas de ge-*, h.› 1 *(das Fehlen bemerken von) Sachen etc* ne pas retrouver; *Personen* remarquer l'absence de; *fig Geschmack, Anstand etc* **etw ~ lassen** manquer de qc 2 *(schmerzlich entbehren)* ressentir, regretter l'absence de; *e-n Toten, etwas Verlorenes* regretter; **wir ~ dich sehr** tu nous manques beaucoup
vermissenlassen VT → vermissen 1
vermisst ADJT disparu; *im Krieg* **~ werden** avoir disparu; **als ~ gemeldet** porté disparu
Vermisste(r) M/F(M) ‹→ A› disparu(e) *m(f)*
Vermisstenanzeige F déclaration *f* de disparition
vermitteln ‹-(e)le, *pas de ge-*, h.› A VT 1 *(verschaffen) Stelle, Geschäft* procurer (**j-m** à qn); **j-n an e-e Firma ~** mettre une entreprise en contact avec qn; placer qn dans une entreprise 2 *(herbeiführen) Treffen etc* arranger *(a. Ehe)* 3 *Bild, Eindruck* donner; *Kenntnisse* transmettre; communiquer 4 TEL **ein Gespräch ~** établir une communication téléphonique B VI servir de médiateur, -trice (**bei, in** [+*dat*] dans; **zwischen** entre); *(schlichten) mit Erfolg* **zwischen den Gegnern ~** réconcilier les adversaires
Vermittler(in) M(F) 1 *zwischen Parteien* médiateur, -trice *m,f*; *(Schlichter[in])* conciliateur, -trice *m,f* 2 *e-s Geschäfts etc* intermédiaire *m/f*;
Vermittlerrolle F *zwischen Parteien* rôle *m* de médiateur; *bei e-m Geschäft* rôle *m* d'intermédiaire
Vermittlung F ‹~; ~en› 1 *(helfendes Eingreifen)* entremise *f*; médiation *f*; intervention *f*; POL bons offices; **durch j-s ~, durch (die) ~ von j-m** par l'entremise, l'intermédiaire de qn; **s-e ~ anbieten** offrir son entremise, POL ses bons offices 2 *(Schlichtung)* conciliation *f* 3 *(das Verschaffen) e-r Stelle, e-s Geschäfts etc* obtention *f* (par un intermédiaire) 4 *von Wissen etc* transmission *f*; communication *f* 5 TEL central *m* (téléphonique); *in e-m Betrieb etc* standard *m*
Vermittlungsangebot N offre *f* de médiation, *bei Streitigkeiten a.* de conciliation; **Vermittlungsausschuss** M commission *f*, comité *m* de médiation, de conciliation; **Vermittlungsbüro** N agence *f* *(par exemple* de placement, de logement, *etc)*; **Vermittlungsgebühr** F HANDEL commission *f*; **Vermittlungsgeschäft** N affaire *f* d'intermédiaire; affaire *f* pour le compte de tiers; **Vermittlungsstelle** F TEL → Vermittlung 5; **Vermittlungsversuch** M *bei Streitigkeiten* tentative *f* de conciliation; **Vermittlungsvorschlag** M proposition *f* de conciliation
vermöbeln *umg* VT ‹-(e)le, *pas de ge-*, h.› *(verhauen) umg* flanquer une raclée, une trempe à
vermocht PPERF → vermögen
vermodern VI ‹-(e)re, *pas de ge-*, s.› pourrir; se décomposer; se putréfier
vermöge *geh* PRÄP ‹*gen*› (dank) grâce à; *(kraft)* en vertu de
vermögen *geh* VT ‹*irr, pas de ge-*, h.› **~, etw zu tun** pouvoir faire qc; être capable de faire qc; **alles bei j-m ~** pouvoir tout auprès de qn; avoir une grande influence sur qn
Vermögen N ‹~s; ~› 1 ‹*sans pl*› *geh (Macht)* pouvoir *m*; *(Fähigkeit)* faculté *f*; capacité *f*; **nach s-m ~** selon ses capacités; **nach bestem ~** de mon, ton, *etc* mieux 2 *(Besitz)* fortune *f*; biens *mpl*; **elterliches ~** patrimoine *m*; **~ haben** avoir de la fortune; être fortuné; **~ erwerben** acquérir des biens; *fig* **ein ~ kosten** coûter une fortune
vermögend ADJ *(wohlhabend)* fortuné; aisé
Vermögensabgabe F prélèvement *m* sur la fortune; **Vermögensabtretung** F cession *f* de bien(s); **Vermögensanlage** F placement *m* de la fortune; investissement *m* de biens; **Vermögensaufstellung** F état *m*, inventaire *m* des biens; **Vermögensberater(in)** M(F) conseil *m*, conseillère *f* en gestion de patrimoine; **Vermögensberatung** F conseil *m* en patrimoine; **Vermögensbestand** M avoir *m*; biens *mpl*; **Vermögensbildung** F ‹~› constitution *f*, formation *f* d'un capital; capitalisation *f* *(par l'épargne ou l'intéressement des salariés)*; **Vermögensertrag** M revenu *m* de la fortune; rendement *m* du capital; **Vermögenslage** F situation financière, de fortune; **Vermögensnachweis** M déclaration *f* de la fortune; **Vermögensrechte** NPL droits patrimoniaux; **Vermögensstand** M situation *f*, état *m* de fortune; **Vermögenssteuer** F impôt *m* sur la fortune; **Vermögensübertragung** F cession *f*, transfert *m* de biens; **Vermögensverhältnisse** NPL situation financière; **Vermögensverwalter** M gérant *m*, administrateur *m* de biens, de fortune; **Vermögensverwaltung** F gestion *f*, administration *f* des biens, de la fortune, du patrimoine; **Vermögenswerte** MPL valeurs *fpl* de *od* en capital
vermögenswirksam ADJ *qui favorise l'épargne ou la constitution d'un capital*; FIN **~e Leistungen** *fpl prestations (de l'employeur) contribuant à la formation d'un capital pour le(s) salarié(s)*; *in Frankreich etwa* plan *m* d'épargne d'entreprise
Vermögenszuwachs M accroissement *m* de la fortune
vermummen ‹*pas de ge-*, h.› A VT 1 *(verkleiden)* masquer; déguiser 2 *(warm anziehen)* emmitoufler B VR **sich ~** 1 *(sich verkleiden)* se masquer; se déguiser; **vermummte Demonstranten** *mpl* des manifestants masqués, avec des cagoules, *etc* 2 *(sich warm anziehen)* s'emmitoufler
Vermummung F ‹~; ~en› *bei Demonstrationen* port *m* de cagoules, *etc*
Vermummungsverbot N JUR, ADMIN interdiction du port de cagoules, *etc*
vermurksen *umg* VT ‹-(es)t, *pas de ge-*, h.› → verpfuschen
vermuten VT ‹-ete, *pas de ge-*, h.› présumer; supposer; se douter de; *(argwöhnen)* soupçonner; **wer hätte das vermutet!** qui aurait cru cela!
vermutlich A ADJ ‹*épithète*› présumé; probable B ADV vraisemblablement; probablement
Vermutung F ‹~; ~en› présomption *f*; supposition *f*; conjecture *f* (**über** [+*akk*] sur); *(Argwohn)* soupçon *m*; **~en über etw** *(akk)* **anstellen** faire des hypothèses sur qc
vernachlässigen VT ‹*pas de ge-*, h.› 1 *(unberücksichtigt lassen) Wert, Möglichkeit* négliger 2 *(sich nicht kümmern um)* négliger; laisser à l'abandon; ne pas prendre soin de; *Familie a.* délaisser; *Pflichten a.* manquer à; **vernachlässigte Kleidung** tenue négligée *od* débraillée
Vernachlässigung F ‹~; ~en› négligence *f*; *(Verwahrlosung)* abandon *m*; manque *m* de soin(s)
vernageln VT ‹-(e)le, *pas de ge-*, h.› clouer
vernagelt ADJT *umg (beschränkt)* **~ sein** être borné, *umg* bouché (à l'émeri)
vernähen VT ‹*pas de ge-*, h.› *Faden* arrêter; *Wunde* coudre
vernarben VI ‹*pas de ge-*, s.› *Wunde* se cicatriser *(a. fig)*; **Vernarbung** F ‹~› cicatrisation *f*
vernarren VR ‹*pas de ge-*, h.› **sich in j-n ~** s'amouracher, s'enticher de qn; **in j-n, etw vernarrt sein** adorer qn, qc
Vernarrtheit F ‹~› entichement *m*; engouement *m*; toquade *f*
vernaschen VT ‹*pas de ge-*, h.› 1 *sein Geld* dépenser en friandises 2 *umg (geschlechtlich verkehren mit)* **j-n ~** *umg* s'envoyer, *umg* se taper qn 3 *umg (besiegen, ausschalten)* **j-n ~** ne faire qu'une bouchée de qn
vernebeln VT ‹-(e)le, *pas de ge-*, h.› 1 MIL dissimuler à l'aide d'un écran de fumée; entourer d'un nuage de fumée 2 *fig* obscurcir; embrouiller; **j-m den Kopf ~** brouiller les idées, l'esprit de qn
vernehmbar *geh* ADJ *(hörbar)* perceptible (à l'oreille); audible
vernehmen VT ‹*irr, pas de ge-*, h.› 1 *geh (hören)* entendre; percevoir; *(erfahren)* apprendre; entendre dire 2 JUR *e-n Angeklagten* interroger; *e-n Zeugen* entendre
Vernehmen N ‹~s› **dem ~ nach** à ce qu'on dit
vernehmlich ADJ *Stimme* distinct; clair; intelligible
Vernehmung F ‹~; ~en› JUR *von Angeklagten* interrogatoire *m*; *von Zeugen* audition *f*
vernehmungsfähig ADJ *Angeklagter* en état d'être interrogé; *Zeuge* en état de déposer
verneigen *geh* VR ‹*pas de ge-*, h.› **sich ~** s'incliner; faire la révérence
Verneigung F inclination *f*; révérence *f*
verneinen VT ‹*pas de ge-*, h.› 1 *Frage* répondre négativement à; faire une réponse négative à; *abs a.* dire (que) non; répondre (que) non, par la négative 2 *(negieren, ablehnen)* nier 3 LING mettre à la forme négative; **verneinter Satz** (proposition) négative *f*
verneinend ADJT négatif, -ive; LING *a.* privatif, -ive
Verneinung F ‹~; ~en› *e-r Frage* réponse négative; *(Ablehnung)* refus *m*; LING négation *f*
Verneinungspartikel F LING élément *m* de la négation
vernetzen VT ‹*pas de ge-*, h.› interconnecter; **Computer ~** mettre des ordinateurs en réseau; **vernetztes Denken** raisonnement *m*, approche *f* interdisciplinaire; **global vernetzt** *Welt* en réseau; *Wirtschaft, Strukturen* interconnecté; POL, IT **gut vernetzt sein** avoir un bon réseau
Vernetzung F ‹~; ~en› interconnexion *f*
verneunfachen VT *(u.* VR*)* ‹*pas de ge-*, h.› (**sich ~** se) multiplier par neuf; **Verneunfachung** F ‹~; ~en› multiplication *f* par neuf
vernichten VT ‹-ete, *pas de ge-*, h.› 1 *Feind, Stadt etc* écraser; anéantir; *(zerstören)* détruire; *Bauten* démolir; *(ausrotten)* exterminer 2 *(zunichtemachen) Hoffnung, Pläne* réduire à néant; anéantir

vernichtend A ADJT 1 destructeur, -trice; *Niederlage* écrasant; *Schlag* décisif, -ive 2 *fig Kritik* impitoyable; *Blick* foudroyant B ADV MIL, SPORT **~ schlagen** écraser
Vernichtung F ⟨~; ~en⟩ *des Feindes etc* anéantissement *m* (*a. fig*); écrasement *m*; (*Zerstörung*) destruction *f*; *von Bauten* démolition *f*; (*Ausrottung*) extermination *f*
Vernichtungsfeldzug M MIL guerre *f* d'extermination; **Vernichtungslager** N camp *m* d'extermination; **Vernichtungspotenzial** N potentiel *m* en armes de destruction massive; **Vernichtungswaffe** F arme *f* de destruction massive; **Vernichtungswut** F rage *f* de destruction
vernickeln V/T ⟨-(e)le, *pas de ge-*, h.⟩ nickeler
verniedlichen V/T ⟨*pas de ge-*, h.⟩ *Probleme etc* minimiser; **Verniedlichung** F ⟨~; ~en⟩ minimisation *f*
vernieten V/T ⟨-ete, *pas de ge-*, h.⟩ TECH river; riveter; **Vernietung** F ⟨~⟩ rivure *f*; rivetage *m*
Vernissage *geh* F ⟨~; ~n⟩ *e-r Ausstellung* vernissage *m*
Vernunft F ⟨~⟩ raison *f*; (*gesunder Menschenverstand*) bon sens; **gegen alle Regeln der ~** en dépit du bon sens; **~ annehmen** entendre raison; se rendre à la raison; **nimm endlich ~ an!** rends-toi à l'évidence!; **j-n (wieder) zur ~ bringen** (r)amener qn à la raison; **wieder zur ~ kommen** revenir à la raison
vernunftbegabt ADJT doué de raison; raisonnable
Vernunftehe F, **Vernunftheirat** F mariage *m* de raison
vernünftig A ADJ 1 raisonnable; (*überlegt*) sensé; judicieux, -ieuse; sage 2 *umg* (*ordentlich*) convenable; acceptable; **e-e ~e Übersetzung** une bonne traduction B ADV 1 raisonnablement; judicieusement; **~ argumentieren** raisonner juste; **~ handeln** faire preuve de bon sens 2 *umg* (*ordentlich*) convenablement; comme il faut
vernünftigerweise ADV raisonnablement; **das kann man ~ erwarten** ce n'est pas trop demander
Vernunftmensch M homme *m* de raison; **vernunftwidrig** ADJ contraire à la raison; déraisonnable
veröden ⟨-ete, *pas de ge-*⟩ A V/T ⟨h.⟩ MED *Krampfadern etc* scléroser B V/I ⟨s.⟩ 1 *Landschaft* se désertifier; devenir désert 2 (*sich entvölkern*) *Städte, Häuser etc* se dépeupler; *Region* se désertifier; **Verödung** F ⟨~; ~en⟩ 1 MED *von Krampfadern etc* sclérose *f* 2 *der Landschaft* désertification *f* 3 (*Entvölkerung*) dépeuplement *m*; *e-r Region* désertification *f*
veröffentlichen V/T ⟨*pas de ge-*, h.⟩ publier; (*bekannt geben*) *a.* rendre public, -que; *Gesetz* promulguer; **Veröffentlichung** F ⟨~; ~en⟩ publication *f*; *e-s Gesetzes* promulgation *f*
Veronika F 1 ⟨→ *n/pr*⟩ *prénom* 2 ⟨~; -ken⟩ BOT véronique *f*
verordnen V/T ⟨-ete, *pas de ge-*, h.⟩ 1 ADMIN ordonner; décréter 2 MED ordonner; prescrire
Verordnung F ⟨~; ~en⟩ 1 *behördliche* ordonnance *f*; décret *m*; **e-e ~ erlassen** adopter, prendre un décret; (p)rendre une ordonnance 2 MED ordonnance *f*; prescription *f*
verpachten V/T ⟨-ete, *pas de ge-*, h.⟩ donner à bail, à ferme; affermer
Verpächter(in) M(F) bailleur *m*, bailleresse *f*
Verpachtung F location *f*, louage *m* à bail, à ferme; affermage *m*
verpacken V/T ⟨*pas de ge-*, h.⟩ emballer; empaqueter
Verpackung F emballage *m*; empaquetage *m*; **wiederverwendbare ~** emballage réutilisable
Verpackungsgewicht N tare *f*; **Verpackungskosten** PL frais *mpl* d'emballage; **Verpackungsmaschine** F machine *f* à emballer, à empaqueter; **Verpackungsmaterial** N matériel *m* d'emballage
verpassen V/T ⟨-(es)t, *pas de ge-*, h.⟩ 1 *Zug etc* manquer; rater; *Gelegenheit a.* laisser échapper 2 *umg* (*geben*) administrer; *umg* flanquer; *umg* **j-m eins ~** *umg* flanquer un gnon, une tarte à qn
verpatzen *umg* V/T ⟨-(es)t, *pas de ge-*, h.⟩ *umg* louper; bousiller; **er hat uns alles verpatzt** tout est gâché à cause de lui
verpennen *umg* ⟨*pas de ge-*, h.⟩ A V/T 1 (*schlafend verbringen*) *Tag etc umg* passer à pioncer, roupiller 2 (*vergessen, verpassen*) **er hat s-n Termin verpennt** il a raté, *umg* loupé son rendez-vous B V/I se réveiller trop tard
verpesten V/T ⟨-ete, *pas de ge-*, h.⟩ *pej, bes Luft* empester; empoisonner (*a. fig*)
verpetzen *umg Schülersprache* V/T ⟨-(es)t, *pas de ge-*, h.⟩ *umg* cafarder
verpfänden V/T ⟨-ete, *pas de ge-*, h.⟩ mettre en gage; engager; JUR donner en nantissement; *fig* **sein Wort ~** engager sa parole
Verpfändung F mise *f* en gage; engagement *m*; JUR nantissement *m*
verpfeifen *umg pej* V/T ⟨*irr, pas de ge-*, h.⟩ *umg* balancer; donner; dénoncer (**bei der Polizei** à la police)
verpflanzen V/T ⟨-(es)t, *pas de ge-*, h.⟩ GARTEN, MED, *fig* transplanter; **Verpflanzung** F GARTEN, MED, *fig* transplantation *f*
verpflegen V/T ⟨*pas de ge-*, h.⟩ nourrir; alimenter; ADMIN provisionner; ravitailler; **nur kalt verpflegt werden** ne recevoir que des repas froids
Verpflegung F ⟨~⟩ alimentation *f*; ADMIN approvisionnement *m*; ravitaillement *m*; (*Nahrung*) alimentation *f*; nourriture *f*; vivres *mpl*; **(freie) Unterkunft und ~** nourri et logé
Verpflegungskosten PL frais *mpl* d'entretien; **Verpflegungssatz** M ration *f*; **Verpflegungsstelle** F *für Läufer etc* stand *m* de ravitaillement
verpflichten ⟨-ete, *pas de ge-*, h.⟩ A V/T 1 *moralisch* **j-n zu etw ~** obliger, engager, *plus fort* astreindre qn à qc; **j-n (zu Dank) ~** obliger qn; **j-m (zu Dank) verpflichtet sein** être l'obligé de qn; **sich verpflichtet fühlen, etw zu tun** se sentir obligé de faire qc; **das verpflichtet zu nichts** cela n'engage à rien; **Adel verpflichtet** noblesse oblige 2 (*engagieren*) *Schauspieler* **an ein Theater, nach Berlin ~** engager à un théâtre, à Berlin; SPORT *Spieler* **für ein Jahr ~** engager pour un an B V/R **sich ~(, etw zu tun)** s'engager (à faire qc); **sich zu etw ~** s'engager à qc; *beruflich* **sich bei der Armee für 2 Jahre ~** s'engager dans l'armée pour deux ans
Verpflichtung F ⟨~; ~en⟩ 1 (*Pflicht*) obligation *f*; engagement *m*; (*Obliegenheit*) charge *f*; **moralische ~** devoir moral; **e-e ~ eingehen, übernehmen** prendre un engagement 2 *meist* PL **~en** (*Schulden*) obligations *fpl*; engagements *mpl*; **s-n ~en nachkommen** s'acquitter de ses obligations; faire face à ses engagements 3 *bes* THEAT (*Engagement*) engagement *m*
verpfuschen *umg* V/T ⟨*pas de ge-*, h.⟩ bâcler; bousiller; *umg* massacrer; *fig Leben, Karriere* gâcher; rater
verpissen *sl* V/R ⟨-(es)t, *pas de ge-*, h.⟩ **sich ~** *sl* foutre le camp; **verpiss dich!** *a. sl* va te faire foutre!
verplanen ⟨*pas de ge-*, h.⟩ A V/T (*planen, festlegen*) *Zeit* programmer; (*einplanen*) *Gelder* attribuer (**für** à); **ich habe Sie bereits verplant** j'ai prévu autre chose pour vous; **ich bin bis Mai verplant** je n'ai plus un créneau de libre avant mai B *umg* V/R **sich ~** *umg* se planter dans ses prévisions
verplappern *umg pej* V/R ⟨-(e)re, *pas de ge-*, h.⟩ **sich ~** laisser échapper un secret (en bavardant)
verplaudern ⟨-(e)re, *pas de ge-*, h.⟩ A V/T **die Zeit ~** passer son temps à bavarder B V/R **sich ~** 1 (*zu lange plaudern*) passer trop de temps à bavarder 2 → verplappern
verplempern *umg* V/T ⟨-(e)re, *pas de ge-*, h.⟩ *Geld, Zeit* gaspiller
verplomben V/T ⟨*pas de ge-*, h.⟩ plomber; **Verplombung** F ⟨~; ~en⟩ plombage *m*
verpönt ADJT vu d'un mauvais œil; mal vu
verprassen V/T ⟨-(es)t, *pas de ge-*, h.⟩ *Geld, Vermögen* gaspiller à faire la noce
verproviantieren V/T (*u.* V/R) ⟨*pas de ge-*, h.⟩ **(sich) ~** (se) ravitailler; (s')approvisionner
verprügeln V/T ⟨-(e)le, *pas de ge-*, h.⟩ rouer de coups; rosser; passer à tabac
verpuffen V/I ⟨*pas de ge-*, s.⟩ 1 TECH déflagrer; fuser 2 *fig, Wirkung etc* se perdre (en fumée); tomber à plat; **Verpuffung** F ⟨~; ~en⟩ TECH déflagration *f*
verpulvern *umg* V/T ⟨-(e)re, *pas de ge-*, h.⟩ *Geld* jeter par les fenêtres
verpuppen V/R ⟨*pas de ge-*, h.⟩ ZOOL **sich ~** se transformer en chrysalide, en nymphe; **Verpuppung** F ⟨~⟩ ZOOL transformation *f* en chrysalide, en nymphe
verpusten *umg* V/R ⟨-ete, *pas de ge-*, h.⟩ **sich ~** reprendre haleine
Verputz M crépi *m*
verputzen V/T ⟨-(es)t, *pas de ge-*, h.⟩ 1 *Fassade etc* crépir 2 *umg* (*schnell essen*) engloutir; *umg* engouffrer
verqualmen *umg* V/T *e-n Raum mit Zigarettenrauch* enfumer
verqualmt *umg* ADJT enfumé; envahi par une fumée épaisse
verquast ADJ *regional* confus
verquatschen *umg* ⟨*pas de ge-*, h.⟩ A V/T *Zeit* passer à bavarder, *umg* bavasser B V/R **sich ~** 1 passer trop de temps à bavarder 2 → verplappern
verquer *umg* A ADJ 1 (*schief*) de travers 2 *fig Ansichten etc* bizarre; *umg* tordu B ADV (*schief*) de travers (*a. fig*); → verquergehen
verquergehen *umg* V/I ⟨*irr, sép*, -ge-, s.⟩ **das ist (mir) verquergegangen** j'ai raté mon coup; *umg* ça a foiré
verquicken V/T ⟨*pas de ge-*, h.⟩ mélanger; amalgamer; **Verquickung** F ⟨~; ~en⟩ mélange *m*; amalgame *m*
verquirlen V/T ⟨*pas de ge-*, h.⟩ GASTR mélanger; battre
verquollen ADJ *Holz, Augen* gonflé; *Augen a.* bouffi
verrammeln *umg* V/T ⟨-(e)le, *pas de ge-*, h.⟩ *Tür* barricader
verramschen *umg pej* V/T ⟨*pas de ge-*, h.⟩ *Waren* brader; bazarder
verrannt PPERF → verrennen
Verrat M ⟨~(e)s⟩ trahison *f*; (*Niedertracht*) traîtrise *f*; **~ üben** commettre une trahison; **~ an j-m, etw begehen** trahir qn, qc
verraten ⟨*irr, pas de ge-*, h.⟩ A V/T 1 (*preisgeben*) *Geheimnis* trahir; livrer (**j-m etw, etw an j-n** qc à qn); *Komplizen* trahir; dénoncer (**an** [+*akk*] à); *umg hum* **kannst du mir den Grund ~?** je peux savoir pourquoi? 2 (*im Stich lassen*) *Freunde* trahir; *Ideale etc* renier; **wir sind ~ und verkauft** nous sommes faits comme des rats 3 (*erkennen lassen*) trahir; dénoter; **ihre Miene verriet gro-**

V

ßes Erstaunen sa mine trahissait un grand étonnement; **sein Akzent verrät ihn als Engländer** on reconnaît à son accent qu'il est Anglais; **dieses Werk verrät viel Talent** cette œuvre révèle un grand talent **B** VR **sich ~ 1** *(versehentlich etw preisgeben)* se trahir (**durch e-n Blick** par un regard) **2** *(zu erkennen sein)* **du verrätst dich durch deinen Dialekt** on te reconnaît à ton dialecte

Verräter(in) M ⟨~s; ~⟩ (F) ⟨~in; ~innen⟩ traître, -esse *m,f*

verräterisch **A** ADJ traître, -esse **B** ADV traîtreusement; par traîtrise; en traître

verrauchen VI ⟨pas de ge-, s.⟩ *fig Zorn* se dissiper; passer

verräuchert ADJ *Zimmer, Kneipe* enfumé

verrechnen ⟨-ete, *pas de ge-*, h.⟩ **A** VT **1** *(in die Rechnung einbeziehen)* compter; *(ausgleichen)* compenser; **e-e Summe mit etw ~** déduire une somme de qc **2** *(gutschreiben)* **e-n Scheck ~** porter le montant d'un chèque au crédit de qn **B** VR **sich ~** se tromper dans ses calculs; *fig* faire un mauvais calcul

Verrechnung F *(Ausgleich)* compensation *f*; WIRTSCH *a.* clearing *m*; *Scheck* **nur zur ~** par virement exclusivement; à porter en compte

Verrechnungseinheit F WIRTSCH unité *f* de compte, de clearing; **Verrechnungskonto** N WIRTSCH compte *m* de clearing; **Verrechnungsscheck** M FIN chèque barré

verrecken *sl* VI ⟨pas de ge-, s.⟩ *umg* crever; **nicht ums Verrecken** pas pour tout l'or du monde; jamais de la vie

verregnet ADJT *Veranstaltung* arrosé; gâché par la pluie; *Ernte* détruit par la pluie; **~er Sommer** été pluvieux, arrosé, *plus fort* pourri

verreiben VT ⟨irr, pas de ge-, h.⟩ étendre (en frottant)

verreisen VI ⟨-(es)t, *pas de ge-*, s.⟩ partir, aller en voyage; **(oft) verreist sein** être (souvent) en voyage

verreißen VT ⟨irr, pas de ge-, h.⟩ THEAT *j-n, Theaterstück* éreinter; démolir

verrenken VR ⟨pas de ge-, h.⟩ **1** *(ausrenken)* **sich** *(dat)* **den Arm ~** se tordre, se luxer, se démettre le bras; **sich** *(dat)* **den Fuß ~** se tordre le pied; se faire une entorse **2** *umg* **sich ~** *(e-e unnatürliche Haltung einnehmen)* se contorsionner; faire des contorsions

Verrenkung F ⟨~; ~en⟩ **1** MED luxation *f*; *des Fußgelenks a.* entorse *f* **2** *(Verbiegen des Körpers)* contorsion(s) *f(pl)*; **~en machen** se contorsionner; faire des contorsions

verrennen VR ⟨irr, pas de ge-, h.⟩ **sich ~ 1** *(irren) in s-n Gedanken, Handlungen etc* se fourvoyer **2** *(starr festhalten an etw)* s'obstiner, s'entêter (**in** *[+akk]* dans); **sich in e-e Idee ~** *a.* ne pas démordre d'une idée; **sich in ein Problem ~** être obsédé par un problème

verrichten VT ⟨-ete, *pas de ge-*, h.⟩ *Arbeit, Aufgabe etc* faire; exécuter; accomplir; s'acquitter de; *Gebet, Notdurft* faire

Verrichtung F ⟨~; ~en⟩ **1** ⟨sans pl⟩ *(das Erledigen)* exécution *f*; accomplissement *m* **2** *(Arbeit)* tâche *f*; **~en** *pl a.* travaux *mpl*

verriegeln VT ⟨-(e)le, *pas de ge-*, h.⟩ verrouiller; fermer au verrou; **Verriegelung** F ⟨~; ~en⟩ **1** ⟨sans pl⟩ *(das Verriegeln)* verrouillage *m* **2** *(Schloss, Riegel)* verrou *m*

verringern ⟨-(e)re, *pas de ge-*, h.⟩ **A** VT diminuer; réduire; abaisser; *Geschwindigkeit* réduire **B** VR **sich ~** diminuer; **Verringerung** F ⟨~; ~en⟩ diminution *f*; réduction *f*; abaissement *m* (+*gen*, **von** de)

verrinnen VI ⟨irr, pas de ge-, s.⟩ **1** *Wasser etc* s'écouler **2** *geh Zeit* s'écouler; s'enfuir

Verriss M THEAT *etc (Kritik)* éreintement *m*

verrohen VI ⟨pas de ge-, s.⟩ devenir grossier, -ière, brutal, une brute

Verrohung F ⟨~; ~en⟩ augmentation *f* de la brutalité; violence accrue; **~ der Sitten** brutalité *f* des mœurs

verrosten VI ⟨-ete, *pas de ge-*, s.⟩ (se) rouiller *(a. fig)*

verrotten VI ⟨-ete, *pas de ge-*, s.⟩ **1** *(verfaulen)* (se) pourrir; se décomposer; se putréfier **2** *(verfallen) Gebäude etc* se délabrer; **Verrottung** F ⟨~⟩ **1** *(Verfaulung)* décomposition *f*; putréfaction *f* **2** *(Verfall)* délabrement *m*

verrucht *liter* ADJ infâme; scélérat; *hum* **ein ~er Ort** un lieu de débauche

Verruchtheit F ⟨~⟩ infamie *f*; scélératesse *f*

verrücken VT ⟨pas de ge-, h.⟩ déplacer

verrückt *umg* ADJ **1** *(geistesgestört)* fou, fol, folle; *(übergeschnappt)* détraqué; **~ werden, machen** devenir, rendre fou, folle; **du bist wohl ~!** *umg* tu déraille!; *umg* tu es cinglé!; *umg* ça va pas la tête?; **mach dich nicht ~!** ne t'affole pas!; **ich werd ~!** les bras m'en tombent!; *umg* j'en reste baba; **du machst mich noch ~ mit deinen Fragen** tu me casses la tête avec tes questions; **wie ~ arbeiten** travailler d'arrache-pied, comme un fou; → verrücktspielen **2** *(überspannt, ungewöhnlich) Einfall, Person* fou, fol, folle; *umg* cinglé; *umg* dingue; *nur Sache* insensé; bizarre; *nur Einfall* absurde **3** *(begierig)* **nach j-m, etw, auf etw** *(akk)* **ganz ~ sein** raffoler de qn, qc; être fou, folle de qn, qc

Verrückte(r) *umg* M/F(M) ⟨→ A⟩ **1** *(Geistesgestörte[r])* fou *m*, folle *f*; *umg* cinglé(e) *m(f)* **2** *fig* fou *m*, folle *f*; insensé(e) *m(f)*; **er fährt wie ein ~r** il conduit comme un fou

Verrücktheit F ⟨~; ~en⟩ folie *f (a. fig)*

verrücktspielen *umg* VI ⟨sép, -ge-, h.⟩ *Person umg* déménager; perdre la tête; *Gerät, Wetter* se détraquer

Verrücktwerden N ⟨~s⟩ *umg* **das ist zum ~** c'est à devenir fou, folle

Verruf M ⟨~(e)s⟩ **in ~ bringen** discréditer; jeter le discrédit sur; *nur Person* compromettre la réputation de; **in ~ kommen** tomber en discrédit; être discrédité, déconsidéré

verrufen ADJT de mauvaise réputation; *Ort, Lokal a.* mal famé

verrühren VT ⟨pas de ge-, h.⟩ mêler, mélanger en remuant

verrußt ADJT couvert, encrassé de suie; *Zündkerzen* encrassé

verrutschen VI ⟨pas de ge-, s.⟩ glisser; se déplacer

Vers M ⟨~es; ~e⟩ **1** METRIK vers *m*; **in ~e bringen** mettre en vers; versifier; *fig* **sich** *(dat)* **e-n ~ auf etw** *(akk)* **machen** (commencer à) comprendre qc, à qc; (commencer à) y voir clair dans qc **2** *(Strophe)* couplet *m*; strophe *f*; *(Bibelvers, Gesangbuchvers)* verset *m*

versachlichen VT ⟨pas de ge-, h.⟩ objectiver; *Diskussion* dépassionner

versacken *umg* VI ⟨pas de ge-, s.⟩ **1** *(versinken)* sombrer; couler à pic **2** *fig* → versumpfen 2. u. 3.

versagen ⟨pas de ge-, h.⟩ **A** *geh* VT *(nicht gewähren)* **j-m etw ~** refuser qc à qn; **die Beine versagten ihr (den Dienst)** ses jambes se dérobaient sous elle; **j-m versagt bleiben** rester interdit à qn **B** VI *Stimme, Kräfte* manquer (**j-m** à qn); *Schusswaffe* rater; *Bremse* céder; lâcher; *Motor* rester en panne; *umg* flancher; *Maschine* ne plus fonctionner, marcher; *Person, Polizei, Regierung* ne pas être à la hauteur de sa tâche; ne pas remplir sa tâche **C** VR **1 sich** *(dat)* **nichts ~** ne rien se refuser; **sich** *(dat)* **alles ~** se priver de tout; **ich kann es mir nicht ~ zu** *(+inf)* je ne peux me défendre de *(+inf)* **2** *geh* **sich j-m ~** *(verweigern)* se refuser à qn

Versagen N ⟨~s⟩ **menschliches ~** défaillance humaine; **technisches ~** défaillance *f*, incident *m* technique

Versager[1] M ⟨~s; ~⟩ TECH raté *m*

Versager[2] M ⟨~s; ~⟩, **Versagerin** F ⟨~in; ~innen⟩ *Person* raté(e) *m(f)*

versalzen ⟨-(es)t, *pas de ge-*⟩ **A** VT ⟨pperf versalzen, h.⟩ **1** GASTR trop saler **2** *umg fig (verderben)* gâcher; **j-m e-e Sache gründlich ~** gâcher complètement qc à qn **B** VI ⟨pperf versalzt, s.⟩ ÖKOL *Boden, Gewässer* devenir (de plus en plus) salé

versammeln ⟨-(e)le, *pas de ge-*, h.⟩ **A** VT (r)assembler; réunir; **s-e Freunde um sich ~** réunir ses amis autour de soi **B** VR **sich ~** s'assembler (**um j-n, etw** autour de qn, qc); *bes von ständigen Versammlungen* se réunir; se rassembler

Versammlung F **1** assemblée *f*; *mehr privaten Charakters* réunion *f*; *politische a.* meeting *m*; **öffentliche ~** réunion publique; **e-e ~ abhalten** tenir une assemblée, une réunion; **e-e ~ einberufen** convoquer, réunir une assemblée **2** *(Gremium)* **beratende, gesetzgebende, verfassunggebende ~** assemblée consultative, législative, constituante

Versammlungsfreiheit F ⟨~⟩ liberté *f* de réunion; **Versammlungslokal** N, **Versammlungsraum** M salle *f* de réunion; **Versammlungsrecht** N droit *m* de réunion; **Versammlungsverbot** N interdiction *f* de se réunir; **Versammlungszimmer** N → Versammlungslokal

Versand M ⟨~(e)s⟩ **1** *(das Versenden)* expédition *f*; envoi *m* **2** *(~abteilung)* service *m* d'expédition

Versand... IN ZSSGN d'expédition; d'envoi; **Versandabteilung** F service *m* d'expédition; **versandbereit** ADJ → versandfertig; **Versandbeutel** M enveloppe matelassée; **Versandbuchhandel** M vente *f* de livres sur catalogue

versanden VI ⟨-ete, *pas de ge-*, s.⟩ **1** s'ensabler **2** *fig* s'enliser

versandfertig ADJ prêt à être expédié, pour l'expédition; *Waren* **~ machen** préparer l'expédition de

Versandgeschäft N ⟨~(e)s⟩, **Versandhandel** M vente *f* par correspondance; **Versandhaus** N maison *f* de vente par correspondance; maison *f* d'expédition; **Versandhauskatalog** M catalogue *m* de vente par correspondance; **Versandkosten** PL frais *mpl* d'expédition; **versandkostenfrei** **A** ADJ avec livraison gratuite **B** ADV sans frais de port; **Versandtasche** F enveloppe matelassée

Versandung F ⟨~; ~en⟩ ensablement *m*

Versart F METRIK type *m* de vers

Versatz M ⟨~es⟩ BERGBAU remblai *m*; remblayage *m*

versauen *sl* VT ⟨pas de ge-, h.⟩ **1** *(stark beschmutzen) umg* cochonner; *umg* saloper **2** *(verpfuschen) umg* saloper; *umg* cochonner; *plus fort umg* massacrer; **sie hat uns den ganzen Abend versaut** *umg* elle nous a foutu en l'air toute notre soirée

versauern VI ⟨-(e)re, *pas de ge-*, s.⟩ **1** ÖKOL *Boden* s'acidifier; devenir (plus) acide **2** *umg fig* s'encroûter

versaufen *sl* VT ⟨irr, pas de ge-, h.⟩ **sein Geld ~** dépenser son argent à boire; *umg* boire son argent; **s-n Verstand ~** s'abrutir à force de boire, en buvant

versäumen VT ⟨pas de ge-, h.⟩ **1** *(verpassen) Zug, Termin* manquer *(a. Unterricht)*; rater; *Gele-*

genheit a. laisser échapper; perdre *(a. Zeit)*; **da haben Sie nichts versäumt** vous n'avez rien perdu 2 *(vernachlässigen) Pflicht* manquer à; **~, etw zu tun** négliger, omettre de faire qc; SCHULE **Versäumtes nachholen** rattraper les cours

Versäumnis N ⟨~ses; ~se⟩ *(Unterlassung)* négligence *f* **(gegenüber j-m** envers qn); omission *f*; oubli *m*; **ein ~ nachholen** réparer un oubli

Versäumnisurteil N JUR jugement *m* par défaut

Versbau M ⟨~(e)s⟩ métrique *f*; versification *f*

verschachern *pej* VT ⟨-(e)re, *pas de ge-*, h.⟩ se débarrasser de; vendre au plus offrant

verschachtelt ADJT *Satz* complexe; (de structure) compliqué(e); **~e Straßen** *fpl* rues, ruelles enchevêtrées

Verschachtelung F ⟨~; ~en⟩ complexité *f (a. e-s Satzes, e-s Romans)*; *von Straßen, Gedanken* enchevêtrement *m*; *e-s Unternehmens* structure *f* complexe; *von Interessen* imbrication *f*

verschaffen ⟨*pas de ge-*, h.⟩ A VT **j-m etw ~** procurer qc à qn; *iron* **was verschafft mir die Ehre?** qu'est-ce qui me vaut cet honneur? B VR 1 *(besorgen)* **sich** *(dat)* **etw ~** se procurer qc 2 *(sorgen für)* **sich** *(dat)* **Geltung ~** se faire respecter; s'imposer; **sich** *(dat)* **Gewissheit ~** s'assurer **(über etw** *[akk]* de qc); **sich** *(dat)* **Gehör ~** se faire écouter; **sich** *(dat)* **selbst Recht ~** défendre soi-même ses droits; *plus fort* faire la justice soi-même

verschalen VT ⟨*pas de ge-*, h.⟩ BAU revêtir **(mit** de); *beim Betonieren* coffrer; **Verschalung** F ⟨~; ~en⟩ BAU revêtement *m*; *beim Betonieren* coffrage *m*

verschämt A ADJ timide; *(verlegen) a.* confus; gêné B ADV d'un air timide (et gêné); **Verschämtheit** F ⟨~⟩ timidité *f*; *(Verlegenheit) a.* confusion *f*; gêne *f*

verschandeln *umg* VT ⟨-(e)le, *pas de ge-*, h.⟩ déparer; enlaidir; défigurer

Verschandelung F enlaidissement *m*; défiguration *f*; massacre *m*

verschanzen VR ⟨-(es)t, *pas de ge-*, h.⟩ MIL **sich ~** se retrancher; **sich hinter etw** *(dat)* **~** *a. fig* se retrancher derrière qc

Verschanzung F ⟨~; ~en⟩ retranchement *m*

verschärfen ⟨*pas de ge-*, h.⟩ A VT *Strafe, Gegensätze, Lage* aggraver; *Gegensätze a.* accentuer; renforcer *(a. Kontrolle, Bestimmungen)*; **unter verschärften Bedingungen** dans des conditions plus sévères B VR **sich ~** *Gegensätze* s'accentuer; se renforcer; *Kontrolle* se renforcer; *Lage* s'aggraver

Verschärfung F ⟨~; ~en⟩ *e-r Strafe, der Lage etc* aggravation *f*; POL *a.* durcissement *m*; *der Gegensätze, Kontrolle, Bestimmungen etc* renforcement *m*

verscharren VT ⟨*pas de ge-*, h.⟩ *(oberflächlich vergraben)* enfouir; enterrer; *umg pej e-n Toten* enterrer à la va-vite

verschätzen VR ⟨*pas de ge-*, h.⟩ **sich ~** se tromper dans son estimation, ses calculs; faire, commettre une erreur de calcul, d'appréciation **(in etw** *[dat]* au sujet de qc)

verschaukeln *umg* VT ⟨-(e)le, *pas de ge-*, h.⟩ **j-n ~** *umg* mener qn en bateau; *umg* monter le coup à qn; *plus fort umg* rouler qn

verscheiden *geh* VI ⟨*irr, pas de ge-*, s.⟩ expirer; *geh* trépasser; rendre l'âme

verschenken VT ⟨*pas de ge-*, h.⟩ 1 *(als Geschenk geben)* donner en cadeau; faire cadeau, présent, don de; offrir **(an j-n** à qn); *fig* **wir haben nichts zu ~** nous n'avons pas de cadeau à faire 2 *fig Punkte, Sieg* faire cadeau de; *Gelegenheit* laisser passer

verscherbeln *umg* VT ⟨-(e)le, *pas de ge-*, h.⟩ bazarder

verscherzen VR ⟨-(es)t, *pas de ge-*, h.⟩ **sich** *(dat)* **etw ~** perdre qc par sa faute

verscheuchen VT ⟨*pas de ge-*, h.⟩ *Tiere* effaroucher; faire fuir; *lästige Tiere* chasser *(a. fig, Sorgen)*

verscheuern *umg* VT ⟨-(e)re, *pas de ge-*, h.⟩ → verscherbeln

verschicken VT ⟨*pas de ge-*, h.⟩ 1 *(versenden) Post etc* envoyer; *Waren* expédier 2 *(schicken) Personen* **aufs Land ~** envoyer à la campagne

Verschickung F ⟨~⟩ envoi *m*; expédition *f*

verschiebbar ADJ à coulisse; coulissant

Verschiebebahnhof M gare *f* de triage

verschieben ⟨*irr, pas de ge-*, h.⟩ A VT 1 *räumlich* déplacer **(um** de); décaler; *fig (verändern) Bild* changer 2 *zeitlich (aufschieben)* remettre **(auf** *[+akk]* à); reporter (à); repousser (à); différer; *bes* ADMIN, POL ajourner; **auf später ~** remettre, reporter à plus tard; **auf ein späteres Datum ~** *a.* renvoyer à une date ultérieure; **um e-e Stunde ~** décaler d'une heure; **um acht Tage ~** remettre, renvoyer à °huitaine 3 *umg Waren, Waffen etc* faire le trafic, se livrer au trafic de B VR **sich ~** 1 *(räumlich)* se déplacer; *(verrutschen)* glisser 2 *(zeitlich)* être remis, reporté, repoussé; être décalé **(um** de); être différé, *bes* ADMIN, POL ajourné

Verschiebung F ⟨~; ~en⟩ 1 *räumliche* déplacement *m*; décalage *m*; MATH translation *f* 2 *zeitliche* remise *f*; report *m*; décalage *m*; *bes* ADMIN, POL ajournement *m*

verschieden[1] A ADJ 1 *(unterschiedlich) in Farbe, Größe etc* différent; *(sich deutlich unterscheidend)* distinct; dissemblable; *Meinungen a.* divergent; **~ sein** *a.* différer; varier; **~er Meinung sein** être d'un avis différent; **das ist ~** *(kommt darauf an)* c'est selon; cela dépend 2 *⟨épithète⟩ nur im pl* **~e** divers; *(mehrere) a.* plusieurs; **bei ~en Gelegenheiten** en diverses occasions; **~e Teilnehmer** *mpl*, **Möglichkeiten** *fpl* plusieurs participants *mpl*, possibilités *fpl*; *a. ohne subst* **Verschiedene** *(Personen, Sachen)* **waren noch nicht eingetroffen** plusieurs n'étaient pas encore arrivé(e)s B ADV différemment; d'une manière différente; **~ groß sein** n'être pas de la même taille; être d'une taille différente

verschieden[2] PPERF → verscheiden

verschiedenartig ADJ *(unterschiedlich)* d'espèce, de nature différente; de caractère différent; *(vielfältig)* varié; *(nicht zusammenpassend)* hétérogène; hétéroclite; disparate; **Verschiedenartigkeit** F ⟨~⟩ nature différente; dissemblance *f*; *(Vielfältigkeit)* variété *f*; diversité *f*; *(Ungleichheit)* disparité *f*; hétérogénéité *f*

Verschiedene M/F ⟨→ A⟩ *geh (Verstorbene) geh* trépassé(e) *m(f)*; *geh* défunt(e) *m(f)*

Verschiedener M → Verschiedene

verschiedenerlei ADJ ⟨*inv, épithète*⟩ de différentes espèces; différent(e)s; divers(es); **auf ~ Art(en)** de différentes manières

Verschiedenes N ⟨→ A⟩ différentes, diverses choses; *als Zeitungsrubrik* faits divers; *auf e-r Tagesordnung* questions diverses

verschiedenfarbig ADJ de différentes couleurs; de couleurs variées

Verschiedenheit F ⟨~; ~en⟩ différence *f*; dissemblance *f*; *plus fort* disparité *f*; *der Meinungen* divergence *f*; *(Vielfältigkeit)* variété *f*; diversité *f*

verschiedentlich ADV à plusieurs, diverses, différentes reprises; plus d'une fois

verschießen ⟨*irr, pas de ge-*⟩ A VT ⟨h.⟩ 1 *(als Munition verwenden)* tirer; *Pfeile* décocher 2 *(durch Schießen aufbrauchen)* épuiser 3 FUSSBALL **den Elfmeter ~** rater son penalty B VI ⟨s.⟩ *Farben (verbleichen)* passer; se faner; *Stoffe* se décolorer C *umg* VR ⟨h.⟩ **sich in j-n ~** *(verlieben)* s'amouracher de qn; s'enticher de qn

verschiffen VT ⟨*pas de ge-*, h.⟩ transporter par eau **(nach** à)

Verschiffung F ⟨~⟩ transport *m* par eau; *(Verladung)* embarquement *m*; chargement *m* (à bord)

Verschiffungshafen M port *m* d'embarquement; **Verschiffungspapiere** NPL connaissements *mpl*

verschimmeln VI ⟨-(e)le, *pas de ge-*, s.⟩ moisir

verschlafen[1] ⟨*irr, pas de ge-*, h.⟩ A VT 1 *(schlafend verbringen) Tag, Vormittag* passer à dormir 2 *Termin, Zeitpunkt, Ereignis (schlafend versäumen)* se réveiller trop tard pour; *umg fig (vergessen)* oublier; *umg fig (nichts merken von)* ne pas prendre conscience de B VI se réveiller trop tard; ne pas se réveiller (à l'heure)

verschlafen[2] ADJT *(schlaftrunken)* mal réveillé; encore tout endormi; ensommeillé *(a. Augen, Stimme)*

Verschlag M appentis *m*; réduit *m*

verschlagen[1] VT ⟨*irr, pas de ge-*, h.⟩ 1 *mit Brettern (abtrennen)* cloisonner; séparer par une cloison; *Kisten, Fässer, mit Nägeln (zunageln)* clouer 2 *Seite im Buch* perdre 3 TENNIS *etc Ball* mal prendre 4 *(rauben)* **j-m den Atem, den Appetit ~** couper la respiration, l'appétit à qn; **j-m die Sprache ~** laisser qn pantois; interloquer qn 5 *(irgendwohin gelangen lassen)* **es hat ihn nach London, nach China, in die Normandie ~** il s'est retrouvé à Londres, en Chine, en Normandie; **der Sturm verschlug das Schiff an die afrikanische Küste** la tempête a poussé le navire vers la côte africaine

verschlagen[2] ADJT 1 *pej (listig)* cauteleux, -euse; fourbe; *Person* sournois 2 *nordd (leicht erwärmt)* tiède; **Verschlagenheit** F ⟨~⟩ *pej* ruse *f*; *(Tücke)* fourberie *f*; sournoiserie *f*

verschlammen VI ⟨*pas de ge-*, s.⟩ s'envaser; devenir boueux, -euse

verschlampen *umg pej* ⟨*pas de ge-*⟩ A VT ⟨h.⟩ *(verlieren, verlegen)* **etw ~** perdre, *umg* paumer qc; *(vergessen)* **es verschlampt haben, etw zu tun** avoir oublié de faire qc B VI ⟨s.⟩ se négliger; se laisser aller

verschlechtern ⟨-(e)re, *pas de ge-*, h.⟩ A VT *(schlechter machen)* détériorer; *(verschlimmern)* aggraver; *Lage a.* dégrader B VR **sich ~** 1 *(schlechter werden)* se détériorer; *(sich verschlimmern)* s'aggraver; *Lage a.* se dégrader; *Zustand e-s Kranken a.* empirer; *Wetter* se gâter 2 *Person, finanziell* être moins bien payé; **sich durch e-e Veränderung ~** perdre au change

Verschlechterung F ⟨~; ~en⟩ détérioration *f*; *(Verschlimmerung)* aggravation *f*; *der Lage a.* dégradation *f*

verschleiern ⟨-(e)re, *pas de ge-*, h.⟩ A VT 1 *(bedecken)* voiler (*a. fig)* 2 *(verbergen) Tatsachen, Missstände etc* dissimuler; masquer; *Problem etc* occulter B VR **sich ~** se voiler *(a. fig, Blick, Himmel etc)*; **Verschleierung** F ⟨~; ~en⟩ 1 *(Schleier)* voile *m* 2 *fig (Vertuschung)* dissimulation *f*; *e-s Problems etc* occultation *f*

Verschleierungsmanöver N MIL manœuvre *f* de camouflage; *fig* manœuvre *f* de dissimulation, d'occultation; **Verschleierungstaktik** F MIL tactique *f* de camouflage; *fig* politique *f* de dissimulation, d'occultation

verschleimt ADJT MED plein de, obstrué par des mucosités; **Verschleimung** F ⟨~; ~en⟩ MED engorgement *m* (dû à des mucosités)

Verschleiß M ⟨~es⟩ 1 *(Abnutzung)* usure *f* 2 *(Verbrauch)* consommation *f*; **e-n hohen ~ an**

V

etw *(dat)* **haben** faire (une) grande consommation de qc
verschleißen ⟨-(es)t, verschleißt, verschliss, verschlissen⟩ A VT ⟨h.⟩ user; *Kleider a.* élimer B VI ⟨s.⟩ *u.* VR ⟨h.⟩ **(sich) ~** s'user
Verschleißerscheinung F signe *m* d'usure; *fig* signe *m* de fatigue; **Verschleißteil** N TECH pièce *f* d'usure, de fatigue
verschleppen VT ⟨*pas de ge-*, h.⟩ 1 *(gewaltsam wegbringen) Menschen* déporter; déplacer; *(entführen)* enlever; *umg Sachen* déplacer; *umg* déménager 2 *(weiterverbreiten) Seuche etc* répandre 3 *(verzögern) Krankheit* traîner (en ne la soignant pas); *Prozess etc* faire traîner; traîner en longueur; retarder; **e-e verschleppte Grippe** une grippe mal soignée *od* qui n'en finit pas
Verschleppung F ⟨~; ~en⟩ 1 *von Menschen* déportation *f*; déplacement *m*; *(Entführung)* enlèvement *m* 2 *(Verzögerung)* retardement *m*; atermoiement *m*
Verschleppungsmanöver N manœuvre *f* dilatoire; POL obstruction *f*; **Verschleppungspolitik** F, **Verschleppungstaktik** F obstructionnisme *m*
verschleudern VT ⟨-(e)re, *pas de ge-*, h.⟩ 1 *(unter Wert verkaufen)* vendre à vil prix; brader 2 *pej (verschwenden) Vermögen* dilapider; **Verschleuderung** F ⟨~⟩ 1 *(Verkauf unter Wert)* vente *f* à vil prix; braderie *f*; liquidation *f* 2 *pej des Vermögens* dilapidation *f*
verschließbar ADJ qui ferme *(mit Schlüssel* à clé*)*; → wiederverschließbar
verschließen A VT ⟨*irr, pas de ge-*, h.⟩ 1 *(abschließen)* fermer à clé 2 *(zumachen)* fermer; *Öffnung* obturer; boucher; *fig Möglichkeiten* **j-m, für j-n verschlossen bleiben** rester inaccessible à qn; *fig* **die Augen vor etw** *(dat)* **~** fermer les yeux devant qc 3 *(wegschließen)* **etw in etw** *(dat od akk)* **~** enfermer qc dans qc; *fig Kummer etc* **in sich** *(dat)* **~** cacher; renfermer en soi-même B VR 1 *Person* **sich ~** se renfermer en, se replier sur soi-même 2 **sich j-m, e-r Sache ~** se fermer, se refuser, être inaccessible à qn, qc
verschlimmbessern *umg hum* VT ⟨-(e)re, *pas de ge-*, h.⟩ rendre pire en voulant mieux faire
verschlimmern ⟨-(e)re, *pas de ge-*, h.⟩ A VT rendre pire; aggraver B VR **sich ~** s'aggraver; empirer; **Verschlimmerung** F ⟨~; ~en⟩ aggravation *f*; *von Schmerzen* exacerbation *f*; → *a.* Verschlechterung
verschlingen ⟨*irr, pas de ge-*, h.⟩ A VT 1 *(gierig hinunterschlucken)* avaler; engloutir; dévorer *(a. fig, Geld, ein Buch)*; **das verschlingt viel Geld** c'est un gouffre; **j-n mit den Augen ~** dévorer qn des yeux 2 *Bänder etc* entrelacer; nouer B VR *Bänder etc* **sich ineinander ~** s'entrelacer
Verschlingen N ⟨~s⟩ 1 *(das Hinunterschlucken)* engloutissement *m* 2 *von Bändern etc* entrelacement *m*
verschlissen A PPERF → verschleißen B ADJT *bes Stoff, Kleider* usé; râpé; élimé
verschlossen A PPERF → verschließen B ADJT 1 *Charakter, Person* renfermé; peu communicatif, -ive; secret, -ète 2 *Tür* fermé (à clé); clos; *Brief, Umschlag* clos; **vor ~er Tür stehen** trouver porte close; **in ~em Umschlag** sous pli fermé
Verschlossenheit F ⟨~⟩ *e-s Menschen* caractère renfermé; extrême réserve *f*
verschlucken ⟨*pas de ge-*, h.⟩ A VT avaler *(a. fig Silben, Wörter)*; **e-e Bemerkung ~** ravaler, retenir une remarque B VR **sich ~** avaler de travers
verschlungen A PPERF → verschlingen B ADJT *Ornamente* entrelacé; enlacé; *Wege* sinueux, -euse; tortueux, -euse; *fig Gedankengänge* plein de détours; tortueux, -euse
Verschluss M fermeture *f*; *(Schloss)* serrure *f*; *an e-m Schmuckstück* fermoir *m*; FOTO obturateur *m*; *an e-r Waffe* culasse *f*; **etw unter ~ halten** garder qc sous clé; **unter ~ bleiben** rester sous clé
verschlüsseln VT ⟨-(e)le, *pas de ge-*, h.⟩ *Nachricht* coder; chiffrer; TV, IT crypter; **Verschlüss(e)lung** F ⟨~; ~en⟩ *e-r Nachricht* codage *m*; TV, IT cryptage *m*
Verschlusskappe F capuchon *m*; **Verschlusslaut** M PHON occlusive *f*; **Verschlusssache** F document secret, confidentiel
verschmachten *geh* VI ⟨-ete, *pas de ge-*, s.⟩ *(verdursten)* mourir de soif; *fig* languir; se consumer (**vor** *[+dat]* de)
verschmähen *geh* VT ⟨*pas de ge-*, h.⟩ dédaigner; faire fi de
verschmausen *umg hum* VT ⟨*pas de ge-*, h.⟩ savourer
verschmelzen ⟨*irr, pas de ge-*⟩ A VT ⟨h.⟩ TECH, *a. fig* fondre (**mit** avec); *nur fig* unir (à) B VI ⟨s.⟩ *fig* se fondre; s'unir; **miteinander zu etw ~** se fondre pour donner qc; *Parteien, Gesellschaften* **miteinander ~** fusionner
verschmerzen VT ⟨*pas de ge-*, h.⟩ **etw ~** se consoler de qc; prendre son parti de qc
verschmieren VT ⟨*pas de ge-*, h.⟩ 1 *(zuschmieren) Öffnung* boucher; *Fugen* jointoyer 2 *(schmutzig machen)* salir; *Papier, Wand (beschmieren)* barbouiller; **mit Blut ~** souiller de sang 3 *umg* **die Butter auf dem Brot ~** étaler le beurre sur la tartine 4 *(verwischen) Farbe* effacer
verschmitzt A ADJ astucieux, -ieuse; espiègle B ADV **~ lächeln** sourire d'un air malicieux, amusé
Verschmitztheit F ⟨~⟩ malice *f*; espièglerie *f*
verschmoren VI ⟨*pas de ge-*, s.⟩ 1 GASTR trop cuire 2 TECH brûler
verschmust *umg* ADJ câlin; caressant
verschmutzen ⟨*pas de ge-*⟩ A VT ⟨h.⟩ salir; encrasser; *Umwelt* polluer B VI ⟨s.⟩ se salir; *mit e-r Schmutzschicht* s'encrasser; **Verschmutzung** F ⟨~; ~en⟩ *der Umwelt* pollution *f*; *e-r Maschine etc* encrassement *m*
verschnaufen VI *(u.* VR*)* ⟨*pas de ge-*, h.⟩ **(sich) ~** reprendre haleine, son souffle; souffler; faire une pause, une °halte
Verschnaufpause F pause *f*, °halte *f* pour souffler, reprendre son souffle
verschneiden VT ⟨*irr, pas de ge-*, h.⟩ 1 MODE, *Papier etc (falsch schneiden)* mal couper; couper de travers 2 *Wein etc* couper 3 GARTEN tailler; couper 4 → kastrieren
verschneit ADJT couvert de neige; enneigé
Verschnitt M ⟨~(e)s; ~e⟩ *(Mischung)* mélange *m*; *bes Wein a.* coupage *m*
verschnitten A PPERF → verschneiden B *Wein* de coupage
verschnörkelt ADJT orné, chargé de fioritures; tarabiscoté
verschnupft ADJT 1 *(erkältet)* enrhumé 2 *umg fig (verärgert)* vexé; fâché
verschnüren VT ⟨*pas de ge-*, h.⟩ *Paket etc* ficeler; **Verschnürung** F ⟨~; ~en⟩ ficelage *m*
verschoben PPERF → verschieben
verschollen ADJ disparu; **als ~ gelten** être porté disparu; JUR **für ~ erklären** déclarer disparu
Verschollene(r) M/F(M) ⟨→ A⟩ disparu(e) *m(f)*
verschonen VT ⟨*pas de ge-*, h.⟩ **j-n, etw ~** épargner, ménager qn, qc; **j-n mit etw ~** épargner qc à qn; *umg* **verschone mich damit!** fais-moi grâce de ça!
verschönern VT *(u.* VR*)* ⟨-(e)re, *pas de ge-*, h.⟩ **(sich) ~** (s')embellir; **Verschönerung** F ⟨~; ~en⟩ embellissement *m*
Verschonung F ⟨~; ~en⟩ ménagement *m*
verschossen A PPERF → verschießen B ADJT 1 *Farbe* passé; fané; *Stoff* décoloré 2 *umg (verliebt)* **in j-n ~ sein** être entiché de qn; en pincer pour qn
verschrammen VT ⟨*pas de ge-*, h.⟩ érafler; égratigner; **verschrammt sein** *a.* avoir des éraflures, égratignures
verschränken VT ⟨*pas de ge-*, h.⟩ *Arme* croiser; **mit verschränkten Armen** les bras croisés
verschrauben VT ⟨*pas de ge-*, h.⟩ visser; boulonner
verschreiben ⟨*irr, pas de ge-*, h.⟩ A VT 1 *Medikament* ordonner (j-m à qn); prescrire 2 *(aufbrauchen) Papier, Tinte* consommer; utiliser jusqu'au bout B VR **sich ~** 1 *(etw falsch schreiben)* faire une faute d'orthographe; mal orthographier; écrire de travers 2 *(sich widmen)* **sich e-r Sache** *(dat)* **~** se donner, se dévouer, se vouer à qc
verschreibungspflichtig ADJ PHARM délivré sur ordonnance
verschrie(e)n ADJ *Ort* mal famé; *Mensch, Sache* décrié (**wegen** pour); **als Geizhals verschrie(e)n sein** passer pour (un) avare
verschroben ADJ *Mensch, Ansichten* bizarre; excentrique; *Ansichten a.* saugrenu; **Verschrobenheit** F ⟨~; ~en⟩ bizarrerie *f*; excentricité *f*
verschrotten VT ⟨-ete, *pas de ge-*, h.⟩ mettre à la ferraille; **ein Auto ~ lassen** mettre, envoyer une voiture à la casse
Verschrottung F ⟨~; ~en⟩ mise *f* à la ferraille; *von Autos* casse *f*
verschrumpeln *umg* VI ⟨-(e)le, *pas de ge-*, s.⟩ se ratatiner; se racornir
verschüchtern VT ⟨-(e)re, *pas de ge-*, h.⟩ intimider; effaroucher
verschulden ⟨-ete, *pas de ge-*, h.⟩ A VT **etw ~** être, se rendre responsable de qc; causer, occasionner qc; **er hat sein Unglück selbst verschuldet** il est l'artisan de son propre malheur B VR FIN **sich ~** s'endetter
Verschulden N ⟨~s⟩ faute *f*; **fremdes ~** faute *f* d'autrui; **durch sein eigenes ~** par sa propre faute; **ohne mein ~** sans qu'il y ait de ma faute
verschuldet ADJT FIN endetté; **hoch ~** criblé de dettes; *Staat, Unternehmen* surendetté
Verschuldung F ⟨~; ~en⟩ FIN endettement *m*
verschult ADJ *pej Ausbildung, Studium* scolaire
verschütt *umg* ADV **~ gehen** *Person* disparaître; *Sache* se perdre
verschütten VT ⟨-ete, *pas de ge-*, h.⟩ 1 *(vergießen)* répandre 2 *(zuschütten) Menschen, Häuser etc, bei e-m Unglück* ensevelir; *fig* **verschüttete Erinnerungen** *fpl* souvenirs enfouis (dans le subconscient)
Verschüttete(r) M/F(M) ⟨→ A⟩ personne ensevelie
verschüttgehen *umg* ADV → verschütt
verschwägert ADJT **~ sein** être parent par alliance
verschweigen VT ⟨*irr, pas de ge-*, h.⟩ **etw ~** taire qc (**j-m** à qn); passer qc sous silence; rester muet, muette sur qc; cacher qc (**j-m** à qn); **was verschweigst du uns?** qu'est-ce que tu nous caches?
Verschweigen N, **Verschweigung** F ⟨~⟩ silence *m* (gardé sur qc); JUR dissimulation *f*; réticence *f*

V

verschwenden VT ‹-ete, *pas de ge-*, h.› gaspiller (*a. fig Kräfte, Zeit etc*); *Geld a.* dilapider

Verschwender(in) M ‹~s; ~› (F) ‹~in; ~innen› gaspilleur, -euse *m,f*; dilapidateur, -trice *m,f*

verschwenderisch A ADJ 1 prodigue (**mit** de); gaspilleur, -euse; dépensier, -ière; dilapidateur, -trice; **ein ~es Leben führen** *a.* mener grand train; vivre sur un grand pied 2 (*üppig*) **in ~er Fülle** à profusion B ADV à profusion; avec prodigalité; **~ mit etw umgehen** être prodigue de qc

Verschwendung F ‹~; ~en› gaspillage *m*; dépense excessive; *von Geld a.* dissipation *f*; dilapidation *f*

Verschwendungssucht F ‹~› prodigalité *f*; **verschwendungssüchtig** ADJ prodigue

verschwiegen A PPERF → verschweigen B ADJT 1 *Person* discret, -ète; qui sait garder un secret 2 *Ort* (*einsam*) secret, -ète; caché; retiré

Verschwiegenheit F ‹~› discrétion *f*; **unter dem Siegel der ~** sous le sceau du secret

verschwimmen VI ‹*irr, pas de ge-*, s.› 1 (*undeutlich werden*) *Umrisse* s'estomper; devenir flou; *vor den Augen* se brouiller; *fig Bedeutung* ne pas apparaître clairement 2 (*sich mischen*) *Farben* se fondre; *ineinander* se confondre

verschwinden VI ‹*irr, pas de ge-*, s.› 1 *Menschen, Dinge* disparaître; *Fleck etc* s'en aller; disparaître; partir; **etw geschickt ~ lassen** escamoter qc 2 *umg* (*sich davonmachen*) *umg* filer; décamper; *heimlich a.* s'esquiver; **lass uns hier ~!** *umg* filons!; **verschwinde!** déguerpis!; *umg* tire-toi! 3 *umg* (*zur Toilette gehen*) **er muss mal ~** il a besoin d'aller, il faut qu'il aille au petit coin 4 (*klein wirken*) **neben j-m, etw ~** paraître minuscule à côté de qn, qc

Verschwinden N disparition *f*

verschwindend A ADJT minuscule; minime B ADVL **~ klein** infiniment petit

verschwistert ADJ **~ sein** être frères *bzw.* sœurs; être frère(s) et sœur(s); *fig* être lié, uni intimement

verschwitzen VT ‹*pas de ge-*, h.› 1 *Kleidung* mouiller, *plus fort* tremper de sueur 2 *umg fig* (*vergessen*) oublier

verschwollen ADJT *Augen, Gesicht* bouffi; *Gesicht a.* boursouflé; *Augen a.* gonflé

verschwommen A PPERF → verschwimmen B ADJT 1 *Umrisse*, FOTO flou 2 *fig Vorstellungen* confus; vague; nébuleux, -euse 3 *Farben* fondu; MAL estompé

verschwören VR ‹*irr, pas de ge-*, h.› **sich gegen j-n, etw ~** comploter, conspirer contre qn, qc; se conjurer contre qn, qc; **alles scheint sich gegen mich verschworen zu haben** tout semble s'être conjuré contre moi

Verschwörer(in) M ‹~s; ~› (F) ‹~in; ~innen› conspirateur, -trice *m,f*; comploteur *m*; conjuré(e) *m(f)*

Verschwörung F ‹~; ~en› conspiration *f*; complot *m*; conjuration *f*; **e-e ~ anzetteln** tramer, machiner une conspiration, une conjuration, un complot

verschwunden PPERF → verschwinden

versechsfachen ‹*pas de ge-*, h.› A VT multiplier par six B VR **sich ~** sextupler; être multiplié par six; **Versechsfachung** F ‹~; ~en› multiplication *f* par six

versehen ‹*irr, pas de ge-*, h.› A VT 1 (*versorgen*) **j-n mit etw ~** pourvoir, fournir, munir qn de qc; **mit Vorräten ~** ravitailler; approvisionner 2 (*ausstatten*) *bes* TECH **etw mit etw ~** munir, pourvoir qc de qc; **etw mit s-r Unterschrift ~** revêtir qc de sa signature; apposer sa signature à qc, au bas de qc; (*schmücken*) **s-n Hut mit e-r Feder ~** garnir son chapeau d'une plume 3 (*ausüben*) *Amt* remplir; *Dienst a.* accomplir; assurer; *Haushalt* s'occuper de; faire; avoir la charge de B VR 1 (*versorgen*) **sich mit etw ~** se pourvoir, se munir de qc; *mit Vorräten* s'approvisionner; se ravitailler 2 **sich ~** (*sich irren*) se tromper; se méprendre 3 **ehe man sichs versieht** avant qu'on ait le temps de dire ouf; avant qu'on y ait pris garde; (*im Nu*) en un clin d'œil

Versehen N ‹~s; ~› (*Irrtum*) erreur *f*; méprise *f*; bévue *f*; (*Unachtsamkeit*) inadvertance *f*; négligence *f*; **aus ~** → versehentlich B

versehentlich A ADJ ‹*épithète*› fait, commis par inadvertance B ADV par mégarde; par inadvertance; par méprise

versehrt ADJT mutilé; invalide

Versehrte(r) M/F(M) ‹→ A› invalide *m*; mutilé(e) *m(f)*; **Versehrtensport** M °handisport *m*; **Versehrtheit** F ‹~› invalidité *f*

verselbstständigen VR ‹*pas de ge-*, h.› **sich ~** devenir autonome, indépendant; *Diskussion a.* s'éloigner de son sujet; **Verselbstständigung** F ‹~; ~en› fait *m* de devenir autonome

versenden VT ‹*irr, pas de ge-*, h.› envoyer; expédier; **Versendung** F ‹~› envoi *m*; expédition *f*

versengen VT ‹*pas de ge-*, h.› brûler; *bes Sonnenhitze* griller; *beim Bügeln* roussir

versenkbar ADJ escamotable; *Autofenster a.* descendant

versenken ‹*pas de ge-*, h.› A VT 1 *im Wasser* immerger; *Schiff* couler; envoyer par le fond 2 *in e-e Grube etc* descendre; *in die Erde* enterrer 3 TECH *Schraube* noyer B VR *fig* **sich in etw** (*akk*) **~** se plonger, s'abîmer, s'absorber dans qc

Versenkung F 1 ‹*sans pl*› (*das Versenken*) *in Wasser etc* immersion *f*; *in e-e Vertiefung etc* descente *f*; enfoncement *m* 2 THEAT trappe *f*; dessous *mpl*; *umg fig* **in der ~ verschwinden** (*spurlos verschwinden*) disparaître; *Star, Berühmtheit* tomber dans l'oubli 3 *fig mystische* contemplation *f*

Versepos N épopée *f* en vers

versessen ADJT **auf etw, j-n ~ sein** être fou, folle de qc, qn; être avide de qc; **ganz darauf ~ sein, etw zu tun** brûler de faire qc

versetzen ‹*pas de ge-*, h.› A VT 1 *räumlich* déplacer; changer de place 2 *Beamte* muter; changer d'affectation; déplacer; **in den Ruhestand ~** mettre à la retraite 3 *Schüler* faire passer dans la classe supérieure; **versetzt werden** passer (dans la classe supérieure) 4 BAU contrarier; **etw versetzt anordnen** placer alternativement qc; faire alterner qc 5 (*in e-e andere Lage, e-n anderen Zustand bringen*) mettre; **in Schwingung ~** faire vibrer; **j-n in die Lage ~ zu** (*+inf*) mettre qn à même de (*+inf*); donner à qn la possibilité de (*+inf*); **j-n in Angst ~** faire peur à qn; effrayer qn 6 (*geben*) **j-m e-n Hieb, Schlag, Stoß ~** donner, porter, *plus fort* assener un coup à qn 7 *im Leihhaus* **etw ~** engager qc; mettre qc en gage; mettre qc au crédit municipal 8 (*vermischen*) *Flüssigkeiten* mélanger (**mit** avec) 9 *umg* **j-n ~** (*vergeblich warten lassen*) faire faux bond à qn; *umg* poser un lapin à qn B VR **sich ~** *gedanklich, in e-e andere Zeit, an e-n anderen Ort* se transporter; **~ Sie sich in meine Lage** mettez-vous à ma place

Versetzung F ‹~; ~en› 1 *räumliche* déplacement *m*; changement *m* de place 2 *von Beamten etc an e-n anderen Ort* mutation *f*; *auf e-e andere Stelle* changement *m* de poste, d'affectation; **~ in den Ruhestand** (*Pensionierung*) mise *f* à la retraite 3 SCHULE passage *m* (dans la classe supérieure) 4 *im Leihhaus* engagement *m*; mise *f* en gage 5 (*Mischung*) *bes von Flüssigkeiten* mélange *m* (**mit** avec)

Versetzungszeichen N MUS accident *m*;

Versetzungszeugnis N SCHULE bulletin *m* scolaire de troisième trimestre

verseuchen VT ‹*pas de ge-*, h.› *Luft, Wasser, ein Gebiet* infecter; contaminer (*a. radioaktiv*); **Verseuchung** F ‹~› infection *f*; contamination *f* (*a. radioaktive*)

Versform F **in ~** en vers

Versfuß M METRIK pied *m*

Versicherer M ‹~s; ~› assureur *m*

versichern ‹-(e)re, *pas de ge-*, h.› A VT 1 (*vertraglich absichern*) assurer (**gegen** contre; **bei** auprès de); **sein Leben ~** s'assurer sur la vie; prendre, contracter une assurance vie; **etw mit 10000 Euro ~** assurer qc pour (un montant de) 10000 euros 2 (*beteuern*) assurer; affirmer; protester de; **j-m etw**, *geh* **j-n e-r Sache** (*gen*) **~** assurer qn de qc; **~, dass ...** assurer, affirmer que ...; donner l'assurance que ...; **eidesstattlich ~** affirmer sous (la foi du) serment B VR 1 (*vertraglich absichern*) **sich ~** s'assurer (**gegen** contre); prendre, contracter une assurance (**gegen** contre) 2 *geh* (*sich vergewissern*) **sich e-r Sache** (*gen*) **~** s'assurer de qc

Versicherte(r) M/F(M) ‹→ A› assuré(e) *m(f)*

Versichertenkarte F (*Krankenversichertenkarte*) carte *f* d'assuré(e) social(e); *in Frankreich a.* carte Vitale

Versicherung F 1 assurance *f* (**gegen** contre); **freiwillige ~** assurance volontaire; **e-e ~ abschließen** prendre, contracter une assurance 2 (*Beteuerung*) affirmation *f*; **eidesstattliche ~** affirmation *f*, attestation *f* sous (la foi du) serment 3 (*Versicherungsgesellschaft*) compagnie *f* d'assurances

Versicherungsabschluss M conclusion *f* d'un contrat d'assurance, d'une assurance; **Versicherungsagent** M courtier *m*, agent *m* d'assurances; **Versicherungsanspruch** M droit *m* à l'assurance; **Versicherungsantrag** M demande *f* d'assurance; **Versicherungsbedingungen** FPL conditions *fpl* d'assurance; **Versicherungsbeginn** M date à laquelle le contrat d'assurance prend effet; **Versicherungsbeitrag** M *zur Sozialversicherung* cotisation *f*; **Versicherungsberater(in)** M(F) assureur-conseil *m*

Versicherungsbetrug M escroquerie *f* à l'assurance; **~ begehen** escroquer une assurance

Versicherungsdauer F durée *f* du contrat d'assurance; **Versicherungsfall** M sinistre *m*; **Versicherungsgeber** M → Versicherer; **Versicherungsgegenstand** M objet *m* de l'assurance; **Versicherungsgesellschaft** F compagnie *f* d'assurances; **Versicherungsgrenze** F plafond *m* de l'assurance; **Versicherungskarte** F SOZIALVERSICHERUNG carte *f* d'assuré, d'immatriculation; AUTO carte verte; **Versicherungsleistung** F prestation *f* d'assurance; *im Schadensfall* règlement *m*, indemnité *f* de sinistre; **Versicherungsmakler** M courtier *m* d'assurances; **Versicherungsnehmer(in)** M(F) ADMIN assuré(e) *m(f)*; **Versicherungspflicht** F obligation *f* de s'assurer; **versicherungspflichtig** ADJ assujetti à l'assurance; **Versicherungspflichtige(r)** M/F(M) ‹→ A› assujetti(e) *m(f)* à l'assurance; **Versicherungspolice** F police *f* d'assurance; **Versicherungsprämie** F prime *f* d'assurance; **Versicherungsrecht** N ‹~(e)s› droit *m*, législation *f* des assurances; **Versicherungsschein** M police f d'assurance; **Versicherungsschutz** M couverture f, garanties fpl de l'assurance; **Versicherungssumme** F montant assuré; **Versicherungsträger** M organisme assureur; **Versicherungsumfang** M étendue f de l'assurance; **Versicherungsvertrag** M contrat m d'assurance; **Versicherungsvertreter** M → Versicherungsagent; **Versicherungswert** M valeur assurée

versickern VI ⟨-(e)re, *pas de ge-*, s.⟩ 1 *im Boden* s'écouler par infiltration; **in etw** (*dat*) ~ s'infiltrer dans qc 2 *fig Gespräch* tarir; mourir

versieben *umg* VT ⟨*pas de ge-*, h.⟩ 1 (*verderben*) gâcher; (faire) rater 2 (*verlieren*) *umg* paumer

versiebenfachen ⟨*pas de ge-*, h.⟩ A VT multiplier par sept B VR **sich** ~ septupler; **Versiebenfachung** F ⟨~; ~en⟩ multiplication f par sept

versiegeln VT ⟨-(e)le, *pas de ge-*, h.⟩ 1 *Brief, Paket* cacheter 2 *gerichtlich* sceller; mettre, apposer les scellés sur; mettre sous scellés 3 *Parkett* vitrifier; **Versiegelung** F ⟨~; ~en⟩ 1 ⟨*sans pl*⟩ (*das Versiegeln*) *e-s Briefes etc* apposition f d'un cachet, d'un sceau; *gerichtliche* apposition f des scellés 2 (*Siegel*) sceau m; JUR scellés mpl 3 *von Parkett* vitrification f

versiegen *geh* VI ⟨*pas de ge-*, s.⟩ (se) tarir; s'épuiser (*beide a. fig*); ~ **lassen** tarir (*a. fig*)

versiert ADJ expérimenté; chevronné; **in etw** (*dat*) ~ **sein** être versé, expert dans qc

Versiertheit F ⟨~⟩ expérience f (**in** [+*dat*] de)

versifft *sl* ADJ *Küche, T-Shirt etc umg* crado; *umg* crade

versilbern VT ⟨-(e)re, *pas de ge-*, h.⟩ 1 argenter 2 *umg fig* (*zu Geld machen*) monnayer; bazarder

versinken VI ⟨*irr, pas de ge-*, s.⟩ 1 s'enfoncer (*a. in e-m Sessel*); *im Sand, Schlamm a.* s'enliser; *im Wasser a.* être englouti, submergé; s'engloutir dans les flots; *Schiff a.* sombrer; couler; **bis zu den Knien im Schnee** ~ s'enfoncer jusqu'aux genoux dans la neige; **versunkene Stadt** ville engloutie par les flots, disparue sous les eaux 2 *fig vor Scham* **in den Boden** ~ rentrer sous terre 3 *fig* **in tiefen Schlaf** ~ sombrer dans un sommeil profond; **in tiefe Traurigkeit** ~ s'abandonner à une tristesse profonde; **in j-s Anblick** (*akk*) **versunken sein** être en contemplation devant qn; → *a.* versunken

versinnbildlichen VT ⟨*pas de ge-*, h.⟩ symboliser; représenter symboliquement; **Versinnbildlichung** F ⟨~; ~en⟩ symbolisation f

Version F ⟨~; ~en⟩ version f

versklaven VT ⟨*pas de ge-*, h.⟩ rendre esclave (*a. fig*); réduire en esclavage; asservir; **Versklavung** F ⟨~; ~en⟩ asservissement m

Verskunst F ⟨~⟩ art m poétique; poésie f; **Verslehre** F ⟨~⟩ métrique f

verslumen VI ⟨*pas de ge-*, s.⟩ se transformer en bidonville

Versmaß N METRIK mètre m

versnobt ADJ *pej* (devenu) snob

versoffen *sl* A PPERF → versaufen B ADJT *pej Person* ivrogne; *Aussehen* d'ivrogne; *Gesicht a.* enluminé; **~e Stimme** *umg* voix f de rogomme

versohlen *umg* VT ⟨*pas de ge-*, h.⟩ **j-n** ~ rosser qn; *umg* tanner le cuir à qn

versöhnen ⟨*pas de ge-*, h.⟩ A VT **j-n mit j-m, etw** ~ réconcilier qn avec qn, qc B VR **sich** ~ se réconcilier (**mit** avec); *umg* se raccommoder

versöhnlich ADJ 1 (*zur Versöhnung bereit*) conciliant; accommodant 2 (*tröstlich*) réjouissant; **Versöhnlichkeit** F ⟨~⟩ caractère, esprit conciliant; (esprit m de) conciliation f

Versöhnung F ⟨~; ~en⟩ réconciliation f; **Geist** *m* **der** ~ esprit conciliant, de conciliation

Versöhnungsfest das (jüdische) ~ le Grand Pardon; le Yom Kippour

Versöhnungskuss M baiser m de réconciliation

versonnen A ADJ rêveur, -euse; songeur, -euse; méditatif, -ive; perdu dans ses rêves B ADV rêveusement; pensivement

versorgen ⟨*pas de ge-*, h.⟩ A VT 1 (*ausstatten*) **j-n mit etw** ~ pourvoir, munir qn de qc; fournir qc à qn; *mit Vorräten* approvisionner qn en *od* de qc; ravitailler qn; **e-e Stadt mit Strom und Wasser** ~ alimenter une ville en eau courante et en électricité 2 TECH *Maschine*, PHYSIOL *Körper, Organe* alimenter (**mit** en); **das Gehirn mit Blut** ~ irriguer le cerveau 3 (*ernähren, unterhalten*) *Familie* entretenir; subvenir aux besoins de; avoir la charge de; **er ist versorgt** son avenir est assuré 4 (*sorgen für*) *Haushalt, Kind, Kranke* s'occuper de; prendre soin de B VR **sich mit etw** ~ se pourvoir, se munir de qc; **sich mit Vorräten** ~ s'approvisionner; se ravitailler

Versorger(in) M ⟨~s; ~⟩ (F) ⟨~in; ~innen⟩ soutien m de famille; **Versorgung** F ⟨~⟩ 1 fourniture f (**mit** de); *mit Vorräten* approvisionnement m; ravitaillement m; *mit Strom, Wasser, Gas* alimentation f 2 TECH (*Zuführung*) alimentation f 3 (*Unterhalt*) *e-r Familie* entretien m; (*Mittel*) ressources fpl; *von Hinterbliebenen etc* assistance f (+*gen*, **von** à); (*Altersversorgung*) retraite f 4 (*Pflege*) *von Kranken, Kindern etc* soins mpl (+*gen* donnés à)

Versorgungsanspruch M droit m à une rente, à une pension; **Versorgungsausgleich** M ⟨~(e)s⟩ JUR *partage des droits à la retraite acquis par les deux conjoints (jusqu'à la date du divorce)*; **versorgungsberechtigt** ADJT ayant droit à une pension; bénéficiaire d'une pension; **Versorgungsbezüge** MPL pension f de retraite; **Versorgungsengpass** M soudure f, passe f difficile (dans les approvisionnements); **Versorgungsflugzeug** N MIL (avion m) ravitailleur m; **Versorgungskrise** F crise f dans les approvisionnements; **Versorgungslage** F situation f de l'approvisionnement; **Versorgungslücke** F insuffisance f de l'approvisionnement; **Versorgungsnetz** N ELEK réseau m; secteur m; **Versorgungsplan** M plan m d'approvisionnement; **Versorgungsschiff** N MIL ravitailleur m; **Versorgungstruppen** FPL unités fpl de soutien logistique; services mpl; **Versorgungswirtschaft** F (secteur m de l')approvisionnement m; *für Gas, Wasser, Strom* (secteur m de la) distribution f

verspachteln VT ⟨-(e)le, *pas de ge-*, h.⟩ 1 TECH *Risse, Fugen etc* mastiquer; boucher avec du mastic 2 *umg* (*aufessen*) *umg* bouffer; *umg* boulotter

verspannen ⟨*pas de ge-*, h.⟩ A VT TECH °haubaner B VR MED **sich** ~ se contracter; **Verspannung** F 1 TECH °haubanage m 2 MED contracture f

verspäten VR ⟨-ete, *pas de ge-*, h.⟩ **sich** ~ se mettre en retard; être en retard (**um** de)

verspätet A ADJT tardif, -ive B ADVL en retard

Verspätung F ⟨~; ~en⟩ retard m; **e-e Stunde** ~ une heure de retard; **wir haben** ~ *a.* nous sommes en retard; **mit** ~ **abfahren, eintreffen** partir, arriver en retard; **mit zehnminütiger** ~ avec un retard de dix minutes

verspeisen *geh* VT ⟨*pas de ge-*, h.⟩ manger; consommer

verspekulieren VR ⟨*pas de ge-*, h.⟩ **sich** ~ 1 *umg* (*etw falsch einschätzen*) faire un mauvais calcul 2 FIN, BÖRSE faire une mauvaise spéculation, de mauvaises affaires

versperren VT ⟨*pas de ge-*, h.⟩ *Straße, Weg etc* barrer; obstruer; barricader; *Aussicht* masquer; boucher; obstruer; **j-m den Weg** ~ barrer la route, le chemin à qn

verspielen ⟨*pas de ge-*, h.⟩ A VT 1 (*beim Spiel verlieren*) perdre au jeu 2 *fig Chance, Recht etc* perdre (par sa propre faute) B VI *fig* perdre; *umg* (**es**) **bei j-m verspielt haben** avoir perdu la sympathie de qn C VR **sich** ~ faire une fausse note

verspielt ADJT 1 *Kind* espiègle; enjoué; *Katze, Hund* joueur, -euse 2 *fig Kunst, Kleid, Muster* gai; *Melodie* enjoué

verspinnen VT ⟨*irr, pas de ge-*, h.⟩ *Wolle etc* employer à filer

versponnen A PPERF → verspinnen B ADJT bizarre; excentrique

verspotten VT ⟨-ete, *pas de ge-*, h.⟩ se moquer de; se railler de; railler; (*verhöhnen*) tourner en dérision; **Verspottung** F ⟨~; ~en⟩ moquerie f; raillerie f

versprechen ⟨*irr, pas de ge-*, h.⟩ A VT 1 (*zusichern*) promettre (**j-m etw** qc à qn); **j-m ~, etw zu tun** promettre à qn de faire qc; **was man verspricht, muss man auch halten** *sprichw* chose promise, chose due 2 *fig* (*erwarten lassen*) **das Wetter verspricht gut zu werden** le temps est prometteur; **s-e Miene verspricht nichts Gutes** son air ne promet rien de bon B VR 1 (*falsch sprechen*) **sich** ~ se tromper en parlant; faire un lapsus; **er hat sich versprochen** la langue lui a fourché 2 (*erwarten*) **sich** (*dat*) **viel von etw** ~ attendre beaucoup de qc; mettre de grandes espérances en qc

Versprechen N ⟨~s; ~⟩ promesse f; **ein ~ halten** tenir une promesse; **sein ~ nicht halten** manquer à sa promesse; **j-m das ~ geben zu** (+*inf*) faire à qn la promesse de (+*inf*)

Versprecher M ⟨~s; ~⟩ lapsus m

Versprechung F ⟨~; ~en⟩ promesse f; **leere ~en** promesses en l'air; vaines promesses

versprengen VT ⟨*pas de ge-*, h.⟩ 1 *Wasser, Menschenmenge, Herde* disperser 2 MIL **versprengte Truppen** fpl troupes séparées, coupées du gros de l'armée

verspritzen VT ⟨*pas de ge-*, h.⟩ 1 *Wasser etc* faire jaillir; faire gicler; *Gift* lancer 2 (*vollspritzen*) *Scheibe etc* éclabousser

versprühen VT ⟨*pas de ge-*, h.⟩ pulvériser; vaporiser; *fig* **Geist, Witz** ~ pétiller (d'esprit); être pétillant d'esprit

verspüren VT ⟨*pas de ge-*, h.⟩ (res)sentir; éprouver

verstaatlichen VT ⟨*pas de ge-*, h.⟩ *Privatunternehmen* nationaliser; étatiser; *in Volksdemokratien a.* socialiser; *kirchliche Güter* séculariser; *kirchliche Schulen* laïciser; **Verstaatlichung** F ⟨~; ~en⟩ *von Privatunternehmen* nationalisation f; étatisation f; *in Volksdemokratien a.* socialisation f; *kirchlicher Güter* sécularisation f; *kirchlicher Schulen* laïcisation f

verstädtern VI ⟨-(e)re, *pas de ge-*, s.⟩ s'urbaniser; **Verstädterung** F ⟨~; ~en⟩ urbanisation f

Verstand M ⟨~(e)s⟩ 1 (*Denkvermögen*) intelligence f; PHIL intellect m; (*Begriffsvermögen*) entendement m; (*Urteilsfähigkeit*) jugement m; discernement m; **der menschliche** ~ l'intelligence humaine, de l'homme; **e-n scharfen ~ haben** avoir l'esprit pénétrant, perspicace; avoir de la perspicacité; **s-n ~ gebrauchen** se servir de son intelligence; **nur mit dem ~ entscheiden** prendre des décisions dictées par la seule raison 2 (*Vernunft*) raison f; bon sens;

den ~ verlieren perdre la raison; n'avoir plus toute sa tête, son bon sens; **wieder zu ~ kommen** revenir à la raison; recouvrer sa raison; **er ist nicht recht bei ~** il n'a pas toute sa tête; **bei vollem ~ sein** avoir toute sa raison, sa lucidité; **etw mit ~ tun** faire qc intelligemment; **ohne Sinn und ~** sans rime ni raison; **das geht über meinen ~** cela me dépasse; **das bringt mich noch um den ~** ça me rend fou, folle 3 **etw mit ~ essen, trinken** *(genießen)* savourer, déguster qc

Verstandeskraft F ‹~› faculté(s) intellectuelle(s); **verstandesmäßig** A ADJ rationnel, -elle; logique B ADV rationnellement; logiquement; **Verstandesmensch** M intellectuel, -elle *m,f*; cérébral(e) *m(f)*

verständig ADJ 1 *(vernünftig)* raisonnable; sensé; sage 2 *(einsichtig)* compréhensif, -ive 3 *(gescheit)* intelligent; judicieux, -ieuse

verständigen ‹*pas de ge-*, h.› A VT *(informieren)* **j-n von etw, über etw** *(akk)* **~** informer qn de qc; faire connaître, savoir qc à qn; *im Voraus* avertir, prévenir qn de qc B VR 1 *(sich einigen)* **sich mit j-m ~** s'entendre, tomber d'accord avec qn (**über etw** *[akk]* sur qc); s'arranger avec qn 2 **sich ~** *in e-r Sprache* se faire comprendre

Verständigkeit F ‹~› bon sens; sagesse *f*; compréhension *f*

Verständigung F ‹~; ~en› 1 *(Benachrichtigung)* information *f*; communication *f*; avertissement *m* 2 *(Übereinkunft)* entente *f*; accord *m*; arrangement *m*; POL *(Annäherung)* rapprochement *m*; concertation *f*; **zu e-r ~ kommen** s'entendre 3 *sprachliche* compréhension *f*; *im Ausland* **die ~ klappte gut** la compréhension a bien marché, n'a présenté aucun problème 4 *akustische* audibilité *f*; réception *f*

verständigungsbereit ADJ conciliant; **sich ~ zeigen** être, se montrer conciliant

Verständigungsgrundlage F base *f*, terrain *m* d'entente; **Verständigungsschwierigkeiten** FPL *sprachliche* difficultés *fpl* de compréhension

verständlich ADJ 1 *(deutlich)* intelligible; **sich ~ machen** se faire entendre 2 *(begreiflich)* compréhensible; **allgemein ~** à la portée de tout le monde; **leicht ~** facile à comprendre; **j-m etw ~ machen** expliquer, faire comprendre qc à qn

verständlicherweise ADV ce qui est bien compréhensible, concevable

Verständlichkeit F ‹~› intelligibilité *f*; clarté *f*; netteté *f*

Verständnis N ‹~ses› 1 *(Einfühlungsvermögen, Nachsicht)* compréhension *f*; **gegenseitiges ~** compréhension mutuelle; **(kein) ~ für j-n, etw haben** (ne pas) comprendre qn, qc; **wir bitten um Ihr ~** nous vous demandons de bien vouloir nous excuser 2 *(das Verstehen)* compréhension *f*; intelligence *f*; *geh* entendement *m*; **zum ~ dieses Textes braucht es …** pour l'intelligence de, pour comprendre ce texte, il faut …; **zum besseren ~** pour mieux (vous) faire comprendre 3 *(Auffassung)* conception *f*; **nach meinem ~** selon ma conception; à mon idée; selon moi

verständnisinnig *geh* ADJ *Blick, Lächeln* entendu; *Blick a.* d'intelligence

verständnislos A ADJ incompréhensif, -ive B ADV **e-r Sache** *(dat)* **völlig ~ gegenüberstehen** ne rien comprendre à qc

Verständnislosigkeit F ‹~› manque *m* de compréhension

verständnisvoll A ADJ compréhensif, -ive; plein de compréhension B ADV **~ lächeln** avoir un sourire plein de compréhension

verstärken ‹*pas de ge-*, h.› A VT 1 *(dicker, stabiler machen)* *Mauer etc* renforcer; fortifier 2 *(erweitern)* *zahlenmäßig* augmenter; renforcer; **die Mannschaft um zwei Spieler ~** renforcer, augmenter l'équipe de deux joueurs 3 *(intensivieren)* *Druck* augmenter; renforcer; accroître; MIL *Feuer* intensifier 4 RADIO, ELEK amplifier 5 *fig Eindruck* renforcer; confirmer; *Zweifel* augmenter; accroître B VR **sich ~** *Druck, Schmerzen* augmenter; s'accroître; *Zweifel etc* se renforcer; *Eindruck* se confirmer

Verstärker M ‹~s; ~› RADIO amplificateur *m*; TEL répéteur *m*; **Verstärkeranlage** F ELEK *bes für Tonwiedergabe* installation *f* d'amplification

verstärkt ADJT ‹*épithète*› renforcé; intensifié; amplifié; *(erhöht)* augmenté; accru

Verstärkung F 1 *(Festigung, Stabilisierung)* renforcement *m* 2 *zahlenmäßige* renforcement *m* (des effectifs); *(hinzukommende Personen)* renforts *mpl*; **~ anfordern, bekommen** demander, recevoir des renforts 3 *(Intensivierung) des Druckes* augmentation *f*; accroissement *m* 4 RADIO, ELEK amplification *f* 5 *fig* augmentation *f*; *des Zweifels, Eindrucks* confirmation *f*

verstauben VI ‹*pas de ge-*, s.› se couvrir de poussière; s'empoussiérer

verstaubt ADJT poussiéreux, -euse *(a. fig)*; *nur fig pej* démodé; vieillot, -otte; suranné

verstauchen VR ‹*pas de ge-*, h.› **sich** *(dat)* **den Fuß ~** se faire une entorse; se fouler le pied

Verstauchung F ‹~; ~en› entorse *f*; foulure *f*

verstauen VT ‹*pas de ge-*, h.› mettre, placer, caser (**in** *[+dat ou akk]* dans)

Versteck N ‹~(e)s; ~e› cachette *f*; cache *f*; *umg* planque *f*; *(Unterschlupf) a.* refuge *m*; **~ spielen** jouer à cache-cache *(a. fig)*

verstecken ‹*pas de ge-*, h.› A VT cacher (**etw vor j-m** qc à qn); dissimuler B VR **sich ~** se cacher (**vor j-m, etw** à qn, de qc); *fig* **sich vor j-m, j-s Leistung ~ müssen** être largement surpassé, surclassé par qn; *umg fig* **sich hinter j-m ~ können** être (beaucoup) plus petit que qn; *fig* **sich hinter den Vorschriften ~** se retrancher, s'abriter derrière le(s) règlement(s)

Versteckspiel N (jeu *m* de) cache-cache *m* *(a. fig)*

versteckt ADJT 1 caché; dissimulé; **(sich) ~ halten** (se) tenir caché; (se) dissimuler 2 *fig (geheim)* occulte; secret, -ète; **~e Reserven** *fpl* fonds secrets; réserves *fpl* occultes 3 *fig (indirekt)* **~e Anspielungen** *fpl* insinuations *fpl*; mots couverts; **~er Vorwurf** reproche indirect

verstehen ‹*irr, pas de ge-*, h.› A VT 1 *akustisch* entendre; comprendre; **man kann sein eigenes Wort nicht ~** on ne s'entend plus; **schlecht, gut zu ~ sein** être (à peine) audible; TEL **ich verstehe Sie schlecht** je vous entends, comprends mal 2 *(begreifen)* comprendre; concevoir; saisir; **sie hat alles verstanden** elle a tout saisi, compris; **das ist schwer zu ~** c'est difficile à comprendre, à concevoir; *umg* **verstanden?** compris?; vous y êtes?; est-ce clair?; **ich verstehe!** je comprends!; je vois!; **nicht ~ wollen** faire la sourde oreille; ne vouloir rien entendre; **Französisch ~** comprendre le français 3 *(deuten, interpretieren)* entendre; comprendre; **wie soll ich das ~?** comment dois-je le comprendre, l'entendre?; **wenn ich recht verstehe …** si je comprends bien …; **Sie ~ mich falsch** vous me comprenez mal; **Sie mich nicht falsch!** entendons-nous bien!; **was versteht man unter …** *(+dat)?* qu'entend-on par …?; **j-m etw zu ~ geben** laisser comprendre qc à qn 4 *(Verständnis haben)* comprendre; **j-n, j-s Sorgen gut ~ (können)** bien comprendre qn, les soucis de qn; **wir ~ Ihre Bedenken** nous comprenons vos réserves, hésitations; **einander ~** se comprendre (mutuellement); **keiner versteht mich!** personne ne me comprend; **(keinen) Spaß ~** (ne pas) avoir le sens de l'humour 5 *(gut können, beherrschen)* savoir; connaître; **s-e Sache, sein Handwerk ~** connaître son métier; **etwas von der Sache ~** être du métier; s'y connaître; **ich verstehe nichts davon** je ne m'y connais pas; je n'y comprends rien; **es ~ zu** *(+inf)* s'entendre à, savoir *(+inf)* B VR 1 *(gut auskommen)* **sich mit j-m gut ~** bien s'entendre avec qn; **sie ~ sich gut miteinander** ils s'accordent bien, vivent en bonne intelligence 2 *(selbstverständlich sein)* **(das) versteht sich!** bien entendu!; c'est naturel!; ça se comprend!; **das versteht sich von selbst** cela va sans dire; cela va de soi 3 *(sich sehen)* **sich ~ als** se voir, se considérer comme; **er versteht sich als Wissenschaftler** il se considère (lui-même) comme un scientifique 4 *(können, beherrschen)* **sich auf etw** *(akk)* **~** s'y connaître en qc

versteifen ‹*pas de ge-*› A VT ‹h.› 1 *(steif machen)* MODE entoiler; *Glieder* raidir 2 BAU *(abstützen)* étayer; renforcer; entretoiser B VI ‹s.› *Gelenke etc* se raidir C VR ‹h.› 1 **sich ~** *Gelenke etc* se raidir 2 *fig* **sich auf etw** *(akk)* **~** s'obstiner, s'entêter dans qc *od* à faire qc; ne pas démordre de qc

Versteifung F ‹~; ~en› 1 *e-s Gelenks etc* raidissement *m* 2 BAU étai *m*; entretoise *f*; MODE entoilage *m* 3 *fig (das Festhalten)* obstination *f*, entêtement *m* (**auf etw** *[akk]* dans qc)

versteigen VR ‹*irr, pas de ge-*, h.› 1 *Bergsteiger* **sich ~** s'égarer, se perdre (en faisant l'ascension de …) 2 *geh fig* **sich zu etw ~** aller jusqu'à faire qc; **sich zu der Behauptung ~, dass …** (aller jusqu'à) prétendre que …

Versteigerer M ‹~s; ~› commissaire-priseur *m*; JUR licitant *m*

versteigern VT ‹-(e)re, *pas de ge-*, h.› vendre aux enchères

Versteigerung F vente *f*, mise *f* aux enchères; **zur ~ kommen** être mis, vendu aux enchères; **etw bei e-r ~ erstehen** acheter qc aux enchères

Versteigerungslokal N salle *f* des ventes

versteinern ‹-(e)re, *pas de ge-*› A VI ‹s.› *Holz etc* (se) pétrifier; *Pflanzen, Tiere* se fossiliser; *fig* **wie versteinert dastehen** rester, être là comme pétrifié, médusé B *geh fig* VR ‹h.› **sich ~** *Gesicht* se durcir; devenir de marbre

Versteinerung F ‹~; ~en› 1 *(das Versteinern)* fossilisation *f*; pétrification *f* 2 *(zu Stein Gewordenes)* fossile *m*

verstellbar ADJ réglable; ajustable

verstellen ‹*pas de ge-*, h.› A VT 1 *(anders einstellen)* régler; modifier le réglage de; **etw in der Höhe ~** régler la hauteur de qc 2 *(falsch stellen)* *Apparat, Uhr* dérégler 3 *(von der Stelle rücken)* déplacer; changer de place 4 *(versperren)* **j-m den Weg ~** barrer le chemin, le passage à qn 5 *(unkenntlich machen)* *Stimme, Schrift etc* déguiser; rendre méconnaissable B VR **sich ~** jouer la comédie; simuler

Verstellung F ‹~› 1 *der Stimme, Schrift* déguisement *m* 2 *(Heuchelei)* simulation *f*; hypocrisie *f*

Verstellungskunst F art *m* de dissimuler; dissimulation *f*

versteppen VI ‹*pas de ge-*, s.› ÖKOL se transformer en steppe

versterben *geh* VI ‹*irr, pas de ge-*, s.› décéder

versteuern VT ‹-(e)re, *pas de ge-*, h.› **etw ~** payer l'impôt sur qc; **zu ~des Einkommen** revenu(s) *m(pl)* imposable(s)

Versteuerung F ⟨~⟩ imposition *f*

verstiegen A PPERF → versteigen B ADJT *(überspannt)* excentrique; bizarre; **Verstiegenheit** F ⟨~; ~en⟩ excentricité *f*; bizarrerie *f*

verstimmen V/T *⟨pas de ge-,* h.⟩ 1 *Instrument* désaccorder 2 *fig* **j-n ~** mettre qn de mauvaise humeur; fâcher, irriter, contrarier qn

verstimmt ADJT 1 **das Klavier ist ~** le piano (s')est désaccordé 2 *fig* **~ sein** être de mauvaise humeur; être contrarié; **e-n ~en Magen haben** avoir l'estomac dérangé, *umg* barbouillé, détraqué

Verstimmtheit F ⟨~⟩, **Verstimmung** F ⟨~; ~en⟩ *fig (Missstimmung)* mauvaise humeur

verstockt *pej* A ADJ obstiné; entêté; buté B ADV avec entêtement, obstination

Verstocktheit F ⟨~⟩ *pej* obstination *f*; entêtement *m*

verstohlen A ADJ *Blick etc* furtif, -ive; dérobé B ADV furtivement; à la dérobée

verstopfen *⟨pas de ge-⟩* A V/T ⟨h.⟩ 1 boucher; *Rohre a.* engorger; *Ritzen* boucher; calfeutrer 2 *Straßen etc* encombrer; embouteiller; HANDEL *Markt* encombrer 3 MED constiper B V/I ⟨s.⟩ *Rohre* se boucher

Verstopfung F ⟨~; ~en⟩ 1 *(das Verstopfen)* bouchage *m* 2 *(das Verstopftsein) von Rohren* engorgement *m*; *der Straßen* encombrement *m* 3 MED constipation *f*; **an ~ leiden** être constipé

verstorben *geh* A PPERF → versterben B ADJT *geh* défunt; ADMIN décédé; **meine ~e Mutter** ma défunte mère

Verstorbene(r) *geh* M/F(M) ⟨→ A⟩ *geh* défunt(e) *m(f)*; **die ~n** *a.* les morts *mpl*; ADMIN les personnes décédées

verstört ADJ effaré; bouleversé; *Miene* °hagard; **ganz ~ aussehen** avoir l'air °hagard

Verstörtheit F ⟨~⟩ effarement *m*; bouleversement *m*; air °hagard

Verstoß M faute *f* (**gegen** contre); manquement *m* (à); *(Gesetzesverstoß)* infraction *f* (à)

verstoßen *⟨irr, pas de ge-,* h.⟩ A V/T *(von sich weisen)* repousser; *Ehefrau* répudier; **~ aus …** chasser, expulser de …; **von allen ~ sein** être réprouvé B V/I **gegen etw ~** manquer à qc; ne pas respecter qc; **gegen das Gesetz ~** transgresser, enfreindre, violer la loi; **gegen die guten Sitten ~** offenser les bonnes mœurs

verstrahlen V/T *⟨pas de ge-,* h.⟩ *radioaktiv* irradier; contaminer (par rayonnement radioactif); **Verstrahlung** F contamination radioactive

Verstrebung F ⟨~; ~en⟩ BAU contre-fiche *f*

verstreichen *⟨irr, pas de ge-⟩* A V/T ⟨h.⟩ 1 *(streichend verteilen)* étendre; *Butter* étaler 2 *(streichend verbrauchen)* utiliser; consommer 3 *(zustreichen)* boucher B *geh* V/I ⟨s.⟩ *Zeit (vergehen)* passer; s'écouler; **e-e Frist ~ lassen** laisser expirer un délai

verstreuen V/T *⟨pas de ge-,* h.⟩ éparpiller; disperser; *(verschütten)* répandre

verstreut ADJT *(vereinzelt)* dispersé; éparpillé

verstricken *geh fig ⟨pas de ge-,* h.⟩ A V/T *(verwickeln)* **j-n in etw** *(akk)* **~** impliquer qn dans qc; mêler qn à qc B V/R **sich in etw** *(akk)* **~** s'empêtrer dans qc

verstümmeln ⟨-(e)le, *pas de ge-,* h.⟩ A V/T 1 mutiler; estropier 2 *fig, Text* mutiler; tronquer B V/R **sich ~** se mutiler; s'estropier

Verstümm(e)lung F ⟨~; ~en⟩ mutilation *f (a. fig)*

verstummen V/I *⟨pas de ge-,* s.⟩ 1 *geh Person* devenir muet, muette; se taire 2 *geh Geräusch, fig Protest etc* cesser; s'arrêter; **zum Verstummen bringen** faire taire; réduire au silence 3 PHON devenir muet, muette; *t/t* s'amuïr

Versuch M ⟨~(e)s; ~e⟩ 1 *(Bemühung; Möglichkeit, etwas zu versuchen)* essai *m*; tentative *f*; *(Probe)* épreuve *f*; **letzter ~** dernière tentative; **e-n ~ machen** *od* **unternehmen** faire un essai; **das kommt auf e-n ~ an** on peut toujours essayer; *umg* on peut toujours tenter le coup; **e-n ~ mit j-m, etw machen** *(auf die Probe stellen)* prendre qn, qc à l'essai 2 *(Experiment)* expérience *f*; test *m*; **~e durchführen** faire des expériences (**mit** avec; **an** [+dat] sur)

versuchen *⟨pas de ge-,* h.⟩ A V/T 1 essayer; *(sich bemühen)* tenter; tâcher; **sein Glück ~** tenter sa chance; **etw nochmals ~** revenir à la charge; **~, etw zu tun** essayer de faire qc; **es mit etw ~** *bes dilettantisch* tâter de qc; **es mit Güte ~** recourir à l'indulgence; **es mit j-m ~** tenter un essai avec qn; **versuch's doch!** *herausfordernd* essaie voir! 2 *a.* V/I **(von) etw ~** *(kosten)* essayer qc; goûter à qc 3 *geh (verführen)* **j-n ~** tenter qn; **ich bin versucht, es zu tun** je suis tenté de le faire B V/R **sich an** *od* **in etw** *(dat)* **~** s'essayer à qc; **sich auf der Gitarre ~** s'essayer à la guitare

Versucher M ⟨~s; ~⟩ *bes* BIBEL *(Teufel)* tentateur *m*

Versuchs… IN ZSSGN d'essai; expérimental; d'expérience; **Versuchsanordnung** F conditions requises, préparatifs requis pour une expérience; **Versuchsanstalt** F station *f* d'essai; **Versuchsballon** M ballon-sonde *m*; ballon *m* d'essai *(a. fig)*; **Versuchsfeld** N AGR champ *m* d'expérimentation; **Versuchsgelände** N terrain *m* d'essai; NUKL terrain *m* d'essais nucléaires; **Versuchskaninchen** N *fig* cobaye *m*; **Versuchsperson** F sujet *m* (d'étude, d'expérience); **Versuchsreaktor** M NUKL réacteur expérimental, d'essai; pile expérimentale; **Versuchsreihe** F série *f* de tests, d'essais, d'expériences; **Versuchsstadium** N stade *m* d'essai; **Versuchsstation** F station *f* d'essai; **Versuchstier** N animal *m* de laboratoire; sujet *m* (d'expérience); cobaye *m*

versuchsweise ADV à titre d'essai; à titre expérimental

Versuchszweck M **zu ~en** en vue d'expériences

versucht ADJT JUR **~e Bestechung** tentative *f* de corruption

Versuchung F ⟨~; ~en⟩ tentation *f*; **in ~** *(akk)* **führen** tenter; induire en tentation; **der ~ widerstehen** résister à la tentation; **in ~ kommen zu** *(+inf)* être tenté de *(+inf)*; **ich konnte der ~ nicht widerstehen** *a.* c'était plus fort que moi

versumpfen V/I *⟨pas de ge-,* s.⟩ 1 ÖKOL se transformer en marais; devenir marécageux, -euse 2 *umg fig (verwahrlosen)* tomber bien bas 3 *umg (lange feiern) umg* faire la bringue, la noce

versündigen *geh* V/R *⟨pas de ge-,* h.⟩ **sich an etw** *(dat)* **~** pécher contre qc; **sich an j-m ~** se rendre coupable envers qn

versunken A PPERF → versinken B ADJT 1 *fig (vertieft)* **~ in** *(+akk) Anblick, Gedanken* absorbé dans, par; plongé dans 2 *fig (untergegangen)* **~e Kulturen** *fpl* civilisations disparues

Versunkenheit F ⟨~⟩ contemplation *f* (in [+akk] de)

versüßen ⟨-(es)t, *pas de ge-,* h.⟩ A V/T 1 PHARM édulcorer 2 *fig (angenehmer machen)* adoucir; édulcorer; **j-m die (bittere) Pille ~** dorer la pilule à qn; **j-m das Leben ~** rendre la vie plus douce à qn B V/R **sich** *(dat)* **das Leben ~** se rendre la vie plus douce; *umg* se la couler douce

vertäfeln V/T ⟨-(e)le, *pas de ge-,* h.⟩ boiser; lambrisser

Vertäf(e)lung F ⟨~; ~en⟩ boiserie *f*; lambris *m*

vertagen *⟨pas de ge-,* h.⟩ A V/T **~ (auf** [+akk]) ajourner (à); remettre (à); → *a.* verschieben A 2 B V/R **sich ~** ajourner, remettre les débats, la séance (**auf** [+akk] à)

Vertagung F ajournement *m*; renvoi *m*, remise *f* (**auf** [+akk] à)

vertändeln V/T ⟨-(e)le, *pas de ge-,* h.⟩ **die Zeit ~** passer son temps à des futilités; gaspiller son temps

vertäuen V/T *⟨pas de ge-,* h.⟩ *Schiff* amarrer

vertauschen V/T *⟨pas de ge-,* h.⟩ 1 *(austauschen)* (é)changer, troquer (**für, gegen, mit** contre); *(umstellen)* permuter; **die Rollen ~** renverser, intervertir les rôles 2 *(verwechseln)* prendre l'un pour l'autre; confondre

Vertauschung F ⟨~; ~en⟩ 1 *(Austausch)* échange *m*; *(Umstellung)* permutation *f*; *der Rollen* renversement *m*; interversion *f* 2 *(Verwechslung)* échange involontaire, accidentel

verteidigen *⟨pas de ge-,* h.⟩ A V/T défendre; JUR *a.* plaider pour; *(rechtfertigen) a.* justifier; *Thesen a.* soutenir; **e-e Sache ~** plaider une cause B V/I SPORT être en défense; défendre; *(Verteidiger sein)* faire partie de la défense C V/R **sich ~** se défendre

Verteidiger(in) M ⟨~s; ~⟩ (F) ⟨~in; ~innen⟩ défenseur *m*; JUR *a.* avocat plaidant; FUSSBALL *a.* arrière *m*

Verteidigung F ⟨~; ~en⟩ défense *f (a.* JUR, SPORT); *e-r These a.* soutenance *f*; **die ~ übernehmen** se charger de, prendre la défense (**für j-n** de qn); **etw zu j-s ~ vorbringen** alléguer qc pour la défense de qn

Verteidigungs… IN ZSSGN de défense; défensif, -ive; **Verteidigungsanlagen** FPL MIL défenses *fpl*; **Verteidigungsausschuss** M commission *f* de la Défense nationale; **Verteidigungskrieg** M guerre défensive; **Verteidigungslinie** F MIL ligne *f* de défense; **Verteidigungsminister** M ministre *m* de la Défense (nationale); **Verteidigungsministerium** N ministère *m* de la Défense (nationale); **Verteidigungsrede** F JUR plaidoirie *f*; *fig* plaidoyer *m*; **Verteidigungsschlacht** F MIL bataille défensive; **Verteidigungswaffe** F arme défensive

verteilen *⟨pas de ge-,* h.⟩ A V/T 1 *(austeilen)* distribuer (**an** [+akk] à) 2 *(aufteilen, zuweisen)* partager, répartir (**auf** [+akk], **unter** [+akk] entre) 3 *(anordnen)* répartir; **etw auf mehrere Jahre ~** répartir, étaler qc sur plusieurs années; MAL **Licht und Schatten richtig ~** répartir correctement les lumières et les ombres 4 *(verstreichen)* étaler B V/R **sich ~** 1 *(sich aufteilen)* se répartir; se partager (**auf** [+akk], **unter** [+akk] entre) 2 *(angeordnet sein) räumlich u. zeitlich* s'étaler, se répartir (**über** [+akk] sur) 3 *(sich verstreuen)* se répartir; *Personen* se disperser; **die Menge verteilte sich allmählich** la foule se dispersait lentement

Verteiler M ⟨~s; ~⟩ 1 ELEK, HANDEL distributeur *m*; AUTO distributeur *m* (d'allumage); delco® *m* 2 ADMIN liste *f* des destinataires; **Verteilerkasten** M ELEK boîte *f* de distribution; **Verteilernetz** N ELEK réseau *m*, secteur *m* (de distribution); **Verteilerschlüssel** M ADMIN clé *f*, base *f* de répartition; **Verteilerzentrale** F ELEK centrale *f* de distribution

Verteilung F 1 *(Ausgabe)* distribution *f* (**an** [+akk] à); **die ~ von Lebensmitteln an die Bevölkerung** la distribution de vivres à la popu-

lation **2** *(Aufteilung)* partage *m* (**auf** *[+akk]*, **unter** *[+akk]* entre); répartition *f*; **~ der Kosten** répartition des frais **3** *(bestimmte Anordnung)* répartition *f*; étalement *m*; STATISTIK distribution *f*; **~ der Regenfälle** régime *m* des pluies
Verteilungsschlüssel M indice *m*, barème *m* de répartition
vertelefonieren *umg* VT ⟨*pas de ge-*, **h.**⟩ *Geld, Zeit* dépenser en coups de téléphone
verteuern ⟨-(e)re, *pas de ge-*, **h.**⟩ **A** VT *(teurer machen)* rendre plus cher, chère; faire augmenter **B** VR **sich ~** *(teurer werden)* devenir plus cher, chère; augmenter; *geh* renchérir; **Verteuerung** F augmentation *f* (des prix); *geh* renchérissement *m*
verteufeln VT ⟨*pas de ge-*, **h.**⟩ condamner
verteufelt *umg* **A** ADJT satané; **ein ~er Kerl** un diable d'homme **B** ADVL *(sehr) umg* diablement; *umg* bougrement
Verteufelung F ⟨~; ~en⟩ condamnation *f*
vertiefen ⟨*pas de ge-*, **h.**⟩ **A** VT **1** *(tiefer machen)* rendre plus profond (**um** de); approfondir; creuser davantage **2** *fig s-e Kenntnisse etc* approfondir **B** VR **sich ~** **1** devenir plus profond; se creuser **2** *fig (intensiver werden)* devenir plus intense **3** *fig* **sich in etw** *(akk)* **~** se plonger dans qc
Vertiefung F ⟨~; ~en⟩ **1** *Handlung* approfondissement *m* **2** *(tiefere Stelle)* creux *m*; renfoncement *m*; *im Gelände* dépression *f*; *(Hohlraum)* cavité *f*
vertieren VI ⟨*pas de ge-*, **s.**⟩ tomber au niveau de la bête, de la brute
vertikal **A** ADJ vertical **B** ADV verticalement
Vertikale F ⟨→ A⟩ verticale *f*
vertilgen VT ⟨*pas de ge-*, **h.**⟩ **1** *(vernichten)* exterminer; tuer; détruire **2** *umg (verzehren)* ingurgiter; *umg* engouffrer; *(aufessen) umg* liquider; **Vertilgung** F *(Vernichtung)* extermination *f*; destruction *f*; **Vertilgungsmittel** N pesticide *m*
vertippen *umg* ⟨*pas de ge-*, **h.**⟩ **A** VT taper de travers **B** VR **sich ~** **1** *auf e-r Tastatur* faire une faute de frappe **2** *beim Wetten etc* faire un numéro perdant
vertonen VT ⟨*pas de ge-*, **h.**⟩ mettre en musique; adapter; **Vertonung** F ⟨~; ~en⟩ adaptation musicale
vertrackt *umg* ADJ **1** *(verwickelt) Situation* embrouillé **2** *(ärgerlich, peinlich) Angelegenheit* désagréable; fâcheux, -euse; embarrassant; *(verflixt)* **dieser ~e Mechanismus funktioniert nie!** ce maudit, fichu mécanisme ne fonctionne jamais!
Vertrag M ⟨~(e)s; ⸚e⟩ **1** *privatrechtlicher* contrat *m*; **e-n ~ kündigen** dénoncer, résilier un contrat; **e-n ~ (ab)schließen** faire, conclure un contrat; **j-n unter ~ nehmen** engager qn (par contrat); **bei j-m unter ~ stehen** être engagé par qn (sous contrat) **2** *zwischenstaatlicher* traité *m*; *(Abkommen)* accord *m*; convention *f*; **zweiseitige Verträge** traités bilatéraux; **e-n ~ unterzeichnen** signer un traité
vertragen ⟨*irr, pas de ge-*, **h.**⟩ **A** VT **1** *(aushalten) Klima, Hitze, Kälte etc* supporter; **die Kälte nicht ~** *a.* craindre le froid; **sie verträgt keinen Fisch** le poisson ne lui réussit pas; *umg* **er verträgt nicht viel** *Alkohol* il supporte mal l'alcool; *umg* **e-e Pause ~ können** avoir bien besoin d'une pause, de souffler; *umg* **ich könnte e-n Schluck ~** je prendrais bien un petit verre; un petit verre serait le bienvenu **2** *geh (dulden)* **die Sache verträgt keinen Aufschub** cette affaire ne souffre, ne supporte aucun retard **B** VR **sich ~** **1** *Personen* s'entendre, s'accorder (**mit j-m** avec qn); **sich nicht mit j-m ~** ne pas s'entendre avec qn; **sich (gut) miteinander ~** vivre en bonne intelligence, harmonie; bien s'entendre; *umg* **sie ~ sich wieder (miteinander)** ils se sont réconciliés **2** *Sachen (zueinanderpassen)* être compatible (**mit** avec); aller ensemble; **sich nicht ~** être incompatible; ne pas aller ensemble; jurer *(abs od* avec); **diese Farben ~ sich nicht** ces couleurs jurent; **das verträgt sich nicht mit meinen Grundsätzen** cela ne cadre pas, n'est pas compatible avec mes principes; c'est en désaccord avec mes principes
vertraglich **A** ADJ contractuel, -elle **B** ADV par contrat; **~ vereinbaren** convenir par contrat; **~ vereinbart** prévu par le, dans le contrat
verträglich ADJ **1** *Person, Charakter* conciliant; accommodant; *(friedfertig)* pacifique **2** *Speisen* **(leicht) ~** digestible; *Medikament* **gut ~** bien toléré
Verträglichkeit F ⟨~⟩ **1** *des Charakters* caractère accommodant; esprit conciliant, arrangeant **2** *von Speisen* digestibilité *f*; *von Medikamenten* (degré *m* de) tolérance *f*
Vertragsabschluss M passation *f*, conclusion *f* d'un contrat; POL conclusion *f* d'un traité; **Vertragsänderung** F modification *f* du contrat; **Vertragsansprüche** MPL prétentions contractuelles; droits contractuels; **Vertragsbeginn** M entrée *f* en vigueur du contrat; **Vertragsbruch** M rupture *f* de contrat; POL violation *f* d'un traité
vertragsbrüchig ADJ **~ werden** rompre un *bzw.* le contrat; POL violer un *bzw.* le traité
vertragschließend ADJT ⟨*épithète*⟩ contractant; **~e Partei** partie contractante
Vertragsentwurf M projet *m* de contrat; **Vertragsgegenstand** M objet *m* du contrat; **vertragsgemäß** **A** ADJ conforme au contrat; contractuel, -elle **B** ADV conformément au contrat *bzw.* au traité; **Vertragsgrundlage** F base *f* du contrat; **Vertragshändler** M concessionnaire *m*; **Vertragspartner** M contractant *m*; partie contractante; **Vertragsrecht** N ⟨~(e)s⟩ législation *f* en matière de contrats; **Vertragsstrafe** F peine conventionnelle; dédit *m*; **Vertragswerk** N contrat *m*; POL traité *m*; **Vertragswerkstatt** F atelier de réparation agréé, conventionné; AUTO garage agréé; **vertragswidrig** ADJ contraire au contrat, POL au traité
vertrauen VI ⟨*pas de ge-*, **h.**⟩ **j-m (völlig) ~** avoir (entièrement *od* toute) confiance en qn; **auf j-n, etw ~** se fier à qn, qc; faire confiance à qn, qc; **auf sein Glück ~** se fier à sa chance
Vertrauen N ⟨~s⟩ **1** confiance *f*; POL **der Regierung das ~ aussprechen** voter la confiance au gouvernement; **~ einflößen** inspirer confiance; **~ haben** avoir confiance (**in** *[+akk]* *od* **zu** en, *wenn Artikel folgt* dans); se fier (à); **j-s ~ missbrauchen** abuser de la confiance de qn; **j-m ~ schenken** accorder sa confiance à qn; **sein ~ setzen in** *(+akk)* mettre, placer sa confiance en; **ich habe gleich ~ zu ihm gefasst** il m'a tout de suite inspiré confiance; **sie genießt mein vollstes ~** je lui fais entièrement confiance; *geh* elle jouit de mon entière confiance; **im ~ auf** *(+akk)* confiant en; **~ erweckend** → vertrauenerweckend **2** *bei Mitteilungen* confidence *f*; **im ~** en confidence; confidentiellement; **im ~ gesagt** (soit dit) entre nous; **j-n ins ~ ziehen** mettre qn dans la confidence
vertrauenerweckend ADJT qui inspire confiance; **~ aussehen** inspirer confiance
Vertrauensarzt M médecin-conseil *m*; **Vertrauensbeweis** M preuve *f* de confiance
vertrauensbildend ADJT **~e Maßnahmen** FPL mesures destinées à inciter la confiance
Vertrauensbruch M abus *m* de confiance; indiscrétion *f*
Vertrauensfrage F POL **die ~ stellen** poser la question de confiance
Vertrauensfrau F *der Gewerkschaft* déléguée syndicale *(dans une entreprise)*; **Vertrauenslehrer(in)** M(F) SCHULE professeur chargé(e) des problèmes relationnels; **Vertrauensmann** M ⟨~(e)s; -männer *od* -leute⟩ homme *m* de confiance; *der Gewerkschaft* délégué syndical *(dans une entreprise)*; **Vertrauensperson** F personne *f* de confiance; **Vertrauenssache** F ⟨~⟩ affaire *f*, question *f* de confiance; **vertrauensselig** ADJ trop confiant; crédule; **Vertrauensseligkeit** F ⟨~⟩ crédulité *f*; **Vertrauensstellung** F place *f*, poste *m* de confiance; **Vertrauensverhältnis** N rapports *mpl* de confiance
vertrauensvoll **A** ADJ confiant; plein de confiance **B** ADV en toute confiance
Vertrauensvotum N POL vote *m* de confiance; **vertrauenswürdig** ADJ fiable; sûr; digne de (toute) confiance
vertraulich **A** ADJ **1** *(nicht öffentlich)* confidentiel, -ielle; **~e Mitteilung** communication confidentielle; confidence *f*; **streng ~** strictement confidentiel, -ielle **2** *(intim, vertraut)* intime; familier, -ière; **~ werden** *von e-r Person a.* commencer à faire des confidences **B** ADV **1** *(nicht öffentlich)* confidentiellement; **etw ~ behandeln** traiter qc confidentiellement **2** *(intim, vertraut)* familièrement; **er tut sehr ~** il affecte une attitude familière
Vertraulichkeit F ⟨~; ~en⟩ **1** ⟨*sans pl*⟩ *e-r Mitteilung* caractère confidentiel, secret; confidentialité *f*; discrétion *f*; **~ vereinbaren** convenir d'observer la plus grande discrétion **2** *im Verhalten* intimité *f*; familiarité *f*; *pej* **plumpe ~** familiarité grossière; *bes gegenüber Frauen* **~en** *pl* privautés *fpl*
verträumen VT ⟨*pas de ge-*, **h.**⟩ *Zeit* passer à rêver
verträumt ADJT **1** *Person* rêveur, -euse; perdu dans son rêve **2** *Ort* idyllique
vertraut ADJ **1** *Beziehung (eng, intim)* intime; **ein ~er Freund** un (ami) intime; **~er Umgang** intimité *f*; **mit j-m ~ sein** être intime avec qn **2** *(bekannt, nicht fremd)* familier, -ière; **ein ~es Gesicht** un visage familier, connu; **mit etw ~ sein** connaître qc à fond; *auf dem Laufenden sein* être au fait de qc; **sich mit etw ~ machen** se familiariser avec qc; *mit dem Inhalt e-r Akte etc* prendre connaissance de qc
Vertraute(r) M/F(M) ⟨→ A⟩ confident(e) *m(f)*; intime *m/f*; familier *m*; **e-e enge ~** une amie intime
Vertrautheit F ⟨~⟩ intimité *f*; familiarité *f*; **~ mit etw** bonne connaissance de qc
vertreiben ⟨*irr, pas de ge-*, **h.**⟩ **A** VT **1** *(wegjagen)* chasser; *fig Sorgen, Kummer etc* chasser; dissiper **2** **j-n ~** *aus e-r Wohnung, Stellung* déloger qn; **j-n aus s-r Heimat ~** expulser qn de son pays; **j-n von s-m Platz ~** déloger qn de sa place **3** HANDEL *(verkaufen)* distribuer; diffuser; **unsere Bücher werden in England von … vertrieben** nos livres sont diffusés par … en Angleterre **B** VR **sich** *(dat)* **die Zeit mit etw ~** faire qc pour passer le temps; passer son temps à faire qc; *(sich vergnügen mit)* s'amuser à faire qc
Vertreibung F ⟨~; ~en⟩ expulsion *f* (**aus** de); *aus e-r Wohnung, Stellung* délogement *m*
vertretbar ADJ **1** *These, Standpunkt etc* valable; défendable; justifiable **2** *(angemessen) Kosten, Risiko etc* raisonnable; acceptable
vertreten ⟨*irr, pas de ge-*, **h.**⟩ **A** VT **1** *(vorüber-*

gehend ersetzen) remplacer; ADMIN suppléer; **sie vertritt ihn im Urlaub** elle le remplace pendant les vacances; → *a.* Vaterstelle **2** *(repräsentieren) ein Land, e-e Gruppierung, e-e Gattung etc* représenter (**bei** auprès de); **sich von j-m ~ lassen** se faire représenter par qn; **e-e neue Richtung in der Kunst ~** représenter une nouvelle tendance artistique **3** *(für e-e Firma verkaufen)* représenter **4** *(anwesend, vorhanden sein)* **~ sein** être représenté *od* présent; **diese Tierart ist (hier) nur schwach ~** cette espèce animale n'est que faiblement représentée (ici) **5** *(eintreten für)* soutenir; défendre; *vor Gericht* **j-n ~** plaider la cause de qn; **die Rechte der Minderheiten ~** défendre les droits des minorités; **j-s Sache ~** prendre fait et cause pour qn **6** **die Ansicht, Meinung, Auffassung ~, dass ...** être d'avis que ... *(+subj)* **7** *bes* JUR *(verantworten)* **etw zu ~ haben** répondre de qc; **etw nicht zu ~ haben** *a.* ne pas être responsable de qc; **aus Gründen, die man nicht zu ~ hat** pour des raisons que l'on n'a pas à justifier **B** VR **1** **sich** *(dat)* **den Fuß ~** *durch Ungeschick* se fouler le pied **2** *umg (sich Bewegung verschaffen)* **sich** *(dat)* **die Füße, Beine ~** se dégourdir les jambes

Vertreter(in) M ⟨~s; ~⟩ (F) ⟨~in; ~innen⟩ **1** *(Interessenvertreter[in], Repräsentant[in])* représentant(e) *m(f)*; POL *gewählte(r)* délégué(e) *m(f)*; **~** *pl* **aus Politik und Wirtschaft** des représentants du monde de la politique et de l'économie; JUR **der ~ der Anklage** le représentant du Ministère public **2** HANDEL représentant(e) *m(f)*; *(Reisender)* voyageur *m* (de commerce); *von Versicherungen a.* agent *m* **3** *(Stellvertreter[in])* remplaçant(e) *m(f)*; ADMIN suppléant(e) *m(f)* **4** *(Anhänger[in], Verfechter[in])* défenseur *m*; adepte *m/f*; tenant *m*

Vertretung F ⟨~; ~en⟩ **1** *(Stellvertretung)* remplacement *m*; ADMIN suppléance *f*; intérim *m*; **die ~ für j-n übernehmen** assumer, assurer le remplacement de qn; **in ~** par délégation; par intérim **2** *Person* remplaçant(e) *m(f)*; ADMIN suppléant(e) *m(f)* **3** *e-s Landes, e-r Firma* représentation *f*; HANDEL agence *f*

Vertretungsstunde F SCHULE heure *f* de remplacement; **vertretungsweise** ADV en remplacement (**für** de)

Vertrieb M ⟨~(e)s⟩ **1** HANDEL distribution *f*; *bes von Büchern, Zeitschriften a.* diffusion *f*; vente *f*; écoulement *m* **2** → Vertriebsabteilung

Vertriebene(r) M/F(M) ⟨→ A⟩ personne déplacée; expulsé(e) *m(f)*

Vertriebsabteilung F service des ventes, commercial; **Vertriebsgesellschaft** F société *f* de vente, de distribution, de commercialisation; **Vertriebsleiter** M chef *m* des ventes; **Vertriebsnetz** N HANDEL réseau *m* de distribution

vertrimmen *umg* VT ⟨pas de ge-, h.⟩ **j-n ~** *umg* flanquer une raclée, une trempe à qn

vertrinken VT ⟨irr, pas de ge-, h.⟩ **sein Geld ~** dépenser son argent à boire

vertrocknen VI ⟨-ete, pas de ge-, s.⟩ se dessécher

vertrödeln *umg pej* VT ⟨-(e)le, pas de ge-, h.⟩ **die Zeit ~** perdre, gâcher son temps

vertrösten VT ⟨-ete, pas de ge-, h.⟩ **j-n auf später, auf die nächste Woche ~** demander à qn de patienter, de patienter jusqu'à la semaine prochaine

Vertröstung F **~** (**auf etw** [akk]) vaine(s) promesse(s) (de qc); fausse espérance (de qc)

vertrottelt *umg* ADJT gâteux, -euse; *umg* ramolli; *umg* gaga *(inv)*

vertun ⟨irr, pas de ge-, h.⟩ **A** VT *(vergeuden)* dissiper; gaspiller; gâcher **B** *umg* VR **sich ~** *(irren) umg* se gourer

vertuschen VT ⟨pas de ge-, h.⟩ *Fehler* cacher; dissimuler; *Skandal etc* étouffer

verübeln VT ⟨-(e)le, pas de ge-, h.⟩ **j-m etw ~** en vouloir à qn de qc; tenir rigueur à qn de qc; **Sie werden es mir hoffentlich nicht ~, wenn ...** j'espère que vous ne m'en voudrez pas si ...

verüben VT ⟨pas de ge-, h.⟩ *Verbrechen* commettre; JUR perpétrer; **Selbstmord ~** se suicider

verulken VT ⟨pas de ge-, h.⟩ se moquer de; *Person umg* se payer la tête de; **ihr wollt uns wohl ~!** vous voulez rire!; vous vous moquez de nous!

verunglimpfen *geh* VT ⟨pas de ge-, h.⟩ dénigrer; diffamer; **Verunglimpfung** *geh* F ⟨~; ~en⟩ dénigrement *m*; diffamation *f*

verunglücken VI ⟨pas de ge-, s.⟩ **1** avoir un accident; être victime d'un accident; **tödlich ~** se tuer dans un accident; **mit dem Auto ~** être victime d'un accident de voiture *od* de la route **2** *umg fig (missglücken)* rater

verunglückt ADJT **1** *bei e-m Unfall* accidenté **2** *umg fig (missglückt)* raté; *umg* loupé

Verunglückte(r) M/F(M) ⟨→ A⟩ accidenté(e) *m(f)*; victime *f* (d'un accident)

verunreinigen VT ⟨pas de ge-, h.⟩ **1** *bes* ÖKOL *Wasser, Luft* polluer **2** *geh (beschmutzen)* salir; souiller; **Verunreinigung** F **1** *(das Verunreinigen) von Wasser, Luft* pollution *f*; *geh* souillure *f* (*a. fig*) **2** *(verunreinigender Zusatz)* impureté *f*; saleté *f*

verunsichern VT ⟨-(e)re, pas de ge-, h.⟩ insécuriser; *(verwirren)* déconcerter; désorienter; **j-n ~** *in e-m Gespräch, e-r Prüfung* faire perdre ses moyens à qn

Verunsicherung F insécurité *f*; *(Verwirrung)* désorientation *f*; **ein Gefühl der ~** un sentiment d'insécurité *bzw.* de désorientation

verunstalten VT ⟨-ete, pas de ge-, h.⟩ défigurer; déparer; *(hässlich machen)* enlaidir; **Verunstaltung** F ⟨~; ~en⟩ défiguration *f*; enlaidissement *m*

veruntreuen VT ⟨pas de ge-, h.⟩ *Gelder etc* détourner; **Veruntreuung** F ⟨~; ~en⟩ détournement *m*; *bes öffentlicher Gelder* malversation *f*

verunzieren VT ⟨pas de ge-, h.⟩ déparer; enlaidir

verursachen VT ⟨pas de ge-, h.⟩ causer; *Schmerzen, Aufregung etc* produire; provoquer; *Schwierigkeiten* susciter; faire naître; donner lieu à; *Kosten* occasionner; entraîner

Verursacherprinzip N ⟨~s⟩ ÖKOL principe *m* pollueur-payeur

verurteilen VT ⟨pas de ge-, h.⟩ **1** *Gericht etc* condamner (**zu** à); **j-n zum Tode ~** condamner qn à mort; *fig iron* **zum Erfolg verurteilt sein** ne pas avoir droit à l'échec; *fig* **zum Scheitern verurteilt** voué à l'échec **2** *(missbilligen)* condamner; réprouver

Verurteilte(r) M/F(M) ⟨→ A⟩ condamné(e) *m(f)*

Verurteilung F ⟨~; ~en⟩ condamnation *f* (*a.* JUR); *(Missbilligung) a.* réprobation *f*

vervielfachen ⟨pas de ge-, h.⟩ **A** VT multiplier (*a. fig*) **B** VR **sich ~** se multiplier

vervielfältigen VT ⟨pas de ge-, h.⟩ FOTO, TYPO reproduire; faire des copies de; *mit e-r Matrize* polycopier; **Vervielfältigung** F ⟨~; ~en⟩ **1** FOTO, TYPO reproduction *f*; *mit e-r Matrize* polycopie *f* **2** *(Kopie)* reproduction *f*; copie *f*

vervierfachen ⟨pas de ge-, h.⟩ **A** VT quadrupler; multiplier par quatre **B** VR **sich ~** quadrupler; **Vervierfachung** F ⟨~; ~en⟩ multiplication *f* par quatre

vervollkommnen ⟨-ete, pas de ge-, h.⟩ **A** VT perfectionner **B** VR **sich ~** se perfectionner (**in** [+dat] dans); **Vervollkommnung** F ⟨~; ~en⟩ perfectionnement *m*

vervollständigen VT ⟨pas de ge-, h.⟩ compléter; **Vervollständigung** F ⟨~; ~en⟩ complément *m*; *weitS.* enrichissement *m*

verw. ABK (verwitwet) veuf, veuve

verwachsen[1] ⟨irr, pas de ge-⟩ **A** VI ⟨s.⟩ **1** *(zuwachsen) Wunde* se fermer; se cicatriser **2** **miteinander ~** *(zusammenwachsen)* se réunir (en poussant) **B** VR ⟨h.⟩ **sich ~** *(mit dem Wachsen verschwinden)* disparaître avec le temps

verwachsen[2] ADJT **1** MED **~ mit** adhérent à; *fig* **mit j-m, etw ~ sein** être intimement, étroitement lié, attaché à qn, qc **2** *(missgestaltet) Mensch* contrefait; difforme; *(bucklig)* bossu; *Baum* rabougri

Verwachsung F ⟨~; ~en⟩ MED adhérence *f*

verwackelt ADJT *Bild* bougé

verwählen VR ⟨pas de ge-, h.⟩ **sich ~** faire un mauvais, faux numéro; se tromper de numéro

verwahren ⟨pas de ge-, h.⟩ **A** VT **1** *Gegenstand* (bien) garder *(a. Kind)*; *(wegschließen)* enfermer à, mettre sous clé **2** *früher (gefangen halten)* détenir **B** VR **sich gegen etw ~** protester, se défendre contre qc

verwahrlosen VI ⟨pas de ge-, s.⟩ **1** se clochardiser; *bes Kinder* être négligé; être laissé à l'abandon; **~ lassen** négliger; laisser à l'abandon **2** *moralisch* déchoir; tomber bien bas

verwahrlost ADJT **1** *bes Kinder* négligé; (laissé) à l'abandon; **~ aussehen** avoir l'air mal soigné **2** *moralisch* déchu

Verwahrlosung F ⟨~⟩ **1** clochardisation *f*; *bes von Kindern* négligence *f*; abandon *m* **2** *moralische* déchéance *f*

Verwahrung F ⟨~⟩ **1** *(Aufbewahrung)* garde *f*; dépôt *m*; **etw in ~** *(akk)* **geben** donner, laisser qc en garde; mettre qc en dépôt **2** *(Arrest)* détention *f*

verwaist ADJT **1** orphelin **2** *geh fig Haus etc* **~ sein** être abandonné, délaissé; *Person* **sich ~ fühlen** se sentir esseulé

verwalten ⟨-ete, pas de ge-, h.⟩ **A** VT *Stadt, Behörde etc* administrer; *Unternehmen, Vermögen, Haus etc* gérer; *Amt* exercer **B** VR **sich selbst ~** *Land, Region* avoir une administration autonome

Verwalter(in) M ⟨~s; ~⟩ (F) ⟨~in; ~innen⟩ administrateur, -trice *m,f*; *(Hausverwalter[in])* gérant(e) *m(f)*; *(Gutsverwalter[in])* régisseur *m*; intendant *m*; **Verwaltung** F ⟨~; ~en⟩ **1** *(das Verwalten)* administration *f*; *e-s Unternehmens, Vermögens etc* gestion *f*; *e-s Amtes* exercice *m* **2** *(~swesen)* système administratif; administration *f*

Verwaltungs... IN ZSSGN d'administration; administratif, -ive; **Verwaltungsakt** M acte administratif; **Verwaltungsangestellte(r)** M/F(M) employé(e) *m(f)* de l'administration; **Verwaltungsapparat** M appareil administratif; **Verwaltungsbeamte(r)** M, **Verwaltungsbeamtin** F fonctionnaire *m/f* de l'administration; *in Frankreich a.* agent administratif; **Verwaltungsbehörde** F service administratif; administration *f*; **Verwaltungsbezirk** M district *m*; circonscription administrative; **Verwaltungsdirektor** M directeur administratif; *e-s Internats a.* intendant *m*; **Verwaltungsgebäude** N bâtiment administratif; **Verwaltungsgebühr** F taxe *f*; **Verwaltungsgericht** N tribunal administratif; **Verwaltungsgremium** N organisme *m* de gestion; **Verwaltungskosten** PL frais *mpl* d'administration, de gestion; **Verwaltungsrat** M ⟨~(e)s; -räte⟩ conseil *m* d'administration; **Verwaltungsrecht** N ⟨~(e)s⟩ droit administratif; **Verwaltungsreform**

F réforme administrative; **Verwaltungssitz** M siège m de l'administration centrale; **Verwaltungssprache** F langage administratif; **verwaltungstechnisch** A ADJ administratif, -ive B ADV sur le plan administratif; **Verwaltungsvorschrift** F prescription administrative
Verwaltungsweg M **auf dem ~(e)** par (la) voie administrative
verwandelbar ADJ transformable
verwandeln ‹-(e)le, *pas de ge-*, h.› A VT 1 *(verändern)* changer **(in** [+akk] en); transformer (en); *fig* **sie ist wie verwandelt** elle a tout à fait changé; **ich fühle mich wie verwandelt** je me sens tout transformé, métamorphosé 2 *(umwandeln)* MYTH, *fig* métamorphoser **(in** [+akk], **zu** en); **der Prinz wurde in einen Frosch verwandelt** le prince a été changé, métamorphosé en grenouille 3 *bes* ALCHEMIE transmuter **(in Gold** en or) 4 SPORT **e-n Eckstoß ~** transformer un corner B VI SPORT **zum 2:0 ~** porter le score à 2 à 0 C VR **sich ~** *(sich umwandeln)* se transformer; se métamorphoser (*a.* ZOOL, MYTH)
Verwandlung F *(das [Sich]Verwandeln)* changement *m*; transformation *f*; MYTH, *fig*, ZOOL métamorphose *f*; *bes* ALCHEMIE transmutation *f*
Verwandlungskünstler M mime *m* (qui incarne plusieurs personnages)
verwandt[1] PPERF → verwenden
verwandt[2] ADJ 1 parent **(mit** de); **er ist mit mir ~** (lui et moi,) nous sommes parents; **durch Heirat ~ sein** être parent(s) par alliance; **wie sind Sie mit ihm ~?** quel est votre lien de parenté? 2 *fig*, *Anschauungen etc* apparenté; analogue; semblable; **~e Seelen** *fpl* (des) âmes *fpl* sœurs; **~e Sprachen** *fpl* langues apparentées
Verwandte(r) M/F(M) ‹→ A› parent(e) *m(f)*; **naher ~r** proche parent; **entfernter, weitläufiger ~r** parent éloigné; **die ~n** *pl* → Verwandtschaft 3
Verwandtschaft F ‹~; ~en› 1 *(das Verwandtsein)* parenté *f*; *durch Heirat a.* (parenté *f* par) alliance *f* 2 *fig (Ähnlichkeit)* parenté *f*; analogie *f*; ressemblance *f*; affinité *f* 3 ‹*sans pl*› **die ~** *(die Verwandten)* la parenté; la famille; **zur ~ gehören** faire partie de la famille
verwandtschaftlich A ADJ de parent B ADV en parent
Verwandtschaftsgrad M degré *m* de parenté; **Verwandtschaftsverhältnis** N parenté *f*
verwanzt ADJ infesté de punaises
verwarnen VT ‹*pas de ge-*, h.› 1 mettre en garde; donner un avertissement à; *gebührenpflichtig* donner une contravention à; infliger une amende à 2 SPORT avertir
Verwarnung F avertissement *m* (*a.* SPORT); **gebührenpflichtige ~** contravention *f*; procès-verbal *m*
verwaschen ADJ 1 *(ausgewaschen)* délavé; décoloré 2 *(blass) Farben* pâle; délavé 3 *fig (ungenau)* flou; imprécis; vague
verwässern VT ‹-(e)re, *pas de ge-*, h.› 1 mettre trop d'eau dans 2 *fig* délayer; affadir
verwechselbar ADJ facile à confondre
verwechseln VT ‹-(e)le, *pas de ge-*, h.› confondre **(mit** avec); **er hat sie miteinander verwechselt** il a pris l'un(e) pour l'autre; **die Namen ~** confondre les noms; **ich habe Sie mit Herrn X verwechselt** *a.* je vous ai pris pour Monsieur X; **sie sehen sich zum Verwechseln ähnlich** ils se ressemblent à s'y méprendre
Verwechs(e)lung F ‹Verwechs(e)lung; Verwechs(e)lungen› 1 confusion *f*; **infolge e-r Verwechs(e)lung** par suite d'une confusion 2 *(Vertauschung)* échange *m* involontaire 3 *(Irrtum)* erreur *f*; méprise *f*; quiproquo *m*
verwegen ADJ téméraire; *(kühn)* audacieux, -ieuse; °hardi; *Tat a.* osé; **Verwegenheit** F ‹~; ~en› témérité *f*; audace *f*; °hardiesse *f*
verwehen ‹*pas de ge-*› A VT ‹h.› 1 *(wegtragen) vom Wind* emporter; **Vom Winde verweht** *Buchtitel* Autant en emporte le vent 2 *(zuwehen) Spur* effacer; **vom Schnee verweht** couvert de neige; *Straßen* obstrué par la neige; **vom Sand verweht** ensablé B VI ‹s.› *Rauch etc* se dissiper; *(verstreut werden)* être dispersé (par le vent)
verwehren VT ‹*pas de ge-*, h.› **j-m etw ~** interdire, défendre qc à qn; **j-m ~, etw zu tun** empêcher qn de faire qc; **j-m den Zutritt ~** interdire à qn d'entrer; empêcher qn d'entrer
Verwehung F ‹~; ~en› *(Schneeverwehung)* congère *f*
verweichlicht ADJT amolli; *Männer a.* efféminé; **Verweichlichung** F ‹~› amollissement *m*
Verweigerer M ‹~s; ~› 1 *(Wehrdienstverweigerer)* objecteur *m* de conscience 2 *(Aussteiger)* marginal *m*
verweigern ‹-(e)re, *pas de ge-*, h.› A VT refuser **(j-m etw** qc à qn); **j-m den Gehorsam ~** refuser l'obéissance à qn; refuser d'obéir à qn; **den Wehrdienst ~** être objecteur de conscience; **das Essen ~** refuser de manger *od* toute nourriture B VI PFERDESPORT refuser l'obstacle C VR **sich j-m ~** se refuser à qn
Verweigerung F refus *m*
Verweigerungshaltung F attitude *f* de refus
verweilen *geh* VI ‹*pas de ge-*, h.› 1 *(stehen bleiben)* s'arrêter; rester; demeurer 2 *(sich aufhalten)* séjourner **(bei j-m** chez qn); *fig* **bei etw ~** *bei e-m Gedanken etc* s'attarder, s'arrêter à, sur qc
verweint ADJ **~e Augen haben, ~ aussehen** avoir les yeux gonflés de larmes
Verweis M ‹~es; ~e› 1 *(Rüge)* réprimande *f* **(wegen** pour); ADMIN, SCHULE avertissement *m*; *plus fort* blâme *m*; **j-m e-n ~ erteilen** réprimander qn 2 *(Hinweis)* **~ (auf** [+akk]) renvoi *m* (à); référence *f* (à)
verweisen VT ‹*irr*, *pas de ge-*, h.› 1 *a.* VI *(hinweisen)* **~ auf** *(+akk)* renvoyer à; **(den Leser) auf ein anderes Werk ~** renvoyer (le lecteur) à un autre ouvrage 2 *an e-e andere Person od Stelle* **j-n ~ an** *(+akk)* (r)envoyer, adresser qn à; **ich bin an den Geschäftsführer verwiesen worden** on m'a dit de m'adresser au gérant; JUR **an das Schwurgericht ~** renvoyer devant les assises 3 *(ausweisen, entfernen) Schüler* **(von) der Schule ~** renvoyer, exclure qn de l'école, du lycée, *etc*; **j-n des Landes, aus dem Land ~** expulser qn (du territoire); SPORT **e-n Spieler des Platzes ~** expulser un joueur (du terrain); FUSSBALL *a.* montrer le carton rouge à un joueur; *im Wettkampf* **s-e Gegner auf die Plätze ~** devancer ses adversaires
verwelken VI ‹*pas de ge-*, s.› se faner; se flétrir
verweltlichen ‹*pas de ge-*› A VT ‹h.› *kirchliches Eigentum* séculariser B *geh* VI ‹s.› prendre un caractère profane, laïque; **Verweltlichung** F ‹~› *kirchlichen Eigentums* sécularisation *f*
verwendbar ADJ utilisable; **mehrfach ~** réutilisable
Verwendbarkeit F ‹~› utilité *f* pratique
verwenden ‹*irr*, *pas de ge-*, h.› A VT 1 *(benutzen)* employer, utiliser **(für, zu** à; **als** comme); *Methode, Technik a.* appliquer 2 *(aufwenden) Zeit, Mühe* consacrer **(auf** [+akk] à); **viel Sorgfalt auf etw** *(akk)* **~** mettre, apporter beaucoup de soin à qc B *geh* VR **sich für j-n ~** intervenir, intercéder pour qn, en faveur de qn **(bei j-m** auprès de qn)
Verwendung F emploi *m*; utilisation *f*; **bei etw ~ finden** être utilisé pour qc; servir à qc; **keine ~ für etw haben** ne pas savoir quoi faire de qc
verwendungsfähig ADJ utilisable; **nicht ~** inutilisable; °hors d'état de servir
Verwendungsmöglichkeit F possibilité *f* d'utilisation; **Verwendungsweise** F mode *m* d'utilisation *(+gen* de); manière *f* de se servir *(+gen* de); **Verwendungszweck** M emploi prévu; *auf Schecks etc* motif *m* paiement
verwerfen ‹*irr*, *pas de ge-*, h.› A VT 1 *(ablehnen)* rejeter (*a.* JUR *Klage*); repousser; écarter 2 *geh (missbilligen)* désapprouver; réprouver; *plus fort* condamner B VR **sich ~** 1 TECH *(sich verziehen) Holz* gauchir; se déjeter 2 GEOL *Gesteinsschichten* former une faille
verwerflich *geh* ADJ répréhensible; blâmable; condamnable; **Verwerflichkeit** *geh* F ‹~› nature *f* répréhensible, blâmable, condamnable
Verwerfung F ‹~; ~en› 1 TECH gauchissement *m* (*a. fig*) 2 *(Ablehnung)* rejet *m* 3 GEOL faille *f*
verwertbar ADJ utilisable; *Altmaterial* récupérable
verwerten VT ‹-ete, *pas de ge-*, h.› utiliser; *Altmaterial* récupérer; *Erfindung etc* exploiter; mettre en valeur, à profit
Verwertung F utilisation *f*; *von Altmaterial* récupération *f*; *e-r Erfindung etc* exploitation *f*; mise *f* en valeur, à profit
Verwertungsgesellschaft F société *f* d'exploitation
verwesen VI ‹*pas de ge-*, s.› se décomposer; se putréfier
Verwesung F ‹~› décomposition *f*; putréfaction *f*; **in ~ übergehen** entrer, tomber en putréfaction
Verwesungsgeruch M miasme *m*; **Verwesungsprozess** M putréfaction *f*
verwetten VT ‹-ete, *pas de ge-*, h.› *(einsetzen)* parier; *(verlieren)* **Geld ~** perdre de l'argent à faire des paris; **ich würde meinen Kopf dafür ~** j'en donnerais ma tête à couper; j'en mettrais ma main au feu
verwickeln ‹-(e)le, *pas de ge-*, h.› A VT **j-n in etw** *(akk)* **~** engager, impliquer qn dans qc B VR 1 *Garn etc* **sich ~** s'embrouiller; s'emmêler; s'enchevêtrer 2 *fig* **sich in Widersprüche ~** s'empêtrer, s'embrouiller dans des contradictions
verwickelt ADJT *Angelegenheit etc* compliqué; embrouillé; **Verwicklung** F ‹~; ~en› *in e-e Angelegenheit* implication *f* **(in** [+akk] dans); *(Komplikation)* embrouillement *m*; complication *f*; imbroglio *m*
verwiesen PPERF → verweisen
verwildern VI ‹-(e)re, *pas de ge-*, s.› 1 *Haustier* (re)devenir sauvage 2 *(verwahrlosen) Feld, Garten, Kind* être (laissé) à l'abandon; être négligé; *Person äußerlich* se négliger (de plus en plus); *Sitten* se dépraver
verwildert ADJT 1 *Haustier* (re)devenu sauvage 2 *(verwahrlost) Garten* inculte; abandonné; laissé à l'abandon; *Kind* négligé; *Sitten* dépravé
Verwilderung F ‹~› *von Tieren* retour *m* à l'état sauvage; *von Gärten* abandon *m*; état *m* sauvage; *der Sitten* dépravation *f*
verwinden *geh* VT ‹*irr*, *pas de ge-*, h.› *Schmerz, Kummer* surmonter; **etw nicht ~ können** ne pas (pouvoir) surmonter qc, se consoler de qc
verwirken *geh* VT ‹*pas de ge-*, h.› *Recht, Anspruch* perdre; **sein Leben verwirkt haben**

avoir mérité la mort

verwirklichen ⟨*pas de ge-*, h.⟩ A VT réaliser B VR **sich ~** 1 *(in Erfüllung gehen)* se réaliser; s'accomplir 2 **sich (selbst) ~** se réaliser (dans la vie)

Verwirklichung F ⟨~; ~en⟩ réalisation *f*

verwirren ⟨*pas de ge-*, h.⟩ A VT 1 *Fäden etc* embrouiller; emmêler; enchevêtrer; *Haare* emmêler 2 *fig* **j-n ~** rendre qn confus; troubler, déconcerter qn; *(verunsichern)* désorienter qn B VR **sich ~** 1 *Fäden etc* s'embrouiller; s'emmêler; s'enchevêtrer; *Haar* s'emmêler 2 *fig* **ihre Sinne ~ sich** elle a l'esprit qui s'embrouille

verwirrend ADJT troublant; déconcertant

verwirrt ADJT confus; *Person a.* troublé; déconcerté

Verwirrung F ⟨~; ~en⟩ 1 *(Durcheinander)* confusion *f*; trouble *m*; **~ stiften** provoquer la confusion, le trouble 2 *e-r Person* trouble *m*; *plus fort* désarroi *m*; **geistige ~** confusion mentale; **in ~ geraten** se troubler; se décontenancer

verwischen ⟨*pas de ge-*, h.⟩ A VT effacer *(a. fig)*; *Unterschiede* atténuer; estomper B VR **sich ~** *fig (verschwinden) Spur, Eindruck* s'effacer; *Unterschiede etc* s'estomper; s'atténuer

verwittern VI ⟨-(e)re, *pas de ge-*, s.⟩ GEOL s'éroder, s'effriter (sous l'influence de l'air); être rongé par le temps; *völlig* se désagréger; *Gebäude a.* se dégrader; *fig* **ein verwittertes Gesicht** un visage buriné, ravagé (par le temps)

Verwitterung F GEOL érosion *f*; effritement *m*; *völlige* désagrégation *f*; *e-s Gebäudes a.* dégradation *f*

verwitwet ADJ veuf, veuve

verwoben ADJ *Begriffe, Vorstellungen* **eng miteinander ~ sein** être étroitement liés

verwöhnen ⟨*pas de ge-*, h.⟩ gâter; choyer; *(verhätscheln)* dorloter; *fig* **er ist vom Schicksal nicht verwöhnt worden** il n'a pas été gâté par le destin, par le sort

verwohnt ADJ *Wohnung, Zimmer* défraîchi

verwöhnt ADJT 1 *(verhätschelt)* gâté; dorloté; choyé 2 *(anspruchsvoll)* exigeant; difficile (à contenter); **für den ~en Geschmack** pour le goût le plus exigeant

verworfen A PPERF → verwerfen B *geh* ADJT *Mensch, Tat* abject; infâme; *nur Mensch* dépravé

verworren ADJ confus; *Ideen a.* désordonné; *Angelegenheit a.* embrouillé; **~e Lage** situation confuse

Verworrenheit F ⟨~⟩ confusion *f*; désordre *m* (des idées)

verwundbar ADJ vulnérable *(a. fig)*; *fig* **~e Stelle** point *m* vulnérable; talon *m* d'Achille

Verwundbarkeit F ⟨~⟩ vulnérabilité *f (a. fig)*

verwunden[1] VT ⟨-ete, *pas de ge-*, h.⟩ blesser *(a. fig Gefühle etc)*

verwunden[2] PPERF → verwinden

verwunderlich ADJ étonnant; surprenant; étrange; **es ist nicht ~, dass …** rien d'étonnant (à ce) que … *(+subj)*

verwundern ⟨-(e)re, *pas de ge-*, h.⟩ A VT étonner; surprendre; **das ist nicht zu ~** ce n'est pas étonnant, surprenant; **es verwundert mich** *od* **mich verwundert, dass …** je suis étonné, surpris que … *(+subj)* B VR **sich ~ (über** *[+akk]*) s'étonner (de); être étonné, surpris (de)

V

Verwunderung F ⟨~⟩ étonnement *m*; surprise *f*; **voller ~** plein d'étonnement; **in ~** *(akk)* **(ver)setzen** frapper d'étonnement; **zu meiner großen ~** à mon grand étonnement; à ma grande surprise

Verwundete(r) M/F(M) ⟨→ A⟩ blessé(e) *m(f)*

Verwundetentransport M transport *m* de blessés; **Verwundung** F ⟨~; ~en⟩ blessure *f*

verwunschen ADJ *Ort etc* enchanté

verwünschen VT ⟨*pas de ge-*, h.⟩ 1 *(verfluchen)* maudire 2 *bes Märchen (verzaubern)* ensorceler; enchanter

verwünscht ADJT *(verflucht)* maudit

Verwünschung F ⟨~; ~en⟩ *(Verfluchung)* malédiction *f*; *liter* imprécation *f*; *(Fluch)* juron *m*

verwurzeln VI ⟨-(e)le, *pas de ge-*, s.⟩ s'enraciner, prendre racine, s'implanter (**in** *[+dat]* dans); *fig* **tief verwurzelt sein in** *(+dat)* avoir de profondes racines dans

Verwurz(e)lung F ⟨~⟩ enracinement *m*

verwüsten VT ⟨-ete, *pas de ge-*, h.⟩ ravager; dévaster

Verwüstung F ⟨~; ~en⟩ ravage *m*; dévastation *f*; **~en anrichten** faire des ravages

verzagen *geh* VI ⟨*pas de ge-*, s. *ou* h.⟩ perdre courage; se décourager; se laisser abattre

verzagt ADJT découragé; abattu; **Verzagtheit** F ⟨~⟩ découragement *m*; abattement *m*

verzählen VR ⟨*pas de ge-*, h.⟩ **sich ~** se tromper en comptant; **sich um zwei ~** se tromper de deux

verzahnen ⟨*pas de ge-*, h.⟩ A VT 1 TECH *(ineinanderfügen)* endenter; engrener (**mit etw** dans qc) 2 *fig (eng verbinden)* lier, joindre, associer étroitement B VR **sich ~** *(ineinandergreifen)* s'engrener *(a. fig)*

verzahnt ADJT TECH endenté; engrené (**mit etw** dans qc)

verzapfen VT ⟨*pas de ge-*, h.⟩ 1 TECH, BAU cheviller; assembler à tenon (et mortaise) 2 *umg fig* **Unsinn ~** dire des bêtises, des âneries

verzärteln VT ⟨-(e)le, *pas de ge-*, h.⟩ bichonner; choyer; dorloter; *Kind pej a.* trop gâter; pourrir

verzaubern VT ⟨-(e)re, *pas de ge-*, h.⟩ 1 *(verwünschen)* enchanter; ensorceler; **~ in** *(+akk)* métamorphoser en 2 *fig (faszinieren)* enchanter; émerveiller; fasciner; **Verzauberung** F ⟨~; ~en⟩ 1 *(das Verzaubern)* enchantement *m*; ensorcellement *m* 2 *fig (Faszination)* enchantement *m*; émerveillement *m*; fascination *f*

verzehnfachen ⟨*pas de ge-*, h.⟩ A VT décupler; multiplier par dix B VR **sich ~** se décupler; être multiplié par dix; **Verzehnfachung** F ⟨~; ~en⟩ décuplement *m*; multiplication *f* par dix

Verzehr M ⟨~(e)s⟩ consommation *f*; **zum ~ nicht geeignet** impropre à la consommation; **zum alsbaldigen ~ bestimmt** à consommer rapidement après achat

verzehren *geh* ⟨*pas de ge-*, h.⟩ A VT 1 *(essen)* consommer 2 *fig Person* **verzehrt werden von** *von e-r Krankheit, von Sorgen* être rongé, miné par; *von e-r Leidenschaft* être dévoré de B VR 1 *(leiden)* **sich ~** se consumer, se ronger, se miner (**vor** *[+dat]* de) 2 *(verlangen)* **sich nach j-m ~** brûler (d'amour) pour qn

Verzehrzwang M obligation *f* de consommation

verzeichnen VT ⟨-ete, *pas de ge-*, h.⟩ 1 MAL *(falsch zeichnen)* mal dessiner; mal reproduire; *fig (falsch darstellen) j-s Charakter* mal tracer, décrire 2 *(festhalten)* noter; prendre note de; inscrire (**auf** *[+dat]* sur); ADMIN consigner; *(registrieren)* enregistrer; **verzeichnet sein** *(aufgeführt sein)* figurer (**auf** *[+dat]* sur; **in** *[+dat]* dans) 3 *fig (feststellen) Erfolg, e-e bestimmte Entwicklung etc* **~ können, zu ~ haben** pouvoir enregistrer

Verzeichnis N ⟨~ses; ~se⟩ *(Liste)* liste *f*; relevé *m*; *(Register)* registre *m*; **ein ~ anlegen** dresser, établir une liste, un état; faire un relevé

verzeihen VT ⟨*irr, pas de ge-*, h.⟩ 1 *(vergeben)* pardonner (**j-m etw** qc à qn); *abs* **sie kann ihm nicht ~** elle est incapable de, elle ne peut pas lui pardonner 2 *(entschuldigen)* excuser; **~ Sie!** pardon!; pardonnez-moi!; excusez-moi!; **~ Sie bitte die Störung** excusez-moi, pardonnez-moi de vous déranger

verzeihlich ADJ pardonnable; *(entschuldbar)* excusable

Verzeihung F ⟨~⟩ pardon *m*; **~!** pardon!; excusez-moi!; **j-n um ~ bitten** demander pardon à qn; **wir bitten vielmals um ~** nous vous prions de bien vouloir nous excuser

verzerren ⟨*pas de ge-*, h.⟩ A VT 1 *Bild, Ton* déformer; distordre; *fig Inhalt, Tatsachen* déformer; défigurer 2 *Gesichtszüge* tordre; crisper B VR **sich ~** *Gesichtszüge* se décomposer; *vor Schmerz* se crisper; se convulser; MED **sich** *(dat)* **e-n Muskel ~** se claquer un muscle

Verzerrung F 1 *e-s Bildes, Tons* déformation *f*; distorsion *f*; *fig der Tatsachen* défiguration *f*; déformation *f* 2 *der Gesichtszüge* décomposition *f* 3 *e-s Muskels* élongation *f*; claquage *m*

verzetteln[1] ⟨-(e)le, *pas de ge-*, h.⟩ A VT *Kräfte* éparpiller; disperser; *Geld* gaspiller B VR **sich ~** éparpiller ses forces; s'éparpiller

verzetteln[2] VT ⟨-(e)le, *pas de ge-*, h.⟩ *(auf Zettel schreiben)* mettre sur fiches

Verzett(e)lung F ⟨~⟩ *von Kräften* éparpillement *m*; dispersion *f*; *von Geld* gaspillage *m*

Verzicht M ⟨~(e)s; ~e⟩ renoncement *m*, renonciation *f* (**auf** *[+ akk]* à); résignation *f*; abandon *m* (de); JUR renonciation (à); désistement *m* (de)

verzichten VI ⟨-ete, *pas de ge-*, h.⟩ renoncer (**auf etw** *[akk]* à qc); JUR *a.* se désister (de qc); **ich verzichte auf deine Hilfe** je n'ai pas besoin, je me passerai de ton aide; **er hat auf e-e Stellungnahme verzichtet** il n'a pas voulu donner son avis

Verzicht(s)erklärung F déclaration *f* de renonciation

verzieh → verzeihen

verziehen[1] ⟨*irr, pas de ge-*⟩ A VT ⟨h.⟩ 1 **das Gesicht ~** grimacer; faire une (des) grimace(s); *unzufrieden etc* faire la grimace; faire la moue; **den Mund ~** tordre la bouche; **ohne e-e Miene zu ~** sans sourciller 2 *(schlecht erziehen)* gâter; mal élever 3 GARTEN *junge Pflanzen, Rüben etc* démarier; éclaircir B VI ⟨s.⟩ *(wegziehen)* déménager (**nach** à); changer de logement, de domicile, de résidence; → *a.* unbekannt B C VR ⟨h.⟩ **sich ~** 1 *(sich verformen)* TECH se voiler; se fausser; *Holz* se déjeter; gauchir 2 *(verschwinden) Gewitter, Schmerz* disparaître; se dissiper; *umg (sich davonmachen)* s'en aller; *umg* se tirer; *umg* se casser; *umg* filer 3 *Gesicht* **sich krampfhaft ~** se crisper; se convulser

verziehen[2] PPERF → verzeihen

verzieren VT ⟨*pas de ge-*, h.⟩ orner; décorer *(a. GASTR)*; *mit Zierrat* ornementer; *durch Besatz* garnir; **Verzierung** F ⟨~; ~en⟩ 1 *(das Verzieren)* décoration *f*; ornementation *f*; enjolivement *m*; *durch Besatz* garnissage *m* 2 *(Schmuck)* décoration *f (a. GASTR)*; ornement *m (a. BAU, RHET)*; *(Zierrat)* enjolivement *m*; *(Besatz)* garniture *f*

verzinken VT ⟨*pas de ge-*, h.⟩ METALL zinguer; galvaniser; **Verzinkung** F ⟨~; ~en⟩ METALL zingage *m*; galvanisation *f*

verzinnen VT ⟨*pas de ge-*, h.⟩ étamer

verzinsbar ADJ → verzinslich

verzinsen ⟨*pas de ge-*, h.⟩ A VT *Kapital* rémunérer B VR **sich ~** rapporter des intérêts; **sich mit 6 % ~** rapporter six pour cent

verzinslich ADJ productif, -ive d'intérêt(s); à intérêt(s); **~ anlegen** placer à intérêts

Verzinsung F ⟨~; ~en⟩ rapport *m*; intérêts

mpl; rémunération *f*
verzogen A PPERF → verziehen¹ B ADJT 1 *(schlecht erzogen)* gâté 2 *Holz etc* déjeté; gauchi; voilé
verzögern ⟨-(e)re, *pas de ge-*, h.⟩ A V/T 1 *(aufschieben, hinauszögern)* retarder; *Prozess a.* (faire) traîner en longueur 2 *(verlangsamen) Ablauf, Tempo, a.* TECH ralentir B V/R **sich ~** 1 *(auf sich warten lassen)* se faire attendre; traîner en longueur 2 *(sich verspäten) Ankunft etc* être retardé (um de)
Verzögerung F ⟨~; ~en⟩ 1 *(Aufschub)* retardement *m*; remise *f*; renvoi *m* 2 *(Verlangsamung)* ralentissement *m*; PHYS décélération *f* 3 *(Verspätung)* retard *m*; retardement *m*; **keine ~ dulden** *geh* ne souffrir aucun retard
Verzögerungstaktik F manœuvres *fpl* dilatoires
verzollen V/T ⟨*pas de ge-*, h.⟩ dédouaner; payer les droits de douane sur; **haben Sie etw zu ~?** avez-vous qc à déclarer?
Verzollung F ⟨~; ~en⟩ dédouanement *m*; acquittement *m* des droits de douane
verzückt ADJT ravi; extasié; en extase; **~ sein** *a.* être aux anges
Verzückung F ⟨~; ~en⟩ ravissement *m*; extase *f*; **in ~ geraten** s'extasier; tomber en extase
Verzug M ⟨~(e)s⟩ 1 *(Verspätung, Rückstand)* retard *m*; délai *m*; **in ~ geraten, kommen** se mettre en retard, prendre du retard (**mit** dans); **in ~ sein** être en retard (**mit** de); JUR **in ~ setzen** mettre en demeure; **ohne ~** sans retard; sans délai 2 → Gefahr
Verzugszinsen MPL intérêts *mpl* moratoires
verzweifeln V/I ⟨*pas de ge-*, s.⟩ désespérer (**an** j-m, etw de qn, qc); *abs* se désespérer; **es ist zum Verzweifeln** c'est à désespérer; c'est désespérant
verzweifelt A ADJT désespéré B ADVL 1 *(sehr)* terriblement; extrêmement 2 **~ versuchen, etw zu tun** essayer désespérément de faire qc
Verzweiflung F ⟨~⟩ désespoir *m*; **j-n zur ~ bringen** mettre qn au désespoir; désespérer qn; **mit dem Mut der ~** avec l'énergie du désespoir
verzweigen V/R ⟨*pas de ge*, h.⟩ **sich ~** se ramifier *(a. fig)*; **Verzweigung** F ⟨~; ~en⟩ ramification *f (a. fig)*
verzwickt *umg* ADJ compliqué; inextricable; **Verzwicktheit** *umg* F ⟨~⟩ complexité *f*; difficulté *f*; caractère *m* inextricable
Vesper F ⟨~; ~n⟩ 1 KATH vêpres *fpl* 2 *a.* N ⟨~s; ~⟩ *bes südd (Imbiss)* casse-croûte *m*; *für Kinder* goûter *m*; **Vesperbrot** N *bes südd* casse-croûte *m*; *für Kinder* goûter *m*
vespern ⟨-(e)re, h.⟩ *bes südd* A V/T **etw ~** manger qc (comme casse-croûte); *bes Kinder* manger qc au goûter B V/I manger son casse-croûte; casse-croûter; casser la, une croûte; *bes Kinder* goûter
Vestibül *geh* N ⟨~s; ~e⟩ vestibule *m*
Vesuv ⟨→ *n/pr*⟩ GEOG **der ~** le Vésuve
Veteran M ⟨~en; ~en⟩ vétéran *m (a. fig)*
Veterinär M ⟨~s; ~e⟩ vétérinaire *m*; **Veterinärmedizin** F ⟨~⟩ médecine *f* vétérinaire
Veto N ⟨~s; ~s⟩ veto *m*; **(s)ein ~ einlegen** mettre, opposer son veto (**gegen** à)
Vetorecht N droit *m* de veto
Vettel F ⟨~; ~n⟩ *pej* **(alte) ~** vieille rombière
Vetter M ⟨~s; ~n⟩ cousin *m*
Vetternwirtschaft F ⟨~⟩ *pej* népotisme *m*
Vexierbild N (dessin *m*) devinette *f*; **Vexierspiegel** M miroir déformant
v-förmig, **V-förmig** ADJ en V; **v-förmige, V-förmige Anordnung** disposition *f* en V
vgl. ABK (vergleiche) v. (voir); cf. *od* conf. (confer)
v. H. ABK (vom Hundert) % (pour cent)
VHS F ⟨~; ~⟩ ABK (Volkshochschule) université *f* populaire
via PRÄP ⟨*akk*⟩ **~ Paris** par, via Paris
Viadukt M *od* N ⟨~(e)s; ~e⟩ viaduc *m*
Viagra® N ⟨~s⟩ PHARM viagra® *m*
Vibration F ⟨~; ~en⟩ vibration *f*; PHYS oscillation *f*
Vibrationsmassage F massage *m* vibratoire
Vibrato N ⟨~s; ~s *ou* -ti⟩ MUS vibrato *m*
Vibrator M ⟨~s; -toren⟩ 1 *(Massagestab)* vibromasseur *m* 2 TEL vibreur *m* 3 TECH vibrateur *m*
vibrieren V/I ⟨*pas de ge-*, h.⟩ vibrer *(a. Stimme)*
Vibrieren N ⟨~s⟩ vibration(s) *f(pl)*; oscillation *f*; trépidation *f*
Video N ⟨~s; ~s⟩ vidéo *f*
Video... IN ZSSGN vidéo...; vidéo *(nachgestellt inv)*; **Videoaufnahme** F enregistrement *m* vidéo; **Videoaufzeichnung** F enregistrement *m* vidéo; **Videoband** N ⟨~(e)s; -bänder⟩ bande *f* vidéo; **Videoblog** N *od* M vidéoblog *m*; **Videobotschaft** F message *m* vidéo; **Videoclip** M vidéoclip *m*; **Videofilm** M film *m* vidéo; **Videofilmer(in)** M ⟨~s; ~⟩ (F) ⟨~in; ~innen⟩ vidéaste *m/f*; **Videogerät** N magnétoscope *m*; **Videokamera** F caméscope *m*; caméra *f* vidéo; **Videokassette** F vidéocassette *f*; cassette *f* vidéo; **Videokonferenz** F visioconférence *f*; vidéoconférence *f*
Video-on-Demand N ⟨~(s)⟩ vidéo *f* à la demande; VOD *f*
Videorekorder M magnétoscope *m*; **Videospiel** N jeu *m* vidéo; **Videotechnik** F ⟨~⟩ technique *f* vidéo; **Videotext** M ⟨~(e)s⟩ vidéographie *f*
Videothek F ⟨~; ~en⟩ vidéothèque *f*
Videoüberwachung F vidéosurveillance *f*
Viech *umg* N ⟨~(e)s; ~er⟩ bête *f*; *kleines* bestiole *f*; **Viecherei** *umg* F ⟨~; ~en⟩ 1 → Schinderei 2 *(Gemeinheit) umg* saloperie *f*
Vieh N ⟨~(e)s⟩ 1 *koll* bétail *m*; bestiaux *mpl*; **zwanzig Stück ~** vingt têtes de bétail; **~ halten** nourrir, élever du bétail; **wie ~** *behandelt werden* comme du bétail 2 *umg (Tier)* bête *f*; **das arme ~!** la pauvre bête! 3 *sl fig pej von Menschen* brute *f*; **du ~!** *umg* espèce de brute!; *umg* sale brute!
Viehauftrieb M transhumance *f* de printemps; montée *f* aux alpages; **Viehbestand** M ⟨~(e)s; ~̈e⟩ cheptel *m*; **Viehfutter** N ⟨~s⟩ fourrage *m*; **Viehhaltung** F ⟨~⟩ élevage *m* (de bétail); **Viehhandel** M commerce *m* de bétail; **Viehhändler** M marchand *m* de bestiaux; **Viehherde** F troupeau *m*
viehisch A ADJ 1 *pej (brutal)* brutal; bestial 2 *umg (stark, immens)* terrible; affreux, -euse B ADV 1 *pej (brutal)* brutalement; bestialement 2 *umg (sehr) umg* vachement
Viehmarkt M marché *m* aux bestiaux; **Viehmast** F engraissement *m* des bestiaux; **Viehsalz** N ⟨~es⟩ sel gris, non raffiné; **Viehstall** M étable *f*; **Viehsterben** N mortalité *f* du bétail; **Viehtränke** F abreuvoir *m*; **Viehtransporter** M bétaillère *f*; **Viehtreiber** M gardien *m* de troupeaux; **Viehwaggon** M wagon *m* à bestiaux; **Viehweide** F pâturage *m*; pacage *m*; **Viehwirtschaft** F ⟨~⟩ production animale; **Viehzählung** F recensement *m* du bétail; **Viehzeug** *umg a. pej* N ⟨~(e)s⟩ animaux *mpl*; *kleines* bestioles *fpl*; **Viehzucht** F ⟨~⟩ élevage *m* (de bétail, de bestiaux); **Viehzüchter** M éleveur *m* (de bétail, de bestiaux)
viel A INDEF PR ⟨mehr, meiste⟩ 1 ⟨*pl*⟩ ADJT beaucoup de; bien de *bzw.* des; *subst* beaucoup; **~e Dinge** *npl*, **~es** bien des, beaucoup de choses; **~e Freunde** *mpl* beaucoup d'amis; **~e Male** *npl* souvent; **so ~e Male wie nötig** autant de fois que ce sera nécessaire; **seit ~en Jahren** depuis bien des années; **die ~en Menschen, die ...** le grand nombre de personnes qui ...; les nombreuses personnes qui ...; **~e Hundert (Menschen)** des centaines *fpl* (de personnes); **~e andere** bien d'autres; **sehr ~e** un très grand nombre (de); **unendlich ~e** un nombre infini (de); **ziemlich ~e** un assez grand nombre (de); pas mal (de); **~e sind gekommen** beaucoup sont venus; ils sont venus nombreux 2 ⟨*sg*⟩ *adjt* beaucoup de; *subst* beaucoup; **~ Geld** beaucoup d'argent; **das ~e Geld** tout cet argent; **~ (Geld) kosten** coûter cher; **~ Zeit** beaucoup de temps; **~en Dank!** merci beaucoup, bien!; grand merci!; **~ Glück!** bonne chance!; **~ Vergnügen!** amusez-vous bien!; *iron* je vous souhaite bien du plaisir!; **durch ~ Fleiß** à force d'application; **zu ~** (...) trop (de ...); **ein bisschen** *od* **etw** *od* **ein wenig ~** un peu trop, beaucoup; **gleich ~** autant (l'un que l'autre); **in ~em** à beaucoup d'égards; **um ~es größer** beaucoup plus grand; → *a.* so A 3 B ADV 1 *(suivi d'un comparatif) (bei Weitem)* beaucoup; bien; **~ besser, schöner, schlimmer** bien meilleur, plus beau (belle), pire; **~ mehr** beaucoup plus; **~ größer als** beaucoup plus grand que; **nicht ~ anders als** pas très différent de; **~ lieber etw tun** aimer beaucoup mieux, préférer de loin faire qc 2 *mit zu* **zu ~** trop (de); **~ zu ~** beaucoup trop; **das ist zu ~** c'en est trop; **das ist mir zu ~** c'en est trop pour moi; **einer zu ~** un de trop; **was zu ~ ist, ist zu ~** trop c'est trop; **das ist zu ~ gesagt** c'est exagéré; *umg fig* **zu ~ kriegen** voir rouge; **~ zu einfach** beaucoup, bien trop simple 3 *(oft, häufig)* beaucoup; souvent; **~ befahren** *Straße etc* (très) passant; (très) emprunté; **~ beschäftigt** très affairé, occupé; **~ besucht** *Museum, Café etc* (très) fréquenté; **~ diskutiert** dont on parle beaucoup *bzw.* dont on a beaucoup parlé; **~ gekauft** qui se vend bien; très demandé; **~ geliebt** bien-aimé; **~ gepriesen** vanté de tous; **~ gereist** qui a beaucoup voyagé; qui a vu beaucoup de pays; **~ lesen** lire beaucoup; **~ sagend** → vielsagend; **~ schlafen** dormir beaucoup; **~ versprechend** → vielversprechend; **er ist ~ bei s-n Eltern** il est souvent chez ses parents; **aus der Bibel wird ~ zitiert** on cite souvent, beaucoup (de) la Bible 4 *umg in rhetorischen Fragen* **was kann da ~ passieren?** qu'est-ce qu'on risque?; **was fragst du ~?** à quoi bon toutes ces questions?; **was nützt das ~?** à quoi bon?
vielbefahren, **vielbeschäftigt**, **vielbesucht** ADJT → viel B 3
vieldeutig ADJ qui a plusieurs sens; *(doppeldeutig)* à double sens; ambigu, -uë; équivoque; **Vieldeutigkeit** F ⟨~⟩ ambiguïté *f*
vieldiskutiert ADJT → viel B 3; **Vieleck** N ⟨~(e)s; ~e⟩ MATH polygone *m*; **vieleckig** ADJ MATH polygonal; **Vielehe** F polygamie *f*
vielerlei ADJ ⟨*inv*⟩ 1 ⟨*subst*⟩ toutes sortes de choses; **er hat mir ~ erzählt** il m'a raconté toutes sortes de choses 2 ⟨*épithète*⟩ divers; **auf ~ Arten** de diverses manières
vielfach A ADJ multiple; **die ~e Menge von etw** le multiple de qc; **auf ~en Wunsch** à la demande générale B ADV souvent; fréquemment
Vielfache(s) N ⟨→ A⟩ MATH multiple *m*; **ein**

V

~s von … un multiple de …; *weitS.* **um ein ~s größer** considérablement plus grand

Vielfalt F ⟨~⟩ multiplicité *f*; *(Mannigfaltigkeit)* diversité *f*; variété *f*

vielfältig ADJ multiple; *(mannigfaltig)* divers; varié; **Vielfältigkeit** F ⟨~⟩ multiplicité *f*; *(Mannigfaltigkeit)* diversité *f*; variété *f*

vielfarbig ADJ multicolore; polychrome

Vielflächner M ⟨~s; ~⟩ MATH polyèdre *m*;

Vielfraß M 1 ZOOL glouton *m* 2 *umg fig Mensch* glouton, -onne *m,f*; goinfre *m/f*

vielgekauft, **vielgeliebt**, **vielgepriesen**, **vielgereist** ADJT → viel B 3; **vielgestaltig** ADJ multiforme; polymorphe; *(verschiedenartig)* varié

Vielgötterei F ⟨~⟩ polythéisme *m*

vielköpfig ADJ 1 *Ungeheuer etc* à plusieurs têtes 2 *Familie* nombreux, -euse

vielleicht A ADV 1 *(wahrscheinlich)* peut-être; **~ ja** peut-être que oui; **~ haben sie uns vergessen?** peut-être nous ont-ils oubliés?; peut-être qu'ils nous ont oubliés?; **Sie haben ~ recht** vous pourriez bien avoir raison 2 *(ungefähr)* à peu près; environ; **sie ist ~ zwanzig** elle a une vingtaine d'années; elle a à peu près vingt ans; **in ~ vier Stunden** dans quatre heures environ B *Partikel* 1 *in Fragen (etwa, eventuell)* par °hasard; **glauben Sie ~ …?** croyez-vous par °hasard …?; **bist du ~ krank?** *umg* tu ne serais pas malade, des fois?; **hilfst du mir ~ einmal?** tu (ne) pourrais (pas) m'aider un peu? 2 *(wirklich)* **das war ~ e-e Überraschung!** pour une surprise, c'était une surprise!; **sie waren ~ überrascht!** qu'est-ce qu'ils étaient surpris! 3 *Aufforderung* peut-être; **~ bedankst du dich einmal!** tu pourrais peut-être dire merci!

vielmals ADV bien des fois; *plus fort* mille fois; **ich bitte ~ um Entschuldigung** mille pardons!; **er lässt ~ grüßen** bien des choses de sa part; **danke ~!** merci bien!; merci beaucoup!

vielmehr ADV *u.* KONJ 1 *(genauer gesagt)* plutôt 2 *(im Gegenteil)* au contraire

vielsagend ADJT qui en dit long; expressif, -ive; *(bedeutungsvoll)* significatif, -ive; **vielschichtig** ADJ à couches multiples; *bes fig* complexe; *(ungleichartig)* hétérogène

vielseitig ADJ 1 *(auf vielen Gebieten einsetzbar)* polyvalent 2 *(an vielem interessiert)* d'une grande ouverture d'esprit 3 *(umfassend)* étendu; vaste 4 *(von vielen geäußert)* **auf ~en Wunsch** à la demande générale

Vielseitigkeit F ⟨~⟩ polyvalence *f*

vielsprachig ADJ polyglotte; **vielstimmig** ADJ à plusieurs voix; polyphonique; **vielversprechend** ADJT prometteur, -euse; plein de promesses

Vielvölkerstaat M État multinational, plurinational; **Vielweiberei** F ⟨~⟩ polygamie *f*; **Vielzahl** F ⟨~⟩ multitude *f*; multiplicité *f*; pluralité *f*

vier NUM quatre; *umg* **auf allen ~en** à quatre pattes; *umg* **alle ~e von sich** *(dat)* **strecken** se laisser choir; s'affaler; → *a.* **acht** A 1, 2

Vier F ⟨~; ~en⟩ 1 *Zahl* (chiffre *m*, nombre *m*) quatre *m*; → *a.* **Acht**[1] 1, 2 2 *Schulnote (ausreichend)* passable; *in Frankreich etwa* dix *m* (sur vingt); **e-e ~ schreiben, haben** avoir dix (sur vingt)

Vierachser M ⟨~s; ~⟩ véhicule *m* à quatre essieux; **vierachsig** ADJ à quatre essieux; **Vierakter** M ⟨~s; ~⟩ pièce *f* en quatre actes; **vierarmig** ADJ à quatre bras; *Leuchter* à quatre branches; **vierbändig** *etc* → **achtbändig** *etc*; **Vierbeiner** M ⟨~s; ~⟩ quadrupède *m*; *(Hund)* chien *m*; **vierbeinig** ADJ *Möbel* à quatre pieds; ZOOL à quatre pattes; quadrupède; **vierdimensional** ADJ à quatre dimensions; **Viereck** N ⟨~(e)s; ~e⟩ MATH quadrilatère *m*; *weitS. a. (Quadrat)* carré *m*; *(Rechteck)* rectangle *m*; **viereckig** ADJ MATH quadrangulaire; *weitS. a. (quadratisch)* carré; *(rechteckig)* rectangle

viereinhalb NUM quatre et demi

Vierer M ⟨~s; ~⟩ 1 RUDERN canot *m* à quatre rameurs; quatre *m*; **~ mit Steuermann** quatre barré; **~ ohne Steuermann** quatre *m* sans barreur 2 *südd, österr, schweiz (Vier)* quatre *m*; → *a.* Vier 2

Viererbob M bobsleigh *m* à quatre; **Viererkonferenz** F conférence *f* à quatre, quadripartite

viererlei ADJ ⟨*inv*⟩ quatre sortes, espèces de …; quatre … différent(e)s; de quatre sortes, espèces différentes

Viererwette F PFERDESPORT quarté *m*

vierfach A ADJ quadruple; → *a.* achtfach A B ADV quatre fois (plus); au quadruple; *zusammenlegen* en quatre; **~ vergrößert** agrandi quatre fois

Vierfache(s) N ⟨→ A⟩ quadruple *m*; **Vierfarbendruck** M ⟨~(e)s; ~e⟩ TYPO impression *f* en quatre couleurs; *t/t* quadrichromie *f*; **Vierfarbenstift** M portemine *m* à quatre couleurs; **Vierfelderwirtschaft** F AGR assolement quadriennal; **Vierflach** N ⟨~(e)s; ~e⟩, **Vierflächner** M ⟨~s; ~⟩ MATH tétraèdre *m*; **Vierfüßer** M ⟨~s; ~⟩ ZOOL quadrupède *m*; **vierhändig** ADJ *u.* ADV MUS à quatre mains; **vierhundert** NUM quatre cent(s); **Vierjahresplan** M plan quadriennal; **vierjährig** ADJ *(vier Jahre alt)* (âgé) de quatre ans; *(vier Jahre lang)* de quatre ans; qui dure quatre ans; *t/t, Amtszeit etc* quadriennal; **Vierjährige(r)** M/F(M) ⟨→ A⟩ garçon *m*, fille *f* de quatre ans; **vierjährlich** ADV (ADJ) (qui revient) tous les quatre ans; *adj a. t/t* quadriennal

Vierkant N *od* M ⟨~(e)s; ~e⟩ TECH carré *m*; **Vierkanteisen** N fer carré, à quatre pans; **Vierkantfeile** F lime carrée; **Vierkantholz** N bois équarri; **Vierkantschlüssel** M clé carrée; **Vierkantstahl** M acier carré, à quatre pans

Vierling M ⟨~s; ~e⟩ un(e) *m(f)* des quadruplé(e)s; *pl* **~e** quadruplé(e)s *m(f)pl*

Viermächtekonferenz F conférence *f* quadripartite

viermal ADV quatre fois; **viermalig** ADJ ⟨*épithète*⟩ répété quatre fois; **Viermaster** M ⟨~s; ~⟩ SCHIFF quatre-mâts *m*; **viermotorig** ADJ à quatre moteurs; quadrimoteur; **vierphasig** ADJ ELEK tétraphasé; **vierpolig** ADJ ELEK tétrapolaire

Vierradantrieb M traction *f* quatre roues motrices; **ein Wagen mit ~** un(e) quatre-quatre; un(e) 4 × 4

Vierradbremse F AUTO frein *m* sur les quatre roues

vierschrötig ADJ carré; trapu; **viersilbig** ADJ quadrisyllabique; **Viersitzer** M ⟨~s; ~⟩ voiture *f* à quatre places; FLUG quadriplace *m*; **viersitzig** ADJ à quatre places; **Vierspänner** M ⟨~s; ~⟩ voiture *f* à quatre chevaux; **vierspännig** ADJ attelé de quatre chevaux; **vierspurig** ADJ *Straße* à quatre voies; **vierstellig** ADJ *Zahl, Summe* de quatre chiffres; **Viersternehotel** N (hôtel *m*) quatre-étoiles *m*; **vierstimmig** ADJ MUS à quatre voix; **vierstöckig** ADJ de *od* à quatre étages; **vierstrophig** ADJ de *od* à quatre strophes, couplets; **vierstufig** ADJ *Rakete* à *od* de quatre étages

viert ADV **zu ~** à quatre; **zu ~ sein** être quatre

viertägig ADJ de quatre jours

Viertakter M ⟨~s; ~⟩, **Viertaktmotor** M moteur *m* à quatre temps

viertausend NUM quatre mille

vierte(r, -s) NUM quatrième; **die Vierte Welt** le quart monde; → *a.* achte(r, -s)

vierteilen ⟨ge-, h.⟩ A V/T HIST écarteler B V/R *fig* **sich ~** se mettre en quatre; **Vierteilen** N HIST écartèlement *m*; **vierteilig** ADJ *Serie* en *od* de quatre épisodes; *Werk* en *od* à quatre parties; *Set* à quatre éléments; BOT quadriparti, -ite

viertel ADJ ⟨*inv*⟩ **ein ~ Meter** *etc* un quart de mètre, *etc*

Viertel N ⟨~s; ~⟩ 1 MATH quart *m*; **ein ~ Butter** un quart de beurre; **(ein) ~ vor eins** *od regional* **drei viertel eins** une heure moins le quart; **(ein) ~ nach eins** *od regional* **ein ~ zwei** une heure et *od* un quart 2 *e-r Stadt, des Mondes, e-s Apfels* quartier *m*

Viertelfinale N quart *m* de finale

Vierteljahr N trimestre *m*; trois mois *mpl*; **Vierteljahr(e)sschrift** F revue trimestrielle

vierteljährig ADJ de trois mois; **vierteljährlich** A ADJ trimestriel, -ielle B ADV trimestriellement; par trimestre; tous les trois mois

Viertelliter M *od* N quart *m* de litre

vierteln V/T ⟨-(e)le, h.⟩ partager en quatre

Viertelnote F MUS noire *f*; **Viertelpause** F MUS soupir *m*; **Viertelpfund** N quart *m* (de livre); **Viertelstunde** F quart *m* d'heure; **viertelstündig** ADJ d'un quart d'heure; **viertelstündlich** ADJ tous les quarts d'heure

viertens ADV quatrièmement; en quatrième lieu

viertürig ADJ à quatre portes

Vierung F ⟨~; ~en⟩ BAU croisée *f* du transept

Viervierteltakt M ⟨~(e)s⟩ MUS mesure *f* à quatre temps

Vierwaldstätter See der ~ le lac des Quatre-Cantons

vierwertig ADJ CHEM tétravalent

vierzehn NUM quatorze; **~ Tage** quinze jours; une quinzaine; **etwa ~ Tage** une quinzaine; → *a.* acht A 1, 2

vierzehntägig ADJ de quinze jours

Vierzeiler M ⟨~s; ~⟩ METRIK quatrain *m*;

vierzeilig ADJ à *od* de quatre lignes

vierzig NUM quarante; **etwa, rund ~ (Personen)** une quarantaine (de personnes); **etwa, rund ~ (Jahre alt) sein** avoir la quarantaine; → *a.* achtzig

Vierzig F ⟨~⟩ (chiffre *m*, nombre *m*) quarante *m*

vierziger ADJ ⟨*épithète*; *inv*⟩ **die ~ Jahre** NPL les années *fpl* quarante

Vierziger(in) M ⟨~s; ~⟩ (F) ⟨~in; ~innen⟩ → Vierzigjährige(r)

Vierzigerjahre NPL **die ~** les années *fpl* quarante

vierzigjährig ADJ *(vierzig Jahre alt)* (âgé) de quarante ans; *Personen a.* quadragénaire; *(vierzig Jahre lang)* de quarante ans; qui dure quarante ans; **Vierzigjährige(r)** M/F(M) ⟨→ A⟩ quadragénaire *m/f*; homme *m*, femme *f* de quarante ans; **Vierzigstundenwoche** F semaine *f* de quarante heures

Vierzimmerwohnung F appartement *m* de quatre pièces

Vierzylinder *umg* M (voiture *f* à) quatre cylindres *f*; **Vierzylindermotor** M moteur *m* à quatre cylindres

Vietnam N ⟨→ *n/pr*⟩ le Viêt-nam

Vietnamese M ⟨~n; ~n⟩, **Vietnamesin** F ⟨-in; -innen⟩ Vietnamien, -ienne *m,f*

vietnamesisch ADJ vietnamien, -ienne
Vietnamkrieg M ⟨~(e)s⟩ guerre *f* du Viêt-nam
Vignette F ⟨~; ~n⟩ 1 TYPO vignette *f* 2 *bes schweiz (Autobahnvignette)*: *péage autoroutier sous la forme d'une vignette*
Vikar(in) M ⟨~s; ~e⟩ (F) ⟨~in; ~innen⟩ KIRCHE vicaire *m*
Viktoriabarsch M perche *f* du Nil
viktorianisch ADJ victorien, -ienne; **die Viktorianische Zeit** l'époque victorienne
Villa F ⟨~; Villen⟩ villa *f*; résidence *f*
Villenviertel N quartier *m* résidentiel
Vinyl N ⟨~s⟩ 1 CHEM vinyle *m* 2 *umg Kunststoff für Schallplatten* vinylite® (noire); *weitS. Schallplatte* vinyle *m*; **auf ~** *(akk)* **gepresst sein** être pressé sur support vinylique
Viola F ⟨~; -len⟩ MUS viole *f*; **~ da Gamba** viole de gambe
violett ADJ violet, -ette
Violett N ⟨~s; ~⟩ violet *m*; couleur violette; **in ~** *gekleidet* (habillé) en violet
Violine F ⟨~; ~n⟩ MUS violon *m*
Violinist(in) M ⟨~en; ~en⟩ (F) ⟨~in; ~innen⟩ violoniste *m/f*; *im Orchester* violon *m*
Violinkonzert N 1 *Musikstück* concerto *m* pour violon 2 *Veranstaltung* récital *m* de violon; **Violinschlüssel** M MUS clef *f* de sol
Violoncello N ⟨~s; -celli *ou umg* ~s⟩ MUS violoncelle *m*
VIP, V. I. P. M ⟨-(s); -s⟩ *od* F ⟨-; -s⟩ ABK (very important person, sehr wichtige Person) VIP *m/f*
viral ADJ MED viral; **~e Infektion** infection virale
Viren → Virus; **Virenscanner** M IT (programme *m*) antivirus *m*; **Virenschutz** M IT protection *f* contre les virus; *Software* (programme *m*) antivirus *m*; **Virenschutzprogramm** N, **Virensuchprogramm** N IT (programme *m*) antivirus *m*
viril ADJ viril; **Virilität** F ⟨~⟩ virilité *f*
Virologe M ⟨~n; ~n⟩, **Virologin** F ⟨-in; -innen⟩ virologiste *m/f*; virologue *m/f*; **Virologie** F ⟨~⟩ virologie *f*; **virologisch** ADJ virologique
virtuell ADJ virtuel, -elle
virtuos A ADJ qui fait preuve de virtuosité; *Musiker* virtuose; doué d'une brillante technique; extrêmement habile B ADV avec virtuosité
Virtuose M ⟨~n; ~n⟩, **Virtuosin** F ⟨-in; -innen⟩ virtuose *m/f*
Virtuosität F ⟨~⟩ virtuosité *f*
virulent ADJ virulent; **Virulenz** F ⟨~⟩ virulence *f*
Virus M *od* N ⟨~; Viren⟩ MED, IT, *fig* virus *m*; **Viruserkennung** F ⟨~⟩ IT détection *f* de virus; **Virusforscher(in)** M(F) virologiste *m/f*; virologue *m/f*; **Virusforschung** F ⟨~⟩ virologie *f*; **Virusinfektion** F infection virale; **Viruskrankheit** F virose *f*
Visa → Visum
Visage *umg pej* F ⟨~; ~n⟩ *umg* gueule *f*; *umg* tronche *f*; **e-e dreckige ~ haben** *umg* avoir une sale gueule, une sale tronche
Visagist(in) M ⟨~en; ~en⟩ (F) ⟨~in; ~innen⟩ visagiste *m/f*
vis-a-vis, vis-à-vis A PRÄP ⟨dat⟩ vis-à-vis de; en face de B ADV vis-à-vis; en face
Visavis N ⟨~; ~⟩ vis-à-vis *m*
Visen → Visum
Visier N ⟨~s; ~e⟩ 1 *am Gewehr* °hausse *f*; *fig* **j-n, etw ins ~ nehmen** avoir l'œil sur qn, sur qc 2 *am Helm* visière *f*; *fig* **mit offenem ~ kämpfen** s'affronter ouvertement, loyalement
Vision F ⟨~; ~en⟩ vision *f*
visionär ADJ visionnaire
Visite F ⟨~; ~n⟩ *e-s Arztes, geh (Besuch)* visite *f*
Visitenkarte F carte *f* (de visite); *iron* **s-e ~ hinterlassen** laisser des marques, traces de son passage
Visitenkartenetui N porte-cartes *m*
viskos ADJ CHEM visqueux, -euse
Viskose F ⟨~⟩ TEX viscose *f*
Viskosität F ⟨~⟩ TECH, CHEM viscosité *f*
visuell ADJ visuel, -elle
Visum N ⟨~s; Visa *ou* Visen⟩ visa *m*; **ein ~ erteilen** donner, délivrer un visa
vital ADJ 1 *(lebenswichtig)* vital 2 *(voller Lebenskraft)* tonique; plein de vitalité
Vitalität F ⟨~⟩ vitalité *f*
Vitamin N ⟨~s; ~e⟩ vitamine *f*; *umg hum* **~ B** *(Beziehungen) umg* piston *m*; **das geht nur mit ~ B** ça ne marche qu'à coups de piston
vitaminarm ADJ pauvre en vitamines; **Vitamingehalt** M ⟨~(e)s; ~e⟩ teneur *f* en vitamines; **vitaminhaltig** ADJ vitaminé
vitaminieren, vitaminisieren V/T ⟨pas de ge-, h.⟩ vitaminer
Vitaminmangel M ⟨~s⟩ carence *f* en vitamines; **Vitaminmangelkrankheit** F avitaminose *f*; **vitaminreich** ADJ riche en vitamines; **Vitaminstoß** M forte dose de vitamines; vitaminothérapie *f* à fortes doses; **Vitamintablette** F comprimé *m* de vitamines
Vitrine F ⟨~; ~n⟩ vitrine *f*
Vitriol N ⟨~s; ~e⟩ CHEM vitriol *m*
Vivisektion F ⟨~; ~en⟩ vivisection *f*
Vize *umg* M ⟨~s; ~s⟩ *(Stellvertreter)* bras droit; second *m*; **Vizekanzler** M vice-chancelier *m*; **Vizekönig** M HIST vice-roi *m*; **Vizekonsul** M vice-consul *m*; **Vizepräsident** M vice-président *m*; **Vizeweltmeister(in)** M(F) vice-champion, -ionne *m,f* du monde
Vlies N ⟨~es; ~e⟩ 1 TEX non-tissé *m* 2 *(Schaffell)* toison *f*; MYTH **das Goldene ~** la Toison d'or
V-Mann M ⟨~(e)s; ¨er *ou* V-Leute⟩ agent *m*; homme *m* de liaison; contact *m*
VN ABK (Vereinte Nationen) les Nations unies
Vogel M ⟨~s; ¨⟩ 1 ZOOL oiseau *m*; **~ Strauß** autruche *f* 2 *umg fig Person* **komischer ~** drôle *m* de coco, *umg* de pistolet; **lustiger ~** gai luron 3 *umg fig iron* **den ~ abschießen** *umg* décrocher la timbale; avoir le pompon; **e-n ~ haben** avoir un grain; *umg* être cinglé, fêlé; **j-m den ~ zeigen** se toucher le front (pour dire à qn qu'il est cinglé)
Vogelbauer N *od* M ⟨~s; ~⟩ cage *f* (d'oiseau); **Vogelbeerbaum** M sorbier *m*; **Vogelbeere** F sorbe *f*
Vögelchen N ⟨~s; ~⟩ petit oiseau; oisillon *m*
Vogeldreck *umg* M fiente *f*; **Vogelei** N œuf *m* (d'oiseau); **Vogelfang** M oisellerie *f*; *mit der Lockpfeife* pipée *f*; **Vogelfänger** M ⟨~s; ~⟩ oiseleur *m*; **Vogelflug** M vol *m* (des oiseaux)
vogelfrei ADJ HIST °hors la loi; **für ~ erklären** mettre °hors la loi; proscrire
Vogelfutter N ⟨~s⟩ graines *fpl* pour les oiseaux; **Vogelgrippe** F grippe *f* aviaire, du poulet; **Vogelhändler** M oiselier *m*; marchand *m* d'oiseaux; **Vogelhandlung** F oisellerie *f*; **Vogelhaus** N volière *f*; **Vogelkäfig** M cage *f*; *großer* volière *f*; **Vogelkirsche** F *Baum* merisier *m*; *Frucht* merise *f*; **Vogelkunde** F ⟨~⟩ ornithologie *f*; **Vogelleim** M glu *f*
vögeln *vulg* V/T *u.* V/I ⟨-(e)le, h.⟩ (**j-n** *od* **mit j-m**) ~ *sl* baiser (qn *od* avec qn)
Vogelnest N nid *m* d'oiseau
Vogelperspektive F ⟨~⟩ **aus der ~** à vol d'oiseau
Vogelscheuche F ⟨~; ~n⟩ épouvantail *m* *(a. fig)*; **wie e-e ~ aussehen** être mal fagoté; *umg* être ficelé comme l'as de pique
Vogelschutz M protection *f* des oiseaux; **Vogelspinne** F mygale *f*; **Vogelstimme** F cri *m* (d'un oiseau)
Vogel-Strauß-Politik F ⟨~⟩ politique *f* de l'autruche
Vogelwarte F ⟨~; ~n⟩ station *f* ornithologique; **Vogelzucht** F oisellerie *f*; *t/t* aviculture *f*; **Vogelzüchter** M oiselier *m*; *t/t* aviculteur *m*; **Vogelzug** M migration *f* des oiseaux
Vogerlsalat M *österr* mâche *f*; doucette *f*
Vogesen PL GEOG **die ~** les Vosges *fpl*
Vogt M ⟨~(e)s; ¨e⟩ HIST *(Amtmann)* bailli *m*
Vogtei F ⟨~; ~en⟩ HIST *Amt, Bezirk* bailliage *m*
Voicemail F ⟨~; ~s⟩ TEL boîte vocale
Vokabel F ⟨~; ~n⟩ mot *m* (de vocabulaire); **~n lernen** apprendre du vocabulaire
Vokabelheft N carnet *m* de vocabulaire; **Vokabeltest** M test *m* de vocabulaire
Vokabular N ⟨~s; ~e⟩ vocabulaire *m*
Vokal M ⟨~s; ~e⟩ voyelle *f*
vokalisch ADJ vocalique
Vokalmusik F musique vocale; **Vokalwechsel** M LING alternance *f* vocalique
Vokativ M ⟨~s; ~e⟩ GRAM vocatif *m*
Volant M ⟨~s; ~s⟩ MODE volant *m*
Volk N ⟨~(e)s; ¨er⟩ 1 *(Volksstamm)* peuple *m*; BIBEL **das auserwählte ~** le peuple élu; **das ~ der Kurden** le peuple kurde 2 ⟨sans pl⟩ *(Bevölkerung)* peuple *m*; population *f*; *e-s Landes a.* nation *f*; **die Masse des ~es** le gros du peuple; **keinen Rückhalt im ~ haben** ne pas avoir le soutien du peuple, de la population 3 ⟨sans pl⟩ *(die einfachen Leute)* peuple *m*; **das einfache ~** les petites gens; le menu peuple; **fahrendes ~** gens *mpl* du voyage; **ein Mann aus dem ~** un homme du peuple; **beim ~ beliebt** populaire; **dem ~ aufs Maul schauen** s'inspirer du langage du peuple 4 *umg* ⟨sans pl⟩ *(Gruppe von Menschen)* monde *m*; foule *f*; **viel ~** beaucoup de gens, de monde; **ein ~ von Musikbegeisterten** une foule, une multitude d'amateurs de musique; **sich unters ~ mischen** se mêler à la foule; **das kleine ~** *(die Kinder)* le petit monde 5 ZOOL *(Bienenvolk)* colonie *f*
Völkchen N ⟨~s; ~⟩ *fig* **ein lustiges ~** une troupe joyeuse
Volker M ⟨→ *n/pr*⟩ *prénom*
Völkerball M ⟨~(e)s⟩ SPORT ballon prisonnier; **Völkerbund** M ⟨~(e)s⟩ HIST Société *f* des Nations; **Völkerfamilie** *geh* F ⟨~⟩ famille *f* des nations; **Völkerfreundschaft** F ⟨~⟩ amitié *f* entre les peuples; **Völkerkunde** F ⟨~⟩ ethnologie *f*; **Völkerkundler(in)** M ⟨~s; ~⟩ (F) ⟨~in; ~innen⟩ ethnologue *m/f*; **völkerkundlich** ADJ ethnologique; **Völkermord** M génocide *m*; **Völkerrecht** N ⟨~(e)s⟩ droit international public; **Völkerrechtler(in)** M ⟨~s; ~⟩ (F) ⟨~in; ~innen⟩ spécialiste *m/f* du *bzw.* de droit international
völkerrechtlich ADJ ⟨épithète⟩ de *bzw.* du droit international; **~e Anerkennung e-s Staates** reconnaissance *f* (de jure) d'un État (durch par)
Völkerrechtsverletzung F violation *f* du droit international public; **Völkerschlacht** F ⟨~⟩ HIST *bei Leipzig* bataille *f* des nations; **Völkerverständigung** F entente *f* entre les peuples; rapprochement *m* des peuples; **Völkerwanderung** F 1 migration *f* des peuples 2 HIST grandes invasions
völkisch ADJ HIST, *bes im Nationalsozialismus* national; racial

volkreich ADJ très peuplé; populeux, -euse
Volksabstimmung F plébiscite *m*; référendum *m*; **Volksaktie** F action *f* populaire; **Volksarmee** F POL armée *f* populaire; **Volksaufstand** M insurrection *f* (populaire); **Volksbank** F ⟨~; ~en⟩ banque *f* populaire; **Volksbefragung** F POL consultation *f* populaire; → *a.* Volksabstimmung; **Volksbegehren** N ⟨~s; ~⟩ POL initiative *f* populaire; demande *f* de référendum; **Volksbelustigung** F divertissement *m* populaire; *Fest* réjouissances publiques; **Volksbrauch** M coutume *f* populaire; **Volksdemokratie** F démocratie *f* populaire; **Volksdichter** M poète *m* populaire; **Volksdichtung** F ⟨~⟩ poésie *f* populaire
volkseigen ADJ HIST *DDR* nationalisé; **~er Betrieb** entreprise nationalisée
Volkseigentum N HIST *DDR* propriété nationale; **Volkseinkommen** N revenu national; **Volksentscheid** M → Volksabstimmung; **Volksetymologie** F étymologie *f* populaire; **Volksfeind** M ennemi *m* du peuple; **volksfeindlich** ADJ hostile au peuple; **Volksfest** N fête *f* populaire; **Volksfront** F Front *m* populaire; **Volksgerichtshof** M ⟨~(e)s⟩ HIST *Nationalsozialismus* Tribunal *m* du Peuple; **Volksglaube** M croyance *f* populaire; **Volksgruppe** F groupe *m* ethnique; ethnie *f*; **Volksheld** M °héros national; **Volksherrschaft** F ⟨~⟩ souveraineté *f* du peuple; démocratie *f*; **Volkshochschule** F université *f* populaire; **Volkskammer** F ⟨~⟩ HIST *DDR* Chambre *f* du Peuple; **Volkskunde** F ⟨~⟩ folklore *m*; études *fpl* de culture populaire régionale (allemande); **Volkskundler(in)** M ⟨~s; ~⟩ (F) ⟨~in; ~innen⟩ folkloriste *m/f*; **volkskundlich** ADJ relatif, -ive au folklore, à la culture populaire régionale (allemande); **Volkskunst** F ⟨~⟩ art *m* folklorique, populaire; **Volkslied** N chanson *f* populaire, folklorique; **Volksmärchen** N conte *m* populaire; **Volksmassen** FPL POL masses *fpl* (populaires); **Volksmeinung** F opinion publique
Volksmund M ⟨~(e)s⟩ langage *m* populaire; **im ~** dans le langage populaire
Volksmusik F ⟨~⟩ musique *f* populaire, folklorique; **Volkspartei** F parti *m* populaire; **Volkspolizei** F ⟨~⟩ HIST *DDR* police *f* populaire; **Volkspolizist** M HIST *DDR* membre *m*, agent *m* de la police populaire; **Volksrepublik** F république *f* populaire; **Volkssage** F légende *f* populaire; **Volksschicht** F couche sociale; classe *f*; **Volksschule** F *österr*, HIST *BRD* école *f* primaire; **Volksschüler(in)** M(F) *österr*, HIST *BRD* élève *m/f* d'école primaire; **Volksschullehrer(in)** M(F) *österr*, HIST *BRD* instituteur, -trice *m,f*; **Volkssport** M sport *m* populaire; **Volkssprache** F langage *m* populaire, du peuple; **Volksstamm** M tribu *f*; peuplade *f*; **Volkssturm** M ⟨~s⟩ HIST unités organisées par les nazis en 1944 pour la défense locale; **Volkstanz** M danse *f* populaire, folklorique; **Volkstheater** N théâtre *m* populaire; **Volkstracht** F costume national, régional, folklorique; **Volkstrauertag** M jour *m* de deuil national allemand
volkstümlich ADJ populaire; *Brauch, Lied, Tanz a.* folklorique; **Volkstümlichkeit** F ⟨~⟩ popularité *f*
Volksverbundenheit F ⟨~⟩ attachement *m* au peuple; **Volksverdummung** *umg pej* F (politique *f* d')abêtissement général; **Volksverhetzung** F incitation *f* (du peuple) à la violence, à l'insurrection; **Volksvertreter(in)** M(F) représentant(e) *m(f)* du peuple; (femme *f*) député *m*; **Volksvertretung** F représentation nationale; parlement *m*; **Volkswirt(in)** M(F) économiste *m/f*; **Volkswirtschaft** F 1 (*Wirtschaft e-s Landes*) économie nationale 2 → Volkswirtschaftslehre; **volkswirtschaftlich** ADJ d'économie politique; économique; **Volkswirtschaftslehre** F ⟨~⟩ économie *f* politique; **Volkszählung** F recensement *m* de la population; **Volkszorn** M colère *f* du peuple; **Volkszugehörigkeit** F origine *f* ethnique

voll

A Adjektiv **B** Adverb

— **A** Adjektiv —

1 (*gefüllt*) *Raum, Gefäß etc* plein, rempli (**von** de); **ein ~es Glas** un verre plein, bien rempli; **die Tasse ist halb ~** la tasse est à moitié pleine; **war es sehr ~?** y avait-il beaucoup de monde?; *umg* **gerappelt**, *umg* **brechend ~** plein à craquer; **gestrichen ~, ~ bis an den Rand** plein à ras bord; *fig* **~(er) Freude, Bewunderung** rempli de joie, d'admiration; **~ (er) Wasser** plein d'eau; *fig* **alle Hände ~ zu tun haben** avoir du pain sur la planche; avoir du travail par-dessus la tête; *umg fig* **den Kopf ~ haben** avoir la tête pleine, remplie de projets, de soucis, *etc*; *fig* **aus dem Vollen schöpfen** dépenser largement, sans compter; *umg* **~ sein** (*satt sein*) avoir le ventre plein; être repu; (*betrunken sein*) être soûl, *umg* bourré 2 (*bedeckt mit*) **~(er) Flecken, Staub** plein, couvert de taches, de poussière; **die Wiese war ~ von Blumen** le pré était couvert de fleurs 3 *von Körperformen* arrondi; replet, -ète; **ein ~es Gesicht** une figure pleine, ronde; **~er Busen** poitrine opulente; forte poitrine 4 (*kräftig, intensiv*) *Stimme* plein; sonore; *Aroma, Geschmack* riche; savoureux, -euse; *Haar* abondant; dru; épais, épaisse 5 (*~ständig*) complet, -ète; entier, -ière; **den ~en Fahrpreis bezahlen** payer (le) plein tarif; *fig* **~es Einverständnis** plein consentement; *fig* **~er Erfolg** succès complet; **die ~e Summe** la somme entière, totale; **der Mond ist ~** c'est (la) pleine lune; **in ~em Ernst** très sérieusement; **in ~er Höhe bezahlt** payé intégralement; **in ~em Umfang(e)** dans toute son étendue; **in ~er Fahrt** à toute vitesse; en pleine vitesse; **in ~er Größe** grandeur nature(lle); **in ~er Blüte stehen** être tout en fleur(s); **mit ~er Lautstärke** à plein volume; **mit ~em Recht** à juste titre; à bon droit; de plein droit 6 *zeitlich* **~e zwei Wochen** deux semaines entières; **~e acht Tage** °huit jours pleins; **~e zwanzig Jahre** vingt ans accomplis; **ein ~es Jahr lang** toute une année; **zur ~en Stunde** à l'heure pleine

— **B** Adverb —

1 (*völlig*) **~ und ganz** pleinement; entièrement; tout à fait; *Jugendsprache* **~ gut** *umg* génial; **~ verantwortlich** pleinement, entièrement responsable; *umg* **~ arbeiten** travailler à temps plein; *Name etc* **~ ausgeschrieben** en toutes lettres; **~ auslasten** *Maschine etc* utiliser la capacité totale de; utiliser à plein; *Person* **~ ausgelastet sein** avoir du pain sur la planche; **~ besetzt** *Bus etc* complet, -ète; **~ zur Geltung kommen** pouvoir donner toute sa mesure; **~ klimatisiert** (entièrement) climatisé; *umg fig* **j-n nicht für ~ nehmen** ne pas prendre qn au sérieux; *umg* **das habe ich ~ vergessen** *umg* j'ai carrément oublié; → vollfressen, vollfüllen, vollgießen *etc* 2 (*kräftig*) *Stimme etc* **~ klingen** avoir une belle résonance, des sonorités profondes

vollauf ADV largement; entièrement; complètement; **er ist ~ beschäftigt** il est très occupé; **das genügt ~** cela suffit largement
vollaufen V/I → volllaufen
vollautomatisch ADJ entièrement automatique; **Vollbad** N bain *m*
Vollbart M barbe *f*; **e-n ~ tragen** porter la barbe
vollbeschäftigt ADJT employé à temps plein, à plein temps; **Vollbeschäftigung** F ⟨~⟩ plein emploi; **vollbesetzt** ADJT *Bus etc* complet, -ète
Vollbesitz M **im ~ s-r Kräfte** en pleine possession de ses forces; **im ~ s-r geistigen Kräfte** en pleine possession de ses facultés intellectuelles
Vollblut N ⟨~(e)s⟩, **Vollblüter** M ⟨-ers; -er⟩, **Vollblutpferd** N pur sang
Vollblutpolitiker M homme *m* politique à cent pour cent; **ein ~ sein** avoir la politique dans le sang
Vollbremsung F freinage *m* à bloc; **e-e ~ machen** freiner à mort; piler
vollbringen *geh* V/T ⟨*irr, insép, pas de ge-*, h.⟩ accomplir; *Leistung* réaliser; BIBEL **es ist vollbracht!** tout est accompli!
vollbusig ADJ *Frau* qui a une forte, beaucoup de poitrine
Volldampf *umg* M ⟨~(e)s⟩ **mit ~** à toute vapeur
Volldünger M engrais complet
Völlegefühl N ⟨~s⟩ pesanteur *f*, lourdeur *f* d'estomac
vollenden ⟨-ete, *insép, pas de ge-*, h.⟩ **A** V/T (par)achever; accomplir **B** *geh* V/R **sich ~** s'accomplir; trouver son achèvement
vollendet ADJT 1 achevé; accompli; **~e Tatsache** fait accompli; **nach** *od* **mit ~em sechzigstem Lebensjahr** à soixante ans révolus 2 (*vollkommen*) accompli; parfait; consommé; **~e Schönheit** beauté parfaite, achevée; **~er Gentleman** un gentleman accompli; un parfait gentleman; **~er Künstler** artiste consommé
vollends ADV entièrement; tout à fait
Vollendung F 1 achèvement *m*; accomplissement *m*; **mit, nach ~ des 60. Lebensjahres** à soixante ans révolus; **vor der ~ stehen, der ~ entgegengehen** être près de s'achever, en voie d'achèvement 2 ⟨*sans pl*⟩ (*Vollkommenheit*) perfection *f*; parachèvement *m*; **in höchster ~** au plus °haut degré de la perfection
voller **A** *komp von* voll **B** ADJ ⟨*inv*⟩ (*voll von*) plein de; → *a.* voll A 1, 2
Völlerei F ⟨~; ~en⟩ *pej* goinfrerie *f*; gloutonnerie *f*
Volleyball M 1 ⟨*sans pl*⟩ *Spiel* volley-ball *m* 2 *Ball* ballon *m* de volley-ball; **Volleyballspieler(in)** M(F) joueur, -euse *m,f* de volley-ball
Vollfettkäse M fromage gras
vollfressen *sl* V/R ⟨*irr, sép*, -ge-, h.⟩ **sich ~** *umg* s'empiffrer; *umg* se goinfrer; *umg* bâfrer
vollführen V/T ⟨*insép, pas de ge-*, h.⟩ *Lärm, Spektakel* faire; *Kunststück a.* exécuter
vollfüllen V/T ⟨*sép*, -ge-, h.⟩ remplir complètement
Vollgas N ⟨~es⟩ **mit ~** à pleins gaz (*a. fig*); **~ geben** accélérer à fond; *umg* mettre toute la gomme; *umg* appuyer (à fond) sur le champignon
vollgefressen *sl pej* **A** ADJT (*dick*) gras, grasse; bouffi de graisse **B** PPERF → vollfressen
vollgießen V/T ⟨*irr, sép*, -ge-, h.⟩ (*füllen*) remplir à ras bord; *umg* (*begießen*) arroser (**mit** de)
Vollgummireifen M pneu plein; **Vollidiot** *umg pej* M parfait idiot

völlig A ADJ ⟨épithète⟩ (gänzlich) entier, -ière; total; (vollständig) complet, -ète; (vollkommen) absolu; **~e Unkenntnis** méconnaissance parfaite, totale B ADV (gänzlich) entièrement; totalement; (vollständig) complètement; absolument; (ganz u. gar) tout à fait; **du hast ~ recht** tu as tout à fait raison

volljährig ADJ majeur; **~ werden** atteindre sa majorité; JUR **j-n für ~ erklären** émanciper qn

Volljährigkeit F ⟨~⟩ majorité f

Vollkaskoversicherung F AUTO assurance f tous risques

vollkleckern umg ⟨-(e)re, sép, -ge-, h.⟩ A VT couvrir de taches B VR **sich ~** se tacher en mangeant; **vollklimatisiert** ADJT (entièrement) climatisé

vollkommen A ADJ 1 (perfekt) parfait; (vollendet) achevé; consommé 2 (vollständig) → völlig A B ADV → völlig B

Vollkommenheit F ⟨~⟩ perfection f

Vollkornbrot N pain complet

volllabern umg pej VT ⟨-(e)re, sép, -ge-, h.⟩ **j-n ~** umg soûler qn (de paroles)

volllaufen VI ⟨irr, sép, -ge-, s.⟩ se remplir; **etw ~ lassen** remplir qc; umg fig **sich ~ lassen** umg se soûler la gueule; umg prendre une cuite

vollmachen umg ⟨sép, -ge-, h.⟩ A VT 1 Gefäß remplir (**mit** de); fig **um das Maß vollzumachen** pour faire bonne mesure 2 Summe parfaire; compléter; arrondir 3 (beschmutzen) salir; souiller; **die Hosen ~** faire dans sa culotte B VR **sich ~** se souiller

Vollmacht F ⟨~; ~en⟩ pouvoir m (a. Urkunde); plein(s) pouvoir(s); mandat m; JUR procuration f (a. Urkunde); **unbeschränkte ~** plein pouvoir; blanc-seing m; fig carte blanche; **in ~** par procuration; **j-m ~ erteilen** donner procuration, pouvoir à qn; **s-e ~en überschreiten** outrepasser ses pouvoirs

Vollmilch F lait entier, non écrémé; **Vollmilchschokolade** F chocolat m au lait; **Vollmitglied** N membre m à part entière; membre m de plein droit

Vollmond M pleine lune; **es ist ~, wir haben ~** c'est la pleine lune; **bei ~** au moment de la pleine lune

vollmundig ADJ 1 Wein etc bien en bouche; corsé; qui a du corps 2 fig pej (wichtigtuerisch) fanfaron, -onne

Vollnarkose F anesthésie générale

vollpacken VT ⟨sép, -ge-, h.⟩ Person, Wagen charger (**mit** de); Koffer remplir (de)

Vollpension F ⟨~⟩ pension complète

vollpfropfen umg VT ⟨sép, -ge-, h.⟩ remplir, bourrer (**mit** de); fig **sich** (dat) **den Kopf mit etw ~** se bourrer la tête de qc

vollpumpen ⟨sép, -ge-, h.⟩ A VT 1 TECH **etw ~ mit** remplir qc de (à l'aide d'une pompe) 2 umg fig **j-n mit etw ~** bourrer qn de qc B umg VR **sich mit etw ~** se bourrer de qc

vollsaufen sl VR ⟨irr, sép, -ge-, h.⟩ **sich ~** umg se soûler la gueule; umg prendre une cuite

vollsaugen VR ⟨irr ou régulier, sép, -ge-, h.⟩ **sich ~** s'imbiber (**mit** de)

vollschenken VT ⟨sép, -ge-, h.⟩ Glas etc remplir (jusqu'au bord)

vollschlagen umg VR ⟨irr, sép, -ge-, h.⟩ **sich** (dat) **den Bauch ~** umg s'empiffrer; umg s'en mettre plein la lampe

vollschlank ADJ bien en chair; (rundlich) a. rondelet, -ette; enveloppé

vollschmieren umg VT ⟨sép, -ge-, h.⟩ barbouiller; couvrir de gribouillages, de griffonnages; (beschmutzen) salir; **vollschreiben** VT ⟨irr, sép, -ge-, h.⟩ Seite remplir complètement; **Vollsperrung** F fermeture (totale) à la circulation; **vollspritzen** VT ⟨sép, -ge-, h.⟩ arroser; asperger; von e-m Auto éclabousser

vollständig A ADJ complet, -ète; (ganz) entier, -ière; total; (ungekürzt) intégral; **~er Wortlaut** texte intégral B ADV complètement; entièrement; totalement; (ungekürzt) intégralement; en entier; (ganz u. gar) tout à fait

Vollständigkeit F ⟨~⟩ intégralité f; intégrité f; totalité f; **der ~ halber** pour compléter (qc); par souci d'exhaustivité

vollstopfen umg ⟨sép, -ge-, h.⟩ A VT remplir, bourrer (**mit** de); fig mit Wissen gaver; bourrer B VR **sich ~ (mit)** se bourrer (de) (a. fig); mit Essen umg s'empiffrer (de)

vollstreckbar ADJ JUR exécutoire

vollstrecken VT ⟨insép, pas de ge-, h.⟩ JUR exécuter; mettre à exécution; **ein Testament ~** exécuter un testament; **das Todesurteil an j-m ~** exécuter qn

Vollstrecker M ⟨~s; ~⟩ JUR exécuteur m; **Vollstreckung** F ⟨~; ~en⟩ exécution f (a. JUR)

Vollstreckungsbeamte(r) M huissier m; **Vollstreckungsbefehl** M mandat m, ordre m d'exécution; (mandat m) exécutoire m; **Vollstreckungsgericht** N tribunal m d'exécution; **Vollstreckungstitel** M titre m exécutoire; **Vollstreckungsurteil** N jugement m exécutoire

volltanken VT ⟨sép, -ge-, h.⟩ **das Auto ~** faire le plein (d'essence); **bitte ~!** le plein, s'il vous plaît!

Volltextsuche F IT recherche f plein texte

Volltreffer M coup m en plein dans le mille, qui fait mouche (beide a. fig); fig Buch etc grand succès; bestseller m; **~!** a. touché!

volltrunken ADJ ivre mort; **Volltrunkenheit** F ivresse f; ébriété f

Vollverb N LING verbe m à sens plein; **Vollversammlung** F assemblée plénière; **Vollwaise** F orphelin(e) m(f) de père et (de) mère; **Vollwaschmittel** N lessive f utilisable à toutes les températures

vollwertig ADJ qui a toute sa valeur; Ersatz qui présente toutes les qualités du produit d'origine

Vollwertkost F aliments complets

vollzählig A ADJ complet, -ète; **~ sein** être au grand complet B ADV **sie sind ~ erschienen** ils sont tous venus; **wir hoffen, dass unsere Mitglieder ~ erscheinen werden** nous comptons sur la présence de tous nos membres

vollziehen ⟨irr, insép, pas de ge-, h.⟩ A VT (verwirklichen) effectuer; (ausführen) exécuter; mettre à exécution; Ehe consommer; **~de Gewalt** pouvoir exécutif B VR **sich ~** (geschehen) se faire; s'effectuer; s'accomplir

Vollzug M ⟨~(e)s⟩ 1 (das Vollziehen) e-r Handlung exécution f; accomplissement m; e-r Strafe exécution f; der Ehe consommation f 2 (Strafvollzug) régime m, système m pénitentiaire; système carcéral

Vollzugsanstalt F établissement m pénitentiaire; **Vollzugsbeamte(r)** M, **Vollzugsbeamtin** F fonctionnaire m/f de l'administration pénitentiaire; **Vollzugsbehörde** F autorité f d'exécution; **Vollzugsgewalt** F pouvoir exécutif; **Vollzugsmeldung** F compte rendu d'exécution

Volontär(in) M ⟨~s; ~e⟩ (F) ⟨~in; ~innen⟩ stagiaire m/f (surtout dans l'édition)

Volontariat N ⟨~(e)s; ~e⟩ 1 Stelle poste m de stagiaire (surtout dans l'édition) 2 Zeit stage m (surtout dans l'édition)

volontieren VI ⟨pas de ge-, h.⟩ faire un stage (**bei** chez, auprès de)

Volt N ⟨~ ou ~(e)s; ~⟩ ELEK volt m

Voltampere N ELEK voltampère m

Volte F ⟨~; ~n⟩ REITEN volte f

voltigieren VI ⟨pas de ge-, h.⟩ REITEN volter; faire de la voltige

Voltigieren N ⟨~s⟩ voltige f

Voltmeter N ⟨~s; ~⟩ ELEK voltmètre m

Volumen N ⟨~s; ~ ou -mina⟩ volume m

voluminös ADJ volumineux, -euse

vom = **von dem**

von PRÄP ⟨dat⟩ 1 örtlich de; **vom Land** de la campagne; **vom Bahnhof kommen** venir de la gare; **ich komme ~ meiner Mutter** je viens de chez ma mère; **etw vom Tisch nehmen** prendre qc sur la table; **~ Leipzig ab, an …** à partir de Leipzig …; **~ diesem Fenster aus** de cette fenêtre; **~ … bis …** de … à …; **~ zu Hause bis zur Schule** de la maison (jusqu')à l'école; Sie fahren nach Paris? **ich komme ~ da** j'en viens; **~ e-r Stadt in e-e andere ziehen** déménager d'une ville dans une autre; **~ Osten nach Westen** de l'est à l'ouest; **~ oben, unten** d'en °haut, bas; **~ oben nach unten** de haut en bas; **~ links nach rechts** de gauche à droite; **~ Land zu Land** de pays en pays 2 zeitlich de; dès; depuis; à partir de; **~ … an**, umg **~ … ab** depuis …; dès …; **~ Anfang an** dès le début; **~ heute an** à partir d'aujourd'hui; **~ nun an** désormais; dorénavant; **~ da an** dès lors; depuis lors; **~ morgen an** à partir de, dès demain; **~ klein auf** à partir de, dès l'enfance; **~ … bis … de … à …**; **~ Anfang bis Ende** du début à la fin; **~ früh bis spät** du matin au soir; depuis le matin jusqu'au soir; **~ Montag bis Freitag** de lundi à vendredi; **in der Nacht ~ Sonnabend auf Sonntag** dans la nuit de samedi à dimanche; **Ihr Brief ~ vor drei Wochen** votre lettre d'il y a trois semaines; **~ Stunde zu Stunde** d'heure en heure 3 Herkunft de; Ursache, beim Passiv par; de; **ein Gedicht ~ …** un poème de …; **ein Gruß ~ meiner Mutter** le bonjour de ma mère; **ungeduldig vom langen Warten** rendu impatient par une longue attente; **geschlagen werden ~ …** être battu par …; instrumental **~ Hand (gefertigt)** fait main; umg **~ wegen** à cause de; **~ Amts wegen** d'office; umg **~ wegen!** penses-tu! 4 Eigenschaft, Maß de; **klein ~ Gestalt** de petite taille; **ein Mann ~ Welt** un homme du monde; **~ Format** Künstler etc de classe; Politiker de grande envergure; Kind **~ zehn Jahren** de dix ans; **was sind Sie ~ Beruf?** quelle est votre profession?; **dieser Schuft ~ e-m Wirt!** umg ce salaud d'aubergiste!; **ein Prachtstück ~ e-m Hirsch** un cerf magnifique 5 geh stofflich (aus) en; **~ Gold** en or 6 statt gen de; **König ~ Preußen** roi de Prusse; **das Schicksal ~ Millionen Frauen** le sort de millions de femmes; **die Umgebung ~ Paris** les environs mpl de Paris; **die Verwendung ~ etw** l'utilisation f, l'application f de qc 7 Teil e-s Ganzen de; **e-r ~ uns** l'un de nous, d'entre nous; **acht ~ zehn Kindern, Personen** etc °huit enfants mpl, personnes fpl, etc sur dix; **ich behalte fünf Euro ~ dieser Summe zurück** je retiens cinq euros sur cette somme; **~ etw nichts verstehen** ne rien comprendre à qc 8 (vonseiten) de la part de; à; **das ist sehr freundlich ~ Ihnen** c'est bien aimable à vous, de votre part; **~ mir aus** → aus B7; **~ Seiten** → vonseiten 9 Adelsbezeichnung de; **Baron, Frau ~ X** le baron, Madame de X

voneinander ADV l'un de l'autre; **viel ~ halten** ressentir, éprouver une estime réciproque; **weit ~ entfernt** très loin l'un de l'autre

vonnöten ADJ **~ sein** être nécessaire; être d'une nécessité urgente

vonseiten PRÄP ⟨gen⟩ de la part de; du côté

V

de; ~ **der Regierung** du côté gouvernemental; de la part du gouvernement
vonstattengehen VI ⟨*irr, sép*, -ge-, s.⟩ (*stattfinden*) avoir lieu; (*vorangehen*) avancer; marcher
Voodoo M ⟨~⟩ REL vaudou *m*; **Voodookult** M culte *m* vaudou
Vopo[1] *umg* M ⟨~s; ~s⟩ HIST DDR ABK (Volkspolizist) membre *m*, agent *m* de la police populaire
Vopo[2] *umg* F ⟨~⟩ HIST *DDR* ABK (Volkspolizei) police *f* populaire
vor A PRÄP 1 *örtlich, Lage* ⟨*dat*⟩ devant; (*in Richtung auf*) *a.* avant; ~ **dem Haus** devant la maison; ~ **etw stehen, sich** ~ **etw befinden** se trouver devant qc, (*mit Blick auf*) en face de qc; **das letzte Haus** ~ **dem Wald** la dernière maison avant la forêt; ~ **dem Bahnhof halten** s'arrêter devant la gare; ~ **der Stadt** *gelegen* aux portes de la ville; à proximité de la ville; ~ **den anderen (her)laufen** marcher devant les autres; *fig* **schwere Entscheidungen** ~ **sich haben** avoir à prendre *od* devoir prendre des décisions difficiles, de graves décisions 2 *örtlich, Richtung* ⟨*akk*⟩ devant; ~ **das Haus gehen** aller devant la maison; (*hinausgehen*) sortir de la maison; **die Demonstranten zogen** ~ **das Rathaus** le cortège des manifestants s'est rendu devant la mairie; **etw** ~ **etw anderes stellen** mettre qc devant autre chose; **j-n (bis)** ~ **die Stadt begleiten** *hinaus* accompagner qn jusqu'en dehors de la ville; *bis hin* accompagner qn jusqu'à la ville 3 *zeitlich* ⟨*dat*⟩ avant; *mit Angabe vergangener Zeit* il y a; ~ **Sonnenaufgang** avant l'aurore; **ein Tag** ~ **…** un jour avant …; **er war e-e Stunde** ~ **ihm gekommen** il l'avait précédé d'une heure; **fünf Minuten** ~ **vier (Uhr)** quatre heures moins cinq; ~ **Ablauf der Frist** avant l'expiration du délai; ~ **Beginn der Arbeiten** avant le début des travaux; ~ **acht Tagen** il y a huit jours; ~ **Kurzem** il y a peu de temps; dernièrement; récemment 4 *Rang* ⟨*dat*⟩ ~ **allem** avant tout; avant toute chose; **den Vorrang** ~ **j-m haben** avoir le pas sur qn; **s-e Mutter kommt** ~ **allen anderen** *für ihn* sa mère passe avant tous les autres 5 (*gegenüber*) ⟨*dat*⟩ → *bei den jeweiligen Verben od Substantiven*; ~ **etw geschützt sein** être à l'abri de qc; **Achtung** ~ **j-m haben** avoir du respect pour qn 6 (*in Gegenwart von*) ⟨*dat*⟩ devant; ~ **aller Augen** devant tout le monde; ~ **j-s Augen** sous les yeux de qn; ~ **dem Gesetz** devant la loi; **etw** ~ **Zeugen versichern** affirmer qc devant témoins; *fig* ~ **sich selbst** face à soi-même; à ses propres yeux 7 *Ursache* ⟨*dat*⟩ de; ~ **Freude weinen** pleurer de joie; ~ **Kälte zittern** trembler de froid B ADV ~! avancez!; ~ **und zurück** en avant et en arrière; **nach wie** ~ → nach B
vorab ADV (*im Voraus*) par anticipation; à l'avance; (*zuerst*) d'abord; en attendant; dans un premier temps
Vorabend M veille *f*; *fig* **am** ~ **der Französischen Revolution** à la veille de la Révolution française
Vorahnung F pressentiment *m*
Voralpen PL **die** ~ les Préalpes *fpl*
voran A ADV en tête; en avant; devant; **(nur)** ~! en avant! B PRÄP ⟨*dat*⟩ avant; devant; **allem** ~ tout d'abord; en premier lieu; **dem Umzug** ~ en tête du cortège; **allen** ~ **marschierte sie** c'est elle qui ouvrit la marche
voranbringen VT ⟨*irr, sép*, -ge-, h.⟩ faire avancer
vorangehen VI ⟨*irr, sép*, -ge-, s.⟩ 1 *räumlich* marcher devant (**j-m** qn); marcher en tête; **gehen Sie voran!** passez devant!; passez le premier, la première!; *fig* **mit gutem Beispiel** ~ donner le bon exemple (**j-m** à qn) 2 (*Fortschritte machen*) *Arbeit* avancer; **es geht mit ihm voran** il fait des progrès 3 *zeitlich* **e-r Sache** (*dat*) ~ devancer, précéder qc
vorankommen VI ⟨*irr, sép*, -ge-, s.⟩ *räumlich, fig* avancer; *fig* faire des progrès; **wir sind ein gutes Stück vorangekommen** voilà un grand pas de fait
Vorankündigung F préavis *m*; *e-s Buchs, Films etc* annonce *f*; **ohne** ~ sans prévenir; sans avertissement
Voranmeldung F préavis *m*
Voranschlag M (*Kostenvoranschlag*) devis (estimatif)
voranstellen VT ⟨*sép*, -ge-, h.⟩ mettre, placer en tête (+*dat* de); **ich möchte** ~, **dass …** je voudrais, j'aimerais dire d'abord que …
vorantreiben VT ⟨*irr, sép*, -ge-, h.⟩ faire avancer; activer
Voranzeige F préavis *m*; avis *m* préalable
Vorarbeit F ~ **(zu)** travaux *mpl* préliminaires, travail *m* préparatoire (à, pour)
vorarbeiten ⟨-ete, *sép*, -ge-, h.⟩ A VT **e-n (freien) Tag** ~ faire des heures supplémentaires pour prendre un jour de congé B VI (*Vorarbeiten machen*) faire les travaux préliminaires, préparatoires C VR **sich** ~ se frayer un chemin; *fig* **sich auf den zweiten Platz** ~ avancer à la deuxième place, au deuxième rang
Vorarbeiter(in) M(F) contremaître, -esse *m,f*; chef *m* d'équipe
Vorarlberg N ⟨→ *n/pr*⟩ GEOG le Vorarlberg
voraus[1] PRÄP ⟨*dat*⟩ **j-m weit** ~ **sein** *räumlich* avoir beaucoup d'avance sur qn; *in s-r Entwicklung* être très en avance sur qn; **s-r Zeit** ~ **sein** être en avance sur, devancer son époque
voraus[2] ADV **im Voraus** d'avance; à l'avance; (*vorzeitig*) par anticipation; **mit Dank im Voraus** avec mes remerciements anticipés
vorausahnen VT ⟨*sép*, -ge-, h.⟩ pressentir; avoir le pressentiment de; **vorausberechnen** VT ⟨-ete, *sép, pas de ge-*, h.⟩ calculer, évaluer d'avance; **Vorausberechnung** F estimation *f*; évaluation *f*; **vorausbestimmen** VT ⟨*sép, pas de ge-*, h.⟩ déterminer, fixer, établir d'avance; **vorausbezahlen** VT ⟨*sép, pas de ge-*, h.⟩ payer d'avance; **vorauseilen** VI ⟨*sép*, -ge-, s.⟩ prendre les devants; **vorausfahren** VI ⟨*irr, sép*, -ge-, s.⟩ partir avant les autres; partir devant; prendre les devants
vorausgehen VI ⟨*irr, sép*, -ge-, s.⟩ 1 (*vor anderen hergehen*) aller, marcher devant (**j-m** qn); **sie ist schon vorausgegangen** (*weggegangen*) elle est déjà partie 2 **e-r Sache** (*dat*) ~ précéder qc
vorausgehend ADJT ⟨*épithète*⟩ précédent; antérieur; antécédent; *bei e-m Buch etc* **im Vorausgehenden** plus °haut
voraushaben VT ⟨*irr, sép*, -ge-, h.⟩ **j-m etw** ~ avoir sur qn l'avantage de qc; **sie hat ihm viel an Erfahrung voraus** elle a beaucoup plus d'expérience que lui; **er hat uns viel voraus** il a un grand, gros avantage sur nous
vorausplanen VT ⟨*sép*, -ge-, h.⟩ *bes privat* faire des projets de; *konkreter, bes* WIRTSCH planifier; **Voraussage** F prédiction *f*; pronostics *mpl*; **voraussagen** VT ⟨*sép*, -ge-, h.⟩ prédire; pronostiquer
vorausschauend A ADJT prévoyant B ADVL avec prévoyance; en prévision de l'avenir; **etw** ~ **planen** *a.* projeter qc en tenant compte de toutes les éventualités
vorausschicken VT ⟨*sép*, -ge-, h.⟩ 1 (*vorher abschicken*) envoyer par *od* à l'avance 2 *fig* **e-e Bemerkung** ~ faire une remarque préliminaire; commencer par une remarque; **ich muss hier** ~, **dass …** je dois, au préalable, vous faire remarquer, observer que …
voraussehen VT ⟨*irr, sép*, -ge-, h.⟩ prévoir; **das war vorauszusehen** c'était prévisible; il fallait s'y attendre
voraussetzen VT ⟨*sép*, -ge-, h.⟩ 1 (*zur Bedingung haben*) présupposer; **vorausgesetzt, dass …** à condition que, supposé que (+*subj*) 2 (*als gegeben annehmen*) supposer; présupposer; **das habe ich vorausgesetzt** pour moi, ça allait de soi *od* c'était acquis
Voraussetzung F ⟨~; ~en⟩ 1 (*Vorbedingung*) condition *f*; **wesentliche** ~ condition essentielle; **unter der** ~, **dass …** à condition que … (+*subj*); **die** ~**en erfüllen** satisfaire, répondre aux exigences; **beste** ~**en für das Jurastudium mitbringen** être dans les meilleures conditions (possibles) pour des études de droit 2 (*Annahme*) supposition *f*; présupposition *f*; (*Hypothese*) hypothèse *f*; **von ganz falschen** ~**en ausgehen** partir de données complètement fausses, erronées
Voraussicht F ⟨~⟩ prévision *f*; prévoyance *f*; **aller** ~ **nach** selon toute probabilité; *hum* **in weiser** ~ par mesure de prudence, de précaution
voraussichtlich A ADJ ⟨*épithète*⟩ probable B ADV probablement; vraisemblablement; selon toute probabilité
Vorauszahlung F paiement d'avance, anticipé
Vorbau M ⟨~(e)s; ~ten⟩ 1 ARCH, BAU partie saillante, avancée; avant-corps *m* 2 *umg hum* (*Busen*) *umg* balcon *m*
vorbauen ⟨*sép*, -ge-, h.⟩ A VT BAU (*vorne anbauen*) ajouter devant; (*vorspringend bauen*) construire en saillie B VI (*Vorsorge treffen*) **e-r Sache** (*dat*) ~ parer à qc; prévenir qc; *sprichw* **der kluge Mann baut vor** *sprichw* prudence est mère de sûreté
Vorbedacht M préméditation *f*; **mit** ~ avec préméditation; délibérément; de propos délibéré (*oft pej*)
Vorbedeutung F ⟨~; ~en⟩ présage *m*; **gute, böse** ~ bon, mauvais augure
Vorbedingung F condition *f* préliminaire, préalable; préalable *m*
Vorbehalt M ⟨~(e)s; ~e⟩ réserve *f*; restriction *f*; **nur unter** ~ sous toutes réserves; **ohne** ~ sans réserve, restriction; ~**e anmelden** formuler des réserves; **unter dem** ~, **dass …** sous réserve que (+*subj*); sauf à (+*inf*)
vorbehalten[1] ⟨*irr, sép, pas de ge-*, h.⟩ A VT **j-m etw** ~ réserver qc à qn B VR **sich** (*dat*) ~ **zu** (+*inf*) se réserver de (+*inf*); **sich** (*dat*) **das Recht** ~ **zu** (+*inf*) se réserver le droit de (+*inf*)
vorbehalten[2] ADJT **Änderungen** ~ sous réserve de modifications; **Irrtum** ~ sauf erreur; **alle Rechte** ~ tous droits réservés
vorbehaltlich PRÄP ⟨*gen*⟩ ADMIN sous réserve de; sauf; **vorbehaltlos** A ADJ inconditionnel, -elle; sans réserve; sans restriction (*beide a. adv*) B ADV inconditionnellement
vorbei ADV 1 *zeitlich* passé; fini; **alles war** ~ tout était fini; **es ist 8 Uhr** ~ il est °huit heures passées; ~ **ist** ~ le passé, c'est le passé; **unsere Freundschaft ist** ~ *a.* c'en est fait de notre amitié 2 *räumlich* ~! (*daneben*) raté!; **ich möchte gerne** ~ puis-je passer?; **an etw** (*dat*) ~ le long de, à côté de, devant qc
vorbeieilen VI ⟨*sép*, -ge-, s.⟩ passer en toute °hâte (**an** [+*dat*] devant)
vorbeifahren VI ⟨*irr, sép*, -ge-, s.⟩ passer (**an** [+*dat*] devant, à côté de, près de); **im Vorbeifahren** en passant
vorbeiführen VI ⟨*sép*, -ge-, h.⟩ *Weg* passer (**an** [+*dat*] devant, à côté de)
vorbeigehen VI ⟨*irr, sép*, -ge-, s.⟩ 1 (*vorbei-

laufen) passer (**an** *[+dat]* devant, à côté de); **er geht unter meinem Fenster vorbei** il passe sous ma fenêtre; **im Vorbeigehen** *a. fig* en passant 2 *(das Ziel verfehlen) Schuss* manquer, rater le but; *fig* **am Wesentlichen ~** passer à côté de l'essentiel 3 *umg (besuchen)* **kurz bei j-m ~** passer chez qn 4 *(vergehen)* passer; **es geht alles vorbei** tout passe

vorbeikommen VI ⟨*irr, sép,* **-ge-, s.**⟩ 1 *(passieren)* passer (**an etw, j-m** devant qc, qn; **bei j-m** chez qn) 2 *umg (besuchen)* **bei j-m ~** passer chez qn 3 *(vorbeigehen können)* (pouvoir) passer; **hier kommt man nicht vorbei** ici on ne passe pas; *fig* **an etw** *(dat)* **nicht ~** ne pas pouvoir éviter qc; **an dieser Schwierigkeit kommt man nicht vorbei** *a.* il faut en passer par cette difficulté

vorbeilassen *umg* VT ⟨*irr, sép,* **-ge-, h.**⟩ **j-n, etw ~** laisser passer qn, qc

vorbeimarschieren VI ⟨*sép, pas de ge-,* **s.**⟩ MIL défiler (**an** *[+dat]* devant)

vorbeireden VI ⟨**-ete,** *sép,* **-ge-, h.**⟩ **aneinander ~** ne pas tenir le même langage; avoir un dialogue de sourds; **an den Dingen ~** être à côté de la question

vorbeischießen ⟨*irr, sép,* **-ge-**⟩ A VT ⟨**h.**⟩ **den Ball ~** manquer, rater le but (avec le ballon) B VI 1 ⟨**h.**⟩ *(das Ziel verfehlen)* manquer, rater le but 2 *fig* ⟨**s.**⟩ passer comme une flèche, un bolide (**an** *[+dat]* devant)

vorbeiziehen VI ⟨*irr, sép,* **-ge-, s.**⟩ passer (**an** *[+dat]* devant, à côté de)

vorbelastet ADJ *Beziehung etc* hypothéqué (**durch** par); **erblich ~ sein** avoir une lourde hérédité

Vorbemerkung F remarque *f* préalable, préliminaire; avertissement *m*

vorbereiten VT (*u.* VR) ⟨**-ete,** *sép, pas de ge-,* **h.**⟩ **(sich) ~** (se) préparer (**auf** *[+akk]* à); **auf alles vorbereitet sein** être prêt à tout; **auf etw** *(akk)* **(gut) vorbereitet sein** s'être (bien) préparé à qc; avoir (bien) préparé qc; **darauf war er nicht vorbereitet** il ne s'y attendait pas

vorbereitend ADJT ⟨*épithète*⟩ préparatoire; préliminaire

Vorbereitung F ⟨**~; ~en**⟩ préparation *f* (**auf etw** *[akk]* à qc); **~en treffen** faire des préparatifs (**zu, für etw** de qc); **in ~ sein** être en préparation; se préparer

Vorbereitungs... IN ZSSGN préparatoire; de préparation; **Vorbereitungsklasse** F classe *f*, cours *m* de préparation; **Vorbereitungskurs** M cours *m* de préparation; **Vorbereitungszeit** F temps *m* de préparation

Vorbericht M rapport *m* préliminaire; **Vorbescheid** M avis *m* provisoire; **Vorbesitzer(in)** M(F) ancien, -ienne propriétaire; **Vorbesprechung** F réunion *f* préliminaire, préparatoire

vorbestellen VT ⟨*sép, pas de ge-,* **h.**⟩ commander d'avance; retenir; *Plätze* louer d'avance; réserver *(a. Zimmer)*; **Vorbestellung** F commande *f* préalable; *von Plätzen* location *f*; réservation *f (a. von Zimmern)*

vorbestraft ADJ JUR qui a déjà subi une condamnation; **nicht ~** sans antécédents judiciaires

Vorbestrafte(r) M/F(M) ⟨→ A⟩ JUR récidiviste *m/f*; **mehrfach ~r** multirécidiviste *m/f*; repris *m* de justice

vorbeten VI ⟨**-ete,** *sép,* **-ge-, h.**⟩ diriger la prière; **Vorbeter** M chef *m* de prière

Vorbeugehaft F JUR détention préventive

vorbeugen ⟨*sép,* **-ge-, h.**⟩ A VT **den Kopf ~** pencher la tête B VI **e-r Sache** *(dat)* **~** parer à qc; prévenir qc *(a.* MED*)*; prendre des précautions contre qc; *sprichw* **~ ist besser als heilen** *sprichw* mieux vaut prévenir que guérir C VR **sich ~** se pencher (en avant)

vorbeugend ADJT ⟨*épithète*⟩ préventif, -ive; MED *a.* prophylactique

Vorbeugung F prévention *f*; MED *a.* prophylaxie *f*; **zur ~** préventivement; par mesure de prévention

Vorbeugungsmaßnahmen FPL mesures préventives, MED *a.* prophylactiques

Vorbild N modèle *m*; exemple *m*; **als ~ dienen** servir de modèle; **(sich** *[dat]***) j-n zum ~ nehmen** prendre qn pour, comme modèle; prendre modèle sur qn; **nach dem ~ von** sur le modèle de; à l'exemple de

vorbildlich A ADJ exemplaire; modèle B ADV de façon exemplaire; **Vorbildlichkeit** F ⟨**~**⟩ exemplarité *f*; caractère *m* exemplaire

Vorbildung F ⟨**~**⟩ formation *f*; connaissances *fpl*

vorbohren VT ⟨*sép,* **-ge-, h.**⟩ percer un avant-trou

Vorbörse F FIN marché *m* libre; marché *m* avant Bourse

vorbörslich ADJ *u.* ADV FIN en marché libre; **~ notiert** coté au marché libre, avant l'ouverture de la Bourse

Vorbote M avant-coureur *m*; précurseur *m*; *(Vorzeichen)* signe annonciateur

vorbringen VT ⟨*irr, sép,* **-ge-, h.**⟩ 1 *(äußern)* énoncer; émettre; *Wünsche, Anliegen* présenter; exprimer; *Argumente* avancer; *Gründe etc* alléguer; *Klagen a.* formuler 2 *(her~) Laute etc* produire; *Worte* proférer; prononcer 3 *umg (nach vorn bringen)* apporter

Vorbühne F THEAT avant-scène *f*

vorchristlich ADJ avant l'ère chrétienne; **~e Zeit** époque *f* avant Jésus-Christ

Vordach N auvent *m*; avant-toit *m*

vordatieren VT ⟨*sép, pas de ge-,* **h.**⟩ *(vorausdatieren)* postdater

vordem *geh* ADV (aupar)avant; *(vor langer Zeit)* jadis; autrefois

Vordenker(in) M(F) esprit *m* qui devance son temps

Vorder... IN ZSSGN de devant; antérieur; avant *(inv)*; **Vorderachse** F essieu *m*, train *m* avant; **Vorderansicht** F vue *f* de face; **Vorderasien** N le Proche-Orient; **Vorderbein** N patte *f*, *bes e-s Pferdes* jambe *f* de devant; patte antérieure; **Vorderdeck** N SCHIFF gaillard *m* d'avant

vordere(r, -s) ADJ ⟨*épithète*⟩ de devant; *bes Körperteile* antérieur; **die ~n Reihen** *fpl* les premiers rangs; **~ Seite** devant *m*; **der Vordere Orient** le Proche-Orient

Vorderflügel M ZOOL élytre *m*; **Vorderfront** F façade *f*; face antérieure; devant *m*; **Vorderfuß** M ZOOL pied *m*, patte *f* antérieur(e), de devant

Vordergrund M devant *m*; THEAT, FOTO, *fig* premier plan; **im ~** sur le devant; au premier plan; *fig* **in den ~ treten** passer au premier plan; *fig* **im ~ stehen** être au premier plan; tenir, avoir la vedette; *fig* **in den ~ stellen** mettre en avant, au premier plan

vordergründig ADJ superficiel, -ielle

vorderhand ADV pour le moment; en attendant; provisoirement

Vorderhand F *des Pferdes* avant-main *f*; **Vorderhaus** N maison *f* de devant; **Vorderindien** N l'Inde *f*; **Vorderkeule** F GASTR épaule *f*; *vom Reh* cuissot *m*; **Vorderlader** M ⟨**~s; ~**⟩ *Waffe* arme *f* se chargeant par la bouche; **vorderlastig** ADJ lourd de l'avant; **Vorderlauf** M ⟨**~(e)s; -läufe**⟩ ZOOL patte antérieure, de devant; **Vorderlicht** N *des Fahrrads* phare *m* avant

Vordermann M ⟨**~(e)s; -männer**⟩ personne *f* qui est devant qn; *in der Schule etc* voisin *m* de devant; **mein ~** la personne devant moi; mon voisin de devant; *umg fig* **auf ~ bringen** *Person* mettre au pas; *Haushalt* (tout) briquer

Vorderpfote F patte antérieure, de devant

Vorderrad N roue *f* avant; **Vorderradantrieb** M traction *f* avant; **Vorderradbremse** F frein *m* avant

Vorderschinken M épaule *f* (de porc); **Vorderseite** F *a.* BAU devant *m*; *e-r Münze, Medaille* face *f*; avers *m*; TYPO *e-s Blatts, Bogens* recto *m*; **Vordersitz** M *e-s Autos* siège *m* avant

vorderste(r, -s) ADJ le (la) plus avancé(e); le premier (la première); **in der ~n Reihe** au tout premier rang; **an ~r Front kämpfen** combattre en première ligne

Vordersteven M SCHIFF étrave *f*; **Vorderteil** N *od* M devant *m*; **Vordertür** F porte *f* avant; **Vorderzähne** MPL dents *fpl* de devant; **Vorderzimmer** N pièce *f* de devant

vordrängeln *umg* VR ⟨**-(e)le,** *sép,* **-ge-, h.**⟩ → vordrängen 1

vordrängen VR ⟨*sép,* **-ge-, h.**⟩ **sich ~** 1 se faufiler (pour passer) devant; jouer des coudes; **drängen Sie sich nicht vor!** ne passez pas devant (les autres)! 2 *fig* se mettre en avant, en vedette

vordringen VI ⟨*irr, sép,* **-ge-, s.**⟩ 1 *in ein Gelände* avancer; MIL gagner du terrain; progresser; **zu j-m ~** se frayer un chemin jusqu'à qn; *weitS.* réussir à parler à qn 2 *fig (sich ausbreiten) Mode etc* se répandre

Vordringen N ⟨**~s**⟩ avance *f*; progression *f*

vordringlich A ADJ très urgent; prioritaire B ADV d'extrême urgence; **etw ~ behandeln** donner la priorité à qc

Vordringlichkeit F priorité *f*; (première) urgence; **Vordruck** M ⟨**~(e)s; ~e**⟩ formulaire *m*; formule *f*

vorehelich ADJ prénuptial

voreilig A ADJ précipité; *(verfrüht)* prématuré; *(unüberlegt)* inconsidéré; irréfléchi; **~e Schlüsse ziehen** tirer des conclusions °hâtives B ADV précipitamment; trop vite; **nicht so ~!** doucement!; pas si vite!; **~ urteilen** être trop prompt dans ses jugements

voreinander ADV 1 *(einander gegenüber)* l'un devant, en face de l'autre; **plötzlich ~ stehen** *a.* se trouver brusquement nez à nez, face à face 2 *(gegenseitig)* **sich ~ fürchten** avoir peur l'un de l'autre; **keine Geheimnisse ~ haben** ne pas avoir de secrets l'un pour l'autre 3 *Reihenfolge, räumlich* l'un devant l'autre; *zeitlich* l'un avant l'autre

voreingenommen ADJ prévenu (**gegen** contre; **j-m gegenüber** à l'égard de qn); partial; **~ sein** *a.* être de parti pris

Voreingenommenheit F ⟨**~**⟩ parti pris; préjugés *mpl*; partialité *f*; **ohne ~** *a.* sans prévention

vorenthalten VT ⟨*irr, sép, pas de ge-,* **h.**⟩ **j-m etw ~** priver qn de qc; retenir (injustement) qc à qn; **j-m die Wahrheit ~** cacher, dissimuler la vérité à qn

Vorentscheidung F 1 décision *f* préalable, préliminaire 2 SPORT **mit dem 2:0 war e-e ~ gefallen** le 2 à 0 annonçait, préfigurait déjà le score final *bzw.* le résultat

vorerst ADV *(vorläufig)* pour le moment, l'instant; *(zunächst)* d'abord

Vorexamen N examen *m* préalable, préliminaire

Vorfahr(in) M ⟨**~en; ~en**⟩ (F) ⟨**~in; ~innen**⟩ ancêtre *m/f*; **unsere ~en** nos ancêtres; *geh* nos aïeux *mpl*

vorfahren ⟨*irr, sép,* **-ge-**⟩ VT ⟨**h.**⟩ *u.* VI ⟨**s.**⟩ 1 *(ankommen)* **bei j-m ~** arrêter sa voiture devant

V

la porte de qn; **den Wagen ~ lassen** faire venir la voiture; **vorgefahren kommen** arriver en voiture 2 **j-n ~ lassen** (*j-m die Vorfahrt lassen*) céder le passage à qn 3 (*vorausfahren*) partir devant

Vorfahrt F ‹~› priorité *f*; **~ haben** avoir (la) priorité (**vor** [*+dat*] sur); être prioritaire; **die ~ beachten** respecter la priorité; **j-m die ~ lassen** céder le passage à qn

Vorfahrtsregel F règle *f* de priorité; **Vorfahrtsschild** N panneau *m* indiquant la priorité; **Vorfahrtsstraße** F route *f* *bzw.* rue *f* prioritaire; voie *f* prioritaire

Vorfall M 1 (*Zwischenfall*) incident *m*; affaire *f* 2 MED prolapsus *m*

vorfallen VI ‹*irr, sép*, -ge-, s.› 1 (*sich ereignen*) arriver; se passer; se produire; *unvermutet* survenir; **tun Sie, als ob nichts vorgefallen wäre** faites comme si de rien n'était 2 (*nach vorn fallen*) tomber (en avant) 3 MED descendre; s'affaisser

Vorfeld N MIL glacis *m*; FLUG aire *f* de stationnement; *fig* **im ~ der Konferenz** pendant la phase préparatoire de la conférence

vorfertigen VT ‹*sép*, -ge-, h.› TECH préfabriquer

Vorfilm M court métrage (*qu'on passe avant le film*); **Vorfinanzierung** F préfinancement *m*

vorfinden VT ‹*irr, sép*, -ge-, h.› trouver (à son arrivée); *zufällig* tomber sur

vorflunkern *umg* VT ‹-(e)re, *sép*, -ge-, h.› **j-m etw ~** en conter (de belles) à qn; raconter des histoires à qn

Vorfreude F joie anticipée; **voller ~ auf etw** (*akk*) **sein** se réjouir de qc

Vorfrühling M début *m*, premiers jours du printemps

vorfühlen VI ‹*sép*, -ge-, h.› tâter le terrain; **bei j-m ~** pressentir, sonder qn; tâter qn

Vorführeffekt M *hum* effet *m* Bonaldi

vorführen VT ‹*sép*, -ge-, h.› 1 (*zeigen*) présenter; *Modenschau* **ein Modell ~** présenter un modèle 2 (*demonstrieren*) *Apparate* faire la démonstration de (**j-m** à qn); *Versuche* montrer 3 *Film* (*darbieten, aufführen*) présenter; (*projizieren*) projeter 4 *bes* JUR *Zeugen* produire; **j-n dem Richter ~** amener qn devant le juge

Vorführgerät N 1 (*Projektor*) projecteur *m* 2 (*Demonstrationsmodell*) modèle *m* de démonstration; **Vorführraum** M (*Filmvorführraum*) cabine *f* de projection

Vorführung F 1 *zur Schau, Prüfung* présentation *f* 2 *von Apparaten, Versuchen* démonstration *f* 3 *von Filmen* présentation *f*; projection *f* 4 JUR comparution *f*

Vorführwagen M véhicule *m* de démonstration

Vorgabe F 1 (*Richtlinie*) directive *f* 2 SPORT °handicap *m*

Vorgang M 1 (*Prozess*) processus *m*; (*Ereignis*) événement *m*; (*Zwischenfall*) incident *m*; affaire *f* 2 ADMIN (*Akten*) dossier *m*

Vorgänger(in) M ‹~s; ~› (F) ‹~in; ~innen› *im Amt etc* prédécesseur *m*; devancier, -ière *m,f*

Vorgangsweise F *österr* → Vorgehensweise

Vorgarten M jardin(et) *m* devant la maison

vorgaukeln VT ‹-(e)le, *sép*, -ge-, h.› **j-m etw ~** faire miroiter qc à qn

vorgeben VT ‹*irr, sép*, -ge-, h.› 1 (*im Voraus festlegen*) fixer à l'avance; **vorgegebenes Thema** thème imposé 2 *umg* (*nach vorn geben*) faire passer (en avant) 3 SPORT *Punkte* rendre; *Meter a.* °handicaper (**j-m … Meter** qn de … mètres); donner un °handicap de 4 (*behaupten*) prétendre; **er gab vor, alles zu wissen** il prétendait tout savoir 5 (*vorschützen*) prétexter; prendre prétexte de

Vorgebirge N promontoire *m*; (*Vorberge*) contreforts *mpl*

vorgeblich ADJ *u.* ADV → angeblich

vorgedruckt ADJT *Formular etc* imprimé

vorgefasst ADJT **~e Meinung** opinion préconçue; préjugé *m*; **~e Meinungen** *a.* parti pris

Vorgefecht N MIL, *fig* escarmouche *f*; (premier) accrochage *m*; **vorgefertigt** ADJT TECH préfabriqué; **Vorgefühl** N pressentiment *m*

vorgehen VI ‹*irr, sép*, -ge-, s.› 1 (*nach vorn gehen*) avancer 2 (*vorausgehen*) aller devant; prendre les devants; *Uhr* avancer 3 (*Vorrang haben*) avoir la préférence, la priorité; avoir le pas (**vor** [*+dat*] sur); passer le premier, la première; **die Arbeit geht vor!** le travail d'abord! 4 (*geschehen*) se passer; **was geht hier eigentlich vor?** qu'est-ce qui se passe ici?; **in ihm ist e-e große Veränderung vorgegangen** il a beaucoup changé 5 (*handeln*) agir; procéder; **wie können wir hier ~?** comment allons-nous procéder?; **gegen etw ~** prendre des mesures contre qc; **mit größter Strenge ~** procéder avec, user de la plus grande rigueur 6 JUR **gegen j-n gerichtlich ~** intenter une action contre qn

Vorgehen N ‹~s› (*Handlungsweise*) manière *f* d'agir; procédé *m*

Vorgehensweise F procédure *f*; (*Methode*) méthode *f*

vorgekocht ADJT précuit

vorgelagert ADJT situé devant; **der Küste** (*dat*) **~** proche du littoral

vorgerückt ADJT *Stunde, Alter* avancé; **zu ~er Stunde** *a.* tard dans la soirée

Vorgeschichte F 1 ‹*sans pl*› (*Urgeschichte*) préhistoire *f* 2 (*vorausgehende Ereignisse*) faits antécédents, précédents; antécédents *mpl*; **vorgeschichtlich** ADJ préhistorique

Vorgeschmack M avant-goût *m*

vorgeschoben A PPERF → vorschieben B ADJT *Posten* avancé

vorgeschrieben A PPERF → vorschreiben B ADJT prescrit; **in der ~en Form** dans les formes prescrites; **~ sein** être de rigueur; être obligatoire

vorgesehen A PPERF → vorsehen B ADJT prévu

vorgesetzt ADJT **die ~e Behörde** l'autorité supérieure

Vorgesetzte(r) M/F(M) ‹→ A› supérieur(e) *m(f)*; chef *m*

vorgestern ADV avant-hier; **~ früh** avant-hier matin; *umg fig* **von ~ sein** être vieux jeu

vorgestrig ADJ d'avant-hier; **der ~e Tag** l'avant-veille *f*

vorgreifen VI ‹*irr, sép*, -ge-, h.› 1 *beim Erzählen* anticiper (**auf** [*+akk*] sur) 2 **j-m ~** devancer les intentions de qn; **e-r Sache** (*dat*) **~** devancer, prévenir qc

Vorgriff M anticipation *f*; **im ~** (**auf** [*+akk*]) par anticipation (sur)

vorhaben VT ‹*irr, sép*, -ge-, h.› 1 (*beabsichtigen zu tun*) projeter; avoir en vue; compter faire; **~ zu** (*+inf*) avoir l'intention, le dessein de (*+inf*); se proposer de (*+inf*); **was haben Sie heute Abend vor?** que comptez-vous faire ce soir?; **wenn du nichts Besseres vorhast** si tu n'as rien de mieux à faire; **heute Abend habe ich nichts vor** je suis libre ce soir; **heute Abend habe ich schon etwas vor** ce soir je suis déjà pris, j'ai déjà prévu quelque chose 2 (*Pläne haben*) **mit s-n Kindern hat er Großes vor** il a de grands projets pour ses enfants

Vorhaben N ‹~s; ~› projet *m*; plan *m*; (*Absicht*) dessein *m*; intention *f*

Vorhalle F vestibule *m*; °hall *m*; *e-s Theaters* foyer *m*; *e-s Gerichts, Bahnhofs* salle *f* des pas perdus; *bes e-r Kirche* porche *m*

vorhalten ‹*irr, sép*, -ge-, h.› A VT 1 **j-m etw ~** *Gegenstand* présenter qc à qn; tenir, mettre qc devant qn; **hinter vorgehaltener Hand** en cachette; en sous-main; **mit vorgehaltener Waffe** (avec) l'arme au poing; **die Hand ~** *beim Husten, Gähnen* mettre la main devant la bouche 2 *fig* (*vorwerfen*) **j-m etw ~** reprocher qc à qn; faire des reproches à qn sur qc, à propos de qc B *umg* VI (*reichen*) *Essen* tenir au ventre; *Vorsätze etc* **(nicht) lange ~** (ne pas) faire effet longtemps; (ne pas) tenir longtemps

Vorhaltung F **j-m ~en machen** faire des reproches à qn (**wegen etw** à cause de qc)

Vorhand F ‹~› 1 TENNIS coup droit 2 KARTENSPIEL **in der ~ sein** avoir la main; *fig* avoir l'avantage 3 *Pferd* → Vorderhand

vorhanden ADJ (*existent*) existant; présent; (*verfügbar*) disponible; **~ sein** exister; subsister; (*zu finden sein*) se trouver; **es ist nichts mehr davon ~** il n'en reste plus (rien)

Vorhandensein N ‹~s› existence *f*; présence *f*

Vorhandschlag M TENNIS coup droit

Vorhang M 1 *am Fenster* rideau *m*; *Tür* portière *f* 2 THEAT rideau *m*; **der ~ fällt, geht auf** le rideau tombe, se lève; *Schauspieler* **zehn Vorhänge haben** être rappelé dix fois 3 HIST POL **der Eiserne ~** le rideau de fer

Vorhängeschloss N cadenas *m*; **mit e-m ~ verschließen** cadenasser

Vorhangstange F tringle *f* à rideaux

Vorhaut F ANAT prépuce *m*

vorher ADV (*zuvor*) avant; au préalable; antérieurement; auparavant; (*früher*) plus tôt; **der** *od* **am Tag ~** la veille; le jour (d')avant, précédent; **wie ~** comme avant; **das hätte er sich ~ überlegen sollen** il aurait dû y réfléchir avant

vorherbestimmen VT ‹*sép, pas de ge-*, h.› prédéterminer; REL prédestiner; **Vorherbestimmung** F détermination *f* préalable; prédétermination *f*; REL prédestination *f*

vorhergehend ADJT ‹*épithète*› précédent; qui a précédé; **an der ~en Haltestelle** à la station précédente; **aus dem Vorhergehenden folgt, dass …** il résulte de ce qui précède que …

vorherig ADJ ‹*épithète*› 1 (*vorig*) antérieur; préalable; **nach ~er Absprache** après entente, accord préalable 2 → vorhergehend 3 (*ehemalig*) ancien, -ienne (*vorangestellt*)

Vorherrschaft F ‹~› POL *u. fig* prédominance *f*; prépondérance *f*; suprématie *f*; hégémonie *f*

vorherrschen VI ‹*sép*, -ge-, h.› prédominer; prévaloir

Vorherrschen N ‹~s› prédominance *f*; prépondérance *f*

vorherrschend ADJT prédominant; prépondérant; **die ~e Meinung** l'opinion la plus répandue; l'opinion dominante

Vorhersage F prévision *f*; pronostic *m*; *des Wetters* prévisions *fpl* (météorologiques)

vorhersagen VT ‹sép, -ge-, h.› prédire; pronostiquer; **vorhersehbar** ADJ prévisible; **vorhersehen** VT ‹*irr, sép*, -ge-, h.› prévoir

vorheucheln *umg pej* VT ‹-(e)le, *sép*, -ge-, h.› feindre; simuler

vorhin ADV (*eben erst*) tout à l'heure; à l'instant; **du hast mir ~ gesagt …** tu viens de me dire …; *umg* **das ist die Frau von ~** c'est la femme de tout à l'heure

Vorhof M 1 ARCH avant-cour *f*; cour *f* d'entrée; *e-r Kirche* parvis *m* 2 ANAT *des Herzens* oreillette *f*; *des Ohrs* vestibule *m*; **Vorhölle** F ⟨~⟩ KATH limbes *mpl*; **Vorhut** F ⟨~; ~en⟩ MIL, *fig* avant-garde *f*

vorig ADJ ⟨*épithète*⟩ précédent; antérieur; *Jahr, Monat (vergangen)* passé; dernier, -ière; **(die) ~e Woche** la semaine dernière

vorinstalliert ADJ IT préinstallé (**auf** [*+dat ou akk*] sur)

Vorinstanz F première instance; instance précédente; **Vorjahr** N année précédente, passée; **vorjährig** ADJ ⟨*épithète*⟩ de l'année précédente, passée

vorjammern *umg* VT ⟨-(e)re, *sép*, -ge-, h.⟩ **j-m etw ~** importuner qn par, avec ses lamentations

Vorkammer F 1 ANAT *des Herzens* oreillette *f* 2 TECH *des Dieselmotors* chambre *f* de précombustion; **Vorkampf** M *bei e-m Boxkampf etc* combat *m* préliminaire

vorkämpfen VR ⟨*sép*, -ge-, h.⟩ **sich zu etw, j-m ~** atteindre qc, qn au prix de grands efforts

Vorkämpfer(in) M(F) champion, -ionne *m,f* (**für e-e Sache** d'une cause); pionnier *m*

vorkauen VT ⟨*sép*, -ge-, h.⟩ **j-m etw ~** mâcher qc à qn (*a. umg fig*)

Vorkauf M JUR préemption *f*

Vorkaufspreis M prix *m* de préemption; **Vorkaufsrecht** N droit *m* de préemption

Vorkehrung F ⟨~; ~en⟩ mesure (préventive, de sécurité); **~en** *pl a.* dispositions *fpl*; **~en treffen** prendre des mesures, des dispositions

Vorkenntnisse FPL connaissances *fpl* préliminaires; notions *fpl* (préalables)

vorknöpfen *umg* VR ⟨*sép*, -ge-, h.⟩ **sich** (*dat*) **j-n ~** *umg* passer un savon à qn; **sich** (*dat*) **etw ~** s'attaquer à qc; **den werde ich mir ~** je m'en vais lui dire deux mots

vorkochen ⟨*sép*, -ge-, h.⟩ A VT (*ankochen*) faire subir une première cuisson à B VI (*im Voraus kochen*) faire la cuisine à l'avance

vorkommen ⟨*irr, sép*, -ge-, s.⟩ A VI 1 (*sich ereignen*) arriver; se produire; **das kann ~** cela peut arriver; **das kommt bei ihm nicht vor** cela ne lui arrive pas; **dieser Fall kommt selten vor** ce cas se présente rarement; **so etwas ist mir noch nicht vorgekommen** je n'ai jamais rien vu de semblable, de pareil; **dass mir so etwas nicht wieder vorkommt!** que cela ne se reproduise pas!; **es könnte ~, dass** il se pourrait, il pourrait se faire que (*+subj*) 2 (*vorhanden sein*) *Pflanzen, Tiere etc* se rencontrer; se trouver; **diese Pflanze kommt hier selten vor** cette plante ne se rencontre que rarement ici 3 (*scheinen*) sembler, paraître (**j-m** à qn); **j-m ~ wie** faire à qn l'effet de; **es kommt mir vor, als ob** il me semble que (*+ind*); **das kommt dir nur so vor!** c'est ce que tu crois!; *umg* **wie kommst du mir vor?** qu'est-ce que tu te permets?; pour qui te prends-tu? 4 (*nach vorn kommen*) avancer 5 (*hervorkommen*) sortir (**hinter etw** [*dat*] de derrière qc; **unter etw** [*dat*] de dessous qc) B VR **sich** (*dat*) **~ wie ...** se croire ...; **sich** (*dat*) **wichtig ~** faire l'important; **sich** (*dat*) **überflüssig ~** se sentir de trop

Vorkommen N ⟨~s; ~⟩ 1 ⟨*sans pl*⟩ (*Vorhandensein*) existence *f*; présence *f*; (*Auftreten*) *von Krankheiten etc* cas *m*; apparition *f*; LING occurrence *f* 2 GEOL (*Lagerstätte*) gisement *m*

Vorkommnis N ⟨~ses; ~se⟩ événement *m*; incident *m*

Vorkriegs... IN ZSSGN d'avant-guerre; **Vorkriegszeit** F (époque *f* d')avant-guerre *m od f*

vorladen VT ⟨*irr, sép*, -ge-, h.⟩ convoquer; *vor Gericht a.* assigner; *als Zeuge a.* citer; **Vorladung** F convocation *f*; *vor Gericht a.* assignation *f*; *von Zeugen a.* citation *f*

Vorlage F 1 ⟨*sans pl*⟩ (*das Vorlegen*) présentation *f*; production *f*; **zur ~ bei** à présenter à 2 (*Entwurf*) projet *m*; POL (*Gesetzesvorlage*) projet *m* de loi 3 (*Muster*) modèle *m*; **nach e-r ~ arbeiten** travailler d'après un modèle 4 SPORT passe *f* (en avant) 5 ⟨*sans pl*⟩ SKISPORT position penchée en avant

vorlassen VT ⟨*irr, sép*, -ge-, h.⟩ **j-n ~** *beim Anstehen* laisser qn passer devant; (*empfangen*) recevoir qn; **vorgelassen werden** *a.* obtenir une audience

Vorlauf M 1 TECH avance *f* rapide 2 SPORT course *f* de série 3 ⟨*sans pl*⟩ (*Vorbereitung*) travaux *mpl* préparatoires, préliminaires

Vorläufer M précurseur *m*; SKILAUF ouvreur *m*

vorläufig A ADJ provisoire; temporaire; intérimaire B ADV provisoirement; pour le moment; pour l'instant; en attendant

Vorlauftaste F touche *f* avance rapide

vorlaut ADJ impertinent; qui se mêle de tout

Vorleben N ⟨~s⟩ passé *m*; JUR antécédents *mpl*

Vorlegegabel F grande fourchette; **Vorlegelöffel** M grande cuiller *od* cuillère; **Vorlegemesser** N couteau *m* à découper

vorlegen ⟨*sép*, -ge-, h.⟩ A VT 1 (*davor legen*) *Klotz etc* mettre, placer, poser devant 2 *Schloss* mettre; *Riegel a.* pousser 3 *geh Speisen* servir; **sie legte ihm Fleisch vor** elle lui a servi de la viande 4 (*vorzeigen*) *Urkunde etc* présenter; produire; **etw zur Unterschrift ~** présenter qc à la signature 5 (*unterbreiten*) *Plan, Vorschlag* présenter; soumettre; *Frage* poser; **e-n Gesetzentwurf ~** déposer un projet de loi 6 *bes* FUSSBALL passer; **j-m den Ball ~** passer le ballon à qn 7 (*auslegen*) *Geld* prêter 8 *umg* **ein tolles Tempo ~** aller (à) un train d'enfer B VR **sich ~** se pencher en avant

Vorleger M ⟨~s; ~⟩ (*Bettvorleger*) descente *f* de lit; carpette *f*; *im Bad* tapis *m* de bain

Vorleistung F prestation *f* préalable; *pl* **~en** (*Zugeständnisse*) concessions *fpl* préalables

vorlesen ⟨*irr, sép*, -ge-, h.⟩ A VT **j-m etw ~** lire qc à qn; donner lecture de qc à qn B VI **e-m Blinden ~** faire la lecture à un aveugle; **aus seinen Werken ~** lire des extraits de son œuvre

Vorlesung F UNIVERSITÄT 1 *reguläre* cours magistral; **~en halten** faire des cours (**über** [*+akk*] sur); **~en hören, besuchen** suivre des cours; **e-e ~ belegen** s'inscrire à un cours 2 *einmalige, e-s Gastprofessors etc* conférence *f*

Vorlesungsverzeichnis N programme *m* des cours

vorletzte(r, -s) ADJ avant-dernier, -ière; **~ Silbe** (syllabe *f*) pénultième *f*

vorlieb → vorliebnehmen

Vorliebe F ⟨~; ~n⟩ **~ (für)** prédilection *f*, préférence *f* (pour); **e-e besondere ~ für etw haben** avoir une préférence marquée, une prédilection pour qc; **mit ~** de préférence

vorliebnehmen VI ⟨*irr, sép*, -ge-, h.⟩ **mit j-m, etw ~** se contenter de qn, qc

vorliegen VI ⟨*irr, sép*, -ge-, h.⟩ 1 (*vorhanden sein*) être (déjà) là; **j-m ~** avoir été présenté, soumis à qn; *Bericht, Ergebnisse etc* **zur Prüfung ~** être à l'examen; **es liegen noch nicht alle Unterlagen vor** on ne dispose pas encore de tous les documents 2 (*bestehen*) exister; **es liegt nichts Besonderes vor** il n'y a rien de particulier; **es liegt nichts über sie vor** on n'a rien sur elle; **es liegt nichts gegen ihn vor** on n'a rien à lui reprocher; **hier liegt ein Irrtum vor** il y a erreur; **im ~den Fall(e)** dans le cas présent; en l'occurence

vorlügen *umg* VT ⟨*irr, sép*, -ge-, h.⟩ → vorschwindeln

vorm *umg* = **vor dem**

vorm. ABK 1 (*vormals*) autrefois 2 (*vormittags*) le *bzw.* du matin

vormachen *umg* VT ⟨*sép*, -ge-, h.⟩ 1 (*vorführen, zeigen*) **es j-m ~, j-m ~, wie es gemacht wird** montrer à qn comment s'y prendre; **da macht ihr niemand etwas vor** pour cela, personne ne lui en remontrerait; elle fait cela à la perfection 2 (*täuschen*) **j-m etwas ~** raconter des histoires à qn; en faire accroire à qn; **er lässt sich von keinem etwas ~** il n'est dupe de personne; **wir wollen uns nichts ~!** parlons franchement!

Vormacht(stellung) F ⟨~(stellung)⟩ prépondérance *f*; hégémonie *f*; prédominance *f*

vormalig ADJ ⟨*épithète*⟩ ancien, -ienne (*vorangestellt*); **vormals** ADV anciennement; autrefois; jadis

Vormarsch M MIL *u. fig* marche *f* en avant; avance *f*; progression *f*; **auf dem ~ sein** avancer; progresser; *a. fig* gagner du terrain

vormerken VT ⟨*sép*, -ge-, h.⟩ noter; prendre note de; *Datum* retenir; *Zimmer, Platz* réserver; **sich ~ lassen** se faire inscrire (**für** pour)

Vormittag M matin *m*; (*ganze ~szeit*) matinée *f*; **heute, morgen, Sonntag ~** ce, demain, dimanche matin; **am ~, im Laufe des ~s** dans la matinée

vormittags ADV dans la matinée; le matin; *mit Uhrzeit* du matin

Vormittagsunterricht M cours *mpl* du matin

Vormonat M mois précédent

Vormund M ⟨~(e)s; ~e *ou* -münder⟩ *von Kindern* tuteur *m*, tutrice *f*; *von Erwachsenen a.* curateur, -trice *m,f*; **e-n ~ bestellen** désigner, nommer un tuteur, un curateur; *fig* **ich brauche keinen ~!** je n'ai besoin de personne pour me dire ce que je dois faire; je suis assez grand pour savoir ce que j'ai à faire

Vormundschaft F ⟨~; ~en⟩ tutelle *f*; *bei Erwachsenen a.* curatelle *f*; **unter ~** (*dat*) **stehen** être en *od* sous tutelle *bzw.* curatelle; **unter ~** (*akk*) **stellen** mettre en *od* sous tutelle *bzw.* curatelle

Vormundschaftsgericht N tribunal *m* des tutelles; **Vormundschaftsrichter(in)** M(F) juge *m/f* des tutelles

vorn[1] ADV 1 (*auf, an der Vorderseite*) devant; *umg* **nach ~ gehen** *Fenster etc*, **nach ~ liegen** *Zimmer etc* donner sur la rue, la place, *etc*; **das Haus war ~ beschädigt** le devant de la maison était endommagé; **die Bluse wird ~ geschlossen** le chemisier se ferme devant; **nach ~ geneigt** penché en avant; **von ~** par-devant; de, en face; **von ~ angreifen** attaquer de front 2 *auf e-r Liste, in e-r Reihe etc* en tête; devant; **nach ~ kommen** avancer; **kommen Sie bitte nach ~!** mettez-vous devant, s.v.p.!; avancez(-vous), s.v.p.!; *aufs Podium* venez sur le podium, s.v.p.!; **von ~** *anfangen* par le début, le commencement; *umg* **von ~ bis hinten** d'un bout à l'autre; *umg* **von ~ bis hinten erlogen** inventé de A à Z; faux, fausse d'un bout à l'autre; *umg fig* **sie fehlt mir ~ und hinten** elle me manque sur tous les plans; **~ im Buch** au début du livre 3 (*im Vordergrund*) au premier plan; devant; **~ im Bild** au premier plan de la photo; **hier ~** ici; **sich ~ hinstellen** se mettre devant, au premier rang

vorn[2] *umg* = **vor den**

Vorname M prénom *m*

V

vorne → vorn[1]

vornehm A ADJ 1 *(zur besseren Gesellschaft gehörig)* distingué; élégant; *nur Personen* d'un rang élevé; de qualité; **die ~en Stadtviertel** *npl* les beaux quartiers; les quartiers chic; **die ~en Leute** les gens distingués; la haute volée; **die ~e Welt** le grand, beau monde; **~e Kleidung** tenue élégante; vêtements élégants 2 *(edelmütig)* noble 3 *geh* ⟨épithète, sup⟩ *(vorrangig)* **die ~ste Aufgabe** la première tâche B ADV élégamment; avec élégance; **~ tun** se donner de grands airs; jouer au grand seigneur, à la grande dame

vornehmen ⟨irr, sép, -ge-, h.⟩ A V/T 1 *(durchführen)* faire; effectuer; *Untersuchung, Prüfung a.* procéder à; *Eintragung, Zahlung a.* opérer; *Änderung, Berichtigung a.* apporter 2 *umg schützend Hand, Taschentuch etc* mettre devant la bouche 3 *umg (nach vorn nehmen)* avancer B V/R 1 *(beschäftigen mit)* **sich** *(dat)* **e-e Arbeit ~** se mettre à, entreprendre un travail; *umg* **sich** *(dat)* **j-n ~** faire la leçon à qn 2 *(beschließen)* **sich** *(dat)* **etw ~** se proposer de faire qc; projeter qc; **sich** *(dat)* **etw vorgenommen haben** avoir l'intention de faire qc

Vornehmheit F ⟨~⟩ 1 *e-r Person, Erscheinung etc* distinction *f* 2 *der Kleidung etc* élégance *f*; chic *m* 3 *der Gesinnung* noblesse *f*

vornehmlich *geh* ADV surtout; avant tout; particulièrement

Vornehmtuerei F ⟨~⟩ *pej* grands airs

vorneigen V/T *(u. V/R)* ⟨sép, -ge-, h.⟩ **(sich) ~** (se) pencher, (s')incliner en avant

vorneweg → vorweg

vornherein ADV **von ~** dès le début; de prime abord; a priori

vornhinaus ADV **nach ~ wohnen** être logé sur le devant

vornüber ADV la tête la première; **vornübergebeugt** ADJT penché en avant

vornweg → vorweg

Vorort M ⟨~(e)s; ~e⟩ banlieue *f*; **in e-m ~ wohnen** habiter dans la, en banlieue

Vorortverkehr M service *m* de banlieue; trafic suburbain; **Vorortzug** M train *m* de banlieue

Vorplatz M *vor e-m Gebäude* esplanade *f*; *e-r Kirche* parvis *m*; **Vorposten** M MIL avant-poste *m* *(a. fig)*; poste avancé

vorpreschen V/I ⟨sép, -ge-, s.⟩ se précipiter, se ruer en avant; *fig in Verhandlungen etc* aller trop vite; s'emballer

Vorprogramm N KINO programme présenté en début de séance

vorprogrammieren V/T ⟨sép, pas de ge-, h.⟩ IT programmer (à l'avance); *fig Schwierigkeiten etc* **vorprogrammiert sein** être inévitable

Vorprüfung F examen *m* préalable, préliminaire; SPORT (épreuve *f*) éliminatoire *f*

vorragen V/I ⟨sép, -ge-, h.⟩ émerger **(aus** de)

Vorrang M ⟨~(e)s⟩ 1 priorité *f*; préférence *f*; *(Vortritt)* préséance *f*; **e-r Sache, j-m den ~ geben** donner la préférence, la priorité à qc, qn; **den ~ vor etw** *(dat)* **haben** avoir priorité sur qc; **den ~ vor j-m haben** avoir la préséance, le pas sur qn; passer avant qn; **j-m den ~ lassen** céder le pas à qn 2 *österr (Vorfahrt)* priorité *f*

vorrangig A ADJ prioritaire B ADV en premier lieu; en priorité

Vorrangstellung F ⟨~⟩ prééminence *f*; *(Vortritt)* préséance *f*

Vorrat M ⟨~(e)s; -räte⟩ **~ (an** [+dat]**)** provisions *fpl* (de); *(Reserve)* réserve *f*, HANDEL stock *m* (de); **auf ~** en réserve; **auf ~ kaufen** stocker (qc); **sich** *(dat)* **e-n ~ von etw anlegen** faire provision de qc; HANDEL stocker qc; **solange der ~ reicht** jusqu'à épuisement des stocks

vorrätig ADJ disponible; HANDEL en stock; en magasin; **etw ~ haben** avoir qc en stock, en magasin

Vorratsbehälter M réservoir *m*; **Vorratskammer** F garde-manger *m* *(pièce)*; **Vorratskeller** M cellier *m*; **Vorratslager** N stock *m*; **Vorratsraum** M magasin *m*; entrepôt *m*; **Vorratsschrank** M garde-manger *m*

Vorraum M *in öffentlichen Gebäuden* antichambre *f*; *e-r Wohnung* entrée *f*

vorrechnen V/T ⟨-ete, sép, -ge-, h.⟩ **j-m etw ~** *zum Mitrechnen* faire le compte de qc à qn; *fig (verdeutlichen)* énumérer, détailler qc à qn

Vorrecht N privilège *m*; *ausschließliches* prérogative *f*; **ein ~ genießen** jouir d'un privilège

Vorrede F *e-r Rede* préambule *m*; *fig* **sich nicht lange bei der ~ aufhalten** entrer tout de suite dans le vif du sujet

Vorredner(in) M(F) orateur, -trice *m,f* précédent(e); **ich schließe mich meinem ~ an** je partage l'opinion de l'orateur qui m'a précédé

Vorreiter M *fig* pionnier *m*; **den ~ (bei etw) machen** frayer, ouvrir la voie (à qc); être le premier à faire qc

Vorrichtung F TECH dispositif *m*; mécanisme *m*; *(Gerät)* appareil *m*

vorrücken ⟨sép, -ge-⟩ A V/T ⟨h.⟩ *Stuhl etc* avancer B V/I ⟨s.⟩ (s')avancer *(a. Zeit, Uhrzeiger)*; MIL *a.* progresser; **~ auf** *(+akk)* avancer vers; **auf den zweiten Platz ~** avancer, passer, SPORT *a.* se hisser à la deuxième place

Vorruhestand M ⟨~(e)s⟩ préretraite *f*; retraite anticipée; **Vorruheständler** M ⟨~s; ~⟩ préretraité *m*

Vorrunde F SPORT qualifications *fpl*; critérium *m*; *bes* TENNIS, FUSSBALL sélections *fpl*

vors *umg* = **vor das**

Vors. ABK (Vorsitzender) président

vorsagen ⟨sép, -ge-, h.⟩ A V/T **j-m etw ~** dire qc à qn pour le faire répéter; *bes* SCHULE souffler qc à qn B V/R **sich** *(dat)* **e-n Text ~** répéter un texte (pour l'apprendre); se réciter un texte

Vorsaison F avant-saison *f*; **Vorsänger(in)** M(F) *in der Kirche* chantre *m*

Vorsatz M 1 *(Entschluss)* résolution *f*; *(Absicht)* intention *f*; *bes* JUR *(Vorbedacht)* préméditation *f*; **mit ~** à dessein; de propos délibéré; JUR avec préméditation; **gute Vorsätze fassen** prendre de bonnes résolutions 2 TYPO page *f* de garde

Vorsatzblatt N *in e-m Buch* page *f* de garde

vorsätzlich A ADJ intentionnel, -elle; voulu; *bes* JUR prémédité B ADV exprès; à dessein; de propos délibéré; JUR avec préméditation

Vorschau F présentation *f* des programmes; RADIO, TV prochaines émissions; *(Filmvorschau)* bande-annonce *f*

Vorschein M **zum ~ kommen** (ap)paraître; se montrer; se faire jour; **zum ~ bringen** faire (ap)paraître; *aus s-n Taschen etc* sortir

vorschicken V/T ⟨sép, -ge-, h.⟩ 1 *nach vorn* envoyer en avant 2 *fig* **j-n ~** charger qn de qc de désagréable, d'une corvée

vorschieben V/T ⟨irr, sép, -ge-, h.⟩ 1 *(davor schieben) Riegel* pousser; mettre; → *a.* **Riegel** 1 2 *(nach vorn schieben)* pousser (en avant); *Kopf, Unterlippe* avancer 3 *fig Gründe* alléguer; invoquer; *als Vorwand* **etw ~** se retrancher derrière qc; mettre qc en avant; prétexter qc 4 *(für sich handeln lassen)* **j-n ~** mettre qn en avant

vorschießen *umg* ⟨irr, sép, -ge-⟩ A V/T ⟨h.⟩ *Geld* avancer, prêter **(j-m** à qn**)** B V/I ⟨s.⟩ s'élancer en avant

Vorschlag M proposition *f*; *(Anregung)* suggestion *f*; *(Angebot)* offre *f*; **e-n ~ machen** faire une proposition; **auf ~ von ...** sur la proposition de ...; *hum* **ein ~ zur Güte** une tentative de conciliation

vorschlagen V/T ⟨irr, sép, -ge-, h.⟩ proposer, *(nahelegen)* suggérer **(j-m etw** qc à qn**)**; **j-n ~** proposer qn **(für** pour; **als** comme)

Vorschlaghammer M frappe-devant *m*

Vorschlussrunde F SPORT demi-finale *f*

vorschnell ADJ *u.* ADV → voreilig

vorschreiben V/T ⟨irr, sép, -ge-, h.⟩ 1 *(anordnen, festlegen)* prescrire; ordonner; *Gesetz etc* stipuler; exiger; **ich lasse mir von dir nichts ~!** je n'ai pas d'ordre à recevoir de toi! 2 *zum Nach- od Abschreiben* écrire des modèles de

Vorschrift F prescription *f*; *(Anweisung)* instruction *f*; directive *f*; **die ~en** *koll* le règlement; **an keinerlei ~(en) gebunden sein** être libre de ses actes; **das verstößt gegen die ~en** c'est contraire au règlement; **~ sein** être de rigueur; **die Medizin ist nach ~ einzunehmen** *auf Beipackzettel* posologie: se conformer à la prescription médicale; **ich lasse mir keine ~en machen** je n'ai d'ordre à recevoir de personne

vorschriftsmäßig A ADJ conforme aux instructions, au règlement; réglementaire B ADV conformément aux instructions; suivant, selon les prescriptions, instructions; en bonne et due forme; **vorschriftswidrig** ADJ contraire aux instructions, au règlement

Vorschub M **j-m ~ leisten** aider, assister, secourir qn; prêter main-forte à qn; **e-r Sache** *(dat)* **~ leisten** favoriser qc

Vorschulalter N âge *m* préscolaire; **Vorschule** F *etwa* école maternelle; **Vorschulerziehung** F éducation *f* préscolaire; **vorschulisch** ADJ préscolaire

Vorschuss M avance *f*, acompte *m* **(auf** [+akk] sur); **e-n ~ von ... geben** faire une avance de ...; donner, verser ... à titre d'avance

Vorschusslorbeeren MPL éloges anticipés; **~ ernten** être encensé sans l'avoir encore mérité

Vorschusszahlung F avance *f*

vorschützen V/T ⟨-(es)t, sép, -ge-, h.⟩ prétexter; se retrancher derrière; mettre en avant; *Gründe* alléguer; invoquer; **Unwissenheit ~** feindre, affecter l'ignorance

vorschweben V/I ⟨sép, -ge-, h.⟩ *Idee etc* **mir schwebt etwas ganz anderes vor** j'ai une tout(e) autre idée; **mir schwebt e-e andere Lösung vor** je songe à, j'envisage une autre solution; **mir schwebt vor zu** *(+inf)* j'ai vaguement l'intention, j'envisage de *(+inf)*

vorschwindeln *umg* V/T ⟨-(e)le, sép, -ge-, h.⟩ **j-m etw ~** raconter des histoires à qn

vorsehen ⟨irr, sép, -ge-, h.⟩ A V/T 1 *(planen)* prévoir; **für morgen ist ein Ausflug vorgesehen** une excursion est prévue pour demain 2 *(berücksichtigen)* prévoir; **dieser Fall ist im Gesetz nicht vorgesehen** ce cas n'a pas été prévu par la loi 3 *(zu verwenden beabsichtigen) Gelder, Mittel etc* **~ für** prévoir pour; destiner à; **j-n für e-n Posten ~** prévoir qn pour un poste B V/R **sich ~ (vor** [+dat]**)** prendre garde (à); prendre ses précautions (contre); **sieh dich vor!** prends garde!; attention!; *(sei wachsam)* sois prudent!

Vorsehung F ⟨~⟩ Providence (divine)

vorsetzen ⟨-(es)t, sép, -ge-, h.⟩ A V/T 1 *(nach vorn setzen) Fuß, Stuhl etc* avancer 2 *Speisen* servir; *(anbieten)* offrir B V/R **ich werde mich lieber ~** je préfère m'asseoir devant

Vorsicht F ⟨~⟩ prudence *f*; *(Umsicht)* circonspection *f*; précaution *f*; **mit ~ vorgehen** procéder, agir avec précaution, prudence; **~ walten lassen** agir avec circonspection; **j-n zur ~**

V

ermahnen exhorter qn à la prudence; **~!** attention!; **~, abfahrender Zug!** attention au départ!; **~, Stufe!** attention à la marche!; *umg* **er ist mit ~ zu genießen** avec lui, il faut se tenir sur ses gardes *od* être prudent; *umg* **diese Auskünfte sind mit ~ zu genießen** ces informations sont à prendre avec prudence; *sprichw* **~ ist die Mutter der Weisheit**, *umg hum* **der Porzellankiste** *sprichw* prudence est mère de sûreté; *sprichw* **~ ist besser als Nachsicht** *sprichw* mieux vaut prévenir que guérir

vorsichtig A ADJ prudent; circonspect; précautionneux, -euse; **sei ~!** (fais) attention! B ADV prudemment; *(umsichtig)* avec circonspection, prudence, précaution; **etw ~ andeuten** faire une allusion discrète à qc; évoquer qc à demi-mot

vorsichtshalber ADV par (mesure de) précaution

Vorsichtsmaßnahme F mesure *f* de précaution; **~n treffen** *a.* prendre ses précautions

Vorsilbe F préfixe *m*

vorsingen *‹irr, sép, -ge-, h.›* A VT **j-m etw ~** chanter qc à qn B VI 1 **(vor) j-m ~** chanter devant qn 2 *zur Prüfung* passer une épreuve de chant *bzw.* une audition

vorsintflutlich *umg fig* ADJ antédiluvien, -ienne

Vorsitz M présidence *f*; **bei e-r Versammlung den ~ haben** avoir la présidence d'une, présider une assemblée; **unter dem ~ von** sous la présidence de; **den ~ übernehmen** prendre la présidence

Vorsitzende(r) M/F(M) ‹→ A› président(e) *m(f)*; **zweiter, stellvertretender ~r** vice-président *m*

Vorsorge F ‹~› prévoyance *f*; précaution *f*; **~ treffen** tout prévoir **(für** pour); prendre les dispositions nécessaires **(für etw** pour assurer qc; **gegen etw** pour parer à qc); prendre ses précautions **(gegen** contre); **für e-n Notfall ~ treffen** parer à toute éventualité

vorsorgen VI *‹sép, -ge-, h.›* **für etw ~** tout prévoir pour qc

Vorsorgeuntersuchung F MED examen *m* de dépistage

vorsorglich A ADJ prévoyant B ADV par précaution

Vorspann M ‹~(e)s; ~e› FILM générique *m*; *(Einleitung)* chapeau *m*

vorspannen VT *‹sép, -ge-, h.› Pferde, Lokomotive* atteler

Vorspeise F entrée *f*; °hors-d'œuvre *m*

vorspiegeln VT *‹-(e)le, sép, -ge-, h.›* 1 **j-m etw ~** faire miroiter qc aux yeux de qn 2 → vortäuschen

Vorspiegelung F tromperie *f*; *bes* JUR **~ falscher Tatsachen** altération *f* des faits; **unter ~ falscher Tatsachen** en dénaturant les faits

Vorspiel N 1 MUS prélude *m (a. fig)* 2 THEAT prologue *m*; lever *m* de rideau 3 *sexuelles* préliminaires *mpl*

vorspielen *‹sép, -ge-, h.›* A VT 1 MUS, THEAT **j-m etw ~** jouer qc devant, à qn 2 *(vortäuschen)* **j-m etw ~** jouer à qn la comédie de qc B VI MUS, THEAT jouer **(vor j-m** devant qn)

Vorsprache F démarche *f* **(bei** auprès de)

vorsprechen *‹irr, sép, -ge-›* A VT ‹h.› 1 *zum Nachsprechen* **e-n Satz ~** prononcer une phrase pour la faire répéter 2 *bei Prüfungen* réciter B VI 1 *bes mit e-m Anliegen* **~ bei** *(sich vorstellen)* aller se présenter chez; *um etw zu erreichen* faire une démarche auprès de 2 *bes* THEAT *zur Bewerbung* **(an, bei e-m Theater) ~** donner une audition (dans un théâtre)

vorspringen VI *‹irr, sép, -ge-, s.›* 1 *(nach vorn springen)* s'élancer en avant; **plötzlich hinter e-m Busch ~** surgir, déboucher d'un buisson 2 *(herausragen)* faire saillie; saillir; *am Rand* déborder; **ein ~des Kinn** un menton saillant

Vorsprung M 1 *bei Mauern od Felsen* saillie *f*; avancée *f* 2 *(zeitlicher, räumlicher etc Vorteil)* **~ (vor** [+dat]) avance *f* (sur); avantage *m* (sur); **e-n ~ gewinnen** prendre de l'avance; **ein ~ von drei Metern** une avance de trois mètres

vorspulen VT *‹sép, -ge-, h.› Kassette, Band, Film* mettre sur avance rapide

Vorstadium N stade *m* préliminaire; **Vorstadt** F faubourg *m*; ville *f* de banlieue; **Vorstädter(in)** M(F) faubourien, -ienne *m,f*; **vorstädtisch** ADJ du (des) faubourg(s); faubourien, -ienne; de banlieue; suburbain; **Vorstadtkino** N cinéma *m* de banlieue

Vorstand M ‹~(e)s; -stände› 1 *(leitendes Gremium) e-s Unternehmens, Vereins* comité directeur, de direction; *weitS. a.* direction *f*; *e-r AG nach deutschem Recht* directoire *m*; *e-r Partei* bureau *m* 2 *(Leiter)* directeur *m*; président *m*

Vorstandsmitglied N membre *m* du comité directeur, du comité de direction *bzw.* du directoire; **Vorstandssitzung** F séance *f* du comité directeur, du comité de direction *bzw.* du directoire; **Vorstandsvorsitzende(r)** M/F(M) *e-r AG nach deutschem Recht* président(e) *m(f)* du directoire; *e-r AG nach französischem Recht* président-directeur général; P.D.G. *m*; **Vorstandswahl** F élection *f* du comité de direction

vorstehen VI *‹irr, sép, -ge-, h.›* 1 *(her~) Zähne* avancer; *Kinn a.* être saillant, proéminent; *Mauer, Felsen etc* saillir; être en saillie; *über den Rand* déborder; dépasser 2 *geh (leiten) e-m Amt etc* avoir la direction de; diriger; être à la tête de

vorstehend ADJT *‹épithète›* 1 *in e-m Text* précédent; **das Vorstehende** ce qui précède; **im Vorstehenden** dans ce qui précède 2 *(vorspringend)* saillant; **~es Kinn** menton saillant

Vorsteher(in) M ‹~s; ~› (F) ‹~in; ~innen› directeur, -trice *m,f*; chef *m*; *(Gemeindevorsteher[in])* maire *m*

Vorsteherdrüse F ANAT prostate *f*

Vorstehhund M JAGD chien *m* d'arrêt

vorstellbar ADJ imaginable; pensable; concevable; **kaum ~** à peine imaginable; inimaginable; inconcevable

vorstellen *‹sép, -ge-, h.›* A VT 1 *(nach vorn stellen) Fuß, Gegenstand etc* avancer *(a. Uhr)*; *Gegenstand a.* mettre devant 2 *(bekannt machen)* présenter; **j-m j-n ~** présenter qn à qn; **darf ich Ihnen Herrn … ~?** permettez-moi de vous présenter Monsieur …; puis-je vous présenter Monsieur …?; *fig* **ein Projekt der Öffentlichkeit ~** présenter un projet au public 3 *(darstellen)* THEAT représenter, tenir le rôle de; jouer; *umg fig* **er stellt etwas vor** *(sieht gut aus) umg* il présente bien; *(gilt als Persönlichkeit)* c'est un personnage 4 *(bedeuten)* signifier B VR 1 **sich** *(dat)* **etw ~** s'imaginer, se figurer qc; se faire une idée de qc; *(sich vergegenwärtigen)* se représenter qc; **stellen Sie sich** *(dat)* **meine Enttäuschung vor!** imaginez-vous ma déception!; **was stellen Sie sich** *(dat)* **vor!** qu'est-ce que vous croyez!; qu'allez-vous vous imaginer!; **stell dir das (ein) mal vor!** tu te rends compte!; **stell dir vor, …** figure-toi …; **ich kann mir dich gut als Direktor ~** je te vois bien directeur; **ich kann mir nicht ~, dass** je ne puis m'imaginer que *(+ind od subj)*; **darunter kann ich mir (gar) nichts ~** je ne vois pas du tout (ce que vous voulez dire) 2 *(sich bekannt machen)* **sich j-m ~** se présenter à qn

vorstellig *geh* ADJ **bei j-m ~ werden** faire une démarche auprès de qn

Vorstellung F 1 *(das Vorstellen)* présentation *f* 2 *(Aufführung)* THEAT représentation *f*; KINO séance *f* (de cinéma) 3 *(Begriff)* idée *f*; notion *f*; *(Bild)* **~(en)** vision *f*; **sich** *(dat)* **falsche ~en von etw machen** se faire une fausse idée de qc; **j-m e-e ~ von etw vermitteln** donner à qn une idée de qc; **entspricht das Ihren ~en?** cela répond-il à votre attente? 4 *‹sans pl› (~svermögen)* imagination *f*; **das geht über alle ~** cela passe l'imagination; c'est inimaginable, inconcevable

Vorstellungsgespräch N entrevue *f*, entretien *m* (d'embauche); **Vorstellungskraft** F ‹~›, **Vorstellungsvermögen** N ‹-ens› imagination *f*

Vorstopper M FUSSBALL arrière, défenseur central

Vorstoß M 1 *(Versuch)* essai *m*; tentative *f*; **e-n ~ bei der Geschäftsleitung unternehmen** entreprendre une démarche énergique auprès de la direction; **e-n ~ in unerforschtes Gebiet unternehmen** se risquer dans un terrain encore inexploré 2 MIL attaque (brusquée); raid *m*; brusque poussée *f* en avant 3 HANDEL offensive *f*; percée *f*; **ein ~ auf dem europäischen Markt** une percée sur le marché européen

vorstoßen VI *‹irr, sép, -ge-, s.› (vorwärtsrücken)* (s')avancer **(in** [+akk] dans); HANDEL **auf e-n neuen Markt ~** s'attaquer à un nouveau marché

Vorstrafe F JUR condamnation antérieure; **~n** *pl* casier *m* judiciaire; antécédents *mpl* (judiciaires); **keine ~n haben** avoir un casier judiciaire vierge

vorstrecken VT *‹sép, -ge-, h.›* 1 *Arm* tendre; étendre; allonger; *Kopf, Hand* avancer 2 *(auslegen)* **j-m e-e Summe ~** avancer une somme à qn

Vorstufe F premier degré **(zu** de)

Vortag M veille *f*; **am ~** la veille; le jour précédent

vortanzen VI *(u.* VT) *‹-(es)t, sép, -ge-, h.›* **j-m (e-n Walzer) ~** danser (une valse) devant qn

Vortänzer(in) M(F) premier danseur; première danseuse

vortäuschen VT *‹sép, -ge-, h.›* simuler; feindre; **Vortäuschung** F simulation *f* **(von** de)

Vorteil M 1 avantage *m*; **die Vor- und Nachteile** les avantages et les inconvénients *mpl*; **sich** *(dat)* **e-n ~ verschaffen** obtenir un avantage; **~ aus etw ziehen** tirer avantage, profit, parti de qc; profiter, bénéficier de qc; **im ~ sein** bénéficier d'un avantage; avoir le dessus; **zum ~ von** au bénéfice, au profit, à l'avantage de; **sich zu s-m ~ verrechnen** se tromper à son profit, avantage; **er hat sich zu s-m ~ verändert** il a changé en bien 2 *(Gewinn)* profit *m*; bénéfice *m*; gain *m* 3 TENNIS avantage *m*; FUSSBALL **~ gelten lassen** appliquer la règle de l'avantage

vorteilhaft A ADJ avantageux, -euse **(für** pour); *(gewinnbringend)* profitable; *(günstig)* favorable B ADV avantageusement; **etw ~ verkaufen** *a.* obtenir un bon prix pour qc; **sie ist ~ gekleidet** ses vêtements l'avantagent beaucoup

Vortrag M ‹~(e)s; -träge› 1 *(Rede)* conférence *f*; *(Referat)* exposé *m*; **e-n ~ halten** faire une conférence **(über** [+akk] sur) 2 *(Darbietung) e-s Textes* récitation *f*; déclamation *f*; *e-s Musikstücks* exécution *f*; interprétation *f*; *von Liedern a.* récital *m*; *e-r sportlichen Übung* exécution *f*

vortragen VT *‹irr, sép, -ge-, h.›* 1 *e-e Angelegenheit etc (darlegen)* exposer; **j-m s-e Wünsche ~** présenter, exposer ses désidérata à qn 2 *(darbieten) Text* dire; réciter; déclamer; *Musikstück*

exécuter; interpréter; *Lied* chanter; *sportliche Übung* exécuter
Vortragende(r) M/F(M) ⟨→ A⟩ conférencier, -ière *m,f*
Vortragskünstler(in) M(F) excellent diseur, excellent diseuse *m,f*; **Vortragsreihe** F cycle *m*, série *f* de conférences; **Vortragsreise** F tournée *f* de conférences; **Vortragssaal** M salle *f* de conférences
vortrefflich A ADJ excellent; de premier ordre; *(auserlesen)* exquis; *Speisen a.* succulent B ADV excellemment; parfaitement; à la perfection; *(wunderbar)* à merveille
vortreiben VT ⟨*irr, sép,* -ge-, h.⟩ *Tunnel, Stollen* percer; creuser
vortreten VI ⟨*irr, sép,* -ge-, s.⟩ faire un pas en avant; (s')avancer; *aus der Reihe* sortir du rang, des rangs
Vortritt M ⟨~(e)s⟩ 1 préséance *f*; **den ~ vor j-m haben** avoir la préséance sur qn; **j-m den ~ lassen** céder le pas à qn 2 *schweiz* → Vorfahrt
Vortrupp M MIL, *fig* avant-garde *f*
vorturnen VI ⟨*sép,* -ge-, h.⟩ montrer des exercices de gymnastique; **Vorturner(in)** M(F) moniteur, -trice *m,f* (de gymnastique)
vorüber ADV 1 *zeitlich* passé; **~ sein** *a.* être fini 2 *räumlich* **an etw** *(dat)* **~** devant qc; auprès, à côté de qc
vorübergehen VI ⟨*irr, sép,* -ge-, s.⟩ 1 *räumlich* passer; **an j-m, etw ~** passer devant *od* auprès de *od* à côté de qn, qc; *fig (unbeachtet lassen)* ne pas prêter attention à qn, qc; négliger qn, qc; **im Vorübergehen** en passant; **die Vorübergehenden** *mpl* les passants *mpl* 2 *zeitlich* passer; **das geht bald vorüber** ça passera vite
vorübergehend A ADJT *(von kurzer Dauer)* passager, -ère; éphémère; momentané; *Schließung etc (zeitweilig)* temporaire; *(für e-e Übergangszeit)* transitoire; provisoire B ADVL *(kurzzeitig)* pour un certain temps; passagèrement; momentanément; *(übergangsweise)* provisoirement
vorüberziehen VI ⟨*irr, sép,* -ge-, s.⟩ passer (**an** [*+dat*] devant)
Voruntersuchung F TECH, BAU études *fpl* préliminaires; MED examen(s) *m(pl)* préliminaire(s); JUR enquête *f* préliminaire
Vorurteil N préjugé *m*; **~e gegen j-n, etw haben** avoir des préjugés contre qn, qc
vorurteilsfrei, vorurteilslos ADJ sans préjugés; sans parti pris; impartial; **Vorurteilslosigkeit** F ⟨~⟩ objectivité *f*; impartialité *f*; liberté *f* d'esprit
Vorväter *geh* MPL ancêtres *mpl*; *geh* aïeux *mpl*
Vorvereinbarung F convention *f*, accord *m* préliminaire; **Vorverfahren** N audience *f* préliminaire; **Vorvergangenheit** F GRAM plus-que-parfait *m*; passé antérieur
Vorverhandlung F JUR audience *f* préliminaire; POL **~en** *pl* préliminaires *mpl*
Vorverkauf M ⟨~(e)s⟩ location *f*; **im ~** en prévente
Vorverkaufskasse F, **Vorverkaufsstelle** F (guichet *m*, bureau *m* de) location *f*
vorverlegen VT ⟨*sép, pas de ge-,* h.⟩ 1 *zeitlich* avancer (**auf** [*+akk*] à, **um** de) 2 *räumlich*, MIL avancer (**nach** vers; **um** de)
vorvorgestern ADV il y a trois jours; **vorvorig** *umg* ADJ ⟨*épithète*⟩ avant-dernier, -ière; **vorvorletzte(r, -s)** *umg* ADJ antépénultième
vorwagen VR ⟨*sép,* -ge-, h.⟩ **sich ~** oser avancer; *a. fig* **sich zu weit ~** s'avancer trop; aller trop loin
Vorwahl F 1 POL premier tour de scrutin; scrutin *m* éliminatoire 2 TEL indicatif *m*; **Vorwahlnummer** F TEL indicatif *m*
Vorwand M ⟨~(e)s; -wände⟩ prétexte *m*; **etw zum ~ nehmen** prendre prétexte de qc; **unter e-m ~** sous un prétexte
vorwärmen VT ⟨*sép,* -ge-, h.⟩ chauffer à l'avance; TECH préchauffer
vorwarnen VT ⟨sép, -ge-, h.⟩ prévenir; **Vorwarnung** F avertissement *m*; mise *f* en garde; *a. fig* **ohne ~** sans prévenir
vorwärts ADV en avant; **~!** en avant!; allons! (allez!); partons! (partez!); en route!; SPORT **Rolle** *f* **~** roulade *f* avant; → vorwärtsbewegen, vorwärtsbringen, vorwärtsfahren *etc*
vorwärtsbewegen V/R ⟨*sép, pas de -ge-,* h.⟩ **sich ~** avancer; **vorwärtsbringen** VT ⟨*irr, sép,* -ge-, h.⟩ avancer *(a. umg fig)*; *fig* progresser; **vorwärtsfahren** VI ⟨*irr, sép,* -ge-, s.⟩ avancer
Vorwärtsgang M AUTO marche *f* avant
vorwärtsgehen VI ⟨*irr, sép,* -ge-, s.⟩ avancer *(a. umg fig)*; *fig* progresser; *fig* **gut ~** aller bon train
vorwärtskommen VI ⟨*irr, sép,* -ge-, s.⟩ avancer *(a. fig)*; *fig* progresser; *fig* faire des progrès; *im Leben* faire son chemin; **vorwärtsschieben** V/R ⟨*irr, sép,* -ge-, h.⟩ *Menschenmenge etc* **sich ~** avancer (lentement); *umg* se propulser; **vorwärtstasten** V/R ⟨-ete, *sép,* -ge-, h.⟩ **sich ~** marcher, avancer à tâtons
Vorwäsche F prélavage *m*
vorweg ADV 1 *(zuvor)* d'avance; à l'avance 2 *(voraus)* en tête 3 *(vor allem)* surtout; **Vorwegnahme** F ⟨~⟩ anticipation *f*; **vorwegnehmen** VT ⟨*irr, sép,* -ge-, h.⟩ anticiper
Vorweihnachtszeit F ⟨~⟩ période *f* qui précède Noël; semaines *fpl* avant Noël
vorweisen VT ⟨*irr, sép,* -ge-, h.⟩ montrer; faire voir; *Ausweis etc* présenter; produire; *fig* **einiges vorzuweisen haben** avoir beaucoup de choses à son actif
vorwerfen ⟨*irr, sép,* -ge-, h.⟩ A VT 1 *(zum Vorwurf machen)* **j-m etw ~** reprocher qc à qn 2 *(hinwerfen)* **e-m Tier etw ~** jeter qc à un animal B V/R **sich** *(dat)* **etw ~** se reprocher qc; **sich** *(dat)* **nichts vorzuwerfen haben** n'avoir rien à se reprocher
vorwiegend ADV surtout; *(in der Mehrheit)* pour la plupart; en majorité
Vorwitz M ⟨~es⟩ curiosité indiscrète; indiscrétion *f*; *(Frechheit)* impertinence *f*; **vorwitzig** ADJ *Bemerkung, Kind* trop curieux, -ieuse; indiscret, -ète; *(frech)* impertinent
Vorwort N ⟨~(e)s; ~e⟩ avant-propos *m*; préface *f*; **zu e-m Buch ein ~ schreiben** préfacer un livre
Vorwurf M reproche *m*; **j-m Vorwürfe machen** faire des reproches à qn; **sich** *(dat)* **wegen etw Vorwürfe machen** se faire des reproches à cause de qc; **j-m etw zum ~ machen** reprocher qc à qn; **er macht es ihr zum ~, dass** il lui reproche que *(+subj)*
vorwurfsvoll A ADJ plein de reproches; *(missbilligend)* réprobateur, -trice B ADV d'un air de reproche; sur un ton réprobateur, de reproche
vorzählen ⟨*sép,* -ge-, h.⟩ A VT **j-m Geld ~** compter de l'argent devant qn, sous les yeux de qn B VI **j-m ~** *zum Lernen* montrer à qn comment compter
Vorzeichen N 1 MATH signe *m*; **mit umgekehrtem ~** de signe contraire *(a. fig)* 2 *fig (Omen)* signe précurseur, avant-coureur; présage *m*; augure *m*; **unter guten ~** sous de bons auspices 3 MUS altération *f*
vorzeichnen VT ⟨-ete, *sép,* -ge-, h.⟩ tracer *(a. fig)*; **j-m etw ~** dessiner, tracer un modèle à qn
vorzeigbar *umg* ADJ *Person, Raum* présentable
vorzeigen VT ⟨*sép,* -ge-, h.⟩ montrer; *Ausweis etc a.* présenter; *Hände etc a.* faire voir; *fig* **zum Vorzeigen** qu'on aime montrer; qui fait plaisir à voir; présentable
Vorzeit F **in grauer ~** dans la nuit des temps
vorzeiten *liter* ADV jadis; autrefois; il y a bien longtemps
vorzeitig A ADJ prématuré; anticipé B ADV avant le temps, l'heure, terme
Vorzelt N auvent *m*; **Vorzensur** F 1 SCHULE note *f* de travail de classe 2 *der Presse etc* censure *f* préalable
vorziehen VT ⟨*irr, sép,* -ge-, h.⟩ 1 *(lieber mögen)* préférer; *(bevorzugt behandeln)* accorder un traitement de faveur à; **es ~, etw zu tun** préférer faire qc; **vorzuziehen sein** être préférable; **etw e-r Sache** *(dat)* **~** préférer qc à qc; **bestimmte Schüler zieht sie vor** *a. umg* elle a ses chouchous 2 *(zuziehen) Vorhang etc* tirer 3 *zeitlich* avancer; anticiper; **vorgezogene Wahlen** *fpl* élections anticipées 4 *(nach vorn ziehen) Möbel etc* avancer 5 *umg (her~)* sortir (**unter** [*+dat*] de dessous)
Vorzimmer N antichambre *f*; *weitS. a.* secrétariat *m*; **Vorzimmerdame** *umg* F secrétaire (particulière)
Vorzug M 1 *(gute Eigenschaft)* qualité *f*; *(Vorteil)* avantage *m*; **den ~ haben zu** *(+inf)* avoir l'avantage de *(+inf)*; **sie hat auch ihre Vorzüge** elle a aussi ses bons côtés 2 ⟨*sans pl*⟩ préférence *f*; *(Vorrang)* priorité *f*; **j-m, e-r Sache den ~ geben** donner, accorder la préférence à qn, qc; préférer qn, qc 3 *(Vergünstigung)* avantage *m*; *(Vorrecht)* privilège *m*; **die Vorzüge s-r Position genießen** jouir des avantages de sa position
vorzüglich A ADJ excellent; supérieur; *Speisen a.* exquis; succulent; **von ~er Qualität** de première qualité; de qualité supérieure B ADV à merveille; admirablement; **~ speisen** faire un repas excellent, succulent
Vorzugsaktie F action privilégiée, de priorité; **Vorzugsbehandlung** F traitement préférentiel, de faveur; **Vorzugsklausel** F clause préférentielle; **Vorzugskurs** M cours préférentiel; **Vorzugsmilch** F lait *m* de première qualité; **Vorzugspreis** M prix *m* de faveur; **Vorzugsrecht** N droit *m* de priorité, de préférence, préférentiel; privilège *m*; **Vorzugsstellung** F position privilégiée; **vorzugsweise** ADV de préférence
votieren *geh* VI ⟨*pas de ge-,* h.⟩ voter, donner sa voix (**für** pour, **gegen** contre); **mit Ja ~** voter oui
Votivbild N KATH tableau votif; ex-voto *m*; **Votivgabe** F offrande votive; **Votivkapelle** F KATH chapelle votive
Votum N ⟨~s; Voten *ou* Vota⟩ 1 POL *(Stimme)* vote *m*; suffrage *m*; voix *f* 2 *geh (Entscheidung)* vote *m*; **ein eindeutiges ~ für …** un oui, vote sans équivoque pour, en faveur de …
Voucher N *od* M ⟨~s; ~(s)⟩ TOURISTIK voucher *m*; bon *m* d'échange
Voyeur M ⟨~s; ~e⟩ PSYCH voyeur *m*
VP[1] ABK (Vollpension) pension complète
VP[2] ⟨~⟩ HIST *DDR* ABK (Volkspolizei) **die ~** la police populaire
v. u. ABK (von unten) de bas en °haut; en partant du bas
vulgär ADJ vulgaire; trivial; **Vulgärausdruck** M ⟨~(e)s; -drücke⟩ mot *m*, expression *f* vulgaire; **Vulgärlatein** N latin *m* vulgaire; **Vulgärsprache** F langue *f* vulgaire
Vulgata F ⟨~⟩ REL Vulgate *f*
Vulkan M ⟨~s; ~e⟩ volcan *m*; **erloschener, tätiger ~** volcan éteint, en activité
Vulkanausbruch M éruption *f* volcanique
vulkanisch ADJ volcanique; **vulkanisieren** VT ⟨*pas de ge-,* h.⟩ TECH vulcaniser; **Vul-**

kanisierung F ⟨~⟩ vulcanisation *f*
Vulkanismus M ⟨~⟩ GEOL volcanisme *m*
Vulkankunde F ⟨~⟩ volcanologie *f*
VW® M ⟨~(s); ~s⟩ ABK (Volkswagen®) **1** ⟨*sans article*⟩ *Firma* Volkswagen® **2** **der, ein ~** *Auto* la, une Volkswagen®
VWL ⟨~⟩ ABK → Volkswirtschaftslehre

W

W, w N ⟨W, w; W, w⟩ *Buchstabe* W, w *m*
W ABK **1** ELEK (*Watt*) W (watt) **2** (*West[en]*) O. (ouest)
WAA F ⟨~; ~s⟩ ABK NUKL (Wiederaufbereitungsanlage) usine *f* de retraitement (de déchets nucléaires)
Waadt ⟨→ *n/pr*⟩ **die ~, der Kanton ~** le canton de Vaud
Waadtland ⟨→ *n/pr*⟩ **das ~** le pays de Vaud
Waadtländer(in) M ⟨~s; ~⟩ F ⟨~in; ~innen⟩ Vaudois(e) *m(f)*
waadtländisch ADJ vaudois
Waage F ⟨~; ~n⟩ **1** TECH balance *f*; (*Brückenwaage*) bascule *f*; *fig* **sich die ~ halten** se contrebalancer; s'équilibrer **2** ASTROL Balance *f* **3** SPORT équilibre horizontal
waag(e)recht **A** ADJ horizontal; de niveau **B** ADV horizontalement
Waag(e)rechte F ⟨→ A⟩ **1** *Linie* horizontale *f* **2** ⟨*sans pl*⟩ *Lage* **in der Waag(e)rechten** à l'horizontale
Waagschale F plateau *m* de balance; *fig* **etw in die ~ werfen** jeter qc dans la balance; *fig* **s-e Worte auf die ~ legen** peser ses mots
wabb(e)lig *umg* ADJ gélatineux, -euse; *Bauch, Hand etc* mou, molle; flasque
Wabe F ⟨~; ~n⟩ rayon *m* (de miel); gâteau *m* de cire, de miel
Wabenhonig M miel *m* en rayons
wach ADJ **1** (*nicht schlafend*) (r)éveillé; **~ liegen** rester éveillé; ne pas pouvoir dormir; **~ rütteln** (secouer pour) réveiller; tirer du sommeil; *fig* → wachrütteln 2; **~ sein** être (r)éveillé; **~ werden** se réveiller **2** *fig* (*lebhaft*) vif, vive; (*aufgeweckt*) éveillé; (*wachsam*) vigilant; (*aufmerksam*) attentif, -ive; **~er Verstand** vive intelligence; **~ werden** *Erinnerungen etc* se réveiller; → wachhalten
Wachablösung F MIL relève *f* de la garde
Wachdienst M service *m* de garde; **~ haben** être de garde
Wache F ⟨~; ~n⟩ **1** ⟨*sans pl*⟩ *Tätigkeit* garde *f*; SCHIFF quart *m*; **~ stehen, haben**, *umg* **schieben** être de garde, de faction; monter la garde; SCHIFF être de quart **2** (*Wachposten*) garde *m*; sentinelle *f*; SCHIFF vigie *f*; **~n aufstellen** poster des sentinelles; **die ~ ablösen** relever la garde **3** (*Wachlokal*) poste *m* (de garde, de police); **j-n auf die ~ bringen** conduire qn au poste **4** (*das Wachen*) *bei e-m Kranken, Toten* veille *f*; (*Nachtwache*) veillée *f*; **bei e-m Kranken ~ halten** veiller un malade
wachen VI ⟨h.⟩ **1** (*aufpassen*) veiller; **~ über** (*+akk*) veiller sur; **darüber ~, dass ...** veiller à ce que ... (*+subj*); **bei j-m ~** veiller qn **2** *geh* (*nicht schlafen*) être éveillé; ne pas dormir
Wachhabende(r) M ⟨→ A⟩ homme *m* de garde, de faction, SCHIFF de quart
wachhalten VT ⟨*irr, sép*, -ge-, h.⟩ *Interesse etc* maintenir; soutenir
Wachhund M chien *m* de garde; **wachliegen** VI → wach 1; **Wachlokal** N poste *m* (de garde, de police); **Wachmann** M ⟨~(e)s; -männer *ou* -leute⟩ **1** vigile *m* **2** *österr* (*Polizist*) agent *m* de police; **Wachmannschaft** F MIL (hommes *mpl* de) garde *f*
Wacholder M ⟨~s; ~⟩ **1** *Strauch* genévrier *m*; genièvre *m* (*a. Beere*) **2** → Wacholderschnaps;
Wacholderbeere F (baie *f* de) genièvre *m*; **Wacholderschnaps** M (eau-de-vie *f* de) genièvre *m*
Wachposten M poste *m* de garde; sentinelle *f*
wachrufen VT ⟨*irr, sép*, -ge-, h.⟩ **1** *Vergangenes* évoquer; rappeler; remémorer **2** *Interesse, Gefühle* susciter; faire naître; éveiller
wachrütteln VT ⟨-(e)le, *sép*, -ge-, h.⟩ **1** → wach 1 **2** *Gewissen etc* secouer
Wachs N ⟨~es; ~e⟩ cire *f*; (*Bohnerwachs*) encaustique *m*; (*Skiwachs*) fart *m*; *fig* **sie ist (wie) ~ in s-n Händen** il fait d'elle tout ce qu'il veut
wachsam ADJ vigilant; sur le qui-vive; **~ sein** *a.* être sur ses gardes; ouvrir l'œil; **ein ~es Auge auf etw, j-n haben** avoir l'œil (ouvert) sur qc, qn; avoir qc, qn à l'œil
Wachsamkeit F ⟨~⟩ vigilance *f*
Wachsblume F **1** *Schwalbenwurzgewächs* hoya *od* hoyer *m* **2** *Borretschgewächs* cérinthe *f*;
Wachsbohne F °haricot *m* beurre
wachsen¹ VI ⟨wächst, wuchs, gewachsen, s.⟩ **1** *Mensch, Tier* grandir; *Pflanzen, Bart, Fingernägel, umg Kinder* pousser; **in die Höhe ~** *Baum etc* pousser en °hauteur; *Kletterpflanze* grimper; *Mensch* **gut gewachsen** bien bâti; bien fait (de sa personne); *fig* **e-r Sache** (*dat*) **gewachsen sein** être à la hauteur de qc; *fig* **j-m gewachsen sein** être de taille, de force à se mesurer avec qn **2** (*zunehmen*) augmenter; s'accroître; (*sich ausdehnen*) s'étendre; se développer
wachsen² VT ⟨-(es)t, h.⟩ (*mit Wachs einreiben*) cirer; *Ski* farter
Wachsen¹ N ⟨~s⟩ (*Wachstum*) croissance *f*; *fig* (*Zunehmen*) augmentation *f*; accroissement *m*
Wachsen² N ⟨~s⟩ *mit Wachs* cirage *m*; *der Ski* fartage *m*
wachsend ADJT croissant; grandissant (*beide a. fig*)
wächsern ADJ **1** (*aus Wachs*) en *od* de cire **2** *fig Blässe etc* de cire; cireux, -euse
Wachsfigur F figurine *f*, *lebensgroße* figure *f* en *od* de cire; **Wachsfigurenkabinett** N cabinet *m*, musée *m* de figures de cire;
Wachskerze F bougie *f* (en cire); *in Kirchen* cierge *m*; **Wachsmalerei** F peinture *f* à l'encaustique; **Wachsmalkreide** F, **Wachsmalstift** M crayon *m* (de couleur en) cire
Wachsoldat M sentinelle *f*; *e-s Garderegiments* garde *m*; soldat *m* de la garde
Wachspapier N papier ciré; **Wachspuppe** F poupée *f* en cire
wächst → wachsen¹
Wachstafel F *im Altertum, zum Schreiben* tablette *f*
Wachstation F *im Krankenhaus* service *m* de réanimation; **Wachstube** F → Wachlokal
Wachstuch N ⟨~(e)s; -tücher⟩ toile cirée
Wachstum N ⟨~s⟩ BIOL, WIRTSCH, *fig* croissance *f*; WIRTSCH *a.* expansion *f*
wachstumsfördernd ADJT favorable à la croissance; **wachstumshemmend** ADJT défavorable à la croissance
Wachstumshormon N hormone *f* de croissance; **Wachstumsmarkt** M marché *m* en croissance; **Wachstumsrate** F WIRTSCH taux *m* d'expansion *od* de croissance; **Wachstumsstörung** F MED trouble *m* de croissance
wachsweich ADJ mollet, -ette
Wacht *poet* F ⟨~; ~en⟩ garde *f*
Wächte F → Wechte
Wachtel F ⟨~; ~n⟩ ZOOL caille *f*
Wächter(in) M ⟨~s; ~⟩ F ⟨~in; ~innen⟩ garde *m*; gardien, -ienne *m,f*; *e-r Wach- u. Schließgesellschaft* vigile *m*
Wachtmeister M (*Polizist*) agent *m* de police; **Herr ~!** Monsieur l'agent!
Wachtposten M → Wachposten
Wachtraum M rêve éveillé
Wach(t)turm M BEFESTIGUNGSANLAGEN tour *f* de guet; MIL mirador *m*
Wach- und Schließgesellschaft F société (privée) de surveillance
wachwerden VI → wach 2
Wachzimmer N *österr* poste *m* de police;
Wachzustand M état *m* de veille
wackelig ADJ **1** (*nicht stabil*) branlant (*a. Zahn*); vacillant; *Stuhl, Tisch a.* boiteux, -euse **2** *umg Person* (*schwach*) chancelant **3** *umg fig Arbeitsplätze etc* menacé; *Kompromiss, Frieden* boiteux, -euse; *Unternehmen etc* (qui est) en difficulté; qui bat de l'aile
Wackelkontakt M ELEK mauvais contact
wackeln VI ⟨-(e)le, h.⟩ **1** *Dinge* branler (*a. Zahn*); vaciller; *Tisch, Stuhl* être branlant, boiteux, -euse; *umg* **er brüllt, dass die Wände ~** *umg* il gueule comme un âne; *umg fig* **sein Stuhl wackelt** sa position est menacée **2** **mit dem Kopf ~** branler, dodeliner de la tête; **mit den Hüften ~** se déhancher **3** *umg* ⟨s.⟩ (*unsicher gehen*) chanceler; tituber **4** *umg fig Stellung etc* être menacé; *Unternehmen etc* être mal en point *od* en difficulté
Wackeln N ⟨~s⟩ branlement *m*; *der Wand, von Möbeln etc* vacillement *m*; **das ~ mit den Hüften** le déhanchement
Wackelpudding *umg* M *entremets à base de gélatine*
wacker *geh, oft iron* **A** ADJ **1** (*rechtschaffen*) brave; *geh* probe **2** (*mutig*) *geh* vaillant **B** ADV bravement; *geh* vaillamment; **sich ~ halten** faire preuve de courage, de bravoure; se montrer courageux
wacklig → wackelig
Wade F ⟨~; ~n⟩ ANAT mollet *m*
Wadenbein N ANAT péroné *m*
Wadenkrampf M **e-n ~ haben** avoir une crampe dans le mollet
Wadenmuskel M ANAT muscle péronier
Wadi N ⟨~s; ~s⟩ oued *m*
Waffe F ⟨~; ~n⟩ *a. fig* arme *f*; *geh* **in, unter ~n** (*dat*) sous les armes; **mit der ~ in der Hand** l'arme à la main; *geh* **zu den ~n rufen** appeler aux armes; *geh* **die ~n sprechen lassen** recourir, avoir recours aux armes; *geh* **die ~n strecken** déposer, rendre les armes; capituler (*a. fig*); *fig* **j-n mit s-n eigenen ~n schlagen** battre qn avec ses propres armes; *fig* **e-e wirksame ~ gegen den Krebs** une arme efficace contre le cancer
Waffel F ⟨~; ~n⟩ gaufre *f*; *kleine* gaufrette *f*; (*Eiswaffel*) cornet *m* de glace; *umg pej* **einen an der ~ haben** *umg* être louf; *umg* (ne) pas tourner rond
Waffeleisen N gaufrier *m*; moule *m* à gaufres
Waffenappell M revue *f* d'armes; **Waffenarsenal** N arsenal *m*
Waffenbesitz M (**unerlaubter**) **~** détention (illégale) d'armes
Waffendienst M service *m* militaire; **Waffenembargo** N embargo *m* sur les armes;
Waffenfabrik F manufacture *f*, fabrique *f* d'armes; armurerie *f*; **waffenfähig** ADJ **1** *veraltend* (*wehrfähig*) capable de porter les armes **2** NUKL *Uran, Plutonium* à des fins militaires; **Waffengang** M passe *f* d'armes; **Waffengattung** F MIL arme *f*; **Waffenge-**

brauch M emploi *m*, usage *m* des armes
Waffengewalt F ⟨~⟩ **mit ~** par la force des armes
Waffenhandel M trafic *m* d'armes; **Waffenhändler** M armurier *m*; *illegaler* trafiquant *m* d'armes; **Waffenkammer** F magasin *m* d'armes; **Waffenlager** N dépôt *m* d'armes; **Waffenlieferung** F fourniture *f* d'armes; **Waffenrock** M HIST tunique *f*; **Waffenruhe** F suspension *f* des hostilités; trêve *f*; **Waffenschein** M permis *m* de port d'armes; **Waffenschmied** M HIST armurier *m*; **Waffenschmuggel** M contrebande *f* d'armes
Waffenstillstand M armistice *m*; **den ~ einhalten, brechen** respecter, rompre l'armistice
Waffenstillstandsabkommen N convention *f* d'armistice; **Waffenstillstandslinie** F ligne *f* d'armistice; **Waffenstillstandsverhandlungen** FPL pourparlers *mpl* d'armistice; **Waffenstillstandsvertrag** M convention *f* d'armistice
Waffentechnik F ⟨~⟩ (technique *f* de l')armement *m*; **Waffenträger** M *Person, Fahrzeug* porteur *m* d'arme; *für Kernwaffen* vecteur *m*; **Waffenübung** F exercice *m* militaire
Wagemut M audace *f*; goût *m* du risque; **wagemutig** ADJ audacieux, -ieuse
wagen ⟨h.⟩ A VT 1 *(den Mut zu etw haben)* oser (**etw zu tun** faire qc); **es ~, etw zu tun** *a.* se risquer, se hasarder, s'aventurer à faire qc; **wie können Sie es ~!** comment pouvez-vous oser!; *sprichw* **wer wagt, gewinnt** *od* **frisch gewagt ist halb gewonnen** *sprichw* la fortune sourit aux audacieux; *sprichw* qui ne risque rien n'a rien 2 *(aufs Spiel setzen)* risquer; mettre en jeu; **sein Leben ~** risquer sa vie B VR **sich in** *(+akk)*, **aus etw ~** s'aventurer, se risquer dans qc, °hors de qc; **sich an etw** *(akk)* **~** oser s'attaquer à qc
Wagen M ⟨~s; ~⟩ 1 *Transportmittel, (Auto, Pferdewagen)* voiture *f*; *(Handwagen)* chariot *m*; *auf zwei Rädern* charrette *f*; *(Eisenbahnwagen)* wagon *m*; *umg fig* **j-m an den ~ fahren** rentrer dans le chou à qn; *fig* **sich (nicht) vor j-s ~** *(akk)* **spannen lassen** (se refuser à) devenir l'instrument de qn 2 *der Schreibmaschine* chariot *m* 3 ASTRON **der Große, Kleine ~** la Grande, Petite Ourse
wägen *geh* VT ⟨régulier *ou* wägt, wog, gewogen, h.⟩ *(ab~)* peser; soupeser
Wagenabteil N EISENBAHN compartiment *m*; **Wagenaufbau** M carrosserie *f*; **Wagenburg** F HIST *chariots disposés en cercle (dans un but défensif)*; **Wagendecke** F bâche *f*; banne *f*; **Wagenfenster** N glace *f*; **Wagenführer** M conducteur *m*; **Wagenhalle** F garage *m*; **Wagenheber** M cric *m*; **Wagenklasse** F EISENBAHN classe *f*; **Wagenladung** F voiturée *f*; EISENBAHN wagonnée *f*; **Wagenpapiere** NPL papiers *mpl* d'un véhicule; **Wagenpark** M parc *m* automobile; EISENBAHN matériel roulant; **Wagenrad** N roue *f* de voiture, de charrette; **Wagenrennen** N HIST course *f* de chars; **Wagenschlag** M portière *f*; **Wagenschmiere** F cambouis *m*; **Wagenstandanzeiger** M EISENBAHN tableau *m* de composition des trains; **Wagentür** F portière *f*; **Wagentyp** M type *m* (d'une voiture); **Wagenwäsche** F ⟨~; ~n⟩ lavage *m* de (la) voiture
Waggon M ⟨~s; ~s, *österr a.* ~e⟩ wagon *m*; **Waggonladung** F wagonnée *f*; **waggonweise** ADV 1 *(in vielen Waggons)* par wagons entiers 2 *(Waggon für Waggon)* wagon par wagon

waghalsig ADJ *Mensch* téméraire; risque-tout *(inv)*; *Unternehmen* °hasardeux, -euse; très risqué; **Waghalsigkeit** F ⟨~⟩ témérité *f*
Wagnerianer(in) M ⟨~s; ~⟩ (F) ⟨~in; ~innen⟩ MUS wagnérien, -ienne *m,f*
Wagnis N ⟨~ses; ~se⟩ risque *m*; entreprise °hasardeuse, risquée
Wagon *etc* → Waggon *etc*
Wähe F ⟨~; ~n⟩ *bes schweiz* tarte *f*
Wahl F ⟨~; ~en⟩ 1 *⟨sans pl⟩ (Auswahl)* choix *m*; *e-s Themas bei e-r Prüfung etc* option *f*; **die ~ haben** avoir le choix; **keine andere ~ haben, als zu** *(+inf)* ne pas avoir d'autre choix que de *(+inf)*; **es bleibt keine andere ~** on n'a pas le choix; **frei nach ~** au choix; **s-e ~ treffen** faire son choix; **e-e gute, schlechte ~ treffen** faire un bon, mauvais choix; **es stehen drei Menüs zur ~** on a le choix entre trois menus; il y a trois menus au choix; **in die engere ~ kommen** être retenu au cours d'une première sélection; **die ~ fiel auf ihn** il a été choisi; *sprichw* **wer die ~ hat, hat die Qual** il a, nous avons, vous avez, *etc* l'embarras du choix 2 *e-s Abgeordneten, Präsidenten etc* élection *f*; vote *m*; *(Art der ~)* scrutin *m*; **geheime ~** scrutin secret; **(in)direkte ~** scrutin, suffrage (in)direct; **~en zum Bundestag** élections au Bundestag; élections législatives; **sich zur ~ stellen** se porter candidat; poser sa candidature; **zur ~ gehen** (aller) voter; aller aux urnes 3 HANDEL **erster, zweiter, dritter ~** de premier, deuxième, troisième choix; *fig* **zweiter ~** de deuxième catégorie; de second plan
Wahlaufruf M appel *m* aux urnes; **Wahlausgang** M résultat *m* des élections; **Wahlausschuss** M comité électoral
wählbar ADJ éligible; **nicht ~** inéligible
Wahlbenachrichtigung F *convocation envoyée aux électeurs (inscrits)*
wahlberechtigt ADJ **~ sein** avoir le droit de vote
Wahlberechtigte(r) M/F(M) électeur, -trice *m,f* (inscrit[e]); **Wahlberechtigung** F droit *m* de vote; **Wahlbeteiligung** F ⟨~⟩ participation électorale; **Wahlbezirk** M circonscription (électorale); **Wahlbroschüre** F brochure électorale; **Wahlbündnis** N alliance électorale; *bei Listenwahl* apparentement *m*
wählen ⟨h.⟩ A VT 1 *(aus~)* choisir; *bei e-r Alternative* opter pour; **den rechten Augenblick ~** choisir le bon moment 2 TEL *Nummer* composer 3 *durch Abstimmung* élire; **j-n in den Bundestag ~** élire qn au Bundestag; **j-n zum Präsidenten ~** élire qn à la présidence 4 *(stimmen für)* voter pour B VI 1 choisir (**zwischen** *[+dat]* entre); faire son choix; *im Restaurant* **haben Sie schon gewählt?** avez-vous (déjà) fait votre choix? 2 TEL composer le numéro 3 POL voter; **grün ~** voter vert; **rechts ~** voter à droite; **nächstes Jahr wird gewählt** il y a des élections l'année prochaine; **nicht ~** s'abstenir
Wähler(in) M ⟨~s; ~⟩ (F) ⟨~in; ~innen⟩ POL électeur, -trice *m,f*; *pl* **die ~** *(Abstimmende)* les votants *mpl*
Wählerauftrag M mandat (confié par les électeurs à l'élu)
Wahlerfolg M succès électoral; **Wahlergebnis** N résultat *m* des élections
wählerisch ADJ difficile (**in** *[+dat]* sur); **~ sein** être difficile; faire le *bzw.* la difficile; *beim Essen* faire la fine bouche
Wählerliste F liste électorale; **Wählerschaft** F ⟨~⟩ corps électoral; électeurs *mpl*; **Wählerstimme** F voix *f*; suffrage *m*
Wahlfach N SCHULE matière facultative, à option

Wahlfälschung F fraude électorale; *pl* **~en** élections truquées
Wahlfreiheit F liberté *f* de vote; **Wahlgang** M tour *m* de scrutin; **Wahlgeheimnis** N secret *m* du vote; **Wahlgesetz** N loi électorale; **Wahlheimat** F patrie *f* d'adoption; pays *m* d'élection; **Wahlhelfer(in)** M(F) *Beisitzer(in)* assesseur *m* (pour les élections); *(Stimmenauszähler[in])* scrutateur, -trice *m,f*; *im Wahlkampf* assistant(e) *m(f)*; **Wahljahr** N année électorale; **Wahlkabine** F isoloir *m*; **Wahlkampagne** F campagne électorale; **Wahlkampf** M campagne électorale; **Wahlkreis** M circonscription (électorale); **Wahlleiter(in)** M président(e) *m(f)* du comité, du bureau électoral; **Wahllokal** N bureau *m* de vote
wahllos ADV sans discernement; au hasard; **~ zuschlagen** frapper au hasard, à l'aveuglette
Wahlmann M ⟨~(e)s; -männer⟩ POL membre *m* d'un collège électoral; grand électeur; **Wahlmodus** M (mode *m* de) scrutin *m*; **Wahlmöglichkeit** F option *f*; **Wahlmüdigkeit** F abstentionnisme *m*; **Wahlniederlage** F défaite électorale; **Wahlordnung** F règlement électoral; modalités électorales, d'élection; **Wahlperiode** F législature *f*; **Wahlpflicht** F ⟨~⟩ vote *m* obligatoire; **Wahlpflichtfach** N SCHULE (matière *f* à) option *f* obligatoire; **Wahlplakat** N affiche électorale; **Wahlprogramm** N programme électoral; **Wahlpropaganda** F propagande électorale
Wahlrecht N ⟨~(e)s⟩ 1 *aktives* droit *m* de vote; **passives ~** éligibilité *f*; **allgemeines ~** suffrage universel 2 *(Rechtsvorschriften für die Wahl)* législation électorale
Wahlrede F discours électoral
Wählscheibe F TEL cadran *m*
Wahlschein M *formulaire de vote (par correspondance)*; **Wahlschwindel** M fraude électorale; **Wahlsieg** M victoire électorale; **Wahlspruch** M devise *f*; **Wahlsystem** N système électoral; **Wahltag** M jour *m* de l'élection *bzw.* des élections; **Wahlurne** F urne électorale; **Wahlversammlung** F réunion électorale; **Wahlversprechungen** FPL promesses électorales
Wahlverwandtschaft *geh* F affinité *f*
Wahlvorschlag M liste *f* de candidats, de candidatures; **Wahlvorstand** M bureau électoral; comité électoral; **Wahlvorsteher(in)** M(F) président(e) *m(f)* du bureau de vote, d'un comité électoral
wahlweise ADV facultativement; au choix
Wahlzelle F isoloir *m*; **Wahlzettel** M bulletin *m* de vote
Wahn M ⟨~(e)s⟩ 1 *geh (Täuschung)* illusion *f*; *(Verblendung)* aveuglement *m* 2 MED délire *m*; folie *f*; **religiöser ~** délire, folie mystique
wähnen *geh* VT ⟨h.⟩ croire (à tort); s'imaginer; **sich in Sicherheit ~** se croire, s'imaginer en sécurité
Wahnsinn M ⟨~(e)s⟩ 1 MED aliénation mentale; folie *f*; démence *f*; **in ~ verfallen** sombrer dans la démence; perdre la raison; *umg* **du wirst mich noch in den ~ treiben!** tu finiras par me rendre fou! 2 *umg (Unvernunft)* folie *f*; **das ist heller ~** c'est de la folie furieuse, de la pure folie 3 *umg (tolle Sache)* **~!** *umg* c'est dingue, dément!
wahnsinnig A ADJ 1 MED fou (fol), folle; dément; aliéné; **~ werden** *a. fig* devenir fou; **~ machen** *a. fig* rendre fou; *fig* **du bist ja ~!** tu es fou! 2 *umg fig (sehr groß) Angst, Hunger, Durst umg* terrible; *Schmerz, Angst* atroce; *Arbeit, Erfolg umg* monstre; *Tempo umg* dingue 3 *(unsinnig)* absurde B *umg* ADV **~ verliebt in**

j-n **sein** être follement amoureux de qn; **~ viel zu tun haben** *umg* avoir un travail fou, monstre

Wahnsinnige(r) M/F(M) ⟨→ A⟩ **1** fou *m*, folle *f*; aliéné(e) *m(f)*; dément(e) *m(f)* **2** *umg fig umg* dingue *m/f*

Wahnsinns... *umg* IN ZSSGN *umg* dingue

Wahnvorstellung F fantasme *m*; *(Zwangsvorstellung)* obsession *f*

wahnwitzig ADJ démentiel, -ielle; insensé; absurde

wahr ADJ **1** *(der Wahrheit entsprechend)* vrai; véridique; **e-e ~e Geschichte** une histoire véridique, vraie; **ist das wirklich ~?** tu es *bzw.* vous êtes sûr(s) que c'est vrai?; *umg fig* **das darf, kann doch nicht ~ sein!** *umg* c'est pas vrai!; **etw für ~ halten** tenir qc pour vrai; croire qc; **~ werden** se réaliser; **sich als ~ herausstellen** s'avérer exact; se confirmer; **nicht ~?** n'est-ce pas?; **so ~ ich hier stehe!** aussi vrai que je suis ici!; **etw Wahres wird schon daran sein** il y a sûrement du vrai là-dedans; **im ~sten Sinne des Wortes** dans toute l'acception du terme **2** *⟨épithète⟩ (tatsächlich)* véritable; vrai; réel, -elle; *(echt)* authentique; **ein ~er Freund** un vrai, véritable ami; **es ist ein ~es Vergnügen** c'est un vrai plaisir; **der ~e Grund** la véritable raison; **der ~e Wert** la valeur réelle; *umg fig* **das ist auch nicht das Wahre** ce n'est pas (non plus) l'idéal

wahren *geh* VT ⟨h.⟩ **1** *Interessen, Rechte* sauvegarder; défendre **2** *Geheimnis* garder **3** *Anschein* sauver; *Form* respecter; **Distanz ~** garder, tenir ses distances

währen *geh* VI ⟨h.⟩ durer; **lange ~de Trockenheit** sécheresse persistante; **es währte nicht lange, bis sie wieder erschien** elle n'a pas tardé à réapparaître; *sprichw* **was lange währt, wird endlich gut** *sprichw* tout vient à point à qui sait attendre

während **A** PRÄP ⟨gen⟩ pendant; durant; **ich habe ihn ~ des ganzen Tages nicht gesehen** je ne l'ai pas vu de la journée **B** KONJ **1** *zeitlich* pendant que ... *(+ind)*; tandis que ... *(+ind)* **2** *(wohingegen)* tandis que ...; alors que ... *(+ind)*

währenddem *umg*, **währenddes** *geh*, **währenddessen** ADV pendant, durant ce temps

wahrhaben VT *⟨seulement inf⟩* **etw nicht ~ wollen** ne pas vouloir convenir de, admettre qc

wahrhaft *geh* **A** ADJ véridique; *(aufrichtig)* sincère; de bonne foi **B** ADV *(wirklich)* réellement; vraiment; véritablement

wahrhaftig **A** *geh* ADJ → wahrhaft A **B** ADV vraiment; *beteuernd* **~!** vraiment!; ma foi!; *erstaunt* **~?** vraiment?

Wahrhaftigkeit *geh* F ⟨~⟩ véracité *f*; *(Aufrichtigkeit)* sincérité *f*; bonne foi

Wahrheit F ⟨~; ~en⟩ **1** *⟨sans pl⟩* vérité *f*; **die nackte ~** la pure vérité; **die ~ sagen** dire vrai; dire la vérité; **bei der ~ bleiben** s'en tenir à la vérité; **die ~ liegt in der Mitte** la vérité est entre les deux; **in ~** en vérité; en réalité **2** *(Erkenntnis)* **j-m ein paar unangenehme ~en sagen** dire à qn quelques vérités désagréables; PHIL **absolute ~en** vérités absolues

Wahrheitsfindung F ⟨~⟩ recherche *f* de la vérité; **Wahrheitsgehalt** M degré *m* de véracité

wahrheitsgemäß, **wahrheitsgetreu** **A** ADJ conforme, fidèle à la vérité; vrai; véridique **B** ADV conformément à la vérité; **Wahrheitsliebe** F ⟨~⟩ amour *m* de la vérité; **wahrheitsliebend** ADJT sincère; de bonne foi

wahrlich *geh* ADV en vérité; **~!** vraiment!; ma foi!

wahrnehmbar ADJ perceptible

wahrnehmen VT *⟨irr, sép, -ge-, h.⟩* **1** *sinnlich* percevoir; *(hören)* entendre; *(sehen)* voir; *(bemerken)* remarquer; s'apercevoir de; *flüchtig* apercevoir **2** *Gelegenheit* profiter de; saisir; *s-e Rechte* faire valoir **3** *(vertreten)* **j-s Interessen ~** sauvegarder, défendre les intérêts de qn **4** *Funktion etc* assurer; remplir

Wahrnehmung F ⟨~; ~en⟩ **1** *sinnliche* perception *f*; PHIL aperception *f* **2** *von Interessen etc* sauvegarde *f*; défense *f*; **Wahrnehmungsvermögen** N ⟨~s⟩ perception *f*

wahrsagen *⟨insép ou sép*, ge- *ou* -ge-, h.⟩ **A** VT **j-m etw ~** prédire qc à qn; **j-m ~, dass ...** prédire à qn que ... **B** VI prédire l'avenir; dire la bonne aventure; **aus der Hand ~** lire les lignes de la main; **sich** *(dat)* **~ lassen** se faire dire la bonne aventure

Wahrsager(in) M ⟨~s; ~⟩ (F) ⟨~in; ~innen⟩ diseur, -euse *m,f* de bonne aventure; *aus der Hand* chiromancien, -ienne *m,f*; *(Kartenlegerin)* tireuse *f* de cartes

Wahrsagerei F ⟨~⟩ prédiction *f* de l'avenir; *aus der Hand* chiromancie *f*

wahrscheinlich **A** ADJ vraisemblable; probable **B** ADV vraisemblablement; probablement; sans doute; **er wird ~ morgen fahren** il est probable qu'il parte demain

Wahrscheinlichkeit F ⟨~; ~en⟩ vraisemblance *f*; probabilité *f*; **aller ~ nach** selon toute vraisemblance

Wahrscheinlichkeitsgrad M degré *m* de probabilité; **Wahrscheinlichkeitsrechnung** F ⟨~⟩ MATH calcul *m* des probabilités

Wahrung F ⟨~⟩ **1** *der Interessen etc* sauvegarde *f*; défense *f*; **unter ausdrücklicher ~ unserer Rechte** sous toute réserve quant à nos droits **2** *(Bewahrung)* **die ~ dieses Geheimnisses ist oberstes Gebot** il est très important de ne pas dévoiler ce secret **3** *e-s bestimmten Zustandes etc* maintien *m*

Währung F ⟨~; ~en⟩ monnaie *f*; **harte ~** monnaie forte; **in fremder ~** en devises

Währungs... IN ZSSGN *meist* monétaire; **Währungsabkommen** N accord *m* monétaire; **Währungsausgleich** M égalisation *f* des changes; **Währungsausgleichsfonds** M fonds *m* d'égalisation des changes; **Währungsbank** F ⟨~; ~en⟩ banque *f* d'émission; **Währungseinheit** F unité *f* monétaire; **Währungsfonds** M fonds *m* monétaire; **Währungsgebiet** N zone *f* monétaire; **Währungskrise** F crise *f* monétaire; **Währungspolitik** F politique *f* monétaire; **Währungsreform** F réforme *f* monétaire; **Währungsschlange** F FIN serpent *m* monétaire; **Währungsstabilität** F stabilité *f* monétaire; **Währungssystem** N système *m* monétaire; **Währungsumstellung** F conversion *f* monétaire; **Währungsunion** F union *f* monétaire

Wahrzeichen N emblème *m*; symbole *m*; **das ~ von Paris** l'emblème de Paris

Waise F ⟨~; ~n⟩ orphelin(e) *m(f)*

Waisenhaus N orphelinat *m*; **Waisenkind** N → Waise

Waisenknabe M orphelin *m*; *umg fig* **er ist ein** *od* **der reinste ~ gegen ihn** il ne lui arrive pas à la cheville

Waisenrente F pension *f* d'orphelin

Wakeboard N ⟨~s; ~s⟩ *Art Surfbrett* wakeboard *m*; planche *f*

Wal M ⟨~(e)s; ~e⟩ ZOOL baleine *f*

Walachei ⟨→ *n/pr*⟩ GEOG **die ~** la Valachie; *umg fig* **in der ~** en pleine brousse

Wald M ⟨~(e)s; ¨er⟩ forêt *f*; *kleinerer* bois *m*; **tief im ~** au fin fond de la forêt, des bois; *fig* **ein ~ von Antennen** une forêt d'antennes; *fig* **er sieht den ~ vor lauter Bäumen nicht** les arbres lui cachent la forêt; *sprichw* **wie man in den ~ hineinruft, so schallt es heraus** on récolte toujours ce qu'on a semé

Waldameise F ZOOL **Rote ~** fourmi *f* rouge

Waldarbeiter M ouvrier *m* des Eaux et Forêts; **Waldbeere** F airelle *f*; myrtille *f*; **Waldbestand** M forêts *fpl*; *(Waldfläche)* surface boisée; **Waldbewohner** *poet* MPL habitants *mpl*, hôtes *mpl* des bois; **Waldblume** F fleur *f* sylvestre; **Waldboden** M sol forestier; **Waldbrand** M incendie *m* de forêt

Wäldchen N ⟨~s; ~⟩ petit bois; bosquet *m*

Waldenser MPL REL Vaudois *mpl*

Walderdbeere F **1** *Beere* fraise *f* des bois **2** *Pflanze* fraisier *m* des bois

Waldesrauschen *poet* N bruissement *m* de la forêt

Waldfrevel M délit forestier; **Waldgebiet** N zone boisée; région forestière; **Waldgeist** M ⟨~(e)s; ~er⟩ MYTH sylvain *m*; **Waldgott** M MYTH divinité *f* sylvestre; **Waldgrenze** F limite supérieure des forêts; **Waldhorn** N cor *m* de chasse

waldig ADJ boisé

Waldkauz M °hulotte *f*; chat-°huant *m*; **Waldland** N ⟨~(e)s⟩ terrain boisé; **Waldlauf** M jogging *m* (en forêt); **Waldlehrpfad** M sentier *m*, parcours *m* botanique (en forêt); **Waldmeister** M ⟨~s⟩ BOT aspérule odorante; reine *f* des bois

Waldorfschule F école *f* (Rudolf) Steiner

Waldrand M lisière *f* de la forêt, du bois; **waldreich** ADJ boisé; riche en forêts; **Waldreichtum** M ⟨~s⟩ richesses forestières; **Waldsaum** *geh* M *geh* orée *f* du bois; **Waldschaden** M dégât, dommage causé à des forêts; **Waldschrat(t)** M → Waldgeist; **Waldspaziergang** M promenade *f* en forêt; **Waldsterben** N ⟨~s⟩ dépérissement *m*, mort *f* des forêts; **Waldstück** N parcelle boisée

Waldung F ⟨~; ~en⟩ **(ausgedehnte) ~en** (vastes) régions boisées

Waldweg M chemin forestier

Wales N ⟨→ *n/pr*⟩ le pays de Galles

Walfang M ⟨~(e)s⟩ pêche *f* à la baleine; **Walfangboot** N baleinière *f*

Walfänger M ⟨~s; ~⟩ **1** *Person* baleinier *m* **2** *Schiff* baleinière *f*; **Walfisch** *umg* M baleine *f*

Walhalla F ⟨~⟩ MYTH le Walhalla *od* Val-hall

Waliser(in) M ⟨~s; ~⟩ (F) ⟨~in; ~innen⟩ Gallois(e) *m(f)*

walisisch ADJ gallois

walken VT ⟨h.⟩ TEX fouler

Walkie-Talkie N ⟨~(s); ~s⟩ talkie-walkie *m*

Walkman® M ⟨~s; -men⟩ baladeur *m*; walkman® *m*

Walküre F ⟨~; ~n⟩ MYTH Walkyrie *f*

Wall M ⟨~(e)s; ¨e⟩ **1** BEFESTIGUNGSANLAGEN rempart *m* (a. *fig*); *weitS.* *(Befestigungsanlage)* fortification *f* **2** *(Aufschüttung)* remblai *m*; levée *f* de terre

Wallach M ⟨~(e)s; ~e⟩ (cheval *m*) °hongre *m*

wallen VI ⟨h.⟩ **1** *Gewässer, Flüssigkeiten* bouillonner; *Blut in den Adern* bouillir **2** *geh (sich wellenförmig bewegen)* ondoyer; onduler **3** *geh Stoff, Gewand, Haare* flotter

wallend *geh* ADJT *Stoff, Gewand, Haare* flottant

wallfahren VI *⟨régulier, insép*, ge-, s.⟩ **nach Jerusalem ~** aller, se rendre en pèlerinage à Jérusalem; faire le pèlerinage de Jérusalem

Wallfahrer(in) M(F) pèlerin *m*; **Wallfahrt** F pèlerinage *m*

Wallfahrtskirche F église *f* de pèlerinage; **Wallfahrtsort** M (lieu *m* de) pèlerinage *m*

Wallgraben M fossé *m* d'un rempart

Wallis ⟨→ *n/pr*⟩ **das ~** le Valais
Walliser(in) M ⟨~s; ~⟩ (F) ⟨~in; ~innen⟩ Valaisan, -anne *m,f*
Wallone M ⟨~n; ~n⟩, **Wallonin** F ⟨-in; -innen⟩ Wallon, -onne *m,f*
Wallonien N ⟨→ *n/pr*⟩ la Wallonie
wallonisch ADJ wallon, -onne
Wallung *geh* F ⟨~; ~en⟩ *(Erregung)* **in ~** *(akk)* **bringen** mettre en effervescence, *geh* en émoi; **in ~** *(akk)* **geraten** s'enflammer; s'échauffer
Walmdach N toit *m* en croupe
Walnuss F 1 *Frucht* noix *f* 2 *Baum* noyer *m*; **Walnussbaum** M noyer *m*; **Walnussöl** N huile *f* de noix; **Walnussschale** F coquille *f* de noix; *äußere, grüne* brou *m*
Walpurgisnacht F nuit *f* de Walpurgis; MYTH sabbat *m* des sorcières
Walross N ⟨~es; ~e⟩ ZOOL morse *m*
Walstatt *poet* F ⟨~; -stätten⟩ champ *m* de bataille
walten *geh* ⟨-ete, h.⟩ A V/T **das walte Gott!** ainsi soit-il! B V/I 1 *Frieden, Ruhe etc* régner (**über** [+*akk*] sur); *Kräfte a.* agir; exister; **hier waltet ein guter Geist** un bon esprit règne ici; **Gerechtigkeit ~ lassen** être juste; **Gnade ~ lassen** user de clémence; **unter den ~den Umständen** dans les circonstances présentes 2 *weitS. Hausfrau im Haus etc* gouverner, diriger (la maison); commander (dans la maison); **s-s Amtes ~** faire son devoir; remplir son office; **Gott ~ lassen** laisser faire le Ciel
Walt(h)er M ⟨→ *n/pr*⟩ *prénom*
Walz F ⟨~⟩ → Walze 3
Walzblech N plaque laminée; tôle *f*
Walze F ⟨~; ~n⟩ 1 GEOMETRIE cylindre *m* 2 TECH cylindre *m*; *a.* AGR rouleau *m*; *(Schreibmaschinenwalze), bei mechanischen Musikinstrumenten* cylindre *m*; *(Straßenwalze)* rouleau compresseur 3 ⟨*sans pl*⟩ *früher von Handwerksburschen* **auf die ~ gehen** faire son tour de France, *etc*; *umg fig (losziehen) umg* partir en vadrouille; **auf der ~ sein** faire son tour de France, *etc*; *umg fig (herumziehen) umg* être en vadrouille; *umg* rouler sa bosse
walzen ⟨-(es)t⟩ A V/T ⟨h.⟩ TECH cylindrer; *im Walzwerk* laminer; *Straße* passer au rouleau; *Acker* rouler B V/I ⟨h., *doublé d'une indication de direction* s.⟩ *hum (Walzer tanzen)* valser
wälzen ⟨-(es)t, h.⟩ A V/T 1 *Felsbrocken etc* rouler; *fig* **die Schuld auf j-n ~** rejeter, faire retomber la faute sur qn 2 *(hin und her ~)* rouler; GASTR **in Mehl ~** rouler, passer dans la farine 3 *umg fig Akten, Bücher* compulser 4 *umg fig Probleme, Gedanken, Pläne im Kopf* tourner et retourner (dans sa tête); ruminer B V/R 1 *(sich wälzend fortbewegen)* **sich ~** rouler; **die Lawine wälzte sich den Hang hinunter** l'avalanche a dévalé la pente; *fig* **Menschenmassen ~ sich durch die Straßen** des foules déferlent à travers les rues 2 *(sich hin und her ~)* **sich ~** se rouler; se tourner et (se) retourner; **sich schlaflos im Bett ~** se tourner et retourner dans son lit sans trouver le sommeil; **sich am Boden, im Schmutz ~** se rouler par terre, dans la boue
walzenförmig ADJ cylindrique; **Walzenpresse** F presse *f* à cylindres
Walzer M ⟨~s; ~⟩ valse *f*; **~ tanzen** danser la valse; valser
Wälzer *umg* M ⟨~s; ~⟩ *umg* gros bouquin; *umg* pavé *m*
Walzertakt M rythme *m* de valse
Walzgut N pièce *f* à laminer
Wälzlager N TECH palier *m* à rouleaux
Walzmaschine F laminoir *m*; **Walzstahl** M acier laminé; **Walzstraße** F, **Walzwerk** N laminoir *m*

Wampe *umg pej* F ⟨~; ~n⟩ *(Wanst) umg* bide *m*; *umg* bedaine *f*
Wams N ⟨~es; ¨~er⟩ HIST pourpoint *m*
wand → winden[1]
Wand F ⟨~; ¨~e⟩ 1 *von Gebäuden* mur *m*; **~ an ~ leben** être voisins; habiter porte à porte; *umg* **in meinen vier Wänden** chez moi; entre mes quatre murs; **weiß wie e-e ~** blanc comme un linge; *fig* **j-n an die ~ stellen** *(erschießen)* coller qn au mur; envoyer qn au poteau; *fig* **j-n an die ~ drücken** écraser qn; *umg fig* **j-n an die ~ spielen** surclasser, éclipser qn; *umg* **da könnte man die Wände hochgehen!** c'est à se taper la tête contre les murs; c'est à désespérer; *umg* **es ist, als ob ich gegen e-e ~ rede** c'est comme si je parlais à un mur; *umg fig* **Krach machen, dass die Wände wackeln** *umg* faire un boucan de tous les diables; **die Wände haben Ohren** les murs ont des oreilles 2 *(Trennwand)* cloison *f*; *e-s Gefäßes, Zeltes,* ANAT paroi *f*; **spanische ~** paravent *m*; **schalldichte ~** cloison insonore; **durch e-e ~ trennen** cloisonner 3 *(Felswand)* paroi (rocheuse); roc *m*
Wandale M ⟨~n; ~n⟩ 1 HIST Vandale *m* 2 *fig* vandale *m*
Wandalismus M ⟨~⟩ vandalisme *m*
Wandanstrich M peinture *f*; **Wandbehang** M tapisserie *f*; **Wandbekleidung** F revêtement *m* (mural); *hölzerne* lambris *m*; boiserie *f*; **Wandbeleuchtung** F applique *f*; **Wandbespannung** F tenture *f*; **Wandbild** N tableau mural
Wandel M ⟨~s⟩ changement *m*; *grundlegender* transformation *f*; **es hat sich ein ~ vollzogen** un changement s'est produit, opéré; **im ~ der Zeiten** au fil du temps
Wandelgang M promenoir *m*; **Wandelhalle** F THEAT foyer *m*
wandeln ⟨-(e)le⟩ A V/T ⟨h.⟩ *(ver~)* changer, transformer (**in** [+*akk*] en) B *geh* V/I ⟨s.⟩ *(bedächtig spazieren)* déambuler; *umg fig* **~de Leiche, ~des Lexikon** cadavre, dictionnaire ambulant C V/R ⟨h.⟩ **sich ~** changer; se changer, se transformer (**in** [+*akk*] en)
Wander... IN ZSSGN migrateur, -trice; migratoire; *(umherziehend)* ambulant; *(nomadisch)* nomade; **Wanderausrüstung** F équipement *m* de randonnée, de randonneur; **Wanderausstellung** F exposition itinérante; **Wanderbücherei** F bibliobus *m*; **Wanderbühne** F comédiens ambulants; troupe ambulante; **Wanderdüne** F dune mouvante
Wanderer M ⟨~s; ~⟩ randonneur *m*; marcheur *m*
Wanderfalke M faucon *m* pèlerin; **Wandergewerbe** N ⟨~s⟩ commerce ambulant; **Wanderheuschrecke** F criquet migrateur, pèlerin
Wanderin F ⟨~; ~nen⟩ randonneuse *f*
Wanderjahre HIST NPL années *fpl* de voyage; **Wanderkarte** F topoguide *m*; **Wanderlied** N chanson *f* de route; **Wanderlust** F ⟨~⟩ goût *m* du voyage; humeur voyageuse, vagabonde
wandern V/I ⟨-(e)re, s.⟩ 1 *Person* faire une *bzw.* des randonnée(s); faire de la marche; **durch Frankreich ~** parcourir la France à pied 2 *Vögel, Völker* émigrer; *Düne, Sonne* se déplacer; *Wolken* passer; flotter 3 *fig Gedanken* errer; vagabonder 4 *umg an e-n bestimmten Ort umg* atterrir (**ins Gefängnis** en prison, **in den Papierkorb** dans la corbeille à papier)
Wanderniere F MED rein flottant; **Wanderpokal** M SPORT challenge *m*; **Wanderprediger** M prédicateur itinérant; **Wanderratte** F rat gris, d'égout; *t/t* surmulot *m*

Wanderschaft F ⟨~⟩ voyage *m* (à pied); **sich auf ~ begeben** partir pour une (grande) randonnée; **auf ~ sein** *früher von Handwerksburschen* faire son tour de France, *etc*; *umg fig (herumziehen) umg* être en vadrouille; *umg* rouler sa bosse
Wanderschuh M chaussure *f* de marche
Wandersmann M ⟨~(e)s; -leute⟩ *veraltet* → Wanderer
Wandersport M marche *f*; randonnée *f*; **Wanderstock** M bâton *m*; **Wandertag** M SCHULE (journée *f* d')excursion *f*
Wanderung F ⟨~; ~en⟩ 1 *(Ausflug)* randonnée *f* (à pied); excursion *f* (pédestre); marche *f* 2 *von Völkern, Tieren* migration *f*
Wandervogel *umg* M *(begeisterter Wanderer)* passionné(e) *m(f)* de randonnée; **Wanderweg** M sentier *m* de (grande) randonnée; **Wanderzirkus** M cirque ambulant
Wandfliese F carreau (mural); **Wandgemälde** N peinture murale; fresque *f*; **Wandkalender** M calendrier (mural); **Wandkarte** F carte murale; **Wandlampe** F applique *f*; **Wandleiter** F échelle murale; **Wandleuchter** M applique *f*
Wandlung F ⟨~; ~en⟩ 1 changement *m*; *grundlegende* transformation *f* 2 KATH transsubstantiation *f*
wandlungsfähig ADJ transformable; *Gesicht (-sausdruck)* mobile; *Schauspieler* qui sait se métamorphoser
Wandmalerei F peinture murale; **Wandpfeiler** M BAU pilastre *m*; **Wandregal** N étagère murale; **Wandschirm** M écran *m*; *(spanische Wand)* paravent *m*; **Wandschmuck** M décor mural; **Wandschrank** M placard *m*; **Wandspiegel** M miroir mural; **Wandtafel** F tableau noir; **Wandtäfelung** F lambris *m*
wandte → wenden
Wandteller M assiette décorative; **Wandteppich** M tapisserie *f*; **Wanduhr** F pendule, horloge murale; cartel *m*; **Wandverkleidung** F revêtement *m*; *hölzerne* lambris *m*; boiserie *f*; **Wandzeitung** F journal mural
Wange F ⟨~; ~n⟩ 1 *geh (Backe)* joue *f*; **~ an ~** joue contre joue; **mit glühenden ~n** les joues en feu 2 TECH *e-r Treppe* limon *m*
Wankelmotor M moteur *m* Wankel, à piston rotatif
Wankelmut *geh* M versatilité *f*; *(Unbeständigkeit)* inconstance *f*; *(Unentschlossenheit)* irrésolution *f*; indécision *f*; flottements *mpl*
wankelmütig *geh* ADJ versatile; *(unbeständig)* inconstant; *(unentschlossen)* irrésolu; indécis; flottant
wanken V/I 1 ⟨h.⟩ *(schwanken)* chanceler; vaciller; *Knie* flageoler; *geh* **nicht ~ und (nicht) weichen** ne pas céder un pouce de terrain 2 ⟨*doublé d'une indication de direction* s.⟩ **ins Zimmer ~** entrer dans la pièce en chancelant, en titubant 3 *geh fig* ⟨h.⟩ *(unsicher werden)* **~, ~d werden** chanceler; vaciller; être ébranlé
Wanken N ⟨~s⟩ 1 *(Schwanken)* vacillement *m*; fléchissement *m* 2 *geh fig von Macht, Überzeugungen* ébranlement *m*; vacillement *m*; **ins ~ geraten** être ébranlé
wann ADV quand; **seit ~?** depuis quand?; **bis ~?** jusqu'à quand?; **von ~ an?** à partir de quand?; à partir de quelle date?; **von ~ bis ~?** de quelle date à quelle date?; de quand à quand?; **er kann kommen, ~ er will** il peut venir quand il veut; **dann und ~** de temps à autre; de temps en temps
Wanne F ⟨~; ~n⟩ 1 *(Badewanne)* baignoire *f*; **in die ~ gehen** prendre un bain 2 TECH ba-

quet *m*; bassine *f*; cuve *f*; AUTO *(Ölwanne)* carter *m* d'huile

Wannenbad N bain *m (en baignoire)*

Wanst *umg pej* M ⟨~(e)s; ~̈e⟩ *(Bauch) umg* bedaine *f*; *umg* panse *f*; **sich** *(dat)* **den ~ vollschlagen** *umg* s'en mettre plein la lampe

Want F ⟨~; ~en⟩ *od* N ⟨~s; ~en⟩ SCHIFF °hauban *m*

Wanze F ⟨~; ~n⟩ **1** ZOOL punaise *f* **2** *umg (Abhörgerät)* micro clandestin

WAP N ⟨~(s)⟩ TEL ABK (wireless application protocol) Wap *m*; **WAP-Handy** N portable *m* WAP

Wapiti M ⟨~(s); ~s⟩ ZOOL wapiti *m*

Wappen N ⟨~s; ~⟩ armoiries *fpl*; armes *fpl*; blason *m*; **im ~ führen** porter dans ses armes, son blason

Wappenkunde F ⟨~⟩ (science *f*) héraldique *f*; **Wappenschild** M blason *m*; écu *m*; écusson *m*; **Wappenspruch** M devise *f*; **Wappentier** N animal *m* héraldique

wappnen *geh* V/R ⟨-ete, h.⟩ **sich mit Geduld ~** s'armer de patience; **sich gegen etw ~** s'armer contre qc

Waran M ⟨~s; ~e⟩ ZOOL varan *m*

warb → werben

ward → werden

Ware F ⟨~; ~n⟩ marchandise *f*; *(Artikel)* article *m*; *(Produkt)* produit *m*; *(Lebensmittel)* denrée *f*; **erstklassige, hochwertige ~** marchandise *f* de premier choix, de première qualité; **leicht verderbliche ~** denrée *f* périssable; **e-e ~ anpreisen** vanter une marchandise; faire l'article (pour une marchandise); **e-e ~ auf den Markt bringen** mettre un produit sur le marché; lancer un produit; **sich mit ~n eindecken** (re)faire son stock; s'approvisionner

Warenabsatz M débit *m* de marchandises vendues; ventes *fpl*; **Warenangebot** N offre *f* de marchandises; **Warenannahme** F réception *f* des marchandises; **Warenaufzug** M monte-charge *m*; **Warenausfuhr** F exportation *f* (de marchandises); **Warenausgabe** F remise *f*, délivrance *f* des marchandises; **Warenausgänge** MPL HANDEL sorties *fpl*; **Warenaustausch** M échanges commerciaux; **Warenbegleitschein** M bordereau *m* accompagnant la marchandise; **Warenbestand** M stock *m* (de marchandises); **Warenbörse** F Bourse *f* de commerce, de marchandises; **Wareneinfuhr** F importation *f* (de marchandises); **Wareneingang** M HANDEL arrivage *m*; arrivée *f* de marchandises; **Wareneingangsbuch** N livre *m* d'entrées; **Wareneinkauf** M achat *m* de marchandises

Warenhaus N grand magasin; **Warenhausdetektiv** M détective *m* (dans un grand magasin); **Warenhausdiebstahl** M vol *m* (dans un grand magasin)

Warenkorb M STATISTIK panier *m* de la ménagère; **Warenkunde** F ⟨~⟩ étude *f*, connaissance *f* des marchandises; **Warenlager** N **1** dépôt *m* de marchandises; entrepôt *m* **2** → Warenbestand; **Warenlieferung** F fourniture *f*, livraison *f* de marchandises; **Warenmuster** N, **Warenprobe** F échantillon *m*; spécimen *m*; **Warenschein** M warrant *m*; **Warensendung** F envoi *m* de marchandises; **Warensortiment** N assortiment *m*; **Warentest** M test *m* de(s) marchandise(s), de(s) produit(s); *vergleichender* essai comparatif; **Warenumsatz** M chiffre *m* des ventes; chiffre *m* d'affaires; **Warenumschlag** M rotation *f* des stocks

Warenverkehr M circulation *f*, trafic *m* des marchandises; **der freie ~** la libre circulation des marchandises

Warenwert M valeur *f* des marchandises

Warenzeichen N marque *f* de fabrique; **eingetragenes ~** marque déposée; nom déposé

warf → werfen

warm A ADJ ⟨~̈er, ~̈ste⟩ **1** *hinsichtlich Temperatur* chaud; **~es Essen** repas chaud; *fig* **~e Farben** *fpl* couleurs chaudes; **~e Länder** *npl* pays chauds; *fig* **~e Töne** *mpl* tons chauds; **etw Warmes trinken** boire qc de chaud; **~ werden** se réchauffer; **es ist ~** il fait chaud; **mir ist ~** j'ai chaud **2** *(wärmend)* chaud; **~e Kleidung** vêtements chauds, qui tiennent chaud **3** *(lebhaft, herzlich)* chaleureux, -euse; chaud; **~e Anteilnahme** (une) vive sympathie; **~er Empfang** accueil chaleureux; **~e Stimme** voix chaude; **~e Worte** *npl* paroles chaleureuses; **~ werden** *an e-m Ort* se faire à; **mit j-m nicht ~ werden** ne pas s'entendre, sympathiser avec qn **4** *umg pej* **ein ~er Bruder** *(Homosexueller) umg* un pédé B ADV **1** *hinsichtlich Temperatur* chaudement; **~ angezogen sein** être habillé chaudement; être bien couvert; **~ baden** prendre un bain chaud; **~ essen** manger chaud; **~ halten** *Speisen* tenir au chaud; *von Kleidern* tenir chaud; *umg fig* → warmhalten; **~ laufen** TECH s'échauffer; **den Motor ~ laufen lassen** faire tourner le moteur; SPORT **sich ~ laufen** s'échauffer; **~ machen** *Speisen* faire chauffer; **~ servieren** servir chaud; **~ stellen** *Speisen* mettre au chaud **2** *(nachdrücklich, herzlich)* chaleureusement; chaudement; **j-n ~ empfehlen** recommander qn chaudement

Warmblüter M ⟨~s; ~⟩ animal *m* à sang chaud; **warmblütig** ADJ à sang chaud; **Warmduscher** *umg* M ⟨~s; ~⟩ petite nature

Wärme F ⟨~⟩ **1** *Zustand* chaleur *f*; **~ abgeben** dégager de la chaleur; **zwei Grad ~** deux (degrés) au-dessus de zéro; *fig* **die ~ s-r Stimme** la chaleur de sa voix **2** *(Herzlichkeit)* chaleur *f*; **mit ~** avec chaleur; chaudement; chaleureusement

Wärmeaustausch M échange *m* de chaleur; **Wärmeaustauscher** M ⟨~s; ~⟩ TECH échangeur *m* de chaleur; **Wärmebelastung** F **1** ÖKOL pollution *f* thermique **2** TECH charge *f* thermique; **wärmebeständig** ADJ résistant à la chaleur; **Wärmedämmung** F isolation *f* thermique; **Wärmeeinheit** F PHYS unité *f* de chaleur; *t/t* calorie *f*; **wärmeempfindlich** ADJ sensible à la chaleur; **Wärmeenergie** F énergie *f* thermique; **Wärmeentwicklung** F dégagement *m* de chaleur; **wärmeerzeugend** ADJT calorifique; thermogène; **Wärmeerzeugung** F dégagement *m*, production *f* de chaleur; PHYSIOL calorification *f*; **Wärmegewitter** N orage *m* de chaleur; **Wärmegrad** M degré *m* de chaleur; température *f*; **Wärmehaushalt** M ⟨~(e)s⟩ *der Erde* équilibre *m* thermique; *e-s Körpers* régulation *f* thermique; **wärmeisolierend** ADJT calorifuge; **Wärmeisolierung** F isolation *f* thermique; **Wärmekraftwerk** N centrale *f* thermique; **Wärmelehre** F ⟨~⟩ thermique *f*; **Wärmeleitfähigkeit** F ⟨~⟩ conductibilité *f* thermique; **Wärmemenge** F quantité *f* de chaleur; **Wärmemesser** M ⟨~s; ~⟩ calorimètre *m*; **Wärmemessung** F calorimétrie *f*; thermométrie *f*

wärmen ⟨h.⟩ A V/T *Essen etc* faire chauffer; *(auf~)* réchauffer B V/I *Sonne, Feuer etc* chauffer; *Kleidung* tenir chaud C V/R **sich ~** se (ré)chauffer

Wärmepumpe F pompe *f* thermique; **Wärmequelle** F source *f* de chaleur; **Wärmeregler** M thermorégulateur *m*; *(Thermostat)* thermostat *m*; **Wärmeschutz** M isolation *f* calorifuge; protection *f* thermique; **Wärmespeicher** M récupérateur *m* de chaleur; **Wärmestrahlung** F ⟨~⟩ rayonnement *m* thermique; **Wärmetechnik** F ⟨~⟩ technique *f* thermique; **Wärmeverlust** M perte *f*, déperdition *f* de chaleur; **Wärmezufuhr** F amenée *f*, adduction *f* de chaleur

Wärmflasche F bouillotte *f*

Warmfront F METEO front chaud; **Warmhalteflasche** F bouteille isolante

warmhalten *umg* V/R ⟨*irr, sép,* -ge-, h.⟩ **sich** *(dat)* **j-n ~** cultiver qn; rester en bons termes avec qn

Warmhalteplatte F chauffe-plats *m*

warmherzig ADJ chaleureux, -euse; cordial; **Warmherzigkeit** F ⟨~⟩ chaleur *f*; cordialité *f*

warmlaufen V/I → warm B 1

Warmluft F ⟨~⟩ air chaud; **Warmluftheizung** F chauffage (central) à air chaud; **warmmachen** V/T → warm B 1; **Warmmiete** *umg* F (montant *m* du) loyer *m* chauffage compris

Wärmplatte F chauffe-plats *m*

Warmstart M IT redémarrage *m* à chaud; **warmstellen** V/T → warm B 1

wärmstens ADV **j-n, etw ~ empfehlen** recommander chaudement qn, qc

Warmwasserbereiter M ⟨~s; ~⟩ chauffe-eau *m*; **Warmwasserbereitung** F production *f* d'eau chaude; **Warmwasserheizung** F chauffage (central) à eau chaude; **Warmwasserleitung** F conduite *f* d'eau chaude; **Warmwasserspeicher** M chauffe-eau *m* (à accumulation); **Warmwasserversorgung** F ravitaillement *m* en eau chaude

warmwerden V/I → warm A 1, 3

Warnanlage F dispositif *m* avertisseur, d'alarme; **Warnblinkanlage** F, **Warnblinkleuchte** F AUTO signal *m* de détresse; **Warndreieck** N AUTO triangle *m* de présignalisation

warnen V/T ⟨h.⟩ **j-n (vor e-r Gefahr) ~** avertir, prévenir qn (d'un danger); **j-n vor j-m ~** mettre qn en garde contre qn; **j-n (davor) ~, etw zu tun** déconseiller fortement à qn de faire qc; **ich warne Sie!** tenez-le-vous *od* tenez-vous-le pour dit!; vous voilà prévenu!; **ich bin gewarnt!** me voilà prévenu!; je me le tiens pour dit!; **vor Taschendieben wird gewarnt!** attention, prenez garde aux pickpockets!

Warnkreuz N EISENBAHN *signal (en forme de croix de Saint-André) qui annonce un passage à niveau*; **Warnlicht** N signal lumineux; **Warnruf** M cri *m* d'alarme; **Warnschild** N panneau *m* de danger; **Warnschuss** M coup tiré en l'air; SCHIFF coup *m* de semonce; **Warnsignal** N signal *m* de danger; **Warnstreik** M grève *f* d'avertissement; **Warnsystem** N système *m* d'alerte; **Warntafel** F panneau *m* d'avertissement, de danger

Warnung F ⟨~; ~en⟩ avertissement *m*; *(Wink)* avis *m*; **ohne vorherige ~** sans avertissement préalable; **das ist meine letzte ~!** c'est la dernière fois que je vous *bzw.* te préviens!; **lassen Sie sich das e-e ~ sein** que cela vous serve d'avertissement; tenez-le-vous *od* tenez-vous-le pour dit

Warnweste F AUTO gilet *m* de sécurité; **Warnzeichen** N signal *m* de danger

Warschau N ⟨→ *n/pr*⟩ Varsovie

Warschauer(in) M ⟨~s; ~⟩ (F) ⟨~in; ~innen⟩ Varsovien, -ienne *m,f*

Warte *geh fig* F ⟨~⟩ **von s-r ~ aus (gesehen)** de son point de vue; dans son optique

Wartefrist F délai *m* d'attente; **Wartehalle** F EISENBAHN salle *f* d'attente; FLUG salle B *f* d'embarquement; **Wartehäuschen** N *an Haltestellen* abri *m*; *für Busse in Frankreich* abribus® *m*

Warteliste F liste *f* d'attente; **auf der ~ stehen** être, figurer sur la liste d'attente

warten ⟨-ete, h.⟩ A V/T *Maschinen etc* entretenir B V/I attendre (**auf j-n, etw** qn, qc); **auf sich** (*akk*) **~ lassen** se faire attendre; **das hat nicht lange auf sich** (*akk*) **~ lassen** cela n'a pas tardé; **er wird nicht lange auf sich** (*akk*) **~ lassen** il ne va pas tarder à venir; *umg* **da können Sie lange ~!** vous pouvez toujours attendre!; **~ bis ...** attendre que ... (*+subj*); *Drohung* **warte nur!** attends un peu!; **warte, wenn ich dich erwische!** gare à toi si je t'y reprends!; **mit etw ~** remettre, repousser qc; **worauf ~ wir noch?** (mais,) qu'est-ce que nous attendons?; **diese Arbeit kann noch ~** ce travail ne presse pas; ce travail peut attendre; *umg iron* **auf dich haben wir gerade noch gewartet!** il ne manquait plus que toi!

Wärter(in) M ⟨~s; ~⟩ (F) ⟨~in; ~innen⟩ (*Gefängnis-, Museums-, Zoowärter[in]*) gardien, -ienne *m,f*

Warteraum M, **Wartesaal** M salle *f* d'attente; **Warteschlange** F file *f* d'attente; **Warteschleife** F FLUG circuit *m* d'attente; **Wartestand** M ⟨~(e)s⟩ *e-s Beamten* disponibilité *f*

Wartezeit F 1 (*Zeit des Wartens*) attente *f*; **nach e-r ~ von drei Wochen** après trois semaines d'attente 2 (*Wartefrist*) délai *m* (d'attente); période *f* d'attente

Wartezimmer N *e-s Arztes* salle *f*, salon *m* d'attente

Wartung F ⟨~; ~en⟩ *von Maschinen etc* entretien *m*; TECH *a.* maintenance *f*

Wartungsdienst M service *m* d'entretien; **wartungsfrei** ADJ qui ne nécessite, demande pas d'entretien; **Wartungskosten** PL frais *mpl* d'entretien, de maintenance; **Wartungspersonal** N personnel *m* d'entretien, de maintenance

warum A ADV pourquoi; pour quelle raison; **~ nicht?** pourquoi pas? B REL PR pourquoi; **den Grund, ~ er das tut, kennt niemand** personne ne sait pourquoi il fait cela; *ich tue das nicht* **und ich weiß ~** et pour cause; et j'ai mes raisons

Warze F ⟨~; ~n⟩ 1 MED verrue *f* 2 ANAT (*Brustwarze*) mamelon *m*; bout *m* du sein

Warzenhof M ANAT aréole *f* (du mamelon); **Warzenschwein** N ZOOL phacochère *m*

was A INT PR 1 *allein u. betont* quoi; *unbetont: Nominativ* que; qu'est-ce qui; *akk* que; qu'est-ce que; *umg unhöflich* **~?** *umg* quoi?; *umg* °hein?; **~ ist denn?, ~ ist los?** qu'est-ce qu'il y a?; **~ ist das?** qu'est-ce que c'est (que ça)?; **~ ist dein Vater (von Beruf)?** qu'est-ce qu'il fait, ton père?; **~ (soll ich) tun?** quoi faire?; que faire?; **~ stört dich?** qu'est-ce qui te gêne?; **~ gibt es Neues?** quoi *od* qu'y a-t-il de neuf, nouveau?; **~ gibt es Schöneres als ...** quoi *od* qu'y a-t-il de plus beau que ... (*subst*), que de ... (*inf*) 2 **~ für ein(e)** quel, quelle; quel genre de; quelle espèce de; **~ für ein Künstler!** quel artiste!; **~ für ein Auto fährt er?** qu'est-ce qu'il a comme voiture?; **~ für e-e Meinung er auch haben mag** quelle que soit l'opinion qu'il ait 3 (*wie viel*) **~ kostet dieser Schal?** combien coûte cette écharpe?; **~ er nicht alles verlangt!** que ne demande-t-il pas! B REL PR 1 *Nominativ* ce qui; *akk* ce que; **ich weiß, ~ dich betrübt** je sais ce qui te chagrine; **ich weiß, ~ du willst** je sais ce que tu veux; **~ mich betrifft** quant à moi; **~ auch immer es ist** *od geh* **sei** quoi que ce soit; **~ auch immer du willst** tout ce que tu veux 2 *weiterführend* **..., ~ ich bereue** ... que je regrette; ... dont je me repens; **..., ~ ich erwartet habe** ... à quoi je m'attendais; **~ noch schlimmer ist** qui pis est 3 *umg* (*wer*) **~ ein richtiger Seefahrer ist, der ...** (celui qui est) un vrai marin ... C *umg* INDEF PR (*etwas*) **das ist ~ anderes** c'est autre chose; **ist ~?** qu'est-ce qu'il y a?; qu'est-ce que tu as?; **ich habe dir ~ zu sagen** j'ai quelque chose à te dire; **na, so ~!** eh bien, dis *bzw.* dites donc!; **aus ihr wird nie ~** elle n'arrivera jamais à rien; **bekomme ich auch ~?** et moi alors? D *umg* ADV 1 (*wie sehr*) **~ haben wir gelacht!** qu'est-ce que nous avons ri!; **er läuft, ~ er kann** il court tant qu'il peut 2 (*warum*) **~ lachst du?** qu'est-ce qui te fait rire?

Wasabi N *od* M ⟨~(s)⟩ GASTR wasabi *m*

waschaktiv ADJ détergent

Waschanlage F 1 TECH laverie *f* 2 AUTO lavage *m* (automatique) de voitures; **Waschanleitung** F instructions *fpl* de lavage; **Waschautomat** M lave-linge *m*; machine *f* à laver; **waschbar** ADJ lavable; **Waschbär** M ZOOL raton laveur; **Waschbecken** N lavabo *m*; **Waschbenzin** N benzine *f*; **Waschbrett** N planche *f* à laver; batte *f* (de blanchisseuse); **Waschbrettbauch** M tablettes *fpl* de chocolat (*abdominaux*)

Wäsche F ⟨~; ~n⟩ 1 ⟨*sans pl*⟩ (*~stücke*) linge *m*; **saubere, schmutzige ~** linge propre, sale; **~ aufhängen** étendre du linge; **~ waschen** faire la lessive; *fig* **s-e schmutzige ~ nicht in der Öffentlichkeit waschen** laver son linge sale en famille 2 ⟨*sans pl*⟩ (*Unterwäsche*) linge *m* (de corps); **die ~ wechseln** changer de linge; **frische ~ anziehen** mettre du linge propre; *umg fig* **dumm aus der ~ gucken** *umg* en rester baba; *umg* en rester comme deux ronds de flan; *umg fig* **j-m an die ~ gehen** *umg* tomber sur le poil de qn; (*zudringlich werden*) *umg* tripoter qn 3 (*das Waschen*) lavage *m* (*a.* TECH); **(große) ~** lessive *f*; **bei der ersten ~** *einlaufen etc* au premier lavage; **in der ~ sein** être à la lessive; **in die ~ geben** donner à laver

Wäschebeutel M sac *m* à linge

waschecht ADJ 1 résistant au lavage; (*farbecht*) grand teint (*inv*) 2 *fig* **ein ~er Berliner** un Berlinois cent pour cent, pur sang

Wäschegarnitur F → Garnitur 3; **Wäschegeschäft** N magasin *m* de blanc; **Wäschekammer** F lingerie *f*; **Wäscheklammer** F épingle *f*, pince *f* à linge; **Wäschekorb** M panier *m* à linge; **Wäscheleine** F corde *f* à linge; **Wäschemangel** F machine *f* à repasser; repasseuse *f*

waschen ⟨wäscht, wusch, gewaschen, h.⟩ A V/T 1 laver (*a.* AUTO, TECH); *sprichw* **e-e Hand wäscht die andere** *sprichw* une main lave l'autre 2 *fig* **Geld ~** blanchir de l'argent B V/I (*Wäsche ~*) faire la lessive; **mit Wasser ~** laver à l'eau C V/R **sich ~** se laver; faire sa toilette; **(sich** [*dat*]**) die Haare ~** se laver la tête, les cheveux; **sich** (*dat*) **die Hände ~** se laver les mains; *umg fig* **sich gewaschen haben** *umg* ne pas être piqué des vers *od* des °hannetons; *Schlag, Tritt, Ohrfeige* être bien envoyé; *Bemerkung, Schlag a.* porter juste

Waschen N ⟨~s⟩ lavage *m* (*a. e-s Autos,* TECH); *von Wäsche* blanchissage *m*; lessive *f*; *beim Friseur* **~ und Legen** un shampooing et une mise en plis

Wäschepuff M panier *m*, coffre *m* à linge (sale)

Wäscher[1] M ⟨~s; ~⟩ *Anlage* laveur *m*

Wäscher[2] M ⟨~s; ~⟩, **Wäscherin** F ⟨~in; ~innen⟩ laveur, -euse *m,f*; *von Wäsche a.* blanchisseur, -euse *m,f*

Wäscherei F ⟨~; ~en⟩ blanchisserie *f*

Wäschesack M sac *m* à linge (sale); **Wäscheschleuder** F essoreuse *f*; **Wäscheschrank** M armoire *f* (à linge); **Wäschespinne** F séchoir *m* parapluie; **Wäscheständer** M séchoir *m* (à linge); **Wäschestärke** F amidon *m*; **Wäschetrockner** M 1 *Gestell* séchoir *m* (à linge) 2 *Maschine* sèche-linge *m*

Waschfrau F blanchisseuse *f*; **Waschgang** M *der Waschmaschine* (phase *f* de) lavage *m*; **Waschgelegenheit** F lavabo *m*; coin *m* toilette; **Waschhandschuh** M gant *m*, main *f* de toilette; **Waschhaus** N buanderie *f*; **Waschkorb** M panier *m* à linge; **Waschküche** F 1 buanderie *f* 2 *umg fig* (*dichter Nebel*) purée *f* de pois; **Waschlappen** M 1 gant *m* de toilette 2 *umg fig* (*Feigling*) *umg* lavette *f*; *umg* chiffe (molle); **Waschlauge** F lessive *f*; **Waschleder** N peau *f* de chamois; **Waschmaschine** F lave-linge *m*; machine *f* à laver; **waschmaschinenfest** ADJ lavable en machine; **Waschmittel** N lessive *f*; détergent *m*; produit *m* de lavage; **Waschprogramm** N programme *m* de lavage; **Waschpulver** N lessive *f*; **Waschraum** M cabinet *m* de toilette; **Waschsalon** M laverie *f* (automatique); **Waschschüssel** F cuvette *f*; **Waschstraße** F lavage *m* (automatique) de voitures

wäscht → waschen

Waschtag M jour *m* de lessive; **Waschtisch** M HANDEL meuble *m* sous vasque; HIST table *f* de toilette

Waschung F ⟨~; ~en⟩ REL ablution *f*

Waschwasser N ⟨~s⟩ eau *f* de la lessive

Waschweib *umg pej* N *umg* pipelet, -ette *m,f*; *umg* concierge *m/f*; **er ist ein richtiges ~** *umg* c'est une vraie pipelette

Waschzettel M *im Buch* prière *f* d'insérer; **Waschzeug** N ⟨~(e)s⟩ ustensiles *mpl*, nécessaire *m* de toilette

Wasser N ⟨~s; ~ *ou* ⸚⟩ 1 ⟨*sans pl*⟩ eau *f*; **~ abstoßend, abweisend** hydrofuge; **ein Zimmer mit fließend(em) ~** une chambre avec eau courante; **geweihtes ~** eau bénite; **hartes ~** eau dure; **weiches ~** eau non calcaire; **ein Glas ~** un verre d'eau; **ins ~ gehen** aller nager, se baigner; *fig* (*sich ertränken*) se jeter à l'eau; *beim Schwimmen* **~ schlucken** *umg* boire la, une tasse; **mit ~ waschen** laver à l'eau; **bis dahin wird noch viel ~ den Rhein** *etc* **hinunterfließen** d'ici là il passera beaucoup d'eau sous les ponts; *fig* **er kann ihm das ~ nicht reichen** il ne lui arrive pas à la cheville; *fig* **bei ~ und Brot sitzen** être au pain sec et à l'eau; *fig* **da wird auch nur mit ~ gekocht** ils font comme tout le monde; ils ne font pas mieux; *fig* **j-m das ~ abgraben** saper, miner la position de qn; *fig* **das ist ~ auf s-e Mühle** c'est apporter de l'eau à son moulin; *fig* **ein Schlag ins ~** un coup d'épée dans l'eau; *fig Pläne* **ins ~ fallen** tomber à l'eau; *sprichw* **~ hat keine Balken** *liter* l'onde est perfide; *fig Edelstein* **von reinstem ~** de la plus belle eau; *fig ein Kapitalist etc* **reinsten ~s** authentique; par excellence 2 ⟨*sans pl*⟩ (*~oberfläche*) eau *f*; **unter ~** sous l'eau; entre deux eaux; **unter ~ schwimmen** nager sous l'eau; **unter ~ setzen** inonder; submerger; **unter ~ stehen** être inondé, submergé; *fig* **sich über ~ halten** s'en tirer (tout juste) 3 ⟨*pl ~*⟩ (*Gewässer*) eau *f*;

stehendes ~ eau dormante, stagnante; *fig* **nahe am ~ gebaut haben** avoir la larme facile; *sprichw* **stille ~ sind tief** *sprichw* il n'est pire eau que l'eau qui dort; *fig* **mit allen ~n gewaschen sein** connaître toutes les ficelles; avoir plus d'un tour dans son sac **4** ⟨*pl respectivement* ⸚ *ou* ~⟩ (*wasserähnliche Flüssigkeit*) eau *f*; CHEM **schweres ~** eau lourde; **kölnisch ~** eau de Cologne; GASTR **stilles ~** eau plate; eau minérale non gazeuse **5** ⟨*sans pl*⟩ *Körperflüssigkeit* eau *f*; **da läuft e-m das ~ im Munde zusammen** cela fait venir l'eau à la bouche; **das ~ in die Augen treiben** faire monter les larmes aux yeux; *umg* **sein ~ abschlagen** *umg* pisser (un coup); *verhüllend* **~ lassen** uriner; MED **~ in den Beinen haben** avoir les jambes gonflées d'œdèmes

wasserabstoßend, wasserabweisend ADJT hydrofuge

Wasserader F source souterraine; **Wasseranschluss** M prise *f* d'eau; **wasserarm** ADJ aride; **Wasseraufbereitung** F traitement *m* de l'eau; **Wasserbad** N GASTR bain-marie *m*; **Wasserball** M **1** (*Strandball*) ballon *m* (de plage); *für den ~sport* ballon *m* de water-polo **2** ⟨*sans pl*⟩ *Sportart* water-polo *m*; **Wasserbecken** N bassin *m*; **Wasserbehälter** M réservoir *m* d'eau; **Wasserbett** N matelas *m* à eau; **Wasserblase** F MED ampoule *f*; cloque *f*; **Wasserbombe** F MIL grenade *f* anti-sous-marins; grenade sous-marine; **Wasserbüffel** M buffle *m* d'Asie; *indischer* karbau *od* kérabau *m*; **Wasserburg** F château fort entouré d'eau

Wässerchen N ⟨~s; ~⟩ **1** (*kleiner Bach*) ruisseau *m*; *winziges* ruisselet *m*; *fig* **er sieht aus, als könne er kein ~ trüben** on lui donnerait le bon Dieu sans confession **2** *hum* (*Wodka*) vodka *f* **3** → Duftwasser

Wasserdampf M vapeur *f* d'eau

wasserdicht ADJ **1** *Kleidung* imperméable; **~ sein** *a.* ne pas prendre l'eau; **~ machen** *Stoff* imperméabiliser **2** SCHIFF, TECH étanche **3** *umg fig Alibi, Vertrag umg* en béton

Wasserdruck M ⟨~(e)s; -drücke⟩ pression *f* de l'eau, TECH hydraulique; **wasserdurchlässig** ADJ perméable; **Wassereimer** M seau *m* à eau; **Wassereinbruch** M BERGBAU coup *m* d'eau; **Wasserenthärter** M ⟨~s; ~⟩ adoucisseur *m* d'eau; **Wasserenthärtung** F adoucissement *m* de l'eau; **Wasserenthärtungsanlage** F adoucisseur *m*; **Wasserfahrzeug** N bateau *m*; embarcation *f*

Wasserfall M cascade *f*; chute *f* (d'eau); *großer* cataracte *f*; *umg* **wie ein ~ reden** *umg* être un moulin à paroles

Wasserfarbe F couleur *f*, peinture *f* à l'eau; **mit ~n malen** faire de la peinture à l'eau *bzw.* de l'aquarelle

wasserfest ADJ résistant à l'eau

Wasserfläche F surface *f* de l'eau; *breite, ruhige* nappe *f*, plan *m* d'eau; **Wasserflasche** F bouteille *f* (à eau); *des Radrennfahrers* bidon *m*; (*Feldflasche*) gourde *f*; **Wasserfloh** M puce *f* d'eau; daphnie *f*; **Wasserflugzeug** N hydravion *m*; **wasserführend** ADJT GEOL aquifère; **Wassergehalt** M teneur *f* en eau; **Wassergeist** M ⟨~(e)s; ~er⟩ MYTH génie *m* des eaux; ondin(e) *m(f)*; **wassergekühlt** ADJT refroidi, à refroidissement par eau; **Wasserglas** N **1** *Gefäß* verre *m* à eau **2** ⟨*sans pl*⟩ CHEM silicate *m* de potassium; **Wassergraben** M fossé (rempli d'eau); BEFESTIGUNGSANLAGEN douve *f*; REITSPORT, LEICHTATHLETIK rivière *f*; **Wassergymnastik** F aquagym *f*; gymnastique *f* aquatique; **Wasserhahn** M robinet *m* (à *od* d'eau); **wasserhaltig** ADJ aqueux, -euse; aquifère; CHEM hydraté; **Wasserhaushalt** M ÖKOL réserves *fpl* hydrologiques; ressources *fpl* en eau; **Wasserheilverfahren** N hydrothérapie *f*

wässerig → wässrig

Wasserjungfer F ZOOL libellule *f*; demoiselle *f*; **Wasserkessel** M bouilloire *f*; **Wasserklosett** N waters *mpl*; W.-C. *mpl*; **Wasserkocher** M bouilloire *f* électrique; **Wasserkopf** M **1** MED hydrocéphalie *f*; *Mensch* hydrocéphale *m* **2** *fig pej, bes der Verwaltung* hypertrophie *f*; **Wasserkraft** F ⟨~⟩ énergie *f*, force *f* hydraulique; **Wasserkraftwerk** N centrale *f*, usine *f* hydro-électrique; **Wasserkreislauf** M cycle *m* de l'eau; **Wasserkrug** M cruche *f*; *großer* jarre *f*; **Wasserkühlung** F refroidissement *m* par eau; **Wasserkur** F hydrothérapie *f*; **Wasserlache** F flaque *f* d'eau; **Wasserlauf** M cours *m* d'eau; **Wasserläufer** M ZOOL **1** *Vogel* bécasseau *m*; *t/t* tringa *m* **2** *Käfer* gerris *m*; *umg* araignée *f* d'eau; **Wasserleiche** F noyé(e) *m(f)*; **Wasserleitung** F **1** conduite *f* d'eau **2** *umg* (*Wasserhahn*) robinet *m*; **Wasserlilie** F nénuphar *m*; **Wasserlinie** F SCHIFF ligne *f* de flottaison; **Wasserlinse** F BOT lentille *f* d'eau; **Wasserloch** N trou rempli d'eau; **wasserlöslich** ADJ soluble dans l'eau; **Wassermangel** M ⟨~s⟩ manque *m*, pénurie *f* d'eau; **Wassermann** M ⟨~(e)s; -männer⟩ **1** ASTROL Verseau *m* **2** MYTH ondin *m*; **Wassermassen** FPL masses *fpl* d'eau; **Wassermelone** F pastèque *f*; **Wassermühle** F moulin *m* à eau

wassern VI ⟨wass(e)re, h. *ou* s.⟩ *Flugzeuge* amerrir; se poser (sur l'eau) (*a. Vögel*)

Wassern N ⟨~s⟩ amerrissage *od* amérissage *m*

wässern VT ⟨wäss(e)re, h.⟩ **1** (*in Wasser legen*) faire tremper; détremper; *Heringe* dessaler **2** (*gießen*) arroser (abondamment)

Wässern N ⟨~s⟩ trempage *m*; *von Heringen* dessalage *m*

Wassernixe F MYTH ondine *f*; **Wassernymphe** F MYTH nymphe *f*; naïade *f*

Wasseroberfläche F surface *f* de l'eau; **an der ~** à fleur d'eau

Wasserpfeife F narguilé *od* narghilé *m*; **Wasserpflanze** F plante *f* aquatique; **Wasserpistole** F pistolet *m* à eau; **Wasserpolizei** F police fluviale; **Wasserpumpe** F pompe *f* à eau; **Wasserquelle** F source *f* (d'eau); **Wasserrad** N roue *f* hydraulique; **Wasserratte** F **1** ZOOL rat *m* d'eau **2** *umg fig hum* personne *f* qui adore (être dans) l'eau; **Wasserrecht** N ⟨~(e)s⟩ droit *m* de l'eau; **wasserreich** ADJ abondant, riche en eau; **Wasserrohr** N conduite *f* d'eau; **Wasserrohrbruch** M rupture *f* de conduite d'eau; **Wassersäule** F colonne *f* d'eau; **Wasserschaden** M dégâts causés par l'eau; inondation *f*; ADMIN dégâts des eaux; **Wasserscheide** F GEOG ligne *f* de partage des eaux

wasserscheu ADJ **~ sein** avoir peur de l'eau; ne pas aimer l'eau

Wasserschi → Wasserski[1], Wasserski[2]; **Wasserschlange** F serpent *m* d'eau; **Wasserschlauch** M **1** *zum Sprengen etc* tuyau *m* d'arrosage **2** *Behälter* outre *f* (à eau); **Wasserschloss** N château entouré d'eau; **Wasserschutzgebiet** N zone *f* de protection des eaux; *auf Schildern* nappe *f* phréatique; **Wasserschutzpolizei** F *für Binnengewässer* police fluviale; *für Küstengewässer* police *f* maritime; **Wasserski[1]** N ⟨~(s)⟩ *Sportart* ski *m* nautique; **Wasserski[2]** M *Sportgerät* ski *m* nautique; **Wasserspeicher** M réservoir *m* d'eau; **Wasserspeier** M ⟨~s; ~⟩ ARCH gargouille *f*; **Wasserspiegel** M **1** → Wasseroberfläche **2** → Wasserstand; **Wasserspiele** NPL jeux *mpl* d'eau; **Wassersport** M sports *mpl* nautiques; **Wassersportler(in)** M(F) personne *f* pratiquant un *bzw.* des sport(s) nautique(s); **Wasserspülung** F chasse *f* d'eau; **Wasserstand** M niveau *m* d'eau, *e-s Flusses* des eaux

Wasserstandsanzeiger M indicateur *m* de niveau d'eau; fluviomètre *m*; fluviographe *m*; **Wasserstandsmarke** F marque *f* (indiquant le niveau d'eau); **Wasserstandsmeldung** F informations radiodiffusées sur le niveau des eaux fluviales; **Wasserstandsmesser** M ⟨~s; ~⟩ → Wasserstandsanzeiger

Wasserstelle F point *m* d'eau

Wasserstoff M ⟨~(e)s⟩ CHEM hydrogène *m*; **Wasserstoffauto** N voiture *f* à hydrogène; **Wasserstoffbombe** F bombe *f* H, à hydrogène; **wasserstoffhaltig** ADJ CHEM hydrogéné; **Wasserstoffperoxid** N CHEM eau oxygénée; **Wasserstoffverbindung** F CHEM hydrure *m*

Wasserstrahl M jet *m* d'eau; **Wasserstraße** F voie *f* navigable; **Wassersucht** F ⟨~⟩ MED hydropisie *f*; **Wassertank** M réservoir *m* d'eau; **Wassertemperatur** F température *f* de l'eau; **Wassertiefe** F profondeur *f* de l'eau; **Wassertiere** NPL animaux *mpl* aquatiques; **Wasserträger** M porteur *m* d'eau; *fig* homme *m* à tout faire; **Wassertreten** N ⟨~s⟩ **1** *beim Schwimmen* nage *f* sur place **2** MED *hydrothérapie qui consiste à marcher pieds nus dans l'eau froide*; **Wassertropfen** M goutte *f* d'eau; **Wasserturbine** F turbine *f* hydraulique; **Wasserturm** M château *m* d'eau; **Wasseruhr** F compteur *m* à eau; **wasserundurchlässig** ADJ imperméable

Wasserung F ⟨~; ~en⟩ → Wassern

Wässerung F ⟨~; ~en⟩ → Wässern

Wasserverbrauch M consommation *f* d'eau; **Wasserverdrängung** F SCHIFF déplacement *m*; **Wasserverschmutzung** F pollution *f* des eaux; **Wasserversorgung** F alimentation *f*, approvisionnement *m* en eau; **Wasservogel** M oiseau *m* aquatique; **Wasservorrat** M provision *f* d'eau; **Wasserwaage** F niveau *m* (à bulle)

Wasserweg M voie *f* navigable; **auf dem ~(e)** par eau

Wasserwerfer M **1** *Gerät* lance *f*, canon *m* à eau **2** *Fahrzeug* autopompe *f*

Wasserwerk N usine *f* hydraulique; *pl* **städtische ~e** service *m* des eaux

Wasserwirtschaft F ⟨~⟩ secteur *m* économique des eaux; **Wasserzähler** M compteur *m* à eau; **Wasserzeichen** N filigrane *m*

wässrig ADJ **1** qui contient de l'eau; CHEM **~e Lösung** solution aqueuse **2** *Geschmack* insipide **3** *Farbe* dilué; pâle **4** *Auge* humide

waten VI ⟨-ete, s.⟩ patauger (**im Schlamm** dans la boue); **durch e-n Bach ~** passer, traverser un ruisseau à gué

Waterkant F ⟨~⟩ *hum* côte (allemande) de la mer du Nord

Watsche F ⟨~; ~n⟩ *umg südd, österr umg* calotte *f*; **j-m e-e ~ geben** *umg* donner une calotte à qn

watscheln *umg* VI ⟨-(e)le, s.⟩ *Ente* aller; marcher; *Mensch* marcher comme un canard; se dandiner

Watscheln N ⟨~s⟩ *von Enten, Menschen* dandi-

nement *m*
watschen *umg südd, österr* VT ⟨h.⟩ *umg* donner une calotte à
Watt¹ N ⟨~(e)s; ~en⟩ GEOG estran *m* (*partie du littoral entre les plus hautes et les plus basses mers*)
Watt² N ⟨~(e)s; ~⟩ ELEK watt *m*
Watte F ⟨~; ~n⟩ ouate *f*; (*Verbandwatte*) *a.* coton *m* hydrophile; *umg fig* **ein Kind in ~ packen** élever un enfant dans du coton
Wattebausch M tampon *m* d'ouate; (morceau *m* de) coton *m*
Wattenmeer N → Watt¹
Wattestäbchen N coton-tige® *m*; **watteweich** ADJ doux, douce comme de la ouate
wattieren VT ⟨*pas de ge-*, h.⟩ ouater
wattiert ADJT ouaté
Wattleistung F ELEK puissance efficace, réelle, en watts; **Wattsekunde** F watt-seconde *m*; **Wattstunde** F watt-heure *m*; **Wattverbrauch** M consommation *f* en watts
Wattwanderung F promenade *f* sur les grèves à marée basse
Wattzahl F ELEK wattage *m*
wau, wau INT ouah! ouah!
Wauwau *kinderspr* M ⟨~s; ~s⟩ *kinderspr* toutou *m*
WC N ⟨~(s); ~(s)⟩ ABK (Wasserklosett) W.-C. *mpl* (water-closet[s]); **WC-Sitz** M siège *m* (de) W.-C.
WDR M ⟨~⟩ ABK (Westdeutscher Rundfunk) *radio et télévision régionales allemandes* (Cologne)
Web N ⟨~(s)⟩ IT Web *m*; Toile *f*; **im ~ (surfen)** (naviguer, surfer) sur le Web
Webadresse F IT adresse *f* Internet; **Webbrowser** M IT navigateur *m* Web; **Webcam** F ⟨~; ~s⟩ IT webcam *f*; **Webdesign** N IT webdesign *m*; **Webdesigner(in)** M(F) IT webdesigner *m/f*
weben VT ⟨*régulier ou geh* wob, gewoben, h.⟩ tisser (*a. Spinne*); **von Hand gewebt** tissé à la main
Weber(in) M ⟨~s; ~⟩ (F) ⟨~in; ~innen⟩ tisserand(e) *m(f)*; *in Fabriken* tisseur, -euse *m,f*
Weberei F ⟨~; ~en⟩ 1 *Betrieb* tissage *m* 2 ⟨*sans pl*⟩ *Handwerk* métier *m* de tisserand
Weberknecht M ZOOL faucheur *od* faucheux *m*; **Weberschiffchen** N TEX navette *f*
Webfehler M défaut *m* de tissage; **Webkante** F lisière *f*
Weblog N *od* M ⟨~s; ~s⟩ IT weblog *m*; blog *m*; **Webmaster** M ⟨~s; ~⟩ IT webmaster *m*; **Webseite** F IT page *f* Web; **Webserver** M IT serveur *m* Web; **Webshop** M ⟨~s; ~s⟩ boutique *f* en ligne; **Website** F ⟨~; ~s⟩ IT site *m* Web
Webstuhl M métier *m* (à tisser)
Wechsel M ⟨~s; ~⟩ 1 (*Veränderung*) changement *m*; (*Schwankung*) variation *f*; (*Umschwung*) revirement *m*; renversement *m*; **ein ~ vollzieht sich** un changement s'opère, a lieu 2 (*Auswechseln, Austausch*) changement *m*; *innerhalb e-r Gruppe* remaniement *m*; SPORT (*Spielerwechsel*) remplacement *m*; *m*; SPORT **fliegender ~** remplacement sans arrêt de jeu; **e-n ~ im Kabinett vornehmen** procéder à un remaniement ministériel 3 (*Aufeinanderfolge*) changement *m*; succession *f*; **der ~ der Jahreszeiten** le changement, le cycle des saisons 4 (*Sichabwechseln*) alternance *f*; **der ~ von Tag und Nacht** l'alternance du jour et de la nuit 5 (*Übergang, Überwechseln*) passage *m*; SPORT (*Seitenwechsel*) changement *m* de camp; **der ~ von hell zu dunkel** le passage du clair au sombre *od* foncé; SPORT **der ~ e-s Spielers zu …** le passage d'un joueur à … 6 (*Geldwechsel*) change *m* 7 HANDEL lettre *f* de change; traite *f*; effet *m* (de commerce); **e-n ~ ausstellen** tirer une traite (**auf j-n** sur qn); **e-n ~ einlösen** honorer un effet, une lettre de change
Wechselbad N bain alterné, alternativement chaud et froid; *fig* **das ist das reinste ~** c'est la douche écossaise
Wechselbeziehung F rapport mutuel; corrélation *f*; **in enger ~ (zueinander) stehen** être en étroite corrélation
Wechselfälle MPL **die ~ des Lebens** les vicissitudes *fpl* de l'existence
Wechselfieber N fièvre paludéenne; paludisme *m*; **Wechselgeld** N ⟨~(e)s⟩ 1 (*Kleingeld*) monnaie *f* 2 (*Rückgeld*) monnaie (rendue *bzw.* à rendre); **Wechselgesang** M chant alterné; REL antienne *f*; **Wechselgeschäft** N change *m*; affaire *f*, opération *f* de change
wechselhaft ADJ *Wetter* variable; instable; *Charakter* versatile
Wechseljahre NPL retour *m* d'âge; *der Frau a.* ménopause *f*; *des Mannes a. t/t* andropause *f*; **in die ~ kommen** entrer dans la ménopause
Wechselkasse F guichet *m* du change; **Wechselkurs** M cours *m* (du change)
wechseln ⟨-(e)le, h.⟩ A VT 1 *Wohnung, Schule, Beruf, Partner, Besitzer, Kleidung, Namen, Ansichten, Thema, Stellung, Farbe, a.* TECH *Gang* changer de; **den Besitzer ~** *a.* passer dans, en d'autres mains; **die Kleider ~** *a.* se changer; **mit j-m die Plätze ~** changer de place avec qn; **lasst uns das Thema ~!** passons (à un autre sujet)! 2 (*austauschen*) *Worte, Händedruck, Blicke etc* échanger; **ohne viel Worte zu ~** sans faire, tenir de longs discours; **die Ringe ~** échanger les alliances 3 **Geld ~** changer de l'argent (*a. in ausländische Geldsorten*); *in Kleingeld* faire de la monnaie; **können Sie mir hundert Euro ~?** pouvez-vous (me) changer cent euros?; pouvez-vous me donner la monnaie de cent euros?; **zehn Euro in Zweieurostücke ~** changer dix euros en pièces de deux euros; **Euros in, gegen Dollars ~** changer des euros en dollars B VI 1 (*sich ändern*) *Wetter, Farben etc* changer; **ihre Stimmung wechselt häufig** elle est d'une humeur *od* d'humeur changeante; elle a des sautes d'humeur (fréquentes) 2 (*einander ablösen*) changer; se succéder; **die Besitzer ~ häufig** les propriétaires changent souvent; **die Wachen ~ stündlich** la garde est relevée toutes les heures 3 ⟨*doublé d'une indication de direction* s.⟩ **in e-e andere Schule ~** changer d'école; **ins Auswärtige Amt ~** passer au ministère des Affaires étrangères; *Sportler* **zu e-m anderen Verein ~** changer de club; passer dans un autre club; JAGD **das Wild wechselt an dieser Stelle** il y a des passages de gibier à cet endroit
Wechseln N ⟨~s⟩ 1 changement *m*; **Wäsche *f* zum ~** linge *m* de rechange 2 (*Tausch*) change *m*; échange *m* 3 (*Abwechseln*) alternance *f*
wechselnd ADJT 1 *Wetter* variable; instable; *Stimmung* changeant; **mit ~em Erfolg, Glück** avec plus ou moins de succès, de chance 2 (*aufeinanderfolgend*) qui se suivent, se succèdent; **häufig ~e Partner** des partenaires qui changent souvent
Wechselnehmer M preneur *m* d'une lettre de change, d'un effet; **Wechselobjektiv** N FOTO objectif *m* interchangeable; **Wechselprotest** M protêt *m* d'un effet; **Wechselrahmen** M passe-partout *m*; **Wechselschalter** M ELEK (commutateur *m*) inverseur *m*
wechselseitig A ADJ mutuel, -elle; réciproque; **~e Abhängigkeit** interdépendance *f*; **~er Zusammenhang** corrélation *f* B ADV mutuellement; réciproquement; **einander ~ bedingen** être interdépendants
Wechselseitigkeit F ⟨~⟩ mutualité *f*; réciprocité *f*
Wechselstrom M ELEK courant alternatif; **Wechselstube** F bureau *m* de change; **wechselvoll** ADJ *Leben* avec des °hauts et des bas; (*bewegt*) agité; mouvementé; **Wechselwähler** M POL *électeur qui ne vote pas systématiquement pour le même parti*; **wechselweise** ADV (*abwechselnd*) alternativement; tour à tour; **Wechselwirkung** F interaction *f*
Wechte F ⟨~; ~n⟩ congère *f* en surplomb
Weckdienst M réveil *m* par téléphone
wecken VT ⟨h.⟩ 1 (*wach machen*) réveiller 2 *fig Interesse, Neugier* faire naître; éveiller; susciter; *alte Erinnerungen* réveiller
Wecken¹ N ⟨~s⟩ (*Wachmachen*) réveil *m*
Wecken² M ⟨~s; ~⟩ *südd, österr* 1 (*Brötchen*) petit pain 2 (*längliches Brot*) pain blanc ovale
Wecker M ⟨~s; ~⟩ réveil *m*; **den ~ auf drei Uhr stellen** mettre le réveil à trois heures; *umg* **j-m auf den ~ gehen, fallen** *umg* taper sur les nerfs à qn; *umg* casser les pieds à qn
Weckglas® N → Einmachglas
Weckruf M réveil *m*
Wedel M ⟨~s; ~⟩ 1 (*Staubwedel*) plumeau *m*; (*Fliegenwedel*) chasse-mouches *m* 2 BOT (*Farnwedel, Palmwedel*) fronde *f*
wedeln ⟨-(e)le, h.⟩ A VT **den Staub von den Büchern ~** épousseter les livres; **die Fliegen vom Gesicht ~** chasser les mouches du visage B VI 1 **mit dem Schwanz ~** remuer, agiter la queue 2 ⟨*doublé d'une indication de direction* s.⟩ SKISPORT **über e-n Hang ~** descendre une pente en godille
weder KONJ **~ … noch …** ni … ni … (*mit* ne *beim Verb*); **~ du noch ich** ni moi, ni toi
weg *umg* ADV 1 (*schon ~*) parti; sorti; (*nicht da*) absent; **der Zug ist ~** le train est parti; **mein Schlüssel ist ~** (*nicht mehr zu finden*) je ne sais plus où j'ai mis ma clé; (*verloren*) j'ai perdu, *umg* paumé ma clé; **das ganze Geld ist ~** il ne reste plus un sou; **~ ist er!** le voilà parti; **~ da!** ôte-toi *bzw.* ôtez-vous de là!; *umg* (allez,) ouste!; **Kopf ~!** gare (à) la tête!; **Hände ~!** bas les mains!; *umg* pas touche!; *umg* bas les pattes!; **~ damit!** enlève-moi *bzw.* enlevez-moi ça!; jette-moi *bzw.* jetez-moi ça! 2 (*geistig abwesend*) absent; **ich war sofort ~** (*eingeschlafen*) je me suis endormi tout de suite; **sie war auf einmal ~** (*bewusstlos*) *umg* tout à coup, elle est tombée dans les pommes; **ganz ~ sein** (*begeistert sein*) être enthousiasmé, *umg* emballé 3 (*entfernt*) **weit ~** loin (**von** de); **das Haus liegt weit ~ von der Straße** la maison est loin, est éloignée de la route; **500 Meter vom Bahnhof ~** à 500 mètres de la gare 4 (*hinweg*) **über j-n ~ fliegen** voler par-dessus la tête de qn; passer sur la tête de qn 5 *fig* **über etw** (*akk*) **~ sein** (*etw überwunden haben*) avoir surmonté qc 6 **von … ~** (*unmittelbar von*) directement (à partir) de
Weg M ⟨~(e)s; ~e⟩ 1 *im Gelände* chemin *m*; voie *f*; *in Gärten, Parks* allée *f*; **öffentlicher ~** voie publique; **am ~(e)** au, sur le bord du chemin; **der ~ am Fluss entlang, durch den Wald** le chemin le long de la rivière, à travers la forêt; **vom ~ abkommen** s'écarter du chemin; **sich** (*dat*) **e-n ~ bahnen** s'ouvrir, se frayer un chemin (**durch** à travers); *fig* **(j-m) den ~ ebnen** préparer, déblayer le terrain (pour qn) 2 (*einzuschlagende Richtung, zu verfolgende Route*) chemin *m*; route *f*; *fig* voie *f*; **der ~ nach …** le chemin de …; **auf dem kürzesten ~** en

W

prenant le chemin le plus court; **j-n nach dem ~ fragen** demander son chemin à qn; **e-n ~ einschlagen** prendre, suivre un chemin; **e-n falschen ~ einschlagen** se tromper de chemin; prendre le, un mauvais chemin; *fig* suivre une fausse piste; **auf dem richtigen ~** *a. fig* sur la bonne voie; **auf den falschen ~ geraten** *a. fig* se fourvoyer; *fig* faire fausse route; **denselben ~ haben** suivre le même chemin; *geh, hum* **woher des ~(e)s?** d'où venez-vous?; *geh, hum* **wohin des ~(e)s?** où allez-vous?; **der ~ zum Erfolg** le chemin, la voie qui mène au succès; **etw in die ~e leiten** entreprendre qc; mettre qc en route **3** *(Wegstrecke, Entfernung)* **ein Stück ~** un bout de chemin **4** *(Unterwegssein, Reise)* **auf dem ~(e)** *(unterwegs)* en route; en chemin; chemin faisant; **sich auf den ~ machen** se mettre en route, en chemin; **j-m etw mit auf den ~ geben** donner qc à qn pour son voyage; *fig Rat* donner qc à qn; *Empfehlung* pourvoir qn de qc; **auf dem ~ der Besserung sein** être en voie de rétablissement, de guérison; **auf dem besten ~(e) sein zu** *(+inf)* être en passe de *(+inf)*; **auf dem ~ nach …** en allant à …; sur le chemin de …; en route pour …; **auf dem ~ von …** en venant de … **5** *(eingeschlagener ~)* chemin *m*; **j-m aus dem ~ gehen** laisser passer qn; (se ranger pour) faire place à qn; *fig* éviter, fuir qn; *fig* **e-r Frage aus dem ~(e) gehen** éluder, esquiver une question; **aus dem ~!** ôte-toi *bzw.* ôtez-vous de là!; *geh* **geh deiner ~e!** passe ton chemin!; **das liegt auf meinem ~** c'est sur mon chemin, ma route; **j-m im ~ sein** être sur le chemin de qn; *fig* **j-m im ~(e) stehen, sein** gêner qn; **e-r Sache** *(dat)* **im ~(e) stehen** s'opposer à qc; **j-n aus dem ~ räumen** *(töten)* liquider qn; *(loswerden)* se débarrasser, se défaire de qn; **etw aus dem ~ räumen** *a. fig* écarter qc (de son chemin); *umg* **j-m über den ~ laufen** se trouver sur le chemin de qn; tomber sur qn; **j-m nicht über den ~ trauen** n'avoir aucune confiance en qn; *fig* **sich j-m in den ~ stellen** barrer le chemin à qn; faire obstacle à qn; *fig* **j-m Hindernisse, Steine in den ~ legen** créer des difficultés à qn; mettre des obstacles sur la route de qn; **hier trennen sich unsere ~e** on va se séparer ici; *fig* c'est là que nous divergeons; nous ne sommes plus d'accord là-dessus; **auf halbem ~(e)** *a. fig* à mi-chemin; *fig* **s-n ~ gehen** suivre son chemin **6** *fig (Methode, Lösungsweg)* moyen *m*; **ich sehe keinen anderen ~ zu** *(+inf)* je ne vois pas d'autre moyen de *(+inf)*; **es bleibt Ihnen kein anderer ~ mehr offen** vous ne pouvez plus faire autrement; vous n'avez plus d'alternative; **neue ~e gehen, beschreiten** innover; changer (radicalement) de méthode **7** *umg (Erledigung)* démarche *f*; *(Besorgung)* course *f*; **j-m e-n ~ abnehmen** faire, se charger d'une course, d'une démarche pour qn **8** *fig (Art und Weise)* **auf diesem ~e** par ce moyen; de la sorte; **auf diplomatischem ~e** par la voie diplomatique; **auf friedlichem ~e** par des moyens pacifiques; **auf gesetzlichem ~e** par la voie légale; **auf schnellstem ~e** par les moyens les plus rapides; le plus rapidement possible **9 zu ~e** → zuwege

wegätzen VT ⟨-(es)t, *sép*, -ge-, h.⟩ enlever à l'eau-forte; METALL décaper (à l'acide); MED cautériser; **wegbekommen** VT ⟨*irr, sép, pas de ge-*, h.⟩ *Fleck etc* parvenir à enlever

Wegbereiter(in) M ⟨~s; ~⟩ (F) ⟨~in; ~innen⟩ précurseur *m*; pionnier, -ière *m,f*

wegblasen VT ⟨*irr, sép*, -ge-, h.⟩ enlever en soufflant; souffler pour enlever; *umg* **die Schmerzen sind wie weggeblasen** les douleurs ont disparu comme par enchantement

wegbleiben *umg* VI ⟨*irr, sép*, -ge-, s.⟩ **1** *(nicht anwesend sein)* **(von e-r Versammlung) ~** ne pas venir, ne pas assister (à une réunion); **(nicht) lange ~** (ne pas) rester longtemps parti; (ne pas) tarder à revenir **2** *(plötzlich aussetzen) Motor etc* s'arrêter; *Strom* être coupé; **ihm blieb die Luft weg** il en a eu le souffle coupé **3** *(unberücksichtigt bleiben)* **das kann ~** on peut s'en passer; *umg* on peut laisser tomber

wegblicken VI ⟨*sép*, -ge-, h.⟩ → wegsehen

wegbringen VT ⟨*irr, sép*, -ge-, h.⟩ **1** *(fortbringen) Sachen* emporter; *zur Reparatur, Wartung a.* porter; *Personen* emmener; **er ist nicht von hier wegzubringen** on ne peut pas le faire bouger d'ici **2** *umg, bes südd (entfernen können) Fleck etc* arriver à ôter, enlever

wegdenken VT ⟨*irr, sép*, -ge-, h.⟩ **(sich** *[dat]***) etw ~** faire abstraction de qc; **er ist aus meinem Leben nicht mehr wegzudenken** je ne peux plus m'imaginer une vie sans lui

wegdiskutieren VT ⟨*sép, pas de ge-*, h.⟩ *Problem* résoudre par la discussion, en discutant;

wegdürfen *umg* VI ⟨*irr, sép*, -ge-, h.⟩ avoir la permission de partir *bzw.* de sortir

Wegegeld N **1** prime *f* de transport **2** HIST *(Straßenzoll)* péage *m*; **Wegelagerei** F ⟨~⟩ brigandage *m*; **Wegelagerer** M ⟨~s; ~⟩ brigand *m*; voleur *m* de grand chemin

wegen PRÄP ⟨*gen, umg et +subst sans terminaison a. dat*⟩ **1** *Ursache* à cause de; pour; pour cause de; *(infolge)* par suite de; **~ Diebstahl(s) einsperren** emprisonner pour vol; **~ Bauarbeiten geschlossen** fermé pour cause de travaux; **~ schlechten Wetters ausfallen** ne pas avoir lieu à cause du mauvais temps; **von Amts, Rechts ~** d'office, de droit **2** *Bezug* en ce qui concerne; pour ce qui est de; **~ dieser Sache wenden Sie sich an …** en ce qui concerne cette affaire, adressez-vous à …; *umg* **von ~!** penses-tu! **3** *Zweck* à cause de; pour; **~ der Kinder** à cause des enfants; pour les enfants

Wegerich M ⟨~s; ~e⟩ BOT plantain *m*

wegessen VT ⟨*irr, sép, pperf* weggegessen, h.⟩ **1** *umg (aufessen)* manger; **alles ~** ne rien laisser; **die Bonbons waren im Nu weggegessen** *umg* les bonbons ont été liquidés en un clin d'œil **2 j-m alles ~** manger la part de qn

wegfahren ⟨*irr, sép*, -ge-⟩ **A** VT ⟨h.⟩ *Sachen* emporter, *Personen* emmener (en voiture, *etc*) **B** VI ⟨s.⟩ **1** *(abfahren)* partir (en voiture, *etc*); **uns ist der Zug weggefahren** le train est parti sans nous; on a raté le train **2** *(verreisen)* **sie fahren oft weg** ils sont souvent en voyage

Wegfahrsperre F **(elektronische) ~** système *m* antidémarrage

Wegfall M ⟨~(e)s⟩ suppression *f*

wegfallen VI ⟨*irr, sép*, -ge-, s.⟩ être supprimé; *Hindernisse, Vorteile a.* tomber; **wegfegen** VT ⟨*sép*, -ge-, h.⟩ *a. fig* balayer; **wegfliegen** VI ⟨*irr, sép*, -ge-, s.⟩ *Vogel, Flugzeug etc* s'envoler (**nach** pour); *Vogel a.* prendre son vol; *Passagier a.* partir en avion (**nach** pour)

wegführen VT ⟨*sép*, -ge-, h.⟩ emmener; **das würde uns zu weit vom Thema ~** cela nous écarterait trop de notre sujet

Weggabelung F bifurcation *f*

Weggang M ⟨~(e)s⟩ départ *m*; **beim ~** au départ; en partant

weggeben VT ⟨*irr, sép*, -ge-, h.⟩ donner; *(sich entledigen)* se débarrasser, se défaire de; *umg* **die Wäsche ~** donner, porter son linge à la blanchisserie

Weggefährte M compagnon *m* de voyage, *fig* de route

weggehen VI ⟨*irr, sép*, -ge-, s.⟩ **1** *(e-n Ort verlassen)* s'en aller; *umg (ausgehen)* sortir; *(abreisen)* partir; *(hinausgehen)* sortir; *umg* **geh mir weg damit!** fais-moi grâce de ça! **2** *umg (sich verkaufen lassen)* se vendre **3** *umg (verschwinden)* disparaître; *Schmerz a.* partir; *Fleck, Schmutz etc* partir

weggießen VT ⟨*irr, sép*, -ge-, h.⟩ jeter

weghaben *umg* VT ⟨*irr, sép*, -ge-, h.⟩ **1** *Fleck, Schmutz etc* avoir enlevé; *bei Personen* **er möchte ihn gern ~** il voudrait bien se débarrasser de lui **2** *auf e-m bestimmten Gebiet* **etwas ~** *umg* être calé (en …); **es ~** *umg* avoir pigé **3** *Krankheit, Ohrfeige* avoir attrapé; **e-e Strafe ~** *umg* avoir écopé (d')une peine; **einen ~** *(betrunken sein) umg* avoir un verre dans le nez; *(nicht bei Verstand sein) umg* être jeté

wegholen ⟨*sép*, -ge-, h.⟩ **A** VT *Personen* emmener; *Dinge* emporter **B** *umg* VR **sich** *(dat)* **was ~** attraper qc

weghören ⟨*sép*, -ge-, h.⟩ ne pas écouter;

wegjagen VT ⟨*sép*, -ge-, h.⟩ chasser

wegkommen *umg* VI ⟨*irr, sép*, -ge-, s.⟩ **1** *(sich entfernen können)* partir; s'en aller; *umg* se tirer; **machen Sie, dass Sie ~!** *umg* tirez-vous!; **ich komme heute nicht früher weg** je ne peux pas partir plus tôt aujourd'hui **2** *von e-r Abhängigkeit umg* décrocher **3** *(abhandenkommen)* disparaître **4 über etw** *(akk)* **~** *(etw verwinden)* surmonter qc **5 bei etw gut, schlecht ~** s'en tirer bien, mal; *bei e-r Verteilung* être bien, mal partagé

wegkönnen *umg* VI ⟨*irr, sép*, -ge-, h.⟩ arriver à partir, s'en aller, sortir

Wegkreuzung F croisement *m*, croisée *f* de(s) chemins

wegkriegen *umg* VT ⟨*sép*, -ge-, h.⟩ *Fleck* arriver à enlever, ôter; *Makel etc* arriver à se débarrasser de; *Stein etc* arriver à déplacer; **j-n von etw ~** arracher qn à qc

weglassen VT ⟨*irr, sép*, -ge-, h.⟩ **1** *(fortgehen lassen)* **j-n ~** laisser partir qn **2** *umg (wegfallen lassen) umg* laisser tomber; supprimer

weglaufen VI ⟨*irr, sép*, -ge-, s.⟩ se sauver, s'enfuir (**von** de; **vor** *[+dat]* devant); *umg* **s-e Frau ist ihm weggelaufen** *umg* sa femme l'a plaqué; *hum* **die Arbeit läuft uns nicht weg** ce travail ne presse pas, peut attendre

weglegen VT ⟨*sép*, -ge-, h.⟩ *(beiseitelegen)* mettre de côté; *(verwahren)* ranger; *(aus der Hand legen)* poser; déposer

wegleugnen *umg* VT ⟨-ete, *sép*, -ge-, h.⟩ **etw ~** (essayer de) nier qc

wegloben *umg* VT ⟨*sép*, -ge-, h.⟩ **j-n ~** se débarrasser de qn (en le recommandant)

weglocken VT ⟨*sép*, -ge-, h.⟩ **j-n von j-m, etw ~** (réussir à) faire partir qn (en employant des moyens détournés, la ruse, *etc*)

wegmachen *umg* ⟨*sép*, -ge-, h.⟩ **A** VT enlever; faire partir; *pej* **(sich** *[dat]***) ein Kind ~ lassen** se faire avorter **B** VR **sich ~** *umg* filer; *umg* se tirer; *umg* se barrer

wegmüssen *umg* VI ⟨*irr, sép*, -ge-, h.⟩ **1** *(weggehen müssen) Person, Brief* devoir partir **2** *(entfernt werden müssen)* devoir disparaître; devoir être enlevé; *(aufgebraucht werden müssen)* devoir être consommé

wegnehmen VT ⟨*irr, sép*, -ge-, h.⟩ **1** *e-n Gegenstand vom Tisch etc* enlever; ôter **2** *(entwenden)* **(j-m) etw ~** prendre qc (à qn); *umg* **j-m die Freundin ~** *umg* piquer, *umg* chiper sa petite amie à qn **3 viel Platz, Zeit ~** prendre beaucoup de place, de temps

wegpacken VT ⟨*sép*, -ge-, h.⟩ ranger; enfermer; **wegputzen** VT ⟨-(es)t, *sép*, -ge-, h.⟩ **1** *(durch Putzen entfernen)* enlever; faire partir; essuyer **2** *umg (aufessen) umg* liquider; **wegradieren** VT ⟨*sép, pas de ge-*, h.⟩ effacer; gommer

Wegrand M **am ~** sur le bord, au bord du chemin

wegrationalisieren VT ⟨*sép, pas de ge-*, h.⟩ **Arbeitsplätze ~** supprimer des emplois en rationalisant la production

wegräumen VT ⟨*sép*, -ge-, h.⟩ 1 (*aufräumen*) ranger 2 *Schutt* déblayer; *Hindernisse, a. fig* écarter; faire disparaître; **wegrennen** *umg* VI ⟨*irr, sép*, -ge-, s.⟩ se sauver, s'enfuir (**vor** [*+dat*] devant)

wegrücken ⟨*sép*, -ge-⟩ A VT ⟨h.⟩ déplacer; **von etw ~** écarter de qc B VI ⟨s.⟩ se ranger; faire place

wegrufen VT ⟨*irr, sép*, -ge-, h.⟩ appeler

wegsacken *umg* VI ⟨*sép*, -ge-, s.⟩ *Schiff* couler brusquement; *Flugzeug* piquer; *Person* (*in sich zusammensinken*) s'effondrer; s'affaisser; **ihm sackten die Beine weg** il sentit ses genoux se dérober sous lui

wegschaffen VT ⟨*sép*, -ge-, h.⟩ *Sachen* enlever; transporter; *Personen* emmener; éloigner; *Schutt, Erde* déblayer; **wegscheren** *umg* VR ⟨*sép*, -ge-, h.⟩ **sich ~** *umg* filer; *umg* se barrer; *umg* se tirer; **wegscheuchen** VT ⟨*sép*, -ge-, h.⟩ effaroucher; chasser; mettre en fuite (en effarouchant); **wegschicken** VT ⟨*sép*, -ge-, h.⟩ 1 *Personen* renvoyer; faire partir 2 *Brief, Paket* envoyer; expédier; **wegschieben** VT ⟨*irr, sép*, -ge-, h.⟩ repousser; écarter (en poussant); **wegschleichen** VI ⟨*irr, sép*, -ge-, s.⟩ (*u.* VR) ⟨h.⟩ **(sich) ~** s'esquiver (à pas de loup, à pas feutrés); s'éclipser; *umg* filer en douce, à l'anglaise; **wegschleppen** VT ⟨*sép*, -ge-, h.⟩ *Dinge* emporter; traîner; *Personen* enlever; traîner; (*verschleppen*) emmener de force; **wegschleudern** VT ⟨-(e)re, *sép*, -ge-, h.⟩ lancer (au loin); **wegschließen** VT ⟨*irr, sép*, -ge-, h.⟩ mettre sous clé; enfermer; **wegschmeißen** *umg* VT ⟨*irr, sép*, -ge-, h.⟩ jeter; *umg* balancer

wegschnappen *umg* VT ⟨*sép*, -ge-, h.⟩ *Ball etc* °happer; attraper; *Freundin, Posten etc umg* piquer; *umg* souffler; **j-m etw vor der Nase ~** *umg* piquer qc à qn sous le nez; *umg* souffler qc à qn

wegschneiden VT ⟨*irr, sép*, -ge-, h.⟩ couper; **wegschütten** VT ⟨-ete, *sép*, -ge-, h.⟩ jeter; **wegschwimmen** VI ⟨*irr, sép*, -ge-, s.⟩ 1 *Dinge* être emporté par le(s) courant(s) 2 *Menschen, Tiere* s'éloigner (à la nage)

wegsehen VI ⟨*irr, sép*, -ge-, h.⟩ 1 détourner les yeux 2 *umg fig* **über etw** (*akk*) **~** fermer les yeux sur qc

wegsetzen ⟨-(es)t, *sép*, -ge-⟩ A VT ⟨h.⟩ *Sachen* mettre ailleurs; *Personen* faire changer de place B VI ⟨s. *ou* h.⟩ (*springen*) **über etw** (*akk*) **~** sauter par-dessus qc C VR ⟨h.⟩ 1 **sich ~** *an e-e andere Stelle* changer de place 2 *umg* **sich über etw** (*akk*) **~** ne pas prendre qc en compte; ne pas respecter qc

wegspülen VT ⟨*sép*, -ge-, h.⟩ *Wasser* emporter; **wegstecken** VT ⟨*sép*, -ge-, h.⟩ 1 (*beiseitetun*) mettre de côté 2 (*verbergen*) cacher 3 *umg fig Schlag, Beleidigung umg* digérer; **wegstehlen** VR ⟨*irr, sép*, -ge-, h.⟩ **sich ~** s'éclipser; s'esquiver; **wegstellen** VT ⟨*sép*, -ge-, h.⟩ mettre ailleurs; **wegsterben** *umg* VI ⟨*irr, sép*, -ge-, s.⟩ mourir (avant qn); **wegstoßen** VT ⟨*irr, sép*, -ge-, h.⟩ repousser

Wegstrecke F trajet *m*; parcours *m*; (*Abschnitt*) bout *m*, tronçon *m* de chemin

wegstreichen VT ⟨*irr, sép*, -ge-, h.⟩ *Geschriebenes* barrer; rayer

Wegstunde F **e-e ~ von X entfernt** à une heure de X

wegtragen VT ⟨*irr, sép*, -ge-, h.⟩ emporter; enlever

wegtreten ⟨*irr, sép*, -ge-⟩ A VT ⟨h.⟩ *e-n Gegenstand mit dem Fuß* écarter du pied B VI ⟨s.⟩ se retirer; MIL rompre les rangs; MIL **~!** rompez (les rangs)!; *umg fig* **(geistig) weggetreten sein** être distrait, absent, dans la lune

wegtun *umg* VT ⟨*irr, sép*, -ge-, h.⟩ 1 (*an e-e andere Stelle tun*) enlever; ôter 2 (*verwahren*) ranger 3 (*wegwerfen*) jeter

Wegwarte F BOT chicorée *f* sauvage

Wegweiser M ⟨~s; ~⟩ 1 *Verkehrszeichen* poteau, panneau indicateur 2 *fig Buch* guide *m*

Wegwerf... IN ZSSGN jetable

wegwerfen ⟨*irr, sép*, -ge-, h.⟩ VT 1 (*fortwerfen*) jeter 2 *in den Müll* mettre à la poubelle; jeter (à la poubelle); *fig* **das ist doch weggeworfenes Geld** c'est de l'argent jeté par les fenêtres

wegwerfend ADJT dédaigneux, -euse; méprisant; **mit e-r ~en Handbewegung** d'un geste dédaigneux, de mépris

Wegwerffeuerzeug N briquet *m* jetable; **Wegwerfflasche** F bouteille perdue, non consignée; **Wegwerfgesellschaft** F *pej* société *f* de gaspillage

wegwischen VT ⟨*sép*, -ge-, h.⟩ essuyer; effacer; **wegwollen** *umg* VI ⟨*irr, sép*, -ge-, h.⟩ vouloir s'en aller, partir; **wegzaubern** VT ⟨-(e)re, *sép*, -ge-, h.⟩ escamoter

Wegzehrung *geh* F ⟨~; ~en⟩ 1 provisions *fpl* de voyage 2 KATH viatique *m*

wegziehen ⟨*irr, sép*, -ge-⟩ A VT ⟨h.⟩ *Hand, Vorhang, Gegenstand* retirer; enlever; *Personen* (re)tirer; traîner B VI ⟨s.⟩ 1 (*die Wohnung wechseln*) déménager (**von, aus** de) 2 *Vögel etc* migrer; partir

weh A *umg* ADJ (*épithète*) **e-n ~en Finger haben** avoir mal au doigt; **~ tun** → wehtun B INT **o ~!** malheur!

Weh *geh* N ⟨~(e)s⟩ (*Leid*) mal *m*; (*Schmerz*) douleur *f*; (*Unglück*) malheur *m*

wehe INT *geh* **~! ~!** hélas! hélas!; *drohend geh* **~ ihm!** malheur à lui!; **~ (dir), wenn du nicht kommst!** gare à toi, si tu ne viens pas!

Wehe(n) FPL MED contraction(s) *f(pl)*; **in den ~n liegen** être en train d'accoucher; avoir des contractions

wehen ⟨h.⟩ A VT emporter; chasser B VI 1 *Wind* souffler; **es weht ein kalter Wind** un vent froid souffle 2 *Fahnen, Haare etc* flotter

Wehklage *geh* F lamentation(s) *f(pl)*

wehklagen *geh* VI ⟨*insép*, ge-, h.⟩ **(über etw** [*akk*]**) ~** se plaindre (de qc); se lamenter (sur, de qc)

wehleidig ADJ *pej* 1 *Person, Wesensart* (*zimperlich*) douillet, -ette; (*weinerlich*) pleurnicheur, -euse; *umg* geignard 2 *Stimme, Gesichtsausdruck* plaintif, -ive; dolent; **Wehleidigkeit** F ⟨~⟩ (*Zimperlichkeit*) douilletterie *f*; *der Stimme* ton pleurnichard; *des Gesichtsausdrucks* mine pleurnicharde

Wehmut *geh* F ⟨~⟩ (*Sehnsucht*) nostalgie *f*; (*Schwermut*) (douce) mélancolie

wehmütig ADJ (*sehnsüchtig*) nostalgique; (*schwermütig*) mélancolique

Wehr[1] F ⟨~⟩ **sich zur ~ setzen** se défendre; opposer de la résistance

Wehr[2] N ⟨~(e)s; ~e⟩ (*Stauwehr*) barrage *m*

Wehrbeauftragte(r) M ⟨→ A⟩ délégué *m* parlementaire auprès des forces armées; **Wehrbereich** M région *f* militaire; **Wehrbereichskommando** N commandement *m* de (la) région militaire

Wehrdienst M ⟨~(e)s⟩ service *m* militaire; **den ~ ableisten** faire son service (militaire)

Wehrdienstverweigerer M ⟨~s; ~⟩ objecteur *m* de conscience; **Wehrdienstverweigerung** F objection *f* de conscience

wehren ⟨h.⟩ A VR 1 **sich ~** *körperlich, fig* se défendre (**gegen** contre, de); (*Widerstand leisten*) résister (**gegen** à) 2 (*sich weigern*) **sich (dagegen) ~, etw zu tun** se refuser à faire qc B *geh* VI **j-m, e-r Sache ~** s'opposer à qn, qc; **wehret den Anfängen!** il faut étouffer le mal dans l'œuf

Wehrerziehung F *bes* HIST *DDR* formation *f* militaire; **Wehrexperte** M expert *m* en matière de défense; **wehrfähig** ADJ en âge d'être soldat; capable de porter les armes; **Wehrgang** M BEFESTIGUNGSANLAGEN chemin *m* de ronde; **wehrhaft** ADJ 1 *Person, Volk, Tier* qui peut se défendre; en état de se défendre 2 *Burg etc* fortifié; **Wehrkraft** F ⟨~⟩ force *f*, potentiel *m* militaire; **Wehrkraftzersetzung** F démoralisation *f* de l'armée

wehrlos ADJ désarmé; sans défense (*a. Tiere*); incapable de se défendre; **j-m, e-r Sache ~ ausgeliefert sein** être livré sans défense *od* pieds et poings liés à qn, qc

Wehrlosigkeit F ⟨~⟩ incapacité *f* de se défendre

Wehrmacht F ⟨~⟩ HIST **die (deutsche) ~** l'armée allemande; la Wehrmacht

Wehrpass M livret *m* militaire

Wehrpflicht F ⟨~⟩ **(allgemeine) ~** service *m* militaire obligatoire

wehrpflichtig ADJ **in ~em Alter** en âge d'être incorporé

Wehrpflichtige(r) M ⟨→ A⟩ citoyen astreint au service militaire; (*Einberufener*) appelé *m*; **Wehrpolitik** F politique *f* de défense; **Wehrsold** M prêt *m*; solde *f*; **wehrtauglich** ADJ apte au service militaire; bon pour le service; **Wehrübung** F période *f* (d'instruction)

wehtun VI ⟨*irr, sép*, -ge-, h.⟩ **j-m ~** *a. fig* faire mal à qn; *fig* faire de la peine à qn; **der Kopf tut mir weh** j'ai mal à la tête; **wo tut es dir weh?** où as-tu mal?

Wehweh *kinderspr* N ⟨~s; ~s⟩ *kinderspr* bobo *m*

Wehwehchen N ⟨~s; ~⟩ bobo *m*

Weib N ⟨~(e)s; ~er⟩ 1 *poet*, BIBEL (*Frau*) femme *f* 2 *poet*, BIBEL (*Eheweib*) épouse *f*; *umg hum* **sein ~** *umg* sa bonne femme 3 *umg* (*Frau*) *meist bewundernd umg* nana *f*; *umg* meuf *f*; *umg* gonzesse *f*; **ein tolles ~** *umg* une nana super 4 *umg pej* **ein böses ~** une mégère; **ein klatschsüchtiges ~** une commère; *pl* **die ~er** *umg* les bonnes femmes

Weibchen N ⟨~s; ~⟩ 1 ZOOL femelle *f* 2 *pej* (*Frau*) **sie ist ein richtiges ~** *im Aussehen* c'est une vraie poupée; *im Verhalten* elle joue les faibles femmes

Weiberfeind M misogyne *m*; **Weibergeschwätz** N *pej* commérages *mpl*; **Weiberheld** M *pej* homme *m* à femmes; coureur *m* (de jupons)

weibisch ADJ *pej* efféminé; (de) femme

weiblich ADJ 1 BOT, ZOOL femelle 2 GRAM, METRIK féminin 3 (*typisch ~, feminin*) féminin

Weiblichkeit F ⟨~⟩ 1 *Eigenschaft* nature féminine; féminité *f* 2 *coll* **die ~** les femmes *fpl*; *geh, hum* **die holde ~** le beau sexe

Weibsbild *umg* N 1 *bes südd, österr* femme *f*; *umg* bonne femme 2 *pej umg* garce *f*

Weibsstück *umg pej* N → Weibsbild 2

weich A ADJ 1 mou (mol), molle; *Fleisch, Holz, Gestein* tendre; *Frucht* fondant; *Bett* douillet; moelleux, -euse; *Sitz, Polster, Kissen* moelleux, -euse; confortable; **ein ~es Ei** un œuf à la coque; **in der Hitze ~ werden** se ramollir à la chaleur 2 (*formbar*) plastique; malléable; *Werkstoff* plastique; **~ machen** (r)amollir; assouplir; rendre malléable 3 (*schmiegsam*) souple; *Stoff a.* doux, douce; *Wolle* moelleux, -euse; *Haut, Fell* doux, douce; *Haar* souple; **sich ~ anfühlen** être doux au toucher 4 *fig Gemüt, Herz* tendre; sensible; *umg* **~ werden** (*sich rühren lassen*) s'attendrir; se laisser toucher, attendrir; (*nachgeben*) céder; *in der Erziehung, als Vorgesetz-*

W

te(r) **zu ~ sein** manquer d'énergie, ne pas être assez ferme (**zu j-m** avec, envers qn) **5** *Farbe* tendre; *Melodie, Ton* doux, douce; suave; MUS *Anschlag, Spiel* délicat; *Licht* doux, douce; *Übergang* en douceur; doux, douce; **~e Gesichtszüge** des traits empreints de douceur **6** *Drogen* doux, douce **7** *Wasser (kalkarm)* doux, douce **B** ADV **~ bremsen** freiner en douceur; **~ gefedert sein** *Auto etc* être bien suspendu; **~ gekocht** *Ei* à la coque; *Gemüse, Fleisch* cuit; **~ landen** atterrir en douceur

Weichbild N *e-r Stadt* banlieue *f*; périmètre urbain

Weiche[1] F ⟨~; ~n⟩ BAHN aiguillage *m*; aiguille *f*; **e-e ~ stellen** manœuvrer un aiguillage; *fig* **die ~n für etw stellen** préparer le terrain pour qc

Weiche[2] F ⟨~; ~n⟩ *(Flanke) meist* PL **~n** flancs *mpl*

Weichei *umg* N petite nature

weichen[1] V/I ⟨s.⟩ *in Flüssigkeit* tremper; **~ lassen** faire tremper

weichen[2] V/I ⟨weicht, wich, gewichen, s.⟩ **1** *(Platz machen, zurück~), fig (nachgeben)* céder, reculer (**vor** [+dat] devant); **der Gewalt ~** céder à, devant la violence **2** *(sich entfernen)* **nicht von der Stelle ~** ne pas quitter sa place; ne pas bouger; **j-m nicht von der Seite ~** ne pas quitter qn d'une semelle; suivre qn comme son ombre **3** *Angst, Spannung, Nervosität etc* se dissiper; disparaître

Weichensignal N BAHN signal *m* de branchement, d'aiguillage; **Weichensteller** M ⟨~s; ~⟩ aiguilleur *m*; **Weichenstellung** F aiguillage *m (a. fig)*; **Weichenwärter** M aiguilleur *m*

weichgefedert, **weichgekocht** ADJT → weich B

Weichheit F ⟨~⟩ caractère mou, tendre, *etc*; *e-s Bettes etc* moelleux *m*; confort *m*; *des Wassers, e-s Stoffes, der Stimme* douceur *f*; *(Schmiegsamkeit), des Haars* souplesse *f*; *des Stils* mollesse *f*; MUS *des Anschlags, Bogenstrichs* délicatesse *f*

weichherzig ADJ (au cœur) tendre; sensible; *(mitfühlend)* compatissant; **Weichherzigkeit** F ⟨~⟩ tendresse *f* (du cœur); sensibilité *f*

Weichkäse M fromage *m* à pâte molle

weichlich ADJ *pej* **1** *(etwas weich)* mou (mol), molle **2** *fig* mou (mol), molle; *(zimperlich)* douillet, -ette; *(lasch)* mollasse; *(weibisch)* efféminé

Weichling M ⟨~s; ~e⟩ *pej* mou *m*; *(weibischer Mann)* efféminé *m*; *(Zimperliese)* douillet *m*; *(Schwächling)* femmelette *f*

weichmachen V/T → weich A 2

Weichmacher M ⟨~s; ~⟩ TECH, CHEM plastifiant *m*

Weichsel ⟨→ n/pr⟩ **die ~** la Vistule

Weichspüler M ⟨~s; ~⟩ adoucissant *m*; assouplissant *m*; **Weichteile** NPL **1** ANAT parties molles **2** *umg (Genitalien des Mannes) umg* parties *fpl*; **Weichtiere** NPL mollusques *mpl*; **weichwerden** *umg* V/I → weich A 4; **Weichzeichner** M FOTO objectif *m bzw.* filtre *m* pour flou artistique

Weide[1] F ⟨~; ~n⟩ **1** *Baum* saule *m*; *(Korbweide)* osier *m* **2** *⟨sans pl⟩ Material* osier *m*

Weide[2] F ⟨~; ~n⟩ *(Viehweide)* pâturage *m*; pré *m*; herbage *m*; **Weidefläche** F, **Weideland** N ⟨-(e)s⟩ pâturage(s) *m(pl)*; herbages *mpl*

weiden ⟨-ete, h.⟩ **A** V/T *Vieh (weiden lassen)* faire paître, pâturer; *geh fig* **s-e Augen an etw** *(dat)* **~** se repaître, se délecter du spectacle de qc **B** V/I paître; pâturer; brouter (l'herbe) **C** *geh* V/R **sich an etw** *(dat)* **~** *a. pej* se repaître, se délecter de qc

Weidenbaum M → Weide[1] 1; **Weidengerte** F verge *f* de saule; **Weidenkätzchen** N BOT chaton *m* de saule; **Weidenkorb** M panier *m* d'osier

Weideplatz M → Weide[2]; **Weiderecht** N droit *m* de pacage, de pâturage

Weiderich M ⟨~s⟩ BOT salicaire *f*

Weidewirtschaft F ⟨~⟩ exploitation *f* de(s) pâturages, herbages

weidgerecht ADJ *u.* ADV en vrai chasseur; selon les règles de la chasse

weidlich ADV amplement; largement; **j-n, etw ~ ausnutzen** exploiter largement qn, qc

Weidmann M ⟨~(e)s; ≃er⟩ chasseur *m*

weidmännisch **A** ADJ de chasseur; **~er Brauch** usage, tradition de la chasse **B** ADV selon les règles, traditions de la chasse

Weidmannsheil INT **~!** bonne chasse!

Weidwerk N ⟨~(e)s⟩ chasse *f*; vénerie *f*

weidwund ADJ blessé à mort

weigern V/R ⟨-(e)re, h.⟩ **sich ~** refuser; **sich ~, etw zu tun** refuser de faire qc; se refuser à faire qc

Weigerung F ⟨~; ~en⟩ refus *m*

Weihbischof M KATH évêque *m* auxiliaire

Weihe[1] F ⟨~; ~n⟩ **1** REL consécration *f*; *e-r Kirche a.* dédicace *f*; *(Einsegnung)* bénédiction *f*; *e-s Priesters* ordination *f*; *e-s Bischofs, Königs* sacre *m*; **die niederen, höheren ~n** les ordres mineurs, majeurs **2** *geh ⟨sans pl⟩ (Erhabenheit)* solennité *f*; **e-r Sache die rechte ~ verleihen** rendre qc solennel

Weihe[2] F ⟨~; ~n⟩ ZOOL busard *m*

weihen V/T ⟨h.⟩ **1** REL consacrer; *bes* KATH *Brot, Wasser* bénir; *Hostie* consacrer **2** REL *(ordinieren)* **j-n zum Bischof ~** sacrer qn évêque; **j-n zum Priester ~** ordonner qn prêtre **3** REL *(zueignen)* dédier; consacrer **4** *geh (widmen)* **sein Leben der Wissenschaft ~** consacrer, vouer sa vie à la science; **j-m ein Denkmal, ein Buch ~** dédier un monument, un livre à qn **5** *geh (preisgeben)* **dem Tode geweiht sein** être voué à la mort

Weiher M ⟨~s; ~⟩ *bes südd* étang *m*; *(Fischweiher)* vivier *m*

weihevoll *geh* ADJ solennel, -elle

Weihgabe F KIRCHE, *bes* KATH offrande *f*

Weihnacht *geh* F ⟨~⟩ → Weihnachten

weihnachten V/UNPERS ⟨-ete, h.⟩ **es weihnachtet** Noël approche

Weihnachten N ⟨~; ~⟩ Noël *m*; **über, zu** *od südd* **an ~** à Noël; **fröhliche ~!, gesegnete ~!** joyeux Noël!; **weiße, grüne ~** Noël sous la neige, sans neige

weihnachtlich **A** ADJ de Noël **B** ADV **~ geschmückt** décoré pour Noël

Weihnachtsabend M veille *f* de Noël; **Weihnachtsbaum** M arbre *m* de Noël; **Weihnachtsbescherung** F distribution *f* des cadeaux de Noël; **Weihnachtsbrauch** M coutume *f* de Noël; **Weihnachtseinkäufe** MPL achats *mpl* de Noël; **Weihnachtsfeier** F fête *f* de Noël

Weihnachtsfeiertag M **der erste ~** le jour de Noël; **der zweite ~** le 26 décembre; *pl* **~e** fêtes *fpl* de Noël

Weihnachtsferien PL vacances *fpl* de Noël; **Weihnachtsfest** N fête *f* de Noël; Noël *m*; **Weihnachtsgebäck** N petits gâteaux de Noël; **Weihnachtsgeld** N prime *f* de fin d'année; **Weihnachtsgeschenk** N cadeau *m* de Noël; *umg* noël *m*; **Weihnachtsgratifikation** F prime *f* de fin d'année; **Weihnachtskrippe** F crèche *f* de Noël; **Weihnachtslied** N cantique *m*, chant *m* de Noël; noël *m*

Weihnachtsmann M ⟨~(e)s; -männer⟩ **1** père *m* Noël **2** *umg pej* **du ~!** espèce d'imbécile!

Weihnachtsmarkt M marché *m* de Noël; **Weihnachtsstern** M **1** *aus Papier, Stroh etc* étoile *f* de Noël **2** BOT poinsettia *m*; **Weihnachtstag** M → Weihnachtsfeiertag; **Weihnachtszeit** F ⟨~⟩ époque *f* de Noël

Weihrauch M encens *m*; **Weihrauchfass** N encensoir *m*

Weihwasser N ⟨~s⟩ eau bénite; *hum* **etw fürchten wie der Teufel das ~** avoir peur de qc comme le diable de l'eau bénite

Weihwasserbecken N bénitier *m*; **Weih(wasser)wedel** M goupillon *m*

weil KONJ parce que; *bei gleichem Subjekt a.* pour *(+inf passé)*; **er ist krank, ~ er zu viel gegessen hat** il est malade pour avoir trop mangé

Weilchen N ⟨~s⟩ petit moment; (bref) instant

Weile F ⟨~⟩ moment *m*; (un) certain laps de temps; **e-e ganze**, *geh* **geraume ~** assez longtemps; un temps assez long; un bon, long moment; **e-e (kleine) ~** un (petit) moment; peu de temps; **aus langer ~** par ennui; **vor langer ~ vergehen** mourir d'ennui; **es ist schon e-e ~ her, dass …** il y a quelque temps que …; **es ist schon e-e ganze** *od* **gute ~ her, dass …** il y a bien longtemps que …; il y a beau temps, belle lurette que …; *sprichw* **eile mit ~!** °hâte-toi lentement!

weilen *geh* V/I ⟨h.⟩ *(bleiben)* rester; *(sein)* être; *(als Gast wohnen)* séjourner; *fig* **er weilt nicht mehr unter uns** *(dat)* il n'est plus parmi nous; il nous a quittés

Weiler M ⟨~s; ~⟩ °hameau *m*

Weimarer Republik HIST POL **die ~** la République de Weimar

Wein M ⟨~(e)s; ~e⟩ **1** *Getränk* vin *m*; **junger ~** vin nouveau; *fig* **j-m reinen ~ einschenken** ne pas mâcher ses mots avec qn; parler sans fard à qn **2** *⟨sans pl⟩ (Weinreben)* vigne(s) *f(pl)*; **Wilder ~** *(Jungfernrebe)* vigne vierge

Wein(an)bau M ⟨Wein(an)bau(e)s⟩ viticulture *f*; **Wein(an)bau betreiben** cultiver la vigne

Weinbauer M ⟨~n; ~n⟩ vigneron *m*; *im Großen* viticulteur *m*; **Weinbaugebiet** N région *f* vinicole *od* viticole; **Weinbeere** F grain *m* de raisin; **Weinberg** M vignoble *m*; vigne *f*; **Weinbergschnecke** F escargot *m* de Bourgogne; **Weinblatt** N feuille *f* de vigne; **Weinbrand** M eau-de-vie *f* de raisin; *weitS.* cognac *m*

weinen V/I ⟨h.⟩ **~ (über** [+akk], **vor** [+dat]**)** pleurer (sur, de); **um j-n ~** pleurer (la perte de) qn

Weinen N ⟨~s⟩ pleurs *mpl*; larmes *fpl*; **j-n zum ~ bringen** faire pleurer qn; **es ist zum ~ (mit dir)!** c'est à désespérer (avec toi)!; **dem ~ nahe sein** être au bord des larmes

weinerlich ADJ pleurnicheur, -euse; *umg* pleurnichard; *Ton, Stimme etc a.* larmoyant; *Ton a. umg* geignard

Weinernte F vendange *f*; **Weinessig** M vinaigre *m* (de vin); **Weinfass** N tonneau *m* à vin; **Weinflasche** F bouteille *f* à vin; **Weingegend** F région *f* viticole, de vignobles; **Weingeist** M ⟨~(e)s⟩ esprit-de-vin *m*; **Weinglas** N verre *m* à vin; **Weingut** N domaine *m* viticole; vignoble *m*; **Weinhändler** M marchand *m* de vin(s); *Großhändler* négociant *m* en vins; **Weinhandlung** F débit *m* de vin; commerce *m*, comptoir *m* de vins (au détail); **Weinhauer(in)** M(F) *österr* vigneron, -onne *m,f*; **Weinhefe** F lie *f* de vin

Weinjahr N **ein gutes ~** une bonne année pour le vin; une année de bon vin

Weinkarte F carte *f* des vins; **Weinkeller** M cave *f* à vin; *oft zu ebener Erde* cellier *m*; **Weinkellner** M sommelier *m*

Weinkenner M **er ist ein ~** il s'y connaît en

W

vin
Weinkrampf M crise *f* de larmes
Weinkrug M cruche *f* à vin; *großer* broc *m*; *kleiner, im Restaurant* pichet *m*; **Weinlaub** N feuillage *m* de la vigne; **Weinlaube** F treille *f*
Weinlaune F **in ~** gris; *umg* éméché
Weinlese F vendange(s) *f(pl)*; **~ halten** faire la (les) vendange(s)
Weinlokal N bar *m* à vins; **Weinpresse** F pressoir *m*; **Weinprobe** F dégustation *f* (de vin); **Weinrebe** F vigne *f*; *(Rebstock)* cep *m* de vigne; **weinrot** ADJ vineux, -euse; (couleur) lie de vin; **Weinsäure** F CHEM acide *m* tartrique; **Weinschaumcreme** F GASTR mousse *f* au vin; **Weinschlauch** M outre *f* à vin; **Weinschorle** F *mélange de vin et d'eau minérale gazeuse*; **weinselig** ADJ émoustillé (par le vin); **Weinstein** M ⟨~(e)s⟩ tartre *m*; **Weinstock** M (pied *m*, cep *m* de) vigne *f*; **Weinstube** F débit *m* de vin; **Weintraube** F (grappe *f* de) raisin *m*
weise A ADJ sage; *(lebensklug)* avisé; *Entscheidung etc a.* plein de sagesse B ADV sagement; avec sagesse
Weise[1] F ⟨~; ~n⟩ 1 *(Art)* manière *f*; façon *f*; *(Methode)* méthode *f*; **auf diese ~** de cette manière, façon; **auf die e-e oder andere ~** d'une manière, façon ou d'une autre; **auf meine ~** à ma manière, façon; **auf welche ~?** de quelle manière, façon?; **in der ~, dass ...** de manière, de façon que ... *(final: +subj)*; de *od* en sorte que ... *(final: +subj)*; **in gewohnter ~** comme d'habitude; comme à l'accoutumée; **in keiner ~** en aucune manière, façon *(beim Verb mit* ne*)*; nullement *(beim Verb mit* ne*)*; **in keiner ~!** pas du tout!; **jeder nach s-r ~** chacun à sa guise, façon, à son gré; **die Art und ~, etw zu tun** la façon, manière de faire qc 2 MUS air *m*; *(Melodie)* mélodie *f*
Weise[2] M/F ⟨→ A⟩ *(kluge Person)* sage *m*; **der Stein der ~n** la pierre philosophale; BIBEL **die drei ~n aus dem Morgenland** les Rois *mpl* mages; *umg* POL **die Fünf ~n** *commission d'experts donnant leur avis sur l'évolution économique*
weisen ⟨-(es)t, weist, wies, gewiesen, h.⟩ A VT 1 *geh (zeigen)* montrer; indiquer; *fig* **j-m die Tür ~** montrer la porte à qn; **j-m den Weg ~** indiquer le chemin à qn 2 *(ver~, schicken)* **j-n aus der Schule ~** renvoyer qn de l'école; **j-n in die Schranken ~** remettre qn à sa place; *fig* **etw von sich** *(dat)* **~** repousser, rejeter qc B VI *(zeigen)* **auf etw** *(akk)* **~** indiquer qc; *Magnetnadel etc* **nach Norden ~** montrer, indiquer le nord
Weiser M → Weise[2]
Weisheit F ⟨~; ~en⟩ 1 ⟨*sans pl*⟩ *(das Weisesein)* sagesse *f* 2 ⟨*sans pl*⟩ *(Wissen)* savoir *m*; science *f*; **der ~ letzter Schluss** la réponse à tout; la solution idéale; la panacée; *umg* **mit s-r ~ am Ende sein** y perdre son latin; *umg* **tun, als ob man die ~ mit Löffeln gefressen hätte** faire comme si on avait la science infuse; *umg* **er hat die ~ nicht mit Löffeln gefressen** *umg* il n'a pas inventé le fil à couper le beurre, la poudre 3 *(weiser Rat, Spruch)* adage *m*; maxime *f*; *umg* **behalte deine ~en für dich!** occupe-toi de tes affaires!
Weisheitszahn M dent *f* de sagesse
weismachen *umg* VT ⟨*sép*, -ge-, h.⟩ **j-m etw ~** faire, laisser croire qc à qn; **sich** *(dat)* **nichts ~ lassen** *umg* ne pas se faire avoir; **das könnt ihr uns nicht ~!** vous n'allez pas nous faire croire ça!; **du willst mir doch nicht ~, dass ...** tu ne veux quand même pas me faire croire que ...
weiß[1] → wissen
weiß[2] ADJ blanc, blanche; *(bleich)* pâle; **das Weiße Haus** la Maison Blanche; **~e Ostern** Pâques *m* sous la neige; **der Weiße Sport** le tennis; **~e Weihnachten** Noël *m* sous la neige; **~ färben** teindre en blanc; **~ werden** devenir blanc; blanchir; → tünchen, weißglühend
Weiß N ⟨~(es); ~⟩ blanc *m*; couleur blanche; **in ~** *gekleidet* (habillé) en blanc; **in ~ heiraten** se marier en blanc
weissagen VT ⟨*insép*, ge-, h.⟩ 1 *(vorhersagen)* prédire; présager; prophétiser 2 *(ahnen lassen)* laisser présager
Weissager(in) M ⟨~s; ~⟩ (F) ⟨~in; ~innen⟩ prophète *m*, prophétesse *f*; **Weissagung** F ⟨~; ~en⟩ prédiction *f*; prophétie *f*
Weißbier N bière blanche; bière *f* de froment; **Weißblech** N fer-blanc *m*; **weißblond** ADJ d'un blond (tirant sur le) blanc; **Weißbrot** N pain blanc; **Weißbuch** N DIPL Livre blanc; **Weißdorn** M ⟨~(e)s; ~e⟩ BOT aubépine *f*
Weiße[1] F ⟨~; ~n⟩ **Berliner ~ (mit Schuss)** bière blanche de Berlin (servie avec du sirop de framboise)
Weiße[2] M/F ⟨→ A⟩ *(Mensch mit heller Hautfarbe)* Blanc *m*, Blanche *f*
weißen VT ⟨-(es)t, h.⟩ *Wände* blanchir; *(tünchen)* badigeonner
Weißenburg N ⟨→ *n/pr*⟩ Wissembourg
Weißer M → Weiße[2]
weißfärben VT → weiß[2]
Weißfische MPL poissons blancs; **Weißfluss** M MED pertes blanches; *t/t* leucorrhée *f*; **Weißgerberei** F mégisserie *f*; **weißglühend** ADJT *Kohle, Metall etc* incandescent; *Metall a.* chauffé à blanc
Weißglut ⟨~⟩ F METALL incandescence *f*; *umg fig* **j-n zur ~ bringen** pousser qn à bout; mettre qn en rage
Weißgold N or blanc; **weißhaarig** ADJ aux cheveux blancs; **Weißkäse** M *regional* fromage blanc; **Weißkohl** M, *bes südd, österr* **Weißkraut** N ⟨~(e)s⟩ chou blanc
weißlich ADJ blanchâtre
Weißmacher M ⟨~s; ~⟩ *im Waschmittel* agent blanchissant; **Weißmehl** N farine blanche; **Weißmetall** N métal blanc; alliage blanc
Weißrusse M, **Weißrussin** F Biélorusse *m/f*; **weißrussisch** ADJ biélorusse (*a.* LING); **Weißrussland** N ⟨→ *n/pr*⟩ la Biélorussie
weißtünchen VT → tünchen
Weißwandreifen M pneu *m* à flancs blancs; **Weißwäsche** F ⟨~⟩ linge blanc; blanc *m*; **Weißwein** M vin blanc; **Weißwurst** F *etwa* boudin blanc
Weisung *geh ou* ADMIN F ⟨~; ~en⟩ instruction *f*; directive *f*; consigne *f* (*a.* MIL); *(Befehl)* ordre *m*
Weisungsbefugnis F pouvoir *m* de direction; **weisungsgemäß** ADV selon les *od* conformément aux instructions, directives

weit

A Adjektiv — B Adverb

— A Adjektiv —

1 *(ausgedehnt)* vaste; large; étendu; grand; *(geräumig)* spacieux, -ieuse; *(unermesslich)* immense; **in die ~e Welt ziehen** parcourir le monde; **~e Teile der Bevölkerung, des Landes** une grande partie de la population, du pays; *fig* **das ist ein ~es Feld** c'est un vaste domaine; il y aurait beaucoup à dire; **im ~esten Sinne des Wortes** dans toute l'acception du terme 2 *(entfernt) Reise, Weg* long, longue; *Ziel* éloigné; **bis dahin ist es noch (ziemlich) ~** jusque là(-bas), c'est encore (assez) loin *od* ça fait encore un (bon) bout de chemin; **das Weite suchen** prendre le large; **in ~er Ferne** tout au loin; très loin 3 *Kleidung* large; MODE (*~ geschnitten*) ample; **der Rock ist mir zu ~** cette jupe est trop large pour moi

— B Adverb —

1 *(ausgedehnt)* **die Augen ~ aufmachen** faire, ouvrir de grands yeux; **~ gereist, herumgekommen sein** avoir beaucoup voyagé, *umg* bourlingué, *umg* roulé sa bosse; *Tür* **~ offen stehen** être toute grande ouverte; **~ und breit** partout; **~ verbreitet, verzweigt** → weitverbreitet, weitverzweigt 2 *(entfernt)* loin; **~ entfernt von ...** très loin de ...; **~ weg** au loin; très loin; *(in der Ferne)* dans le lointain; **~ weg von hier** très loin d'ici; **von Weitem** de loin; à distance; **von ~ her** de loin; **zwei Kilometer ~** à (une distance de) deux kilomètres; **wie ~ ist es noch?** c'est encore loin?; **wie ~ ist es nach ...?** quelle distance, combien de kilomètres y a-t-il d'ici à ...?; **wir haben es nicht mehr ~** on est presque arrivé; **~ reichen** porter loin; **~ sehen** voir loin; *fig* **das ist ~ hergeholt** c'est tiré par les cheveux; *fig* **~ auseinandergehen** *Meinungen* diverger radicalement; *fig* **~ davon entfernt sein, etw zu tun** être loin *od* à mille lieues de faire qc; *fig* **~ gefehlt!** loin de là!; **~ blickend, reichend, tragend** → weitblickend, weitreichend, weittragend 3 *zeitlich* loin; **~ zurückliegend** lointain; **bis Weihnachten ist es noch ~** Noël, c'est encore loin; **er ist ~ über fünfzig** il a largement dépassé la cinquantaine; **~ nach Mitternacht** bien après minuit 4 *in der Entwicklung, in e-m Prozess* loin; **wie ~ bist du (mit deiner Arbeit)?** où en es-tu (de *od* avec ton travail)?; où en est ton travail?; **es ~ bringen** réussir dans la vie; **er wird es ~ bringen** *a.* il ira loin; **wir sind noch nicht so ~ gekommen** *mit der Arbeit* nous n'en sommes pas (encore) là; **das geht zu ~** c'en est trop; ça va trop loin; c'est trop fort; **hier bist du zu ~ gegangen!** tu es allé trop loin!; → *a.* so A 3, weitgehend 5 *(weitaus, beträchtlich)* de loin; de beaucoup; **~ schöner, schwieriger** bien *od* beaucoup plus agréable, difficile; **~ mehr** beaucoup plus; **j-m ~ überlegen sein** surpasser qn de loin, de beaucoup; être bien supérieur à qn; **bei Weitem der Größte** de loin, de beaucoup le plus grand; **bei Weitem nicht** tant s'en faut; **bei Weitem nicht vollständig** loin d'être complet
weitab ADV loin d'ici, de là
weitaus ADV *(bei Weitem)* de loin; de beaucoup; **~ der Schönste** *od* **der ~ Schönste** de loin, de beaucoup le plus beau
Weitblick M ⟨~(e)s⟩ clairvoyance *f*; prévoyance *f*; **er hat politischen ~ bewiesen** il a fait preuve d'une grande clairvoyance politique
weitblickend ADJT *(vorausschauend)* clairvoyant; qui voit loin
Weite F ⟨~; ~n⟩ 1 *(das Weitsein)* (vaste) étendue *f* 2 *(Größe)* dimensions *fpl*; largeur *f*; ampleur *f*; *e-r Öffnung* largeur *f*; MODE *e-s Kleidungsstückes* ampleur *f*; *(Durchmesser)* diamètre *m*; TECH **lichte ~** diamètre intérieur; lumière *f* 3 *(weiter Raum)* vaste espace *m*; *(Ferne)* lointain *m* 4 *(Länge) e-s Weges, a.* SPORT longueur *f*; SPORT **die beste ~ springen** être le meilleur au saut en longueur
weiten ⟨-ete, h.⟩ A VT élargir; agrandir; *Öffnung* évaser B VR **sich ~** s'élargir; s'agrandir; *Öffnung* s'évaser; *Pupillen, fig Brust* se dilater
weiter A ADV 1 *zur Bezeichnung e-r Fortdauer, Fortsetzung* **(nur) ~!, ~ so!** continue *bzw.* conti-

nuez!; **nicht ~!** arrête *bzw.* arrêtez!; **~ beschäftigen** *Arbeitskräfte* garder; *Hauspersonal* garder à son service; **~ bestehen** continuer d'exister; subsister; **und so ~** et ainsi de suite; et cetera; **~ auf Seite drei** suite en page trois **2** *(anschließend)* ensuite; après; **was geschah ~?** qu'est-ce qui s'est passé ensuite?; **was habt ihr ~ vor?** qu'est-ce que vous avez l'intention de faire ensuite, après?; **und ~?, was ~?** et quoi encore?; et puis?; et après? **3** *(außerdem, sonst)* de, en plus; encore; **~ haben wir im Angebot ...** nous vous proposons en plus ...; notre offre comprend en plus ...; **~ niemand** personne d'autre *(mit* ne *beim Verb)*; **~ nichts?** c'est tout?; **nichts ~!** rien de plus!; voilà tout!; **wir haben ~ nichts mehr zu tun, als ...** nous n'avons plus rien d'autre à faire qu'à ...; il ne nous reste plus qu'à ...; **das hat ~ nichts auf sich** cela ne tire pas à conséquence; **das hat ~ nichts zu sagen** cela ne veut rien dire; *umg* **wenn es ~ nichts ist!** *umg* si ce n'est que ça!; *umg* s'il n'y a que ça! **B** *Partikel zur Steigerung einiger nicht graduierbarer* ADJ plus; **~ vorn** plus en avant; **etwas ~ links** un peu plus à gauche; **~ offen** plus (largement) ouvert; **ein ~ verbessertes Modell** un modèle amélioré

weiterarbeiten VI ‹sép, -ge-, h.› continuer à travailler; poursuivre son travail

weiterbefördern VT ‹-(e)re, *sép, pas de ge-*, h.› *Post* acheminer; **die Passagiere mit Bussen ~** assurer le transport ultérieur des passagers en bus

weiterbeschäftigen VT, **weiterbestehen** VI → weiter A 1

weiterbilden ‹-ete, *sép*, -ge-, h.› **A** VT assurer la formation permanente, continue de **B** VR **sich ~** (in [+dat]) se perfectionner (en); continuer des études (de); *durch Kurse* suivre des cours de formation permanente, continue

Weiterbildung ‹~› F formation permanente, continue; *(zusätzliche Ausbildung)* formation *f* complémentaire

weiterbringen VT ‹*irr, sép*, -ge-, h.› avancer; **das bringt mich nicht weiter** cela ne m'avance guère

weiterdenken VI ‹*irr, sép*, -ge-, h.› réfléchir aux conséquences (de qc); *(an die Zukunft denken)* songer à l'avenir

weitere(r, -s) ADJ ‹épithète› **1** *(zusätzlich, neu, sonstig)* de plus; nouveau (nouvel), nouvelle; autre; **~ 7000 Mitglieder** 7000 autres membres; 7000 membres de plus; **ohne ~ Umstände** sans (plus de) façon(s); sans plus; tout simplement; **haben sie noch ~ Fragen?** avez-vous d'autres questions?; → *a.* Weitere(s) **2** *(anschließend, später)* **die ~ Entwicklung** l'évolution ultérieure; **nach ~n zwei Wochen** après deux autres semaines; **zur ~n Behandlung** pour la suite du traitement; **sein ~s Leben** le reste de sa vie; **im ~n Verlauf** par la suite; → *a.* Weitere(s)

Weitere(s) N ‹→ A› **das ~** ce qui suit; la suite; le reste; *geh* **des ~n** en outre; de, en plus; **ohne ~s** sans (plus de) façon(s); sans plus; tout simplement; **bis auf ~s** jusqu'à nouvel ordre; *(vorläufig)* provisoirement; **alles ~ findet sich** pour le reste, on verra bien

weiterempfehlen VT ‹*irr, sép, pas de ge-*, h.› recommander (à qn, à d'autres personnes, etc); **weiterentwickeln** ‹-(e)le, *sép, pas de ge-*, h.› **A** VT développer; *Erfindung* perfectionner **B** VR **sich ~** se développer; *Wissenschaft, Vorstellung etc* évoluer; progresser; **Weiterentwicklung** F développement *m*; *e-r Erfindung* perfectionnement *m*; *e-r Wissenschaft, Vorstellung etc* évolution *f*; progression *f*; **weitererzählen** VT ‹*sép, pas de ge-*, h.› **1** *(ausplaudern)* propager; divulguer **2** *(fortfahren zu erzählen)* continuer à raconter

weiterfahren VI ‹*irr, sép*, -ge-, s.› poursuivre, continuer sa route, son voyage; **~!** circulez!

Weiterfahrt F ‹~› **bei der ~ wurde er krank** en continuant le voyage, il est tombé malade

Weiterflug M ‹~(e)s› **Passagiere** *mpl* **zum ~ nach ...** les passagers *mpl* en transit à destination de ...

weiterführen ‹*sép*, -ge-, h.› **A** VT **1** *(fortsetzen)* continuer; *Arbeit a.* poursuivre **2** *(voranbringen)* (faire) avancer; **das führt uns nicht weiter** cela ne nous avance pas **B** VI *(sich fortsetzen) Straße etc* continuer; **~de Schulen** *fpl etwa* enseignement *m* secondaire

Weitergabe F ‹~› **1** *von Nachrichten etc* communication *f*; transmission *f*; *(Verbreitung)* diffusion *f*; propagation *f* **2** *von Gegenständen* transmission *f*; remise *f*; SPORT *(Ballweitergabe)* passe *f*

weitergeben VT ‹*irr, sép*, -ge-, h.› **1** *Nachrichten etc* transmettre; *(verbreiten)* propager; diffuser; *Gegenstand* transmettre; SPORT **den Ball an j-n ~** passer le ballon à qn **2** *(herumreichen)* faire passer, circuler

weitergehen VI ‹*irr, sép*, -ge-, s.› **1** *(weiterlaufen)* poursuivre, continuer son chemin; **~!** circulez! **2** *(sich fortsetzen)* continuer; *Verhandlungen etc a.* se poursuivre; **so kann es nicht ~** ça ne peut pas durer, continuer comme ça; **wann geht es endlich weiter?** *bei e-r Fahrt* quand est-ce qu'on repart, se remet en route?

weiterhelfen VI ‹*irr, sép*, -ge-, h.› **j-m (mit etw) ~** aider qn (à faire qc)

weiterhin ADV **1** *(außerdem)* en outre; de plus; encore **2** *(in Zukunft)* à l'avenir; désormais **3** *(noch immer)* toujours; encore

weiterkommen VI ‹*irr, sép*, -ge-, s.› **1** *auf s-m Weg* avancer; *umg* **sieh zu, dass du weiterkommst!** *umg* casse-toi!; *umg* fiche, fous le camp! **2** *bei der Arbeit* avancer **(in** [+dat], **mit** dans); faire des progrès (en); *im Beruf* monter (les échelons, en grade); *im Leben* arriver; **so kommen wir nicht weiter** on n'arrivera à rien de cette façon-là

weiterkönnen *umg* VI ‹*irr, sép*, -ge-, h.› pouvoir continuer; **ich kann nicht mehr weiter** *mit meinen Kräften* je n'en peux plus; *bei e-r Aufgabe* je ne peux plus avancer; je suis bloqué

weiterleiten VT ‹-ete, *sép*, -ge-, h.› **1** *Informationen etc* transmettre **2** *Brief, Paket etc* acheminer **3** IT transférer; **Weiterleitung** F **1** *von Informationen etc* transmission *f* **2** *von Briefen, Paketen etc* acheminement *m*; **weitermachen** *umg* ‹*sép*, -ge-, h.› **A** VT continuer; poursuivre **B** VI continuer **(mit etw** à, de faire qc); **weiterreichen** VT ‹*sép*, -ge-, h.› transmettre; *(herumreichen)* faire passer, circuler

weiterreisen VI ‹-(es)t, *sép*, -ge-, s.› continuer, poursuivre son voyage

weiters ADV *österr* de plus; → *a.* weiter A 3

weitersagen VT ‹*sép*, -ge-, h.› répéter; **nicht ~!** ne le répétez pas!

weitersehen VI ‹*irr, sép*, -ge-, h.› **dann sehen wir weiter** après, on verra

weiterspielen ‹*sép*, -ge-, h.› **A** VT **s-e Rolle ~** continuer à, de jouer son rôle **B** VI continuer le jeu, à jouer; **der Schiedsrichter ließ ~** l'arbitre a décidé de continuer la partie

weiterverarbeiten VT ‹-ete, *sép, pas de ge-*, h.› transformer; traiter; usiner; **~de Industrie** industrie *f* de transformation

Weiterverarbeitung F transformation *f*; traitement *m*; usinage *m*

weiterverfolgen VT ‹*sép, pas de ge-*, h.› **e-e Sache ~** suivre qc; donner suite à qc

weiterverkaufen VT ‹*sép, pas de ge-*, h.› revendre; **weitervermieten** VT ‹-ete, *sép, pas de ge-*, h.› sous-louer

weiterwissen VI ‹*irr, sép*, -ge-, h.› **nicht (mehr) ~** *(verzweifelt sein)* ne plus savoir que faire; *(den Lösungsweg nicht wissen) umg* être en panne

weiterwollen *umg* VI ‹*irr, sép*, -ge-, h.› vouloir continuer son chemin, sa route; **weiterziehen** VI ‹*irr, sép*, -ge-, s.› continuer, poursuivre son chemin, sa route

weitgehend **A** ADJT large; étendu; vaste; *(beträchtlich)* considérable; important; **~e Beschränkung** restriction *f* d'une portée considérable; **~e Zugeständnisse** *npl* larges concessions *fpl* **B** ADVL en grande partie; **es ist ~ sein Verdienst** c'est en grande partie grâce à lui

weitgereist ADJT → weit B 1

weither *geh* ADV de loin

weitherzig ADJ large; généreux, -euse

weithin ADV **1** *(in großem Umkreis)* au, de loin; **~ sichtbar** visible au, de loin **2** *(weitgehend)* en grande partie

weitläufig **A** ADJ **1** *Gebäude* étendu; spacieux, -ieuse; *plus fort* vaste **2** *Verwandter* éloigné **3** *Schilderung* détaillé; minutieux, -ieuse **B** ADV **1** *bauen* (très) spacieusement **2** **sie sind ~ verwandt** ils sont parents éloignés **3** *schildern* en détail

Weitläufigkeit F ‹~› **1** *e-s Gebäudes* dimensions *fpl*; espace *m*; étendue *f* **2** *e-r Schilderung* longueur *f*

weitmaschig ADJ *Pullover etc* à grosses mailles

weiträumig **A** ADJ vaste; ample; sur de grands espaces **B** ADV *bauen etc* sur de grands espaces; **etw ~ umfahren** faire un grand détour autour de qc

weitreichend ADJT **1** *räumlich* à longue portée; *fig Verbindungen* d'une grande portée **2** *(umfassend, schwerwiegend) Vollmachten etc* étendu; *Einfluss* grand

Weitschuss M SPORT tir *m* à distance

weitschweifig ADJ *Rede, Person* verbeux, -euse; *Stil* redondant; prolixe *(a. Person)*; **Weitschweifigkeit** F ‹~; ~en› *e-r Rede* longueur *f*; verbosité *f*; *des Stils* redondance *f*; prolixité *f*

Weitsicht F prévoyance *f*; clairvoyance *f*; **weitsichtig** ADJ **1** MED hypermétrope; *im Alter* presbyte **2** *fig* prévoyant; **Weitsichtige(r)** M/F(M) ‹→ A› MED hypermétrope *m/f*; *im Alter* presbyte *m/f*; **Weitsichtigkeit** F ‹~› MED hypermétropie *f*; *im Alter* presbytie *f*; **Weitspringer(in)** M(F) SPORT sauteur, -euse *m,f* en longueur; **Weitsprung** M SPORT saut *m* en longueur

weittragend ADJT *Geschütz etc* à longue portée; **weitverbreitet** ADJT très répandu; *Pflanze a.* commun; *Ansicht, Irrtum* courant; **weitverzweigt** ADJT BOT, *fig Netz, Familie etc* très ramifié

Weitwinkelobjektiv N FOTO objectif *m* (à) grand angle

Weizen M ‹~s› blé *m*; froment *m*

Weizenbier N → Weißbier; **Weizenbrot** N pain *m* de froment; **Weizenfeld** N champ *m* de blé, de froment; **Weizengrieß** M semoule *f* de froment, de blé; **Weizenkeim** M germe *m* de blé; **Weizenmehl** N farine *f* de froment, de blé; **Weizenschrot** N *od* M froment égrugé

welch *geh* INT PR ‹inv› *in Ausrufen* quel, quelle; **~ ein Glück** quelle chance!; **~ schönes Wetter!** quel beau temps!

welche(r, -s) **A** INT PR **1** ADJT quel, quelle, *pl* quel(le)s; **~r Mann?** quel homme?; **~ Frau?**

quelle femme?; **um ~ Zeit?** à quelle heure?; **aus ~m Grund?** pour quelle raison?; *geh* **~s sind s-e Gründe?** quelles sont ses raisons? **2** SUBST lequel, laquelle, *pl* lesquel(le)s; **~r von beiden?** lequel *od* qui des deux? **3** *geh in Ausrufen* **~r Erfolg!** quel succès! **B** REL PR **1** *Nominativ* **~r, ~, ~s,** PL **~** qui; *zur Vermeidung e-s Doppelsinnes a.* lequel, laquelle, *pl* lesquel(le)s **2** *dat* **~m, ~r,** *pl* **~n** auquel, à laquelle, *pl* auxquel(le)s; *mit Bezug auf Personen a.* à qui **3** *akk* **~n, ~, ~s,** *pl* **~** que; *nach präp* lequel, laquelle, *pl* lesquel(le)s; *mit Bezug auf Personen a.* qui **C** INDEF PR **1** **~r, ~, ~s,** PL **~ … auch (immer)** *vor subst* quelque (*pl* quelques) … que (*+subj*); **~ Fehler er auch haben mag** quelques défauts qu'il ait **2** *unbestimmte Menge* **~n, ~, ~s,** *pl* **~** en; *haben Sie Brot?* **ich habe ~s** j'en ai; *pl* **~** (*einige*) quelques-uns, quelques-unes; **es gibt ~, die …** il y en a qui …

welcherart ADV de quelle manière, nature, espèce; **~ auch s-e Gründe sein mögen** quelles que soient ses raisons

welk ADJ fané; *plus fort, a. fig Haut etc* flétri

welken V/I ⟨s.⟩ se faner; *plus fort, a. fig Haut etc* se flétrir

Wellblech N tôle ondulée; **Wellblechdach** N toit *m* de tôle ondulée; **Wellblechhütte** F baraque *f* en tôle ondulée

Welle F ⟨~; ~n⟩ **1** (*Woge*) vague *f*; *hohe* lame *f*; **~n schlagen** faire des vagues; *Schiff* soulever des vagues; *fig Angelegenheit* **hohe ~n schlagen** provoquer, faire des remous; provoquer de l'effervescence; **die Begeisterung schlug hohe ~n** c'était le délire; **e-e ~ der Gewalt** une vague de violence **2** *im Haar* **~n** *pl* ondulations *fpl* **3** *im Gelände* ondulation *f* **4** TECH *im Getriebe* arbre *m* **5** PHYS (*Lichtwelle, Schallwelle etc*) onde *f*; RADIO **lange ~n** grandes ondes **6** *fig,* KUNST *etc* **neue ~** nouvelle vague; **auf e-r ~ mitschwimmen** se laisser porter par une vague **7** TURNEN soleil *m* **8** *im Verkehr* **grüne ~** feux synchronisés; **grüne ~ haben** avoir toujours le feu vert

wellen ⟨h.⟩ **A** V/T onduler; **gewelltes Haar** cheveux ondulés **B** V/R **sich ~** (*gewellt sein*) être ondulé; (*wellig werden*) former des ondulations, des plis

Wellenbad N piscine *f* à vagues (artificielles); **Wellenbereich** M RADIO bande *f* de fréquences; **Wellenberg** M crête *f* d'une vague; **Wellenbewegung** F mouvement *m* ondulatoire; ondulation *f*; **Wellenbrecher** M brise-lames *m*; **Wellenform** F forme *f* d'onde (*a. e-s Oszillators*)

wellenförmig **A** ADJ **1** *Form, Bewegung* onduleux, -euse; ondoyant **2** PHYS ondulatoire **B** ADV par ondes; comme une onde; **sich ~ ausbreiten** se propager comme une onde

Wellengang M ⟨~(e)s⟩ SCHIFF °houle *f*; **hoher ~ behinderte die Rettungsarbeiten** une forte °houle a gêné les opérations de sauvetage; **es ist hoher ~** la mer est grosse

Wellenkamm M crête *f* d'une vague

Wellenlänge F PHYS longueur *f* d'onde; *umg fig* **die gleiche ~ (wie j-d) haben, (mit j-m) auf der gleichen ~ liegen** être sur la même longueur d'onde (que qn)

Wellenlinie F ligne ondulée; ondulation *f*; **Wellenmesser** M ⟨~s; ~⟩ ondemètre *m*; **Wellenreiten** N surf *m*; **Wellenreiter** M surfer *m*; **Wellenschlag** M choc *m* des vagues; (*Brandung*) ressac *m*; déferlement *m* des vagues, flots; **Wellensittich** M ZOOL perruche *f*; **Wellental** N creux *m* d'une vague

Wellfleisch N *etwa* poitrine de porc bouillie

wellig ADJ *Haare, Oberfläche* ondulé; *Gelände* onduleux, -euse

Wellness F ⟨~⟩ bien-être *m*; bonne forme (physique) et vitalité *f*; **Wellnessbereich** M espace *m* bien-être; **Wellnesscenter** N centre *m* de bien-être; **Wellnesshotel** N (hôtel *m* avec) centre *m* de bien-être; **Wellnessprodukt** N produit *m* bien-être; **Wellnessurlaub** M vacances *fpl* de bien-être; **Wellnesswochenende** N week-end *m* bien-être

Wellpappe F carton ondulé

Welpe M ⟨~n; ~n⟩ (*junger Hund*) chiot *m*; (*junger Wolf*) louveteau *m*; (*junger Fuchs*) renardeau *m*

Wels M ⟨~es; ~e⟩ ZOOL silure *m*

welsch ADJ *schweiz* de la Suisse romande

Welschland N ⟨~(e)s⟩ *schweiz* Suisse romande; **Welschschweizer(in)** M(F) Suisse romand(e); **welschschweizerisch** ADJ de la Suisse romande

Welt F ⟨~; ~en⟩ **1** ⟨*sans pl*⟩ (*Erde*) monde *m*; **die ganze ~** le monde entier; *fig* **aus der ~ sein** (*entlegen*) être au bout du monde; **etw aus der ~ schaffen** liquider, régler qc; **um alles in der ~ nicht** pour rien au monde; **um alles in der ~!** mon Dieu!; **was in aller ~ …?** que … donc!; **in alle ~ zerstreut** dispersé aux quatre coins du monde; *umg* **mit Gott und aller ~ Streit suchen** chercher querelle à tout le monde; **e-e Reise um die ~ machen** faire le tour du monde **2** ⟨*sans pl*⟩ (*Dasein*) monde *m*; **auf der ~ sein** être au monde; **auf die ~ kommen** venir au monde; **das ist der Lauf der ~** ainsi va le monde; **zur ~ bringen** mettre au monde; *umg pej* **in die ~ setzen** *Gerücht* faire courir, circuler **3** POL, GEOG monde *m*; **die Alte, Neue ~** l'Ancien, le Nouveau monde; **die westliche ~** le monde occidental; l'Occident *m*; **die Dritte, Vierte ~** le tiers, quart monde; **die ~ von morgen** le monde futur **4** (*Gesellschaft, soziale Gruppierung*) monde *m*; **alle ~** tout le monde; **die gelehrte ~** le monde savant; les milieux scientifiques; **die vornehme ~** le grand monde; **von aller ~ verlassen** abandonné de tous; **ein Mann von ~** un homme du monde **5** (*Bereich, Lebensraum*) **die ~ der Korallen** le monde des coraux; **die ~ der Kristalle, des Theaters** le monde des cristaux, du théâtre; **die ~ der Berge** la montagne; **die ~ der Träume** le monde des rêves **6** (*Gesichtskreis*) monde *m*; domaine *m*; univers *m*; **die ~ des Kindes** le monde de l'enfant; **zwischen uns liegen ~en** des mondes nous séparent; **er lebt in s-r ~** il vit dans son univers; **Musik ist meine ~** la musique est mon univers, domaine **7** ASTRON (*Weltall*) univers *m*; (*Weltkugel*) globe *m* (terrestre); **unterwegs zu fernen ~en** en route pour des univers lointains

Welt… IN ZSSGN *meist* mondial; du monde; **Weltall** N univers *m*; **weltanschaulich** ADJ idéologique; **Weltanschauung** F conception *f*, vision *f* du monde; (*Ideologie*) idéologie *f*; **Weltatlas** M ⟨~ *ou* ~ses; ~se *ou* -atlanten⟩ atlas *m* du monde; **Weltausstellung** F exposition universelle; **Weltbank** F ⟨~⟩ Banque mondiale; **weltbekannt** ADJ de renommée universelle; connu dans le monde entier; **weltberühmt** ADJ célèbre dans le monde entier; **Weltbeste(r)** M/F(M) SPORT champion, -ionne *m,f* du monde; **Weltbestleistung** F, **Weltbestzeit** F SPORT record mondial; **Weltbevölkerung** F population mondiale

weltbewegend ADJT *Idee, Ereignis etc* révolutionnaire; *umg hum* **nichts Weltbewegendes** rien d'extraordinaire

Weltbild N image *f*, vision *f* du monde; **Weltbürger(in)** M(F) cosmopolite *m/f*

Weltenbummler(in) M(F) globe-trotter *m/f*

weltentrückt *geh* ADJT perdu dans ses rêves; **welterfahren** ADJ → weltgewandt; **Welterfolg** M succès mondial

Weltergewicht N, **Weltergewichtler** M ⟨-ers; -er⟩ SPORT poids *m* welter; poids mi-moyen

weltfern, weltfremd ADJ détaché; peu réaliste; naïf, naïve

Weltfriede(n) M paix mondiale, universelle; **Weltgeistliche(r)** M KATH prêtre séculier; **Weltgeltung** F réputation, renommée mondiale, universelle; **Weltgerichtshof** M ⟨~(e)s⟩ POL Cour internationale de justice

Weltgeschichte F ⟨~⟩ **1** histoire universelle **2** *umg hum* monde *m*; **in der ~ herumreisen** *umg* rouler sa bosse, bourlinguer à travers le monde entier

weltgeschichtlich ADJ de l'histoire universelle; **~es Ereignis** événement historique d'importance mondiale

Weltgesundheitsorganisation F ⟨~⟩ Organisation mondiale de la santé

weltgewandt ADJ qui a l'usage du monde; qui a beaucoup de savoir-vivre

Welthandel M commerce mondial; échanges internationaux; **Welthandelsorganisation** F Organisation mondiale du commerce; **Weltherrschaft** F ⟨~⟩ hégémonie mondiale; domination *f* du monde; **Weltkarte** F mappemonde *f*; planisphère *m* (terrestre); **Weltkirchenrat** M ⟨~(e)s⟩ conseil *m* œcuménique des Églises

Weltklasse F ⟨~⟩ *bes* SPORT élite mondiale; **Sportler** *m* **von ~** *a.* sportif *m* de niveau international

Weltkongress M congrès mondial; **Weltkonjunktur** F conjoncture mondiale

Weltkrieg M guerre mondiale; **der Erste ~** la Première Guerre mondiale; la Grande Guerre; **der Zweite ~** la Seconde Guerre mondiale

Weltkugel globe *m* (terrestre); **Weltkulturerbe** N patrimoine mondial de l'humanité

weltlich ADJ **1** (*zum Diesseits gehörig*) de ce monde; (*irdisch*) terrestre; **die ~en Freuden** *fpl* les plaisirs *mpl* des sens; **~e Macht** pouvoir temporel **2** (*nicht kirchlich*) séculier, -ière; (*konfessionslos*) laïque; *Kunst, Musik etc* profane

Weltliteratur F ⟨~⟩ littérature universelle; **Weltmacht** F puissance mondiale; **weltmännisch** ADJ d'homme du monde; **Weltmarkt** M ⟨~(e)s⟩ marché mondial; **Weltmarktpreis** M prix *m* sur le marché mondial; **Weltmeer** N océan *m*; **Weltmeister(in)** M(F) SPORT champion, -ionne *m,f* du monde; **Weltmeisterschaft** F SPORT championnat *m* du monde; **Weltmeistertitel** M SPORT titre *m* de champion du monde; **weltoffen** ADJ **1** *Mensch, Charakter etc* qui a une grande ouverture d'esprit **2** *Stadt etc* cosmopolite

Weltöffentlichkeit F monde *m*; opinion mondiale; **vor den Augen der ~** à la face du monde

Weltpolitik F politique internationale, mondiale

weltpolitisch ADJ de (la) politique internationale, mondiale; **das ~e Klima** le climat des relations internationales

Weltrang M ⟨~(e)s⟩ niveau international; catégorie internationale; *Forscher, Künstler* **von ~** de niveau international; qui a une réputation mondiale

Weltraum M ⟨~(e)s⟩ espace *m* (cosmique, interstellaire); **Weltraumbahnhof** M port spatial; **Weltraumfahrt** *etc* → Raumfahrt *etc*

W

Weltreich N empire *m*; **Weltreise** F tour *m* du monde; **Weltrekord** M record mondial; **Weltrekordinhaber(in)** M(F), **Weltrekordler(in)** M ⟨~s; ~⟩ F ⟨~in; ~innen⟩ détenteur, -trice *m,f* du record mondial *od* du monde; **Weltreligion** F grande religion; **Weltruf** M ⟨~(e)s⟩ renommée, réputation universelle, mondiale; **Weltschmerz** M ⟨~es⟩ mal *m* du siècle; spleen *m*; vague *m* à l'âme; **Weltsicherheitsrat** M ⟨~(e)s⟩ Conseil *m* de sécurité (des Nations Unies); **Weltsprache** F langue universelle; **Weltstadt** F grande métropole; ville *f* cosmopolite; **weltstädtisch** ADJ de grande métropole; cosmopolite; **Weltstar** M ⟨~s; ~s⟩ vedette internationale; **Weltumseg(e)lung** F ⟨-; -en⟩ tour *m* du monde à la voile; *t/t* circumnavigation *f*; **Weltumsegler(in)** M(F) navigateur, -trice *m,f* qui (a) fait le tour du monde à la voile; **weltumspannend** ADJT mondial; universel, -elle; *Netz* qui couvre le monde entier; **Weltuntergang** M fin *f* du monde; **Weltuntergangsstimmung** F ambiance *f* de fin du monde, d'apocalypse; **Welturaufführung** F première mondiale; **Weltverbesserer** M ⟨~s; ~⟩ *iron* personne *f* qui veut refaire le monde; *weitS.* redresseur *m* de torts

weltweit A ADJ ⟨*épithète*⟩ mondial; universel, -elle B ADV mondialement; **~ zunehmen** augmenter dans le monde entier

Weltwirtschaft F ⟨~⟩ économie mondiale; **Weltwirtschaftskonferenz** F conférence économique internationale; **Weltwirtschaftskrise** F crise économique mondiale

Weltwunder N **die sieben ~** les sept merveilles *fpl* du monde

Weltzeituhr F horloge *f* indiquant le temps universel

wem (*dat de* wer) A INT PR à qui?; **von ~?** de qui?; **mit ~?** avec qui?; **~ gehört das?** c'est à qui? B REL PR celui, celle, ceux, celles à qui; **~ das passiert, der weiß ...** celui à qui cela arrive sait (que) ... C *umg* INDEF PR (*jemandem*) à quelqu'un; à qui; **gehört das ~?** c'est à quelqu'un?

Wemfall M GRAM datif *m*

wen (*akk de* wer) A INT PR qui?; qui est-ce que?; **für ~?** pour qui?; **an ~ denkst du?** à qui est-ce que tu penses? B REL PR celui, celle, ceux, celles que; **~ man auch immer wählt, ...** qui que l'on choisisse, ...; quel que soit celui qu'on choisit *od* choisisse; **fragen Sie, ~ Sie wollen** demandez à qui vous voudrez C *umg* INDEF PR (*jemanden*) **ich höre ~ kommen** j'entends quelqu'un venir

Wende F ⟨~; ~n⟩ 1 (*das Wenden*) virage *m* (*a. beim Schwimmen*) 2 (*~punkt*) *an e-r Strecke* virage *m* (*a.* SPORT) 3 *zeitlich* tournant *m*; **die ~** *1989 in der DDR* le tournant de 1989 (en RDA); **um die ~ des 19. Jahrhunderts** vers la fin du XIXe siècle; autour de 1900 4 (*Änderung*) changement *m*; tournant *m*; **es wird e-e ~ eintreten** les choses vont changer; **e-e ~ bedeuten** marquer un tournant; **e-e (entscheidende) ~ nehmen** prendre un tournant (décisif)

Wendehals M 1 ZOOL torcol *m* 2 *umg pej* POL girouette *f*; **Wendehammer** M zone *f* pour faire demi-tour dans un cul-de-sac

Wendekreis M 1 ASTRON, GEOG tropique *m*; **der nördliche ~** le tropique nord; **im ~ des Krebses** sous le tropique du Cancer 2 AUTO rayon *m* de braquage

Wendeltreppe F escalier *m* en colimaçon, en hélice, à vis

Wendemanöver N (manœuvre *f* de) demi-tour *m*; **Wendemantel** M manteau *m* réversible; **Wendemarke** F SPORT marque *f* de virage; **Wendemöglichkeit** F possibilité *f* de (faire) demi-tour

wenden ⟨wendet, wendete *ou* wandte, gewendet *ou* gewandt, h.⟩ A V/T 1 (*umdrehen*) *Buchseite etc* tourner; *Braten, Heu* retourner; GASTR **etw in Mehl ~** passer, rouler qc dans la farine 2 *Stoff, Anzug* retourner 3 *Fahrzeug* faire demi-tour avec; **das Auto ~** *a.* faire demi-tour 4 (*richten*) *Schritte, Blicke* diriger; tourner; **s-e Schritte nach ... ~** diriger ses pas vers ...; se diriger vers ...; **kein Auge von j-m ~** ne pas quitter qn des yeux; **den Kopf zur Seite ~** tourner la tête 5 (*ver~, auf~*) consacrer; **sein Geld, s-e Kräfte, s-e Zeit an** *od* **auf etw** (*akk*) **~** consacrer son argent, ses forces, son temps à qc B V/I (*die Richtung ändern*) tourner; *Auto, Flugzeug a.* virer; *Schiff* virer de bord; (*die entgegengesetzte Richtung einschlagen*) faire demi-tour; (*umblättern*) **bitte ~!** tournez, s'il vous plaît; **nach rechts, links ~** tourner à droite, gauche C V/R **sich ~** 1 (*sich ändern*) changer; tourner; **sich zum Guten, Bösen ~** bien, mal tourner; *fig* **das Blatt, Glück hat sich gewendet** la chance a tourné 2 *Person* (*sich um~*) se retourner; (*sich weg~*) se détourner 3 (*sich hin~, zu~*) se tourner; **sich zur Tür ~** se diriger vers la porte; *fig* **sich gegen j-n ~** se (re)tourner contre qn; s'en prendre à qn 4 **sich an j-n ~** *mit e-m Anliegen* s'adresser, faire appel à qn (**mit, in e-r Sache** au sujet de qc)

Wendeplatz M *für Wagen* espace *m* pour faire demi-tour

Wendepunkt M 1 MATH *e-r Kurve* point *m* d'inflexion 2 *fig* tournant *m*; **e-n ~ bedeuten** marquer un tournant

Wender M ⟨~s; ~⟩ GASTR pelle *f*; TEX débourreur *m*

Wendeschleife F EISENBAHN *etc* boucle *f* de retour

wendig ADJ 1 *Fahrzeug etc* (très) maniable; facile à manœuvrer 2 (*geschickt, beweglich*) *körperlich* alerte; *geistig* vif, vive 3 *fig* (*anpassungsfähig*) souple; *umg* débrouillard; **Wendigkeit** F ⟨~⟩ 1 *e-s Fahrzeugs etc* maniabilité *f* 2 (*Geschick, Beweglichkeit*) *körperliche* souplesse *f*; adresse *f*; vivacité *f*; *geistige* vivacité *f* (d'esprit) 3 *fig* (*Anpassungsfähigkeit*) faculté *f* d'adaptation; souplesse *f*

Wendung F ⟨~; ~en⟩ 1 (*Wenden, Sichwenden, Drehung*) tour *m*; *e-s Flugzeugs, Autos, Schwimmers* virage *m*; SCHIFF virement *m* de bord; (*Kehrtwendung*) demi-tour *m*; volte-face *f*; **e-e ~ machen** prendre un virage; tourner; virer; SCHIFF virer de bord; *Kehrtwendung* faire demi-tour 2 ([*inhaltliche*] *Veränderung*) changement *m*; (*Umschwung*) revirement *m*; (*Umkehrung*) retournement *m*; **e-e unerwartete ~ nehmen** prendre un tour inattendu; **e-e ~ zum Besseren nehmen** bien tourner; prendre une bonne tournure; *Zustand e-s Kranken* s'améliorer; **e-e tragische ~ nehmen** tourner au tragique 3 (*Biegung*) *e-r Straße etc* tournant *m*; virage *m* 4 LING (*Redewendung*) locution *f*; expression *f*; **idiomatische ~** expression *f*, tournure *f* idiomatique; **stehende ~** expression figée, toute faite

Wenfall M GRAM accusatif *m*

wenig A INDEF PR 1 ADJT peu de; *mit zählbaren Mengen pl* **~e ...** peu de ...; quelques ...; **~ Wasser** peu d'eau; **~e Autos** peu de voitures; quelques voitures *fpl*; **~e Augenblicke** *mpl* (*seltene*) de rares instants *mpl*; (*nicht viele*) quelques instants *mpl*, moments *mpl*; **~e Dinge** *npl* peu de choses; **~e Male** *npl* quelques fois *fpl*; **einige ~e Male** quelques fois seulement; **in ~en Minuten** dans quelques minutes; (*binnen ~er Minuten*) en quelques *od* en deux minutes; **in ~en Worten** en peu de mots; en quelques mots; en deux mots; **mit ~ Mühe** facilement; **nur ~e Kilometer entfernt** à quelques kilomètres seulement; **~ Zeit haben** avoir peu de temps; disposer de peu de temps; **die ~en Menschen, die ...** les quelques, les rares personnes qui ...; le peu de personnes qui ...; **das ~e Geld, das ich habe** le peu d'argent que j'ai 2 SUBST peu; *pl* **~e** peu; *Personen a.* peu de gens, personnes; **nicht ~e** beaucoup; **einige ~e** quelques-un(e)s; **e-e, e-r der ~en(, die ...)** une des rares personnes (qui ...); **wie es nur ~e gibt** comme il y en a peu; **die ~en, die übrig bleiben** *Sachen* le peu qu'il en reste; *Personen* les quelques personnes, le peu de personnes qui restent; **das wissen nur ~e** il n'y a que peu de gens qui le sachent *od* à le savoir; **das ~e** le peu (de ...); **das ~e, das ich darüber weiß** le peu que j'en sais; → *a.* so A 3; **es hätte ~ gefehlt, und ...** il s'en est fallu de peu que ... (*+subj*); un peu plus et ... B ADV 1 (*nicht sehr*) ne ... guère; peu; à peine; **mir liegt ~ daran, dass ...** peu m'importe que ... (*+subj*); **sich ~ um etw kümmern** ne guère se soucier de qc; (*selten*) **~ ins Kino gehen** aller rarement au cinéma 2 (*unwesentlich, nicht viel*) peu; à peine; **e-e ~ glückliche Wahl** un choix pas très heureux; **nur ~ besser** juste un peu mieux; **sie ist nur ~ jünger als er** elle est à peine plus jeune que lui 3 **ein ~** (*etwas*) un peu; *geh* quelque peu; **ein (ganz) klein ~** un (tout) petit peu; un tantinet; **ein ~ Wasser** un peu d'eau; **ein ~ Geduld** un peu de patience; **ein ~ schneller** un peu plus vite 4 **zu ~** trop peu (de); **viel zu ~** bien (trop) peu; **das ist mir zu ~** c'est trop peu pour moi; **einer zu ~** un en moins

Wenige N ⟨→ A⟩ → wenig A 2

weniger A INDEF PR moins; *vor subst* moins de; **~ Geld, Kinder** *etc* moins d'argent, d'enfants, *etc*; **~ als ...** moins que ...; *vor Zahlen* moins de ...; **eins ~** un de moins; **in ~ als fünf Minuten** en moins de cinq minutes; **viel ~** bien, beaucoup moins; **nicht ~ als ...** pas moins que, *vor Zahlen* pas moins de ... (*mit* ne *beim Verb*); **nichts ~ als ...** rien moins que ... (*mit* ne *beim Verb*); **~ als nichts** moins que rien; **~ denn je** moins que jamais; **immer ~** de moins en moins; **mehr oder ~** plus ou moins; **nicht mehr und nicht ~** ni plus ni moins; **umso ~, als ...** d'autant moins que ...; **~ werden** diminuer; se réduire B ADV (*minus*) **10 ~ 4** 10 moins 4

Wenigkeit F ⟨~⟩ *hum* **meine ~** votre humble serviteur; ma modeste personne

wenigste(r, -s) INDEF PR **das ~, am ~n** le moins; **die ~n wissen das** très peu de gens le savent; **das ist das ~, was Sie tun können** c'est (bien) le moins que vous puissiez faire

wenigstens ADV au moins; du moins; pour le moins

wenn KONJ 1 *temporal* quand; lorsque; **~ die Ferien beginnen, ...** quand *od* lorsque les vacances commencent, ...; **sagen Sie es ihm, ~ er kommt** dites-le-lui, quand *od* lorsqu'il viendra; **jedes Mal ~** chaque fois que; toutes les fois que; **immer ~ es Abend wird ...** tous les jours à la tombée de la nuit; **~ erst einmal ...** une fois que ...; lorsque ...; quand ...; **~ der Frühling kommt und (~) der Schnee schmilzt ...** quand, lorsque le printemps vient et que la neige fond, ... 2 *konditional* (*falls*) si; **~ es dir recht ist** si cela te convient, t'arrange, te va; **~ es so** *od* **der Fall ist, dass ...** si tant est que ... (*+subj*); **~ Sie wollen, sage ich es Ihnen** si vous voulez, je vous le dirai; **~ ja, (dann) ...** dans l'affirmative ...; si oui ...; **es**

ist nicht gut, ~ man raucht il n'est pas bon de fumer; **~ ich ehrlich sein soll** à vous parler franchement; **außer ~, ~ nicht** sauf, excepté si; à moins que … *(+subj) (mit ne beim Verb); bei gleichen Subjekten* à moins de *(+inf)*; **~ nichts dazwischenkommt** à moins d'événement *od* d'un événement imprévu; sauf imprévu; **~ er käme** *od umg* **kommen würde und das sähe** *od umg* **sehen würde** s'il venait et qu'il voie cela **3** *konzessiv (wenngleich)* **~ auch, auch ~** quoique, bien que … *(+subj)*; **~ er auch mein Freund ist, so …** bien qu'il, quoiqu'il soit mon ami …; il a beau être mon ami, …; **auch ~ es noch so weit ist** quelle qu'en soit la distance; malgré la distance; **selbst ~, und ~** même si … *(+ind)*; même en *(+ppr)*; *geh* quand bien même … *(+Konditional)*; **selbst ~ man annimmt …** même si on suppose …; même en supposant … **4** *zum Ausdruck e-s Wunsches* **~ er doch käme** *od umg* **kommen würde!** que ne vient-il!; je voudrais qu'il vienne; **~ ich bloß wüsste …!** si seulement je savais … **5** *in irrealen Vergleichen* **es ist, wie** *od* **als ~ es Frühling wäre** c'est comme si c'était le printemps; on se croirait au printemps; **mir ist, als ~ ich etwas vergessen hätte** j'ai l'impression d'avoir oublié quelque chose

Wenn *umg* N ⟨~s; ~ *ou umg* ~s⟩ **nach vielen ~ und Aber** après bien des si et des mais; **ohne ~ und Aber** sans réserve

wenngleich KONJ quoique *(+subj)*; bien que *(+subj)*; même si *(+ind)*

wennschon *umg* ADV **~, dennschon** tant qu'à faire!; **na, ~!** qu'importe!; et pourquoi pas!; et alors!

wer **A** INT PR qui?; qui est-ce qui?; **~ ist da?** qui est là?; *umg* qui est-ce?; **~ da?** qui va là?; MIL qui vive?; **~ von uns?** qui *od* lequel, laquelle d'entre nous?; **~ von beiden?** lequel, laquelle des deux?; *umg* **was denkst du (eigentlich), ~ du bist!** *umg* mais enfin, tu te prends pour qui (au juste)?; **~ weiß wie lange** *warten müssen* qui *od* Dieu sait (pendant) combien de temps; **~ anders als du?** qui d'autre que toi?; **wenn nicht du, ~ dann?** qui d'autre sinon toi? **B** REL PR qui; celui, celle qui; **~ das getan hat, muss …** (celui, celle) qui a fait cela, doit …; **~ auch immer** quelle que soit la personne qui *(+subj)*; quiconque; **~ es auch sei** qui que ce soit; quel qu'il soit; *geh* **es mag kommen, ~ (da) will** vienne qui voudra **C** *umg* INDEF PR *(jemand)* **ist ~ gekommen?** quelqu'un est-il venu?; **ist ~ da?** il y a quelqu'un?; **er, sie ist ~** il, elle est quelqu'un

Werbeabteilung F service *m* (de la) publicité; **Werbeagentur** F agence *f* de publicité; **Werbeaktion** F opération *f* publicitaire; **Werbeartikel** M article *m* de publicité; **Werbebanner** N IT bannière *f* (publicitaire); **Werbeetat** M budget *m* publicitaire, de publicité; **Werbeexemplar** N exemplaire *m* de publicité; **Werbefachmann** M professionnel *m* de la publicité; expert *m* en publicité; **Werbefeldzug** M campagne *f* de publicité; **Werbefernsehen** N publicité télévisée; **Werbefilm** M film *m* publicitaire, de publicité; **Werbefläche** F panneau *m* publicitaire; panneau-réclame *m*; **Werbefunk** M publicité radio-diffusée; émissions *fpl* publicitaires; **Werbegag** M gag *m* publicitaire; **Werbegeschenk** N prime *f*; cadeau *m* publicitaire; **Werbegrafik** F art *m* de la publicité commerciale; **Werbegrafiker(in)** M(F) dessinateur, -trice *m,f* publicitaire; **Werbekampagne** F campagne *f* de publicité; **Werbekosten** PL frais *mpl* publicitaires, de publicité; **werbekräftig** ADJ à fort impact publicitaire; **Werbeleiter** M chef *m*, directeur *m* de la publicité; **Werbematerial** N matériel *m* de publicité; **Werbemittel** N moyen *m* de publicité

werben ⟨wirbt, warb, geworben, h.⟩ **A** V/T *(anwerben) Mitglieder, Arbeitskräfte, Nachwuchs etc* recruter; MIL *a.* enrôler; HANDEL *Kunden* prospecter **B** V/I **1** *(Reklame machen)* **für etw ~** faire de la réclame, de la publicité pour qc **2** *geh (zu gewinnen suchen)* **um j-n ~** *aus Liebe* faire la cour à qn; **um j-s Gunst ~** briguer, solliciter les faveurs de qn; **um Wählerstimmen ~** briguer les suffrages des électeurs **3** ZOOL **um ein Weibchen ~** exécuter une danse, une parade nuptiale

Werben N ⟨~s⟩ → Werbung 1, 2, 3

Werber(in) M ⟨~s; ~⟩ F ⟨~in; ~innen⟩ HANDEL *(Kundenwerber)* prospecteur, -trice *m,f*

Werbesendung F émission *f* publicitaire; **Werbeslogan** M slogan *m* publicitaire; **Werbespot** M spot *m* publicitaire; **Werbesprache** F ⟨~⟩ langage *m* publicitaire, *umg* de la pub; **Werbespruch** M slogan *m* publicitaire; **Werbetext** M texte *m* publicitaire; **Werbetexter(in)** M ⟨~s; ~⟩ F ⟨~in; ~innen⟩ (rédacteur, -trice *m,f*) publicitaire *m,f*; **Werbeträger** M support *m* publicitaire

Werbetrommel F *umg* **die ~ rühren** faire du battage publicitaire

werbewirksam ADJ d'une grande efficacité publicitaire; **Werbewoche** F semaine *f* de promotion

Werbezwecke MPL **für ~** à des fins publicitaires

Werbung F ⟨~; ~en⟩ **1** *(das Anwerben) von Mitgliedern, Arbeitskräften etc* recrutement *m*; MIL *a.* enrôlement *m*; *von Kunden* démarchage *m*; prospection *f*; **~ von Wählern betreiben** briguer les suffrages des électeurs **2** *geh um e-e Frau* cour *f* (um à) **3** ZOOL danse, parade nuptiale **4** ⟨sans pl⟩ HANDEL *(Reklame)* publicité *f*; réclame *f*; propagande *f* (*a.* POL)

Werbungskosten PL **1** STEUERRECHT frais professionnels **2** → Werbekosten

Werdegang M **1** *e-s Menschen* évolution *f*; chemin parcouru; *beruflicher* carrière *f* **2** *e-r Sache* développement *m*; évolution *f*

werden

⟨wird, wurde *ou poet* ward, s.⟩

A intransitives Verb B unpersönliches Verb
C Hilfsverb

— **A** intransitives Verb —

⟨*pperf* geworden⟩ **1** devenir; *(entstehen)* naître; (commencer d')être; **e-e ~de Mutter** une femme enceinte; *umg* une future maman; **im Werden sein** être en train de se faire; être en gestation; *sprichw* **was nicht ist, kann noch ~** tout peut changer; on peut toujours espérer **2** *mit präp* **was soll aus ihm ~?** que va-t-il devenir?; **aus ihr ist nie etwas Rechtes geworden** elle n'est jamais arrivée à rien; **was soll daraus ~?** qu'est-ce que cela va donner?; **daraus wird nichts** cela ne se fera pas; **was soll damit ~?** qu'est-ce qu'on en fait?; **zu etw ~** se changer, se transformer en qc; devenir qc **3** *mit subst u. adj als Prädikat* devenir; **Mode, Gewohnheit, Brauch ~** devenir une mode, une habitude, une coutume; **Arzt ~** devenir médecin; **Abteilungsleiter ~** passer chef de service; **was willst du (einmal) ~?** qu'est-ce que tu veux faire plus tard?; **katholisch, Moslem ~** se convertir au catholicisme, à l'islam; **alt ~** vieillir; se faire vieux, vieille; *Rauch, Nebel* **immer dichter ~** devenir de plus en plus dense, épais; **krank ~** tomber malade; *fig* **persönlich ~** en venir aux remarques, allusions personnelles; **selten ~** se faire rare; → *a. die betreffenden adj* **4** *(sich gestalten, entwickeln) durch Zutun anderer* devenir; *durch eigenes Zutun* se faire; *umg* **die Sache wird** l'affaire se fera; *umg* **ist das Bild (etwas) geworden?** est-ce que la photo est réussie?; **wie wird das nächste Jahr?** que nous réserve l'année prochaine?

— **B** unpersönliches Verb —

⟨*pperf* geworden⟩ **1** *(sich entwickeln)* s'arranger; *umg* **es wird schon ~** tout s'arrangera; **es wird noch alles gut ~** tout s'arrangera; *umg* **es wird** *umg* ça va y être; ça vient; *umg* **na, wird's bald?** il y en a encore pour longtemps?; *umg* grouille-toi *bzw.* grouillez-vous!; BIBEL **es werde Licht!** que la lumière soit! **2** *(sich verändern)* **es muss anders ~** il faut que cela change; **es ist schön geworden** le temps s'est mis au beau; **es wird kalt** il commence à faire froid; **mir wird kalt** je commence à avoir froid; **mir wird schlecht** je ne me sens pas bien; **es wird spät** il se fait tard; **es wird Nacht** la nuit tombe; **es wird Tag** le jour se lève; **es wird Sommer, Winter** l'été, l'hiver arrive, approche; **morgen wird es ein Jahr, dass …** il y aura un an demain que …

— **C** Hilfsverb —

⟨*pperf* worden⟩ **1** *zur Bildung des Futurs* **ich werde es ihm sagen** je le lui dirai; *sofort* je vais le lui dire; **sie wird gleich kommen** elle va venir tout de suite **2** *zur Bildung des Passivs* être; **geliebt ~** être aimé; **das Haus wurde abgerissen** on a démoli la maison; *unpersönlich* **es wurde gelacht, getanzt** on a ri, dansé; **das wird kalt getrunken** cela se boit froid **3** *zur Umschreibung des Konjunktivs* **er würde kommen, wenn …** il viendrait si …; *höfliche Bitte* **würdest du bitte …** voudrais-tu s'il te plaît … **4** *Vermutung* **er wird es nicht gehört haben** il ne l'aura pas entendu; **Sie ~ dieses Buch gelesen haben** vous avez sans doute lu ce livre; **es wird ihm doch nichts passiert sein?** j'espère qu'il ne lui est rien arrivé; *höfliche Bitte* **Sie ~ entschuldigen, aber …** vous voudrez bien m'excuser, mais …

Werfall M GRAM nominatif *m*

werfen ⟨wirft, warf, geworfen, h.⟩ **A** V/T **1** *Stein, Ball etc* jeter; lancer; *Speer, Diskus etc, Bomben* lancer; SCHIFF **Anker ~** jeter l'ancre; mouiller **2** *(durch Werfen erzielen)* **ein Tor ~** marquer un but; *beim Würfeln* **e-e Sechs ~** amener six **3** *mit Richtungsangabe* jeter; **etw ins Wasser, ins Feuer, aus dem Fenster ~** jeter qc dans l'eau, au *od* dans le feu, par la fenêtre; *Brief* **in den Kasten ~** mettre à la boîte; poster; *Mantel etc* **über die Schultern ~** jeter sur les épaules; **die Tür ins Schloss ~** claquer la porte; **zu Boden ~** → niederwerfen; **e-n Blick auf etw** *(akk)* **~** jeter un coup d'œil sur qc; *Bilder umg* **an die Wand ~** projeter sur le mur; **j-n aus dem Haus ~** mettre qn dehors; **j-n ins Gefängnis ~** jeter qn en prison **4** *(schwungvoll bewegen)* **den Kopf in den Nacken ~** rejeter la tête en arrière; **die Arme in die Höhe ~** lever les bras au ciel **5** SPORT *(nieder~)* **den Gegner ~** tomber l'adversaire **6** *(bilden, hervorbringen)* **Falten ~** faire des plis; **Schatten ~** projeter de l'ombre, son ombre; **e-n Verdacht auf j-n ~** rendre qn suspect **7** ZOOL **Junge ~** mettre bas **B** V/I **1** *(etw als Wurfgeschoss benutzen)* **mit etw ~** lancer, jeter, envoyer qc; **mit etw nach j-m, etw ~** lancer qc sur qn, qc; **mit etw um sich ~** jeter qc dans toutes les directions; *fig* **mit Geld um sich ~** dépenser sans compter **2** ZOOL *(Junge ~)* mettre bas **C** VR **1** **sich ~** se jeter; **sich auf den** *od* **zu Boden ~** se jeter par terre; **sich j-m in die Arme ~** se jeter dans les bras de qn; **sich j-m zu Füßen ~** se jeter aux pieds de qn; *fig* **sich auf etw** *(akk)* ~ *auf e-e Aufgabe, Sache etc* se lancer dans qc; **sich auf den Gegner ~** se jeter sur l'adversaire; **sich vor e-n Zug ~** se jeter sous un train; *umg* **sich in die Kleider ~** s'habiller en vitesse **2** *Holz etc* **sich ~** se déjeter; gauchir

Werfer(in) M ⟨~s; ~⟩ F ⟨~in; ~innen⟩ *bes* SPORT *Person* lanceur, -euse *m,f*

Werft F ⟨~; ~en⟩ chantier naval, maritime; chantier *m* de constructions navales; **Werftarbeiter** M ouvrier *m* d'un chantier naval

Werg N ⟨~(e)s⟩ étoupe *f*

Werk N ⟨~(e)s; ~e⟩ **1** *⟨sans pl⟩ (Arbeit, Verrichtung)* œuvre *f*; ouvrage *m*; **am ~ sein** être à l'œuvre; **ans ~!** à l'œuvre!; **ans ~ gehen, Hand ans ~ legen, sich ans ~ machen** se mettre à l'œuvre, à l'ouvrage; *geh* **ins ~ setzen** *(verwirklichen)* réaliser; mettre en œuvre, en pratique; *geh* **vorsichtig, geschickt zu ~e gehen** procéder avec prudence, avec habileté; **das ~ weniger Augenblicke sein** se faire *od* avoir lieu en quelques secondes **2** *(Tat)* œuvre *f*; acte *m*; **ein gutes ~ tun** faire une bonne œuvre, une bonne action; **~(e) der Nächstenliebe** acte(s) de charité; **das ist das ~ e-s Wahnsinnigen** c'est l'œuvre, l'acte d'un fou **3** *(Resultat, bes künstlerisches Erzeugnis)* œuvre *f*; **ausgewählte, gesammelte ~e** œuvres choisies, complètes **4** *(Fabrik)* usine *f*; fabrique *f*; *(Unternehmen)* entreprise *f*; *mit e-m Eigennamen a.* ateliers *mpl*; établissements *mpl*; **ab ~** départ usine **5** TECH *(Mechanismus)* mécanisme *m*; *(Uhrwerk)* mouvement *m*

Werkbank F ⟨~; ¨e⟩ établi *m*

werkeln VI ⟨-(e)le, h.⟩ bricoler

Werken N ⟨~s⟩ *Schulfach* travaux manuels

werkgetreu ADJ *Inszenierung etc* fidèle, conforme à l'œuvre

Werk(s)angehörige(r) M/F(M) membre *m* du personnel (de l'entreprise); **Werk(s)anlagen** FPL installations industrielles; **Werk(s)arzt** M médecin *m* d'entreprise; **Werk(s)bücherei** F bibliothèque *f* de l'entreprise

Werkschutz M surveillance *f* et sécurité *f* d'une entreprise

Werk(s)direktor M chef *m* d'entreprise; **werk(s)eigen** ADJ appartenant à l'entreprise; **Werk(s)feuerwehr** F brigade *f* d'incendie (de l'usine); **Werk(s)gelände** N terrain *m*, enceinte *f* de l'usine; **Werk(s)halle** F °hall *m* d'usine; atelier *m*; **Werk(s)kantine** F cantine *f* (de l'entreprise); **Werk(s)kindergarten** M crèche *f* d'entreprise; **Werk(s)küche** F cuisine *f* d'entreprise; **Werk(s)leiter** M directeur *m* de l'usine, de l'entreprise; **Werk(s)leitung** F direction *f* de l'usine, de l'entreprise; **Werk(s)spionage** F espionnage industriel

Werkstatt F ⟨~; -stätten⟩, **Werkstätte** F atelier *m*; **Werkstattleiter(in)** M(F) chef *m* d'atelier; **Werkstoff** M matériau *m*; matériel *m*; **Werkstoffprüfung** F essai *m* des matériaux; **Werkstück** N pièce *f* (à usiner); **Werkstudent(in)** M(F) étudiant(e) *m(f)* qui travaille pour financer ses études

Werk(s)wohnung F logement *m* appartenant à l'entreprise, d'entreprise; **Werk(s)zeitung** F journal *m* d'entreprise

Werktag M jour *m* ouvrable, non férié; **arbeitsfreier ~** jour chômé

werktags ADV les jours ouvrables; en semaine

werktätig ADJ actif, -ive; **die ~e Bevölkerung** la population active

Werktätige(r) M/F(M) ⟨→ A⟩ travailleur, -euse *m,f*

Werkunterricht M → Werken; **Werkverzeichnis** N *bes* MUS liste *f* des œuvres complètes

Werkzeug N ⟨~(e)s; ~e⟩ **1** *einzelnes* outil *m*; *a. fig* instrument *m* **2** *⟨sans pl⟩ coll* outils *mpl*; outillage *m*

Werkzeughalter M porte-outil *m*; **Werkzeugkasten** M boîte *f*, coffre *m* à outils; **Werkzeugmacher** M outilleur *m*; **Werkzeugmaschine** F machine-outil *f*; **Werkzeugsatz** M jeu *m* d'outils; **Werkzeugschlosser** M outilleur *m*; **Werkzeugtasche** F trousse *f* à outils

Wermut M ⟨~(e)s⟩ **1** *Getränk* vermouth *m* **2** BOT absinthe *f*

Wermutstropfen *geh fig* M goutte *f* d'amertume

Werner M ⟨→ n/pr⟩ *prénom*

wert ADJ **1** *⟨attribut⟩* **~ sein** valoir; **das Bild ist 10 Euro ~** ce tableau vaut 10 euros; **das ist nicht viel ~** cela ne vaut pas grand-chose; **das ist mir viel ~** j'y tiens beaucoup; *fig* **das ist schon viel ~** c'est un (grand) point (d')acquis; **e-e Reise, e-n Umweg ~ sein** valoir le voyage, un détour; **das ist nicht der Rede ~** ça ne vaut pas la peine d'en parler; **das ist nicht der Mühe ~** cela n'en vaut pas la peine; **er ist es nicht ~, dass man ...** il ne mérite pas, il n'est pas digne qu'on ... **2** *geh (lieb, teuer)* cher, chère; *(geehrt)* honoré; **~er Herr** cher monsieur; **wie ist Ihr ~er Name?** *geh* à qui ai-je l'honneur de parler?

Wert M ⟨~(e)s; ~e⟩ **1** *(Preis, Marktwert)* valeur *f*; prix *m*; **Waren** *fpl* **im ~ von ...** des marchandises *fpl* d'une valeur de ...; **von geringem ~** de peu de valeur; **im ~ steigen** augmenter de valeur; prendre de la valeur; **im ~ sinken** perdre de sa valeur; diminuer de valeur; se dévaluer; se déprécier; **etw unter (s-m) ~ verkaufen** vendre qc au-dessous de sa valeur **2** HANDEL, BÖRSE *pl* **~e** valeurs *fpl*; *(~papiere)* valeurs mobilières; *(Immobilien)* valeurs immobilières **3** PL **~e** *(~sachen)* objets *mpl* de valeur; **er besitzt keine großen ~e** il n'est pas riche **4** PL **~e** *(~vorstellungen)* valeurs morales; **ein Verfall der ~e** un déclin des valeurs morales **5** *(Bedeutung, Wichtigkeit)* valeur *f*; importance *f*; prix *m*; **großen ~ auf etw** *(akk)* **legen** attacher une grande importance à qc; tenir beaucoup à qc; **keinen großen ~ auf etw** *(akk)* **legen** ne pas accorder, attacher beaucoup d'importance à qc **6** *(Messwert, Zahlenwert)* valeur *f*; *als Ergebnis* résultat *m*

Wertarbeit F ⟨~⟩ fabrication soignée; **wertbeständig** ADJ **1** *Ware* de valeur stable **2** *Währung* stable; stabilisé; **Wertbeständigkeit** F stabilité *f* de la valeur; **Wertbrief** M lettre *f* avec valeur déclarée

werten VT ⟨-ete, h.⟩ **1** *(einschätzen, be~)* estimer; évaluer; **etw als Erfolg ~** considérer qc comme un succès; **e-e Sache kritisch ~** juger qc de manière critique **2** SPORT noter; **(nicht) gewertet werden** (ne pas) compter; **der Sprung wurde mit 116,9 gewertet** le saut a été noté 116,9

wertfrei **A** ADJ neutre; impartial **B** ADV avec impartialité; sans jugement de valeur

Wertgegenstand M objet *m* de valeur

Wertigkeit F ⟨~; ~en⟩ CHEM, LING valence *f*

wertlos ADJ sans valeur; dénué de valeur; **das ist für mich ~** *a.* cela ne me sert à rien

Wertlosigkeit F ⟨~⟩ *e-s Gegenstands, des Geldes* absence *f* de valeur; *e-r Person* absence *f* de qualités; **Wertmarke** F ADMIN timbre *m*; HANDEL bon *m*; **Wertmaßstab** M critère *m*, mesure *f* (de valeur); **Wertminderung** F dépréciation *f*; diminution *f*, perte *f* de valeur; **Wertpaket** N colis *m* avec valeur déclarée

Wertpapier N valeur (mobilière); effet *m*; titre *m*; **Wertpapieranlage** F placement *m* en valeurs; **Wertpapierbörse** F Bourse *f* des valeurs; **Wertpapierhandel** M opérations *fpl* sur titres; commerce *m* des valeurs; **Wertpapiermarkt** M marché *m* des titres, des valeurs

Wertsache F objet *m* de valeur; **Wertschätzung** *geh* F ⟨~⟩ estime *f*; **Wertschöpfung** F WIRTSCH création *f* de valeur; **Wertschöpfungskette** F WIRTSCH chaîne *f* de création de valeur; **Wertsendung** F envoi *m* avec valeur déclarée; **Wertsteigerung** F augmentation *f* de la valeur; plus-value *f*; **Wertstoff** M matériau *m* recyclable; **Wertstoffhof** M déchetterie *f* avec tri sélectif; **Wertstück** N objet *m* de valeur

Wertung F ⟨~; ~en⟩ **1** *(Einschätzung)* estimation *f*; évaluation *f* **2** SPORT classement *m*; *(Bewertung e-s Einzelnen)* note *f*; **außer (der) ~ sein** ne pas compter; ne pas être noté

Werturteil N jugement *m* de valeur; **Wertverlust** M perte *f* de valeur

wertvoll ADJ précieux, -ieuse; **(sehr) ~** de (grande) valeur

Wertvorstellungen FPL valeurs morales; **Wertzuwachs** M plus-value *f*; accroissement *m* de la valeur

Werwolf M loup-garou *m*

wes *poet* → wessen

Wesen N ⟨~s; ~⟩ **1** *⟨sans pl⟩ (~sart, Charakter)* nature *f*; caractère *m*; naturel *m*; **das liegt in s-m ~** c'est dans sa nature, dans son caractère; **ein freundliches ~ haben** être aimable; **kindisches ~** puérilité *f* **2** *(Lebewesen, Geschöpf)* être *m*; **menschliches ~** être humain; **höheres ~** être supérieur; *umg* **armes ~** pauvre créature *f*; **ein weibliches, männliches ~** une femme, un homme; **es war kein lebendes ~ zu sehen** on ne voyait âme qui vive **3** *(Kennzeichnendes, Kern e-r Sache)* nature (réelle); essence *f*; PHIL entité *f*; **s-m ~ nach** dans son essence; **das ~ der Dinge** la nature des choses; **das gehört zum ~ der Sache** c'est dans la nature même de la chose **4** *geh ⟨sans pl⟩ (Tun u. Treiben)* **viel ~s von etw machen** faire grand bruit de qc; attacher beaucoup d'importance à qc

wesenhaft *geh* ADJ **1** *(charakteristisch)* substantiel, -ielle; déterminant; essentiel, -ielle; caractéristique **2** *(real existent)* réel, réelle

Wesensart F ⟨~⟩ nature *f*; caractère *m*; tempérament *m*

wesenseigen ADJ typique, spécifique, caractéristique *(+dat* de); **wesensfremd** ADJ étranger, -ère à la nature *(+dat* de); **wesensgleich** ADJ identique; de même nature

Wesenszug M trait *m* caractéristique

wesentlich **A** ADJ **1** essentiel, -ielle; substantiel, -ielle; *Bestandteil* intégrant; constitutif, -ive; *(grundlegend)* fondamental; **~es Merkmal** élément essentiel; **die ~en Punkte** les points essentiels; l'essentiel *m*; **das Wesentliche** l'essentiel *m*; le principal; la substance; le fond; **im Wesentlichen** en substance; **~er Unterschied** différence fondamentale; **e-n ~en Bestandteil von etw bilden** faire partie intégrante de qc **2** *(bedeutend)* considérable; important; **das ist sehr ~** c'est très important **B** ADV beaucoup; bien; **~ größer** beaucoup, bien plus grand

Wesfall M GRAM génitif *m*

W

weshalb → warum

Wesir M ⟨~s; ~e⟩ vizir *m*

Wespe F ⟨~; ~n⟩ guêpe *f*

Wespennest N guêpier *m*; nid *m* de guêpes; *umg fig* **in ein ~ stechen** mettre le feu aux poudres

Wespenstich M piqûre *f* de guêpe; **Wespentaille** F taille *f* de guêpe

wessen A INT PR 1 *(gen de* wer*)* de qui?; **~ Sohn ist er?** de qui est-il le fils?; **~ Mantel ist das?** à qui est ce manteau?; **~ Schuld ist es?** à qui la faute? 2 *(gen de* was*)* de quoi?; **~ klagt man dich an?** de quoi t'accuse-t-on? B REL PR 1 *(gen de* wer*)* celui, celle dont …; **~ er gedenkt, ist s-e Schwester** celle dont il se souvient est sa sœur 2 *(gen de* was*)* ce dont …; **~ er mich anklagt** ce dont il m'accuse

Wessi *umg* M ⟨~s; ~s⟩ *surnom des Allemands de l'Ouest*

West M 1 ⟨*sans article ni pl*⟩ *(Westen)* ouest *m* 2 ⟨~(e)s; ~e⟩ *(~wind)* vent *m* d'ouest

Westafrika N l'Afrique occidentale

Westbank ⟨→ *n/pr*⟩ **die ~** la Cisjordanie

Westberlin N Berlin-Ouest *m*; **westdeutsch** ADJ d(e l)'Allemagne occidentale; **Westdeutsche(r)** M/F(M) Allemand(e) *m(f)* de l'Ouest; **Westdeutschland** N l'Allemagne occidentale

Weste F ⟨~; ~n⟩ gilet *m*; *umg fig* **e-e weiße** *od* **reine** *od* **saubere ~ haben** n'avoir rien à se reprocher

Westen M ⟨~s⟩ ouest *m*; occident *m*; POL **der ~** l'Occident; l'Ouest; **der Wilde ~** le Far West; **im ~ (von)** à l'ouest (de); **nach ~** vers l'ouest; **von ~** de l'ouest

Westentasche F poche *f* de gilet; *(Uhrentasche)* gousset *m*; *umg fig* **etw wie s-e ~ kennen** connaître qc comme sa poche

Westentaschenformat N **im ~** format poche; *fig* miniature

Western M ⟨~(s); ~⟩ western *m*

Westeuropa N l'Europe de l'Ouest, occidentale; **Westeuropäer(in)** M(F) Européen, -éenne *m,f* de l'Ouest

westeuropäisch ADJ européen, -éenne de l'Ouest; d(e l)'Europe de l'Ouest, occidentale; POL **Westeuropäische Union** Union *f* de l'Europe occidentale; **~e Zeit** heure *f* de l'Europe occidentale

Westfalen N ⟨→ *n/pr*⟩ la Westphalie

westfälisch ADJ westphalien, -ienne; de (la) Westphalie

Westgoten MPL HIST Wisigoths *od* Visigoths *mpl*; **Westhang** M *e-s Gebirges* versant *m* ouest; **Westindien** N les Antilles *fpl*; HIST les Indes occidentales

westindisch ADJ **die Westindischen Inseln** les Antilles *fpl*; HIST les Indes occidentales

Westjordanland ⟨~(e)s⟩ **das ~** la Cisjordanie; **Westküste** F côte occidentale

westlich A ADJ de l'ouest; d'ouest; occidental B ADV à l'ouest; **~ von** à l'ouest de

Westmächte FPL POL puissances occidentales

weströmisch ADJ HIST **das Weströmische Reich** l'empire romain d'Occident

Westseite F (côté *m* de l')ouest *m*; côté *m* ouest; *e-s Gebirges* versant *m* ouest; **Westsektor** M HIST secteur ouest, occidental

Westwall M HIST ligne *f* Siegfried; **westwärts** ADV vers l'ouest; **Westwind** M vent *m* d'ouest

weswegen → warum

Wettannahme F (bureau *m* de) PMU *m*

Wettbewerb M ⟨~(e)s; ~e⟩ 1 *Veranstaltung, bes* SPORT concours *m*; compétition *f* 2 ⟨*sans pl*⟩ *bes* HANDEL concurrence *f*; compétition *f*; **freier ~** libre (jeu *m* de la) concurrence; **unlauterer ~** concurrence déloyale; **in ~** *(dat)* **stehen (mit)** se trouver, être en concurrence (avec)

Wettbewerber(in) M(F) concurrent(e) *m(f)* (*a.* HANDEL)

Wettbewerbsbedingung F condition *f* d'un concours, d'une compétition; **Wettbewerbsbeschränkung** F restriction *f* à la concurrence; **wettbewerbsfähig** ADJ compétitif, -ive; *Preise a.* concurrentiel, -ielle; **Wettbewerbsfähigkeit** F ⟨~⟩ compétitivité *f*; **Wettbewerbsfreiheit** F liberté *f* de (la) concurrence; **Wettbewerbsklausel** F clause *f* de non-concurrence; **Wettbewerbsnachteil** M désavantage *m* par rapport à la concurrence

wettbewerbsneutral ADV **sich ~ verhalten** ne pas influencer la concurrence

Wettbewerbsordnung F réglementation *f* de la concurrence; **Wettbewerbsteilnehmer(in)** M(F) concurrent(e) *m(f)*; **Wettbewerbsverbot** N interdiction *f* de concurrence

Wettbewerbsverzerrung F HANDEL distorsion *f* de la concurrence; **zu ~en führen** fausser la concurrence

Wettbewerbsvorteil M avantage *m* par rapport à la concurrence

wettbewerbswidrig ADJ anticoncurrentiel, -ielle; **~e Vereinbarungen** *fpl* accords anticoncurrentiels

Wettbüro N (bureau *m* de) PMU *m*

Wette F ⟨~; ~n⟩ pari *m*; **die ~ annehmen** accepter, soutenir le pari; **e-e ~ eingehen, abschließen** faire un pari; parier (**mit j-m** avec qn; **auf etw** *[akk]* sur qc); **die ~ gilt!** je tiens le pari; je parie!; *umg* chiche!; **was gilt die ~?** qu'est-ce que vous pariez?; *umg* **(ich mache) jede ~, dass …** je parie n'importe quoi que …; **um die ~** à qui mieux mieux

Wetteifer M émulation *f*; esprit *m* de compétition; *plus fort* rivalité *f*

wetteifern V/I ⟨-(e)re, *insép*, ge-, h.⟩ **mit j-m in etw** *(dat)* **~** rivaliser de qc avec qn; **sie wetteiferten um den ersten Platz** ils luttaient pour la première place

Wetteinsatz M mise *f*

wetten ⟨-ete, h.⟩ A V/T parier; **ich wette 100 Euro** je parie 100 euros; **was wollen wir ~?** qu'est-ce qu'on parie? B V/I parier; faire un pari; **mit j-m ~** parier avec qn; **um etw ~** parier qc; *umg* **ich könnte ~, dass …** je pourrais parier que …; **ich wette hundert gegen eins, dass …** je parie cent contre un que …; je parie tout ce que tu voudras que …; **~, dass …?** c'est sûr et certain que …; **(wollen wir) ~?** on parie?; **ich wette darauf** j'en fais le pari; *fig* **so haben wir nicht gewettet** ce n'est pas ce qui a été dit, convenu; *plus fort umg* pas question!

Wetter[1] N ⟨~s; ~⟩ 1 ⟨*sans pl*⟩ METEO temps *m*; **bei Wind und ~** par tous les temps; **es ist schönes, schlechtes ~** il fait beau, mauvais temps; le temps est beau, mauvais; **was ist heute für ein ~?** quel temps fait-il aujourd'hui?; **das ~ wird wieder schön** le temps se remet au beau; **bei schönem ~** par beau temps; **vom ~ sprechen** *a. fig* parler de la pluie et du beau temps; *umg fig* **um gut ~ bitten** demander pardon (à qn); présenter ses excuses 2 *(Unwetter)* orage *m* 3 ⟨*pl*⟩ BERGBAU **schlagende ~** grisou *m*

Wetter[2] M ⟨~s; ~⟩ *Person* parieur *m*

Wetteramt N → Wetterdienst; **Wetteraussichten** FPL prévisions *fpl* météorologiques; **Wetterbedingungen** FPL conditions *fpl* météorologiques; **Wetterbericht** M bulletin *m* météorologique; météo *f*; **Wetterbesserung** F amélioration *f* du temps;

wetterbeständig ADJ résistant aux intempéries

wetterbestimmend ADJT **~ sein** influencer le temps

Wetterdach N abri *m*; *an e-m Haus* auvent *m*; appentis *m*; **Wetterdienst** M service *m* météorologique; météo *f*; **Wetterfahne** F girouette *f*; **wetterfest** ADJ résistant aux intempéries; **Wetterfrosch** M 1 *umg grenouille servant de baromètre* 2 *fig hum* météorologue *m/f*; **wetterfühlig** ADJ sensible aux fluctuations, aux variations atmosphériques; **Wetterfühligkeit** F ⟨~⟩ sensibilité *f* aux variations atmosphériques; **Wetterhahn** M girouette *f (en forme de coq)*

Wetterin F ⟨~; ~nen⟩ parieuse *f*

Wetterkarte F carte *f* météorologique; **Wetterkunde** F météorologie *f*; **Wetterlage** F situation *f* météorologique, atmosphérique; **Wetterleuchten** N ⟨~s⟩ éclairs *mpl* de chaleur

wettern *umg* V/I ⟨-(e)re, h.⟩ *(schimpfen)* tempêter, fulminer, *umg* pester (**gegen, über etw, j-n** contre qc, qn)

Wettersatellit M satellite *m* météorologique; **Wetterscheide** F limite *f* météorologique; **Wetterseite** F côté exposé aux intempéries; **Wetterstation** F station *f* météorologique; observatoire *m* (météorologique); **Wetterumschlag** M, **Wetterumschwung** M brusque changement *m* de temps; **Wetterverhältnisse** NPL conditions *fpl* météorologiques; **Wettervoraussage** F, **Wettervorhersage** F prévisions *fpl* météorologiques; météo *f*; **Wetterwechsel** M changement *m* de temps; **wetterwendisch** ADJ *pej Person* versatile; lunatique

Wettfahrt F course *f*; **Wettgeschäft** N paris *mpl*; **Wettkampf** M compétition *f*; concours *m*; épreuve *f*; *zwischen zwei Mannschaften* rencontre *f*; match *m*; **Wettkämpfer(in)** M(F) concurrent(e) *m(f)*

Wettlauf M *a. fig* course *f*; **e-n ~ machen** courir (pour voir qui arrivera le premier); *fig* **ein ~ mit dem Tod, mit der Zeit** une course contre la mort, contre la montre

Wettläufer(in) M(F) concurrent(e) *m(f)*

wettmachen *umg* V/T ⟨*sép*, -ge-, h.⟩ 1 *(wieder gutmachen)* réparer; *(ausgleichen)* compenser; **etw durch etw ~** compenser qc par qc 2 *(sich erkenntlich zeigen)* **wie kann ich das ~?** comment est-ce que je peux vous payer de retour?

Wettrennen N *a. fig* course *f*; **Wettrüsten** N ⟨~s⟩ course *f* aux armements; **Wettschuld** F dette *f* de pari; **Wettschwimmen** N compétition *f* de natation

Wettstreit M concours *m*; lutte *f*; *fig* rivalité *f*; **mit j-m in ~** *(akk)* **treten** entrer en compétition, rivalité avec qn

wetzen A V/T ⟨h.⟩ *Messer, Sense* aiguiser (*a. Schnabel*); affiler; *Werkzeuge* affûter B *umg* V/I ⟨s.⟩ *(rennen) umg* filer

Wetzstahl M fusil *m* (du boucher); affiloir *m*; **Wetzstein** M pierre *f* à aiguiser

WEU F ⟨~⟩ ABK (Westeuropäische Union) U.E.O. *f* (Union de l'Europe occidentale)

WEZ F ⟨~⟩ ABK (westeuropäische Zeit) heure *f* de l'Europe occidentale

WG *umg* F ⟨~; ~s⟩ ABK (Wohngemeinschaft) communauté *f*

Whg. ABK (Wohnung) appt (appartement)

Whirlpool® M ⟨~s; ~s⟩ jacuzzi® *m*; bain *m* à remous

Whisky M ⟨~s; ~s⟩ whisky *m*

Whiteboard N ⟨~s; ~s⟩ IT, SCHULE **(interaktives) ~** tableau blanc (interactif)

WHO F ⟨~⟩ ABK *(World Health Organization; Weltgesundheitsorganisation der UNO)* OMS *f* (Organisation mondiale de la santé)
wich → weichen²
Wichse *umg* F ⟨~; ~n⟩ 1 *(Schuhwichse)* cirage *m* 2 ⟨*sans pl*⟩ *(Prügel) umg* volée *f; umg* raclée *f*
wichsen ⟨-(es)t, h.⟩ A *umg* VT 1 *Schuhe* cirer 2 *regional (prügeln)* rosser B *sl* VI *(onanieren) sl* se branler
Wichser *sl* M ⟨~s; ~⟩ *Schimpfwort sl* salaud *m; sl* enfoiré *m*
Wicht M ⟨~(e)s; ~e⟩ 1 *(Kobold)* lutin *m; (Zwerg)* gnome *m* 2 *fig pej* individu *m;* **armer ~** pauvre bougre *m* 3 *umg (Kind) umg* mioche *m; umg* gosse *m; (Frechdachs)* petit diable
Wichtel M ⟨~s; ~⟩, **Wichtelmännchen** N lutin *m;* gnome *m*
wichtig ADJ 1 *(bedeutend)* important; *Entscheidung (folgenschwer)* grave; *Bestandteil (wesentlich)* essentiel, -ielle; **höchst ~** de la plus °haute importance; **es ist mir sehr ~, dass ...** c'est très important pour moi que ...; il m'importe beaucoup que ...; **~ nehmen** prendre au sérieux; **Wichtigeres zu tun haben** avoir d'autres chats à fouetter; **das Wichtigste** le plus important; l'essentiel *m;* **das Wichtigste zuerst tun** aller au plus pressé; s'occuper de l'essentiel d'abord; → wichtigmachen, wichtigtun 2 *umg iron (wichtigtuerisch)* **mit ~er Miene** d'un air important
Wichtigkeit F ⟨~⟩ importance *f;* **von großer ~** d'une grande importance; **von ~ sein** être important; **nicht von ~ sein** *a.* être insignifiant; **e-r Sache** *(dat)* **~ beimessen** accorder, attacher de l'importance à une chose
wichtigmachen VR ⟨*sép*, -ge-, h.⟩ *pej* **sich ~** faire l'important; se donner de grands airs; *umg* se faire mousser
Wichtigtuer(in) M ⟨~s; ~⟩ (F) ⟨~in; ~innen⟩ *pej* personne *f* qui fait l'important, qui se donne de grands airs; *umg* crâneur, -euse *m,f;* **Wichtigtuerei** F ⟨~⟩ grands airs; fanfaronnade *f;* **wichtigtuerisch** ADJ *pej* qui fait l'important; qui se donne de grands airs; *umg* crâneur, -euse; **wichtigtun** VI ⟨*irr, sép*, -ge-, h.⟩ *pej* faire l'important; se donner de grands airs; *umg* se faire mousser
Wicke F ⟨~; ~n⟩ BOT vesce *f; (Gartenwicke)* pois *m* de senteur
Wickel M ⟨~s; ~⟩ *bes* MED enveloppement *m; umg fig* **j-n beim ~ kriegen, nehmen** prendre, saisir qn au collet
Wickelkind N bébé *m;* poupon *m;* **Wickelkommode** F table *f* à langer
wickeln VT ⟨-(e)le, h.⟩ 1 *Knäuel, Zigarren* faire; ELEK *Spule* bobiner; *Turban* enrouler 2 *(auf~) Draht* enrouler; embobiner; *Wolle* mettre en pelote; faire une pelote de; **e-n Faden um, auf etw** *(akk)* **~** enrouler un fil autour de, sur qc; **die Schnur hat sich um das Rad gewickelt** la ficelle s'est enroulée, entortillée autour de la roue 3 *(eindrehen)* **sein Haar ~** se mettre des rouleaux 4 *(ein~)* **etw, j-n in etw** *(akk)* **~** envelopper qc, qn dans qc; **etw in Papier** *(akk)* **~** emballer qc (dans du papier); **sich in e-e Decke ~** s'enrouler, s'envelopper dans une couverture 5 *(aus~)* **etw, j-n aus etw ~** sortir qc, qn de qc 6 → schiefgewickelt 7 *Säugling* langer; **frisch ~** changer 8 MED *Gliedmaßen* mettre un bandage à; soutenir par un bandage
Wickelrock M jupe *f* portefeuille; **Wickeltisch** M table *f* à langer
Wickler M ⟨~s; ~⟩ 1 *(Lockenwickler)* rouleau *m;* bigoudi *m* 2 ZOOL *Raupe* tordeuse *f; pl Schmetterlinge* tortricidés *mpl*
Wicklung F ⟨~; ~en⟩ ELEK bobinage *m;* enroulement *m*
Widder M ⟨~s; ~⟩ 1 ZOOL bélier *m* 2 ASTROL Bélier *m*
wider *geh* PRÄP ⟨*akk*⟩ contre; **~ (alles) Erwarten** contre toute attente; **~ (meinen) Willen** malgré moi; contre mon gré, ma volonté
widerborstig ADJ récalcitrant; rebelle *(a. Haare);* rétif, -ive
widerfahren *geh* VI ⟨*irr, insép, pas de ge-*, s.⟩ **j-m ~** arriver, advenir à qn; **ihm ist viel Schlimmes ~** *a.* il a eu bien des malheurs; **j-m Gerechtigkeit ~ lassen** rendre justice à qn
Widerhaken M crochet *m; t/t* barbillon *m*
Widerhall M *a. fig* écho *m* (**auf** [*+akk*] à); retentissement *m; fig* **~ finden** trouver de l'écho (**in** [*+dat*] dans; **bei** auprès de)
widerhallen VI ⟨*sép*, -ge-, h.⟩ retentir; résonner
widerlegbar ADJ réfutable; **widerlegen** ⟨*insép, pas de ge-*, h.⟩ A VT réfuter B VR **sich ~** se démentir
Widerlegung F ⟨~; ~en⟩ réfutation *f*
widerlich A ADJ 1 *(ekelerregend) Geschmack, Essen, Anblick* dégoûtant; écœurant; *Anblick a.* repoussant; répugnant 2 *(moralisch ~, verabscheuenswert)* écœurant; répugnant; dégoûtant B ADV 1 **~ schmecken** avoir un goût écœurant; **~ riechen** avoir une odeur nauséabonde, écœurante; **~ süß** beaucoup trop sucré; écœurant 2 *handeln etc* d'une manière écœurante, répugnante
widernatürlich ADJ contre nature; pervers
widerrechtlich A ADJ contraire au droit, à la loi; *(ungesetzlich)* illégal B ADV illégalement; **sich** *(dat)* **etw ~ aneignen** s'arroger, usurper qc
Widerrede F réplique *f;* contradiction *f;* **keine ~!** pas de réplique!; **ohne ~** sans réplique; sans protester
Widerruf M *e-r Verfügung etc* révocation *f;* abrogation *f; e-r Behauptung* rétractation *f;* désaveu *m; e-r Nachricht* démenti *m;* **bis auf ~** jusqu'à nouvel ordre
widerrufen ⟨*irr, insép, pas de ge-*, h.⟩ A VT *Verfügung etc* révoquer; abroger; *Behauptung* rétracter; désavouer; se dédire de; *Nachricht* démentir; *Befehl* annuler B VI se rétracter; se dédire
Widersacher(in) *geh* M ⟨~s; ~⟩ (F) ⟨~in; ~innen⟩ adversaire *m/f;* antagoniste *m/f*
Widerschein *geh* M reflet *m*
widersetzen VR ⟨-(es)t, *insép, pas de ge-*, h.⟩ **sich (j-m, e-r Sache) ~** résister (à qn, qc); s'opposer, faire opposition (à qn, qc); *(nicht gehorchen)* refuser d'obéir (à qn, qc); désobéir (à qn, qc); *(sich auflehnen)* se révolter, se rebeller (contre qn, qc)
widersetzlich ADJ récalcitrant; *plus fort* rebelle; *Kind* désobéissant; *gegen Vorgesetzte* insubordonné; réfractaire; insoumis
Widersetzlichkeit F ⟨~; ~en⟩ 1 ⟨*sans pl*⟩ *Haltung* insubordination *f;* insoumission *f;* résistance *f* (à l'autorité); *(Ungehorsam)* désobéissance *f* 2 *Handlung* acte *m* d'insubordination, d'insoumission, de désobéissance
Widersinn M ⟨~(e)s⟩ contresens *m; (Unsinn)* absurdité *f;* non-sens *m;* **widersinnig** ADJ absurde
widerspenstig ADJ récalcitrant; rétif, -ive; *(aufsässig)* rebelle *(a. Haar);* réfractaire; insoumis; *(ungehorsam)* désobéissant; *geh* indocile; **Der Widerspenstigen Zähmung** La Mégère Apprivoisée
Widerspenstigkeit F ⟨~; ~en⟩ humeur récalcitrante; *(Aufsässigkeit)* insoumission *f;* *(Ungehorsam)* désobéissance *f*
widerspiegeln VT (*u.* VR) ⟨-(e)le, *sép*, -ge- *ou insép, pas de ge-*, h.⟩ **(sich) ~** OPT, *fig* (se) refléter; OPT *a.* (se) réfléchir
widersprechen VI ⟨*irr, insép, pas de ge-*, h.⟩ 1 (**j-m**) **~** contredire qn; **e-r Behauptung ~** contredire une affirmation, assertion 2 *fig* **~** (*+dat*) *(im Widerspruch stehen zu)* être en opposition, en contradiction avec; *(unvereinbar sein mit)* être incompatible avec; **einander, sich** *(dat)* **~** se contredire; être en contradiction; *Aussagen* **einander ~d** contradictoire
Widerspruch M 1 ⟨*sans pl*⟩ *(Einspruch)* opposition *f (a.* JUR*);* **~ (gegen etw) einlegen** faire opposition (à qc); **ohne ~** sans contestation, opposition, discussion 2 *(innerer Gegensatz)* contradiction *f;* opposition *f;* PHIL antinomie *f;* **ein ~ in sich** *(dat)* une contradiction en soi; **zu etw im ~ stehen** contredire qc; être en contradiction, en opposition avec qc; *(unvereinbar sein)* être incompatible avec qc; **im ~ zu** en contradiction, opposition avec; **sich in Widersprüche verwickeln** s'empêtrer dans des contradictions
widersprüchlich A ADJ *Informationen etc* contradictoire B ADV de, d'une façon, manière contradictoire
Widersprüchlichkeit F ⟨~; ~en⟩ contradiction *f*
Widerspruchsgeist M ⟨~(e)s⟩ esprit *m* de contradiction; **widerspruchslos** ADV sans contestation, opposition, discussion; sans protester, discuter
Widerstand M 1 *a.* POL, MIL résistance *f,* opposition *f* (**gegen** à); **passiver ~** résistance passive; JUR **~ gegen die Staatsgewalt** résistance à l'autorité publique; **~ leisten** opposer de la résistance; **auf ~** *(akk)* **stoßen** rencontrer de la résistance 2 ⟨*sans pl*⟩ *(~sbewegung)* mouvement *m* de résistance; HIST *in Frankreich* Résistance *f* 3 ELEK, MECHANIK résistance *f;* **spezifischer ~** résistivité *f* 4 *fig (Hindernis)* obstacle *m;* résistance *f;* **den Weg des geringsten ~es gehen** choisir la solution de facilité
Widerstandsbewegung F mouvement *m* de résistance; HIST *in Frankreich* Résistance *f;* maquis *m*
widerstandsfähig ADJ résistant (**gegen** à); *Mensch a.* endurant
Widerstandsfähigkeit F ⟨~⟩ résistance *f* (**gegen** à); *e-s Menschen a.* endurance *f*
Widerstandskämpfer M résistant *m;* maquisard *m;* **Widerstandskraft** F (force *f* de) résistance *f;* **widerstandslos** ADV sans (opposer de) résistance; **Widerstandsmesser** M ⟨~s; ~⟩ ELEK ohmmètre *m*
widerstehen VI ⟨*irr, insép, pas de ge-*, h.⟩ (**e-r Sache, j-m**) **~** résister (à qc, qn); **der Versuchung ~** résister à la tentation
widerstreben VI ⟨*insép, pas de ge-*, h.⟩ 1 *(zuwider sein)* **j-m ~** répugner à qn; **es widerstrebt mir zu** (*+inf*) il me répugne de (*+inf*) 2 *geh (sich widersetzen)* résister; s'opposer
Widerstreben N résistance *f;* opposition *f;* *(Widerwille)* répugnance *f;* aversion *f*
widerstrebend ADVL à contrecœur; de mauvaise grâce
Widerstreit M conflit *m;* antagonisme *m;* *(Widerspruch)* contradiction *f;* **im ~ stehen mit** être en conflit, en contradiction avec
widerstreitend ADJT ⟨*épithète*⟩ opposé; antagonique; *(widersprüchlich)* contradictoire; *Meinungen* divergent
widerwärtig ADJ 1 *(sehr unangenehm)* désagréable; *Person a.* contrariant 2 *(abstoßend)* repoussant; répugnant
Widerwärtigkeit F ⟨~; ~en⟩ 1 ⟨*sans pl*⟩ caractère *m* désagréable; désagrément *m* 2 PL **~en** *(Unannehmlichkeiten)* contrariétés *fpl;* désagréments *mpl; plus fort* déboires *mpl*
Widerwille M répugnance *f* (**gegen** pour); *(Ekel)* dégoût *m* (pour); *(Abneigung)* aversion *f*

(pour, contre); antipathie *f* (pour); **mit ~n essen** *a. umg* manger du bout des dents
widerwillig ADV à contrecœur; de mauvaise grâce; à regret; *plus fort* avec répugnance
widmen ⟨-ete, h.⟩ **A** VT **1** *Zeit, Leben etc* **j-m, e-r Sache etw ~** consacrer, *plus fort* vouer qc à qn, qc **2** *Buch etc* dédier **B** VR **sich e-r Sache, j-m ~** se consacrer, se dévouer à qc, qn; *e-r Sache a.* s'adonner à qc
Widmung F ⟨~; ~en⟩ dédicace *f*; *Buch* **mit e-r ~ versehen** dédicacer
widrig ADJ *Wind* contraire; *Geschick* adverse; **~e Umstände** adversités *fpl*
Widrigkeit F ⟨~; ~en⟩ désagrément *m*; difficulté *f*; *pl* **~en** *a.* contrariétés *fpl*

wie

A Adverb **B** Konjunktion

— **A** Adverb —

1 *(auf welche Art und Weise)* comment; de quelle manière, façon; **~ kommt es, dass ...?** comment se fait-il que ...?; d'où vient que ...?; **~ kam das?** comment est-ce arrivé?; comment cela s'est-il produit?; **~ soll ich das wissen?** comment voulez-vous que je (le) sache?; **~ du das wieder gemacht hast!** *umg* tu as encore fait ça comme un chef, un as!; **~ bitte?** vous disiez?; pardon? **2** *in Fragen nach Eigenschaften od Merkmalen* **~ geht's?** comment ça va?; **~ gefällt dir das Foto?** comment trouves-tu cette photo?; **~ war das Wetter?** quel temps a-t-il fait?; **~ wäre es, wenn wir spazieren gingen?** *od* **~ wäre es mit e-m Spaziergang?** et si nous nous promenions?; **~ sieht er aus?** de quoi a-t-il l'air? **3** *Ausmaß, Grad e-r Eigenschaft* quel; combien; **~ alt sind Sie?** quel âge avez-vous?; **~ breit, hoch ist ...?** de quelle largeur, °hauteur est ...?; quelle est la largeur, °hauteur de ...?; **für ~ lange?** pour combien de temps?; **~ oft?** combien de fois?; **~ teuer ist das?** ça coûte combien?; **~ schade!** quel dommage!; **~ schön!** que, comme c'est beau!; **~ viel** combien; *mit subst* combien de; **~ viel kostet ...?** combien coûte ...?; **~ viel Einwohner hat die Stadt?** combien la ville a-t-elle d'habitants?; **~ viel Uhr ist es?** quelle heure est-il?; *umg* **Seite ~ viel?** *umg* page combien?; **~ viel einfacher wäre es, wenn ...!** comme ce serait plus simple si ...!; **~ glücklich sie ist!** comme elle est heureuse!; *umg* **und ~!** *umg* et comment! **4** *umg (nicht wahr, stimmt's)* n'est-ce pas; *umg* pas vrai; **das interessiert dich wohl, ~?** *umg* tu t'intéresses à ça, pas vrai? **5** *relativisch* **uns stört, ~ er sich benimmt** sa façon, manière de se conduire nous gêne; **~ man es auch macht, ...** quoi qu'on fasse, ...; **in dem Maß(e), ~ ...** dans la mesure où ...

— **B** Konjunktion —

1 *Vergleich* comme; **so groß ~ ...** aussi grand que ...; **schnell ~ der Blitz** rapide comme l'éclair; **~ so oft** comme cela arrive si souvent; **so gut ~** *(fast)* à peu près; quasiment; presque; **schlau ~ er ist** rusé comme il est; **ein Mann ~ er** un homme comme lui, tel que lui; **so ~ ich ihn kenne** tel que je le connais; *sprichw* **~ du mir, so ich dir** *sprichw* œil pour œil, dent pour dent **2** *(zum Beispiel)* comme; tel, telle que; **Städte ~ Paris oder Amsterdam** des villes comme *od* telles que Paris ou Amsterdam **3** *Aufzählung* **das betrifft Eltern ~ Kinder** cela concerne les parents aussi bien que les enfants; cela concerne également les parents et les enfants; **unten ~ oben** en bas comme en °haut **4** *erklärend* **~ ich glaube** à ce que je crois; **~ du siehst** comme tu le vois **5** *zeitlich (als)* au moment où; comme; lorsque **6** *mit Verb der Wahrnehmung* **ich sah, ~ er aufstand** je l'ai vu se lever; **ich spürte, ~ mir kalt wurde** j'ai senti le froid me gagner **7** *umg (außer)* **nichts ~ ...** rien que ...; **nichts ~ Ärger** rien que des ennuis; **nichts ~ weg!** *umg* filons!; *umg* barrons-nous!
Wie N ⟨~s; ~⟩ **das ~** le comment; **auf das ~ kommt es an** c'est la manière (de faire, d'agir, *etc*) qui importe
Wiedehopf M ⟨~(e)s; ~e⟩ ZOOL °huppe *f*
wieder ADV **1** *(noch einmal, erneut)* de nouveau; à nouveau; encore (une fois); *bei Verben oft nur durch das Präfix* re... *ausgedrückt*; **~ anknüpfen** *Beziehungen* renouer; **~ aufnehmen** *Arbeit, Beziehungen etc* reprendre; JUR *Verfahren* réviser; *als Mitglied* réintégrer; *Theaterstück etc* reprendre; **~ eröffnen** *Geschäft* rouvrir; *fig Feindseligkeiten* reprendre; **~ heiraten** se remarier; **~ kommen** *Ereignis (sich wiederholen)* se répéter; **das kommt nie ~** on ne (re)verra plus jamais cela; **(sich) ~ sehen** (se) revoir; **~ tun** refaire; répéter; recommencer; **ich werde es nicht ~ tun** je ne le ferai plus; **sich ~ verheiraten** se remarier; **wie, schon ~?** quoi! encore?; **nie ~!** jamais plus!; **immer ~, ~ und ~** sans fin; continuellement; **hin und ~** de temps en temps; de temps à autre; **~ einmal** une fois de plus; **~ einmal ins Kino gehen** retourner au cinéma; → wiederverkaufen, wiederverschließbar, wiederverwendbar *etc* **2** *Rückkehr in den vorherigen Zustand* **~ aufbauen** *Häuser, Städte etc* reconstruire; *Wirtschaft etc* relever; redresser; **j-n ~ aufrichten** réconforter qn; **~ beleben** *fig Traditionen, Beziehungen* faire revivre; ranimer; raviver; *Wirtschaft* relancer; **ich bin gleich ~ da** je reviens tout de suite; **da bin ich ~** me voilà de retour; *umg* me revoilà!; **er ist ~ gesund** il est rétabli; **wir bringen es ~ zurück** nous le rapporterons; → aufleben, wiederaufbereiten, wiederauftauchen *etc* **3** *(außerdem noch)* en outre; en plus; encore; **einige ..., andere ... und ~ andere ...** quelques-uns ..., et puis d'autres ..., ... et puis d'autres encore ...; **das ist ~ etwas anderes** c'est encore autre chose **4** *(andererseits)* par ailleurs; d'ailleurs; **das ist auch ~ wahr** c'est bien vrai, ça aussi **5** *umg (noch)* déjà; encore; **wann war das ~?** c'était quand déjà?; **was machst du denn da ~?** qu'est-ce que tu es encore en train de faire?
wieder... IN ZSSGN *oft* re...; ré...
Wiederanfang M recommencement *m*
wiederanknüpfen VT → wieder 1; **Wiederanknüpfung** F *von Beziehungen* renouement *m*
Wiederannäherung F POL rapprochement *m*; **Wiederaufbau** M ⟨~(e)s⟩ reconstruction *f*; *fig* relèvement *m*; redressement *m*
wiederaufbauen VT → wieder 2
wiederaufbereiten VT ⟨er bereitet wieder auf, *pas de -ge-*, h.⟩ TECH, *bes* NUKL retraiter; **Wiederaufbereitung** F ⟨~; ~en⟩ TECH, *bes* NUKL retraitement *m*; **Wiederaufbereitungsanlage** F NUKL usine *f* de retraitement
Wiederaufforstung F reboisement *m*; **Wiederaufführung** F THEAT reprise *f*; **wiederaufleben** VI → aufleben; **Wiederaufleben** N *von Handel, Wirtschaft* reprise *f*; regain *m* d'activité; *der Künste, Wissenschaften* renaissance *f*; *e-s Brauchs* retour *m*; renaissance *f*; *der Kämpfe* reprise *f*; **Wiederaufnahme** F **1** *von Verhandlungen, diplomatischen Beziehungen* reprise *f*; JUR *e-s Verfahrens* révision *f* **2** *als Mitglied* réintégration *f* **3** *in den Spielplan* reprise *f*; **Wiederaufnahmeverfahren** N JUR (procédure *f* de) révision *f*
wiederaufnehmen VT → wieder 1
wiederaufrichten VT → wieder 2
Wiederaufrüstung F réarmement *m*
wiederauftauchen VI ⟨*sép*, -ge-, s.⟩ *Gerücht, Mensch* reparaître; réapparaître; → *a.* auftauchen 1
Wiederausfuhr F HANDEL réexportation *f*; **Wiederbeginn** M recommencement *m*; reprise *f*
wiederbekommen VT ⟨*irr, sép, pas de -ge-*, h.⟩ récupérer; **er hat es ~** *a.* on le lui a rendu
wiederbeleben VT ⟨*sép, pas de -ge-*, h.⟩ **1** *Ertrunkenen etc* ranimer; réanimer **2** *fig* → wieder 2; **Wiederbelebung** F **1** *e-s Ertrunkenen etc* réanimation *f* **2** *fig von Traditionen, Beziehungen etc* rétablissement *m*; *der Wirtschaft* relance *f*; **Wiederbelebungsversuch** M tentative *f* de réanimation
wiederbeschaffen VT ⟨*sép, pas de -ge-*, h.⟩ remplacer; **Wiederbeschaffung** F remplacement *m*; **Wiederbeschaffungskosten** PL frais *mpl* de remplacement; **Wiederbeschaffungswert** M valeur *f* de remplacement
wiederbringen VT ⟨*irr, sép*, -ge-, h.⟩ rapporter; *(zurückgeben)* rendre; restituer; *Personen* ramener
Wiedereinfuhr F HANDEL réimportation *f*; **Wiedereinführung** F rétablissement *m*; réintroduction *f*
Wiedereingliederung F réintégration *f* (in [+*akk*] dans); **berufliche, soziale ~** réinsertion professionnelle, sociale
wiederentdecken VT ⟨*sép, pas de -ge-*, h.⟩ redécouvrir; **Wiederentdeckung** F redécouverte *f*
wiedererkennen VT ⟨*sép, pas de -ge-*, h.⟩ reconnaître; **er ist nicht wiederzuerkennen** il est méconnaissable
wiedererlangen VT ⟨*sép, pas de -ge-*, h.⟩ récupérer; *Gesundheit geh* recouvrer; *Unabhängigkeit, Freiheit* retrouver; **das Bewusstsein ~** reprendre connaissance; revenir à soi
Wiedererlangung F récupération *f*
wiedereröffnen VT → wieder 1; **Wiedereröffnung** F *e-s Geschäfts* réouverture *f*; *fig von Feindseligkeiten* reprise *f*
wiederfinden ⟨*irr, sép*, -ge-, h.⟩ **A** VT retrouver **B** VR **sich ~** **1** *Person(en)* se retrouver **2** *Gegenstand* être retrouvé
Wiedergabe F **1** *(Bericht)* compte rendu; exposé *m*; **e-e genaue ~ der Vorgänge** un exposé, compte rendu précis des faits **2** *(Reproduktion)* reproduction *f*; **naturgetreue ~** reproduction *f* fidèle **3** *(Übersetzung)* traduction *f*; **wörtliche ~** traduction littérale **4** *(Aufführung) bes* MUS interprétation *f*; exécution *f*
Wiedergabetaste F *e-s Tonbandgeräts* touche *f* de lecture; **Wiedergabetreue** F °haute fidélité
wiedergeben VT ⟨*irr, sép*, -ge-, h.⟩ **1** *(zurückgeben)* rendre; restituer; redonner **2** *(berichten)* exposer; relater; faire un compte rendu de; *(wiederholen)* répéter; *(ausdrücken)* rendre; exprimer; *(zitieren)* citer; **den Sinn e-r Rede ~** rendre le sens d'un discours **3** *(reproduzieren)* reproduire; **den Ton, ein Bild verzerrt ~** déformer le son, une image **4** *(übersetzen)* traduire; **wörtlich ~** traduire mot à mot **5** *(darstellen)* représenter
Wiedergeburt F **1** *geh fig* renaissance *f*; **e-e ~ erleben** renaître; prendre un nouvel essor **2** REL régénération *f*
wiedergewinnen VT ⟨*irr, sép, pperf* wiedergewonnen, h.⟩ **1** *Freiheit, Gleichgewicht etc* retrouver; *geh* recouvrer **2** TECH *Rohstoffe etc* récupérer; **Wiedergewinnung** F TECH ré-

W

cupération *f*

wiedergutmachen VT ⟨(er macht wieder gut), -ge-, h.⟩ réparer; compenser; *finanziell* indemniser; **nicht wiedergutzumachend** irréparable

Wiedergutmachung F ⟨~; ~en⟩ réparation *f*; compensation *f*; *finanzielle* indemnisation *f*

wiederhaben VT ⟨*irr, sép*, -ge-, h.⟩ être de nouveau en possession de; *nur im inf* ravoir; *nach langer Trennung* **einander ~** s'être retrouvé(e)s enfin

wiederherstellen VT ⟨*sép* (er stellt wieder her), *pperf* wiederhergestellt, h.⟩ 1 *Kranke, Gesundheit* rétablir; **sie ist so weit wiederhergestellt** elle est pratiquement remise, rétablie 2 *Gebäude* remettre en état; *(restaurieren)* restaurer 3 *Kontakt, Ordnung etc* rétablir; *Frieden a.* ramener

Wiederherstellung F rétablissement *m* (*a. der Gesundheit*); *e-s Gebäudes* réfection *f*; remise *f* en état; *(Restaurierung)* restauration *f*

Wiederherstellungskosten PL frais *mpl* de restauration, de réfection

wiederholen[1] VT ⟨*sép*, -ge-, h.⟩ *(zurückholen)* **(sich [*dat*]) etw ~** aller reprendre, rechercher qc

wiederholen[2] ⟨*insép, pas de -ge-*, h.⟩ A VT 1 *(nochmals sagen)* répéter; *Forderung* réitérer; *Angebot etc* renouveler 2 *(zusammenfassen)* **kurz ~** résumer; récapituler 3 *Lernstoff* revoir; *für ein Examen* réviser; *mündliche Hausaufgaben* repasser 4 *e-n Vorgang* répéter; SPORT *Spiel* rejouer; RADIO, TV *Sendung* rediffuser; **e-e Wahl ~** procéder à de nouvelles élections; **ein Schuljahr, e-e Klasse ~** redoubler (une classe) B VR **sich ~** 1 *Redner* se répéter 2 *Muster, Unglück etc* se répéter

wiederholt A ADJT répété; réitéré; renouvelé B ADV à plusieurs reprises; maintes fois

Wiederholung F ⟨~; ~en⟩ 1 *von Gesagtem, von Vorgängen* répétition *f*; *e-r Forderung* réitération *f*; *e-s Angebots etc* renouvellement *m* 2 *von Lernstoff* révision *f* 3 THEAT, MUS reprise *f*; TV, RADIO rediffusion *f* 4 *(Zusammenfassung)* **kurze ~** résumé *m*; récapitulation *f*

Wiederholungsfall M ADMIN **im ~** en cas de récidive

Wiederholungstäter(in) M(F) JUR récidiviste *m/f*; **Wiederholungszeichen** N MUS signe *m* de reprise

Wiederhören N **auf ~!** TEL au revoir!; RADIO *a.* à la prochaine émission!

Wiederinbetriebnahme F remise *f* en service; **Wiederinstandsetzung** F remise *f* en état; réparation *f*; réfection *f*

wiederkäuen VT ⟨*sép*, -ge-, h.⟩ 1 ZOOL ruminer 2 *pej fig* rabâcher; ressasser; **Wiederkäuer** MPL ZOOL ruminants *mpl*

Wiederkauf M rachat *m*; réméré *m*; **Wiederkäufer** M racheteur *m*; acheteur *m* à (pacte de) réméré; **Wiederkaufspreis** M prix *m* du réméré, de rachat; **Wiederkaufsrecht** N droit *m* de réméré, de rachat

Wiederkehr F ⟨~⟩ retour *m*; **regelmäßige ~** retour périodique

wiederkehren *geh* VI ⟨*sép*, -ge-, s.⟩ 1 *(zurückkommen)* revenir 2 *(sich wiederholen)* se répéter; **diese Gelegenheit kehrt nie mehr wieder** cette occasion ne se représentera (plus) jamais; **regelmäßig ~d** périodique

wiederkommen VI ⟨*irr, sép*, -ge-, s.⟩ 1 *(zurückkommen)* revenir; **ich komme gleich wieder!** je reviens à l'instant! 2 *(sich wiederholen)* → wieder 1

Wiederschauen N *südd, österr* **auf ~!** au revoir!

wiedersehen VT (*u.* VR) ⟨*irr, sép*, -ge-, h.⟩ **(sich ~** se) revoir

Wiedersehen N ⟨~s; ~⟩ revoir *m*; **auf ~!** au revoir!; **auf (ein) baldiges ~!** à bientôt!; **ein unerwartetes ~** une rencontre imprévue, inattendue; *umg* des retrouvailles imprévues, inattendues; **ein ~ mit der Heimat** un retour au pays; *hum beim Verleihen* **~ macht Freude** il *bzw.* elle s'appelle « revient »

Wiedersehensfreude F joie *f* des retrouvailles

Wiedertäufer M REL anabaptiste *m*

wiedertun VT → wieder 1

wiederum ADV 1 *(nochmals)* à, de nouveau 2 *(hingegen)* d'un autre côté; d'autre part; en revanche; par contre

wiedervereinigen ⟨*sép, pas de -ge-*, h.⟩ A VT réunir; POL réunifier; **das wiedervereinigte Deutschland** l'Allemagne réunifiée B VR **sich ~** se réunifier

Wiedervereinigung F POL réunification *f*

wiederverheiraten VR → wieder 1; **Wiederverheiratung** F remariage *m*

wiederverkaufen VT ⟨*sép, pas de -ge-*, h.⟩ revendre; **sich ~ lassen** se revendre

wiederverschließbar ADJ *Verschluss* refermable; **wiederverwendbar** ADJ récupérable; réutilisable; *(recycelbar)* recyclable; **wiederverwenden** VT ⟨-ete, *sép, pas de -ge-*, h.⟩ récupérer; réemployer; réutiliser; *(recyceln)* recycler; **Wiederverwendung** F réemploi *m*; réutilisation *f*; **wiederverwertbar** ADJ récupérable; réutilisable; *(recycelbar)* recyclable; **wiederverwerten** VT ⟨-ete, *sép, pas de -ge-*, h.⟩ recycler; **Wiederverwertung** F récupération *f*; réutilisation *f*; *(Recycling)* recyclage *m*

Wiederwahl F réélection *f*; **sich zur ~ stellen** se présenter pour un nouveau mandat

wiederwählen VT ⟨*sép*, -ge-, h.⟩ réélire; **wiedergewählt werden** être réélu

Wiege F ⟨~; ~n⟩ *a. fig* berceau *m*; **in der ~ liegen** être au berceau; *geh* **von der ~ an** dès le berceau; *hum* **von der ~ bis zur Bahre** du berceau à la tombe; *geh* **s-e ~ stand in Wien** il est né à Vienne; *geh* **Mainz ist die ~ der Buchdruckerkunst** Mayence est le berceau de l'imprimerie; *geh* **die ~ der Menschheit** le berceau de l'humanité; *fig* **das hat man ihm nicht an der ~ gesungen** il ne l'aurait jamais imaginé

Wiegemesser N GASTR °hachoir *m*

wiegen[1] ⟨wiegt, wog, gewogen, h.⟩ A VT *(abwiegen)* peser; **knapp ~** peser juste; *fig* **gewogen und zu leicht befunden** ne répond pas aux exigences B VI peser (*a. fig*); avoir un poids de; **wie viel wiegst du?** combien pèses-tu?; **ich wiege 60 Kilo** je pèse *od* je fais 60 kilos; *fig* **schwer ~** être d'un grand poids; peser lourd

wiegen[2] ⟨h.⟩ A VT 1 *Kind* bercer; **in den Schlaf ~** bercer (pour endormir) 2 GASTR °hacher B VR **sich ~** *(leicht schaukeln)* se balancer; se bercer; **sich auf den Wellen, im Wind ~** se balancer au gré des flots, du vent; *fig* **sich in falschen Hoffnungen ~** se bercer de faux espoirs, d'illusions; **sich in Sicherheit ~** se croire en sécurité

Wiegenfest *geh* N anniversaire *m*; **Wiegenlied** N berceuse *f*

wiehern VI ⟨-(e)re, h.⟩ 1 *Pferd* °hennir 2 *umg fig (laut lachen)* rire aux éclats; °hurler de rire

Wiehern N ⟨~s⟩ °hennissement *m*

Wien N ⟨→ *n/pr*⟩ Vienne *f*

Wiener[1] M ⟨~s; ~⟩ *Einwohner* Viennois *m*

Wiener[2] *umg* F ⟨~; ~⟩ GASTR *etwa* saucisse *f* de Strasbourg

Wiener[3] ADJ ⟨*inv*⟩ de Vienne; viennois; GASTR **~ Schnitzel** escalope viennoise; **~ Walzer** valse viennoise; GASTR **~ Würstchen** *etwa* saucisse *f* de Strasbourg

Wienerin F ⟨~; ~nen⟩ Viennoise *f*

wienerisch ADJ viennois; de Vienne

wienern *umg* VT ⟨-(e)re, h.⟩ faire briller; astiquer

wies → weisen

Wiese F ⟨~; ~n⟩ pré *m*; prairie *f*; **auf der ~** sur, dans le pré; *fig* **auf der grünen ~** *bauen etc* en pleine nature

Wiesel N ⟨~s; ~⟩ ZOOL belette *f*

Wiesenblume F fleur *f* des prés; **Wiesengrund** M vallon herbeux; **Wiesenschaumkraut** N BOT cardamine *f*

wieso ADV pourquoi

wieviel ADV → wie A 3

wievielmal ADV combien de fois

wievielt zu ~ wart ihr? combien étiez-vous?

wievielte(r, -s) ADJ **der ~ Band?** le tome combien?; **den Wievielten haben wir heute?** quel jour, *umg* le combien sommes-nous (aujourd'hui)?; **der Wievielte ist er?** quelle place *od* position a-t-il?; *umg* le combien est-il?; **zum ~n Mal wird das Stück gespielt?** combien de fois cette pièce a-t-elle été déjà jouée?; *umg* c'est la combientième fois que cette pièce est jouée?

wieweit → inwieweit; **wiewohl** *geh* KONJ bien que (*+subj*); quoique (*+subj*)

Wigwam M ⟨~s; ~s⟩ wigwam *m*

Wiki N ⟨~s; ~s⟩ IT wiki *m*

Wikinger M ⟨~s; ~⟩ HIST PL **die ~** les Vikings *mpl*

Wikingerschiff N HIST drakkar *m*

wild A ADJ 1 *(im Naturzustand), bes* ZOOL, BOT sauvage; *Volk* sauvage; primitif, -ive; **~e Gegend** région *f* sauvage; *pej* **ein ~er Haufen** une bande de sauvages; **~e Rose** églantine *f*; **~e Tiere** *(Raubtiere)* fauves *mpl*; bêtes *fpl* féroces; BOT **Wilder Wein** *(Jungfernrebe)* vigne *f* vierge; **der Wilde Westen** le Far West 2 *(ungeordnet) Haar, Bart* °hirsute; *Leben* agité; tumultueux, -euse; **ein ~es Durcheinander** un désordre, *umg* une pagaille épouvantable 3 *(unkontrolliert wuchernd)* BOT **~e Triebe** rejetons *mpl*; surgeons *mpl*; MED **~es Fleisch** excroissance *f* (de chair); *fig* **~e Fantasie** imagination effrénée, débridée 4 *(ordnungswidrig)* irrégulier, -ière; sauvage; **~e Deponie** dépôt *m* d'ordures, décharge *f* sauvage; **~e Ehe** union *f* libre; **~es Parken** stationnement sauvage, irrégulier; **~er Streik** grève *f* sauvage, surprise; **~es Zelten** camping *m* sauvage 5 *(ungestüm) Kinder* turbulent; bruyant; *Sturm, Kampf* violent; *Verfolgungsjagd* mouvementé; **~e Leidenschaft** passion fougueuse, effrénée; **seid nicht so ~!** ne faites pas tant de bruit!; calmez-vous!; *umg* **ganz ~ auf etw** (*akk*) **sein** raffoler de qc; *umg* **ganz ~ auf j-n sein** être fou de qn; *umg* **ich bin nicht ~ darauf** *umg* ça ne m'emballe pas 6 *(wütend)* furieux, -ieuse; *umg* furax; *Hass, Blicke* farouche; **~e Drohungen** violentes menaces; **~ werden** devenir furieux; **j-n ~ machen** rendre qn furieux; pousser qn à bout 7 *(übertrieben) Spekulationen, Anschuldigungen* insensé; *Beschimpfungen* abominable; *Gerüchte* incroyable; *umg* **das ist halb so ~** ça n'est pas (bien) grave B ADV 1 *(im Naturzustand)* **~ leben** vivre à l'état sauvage; **~ lebende Tiere** animaux *mpl* vivant en liberté, sauvages; **~ wachsen** pousser à l'état sauvage; **~ wachsend** sauvage; agreste 2 *(ungeordnet)* **alles geht ~ durcheinander** *umg* c'est la pagaille; **~ herumliegen** être pêle-mêle; *umg* être en pagaille 3 *(illegal)* **~ zelten** pratiquer le camping sauvage 4 *(ungestüm)* **~ um sich schlagen** se débattre violemment; **~ entschlossen sein** être farouchement décidé

Wild N ⟨~(e)s⟩ 1 *coll* gibier *m* 2 *einzelnes Tier* bête *f* 3 GASTR gibier *m*
Wildbach M torrent *m*
Wildbahn F ⟨~⟩ **in freier ~** en liberté; dans la nature
Wildbestand M gibier *m* (dans une forêt); **Wildbret** N ⟨~s⟩ gibier *m*; **Wilddieb** M → Wilderer
Wilde(r) M/F(M) ⟨→ A⟩ sauvage *m/f*; **sich wie ein ~r gebärden** se démener comme un (beau) diable
Wildente F canard *m* sauvage
Wilderei F ⟨~; ~en⟩ braconnage *m*
Wilderer M ⟨~s; ~⟩ braconnier *m*
wildern V/I ⟨-(e)re, h.⟩ braconner; **~der Hund** chien errant (qui attaque le gibier)
Wildern N ⟨~s⟩ braconnage *m*
Wildesel M âne *m* sauvage; **Wildfang** M petit diable; petite diablesse
wildfremd *umg* ADJ parfaitement inconnu, étranger, -ère; **ich bin hier ~** je ne connais personne ici
Wildfütterung F affour(r)agement *m* du gibier; **Wildgans** F oie *f* sauvage; **Wildgehege** N parc *m*, réserve *f* à gibier; **Wildgeruch** M odeur *f* de gibier; **Wildgeschmack** M goût *m* de gibier, de faisandé
Wildheit F ⟨~⟩ 1 *der Natur, Landschaft etc* caractère *m*, aspect *m* sauvage 2 *(Rohheit)* sauvagerie *f* 3 *(Heftigkeit)* violence *f*; *(Ungestüm)* fougue *f*
Wildhüter M garde-chasse *m*; **Wildkaninchen** N lapin *m* de garenne; **Wildkatze** F chat *m* sauvage; **wildlebend** ADJT → wild B 1
Wildleder N daim *m*; **Wildlederhandschuh** M gant *m* de daim, de chamois; **Wildlederjacke** F veste *f* de daim; **Wildlederschuh** M soulier *m* de daim; **Wildledertasche** F sac *m* en daim
wildmachen V/T → wild A 6
Wildnis F ⟨~; ~se⟩ région sauvage, déserte
Wildpark M parc *m*, réserve *f* à gibier; **Wildpferd** N cheval *m* sauvage; **Wildpflanze** F plante *f* agreste; **wildreich** ADJ giboyeux, -euse; **wildromantisch** ADJ très romantique; **Wildsau** F laie *f*; **Wildschaden** M dégât(s) causé(s) par le gibier; **Wildschwein** N sanglier *m*; **Wildtaube** F ramier *m*; **wildwachsend** ADJT *(épithète)* sauvage; agreste; **Wildwasser** N ⟨~s; ~⟩ torrent *m*; **Wildwasserrennen** N, **Wildwassersport** M rafting *m*; **Wildwechsel** M 1 ⟨*sans pl*⟩ *(das Überwechseln des Wildes)* passage *m* du gibier; *Verkehrszeichen* passage de gibier 2 *(Wildpfad)* passée *f*; **Wildwest** M Far West *m*; **Wildwestfilm** M western *m*; **Wildwuchs** M *a. fig* croissance exubérante, incontrôlée
Wilhelm M ⟨→ *n/pr*⟩ *prénom*; HIST **~ der Eroberer** Guillaume *m* le Conquérant; **~ Tell** Guillaume Tell
wilhelminisch ADJ **das Wilhelminische Zeitalter** l'ère wilhelmienne
will → wollen[1]
Wille M ⟨~ns⟩ volonté *f*; *(Absicht)* intention *f*; **ausdrücklicher ~** volonté expresse; **Letzter ~** dernières volontés; testament *m*; **der ~ zur Macht** la volonté de puissance; **freier ~** libre arbitre *m*; **aus freiem ~n** de son plein gré; **guter, böser ~** bonne, mauvaise volonté; **beim besten ~n** avec la meilleure volonté (du monde); **ich habe den festen ~n, mich zu bessern** j'ai la ferme intention de me corriger; **s-n ~n haben wollen** vouloir en faire à sa tête; **j-m s-n ~n lassen** laisser faire qn; **gegen j-s ~n** contre la volonté, le gré de qn; **gegen meinen ~n** *a.* malgré moi; REL **dein ~ geschehe** que ta volonté soit faite; *sprichw* **wo ein ~ ist, ist auch ein Weg** *sprichw* vouloir, c'est pouvoir
willen PRÄP **um j-s, e-r Sache ~** à cause de qn, qc; dans l'intérêt de qn, qc; pour qn, qc; **um des Friedens ~** dans l'intérêt de la paix; **um (des) Himmels ~!** pour l'amour de Dieu!; au nom du ciel!
Willen M ⟨~s⟩ → Wille
willenlos ADJ sans volonté; *(schwach)* faible; *fig* **~es Werkzeug** instrument docile
Willenlosigkeit F ⟨~⟩ manque *m*, absence *f* de volonté
willens *geh* ADJ **~ sein, etw zu tun** avoir l'intention de faire qc; vouloir faire qc
Willensakt M acte *m* de volonté; PSYCH volition *f*; **Willensänderung** F changement *m* de volonté; **Willensanspannung** F effort *m* de volonté; **Willensäußerung** F (manifestation *f* de la) volonté *f*; **Willensbestimmung** F *in e-m Testament* disposition *f* testamentaire
Willensbildung F ⟨~⟩ **politische ~** prise *f* de conscience politique; formation *f* d'une opinion politique
Willenserklärung F JUR déclaration *f* de volonté; acte *m* déclaratoire de volonté; **Willensfreiheit** F ⟨~⟩ libre arbitre *m*; **Willenskraft** F ⟨~⟩ (force *f* de) volonté *f*; force *f* de caractère; **Willenskundgebung** F → Willensäußerung; **willensschwach** ADJ faible; sans volonté; **Willensschwäche** F ⟨~⟩ faiblesse *f* (de volonté); manque *m* de caractère; **willensstark** ADJ volontaire; **Willensstärke** F ⟨~⟩ (force *f* de) volonté *f*
willentlich A ADJ *(épithète)* délibéré; voulu; intentionnel, -elle B ADV délibérément; de propos délibéré; volontairement; exprès
willfährig *geh pej* ADJ complaisant; *(gefügig)* soumis; **sich** *(dat)* **j-n ~ machen** soumettre qn à sa volonté
Willfährigkeit *geh pej* F ⟨~⟩ complaisance *f*; soumission *f*
Willi → Wilhelm
willig A ADJ de bonne volonté; *(folgsam)* obéissant; docile; BIBEL **der Geist ist ~, aber das Fleisch ist schwach** l'esprit est prompt, mais la chair est faible B ADV volontiers; de bon cœur; de bonne grâce
willkommen ADJ bienvenu; *Abwechslung etc* qui vient à point; qui tombe bien; **ein ~er Gast** un invité que l'on a plaisir à recevoir; **seien Sie (mir) ~!** soyez le (la) bienvenu(e); **j-n ~ heißen** souhaiter la bienvenue à qn
Willkommen N ⟨~s; ~⟩ bienvenue *f*; **j-m ein herzliches ~ bereiten** réserver un accueil chaleureux, cordial à qn
Willkommensgruß M discours *m*, bouquet *m*, *etc* de bienvenue
Willkommenstrunk *geh* M **j-m e-n ~ reichen** offrir un verre pour accueillir qn
Willkür F ⟨~⟩ arbitraire *m*; **j-s ~ ausgeliefert sein** être à la merci de qn
Willkürakt M acte *m* arbitraire; **Willkürherrschaft** F règne *m* de l'arbitraire; despotisme *m*; tyrannie *f*
willkürlich ADJ 1 *(aus Willkür)* arbitraire 2 *(vom Willen gesteuert)* volontaire; **~e Bewegungen** des mouvements volontaires
Willkürlichkeit F ⟨~; ~en⟩ caractère *m* arbitraire
Willkürmaßnahme F mesure *f* arbitraire
wimmeln ⟨-(e)le, h.⟩ A V/I *Lebewesen* fourmiller; grouiller; pulluler; *Sache, Ort* **~ von ...** fourmiller, grouiller de ...; foisonner de, en ... B V/UNPERS **es wimmelt von ...** *umg* ça grouille de ...; **es wimmelt von Menschen auf der Straße** la rue grouille de monde; **in diesem Text wimmelt es von Fehlern** ce texte fourmille de fautes; les fautes fourmillent dans ce texte
Wimmeln N ⟨~s⟩ *von Lebewesen* fourmillement *m*; grouillement *m*; pullulement *m*
wimmern V/I ⟨-(e)re, h.⟩ geindre, gémir (**vor Schmerzen** de douleur); se plaindre doucement
Wimmern N ⟨~s⟩ plaintes *fpl*; gémissements *mpl*
Wimpel M ⟨~s; ~⟩ fanion *m*; banderole *f*; SCHIFF guidon *m*
Wimper F ⟨~; ~n⟩ ANAT, BIOL cil *m*; *fig* **ohne mit der ~ zu zucken** sans sourciller; sans broncher
Wimperntusche F mascara *m*; rimmel® *m*
Wimpertierchen NPL ZOOL ciliés *mpl*
Wind M ⟨~(e)s; ~e⟩ 1 vent *m* (*a.* TECH, *bei e-r Orgel*); **bei ~ und Wetter** par tous les temps; **es geht ein starker ~** il fait beaucoup de vent; *Fahne* **im ~ flattern** flotter au vent; **in alle (vier) ~e zerstreut** dispersé aux quatre coins du monde; BIBEL **wer ~ sät, wird Sturm ernten** qui sème le vent, récolte la tempête; *umg fig* **viel ~ machen** *(sich wichtigtun)* se donner de l'importance; *umg* **viel ~ um etw machen** *umg* faire tout un plat de qc; *umg fig* **es weht ein anderer, frischer ~** l'ambiance est bien différente; les choses sont en train de changer; *umg fig* **wissen, woher der ~ weht** savoir prendre le vent; savoir d'où vient le vent; *umg fig* **j-m den ~ aus den Segeln nehmen** couper l'herbe sous le pied de qn; *umg fig* **er hat sich** *(dat)* **den ~ um die Nase wehen lassen** il a vu du pays; *fig* **in den ~ reden** prêcher dans le désert; **etw in den ~ schlagen** ne tenir aucun compte de qc; se moquer de qc; *fig* **sich nach dem ~ drehen, sein Mäntelchen nach dem ~ hängen** retourner sa veste selon les circonstances 2 JAGD *(Witterung)* vent *m*; flair *m*; *umg fig* **von etw ~ bekommen** avoir vent de qc; flairer qc 3 PHYSIOL *(Blähung)* vent *m*; flatulence *f*
Windbeutel M *Gebäck* chou *m* (**mit Schlagsahne** à la crème); **Windbö(e)** F rafale *f* de vent; **Windbruch** M chablis *m*
Winde F ⟨~; ~n⟩ 1 BOT liseron *m* 2 TECH *(Seilwinde)* treuil *m*; *(Schraubenwinde)* vérin *m*; SCHIFF cabestan *m*; *(Ankerwinde)* guindeau *m*
Windei *umg fig pej* N 1 *Mensch* bluffeur, -euse *m,f* 2 *Sache* bluff *m*
Windel F ⟨~; ~n⟩ couche *f*; **noch in den ~n liegen** être encore bébé, tout petit; *fig Projekt* en être encore à ses débuts
Windelhöschen N couche-culotte *f*
windelweich *umg* ADJ **j-n ~ schlagen** battre qn comme plâtre; *umg* tabasser qn
winden[1] ⟨windet, wand, gewunden, h.⟩ A V/T 1 *geh* **Schleifen ins Haar ~** mettre des rubans dans les cheveux; **etw um die Stirn ~** *geh* ceindre le front de qc; **Blumen zu Kränzen, Girlanden ~** faire, tresser des couronnes, des guirlandes de fleurs 2 *geh (entwinden)* arracher; **j-m etw aus den Händen ~** arracher qc des mains de qn 3 TECH *Lasten* **in die Höhe ~** °hisser; faire monter; lever; SCHIFF *a.* guinder B V/R **sich ~** 1 *Wurm etc* se tordre; **sich um etw ~** s'enrouler, s'entortiller autour de qc; **sich vor Schmerzen ~** se tordre de douleur 2 *fig (ausweichend antworten)* répondre évasivement, de façon évasive 3 *Bach, Weg* serpenter (**durch** à travers; **nach, zu** en direction de); **sich durch die Menge, Absperrung ~** se faufiler à travers la foule, le barrage
winden[2] V/UNPERS ⟨-ete, h.⟩ **es windet** il fait du vent; le vent souffle
Windenergie F ⟨~⟩ TECH énergie éolienne; **Windenergiepark** M parc éolien
Windeseile F **mit, in ~** comme le vent;

Nachricht **sich mit, in ~ verbreiten** se propager, se répandre comme une traînée de poudre

Windfang M *im Haus* tambour *m;* **windgeschützt** ADJT à l'abri du vent; **Windgeschwindigkeit** F vitesse *f* du vent; **Windharfe** F → Äolsharfe; **Windhauch** M souffle *m* de vent; **Windhose** F METEO tornade *f;* trombe *f*

Windhund M **1** ZOOL lévrier *m* **2** *umg pej umg* fumiste *m/f;* **Windhündin** F ZOOL levrette *f; junge* levronne *f*

windig ADJ **1** venteux, -euse; exposé au vent; **es ist ~** il fait, il y a du vent; **ein sehr ~er Tag** un jour de grand vent **2** *umg pej Mensch umg* fumiste; *Sache* louche; douteux, -euse

Windjacke F anorak *m;* **Windjammer** M ⟨~s; ~⟩ SCHIFF grand voilier; **Windkanal** M **1** TECH soufflerie *f;* tunnel *m* aérodynamique **2** *der Orgel* porte-vent *m;* **Windkasten** M *der Orgel* sommier *m;* **Windkraft** F ⟨~⟩ énergie éolienne; **Windkraftanlage** F (installation) éolienne *f;* **Windlicht** N photophore *m;* **Windmaschine** F THEAT machine destinée à imiter le (bruit du) vent; FILM machine *f* qui produit du vent; **Windmesser** M ⟨~s; ~⟩ anémomètre *m;* **Windmessung** F anémométrie *f*

Windmühle F moulin *m* à vent; *fig* **gegen ~n kämpfen** se battre contre des moulins à vent

Windmühlenflügel M aile *f* de moulin à vent; **Windpark** M parc éolien; **Windpocken** FPL MED varicelle *f;* **Windrad** N éolienne *f;* **Windrichtung** F direction *f* du vent; **Windrose** F rose *f* des vents; **Windsack** M *bes* SCHIFF, FLUG manche *f* à air

Windschaden M dégât(s) causé(s) par le vent; **Windschatten** M côté *m* sous le vent, abrité du vent

windschief ADJ *pej* tout de travers; penché; incliné; **windschlüpfig, windschnittig** ADJ aérodynamique; caréné

Windschutz M brise-vent *m;* abri *m* contre le vent; **Windschutzscheibe** F pare-brise *m;* **Windseite** F côté exposé au vent; côté *m* du vent; **Windspiel** N **1** *Mobile* carillon *m* **2** ZOOL → Windhund, Windhündin; **Windstärke** F force *f*, intensité *f* du vent

windstill ADJ calme; **es ist ~** le temps est calme; il n'y a pas de vent

Windstille F calme *m; vorübergehende* accalmie *f;* **völlige ~** calme plat

Windstoß M coup *m* de vent; rafale *f;* bourrasque *f;* **windsurfen** VI ⟨*insép, les temps simples ne s'emploient pas dans une principale*⟩ faire de la planche à voile; **Windsurfen** N ⟨~s⟩ planche *f* à voile; **Windsurfer(in)** M(F) véliplanchiste *m/f;* **Windsurfing** N planche *f* à voile

Windung F ⟨~; ~en⟩ **1** *(Krümmung)* courbe *f;* ANAT circonvolution *f; pl* **~en** *e-r Straße* lacets *mpl;* sinuosités *fpl; e-s Flusses a.* méandres *mpl* **2** TECH *e-r Spule etc* spire *f*

Wink M ⟨~(e)s; ~e⟩ **1** *(Zeichen)* signe *m;* **j-m e-n ~ geben** faire signe à qn **2** *fig (Andeutung)* indication *f;* avertissement *m; (Tipp) umg* tuyau *m;* **j-m e-n ~ geben** avertir qn; *umg* tuyauter qn

Winkel M ⟨~s; ~⟩ **1** MATH angle *m;* **rechter, spitzer, stumpfer, gestreckter ~** angle droit, aigu, obtus, plat; **toter ~** angle mort **2** *(Ecke) a. fig* coin *m; verborgener* recoin *m; des Herzens* repli *m;* **im tiefsten, verborgensten ~ s-s Herzens** au plus profond de son cœur; **e-e Wohnung bis auf den letzten ~ durchsuchen** fouiller un appartement dans tous les recoins **3** *fig (Ort)* coin *m;* **entlegener ~** coin perdu; **im entlegensten ~ Deutschlands** au fin fond de l'Allemagne **4** *Werkzeug* équerre *f*

Winkeladvokat M *pej* avocat marron, véreux; **Winkeleisen** N TECH équerre *f* en fer; cornière *f;* **winkelförmig** ADJ angulaire; **Winkelfunktion** F MATH fonction *f* trigonométrique; **Winkelhalbierende** F ⟨→ A⟩ MATH bissectrice *f*

winkelig ADJ *Gasse, Stadt etc* tortueux, -euse; *Zimmer etc* plein de recoins

Winkelmaß N *Werkzeug* équerre *f;* **Winkelmesser** M ⟨~s; ~⟩ MATH rapporteur *m;* **Winkelschleifer** M TECH meuleuse *f* d'angle; **Winkelzüge** MPL *pej* détours *mpl;* manœuvres *fpl* (louches)

winken ⟨*pperf umg* gewunken, h.⟩ **A** VT **j-n zu sich ~** faire signe à qn d'approcher; **ein Auto zur Seite ~** *Polizei* faire signe à une voiture de s'arrêter (sur le bas-côté de la route) **B** VI **1** *a. zum Näherkommen etc* faire signe; **j-m zum Abschied ~** faire des signes d'adieu à qn; **j-m mit der Hand ~** faire signe de la main à qn; **mit dem Taschentuch ~** agiter son mouchoir; **e-m Taxi ~** °héler un taxi; faire signe à un taxi; **j-m ~ heranzukommen** faire signe à qn d'approcher **2** *(in Aussicht stehen)* **etw winkt j-m** qn a qc en vue, en perspective; **den Gewinnern ~ tolle Preise** des prix fabuleux attendent les gagnants

winklig → winkelig

winseln VI ⟨-(e)le, h.⟩ **1** *Hund* gémir; pousser des cris plaintifs **2** *fig pej* gémir; geindre; pleurnicher

Winseln N ⟨~s⟩ **1** *e-s Hundes* gémissement *m;* cris plaintifs **2** *fig pej* gémissements *mpl;* pleurnicheries *fpl*

Winter M ⟨~s; ~⟩ hiver *m;* **im ~** en hiver; **mitten im ~** au milieu, au cœur de l'hiver; **den ~ über** durant l'hiver

Winterabend M soir *m*, soirée *f* d'hiver; **Winteranfang** M début *m*, commencement *m* de l'hiver; **Winteraster** F chrysanthème *m;* **Winterausrüstung** F équipement *m* d'hiver; **Wintercamping** N camping *m* en hiver; **Winterfahrplan** M horaire *m* d'hiver; **Winterfeldzug** M MIL campagne *f* d'hiver; **Winterfell** N pelage *m* d'hiver; **Winterferien** PL vacances *fpl* d'hiver; **winterfest** ADJ résistant à l'hiver, au froid d'hiver; *Schuhe, Kleidung etc* pour l'hiver; d'hiver; **Wintergarten** M jardin *m* d'hiver; serre *f;* **Wintergast** M hivernant(e) *m(f);* **Wintergerste** F orge *f* d'hiver; **Wintergetreide** N céréales *fpl* d'hiver; semis *m* d'automne; **Winterhalbjahr** N semestre *m* d'hiver; **winterhart** ADJ résistant à l'hiver, au froid d'hiver; **Winterkälte** F froid *m* d'hiver; **Winterkartoffel** F pomme de terre tardive, d'hiver; **Winterkleid** N **1** MODE robe *f* d'hiver **2** ZOOL *Behaarung* pelage *m* d'hiver; *Gefieder* plumage *m* d'hiver; **Winterkleidung** F vêtements *mpl* d'hiver; **Winterkurort** M station hivernale, d'hiver; **Winterlandschaft** F paysage *m* d'hiver

winterlich **A** ADJ d'hiver; de l'hiver; hivernal; **~e Kälte** froid *m* d'hiver **B** ADV comme en hiver; **sich ~ kleiden** mettre des vêtements d'hiver

Wintermantel M manteau *m* d'hiver; **Wintermode** F mode *f* d'hiver; **Wintermonat** M mois *m* d'hiver; **Winternacht** F nuit *f* d'hiver; **Winterolympiade** F Jeux *mpl* olympiques d'hiver; **Winterpause** F inactivité hivernale; **Winterquartier** N **1** MIL quartier *m* d'hiver **2** ZOOL zone *f* d'hivernage; **Winterreifen** M AUTO pneu *m* neige

winters ADV en hiver

Winterschlaf M ZOOL hibernation *f;* **~ halten** hiberner

Winterschlussverkauf M soldes *mpl, inkorr fpl* d'hiver; **Wintersemester** N semestre *m* d'hiver; **Wintersonne** F soleil *m* d'hiver; **Wintersonnenwende** F solstice *m* d'hiver

Winterspeck M *hum* **~ ansetzen** prendre des kilos, grossir en hiver

Winterspiele NPL **die Olympischen ~** les Jeux *mpl* olympiques d'hiver

Wintersport M sports *mpl* d'hiver; **Wintersportler(in)** M(F) amateur *m* de sports d'hiver; **Wintersportort** M station *f* de sports d'hiver; **Wintertag** M jour *m*, journée *f* d'hiver; **Winterurlaub** M vacances *fpl* d'hiver; **Wintervorrat** M provision(s) *f(pl)* pour l'hiver; **Winterwetter** N ⟨~s⟩ temps *m* d'hiver; **Winterzeit** F ⟨~⟩ **1** *Jahreszeit* hiver *m* **2** *Uhrzeit* heure *f* d'hiver

Winzer(in) M ⟨~s; ~⟩ F ⟨~in; ~innen⟩ vigneron, -onne *m,f;* viticulteur, -trice *m,f;* **Winzerfest** N fête *f* des vendanges; **Winzergenossenschaft** F coopérative *f* viticole, vinicole

winzig **A** ADJ tout petit; minuscule; *Menge* minime; *Raum* exigu, -uë **B** ADV **~ klein** minuscule

Winzigkeit F ⟨~; ~en⟩ **1** ⟨*sans pl*⟩ *Zustand* extrême petitesse *f;* caractère *m* minuscule; *e-s Raums* exiguïté *f* **2** *umg Sache* rien *m; (Kleinigkeit)* vétille *f;* bagatelle *f;* chose insignifiante

Wipfel M ⟨~s; ~⟩ cime *f;* sommet *m*

Wippe F ⟨~; ~n⟩ bascule *f;* tapecul *od* tape-cul *m*

wippen VI ⟨h.⟩ **1** *(sich ~d bewegen)* se balancer; **die Kinder ~** *auf der Wippe* les enfants jouent à la bascule, au tapecul **2** **mit dem Fuß ~** balancer le pied; *Vogel* **mit dem Schwanz ~** remuer, balancer la queue

Wippen N ⟨~s⟩ balancement *m; auf der Wippe a.* jeu *m* de bascule

wir PERS PR **1** nous; **~ sind es** c'est nous; *wer kommt mit?* **~!** nous!; **~ Deutschen** nous autres Allemands; **~ Armen** nous, les pauvres **2** *geh,* ADMIN *(ich)* nous; **~ teilen Ihnen mit, dass …** nous avons l'honneur de vous faire savoir que … **3** *umg Anrede* **wie fühlen ~ uns denn heute?** alors, comment on se sent aujourd'hui?

Wirbel M ⟨~s; ~⟩ **1** PHYS tourbillon *m;* remous *m* **2** ⟨*sans pl*⟩ *fig (Durcheinander)* tourbillon *m;* agitation *f;* **im ~ der Ereignisse** dans le tourbillon des événements **3** ⟨*sans pl*⟩ *fig (Aufhebens)* bruit *m;* **viel ~ um etw, j-n machen** faire beaucoup de bruit, de battage autour de qc, qn **4** ANAT vertèbre *f* **5** *(Haarwirbel)* épi *m* (de cheveux) **6** *an Saiteninstrumenten* cheville *f;* clé *f* **7** *(Trommelwirbel)* roulement *m* (de tambour[s])

Wirbelbogen M ANAT arc vertébral; **wirbellos** ADJ ZOOL invertébré; **Wirbellose(n)** PL ⟨→ A⟩ ZOOL invertébrés *mpl*

wirbeln **A** VT ⟨h.⟩ *Tanzpartnerin über das Parkett, Wind die Blätter etc* faire tourbillonner **B** VI ⟨h., *doublé d'une indication de direction* s.⟩ *Staub, Schneeflocken, Blätter etc* tourbillonner; tournoyer; *Propeller etc* tourner à toute vitesse; **sie wirbelte ins Zimmer** elle est arrivée en trombe dans la pièce; **mir wirbelt der Kopf** la tête me tourne

Wirbeln ⟨~s⟩ tourbillonnement *m;* MUS *auf der Trommel* roulement *m* (de tambour)

Wirbelsäule F ANAT colonne vertébrale; **Wirbelsturm** M cyclone *m;* **Wirbeltiere** NPL vertébrés *mpl*

Wirbelwind M **1** METEO tourbillon *m* **2**

W

umg fig Person tourbillon *m*; **diese Frau ist ein richtiger ~** cette femme déborde d'activité

wirbt → werben

wird → werden

wirft → werfen

wirken ⟨h.⟩ A VT 1 *geh (tun)* faire; accomplir; → *a.* Wunder 2 TEX tricoter B VI 1 *(e-e bestimmte Wirkung haben)* agir, opérer (**auf** *[+akk]* sur); *(wirksam sein)* être efficace; faire (de l')effet; *(Wirkung ausüben)* avoir de l'effet (**auf** *[+akk]* sur); faire, produire son effet (**auf** *[+akk]* sur); **beruhigend ~** être calmant; avoir un effet calmant (**auf j-n** sur qn); **ermüdend, ansteckend ~** être fatigant, contagieux; **nachteilig auf etw** *(akk)* **~** nuire à qc; produire un effet défavorable, nuisible sur qc; **die Arznei hat gewirkt** le remède a agi; le remède a fait effet; *Bemerkung, Argument umg* **das hat gewirkt!** ça a porté!; ça n'a pas manqué de faire son effet! 2 *(e-n bestimmten Eindruck machen)* produire, faire une impression (**auf** *[+akk]* sur); **auf j-n ~ wie ...** faire à qn l'effet de ...; **auf j-n angenehm ~** faire une impression agréable sur qn; **größer ~, als man ist** avoir l'air, paraître plus grand que l'on (n')est 3 *(beeindrucken) Bild etc* produire, faire de l'effet; faire impression; *(zur Geltung kommen)* être mis en valeur 4 *geh (tätig sein)* exercer son activité, ses fonctions (**als** de)

Wirken *geh* N ⟨~s⟩ *(Tätigsein)* activité(s) *f(pl)* (**als** en tant que)

Wirkerei F ⟨~; ~en⟩ TEX 1 ⟨*sans pl*⟩ *Industrie* bonneterie *f* 2 *Betrieb* usine *f*, atelier *m* de bonneterie

wirklich A ADJ *(tatsächlich)* réel, réelle; *(echt)* véritable; vrai; *(~ vorhanden)* effectif, -ive; **ein ~er Freund** un véritable ami; **e-e ~e Hilfe** une aide réelle, effective B ADV réellement; en réalité; véritablement; vraiment; effectivement; **~?** vraiment?; c'est vrai?; **ist das ~ wahr?** c'est bien vrai?; **das ist ~ die Höhe!** c'est vraiment un comble, trop fort!

Wirklichkeit F ⟨~; ~en⟩ réalité *f*; **die raue ~** la dure réalité; **in ~** *(dat)* en réalité; **~ werden** se réaliser

Wirklichkeitsform F GRAM indicatif *m*; **wirklichkeitsfremd** ADJ peu réaliste; *Person a.* qui n'a pas le sens des réalités; **wirklichkeitsgetreu** ADJ réaliste; **wirklichkeitsnah** ADJ réaliste; **Wirklichkeitsnähe** F réalisme *m*; **Wirklichkeitssinn** M ⟨~(e)s⟩ sens *m* des réalités; réalisme *m*

wirksam ADJ 1 efficace; opérant; actif, -ive; **gegen etw ~ sein** agir contre qc; être bon pour qc 2 ADMIN, JUR *(in Kraft)* en vigueur; **~ werden** entrer en vigueur; prendre effet

Wirksamkeit F ⟨~⟩ efficacité *f*; activité *f*; *von Heilkräutern* vertu *f*

Wirkstoff M agent *m*; principe actif

Wirkung F ⟨~; ~en⟩ 1 effet *m*; action *f*; **e-e ~ ausüben** exercer une action (**auf** *[+akk]* sur); **s-e ~ tun** faire, produire son effet; **s-e ~ verfehlen** ne pas avoir l'effet souhaité; rater son effet 2 JUR, ADMIN **aufschiebende ~** effet suspensif; **mit sofortiger ~** avec effet immédiat; **mit ~ vom ersten März** prenant effet, avec effet (à partir *od* à compter) du premier mars 3 PHYS effet *m*

Wirkungsbereich M domaine *m*; champ *m*, sphère *f* d'activité; **Wirkungsdauer** F durée *f* de l'effet; **Wirkungsgrad** M (degré *m* d')efficacité *f*; TECH rendement *m*; **Wirkungskraft** F efficacité *f*; *e-s Medikaments a.* vertu *f*; **Wirkungskreis** M champ *m*, sphère *f* d'activité; **wirkungslos** ADJ sans effet; inefficace; inopérant; **Wirkungslosigkeit** F ⟨~⟩ inefficacité *f*; **Wirkungsstätte** *geh* F lieu *m* d'activité; **wirkungsvoll** ADJ efficace; **Wirkungsweise** F *e-s Wirkstoffs* mode *m* d'action; TECH mode *m* de fonctionnement

Wirkwaren FPL tricotages *mpl*; bonneterie *f*

wirr ADJ 1 *(verwirrt)* confus; embrouillé; **mir ist ganz ~ im Kopf** tout se bouscule dans ma tête 2 *(unordentlich)* désordonné; sens dessus dessous; pêle-mêle; *Haar* ébouriffé; en désordre

Wirren PL *politische* troubles *mpl*; remous *mpl*; *der Nachkriegszeit etc* confusion *f*; désordre *m*

Wirrkopf M esprit confus, embrouillé

Wirrnis *geh* F ⟨~; ~se⟩ confusion *f*; *plus fort* chaos *m*

Wirrwarr M ⟨~s⟩ *(Durcheinander)* confusion *f*; *umg* fouillis *m*; *von Vorschriften* jungle *f*; *von Fäden, Gedanken* enchevêtrement *m*

Wirsing M ⟨~s⟩, **Wirsingkohl** M chou frisé; chou *m* (de) Milan

Wirt[1] M ⟨~(e)s; ~e⟩ BOT, ZOOL hôte *m*

Wirt[2] M ⟨~(e)s; ~e⟩, **Wirtin** F ⟨~in; ~innen⟩ 1 *(Gastwirt[in])* patron, -onne *m,f* (d'un hôtel, d'un restaurant, *etc*); *e-s Gasthofs a.* hôtelier, -ière *m,f* 2 *(Hauswirt[in])* propriétaire *m/f*; *(Zimmervermieter[in])* logeur, -euse *m,f* 3 *(Gastgeber[in])* hôte, -esse *m,f*

Wirtschaft F ⟨~; ~en⟩ 1 WIRTSCH économie *f*; **freie ~** économie libérale; **gelenkte ~** économie dirigée; dirigisme *m*; **die gewerbliche ~** l'industrie *f* et l'artisanat *m*; **in die ~ gehen** prendre un emploi dans l'industrie 2 ⟨*sans pl*⟩ *(Haushalt)* ménage *m*; **j-m die ~ führen** tenir le ménage de qn 3 *(Gastwirtschaft)* café *m*; bar *m*; *umg* bistro(t) *m*; restaurant *m* 4 AGR *(Hof)* ferme *f*; exploitation *f* agricole 5 *umg pej* ⟨*sans pl*⟩ *(Unordnung)* désordre *m*; *umg* pagaille *f*; *umg* bordel *m*; **was ist denn das für e-e ~!** quel bordel!

wirtschaften ⟨-ete, h.⟩ A VT **e-e Firma zugrunde ~** mener une entreprise à la ruine, à sa perte B VI 1 *(verwalten)* administrer; gérer; **gut, schlecht (mit etw) ~** bien, mal administrer, gérer (qc); **sparsam ~** être économe 2 *(sich betätigen)* travailler; *pej* s'affairer

Wirtschafterin F ⟨~; ~nen⟩ 1 *(Haushälterin)* gouvernante *f* 2 *(sparsame, wirtschaftlich denkende Frau)* **sie ist e-e gute ~** c'est une bonne ménagère

Wirtschaftler M ⟨~s; ~⟩ économiste *m*

wirtschaftlich A ADJ 1 ⟨*épithète*⟩ économique; **~es Wachstum** croissance *f* économique 2 ⟨*épithète*⟩ *(finanziell)* pécuniaire; financier, -ière; **in schwierigen ~en Verhältnissen leben** avoir de gros soucis d'argent, financiers 3 *Auto, Heizung etc (sparsam)* économique B ADV 1 sur le plan économique; **es geht ~ voran** l'économie progresse 2 *(finanziell)* financièrement; **von j-m ~ abhängig sein** dépendre financièrement de qn 3 *(sparsam)* économiquement; **~ denken** penser en termes d'économie

Wirtschaftlichkeit F ⟨~⟩ rentabilité *f*

Wirtschafts... IN ZSSGN économique; **Wirtschaftsabkommen** N accord *m* économique; **Wirtschaftsakademie** F institut *m* d'études économiques; **Wirtschaftsaufschwung** M essor *m*, reprise *f* économique; **Wirtschaftsausschuss** M POL commission *f* économique; **Wirtschaftsbelebung** F regain *m*, relance *f* de l'activité économique; redressement *m*, reprise *f* économique; **Wirtschaftsberater(in)** M(F) conseiller, -ère *m,f* économique; **Wirtschaftsbereich** M secteur *m* économique; **Wirtschaftsbeziehungen** FPL relations *fpl* économiques; **Wirtschaftsdelegation** F délégation *f* économique; **Wirtschaftseinheit** F unité *f* économique; **Wirtschaftsentwicklung** F développement *m* économique; **Wirtschaftsexperte** M, **Wirtschaftsexpertin** F économiste *m/f*; spécialiste *m/f* en économie; **Wirtschaftsflüchtling** M POL, *pej* réfugié(e) *m(f)* pour raisons économiques; **Wirtschaftsförderung** F aide *f* économique; **Wirtschaftsform** F système *m* économique; **Wirtschaftsgebäude** NPL dépendances *fpl*; communs *mpl*; **Wirtschaftsgebiet** N région *f*; zone *f* économique; **Wirtschaftsgeld** N ⟨~(e)s⟩ argent *m* du ménage

Wirtschaftsgemeinschaft F **Europäische ~** Communauté économique européenne

Wirtschaftsgüter NPL biens *mpl* économiques; **Wirtschaftsgymnasium** N *lycée assurant une formation à dominantes économiques*; **Wirtschaftshilfe** F aide *f*, assistance *f* économique; **Wirtschaftsingenieur** M ingénieur technico-commercial; **Wirtschaftsjahr** N exercice *m*; **Wirtschaftskommission** F commission *f* économique; **Wirtschaftskonferenz** F conférence *f* économique; **Wirtschaftskontrolle** F contrôle *m* économique; **Wirtschaftskorrespondent(in)** M(F) *e-r Zeitung* correspondant(e) *m(f)* économique; **Wirtschaftskreise** MPL milieux *mpl* économiques; **Wirtschaftskrieg** M guerre *f* économique; **Wirtschaftskriminalität** F criminalité *f* économique; **Wirtschaftskrise** F crise *f* économique; **Wirtschaftslage** F situation *f* économique; **Wirtschaftsleben** N vie *f* économique; **Wirtschaftslehre** F doctrine *f* économique; **Wirtschaftsmacht** F puissance *f* économique; **Wirtschaftsminister** M ministre *m* de l'Économie; **Wirtschaftsministerium** N ministère *m* de l'Économie; **Wirtschaftsniveau** N niveau *m* de l'économie, économique; **Wirtschaftsordnung** F système *m* économique; **Wirtschaftsorganisation** F organisation *f* économique; **Wirtschaftsplan** M plan *m* économique; **Wirtschaftsplanung** F planification *f* économique; **Wirtschaftspolitik** F politique *f* économique; **wirtschaftspolitisch** ADJ ⟨*épithète*⟩ en matière de politique économique; **Wirtschaftsprognose** F prévisions *fpl* économiques; **Wirtschaftsprozess** M processus *m* économique; **Wirtschaftsprüfer** M expert-comptable *m*; *bei Handelsgesellschaften* vérificateur *m* des comptes; commissaire *m* aux comptes; **Wirtschaftsprüfung** F vérification *f* de la gestion et des comptes

Wirtschaftsrat M ⟨~(e)s; ¨~e⟩ conseil *m* économique; HIST **Europäischer ~** Organisation européenne de coopération économique; **Wirtschafts- und Sozialrat** *der UN* Conseil économique et social

Wirtschaftsraum M 1 WIRTSCH espace *m* économique; **Europäischer ~** Espace économique européen 2 ⟨*souvent pl*⟩ *e-s Hotels etc* cuisine *f bzw.* entrepôt *m bzw.* buanderie *f*

Wirtschaftsrecht N ⟨~(e)s⟩ droit *m*, législation *f* économique; **Wirtschaftsredakteur(in)** M(F) chroniqueur *m* économique; rédacteur, -trice *m,f* économique; **Wirtschaftsreform** F réforme *f* économique; **Wirtschaftsrückgang** M récession *f* économique; **Wirtschaftssachverständige(r)** M/F(M) économiste *m/f*; spécialiste *m/f* en économie; **Wirtschaftssanktionen** FPL sanctions *fpl* économiques; **Wirtschaftssektor** M secteur *m* économique; **Wirtschaftsspionage** F espionnage *m*

W

économique; **Wirtschaftssprache** F langage *m* économique; **Wirtschaftsstabilität** F stabilité *f* économique; **Wirtschaftsstatistik** F statistique *f* économique; **Wirtschaftsstruktur** F structure *f* économique; **Wirtschaftssystem** N système *m* économique; **Wirtschaftsteil** M *e-r Zeitung* chronique *f*, rubrique *f* économique; **Wirtschaftstheorie** F théorie *f* économique; **Wirtschaftsverband** M union *f*, groupement *m* économique; **Wirtschaftsverbindungen** FPL relations *fpl* économiques; **Wirtschaftsvereinbarung** F entente *f* économique; **Wirtschaftsvereinigung** F association *f* économique; **Wirtschaftsverflechtung** F interdépendance *f* économique; **Wirtschaftsverhältnisse** NPL situation *f* économique; conditions économiques existantes; **Wirtschaftsverhandlungen** FPL négociations commerciales

Wirtschaftsverkehr M échanges *mpl* économiques; **zwischenstaalicher ~** échanges internationaux

Wirtschaftswachstum N croissance *f* économique; **Wirtschaftswissenschaft** F économie *f*; science *f* économique; **Wirtschaftswissenschaftler(in)** M(F) économiste *m/f*; **Wirtschaftswunder** *umg* N miracle *m* économique; **Wirtschaftszeitung** F journal *m*, revue *f* économique; **Wirtschaftszentrum** N centre *m* économique; **Wirtschaftszweig** M secteur *m* économique

Wirtshaus N café *m*; *umg* bistro(t) *m*; *(Gasthaus)* auberge *f*; **Wirtsleute** *pl von* Wirt²; **Wirtspflanze** F BOT hôte *m*; **Wirtsstube** F salle *f* d'auberge, de café; **Wirtstier** N ZOOL hôte *m*

Wisch *umg pej* M ⟨~(e)s; ~e⟩ chiffon *m* (de papier); *umg* papelard *m*

wischen ⟨h.⟩ A VT 1 *(weg~)* essuyer; **Staub ~** enlever la poussière; **den Staub von etw ~** épousseter qc; **den Schmutz von etw ~** nettoyer qc; **sich** *(dat)* **den Schweiß von der Stirn ~** essuyer la sueur de son front 2 *(säubern)* nettoyer; **die Treppe, die Küche ~** nettoyer l'escalier, la cuisine (avec une serpillière); **sich** *(dat)* **den Mund ~** s'essuyer la bouche (**mit etw** avec qc) 3 *e-e Ohrfeige umg* **j-m eine ~** flanquer une gifle à qn; *umg* **eine gewischt kriegen** recevoir une gifle; *e-n Stromschlag umg* recevoir un coup de jus B VI 1 *(sauber machen)* faire du nettoyage 2 **mit etw über etw** *(akk)* **~** passer qc sur qc 3 ⟨s.⟩ *(huschen)* se glisser; *umg* filer

Wischer M ⟨~s; ~⟩ AUTO *(Scheibenwischer)* essuie-glace *m*; **Wischerblatt** N AUTO balai *m* d'essuie-glace

wischfest ADJ *Farbe* résistant au frottement

Wischiwaschi *umg pej* N ⟨~s⟩ *umg* blabla (-bla) *m*

Wischlappen M 1 chiffon *m*; lavette *f* 2 *(Scheuerlappen)* serpillière *f*; **Wischtuch** N ⟨~(e)s; ¨~er⟩ 1 → Wischlappen 2 *südd (Geschirrtuch)* torchon *m*

Wisent M ⟨~s; ~e⟩ ZOOL bison *m* d'Europe

Wismut N ⟨~(e)s⟩ CHEM bismuth *m*

wispern VT *u.* VI ⟨-(e)re, h.⟩ chuchoter; murmurer

Wispern N ⟨~s⟩ chuchotement *m*; murmure *m*

Wissbegier(de) F ⟨~(de)⟩ curiosité *f* d'esprit; soif *f* de savoir

wissbegierig ADJ curieux, -ieuse d'esprit; avide de savoir

wissen ⟨weiß, wusste, gewusst, h.⟩ A VT 1 *(kennen)* savoir; **etw von j-m** *od* **durch j-n ~** savoir qc par qn; **etw über j-n ~** savoir qc sur (le compte de) qn; **vieles (darüber) ~** en savoir long; **ich weiß (es)** je (le) sais; **ich weiß (es) nicht** je ne sais pas; **ich weiß schon** je (le) sais déjà; je suis au courant; **j-n ~, der ...** connaître qn qui ...; **ich weiß ein gutes Lokal** je connais un bon restaurant; *umg* **was weiß ich!** qu'est-ce que j'en sais, moi!; **wer weiß?** qui sait?; **nicht, dass ich wüsste** pas que je sache; **soviel ich weiß** autant que je sache; **damit du es nur weißt** pour que tu le saches; **Sie müssen ~, dass ...** sachez que ...; **ich weiß nicht, wer ...** je ne sais qui ...; *umg fig* **das weiß ja jedes Kind** c'est élémentaire; tout le monde le sait; **das braucht niemand zu ~** cela ne regarde personne; **~ Sie es genau?** en êtes-vous bien sûr?; **das weiß er am besten** il est bien placé pour le savoir; **ich weiß nicht recht** je ne sais (pas) au juste; *umg* **man kann nie ~** sait-on jamais?; **gut, dass ich es weiß** c'est bon à savoir; *umg* **gewusst, wie!** c'est ce qu'on appelle du savoir-faire!; *Einleitung für e-n Vorschlag* **weißt du was?** écoute(, nous allons ...); **ich weiß sehr wohl, dass ...** je n'ignore pas que ...; **weißt du noch, als ...** te rappelles-tu le temps où ...; **j-n etw ~ lassen** faire savoir qc à qn; **ich will von ihm nichts mehr ~** je ne veux plus entendre parler de lui; **davon will er nichts ~** il n'en veut rien savoir; il ne veut pas en entendre parler; *umg* **es ~ wollen** *(s-e Fähigkeiten beweisen wollen)* vouloir prouver qu'on en est capable 2 *(in der Lage sein)* **sich zu benehmen ~** savoir se conduire; **zu leben ~** savoir vivre, se rendre la vie agréable 3 *geh (in e-r bestimmten Situation wähnen)* savoir; **ich weiß ihn in Sicherheit** je le sais en sécurité; **ich will das so verstanden ~** c'est comme cela que je l'entends 4 *umg intensivierend* **wer weiß wo** Dieu sait où; **was weiß ich was (noch alles)** que sais-je encore; **er tut, als ob die Sache wer weiß wie wichtig sei** il fait comme si c'était très important B VI *(unterrichtet sein)* **von**, *geh* **um etw ~** avoir connaissance de qc

Wissen N ⟨~s⟩ savoir *m*; *(Kenntnisse)* connaissances *fpl*; **ein großes ~ haben** avoir un savoir étendu; avoir de vastes connaissances; **ohne mein ~** à mon insu; **meines ~s** à ma connaissance; autant que je sache; **wider besseres ~** sciemment; **nach bestem ~ und Gewissen** en mon, ton, *etc* âme et conscience

wissend ADJ *Blick, Lächeln* entendu

wissenlassen VT → wissen A 1

Wissenschaft F ⟨~; ~en⟩ science *f*; **angewandte ~en** sciences appliquées; **die exakten ~en** les sciences exactes; *umg fig* **das ist e-e ~ für sich** c'est tout un art

Wissenschaftler(in) M ⟨~s; ~⟩ (F) ⟨~in; ~innen⟩ savant *m*; homme *m* de science; *bes (Naturwissenschaftler[in])* scientifique *m/f*; *(Forscher[in])* chercheur *m*

wissenschaftlich A ADJ scientifique B ADV **~ erwiesen sein** être scientifiquement prouvé; **~ arbeiten** travailler selon des méthodes scientifiques

Wissenschaftlichkeit F ⟨~⟩ caractère *m*, esprit *m* scientifique; scientificité *f*

Wissenschaftslehre F théorie *f* de la science

Wissensdrang M, **Wissensdurst** M désir *m*, soif *f* de savoir; **wissensdurstig** ADJ avide de savoir; **Wissensgebiet** N domaine *m* (scientifique); **Wissenslücke** F lacune *f*; **Wissensstand** M niveau *m* de(s) connaissances

wissenswert ADJ qui vaut la peine d'être connu; *(interessant)* intéressant; **der Vortrag bot viel Wissenswertes** cette conférence a apporté beaucoup d'informations intéressantes

wissentlich A ADJ ⟨épithète⟩ délibéré; intentionnel, -elle B ADV en connaissance de cause; sciemment; de propos délibéré

wittern ⟨-(e)re, h.⟩ A VT JAGD, *fig* flairer; *fig Verrat etc a.* éventer; *fig* **e-e Gefahr ~** flairer un danger B VI *Tier* prendre le vent

Witterung F ⟨~; ~en⟩ 1 *(Wetter)* temps *m*; conditions *fpl* météorologiques, atmosphériques; **bei jeder ~** par tous les temps; **bei günstiger ~** si le temps le permet 2 JAGD *(Geruchssinn)* flair *m*; *(Geruch des Wildes)* vent *m*; fumet *m*; **~ von e-m Tier haben** avoir le vent d'un animal; flairer un animal 3 *fig (Gespür)* flair *m*; **e-e, keine ~ für etw haben** avoir du flair, ne pas avoir de flair pour qc

witterungsbedingt ADJT dépendant des conditions atmosphériques, météorologiques

Witterungseinflüsse MPL influences *fpl* atmosphériques, du temps; **Witterungsumschlag** M, **Witterungsumschwung** M changement (subit) du *bzw.* de temps; **Witterungsverhältnisse** NPL conditions *fpl* atmosphériques, météorologiques

Witwe F ⟨~; ~n⟩ veuve *f*; *umg hum* **grüne ~** *femme qui s'ennuie dans une villa de banlieue et dont le mari est souvent absent*

Witwenrente F pension *f* de veuve; **Witwenschaft** F ⟨~⟩ veuvage *m*

Witwer M ⟨~s; ~⟩ veuf *m*; **Witwerschaft** F ⟨~⟩ veuvage *m*

Witz M ⟨~es; ~e⟩ 1 *(lustige Geschichte)* histoire *f* (drôle); *(witziger Einfall)* trait *m*, mot *m* d'esprit; bon mot; *(Scherz)* plaisanterie *f*; *umg* blague *f*; **derber ~** gauloiserie *f*; **fauler ~** mauvaise plaisanterie; **e-n ~ erzählen** raconter une histoire (drôle), *umg* une blague; *umg* **~e reißen** *umg* en raconter de (bien) bonnes; **das soll wohl ein ~ sein?** mais c'est une plaisanterie, *umg* une blague?; ce n'est pas sérieux?; *fig* **mach keine ~e!** ne raconte pas d'histoires, *umg* de blagues!; *fig* **das ist ein ~!** c'est ridicule! 2 ⟨sans pl⟩ *(Geistreichsein)* esprit *m*; **sprudelnder ~** esprit pétillant; **mit viel ~** avec beaucoup d'esprit 3 *fig* **das ist ja gerade der ~** voilà le hic!; **der ~ an der Sache** le piquant de la chose; **das ist der ganze ~!** c'est toute l'astuce!; voilà tout!

Witzblatt N journal *m* humoristique, satirique; **Witzbold** *umg* M ⟨~(e)s; ~e⟩ farceur *m*; *umg* blagueur *m*; plaisantin *m*

Witzelei F ⟨~; ~en⟩ 1 ⟨sans pl⟩ *(ständiges Witzeln)* plaisanteries, railleries continuelles 2 *(spöttische Bemerkung)* moquerie *f*; réflexion moqueuse

witzeln VI ⟨-(e)le, h.⟩ plaisanter; *umg* blaguer; faire de l'esprit; **über j-n, etw ~** plaisanter à propos de qn, sur qc; *pej* se moquer de qn, qc

Witzfigur F caricature *f* (*a. umg pej*)

witzig ADJ *Person* spirituel, -elle; *Sache* amusant; drôle; *Anekdote* piquant; **~e Bemerkung** mot *m*, trait *m* d'esprit; bon mot; **~er Einfall** trait *m* d'esprit; *iron* **wie ~!** quel esprit!

witzlos ADJ 1 *(geistlos)* peu spirituel, -elle; insipide 2 *umg fig (zwecklos)* sans intérêt; inutile

WLAN N ⟨~(s); ~s⟩ ABK (wireless local area network) IT Wi-Fi® *m*

WM F ⟨~⟩ ABK (Weltmeisterschaft) championnat *m* du monde; FUSSBALL *a.* Mondial *m*

wo A ADV 1 *interrogativ u. relativisch: örtlich u. zeitlich* où; **~ auch immer** où que ... (+*subj*); **da, ~ ich wohne** là où je demeure; **~ anders als hier ...?** où ... sinon ici?; *umg* **~ gibt's denn so was!** c'est un comble!; *umg* quel culot, toupet!; **jetzt, ~ ...** maintenant que ...; **in e-r Zeit, ~ ...** à une époque où ... 2 *umg (irgendwo)* quelque part; **ach** *od* **i ~!** allons

W

donc!; mais non!; penses-tu *bzw.* pensez-vous! **B** KONJ **1** *konditional (falls, wenn)* **~ nicht** sinon; **~ möglich** si (c'est) possible; **~ irgend möglich** *liter* si faire se peut **2** *kausal (da)* **~ ... (einmal) ...** puisque ...; **~ wir nun einmal hier sind ...** puisque nous sommes ici ... **3** *konzessiv (obwohl)* **~ ... doch ...** alors que ...; **was fragst du, ~ du es doch weißt!** pourquoi poses-tu la question alors que tu connais la réponse?

w. o. ABK (wie oben) comme ci-dessus

woanders ADV ailleurs; autre part; **mit s-n Gedanken ganz ~ sein** être absent; être dans la lune

woandershin ADV ailleurs; autre part

wob → weben

wobei ADV **1** *interrogativ je nach Kontext zu übersetzen;* **~ hast du dich verletzt?** en faisant quoi, comment t'es-tu blessé?; **~ ist er stehen geblieben?** où en est-il resté? **2** *relativisch je nach Kontext zu übersetzen, bei Gleichzeitigkeit oft Gérondif;* **..., ~ mir einfällt ...** ... ce qui *od* circonstance qui me rappelle ...; **er las ein Buch, ~ er Musik hörte** il lisait un livre (tout) en écoutant de la musique

Woche F ⟨~; ~n⟩ **1** semaine *f*; **diese ~** cette semaine; **jede zweite ~** tous les quinze jours; **zweimal die ~** deux fois par semaine; **~ für ~** chaque semaine; semaine après semaine; *weitere Wendungen → a.* Jahr **2** *Veranstaltung* semaine *f*; **die ~ des Buches** la semaine du livre **3** *geh (Wochenbett)* **in den ~n sein** être en couches; **in die ~n kommen** accoucher

Wochen... IN ZSSGN hebdomadaire; de (la) semaine; **Wochenabschluss** M HANDEL balance *f*, bilan *m* hebdomadaire; **Wochenarbeitsstunden** FPL heures *fpl* de travail hebdomadaire; **Wochenarbeitszeit** F heures *fpl* de travail hebdomadaire; **Wochenausgabe** F édition *f* hebdomadaire; **Wochenbericht** M rapport *m*, compte rendu *m* hebdomadaire

Wochenbett N ⟨~(e)s⟩ MED couches *fpl*; **im ~ liegen** être en couches

Wochenbettfieber N fièvre puerpérale; **Wochenblatt** N (journal *m*) hebdomadaire *m*; **Wocheneinnahme** F HANDEL recette *f* de la semaine; **Wochenendausflug** M excursion *f* de week-end

Wochenende N week-end *m*; fin *f* de semaine; **am ~** en fin de semaine; au week-end; **schönes ~!** bon week-end!

Wochenendhaus N résidence *f* secondaire; **Wochenfluss** M ⟨~es⟩ MED lochies *fpl*; **Wochenkarte** F carte *f* (d'abonnement) hebdomadaire; **wochenlang** **A** ADJ qui dure des semaines (entières) **B** ADV (pendant) des semaines entières; à longueur de semaines; **Wochenlohn** M salaire *m* hebdomadaire, de la semaine; **Wochenmarkt** M marché *m* hebdomadaire

Wochenschau F **1** *bes früher im Kino* actualités *fpl* **2** TV actualités télévisées (de la semaine); **die ~** *a.* la semaine télévisée

Wochenstunde F SCHULE heure *f* hebdomadaire, par semaine; **Wochentag** M **1** *(Tag der Woche)* jour *m* de semaine **2** *(Werktag)* jour *m* ouvrable; **wochentags** ADV en semaine; les jours ouvrables

wöchentlich **A** ADJ hebdomadaire **B** ADV toutes les semaines; chaque semaine; **zweimal ~** deux fois par semaine

wochenweise ADV par semaine

Wochenzeitschrift F (revue *f*) hebdomadaire *m*; *umg* hebdo *m*; **Wochenzeitung** F (journal *m*) hebdomadaire *m*; *umg* hebdo *m*

Wöchnerin F ⟨~; ~nen⟩ femme *f* en couches; accouchée *f*

Wodka M ⟨~s; ~s⟩ vodka *f*

wodurch ADV **1** *interrogativ* par quoi?; par quel moyen?; **~ konnte er dich überzeugen?** comment a-t-il réussi à te convaincre? **2** *relativisch* par quoi; par lequel, laquelle; **e-e Vorrichtung, ~ sie besser geschützt waren** un dispositif par lequel ils étaient mieux protégés

wofür ADV **1** *interrogativ* pour quoi?; **~ ist das gut?** à quoi cela sert-il?; **~ halten Sie mich?** pour qui me prenez-vous? **2** *relativisch* pour lequel, laquelle; pour quoi; *tauschend* en échange de quoi; **er ist nicht das, ~ er sich ausgibt** il n'est pas ce qu'il veut paraître

wog → wägen, wiegen[1]

Woge *geh* F ⟨~; ~n⟩ vague *f (a. fig)*; *wild bewegte* flot *m (a. fig)*; *hohe* lame *f*; *fig* **~n der Begeisterung** des vagues d'enthousiasme

wogegen **A** ADV **1** *interrogativ* contre quoi?; **~ protestieren sie?** contre quoi protestent-ils?; **~ ist sie allergisch?** à quoi est-elle allergique? **2** *relativisch* contre quoi; contre lequel, laquelle; **..., ~ nichts einzuwenden ist ...** (ce) à quoi il n'y a rien à objecter **B** KONJ *(wohingegen)* tandis que; alors que

wogen *geh* VI ⟨h.⟩ *Meer, Ähren, Kornfeld etc* ondoyer; onduler; *Meer a.* rouler des vagues; être agité, °houleux, -euse; *fig Menschenmenge* ondoyer; *Busen* palpiter; **hin und her ~** flotter; ondoyer

woher ADV **1** *interrogativ* d'où?; de quel côté?; **~ soll ich das wissen?** comment veux-tu *bzw.* voulez-vous que je le sache?; *umg* **ach, ~ denn!** penses-tu *bzw.* pensez-vous! **2** *relativisch* d'où; **ich weiß nicht, ~ das kommt** j'ignore d'où cela vient

wohin ADV **1** *interrogativ* où?; **~ gehst du?** où vas-tu?; *umg* **~ so spät?** où vas-tu *bzw.* allez-vous à cette heure?; *umg* **~ damit?** qu'est-ce que je fais de ça?; *umg* **ich muss mal ~** il faut que j'aille quelque part, *umg* au petit coin **2** *relativisch* où; **du kannst gehen, ~ du willst** tu peux aller où tu veux

wohingegen KONJ tandis que; alors que

wohinter ADV **1** *interrogativ* derrière quoi? **2** *relativisch* derrière quoi; derrière lequel, laquelle

wohl ADV **1** *(bei guter Gesundheit)* bien; bien portant; *geh* **mir ist ~** je me porte bien; **mir ist jetzt ~er** je me sens mieux maintenant; **~ fühlen** → wohlfühlen **2** *(behaglich)* à l'aise; bien; **mir ist nicht ganz ~ dabei** cette affaire m'inquiète; *geh, hum* **~ bekomm's!** *(zum Wohl)* à votre santé; *(guten Appetit)* bon appétit!; *iron* grand bien vous fasse!; **leb ~!, leben Sie ~!** adieu!; **~ oder übel** bon gré, mal gré; *geh* **~ dem, der ...** *geh* heureux celui qui ... **3** *(durchaus)* (très) bien; **ich weiß ~, dass ...** je sais bien que ...; je n'ignore pas que ... **4** *(ungefähr)* bien; **~ (an die) Tausend Zuschauer** bien (dans les) mille spectateurs **5** *geh (gewiss)* bien; **sehr ~(, mein Herr)!** très bien(, Monsieur)! **6** *geh (gut)* ⟨besser, am besten⟩ bien; **~ wissend, dass ...** sachant bien que ...; n'étant pas sans savoir que ...; **~ bedacht, ~ begründet, ~ bekannt** *etc* → wohlbedacht, wohlbegründet, wohlbekannt *etc* **7** *(jedoch)* **~ aber** mais (bien); **kein Mensch, ~ aber ein Lebewesen** pas un homme, mais (bien) une créature **8** *geh (zwar)* bien; **~ versprach er Besserung, aber ...** il a bien promis de s'améliorer, mais ... **9** *(vermutlich)* probablement; sans doute; bien; **er ist ~ krank** il est sans doute malade; **das ist ~ möglich** c'est bien possible; *umg* ça se pourrait bien; **du bist ~ verrückt geworden!** tu as perdu la tête ou quoi?; **~ kaum!** penses-tu *bzw.* pensez-vous!; que non! **10** *verstärkend* bien; **man wird doch ~ (noch) fragen dürfen** on a bien le droit de poser la question(, non?); **das kann man ~ sagen** c'est (bien) le cas de le dire; **wirst du ~ (folgen)!** allons, ouste!

Wohl N ⟨~(e)s⟩ bien *m*; *(Glück)* bonheur *m*; *(Heil)* salut *m*; *(Wohlbefinden)* bien-être *m*; **das leibliche ~** le bien-être; **das allgemeine, öffentliche ~** le bien, salut public; **auf j-s ~** *(akk)* **trinken** boire à la santé de qn; **auf Ihr, dein ~!, zum ~!** à votre, ta santé!; *als Antwort* à la vôtre!; à la tienne!; *geh* **über ~ und Wehe e-s Menschen entscheiden** décider du sort de qn

wohlauf *geh* ADJ ⟨attribut⟩ **er ist ~** il se porte bien; il va bien

wohlbedacht *geh* ADJT *Antwort, Tat etc* bien réfléchi; bien pesé; **Wohlbefinden** N bien-être *m*; (bonne) santé; **wohlbegründet** *geh* ADJT bien fondé; solide

Wohlbehagen N (sentiment *m* de) bien-être *m*; **etw mit ~ tun** prendre plaisir à faire qc

wohlbehalten ADJ sain et sauf, saine et sauve; *Dinge* intact; en bon état; **wohlbekannt** *geh* ADJ bien connu

wohlbeleibt *geh* ADJ corpulent; replet, -ète; **~ sein** *a.* avoir de l'embonpoint

wohldurchdacht *geh* ADJT bien conçu; **Wohlergehen** N ⟨~s⟩ bien-être *m*; *(Gesundheit)* santé *f*; **wohlerzogen** *geh* ADJT bien élevé

Wohlfahrt F ⟨~⟩ **1** *geh (materielles Wohlergehen)* bien-être *m*; prospérité *f* **2** *früher (öffentliche Fürsorge) früher* assistance publique; *heute* aide sociale

Wohlfahrtseinrichtung F œuvre *f* de bienfaisance; *pl* **~en** œuvres sociales; **Wohlfahrtsmarke** F timbre(-poste) *m* de bienfaisance; **Wohlfahrtsorganisation** F organisation caritative; **Wohlfahrtspflege** F aide sociale; **Wohlfahrtsstaat** M État *m* providence

wohlfühlen V/R ⟨sép, -ge-, h.⟩ **sich ~** se sentir bien (**in j-s Gegenwart** en présence de qn); être à l'aise, à son aise; **ich fühle mich nicht wohl** je ne me sens pas bien

Wohlgefallen *geh* N ⟨~s⟩ plaisir *m*; satisfaction *f*; **sein ~ an etw** *(dat)* **haben** prendre plaisir à qc; *hum* **sich in ~ auflösen** *(ein gutes Ende nehmen)* se terminer à la satisfaction générale; *(verschwinden)* se volatiliser; *(zerfallen)* tomber en lambeaux

wohlgefällig *geh* **A** ADJ *Blick* satisfait; content **B** ADV avec plaisir, satisfaction; **wohlgeformt** *geh* ADJT de forme agréable; *Körper* bien fait; bien proportionné; *Beine* bien galbé; **Wohlgefühl** N ⟨~s⟩ sentiment *m* de bien-être; **wohlgelitten** *geh* ADJT bien vu; **wohlgemeint** ADJT bien intentionné; *Rat* amical; **wohlgemerkt** ADVL bien entendu; **wohlgemut** *geh* **A** ADJ enjoué **B** ADV gaiement; **wohlgenährt** *geh* ADJT *meist spöttisch* bien nourri; **wohlgeordnet** *geh* ADJT *Sachen* bien ordonné; *Leben* bien réglé; **wohlgeraten** *geh* ADJT **1** *Sache* bien fait; réussi **2** *Kind* bien élevé

Wohlgeruch *geh* M parfum *m*; odeur *f* agréable; senteur *f*; *hum, iron* **sämtliche Wohlgerüche Arabiens** tous les parfums d'Arabie

wohlgesetzt *geh* ADJT *Rede etc* bien tourné; **in ~en Worten** en termes choisis

wohlgesinnt ADJT **j-m ~ sein** être bien disposé envers qn

wohlhabend ADJ fortuné; aisé; cossu; **Wohlhabenheit** F ⟨~⟩ aisance *f*

wohlig **A** ADJ ⟨épithète⟩ *Gefühl, Wärme etc* agréable **B** ADV avec délice, plaisir; *(genussvoll)* voluptueusement; **~ seufzen** soupirer d'aise; **sich ~ rekeln** s'étirer voluptueusement

Wohlklang *geh* M harmonie *f*; son harmonieux, mélodieux
wohlklingend *geh* ADJT harmonieux, -ieuse; mélodieux, -ieuse; **wohlmeinend** *geh* ADJT bien intentionné; bienveillant; *Rat* amical; **wohlproportioniert** *geh* ADJT bien proportionné; **wohlriechend** *geh* ADJT d'une odeur agréable; odorant; parfumé; **wohlschmeckend** *geh* ADJT qui a bon goût; savoureux, -euse; *plus fort* délicieux, -ieuse
Wohlsein *geh* N ⟨~s⟩ bien-être *m*; **(zum) ~!** à votre *bzw.* ta santé!; *Antwort* à la vôtre *bzw.* tienne!
Wohlstand M ⟨~(e)s⟩ prospérité *f*; aisance *f*; bien-être *m*; **im ~ leben** vivre dans l'aisance; *hum* **bei dir ist wohl der ~ ausgebrochen!** tu as gagné au loto, ma parole!
Wohlstandsgefälle N ⟨~s⟩ différence *f* de train de vie (des diverses couches sociales); **Wohlstandsgesellschaft** F société *f* d'abondance, de consommation; **Wohlstandsmüll** M déchets produits par la société de consommation
Wohltat F **1** *geh* (*gute Tat*) bienfait *m*; **j-m ~en erweisen** faire du bien à qn **2** ⟨*sans pl*⟩ (*Annehmlichkeit*) plaisir *m*; délice *m*; **das ist e-e wahre ~** c'est un véritable délice
Wohltäter(in) M(F) bienfaiteur, -trice *m,f*
wohltätig ADJ charitable; **~er Verein** association caritative
Wohltätigkeit F ⟨~⟩ bienfaisance *f*; charité *f*
Wohltätigkeitsbasar M vente *f* de charité; **Wohltätigkeitsfest** N fête *f* de bienfaisance; **Wohltätigkeitskonzert** N concert *m* (au profit d'une œuvre) de bienfaisance; **Wohltätigkeitsverein** M association caritative; **Wohltätigkeitsvorstellung** F spectacle *m* de bienfaisance
wohltuend ADJT bienfaisant; (*angenehm*) agréable; (*lindernd*) qui soulage; *Schlaf* réparateur, -trice; **das ist ~** *a.* ça fait du bien
wohlüberlegt *geh* ADJT bien réfléchi; bien pesé; **wohlverdient** ADJT bien mérité; juste; **wohlverstanden** *geh* ADV bien entendu
wohlweislich ADV (très) sagement; prudemment; **er hat es ~ nicht getan** il s'est bien gardé de le faire
wohlwollen *geh* V/I ⟨*sép*, -ge-, h.⟩ **j-m ~** vouloir du bien à qn
Wohlwollen N ⟨~s⟩ bienveillance *f*
wohlwollend **A** ADJT bienveillant **B** ADVL avec bienveillance
Wohnanhänger M caravane *f*; **Wohnanlage** F ensemble immobilier; résidence *f*; **Wohnbauten** MPL immeubles *mpl* (à usage) d'habitation; **Wohnbezirk** M quartier *m* à immeubles d'habitation; *vornehmer* quartier résidentiel; **Wohnblock** M ⟨~(e)s; ~s⟩ (*Wohnkomplex*) (grand) immeuble; (*Häuserblock*) pâté *m* de maisons; îlot *m*; **Wohneinheit** F unité *f* d'habitat
wohnen V/I ⟨h.⟩ *ständig* habiter; demeurer; *meist vorübergehend* loger, être logé (**bei j-m** chez qn); ADMIN être domicilié; résider; **auf dem Land ~** habiter (à) la campagne; **in der Stadt ~** habiter la *od* en ville; **sie wohnt in München, in der Lindenstraße** elle habite (à) Munich, (dans la) Lindenstraße; **zusammen ~** cohabiter (**mit** avec)
Wohnen N ⟨~s⟩ habitation *f*
Wohnfläche F surface *f* habitable; **Wohngebäude** N → Wohnhaus; **Wohngebiet** N zone résidentielle; zone *f* à immeubles d'habitation; *vornehmes e-r Stadt* quartier résidentiel; **Wohngeld** N indemnité *f* de logement
Wohngemeinschaft F communauté *f*; **in e-r ~ leben** partager un appartement avec d'autres personnes
wohnhaft ADJ ADMIN **~ in** (*+dat*) demeurant à; domicilié à; résidant à
Wohnhaus N bâtiment *m*, immeuble *m* d'habitation; **Wohnheim** N foyer *m*; **Wohnküche** F grande cuisine; **Wohnkultur** F ⟨~⟩ art *m*, confort *m* de l'habitat
Wohnlage F **Haus in günstiger ~** maison bien située
wohnlich ADJ confortable; commode; **Wohnlichkeit** F ⟨~⟩ confort *m*; commodité *f*
Wohnmobil N ⟨~s; ~e⟩ camping-car *m*; **Wohnort** M domicile *m*; résidence *f*; **Wohnortwechsel** M changement *m* de domicile, de résidence; **Wohnraum** M **1** (*Wohnzimmer*) (salle *f* de) séjour *m*; living *m* **2** ⟨*sans pl*⟩ (*Wohnungen*) habitations *fpl*; logements *mpl*; **Wohnsiedlung** F lotissement *m*; cité *f*; **Wohnsilo** N *pej* tour *f*; grand immeuble
Wohnsitz M domicile *m*; résidence *f*; **fester, ständiger ~** domicile fixe; **zweiter ~** résidence secondaire; **mit ~ in** (*+dat*) demeurant à
Wohnstadt F grand ensemble; (*Trabantenstadt*) ville-satellite *f*; **Wohnstraße** F rue résidentielle; **Wohnstube** F *veraltend* salon *m*; (salle *f* de) séjour *m*
Wohnung F ⟨~; ~en⟩ **1** appartement *m*; logement *m*; **aus e-r ~ (aus)ziehen** quitter un appartement; déménager; **in e-e ~ (ein)ziehen** emménager **2** (*Unterkunft*) **freie Kost und ~ haben** être nourri et logé
Wohnungsamt N *service (d'une mairie) chargé de l'attribution des logements*
Wohnungsbau M ⟨~(e)s⟩ construction *f* de logements; **sozialer ~** construction d'HLM, de logements sociaux
Wohnungsbaudarlehen N prêt *m* à la construction de logements; **Wohnungsbaugenossenschaft** F coopérative *f* de construction d'habitations; **Wohnungsbaugesetz** N loi *f* sur la construction de logements; **Wohnungsbauhilfe** F aide *f* à la construction de logements; **Wohnungsbauprämie** F prime *f* à la construction de logements
Wohnungseinrichtung F ameublement *m*; mobilier *m*; **Wohnungsinhaber(in)** M(F) **1** *Besitzer(in)* propriétaire *m/f* d'appartement **2** *Mieter(in)* locataire *m/f*; **Wohnungsmangel** M ⟨~s⟩ manque *m*, pénurie *f* de logements; **Wohnungsmarkt** M marché *m* du logement; **Wohnungsmiete** F loyer *m*; **Wohnungsnot** F ⟨~⟩ crise *f* du logement; **Wohnungspolitik** F politique *f* du logement; **Wohnungsproblem** N problème *m* du logement
Wohnungssuche F recherches *fpl* d'un logement, appartement; **auf ~** (*dat*) **sein** chercher un appartement
Wohnungssuchende(r) M/F(M) ⟨→ A⟩ personne *f* à la recherche d'un logement; **Wohnungstausch** M échange *m* de logements; **Wohnungstür** F porte *f* d'un *bzw.* de l'appartement; **Wohnungswechsel** M changement *m* de logement, de domicile, de résidence
Wohnverhältnisse NPL conditions *fpl* d'habitation; habitat *m*; **Wohnviertel** N quartier résidentiel; **Wohnwagen** M caravane *f*; (*Zirkuswagen etc*) roulotte *f*; **Wohnwagenanhänger** M remorque *f* (de camping); **Wohnzimmer** N **1** *Zimmer* salon *m*; (salle *f* de) séjour *m* **2** (*~einrichtung*) salon *m*; mobilier *m* de salle de séjour
Wok M ⟨~; ~s⟩ GASTR wok *m*
wölben ⟨h.⟩ **A** V/T arrondir; *Brust* bomber; BAU voûter; cintrer **B** V/R **sich ~** s'arrondir; *Brust, Stirn, Straße* se bomber; *Rücken* se voûter; *Brücke* **sich über etw** (*akk*) **~** enjamber qc
Wölbung F ⟨~; ~en⟩ **1** (*gewölbte Form*) *e-r Straße, der Brust, Stirn etc* bombement *m*; BAU voussure *f* **2** BAU (*Gewölbe*) voûte *f*; (*Bogen*) cintre *m*
Wolf M ⟨~(e)s; ¨~e⟩ **1** ZOOL loup *m*; *Märchen* **der ~ und die sieben Geißlein** Le Loup et les Sept Chevrettes; *fig* **ein ~ im Schafspelz** une personne dont il faut se méfier; *umg* **hungrig wie ein ~ sein** avoir une faim de loup; *umg fig* **mit den Wölfen heulen** °hurler avec les loups **2** *umg* ⟨*sans pl*⟩ (*Hautwolf*) écorchure *f*; **sich** (*dat*) **e-n ~ laufen** s'écorcher en marchant **3** *umg* (*Reißwolf*) déchiqueteuse *f* **4** *umg* (*Fleischwolf*) °hachoir *m*; **das Fleisch durch den ~ drehen** passer la viande au °hachoir; °hacher la viande
Wolfgang M ⟨→ *n/pr*⟩ *prénom*
Wölfin F ⟨~; ~nen⟩ louve *f*
wölfisch ADJ de loup; comme un loup
Wolfram[1] M ⟨→ *n/pr*⟩ *prénom*
Wolfram[2] N ⟨~s⟩ *Metall* tungstène *m*
Wolfshund M chien-loup *m*; **Wolfsmilch** F BOT euphorbe *f*; **Wolfsrachen** M MED bec-de-lièvre bilatéral total; **Wolfsspitz** M ZOOL spitz-loup *m*
Wolga ⟨→ *n/pr*⟩ **die ~** la Volga
Wolke F ⟨~; ~n⟩ **1** METEO nuage *m*; *fig* **dunkle ~n am Horizont** nuages noirs à l'horizon; *umg fig* **aus allen ~n fallen** tomber des nues **2** *fig von Mücken, Vögeln etc* nuée *f*; *von Staub, Rauch, Parfüm etc* nuage *m* **3** *in Flüssigkeiten* suspension *f*; flocons *mpl*
Wolkenbank F ⟨~; -bänke⟩ banc *m* de nuages; **Wolkenbildung** F formation *f* de(s) nuages; **Wolkenbruch** M pluie torrentielle, diluvienne
wolkenbruchartig ADJ **~er Regen** pluie torrentielle, diluvienne
Wolkendecke F ⟨~⟩ couche *f* de nuages; plafond nuageux; **geschlossene ~** couche épaisse de nuages
Wolkenfeld N passage nuageux; **Wolkenfetzen** MPL lambeaux *mpl* de nuages; nuages déchiquetés; **Wolkenkratzer** M gratte-ciel *m*
Wolkenkuckucksheim N ⟨~(e)s⟩ **im ~ leben** vivre dans un monde imaginaire, chimérique
wolkenlos ADJ *Himmel* sans nuages; dégagé
Wolkenmeer N mer *f* de nuages; **Wolkenschicht** F couche *f* de nuages; **wolkenverhangen** ADJT nuageux, -euse; **Wolkenwand** F mur *m* de nuages
wolkig ADJ **1** *Himmel* couvert; *a. Wetter* nuageux, -euse **2** *fig Vorstellungen* nébuleux, -euse
Wolldecke F couverture *f* de laine
Wolle F ⟨~; ~n⟩ **1** laine *f*; (*Rohwolle des Schafs*) toison *f*; **reine ~** pure laine; *umg fig* **in der ~ gefärbt** cent pour cent **2** *umg* (*Haare*) toison *f*; *umg* tignasse *f*; *umg fig* **sich in die ~ kriegen, sich in der ~ haben** s'empoigner; *Frauen umg* se crêper le chignon

wollen[1]
⟨will, wollte, h.⟩

A Modalverb B transitives Verb
C intransitives Verb

— A Modalverb —

⟨*pperf* wollen⟩ **1** (*beabsichtigen, wünschen*) vouloir; **etw tun ~** vouloir faire qc; **ich will gerne glauben, dass ...** je veux bien croire que ...; *umg* **das will ich hoffen!** j'espère bien!; *umg* **das will ich meinen!** je crois bien!;

W

c'est bien mon avis!; **von etw nichts hören ~** ne pas vouloir entendre parler de qc; *umg* **ich will nichts gesagt haben** alors je n'ai rien dit; *umg* mettons que je n'ai rien dit; *umg* **was will man da (noch) machen?** qu'est-ce que vous voulez qu'on fasse? 2 *(im Begriff sein)* aller; être sur le point de; **ich wollte gerade abreisen** j'allais partir; j'étais sur le point de partir 3 *in Aufforderungen* vouloir; **~ Sie mir bitte folgen!** voulez-vous *od* veuillez me suivre!; **~ Sie bitte so freundlich sein und** *(+inf)* auriez-vous l'amabilité de *(+inf)*; *umg* **wollt ihr (wohl) endlich Ruhe geben!** allez-vous enfin rester tranquilles! 4 *(behaupten, vorgeben)* prétendre; **er will es gesehen haben** il prétend l'avoir vu; **und du willst mein Freund sein!** et dire que tu prétends être mon ami! 5 *umschreibend* **das will nichts sagen, heißen, bedeuten** cela ne veut rien dire; cela ne veut pas dire grand-chose; **mir will scheinen, dass ...** il me semble que ...; je serais tenté de croire que ...; **das Auto will nicht anspringen** la voiture ne veut pas démarrer 6 *(müssen)* devoir; falloir; **das will überlegt sein** cela demande réflexion; **das will gelernt sein** ce n'est pas à la portée de tout le monde 7 *(e-n bestimmten Zweck haben)* vouloir; **das Buch will Verständnis für etw wecken** ce livre se propose de mieux faire comprendre qc

— **B** transitives Verb —

⟨*pperf* gewollt⟩ 1 *(wünschen)* vouloir; **ich will, dass du es tust** je veux que tu le fasses; **ich wollte, es wäre schon Sonntag** je voudrais que ce soit déjà dimanche; je voudrais déjà être dimanche; **du hast es so gewollt!** tu l'as *od* l'auras voulu!; *umg* **hier ist nichts mehr zu ~** il n'y a plus rien à faire; on n'y changera rien; **das habe ich nicht gewollt** ce n'est pas ce que je voulais; *(das habe ich nicht absichtlich getan)* ce n'était pas mon intention; **was ~ Sie von mir?** que me voulez-vous?; qu'attendez-vous de moi?; *umg fig* **er will etwas von ihr** *umg* il lui court après; *umg* **sie kann uns nichts ~** *(Schaden zufügen)* elle ne peut rien contre nous 2 *(haben wollen)* vouloir; **willst du Tee oder Kaffee?** veux-tu du thé ou du café?; **etw lieber ~** aimer mieux qc; préférer qc; **sie will unbedingt e-e Puppe** elle veut absolument une poupée; **diese Pflanzen ~ viel Wasser** ces plantes exigent, demandent beaucoup d'eau

— **C** intransitives Verb —

⟨*pperf* gewollt⟩ 1 *(den Willen haben)* vouloir; **man mag ~ oder nicht** qu'on le veuille ou non; bon gré, mal gré; **ganz wie Sie ~** comme vous voudrez; *eingeschoben* **wenn man so will** si on veut; *umg* **(na) dann ~ wir mal!** alors, allons-y!; **man muss nur ~** il suffit de vouloir; **so Gott will** si Dieu le veut; → hinauswollen 2 *mit weggelassenem inf* vouloir; **wo willst du hin?** où vas-tu?; **zu wem ~ Sie?** qui cherchez-vous?; à qui désirez-vous parler?; **er will fort** il veut partir; **sie will an die Universität** elle veut faire des études (à l'université); **ich will nicht mehr!** j'en ai assez, *umg* marre!; **das will mir nicht in den Kopf** je n'arrive pas à comprendre (cela); **meine Beine ~ nicht mehr** mes jambes n'en peuvent plus

wollen² ADJ de *od* en laine

Wollfaser F fibre *f* de laine; **Wollfett** N suint *m*; **Wollfilz** M feutre *m* de laine; **Wollgras** N linaigrette *f*

wollig ADJ 1 *(aus Wolle)* de *od* en laine 2 *(wie Wolle)* laineux, -euse; *Haar a.* crépu 3 BOT laineux, -euse

Wolljacke F veste *f* de *od* en laine; cardigan *m*; **Wollkamm** M carde *f*; **Wollknäuel** N pelote *f* de laine; **Wollsachen** FPL lainages *mpl*; **Wollsocken** FPL chaussettes *fpl* de *od* en laine; **Wollspinnerei** F filature *f* de laine; **Wollstoff** M étoffe *f* de laine; lainage *m*; **Wollstrumpf** M bas *m* de laine

Wollust *geh* F ⟨~⟩ 1 *sinnlich, sexuell* volupté *f*; *liter* luxure *f* 2 *(Genuss)* délectation *f*; volupté *f*

wollüstig *geh* ADJ 1 *(sinnlich), bes sexuell* voluptueux, -euse; *liter* luxurieux, -ieuse; *geh* libidineux, -euse 2 *(genießerisch)* jouisseur, -euse

Wollwaren FPL articles *mpl* en laine; lainages *mpl*

Wolpertinger M ⟨~s; ~⟩ *bayrisch* dahu *m*

Wombat M ⟨~s; ~s⟩ ZOOL wombat *m*

womit ADV 1 *interrogativ* avec quoi?; **~ beschäftigt ihr euch?** de quoi vous occupez-vous?; **~ hast du das gemacht?** avec quoi as-tu fait cela? 2 *relativisch* avec quoi; avec lequel, laquelle; **~ er nicht gerechnet hatte ...** ce à quoi il ne s'attendait pas ...

womöglich ADV peut-être

wonach ADV 1 *interrogativ* après quoi?; *(gemäß)* d'après quoi?; selon quoi?; **~ fragt er?** qu'est-ce qu'il demande?; **~ richtet ihr euch?** vous vous basez sur quoi? 2 *relativisch* après quoi; *(gemäß)* d'après quoi; (d')après lequel, laquelle; **ein Bericht, ~ er schuldig ist** un rapport selon lequel il est coupable

Wonderbra® M ⟨~s; ~s⟩ Wonderbra® *m*

Wonne F ⟨~; ~n⟩ grande joie; délice *m*; *(Entzücken)* enchantement *m*; ravissement *m*; *(Glückseligkeit)* grand bonheur; *geh* félicité *f*; **es war e-e ~, ihm zuzuhören** c'était un immense plaisir de l'écouter; *umg* **mit ~!** avec joie!; avec plaisir!

wonnig *umg* ADJ *(entzückend)* ravissant; adorable

Woofer M ⟨~(s); ~⟩ ELEK woofer *m*; boumeur *m*

woran ADV 1 *interrogativ* à quoi?; **~ denkst du?** à quoi penses-tu?; **~ ist er gestorben?** de quoi est-il mort?; **bei ihm weiß man nie, ~ man ist** avec lui on ne sait jamais à quoi s'en tenir, où on en est 2 *relativisch* à quoi; auquel, à laquelle; **etw, ~ ich mich erinnere** qc que je me rappelle; qc dont je me souviens

worauf ADV 1 *interrogativ* sur quoi?; **~ wartest du?** qu'est-ce que tu attends?; **~ sitzt er?** sur quoi est-il assis? 2 *relativisch* sur quoi *(a. zeitlich)*; sur lequel, laquelle; **das Foto, ~ er zu sehen war** la photo sur laquelle on le voyait; **das Einzige, ~ es ankommt** la seule chose qui compte; **der Vorhang fiel, ~ alle applaudierten** le rideau tomba, sur quoi tout le monde applaudit

woraufhin ADV 1 *interrogativ* à la suite de quoi? 2 *relativisch* sur quoi; après quoi; à la suite de quoi

woraus ADV 1 *interrogativ* de quoi?; *Material* en quoi?; *Herkunft* d'où?; **~ schließt du das?** qu'est-ce qui te fait dire ça? 2 *relativisch* (ce) dont; de quoi; duquel, de laquelle; *Herkunft* d'où; **ein Ergebnis, ~ man schließen kann ...** un résultat d'où l'on, dont *od* duquel on peut déduire ...

worden → werden c

worin ADV 1 *interrogativ* dans quoi?; **~ besteht der Unterschied?** en quoi consiste la différence?; où est la différence? 2 *relativisch* en *od* dans quoi; où; dans lequel, laquelle; **das Haus, ~ sie wohnen** la maison où *od* dans laquelle ils habitent

Workaholic M ⟨~s; ~s⟩ drogué(e) *m(f)* du travail

Workflow M ⟨~s; ~s⟩ workflow *m*

Work-out N *od* M ⟨~s; ~s⟩ séance *f* d'entraînement, de remise en forme

Workshop M ⟨~s; ~s⟩ atelier *m*; **Workstation** F ⟨~; ~s⟩ IT station *f* de travail

World Wide Web N ⟨~(s)⟩ IT World Wide Web *m*; **im ~** sur le World Wide Web

Wort N ⟨~(e)s; ⸚er *ou* ~e⟩ 1 ⟨*pl* ⸚er; *parfois* ~e⟩ *einzelnes* mot *m*; GRAM *a.* vocable *m*; *(Ausdruck)* terme *m*; **zusammengesetztes ~** mot composé; **das richtige ~ für ...** le mot juste pour ...; **im wahrsten Sinne des ~es** dans le plein sens du mot; dans toute l'acception du terme; **50, in ~en fünfzig** 50, cinquante en toutes lettres; **Liebe ist ein großes ~** l'amour, c'est un grand mot 2 ⟨*pl* ~e⟩ *(das ausgesprochene ~, Rede)* mot *m*; parole *f*; **große ~e** grands mots; **das sind nur leere ~e** ce ne sont que des mots; (rien que) des mots!; **davon ist kein ~ wahr, daran ist kein wahres ~** il n'y a pas un mot de vrai là-dedans; **das ~ haben** avoir la parole; **das ~ hat ...** la parole est à ...; **das große ~ haben, führen** *bei e-r Diskussion etc* monopoliser la parole; *umg* tenir le crachoir; *als Eigenschaft umg* être fort en gueule; *fig* **das letzte ~ haben** avoir le dernier mot; *fig* **er muss immer das letzte ~ haben** il veut toujours avoir le dernier mot; **das ist mein letztes ~** *bei Kaufverhandlungen etc* c'est mon dernier mot; **ein gutes ~ für j-n einlegen** intercéder pour qn; intervenir en faveur de qn; **ein offenes ~ mit j-m reden** parler ouvertement à qn; avoir une explication franche avec qn; **ein ernstes ~ mit j-m reden** demander des explications à qn; avoir deux mots à dire à qn; *hum* **dein ~ in Gottes Ohr!** espérons que ça se passera comme ça; *geh* que Dieu t'entende!; **glaube ihm kein ~!** ne crois rien de ce qu'il dit!; **kein ~ mehr!** pas un mot de plus!; **sie hat mir kein (einziges) ~ davon gesagt** elle ne m'en a rien dit; **ein ~ gibt das andere** un mot en amène un autre; **davon war mit keinem ~ die Rede** il n'en était pas du tout question; **ich verstehe kein ~ davon** je n'y comprends rien; **er macht e-n Lärm, dass man sein eigenes ~ nicht versteht** il fait un tel bruit qu'on ne s'entend pas (parler); **kein ~ über etw** *(akk)* **verlieren** ne pas évoquer qc; **es ist zwischen uns kein böses ~ gefallen** on n'a échangé aucune parole méchante, aucune méchanceté; **sich zu ~ melden, ums ~ bitten** demander la parole; **das ~ ergreifen** prendre la parole; **das ~ an j-n richten** adresser la parole à qn; **j-m das ~ erteilen, entziehen** donner, retirer la parole à qn; **nicht zu ~(e) kommen** ne pas arriver à placer un mot; **j-n nicht zu ~(e) kommen lassen** ne pas laisser parler qn; **nicht viele ~e machen** être bref; être succinct; *geh* **j-m, e-r Sache das ~ reden** parler en faveur de qn, qc; défendre la cause de qn, qc; **ohne ein ~ zu sagen** sans mot dire; sans souffler mot; **ein ~ mitzureden haben** avoir son, mon, *etc* mot à dire; avoir voix au chapitre; **mir fehlen die ~e!** *umg* ça me la coupe!; *umg* **hast du ~e!** *umg* a-t-on jamais vu ça!; *geh* **auf ein ~!** j'ai à vous parler; **aufs ~ gehorchen** obéir au doigt et à l'œil; **j-m aufs ~ glauben** croire qn sur parole; **bei diesen ~en** à ces mots; **j-n beim ~ nehmen** prendre qn au mot; **~ für ~** *(nacheinander)* mot à mot; *(wortgetreu)* mot pour mot; **in wenigen ~en** en peu de mots; **in ~e fassen** formuler; **j-m ins ~ fallen** couper la parole à qn; interrompre qn; **e-e Sprache in ~ und Schrift beherrschen** savoir parler et écrire une langue; **mit e-m ~** en un mot; bref; **mit anderen ~en** en d'autres termes; **bei ihr ist jedes zweite ~ Gesundheit** la santé, elle n'a que ce mot à la bouche 3 ⟨*sans pl*⟩ *(Versprechen)* parole *f*; **ein Mann, ein ~** un homme d'honneur n'a qu'une parole; **sein**

~ **brechen** manquer à sa parole; **(sein) ~ halten** tenir (sa) parole; **j-s ~ haben** avoir la parole de qn; **bei j-m im ~ sein** avoir donné sa parole à qn; **auf mein ~!** (ma) parole d'honneur!; ma parole! **4** ‹*sans pl*› BIBEL **das ~ Gottes** la parole de Dieu; **im Anfang war das ~** au commencement était le Verbe **5** ‹*pl* ~e› (*Ausspruch*) *kürzeres* **mot** *m*; *bedeutsames* **parole** *f*; **geflügelte ~e** mots *mpl*, citations *fpl* célèbres

wortarm ADJ *Sprache* pauvre; (*wortkarg*) peu loquace

Wortarmut F *e-r Sprache* pauvreté *f*; (*Wortkargheit*) laconisme *m*; **Wortart** F GRAM catégorie grammaticale; *pl* **~en** *a.* parties *fpl* du discours; **Wortbedeutungslehre** F sémantique *f*; **Wortbildung** F formation *f* des mots; **Wortbruch** M manquement *m* à la parole donnée

wortbrüchig ADJ qui manque à sa parole; **~ werden** manquer à sa parole

Wörtchen N ‹~s; ~› petit mot; *umg* **ein ~ mitzureden haben** avoir son, mon, *etc* mot à dire; avoir voix au chapitre

Wörterbuch N dictionnaire *m*

Worterklärung F définition *f*

Wörterverzeichnis N vocabulaire *m*; *mit Erklärungen* glossaire *m*

Wortfamilie F LING famille *f* de mots; **Wortfeld** N LING champ *m* sémantique; **Wortfetzen** MPL bribes *fpl* de conversation; **Wortfolge** F GRAM ordre *m* des mots; **Wortform** F forme *f* d'un mot; **Wortführer(in)** M(F) porte-parole *m*; **Wortgefecht** N dispute *f*; *liter* joute *f* oratoire; **Wortgeklingel** N *pej* mots creux; grands mots; verbiage *m*

wortgetreu ADJ littéral; fidèle; **wortgewandt** ADJ éloquent; *geh* disert

Wortgut N ‹~(e)s› vocabulaire *m*; **Worthülse** F *pej* mot *m* vide de sens

wortkarg ADJ *Mensch* peu loquace; taciturne; laconique; *Antwort etc* laconique; en peu de mots

Wortklauberei F ‹~; ~en› *pej* ergotage *m*

Wortlaut M ‹~(e)s› teneur *f* (d'un texte); texte (intégral); JUR libellé *m*; **nach dem ~ des Vertrages** aux termes du contrat; **im vollen ~ veröffentlichen** publier intégralement, in extenso; **das Schreiben hat folgenden ~** voici la teneur de cette lettre

wörtlich **A** ADJ **1** (*wortgetreu*) littéral; textuel, -elle; GRAM **~e Rede** discours direct; **~es Zitat** citation textuelle, littérale **2** (*im Wortsinn*) **der ~e Sinn** le sens littéral **B** ADV **1** (*wortgetreu*) littéralement; textuellement; mot à mot; mot pour mot; **~ übersetzen** traduire littéralement, mot à mot **2** **etw ~ nehmen** prendre qc à la lettre, au pied de la lettre

Wortliste F index *m*; liste *f* de mots; nomenclature *f*

wortlos **A** ADJ *Einverständnis etc* tacite **B** ADV sans mot dire; sans souffler mot

Wortmeldung F demande *f* de (la) parole; **gibt es noch (weitere) ~en?** y a-t-il d'autres personnes qui demandent la parole?

Wortprägung F **1** *Vorgang* création *f* de néologismes *bzw.* d'un néologisme, de mots nouveaux *bzw.* d'un mot nouveau **2** *Ergebnis* néologisme *m*; mot nouveau

wortreich ADJ *Sprache* riche; *pej* verbeux, -euse; prolixe

Wortschatz M vocabulaire *m*; **Wortschwall** M flot *m*, avalanche *f* de paroles; **Wortspiel** N jeu *m* de mots; calembour *m*; **Wortstamm** M GRAM radical *m*; **Wortstellung** F GRAM ordre *m* des mots; **Wortstreit** M → Wortgefecht; **Wortwahl** F ‹~› choix *m* des mots

Wortwechsel M altercation *f*; vive discussion; dispute *f*; **mit j-m e-n ~ haben** *a.* avoir des mots avec qn

Wortwitz M calembour *m*

wortwörtlich ADV mot à mot; mot pour mot; **etw ~ nehmen** prendre qc à la lettre, au pied de la lettre

worüber ADV **1** *interrogativ* sur quoi?; **~ lachst du?** de quoi ris-tu?; **~ bist du gestolpert?** sur quoi as-tu trébuché? **2** *relativisch* sur quoi; sur lequel, laquelle; **~ ich sehr ärgerlich war** ce dont je fus très fâché

worum ADV **1** *interrogativ* **~ handelt es sich?** de quoi s'agit-il? **2** *relativisch* **alles, ~ es sich handelt** tout ce dont il s'agit; **nichts, ~ er uns bat, wurde erledigt** rien de ce qu'il nous a demandé n'a été fait

worunter ADV **1** *interrogativ* sous quoi?; **~ hatte er sich versteckt?** sous quoi s'était-il caché?; **~ leidet er?** de quoi souffre-t-il? **2** *relativisch* sous quoi; sous lequel, laquelle; *unter e-r Menge* parmi lesquels, lesquelles; **etw, ~ ich mir nichts vorstellen kann** qc que je suis incapable d'imaginer

Wotan M ‹→ *nlpr*› MYTH Odin *m*

wovon ADV **1** *interrogativ* de quoi?; d'où?; **~ ist die Rede?** de quoi est-il question? **2** *relativisch* de quoi; duquel, de laquelle; dont; d'où; **das Leben, ~ ich träume** la vie dont je rêve

wovor ADV **1** *interrogativ* devant quoi?; **~ fürchtest du dich?** de quoi as-tu peur? **2** *relativisch* devant quoi; devant lequel, laquelle; **das Einzige, ~ er sich fürchtet** la seule chose dont il a peur

wozu ADV **1** *interrogativ* à quoi?; (*warum*) pourquoi?; à quoi bon?; dans quel but?; **~ dient das?** à quoi cela sert-il?; **~ das?** à quoi bon cela?; pour quoi faire? **2** *relativisch* à quoi; auquel, à laquelle; **etw, ~ ich Ihnen nicht rate** chose que je ne vous conseille pas; **~ noch kommt, dass …** ajoutons à cela que …

Wrack N ‹~(e)s; ~s *ou* ~e› **1** (*Schiffswrack, Autowrack, Flugzeugwrack*) épave *f* **2** *umg fig Mensch* épave *f*; loque *f*; ruine *f*

Wrestling N ‹~s› *etwa* catch *m*

wringen V/T ‹wringt, wrang, gewrungen, h.› *Wäsche* tordre; essorer

WS ABK (Wintersemester) semestre *m* d'hiver

WSV M ‹~› ABK (Winterschlussverkauf) soldes *mpl*, *inkorr fpl* d'hiver

WTO F ‹~› ABK (*World Trade Organization; Welthandelsorganisation*) OMC *f*

Wucher M ‹~s› usure *f*; **~ treiben** pratiquer l'usure (**mit etw** avec qc)

Wucherer M ‹~s; ~›, **Wucherin** F ‹~in; ~innen› usurier, -ière *m,f*

wuchern V/I ‹-(e)re, h.› **1** *Pflanzen* proliférer; foisonner; *Unkraut* pousser comme du chiendent; *fig* foisonner; se propager; MED proliférer; **e-e ~de Fantasie** une imagination débordante **2** (*Wucher treiben*) **mit etw ~** pratiquer l'usure avec qc

Wucherpreis M prix *m* usuraire, d'usurier

Wucherung F ‹~; ~en› MED, BOT **1** *Vorgang* prolifération *f* **2** *Resultat* excroissance *f*; (*Geschwulst*) tumeur *f*

Wucherzinsen MPL intérêts *mpl* usuraires

wuchs → wachsen[1]

Wuchs M ‹~es› **1** (*Wachstum*) croissance *f*; **Pflanzen von, mit üppigem ~** des plantes luxuriantes **2** (*Gestalt*) taille *f*; stature *f*; **von hohem ~** de haute taille, stature

Wucht F ‹~; ~en› **1** ‹*sans pl*› (*Kraft*) force *f*; (*Heftigkeit*) violence *f*; **mit voller ~** de toute sa force; *treffen, zusammenstoßen* de plein fouet **2** *umg* (*große Menge*) grande quantité; masse *f* **3** *umg* **das ist e-e ~!** *umg* c'est épatant, chouette!

wuchten V/T ‹-ete, h.› soulever, traîner avec effort

wuchtig ADJ **1** (*mächtig wirkend*) imposant; massif, -ive **2** (*kraftvoll*) vigoureux, -euse; énergique; *Schlag* violent

Wühlarbeit F ‹~› POL *pej* activités, menées subversives; travail *m* de sape

wühlen ‹h.› **A** V/T *Loch, Gänge* creuser **B** V/I *Person* fouiller (**in** [+*dat*] dans; **nach** à la recherche de); *Maulwurf etc* fouir; *Wildschweine* fouger **C** V/R **sich in die Erde ~** s'enfouir dans le sol

Wühler M ‹~s; ~› **1** ZOOL (animal *m*) fouisseur *m* **2** POL *pej* agitateur subversif

Wühlmaus F campagnol *m*; **Wühltisch** *umg* M présentoir *m* (où les articles soldés sont en vrac)

Wulst M ‹~(e)s; ~̈e› bourrelet *m*; *umg a.* boudin *m*; *an e-r Säule* tore *m*; *e-s Reifens* talon *m*

wulstig ADJ qui forme un bourrelet; renflé; **~e Lippen** lèvres épaisses; bouche lippue

wummern *umg* V/I ‹-(e)re, h.› (*dröhnen*) vrombir; **mit der Faust gegen die Wand ~** taper du poing contre le mur

wund ADJ blessé; écorché; *fig* **~er Punkt** point *m* faible, névralgique, sensible; *fig* **den ~en Punkt berühren** mettre le doigt sur la plaie; **~e Stelle** blessure *f*; *durch Druck* meurtrissure *f*; *durch Schürfung* écorchure *f*; **sich** (*dat*) **die Füße ~ laufen** s'écorcher les pieds à force de marcher; **sich ~ liegen** avoir des escarres; **sich** (*dat*) **den Rücken ~ liegen** avoir, attraper des escarres au dos; **(sich) ~ reiben** (s')écorcher; *umg fig* **sich** (*dat*) **die Finger ~ schreiben** écrire à en avoir des crampes (aux doigts)

Wunde F ‹~; ~n› blessure *f*; (*Wundfläche*) plaie *f* (*beide a. fig*); **offene ~** plaie ouverte; *fig Krieg etc* **e-m Land tiefe ~n schlagen** causer de lourds dégâts à un pays; *fig* **alte ~n (wieder) aufreißen** rouvrir des blessures, plaies

Wunder N ‹~s; ~› miracle *m* (*a.* REL); merveille *f*; prodige *m*; **die ~ der Technik** les merveilles de la technique; **an ~** (*akk*) **glauben** croire aux miracles; **das grenzt an ein ~** cela tient du miracle, du prodige; **wie durch ein ~** comme par miracle; *umg* **sein blaues ~ erleben** avoir une mauvaise surprise; **~ an Ausdauer vollbringen** accomplir des prodiges d'endurance; REL **~ tun, wirken** faire des miracles; *Sache* **~ wirken** faire merveille, des merveilles, des miracles; **das ist kein ~** ce n'est pas étonnant; quoi d'étonnant (à cela)?; **~ was denken, glauben, meinen** s'imaginer des choses extraordinaires; **sich** (*dat*) **~ was einbilden** s'imaginer Dieu sait quoi; *umg* se croire sorti de la cuisse de Jupiter

wunderbar **A** ADJ **1** (*übernatürlich*) miraculeux, -euse; qui tient du miracle, du prodige **2** (*erstaunlich*) merveilleux, -euse; prodigieux, -ieuse; (*bewundernswert*) admirable; (*herrlich*) magnifique **B** ADV **1** (*herrlich, schön*) merveilleusement; à merveille; admirablement; magnifiquement **2** *umg* (*sehr*) merveilleusement; *umg* formidablement; **der Sessel ist ~ bequem** ce fauteuil est merveilleusement confortable

wunderbarerweise ADV par miracle

Wunderblume F belle-de-nuit *f*; *t/t* nyctage *m*

Wunderding N chose merveilleuse; prodige *m*; **(wahre) ~e von j-m, etw erzählen** dire des merveilles de qn, qc

Wunderdoktor M guérisseur *m*; **Wunderglaube** M croyance *f* aux miracles; **Wunderheiler(in)** M(F) ‹~s; ~› (F) ‹~in; ~innen› guérisseur, -euse *m,f*

wunderhübsch **A** ADJ ravissant; joli com-

W

me un cœur **B** ADV à ravir
Wunderkerze F cierge *m* magique; **Wunderkind** N enfant *m* prodige; **Wunderlampe** F lampe merveilleuse; **Wunderland** N ⟨~(e)s; -länder⟩ pays *m* des merveilles
wunderlich ADJ bizarre; étrange; singulier, -ière; original; **ein ~er Kauz** *umg* un drôle de zèbre; un original
Wundermittel N remède *m* miracle
wundern ⟨-(e)re, h.⟩ **A** V/T *Sache* **j-n ~** étonner, surprendre qn; **das wundert mich** cela m'étonne, me surprend; **das sollte mich ~** cela m'étonnerait **B** V/R **sich über etw, j-n ~** s'étonner de qc, qn; être surpris de qc, qn; *umg* **du wirst dich (noch mal) ~!** tu verras (ce que tu verras)!; tu l'auras voulu!; *umg* **ich muss mich doch sehr ~!** on aura tout vu!; c'est un comble! **C** V/UNPERS **es wundert mich** *od* **mich wundert, dass …** je suis étonné, surpris que … *(+subj)*; **es würde mich nicht ~, wenn …** cela ne m'étonnerait pas si …
wundernehmen *geh* V/UNPERS ⟨*irr, sép,* -ge-, h.⟩ **es nimmt mich wunder, dass …** je suis étonné, surpris que … *(+subj)*, de ce que … *(+ind)*
wunderschön **A** ADJ merveilleux, -euse; splendide; magnifique; admirable **B** ADV merveilleusement; à merveille; magnifiquement; admirablement; **Wundertäter** M *geh* thaumaturge *m*; *hum* faiseur *m* de miracles; **wundertätig** ADJ miraculeux, -euse; **Wundertüte** F pochette *f* surprise; **wundervoll** **A** ADJ merveilleux, -euse; magnifique; admirable **B** ADV merveilleusement; à merveille; magnifiquement; admirablement
Wunderwaffe F arme absolue; **Wunderwelt** F monde merveilleux; **Wunderwerk** N merveille *f*
Wundfieber N fièvre *f* traumatique; **Wundinfektion** F infection *f* d'une plaie; **wundlaufen, wundliegen** V/R → wund
Wundmal N ⟨~(e)s; ~e⟩ REL **die ~e Christi** les stigmates *mpl* de Jésus-Christ
Wundnaht F suture *f*; **Wundpflaster** N pansement (adhésif); **Wundrand** M lèvres *fpl* d'une plaie; **wundreiben** V/R → wund; **Wundrose** F MED érysipèle *m*; **Wundsalbe** F pommade cicatrisante; **wundschreiben** V/R → wund; **Wundsein** N écorchure *f*; MED érosion *f*; **Wundstarrkrampf** M ⟨~(e)s⟩ tétanos *m*
Wunsch M ⟨~(e)s; ⸚e⟩ **1** *(Begehren)* désir *m*; *(Hoffnung)* souhait *m*; vœu *m*; *(Verlangen)* envie *f*; **j-m e-n ~ erfüllen** répondre, satisfaire au désir de qn; **sich** *(dat)* **e-n lang gehegten ~ erfüllen** réaliser son rêve; **den ~ haben zu** *(+inf)* avoir envie de *(+inf)*; **j-m jeden ~ von den Augen ablesen** être aux petits soins pour qn; prévenir tous les désirs de qn; **mein sehnlichster, innigster ~** mon vœu le plus cher, le plus ardent; **haben Sie sonst noch e-n ~?** *beim Einkaufen* vous désirez autre chose?; et avec ça?; **es war schon immer mein ~ zu** *(+inf)* j'ai toujours désiré, eu envie de *(+inf)*; *iron* **ein frommer ~** un vœu pieux; **auf ~** *(akk)* sur demande; **auf j-s ~** *(akk)* à la demande de qn; **auf allgemeinen ~ (hin)** à la demande générale; **nach ~** à souhait; au gré de mes tes, *etc* désirs; **alles geht nach ~** tout marche selon mes, tes, *etc* désirs; tout marche comme je, tu, *etc* veux **2** *(Glückwunsch)* souhait *m*; vœu *m*; **beste Wünsche** meilleurs vœux; **mit den besten Wünschen zum Jahreswechsel** avec mes *bzw.* nos meilleurs vœux de bonne année
Wunschbild N idéal *m*
Wunschdenken N **das ist ~ (bei ihm)** il prend ses désirs pour la réalité
Wünschelrute F baguette *f* de sourcier, divinatoire
Wünschelrutengänger(in) M ⟨~s; ~⟩ (F) ⟨~in; ~innen⟩ sourcier, -ière *m,f*
wünschen V/T ⟨h.⟩ **1** *(begehren)* désirer; *(wollen)* vouloir (avoir); **ich wünsche mir zu Weihnachten ein Fahrrad** je voudrais avoir un vélo pour Noël; **ich wünschte, der Winter wäre vorüber** je voudrais que l'hiver soit passé; **sie wünscht sich** *(dat)* **ihn zum Freund** elle désire en faire son ami; **ich wünsche es von Herzen** je le désire de tout (mon) cœur; **(viel) zu ~ übrig lassen** laisser (beaucoup) à désirer; **~ Sie sonst noch etwas?** *beim Einkaufen* vous désirez autre chose?; et avec ça?; **Sie ~?** vous désirez?; **wie Sie ~** comme vous voulez, voudrez **2** *(herbei~)* souhaiter; **ich wünsche euch e-e gute Reise, schönes Wetter** je vous souhaite bon voyage, d'avoir (du) beau temps; **j-m e-n guten Morgen ~** souhaiter le bonjour à qn; **j-m frohe Ostern ~** souhaiter de bonnes, joyeuses Pâques à qn **3** *(fort~)* **sich weit weg ~** souhaiter être à l'autre bout du monde; *umg* **j-n zum Teufel ~** souhaiter que qn s'en aille au diable
wünschenswert ADJ désirable; souhaitable
Wunschform F GRAM optatif *m*; **Wunschgegner(in)** M(F) adversaire *m/f* idéal(e); **wunschgemäß** ADV conformément à, selon mon *bzw.* mes, ton *bzw.* tes, *etc* désir(s); **Wunschkind** N enfant désiré; **Wunschkonzert** N RADIO concert *m* des auditeurs
wunschlos ADV **~ glücklich** parfaitement heureux; comblé
Wunschsatz M GRAM proposition optative; **Wunschtraum** M beau rêve; chimère *f*; fantasme *m*; **Wunschzettel** M liste *f* de ce qu'on désirerait avoir (pour son noël, *etc*)
wupp(s) *umg* INT vlan!; °hop!
wurde → werden
Würde F ⟨~; ~n⟩ **1** ⟨*sans pl*⟩ *Eigenschaft* dignité *f*; *(Erhabenheit)* noblesse *f*; majesté *f*; **die ~ des Menschen, des Gerichts** la dignité de l'homme, du tribunal; **~ bewahren** garder sa dignité; **unter aller ~** au-dessous de tout; **das ist unter meiner ~** je vaux mieux que cela; **ich halte es für unter meiner ~ zu** *(+inf)* je considère comme indigne de moi de *(+inf)* **2** *Position* dignité *f*; **akademische ~n** grades *mpl* universitaires; **zu den höchsten ~n gelangen** parvenir aux plus °hautes dignités
würdelos ADJ indigne; dépourvu de dignité; *plus fort* déshonorant; **Würdelosigkeit** F ⟨~⟩ indignité *f*; manque *m* de dignité
Würdenträger M dignitaire *m*; **geistlicher ~** dignitaire ecclésiastique, de l'Église
würdevoll ADJ digne; plein de dignité; *(erhaben)* noble; *Miene* majestueux, -euse
würdig **A** ADJ **1** *(wert)* digne; **e-r Sache** *(gen)* **~ sein** être digne de qc; **er ist dessen nicht ~** il n'en est pas digne; il ne l'a pas mérité **2** *(würdevoll)* digne; *(ehrwürdig)* respectable; vénérable **B** ADV **1** *(angemessen)* comme il se doit; convenablement; **j-n ~ vertreten** représenter qn comme il se doit **2** *(würdevoll)* avec dignité; dignement
würdigen V/T ⟨h.⟩ **1** *(für wert erachten)* **j-n e-r Sache** *(gen)* **~** juger, estimer qn digne de qc; **j-n keines Blickes ~** ne pas daigner regarder qn **2** *(anerkennen)* reconnaître; *(schätzen)* apprécier; **etw zu ~ wissen** savoir apprécier qc
Würdigung F ⟨~; ~en⟩ reconnaissance *f*; appréciation *f*; **in ~ s-r Verdienste** en reconnaissance de ses mérites
Wurf M ⟨~(e)s; ⸚e⟩ **1** *(das Werfen)* jet *m*; lancement *m*; lancer *m*; *beim Spiel, Würfeln* coup *m*; **zum ~ ausholen** prendre son élan pour le lancement, le lancer; **den ersten ~ haben** *beim Kegeln* avoir la boule; *beim Würfeln* avoir le dé **2** ZOOL *(Tierjunge)* portée *f* **3** *fig* coup *m* de maître; grand succès; **mit etw e-n großen ~ getan haben** avoir réussi un coup de maître avec qc
Würfel M ⟨~s; ~⟩ **1** MATH cube *m* **2** *für das Würfelspiel* dé *m*; **~ spielen** jouer aux dés; *fig* **die ~ sind gefallen** le sort en est jeté **3** *Form* dé *m*; cube *m*; *Speck etc* **in ~ schneiden** couper en dés
Würfelbecher M cornet *m*, gobelet *m* (à dés); **Würfelinhalt** M MATH cubage *m*
Würfelmuster N **mit ~** à carreaux
würfeln ⟨-(e)le, h.⟩ **A** V/T **1** **sechs Augen, e-e Sechs ~** faire, jouer un six **2** *(in Würfel schneiden)* couper en dés, cubes **B** V/I jouer aux dés; **um etw ~** jouer qc aux dés
Würfelspiel N jeu *m* de dés; **Würfelspieler(in)** M(F) joueur, -euse *m,f* de dés; **Würfelzucker** M sucre *m* en morceaux
Wurfgeschoss, *österr* **Wurfgeschoß** N projectile *m*; **Wurfkreis** M SPORT cercle *m* (pour le lancer); **Wurflinie** F trajectoire *f*; **Wurfmaschine** F **1** HIST baliste *f*; catapulte *f* **2** *für Wurftauben* projecteur *m*; **Wurfsendung** F envoi *m* en nombre; **Wurfspieß** M HIST javelot *m*; **Wurftaubenschießen** N ⟨~s⟩ tir *m* aux pigeons (d'argile); ball-trap *m*
Würgeengel M → Würgengel; **Würgegriff** M étranglement *m*; **Würgemal** N PL **~e** traces *fpl* de strangulation
würgen ⟨h.⟩ **A** V/T **1** *Person* **j-n ~** prendre, saisir qn à la gorge; étrangler qn **2** *Kragen, Krawatte etc* **j-n ~** serrer trop qn (à la gorge, au cou) **B** V/I **1** **an etw** *(dat)* **~** avoir du mal, se forcer à manger, à avaler qc **2** *vor dem Erbrechen* **~** avoir des nausées; avoir envie de vomir
Würgengel M BIBEL ange exterminateur
Würger M ⟨~s; ~⟩ **1** *Person* étrangleur *m* **2** ZOOL pie-grièche *f*
Wurm¹ M ⟨~(e)s; ⸚er⟩ ZOOL ver *m*; **Würmer haben** avoir des vers; **von Würmern zerfressen** *Holz* piqué des vers; vermoulu; *umg fig* **da ist der ~ drin** il y a quelque chose de louche là-dedans; *umg* il y a quelque chose qui cloche; *umg fig* **j-m die Würmer aus der Nase ziehen** tirer les vers du nez à qn
Wurm² N ⟨~(e)s; ⸚er⟩ *umg (hilfloses Kind)* **das arme ~** ce pauvre petit, cette pauvre petite; ce(tte) pauvre gosse
Würmchen N ⟨~s; ~⟩ **1** ZOOL vermisseau *m* **2** *fig* → Wurm²
wurmen *umg* V/T ⟨h.⟩ **j-n ~** tracasser, tourmenter, *plus fort umg* turlupiner qn; *umg* rester sur l'estomac à qn
Wurmfarn M fougère *f* mâle; **wurmförmig** ADJ vermiculaire; vermiforme; **Wurmfortsatz** M ANAT appendice *m* (vermiculaire); **Wurmfraß** M ⟨~es⟩ vermoulure *f*
wurmig → wurmstichig
Wurmloch N piqûre *f* de vers; vermoulure *f*; **Wurmmittel** N PHARM vermifuge *m*
wurmstichig ADJ *Holz* piqué des vers; vermoulu; *Obst* véreux, -euse; piqué; *Holz* **~ werden** devenir vermoulu; se piquer
wurscht *umg* **er, das ist mir ~** *umg* je m'en balance *od* fiche *od* fous
wurschteln → wursteln
Wurst F ⟨~; ⸚e⟩ **1** GASTR *zum Braten od Kochen* saucisse *f*; *(Hartwurst)* saucisson *m*; *(Aufschnitt)* charcuterie *f*; *fig* **mit der ~ nach der Speckseite werfen** donner un œuf pour avoir un bœuf; *umg fig* **jetzt geht es um die ~** c'est le moment décisif **2** *fig (etw Wurstförmiges)* boudin *m*; **aus etw e-e ~ formen** rouler qc en boudin; faire un boudin de qc; *kinderspr* **e-e ~ machen** *kinderspr* faire caca; faire sa crotte

3 *umg* → wurscht

Wurstbrot N sandwich *m* au saucisson; **Wurstbrühe** F eau *f* de cuisson des saucisses

Würstchen N ⟨~s; ~⟩ 1 GASTR saucisse *f*; **Frankfurter ~** saucisse(s) de Francfort; **warme ~** saucisses *fpl* 2 *umg pej umg* pauvre type *m*

Würstchenbude F, **Würstchenstand** M stand *m* de saucisses

Wurstdarm M boyau *m* à saucisse

Würstel N ⟨~s; ~⟩ *bes österr* saucisse *f*

wursteln *umg* ⟨-(e)le, h.⟩ A VI bricoler (**an etw** [*dat*] qc) B V/R **sich durchs Leben ~** se débrouiller tant bien que mal (dans la vie)

wursten VI ⟨-ete, h.⟩ faire des saucisses, du saucisson

Wurstende N bout *m* de la saucisse *bzw.* du saucisson; **Wurstfabrik** F usine *f* de charcuterie; **Wurstfinger** *umg pej* MPL doigts boudinés; **Wurstfüllung** F chair *f* à saucisse(s); **Wursthaut** F peau *f* de saucisse *bzw.* de saucisson

wurstig *umg* ADJ *umg* je-m'en-foutiste; **Wurstigkeit** *umg* F ⟨~⟩ *umg* je-m'en-foutisme *m*

Wurstkessel M chaudron *m* à saucisses; **Wurstmasse** F → Wurstfüllung; **Wurstpelle** *umg* F peau *f* (de la saucisse); **Wurstring** M chapelet *m* de saucisses, de saucissons; **Wurstsalat** M *etwa* cervelas *m* en salade; **Wurstscheibe** F tranche *f* de saucisson; **Wurstwaren** FPL charcuterie *f*; **Wurstzipfel** M bout *m* de la saucisse *bzw.* du saucisson

Württemberg N ⟨→ *n/pr*⟩ le Wurtemberg; **Württemberger(in)** M ⟨~s; ~⟩ (F) ⟨~in; ~innen⟩ Wurtembergeois(e) *m(f)*; **württembergisch** ADJ du Wurtemberg; wurtembergeois

Würze F ⟨~; ~n⟩ 1 *Substanz* assaisonnement *m*; condiment *m*; (*Gewürz*) épice *f* 2 (*würziger Geschmack*) saveur *f*; (*Aroma*) arôme *m* 3 *fig* sel *m*; saveur *f*; piment *m*; piquant *m*

Wurzel F ⟨~; ~n⟩ 1 BOT, LING, MATH, *a.* (*Haarwurzel, Zahnwurzel, Nasenwurzel*) racine *f*; MATH **zweite, dritte ~** racine carrée, cubique; **~n schlagen** *Pflanze* prendre racine; *a. fig* s'enraciner; **mit der ~ ausreißen** déraciner; MATH **die ~ ziehen aus** extraire la racine carrée de 2 *fig* (*Ursprung*) *oft pl* **~n** sources *fpl*; origines *fpl*; **die ~ allen Übels** la source de tous les maux; **das Übel an** *od* **bei der ~ packen** prendre, attaquer le mal à sa racine; **das Übel mit der ~ ausrotten** couper le mal à sa racine

Wurzelballen M BOT (racines *fpl* avec la) motte; **Wurzelbehandlung** F ZAHNMEDIZIN traitement *m* de la racine; **Wurzelbildung** F BOT radication *f*; **Wurzelbürste** F brosse dure

wurzeln VI ⟨-(e)le, h.⟩ 1 BOT, *fig* être enraciné (**in** [+*dat*] dans); *fig* **die Angst wurzelt tief in ihm** la peur est profondément enracinée en lui 2 *fig* (*s-n Ursprung haben*) **in etw** (*dat*) **~** avoir ses racines dans qc

Wurzelschoss M, **Wurzelspross** M BOT drageon *m*; surgeon *m*; talle *f*; **Wurzelstock** M BOT rhizome *m*; **Wurzelwerk** N ⟨~(e)s⟩ BOT racines *fpl*; **Wurzelzeichen** N MATH radical *m*

würzen VT ⟨-(es)t, h.⟩ 1 *Speisen* assaisonner, épicer (**mit** de); relever (**mit** avec) 2 *fig* relever, pimenter (**mit** de)

würzig ADJ épicé; assaisonné; relevé; (*wohlschmeckend*) savoureux, -euse; *dem Geruch nach* aromatique

Würzstoff M condiment *m*

wusch → waschen

Wuschelhaar *umg* N cheveux très bouclés, frisés

wuschelig *umg* ADJ *Haar* épais et bouclé *od* frisé

Wuschelkopf *umg* M tignasse (épaisse); **sie ist ein richtiger ~** elle a une tignasse épaisse

wuseln VI ⟨-(e)le⟩ 1 ⟨h.⟩ (*sich flink betätigen*) s'affairer, s'agiter fiévreusement 2 ⟨s.⟩ (*sich flink bewegen*) filer (à toute allure)

wusste → wissen

Wust M ⟨~(e)s⟩ *pej* amas *m*; tas *m*; fatras *m*; ramassis *m*

wüst A ADJ 1 *Landschaft, Gegend* (*öde*) désert; (*verödet*) désolé 2 (*unordentlich*) en désordre; **ein ~es Durcheinander** *umg* un fouillis inextricable 3 (*ausschweifend*) déréglé; dissolu 4 (*grob, derb*) grossier, -ière; rude; **~e Beschimpfungen** des insultes grossières B ADV **alles lag ~ durcheinander** tout était en désordre, *umg* en pagaille

Wüste F ⟨~; ~n⟩ *a. fig* désert *m*; *umg fig* **j-n in die ~ schicken** limoger, *umg* débarquer qn

wüsten VI ⟨-ete, h.⟩ **mit etw ~** gaspiller qc

Wüstenbewohner MPL habitants *mpl* du désert

Wüstenei F ⟨~; ~en⟩ contrée *f* désertique, sauvage

Wüstenfuchs M renard *m* des sables; fennec *m*; **Wüstenklima** N climat *m* désertique; **Wüstenlandschaft** F paysage *m* désertique; **Wüstenpflanzen** FPL plantes *fpl* désertiques; **Wüstensand** M sable *m* (du désert); **Wüstenschiff** N *liter, hum* (*Kamel*) vaisseau *m* du désert; **Wüstentiere** NPL animaux *mpl* du désert; **Wüstenwind** M vent *m* du désert; **Wüstenzone** F zone *f* désertique

Wüstling M ⟨~s; ~e⟩ débauché *m*

Wut F ⟨~⟩ rage *f*; fureur *f*; furie *f*; (*Zorn*) colère *f*; **in blinder ~** dans une rage folle; dans une colère noire; **(e-e) ~ auf j-n haben** être furieux, en rage, en colère contre qn; **vor ~ schäumen, kochen** écumer de rage; *umg* fumer; **in ~** (*akk*) **geraten** entrer, se mettre en colère, en fureur; **j-n in ~** (*akk*) **bringen** mettre qn en rage, en colère, en fureur; exaspérer qn

Wutanfall M, **Wutausbruch** M accès *m* de fureur, de rage

wüten VI ⟨-ete, h.⟩ *Soldateska, Randalierer etc* sévir; tout ravager, saccager, *umg* casser; *Sturm, Feuer etc* faire rage; *Sturm a., Seuchen* sévir; *Krieg a.* faire des ravages

Wüten N ⟨~s⟩ rage *f*; fureur *f*

wütend ADJ 1 *Person* furieux, -ieuse; furibond; **~ werden** entrer, se mettre en colère, en fureur; **j-n ~ machen** mettre qn en colère, en rage, en fureur; exaspérer qn; **auf j-n ~ sein** être furieux, en rage contre qn; **~ über etw** (*akk*) **sein** être furieux (à cause) de qc 2 (*heftig*) violent; *Kampf* acharné; furieux, -ieuse

wutentbrannt ADJT furieux, -ieuse; furibond; *plus fort* fou, folle de rage; **wuterfüllt** ADJT furieux, -ieuse; enragé

Wüterich M ⟨~s; ~e⟩ forcené *m*; fou furieux

Wutgeheul N °hurlements *mpl* de rage; **Wutgeschrei** N cris *mpl* de rage

wutschäumend, **wutschnaubend** ADJT écumant de rage; **wutverzerrt** ADJT *Gesicht* grimaçant de rage

Wwe ABK (Witwe) Vve (veuve)

www ABK (World Wide Web) www

Wz ABK (Warenzeichen) marque déposée; nom déposé

X

X, x N ⟨X, x; X, x⟩ X, x *m*; *fig* **j-m ein X für ein U vormachen** faire prendre à qn des vessies pour des lanternes; **Herr X** monsieur X

x-Achse F MATH axe *m* des x, des abscisses

Xanthippe F ⟨~; ~n⟩ *pej* furie *f*; mégère *f*; °harpie *f*

Xanthophyll N ⟨~s⟩ BOT xanthophylle *f*

X-Beine NPL genoux cagneux

x-beinig, **X-beinig** ADJ cagneux, -euse

x-beliebig *umg* ADJ **e-e ~e Zahl** n'importe quel chiffre; un chiffre quelconque; **jeder x-Beliebige** n'importe qui; **etwas x-Beliebiges** n'importe quoi

X-Chromosom N chromosome *m* X

Xenon N ⟨~s⟩ CHEM xénon *m*; **Xenonscheinwerfer** M(PL) phare(s) *m(pl)* au xénon

xenophil *geh* ADJ xénophile; **Xenophilie** *geh* F ⟨~⟩ xénophilie *f*; **xenophob** *geh* ADJ xénophobe; **Xenophobie** *geh* F ⟨~⟩ xénophobie *f*

Xerodermie F ⟨~; ~n⟩ MED xérodermie *f*; **Xerografie** F TYPO xérographie *f*; **xerografisch** ADJ TYPO xérographique; **Xerographie** F, **xerographisch** ADJ → Xerografie, xerografisch; **Xerokopie** F xérocopie *f*

Xerophthalmie F ⟨~; ~n⟩ MED xérophtalmie *f*

x-fach ADJ multiple

x-fache(s) N ⟨→ A⟩ multiple *m*

x-förmig, **X-förmig** ADJ en (forme de) X

x-mal *umg* ADV *umg* trente-six fois; maintes et maintes fois; **ich habe es ihm ~ gesagt** je le lui ai dit je ne sais combien de fois

x-te(r, -s) *umg* ADJ énième; nième; **zum ~n Mal** pour la nième fois

Xylofon N ⟨~s; ~e⟩ xylophone *m*

Xylograf M ⟨~en; ~en⟩ xylographe *m*; **Xylografie** F ⟨~; ~n⟩ xylographie *f*; **xylografisch** ADJ xylographique; **Xylograph** M, **Xylographie** F, **xylographisch** ADJ → Xylograf, Xylografie, xylografisch

Xylol N ⟨~s⟩ CHEM xylène *m*

Xylophon N → Xylofon

Y

Y, y N ⟨Y, y; Y, y⟩ Y, y *m*

y-Achse F MATH axe *m* des y, des ordonnées

Yacht → Jacht

Yak M ⟨~s; ~s⟩ ZOOL ya(c)k *m*

Yamswurzel → Jamswurzel

Yang N ⟨~(s)⟩ PHIL yang *m*

Yard N ⟨~s; ~s, *mais* 5 Yard(s)⟩ *Längeneinheit* yard *m*

Y-Chromosom N chromosome *m* Y

Yen M ⟨~(s); ~(s), *mais* 100 ~⟩ *Währung* yen *m*

Yeti M ⟨~s; ~s⟩ yéti *m*

Yin N ⟨~(s)⟩ PHIL yin *m*

Yoga M *od* N ⟨~(s)⟩ yoga *m*

Yoghurt M *od* N → Joghurt

Yogi M ⟨~s; ~s⟩ yogi *m*

Yorkshireterrier M ZOOL yorkshire-terrier *m*

Yo-Yo N → Jo-Jo

Yperit N ⟨~s; ~e⟩ MIL (*Senfgas*) ypérite *f*

Ypsilon N ⟨~(s); ~s⟩ *Buchstabe* i grec

Ysop M ⟨~s; ~e⟩ BOT hysope *f*
Yucca F ⟨~; ~s⟩ BOT yucca *m*
Yuppie M ⟨~s; ~s⟩ yuppie *m*

Z

Z, z N ⟨Z, z; Z, z⟩ Z, z *m*
Zabaione F ⟨~; ~s⟩ GASTR sabayon *m*
Zabern N ⟨→ *n/pr*⟩ Saverne; **die ~er Steige** le col de Saverne
zack *umg* INT vlan!; **~, ~!** *umg* et que ça saute!; **~, weg war er** *umg* en moins de deux, il avait disparu
Zack *umg* M **j-n auf ~ bringen** mettre qn au pas; **etw auf ~ bringen** mettre de l'ordre, faire le ménage dans qc; **auf ~ sein** *Person* être dégourdi, *beruflich* à la hauteur; *Laden etc* être à flot
Zacke F ⟨~; ~n⟩ dent *f*; MODE *a.* languette *f*; *e-s Sterns* pointe *f*; branche *f*
zacken V/T ⟨h.⟩ découper en dents de scie; *a. Blätter* denteler
Zacken M ⟨~s; ~⟩ → Zacke; *umg* **deswegen fällt dir kein ~ aus der Krone** ce n'est pas une °honte
Zackenlinie F ligne *f* en zig-zag; dentelure *f*; **Zackenlitze** F MODE croquet *m*; **Zackenrand** M dentelure *f*
zackig ADJ **1** *Stern* garni, muni de pointes; *Säge* denté; BAU crénelé; ZOOL, BOT dentelé **2** *fig (schneidig)* d'allure militaire
zagen *geh* V/I ⟨h.⟩ *(zaudern)* hésiter; *liter* manquer de cœur
zaghaft **A** ADJ *(ängstlich)* craintif, -ive; peureux, -euse; *(zögernd)* hésitant; irrésolu **B** ADV peureusement; avec hésitation; **Zaghaftigkeit** F ⟨~⟩ *(Ängstlichkeit)* pusillanimité *f*; *(Unentschlossenheit)* irrésolution *f*
zäh **A** ADJ **1** *a. fig* tenace; *Flüssigkeit* épais, épaisse; visqueux, -euse; *Fleisch* dur; coriace **2** *(hartnäckig)* opiniâtre; coriace **3** *Fleiß, Ausdauer (beharrlich)* persévérant; *(ausdauernd)* endurant; *Gegner a.* tenace **4** *Unterhaltung etc (schleppend)* qui traîne en longueur **5** *Gesundheit (widerstandsfähig)* résistant **B** ADV avec ténacité; obstinément; **~ an e-r Ansicht festhalten** tenir fermement à une opinion
Zäheit F → Zähheit
zähflüssig ADJ visqueux, -euse; **~er Verkehr** ralentissements *mpl*
Zähflüssigkeit F ⟨~⟩ viscosité *f*; *des Verkehrs* ralentissement *m*
Zähheit F ⟨~⟩ **1** *a. fig* ténacité *f*; *(Zähflüssigkeit)* viscosité *f*; *von Fleisch* coriacité *f* **2** *(Hartnäckigkeit)* opiniâtreté *f*; *(Fleiß)* persévérance *f*; *(Ausdauer)* endurance *f* **3** *e-r Unterhaltung* longueur *f*; *der Gesundheit* résistance *f*
Zähigkeit F ⟨~⟩ ténacité *f*; *(Beharrlichkeit)* persévérance *f*; *(Ausdauer)* endurance *f*; *(Widerstandsfähigkeit)* résistance *f*
Zahl F ⟨~; ~en⟩ *a.* GRAM nombre *m*; *(Ziffer)* chiffre *m*; **dreistellige ~** nombre de *od* à trois chiffres; **zehn an der ~** au nombre de dix; **an ~ überlegen** supérieur en nombre; numériquement supérieur; **in großer ~** en grand nombre; **in voller ~** au complet; **in den roten, schwarzen ~en sein** être dans le rouge; être créditeur; **rote, schwarze ~en schreiben** *Unternehmen etc* être dans le rouge; faire des profits
Zahladjektiv N adjectif numéral
zahlbar ADJ payable
zählbar ADJ dénombrable
zählebig ADJ *Tiere, Pflanzen* résistant; *Vorurteil* qui a la vie dure
Zahlemann *umg hum* **morgen heißt es ~ und Söhne** *umg* demain il faut casquer
zahlen V/T *u.* V/I ⟨h.⟩ payer; **was habe ich zu ~?** combien vous dois-je?; **(Herr Ober,) bitte ~!** (garçon,) l'addition, s'il vous plaît!
zählen ⟨h.⟩ **A** V/T **1** compter; *Bevölkerung etc* recenser; *a. Stimmen* dénombrer; **s-e Tage sind gezählt** ses jours sont comptés; **j-n zu s-n Freunden ~** compter qn parmi ses amis **2** *(sich belaufen auf)* compter; se monter, s'élever à; *geh* **zwanzig Jahre ~** avoir vingt ans **B** V/I **1** compter; **bis drei ~** compter jusqu'à trois; *umg* **er kann nicht bis drei ~** *umg* il est bête comme ses pieds **2** *(vertrauen)* **auf j-n ~** compter sur qn **3** *(gehören)* **~ zu** compter parmi; appartenir à; **die Zeit mit Reiner zählt zu meinen schönsten Erinnerungen** le temps passé avec Reiner compte parmi mes meilleurs souvenirs **4** *(wichtig sein, gelten)* compter; **das zählt nicht** cela ne compte pas
Zahlenangaben FPL données *fpl* numériques; **Zahlenbeispiel** N exemple *m* numérique; **Zahlenfolge** F suite *f*, série *f* de nombres; **Zahlengedächtnis** N ⟨~ses⟩ mémoire *f* des chiffres, des nombres; **Zahlenkombination** F combinaison *f* de chiffres; **Zahlenlotto** N loto *m*; **zahlenmäßig** **A** ADJ ⟨épithète⟩ numérique **B** ADV numériquement; en nombre; **Zahlenmaterial** N indications *fpl* numériques; **Zahlenreihe** F suite *f*, série *f* de nombres; **Zahlenschloss** N serrure *f* à combinaison; **Zahlensystem** N système *m* arithmétique; **Zahlenverhältnis** N rapport *m* numérique; **Zahlenwert** M valeur *f* numérique
Zahler(in) M ⟨~s; ~⟩ (F) ⟨~in; ~innen⟩ payeur, -euse *m,f*
Zähler M ⟨~s; ~⟩ **1** *für Strom, Gas,* TECH compteur *m*; **den ~ ablesen** relever le compteur **2** MATH numérateur *m* **3** *Person* (agent *m*) recenseur *m*
Zählerstand M relevé *m* de compteur; **den ~ ablesen** relever le compteur
Zahlgrenze F *e-s Busses etc* (fin *f* de) section *f*; **Zahlkarte** F mandat-carte *m*; **Zahlkellner** M garçon *m* (de café) qui encaisse; **zahllos** ADJ innombrable; **Zahlmeister** M trésorier *m*; SCHIFF commissaire *m* (du bord); **zahlreich** **A** ADJ nombreux, -euse **B** ADV en (grand) nombre; **Zahlstelle** F service *m*, bureau *m* de paiement; **Zahltag** M jour *m* de paie
Zahlung F ⟨~; ~en⟩ *Vorgang, Summe* paiement *od* payement *m*; **e-e ~ leisten** effectuer, faire un paiement; **gegen ~ von ...** contre, moyennant paiement de ...; **in ~ nehmen, geben** prendre, donner en paiement; **zur ~ auffordern** sommer de payer
Zählung F ⟨~; ~en⟩ comptage *m*; *der Bevölkerung* recensement *m*; *a. der Stimmen* dénombrement *m*
Zahlungsabkommen N accord *m* de paiement; **Zahlungsanweisung** F mandat *m* de paiement; **Zahlungsaufforderung** F sommation *f* de payer; mise *f* en demeure; **Zahlungsaufschub** M délai *m*, sursis *m* de paiement; **Zahlungsbedingungen** FPL conditions *fpl* de paiement, de règlement; **Zahlungsbefehl** M sommation *f* de paiement; **Zahlungsbeleg** M récépissé *m* de paiement; **Zahlungsbilanz** F balance *f* des comptes, des paiements; **Zahlungsempfänger** M bénéficiaire *m* d'un paiement; **Zahlungserleichterungen** FPL facilités *fpl* de paiement; **zahlungsfähig** ADJ solvable; **Zahlungsfähigkeit** F ⟨~⟩ solvabilité *f*; **Zahlungsfrist** F délai *m* de paiement
zahlungskräftig ADJ *umg* **~ sein** *umg* avoir les moyens
Zahlungsmittel N moyen *m* de paiement; **Zahlungspflicht** F ⟨~⟩ obligation *f* de paiement; **Zahlungspflichtige(r)** M ⟨→ A⟩ débiteur *m* d'un paiement; **Zahlungsrückstand** M retard *m* dans le paiement; Zahlungsrückstände *pl* arriérés *mpl* de paiement; **Zahlungsschwierigkeiten** FPL difficultés *fpl* de paiement; **Zahlungstermin** M date *f*, jour *m* de paiement; **zahlungsunfähig** ADJ insolvable; **Zahlungsunfähigkeit** F ⟨~⟩ insolvabilité *f*; **Zahlungsverkehr** M paiements *mpl*; opérations *fpl* de paiement; **Zahlungsverpflichtungen** FPL obligations *fpl*; engagements *mpl*; **Zahlungsweise** F mode *m* de paiement; **zahlungswillig** ADJ disposé, prêt à payer
Zählwerk N (mécanisme *m*) compteur *m*
Zahlwort N ⟨~(e)s; -wörter⟩ (adjectif *m*) numéral *m*; nom *m* de nombre; **Zahlzeichen** N chiffre *m*
zahm ADJ **1** *Tier* apprivoisé **2** *umg fig Person (gefügig)* docile; *Lehrer, Vorgesetzter etc* peu *bzw.* pas sévère; inoffensif, -ive; *umg* souple; *(sanft)* doux, douce; *Äußerung, Kritik* anodin
zähmbar ADJ apprivoisable; domptable
zähmen V/T ⟨h.⟩ **1** *Tier* apprivoiser; *(bändigen)* dompter; *(zu e-m Haustier machen)* domestiquer; *wildes Pferd* réduire **2** *geh fig* maîtriser; *Trieb* réprimer
Zahmheit F ⟨~⟩ **1** *e-s Tiers* docilité *f* **2** *umg fig* docilité *f*; *e-s Lehrers etc* caractère inoffensif; *umg* souplesse *f*; *(Sanftheit)* douceur *f*
Zähmung F ⟨~; ~en⟩ *von Tieren* apprivoisement *m*; *(Bändigung)* domptage *m*; *zum Haustier* domestication *f*
Zahn M ⟨~(e)s; ⸚e⟩ **1** ANAT dent *f*; ZOOL *(Fangzahn)* croc *m*; *(Giftzahn)* crochet *m*; **falscher ~** fausse dent; **die dritten Zähne** le dentier; **die unteren, oberen Zähne** les dents du bas, du haut; **sich** *(dat)* **die Zähne putzen** se laver, se brosser les dents; *Kind* **Zähne bekommen** faire, percer ses dents; **sich** *(dat)* **e-n ~ ziehen lassen** se faire arracher une dent; **die Zähne zusammenbeißen** *a. fig* serrer les dents; **mit den Zähnen klappern, knirschen** claquer, grincer des dents; **die Zähne fletschen** montrer les crocs **2** *fig umg* **der ~ der Zeit** les ravages *mpl*, les outrages *mpl* du temps; *umg* **j-m den ~ ziehen** remettre à qn les pieds sur terre; *umg* **bis an die Zähne bewaffnet** armé jusqu'aux dents; **j-m auf den ~ fühlen** sonder qn; sonder les intentions de qn; *umg* **j-m die Zähne zeigen** montrer les dents à qn; *umg* **sich** *(dat)* **die Zähne an etw, j-m ausbeißen** se casser les dents sur qc, qn; *umg* **die Zähne nicht auseinanderkriegen** ne pas desserrer les dents; *umg* **lange Zähne machen** manger du bout des dents; *umg* **das ist nur (etwas) für den hohlen ~** c'est plutôt maigre **3** *umg* **ein steiler ~** *umg* une super nana **4** *umg* **e-n (ganz schönen) ~ draufhaben** *umg* marcher à toute pompe; *mit e-m Fahrzeug umg* foncer; *umg* rouler à fond la caisse; *umg* **e-n ~ zulegen** *umg* mettre les gaz **5** TECH, *e-r Briefmarke* dent *f*
Zahnarzt M, **Zahnärztin** F (chirurgien *m*) dentiste *m/f*; **Zahnarzthelferin** F assistante *f* dentaire
zahnärztlich **A** ADJ ⟨épithète⟩ de *od* du dentiste; dentaire **B** ADV **j-n ~ behandeln** donner des soins dentaires à qn
Zahnarztpraxis F cabinet *m* dentaire; **Zahnausfall** M ⟨~(e)s⟩ chute *f* des dents;

Zahnbehandlung F soins *mpl* dentaires; **Zahnbein** N ⟨~(e)s⟩ ANAT ivoire *m*; dentine *f*; **Zahnbelag** M plaque *f* dentaire; **Zahnbildung** F dentition *f*; **Zahnbürste** F brosse *f* à dents

Zähnchen N ⟨~s; ~⟩ petite dent; *(Kinderzähnchen) umg* quenotte *f*

Zahncreme F (pâte *f*) dentifrice *m*; **Zahndurchbruch** M dentition *f*

zähnefletschend A ADJT qui montre les crocs B ADVL en montrant les crocs; **Zähneklappern** N claquement *m* de dents; **zähneklappernd** ADVL en claquant des dents; **Zähneknirschen** N grincement *m* de dents; **zähneknirschend** ADVL *a. fig* en grinçant des dents

zahnen VI ⟨h.⟩ faire, percer ses dents

Zahnen N ⟨~s⟩ dentition *f*

Zahnersatz M prothèse *f* dentaire; **Zahnfäule** F carie *f* dentaire

Zahnfleisch N gencive(s) *f(pl)*; **Zahnfleischbluten** N ⟨~s⟩ saignement *m* des gencives; *t/t* gingivorragie *f*; **Zahnfleischentzündung** F gingivite *f*; **Zahnfleischschwund** M parodontose *f*

Zahnfüllung F plombage *m*; **Zahnhals** M collet *m* d'une dent; **Zahnheilkunde** F chirurgie *f* dentaire; dentisterie *f*; *t/t* odontologie *f*; **Zahnhygiene** F hygiène *f* dentaire; **Zahnklammer** F appareil *m* dentaire; **Zahnklempner** *umg hum, meist pej* M *umg* arracheur *m* de dents; **Zahnklinik** F institut *m* dentaire; **Zahnkrankheit** F maladie *f* dentaire; **Zahnkranz** M TECH couronne dentée; **Zahnkrem(e)** F (pâte *f*) dentifrice *m*; **Zahnkrone** F couronne *f* d'une dent; **Zahnlaut** M PHON dentale *f*; **zahnlos** ADJ sans dents; édenté; **Zahnlücke** F creux *m* entre les dents; **Zahnmedizin** F ⟨~⟩ dentisterie *f*; chirurgie *f* dentaire; *t/t* odontologie *f*; **Zahnnerv** M nerf *m* dentaire; **Zahnpasta** F ⟨~; -sten⟩, **Zahnpaste** F (pâte *f*) dentifrice *m*; **Zahnpflege** F soins *mpl* dentaires; hygiène *f* dentaire; **Zahnprothese** F prothèse *f* dentaire; dentier *m*; **Zahnpulver** N poudre *f* dentifrice; **Zahnputzbecher** M, **Zahnputzglas** N verre *m* à dents; **Zahnrad** N roue dentée; **Zahnradbahn** F chemin *m* de fer à crémaillère; **Zahnreihe** F dentition *f*; **Zahnschmelz** M émail *m* des dents

Zahnschmerz M mal *m* de dent; *t/t* odontalgie *f*; **~en haben** avoir mal aux dents

Zahnseide F fil *m* dentaire; **Zahnspange** F appareil *m* dentaire; **Zahnspiegel** M miroir *m* dentaire; **Zahnstange** F TECH crémaillère *f*; **Zahnstein** M ⟨~(e)s⟩ tartre *m*; **Zahnstocher** M cure-dent *m*; **Zahnstummel**, **Zahnstumpf** M chicot *m*; **Zahntechniker(in)** M(F) prothésiste *m/f* dentaire

Zahnung F ⟨~; ~en⟩ TECH denture *f*

Zahnwal M ZOOL denticète *m*; **Zahnwechsel** M seconde dentition; **Zahnweh** N → Zahnschmerz; **Zahnwurzel** F racine *f* de la dent; **Zahnzwischenräume** MPL interstices *mpl* dentaires

Zaire N ⟨→ n/pr⟩ HIST le Zaïre

Zairer(in) M ⟨~s; ~⟩ (F) ⟨~in; ~innen⟩ HIST Zaïrois(e) *m(f)*

zairisch ADJ HIST zaïrois

Zander M ⟨~s; ~⟩ ZOOL sandre *m od f*

Zange F ⟨~; ~n⟩ 1 *(Kneifzange)* tenaille(s) *f(pl)*; *(Flachzange)* pince (plate); *(Geburtszange)* forceps *m*; *umg fig* **j-n in die ~ nehmen** forcer la main à qn; *umg fig* **j-n nicht mit der ~ anfassen mögen** *umg* ne pas pouvoir sentir qn 2 ZOOL pince *f*

zangenförmig ADJ qui a la forme d'une pince; **Zangengeburt** F accouchement *m* au forceps, aux fers

Zank M ⟨~(e)s⟩ querelle *f*; *(Wortwechsel)* dispute *f*; **in diesem Haus gibt es nur ~ und Streit** on ne cesse de se disputer dans cette maison

Zankapfel M pomme *f* de discorde

zanken V/R ⟨h.⟩ **sich (mit j-m) ~** se disputer, se quereller (avec qn); **sich um etw ~** se disputer qc, pour qc, à propos de qc

Zankerei *umg* F ⟨~; ~en⟩ *umg* chamailleries (continuelles)

Zänkereien FPL *umg* bisbilles *fpl*

zänkisch ADJ querelleur, -euse; *umg* chamailleur, -euse; **~es Weib** °harpie *f*

Zanksucht F ⟨~⟩ esprit querelleur; humeur querelleuse, batailleuse; **zanksüchtig** ADJ querelleur, -euse

Zäpfchen N ⟨~s; ~⟩ 1 ANAT luette *f* (du palais); *t/t* uvule *f* 2 MED suppositoire *m*

Zäpfchen-R N PHON r *m* uvulaire

zapfen VT ⟨h.⟩ *Wein, Bier* tirer (au tonneau)

Zapfen M ⟨~s; ~⟩ 1 *e-s Fasses* fausset *m* 2 BAU tenon *m* 3 BOT cône *m*; *(Kiefernzapfen) a.* pomme *f* (de pin) 4 *(Eiszapfen)* glaçon *m*

Zapfenstreich M 1 MIL couvre-feu *m* 2 *umg fig ⟨pas de pl⟩* extinction *f* des feux

Zapfenzieher M ⟨~s; ~⟩ *regional, schweiz* tire-bouchon *m*

Zapfhahn M robinet *m*; **Zapfsäule** F pompe *f* à essence

zappelig *umg* ADJ *umg* qui a la bougeotte; agité; *Kind a. umg* qui gigote; *(ungeduldig)* impatient; *(nervös)* nerveux, -euse

zappeln VI ⟨-(e)le, h.⟩ *umg* gigoter; s'agiter; se trémousser; *bes Fisch* frétiller; *umg fig* **j-n ~ lassen** tenir qn sur des charbons ardents; *umg* laisser mijoter qn

Zappeln N ⟨~s⟩ *von Kindern* agitation *f*; bougeotte *f*; *e-s Fisches* frétillement *m*

Zappelphilipp *umg* M ⟨~s; ~e *ou* ~s⟩ *umg* enfant *m* qui gigote sans cesse; **ein ~ sein** *umg* avoir la bougeotte

zappen VI ⟨h.⟩ TV zapper

zappenduster *umg* ADJ *a. fig* sombre

zapplig → zappelig

Zar M ⟨~en; ~en⟩ tsar *m*

Zarenherrschaft F ⟨~⟩ domination *f* des tsars; **Zarenreich** N empire *m* des tsars; **Zarentum** N ⟨~(e)s⟩ tsarisme *m*

Zarewitsch M ⟨~(e)s; ~e⟩ tsarévitch *m*

Zarge F ⟨~; ~n⟩ *e-s Fensters, e-r Tür* châssis *m*; cadre *m*; encadrement *m*; *e-s Saiteninstruments* éclisse *f*

Zarin F ⟨~; ~nen⟩ tsarine *f*

Zarismus M ⟨~⟩ tsarisme *m*; **zaristisch** ADJ tsariste

zart A ADJ 1 *a. Fleisch, Gemüse, Farben* tendre; *Gesundheit, Empfindung, Hauch, Pflanzen, Farben, Kuss* délicat; *Gewebe* fin; *Stimme, Klang, Melodie, Hauch* doux, douce; *Körper* frêle; *(zerbrechlich), Gesundheit* fragile; *(leicht)* léger, -ère; *(schwach)* faible; **vom ~esten Kindesalter an** dès sa plus tendre enfance 2 *(zärtlich)* tendre; *(einfühlsam)* délicat B ADV doucement; *(zärtlich)* tendrement; *(einfühlsam)* délicatement; **~ besaitet, fühlend** → zartbesaitet, zartfühlend

zartbesaitet ADJ sensible; susceptible; **zartbitter** ADJ *Schokolade* noir extra fin *(inv)*; **zartblau** ADJ bleu tendre *(inv)*; **zartfühlend** ADJT délicat; *(taktvoll)* qui a du tact; d'un tact parfait

Zartgefühl N ⟨~(e)s⟩ délicatesse *f* (de sentiment); tact *m*

Zartheit F ⟨~⟩ délicatesse *f*; *der Haut, der Stimme, e-r Melodie etc* douceur *f*; *e-s Gewebes* finesse *f*; *(Zerbrechlichkeit)* fragilité *f*; *(Schwäche)* faiblesse *f*; *von Fleisch, Gemüse* tendreté *f*

zärtlich ADJ tendre; affectueux, -euse

Zärtlichkeit F ⟨~; ~en⟩ tendresse *f*; affection *f*; **~en** *pl (Liebkosungen)* caresses *fpl*; **~en austauschen** se caresser; se donner des caresses

zartrosa ADJ rose tendre *(inv)*

Zäsium N ⟨~s⟩ CHEM césium *m*

Zaster *umg* M ⟨~s⟩ *umg* fric *m*; *umg* pognon *m*; *umg* pèze *m*

Zäsur F ⟨~; ~en⟩ 1 METRIK césure *f* 2 *fig (Einschnitt)* événement décisif; tournant *m*

Zauber M ⟨~s; ~⟩ 1 *(~handlung)* magie *f*; *(~kraft)* charme *m*; enchantement *m*; *(böser ~)* sortilège *m*; *(Bann)* envoûtement *m*; → *a.* faul 3 2 *⟨pas de pl⟩ fig (Faszination, Reiz)* charme *m* 3 *umg fig ⟨pas de pl⟩ (Getue) umg* cirque *m*; **mach doch nicht so einen ~!** ne fais pas tant d'histoires! 4 *umg fig ⟨pas de pl⟩ (Zeug) umg* bazar *m*

Zauberbuch N livre *m* de magie

Zauberei F ⟨~; ~en⟩ 1 *⟨pas de pl⟩ (das Zaubern)* magie *f*; enchantement *m* 2 *⟨pas de pl⟩ (Hexerei)* ensorcellement *m*; sorcellerie *f* 3 *⟨pas de pl⟩ (Zauberkunst)* magie *f* 4 *(Zaubertrick)* tour *m* de magie, de prestidigitation

Zauberer M ⟨~s; ~⟩ *im Zirkus etc* magicien *m*; *fig* sorcier *m*

Zauberflöte F **Die ~** La Flûte enchantée

Zauberformel F formule *f* magique, d'envoûtement; **zauberhaft** ADJ enchanteur, -teresse; ravissant

Zauberhand F **wie von** *od* **durch ~** comme par magie

Zauberin F ⟨~; ~nen⟩ *im Zirkus etc* magicienne *f*; *fig* sorcière *f*

Zauberkasten M mallette *f* de magicien; **Zauberkraft** F pouvoir *m*, vertu *f* magique; **zauberkräftig** ADJ magique; **Zauberkunst** F magie *f*; *(Taschenspielerkunst)* prestidigitation *f*; *(Trick)* tour *m* de magicien, *des Taschenspielers* de magie, de prestidigitation; **Zauberkünstler(in)** M(F) prestidigitateur, -trice *m,f*; illusionniste *m/f*; **Zauberlehrling** M apprenti sorcier

zaubern ⟨-(e)re, h.⟩ A VT *Zauberkünstler* **etw aus der Tasche ~** faire sortir qc de sa poche comme par enchantement; **sie hat uns aus den Resten ein köstliches Abendessen gezaubert** avec les restes, elle a réussi à nous préparer un festin B VI *Zauberer* pratiquer la magie; *Hexe* pratiquer la sorcellerie; *Fee* user de sortilèges; *Zauberkünstler* faire des tours de prestidigitation; **~ können** être magicien, sorcier; *umg* **ich kann doch nicht ~!** mais je ne peux pas faire plus vite!; je ne peux pas faire de miracle!

Zaubern N ⟨~s⟩ *e-s Zauberers* pratique *f* de la magie; *e-r Hexe* pratique *f* de la sorcellerie; *e-s Zauberkünstlers* tours *mpl* de prestidigitation

Zauberreich N pays enchanté; **Zauberspruch** M formule *f* magique; incantation *f*; **Zauberstab** M baguette *f* magique; **Zaubertrank** M potion *f* magique; philtre *m*; **Zaubertrick** M tour *m* de magie, de prestidigitation; **Zauberwort** N ⟨~(e)s; ~e⟩ parole *f* magique

Zauderer *geh* M ⟨~s; ~⟩, **Zauderin** *geh* F ⟨-in; -innen⟩ esprit hésitant, indécis, irrésolu

zaudern *geh* VI ⟨-(e)re, h.⟩ hésiter (**etw zu tun** à faire qc); *(zögern)* tarder (**zu** [+inf] à [+inf]); *(abwarten)* temporiser; *(unentschlossen sein)* être indécis, irrésolu

Zaudern N ⟨~s⟩ hésitation *f*; *(Unentschlossenheit)* indécision *f*; *(Abwarten)* temporisation *f*

Zaudrer(in) M(F) → Zauderer

Zaum M ⟨~(e)s; Zäume⟩ bride *f*; *geh fig Leidenschaften etc* **im ~ halten** contenir; dominer;

Z

mettre un frein à; *geh* **s-e Zunge im ~ halten** tenir sa langue

zäumen VT ⟨h.⟩ brider; mettre la bride à

Zaumzeug N bride *f*

Zaun M ⟨~(e)s; Zäune⟩ clôture *f*; enclos *m*; *aus Pfählen* palissade *f*; **e-n Streit vom ~ brechen** chercher querelle, noise; provoquer une querelle

zaundürr ADJ *umg österr* maigre comme un clou

Zaungast M spectateur (inofficiel); badaud *m*; **Zaunkönig** M ZOOL *t/t* troglodyte *m*; *inkorr* roitelet *m*

Zaunpfahl M pieu *m*; *umg fig* **ein Wink mit dem ~** un appel du pied

Zaunwinde F BOT liseron *m* des °haies

zausen VT ⟨-(es)t, h.⟩ **j-m die Haare ~** tirer les cheveux à qn

Zaziki M *od* N ⟨~s; ~s⟩ GASTR tzaziki *m*

z. B. ABK (zum Beispiel) par ex. (par exemple)

z.b.V. ABK (zur besonderen Verwendung) à des fins spéciales

ZDF N ⟨~⟩ ABK (Zweites Deutsches Fernsehen) Deuxième chaîne *f* de la télévision allemande

Zebra N ⟨~s; ~s⟩ ZOOL zèbre *m*; **Zebrastreifen** M *auf der Straße* passage *m* pour piétons

Zebu M *od* N ⟨~s; ~s⟩ ZOOL zébu *m*

Zechbruder *umg* M (*Zechgenosse*) compagnon *m* de beuverie; (*Trinker*) *umg* picoleur *m*

Zeche F ⟨~; ~n⟩ **1** (*Wirtshausrechnung*) addition *f*; (*Verzehr*) consommation *f*; *umg* **die ~ prellen** partir sans payer ses consommations; *umg fig* **die ~ bezahlen müssen** *umg* devoir payer les pots cassés **2** BERGBAU mine *f* de charbon; charbonnage *m*; (*Steinkohlenzeche*) °houillère *f*; **e-e ~ stilllegen** arrêter l'exploitation d'une mine

zechen VI ⟨h.⟩ boire; *umg* picoler

Zecher(in) M ⟨~s; ~⟩ (F) ⟨~in; ~innen⟩ buveur, -euse *m,f*; **Zecherei** F ⟨~; ~en⟩, **Zechgelage** N beuverie *f*; **Zechkumpan** *umg* M compagnon *m* de beuverie

Zechpreller M ⟨~s; ~⟩ client *m* qui part sans payer ses consommations; **er ist ein ~** *umg* il a filé sans payer ses consommations

Zechprellerei F ⟨~; ~en⟩ grivèlerie *f*; **Zechtour** F *umg* tournée *f* des bistrots

Zecke F ⟨~; ~n⟩ ZOOL tique *f*

Zeder F ⟨~; ~n⟩ BOT cèdre *m*

Zedernholz N (bois *m* de) cèdre *m*

Zeh M ⟨~s; ~en⟩ → Zehe 1

Zehe F ⟨~; ~n⟩ **1** ANAT *von Menschen* orteil *m*; *von Menschen u. Tieren* doigt *m* de pied; **große ~** gros orteil; gros doigt; **kleine ~** petit orteil; petit doigt; **sich auf die ~n stellen** se mettre sur la pointe des pieds; **j-m auf die ~n treten** marcher sur le pied de qn; *umg fig* (*j-n zur Eile antreiben*) bousculer qn; (*j-n beleidigen*) vexer qn **2** BOT (*Knoblauchzehe*) gousse *f*

Zehennagel M ongle *m* d'orteil

Zehenspitze F pointe *f* du pied; **auf ~n** sur la pointe des pieds; (*sehr leise*) à pas de loup

zehn NUM dix; **die Zehn Gebote** les dix commandements; le Décalogue; **etwa, rund ~ (Personen)** une dizaine (de personnes); → *a.* acht A 1, 2

Zehn F ⟨~; ~en⟩ (chiffre *m*, nombre *m*) dix *m*; → *a.* Acht[1] 1, 2

zehnbändig *etc* → achtbändig *etc*; **Zehneck** N décagone *m*; **zehneckig** ADJ décagone; décagonal

zehneinhalb NUM dix et demi

Zehner M ⟨~s; ~⟩ **1** MATH dizaine *f* **2** *umg Münze* pièce *f* de dix cents; *Geldschein* billet *m* de dix **3** *regional* (*Zehn*) dix *m*

Zehnerkarte F billet *m* de dix entrées, trajets, *etc*

zehnerlei ADJ ⟨*inv*⟩ dix sortes, espèces de …; dix … différent(e)s; de dix sortes, espèces différentes

Zehnerpackung F paquet *m* de dix; **Zehnerreihe** F MATH colonne *f* des dizaines; **Zehnerstelle** F dizaine *f*; **Zehnersystem** N système décimal

zehnfach **A** ADJ décuple; *Vergrößerung* de dix fois; *Betrag etc* dix fois plus grand **B** ADV dix fois plus; au décuple

Zehnfache(s) N ⟨→ A⟩ décuple *m*; **Zehnfingersystem** N système *m* à dix doigts

zehnjährig ADJ (*zehn Jahre alt*) (âgé) de dix ans; (*zehn Jahre lang*) de dix ans; qui dure dix ans; *t/t*, *Amtszeit etc* décennal; **Zehnjährige(r)** M/F(M) ⟨→ A⟩ enfant *m/f* de dix ans;

zehnjährlich ADV (ADJ) (qui revient) tous les dix ans; **Zehnkampf** M SPORT décathlon *m*; **Zehnkämpfer** M décathlonien *m*;

zehnmal ADV dix fois; **zehnmalig** ADJ ⟨*épithète*⟩ répété dix fois

Zehnmarkschein M HIST billet *m* de dix marks; **Zehnpfennigstück** N HIST pièce *f* de dix pfennigs; **Zehnsilb(l)er** M ⟨Zehnsilb(l)ers; Zehnsilb(l)er⟩ METRIK décasyllabe *m*

zehnt ADV **zu ~** à dix; **zu ~ sein** être dix

zehntausend NUM dix mille; *fig* **die oberen Zehntausend** la haute société; *hinsichtlich Reichtum* les deux cents familles

zehnte(r, -s) NUM dixième; → *a.* achte(r, -s)

Zehntel N ⟨~s; ~⟩ dixième *m*

zehntens ADV dixièmement; en dixième lieu

Zehnzeiler M ⟨~s; ~⟩ METRIK dizain *m*;

zehnzeilig ADJ à *od* de dix lignes

zehren VI ⟨h.⟩ **1 von etw ~** vivre sur qc, *fig von Erinnerungen etc* de qc; *fig* **von s-m Ruhm ~** vivre sur sa réputation **2** (*mager machen*) faire maigrir; *Kummer, Sorge etc* **an j-m ~** miner, ronger, consumer qn

Zeichen N ⟨~s; ~⟩ signe *m*; *verabredetes* signal *m*; (*Kennzeichen*) marque *f*; (*Merkzeichen*) repère *m*; (*Namenszeichen*) sigle *m*; (*Anzeichen*) indice *m*; MED, *fig* symptôme *m*; *sinnbildliches, e-r Würde etc* insignes *mpl*; (*Beweis*) preuve *f*; témoignage *m*; (*Vorzeichen*) augure *m*; présage *m*; CHEM, MATH symbole *m*; ASTROL signe *m*; (*Satzzeichen*) signe *m* (de ponctuation); **ein ~ des Himmels** un signe du ciel; **die ~ der Zeit** les signes des temps; ADMIN **Ihr ~** votre référence; **das ~ zum Aufbruch geben** donner le signal du départ; **j-m ein ~ geben, etw zu tun** faire signe à qn de faire qc; **sich durch ~ verständigen** se faire comprendre par (des) signes; **das ist ein gutes, schlechtes ~** c'est bon, mauvais signe; **wenn nicht alle ~ trügen** à moins que je ne me trompe; *hum* **er ist seines ~s Schmied** il est forgeron de son état; **als** *od* **zum ~ meiner Dankbarkeit, Freundschaft** en *od* comme signe *od* témoignage de ma reconnaissance, de mon amitié; **auf ein ~** à un signal donné; sur un signal; **im ~ des Steinbocks, des wirtschaftlichen Aufschwungs** sous le signe du Capricorne, de la haute conjoncture; **zum ~, dass …** pour montrer, prouver que …; (pour *od* comme) preuve que …; **es geschehen noch ~ und Wunder!** on n'aura pas fini de s'étonner!

Zeichenblock M ⟨~(e)s; ~e *ou* ~s⟩ bloc *m* de papier à dessin; **Zeichenbrett** N planche *f* à dessin; **Zeichenbüro** N bureau *m* de dessin; **Zeichendeuter** M augure *m*; devin *m*; **Zeichendeutung** F divination *f*; **Zeichendreieck** N équerre *f* à dessiner; **Zeichenerklärung** F légende *f*; **Zeichenfeder** F plume *f* à dessin; **Zeichengebung** F ⟨~⟩ signalisation *f*; **Zeichengerät** N appareil *m* à dessiner; **zeichenhaft** *geh* ADJ symbolique; **Zeichenheft** N cahier *m* à dessin; **Zeichenkette** F IT chaîne *f* de caractères; **Zeichenkohle** F ⟨~⟩ fusain *m*; **Zeichenlehrer(in)** M(F) professeur *m/f* de dessin; **Zeichenmappe** F carton *m* à dessin; **Zeichenmaschine** F appareil *m* à dessiner; **Zeichenmaterial** N matériel *m*, accessoires *mpl* de dessin; **Zeichenpapier** N papier *m* à dessin; **Zeichenrolle** F registre *m* des marques (de fabrique); **Zeichensaal** M salle *f* de dessin; **Zeichensatz** M IT jeu *m* de caractères; **Zeichenschutz** M protection *f* des marques (de fabrique); **Zeichensetzung** F ⟨~⟩ ponctuation *f*; **Zeichensprache** F langage *m* par signes, par gestes; **Zeichenstift** M crayon *m* à dessin; **Zeichenstunde** F leçon *f* de dessin; **Zeichentisch** M table *f* à dessin(er); **Zeichentrickfilm** M dessin animé; film *m* d'animation; **Zeichenunterricht** M leçons *fpl* de dessin; **Zeichenvorlage** F modèle *m* (de dessin); **Zeichenwinkel** M équerre *f* à dessiner

zeichnen ⟨-ete, h.⟩ **A** VT **1** (*malen*) dessiner; *Linie etc* tracer **2** (*kenn~*), *a. fig Sorge, Erschöpfung etc* marquer; **vom Tode, Schicksal gezeichnet** marqué par la mort, le destin **3** *Schmetterling etc* **schön gezeichnet** qui a de jolis dessins **4** *bes* HANDEL (*unter~*) signer; *Geldsumme bei e-r Sammlung, e-e Anleihe* souscrire **B** VI **1** (*malen*) dessiner **2** *bes* HANDEL signer; **für etw verantwortlich ~** prendre, avoir la responsabilité de qc

Zeichner(in) M ⟨~s; ~⟩ (F) ⟨~in; ~innen⟩ **1** dessinateur, -trice *m,f*; **technischer ~** dessinateur industriel **2** *e-r Anleihe etc* souscripteur, -trice *m,f*

zeichnerisch **A** ADJ de dessin; de dessinateur, -trice; **~es Talent** talent(s) *m(pl)* de dessinateur **B** ADV au point de vue du dessin; comme dessin; **er ist ~ begabt** il est doué pour le dessin

Zeichnung F ⟨~; ~en⟩ **1** (*Bild, Muster*) dessin *m*; **technische ~** dessin industriel **2** *bes* HANDEL souscription *f*

zeichnungsberechtigt ADJT *bes* HANDEL autorisé à signer; **~ sein** *a.* avoir la signature

Zeigefinger M ANAT index *m*; *fig* **der erhobene ~** la leçon de morale

zeigen ⟨h.⟩ **A** VT montrer; faire voir; (*zur Schau stellen*) étaler; (*angeben*) *Weg etc* indiquer; *Film* passer; (*beweisen*) *Mut, Geduld etc* faire preuve de; (dé)montrer; (*bezeugen*) *Freude* manifester; témoigner; *durch sein Benehmen* faire acte de; *umg* **es j-m ~** (*s-e Meinung sagen*) dire à qn sa façon de penser; (*von s-m Können überzeugen*) montrer à qn ce qu'on sait faire **B** VI **auf j-n, etw ~** montrer, désigner qn, qc (**mit dem Finger** du doigt); *fig* **mit Fingern auf j-n ~** montrer qn du doigt; *Kompassnadel* **nach Norden ~** indiquer, montrer le nord; *Uhrzeiger* **auf 12 Uhr ~** marquer, indiquer midi **C** VR **sich ~** **1** (*sich sehen lassen*) se montrer; se produire; se présenter; (*erscheinen*) paraître; apparaître; **mit ihm kann man sich nicht in der Öffentlichkeit ~** il n'est pas présentable; **sich von s-r besten Seite ~** se présenter sous son meilleur jour **2** (*sich erweisen*) **sich mutig** *etc* **~** faire preuve de courage, *etc* **3** (*zutage treten*) se manifester (**in** [+dat] par); **das wird sich bald ~** on ne tardera pas à le voir; **es zeigte sich, dass …** il se trouvait *od* révélait que …; **es wird sich ~, ob …** le temps nous apprendra si …; nous verrons si …

Zeiger M ⟨~s; ~⟩ aiguille *f*; *an Messinstrumenten a.* index *m*; **Zeigerausschlag** M déviation *f* de l'aiguille

Zeigestock M baguette *f*

Zeigfinger M *schweiz* → Zeigefinger

zeihen *geh* V/T ⟨zeiht, zieh, geziehen, h.⟩ **j-n e-r Lüge** *(gen) etc* ~ accuser qn de mensonge, *etc*

Zeile F ⟨~; ~n⟩ ligne *f (a.* TV); *(Verszeile)* vers *m*; *von Häusern* rangée *f*; file *f*; **eingerückte ~** alinéa *m*; **neue ~!** à la ligne!; **e-e neue ~ anfangen** aller, mettre à la ligne; **in der dritten ~ von unten** à la troisième ligne en partant du bas; **ein paar ~n** *(Briefchen)* un mot; **j-m ein paar ~n hinterlassen** laisser un petit mot à qn; **j-m ein paar ~n schreiben** écrire quelques lignes à qn; *fig* **zwischen den ~n lesen** lire entre les lignes

Zeilenabstand M interligne *m*; **Zeilendorf** N village-rue *m*; **Zeilendurchschuss** M TYPO interligne *m*; **Zeileneinsteller** M ⟨~s; ~⟩ *an der Schreibmaschine* levier *m* de réglage d'interligne; **Zeilengießmaschine, Zeilengussmaschine** F TYPO linotype *f*

Zeilenhonorar N rémunération *f* à la ligne; **~ bekommen** être payé à la ligne

Zeilenlänge F TYPO justification *f*; **Zeilensprung** M METRIK enjambement *m*; **Zeilensteller** M → Zeileneinsteller

zeilenweise ADV par lignes; **~ bezahlen** payer à la ligne

Zeilenzwischenraum M interligne *m*

Zeisig M ⟨~s; ~e⟩ ZOOL tarin *m*

zeit PRÄP ⟨gen⟩ **~ s-s Lebens** pendant toute sa vie; sa vie durant

Zeit F ⟨~; ~en⟩ **1** ⟨pas de pl⟩ temps *m (a.* PHIL); **~ und Raum** le temps et l'espace; **die ~ vergeht** le temps passe, s'écoule; **die ~ drängt** le temps presse; **~ gewinnen, verschwenden** gagner, gaspiller du temps; **die ~ totschlagen** tuer le temps; **~ verlieren** perdre du *od* son temps; **es ist keine ~ zu verlieren** il n'y a pas de temps à perdre; **keine freie ~ haben** ne pas avoir de temps libre; **keine ~ haben(, etw zu tun)** ne pas avoir le temps (de faire qc); **das hat noch ~, damit hat es noch ~** ce n'est pas urgent; cela ne presse pas; **das hat noch ~ bis morgen** nous pouvons remettre cela à demain; **j-m ~ lassen** donner du temps à qn; **sich** *(dat)* **~ lassen, nehmen** prendre son temps; **er gönnt sich** *(dat)* **kaum ~ zum Essen** il prend à peine le temps de manger; **viel ~ kosten, in Anspruch nehmen** exiger, prendre beaucoup de temps; **ihm wird die ~ lang** il trouve le temps long; SPORT **(von etw) die ~ nehmen** chronométrer (qc); SPORT **sie ist e-e gute ~ gelaufen** elle a fait, réalisé un bon temps (en courant); **du meine ~!, du liebe ~!** ah, mon Dieu!; bonté divine!; **die ganze ~ (über)** tout le temps; pendant tout ce temps; HANDEL **auf ~** à terme; **Beamter** *m* **auf ~** fonctionnaire nommé pour une durée déterminée; **auf unbestimmte ~ verschieben** ajourner sine die; *umg* SPORT **auf ~ spielen** essayer de gagner du temps; **in kurzer ~** *(schnell)* en peu de temps; *(bald)* sous peu; avant peu; **in nächster ~** prochainement; **in letzter ~** ces derniers temps; **im Laufe der ~, mit der ~** avec le temps; à la longue; **nach einiger ~** au bout d'un certain temps; **seit einiger ~** depuis quelque temps; **seit langer ~** depuis longtemps; **von ~ zu ~** de temps en temps; de temps à autre; **vor kurzer, langer ~** il y a peu de temps, longtemps; **vor einiger ~** il y a quelque temps; *sprichw* **~ ist Geld** *sprichw* le temps, c'est de l'argent; *sprichw* **die ~ heilt alle Wunden** le temps guérit les douleurs; *sprichw* **kommt ~, kommt Rat** le temps est bon conseiller; **~ raubend, sparend** → zeitraubend, zeitsparend **2** *(~abschnitt)* temps *m*; période *f*; *(~alter) a.* époque *f*; ère *f*; siècle *m*; âge *m*; **bessere ~en** jours meilleurs; **die erste ~** *(in der ersten Zeit)* au début; **die gute alte ~** le bon vieux temps; **e-e ~ lang** pendant quelque temps; un certain temps; **das währt nur e-e ~ lang** cela n'a qu'un temps; **schlechte ~en** mauvais jours; **die vorgeschichtliche ~** l'âge *m* préhistorique; **die ~ Karls des Großen** l'époque, le siècle de Charlemagne; **für alle ~en** pour toujours; à jamais; **in alten ~en** au temps jadis; autrefois; **in unserer ~, in der heutigen ~** de nos jours; **wir leben in e-r ~ der Unsicherheit** nous vivons dans une période d'insécurité; **mit der ~ gehen** être de son temps; *umg* **seit ewigen ~en** depuis une éternité; **zu allen ~en** de tout temps; à toutes les époques; **zu keiner ~** à aucune époque; jamais *(mit* ne *beim Verb)*; **zu s-r ~** en son temps; *(zu s-n Lebzeiten)* de son vivant; **zu e-r ~, da ...** en *od* dans un temps où ...; **zur ~** *(+gen)* à l'époque de; au temps de; **zur Zeit der Kreuzzüge** au *od* du temps, à l'époque des croisades; **er war s-r ~ voraus** il était en avance sur son temps, son époque; *umg* **hier sind wir die längste ~ gewesen** nous ne ferons pas de vieux os ici; *sprichw* **andere ~en, andere Sitten** *sprichw* autres temps, autres mœurs **3** *(~punkt)* moment *m*; *(Datum)* date *f*; *(Uhrzeit)* heure *f*; **die genaue ~** l'heure exacte; **mitteleuropäische ~** heure *f* de l'Europe centrale; **es gibt ~en, wo ich mich sehr wohlfühle** il y a des moments où je me sens très bien; **ich glaubte die ~ gekommen, zu** *(+inf)* j'ai cru le moment venu de *(+inf)*; **jetzt ist keine ~ dazu** ce n'est pas le moment; **es ist an der ~ zu** *(+inf)*, **es wird (langsam) ~ zu** *(+inf)* le moment est venu de *(+inf)*; il est temps de *(+inf)*; **es ist ~ zu** *(+inf)* il est temps de *(+inf)*; **es ist ~, dass ...** il est temps que ... *(+subj)*; **es war (die) höchste ~** il était grand temps; **in der ~ von eins bis drei** de une à trois heures; **ich habe mich in der ~ geirrt** je me suis trompé d'heure; **seit der ~, von der ~ an** dès lors; depuis lors; depuis ce temps-là; à partir de ce moment; **um welche ~?** *(um wie viel Uhr)* à quelle heure?; **morgen um dieselbe ~** demain à la même heure; **nächstes Jahr um diese ~** l'année prochaine à cette date, à la même époque; **vor der ~** avant le temps (fixé, prévu); avant terme; **zu bestimmten ~en** à des heures précises; **zu gegebener ~** en temps utile, opportun; **zu jeder ~** toujours; à toute heure; **zur rechten ~** au bon moment; **zur festgesetzten ~** à l'heure dite, convenue; **zur gleichen ~** *(gleichzeitig)* en même temps; simultanément; *sich treffen etc* à la même heure; **zur selben ~** au même moment; *(gleichzeitig)* en même temps; **alles zu s-r ~** chaque chose en son temps; *sprichw* **wer nicht kommt zur rechten ~, der muss nehmen, was übrig bleibt** *sprichw* qui va à la chasse perd sa place; → *a.* zurzeit **4** *(Jahreszeit)* saison *f* **5** *(Frist)* délai *m*; **lass mir noch drei Tage ~** donne-moi encore un délai de trois jours; **in kürzester ~** dans le plus bref délai; **es sind schon zwei Tage über die ~** le délai est déjà dépassé de deux jours **6** GRAM *(Tempus)* temps *m*; **die einfachen, zusammengesetzten ~en** les temps simples, composés

Zeitabschnitt M période *f*; époque *f*; temps *m*

Zeitabstand M intervalle *m*; **in regelmäßigen Zeitabständen** à intervalles réguliers; périodiquement

Zeitalter N âge *m*; siècle *m*; époque *f*; temps *m*; ère *f*; **das christliche ~** l'ère chrétienne; **das goldene ~** l'âge d'or

Zeitangabe F indication *f* du temps; **ohne ~** sans date

Zeitansage F *im Radio* heure exacte; *am Telefon* horloge parlante; **Zeitarbeit** F ⟨~⟩ travail *m* temporaire, intérimaire; intérim *m*; **Zeitarbeiter(in)** M(F) intérimaire *m/f*; **Zeitarbeitfirma** F société *f* d'intérim; **Zeitarbeitsvertrag** M contrat *m* de travail temporaire; **Zeitaufwand** M temps *m* nécessaire *(für* consacré à); **zeitbedingt** ADJT conditionné par le moment donné, HIST par l'époque donnée; **Zeitbegriff** M notion *f* de *od* du temps; **Zeitbestimmung** F GRAM complément *m* (circonstanciel) de temps; **Zeitbild** N tableau *m* (des mœurs) d'une époque; **Zeitbombe** F bombe *f* à retardement; **Zeitdauer** F durée *f*; période *f*; temps *m*; **Zeitdokument** N document *m* de l'époque

Zeitdruck M ⟨~(e)s⟩ **unter ~ (stehen)** (être) pressé (par le temps)

Zeiteinteilung F *e-s Kalenders etc* division *f* du temps; *(Zeitplanung)* emploi *m* du temps; *bei Veranstaltungen etc* minutage *m*; **er hat gar keine ~** il ne sait pas gérer son temps

Zeitenfolge F ⟨~⟩ GRAM concordance *f* des temps; **Zeitenwende** F tournant *m* d'une époque

Zeiterscheinung F phénomène *m* d'une époque; *aktuelle* phénomène d'actualité; **Zeitersparnis** F gain *m*, économie *f* de temps; **Zeitfaktor** M ⟨~s⟩ facteur *m* temps; **Zeitfenster** N créneau *m* horaire; **Zeitfolge** F ⟨~⟩ chronologie *f*; ordre *m* chronologique; **Zeitform** F GRAM temps *m*; **Zeitfrage** F question *f*, affaire *f* de temps; **~n** *pl* questions *fpl*, problèmes *mpl* d'actualité; **zeitgebunden** ADJT lié au temps; **Zeitgefühl** N ⟨~s⟩ notion *f* du temps; **Zeitgeist** M ⟨~(e)s⟩ esprit *m* du temps, du siècle

zeitgemäß ADJ moderne; actuel, -elle; *(angebracht)* opportun; **das ist nicht mehr ~** cela n'est plus moderne, d'actualité

Zeitgenosse M, **Zeitgenossin** F **1** contemporain(e) *m(f)* **2** *umg pej umg* type *m*; individu *m*; **ein sturer ~** *umg* une tête de mule; **ein unangenehmer ~** *umg* un type pas sympa

zeitgenössisch ADJ contemporain; **Zeitgeschehen** N événements *mpl* du jour; actualité *f*; **Zeitgeschichte** F ⟨~⟩ histoire contemporaine; **zeitgeschichtlich** ADJ de l'histoire contemporaine; **Zeitgeschmack** M ⟨~(e)s⟩ goût *m* du jour, de l'époque; **Zeitgewinn** M ⟨~s⟩ économie *f*, gain *m* de temps; **zeitgleich** **A** ADJ *(gleichzeitig)* simultané **(mit** à); SPORT *Läufer etc* ex æquo **B** ADV *(gleichzeitig)* en même temps **(mit** que); SPORT avec le même temps **(mit** que); ex æquo

Zeitgründe MPL **aus ~n** par manque de temps; faute de temps

zeitig **A** ADJ *(verfrüht)* précoce; *Personen* en avance; **am ~en Nachmittag** tôt dans l'après-midi **B** ADV tôt; de bonne heure

zeitigen *geh* V/T ⟨h.⟩ *Erfolge etc* produire

Zeitkarte F (carte *f* d')abonnement *m*; **Zeitkritik** F ⟨~⟩ critique *f* de son époque; **zeitkritisch** ADJ critique de son époque; **Zeitlang** F → Zeit 2; **Zeitläuf(t)e** *geh* PL circonstances *fpl*; **zeitlebens** ADV durant toute ma, sa, *etc* vie; ma, sa, *etc* vie durant

zeitlich **A** ADJ **1** PHIL, GRAM, REL temporel, -elle; *geh* **das Zeitliche segnen** rendre l'âme **2** REL *(vergänglich)* de ce monde; *(irdisch)* terrestre **3** **~e Reihenfolge** ordre *m* chronologique **B** ADV **~ zusammenfallen** coïncider **(mit** avec); **~ begrenzt** temporaire

zeitlos ADJ PHIL intemporel, -elle; *Kleidung etc* qui ne se démode pas; qui est toujours à la mode
Zeitlupe F ⟨~⟩ FILM ralenti *m*; **in ~** au ralenti
Zeitlupenaufnahme F prise *f* de vues au ralenti; ralenti *m*
Zeitlupentempo N ⟨~s⟩ **im ~** au ralenti; *pej* avec une lenteur désespérante; *sich bewegen* comme une tortue
Zeitmanagement N gestion *f* du temps
Zeitmangel M ⟨~s⟩ manque *m* de temps; **aus ~** faute de temps
Zeitmaß N MUS mouvement *m*; **Zeitmesser** M ⟨~s; ~⟩ chronomètre *m*; PHYS *a.* compteur *m* de temps; **Zeitmessung** F chronométrage *m* (*a.* SPORT)
zeitnah ADJ **A** ADJ (*schnell erfolgend*) rapide; *Thema, Film etc* actuel, -elle **B** ADV rapidement; **~ reagieren** réagir rapidement
Zeitnehmer(in) M ⟨~s; ~⟩ (F) ⟨~in; ~innen⟩ chronométreur, -euse *m,f*
Zeitnot F ⟨~⟩ **in ~** (*dat*) **sein** être pressé par le temps
Zeitplan M emploi *m* du temps; horaire *m*; *für Veranstaltungen etc* minutage *m*; **Zeitpunkt** M moment *m*; date *f*; **Zeitraffer** M ⟨~s; ~⟩ FILM accéléré *m*; **im ~** en accéléré
zeitraubend ADJT qui exige, prend beaucoup de temps; *Arbeit a.* de longue haleine
Zeitraum M période *f*; laps *m* de temps; **in e-m ~ von** sur une durée de; pour une période de
Zeitrechnung F chronologie *f*; **im Jahre 60 christlicher, vor unserer ~** en l'an 60 de l'ère chrétienne, avant notre ère
Zeitschaltuhr F minuteur *m*
Zeitschrift F revue *f*; magazine *m*; périodique *m*; **literarische, wissenschaftliche ~** revue littéraire, scientifique
Zeitsoldat M engagé *m*; **Zeitspanne** F période *f*; **zeitsparend** ADJT qui économise, gagne du temps; **Zeitströmung** F tendance *f* (d'une période); **Zeittafel** F tableau *m* chronologique; **Zeittakt** M ⟨~(e)s⟩ TEL (durée *f* d'une) unité *f* téléphonique; **Zeitumstände** MPL circonstances *fpl*; conjonctures *fpl*; **Zeitumstellung** F changement *m* d'heure
Zeitung F ⟨~; ~en⟩ journal *m*; *als Zeitungstitel a.* gazette *f*; **in der ~ stehen** être dans le journal; **(die) ~ lesen** lire le journal
Zeitungsabonnement N abonnement *m* à un journal; **Zeitungsabonnent(in)** M(F) abonné(e) *m(f)* à un journal; **Zeitungsannonce** F, **Zeitungsanzeige** F annonce *f*; **Zeitungsartikel** M article *m* de journal; **Zeitungsausschnitt** M coupure *f* de journal; **Zeitungsausträger(in)** M(F) porteur, -euse *m,f* de journaux; **Zeitungsbeilage** F supplément *m*; **Zeitungsente** *umg* F *umg* bobard *m* (de la presse); **Zeitungsfrau** F *Verkäuferin* vendeuse *f* de journaux; *Austrägerin* porteuse *f* de journaux; **Zeitungshändler(in)** M(F) marchand(e) *m(f)* de journaux; **Zeitungsinserat** N annonce *f*; **Zeitungsjunge** M porteur *m* de journaux; **Zeitungskiosk** M kiosque *m* à journaux; **Zeitungskorrespondent(in)** M(F) correspondant(e) *m(f)* d'un journal; **Zeitungsleser(in)** M(F) lecteur, -trice *m,f* (de journaux); **Zeitungsmeldung** F, **Zeitungsnotiz** F entrefilet *m*; **Zeitungspapier** N papier *m* journal; **Zeitungsredakteur(in)** M(F) rédacteur, -trice *m,f* de journal; **Zeitungsredaktion** F rédaction *f* d'un journal; **Zeitungsroman** M roman-feuilleton *m*; **Zeitungsstand** M kiosque *m* à journaux; **Zeitungsständer** M porte-journaux *m*; **Zeitungsverkäufer(in)** M(F) vendeur, -euse *m,f* de journaux; **Zeitungsverlag** M maison *f* d'édition d'un journal; **Zeitungsverleger** M éditeur *m* d'un journal; **Zeitungswerbung** F publicité-presse *f*; **Zeitungswissenschaft** F journalisme *m*
Zeitunterschied M différence *f* de temps; *in der Uhrzeit* différence *f* d'heure; **Zeitvergeudung** F gaspillage *m* de temps; **Zeitverlust** M ⟨~(e)s⟩ perte *f* de temps; **Zeitverschiebung** F décalage *m* horaire; **Zeitverschwendung** F ⟨~⟩ gaspillage *m* de temps; **zeitversetzt** ADJT décalé; RADIO, TV *Sendung* (en) différé; **Zeitvertrag** M contrat *m* à durée déterminée
Zeitvertreib M ⟨~(e)s; ~e⟩ passe-temps *m*; divertissement *m*; **zum ~** pour passer le temps; pour se distraire
Zeitvorsprung M avance *f* (**gegenüber j-m** sur qn)
zeitweilig ADJ ⟨*épithète*⟩ temporaire; **zeitweise** ADV quelquefois; par moments; (*zeitweilig*) temporairement
Zeitwert M valeur actuelle; **Zeitwort** N ⟨~(e)s; ¨~er⟩ GRAM verbe *m*; **Zeitzeichen** N *im Radio* signal *m*, top *m* horaire; **Zeitzeuge** M, **Zeitzeugin** F témoin *m* de l'époque; **Zeitzone** F fuseau *m* horaire
Zeitzünder M fusée *f* à retardement; **Bombe** *f* **mit ~** bombe *f* à retardement
zelebrieren V/T ⟨*pas de ge-*, h.⟩ *Messe* célébrer; *geh Mahlzeit etc* faire (tout) un rite de
Zelle F ⟨~; ~n⟩ (*Klosterzelle, Gefängniszelle*), FOTO, FLUG, BIOL cellule *f*; POL *a.* noyau *m*; *e-r Bienenwabe a.* alvéole *m*; *e-r Batterie* élément *m*; (*Telefonzelle*) cabine *f* téléphonique; *umg hum* **die (kleinen) grauen ~n** *umg* la matière grise
Zellenanhäufung F BIOL amas *m* de cellules; **Zellenaufbau** M BIOL structure *f* cellulaire; **Zellenbildung** F BIOL formation *f* de la cellule; POL noyautage *m*; **Zellengenosse** M, **Zellengenossin** F compagnon *m*, compagne *f* de cellule; **Zellenhaft** F réclusion *f* cellulaire; détention *f* en cellule; **Zellenstruktur** F BIOL → Zellstruktur
Zellfaser F cellulose *f*; **Zellforschung** F ⟨~⟩ cytologie *f*; **Zellgewebe** N tissu *m* cellulaire; **Zellgift** N cytolytique *m*; **Zellkern** M noyau *m* de la cellule; nucléus *m*
Zellophan N → *a.* Cellophan®
Zellstoff M cellulose *f*; *Stoff* ouate *f* de cellulose; **Zellstruktur** F BIOL structure *f* cellulaire; **Zellteilung** F division *f* cellulaire
zellular, **zellulär** ADJ cellulaire
Zellulitis F ⟨~; -tiden⟩ MED cellulite *f*
Zelluloid N ⟨~(e)s⟩ celluloïd *m*
Zellulose F ⟨~; ~n⟩ cellulose *f*
Zellwand F BIOL membrane *f* cellulaire; **Zellwolle** F laine *f* cellulosique; fibranne *f*
Zelt N ⟨~(e)s; ~e⟩ tente *f*; **ein ~ aufschlagen** planter une tente; *fig* **s-e ~e in X** (*dat*) **aufschlagen** s'installer à X; **ein ~ abbrechen** (re)plier une tente; *fig* **s-e ~e abbrechen** lever le camp; partir; **im ~ schlafen** coucher sous la tente
Zeltbahn F toile *f* de tente; **Zeltdach** N **1** *beim Zelt* toit *m* de la tente **2** BAU toit *m* en pavillon
zelten V/I ⟨-ete, h.⟩ faire du camping; camper
Zelten N ⟨~s⟩ camping *m*
Zeltlager N camp *m*; campement *m*; **Zeltpflock** M piquet *m* de tente; **Zeltplane** F bâche *f*; **Zeltplatz** M (terrain *m* de) camping *m*; **Zeltstadt** F grand campement; village *m* de toile; **Zeltstange** F mât *m* de tente
Zement M ⟨~(e)s; ~e⟩ **1** *Baustoff* ciment *m* **2** ANAT (*Zahnzement*), MED (*Zementierpulver*) cément *m*; **Zementfabrik** F cimenterie *f*
zementieren V/T ⟨*pas de ge-*, h.⟩ *a. fig* cimenter
Zementwerk N cimenterie *f*
Zen N ⟨~(s)⟩ REL zen *m*; **Zenbuddhismus** M bouddhisme *m* zen
Zenit M ⟨~(e)s⟩ ASTRON, *fig* zénith *m*; **die Sonne steht im ~** le soleil est au zénith
Zenotaph N → Kenotaph
zensieren V/T ⟨*pas de ge-*, h.⟩ **1** *Presse, Film etc* soumettre à la censure; *durch Streichungen* censurer **2** SCHULE noter; donner une note à; **s-e Klassenarbeit ist mit „gut" zensiert worden** il a eu 14 (sur 20) au contrôle
Zensor M ⟨~s; -soren⟩ censeur *m*
Zensur F ⟨~; ~en⟩ **1** ⟨*pas de pl*⟩ (*Kontrolle*), *Behörde* censure *f* **2** (*Note*) note *f*
zensurieren V/T ⟨*pas de ge-*, h.⟩ *österr, schweiz* → zensieren 1
Zensus M ⟨~; ~⟩ (*Volkszählung*) recensement *m*; **Zensuswahlrecht** N suffrage *m* censitaire
Zentaur M ⟨~en; ~en⟩ MYTH centaure *m*
Zentigramm N centigramme *m*; **Zentiliter** M *od* N centilitre *m*; **Zentimeter** M *od* N centimètre *m*; **Zentimetermaß** N MODE centimètre *m*
Zentner M ⟨~s; ~⟩ **1** *BRD* cinquante kilos *mpl* **2** *österr, schweiz* (*100 kg*) quintal *m*; **Zentnergewicht** N poids *m* d'un demi-quintal; **Zentnerlast** F *fig* fardeau accablant
zentnerschwer **A** ADJ qui pèse un demi-quintal *bzw.* plusieurs demi-quintaux; *fig* accablant **B** ADV *fig* **das liegt mir ~ auf dem Herzen** cela me pèse terriblement
zentral **A** ADJ central; **~es Thema** thème central **B** ADV *Haus, Viertel* **es liegt sehr ~, es ist sehr ~ gelegen** c'est très central
Zentralafrika N l'Afrique centrale
Zentralafrikanische Republik die ~ la République centrafricaine
Zentralamerika N l'Amérique centrale; **Zentralasien** N l'Asie centrale
Zentralbank F ⟨~; ~en⟩ banque centrale; **Europäische ~** Banque centrale européenne
Zentrale F ⟨~; ~n⟩ bureau central; direction centrale; *e-r Firma a.* maison *f* mère; TEL standard *m*; central *m* (téléphonique)
Zentraleinheit F IT unité centrale; **Zentralgewalt** F pouvoir central; **Zentralheizung** F chauffage central
Zentralisation F ⟨~; ~en⟩ centralisation *f*; **zentralisieren** V/T ⟨*pas de ge-*, h.⟩ centraliser; **Zentralisierung** F ⟨~; ~en⟩ centralisation *f*
Zentralismus M ⟨~⟩ centralisme *m*; **zentralistisch** ADJ centraliste
Zentralkomitee N POL comité central
Zentralmassiv das ~ le Massif central
Zentralnervensystem N système nerveux central; **Zentralorgan** N organe central; **Zentralregierung** F gouvernement central; **Zentralverband** M association centrale; **Zentralverriegelung** F *im Auto* verrouillage central
zentrieren V/T ⟨*pas de ge-*, h.⟩ TECH centrer; **Zentrierung** F ⟨~; ~en⟩ centrage *m*
zentrifugal ADJ centrifuge; **Zentrifugalkraft** F PHYS force *f* centrifuge; **Zentrifugalpumpe** F pompe *f* centrifuge
Zentrifuge F ⟨~; ~n⟩ centrifugeuse *f*; (*Milchzentrifuge*) écrémeuse *f*; **zentrifugieren** V/T ⟨*pas de ge-*, h.⟩ centrifuger
zentripetal ADJ centripète; **Zentripetalkraft** F PHYS force *f* centripète
Zentrum N ⟨~s; -tren⟩ centre *m*; HIST POL Centre *m*

Zephir *poet* M ⟨~s; ~e⟩ *poet* zéphyr *m*
Zeppelin M ⟨~s; ~e⟩ dirigeable *m*
Zepter N *od* M ⟨~s; ~⟩ sceptre *m*; *fig* **das ~ übernehmen** prendre la barre
zerbeißen V/T ⟨*irr, pas de ge-*, h.⟩ **1** casser avec les dents; croquer **2** *Insekten etc* dévorer; **zerbersten** V/I ⟨*irr, pas de ge-*, s.⟩ éclater; voler en éclats; (*platzen*) crever
Zerberus M ⟨~; ~se⟩ MYTH Cerbère *m*; *fig hum* cerbère *m*
zerbomben V/T ⟨*pas de ge-*, h.⟩ détruire par les bombes; **zerbrechen** ⟨*irr, pas de ge-*⟩ **A** V/T ⟨h.⟩ casser **B** V/I ⟨s.⟩ se casser; *a. fig Ehe, Freundschaft etc* se briser; **zerbrechlich** ADJ fragile; **Zerbrechlichkeit** F ⟨~⟩ fragilité *f*; **zerbröckeln** ⟨-(e)le, *pas de ge-*⟩ **A** V/T ⟨h.⟩ *Brot etc* émietter; *Gestein, Erde* effriter **B** V/I ⟨s.⟩ s'émietter; s'effriter
zerdeppern *umg* V/T ⟨-(e)re, *pas de ge-*, h.⟩ mettre en miettes; casser (en mille morceaux); **zerdrücken** V/T ⟨*pas de ge-*, h.⟩ **1** écraser **2** *umg* (*zerknittern*) froisser; chiffonner; friper
Zerealien FPL céréales *fpl*
zerebral ADJ ANAT, MED cérébral
Zeremonie F ⟨~; ~n⟩ cérémonie *f*
zeremoniell ADJ cérémonieux, -ieuse; plein de solennité
Zeremoniell N ⟨~s; ~e⟩ cérémonial *m*
Zeremonienmeister M maître *m* des cérémonies
zerfahren ADJ *Person* distrait; étourdi; *Gespräch* décousu
Zerfall M ⟨~(e)s; ~̈e⟩ **1** ⟨*pas de pl*⟩ *e-s Gebäudes, Reiches etc* ruine *f*; délabrement *m*; *fig e-s Systems etc* déclin *m*; *fig pej* décadence *f* **2** CHEM décomposition *f*; NUKL désintégration *f*
zerfallen V/I ⟨*irr, pas de ge-*, s.⟩ **1** *Gebäude, Reich* tomber en ruine; se délabrer; *fig System etc* se désintégrer; *fig pej* tomber en décadence; **in mehrere Teile ~** se diviser, se décomposer en plusieurs parties; **zu Staub ~** tomber en poussière **2** CHEM se décomposer; NUKL se désintégrer
Zerfallserscheinung F symptôme *m* de décadence; **Zerfallsprodukt** N NUKL produit *m* de désintégration; **Zerfallsreihe** F NUKL série *f* de désintégration
zerfasern ⟨-(e)re, *pas de ge-*⟩ **A** V/T ⟨h.⟩ effiler; effilocher **B** V/I ⟨s.⟩ s'effiler; s'effilocher; **Zerfaserung** F ⟨~⟩ effilage *m*; effilochage *od* effilochement *m*; **zerfetzen** V/T ⟨-(es)t, *pas de ge-*, h.⟩ **1** mettre en lambeaux; déchirer; *Papier a.* lacérer; *Geschoss* déchiqueter **2** *fig* (*verreißen*) mettre en pièces; **zerfleddert** ADJ *Buch* abîmé; usé; **zerfleischen** ⟨*pas de ge-*, h.⟩ **A** V/T déchiqueter; mettre en pièces **B** V/R **sich ~** *fig Personen, Land* se déchirer; **Zerfleischung** F ⟨~; ~en⟩ *a. fig* déchirement *m*
zerfließen V/I ⟨*irr, pas de ge-*, s.⟩ **1** (*schmelzen*) fondre; se liquéfier; **in Tränen ~** fondre en larmes; **vor Mitleid** (*dat*) **~** s'apitoyer vivement, fortement **2** *Konturen etc* s'estomper
zerfressen V/T ⟨*irr, pas de ge-*, h.⟩ ronger; manger; CHEM corroder; **von Motten ~** rongé par les mites; mité
zerfurcht ADJ *Stirn, Gesicht* ridé; sillonné de rides
zergehen V/I ⟨*irr, pas de ge-*, s.⟩ fondre; (*sich auflösen*) se dissoudre; *Butter* **~ lassen** (faire) fondre; **auf der Zunge ~** fondre dans la bouche
zergliedern V/T ⟨-(e)re, *pas de ge-*, h.⟩ *Pflanze, Tier, Leichnam* disséquer; GRAM *Satz* décomposer; analyser; *fig Problem etc* décomposer; **Zergliederung** F *e-r Pflanze, e-s Tiers, Leichnams* dissection *f*; GRAM *e-s Satzes* décomposition *f*; analyse *f*; *fig e-s Problems etc* décomposition *f*;
zerhacken V/T ⟨*pas de ge-*, h.⟩ °hacher; **zerhauen** V/T ⟨*irr, pas de ge-*, h.⟩ tailler, mettre en pièces; **zerkauen** V/T ⟨*pas de ge-*, h.⟩ mâcher; **Zerkleinerer** M ⟨~s; ~⟩ TECH concasseur *m*; broyeur *m*; **zerkleinern** V/T ⟨-(e)re, *pas de ge-*, h.⟩ concasser; broyer
Zerkleinerung F ⟨~; ~en⟩ concassage *m*; broyage *m*
zerklüftet ADJ crevassé; fissuré; *Küste* déchiqueté; **zerknautschen** *umg* V/T ⟨*pas de ge-*, h.⟩ froisser; chiffonner; **zerknicken** ⟨*pas de ge-*⟩ **A** V/T ⟨h.⟩ *Papier* plier; *Stängel* casser **B** V/I ⟨s.⟩ *Papier* se plier; *Stängel* se casser; **zerknirscht** ADJ contrit; penaud; **Zerknirschtheit** F ⟨~⟩, **Zerknirschung** F ⟨-ung⟩ contrition *f*
zerknittern V/T ⟨-(e)re, *pas de ge-*, h.⟩ froisser; chiffonner; *umg fig* **zerknittertes Gesicht** visage fripé
zerknüllen V/T ⟨*pas de ge-*, h.⟩ froisser; chiffonner; **zerkochen** ⟨*pas de ge-*⟩ **A** V/T ⟨h.⟩ faire trop cuire; *zu Brei* réduire en bouillie **B** V/I ⟨s.⟩ être réduit en bouillie; **zerkocht** ADJ trop cuit; **zerkratzen** V/T ⟨-(es)t, *pas de ge-*, h.⟩ *Haut, Möbel, Auto* égratigner; *Möbel, Auto a.* rayer; *mit Nägeln, Krallen* griffer; **zerkrümeln** V/T ⟨-(e)le, *pas de ge-*, h.⟩ émietter; **zerlassen** V/T ⟨*irr, pas de ge-*, h.⟩ *Fett* faire fondre; **zerlegbar** ADJ *Maschine etc* démontable; CHEM, GRAM décomposable
zerlegen V/T ⟨*pas de ge-*, h.⟩ *Maschine etc* démonter; CHEM, PHYS, MATH décomposer; GRAM analyser; *Fleisch* découper; **etw in s-e Bestandteile ~** réduire qc à ses composants; **in zwei Teile ~** diviser en deux
Zerlegung F ⟨~; ~en⟩ *e-r Maschine* démontage *m*; CHEM, PHYS, MATH décomposition *f*; GRAM analyse *f*; *von Wild, Fleisch* découpage *m*
zerlesen ADJ *Buch* usé; fatigué
zerlöchert ADJ criblé, percé de trous; **zerlumpt** ADJ en lambeaux; en guenilles; **zermahlen** V/T ⟨*irr, pas de ge-*, h.⟩ moudre
zermalmen V/T ⟨*pas de ge-*, h.⟩ écraser; broyer; **Zermalmung** F ⟨~; ~en⟩ écrasement *m* (*a. fig*); broyage *m*
zermartern V/R ⟨-(e)re, *pas de ge-*, h.⟩ **sich** (*dat*) **das Gehirn, den Kopf ~** se creuser la tête; *umg* se triturer la cervelle, les méninges
zermürben V/T ⟨*pas de ge-*, h.⟩ user; démoraliser; **Zermürbung** F ⟨~⟩ usure *f*; démoralisation *f*
zerpflücken V/T ⟨*pas de ge-*, h.⟩ **1** *Blume* effeuiller **2** *fig* éplucher
zerplatzen V/I ⟨-(es)t, *pas de ge-*, s.⟩ crever; éclater; (*explodieren*) exploser; **vor Neid** (*dat*) **~** crever d'envie; **vor Wut** (*dat*) **~** exploser de colère
zerquetschen V/T ⟨*pas de ge-*, h.⟩ écraser; *Oliven* détriter; *umg* **zehn Euro und ein paar Zerquetschte** *umg* dix euros et des poussières
Zerrbild N **1** (*Karikatur*) caricature *f*; charge *f* **2** (*verzerrte Darstellung*) fausse image
zerreden V/T ⟨-ete, *pas de ge-*, h.⟩ **etw ~** rabâcher, ressasser qc
zerreiben V/T ⟨*irr, pas de ge-*, h.⟩ triturer; broyer; *zu Pulver* pulvériser
zerreißen ⟨*irr, pas de ge-*⟩ **A** V/T ⟨h.⟩ déchirer; *Papier a.* lacérer; *Stoff a.* mettre en lambeaux; *Faden* casser; rompre; (*zerfleischen*) déchiqueter; **Schüsse zerrissen die Stille** des coups de feu déchirèrent le silence; **das zerreißt mir das Herz** cela me fend le cœur; *umg hum* **ich kann mich doch nicht ~** je ne peux pas être partout à la fois **B** V/I ⟨s.⟩ se déchirer; *Faden* (se) casser; se rompre; **die Atmosphäre war zum Zerreißen gespannt** l'ambiance était extrêmement tendue
Zerreißprobe F **1** TECH essai *m* à la rupture par traction **2** *fig* rude épreuve *f*; **es auf e-e ~ ankommen lassen** faire la guerre d'usure
zerren ⟨h.⟩ **A** V/T *u.* V/I (*ziehen*) **(an etw** [*dat*]**) ~** tirer (sur qc); **j-n am Arm ~** *a.* tirailler qn par le bras; **j-n aus dem Bett ~** tirer qn du lit; **etw an die Öffentlichkeit ~** jeter qc en pâture à l'opinion publique; **j-n vor Gericht ~** traîner qn devant les tribunaux **B** V/R MED **sich** (*dat*) **e-n Muskel ~** se froisser, *umg* se claquer un muscle
zerrinnen V/I ⟨*irr, pas de ge-*, s.⟩ *a. fig* (se) fondre; *Vermögen, Geld* s'écouler; se dissiper; **in nichts ~** s'évanouir; se réduire à rien; **das Geld zerrinnt ihm zwischen** *od* **unter den Fingern** l'argent lui file entre les doigts
zerrissen ADJ *a. fig* déchiré; **Zerrissenheit** F ⟨~⟩ déchirement *m*; conflits intérieurs; *e-s Landes a.* division(s) *f(pl)* interne(s)
Zerrspiegel M miroir déformant
Zerrung F ⟨~; ~en⟩ MED claquage *m*; froissement *m*; distension *f*
zerrupfen V/T ⟨*pas de ge-*, h.⟩ déchirer (en menus morceaux); *Blume* effeuiller
zerrütten V/T ⟨-ete, *pas de ge-*, h.⟩ *Finanzen* ruiner; *Ehe* détruire; *Gesundheit a.* délabrer; *Nerven* briser; **in zerrütteten Familienverhältnissen leben** vivre dans un climat familial profondément perturbé
Zerrüttung F ⟨~⟩ *der Finanzen* ébranlement *m*; ruine *f*; *e-r Ehe* destruction *f*; *der Gesundheit* ruine *f*; *a. nervliche* délabrement *m*
Zerrüttungsprinzip N ⟨~⟩ JUR principe selon lequel le divorce peut être prononcé pour trouble irréparable de la vie conjugale
zersägen V/T ⟨*pas de ge-*, h.⟩ scier
zerschellen V/I ⟨*pas de ge-*, s.⟩ *Schiff* se fracasser; *Flugzeug* s'écraser (**am Boden** au sol; **an e-m Berg** contre une montagne)
zerschlagen[1] ⟨*irr, pas de ge-*, h.⟩ **A** V/T *Geschirr etc* casser; *Organisation* démanteler **B** V/R **sich ~** échouer; rater; *Pläne, Angelegenheit* être réduit à néant; *Hoffnungen* s'effondrer
zerschlagen[2] ADJ **ich fühle mich wie ~** je me sens tout rompu, moulu
zerschmettern V/T ⟨-(e)re, *pas de ge-*, h.⟩ fracasser; écraser; *Glieder* disloquer; **zerschneiden** V/T ⟨*irr, pas de ge-*, h.⟩ couper (en morceaux, en tranches); découper; **zerschnippeln** *umg* V/T ⟨-(e)le, *pas de ge-*, h.⟩ (dé)couper en petits morceaux; **zerschrammen** V/T ⟨*pas de ge-*, h.⟩ couvrir d'égratignures, de rayures; *Möbelstück* rayer; *Knie etc* égratigner
zerschunden ADJ égratigné
zersetzen ⟨-(es)t, *pas de ge-*, h.⟩ **A** V/T **1** CHEM décomposer; dissoudre **2** *fig* décomposer; désagréger; *Armee a.* démoraliser; **~de Schriften** *fpl* écrits subversifs **B** V/R **sich ~** CHEM se dissoudre; *a. Holz, Kompost etc* se décomposer
Zersetzung F ⟨~; ~en⟩ CHEM, *fig* décomposition *f*; dissolution *f*; *der Armee* démoralisation *f*
Zersetzungsprozess M processus *m* de décomposition
zersiedeln V/T ⟨-(e)le, *pas de ge-*, h.⟩ *Landschaft* déstructurer; *plus fort* détruire par l'urbanisation; **Zersied(e)lung** F *e-r Landschaft* mitage *m*; déstructuration *f*; **zersplittern** ⟨-(e)re, *pas de ge-*⟩ **A** V/T ⟨h.⟩ faire voler en éclats; fractionner; *Glas, fig Partei* éclater; *Knochen* fracasser; *Stein, fig* fragmenter; *Besitztum, Staat* démembrer; *fig a.* atomiser **B** V/I ⟨s.⟩ voler en éclats; *Knochen* se fracasser; **Zersplitterung** F ⟨~⟩ fragmentation *f*; *e-s Knochens* fracassement *m*; *e-r Partei* fractionnement *m*; **zersprengen** V/T ⟨*pas de ge-*, h.⟩ faire éclater, exploser, sauter; *Menschenmenge* disperser; MIL *a.* mettre en

Z

déroute
zerspringen V/I ⟨irr, pas de ge-, s.⟩ se briser; se casser; (zerplatzen) éclater; Glas, Spiegel voler en éclats; geh **das Herz will mir ~** mon cœur bat à se rompre; geh **der Kopf will mir ~** ma tête éclate
zerstampfen V/T ⟨pas de ge-, h.⟩ concasser; broyer; Kartoffeln écraser; in e-m Mörser piler; Feld, Boden piétiner; fouler (aux pieds)
zerstäuben V/T ⟨pas de ge-, h.⟩ pulvériser; Parfüm vaporiser; Flüssigkeit atomiser; **Zerstäuber** M ⟨~s; ~⟩ pulvérisateur m; für Parfüm atomiseur m; vaporisateur m; TECH a. diffuseur m
zerstechen V/T ⟨irr, pas de ge-, h.⟩ durch Nadeln etc couvrir de piqûres; Autoreifen lacérer (à coups de couteau); **von Mücken zerstochen** dévoré par les moustiques
zerstieben geh V/I ⟨irr, pas de ge-, s.⟩ Menschenmenge, Funken se disperser (en tous sens); Traurigkeit, Müdigkeit etc se dissiper; **zerstörbar** ADJ destructible; **zerstören** V/T ⟨pas de ge-, h.⟩ détruire; Gebäudes démolir; raser; abattre; fig Glück, Hoffnung ruiner; Hoffnung a. anéantir; Ehe, Freundschaft briser
Zerstörer M ⟨~s; ~⟩ 1 Mensch destructeur m 2 SCHIFF, FLUG destroyer m; **Zerstörerin** F destructrice f; **zerstörerisch** ADJ destructeur, -trice; destructif, -ive; **Zerstörung** F destruction f; démolition f; von Hoffnungen anéantissement m
Zerstörungstrieb M ⟨~⟩ instinct m de destruction; **Zerstörungswut** F rage f de destruction; vandalisme m
zerstoßen V/T ⟨irr, pas de ge-, h.⟩ broyer; concasser; im Mörser piler; pilonner; zu Pulver pulvériser; **zerstreuen** V/T (u. V/R) ⟨pas de ge-, h.⟩ **(sich) ~** 1 Menschenmenge (se) disperser; Licht (se) diffuser; Bedenken, Zweifel etc dissiper 2 (ablenken) (se) distraire; (se) divertir; (s')amuser; **zerstreut** ADJT 1 (verstreut) dispersé; éparpillé; disséminé; (vereinzelt) épars 2 (in Gedanken, abwesend) distrait; (vergesslich) oublieux, -ieuse; **Zerstreutheit** F ⟨~⟩ distraction f; inattention f; (Vergesslichkeit) manque m de mémoire
Zerstreuung F 1 (das Zerstreuen) dispersion f; éparpillement m; dissémination f; des Lichts diffusion f; von Bedenken etc dissipation f 2 (Ablenkung) distraction f; (Belustigung) divertissement m; amusement m 3 (Zerstreutheit) distraction f; inattention f
zerstritten ADJT **mit j-m ~ sein** être en désaccord avec qn
zerstückeln V/T ⟨-(e)le, pas de ge-, h.⟩ mettre en morceaux; a. Leiche découper; Grundbesitz morceler; Land a. démembrer; **Zerstückelung** F ⟨~⟩ a. e-r Leiche découpage m; von Grundbesitz morcellement m; e-s Landes a. démembrement m; **zerteilen** V/T (u. V/R) ⟨pas de ge-, h.⟩ **(sich) ~** (se) diviser (en plusieurs parties); Wogen (se) fendre; Nebel (se) dissiper
Zertifikat N ⟨~(e)s; ~e⟩ 1 amtliches certificat m 2 in der Erwachsenenbildung diplôme m
zertrampeln V/T ⟨-(e)le, pas de ge-, h.⟩ piétiner; fouler aux pieds; écraser (du pied); **zertrennen** V/T ⟨pas de ge-, h.⟩ Kleid découdre; défaire; **zertreten** V/T ⟨irr, pas de ge-, h.⟩ écraser (du pied); **zertrümmern** V/T ⟨-(e)re, pas de ge-, h.⟩ (zerstören) démolir; détruire (a. Nierenstein); Laden etc tout casser dans; Schädel fendre; fracasser; **Zertrümmerung** F ⟨~; ~en⟩ (Zerstörung) démolition f; destruction f; e-s Schädels fracassement m
Zervelatwurst F saucisson sec (à base de viande de porc et de bœuf finement hachée)
zerwühlen V/T ⟨pas de ge-, h.⟩ fouiller; Bett mettre en désordre; Haare ébouriffer
Zerwürfnis geh N ⟨~ses; ~se⟩ différend m; désunion f; (grave) désaccord m
zerzausen V/T ⟨-(es)t, pas de ge-, h.⟩ **j-m die Haare ~, j-n ~** ébouriffer, décoiffer qn
Zeter umg **~ und Mord(io) schreien** pousser les °hauts cris; protester avec véhémence
zetern umg V/I ⟨-(e)re, h.⟩ pousser les °hauts cris; umg gueuler
Zettel M ⟨~s; ~⟩ bout m de papier; beschriebener billet m; (Notizzettel) note f; e-r Kartei fiche f; (Reklamezettel) prospectus m; (Anschlagzettel) affiche f; **Zettelkasten** M fichier m; **Zettelwirtschaft** umg pej F ⟨~; ~en⟩ umg fouillis m de notes, de bouts de papier
Zeug N ⟨~(e)s; ~e⟩ 1 umg ⟨pas de pl⟩ (Sachen) umg fourbi m; pej (Plunder) umg bazar m; (Handwerkszeug) outils mpl; (Gerät) umg attirail m; ustensiles mpl; fig **was das ~ hält** tant qu'on peut; **sich ins ~ legen** se donner du mal; faire tout ce qu'on peut; **sich für j-n, etw ins ~ legen** se mettre en quatre pour qn, qc; **er hat das ~ zum Chef** etc il a l'étoffe d'un chef, etc; **sie hat das ~ dazu** elle en est capable 2 umg ⟨pas de pl⟩ (Unsinn) **dummes ~!** quelle bêtise!; **ungereimtes ~ reden** dire des âneries 3 (Stoff) étoffe f; tissu m 4 (Kleider) vêtements mpl; umg **sein ältestes ~ anziehen** umg mettre ses vieilles fringues; umg **j-m etw am ~ flicken** umg chercher des poux dans la tête à qn; hinter j-s Rücken casser du sucre sur le dos de qn
Zeuge M ⟨~n; ~n⟩ JUR, fig témoin m; **~ der Verteidigung, der Anklage** témoin m de la défense, à charge; fig **~n der Vergangenheit** témoins du passé; **~ von etw sein** être témoin de qc; **Sie sind ~, dass ich ...** vous êtes témoin que je ...; **Gott ist mein ~** Dieu m'en est od m'est témoin; **vor ~n** (dat) **sprechen** parler devant témoins; **j-n als ~n anrufen, benennen** prendre qn à témoin; **als ~ hören** entendre en témoignage
zeugen[1] V/T ⟨h.⟩ BIOL procréer; engendrer
zeugen[2] V/I ⟨h.⟩ JUR **für, gegen j-n ~** déposer en faveur de, contre qn; témoigner pour, contre qn; fig **von etw ~** témoigner de qc; prouver qc; fig **das zeugt nicht gerade von ihrer Willensstärke** cela prouve qu'elle n'a pas beaucoup de volonté
Zeugenaussage F déposition f du témoin, des témoins; **Zeugeneinvernahme** F bes österr, schweiz audition f des témoins
Zeugenstand M ⟨~(e)s⟩ barre f des témoins; **j-n in den ~ rufen** citer qn à la barre des témoins; **in den ~ treten** comparaître à la barre des témoins
Zeugenvernehmung F audition f des témoins
Zeughaus N HIST arsenal m
Zeugin F ⟨~; ~nen⟩ témoin m
Zeugnis N ⟨~ses; ~se⟩ 1 Bescheinigung, (Arbeitszeugnis) certificat m; attestation f; SCHULE bulletin m scolaire; **ärztliches ~** certificat médical; **er hat ein gutes ~** il a de bonnes notes, un bon bulletin (scolaire); **ein ~ ausstellen, vorlegen** délivrer, produire un certificat; fig **ich kann ihm nur das beste ~ ausstellen** je ne peux dire que du bien de lui 2 geh (Beweis) témoignage m; **von etw ~ ablegen** od **geben** rendre témoignage de qc 3 veraltend JUR témoignage m
Zeugnisabschrift F copie f de certificat; **Zeugnisheft** N SCHULE livret m scolaire; **Zeugniskonferenz** F SCHULE réunion f d'évaluation; **Zeugnisverweigerung** F JUR refus m de témoigner; **Zeugnisverweigerungsrecht** N JUR droit m de refuser un témoignage, de refus de témoigner
Zeugs umg pej N ⟨~⟩ umg bazar m; umg barda m; (Plunder) umg fourbi m
Zeugung F ⟨~; ~en⟩ BIOL procréation f; engendrement m; génération f
Zeugungsakt M acte m de procréation; t/t coït m; **zeugungsfähig** ADJ apte à la génération, à procréer; **Zeugungsfähigkeit** F ⟨~⟩ capacité f à procréer; **Zeugungskraft** F ⟨~⟩ puissance procréatrice; **Zeugungsorgane** NPL organes mpl de (la) procréation; **Zeugungstrieb** M instinct sexuel; **zeugungsunfähig** ADJ stérile; **Zeugungsunfähigkeit** F stérilité f
Zeus M ⟨→ n/pr⟩ MYTH Zeus m
ZGB N ⟨~⟩ schweiz ABK (Zivilgesetzbuch) Code civil
z. H., z. Hd. ABK (zu Händen, österr zu Handen) à l'attention de
Zi. ABK (Zimmer) chambre
Zibebe F ⟨~; ~n⟩ südd, österr raisin m de Smyrne
Zibet M ⟨~s⟩ Sekret, Duftstoff civette f; **Zibetkatze** F ZOOL civette f
Ziborium N ⟨~s; -ien⟩ KATH ciboire m
Zichorie F ⟨~; ~n⟩ BOT (Wilde ~) chicorée f (sauvage); (Kaffeezichorie) chicorée à café
Zichorienwurzel F racine f de chicorée
Zicke F ⟨~; ~n⟩ 1 (Ziege) chèvre f; umg bique f 2 umg pej **dumme ~** umg cruche f; gourde f; **eingebildete ~** bêcheuse f; pimbêche f 3 umg pl **~n** bêtises fpl; âneries fpl; **mach keine ~n!** (ne fais) pas de manières, d'histoires!
zicken V/I ⟨h.⟩ umg pej 1 (Ärger machen) umg faire des emmerdes 2 (meckern, mosern) umg rouspéter
zickig umg pej ADJ 1 (eigensinnig, überspannt) capricieux, -ieuse; extravagant; (launisch) lunatique 2 (prüde) bégueule
Zicklein N ⟨~s; ~⟩ chevreau m; chevrette f
zickzack ADV en zigzag; **~ laufen** a. zigzaguer
Zickzack M ⟨~(e)s; ~e⟩ zigzag m; **im ~ fahren** Fahrzeug, Betrunkener zigzaguer; **im ~ laufen** marcher en zigzag; zigzaguer; **im ~ verlaufen** Weg faire des zigzags
zickzackförmig ADJ en zigzag
Zickzackkurs M e-s Fahrzeugs zigzags mpl; SCHIFF route f en zigzag; fig e-r Person zigzags mpl; POL politique f en zigzag; absence f de vraie ligne politique; **im ~ fahren, laufen** zigzaguer
Zickzacklinie F (ligne f en) zigzag m; **Zickzackmuster** N ornement m à zigzags; **Zickzackstich** M MODE point m (de) zigzag
Ziege F ⟨~; ~n⟩ 1 ZOOL chèvre f; umg bique f 2 umg pej **alte ~** umg vieille bique; **dumme ~** umg cruche f; gourde f; **eingebildete ~** bêcheuse f; pimbêche f
Ziegel M ⟨~s; ~⟩ brique f; (Dachziegel) tuile f; **Ziegelbrennerei** F → Ziegelei; **Ziegeldach** N toit m de tuiles
Ziegelei F ⟨~; ~en⟩ briqueterie f; für Dachziegel tuilerie f
Ziegelofen M four m à briques, für Dachziegel à tuiles; **ziegelrot** ADJ rouge brique (inv); **Ziegelstein** M brique f
Ziegenbart M barbiche f de bouc; umg von Männern bouc m; barbiche f; **Ziegenbock** M bouc m; **Ziegenhirt(in)** M(F) chevrier, -ière m,f; **Ziegenkäse** M fromage m de chèvre; **Ziegenleder** N chevreau m; **Ziegenmilch** F lait m de chèvre; **Ziegenpeter** umg M ⟨~s⟩ → Mumps; **Ziegenstall** M chèvrerie f
zieh → zeihen
Ziehbrunnen M puits m; **Zieheltern** PL regional (parents) nourriciers mpl

ziehen
⟨zieht, zog, gezogen⟩

A transitives Verb B intransitives Verb
C reflexives Verb D unpersönliches Verb

— A transitives Verb —
⟨h.⟩ 1 tirer; *Wagen, Schlitten* traîner; **j-n am Ohr ~** tirer l'oreille à qn; **j-n an sich** *(akk)* **~** tirer qn à soi; *fig* **die Aufmerksamkeit, die Blicke auf sich** *(akk)* **~** attirer l'attention, les regards sur soi; *fig* **j-s Zorn** *(akk)* **auf sich** *(akk)* **~** s'attirer la colère de qn; *Perlen* **auf e-n Faden ~** enfiler; **etw durch etw ~** passer qc par qc; **in die Höhe ~** lever; remonter; *(hochraffen)* relever; retrousser; *Last* °hisser; *fig* **ins Lächerliche ~** tourner en ridicule; ridiculiser; *fig* **nach sich** *(dat)* **~** *(zur Folge haben)* entraîner; être suivi de; *ein Kleidungsstück* **über, unter das andere ~** mettre par-dessus, par-dessous l'autre; **den Ring vom Finger ~** retirer, enlever la bague de son doigt 2 **Kaugummis, Zigaretten** *etc* **(am Automaten) ~** prendre des chewing-gums, des cigarettes, *etc* (au distributeur) 3 *Linie, Parallele* tirer; tracer; mener; *Scheitel* faire; *Furchen* creuser; tracer; *Gräben* faire; creuser; *Mauer, Wand* élever; construire 4 *(spannen)* tendre 5 *Pflanzen* cultiver 6 *Hut* ôter; enlever; *Schwert, Pistole, Gewehr* tirer; **etw aus der Tasche ~** sortir qc de sa poche 7 *Farbe, Asphalt etc* **Blasen ~** faire des des cloques; *Klebstoff* **Fäden ~** filer 8 MATH *Wurzel* extraire 9 MED *Zahn* extraire; arracher; **die Fäden ~** enlever, retirer les fils 10 *bei Brettspielen* jouer 11 **die Stirn in Falten ~** froncer les sourcils; **ein Gesicht ~** faire la grimace, la moue 12 *fig* **die Konsequenzen (aus etw) ~** tirer les conséquences (de qc); **e-e Lehre aus etw ~** tirer une leçon de qc; **Nutzen aus etw ~** tirer profit de qc; exploiter qc; **Schlüsse aus etw ~** tirer des conclusions de qc; **daraus ziehe ich den Schluss, dass ...** je conclus de là que ...; j'en déduis que ...

— B intransitives Verb —
⟨h.⟩ 1 tirer; **an etw** *(dat)* **~** tirer sur qc 2 *Ofen, Pfeife, Zigarre, Auto* tirer 3 *umg (ankommen)* **der Name zieht** le nom attire le public; **dieser Trick zieht nicht mehr** c'est un truc usé, qui ne prend plus; **das zieht bei mir nicht** cela ne prend pas avec moi 4 *(saugen)* tirer; **an e-m Strohhalm, e-r Zigarette ~** tirer sur une paille, sur une cigarette 5 *bei Brettspielen* **mit dem König ~** jouer le roi 6 GASTR **~ lassen** faire, laisser macérer; *Tee* laisser infuser 7 **~de Schmerzen** *mpl* tiraillements *mpl* 8 ⟨s.⟩ *Personen, Zugvögel* partir (**nach** pour); émigrer (**nach** vers, en); passer (**in andere Länder** dans d'autres pays); *(umziehen)* déménager; **die Wolken ~ schnell** les nuages passent rapidement; *geh* **lass ihn ~!** qu'il s'en aille!; **in die Stadt ~** aller s'installer, s'établir en ville; **aufs Land ~** aller vivre à la campagne; **durchs Land ~** passer par, traverser le pays; **in den Krieg, in die Fremde ~** partir pour la guerre, l'étranger; **in e-e Wohnung, ein Haus ~** emménager; **zu j-m ~** emménager chez qn; **das Gewitter zieht nach Westen** l'orage se déplace vers l'ouest

— C reflexives Verb —
⟨h.⟩ **sich ~** 1 *(sich erstrecken)* s'étendre; **dieses Motiv zieht sich durch die ganze Oper** ce thème revient fréquemment au cours de tout l'opéra 2 *Holz etc (sich werfen)* se gondoler 3 *umg* **sich geschickt aus der Affäre ~** se tirer adroitement d'affaire; tirer (adroitement) son épingle du jeu

— D unpersönliches Verb —
⟨h.⟩ 1 **es zieht hier** il y a un courant d'air ici; **es zieht durch diese Tür** le courant d'air vient de cette porte 2 **es zieht mich in die Ferne, nach Südfrankreich** je suis attiré par les pays lointains, par le Midi

ziehend ADJT **~er Schmerz** douleur lancinante; élancements *mpl*; tiraillements *mpl*
Ziehharmonika F accordéon *m*; **Ziehkind** N *regional* enfant *m* en nourrice; **Ziehmutter** F ⟨~; ⸚⟩ *regional* nourrice *f*
Ziehung F ⟨~; ~en⟩ LOTTERIE tirage *m*
Ziehvater M *regional* père nourricier
Ziel N ⟨~(e)s; ~e⟩ 1 *e-r Person, Handlung* but *m*; objectif *m* (*a.* MIL); *fig a.* fin(s) *f(pl)*; *(Bestimmungsort)* destination *f*; **sich** *(dat)* **etw als** *od* **zum ~ nehmen** se proposer qc comme objectif; **sich** *(dat)* **ein ~ setzen** *od* **stecken** se fixer un but; **sich** *(dat)* **ein hohes ~ stecken** viser °haut; **sein ~ erreichen** atteindre son objectif; **das ~ s-r Wünsche erreichen** réaliser ses désirs; toucher au but; **am ~ s-r Wünsche sein** voir ses désirs comblés; être au comble de ses désirs; **mit unbekanntem ~ verreisen** partir pour une destination inconnue; **über das ~ hinausschießen** (dé)passer les bornes; exagérer; **zum ~ führen** aboutir; **zu keinem ~ führen** n'aboutir à rien; **zum** *od* **ans ~ gelangen** *od* **kommen** parvenir au but; atteindre le but; **glücklich ans ~ gelangen** *od* **kommen** arriver à bon port 2 SPORT arrivée *f*; *(~linie)* ligne *f* d'arrivée; **durchs ~ gehen** franchir la ligne d'arrivée 3 *(~scheibe)* cible *f* 4 HANDEL terme *m*
Zielbahnhof M gare *f* d'arrivée; **Zielband** N ⟨~(e)s; ⸚er⟩ SPORT fil *m* d'arrivée; **zielbewusst** ADJ résolu; fermement décidé; **Zieleinlauf** M SPORT franchissement *m* de la ligne d'arrivée; *Reihenfolge* ordre *m* d'arrivée
zielen V/I ⟨h.⟩ viser; **auf j-n ~** viser qn (*a. fig*); **auf den Kopf, aufs Herz ~** viser à la tête, au cœur; *fig* **auf etw** *(akk)* **~** viser qc
Zielfernrohr N lunette *f* de tir; **Zielflug** M (vol *m* en) homing *m*; vol *m* au but (radioguidé); **Zielflughafen** M aéroport *m* de destination; **Zielfoto** N photo-finish *f*; **Zielgenauigkeit** F précision *f* du tir; **Zielgerade** F SPORT dernière ligne droite; **Zielgerät** N appareil *m* de visée; viseur *m*; **zielgerichtet** ADJT *Maßnahme* pris dans un but précis; *Verhalten* adopté dans un but précis; *Frage* bien précis; **Zielgruppe** F WERBUNG cible *f*; **Zielkamera** F SPORT photo-finish *f*; **Ziellinie** F SPORT ligne *f* d'arrivée; **ziellos** A ADJ sans but; *(untätig)* désœuvré B ADV sans but; **Ziellosigkeit** F ⟨~⟩ manque *m* de but; *(Untätigkeit)* désœuvrement *m*; **Zielpunkt** M *beim Schießen* point *m* de mire; but *m*; **Zielrichter(in)** M(F) SPORT juge *m/f* à l'arrivée
Zielscheibe F cible *f* (*a. fig*); *fig* point *m* de mire; **die ~ des Spottes sein** être le point de mire, la cible des moqueries
Zielsetzung F ⟨~; ~en⟩ but visé; **zielsicher** ADJ 1 *Schütze* précis 2 *fig* déterminé; **Zielsicherheit** F ⟨~⟩ 1 précision *f* (du tir) 2 *fig* détermination *f*; **Zielsprache** F langue *f* cible; **zielstrebig** A ADJ résolu; fermement décidé; déterminé B ADV résolument; **Zielstrebigkeit** F ⟨~⟩ détermination *f*
ziemen *geh* V/UNPERS *u.* V/R ⟨h.⟩ convenir; être de mise; **es ziemt sich für ein junges Mädchen nicht zu** *(+inf)*, **es ziemt sich nicht, dass ein junges Mädchen ...** il ne convient pas à une jeune fille de *(+inf)*; il ne convient pas qu'une jeune fille ... *(subj)*
ziemlich A *umg* ADJ assez considérable, grand; **e-e ~e Anzahl (von)** un assez grand nombre (de); un nombre assez considérable (de) B ADV 1 assez; passablement; **~ gut** assez bon; assez bien; passable(ment); **~ viele Leute** pas mal de gens, de monde 2 *umg (ungefähr)* à peu près; **so ~ dasselbe** à peu près la même chose
ziepen *regional* ⟨h.⟩ A V/T **j-n an den Haaren ~** tirer les cheveux à *od* de qn B V/I *Vogel* pépier
Zier *geh, poet* F ⟨~⟩ → Zierde
Zierat *geh* M → Zierrat
Zierde F ⟨~; ~n⟩ ornement *m*; décoration *f*; *(Putz)* parure *f*; *fig* honneur *m*; **zur ~ dienen** être décoratif, -ive; *geh* **sie ist eine ~ ihres Geschlechts** elle fait honneur à son sexe; *geh* **j-m, e-r Sache (nicht) zur ~ gereichen** (ne pas) faire honneur à qn, qc
Zierdecke F napperon *m*
zieren ⟨h.⟩ A *geh* V/T orner, décorer, parer (**mit** de) B V/R **sich ~** faire des façons, des manières, des simagrées; *Frauen* faire la mijaurée; *bes bei Tisch* faire la fine bouche; **Ziererei** F ⟨~; ~en⟩ manières affectées; simagrées *fpl*; chichi(s) *m(pl)*
Zierfisch M poisson *m* d'aquarium; **Ziergarten** M jardin *m* d'agrément; **Ziergewächs** N → Zierpflanze; **Ziergiebel** M gâble *m*; **Ziergräser** NPL herbes d'ornement, ornementales; **Zierleiste** F ARCH, TISCHLEREI moulure *f*; TYPO vignette *f*; AUTO baguette *f*; *pl* **~n** *verchromte* chromes *mpl*; **zierlich** ADJ gracile; délicat; fin; *(anmutig)* gracieux, -ieuse; *(allerliebst)* mignon, -onne; *Schrift* fin; délié; **Zierlichkeit** F ⟨~⟩ gracilité *f*; délicatesse *f*; finesse *f*; *(Anmut)* grâce *f*; **Ziernaht** F MODE surpiqûre *f*; **Zierpflanze** F plante ornementale, d'ornement; **Zierrat** *geh* M ⟨~(e)s; ~e⟩ ornement *m*; enjolivement *m*; **Zierstich** M MODE point *m* de fantaisie; **Zierstrauch** M arbuste ornemental
Ziffer F ⟨~; ~n⟩ 1 *(Zahl)* chiffre *m*; **in ~n** en chiffres; **e-e Zahl mit drei ~n** un nombre de *od* à trois chiffres 2 *e-s Paragrafen etc* alinéa *m*
Zifferblatt N cadran *m*
zig *umg* ADJ ⟨*épithète, inv*⟩ pas mal de; des tas de; **es waren ~ Leute da** il y avait du monde
Zigarette F ⟨~; ~n⟩ cigarette *f*
Zigarettenasche F cendre(s) *f(pl)* de cigarettes; **Zigarettenautomat** M distributeur *m* de cigarettes; **Zigarettenetui** N étui *m* à cigarettes; porte-cigarettes *m*; **Zigarettenfabrik** F manufacture *f* des tabacs; **Zigarettenkippe** F *umg* mégot *m*; *umg* clope *m*
Zigarettenlänge *umg* F **(auf) e-e ~** le temps de fumer une cigarette
Zigarettenmarke F marque *f* de cigarettes; **Zigarettenpackung** F paquet *m* de cigarettes; **Zigarettenpapier** N papier *m* à cigarettes
Zigarettenpause *umg* F **e-e ~ einlegen** faire une courte pause (pour fumer une cigarette)
Zigarettenraucher(in) M(F) fumeur, -euse *m,f* de cigarettes; **Zigarettenschachtel** F paquet *m* de cigarettes; **Zigarettenspitze** F fume-cigarette *m*; **Zigarettenstummel** M *umg* mégot *m*; *umg* clope *m*; **Zigarettentabak** M tabac *m* à cigarettes
Zigarillo M *od* N ⟨~s; ~s⟩ cigarillo *m*
Zigarre F ⟨~; ~n⟩ cigare *m*; *umg fig* **j-m e-e ~ verpassen** *umg* passer un savon à qn
Zigarrenabschneider M coupe-cigare *m*; **Zigarrenanzünder** M allume-cigare *m*; **Zigarrenasche** F cendre(s) *f(pl)* de cigares; **Zigarrenetui** N étui *m* à cigares; **Zigarrenfabrik** F manufacture *f* des tabacs; **Zi-**

garrenkiste F boîte *f* de cigares; **Zigarrenladen** M bureau *m*, débit *m* de tabac; **Zigarrenschere** F coupe-cigares *m*; **Zigarrenspitze** F 1 *zum Aufstecken* fume-cigare *m* 2 *die mit der Schere abgeschnitten wird* bout *m* du cigare; **Zigarrenstummel** M *umg* mégot *m*; *umg* clope *m*

Zigeuner(in) M ⟨~s; ~⟩ (F) ⟨~in; ~innen⟩ Tzigane *m/f*; gitan(e) *m(f)*; bohémien, -ienne *m,f*; *pej* romanichel, -elle *m,f*; **Zigeunerkapelle** F orchestre *m* tzigane *od* tsigane; **Zigeunerlager** N campement *m* de gitans; **Zigeunerleben** N ⟨~s⟩ *a. fig* vie *f* de bohémiens; **Zigeunermädchen** N jeune gitane *f*; **Zigeunermusik** F musique *f* tzigane *od* tsigane; **Zigeunerschnitzel** N *escalope de veau ou de porc dans une sauce relevée de poivrons, d'oignons, de tomates, etc*; **Zigeunersprache** F langue *f* des gitans; *t/t* (langue *f*) tsigane *m*; **Zigeunerstamm** M tribu *f* de gitans; **Zigeunervolk** N bohémiens *mpl*; **Zigeunerwagen** M roulotte *f* de gitans

zigfach *umg* A ADJ **~e Menge** *umg* cent, mille fois la quantité; **sich um ein Zigfaches erhöhen** se multiplier; décupler B ADV *umg* cent, mille fois plus

zigmal *umg* ADV *umg* cent, mille fois; **das habe ich dir schon ~ gesagt** *a.* je te l'ai dit trente-six fois

zigste(r, -s) *umg* ADJ (é)nième

zigtausend, **Zigtausend** *umg* NUM des, plusieurs milliers

Zikade F ⟨~; ~n⟩ ZOOL cigale *f*

Zille F ⟨~; ~n⟩ *regional* (*Lastkahn*) chaland *m*; péniche *f*

Zimbel F ⟨~; ~n⟩ MUS cymbale *f*

Zimmer N ⟨~s; ~⟩ *e-r Wohnung* pièce *f*; (*Schlafzimmer, Hotelzimmer*) chambre *f*; *großes* salle *f*; (*Arbeitszimmer, Amtszimmer, Geschäftszimmer*) bureau *m*; **auf dem** *od* **im ~** dans la pièce; → *a.* frei A 6

Zimmerantenne F antenne intérieure; **Zimmerarbeit** F charpenterie *f*; **Zimmerbrand** M incendie *m*, feu *m* dans une pièce; **Zimmerdecke** F plafond *m*; **Zimmereinrichtung** F ameublement *m*

Zimmerer M ⟨~s; ~⟩ charpentier *m*

Zimmerflucht F ⟨~; ~en⟩ enfilade *f* de pièces; pièces *fpl* en enfilade; **Zimmerhandwerk** N métier *m* de charpentier; charpenterie *f*; **Zimmerkellner** M garçon *m* d'étage

Zimmerlautstärke F *Radio* **auf ~ stellen** baisser le son (pour ne pas déranger les voisins)

Zimmerlinde F BOT sparmannia *m*; **Zimmermädchen** N femme *f* de chambre

Zimmermann M ⟨~(e)s; -leute⟩ charpentier *m*; *umg fig* **j-m zeigen, wo der ~ das Loch gelassen hat** *umg* flanquer qn à la porte

zimmern ⟨-(e)re, h.⟩ A VT assembler; construire; faire B VI faire, construire une maison, une table, *etc*; **an etw** (*dat*) **~** faire, assembler, construire qc

Zimmernachbar(in) M(F) voisin(e) *m(f)* de chambre; **Zimmernachweis** M → Zimmervermittlung; **Zimmernummer** F numéro *m* de chambre; **Zimmerpflanze** F plante *f* d'appartement; **Zimmerservice** M service *m* des chambres; **Zimmersuche** F recherche *f* d'une chambre; **Zimmertanne** F BOT araucaria *m*

Zimmertemperatur F température *f* de la pièce; (*mittlere ~*), *a. für Wein, Käse etc* température ambiante; **bei ~ servieren** servir à la température ambiante

Zimmertheater N théâtre *m* de poche; **Zimmerthermometer** N thermomètre *m* d'appartement; **Zimmervermieter(in)** M(F) logeur, -euse *m,f*; **Zimmervermittlung** F (service *m* de) réservation *f* de chambres; *am Bahnhof* informations *fpl* hôtel; *e-r Messe* accueil *m* hébergement; *e-r Universität* service *m* du logement

zimperlich ADJ 1 (*überempfindlich*) douillet, -ette; délicat; qui s'écoute (trop); **~ sein** *a.* faire le délicat; **sei nicht so ~!** ne fais pas tant de manières! 2 (*prüde*) bégueule

Zimperliese *umg pej* F ⟨~; ~n⟩ mijaurée *f*; pimbêche *f*

Zimt M ⟨~(e)s; ~e⟩ 1 *Gewürz* cannelle *f* 2 *umg* (*Unsinn*) bêtises *fpl*; radotage *m*; **zimtfarben** ADJ (couleur de) cannelle; **Zimtstange** F bâton *m* de cannelle; **Zimtstern** M *biscuit à la cannelle en forme d'étoile*; **Zimtzicke** *umg pej* F, **Zimtziege** *umg pej* F *umg* chameau *m*; *umg* cruche *f*

Zink N ⟨~(e)s⟩ *Metall* zinc *m*; **Zinkblech** N tôle *f* de zinc; zinc laminé; **Zinkblende** F MINER blende *f*

Zinke F ⟨~; ~n⟩ 1 *e-r Gabel, e-s Kamms* dent *f* 2 HOLZVERARBEITUNG queue *f* d'aronde

zinken VT ⟨h.⟩ *Spielkarten* biseauter

Zinken M ⟨~s; ~⟩ 1 *Gaunersprache* (*Zeichen*) signe *m* 2 *umg hum* (*große Nase*) *umg* pif *m*; *umg* blair *m*

zinkhaltig ADJ zincifère

Zinkhütte F zinguerie *f*; **Zinkplatte** F (plaque *f* de) zinc *m*; **Zinkpuder** M poudre *f* de zinc; **Zinksalbe** F pommade *f* (à l'oxyde) de zinc; **Zinkvergiftung** F intoxication *f* par le zinc; **Zinkwanne** F bassine *f*, *kleine* cuvette *f* en zinc; *als Badewanne* baignoire *f* en zinc

Zinn N ⟨~(e)s⟩ *Metall* étain *m*

Zinne F ⟨~; ~n⟩ 1 BEFESTIGUNGSANLAGEN créneau *m* 2 *schweiz* (*Dachterrasse*) terrasse *f*

Zinnenkranz M crénelage *m*; couronnement crénelé

zinne(r)n ADJ en *od* d'étain

Zinnfigur F (figurine *f* en) étain *m*; **Zinngeschirr** N vaisselle *f*, poterie *f* d'étain; étain *m*; **Zinngießer** M fondeur *m* d'étain; **Zinngießerei** F fonderie *f* d'étain; **Zinnguss** M fonte *f* d'étain; **zinnhaltig** ADJ stannifère

Zinnie F ⟨~; ~n⟩ BOT zinnia *m*

Zinnkraut N ⟨~(e)s⟩ prêle *f* des champs; **Zinnkrug** M cruche *f*, broc *m* d'étain; **Zinnlegierung** F alliage *m* d'étain

Zinnober M ⟨~s; ~⟩ 1 MINER cinabre *m*; MAL vermillon *m* 2 *umg* ⟨*pas de pl*⟩ (*Zeug*) *umg* fourbi *m*; (*Unsinn*) bêtises *fpl*; âneries *fpl*; **der ganze ~** *umg* tout le fourbi; **mach keinen ~** ne fais pas tant d'histoires, de chichis

zinnoberrot ADJ rouge vermillon (*inv*)

Zinnsoldat M soldat *m* de plomb

Zins M 1 ⟨~es; ~en⟩ *auf Kapital, meist* PL **~en** intérêts *mpl*; **zu hohen ~en** à gros intérêts; **~en bringen, tragen** produire, rapporter des intérêts; **von den ~en leben** vivre de ses rentes; *fig* **j-m etw mit ~en, mit ~ und Zinseszins zurückzahlen** rendre à qn la monnaie de sa pièce 2 ⟨~es; ~e⟩ *südd, österr, schweiz* (*Mietzins*) loyer *m*

Zinsabschlagsteuer F ⟨~⟩ prélèvement *m* à la source sur les revenus financiers

zinsbringend A ADJT rapportant des intérêts; productif, -ive d'intérêts; **~e Kapitalanlage** placement *m* à intérêts B ADVL **~ anlegen** placer à intérêts

Zinserhöhung F relèvement *m* du taux d'intérêt; augmentation *f* des intérêts; **Zinsertrag** M produit *m* d'intérêts

Zinseszins M ⟨~es; ~en⟩ intérêts composés, capitalisés; **Zinseszinsrechnung** F calcul *m* des intérêts composés

Zinsforderung F créance *f* d'intérêts; intérêts dus; **Zinsformel** F formule *f* d'intérêts

zinsfrei ADJ sans intérêts; ne portant pas intérêts; *vom Standpunkt des Zinspflichtigen aus gesehen* exempt d'intérêts; **~es Kapital** capital non productif d'intérêts

Zinsfuß M taux *m* d'intérêt; **zinsgünstig** ADJ à un taux d'intérêt intéressant (*a. adv*); *Darlehen etc* avantageux, -euse; **zinslos** A ADJ sans intérêts; non productif, -ive d'intérêts B ADV sans produire d'intérêts; **Zinspolitik** F politique *f* des taux d'intérêt; **Zinsrechnung** F calcul *m* des intérêts; **Zinssatz** M taux *m* d'intérêt; **Zinsschein** M coupon *m* d'intérêt; **Zinsschuld** F ⟨~; ~en⟩ dette *f* de l'intérêt; intérêt dû; **Zinssenkung** F baisse *f* du taux d'intérêt; **Zinswucher** M usure *f* (sur les taux d'intérêt)

Zion[1] N ⟨→ *n/pr*⟩ (*Jerusalem*) Sion

Zion[2] M ⟨→ *n/pr*⟩ *Berg* Sion

Zionismus M ⟨~⟩ sionisme *m*; **Zionist(in)** M ⟨~en; ~en⟩ (F) ⟨~in; ~innen⟩ sioniste *m/f*; **zionistisch** ADJ sioniste

Zipfel M ⟨~s; ~⟩ 1 *e-s Tuches, Sacks* coin *m*; *a. fig e-s Landes etc* pointe *f*; *e-s Kleides, Rocks* pan *m*; *der Wurst* bout *m* 2 *umg* (*Penis*) *umg* quéquette *f*; *umg* zizi *m*

zipf(e)lig ADJ *Rock etc* irrégulier, -ière

Zipfelmütze F bonnet *m* à pointe; (*Nachtmütze*) bonnet *m* de nuit

Zipp® M ⟨~s; ~s⟩ *österr* fermeture *f* éclair®; zip® *m*

zippen VT ⟨h.⟩ IT zipper

Zipperlein *umg* N ⟨~s; ~⟩ douleurs rhumatismales, articulaires

Zippverschluss M *österr* fermeture *f* éclair®; zip® *m*

Zirbeldrüse F glande pinéale; épiphyse *f*; **Zirbelkiefer** F pin *m* cembro; arol(l)e *m*

zirka ADV environ

Zirkel M ⟨~s; ~⟩ 1 *Instrument* compas *m* 2 (*Kreislinie*) cercle *m* 3 *von Personen* cercle *m*; club *m*; **Zirkelkasten** M boîte *f* de compas

zirkeln VT ⟨-(e)le, h.⟩ mesurer avec précision; *umg* (*platzieren*) placer

Zirkelschluss M cercle vicieux

Zirkon M ⟨~s; ~e⟩ MINER zircon *m*; **Zirkonium** N ⟨~s⟩ CHEM zirconium *m*

Zirkulation F ⟨~; ~en⟩ circulation *f*; **zirkulieren** VI ⟨*pas de ge-*, h. *ou* s.⟩ circuler

Zirkumflex M ⟨~es; ~e⟩ LING (accent *m*) circonflexe *m*

Zirkus M ⟨~; ~se⟩ *a.* ANTIKE *u. umg fig* cirque *m*; **Zirkusdirektor** M directeur *m* de *od* du cirque; **Zirkuspferd** N cheval *m* de cirque; **Zirkusvorstellung** F spectacle *m* de cirque; **Zirkuswagen** M roulotte *f* (d'un cirque); **Zirkuszelt** N chapiteau *m*

zirpen VI ⟨h.⟩ *Zikaden* chanter; *Grillen a.* grésiller

Zirpen N ⟨~s⟩ *der Zikaden* chant *m*; *der Grillen a.* grésillement *m*

Zirrhose F ⟨~; ~n⟩ MED cirrhose *f*

Zirrus M ⟨~; ~ *ou* -rren⟩, **Zirruswolke** F cirrus *m*

zirzensisch ADJ ANTIKE **~e Spiele** NPL jeux *mpl* du cirque

zisalpin(isch) ADJ cisalpin

Zischelei F ⟨~; ~en⟩ chuchotement *m*

zischeln VT *u.* VI ⟨-(e)le, h.⟩ chuchoter

zischen ⟨h.⟩ A VI *Dampf, Tier, Person* siffler; *Dampf a.* chuinter; *Wasser, Fett* grésiller B VT siffler; *umg fig* **einen ~** prendre, *umg* siffler un verre

Zischen N ⟨~s⟩ *von Dampf, Tieren, Personen* sifflement *m*; *von Dampf a.* chuintement *m*; *von Wasser, Fett* grésillement *m*

Z

Zischlaut M PHON sifflante *f*; chuintante *f*
Ziseleur M ⟨~s; ~e⟩ ciseleur *m*; **Ziselierarbeit** F ciselure *f*; **ziselieren** V/T ⟨*pas de ge-*, h.⟩ ciseler; **Ziselierung** F ⟨~; ~en⟩ ciselure *f*
Zisterne F ⟨~; ~n⟩ citerne *f*
Zisterzienser(in) M ⟨~s; ~⟩ (F) ⟨~in; ~innen⟩ cistercien, -ienne *m,f*; **Zisterzienserkloster** N couvent *m* de cisterciens; **Zisterziensermönch** M cistercien *m*; **Zisterzienserorden** M ordre *m* des cisterciens
Zitadelle F ⟨~; ~n⟩ citadelle *f*
Zitat N ⟨~(e)s; ~e⟩ citation *f* (**aus** de)
Zitatensammlung F recueil *m* de citations; **Zitatenschatz** M fonds *m* de citations
Zither F ⟨~; ~n⟩ cithare *f*; **Zitherspieler(in)** M(F) joueur *m*, joueuse *f* de cithare
zitieren V/T ⟨*pas de ge-*, h.⟩ **1** *Autor, Stelle, Worte* citer; **die** *od* **aus der Bibel ~** citer la Bible **2** (*kommen lassen, vorladen*) **j-n zu sich ~** convoquer qn; **j-n ins Ministerium ~** convoquer qn au ministère; JUR **j-n vor Gericht ~** citer qn en justice
Zitronat N ⟨~(e)s; ~e⟩ écorce *f* de citron confite
Zitrone F ⟨~; ~n⟩ *Frucht* citron *m*; *Pflanze* citronnier *m*; *umg* **j-n ausquetschen** *od* **auspressen wie e-e ~** (*ausfragen*) *umg* cuisiner qn; *finanziell umg* pomper qn; **mit ~** citronné; au citron
Zitronenbaum M BOT citronnier *m*; **Zitroneneis** N glace *f* au citron; **Zitronenfalter** M ZOOL citron *m*; **zitronengelb** ADJ jaune citron (*inv*); **Zitronengras** N citronnelle *f*; **Zitronenlikör** M citronnelle *f*; **Zitronenlimonade** F citronnade *f*; **Zitronenmelisse** F citronnelle *f*; mélisse officinale; **Zitronenpresse** F presse-citron *m*; **Zitronensaft** M jus *m* de citron; **Zitronensäure** F ⟨~⟩ CHEM acide *m* citrique; **Zitronenschale** F pelure *f*, écorce *f* de citron; GASTR zeste *m* de citron; **Zitronenscheibe** F rondelle *f*, tranche *f* de citron
Zitrusfrüchte FPL agrumes *mpl*; **Zitruspresse** F presse-agrume *m*
Zitteraal M gymnote *m*; anguille *f* électrique;
Zittergras N brize *f*; amourette *f*
zitterig ADJ tremblotant; *Schrift* tremblé
zittern V/I ⟨-(e)re, h.⟩ trembler; *Person, Hände, Stimme: leicht* trembloter; *vor Kälte, Angst, Erregung* trembler, frémir, frissonner (**vor** [+*dat*] de); *Wände, Fensterscheiben* trembler; vibrer; trépider; **um j-s Leben ~** trembler, craindre pour la vie de qn; **vor j-m ~** trembler devant qn; avoir peur de qn; **mit Zittern und Zagen** plein d'appréhension; tremblant (de peur)
Zitterpappel F BOT tremble *m*; **Zitterpartie** F partie serrée; *fig* suspense *m*; **Zitterrochen** M ZOOL torpille *f*; **Zitterwels** M silure *m* électrique; *t/t* malaptérure *m*; malaptérus *m*
zittrig → zitterig
Zitze F ⟨~; ~n⟩ *bes der Ziege, Kuh, Sau* mamelle *f*; *der Kuh, Ziege t/t* trayon *m*
Zivi *umg* M ⟨~s; ~s⟩ jeune homme *m* qui fait son service civil
zivil ADJ civil; *Preise* modéré
Zivil N ⟨~s⟩ **1** (*Kleidung*) tenue civile; **in ~** en civil; **~ tragen** être en civil **2** *schweiz* (*Familienstand*) état civil
Zivilbehörde F autorité civile
Zivilberuf M **er ist Tischler im ~** il est menuisier dans le civil
Zivilbevölkerung F population civile; civils *mpl*; **Zivilcourage** F courage *m* de ses opinions; **Zivildiener** M *österr* → Zivildienstleistende(r)
Zivildienst M ⟨~(e)s⟩ service civil; **~ Leistende(r)** → Zivildienstleistende(r)
Zivildienstleistende(r) M ⟨→ A⟩ jeune homme *m* qui fait son service civil; **Zivilehe** F mariage civil; **Zivilflughafen** M aéroport civil; **Zivilgericht** N tribunal civil; **Zivilgerichtsbarkeit** F juridiction, justice civile; **Zivilgesetzbuch** N *schweiz* code civil
Zivilisation F ⟨~; ~en⟩ **1** (*Kultur*) civilisation *f* **2** *Lebensbedingungen* conditions de vie dues au progrès; *weitS.* vie *f* moderne
Zivilisationskrankheit F maladie engendrée par la vie moderne; **zivilisationsmüde** ADJ dégoûté par le mode de vie moderne;
Zivilisationsschaden M **1** *meist* PL **Zivilisationsschäden** *der Natur* nuisances dues à la vie moderne **2** → Zivilisationskrankheit
zivilisatorisch ADJ civilisateur, -trice
zivilisierbar ADJ civilisable; qui peut être civilisé
zivilisieren V/T ⟨*pas de ge-*, h.⟩ civiliser
Zivilist(in) M ⟨~en; ~en⟩ (F) ⟨~in; ~innen⟩ civil(e) *m(f)*
Zivilkammer F JUR chambre civile; **Zivilklage** F JUR action civile
Zivilkleidung F tenue civile; **in ~** en civil
Zivilleben N ⟨~s⟩ **im ~** dans le civil
Zivilluftfahrt F aviation civile; **Zivilperson** F civil *m*; **Zivilprozess** M procès civil; **Zivilprozessordnung** F code *m* de procédure civile; **Zivilrecht** N ⟨~(e)s⟩ droit civil
zivilrechtlich **A** ADJ de droit civil **B** ADV **j-n ~ verfolgen** poursuivre qn au civil
Zivilrichter M juge (au) civil; **Zivilsache** F JUR cause, affaire, matière civile; **Zivilschutz** M POL protection civile; **Zivilstand** M ⟨~(e)s⟩ *schweiz* état civil; **Zivilstandsamt** N *schweiz* bureau *m* d'état civil; **Ziviltrauung** F mariage civil; **Zivilverteidigung** F POL défense civile
z. K. ABK (zur Kenntnisnahme) pour (votre) information
ZK N ⟨~(s); ~s⟩ ABK (Zentralkomitee) comité central
Zl ABK (Zloty) ZL (zloty)
Zloty M ⟨~s; ~s, *mais* 10 ~⟩ *Währung* zloty *m*
Znüni M *od* N ⟨~s; ~s⟩ *schweiz: collation du milieu de la matinée*
Zobel M ⟨~s; ~⟩ ZOOL, *Pelz* zibeline *f*; **Zobelpelz** M (fourrure *f* de) zibeline *f*
zockeln → zuckeln
zocken *umg* V/I ⟨h.⟩ jouer (**um** pour)
Zocker *umg* M ⟨~s; ~⟩ joueur *m* (qui joue pour de l'argent)
Zofe F ⟨~; ~n⟩ *früher* femme *f* de chambre
Zoff *umg* M ⟨~s⟩ bagarre *f*; (*Auseinandersetzung*) *umg* engueulade *f*; *umg* pétard *m*; **~ machen** chercher la bagarre; **mit j-m ~ haben** être brouillé avec qn; (*e-e Auseinandersetzung haben*) *umg* s'engueuler avec qn
zog → ziehen
zögerlich **A** ADJ hésitant **B** ADV avec hésitation
zögern V/I ⟨-(e)re, h.⟩ hésiter, tarder (**etw zu tun** à faire qc); **mit der Antwort ~** hésiter, tarder à répondre
Zögern N ⟨~s⟩ hésitation *f*; **ohne ~** sans hésiter; sans (la moindre) hésitation; **nach anfänglichem ~** après avoir hésité au début
Zögling M ⟨~s; ~e⟩ **1** *e-s Internats* pensionnaire *m/f*; élève *m/f* **2** *fig* protégé(e) *m(f)*
Zölibat N *od* M ⟨~(e)s⟩ célibat *m*; **im ~ lebend** célibataire
Zoll[1] M ⟨~(e)s; ~e⟩ **1** ⟨*pas de pl*⟩ *Behörde* douane *f*; **beim ~ angeben** déclarer à la douane; **beim ~ abfertigen** dédouaner **2** *Abgabe* (droit[s] *m[pl]* de) douane *f*; **e-n ~ auf etw** (*akk*) **erheben** prélever un droit de douane sur qc **3** HIST (*Wegezoll, Brückenzoll*) péage *m* **4** ⟨*pas de pl*⟩ *fig* tribut *m*
Zoll[2] M ⟨~(e)s; ~⟩ *Maß*, IT pouce *m*; *fig* **jeder ~** *od* **~ für ~ e-e Dame** une dame jusqu'au bout des ongles; **~ breit** → Zollbreit
Zollabbau M suppression progressive des barrières douanières; **Zollabfertigung** F dédouanement *m*; formalités douanières, de douane; **Zollabkommen** N accord douanier; **Zollamt** N (bureau *m* de) douane *f*
zollamtlich **A** ADJ **~e Abfertigung** dédouanement *m*; **~e Bescheinigung** certificat *m* de douane **B** ADV **~ abfertigen** dédouaner
Zollausland N territoire *m* au-delà de la ligne de douane; **Zollbeamte(r)** M douanier *m*; ADMIN agent *m* des douanes; **Zollbegleitschein** M acquit-à-caution *m*; **Zollbehörde** F (administration *f* des) douanes *fpl*; douane *f*; **Zollbeschränkung** F restriction douanière; **Zollbezirk** M circonscription douanière
Zollbreit M ⟨~; ~⟩ *fig* **keinen ~ nachgeben** ne pas céder d'un pouce
Zolldeklaration F → Zollerklärung; **Zolleinfuhrerklärung** F déclaration *f* d'entrée en douane; **Zolleinfuhrschein** M acquit *m* d'entrée en douane; **Zolleinnahmen** FPL recettes douanières
zollen *geh* V/T ⟨h.⟩ **j-m Achtung ~** avoir, témoigner du respect pour qn; **j-m Beifall ~** applaudir qn; **j-m Bewunderung ~** avoir de l'admiration pour qn; admirer qn
Zollerhöhung F augmentation *f*, majoration *f* des droits de douane; **Zollerklärung** F déclaration *f* en douane; **Zollerleichterungen** FPL simplifications *fpl* des formalités douanières; **Zollermäßigung** F réduction *f* des droits de douane; **Zollfahnder** M contrôleur *m* des fraudes douanières; **Zollfahndung** F (service *m* de) contrôle *m* et répression *f* des fraudes douanières; **Zollfahndungsstelle** F service *m* d'enquêtes de la douane; **Zollfestsetzung** F tarification douanière; **Zollformalitäten** FPL formalités douanières, de douane
zollfrei **A** ADJ °hors taxes; HANDEL exempt de droits de douane; **~e Einfuhr** admission *f* en franchise **B** ADV °hors taxes; HANDEL en franchise douanière
Zollfreigebiet N zone franche; **Zollfreiheit** F ⟨~⟩ franchise douanière; **Zollgebiet** N zone douanière; **Zollgebühren** FPL droits *mpl* de douane; **Zollgrenzbezirk** M zone frontalière sous contrôle douanier; **Zollgrenze** F limite *f* de zone douanière; ligne *f* de douane; **Zollhoheit** F ⟨~⟩ souveraineté douanière; **Zollinhaltserklärung** F POST® déclaration *f* de douane; **Zollinspektor** M inspecteur *m* des douanes; **Zollkontrolle** F visite douanière; contrôle douanier, de douane
Zöllner M ⟨~s; ~⟩ **1** *umg* (*Zollbeamter*) douanier *m* **2** HIST, BIBEL publicain *m*
Zollpapiere NPL documents douaniers; **zollpflichtig** ADJ soumis aux droits de douane; **Zollrecht** N ⟨~(e)s⟩ droit douanier; **Zollschranken** FPL barrières douanières; **Zollstation** F, **Zollstelle** F (bureau *m*, poste *m* de) douane *f*
Zollstock M ⟨~(e)s; -stöcke⟩ mètre pliant
Zolltarif M tarif douanier; **Zollunion** F union douanière
Zollverein M HIST **der Deutsche ~** l'Union douanière allemande; le Zollverein
Zollvergehen N délit *m*, infraction *f* de douane; **Zollvorschrift** F règlement *m*

Z

de douane
Zombie M ⟨~(s); ~s⟩ *a. umg fig* zombie *od* zombi *m*
Zone F ⟨~; ~n⟩ zone *f*; *umg* HIST → Ostzone
Zonengrenze F **1** limite *f* de zone **2** ⟨*pas de pl*⟩ HIST *BRD* frontière *f* avec l'Allemagne de l'Est; **Zonenrandgebiet** N ⟨~(e)s⟩ HIST *BRD* zone *f* le long de la frontière avec l'Allemagne de l'Est; **Zonentarif** M VERKEHRSWESEN, POST® tarif *m* par zone
Zoo M ⟨~s; ~s⟩ zoo *m*; **Zoobesucher(in)** M(F) visiteur, -euse *m,f* du zoo; **Zoodirektor** M directeur *m* du *bzw.* d'un jardin zoologique; **Zoohandlung** F animalerie *f*
Zoologe M ⟨~n; ~n⟩, **Zoologin** F ⟨-in; -innen⟩ zoologiste *m/f*; **Zoologie** F ⟨~⟩ zoologie *f*
zoologisch ADJ zoologique; **~er Garten** jardin *m* zoologique
Zoom N *od* M ⟨~s; ~s⟩ **1** FILM *Vorgang* zoom *m* **2** → Zoomobjektiv
zoomen V/T *u.* V/I ⟨h.⟩ FILM, FOTO zoomer
Zoomobjektiv N zoom *m*
Zoowärter(in) M(F) gardien, -ienne *m,f* de zoo
Zopf M ⟨~(e)s; ⁼e⟩ natte *f*; tresse *f*; *als Gebäck* tresse *f*; brioche nattée; *fig* **das ist ein alter ~** c'est passé de mode, démodé; *fig* **den alten ~, die alten Zöpfe abschneiden** se débarrasser d'habitudes démodées
Zopfmuster N point *m* de torsade; *Pullover* **mit ~** à torsades
Zopfspange F barrette *f*
Zorn M ⟨~(e)s⟩ colère *f*; **heiliger ~** sainte colère; **in ~ geraten** se mettre en colère; se fâcher; **etw im ~ tun** faire qc sous l'effet de la colère
Zorn(es)ausbruch M accès *m* de colère
zornig ADJ *Person* en colère; fâché; *Blick* chargé de colère; *Handbewegung* de colère; **~ werden** se mettre en colère; se fâcher; **~ sein** être en colère; **~ machen** fâcher; irriter
Zote F ⟨~; ~n⟩ gauloiserie *f*; grossièreté *f*; *umg* **~n reißen** raconter des histoires paillardes, des gauloiseries
zotig ADJ paillard; grossier, -ière
Zotte F ⟨~; ~n⟩ **1** (*Darmzotte*) villosité intestinale **2** → Zottel
Zottel *umg* F ⟨~; ~n⟩ touffe *f* de cheveux, *bei Tieren* de poils; **~n** *pl* cheveux ébouriffés
Zottelbär M ours velu; **Zottelbart** M barbe *f* °hirsute; **Zottelhaar** N cheveux en broussaille, ébouriffés
zottelig → zottig
zotteln *umg* V/I ⟨-(e)le, s.⟩ traînasser; *umg* lambiner
zottig ADJ *Haar* en broussaille; ébouriffé; *Bart* °hirsute; *Fell* à longs poils rudes
ZPO F ⟨~⟩ ABK (Zivilprozessordnung) code *m* de procédure civile
z. T. ABK (zum Teil) en partie
Ztr. ABK (Zentner) 50 kg

zu

A Präposition	B Adverb
C Konjunktion	

— **A** Präposition —

⟨*dat*⟩ **1** *örtlich* à; (*in j-s Wohnung*) chez; (*in j-s Nähe*) (au)près de; (*in Richtung nach*) vers; **zur Schule gehen** aller à l'école; *geh* **~ Bett gehen** aller, se mettre au lit; (aller) se coucher; **der Weg zum Bahnhof, zum Erfolg** le chemin de la gare, du succès; **die Tür zum Garten** la porte donnant sur le jardin; **von Haus ~ Haus** de maison en maison; **sich j-m ~ Füßen werfen** se jeter aux pieds de qn; **~ Boden fallen** tomber à terre; **zum Fenster hinauswerfen** jeter par la fenêtre; **kommen Sie ~ uns** venez chez nous; venez nous voir; **bei j-m ~ Besuch sein** être en visite chez qn; **sich ~ j-m setzen** s'asseoir à côté de qn, (au)près de qn; **~ Hause** à la maison; chez soi; **~ beiden Seiten der Seine** des deux côtés, sur les deux rives de la Seine; **zur Linken, zur linken Seite** à gauche; du côté gauche; *geh* (*in*) **der Dom ~ Köln** la cathédrale de Cologne; **der Gasthof zum goldenen Löwen** l'auberge du Lion d'Or; **~ Tal fließen** couler vers la vallée **2** *zeitlich* à; de; en; **~ Mittag** à midi; **~ Ostern** à Pâques; **~ gleicher Zeit** en même temps; **von Tag ~ Tag** de jour en jour; **~ Anfang** au commencement; au début; **zum Schluss** finalement; en conclusion; **~ Ende gehen** toucher à sa fin; **zur Stunde** en ce moment; pour le moment, l'instant; → *a.* zurzeit, Zeit 2 **3** *Art u. Weise* à; par; en; pour; **zur Freude aller** à la joie de tous; **~ meinem Vorteil, Nachteil** à mon avantage, détriment; **mir ist nicht zum Lachen** je n'ai pas le cœur à rire; **es steht nicht zum Besten mit ihm** *gesundheitlich* il ne va pas très bien; *geschäftlich* ses affaires vont plutôt mal; **~ dreien, ~ dritt** à trois; au nombre de trois; **~ Hunderten, Dutzenden** par centaines, douzaines; → *a.* 6 *u. die betreffenden subst* **4** *Preis, Zahlenangabe* à; **~ zehn Euro das Kilo** à dix euros le kilo; **ein Brot ~ zwei Pfund** un pain de deux livres **5** *Verhältnis* à; MATH **drei verhält sich ~ sechs wie fünf ~ zehn** trois est à six ce que cinq est à dix; **im Verhältnis eins ~ drei** dans la proportion de un à trois; SPORT **fünf ~ drei gewinnen** gagner par cinq à trois; **im Vergleich ~** en comparaison de; **im Gegensatz ~** par opposition à; **~ Grunde, ~ Gunsten, ~ Lasten** *etc* → zugrunde, zugunsten, zulasten *etc* **6** *Ziel, Zweck* à; pour; **~ diesem Zweck** dans ce but; à cette fin; à cet effet; **~ deiner Beruhigung** pour te rassurer; **heißes Wasser zum Waschen** de l'eau chaude pour (se) laver; **zum Dank** en reconnaissance **7** *Ergebnis* en; **~ Eis werden** se transformer en glace; **~ Staub werden** tomber en poussière; **~ Pulver zerstoßen** réduire en poudre; pulvériser; **zum Offizier befördert werden** être promu officier; **sich** (*dat*) **j-n zum Feind machen** se faire un ennemi de qn **8** (*über*) de; sur; **sich ~ etw äußern** faire une remarque, un commentaire sur qc; **was sagen Sie ~ diesem Film?** que dites-vous, pensez-vous de ce film? **9** (*gegenüber*) envers; avec; **freundlich ~ j-m sein** être gentil avec qn **10** *Verbindung* avec; **Weißwein zum Fisch trinken** boire du vin blanc avec le poisson; **~ allen Mahlzeiten Brot essen** manger du pain à tous les repas; **Blau passt gut ~ blondem Haar** le bleu va bien avec les cheveux blonds

— **B** Adverb —

1 (*allzu*) trop; **~ sehr, ~ viel** trop (de); **~ wenig** trop peu (de); → *a.* viel B 2, wenig B 4; *iron* **das ist ja ~ freundlich!** ça, c'est vraiment gentil! **2** *Richtung* vers; **nach Norden ~** vers le nord; **auf mich ~** vers moi; dans ma direction **3** *zeitlich* **ab und ~** de temps en temps; de temps à autre; parfois **4** *umg* (*geschlossen*) fermé; **~ sein** être fermé; (*abgeschlossen sein*) être fermé à clé; (*geschlossen haben*) fermer; **der Laden hat ~** *außerhalb der Geschäftszeiten, wegen Betriebsferien* le magasin est fermé; **Augen ~!** ferme(z) les yeux! **5** **~ sein** *Nase* être bouché **6** *umg* **~ sein** (*betrunken sein*) *umg* être rond, bourré **7** *umg* **nur ~!** allez!; allez-y!

— **C** Konjunktion —

1 *mit inf* de; à; **Haus ~ verkaufen** maison à vendre; **ich habe ~ arbeiten** il faut que je travaille; j'ai du travail; **du hast ~ kommen** tu dois venir; **er braucht nicht mehr ~ kommen** il n'a plus besoin de venir; **ohne es ~ wissen** sans le savoir; **das ist nicht** *od* **kaum ~ glauben** c'est incroyable; **was gibt's da ~ lachen?** qu'est-ce qu'il y a de drôle (à ça)?; **sie hatte nichts anzuziehen** elle n'avait rien à se mettre **2** *mit Partizip Präsens* **ein kaum ~ erfüllender Wunsch** un souhait difficilement réalisable; **das ~ verkaufende Haus** la maison à vendre

zuallererst ADV en tout premier lieu; avant tout; tout d'abord
zuallerletzt ADV en tout dernier lieu
zuarbeiten V/I ⟨-ete, *sép*, -ge-, h.⟩ **j-m ~** aider, assister qn (en faisant les menus travaux)
zubauen V/T ⟨*sép*, -ge-, h.⟩ construire des maisons, *etc* sur; *Aussicht* boucher
Zubehör N ⟨~(e)s; ~e⟩ accessoires *mpl*; **Zubehörteil** N accessoire *m*
zubeißen V/I ⟨*irr, sép*, -ge-, h.⟩ mordre; °happer; **zubekommen** *umg* V/T ⟨*irr, sép, pas de ge-*, h.⟩ **1** *Koffer, Tür etc* arriver à fermer **2** *regional* (*als Zugabe erhalten*) recevoir en plus, en sus
Zuber M ⟨~s; ~⟩ *regional* baquet *m*; cuveau *m*; *zum Baden* tub *m*
zubereiten V/T ⟨-ete, *sép, pas de ge-*, h.⟩ préparer; faire; **Zubereitung** F ⟨~; ~en⟩ préparation *f*
zubetonieren V/T ⟨*sép, pas de ge-*, h.⟩ bétonner
Zubettgehen N ⟨~s⟩ coucher *m*; **beim ~** en se couchant
zubewegen ⟨*sép, pas de ge-*, h.⟩ **A** V/T **etw auf j-n, etw ~** avancer qc vers qn, qc **B** V/R **sich auf j-n, etw ~** se déplacer vers qn, qc
zubilligen V/T ⟨*sép*, -ge-, h.⟩ **j-m etw ~** octroyer, concéder, accorder qc à qn
Zubilligung F octroi *m*; concession *f*
zubinden V/T ⟨*irr, sép*, -ge-, h.⟩ attacher (pour fermer); ficeler; **zubleiben** V/I ⟨*irr, sép*, -ge-, s.⟩ rester fermé
zublinzeln V/I ⟨-(e)le, *sép*, -ge-, h.⟩ **j-m ~** faire un clin d'œil à qn; cligner de l'œil à qn
zubringen V/T ⟨*irr, sép*, -ge-, h.⟩ **1** (*verbringen*) *Zeit* passer (**mit etw** à [faire] qc) **2** *umg Koffer, Tür etc* arriver à fermer
Zubringer M ⟨~s; ~⟩ **1** (*Autobahnzubringer*) bretelle *f* **2** *Verkehrsmittel* navette *f*; **Zubringerbus** M navette *f*; **Zubringerdienst** M service *m* de correspondance; **Zubringerstraße** F *zur Autobahn* bretelle *f*; **Zubringerverkehr** M desserte *f* vers une ligne principale; *zum Flughafen* liaison *f* aéroport-ville
Zubrot N ⟨~(e)s⟩ salaire *m* d'appoint; **sich** (*dat*) **ein ~ verdienen** améliorer ses fins de mois
zubrüllen V/T ⟨*sép*, -ge-, h.⟩ **j-m etw ~** crier, °hurler qc à qn
zubuttern *umg* V/T ⟨-(e)re, *sép*, -ge-, h.⟩ (*zuschießen*) rajouter; **der Staat hat zehn Millionen zugebuttert** l'État a accordé une rallonge de dix millions; **sie hat 1000 Euro zugebuttert** elle y est allé de (ses) mille euros
Zucchini PL courgettes *fpl*
Zucht F ⟨~; ~en⟩ **1** ⟨*pas de pl*⟩ (*Aufzucht*) *von Tieren* élevage *m*; *von Pflanzen, Perlen* culture *f* **2** *Tiere* race *f*; *Pflanzen* sorte *f* **3** *geh* ⟨*pas de pl*⟩ (*Disziplin*) discipline *f*; **~ und Ordnung** ordre *m* et discipline
Zuchtbulle M taureau *m* reproducteur
züchten V/T ⟨-ete, h.⟩ *Tiere* faire l'élevage de; *Pflanzen, Perlen, Bakterien* cultiver
Züchter(in) M ⟨~s; ~⟩ (F) ⟨~in; ~innen⟩ *von*

Tieren éleveur, -euse *m,f*; *von Pflanzen* horticulteur, -trice *m,f*; *von Bäumen* pépiniériste *m/f*
Zuchtform F produit *m* (d'élevage, de culture)
Zuchthaus N *früher* **1** *(Gefängnis)* pénitencier *m* **2** ⟨*pas de pl*⟩ *(~strafe)* réclusion *f*; **zu zehn Jahren ~ verurteilen** condamner à dix ans de réclusion
Zuchthäusler(in) M ⟨~s; ~⟩ (F) ⟨~in; ~innen⟩ *früher* forçat *m*; JUR réclusionnaire *m/f*; **Zuchthausstrafe** F *früher* (peine *f* de) réclusion *f*
Zuchthengst M étalon *m*
züchtig *geh* ADJ vertueux, -euse; décent
züchtigen *geh* V/T ⟨h.⟩ *(schlagen)* corriger; *(strafen) liter* châtier; **Züchtigung** *geh* F ⟨~; ~en⟩ *(Schläge)* correction *f*; *(Strafe) liter* châtiment *m*
Zuchtperle F perle *f* de culture; **Zuchtstute** F (jument *f*) poulinière *f*; **Zuchttier** N animal *m* destiné à la reproduction
Züchtung F ⟨~; ~en⟩ **1** ⟨*pas de pl*⟩ *(das Züchten) von Tieren* élevage *m*; *von Pflanzen* culture *f* **2** *Ergebnis* produit *m* (d'élevage, de culture)
Zuchtwahl F BIOL sélection *f*
zuckeln *umg* V/I ⟨-(e)le, s.⟩ *Pferdekarren, Person etc* avancer lentement, tranquillement
zucken V/I ⟨h.⟩ faire un mouvement brusque; *(zusammen~)* tressaillir; *(aufschrecken)* sursauter; *Flammen* vaciller; *Person: krampfhaft* avoir des mouvements convulsifs; *sterbende Tiere* palpiter; *Blitz* jaillir; *a. v/t* **die Achseln ~, mit den Achseln ~** °hausser les épaules; **ohne zu ~** *bei Schmerz etc* sans broncher; *fig* **ein Gedanke zuckte durch ihren Kopf** ⟨s.⟩ une idée traversa son esprit
Zucken N ⟨~s⟩ *(Zusammenzucken)* tressaillement *m*; *krampfhaftes* convulsion *f*; **nervöses ~** tic nerveux
zücken V/T ⟨h.⟩ *geh Schwert, Messer* tirer; *hum Brieftasche etc* sortir
Zucker M ⟨~s; ~⟩ sucre *m*; **ein Stück ~** un (morceau de) sucre; **brauner ~** sucre roux; **mit ~ süßen** sucrer; **~ in etw** *(akk)* **tun** sucrer qc; *umg* MED **~ haben** être diabétique
Zuckerbäcker M *österr* pâtissier (confiseur) *m*
Zuckerbrot N **mit ~ und Peitsche** en employant la carotte ou le bâton
Zuckercouleur F ⟨~⟩ (colorant *m* à base de) caramel *m* liquide; **Zuckerdose** F sucrier *m*; **Zuckererbsen** FPL (pois *mpl*) mange-tout *mpl*; **Zuckerfabrik** F sucrerie *f*
Zuckerguss M glaçage *m* (de sucre); **mit ~** glacé
Zuckerhut M pain *m* de sucre
zuckerig → zuckrig
Zuckerindustrie F industrie sucrière; **zuckerkrank** ADJ diabétique; **Zuckerkranke(r)** M/F(M) diabétique *m/f*; **Zuckerkrankheit** F ⟨~⟩ diabète *m*
Zuckerl N ⟨~s; ~(n)⟩ *österr, südd* bonbon *m*
Zuckerlecken N *umg* **das ist kein ~** *umg* c'est pas de la tarte
Zuckerlöffel M cuillère *f* à sucre; **Zuckerlösung** F solution *f* d'eau sucrée; **Zuckermelone** F (melon *m*) sucrin *m*
zuckern V/T ⟨-(e)re, h.⟩ sucrer
Zuckerplantage F plantation *f* de cannes à sucre; **Zuckerplätzchen** N pastille *f*; **Zuckerpuppe** *umg* F petite mignonne; **Zuckerraffinerie** F raffinerie *f* de sucre; **Zuckerrohr** N canne *f* à sucre; **Zuckerrübe** F betterave sucrière, à sucre; **Zuckerschlecken** N → Zuckerlecken; **Zuckerschoten** FPL mange-tout *mpl*; **Zuckerstange** F (bâton *m* de) sucre *m* d'orge; **Zuckerstreuer** M saupoudreuse *f*
zuckersüß **A** ADJ **1** sucré **2** *fig pej* douceureux, -euse; mielleux, -euse **B** ADV *fig pej* **~ lächeln** sourire mielleusement; **~ tun** être tout sucre tout miel
Zuckerwasser N ⟨~s⟩ eau sucrée; **Zuckerwatte** F barbe *f* à papa; **Zuckerzange** F pince *f* à sucre
zuckrig ADJ sucré
Zuckung F ⟨~; ~en⟩ tressaillement *m*; mouvement convulsif
zudecken ⟨*sép*, -ge-, h.⟩ **A** V/T couvrir (**mit** de); *fig (vertuschen)* étouffer; escamoter **B** V/R **sich ~** se couvrir (**mit** de)
zudem ADV *(überdies)* en outre
zudrehen V/T ⟨*sép*, -ge-, h.⟩ **1** *Hahn etc* fermer **2** *zuwenden* **j-m das Gesicht ~** tourner son visage vers qn; **j-m den Rücken ~** tourner le dos à qn
zudringlich ADJ *Person, Verhalten* gênant; *Frauen gegenüber* entreprenant; **j-m gegenüber ~ werden** *a. sexuell* importuner qn
Zudringlichkeit F ⟨~; ~en⟩ comportement gênant, *Frauen gegenüber* entreprenant
zudrücken V/T ⟨*sép*, -ge-, h.⟩ fermer (en appuyant); **j-m die Kehle ~** *(j-n [er]würgen)* étrangler qn
zueignen V/T ⟨-ete, *sép*, -ge-, h.⟩ *geh* **j-m etw ~** *Buch etc* dédier qc à qn
zueinander ADV les un(e)s avec *bzw.* pour les autres; **seid nett ~!** soyez gentils les uns avec les autres!; **~ finden, halten, kommen** *etc* → zueinanderfinden, zueinanderhalten, zueinanderkommen *etc*
zueinanderfinden V/I ⟨*irr, sép*, -ge-, h.⟩ se trouver; *fig* se rapprocher; **zueinanderhalten** V/I ⟨*irr, sép*, -ge-, h.⟩ se serrer les coudes; **zueinanderkommen** V/I ⟨*irr, sép*, -ge-, s.⟩ *(sich besuchen)* (aller) se voir; *(sich treffen)* se rencontrer
zueinanderpassen V/I ⟨*sép*, -ge-, h.⟩ aller bien ensemble; *zwei Dinge, die ein Paar bilden* faire la paire; *Personen* s'accorder; **nicht ~** jurer; *Farben a.* détonner; **die beiden passen nicht zueinander** ils ne vont pas bien ensemble; ils sont mal assortis
zueinanderstehen V/I ⟨*irr, sép*, -ge-, h.⟩ se serrer les coudes
zuerkennen V/T ⟨*irr, sép, pas de ge-*, h.⟩ attribuer; *Preis, Belohnung a.* décerner; JUR, *Besitz* adjuger; **Zuerkennung** F ⟨~; ~en⟩ attribution *f*; JUR adjudication *f*
zuerst ADV **1** *(als Erste[r])* le premier, la première; **er kam ~** il était le premier à venir **2** *(an erster Stelle)* d'abord; premièrement; en premier lieu; *(vor allem Übrigen)* avant tout; **~ etw tun** commencer par faire qc **3** *(zunächst)* d'abord **4** *(anfangs)* au début
zufächeln V/T ⟨-(e)le, *sép*, -ge-, h.⟩ **j-m Luft, Kühlung ~** éventer qn; **sich** *(dat)* **Luft ~** s'éventer
zufahren V/I ⟨*irr, sép*, -ge-, s.⟩ **auf j-n, etw ~** se diriger (en voiture) vers qn, qc; *umg* **fahr zu!** allons, vite!; vas-y!
Zufahrt F accès *m*
Zufahrtsstraße F voie *f*, route *f* d'accès; **Zufahrtsweg** M chemin *m* d'accès
Zufall M °hasard *m*; *(Zusammentreffen)* coïncidence *f*; **glücklicher ~** heureux °hasard; chance *f*; **reiner ~** pur hasard; **durch ~** par hasard; **der ~ wollte es, dass ...** le hasard a voulu que ... *(+subj)*; **was für ein ~!** quelle coïncidence!
zufallen V/I ⟨*irr, sép*, -ge-, s.⟩ **1** *Tür, Deckel etc* se fermer brusquement; **die Augen fallen mir zu** je tombe de sommeil **2** *bei e-r Verteilung* **j-m ~** incomber à qn; **mir ist die Aufgabe zugefallen zu** *(+inf)* la tâche m'est incombée de *(+inf)*; on m'a imparti la tâche de *(+inf)* **3** *durch Erbschaft etc* **j-m ~** revenir à qn; **mir ist der Reichtum nicht einfach zugefallen, sondern ...** la fortune ne m'est pas tombée du ciel, mais ...
zufällig **A** ADJ accidentel, -elle; fortuit; PHIL contingent **B** ADV par hasard; accidentellement; **wie ~** comme par hasard; **rein ~** tout à fait par hasard; par pur hasard; **~ j-n treffen** tomber sur qn; **mein Bruder kam ~ vorbei** mon frère est passé à l'improviste; **ob ~ oder absichtlich** si c'est *od* que ce soit par hasard ou délibérément; *umg* **weißt du ~, wie spät es ist?** as-tu idée de l'heure qu'il est?
zufälligerweise → zufällig B
Zufälligkeit F ⟨~; ~en⟩ °hasard *m*
Zufallsauswahl F ⟨~; ~en⟩ choix *m* fait au hasard; **zufallsbedingt** ADJT dû, due au hasard; aléatoire; **Zufallsbekanntschaft** F personne rencontrée par hasard; **Zufallsgenerator** M générateur *m* de nombres aléatoires; **Zufallstreffer** M coup *m* de chance, de veine
zufassen V/I ⟨*sép*, -ge-, h.⟩ **1** prendre *(+akk)*; faire un mouvement, geste vif *(pour saisir qc)* **2** *umg fig (zupacken)* aider; mettre la main à la pâte
zufaxen V/T ⟨*sép*, -ge-, h.⟩ *umg* **j-m etw ~** faxer qc à qn
zufliegen V/I ⟨*irr, sép*, -ge-, s.⟩ **1** *umg Tür etc* se fermer brusquement **2** **auf j-n, etw ~** voler en direction de qn, qc; se diriger vers qn, qc *(en volant)*; **j-m ~** *Vogel* se réfugier chez qn **3** *fig* **alle Herzen flogen ihm zu** il a gagné tous les cœurs; **es fliegt ihm alles (nur so) zu** il apprend, assimile tout facilement
zufließen V/I ⟨*irr, sép*, -ge-, s.⟩ **e-r Sache ~** *Fluss, Wasser etc* couler vers qc; *fig Gelder* **j-m, e-r Sache ~** affluer à qn, qc
Zuflucht F refuge *m*; asile *m*; **~ vor etw, j-m** fuite *f* devant qc, qn; **bei j-m ~ suchen, finden** chercher, trouver refuge, asile auprès de *od* chez qn; **zu etw s-e ~ nehmen** se réfugier dans qc; employer qc comme expédient
Zufluchtsort M, **Zufluchtsstätte** F (lieu *m* de) refuge *m*; (lieu *m* d')asile *m*
Zufluss M **1** ⟨*pas de pl*⟩ *(Zufließen)* afflux *m* **2** *(Nebenfluss)* affluent *m*
zuflüstern V/T ⟨-(e)re, *sép*, -ge-, h.⟩ **j-m etw ~** souffler, chuchoter qc à l'oreille de qn
zufolge PRÄP ⟨*derrière un nom au datif*⟩ *(gemäß)* suivant; d'après; conformément à
zufrieden ADJ content (**mit** de); *(~gestellt)* satisfait (**mit** de); **~ stellen** contenter; satisfaire; **~ stellend** satisfaisant; *liter* **ich bin es ~** *liter* soit!; **wir können ~ sein** nous n'avons rien à redire; *umg* **bist du jetzt ~?** tu es content maintenant?; *iron* tu peux être content de toi!; → zufriedengeben, zufriedenlassen
zufriedengeben V/R ⟨*irr, sép*, -ge-, h.⟩ **sich mit etw ~** se contenter de qc; prendre son parti de qc; se résigner à qc
Zufriedenheit F ⟨~⟩ contentement *m*; *(Befriedigung)* satisfaction *f*; **zur allgemeinen ~** à la satisfaction générale; **zu meiner vollen ~** à mon entière satisfaction
zufriedenlassen V/T ⟨*irr, sép*, -ge-, h.⟩ **j-n ~** laisser qn tranquille, en paix; **lass mich mit deinem Geschwätz zufrieden!** laisse-moi tranquille avec tes histoires!
zufriedenstellen V/T ⟨*sép*, -ge-, h.⟩ contenter; satisfaire; **zufriedenstellend** ADJT satisfaisant
zufrieren V/I ⟨*irr, sép*, -ge-, s.⟩ geler complètement; se couvrir de glace; prendre
zufügen V/T ⟨*sép*, -ge-, h.⟩ **1** **j-m etw ~** *Schaden, Verluste etc* causer qc à qn; *Niederlage* infliger qc à qn; **j-m Böses ~** faire du mal à qn **2** *(hin~)* ajouter

Z

Zufuhr F ⟨~⟩ *von Luft, Dampf, Gas etc* arrivée *f*; *von Wasser a.* adduction *f*; *von Waren* arrivage *m*; apport *m*

zuführen ⟨*sép*, -ge-, h.⟩ **A** V/T *Luft etc* amener; conduire; (*beschicken*) alimenter (**etw e-r Sache** [*dat*] qc en qc); **j-n j-m ~** amener qn à qn; **e-m Kranken Nahrung ~** alimenter un malade; **s-r Bestimmung** (*dat*) **~** rendre à sa destination **B** V/I **auf etw** (*akk*) **~** conduire à qc

Zuführung F **1** ⟨*pas de pl*⟩ (*das Zuführen*) amenée *f*; arrivée *f*; *von Wasser a.* adduction *f*; (*Beschickung*) alimentation *f* **2** *Vorrichtung* (*Telefonzuführung, Stromzuführung*) câble *m* d'alimentation; (*Wasserzuführung, Gaszuführung*) conduite *f* d'alimentation, d'arrivée

Zug[1] M ⟨~(e)s; ~̈e⟩ **1** *Bahn* train *m*; *der S-Bahn, der U-Bahn* rame *f* (de métro); **der ~ nach …** le train pour *od* de …; **der ~ aus …** le train (venant) de …; **mit dem ~** par le train; **mit dem ~ fahren, den ~ nehmen** voyager en train; prendre le train **2** *von Personen* colonne *f*; file *f*; (*Umzug*) procession *f*; *feierlicher* cortège *m*; MIL section *f*; *von Vögeln* volée *f*; bande *f*; *von Pferden* (*Gespann*) attelage *m*; *von Ochsen* couple *m* **3** (*das Ziehen*) marche *f*; (*Feldzug*) campagne *f*; expédition *f*; (*Durchzug, Vorbeizug*) passage *m*; *von Vögeln* passage *m*; (*Vogelzug*) migration *f*; *der Wolken* passage *m*; cours *m*; (*Streifzug, Beutezug, Diebeszug*) expédition *f* **4** ⟨*pas de pl*⟩ (*Zugluft*) courant *m* d'air; **im ~ sitzen, stehen** être dans le courant d'air **5** ⟨*pas de pl*⟩ *bei Öfen* tirage *m*; (*Luftkanal*) tuyau *m*, canal *m* d'aération **6** (*Gesichtszug, Charakterzug, Schriftzug*) trait *m*; caractéristique *f*; **das ist ein schöner ~ von ihm** c'est un trait agréable de son caractère; **das war kein schöner ~ von ihm** ce n'était pas gentil de sa part; **das ist der ~ der Zeit** c'est une caractéristique de cette époque **7** *fig* trait *m*; **in kurzen, knappen Zügen** en peu de mots; **in groben** *od* **großen Zügen** à grands traits; **in** *od* **mit einem, auf einen ~** d'un seul trait **8** ADV/L **im ~e** (*+gen*) au cours de; **im ~e der Neugestaltung** au cours de la réorganisation **9** *beim Brettspiel* coup *m*; **Sie sind am ~** c'est à vous de jouer; *fig* **nicht zum ~e kommen** ne pas avoir l'occasion d'intervenir, d'agir; *fig* **~ um ~** (*allmählich*) petit à petit; (*kontinuierlich*) successivement **10** *beim Trinken* coup *m*; trait *m*; gorgée *f*; *beim Rauchen* bouffée *f*; (*Atemzug*) souffle *m*; *beim Trinken* **e-n ~ tun** boire un coup; **auf einen, in einem ~ leeren** vider d'un trait, d'un seul coup; *umg* **e-n guten ~ haben** *umg* avoir une bonne descente; **die Luft in vollen Zügen einatmen** aspirer l'air à pleins poumons; **etw in vollen Zügen genießen** savourer à fond qc; *umg* **in den letzten Zügen liegen** *umg* n'en avoir plus pour longtemps (à vivre) **11** PHYS (*Zugkraft*) traction *f*; tension *f* **12** TECH *im Gewehrlauf etc* rayure *f* **13** *regional* (*Schublade*) tiroir *m* **14** (*Höhenzug*) chaîne *f* de collines, de montagnes

Zug[2] N ⟨→ *n/pr*⟩ GEOG Zoug

Zugabe F **1** HANDEL supplément *m*; prime *f*; **als ~** en supplément; en prime **2** *e-s Künstlers* (morceau *m* en) bis *m*; **~!** bis!; encore!; **als ~** °hors programme; **e-e ~ geben** jouer un bis **3** ⟨*pas de pl*⟩ (*das Hinzufügen*) addition *f*

Zugabteil N compartiment *m*

Zugang M **1** (*Eingang[sweg]*) *a. zu e-m Gebäude* accès *m*; entrée *f* **2** (*Zutritt*) accès *m*; **(freier) ~ zum Meer** (libre) accès à la mer; **~ zu j-m haben** avoir accès auprès de qn; **sich** (*dat*) **~ zu etw verschaffen** se procurer accès à qc; *Aufschrift* **~ verboten!** *od* **kein ~!** accès interdit **3** *fig von Personen zu e-m Hotel, Krankenhaus etc* arrivée *f*; (*Warenzugang*) arrivage *m*; *e-r Bibliothek* (*Neuerwerbung*) nouvelle acquisition; **Zugänge** *pl Personen* arrivées *fpl*; *in e-m Krankenhaus* nouveaux malades *mpl*

zugange *umg* **mit j-m, etw ~ sein** avoir à faire à qn; s'occuper de qn, qc

zugänglich ADJ *a. fig* accessible, abordable (**für** à); **leicht, schwer ~ sein** être d'un accès facile, difficile; *a. fig* être d'un abord facile, difficile; **der Allgemeinheit** (*dat*) **~** ouvert au public; **er ist vernünftiger Überlegung** (*dat*) **nicht ~** on ne peut pas lui parler raisonnablement

Zugänglichkeit F ⟨~⟩ *e-s Ortes, von Daten, Unterlagen* accessibilité *f*; *e-r Person* abord *m* facile

Zugangsberechtigung F autorisation *f* d'accès (*a.* IT); **Zugangsstraße** F, **Zugangsweg** M voie *f* d'accès

Zuganschluss M correspondance *f* (des trains); **Zugbegleiter(in)** M(F) (*Schaffner[in]*) contrôleur, -euse *m,f*; **Zugbrücke** F pont-levis *m*

zugeben V/T ⟨*irr, sép*, -ge-, h.⟩ **1** (*hinzufügen*) ajouter (*a.* MODE) **2** HANDEL donner en supplément, en prime **3** *Künstler* jouer, chanter, réciter °hors programme **4** *fig* (*einräumen*) admettre; convenir de; concéder; (*eingestehen*) avouer; reconnaître; (*gestatten*) accorder; permettre; **geben Sie es nur zu!** convenez-en!; avouez!; **zugegeben, …** je concède que …

zugegebenermaßen ADV **~ …** j'admets, je reconnais que …; **er hatte ~ recht** j'admets qu'il a eu raison

zugegen *geh* ADV **bei etw ~ sein** être présent, assister à qc; **persönlich ~ sein** être présent en personne

zugehen ⟨*irr, sép*, -ge-, s.⟩ **A** V/I **1** *umg Tür, Koffer* (se) fermer; *Knopf* se boutonner **2** **auf j-n, etw ~** aller, se diriger, s'avancer vers qn, qc; *a. v/unpers* **es geht auf den Winter zu** l'hiver est proche; **dem Ende ~** toucher à sa fin **3** (*zulaufen*) **spitz ~** se terminer en pointe **4** ADMIN **j-m ~ (lassen)** (faire) parvenir à qn **5** *umg* (*schneller gehen*) *umg* se grouiller; **geh (schon) zu!** *umg* (allez,) grouille-toi! **B** V/UNPERS *u.* V/I (*geschehen*) arriver; se passer; se faire; **wie geht es zu, dass …?** comment se fait-il que …?; **wie geht das zu?** comment cela se fait-il?; **wie ist das zugegangen?** comment cela est-il arrivé, s'est-il passé?; **es müsste komisch ~, wenn …** il serait étrange que … (*+subj*); **es ging sehr lustig zu** c'était gai; on s'amusait beaucoup; → *a.* Ding 2

Zugeherin F ⟨~; ~nen⟩, **Zugehfrau** F *österr, südd* femme *f* de ménage

zugehörig ADJT **1** **~** (*+dat*) *od* **zu** qui fait partie de; *Person a.* appartenant à **2** ⟨*épithète*⟩ correspondant

Zugehörigkeit F ⟨~⟩ appartenance *f* (**zu** à)

Zugehörigkeitsgefühl N ⟨~s⟩ sentiment *m* d'appartenance (**zu** à)

zugeknöpft *umg fig* ADJT (*reserviert*) très réservé; **Zugeknöpftheit** *umg* F ⟨~⟩ (*Reserviertheit*) comportement réservé

Zügel M ⟨~s; ~⟩ rêne *f*; bride *f*; **e-m Pferd die ~ anlegen** mettre la bride à, brider un cheval; *fig* **die ~ in die Hand nehmen** prendre les rênes; *fig* **die ~ fest in der Hand haben** tenir les rênes; *fig* **s-r Fantasie die ~ schießen lassen** laisser libre cours à son imagination

zügellos ADJ *Leidenschaft* effréné; *Leben* dévergondé; (*ausschweifend*) débauché; **Zügellosigkeit** F ⟨~; ~en⟩ *Zustand* débridement *m*; *Verhalten* dévergondage *m*; (*Ausschweifungen*) débauche *f*

zügeln[1] ⟨-(e)le, h.⟩ **A** V/T **1** *Pferd* tenir en bride **2** *fig* refréner; maîtriser; dominer **B** V/R **sich ~** se contenir; se maîtriser

zügeln[2] ⟨-(e)le⟩ V/I ⟨s.⟩ *u.* V/T ⟨h.⟩ *schweiz* (*umziehen*) déménager

Zügelung F ⟨~; ~en⟩ F refrènement *m*; *s-r selbst* maîtrise *f* de soi

Zugende N queue *f* du train

zugeneigt ADJT *geh* **j-m, etw sehr ~ sein** éprouver beaucoup d'affection pour qn, d'attirance pour qc

Zugereiste(r) M/F(M) ⟨→ A⟩ étranger, -ère *m, f*; nouveau venu, nouvelle venue

zugesellen ⟨*sép*, zugesellt, h.⟩ **A** V/T **j-m etw, j-n ~** associer, adjoindre, joindre qc, qn à qn **B** V/R **sich j-m ~** se joindre, s'associer à qn

zugestandenermaßen → zugegebenermaßen

Zugeständnis N concession *f* (**an** [*+akk*] à); **gewisse Zugeständnisse machen** faire certaines concessions

zugestehen V/T ⟨*irr, sép, pperf* zugestanden, h.⟩ **1** (*bewilligen*) **j-m etw ~** accorder qc à qn; *Rechte* concéder qc à qn **2** (*zugeben*) admettre; **das wirst du mir ~ müssen** tu dois l'admettre

zugetan *geh* ADJ **j-m, e-r Sache ~ sein** avoir de l'affection, de la sympathie pour qn; avoir de l'attachement pour qn, qc

Zugewinn M ⟨~(e)s; ~e⟩ gain *m* (**an** [*+dat*] de); JUR acquêt *m*; **Zugewinngemeinschaft** F JUR communauté réduite aux acquêts

Zugezogene(r) M/F(M) ⟨→ A⟩ nouveau venu; nouvelle venue

Zugfeder F ressort *m* de traction; **zugfest** ADJ TECH résistant à la traction; **Zugführer** M **1** EISENBAHN chef *m* de train **2** MIL chef *m* de section

zugießen V/T ⟨*irr, sép*, -ge-, h.⟩ **1** *Flüssigkeit* ajouter; remettre **2** *Loch etc* combler, boucher (*avec un liquide*)

zugig ADJ exposé aux courants d'air; **hier ist es ~** il y a des courants d'air ici

zügig **A** ADJ ⟨*épithète*⟩ rapide **B** ADV rapidement; sans interruption; **Zügigkeit** F ⟨~⟩ rapidité *f*

Zugkraft F **1** PHYS (effort *m*, force *f* de) traction *f*; *e-s Motors* force *f* d'entraînement; *e-s Magneten* force *f* d'attraction **2** ⟨*pas de pl*⟩ *fig* (*Anziehungskraft*) (force *f* d')attraction *f*

zugkräftig ADJ *fig* qui attire le public; qui prend sur le public; *a. Theaterstück* à succès

zugleich ADV en même temps (**mit mir** que moi); (*im gleichen Augenblick*) (tout) à la fois; **alle ~** tous à la fois; **schön und reich ~** à la fois beau, belle et riche

Zugleine F *am Pferdegeschirr* trait *m*; **Zugluft** F ⟨~⟩ courant *m* d'air; **Zugmaschine** F tracteur *m*; **Zugnummer** F **1** EISENBAHN numéro *m* du train **2** *fig* attraction *f*; **Zugpersonal** N personnel *m* du train; **Zugpferd** N **1** cheval *m* de trait **2** *fig* locomotive *f*; **Zugpflaster** N vésicatoire *m*

zugreifen V/I ⟨*irr, sép*, -ge-, h.⟩ **1** prendre, saisir (*+akk*) **2** *Polizei* mettre la main dessus **3** *bei Tisch* se servir **4** *fig* (*die Gelegenheit ergreifen*) saisir l'occasion; **mit beiden Händen ~** ne pas se faire prier **5** (*helfen*) **(mit) ~** mettre la main à la pâte

Zugriff M **1** (*Ergreifen*) prise *f*; mainmise *f*; **sich dem ~ der Polizei entziehen** se soustraire à la police, à l'arrestation **2** (*Zugang*) *a.* IT accès *m* (**auf** [*+akk*] à)

Zugriffsberechtigung F, **Zugriffsrecht** N IT droit *m* d'accès; **Zugriffszeit** F IT temps *m* d'accès

zugrunde ADV **1** **~ gehen** *Mensch* mourir (**an** [*+dat*] de); *finanziell* se ruiner; *Kultur* se perdre; *Ehe, Freundschaft* se détériorer; se défaire; **~ richten** *Unternehmen etc* ruiner; *Person* causer la perte de; **sich ~ richten** se ruiner; causer sa propre perte **2** **etw (e-r Sache** [*dat*]**) ~ le-**

Z

gen prendre qc pour base, fondement (de qc); **e-r Sache** *(dat)* **~ liegen** être à la base de qc; être le fondement de qc; **~ liegend** qui est à la base *(+dat* de*)*
Zugrundelegung F ⟨~⟩ **unter ~ von** … en prenant pour base …
Zugsalbe F onguent *m* vésicatoire; **Zugschaffner(in)** M(F) contrôleur, -euse *m,f*
Zugspitze GEOG **die ~** la Zugspitze
Zugtelefon N téléphone *m* dans un *bzw.* le train; **Zugtier** N bête *f* de trait
zugucken *umg* VI ⟨*sép*, -ge-, h.⟩ → zusehen
Zugunglück N accident *m* de chemin de fer
zugunsten PRÄP ⟨*gen*⟩, ADV **~ von** en faveur de; au profit de
zugut ADV *südd, schweiz* **etw ~ haben** être créancier de qc
zugutehalten *geh* VT ⟨*irr, sép*, -ge-, h.⟩ **j-m etw ~** tenir compte à qn de qc; **sich** *(dat)* **auf e-e Sache etwas ~** tirer vanité de qc
zugutekommen VI ⟨*irr, sép*, -ge-, s.⟩ **j-m ~** profiter, servir à qn; **j-m etw ~ lassen** disposer de qc en faveur de qn
zugutetun VR ⟨*irr, sép*, -ge-, h.⟩ **sich** *(dat)* **etwas ~** s'offrir un (petit) extra
Zugverbindung F liaison *f* ferroviaire; *(Anschluss)* correspondance *f*; **Zugverkehr** M trafic *m* ferroviaire; **Zugvogel** M oiseau migrateur; **Zugwiderstand** M résistance *f* à la traction; **Zugwinkel** M angle *m* de traction
Zugzwang M **in ~ sein, unter ~ stehen** être forcé d'agir
zuhaben *umg* VI ⟨*irr, sép*, -ge-, h.⟩ *Geschäfte* être fermé; **zuhaken** VT ⟨*sép*, -ge-, h.⟩ agrafer
zuhalten ⟨*irr, sép*, -ge-, h.⟩ **A** VT *Tür etc* tenir fermé; fermer; *Öffnung etc* boucher; **j-m den Mund ~** fermer la bouche à qn; **sich** *(dat)* **die Ohren, die Nase ~** se boucher les oreilles, le nez **B** VI **auf etw** *(akk)* **~** aller droit vers qc; SCHIFF, FLUG mettre le cap sur qc
Zuhälter M ⟨~s; ~⟩ souteneur *m*; JUR proxénète *m*; *umg* maquereau *m*; **Zuhälterei** F ⟨~⟩ JUR proxénétisme *m*
zuhanden ADV *österr, schweiz* **~ von** à l'attention de
zuhängen VT ⟨*sép*, -ge-, h.⟩ (re)couvrir d'un rideau, d'une toile, *etc*
zuhauen *umg* ⟨*irr, sép*, -ge-, h.⟩ **A** VT **1** *(behauen)* façonner à la hache; *Steine* tailler **2** *Tür etc* fermer en claquant **B** VI *fig (zuschlagen) umg* cogner; **tüchtig ~** *umg* ne pas y aller de main morte; *umg* cogner dur
zuhauf *geh* ADV en grand nombre
zuhause ADV → Haus 1
Zuhause N ⟨~(s)⟩ chez-soi (chez-moi, *etc*) *m*; **er hat kein ~** il n'a pas de chez-soi, de foyer; *fig* il est tout seul dans la vie; **ein schönes ~** un joli intérieur
zuheilen VI ⟨*sép*, -ge-, s.⟩ *Wunde* se fermer; *(vernarben)* se cicatriser; **wieder ~** se refermer
Zuhilfenahme F ⟨~⟩ **ohne ~ von** … sans le secours de …; **unter ~ von** … avec le secours de …; à l'aide de …
zuhinterst ADV tout au bout
zuhören VI ⟨*sép*, -ge-, h.⟩ écouter; **j-m, e-r Erzählung ~** écouter qn, un récit; *drohend* **nun hör mal (gut) zu!** et maintenant, tu écoutes ce que je te dis!
Zuhörer(in) M(F) auditeur, -trice *m,f*; **die ~** *mpl a.* le public; **Zuhörerschaft** F ⟨~⟩ auditoire *m*; auditeurs *mpl*
zujubeln VI ⟨-(e)le, *sép*, -ge-, h.⟩ **j-m ~** acclamer qn; ovationner qn
zukehren VT ⟨*sép*, -ge-, h.⟩ **j-m den Rücken ~** tourner le dos à qn
zuklappen ⟨*sép*, -ge-⟩ **A** VT ⟨h.⟩ *Deckel etc* fermer; rabattre; *Wagentür* claquer; *Taschenmesser* refermer **B** VI ⟨s.⟩ *Deckel, Fenster etc* se fermer; *Wagentür* claquer; **zukleben** VT ⟨*sép*, -ge-, h.⟩ coller; *Briefumschlag* cacheter; **zuknallen** *umg* ⟨*sép*, -ge-⟩ **A** VT ⟨h.⟩ (faire) claquer **B** VI ⟨s.⟩ claquer; se fermer brusquement
zukneifen VT ⟨*irr, sép*, -ge-, h.⟩ presser; *Augen* plisser; **den Mund ~** pincer les lèvres
zuknöpfen VT ⟨*sép*, -ge-, h.⟩ boutonner; **zum Zuknöpfen** à boutons
zuknoten VT ⟨-ete, *sép*, -ge-, h.⟩ nouer; fermer par un nœud
zukommen VI ⟨*irr, sép*, -ge-, s.⟩ **1** *(näher kommen)* **auf j-n ~** s'avancer, aller, venir vers qn; venir à qn; *(j-m bevorstehen)* attendre qn; *fig* **die Dinge auf sich** *(akk)* **~ lassen** laisser venir les choses; attendre les événements; **wer weiß, was noch alles auf uns** *(akk)* **zukommt** qui sait ce qui va encore nous arriver; **ich werde diesbezüglich (noch) auf Sie ~** je vous en (re)parlerai **2** *geh* **j-m etw ~ lassen** faire parvenir, passer qc à qn; *(zuteilwerden lassen)* donner qc à qn **3** **j-m ~** *(gebühren)* revenir à qn; être dû, due à qn; *als Aufgabe* incomber à qn; **das kommt mir von Rechts wegen zu** cela me revient de droit; *geh* **es kommt euch nicht zu zu** *(+inf)* il ne vous appartient pas, ce n'est pas à vous de *(+inf)*
zukorken VT ⟨*sép*, -ge-, h.⟩ *Flasche* boucher; **wieder ~** reboucher
zukriegen *umg* VT ⟨*sép*, -ge-, h.⟩ → zubekommen
Zukunft F ⟨~⟩ avenir *m*; GRAM futur *m*; **in ~** à l'avenir; *(von jetzt ab)* désormais; dorénavant; **in naher ~** dans un proche avenir; **in ferner ~** dans un avenir lointain; *Beruf etc* **mit ~** qui a de l'avenir; **~ haben** avoir de l'avenir; **e-e glänzende ~ vor sich** *(dat)* **haben** être promis à un brillant avenir; **die ~ wird es lehren** qui vivra verra; **ihr gehört die ~** l'avenir est à elle
zukünftig **A** ADJ futur; à venir **B** ADV à l'avenir; *(von jetzt ab)* désormais; dorénavant
Zukünftige(r) *umg* M/F(M) ⟨→ A⟩ *(künftiger Ehepartner)* futur(e) *m(f)*
Zukunftsangst F peur *f* du futur; **Zukunftsaussichten** FPL perspectives *fpl* d'avenir; **zukunftsfähig** ADJ qui a de l'avenir; *Unternehmen a.* viable; **Zukunftsfähigkeit** F ⟨~⟩ chances *fpl* d'avenir; *e-s Unternehmens a.* viabilité *f*; **Zukunftsforscher(in)** M(F) futurologue *m/f*; **Zukunftsforschung** F ⟨~⟩ futurologie *f*; **Zukunftsindustrie** F industrie *f* d'avenir; **Zukunftsmusik** *umg* F ⟨~⟩ vision *f* utopique; rêves *mpl*; *(Pläne)* projets *mpl* en l'air; **zukunftsorientiert** ADJT orienté vers l'avenir; **Zukunftsperspektive** F perspective *f* d'avenir; **Zukunftspläne** MPL projets *mpl* (d'avenir); **Zukunftsroman** M roman *m* de science-fiction; **zukunftssicher** ADJ garanti pour l'avenir; *Existenz, Arbeitsplatz* sécurisant
zulächeln VI ⟨-(e)le, *sép*, -ge-, h.⟩ **j-m ~** sourire à qn; adresser un sourire à qn
zulachen VI ⟨*sép*, -ge-, h.⟩ **j-m ~** regarder qn en riant
Zulage F *(Erhöhung)* augmentation *f*, majoration *f*, supplément *m* (de salaire, de traitement, *etc*); *für Kinderreiche etc* allocation *f*; *(Gefahrenzulage, Schmutzzulage) etc* prime *f*, indemnité *f* **(für** de**)**; **j-m e-e ~ geben** augmenter (le salaire, le traitement, *etc* de) qn
zulangen *umg* VI ⟨*sép*, -ge-, h.⟩ *(nehmen)* prendre *(+akk)*; *bei Tisch* se servir; **tüchtig ~** se servir copieusement; ne pas se gêner
zulänglich *geh* **A** ADJ suffisant **B** ADV suffisamment
zulassen[1] *umg* VT ⟨*irr, sép*, -ge-, h.⟩ *(geschlossen lassen)* laisser fermé
zulassen[2] VT ⟨*irr, sép*, -ge-, h.⟩ **1** *(den Zutritt erlauben)* admettre **(zu** à**)** **2** *(erlauben)* permettre; **keinen Zweifel, keine andere Möglichkeit ~** ne laisser subsister aucun doute, aucune autre possibilité; **verschiedene Auslegungen ~** comporter, permettre plusieurs interprétations; **e-e Ausnahme ~** tolérer une exception **3** *(mit e-r Erlaubnis versehen)* **zu e-r Prüfung, zum Studium ~** autoriser à passer un examen, à faire des études; **zur mündlichen Prüfung zugelassen sein** être admis à l'oral; *Partei* **zur Wahl ~** autoriser à participer aux élections **4** *(mit e-r Lizenz versehen)* **als Anwalt ~** inscrire au barreau; **als Arzt ~** inscrire à l'ordre des médecins **5** ADMIN *Fahrzeug* autoriser à circuler; **auf j-s Namen** *(akk)* **zugelassen sein** être immatriculé au nom de qn; **mein Auto ist gestern zugelassen worden** j'ai fait immatriculer ma voiture hier; *in Frankreich* je suis allé chercher ma carte grise hier **6** PHARM *Medikament* autoriser la vente de
zulässig ADJ admis; admissible; *(erlaubt)* permis; JUR *Beweis, Antrag* recevable; **~e Geschwindigkeit** vitesse autorisée; **~e Höchstgeschwindigkeit** limite *f* de vitesse; vitesse *f* limite; **nicht ~ sein** être interdit
Zulässigkeit F ⟨~⟩ admissibilité *f*; JUR recevabilité *f*
Zulassung F ⟨~; ~en⟩ **1** autorisation *f* **(zum Studium** pour étudier; **zu e-r Prüfung** à passer un examen); *zur mündlichen Prüfung* admission *f* **(zu** à**)** **2** **~ als Anwalt** inscription *f* au barreau; **~ als Arzt** inscription *f* à l'ordre des médecins **3** HANDEL *(Konzession)* licence *f* **4** ADMIN *e-s Fahrzeugs* autorisation *f* (de circuler); *umg (Kfz-Schein) etwa* carte grise
Zulassungsnummer F AUTO numéro *m* d'immatriculation; **Zulassungspapiere** NPL papiers *mpl* du véhicule; **zulassungspflichtig** ADJ qui doit être enregistré, immatriculé; **Zulassungsprüfung** F examen *m* d'admission, probatoire; **Zulassungsschein** M *für Kraftfahrzeuge* permis *m* de circulation; *in Frankreich* carte grise; **Zulassungsstelle** F *für Kraftfahrzeuge* bureau *m* d'immatriculation, de délivrance des cartes grises; **Zulassungsverfahren** N procédure *f* d'admission; **Zulassungsvoraussetzungen** FPL conditions *fpl* d'admission
zulasten PRÄP ⟨*gen*⟩, ADV **~ von** à la charge de; FIN au débit de; **~ des Versicherten (gehen)** (être) à la charge de l'assuré
Zulauf M **1** ⟨*pas de pl*⟩ *(Andrang)* affluence *f*; afflux *m* (de gens, de visiteurs, *etc*); **großen ~ haben** *Veranstaltung* être très fréquenté, couru; *Geschäft, Arzt* avoir une grande clientèle; avoir la cote **2** TECH *(Rohr, Leitung)* arrivée *f* (d'eau, *etc*); *(zulaufende Menge)* afflux *m*
zulaufen VI ⟨*irr, sép*, -ge-, s.⟩ **1** *Wasser in ein Becken etc* arriver; couler **2** *Pyramide etc* **spitz ~** se terminer en pointe **3** **auf j-n ~** courir à *od* vers qn **4** **uns ist ein Hund zugelaufen** on a recueilli un chien (perdu); **zugelaufener Hund** chien perdu recueilli par qn **5** *umg* **lauf zu!** *umg* grouille-toi!
zulegen ⟨*sép*, -ge-, h.⟩ **A** VT *umg bes regional (hinzufügen)* rajouter; mettre en plus; *(dazuzahlen) umg* y aller de sa poche **B** VR **sich** *(dat)* **etw ~** *(anschaffen)* s'acheter qc; *Frisur* adopter qc; *Pseudonym* adopter qc; prendre qc; **sich** *(dat)* **e-n Bart ~** se faire, laisser pousser la barbe; *umg* **sich** *(dat)* **e-n Freund zugelegt haben** avoir maintenant un copain, un petit ami; **sie sollte sich e-n Freund ~** elle devrait se trouver un petit ami **C** *umg* VI *an Tempo umg* se grouiller; *an Gewicht, Größe* grossir
zuleide ADV **j-m etwas ~ tun** faire du mal à

qn; **j-m nichts ~ tun** ne pas faire de mal à qn
zuleiten VT ⟨-ete, *sép*, -ge-, h.⟩ **1** *Wasser, Strom etc* amener **2** *e-r Person, Behörde (weitergeben)* **j-m ~** transmettre à qn; faire parvenir à qn; *Gesuch, Vorschlag* adresser à qn
Zuleitung F **1** → Zuführung **2** ⟨*pas de pl*⟩ *(Weitergabe)* transmission *f*
Zuleitungsrohr N tuyau *m* d'arrivée, d'alimentation
zuletzt ADV **1** *umg (zum letzten Mal)* pour la dernière fois **2** *(zum Schluss)* à la fin; *(am Ende)* finalement; **bis ~** jusqu'à la fin; **immer an sich** *(akk)* **selbst ~ denken** penser toujours à soi en dernier **3** *(schließlich)* au bout du compte; en fin de compte; *(endlich)* enfin; **~ doch etw tun** bien finir par faire qc **4** *(als der, die Letzte)* **~ kommen** arriver le dernier, la dernière **5** *fig* **nicht ~ deshalb, weil ...** d'autant plus que ...; *fig* **nicht ~ dir ist es zu verdanken, dass ...** c'est surtout grâce à toi que ...
zuliebe ADV **j-m, e-r Sache ~** pour l'amour de qn, qc
Zulieferbetrieb M entreprise *f* de sous-traitance
Zulieferer M ⟨~s; ~⟩ sous-traitant *m*
Zuliefer(er)industrie F (industrie *f* de la) sous-traitance *f*; *(Zulieferer)* sous-traitants *mpl*
Zulieferung F livraison *f*
Zulu M ⟨~(s); ~(s)⟩ Zoulou *m*
zum = **zu dem**
zumachen ⟨*sép*, -ge-, h.⟩ **A** VT *Tür, Fenster* fermer; *Brief* cacheter; *mit Knöpfen* boutonner; **die Tür hinter sich** *(dat)* **~** fermer la porte derrière soi; **die ganze Nacht kein Auge ~** ne pas fermer l'œil de (toute) la nuit **B** VI **1** *umg (schließen) Geschäfte etc* fermer **2** *regional* **mach zu!** dépêche-toi!; *umg* grouille-toi!
zumailen VT ⟨*sép*, -ge-, h.⟩ *umg* **j-m etw ~** envoyer qc à qn par e-mail
zumal **A** ADV *(besonders)* surtout; particulièrement **B** KONJ *(vor allem weil)* d'autant plus que
zumauern VT ⟨-(e)re, *sép*, -ge-, h.⟩ murer; maçonner; *Tür, Fenster a.* condamner
zumeist ADV la plupart du temps
zumessen *geh* VT ⟨*irr*, *sép*, -ge-, h.⟩ **1** **j-m etw ~** attribuer qc à qn; **j-m s-n Teil (von etw) ~** donner sa part, sa portion (de qc) à qn **2** *(beimessen) Bedeutung etc* **e-r Sache** *(dat)* **etw ~** attribuer, attacher qc à qc
zumindest ADV du moins; pour le moins
zumüllen *umg* VT ⟨*sép*, -ge-, h.⟩ inonder (**mit** de)
zumutbar ADJ acceptable; raisonnable; **im Rahmen des Zumutbaren** dans la limite du raisonnable, de l'acceptable
zumute ADV **wie ist Ihnen ~?** comment vous sentez-vous?; **ihr könnt euch denken, wie mir ~ war** vous pouvez vous imaginer ce que j'ai ressenti, l'impression que cela m'a fait; **mir ist nicht danach ~** ça ne me dit rien; je n'en ai pas envie; **mir ist jetzt nicht nach Essen, Lachen ~** pour l'instant je n'ai pas envie de manger, de rire; **mir ist ganz komisch ~** je me sens tout bizarre, tout chose
zumuten ⟨-ete, *sép*, -ge-, h.⟩ **A** VT **j-m etw ~** demander qc à qn; exiger qc de qn; **das kann man ihr nicht ~** on ne peut pas lui demander cela **B** VR **sich** *(dat)* **zu viel ~** présumer de ses forces
Zumutung F ⟨~; ~en⟩ *(unverschämtes Ansinnen)* exigence *f*, demande *f* inacceptable; *(rücksichtsloses Benehmen)* manque *m* d'égards; **das ist e-e ~** *a.* c'est scandaleux, inacceptable, inadmissible; **dieser Lärm ist e-e ~** on ne peut pas demander aux gens de supporter ce bruit; **dieses Essen ist e-e ~** ce repas est immangeable
zunächst ADV *(vorerst)* pour le moment; pour l'instant; *(zuerst)* tout d'abord; en premier lieu; avant tout
zunageln VT ⟨-(e)le, *sép*, -ge-, h.⟩ clouer; **zunähen** VT ⟨*sép*, -ge-, h.⟩ (re)coudre (pour fermer)
Zunahme F ⟨~; ~n⟩ augmentation *f* (*a. des Gewichts*); accroissement *m*; *der Kriminalität etc a.* extension *f*; progression *f*; recrudescence *f*; *des Verkehrs a.* intensification *f*; *des Vermögens, Reichtums* agrandissement *m*
Zuname M nom *m* de famille
Zündblättchen N amorce *f*
zündeln VI ⟨-(e)le, h.⟩ *bes südd, österr* jouer avec le feu
zünden ⟨-ete, h.⟩ **A** VT allumer; *Rakete, Bombe* mettre le feu à **B** VI **1** s'allumer; s'enflammer; prendre feu **2** *umg hum* **bei ihr hat es gezündet** *umg* elle a enfin pigé
zündend ADJT *Rede, Worte* enflammé; *Idee* passionnant; *Rhythmus* excitant; **der ~e Funke** *(Eingebung)* l'idée *f* de génie; *(Auslöser)* le déclic; **es fehlte der ~e Funke** ça manquait d'enthousiasme
Zunder M ⟨~s⟩ **1** *früher* amadou *m*; **das brennt wie ~** ça brûle comme une allumette, un rien **2** *umg fig* **j-m ~ geben** *(j-n verprügeln) umg* flanquer une bonne raclée à qn; *(j-n zur Eile antreiben)* bousculer qn; *(j-n zurechtweisen) umg* passer un savon à qn
Zünder M ⟨~s; ~⟩ **1** *in Sprengkörpern* détonateur *m*; amorce *f*; TECH *(Zündvorrichtung)* allumeur *m* **2** PL *österr (Zündhölzer)* allumettes *fpl*
Zündfunke M étincelle *f* d'allumage; **Zündholz** N ⟨~es; ¨er⟩ *bes südd, österr* allumette *f*; **Zündholzschachtel** F boîte *f* d'allumettes; **Zündhütchen** N ⟨~s; ~⟩ amorce *f*; **Zündkabel** N câble *m* d'allumage; **Zündkerze** F AUTO bougie *f* (d'allumage); **Zündplättchen** N amorce *f*; **Zündsatz** M mélange fulminant; **Zündschloss** N AUTO serrure *f* de contact; **Zündschlüssel** M clé *f* de contact; **Zündschnur** F mèche (lente); **Zündspule** F bobine *f* d'allumage; **Zündstoff** M **1** matière *f* inflammable **2** ⟨*pas de pl*⟩ *fig (Konfliktstoff)* dynamite *f*; thème explosif
Zündung F ⟨~; ~en⟩ **1** *(das Zünden)* inflammation *f*; mise *f* à feu; *a.* AUTO allumage *m* **2** AUTO *(Zündanlage)* allumage *m*
Zündverteiler M AUTO allumeur *m*; **Zündvorrichtung** F (dispositif *m* d')allumage *m*
zunehmen ⟨*irr*, *sép*, -ge-, h.⟩ **A** VT **1** *beim Stricken etc* ajouter **2** *an Gewicht* prendre; **drei Kilo ~** prendre trois kilos **B** VI **1** augmenter (**an** *[+dat]* de); *(anwachsen)* s'accroître; grandir; *Übel* s'aggraver; *Verkehr* s'intensifier; *Tage* rallonger; *Mond* croître **2** *Person (dicker werden)* grossir; **an Gewicht ~** prendre du poids **3** *beim Stricken etc* augmenter le nombre des mailles
zunehmend **A** ADJT **~er Mond** lune croissante; **wir haben ~en Mond** la lune est dans sa phase croissante; **in ~em Maße** de plus en plus; **mit ~em Alter** en vieillissant **B** ADVL **es wird ~ kälter** il fait de plus en plus froid
zuneigen ⟨*sép*, -ge-, h.⟩ **A** VT *u.* VI pencher (*+dat* **vers**); *a. fig* tendre, incliner (*+dat* **à** *od* **vers**); **ich neige der Ansicht zu, dass ...** j'incline à penser que ... **B** VR **sich j-m ~** se pencher vers qn; **sich dem** *od* **s-m Ende ~** *Fest etc* tirer, toucher à sa fin; *geh* **der Tag neigt sich dem Ende zu** le jour baisse, décline; *geh* le jour (se) meurt
Zuneigung F ⟨~⟩ affection *f*, attachement *m*, sympathie *f* (**zu** pour)
Zunft F ⟨~; ¨e⟩ **1** HIST corporation *f*; corps *m* de métier **2** *fig hum* **die schreibende ~** la clique des journalistes
Zunftbrief M HIST statuts *mpl* d'un corps de métier; privilèges *mpl*
zünftig ADJ *Restaurant etc* très typique; *(regionaltypisch)* (bien) typique du coin; *(rustikal)* rustique; *Kleidung etc* adéquat; tout à fait approprié; *(gehörig)* bon, bonne; **e-e ~e Tracht Prügel** *umg* une bonne raclée
Zunftmeister M HIST maître juré d'une corporation, d'un corps de métier
Zunge F ⟨~; ~n⟩ **1** ANAT, GASTR, *fig* langue *f*; MED **belegte ~** langue chargée; **e-e böse ~ haben** être (une) mauvaise langue; être, avoir une langue de vipère; *fig* **e-e feine ~ haben** être un fin gourmet, un bec fin; **e-e scharfe, spitze, lose ~ haben** avoir la langue bien affilée; **e-e schwere ~ haben** avoir la bouche pâteuse; **e-e verwöhnte ~ haben** avoir un palais fin; **sich** *(dat)* **auf die ~ beißen** *a. fig* se mordre la langue; **j-m die ~ herausstrecken** tirer la langue à qn; **das Herz auf der ~ haben** *od* **tragen** se confier facilement; **s-e ~ hüten** *od* **im Zaum halten** savoir tenir sa langue; être discret, -ète; **auf der ~ zergehen** fondre sur la langue; *fig Name etc* être doux à l'oreille, à prononcer; **böse ~n behaupten, dass ...** de méchantes, mauvaises langues prétendent que ...; *umg* **ich beiße mir lieber die ~ ab, als dir s-n Namen zu sagen** plutôt me faire couper en petits morceaux que te dire son nom; **das Wort liegt mir auf der ~** j'ai le mot sur le bout de la langue; **e-e Entschuldigung geht ihr schwer von der ~** elle a de la peine à sortir une excuse; **Versprechungen gehen ihr leicht** *od* **glatt von der ~** elle fait facilement des promesses **2** *geh (Sprache)* langue *f* **3** *e-r Schnalle* ardillon *m*; *e-s Schuhs (Lasche)*, *e-r Waage* languette *f* **4** MUS anche *f* **5** ZOOL *(Seezunge)* sole *f*
züngeln VI ⟨-(e)le, h.⟩ *Schlange* darder la langue; siffler; *Flammen* s'élever; **an etw** *(dat)* **~** lécher qc
Zungenbändchen N ⟨~s; ~⟩ filet *m*, frein *m* de la langue; **Zungenbelag** M enduit *m* de la langue; **Zungenbrecher** *umg* M mot *m*, phrase *f* difficile à prononcer; **zungenbrecherisch** *umg* ADJ difficile à prononcer; **zungenfertig** ADJ éloquent; qui a la parole facile; **Zungenfertigkeit** F ⟨~⟩ éloquence *f*; **Zungenkrebs** M MED cancer *m* de la langue
Zungenkuss M baiser profond; **j-m e-n ~ geben** *umg* rouler une pelle à qn
Zungenlaut M PHON linguale *f*
Zungen-R N PHON r alvéolaire, roulé; **Zungenschlag** M ⟨~(e)s; -schläge⟩ **1** *bei Blasinstrumenten* coup *m* de langue **2** *(Akzent)* accent *m*; **Zungenspatel** M MED abaisse-langue *m* (*inv*); **Zungenspitze** F pointe *f*, bout *m* de la langue; **Zungenwurst** F pâté *m* de langue
Zünglein N ⟨~s; ~⟩ *an der Waage* languette *f*; *(Zeiger)* aiguille *f*; *fig* **das ~ an der Waage sein** faire pencher la balance
zunichtemachen VT ⟨*sép*, -ge-, h.⟩ *Pläne, Hoffnungen* détruire; réduire à néant; *(vereiteln) Pläne* déjouer; **zunichtewerden** VI ⟨*irr*, *sép*, -ge-, s.⟩ s'écrouler; se réduire, être réduit à néant
zunicken VI ⟨*sép*, -ge-, h.⟩ **j-m (freundlich) ~** faire un signe de tête (amical) à qn
zunutze ADV **sich** *(dat)* **etw ~ machen** profiter, tirer profit de qc; mettre qc à profit
zuoberst ADV tout en °haut; **das Unterste ~ kehren** mettre tout sens dessus dessous
zuordnen VT ⟨-ete, *sép*, -ge-, h.⟩ *e-r Sache* classer (*+dat* dans); *Begriffe: e-r Gruppe* classer, mettre (*+dat* dans); **Zuordnung** F *e-s Begriffs* classement *m*; **zupacken** VI ⟨*sép*, -ge-, h.⟩

→ zugreifen 1, 2, 5

zuparken VT ⟨sép, -ge-, h.⟩ *Auto, Person: Ausfahrt* bloquer; **man kommt nicht durch, weil der Bürgersteig zugeparkt ist** on ne peut pas passer parce que les voitures sont garées sur le trottoir

zupasskommen *geh* VI ⟨*irr, sép, -ge-*, s.⟩ **das kommt mir gut zupass** cela m'arrange bien; cela tombe bien

zupfen ⟨h.⟩ A VT 1 (*ziehen*) tirer; *Saite* pincer; **j-n am Ärmel ~** tirer qn par la manche; **j-n am Ohr ~** tirer l'oreille à qn 2 (*herausziehen*) tirer; *Unkraut* sarcler B VI **an etw** (*dat*) **~** tirer sur qc

Zupfinstrument N instrument *m* à cordes pincées

zupressen VT ⟨*sép*, -ge-, h.⟩ fermer (en pressant)

zuprosten VI ⟨-ete, *sép*, -ge-, h.⟩ **j-m ~** boire, lever son verre à la santé de qn

zur = **zu der**

zurande ADV *umg* **mit etw ~ kommen** venir à bout de qc

zurate ADV **j-n ~ ziehen** consulter qn; prendre l'avis de qn; **mit sich** (*dat*) **~ gehen** s'interroger dans son for intérieur; (bien) réfléchir

zuraten VI ⟨*irr, sép*, -ge-, h.⟩ **j-m zu etw ~** conseiller qc à qn; **j-m ~, etw zu tun** conseiller à qn de faire qc; **ich habe ihm zugeraten** c'est ce qui je lui ai conseillé; **ich will dir weder zu- noch abraten** je ne veux ni te conseiller ni te déconseiller (cela *od* de faire cela); **auf sein Zuraten (hin)** sur son conseil

zuraunen *geh* VT ⟨*sép*, -ge-, h.⟩ → zuflüstern

zurechnen VT ⟨-ete, *sép*, -ge-, h.⟩ 1 (*hin~*) ajouter 2 (*da~, zuordnen*) compter; *Künstler etc* **den Modernen ~** compter parmi les modernes 3 (*zuschreiben*) imputer; **das hast du dir selbst zuzurechnen** c'est à toi qu'il faut t'en prendre

Zurechnung F **unter ~ aller Kosten** en y ajoutant tous les frais

zurechnungsfähig ADJ responsable de ses actes; **nicht ~** irresponsable (de ses actes); *umg* **du bist wohl nicht ganz ~!** tu ne sais plus ce que tu fais!; *plus fort umg* tu es complètement fêlé!

Zurechnungsfähigkeit F ⟨~⟩ responsabilité *f* de ses actes

zurechtbiegen VT ⟨*irr, sép*, -ge-, h.⟩ 1 courber; plier 2 *umg fig Angelegenheit* arranger

zurechtfinden VR ⟨*irr, sép*, -ge-, h.⟩ **sich ~** (pouvoir) s'orienter (*a. auf e-r Karte, im Fahrplan etc*); se reconnaître; trouver son chemin; **sich wieder ~** se retrouver

zurechtkommen VI ⟨*irr, sép*, -ge-, s.⟩ 1 (*fertig werden*) se débrouiller (**mit etw** avec qc); **mit etw ~** *a.* venir à bout de qc; **mit s-m Gehalt ~** s'en tirer avec son salaire; **mit dem neuen Telefon ~** se débrouiller avec le nouveau téléphone; **mit j-m ~** (parvenir à) s'arranger, s'entendre avec qn; **wie kommt er zurecht?** comment se tire-t-il d'affaire? 2 (*zur rechten Zeit kommen*) venir, arriver à temps, à l'heure

zurechtlegen ⟨*sép*, -ge-, h.⟩ A VT préparer; tenir prêt B VR *fig* **sich** (*dat*) **etw ~** *Entschuldigung, Antwort etc* avoir tout prêt, en réserve qc

zurechtmachen ⟨*sép*, -ge-, h.⟩ A VT *Sandwich, Zimmer* préparer; *Zimmer a., Bett* faire B VR **sich ~** *bes Frauen* s'arranger; **sich ein wenig ~** *umg* se refaire une beauté

zurechtrücken VT ⟨*sép*, -ge-, h.⟩ ranger; arranger; *Brille* rajuster; *Krawatte* arranger; *fig* **j-m den Kopf ~** ramener qn à la raison

zurechtschneiden VT ⟨*irr, sép*, -ge-, h.⟩ couper, tailler (en une forme précise); **zurechtweisen** VT ⟨*irr, sép*, -ge-, h.⟩ blâmer; réprimander; **Zurechtweisung** F blâme *m*; réprimande *f*

zureden VI ⟨-ete, *sép*, -ge-, h.⟩ **j-m ~(, etw zu tun)** exhorter qn (à faire qc); parler à qn pour l'encourager (à faire qc); chercher à persuader qn (de faire qc); **j-m gut ~** (*ermutigen*) encourager qn; (*zu überreden versuchen*) essayer de persuader qn; **auf Zureden s-r Freunde** sur les instances de ses amis; **erst nach langem Zureden** ce n'est qu'après de nombreuses exhortations

zureichend *geh* A ADJT suffisant B ADVL suffisamment

zureiten ⟨*irr, sép*, -ge-⟩ A VT ⟨h.⟩ *Pferd* dresser (à être monté) B VI ⟨s.⟩ **auf j-n, etw ~** s'avancer, se diriger vers qn, qc à cheval

Zürich N ⟨→ *n/pr*⟩ Zurich

zurichten VT ⟨-ete, *sép*, -ge-, h.⟩ 1 (*zubereiten*) préparer 2 TECH dégauchir; ébaucher; dresser; (*einrichten*) ajuster; *Holz* débiter; *Stoff* apprêter; *Leder* corroyer; parer; TYPO mettre en train 3 (*beschädigen*) abîmer; *umg* bousiller; (*beschmutzen*) salir; souiller; *umg iron* **etw schön ~** (*beschädigen*) esquinter qc; (*beschmutzen*) mettre qc dans un bel état; **j-n schlimm, übel ~** amocher, *plus fort* massacrer qn; mettre qn dans un bel état

Zurichter M TECH apprêteur *m*; GERBEREI corroyeur *m*; pareur *m*; TEX pareur *m*

zuriegeln VT ⟨-(e)le, *sép*, -ge-, h.⟩ verrouiller; fermer au verrou

zürnen *geh* VI ⟨h.⟩ **j-m (wegen etw) ~** être fâché, irrité contre qn (à cause de qc)

zurren VT ⟨h.⟩ SCHIFF amarrer

Zurschaustellung F ⟨~; ~en⟩ exhibition *f*; *pej* étalage *m*

zurück ADV 1 (*hinten*) en arrière; **~!** (en) arrière! 2 (*~geblieben*) arriéré; attardé 3 en retard; **ein paar Jahre ~** quelques années en arrière; *umg* **mit etw ~ sein** *im Rückstand* être en retard dans qc; *Schüler* **er ist im Englischen sehr ~** il est très en retard en anglais; **hinter s-r Zeit ~ sein** être en retard sur son époque 4 (*~gekehrt*) de retour; **er ist noch nicht ~** il n'est pas encore de retour; **ich bin gleich wieder ~** je reviens tout de suite 5 (*zum Ausgangspunkt ~*) retour; **hin und ~** aller et retour; **mit vielem Dank ~** merci (de m'avoir prêté ...); **es gibt kein Zurück (mehr)** on ne peut pas revenir en arrière

zurückbefördern VT ⟨-(e)re, *sép, pas de ge-*, h.⟩ renvoyer; **zurückbehalten** VT ⟨*irr, sép, pas de ge-*, h.⟩ 1 retenir; *unrechtmäßigerweise* détenir 2 *Schaden, Verletzung etc* garder; **Zurückbehaltungsrecht** N ⟨~(e)s⟩ droit *m* de rétention

zurückbekommen VT ⟨*irr, sép, pas de ge-*, h.⟩ récupérer; **ich habe das Buch ~** on m'a rendu le livre; **ich bekomme noch Geld zurück** vous me devez encore de l'argent

zurückbeordern VT ⟨-(e)re, *sép, pas de ge-*, h.⟩ **j-n ~** ordonner à qn de revenir

zurückberufen VT ⟨*irr, sép, pas de ge-*, h.⟩ *Botschafter etc* rappeler; **Zurückberufung** F rappel *m*; révocation *f*

zurückbesinnen VR ⟨*irr, sép, pas de ge-*, h.⟩ **sich auf etw** (*akk*) **~** se rappeler qc

zurückbeugen VT ⟨*sép*, -ge-, h.⟩ pencher en arrière; *Kopf* renverser (en arrière); **zurückbiegen** VT ⟨*irr, sép*, -ge-, h.⟩ courber (en arrière); recourber; replier; **zurückbilden** VR ⟨-ete, *sép*, -ge-, h.⟩ **sich ~** se résorber; *Organ* s'atrophier

zurückbleiben VI ⟨*irr, sép*, -ge-, s.⟩ 1 (*nicht Schritt halten*) rester en arrière; rester derrière les autres; *Schüler in s-n Leistungen* ne pas suivre; **hinter j-s Erwartungen** (*dat*) **~** ne pas répondre à l'attente de qn 2 (*dableiben, übrig bleiben*) rester; **als Pfand ~** rester en gage 3 (*nicht näher kommen*) rester à l'écart

Zurückbleiben N retard *m*

zurückblenden VI ⟨-ete, *sép*, -ge-, h.⟩ FILM faire un flash-back

zurückblicken VI ⟨*sép*, -ge-, h.⟩ jeter un regard en arrière; regarder en arrière; *fig* **auf etw** (*akk*) **~** jeter un coup d'œil rétrospectif sur qc; **auf zehn Jahre glückliche Ehe ~** avoir derrière soi dix ans de bonheur conjugal

zurückblickend ADVL rétrospectivement

zurückbringen VT ⟨*irr, sép*, -ge-, h.⟩ rapporter; *Person, Fahrzeug, fig* ramener; **zurückdatieren** VT ⟨*sép, pas de ge-*, h.⟩ antidater

zurückdenken VI ⟨*irr, sép*, -ge-, h.⟩ se rappeler le passé; **an etw, j-n ~** se rappeler qc, qn; **so weit ich ~ kann** autant que je m'en souvienne

zurückdrängen VT ⟨*sép*, -ge-, h.⟩ repousser; *a. fig* refouler; *fig* réprimer

zurückdrehen VT ⟨*sép*, -ge-, h.⟩ tourner en arrière, en sens contraire; **das Rad der Geschichte ~** changer le cours de l'histoire

zurückdürfen *umg* VI ⟨*irr, sép*, -ge-, h.⟩ avoir la permission de retourner, de revenir, *nach Hause* de rentrer; **dieses Buch darf nicht ins Regal zurück** il ne faut pas remettre ce livre sur l'étagère

zurückeilen VI ⟨*sép*, -ge-, s.⟩ se dépêcher de retourner, *nach Hause* de rentrer

zurückerbitten *geh* VT ⟨*irr, sép, pas de ge-*, h.⟩ **etw (von j-m) ~** prier (qn) de rendre qc

zurückerhalten VT ⟨*irr, sép, pas de ge-*, h.⟩ → zurückbekommen

zurückerinnern VR ⟨-(e)re, *sép, pas de ge-*, h.⟩ **sich an etw, j-n ~** se rappeler qc, qn

zurückerobern VT ⟨-(e)re, *sép, pas de ge-*, h.⟩ *a. fig* reconquérir; reprendre; **zurückerstatten** VT ⟨-ete, *sép, pas de ge-*, h.⟩ rendre; restituer; *Auslagen* rembourser; **Zurückerstattung** F restitution *f*; *von Auslagen* remboursement *m*; **zurückfahren** ⟨*irr, sép*, -ge-⟩ A VT ⟨h.⟩ 1 *Personen, Gegenstände* ramener (en voiture); *Fahrzeug* ramener 2 *Produktion etc* réduire B VI ⟨s.⟩ 1 retourner, *nach Hause* rentrer (en voiture, train, *etc*) 2 (*sich rasch nach hinten bewegen*) reculer; *fig vor Schreck, Entsetzen* reculer brusquement

zurückfallen VI ⟨*irr, sép*, -ge-, s.⟩ 1 (*zurückbleiben*) rester en arrière; *a.* SPORT être distancé, dépassé; SPORT **auf den dritten Platz ~** rétrograder à la troisième place; **um e-e Länge ~** être distancé d'une longueur 2 *fig Vorwurf etc* **auf j-n ~** retomber, rejaillir sur qn 3 *Güter etc* **an j-n ~** revenir à qn 4 *fig* **in etw** (*akk*) **~** retomber dans qc 5 (*nach hinten fallen*) tomber en arrière

zurückfinden VI ⟨*irr, sép*, -ge-, h.⟩ retrouver son chemin; *fig* **zu sich** (*dat*) **selbst ~** se retrouver; faire un retour sur soi-même; **zur alten Vertrautheit ~** retrouver l'ancienne familiarité

zurückfliegen VI ⟨*irr, sép*, -ge-, s.⟩ *Personen* revenir, retourner (en avion); *Flugzeug* revenir; retourner; **zurückfließen** VI ⟨*irr, sép*, -ge-, s.⟩ refluer; **zurückfordern** VT ⟨-(e)re, *sép*, -ge-, h.⟩ réclamer; demander la restitution de; *Rechte* revendiquer; **zurückfragen** VI ⟨*sép*, -ge-, h.⟩ 1 demander en retour 2 → rückfragen

zurückführen ⟨*sép*, -ge-, h.⟩ A VT 1 (*zurückbegleiten*) ramener; reconduire 2 *fig* **auf etw** (*akk*) **~** ramener, *Grund* attribuer, imputer à qc; **sich auf etw** (*akk*) **~ lassen** se ramener, remonter à qc; **der Unfall ist auf Nachlässigkeit** (*akk*) **zurückzuführen** *a.* l'accident est dû à la négligence; **auf die einfachste Formel ~** réduire à sa plus simple expres-

sion **B** VI *Weg, Straße* retourner en arrière; ~ **zu, auf** (+*akk*) ramener qn à; *fig* **es führt kein Weg zurück** on ne peut pas revenir en arrière
zurückgeben VT ⟨*irr, sép*, -ge-, h.⟩ **1** rendre; redonner; (*wieder herausgeben*) restituer **2** (*antworten*) riposter; répliquer; **zurückgeblieben** ADJT *fig geistig* arriéré; attardé
zurückgehen VI ⟨*irr, sép*, -ge-, s.⟩ **1** (s'en) retourner; *in der Zeit* **weiter** ~ remonter plus loin; ~ **lassen** *Waren etc* renvoyer; retourner **2** (*zurückweichen*) reculer **3** *Preise etc* baisser; *Umsatz, Einnahmen* diminuer; *Handel, Geschäfte* péricliter; fléchir; marquer un fléchissement; *Flut, Hochwasser* baisser; se retirer; *Schwellung* diminuer; désenfler; *Fieber* tomber; décliner **4** **auf etw** (*akk*) ~ remonter à qc; **auf j-n** ~ être attribué à qn
zurückgewinnen VT ⟨*irr, sép, pas de ge-*, h.⟩ regagner; TECH récupérer
zurückgezogen ADJT retiré; **ein ~es Leben führen** mener une vie retirée, (de) solitaire
Zurückgezogenheit F ⟨~⟩ vie retirée, (de) solitaire; *weitS.* solitude *f*
zurückgreifen VI ⟨*irr, sép*, -ge-, h.⟩ **auf etw, j-n** ~ recourir à qc, qn; se servir de qc; (*zurückkommen*) (en) revenir à qc, qn
zurückhaben *umg* VT ⟨*irr, sép*, -ge-, h.⟩ avoir récupéré; ravoir (*nur inf*)
zurückhalten ⟨*irr, sép*, -ge-, h.⟩ **A** VT *Sendung, Waren, Post, Personen, Tränen* retenir; *Post etc unrechtmäßig* détenir; *Nachrichten* cacher; ne pas divulguer; *Polizei: Demonstranten* contenir; *Gefühle* contenir; réprimer; **j-n am Arm** ~ retenir qn par le bras; **j-n von e-m übereilten Schritt** ~ empêcher qn de commettre un acte, geste irréfléchi **B** VI **mit etw** ~ hésiter à faire qc; (*verbergen*) cacher, dissimuler qc; **mit s-m Urteil** ~ s'abstenir de prendre position; **mit s-r Meinung** ~ réserver son opinion; **mit s-r Meinung nicht** ~ ne pas mâcher ses mots; **mit dem Lob nicht** ~ ne pas ménager ses éloges **C** VR **sich** ~ se retenir; *in der Diskussion* ne pas intervenir; (*sich zügeln*) se contenir
zurückhaltend ADJT *Person, Lob, Kritik, Empfang* réservé; *Farbe, Muster* discret, -ète; *Beifall* maigre; HANDEL *Nachfrage* faible; ~ **sein**, *advl* **sich ~ äußern** se montrer réticent
Zurückhaltung F ⟨~⟩ réserve *f*; discrétion *f*; réticence *f*; faiblesse *f*; *geh* ~ **üben** mettre, témoigner de la réserve, réticence; **die Nachricht wurde mit ~ aufgenommen** la nouvelle a été accueillie avec réserve
zurückholen VT ⟨*sép*, -ge-, h.⟩ aller rechercher, reprendre; **zurückkämmen** VT ⟨*sép*, -ge-, h.⟩ *Haar* peigner en arrière; **zurückkaufen** VT ⟨*sép*, -ge-, h.⟩ racheter
zurückkehren VI ⟨*sép*, -ge-, s.⟩ retourner; revenir; **nach Hause** ~ rentrer (chez soi, à la maison); **auf s-n Posten** ~ reprendre son poste
zurückklappen VT ⟨*sép*, -ge-, h.⟩ replier
zurückkommen VI ⟨*irr, sép*, -ge-, s.⟩ revenir; être de retour; *fig* **auf etw** (*akk*) ~ *im Gespräch etc* revenir sur qc; reparler de qc; *auf e-n früheren Plan, Vorschlag etc* (*zurückgreifen*) (en) revenir à qc
zurückkönnen *umg* VI ⟨*irr, sép*, -ge-, h.⟩ (*zurückkehren können*) pouvoir retourner; (*zurückweichen können*) pouvoir reculer; *fig* (*e-e Entscheidung rückgängig machen können*) pouvoir changer d'avis; **ich kann jetzt nicht mehr zurück** maintenant je ne peux plus faire autrement
zurückkriegen *umg* VT ⟨*sép*, -ge-, h.⟩ → zurückbekommen
zurücklassen VT ⟨*irr, sép*, -ge-, h.⟩ **1** (*verlassen*) abandonner; laisser; SPORT **hinter sich** (*dat*) ~ (*überholen*) distancer; dépasser **2** (*stehen lassen*) *Gepäck etc* laisser; (*hinterlassen*) *Nachricht, Spur, Narbe etc* laisser **3** *umg* **j-n** ~ (*zurückkehren lassen*) laisser qn revenir; permettre à qn de revenir
zurücklaufen VI ⟨*irr, sép*, -ge-, s.⟩ retourner (à pied); *Tonband etc* se rembobiner
zurücklegen ⟨*sép*, -ge-, h.⟩ **A** VT **1** *Kopf etc* mettre, placer en arrière; retirer **2** (*beiseitelegen*) mettre de côté, en réserve; (*reservieren*) réserver; **Geld** ~ mettre de l'argent de côté; faire des économies **3** *Weg* faire; *Strecke* parcourir **4** **(auf s-n Platz)** ~ remettre (à sa place) **B** VR **sich** ~ se renverser; se pencher en arrière
zurücklehnen ⟨*sép*, -ge-, h.⟩ **A** VT *Kopf etc* pencher en arrière **B** VR **sich** ~ se pencher en arrière; **sich im Sessel** ~ se renverser dans son fauteuil
zurückliegen VI ⟨*irr, sép*, -ge-, h., *südd, schweiz, österr* s.⟩ **1** (*her sein*) **einige Jahre** ~ remonter à plusieurs années; **in den ~den Jahren** au cours des dernières années **2** SPORT *Läufer etc* être *bzw.* rester en arrière
zurückmelden VR ⟨-ete, *sép*, -ge-, h.⟩ **sich** ~ annoncer son retour; MIL se présenter; *Student an der Uni* se réinscrire
zurückmüssen *umg* VI ⟨*irr, sép*, -ge-, h.⟩ *Personen* être obligé de revenir, *nach Hause* rentrer; *Sachen* **das Buch muss in die Bibliothek zurück** il faut rendre le livre à la bibliothèque
zurücknehmen VT ⟨*irr, sép*, -ge-, h.⟩ **1** *Gegenstand, Geschenk*, HANDEL *gekaufte Ware* reprendre **2** *Beleidigung* retirer; *Versprechen* revenir sur; *Behauptung, Geständnis* rétracter; **ich nehme alles zurück** (*hum* **und behaupte das Gegenteil**) je retire tout ce que j'ai dit (et soutiens le contraire)
zurückpfeifen VT ⟨*irr, sép*, -ge-, h.⟩ **1** *Hund etc* rappeler par des coups de sifflet **2** *umg* **j-n** ~ empêcher qn de continuer
zurückprallen VI ⟨*sép*, -ge-, s.⟩ rebondir **(von sur)**; **vor Schreck** ~ reculer d'effroi
zurückreichen ⟨*sép*, -ge-, h.⟩ **A** *geh* VT (*zurückgeben*) rendre **B** VI **weit, in e-e frühe Zeit** ~ remonter loin, à une époque lointaine
zurückreisen VI ⟨-(es)t, *sép*, -ge-, s.⟩ faire le voyage de retour; *nach Hause* rentrer; **zurückrollen** ⟨*sép*, -ge-⟩ VI ⟨s.⟩ *u.* VT ⟨h.⟩ rouler en arrière
zurückrufen ⟨*irr, sép*, -ge-, h.⟩ **A** VT **1** (*auffordern zurückzukommen*) rappeler; faire revenir; **ins Leben** ~ rappeler, ramener à la vie **2** **sich** (*dat*) **etw ins Gedächtnis** ~ se rappeler qc; **j-m etw ins Gedächtnis** ~ rappeler, remémorer qc à qn **3** *als Antwort* répondre (en criant) **4** TEL rappeler **B** VI TEL rappeler
zurückschalten VI ⟨-ete, *sép*, -ge-, h.⟩ *im Auto* rétrograder; **in den zweiten Gang** ~ rétrograder, repasser en seconde; RADIO, TV **auf das erste Programm** ~ reprendre la première chaîne
zurückschauen VI ⟨*sép*, -ge-, h.⟩ *bes südd, österr, schweiz* → zurückblicken
zurückscheuen VI ⟨*sép*, -ge-, s.⟩ → zurückschrecken
zurückschicken VT ⟨*sép*, -ge-, h.⟩ renvoyer; *nur Sachen* retourner; réexpédier; **zurückschieben** VT ⟨*irr, sép*, -ge-, h.⟩ repousser; **zurückschlagen** ⟨*irr, sép*, -ge-, h.⟩ **A** VT **1** *Feind* repousser; refouler **2** *Bettdecke* rejeter; *Schleier* relever; *Kragen, Kapuze* rabattre **3** *Ball* renvoyer **B** VI se défendre; *a. fig* contre-attaquer; riposter (*a. verbal*); **zurückschneiden** VT ⟨*irr, sép*, -ge-, h.⟩ *Bäume, Sträucher* tailler; **zurückschnellen** VI ⟨*sép*, -ge-, s.⟩ rebondir; *Feder* se détendre; **zurückschrauben** VT ⟨*sép*, -ge-, h.⟩ *Ansprüche etc* réduire; mettre une sourdine à
zurückschrecken VI ⟨*sép*, -ge-, s.⟩ **(vor etw** [*dat*]**)** ~ reculer (devant qc); s'effrayer (de qc); **sie schreckt vor nichts zurück** rien ne l'arrête; elle ne recule devant rien
zurückschreiben VT *u.* VI ⟨*irr, sép*, -ge-, h.⟩ répondre (par écrit); **zurücksehen** VI ⟨*irr, sép*, -ge-, h.⟩ → zurückblicken
zurücksehnen VR ⟨*sép*, -ge, h.⟩ **sich zu j-m, nach Frankreich** ~ avoir la nostalgie de qn, de la France; **sich in s-e Kindheit** ~ avoir très envie de revivre son enfance
zurücksenden *geh* VT ⟨*irr, sép*, -ge-, h.⟩ → zurückschicken
zurücksetzen ⟨-(es)t, *sép*, -ge-, h.⟩ **A** VT **1** *Gegenstand, Auto* reculer; **etw an s-n Platz** ~ remettre qc à sa place **2** *fig* **j-n** ~ désavantager qn; défavoriser qn **B** VR **ich setze mich e-e Reihe weiter zurück** je vais m'asseoir une rangée plus loin **C** VI AUTO faire marche arrière
Zurücksetzung F ⟨~; ~en⟩ *fig* manque *m* d'égards; (*Ungerechtigkeit*) injustice *f*; *durch Bevorzugung e-s anderen* passe-droit *m*
zurücksollen VI ⟨*irr, sép*, -ge-, h.⟩ devoir revenir, *nach Hause* rentrer; **zurückspielen** VT ⟨*sép*, -ge-, h.⟩ *Ball* renvoyer; **zurückspringen** VI ⟨*irr, sép*, -ge-, s.⟩ **1** faire un bond, saut en arrière **2** *Ball etc* rebondir; *Zeiger etc* reculer; **zurückspulen** VT ⟨*sép*, -ge-, h.⟩ rembobiner; **zurückstecken** ⟨*sép*, -ge-, h.⟩ **A** VT **1** *in die Brieftasche etc* remettre **2** (*nach hinten stecken*) *Haar etc* peigner, coiffer en arrière **B** VI *umg* en rabattre
zurückstehen VI ⟨*irr, sép*, -ge-, h.⟩ *Haus* être en retrait; *fig* **hinter j-m, etw** ~ (*schlechter sein*) le céder à qn, qc; être inférieur à qn, qc; ~ **müssen** devoir renoncer; *Sache* passer au deuxième rang
zurückstellen VT ⟨*sép*, -ge-, h.⟩ **1** (*nach hinten stellen*) reculer; repousser **2** *an s-n Platz* remettre à sa place **3** *Uhr* retarder **(um de)**; *Heizung etc* baisser **4** *für später* (*aufheben, beiseitestellen*) mettre de côté; réserver; mettre en réserve **5** *Wehrpflichtigen* mettre en sursis **6** (*verschieben*)*Vorhaben* renvoyer, remettre à plus tard; ajourner **7** *Interessen etc* (*hintanstellen*) reléguer au second plan; laisser de côté; **Zurückstellung** F ⟨~; ~en⟩ *e-s Vorhabens* renvoi *m*, remise *f* à plus tard; ajournement *m*; *e-s Wehrpflichtigen* sursis *m* (d'incorporation); **zurückstoßen** VT ⟨*irr, sép*, -ge-, h.⟩ repousser; **zurückstreichen** VT ⟨*irr, sép*, -ge-, h.⟩ *Haar* ramener en arrière (avec la main); **zurückstreifen** VT ⟨*sép*, -ge-, h.⟩ *Ärmel* retrousser; **zurückströmen** VI ⟨*sép*, -ge-, s.⟩ refluer; **zurückstufen** VT ⟨*sép*, -ge-, h.⟩ rétrograder **(in** [+*akk*] **à)**; **Zurückstufung** F ⟨~; ~en⟩ rétrogradation *f* **(in** [+*akk*] **à)**
zurücktreten VI ⟨*irr, sép*, -ge-, s.⟩ **1** faire un pas en arrière; reculer; **er trat zurück, um sie vorbeigehen zu lassen** il s'écarta pour la laisser passer; ~! reculez!; faites place! **2** (*verzichten*) renoncer **(von à)**; JUR se désister **(von de)**; **von e-m Kauf** ~ annuler une vente; **von e-m Vertrag** ~ résilier un contrat **3** *fig* (*in den Hintergrund treten*) s'effacer; être relégué au second plan **4** *Regierung, Minister etc* démissionner; donner sa démission; **von s-m Amt** ~ se démettre de ses fonctions
zurücktun *umg* VT ⟨*irr, sép*, -ge-, h.⟩ remettre à sa place; **zurückübersetzen** VT ⟨-(es)t, *sép, pas de ge-*, h.⟩ retraduire; **zurückverfolgen** VT ⟨*sép, pas de ge-*, h.⟩ remonter jusqu'à l'origine de; **zurückverlangen** VT ⟨*sép, pas de ge-*, h.⟩ réclamer; redemander
zurückversetzen ⟨-(es)t, *sép, pas de ge-*, h.⟩ **A** VT *in die Vergangenheit* ramener (en arrière); **ich fühle mich um Jahre zurückversetzt** je me sens ramené des années en arrière **B**

V/R **sich ~ in** *(+akk)* se reporter à

zurückweichen V/I *⟨irr, sép, -ge-, s.⟩* **(vor etw, j-m) ~** reculer (devant qc, qn); *(nachgeben)* céder (à qc, qn)

zurückweisen V/T *⟨irr, sép, -ge-, h.⟩* refuser; *Bitte, Vorschlag, Vorwurf* repousser; rejeter; **Zurückweisung** F refus *m*; *e-r Bitte etc* rejet *m*; **zurückwerfen** V/T *⟨irr, sép, -ge-, h.⟩* 1 *a. Kopf* rejeter; *Ball* renvoyer 2 PHYS *Lichtstrahlen* réfléchir; refléter; *a. Schall* renvoyer; *Schall* répercuter 3 *Feind* repousser; refouler; rejeter 4 *in e-r Entwicklung etc* °handicaper; désavantager; faire prendre du retard à; *e-e Arbeit* retarder la réalisation de; **zurückwollen** *⟨irr, sép, -ge-, h.⟩* A V/I vouloir retourner; *(zurückweichen wollen)* vouloir reculer B *umg* V/T vouloir récupérer

zurückwünschen V/T *⟨sép, -ge-, h.⟩* **etw ~** souhaiter le retour de qc

zurückzahlen V/T *⟨sép, -ge-, h.⟩* 1 rembourser; rendre 2 *umg fig* **es j-m ~** rendre la monnaie de sa pièce à qn; rendre la pareille à qn; **j-m etw ~** se venger de qc auprès de qn

zurückziehen *⟨irr, sép, -ge-⟩* A V/T *⟨h.⟩* 1 *Hand, Kopf, Truppen* retirer 2 *fig Bewerbung, Angebot, Vorschlag, Beschwerde* retirer; *Klage a.* abandonner; *Kündigung* révoquer; *Auftrag* annuler; SPORT **s-e Meldung ~** déclarer forfait 3 *fig* **es zieht mich zu ihm, nach Italien zurück** j'ai l'irrésistible envie de le revoir, de retourner en Italie B V/I *⟨s.⟩ Zugvögel* repasser; **an e-n Ort ~** retourner dans un lieu C V/R *⟨h.⟩* 1 **sich ~** se retirer; MIL se retirer; se replier; reculer; **sich zur Beratung ~** se retirer pour délibérer 2 *fig* **sich ~** se retirer **(von** de); **sich aus der Politik, vom Theater ~** abandonner la politique, le théâtre; **sich ins Privatleben ~** se retirer de la vie active; rentrer dans la vie privée

zurückzucken V/I *⟨sép, -ge-, s.⟩* reculer en sursautant; **mit der Hand ~** reculer de la main (en sursautant)

Zuruf M appel *m*; acclamation *f*; **durch ~ abstimmen** voter par acclamation

zurufen V/T *⟨irr, sép, -ge-, h.⟩* **j-m etw ~** crier qc à qn

zurzeit ADV *(gegenwärtig)* en ce moment; actuellement

Zusage F *⟨~; ~n⟩ auf e-e Einladung, ein Stellenangebot* acceptation *f*; *(Einwilligung)* consentement *m*; assentiment *m*; *(Versprechen)* promesse *f*; **bindende ~** engagement (formel); **e-e bindende ~ geben(, etw zu tun)** s'engager formellement (à faire qc); **ich kann Ihnen keine (feste) ~ geben** je ne peux rien vous promettre

zusagen *⟨sép, -ge-, h.⟩* A V/T **j-m etw ~** promettre qc à qn; **er hat sein Kommen zugesagt** il a confirmé sa venue; il a promis de venir B V/I 1 *auf e-e Einladung, ein Stellenangebot etc* accepter; **er hat zugesagt** *(hat versprochen) a.* il a promis 2 *(gefallen)* **j-m ~** plaire, convenir à qn; **das sagt mir nicht zu** *a.* cela ne me dit rien

zusammen ADV ensemble; *(gemeinsam)* en commun; de concert; *(im Ganzen)* en tout; au total; **alle ~** tous ensemble; **~ sein** être ensemble; **gestern war ich mit ihr ~** je l'ai vue hier; **das macht ~ zehn Euro** cela fait en tout dix euros; cela fait dix euros au total; **sie haben ~ ein Buch geschrieben** ils ont écrit un livre ensemble, en collaboration; **die beiden besitzen ~ tausend Euro** ils possèdent mille euros à eux deux; **er besitzt mehr als alle anderen ~** il est plus riche que tous les autres réunis; *umg* **guten Morgen ~!** *umg* salut tout le monde!

Zusammenarbeit F *⟨~⟩* collaboration *f*; coopération *f*; **in ~ mit** en collaboration avec

zusammenarbeiten V/I *⟨-ete, sép, -ge-, h.⟩* travailler ensemble; collaborer; **mit j-m ~** travailler, collaborer avec qn

zusammenballen *⟨sép, -ge-, h.⟩* A V/T mettre en boule B V/R **sich ~** *a. fig* s'amasser; s'amonceler; s'accumuler; **Zusammenballung** F *a. fig* amoncellement *m*; accumulation *f*

zusammenbauen V/T *⟨sép, -ge-, h.⟩* assembler; monter; **wieder ~** rassembler; remonter; **zum Zusammenbauen** en kit

zusammenbeißen V/T *⟨irr, sép, -ge-, h.⟩* *Zähne* serrer

zusammenbekommen V/T *⟨irr, sép, pas de ge-, h.⟩* 1 *(ansammeln)* parvenir à réunir; *Geld, Summe* recueillir; réunir; *Geld etc* **genug ~** trouver assez de 2 *umg (zusammenbauen, -setzen, -legen etc können)* arriver à rassembler *bzw.* à monter 3 *umg fig im Gedächtnis* se rappeler

zusammenbetteln V/T *⟨-(e)le, sép, -ge-, h.⟩* **er hat (sich) das Geld für sein Projekt zusammengebettelt** il a quémandé des fonds pour son projet à gauche et à droite

zusammenbinden V/T *⟨irr, sép, -ge-, h.⟩* lier; *Haar* attacher; *zu e-m Bündel* faire un paquet de

zusammenbleiben V/I *⟨irr, sép, -ge-, s.⟩* rester ensemble; **mit j-m ~** rester avec qn; **e-n ganzen Abend (irgendwo) ~** rester toute une soirée ensemble (quelque part)

zusammenbrauen *⟨sép, -ge-, h.⟩* A V/T *umg Getränk etc* concocter B V/R **sich ~** *Gewitter, Unangenehmes* se préparer; *fig* **da braut sich was zusammen** il se trame qc

zusammenbrechen V/I *⟨irr, sép, -ge-, s.⟩* *Brücke, Mauer, fig Reich* s'écrouler; *Gebäude etc* s'effondrer; crouler; *Person* s'effondrer; s'écrouler; *seelisch* craquer; *Telefonnetz, Stromversorgung* être *od* tomber en panne; *Verkehr* être paralysé; **sein Widerstand brach zusammen** il n'a plus résisté; *fig* **für sie brach e-e Welt zusammen** tout son univers s'est écroulé

zusammenbringen V/T *⟨irr, sép, -ge-, h.⟩* 1 *(ansammeln)* parvenir à réunir; *Materialien* rassembler; *a. Geld* réunir 2 *Personen* mettre en contact, en relation; *(näherbringen)* rapprocher; **wieder ~** *(versöhnen)* réconcilier 3 *umg, bes südd* **ich bringe den Text nicht mehr ganz zusammen** je ne me rappelle plus tous les détails du texte

Zusammenbruch M *a. fig* effondrement *m*; *a. vor Erschöpfung* écroulement *m*; FIN ruine *f*; MIL débâcle *f*; *e-r Theorie* échec *m*; *des Verkehrs* paralysie *f*; **psychischer ~** dépression nerveuse; **wirtschaftlicher ~** *e-r Firma* ruine *f*; *e-s Staates* effondrement *m* de l'économie; **geschäftlicher ~** banqueroute *f*; faillite *f*

zusammendrängen *⟨sép, -ge-, h.⟩* A V/T 1 serrer; entasser 2 *(kurz zusammenfassen)* résumer en peu de mots; *Darstellung* **zusammengedrängt** concentré B V/R **sich ~** 1 *Personen* se serrer; s'entasser 2 *Ereignisse* se bousculer

zusammendrücken V/T *⟨sép, -ge-, h.⟩* presser; serrer; comprimer

zusammenfahren *⟨irr, sép, -ge-⟩* A V/T *⟨h.⟩* *umg (kaputt fahren) umg* bousiller *(dans un accident)* B V/I *⟨s.⟩* 1 *Autos, Züge* entrer en collision; **mit e-m Wagen ~** *a.* tamponner une voiture 2 *fig vor Schreck* sursauter; tressaillir

zusammenfallen V/I *⟨irr, sép, -ge-, s.⟩* 1 *(einstürzen) a. fig* s'effondrer; s'écrouler; crouler 2 *Ballon* se dégonfler; *Teig* tomber; s'affaisser 3 *zeitlich Ereignisse* coïncider 4 *Behauptung etc* **in sich** *(akk)* **~** s'effondrer; s'écrouler

zusammenfalten V/T *⟨-ete, sép, -ge-, h.⟩* plier

zusammenfassen V/T *⟨sép, -ge-, h.⟩* 1 *(vereinigen)* réunir; rassembler; grouper **(zu** en) 2 *Gesagtes etc* résumer; récapituler; **in einem Ausdruck ~** englober dans un seul terme

zusammenfassend A ADJT résumé; **~e Darstellung** résumé *m* B ADVL en résumé

Zusammenfassung F *⟨~; ~en⟩* 1 *(Vereinigung)* réunion *f*; rassemblement *m*; regroupement *m* 2 *(Bericht)* résumé *m*; récapitulation *f*; **e-e ~ geben** faire un résumé

zusammenfegen V/T *⟨sép, -ge-, h.⟩* balayer; **zusammenflicken** V/T *⟨sép, -ge-, h.⟩* rapiécer; **zusammenfließen** V/I *⟨irr, sép, -ge-, s.⟩* 1 *Flüsse* confluer; se joindre; se réunir 2 *fig Farben, Klänge etc* se fondre; **zusammenfügen** V/T *(u.* V/R*)* *⟨sép, -ge-, h.⟩* **(sich) ~** (se) joindre; (se) réunir; (s')unir; TECH, *einzelne Teile* assembler; monter; **zusammenführen** V/T *⟨sép, -ge-, h.⟩* réunir; **Zusammenführung** F réunion *f*; **zusammengehören** V/I *⟨sép, zusammengehört, h.⟩* 1 *(zusammenpassen)* aller ensemble; *Dinge (ein Paar bilden)* faire la paire 2 *(füreinander bestimmt sein)* être fait l'un pour l'autre

zusammengehörig ADJ allant ensemble; (bien) assorti; *Dinge als Paar* allant de pair; faisant la paire; *(gleichartig)* homogène; **sich ~ fühlen** se sentir solidaires

Zusammengehörigkeit F *⟨~⟩* parenté *f*; affinité *f*; cohésion *f*; *(Gleichartigkeit)* homogénéité *f*; **Zusammengehörigkeitsgefühl** N *⟨~s⟩* solidarité *f*

zusammengenommen ADV pris ensemble; **zusammengewürfelt** ADJT *Möbel* de bric et de broc; *Gruppe etc* (très) bigarré, hétéroclite; **zusammenhaben** *umg* V/T *⟨irr, sép, -ge-, h.⟩* avoir recueilli, rassemblé; **Zusammenhalt** M *⟨~(e)s⟩ fig* cohésion *f*; solidarité *f*

zusammenhalten *⟨irr, sép, -ge-, h.⟩* A V/T tenir ensemble; **das, sein Geld ~** être économe, *plus fort* regardant B V/I 1 tenir (ferme) ensemble 2 *fig* être solidaires; s'entraider

Zusammenhang M lien *m*; *(Beziehung)* rapport *m*; relation *f*; *(Verkettung)* suite *f*; *(Kontinuität)* continuité *f*; *e-s Textes* contexte *m*; *zwischen zwei abstrakten Dingen* corrélation *f*; **gesellschaftliche, historische Zusammenhänge** contexte social, historique; **innerer ~** *von Gedanken, Ideen* cohérence *f*; **zwischen den beiden Ereignissen besteht ein ~** il y a un rapport entre les deux événements; **ich sehe keinen ~** je ne vois pas de rapport; **sein Name wurde im** *od* **in ~ mit den jüngsten Geschehnissen genannt** on a cité son nom en rapport, en liaison avec les récents événements; **die Zusammenhänge kennen** connaître les tenants et les aboutissants; **keinen ~ haben mit, in keinem ~ stehen mit** n'avoir aucun rapport avec; être sans rapport avec; **etw mit etw in ~ bringen** mettre qc en rapport, en relation avec qc; **etw im ~ erzählen** raconter qc d'une façon cohérente; **in welchem ~?** à quel propos?; **in diesem ~** dans cet ordre d'idées; sous ce rapport; à ce propos; **im ~ mit** à propos de; **aus dem ~ gerissen** isolé du contexte

zusammenhängen V/I *⟨irr, sép, -ge-, h.⟩* 1 **(mit etw) ~** être attaché (à qc) 2 *fig (in Beziehung stehen)* **mit etw ~** avoir des rapports avec qc; être en rapport avec qc; tenir à qc; **das hängt damit zusammen, dass ...** cela tient au fait que ...

zusammenhängend A ADJT *fig* cohérent; *(fortlaufend)* continu; suivi; *(zueinander in Beziehung stehend)* connexe B ADV **~ erzählen** raconter d'une façon cohérente

zusammenhang(s)los ADJ sans suite; décousu; incohérent; **Zusammenhang(s)losigkeit** F *⟨~⟩* manque *m* de cohérence;

incohérence *f*

zusammenhauen *umg* VT ‹*irr, sép,* **-ge-**, **h.**› 1 *(zerschlagen) umg* esquinter; *umg* bousiller 2 *(verprügeln) umg* démolir 3 *Arbeit, Artikel etc* bâcler; torcher; **zusammenheften** VT ‹-ete, *sép,* **-ge-**, **h.**› *mit e-r Heftklammer* agrafer; BUCHBINDEREI brocher; MODE faufiler; **zusammenkauern** VR ‹-(e)re, *sép,* **-ge-**, **h.**› **sich ~** s'accroupir; se blottir; se pelotonner; **zusammenkehren** VT ‹*sép,* **-ge-**, **h.**› balayer; **zusammenketten** VT ‹-ete, *sép,* **-ge-**, **h.**› enchaîner ensemble; **zusammenklappbar** ADJ pliant; **zusammenklappen** ‹*sép,* **-ge-**› A VT ‹**h.**› *Stuhl etc* (re)plier; *Taschenmesser* refermer B VI ‹**s.**› *umg (in Ohnmacht fallen)* tourner de l'œil; *(e-n Nervenzusammenbruch erleiden)* craquer; **zusammenklauben** VT ‹*sép,* **-ge-**, **h.**› *südd, österr* ramasser; **zusammenkleben** ‹*sép,* **-ge-**› A VT ‹**h.**› coller; agglutiner B VI ‹**h.** *ou* **s.**› coller; s'agglutiner; **zusammenkneifen** VT ‹*irr, sép,* **-ge-**, **h.**› serrer; *Augen* plisser; *Lippen, Mund* pincer; **zusammenknüllen** VT ‹*sép,* **-ge-**, **h.**› *Papier* froisser; friper; chiffonner

zusammenkommen VI ‹*irr, sép,* **-ge-**, **s.**› 1 *Personen (sich versammeln)* s'assembler; se réunir; *(sich treffen)* se rencontrer; se voir; **mit j-m ~** rencontrer qn; **er ist mit vielen Leuten zusammengekommen** *a.* il connaît beaucoup de gens 2 *Dinge (sich anhäufen)* s'amasser; s'entasser; s'accumuler; **es ist so viel Geld zusammengekommen, dass ...** on a ramassé, recueilli, collecté tant d'argent que ...; *umg* **gestern ist mal wieder alles zusammengekommen** hier, encore une fois, ça n'a pas arrêté

zusammenkrachen *umg* VI ‹*sép,* **-ge-**, **s.**› 1 *(zusammenbrechen)* s'effondrer; s'écrouler; crouler 2 *(zusammenstoßen) Fahrzeuge* entrer en collision; **mit j-m ~** tamponner qn

zusammenkratzen VT ‹-(es)t, *sép,* **-ge-**, **h.**› *umg* **sein letztes Geld ~** *umg* racler les fonds de tiroirs

Zusammenkunft F ‹~; **-künfte**› *vieler Personen* réunion *f*; assemblée *f*; *bes von zwei Personen* rencontre *f*; entrevue *f*

zusammenläppern *umg* VR ‹-(e)re, *sép,* **-ge-**, **h.**› **sich ~** s'amasser petit à petit; **es läppert sich zusammen** *umg* ça finit par faire; ça s'accumule

zusammenlaufen VI ‹*irr, sép,* **-ge-**, **s.**› 1 *Personen* accourir; s'assembler; se réunir; *(e-n Auflauf bilden)* s'attrouper 2 *Flüsse* confluer 3 *Farben* se fondre 4 *Linien* **in e-m Punkt ~** converger vers *od* sur, se réunir, se rencontrer en un point

zusammenleben VI ‹*sép,* **-ge-**, **h.**› vivre ensemble; **Zusammenleben** N ‹~s› vie commune; vie *f* en commun; cohabitation *f*;

zusammenlegen ‹*sép,* **-ge-**, **h.**› A VT 1 mettre ensemble 2 *(zusammenfalten)* plier 3 *(verbinden)* réunir 4 *Kranke* installer dans une chambre 5 *Hände* croiser B VI *(Geld ~)* (se) cotiser; **Zusammenlegung** F ‹~; ~en› *von Betrieben* fusion *f*; *von Grundstücken* réunion *f*; regroupement *m*; *von Kranken* regroupement *m*; **zusammenleimen** VT ‹*sép,* **-ge-**, **h.**› coller; **zusammennageln** VT ‹-(e)le, *sép,* **-ge-**, **h.**› clouer; **zusammennähen** VT ‹*sép,* **-ge-**, **h.**› coudre

zusammennehmen ‹*irr, sép,* **-ge-**, **h.**› A VT ramasser; rassembler; **all s-e Kräfte ~** rassembler, réunir toutes ses forces; **allen Mut ~** s'armer de courage; **alles zusammengenommen** à tout prendre B VR **sich ~** faire un effort sur soi-même; *(sich beherrschen)* se contenir; se maîtriser; *(sich fassen)* se ressaisir; se reprendre; **(nun) nimm dich doch zusammen!** (eh bien,) reprends-toi!

zusammenpacken ‹*sép,* **-ge-**, **h.**› A VT 1 *(verpacken)* mettre en paquet; empaqueter; emballer; **darf ich alles ~?** voulez-vous que je fasse un seul paquet? 2 *(packen)* emballer B VI *(s-e Koffer packen)* plier bagage; *im Büro etc* ranger ses affaires *(avant de partir)*

zusammenpassen VI ‹*sép,* **-ge-**, **h.**› *Personen, Dinge, Farben* aller bien ensemble; s'accorder; TECH, *zwei Teile* s'adapter (l'un à l'autre); *Farben* **nicht ~** jurer

zusammenpferchen VT ‹*sép,* **-ge-**, **h.**› *Vieh, Menschen* entasser; parquer; **Zusammenprall** M ‹~(e)s; ~e› *a. fig* choc *m*; °heurt *m*

zusammenprallen VI ‹*sép,* **-ge-**, **s.**› 1 se heurter (**mit** à); *Autos, Züge* entrer en collision (**mit** avec) *(a.* FLUG*)*; **mit etw ~** *a.* tamponner qc 2 *fig* s'affronter, se heurter (**mit** à)

zusammenpressen VT ‹*sép,* **-ge-**, **h.**› presser; *Hände* serrer; *Lippen* pincer; **zusammenraffen** VT ‹*sép,* **-ge-**, **h.**› *Papiere etc* prendre, rassembler en vitesse; *pej Vermögen* amasser; *Kleid* relever; **zusammenraufen** *umg* VR ‹*sép,* **-ge-**, **h.**› **sich ~** s'entendre après des accrochages

zusammenrechnen VT ‹-ete, *sép,* **-ge-**, **h.**› additionner; totaliser; faire le total de; **alles zusammengerechnet** au total

zusammenreimen *umg* VR ‹*sép,* **-ge-**, **h.**› 1 **sich** *(dat)* **etw ~** s'expliquer qc 2 **wie reimt sich das zusammen?** à quoi ça rime?

zusammenreißen *umg* VR ‹*irr, sép,* **-ge-**, **h.**› **sich ~** se ressaisir; prendre sur soi; **jetzt reiß dich aber zusammen!** ne te laisse pas aller!

zusammenrollen ‹*sép,* **-ge-**, **h.**› A VT enrouler B VR **sich ~** s'enrouler; *Schlange* s'enrouler sur soi-même; se lover; *Hund, Katze etc* se pelotonner; se mettre en boule; *Person* se pelotonner; se recroqueviller

zusammenrotten VR ‹-ete, *sép,* **-ge-**, **h.**› **sich ~** s'attrouper; s'ameuter; **Zusammenrottung** F ‹~; ~en› attroupement *m*; **zusammenrücken** ‹*sép,* **-ge-**› A VT ‹**h.**› rapprocher B VI ‹**s.**› se serrer; **zusammenrufen** VT ‹*irr, sép,* **-ge-**, **h.**› convoquer; réunir

zusammensacken VI ‹*sép,* **-ge-**, **s.**› **(in sich** [*akk*]**) ~** *Dach, Haus etc* s'affaisser; *Mensch* s'effondrer

zusammenscharen VR ‹*sép,* **-ge-**, **h.**› **sich ~** se rassembler; s'attrouper; **zusammenscharren** VT ‹*sép,* **-ge-**, **h.**› (r)amasser; **zusammenscheißen** *sl* VT ‹*irr, sép,* **-ge-**, **h.**› *umg* engueuler comme du poisson pourri; **zusammenschieben** VT ‹*irr, sép,* **-ge-**, **h.**› rapprocher; *Stativ etc* faire coulisser

zusammenschlagen ‹*irr, sép,* **-ge-**› A VT ‹**h.**› 1 *(falten)* plier 2 *Hacken* claquer; **die Hände ~** battre des mains 3 *umg* **j-n ~** *umg* démolir qn; *umg* **vor Wut alles ~** *umg* tout bousiller de rage B VI ‹**s.**› **über j-m ~** *Wellen* engloutir qn; *fig Verhängnis etc* s'abattre sur qn

zusammenschließen ‹*irr, sép,* **-ge-**, **h.**› A VT *Gefangene etc* attacher ensemble B VR **sich ~** s'associer; se réunir; se grouper; *Unternehmen* fusionner; *zu e-m Bund* se fédérer; **Zusammenschluss** M association *f*; réunion *f*; groupement *m*; *von Unternehmen* fusion *f*; *zu e-m Bundesstaat* fédération *f*

zusammenschmelzen ‹*irr, sép,* **-ge-** **h.**› VI ‹**s.**› 1 fondre 2 *fig Geld, Ersparnisse* fondre; *Vorrat* diminuer; **bis auf e-n kleinen Rest ~** disparaître presque entièrement

zusammenschrauben VT ‹*sép,* **-ge-**, **h.**› visser; **zusammenschrecken** VI ‹*irr ou régulier, sép,* **-ge-**, **s.**› sursauter

zusammenschreiben VT ‹*irr, sép,* **-ge-**, **h.**› 1 *in e-m Wort* écrire en un mot 2 *aus anderen Büchern etc* compiler 3 *pej Text umg* pondre; **viel ~** noircir des pages et des pages

zusammenschrumpfen VI ‹*sép,* **-ge-**, **s.**› 1 se ratatiner; se rétrécir 2 *fig* fondre; diminuer; **zusammenschustern** *umg pej* VT ‹-(e)re, *sép,* **-ge-**, **h.**› bricoler; **zusammenschütten** VT ‹-ete, *sép,* **-ge-**, **h.**› verser ensemble; mélanger; **zusammenschweißen** VT ‹*sép,* **-ge-**, **h.**› *a. fig* souder

Zusammensein N ‹~s› 1 *(Treffen)* rencontre *f* 2 → Zusammenleben

zusammensetzen ‹-(es)t, *sép,* **-ge-**, **h.**› A VT 1 mettre ensemble; *aus mehreren Bestandteilen* composer (**aus** de); *(aneinanderfügen)* joindre; TECH assembler; monter; **ein zusammengesetztes Wort** un mot composé 2 *Personen* asseoir *od* placer côte à côte B VR 1 **sich ~** *(sich zueinandersetzen)* s'asseoir l'un auprès de l'autre, côte à côte; *(zusammenkommen)* se rencontrer; se réunir 2 **sich aus etw ~** *(bestehen)* se composer de qc; **wie setzt sich diese Gruppe zusammen?** de qui se compose ce groupe?

Zusammensetzung F ‹~; ~en› *a.* CHEM composition *f*; LING (mot *m*) composé *m*

zusammensinken VI ‹*irr, sép,* **-ge-**, **s.**› **(in sich** [*akk*]**) ~** *Gegenstände* s'affaisser; *Menschen* s'effondrer

zusammensitzen VI ‹*irr, sép,* **-ge-**, **h.**› être (assis) ensemble; **ich saß mit ihr die ganze Nacht zusammen** je suis resté avec elle toute la nuit

zusammensparen VT ‹*sép,* **-ge-**, **h.**› économiser petit à petit; **sich** *(dat)* **e-n Videorekorder ~** économiser petit à petit pour s'acheter un magnétoscope

Zusammenspiel N ‹~(e)s› SPORT jeu *m* d'équipe; *(Kombinieren)* combinaison *f*; *e-r Schauspielergruppe, e-s Orchesters* jeu *m* d'ensemble; *fig* interaction *f*

zusammenspielen VI ‹*sép,* **-ge-**, **h.**› 1 SPORT **(mit j-m) gut ~** former une bonne équipe (avec qn) 2 → zusammenwirken

zusammenstauchen VT ‹*sép,* **-ge-**, **h.**› *umg* **j-n ~** *umg* engueuler qn

zusammenstecken ‹*sép,* **-ge-**, **h.**› A VT *mit Nadeln* assembler avec des épingles B *umg fig* VI *Personen* **sie stecken immer zusammen** ils sont toujours ensemble

zusammenstehen VI ‹*irr, sép,* **-ge-**, **h.**› 1 être ensemble 2 *fig* faire bloc; s'entraider

zusammenstellen ‹*sép,* **-ge-**, **h.**› A VT 1 *räumlich: Sachen* mettre ensemble 2 *Programm, Menü, Blumenstrauß, Team, Ausstellung etc* composer; *Route* mettre au point; établir; *Unterlagen* rassembler; réunir; *Rechnung, Übersicht* établir; *Liste* établir; dresser; *Daten in e-r Tabelle* faire un tableau de; *übersichtlich (anordnen)* arranger; *(kompilieren)* compiler 3 *Farben, Einrichtungsgegenstände etc (passend ~)* assortir; combiner B VR **sich ~** se grouper

Zusammenstellung F ‹~; ~en› *e-s Programms, Menüs, Blumenstraußes, Teams, e-r Ausstellung* composition *f*; *e-r Liste, Rechnung* établissement *m*; *(Kompilierung)* compilation *f*; *von Farben, Einrichtungsgegenständen* combinaison *f*; *(Liste)* liste *f*; *(Tabelle)* table *f*; tableau *m*; **zusammenstoppeln** *umg pej* VT ‹-(e)le, *sép,* **-ge-**, **h.**› bricoler; **Zusammenstoß** M 1 *a. fig* choc *m*, °heurt *m* (**mit** avec); *von Verkehrsmitteln* collision *f* (**mit** avec) 2 *fig* conflit *m* (**mit** avec)

zusammenstoßen VI ‹*irr, sép,* **-ge-**, **s.**› 1 *a. fig* se heurter (**mit** à); *Fahrzeuge* entrer en collision (**mit** avec); se tamponner; **mit etw ~** *a.* tamponner qc 2 *(aneinandergrenzen)* être contigu, -uë; se toucher

zusammenströmen VI ‹*sép,* **-ge-**, **s.**› *Menschen* affluer; **zusammensuchen** VT ‹*sép,* **-ge-**, **h.**› ramasser (de tous côtés); recueillir; **zusammentragen** VT ‹*irr, sép,* **-ge-**, **h.**›

1 ramasser **2** *fig Material etc* réunir; rassembler; recueillir
zusammentreffen VI ⟨*irr, sép*, -ge-, s.⟩ **1** *Personen* se rencontrer; **mit j-m ~** rencontrer qn **2** *zeitlich* coïncider
Zusammentreffen N rencontre *f*; *zeitliches* coïncidence *f*; **~ von Umständen** concours *m* de circonstances
zusammentreten VI ⟨*irr, sép*, -ge-, s.⟩ *Ausschuss etc* se réunir; se rassembler; **Zusammentritt** M ⟨~(e)s⟩ réunion *f*; **zusammentrommeln** *umg* VT ⟨-(e)le, *sép*, -ge-, h.⟩ réunir; **zusammentun** *umg* VT (*u.* VR) ⟨*irr, sép*, -ge-, h.⟩ **(sich) ~** (se) rassembler; (se) réunir; **zusammenwachsen** VI ⟨*irr, sép*, -ge-, s.⟩ BIOL se souder; *fig (ineinander aufgehen)* fusionner; **zusammenwirken** VI ⟨*sép*, -ge-, h.⟩ coopérer; concourir; **zusammenzählen** VT ⟨*sép*, -ge-, h.⟩ additionner; totaliser; **zusammenziehen** ⟨*irr, sép*, -ge-⟩ **A** VT ⟨h.⟩ *Muskel, a.* GRAM contracter; MATH additionner; *Augenbrauen* froncer; *Truppen* rassembler; concentrer; *Netz, Schlinge etc* resserrer **B** VI ⟨s.⟩ *in e-e Wohnung* emménager ensemble; *Paar* se mettre en ménage **C** VR ⟨h.⟩ **sich ~** se contracter; *krampfhaft* se crisper; *Gewitter* se préparer; **zusammenzucken** VI ⟨*sép*, -ge-, s.⟩ tressaillir (**vor** [+*dat*] de)
Zusatz M **1** ⟨*pas de pl*⟩ *Vorgang, Ergebnis* addition *f* **2** CHEM *bes bei Lebensmitteln* additif *m*; **ohne schädliche Zusätze** sans additifs nuisibles (à la santé) **3** *(Nachtrag)* ajout *m*; complément *m*; *zu e-m Vertrag, e-r Verordnung* additif *m*; annexe *f*; *zu e-m Testament* codicille *m*; *zu e-m Text a.* adjonction *f*; *(Anmerkung)* note additionnelle
Zusatzabkommen N POL accord additionnel; **Zusatzbestimmung** F prescription, disposition, *zu e-m Vertrag a.* clause additionnelle; **Zusatzgerät** N appareil *m*, dispositif *m* complémentaire
zusätzlich **A** ADJ supplémentaire; additionnel, -elle; *(ergänzend)* complémentaire; TECH auxiliaire **B** ADV de plus; en plus; en outre
Zusatzmotor M moteur *m* d'appoint, auxiliaire; **Zusatzprämie** F surprime *f*; prime *f* supplémentaire; **Zusatzrente** F retraite *f* complémentaire; **Zusatzstoff** M ⟨~(e)s; ~e⟩ additif *m*; *bei Lebensmitteln* additif alimentaire; **Zusatzvereinbarung** F accord additionnel, complémentaire; convention additionnelle, annexe; **Zusatzvergütung** F indemnité *f* complémentaire; **Zusatzversicherung** F assurance *f* complémentaire; **Zusatzzahl** F *im Lotto* numéro *m* complémentaire
zuschanden ADV **~ machen** *Pläne* déjouer; faire échouer; *Hoffnungen* décevoir; anéantir
zuschanzen VT ⟨-(es)t, *sép*, -ge-, h.⟩ *umg* **j-m etw ~** *umg* procurer qc à qn par combine
zuschauen VI ⟨*sép*, -ge-, h.⟩ *südd, österr, schweiz* → zusehen
Zuschauer(in) M ⟨~s; ~⟩ (F) ⟨~in; ~innen⟩ spectateur, -trice *m,f*; *pl* **die ~** *a.* le public
Zuschauerbeteiligung F participation *f* du public; **Zuschauerplätze** MPL places *fpl* des spectateurs; **Zuschauerraum** M salle *f* de spectacle; **Zuschauertribüne** F tribune *f* du public, des spectateurs
zuschaufeln VT ⟨-(e)le, *sép*, -ge-, h.⟩ remplir, boucher (à la pelle); *Grab* refermer
zuschicken VT ⟨*sép*, -ge-, h.⟩ **j-m etw ~** envoyer, expédier qc à qn
zuschieben VT ⟨*irr, sép*, -ge-, h.⟩ **1** *Schublade etc* fermer **2** **j-m etw ~** *Buch, Glas* pousser qc vers qn **3** *fig* **j-m etw ~** *Unangenehmes* se décharger de qc sur qn; **j-m die Schuld ~** rejeter la faute sur qn
zuschießen ⟨*irr, sép*, -ge-, h.⟩ **A** VT ⟨h.⟩ **1** *Ball etc* lancer; envoyer; **j-m wütende Blicke ~** lancer des regards furieux à qn **2** *umg fig (beisteuern)* rajouter; **sie hat 100 Euro zugeschossen** elle en a été de 100 euros **B** VI ⟨s.⟩ **auf j-n ~** se précipiter vers qn
Zuschlag M **1** *(Preiszuschlag) a.* EISENBAHN supplément *m* **2** *bei Lohn, Gehalt für Nachtarbeit etc* prime *f* **3** *auf Auktionen, bei öffentlichen Ausschreibungen* attribution *f*; adjudication *f*; **j-m den ~ für etw erteilen** adjuger qc à qn; **den ~ erhalten** obtenir l'adjudication; *bei e-m Wettbewerb* obtenir le contrat
zuschlagen ⟨*irr, sép*, -ge-, h.⟩ **A** VT **1** *Tür etc* fermer violemment, brusquement; (faire) claquer; *Buch* fermer **2** *Summe (aufschlagen)* **dem Preis, auf den Preis 10 % ~** augmenter, majorer le prix de 10 pour cent **3** *bei Auktionen etc* **j-m etw ~** adjuger qc à qn **B** VI **1** *(drauflosschlagen)* porter un coup, des coups; *a. fig Schicksal etc* frapper; *fig Polizei umg* faire une intervention musclée; *umg fig Verbrecher etc* passer à l'attaque **2** *umg (zugreifen) beim Essen umg* s'empiffrer; *bei e-m Angebot etc* profiter de l'occasion **3** ⟨s.⟩ *Tür* se fermer brusquement; claquer
zuschlagfrei ADJ EISENBAHN sans supplément; **zuschlagpflichtig** ADJ EISENBAHN à supplément
zuschließen VT *u.* VI ⟨*irr, sép*, -ge-, h.⟩ fermer à clé; **zuschnallen** VT ⟨*sép*, -ge-, h.⟩ boucler; **zuschnappen** VI ⟨*sép*, -ge-⟩ **1** ⟨s.⟩ *Tür, Schloss, Taschenmesser* se refermer rapidement **2** ⟨h.⟩ *(zubeißen)* mordre
zuschneiden VT ⟨*irr, sép*, -ge-, h.⟩ **1** MODE couper; *Holz* débiter **2** *fig* **das Programm war auf Kinder zugeschnitten** le programme était conçu pour les enfants
Zuschneidetisch M établi *m*
zuschneien VI ⟨*sép*, -ge-, s.⟩ se couvrir de neige; **Zuschnitt** M **1** MODE coupe *f*; façon *f* **2** *fig* genre *m*; envergure *f*
zuschnüren VT ⟨*sép*, -ge-, h.⟩ *Paket* ficeler; *Schuhe* lacer; *fig* **die Angst schnürte ihm die Kehle zu** la peur le saisit à la gorge
zuschrauben VT ⟨*sép*, -ge-, h.⟩ *Deckel* visser
zuschreiben VT ⟨*irr, sép*, -ge-, h.⟩ **1** **j-m etw ~** attribuer qc à qn; *(zur Last legen)* imputer qc à qn; **er hat es sich** *(dat)* **selbst zuzuschreiben, wenn ...** il n'a qu'à s'en prendre à lui-même, si ...; c'est bien sa (propre) faute, si ...; **dieser Umstand war e-m Mangel zuzuschreiben** ce fait était dû, imputable à un défaut **2** FIN *etc* **j-m e-e Summe ~** porter une somme au crédit de qn
Zuschrift F communication *f*; lettre *f*; *auf e-e Annonce etc a.* réponse *f*; **~en** *pl an Zeitschriften etc* lettres *fpl* de lecteurs
zuschulden ADV **sich** *(dat)* **etw ~ kommen lassen** se rendre coupable de qc
Zuschuss M **~ (zu)** *(finanzielle Hilfe)* aide *f* (à); *(Beitrag)* contribution *f* (à); *staatlicher* subvention *f* (à); HANDEL supplément *m* (à), versement *m* supplémentaire (à); **Zuschussbetrieb** M, **Zuschussunternehmen** N entreprise subventionnée
zuschustern VT ⟨-(e)re, *sép*, -ge-, h.⟩ *umg* **j-m etw ~** *umg* procurer qc à qn par combine
zuschütten VT ⟨-ete, *sép*, -ge-, h.⟩ **1** *Graben etc* combler; remblayer **2** *umg (dazugießen)* ajouter
zusehen VI ⟨*irr, sép*, -ge-, h.⟩ **1** regarder (**bei etw** qc); assister (à qc); être témoin (de qc); **j-m bei der Arbeit ~** regarder qn travailler; **soll ich da ruhig ~?** dois-je rester là sans rien faire?; **bei genauerem, näherem Zusehen** en y regardant de plus près, à deux fois **2** **~, dass ...** *(darauf achten)* veiller à ce que ... (*+subj*); faire en sorte que ... (*+subj*); avoir soin que ... (*+subj*); **sieh zu, dass du nicht fällst** prends garde de (ne pas) tomber; fais attention à ne pas tomber; **sieh zu, wo du bleibst!** débrouille-toi tout seul!
zusehends ADV à vue d'œil; visiblement
Zuseher M ⟨~s; ~⟩ *österr* spectateur *m*; *pl* **die ~** *a.* le public
zusenden VT ⟨*irr, sép*, -ge-, h.⟩ → zuschicken; **Zusendung** F ⟨~; ~en⟩ envoi *m*
zusetzen ⟨-(es)t, *sép*, -ge-, h.⟩ **A** VT **1** **e-r Sache** *(dat)* **etw ~** *(beimischen)* ajouter une chose à une autre **2** *Geld (einbüßen)* perdre; *fig* **nichts zuzusetzen haben** avoir épuisé ses réserves **B** VI **j-m ~** *mit Fragen etc* °harceler qn (**mit** de); *beim Verhör umg* cuisiner qn; *(belästigen)* tracasser qn; *Hitze, Rauch etc* déranger qn; *Krankheit etc* être un coup dur pour qn; **j-m arg** *od* **hart ~** rendre la vie impossible à qn
zusichern VT ⟨-(e)re, *sép*, -ge-, h.⟩ **j-m etw ~** assurer, garantir qc à qn
Zusicherung F assurance *f*; garantie *f*
zusperren VT *u.* VI ⟨*sép*, -ge-, h.⟩ *bes südd, österr* fermer à clé
Zuspiel N ⟨~(e)s⟩ SPORT passe *f*
zuspielen VT ⟨*sép*, -ge-, h.⟩ **j-m etw ~** *Ball* passer qc à qn; *fig Informationen, Dokumente etc* faire passer qc à qn; communiquer clandestinement qc à qn
zuspitzen ⟨-(es)t, *sép*, -ge-, h.⟩ **A** VT **1** tailler en pointe; effiler **2** *fig* aggraver **B** VR **sich ~** *Lage etc* s'aggraver; empirer; *Konflikt etc* s'intensifier; **Zuspitzung** F ⟨~; ~en⟩ *der Lage etc* aggravation *f*; *des Konflikts etc* escalade *f*
zusprechen ⟨*irr, sép*, -ge-, h.⟩ **A** VT **1** **j-m Trost ~** consoler qn; **j-m Mut ~** remonter le moral à qn; encourager qn **2** **j-m etw ~** *(zuerkennen)* attribuer, adjuger, *Preis* décerner qc à qn; **die Kinder wurden der Mutter zugesprochen** la mère a eu la garde des enfants **B** VI **1** **j-m gut** *od* **beruhigend ~** chercher à calmer qn par des paroles **2** *geh* **e-r Speise** *(dat)* **(tüchtig, gut) ~** faire honneur à un plat
Zuspruch *geh* M ⟨~(e)s⟩ **1** *(Trost)* consolation *f*; *(Ermunterung)* encouragement *m* **2** *(Zulauf)* affluence *f*; **guten ~ haben** *Veranstaltung* être très fréquenté; *Arzt, Geschäft etc* avoir une grosse clientèle; *Geschäft* être bien achalandé; **~ finden** *Artikel etc* plaire; être bien accueilli
Zustand M **1** *(Beschaffenheit, Verfassung)* état *m*; PHYS **in festem, flüssigem ~** à l'état solide, liquide; **in gutem, in e-m guten ~** en bon état; **das Haus war in e-m traurigen ~** la maison était dans un triste état, dans un état pitoyable; **in betrunkenem ~** en état d'ivresse; **sein ~ ist ernst** son état est grave; *umg* **Zustände kriegen** *umg* piquer une crise **2** *meist* PL **Zustände** *(Lage)* état *m* de choses; situation *f*; **das sind unhaltbare Zustände**, *umg* **das ist doch kein ~!** c'est un état de choses intenable; cet état de choses ne peut plus durer; **Zustände sind das!, das sind Zustände** (*umg* **wie im alten Rom**)! *umg* quelle pagaille!
zustande ADV **etw ~ bringen** faire aboutir qc; réussir à faire qc; **~ kommen** avoir lieu; *Vertrag* se réaliser; *Gesetz* se faire; **es ist keine Einigung ~ gekommen** on n'est parvenu à aucun accord
zuständig ADJ compétent; *in e-m Betrieb* **~ für** responsable de; **dafür ist er ~** cela relève de sa compétence; cela rentre dans ses attributions; **dafür ist er nicht ~** cela dépasse sa compétence, n'entre pas dans ses attributions
Zuständigkeit F ⟨~; ~en⟩ compétence *f*; **in j-s ~** *(akk)* **fallen** être du ressort, de la compétence de qn
Zuständigkeitsbereich M ressort *m*
Zustandsänderung F PHYS, CHEM chan-

gement *m* d'état; **Zustandsverb** N verbe *m* d'état

zustattenkommen V/I ⟨*irr, sép*, -ge-, s.⟩ **j-m ~** être d'un grand secours à qn; *(gelegen kommen)* venir à propos, à point à qn

zustechen V/I ⟨*irr, sép*, -ge-, h.⟩ donner un coup de couteau, de poignard, *etc*

zustecken V/T ⟨*sép*, -ge-, h.⟩ 1 *(schließen)* fermer avec une épingle *bzw.* des épingles 2 **j-m etw ~** donner qc à qn en cachette

zustehen V/I ⟨*irr, sép*, -ge-, h.⟩ **j-m ~** *(Anspruch haben)* revenir à qn; **das steht ihm zu** il y a droit; **es steht ihm zu zu** *(+inf)* il a le droit de *(+inf)*; *(kommt ihm zu)* il lui appartient de *(+inf)*; **das steht ihm nicht zu** il n'y a pas droit

zusteigen V/I ⟨*irr, sép*, -ge-, s.⟩ monter (en cours de voyage, de route); **ist noch jemand zugestiegen?** *etwa* vos billets, s'il vous plaît!

Zustellbezirk M POST® secteur *m* de distribution

zustellen V/T ⟨*sép*, -ge-, h.⟩ 1 *Tür etc* barricader; **der Eingang war mit Kisten zugestellt** l'entrée était complètement encombrée par des caisses 2 POST® *Pakete etc* remettre (à domicile); distribuer; HANDEL *Waren* livrer à domicile; JUR *Schriftstück* notifier

Zusteller M ⟨~s; ~⟩ POST®, ADMIN préposé *m*

Zustellgebühr F POST® factage *m*

Zustellung F ⟨~; ~en⟩ *der Post* remise *f* (à domicile); distribution *f*; HANDEL *von Waren* factage *m*; livraison *f* à domicile; JUR *e-s Schriftstücks* notification *f*

Zustellungsurkunde F ADMIN acte *m* de notification

zusteuern ⟨-(e)re, *sép*, -ge-⟩ A V/T ⟨h.⟩ *umg* **sein Vater hat ihm 1000 Euro zu s-m Auto zugesteuert** *umg* son père lui a filé 1000 euros pour sa voiture B V/I ⟨s.⟩ **auf etw, j-n ~** se diriger vers qc, qn

zustimmen V/I ⟨*sép*, -ge-, h.⟩ **(j-m, e-r Sache) ~** être, se déclarer d'accord (avec qn, qc); être du même avis que qn; **e-r Sache ~** *a.* donner son consentement à qc; **~d nicken** °hocher la tête en signe d'approbation

Zustimmung F consentement *m*, approbation *f* (**zu** à); **allgemeine ~ finden** faire l'unanimité; **zu etw s-e ~ geben** donner son approbation à qc; approuver qc

zustopfen V/T ⟨*sép*, -ge-, h.⟩ *(verstopfen)* boucher; *Riss, Loch in e-m Kleidungsstück* raccommoder; **zustöpseln** V/T ⟨-(e)le, *sép*, -ge-, h.⟩ boucher

zustoßen ⟨*irr, sép*, -ge-⟩ A V/T ⟨h.⟩ *Tür etc* fermer (en poussant) B V/I 1 ⟨s.⟩ **j-m ~** *(widerfahren)* arriver, survenir à qn 2 ⟨h.⟩ → zustechen

zustreben V/I ⟨*sép*, -ge-, s.⟩ **dem Ausgang ~** se diriger (rapidement) vers la sortie

Zustrom M ⟨~(e)s⟩ *von Menschen* affluence *f*; afflux *m* (*a. von Kapital*); *a. fig* flux *m*

zustürzen V/I ⟨-(es)t, *sép*, -ge-, s.⟩ **auf j-n ~** se précipiter vers qn

zutage ADV **~ bringen, fördern** mettre au jour; révéler; **offen, klar ~ liegen** être évident, manifeste; **~ treten** apparaître; se révéler; se manifester

Zutat F GASTR ingrédient *m*

zuteil → zuteilwerden

zuteilen V/T ⟨*sép*, -ge-, h.⟩ 1 **j-m etw ~** donner, attribuer qc à qn; *Waren etc als Anteil* répartir, attribuer qc à qn 2 **j-n j-m ~** *als Begleiter, Dolmetscher* attribuer, adjoindre qn à qn; **j-n e-r Dienststelle ~** affecter qn à un service, à un poste

Zuteilung F 1 attribution *f*; *von Waren a.* répartition *f* 2 *e-s Begleiters, Dolmetschers* attribution *f*; adjonction *f*; *zu e-r Dienststelle* affectation *f* 3 *(Kontingent)* contingent *m*; *(Ration)* ration *f*

zuteilungsreif ADJ WIRTSCH *Bausparvertrag* arrivé à échéance

zuteilwerden *geh* V/I ⟨*irr, sép*, -ge-, s.⟩ **j-m ~** être réservé à qn; **j-m etw ~ lassen** réserver qc à qn; *Aufmerksamkeit* consacrer qc à qn

zutexten *umg* V/T ⟨-ete, *sép*, -ge-, h.⟩ **j-n ~** *umg* soûler qn (de paroles)

zutiefst ADV très profondément; *Vorwurf etc* **j-n ~ treffen** toucher, piquer qn au vif

zutragen ⟨*irr, sép*, -ge-, h.⟩ A V/T apporter; *fig pej (berichten)* rapporter B *geh* V/R **sich ~** *(ereignen)* se produire

zuträglich ADJ profitable; utile; bon, bonne (*+dat* pour); **der Gesundheit** *(+dat)* **~** *a.* qui fait du bien à la santé

zutrauen V/T ⟨*sép*, -ge-, h.⟩ **j-m etw ~** croire qn capable de (faire) qc; **ich traue ihm zu, dass …** je le crois capable de *(+inf)*; je pense qu'il est en mesure de *(+inf)*; **ich hätte ihm mehr Klugheit zugetraut** je l'aurais cru plus intelligent; **sich** *(dat)* **nicht viel ~** douter de ses capacités; **sich zu viel ~** présumer de ses forces; **das traue ich mir nicht zu** je ne m'en sens pas capable; *pej* **ihr ist alles zuzutrauen** elle est capable de tout

Zutrauen N ⟨~s⟩ confiance *f* (**zu** en); **das ~ zu j-m verlieren** ne plus faire confiance à qn

zutraulich ADJ *Kind, Tier* plein de confiance; confiant; **Zutraulichkeit** F ⟨~⟩ *e-s Kindes, Tieres* confiance *f*

zutreffen V/I ⟨*irr, sép*, -ge-, h.⟩ 1 *(stimmen)* être exact, juste 2 *(gelten)* être valable (**auf** [*+akk*], **für** pour); **dasselbe trifft für ihn zu** il en est de même pour lui

zutreffend ADJT exact; juste; *Bemerkung a.* pertinent; approprié; **Zutreffendes bitte ankreuzen** prière de cocher la case correspondante

zutreiben V/I ⟨*irr, sép*, -ge-, s.⟩ **den Klippen** *od* **auf die Klippen ~** être entraîné (par le courant) vers les écueils

zutrinken V/I ⟨*irr, sép*, -ge-, h.⟩ **j-m ~** boire à la santé de qn

Zutritt M ⟨~(e)s⟩ accès *m*; entrée *f*; **freier ~** entrée libre, gratuite; **kein ~!, ~ verboten!** entrée interdite!; défense d'entrer!; **freien ~ (zu j-m, etw) haben** avoir ses entrées (chez qn, dans qc); **sich** *(dat)* **zu etw ~ verschaffen** réussir à s'introduire dans qc; **j-m ~ gewähren** laisser entrer qn

zutun *umg* V/T ⟨*irr, sép*, -ge-, h.⟩ 1 *(hinzufügen)* ajouter 2 *(schließen)* **die ganze Nacht kein Auge ~** ne pas fermer l'œil de (toute) la nuit

Zutun N ⟨~s⟩ **ohne ~** *(+gen)* sans l'entremise, l'intervention, l'intercession de; **ohne j-s ~** sans que qn y soit pour rien

zuungunsten PRÄP ⟨*gen*⟩, ADV **~ von** au préjudice de

zuunterst ADV tout en bas; tout au fond; **das Oberste ~ kehren** mettre tout sens dessus dessous

zuverlässig A ADJ *Person* fiable; sur qui on peut compter; *Freund* sûr; *Nachricht* authentique; *Maschine, Auto etc* fiable; *Arbeiter* consciencieux, -ieuse; **aus ~er Quelle** de source sûre B ADV *arbeiten etc* consciencieusement

Zuverlässigkeit F ⟨~⟩ *e-r Person, e-r Maschine etc* fiabilité *f*; *e-r Nachricht* authenticité *f*

Zuverlässigkeitsprüfung F, **Zuverlässigkeitstest** M TECH test *m* de fiabilité

Zuversicht F ⟨~⟩ confiance *f*; assurance *f*; (ferme) espoir *m*; **zuversichtlich** A ADJ confiant; plein de confiance, d'espoir, d'assurance B ADV avec confiance, assurance

zuviel INDEF PR → viel B 2

Zuviel N ⟨~s⟩ excès *m* (**an** [*+dat*] de)

zuvor ADV *(zuerst)* d'abord; auparavant; pour commencer; *(vorher)* au préalable; préalablement; **kurz ~** peu de temps avant; **wie ~** comme avant

zuvorderst ADV tout à l'avant; tout au premier plan

zuvorkommen V/I ⟨*irr, sép*, -ge-, s.⟩ **j-m, e-r Sache ~** devancer qn, qc

zuvorkommend A ADJT prévenant; complaisant B ADVL **j-n ~ behandeln** se montrer prévenant, complaisant, attentionné envers qn

Zuvorkommenheit F ⟨~⟩ prévenance *f*; complaisance *f*

Zuwachs M ⟨~es; *t/t* -wächse⟩ accroissement *m*, augmentation *f*, surcroît *m* (**an** [*+dat*] de); *Verein etc* **e-n ~ von fünfzig Mitgliedern im Jahr haben** s'accroître, augmenter de cinquante membres par an; *hum* **die Familie Klausmann hat ~ bekommen** il y a une naissance chez les Klausmann; *umg* **sie hat ihm e-n Mantel auf ~ gekauft** elle lui a acheté un manteau d'une taille supérieure *(en prévoyant qu'il va grandir)*

zuwachsen V/I ⟨*irr, sép*, -ge-, s.⟩ 1 *Wunde* se fermer; se cicatriser 2 *Beet, Mauer etc* être recouvert; **der Weg wächst allmählich zu** les buissons finissent par recouvrir le chemin 3 *(zuteilwerden)* **j-m ~** être attribué à qn

Zuwachsrate F taux *m* d'accroissement, de croissance, de progression

Zuwanderer M immigrant *m*

zuwandern V/I ⟨-(e)re, *sép*, -ge-, s.⟩ immigrer; **Zuwanderung** F immigration *f*

zuwege ADV **etw ~ bringen** réussir à faire qc; **mit etw ~ kommen** se tirer d'affaire avec qc; venir à bout de qc; *umg* **(schlecht) gut ~ sein** (ne pas) être en forme

zuweilen *geh* ADV parfois; de temps à autre

zuweisen V/T ⟨*irr, sép*, -ge-, h.⟩ **j-m etw ~** attribuer, assigner qc à qn; **j-m j-n ~** affecter qn à qn

Zuweisung F attribution *f*; assignation *f*; affectation *f*

zuwenden ⟨*irr ou régulier, sép*, -ge-, h.⟩ A V/T **j-m, e-r Sache etw ~** *(zudrehen)* tourner qc vers qn, qc; *fig Geld etc* faire don de qc à qn; **j-m den Rücken ~** tourner le dos à qn; **j-m das Gesicht ~** tourner son visage vers qn; **e-r Sache** *(dat)* **s-e Aufmerksamkeit ~** porter, fixer son attention sur qc B V/R **sich j-m ~** se tourner vers qn; *fig* s'intéresser à qn; s'occuper de qn; **sich e-r Sache** *(dat)* **~** *(sich widmen)* se consacrer à qc

Zuwendung F 1 *(Beihilfe)* aide *f*; *staatliche* subvention *f*; *(Schenkung)* don *m*; donation *f* 2 ⟨*pas de pl*⟩ *fig (Aufmerksamkeit)* attention *f*; *(Zuneigung)* affection *f*

zuwenig INDEF PR → wenig B 4

zuwerfen V/T ⟨*irr, sép*, -ge-, h.⟩ 1 **j-m etw ~** jeter, lancer qc à qn; **j-m Blicke ~** lancer des regards à qn 2 *Tür* fermer violemment; (faire) claquer 3 *Graben* remblayer; combler

zuwider ADJ 1 **e-r Sache** *(dat)* **~ sein** être contraire à qc; être à l'encontre de qc 2 **es ist ihm ~, das zu tun** il lui répugne de faire cela; elle répugne à faire cela; **diese Speise ist ihm ~** ce plat le dégoûte; *Person* **j-m ~ sein** être très antipathique à qn

zuwiderhandeln V/I ⟨-(e)le, *sép*, -ge-, h.⟩ *bes* ADMIN **e-r Sache** *(dat)* **~** contrevenir à qc

Zuwiderhandelnde(r) M/F(M) ⟨→ A⟩ ADMIN contrevenant(e) *m(f)*; **Zuwiderhandlung** F ADMIN infraction *f*

zuwiderlaufen V/I ⟨*irr, sép*, -ge-, s.⟩ **e-r Sache** *(dat)* **~** être contraire à qc; aller à l'encontre de qc

zuwinken V/I ⟨*sép*, -ge-, h.⟩ **j-m ~** *zum Gruß* saluer qn (en faisant un signe avec la main); *als Zeichen* faire signe de la main à qn

zuzahlen ⟨sép, -ge-, h.⟩ A VT payer en plus, en supplément B VI payer un supplément
zuzählen VT ⟨sép, -ge-, h.⟩ 1 (hinzurechnen) ajouter 2 (zuordnen) compter (+dat parmi); Bauwerk **dem Barock ~** compter parmi les œuvres baroques
zuzeln VT u. VI ⟨-(e)le-, h.⟩ umg bayrisch, österr 1 (lutschen, saugen) suçoter (**an etw** [dat] qc) 2 (langsam trinken) siroter
zuziehen ⟨irr, sép, -ge-⟩ A VT ⟨h.⟩ 1 Vorhang tirer; a. Tür fermer; Knoten serrer 2 Sachverständigen faire appel à; Arzt a. consulter; **j-n zu etw ~** appeler, inviter qn à assister, à prendre part à qc; demander à qn son avis sur qc B VI ⟨s.⟩ **er ist vor Kurzem zugezogen** il vient de s'établir ici C VR **sich** (dat) **etw ~** Zorn, Unannehmlichkeiten s'attirer qc; Tadel, Strafe a. encourir qc; Krankheit contracter, attraper qc
Zuzug M établissement m; arrivée f; entrée f; (Einwanderung) immigration f; (Zustrom) afflux m
zuzüglich PRÄP ⟨gen⟩ en plus; **~ Ihrer Spesen** vos frais en plus; **~ Porto** port non compris
zuzwinkern VI ⟨-(e)re, sép, -ge-, h.⟩ **j-m ~** faire un clin d'œil à qn
Zvieri M od N ⟨~s; ~⟩ schweiz goûter m
ZVS F ⟨~⟩ ABK (Zentralstelle für die Vergabe von Studienplätzen) *centre national d'attribution des places dans les universités allemandes*
zwacken umg VT ⟨h.⟩ → zwicken
zwang → zwingen
Zwang M ⟨~(e)s; ≃e⟩ contrainte f; (Gewalt) violence f; force f; (Druck) pression f; (Beschränkung) contrainte f; PSYCH obsession f; **soziale Zwänge** contraintes sociales; **unter ~ handeln** agir sous la contrainte; **(bei j-m) ~ anwenden** faire pression (sur qn); **~ auf j-n ausüben** user de contrainte envers qn; **j-m ~ antun** contraindre, forcer qn; **es besteht kein ~ zur Teilnahme** il n'y a pas d'obligation de participer; **sich** (dat) **~ antun** se forcer; se faire violence; iron **tun Sie sich** (dat) **keinen ~ an!** ne vous gênez pas!
zwängen ⟨h.⟩ A VT **etw in etw** (akk) **~** faire entrer qc de force dans qc; **etw durch etw ~** faire passer qc de force à travers qc B VR **sich durch e-e Öffnung ~** passer de force à travers une ouverture; **sich in ein überfülltes Abteil ~** entrer de force dans un compartiment bondé
zwanghaft ADJ PSYCH compulsif, -ive
zwanglos A ADJ (locker) sans façon; décontracté (a. Party, Ton, Kleidung); Person, Benehmen a. naturel, -elle; **das Werk erscheint in ~er Folge** l'ouvrage est publié à intervalles irréguliers B ADV sans façon, contrainte; **wir kommen heute Abend ~ bei Birgit zusammen** nous nous réunissons sans façon ce soir chez Birgit
Zwanglosigkeit F ⟨~⟩ absence f de façons; décontraction f
Zwangsanleihe F emprunt m d'État obligatoire; **Zwangsarbeit** F ⟨~⟩ früher JUR travaux forcés; POL travail m obligatoire; **Zwangsarbeiter** M forçat m; **Zwangseinweisung** F internement m; **Zwangsernährung** F alimentation forcée; **Zwangshandlung** F acte obsessionnel; **Zwangsherrschaft** F ⟨~⟩ tyrannie f; despotisme m; **Zwangsjacke** F camisole f de force
Zwangslage F (Notlage) nécessité f; **in e-r ~ sein** être dans une situation difficile; être en fâcheuse posture
zwangsläufig ADJ forcé; (unvermeidlich) inévitable; (notwendig) nécessaire; **Zwangsläufigkeit** F ⟨~⟩ force f des choses
Zwangsmaßnahme F mesure coercitive, de coercition; **Zwangsneurose** F névrose obsessionnelle; **Zwangsräumung** F e-r Wohnung expulsion f; **Zwangssterilisation** F stérilisation forcée; **Zwangsumtausch** M obligation f de change; **Zwangsverkauf** M vente forcée; **Zwangsverschickung** F ⟨~; ~en⟩ déportation f; **zwangsversteigern** VT ⟨seulement inf et pperf zwangsversteigert, h.⟩ JUR vendre par adjudication forcée; **Zwangsversteigerung** F JUR vente f judiciaire; adjudication forcée; **Zwangsvollstreckung** F JUR exécution forcée; **Zwangsvorstellung** F idée f fixe; obsession f
zwangsweise A ADJ ⟨épithète⟩ forcé; obligatoire B ADV par force; JUR par coercition; **~ pensioniert werden** être mis à la retraite d'office
zwanzig NUM vingt; **etwa, rund ~ (Personen)** une vingtaine (de personnes)
Zwanzig F ⟨~⟩ (chiffre m, nombre m) vingt m
zwanziger ADJ ⟨inv⟩ **die ~ Jahre** NPL les années fpl vingt
Zwanziger[1] M ⟨~s; ~⟩ umg Geldschein billet m de vingt
Zwanziger[2] M ⟨~s; ~⟩, **Zwanzigerin** F ⟨~in; ~innen⟩ → Zwanzigjährige(r); **Zwanzigerjahre** NPL **die ~** les années fpl vingt; **zwanzigjährig** ADJ (zwanzig Jahre alt) (âgé) de vingt ans; (zwanzig Jahre lang) de vingt ans; qui dure vingt ans; **Zwanzigjährige(r)** M/F(M) ⟨→ A⟩ homme m, femme f de vingt ans; **Zwanzigmarkschein** M HIST billet m de vingt marks; **Zwanziguhrnachrichten** PL journal m de vingt heures
zwar ADV 1 einräumend certes; en effet; il est vrai; **er ist ~ reich, aber sehr geizig** il est riche, c'est vrai, mais très avare 2 **und ~** et pour préciser; c'est-à-dire; **wir wollen es versuchen, und ~ so** nous voulons essayer (de faire cela), et voici comment; **er hat sich verletzt, und ~ so schlimm, dass …** il s'est blessé si grièvement que …
Zweck M ⟨~(e)s; ~e⟩ (Ziel) but m; objectif m; (Endzweck) fin f; ADMIN objet m; (Verwendungszweck) usage m; (Funktion) fonction f; (Sinn) sens m; **Räume** mpl **für gewerbliche ~e** locaux mpl à usage commercial; **zu friedlichen ~en** à des fins pacifiques; **für e-n wohltätigen ~ bestimmt sein** être destiné à une œuvre humanitaire, de bienfaisance; bes ADMIN **der ~ dieses Schreibens ist …** l'objet de la présente est …; la présente a pour objet …; **e-m guten ~ dienen** servir à, être destiné à, avoir des buts louables; Geld **für e-n guten ~ geben** donner pour une bonne cause; **e-n ~ verfolgen** poursuivre un but; **s-n ~ erreichen, verfehlen** atteindre, manquer son but; **s-n ~ erfüllen** remplir sa fonction; être utile; **welchen ~ hat es, zu** (+inf) à quoi sert-il de (+inf); **das hat keinen ~** cela ne sert à rien; ça n'a aucun sens; c'est inutile; **es hat wenig ~ hinzugehen** inutile d'y aller; **für besondere ~e** à des fins spéciales; **zu welchem ~?** dans quel but?; pour quoi faire?; **zu diesem ~** à cette fin; à cet effet; **zum ~e** (+gen) en vue de; pour; umg **das ist der ~ der Übung** c'est le but de l'opération; sprichw **der ~ heiligt die Mittel** sprichw la fin justifie les moyens
Zweckbau M ⟨~(e)s; ~ten⟩ construction f (purement) utilitaire; **zweckdienlich** ADJ ADMIN utile; **Zweckdienlichkeit** F ⟨~⟩ ADMIN utilité f; **zweckentfremdet** ADJT désaffecté; Wohnungen, öffentliche Gebäude etc détourné de sa destination; **Zweckentfremdung** F désaffectation f; von Wohnungen, öffentlichen Gebäuden etc détournement m de sa destination
zweckentsprechend ADJT (passend) adéquat; approprié; (nützlich) utile; **zweckfrei** ADJ non affecté; **zweckgebunden** ADJT affecté à un usage (bien) défini; **zweckgemäß** → zweckentsprechend
zwecklos ADJ inutile; **es ist ~, darüber zu reden** a. ça ne sert à rien d'en parler
Zwecklosigkeit F ⟨~⟩ inutilité f; **zweckmäßig** ADJ (zweckentsprechend) fonctionnel, -elle; approprié; adéquat; (praktisch) pratique; (nützlich) utile; (angebracht) opportun; indiqué; à propos; **Zweckmäßigkeit** F ⟨~⟩ utilité f; opportunité f; **Zweckoptimismus** M optimisme m de circonstance; **Zweckpessimismus** M pessimisme m de circonstance
zwecks ADMIN PRÄP ⟨gen⟩ en vue de; pour
Zweckverband M in Deutschland association f, groupement m intercommunal(e)
zweckvoll → zweckmäßig; **zweckwidrig** ADJ inapproprié; inadéquat
zwei NUM deux; **für ~ arbeiten** travailler pour deux; **für ~ essen** manger comme quatre; → a. **acht** A 1, 2
Zwei F ⟨~; ~en⟩ 1 Zahl (chiffre m, nombre m) deux m; → a. **Acht**[1] 1, 2 2 Schulnote (gut) bien; in Frankreich etwa quatorze m, im Zeugnis a. quinze m (sur vingt); **eine ~ schreiben, haben** etwa avoir quatorze (sur vingt)
Zweiachser M ⟨~s; ~⟩ véhicule m à deux essieux; **zweiachsig** ADJ à deux essieux; biaxial; **Zweiakter** M ⟨~s; ~⟩ pièce f en deux actes; **zweiarmig** ADJ à deux bras, Leuchter branches; **zweibändig** etc → achtbändig etc; **Zweibeiner** M ⟨~s; ~⟩ bipède m; **zweibeinig** ADJ bipède; **Zweibettzimmer** N chambre f à deux lits
Zweibrücken N ⟨→ n/pr⟩ Deux-Ponts
zweideutig ADJ à double sens; ambigu, -uë; a. pej Antwort, Satz, Witz équivoque; **Zweideutigkeit** F ⟨~; ~en⟩ ambiguïté f; a. pej caractère m équivoque; **zweidimensional** ADJ à deux dimensions
Zweidrittelmehrheit F **mit ~** à la majorité des deux tiers
zweieiig ADJ bivitellin; **~e Zwillinge** mpl faux jumeaux mpl; t/t jumeaux bivitellins
zweieinhalb NUM deux et demi
Zweier M ⟨~s; ~⟩ 1 RUDERN canot m à deux rameurs; t/t deux m; GOLF partie f à deux joueurs 2 südd, österr, schweiz (Zwei) deux m; → a. Zwei 2; **Zweierbeziehung** F vie f à deux, de couple; **Zweierbob** M bobsleigh m à deux
zweierlei ADJ ⟨inv⟩ deux sortes, espèces de; deux … différent(e)s; de deux sortes, espèces différentes; **das ist ~** ce sont deux choses différentes; umg ça fait deux
zweifach A ADJ double; → a. achtfach A B ADV deux fois (plus); en double; **~ vergrößert** agrandi deux fois
Zweifache(s) N ⟨→ A⟩ double m; **Zweifamilienhaus** N maison f pour deux familles; **Zweifarbendruck** M ⟨~(e)s; -drucke⟩ TYPO impression f en deux couleurs
Zweifel M ⟨~s; ~⟩ doute m (**an** [+dat] au sujet de); **ohne (jeden) ~** sans aucun doute; incontestablement; sans conteste; **außer ~ stehen** ne faire aucun doute; **über etw** (akk) **im ~ sein** être dans le doute au sujet de qc; **ich bin mir noch im ~, ob …** j'ai encore des doutes si …; **in ~ ziehen** mettre en doute; **mir kommen ~** je finis par avoir des doutes; **es besteht kein ~ an deinem guten Willen** on ne doute pas de ta bonne volonté; **darüber besteht kein ~** il n'y a pas de doute à ce sujet; **darüber besteht nicht der geringste** od **leiseste ~** il n'y a pas l'ombre d'un doute à ce sujet; **sie ließ keinen ~ daran, dass …** elle n'a laissé planer

aucun doute que …
zweifelhaft ADJ *(ungewiss)* douteux, -euse; incertain; *(fraglich)* problématique; *(verdächtig)* suspect; louche; *Nachricht* sujet, -ette à caution; **zweifellos** ADV sans aucun doute; indubitablement; incontestablement
zweifeln V/I ⟨-(e)le, h.⟩ **an etw, j-m ~** douter de qc, qn; **ich zweifle, dass er kommt** je doute qu'il vienne; **daran ist nicht zu ~** c'est °hors de doute; **sie hat nie daran gezweifelt, dass …** elle n'a jamais douté que …
Zweifelsfall M **im ~(e)** en cas de doute
zweifelsfrei A ADJ indubitable; incontestable B ADV incontestablement; sans aucun doute; **zweifelsohne** ADV sans aucun doute; incontestablement
zweiflammig ADJ *Herd* à deux feux
Zweifler(in) M ⟨~s; ~⟩ (F) ⟨~in; ~innen⟩ sceptique *m/f*; esprit dubitatif
Zweifrontenkrieg M *a. fig* guerre *f* sur deux fronts
Zweig M ⟨~(e)s; ~e⟩ rameau *m*; *dicker, fig* branche *f*; *umg* **auf keinen grünen ~ kommen** ne pas réussir
zweigeschossig ADJ à deux étages; *Brücke etc* à voies superposées; **Zweigespann** N attelage *m* à deux chevaux
zweigestrichen ADJT MUS **~es C** do *m* (première) octave
zweigeteilt ADJT divisé en deux
zweigleisig A ADJ 1 *Eisenbahn* à deux voies; à double voie 2 *fig, oft pej* à double orientation B ADV *fig* **~ fahren** avoir deux cordes à son arc; *pej* courir deux lièvres à la fois
Zweigleisigkeit F ⟨~⟩ BAHN système *m* à double voie
zweigliedrig ADJ 1 ZOOL biarticulé 2 MATH binôme
Zweigniederlassung F, **Zweigstelle** F succursale *f*
zweihändig ADJ *u.* ADV à deux mains; **Zweiheit** F ⟨~⟩ dualité *f*; **zweihundert** NUM deux cent(s); **zweijährig** ADJ *(zwei Jahre alt)* (âgé) de deux ans; *(zwei Jahre lang)* de deux ans; qui dure deux ans; *t/t, Amtszeit etc* biennal; BOT bisannuel, -elle; **Zweijährige(r)** M/F(M) ⟨→ A⟩ enfant *m/f* de deux ans; **zweijährlich** ADV (ADJ) (qui revient) tous les deux ans
Zweikammersystem N POL bicamérisme *m*; **Zweikampf** M *a. fig* duel *m*; **Zweikanalton** M ⟨~(e)s⟩ TV son *m* stéréo avec possibilité de capter la version originale d'un film
zweimal ADV deux fois; **~ im Jahr, ~ jährlich erscheinend** semestriel, -ielle; **~ im Monat, ~ monatlich erscheinend** bimensuel, -elle; *fig* **sich** *(dat)* **etw nicht ~ sagen lassen** ne pas se le faire dire deux fois
zweimalig ADJ ⟨épithète⟩ répété deux fois; double; **Zweimarkstück** N HIST pièce *f* de deux marks; **Zweimaster** M ⟨~s; ~⟩ SCHIFF deux-mâts *m*; **zweimonatig** ADJ de, qui dure deux mois; **zweimonatlich** ADJ bimestriel, -ielle
zweimotorig ADJ bimoteur; **~es Flugzeug** bimoteur *m*
Zweiparteiensystem N bipartisme *m*; **Zweipfennigstück** N HIST pièce *f* de deux pfennigs; **Zweirad** N véhicule *m* à deux roues; deux-roues *m*; **Zweiraumwohnung** F → Zweizimmerwohnung; **Zweireiher** M ⟨~s; ~⟩ MODE complet croisé; **zweireihig** ADJ *Anzug* croisé
Zweisamkeit F ⟨~⟩ tête-à-tête *m*; **in trauter ~** en tête à tête
zweischneidig ADJ à double tranchant; *fig* **ein ~es Schwert** une arme à double tranchant
zweiseitig ADJ 1 à *od* de deux côtés; JUR, POL bilatéral 2 *Schriftstück* de deux pages
Zweisilb(l)er M ⟨Zweisilb(l)ers; Zweisilb(l)er⟩ METRIK disyllabe *m*; **Zweisitzer** M ⟨~s; ~⟩ 1 *Auto* voiture *f* à deux places; biplace *f* 2 *Flugzeug* avion *m* à deux places; biplace *m*; **zweisitzig** ADJ à deux places; **zweispaltig** ADJ TYPO à deux colonnes; **Zweispänner** M ⟨~s; ~⟩ voiture *f* à deux chevaux; **zweispännig** ADJ attelé de deux chevaux
zweisprachig ADJ bilingue; *Text a.* en deux langues; **Zweisprachigkeit** F ⟨~⟩ *e-s Landes, e-s Menschen* bilinguisme *m*
zweispurig ADJ *Straße* à deux voies; à double voie; *Tonband* à deux pistes; **zweistellig** ADJ *Zahl* de *od* à deux chiffres; **zweistimmig** ADJ à deux voix
zweistöckig ADJ *Haus* à deux étages; **zweistufig** ADJ *Rakete* à deux étages
zweistündig ADJ de deux heures; **zweistündlich** ADJ toutes les deux heures
zweit ADV **zu ~** à deux; **zu ~ sein** être deux
Zweitakter M ⟨~s; ~⟩, **Zweitaktmotor** M moteur *m* à deux temps
zweitälteste(r, -s) ADJ second; cadet, -ette
zweitausend NUM deux mille
Zweitausfertigung F copie *f*; double *m*
zweitbeste(r, -s) ADJ deuxième
zweite(r, -s) NUM second; *bei weiterer Folge* deuxième; **der Zweite Weltkrieg** la Seconde Guerre mondiale; THEAT **die ~ Besetzung** les doublures *fpl*; *fig* **ein ~r Napoleon** un autre, second Napoléon; **an ~r Stelle** en second; **in ~r Linie** en second lieu; **zum Zweiten** deuxièmement; **zum Zweiten!** *bei Versteigerungen* deux fois!; *umg* **im Zweiten** *Programm umg* sur la deux; → *a.* achte(r, -s)
Zweiteiler *umg* M ⟨~s; ~⟩ *Badeanzug, Kleid* deux-pièces *m*
zweiteilig ADJ en deux parties; composé de deux parties; **~er Badeanzug** maillot *m* de bain deux pièces; deux-pièces *m*; **~es Kleid** deux-pièces *m*
Zweiteilung F division *f* en deux parties; *bes* POL partition *f* en deux parties; BOT bipartition *f*
zweitens ADV deuxièmement; en second lieu; secundo
Zweite(r)-Klasse-Wagen M EISENBAHN voiture *f* de deuxième classe
Zweitfrisur F perruque *f*
zweitgrößte(r, -s) ADJ deuxième (en taille, en grandeur); **zweithöchste(r, -s)** ADJ deuxième (en altitude, en °hauteur); **zweitjüngste(r, -s)** ADJ avant-dernier, avant-dernière; **zweitklassig** ADJ *pej Hotel, Ware* de deuxième catégorie; *Politiker, Künstler etc a.* de second ordre; **zweitletzte(r, -s)** ADJ avant-dernier, avant-dernière; **zweitrangig** ADJ *Frage, Problem etc* secondaire; de second ordre; subsidiaire; *fig pej* → zweitklassig
Zweitschlüssel M double *m* (d'une clé); **Zweitschrift** F → Zweitausfertigung; **Zweitstimme** F POL deuxième voix *f*
zweitürig ADJ à deux portes, *Auto* portières
Zweitwagen M *e-s Haushalts* deuxième voiture *f*; **Zweitwohnung** F résidence *f* secondaire
Zweivierteltakt M mesure *f* à deux temps; **zweiwertig** ADJ CHEM bivalent; **Zweizeiler** M ⟨~s; ~⟩ METRIK distique *m*; **zweizeilig** ADJ à *od* de deux lignes; **Zweizimmerwohnung** F appartement *m* de deux pièces; deux-pièces *m*; **zweizügig** ADJ *Schule, Kindergarten* à deux sections
Zwerchfell N ANAT diaphragme *m*
zwerchfellerschütternd ADJT *fig* désopilant
Zwerg(in) M ⟨~(e)s; ~e⟩ (F) ⟨~in; ~innen⟩ *a. fig* nain(e) *m(f)*
zwergenhaft ADJ nain
Zwerghuhn N poule naine; **Zwergkiefer** F BOT pin *m* des montagnes; **Zwergpudel** M caniche nain; **Zwergschule** F école *f* à classe unique; **Zwergwuchs** M nanisme *m*
zwergwüchsig ADJ nain
Zwetsche F ⟨~; ~n⟩ *Frucht* quetsche *f*; *Baum* prunier *m*
Zwetschenbaum M prunier *m*; **Zwetschenkuchen** M tarte *f* aux quetsches; **Zwetschenmus** N confiture *f* de quetsches; **Zwetschenschnaps** M, **Zwetschenwasser** N ⟨-wassers; -wässer⟩ (eau-de-vie *f* de) quetsche *f*
Zwetschge F ⟨~; ~n⟩ → Zwetsche
Zwetschgenbaum M prunier *m*; **Zwetschgendatschi** M ⟨~s; ~s⟩ *südd* GASTR tarte *f* aux quetsches; **Zwetschgenkuchen** *etc* → Zwetschenkuchen *etc*
Zwetschke F ⟨~; ~n⟩ *österr* → Zwetsche
Zwetschkenknödel M *österr* GASTR: *quenelle de pommes de terre fourrée aux quetsches*
Zwickel M ⟨~s; ~⟩ 1 MODE soufflet *m* 2 BAU *(Hängezwickel)* pendentif *m*; *(Bogenzwickel)* écoinçon *m*
zwicken *bes südd, österr* ⟨h.⟩ A V/T pincer (**ins Bein** à la jambe) B V/I serrer
Zwicker M ⟨~s; ~⟩ pince-nez *m*
Zwickmühle *umg* F *fig* **in der ~ sein** *umg* être coincé
Zwieback M ⟨~(e)s; ⸚e *ou* ~e⟩ biscotte *f*
Zwiebel F ⟨~; ~n⟩ 1 GASTR oignon *m* 2 BOT *(Blumenzwiebel)* bulbe *m* 3 BAU bulbe *m* 4 *umg hum (Taschenuhr) umg* tocante *od* toquante *f*; **Zwiebelfische** MPL TYPO coquilles *fpl*; **zwiebelförmig** ADJ en forme de bulbe; bulbeux, -euse; **Zwiebelgewächs** N plante bulbeuse; **Zwiebelkuchen** M tarte *f* aux oignons; **Zwiebelmuster** N motif *m* oignon bleu
zwiebeln *umg* V/T ⟨-(e)le, h.⟩ *umg* asticoter
Zwiebelring M rondelle *f* d'oignon; **Zwiebelschale** F pelure *f* d'oignon; **Zwiebelsuppe** F soupe *f* à l'oignon; **Zwiebelturm** M clocher *m* à bulbe
zwiefach *geh*, **zwiefältig** *geh* ADJ double
Zwiegespräch *geh* N dialogue *m*; entretien *m*; *vertrauliches* tête-à-tête *m*; **Zwielaut** M LING diphtongue *f*
Zwielicht N ⟨~(e)s⟩ 1 *(Dämmerlicht)* demi-jour *m*; *fig* **ins ~ geraten** devenir suspect 2 *(Mischung von natürlichem u. künstlichem Licht)* faux jour *m*
zwielichtig ADJ *Angelegenheit, Geschichte, Vergangenheit, Person* louche
Zwiespalt M ⟨~(e)s; ~e *ou* -spälte⟩ 1 *innerer* déchirement *m*; conflit *m*; contradiction *f*; **ich befinde mich in e-m ~** je suis (intérieurement) déchiré 2 *(Uneinigkeit)* désaccord *m*; contradiction *f*
zwiespältig ADJ *Gefühl, Eindruck* partagé; **er ist ein ~er Charakter** c'est une personne pleine de contradictions
Zwiesprache *geh* F dialogue *m*; **mit j-m ~ halten** communiquer avec qn
Zwietracht *geh* F ⟨~⟩ *liter* discorde *f*; *liter* zizanie *f*; **~ säen** *od* **stiften** *liter* semer la discorde, la zizanie
Zwillich M ⟨~(e)s; ~e⟩ TEX coutil *m*
Zwilling M ⟨~s; ~e⟩ jumeau, -elle *m,f*; **siamesische ~e** frères, sœurs siamois(es); **eineiige ~e** vrais jumeaux; *t/t* jumeaux univitellins; **zweieiige ~e** faux jumeaux; *t/t* jumeaux bivitellins; ASTROL **~e** Gémeaux *mpl*
Zwillingsbruder M frère jumeau; **Zwillingsgeburt** F accouchement *m* gémellai-

re; **Zwillingspaar** N jumeaux *mpl; weibliches* jumelles *fpl*; **Zwillingsreifen** MPL *e-s Lkws* pneus jumelés; **Zwillingsschwangerschaft** F grossesse *f* gémellaire, double; **Zwillingsschwester** F sœur jumelle

Zwingburg F HIST château fort

Zwinge F ⟨~; ~n⟩ TECH bride *f* de fixation; TISCHLEREI serre-joint *m*; *(Stockzwinge)* virole *f*

zwingen ⟨zwingt, zwang, gezwungen, h.⟩ **A** V/T *durch Gewalt* forcer (**zu etw** à qc;, **etw zu tun** à *od* de faire qc); *durch moralischen, geistigen Zwang* obliger (à qc; à *od* de faire qc); *durch Autorität, Macht* contraindre (à qc; à *od* de faire qc); *durch Not, Pflicht* astreindre (à qc; à faire qc) **B** V/R **sich ~** se forcer (**zu etw** à qc;, **etw zu tun** à *od* de faire qc); s'obliger (à [faire] qc); **sich zu e-m Lächeln ~** s'efforcer de sourire; **sich gezwungen sehen, etw zu tun** se voir obligé de faire qc

zwingend ADJT *Notwendigkeit* absolu; *Beweis* irréfutable; **~er Schluss** conclusion définitive; **~e Gründe** *mpl* raisons impératives

Zwinger M ⟨~s; ~⟩ **1** *für Hunde* chenil *m*; *für Löwen etc* cage *f*; *für Bären* fosse *f* **2** *(Zuchtbetrieb)* chenil *m*

zwinkern V/I ⟨-(e)re, h.⟩ **(mit den Augen) ~** cligner des yeux

zwirbeln V/T ⟨-(e)le, h.⟩ *Schnurrbart, Faden* tordre; tortiller

Zwirn M ⟨~(e)s; ~e⟩ fil retors

Zwirnsfaden M (brin *m*, aiguillée *f* de) fil retors

zwischen PRÄP *Lage* ⟨dat⟩, *Richtung* ⟨akk⟩ entre; *(mitten unter)* parmi; au milieu de; **e-e Frau ~ fünfzig und sechzig (Jahren)** une femme entre cinquante et soixante ans; **es wächst viel Unkraut ~ der Petersilie** il y a beaucoup de mauvaises herbes dans le, au milieu du persil

Zwischenablage F IT presse-papiers *m*; **Zwischenakt** M THEAT intermède *m*; **Zwischenaufenthalt** M °halte *f*; **Zwischenbemerkung** F remarque (intempestive); **Zwischenbericht** M rapport *m* provisoire; **Zwischenbescheid** M réponse *f* provisoire; **Zwischenbilanz** F bilan *m* provisoire; **Zwischenblutung** F saignements *mpl* en dehors des règles; **Zwischendeck** N SCHIFF entrepont *m*; **Zwischendecke** F plafond *m* intermédiaire

Zwischending N ⟨~(e)s; ~er⟩ → Mittelding

zwischendrin *umg* ADV au milieu

zwischendurch ADV **1** *räumlich (zwischen etw hindurch)* à, au travers; *(hier und da)* par-ci, par-là **2** *zeitlich (inzwischen)* entre-temps; *(ab und zu)* de temps en temps; **iss nicht so viel ~** ne mange pas autant entre les repas

Zwischeneiszeit F période *f* interglaciaire; **Zwischenergebnis** N résultat *m* provisoire; **Zwischenfall** M incident *m*; **Zwischenfinanzierung** F prêt-relais *m*; **Zwischenfrage** F question incidente

Zwischengas N ⟨~es⟩ AUTO double débrayage *m*; **~ geben** faire un double débrayage

Zwischengericht N GASTR plat servi entre deux plats (principaux); **Zwischengeschoss**, *österr* **Zwischengeschoß** N entresol *m*; **Zwischengröße** F *bei Kleidung* taille *f* intermédiaire; demi-taille *f*; *bei Schuhen* demi-pointure *f*; **Zwischenhandel** M *(Großhandel)* demi-gros *m*; **Zwischenhändler(in)** M(F) intermédiaire *m/f*; *(Großhändler[in])* commerçant(e) *m(f)* en demi-gros; **Zwischenhandlung** F épisode *m*; **Zwischenhirn** N encéphale *m* intermédiaire; **Zwischenhoch** N METEO ligne *f* de hautes pressions; **Zwischenlager** N NUKL site *m*, lieu *m* de stockage provisoire; **zwischenlagern** V/T ⟨insép, les temps simples ne s'emploient pas dans une principale, -ge-, h.⟩ stocker provisoirement; **Zwischenlagerung** F stockage *m* provisoire; **zwischenlanden** V/I ⟨insép, les temps simples ne s'emploient pas dans une principale, -ete, -ge-, s.⟩ faire escale; **Zwischenlandung** F escale *f*; **Zwischenlauf** M SPORT éliminatoire *f*; **Zwischenlösung** F solution *f* provisoire; **Zwischenmahlzeit** F casse-croûte *m*; *am Nachmittag* goûter *m*

zwischenmenschlich ADJ relationnel, -elle; PHIL entre les humains; **~e Beziehungen** relations humaines; rapports humains

Zwischenprodukt N produit *m* intermédiaire; **Zwischenprüfung** F examen *m* intermédiaire; *in Frankreich an der Universität etwa* DEUG *m (Diplôme d'études universitaires générales)*

Zwischenraum M *räumlich, zeitlich* intervalle *m*; *räumlich a.* espace *m* (intermédiaire); espacement *m*; *kleiner* interstice *m*; *(Entfernung)* distance *f*; *(Lücke)* lacune *f*; TYPO blanc *m*; *zwischen Zeilen* interligne *m*; **drei Zeilen, vier Meter ~ lassen** laisser un espace de trois lignes, quatre mètres

Zwischenrechnung F facture *f* provisoire; **Zwischenruf** M interruption *f*; interpellation *f*; **Zwischenrunde** F SPORT éliminatoires *fpl*; **Zwischensaison** F mi-saison *f*; **zwischenschalten** V/T ⟨insép, les temps simples ne s'emploient pas dans une principale, -ete, -ge-, h.⟩ ELEK intercaler; insérer; **Zwischenspiel** N THEAT, *fig* intermède *m*; MUS intermède musical; **Zwischenspurt** M sprint *m*; **zwischenstaatlich** ADJ entre États; international; **Zwischenstadium** N phase *f* intermédiaire, transitoire

Zwischenstation F °halte *f*; **zwei Tage ~ in Paris machen** faire une °halte de deux jours à Paris

Zwischenstellung F position *f* intermédiaire; **Zwischenstopp** M FLUG escale *f*; **Zwischenstück** N pièce *f* intermédiaire; raccord *m*; **Zwischenstufe** F phase *f* intermédiaire; **Zwischensumme** F total *m* intermédiaire; **Zwischentext** M texte explicatif; **Zwischenton** M ⟨~(e)s; -töne⟩ nuance *f*; **Zwischentür** F porte communicante; **Zwischenwand** F cloison *f*; **Zwischenwirt** M BIOL, MED hôte *m* intermédiaire

Zwischenzeit F intervalle *m* (de temps); temps *m* intermédiaire; ADMIN *etc* intérim *m*; **in der ~** durant, pendant ce temps(-là); entre-temps

zwischenzeitlich ADV entre-temps; **Zwischenzeugnis** N *in der Schule* bulletin *m* du premier semestre; *für e-n Arbeitnehmer* attestation *f* intermédiaire

Zwist *geh* M ⟨~es; ~e⟩ *liter* dissension *f*; *(Zwietracht) liter* discorde *f*; *(Streit)* différend *m*

zwitschern ⟨-(e)re, h.⟩ **A** V/T **1** *Vögel* chanter **2** *umg fig* **einen ~** *umg* siffler un verre; *umg* picoler **B** V/I *Vögel* gazouiller; chanter

Zwitschern N ⟨~s⟩ gazouillement *od* gazouillis *m*; chant *m*

Zwitter M ⟨~s; ~⟩ hermaphrodite *m*; *fig* hybride *m*; **Zwitterstellung** F ⟨~; ~en⟩ situation ambiguë; **Zwitterwesen** N **1** hermaphrodite *m* **2** ⟨pas de pl⟩ *fig* (nature *f*) hybride *m*

zwo *umg* → zwei

zwölf NUM douze; **etwa, rund ~ (Personen)** une douzaine (de personnes); **um ~ Uhr** *mittags* à midi; *nachts* à minuit; *umg fig* **es ist fünf Minuten vor ~!** c'est le dernier moment!; → *a.* acht A 1, 2

Zwölf F ⟨~; ~en⟩ (chiffre *m*, nombre *m*) douze *m*; → *a.* Acht[1] 1, 2

Zwölffingerdarm M duodénum *m*; **Zwölfkampf** M TURNEN concours général (hommes); **Zwölfmeilenzone** F zone *f* de douze milles; **Zwölfsilb(l)er** M ⟨Zwölfsilb(l)ers; Zwölfsilb(l)er⟩ METRIK alexandrin *m*; **Zwölftonmusik** F musique sérielle, dodécaphonique

zwote(r, -s) *umg* → zweite(r, -s)

zwotens *umg* → zweitens

Zyan N ⟨~s⟩ CHEM cyanogène *m*

Zyanid N ⟨~s; ~e⟩ CHEM cyanure *m*

Zyankali N ⟨~s⟩ CHEM cyanure *m* de potassium

zyklisch **A** ADJ cyclique **B** ADV suivant un cycle

Zyklon M ⟨~s; ~e⟩ METEO cyclone *m*

Zyklop M ⟨~en; ~en⟩ MYTH cyclope *m*

Zyklopenmauer F mur cyclopéen

Zyklotron N ⟨~s; ~s *ou* ~e⟩ NUKL cyclotron *m*

Zyklus M ⟨~; -klen⟩ cycle *m*; *von Konzerten etc* série *f*

Zylinder M ⟨~s; ~⟩ **1** MATH, TECH, AUTO cylindre *m* **2** CHEM éprouvette *f*; *e-r Petroleumlampe* verre *m* de lampe **3** *(~hut)* °haut-de-forme *m*; **zylinderförmig** ADJ cylindrique; **Zylinderglas** N ⟨~es; ~̈er⟩ OPT verre *m* cylindrique; **Zylinderhut** M chapeau *m* °haut de forme; **Zylinderkopf** M TECH culasse *f*; **Zylinderkopfdichtung** F joint *m* de culasse; **Zylinderschloss** N serrure *f* de sûreté

zylindrisch ADJ cylindrique

Zyniker(in) M ⟨~s; ~⟩ F ⟨~in; ~innen⟩ cynique *m/f*; **zynisch** ADJ cynique

Zynismus M ⟨~; -men⟩ cynisme *m*

Zypergras N BOT souchet *m*

Zypern N ⟨→ n/pr⟩ (l'île *f* de) Chypre *f*

Zyprer(in) M ⟨~s; ~⟩ F ⟨~in; ~innen⟩ Cypriote *m/f*

Zypresse F ⟨~; ~n⟩ BOT cyprès *m*

Zypriot(in) M ⟨~en; ~en⟩ F ⟨~in; ~innen⟩ Cypriote *m/f*

zypriotisch ADJ cypriote; de Chypre

zyprisch ADJ cypriote; de Chypre

Zyste F ⟨~; ~n⟩ MED kyste *m*

Zystitis F ⟨~; -itiden⟩ MED cystite *f*

Zytologie F ⟨~⟩ BIOL cytologie *f*; **Zytoplasma** N BIOL cytoplasme *m*

zz., zzt. ABK (zurzeit) en ce moment; actuellement

Anhang

Zahlen | Adjectifs numéraux

Grundzahlen | Nombres cardinaux

0 *null* zéro
1 *eins* un, une
2 *zwei* deux
3 *drei* trois
4 *vier* quatre
5 *fünf* cinq
6 *sechs* six
7 *sieben* sept
8 *acht* huit
9 *neun* neuf
10 *zehn* dix
11 *elf* onze
12 *zwölf* douze
13 *dreizehn* treize
14 *vierzehn* quatorze
15 *fünfzehn* quinze
16 *sechzehn* seize
17 *siebzehn* dix-sept
18 *achtzehn* dix-huit
19 *neunzehn* dix-neuf
20 *zwanzig* vingt
21 *einundzwanzig* vingt et un(e)
22 *zweiundzwanzig* vingt-deux
23 *dreiundzwanzig* vingt-trois
24 *vierundzwanzig* vingt-quatre
25 *fünfundzwanzig* vingt-cinq
26 *sechsundzwanzig* vingt-six
27 *siebenundzwanzig* vingt-sept
28 *achtundzwanzig* vingt-huit
29 *neunundzwanzig* vingt-neuf
30 *dreißig* trente
31 *einunddreißig* trente et un(e)
32 *zweiunddreißig* trente-deux
40 *vierzig* quarante
50 *fünfzig* cinquante
60 *sechzig* soixante
70 *siebzig* soixante-dix
71 *einundsiebzig* soixante et onze
72 *zweiundsiebzig* soixante-douze
73 *dreiundsiebzig* soixante-treize
77 *siebenundsiebzig* soixante-dix-sept
80 *achtzig* quatre-vingt(s)
81 *einundachtzig* quatre-vingt-un(e)
82 *zweiundachtzig* quatre-vingt-deux
90 *neunzig* quatre-vingt-dix
91 *einundneunzig* quatre-vingt-onze
92 *zweiundneunzig* quatre-vingt-douze
100 *(ein)hundert* cent
101 *(ein)hunderteins* cent un(e)
102 *(ein)hundertzwei* cent deux
200 *zweihundert* deux cent(s)
300 *dreihundert* trois cent(s)
400 *vierhundert* quatre cent(s)
500 *fünfhundert* cinq cent(s)
600 *sechshundert* six cent(s)
700 *siebenhundert* sept cent(s)
800 *achthundert* huit cent(s)
900 *neunhundert* neuf cent(s)
1 000 *(ein)tausend* mille
1 001 *(ein)tausendeins* mille un(e)
1 002 *(ein)tausendzwei* mille deux
1 100 *(ein)tausendeinhundert* oder *elfhundert* onze cent(s)
1 200 *(ein)tausendzweihundert* oder *zwölfhundert* douze cent(s) *ou* mille deux cent(s)
2 000 *zweitausend* deux mille
10 000 *zehntausend* dix mille
100 000 *hunderttausend* cent mille
1 000 000 *eine Million* un million
1 000 000 000 *eine Milliarde* un milliard

Ordnungszahlen | Nombres ordinaux

1. *(der, die, das) erste*	**1er** (le) premier
	1re (la) première
2. *zweite*	**2e** deuxième; second(e)
3. *dritte*	**3e** troisième
4. *vierte*	**4e** quatrième
5. *fünfte*	**5e** cinquième
6. *sechste*	**6e** sixième
7. *sieb(en)te*	**7e** septième
8. *achte*	**8e** huitième
9. *neunte*	**9e** neuvième
10. *zehnte*	**10e** dixième
11. *elfte*	**11e** onzième
12. *zwölfte*	**12e** douzième
13. *dreizehnte*	**13e** treizième
14. *vierzehnte*	**14e** quatorzième
15. *fünfzehnte*	**15e** quinzième
16. *sechzehnte*	**16e** seizième
17. *siebzehnte*	**17e** dix-septième
18. *achtzehnte*	**18e** dix-huitième
19. *neunzehnte*	**19e** dix-neuvième
20. *zwanzigste*	**20e** vingtième
21. *einundzwanzigste*	**21e** vingt et unième
22. *zweiundzwanzigste*	**22e** vingt-deuxième
23. *dreiundzwanzigste*	**23e** vingt-troisième
30. *dreißigste*	**30e** trentième
31. *einunddreißigste*	**31e** trente et unième
32. *zweiunddreißigste*	**32e** trente-deuxième
40. *vierzigste*	**40e** quarantième
50. *fünfzigste*	**50e** cinquantième
60. *sechzigste*	**60e** soixantième
70. *siebzigste*	**70e** soixante-dixième
71. *einundsiebzigste*	**71e** soixante et onzième
72. *zweiundsiebzigste*	**72e** soixante-douzième
80. *achtzigste*	**80e** quatre-vingtième
81. *einundachtzigste*	**81e** quatre-vingt-unième
82. *zweiundachtzigste*	**82e** quatre-vingt-deuxième
90. *neunzigste*	**90e** quatre-vingt-dixième
91. *einundneunzigste*	**91e** quatre-vingt-onzième
92. *zweiundneunzigste*	**92e** quatre-vingt-douzième
100. *hundertste*	**100e** centième

101.	*hunderterste*	**101e**	cent unième
102.	*hundertzweite*	**102e**	cent deuxième
200.	*zweihundertste*	**200e**	deux centième
300.	*dreihundertste*	**300e**	trois centième
1 000.	*tausendste*	**1 000e**	millième
2 000.	*zweitausendste*	**2 000e**	deux millième
100 000.	*hunderttausendste*	**100 000e**	cent millième
1 000 000.	*millionste*	**1 000 000e**	millionième

Zahladverbien | Adverbes numéraux

1° premièrement; primo; en premier lieu	**1.** erstens
2° deuxièmement; secundo; en second lieu	**2.** zweitens
3° troisièmement; tertio; en troisième lieu	**3.** drittens
4° quatrièmement; en quatrième lieu	**4.** viertens
etc.	

Bruchzahlen | Nombres fractionnaires

$^{1}/_{2}$ (un) demi	ein halb
1 $^{1}/_{2}$ un et demi	eineinhalb *oder* anderthalb
$^{1}/_{3}$ un tiers	ein Drittel
$^{2}/_{3}$ (les) deux tiers	zwei Drittel
$^{1}/_{4}$ un quart	ein Viertel
$^{3}/_{4}$ (les) trois quarts	drei Viertel
2$^{1}/_{4}$ deux un quart	zweieinviertel
$^{1}/_{5}$ un cinquième	ein Fünftel
$^{4}/_{5}$ (les) quatre cinquièmes	vier Fünftel
$^{1}/_{6}$ un sixième	ein Sechstel
etc.	*etc.*
0,5 zéro virgule cinq	null Komma fünf
2,8 deux virgule huit	zwei Komma acht

Sammelzahlen | Nombres collectifs

une huitaine	(etwa) acht
une dizaine	(etwa) zehn
une douzaine	ein Dutzend
une quinzaine	etwa fünfzehn
une vingtaine	etwa zwanzig
une trentaine	etwa dreißig
une quarantaine	etwa vierzig
une cinquantaine	etwa fünfzig
une soixantaine	etwa sechzig
une centaine	etwa hundert
un millier	etwa tausend

Vervielfältigungszahlen | Mots multiplicatifs

simple	einfach
double	doppelt
triple	dreifach
quadruple	vierfach
quintuple	fünffach
centuple	hundertfach
selten:	
sextuple	sechsfach
septuple	siebenfach
octuple	achtfach
nonuple	neunfach
décuple	zehnfach

Rechenarten | Calcul

$2 + 3 = 5$	deux et (*oder* plus) trois font (*oder* égalent) cinq – zwei und (*ou* plus) drei ist fünf
$9 - 6 = 3$	neuf moins six (*oder* six ôté de neuf) égalent trois – neun weniger (*ou* minus) sechs ist drei
$2 \times 4 = 8$	quatre fois deux (*oder* deux multiplié par quatre) égalent huit – zwei mal vier ist acht
$12 : 3 = 4$	douze divisé par trois égalent quatre – zwölf geteilt durch drei ist vier
$2^4 = 16$	deux à la puissance quatre égale seize – zwei hoch vier ist sechzehn
$\sqrt{9} = 3$	la racine carrée de neuf est trois – Wurzel aus neun ist drei

Maße und Gewichte | Poids et mesures

Längenmaße | Mesures de longueur

1 mm	**Millimeter**	millimètre
1 cm	**Zentimeter**	centimètre
1 dm	**Dezimeter**	décimètre
1 m	**Meter**	mètre
1 dkm	**Dekameter**	décamètre
1 km	**Kilometer**	kilomètre
1 sm	**Seemeile** (= 1852 m)	mille marin

Flächenmaße | Mesures de superficie

1 mm^2	**Quadratmillimeter**	millimètre carré
1 cm^2	**Quadratzentimeter**	centimètre carré
1 dm^2	**Quadratdezimeter**	décimètre carré
1 m^2	**Quadratmeter**	mètre carré
1 km^2	**Quadratkilometer**	kilomètre carré
1 a	**Ar** (= 100 m^2)	are
1 ha	**Hektar**	hectare

Raummaße | Mesures de volume

1 mm^3	**Kubikmillimeter**	millimètre cube
1 cm^3	**Kubikzentimeter**	centimètre cube
1 dm^3	**Kubikdezimeter**	décimètre cube
1 m^3	**Kubikmeter**	mètre cube
1 fm	**Festmeter**	mètre cube
1 rm	**Raummeter**	stère
1 RT	**Registertonne** (= 2,83 m^3)	tonneau (de jauge)

Hohlmaße | Mesures de capacité

1 ml	**Milliliter**	millilitre
1 cl	**Zentiliter**	centilitre
1 dl	**Deziliter**	décilitre
1 l	**Liter**	litre
1 hl	**Hektoliter**	hectolitre

Gewichte | Poids

1 mg	**Milligramm**	milligramme
1 cg	**Zentigramm**	centigramme
1 dg	**Dezigramm**	décigramme
1 g	**Gramm**	gramme
1 dkg	**Dekagramm**	décagramme
1 hg	**Hektogramm**	hectogramme
1 Pfd.	**Pfund**	livre
1 kg	**Kilogramm**	kilogramme
1 Ztr.	**Zentner**	50 kg, *österr, schweiz* quintal
1 dz	**Doppelzentner**	quintal
1 t	**Tonne**	tonne

Konjugation der französischen Verben

1 Regelmäßige Verben auf -er: trouver

Temps simples

	Indicatif *Présent*	*Imparfait*	*Passé simple*[1]	**Futur** *simple*
je	trouv*e*	trouv*ais*	trouv*ai*	trouver*ai*
tu	trouv*es*	trouv*ais*	trouv*as*	trouver*as*
il	trouv*e*	trouv*ait*	trouv*a*	trouver*a*
nous	trouv*ons*	trouv*ions*	trouv*âmes*	trouver*ons*
vous	trouv*ez*	trouv*iez*	trouv*âtes*	trouver*ez*
ils	trouv*ent*	trouv*aient*	trouv*èrent*	trouver*ont*

	Subjonctif *Présent*	*Imparfait*[2]	**Conditionnel** *Présent*	**Impératif**
je	trouv*e*	trouvasse	trouver*ais*	
tu	trouv*es*	trouvasses	trouver*ais*	trouv*e*
il	trouv*e*	trouv*ât*	trouver*ait*	
nous	trouv*ions*	trouvassions	trouver*ions*	trouv*ons*
vous	trouv*iez*	trouvassiez	trouver*iez*	trouv*ez*
ils	trouv*ent*	trouvassent	trouver*aient*	

Infinitif *Présent*	**Participe** *Présent*	*Passé*	**Gérondif**
trouv*er*	trouv*ant*	trouv*é*	en trouv*ant*

1) Das *Passé simple* wird heute in der gesprochenen Sprache durch das *Passé composé* ersetzt.

2) Der *Subjonctif Imparfait* wird heute in der Schriftsprache höchstens noch in der 3. Person Singular gebraucht. Gewöhnlich wird er durch den *Subjonctif Présent* ersetzt.

Temps composés

Indicatif			**Futur**
Passé composé	*Plus-que-parfait*	*Passé antérieur*	*antérieur*
j'ai trouvé	j'avais trouvé	j'eus trouvé	j'aurai trouvé
tu as trouvé	tu avais trouvé	tu eus trouvé	tu auras trouvé
etc.	*etc.*	*etc.*	*etc.*

Subjonctif		**Conditionnel**	**Infinitif**
Passé	*Plus-que-parfait*	*Passé*	*Passé*
que j'aie trouvé	que j'eusse trouvé	j'aurais trouvé	avoir trouvé
que tu aies trouvé	que tu eusses trouvé	tu aurais trouvé	
etc.	*etc.*	*etc.*	

2 Regelmäßige Verben auf -ir: punir

Temps simples

	Indicatif *Présent*	*Imparfait*	*Passé simple*	**Futur** *simple*
je	pun*is*	pun*issais*	pun*is*	punir*ai*
tu	pun*is*	pun*issais*	pun*is*	punir*as*
il	pun*it*	pun*issait*	pun*it*	punir*a*
nous	pun*issons*	pun*issions*	pun*îmes*	punir*ons*
vous	pun*issez*	pun*issiez*	pun*îtes*	punir*ez*
ils	pun*issent*	pun*issaient*	pun*irent*	punir*ont*

	Subjonctif *Présent*	*Imparfait*	**Conditionnel** *Présent*	**Impératif**
je	pun*isse*	punisse	punir*ais*	
tu	pun*isses*	punisses	punir*ais*	pun*is*
il	pun*isse*	pun*ît*	punir*ait*	
nous	pun*issions*	punissions	punir*ions*	pun*issons*
vous	pun*issiez*	punissiez	punir*iez*	pun*issez*
ils	pun*issent*	punissent	punir*aient*	

	Infinitif *Présent*	**Participe** *Présent*	*Passé*	**Gérondif**
	pun*ir*	pun*issant*	pun*i*	en pun*issant*

Temps composés

Indicatif			**Futur**
Passé composé	*Plus-que-parfait*	*Passé antérieur*	*antérieur*
j'ai puni	j'avais puni	j'eus puni	j'aurai puni
tu as puni	tu avais puni	tu eus puni	tu auras puni
etc.	*etc.*	*etc.*	*etc.*

Subjonctif		**Conditionnel**	**Infinitif**
Passé	*Plus-que-parfait*	*Passé*	*Passé*
que j'aie puni	que j'eusse puni	j'aurais puni	avoir puni
que tu aies puni	que tu eusses puni	tu aurais puni	
etc.	*etc.*	*etc.*	

3 Unregelmäßige Formen der Verben auf -er

		Présent	*Imparfait*	*Passé simple*	*Participe présent (Gérondif)*
⟨-ç-⟩	avancer:	nous avançons	j'avançais tu avançais il avançait ils avançaient	j'avançai tu avanças il avança nous avançâmes vous avançâtes	(en) avançant
⟨-geons⟩ *bzw.* ⟨-geait⟩	diriger:	nous dirigeons	je dirigeais tu dirigeais il dirigeait ils dirigeaient	je dirigeai tu dirigeas il dirigea nous dirigeâmes vous dirigeâtes	(en) dirigeant

		Présent	*Futur simple*	*Conditionnel*	*Impératif*
⟨-è-⟩	peser:	je pèse tu pèses il pèse ils pèsent	pèserai pèseras *etc.*	pèserais pèserais *etc.*	pèse!
	céder:	je cède tu cède il cède ils cèdent	(*aber* je céderai *etc.*)		cède!
⟨-tt-⟩	projeter:	je projette tu projettes il projette ils projettent	projetterai projetteras *etc.*	projetterais projetterais *etc.*	projette!
⟨-ll-⟩	épeler:	j'épelle tu épelles il épelle ils épellent	épellerai épelleras *etc.*	épellerais épellerais *etc.*	épelle!
⟨-oi-⟩	employer:	j'emploie tu emploies il emploie ils emploient	emploierai emploieras *etc.*	emploierais emploierais *etc.*	emploie!

		Présent	*Futur simple*	*Conditionnel*	*Impératif*
⟨-ui-⟩	appuyer:	j'appuie	appuierai	appuierais	appuie!
		tu appuies	appuieras	appuierais	
		il appuie	*etc.*	*etc.*	
		ils appuient			
⟨-ay-⟩	essayer:	j'essaye	j'essayerai	j'essayerais	essaye
oder		[ʒesɛj]	[ʒesɛjʀe]	*oder*	*oder*
⟨-ai-⟩		*oder*	*oder*	j'essaierais	essaie!
		j'essaie	j'essaierai	tu essayerais	
		[ʒesɛ]	[ʒesɛʀe]	*oder*	
		tu essayes	tu essayeras	tu essaierais	
		oder	*oder*	*etc.*	
		tu essaies	tu essaieras		
		il essaye	*etc.*		
		oder			
		il essaie			
		ils essayent			
		oder			
		ils essaient			

4 Unregelmäßige Verben

Aus den in spitzen Klammern bei den betreffenden Verben des Hauptteils angegebenen Formen lässt sich der gesamte Formenbestand eines unregelmäßigen Verbs nach folgendem Schema ableiten:

rendre

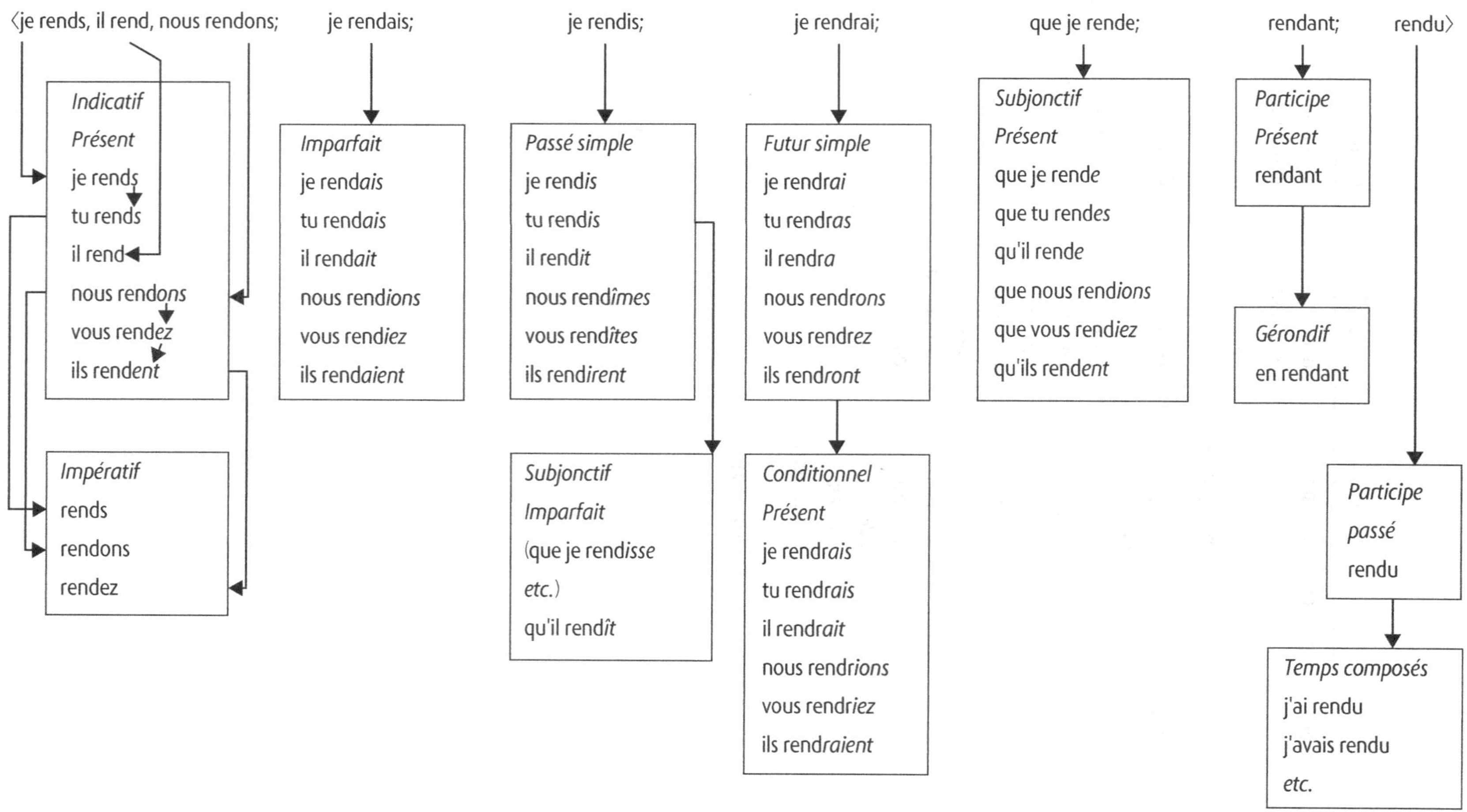

5 Das Hilfsverb avoir

Temps simples

	Indicatif *Présent*	*Imparfait*	*Passé simple*	**Futur** *simple*
j'	ai	avais	eus	aurai
tu	as	avais	eus	auras
il	a[1]	avait	eut	aura[1]
nous	avons	avions	eûmes	aurons
vous	avez	aviez	eûtes	aurez
ils	ont	avaient	eurent	auront

	Subjonctif *Présent*	*Imparfait*	**Conditionnel** *Présent*	**Impératif**
j'	aie	eusse	aurais	
tu	aies	eusses	aurais	aie
il	ait	eût	airait	
nous	ayons	eussions	aurions	ayons
vous	ayez	eussiez	auriez	ayez
ils	aient	eussent	auraient	

	Infinitif *Présent*	**Participe** *Présent*	*Passé*	**Gérondif**
	avoir	ayant	eu	en ayant

1) *Frageform* a-t-il? *bzw.* aura-t-il?

Temps composés

Indicatif *Passé composé*	*Plus-que-parfait*	*Passé antérieur*	Futur *antérieur*
j'ai eu tu as eu *etc.*	j'avais eu tu avais eu *etc.*	j'eus eu tu eus eu *etc.*	j'aurai eu tu auras eu *etc.*

Subjonctif *Passé*	*Plus-que-parfait*	Conditionnel *Passé*	Infinitif *Passé*
que j'aie eu que tu aies eu *etc.*	que j'eusse eu que tu eusses eu *etc.*	j'aurais eu tu aurais eu *etc.*	avoir eu

6 Das Hilfsverb être

Temps simples

	Indicatif Présent	Imparfait	Passé simple	Futur simple
je	suis	étais	fus	serai
tu	es	étais	fus	seras
il	est	était	fut	sera[1]
nous	sommes	étions	fûmes	serons
vous	êtes	étiez	fûtes	serez
ils	sont	étaient	furent	seront

	Subjonctif Présent	Imparfait	Conditionnel Présent	Impératif
je	sois	fusse	serais	
tu	sois	fusses	serais	sois
il	soit	fût	serait	
nous	soyons	fussions	serions	soyons
vous	soyez	fussiez	seriez	soyez
ils	soient	fussent	seraient	

	Infinitif Présent	Participe Présent	Passé	Gérondif
	être	étant	été	en étant

1) *Frageform* sera-t-il?

Temps composés

Indicatif			Futur
Passé composé	*Plus-que-parfait*	*Passé antérieur*	*antérieur*
j'ai été	j'avais été	j'eus été	j'aurai été
tu as été	tu avais été	tu eus été	tu auras été
etc.	*etc.*	*etc.*	*etc.*

Subjonctif		Conditionnel	Infinitif
Passé	*Plus-que-parfait*	*Passé*	*Passé*
j'aie été	j'eusse été	j'aurais été	avoir été
tu aies été	tu eusses été	tu aurais été	
etc.	*etc.*	*etc.*	

Silbentrennung im Französischen

Die Trennung der französischen Wörter am Zeilenende erfolgt immer nach Sprechsilben. Um korrekt zu trennen, genügt es, die folgenden Regeln zu beachten:

1. Ein einzelner Konsonant zwischen zwei Vokalen tritt zur folgenden Silbe:

   di-ri-ger, pay-san, pro-me-ner, thé-ra-pie

   Ausnahme: Bei **x** zwischen zwei Vokalen darf nicht getrennt werden:

   Saxon, fixer

2. Von zwei oder mehr Konsonanten zwischen zwei Vokalen tritt nur der letzte Konsonant zur folgenden Silbe:

   par-tir, ex-cur-sion, res-ter, doc-ker, chas-seur, nom-mer, ail-leurs
   (Doppel-l, das wie [j] gesprochen wird, ist trennbar),
   comp-ter, ryth-mer, cons-cience, subs-tan-tif
   (bei gut erkennbaren Vorsilben sind auch Trennungen wie **con-science, sub-stantif** möglich, aber eher selten)

   Dabei gelten folgende Ausnahmen:

   a) Konsonant + l oder + r werden nicht getrennt:
   ci-ble, es-clan-dre, an-glais, af-freux, ins-truit

   b) Die Konsonantenpaare ch, gn, ph, th, die nur für einen Laut stehen, werden nicht getrennt:
   ro-cher, ga-gner, bio-gra-phie, or-tho-graphe

3. Mehrere aufeinanderfolgende Vokale werden nicht getrennt:

   théâ-tral, prier, sec-tion, voya-geur, muet, croyons, louaient

   Ausnahme: Eine gut erkennbare Vorsilbe darf abgetrennt werden:

   pré-avis, anti-al-coo-lisme

4. Ein einzelner Vokal am Anfang eines Worts kann nicht abgetrennt werden:

   état, oser, avec, iro-nie

   Ausnahme: Möglich sind Trennungen wie:

   qu'a-vec, l'é-tui, s'a-me-ner

5. Direkt nach dem Apostroph darf nicht getrennt werden:

   au-jour-d'hui, puis-qu'il

Großschreibung im Französischen

1 Allgemeines

Im Gegensatz zum Deutschen werden im Französischen auch Substantive in der Regel kleingeschrieben. Nur Eigennamen werden immer großgeschrieben, z. B.:

la Bretagne, la Seine, Paris,
la tour Eiffel

Eine wichtige Ausnahme sind auch die Nationalitäts- und Einwohnerbezeichnungen:

un Français, une Allemande,
un Autrichien, les Parisiens

Das dazugehörige Adjektiv wird aber kleingeschrieben, z. B.:

Elle est suisse. Mon copain est belge.
Nos amis parisiens sont arrivés.

2 Zweigliedrige Ausdrücke

Bei zweigliedrigen Bezeichnungen aus Substantiv und Adjektiv wird meistens nur der erste Bestandteil großgeschrieben, z. B.:

la République française
die Französische Republik

l'Assemblée nationale
die Nationalversammlung

le Parlement européen
das Europaparlament

3 Großschreibung mit unterschiedlicher Bedeutung

Bei einigen Wörtern hat das großgeschriebene Wort eine andere oder eingeschränkte Bedeutung, z. B.:

centre „Zentrum"
Centre „Mittelfrankreich"
état „Zustand"
État „Staat"
église „Kirche" (Gebäude)
Église die Institution „Kirche"
terre „Erde, Boden, Land"
Terre der Planet „Erde"

Ähnlich wie **la Terre** bezeichnen auch **le Soleil** „Sonne" und **la Lune** „Mond" nur die Himmelskörper:

Le soleil brille.
Die Sonne scheint.

Elle est dans la lune.
Sie ist nicht bei der Sache.

aber:

Ils ont atterri sur la Lune.
Sie sind auf dem Mond gelandet.

Zeichensetzung im Französischen

1. Punkt, Strichpunkt, Doppelpunkt, Fragezeichen, Ausrufezeichen, Gedankenstrich, Klammern und Anführungszeichen (im Französischen « ») werden im Wesentlichen wie im Deutschen gebraucht. An geringen Abweichungen sind zu erwähnen:

   a) Vor Ausrufezeichen, Fragezeichen, Doppelpunkt und Strichpunkt sowie bei Anführungszeichen steht in der Regel ein Zwischenraum, z. B.:
   Tu viens ?
   Mais certainement !
   Faites le calcul : 20 pour cent de 5000, cela fait 1000.

   b) vor drei Pünktchen „..." steht kein Zwischenraum:
   et ainsi de suite...

   c) Kein Punkt steht nach Ordnungszahlen:
   1er bzw. 1re, 2e, 3e usw.

   d) Das Datum wird meist so geschrieben:
   12/11/10

2. Einige bedeutende Abweichungen vom Deutschen gibt es dagegen beim Gebrauch des Kommas:

   a) Adverbiale Bestimmungen zu Beginn eines Satzes werden durch Komma abgetrennt:
   À trois heures, il n'était toujours pas arrivé.
   Avec lui, il faut se méfier.

   b) Kein Komma steht aber bei:
   – Objektsätzen:
   Je sais qu'il a tort.
   – indirekten Fragesätzen:
   Je me demande si elle n'est pas malade.
   – nachgestellten Adverbialsätzen:
   J'irai le voir avant qu'il parte.
   – zum Verständnis des Hauptsatzes notwendige Relativsätze:
   Le livre que tu m'as prêté ne me plaît pas.
   – Infinitivgruppen:
   Elle m'a prié de l'aider.

   c) Vor „etc." steht im Französischen immer ein Komma:
   Paris, Londres, Berlin, etc.

Empfohlene neue Schreibweisen im Französischen

Der *Conseil supérieur de la langue française* empfiehlt einige Änderungen zur französischen Rechtschreibung, die allerdings nicht verbindlich sind. Sowohl die alte als auch die neue Schreibweise sind also korrekt. Es bleibt abzuwarten, ob sich die neuen Schreibweisen durchsetzen. Hier die wichtigsten Empfehlungen mit einigen Beispielen; s. a. www.orthographe-recommandee.info:

1. Zusammengesetzte Zahlen sollen immer mit Bindestrich geschrieben werden.

alte Schreibweise	*neue Schreibweise*
vingt et un	**vingt-et-un**
deux cents	**deux-cents**

2. Bei mit Bindestrich zusammengesetzten Wörtern des Typs *pèse-lettre* (Verb + Substantiv) oder *sans-abri* (Präposition + Substantiv) soll gelten:

   Steht das Wort im Singular, so wird das zweite Element in der Singularform angegeben.

alte Schreibweise	*neue Schreibweise*
un brise-lames	**un brise-lame**

   Steht das Wort im Plural, so wird das zweite Element in der Pluralform angegeben.

alte Schreibweise	*neue Schreibweise*
des après-midi	**des après-midis**

3. In den Futur- und Conditionnel-Formen der Verben, die wie *céder* konjugiert werden, soll der Accent aigu durch den Accent grave ersetzt werden.

alte Schreibweise	*neue Schreibweise*
je céderai	**je cèderai**
ils régleraient	**ils règleraient**

   Auch bei den Schreibvarianten *événement* und *évènement* soll künftig die Form mit Accent grave (*évènement*) bevorzugt werden.

4. Auf i und u soll kein Accent circonflexe mehr gesetzt werden.

alte Schreibweise	*neue Schreibweise*
coût	**cout**
entraîner	**entrainer**

   Ausnahmen: Der Accent circonflexe bleibt erhalten in
   a) den Verbendungen des Subjonctif und des Passé simple;
   b) einigen Wörtern, die durch den Verlust des Accent circonflexe nicht mehr eindeutig wären (z. B. *sur* ↔ sûr).

5. Verben auf -eler bzw. -eter sollen wie *peler* bzw. *acheter* konjugiert werden.

alte Schreibweise	*neue Schreibweise*
tu époussetteras	**tu époussèteras**

   Ausnahmen: *appeler*, *jeter* und deren Zusammensetzungen.

6. Der Plural von Fremdwörtern im Französischen soll genauso gebildet werden wie bei französischen Wörtern.

alte Schreibweise	*neue Schreibweise*
des matches	**des matchs**

   Auch Akzente sollen in Fremdwörtern wie in französischen Wörtern gesetzt werden.

alte Schreibweise	*neue Schreibweise*
revolver	**révolver**

7. Eine Reihe von Wörtern, die mit Bindestrich geschrieben werden, sollen künftig in einem Wort geschrieben werden. Dies gilt vor allem für
   a) mit *contre-* und *entre-* zusammengesetzte Wörter:

alte Schreibweise	*neue Schreibweise*
entre-temps	**entretemps**

   b) Fremdwörter im Französischen:

alte Schreibweise	*neue Schreibweise*
week-end	**weekend**

8. Verben, die auf *-otter* enden, sollen künftig nur noch mit einem Konsonanten geschrieben werden.

alte Schreibweise	*neue Schreibweise*
grelotter	**greloter**

9. In den Buchstabenfolgen *-güe-* und *-güi-* soll das Trema künftig auf dem u stehen.

alte Schreibweise	*neue Schreibweise*
aiguë	**aigüe**
ambiguïté	**ambigüité**

10. Genauso wie das Participe passé von *faire* soll künftig auch das Participe passé von *laisser* unveränderlich sein, wenn es vor einem Infinitiv steht.

alte Schreibweise	*neue Schreibweise*
je les ai laissés partir	**je les ai laissé partir**

11. Darüber hinaus gibt es Empfehlungen zur Schreibweise einzelner Wörter:

alte Schreibweise	*neue Schreibweise*
allô	**allo**
s'asseoir	**s'assoir**
boursouflé(e)	**boursoufflé(e)**
chariot	**charriot**
combatif, combative	**combattif, combattive**
combativité	**combattivité**
interpeller	**interpeler**
joaillier, joaillière	**joailler, joaillère**
leader	**leadeur**
nénuphar	**nénufar**
oignon	**ognon**
pagaïe, pagaille	**pagaille**
papeterie	**papèterie**
se rasseoir	**se rassoir**
relais	**relai**
serpillière	**serpillère**

Falsche Freunde | Faux amis

Im Deutschen gibt es viele Wörter, die lateinischen, griechischen oder englischen Ursprungs sind. Beim Erlernen der französischen Sprache vermuten Lerner häufig, dass diese Wörter auch im Französischen existieren. Aber **Achtung**: Hier ist **Vorsicht** geboten!
So gibt es das Wort *prominent* im Französischen gar nicht. Oder die Wörter sind in beiden Sprachen zum Verwechseln ähnlich, haben aber völlig unterschiedliche Bedeutungen: *Sie geht aufs Gymnasium* heißt nicht *elle va au gymnase* (= *Sporthalle!*), sondern *elle va au lycée. Gymnasium* und *gymnase* sind falsche Freunde (*faux amis*), die beim Übersetzen zu Fehlern und Missverständnissen führen können.

Deshalb ist es wichtig, sich gleich die richtige französische Übersetzung einzuprägen. Hier einige interessante Beispiele, ohne den Anspruch auf Vollständigkeit erheben zu wollen:

alarmieren (*Polizei, Feuerwehr, Nachbarn*)	**alerter**
Apparat	**appareil** *m*
Attest	**certificat** *m*
Attribut	**épithète** *m*
Bagage	**racaille** *f*
bagatellisieren	**minimiser**
Baiser (*Gebäck*)	**meringue** *f*
Batterie (*für Elektrogeräte*)	**pile** *f*
brav (*Kind*)	**sage**
Brikett	**briquette** *f*
Computer	**ordinateur** *m*
Demo	**manif** *f*
Demonstration	**manifestation** *f*
effektiv (*wirksam*)	**efficace**
Emigrant(in) (*Ausgewanderte[r]*)	**émigré(e)** *m(f)*
Fantasie (*Vorstellungskraft*)	**imagination** *f*
flexibel (*Person, Material, Bestimmung*)	**souple**
Fontäne	**jet** *m* **d'eau**
forcieren (*Arbeit*)	**accélérer; pousser**
Gymnasium	*bis zur „troisième" = etwa 9. Klasse* **collège** *m; danach* **lycée** *m*
impotent	**impuissant**
indiskutabel	**inacceptable**
in flagranti	**en flagrant délit**
intensiv (*stark*)	**intense**
irrelevant	**insignifiant**
karitativ	**charitable**
Kompass	**boussole** *f*
Konsens	**consensus** *m*

Konzept (*Entwurf*)	**brouillon** *m*
korrupt	**corrompu**
Kulanz	**bonne volonté**
kursiv	*adj* **italique**; *adv* **en italique**
luxuriös	**luxueux, luxueuse**
Manege (*im Zirkus*)	**piste** *f*
Manko (*Mangel*)	**manque** *m*; **défaut** *m*
marode (*heruntergekommen*)	**pourri**
nett (*freundlich*)	**gentil, gentille**
ordinär	**vulgaire**
Parterre	**rez-de-chaussée** *m*
partout	**absolument**
Pass (*Reisepass*)	**passeport** *m*
patent	**épatant**
pikiert	**vexé**
progressiv (*fortschrittlich*)	**progressiste**
prominent	**éminent; célèbre**
Protest	**protestation** *f*
Protokoll (*einer Sitzung, Tagung, Verhandlung*)	**procès-verbal** *m*
renitent	**réfractaire; récalcitrant**
Rezension	**critique** *f*
Rezept (*vom Arzt*)	**ordonnance** *f*
Roller (*für Kinder*)	**trottinette** *f*
sadistisch	**sadique**
sakral	**sacré**
signieren (*Buch*)	**dédicacer**
Souterrain	**sous-sol** *m*
Telefonat	**conversation** *f* **téléphonique; coup** *m* **de téléphone**
Tempo (*Geschwindigkeit*)	**vitesse** *f*
Toto	**loto sportif**
Toupet	**postiche** *m*
Trikot (*eines Sportlers*)	**maillot** *m*

Die Verbreitung der französischen Sprache

Französisch ist **Landessprache** (*langue nationale*) in folgenden Ländern:

Frankreich mit seinen überseeischen Gebieten Guadeloupe, Martinique, Französisch-Guayana, Réunion, Französisch-Polynesien (Tahiti) und Neukaledonien,

Belgien (Wallonien und Brüssel),

Schweiz (Kantone Genf, Waadt, Neuenburg, Jura; neben Deutsch in den Kantonen Freiburg, Bern, Wallis),

Luxemburg (neben Luxemburgisch und Deutsch),

Monaco

Kanada (Provinz Quebec),

Haiti

Französisch ist **Amtssprache** (*langue officielle*) neben den Sprachen der Einheimischen in folgenden Staaten:

Benin, Burkina Faso, Burundi, Dschibuti, Elfenbeinküste, Gabun, Guinea, Kamerun, Komoren, Kongo (Brazzaville und Demokratische Republik), Luxemburg, Madagaskar, Mali, Mauretanien, Niger, Ruanda, Senegal, Togo, Tschad, Zentralafrikanische Republik.

Französisch ist **Verkehrssprache** (*langue véhiculaire*) in
Algerien, Kambodscha, Laos, Libanon, Marokko, Mauritius, Seychellen, Tunesien.

Französisch ist **Arbeitssprache** (*langue de travail*) der Vereinten Nationen und ihrer Unterorganisationen sowie der Europäischen Union.

Französisch ist die **Muttersprache** (*langue maternelle*) von mehr als 65 Millionen Menschen. Es wird als Zweitsprache (langue seconde) von etwa 100 Millionen Menschen gesprochen – die zahlreichen Französischlerner nicht mitgerechnet.

Die französischen Departements | Les départements français

Die Kennziffer des Departements erscheint in den beiden letzten Ziffern der französischen Autonummern bzw. in den beiden ersten Ziffern der französischen Postleitzahlen.

01 l'Ain *m* [lɛ̃]
02 l'Aisne *f* [lɛn]
03 l'Allier *m* [lalje]
04 les Alpes-de-Haute-Provence *f Pl.* [lezalpdəotpʀɔvɑ̃s]
05 les Hautes-Alpes *f Pl.* [leotzalp]
06 les Alpes-Maritimes *f Pl.* [lezalpmaʀitim]
07 l'Ardèche *f* [laʀdɛʃ]
08 les Ardennes *f Pl.* [lezaʀdɛn]
09 l'Ariège *f* [laʀjɛʒ]
10 l'Aube *f* [lob]
11 l'Aude *f* [lod]
12 l'Aveyron *m* [lavɛʀõ]
13 les Bouches-du-Rhône *f Pl.* [buʃdyʀon]
14 le Calvados [kalvados]
15 le Cantal [kɑ̃tal]
16 la Charente [ʃaʀɑ̃t]
17 la Charente-Maritime [ʃaʀɑ̃tmaʀitim]
18 le Cher [ʃɛʀ]
19 la Corrèze [kɔʀɛz]
2A la Corse-du-Sud [kɔʀsdysyd]
2B la Haute-Corse [laotkɔʀs]
21 la Côte-d'Or [kotdɔʀ]
22 les Côtes-d'Armor *f Pl.* [kotdaʀmɔʀ]
23 la Creuse [kʀøz]
24 la Dordogne [dɔʀdɔɲ]
25 le Doubs [du]
26 la Drôme [dʀom]
27 l'Eure *f* [lœʀ]
28 l'Eure-et-Loir *m* [lœʀelwaʀ]
29 le Finistère [finistɛʀ]
30 le Gard [gaʀ]
31 la Haute-Garonne [laotgaʀɔn]
32 le Gers [ʒɛʀ(s)]
33 la Gironde [ʒiʀõd]
34 l'Hérault *m* [leʀo]
35 l'Ille-et-Vilaine *f* [lilevilɛn]
36 l'Indre *f* [lɛ̃dʀ]
37 l'Indre-et-Loire *f* [lɛ̃dʀelwaʀ]
38 l'Isère *f* [lizɛʀ]
39 le Jura [ʒyʀa]
40 les Landes *f Pl.* [lɑ̃d]
41 le Loir-et-Cher [lwaʀeʃɛʀ]
42 la Loire [lwaʀ]
43 la Haute-Loire [laotlwaʀ]
44 la Loire-Atlantique [lwaʀatlɑ̃tik]
45 le Loiret [lwaʀɛ]
46 le Lot [lɔt]
47 le Lot-et-Garonne [lɔtegaʀɔn]
48 la Lozère [lɔzɛʀ]
49 le Maine-et-Loire [mɛnelwaʀ]
50 la Manche [mɑ̃ʃ]
51 la Marne [maʀn]
52 la Haute-Marne [laotmaʀn]
53 la Mayenne [majɛn]
54 la Meurthe-et-Moselle [mœʀtemɔzɛl]
55 la Meuse [møz]
56 le Morbihan [mɔʀbiɑ̃]
57 la Moselle [mɔzɛl]
58 la Nièvre [njɛvʀ]
59 le Nord [nɔʀ]
60 l'Oise *f* [lwaz]
61 l'Orne *f* [lɔʀn]
62 le Pas-de-Calais [padkalɛ]
63 le Puy-de-Dôme [pɥidədom]
64 les Pyrénées-Atlantiques *f Pl.* [piʀeneatlɑ̃tik]
65 les Hautes-Pyrénées *f Pl.* [leotpiʀene]
66 les Pyrénées-Orientales *f Pl.* [piʀeneɔʀjɑ̃tal]
67 le Bas-Rhin [baʀɛ̃]
68 le Haut-Rhin [ləoʀɛ̃]

69 le Rhône [ʀon]
70 la Haute-Saône [laotson]
71 la Saône-et-Loire [sonelwaʀ]
72 la Sarthe [saʀt]
73 la Savoie [savwa]
74 la Haute-Savoie [laotsavwa]
75 la Ville de Paris [vildəpaʀi]
76 la Seine-Maritime [sɛnmaʀitim]
77 la Seine-et-Marne [sɛnemaʀn]
78 les Yvelines *f Pl.* [lezivlin]
79 les Deux-Sèvres *f Pl.* [døsɛvʀ]
80 la Somme [sɔm]
81 le Tarn [taʀn]
82 le Tarn-et-Garonne [taʀnegaʀɔn]
83 le Var [vaʀ]
84 le Vaucluse [voklyz]
85 la Vendée [vɑ̃de]
86 la Vienne [vjɛn]
87 la Haute-Vienne [laotvjɛn]
88 les Vosges *f Pl.* [voʒ]
89 l'Yonne *f* [ljɔn]
90 le Territoire-de-Belfort [lətɛʀitwaʀdəbɛlfɔʀ]
91 l'Essonne *f* [lesɔn]
92 les Hauts-de-Seine *m Pl.* [leodsɛn]
93 la Seine-Saint-Denis [sɛnsɛ̃dəni]
94 le Val-de-Marne [valdəmaʀn]
95 le Val-d'Oise [valdwaz]

Die überseeischen Departements

971 la Guadeloupe [gwadlup]
972 la Martinique [maʀtinik]
973 la Guyane [gɥijan]
974 la Réunion [ʀeynjõ]

Das französische Buchstabieralphabet | Code français d'épellation

A	comme Anatole
B	comme Berthe
C	comme César
D	comme Désiré
E	comme Émile
F	comme François
G	comme Gaston
H	comme Henri
I	comme Isidore
J	comme Jean
K	comme Kléber
L	comme Louis
M	comme Marie
N	comme Nicolas
O	comme Oscar
P	comme Paul
Q	comme Québec
R	comme Robert
S	comme Suzanne
T	comme Théodore
U	comme Ursule
V	comme Victor
W	comme Wagon
X	comme Xavier
Y	comme Yvonne
Z	comme Zoé

Das deutsche Buchstabieralphabet | Code allemand d'épellation

A	wie Anton
Ä	wie Ärger
B	wie Berta
C	wie Cäsar
Ch	wie Charlotte
D	wie Dora
E	wie Emil
F	wie Friedrich
G	wie Gustav
H	wie Heinrich
I	wie Ida
J	wie Julius
K	wie Kaufmann
L	wie Ludwig
M	wie Martha
N	wie Nordpol
O	wie Otto
Ö	wie Ökonom
P	wie Paula
Q	wie Quelle
R	wie Richard
S	wie Samuel
Sch	wie Schule
T	wie Theodor
U	wie Ulrich
Ü	wie Übermut
V	wie Viktor
W	wie Wilhelm
X	wie Xanthippe
Y	wie Ypsilon
Z	wie Zacharias

Abkürzungen und Symbole | Abréviations et symboles

→ A	wird wie das Adjektiv dekliniert	se décline comme l'adjectif qualitatif épithète
a.	auch	aussi
ABK, *abk*	Abkürzung	abréviation
ABR, *abr*		
abs	absolut (gebraucht), ohne Objekt	(employé d'une façon) absolu(e)
abus	inkorrekt, fälschlich	abusivement
acc	Akkusativ	accusatif
ADJ, *adj*	Adjektiv, Eigenschaftswort	adjectif (qualificatif)
ADJ DÉM, *adj dém*	attributives Demonstrativpronomen	adjectif démonstratif
ADJ INDÉF, *adj indéf*	attributives Indefinitpronomen	adjectif indéfini
ADJ INTERROG, *adj interrog*	attributives Interrogativpronomen	adjectif interrogatif
ADJ POSS, *adj poss*	attributives Possessivpronomen	adjectif possessif
ADJT, *adjt*	adjektivisch gebraucht	adjectivement
ADMIN	Verwaltung(ssprache)	administration, langage administratif
ADV, *adv*	Adverb, Umstandswort	adverbe
ADVL, *advl*	adverbial gebraucht	adverbialement
ADVT, *advt*	adverbial gebraucht	adverbialement
AGR	Landwirtschaft	agriculture
akk	Akkusativ	accusatif
all Nord	norddeutsch	allemand du Nord
all Sud	süddeutsch	allemand du Sud
ANAT	Anatomie	anatomie
ARCH	Architektur, Baukunst	architecture
arg	(französisches) Argot	argot
ASTROL	Astrologie	astrologie
ASTRON	Astronomie	astronomie
AUTO	Kraftfahrzeug	automobile
autrich	österreichisch	autrichien
AVIAT	Luftfahrt	aviation
BAHN	Eisenbahn	chemin de fer
BAU	Bauwesen	construction
bes	besonders	particulièrement
BIBEL, BIBL	Bibel(sprache)	Bible, langage biblique
BIOL	Biologie	biologie
BOT	Botanik, Pflanzenkunde	botanique

bzw.	beziehungsweise	respectivement
CATH	katholisch	catholique
CH	Jagd, Jägersprache	(terme de) chasse
CH DE FER	Eisenbahn	chemin de fer
CHEM, CHIM	Chemie	chimie
coll	Kollektivum, Sammelbegriff	terme collectif
COMM	Handel	commerce
comp	Komparativ	comparatif
CONJ, *conj*	Konjunktion, Bindewort	conjonction
CONSTR	Bauwesen	construction
COUT	Schneiderei, Mode	couture
CUIS	Küche, Gastronomie	cuisine
dat	Dativ	datif
défect	defektiv, unvollständig	défectif
DEM PR	Demonstrativpronomen, hinweisendes Fürwort	pronom démonstratif
Dep.	Departement	département
DIPL	Diplomatie	diplomatie
ÉCOL	Umwelt(schutz), Ökologie	écologie
ÉCON	Wirtschaft	économie
e-e	eine	un(e)
ÉGL	Kirche	Église
ÉLEC, ELEK	Elektrotechnik, Elektronik	électrotechnique, électronique
e-m	einem	à un(e)
e-n	einen	un(e)
enf	Kindersprache	langage des enfants
e-r	einer	d'un(e), à un(e)
e-s	eines	d'un(e)
etc	und so weiter	et cetera
etw	etwas	quelque chose
F, *f*	Femininum, weiblich	féminin
fam	Umgangssprache, familiär	familier
fig	figürlich, bildlich, übertragene Bedeutung	(au sens) figuré
FIN	Finanzen	finances
FLUG	Luftfahrt	aviation
FOTO	Fotografie	photographie
FPL, *fpl*	Femininum Plural	féminin pluriel
frz	französisch(e, -r, -s)	français
GARTEN	Gartenbau	jardinage
GASTR	Küche, Gastronomie	cuisine
geh	gehobener Stil	style soutenu

gen, gén	Genitiv	génitif
GEOG, GÉOG	Geografie, Erdkunde	géographie
GEOL, GÉOL	Geologie	géologie
GRAM	Grammatik	grammaire
h.	Hilfsverb: haben	verbe auxiliaire: haben
HIST	Geschichte, historisch	histoire, historique
hum	humorvoll, scherzhaft	par plaisanterie
ind	Indikativ	indicatif
INDEF PR, *indef pr*	Indefinitpronomen, unbestimmtes Fürwort	pronom indéfini
inf	Infinitiv	infinitif
INFORM	Informatik, Internet	informatique, Internet
inkorr	inkorrekt, fälschlich	abusivement
insép	untrennbar	inséparable
INT, *int*	Interjektion, Ausruf	interjection
INT PR, *int pr*	Interrogativpronomen, Fragefürwort	pronom interrogatif
inv	unveränderlich	invariable
IN ZSSGN, *in zssgn*	in Zusammensetzungen	dans des composés
iron	ironisch	ironique
irr	zusammengesetztes unregelmäßiges Verb (wird wie das einfache Verb konjugiert)	verbe irrégulier composé (se conjugue comme le verbe simple)
IT	Informatik, Internet	informatique, Internet
JAGD	Jagd, Jägersprache	(terme de) chasse
JARD	Gartenbau	jardinage
j-d	jemand	quelqu'un
j-m	jemand(em)	à quelqu'un
j-n	jemand(en)	quelqu'un
j-s	jemand(e)s	de quelqu'un
JUR	Recht(ssprache)	droit, langage juridique
KATH	katholisch	catholique
kinderspr	Kindersprache	langage des enfants
KIRCHE	Kirche	Église
koll	Kollektivum, Sammelbegriff	terme collectif
komp	Komparativ	comparatif
KONJ, *konj*	Konjunktion, Bindewort	conjonction
LING	Linguistik, Sprachwissenschaft	linguistique
liter, litt	literarisch	littéraire
loc	Redewendung	locution
loc adj	als Adjektiv gebrauchte Wendung	locution adjective
loc adv	als Adverb gebrauchte Wendung	locution adverbiale
loc conj	als Konjunktion gebrauchte Wendung	locution conjonctive

loc prép	als Präposition gebrauchte Wendung	locution prépositive
M, *m*	Maskulinum, männlich	masculin
MAL	Malerei	peinture
MAR	Marine, Schifffahrt, Seemannssprache	marine, navigation, langage des marins
MATH	Mathematik	mathématiques
MED, MÉD	Medizin	médecine
METALL, MÉTALL	Metallurgie	métallurgie
METEO, MÉTÉO	Meteorologie	météorologie
M/F(M), *m/f(m)*	Maskulinum und Femininum mit zusätzlicher Maskulinendung in Klammern	masculin et féminin avec terminaison masculine supplémentaire entre parenthèses
MIL	Militär	terme militaire
MINER, MINÉR	Mineralogie	minéralogie
MODE	Schneiderei, Mode	couture
MPL, *mpl*	Maskulinum Plural	masculin pluriel
MUS	Musik	musique
MYTH	Mythologie	mythologie
N, *n*	Neutrum, sächlich	neutre
nordd	norddeutsch	allemand du Nord
NPL, *npl*	Neutrum Plural	neutre pluriel
n/pr	Eigenname	nom propre
→ *n/pr*	wird wie ein Eigenname dekliniert	se décline comme un nom propre
NUCL, NUKL	Kernkraft, Kernphysik	nucléaire
NUM, *num*	Zahlwort	numéral
obj dir	direktes Objekt	complément d'objet direct
obj indir	präpositionales Objekt	complément d'objet indirect
od	oder	ou
ÖKOL	Umwelt(schutz), Ökologie	écologie
OPT	Optik	optique
österr	österreichisch	autrichien
par ext	im weiteren Sinne	par extension
partic	besonders	particulièrement
pas de ge-	Partizip Perfekt ohne ge-	pas de ge- au participe passé
PEINT	Malerei	peinture
pej, péj	pejorativ, abwertend	péjoratif
PERS PR, *pers pr*	Personalpronomen, persönliches Fürwort	pronom personnel
PHARM	Pharmazie	pharmacie
PHIL	Philosophie	philosophie
PHON	Phonetik, Lautlehre	phonétique
PHOT	Fotografie	photographie
PHYS	Physik	physique

PHYSIOL	Physiologie	physiologie
PL, *pl*	Plural, Mehrzahl	pluriel
plais	scherzhaft	par plaisanterie
plus fort	im verstärkten Sinne	plus fort
poet, poét	poetisch, dichterisch	poétique
POL	Politik	politique
pop	salopp, derb	populaire, grossier
POSS PR, *poss pr*	Possessivpronomen, besitzanzeigendes Fürwort	pronom possessif
PP, *pp*	Partizip Perfekt	participe passé
PPERF, *pperf*	Partizip Perfekt	participe passé
PPR, *ppr*	Partizip Präsens	participe présent
PRÄP, *präp*	Präposition, Verhältniswort	préposition
PR DÉM, *pr dém*	Demonstrativpronomen, hinweisendes Fürwort	pronom démonstratif
PRÉP, *prép*	Präposition, Verhältniswort	préposition
PR INDÉF, *pr indéf*	Indefinitpronomen, unbestimmtes Fürwort	pronom indéfini
PR INTERROG	Interrogativpronomen, Fragefürwort	pronom interrogatif
PRON, *pron*	Pronomen, Fürwort	pronom
PROT	protestantisch, evangelisch	protestant
prov	Sprichwort, sprichwörtlich	proverbe, proverbial
PR PERS, *pr pers*	Personalpronomen, persönliches Fürwort	pronom personnel
PR POSS, *pr poss*	Possessivpronomen, besitzanzeigendes Fürwort	pronom possessif
PR REL, *pr rel*	Relativpronomen, bezügliches Fürwort	pronom relatif
PSYCH	Psychologie	psychologie
qc	etwas	quelque chose
qn	jemand	quelqu'un
®	eingetragene Marke	marque déposée
RAD, RADIO	Rundfunk	radio
REL	Religion	religion
REL PR, *rel pr*	Relativpronomen, bezügliches Fürwort	pronom relatif
RHET, RHÉT	Rhetorik	rhétorique
s.	Hilfsverb: sein	verbe auxiliaire: sein
SCHIFF	Marine, Schifffahrt, Seemannssprache	marine, navigation, langage des marins
schweiz	schweizerisch	suisse
SCULP	Bildhauerei	sculpture
s-e	seine	sa, son, ses
sép	trennbar	séparable
SG, *sg*	Singular, Einzahl	singulier

SKULP	Bildhauerei	sculpture
sl	salopp, derb	populaire, grossier
s-m	seinem	à son, à sa
s-n	seinen	son, sa, à ses
sprichw	Sprichwort, sprichwörtlich	proverbe, proverbial
s-r	seiner	de sa, de son, de ses, à sa, à son
s-s	seines	de son, de sa
st/s	gehobener Stil	style soutenu
subj	Konjunktiv	subjonctif
SUBST, *subst*	Substantiv, Hauptwort, substantivisch gebraucht	substantif, nom, substantivement
südd	süddeutsch	allemand du Sud
suisse	schweizerisch	suisse
sup	Superlativ	superlatif
TECH	Technik	technique, technologie
TEL, TÉL	Telefon	téléphone
TEX, TEXT	Textilien, Textilindustrie	textiles
THÉ, THEAT	Theater	théâtre
t/t	Fachausdruck, wissenschaftlich	terme technique, scientifique
TV	Fernsehen	télévision
TYPO	Buchdruck, Typografie	typographie, imprimerie
u.	und	et
umg	Umgangssprache, familiär	familier
V/AUX, *v/aux*	Hilfsverb	verbe auxiliaire
VET, VÉT	Tiermedizin	médecine vétérinaire
V/I, *v/i*	intransitives Verb	verbe intransitif
V/IMP, *v/imp*	unpersönliches Verb	verbe impersonnel
VIT	Weinbau	viticulture
V/PR , *v/pr*	reflexives (französisches) Verb	verbe pronominal
V/R , *v/r*	reflexives (deutsches) Verb	verbe réfléchi
V/T, *v/t*	transitives Verb	verbe transitif
V/T INDIR, *v/t indir*	Verb mit Präpositionalobjekt	verbe transitif indirect
vulg	vulgär	vulgaire
V/UNPERS, *v/unpers*	unpersönliches Verb	verbe impersonnel
WEIN	Weinbau	viticulture
weitS.	im weiteren Sinne	par extension
WIRTSCH	Wirtschaft	économie
ZOOL	Zoologie	zoologie
ZSSGN , *zssgn*	Zusammensetzungen	composés
~	ersetzt das Stichwort	remplace l'entrée
⍨	zeigt Umlaut an	indique la voyelle infléchie
°	Hinweis auf h aspiré	marque le h aspiré

♦	vor Wortgruppen mit ähnlicher Struktur	devant des groupes de mots ayant une structure identique
→	siehe, vergleiche	confer, voir

Les quatre premières lettres de la première ou de la dernière entrée sur la page

ERLE ‖ 908

que **Erlebnisgastronomie** F expérience *f* gastronomique; **erlebnishungrig** ADJ qui a soif d'aventures; **Erlebnispark** M parc *m* d'attractions

Entrées en gras en caractères plus grands

Atomausstieg M sortie *f* du nucléaire; **Atombombe** F bombe *f* atomique; **Atombombenversuch** M essai *m* nucléaire

Locutions et expressions composées de plusieurs éléments en gras

beruflich … ADV professionnellement; **~ unterwegs sein** être en déplacement professionnel; **~ erfolgreich sein** réussir dans sa profession; **sich ~ weiterbilden** compléter sa formation (professionnelle); **was macht er ~?** qu'est-ce qu'il fait dans la vie?; quelle est sa profession?

Le tilde ~ remplace l'entrée qui précède dans les locutions

Chefsache F responsabilité *f* du chef; **etw zur ~ machen** accorder la plus grande importance à qc …

Traductions en police de caractères normale

CO_2-Bilanz F bilan *m* carbone; **CO_2-neutral** ADJ neutre en carbone

Indications catégorie grammaticale et genre pour les entrées

demenzkrank ADJ dément; atteint de démence; **Demenzkranke(r)** M/F(M) dément(e) *m(f)*; personne atteinte de démence

Indications de genre pour les traductions

E-Book N ⟨~(s); ~s⟩ *Lesegerät, Text* livre *m* électronique; e-book *m*

Indications grammaticales pour l'entrée entre parenthèses angulaires

egal *umg* ADJ ⟨*attribut*⟩ égal; **das ist ~** c'est pareil, indifférent; **das ist mir ~** ça m'est égal

Renseignement sur les formes de base pour les verbes allemands irréguliers

empfangen V/T ⟨empfängt, empfing, empfangen, h.⟩ 1 *Besuch* recevoir; accueillir …

Renseignement sur l'auxiliaire pour le verbe allemand

herunterfahren ⟨*irr, sép,* -ge-⟩ A V/T ⟨h.⟩ 1 **j-n, etw ~** descendre qn, qc 2 TECH *Kapazität, Anlage etc* ralentir; IT *Computer, Programm etc* éteindre 3 *fig* (*verringern*) ralentir B V/I ⟨s.⟩ *mit dem Aufzug, e-m Fahrzeug etc* descendre …